Henssler/Strohn
Gesellschaftsrecht
BGB · PartGG · HGB · GmbHG · AktG · DCGK · GenG · UmwG · InsO · AnfG · IntGesR

Beck'sche Kurz-Kommentare

Band 62

Gesellschaftsrecht

BGB · PartGG · HGB · GmbHG · AktG
DCGK · GenG · UmwG · InsO · AnfG · IntGesR

Herausgegeben von

Dr. Martin Henssler
Professor an der Universität Köln

Dr. Lutz Strohn
Rechtsanwalt, Solingen
Richter am Bundesgerichtshof a. D., Karlsruhe
Honorarprofessor an der Universität Düsseldorf

5. Auflage 2021

C.H.BECK

Zitiervorschlag:
Henssler/Strohn/*Bearbeiter* Gesetz Paragraph Randnummer
Henssler/Strohn/*Henssler* GmbHG § 52 Rn. 12

www.beck.de

ISBN 978 3 406 74809 7

Wilhelmstraße 9, 80801 München
Satz, Druck und Bindung: Druckerei C. H. Beck Nördlingen
(Adresse wie Verlag)
Umschlag: Fotosatz Amann GmbH & Co. KG, Memmingen

CO_2 neutral
chbeck.de/nachhaltig

Gedruckt auf säurefreiem, alterungsbeständigem Papier
(hergestellt aus chlorfrei gebleichtem Zellstoff)

Die Bearbeiter

Dipl.-Volksw. Dr. Arnd Arnold
Professor an der Universität Trier

Dr. Annette Bödeker, LL. M.
Rechtsanwältin und Notarin, Frankfurt

Dr. Volker Büteröwe
Rechtsanwalt, Heidelberg

Dr. Barbara Dauner-Lieb
Professorin an der Universität Köln

Dr. Matthias Decker
Rechtsanwalt, Düsseldorf

Dr. Ingo Drescher
Vorsitzender Richter am Bundesgerichtshof, Karlsruhe
Honorarprofessor an der Universität Tübingen

Dr. Florian Drinhausen
Rechtsanwalt, Frankfurt

Martin Finckh
Ministerialdirigent, Justizministerium Baden-Württemberg

Dr. Thomas Fleischer
Vorsitzender Richter am Oberlandesgericht, Düsseldorf

Dr. Stefan Galla
Rechtsanwalt und Notar, Essen

Dr. Stefan J. Geibel, Maître en droit
Professor an der Universität Heidelberg

Dr. Hans Gummert
Rechtsanwalt, Düsseldorf

Dr. Stefan Haeder
Rechtsanwalt, Kassel

Dipl.-Kfm. Dr. Andreas Heidinger
Rechtsanwalt, Deutsches Notarinstitut Würzburg

Dr. Martin Henssler
Professor an der Universität Köln

Dr. Marc Hermanns
Notar, Köln

Reinhard Hillmann
Richter am Oberlandesgericht a. D., Oldenburg

Dr. Bernd Hirtz
Rechtsanwalt, Köln
Honorarprofessor an der Universität Köln

Dr. Claudia Junker
Leiterin Law & Integrity/Generalbevollmächtigte und General Counsel, Bonn

Astrid Keinath
Rechtsanwältin, Frankfurt

Dr. Oliver Keßler
Professor an der Hochschule Karlsruhe Technik und Wirtschaft

Dr. Matthias Kilian
Professor an der Universität Köln

Dr. Lars Klöhn, LL. M.
Professor an der Humboldt-Universität Berlin

Die Bearbeiter

Dr. Thomas Liebscher
Rechtsanwalt, Mannheim

Dr. Wilhelm Moll, LL. M.
Rechtsanwalt, Köln
Honorarprofessor an der Universität Köln

Dr. Claus Mollenkopf
Richter am Oberlandesgericht, Stuttgart

Dr. Cédric Müller, LL. M.
Rechtsanwalt und Notar, Essen

Dr. Carsten Müller
Rechtsanwalt, Düsseldorf

Dr. Hartmut Oetker
Professor an der Universität Kiel
Richter am Thüringer Oberlandesgericht, Jena

Dr. Walter G. Paefgen
Professor an der Universität Tübingen

Dr. Nikolaos Paschos, LL. M.
Rechtsanwalt, Düsseldorf

Dr. Carsten A. Paul, LL. M.
Rechtsanwalt, Düsseldorf

Dr. Marc Peters, LL. M.
Rechtsanwalt, Köln

Dr. Notker Polley
Rechtsanwalt, Meerbusch
Honorarprofessor an der Universität Köln

Dr. Rolf Raum
Vorsitzender Richter am Bundesgerichtshof, Karlsruhe

Dr. Carsten Schäfer
Professor an der Universität Mannheim

Dr. Andreas Schlüter
Generalsekretär, Essen

Dr. Volker Schulenburg
Rechtsanwalt, Hamburg

Dr. Wolfgang Servatius
Professor an der Universität Regensburg
Richter am Oberlandesgericht, München

Dr. Michael Steitz
Vorsitzender Richter am Landgericht, Frankenthal

Dr. Lutz Strohn
Rechtsanwalt, Solingen
Richter am Bundesgerichtshof a. D., Karlsruhe
Honorarprofessor an der Universität Düsseldorf

Dr. Dirk A. Verse, M. Jur.
Professor an der Universität Heidelberg

Dr. Eberhard Vetter
Rechtsanwalt, Köln

Dr. Frank Wamser, LL. M.
Vizepräsident des Landgerichts, Gießen

Dr. Hans-Ulrich Wilsing
Rechtsanwalt, Düsseldorf
Honorarprofessor an der EBS Universität für Wirtschaft und Recht, Wiesbaden

Heinz Wöstmann
Richter am Bundesgerichtshof, Karlsruhe

Im Einzelnen haben bearbeitet

Bürgerliches Gesetzbuch

§§ 80–88	Dr. Andreas Schlüter
§§ 705–716	Dr. Wolfgang Servatius
§§ 717–740	Dr. Matthias Kilian

Partnerschaftsgesellschaftsgesetz

PartGG	Dr. Bernd Hirtz

Handelsgesetzbuch

§§ 8–37a	Dr. Frank Wamser
§ 105	Dr. Martin Henssler
§§ 106–108	Dr. Michael Steitz
§§ 109–122	Martin Finckh
§§ 123–130	Dr. Michael Steitz
§ 130a	Dr. Wolfgang Servatius
§ 130b	Dr. Michael Seitz
§§ 131–160	Dr. Lars Klöhn
§§ 161–177a	Dr. Hans Gummert
§§ 230–236	Dr. Wolfgang Servatius
GmbH & Co KG, PublikumsKG	Dr. Wolfgang Servatius

GmbH-Gesetz

§§ 1–3	Dr. Carsten Schäfer
§§ 4, 4a	Dr. Frank Wamser
§§ 5, 5a	Dr. Carsten Schäfer
§ 6	Dr. Hartmut Oetker
§§ 7–12	Dr. Carsten Schäfer
§§ 13–28	Dr. Dirk A. Verse
§ 29	Dr. Lutz Strohn
§§ 30–34	Dr. Thomas Fleischer
§§ 35–40	Dr. Hartmut Oetker
§§ 41–42a	Dr. Volker Büteröwe
§§ 43–44	Dr. Hartmut Oetker
§§ 45, 46	Dr. Claus Mollenkopf
§§ 47–51	Reinhard Hillmann
§§ 51a, 51b	Dr. Lutz Strohn
§ 52	Dr. Martin Henssler
§§ 53–59	Dr. Hans Gummert
§§ 60–65	Dr. Arnd Arnold
§§ 66–77	Dr. Volker Büteröwe
§§ 78–85	Dr. Wolfgang Servatius

Aktiengesetz

§§ 1–14	Heinz Wöstmann
§§ 15–22 Anh.	Dr. Oliver Keßler
§ 23	Dr. Eberhard Vetter
§§ 24–53	Dr. Eberhard Vetter/Dr. Volker Schulenburg
§§ 53a–66	Dr. Walter G. Paefgen
§§ 67–67f	Dr. Carsten A. Paul
§§ 68–75	Dr. Walter G. Paefgen
§§ 76–94	Dr. Barbara Dauner-Lieb
§§ 95–117	Dr. Martin Henssler
§§ 118–149	Dr. Thomas Liebscher
§§ 150–176	Dr. Eberhard Vetter
§§ 179–181	Dr. Lutz Strohn
§§ 182–221	Dr. Marc Hermanns
§§ 222–240	Dr. Stefan Galla/Dr. Cédric Müller

Im Einzelnen haben bearbeitet

§§ 241–255 .... Dr. Ingo Drescher
§§ 256, 257 .... Dr. Eberhard Vetter
§§ 258–277 .... Dr. Ingo Drescher
§§ 278–290 .... Dr. Arnd Arnold
§§ 291–307 .... Dr. Nikolaos Paschos
§§ 308–318 .... Dr. Annette Bödeker
§§ 319–327f .... Dr. Hans-Ulrich Wilsing/Dr. Carsten A. Paul
§ 328 .... Dr. Oliver Keßler
§§ 396–398 .... Dr. Lutz Strohn
§§ 399–408 .... Dr. Rolf Raum

Deutscher Corporate Governance Kodex
DCGK .... Dr. Eberhard Vetter/Dr. Marc Peters

Genossenschaftsgesetz
GenG .... Dr. Stefan J. Geibel

Umwandlungsgesetz
§ 1 .... Dr. Matthias Decker
§§ 2–13 .... Dr. Andreas Heidinger
§§ 14, 15 .... Dr. Claudia Junker
§§ 16–20 .... Dr. Andreas Heidinger
§§ 21–38 .... Dr. Carsten Müller
§§ 39–45e .... Dr. Matthias Decker
§§ 46–59 .... Dr. Stefan Haeder
§§ 60–72 .... Dr. Claudia Junker
§§ 73–122 .... Dr. Stefan Galla/Dr. Cédric Müller
§§ 122a–122l .... Dr. Notker Polley
§§ 123–151 .... Dr. Stefan Galla/Dr. Cédric Müller
§§ 152–160 .... Dr. Volker Büteröwe
§§ 161–189 .... Dr. Matthias Decker
§§ 190–250 .... Dr. Florian Drinhausen/Astrid Keinath
§§ 313–316 .... Dr. Rolf Raum
§§ 317–320 .... Dr. Andreas Heidinger
§§ 322–325 .... Dr. Wilhelm Moll

Insolvenzordnung
§§ 15a, 17, 19 .... Dr. Arnd Arnold
§§ 39, 44a, 135 .... Dr. Thomas Fleischer
§ 136 .... Dr. Wolfgang Servatius
§ 143 .... Dr. Thomas Fleischer

Anfechtungsgesetz
§§ 6, 6a, 11 .... Dr. Thomas Fleischer

Internationales Gesellschaftsrecht
IntGesR .... Dr. Wolfgang Servatius

Sachverzeichnis .... Per Axel Schwanbom

Verzeichnis der ausgeschiedenen Bearbeiter

Dr. Knut Werner Lange	§§ 1–14 AktG (1. Aufl. 2011, 2. Aufl. 2014, 3. Aufl. 2016, 4. Aufl. 2019)
Dr. Dr. h. c. Georg Maier-Reimer	§§ 15–22 Anh. AktG, § 328 AktG (1. Aufl. 2011, 2. Aufl. 2014, 3. Aufl. 2016)
Dr. Anne Röthel	§ 105 HGB (1. Aufl. 2011, 2. Aufl. 2014)
Dr. Frank Wardenbach	§§ 24–53 AktG, §§ 73–122 UmwG, §§ 123–151 UmwG (1. Aufl. 2011, 2. Aufl. 2014, 3. Aufl. 2016, 4. Aufl. 2019)

Vorwort

Mit dem nunmehr in fünfter Auflage vorliegenden Werk hat der Verlag C. H.BECK seinen Kommentaren zu Einzelgesetzen des Gesellschaftsrechts nicht lediglich ein weiteres Werk hinzugefügt. Er hat vielmehr eine für das Gesellschaftsrecht neue Kommentierungsform gewählt und präsentiert den Lesern einen das einzelne Gesetz übergreifenden Gesamtkommentar des Gesellschaftsrechts. Für dieses Rechtsgebiet war eine gesetzesübergreifende Kommentierung überfällig. Gerade im Gesellschaftsrecht nehmen zahlreiche Regeln über die einzelnen Gesellschaftsformen aufeinander Bezug. Um gesellschaftsrechtliche Fragen beantworten zu können, bedarf es immer auch eines Blicks auf die jeweils anderen Gesellschaftsformen.

Verlag, Herausgeber und Autoren wollen mit dem vorliegenden Werk dieser nutzerfreundlichen ganzheitlichen Sichtweise Rechnung tragen. Sie wenden sich in erster Linie an die Praktiker des Gesellschaftsrechts, deren tägliche Arbeit mit der in sich geschlossenen, in ihren Einzelteilen aufeinander abgestimmten Gesamtkommentierung erleichtert werden soll. Zugleich verfolgt der Henssler/Strohn einen wissenschaftlichen Anspruch. Er begnügt sich nicht mit der Darstellung der Rechtsprechung, sondern setzt sich – soweit Anlass besteht – auch kritisch mit ihr auseinander und entwickelt Lösungen für durch die Rechtsprechung noch ungeklärte Fragen. Ergänzt wird die Darstellung um eine Kommentierung des Umwandlungsgesetzes und eine Darstellung des internationalen Gesellschaftsrechts, zweier Rechtsgebiete, mit denen der Gesellschaftsrechtler im Alltag immer wieder konfrontiert wird. Das gleiche gilt für die im Gesellschaftsrecht einschlägigen Paragrafen der Insolvenzordnung und des Anfechtungsgesetzes.

Rezensionen und Zuschriften haben gezeigt, dass es dem Autorenteam in den ersten vier Auflagen gelungen ist, eine Kommentierung vorzulegen, die den vorstehenden Bedürfnissen gerecht wird. In der fünften Auflage vertrauen Verlag und Herausgeber weitgehend unverändert auf das bewährte Autorenteam aus erfahrenen Richtern, Universitätsprofessoren, Rechtsanwälten und Notaren.

Herr Universitätsprofessor Dr. Knut Werner Lange ist aus dem Autorenkreis ausgeschieden. Ihm danken wir sehr herzlich für seine sorgfältige und zuverlässige Mitarbeit in den ersten vier Auflagen. Viel zu früh ist unser Autor Rechtsanwalt Dr. Frank Wardenbach verstorben. Seine vorzügliche Kommentierung zahlreicher aktienrechtlicher und umwandlungsrechtlicher Vorschriften zählen zu den tragenden Säulen unseres Gemeinschaftswerkes. Neu hinzugekommen sind – teilweise als Co-Autoren – Dr. Cédrik Müller, Professor Dr. Walter Paefgen, Dr. Marc Peters, Dr. Volker Schulenburg und Heinz Wöstmann. Wir begrüßen sie herzlich.

Das Werk hat einen Bearbeitungsstand von Sommer 2020. Berücksichtigt worden sind unter anderem die Rechtsänderungen durch das Gesetz zur Umsetzung der zweiten Aktionärsrechte-Richtlinie, diejenigen durch das vierte Gesetz zur Änderung des Umwandlungsgesetzes und die einschlägigen Vorschriften zum Thema „Corona-Pandemie“. Ferner sind die umfangreiche Rechtsprechung aus der Zeit nach Erscheinen der vierten Auflage und wichtige Literaturhinweise aufgenommen worden.

Verlag, Herausgeber und Autoren streben an, den Henssler/Strohn zum „Palandt des Gesellschaftsrechts“ zu machen. Wir hoffen, mit der fünften Auflage diesem anspruchsvollen Ziel einen weiteren Schritt näher gekommen zu sein.

Köln, Solingen, München im Oktober 2020 — Herausgeber und Verlag

Inhaltsübersicht

Inhaltsverzeichnis

Inhaltsverzeichnis

DCGK

GenG

Inhaltsverzeichnis

InsO (Auszug)

AnfG (Auszug)

Internationales Gesellschaftsrecht

Abkürzungsverzeichnis

a.	auch
aA	andere(r) Ansicht/Auffassung
aaO	am angegebenen Ort
ABGB	Allgemeines Bürgerliches Gesetzbuch (Österreich)
Abk.	Abkommen
abl.	ablehnend
ABl.	Amtsblatt
Abs.	Absatz
Abschn.	Abschnitt
Abt.	Abteilung
abw.	abweichend
AcP	Archiv für die civilistische Praxis (Zeitschrift)
ADHGB	Allgemeines Deutsches Handelsgesetzbuch von 1861
aE	am Ende
AEUV	Vertrag über die Arbeitsweise der Europäischen Union
aF	alte Fassung
AG	Aktiengesellschaft; Amtsgericht; Die Aktiengesellschaft (Zeitschrift)
AGB	Allgemeine Geschäftsbedingungen
AGBG	Gesetz zur Regelung des Rechts der Allgemeinen Geschäftsbedingungen (aufgehoben)
AGBGB	Ausführungsgesetz zum BGB (Landesrecht)
AGG	Allgemeines Gleichbehandlungsgesetz
AHB	Allgemeine Versicherungsbedingungen für die Haftpflichtversicherung
AiB	Arbeitsrecht im Betrieb (Zeitschrift)
AIFM	Alternative Investment Fund Manager
AIZ	Allgemeine Immobilien-Zeitung (Zeitschrift)
AJP/PJA	Aktuelle juristische Praxis/Practique juridique actuelle (Zeitschrift)
AkDR	Akademie für Deutsches Recht
AktFoV	Verordnung über das Aktionärsforum nach § 127a des Aktiengesetzes (Aktionärsforumsverordnung)
AktG	Aktiengesetz
ALB	Allgemeine Lagerbedingungen des Deutschen Möbeltransports
allgA	allgemeine Ansicht/Auffassung
allgM	allgemeine Meinung
ALR	Allgemeines Landrecht für die Preußischen Staaten von 1794; American Law Reports
Alt.	Alternative
aM	anderer Meinung
AMG	Gesetz über den Verkehr mit Arzneimitteln (Arzneimittelgesetz)
amtl. Begr.	amtliche Begründung
ÄndG	Änderungsgesetz
ÄndVO	Änderungsverordnung
AnfG	Gesetz über die Anfechtung von Rechtshandlungen eines Schuldners außerhalb des Insolvenzverfahrens (Anfechtungsgesetz)
Anh.	Anhang
Anl.	Anlage
Anm.	Anmerkung
AnSVG	Anlegerschutzverbesserungsgesetz
AnwBl.	Anwaltsblatt (Zeitschrift)
AO	Abgabenordnung
AöR	Archiv des öffentlichen Rechts (Zeitschrift)
AP	Arbeitsrechtliche Praxis (Entscheidungssammlung 1950 ff.)
APaReG	Abschlussprüferaufsichtsreformgesetz
ApoG	Gesetz über das Apothekenwesen (Apothekengesetz)
AR	Aufsichtsrat
ArbG	Arbeitsgericht
ArbGG	Arbeitsgerichtsgesetz
ArbNErfG	Gesetz über Arbeitnehmererfindungen

Abkürzungsverzeichnis

ArbPlSchG .... Gesetz über den Schutz des Arbeitsplatzes bei Einberufung zum Wehrdienst (Arbeitsplatzschutzgesetz)
ArbRB .... Der Arbeits-Rechts-Berater (Zeitschrift)
ArbRdGgw. .... Das Arbeitsrecht der Gegenwart
ArbSch .... Arbeitsschutz (Beilage zum Bundesarbeitsblatt)
ArbSchG .... Gesetz über die Durchführung von Maßnahmen des Arbeitsschutzes zur Verbesserung der Sicherheit und des Gesundheitsschutzes der Beschäftigten bei der Arbeit (Arbeitsschutzgesetz)
ArbStoVO .... Verordnung über gefährliche Arbeitsstoffe
ArbStVO .... Verordnung über Arbeitsstätten
ArbZG .... Arbeitszeitgesetz
Arch. .... Archiv
ArchBürgR .... Archiv für Bürgerliches Recht (Zeitschrift)
AReG .... Abschlussprüfungsreformgesetz
arg. .... argumentum
ARGE .... Arbeitsgemeinschaft
Art. .... Artikel
ARUG .... Gesetz zur Umsetzung der Aktionärsrechterichtlinie
ARUG II .... Gesetz zur Umsetzung der zweiten Aktionärsrechterichtlinie
AS .... Amtliche Sammlung der eidgenössischen Gesetze
ASiG .... Gesetz über Betriebsärzte, Sicherheitsingenieure und andere Fachkräfte für Arbeitssicherheit (Arbeitssicherheitsgesetz)
AT .... Allgemeiner Teil, außertariflich
AuA .... Arbeit und Arbeitsrecht (Zeitschrift)
AUB .... Allgemeine Unfallversicherungsbedingungen
Aufl. .... Auflage
Aufs. .... Aufsatz
AÜG .... Gesetz zur Regelung der Arbeitnehmerüberlassung (Arbeitnehmerüberlassungsgesetz)
AuR .... Arbeit und Recht (Zeitschrift)
ausf. .... ausführlich
AusfG .... Ausführungsgesetz
AusfVO .... Ausführungsverordnung
AVAG .... Gesetz zur Ausführung zwischenstaatlicher Verträge und zur Durchführung von Verordnungen und Abkommen der Europäischen Gemeinschaft auf dem Gebiet der Anerkennung und Vollstreckung in Zivil- und Handelssachen (Anerkennungs- und Vollstreckungsausführungsgesetz)
AVAVG .... Gesetz über Arbeitsvermittlung und Arbeitslosenversicherung
AVB .... Allgemeine Versicherungsbedingungen, Allgemeine Vertragsbestimmungen
AVE .... Allgemeinverbindlicherklärung
AVG .... Angestelltenversicherungsgesetz
AVV .... Allgemeine Verwaltungsvorschrift
AW .... Außenwirtschaft
AWD .... Außenwirtschaftsdienst des Betriebs-Beraters (Zeitschrift, 4.1958– 20.1974; vorher und anschließend RIW)
AWG .... Außenwirtschaftsgesetz
AWV .... Verordnung zur Durchführung des Außenwirtschaftsgesetzes (Außenwirtschaftsverordnung)
Az. .... Aktenzeichen
AZO .... Arbeitszeitordnung

B .... Bundes-
B. Bl. .... Betriebswirtschaftliche Blätter (Zeitschrift)
BABl. .... Bundesarbeitsblatt
Bad., bad. .... Baden, badisch
BaFin .... Bundesanstalt für Finanzdienstleistungsaufsicht
BAG .... Bundesarbeitsgericht
BAGE .... Entscheidungen des Bundesarbeitsgerichts
BAnz. .... Bundesanzeiger
BÄO .... Bundesärzteordnung
BAT .... Bundes-Angestelltentarif
BauR .... Zeitschrift für das gesamte öffentliche und private Baurecht

BausparkG	Gesetz über Bausparkassen
BayHKaG	Bayerisches Gesetz über die Berufsausübung, die Berufsvertretungen und die Berufsgerichtsbarkeit der Ärzte, Zahnärzte, Tierärzte, Apotheker sowie der Psychologischen Psychotherapeuten und der Kinder- und Jugendlichenpsychotherapeuten (HeilberufeKammergesetz)
BayObLG	Bayerisches Oberstes Landesgericht
BayObLGZ	Amtliche Sammlung von Entscheidungen des Bayerischen Obersten Landgerichts in Zivilsachen
BayVBl.	Bayerische Verwaltungsblätter (Zeitschrift)
BayVerfGH	Bayerischer Verfassungsgerichtshof
BB	Betriebs-Berater (Zeitschrift)
BBankG	Gesetz über die Deutsche Bundesbank
Bbg.	Brandenburg
BBG	Bundesbeamtengesetz
BbgHeilBerG	Heilberufsgesetz Brandenburg
BBiG	Berufsbildungsgesetz
BBK	Betrieb und Rechnungswesen: Buchführung, Bilanz, Kostenrechnung (Zeitschrift)
BBl.	Bundesblatt
BBV	Berater Brief Vermögen (Zeitschrift)
Bd. (Bde.)	Band (Bände)
BdB	Bundesverband deutscher Banken
BDSG	Bundesdatenschutzgesetz
BE	Berlin
Bearb., bearb.	Bearbeitung, Bearbeiter, bearbeitet
BeckRS	Beck'sche Rechtsprechungssammlung (abrufbar in beck-online)
BEEG	Gesetz zum Elterngeld und zur Elternzeit (Bundeselterngeld- und Elternzeitgesetz)
Begr., begr.	Begründung, begründet
Beih.	Beiheft
Beil.	Beilage
Bek.	Bekanntmachung
Bem.	Bemerkung
ber.	berichtigt
BErzGG	Gesetz zum Erziehungsgeld und zur Elternzeit (Bundeserziehungsgeldgesetz), aufgehoben
Beschl.	Beschluss
bespr.	besprochen
Bespr.-Aufs.	Besprechungsaufsatz
bestr.	bestritten
betr.	betreffend, betreffs
BetrAVG	Gesetz zur Verbesserung der betrieblichen Altersversorgung (Betriebsrentengesetz)
BetrVG	Betriebsverfassungsgesetz
BetrVGWO	Erste Verordnung zur Durchführung des Betriebsverfassungsgesetzes (Wahlordnung)
BetrVR	Betriebsverfassungsrecht
BeurkG	Beurkundungsgesetz
BezG	Bezirksgericht
BFA	Bankenfachausschuss des IDW
BfAI	Bundesstelle für Außenhandelsinformation
BFH	Bundesfinanzhof
BFHE	Sammlung der Entscheidungen des Bundesfinanzhofs
BFM	Bundesfinanzministerium
BFH/NV	Sammlung der Entscheidungen des Bundesfinanzhofs, nicht veröffentlicht
BFuP	Betriebswirtschaftliche Forschung und Praxis (Zeitschrift)
BG	Berufsgenossenschaft; (schweizerisches) Bundesgericht
BGB	Bürgerliches Gesetzbuch
BGB-Gesellschaft	Gesellschaft bürgerlichen Rechts
BGBl.	Bundesgesetzblatt
BGE	Entscheidungen des Schweizerischen Bundesgerichts, Amtliche Sammlung
BGH	Bundesgerichtshof

Abkürzungsverzeichnis

BGHR	BGH-Rechtsprechung (Loseblattsammlung 1987 ff.)
BGHSt	Entscheidungen des Bundesgerichtshofes in Strafsachen
BGHWarn	Rechtsprechung des Bundesgerichtshofes in Zivilsachen – in der amtlichen Sammlung nicht enthaltene Entscheidungen (als Fortsetzung von WarnR)
BGHZ	Sammlung der Entscheidungen des Bundesgerichtshofes in Zivilsachen
BI/GF	Bankinformation und Genossenschaftsforum (Zeitschrift)
BilMoG	Gesetz zur Modernisierung des Bilanzrechts (Bilanzrechtsmodernisierungsgesetz)
BImSchG	Gesetz zum Schutz vor schädlichen Umwelteinwirkungen durch Luftverunreinigungen, Geräusche, Erschütterungen und ähnliche Vorgänge (Bundes-Immissionsschutzgesetz)
BiRiLiG	Gesetz zur Durchführung der Vierten, Siebenten und Achten Richtlinie des Rates der Europäischen Gemeinschaften zur Koordinierung des Gesellschaftsrechts (Bilanzrichtlinien- Gesetz)
BKartA	Bundeskartellamt
BKR	Zeitschrift für Bank- und Kapitalmarktrecht
Bl.	Blatt
BlStSozArbR	Blätter für Steuerrecht, Sozialversicherung und Arbeitsrecht
BMF	Bundesminister(ium) der Finanzen
BMJ	Bundesminister(ium) der Justiz
BMWi	Bundesminister(ium) der Wirtschaft
BNotO	Bundesnotarordnung
BöhmsZ	Zeitschrift für internationales Privat- und Strafrecht (ab 12. 1903: für internationales Privat- und Öffentliches Recht), begr. von Böhm
BORA	Berufsordnung
BörsG	Börsengesetz
BörsZulV	Verordnung über die Zulassung von Wertpapieren zur amtlichen Notierung an einer Wertpapierbörse (Börsenzulassungs-Verordnung)
BoStB	Satzung über die Rechte und Pflichten bei der Ausübung der Berufe der Steuerberater und der Steuerbevollmächtigten (Berufsordnung der Bundessteuerberaterkammer)
BOWP	Berufsordnung für Wirtschaftsprüfer
BPatG	Bundespatentgericht
BPersVG	Bundespersonalvertretungsgesetz
BQG	Beschäftigungs- und Qualifizierungsgesellschaft
BR	Bürgerliches Recht; Bundesrat
BRAK-Mitt.	Mitteilungen der Bundesrechtsanwaltskammer
BRAO	Bundesrechtsanwaltsordnung
BRD	Bundesrepublik Deutschland
BR-Drs.	Drucksachen des Deutschen Bundesrates
BReg.	Bundesregierung
BRTV	Bundesrahmentarifvertrag
BSG	Bundessozialgericht
BSGE	Entscheidungen des Bundessozialgerichts
Bsp.	Beispiel(e)
bspw.	beispielsweise
BStBl.	Bundessteuerblatt
BT	Besonderer Teil; Bundestag
BTag	Bundestag
BT-Drs.	Drucksachen des Deutschen Bundestages
Busch's Arch.	Archiv für Theorie und Praxis des Allg. Dt. Handelsrechts
BuW	Betrieb und Wirtschaft (Zeitschrift)
BVerfG	Bundesverfassungsgericht
BVerfGE	Sammlung der Entscheidungen des Bundesverfassungsgerichts
BVerfGK	Kammerentscheidungen des Bundesverfassungsgerichts
BVerwG	Bundesverwaltungsgericht
BVerwGE	Entscheidungen des Bundesverwaltungsgerichts
BW	Baden-Württemberg
BWNotZ	Zeitschrift für das Notariat in Baden-Württemberg (früher WürttNotV)
BY, by.	Bayern, bayerisch
BZ	Börsen-Zeitung
bzgl.	bezüglich

BZRG	Gesetz über das Zentralregister und das Erziehungsregister (Bundeszentralregistergesetz)
bzw.	beziehungsweise
ca.	circa
CA	Companies Act
CDDA	Company Directors Disqualification Act 1986
cic	culpa in contrahendo
CISG	United Nations Convention on Contracts for the International Sale of Goods – Übereinkommen der Vereinten Nationen über Verträge über den internationalen Warenkauf
Clunet	Journal du droit international, begr. von Clunet
CMLR	Common Market Law Report
CMN	Convention relative au contrat de transport de marchandises en navigation intérieure – Übereinkommen über den Vertrag über die Güterbeförderung in der Binnenschifffahrt
CMR	Convention relative au contrat de transport international de marchandises par route – Übereinkommen über den Beförderungsvertrag im internationalen Straßengüterverkehr
Co.	Company
COMI	Center of main interest
COTIF	Convention relative aux transports internationaux ferroviaires – Übereinkommen über den internationalen Eisenbahnverkehr
CR	Computer und Recht (Zeitschrift)
DAR	Deutsches Autorecht (Zeitschrift)
DAV	Deutscher Anwaltsverein
DAX	Deutscher Aktienindex
DB	Der Betrieb (Zeitschrift)
DBW	Die Betriebswirtschaft (Zeitschrift)
DCGK	Deutscher Corporate Governance-Kodex
DepotG	Gesetz über die Verwahrung und Anschaffung von Wertpapieren (Depotgesetz)
Der Konzern	Der Konzern (Zeitschrift)
dgl.	dergleichen; desgleichen
DCZZ	Deutsche Gerichtsvollzieher-Zeitung (Zeitschrift)
DGWR	Deutsches Gemein- und Wirtschaftsrecht (Zeitschrift)
dh	das heißt
Die Bank	Die Bank (Zeitschrift)
diff.	differenzierend
Dig.	Digesten
DIHT	Deutscher Industrie- und Handelstag
DiskE	Diskussionsentwurf
DJ	Deutsche Justiz (Zeitschrift)
DJT	Deutscher Juristentag
DJZ	Deutsche Juristenzeitung (Zeitschrift)
DLK	Der langfristige Kredit (Zeitschrift)
DM	Deutsche Mark
DMBilG	Gesetz über die Eröffnungsbilanz in Deutscher Mark und die Kapitalneufestsetzung (DMarkbilanzgesetz)
DNotI-Report	Informationsdienst des Deutschen Notarinstituts-Report
DNotZ	Deutsche Notar-Zeitschrift
Doc.	document(s)
DöD	Der öffentliche Dienst (Zeitschrift)
Dok.	Dokument
DÖV	Die öffentliche Verwaltung (Zeitschrift)
DR	Deutsches Recht (Zeitschrift)
DrittelbG	Gesetz über die Drittelbeteiligung der Arbeitnehmer im Aufsichtsrat (Drittelbeteiligungsgesetz)
DRiZ	Deutsche Richterzeitung (Zeitschrift)
DRS	Deutscher Rechnungslegungsstandard
DRSC	Deutsche Rechnungslegungs Standards Commitee

Abkürzungsverzeichnis

DRZ	Deutsche Rechts-Zeitschrift
DSR	Deutscher Standardisierungsrat
DStR	Deutsches Steuerrecht (Zeitschrift)
DStRE	DStR-Entscheidungsdienst
DStZ	Deutsche Steuer-Zeitung
DSWR	Datenverarbeitung, Steuer, Wirtschaft, Recht (Zeitschrift)
Dt.; dt.	Deutschland; deutsch
DtZ	Deutsch-Deutsche Rechtszeitschrift
DÜG	Diskontsatz-Überleitungs-Gesetz
DVBl.	Deutsches Verwaltungsblatt (Zeitschrift)
DVO	Durchführungsverordnung
DVWG	Deutsche Verkehrswirtschaftliche Gesellschaft
DVZ	Deutsche Logistik-Zeitung (früher: Deutsche Verkehrs-Zeitung)
DZWIR	Deutsche Zeitschrift für Wirtschafts- und Insolvenzrecht (Zeitschrift)
E	Entwurf, Entscheidung (in der amtlichen Sammlung)
ecolex	ecolex– Fachzeitschrift für Wirtschaftsrecht(österreichische Zeitschrift)
Ed.	editor/edition, Edition
E-DRS	Entwurf eines Deutschen Rechnungslegungsstandards
EDV	Elektronische Datenverarbeitung
EFG	Entscheidungen der Finanzgerichte
EFZG	Gesetz über die Zahlung des Arbeitsentgelts an Feiertagen und im Krankheitsfall (Entgeltfortzahlungsgesetz)
EG	Einführungsgesetz; Europäische Gemeinschaft
eG	eingetragene Genossenschaft
EGAktG	Einführungsgesetz zum Aktiengesetz
EGBGB	Einführungsgesetz zum Bürgerlichen Gesetzbuch
EGG	Erwerbsgesellschaftengesetz (österr.)
EGGmbHG	Einführungsgesetz zum GmbHG
EGHGB	Einführungsgesetz zum Handelsgesetzbuch
EGInsO	Einführungsgesetz zur Insolvenzordnung
EGKS	Europäische Gemeinschaft für Kohle und Stahl
EGKSV	Vertrag über die Gründung der Europäischen Gemeinschaft für Kohle und Stahl
EGV	Vertrag zur Gründung der Europäischen Wirtschaftsgemeinschaft
ehem.	ehemals
EHUG	Gesetz über elektronische Handelsregister und Genossenschaftsregister sowie das Unternehmensregister
Einf.	Einführung
Einl.	Einleitung
einschr.	einschränkend
EK	Eigenkapital
EL	Ergänzungslieferung
engl.	englisch
Entsch.	Entscheidung
entspr.	entsprechend
EPS	Entwurf eines Prüfungsstandards
ER	Einheitliche Richtlinien
ErbStG	Erbschaftssteuer- und Schenkungssteuergesetz
ERA	Einheitliche Richtlinien und Gebräuche für Dokumenten-Akkreditive
Erg.	Ergänzung; Ergebnis
erg.	ergänzend
Erl.	Erläuterungen; Erlass
EStG	Einkommensteuergesetz
etc	et cetera
EU	Europäische Union
EuG	Europäisches Gericht Erster Instanz
EuGH	Europäischer Gerichtshof
EuGVO/EuGVVO	Verordnung Nr. 44/2001/EG des Rates über die gerichtliche Zuständigkeit und die Anerkennung und Vollstreckung von Entscheidungen in Zivil- und Handelssachen (EGAnerkennungs-/Vollstreckungs-ZustVO)

EuGVÜ	Übereinkommen über die gerichtliche Zuständigkeit und die Vollstreckung gerichtlicher Entscheidungen in Zivil- und Handelssachen
EuInsVO	Verordnung (EG) Nr. 1346/2000 des Rates über Insolvenzverfahren
EuR	Europarecht (Zeitschrift)
EUR	Euro
EurA	Europa-Archiv
EuZA	Europäische Zeitschrift für Arbeitsrecht
EuZW	Europäische Zeitschrift für Wirtschaftsrecht
eV	eingetragener Verein
EvBl.	Evidenzblatt der Rechtsmittelentscheidungen
evtl.	eventuell
EVÜ	EG-Übereinkommen über das auf vertragliche Schuldverhältnisse anzuwendende Recht (Übereinkommen über vertragliche Schuldverhältnisse)
EWG	Europäische Wirtschaftsgemeinschaft
EWGV	Vertrag zur Gründung der Europäischen Wirtschaftsgemeinschaft
EWiR	Entscheidungen zum Wirtschaftsrecht (Zeitschrift)
EWIV	Europäische Wirtschaftliche Interessenvereinigung
EWR	Europäischer Wirtschaftsraum
EWR-Abk.	Abkommen über den europäischen Wirtschaftsraum
EWS	Europäisches Wirtschafts- und Steuerrecht (Zeitschrift)
EzA	Entscheidungssammlung zum Arbeitsrecht, hrsg. von Stahlhacke
EZB	Europäische Zentralbank
f.	folgend(e)
FamFG	Gesetz über das Verfahren in Familiensachen und in den Angelegenheiten der freiwilligen Gerichtsbarkeit
FamG	Familiengericht
FamRZ	Zeitschrift für das gesamte Familienrecht – Ehe und Familie im privaten und öffentlichen Recht mit Betreuungsrecht, Erbrecht, Verfahrensrecht, Öffentlichem Recht
FAZ	Frankfurter Allgemeine Zeitung
ff.	fortfolgend(e)
FG	Fachgutachten; Finanzgericht
FGG	Gesetz über die Angelegenheiten der freiwilligen Gerichtsbarkeit (aufgehoben)
FGG-RG	Gesetz zur Reform des Verfahrens in Familiensachen und Angelegenheiten der freiwilligen Gerichtsbarkeit (FGG-Reformgesetz)
FGPrax	Praxis der Freiwilligen Gerichtsbarkeit (Zeitschrift) Fikentscher/
FMStG	Gesetz zur Umsetzung eines Maßnahmenpakets zur Stabilisierung des Finanzmarktes (Finanzmarktstabilisierungsgesetz)
FMStBG	Gesetz zur Beschleunigung und Vereinfachung des Erwerbs von Anteilen an sowie Risikopositionen von Unternehmen des Finanzsektors durch den Fonds „Finanzmarktstabilisierungsfonds – FMS“ (Finanzmarktstabilisierungsbeschleunigungsgesetz)
FMStFV	Verordnung zur Durchführung des Finanzmarktstabilisierungsfondsgesetzes (Finanzmarktstabilisierungsfonds-Verordnung)
FN	Fachnachrichten des Instituts der Wirtschaftsprüfer in Deutschland eV
Fn.	Fußnote
FNA	Fundstellennachweis A, Beilage zum Bundesgesetzblatt Teil I
FNB	Fundstellennachweis B, Beilage zum Bundesgesetzblatt Teil II
FR	Finanz-Rundschau (Zeitschrift)
franz.	französisch
FS	Festschrift
G	Gesetz
GA	Generalanwalt; Goltdammer's Archiv für Strafrecht (Zeitschrift; 1953 ff.; früher: Dt. Strafrecht)
GAAP	Generally Accepted Accounting Principles
GAAS	Generally Accepted Auditing Standards
GATT	General Agreement on Tariffs and Trade
GastG	Gaststättengesetz
GBl.	Gesetzblatt

GBl. DDR	Gesetzblatt Deutsche Demokratische Republik
GBO	Grundbuchordnung
GBV	Gesetz zur Durchführung der GBO
GedS	Gedächtnisschrift
gem.	gemäß
GenG	Gesetz betreffend die Erwerbs- und Wirtschaftsgenossenschaften (Genossenschaftsgesetz)
GenRegV	Verordnung über das Genossenschaftsregister (Genossenschaftsregisterverordnung)
Germ. YB. Int. L.	s. JbIntR
GesRZ	Der Gesellschafter (österreichische Zeitschrift)
GewA	Gewerbe-Archiv (Zeitschrift)
GewO	Gewerbeordnung
GewStDV	Gewerbesteuer-Durchführungsverordnung
GewStG	Gewerbesteuergesetz
ggf.	gegebenenfalls
ggü.	gegenüber
GG	Grundgesetz
GIW	Gesetz über internationale Wirtschaftsverträge der Deutschen Demokratischen Republik
GK	Gemeinschaftskommentar; Großkommentar
GKV-Modernisierungsgesetz	s. GMG
GmbH	Gesellschaft mit beschränkter Haftung
GmbH & Co. (KG)	Gesellschaft mit beschränkter Haftung und Compagnie (Kommanditgesellschaft)
GmbHG	Gesetz betreffend die Gesellschaften mit beschränkter Haftung
GmbHR	GmbH-Rundschau (Zeitschrift)
GmbHStB	GmbH-Steuer-Berater (Zeitschrift)
GMG	Gesetz zur Modernisierung der gesetzlichen Krankenversicherung, (GKV-Modernisierungsgesetz)
GmS-OGB	Gemeinsamer Senat der obersten Gerichtshöfe des Bundes
GoA	Geschäftsführung ohne Auftrag; Grundsätze ordnungsgemäßer Abschlussprüfung
GoB	Grundsätze ordnungsmäßiger Buchführung
GoDV	Grundsätze für ordnungsgemäße Datenverarbeitung
GoF	Grundsätze ordnungsmäßiger Unternehmensführung
GoU	Grundlagen und Systemstruktur von Führungsgrundsätzen für die Unternehmensleitung
GoÜ	Grundlagen und Systemstruktur von Führungsgrundsätzen für die Überwachung
grds.	grundsätzlich
Großkomm.	Großkommentar
GrSZ	Großer Senat in Zivilsachen
Grundeigentum	Das Grundeigentum (Zeitschrift)
GrünhutsZ	Zeitschrift für das Privat- und öffentliche Recht der Gegenwart, begr. von Grünhut
GRUR	Gewerblicher Rechtsschutz und Urheberrecht (Zeitschrift)
GRURAusl	Gewerblicher Rechtsschutz und Urheberrecht, Auslands- und internationaler Teil (Zeitschrift), 1952–1969
GRURPrax	Gewerblicher Rechtsschutz und Urheberrecht, Praxis im Immaterialgüter- und Wettbewerbsrecht (Zeitschrift)
GRUR-RR	GRUR-Rechtsprechungs-Report (Zeitschrift)
GS	Gedenkschrift; Großer Senat
GüKV	Güterkraftverkehrsgesetz
GuV	Gewinn- und Verlustrechnung
GVBl.	Gesetz- und Verordnungsblatt
GVG	Gerichtsverfassungsgesetz
GVGA	Geschäftsanweisung für Gerichtsvollzieher
GVÜ	s. EuGVÜ
GWB	Gesetz gegen Wettbewerbsbeschränkungen

GwG .... Gesetz über das Aufspüren von Gewinnen aus schweren Straftaten (Geldwäschegesetz)
GWR .... Gesellschafts- und Wirtschaftsrecht (Zeitschrift)

hA .... herrschende Ansicht/Auffassung
HAG .... Heimarbeitsgesetz
Halbbd. .... Halbband
HandelsG .... Handelsgericht
HansRGZ .... Hanseatische Rechts- und Gerichtszeitschrift
HansRZ .... Hanseatische Rechtszeitschrift für Handel, Schifffahrt und Versicherung, Kolonial- und Auslandsbeziehungen
HB .... Handelsbilanz; Hansestadt Bremen
HBG .... s. HypBankG
HdB .... Handbuch
HE .... Hessen
HeilBerG .... Gesetz über die Berufsvertretung, die Berufsausübung, die Weiterbildung und die Berufsgerichtsbarkeit der Ärzte, Zahnärzte, Psychotherapeuten, Tierärzte und Apotheker (Heilberufsgesetz)
HeilBerG-HB .... Heilberufsgesetz Hamburg
HeilBerG-MV .... Heilberufsgesetz Mecklenburg-Vorpommern
HeilBerG-NRW .... Heilberufsgesetz Nordrhein-Westfalen
HeilBG-SH .... Heilberufsgesetz Schleswig-Holstein
HEZ .... Höchstrichterliche Entscheidungen (Entscheidungssammlung)
HFA .... Hauptfachausschuss
HG .... Handelsgericht
HGB .... Handelsgesetzbuch
HGB-E .... HGB-Entwurf
HGrG .... Gesetz über die Grundsätze des Haushaltsrechts des Bundes und der Länder (Haushaltsgrundsätzegesetz)
HH .... Hansestadt Hamburg
hins. .... hinsichtlich
hL .... herrschende Lehre
hLit .... herrschende Literatur
hM .... herrschende Meinung
HPflG .... Haftpflichtgesetz
HRegGebV .... Verordnung über Gebühren in Handels-, Partnerschafts- und Genossenschaftsregistersachen (Handelsregistergebührenverordnung)
HRR .... Höchstrichterliche Rechtsprechung (Zeitschrift)
HRRefG/HRefG .... Gesetz zur Neuregelung des Kaufmanns- und Firmenrechts und zur Änderung anderer handelsrechtlicher und gesellschaftsrechtlicher Vorschriften (Handelsrechtsreformgesetz)
Hrsg.; hrsg. .... Herausgeber; herausgegeben
HRV .... Handelsregisterverfügung; Verordnung über die Einrichtung und Führung des Handelsregisters (Handelsregisterverordnung)
Hs. .... Halbsatz
HV .... Hauptversammlung
HVH .... Voss, Handelsvertreter-Handbuch, 1969
HVR .... Rechtsprechungssammlung zum Handelsvertreter- und Vertriebsrecht
HVuHM .... Der Handelsvertreter und Handelsmakler (Zeitschrift)
HwO .... Gesetz zur Ordnung des Handwerks (Handwerksordnung)
HypB(ank)G .... Hypothekenbankgesetz

iA .... in Abwicklung
IA .... Insolvency Act
IAPS .... International Auditing Practice Statements
IAS .... International Accounting Standards
IASB .... International Accounting Standards Board
IASC .... International Accounting Standards Commitee
ICC .... International Chamber of Commerce; Interstate Commerce Commission
idF .... in der Fassung
idR .... in der Regel
idS .... in diesem Sinne

IDW	Institut der Wirtschaftsprüfer in Deutschland eV
iE	im Einzelnen
ieS	im engeren Sinne
IFRS	International Financial Reporting Standards
IGH	Internationaler Gerichtshof
iGr	in Gründung
iH	in Höhe
iHd	in Höhe des, der
iHe	in Höhe eines, einer
IHK	Industrie- und Handelskammer
IHR	Internationales Handelsrecht (Zeitschrift)
iL	in Liquidation
insbes.	insbesondere
InsO	Insolvenzordnung
internat.	international
IntGesR	Internationales Gesellschaftsrecht
IntHK	Internationale Handelskammer
IntTranspZ	Internationale Transportzeitschrift
InvG	Investmentgesetz (aufgehoben)
InVo	Insolvenz & Vollstreckung (Zeitschrift)
IPR	Internationales Privatrecht
IPRax	Praxis des Internationalen Privat- und Verfahrensrecht (Zeitschrift)
IPRspr	Makaro/Gamillscheg/Müller/Dierk/Kropholler, Die deutsche Rechtsprechung auf dem Gebiet des internationalen Privatrechts, 1952 ff. (Entscheidungssammlung)
iR	im Rahmen
iRd	im Rahmen des, der
iRe	im Rahmen eines, einer
iRv	Im Rahmen von
iS	im Sinne
iSd	im Sinne der, des
iSe	im Sinne einer, eines
IStR	Internationales Steuerrecht (Zeitschrift)
iSv	im Sinne von
ital.	italienisch
iÜ	im Übrigen
iVm	in Verbindung mit
iwS	im weiteren Sinne
JA	Juristische Arbeitsblätter (Zeitschrift); Jahresabschluss
JArbSchG	Gesetz zum Schutze der arbeitenden Jugend (Jugendarbeitsschutzgesetz)
Jb.	Jahrbuch
JbfSozWiss	Jahrbuch für Sozialwissenschaften
JbFAStR	Jahrbuch der Fachanwälte für Steuerrecht
JbIntR	Jahrbuch für internationales Recht (= Germ. YB. Int. L.)
JBl	Juristische Blätter (österreichische Zeitschrift)
JbSchiedsgerichtsb	Jahrbuch für die Praxis der Schiedsgerichtsbarkeit
JfB	Jahrbuch für Betriebswirte (Zeitschrift)
JFG	Jahrbuch für Entscheidungen in Angelegenheiten der Freiwilligen Gerichtsbarkeit
Jg.	Jahrgang
Jh.	Jahrhundert
JherJb.	Jherings Jahrbuch für die Dogmatik des bürgerlichen Rechts (Zeitschrift)
JMBl.	Justizministerialblatt
JR	Juristische Rundschau (Zeitschrift)
JURA	JURA (Zeitschrift)
JurA	Juristische Analysen
JurBl.	Juristische Blätter
JurBüro	Das juristische Büro (Zeitschrift)
JuS	Juristische Schulung (Zeitschrift)
JVKostO	Gesetz über Kosten im Bereich der Justizverwaltung (Justizverwaltungskostenordnung)

JW	Juristische Wochenschrift (Zeitschrift)
JZ	JuristenZeitung
K&R	Kommunikation & Recht (Zeitschrift)
KAGG	Gesetz über Kapitalanlagegesellschaften
Kap.	Kapital; Kapitel
KapAEG	Gesetz zur Verbesserung der Wettbewerbsfähigkeit deutscher Konzerne an Kapitalmärkten und zur Erleichterung der Aufnahme von Gesellschafterdarlehen (Kapitalaufnahmeerleichterungsgesetz)
KapCoRiLiG	Gesetz zur Durchführung der Richtlinie des Rates der Europäischen Union zur Änderung der Bilanz- und der Konzernbilanzrichtlinie hinsichtlich ihres Anwendungsbereichs (90/605/EWG), zur Verbesserung der Offenlegung von Jahresabschlüssen und zur Änderung anderer handelsrechtlicher Bestimmungen (Kapitalgesellschaften- und Co-Richtlinie-Gesetz)
KapErhG	Gesetz über die Kapitalerhöhung aus Gesellschaftsmitteln und über die Verschmelzung von Gesellschaften mit beschränkter Haftung
KapG(es)	Kapitalgesellschaft
KapMuG	Gesetz über Musterverfahren in kapitalmarktrechtlichen Streitigkeiten (Kapitalanleger-Musterverfahrensgesetz)
KfH	Kammer für Handelssachen
KfW	Kreditanstalt für Wiederaufbau
Kfz	Kraftfahrzeug
KG	Kammergericht; Kommanditgesellschaft
KGaA	Kommanditgesellschaft auf Aktien
KGHB-LSA	Gesetz über die Kammern für Heilberufe Sachsen-Anhalt
KGJ	Jahrbuch für Entscheidungen des Kammergerichts in Sachen der freiwilligen Gerichtsbarkeit, in Kosten-, Stempel- und Strafsachen (bis 19. 1899: in Sachen der nichtstreitigen Gerichtsbarkeit), 1.1881-53.1922
KGR	KG-Report Berlin
KO	Konkursordnung (aufgehoben)
Komm.	Kommentar
KommJur	Kommunaljurist (Zeitschrift)
KonsularG	Gesetz über die Konsularbeamten, ihre Aufgaben und Befugnisse (Konsulargesetz)
KonTraG	Gesetz zur Kontrolle und Transparenz im Unternehmensbereich
Konv.	Konvention
KostO	Kostenordnung
KRG	Kontrollratsgesetz
krit.	kritisch
Krit. Zs. ges. Rechtsw.	Kritische Zeitschrift für die gesamte Rechtswissenschaft
KritJ	Kritische Justiz – Vierteljahresschrift für Recht und Politik (Zeitschrift)
KrVjschr.	Kritische Vierteljahresschrift für Gesetzgebung und Rechtswissenschaft (Zeitschrift)
KSchG	Kündigungsschutzgesetz
KStG	Körperschaftsteuergesetz
KSzW	Kölner Schrift zum Wirtschaftsrecht (Zeitschrift)
KTS	Zeitschrift für Insolvenzrecht, Konkurs – Treuhand – Sanierung
KurzKomm.	Kurzkommentar
KWG	Gesetz über das Kreditwesen (Kreditwesengesetz)
l. Sp.	linke Spalte
LAG	Landesarbeitsgericht
LAGE	Entscheidungen der Landesarbeitsgerichte
LBO	Leverged buy out
Lfg.	Lieferung
LfV	Lehre vom fehlerhaften Verband
LG	Landgericht
lit.	litera
Lit.	Literatur
LM	Lindenmaier/Möhring, Nachschlagewerk des Bundesgerichtshofs
LMK	beck-fachdienst.Zivilrecht
LöschG	Gesetz über die Auflösung und Löschung von Gesellschaften

Abkürzungsverzeichnis

LPVG	Landespersonalvertretungsgesetz
Ls.	Leitsatz
LSG	Landessozialgericht
Ltd.	Limited
LZ	Leipziger Zeitschrift für Deutsches Recht
mablAnm	mit ablehnender Anmerkung
mÄnd	mit Änderung(en)
mAnm	mit Anmerkungen
MarkenG	Gesetz über den Schutz von Marken und sonstigen Kennzeichen (Markengesetz)
Mat.	Materialien
Mauracher Entwurf	Mauracher Entwurf für ein Gesetz zur Modernisierung des Personengesellschaftsrechts
maW	mit anderen Worten
max.	maximal
mbB	mit beschränkter Berufshaftung
MBl.	Ministerialblatt
MDR	Monatsschrift für Deutsches Recht (Zeitschrift)
mE	meines Erachtens
MgVG	Gesetz über die Mitbestimmung der Arbeitnehmer bei einer grenzüberschreitenden Verschmelzung
min.	minimal
Mio.	Million(en)
MitbestErgG	Gesetz zur Ergänzung des Gesetzes über die Mitbestimmung der Arbeitnehmer in den Aufsichtsräten und Vorständen der Unternehmen des Bergbaus und der Eisen und Stahl erzeugenden Industrie (Mitbestimmungs-Ergänzungsgesetz)
MitbestG 1976	Mitbestimmungsgesetz vom 4.5.1976
Mitt.	Mitteilung(en)
MittBayNot	Mitteilungen des Bayerischen Notarvereins, der Notarkasse und der Landesnotarkammer Bayern (Zeitschrift)
MittBl.	Mitteilungsblatt
MittRhNotK	Mitteilungen der Rheinischen Notarkammer (Zeitschrift)
mkritAnm	mit kritischer Anmerkung
mN	mit Nachweisen
MoMiG	Gesetz zur Modernisierung des GmbH-Rechts und zur Bekämpfung von Mißbräuchen
MontanMitbestErgG	Gesetz zur Ergänzung des Gesetzes über die Mitbestimmung der Arbeitnehmer in den Aufsichtsräten und Vorständen der Unternehmen des Bergbaus und der Eisen und Stahl erzeugenden Industrie
MontanMitbestG	Gesetz über die Mitbestimmung der Arbeitnehmer in den Aufsichtsräten und Vorständen der Unternehmen des Bergbaus und der Eisen und Stahl erzeugenden Industrie
Mot.	Motive zu dem Entwurf eines Bürgerlichen Gesetzbuches für das Deutsche Reich (Band I Allgemeiner Teil; Band II Recht der Schuldverhältnisse; Band III Sachenrecht; Band IV Familienrecht; Band V Erbrecht)
MP	Musterprotokoll
MPhG	Gesetz über die Berufe in der Physiotherapie (Masseur- und Physiotherapeutengesetz)
Mugdan	Die gesamten Materialien zum Bürgerlichen Gesetzbuch für das Deutsche Reich, hrsg. von Mugdan, Band I–V, 1899
MuSchG	Gesetz zum Schutz der erwerbstätigen Mutter (Mutterschutzgesetz)
MV	Mecklenburg-Vorpommern
MVZ	Medizinisches Versorgungszentrum
mwN	mit weiteren Nachweisen
mzN	mit zahlreichen Nachweisen
mzustAnm	mit zustimmender Anmerkung
NachwG	Gesetz über den Nachweis der für ein Arbeitsverhältnis geltenden wesentlichen Bestimmungen
NaStraG	Gesetz zur Namensaktie und zur Erleichterung der Stimmrechtsausübung

NB	Neue Betriebswirtschaft (Zeitschrift)
Nbl.	Nachrichtenblatt
NdsRpfleger	Niedersächsische Rechtspflege (Zeitschrift)
nF	neue Fassung; neue Folge
NHBG	Nachtragshaftungsbegrenzungsgesetz
Nl.	Niedersachsen
NJ	Neue Justiz (Zeitschrift)
NJOZ	Neue Juristische Online-Zeitschrift
NJW	Neue Juristische Wochenschrift (Zeitschrift)
NJWE-VHR	Neue Juristische Wochenschrift, Entscheidungsdienst Versicherungs- und Haftungsrecht (Zeitschrift)
NJW-RR	NJW-Rechtsprechungs-Report (Zivilrecht)
NJW Spezial	NJW-Spezialno. number; numéro
notar	notar – Monatsschrift für die gesamte notarielle Praxis
NotBZ	Zeitschrift für die notarielle Beratungs- und Beurkundungspraxis
Nr.	Nummer(n)
nrkr	nicht rechtskräftig
NRW	Nordrhein-Westfalen
NStZ	Neue Zeitschrift für Strafrecht
NStZ-RR	NStZ-Rechtsprechungs-Report (Strafrecht)
nv	nicht veröffentlicht
NVwZ	Neue Zeitschrift für Verwaltungsrecht
NVwZ-RR	Neue Zeitschrift für Verwaltungsrecht – Rechtsprechungs-Report
NWB	Neue Wirtschaftsbriefe (Loseblatt-Sammlung)
NWVBl	Nordrhein-Westfälische Verwaltungsblätter (Zeitschrift)
NZA	Neue Zeitschrift für Arbeitsrecht
NZA-RR	NZA – Rechtsprechungs-Report (Arbeitsrecht)
NZBau	Neue Zeitschrift für Baurecht und Vergaberecht
NZG	Neue Zeitschrift für Gesellschaftsrecht
NZI	Neue Zeitschrift für das Recht der Insolvenz und Sanierung
NZM	Neue Zeitschrift für Miet- und Wohnungsrecht
NZS	Neue Zeitschrift für Sozialrecht
NZV	Neue Zeitschrift für Verkehrsrecht
o.	oben
oa	oben angegeben
oÄ	oder Ähnliches
ÖBA	Bank-Archiv: Zeitschrift für das gesamte Bank- und Börsenwesen (Österreich)
ObG	Obergericht
OECD	Organization of Economic Cooperation and Development
OEEC	Organization for European Economic Cooperation, Organisation für Europäische Wirtschaftliche Zusammenarbeit
OFD	Oberfinanzdirektion
OGH	Oberster Gerichtshof (Österreich)
OGH-BrZ	Oberster Gerichtshof für die Britische Zone
OGHZ	Entscheidungen des Obersten Gerichtshofes für die Britische Zone in Zivilsachen
oHG	offene Handelsgesellschaft
öHGB	Österreichisches Handelsgesetzbuch
oJ	ohne Jahrgang
ÖJZ	Österreichische Juristen-Zeitung
OLG	Oberlandesgericht
OLGE	s. OLGRspr
OLGR	OLG-Report (Zeitschrift)
OLGRspr	Die Rechtsprechung der Oberlandesgerichte auf dem Gebiete des Zivilrechts, hrsg. von Mugdan und Falkmann (1. 1900-46. 1928; aufgegangen in HRR)
OLGZ	Rechtsprechung der Oberlandesgerichte in Zivilsachen, Amtliche Entscheidungssammlung
öOGH	österreichischer Oberster Gerichtshof
OR	Schweizerisches Obligationsrecht

ORDO	ORDO, Jahrbuch für die Ordnung von Wirtschaft und Gesellschaft
ÖRdW	Österreichisches Recht der Wirtschaft (Zeitschrift)
österr.	österreichisch
ÖstZöffR	Österreichische Zeitschrift für öffentliches Recht und Völkerrecht
oV	ohne Verfasser
OVG	Oberverwaltungsgericht
OWiG	Gesetz über Ordnungswidrigkeiten
PAO	Patentanwaltsordnung
PartG	Partnerschaftsgenossenschaft
PartGG	Gesetz über Partnerschaftsgesellschaften Angehöriger Freier Berufe (Partnerschaftsgesellschaftsgesetz)
PartGmbB	Partnerschaftsgenossenschaft mit beschränkter Berufshaftung
PatG	Patentgesetz
PBefG	Personenbeförderungsgesetz
PersGes.	Personengesellschaft
PfandBG	Pfandbriefgesetz
PflegeZG	Gesetz über die Pflegezeit (Pflegezeitgesetz)
pr./preuß.	preußisch
PrAGBGB	Preußisches Ausführungsgesetz zum BGB
PrEnteigG	Preußisches Enteignungsgesetz
PrObTr	Preußisches Obertribunal
PrObTrE	Entscheidungen des Preußischen Obertribunals
ProdHaftG	Gesetz über die Haftung für fehlerhafte Produkte (Produkthaftungsgesetz)
Prot.	Protokolle der Reichsberatungen zum BGB
Prot. zum ADHGB	Protokolle zum ADHGB
Prot. zum pr. HGB-Entwurf	Protokolle zum preußischen HGB-Entwurf
ProstG	Gesetz zur Regelung der Rechtsverhältnisse der Prostituierten
PsychThG	Gesetz über die Berufe des Psychologischen Psychotherapeuten und des Kinder- und Jugendlichenpsychotherapeuten (PsychotherapeutengesetzG)
pVV	positive Vertragsverletzung
r. Sp.	rechte Spalte
RA	Rechtsausschuss
RabelsZ	Rabels Zeitschrift für ausländisches und internationales Privatrecht
RAG	Reichsarbeitsgericht
RAGE	Entscheidungen des Reichsarbeitsgerichts
RAnz.	Reichs- und preußischer Staatsanzeiger
RBerG	Rechtsberatungsgesetz (aufgehoben)
Rbestand	Der Rechtsbeistand (Zeitschrift)
RdA	Recht der Arbeit (Zeitschrift)
RdErl.	Runderlass
RDG	Gesetz über außergerichtliche Rechtsdienstleistungen (Rechtsdienstleistungsgesetz)
RdSchr.	Rundschreiben
RdW	Recht der Wirtschaft (Zeitschrift)
RE	Rechtsentscheid
Recht	Das Recht (Zeitschrift)
RefE	Referentenentwurf
RegBegr	Regierungsbegründung
RegBegr Kropff	Textausgabe des Aktiengesetzes 1965 mit Begründungen und Berichten, 1965
RegE	Regierungsentwurf
RFH	Reichsfinanzhof
RFHE	Amtliche Sammlung der Entscheidungen des Reichsfinanzhofs
RG	Reichsgericht
RGBl.	Reichsgesetzblatt
RGSt.	Amtliche Sammlung von Entscheidungen des Reichsgerichts in Strafsachen
RGZ	Amtliche Sammlung von Entscheidungen des Reichsgerichts in Zivilsachen
RIW	Recht der internationalen Wirtschaft (Zeitschrift, 1.1954/55-3.1957 und 21.1975 ff.; früher AWD)

RJA-E I	Entwurf eines Handelsgesetzbuchs für das Deutsche Reich, aufgestellt im Reichs-Justizamt, Berlin 1895
RJA-E II	Entwurf eines Handelsgesetzbuchs mit Ausschluss des Seehandelsrechts, aufgestellt im Reichs-Justizamt. Amtliche Ausgabe, Berlin 1896
rkr	rechtskräftig
RL	Richtlinie
Rn.	Randnummer(n)
RNotZ	Rheinische Notar-Zeitschrift
ROHG	Reichsoberhandelsgericht, auch Entscheidungssammlung
Rom I-VO	Verordnung über das auf vertragliche Schuldverhältnisse anzuwendende Recht
Rom II-VO	Verordnung über das auf außervertragliche Schuldverhältnisse anzuwendende Recht
RP	Rheinland-Pfalz
Rpfleger	Der Deutsche Rechtspfleger (Zeitschrift)
RPflG	Rechtspflegergesetz
Rs.	Rechtssache
Rspr.	Rechtsprechung
RT-Drs.	Reichstagsdrucksache
RTVorl.	Entwurf eines Handelsgesetzbuchs von 1897, Reichstags-Drucksache Nr. 632
RVG	Gesetz über die Vergütung der Rechtsanwältinnen und Rechtsanwälte (Rechtsanwaltsvergütungsgesetz)
RvglHWB	Rechtsvergleichendes Handwörterbuch für das Zivil- und Handelsrecht des In- und Auslandes
RVR	Rundschau für Vertreterrecht (Zeitschrift)
RWP	Rechts- und Wirtschaftspraxis (Loseblatt-Ausgabe)
RWS	Recht Wirtschaft Steuern (Zeitschrift)
RWS-Dok.	RWS-Dokumentation
RWS-Forum	Veranstaltung des RWS Verlags
s.	siehe
S.	Satz; Seite
SaBl.	Sammelblatt für Rechtsvorschriften des Bundes und der Länder
SächsHKaG	Gesetz über Berufsausübung, Berufsvertretungen und Berufsgerichtsbarkeit der Ärzte, Zahnärzte, Tierärzte, Apotheker sowie der Psychologischen Psychotherapeuten und der Kinder- und Jugendlichenpsychotherapeuten (Sächsisches Heilberufekammergesetz)
SAE	Sammlung arbeitsrechtlicher Entscheidungen (Zeitschrift)
SCE	Societas Cooperativa Europaea/Europäische Genossenschaft
SCE-VO	SCE-Verordnung
ScheckG	Scheckgesetz
SchiedsVZ	Zeitschrift für Schiedsverfahren
SchlHA	Schleswig-Holsteinische Anzeigen (Zeitschrift; NF 1. 1837 ff.)
SchVG	Gesetz über Schuldverschreibungen aus Gesamtemissionen (Schuldverschreibungsgesetz)
SE	Societas Europaea/ Europäische Aktiengesellschaft, Europäische Gesellschaft
SEBG	Gesetz über die Beteiligung der Arbeitnehmer in einer Europäischen Gesellschaft (SE-Beteiligungsgesetz)
sec.	section
SE-VO	SE-Verordnung
SEStEG	Gesetz über steuerliche Begleitmaßnahmen zur Einführung der Europäischen Gesellschaft und zur Änderung weiterer steuerrechtlicher Vorschriften
SeuffA	Seufferts Archiv für Entscheidungen der obersten Gerichte in den deutschen Staaten (Zeitschrift)
SG	Sozialgericht; Schmalenbach – Gesellschaft für Betriebswirtschaft eV
Sgb	Die Sozialgerichtsbarkeit (Zeitschrift)
SGB	Sozialgesetzbuch
SH	Schleswig-Holstein
SJZ	Süddeutsche Juristenzeitung (Zeitschrift)
SL	Saarland

Abkürzungsverzeichnis

Slg. .... Sammlung der Rechtsprechung des EuGH und des Gerichts erster Instanz; Sammlung
SN .... Sachsen
sog. .... sogenannt
Sp. .... Spalte
SPE .... Societas Privata Europaea
SpkG .... Sparkassengesetz
ST .... Sachsen-Anhalt
SpruchG .... Gesetz über das gesellschaftsrechtliche Spruchverfahren
st. .... ständig
StAnpG .... Steueranpassungsgesetz (aufgehoben)
StB .... Der Steuerberater (Zeitschrift)
StBerG .... Steuerberatungsgesetz
Stbg .... Die Steuerberatung (Zeitschrift)
StbJb .... Steuerberater-Jahrbuch
StBKongrRep .... Steuerberaterkongress-Report
stenogr. .... stenographisch
StGB .... Strafgesetzbuch
StPO .... Strafprozessordnung
str. .... streitig; strittig
StraFo .... StrafverteidigerForum (Zeitschrift)
stRspr .... ständige Rechtsprechung
StuB .... Steuer- und Bilanzpraxis (Zeitschrift)
StückAG .... Gesetz über die Zulassung von Stückaktien (Stückaktiengesetz)
StuW .... Steuer und Wirtschaft (Zeitschrift)
StV .... Strafverteidiger (Zeitschrift)
StVG .... Straßenverkehrsgesetz
SZ .... Süddeutsche Zeitung; Entscheidungen des Obersten Gerichtshofes in Zivil- und Justizverwaltungssachen (Österreich)
SZGerm .... Zeitschrift der Savigny-Stiftung für Rechtsgeschichte, Germanische Abteilung

TaBV .... Verordnung über Tabakerzeugnisse (Tabakverordnung)
TD .... Transportdienst
teilw. .... teilweise
TH .... Thüringen
ThürHeilBG .... Thüringer Heilberufegesetz
Timm Aktiengesellschaft .... Timm, Die Aktiengesellschaft als Konzernspitze: die Zuständigkeitsordnung bei der Konzernbildung und Konzernumbildung, 1980
TKG .... Telekommunikationsgesetz
TOP .... Tagesordnungspunkt
TransPuG .... Gesetz zur weiteren Reform des Aktien- und Bilanzrechts, zu Transparenz und Publizität (Transparenz- und Publizitätsgesetz)
TUG .... Entwurf eines Gesetzes zur Umsetzung der Richtlinie 2004/109/EG des Europäischen Parlaments und des Rates vom 15. Dezember 2004 zur Harmonisierung der Transparenzanforderungen in Bezug auf Informationen über Emittenten, deren Wertpapiere zum Handel auf einem geregelten Markt zugelassen sind, und zur Änderung der Richtlinie 2001/34/EG (Transparenzrichtlinie- Umsetzungsgesetz)
TVG .... Tarifvertragsgesetz
Tz. .... Teilziffer(n)
TzBfG .... Gesetz über Teilzeitarbeit und befristete Arbeitsverträge (Teilzeit- und Befristungsgesetz)

u. .... und; unten; unter
ua .... unter anderem
uÄ .... und Ähnliches
Überbl. .... Überblick
überwA .... überwiegende Ansicht/Auffassung
überwM .... überwiegende Meinung
Übk. .... Übereinkommen

UCC	Uniform Commercial Code
UG	Unternehmergesellschaft
UGB	(österreichisches) Unternehmensgesetzbuch
UMAG	Gesetz zur Unternehmensintegrität und Modernisierung des Anfechtungsrechts
1. UmwÄndG	Gesetz zur Änderung des Umwandlungsgesetzes, des Partnerschaftsgesellschaftsgesetzes und anderer Gesetze
2. UmwÄndG	Zweites Gesetz zur Änderung des Umwandlungsgesetzes
3. UmwÄndG	Drittes Gesetz zur Änderung des Umwandlungsgesetzes
UmwBerG	Gesetz zur Bereinigung des Umwandlungsrechts
UmwG	Umwandlungsgesetz
UmwStG	Umwandlungssteuergesetz
umstr.	umstritten
UN-Kaufrecht	s. CISG
unstr.	unstreitig
UAbs.	Unterabsatz
unzutr.	unzutreffend
Urt.	Urteil
Ust.	Umsatzsteuer
UStG	Umsatzsteuergesetz
usw	und so weiter
uU	unter Umständen
UWG	Gesetz gegen den unlauteren Wettbewerb
v.	vom; von; versus
va	vor allem
VAG	Gesetz über die Beaufsichtigung der Versicherungsunternehmen (Versicherungsaufsichtsgesetz)
VBlBW	Verwaltungsblätter für Baden-Württemberg (Zeitschrift)
VerbrKrG	Verbraucherkreditgesetz; Gesetz über Verbraucherkredite, zur Änderung der Zivilprozeßordnung und anderer Gesetze (aufgehoben)
Verf.	Verfasser; Verfassung
Verh.	Verhandlung(en)
Verh. DJT	Verhandlungen des Deutschen Juristentages
VermAnlG	Gesetz über Vermögensanlagen (Vermögensanlagengesetz)
VermBG	Gesetz zur Förderung der Vermögensbildung der Arbeitnehmer (Vermögensbildungsgesetz)
VermVerkProspV	Verordnung über Vermögensanlagen-Verkaufsprospekte (Vermögensanlagen- Verkaufsprospektverordnung)
Veröff.	Veröffentlichung(en)
VerkprospG	Wertpapier-Verkaufsprospektgesetz
VersR	Versicherungsrecht; Juristische Rundschau für die Individualversicherung (Zeitschrift)
VersW	Versicherungswirtschaft (Zeitschrift)
Verw.	Verwaltung
VerwA	Verwaltungsarchiv (Zeitschrift)
VerwG	Verwaltungsgericht
VerwGH	Verwaltungsgerichtshof
Vfg.	Verfügung
VG	Verwaltungsgericht
VGH	Verwaltungsgerichtshof
VGR	wissenschaftliche Vereinigung für Unternehmens- und Gesellschaftsrecht eV
vgl.	vergleiche
VglO	Vergleichsordnung
vH	vom (von) Hundert
VIZ	Zeitschrift für Vermögens- und Immobilienrecht
VO	Verordnung
VOB	Verdingungsordnung für Bauleistungen
Vol.	Volume
Vorb., Vorbem.	Vorbemerkung
VorstAG	Gesetz zur Angemessenheit der Vorstandsvergütung
VP	Die Versicherungspraxis (Zeitschrift)

Abkürzungsverzeichnis

VRG	Gesetz zur Förderung von Vorruhestandsleistungen (Vorruhestandsgesetz)
vs.	versus
VVaG	Versicherungsverein auf Gegenseitigkeit
VVDStRL	Veröffentlichungen der Vereinigung der Deutschen Staatsrechtslehrer
VVG	Gesetz über den Versicherungsvertrag (Versicherungsvertragsgesetz)
VW	Versicherungswirtschaft (Zeitschrift)
VwGO	Verwaltungsgerichtsordnung
VwVfG	Verwaltungsverfahrensgesetz
VwZG	Verwaltungszustellungsgesetz
WarnR	Rechtsprechung des Reichsgerichts, hrsg. von Warneyer, ab 1961: Rechtsprechung des Bundesgerichtshofs in Zivilsachen
wbl	wirtschaftsrechtliche blätter (Zeitschrift)
WEG	Gesetz über das Wohnungseigentum und das Dauerwohnrecht (Wohnungseigentumsgesetz)
WG	Wechselgesetz
WiB	Wirtschaftsrechtliche Beratung (Zeitschrift)
WiR	Wirtschaftsrat; Wirtschaftsrecht (Zeitschrift)
WiRo	Zeitschrift für Wirtschaft und Recht in Osteuropa
wistra	Zeitschrift für Wirtschafts- und Steuerstrafrecht
WM	Wertpapier-Mitteilungen, Zeitschrift für Wirtschafts- und Bankrecht (Zeitschrift)
WPg	Die Wirtschaftsprüfung (Zeitschrift)
WpHG	Gesetz über den Wertpapierhandel (Wertpapierhandelsgesetz)
WPK	Wirtschaftsprüferkammer
WPK-Mitt	Wirtschaftsprüferkammer-Mitteilungen (Zeitschrift)
WPO	Gesetz über eine Berufsordnung der Wirtschaftsprüfer (Wirtschaftsprüferordnung)
WpPG	Gesetz über die Erstellung, Billigung und Veröffentlichung des Prospekts, der beim öffentlichen Angebot von Wertpapieren oder bei der Zulassung von Wertpapieren zum Handel an einem organisierten Markt zu veröffentlichen ist (Wertpapierprospektgesetz)
WpÜG	Wertpapiererwerbs- und Übernahmegesetz
WRP	Wettbewerb in Recht und Praxis (Zeitschrift)
WRV	Verfassung des Deutschen Reichs (Weimarer Reichsverfassung)
WuB	Wirtschafts- und Bankrecht (Zeitschrift)
WuM	Wohnungswirtschaft und Mietrecht (Zeitschrift)
Württ., württ.	Württemberg, württembergisch
WuSta	Wirtschaft und Statistik (herausgegeben vom Statistischen Bundesamt; Zeitschrift)
WuW	Wirtschaft und Wettbewerb (Zeitschrift)
WuW/E	Wirtschaft und Wettbewerb – Entscheidungssammlung
ZAkDR	Zeitschrift der Akademie für Deutsches Recht
ZaöRV	Zeitschrift für ausländisches öffentliches Recht und Völkerrecht
zB	zum Beispiel
ZBB	Zeitschrift für Bankrecht und Bankwirtschaft
ZBernJV	Zeitschrift des Bernischen Juristenvereins
ZBlHR	Zentralblatt für Handelsrecht
ZdtRudtRWiss	Zeitschrift für deutsches Recht und deutsche Rechtswissenschaft
Zerb	Zeitschrift für Steuer- und Erbrechtspraxis
ZEuP	Zeitschrift für Europäisches Privatrecht
ZEV	Zeitschrift für Erbrecht und Vermögensnachfolge
ZfA	Zeitschrift für Arbeitsrecht
ZfB	Zeitschrift für Betriebswirtschaft
ZfbF	(Schmalenbachs) Zeitschrift für betriebswirtschaftliche Forschung
ZfBR	Zeitschrift für deutsches und internationales Baurecht (1.1978ff)
ZfgG	Zeitschrift für das gesamte Genossenschaftswesen
ZfIR	Zeitschrift für Immobilienrecht
ZfRV	Zeitschrift für Rechtsvergleichung (Österreich)
ZfV	Zeitschrift für Versicherungswesen
ZGB	Schweizerisches Zivilgesetzbuch

ZGB DDR	Zivilgesetzbuch der Deutschen Demokratischen Republik
ZgesKredW	Zeitschrift für das gesamte Kreditwesen (ZfgK)
ZgesStaatsW	Zeitschrift für die gesamte Staatswissenschaft (ZgS)
ZGR	Zeitschrift für Unternehmens- und Gesellschaftsrecht
ZHR	Zeitschrift für das gesamte Handelsrecht und Wirtschaftsrecht (früher: Zeitschrift für das gesamte Handelsrecht und Konkursrecht)
Ziff.	Ziffer(n)
ZInsO	Zeitschrift für das gesamte Insolvenzrecht
ZIntEisenb	Zeitschrift für den internationalen Eisenbahnverkehr (IZ)
ZIP	Zeitschrift für Wirtschaftsrecht
zit.	zitiert
ZivG	Zivilgericht
ZJS	Zeitschrift für juristische Studien
ZKA	Zentraler Kreditausschuss
ZNotP	Zeitschrift für die Notarpraxis
ZPO	Zivilprozessordnung
ZRG	Zeitschrift der Savigny-Stiftung für Rechtsgeschichte (germ. Abt. = germanische Abteilung; rom. Abt. = romanische Abteilung; kanon. Abt. = kanonistische Abteilung)
ZRP	Zeitschrift für Rechtspolitik
ZRvgl.	Zeitschrift für Rechtsvergleichung
zT	zum Teil
ZTR	Zeitschrift für Tarifrecht
zust.	zustimmend
zutr.	zutreffend
ZVG	Gesetz über die Zwangsversteigerung und Zwangsverwaltung
ZVglRWiss.	Zeitschrift für Vergleichende Rechtswissenschaft
zzgl.	zuzüglich
ZVR	Zwangsvollstreckungsrecht; (österr.) Zeitschrift für Verkehrsrecht
ZZP	Zeitschrift für Zivilprozess

Literaturverzeichnis

ABL Genossenschafts-HdB	Althanns/Buth/Leißl, Genossenschafts-Handbuch, Handbuch, 2. Aufl. 2020
ADS	Adler/Düring/Schmaltz, Rechnungslegung nach Internationalen Standards, Kommentar, 7. Aufl. 2011
Andres/Leithaus	Andres/Leithaus, Insolvenzordnung, Kommentar, 4. Aufl. 2018
APS	Ascheid/Preis/Schmidt, Kündigungsrecht, Kommentar, 5. Aufl. 2017
Arnold GmbH & Co. KGaA	Arnold, Die GmbH & Co. KGaA, Monografie, 1. Aufl. 2001
ARR WirtschaftsStrafR-HdB	Achenbach/Ransiek/Rönnau, Handbuch Wirtschaftsstrafrecht, Handbuch, 5. Aufl. 2019
ASB KapAnlR-HdB	Assmann/Schütze/Buck-Heeb, Handbuch des Kapitalanlagerechts, Handbuch, 5. Aufl. 2020
ASM Wertpapierhandels R	Assmann/Schneider/Mülbert, Wertpapierhandelsrecht, Kommentar, 7. Aufl. 2019
Bauer Genossenschafts-HdB	Bauer, Genossenschafts-Handbuch – Kommentar zum Genossenschaftsgesetz, zu den umwandlungsrechtlichen, steuerlichen und wettbewerbsrechtlichen Regelungen sowie Sammlung einschlägiger Rechtsvorschriften, Kommentar, 1. Aufl. 2018
Baumbach/Hopt	Baumbach/Hopt, Handelsgesetzbuch: HGB, Kommentar, 39. Aufl. 2020
Baumbach/Hueck	Baumbach/Hueck, GmbHG, Kommentar, 22. Aufl. 2019
Baums/Thoma	Baums/Thoma, WpÜG – Kommentar zum Wertpapier- und Übernahmegesetz, Kommentar, 1. Aufl. 2012
BeckBilKo	Grottel/Schmidt/Schubert/Störk, Beck'scher Bilanz-Kommentar, Kommentar, 12. Aufl. 2020
BeckFormB BHW	Hoffmann-Becking/Gebele, Beck'sches Formularbuch Bürgerliches, Handels- und Wirtschaftsrecht, Formularbuch, 13. Aufl. 2019
BeckHdB AG	Drinhausen/Eckstein, Beck'sches Handbuch der AG, Handbuch, 3. Aufl. 2018
BeckHdB GmbH	Prinz/Winkeljohann, Beck'sches Handbuch der GmbH, Handbuch, 5. Aufl. 2014
BeckHdB Notar	Heckschen/Herrler/Münch, Beck´sches Notar-Handbuch, Handbuch, 7. Aufl. 2019
BeckHdB PersGes	Prinz/Kahle, Beck'sches Handbuch der Personengesellschaften, Handbuch, 5. Aufl. 2020
BeckOK GBO	Hügel, BeckOK GBO, Kommentar, 39. Aufl. 2020
BeckOK GmbHG	Ziemons/Jaeger/Pöschke, BeckOK GmbHG, Kommentar, 44. Aufl. 2020
Bertelsmann Stiftung Stiftungen-HdB	Bertelsmann Stiftung, Handbuch Stiftungen, Handbuch, 2. Aufl. 2003
Beuthien	Beuthien, Genossenschaftsgesetz: GenG, Kommentar, 16. Aufl. 2017
Binz/Sorg GmbH & Co. KG-HdB	Binz/Sorg, Die GmbH & Co. KG, Handbuch, 12. Aufl. 2018
Blaurock Stille Gesellschaft-HdB	Blaurock, Handbuch Stille Gesellschaft, Handbuch, 8. Aufl. 2016
BLP Beweislast-HdB	Baumgärtel/Laumen/Prütting, Handbuch der Beweislast, Handbuch, Band 1, 2, 3, 4, 5, 6, 7, 8, 9, 3. Aufl. 2007 ff.
BLP Beweislast-HdB	Baumgärtel/Laumen/Prütting, Handbuch der Beweislast, Handbuch, Band 1, 2, 3, 4. Aufl. 2018
Bork/Schäfer	Bork/Schäfer, GmbHG, Kommentar, 4. Aufl. 2019
Braun	Braun, Insolvenzordnung: InsO, Kommentar, 8. Aufl. 2020
BTMB InvG	Baur/Tappen/Mehrkhah/Behme, Investmentgesetze, Kommentar, Band 1, 2, 3, 4. Aufl. 2019
BWV	Brose/Weth/Volk, Mutterschutzgesetz und Bundeselterngeld- und Elternzeitgesetz, Kommentar, 9. Aufl. 2020
Bürgers/Körber	Bürgers/Körber, Aktiengesetz, Kommentar, 4. Aufl. 2017

Literaturverzeichnis

Canaris HandelsR	Canaris, Handelsrecht, Lehrbuch, 24. Aufl. 2006
DPM	Dötsch/Pung/Möhlenbrock, Die Körperschaftsteuer: KSt, Kommentar, 96. Aufl. 2019
EBJS	Ebenroth/Boujong/Joost/Strohn, Handelsgesetzbuch (HGB), Kommentar, Band 2, 3. Aufl. 2015
EBJS	Ebenroth/Boujong/Joost/Strohn, Handelsgesetzbuch (HGB), Kommentar, Band 1, 4. Aufl. 2020
Eidenmüller Ausl. KapGes.	Eidenmüller, Ausländische Kapitalgesellschaften im deutschen Recht, Kommentar, 1. Aufl. 2004
Emmerich/Habersack .	Emmerich/Habersack, Aktien- und GmbH-Konzernrecht, Kommentar, 9. Aufl. 2019
Emmerich/Habersack KonzernR	Emmerich/Habersack, Konzernrecht, Lehrbuch, 11. Aufl. 2020
ErfK	Müller-Glöge/Preis/Schmidt, Erfurter Kommentar zum Arbeitsrecht, Kommentar, 20. Aufl. 2020
EuArbRK	Franzen/Gallner/Oetker, Kommentar zum europäischen Arbeitsrecht, Kommentar, 3. Aufl. 2020
Fitting	Fitting, Betriebsverfassungsgesetz, Kommentar, 30. Aufl. 2020
FK-KapAnlR	Moritz/Klebeck/Jesch, Frankfurter Kommentar zum Kapitalanlagerecht, Kommentar, Band 1, 2, 3, 1. Aufl. 2016 ff.
Fleischer VorstandsR-HdB	Fleischer, Handbuch des Vorstandsrechts, Handbuch, 1. Aufl. 2006
Flume BGB AT I 1	Flume, Allgemeiner Teil des Bürgerlichen Rechts Band 1 Erster Teil: Die Personengesellschaft, Lehrbuch, 1. Aufl. 1977
Flume BGB AT I 2	Flume, Allgemeiner Teil des Bürgerlichen Rechts, Band 1 Zweiter Teil: Die juristische Person, Lehrbuch, 1. Aufl. 1983
GBS GmbHG	Gehrlein/Born/Simon, GmbHG: Gesetz betreffend die Gesellschaften mit beschränkter Haftung, Kommentar, 4. Aufl. 2018
GHEK	Geßler/Hefermehl/Eckardt/Kropff, Aktiengesetz, Kommentar, Band 1, 2, 3, 4, 5, 6, 7, 8, 9, 10, 11, 12, 13, 14, 2. Aufl. 1973 ff.
GK-HGB	Ensthaler, Gemeinschaftskommentar zum HGB mit UN-Kaufrecht, Kommentar, 8. Aufl. 2015
GMP	Germelmann/Matthes/Prütting, Arbeitsgerichtsgesetz: ArbGG, Kommentar, 9. Aufl. 2017
Goette/Goette GmbH .	Goette/Goette, Die GmbH, Monografie, 3. Aufl. 2019
Goette/Habersack MoMiG	Goette/Habersack, Das MoMiG in Wissenschaft und Praxis, Monografie, 1. Aufl. 2009
Gottwald InsR-HdB ...	Gottwald, Insolvenzrechts-Handbuch, Handbuch, 5. Aufl. 2015
Goutier/Knopf/Tulloch	Goutier/Knopf/Tulloch, Kommentar zum Umwandlungsrecht, Kommentar, 1. Aufl. 1996
Graf-Schlicker	Graf-Schlicker, InsO, Kommentar, 5. Aufl. 2020
Grigoleit	Grigoleit, AktG – Aktiengesetz, Kommentar, 2. Aufl. 2020
GroßkommAktG	Hopt/Wiedemann, Großkommentar zum Aktiengesetz, Kommentar, 4. Aufl. 1992 ff., 5. Aufl. 2015 ff.
GroßkommUWG	Teplitzky/Peifer/Leistner, Großkommentar zum Gesetz gegen den unlauteren Wettbewerb mit Nebengesetzen, Kommentar, 2. Aufl. 2013
Grunewald GesR	Grunewald, Gesellschaftsrecht, Lehrbuch, 10. Aufl. 2017
Habersack/Henssler	Habersack/Henssler, Mitbestimmungsrecht, Kommentar, 4. Aufl. 2018
Habersack/Schäfer	Habersack/Schäfer, Das Recht der OHG, Kommentar, 2. Aufl. 2019
Habersack/Verse EuGesR	Habersack/Verse, Europäisches Gesellschaftsrecht, Lehrbuch, 5. Aufl. 2019
Hachenburg	Hachenburg, Gesetz betreffend die Gesellschaften mit beschränkter Haftung, Kommentar, Band 1, 2, 3, 8. Aufl. 1992 ff.
HaKo-HGB	Heidel/Schall, HGB, Kommentar, 3. Aufl. 2019

Happ AktR	Happ, Aktienrecht, Handbuch, Band 1, 2, 5. Aufl. 2019
Haußleiter	Haußleiter, FamFG, Kommentar, 2. Aufl. 2017
HCL	Habersack/Casper/Löbbe, GmbHG Großkommentar, Kommentar, Band 1, 2, 3. Aufl. 2019 ff.
Heckschen/Heidinger GmbH-Gestaltungspraxis	Heckschen/Heidinger, Die GmbH in der Gestaltungs- und Beratungspraxis, Handbuch, 4. Aufl. 2018
Heinz/Hartung Englische Ltd	Heinz/Hartung, Die englische Limited, Handbuch, 3. Aufl. 2011
Henssler	Henssler, Partnerschaftsgesellschaftsgesetz: PartGG, Kommentar, 3. Aufl. 2018
Henssler/Prütting	Henssler/Prütting, Bundesrechtsanwaltsordnung: BRAO, Kommentar, 5. Aufl. 2019
Heymann	Horn/Balzer/Borges/Herrmann, HGB, Kommentar, Band 1, 2, 3, 4, 3. Aufl. 2019 ff.
Hirte/Heidel Neues AktR	Hirte/Heidel, Das neue Aktienrecht, Kommentar, 1. Aufl. 2020
HK-GmbHG	Saenger/Inhester, GmbHG, Kommentar, 4. Aufl. 2020
HK-UmwG	Maulbetsch/Klumpp/Rose, Heidelberger Kommentar zum Umwandlungsgesetz, Kommentar, 2. Aufl. 2017
HK-ZPO	Saenger, Zivilprozessordnung: ZPO, Kommentar, 8. Aufl. 2019
HMD SE-HdB	Van Hulle/Maul/Drinhausen, Handbuch zur Europäischen Gesellschaft (SE), Handbuch, 1. Aufl. 2007
Hopt VertrFormB	Hopt, Vertrags- und Formularbuch zum Handels-, Gesellschafts- und Bankrecht, Formularbuch, 4. Aufl. 2013
Hueck OHG	Hueck, Das Recht der Offenen Handelsgesellschaft, Monografie, 4. Aufl. 1971
HWK	Henssler/Willemsen/Kalb, Arbeitsrecht, Kommentar, 9. Aufl. 2020
Hölters	Hölters, Aktiengesetz: AktG, Kommentar, 3. Aufl. 2017
Hüffer	Hüffer, Aktiengesetz: AktG, Kommentar, 10. Aufl. 2012
Hüffer/Koch	Hüffer/Koch, Aktiengesetz, Kommentar, 14. Aufl. 2020
IDW WP-HdB	Institut der Wirtschaftsprüfer e. V. (IDW), WP Handbuch, Handbuch, 16. Aufl. 2019
Immenga/Mestmäcker .	Immenga/Mestmäcker, Wettbewerbsrecht, Kommentar, Band 1, 2, 3, 6. Aufl. 2019 ff.
Just Limited	Just, Die englische Limited in der Praxis, Monografie, 4. Aufl. 2012
K. Schmidt/Lutter	K. Schmidt/Lutter, AktG, Kommentar, 3. Aufl. 2015
K. Schmidt GesR	Schmidt, Gesellschaftsrecht, Unternehmensrecht II, Kommentar, 4. Aufl. 2002
K. Schmidt InsO	Schmidt, Insolvenzordnung: InsO, Kommentar, 19. Aufl. 2016
Kallmeyer	Kallmeyer, Umwandlungsgesetz, Kommentar, 7. Aufl. 2020
KBF	Köhler/Bornkamm/Feddersen, UWG, Kommentar, 38. Aufl. 2020
KBLW	Kremer/Bachmann/Lutter/von Werder, Deutscher Corporate Governance Kodex, Kommentar, 7. Aufl. 2018
Keidel	Keidel, FamFG, Kommentar, 20. Aufl. 2020
Kirchhof	Kirchhof, Einkommensteuergesetz, Kommentar, 18. Aufl. 2019
KK-AktG	Zöllner/Noack, Kölner Kommentar zum Aktiengesetz (Kölner Komm AktG), Kommentar, Band II/1, II/2, III/1, III/2, III/3, III/4, III/5, III/7, V/1, V/2, V/3, V/5, VII/1, VII/2, VIII/1, VIII/2, I, VI, IX, 3. Aufl. 2004 ff.
KK-SpruchG	Riegger/Wasmann, Kölner Kommentar zum SpruchG (Kölner Komm SpruchG), Kommentar, 1. Aufl. 2005
KK-UmwG	Dauner-Lieb/Simon, Kölner Kommentar zum Umwandlungsgesetz: UmwG, Kommentar, 1. Aufl. 2009
KK-WpHG	Hirte/Möllers, Kölner Kommentar zum WpHG (Kölner Komm WpHG), Kommentar, 2. Aufl. 2014
KK-WpUG	Hirte/von Bülow, Kölner Kommentar zum WpÜG (Kölner Komm WpÜG), Kommentar, 2. Aufl. 2010

KKRD .... Koller/Kindler/Roth/Drüen, HGB, Kommentar, 9. Aufl. 2019
KPB .... Kübler/Prütting/Bork, InsO, Kommentar zur Insolvenzordnung, Kommentar, 83. Aufl. 2020
KR .... Bader/Fischermeier/Gallner/Klose/Kreft/Kreutzberg-Kowalczyk/Krumbiegel/Link/Lipke/Rinck/Rachor/Spelge/Spilger/Treber/Vogt/Weigand, Gemeinschaftskommentar zum Kündigungsschutzgesetz und zu sonstigen kündigungsschutzrechtlichen Vorschriften, Kommentar, 12. Aufl. 2019
Krafka RegisterR-HdB Krafka, Registerrecht, Handbuch, 11. Aufl. 2019
Krieger/Schneider Managerhaftung-HdB .. Krieger/Schneider, Handbuch Managerhaftung, Handbuch, 3. Aufl. 2017
Kropff .... Kropff, Aktiengesetz – Textausgabe, Kommentar, 1. Aufl. 1965
Kupsch Auszahlungen an Kommanditisten .... Kupsch, Gewinnunabhängige Auszahlungen an Kommanditisten von Publikumskommanditgesellschaften und geschlossenen Investmentkommanditgesellschaften, Monografie, 1. Aufl. 2020
Küting/Weber Rechnungslegungs-HdB ..... Küting/Weber, Handbuch der Rechnungslegung – Einzelabschluss, Handbuch, 28. Aufl. 2019

Landmann/Rohmer GewO .... Landmann/Rohmer, Gewerbeordnung: GewO, Kommentar, 83. Aufl. 2019
Lang/Weidmüller ...... Lang/Weidmüller, Genossenschaftsgesetz, Kommentar, 39. Aufl. 2018
LBS EurUnternehmensR .... Lutter/Bayer/Schmidt, Europäisches Unternehmens- und Kapitalmarktrecht, Handbuch, 6. Aufl. 2018
Limmer Unternehmensumwandlung-HdB ..... Limmer, Handbuch der Unternehmensumwandlung, Handbuch, 6. Aufl. 2019
LKV Aufsichtsrat .... Lutter/Krieger/Verse, Rechte und Pflichten des Aufsichtsrats, Handbuch, 7. Aufl. 2020
Lutter/Bayer Holding-HdB .... Lutter/Bayer, Holding-Handbuch, Handbuch, 5. Aufl. 2015
Lutter/Hommelhoff ... Lutter/Hommelhoff, GmbH-Gesetz, Kommentar, 20. Aufl. 2019
Lutter Information und Vertraulichkeit AR ..... Lutter, Information und Vertraulichkeit im Aufsichtsrat, Monografie, 3. Aufl. 2006
Lutter UmwG .... Lutter, Umwandlungsgesetz (UmwG), Kommentar, 6. Aufl. 2019

MAH AktR .... Schüppen/Schaub, Münchener Anwaltshandbuch Aktienrecht, Handbuch, 3. Aufl. 2018
MAH PersGesR .... Gummert, Münchener Anwaltshandbuch Personengesellschaftsrecht, Handbuch, 3. Aufl. 2019
Marsch-Barner/Schäfer AG-HdB .... Marsch-Barner/Schäfer, Handbuch börsennotierte AG, Handbuch, 4. Aufl. 2017
MHdB ArbR .... Kiel/Lunk/Oetker, Münchener Handbuch zum Arbeitsrecht, Handbuch, Band 1, 2, 3, 4, 4. Aufl. 2018 ff.
MHdB GesR I .... Gummert/Weipert, Münchener Handbuch des Gesellschaftsrechts, Band 1: BGB-Gesellschaft, Offene Handelsgesellschaft, Partnerschaftsgesellschaft, Partenreederei, EWIV, Handbuch, 5. Aufl. 2019
MHdB GesR II .... Gummert/Weipert, Münchener Handbuch des Gesellschaftsrechts, Band 2: Kommanditgesellschaft, GmbH & Co. KG, Publikums-KG, Stille Gesellschaft, Handbuch, 5. Aufl. 2019
MHdB GesR III .... Priester/Mayer/Wicke, Münchener Handbuch des Gesellschaftsrechts, Band 3: Gesellschaft mit beschränkter Haftung, Handbuch, 5. Aufl. 2018
MHdB GesR IV .... Hoffmann-Becking, Münchener Handbuch des Gesellschaftsrechts, Band 4: Aktiengesellschaft, Handbuch, 5. Aufl. 2020
MHdB GesR V .... Beuthien/Gummert/Schöpflin, Münchener Handbuch des Gesellschaftsrechts, Band 5: Verein, Stiftung bürgerlichen Rechts, Handbuch, 4. Aufl. 2016
MHdB GesR VI .... Leible/Reichert, Münchener Handbuch des Gesellschaftsrechts, Internationales Gesellschaftsrecht, Grenzüberschreitende Umwandlungen, Band 6: In-

ternationales Gesellschaftsrecht, Grenzüberschreitende Umwandlungen, Handbuch, 4. Aufl. 2013

MHdB GesR VII .... Born/Ghassemi-Tabar/Gehle, Münchener Handbuch des Gesellschaftsrechts, Band 7: Gesellschaftsrechtliche Streitigkeiten (Corporate Litigation), Handbuch, 6. Aufl. 2020

MHdB GesR VIII ...... Lieder/Wilk/Ghassemi-Tabar, Münchener Handbuch des Gesellschaftsrechts, Umwandlungsrecht, Band 8: Umwandlungsrecht, Handbuch, 5. Aufl. 2018

MHLS .... Michalski/Heidinger/Leible/Schmidt, Kommentar zum Gesetz betreffend die Gesellschaften mit beschränkter Haftung (GmbH-Gesetz) Band 2: §§ 35–88 GmbHG, EGGmbHG, Kommentar, Band 2, 3. Aufl. 2017

MHLS .... Michalski/Heidinger/Leible/Schmidt, Kommentar zum Gesetz betreffend die Gesellschaften mit beschränkter Haftung (GmbH-Gesetz) Band 1: Systematische Darstellungen, §§ 1–34 GmbHG, Kommentar, Band 1, 3. Aufl. 2017

Michalski OHG-R ..... Michalski, OHG-Recht – Kommentar zum Recht der offenen Handelsgesellschaften §§ 105–160 HGB, Kommentar, 1. Aufl. 2000

MMN GmbHG .... Meyer-Landrut/Miller/Niehus, Gesetz betreffend die Gesellschaften mit beschränkter Haftung (GmbH) einschließlich Rechnungslegung, Kommentar, 1. Aufl. 1987

MRKG Stiftung-HdB . Meyn/Richter/Koss/Gollan, Die Stiftung, Handbuch, 3. Aufl. 2013

Musielak/Voit .... Musielak/Voit, Zivilprozessordnung: ZPO, Kommentar, 17. Aufl. 2020

MVHdB I GesR .... Böhm/Burmeister, Münchener Vertragshandbuch, Band 1: Gesellschaftsrecht, Handbuch, 8. Aufl. 2018

MWHLW .... Meilicke/Graf von Westphalen/Hoffmann/Lenz/Wolff, Partnerschaftsgesellschaftsgesetz, Kommentar, 3. Aufl. 2015

MüKoAktG .... Goette/Habersack/Kalss, Münchener Kommentar zum Aktiengesetz, Kommentar, Band 1, 2, 3, 4, 5, 6, 7, 5. Aufl. 2016 ff.

MüKoBGB .... Säcker/Rixecker/Oetker/Limperg, Münchener Kommentar zum Bürgerlichen Gesetzbuch: BGB, Kommentar, Band 1, 2, 3, 4, 5, 6, 7, 8, 9, 10, 11, 12, 12/2, 8. Aufl. 2018 ff.

MüKoBilanzR .... Hennrichs/Kleindiek/Watrin, Münchener Kommentar zum Bilanzrecht: BilanzR, Kommentar, Band 1, 2, 1. Aufl. 2013 ff.

MüKoGmbHG .... Fleischer/Goette, Münchener Kommentar zum Gesetz betreffend die Gesellschaften mit beschränkter Haftung: GmbHG, Kommentar, Band 1, 2, 3, 3. Aufl. 2018 ff.

MüKoHGB .... K. Schmidt, Münchener Kommentar zum Handelsgesetzbuch: HGB, Kommentar, Band 1, 2, 3, 4, 5, 6, 7, 4. Aufl. 2016 ff.

MüKoInsO .... Stürner/Eidenmüller/Schoppmeyer, Münchener Kommentar zur Insolvenzordnung: InsO, Kommentar, Band 1, 2, 3, 4. Aufl. 2019 ff.

MüKoStGB .... Erb/Schäfer, Münchener Kommentar zum Strafgesetzbuch: StGB, Kommentar, Band 1, 4. Aufl. 2020

Müller GenG .... Müller, Kommentar zum Genossenschaftsgesetz: GenG, Kommentar, 2. Aufl. 1991

NK-AktKapMarktR ... Heidel, Aktienrecht und Kapitalmarktrecht, Kommentar, 5. Aufl. 2020

NK-UmwR .... Böttcher/Habighorst/Schulte, Umwandlungsrecht, Kommentar, 2. Aufl. 2019

Oetker .... Oetker, Handelsgesetzbuch (HGB), Kommentar, 6. Aufl. 2019

Paschos/Fleischer Übernahme-HdB .... Paschos/Fleischer, Handbuch des Übernahmerechts nach dem WpÜG, Handbuch, 1. Aufl. 2017

Passarge/Torwegge GmbH-Liquidation .... Passarge/Torwegge, Die GmbH in der Liquidation, Monografie, 3. Aufl. 2020

PBSS Haftung Unternehmensorgane .... Patzina/Bank/Schimmer/Simon-Widmann, Haftung von Unternehmensorganen, Handbuch, 1. Aufl. 2010

Peifer .... Peifer, UWG, Kommentar, Band 2, 3. Aufl. 2020

PFB .... Pöhlmann/Fandrich/Bloehs, GenG, Kommentar, 4. Aufl. 2012

Prölss/Dreher	Prölss/Dreher, Versicherungsaufsichtsgesetz: VAG, Kommentar, 13. Aufl. 2017
Raiser/Veil KapGesR	Raiser/Veil, Recht der Kapitalgesellschaften, Lehrbuch, 6. Aufl. 2015
RGRK-BGB	Mitglieder des Bundesgerichtshofes/RGRK, Das Bürgerliche Gesetzbuch mit besonderer Berücksichtigung der Rechtsprechung des Reichsgerichts und des Bundesgerichtshofes, Kommentar, Band 1, 1/1, 1/2, 2/1, 2/1, 2/2, 2/2, 2/3.1, 2/4, 2/5, 2/6, 3, 3/1, 3/2, 3/3, 4/1, 4/1, 4/2, 4/2, 4/3, 4/3, 4/4, 5/1, 5/1, 5/2, 6, 6/1, 6/2, 7, 12. Aufl. 1959 ff.
RHW InsR	Reul/Heckschen/Wienberg, Insolvenzrecht in der Gestaltungspraxis, Handbuch, 2. Aufl. 2018
Roth/Altmeppen	Roth/Altmeppen, GmbHG, Kommentar, 9. Aufl. 2019
Rowedder/Schmidt-Leithoff	Rowedder/Schmidt-Leithoff, Gesetz betreffend die Gesellschaften mit beschränkter Haftung: GmbHG, Kommentar, 6. Aufl. 2017
RVJ MitbestG	Raiser/Veil/Jacobs, Mitbestimmungsgesetz und Drittelbeteiligungsgesetz, Kommentar, 6. Aufl. 2015
RWH HGB	Röhricht/Graf von Westphalen/Haas, HGB, Kommentar, 5. Aufl. 2019
Römermann PartGG	Römermann, PartGG – Kommentar zum Partnerschaftsgesellschaftsgesetz, Kommentar, 5. Aufl. 2017
SBB Umwandlungen	Sagasser/Bula/Brünger, Umwandlungen, Handbuch, 5. Aufl. 2017
Schlegelberger/Geßler	Schlegelberger/Geßler, Handelsgesetzbuch, Kommentar, Band 1, 2, 3/1, 3/2, 4, 5, 6, 5. Aufl. 1973 ff.
Schlüter/Stolte StiftungsR	Schlüter/Stolte, Stiftungsrecht, Handbuch, 2. Aufl. 2013
Schmidt	Schmidt, Einkommensteuergesetz: EStG, Kommentar, 39. Aufl. 2020
Scholz	Scholz, GmbH-Gesetz, Kommentar, Band 1, 2, 3, 12. Aufl. 2018 ff.
Schwark/Zimmer	Schwark/Zimmer, Kapitalmarktrechts-Kommentar, Kommentar, 5. Aufl. 2020
Schwarz	Schwarz, Verordnung (EG) Nr. 2157/2001 des Rates über das Statut der Europäischen Gesellschaft (SE): SE-VO, Kommentar, 1. Aufl. 2006
Schwedhelm Unternehmensumwandlung	Schwedhelm, Die Unternehmensumwandlung, Handbuch, 9. Aufl. 2019
Schönke/Schröder	Schönke/Schröder, Strafgesetzbuch: StGB, Kommentar, 30. Aufl. 2019
Semler/Stengel	Semler/Stengel, Umwandlungsgesetz: UmwG, Kommentar, 4. Aufl. 2017
Semler/v. Schenck AR-HdB	Semler/v. Schenck, Arbeitshandbuch für Aufsichtsratsmitglieder, Handbuch, 4. Aufl. 2013
Servatius Gläubigereinfluss	Servatius, Gläubigereinfluss durch Covenants, Monografie, 1. Aufl. 2008
Seyfarth VorstandsR	Seyfarth, Vorstandsrecht, Handbuch, 1. Aufl. 2016
SHS	Schmitt/Hörtnagl/Stratz, Umwandlungsgesetz, Umwandlungssteuergesetz: UmwG, UmwStG, Kommentar, 8. Aufl. 2018
Soergel	Soergel, Bürgerliches Gesetzbuch mit Einführungsgesetz und Nebengesetzen (BGB), Kommentar, Band 1, 2, 2a, 3/2, 4, 5/1a, 5/2, 5/3, 6/1, 6/2, 7, 8, 10, 11/1, 11/2, 11/3, 12, 13, 14, 15/1, 15/2, 16, 17/1, 17/2, 18, 18a, 19/1, 19/2, 20, 21, 22, 23, 27/1, 13. Aufl. 1999 ff.
Spahlinger/Wegen IntGesR	Spahlinger/Wegen, Internationales Gesellschaftsrecht in der Praxis, Handbuch, 1. Aufl. 2005
Spindler/Stilz	Spindler/Stilz, AktG, Kommentar, Band 1, 2, 4. Aufl. 2019
SSSP	Stumpf/Suerbaum/Schulte/Pauli, Stiftungsrecht: StiftR, Handbuch, 3. Aufl. 2018
Staub	Staub/Canaris/Habersack, Handelsgesetzbuch: HGB, Kommentar, Band 1, 2, 3, 4, 5, 6, 7/1, 7/2, 8/1, 8/2, 9, 10, 11/1, 11/2, 12, 13, 14, 15, 5. Aufl. 2008 ff.
Staudinger	Staudinger, BGB – J. von Staudingers Kommentar zum Bürgerlichen Gesetzbuch mit Einführungsgesetz, Kommentar, 18. Aufl. 2018
Stein/Jonas	Stein/Jonas, Kommentar zur Zivilprozessordnung, Kommentar, Band 1, 3, 4, 5, 6, 8, 9, 10, 23. Aufl. 2014 ff.

Strachwitz/Mercker Stiftungen-HdB	Strachwitz/Mercker, Stiftungen in Theorie, Recht und Praxi, Handbuch, 1. Aufl. 2005
Süß/Wachter Int. GmbHR-HdB	Süß/Wachter, Handbuch des internationalen GmbH-Rechts, Handbuch, 3. Aufl. 2016
Theisen/Wenz EurAG .	Theisen/Wenz, Die Europäische Aktiengesellschaft, Handbuch, 2. Aufl. 2005
UFOD	Uckermann/Fuhrmanns/Ostermayer/Doetsch, Das Recht der betrieblichen Altersversorgung, Kommentar, 1. Aufl. 2014
UHL	Ulmer/Habersack/Löbbe, GmbHG – Gesetz betreffend die Gesellschaften mit beschränkter Haftung, Großkommentar, Kommentar, Band 1, 2, 3, 2. Aufl. 2013 ff.
Uhlenbruck	Uhlenbruck, Insolvenzordnung: EuInsVO, Kommentar, Band 1, 2, 15. Aufl. 2019 ff.
UHW	Ulmer/Habersack/Winter, GmbHG – Gesetz betreffend die Gesellschaften mit beschränkter Haftung, Großkommentar, Kommentar, Band 1, 2, 3, 1. Aufl. 2005 ff.
v. Campenhausen/Richter StiftungsR-HdB	von Campenhausen/Richter, Stiftungsrechts-Handbuch, Handbuch, 5. Aufl. 2018
Wachter	Wachter, AktG, Kommentar, 3. Aufl. 2018
Wachter Stiftungen	Wachter, Stiftungen, Handbuch, 1. Aufl. 2001
WBA	Weitnauer/Boxberger/Anders, KAGB, Kommentar, 2. Aufl. 2017
WBS VerwR III	Wolff/Bachof/Stober, Verwaltungsrecht III, Lehrbuch, 5. Aufl. 2004
Weigl Stille Gesellschaft	Weigl, Stille Gesellschaft, Treuhand und Unterbeteiligung, Monografie, 3. Aufl. 2012
Westermann/Wertenbruch PersGes-HdB	Westermann/Wertenbruch, Handbuch Personengesellschaften, Handbuch, 74. Aufl. 2019
WFD Sonderbilanzen ..	Winkeljohann/Förschle/Deubert, Sonderbilanzen, Handbuch, 5. Aufl. 2016
Wicke	Wicke, GmbHG, Kommentar, 4. Aufl. 2020
Widmann/Mayer	Widmann/Mayer, Umwandlungsrecht, Kommentar, 184. Aufl. 2020
Wiedemann GesR I	Wiedemann, Gesellschaftsrecht Bd. 1: Grundlagen, Handbuch, 1. Aufl. 1980
Wiedemann GesR II ...	Wiedemann, Gesellschaftsrecht Bd. 2: Recht der Personengesellschaften, Handbuch, 1. Aufl. 2004
Wilsing	Wilsing, Deutscher Corporate Governance Kodex: DCGK, Kommentar, 1. Aufl. 2012
Windbichler GesR	Windbichler, Gesellschaftsrecht, Lehrbuch, 24. Aufl. 2017
WJS WirtschaftsStrafR-HdB	Wabnitz/Janovsky/Schmitt, Handbuch Wirtschafts- und Steuerstrafrecht, Handbuch, 5. Aufl. 2020
WKS	Wißmann/Kleinsorge/Schubert, Mitbestimmungsrecht, Kommentar, 5. Aufl. 2017
WWKK	Wlotzke/Wißmann/Koberski/Kleinsorge, Mitbestimmungsrecht, Kommentar, 4. Aufl. 2011
WürzNotar-HdB	Limmer/Hertel/Frenz/Mayer, Würzburger Notarhandbuch, Handbuch, 5. Aufl. 2018
Ziemons/Binnewies AG-HdB	Ziemons/Binnewies, Handbuch der Aktiengesellschaft, Band 1: Gesellschaftsrecht, Steuerrecht, Handbuch, 3. Aufl. 1994
Zöller	Zöller, Zivilprozessordnung: ZPO, Kommentar, 33. Aufl. 2020

Bürgerliches Gesetzbuch (BGB)

idF vom 2.1.2002 (BGBl. 2002 I 42, ber. 2909 und BGBl. 2003 I 738),

zuletzt geändert durch Art. 1 Gesetz über die Verteilung der Maklerkosten bei der Vermittlung von Kaufverträgen über Wohnungen und Einfamilienhäuser vom 12.6.2020 (BGBl. 2020 I 1245)
– Auszug –

Buch 1. Allgemeiner Teil

Abschnitt 1. Personen

Titel 2. Juristische Personen

Untertitel 2. Stiftungen

Unternehmensführende Stiftungen

Vorbemerkung: Das Verhältnis von Stiftung und Unternehmen

Übersicht

I. Unternehmensträgerstiftung

1. Beteiligung an Unternehmen. Stiftungen sind juristische Personen des Privatrechts. Als solche sind sie in der Lage selbstständig Handelsgewerbe iSd HGB zu betreiben oder sich an Unternehmen zu beteiligen (*Richter* in v. Campenhausen/Richter StiftungsR-HdB § 12 Rn. 3). Sie können Inhaber von GmbH-Anteilen oder einer AG sein. Sie können sich mit anderen zu einer OHG oder KG zusammenschließen. Die Rechtsform als juristische Person des Privatrechts iSd §§ 80 ff. setzt einer solchen Betätigung oder Anlage des Vermögens zunächst keine Grenzen (*Richter* in v. Campenhausen/Richter StiftungsR-HdB § 12 Rn. 136 ff.). Beschränkungen können sich gleichwohl aus dem Stiftungszivilrecht des BGB, den Landesstiftungsgesetzen oder speziell bei gemeinnützigen Stiftungen aus den Regelungen der AO ergeben. Stiftungen, die ein Unternehmen betreiben oder Beteiligungen an solchen halten, werden unterschiedlich bezeichnet. Teilweise spricht man von Unternehmensträgerstiftungen, aber auch Unternehmensstiftungen, gewerblichen, unternehmensbezogenen oder unternehmensverbundenen Stiftungen (*Strickrodt,* Stiftungsrecht, 1962, 226). Diese Bezeichnungen haben indes keine rechtliche Unterscheidungskraft. Zu den Unternehmensstiftungen oder unternehmensführenden Stiftungen iwS zählen alle Stiftungen, die selbst ein Unternehmen als Inhaber betreiben, sowie die Stiftungen, die persönlich haftende Gesellschafterin einer OHG oder einer KG sind und die Stiftungen, die maßgeb- 1 liche Beteiligungen halten und unmittelbar einen beherrschenden Einfluss auf das Unternehmen ausüben können (zum Begriff s. auch *Richter* in v. Campenhausen/Richter StiftungsR-HdB § 12 Rn. 1 ff.).

2 Im Anschluss an *Rawert* (Staudinger/*Hüttemann/Rawert,* 2017, Vor §§ 80 ff. Rn. 193) sind folgende Typen voneinander abzugrenzen: Unter einer unternehmensverbundenen Stiftung sind alle Stiftungen zu verstehen, die als juristische Person des Privatrechts selbst ein Unternehmen betreiben (Unternehmensträgerstiftung ieS) oder Beteiligungen an Personen oder Kapitalgesellschaften halten (Unternehmensträgerstiftung iwS oder Beteiligungsträgerstiftung). Bei den Unternehmensbeteiligungen durch Stiftungen ist für deren Zulässigkeit und insbesondere die steuerliche Behandlung nach der Bindung zum Stiftungszweck zu differenzieren. Zu unterscheiden sind Beteiligungen iSe reinen Vermögensanlage, Beteiligungen, die unmittelbar der Zweckverfolgung dienen sowie wirtschaftliche Geschäftsbetriebe.

3 **2. Zulässigkeit der Unternehmensträgerstiftung.** Bereits die DJT-Studienkommission beschäftigte sich intensiv mit der Zulässigkeit dieser besonderen Form von Stiftungen. Eine Unternehmensträgerstiftung ieS liegt dann vor, wenn eine Stiftung als juristische Person unmittelbar unter ihrer Rechtsform ein Unternehmen betreibt. Als Zweckverwirklichungsbetrieb hat die Beteiligung am Unternehmen die Funktion, mittelbar die Stiftungszwecke zu realisieren. Die Unternehmensbeteiligung ist unmittelbar abgeleitet aus dem Stiftungszweck. Unternehmensgegenstand und Stiftungszweck stimmen überein. Der Stiftungszweck bestimmt gleichzeitig die Führung des Beteiligungsunternehmens. Hierunter fallen insbesondere die sog. Anstaltsträgerstiftungen, deren Zweck in der unmittelbaren Erfüllung ihrer Aufgaben durch einen unternehmerischen Geschäftsbetrieb fällt, etwa im Gesundheitswesen oder im Sozial- oder Bildungsbereich (*Richter* in v. Campenhausen/Richter StiftungsR-HdB § 12 Rn. 35).

4 Den zweiten Fall der Verbindung zwischen Unternehmensbeteiligung und Stiftungszweck liegt in einer reinen Vermögensanlage und Vermögensverwaltung. Die Beteiligung am Unternehmen dient zur Erzielung von Einnahmen bei der Stiftung. Diese Einnahmen stehen unmittelbar für die Erfüllung der eigentlichen Stiftungszwecke zur Verfügung. Hier besteht keine Identität von Unternehmenszielen und Stiftungszwecken (zum Verhältnis von Stiftungszweck und Unternehmenszweck s. auch *Richter* in v. Campenhausen/Richter StiftungsR-HdB § 12 Rn. 50 ff.). Die Beteiligung an Unternehmen ist grundsätzlich austauschbar. Die Stiftung hält die Anteile lediglich iRe allgemeinen Vermögensverwaltung.

5 **3. Unternehmensselbstzweckstiftung.** Einen – freilich nur gedanklichen – Sonderfall stellt die Unternehmensselbstzweckstiftung dar. Hier sind Stiftungszweck und Unternehmensgegenstand identisch. Die Zielsetzung der Stiftung liegt lediglich in der eigenen Perpetuierung (für deren Zulässigkeit *Kronke,* Stiftungstypus und Unternehmensträgerstiftung, 1988, 140; *Hof* in v. Campenhausen/Richter StiftungsR-HdB § 6 Rn. 219). Mit der hM in der Lit. ist eine solche Konstruktion als unzulässig abzulehnen. Eine Zulassung von Stiftungen, die keinen transzendenten Stiftungszweck kennen und in ihrer Zielsetzung darauf reduziert sind, das eigene Vermögen zu verwalten, ist ein funktionsloses Gebilde, das gleichsam ein juristisches „Perpetuum mobile" darstellen würde (*Riemer* ZBernJV 116 (1980), 505). Dies gilt auch für die verdeckte Unternehmensselbstzweckstiftung (dazu Achleitner/Block/Strachwitz/*Weitemeyer,* Stiftungsunternehmen: Theorie und Praxis, 2018, 55 ff.) und Doppelkonstruktionen, die einer Selbstzweckstiftung entsprechen. Ein starkes Indiz für eine Selbstzweckstiftung liegt vor, wenn die Stiftung an das Unternehmen gebunden ist oder eine Identität von Stiftungsorganen und Unternehmensführung besteht.

II. Die Diskussion um die Unternehmensträgerstiftung

6 **1. Ausgangslage.** Stiftungen unterscheiden sich von GmbHs und AGen durch das Maß und den Umfang der Vorschriften, mit denen der Gesetzgeber auf Struktur und Ordnungsprinzipien der unterschiedlichen Rechtsformen Einfluss nimmt. Das Kapitalgesellschaftsrecht ist geprägt durch die Vorschriften über die Kapitalausstattung und Kapitalerhaltung, Grundsätze über die Haftung, insbesondere in der Gründungsphase, die Vertretung der Körperschaft sowie unterschiedliche Publizitäts- und Mitbestimmungsregelungen. Die demgegenüber in der Stiftung bestehende Gestaltungsfreiheit scheint geradezu eine Einladung zur Gründung einer Stiftung darzustellen (Staudinger/*Hüttemann/Rawert,* 2017, Vor §§ 80 ff. Rn. 135). Obwohl keine empirischen Analysen vorliegen, erscheint bislang nur in geringem Umfang davon Gebraucht gemacht worden zu sein, die Stiftung als Trägerin eines Unternehmens zu konzipieren und auszugestalten. Der Grund für diese zurückhaltende Praxis ist nicht zuletzt die über Jahrzehnte andauernde Diskussion über die grundsätzliche Zulässigkeit der Unternehmensträgerstiftung (*Richter* in v. Campenhausen/Richter StiftungsR-HdB § 12 Rn. 6).

7 Die vor In-Kraft-Treten des Gesetzes zur Reform des Stiftungsrechts ganz hM hielt die Stiftung, die allein dem Zweck einer Unternehmensperpetuierung verfolgt, für nicht genehmigungsfähig. Das Gleiche gilt für den Einsatz einer Stiftung als bloße Haftungsträgerin iRe Personenhandelsgesellschaft (Stiftung & Co., Nachweise bei Staudinger/*Hüttemann/Rawert,* 2017, Vor §§ 80 ff. Rn. 130, 140). Diese Auffassung fand Unterstützung im Recht mehrerer Bundesländer. Die einzelnen Landesstiftungsgesetze

enthielten Regelungen, die die Genehmigungsfähigkeit von Stiftungen mit Unternehmensbeteiligungen an enge Grenzen knüpften (vgl. § 6 Abs. 3 StiftGBbg 1995; § 4 Abs. 2 StiftG NRW). Darüber hinaus stand eine derartige Konstruktion immer unter dem Verdacht des Missbrauchs der Gestaltungsfreiheit. Gestützt wurde die Ablehnung einer Unternehmensträgerstiftung auf eine analoge Anwendung des § 22. Letzterer unterscheidet zwischen wirtschaftlichen und nichtwirtschaftlichen Vereinen und macht die wirksame Gründung eines wirtschaftlichen Vereins von einer zusätzlichen staatlichen Genehmigung abhängig. Nach einer vielfach vertretenen Auffassung (MüKoBGB/*Weitemeyer* § 80 Rn. 157 ff. ist diese dem Vereinsrecht zu Grunde liegende Unterscheidung auch für das Stiftungsrecht maßgeblich. Idealstiftungen sind danach grundsätzlich genehmigungsfähig iSd Landesstiftungsgesetze, nicht dagegen wirtschaftlich tätige Stiftungen, die als Träger eines Unternehmens konzipiert sind. Eine Genehmigungsfähigkeit ist nur in den Fällen gegeben, in denen die Führung des verbundenen Unternehmens der nichtwirtschaftlichen Haupttätigkeit der Stiftung untergeordnet ist. Hier könne wegen der nichtwirtschaftlichen Haupttätigkeit der Stiftung auf die iÜ zwingenden Bestimmungen verzichtet werden.

Die gegen Ende der 90er Jahre vorgelegten Entwürfe zur Reform des deutschen Stiftungsrechts haben **8** die Figur der Unternehmensträgerstiftung aufgegriffen und in Ansätzen zum Gegenstand einer Regelung gemacht (s. insbesondere Entwurf der FDP-Fraktion vom 29.1.1999, dazu auch *Crezelius/Rawert* ZIP 1999, 342 f.). Die eingesetzte Bund-Länder-Arbeitsgruppe Stiftungsrecht hat diese Überlegungen indes nicht aufgegriffen. Die im Vorfeld unterbreiteten Vorschläge für eine Sonderregelung des Verhältnisses von Stiftung und Unternehmen fanden keinen Eingang in das Gesetzgebungsverfahren. Dementsprechend enthält das Gesetz zur Modernisierung des Stiftungsrechts vom 15.7.2002 keine Bestimmungen zur Unternehmensträgerstiftung. Eine Klärung war möglich und hätte die Rechtsunsicherheit beseitigt.

Mit dem Koalitionsvertrag aus dem Jahr 2018 hat die Bundesregierung angekündigt, das Stiftungsrecht **8a** (wieder einmal) grundlegend neu zu fassen. Geplant waren u. a. eine höhere Rechtssicherheit durch bundeseinheitliche Reglungen, mehr Schutz für den Vorstand durch angemessene Haftungsregeln, Erleichterungen bei Umwandlung und Zusammenlegung von Stiftungen oder größere Änderungsfreiheiten des Stifters. Der Entwurf der dazu beauftragten Bund-Länder-Arbeitsgruppe steht bislang noch aus.

2. Unternehmensträgerstiftung und Reform des Stiftungsrechts 2002. Gleichwohl lässt sich **9** nach der Reform des Stiftungsrechts die Auffassung von einer analogen Anwendung des § 22 auf die Unternehmensträgerstiftung nicht mehr durchhalten (Staudinger/*Hüttemann/Rawert,* 2017, Vor §§ 80 ff. Rn. 145). Zu Recht wird darauf hingewiesen, dass das „Schweigen" des Gesetzgebers zur Unternehmensträgerstiftung lediglich dahin zu interpretieren ist, dass derartige Stiftungen in Zukunft ausschließlich am allgemeinen Stiftungsbegriff zu orientieren sind und ihre Genehmigungsfähigkeit ausschließlich nach den Regeln des § 80 Abs. 2 zu beurteilen ist (*Hüttemann* ZHR 167 (2003), 35 (60)). Die Auseinandersetzung um die Voraussetzungen einer zulässigen Unternehmensträgerstiftung wurde insoweit durch die Reform des Stiftungszivilrechts nicht beendet.

Ausgangspunkt für die Überlegungen zur Anerkennungsfähigkeit derartiger Stiftungen ist weiterhin **10** das Konzept der Selbstzweckstiftung. Nach weiterhin herrschender Auffassung ist eine Stiftung, die lediglich zu dem Zweck gegründet wird, ihr eigenes Vermögen zu verwalten, auch nach neuer Rechtslage nicht genehmigungsfähig (statt vieler *K. Schmidt* DB 1987, 261). Von dieser Annahme geht auch die Bund-Länder-Arbeitsgruppe Stiftungsrecht aus (Bund-Länder-Arbeitsgruppe Stiftungsrecht, Abschnitt G. I.). Die grundsätzliche Unzulässigkeit der sog. „reinen" Selbstzweckstiftung ist nach einer neueren Lehre auch auf die sog. „verdeckten" Selbstzweckstiftungen auszudehnen (Staudinger/*Hüttemann/Rawert,* 2017, Vor §§ 80 ff. Rn. 10). Nach *Rawert* ist für den Fall, dass der Stifter trotz vorgeblich ideeller Stiftungszwecke das unausgesprochene Gestaltungsziel verfolgt, sein in eine Stiftung direkt oder über Beteiligungen eingebrachtes Unternehmen auch um den Preis der Existenzvernichtung seiner Stiftung zu halten, seine Stiftung nicht anerkennungsfähig (Staudinger/*Hüttemann/Rawert,* 2017, Vor §§ 80 ff. Rn. 21). Nach *Rawert* sprechen zwei Indizien für das Vorliegen einer verdeckten Selbstzweckstiftung. Dies ist zum einen die unauflösliche Bindung einer Stiftung mit nicht unternehmensbezogenen Zwecken an ein bestimmtes Unternehmen. Das zweite Indiz liegt in der Identität von Stiftungsorganen und Unternehmensführung. Liegt eines dieser Indizien (die allerdings widerleglich sind) vor, ist die Stiftung unzulässig (Staudinger/*Hüttemann/Rawert,* 2017, Vor §§ 80 ff. Rn. 21).

III. Die Stiftung & Co. KG

Immer wieder diskutiert wird die Frage, ob die Stiftung die Stellung einer Komplementärin innerhalb **11** einer KG übernehmen kann (*Richter* in v. Campenhausen/Richter StiftungsR-HdB § 12 Rn. 85 mzN). Ausgangspunkt für die Beantwortung dieser Frage ist die Bestimmung des § 80 Abs. 2. Ein überwiegender Teil der Lehrer geht davon aus, dass eine dauernde und nachhaltige Zweckerfüllung dann nicht möglich ist, wenn sich die Funktion der Stiftung ausschließlich darauf beschränkt, die Komplementärstellung in einer KG zu übernehmen (*Fleisch/Sollte,* Modell der unternehmensverbunden Stiftung, 2018, 150; *Wochner* MittRhNotK 1994, 94; *Zimmermann* ZGR 1976, 300). Nach einer zunehmend vertretenen Ansicht steht die Konstruktion einer Stiftung & Co. KG mit dem stiftungsrechtlichen Bestandserhaltungsgebot in Einklang, wenn die Stiftungssatzung dies ausdrücklich vorsieht, oder der Stifterwille nicht anders zu verwirklichen ist (*Hennerkes/Binz/Sorg* DB 1986, 2269; *Hennerkes/May* DB 1988, 483). Vielfach üblich ist die Praxis, nach der die Kommanditisten die Stiftung durch entsprechende Regelungen im Gesellschaftsvertrag von der Haftung für Gesellschaftsverbindlichkeiten freistellen (MVHdB GesR I/*Hof* 1 VII, 2).

12 Die Stellung als Komplementär in einer KG ist mit erheblichen unternehmerischen Risiken behaftet. Die unbeschränkt persönliche Haftung als Komplementär nach den § 161 Abs. 2 HGB, § 128 HGB für Schulden des Unternehmens setzt die Stiftung einem wirtschaftlichen Risiko aus, das im Regelfall mit den Grundsätzen einer nachhaltigen und dauernden Zweckerfüllung nicht in Einklang zu bringen ist. Dies gilt insbesondere dann, wenn die Rechtsform der Stiftung gerade deshalb gewählt wird, um eine haftungsrechtliche Privilegierung der Kommanditisten zu ermöglichen. Zwar lässt sich aus diesen Überlegungen nicht die generelle Unzulässigkeit einer Stiftung & Co. herleiten; gleichwohl ist eine Stiftungserrichtung, die ausdrücklich oder erkennbar das Ziel verfolgt, die Stiftung als Komplementärin einer KG einzusetzen, nur dann zuzulassen, wenn aufgrund der sonstigen Umstände erkennbar wird, dass diese Konstruktion eine nachhaltige und dauerhafte Zweckerfüllung ermöglicht und auf der anderen Seite keine außergewöhnlichen Risiken erkennbar sind, die eine Substanzerhaltung auf Dauer gefährden können.

IV. Beteiligungen im Besitz von (gemeinnützigen) Stiftungen

13 Die Hauptfunktion einer gemeinnützigen Stiftung liegt in der unmittelbaren und selbstlosen Verwirklichung der in der Satzung festgelegten gemeinnützigen Zwecke. Sämtliche Aktivitäten der Stiftung sind diesen Zielen untergeordnet. Alle wirtschaftlichen Betätigungen einer gemeinnützigen Stiftung müssen mittelbar oder unmittelbar mit der satzungsmäßigen Zweckbestimmung korrespondieren. Soweit wirtschaftliche Aktivitäten Renditen oder Erträge abwerfen, dürfen sie nicht für stiftungsfremde Zwecke verwendet werden, sondern müssen als Dotationsquellequelle für die gemeinnützige Zweckverwirklichung eingesetzt werden (*Berndt* in Bertelsmann Stiftung Stiftungen-HdB 1133). In steuerlicher Hinsicht sind vier Arten der Unternehmensbeteiligung von Stiftungen im Hinblick auf den unmittelbaren Stiftungszweck zu differenzieren.

14 **1. Ideeller Bereich.** Der ideelle Bereich ist der Bereich der eigentlichen Stiftungszwecke. Hier dient die Unternehmensbeteiligung unmittelbar der Erreichung der satzungsmäßigen Ziele. Unternehmensgegenstand bzw. Unternehmenszweck auf der einen Seite und Stiftungsziele iSd §§ 51 ff. AO sind identisch. Hauptbeispiele für diese Art von Verbindung der unternehmerischen Beteiligung zum Stiftungszweck ist die Beteiligung an Körperschaften (GmbH, AG) die auf dem Gebiet der Stiftungszwecke tätig sind. Hierzu zählen insbesondere Einrichtungen im Gesundheitswesen, wie Krankenhäuser oder Reha-Einrichtungen, aber auch Einrichtungen im Kultur- oder Bildungsbereich. Eine Reihe von Museen, Theatern oder auch Schulen oder Hochschulen sind mittlerweile in der Rechtsform einer GmbH (selten AG) organisiert. Stiftungen, die in diesem Tätigkeitsbereich nach ihrer Zielsetzung engagiert sind, erfüllen ihre Aufgaben nicht unmittelbar durch den Betrieb dieser Einrichtung (Museen, Theater oder Bildungseinrichtungen), sondern beteiligen sich an entsprechenden Einrichtungen iSe selbstständigen Rechtsform.

15 **2. Vermögensverwaltung.** Die davon grundsätzlich zu unterscheidende Form der Unternehmensbeteiligung ist die einer reinen Vermögensanlage. Stiftungen investieren ihr Stiftungsvermögen in GmbH- oder AG-Anteile. Der Zweck des Unternehmens an dem die Stiftung beteiligt ist, korrespondiert nicht mit den Stiftungszielen. Bei der Beteiligung geht es aus Sicht der Stiftung lediglich um die Investition des eigenen Kapitals und die Erzielung nachhaltiger Einnahmen, die wiederum für die Erfüllung der Stiftungszwecke zur Verfügung stehen. Als Form der Vermögensanlage nutzen Stiftungen immer mehr die Möglichkeit, ihr Kapital in börsennotierten AGen zu investieren. Hierbei stellt sich immer wieder die Frage nach der Zulässigkeit solcher Anlageformen mit Blick auf die stiftungsrechtlichen Grundbestimmungen, nach der das Stiftungskapital werterhaltend, sicher und rentierlich anzulegen ist (*Carstensen* in Bertelsmann Stiftung Stiftungen-HdB 537).

16 Zwar verzichten die meisten Landesstiftungsgesetze auf spezielle Anlagevorschriften für das Stiftungsvermögen. Dennoch gilt allgemein, dass Stiftungsgelder nach den Grundsätzen einer sicheren und wirtschaftlichen Vermögensverwaltung zu investieren sind. Ökonomisch geht es dabei um eine Balance zwischen Rendite und Risiko. Gerade die Anlage in Unternehmensbeteiligungen ist dabei mit einem nicht unerheblichen Anlagerisiko verbunden. In Extremfällen kann dies Risiko sich auch in einer Vernichtung von Stiftungskapital realisieren. Aus diesem Grunde sind die Stiftungsorgane gehalten, der Werthaltigkeit einer Anlage in Unternehmensbeteiligungen hohes Gewicht beizumessen. Auch die Stiftungsaufsicht macht dies regelmäßig zum Gegenstand ihrer Überprüfung der laufenden Stiftungstätigkeiten (*Carstensen* in Bertelsmann Stiftung Stiftungen-HdB 565 ff.).

3. Wirtschaftlicher Geschäftsbetrieb. Abzugrenzen ist die reine Vermögensverwaltung von einem wirtschaftlichen Geschäftsbetrieb nach § 14 AO. Eine Vermögensverwaltung liegt im Allgemeinen vor, wenn das Vermögen genutzt wird, um in Form von festen Beteiligungen nachhaltige Zinserträge zu erwirtschaften. Um einen wirtschaftlichen Geschäftsbetrieb iSd § 14 AO handelt es sich dagegen, wenn eine selbständige nachhaltige Tätigkeit betrieben wird, durch die Einnahmen oder andere wirtschaftliche Vorteile erzielt werden und die über den Rahmen einer reinen Vermögensverwaltung hinaus gehen. Im Gegensatz zu einer verzinslichen Kapitalanlage in Kombination mit einer gelegentlichen Vermögensumschichtung, die dem steuerfreien Bereich der Vermögensverwaltung zuzuordnen sind, liegt in einer dauernden Vermögensumschichtung ein wirtschaftlicher Geschäftsbetrieb (*Berndt* in Bertelsmann Stiftung Stiftungen-HdB 1134). Dabei ist die Unterhaltung eines Gewerbebetriebes iSd §§ 15 GewStG, Abschnitt 8 ff. GewStR stets ein wirtschaftlicher Geschäftsbetrieb. Dies gilt auch für die Beteiligung an einer gewerblichen Personengesellschaft, die eine Mitunternehmerschaft darstellt. 17

Auch das Halten von Beteiligungen an Kapitalgesellschaften mit einem tatsächlich beherrschenden Einfluss stellt einen wirtschaftlichen Geschäftsbetrieb dar (*Schlüter/Stolte* StiftungsR Kap. 7 Rn. 130 ff.). Dabei kommt es nicht auf die tatsächliche Ausgestaltung der Anteilsverhältnisse die Rechtsform (GmbH oder AG) sowie auf die Art der Ausübung des unternehmerischen Einflusses an. Einen beherrschenden Einfluss hat die Personalunion in den Entscheidungsgremien der Stiftung (*Berndt* in Bertelsmann Stiftung Stiftungen-HdB 1134). Eine Ausgründung der steuerpflichtigen wirtschaftlichen Betätigung in eine Personen- oder Kapitalgesellschaft geht nur dann in den Bereich der steuerfreien Vermögensverwaltung über, wenn durch die Ausgestaltung der rechtlichen oder tatsächlichen Verhältnisse eine beherrschende Machtausübung nicht möglich wird. Soweit nähere wirtschaftliche Geschäftsbeziehungen unterhalten werden, sind diese nach § 64 Abs. 2 AO als ein wirtschaftlicher Geschäftsbetrieb zu behandeln (zur betriebswirtschaftlichen Typologie von Stiftungsunternehmen als hybride Organisationen siehe Achleitner/Block/Strachwitz/*Achleitner/Block,* Stiftungsunternehmen: Theorie und Praxis, 2018, 3 ff.). 18

4. Zweckbetrieb. Den vierten Bereich möglicher Beteiligungen durch eine gemeinnützige Stiftung stellt der sog. Zweckbetrieb dar (§ 64 Abs. 1, 2 AO). Es handelt sich dabei um eine besondere Art des wirtschaftlichen Geschäftsbetriebes. Ein Zweckbetrieb nach § 65 AO liegt dann vor, wenn der Betrieb der unmittelbaren Verwirklichung der satzungsmäßigen gemeinnützigen Zwecke dient und diese nur durch einen solchen zu erreichen sind. Weitere Voraussetzung ist, dass der Zweckbetrieb nicht in einem größeren Umfang zu den steuerbefreiten Betrieben in Wettbewerb tritt. Ein unvermeidbares Maß an Wettbewerb ist hinzunehmen. So handelt es sich nicht um Zweckbetriebe bei reinen Einrichtungen zur Mittelbeschaffung oder selbständige Einrichtungen wie Heizkraftwerke, Abfallentsorgungsbetriebe oder Hausdruckereien (s. das Beispiel bei *Schauhoff,* Handbuch der Gemeinnützigkeit, Verein-Stiftung-GmbH, 3. Aufl. 2010, § 6 Rn. 126 ff.). Der Begriff des § 68 AO ist per Gesetz auch auf Wissenschafts- und Forschungseinrichtungen ausgedehnt worden (Gesetz vom 20.12.1996, BGBl. 1996 I 2049). Soweit es sich um die Anwendung gesicherter wissenschaftlicher Erkenntnisse handelt, zählen diese Aktivitäten nicht zum Zweckbetrieb. Das Gleiche gilt für die Übernahme von Projektträgerschaften und wissenschaftliche Tätigkeiten ohne Forschungsauftrag. 19

V. Unternehmensbeteiligungen von Stiftungen in Deutschland

Die Beobachter des amerikanischen Stiftungswesens (hierzu ausf. *Fleisch/Eulerich/Krimmer/Schlüter/Sollte,* Modell der unternehmensverbunden Stiftung, 2018; *Schlüter,* Stiftungsprivatrecht zwischen Privatautonomie und Gemeinwohlbindung, 2004, 145 ff.) weisen auf der Grundlage ihrer Erfahrungen darauf hin, es gäbe auch in Deutschland gute Gründe dafür, Vorkehrungen gegen eine von Stiftungen ausgeübte de facto Kontrolle über Unternehmen zu treffen, deren Organe wiederum Einfluss auf die Stiftung ausüben können (*Fleishman* in Bertelsmann Stiftung Stiftungen-HdB 359, 362). Es müsse insbesondere sichergestellt werden, dass von Stiftungen kontrollierte Unternehmen ihren Eigentümern Erträge auf die Investitionen auszahlen, die der Erfüllung der Zwecke wenigstens ungefähr angemessen sind. (Berechnungsbeispiele bei *Doppstadt,* Zur Bewertung von Stiftungsvermögen unternehmensverbundener Stiftungen, in Doppstadt/Koss/Toepler, Vermögen von Stiftungen, Bewertung in Deutschland und den USA, 2002, 77 ff.) Gestützt wird diese Argumentation mit einem Hinweis auf die typische Gefährdungslage bei Stiftungen: Die zeitliche Existenz einer Stiftung ist nicht begrenzt. Sie ist nicht auf die Zustimmung einer Bezugsgruppe angewiesen, die die Macht hätte, von ihr Rechenschaft einzufordern. Anders als politische Vertreter oder Vorstände einer AG können die Vertreter der Stiftung nicht abgewählt oder vom Aufsichtsrat abberufen werden. Eine Verantwortlichkeit ergibt sich nur gegenüber dem sich selbst erneuernden Vorstand oder Kuratorium. Wird zugelassen, dass Unternehmen die Interessen von Stiftungen beherrschen, die an ihnen beteiligt sind, würden in demselben Maße die allgemein akzeptierten Grundregeln verletzt, nach denen Stiftungen nicht als Instrumente benutzt werden dürfen, um private oder persönliche Vorteile zum Nutzen interessierter Parteien zu erlangen. Das dem Stiftungswesen zu Grunde liegende Prinzip des gesellschaftlichen Nutzens wird in dem Maße missachtet, in dem es den Unternehmensmanagern möglich ist, die Entscheidungen der Stiftung ent- 20 sprechend den Interessen des Unternehmens zu beeinflussen. Die amerikanischen Erfahrungen verleiten zu der Vermutung, dass ein Unternehmen, dessen Management die Kontrolle über eine Stiftung ausübt und dies auf Dauer auch tun wird, einen für beide Seiten sicheren Weg in die Katastrophe darstellt (*Fleishman* in Bertelsmann Stiftung Stiftungen-HdB 359, 391).

21 Bislang konnte in der Entwicklung des Stiftungswesens in der Bundesrepublik eine solche Tendenz nicht nachgewiesen werden. Dies ist gleichwohl kein Beweis für die Unbegründetheit der auf den amerikanischen Erfahrungen beruhenden Vermutungen. Neben der in Deutschland im Verhältnis zum Amerika der 60er Jahre deutlich geringeren Zahl von Unternehmen, die im Mehrheitsbesitz großer Stiftungen standen, kann eine weitere Ursache in der spezifischen Unternehmenskontrolle in Deutschland gesehen werden. Die Regeln über die Stiftungskontrolle (Bindung an das Stiftungsrecht und den Stifterwillen) sowie die steuerliche Kontrolle (Bindung an die gemeinnützige Zielsetzung) werden ergänzt durch die von den Eigentümern unabhängige Kontrolle des Unternehmens selber. Im Vordergrund stehen hier die Regeln über die betriebliche Mitbestimmung und die Mitbestimmung durch die Mitwirkung von Arbeitnehmervertretern in den Aufsichtsgremien der Unternehmen. Diese Regeln können Missbrauch zwar nicht verhindern, erschweren ihn gleichwohl insoweit, als sie zu einer Transparenz unternehmerischer Entscheidungen gegenüber Nicht-Eigentümern führen und gleichzeitig verhindern, dass die Eigentümer ihre persönlichen Zielsetzungen ohne eine Vertretung der Arbeitnehmergruppe durchsetzen können. Zum gleichen Ergebnis kommt auch eine neuere Studie zu Stiftungsunternehmen (s. Achleitner/Block/Strachwitz/*Strachwitz,* Stiftungsunternehmen: Theorie und Praxis, 2018, 21 ff. und Achleitner/Block/Strachwitz/*Weitemeyer,* Stiftungsunternehmen: Theorie und Praxis, 2018, 49 ff.)

VI. Unternehmensbeteiligungen und Stiftungsaufsicht

22 Die deutschen Stiftungsaufsichtsbehörden haben keine Möglichkeit, eine maßgebliche Unterbeteiligung von Stiftungen zu verhindern. Auch einer – in den USA weitgehend unzulässigen (vgl. dazu die Regeln über die *disqualified persons,* zu denen nach Einführung der Höchstbeteiligung von 20 % am Unternehmen auch die Personen und Unternehmen gehören, die weitere 20 % der Anteile besitzen; Einzelheiten bei *Hopkins/Blazek,* Private Foundations, 1997, 108 ff.) – personellen Identität in den Gremien einer Stiftung und einem von ihr abhängigen Unternehmen sind keine Schranken gesetzt. De lege ferenda sind in der jüngsten Reformdiskussion erste Tendenzen erkennbar, auch diesen Bereich möglicher Stiftungsaktivitäten zu thematisieren. Der Reformentwurf der Fraktion Bündnis 90/Die Grünen forderte ein weitgehendes Verbot der privatnützigen unternehmensverbundenen Stiftung (Text in Bertelsmann Stiftung Stiftungen-HdB/Maecenata Institut für Dritter Sektor Forschung, Expertenkommission zur Reform des Stiftungs- und Gemeinnützigkeitsrechts, 154, mkritAnm *Kögel* 142, 144 ff.); der Vorschlag wurde in der weiteren Diskussion aber nicht wieder aufgegriffen.

23 Die Frage, ob eine solche Begrenzung vermuteten Missbrauchs sinnvoll ist, ergibt sich aus einer rechtspolitischen Abwägung: Auf der einen Seite steht ein gesellschaftspolitisches Anliegen, die Errichtung von Stiftungen zu fördern. Die Gründung von Stiftungen wird als ein gesellschaftlich wünschenswertes Ergebnis angesehen. Insbesondere iRe gemeinnützigen Zielsetzung – eine solche verfolgen in Deutschland mehr als 95 % der Stiftungen – dienen sie unmittelbar dem öffentlichen Wohl. Sie leisten einen Beitrag bei der Produktion öffentlicher Güter und Dienstleistungen, fördern die gesellschaftliche Innovation und sind Bestandteil einer pluralistischen Gesellschaftsordnung. Mit der so verstandenen gesellschaftlichen Rolle von Stiftungen ist ein Stiftungsrecht verbunden, dessen erklärte rechtspolitische Zielsetzung die Förderung des Stiftungswesens darstellt. Auf der anderen Seite steht das Bemühen, die von einer freien Stiftungsbildung ausgehenden vermuteten Gefahren oder den möglichen Missbrauch dieser Gestaltungsform für andere – nicht am Gemeinwohl orientierte Zielsetzungen – zu verhindern. Dies gesetzgeberische Anliegen beherrscht das U. S.-amerikanische Recht (*Schlüter,* Stiftungsprivatrecht zwischen Privatautonomie und Gemeinwohlbindung, 2004, 143 ff.). Beide Ansätze stehen in einem gegenseitigen Abhängigkeitsverhältnis und sind unmittelbar miteinander verbunden; in ihrer Wirkung sind sie nur begrenzt in Einklang zu bringen.

VII. Die Stiftung als Instrument der Unternehmensnachfolge

24 Nicht zuletzt die Diskussion über die Zulässigkeit der Unternehmensträgerstiftung iRd Reformüberlegung zum Stiftungsrecht hat dazu beigetragen, die Stiftung erneut in den Blick zu nehmen, wenn es darum geht, langfristig die Unternehmensnachfolge zu sichern (*Werner* ZEV 2006, 539 ff.; *Richter* BBV 1/2004, 17 ff.). Häufig ist das gesamte Vermögen eines Unternehmers oder einer Unternehmerfamilie im Unternehmen gebunden. Es soll sichergestellt werden, dass mit der Nachfolgekonstruktion sowohl der Fortbestand des Unternehmens gesichert ist, als auch die Versorgungsbedürfnisse der Erben und der sonstigen Angehörigen in ausreichender Weise gesichert werden.

25 Aus Sicht des Unternehmers – und potentiellen Stifters – reichen die erbrechtlichen Möglichkeiten zur Sicherung der Kontinuität der Unternehmensfortführung häufig nicht aus. Zwar besteht die

Möglichkeit, iRd Testamentsvollstreckung (§§ 2197 ff.; dazu O. *Schmidt* ZEV 2000, 438 ff.) für einen Übergangszeitraum auf die Bestellung der Unternehmensleitung Einfluss zu nehmen. Sie endet jedoch mit dem Ablauf der Frist des § 2210 (30 Jahre). Auch die Übertragung iRd Erbfolge unter einer Auflage (§§ 2291 ff.) ist nicht geeignet, die langfristige Kontinuität der Unternehmensleitung zu sichern – anders dagegen in der Stiftung. Mit der Stiftung als Unternehmensträger wird auf Dauer das unternehmerische Vermögen einem Träger zugewiesen, dessen Regeln über die Besetzung der Unternehmensleitung vom Stifter festgesetzt und auf Dauer gültig sind. Ein Einfluss der Familienmitglieder auf die Besetzung von Leitungspositionen im Unternehmen ist auf Dauer ausgeschlossen. Damit bietet sich insbesondere die Möglichkeit, das im Unternehmen gebundene Vermögen wertmäßig auf Dauer der Familie zu sichern, gleichzeitig aber die Familienmitglieder von der Besetzung der Leitungsfunktionen im Unternehmen weitgehend auszuschließen (zu Einzelheiten s. *Schwarz* BB 2001, 2383 ff.).

Gestaltungsüberlegungen, die zur Wahl der Rechtsform einer Stiftung führen, sind häufig auch aus Liquiditätsgesichtspunkten abgeleitet. Ein Liquiditätsentzug durch Familiengesellschaften ist in der Konstruktion bei einer Unternehmensträgerstiftung ausgeschlossen. Zu berücksichtigen ist allerdings, dass bei einer vollständigen Übertragung sämtlicher Anteile auf die Stiftung unter Ausschluss der gesetzlichen Erben ein Pflichtteilsanspruch zu bedienen ist, der die Liquidität uU erheblich belasten kann. Auf der anderen Seite ist eine Zersplitterung der Anteile am Unternehmen ausgeschlossen. Damit kann insbesondere keine Situation eintreten, nach der durch einen – auch mehrfach – Verkauf von Anteilen am Unternehmen unterschiedliche Mehrheitskonstellationen entstehen. Insbesondere der Einfluss von – aus Sicht der Eigentümerfamilie – Fremdgesellschaftern ist mit dieser Konstruktion zu verhindern. 26

Die Gestaltungsmöglichkeiten für den Stifter iRe Unternehmensträgerstiftung unterliegen nicht den engen formellen Anforderungen wie bei der Errichtung einer GmbH oder einer AG. Der Stifter bestimmt über die Organstruktur, die Vertretungsregelung und die zukünftige Veränderung der Statuten, insbesondere der Stiftungssatzung (*Fleisch/Sollte,* Modell der unternehmensverbunden Stiftung, 2018, 144 ff.). Diese weitreichende Gestaltungsfreiheit für den Stifter sollte jedoch in der Kautelarpraxis nicht dazu führen, dass Regeln geschaffen werden, die unveränderbar sind und sich zu einem späteren Zeitpunkt als undurchführbar oder impraktikabel erweisen. Die Stiftungsgestaltung sollte die für ein Unternehmen erforderliche Flexibilität nicht unberücksichtigt lassen. Der grundsätzlich statische Ansatz in der Stiftungsstruktur ist daher durch Konstruktionen zu ergänzen, die auf Änderungen des Umfelds und insbesondere eine Veränderung der wirtschaftlichen Rahmendaten ausreichend schnell reagieren können. Dies bedeutet insbesondere eine Regelung der Frage, in welchen Fällen mit welchen Mehrheiten und in welchem Umfang die Möglichkeit besteht, diese an eine Veränderung der wirtschaftlichen Verhältnisse anzupassen ist. 27

VIII. Mitbestimmung, Konzernrecht

Ein weiterer Unterschied zu den Körperschaften des Privatrechts liegt in der Mitbestimmung. Die Regeln über die **unternehmensverfassungsrechtliche Mitbestimmung** gelten nicht für Stiftungen. Sie gehören nicht zu den mitbestimmungspflichtigen Unternehmen (SSSP/*Stumpf* § 80 Rn. 57). 28

In Konzernrechtlicher Hinsicht kann die Stiftung ein herrschendes Unternehmen iSd Konzernrechts sein (Staudinger/*Hüttemann/Rawert,* 2017, Vor §§ 80 ff. Rn. 247). Die besonderen konzernrechtlichen Wirkungen aus dieser Stellung sind identisch mit den Risiken, die sich auch aus der allgemeinen wirtschaftlichen Tätigkeit der Stiftung ergeben. Die Stiftung kann indes nicht als konzernrechtlich abhängiges Unternehmen betrachtet werden. Dies ist mit der Besonderheit dieser Rechtsform nicht vereinbar. 29

Die Corporate-Governance Strukturen einer unternehmensverbundenen Stiftung sind mit denen im Stiftungsunternehmen vergleichbar. Der Ansatz bislang entwickelter Corporate Governance Lösungen ist aber auf die Unternehmensträgerstiftung nicht anwendbar (*Hippeli,* Corporate Governance bei unternehmensverbundenen Stiftungen, 2018, 121 ff.; *Hopt* in Jung, Stärkung des Stiftungswesens, 2017, 82 ff.) Für gemeinnützige Stiftungen gibt es erste Vorschläge für Regeln der Corporate Governance. Sie sind mit ihrer spezifischen, auf die gemeinnützige Zweckverfolgung bezogenen Ausrichtung auf Unternehmensträgerstiftungen nicht übertragbar *Hopt* in Jung, Stärkung des Stiftungswesens, 2017, 82 ff.) 30

Entstehung einer rechtsfähigen Stiftung

80 (1) **Zur Entstehung einer rechtsfähigen Stiftung sind das Stiftungsgeschäft und die Anerkennung durch die zuständige Behörde des Landes erforderlich, in dem die Stiftung ihren Sitz haben soll.**

(2) [1]**Die Stiftung ist als rechtsfähig anzuerkennen, wenn das Stiftungsgeschäft den Anforderungen des § 81 Abs. 1 genügt, die dauernde und nachhaltige Erfüllung des Stiftungszwecks gesichert erscheint und der Stiftungszweck das Gemeinwohl nicht gefährdet.** [2]**Bei einer Stiftung, die für eine bestimmte Zeit errichtet und deren Vermögen für die Zweckverfolgung verbraucht werden soll (Verbrauchsstiftung), erscheint die dauernde Erfüllung des Stiftungs-**

zwecks gesichert, wenn die Stiftung für einen im Stiftungsgeschäft festgelegten Zeitraum bestehen soll, der mindestens zehn Jahre umfasst.

(3) [1] **Vorschriften der Landesgesetze über kirchliche Stiftungen bleiben unberührt.** [2] **Das gilt entsprechend für Stiftungen, die nach den Landesgesetzen kirchlichen Stiftungen gleichgestellt sind.**

Übersicht

I. Stiftungstypologie

1 **1. Privatnützige und Gemeinnützige Stiftungen.** Die anerkannte Stiftung bürgerlichen Rechts zur Verfolgung gemeinnütziger, mildtätiger und kirchlicher Zwecke bildet den Haupttypus der Stiftungen in Deutschland. Über 95 % der vom Bundesverband Deutscher Stiftungen erfassten Stiftungen gehören zu diesem Typ (jeweils aktuelle Daten finden sich in den vom Bundesverband Deutscher Stiftungen herausgegebenen Verzeichnissen Deutscher Stiftungen sowie unter www.stiftungen.org). Soll die Stiftung einen gemeinnützigen Zweck verfolgen, sind die besonderen Anforderungen der Abgabenordnung an die Satzungsgestaltung zu beachten. Der Zweck ist so zu formulieren, dass er den Anforderungen der Gemeinnützigkeit entspricht. Auch die Art der Zweckverfolgung muss aus der Satzung hervorgehen. Darüber hinaus muss durch die Satzungsgestaltung sichergestellt sein, dass die Stiftung ausschließlich und unmittelbar gemeinnützige Zwecke erfüllt sowie selbstlos tätig ist (vgl. §§ 51–68 AO). Der Zweck der unternehmensführenden Stiftung kann auch privatnütziger Natur sein; insbesondere in Form der Familienstiftung (*Richter* in v. Campenhausen/Richter StiftungsR-HdB § 12 Rn. 1).

2 **2. Öffentliche Stiftungen.** Der Begriff der öffentlichen Stiftung ist in den Landesrechten von Bayern und Rheinland-Pfalz enthalten. Er umfasst die rechtsfähigen Stiftungen des bürgerlichen Rechts, die nicht ausschließlich private Zwecke verfolgen, und die rechtsfähigen Stiftungen des öffentlichen Rechts. Als öffentlich gelten die dem Gemeinwohl dienenden Zwecke (*Wachter* Stiftungen Teil B Rn. 52).

3 **3. Familienstiftungen.** Unter Familienstiftung versteht man eine (rechtsfähige oder nicht rechtsfähige) Stiftung, die in besonderem Maße den Interessen oder dem Wohl einer oder mehrerer bestimmter Familien ganz oder teilweise gewidmet ist (*Richter* in v. Campenhausen/Richter StiftungsR-HdB § 13 Rn. 1). Nach der Rspr. des BFH liegt eine Familienstiftung dann vor, wenn das Wesen der Stiftung nach der Satzung und ggf. nach dem Stiftungsgeschäft darin besteht, es den Familienmitgliedern zu ermöglichen, das Stiftungsvermögen zu nutzen und die Stiftungserträge einzuziehen. Ob von dieser Möglichkeit Gebrauch gemacht wird, ist nicht entscheidend (BFH 10.12.1997, BStBl. II 1998, 114 = BB 1998, 466). Das einzige Unterscheidungskriterium zur allgemeinen Stiftung liegt in der besonderen Zweckbestimmung der Familienstiftung. Dies ist ausschließlich oder neben anderen Stiftungszwecken die Versorgung der Mitglieder einer oder mehrerer Familien. Bei der Errichtung einer Familienstiftung sind im Regelfall drei Aspekte für den Stifter von besonderer Bedeutung.

4 **a) Sicherung der Familie.** Hauptzweck der Familienstiftung ist die Versorgung der Mitglieder einer Familie aus den Erträgen des Vermögens, das der Stiftung übertragen wurde (*Richter* in v. Campenhausen/Richter StiftungsR-HdB § 13 Rn. 2 ff.). Dies ist bei der Familienstiftung häufig der Nachlass des Stifters und damit des Gründers der Familienstiftung. Das Gründungskapital besteht vielfach aus Einzelunternehmen oder Beteiligungen hieran. Zivilrechtlich bewirkt die Familienstiftung eine wirtschaftliche Absicherung der Familie (allerdings nur soweit das Vermögen der Stiftung und seine Erträge dazu ausreichen). Da die Errichtung, der Betrieb und die Auflösung der Familienstiftung der unbe-

schränkten Besteuerung unterliegen, wird von dieser Rechtsform nicht besonders häufig Gebrauch gemacht (zur Besteuerung der Familienstiftung *Richter* in v. Campenhausen/Richter StiftungsR-HdB § 13 Rn. 43 ff.).

b) Kontinuität des Vermögens. Neben der wirtschaftlichen Absicherung der Familienangehörigen und der Mitglieder der kommenden Generation sind weitere Motivationen mit der Errichtung einer Familienstiftung verbunden. Dies ist in erster Linie der Wunsch des Stifters, das von ihm aufgebaute Unternehmen fortzuführen und einer Zerschlagung durch kommende Generationen vorzubeugen. Dies ist häufig verbunden mit der gleichzeitigen Übertragung der Verwaltungsbefugnisse über das Vermögen auf andere Personen als Mitglieder der eigenen Familie oder deren Abkömmlinge. Die Übertragung des Vermögens auf eine Familienstiftung verhindert das Auseinanderfallen des Vermögens. Die Stiftung ist eine einheitliche und selbstständige Vermögensmasse, an der keine Beteiligungsrechte in Form von Gesellschafteranteilen bestehen, die ggf. selbstständig veräußert werden könnten. 5

In der Form der Familienstiftung kann der Stifter Anordnungen treffen, die die Führung des Unternehmens im Detail festlegen. Der Stifter kann unter anderem festlegen, dass einzelne Beteiligungen nicht veräußert werden können oder eine Veräußerung nur unter bestimmten näher definierten Voraussetzungen möglich ist. Eine derartige auf Dauer nicht veränderbare Festlegung von Grundsätzen der Vermögensverwaltung ist nur in der Rechtsform der Stiftung möglich. Andere Konstruktionen wie etwa die Einsetzung eines Testamentsvollstreckers wirken nur für einen begrenzten Zeitraum (max. 30 Jahre, vgl. § 2210); die Übertragung auf eine GmbH schließt nicht aus, dass zu einem späteren Zeitpunkt Anteile an dieser GmbH veräußert oder die GmbH insgesamt aufgelöst wird. Insoweit bietet die Familienstiftung einen absoluten Schutz gegen die Aufteilung des Vermögens im Wege des Erbgangs (*Hof* in v. Campenhausen/Richter StiftungsR-HdB § 14 Rn. 15 ff.). 6

c) Nachfolgeregelungen. Befinden sich Unternehmen oder mehrheitliche Unternehmensbeteiligungen im Besitz der Stiftung, werden diese von der Stiftung verwaltet. Eine unmittelbare Einflussnahme der Familienangehörigen auf das Unternehmen ist damit nur so weit möglich, wie der Stifter dies über die Stiftungssatzung gestattet. Er kann die Familienmitglieder in die Organe der Stiftung einbeziehen und ihnen so Einfluss auf das Unternehmen zuweisen; er kann auch eine rein externe Besetzung der Stiftungsorgane vorsehen und damit die Familienmitglieder auf den Status eines Leistungsempfängers der Stiftung ohne eigene Einflussmöglichkeiten reduzieren (Praxisbeispiele bei *Fleisch/Sollte,* Modell der unternehmensverbunden Stiftung, 2018, 144 ff.). 7

4. Kommunale Stiftungen. Die unternehmensführende Stiftung kann auch als kommunale Stiftung ausgestaltet werden. Wesentliches begriffsbildendes Merkmal ist die Zuordnung zu einer kommunalen Körperschaft (zur Legaldefinition vgl. etwa Art. 28 BayStG). Es kommt nicht nur die jeweilige Kommune, sondern auch jede natürliche oder juristische Person als Stifter in Betracht (*v. Campenhausen/Stumpf* in v. Campenhausen/Richter StiftungsR-HdB § 32 Rn. 3). Dies ist auch der Regelfall für die Errichtung einer kommunalen Stiftung, die von Bürgern gegründet wird, die mit ihrer Zuwendung einen Zweck im Aufgabenbereich der Kommune unterstützen wollen. Für die Errichtung einer rechtsfähigen kommunalen Stiftung gelten die allgemeinen Regeln. Verwaltet werden die kommunalen Stiftungen dagegen nach den Regeln des Kommunalrechts. Etwas anderes gilt nur dann, wenn der Stifter dies ausdrücklich vorgesehen hat. Grundsätzlich ist die Kommune für die Verwaltungsführung und die Bewirtschaftung des Stiftungsvermögens verantwortlich. Dabei sind insbesondere die Vorschriften des Kommunalverfassungs- und Gemeindewirtschaftsrechts zu berücksichtigen. Dies gilt sowohl für rechtsfähige wie für nicht rechtsfähige kommunale Stiftungen. 8

Grundsätzlich werden die kommunalen Stiftungen von den Organen derjenigen Gebietskörperschaft verwaltet, in deren Aufgaben- und Wirkungsbereich die Stiftung ihrer Zweckbestimmung nach fällt. Welches Kommunalorgan zuständig ist, ergibt sich aus dem maßgeblichen Kommunalrecht (*v. Campenhausen/Stumpf* in v. Campenhausen/Richter StiftungsR-HdB § 30 Rn. 6 und § 32 Rn. 6 f.). Dabei sind wichtige Beschlüsse, die nicht der laufenden Verwaltung zuzurechnen sind, grundsätzlich dem Vertretungsorgan der Kommune vorbehalten. Dazu zählen insbesondere Entscheidungen über die Umwandlung der Stiftung, die Änderung des Stiftungszwecks oder die Aufhebung der Stiftung. Das Gleiche gilt für die Änderung der Stiftungssatzung sowie die Verabschiedung des Haushalts und die Bestellung und die Entlastung der Stiftungsorgane. 9

II. Errichten einer Stiftung

1. Merkmale der Stiftung. Die Stiftung entsteht als rechtsfähige juristische Person des Privatrechts mit der staatlichen Anerkennung (zur Frage der Unterscheidung zwischen Konzessionssystem und System der Normativbestimmungen s. *Schlüter,* Stiftungsprivatrecht zwischen Privatautonomie und Gemeinwohlbindung, 2004, 391 ff.). Wesentliche Merkmale der Stiftung sind der vom Stifter festgelegte Zweck der Stiftung, ein selbstständiges Vermögen und eine eigenständige Organisation. Der Inhalt dieser drei Merkmale wird ausschließlich von dem oder den Stiftern festgelegt (*Weger* in Bertelsmann 10

Stiftung Stiftungen-HdB 809). Grundlage ist das **Stiftungsgeschäft** und die Stiftungssatzung (*Mercker* in Strachwitz/Mercker Stiftungen-HdB 210). Das Stiftungsgeschäft bestimmt den Stiftungszweck, das Stiftungsvermögen und die Stiftungsorganisation. Wenn alle Merkmale erfüllt sind, spricht die Behörde die Anerkennung (früher: Genehmigung) aus. Damit unterscheidet sich die Stiftung von anderen Körperschaften, der GmbH, dem eingetragenen Verein oder der AG, bei denen sich die staatliche Mitwirkung auf die Registereintragung beschränkt (*Schlüter* in Bertelsmann Stiftung Stiftungen-HdB 868).

11 Gleichwohl lassen sich stiftungsartige Strukturen auch in Formen der Körperschaft (Verein und GmbH) sowie der nicht rechtsfähigen Stiftung realisieren (*Schlüter/Stolte* StiftungsR Kap. 4). Insoweit kann man von einem doppelten Stiftungsbegriff sprechen: Mit Stiftung ist einmal die Rechtsform der Stiftung iSd §§ 80 ff. gemeint; zum anderen bezeichnet Stiftung den Vorgang des Stiftens, dh der Verselbstständigung von Vermögen zu einem eigenständigen Zweck, der auch in anderen Gestaltungsformen umgesetzt werden kann.

12 **2. Vorfragen.** Die Stiftungssatzung ist nach der Gründung nur schwer veränderbar, gleichzeitig fehlt eine Einflussnahme von außen durch – bei der Stiftung nicht vorhandenen – Eigentümer und schließlich hält das Stiftungsrecht der §§ 80 ff. nur eine begrenzte Zahl von Regeln vor. Bevor ein Stifter mit der Konkretisierung der Stiftungserrichtung beginnt, sind daher eine Reihe von Vorfragen zu klären, die auf die Satzungsgestaltung und die Organisation erheblichen Einfluss haben (Bundesverband Deutscher Stiftungen, Stiftungspraxis, 2010, 16). Hierzu zählen unter anderem:

13 **a) Versorgung der Stifterfamilie.** Bevor in größerem Umfang Vermögen auf eine Stiftung übertragen wird, sollte geklärt werden, welche sonstigen Überlegungen für die Angehörigen des Stifters zu berücksichtigen sind (näher dazu *Weger* in Bertelsmann Stiftung Stiftungen-HdB 817). Mit der Errichtung der Stiftung geht das Vermögen endgültig auf die Stiftung über. Nur noch die ausgeschütteten Erträge des Vermögens dürfen für den Stiftungszweck, dh die Versorgung der Familienmitglieder (*Mercker* in Strachwitz/Mercker Stiftungen-HdB 328), verwendet werden. Eine Rückübertragung ist nicht mehr möglich, wenn sie nicht schon im Stiftungsgeschäft vorbehalten ist.

14 **b) Stiftung und Unternehmen.** Besteht das übertragene Vermögen zum Teil oder zum Ganzen in einer Beteiligung an einem Unternehmen (*Schlüter* in Strachwitz/Mercker Stiftungen-HdB 315) muss darüber hinaus berücksichtigt werden, wie dieses Unternehmensvermögen mit der Stiftung verknüpft wird (iE s. *Schlüter* in Strachwitz/Mercker Stiftungen-HdB 315–327). Die Stiftung kann als Instrument der Unternehmensnachfolge genutzt werden, wenn bei mehreren Erbberechtigten eine Zerstückelung der Unternehmensanteile auf lange Sicht verhindert werden soll (*Wachter* Stiftungen Teil C Rn. 1). Gleichzeitig ermöglicht eine solche Konstruktion die Bestellung von Fremdgeschäftsführern unter Ausschluss der Erbberechtigten auf deren Bestellung. Stiftungen spielen zunehmend eine Rolle iRe Marketingkonzeption, die auch die gemeinnützigen Aktivitäten des Unternehmens mit einbezieht. Stiftungen werden Instrument einer modernen „Corporate Social Responsibility" oder eines unternehmerischen Engagements in Form der „Corporate Citizenship" (näher dazu *Reimer* in Strachwitz/Mercker Stiftungen-HdB 613–620).

15 **c) Beteiligung mehrerer Stifter.** Viele Stiftungen werden nicht von einer Einzelperson, sondern von einer Vielzahl von Stiftern errichtet. Ihr Grundkonzept basiert auf der Beteiligung einer großen Zahl von Stiftern (Beispiel: die regional tätigen Bürger- oder Gemeinschaftsstiftungen) (*Hinterhuber* in Strachwitz/Mercker Stiftungen-HdB 337–342; *Schmied* in Strachwitz/Mercker Stiftungen-HdB 343–350; *Schmied* in Bertelsmann Stiftung Stiftungen-HdB 227–246). Den Gründungsstiftern soll ein (möglichst großer) Einfluss auf die operative Stiftungsarbeit und die Umsetzung und ggf. Anpassung der Stiftungsziele gewährt werden. Dies erfordert mitgliedschaftliche Strukturen, die solche Prozesse zulassen. Mittlerweile wird von der Stiftungsaufsicht aller Bundesländer anerkannt, dass eine von mehreren errichtete Stiftung auch Organisationsstrukturen vorsehen kann, die einem Verein nachgebildet sind.

15a Die Beteiligung mehrerer kann insbesondere für nachträgliche Satzungsänderungen von Bedeutung sein. Einzelne Landesstiftungsgesetze lassen Satzungsänderungen durch den lebenden Stifter zu; schränken die Veränderungsmöglichkeit nach dessen Tod aber erheblich ein. Ist einer der Stifter eine GmbH, besteht das Änderungsrecht des „lebenden" Stifters solange die GmbH existiert.

16 **d) Rechtsfähige oder nicht rechtsfähige Organisation.** Die Stiftung kann als rechtlich selbstständige Organisation und in einer nicht rechtsfähigen Form gegründet werden. Die unselbstständige oder nicht rechtsfähige Stiftung ist wesentlich einfacher zu errichten, untersteht nicht der staatlichen Aufsicht, ist aber in ihrer dauerhaften Existenz im Wesentlichen von einer ordnungsgemäßen Verwaltung durch den Stiftungstreuhänder abhängig (dazu ausf. *Schindler/Steinsdörfer/Hof* in Bertelsmann Stiftung Stiftungen-HdB 771; *Richter* in v. Campenhausen/Richter StiftungsR-HdB § 12 Rn. 118 ff.). Insbesondere für eine gemeinnützige Stiftung oder eine Stiftung, deren Zweck in der Verwaltung eines Unternehmens liegt, kann eine solche Konstruktion sinnvoll sein, wenn durch eine geeignete Wahl des Treuhänders eine Kontinuität der Konstruktion gesichert ist.

e) Zweckbestimmung. Besondere Bedeutung hat der vom Stifter für die Stiftung vorgesehene Zweck. In einer groben Unterteilung lassen sich gemeinnützige und sonstige, dh im Allgemeinen privatnützige Zwecke, unterscheiden (*Wachter* Stiftungen Teil B Rn. 51). Der Stiftungszweck bindet die Stiftung für den gesamten Zeitraum ihrer Existenz bis zu einer möglichen Beendigung. Er bleibt oberste und bestimmende Richtschnur der Stiftungstätigkeit und ist nur in wenigen Fällen und unter besonderen Voraussetzungen nachträglich änderbar. Gerade wegen der verselbstständigten und auf Dauer angelegten Verwirklichung des Stifterwillens liegt in der Zweckbestimmung das entscheidende Charakteristikum der Stiftung. Zusätzlich hat der angestrebte Status der Gemeinnützigkeit Wirkung auf die Satzungsgestaltung, die hier den besonderen Anforderungen der §§ 51 ff. AO unterliegt. **17**

f) Dauer der Stiftung. Wenn die Konstruktion nicht auf Dauer angelegt sein soll, scheiden eine Reihe von Gestaltungsformen von Beginn an aus (insbesondere die rechtsfähige Stiftung des BGB). Temporäre Stiftungsformen lassen sich ohne größere Schwierigkeiten nur in der unselbstständigen Stiftung oder einer Stiftungskörperschaft realisieren. Soll ein Unternehmen zu einem späteren Zeitpunkt auf einen anderen Träger überführt werden, ist die Stiftung als mögliche (Zwischen-)Lösung im Allgemeinen keine sinnvolle Option. **18**

Mit dem Ehrenamtsstärkungsgesetz ist ab dem 1.1.2013 die Möglichkeit geschaffen, eine Stiftung nur auf Zeit (mindestens aber zehn Jahre) zu errichten und das Stiftungsvermögen im Zeitablauf zu verbrauchen (sog. Verbrauchsstiftung, dazu *Schlüter/Stolte* StiftungsR 12). Diese Gestaltungsoption zielt auf gemeinnützige Förderstiftungen und ist für die Stiftung als Trägerin eines Unternehmens keine Form, die für die Führung eines Unternehmens geeignet ist. **18a**

g) Art der Aufgabenerfüllung. In einer groben Unterteilung lassen sich drei Arten der Aufgabenerfüllung von Stiftungen unterscheiden: Förderstiftungen verfolgen ihre Zwecke durch eine Ausschüttung der Stiftungserträge an die in der Satzung vorgesehenen Personen oder Organisationen (*Adloff* in Strachwitz/Mercker Stiftungen-HdB 135). Im Gegensatz dazu betreiben die sog. Anstaltsstiftungen eigene Einrichtungen, für die sie unmittelbar ihre Stiftungsmittel einsetzen (zB Museen, Pflegeheime, Bildungseinrichtungen). Daneben tritt zunehmend die Form der operativen Stiftung auf, die keine Einrichtungen betreibt, gleichwohl ihre Mittel nicht an Dritte ausschüttet, sondern für eigendefinierte Vorhaben einsetzt (*Adloff* in Strachwitz/Mercker Stiftungen-HdB 135–140). **19**

III. Anerkennung der Stiftung

Rechtsfähigkeit erlangt die Stiftung nach § 80 Abs. 1 durch stiftungsbehördliche **Anerkennung.** (Bis zur Reform der §§ 80 ff. im Jahre 2002 hieß die Anerkennung noch „Genehmigung". Vgl. hierzu die Gesetzesbegründung, BT-Drs. 14/8277, Begr., Einzelerläuterungen, zu § 80 (S. 5). Auch vor der Reform des Stiftungsrechts war ein Recht auf Stiftung anerkannt, vgl. BVerwG 12.2.1998, NJW 1998, 2545; OVG Münster 8.12.1995, NVwZ 1996, 913; VG Düsseldorf 25.3.1994, NVwZ 1994, 811; s. auch *Richter* in v. Campenhausen/Richter StiftungsR-HdB § 12 Rn. 136 ff.). Vor wirksamer Bekanntgabe der Anerkennung an den Stifter oder den Stiftungsvorstand kann der später einzusetzende Stiftungsvorstand keine Rechtshandlungen vornehmen, die Wirkung für oder gegen die Stiftung entfalten – eine **Vor-Stiftung** ähnlich der Vor-GmbH oder dem Vor-Verein existiert nicht (*Schiffer,* Die Stiftung in der anwaltlichen Praxis, 2003, 125 f. mwN). Die Anerkennung ist ein privatrechtsgestaltender **Verwaltungsakt** (*Andrick/Suerbaum* NWVBL 9/1999, 329), auf dessen Erlass der Stifter nach § 80 Abs. 2 („ist anzuerkennen...") einen Anspruch hat, wenn die im Gesetz genannten Gründungsvoraussetzungen vorliegen (Palandt/*Ellenberger* Rn. 4; *Andrick/Suerbaum* NJW 2002, 2907). Insoweit hat die Behörde kein Ermessen. Die Anerkennung kann verweigert werden, wenn die Stiftung ihrem Zweck nach eine „Gefährdung des Gemeinwohls" bedeuten würde. Dies ist ein ausfüllungsbedürftiger Rechtsbegriff, zu dem die Rspr. allerdings bereits in Bezug auf die Parallelvorschriften, wie beispielsweise § 43 Abs. 1 und § 87, § 396 Abs. 1 AktG, § 62 GmbHG sowie § 81 Abs. 1 GenG, Grundsätze entwickelt hat. Eine Gemeinwohlgefährdung liegt vor, wenn die Stiftung den Zweck verfolgen soll, gegen ein gesetzliches Verbot oder die guten Sitten zu verstoßen oder Verfassungsgüter (Schutz der Menschenwürde, Verbot der Diskriminierung wegen Rasse, Sprache, Abstammung oder des Glaubens) zu gefährden (OVG Münster 8.12.1995, NVwZ 1996, 913; BVerwG 12.2.1998, NJW 1998, 2545; weitere Nachweise bei Palandt/*Ellenberger* Rn. 6). Zu Zulässigkeit der Unternehmensträgerstiftung als Selbstzweckstiftung → Vor § 80 Rn. 6 ff. **20**

Die Anerkennung erfolgt nur, wenn die dauernde und nachhaltige Erfüllung des Stiftungszwecks gesichert erscheint. Hier prüft die Behörde insbesondere, ob das zugesagte oder mit Sicherheit zu erwartende Vermögen ausreichend ist, um den Stiftungszweck mit der in der Satzung vorgesehenen Organisation und den geplanten Instrumenten zu verfolgen (nicht zu erreichen!) (*Meyn/Richter* in MRKG Stiftung-HdB 95). Die Behörde verfügt insoweit über einen **Prognosespielraum** (*Schwarz* DStR 2002, 1720; näher Hopt/Reuter/*Reuter,* Stiftungsrecht in Europa, 2001, 139, 143). **21**

Die stiftungsrechtliche Anerkennung muss gem. § 81 Abs. 2 S. 2 bei der zuständigen Behörde vom Stifter, einem Vertreter oder etwaigen Erben beantragt werden. Wer zuständige Behörde ist, bestimmt **22** sich nach dem jeweils anwendbaren Landesrecht. Dies wiederum richtet sich nach dem Sitz der Stiftung. Anerkennungsbehörden sind zumeist bei der örtlich zuständigen Bezirksregierung, dem Regierungspräsidium bzw. dem jeweils landeseigenen Äquivalent angesiedelt. In Ausnahmefällen kann auch eine Zuständigkeit des Innenministeriums des Landes gegeben sein, wenn die Stifterin etwa eine Körperschaft des öffentlichen Rechts ist (zB § 15 Abs. 3 StiftG NRW). Der **Antrag** kann formlos gestellt werden; ihm ist das Stiftungsgeschäft und die Satzung beizufügen. Zweckmäßigerweise sollte dem Antrag zugleich die Erklärung der vorgesehenen Organmitglieder beigelegt werden, dass sie die Bestellung in den Vorstand, das Kuratorium oder Ähnlichem annehmen, sowie ggf. eine Einverständniserklärung der Körperschaft, der im Falle der Auflösung der Stiftung deren Vermögen zufallen soll, dass sie das Vermögen unter den satzungsgemäßen Auflagen zu übernehmen bereit ist.

23 Die **Verfahrensdauer** variiert insbesondere in Abhängigkeit davon, wie häufig die jeweilige Behörde mit Stiftungserrichtungen befasst ist, in welchem Umfang andere Fachbehörden beteiligt werden und wie der Verfahrensablauf organisiert ist (*Berndt,* Stiftung und Unternehmen, 2003, 90), ob etwa die Stiftungsbehörde den Antrag auf Anerkennung einer gemeinnützigen Stiftung von sich aus unmittelbar an die zuständige Steuerbehörde weiterleitet, welche in einem sog. verbundenen Verfahren über die steuerrechtliche Anerkennung als gemeinnützig entscheidet. Im Idealfall beträgt die Dauer etwa drei Monate. Der Stifter kann zu einer Verkürzung der Verfahrensdauer beitragen, indem er die Satzung vor Antragstellung mit der Behörde abstimmt. Auch eine enge Orientierung an den regelmäßig von der Behörde – zum Teil im Benehmen mit der zuständigen Finanzbehörde – zur Verfügung gestellten Satzungsmustern kann das Verfahren beschleunigen, da dann weniger Prüfungsaufwand besteht. Außerdem findet sich in Anlage I zu § 60 AO eine besondere steuerliche Mustersatzung. Der Anerkennungsprozess wird erleichtert, wenn mit dem Antrag auf Anerkennung, dem Stiftungsgeschäft und der Satzung auch eine Bescheinigung des Finanzamtes – als Ergebnis einer vorangegangenen Vorabstimmung – vorgelegt wird, welche der Stiftung die Steuerbegünstigung in Aussicht stellt.

24 Die Behörde erteilt die Anerkennung in Schriftform und unter Bezugnahme auf das Stiftungsgeschäft einschließlich der Stiftungssatzung. In der Regel wird die **Anerkennungsurkunde** dem Stifter sowie dem im Stiftungsgeschäft benannten ersten Stiftungsvorstand zugestellt. Manche Landesstiftungsgesetze sehen vor, dass die Errichtung – wie auch eine Aufhebung – in einem Amtsblatt bekannt gemacht wird. Während eine allgemeine bundesweite Publizitätsvorschrift oder ein entsprechendes Register fehlen, sehen manche Landesrechte die Eintragung in ein öffentlich zugängliches Stiftungsregister vor, in dem Angaben über den Stiftungszweck, den Vorstand, die Adresse der Geschäftsstelle etc. enthalten sein können. Dieses begründet allerdings nicht – wie etwa das Handelsregister oder ein Grundbuch – die Vermutung der Richtigkeit, dient also nicht dem Vertrauensschutz, sondern dient lediglich der Information (s. etwa § 12 StiftG NRW „Öffentliches Stiftungsverzeichnis", Art. 8 BayStG „Stiftungsverzeichnis"). Die Verzeichnisse sind teilw. online einsehbar (vgl. etwa www.im.nrw/stiftungsverzeichnis, zuletzt abgerufen 26.8.2020).

25 Wird die Anerkennung der Stiftung verweigert wird, stellt dies einen den Antragsteller belastenden Verwaltungsakt dar. Dagegen ist nach den §§ 68 ff. VwGO innerhalb eines Monats nach Bekanntgabe **Widerspruch** einzulegen. Der Widerspruch hat zur Folge, dass die erlassende Behörde ihre Entscheidung erneut prüft. Hilft sie dem Widerspruch nicht ab, leitet sie ihn an die ihrer übergeordneten Behörde zur Entscheidung weiter. Verläuft auch deren Prüfung für den Stifter negativ, kann er sodann Anfechtungsklage iSd § 42 Abs. 1 Var. 1 VwGO gegen die Verweigerung der Anerkennung erheben. Im Falle der Untätigkeit der Stiftungsbehörde kann der Antragsteller eine **Untätigkeitsklage** nach § 75 VwGO erheben, ohne zuvor Widerspruch erheben zu müssen. Vor Ablauf von drei Monaten seit Antragstellung ist eine Untätigkeitsklage gem. § 75 S. 2 VwGO im Allgemeinen verfrüht.

25a Auch bei einem negativen Ausgang des Verfahrens kann der Antrag auf Anerkennung der Stiftung, allerdings mit einem neuen Stiftungssitz, in einem anderen Bundesland gestellt werden. Ist der Antrag dort erfolgreich, besteht die Möglichkeit einer Sitzverlegung in das ursprüngliche Antragsland. Diese auf den föderalen Grundlagen des Stiftungsrechts basierende Situation wird häufig dazu genutzt, um in der Errichtungsphase das Recht (und die Anerkennungspraxis) des Landes zu nutzen, in der die angestrebte Konstruktion die größten Chancen auf eine uneingeschränkte Anerkennung hat.

26 Da eine stiftungsrechtliche Anerkennung bedingungsfeindlich ist (*Hof* in v. Campenhausen/Richter StiftungsR-HdB § 6 Rn. 248 mwN) kann der Stifter ggf. nach Einlegung eines Widerspruchs eine **Verpflichtungsklage** gem. § 42 Abs. 1 Var. 2 VwGO erheben. Nebenbestimmungen sind nur dann zulässig, wenn und soweit sie die Einhaltung der Anerkennungsvoraussetzungen zum Ziel haben (*Meyn/Richter* in MRKG Stiftung-HdB 119). Ist dies nicht der Fall, verletzen sie den Stifter in seinem subjektiven Recht auf Anerkennung der Stiftung und können – wiederum nach erfolgloser Durchführung des Widerspruchsverfahrens – isoliert im Wege der Anfechtungsklage gem. § 42 Abs. 1 Var. 1 VwGO vom Stifter sowie der Stiftung selbst angegriffen werden (*Hof* in v. Campenhausen/Richter StifungsR-HdB § 6 Rn. 304 f.).

Stiftungsgeschäft

81

(1) [1]Das Stiftungsgeschäft unter Lebenden bedarf der schriftlichen Form. [2]Es muss die verbindliche Erklärung des Stifters enthalten, ein Vermögen zur Erfüllung eines von ihm vorgegebenen Zweckes zu widmen, das auch zum Verbrauch bestimmt werden kann. [3]Durch das Stiftungsgeschäft muss die Stiftung eine Satzung erhalten mit Regelungen über

1. den Namen der Stiftung,
2. den Sitz der Stiftung,
3. den Zweck der Stiftung,
4. das Vermögen der Stiftung,
5. die Bildung des Vorstands der Stiftung.

[4]Genügt das Stiftungsgeschäft den Erfordernissen des Satzes 3 nicht und ist der Stifter verstorben, findet § 83 Satz 2 bis 4 entsprechende Anwendung.

(2) [1]Bis zur Anerkennung der Stiftung als rechtsfähig ist der Stifter zum Widerruf des Stiftungsgeschäfts berechtigt. [2]Ist die Anerkennung bei der zuständigen Behörde beantragt, so kann der Widerruf nur dieser gegenüber erklärt werden. [3]Der Erbe des Stifters ist zum Widerruf nicht berechtigt, wenn der Stifter den Antrag bei der zuständigen Behörde gestellt oder im Falle der notariellen Beurkundung des Stiftungsgeschäfts den Notar bei oder nach der Beurkundung mit der Antragstellung betraut hat.

Übersicht

I. Stiftungsgeschäft

Der Regelfall der Stiftungserrichtung ist die Gründung zu Lebzeiten des Stifters. Gemäß § 81 Abs. 1 S. 1 bedarf dies eines schriftlich abzufassenden und vom Stifter zu unterschreibenden bzw. elektronisch zu signierenden (§§ 126, 126a) Stiftungsgeschäftes. Wird die **Form** des § 81 Abs. 1 S. 1 nicht eingehalten, so ist das Stiftungsgeschäft nach § 125 nichtig. Zum Nachweis der Identität des Stifters ist die notarielle Beglaubigung der Unterschrift empfehlenswert. Allerdings wird zu Recht herrschend vertreten, dass die reine Schriftform entgegen § 311b Abs. 1 auch dann ausreicht, wenn das Stiftungsgeschäft die Übertragung von Grundstücken vorsieht. Zwar bietet das staatliche Anerkennungsverfahren nicht die Richtigkeitsgewähr der notariellen Form (so aber OLG Schleswig 1.8.1995, DNotZ 1996, 770; Staudinger/*Coing,* 1995, Rn. 2; RGRK-BGB/*Steffen* Anm. 4; aA Staudinger/*Hüttemann/Rawert,* 2017, § 80 Rn. 3), doch der wichtigste Zweck des § 311b Abs. 1, den Beteiligten die Bedeutung des Geschäfts vor Augen zu führen, wird auch durch die Notwendigkeit der Durchführung des Anerkennungsverfahrens erreicht (ebenso MüKoBGB/*Weitemeyer* § 80 Rn. 68). Beim Stiftungsgeschäft unter Lebenden sind sowohl natürliche als auch juristische Personen (Staudinger/*Rawert,* 2011, Vor §§ 80 ff. Rn. 47; MüKoBGB/*Weitemeyer* Rn. 4), also sowohl Kapitalgesellschaften, Personengesellschaften, rechtsfähige Stiftungen als auch rechtsfähige Gesellschaften des bürgerlichen Rechts – dies gilt, soweit sie den in BGH 29.1.2001, BGHZ 146, 341 = NJW 2001, 1056 formulierten Anforderungen an die Rechtsfähigkeit einer GbR entsprechen –, stiftungsfähig. Bei einer Erbengemeinschaft sind indes die einzelnen Miterben gemeinschaftlich Stifter, nicht aber die Erbengemeinschaft als solche (Staudinger/*Hüttemann/Rawert,* 2017, § 80 Rn. 3). Natürliche Personen sind stiftungsfähig, wenn sie unbeschränkt geschäftsfähig sind (§§ 105, 111). Auch die Genehmigung eines durch einen beschränkt Geschäftsfähigen getätigten Stiftungsgeschäfts ist entsprechend §§ 1641, 1804 grundsätzlich nicht möglich (vgl. *Hof* in v. Campenhausen/Richter StiftungsR-HdB § 7 Rn. 7; Staudinger/*Hüttemann/Rawert,* 2017, § 80 Rn. 3). Es handelt sich bei dem Stiftungsgeschäft um eine einseitige, nicht empfangsbedürftige (*Meyn/Richter* in MRKG Stiftung-HdB 90) **Willenserklärung,** sodass alle für Rechtsgeschäfte geltenden Regelungen, zB über die Geschäftsfähigkeit, Willensmängel (zur Rückabwicklung der Dotierung aufgrund erfolgter Anfechtung und nach den Regeln des Bereicherungsrechts vgl. MüKoBGB/*Wei-* 1 *temeyer* Rn. 9), Vertretung (Vertretung nach den §§ 164 ff. ist möglich, vgl. BayObLG 27.11.1990 NJW-RR 1991, 523; Staudinger/*Hüttemann/Rawert,* 2017, § 80 Rn. 4; RGRK-BGB/*Steffen* § 80 Rn. 1) etc, Anwendung finden (Palandt/*Ellenberger* Rn. 2). Das Stiftungsgeschäft muss mindestens die folgenden zwei Elemente enthalten: die verbindliche (aus Gründen der Rechtssicherheit kann das Stiftungsgeschäft nicht von Bedingungen abhängig gemacht werden, vgl. *Hof* in v. Campenhausen/Richter StiftungsR-HdB § 6 Rn. 14 mwN, zu den Ausnahmen, insbesondere der aufschiebenden Bedingung der staatlichen Anerkennung, s. *Weger/Weger* in Bertelsmann Stiftung Stiftungen-HdB 797 ff., 800) Erklärung des Stifters, einen Teil seines Vermögens der Erfüllung eines bestimmten Stiftungszwecks zu widmen (zur Rechtsnatur dieser Zusage vgl. MüKoBGB/*Weitemeyer* Rn. 3 ff.) und die Bestimmung der Stiftungssatzung. Daneben ist es zweckmäßig, dass der Stifter explizit klarstellt, dass er eine selbständige Stiftung des privaten Rechts iSd §§ 80 ff. errichten will.

II. Stiftungssatzung

2 Die **Satzung** ist wesentlicher Bestandteil des Stiftungsgeschäfts. In der Praxis wird die Satzung dem Stiftungsgeschäft zumeist als Anlage beigefügt. Stiftungsgeschäft und Satzung können aber auch in einem Schriftstück vereinigt sein. Der gesetzliche **Mindestinhalt** der Satzung bestimmt sich nach § 81 Abs. 1 S. 3, wonach sie (a.) den Namen, (b.) den Sitz, (c.) den Zweck, (d.) das Vermögen und (e.) die Bildung des Vorstandes der Stiftung enthalten muss. Diese Elemente bilden den organisationsrechtlichen Teil des Stiftungsgeschäfts. Fehlen eines oder mehrere dieser Elemente, ist die Stiftung grundsätzlich nicht anerkennungsfähig. Ein behördliches Ergänzungsrecht bzw. eine dahingehende Pflicht besteht zu Lebzeiten des Stifters nicht, vgl. § 81 Abs. 1 S. 4. Auf die Formulierung der Satzung ist höchste Sorgfalt zu verwenden, da sie idR – und in Abhängigkeit vom jeweils anwendbaren Landesrecht – nur unter engen Voraussetzungen später verändert werden kann (zum Anerkennungserfordernis von Satzungsänderungen durch die Stiftungsaufsichtsbehörde *Schlüter/Stolte* StiftungsR 23 ff.).

3 **1. Name der Stiftung.** Bei der Wahl des **Namens** ist ein Stifter grundsätzlich frei. Betreibt die Stiftung ein Handelsgewerbe gelten die handelsrechtlichen Vorschriften der § 18 Abs. 2 HGB, § 30 HGB, § 16 UWG über die Firmenwahrheit und -klarheit. Bei Namen, die eine Verwechslungsgefahr mit anderen Stiftungen oder Unternehmen begründen, kann ein Unterlassungsanspruch aus §§ 30, 37 HGB, § 16 UWG, § 14 MarkenG begründet sein (*Hof* in v. Campenhausen/Richter StiftungsR-HdB § 6 Rn. 139). Außerdem unterliegt die Stiftung dem Gebot der Namenswahrheit (MüKoBGB/*Weitemeyer* Rn. 24 mit Hinweis auf den in § 18 Abs. 2 HGB enthaltenen Rechtsgedanken), sodass dieser keine falschen Vorstellungen über Zwecke, Art und Größe der Stiftung hervorrufen darf (eingehend zur – ebenfalls nach § 18 Abs. 2 HGB analog zu beantwortenden Frage der Verwechslungsgefahr des Namens eines Vereins *Schlüter/Stolte* StiftungsR Kap 2 Rn. 44). Der Name der Stiftung ist durch § 12 geschützt (Palandt/*Ellenberger* Rn. 5). Ob das **Wort „Stiftung"** im Namen vorkommen muss, ist umstritten (abl. Staudinger/*Hüttemann/Rawert,* 2017, § 80 Rn. 27; aA MüKoBGB/*Weitemeyer* Rn. 24). Eine analoge Anwendung des § 4 GmbHG ist nicht zwingend.

4 **2. Festlegung des Stiftungssitzes.** Der Sitz einer Stiftung entscheidet darüber, durch welches Landesstiftungsgesetz das Anerkennungsverfahren geregelt wird und welche Aufsichtsbehörde örtlich zuständig ist (*Hof* in v. Campenhausen/Richter StiftungsR-HdB § 6 Rn. 143 ff.). In der Praxis ist es nicht unüblich, den Sitz einer Stiftung danach zu wählen, wie viele Gestaltungsfreiheiten ein Landesstiftungsgesetz einräumt. Dies ermöglicht die Auswahl eines Regelungspaketes, das den individuellen Bedürfnissen der Stiftung entgegenkommt – man spricht in diesem Zusammenhang auch von „forum shopping".

5 Der Sitz der Stiftung kann vom Stifter in der Satzung frei gewählt werden. Allerdings muss ein Bezug zur Stiftungstätigkeit bestehen (MüKoBGB/*Weitemeyer* Rn. 26; Staudinger/*Rawert,* 2011, § 80 Rn. 22; *Mecking* ZSt 4/2004, 199 ff., 202), etwa durch einen regionalen Förderschwerpunkt, den Sitz des verbundenen Unternehmens, den Sitz der Verwaltung oder Ähnliches. Ein rein fiktiver Sitz ist indessen unzulässig (Palandt/*Ellenberger* Rn. 6; MüKoBGB/*Weitemeyer* Rn. 27). Möglich ist auch ein **Doppelsitz,** sofern die Stiftung zu zwei Orten einen ausreichenden Bezug aufweist (Palandt/*Ellenberger* Rn. 6; Staudinger/*Hüttemann/Rawert,* 2017, Rn. 38; MüKoBGB/*Weitemeyer* Rn. 27); um keine Unklarheiten hinsichtlich des anwendbaren Landesstiftungsrechts und der örtlichen Zuständigkeit der Stiftungsbehörde entstehen zu lassen, muss dann in der Satzung einer der Sitze als Rechtssitz definiert werden (weitergehend MüKoBGB/*Weitemeyer* Rn. 27, der aus Gründen der Rechtsunsicherheit Mehrfachsitze gar nicht zulassen will).

6 Die Landesstiftungsgesetze weisen derzeit erhebliche Unterschiede auf. Eine Übersicht der jeweils aktuellen Fassungen der Landesstiftungsgesetze findet sich auf den Internetseiten des Bundesverbandes Deutscher Stiftungen, www.stiftungen.org. Diese sind neben dem Bestehen unterschiedlicher Traditionszusammenhänge auch darauf zurückzuführen, dass manche Bundesländer die Anforderungen des im Jahr 2002 in Kraft getretenen Gesetzes zur Modernisierung des Stiftungsrechts (Gesetz vom 15.7.2002, BGBl. 2002 I 2634) in unterschiedlicher Weise umgesetzt haben. Für die Gründungspraxis spielen

insbesondere die folgenden Parameter eine Rolle: Die in der Behördenpraxis erfolgte Anerkennung des nach Bundesrecht bestehenden Rechtsanspruchs auf Errichtung einer Stiftung, die freie Wahl des Stiftungszwecks, die Möglichkeit nachträglicher Satzungsänderungen sowie das Ruhen der Stiftungsaufsicht auf Wunsch und zu Lebzeiten des Stifters. Schließlich sollten etwaige Regeln über die Transparenz der Tätigkeit und Rechnungslegung einer Stiftung Rücksicht auf die unterschiedlichen Größen und Volumina unterschiedlicher Stiftungen nehmen. Für Unternehmensstiftungen finden sich geeignete Rahmenbedingungen im Hamburgischen Stiftungsgesetz (Hamburgisches Stiftungsgesetz vom 14.12.2005, HmbGVBl. 521), aber auch im Stiftungsgesetz Nordrhein-Westfalen (Stiftungsgesetz für das Land Nordrhein-Westfalen vom 15.2.2005, GV NRW 52) oder im Stiftungsgesetz des Landes Rheinland-Pfalz (Landesstiftungsgesetz Rheinland-Pfalz vom 19.7.2004, GVBl. 385).

3. Bestimmung der Stiftungszwecke. Die Stiftung ist ein Vermögen, das nur um der Zweckverfolgung Willen eine rechtliche Existenz erhält. Ihre Organe sind nicht zu autonomer Willensbildung, sondern allein zur Erfüllung des **Stiftungszwecks** berufen (*Meyn/Richter* in MRKG Stiftung-HdB 94). Ohne einen eindeutig definierten Zweck ist eine Stiftung daher undenkbar (MüKoBGB/*Weitemeyer* Rn. 28 spricht sehr plastisch davon, dass eine Stiftung ohne bestimmten Zweck ebenso unmöglich ist, wie ein Kaufvertrag ohne Kaufsache). Hat der Stifter den Zweck nicht eindeutig bestimmt, so sind Stiftungsgeschäft und Satzung unwirksam; die Stiftung kann nicht anerkannt werden. Möglich ist hingegen die Angabe **mehrerer Zwecke,** wobei nicht alle Zwecke gleichermaßen verfolgt werden. Diese können gleichberechtigt nebeneinander stehen **(„gemischte Stiftung")** oder aber in Haupt- und Nebenzwecke **(„Sukzessivstiftung")** abgestuft werden. Generell kann es sinnvoll sein, den Stiftungszweck nicht zu scharf zu konturieren, da im Laufe der Stiftungsexistenz häufig deutlich wird, dass Schwerpunkte anders gesetzt werden. Eine zu weite Zwecksetzung, welche die Gefahr der Rechtsunsicherheit oder der Willkür der Organe bei der Stiftungstätigkeit begründet, da ihnen ein eindeutiger und klar abgegrenzter Auftrag fehlt, ist nicht anerkennungsfähig (BGH 3.3.1977, BGHZ 68, 142 ff. (148)). 7

Grundsätzlich können Stiftungen für alle Arten von Zwecken errichtet werden, solange sie nicht dem Gemeinwohl entgegenstehen, also gegen Gesetze oder die guten Sitten verstoßen (Prinzip der **„gemeinwohlkonformen Allzweckstiftung"**, § 80 Abs. 2) (*Weger/Weger* in Bertelsmann Stiftung Stiftungen-HdB 809; *Richter* in v. Campenhausen/Richter StiftungsR-HdB § 12 Rn. 138) oder aber die Zweckerfüllung dauerhaft unmöglich ist. Auch wirtschaftlich-gewinnorientierte oder sonst eigennützige Zwecke – wie etwa im Fall der Familienstiftung – sind zulässig. Im Falle einer sog. **Sukzessivstiftung** ist es denkbar zu bestimmen, dass eine Stiftung zunächst mit dem – nicht gemeinnützigen, aber eben auch nicht gemeinwohlgefährdenden – Zweck ausgestattet wird, zunächst alle Erträge der Stiftung zu thesaurieren und erst nach einigen Jahren mit den Erträgen des dann angesammelten Vermögens gemeinnützige Ziele verfolgt (*Hüttemann* FS Flume, 1998, 59 ff. (88)). Hierbei handelt es sich nicht um eine unzulässige Selbstzweckstiftung (MüKoBGB/*Weitemeyer* § 80 Rn. 103). Im Vordergrund der Gesamtbetrachtung steht das endgültige Ziel der Stiftung; dieses prägt den Charakter der Stiftung, sodass die Phase der Thesaurierung in den Hintergrund tritt und die Stiftung insgesamt als fremdnützig zu betrachten ist. 8

4. Zusicherung des Stiftungsvermögens. Die Satzung muss weiter enthalten, welches **Stiftungsvermögen** der Stiftung zur Verfolgung ihres Zweckes zur Verfügung steht. Stiftungsvermögen iSv § 81 Abs. 1 S. 3 Nr. 4 kann sich zusammensetzen aus Sachen und Rechten aller Art, die der Stiftung mit dem Ziel zugewendet werden, ihr eine dauerhafte Grundlage für die unmittelbare oder mittelbare Verwirklichung des Stiftungszwecks zu verschaffen (MüKoBGB/*Weitemeyer* Rn. 34). Es kann sich dabei um Geld- oder Wertpapiervermögen handeln, aber auch um Grundstücke, Forderungen, Unternehmensanteile (Staudinger/*Hüttemann/Rawert,* 2017, § 80 Rn. 21). Diese Vermögenswerte müssen der Stiftung entweder im Stiftungsgeschäft durch den Stifter selbst zugesichert werden oder es muss sich aus der Satzung ergeben, dass mit einer entsprechenden Leistung durch Dritte in Form einer Zustiftung verlässlich zu rechnen ist. In letzterem Fall hat die Satzung Angaben darüber zu enthalten, wie etwaige Zustiftungen erzielt werden, damit die Stiftungsbehörde eine Grundlage erhält, auf der sie ihre Entscheidung über die Sicherheit der nachhaltigen Erfüllung des Stiftungszwecks iSv § 80 Abs. 2 fällen kann (Staudinger/*Hüttemann/Rawert,* 2017, § 80 Rn. 23 ff.). 9

Mit der stiftungsrechtlichen Anerkennung erwirbt die Stiftung einen **schuldrechtlichen Anspruch** gegen den Stifter auf Übertragung des im Stiftungsgeschäft zugesicherten Vermögens. Dieser Anspruch wird sodann durch Übereignung erfüllt. Die dingliche Einigung bedarf der Annahmeerklärung durch die Stiftung, wobei diese Willenserklärung durch die Organe der Stiftung erst dann abgegeben werden kann, wenn die Stiftung als Rechtssubjekt entstanden ist, also nach der stiftungsrechtlichen Anerkennung. 10

5. Bildung des Vorstandes. Die Stiftung muss über einen **Vorstand iSd §§ 86, 26** verfügen, also ein Organ, das die Stiftung im Rechtsverkehr vertritt. Die Bezeichnung „Vorstand" ist nicht zwingend. Aus der Satzung muss ersichtlich sein, wer Vorstand idS ist. In der Regel wird der erste Vorstand im 11

Stiftungsgeschäft bestellt. Dabei muss die Satzung bereits Regelungen enthalten, wer in welchem Verfahren nachfolgende Vorstände bestellt. Hierzu gehört auch eine Festlegung der Anzahl der Vorstandsmitglieder (MüKoBGB/*Weitemeyer* Rn. 39). Nach der Größe und dem Umfang der Tätigkeit der Stiftung können auch andere Organe, zB ein **Kuratorium** (Stiftungs- oder Verwaltungsrat), im Stiftungsgeschäft vorgesehen werden (§ 81 Abs. 1). Dort sind die Aufgaben und Kompetenzen der Organe voneinander abzugrenzen. In der Praxis erhält ein Kuratorium häufig eine kontrollierende und/oder beratende Aufgabe und wird mit Aufgaben betraut, die den Aufgaben eines aktienrechtlichen Aufsichtsrates nachgebildet sind. Manche Landesstiftungsgesetze sehen vor, dass die Satzung detaillierte Angaben über die **Berufungsverfahren, Aufgaben, Kompetenzen, Geschäftsabläufe** etc. enthalten muss (vgl. die Hinweise bei *Hof* in v. Campenhausen/Richter StiftungsR-HdB § 8). Wo dies nicht der Fall ist, können derartige Regelungen auch in einer Geschäftsordnung enthalten sein, welche der Stifter der Satzung als Anlage beifügen und deren Fortentwicklung er den Organwaltern überlassen kann.

III. Die Vermögensausstattung

12 **1. Das Stiftungsvermögen.** Die Errichtung einer Stiftung und die Aufnahme der Stiftungstätigkeit setzen voraus, dass die Stiftung mit Vermögen ausgestattet wird (*Richter* in v. Campenhausen/Richter StiftungsR-HdB § 12 Rn. 161). Die Werte, die der Stiftung mit der Maßgabe zugewandt werden, dass sie nicht verbraucht werden, sondern dauerhaft in der Stiftung verbleiben sollen, bilden das sog. **Grundstockvermögen.** Entscheidend ist für die Definition des Grundstockvermögens nicht der nominale Wert – der sich ja im Laufe der Jahre gerade dann ändern kann, wenn es sich etwa um Unternehmensanteile, Wertpapiere etc. handelt, sondern das Grundstockvermögen umfasst auch Wertzuwächse und kann bei Verlusten auch sinken (*Carstensen,* Vermögensverwaltung, 2. Aufl. 1996, 69). Das Grundstockvermögen ist das materielle Fundament der Stiftung; aus ihm erzielt die Stiftung **Erträge.** Die Stiftungstätigkeit kann grundsätzlich nur aus den Erträgen finanziert werden, welche das Vermögen abwirft; das Grundstockvermögen selbst darf – vorbehaltlich abw. Satzungsgestaltungen – nicht angegriffen werden **(„Grundsatz der Vermögenserhaltung").**

13 Das Grundstockvermögen kann durch den Stifter oder Dritte nachträglich erhöht werden. Dies geschieht durch eine **Zustiftung.** Dabei handelt es sich um eine Übertragung von Vermögenswerten auf die Stiftung mit der Maßgabe, dass dieser Wert in der Stiftung verbleiben und aus seinen Erträgen der Stiftungszweck verfolgt werden soll. Aus welchen Werten das Stiftungsvermögen bestehen kann, ist gesetzlich nicht auf einzelne Vermögensarten beschränkt. In Betracht kommen in erster Linie Geld, Wertpapiere (einschließlich Aktien und Rentenwerten), GmbH-Anteile, Beteiligungen an Personengesellschaften, stille Beteiligungen, bebaute und unbebaute Grundstücke. Erforderlich ist allein, dass diese Rechte auf die Stiftung übertragen werden können, dh sie müssen – erforderlichenfalls auch bedingt durch die Zustimmung Dritter – übertragbar sein.

14 **2. Mindesthöhe.** Weder das BGB noch die Landesstiftungsgesetze benennen eine **Mindesthöhe,** die zur Anerkennungsfähigkeit erreicht werden muss. § 80 Abs. 2 bestimmt lediglich, dass die „dauernde und nachhaltige Erfüllung des Stiftungszwecks gesichert erscheinen" muss. Die Stiftungsbehörden gehen jedoch im Allgemeinen davon aus, dass ein ertragbringendes Stiftungsvermögen von mindestens **50.000 EUR** vorhanden sein muss (Palandt/*Ellenberger* § 80 Rn. 5). Jedenfalls ist eine **Prüfung im Einzelfall** vorzunehmen, die sowohl den angestrebten Förderzweck, die Art der Förderinstrumente, den gewünschten Aktionsradius, die Komplexität der Organstruktur sowie die absehbare Zusammensetzung des Stiftungsvermögens berücksichtigt. Die Vermögensausstattung muss ausreichend sein, damit aus den Erträgen der Stiftungszweck auf grundsätzlich unbegrenzte Dauer erfüllt werden kann. Ein Anfangsvermögen von 50.000 EUR ist dazu nicht in jedem Fall ausreichend, aber möglicherweise auch gar nicht für jede Stiftung erforderlich. So ist es denkbar, dass die Erfüllung des Stiftungszwecks nur geringe jährliche Aufwendungen an Stiftungsmitteln erfordert, wenn sich der Zweck etwa darin erschöpft, Feierlichkeiten zum Gedenken an einen bestimmten Jahrestag durchzuführen. Diese besonderen Gründe müssen ggf. der Anerkennungsbehörde im Einzelnen dargelegt werden. Bei ihrer **Prognoseentscheidung** muss die Behörde auch berücksichtigen, dass sich ein Stifter im Stiftungsgeschäft zur Zuwendung weiteren Vermögens oder zu laufenden Zuwendungen verpflichtet. Möglich ist auch, dass ein Dritter laufende Zuschüsse in Aussicht stellt, die die nachhaltige und dauerhafte Erfüllung der Stiftungszwecke ermöglichen, sofern dargelegt wird, dass diese ergänzenden Mittel mit einiger Sicherheit zu erwarten sind (Palandt/*Ellenberger* § 80 Rn. 5).

15 **3. Widerruf des Stiftungsgeschäftes.** Der Stifter kann das Stiftungsgeschäft nur so lange **frei widerrufen,** bis die Anerkennung wirksam ist (*Weger/Weger* in Bertelsmann Stiftung Stiftungen-HdB 802). Ist das Stiftungsgeschäft bereits abgefasst, der Antrag auf Anerkennung aber noch nicht gestellt, kann der Stifter es nach § 81 Abs. 2 S. 1 widerrufen, ohne dass ihn irgendwelche Haftungsfolgen treffen (*Meyn/Richter* in MRKG Stiftung-HdB 121). Ist die Anerkennung bereits beantragt, wurde die Anerkennung noch nicht ausgesprochen, so ist ein Widerruf nach § 81 Abs. 2 S. 2 möglich. Eine Verfügung über spezifische, der Stiftung zugesagte Vermögensgegenstände kann als konkludenter (Teil-)

Widerruf angesehen werden, wenn er der Behörde mitgeteilt wird (Staudinger/*Hüttemann/Rawert,* 2017, § 82 Rn. 8). Diese amtsempfangsbedürftige Willenserklärung kann formlos abgegeben werden (Palandt/*Ellenberger* Rn. 12). Dies ist ohne Auslösung einer Haftungsfolge möglich. Der Erbe des Stifters ist zum Widerruf nicht berechtigt, wenn der Stifter den Antrag bei der zuständigen Behörde gestellt oder im Fall der notariellen Beurkundung des Stiftungsgeschäftes den Notar bei oder nach der Beurkundung mit der Antragstellung betraut hat (§ 81 Abs. 2 S. 3).

4. Haftung aus dem Stiftungsgeschäft. Nach erfolgter Anerkennung haftet der Stifter, der die Dotierung der Stiftung vereitelt, analog §§ 516 ff., 521 nur für **vorsätzliches oder grob fahrlässiges Handeln** (RGRK-BGB/*Steffen* § 82 Rn. 4; Soergel/*Neuhoff* § 82 Rn. 3; *Flume* BGB AT I 2 141; *Muscheler* AcP 203 (2003), 469 ff. (507 ff.); aA MüKoBGB/*Weitemeyer* § 82 Rn. 3 f.; *Meyn/Richter* in MRKG Stiftung-HdB 122; Staudinger/*Hüttemann/Rawert,* 2017, § 82 Rn. 10). Im Falle des Verzugs ist er analog § 522 nicht zur Zahlung von **Verzugszinsen** verpflichtet (Soergel/*Neuhoff* § 82 Rn. 2). Das **Haftungsrisiko** des Stifters kann in der Praxis dadurch verringert werden, dass etwa bei der Einbringung volatiler Werte (Aktien und andere Wertpapiere) nicht der gegenwärtige Kurswert, sondern zB die Stückzahl der geschuldeten Papiere im Stiftungsgeschäft angegeben wird (*Meyn/Richter* in MRKG Stiftung-HdB 122). Kursschwankungen führen dann nicht dazu, dass der Stifter einen etwaigen Kursverlust durch Zahlung einer Unterdeckungssumme kompensieren muss. 16

Übertragungspflicht des Stifters

82 **[1] Wird die Stiftung als rechtsfähig anerkannt, so ist der Stifter verpflichtet, das in dem Stiftungsgeschäft zugesicherte Vermögen auf die Stiftung zu übertragen. [2] Rechte, zu deren Übertragung der Abtretungsvertrag genügt, gehen mit der Anerkennung auf die Stiftung über, sofern nicht aus dem Stiftungsgeschäft sich ein anderer Wille des Stifters ergibt.**

Mit der behördlichen Anerkennung der Stiftung als rechtsfähig entsteht nach § 82 S. 1 ein schuldrechtlicher Anspruch der Stiftung gegen den Stifter, der auf Übertragung des im Stiftungsgeschäft zugesicherten Vermögens gerichtet ist (MüKoBGB/*Weitemeyer* Rn. 3). Diesen erfüllt der Stifter durch **Übereignung** einzelner Vermögensgegenstände, welche die Stiftung sodann vertreten durch ihre Organe annehmen muss. Die Übereignung vollzieht sich nach den allgemeinen jeweils einschlägigen Regeln, so zB nach § 873 für die Übertragung eines Grundstücks (vgl. BayObLG 25.6.1987, NJW-RR 1987, 1418 f.). Macht kein Organ der Stiftung den Anspruch gegen den Stifter geltend, hat die Stiftungsaufsichtsbehörde den Vorstand dazu anzuhalten. Widrigenfalls kann sie den Anspruch durch Einsetzung eines Sachwalters geltend machen (Soergel/*Neuhoff* Rn. 4). Forderungs-, Mitgliedschafts-, gewerbliche Schutzrechte und andere Rechte, die abgetreten werden können, gehen nach § 82 S. 2 grundsätzlich automatisch im Wege der **Legalzession** mit der Anerkennung auf die Stiftung über, sofern sich aus dem Stiftungsgeschäft nicht ausnahmsweise ein entgegenstehender Wille des Stifters ergibt. Letzteres kann sich empfehlen, um ein höheres Maß an Rechtssicherheit zu bewirken; denn die Dauer des Anerkennungsverfahrens und damit der Zeitpunkt des Forderungsübergangs lassen sich meist im Vorhinein nicht eindeutig abschätzen (*Meyn/Richter* in MRKG Stiftung-HdB 120). 1

Stiftung von Todes wegen

83 **[1] Besteht das Stiftungsgeschäft in einer Verfügung von Todes wegen, so hat das Nachlassgericht dies der zuständigen Behörde zur Anerkennung mitzuteilen, sofern sie nicht von dem Erben oder dem Testamentsvollstrecker beantragt wird. [2] Genügt das Stiftungsgeschäft nicht den Erfordernissen des § 81 Abs. 1 Satz 3, wird der Stiftung durch die zuständige Behörde vor der Anerkennung eine Satzung gegeben oder eine unvollständige Satzung ergänzt; dabei soll der Wille des Stifters berücksichtigt werden. [3] Als Sitz der Stiftung gilt, wenn nicht ein anderes bestimmt ist, der Ort, an welchem die Verwaltung geführt wird. [4] Im Zweifel gilt der letzte Wohnsitz des Stifters im Inland als Sitz.**

I. Die Errichtung einer Stiftung von Todes wegen

Eine Stiftung kann auch durch Testament oder ggf. durch Erbvertrag errichtet werden; die spätere Anerkennung der Stiftung wirkt auf den Todestag zurück (§ 84). Besteht das Stiftungsgeschäft in einer Verfügung von Todes wegen, so hat das Nachlassgericht nach § 83 dies der zuständigen Behörde zur Anerkennung mitzuteilen, sofern sie nicht von dem Erben oder dem Testamentsvollstrecker beantragt wird. Genügt das Stiftungsgeschäft nicht den Erfordernissen des § 81 Abs. 1 S. 3, wird der Stiftung durch die zuständige Behörde vor der Anerkennung eine Satzung gegeben oder eine unvollständige Satzung ergänzt; dabei soll der Wille des Stifters berücksichtigt werden. 1

2 Die durch das Testament errichtete Stiftung kann Erbe oder Vermächtnisnehmer werden. Der Testator (Stifter) muss hierbei die Regeln des Erbrechts beachten; insbesondere muss er die Pflichtteilsrechte der Kinder, des Ehegatten und der Eltern berücksichtigen, die andernfalls gegen die errichtete Stiftung einen Pflichtteilsanspruch (§ 2303) oder einen Pflichtteilsergänzungsanspruch (§ 2325) geltend machen können. Der Testator sollte sich ggf. bei der Abfassung des Testaments beraten lassen.

3 **1. Stiftungserrichtung und Testament.** Wird eine Stiftung durch Testament errichtet, sollte der Stifter alle Einzelheiten des Stiftungsgeschäfts und der Stiftungssatzung sowie die Vermögensausstattung und die Besetzung der Stiftungsorgane regeln; der Testator kann sich damit begnügen, im Testament lediglich festzulegen, dass eine zu errichtende Stiftung mit bestimmten Zwecken Erbe bzw. Vermächtnisnehmer mit bestellten Vermögensteilen werden soll. Die so im Testament enthaltenen Anordnungen sind dann von den Erben durchzuführen. Ein im Testament ggf. vorgesehener Testamentsvollstrecker (*O. Schmidt* ZEV 2000, 438 ff.) hat die weiteren Schritte zur Stiftungserrichtung, insbesondere die Einholung der staatlichen Anerkennung, einzuleiten (*Hof* in v. Campenhausen/Richter StiftungsR-HdB § 6 Rn. 106). Ist kein Testamentsvollstrecker vorgesehen, so hat das Nachlassgericht den Antrag auf Anerkennung zu stellen (§ 83). Einem von ihm eingesetzten Testamentsvollstrecker sollte der Testator (Stifter) die Befugnis einräumen, Bestimmungen der Stiftungssatzung nach pflichtgemäßem Ermessen so zu ändern, dass die staatliche Anerkennung erteilt und ggf. die steuerliche Gemeinnützigkeit zuerkannt werden kann (*Hof/Bianchini-Hartmann/Richter,* Stiftungen. Errichtung, Gestaltung, Geschäftstätigkeit, 2. Aufl. 2010, 66).

4 IÜ haben die Erben, der Testamentsvollstrecker oder das Nachlassgericht die staatliche Anerkennung einzuholen (§ 83); sie können den bereits gestellten Antrag auf Anerkennung nicht zurücknehmen (*Hof* in v. Campenhausen/Richter StiftungsR-HdB § 6 Rn. 100).

5 **2. Stellung der Erben.** Auch wenn keine Stiftungserrichtung von Todes wegen vorliegt, können sich die Erben ihrerseits entschließen, das Nachlassvermögen oder Teile hiervon in eine Stiftung einzubringen. Geschieht dies innerhalb von 24 Monaten nach dem Eintritt des Erbfalls und dient die inländische Stiftung als Empfängerin nach der Satzung, dem Stiftungsgeschäft oder der sonstigen Verfassung und nach ihrer tatsächlichen Geschäftsführung ausschließlich und unmittelbar als gemeinnützig anzuerkennenden steuerbegünstigten Zwecken iSd §§ 52–54 AO, so unterliegt dieses Stiftungsvermögen, obwohl es nicht unmittelbar vom Erblasser stammt, ebenfalls nicht der Erbschaftsteuer (§ 29 Abs. 1 Nr. 4 ErbStG). Eine Ausnahme gilt für die Zwecke, die nach § 52 Abs. 2 Nr. 4 AO gemeinnützig sind (sog. Freizeitzwecke). Die Übertragung von Vermögen des Stifters und Erblassers auf eine Stiftung lässt die Rechte der gesetzlichen Erben unberührt. Es bleibt ihnen ein Anspruch auf den Pflichtteil (*Weger* in Bertelsmann Stiftung Stiftungen-HdB 806). Liegt die Übertragung nicht länger als zehn Jahre vor dem Erbfall, so wird ihr Wert der Bemessungsgrundlage für den Pflichtteilsergänzungsanspruch hinzugerechnet (§ 2325 Abs. 1). Dies gilt auch, wenn die Stiftung ausschließlich gemeinnützige Zwecke verfolgt.

II. Testamentsvollstreckung

6 Ein Testamentsvollstrecker hat nach § 2205 die Aufgabe, den Nachlass in Besitz zu nehmen und ihn zu verwalten. Die Erben können in diesem Fall nicht mehr ohne den Testamentsvollstrecker über Nachlassgegenstände verfügen. Der Erblasser kann bestimmen, dass der Testamentsvollstrecker die Durchsetzung seines Willens iRd Erbauseinandersetzung sicherstellt; die Testamentsvollstreckung endet dann mit erfolgter Auseinandersetzung **(„Abwicklungsvollstreckung“).** Er kann aber auch nach §§ 2209, 2210 bestimmen, dass die Testamentsvollstreckung für eine längere Zeit, maximal 30 Jahre, andauern soll (**„Dauertestamentsvollstreckung“**, auch **„Verwaltungsvollstreckung“**).

7 Die Anordnung einer Testamentsvollstreckung kann zweckmäßig sein, um die ordnungsgemäße und erfolgreiche Durchführung des Anerkennungsverfahrens sicherzustellen. Denn bei der Errichtung von Stiftungen zeigt sich häufig ein Abstimmungsbedarf mit der Anerkennungsbehörde. Auch können sich Änderungen der steuerrechtlichen Rahmenbedingungen zwischen der Formulierung der letztwilligen Verfügung und dem Eintritt des Erbfalls ergeben. Die Einsetzung eines Testamentsvollstreckers, der zur Vornahme erforderlicher Satzungsänderungen befugt ist, kann das Stiftungsvorhaben in solchen Fällen vor dem Scheitern retten (*Hof/Bianchini-Hartmann/Richter,* Stiftungen. Errichtung, Gestaltung, Geschäftstätigkeit, 2. Aufl. 2010, 65 f.). Hierzu reicht idR die Anordnung einer Abwicklungsvollstreckung aus. Die Dauertestamentsvollstreckung empfiehlt sich dann, wenn der vorgesehene Stiftungsvorstand bei der Erledigung seiner Aufgaben kontrolliert werden und bei etwaigen Änderungen der Satzung an die Zustimmung des Testamentsvollstreckers gebunden werden soll (BGH 22.1.1964, BGHZ 41, 23; Palandt/*Weidlich* § 2209 Rn. 7; *Strickrodt* NJW 1964, 1316). Der Testamentsvollstrecker ist befugt, alle erforderlichen Handlungen vorzunehmen, kann aber keine Entscheidungen treffen, die dem Stifter vorbehalten sind. Dazu zählt insbesondere die Festlegung des Stiftungszwecks (*Hof* in v. Campenhausen/Richter StiftungsR-HdB § 7 Rn. 102) und des Vermögens. MüKoBGB/*Weitemeyer* Rn. 12 f. spricht davon, dass außerdem Name und Sitz der Stiftung anzugeben seien. Für die fehlende Angabe des Sitzes

enthält § 83 S. 3 indes eine Zweifelsregel; die Angabe des Stiftungsnamens ist für die Verwirklichung des Stifterwillens eher unmaßgeblich, und kann daher unseres Erachtens dem Testamentsvollstrecker überantwortet werden. Der Stifter kann den Testamentsvollstrecker auch in den Vorstand oder ein anderes Stiftungsorgan berufen. Diese Berufung besteht dann selbstständig neben der Testamentsvollstreckung und ist an deren zeitliche Begrenzung auf 30 Jahre nach § 2210 nicht gebunden.

Bestimmt der Erblasser keinen Testamentsvollstrecker, soll aber von Todes wegen eine Stiftung errichtet **8** werden, setzt das Nachlassgericht nach Eröffnung des Testaments einen Nachlasspfleger nach § 1960 ein, der das Anerkennungsverfahren betreibt. Sofern weitere Erben vorhanden sind, genügt die Bestellung eines Pflegers nach § 1913 (*Schiffer,* Die Stiftung in der anwaltlichen Praxis, 2. Aufl. 2009, 166).

Anerkennung nach Tod des Stifters

84 **Wird die Stiftung erst nach dem Tode des Stifters als rechtsfähig anerkannt, so gilt sie für die Zuwendungen des Stifters als schon vor dessen Tod entstanden.**

Der Regelungszweck des § 84 liegt darin, dem Stifter die Erbeinsetzung zu ermöglichen, die **1** andernfalls an § 1923 Abs. 1 scheitern würde. Nach § 84 wird die Stiftung so behandelt, als hätte sie bereits beim Tod des Stifters existiert. Auch die von Todes wegen errichtete Stiftung bedarf der **Anerkennung** durch die zuständige Stiftungsaufsichtsbehörde. Anders als bei der Errichtung unter Lebenden ist allerdings kein **Antrag** erforderlich, sondern es genügt, wenn die Behörde in irgendeiner Weise Kenntnis von dem Stiftungsgeschäft erlangt (*Hof/Bianchini-Hartmann/Richter,* Stiftungen. Errichtung, Gestaltung, Geschäftstätigkeit, 2. Aufl. 2010, 63; *Schiffer,* Die Stiftung in der anwaltlichen Praxis, 2. Aufl. 2009, 166). Sofern die Erben oder der Testamentsvollstrecker das Anerkennungsverfahren nicht betreiben, ist auch das Nachlassgericht dazu befugt (§ 83). Sofern die Stiftung nicht lediglich als Vermächtnisnehmerin oder Auflagenbegünstigte, sondern als Erbin eingesetzt ist, bewirkt die stiftungsrechtliche Anerkennung mit der Entstehung der Stiftung als juristische Person zugleich den Übergang des letztwillig zugedachten Vermögens (*Meyn/Richter* in MRKG Stiftung-HdB 126).

Stiftungsverfassung

85 **Die Verfassung einer Stiftung wird, soweit sie nicht auf Bundes- oder Landesgesetz beruht, durch das Stiftungsgeschäft bestimmt.**

Die Verfassung der Stiftung wird durch das einschlägige Landes- und Bundesrecht und die Stiftungs- **1** satzung bestimmt. Sie ist an zwingendes Recht gebunden, kann aber die Spielräume nutzen, die das dispositive Recht bietet. Zur Satzungsgestaltung und Stiftungsorganisation s. umfassend *Hof* in v. Campenhausen/Richter StiftungsR-HdB § 8. Es reicht nicht aus, nur die Zielsetzung und die Vermögensausstattung zu beschreiben; auch mit der Festlegung der in § 81 geforderten Mindestinhalte sind insbesondere bei der unternehmensverbundenen Stiftung nicht alle Bestimmungen getroffen, die für den Bestand und die effektive Zweckverfolgung ausreichende Vorbedingungen sichern.

Der Vorstand der Stiftung hat die Erfüllung der Stiftungszwecke zu sichern. Zu einer Änderung des **2** ihn bindenden Regelwerkes ist er nicht befugt. Weitere zwingende Organe, die eine solche Aufgabe erfüllen können und sollen, sind für den gesetzlichen Regelfall der Stiftung nicht vorgesehen. Hier liegt die besondere Schwierigkeit für die unternehmensverbundene Stiftung (*Richter* in v. Campenhausen/Richter StiftungsR-HdB § 12 Rn. 33). Sie muss einerseits Flexibilität für eine Anpassung an sich verändernde Rahmenbedingungen ermöglichen; gleichzeitig sollte sie für die handelnden Organen keine Spielräume eröffnen, die den festgelegten Stifterwillen aufheben. Diese Gestaltungsaufgabe erweist sich zusätzlich deswegen als besondere Schwierigkeit, da zukünftige Veränderungen nicht mehr ausschließlich von den Organen der Stiftung, sondern darüber hinaus von der staatlichen Stiftungsaufsicht entschieden werden. Satzungsänderungen sind von der Aufsicht zu genehmigen, wobei hier ein am Stifterwillen und der Zweckbestimmung orientierter Ermessensspielraum eröffnet ist. Zusätzlich kann die Aufsichtsbehörde entsprechend der Eingriffsbefugnisse der Landesstiftungsgesetze auf das Schicksal der Stiftung Einfluss nehmen.

Anwendung des Vereinsrechts

86 **[1]Die Vorschriften der §§ 26 und 27 Absatz 3 und der §§ 28 bis 31a und 42 finden auf Stiftungen entsprechende Anwendung, die Vorschriften des § 26 Absatz 2 Satz 1, des § 27 Absatz 3 und des § 28 jedoch nur insoweit, als sich nicht aus der Verfassung, insbesondere daraus, dass die Verwaltung der Stiftung von einer öffentlichen Behörde geführt wird, ein anderes ergibt. [2]Die Vorschriften des § 26 Absatz 2 Satz 2 und des § 29 finden auf Stiftungen, deren Verwaltung von einer öffentlichen Behörde geführt wird, keine Anwendung.**

1 § 86 verweist auf das Vereinsrecht. Gegenstand der Verweisung ist im Wesentlichen die Anwendung der für das Vereinsrecht geltenden Vertretungsregelungen auf die Stiftung. Organe des Vereins sind der Vorstand und die Geschäftsführung. Nach § 26 Abs. 1 ist der Vorstand notwendiges Organ der Stiftung. Er wird durch den Stifter benannt. Der Stifter legt auch die Regeln für eine Bestellung und Abberufung des Vorstandes in der Stiftungssatzung fest. Die Regeln unterliegen keinen besonderen Beschränkungen. Zum Vorstand können nicht nur natürliche, sondern auch juristische Personen bestellt werden (*Hof* in v. Campenhausen/Richter StiftungsR-HdB § 8 Rn. 10). Dies ermöglicht eine höhere Kontinuität in der Besetzung der Organe. Neben der Bestellung von juristischen Personen zu Vorstandsmitgliedern kann eine solche Kontinuität in der Stiftungsführung auch durch Satzungsbestimmungen erreicht werden, nach denen bestimmte Personen zu geborenen Vorstandsmitgliedern erklärt werden. Zulässig ist auch eine Übertragung der Zuständigkeit für die Vorstandsbesetzung auf spezielle Organe der Stiftung (MüKoBGB/*Reuter* Rn. 4) Einzelheiten sind in der Satzung zu regeln (*Richter* in v. Campenhausen/Richter StiftungsR-HdB § 12 Rn. 40, 174 ff.).

2 Soweit die Vorstandstätigkeit ehrenamtlich erfolgt, reicht eine einfache Bestellung des Vorstandes zum Stiftungsorgan aus. Soll eine Vergütungen gezahlt werden, ist zusätzlich ein Anstellungsvertrag zu schließen, der die gegenseitigen Rechte und Pflichten weiter präzisiert. Soweit ein Anstellungsvertrag neben einer Bestellung zum Stiftungsvorstand abgeschlossen wird, endet mit einem Widerruf der Bestellung nicht automatisch der parallele Anstellungsvertrag; er muss gesondert beendet werden (*Link/Rawert* Nonprofit Law Yearbook 2001, 91 (92 f.)). Hier kann es zu Problemen kommen, wenn die Stiftungsaufsichtsbehörden einzelner Länder von ihrer Befugnis zur Abberufung von Vorstandsmitgliedern Gebrauch machen; nicht aber gleichzeitig in der Lage sind, den parallelen Anstellungsvertrag zu beenden.

3 Der Vorstand hat die Stellung eines gesetzlichen Vertreters. Der Umfang seiner Vertretungsmacht ergibt sich im Wesentlichen aus der Stiftungssatzung. Darüber hinaus wird er durch landesstiftungsrechtliche Genehmigungsvorbehalte weiter präzisiert. Er kann insbesondere durch die Satzung mit Wirkung gegen Dritte beschränkt werden. Nach hM ist eine solche Beschränkung bereits in der Festlegung des Stiftungszweckes zu sehen (BGH 16.1.1957, NJW 1957, 708). § 28 Abs. 1 regelt den Fall des mehrgliedrigen Vorstandes. Wenn die Satzung keine Sonderregelungen enthält, gilt das Prinzip der Vertretung durch alle Vorstandsmitglieder. Die Anordnung von Einzelvertretungsbefugnissen oder einer Gesamtvertretung in der Satzung ist möglich.

Zweckänderung; Aufhebung

87 **(1) Ist die Erfüllung des Stiftungszwecks unmöglich geworden oder gefährdet sie das Gemeinwohl, so kann die zuständige Behörde der Stiftung eine andere Zweckbestimmung geben oder sie aufheben.**

(2) **[1]Bei der Umwandlung des Zweckes soll der Wille des Stifters berücksichtigt werden, insbesondere soll dafür gesorgt werden, dass die Erträge des Stiftungsvermögens dem Personenkreis, dem sie zustatten kommen sollten, Stifters erhalten bleiben. [2]Die Behörde kann die Verfassung der Stiftung ändern, soweit die Umwandlung des Zweckes es erfordert.**

(3) **Vor der Umwandlung des Zweckes und der Änderung der Verfassung soll der Vorstand der Stiftung gehört werden.**

1 In Ausnahmefällen ist die Stiftungsaufsicht berechtigt, den Stiftungszweck zu ändern oder die Stiftung aufzulösen. Das folgt zum einen aus § 87 Abs. 1, wonach eine **behördliche Satzungsänderung** in dem Fall zulässig ist, dass die Erfüllung des Stiftungszwecks unmöglich geworden ist oder sie das Gemeinwohl gefährdet. Dies kann insbesondere bei Vermögensverfall, Wegfall satzungsmäßiger Destinatäre oder bei einer Änderung der Rechtslage der Fall sein (*Hof* in v. Campenhausen/Richter StiftungsR-HdB § 10 Rn. 330 ff.). Nach § 87 Abs. 2 und Abs. 3 ist hierbei der Stifterwille zu berücksichtigen und der Vorstand vorab zu hören. Zum anderen gewähren einzelne Landesstiftungsrechte die Möglichkeit der hoheitlichen Satzungsänderung, soweit sich die tatsächlichen oder rechtlichen Verhältnisse wesentlich geändert haben.

2 Die Beendigung der Stiftung ist die **ultima ratio** der aufsichtsrechtlichen Maßnahmen (Palandt/*Ellenberger* Rn. 2), da sie die Existenz der Stiftung vernichtet und mit dem Stifterwillen grundsätzlich nicht vereinbar ist. Sie ist daher nur unter den engen, in § 87 definierten Voraussetzungen zulässig. Es sind dieselben, welche die Behörde auch zu einer Änderung der Stiftungssatzung ermächtigen. Auch hierbei ist der Grundsatz der Verhältnismäßigkeit zu beachten: Kann die Behörde etwa den Stiftungszweck so einschränken, dass die Stiftung trotz eines erheblichen und dauerhaften Verlustes eines Teils des Vermögens noch agieren kann, geht dies der Beendigung der Stiftung als milderes Mittel vor und macht sie unzulässig. Eine weitere mildere Variante könnte in diesem Fall in der **Zulegung** zu einer

anderen Stiftung bzw. der **Zusammenlegung** mit einer anderen Stiftung liegen (*Hof* in v. Campenhausen/Richter StiftungsR-HdB § 11 Rn. 321 und 325 f.). Ein ggf. vorhandenes **Restvermögen** ist entsprechend der einschlägigen Bestimmung in der Stiftungssatzung zu verwenden. Fehlt eine solche, fällt es dem Fiskus zu. Die Beendigung der Stiftung durch **Widerruf bzw. Rücknahme** der Stiftungsanerkennung nach den §§ 48, 49 VwVfG durch die Aufsichtsbehörde ist indes nicht möglich. Denn auch die eventuell fehlerhaft errichtete Stiftung erwirbt mit ihrer Anerkennung eine uneingeschränkte Rechtsfähigkeit. Ein Mangel des Stiftungsgeschäfts führt nicht dazu, dass die Anerkennung der Stiftungserrichtung unwirksam ist. Darüber hinaus stellt das Instrument der Aufhebung nach § 87 insoweit lex specialis gegenüber den §§ 48, 49 VwVfG dar.

Die Stiftung kann ein nach § 124 UmwG **umwandlungsfähiger Rechtsträger** sein. Es ist möglich, 3
ein von der Stiftung betriebenes Unternehmen auf eine Kapitalgesellschaft auszugliedern (vgl. §§ 161 ff. UmwG), für die ggf. eine staatliche Genehmigung vorgesehen werden kann (SSSP/*Stumpf* § 80 Rn. 57). In umgekehrter Richtung gilt dies nicht. Die Stiftung ist als aufnehmender Rechtsträger iSd Umwandlungsrechts nicht vorgesehen. Der Gesetzgeber hat hierauf ausdrücklich verzichtet (BT-Drs. 12/6699, 116)

Vermögensanfall

88 **[1] Mit dem Erlöschen der Stiftung fällt das Vermögen an die in der Verfassung bestimmten Personen. [2] Fehlt es an einer Bestimmung der Anfallberechtigten, so fällt das Vermögen an den Fiskus des Landes, in dem die Stiftung ihren Sitz hatte, oder an einen anderen nach dem Recht dieses Landes bestimmten Anfallberechtigten. [3] Die Vorschriften der §§ 46 bis 53 finden entsprechende Anwendung.**

Die Vorschrift des § 88 gilt für alle Fälle einer Beendigung der Stiftung und nicht nur für eine 1
Aufhebung der Stiftung nach § 87 (*Richter* in v. Campenhausen/Richter StiftungsR-HdB § 12 Rn. 183). Im Regelfall wird jedoch die Stiftung durch einen behördlichen Auflösungsakt beendet. Maßgeblich sind die Vorgaben des Stifters. Die Übertragung des Stiftungsvermögens auf einen Anfallberechtigten erfolgt im Liquidationsverfahren, in dem nach Begleichung aller Verbindlichkeiten der Stiftung das Restvermögen an den Berechtigten ausgekehrt wird. Demgegenüber stellt der Vermögensanfall zugunsten des Fiskus des berechtigten Landes einen Fall der Gesamtrechtsnachfolge dar. Hier gelten über die Verweisung des Vereinsrechts (§ 46 Abs. 1) die Vorschriften der erbrechtlichen Regelungen in § 1936 Abs. 1 S. 1, §§ 1922, 1967; eine Liquidation findet nicht statt. Bis zur Beendigung der Liquidation gilt die Stiftung als fortbestehend (OLG Koblenz 17.12.2001, NZG 2002, 136); der Zweck ist auf die Durchführung der Liquidation begrenzt. Die Liquidation erfolgt durch die dazu berufenen Personen; dies sind im Regelfall die Organe der Stiftung (Vorstand). Der Stifter kann in der Satzung andere Regelungen treffen und die möglichen Liquidatoren bestimmen. Die Vertretungsmacht der Liquidatoren wird durch den Liquidationszweck begrenzt.

Bei gemeinnützigen Stiftungen sind nach § 55 AO weitere Anforderungen zu beachten. Nach dem 2
Grundsatz der Vermögensbindung aus § 55 Abs. 1 Nr. 4 AO darf das Vermögen nur für einen steuerbegünstigten Zweck verwendet werden. Dies beschränkt den Kreis der möglichen Anfallberechtigten. Die Finanzbehörden legen Wert darauf, dass für gemeinnützige Stiftungen bereits bei der Gründung der Berechtigte und die Zweckbestimmung für den Fall der Auflösung festgelegt werden.

Buch 2. Recht der Schuldverhältnisse

Abschnitt 8. Besondere Schuldverhältnisse

Titel 16. Gesellschaft

Inhalt des Gesellschaftsvertrags

705 **Durch den Gesellschaftsvertrag verpflichten sich die Gesellschafter gegenseitig, die Erreichung eines gemeinsamen Zweckes in der durch den Vertrag bestimmten Weise zu fördern, insbesondere die vereinbarten Beiträge zu leisten.**

Übersicht

I. Allgemeines

Die §§ 705 ff. regeln weitgehend dispositiv das Recht der Gesellschaft bürgerlichen Rechts (GbR). Sie ist die Grundform der Personengesellschaften und in der Praxis wohl am weitesten verbreitet (vor allem als Innengesellschaft, → Rn. 7). Die Regelungen **gelten subsidiär** bei anderen Gesellschaftsformen (vgl. für OHG und KG § 105 Abs. 3 HGB, § 161 Abs. 2 HGB; stille Gesellschaft, → HGB § 230 Rn. 1; für die EWIV § 1 EWIVG). Aufgrund der **Gestaltungsfreiheit** werden die das Innenverhältnis betreffenden Regelungen vielfach körperschaftlichen Strukturen angenähert (Mehrheitsprinzip, Gesellschaftsorgane). Dies bedingt, das Minderheitenschutzproblem ähnlich wie bei personalistisch strukturierten juristischen Personen zu lösen (Treupflichtbindung, Gleichbehandlungsgrundsatz). Bei den Publikumsgesellschaften hat sich insofern geradezu ein Sonderrecht entwickelt, welches jedoch wegen des Verbots der Publikums-GbR im Zuge des KAGB künftig an Bedeutung verlieren wird (→ HGB Anh. Rn. 168 ff.). Im Außenverhältnis kann der GbR als solche **Rechtsfähigkeit** entsprechend § 124 Abs. 1 HGB zukommen (→ Rn. 67); die Gesellschafter haften konsequenterweise entsprechend §§ 128 ff. HGB (→ § 714 Rn. 10 ff.). **Rechtspolitisch** ist das teilweise aus der Zeit gefallene Regelungsmodell der §§ 705 ff. gerade in jüngerer Zeit erneut in die Kritik geraten, vor allem angesichts des im Jahr 2014 reformierten österreichischen Rechts (vgl. *Röder* AcP 215 (2015), 450). 1

Seit **April 2020** gibt es nunmehr den sog. **Mauracher Entwurf** für ein Gesetz zur Modernisierung des Personengesellschaftsrechts **(MoPeG),** welcher insbesondere erhebliche Veränderungen des Rechts der GbR beinhaltet und diese stark der OHG annähert (Einzelheitern bei *M. Noack* NZG 2020, 581; *Schäfer* ZIP 2020, 1149; *Fleischer* DB 2020, 1107; *Bergmann* DB 2020, 994). Inwieweit der Entwurf Gesetz werden wird, ist noch unklar. Er ist indessen im Grundsatz als Beitrag zur Schaffung eines besser als zuvor rechtssicher handhabbaren modernen Personengesellschaftsrechts zu begrüßen (vielfach kritisch aber *Bachmann* NZG 2020, 612 und *Wilhelm* NZG 2020, 1041). Die wesentlichen Regelungen stellen sich wie folgt dar: Die Neufassung von § 705 Abs. 2 BGB-E beinhaltet die ausdrückliche Anerkennung der **Rechtsfähigkeit;** § 740 BGB-E sieht gleichwohl noch die Existenz von **Innengesellschaften** vor, was in §§ 740a–740c BGB-E auch eine spezielle Regelung erfährt. Das entscheidende Abgrenzungskriterium ist allein der übereinstimmende Wille der Gesellschafter. Die Rechtsfähigkeit erlangt eine GbR entweder durch Eintragung in das neu zu schaffende **GbR-Register** oder durch einvernehmlichen Geschäftsbeginn (vgl. § 719 BGB-E). Für das Register sehen die §§ 707 ff. BGB-E umfangreiche Regelungen in Anlehnung an das Handelsregister vor. In diesem Zusammenhang ist auch eine nach Maßgabe von § 18 HGB zulässige Bezeichnung zu wählen, die den Rechtsformzusatz „eingetragene Gesellschaft bürgerlichen Rechts" oder **„eGbR"** enthalten muss (vgl. §§ 707a f. BGB-E). Die Rechtsfähigkeit wirkt auch im Innenverhältnis (vgl. § 713 BGB-E), sodass sich insofern künftig endgültig eine eindeutige **Abkehr von der Annahme eines Gesamthandsvermögens** bei rechtsfähigen Personalgesellschaften durchsetzen wird (dies begrüßend *Bachmann* NZG 2020, 612 (656 f.); zurückhaltend *Schäfer* ZIP 2020, 1149 (1150 f.)). Die An- und Abwachsungsproblematik beim Ausscheiden und Eintreten löst der Entwurf gem. § 712 BGB-E konsequenterweise auch ohne Bekenntnis zur Gesamthand. Die akzessorische und unbeschränkte **Gesellschafterhaftung** wird ohne Änderung gegenüber der jetzigen Rechtslage ausdrücklich in §§ 721 ff. BGB-E geregelt (dies als für die GbR zu grob kritisierend *Bachmann* NZG 2020, 612 (616)). In Bezug auf die **Geschäftsführungsbefugnis** ergeben sich wenige Änderungen (vgl. § 715 BGB-E), der § 708 findet indessen keine Entsprechung mehr. Die organschaftliche **Vertretungsmacht** soll im dispositiven Regelfall wie bislang allen Gesellschaftern gemeinschaftlich zustehen, der Umfang wird aber auf die Geschäfte der Gesellschaft gesetzlich fixiert (vgl. § 720 BGB-E). Letzteres wird der Praxis noch Probleme bereiten, weil die Regelung hinter § 126 HGB zurückbleibt. Explizite Regelungen finden sich auch zur **actio pro socio** und zur **Notgeschäftsführung** (§§ 715a, 715b BGB-E). 1a

Während es im Ausgangspunkt für die **Willensbildung** der Gesellschafter bei der Einstimmigkeit bleibt, erkennt § 714 BGB-E explizit die Zulässigkeit von gesellschaftsvertraglich vereinbarten Mehrheitsentscheidungen an und geht davon aus, dass solche Klauseln im Zweifel auch Grundlagengeschäfte betreffen; die Kontroverse über die inhaltliche Reichweite dieser Klauseln gem. Bestimmtheitsgrundsatz und Treuepflicht wird somit durch den Entwurf nicht entschärft. Bedeutsam ist auch, dass die Stimmkraft künftig gem. § 709 Abs. 3 BGB-E im dispositiven Regelfall von der Kapitalbeteiligung abhängt. Einen wesentlichen und sehr bedeutsamen Aspekt der geplanten Reform stellt indessen das **Beschlussmängelrecht** dar. Die §§ 714a–714g BGB-E unterscheiden für formell festgestellte Beschlüsse Nichtigkeit und Anfechtbarkeit, wobei der Ersteren größerer Raum gegeben wird als im Aktienrecht (jeder Verstoß gegen zwingendes Recht). Die Anfechtungsfrist beträgt grundsätzlich drei Monate. Informelle Beschlüsse können weiterhin mittels Feststellungsklage geltend gemacht werden. Eine erfolgreiche Anfechtungs- oder Nichtigkeitsklage hat Gestaltungswirkung für und gegen alle Gesellschafter. Das neue Beschlussmangelrecht ist **lediglich eine Option,** sodass auch künftig auf das allgemeine Modell der zivilprozessualen Feststellungsklage zurückgegriffen werden kann, wenn der Gesellschaftsvertrag dies vorsieht (vgl. § 708 BGB-E). Im Hinblick auf das **Recht der OHG** ist zentral, dass künftig auch 1b freiberufliche Gesellschaftszwecke zulässig sein sollen (§ 107 HGB-E); im Übrigen sieht der Entwurf auch vor, dass ein **Statuswechsel** zwischen GbR und OHG möglich ist (§ 707c BGB-E), freilich außerhalb des UmwG.

II. Gesellschaftszweck

2 Konstituierendes Merkmal aller Gesellschaften ist der zumindest konkludent vereinbarte gemeinsame Zweck als **überindividuelles Ziel** des Zusammenschlusses (BGH 29.1.1951, NJW 1951, 308). § 705 stellt dies für die GbR ausdrücklich klar.

3 **1. Bedeutung.** Der Gesellschaftszweck ist die im Gesellschaftsvertrag festgelegte Vorgabe für das gesellschaftsbezogene Handeln der Gesellschafter. Soweit er nicht zugleich wirksam abgeändert wird, hat der Gesellschaftszweck für die Gesellschafter eine pflichtenbegründende und rechtsbegrenzende Wirkung, rechtsdogmatisch effektuiert durch die **Geschäftsführungsbefugnis** iSv § 709 und die gesellschaftsrechtliche **Treuepflicht.** Das gesellschaftsbezogene Handeln der Gesellschafter muss der Verwirklichung des Gesellschaftszwecks dienen und darf umgekehrt der Gesellschaft auch nicht schaden (→ Rn. 40). Zur Auslegung des Gesellschaftszwecks → Rn. 29, zur Änderung → Rn. 50. Im Liquidationsstadium beschränkt sich der Gesellschaftszweck auf die Auseinandersetzung und die hierzu erforderlichen Maßnahmen (vgl. BGH 17.9.2013, NJW-RR 2013, 349 Rn. 38).

4 **2. Gestaltungsfreiheit.** Inhaltlich bestehen für den Gesellschaftszweck einer GbR keine unmittelbaren Vorgaben (hieran hält auch der Mauracher Entwurf fest (§ 708 BGB-E, → § 705 Rn. 1a). Möglich ist jede erlaubte Zielsetzung (*Ballerstedt* JuS 1963, 253), dauerhaft oder nur einmalig (zur Gelegenheitsgesellschaft → Rn. 10). Liegen die Voraussetzungen von § 105 Abs. 1 HGB vor, handelt es sich jedoch zwingend um eine OHG (→ Rn. 15). Unterhalb der Schwelle von § 1 Abs. 2 HGB kann daher jeder **wirtschaftliche** Zweck verfolgt werden, auch eine **freiberufliche** Tätigkeit (vgl. insofern auch die Partnerschaft nach § 1 Abs. 2 PartGG; Partnerschaftsgesellschaft mit beschränkter Berufshaftung → PartGG § 1 Rn. 6; *Posegga* DStR 2012, 611). Die Zwecksetzung kann ferner **ideelle** Ziele verfolgen (Kultur, Politik, Religion, karitative Einrichtungen). Eine verbandsrechtlichen Kategorien entsprechende Aufteilung des Gesellschaftszwecks in Ziel (Gewinn) und Mittel zur Zielverwirklichung (Unternehmensgegenstand) ist möglich und ratsam. Dies erleichtert die tatbestandliche Präzisierung der materiellen Vorgaben des Gesellschaftszwecks und schafft Rechtssicherheit.

5 **a) Gesetzes- und Sittenwidrigkeit.** Grenzen der Gestaltungsfreiheit folgen aus §§ 134, 138 und begründen im Zweifel (vgl. § 139) die Gesamtnichtigkeit des Gesellschaftsvertrages (zur fehlerhaften Gesellschaft → Rn. 34). Kommt es nachträglich zur Unzulässigkeit, liegt hierin ein zwingender Auflösungsgrund entsprechend § 726. Die rechtliche Missbilligung des Gesellschaftszwecks muss sich auf das im Gesellschaftsvertrag vereinbarte Ziel des Zusammenschlusses beziehen (→ Rn. 2), nicht auf die (ggf. hiervon abweichende) Tätigkeit der GbR bzw. deren Gesellschafter. Die Unzulässigkeit einzelner Geschäfte und Handlungen führt daher nicht zwingend zur Unzulässigkeit des Zwecks. **Unzulässige Zwecke** sind: Verstoß gegen das RDG (vgl. BGH 12.4.2011, ZIP 2011, 1202, für die Sammelklage; BGH 11.6.2013, BeckRS 2013, 13519 für die Einziehung von Forderungen); nicht erlaubnisfähige Kartelle (vgl. BGH 27.5.1986, NJW-RR 1986, 1486; unzulässiger Sternvertrag, „Hub and Spoke", BGH 18.2.2020, BeckRS 2020, 7079); Förderung unlauterer Geschäftspraktiken (organisierter Austausch von Finanzwechseln BGH 28.4.1958, BGHZ 27, 172 = NJW 1958, 989; Verstoß gegen das frühere Zündwarenmonopol BayObLG 27.3.1972, DB 1972, 1015; früher unzulässige Arbeitsvermittlung BayObLG 22.12.1970, NJW 1971, 528); gewerbsmäßiger Schmuggel, gesetzeswidriges Glücksspiel, Hehlerei (RG 30.9.1919, RGZ 96, 282); gezielte Steuerhinterziehung, nicht aber bloße Umgehungsversuche iSv § 42 AO; die Umgehung des Meisterzwangs (OLG Hamm 10.11.1999, NJW-RR 2000, 1565); Umgehung des familienrechtlichen Vergütungsverbots für die Verwaltung von Kindesvermögen durch die Eltern (OLG Nürnberg 16.12.2014, MittBayNot 2015, 235); der Verstoß gegen das ApoG (BGH 24.9.1979, BGHZ 75, 214 (217) = NJW 1980, 638; OLG Brandenburg 26.1.2016, BeckRS 2016, 03545 Rn. 45); nicht aber die Umgehung ausländerrechtlicher Erwerbsverbote (vgl. zu § 14 Abs. 2 AuslG *Wachter* ZIP 1999, 1577; abw. für die GmbH KG Berlin 24.9.1996, NJW-RR 1997, 794); nicht ohne weiteres der Betrieb eines Bordells (vgl. ProstG; abw. noch BGH 20.5.1964, BGHZ 41, 341 (342) = NJW 1964, 1791). Die Nichteinhaltung öffentlich-rechtlicher **Genehmigungsvorbehalte** (KWG, GüKG, PBefG, GastG, GewO) führt nicht zur Unzulässigkeit des Gesellschaftszwecks (vgl. für Spielhallenkonzession BGH 5.5.2003, NZG 2003, 770 sowie OLG Hamm 12.3.2001, NZG 2001, 747; für Verbote nach dem AMG BGH 23.4.1968, NJW 1968, 2286). In diesen Fällen kann es jedoch zur Auflösung gem. § 726 kommen, wenn die Verwirklichung des Gesellschaftszwecks infolge endgültiger Verweigerung unmöglich wird (vgl. zur Untersagungsverfügung BVerwG 24.2.2010, ZIP 2010, 1170). Das Gleiche gilt in Bezug auf das im Zuge des KAGB eingeführten **Verbot der Publikums-GbR** (→ HGB Anh. Rn. 169).

b) Societas Leonina. Es ist ein konstitutives Merkmal der GbR, dass sich alle ihre Gesellschafter – wenn auch unterschiedlich – gegenseitig zur Zweckförderung verpflichten. Es ist indessen nicht erforderlich, dass jeder Gesellschafter am Ergebnis der Geschäftstätigkeit (Gewinn und Verlust, Gesellschaftsvermögen) beteiligt ist (hM, vgl. BGH 6.4.1987, NJW 1987, 3124; OLG Frankfurt a. M. 20.9.2012, NZG 2013, 338: **„Null-Beteiligung"**). Die gesellschaftsrechtlich zulässige Gestaltung, wonach ein Gesellschafter alles (den Löwenanteil) erlangt, die übrigen hingegen nichts, ist auch **keine Schenkung,** soweit mit der Einräumung einer derartigen Vorzugsstellung nicht etwas aus dem Vermögen des Gesellschafters geleistet wird (abw. MHdB GesR I/*Schücking* § 2 Rn. 33). Derartige Gestaltungen können allerdings die Grenze der **Sittenwidrigkeit** gem. § 138 überschreiten, wenn die grobe Ungleichbehandlung der Gesellschafter unter Ausnutzung der wirtschaftlichen Vormachtstellung des einen oder des Vertrauens und der Unerfahrenheit des anderen Teils herbeigeführt wird (BGH 4.6.2013, WM 2013, 1556 Rn. 25). 6

III. Erscheinungsformen

1. Innen- und Außengesellschaft. a) Abgrenzung. Die Abgrenzung von Innen- und Außengesellschaft erfolgt richtigerweise allein danach, ob die Gesellschafter aufgrund gemeinsamen Entschlusses gegenüber Dritten als rechtsfähige Einheit auftreten oder nicht (**Teilnahme als GbR am Rechtsverkehr;** vgl. BGH 11.9.2018, WM 2018, 2248; OLG Köln 29.5.1995, NJW-RR 1996, 27; OLG Koblenz 14.2.2014, BeckRS 2014, 07122). Der Begriff der einverständlichen Geschäftsaufnahme iSv § 123 Abs. 2 HGB kann zur Präzisierung dieses Erfordernisses entsprechend herangezogen werden (vgl. auch *Ulmer* ZIP 2001, 585; enger *Beuthin* NZG 2017, 201 (204): gesellschaftsvertragliche Abreden maßgeblich). Die übrigen Anforderungen zur Bejahung eines Gesellschaftsverhältnisses iSv §§ 705 ff. müssen auch bei der Innengesellschaft vorliegen, vor allem der zumindest konkludent geschlossene Vertrag zur Verfolgung eines gemeinsamen Zwecks in Abgrenzung zum schuldrechtlichen Austauschvertrag oder sonstigen Rechtsverhältnissen (vgl. für Ehegatten-GbR BGH 12.11.2007, NJW-RR 2008, 287). Wird eine Vertragsrolle durch mehrere Personen besetzt (Mietvertrag, Darlehen), liegt eine Außengesellschaft nur vor, wenn die Betreffenden gegenüber dem Vertragspartner als Gemeinschaft auftreten (zur Wohngemeinschaft *Jacobs* NZM 2008, 111; vgl. hierzu auch AG Brandenburg 25.4.2012, BeckRS 2012, 09367; zur Kooperation von Ärzten OLG Koblenz 14.2.2014, BeckRS 2014, 07122). **Indiz,** um dies zu bejahen, ist die nach außen hervortretende (§§ 133, 157) gemeinsame Zweckverfolgung, das gemeinsame wirtschaftliche Interesse. Kommt es hierbei zur Diskrepanz zwischen dem gewollten und dem verstandenen Erscheinungsbild, gilt entsprechend der handelsrechtlichen Lehre von der Scheingesellschaft im Zweifel Letzteres (Schein-Außen-GbR; zum Schein-Sozius OLG München 8.8.2008, NJW-RR 2008, 1560). Eine gesetzliche Vermutung für das Vorliegen einer Außengesellschaft besteht jedoch nicht (BGH 23.6.1960, NJW 1960, 1851 (1852)). Typische **Anwendungsfälle für eine Innen-GbR** sind die stille Gesellschaft iSv §§ 230 ff. HGB (→ Rn. 11) sowie ein Metageschäft, bei der einzelne Vertragspartner nach außen allein, im Innenverhältnis aber für die gemeinsame Rechnung der anderen Vertragspartner handeln (OLG Köln 30.8.2013, BeckRS 2014, 06534); vgl. zur Ehegatten-GbR BGH 12.11.2007, NJW-RR 2008, 287 und BGH 3.2.2016, BeckRS 2016, 07527. 7

Ob ein **Gesamthandsvermögen** besteht oder nicht, ist für die Unterscheidung zwischen Außen- und Innengesellschaft ohne Belang. Richtig ist, dass die Außen-GbR regelmäßig zur Bildung eines Gesamthandsvermögens führt (§ 718). Zwingend ist dies jedoch nicht, sodass eine Außen-GbR auch ohne ein derartiges Gesellschaftsvermögen zu bejahen sein kann (vgl. RGZ 80, 268 (271); krit. BeckOK BGB/*Schöne* Rn. 137). Umgekehrt führt das Vorliegen eines Gesamthandsvermögens nicht zwingend zur Annahme einer Außen-GbR (MüKoBGB/*Schäfer* Rn. 280; abw. die hM, BGH 21.12.1972, WM 1973, 296 (297)). Kann der Vermögenserwerb im Innenverhältnis erfolgen, zB die Begründung schuldrechtlicher Verpflichtungen der Gesellschafter oder die Einbringung beweglicher Sachen zur gemeinsamen Nutzung, fehlt es am äußeren Hervortreten als GbR, die die haftungs- und vertretungsrechtliche Sonderbehandlung als Außengesellschaft bedingen würde (*Beuthien* NZG 2017, 201 (205); vgl. aber nunmehr *Beuthien* NZG 2019, 41, wonach ein Gesamthandsvermögen zwingend zur Annahme einer rechtsfähigen Außen-GbR führe). 8

b) Konsequenzen. Bedeutsam ist die Abgrenzung zwischen Innen- und Außen-GbR allein im **Außenverhältnis,** indem der BGH Rechtsfähigkeit und Gesellschafterhaftung zutreffend an das Vorliegen einer Außen-GbR geknüpft hat (BGH 29.1.2001, BGHZ 146, 341 = NJW 2001, 1056 Rn. 67; abw. *Beuthien* NZG 2011, 161). Bei der Innen-GbR fehlt auch eine § 714 entsprechende organschaftliche Vertretungsregelung, sodass die durchaus möglichen Außenbeziehungen dem Leitbild der stillen Gesellschaft entsprechend (vgl. § 230 Abs. 2 HGB) allein im eigenen Namen eines Gesellschafters, jedoch auf Rechnung der Gesellschaftergruppe verwirklicht werden (OLG Köln 29.5.1995, NJW-RR 1996, 27; für Rechtsanwälte *Henssler/Deckenbrock* DB 2007, 447). Treten bei schuldrechtlichen Verträgen mehrere als Individuen auf und nicht als GbR (Mietvertrag, Darlehen), richten sich die Folgen gegenüber Dritten bei der Innen-GbR allein nach §§ 420 ff. Sie schulden dem Dritten vertragliche 9

Pflichten gemäß entsprechender Vertretung nach §§ 164 ff.; sie haften füreinander nur nach Maßgabe der §§ 278, 831, wenn deren Voraussetzungen erfüllt sind, nicht über § 31, §§ 128 ff. HGB analog. Im **Innenverhältnis** hat die Differenzierung zwischen Innen- und Außen-GbR keine Auswirkungen. Die Rechtsbeziehungen der Gesellschafter untereinander sind in beiden Fällen gesellschaftsrechtlich geprägt, was vor allem für die Auseinandersetzung Bedeutung erlangt. Diese folgt richtigerweise nach §§ 730 ff. (BGH 11.9.2018, WM 2018, 2248 Rn. 16; abw. jedoch OLG Zweibrücken 1.2.2007, BeckRS 2007, 5975: Auseinandersetzung bei der Innen-GbR analog § 235 HGB; zurückhaltend Palandt/*Sprau* Rn. 33). Eine Innen-GbR kann auch über eine Organisation verfügen, insbesondere einzelnen Gesellschaftern Geschäftsführungsbefugnis iSv §§ 709 ff. zuweisen (vgl. BGH 11.9.2018, WM 2018, 2248 Rn. 20; BeckOK BGB/*Schöne* Rn. 160; → § 709 Rn. 6 ff.). Die Überschreitung führt nach Maßgabe von § 708 zur Ersatzpflicht (BGH 11.9.2018, WM 2018, 2248 Rn. 26). Auch die Lehre von der fehlerhaften Gesellschaft gilt (hM, → Rn. 34). Fehlt es bei einer vermeintlichen Innen-GbR am vertraglich vereinbarten gemeinsamen Zweck, richten sich die Rechtsbeziehungen allein nach §§ 426, 662 ff., 675, 677 ff.; eine gesellschaftsrechtliche Auseinandersetzung gem. §§ 730 ff. erfolgt nicht.

10 **2. Gelegenheitsgesellschaft.** Den Gesellschaftern obliegt die Festlegung des Zeitraums der Zweckverwirklichung, mithin ob die Gesellschaft dauerhaft bestehen soll, befristet oder wegen der Eigenart des Vorhabens nur für einen **zeitlich begrenzten Zweck** gegründet wird. Auswirkungen hat diese Differenzierung auf die automatische Auflösung wegen Zeitablaufs und Zweckerreichung gem. § 726. Wurde eine Bau-ARGE als Gelegenheitsgesellschaft für ein bestimmtes Bauvorhaben gegründet, endet sie mit Ablauf der Gewährleistungspflichten (BGH 7.3.2005, NJW-RR 2005, 1008; zur Kündigung eines Gesellschafters nach Vollendung eines Projekts OLG Frankfurt a. M. 3.12.1998, NZG 1999, 492). Sofern nichts anderes vereinbart, ist der Anspruch auf Rechnungsabschluss und Gewinnverteilung bei der Gelegenheitsgesellschaft gem. § 721 auf die Zeit nach der Auflösung hinausgeschoben (BGH 8.11.1999, NJW 2000, 505). Die Anforderungen an die Annahme einer **konkludent** gegründeten Gelegenheitsgesellschaft sind gering (vgl. BGH 14.12.1998, NZG 1999, 293; anders aber für die Lottospielgemeinschaft BGH 16.5.1974, NJW 1974, 1705 sowie für die Zusammenarbeit von Rechtsanwälten OLG Celle 2.1.2007, NZG 2007, 542). Zur Bedeutung der Gelegenheitsgesellschaft im Vergabeverfahren EuGH 16.12.2004, NVwZ 2005, 1291; zur steuerrechtlichen Abgrenzung von ARGE und Gelegenheitsgesellschaft BFH 13.5.1998, NZG 1999, 388.

11 **3. Stille Beteiligung.** Die stille Gesellschaft iSv §§ 230 ff. HGB ist eine **Innen-GbR** (BGH 22.6.1981, NJW 1982, 99; MüKoHGB/*K. Schmidt* HGB § 230 Rn. 6). Die §§ 705 ff. gelten daher subsidiär. Im Außenverhältnis handelt gem. § 230 Abs. 2 HGB der Geschäftsinhaber im eigenen Namen. Im Innenverhältnis unterliegt er wie der Stille den gesellschaftsvertraglichen Rechten und Pflichten (→ HGB § 230 Rn. 28 ff.). Ein Gesellschaftsvermögen wird regelmäßig nicht gebildet. Beteiligen sich mehrere Stille am Handelsgeschäft eines anderen, kommt es grundsätzlich zu verschiedenen zweigliedrigen Innen-GbR. Die Stillen können sich jedoch auch untereinander gesellschaftsrechtlich verbinden, sodass eine mehrgliedrige Innen-GbR entsteht (BGH 10.10.1994, BGHZ 127, 176 (179) = NJW 1995, 192; → HGB § 230 Rn. 7).

12 **4. Abgrenzung. a) Partiarisches Rechtsverhältnis.** Um ein partiarisches Rechtsverhältnis und keine Gesellschaft handelt es sich, wenn die schuldrechtliche Vereinbarung eine Gewinnbeteiligung vorsieht, die Parteien sich einander jedoch abweichend von § 705 nicht zur Gewinnerzielung verpflichten, mithin **keinen gemeinsamen Zweck** etablieren (BGH 11.7.1951, BGHZ 3, 75 (79) = NJW 1951, 710; für das Steuerrecht BFH 18.4.2000, DStR 2000, 1594). Problematisch ist die Abgrenzung vor allem gegenüber Darlehen, Miet- bzw. Pachtverträgen, Dienstverträgen, Franchising, Lizenzverträgen (*Lettl* DB 2004, 365). Maßgeblich ist die Auslegung des Gewollten, wobei der Bezeichnung des Vertrages eine starke indizielle Bedeutung zukommt (vgl. BGH 20.10.2008, NZG 2009, 21). Die Praxis stützt sich hierbei auf eine Vielzahl von Indizien (→ HGB § 230 Rn. 22 ff.).

13 **b) Bruchteilsgemeinschaft.** Die Bruchteilsgemeinschaft iSv §§ 741 ff. ist im Ausgangspunkt keine Gesellschaft, weil sie durch die bloße **gemeinschaftliche Innehabung** eines Rechts entsteht (vgl. §§ 1008 ff. iVm §§ 929 ff., § 873 bzw. §§ 947 ff.; § 10 Abs. 2 WEG, § 6 S. 2 PatG). Die auch hier regelmäßig vorhandenen schuldrechtlichen Beziehungen der Teilhaber untereinander beruhen nicht auf der vertraglichen Vereinbarung eines gemeinsamen Zwecks, sodass Gemeinschaft und Gesellschaft voneinander strikt zu trennen sind (vgl. LG Arnsberg 2.3.2017, BeckRS 2017, 103160). Sie schließen einander jedoch nur scheinbar aus. Aufgrund vertraglicher Abreden kann diese kategorische Zweiteilung nämlich in zulässiger Weise aufgeweicht werden. Das an sich nicht zweckgerichtete „Halten und Verwalten" bei der Bruchteilsgemeinschaft iSv §§ 741 ff. wird dann durch die **zusätzliche Vereinbarung eines Gesellschaftszwecks** iSv §§ 705 ff. überlagert (treffend BGH 25.3.2014, BeckRS 2014, 09617: „Halten und gewinnorientiertes Verwalten"). Dies ist im Wege der Auslegung zu ermitteln und stets dann gegeben, wenn die Innehabung und Verwaltung des betreffenden Gegenstands speziellen ideellen oder wirtschaftlichen Zielen zu dienen bestimmt ist. Beispiele hierfür sind die gewerbliche Nutzung eines im Bruchteilseigentum gehaltenen Grundstücks (OLG Karlsruhe 25.11.1998, NZG

1999, 249; OLG Brandenburg 13.8.2008, BeckRS 2008, 20028), die Bauherrengemeinschaft (BGH 27.2.1992, NJW 1992, 1881), die Wohnungseigentümergemeinschaft (OLG Köln 17.1.2001, NZG 2001, 467), die gemeinschaftliche Vermögensbildung (OLG Düsseldorf 26.1.2001, NZG 2001, 746), die Verwertung einer gemeinschaftlich gehaltenen Marke (OLG Saarbrücken 6.3.2009, NZG 2009, 22 (23) oder eines Patents (BPatG 8.4.2016, BeckRS 2016, 10026), ausnahmsweise auch bei Ehegatten (vgl. BGH 20.5.1981, NJW 1982, 170; BGH 30.6.1999, NJW 1999, 2962 (2964); BGH 3.2.2016, BeckRS 2016, 07527; *Neumann* NZG 2015, 255). Als **Konsequenz** sind die verschiedenen Rechtsbeziehungen zu trennen. Die schuldrechtlichen Bestimmungen ergeben sich vorrangig aus den §§ 705 ff., die vermögensrechtlichen Regelungen aus §§ 741 ff. Auf §§ 718 ff. ist nur dann abzustellen, wenn die Gesellschafter dies wollen, mithin die entsprechenden Übertragungsakte vom Bruchteilseigentum in ein Gesamthandsvermögen herbeiführen (vgl. MüKoBGB/*K. Schmidt* § 741 Rn. 4 f.).

Hiervon abzugrenzen ist die Frage, ob auch die bloße Innehabung des betreffenden Gegenstands von den Beteiligten zum Gesellschaftszweck erklärt werden kann, um hieraus eine gesellschaftsrechtliche Bindung der Teilhaber einer Bruchteilsgemeinschaft untereinander abzuleiten. Im Ergebnis liefe dies auf die Anerkennung einer vermögensverwaltenden **Innen-GbR mit Bruchteilseigentum** der Gesellschafter hinaus. Die Zulässigkeit einer derartigen Gestaltung ist zu bejahen. Die rudimentären Vorgaben der §§ 741 ff. sind nicht ausreichend, das Rechtsverhältnis der Beteiligten untereinander adäquat zu regeln, sodass die vertragliche Vereinbarung gesellschaftsrechtlicher Regelungen sachgerecht erscheint (abw. die hM, vgl. OLG Frankfurt a. M. 24.7.1997, NJW-RR 1998, 415; BeckOK BGB/*Schöne* Rn. 64, jedoch anders bei Rn. 40). Verzichtet man mit der hLit beim Gewerbebegriff auf das Merkmal der Gewinnerzielungsabsicht (*Henssler* ZHR 161 (1997), 22; nunmehr offen lassend BGH 24.6.2003, BGHZ 155, 240 (246) = NJW 2003, 2742), spricht die Zulässigkeit der (nur) vermögensverwaltenden Personenhandelsgesellschaft gem. § 105 Abs. 2 HGB ebenfalls dafür, eine entsprechende Gestaltung auch bei der GbR anzuerkennen. Als Konsequenz ergeben sich die schuldrechtlichen Bestimmungen der Gesellschafter untereinander vorrangig aus den §§ 705 ff., die vermögensrechtlichen Regelungen aus §§ 741 ff. Auf §§ 718 ff. ist nur dann abzustellen, wenn die Gesellschafter dies wollen, mithin die entsprechenden Übertragungsakte vom Bruchteilseigentum in ein Gesamthandsvermögen herbeiführen. 14

c) Handelsgesellschaft. Die GbR ist die Grundform der OHG. Letztere liegt gem. § 105 Abs. 1 HGB zwingend vor, wenn sich die Gesellschafter aufgrund Vertrages zum Zweck des Betriebes eines **kaufmännischen Handelsgewerbes** zusammenschließen. Diese tatsächlichen Voraussetzungen können auch ohne einen auf die Rechtsform bezogenen Willen der Gesellschafter nachträglich entstehen und wieder entfallen (BGH 17.6.1953, BGHZ 10, 91 (97) = NJW 1953, 1217). Liegt keine Registereintragung vor, wandelt sich eine GbR damit auch ohne entsprechenden Willen der Gesellschafter in eine OHG um (§ 123 Abs. 2 HGB). Das Gleiche gilt umgekehrt beim Herabsinken auf ein Kleingewerbe bzw. beim Fortfall des Gewerbes (vgl. BGH 10.5.1960, BGHZ 32, 311 = NJW 1960, 1664). Im Grundbuch bedarf es in diesen Fällen einer bloßen Richtigstellung, nicht einer Berichtigung (OLG Zweibrücken 14.2.2012, ZIP 2012, 2255; vgl. zur Zwangsvollstreckung auch BGH 14.1.2016, NZG 2016, 517 Rn. 17). Vgl. für die **Partnerschaft** von Freiberuflern auch das PartGG. 15

5. Beispiele für GbR. Abiturjahrgang (LG Detmold 8.7.2015, NJW 2015, 3176); Aktionärsvereinbarung oder „Schutzgemeinschaft" bzw. Stimmrechtskonsortium (BGH 13.6.1994, NJW 1994, 2536; BGH 24.11.2008, ZIP 2009, 216; BGH 21.9.2009, DStR 2009 2382; BGH 21.9.2009, NZG 2010, 62; LG Heidelberg 28.7.2016, BeckRS 2016, 18066; vgl. zu Pools und Investment-Clubs *Weitnauer* GWR 2014, 1 und *Kirchhof* GWR 2016, 333); ARD (OLG München 28.7.2000, NJW 2001, 613 (614)); Bau-ARGE (BGH 29.1.2001, BGHZ 146, 341 = NJW 2001, 1056; abw. (für OHG) OLG Dresden 20.11.2001, NJW-RR 2003, 257; ähnlich OLG Frankfurt a. M. 10.12.2004, ZIP 2005, 1559); Anleger-Innengesellschaft beim Fonds (BGH 19.11.2019, WM 2020, 458 Rn. 14); Bietergemeinschaft (KG Berlin 7.5.2007, BeckRS 2007, 12060); Bau eines Mehrfamilienhauses (OLG Koblenz 12.7.2006, BeckRS 2006, 12081), nicht aber bei der Renovierung (vgl. BGH 20.10.2008, NZG 2009, 21); Cash Pool (verneinend BGH 20.7.2009, ZIP 2009, 1561 (1565); bejahend *Decker* ZGR 2013, 392); Ehegatten-Innengesellschaft (BGH 19.9.2012, NJW 2012, 3374; BGH 3.2.2016, BeckRS 2016, 07527); Facebook-Gruppe (verneinend AG Menden 9.1.2013, BeckRS 2013, 04369); von Mitgliedern einer Erbengemeinschaft gegründete GbR als Arbeitgeberin (LAG Köln 29.11.2019, BeckRS 2019, 34352 ff.; Fahrgemeinschaft (BGH 20.12.1966, BGHZ 46, 313 (315) = NJW 1967, 558); Garagengemeinschaft nach § 266 DDR-ZGB aF (BGH 23.11.2011, NZG 2012, 69); Gewinngemeinschaft iSv § 292 Abs. 1 Nr. 1 AktG (BGH 23.5.1957, BGHZ, 24, 279 (293) = NJW 1957, 1279); Gleichordnungskonzern (Spindler/Stilz/*Veil* AktG § 291 Rn. 53); Errichtung und Vermarktung von Gebäuden auf Grundstücken in Abgrenzung zur Subunternehmerschaft (OLG Stuttgart 1.3.2016, BeckRS 2016, 07929, Rn. 25); Halten eines Deckhengstes (OLG München 15.10.2003, BeckRS 2005, 01724); gelöschte englische Ltd., die weiter am Markt auftritt (OLG Celle 29.5.2012, DNotI-Report 2012, 135; → IntGesR Rn. 219); Halten eines Sportflugzeugs (BGH 25.5.1972, JZ 1972, 88); Herausgabe eines Nachschlagewerks (BGH 4.3.1982, NJW 1983, 1188); Heizölbestellung (LG Konstanz 28.11.1986, NJW 1987, 2521); geschlossener Immobilienfonds (BGH 17.10.2006, NJW-RR 2007, 1199; zur Publikums- 16 gesellschaft → HGB Anh. Rn. 1 ff.); Kartell (BGH 14.10.1976, BGHZ 68, 6 = NJW 1977, 804); Kreditkonsortium (*Rauch* WM 2018, 652); Inhaber einer Marke, wenn über die bloße Innehabung hinaus eine Vereinbarung über die Verwendung getroffen wurde (BPatG 12.6.2007, BeckRS 2007, 12750; LG Berlin 16.9.2008, NZG 2009, 142); Betreiben eines Internet-Forums (verneinend AG Geldern 2.9.2016, BeckRS 2016, 15958); Jagdpachtgemeinschaft (OLG Celle 4.6.2014, BeckRS 2014, 14748); Lottospielgemeinschaft (OLG Karlsruhe 30.12.1986, NJW-RR 1988, 1266; verneinend BGH 16.5.1974, NJW 1974, 1705; verneinend auch LG Arnsberg 2.3.2017, BeckRS 2017, 103160, „Kronkorkengewinnspiel"; zum Ganzen *Fleischer/Hahn* NZG 2017, 1); Nichteheliche Lebensgemeinschaft (BGH 4.11.1991, NJW 1992, 906; BGH 28.9.2005, NJW 2006, 1268; OLG Brandenburg 23.1.2019, BeckRS 2019, 711 Rn. 38 f.); Mengen-Clearing-Vertrag (OLG Köln 30.8.2013, a. M. BeckRS 2014, 06534); Mietpool (OLG Stuttgart 12.7.2010, NJW-RR 2011, 40; ablehnend aber OLG Frankfurt a. M. 25.2.2016, NZM 2016, 556; zum Ganzen *Drasdo* NZM 2017, 652); Miterben jenseits der Erbengemeinschaft (LAG Köln 29.11.2019, BeckRS 2019, 34352); Mitmieter (AG Brandenburg 25.4.2012, BeckRS 2012, 09367); Prozessfinanzierung (verneinend LG Bonn 25.8.2006, JZ 2007, 203; offen lassend OLG Köln 29.11.2007, NJW 2008, 589 und OLG Frankfurt a. M. 22.8.2017, NJW-RR 2017, 1330); Sammelbestellung von Lehrmitteln durch Studierende (OLG Frankfurt a. M. 2.2.1990, NJW-RR 1991, 283); Sammelklage (vgl. BGH 12.4.2011, ZIP 2011, 1202 mit Hinweis auf Verstoß gegen das RDG; hierzu *Mann* ZIP 2011, 2393); Schaffung und Verwertung von Unterhaltungsmusik (BGH 5.3.1998, NJW-RR 1998, 1639); gemeinsame Reise (OLG Saarbrücken 20.12.1984, NJW 1985, 811); Teileigentümergemeinschaft nach WEG als Verpächterin (OLG München 19.1.2012, NZG 2012, 421); Treuhandkommanditisten (BGH 11.1.2011, NJW 2011, 921; teilw. abw. *Altmeppen* NZG 2010, 1321 (1326)); Unterbeteiligung (BGH 11.7.1968, BGHZ 50, 316 = NJW 1968, 2003; BGH 20.9.2011, GWR 2011, 484; Abgrenzung zur nicht-gesellschaftsrechtlichen Treuhand bei BGH 10.6.1994, NJW 1994, 2886 und BGH 13.6.1994, DStR 1994, 1199); Vorgründungsgesellschaft (Spindler/Stilz/*Heidinger* AktG § 41 Rn. 21), als sog. Vorbeteiligungsgesellschaft auch im Vorfeld einer Kapitalerhöhung (OLG Schleswig 4.7.2014, ZIP 2014, 1525 Rn. 33; hierzu *Priester* GWR 2014, 405, *Lieder* DStR 2014, 2464 und *Fallak/Cong* NZG 2016, 1260); Praxisgemeinschaft von Vertragsärzten (*Saenger* NZS 2001, 234); Werbegemeinschaft (BGH 11.5.2016, NJW 2016, 2492); Wohngemeinschaft (LG München II 25.9.1991, NJW-RR 1993, 334; *Jacobs* NZM 2008, 111); hintereinander geschaltete Wertpapierdienstleistungsunternehmen iSv § 31a WpHG (verneinend BGH 12.11.2013, BKR 2014, 77); Zusammenarbeit von Rechtsanwälten, sofern nicht ausdrücklich eine andere Rechtsform gewählt wurde (BGH 3.5.2007, NJW 2007, 2490; verneinend OLG Celle 2.1.2007, NZG 2007, 542; einschr. auch BGH 12.7.2012, ZIP 2012, 1960).

IV. Gesellschaftsvertrag

17 Jede GbR bedarf eines **zumindest konkludent** geschlossenen Vertrages über die Etablierung und Verfolgung eines gemeinsamen Zwecks iSv § 705 (BGH 20.10.2008, NZG 2009, 21). Er hat eine **Doppelnatur:** Einerseits ist er schuldrechtlicher Vertrag, wonach sich die Gesellschafter gegenseitig zur Zweckförderung, insbesondere der Erbringung bestimmter Leistungen (Beiträge gem. § 706), verpflichten; andererseits ist er Organisationsvertrag, der auf die Gründung und rechtliche Ausgestaltung einer Personenvereinigung abzielt. Zur Einordnung als Austauschvertrag im Hinblick auf Leistungsstörungen → § 706 Rn. 11.

18 **1. Abschluss.** Erforderlich ist eine von Rechtsbindungswillen getragene **Einigung** der beteiligten Gesellschafter **über den gemeinsamen Zweck** als das gemeinschaftlich zu verfolgende Ziel (→ Rn. 2). Eine bloß faktische Willensübereinstimmung ist nicht ausreichend (BGH 28.9.2005, NJW 2006, 1268 für die nichteheliche Lebensgemeinschaft; vgl. insofern zu den Anforderungen an die tatrichterliche Würdigung des Sachverhalts BGH 20.10.2008, NZG 2009, 21 und OLG Brandenburg 10.12.2014, NJW-RR 2015, 516). Soll eine Gesellschaft erst gegründet werden und wird sie bereits vor Einigung über **alle vertraglichen Punkte** im allseitigen Einverständnis in Vollzug gesetzt, kann trotz fehlender Gesamteinigung bereits eine GbR entstehen (OLG Naumburg 9.2.2012, BeckRS 2012, 15456). Bei der Beteiligung von mehr als zwei Gesellschaftern, müssen die Vorgaben der §§ 130 f., 145 ff. gegenüber jedem Beteiligten vorliegen **(mehrseitiger Vertrag).** Der Vertrag ist im Zweifel erst mit Erklärung des letzten Gesellschafters geschlossen. Die gegenseitige **Bevollmächtigung** ist unter Beachtung von § 181 möglich (vgl. OLG München 8.3.2002, NZG 2002, 623), auch die eines Dritten, der nicht selbst Gesellschafter werden soll (BGH 16.11.1981, WM 1982, 40). Zur nachträglichen Aufnahme neuer Gesellschafter → Rn. 75, → Rn. 77.

19 Die Anforderungen an einen konkludenten Vertragsschluss liegen nicht sehr hoch, insbesondere bedarf es keines auf die Errichtung einer Gesellschaft gerichteten Erklärungsbewusstseins (OLG München 19.1.2012, NZG 2012, 421). Die Abgrenzung zwischen rechtsgeschäftlicher Bindung und bloßem **Gefälligkeitsverhältnis** wird vor allem bei Innen- und Gefälligkeitsgesellschaften relevant. Maßgeblich ist die Auslegung der entsprechenden Willenserklärung aus Sicht der Mitgesellschafter. Kriterien, die für

eine rechtsgeschäftliche Bindung sprechen, sind die Art der relevanten Handlung, ihr Grund und Zweck, ihre wirtschaftliche und rechtliche Bedeutung für die anderen, die Umstände der Leistungserbringung sowie die Interessenlage der Parteien (BGH 22.6.1956, BGHZ 21, 102 (106 f.) = NJW 1956, 1313). Bei Angelegenheiten des täglichen Lebens sowie im gesellschaftlichen Bereich ist ein Rechtsbindungswille regelmäßig zu verneinen (vgl. für eine Lottospielgemeinschaft BGH 16.5.1974, NJW 1974, 1705; für die Zusammenarbeit von Rechtsanwälten OLG Celle 2.1.2007, NZG 2007, 542; für die wechselseitige Beaufsichtigung von Kindern BGH 2.7.1968, NJW 1968, 1874 f.); anders aber bei der Verabredung zu einer gemeinsamen Reise (OLG Saarbrücken 20.12.1984, NJW 1985, 811; ähnlich BGH 14.11.1978, NJW 1979, 414: gesellschaftsähnliches Rechtsverhältnis).

2. Inhalt. Essentialia negotii des Gesellschaftsvertrages sind allein die Etablierung des gemeinsamen **Zwecks** (→ Rn. 2) und die Festlegung der die Gesellschafter treffenden **Förderungspflichten,** ggf. als Beitrag iSv § 706 (hieran hält gem. § 709 BGB-E auch der Mauracher Entwurf fest, → Rn. 1a). Die Gewinnbeteiligung eines jeden Gesellschafters ist nicht erforderlich (zur societas leonina → Rn. 6). Konkrete Regelungen über die einzelnen Rechte und Pflichten sind praktisch geboten. Bestehen die entsprechenden Pflichten bereits aufgrund eines anderen Rechtsverhältnisses, ist stets problematisch, ob darüber hinaus eine Gesellschaft vereinbart wird. Maßgeblich ist die Auslegung des Gewollten (vgl. zur ehelichen Lebensgemeinschaft zurückhaltend BGH 19.9.2012, NJW 2012, 3374; zur nicht ehelichen Lebensgemeinschaft BGH 4.11.1991, NJW 1992, 906; zur Hausgemeinschaft unter Verwandten BGH 20.3.1972, WM 1972, 1122 (1123)). Umgekehrt müssen iRe bestehenden Gesellschaftsverhältnisses nicht sämtliche Rechtsbeziehungen gesellschaftsrechtlich geprägt sein (vgl. zum Drittgeschäft außerhalb der Auseinandersetzung BGH 3.4.2006, NZG 2006, 459). **Beginn und Dauer** des Gesellschaftsverhältnisses können frei bestimmt werden (aufschiebende Bedingung, Befristung, auflösende Bedingung, vgl. § 723). Insbesondere haben es die Gesellschafter einvernehmlich in der Hand, die Gesellschaft zur Außen-GbR werden zu lassen (→ Rn. 7 ff.) mit der nunmehr anerkannten Verselbstständigung und korrespondierenden Gesellschafterhaftung (→ Rn. 66 ff.). 20

3. Gesellschafter. a) Anzahl. Eine GbR muss **mindestens zwei** Gesellschafter haben. Eine Ein-Personen-Gründung ist abweichend von den Kapitalgesellschaften nicht möglich (Grundsatz der Einheitlichkeit, allgM, BGH 11.4.1957, BGHZ 24, 106 (108) = NJW 1957, 1026; OLG Schleswig 2.12.2005, DNotZ 2006, 374 (376); abw. *Baumann* NZG 2005, 919). Scheidet der vorletzte Gesellschafter aus, wird die GbR grundsätzlich sofort vollbeendet, und das Gesellschaftsvermögen wächst dem verbleibenden Gesellschafter an (BGH 16.12.1999, NJW 2000, 1119); die GbR verliert infolge Vollbeendigung ihre Existenz (BGH 7.7.2008, NJW 2008, 2992). **Ausnahmen** hiervon bestehen nur in besonderen Gestaltungen, zB wenn an der Gesellschafterstellung des Ausgeschiedenen Rechte Dritter bestehen (Pfandrecht, Nießbrauch) oder ein Treuhandverhältnis vereinbart wurde (MüKoBGB/*Schäfer* Rn. 63; offengelassen von OLG Schleswig 2.12.2005, DNotZ 2006, 374 (376 f.)), wenn Vor- und Nacherbschaft angeordnet wurde (vgl. BGH 14.5.1986, NJW 1986, 2431), bei Testamentsvollstreckung (BGH 10.1.1996, NJW 1996, 1284), bei Nachlassinsolvenz (OLG Hamm 2.3.1998, ZEV 1999, 234 (236)). Zu Einzelheiten → § 738 Rn. 1 ff. Verfügt die Gesellschaft über eine Vielzahl vor allem ertragsorientierter Gesellschafter, handelt es sich um eine **Publikumsgesellschaft,** für die rechtsfortbildend Sonderregelungen entwickelt wurden (→ HGB Anh. Rn. 1 ff., HGB Anh. Rn. 168 ff., auch zum Verbot der Publikums-GbR im Zuge des KAGB). Zur Beteiligung der öffentlichen Hand *Forst/Traut* DÖV 2010, 210. 21

b) Rechtsfähigkeit. Gesellschafter einer GbR kann jedes Rechtssubjekt sein: juristische und natürliche Personen, auch ausländische (BayObLG 21.3.1986, WM 1986, 968 (970)), auch des öffentlichen Rechts (RGZ 163, 142 (149)); Personenhandelsgesellschaften (BGH 27.11.1979, WM 1959, 288), eine andere Außen-GbR (BGH 2.10.1997, NJW 1998, 376); Vorgesellschaft (BGH 9.3.1981, BGHZ 80, 129 (132 ff., 143) = NJW 1981, 1373); nicht rechtsfähiger Verein (MüKoBGB/*Schäfer* Rn. 80). Sind die Gesellschafter Kaufleute, kann die GbR auch mit nichtkaufmännischer Zwecksetzung bestehen (hM, Erman/*Westermann* Rn. 17; abw. *Schulze-Osterloh* NJW 1983, 1281). **Fehlt** einer Personengemeinschaft die Rechtsfähigkeit, kann sie als solche nicht Gesellschafterin sein. Dies gilt für die Erbengemeinschaft (BGH 22.11.1956, BGHZ 22, 186 (192) = NJW 1957, 180; vgl. auch BGH 11.9.2002, NJW 2002, 3389); Ausnahmen bestehen jedoch im Liquidationsstadium (MüKoBGB/*Schäfer* Rn. 81; vgl. zur Eintragungspflicht eines Testamentsvollstreckervermerks im Grundbuch OLG Hamburg 19.9.2008, ZIP 2008, 2125). Auch eine Bruchteilsgemeinschaft gem. §§ 741 ff. kann als solche nicht Gesellschafterin sein (MüKoBGB/*Schäfer* Rn. 83; abw. jedoch für die Wohnungseigentümergemeinschaft gem. § 10 Abs. 6 WEG). Das Gleiche gilt für die eheliche bzw. nicht eheliche Lebensgemeinschaft, sofern diese nicht ausnahmsweise ihrerseits durch ein gesellschaftsrechtliches Verhältnis iSv § 705 überlagert werden und als Außen-GbR am Rechtsverkehr teilnehmen (vgl. BGH 31.10.2007, NJW 2008, 443; BGH 28.9.2005, BGHZ 165, 1 = NJW 2006, 1268; BGH 4.11.1991, NJW 1992, 906). 22

c) Geschäftsfähigkeit. Ist ein Gesellschafter in seiner Geschäftsfähigkeit **beschränkt,** bedarf es für eine wirksame Beteiligung der Zustimmung anderer. Bei **Minderjährigen** ist dies regelmäßig der Fall 23

(Überblick bei *Rust* DStR 2005, 1942). Die Beteiligung an einer Außen-GbR zieht die persönliche Gesellschafterhaftung nach sich (→ § 714 Rn. 10), sodass das Rechtsgeschäft nicht lediglich rechtlich vorteilhaft iSv § 107 ist. Dies gilt wegen der drohenden Inanspruchnahme durch Sozialansprüche der Mitgesellschafter im Fall des Ausscheidens oder der Liquidation (§ 739) auch bei der Innengesellschaft (wie hier unter dem Aspekt der Treuepflicht auch *Rust* DStR 2005, 1942 (1943); abw. BeckOK BGB/*Schöne* Rn. 53). Liegt kein Fall des § 112 S. 1 vor, ist in diesen Fällen gem. §§ 107, 1629 die Zustimmung der **gesetzlichen Vertreter** erforderlich.

24 Hiervon abzugrenzen ist die nach § 1643 Abs. 1, § 1822 Nr. 3 bzw. § 112 S. 2 zusätzlich erforderliche Zustimmung des Familiengerichts, wenn der Geschäftsbetrieb der GbR auf den **Betrieb eines Erwerbsgeschäfts** gerichtet ist und dem Minderjährigen hieraus ein unternehmerisches Risiko droht (OLG Zweibrücken 14.1.1999, NJW-RR 1999, 1147; OLG Hamm 11.4.2000, FamRZ 2001, 53). Erfasst ist jede auf Erwerb gerichtete Tätigkeit der GbR (RGZ 51, 35), auch im sozialen, künstlerischen, wissenschaftlichen oder freiberuflichen Bereich (vgl. BayObLG 6.7.1995, DNotZ 1995, 941; KG Berlin 20.1.1976, NJW 1976, 1946) sowie die unentgeltliche Beteiligung an einer Vermögensverwaltungs-GbR (BayObLG 5.3.1997, ZEV 1998, 1907 (1908); abw. *Dümig* FamRZ 2003, 3; vgl. auch *Wertenbruch* FamRZ 2003, 1714). Der gerichtlichen Zustimmung bedarf es auch dann, wenn der Minderjährige von der Geschäftsführung ausgeschlossen ist (zur OHG RGZ 127, 110). Liegt kein Erwerbsgeschäft vor, ist die Beteiligung eines Minderjährigen an einer Außen-GbR wegen der **drohenden Gesellschafterhaftung** auch gem. § 1822 Nr. 10 genehmigungspflichtig (OLG Hamm 11.4.2000, FamRZ 2001, 53; *Rust* DStR 2005, 1942 (1943 f.)). Sind die gesetzlichen Vertreter ebenfalls an der Gesellschaft beteiligt, kommt eine Stellvertretung wegen § 1629 Abs. 2 S. 1, § 1795 Abs. 2, § 181 nicht in Betracht **(Insichgeschäft).** Nach § 1909 ist für jedes Kind ein Ergänzungspfleger zu bestellen (BayObLG 16.12.1958, NJW 1959, 989) und das Geschäft vom Familiengericht zu genehmigen (*Servatius* NJW 2006, 334). Für **Betreute** gilt das Vorgesagte gem. §§ 1902, 1908i sinngemäß.

25 Bei **Vertragsänderungen** (→ Rn. 30) gelten die Mitwirkungserfordernisse nur eingeschränkt. Die Zustimmung der gesetzlichen Vertreter ist zwar nach Maßgabe der §§ 107 ff. bzw. §§ 1902 ff. uneingeschränkt notwendig; ihre Vertretungsmacht ist durch § 181 begrenzt (abw. für Geschäftsführungsbeschlüsse *Rust* DStR 2005, 1992 (1993)). Nach hM gilt das zusätzliche Erfordernis gerichtlicher Genehmigung bei „unwesentlichen Änderungen" jedoch nicht (so für den Eintritt und Ausscheiden anderer Gesellschafter BGH 20.9.1962, BGHZ 38, 26 = NJW 1962, 2344; BGH 26.1.1961, NJW 1961, 724; zustimmend MüKoBGB/*Schäfer* Rn. 71; *Wertenbruch* FamRZ 2003, 1714 (1716); abw. Erman/*Schulte-Bunert* § 1822 Rn. 20). Die möglicherweise einschneidenden Folgen für den Minderjährigen sind hiernach unerheblich, sofern es sich nicht um „fundamentale Änderungen des Gesellschaftsvertrages" handelt (Palandt/*Götz*) § 1822 Rn. 9). Etwas anderes gilt wiederum, wenn der nicht unbeschränkt Geschäftsfähige selbst ausscheidet (BGH 30.4.1955, BGHZ 17 160 (165) = NJW 1955, 1067). Diese Abgrenzung ist mit dem Schutzzweck der gerichtlichen Genehmigungserfordernisse nur schwerlich vereinbar. Vorsorglich sollte daher bei jeder nicht nur unbedeutenden Vertragsänderung auch die gerichtliche Genehmigung eingeholt werden (vgl. auch *Rust* DStR 2005, 1992 (1994)).

26 **d) Mittelbare Beteiligungen.** Bei der **Unterbeteiligung** lässt sich jemand aufgrund vertraglicher Vereinbarung mit einem Gesellschafter Vermögensrechte einräumen, die aus dessen Mitgliedschaft in der GbR resultieren. Das Rechtsverhältnis zwischen dem Berechtigten und dem Gesellschafter ist regelmäßig eine Innen-GbR (BGH 11.7.1968, BGHZ 50, 316 (320) = NJW 1968, 2003), ggf. als stille Beteiligung iSv § 230 HGB (MüKoHGB/*K. Schmidt* HGB Vor § 230 Rn. 97). Ähnlichen Regeln folgt die insbesondere bei Publikumsgesellschaften häufig anzutreffende **treuhänderische Beteiligung** an einer GbR (zur Abgrenzung BGH 8.6.1994, DStR 1994, 1201). Im Ausgangspunkt ist nur der Treuhänder Gesellschafter, im Innenverhältnis jedoch gegenüber dem Treugeber zur Interessenwahrung verpflichtet (BGH 17.6.1991, WM 1991, 1753). Zwischen dem Berechtigten und der Hauptgesellschaft bzw. deren übrigen Gesellschaftern entstehen allein aufgrund der zweiseitigen Treuhandabrede keine unmittelbaren Rechtsbeziehungen; er wird auch nicht deren Mitglied (MüKoBGB/*Schäfer* Vor § 705 Rn. 94). Der Hauptgesellschafter bleibt bei der Ausübung seiner Gesellschafterrechte im Verhältnis zur Gesellschaft ungebunden (BGH 4.11.1976, WM 1977, 525 (527); s. zum Abspaltungsverbot § 717). Außenwirkungen gegenüber der GbR und deren übrigen Gesellschaftern entfaltet die Treuhandabrede ebenfalls nicht (BGH 11.7.1968, BGHZ 50, 316 (320) = NJW 1968, 2003). Zur Begründung einer zweiseitig vereinbarten Treuhand bzw. Unterbeteiligung bedarf es daher auch keiner Zustimmung der Gesellschaft (BGH 13.5.1953, NJW 1953, 1548). Eine andere Beurteilung ist jedoch geboten, wenn der Unterbeteiligte bzw. Treugeber aufgrund vertraglicher Vereinbarung mit den Gesellschaftern ein **Quasi-Gesellschafter** werden soll. Dann stehen dem Treugeber selbst die gesellschaftsrechtlichen Mitsprache-, Kontroll- und Informationsrechte zu (vgl. BGH 11.7.1968, BGHZ 50, 316 (320) = NJW 1968, 2003; BGH 13.6.1994, NJW 1994, 2886 (2888); BGH 23.6.2003, NJW-RR 2003, 1392; zum Ganzen *Wertenbruch* NZG 2017, 81); er unterliegt umgekehrt den entsprechenden Gesellschafterpflichten gegenüber der Gesellschaft (vgl. BGH 11.10.2011, NZG 2011, 1432; BGH 18.9.2012, BeckRS 2012, 23236). Auch die hierdurch mögliche Einbeziehung eines „qualifizierten Treugebers" in den

Gesellschafterverband betrifft jedoch allein das Innenverhältnis; eine persönliche Gesellschafterhaftung scheidet aus (BGH 11.11.2008, WM 2008, 2359; BGH 21.4.2009, BKR 2009, 336). Zu **Nießbrauch** (vgl. *Wälzholz* DStR 2010, 1786) und **Pfandrecht** → § 717 Rn. 12.

4. Form. Der Abschluss des Gesellschaftsvertrages ist formfrei möglich, soweit nicht etwas anderes vereinbart wurde (zur deklaratorischen **Schriftformklausel** BGH 5.2.1968, BGHZ 49, 364 (366f.) = NJW 1968, 1378). Ein **gesetzlicher Formzwang** kann sich jedoch aufgrund anderer Regelungen ergeben: **§ 311b Abs. 1** gilt bei der Einbringung von Grundstücken durch Gesellschafter (BGH 28.3.1977, WM 1977, 783, vgl. auch BGH 13.12.1996, NJW 1996, 1279), beim Vorkaufsrecht der Gesellschaft (RGZ 110, 327 (333)), bei der Verpflichtung des Gesellschafters zum Rückerwerb (BGH 10.4.1978, NJW 1978, 2505), bei der im Gesellschaftsvertrag niedergelegten Verpflichtung zum Erwerb eines bestimmten Grundstücks von Dritten und zur anschließenden Veräußerung (BGH 22.10.1990, NJW-RR 1991, 613 (614); OLG Köln 13.4.2000, NZG 2000, 930); nicht aber, wenn der Gesellschaftsvertrag lediglich das „Verwalten und Verwerten" eines Grundstücks vorsieht (BGH 2.4.2001, NJW-RR 2001, 1450). Auch die Übertragung einer Gesellschafterstellung an einer Grundstücksgesellschaft ist formlos möglich, sofern es sich nicht um einen Umgehungstatbestand handelt (BGH 10.3.2008, NJW-RR 2008, 773; *Wertenbruch* NZG 2008, 454). **§ 15 Abs. 4 GmbHG** ist bei der Verpflichtung zur Einbringung von GmbH-Anteilen entsprechend zu wahren, nicht aber beim Beitritt zur Gesellschaft, die GmbH-Anteile bereits hält (LG Stuttgart 16.1.2014, BeckRS 2014, 02157). **§ 311b Abs. 3** gilt bei der Verpflichtung zur Einbringung des gegenwärtigen Vermögens oder eines Bruchteils davon, **§ 518** bei der schenkweisen Einräumung einer Gesellschafterstellung (vgl. BGH 29.10.1952, NJW 1953, 138; BGH 26.3.1981, NJW 1981, 1956; zur Verneinung der Unentgeltlichkeit wegen möglicher Haftungsfolgen des Beschenkten aber BGH 2.7.1990, BGHZ 112, 40 = NJW 1990, 2616 (2617); Einzelheiten bei *Werner* ZEV 2013, 66). Bei einer Vorgründungsgesellschaft gilt bereits **§ 2 Abs. 1 GmbHG** entsprechend, wenn sich die Gesellschafter zur Gründung der GmbH verpflichten (OLG Schleswig 4.7.2014, ZIP 2014, 1525 Rn. 43). 27

Besteht ein derartiger Formzwang, soll dies nach hM für den **gesamten Gesellschaftsvertrag** gelten (vgl. MüKoBGB/*Schäfer* Rn. 34). Dies überzeugt nicht, weil der Schutzzweck dieser Formvorschriften sich nicht zwingend auf alle Angelegenheiten des Gesellschaftsvertrages bezieht. Insofern ist eine differenzierte Lösung in enger Anbindung an die jeweilige Schutzrichtung der Norm vorzugswürdig, sodass nur in Ausnahmefällen der Gesamtvertrag formbedürftig ist. Hiermit deckt sich auch die allgemein anerkannte Beschränkung der **Rechtsfolgen eines Formmangels** auf die betreffende vertragliche Regelung, zB die Beitragspflicht eines Gesellschafters (BGH 29.6.1966, BGHZ 45, 376 (377) = NJW 1966, 1747; dagegen MüKoBGB/*Schäfer* Rn. 35; nunmehr ähnlich BGH 21.3.2005, NJW 2005, 1784). Zu bedenken ist auch, dass die Nichtbeachtung der Formbedürftigkeit regelmäßig **heilbar** ist (§ 311b Abs. 1 S. 2, § 15 Abs. 4 S. 2 GmbHG, § 518 Abs. 2). Der schenkungsrechtliche Formmangel wird gem. § 518 Abs. 2 bereits geheilt, wenn dem Stillen die Gesellschafterstellung schuldrechtlich eingeräumt wird (*Blaurock* NZG 2012, 521 in konsequenter Fortentwicklung der zur Unterbeteiligung ergangenen Entscheidung BGH 29.11.2011, NZG 2012, 222; abw. noch BGH 24.9.1952, BGHZ 7, 174 = NJW 1952, 1412). Zur fehlerhaften Gesellschaft → Rn. 34. 28

5. Auslegung. Gesellschaftsverträge von Personengesellschaften werden nach §§ 133, 157 **subjektiv** ausgelegt. Ziel der Auslegung ist die Erforschung des wirklich Gewollten aus der Sicht der Mitgesellschafter als Erklärungsempfänger (vgl. BGH 28.9.1995, NJW 1995, 3313 (3314)). Dem Wortlaut einer Regelung kommt daher nur eine indizielle Bedeutung zu. Er kann – sofern beweisbar – durch anderweitige **Auslegungskriterien** (Entstehungsgeschichte, Umstände bei Vertragsschluss, Vertragszweck, Nebenabreden, tatsächliche Durchführung des Vertrages) überwunden werden (so für „gespaltene Beitragspflichten" BGH 3.12.2007, NJW-RR 2008, 903; BGH 5.11.2007, NJW-RR 2008, 419). Anzustreben ist eine **beiderseits interessengerechte Auslegung** (BGH 17.5.2004, NJW 2004, 2449); bei scheinbar widersprüchlichen Bestimmungen ist einer Auslegung der Vorzug zu geben, bei der jeder Vertragsnorm eine tatsächliche Bedeutung zukommt (BGH 7.3.2005, NJW 2005, 2618). Liegt eine Vertragslücke vor, ist eine richterliche **ergänzende Auslegung** anhand des objektivierten mutmaßlichen Willens der Vertragschließenden möglich (BGH 28.6.1982, NJW 1982, 301) und gegenüber dem dispositiven Gesetzesrecht vorrangig (BGH 24.9.1984, NJW 1985, 192). Die ergänzende Vertragsauslegung kommt vor allem bei einer nachträglichen Änderung der wirtschaftlichen Verhältnisse in Betracht (OLG Frankfurt a. M. 9.1.2013, NZG 2013, 292 für eine Kündigungsklausel). Zur **objektiven Auslegung** bei Publikumsgesellschaften → HGB Anh. Rn. 5. Auch bei den „normalen" Personengesellschaften kann jedoch im Laufe der Zeit das Bedürfnis entstehen, die Auslegung nicht mehr auf den wirklichen oder mutmaßlichen Willen der Gründungsgesellschafter zu beziehen, insbesondere nach einem zwischenzeitlichen **Gesellschafterwechsel** (vgl. MüKoBGB/*Schäfer* Rn. 172f.). Von der rein subjektiven Auslegung kann daher ähnlich wie bei der objektiven Auslegung zum Schutz der Funktionsfähigkeit des Gesellschaftsverhältnisses dahingehend abgewichen werden, dass dem wirklichen bzw. mutmaßlichen Willen der Gründungsgesellschafter bzw. deren Interessen zunehmend weniger Gewicht beigemessen wird (abzustellen ist dann auf die „allgemeine Lebenserfahrung", BGH 20.12.1956, BGHZ 29

23, 17 (29) = NJW 1957, 591; vgl. für Fortsetzungsklausel BGH 10.2.1977, BGHZ 68, 225 (229) = NJW 1977, 1339 (1341)). Dies ist in jedem Fall geboten, wenn die tatsächliche Durchführung des Gesellschaftsverhältnisses dafür spricht, hierin eine einvernehmliche Änderung des ursprünglich Gewollten zu sehen.

29a **Im Prozess** ist auf der Grundlage des von den Parteien vorgetragenen und vom Gericht ggf. nach Beweisaufnahme festgestellten maßgeblichen tatsächlichen Auslegungsstoffs der objektive Sinn der jeweiligen Vertragsbestimmung bei der gebotenen Gesamtwürdigung des Vertragsinhalts zu ermitteln. Dabei ist zu beachten, dass es sich bei der Auslegung selbst nicht um eine der Beweisaufnahme zugängliche Tatsachenfeststellung, sondern um eine nach bestimmten Regeln vorzunehmende Würdigung handelt, die weitgehend in der **Verantwortung des Tatrichters** liegt und als richterliche Würdigung – anders als die Feststellung der für die Auslegung wesentlichen Tatsachen – weder nach Beweislastgrundsätzen erfolgen noch zu einem non liquet führen kann (BGH 21.10.2014, NZG 2014, 1296 Rn. 15). In der **Revision** ist das instanzgerichtliche Auslegungsergebnis bei der subjektiven Auslegung nur insofern überprüfbar, ob allgemeine Auslegungsregeln, Denk- und Erfahrungssätze verletzt oder wesentliche Tatsachen unberücksichtigt geblieben sind (BGH 9.7.2001, NJW 2001, 3777). Darüber hinaus besteht die Möglichkeit, eine fehlerhafte Auslegung durch den Tatrichter als Verletzung des rechtlichen Gehörs anzugreifen (BGH 20.10.2008, NZG 2009, 21 für die Abgrenzung von Gesellschaft und Darlehen).

30 **6. Änderung.** Der Gesellschaftsvertrag kann ohne weiteres mit **Zustimmung aller** Gesellschafter jederzeit geändert werden, auch konkludent durch einvernehmliches Handeln (BGH 29.3.1996, BGHZ 132, 263 = NJW 1996, 1678; zur Änderung aufgrund Mehrheitsklausel → Rn. 53). Von der Vertragsänderung abzugrenzen sind die Fälle, in denen die Gesellschafter bloß ihre Handlungen in der Vergangenheit billigen wollen, ohne Zukunftswirkung (BGH 18.4.2005, NJW-RR 2005, 1195). Vgl. zu Aufklärungspflichten der Gesellschafter untereinander bei Vertragsänderungen BGH 7.10.1991, NJW 1992, 300 (302); zur gegenseitigen Bevollmächtigung OLG München 8.3.2002, NZG 2002, 623; zur Änderung des Gesellschaftsvertrages nach der Geschäftsgrundlagenlehre *Baier* NZG 2004, 356. Ein **gewillkürter Formzwang** besteht nur, wenn dieser ursprünglich vereinbart wurde und auch die einvernehmliche Vertragsänderung umfasst (§ 127). Letzteres ist nicht zwingend, weil die Gesellschafter es stets in der Hand haben, die Schriftformklausel einvernehmlich aufzuheben (MüKoBGB/*Schäfer* Rn. 51; vgl. aber BGH 2.6.1976, BGHZ 66, 378 (381 f.) = NJW 1976, 1395, wo bei einem Mietvertrag der nachträgliche Verzicht auf die Schriftformklausel dem gewillkürten Formzwang unterlag). Die Aufhebung ist dann gem. § 125 S. 2 zu beweisen (MüKoBGB/*Schäfer* Rn. 51). **Gesetzliche Formerfordernisse** (§§ 311b, 518; § 15 Abs. 4 GmbHG), gelten nur, wenn die Vertragsänderung hiervon erfasst wird (→ Rn. 27 f.). Dies ist zB nicht der Fall beim Gesellschafterwechsel in der GbR, die einen GmbH-Anteil oder ein Grundstück hält, sofern es sich nicht um einen Umgehungssachverhalt handelt (vgl. BGH 10.3.2008, DStR 2008, 1147).

31 **7. Inhaltskontrolle.** Die rechtliche Anerkennung des Gesellschaftszwecks unterliegt **§§ 134, 138** (→ Rn. 5). Da die §§ 705 ff. weitgehend dispositiv sind, herrscht iÜ Gestaltungsfreiheit (hieran hält gem. § 708 BGB-E auch der Mauracher Entwurf fest, → § 705 Rn. 1a). Grenzen folgen jedoch zum einen aus dem **Grundsatz der Selbstorganschaft,** indem die organschaftliche Geschäftsführungsbefugnis und Vertretungsmacht nicht verdrängend auf Nichtgesellschafter delegiert werden können (→ § 709 Rn. 13; → § 714 Rn. 5). Jede Abweichung kann weiterhin unter dem Aspekt des **Minderheitenschutzes** besonderer Anforderungen bedürfen (zum Bestimmtheitsgrundsatz → Rn. 54). Besondere Gestaltungen unterliegen einer besonderen Missbrauchskontrolle nach §§ 138, 242: vgl. zu Abfindungsbeschränkungen BGH 20.9.1993, BGHZ 123, 281 = NJW 1993, 3193, → § 738 Rn. 16 ff.; zu Hinauskündigungsklauseln BGH 19.3.2007, NJW-RR 2007, 913, → § 723 Rn. 26 ff.; zu unwirksamen Gewinnverwendungsregelungen → § 722 Rn. 5 ff.; zur sittenwidrigen grenzenlosen Arbeitspflicht eines Gesellschafters BGH 12.7.1962, BGHZ 37, 381 (384) = NJW 1962, 1811. Eine weitergehende **AGB-mäßige Inhaltskontrolle** nach §§ 305 ff. findet gem. § 310 Abs. 4 S. 1 im Regelfall nicht statt (BGH 10.10.1994, NJW 1995, 192; in BGH 19.9.2005, NJW 2005, 3641 offen lassend für den Fall, dass ein Anteilsrückkauf vereinbart wurde). Etwas anderes gilt nur, wenn sich die gesellschaftsrechtliche Gestaltung als bewusste Umgehung der §§ 305 ff. darstellt (Palandt/*Grüneberg* § 310 Rn. 50). Zur Inhaltkontrolle bei Publikumsgesellschaften unter dem Aspekt von § 242 → HGB Anh. Rn. 7 ff.

V. Mängel des Gesellschaftsvertrages

32 Beim Abschluss des Gesellschaftsvertrages können **Wirksamkeitshindernisse** bestehen, die die Nichtigkeit oder Anfechtbarkeit begründen: fehlende oder beschränkte Geschäftsfähigkeit der Gesellschafter, §§ 105 ff.; fehlende Vollmacht (vgl. zum Missbrauch der Vertretungsmacht BGH 1.6.2010, DStR 2010, 1530); Verstoß gegen § 181 (BGH 26.1.1961, NJW 1961, 724); Nichtbeachtung eines Formzwangs, §§ 311b, 518, § 15 Abs. 4 GmbHG (BGH 2.4.2001, NJW-RR 2001, 1450; → Rn. 27 f.); Sittenwidrigkeit bzw. Verstoß gegen ein gesetzliches Verbot, §§ 134, 138 (→ Rn. 5); Dissens (BGH 14.10.1991, NJW 1992, 1501); Anfechtung, § 142 Abs. 1; Widerruf nach §§ 355 ff. (→ HGB Anh.

Rn. 33); nicht aber fehlendes Erklärungsbewusstsein eines Gesellschafters (OLG München 19.1.2012, NZG 2012, 421). Da diese Mängel oftmals nicht bekannt sind, kann die spätere Geltendmachung zu Rückabwicklungsschwierigkeiten führen (§§ 812 ff.). Hiervon abzugrenzen ist, wenn der Vertrag wirksam geschlossen wurde, ein Gesellschafter jedoch zB infolge einer Aufklärungspflichtverletzung einen Anspruch auf Schadloshaltung hat (→ HGB Anh. Rn. 54).

1. Teilnichtigkeit. Vorrangig ist stets zu prüfen, auf welche Teile des meist komplexen Gesellschaftsvertrages sich die Unwirksamkeit überhaupt bezieht. Nach § 139 ist ein Rechtsgeschäft **im Zweifel insgesamt** nichtig. Etwas anderes gilt nur, wenn die Parteien mittels salvatorischer Klausel Abweichendes vereinbart haben (OLG Rostock 5.4.2000, NZG 2000, 930 (931)) oder sich aus dem Gesamtvertrag und der hierin zum Ausdruck kommenden Interessenlage ergibt, dass der verbleibende Rest als selbstständiges Rechtsgeschäft Bestand haben kann und soll. Die **Beweislast** hierfür trägt grundsätzlich derjenige, der sich auf die Gültigkeit des Rests beruft (BGH 29.6.1966, BGHZ 45, 380 = NJW 1966, 1747; OLG München 24.3.1987, NJW-RR 1987, 1042; vgl. aber zur Beweislastumkehr bei Vorliegen einer salvatorischen Klausel BGH 15.3.2010, DStR 2010, 1037). Das hierfür erforderliche, mutmaßlich bereits bei Vertragsschluss vorliegende **Bestandsinteresse** der Gesellschafter ist ggf. im Wege ergänzender Vertragsauslegung zu ermitteln (→ Rn. 29). Es überwiegt regelmäßig, wenn die Unwirksamkeit nur einen Gesellschafter betrifft (fehlerhafter Beitritt, vgl. BGH 29.1.1962, WM 1962, 462 (463); die hM will hierauf § 139 nicht anwenden und bemüht stattdessen die Figur der „subjektiven Teilnichtigkeit“, vgl. MüKoBGB/*Schäfer* Rn. 54); etwas anderes gilt hingegen, wenn die unwirksame Regelung von zentraler Bedeutung für das Zusammenwirken der Gesellschafter ist (vgl. für eine konstitutive Schriftformklausel BGH 5.2.1968, BGHZ 49, 364 = NJW 1968, 1378). Bei Nichtigkeit des Gesellschaftszwecks gem. §§ 134, 138 (→ Rn. 5) liegt zwingend Gesamtnichtigkeit vor (vgl. BGH 21.3.1977, BGHZ 68, 207 = NJW 1977, 1233); hieran kann auch eine salvatorische Klausel nichts ändern (vgl. BGH 24.5.1976, WM 1976, 1026). 33

2. Fehlerhafte Gesellschaft. Steht fest, dass der Gesellschaftsvertrag insgesamt bzw. die Beteiligung eines Gesellschafters nichtig oder anfechtbar ist, kann es wegen des Verbots der unzulässigen Rechtsausübung (§ 242 BGB) in Ausnahmefällen rechtsmissbräuchlich sein, wenn sich jemand auf die (an sich von Amts wegen zu berücksichtigende) Nichtigkeit beruft (vgl. BGH 23.1.1981, NJW 1981, 1439). Darüber hinaus ist allgemein anerkannt, dass die an sich einschlägigen **Rechtsfolgen eingeschränkt** werden, um dem Gesellschaftsverhältnis im Innen- und Außenverhältnis **Bestandsschutz** zuzusprechen. Die Lehre von der fehlerhaften Gesellschaft ist insofern deckungsgleich mit der Lehre vom fehlerhaften Arbeitsverhältnis. 34

a) Voraussetzungen. Erforderlich ist zunächst ein **gewollter Vertragsschluss** (BGH 28.11.1953, BGHZ 11, 191 (196) = NJW 1954, 231), ggf. konkludent (BGH 28.11.1953, BGHZ 11, 190 = NJW 1954, 231). Die maßgeblichen Aspekte für eine dahingehende Auslegung sind Bindungswille sowie hinreichende Kenntnis von den Mitgesellschaftern und dem Inhalt des Gesellschaftsvertrages (OLG Saarbrücken 6.3.2009, NZG 2009, 22 (23)). Hierdurch ist die Lehre vom sog. faktischen Vertrag abzugrenzen, der nach heute allgM überhaupt keine rechtsgeschäftsähnliche Bindung zu erzeugen vermag (BGH 19.1.1983, NJW 1983, 1877). Ein gewollter Vertragsschluss liegt nicht vor, wenn die Gründung einen Fall des Missbrauchs der Vertretungsmacht darstellt (BGH 1.6.2010, DStR 2010, 1530). Die Gesellschaft muss weiterhin durch den Beginn der Vertragsdurchführung **in Vollzug gesetzt** worden sein (OLG Frankfurt a. M. 16.6.1995, NJW-RR 1996, 101). Hierfür ist maßgeblich, ob die Unwirksamkeitsfolge Schwierigkeiten bei der Rückabwicklung herbeiführen würde (BGH 27.6.2000, NJW 2000, 3558 (3560): Schaffung von Rechtstatsachen, an denen die Rechtsordnung nicht vorbeigehen kann; ebenso BGH 11.5.2016, NJW 2016, 2492). Dies ist gegeben beim Abschluss von Rechtsgeschäften mit Dritten (BGH 14.10.1991, NJW 1992, 1501 (1502)), auch bei Vorbereitungsgeschäften (BGH 24.10.1951, BGHZ 3, 285 (288) = NJW 1952, 97). Ist lediglich das **Innenverhältnis** in Gang gesetzt worden, scheiden Rückabwicklungsprobleme meist aus. Zwingend ist dies jedoch nicht, insbesondere wenn bereits Umstände für eine vermögensmäßige Auseinandersetzung eingetreten sind (BGH 10.4.1978, NJW 1978, 2505: Vollzug, wenn Leistung der Einlage oder Ausübung von Gesellschafterrechten; bestätigt durch BGH 27.6.2000, NJW 2000, 3558 (3560); ebenso BGH 11.5.2016, NJW 2016, 2492 Rn. 22; abw. Erman/*Westermann* Rn. 79). Etwas anderes gilt jedoch, wenn bloß die Einlage geleistet wurde und diese noch gegenständlich vorhanden ist (BGH 12.5.1954, BGHZ 13, 320 = NJW 1954, 1562). Auch der bloße Beitritt eines weiteren Gesellschafters begründet für sich genommen noch kein Invollzugsetzen (BGH 21.9.2009, NZG 2010, 62). 35

Bei der **Innengesellschaft** gilt die Lehre ebenfalls stets dann, wenn Rückabwicklungsprobleme bestehen (für die stille Beteiligung BGH 29.6.1970, BGHZ 55, 5 (8 f.) = NJW 1971, 375; BGH 21.3.2005, NZG 2005, 472; → HGB § 230 Rn. 19) Auf die Bildung eines Gesamthandsvermögens kommt es nicht an (BGH 21.9.2009, NZG 2010, 62; abw. MüKoBGB/*Schäfer* Rn. 359). Bei **Vertragsänderungen** gilt sie hingegen nur, wenn diese die gesellschaftsrechtliche Organisation betreffen (BGH 10.12.1970, BGHZ 62, 20 = NJW 1974, 498; weitergehend BeckOK BGB/*Schöne* Rn. 93: stets, wenn 36

Rückabwicklungsschwierigkeiten; ähnlich *Kummer* Jura 2006, 330 (335 f.)). Die Lehre gilt entsprechend beim fehlerhaften **Beitritt** (BGH 6.2.1958, BGHZ 26, 330 (334) = NJW 1958, 688; BGH 8.11.1965, BGHZ 44, 235 (236) = NJW 1966, 107; BGH 11.5.2016, NJW 2016, 2492; beim Immobilienfonds BGH 27.6.2006, DStR 2006, 1664, → HGB Anh. Rn. 29); es kommt nicht darauf an, dass hieran alle Mitgesellschafter mitgewirkt haben (abw. BGH 12.10.1987, NJW 1988, 1321 (1323)). Sie gilt auch beim fehlerhaften **Ausscheiden** (BGH 14.4.1969, NJW 1969, 1483: Anfechtung einer entsprechenden Vereinbarung). Bei der **Übertragung** der Gesellschafterstellung ist zu differenzieren: Erfolgt diese mittels Doppelvertrag (→ Rn. 75 f.), beansprucht die Lehre auf beide Vereinbarungen uneingeschränkt Geltung (MüKoBGB/*Schäfer* Rn. 374). Kommt es zum derivativen Erwerb (→ Rn. 77), galt dies nach lange vorherrschender Auffassung gleichermaßen (vgl. BGH 4.2.1968, WM 1968, 892 (893); BGH 18.1.1988, NJW 1988, 1324 (1325)). Indem der BGH nunmehr für die Vor-GmbH anders entscheidet und eine Sonderbehandlung der unwirksamen Übertragung ablehnt (BGH 13.12.2004, NJW-RR 2005, 469), ist auch bei der GbR eine abweichende Beurteilung geboten (aA aber BGH 20.7.2010, NZG 2010, 991 (993)). Die unmittelbare Übertragung ist daher aus dem Anwendungsbereich der Lehre herauszunehmen, soweit das Gesellschaftsverhältnis nicht betroffen ist, Rückabwicklungsprobleme mithin nur im Verhältnis zwischen Erwerber und Veräußerer bestehen (ebenso für die Übertragung eines Kommanditanteils OLG Hamm 12.4.2007, NZG 2008, 24; OLG Karlsruhe 5.2.2016, NZG 2016, 507). Letzteres lässt sich dadurch erreichen, dass die Handlungen des Erwerbers entsprechend dem Rechtsgedanken von § 16 Abs. 1 GmbHG als wirksam behandelt werden (in diese Richtung MüKoBGB/*Schäfer* Rn. 374). Die verbleibenden Rückabwicklungsschwierigkeiten sind allein im Verhältnis von Veräußerer und Erwerber angesiedelt und konsequenterweise nicht zu modifizieren (abw. BeckOK BGB/*Schöne* Rn. 96).

37 **b) Rechtsfolgen.** Liegt kein Ausnahmetatbestand vor (→ Rn. 38 f.), ist die Gesellschaft bzw. der Beitritt trotz des Mangels im **Innen- und Außenverhältnis** als wirksam zu behandeln (BGH 14.4.1969, NJW 1969, 1483; zur Insolvenzfähigkeit BGH 16.10.2006, NJW-RR 2007, 259). Dieser **Bestandsschutz** betrifft alle Gesellschafterrechte und -pflichten (vgl. für die Beitragspflicht BGH 6.2.1958, BGHZ 23, 330 (335) = NJW 1958, 668; OLG Hamburg 4.9.2018, NZG 2019, 303; für die Treuepflicht BGH 30.4.1955, NJW 1955, 1067); eine abweichende Beurteilung ist nur geboten, wenn sich der Mangel auf eine hierauf bezogene Formbedürftigkeit bezieht (vgl. zu § 311b MüKoBGB/*Schäfer* Rn. 344; → Rn. 38). Jeder Gesellschafter, insbesondere der fehlerhaft Beigetretene, kann die Gesellschaft bzw. seine Mitgliedschaft gem. § 723 ohne weiteres mit Ex-nunc-Wirkung **aus wichtigem Grund kündigen** (BGH 24.10.1951, BGHZ 3, 285 (290) = NJW 1952, 97; BGH 11.5.2016, NJW 2016, 2492 Rn. 22); er muss sich hierbei auf den Vertragsmangel stützen (BGH 23.7.2013, NZG 2013, 1060 Rn. 23). Vgl. zur möglichen Verwirkung OLG Celle 1.10.2008, WM 2008, 2247. Die Abwicklung der Auflösung bzw. des Ausscheidens richtet sich einheitlich nach §§ 730 ff. (BGH 24.10.1951, BGHZ 3, 285 (290) = NJW 1952, 97). Auch das **fehlerhafte Ausscheiden** (→ Rn. 76) ist vorläufig wirksam. Dies gilt auch gegenüber Dritten, sodass die Nachhaftung gem. § 736 beschränkt ist (BGH 14.4.1969, NJW 1969, 1483). Der Gesellschafter hat jedoch einen Anspruch auf Wiederaufnahme, soweit er den Fehler nicht zu vertreten hat (BGH 14.4.1969, NJW 1969, 1483; BeckOK BGB/*Schöne* Rn. 95; zu den steuerrechtlichen Folgen FG Köln 17.1.2007, BeckRS 2007, 26022695).

38 **c) Ausnahmen.** Die Beschränkung der Unwirksamkeitsgründe kommt nicht in Betracht, wenn dem gewichtige Interessen der Allgemeinheit oder schutzwürdiger Einzelner entgegenstehen (*Goette* DStR 1996, 266 (270). Eine **Rückwirkung** ist insbesondere bei Verstößen gegen **§§ 134, 138** geboten, um den Schutzzweck der Verbotsnorm nicht leer laufen zu lassen. Dies gilt etwa beim Verstoß gegen das ApoG (BGH 24.9.1979, BGHZ 75, 214 (217) = NJW 1980, 638; OLG Brandenburg 26.1.2016, BeckRS 2016, 03545 Rn. 45 f.), beim Verstoß gegen § 1 GWB (OLG Hamm 13.3.1986, NJW-RR 1986, 1487; abw. *Palger* ZGR 2012, 631) sowie beim Verstoß gegen § 203 Abs. 1 Nr. 3 StGB (OLG Köln 29.11.2007, NJW 2008, 589); nicht aber beim Verstoß gegen § 5 Abs. 1 StBerG, § 56 Abs. 1 StBerG (FG Köln 17.1.2007, BeckRS 2007, 26022695) sowie bei schwebender Unwirksamkeit infolge Fehlens einer landesrechtlichen Genehmigung (vgl. BGH 10.3.2008, BeckRS 2008, 6498). Bei Verstößen gegen das RDG ist jedoch regelmäßig die rückwirkende Unwirksamkeit geboten (zum früheren RBerG BGH 25.3.1974, BGHZ 62, 234 (241) = NJW 1974, 1201; zum RDG OLG Düsseldorf 14.4.2010, DStR 2010, 1686; BGH 11.6.2013, BeckRS 2013, 13519 Rn. 1; abw. aber wohl BGH 20.7.2010, NZG 2010, 991 für die fehlerhafte Übertragung). Kommt es aufgrund dieser Ausnahmen zur rückwirkenden Unwirksamkeit, können die Gesellschafter gegenüber gutgläubigen Dritten gleichwohl als **Scheingesellschafter** haften (MüKoBGB/*Schäfer* Rn. 334). Erforderlich hierfür ist, dass der betreffende Gesellschafter in zurechenbarer Weise den Rechtsschein einer existierenden GbR und seine Zugehörigkeit zu dieser Gesellschaft gesetzt hat oder gegen den durch einen anderen gesetzten Rechtsschein nicht pflichtgemäß vorgegangen ist und der Dritte sich bei einem geschäftlichen Verhalten auf den Rechtsschein verlassen hat (für die Nennung auf dem Briefkopf trotz Ausscheidens BGH 17.1.2012, DStR 2012, 469 Rn. 19). Ist dies gegeben, trifft die betreffenden Scheingesellschafter eine Haftung für

vertragliche und außervertragliche Ansprüche (BGH 3.5.2007, NJW 2007, 2490; *Heyers* DStR 2013, 813).

Zulasten **nicht voll Geschäftsfähiger** gilt die Lehre ebenfalls nicht, sodass die unwirksame Gesellschafterstellung ex-tunc rückabzuwickeln ist (BGH 30.4.1955, BGHZ 17, 160 (168) = NJW 1955, 1067). Im Außenverhältnis scheidet mangels Zurechenbarkeit auch eine Haftung des Minderjährigen unter Rechtscheinsaspekten aus (*Canaris* HandelsR § 3 Rn. 70). Wenn ein Gesellschafter infolge arglistiger **Täuschung** oder widerrechtlicher **Drohung** zum Beitritt bestimmt wird, gilt die Lehre jedoch uneingeschränkt (heute hM, vgl. BGH 16.5.1998, NJW-RR 1998, 1379; OLG Rostock 5.4.2000, NZG 2000, 930); ebenso bei der Beteiligung infolge sittenwidriger **Übervorteilung** (BGH 13.3.1975, WM 1975, 512 (514)). Eine abweichende Beurteilung unter dem Aspekt des europäischen **Verbraucherschutzes** ist nicht geboten (→ HGB Anh. Rn. 33). Vgl. für die Fälle fehlender Vertretungsmacht *Klinke* NZG 2012, 1367. 39

VI. Innenverhältnis

Das Innenverhältnis kennzeichnet die Rechtsbeziehungen der Gesellschafter untereinander und zur GbR. Grundlage ist vorrangig der Gesellschaftsvertrag, denn die betreffenden gesetzlichen Regelungen der §§ 705 ff. sind **weitgehend dispositiv** (hieran hält gem. § 708 BGB-E auch der Mauracher Entwurf fest, → § 705 Rn. 1a). Die Gestaltungsfreiheit wird jedoch zum Schutz des Einzelnen sowie zur Wahrung objektiver Funktionsvoraussetzungen eingeschränkt. 40

1. Treuepflicht. Jeden Gesellschafter trifft eine **Zweckförderungspflicht.** Hieran hält gem. § 705 BGB-E auch der Mauracher Entwurf fest (→ § 705 Rn. 1a). Ergänzend zu der spezialgesetzlich vorgeprägten Beitragspflicht iSv § 706 (→ § 706 Rn. 1 ff.; zur Nachschusspflicht § 707) sowie der Geschäftsführungspflicht (§ 709) sowie auch darüber hinaus resultiert aus der Zweckförderungspflicht allgemein die gesellschaftsrechtliche Treuepflicht. Hiernach hat jeder **Gesellschafter** die Pflicht, seine gesellschaftsbezogene Tätigkeit im Gesellschaftsinteresse wahrzunehmen und alles zu unterlassen, was dieses Interesse beeinträchtigt (sog. vertikale Treupflichtbindung). Darüber hinaus haben die Gesellschafter auf die Belange der Mitgesellschafter Rücksicht zu nehmen (sog. horizontale Treupflichtbindung, vgl. BGH 9.9.2002, NZG 2003, 73; OLG Dresden 30.6.2000, NZG 2000, 1217). Diese Bindung ist durch die Vermutung legitimiert, dass die Interessen der einzelnen Gesellschafter parallel laufen (vgl. BGH 17.9.2013, NJW-RR 2013, 349 Rn. 38, mit Hinweis darauf, dass diese Vermutung in der Liquidation nicht mehr gilt). Die Treupflichtbindung ist **Ausprägung der Mitgliedschaft** und trifft daher im Ausgangspunkt nur die Gesellschafter. Handeln diese jedoch über Dritte, insbesondere eine dazwischen geschaltete andere Gesellschaft, erstreckt sich die Treupflichtbindung auch auf diese (BGH 19.11.2013, NZG 2013, 385; hierzu *Servatius* NZG 2014, 537). Inhaltlich kann die Treuepflicht **Handlungs-, Duldungs- und Unterlassungspflichten** hervorrufen, deren schuldhafte Verletzung gem. §§ 280, 708 gegenüber der GbR bzw. den Mitgesellschaftern eine Schadensersatzhaftung auslöst (OLG Jena 20.2.2008, BeckRS 2008, 06680) und entsprechend § 1004 Unterlassungsansprüche begründet (OLG Düsseldorf 16.1.2008, BeckRS 2008, 11167). Eine treupflichtwidrige Stimmabgabe ist bei der Beschlussfeststellung unbeachtlich (RGZ 158, 302 (310); → Rn. 64), eine gebotene Zustimmung nach § 894 ZPO einklagbar (BGH 28.4.1975, BGHZ 64, 253 (257) = NJW 1975, 1410; MüKoBGB/*Schäfer* Rn. 240 ff.). Die Treuepflicht ist auch die Grundlage für den **Gleichbehandlungsgrundsatz** (OLG Stuttgart 5.2.2008, BeckRS 2008, 3407; → Rn. 60). Vgl. zur Abdingbarkeit und vertraglichen Ausgestaltung der Treuepflicht *Fleischer/Harzmeier* NZG 2015, 1289; *Mann,* Abdingbarkeit und Gegenstand der gesellschaftsrechtlichen Treuepflicht, 2018. 41

a) Umfang. Der Umfang der Treupflichtbindung variiert aus sachlichen und persönlichen Gründen. Auch die **Realstruktur** der Gesellschaft ist bedeutsam. Je personalistischer die Gesellschaft ist, desto stärker sind Art und Umfang der Treupflichtbindung (*Lutter* AcP 180 (1980), 84 (105 ff.)). Die Treupflichtbindung setzt sich im **Liquidationsverfahren** als Ausprägung des Abwicklungszwecks fort (OLG Hamm 15.3.1999, NZG 1999, 996); in diesem Stadium ist die Treuebindung jedoch regelmäßig schwächer ausgeprägt (vgl. BGH 17.9.2013, NJW-RR 2013, 349 Rn. 38). Wenngleich die Einzelheiten nach wie vor umstritten sind und zu wenig Rechtssicherheit führen, besteht über folgendes **Stufenverhältnis** weitgehend Konsens: 42

aa) Uneigennützige Rechte. Die Treupflichtbindung ist streng bei der Wahrnehmung der einem Gesellschafter aufgrund Gesellschaftsvertrages eingeräumten Verwaltungsbefugnisse innerhalb der Gesellschaftsorganisation. Dies betrifft insbesondere der Geschäftsführungsbefugnis und Vertretungsmacht (§§ 709, 714), das Widerspruchsrecht gem. § 711 sowie die Beteiligung bei den Verfahren gem. §§ 712, 715. Hierbei handelt es sich um **uneigennützige Rechte.** Die im Gesellschaftsvertrag verankerte gemeinsame Zielverwirklichung („Gesellschaftsinteresse") hat einen pflichtenbegründenden Vorrang gegenüber den Individualinteressen der Gesellschafter, was eine starke Treupflichtbindung nach sich zieht (vgl. RGZ 163, 35 (38); vgl. zum Wettbewerbsverbot *Fleischer* WM 2020, 1897). 42a

42b **bb) Eigennützige Mitgliedschaftsrechte.** Schwächer ausgeprägt ist die Treuepflicht hingegen bei der Wahrnehmung eigennütziger Mitgliedschaftsrechte, zB der Geltendmachung von Gewinnansprüchen, dem Kontrollrecht gem. § 716, der Beteiligung an Grundlagenentscheidungen (vor allem der Änderung des Gesellschaftsvertrages) und der Möglichkeit zur Kündigung nach § 723. Diese Gesellschafterkompetenzen und -rechte werden nicht iRd ggf. pflichtenbegründenden Gesellschaftsstruktur wahrgenommen, sondern gehen hierüber hinaus bzw. vermögen diese zu verändern. Wegen dieser Außenwirkung ist die Verfolgung von Eigeninteressen grundsätzlich legitim. Die Treuepflicht kann aber auch hier wegen der Gesellschaftsbezogenheit der Rechte eine Schrankenfunktion aufweisen, insbesondere bei **rücksichtslosem Vorgehen.** Dies kann bei Stellung eines Insolvenzantrags wegen einer Forderung aus §§ 713, 670 in Betracht kommen und Schadensersatzansprüche begründen (vgl. OLG München 4.2.2015, BeckRS 2015, 01784 Rn. 60). Eine Pflicht, der Änderung des Gesellschaftsvertrages zuzustimmen, kommt nur dann in Betracht, wenn sie mit Rücksicht auf das bestehende Gesellschaftsverhältnis oder auf die bestehenden Rechtsbeziehungen der Gesellschafter untereinander dringend erforderlich ist und die Änderung dem Gesellschafter unter Berücksichtigung seiner eigenen Belange **zumutbar** ist (BGH 19.10.2009, NJW 2010, 65 (66)). Auch darüber hinaus wird man eine treupflichtbegründete Beschränkung der eigennützigen Mitgliedschaftsrechte nur dann annehmen dürfen, wenn andernfalls ein **schwerer Schaden,** insbesondere die Insolvenz, droht und die Beschränkung ein **geeignetes Sanierungsmittel** darstellt (vgl. im Kontext von Entnahmen AG Berlin-Charlottenburg 4.2.2014, BeckRS 2014, 09187).

42c **cc) Außergesellschaftliche Befugnisse.** Schließlich besteht eine aus der Zweckbindung resultierende Einschränkung der Handlungsfreiheit nur ausnahmsweise, wenn es um die Wahrnehmung außergesellschaftsrechtlicher Befugnisse geht. Beispiele hierfür sind Abschluss und Durchführung von **Drittgeschäften** (RGZ 85, 157 (162); offen lassend BGH 1.12.1982, NJW 1983, 749; nunmehr im Grundsatz bejahend BGH 8.10.2013, NZG 2013, 1334 Rn. 36 ff.) sowie **Wettbewerbsverbote** (vgl. BGH 19.11.2013, WM 2014, 560 Rn. 16 f.: Gründung einer anderen Gesellschaft mit demselben Zweck; OLG Celle 16.8.2006, NJW-RR 2007, 65; *Fleischer* WM 2020, 1897). Die Ausnutzung einer der GbR zugewiesenen **Geschäftschance** kann bei allen Gesellschaftern grundsätzlich treuwidrig sein (*Servatius* NZG 2014, 537 (538); abw., allein auf die geschäftsführungsbefugten Gesellschafter abstellend, OLG Koblenz 5.8.2010, NZG 2010, 1182 sowie BGH 4.12.2012, NZG 2013, 216; für die Ausnutzung eines Sanierungsgewinns BGH 9.11.2013, NZG 2014, 385; zum Ganzen *Fleischer* NZG 2013, 361). Die faktische Geschäftsführung durch einen formal nicht geschäftsführungsbefugten Gesellschafter dürfte jedoch auch den engen Vorgaben der bisherigen Rspr. genügen (*Servatius* NZG 2014, 537 (538)).

43 **b) Einzelfälle.** Zustimmungspflicht bei der Anteilsübertragung (OLG Frankfurt a. M. 6.11.2013, BeckRS 2014, 04915); Zustimmungspflichten bei Geschäftsführungsangelegenheiten (BGH 19.6.2008, NZG 2008, 588; OLG Stuttgart 12.7.2010, NJW-RR 2011, 40 für die Klageerhebung); Informationspflicht über private Belange, die die Vermögensinteressen der Mitgesellschafter betreffen (OLG Bamberg 7.5.2008, BeckRS 2008, 17847; zur GmbH BGH 11.12.2006, NJW 2007, 917); treuwidriges Berufen auf eine Fortsetzungsklausel bei RA-Sozietät (BGH 7.4.2008, NZG 2008, 623); Zustimmungspflicht, wenn es um die Wahrung der Funktionsfähigkeit der GbR geht (LG Berlin 13.8.2008, BeckRS 2008, 06071), insbesondere in Sanierungsfällen (vgl. BGH 19.10.2009, NJW 2010, 65 (66) für eine Kapitalerhöhung mit freiwilliger Beteiligung); gebotene Zustimmung zur Vorwegnahme einer vertraglich vereinbarten Nachfolgeregelung (BGH 8.11.2004, NJW-RR 2005, 263); Gebot, nur Beschlüsse zu fassen, die tatsächlich umgesetzt werden können, insbesondere nicht gegen ein gesetzliches Verbot verstoßen würden (OLG Köln 20.12.2007, NJW-RR 2008, 933); Willkürverbot (OLG Köln 30.8.2007, BeckRS 2007, 17808; LG Heidelberg 28.7.2016, BeckRS 2016, 18066); Wettbewerbsverbot (OLG Köln 10.1.2008, DStR 2008, 934; einschr. OLG Düsseldorf 15.8.2007, BeckRS 2007, 01095; MüKoBGB/*Schäfer* Rn. 235 ff.); Einschränkung von Entnahmerechten (OLG Karlsruhe 23.3.2003, NZG 2003, 429 (430); AG Berlin-Charlottenburg 4.2.2014, BeckRS 2014, 09187) und Gewinnansprüchen (OLG Bamberg 17.6.2005, NZG 2005, 808; auch bei der Publikumsgesellschaft, BGH 5.11.1984, NJW 1985, 974; OLG Nürnberg 30.1.2013, BeckRS 2013, 02392); grundsätzlich keine Einschränkung bei der Geltendmachung von Drittforderungen (BGH 8.10.2013, NZG 2013, 1334 Rn. 36 ff.; BGH 20.5.2014, BeckRS 2014, 13905); unzulässiges Ausnutzen einer Geschäftschance auf Kosten der Gesellschaft (BGH 4.12.2012, NZG 2013, 216; Einzelheiten bei *Fleischer* NZG 2013, 361); Zulässigkeit von Unterpools beim Stimmrechtskonsortium (BGH 24.11.2008, NZG 2009, 183; *Wertenbruch* NZG 2009, 645 (648)). Schadensersatz wegen unberechtigter Stellung eines Insolvenzantrags (OLG München 4.2.2015, ZIP 2015, 826).

44 **2. Gesellschafterrechte. a) Mitverwaltungsrechte.** Aus dem Grundsatz der Selbstorganschaft folgen die Mitverwaltungsrechte: Geschäftsführungsbefugnis (§§ 709 ff.), Vertretungsmacht (§ 714), Information (§§ 716, 721); Stimmrecht bei Grundlagenentscheidungen (→ Rn. 51 ff.); Kündigungsrechte (§§ 723 f.); Recht zur actio pro socio (→ Rn. 46 ff.). Diese Rechte sind nach dem Abspaltungsverbot

nicht isoliert auf Dritte übertragbar (vgl. § 717 S. 1). Hieran hält gem. § 711a BGB-E auch der Mauracher Entwurf fest (§ 705 → Rn. 1a).

45 **b) Vermögensrechte.** Etwas anderes gilt gem. § 717 S. 2 für die Vermögensrechte, insbesondere Ansprüche auf Gewinn (§ 721 f.), Auseinandersetzungsguthaben (§§ 730, 734), Abfindung bei Ausscheiden (§ 738 Abs. 1 S. 1); Aufwendungsersatz (§§ 713, 670). Hierbei handelt es sich um **Sozialansprüche** des Gesellschafters. Bei der Außen-GbR richten sich diese gegen die GbR, bei der Innen-GbR gegen die Mitgesellschafter in ihrer gesamthänderischen Verbundenheit (MüKoBGB/*Schäfer* Rn. 197).

46 **3. Actio pro socio.** Gläubiger der Sozialverbindlichkeiten eines Gesellschafters sind bei der Außen-GbR die Gesellschaft als solche, bei der Innengesellschaft die Gesellschafter in ihrer gesamthänderischen Verbundenheit. Aus einer Vielzahl von Gründen kann sich die Geltendmachung dieser Ansprüche durch die hierzu aufgrund des Gesellschaftsvertrages berufenen Personen nicht verwirklichen lassen. Für diese Fälle ist unter bestimmten Voraussetzungen die **Einzelklagebefugnis** eines Gesellschafters anerkannt (zum Ganzen *Fleischer/Harzmeier* ZGR 2017, 239; *Grunewald/Otte* ZIP 2017, 1737); vgl. hierzu auch explizit § 715b BGB-E des Mauracher Entwurfs (→ § 705 Rn. 1a). Hierbei handelt es sich um ein **unentziehbares Mitverwaltungsrecht** (Erman/*Westermann* Rn. 60; *Wertenbruch* DB 2014, 2875; offengelassen von BGH 13.5.1985, NJW 1985, 2830; wohl abw., wenn Ausschluss durch nicht treuwidrigen Mehrheitsbeschluss erfolgt BGH 1.7.1991, DStR 1991, 1355; vgl. auch OLG Düsseldorf 13.5.1985, NJW 1985, 2830 für den Fall des Verzichts auf den geltend gemachten Anspruch). Der **Anwendungsbereich** der actio pro socio reicht über die GbR hinaus: Sie gilt auch in der Publikumsgesellschaft (BGH 2.6.2003, NJW 2003, 2676; KG Berlin 10.11.1988, NZI 2000, 273), bei der stillen Beteiligung (BGH 29.6.1987, NJW 1988, 413; OLG Düsseldorf 15.5.1986, NJW-RR 1986, 1294; abw. wohl OLG Stuttgart 1.3.2016, BeckRS 2016, 07929) und der GmbH & Co. KG (BGH 14.6.1993, DStR 1993, 1227; LG Karlsruhe 19.1.2001, NZG 2001, 169).

47 **a) Voraussetzungen.** Geltend gemacht werden können im Ausgangspunkt nur **Sozialansprüche** gegen einen Gesellschafter (hM, BGH 2.7.1973, NJW 1973, 2198 [für die OHG]; BGH 19.12.2017, WM 2018, 235 [für die KG]; BeckOK BGB/*Schöne* Rn. 131). Gegenüber Dritten kommt jedoch die dogmatisch zu differenzierende, im praktischen Ergebnis jedoch vergleichbare Befugnis zur Notgeschäftsführung entsprechend § 744 Abs. 2 in Betracht (Erman/*Westermann* Rn. 62; OLG Dresden 15.7.1999, NZG 2000, 248; → § 709 Rn. 15; diesen Aspekt nicht problematisierend BGH 19.12.2017, WM 2018, 235; nicht ausreichend differenzierend auch OLG Düsseldorf 15.5.2012, BeckRS 2012, 17766; abw. für eine Erstreckung der actio pro socio auch auf **Drittansprüche** *Grunewald/Otte* ZIP 2017, 1737). Unabhängig davon, ob man gegenüber Dritten auf die actio pro socio abstellt oder wie hier auf § 744 Abs. 2, kann es nicht darauf ankommen, ob der Dritte am gesellschaftsschädlichen Verhalten des an sich zur Geltendmachung befugten Gesellschafters beteiligt ist (*Grunewald/Otte* ZIP 2017, 1737 mN zur herrschenden Gegenmeinung). Richtigerweise handelt es sich bei der actio pro socio aber um eine **subsidiäre Notkompetenz,** die nur dann greift, wenn die Geltendmachung des Anspruchs durch die hierzu berufenen Personen in rechtswidriger Weise unterbleibt und auch ein gerichtliches Vorgehen hiergegen keinen Erfolg verspricht bzw. zu aufwendig ist (OLG Dresden 15.7.1999, NZG 2000, 248; in der Begründung abw. BGH 27.6.1957, BGHZ 25, 47 (50) = NJW 1957, 1358: Beschränkung nur durch die Treuepflicht des Klagenden, hierzu OLG Düsseldorf 4.5.2006, BeckRS 2006, 10247 und BGH 24.11.2009, BB 2010, 1346: Möglichkeit des Rechtsmissbrauchs; zur Darlegungs- und Beweislast BGH 8.11.1999, NJW 2000, 199). War der klagende Gesellschafter mit einer Handlung einverstanden, kann der Geltendmachung durch ihn § 242 entgegenstehen (BGH 2.6.2008, NZG 2008, 622). Die Einzelklagebefugnis gilt auch im **Liquidationsverfahren** (BGH 4.11.2002, NZG 2004, 326), jedoch nur eingeschränkt: Sie ist ausgeschlossen, wenn die Leistung zur Gläubigerbefriedigung nicht benötigt wird und der klagende Gesellschafter seinerseits noch etwas zu leisten hat (BGH 30.11.1959, NJW 1960, 433; BGH 30.5.1994, NJW-RR 1994, 996). Für die Notwendigkeit der Zahlung vor Schlussrechnung trägt der Klagende die Beweislast (OLG Düsseldorf 11.6.1999, NJW 1999, 989).

48 **b) Rechtsfolge.** Liegen die materiellen Voraussetzungen vor, kann ein einzelner Gesellschafter den Sozialanspruch alleine geltend machen. Die Mitgesellschafter müssen nicht zustimmen (BGH 27.6.1957, BGHZ 25, 47 (50) = NJW 1957, 1358). Hierbei handelt es sich um einen Fall der **gesetzlichen Prozessstandschaft** (hM, MüKoBGB/*Schäfer* Rn. 208; Erman/*Westermann* Rn. 57). Die früher herrschende Annahme eines eigenen Individualanspruchs (vgl. BGH 27.6.1957, BGHZ 25, 47 (50) = NJW 1957, 1358) lässt sich wegen der zunehmenden Verselbstständigung zumindest bei der Außen-GbR nicht mehr aufrecht erhalten (dies offen lassend OLG Dresden 20.11.2001, NJW-RR 2003, 257; ebenso unentschieden BGH 24.11.2009, BB 2010, 1346). Der Gesellschafter muss in jedem Fall im eigenen Namen klagen und Leistung an die Gesellschaft verlangen (BeckOK BGB/*Schöne* Rn. 118). Etwas anderes gilt nur in der Liquidation, soweit durch eine Leistung an den Gesellschafter die Abwicklung verwirklicht wird (vgl. BGH 17.6.1953, BGHZ 10, 91 (102) = NJW 1953, 1217). Liegen die materiellrechtlichen Voraussetzungen der Einzelklagebefugnis nicht vor, ist die Klage bei Annahme eines

materiell-rechtlichen Anspruchs unbegründet (so noch OLG Düsseldorf 15.5.1986, NJW-RR 1986, 1294: Aktivlegitimation), bei Annahme von Prozessstandschaft konsequenterweise unzulässig (fehlende Prozessführungsbefugnis, vgl. für die Erhebung einer Vollstreckungsabwehrklage BGH 3.11.2015, BeckRS 2016, 01912). Die **Rechtskraft** eines Urteils erstreckt sich nicht auf die Gesellschaft (BGH 3.7.1980, BGHZ 78, 1, 7 = NJW 1980, 2461; Einzelheiten MüKoBGB/*Schäfer* Rn. 214). In der **Insolvenz** der GbR gehört die geltend gemachte Forderung zur Masse der GbR (abw. KG Berlin 10.11.1988, NZI 2000. 273). **Nach Ausscheiden** des Gesellschafters steht ihm die actio pro socio nicht mehr zu (OLG Karlsruhe 9.12.1993, NJW 1995, 1296; vgl. zu § 265 ZPO auch BGH 11.2.1960, NJW 1960, 964).

49 **c) Einzelfälle.** Einzelklage im Liquidationsstadium (BGH 30.11.1959, NJW 1960, 433; OLG Köln 29.3.2000, NZG 2000, 1171), bei Geschäftsführungsangelegenheiten (BGH 19.6.2008, NZG 2008, 588), bei Nebenpflichten der Beitragspflicht (BGH 15.1.2001, NJW 2001, 1210, Zinsen), bei politischen Parteien (BVerfG 12.3.2008, NVwZ 2008, 658), bei wettbewerbsrechtlichen Unterlassungsansprüchen von Rechtsanwälten (OLG Dresden 9.6.1998, NJW 1999, 144).

VII. Gesellschafterbeschlüsse

50 Bei der GbR fehlen besondere Regelungen über Gesellschafterbeschlüsse (vgl. allein § 709 Abs. 2, § 712 Abs. 1). Im Ausgangspunkt gilt daher wie bei § 119 Abs. 1 HGB, dass alle zur Entscheidung berufenen Gesellschafter an jeder gesellschaftsinternen Willensbildung mitwirken und der in Rede stehenden Maßnahme zustimmen müssen (Einstimmigkeit). Rechtlich sind jedoch zwei verschiedene Gegenstände zu unterscheiden: Die Maßnahmen, die den Gesellschaftsvertrag als solches betreffen **(Grundlagenentscheidungen)** und die **Angelegenheiten der Geschäftsführung,** die in Verwirklichung der gesellschaftsvertraglichen Vorgaben vorgenommen werden und im dispositiven Regelfall gem. § 709 Abs. 1 ebenfalls einvernehmlich erfolgen müssen (→ § 709 Rn. 6 f.). Praktisch können beide Bereiche zusammenfallen, zB wenn die Gesellschaftergesamtheit in Wahrnehmung einer bisher nicht vom Gesellschaftszweck gedeckten Geschäftschance zugleich den Gesellschaftsvertrag ändert. Trotzdem sind Grundlagenentscheidungen und Geschäftsführungsangelegenheiten rechtlich auseinanderzuhalten. Vor allem erstrecken sich etwaige gesellschaftsvertragliche Modifizierungen des Einstimmigkeitsprinzips im Hinblick auf Grundlagenentscheidungen nicht zwingend oder automatisch auf Geschäftsführungsangelegenheiten (vgl. BGH 14.11.1960, WM 1961, 303 (304)); zur differenzierten Treupflichtbindung → Rn. 41 ff.

51 **1. Einstimmigkeit.** Im gesetzlichen Regelfall bedürfen alle den Gesellschaftsvertrag abändernden Maßnahmen **(Grundlagengeschäfte)** der Zustimmung sämtlicher Gesellschafter (BGH 12.11.1952, BGHZ 8, 35 (41) = NJW 1953, 102). Dies betrifft zB die Änderung des Gesellschaftszwecks (→ Rn. 2 ff.), der Beitragspflichten (§§ 706, 707), die Aufnahme und das Ausscheiden von Gesellschaftern (→ Rn. 73 ff.), die Veräußerung oder Verpachtung des von der Gesellschaft betriebenen Unternehmens (vgl. zur Handelsgesellschaft MüKoHGB/*K. Schmidt* HGB § 126 Rn. 13; OLG Hamm 24.5.2007, NZG 2008, 21), nicht jedoch die gerichtliche Geltendmachung vermögensrechtlicher Sozialansprüche gegen einen Gesellschafter (OLG Stuttgart 11.3.2009, NZG 2009, 1303 (1304)). Bei den Personengesellschaften gibt es mangels abweichender Regelungen kein Organ Gesellschafterversammlung und kein förmliches Beschlussverfahren; die Bezeichnung „Gesellschafterbeschluss" ist daher im gesetzlichen Regelfall an sich unzutreffend, jedoch vielfach verbreitet, auch im Gesetz selbst (vgl. § 712 Abs. 1). Erforderlich ist die inhaltlich korrespondierende, von Rechtsbindungswillen getragene Willensübereinstimmung als **mehrseitiges Rechtsgeschäft** gem. §§ 145 ff. Die einzelnen Erklärungen müssen von jedem Gesellschafter gegenüber jedem abgegeben werden und allen Mitgesellschaftern zugehen. Ist eine Willenserklärung („Stimme") unwirksam, schlägt dies unmittelbar auf den „Beschluss" durch (zur fehlerhaften Vertragsänderung → Rn. 36). Ein besonderes **Verfahren** ist gesetzlich nicht vorgegeben. § 32 gilt nicht analog (vgl. BGH 20.6.1994, ZIP 1994, 1523). Die Willensübereinstimmung kann grundsätzlich formlos (Ausnahmen → Rn. 30), bei gleichzeitiger Anwesenheit aller (auch konkludent, vgl. BGH 27.6.1957, WM 1957, 1128 (1130)) oder zeitlich gestreckt herbeigeführt werden (Umlaufverfahren, RGZ 101, 78).

52 Zu beteiligen sind alle **Gesellschafter;** auch wenn die Gesellschafterstellung mit einem Nießbrauch belastet ist (BGH 9.11.1998, NJW 1999, 571); nicht aber, wenn ihnen das **Stimmrecht** aufgrund vertraglicher Vereinbarung **entzogen** wurde, was grundsätzlich auch bei Grundlagengeschäften zulässig ist (vgl. BGH 24.5.1993, NJW 1993, 1109; zur Zulässigkeit nach Bestimmtheitsgrundsatz und Kernbereichslehre BGH 14.5.1956, BGHZ 20, 363 (368) = NJW 1956, 1198). Art und Höhe der Beteiligung sind unerheblich (Abstimmung nach Köpfen), vgl. insofern aber § 709 Abs. 3 BGB-E des Mauracher Entwurfs (→ § 705 Rn. 1a): Kapitalbeteiligung als dispositiver Regelfall. **Nichtgesellschafter** haben kein Beteiligungsrecht und können dieses wegen § 717 S. 1 auch nicht erlangen (wohl aber ein zusätzliches, vgl. zur OHG BGH 22.2.1960, NJW 1960, 963). Das Gleiche gilt für eine dinglich wirkende Stimmbindung zugunsten eines Dritten (zu Einzelheiten § 717 → § 717 Rn. 1 ff. sowie

BeckOK BGB/*Schöne* § 709 Rn. 45 f.). Die **Bevollmächtigung** eines Dritten ist nur zulässig, wenn die übrigen Gesellschafter dem zustimmen (RGZ 163, 385 (393 f.)); bei Nichtwiderspruch ist dies zu bejahen (RGZ 123, 289 (300); zu Vertreterklauseln MüKoBGB/*Schäfer* § 709 Rn. 79 f. sowie [zur Gruppenvertretung] BGH 4.10.2004, NZG 2005, 33; zur Anwendung von § 181 unter Mitgesellschaftern BGH 24.9.1990, BGHZ 112, 339 (341) = NJW 1991, 691). Ein Gesellschafter unterliegt einem **Stimmverbot wegen Interessenkollision.** Dieses gilt grundsätzlich in den Fällen, in denen über ein Vertragsverhältnis zwischen diesem und der GbR abgestimmt wird (OLG Frankfurt a. M. 22.3.2018, BeckRS 2018, 4516 Rn. 41 f.). Ein Gesellschafter ist insbesondere ausgeschlossen bei Beschlussfassungen über seine Entlastung, die Einleitung eines Rechtsstreits oder die außergerichtliche Geltendmachung von Ansprüchen gegen ihn sowie bei der Befreiung von einer Verbindlichkeit (BGH 7.2.2012, NZG 2012, 625 Rn. 16; LG Heidelberg 28.7.2016, BeckRS 2016, 18066). Das Stimmverbot erfasst auch die Beschlussfassung über die Einholung eines Rechtsgutachtens zur Prüfung, ob Schadensersatzansprüche gegen einen Gesellschafter bestehen, sowie die Beschlussfassung über die Reaktion auf Verfehlungen, die ein Gesellschafter gemeinsam mit einem anderen begangen haben soll (BGH 7.2.2012, NZG 2012, 625 Rn. 16 und 19). Bei einer mittelbaren Gesellschafterbeteiligung greift das Stimmverbot nur, wenn der betreffende Gesellschafter-Gesellschafter maßgeblichen Einfluss in der Gesellschafterin ausüben kann; die Möglichkeit, eine Beschlussfassung in der Gesellschafterin zu verhindern, genügt hierfür regelmäßig nicht (BGH 7.2.2012, NZG 2012, 625 Rn. 17). Der Sache nach wendet der BGH bei den Personengesellschaften nunmehr vornehmlich **§ 47 Abs. 4 GmbHG analog** an (vgl. nur BGH 7.2.2012, NZG 2012, 625 Rn. 31 ff.; anders aber OLG Frankfurt a. M. 22.3.2018, BeckRS 2018, 4516 Rn. 44), sodass für die weiteren Einzelheiten des Stimmverbots hierauf verwiesen wird.

2. Mehrheitsprinzip, Minderheitenschutz. Zulässig und nicht nur bei Publikumsgesellschaften 53 weit verbreitet ist die Lockerung des Einstimmigkeitsprinzips (zB einfache oder qualifizierte Mehrheiten, Quoren, nach Kapitalanteilen), meist verbunden mit **formalen Anforderungen** an die Beschlussfassung (zB Präsenzversammlung, Ladungsfrist, Schriftform, Protokollierung; vgl. zu virtuellen Gesellschafterversammlungen *Böffel/Schramm* WM 2020, 2004). Hierdurch kann die organisatorische Ausgestaltung der GbR den körperschaftlich strukturierten Personenverbänden (AG, GmbH) weitgehend gleichgestellt werden (zum Ganzen mit Beispielen *Heckschen/Bachmann* NZG 2015, 531). Erforderlich ist hierfür jedoch stets eine entsprechende **gesellschaftsvertragliche Regelung** (BGH 24.11.2008, NZG 2009, 183; zur Auslegung OLG München 19.1.2012, BeckRS 2012, 03819; anders § 709 Abs. 3 BGB-E des Mauracher Entwurfs, § 705 → Rn. 1a: Abstimmung nach Kapitalanteilen als dispositiver Regelfall). Sie sind ohne weiteres aufgrund Willensübereinstimmung aller Gesellschafter jederzeit wieder **aufhebbar,** regelmäßig jedoch aufgrund der aufzuhebenden Mehrheitsklausel selbst (vgl. BGH 16.10.2012, WM 2013, 37). Gilt das Mehrheitsprinzip, folgen hieraus zwingend besondere **Schutzinstrumente** zugunsten der Minderheit. Bedeutsam sind neben einem Anhörungsrecht der Überstimmten (BGH 18.9.1975, BGHZ 65, 93 (96 f.) = NJW 1976, 49), einem Einberufungsrecht entsprechend § 50 Abs. 3 GmbHG (BGH 9.11.1987, BGHZ 102, 172 = NJW 1988, 969) und der Treuepflichtbindung der Mehrheit (→ Rn. 41 ff.) vor allem der (richtig verstandene) Bestimmtheitsgrundsatz und die (weitgehend aufgegebene) Kernbereichslehre sowie der Gleichbehandlungsgrundsatz (zur Entwicklung instruktiv *Schäfer* ZGR 2009, 237; *Altmeppen* NJW 2015, 2065; *Goette/M. Goette* DStR 2016, 74; *Wicke* MittBayNotK 2017, 125). Der **Mauracher Entwurf** (→ § 705 Rn. 1a) sieht zwar vor, dass Mehrheitsklauseln sich im Zweifel auch auf Änderungen des Gesellschaftsvertrages beziehen (vgl. § 714 BGB-E), enthält im Übrigen hierzu aber keine weiteren konkreten Vorgaben. Insofern wird es somit auch künftig erhebliche Streitfragen bei der Kontrolle der Mehrheitsmacht in Personengesellschaften geben. Rechtpolitisch ist dies freilich nicht zu kritisieren, denn die vergleichbare Rechtslage bei den Kapitalgesellschaften zeigt, dass es sachgerecht ist, generalklauselartige normative Vorgaben auf die konkreten Einzelfälle anzuwenden.

a) Sog. formelle Legitimation der Mehrheitsmacht. Die Einführung des Mehrheitsprinzips bei 54 den Personengesellschaften setzt traditionell eine hinreichend bestimmte gesellschaftsvertragliche Regelung voraus (grundlegend BGH 12.11.1952, BGHZ 8, 35 (41 f.) = NJW 1953, 102). Dieses Erfordernis hat seine eigenständige Bedeutung in jüngerer Zeit stark eingebüßt. Der durch die Rechtsprechung lange Zeit herangezogene **Bestimmtheitsgrundsatz** begründet nunmehr allein eine formelle Legitimation der Mehrheitsmacht, ohne dass hierüber auch gesagt werden könnte, ob deren konkrete Ausübung rechtmäßig ist oder nicht; Letzteres ist allein nach Maßgabe von Kernbereichslehre und Treupflichtbindung zu prüfen (→ Rn. 57 ff.), mithin auf einer zweiten Stufe (BGH 15.1.2007, BGHZ 170, 283 = NJW 2007, 1685 – Otto; bestätigt durch BGH 24.11.2008, WM 2009, 231 – Schutzgemeinschaft II). Dieses **neue zweistufige Konzept** gilt für alle Beschlussgegenstände (BGH 21.10.2014, NZG 2014, 1266 Rn. 12) und lässt sich letztlich als bedeutsamer Schritt in Richtung eines umfassenden Systems der materiellen Beschlusskontrolle verstehen (*Schäfer* NZG 2014, 1401; → Rn. 59).

Dessen ungeachtet bleibt auf der **ersten Stufe** der gerichtlichen Überprüfung nach wie vor Raum, 55 die Reichweite einer Mehrheitsklausel anhand der Anforderungen des (früheren) Bestimmtheitsgrundsatzes zu messen und ggf. zu verneinen (abw. *Schäfer* ZGR 2009, 237 (245): Begriff sollte aufgegeben werden). Letztlich handelt es sich hierbei jedoch um ein reines **Auslegungsproblem** (so auch *Schäfer* ZGR 2013, 237 (245); BGH 21.10.2014, NZG 2014, 1266 Rn. 13 ff.). Insofern sind die bisher unter dem Begriff des Bestimmtheitsgrundsatzes diskutierten Ansichten und entschiedenen Fälle keineswegs Makulatur. Der frühere Bestimmtheitsgrundsatz enthielt nämlich im Kern ein auch heute noch maßgebliches **Konkretisierungsgebot:** Die inhaltlichen Anforderungen an eine wirksame Mehrheitsklausel steigen bei Maßnahmen, die nicht nur Geschäftsführungsangelegenheiten betreffen, sondern auch Grundlagenentscheidungen oder gar individuelle Leistungspflichten begründen (sog. antizipierte Zustimmung). Stets ist nach wie vor zu fragen, ob die vertraglich vereinbarte Mehrheitsklausel den aktuell in Rede stehenden Beschlussgegenstand deckt, insbesondere wenn dieser im Zeitpunkt der Vereinbarung typischerweise in seiner vollen Tragweite nicht erfasst wird und angesichts der Unvorhersehbarkeit späterer Entwicklungen auch regelmäßig nicht erfasst werden kann (vgl. BGH 15.11.1982, BGHZ 85, 350 = NJW 1983, 1056). Die von der Rechtsprechung verwendete Bezeichnung als bloße **„formelle Legitimation"** der Mehrheitsmacht wird dieser elementaren Bedeutung der konstitutiven Vertragsregelung nicht gerecht und **sollte aufgegeben werden** (abw. *Goette/M. Goette* DStR 2016, 74 (77): jedwede inhaltlich Kontrolle findet erst auf der zweiten Stufe der Untersuchung statt). Treffender ist es, die durchaus berechtigte erste Stufe der Beschlusskontrolle als gesellschaftsvertragliche Reichweite der Mehrheitsherrschaft zu kennzeichnen. Dann ist auch die nach dem Konzept der jetzigen BGH-Rechtsprechung erforderliche, jedoch letztlich eher künstliche Differenzierung von „formeller Legitimation" der Mehrheitsmacht und antizipierter Zustimmung eines Gesellschafters bei nachträglichen Belastungen entbehrlich (→ § 707 Rn. 4 ff.).

56 Es dürfte daher auch bei der GbR nach wie vor gelten, dass eine **allgemeine Mehrheitsklausel** („Auffangklausel") nur die den Gesellschaftern obliegenden Angelegenheiten der laufenden Verwaltung legitimiert (Auslegung!), mithin gewöhnliche Geschäftsführungsmaßnahmen (vgl. BGH 15.1.2007, BGHZ 170, 283 = NJW 2007, 1685; KG Berlin 12.11.2009, NZG 2010, 223). Sollen der Gesellschaftermehrheit indessen weitergehende Befugnisse eingeräumt werden (Maßnahmen, die die Grundlagen der Gesellschaft berühren oder in Rechtspositionen der Gesellschafter eingreifen), bedarf es hierfür weiterer, hinreichend deutlicher Anhaltspunkte (wiederum Auslegung!). Insofern gilt trotz Abkehr vom Bestimmtheitsgrundsatz alter Lesart bzw. trotz begrifflicher Aufgabe desselben entgegen der hM bei gewöhnlichen Personengesellschaften nach wie vor ein **Gebot restriktiver Auslegung** von Mehrheitsklauseln, denn es handelt sich stets um eine Ausnahme vom gesetzlichen Regelfall der Einstimmigkeit (abw. BGH 21.10.2014, NZG 2014, 1296 Rn. 14; *Wicke* MittBayNot 2017, 125 (126), nicht zwischen normalen und Publikumsgesellschaften differenzierend; *Schäfer* NZG 2014, 1401 (1403); *Schäfer* ZGR 2009, 237 (245 ff.); *K. Schmidt* ZIP 2009, 737 (738); zu einer abw. Behandlung bei Publikumsgesellschaften → HGB Anh. Rn. 65). Die nach dem BGH als „formelle Legitimation" der Mehrheitsmacht auf der ersten Stufe geprüfte **Reichweite der Mehrheitsklausel ist keine bloße Formalie,** sondern hat wegen ihrer Bedeutung als konstitutive vertragliche Grundlage ein beachtliches eigenständiges Gewicht. Dieses darf nicht gleichsam „abgehakt" werden, sondern muss im Wege einer **inhaltlichen Würdigung** auch Raum für sachliche Differenzierungen bieten. Hierbei kann es im Rahmen der interessengerechten Auslegung durchaus auch zu einer wertenden Betrachtung kommen (abw. *Schäfer* ZGR 2013, 237 (240)). Verlangt wird jedoch zu Recht nicht zwingend eine **Auflistung** der betroffenen Beschlussgegenstände; Grund und Tragweite der Mehrheitsentscheidung können sich vielmehr auch durch eine sinnorientierte Auslegung des Gesellschaftsvertrages ergeben, sodass **auch konkludente Vereinbarungen** zulässig sind (BGH 21.10.2014, NZG 2014, 1266 Rn. 14; *K. Schmidt* ZIP 2009, 737 (738)). Gleichwohl ist es aus Gründen der Rechtssicherheit anzuraten, einen Katalog von Beschlussgegenständen in den Gesellschaftsvertrag aufzunehmen (vgl. *Giedinghagen/Fahl* DStR 2007, 1965 (1967)). Dabei ist aber zu beachten, dass dieser bei einer interessengerechten Auslegung auch einen abschließenden Charakter aufweisen kann und so die gewünschte Flexibilität wieder einschränkt (vgl. *Priester* DStR 2008, 1386 (1391 f.)). Ist dies nicht gewollt, sollte die bloß exemplarische Auflistung hinreichend deutlich werden.

57 Eine **allgemeine Mehrheitsklausel** ist daher nach dem Vorgesagten bei der **normalen GbR** trotz der jüngsten Entwicklungen in der Rechtsprechung nicht automatisch geeignet, die in Rede stehende Maßnahme auf der ersten Stufe der gerichtlichen Kontrolle zu legitimieren. Einer besonderen, hinreichend bestimmten oder im Wege der subjektiven Auslegung inhaltlich hierauf bezogenen Klausel bedürfen nach wie vor folgende, bei der gebotenen wertenden Betrachtung regelmäßig als **ungewöhnliche Maßnahmen** zu qualifizierende Beschlussgegenstände: Dies sind zunächst einmal die gemäß Kernbereichslehre als relativ unentziehbare Mitgliedschaftsrechte zu qualifizierenden Rechtspositionen eines Gesellschafters; hier erfordert die notwendige antizipierte Zustimmung (→ Rn. 59) eine hinreichende Deutlichkeit im Gesellschaftsvertrag (so auch *Schäfer* ZGR 2013, 237 (253 f.)). Das Gleiche gilt für Maßnahmen nach UmwG (vgl. BGH 15.11.1982, BGHZ 85, 350 = NJW 1983, 1056); nachträgliche Beitragserhöhungen (vgl. BGH 23.1.2006, NJW-RR 2006, 827; → § 707 Rn. 1 ff.); Erweiterung des Entnahmerechts (vgl. BGH 2.6.1986, WM 1986, 1109); Beschränkungen des Informationsrechts (vgl. BGH 10.10.1994, NJW 1995, 194 (195)); Beschränkungen des Gleichbehandlungsgrund-

satzes (vgl. RGZ 321, 327); Verlängerung der Laufzeit der Gesellschaft (BGH 7.12.1972, NJW 1973, 1602); Änderung des Gewinnverteilungsschlüssels (vgl. BGH 27.1.1975, WM 1975, 662); Veräußerung des den Gesellschaftszweck darstellenden Grundbesitzes (vgl. OLG Hamm 24.5.2007, NZG 2008, 21); Abänderung der Folgen einer Kündigung (vgl. BGH 13.7.1967, NJW 1967, 2157); Beschränkungen der actio pro socio (vgl. BGH 13.5.1985, NJW 1985, 2830); Änderung des Gesellschaftszwecks (*Schäfer* ZGR 2013, 237 (255)). Von einer allgemeinen Mehrheitsklausel gedeckte **gewöhnliche Beschlussgegenstände** sind jedoch die Feststellung des Jahresabschlusses (vgl. BGH 15.1.2007, BGHZ 170, 283 = NJW 2007, 1685); die gilt selbst dann, wenn dieser die Grundlage für etwaige Nachschusspflichten bildet (vgl. BGH 15.11.2011, NZG 2012, 397). Gedeckt ist auch die Bestellung eines Dritten als Liquidator (vgl. BGH 17.9.2013, NJW-RR 2014, 349) sowie die Einwilligung zu einer Übertragung des Gesellschaftsanteils (vgl. BGH 21.10.2104, NZG 2014, 1296).

b) Kernbereichslehre, Treuepflichtbindung. Unabhängig von der gesellschaftsvertraglich formell legitimierten Mehrheitsmacht ist auf einer **zweiten Stufe** ergänzend zu fragen, ob die in Rede stehende Maßnahme einen unzulässigen Eingriff in die Mitgliedschaftsrechte eines Gesellschafters darstellt, mithin einen Treupflichtverstoß der Gesellschaftermehrheit begründet (BGH 15.1.2007, BGHZ 170, 283 = NJW 2007, 1685; BGH 24.11.2008, NZG 2009, 183; vgl. auch *K. Schmidt* ZGR 2008, 1 (17)). Traditionell folgte diese Prüfung vor allem anhand der Vorgaben der rechtsfortbildend entwickelten **Kernbereichslehre** (zur Entwicklung instruktiv *Schäfer* ZGR 2013, 237 (250 ff.); *Altmeppen* NJW 2015, 2065). Diese ist dadurch gekennzeichnet, dass – gleichsam katalogartig bzw. abstrakt – bestimmte Gesellschafterrechte definiert werden, die nicht oder nur unter besonderen Voraussetzungen aufgrund Mehrheitsentscheidung beeinträchtigt werden können. Hiervon hat sich der BGH im Ergebnis jedoch nunmehr weitgehend emanzipiert. Abgesehen von den unverzichtbaren und schon deshalb unentziehbaren Rechten kommt es bei **Eingriffen in die individuelle Rechtsstellung** des Gesellschafters, dh in seine rechtliche und vermögensmäßige Position in der Gesellschaft, letztlich im Einzelfall darauf an, ob der Eingriff im Interesse der Gesellschaft geboten und dem betroffenen Gesellschafter unter Berücksichtigung seiner eigenen schutzwerten Belange zumutbar ist (BGH 21.10.2014, NZG 2014, 1296 Rn. 19). Die nunmehr maßgebliche **treupflichtgesteuerte Inhaltskontrolle** gilt nicht mehr nur bei Maßnahmen, die die gesellschaftsvertraglichen Grundlagen berühren oder in den Kernbereich der Mitgliedschaftsrechte bzw. in bestimmte absolut oder relativ unentziehbare Rechte der Minderheit eingreifen (BGH 24.11.2008, WM 2009, 231 (233)). Im Ausgangspunkt unterfällt vielmehr **jede Ausübung von Mehrheitsmacht** der einzelfallbezogenen Rechtmäßigkeitskontrolle nach den – gesetzlich nicht eindeutig vorgeprägten! – Vorgaben der Treuepflicht (BGH 24.11.2008, NZG 2009, 183). 58

Trotz dieser Rechtsentwicklung hat die traditionelle Differenzierung der Kernbereichslehre nicht gänzlich an Bedeutung verloren (so auch *Wicke* MittBayNot 2017, 125 (125 f.). Die **schlechthin unverzichtbaren Mitgliedschaftsrechte** können nach wie vor mittels Mehrheitsbeschlusses nicht entzogen werden (abw. *Wicke* MittBayNot 2017, 125 (126): bloß regelmäßig Treuepflichtverletzung). Dies sind: Das Recht auf Teilnahme an Gesellschafterversammlungen und das Austrittsrecht aus wichtigem Grund (*K. Schmidt* GesR § 16 III 3a); das Informationsrecht, seine Mitgesellschafter zu kennen, auch bei Treuhandgestaltungen (BGH 16.12.2014, NZG 2015, 269 Rn. 11, 23; BGH 21.9.2009, WM 2010, 91); das Recht zur actio pro socio (*Wertenbruch* DB 2014, 2875; offen gelassen von BGH 13.5.1985, NJW 1985, 2830; wohl abw., wenn Ausschluss durch nicht treuwidrigen Mehrheitsbeschluss erfolgt BGH 1.7.1991, DStR 1991, 1355; vgl. auch OLG Düsseldorf 13.5.1985, NJW 1985, 2830 für den Fall des Verzichts auf den geltend gemachten Anspruch). Auch die Annahme, eine im Kleid der Mehrheitsklausel enthaltene antizipierte Zustimmung des betroffenen Gesellschafters auf den Verzicht erscheint eher als eine Fiktion denn als überzeugende Möglichkeit, der Mehrheitsherrschaft in diesen Fällen Geltung zu verschaffen (abw. *Goette/M. Goette* DStR 2016, 74 (81)). Die sog. **relativ unentziehbaren Mitgliedschaftsrechte** können demgegenüber entzogen werden, regelmäßig aber nur aus wichtigem Grund. Erforderlich ist neben der vom BGH als „formelle Legitimation" gekennzeichneten gesellschaftsvertraglichen Legitimation der Mehrheitsmacht (→ Rn. 54) aber zusätzlich, dass die Mehrheitsklausel auch als **antizipierte Zustimmung** des betroffenen Gesellschafters zu werten ist (*Schäfer* ZGR 2013, 237 (253 f.)). Auch hier ist daher auf der ersten Stufe im Wege der **Auslegung** zu prüfen, ob sich der Beschluss an die durch die Klausel gezogenen Grenzen hält und in der entsprechenden Regelung auch der Erklärungswert einer antizipierten Zustimmung deutlich wird (vgl. BGH 15.1.2007, BGHZ 170, 283 = NJW 2007, 1685). Die konkrete Rechtmäßigkeit des Beschlusses ist als Rechtsfrage sodann auf der zweiten Stufe anhand der materiellen Anforderungen an den jeweiligen wichtigen Grund und der Treuepflicht zu beurteilen (vgl. BGH 24.11.2008, WM 2009, 231 (233)). Eine gesetzliche Vermutung oder Vorprägung dahingehend, dass die Entziehung dieser Rechte regelmäßig eine treuepflichtwidrige Ausübung der Mehrheitsmacht darstelle, findet indessen im Gesetz und im (neuen) Konzept der treuepflichtgesteuerten Inhaltskontrolle keine Rechtfertigung (abw. *Wicke* MittBayNot 2017, 125 (126), auf der Grundlage von BGH 21.10.2014, NZG 2014, 1296 Rn. 12; zur Beweislast → Rn. 59b). 59

59a **Anzuwenden** sind diese Einschränkungen gemäß Kernbereichslehre beim Ausschluss eines Gesellschafters (BGH 19.10.2009, NJW 2010, 65 (66)), bei der rückwirkenden Beseitigung eines Zinsanspruchs (BGH 5.11.1984, NJW 1985, 974), beim Entzug der Geschäftsführungsbefugnis (OLG Braunschweig 7.4.2010, NZG 2010, 1104, vgl. § 712), bei Beschränkungen der Gewinnteilhabe (BGH 10.10.1994, NJW 1995, 194), des Abfindungsguthabens der Beteiligung am Liquidationserlös und von Sonderrechten (MüKoHGB/*Enzinger* HGB § 119 Rn. 70 f.; vgl. zu Letzterem unter dem Aspekt der Geschäftsführung auch BGH 11.2.2008, NJW-RR 2008, 704); bei Änderungen im Gesellschafterbestand, insbesondere Beschränkungen der Vererblichkeit (MüKoBGB/*Schäfer* § 709 Rn. 93; *Schäfer* ZGR 2013, 237 (256 f.)); bei der Veräußerung des den Gesellschaftszweck darstellenden Grundbesitzes (OLG Hamm 24.5.2007, NZG 2008, 21); bei Nachschüssen (→ § 707 Rn. 3 ff.); bei der Zweckänderung durch Änderung des Wohnungseigentums von privater in gewerbliche Nutzung (OLG Köln 11.12.1992, DStR 1993, 405). **Nicht erfasst** wird die Abänderung von Schiedsabreden (OLG München 25.4.2007, NJOZ 2007, 5029) oder die nachträgliche Einführung einer Höchstbeteiligungsquote (vgl. LG Stuttgart 28.7.2020, BeckRS 2020, 21301 Rn. 46).

59b **Zusätzlich** zu diesen nach Maßgabe der Kernbereichslehre entwickelten besonderen formalen und inhaltlichen Anforderungen an die Beeinträchtigung von Mitgliedschaftsrechten ist jeder Mehrheitsbeschluss auch noch im Hinblick auf eine etwaige **Treuwidrigkeit** hin zu überprüfen (vgl. BGH 21.10.2014, NZG 2014, 1296 Rn. 12: materielle Legitimation). Maßgeblich hierfür ist, ob sich die Mehrheit über die „beachtenswerten Belange" der Minderheit hinwegsetzt (BGH 15.1.2007, BGHZ 170, 283 = NJW 2007, 1685) oder es sich um eine „zweckwidrige Instrumentalisierung der Mehrheitsklausel" handelt (BGH 24.11.2008, WM 2009, 231 (234 f.)). Kommt man hierbei zum Ergebnis, dass die Beschlussfassung rechtswidrig ist, verhindert dies die Wirksamkeit des gefassten Beschlusses, hat jedoch keine Auswirkungen auf die Wirksamkeit der zugrunde liegenden Mehrheitsklausel (BGH 21.20.2014, NZG 2014, 1296 Rn. 13). Die **Beweislast** für die Treuwidrigkeit trägt abweichend von den allgemeinen Regeln (→ Rn. 61a) der Gesellschafter (BGH 24.11.2008, WM 2009, 231; hierzu krit. *Holler* ZIP 2010, 1678); eine generelle Umkehr dahingehend, dass die Gesellschaft die sachliche Rechtfertigung eines Beschlusses beweisen müsste, kommt nicht in Betracht (zutr. BGH 15.1.2007, NJW 2007, 1685; abw. aber möglicherweise BGH 21.10.2014, NZG 2014, 1296 Rn. 12, wonach in den Fällen der Kernbereichslehre regelmäßig eine treupflichtwidrige Ausübung der Mehrheitsmacht anzunehmen sei; zustimmend *Wicke* MittBayNot 2017, 125 (126)). Hierin liegt ein bedeutsamer **Unterschied zur materiellen Beschlusskontrolle** im Kapitalgesellschaftsrecht. Dort sind Beeinträchtigungen der Mitgliedschaft nur wirksam, wenn dies im Gesellschaftsinteresse liegt, der Eingriff erforderlich und nicht unverhältnismäßig ist, was von der Gesellschaft zu beweisen ist (zur AG ausf. Spindler/Stilz/*Servatius* AktG § 186 Rn. 40 ff.; für eine Übertragung dieses weitergehenden Kontrollansatzes auf die Personengesellschaften MüKoBGB/*Schäfer* § 709 Rn. 100 f.; *Schäfer* ZGR 2013, 237 (264 ff.)).

60 **c) Gleichbehandlungsgrundsatz.** Der Gleichbehandlungsgrundsatz beruht auf der Treuepflicht und ist das zentrale Instrument des Minderheitenschutzes auch bei der GbR (OLG Jena 28.10.2010, BeckRS 2011, 22761). Unzulässig ist hiernach die **willkürliche Ungleichbehandlung** der Gesellschafter durch die GbR oder die Mehrheit der Gesellschafter (MüKoBGB/*Schäfer* Rn. 245). Dies gilt zB bei der Vereinbarung von Beitragserhöhungen (BGH 30.9.1974, WM 1974, 1151 (1152); OLG München 22.12.2000, BeckRS 2000, 30152646), bei der Gewinnverwendung (MüKoBGB/*Schäfer* Rn. 250; zur RA-Sozietät OLG Stuttgart 16.5.2007, BeckRS 2007, 9720), bei der Benutzung von Gesellschaftseinrichtungen (zur Genossenschaft BGH 11.7.1960, NJW 1960, 2142 (2143)) und beim Bezug von Waren oder Dienstleitungen der Gesellschaft (BGH 18.12.1954, NJW 1955, 384). Der Gleichbehandlungsgrundsatz kann jedoch – in den Grenzen von Bestimmtheitsgrundsatz und Kernbereichslehre (→ Rn. 54 ff.) – **abbedungen** und modifiziert werden (BGH 27.9.1965, WM 1965, 1284 (1286)).

61 **3. Beschlussmängel. a) Gerichtliche Geltendmachung.** Ist die gesellschaftsinterne Willensbildung mangelhaft, gelten im Ausgangspunkt die **allgemeinen Regeln** über die Unwirksamkeit von Rechtsgeschäften (insofern bringt der Mauracher Entwurf aber bedeutsame Änderungen, → § 705 Rn. 1a). Auf §§ 241 ff. AktG analog kann nicht abgestellt werden (hM, MüKoBGB/*Schäfer* § 709 Rn. 105. Die dort angelegten Wertungen können jedoch teilweise entsprechend herangezogen werden, vor allem bei Publikumsgesellschaften (vgl. *K. Schmidt* ZIP 2009, 737 (739); weitergehend für eine entsprechende Anwendung *K. Schmidt* NZG 2018, 121). Dies betrifft vor allem die gerichtliche Geltendmachung von Beschlussmängeln (vgl. BGH 19.10.2009, NJW 2010, 65 (66); *Scholz* WM 2006, 897). Auch ist es weitgehend zulässig, vergleichbare Regelungen, insbesondere die **Frist** zur Geltendmachung von Beschlussmängeln, in den Gesellschaftsvertrag aufzunehmen (BGH 20.1.1977, BGHZ 68, 212 (216) = NJW 1977, 1292); die Geltendmachungsfrist muss jedoch hinreichend bestimmt (BGH 7.6.1999, NJW 1999, 3113) und darf nicht zu kurz sein (vgl. zur entsprechenden Heranziehung von § 246 Abs. 1 AktG bei der Publikumsgesellschaft BGH 13.2.1995, NJW 1995, 1218). Eine derartige Frist kann analog § 203 S. 1 gehemmt werden (Auslegung!), solange Verhandlungen schweben (vgl. LG Köln 19.12.2019, GWR 2020, 222). Ist ein Beschluss unwirksam, kann dies im Wege der **Fest-**

stellungsklage geltend gemacht werden (BGH 7.6.1999, NJW 1999, 3113 (3115)). Die Beschlussmängel betreffen die gesellschaftsvertraglichen Grundlagen; **Parteien** des Rechtstreits sind daher selbst bei der an sich rechtsfähigen Außen-GbR allein die beteiligten Gesellschafter, nicht jedoch zwingend als notwendige Streitgenossen (BGH 24.11.2008, WM 2009, 231 (232)). Das in einem derartigen Gesellschafterprozess ergangene Urteil ist aber für die Gesellschaft bindend (BGH 22.3.2011, NJW 2011, 2048 Rn. 16; abw. aber BGH 16.4.2015, NZG 2015, 1242 Rn. 19 ff.). Der Gesellschaftsvertrag kann auch vorsehen, dass bei Beschlussmängelstreitigkeiten die Gesellschaft passivlegitimiert sein soll (BGH 13.12.1995, NJW 1995, 1218; BGH 7.6.1999, NJW 1999, 3113 (3115); OLG Düsseldorf 23.11.2017, NZG 2018, 297 Rn. 26 für Publikumsgesellschaften, was jedoch auf rechtsfähige Außen-GbR übertragbar ist). Der Gesellschafter hat grundsätzlich ein **Interesse an der Feststellung** der Beschlussunwirksamkeit (BGH 7.2.2012, NZG 2012, 625 Rn. 24, auch nach Ausscheiden (BGH 9.4.2012, ZIP 2013, 1021); vgl. zur Verwirkung BGH 7.6.1999, NJW 1999, 3113 und zum fehlenden Rechtsschutzinteresse LG Heidelberg 28.7.2016, BeckRS 2016, 18066. Das Gleiche gilt für einen Quasi-Gesellschafter, der durch eine Treuhandabrede einem Gesellschafter gleichgestellt ist (vgl. OLG Düsseldorf 23.11.2017, NZG 2018, 297 Rn. 24 ff.).

Bei der **Beweislast** für das Vorliegen eines Beschlussmangels ist zu differenzieren: Wegen des im gesetzlichen Regelfall maßgeblichen Einstimmigkeitsprinzips sind Mehrheitsbeschlüsse grundsätzlich unwirksam, wenn sie gegen den Gesellschaftsvertrag verstoßen; hieraus folgt konsequenterweise, dass derjenige, der die Wirksamkeit eines Beschlusses behauptet, auch die Beweislast für die formellen und materiellen Voraussetzungen des Beschlusses trägt (vgl. LG Hannover 7.2.2018, BeckRS 2018, 1973 unter Hinweis auf BGH 21.1.1982, NJW 1982, 2065). Hiervon abweichend zu beurteilen ist indessen die Behandlung der ungeschriebenen Grenzen der Mehrheitsmacht, insbesondere durch Gleichbehandlungsgrundsatz und Treuepflichtbindung (→ Rn. 59b). **61a**

Die **Schiedsfähigkeit** von Beschlussmängelstreitigkeiten ist im Grundsatz auch bei Personengesellschaften gegeben, über die Voraussetzungen besteht indessen nach wie vor Unsicherheit. Der BGH hat für die GmbH erkannt, dass folgende **Mindestvoraussetzungen** gegeben sein müssen: (1) Beschlussmängelstreitigkeiten mit dem selben Streitgegenstand müssen vor dem selben Schiedsgericht konzentriert werden; (2) jeder Gesellschafter muss zumindest als Nebenintervenient beteiligt sein können; (3) alle Gesellschafter müssen gleichermaßen an der Schiedsrichterbestellung mitwirken können oder es muss die Bestellung durch eine neutrale Stelle erfolgen (BGH 6.2.2009, NZG 2009, 620 – Schiedsfähigkeit II; Baumbach/Hueck/*Zöllner/Noack* GmbHG Anh. § 47 Rn. 35 ff.; Servatius/*Rieder,* Corporate Litigation, 2016, Rn. 545 ff.). Mittlerweile hat der BGH erkannt, dass diese Rechtsprechung auch auf Personengesellschaften, insbesondere die KG, übertragbar ist (BGH 6.4.2017, NZG 2017, 657 – Schiedsfähigkeit III). Nach wie vor ungeklärt ist indessen einmal, ob die für § 1029 ZPO maßgeblichen **Schiedsvereinbarungen** im Gesellschaftsvertrag und/oder einer ggf. zusätzlichen schuldrechtlichen Vereinbarung der Gesellschafter untereinander erfolgen muss (hierzu *K. Schmidt* NZG 2018, 121). Zum anderen bestehen nach wie vor große Unstimmigkeiten im Hinblick auf die Einbettung der Mindestvoraussetzungen in das für die Personengesellschaften maßgebliche **Beschlussmängelrecht,** welches, anders als bei GmbH und AG, den allgemeinen Regeln folgt (hierzu *Heinrich* ZIP 2018, 411; *Göz/Peitsmeyer* SchiedsVZ 2018, 7). Die Beratungspraxis ruft insofern nachvollziehbar zu einer sorgfältigen Überprüfung aller bestehenden Schiedsklauseln auf; von wissenschaftlicher Seite wird dafür plädiert, zumindest bei den körperschaftlich strukturierten Personengesellschaften bereits de lege lata das aktienrechtliche Beschlussmängelrecht entsprechend anzuwenden, um die Friktionen der Rechtsprechung zu beseitigen (sehr deutlich *K. Schmidt* NZG 2018, 121). **61b**

b) Verfahrensfehler. Sehen Gesetz oder Gesellschaftsvertrag bestimmte Anforderungen an die Vorbereitung des Beschlusses und seine Durchführung vor, sind diese einzuhalten. Beispiele sind förmliche Ladung (BGH 10.10.1983, WM 1983, 1407 (1408); OLG Dresden 24.2.2000, NZG 2000, 782); vorherige Anhörung der Minderheit (BGH 18.9.1975, BGHZ 65, 93 (96 f.) = NJW 1976, 49); Einberufungsrecht (BGH 9.11.1987, BGHZ 102, 172 = NJW 1988, 969). Aus einem Verfahrensfehler resultiert indessen nicht stets die Unwirksamkeit des Beschlusses. Verstöße gegen **Form, Frist und Inhalt der Einberufung** einer Gesellschafterversammlung können bei Personengesellschaften nur dann zur Nichtigkeit des Beschlusses führen, wenn der mit den gesellschaftsvertraglichen oder gesetzlichen Ladungsbestimmungen verfolgte Zweck, dem einzelnen Gesellschafter die Vorbereitung auf die Tagesordnungspunkte und die Teilnahme an der Versammlung zu ermöglichen, vereitelt wird. Wird dieser „Dispositionsschutz" verletzt, liegt ein zur Nichtigkeit der in der Versammlung gefassten Beschlüsse führender schwerwiegender Mangel vor. Der Verfahrensmangel führt aber nur zur Nichtigkeit des Beschlusses, wenn nicht ausgeschlossen werden kann, dass sein Zustandekommen durch den Fehler beeinflusst ist (BGH 11.3.2014, NZG 2014, 621 Rn. 13). Dies soll nicht gegeben sein, wenn der Verfahrensfehler auf das Zustandekommen des Beschlusses keinen Einfluss hat, insbesondere weil das Beschlussergebnis von einer entsprechenden Mehrheit getragen wird (MüKoBGB/*Schäfer* § 709 Rn. 106). Dieses Abstellen auf die **potenzielle Kausalität** überzeugt nicht, weil hiernach bei gefestigten Mehrheiten die Beachtung von Schutzvorschriften zugunsten der Minderheit ausgeschlossen wäre **62**

(so auch *Wicke* MittBayNot 2017, 125 (129 f.)). Richtig ist, wie im Aktienrecht auf den Schutzzweck der verletzten Norm bzw. Vertragsregelung abzustellen und eine am Minderheitenschutz orientierte wertende Betrachtung anzustellen, ob hieraus die Unwirksamkeit des Beschlusses zu erfolgen hat oder nicht (**Relevanztheorie;** vgl. Spindler/Stilz/*Würthwein* AktG § 243 Rn. 83 ff.). Insbesondere Ladungsmängel sind daher regelmäßig beachtlich (OLG Stuttgart 1.8.2007, NZG 2008, 26; abw. BeckOK BGB/*Schöne* § 709 Rn. 63).

63 Eine weitere Einschränkung der Unwirksamkeit besteht bei der Verletzung einer bloßen **Ordnungsvorschrift** (hM, vgl. für die fehlende Protokollierung RGZ 104, 413 (415)). Da derartige Regelungen nur aus dem Gesellschaftsvertrag selbst resultieren können, ist die Beachtlichkeit der Verletzung nur dann anzunehmen, wenn diejenigen, die hierdurch geschützt werden sollen, nicht zugleich wirksam (ggf. konkludent) erklärt haben, diese Regelung außer Kraft zu setzen (zutr. MüKoBGB/*Schäfer* § 709 Rn. 107 unter Hinweise auf die Parallele zum gewillkürten Formzwang). Insofern gilt das Gleiche wie bei der **Heilung** von Verfahrensmängeln. Hat ein Gesellschafter seine Mitgliedschaftsrechte trotz Verfahrensmangels ordnungsgemäß ausüben können, ist der Mangel unbeachtlich (so für Ladungsmängel bei der GmbH BGH 30.3.1987, BGHZ 100, 264 (269 f.) = NJW 1987, 2580).

64 **c) Fehlerhafte Stimmabgabe.** Resultiert aus dem Mangel allein die fehlerhafte Stimmabgabe eines Gesellschafters, führt dies zunächst auch nur zur hierauf bezogenen Unwirksamkeit (zB Anfechtung, fehlende Geschäftsfähigkeit, Stimmverbot, → Rn. 52). Auswirkungen auf den Gesamtbeschluss hat dies jedoch nur, wenn die betreffenden Stimmen zur Erzielung von Einstimmigkeit bzw. einer entsprechenden Mehrheit erforderlich sind (allgM). Dies gilt auch, wenn eine Stimmabgabe treupflichtwidrig ist (vgl. BGH 18.9.1975, BGHZ 65, 93 (98) = NJW 1976, 49).

65 **d) Rechtswidriger Beschlussinhalt.** Ist der Beschlussinhalt rechtswidrig, folgt hieraus nur grundsätzlich **Gesamtunwirksamkeit.** Beispiele hierfür sind Verstöße gegen §§ 134, 138, gegen den Gleichbehandlungsgrundsatz oder die Verletzung des Gesellschaftszwecks, wenn er nicht sogleich abgeändert wurde. Bei Verstößen gegen den Bestimmtheitsgrundsatz und die Kernbereichslehre (→ Rn. 54 ff.) ist zu differenzieren: Bejaht die Mehrheit eine Maßnahme, zB eine Beitragserhöhung, ist dieser Beschluss ihnen gegenüber wirksam; etwas anderes gilt nur, wenn die Zustimmenden ihre Zustimmung davon abhängig machten, dass alle Gesellschafter ihre Zustimmung hierzu erteilen (BGH 19.10.2009, NJW 2010, 65 (67)). Gegenüber den überstimmten Gesellschaftern entfaltet der Beschluss keine Wirkung; sie können den Mangel, der letztlich auf die fehlende Zustimmung zum gefassten Beschluss zurückzuführen ist, mittels der allgemeinen, nicht fristgebundenen Feststellungsklage nach § 256 ZPO bzw. durch Einwendung im Prozess geltend machen (BGH 19.10.2009, NJW 2010, 65 (66)). Zu der hiernach möglichen **gespaltenen Wirksamkeit** eines Beschlusses kann es jedoch nur dann kommen, wenn die beschränkte tatsächliche Umsetzung des Beschlusses auch dann möglich und sinnvoll ist, wenn sie nicht gegenüber allen, sondern nur gegenüber den zustimmenden Gesellschaftern erfolgen kann (BGH 19.10.2009, NJW 2010, 65 (66)).

VIII. Rechts- und Prozessverkehr

66 Das **Außenverhältnis** umfasst die rechtlichen Beziehungen der Gesellschaft und der Gesellschafter zu Dritten. Seit der Grundsatzentscheidung des BGH zur Rechtsfähigkeit der Außen-GbR im Jahr 2001 bestehen insoweit kaum noch Unterschiede zur OHG mit der Folge, dass auch nur begrenzt auf die ältere Rspr. zurückgegriffen werden kann. Zur weitgehend identischen Gesellschafterhaftung → § 714 Rn. 10 ff.; zur durchaus noch unterschiedlichen organschaftlichen Vertretungsmacht → § 714 Rn. 2 ff.

67 **1. Rechtsfähigkeit der Außengesellschaft.** Jede Außengesellschaft (→ Rn. 7 f.) ist rechtsfähig (vgl. BGH 29.1.2001, BGHZ 146, 341 = NJW 2001, 1056); § 124 HGB gilt entsprechend. Andere bzw. einschr. Abgrenzungskriterien (Bildung von Gesamthandsvermögen, vgl. *Habersack* BB 2001, 477; Beschränkung auf unternehmenstragende GbR, vgl. *K. Schmidt* GesR § 58 V) sind nicht überzeugend. Auch der Begriff „Teilrechtsfähigkeit" ist ohne Aussagegehalt und sollte aufgegeben werden (so nunmehr auch BGH 11.11.2008, WM 2008, 2359; abw. *Beuthien* ZIP 2011, 1589). Aus der Rechtsfähigkeit folgt allerdings nicht die Kennzeichnung als juristische Person (zutr. BGH 26.3.1981, BGHZ 80, 222 = NJW 1981, 1953). Die Außen-GbR ist vielmehr eine rechtsfähige Personengesellschaft iSv § 14 Abs. 1 (vgl. auch § 191 Abs. 2 Nr. 1 UmwG). Weitergehende Folgerungen, insbesondere die organisatorische Ausgestaltung, stehen in keinem zwingenden Zusammenhang mit der Anerkennung der Rechtsfähigkeit und sollten hiervon getrennt werden (aA *Windbichler* GesR § 9 Rn. 13). Gleichwohl gilt infolge der rechtlichen Anerkennung entsprechend § 124 Abs. 1 HGB auch das an sich vor allem bei den Körperschaften bzw. juristischen Personen anerkannte **Trennungsprinzip.** Die rechtsfähige Gesellschaft ist aus der Perspektive eines Dritten von den Gesellschaftern zu trennen; etwas anderes gilt nur auf Grund der Haftung analog §§ 128 ff. HGB (→ § 714 Rn. 17 ff.; zur Zwangsvollstreckung → Rn. 71). Darüber hinaus kann es aber ausnahmsweise auch geboten sein, einem Dritten bei Inanspruchnahme durch die GbR die Einwendung zuzulassen, er habe einen gegen alle Gesellschafter

gerichteten Schadensersatzanspruch, wenn die Berufung der Gesellschaft auf ihre Eigenständigkeit gegen Treu und Glauben verstößt (vgl. BGH 19.11.2013, WM 2014, 560). **Zurechnungsfragen:** Aus der rechtlichen Verselbstständigung folgt, dass der GbR das Wissen und Handeln ihrer geschäftsführenden Gesellschafter entsprechend § 31 zugerechnet wird, das der übrigen Erfüllungsgehilfen nach §§ 166, 278. Ist eine GbR als Außen-GbR rechtsfähig, gilt dies auch im **Innenverhältnis.** Sozialansprüche und -verbindlichkeiten werden bei der Außen-GbR richtigerweise grundsätzlich im Verhältnis zwischen GbR und Gesellschafter abgewickelt und nicht im Verhältnis der Gesellschafter untereinander (zur actio pro socio → Rn. 46).

a) Umfang. Der Umfang der Rechtsfähigkeit ist denkbar weit. Er umfasst – ohne dass es heute noch einer näheren Begründung bedürfte – grundsätzlich **jede materiell-rechtliche Rechtsposition:** Vertragspartei, Schuldner- bzw. Gläubigerstellung, Scheck- und Wechselfähigkeit, Kontofähigkeit, Grundrechtsfähigkeit (BVerfG 2.9.2002, NZG 2002, 1104); Namensfähigkeit (wegen Verwechslungsgefahr jedoch nicht „GbRmbH“, BayObLG 24.9.1998, NJW 1999, 197 sowie „und Partner“, BGH 21.4.1997, BGHZ 135, 257 = NJW 1997, 1854, vgl. § 11 Abs. 1 PartGG; vgl. zum lauterkeitsrechtlichen Gebot des Hinweises auf einen entsprechenden Rechtsformzusatz OLG Hamm 18.2.2020, GWR 2020, 179), Alleineigentum und -besitz (zum Organbesitz BGH 6.11.1967, JZ 1968, 69), Insolvenzfähigkeit gem. § 11 Abs. 2 Nr. 1 InsO (vgl. BGH 21.6.2007, NZG 2007, 623); Halten eines Kfz gem. § 7 StVG; Arbeitgeber (LAG Köln 29.11.2019, BeckRS 2019, 34352; *Diller* NZA 2003, 401 (402)); Gesellschafterstellung in einer anderen GbR und einer juristischen Person (zur Beteiligung an einer OHG und KG → Rn. 70); Marken- und Markenregisterfähigkeit (BPatG 20.8.2004, GRUR 2004, 1030; BPatG 12.6.2007, GRUR 2008, 448); Trägerin des Sacherhaltungsinteresses bei der Kaskoversicherung (BGH 5.3.2008, NJW 2008, 1737); zu Kommunalabgaben *Kreuter* NVwZ 2008, 360; zur (nicht gegebenen) Zweitwohnungssteuerpflicht der GbR OVG Lüneburg 30.11.2016, NZG 2017, 420). 68

b) Grundbuchfähigkeit. Die Außen-GbR kann als solche Grundstückseigentümerin sein (heute unstreitig, vgl. BGH 25.9.2006, NJW 2006, 3716). Hiervon zu unterschieden ist die sog. Grundbuchfähigkeit, mithin die Frage, auf welche Weise das materiell-rechtliche Grundstückseigentum im Grundbuch dokumentiert wird (zur Differenzierung sehr deutlich BGH 28.4.2011, NZG 2011, 698). Nach § 47 Abs. 2 S. 1 GBO sind zwingend neben der GbR auch deren aktuelle Gesellschafter einzutragen, gem. § 15 Abs. 1 lit. c GBV können zusätzlich der Name und Sitz der GbR eingetragen werden (vgl. hierzu *Sattmann* NJW 2013, 423). Verfahrensrechtlich sind die Anforderungen an derartige Eintragungen indessen noch nicht abschließend geklärt, was große Rechtsunsicherheit hervorruft (zu den Einzelheiten siehe BeckOK GBO/*Reetz* GBO § 47 Rn. 91 ff.). Zunächst wurde verlangt, dass beim rechtsgeschäftlichen Erwerb von Grundeigentum durch die GbR deren Existenz, Identität und Vertretungsverhältnisse in der Form des § 29 Abs. 1 GBO nachgewiesen werden (OLG Köln 29.11.2010, NJW-RR 2011, 452); mittlerweile reicht es jedoch aus, wenn die Benennung und Bezeichnung der GbR-Gesellschafter in der notariellen Auflassungsverhandlung erfolgt sind (BGH 28.4.2011, NJW 2011, 1958; OLG München 15.6.2011, NJW-RR 2011, 1311; *Reymann* ZNotP 2011, 84 (103); *Lautner* DNotZ 2011, 643). Die für die grundbuchrechtliche Einigung gem. §§ 20, 29 GBO nachzuweisende **Vertretungsmacht** der Gesellschafter kann ebenfalls problematisch sein. Allerdings genügt es, wenn die GbR und die für sie Handelnden in der Auflassungsverhandlung benannt sind und erklärt wird, dass sie die alleinigen Gesellschafter sind (vgl. BGH 28.4.2011, NZG 2011, 698). Soll eine vom gesetzlichen Regelfall der Gesamtvertretung abweichende Vertretungsregelung gelten, ist auch dies in der Form des § 29 Abs. 1 S. 1 GBO nachzuweisen (zum Ganzen *Krüger* NZG 2010, 801; *Suttmann* NJW 2013, 423); die Vorlage eines vor mehreren Jahren geschlossenen Gesellschaftsvertrages ist hierzu indessen nicht geeignet (KG Berlin 19.12.2017, NZG 2017, 1190 Rn. 6). Eine rückwirkende Genehmigung bei fehlender grundbuchrelevanter Vertretungsmacht ist aber möglich (KG Berlin 19.12.2017, NZG 2017, 1190 Rn. 15). Die Gesellschafter können sich auch durch **Bevollmächtigte** nach Maßgabe von § 29 Abs. 1 S. 1 GBO vertreten lassen (Einzelheiten bei *Weber* MittBayNot 2019, 11). Bei der Auslegung der Vollmacht ist wie bei der Auslegung von Grundbucheintragungen auf Wortlaut und Sinn der Erklärung abzustellen; außerhalb der Urkunde liegende Umstände dürfen nur insoweit herangezogen werden, als sie für jedermann ohne weiteres erkennbar sind (KG Berlin 17.11.2016, BeckRS 2016, 20407 Rn. 7). Kommt es nachträglich zum **Gesellschafterwechsel** der Eigentümer-GbR, ist dies gem. § 82 S. 3 GBO ebenfalls einzutragen. Wird eine GbR nach dem Tod eines Gesellschafters aufgelöst, können die Erben während der Liquidationsphase im Wege der Grundbuchberichtigung eingetragen werden (OLG München 7.9.2010, NZG 2010, 1138). Wird ein GbR-Anteil vererbt, ist im Grundbuch auch ein etwaiger Testamentsvollstreckervermerk einzutragen (LG Hamburg 15.9.2008, ZIP 2008, 2125; zum Ganzen *v. Proff* DStR 2018, 415). Über die **fehlende Registerpublizität** der GbR hilft nunmehr teilweise § 899a hinweg. Hiernach erstreckt sich der gute Glaube des Grundbuchs auch auf den verzeichneten Gesellschafterbestand (OLG München 11.12.2009, DStR 2010, 614). Die **Insolvenz** eines GbR-Gesellschafters hat keine unmittelbaren Auswirkungen auf das Eigentum der GbR, sodass die Eintragung eines Insolvenzvermerks analog § 32 InsO auch nicht hierauf gestützt werden kann (*Altmeppen* NZG 2017, 1281 gegen BGH 13.7.2017, NZG 2017, 1257). Die im **Mauracher Entwurf** geplante 69

Registerfähigkeit der GbR wird künftig erhebliche Erleichterungen für den Grundstücksverkehr mit sich bringen (→ Rn. 1a).

70 **c) Weitere Besonderheiten.** Aus der fehlenden Publizität hinsichtlich des Gesellschafterbestands der GbR folgt, dass die Gesellschaft zwar **Gesellschafterin einer Personenhandelsgesellschaft** sein kann, im Handelsregister jedoch zusätzlich die Namen der GbR-Gesellschafter mit ihren Namen, Geburtstag und Wohnort aufzunehmen sind (für die Kommanditistenstellung bereits BGH 16.7.2001, NJW 2001, 3121; für die Komplementärstellung OLG Celle 27.3.2012, NZG 2012, 667; vgl. auch § 162 Abs. 1 S. 2 HGB; zustimmend *Armbrüster* ZGR 2013, 366 (380 f.); zum Ganzen *R. Schmidt/Bierly* NJW 2004, 1210); insofern wird die im **Mauracher Entwurf** geplante Registerfähigkeit der GbR künftig erhebliche Erleichterungen mit sich bringen (→ § 705 Rn. 1a); vgl. zur Teilnahme einer **Scheingesellschaft** am Rechtsverkehr *Bartels/Wagner* ZGR 2013, 482. Die GbR kann nach zweifelhafter hM jedoch nicht **Verwalterin** iSv § 26 WEG sein (BGH 26.1.2006, NJW 2006, 2189; BGH 28.5.2009, WM 2091; abw. OLG Frankfurt a. M. 18.8.2005, NZM 2005, 866; zum Ganzen *Armbrüster* ZGR 2013, 366 (381 ff.)). Aus der rechtlichen Verselbstständigung wird neuerdings auch geschlossen, dass die GbR **eigene Anteile** halten könne (vgl. *Priester* ZIP 2014, 245). Die Außen-GbR verfügt gem. § 136 Abs. 3 Nr. 1 SGB VII über die sozialversicherungsrechtliche **Unternehmereigenschaft.** Dass eine GbR auch die **Verbrauchereigenschaft** iSd § 13 haben kann, dürfte unstreitig sein (vgl. bereits BGH 23.10.2001, DStR 2002, 141); die notwendige teleologische Abstimmung der Norm auf die gesellschaftsrechtliche Gestaltung erfordert indessen eine doppelte Prüfung der Tätigkeit der GbR und der Schutzbedürftigkeit der Gesellschafter (vgl. hierzu *Beck* VuR 2017, 370; *Armbrüster* ZGR 2013, 366 (384 ff.)). Ist an der GbR indessen auch eine juristische Person beteiligt, scheidet die Verbrauchereigenschaft aus (BGH 30.3.2017, NJW 2017, 2752; OLG Brandenburg 7.3.2018, BeckRS 2018, 3738 Rn. 36; abw. noch OLG Köln 8.2.2017, NZG 2017, 944 Rn. 43; abw. zur Wohnungseigentümergemeinschaft auch BGH 25.3.2015, NZG 2015, 905 Rn. 30). Vgl. zur Arbeitgebergemeinschaft LAG Köln 29.11.2019, BeckRS 2019, 34352. Die Außen-GbR hat als parteifähige Vereinigung einen Anspruch auf **Prozesskostenhilfe** gem. § 116 S. 1 Nr. 2 ZPO (BGH 25.7.2017, BeckRS 2017, 120802). Die Außen-GbR kann sich in entsprechender Anwendung von § 573 Abs. 2 Nr. 2 auf den **Eigenbedarf** eines ihrer Gesellschafter oder dessen Angehörigen berufen (BGH 14.12.2016, NJW 2017, 547; hierzu *Häublein* NZG 2018, 41). Die Außen-GbR muss einen **Namen mit Rechtsformzusatz** führen (vgl. OLG Hamm 18.2.2020, NJW-RR 2020, 865).

70a **d) Innengesellschaften.** Fehlt der GbR die Rechtsfähigkeit, richtet sich das Außenverhältnis nach dem ansonsten mittlerweile überholten Grundmodell der gemeinschaftlichen Verbundenheit der Gesellschafter: Vertretung eines Mitgesellschafters gem. § 714 anstelle der organschaftlichen Vertretung der GbR; grundsätzlich keine darüber hinausgehende Gesellschafterhaftung entsprechend §§ 128 f. HGB; gesamthänderische Bindung des Gesellschaftsvermögens gem. §§ 718 ff. anstelle der Rechtsträgerschaft durch die GbR. Vgl. hierzu aber die Änderungen des Mauracher Entwurf zur Reform des Personengesellschaftsrechts (→ § 705 Rn. 1a).

71 **2. Prozessuales.** Mit der Rechtsfähigkeit der Außen-GbR geht die aktive und passive **Parteifähigkeit** einher (BGH 29.1.2001, BGHZ 146, 341 = NJW 2001, 1056). Die Gesellschaft wird durch die organschaftliche Vertretung ihrer Gesellschafter (§ 714) auch **prozessfähig** (BGH 19.7.2010, NJW 2010, 2886; → § 714 Rn. 4 ff.). Den Gesellschaftern fehlt konsequenterweise die Prozessführungsbefugnis (LG Regensburg 7.4.2020, BeckRS 2020, 14754). Für den Gerichtsstand gilt § 17 Abs. 1 ZPO entsprechend, maßgeblich ist der Verwaltungssitz (BayObLG 2.9.2020, BeckRS 2020, 21470). Bei einem Gesellschafterwechsel ist keine Titelumschreibung erforderlich (OLG Saarbrücken 22.4.2008, NJOZ 2008, 3089). Besonderheiten bestehen bei der **Zwangsvollstreckung** (zum Ganzen *K. Schmidt* NJW 2008, 1841 (1842 f.)): Entsprechend § 124 Abs. 2 HGB ist ein Titel gegen die Gesellschaft ausreichend, wegen § 736 ZPO jedoch nicht zwingend erforderlich (vgl. BGH 16.7.2004, NJW 2004, 3632). Dies führt jedoch zu dem nicht hinnehmbaren Ergebnis, dass auch die Privatgläubiger der Gesellschafter sogleich in das Gesellschaftsvermögen vollstrecken können. § 736 ZPO ist daher bei der rechtsfähigen Außen-GbR überhaupt nicht anzuwenden (so wohl auch LG Gera 19.12.2007, NJOZ 2008, 3432; abw. aber BGH 22.3.2011, NJW 2011, 2048 Rn. 14). Umgekehrt gilt entsprechend § 129 Abs. 4 HGB das Gleiche. Die Rechtsfähigkeit setzt sich auch im **Verwaltungsverfahren** fort. Die GbR kann als Zustandsstörer Adressat eines Verwaltungsaktes sein; dieser kann an den geschäftsführenden Gesellschafter zugestellt werden (OVG Münster 18.11.2008, NZG 2009, 339). Die GbR ist jedoch nicht Gewerbetreibende iSd GewO (OVG Lüneburg 31.7.2008, NVwZ-RR 2009, 103; ebenso zum GastG VG Gießen 30.6.2008, BeckRS 2008, 38393). Bei der **Innen-GbR** haben die Gesellschafter grundsätzlich gemeinschaftliche Prozessführungsbefugnis (vgl. AG Brandenburg 25.4.2012, BeckRS 2012, 09367).

72 **3. Insolvenz.** Die Außen-GbR ist gem. § 11 Abs. 2 Nr. 1 InsO insolvenzfähig (BGH 21.6.2007, NZG 2007, 623); nicht hingegen die Innen-GbR (vgl. AG Köln 6.10.2003, NZG 2003, 1112). Insolvenzgründe sind die (drohende) Zahlungsunfähigkeit (§§ 17, 18 InsO), ist kein GbR-Gesellschafter

eine natürliche Person, gem. § 19 Abs. 3 InsO auch die Überschuldung (vgl. insofern auch die Insolvenzantragspflicht gem. § 15a Abs. 1 S. 2 InsO). Mit Insolvenzeröffnung wird die GbR gem. § 728 Abs. 1 S. 1 zwingend **aufgelöst,** sofern kein Fortsetzungsbeschluss nach Maßgabe von § 728 Abs. 1 S. 2 möglich ist. Im Insolvenzverfahren werden die organschaftliche Vertretungsmacht der Gesellschafter (→ § 714 Rn. 2 ff.) sowie die sonstigen rechtsgeschäftlichen Vollmachten durch § 80 Abs. 1 InsO überlagert. Die mit dem Abwicklungszweck zu vereinbarenden und nicht die Insolvenzmasse betreffenden Gesellschafterkompetenzen bleiben indessen unberührt (vgl. § 729). Die Gesellschafterhaftung (→ § 714 Rn. 10 ff.) kann nur nach Maßgabe von § 93 InsO geltend gemacht werden. Kommt es, wie regelmäßig, zur **Doppelinsolvenz** von Gesellschaft und Gesellschaftern, ist mit Verfahrenseröffnung über das Vermögen der GbR allein deren Verwalter befugt, Insolvenzantrag gegen einen haftenden Gesellschafter zu stellen (AG Dresden 31.7.2009, ZIP 2010, 243). Die Eröffnung des Insolvenzverfahrens über das Vermögen eines Gesellschafters führt gem. § 728 Abs. 2 grundsätzlich ebenfalls zur Auflösung der GbR.

IX. Gesellschafterwechsel

1. Eintritt. Der Eintritt eines Gesellschafters ist ein **Grundlagengeschäft** und bedarf einer Änderung 73
des Gesellschaftsvertrages (RGZ 52, 161 (162)). Beteiligte am Aufnahmevertrag sind daher der Eintretende und die bisherigen Gesellschafter. Letztere können Abweichendes vereinbaren, zB das Mehrheitsprinzip (→ Rn. 57), sich gegenseitig vertreten (BGH 17.11.1975, WM 1976, 15; BGH 14.11.1977, WM 1978, 136) und auch einen Nichtgesellschafter hierzu bevollmächtigen (vgl. für Publikumsgesellschaften BGH 18.7.2006, NJW 2006, 2980; BGH 17.10.2006, NJW 2007, 1813). Auch die Bevollmächtigung der GbR selbst und damit mittelbar ihrer organschaftlichen Vertreter ist möglich (BGH 1.3.2011, NJW 2011, 1666, auch zur Auslegung der Vollmacht). Dies ist ggf. erforderlich, weil die organschaftliche Vertretungsmacht sich unmittelbar nicht auf Grundlagengeschäfte erstreckt (→ § 714 Rn. 3). Bei den Publikumsgesellschaften ist es auch zulässig, dass die Gesellschaft selbst ermächtigt wird, den betreffenden Aufnahmevertrag im eigenen Namen zu schließen (BGH 14.11.1977, NJW 1978, 1000; BGH 19.7.2011, DB 2011, 984; → HGB Anh. Rn. 16 ff.). Zu den Formerfordernissen des Eintritts → Rn. 27 f.; zum fehlerhaften Eintritt → Rn. 36; zur Anwendung des AGG *Schroeder/Diller* NZG 2006, 728. Sofern bei diesen Gestaltungen Insichgeschäfte iSv § 181 vorliegen, kann eine Befreiung vom Verbot des Selbstkontrahierens bzw. der Mehrfachvertretung auch durch den Gesellschaftsvertrag erfolgen (vgl. OLG München 27.2.2013, BeckRS 2014, 08355). Als **Rechtsfolge** des Eintritts wird die Identität der GbR nicht berührt (vgl. BGH 29.1.2001, BGHZ 146, 341 = NJW 2001, 1056). Der Eintretende erhält entsprechend § 738 Abs. 1 einen Anteil am Gesellschaftsvermögen (Abwachsung der Anteile der Übrigen). Zur Haftung des Eintretenden entsprechend § 130 HGB → § 714 Rn. 22 ff.

2. Ausscheiden. Zum Ausscheiden eines Gesellschafters und zur Vererbung der Gesellschafterstel- 74
lung s. §§ 736, 737.

3. Übertragung. Die Gesellschafterstellung kann auf zwei unterschiedliche Arten übertragen werden. 75
Einmal durch **Doppelvertrag,** dh durch vertragliche Regelungen über das Ausscheiden des Altgesellschafters und Aufnahme des Neuen. In beiden Fällen handelt es sich um eine den Gesellschaftsvertrag abändernde Grundlagenentscheidung (zur fehlerhaften Gesellschaft → Rn. 34). Hieran hält gem. § 711 Abs. 1 BGB-E auch der Mauracher Entwurf fest (→ Rn. 1a). Die Gesellschafterstellung kann auch **als solche übertragen** werden (Überblick bei *Reiff/Nannt* DStR 2009, 2376). Hieran ändert künftig auch der Mauracher Entwurf nichts. Erforderlich ist ein dinglicher Vertrag gem. §§ 413, 398 zwischen Veräußerer und Erwerber (meist zusätzlich ein schuldrechtlicher Vertrag, vgl. § 453). Wurde nichts Abweichendes vereinbart, müssen die übrigen Gesellschafter gem. §§ 182 ff. – vorher oder nachträglich – zustimmen. Der Vertrag unterliegt nur bei missbräuchlicher Umgehung einem Formzwang (vgl. zu § 15 Abs. 3 GmbHG BGH 10.3.2008, NJW-RR 2008, 773). Die Übertragung kann wegen Verstoßes gegen das RDG nichtig sein (vgl. BGH 20.7.2010, NZG 2010, 991 (993); zur fehlerhaften Anteilsübertragung → Rn. 34 ff.). Als **Rechtsfolge** tritt der Erwerber in die gesellschaftsrechtliche Stellung des Veräußerers ein und haftet für Altverbindlichkeiten entsprechend § 130 HGB (→ § 714 Rn. 22 f.). Die Nachhaftung des Veräußerers ist gem. § 736 begrenzt.

Beiträge der Gesellschafter

706 (1) **Die Gesellschafter haben in Ermangelung einer anderen Vereinbarung gleiche Beiträge zu leisten.**

(2) [1] **Sind vertretbare oder verbrauchbare Sachen beizutragen, so ist im Zweifel anzunehmen, dass sie gemeinschaftliches Eigentum der Gesellschafter werden sollen.** [2] **Das Gleiche gilt von nicht vertretbaren und nicht verbrauchbaren Sachen, wenn sie nach einer Schätzung beizutragen sind, die nicht bloß für die Gewinnverteilung bestimmt ist.**

(3) **Der Beitrag eines Gesellschafters kann auch in der Leistung von Diensten bestehen.**

Übersicht

I. Allgemeines

1 Es ist konstitutives Merkmal einer GbR, dass sich ihre Gesellschafter gegenseitig zur Zweckförderung verpflichten. Hieran hält gem. § 705 BGB-E auch der Mauracher Entwurf fest (→ § 705 Rn. 1a). Die konkrete Ausgestaltung der **Zweckförderungspflicht** – Art und Umfang – obliegt indessen ihrer gesellschaftsvertraglichen Gestaltungsfreiheit (hieran hält gem. § 708 BGB-E auch der Mauracher Entwurf fest, → § 705 Rn. 1a). § 706 setzt dies voraus und hat hierdurch einen sehr beschränkten eigenständigen Regelungsbereich: **Abs. 1** statuiert verallgemeinerungsfähig den gesellschaftsrechtlichen Gleichbehandlungsgrundsatz für die Einforderung von Beiträgen (→ Rn. 10). **Abs. 2** begründet die widerlegliche Vermutung, dass Sacheinlagen zu Eigentum der GbR zu leisten sind, was insbesondere auch iRd Auseinandersetzung Relevanz hat (vgl. §§ 732, 738 Abs. 1 S. 2). **Abs. 3** stellt klar, dass auch Dienstleistungen Gegenstand einer Beitragspflicht sein können (→ Rn. 2). Zur nachträglichen Beitragserhöhung, Nachschusspflicht, vgl. § 707.

II. Beiträge

2 **1. Gegenstand.** Beitrag iSv § 706 ist eine Konkretisierung der individuellen Zweckförderungspflicht. Charakteristisch ist, dass sich ein Gesellschafter aufgrund gesellschaftsvertraglicher Grundlage zur Erbringung einer Leistung an die GbR verpflichtet (causa societatis). Die Bezeichnung von Leistungen gegenüber dem Finanzamt hat nur inzidente Bedeutung (OLG Celle 3.1.2007, NZG 2007, 542). Jenseits der §§ 134, 138 (→ § 705 Rn. 5) bestehen keine Grenzen der **Gestaltungsfreiheit.** Die Beitragspflicht kann ein Tun, Dulden und Unterlassen betreffen; der Beitrag muss nicht vermögenswerter Art sein. Die §§ 706, 707 gehen jedoch hiervon aus, sodass man insofern von Beiträgen ieS spricht, wohingegen als Beiträge iwS alle auch nichtvermögensmäßigen Leistungen anzusehen sind, die ein Gesellschafter auf vertraglicher Grundlage zur Förderung des Gesellschaftszwecks verspricht (MüKoBGB/*Schäfer* Rn. 3). Die sprachliche Differenzierung von Beitrag ieS sowie Beitrag iwS ist hilfreich, rechtlich jedoch kaum relevant. Alle gesetzlichen Regelungen, die hierauf Bezug nehmen, knüpfen aufgrund einer funktionalen Betrachtung des Beitragsbegriffs an das an, was konkret vereinbart wurde. Die begriffliche Abgrenzung hat daher keinen rechtlichen Eigenwert. Als Konsequenz dieser weiten Betrachtung besteht zumindest für die allein das Innenverhältnis betreffenden Aspekte der Beitragspflicht kein Anlass, § 27 Abs. 2 AktG analog heranzuziehen und damit das Versprechen zur Dienstleistung als nicht beitragsfähig anzusehen (so aber *Fleischer/Pendl* WM 2017, 881 (883)); vielmehr geht Abs. 3 geradezu umgekehrt davon aus, dass auch Dienstleistungen beitragsfähig sind (ebenso § 709 Abs. 1 BGB-E des Mauracher Entwurfs, → § 705 Rn. 1a). Eine abweichende Beurteilung ist freilich angezeigt, wo drittschützende Aspekte Raum greifen und die stichtagsbezogene Bewertung erforderlich ist, insbesondere im Rahmen von §§ 172, 174 HGB (vgl. hierzu auch *Fleischer/Pendl* WM 2017, 881 (885)). **Beispiele** für Beiträge sind: Einbringung eines Grundstücks (OLG München 28.7.2000, NZG 2000, 1124); Werkleistungen (BGH 26.11.1979, DB 1980, 731; vgl. für Architekten OLG Stuttgart 1.3.2016, BeckRS 2016, 07929); Dienstleistungen, Abs. 3 (zur Geschäftsführung als gesellschaftsvertragliche Beitragspflicht RGZ 142, 17; hierzu umfassend *Fleischer/Pendl* WM 2017, 881; zur Pflicht, ein Produkt zu vertreiben, BGH 4.3.1982, NJW 1983, 1188); Hergabe seines guten Namens (RGZ 37, 61); Kundenstamm (KG Berlin 13.11.1998, NZG 1999, 489); Know-how (BGH 26.11.1979, DB 1980, 731); Umwandlung einer schuldrechtlichen Forderung (BGH 7.10.1963, WM 1963, 1230); Übertragung von Erfindungen (BGH 16.11.1954, NJW 1959, 541). Vom Beitrag **abzugrenzen** sind die Nachschüsse iSv § 735, die – bei entsprechender Vereinbarung – bereits vor der Auflösung eingefordert werden können (→ § 707 Rn. 3 ff.). Eine im Ausgangspunkt gänzlich andere rechtliche Beurteilung erfahren auch die Drittgeschäfte eines Gesellschafters mit seiner GbR (→ Rn. 7 ff.).

3 **2. Vereinbarung.** Die Festlegung der Beitragspflichten außerhalb von §§ 735, 739 obliegt als **Grundlagengeschäft** der Gesellschaftergesamtheit (zu Modifizierungen mittels Mehrheitsklausel → § 705 Rn. 53). Das Gleiche gilt für die Einforderung eines wirksam vereinbarten Beitrags, wenn nicht, wie im gesetzlichen Regelfall, gem. § 271 sofort Fälligkeit eintreten soll. Der Gesellschaftsvertrag kann die **Konkretisierung** der Beitragspflichten zunächst offenlassen (BGH 14.6.1976, WM 1976,

1053). Die nachträgliche Konkretisierung fällt jedoch nur dann nicht unter das Belastungsverbot gem. § 707, wenn die Grenzen der Beitragspflicht objektiv bestimmbar sind und hierin künftigen Entwicklungsmöglichkeiten ausreichend Rechnung getragen wurde (BGH 23.1.2006, NJW-RR 2006, 827; BGH 5.11.2007, NJW-RR 2008, 419). Sind diese Anforderungen erfüllt, sind im Zweifel die Geschäftsführer zur Festlegung der konkreten Leistung befugt (BGH 4.7.2005, NJW-RR 2005, 1347) (→ § 707 Rn. 5). Die Begründung einer Beitragspflicht ist **formfrei** möglich, soweit nicht aus anderen Regelungen Abweichendes folgt (→ § 705 Rn. 27 f.). Die Leistung der Beiträge begründet regelmäßig (nicht zwingend) ein **Gesellschaftsvermögen** iSv § 718. Nach Abs. 2 besteht die widerlegliche Vermutung für die Einbringung von Sachen zu Eigentum der GbR (→ Rn. 4).

4 Bei der **Art der Einbringung** besteht Gestaltungsfreiheit. Vermögensgegenstände können der Gesellschaft dauerhaft zu Eigentum bzw. Rechtsinhaberschaft übertragen werden **(quoad dominium)** oder bloß zur Nutzungsüberlassung **(quoad usum).** Beides ist möglich und im Gesellschaftsvertrag festzulegen (vgl. OLG Jena 26.4.2006, NJOZ 2006, 318). Abs. 2 S. 1 stellt bei vertretbaren oder verbrauchbaren Sachen (§§ 91, 92) die Vermutung für Ersteres auf; nach Abs. 2 S. 2 gilt dies ebenso bei anderen Sachen, wenn sie nach einer Schätzung beizutragen sind (RGZ 142, 17) und der Gesellschafter nicht darlegen und beweisen kann, dass diese nur zur Gewinnermittlung erfolgt ist (RGZ 109, 380 (381)). Diese Vermutungen gelten entsprechend bei anderen Gegenständen des Umlaufvermögens (MüKoBGB/*Schäfer* Rn. 9). Konsequenzen hat die Differenzierung nach der Art der Einbringung für die Erfüllung der Beitragspflicht (Überlassung von Besitz oder Eigentum), für die Behandlung von Leistungsstörungen (→ Rn. 11) sowie für die Auseinandersetzung nach Ausscheiden bzw. Auflösung der Gesellschaft (Rückgabe des Gegenstands, anteiliger Wertersatz, vgl. §§ 732, 733, 738). Als dritte Möglichkeit gibt es noch die bloß wertmäßige Einbringung von Gegenständen **(quoad sortem).** Sie entfaltet rein schuldrechtliche Beziehungen im Innenverhältnis und lässt die dingliche Rechtsstellung des Gesellschafters und seine Verfügungsbefugnis im Außenverhältnis unberührt (BGH 15.6.2009, DStR 2009, 2015, hierzu *Berninger* DStR 2010, 874; BGH 25.3.1965, WM 1965, 746; MüKoBGB/*Schäfer* Rn. 12).

5 **3. Bedeutung.** Die Beitragspflicht und ihre Erfüllung sind vor allem im **Innenverhältnis** relevant, wenn der Gesellschaftsvertrag – wie regelmäßig – an die unterschiedlichen Beiträge unterschiedliche Rechte knüpft (Mitsprache, Gewinn, Auseinandersetzung; Einzelheiten jeweils bei §§ 721–722, §§ 730 ff.). Im **Außenverhältnis** spielen die Beiträge keine eigenständige Rolle, weil Dritte unmittelbar auf die Gesellschafter zugreifen können (→ § 714 Rn. 10 ff.). Bei der GbR gibt es keine gesetzliche Kapitalbindung. Die Gesellschafter sind vielmehr in den Grenzen des § 138 (sittenwidrige Übervorteilung eines Gesellschafters) frei, die allgemeine Zweckförderungspflicht zu konkretisieren und die hierauf zu leistenden Beiträge („Einlagen“ iSv §§ 707, 733 ff.) zu bewerten (BGH 21.4.1955, NJW 1955, 1025; BGH 28.11.1974, WM 1975, 196). Auch eine beitragsfreie Beteiligung, die sich in der allgemeinen Zweckförderungspflicht bzw. den nicht vermögensmäßigen Beiträgen iwS erschöpft, ist zulässig (RGZ 80, 271); zur societas leonina → § 705 Rn. 6. Die Gestaltungsfreiheit besteht auch im Hinblick auf die Bestandskraft von Ausschüttungen (vgl. BGH 12.3.2013, NZG 2013, 738).

6 **4. Geltendmachung.** Die Beitragspflicht begründet eine **Sozialverbindlichkeit** gegenüber der GbR, sofern diese als Außengesellschaft rechtsfähig ist (→ § 705 Rn. 67), ansonsten gegenüber den Mitgesellschaftern in ihrer gesamthänderischen Verbundenheit (vgl. zur actio pro socio → § 705 Rn. 46). Die **Beweislast** für die Vereinbarung einer entsprechenden Pflicht trägt die Gesellschaft, die der Erfüllung der Gesellschafter; zur Vermutung nach Abs. 2 → Rn. 4; zu Leistungsstörungen → Rn. 11. Die Beitragspflicht **verjährt** gem. §§ 195, 199 in drei Jahren (BGH 1.3.2010, DStR 2010, 1489); Fristbeginn ist gem. § 199 Abs. 1 die Fälligkeit gemäß Gesellschaftsvertrag bzw. Einforderung (zum Nachschuss KG Berlin 21.8.2008, NZG 2009, 24 (25)). Eine Vorverlagerung analog § 162 Abs. 1 wegen missbräuchlichen Hinausschiebens der Fälligkeit kommt nicht in Betracht (offen lassend KG Berlin 21.8.2008, NZG 2009, 24 (25)). Die Verjährung kann gem. § 212 Abs. 1 Nr. 1 unterbrochen werden, wenn der betreffende Gesellschafter an der Feststellung des Jahresabschlusses mitwirkt (BGH 1.3.2010, DStR 2010, 1489). Nach Auflösung der GbR gilt für Beitrags- und Nachschusspflichten die Haftungsbegrenzung gem. § 160 HGB entsprechend (OLG Koblenz 14.9.2009, NZG 2009, 1426).

7 **5. Drittgeschäfte.** Jedem Gesellschafter steht es frei, mit seiner Gesellschaft Drittgeschäfte abzuschließen (ob diese aus der Perspektive der GbR zulässig sind, ist eine Frage der Geschäftsführungsbefugnis, vgl. § 709). Die Drittgeschäfte sind als schuldrechtliche Beziehungen (Kauf, Miete, Werk- und Dienstvertrag) strikt von der Beitragspflicht **zu trennen,** wenngleich die Grenzen in der Praxis vielfach undeutlich sind (vgl. zu Dienst- und Arbeitsleistungen *Schulze-Osterloh* AG 2003, 27). Bei allen in den Gesellschaftsvertrag aufgenommenen Regelungen spricht eine Vermutung für den Beitragscharakter (vgl. BGH 28.11.1977, BGHZ 70, 61 (63) = NJW 1978, 376; OLG Karlsruhe 6.7.1995, NJW-RR 1996, 745; MüKoBGB/*Schäfer* Rn. 5). Diese ist jedoch widerlegt, wenn für die Leistung des Gesellschafters eine spezielle Gegenleistung vereinbart wurde. Gerade bei Publikumsgesellschaften sind Beitragspflicht und Drittgeschäft (Darlehen) als „gesplittete Einlagen“ üblich.

8 Obwohl die **Abgrenzung** von Beitrag und Drittgeschäft im Einzelfall schwierig ist, ist die Differenzierung rechtlich notwendig und hat zumindest im Ausgangspunkt weitreichende **Konsequenzen.** Dies gilt im Hinblick auf die unterschiedliche Behandlung von Leistungsstörungen (→ Rn. 11), die verbandsinterne Bedeutung der Leistung für die Beteiligung des Gesellschafters an Rechten und Pflichten (vgl. §§ 721–722, §§ 730 ff.) sowie für die Geschäftsführervergütung (→ § 709 Rn. 5). In der Abwicklung und Insolvenz sind offene oder erfüllte Beiträge iSv §§ 706, 707 Gegenstand der gesellschaftsrechtlichen Auseinandersetzung gem. §§ 738, 739; Forderungen des Gesellschafters aus Drittgeschäften sind vorweg zu befriedigen, in der Insolvenz gem. § 38 InsO (vgl. aber zur Umqualifizierung von Drittforderungen in „materielles Eigenkapital" *Servatius,* Gläubigereinfluss durch Covenants, 2008, 567 ff.). Im Ausgangspunkt haften die Mitgesellschafter auch entsprechend § 128 HGB für Forderungen aus Drittgeschäften; der Gesellschafter hat sich jedoch vorrangig an die GbR zu halten und muss ggf. seinen eigenen Verlustanteil in Abzug bringen (→ § 714 Rn. 12).

9 Der Abschluss eines Drittgeschäfts kann auch Gegenstand einer Beitragspflicht sein (**Einbringungsvereinbarung,** vgl. OLG München 28.7.2000, NZG 2000, 1124). In diesem Fall schuldet der Gesellschafter als Beitrag den Abschluss eines konkreten Drittgeschäfts. Richtigerweise sind auch hier zwei Ebenen zu trennen: die gesellschaftsrechtlich zu behandelnde Pflicht, sich am – ggf. bereits konkret feststehenden – Vertragsschluss zu beteiligen und das hieraus resultierende Drittgeschäft. Bei der gesetzestypischen GbR besteht kein Anlass, diese Trennung jenseits der aus der Treuepflicht folgenden Einschränkung bei der Geltendmachung von Forderungen einzuschränken. Zum Ganzen bei der Publikumsgesellschaft → HGB Anh. Rn. 82 ff.

III. Gleichbehandlungsgrundsatz

10 **Abs. 1** ist eine zentrale Ausprägung des gesellschaftsrechtlichen Gleichbehandlungsgrundsatzes (vgl. ebenso § 709 Abs. 2 BGB-E des Mauracher Entwurfs, → § 705 Rn. 1a). Hiernach ist im Zweifel, dh mangels abweichender Vorgaben im Gesellschaftsvertrag, jeder Gesellschafter im Hinblick auf die Leistung von Beiträgen gleich zu behandeln. **Bezugspunkt** der Gleichbehandlung ist die Gesellschafterstellung („nach Köpfen"); hiervon kann durch entsprechende Regelung im Gesellschaftsvertrag abgewichen werden, vor allem zugunsten der unterschiedlichen Kapitalbeteiligung (vgl. RGZ 151, 321 (329)). Geltung beansprucht der Gleichbehandlungsgrundsatz nur dann, wenn eine gesellschaftsbezogene Handlung gegen den Willen eines Gesellschafters erfolgen soll, sei es bei der Begründung von Pflichten, der Geltendmachung von Ansprüchen oder bei sonstigen Maßnahmen gegen ihn (zB Ausschluss, Entziehung von Befugnissen). Am Gleichbehandlungsgrundsatz ist auch zu messen, wenn einzelnen Gesellschaftern ein gesellschaftsbezogener Vorteil eingeräumt werden soll (Gewinn, Entnahme, Vorteile bei der Auseinandersetzung). Der Gleichbehandlungsgrundsatz ist so vor allem eine **Beschränkung der Mehrheitsherrschaft,** sofern diese für Grundlagenentscheidungen oder Geschäftsführungsmaßnahmen vereinbart wurde (→ § 705 Rn. 53). Hat der Gesellschafter an der betreffenden Maßnahme mitgewirkt, beansprucht der Gleichbehandlungsgrundsatz keine Geltung (zB bei unterschiedlichen Beitragspflichten im Gesellschaftsvertrag, vgl. RGZ 80, 271; 86, 271).

IV. Leistungsstörungen

11 Wird die Beitragspflicht nicht oder schlecht erfüllt, stehen der Gesellschaft hieraus Rechte zu, die in Anlehnung an das auf Austauschverträge zugeschnittene Schuldrecht gesellschaftsrechtlich zu modifizieren sind. Der **Verschuldensmaßstab** folgt stets aus § 708 (*Meyer* ZfIR 2013, 680 (684); die Frage offen lassend OLG Stuttgart 1.3.2016, BeckRS 2016, 07929, Rn. 46). Die **Verzugsregelungen** gelten uneingeschränkt; § 323 ist jedoch mangels Synallagmas nicht anwendbar (hM, vgl. *Wertenbruch* NZG 2001, 306). Bei **Unmöglichkeit** haftet der Gesellschafter gem. § 311a, §§ 275 ff.; § 326 gilt nach hM ebenfalls nicht (MüKoBGB/*Schäfer* Rn. 25). Im Fall der Schlechterfüllung gelten die der Beitragsleistung entsprechenden Vorschriften des besonderen Leistungsstörungsrechts entsprechend (Einzelheiten bei BeckOK BGB/*Schöne* Rn. 17 f.; zur Dienstleistung BGH 4.3.1982, NJW 1983, 1188; *Servatius* JURA 2005, 838; zu Werkleistungen OLG Stuttgart 1.3.2016, BeckRS 2016, 07929, Rn. 36; *Meyer* ZfIR 2013, 680).

Erhöhung des vereinbarten Beitrags

707 **Zur Erhöhung des vereinbarten Beitrags oder zur Ergänzung der durch Verlust verminderten Einlage ist ein Gesellschafter nicht verpflichtet.**

I. Allgemeines

1 § 707 stellt klar, dass niemand ohne entsprechende rechtsgeschäftlich begründete Verpflichtung zur Leistung von Beiträgen iSv § 706 verpflichtet ist. Hieran hält gem. § 710 BGB-E auch der Mauracher Entwurf fest (→ § 705 Rn. 1a). Die Regelung statuiert insofern ein **Belastungsverbot** (ähnlich § 53

Abs. 3 GmbHG, § 180 Abs. 1 AktG). Gleichwohl ist die Begründung von Nachschusspflichten zulässig. Stimmt der Gesellschafter einer Beitragserhöhung zu, wird er von § 707 nicht geschützt (BGH 3.12.2007, NJW-RR 2008, 903). Auch die Unterwerfung eines Gesellschafters unter eine Mehrheitsklausel ist in engen Grenzen zulässig (→ Rn. 3). Die Regelung ist insofern dispositiv (BGH 12.11.1952, BGHZ 8, 35 (39) = NJW 1953, 102). IÜ hat das Belastungsverbot nur im **Innenverhältnis** Relevanz, weil Dritte jeden Gesellschafter unmittelbar in die unbeschränkte Haftung für Gesellschaftsverbindlichkeiten nehmen können (→ § 714 Rn. 10). Auch gilt es nicht bei Ausscheiden eines Gesellschafters sowie in der Liquidation (vgl. §§ 735, 739). Nach § 152 Abs. 3 S. 4 und 5 KAGB sind Nachschusspflichten bei der **Investment-KG** ausdrücklich verboten (→ HGB Anh. Rn. 183). Die erfordert erneut eine Neubesinnung des gerade erheblich liberalisierten Rechts der Mehrheitsbeschlüsse bei Publikumsgesellschaften (→ HGB Anh. Rn. 75 ff.). Im Übrigen ist künftig zu beachten, dass gem. § 5b VermAnlG generell keine Vermögensanlagen mit Nachschusspflicht mehr öffentlich angeboten werden dürfen (hierzu *Wilhelmi/Seitz* WM 2016, 101 (103 ff.)).

II. Schutz vor Inanspruchnahme durch Mitgesellschafter

Aus § 707 folgt zunächst ganz allgemein, dass die Gesellschafter außerhalb der Liquidation bzw. vor dem Ausscheiden aus der Gesellschaft vor einer Inanspruchnahme durch die Mitgesellschafter geschützt sind. Hat zB ein Gesellschafter einen **Sozialanspruch** gegen die GbR auf Aufwendungsersatz, haften die Mitgesellschafter hierfür (zunächst) nicht (RGZ 80, 268 (272); BGH 10.4.1989, ZIP 1989, 852). Letztlich bleibt dem Anspruchsinhaber daher nur, aus der GbR auszutreten oder die Kündigung der Gesellschaft, um eine Auseinandersetzung herbeizuführen, innerhalb dessen dann gem. §§ 735, 738 f. anteilige Befriedigung zu erlangen ist. Eine **Ausnahme** hiervon besteht jedoch, wenn der Gesellschafter eine Gesellschaftsverbindlichkeit gegenüber einem **Dritten befriedigt** hat. In diesem Fall kann der Gesellschafter wegen der nach § 128 Abs. 1 HGB analog gesamtschuldnerischen Außenhaftung den internen Ausgleichsanspruch gem. § 426 unmittelbar gegen die übrigen geltend machen, wenn von der GbR keine unmittelbare Befriedigung zu erzielen ist (BGH 2.7.1962, BGHZ 37, 299 (302) = NJW 1962, 1863; BGH 2.7.1979, NJW 1980, 339; BGH 10.10.1980, NJW 1981, 1095); das Gleiche folgt aus §§ 713, 670 (BGH 22.2.2011, NJW 2011, 1730). Für Forderungen eines Gesellschafters aus **Drittgeschäften** gilt § 707 ebenfalls nicht; diese kann er – mit Einschränkungen – entsprechend § 128 HGB gegenüber den Übrigen geltend machen (→ § 714 Rn. 10). 2

III. Beitragserhöhung, Nachschuss

Aus § 707 folgt weiterhin ein **Schutz vor weiteren Beitragspflichten** iSv § 706 gegenüber der GbR außerhalb der Liquidation bzw. vor dem Ausscheiden aus der Gesellschaft. Dies gilt unabhängig davon, ob zusätzliches Kapital eingefordert wird oder aber der Gesellschafter lediglich verpflichtet sein soll, seine verbrauchte Einlage erneut zu leisten. Beide Gestaltungen sind jedoch vielfach wirtschaftlich notwendig, sodass Einigkeit besteht, dass Beitragserhöhungen und Verlustausgleichspflichten aufgrund vertraglicher Grundlage zulässig sind. Die Einführung oder Erhöhung von Beiträgen bzw. Nachschüssen ist ein **Grundlagengeschäft,** sodass es hierfür im gesetzlichen Regelfall der Beteiligung der Gesellschaftergesamtheit bedarf, wodurch der Einzelne wie bei § 53 Abs. 3 GmbHG, § 180 Abs. 1 AktG ausreichend geschützt wird, soweit nicht in zulässiger Weise eine Mehrheitsentscheidung die Beitragserhöhung legitimiert (→ Rn. 4 ff.). Von diesen besonderen Anforderungen **abzugrenzen** sind die Fälle, in denen eine Nachschusspflicht dem Grunde nach bereits wirksam begründet wurde und mittels Mehrheitsentscheidung lediglich die **Zahlungsmodalitäten bzw. Fälligkeitsregelungen** getroffen werden sollen (vgl. OLG München 12.10.2016, BeckRS 2016, 18559 Rn. 20; OLG München 15.2.2017, BeckRS 2017, 101728 Rn. 29). Hierfür gelten im Hinblick auf die Zulässigkeit der Mehrheitsherrschaft die allgemeinen Voraussetzungen (→ § 705 Rn. 53 ff.). 3

1. Mehrheitsklauseln. Es steht außer Streit, dass auch nachträgliche Beitragserhöhungen im Wege des Mehrheitsbeschlusses begründet werden können (zum Ganzen *K. Schmidt* ZGR 2008, 1; *Miras* DStR 2011, 318; *Wilde* NZG 2012, 215; *Schäfer* ZGR 2013, 237 (248 ff.)). Erforderlich ist jedoch, dass die entsprechende Mehrheitsklausel einerseits die entsprechende **Abweichung vom Einstimmigkeitsprinzip** legitimiert **und** zudem als **antizipierte Zustimmung** des betroffenen Gesellschafters zu werten ist. Diese beiden Fragen sind voneinander zu trennen (zutreffend *Schäfer* ZGR 2013, 237 (247)). Die Rechtmäßigkeit eines Kapitalerhöhungsbeschlusses kann nämlich nicht nur aus Gründen des Belastungsverbots zweifelhaft sein. Infolge des regelmäßig mit der Kapitalerhöhung einhergehenden Verwässerungseffekts sind auch die an sich zahlungswilligen Gesellschafter zu schützen, sodass zudem eine von § 707 emanzipierte Rechtmäßigkeitsprüfung geboten ist. Hieraus ergibt sich allgemein, dass eine schlichte Mehrheitsklausel für die Etablierung von Nachschusspflichten nicht ausreicht (BGH 21.5.2007, NJW-RR 2007, 1521). Zu prüfen ist vielmehr auf einer **ersten Stufe,** ob die entsprechende Mehrheitsklausel hinreichend deutlich eine vertragliche Grundlage zur Legitimation der Mehrheit für die Auferlegung von Nachschusspflichten ergibt und die betroffenen Gesellschafter sich hierdurch 4 antizipiert zur etwaigen Zustimmung verpflichtet haben. Sodann ist auf einer **zweiten Stufe** zu prüfen, ob die konkrete Beschlussfassung gemäß den Vorgaben von Kernbereichslehre und Treuepflicht rechtmäßig ist. Letztlich folgen daher die Vorgaben für die Wirksamkeit der Beschlüsse über Nachschusspflichten denselben Regeln (kritisch *Schäfer* ZGR 2013, 237 (249)). Insbesondere überzeugt es nicht, an die inhaltliche Bestimmtheit der entsprechenden Satzungsregeln nur wegen § 707 höhere Anforderungen zu stellen (so aber die hM, vgl. BGH 21.10.2014, NZG 2014, 1296 Rn. 17; zur Kritik an der bloß „formellen" Bedeutung der gesellschaftervertraglichen Legitimation des Mehrheitsprinzips aus Sicht des BGH → § 705 Rn. 54 ff.).

5 **a) Hinreichende vertragliche Grundlage.** Dogmatisch umgesetzt werden diese Vorgaben auf der **ersten Stufe** über den Bestimmtheitsgrundsatz bzw. dessen nunmehr iRd **Auslegung** der entsprechenden Klausel nach wie vor maßgeblichen Vorgaben (→ § 705 Rn. 54). Um das Belastungsverbot zu achten und dem in § 706 angelegten Prinzip zu entsprechen, wonach auch die Nachschusspflicht letztlich eine individuelle rechtsgeschäftlich begründete Leistungspflicht jedes einzelnen Gesellschafters ist, muss die Mehrheitsklausel zudem als **antizipierte Zustimmung** Ausmaß und Umfang der möglichen zusätzlichen Belastung der Gesellschafter erkennen lassen (BGH 15.1.2007, NJW 2007, 1685; BGH 21.10.2014, NZG 2014, 1296 Rn. 17: besondere, eigenständige Kategorie des Beschlussmangels). Ist dies nicht der Fall, kann über die vertraglich vereinbarte Mehrheitsherrschaft keine wirksame Verpflichtung zugunsten der Überstimmten oder an der Abstimmung nicht Beteiligten herbeigeführt werden (aber zur ggf. isolierten Bindung der Zustimmenden → Rn. 7). Einer genauen, buchstäblichen Festlegung der entsprechenden Leistungspflichten bedarf es nicht (BGH 15.1.2007, NJW 2007, 1685), wohl aber einer **Obergrenze oder sonstiger Kriterien,** die das Erhöhungsrisiko eingrenzen (BGH 23.1.2006, NJW-RR 2006, 827; zur Auslegung des Gesellschaftsvertrages → § 705 Rn. 29; zur Publikumsgesellschaft → HGB Anh. Rn. 5). Die Klausel, wonach Nachschüsse zu leisten sind, soweit aus der Geschäftstätigkeit „Unterdeckungen" resultieren, genügt diesen Anforderungen nicht (BGH 23.1.2006, NJW-RR 2006, 827); wohl aber, wenn die Klausel den drohenden „Netto-Gesamtaufwand" ergibt, ggf. unter Hinzuziehung von Angaben außerhalb des Gesellschaftsvertrages (so für „gespaltene Beitragspflichten" BGH 3.12.2007, NJW-RR 2008, 903; BGH 5.11.2007, NJW-RR 2008, 419). Der gebotenen Konkretisierung widerspricht es, wenn die entsprechende Klausel im Gesellschaftsvertrag verborgen ist (BGH 4.7.2005, NJW-RR 2005, 1347). Für die Beurteilung der Wirksamkeit kann auch nicht darauf abgestellt werden, dass dem Gesellschafter die Möglichkeit verbleibt, sich der Nachschusspflicht durch Kündigung zu entziehen (BGH 23.1.2006, NJW-RR 2006, 827). Im Hinblick auf die **Rechtsfolgen fehlerhafter Mehrheitsklauseln** ist zu differenzieren: Sie können sich einmal auf die generelle Legitimation der Mehrheitsmacht für Nachschusspflichten auswirken, sodass der Beschluss insgesamt unwirksam ist. Mängel in Bezug auf die antizipierte Zustimmung haben demgegenüber nur zur Folge, dass die Erhöhung dem dissentierenden Gesellschafter gegenüber unwirksam ist (vgl. BGH 5.3.2007, NJW-RR 2007, 757). Auf eine fristgerechte Geltendmachung von Beschlussmängeln kommt es nicht an (BGH 26.3.2007, NJW-RR 2007, 1477). Auch die Versäumung einer gesellschaftsvertraglich vereinbarten Ausschlussfrist für die gerichtliche Geltendmachung von Beschlussmängeln ersetzt die hiernach gebotene Zustimmung eines Gesellschafters nicht (BGH 19.10.2009, NJW 2010, 65 (66); abw. wohl *Wertenbruch* DB 2014, 2875).

6 **b) Treuepflicht, Gleichbehandlung.** Liegt die gemäß Bestimmtheitsgrundsatz ermittelte formelle Legitimation der Mehrheitsmacht vor, ist auf einer **zweiten Stufe** konkret zu prüfen, ob die Gesellschaftermehrheit die inhaltlichen Grenzen der Ermächtigung eingehalten hat und sich nicht treupflichtwidrig über beachtenswerte Belange der Minderheit hinweggesetzt hat (BGH 15.1.2007, NJW 2007, 1685; BGH 24.11.2008, NZG 2009, 183). Maßgeblich zur Beurteilung einer hieraus resultierenden Rechtswidrigkeit des Beschlusses sind die **Treuepflicht** und der **Gleichbehandlungsgrundsatz** (→ § 705 Rn. 57 f.; vgl. für Letzteres auch § 709 Abs. 2 BGB-E des Mauracher Entwurfs, → § 705 Rn. 1a). Für deren Verletzung trägt der Gesellschafter die Beweislast (BGH 15.1.2007, NJW 2007, 1685; 24.11.2008, NZG 2009, 183). Die Heranziehung zu Nachschüssen auf der Grundlage einer nach dem Vorgesagten wirksamen Mehrheitsklausel richtet sich zuvörderst nach den in der Klausel selbst ggf. aufgenommenen Vorgaben. Hier haben die Gesellschafter weitgehende Gestaltungsfreiheit, Umstände zu definieren, wann welcher **zusätzliche Kapitalbedarf** besteht (vgl. BGH 23.1.2006, NJW-RR 2006, 827). Insofern gilt nichts anderes als bei §§ 26–28 GmbHG. Weitere allgemeine Grenzen ergeben sich aus dem Gebot, hiermit den Gesellschaftszweck zu verwirklichen, dem Übermaßverbot sowie der gleichmäßigen Heranziehung aller Gesellschafter. Letzteres kann jedoch aus sachlichen Gründen durchbrochen werden, wenn zB ein Gesellschafter nicht über die notwendige Finanzkraft verfügt. Demgegenüber ist es jedoch unzulässig, wenn die Beiträge allein deshalb erhöht werden, um die finanzschwache Minderheit aus der Gesellschaft zu drängen (BeckOK BGB/*Schöne* Rn. 9).

7 **c) Rechtsfolgen.** Werden diese Anforderungen eingehalten, erwachsen aus dem wirksamen Einforderungsbeschluss **individuelle Leistungspflichten** zulasten aller Gesellschafter. Werden die Anforderungen nicht eingehalten, kommt es zu einer **gespaltenen Wirksamkeit:** Unproblematisch werden

über den fehlerhaften Beschluss keine Leistungspflichten der dissentierenden Gesellschafter oder derjenigen, die nicht an der Beschlussfassung teilnahmen, begründet (BGH 9.2.2009, NZG 2009, 501; BGH 21.10.2014, NZG 2014, 1296 Rn. 17). Für die Zustimmenden gilt hingegen etwas anderes (treffend *Wertenbruch* DB 2014, 2875: relative Unwirksamkeit). Soweit sie nicht ihre Zustimmung davon abhängig gemacht haben, dass alle Gesellschafter sich an der Beitragserhöhung beteiligen, kann es durchaus zur wirksamen Begründung von Leistungspflichten kommen (BGH 25.5.2009, NZG 2009, 862; BGH 19.10.2010, NJW 2010, 65 (67)). Richtigerweise werden hierüber die internen Beteiligungsquoten jedoch nicht verändert, weil ansonsten die Sanktionierung einer die Beitragspflicht nicht legitimierenden Mehrheitsklausel weitgehend leer liefe (abw. möglicherweise BGH 25.1.2011, NJW 2011, 1667 Rn. 15, jedoch auf der Grundlage einer entsprechenden Klausel).

2. Zustimmungspflichten. Fehlt es an einer (wirksamen) Mehrheitsklausel zur Begründung von Nachschusspflichten, können die Gesellschafter aufgrund der **Treuepflicht** verpflichtet sein, dieser ad hoc zuzustimmen. Das Gleiche gilt, wenn es eine entsprechende Mehrheitsklausel gibt, die entsprechende Beschlussmehrheit jedoch nicht zustande kommt. In allen Fällen setzt die Begründung etwaiger Zustimmungspflichten aber voraus, dass zumindest ein Gesellschafter eine entsprechende Maßnahme initiiert, mithin ein **Beschlusskonzept** vorlegt, anhand dessen dann die Konkretisierung der Treuepflicht praktisch erfolgen kann (in diese Richtung für die AG auch *Reichert* NZG 2018, 134). 8

a) Voraussetzungen. In beiden Fällen kommt eine konkrete Zustimmungspflicht jedoch nur in Betracht, wenn die Nachschüsse im Gesellschaftsinteresse geboten sind und es für den Gesellschafter unter Berücksichtigung seiner schutzwürdigen Belange zumutbar ist (so im Ergebnis auch BGH 23.1.2006, NJW-RR 2006, 827, jedoch mit der wenig überzeugenden Differenzierung zwischen Beitragserhöhung und eigenem Ausscheiden; vgl. hierzu *Schäfer* ZGR 2013, 237 (260)). Letzteres ist insbesondere dann der Fall, wenn sie durch die Folgen der Zustimmung finanziell nicht schlechter stehen als ohne den betreffenden Beschluss (BGH 19.10.2009, NJW 2010, 65); dies ist regelmäßig nur in **Sanierungssituationen** anzunehmen, wenn ein Kapitalschnitt zu Gebote steht (BGH 19.10.2009, NJW 2010, 65) oder wenn die Zustimmung zur Veräußerung der Fondsimmobilie alternativlos ist (OLG Düsseldorf 23.11.2017, NZG 2018, 297 Rn. 38 ff.; hierzu *Findeisen* BB 2018, 585 (587 f.)). Darüber hinaus verlangt der BGH neuerdings zusätzlich, dass die konkrete Zustimmungspflicht Ausfluss einer bereits im Gesellschaftsvertrag niedergelegten **Erwartungshaltung** gegenüber dem Gesellschafter ist (BGH 25.1.2011, NJW 2011, 1667 Rn. 21 f.). Es muss also zur Bejahung einer Zustimmungspflicht bereits im Gesellschaftsverhältnis angelegt sein (Auslegung!), dass jeder Gesellschafter in der Schieflage der Gesellschaft ein weiteres Risiko auf sich nimmt und sich an einer Kapitalerhöhung beteiligt (Formulierungsbeispiele bei *Wicke* MittBayNot 2017, 125 (129)). Die Treuepflicht rechtfertigt es ansonsten nicht, in eine sachlich nicht unvertretbare gesellschaftsvertragliche Regelung ändernd einzugreifen (BGH 25.1.2011, NJW 2011, 1667 Rn. 21). Hierdurch werden letztlich Aspekte des früheren Bestimmtheitsgrundsatzes in die Treuepflicht integriert, was zwar überzeugt, das vom BGH an anderer Stelle ausdifferenzierte Zwei-Stufen-Modell (→ Rn. 5 f.) jedoch relativiert (krit. auch *S. Schneider* NZG 2011, 575 (577)). Ein Gesellschafter kann sich durch vorherige Kündigung seiner Gesellschafterstellung von einer Zustimmungspflicht entziehen (vgl. BGH 23.1.2006, NJW-RR 2006, 827; *Nentwig* WM 2011, 2168 (2174)). 9

b) Folgen. Problematisch sind weiterhin die **Folgen der Zustimmungspflicht.** Richtigerweise ist die Frage der Zustimmungspflicht zur Beitragserhöhung von der Verpflichtung zur Beitragsleistung zu trennen. Die nach → Rn. 9 begründbare Zustimmungspflicht im Hinblick auf die Beschlussfassung vermag daher nicht ohne weiteres auch eine entsprechende Nachschusspflicht zu legitimieren. Kein Gesellschafter kann außerhalb von §§ 735, 738 zur erneuten finanziellen Beteiligung gezwungen werden. Kommt die erzwungene Beitragserhöhung daher als Folge der Zustimmungspflicht zustande, erwachsen unmittelbar hieraus **keine Leistungspflichten** für den zustimmungsverpflichteten Gesellschafter (MüKoBGB/*Schäfer* § 707 Rn. 10; möglicherweise aA BGH 2.7.2009, NZG 2009, 1143; für „ganz besondere Ausnahmefälle" auch OLG Stuttgart 17.3.2014, GmbHR 2015, 309 Rn. 43). Dies wirft naturgemäß die Frage auf, ob der beitragsunwillige Gesellschafter gleichwohl von den regelmäßig zu erwartenden Erträgen aufgrund der übrigen Beitragsleistungen profitieren darf. Der BGH hat es für zulässig gehalten, dass der **Beitragsunwillige** aufgrund einer vertraglichen Ausschließungsklausel ausgeschlossen werden kann und gem. § 735 zum Nachschuss der bis dahin angefallenen Verluste verpflichtet ist (BGH 19.10.2009, NJW 2010, 65). Man muss dies verallgemeinern und auch ohne entsprechende Regelung den **Ausschluss aus wichtigem Grund** gem. § 737 bzw. § 133 Abs. 3 Nr. 3 HGB zulassen (so auch *M. Haas* NZG 2010, 984 (985); OLG Stuttgart 17.3.2014, GmbHR 2015, 309 Rn. 57). Als materielle Legitimation kann auch hier herangezogen werden, dass der Beitragsunwillige infolge des Ausschlusses nicht schlechter steht, als wenn die Übrigen sich an der Rettung der Gesellschaft nicht beteiligt hätten. Geltung beansprucht diese drastische Folge jedoch nur bei **Überschuldung** (so auch *C. Weber* DStR 2010, 702 (705)). Ist die Gesellschafterstellung infolge der Krise nur noch eine leere Hülse, verdient der Gesellschafter keinen Schutz dahingehend, an den Erträgen, die mit den Mitteln 10 anderer erzielt werden, zu profitieren. Dies kann auch nicht pauschal damit entkräftet werden, dass den Ausscheidenden eine Nachhaftung gem. § 160 HGB trifft (OLG Stuttgart 11.7.2013, NZG 2013, 1061). Die Ausschließung kann auch **unmittelbar beschlossen** werden. Der von der Rechtsprechung vorgezeichnete Weg, zunächst eine Ausschließungsklausel zu beschließen (vgl. im Anschluss an BGH 19.10.2009, NJW 2010, 65 – Sanieren oder Ausscheiden jüngst OLG Düsseldorf 7.3.2014, ZInsO 2014, 2049), ist im Gesetz nicht vorgegeben und insbesondere in Sanierungssituationen auch nicht praxisgerecht; überzeugend daher nunmehr BGH 9.6.2015, NZG 2015, 995.

Haftung der Gesellschafter

708 Ein Gesellschafter hat bei der Erfüllung der ihm obliegenden Verpflichtungen nur für diejenige Sorgfalt einzustehen, welche er in eigenen Angelegenheiten anzuwenden pflegt.

Übersicht

I. Allgemeines

1 Die Regelung privilegiert die Gesellschafter einer Personengesellschaft bei Verantwortlichkeit wegen **Fahrlässigkeit.** Sie haben bei der Erfüllung ihrer Pflichten abweichend von § 276 Abs. 2 nicht die objektive (meist strengere) verkehrsübliche Sorgfalt einzuhalten, sondern in den Grenzen des § 277 nur die eigenübliche *(diligentia quam in suis)*. Dies beruht auf der Erwägung, dass die Gesellschafter sich gegenseitig so nehmen wollten, wie sie sind (vgl. MüKoBGB/*Schäfer* Rn. 1), was rechtspolitisch umstritten ist und in anderen Rechtsordnungen nicht durchgängig gilt (vgl. *Fleischer* NZG 2016, 481). Im Mauracher Entwurf findet sich auch keine entsprechende Regelung mehr (→ § 705 Rn. 1a). Die **personale Verbundenheit** ist wie bei §§ 1359, 1664 Abs. 1 der tragende Grund für die Privilegierung. Sie kann auch bei Personengesellschaften fehlen und eine teleologische Reduktion rechtfertigen (→ Rn. 3).

II. Erfasste Gesellschaften

2 Die **Regelung gilt** grundsätzlich bei allen Personengesellschaften (GbR, OHG, KG, Partnerschaftsgesellschaft [§ 1 Abs. 4 PartGG], deutsche EWIV), entgegen der hM jedoch nicht für hieran beteiligte juristische Personen (zutr. *Ballerstedt* JuS 1963, 258); sie gilt auch bei der Innen-GbR und damit der stillen Gesellschaft (BeckOK BGB/*Schöne* Rn. 10; offengelassen von BGH 26.6.1989, NJW 1990, 573 (579)). Bei der nichtehelichen Lebensgemeinschaft (OLG Oldenburg 23.3.1986, NJW 1986, 2259) und der Bietergemeinschaft (KG Berlin 7.5.2007, BeckRS 2007, 4073) gilt diese nur, sofern diese GbRs sind (→ § 705 Rn. 16).

3 Sie **gilt nicht** bei AG und GmbH, selbst wenn diese personalistisch strukturiert sind (ebenso nicht bei der GmbH & Co. KG → HGB Anh. Rn. 157); bei Publikumsgesellschaften (BGH 4.7.1977, BGHZ 69, 207 = NJW 1977, 2311; → HGB Anh. Rn. 102); beim nicht rechtsfähigen Verein (RGZ 143, 212 (215); MüKoBGB/*Schäfer* Rn. 5); bei der Gemeinschaft iSv §§ 741 ff. (BGH 26.3.1974, BGHZ 62, 243 = NJW 1974, 1189) und bei partiarischen Rechtsverhältnissen (zur Umsatzmiete BGH 28.10.1987, NJW-RR 1988, 417; abw. Erman/*Westermann* Rn. 3). Bei Auslandsgesellschaften ist die gesellschaftsvertragliche Haftung eine Frage des betreffenden Gesellschaftsstatuts (→ IntGesR Rn. 25).

III. Erfasste Pflichtverletzungen

4 Voraussetzung ist die Verletzung **gesellschaftsvertraglicher** Pflichten gegenüber der Gesellschaft oder den Mitgesellschaftern. Unerheblich ist, ob es sich um Hauptleistungspflichten, Nebenpflichten oder Schutzpflichten handelt (hM, MüKoBGB/*Schäfer* Rn. 7; abw. *Schwerdtner* NJW 1971, 1673 (1675)). Bei konkurrierenden Ansprüchen aus **Delikt** gilt dies gleichermaßen, soweit diese im **Innenverhältnis** gegenüber der Gesellschaft bzw. den Mitgesellschaftern bestehen (vgl. BGH 20.12.1966, BGHZ 46, 313 (316 f.) = NJW 1967, 558). Es muss sich aber um eine unerlaubte Handlung im Zusammenhang mit der Erfüllung gesellschaftsvertraglicher Pflichten handeln, dh nicht nur bei Gelegenheit. Pflichtverletzungen eines Gesellschafters iRv schuldrechtlichen **Drittbeziehungen** werden nicht erfasst. Das Gleiche gilt für Ansprüche aus c. i. c. wegen fahrlässiger Täuschung **im Vorfeld des**

Beitritts (BGH 20.9.2011, GWR 2011, 584; KG Berlin 27.7.1998 NZG 1999, 199, für eine Publikums-GbR, jedoch zu verallgemeinern) oder der Begründung einer stillen Beteiligung (OLG München 19.9.1999, NZG 2000, 741 (743)). Sie gilt nach – zweifelhafter – stRspr auch nicht bei innergesellschaftlichen Ansprüchen im Zusammenhang mit der Teilnahme am allgemeinen **Straßenverkehr** (BGH 20.12.1966, BGHZ 46, 313 (317 f.) = NJW 1967, 558; BGH 24.3.2009, NJW 2009, 1875; für den Luftverkehr auch BGH 25.5.1971, MDR 1971, 918; gegen diese Einschränkungen überzeugend MüKoBGB/*Schäfer* Rn. 13 ff.). Etwas anderes kommt aber jedenfalls dann in Betracht, wenn die Führung eines Kfz durch den Gesellschafter gesellschaftsvertraglich geschuldet wurde, zB als Beitrag iSv § 706 (so auch BeckOK BGB/*Schöne* Rn. 14 unter Hinweis auf BGH 25.5.1971, JZ 1972, 88 (89), wo dies offengelassen wurde).

Überschreitet ein Gesellschafter seine **Geschäftsführungsbefugnis** (§ 709), haftet er gemäß RGZ 158, 302 (312 f.) allein nach GoA-Regeln. Für die Anwendung von §§ 708, 277 wäre hiernach allein insofern Raum, als das nach § 678 erforderliche Übernahmeverschulden nach Maßgabe von § 708 zu bestimmen ist (MüKoBGB/*Schäfer* Rn. 9). Überzeugender ist jedoch, eine pflichtwidrige Überschreitung der Geschäftsführungsbefugnis allein über § 280 als gesellschaftsrechtliche Pflichtverletzung zu sanktionieren und § 708 unmittelbar anzuwenden (so auch BGH 4.11.1996, NJW 1997, 314 für die OHG). Bei der **Schlechterfüllung** der Geschäftsführerpflichten gilt § 708 unmittelbar (so auch RGZ 158, 302 (312 f.)). Die Privilegierung wirkt auch zugunsten der von der Geschäftsführung ausgeschlossenen Gesellschafter (BeckOK BGB/*Schöne* Rn. 10). Wird ein **Dritter** mit Geschäftsführungsaufgaben betraut (→ § 709 Rn. 13 f.), gilt die Regelung nicht, kann jedoch vertraglich vereinbart werden. 5

IV. Sorgfalt in eigenen Angelegenheiten

Handelt der Gesellschafter **vorsätzlich,** kommt die Haftungsprivilegierung gem. § 277 von vornherein nicht in Betracht, die Haftung wegen Vorsatzes kann gem. § 276 Abs. 3 auch nicht ausgeschlossen werden. Ähnliches gilt bei **grober Fahrlässigkeit,** die vorliegt, wenn die verkehrserforderliche Sorgfalt in besonders schwerem Maße verletzt wird (allgM, Einzelheiten BeckOK BGB/*Lorenz* § 277 Rn. 2 ff.). Ob ein Fall grober Fahrlässigkeit vorliegt oder nicht, bestimmt sich wegen der systematischen Stellung hinter § 276 objektiv, dh § 708 ist insofern nicht anwendbar. Ist ein Verhalten hiernach allenfalls als **einfach bzw. leicht fahrlässig** zu qualifizieren, ist empirisch-subjektiv zu ermitteln, ob die **eigenübliche Sorgfalt** verletzt wurde oder nicht (MüKoBGB/*Grundmann* § 277 Rn. 1). Dieser Sorgfaltsmaßstab kann personen- und verhaltensbedingt hinter dem Verkehrsüblichen zurückbleiben. Zu einer Verschärfung der Sorgfaltsanforderungen bei besonders qualifizierten Gesellschaftern kommt es wegen des eindeutig privilegierenden Charakters der Norm jedoch im gesetzlichen Regelfall nicht (hM, MüKoBGB/*Grundmann* § 277 Rn. 3). 6

Bleiben die **Fähigkeiten und Kenntnisse** eines Gesellschafters hinter dem Verkehrsüblichen zurück, kann ihn dies privilegieren, soweit hierin kein Fall grober Fahrlässigkeit zu sehen ist. Verfügt der Gesellschafter über die dem Verkehrsüblichen entsprechenden Fähigkeiten oder Kenntnisse, hat diese jedoch in der Vergangenheit in eigenen Angelegenheiten nicht durchweg beachtet (verhaltensbedingte **Nachlässigkeit**), gilt die Privilegierung ebenfalls. Die individuelle Sorgfalt muss jedoch üblich sein, dh in der Person des Gesellschafters angelegt sein bzw. bei dessen Verhalten von Dauer an den Tag gelegt werden („anzulegen pflegt“). Für einen einmaligen Ausreißer muss der Gesellschafter daher haften (Staudinger/*Caspers,* 2014, § 277 Rn. 1). 7

Maßgeblicher **Zeitpunkt** für die Ermittlung des individuellen Sorgfaltsmaßstabs ist grundsätzlich der des Vertragsschlusses bzw. Beitritts. Rückt der Betroffene erst im Laufe seiner Beteiligung in den Bereich der Privilegierung ein, muss dies den Mitgesellschaftern nicht erst bekannt bzw. von diesen sogar hingenommen worden sein (abw. MüKoBGB/*Grundmann* § 277 Rn. 3). Es genügt, wenn die Nichteinhaltung der verkehrsüblichen Sorgfalt für die übrigen **erkennbar** war (vgl. BGH 26.6.1989, NJW 1990, 573). Die Privilegierung knüpft abstrakt an die personale Verbundenheit an, nicht an ein konkretes Vertrauen anderer. Die Mitgesellschafter haben daher die fortdauernde Obliegenheit, die eigenübliche Sorgfalt der anderen entsprechend zu kontrollieren. In Evidenzfällen hat der Gesellschafter jedoch die Pflicht, die übrigen über bestehende oder nachträglich eintretende fehlende Fähigkeiten und Kenntnisse sowie über die haftungsmildernde Nachlässigkeit **aufzuklären.** Unterlässt er dies pflichtwidrig und (gem. § 708) schuldhaft, macht er sich hieraus schadensersatzpflichtig (vgl. MüKoBGB/*Schäfer* Rn. 23). 8

V. Rechtsfolge

Das **Verschulden entfällt** bei allen innergesellschaftlichen Ansprüchen; nicht auch bei ggf. konkurrierenden Ansprüchen Dritter, zB aus Delikt. Auf die Pflichtwidrigkeit haben die §§ 708, 277 wegen ihres systematischen Standorts hinter § 276 keine unmittelbaren Auswirkungen (MüKoBGB/*Grundmann* § 277 Rn. 3; für das Arbeitsrecht BAG 19.3.1959, NJW 1959, 1796). Dies hat zur Folge, dass ggf. allein die Pflichtwidrigkeit eines Verhaltens zu bejahen ist und verschuldensunabhängige Rechtsbehelfe gegen den Gesellschafter möglich sind (zB §§ 712, 715, 737). 9

VI. Abdingbarkeit

10 Im Gesellschaftsvertrag kann der objektive Sorgfaltsmaßstab gem. § 276 Abs. 2 vereinbart werden. Dies ist ratsam, um Ansprüche Dritter gegen die GbR im Innenverhältnis dem Schädiger zuzuweisen (vgl. für Bau-Konsortien *Messerschmidt/Thierau* NZBau 2007, 679 (681)). Auch ist möglich, die Verantwortlichkeit der Gesellschafter noch weiter zu verschärfen, wenn einer über **besondere Fähigkeiten** verfügt. Ob dies bei Kenntnis der übrigen hiervon konkludent erfolgt, ist eine Frage der Auslegung, die wegen der nachteiligen Folgen für den Betroffenen und der Abweichung von § 708 nicht leichtfertig bejaht werden sollte (vgl. OLG Stuttgart 7.1.2008, BeckRS 2008, 06272).

VII. Beweislast

11 § 708 modifiziert die Verschuldensvermutung des § 280 Abs. 1 S. 2. Der in Anspruch genommene Gesellschafter hat daher ggf. darzulegen und zu beweisen, dass die an sich gem. § 276 Abs. 2 fahrlässige Pflichtverletzung privilegiert ist, indem er – für die übrigen Gesellschafter erkennbar – entweder nicht die entsprechenden Fähigkeiten oder Kenntnisse hatte oder aber in eigenen Angelegenheiten generell entsprechend nachlässig handelte. Hierzu genügt nicht, wenn der Gesellschafter sich zugleich selbst geschädigt hat (vgl. BGH 26.6.1989, NJW 1990, 573; BGH 24.9.2013, NZG 2013, 1302 Rn. 14). Das hohe Alter eines Gesellschafters ist für sich genommen kein Anlass für eine Privilegierung (OLG Frankfurt a. M. 10.1.2007, VersR 2008, 406).

Gemeinschaftliche Geschäftsführung

709

(1) **Die Führung der Geschäfte der Gesellschaft steht den Gesellschaftern gemeinschaftlich zu; für jedes Geschäft ist die Zustimmung aller Gesellschafter erforderlich.**

(2) **Hat nach dem Gesellschaftsvertrag die Mehrheit der Stimmen zu entscheiden, so ist die Mehrheit im Zweifel nach der Zahl der Gesellschafter zu berechnen.**

Übersicht

I. Allgemeines

1 Die Regelung ist die Grundnorm für die Geschäftsführungsbefugnis der Gesellschafter, welche durch §§ 710–713 in Einzelheiten konkretisiert wird. Dies gilt auch bei der Innen-GbR (vgl. BGH 11.9.2018, NZG 2018, 1387). Anders als bei der OHG (§ 115 Abs. 1 HGB) besteht im gesetzlichen Regelfall gem. **Abs. 1** Gesamtgeschäftsführung. Abweichende Gestaltungen aufgrund Gesellschaftsvertrages sind durchweg möglich und insbesondere bei unternehmenstragenden GbR anzutreffen (→ Rn. 8 ff.) sowie bei Publikumsgesellschaften (→ HGB Anh. Rn. 89 ff.). Wandelt sich eine GbR in eine OHG um oder umgekehrt, bleibt die im Gesellschaftsvertrag festgesetzte Regelung über die Geschäftsführungsbefugnis im Zweifel bestehen (vgl. BGH 10.5.1971, NJW 1971, 1698). **Abs. 2** stellt die widerlegliche Vermutung auf, dass bei vertraglich ermöglichten Mehrheitsentscheidungen nach Köpfen abgestimmt wird (vgl. auch § 710). Die Regelung betrifft aufgrund ihrer systematischen Stellung allein die Geschäftsführungsbefugnis; sie kann bei Grundlagenentscheidungen (Änderung des Gesellschaftsvertrages) jedoch entsprechend angewendet werden (vgl. auch § 119 Abs. 2 HGB). Im Liquidationsstadium gilt § 730 Abs. 2 S. 2, für die Notgeschäftsführung § 744 Abs. 2 (→ Rn. 15). Der **Mauracher Entwurf** (→ § 705 Rn. 1a) schreibt im Wesentlichen das geltende Recht fort (vgl. §§ 715 f. BGB-E). Erleichterungen bestehen hiernach aber für die Willensbildung (Abstimmung nach Kapitalbeteiligung als dispositiver Regelfall, vgl. § 709 Abs. 3 BGB-E); vgl. auch die explizite Regelung zur Notgeschäftsführung gem. § 715a BGB-E.

II. Geschäftsführungsbefugnis

1. Bedeutung. Es handelt sich um ein gesellschaftsrechtliches **Pflichtrecht.** Träger sind die Gesellschafter (Grundsatz der Selbstorganschaft), die dieses **uneigennützig** ausüben müssen (zutr. Erman/*Westermann* Rn. 10: Pflichtenbindung auf das Gesellschaftsinteresse; weniger strikt BeckOK BGB/*Schöne* Rn. 31: tendenziell daran zu orientieren). Ihnen zugewiesen wird die **interne Willensbildung,** welche Handlungen zur Verwirklichung des Gesellschaftszwecks vorgenommen werden dürfen und müssen bzw. nicht. Die Geschäftsführungsbefugnis ist so die vor allem haftungsrechtlich relevante Vorgabe für das pflichtgemäße Handeln der Gesellschafter (vgl. § 713). Hiervon zu trennen ist die Verwirklichung dieser Vorgaben durch diese und Dritte (Angestellte, Bevollmächtigte). Die Geschäftsführungsbefugnis ist gem. § 714 im Zweifel maßgeblich für die **Vertretungsmacht.** Dies ist jedoch nicht zwingend; nicht jede Beschränkung der Geschäftsführungsbefugnis bedeutet zugleich eine Beschränkung der Vertretungsmacht (vgl. BGH 19.6.2008, NZG 2008, 588 (598)). Erforderlich ist stets die Auslegung des Gesellschaftsvertrages bzw. der Willensbildung nach Abs. 1 und 2. Die Bezeichnung eines Gesellschafters als „Geschäftsführer" im Rubrum der Klageschrift ist sachlich nicht falsch (BGH 21.11.2007, BeckRS 2007, 65112). Zur **Schadensersatzhaftung** wegen pflichtwidriger Geschäftsführung → § 713 Rn. 18 f.; zur Geschäftschancenlehre als eigenständiges Rechtsinstitut BGH 4.12.2012, NZG 2013, 216. 2

2. Umfang. Der Umfang der Geschäftsführungsbefugnis ist abweichend von § 116 Abs. 1 HGB nicht gesetzlich geregelt und im Ausgangspunkt denkbar weit. Er erstreckt sich auf alle zur Zweckverwirklichung notwendigen Handlungen im Innen- und Außenverhältnis mit **Ausnahme** der den Gesellschaftsvertrag betreffenden **Grundlagenentscheidungen** (OLG Saarbrücken 6.3.2008, BeckRS 2008, 7379; → § 705 Rn. 50; abw. zur bloß nachträglichen Konkretisierung einer Beitragspflicht BGH 4.7.2005, NJW-RR 2005, 1347). Die Festlegung eines konkreteren Umfangs ist möglich und obliegt den Gesellschaftern durch Gesellschaftsvertrag bzw. nach Maßgabe von Abs. 1 und 2. § 166 Abs. 2 und 3 HGB gelten nicht bei der GbR; Entsprechendes kann jedoch vereinbart werden (MüKoBGB/*Schäfer* Rn. 24). Die Bestellung eines Alleingeschäftsführers iSv § 710 beinhaltet im Zweifel auch dessen Befugnis zur Erteilung rechtsgeschäftlicher Vollmachten zugunsten der übrigen (*Kremer* RNotZ 2004, 239 (240)). Soll das gesamte Gesellschaftsvermögen übertragen werden, zB die Fondsimmobilie, gilt **§ 179a AktG analog,** sofern im Gesellschaftsvertrag hierfür keine vorrangige Regelung getroffen wurde (vgl. OLG Düsseldorf 23.11.2017, 297; hierzu *Findeisen* BB 2018, 585; gegen die Analogie *Meier* DNotZ 2020, 246). Wegen der Akzessorietät der Vertretungsmacht zur Geschäftsführungsbefugnis hat die Kontroverse indessen bei der GbR weniger Bedeutung; überschreitet der nach außen handelnde Gesellschafter seine gesellschaftsrechtlichen Kompetenzen, schlägt dies grundsätzlich auch auf die Vertretungsmacht durch. 3

Grenzen der Geschäftsführungsbefugnis begründet ein berechtigter **Widerspruch** nach § 711 (→ § 711 Rn. 1 ff.; zur Haftung → § 713 Rn. 18 f.; vgl. hierzu § 715 Abs. 3 BGB-E des Mauracher Entwurfs, → § 705 Rn. 1a). Bedarf es zur Ausübung der Geschäftsführungsbefugnis einer Rechtsbesorgungserlaubnis nach RDG (früher RBerG), ist das Handeln des Gesellschafters bei Fehlen derselben eine Überschreitung (vgl. BGH 26.6.2007, NJW-RR 2008, 66). Steht einem oder mehreren Gesellschaftern Geschäftsführungsbefugnis zu, handeln sie in den hierfür durch den Gesellschaftsvertrag gezogenen Grenzen pflichtengebunden (vgl. § 713), aber kompetenzbezogen eigenverantwortlich. **Weisungen** der übrigen Gesellschafter sind zwingend ausgeschlossen (OLG Frankfurt a. M. 20.12.2007, BeckRS 2008, 574). Die Geschäftsführungsbefugnis **ruht,** wenn dem Gesellschafter die Ausübung ohne Verschulden unmöglich ist, zB infolge Krankheit (vgl. zur KG BGH 6.5.1965, BGHZ 43, 384 (387) = NJW 1965, 1958). Bei längerer Verhinderung besteht regelmäßig ein Kündigungsrecht nach § 712 Abs. 2. 4

3. Vergütung. Eine besondere Vergütung erhalten die geschäftsführungsbefugten Gesellschafter nur, wenn dies im Gesellschaftsvertrag vereinbart wurde (vgl. BGH 10.6.1965, BGHZ 44, 40 (41 f.) = NJW 1965, 1960; MüKoBGB/*Schäfer* Rn. 32 ff.). Möglich ist auch der Abschluss eines speziellen **Dienstvertrages** als Drittgeschäft. Der Gesellschafter ist im Verhältnis zur GbR kein Arbeitnehmer (LAG Hessen 7.8.2001, NZA-RR 2002, 263; BAG 8.1.1970, NJW 1970, 829), auch keine arbeitnehmerähnliche Person (BAG 15.4.1993, NJW 1993, 2458; hierzu *Eckert* DStR 1993, 1531); er kann jedoch Verbraucher sein (vgl. zur GmbH & Co. KG BGH 24.7.2007, NJW-RR 2007, 1673). Zur Herausgabepflicht des Geschäftsführers nach § 667 und zum Aufwendungsersatzanspruch gem. § 670 → § 713 Rn. 1 ff. 5

III. Einstimmigkeit

Im gesetzlichen Regelfall besteht gemeinschaftliche Geschäftsführungsbefugnis (Abs. 1), auch bei der fehlgeschlagenen Vor-GmbH (OLG Hamm 19.7.2006, NZG 2006, 754 (756)). Hieran hält gem. § 715 BGB-E auch der Mauracher Entwurf fest (→ § 705 Rn. 1a). Ausnahmen begründen die Abweichungen 6 nach Abs. 2 (→ Rn. 8) und die Fälle, in denen einzelne Gesellschafter von der Geschäftsführung ausgeschlossen wurden oder einzelnen Gesellschaftern Einzel- oder Gesamtgeschäftsführungsbefugnis erteilt wurde (→ Rn. 9 ff.; vgl. zur Notgeschäftsführung auch → Rn. 15). Wird bei einer Innen-GbR ein Gesellschafter zur Vornahme von Geschäften im Außenverhältnis ermächtigt, bedeutet dies nicht zwingend eine Abweichung von Abs. 1 (BGH 11.9.2018, NZG 2018, 1387). Die **Modalitäten,** auf welche Weise Einstimmigkeit erzielt wird, werden nicht geregelt. Möglich und im gesetzlichen Regelfall ausreichend sind die ausdrückliche oder konkludente Einigkeit aller Anwesenden; auch die sukzessive Zustimmung aller, wobei die Willensbildung dann erst ab der letzten Zustimmungserklärung erfolgt. Schriftform ist im gesetzlichen Regelfall nicht vorgesehen. Ist ein Gesellschafter minderjährig oder sonst in seiner Geschäftsfähigkeit beschränkt, muss regelmäßig der gesetzliche Vertreter handeln (vgl. BGH 21.6.1965, BGHZ 44, 98 (100 f.) = NJW 1965, 1961).

7 Der **Gesellschaftszweck** (→ § 705 Rn. 2) hat beim gesetzlichen Regelfall nach Abs. 1 keine unmittelbare Bedeutung als Schranke, weil dieser ggf. sogleich einstimmig geändert wird. Das Gleiche kann gelten, wenn der Gesellschaftsvertrag durchgängig das Mehrheitsprinzip vorsieht (vgl. zur Publikums-KG OLG Hamm 30.1.2008, BeckRS 2008, 05789). Dieser Gleichlauf von Gesellschaftszweck und Geschäftsführungsbefugnis ist jedoch nicht zwingend. Dies gilt einmal, wenn der Gesellschaftsvertrag für die jeweilige Willensbildung unterschiedliche Anforderungen vorsieht (zB einfache Mehrheit für Geschäftsführungsangelegenheiten, qualifizierte Mehrheit für Grundlagenentscheidungen). Bedeutung erlangt der (unveränderte) Gesellschaftszweck auch dann, wenn einzelne Gesellschafter sich weigern, eine der Zweckverwirklichung dienende Zustimmung zu erteilen. An sich würden sich die geschäftsführungsbefugten Gesellschafter pflichtwidrig verhalten, wenn sie den im Gesellschaftsvertrag manifestierten Rahmen verlassen und zB eine bisher nicht abgedeckte Geschäftschance wahrnehmen. Aus der **Treuepflicht** der Gesellschafter kann insofern jedoch eine schadensersatzbewehrte Pflicht resultieren, die vorteilhafte Maßnahme (Änderung des Gesellschaftsvertrages) nicht zu verhindern (vgl. für Geschäftsführungsangelegenheiten BGH 19.6.2008, NZG 2008, 588, zurückhaltend LG Hannover 7.2.2018, BeckRS 2018, 1973 Rn. 20; für Änderungen des Gesellschaftsvertrages BGH 19.10.2009, NJW 2010, 65). Die Klage eines Gesellschafters auf Zustimmung (**actio pro socio,** → § 705 Rn. 46) hat nur Erfolg, wenn es sich um eine notwendige Geschäftsführungsmaßnahme iSv **§ 744 Abs. 2** handelt oder wenn sich der betreffende Gesellschafter weigert, obwohl der Gesellschaftszweck und das Interesse der Gesellschaft es fordern und eine Verweigerung der Zustimmung unvertretbar ist, oder wenn die Maßnahme im Interesse der Gesellschaft geboten ist und den Geschäftsführern keinerlei Entscheidungsspielraum zusteht (OLG Stuttgart 8.2.2006, NZG 2007, 102; zur Verweigerung aus „vertretbarem Grund" OLG München 28.7.2000, NJW 2001, 613 (614); bloße Zweckmäßigkeitserwägungen können die Notwendigkeit nicht begründen, wohl aber die Verweigerung der Zustimmung aus sachfremden Erwägungen, vgl. LG Berlin 19.6.2014, BeckRS 2014, 19597). Die **Entziehung** der Geschäftsführungsbefugnis der Dissentierenden gem. § 712 Abs. 1 kann hiernach vorrangig sein (so MüKoBGB/*Schäfer* Rn. 43; dagegen Erman/*Westermann* Rn. 9).

IV. Mehrheitsprinzip

8 Sieht der Gesellschaftsvertrag für die Ausübung der Geschäftsführungsbefugnis die Stimmenmehrheit vor, bestimmt sich diese nach Abs. 2 im gesetzlichen Regelfall **nach Köpfen** (anders § 709 Abs. 3 BGB-E des Mauracher Entwurfs, → § 705 Rn. 1a). Auf gesellschaftsvertragliche Klauseln zur Willensbildung bei Grundlagenentscheidungen kann diese Regelung entsprechend angewendet werden (vgl. auch § 119 Abs. 2 HGB sowie § 714 BGB-E des Mauracher Entwurfs, → § 705 Rn. 1a). Abweichende Gestaltungen sind zulässig (Mehrheit nach Kapitalanteilen, qualifizierte Mehrheit). Möglich ist auch eine Differenzierung nach Gegenständen der Geschäftsführung in Anlehnung an § 116 HGB (gewöhnliche und außergewöhnliche Geschäfte, laufende Angelegenheiten, betragsmäßige Grenzen etc; vgl. BGH 19.6.2008, NZG 2008, 588 (598)). Die Wirksamkeit einer gesellschaftsvertraglichen Klausel zur Abweichung von Abs. 1 unterliegt dem (neuerdings stark relativierten) **Bestimmtheitsgrundsatz** und der Kernbereichslehre (für die Veräußerung eines wichtigen Gegenstands OLG Hamm 24.5.2007, NZG 2008, 21 (23 f.); für die Feststellung des Jahresabschlusses einer KG BGH 15.1.2007, NJW 2007, 1685; → § 705 Rn. 54). Eine Einschränkung dahingehend, dass die Anforderungen gemäß Bestimmtheitsgrundsatz nur bei Grundlagenentscheidungen Geltung beanspruchen, überzeugt nicht. Zur Inhaltskontrolle von Mehrheitsklauseln bei der Publikumsgesellschaft → HGB Anh. Rn. 62 ff.

V. Besondere Gestaltungen, Delegation

9 **1. Gesellschafter.** Möglich ist auch, die Geschäftsführungsbefugnis aufgrund Gesellschaftsvertrages einem oder mehreren Gesellschaftern zuzuweisen (auch stillschweigend, vgl. BGH 11.3.1955, BGHZ 16, 394 (396 f.) = NJW 1955, 825; dies gilt gem. § 715 BGB-E auch nach dem Mauracher Entwurf, → § 705 Rn. 1a). Die übrigen sind dann gem. § 710 S. 1 von der Geschäftsführung ausgeschlossen. Innerhalb der Gruppe der geschäftsführungsbefugten Gesellschafter gilt gem. § 710 S. 2 wiederum

§ 709, wenn nicht jedem Gesellschafter **Einzelgeschäftsführungsbefugnis** eingeräumt wurde (vgl. § 711 S. 1). Letzteres ist bei Anwaltssozietäten der Regelfall aufgrund stillschweigender Vereinbarung (BGH 20.6.1996, NJW 1996, 2859); ebenso bei Steuerberatern (BGH 29.9.1995, NJW-RR 1996, 313). Die Einzelgeschäftsführungsbefugnis kann sich auch auf bestimmte Geschäfte beziehen (für RA-Sozietät OLG Hamm 13.5.1970, NJW 1970, 1791), wobei sich die Wirksamkeit der Klausel dann nach dem Bestimmtheitsgrundsatz richtet, die Klausel somit hinreichend konkret sein muss (→ § 705 Rn. 54 ff.). Die Einzelgeschäftsführungsbefugnis kann als **Sonderrecht** entsprechend § 35 ausgestaltet sein mit der Folge, dass sie ohne Zustimmung des Begünstigten nur aus wichtigem Grund oder in den gesellschaftsvertraglich festgelegten Fällen wieder entzogen werden kann (vgl. BGH 11.2.2008, NJW-RR 2008, 704). Eine **ressortmäßige Zuweisung** der Geschäftsführung nach Tätigkeitsbereichen ist ebenfalls zulässig und in der Praxis häufig anzutreffen (MüKoBGB/*Schäfer* Rn. 17). Das Gleiche gilt für besondere Zustimmungsvorbehalte und Vetorechte zugunsten einzelner Gesellschafter (BeckOK BGB/*Schöne* Rn. 24). Auch hier bestimmt sich die Wirksamkeit nach den Vorgaben des Bestimmtheitsgrundsatzes.

Fällt einer der beiden gesamtgeschäftsführungsbefugten Gesellschafter weg (Tod, Ausscheiden), gilt 10 mangels abweichender Vereinbarung Abs. 1 (zur OHG BGH 25.5.1964, BGHZ 41, 367 (368) = NJW 1964, 1624; krit. Erman/*Westermann* Rn. 2). Dies gilt auch beim **Wegfall** des Alleingeschäftsführers (MüKoBGB/*Schäfer* § 710 Rn. 5). In allen Fällen lebt daher die Gesamtvertretungsbefugnis aller Gesellschafter auf, bis eine abweichende Regelung getroffen wurde. Zur Entziehung und Kündigung der Geschäftsführungsbefugnis § 712.

Verwaltungsakte der Finanzverwaltung sind gem. § 34 Abs. 2 S. 1 AO dem Alleingeschäftsführer 11 iSv § 710 zuzustellen, hilfsweise einem vertretungsbefugten Gesellschafter (BGH 9.2.2006, NJW-RR 2006, 1096; BFH 12.12.1996, DStR 1997, 262); ein geschäftsführungsbefugter Gesellschafter kann **Einspruch** einlegen (FG Saarland 23.11.2001, BeckRS 2001, 21010869). Zur Eigenschaft des geschäftsführungsbefugten Gesellschafters als **Trader** iSv § 1 Abs. 1a S. 2 Nr. 3a KWG BVerwG 22.9.2004, NJW 2005, 1529.

2. Gremien. Zulässig ist die gesellschaftsvertragliche Zuweisung der Geschäftsführungsbefugnis bzw. 12 einzelner Zustimmungsvorbehalte oder Vetorechte an besondere Gremien (Beirat, Verwaltungsrat). Hierbei können auch **Dritte** Mitglied des Gremiums sein. Die Gesellschafter haben wegen des Grundsatzes der Selbstorganschaft jedoch zwingend stets die Möglichkeit, mit einfacher Beschlussmehrheit dem Gremium seine Kompetenz aus wichtigem Grund wieder zu entziehen (zur Publikums-KG BGH 19.11.1984, NJW 1985, 972; zur Publikums-GbR BGH 22.3.1982, NJW 1982, 2495; weitergehend für Fremdorganschaft *Arlt* NZG 2002, 407).

3. Dritte. Die Gesellschafter in ihrer Gesamtheit können sich der Geschäftsführungsbefugnis nach 13 dem **Grundsatz der Selbstorganschaft** nicht begeben (dies bleibt auch nach dem Mauracher Entwurf erhalten, → § 705 Rn. 1a); Nichtgesellschaftern kann wegen des **Abspaltungsverbots** gem. § 717 S. 1 keine Geschäftsführungsbefugnis übertragen werden (BGH 11.7.1980, BGHZ 33, 105 (106 ff.) = NJW 1960, 1997; BGH 20.1.2011, DNotZ 2011, 361; BGH 17.9.2013, NJW-RR 2014, 349 Rn. 21; MüKoBGB/*Schäfer* Rn. 20); hieran hält gem. § 711a BGB-E auch der Mauracher Entwurf fest (→ § 705 Rn. 1a). Kommt es zu einem Verstoß hiergegen, gilt die gesetzliche Regel gem. Abs. 1, sofern nicht vorrangig eine abweichende Auslegung des Gesellschaftsvertrages erzielt wird (zur OHG BGH 11.7.1960, BGHZ 33, 105 (108) = NJW 1960, 1997).

Möglich ist daher allein die Übertragung von Geschäftsführungsbefugnissen auf **schuldrechtlicher** 14 **Grundlage,** Subdelegation, Bevollmächtigung (BGH 17.9.2013, NJW-RR 2014, 349 Rn. 21; vgl. auch BeckOK BGB/*Schöne* Rn. 27: Sonderaufträge; MüKoBGB/*Schäfer* Rn. 20). Dies begegnet nach hM zumindest bei Publikumsgesellschaften keinen rechtlichen Bedenken, wenn die Gründungsgesellschafter selbst die organschaftliche Geschäftsführungs- und Vertretungsbefugnis behalten, jedoch nicht ausüben (BGH 22.1.1962, BGHZ 36, 292 (293 f.) = NJW 1962, 738; für den Immobilienfonds auch BGH 8.2.2011, NJW 2011, 2040; krit. *Ulmer* ZIP 2005, 1341 (1343)). Diese „derivative Geschäftsführungsbefugnis" kann dem Nichtgesellschafter auch **unwiderruflich** erteilt werden, soweit sie die Gesellschafterversammlung mit einfacher Beschlussmehrheit aus wichtigem Grund wieder entziehen kann, was regelmäßig der Fall ist (zur Publikums-GbR BGH 22.3.1982, NJW 1982, 2495; zu Zustimmungspflichten beim Widerruf OLG Stuttgart 8.2.2006, NJOZ 2006, 2216). Die Übertragung von Geschäftsführungsaufgaben auf Dritten stellt keine erlaubnispflichtige **Rechtsberatung** dar (BGH 15.2.2005, ZIP 2005, 1361; *Schmidt-Morsbach/Dicks* BKR 2005, 424). Im **Liquidationsstadium** gilt der Grundsatz der Selbstorganschaft nur noch eingeschränkt, sodass entsprechend § 146 Abs. 1 S. 1 HGB auch Dritte zum Liquidator bestellt werden können (vgl. zur Publikumsgesellschaft, jedoch verallgemeinerungsfähig, BGH 17.9.2013, NJW-RR 2013, 349 Rn. 38).

VI. Notgeschäftsführung

Ansprüche der rechtsfähigen Außen-GbR stehen infolge ihrer Rechtsfähigkeit nur dieser zu; die 15 Gesellschafter sind auch in ihrer Gesamtheit nicht aktivlegitimiert (OLG Düsseldorf 6.3.2013, MDR

2013, 1196). Ausnahmen hiervon bestehen zum einen bei Sozialansprüchen gemäß der actio pro socio (→ § 705 Rn. 46 ff.). Zum anderen gilt auch **§ 744 Abs. 2** bei der GbR entsprechend (allgM, BGH 4.5.1955, BGHZ 17, 181 (183) = NJW 1955, 1027; BGH 26.6.2018, NZG 2018, 1071; OLG Dresden 15.7.1999, NZG 2000, 248; *Bengel* ZEV 2002, 484); vgl. insofern auch explizit § 715a BGB-E des Mauracher Entwurfs (→ § 705 Rn. 1a). Jeder Gesellschafter ist hiernach berechtigt, aus eigenem Recht im Gesellschaftsinteresse Notmaßnahmen bei akuter Gefahr zu ergreifen, wenn die gesellschaftsvertragliche Kompetenzverteilung leer läuft (**Subsidiarität;** vgl. OLG Oldenburg 15.11.2001, NZG 2002, 1056; OLG Koblenz 20.11.1998, NZG 1999, 250). Dies betrifft vor allem die Geltendmachung von Ansprüchen der GbR gegen Dritte. Trotz der gebotenen restriktiven Handhabung der Notgeschäftsführungsbefugnis ist allein zu fordern, dass sich die Mitgesellschafter aus gesellschaftswidrigen, mithin treupflichtwidrigen Gründen weigern, den Anspruch geltend zu machen; eine kollusive Beteiligung des Gesellschaftsschuldners hieran ist nicht notwendig (abw. OLG Düsseldorf 15.5.2012, BeckRS 2012, 17766), die Verweigerung der Zustimmung aus sachfremden Erwägungen genügt aber (LG Berlin 19.6.2014, BeckRS 2014, 19597). Erforderlich und ausreichend ist, dass der Gesellschaft eine akute Gefahr droht (vgl. BGH 26.6.2018, NZG 2018, 1071). Die Voraussetzungen müssen noch im Zeitpunkt der letzten mündlichen Verhandlung in der Tatsacheninstanz vorliegen (OLG Düsseldorf 15.5.2012, BeckRS 2012, 17766). Die Befugnis zur Notgeschäftsführung steht auch den an sich von der Geschäftsführung ausgeschlossenen Gesellschaftern zu (MüKoBGB/*Schäfer* Rn. 21).

16 Liegen die Voraussetzungen vor, begründet § 744 Abs. 4 materiell-rechtlich eine **Ermächtigung** iSv § 185 (vgl. BayObLG 10.6.1980, ZIP 1980, 904), prozessual **Prozessführungsbefugnis** (BGH 6.6.2003, BeckRS 2003, 05949; für die Geltendmachung einer Forderung BGH 19.6.2008, BeckRS 2008, 13178; missverständlich BGH 11.12.2003, NJW 2004, 1043 (1044): keine Notgeschäftsführung, da Klage im eigenen Namen). Die Notgeschäftsführungsbefugnis begründet daher keine Vertretungsmacht iSv § 714 (BGH 4.5.1955, BGHZ 17, 181 (183) = NJW 1955, 1027); die Ansprüche sind vielmehr **im eigenen Namen auf Leistung an die GbR** geltend zu machen. Der Notgeschäftsführer hat einen Anspruch auf Aufwendungsersatz gem. §§ 713, 670 (BeckOK BGB/*Schöne* Rn. 26). Gegen die Notgeschäftsführung ist kein Widerspruch nach § 711 zulässig (BGH 4.5.1955, BGHZ 17, 181 (183) = NJW 1955, 1027). Wegen des Grundsatzes der Selbstorganschaft und der Möglichkeit des § 744 besteht kein Raum für eine entsprechende **Anwendung von § 29** (BGH 23.9.2014, NZG 2014, 1302 Rn. 12 f., allerdings die Möglichkeit der Bestellung eines Prozesspflegers gem. § 57 ZPO für möglich haltend). Der **Mauracher Entwurf** sieht in §§ 715a und 715b BGB-E explizite Regelungen zur Notgeschäftsführung und Gesellschafterklage vor (→ § 705 Rn. 1a).

VII. Beweislast

17 Wird eine zulässige Abweichung nach Abs. 2 geltend gemacht, sind diese und die Einhaltung der betreffenden Modalitäten zu beweisen (vgl. für Ladungsmängel BGH 19.1.1987, NJW 1987, 1262; für die Streitigkeit über die tatsächliche Beschlussfassung OLG Frankfurt a. M. 20.12.2007, BeckRS 2008, 00574). Zur Geschäftsführerhaftung → § 713 Rn. 18.

Übertragung der Geschäftsführung

710 **[1]Ist in dem Gesellschaftsvertrag die Führung der Geschäfte einem Gesellschafter oder mehreren Gesellschaftern übertragen, so sind die übrigen Gesellschafter von der Geschäftsführung ausgeschlossen. [2]Ist die Geschäftsführung mehreren Gesellschaftern übertragen, so findet die Vorschrift des § 709 entsprechende Anwendung.**

I. Allgemeines

1 Die Regelung ergänzt § 709 Abs. 2. Gesellschaftsvertragliche Abweichungen vom gesetzlichen Regelfall der Gesamtgeschäftsführung gem. § 709 Abs. 1 können nicht nur die Vereinbarung des Mehrheitsprinzips sein, sondern auch die Zuweisung der Geschäftsführungsbefugnis an einzelne Gesellschafter oder eine Gesellschaftergruppe (→ Rn. 2 ff.). Dies gilt gem. § 715 BGB-E auch nach dem Mauracher Entwurf (→ § 705 Rn. 1a). Eine solche Regelung führt gem. **S. 1** im gesetzlichen Regelfall zum Ausschluss der übrigen von der Geschäftsführungsbefugnis (→ Rn. 6). Grenzen bestehen für die Freiberufler-Sozietät gem. § 6 Abs. 2 PartGG, dessen analoge Anwendung auf die GbR erwogen werden sollte. **S. 2** stellt als dispositiven gesetzlichen Regelfall klar, dass innerhalb einer Gruppe von geschäftsführungsbefugten Gesellschaftern das Einstimmigkeitserfordernis gilt, sofern dieses nicht durch eine Mehrheitsklausel ersetzt wird (→ Rn. 3). In der Liquidation gilt § 730 Abs. 2 S. 2.

II. Übertragung auf einzelne Gesellschafter

2 Eine **Übertragung** der Geschäftsführungsbefugnis auf einen oder mehrere Gesellschafter ist eine gesellschaftsvertragliche Abweichungen von § 709 Abs. 1 (auch stillschweigend, vgl. BGH 11.3.1955,

BGHZ 16, 394 (396 f.) = NJW 1955, 825). Es handelt sich nicht um eine Beauftragung iSv § 662, sondern um eine **Grundlagenentscheidung** der Gesellschafter (BeckOK BGB/*Schöne* Rn. 2), sodass eine Änderung des Gesellschaftsvertrages notwendig ist. Geht mit der Übertragung der Geschäftsführungsbefugnis auf einzelne Gesellschafter auch eine qualitative oder quantitative Aufgabenzuweisung einher (→ § 709 Rn. 31), gilt für die entsprechende Klausel der **Bestimmtheitsgrundsatz** (→ § 705 Rn. 54). Hiernach ist hinreichend deutlich anzugeben, auf welche Bereiche sich die Übertragung bezieht (BeckOK BGB/*Schöne* Rn. 6). Die Bestellung eines **Alleingeschäftsführers** beinhaltet im Zweifel auch dessen Befugnis zur Erteilung rechtsgeschäftlicher Vollmachten zugunsten der übrigen (*Kremer* RNotZ 2004, 239 (240)).

Wird die Geschäftsführungsbefugnis einer **Gruppe von Gesellschaftern** zugewiesen, gilt für deren Willensbildung § 709 Abs. 1 entsprechend (S. 2), mithin Gesamtgeschäftsführungsbefugnis. Auch hier ist es jedoch möglich, etwas Abweichendes zu vereinbaren, insbesondere Einzelgeschäftsführungsbefugnis (vgl. § 711 S. 1). Dies ist bei Anwaltssozietäten der Regelfall aufgrund stillschweigender Vereinbarung (BGH 20.6.1996, NJW 1996, 2859); ebenso bei Steuerberatern (BGH 29.9.1995, NJW-RR 1996, 313). Die Übertragung kann sich auch auf bestimmte Geschäfte beziehen (für RA-Sozietät OLG Hamm 13.5.1970, NJW 1970, 1791), wobei sich die Wirksamkeit der Klausel ebenso nach dem Bestimmtheitsgrundsatz richtet. **Dritten** kann wegen des Grundsatzes der Selbstorganschaft nur eine derivative Geschäftsführungsbefugnis mit der jederzeitigen Entziehbarkeit aus wichtigem Grund eingeräumt werden (→ § 709 Rn. 13). 3

Sind mehrere Gesellschafter einzeln oder in Gruppen geschäftsführungsbefugt, trifft sie eine **Unterrichtungspflicht** gegenüber den übrigen geschäftsführungsbefugten Gesellschaftern, damit diese ggf. ihr Widerspruchsrecht gem. § 711 ausüben können. Dies gilt stets dann, wenn die geplante Maßnahme bei objektiver Betrachtung von so einer Bedeutung ist, dass der andere auf eine Unterrichtung mutmaßlich Wert legt (zur OHG BGH 19.4.1971, NJW 1971, 1613), nicht erst bei der Erwartung eines Widerspruchs (so aber die Lit., vgl. BeckOK BGB/*Schöne* § 711 Rn. 5). Die Unterrichtung muss umfassend sein und so rechtzeitig erfolgen, dass die Widerspruchsbefugten nicht überrumpelt werden (MüKoBGB/*Schäfer* § 711 Rn. 3). 4

Ist ein allein geschäftsführungsbefugter Gesellschafter bestellt, sind diesem gem. § 32 Abs. 2 S. 1 AO die **Verwaltungsakte** der Finanzverwaltung zuzustellen, hilfsweise einem vertretungsbefugten Gesellschafter (BGH 9.2.2006, NJW-RR 2006, 1096; BFH 12.12.1996, DStR 1997, 262); ein geschäftsführungsbefugter Gesellschafter kann Einspruch einlegen (FG Saarland 23.11.2001, BeckRS 2001, 21010869). 5

III. Ausschluss der Übrigen

Wird einzelnen oder mehreren Gesellschaftern die Geschäftsführungsbefugnis übertragen, sind die übrigen gem. S. 1 konsequenterweise von der Geschäftsführung ausgeschlossen. Sie haben auch kein Widerspruchsrecht gem. § 711 (OLG Frankfurt a. M. 20.12.2007, BeckRS 2008, 574) und im gesetzlichen Regelfall auch keine Vertretungsmacht (§ 714). **Ausnahmen:** Die Rechte auf Notgeschäftsführung entsprechend § 744 Abs. 1 (→ § 709 Rn. 15) und zur actio pro socio (→ § 705 Rn. 46) bleiben jedoch unberührt (BeckOK BGB/*Schöne* Rn. 8). Das Gleiche gilt für die Gesellschafterrechte aus §§ 716, 721 (abw. wohl OLG Schleswig 12.1.2001, NZG 2001, 796: müssen eingeräumt werden). Auch die Kompetenz zur Beteiligung der Gesellschafter an Grundlagengeschäften (→ § 705 Rn. 50) wird von S. 1 nicht erfasst (MüKoBGB/*Schäfer* Rn. 8). Einem sozietätsangehörigen Rechtsanwalt stehen wettbewerbsrechtliche Ansprüche nach dem UWG als höchstpersönliches Recht zu (OLG Dresden 9.6.1998, NJW 1999, 144). 6

IV. Abdingbarkeit

Die Regelung ist abdingbar (ähnlich die hM: Auslegungsregel; vgl. MüKoBGB/*Schäfer* Rn. 1). Es ist daher möglich, einzelne Gesellschafter von der Geschäftsführungsbefugnis auszuschließen (vgl. zur nachträglichen Entziehung § 712). Möglich sind auch qualitative oder quantitative Zuweisungen einzelner Geschäftsführungskompetenzen auf einzelne oder mehrere Gesellschafter (→ § 709 Rn. 9 ff.). In diesen Fällen bedarf es einer Auslegung der gesellschaftsvertraglichen Regelung, ob hierdurch zugleich die Kompetenzen der übrigen beschnitten werden sollen oder nicht. Eindeutige Regelungen sind wegen des Bestimmtheitsgrundsatzes geboten und dringend angeraten. Fehlen diese, gilt diesbezüglich S. 2 entsprechend. 7

V. Beweislast

Abweichungen von § 709 Abs. 1 sowie die Voraussetzungen für ihre Wirksamkeit sind von demjenigen zu beweisen, der sich hierauf beruft. Zur Geschäftsführerhaftung → § 713 Rn. 18. 8

Widerspruchsrecht

711 **[1] Steht nach dem Gesellschaftsvertrag die Führung der Geschäfte allen oder mehreren Gesellschaftern in der Art zu, dass jeder allein zu handeln berechtigt ist, so kann jeder der Vornahme eines Geschäfts durch den anderen widersprechen. [2] Im Falle des Widerspruchs muss das Geschäft unterbleiben.**

Übersicht

I. Allgemeines

1 Die dispositive Regelung schränkt die von § 709 Abs. 1 abweichende Geschäftsführungsbefugnis der Gesellschafter ein. Dies gilt gem. § 715 BGB-E auch hieran hält gem. § 709 BGB-E auch nach dem Mauracher Entwurf (→ § 705 Rn. 1a). Nach **S. 1** kann jeder geschäftsführungsbefugte Gesellschafter den Handlungen eines anderen geschäftsführungsbefugten Gesellschafters widersprechen. **S. 2** begründet für den Fall des berechtigten Widerspruchs einen Unterlassungsanspruch. Gegen die Notgeschäftsführung gem. § 744 Abs. 2 (→ § 709 Rn. 15) ist kein Widerspruch nach § 711 zulässig (BGH 4.5.1955, BGHZ 17, 181 (183) = NJW 1955, 1027). Das Gleiche gilt für den Widerspruch selbst und für die Ausübung sonstiger Gesellschafterrechte (BeckOK BGB/*Schöne* Rn. 3 f.). Das Widerspruchsrecht wird ergänzt durch eine Unterrichtungspflicht der geschäftsführenden Gesellschafter im Vorfeld einer geplanten Maßnahme (→ § 710 Rn. 4).

II. Widerspruchsbefugnis

2 Das Widerspruchsrecht ist Bestandteil der Geschäftsführungsbefugnis (Erman/*Westermann* Rn. 2). Berechtigt sind somit nur die nicht von der Geschäftsführung ausgeschlossenen Gesellschafter. Nach dem Wortlaut der Regelung ist unerheblich, ob der widersprechende Gesellschafter Allein- oder Gesamtgeschäftsführungsbefugnis besitzt („jeder"). Richtigerweise richtet sich die **Widerspruchsbefugnis** jedoch **akzessorisch** danach, welche Modalitäten der Gesellschaftsvertrag für die Geschäftsführungsbefugnis des einzelnen Gesellschafters vorsieht (hM, MüKoBGB/*Schäfer* Rn. 6 f.). Es ist daher möglich, dass ein geschäftsführungsbefugter Gesellschafter dem gemeinschaftlichen Handeln der beiden anderen widerspricht. Gibt es vier jeweils zu zweit geschäftsführungsbefugte Gesellschafter (Vier-Augen-Prinzip), kann der Widerspruch nur von zwei gemeinschaftlich ausgeübt werden. Gesellschaftsvertragliche Abweichungen sind zur Effektuierung dieses Rechts angebracht (vgl. für das Mehrheitsprinzip BGH 11.1.1988, WM 1988, 968 (969)). Diese Akzessorietät der Widerspruchsbefugnis zur Geschäftsführungsbefugnis gilt auch **sachlich.** Zum Widerspruch berechtigt sind nur diejenigen Gesellschafter, denen die Geschäftsführungskompetenz für die in Rede stehende Handlung zugewiesen ist (MüKoBGB/*Schäfer* Rn. 7).

3 Grundsätzlich ist der Widerspruch ein Gesellschafterrecht. Aus der Geschäftsführungsbefugnis kann jedoch umgekehrt auch die schadensersatzbewehrte **Pflicht** resultieren, Widerspruch zu erheben, um Schaden von der Gesellschaft abzuwenden, insbesondere nach vorheriger Unterrichtung (MüKoBGB/*Schäfer* Rn. 10). Das Widerspruchsrecht ist jedoch generell beschränkt im Fall der **Interessenkollision** (zur OHG BGH 9.5.1974, NJW 1974, 1555: gerichtliches Vorgehen gegen den Gesellschafter; MüKoBGB/*Schäfer* Rn. 2: Kündigung eines Vertrages). Das Widerspruchsrecht kann einem Gesellschafter gem. § 712 auch **entzogen** werden, indem man ihn von der Geschäftsführung ausschließt (Erman/*Westermann* § 712 Rn. 3). **Dritten** steht nach allgM wegen des Grundsatzes der Selbstorganschaft kein Widerspruchsrecht zu (MüKoBGB/*Schäfer* Rn. 5).

III. Ausübung des Widerspruchs

4 Der Widerspruch ist eine empfangsbedürftige Willenserklärung, die im abdingbaren gesetzlichen Regelfall ausdrücklich oder konkludent und **formfrei** erfolgen kann (RGZ 109, 56 (58)). Müssen mehrere Gesellschafter gemeinsam widersprechen (→ Rn. 2), wird der Widerspruch erst mit Zugang der letzten Erklärung wirksam. Gesellschaftsvertragliche Abweichungen sind zur Effektuierung dieses

Rechts angebracht (vgl. für das Mehrheitsprinzip BGH 11.1.1988, WM 1988, 968 (969)). Der Widerspruch muss hinsichtlich der in Rede stehenden Maßnahme hinreichend **deutlich** sein (§§ 133, 157) und **rechtzeitig,** dh im Vorfeld, zugehen (zur Unterrichtungspflicht → § 710 Rn. 4). Ein nachträglicher Widerspruch ist unbeachtlich (hM, MüKoBGB/*Schäfer* Rn. 16; zum Widerspruch gegen Pläne RGZ 109, 56 (59)). Eine **Begründung** ist nicht erforderlich (Erman/*Westermann* Rn. 4), im Hinblick auf die gerichtliche Überprüfung aber zu empfehlen.

IV. Rechtmäßigkeit des Widerspruchs

Als Teil der Geschäftsführungsbefugnis muss der Widerspruch berechtigt sein, dh von der gesellschaftsrechtlichen **Zwecksetzung** gedeckt. Bei kaufmännischen Ermessensentscheidungen bleibt dem widersprechenden Gesellschafter ein Beurteilungsspielraum, der gerichtlich nur beschränkt überprüfbar ist. Auch eine Zweckmäßigkeitskontrolle durch die Gerichte findet nicht statt (zur OHG BGH 8.7.1985, NJW 1986, 844). Ein pflichtwidriger Widerspruch liegt jedoch dann vor, wenn dieser willkürlich und unter offensichtlichem Verstoß gegen die **Treuepflicht** erklärt wird (MüKoBGB/*Schäfer* Rn. 11). Dies ist bei alleiniger Maßgeblichkeit eigennütziger Motive der Fall (BGH 8.7.1985, NJW 1986, 844). Wiederholte Widersprüche begründen keine Vermutung der Pflichtwidrigkeit (BGH 8.7.1985, NJW 1986, 844). 5

Bei undurchsichtigen **Gemengelagen** sollte die Rechtswidrigkeit des Widerspruchs nur in Evidenzfällen und bei irreversiblen Schäden der Gesellschaft bejaht werden, weil die nachträgliche Kontrolle iRe Schadensersatzhaftung der handelnden Gesellschafter möglich ist (→ § 713 Rn. 18) und der einzelgeschäftsführungsberechtigte Gesellschafter kompetenzbezogen eigenverantwortlich handelt. Insofern gilt entgegen der hM (vgl. OLG München 28.7.2000, NJW 2001, 613 (614)) etwas anderes, als wenn gemeinschaftliche Geschäftsführung vereinbart wurde und ein Gesellschafter seine Zustimmung verweigert (→ § 709 Rn. 6 f.). 6

Prozessual ist die Rechtmäßigkeit des Widerspruchs eine Frage der Begründetheit (OLG Stuttgart 8.2.2006, NJOZ 2006, 2215 (2220)). Schwierig ist die Abgrenzung, ob hinsichtlich einer bestimmten Maßnahme gemeinschaftliche Geschäftsführungsbefugnis besteht **(Zustimmungslösung)** oder nicht **(Widerspruchslösung).** Wenngleich für beide Gestaltungen materiell-rechtlich dieselben Grundsätze gelten sollen (vgl. OLG München 28.7.2000, NJW 2001, 613 (614); zweifelhaft, → Rn. 6), bestehen doch Unterschiede, wem prozessual die Initiativ- und ggf. Beweislast auferlegt wird. Bei der Zustimmungslösung müssen die handelnden Gesellschafter beweisen, dass ihr Handeln von den entsprechenden gesellschaftsvertraglichen Vorgaben gedeckt ist. Bei der Widerspruchslösung müssen die widersprechenden Gesellschafter darlegen und beweisen, dass ein rechtmäßiger Widerspruch vorliegt. Um Rechtsunsicherheit zu vermeiden, bedarf es klarer gesellschaftsvertraglicher Vorgaben, was gewollt ist. 7

V. Wirkungen

1. Berechtigter Widerspruch. Ist der Widerspruch rechtmäßig, hat die entsprechende Maßnahme gem. S. 2 zu unterbleiben. Es handelt sich um einen einklagbaren **Unterlassungsanspruch** der GbR, bei der Innengesellschaft der Mitgesellschafter in ihrer gesamthänderischen Verbundenheit. Handelt ein Gesellschafter dem zuwider, haftet er nach §§ 280, 708 gegenüber der Gesellschaft auf **Schadensersatz** (nicht nach GoA-Regeln, → § 708 Rn. 5). Soweit möglich, kann gem. § 249 Abs. 1 auch die Rückgängigmachung des Geschäfts verlangt werden (BGH 19.4.1971, WM 1971, 819). Im Außenverhältnis entfaltet der Widerspruch keine Wirkungen, sodass der Gesellschafter insbesondere seine **Vertretungsmacht** behält (hM, BGH 11.3.1955, BGHZ 16, 394 (396 f.) = NJW 1955, 825). Dies gilt auch, wenn der widersprechende Gesellschafter durch die Vornahme gegenläufiger Rechtsgeschäfte umgehend die vorherigen Erklärungen des anderen Gesellschafters konterkarieren könnte (BGH 19.6.2008, NZG 2008, 588 (592)). Einschränkungen ergeben sich jedoch bei Kenntnis des anderen durch die Lehre vom Missbrauch der Vertretungsmacht (BAG 29.1.1997, NJW 1997, 1940). 8

2. Unberechtigter Widerspruch. Ist der Widerspruch rechtswidrig oder verspätet, ist er unbeachtlich (zur OHG BGH 8.7.1985, NJW 1986, 844). Der Gesellschafter handelt bei der Vornahme der Maßnahme gleichwohl nicht automatisch rechtmäßig. Von § 711 unberührt bleibt die allgemeine Rechtskontrolle nach den Vorgaben des Gesellschaftszwecks und sonstiger Vorgaben des Gesellschaftsvertrages. 9

VI. Abdingbarkeit

§ 711 ist einerseits **akzessorisch.** Maßgeblich ist, welche Regelungen der Gesellschaftsvertrag über die Geschäftsführungsbefugnis der Widerspruchsbefugten vorsieht. Dies gilt insbesondere für qualitative und quantitative Zwischenlösungen bei der Zuweisung von Geschäftsführungskompetenz (ressortmäßige Aufteilung, betragsmäßige Grenzen, → Rn. 2). Sie ist weiterhin **dispositiv.** Zulässig ist auch, das Widerspruchsrecht isoliert auszuschließen oder an besondere Voraussetzungen (Inhalt, Form und Frist) 10 zu knüpfen sowie für die Ausübung des Widerspruchs das Mehrheitsprinzip ausreichen zu lassen (vgl. BGH 11.1.1988, WM 1988, 968 (969)). Zu empfehlen ist, die Unterrichtungspflicht (→ § 710 Rn. 10) im Gesellschaftsvertrag klarzustellen. **Dritten** kann wegen des Grundsatzes der Selbstorganschaft kein Widerspruchsrecht zugewiesen werden (MüKoBGB/*Schäfer* Rn. 5).

VII. Beweislast

11 Ob ein berechtigter Widerspruch erfolgt ist, hat derjenige zu beweisen, der sich darauf beruft. Zur eingeschränkten gerichtlichen Kontrolle → Rn. 5; zur Geschäftsführerhaftung → § 713 Rn. 18.

Entziehung und Kündigung der Geschäftsführung

712 (1) **Die einem Gesellschafter durch den Gesellschaftsvertrag übertragene Befugnis zur Geschäftsführung kann ihm durch einstimmigen Beschluss oder, falls nach dem Gesellschaftsvertrag die Mehrheit der Stimmen entscheidet, durch Mehrheitsbeschluss der übrigen Gesellschafter entzogen werden, wenn ein wichtiger Grund vorliegt; ein solcher Grund ist insbesondere grobe Pflichtverletzung oder Unfähigkeit zur ordnungsmäßigen Geschäftsführung.**

(2) **Der Gesellschafter kann auch seinerseits die Geschäftsführung kündigen, wenn ein wichtiger Grund vorliegt; die für den Auftrag geltende Vorschrift des § 671 Abs. 2, 3 findet entsprechende Anwendung.**

Übersicht

I. Allgemeines

1 **Abs. 1** ermöglicht, einem Gesellschafter die Geschäftsführungsbefugnis bei Vorliegen eines wichtigen Grundes zu entziehen. Hierdurch wird eine doppelte Schutzrichtung verfolgt: Geschützt wird zum einen der geschäftsführungsbefugte Gesellschafter, indem es für die Entziehung eines wichtigen Grundes bedarf; wegen des Ultima Ratio-Prinzips kann dies als milderes Mittel anderen Rechtbehelfen (Kündigung der Gesellschaft, Ausschluss) vorgehen (vgl. BGH 31.3.2003, NZG 2003, 625). Geschützt werden zum anderen auch die Mitgesellschafter, indem sie einem Gesellschafter bei begründetem Vertrauensverlust die entsprechende Kompetenz entziehen können, ohne ihn ausschließen zu müssen. **Abs. 2** ermöglicht die Beendigung der übertragenen Geschäftsführungsbefugnis durch den betreffenden Gesellschafter bei Vorliegen eines wichtigen Grundes. Dieses Recht ist zwingend und schützt den geschäftsführungsbefugten Gesellschafter, damit dieser sich auch bei abweichender Vertragsvereinbarung in jedem Fall aus wichtigem Grund seiner gesteigerten Verantwortung entledigen kann. Auch dies kann als milderes Mittel anderen Rechtsbehelfen (Kündigung der Gesellschaft, Austritt) vorgehen. Vgl. zur Entziehung der Vertretungsmacht § 715, zur Parallelregelung bei OHG und KG § 117 HGB. Gem. § 715 Abs. 5 BGB-E sieht auch der **Mauracher Entwurf** die Möglichkeit der Entziehung vor (→ § 705 Rn. 1a).

II. Entziehung

2 **1. Gegenstand.** Nach dem Wortlaut von Abs. 1 kann allein die nach § 709 Abs. 2, § 710 übertragene Geschäftsführungsbefugnis entzogen werden, nicht jedoch die im gesetzlichen Regelfall gem. § 709 Abs. 1 automatisch bestehende. Dies ist zu eng. Richtigerweise kann gem. Abs. 1 **jede Geschäftsführungsbefugnis** entzogen werden, auch das Gesellschafterrecht auf notwendige Beteiligung bei Gesamtgeschäftsführung gem. § 709 Abs. 1 (heute hM, LG Hamburg 28.2.2008, BeckRS 2008,

4316; OLG Frankfurt a. M. 5.4.2012, BeckRS 2013, 01954; BeckOK BGB/*Schöne* Rn. 7: analoge Anwendung; abw. aber OLG Braunschweig 7.4.2010, DStR 2010, 1686). Insofern gilt dasselbe wie bei § 117 HGB. Würde man dies abweichend beurteilen, wäre die Geschäftsführungsbefugnis eines Einzelnen iRv § 709 Abs. 1 nur zusammen mit seiner Mitgliedschaft zu beseitigen, was wenig sachgerecht ist. Im gesetzlichen Regelfall ermöglicht die Regelung nur den vollständigen Entzug der Geschäftsführungsbefugnis, nicht sonstige **Beschränkungen** (RG WarnR 1913 Nr. 51; abw. hM bei § 117 HGB). Abweichende gesellschaftsvertragliche Regelungen sind jedoch möglich und als flexibleres und milderes Mittel anzuraten (Erman/*Westermann* Rn. 7).

Auch bei **Innengesellschaften,** insbesondere der stillen Gesellschaft, kann die Geschäftsführungs- 3 befugnis nach Abs. 1 entzogen werden (abw. BeckOK BGB/*Schöne* Rn. 8: konkludent abbedungen). Auch wenn ein Gesellschafter im Außenverhältnis im eigenen Namen handelt (zB Teilnahme an einer Lotterie), bedarf es wegen der das Innenverhältnis betreffenden Sorgfaltsmaßstäbe und Herausgabe- und Aufwendungsersatzansprüche Vorgaben darüber, unter welchen Voraussetzungen er dies darf oder nicht. Für eine Entziehung dieser Vorgaben nach Abs. 1 ist hier durchaus Raum, auch bei der stillen Gesellschaft (abw. MüKoBGB/*Schäfer* Rn. 8: allein Kündigung der Gesellschaft). Auch eine Differenzierung danach, ob ein Gesamthandsvermögen gebildet wurde oder nicht, ist für die Geltung von § 712 nicht überzeugend (abw. Erman/*Westermann* Rn. 2). Wurden einem **Dritten** derivativ Geschäftsführungsbefugnisse übertragen (→ § 709 Rn. 13 f.), gilt die Regelung nicht (BGH 22.1.1962, BGHZ 36, 292 (294) = NJW 1962, 738; OLG Düsseldorf 31.3.2006, BeckRS 2006, 68863); möglich ist aber die Kündigung der betreffenden Beauftragung.

2. Wichtiger Grund. Ein wichtiger Grund liegt wie bei § 117 HGB vor, wenn das Verhältnis der 4 übrigen Gesellschafter zu dem Geschäftsführer **nachhaltig zerstört** ist und es deshalb für die Gesellschafter unzumutbar ist, dass der geschäftsführende Gesellschafter weiterhin auf die alle Gesellschafter betreffenden Belange Einfluss nehmen kann (BGH 11.2.2008, DStR 2008, 783). Regelbeispiele sind die grobe **Pflichtverletzung** und die **Unfähigkeit** zur ordnungsgemäßen Geschäftsführung. Ein Verschulden des Gesellschafters ist nicht erforderlich, da nach Abs. 1 Hs. 2 auch personenbedingte Gründe ausreichen (BGH 9.7.1952, BB 1952, 649). Anzustellen ist eine **Gesamtwürdigung** des Einzelfalles unter **Abwägung** der widerstreitenden Interessen, inklusive der Gegengründe. Dies betrifft insbesondere die Zwei-Personen-GbR, denn dort kann es nicht darauf ankommen, welcher Gesellschafter zuerst nach Abs. 1 vorgeht (MüKoBGB/*Schäfer* Rn. 11). Auch der bloße **Verdacht** unredlichen Verhaltens kann den Entzug rechtfertigen (BGH 11.2.2008, DStR 2008, 783).

Kasuistik: Beiderseits veranlasste Unverträglichkeiten in der Zwei-Personen-Gesellschaft sind nicht 5 ausreichend (OLG Zweibrücken 17.2.2005, NZG 2005, 508 für [ggf. irrtümliche] Entnahme, die wieder zurückgezahlt wurde); Informationspflichtverletzungen können einen Entzug rechtfertigen (OLG Köln 16.8.2005, DB 2005, 2571); auch finanzielle Unregelmäßigkeiten des Geschäftsführers in anderen Gesellschaften (BGH 11.2.2008, DStR 2008, 783), nicht jedoch bei beiderseitigem Untreuevorwurf (vgl. zu § 117 HGB OLG Köln 30.8.2007, BeckRS 2007, 17809); ein bloßer Vertrauensentzug reicht im Zweifel nicht aus, wohl aber die Begehung strafbarer Handlungen des Gesellschafters zulasten der Gesellschaft oder ein in sonstiger Weise arglistiges oder sittenwidriges Verhalten des geschäftsführenden Gesellschafters zur Publikumsgesellschaft (OLG Brandenburg 8.2.2006, BeckRS 2006, 5157; zu Publikumsgesellschaften *Reichert/Winter* BB 1988, 981).

3. Gesellschafterbeschluss. Die Entziehung der Geschäftsführungsbefugnis ist ein Grundlagen- 6 geschäft, nicht seinerseits Akt der Geschäftsführung. Im gesetzlichen Regelfall bedarf es daher der **Zustimmung aller übrigen** Gesellschafter, nicht nur der ihrerseits geschäftsführungsbefugten („einstimmiger Gesellschafterbeschluss"). Eine gerichtliche Entscheidung (Gestaltungsurteil) ist – abweichend von § 117 HGB – nicht erforderlich (BGH 16.3.1961, NJW 1961, 1299 (1301)); auch kein förmlicher Gesellschafterbeschluss bei gleichzeitiger Anwesenheit (OLG Köln 16.8.2005, DB 2005, 2571; abw. Staudinger/*Habermeier,* 2003, Rn. 9). Ausdrücklich vorgesehen ist in Abs. 1 die gesellschaftsvertragliche Einführung des **Mehrheitsprinzips.** Die Entziehung ist als Grundlagenentscheidung von der Willensbildung in Geschäftsführungsangelegenheiten gem. § 709 Abs. 2 zu trennen, sodass sich eine allgemeine Mehrheitsklausel nicht automatisch auf alle Fälle erstreckt (vgl. zur Auslegung OLG Düsseldorf 31.3.2006, BeckRS 2006, 68863). Eindeutige Regelungen sind angeraten. Die Entziehung durch lediglich einen der übrigen Gesellschafter ist nicht möglich (BGH 10.3.1955, NJW 1955, 825).

Bei der mehrgliedrigen GbR können in besonders gelagerten Ausnahmefällen **Zustimmungspflich-** 7 **ten** bestehen, welche im Wege der actio pro socio ggf. sogar eingeklagt werden. Abzustellen ist neben der Zumutbarkeit vor allem darauf, ob die Zustimmung mit Rücksicht auf das bestehende Gesellschaftsverhältnis oder die bestehenden Rechtsbeziehungen der Gesellschafter untereinander – beispielsweise das Interesse an der Erhaltung gemeinsam geschaffener Werte – als dringend erforderlich erscheint (zu § 140 HGB BGH 28.4.1975, BGHZ 64, 253 (257 f.) = NJW 1975, 1410; zur Publikumsgesellschaft BGH 9.11.1987, NJW 1988, 969). Bei der **Zwei-Personen-Gesellschaft** genügt die einseitige Erklärung des anderen (RGZ 162, 78 (83); OLG Stuttgart 8.2.2006, NJOZ 2006, 2216).

8 **4. Bekanntgabe.** Der Gesellschafterbeschluss muss dem betreffenden Gesellschafter entsprechend § 737 S. 3 bekannt gegeben werden; ggf. konkludent, auch iRd Zustellung einer Klageschrift (OLG Köln 16.8.2005, DB 2005, 2571). Eine **Kündigungsfrist** besteht im gesetzlichen Regelfall der Kündigung aus wichtigem Grund nicht, auch nicht das Verbot der Kündigung zur Unzeit (Abs. 2 arg. e. contrario).

9 **5. Wirkungen.** Die Entziehung tritt bei Wirksamkeit des Gesellschafterbeschlusses im Zeitpunkt der Bekanntgabe ein und führt dazu, dass der betroffene Gesellschafter seine Einzel- bzw. Gesamtgeschäftsführungsbefugnis verliert und sich fortan aus der Geschäftsführung herauszuhalten hat (zur Haftung § 713). Zur Möglichkeit der bloßen Beschränkung der Geschäftsführungsbefugnis → Rn. 12. Die **Vertretungsmacht** wird hiervon nicht zwingend berührt, da § 714 lediglich eine Auslegungsregel ist (hM, MüKoBGB/*Schäfer* Rn. 16; abw. Palandt/*Sprau* Rn. 3). Es ist jedoch meist geboten, beide Befugnisse gleichermaßen zu entziehen. Aus Gründen der Rechtssicherheit sollte dies ggf. klargestellt und Dritten bekannt gemacht werden.

10 Bleiben die übrigen Gesellschafter nach Maßgabe des bisher Geltenden **handlungsfähig,** ändert sich deren Geschäftsführungsbefugnis nach der Entziehung nicht (zutr. MüKoBGB/*Schäfer* Rn. 20; abw. die hM, vgl. OLG München 10.8.1949, DRZ 1950, 280). Dies gilt insbesondere bei Einzelgeschäftsführungsbefugnis der übrigen (vgl. zu § 117 HGB BGH 11.7.1960, BGHZ 33, 78 (108) = NJW 1960, 1997). Führt die Entziehung jedoch zu **Unstimmigkeiten,** zB bei Wegfall einer für die Gesamtgeschäftsführungsbefugnis zweier Gesellschafter notwendigen Beteiligung, kann nicht ohne weiteres Einzelgeschäftsführungsbefugnis des anderen angenommen werden. Im Zweifel gilt wie bei der Entziehung von Alleingeschäftsführungsbefugnis § 709 Abs. 1 zugunsten der Übrigen (vgl. RGZ 162, 78 (83)). Um Nachteile zu vermeiden, sind die Gesellschafter daher angehalten, ggf. subsidiär geltende Modalitäten über die Geschäftsführungsbefugnis (und auch die Vertretungsmacht) im Voraus zu regeln.

11 **6. Prozessuales.** Ob eine Entziehung nach Abs. 1 wirksam ist oder nicht, hat derjenige zu beweisen, der sich darauf beruft, regelmäßig also die Gesellschaft (zur Gesellschafterhaftung § 713). Ob ein wichtiger Grund vorliegt oder nicht, ist gerichtlich voll überprüfbar (MüKoBGB/*Schäfer* Rn. 18). Eine **Feststellungsklage** über die Wirksamkeit der Entziehung kann sowohl vom betroffenen Gesellschafter als auch von der Gesellschaft erhoben werden, hilfsweise von einem Mitgesellschafter im Wege der actio pro socio (abw. wohl MüKoBGB/*Schäfer* Rn. 18: allein Klagebefugnis der Gesellschafter). Eine **einstweilige Verfügung** auf Unterlassung der Geschäftsführung ist möglich (vgl. RGZ 22, 170; zu § 117 HGB OLG Köln 30.8.2007, BeckRS 2007, 17809).

12 **7. Abdingbarkeit.** Abs. 1 ist dispositiv (RGZ 162, 78, 83). Die Voraussetzungen können **erleichtert oder erschwert** werden, bis hin zum Ausschluss der Regelung (hM, vgl. OLG Frankfurt a. M. 20.12.2007, BeckRS 2008, 00574; MüKoBGB/*Schäfer* Rn. 23). In Extremfällen bleibt die Möglichkeit zur Ausschließung nach § 737. Bestimmte Einziehungsgründe unterhalb des wichtigen Grundes können im Gesellschaftsvertrag verbindlich vereinbart werden (vgl. zu § 117 HGB BGH 23.10.1972, NJW 1973, 651); auch ein numerus clausus der wichtigen Gründe (MüKoBGB/*Schäfer* Rn. 22) oder die bloße Beschränkung (abw. BGH 30.9.1982, NJW 1983, 784). Nach dem Bestimmtheitsgrundsatz (→ § 705 Rn. 54) sind die tatbestandlichen Modifizierungen jedoch hinreichend deutlich zu fassen. Möglich ist auch, Abs. 1 aufgrund entsprechender gesellschaftsvertraglicher Regelung **qualitativ oder quantitativ einzuschränken,** mithin den Gesellschaftern das Recht einzuräumen, die Geschäftsführungsbefugnis eines Gesellschafters einzuschränken oder an die Mitwirkung anderer zu knüpfen (MüKoBGB/*Schäfer* Rn. 17). Wurde mit dem Gesellschafter zusätzlich noch ein Dienstvertrag geschlossen, muss dieser gekündigt werden. Bei den Publikumsgesellschaften ist eine Erschwerung der Erfordernisse zur Entziehung von Geschäftsführungsbefugnissen über die einfache Mehrheit hinaus unzulässig (BGH 9.11.1987, BGHZ 102, 72 = NJW 1988, 969).

III. Kündigung

13 **1. Gegenstand.** Nach Abs. 2 kann auch ein Gesellschafter seine Geschäftsführungsbefugnis (isoliert) kündigen. Kündbar ist unstreitig eine **übertragene Geschäftsführungsbefugnis** iSv § 710. Die hM bejaht darüber hinaus wie bei Abs. 1 und iRv § 117 HGB auch die Kündigung der **Gesamtgeschäftsführungsbefugnis** iSv § 709 Abs. 1 (MüKoBGB/*Schäfer* Rn. 27; *K. Schmidt* DB 1988, 2241 (2243)). Dem ist nicht zu folgen, weil sich ein Gesellschafter sonst – zumindest auf Zeit, dh bis zur endgültigen gerichtlichen Klärung, ob die Kündigung wirksam ist oder nicht, – zu leicht aus der Verantwortung stehlen könnte (ähnlich Erman/*Westermann* Rn. 10). Will ein Gesellschafter sich dem Pflichtrecht seiner notwendigen Beteiligung gem. § 709 Abs. 1 entziehen, muss er die anderen entweder davon überzeugen oder aber aus der GbR ausscheiden.

14 **2. Wichtiger Grund.** Der Fortbestand der konkreten Geschäftsführungsbefugnis muss für den Gesellschafter unter Berücksichtigung der Interessen der übrigen **unzumutbar** sein. Maßgeblich für die **Abwägung** sind die **Gesamtumstände** des Einzelfalles, die gerichtlich voll überprüfbar sind. Aus-

gehend vom gesetzlichen Regelfall, wonach alle Geschäftsführer zumindest die Verantwortung iRv Gesamtgeschäftsführungsbefugnis haben, erscheint die einseitige Lösung hiervon nur in Extremfällen zulässig. Bei der Kündigung von Einzel- oder Alleingeschäftsführungsbefugnis sind die Anforderungen geringer.

3. Kündigungserklärung. Die Kündigung ist gegenüber allen Mitgesellschaftern zu erklären und wird mit Zugang beim letzten wirksam. Ausreichend ist, wenn ein Gesellschafter anderweitig hiervon erfährt (vgl. zu § 132 HGB BGH 11.1.1993, NJW 1993, 1002). Es bestehen kein Formzwang und keine Kündigungsfrist. Nach § 672 Abs. 3 darf die Kündigung jedoch nicht zur **Unzeit** erfolgen. Der Gesellschafter macht sich schadensersatzpflichtig, wenn der wichtige Grund nicht auch die sofortige Beendigung rechtfertigt. 15

4. Rechtsfolgen. Die Geschäftsführungsbefugnis erlischt im Zeitpunkt des Wirksamwerdens der Kündigung (allgM, teilw. einschr. *K. Schmidt* DB 1988, 2241 (2243 f.)). Einzelheiten, auch zur gerichtlichen Geltendmachung und Beweislast, → Rn. 11. Wurde mit dem Gesellschafter zusätzlich noch ein Dienstvertrag geschlossen, muss dieser gekündigt werden. 16

5. Abdingbarkeit. Auf das Kündigungsrecht aus wichtigem Grund kann gem. § 671 Abs. 1 nicht im Voraus verzichtet werden. Die gesellschaftsvertragliche Vereinbarung zusätzlicher **Kündigungsgründe** und der **Verzicht** auf einen Grund sind jedoch möglich (vgl. zu § 117 HGB BGH 23.10.1972, NJW 1973, 651). Die hiernach mögliche freie Kündbarkeit wiegt nicht so schwer wie die grundlose Ausschließung eines Gesellschafters, sodass bei wirksamer Vereinbarung durch die Gesellschafter keine weiteren Zulässigkeitserfordernisse bestehen (zB sachlicher Grund); § 671 Abs. 2 ist insofern ausreichend. 17

Rechte und Pflichten der geschäftsführenden Gesellschafter

713 Die Rechte und Verpflichtungen der geschäftsführenden Gesellschafter bestimmen sich nach den für den Auftrag geltenden Vorschriften der §§ 664 bis 670, soweit sich nicht aus dem Gesellschaftsverhältnis ein anderes ergibt.

Übersicht

I. Allgemeines

Die **Geschäftsführungsbefugnis** ist ein Mitgliedschaftsrecht und keine originär schuldrechtliche Beziehung zur Gesellschaft. Die Regelung sieht dessen ungeachtet einen **subsidiären Verweis ins Auftragsrecht** vor. Er betrifft indessen nur Ausschnitte. Die Sorgfaltsmaßstäbe und die Haftung der geschäftsführungsbefugten Gesellschafter ergeben sich auf der Grundlage des Gesellschaftsvertrages aus den allgemeinen Regeln. Bei der zusätzlichen (entgeltlichen) Beauftragung eines (geschäftsführungsbefugten) Gesellschafters gelten die §§ 662 ff., 675 unmittelbar; das Gleiche gilt für die Zuweisung abgeleiteter Geschäftsführungsbefugnisse an Dritte (MüKoBGB/*Schäfer* Rn. 4 f.; zur Publikumsgesellschaft → HGB Anh. Rn. 89 ff.). Zur **Vergütung** → § 709 Rn. 5. Der **Mauracher Entwurf** (→ § 705 Rn. 1a) hält gem. § 716 BGB-E im Wesentlichen die bisherige Rechtslage aufrecht. 1

II. Verweis ins Auftragsrecht

1. Normtexte

2 **§ 664 Unübertragbarkeit; Haftung für Gehilfen**

(1) [1] Der Beauftragte darf im Zweifel die Ausführung des Auftrags nicht einem Dritten übertragen. [2] Ist die Übertragung gestattet, so hat er nur ein ihm bei der Übertragung zur Last fallendes Verschulden zu vertreten. [3] Für das Verschulden eines Gehilfen ist er nach § 278 verantwortlich.

(2) Der Anspruch auf Ausführung des Auftrags ist im Zweifel nicht übertragbar.

§ 665 Abweichung von Weisungen

[1] Der Beauftragte ist berechtigt, von den Weisungen des Auftraggebers abzuweichen, wenn er den Umständen nach annehmen darf, dass der Auftraggeber bei Kenntnis der Sachlage die Abweichung billigen würde. [2] Der Beauftragte hat vor der Abweichung dem Auftraggeber Anzeige zu machen und dessen Entschließung abzuwarten, wenn nicht mit dem Aufschub Gefahr verbunden ist.

§ 666 Auskunfts- und Rechenschaftspflicht

Der Beauftragte ist verpflichtet, dem Auftraggeber die erforderlichen Nachrichten zu geben, auf Verlangen über den Stand des Geschäfts Auskunft zu erteilen und nach der Ausführung des Auftrags Rechenschaft abzulegen.

§ 667 Herausgabepflicht

Der Beauftragte ist verpflichtet, dem Auftraggeber alles, was er zur Ausführung des Auftrags erhält und was er aus der Geschäftsbesorgung erlangt, herauszugeben.

§ 668 Verzinsung des verwendeten Geldes

Verwendet der Beauftragte Geld für sich, das er dem Auftraggeber herauszugeben oder für ihn zu verwenden hat, so ist er verpflichtet, es von der Zeit der Verwendung an zu verzinsen.

§ 669 Vorschusspflicht

Für die zur Ausführung des Auftrags erforderlichen Aufwendungen hat der Auftraggeber dem Beauftragten auf Verlangen Vorschuss zu leisten.

§ 670 Ersatz von Aufwendungen

Macht der Beauftragte zum Zwecke der Ausführung des Auftrags Aufwendungen, die er den Umständen nach für erforderlich halten darf, so ist der Auftraggeber zum Ersatz verpflichtet.

3 **2. Unübertragbarkeit.** Nach § 664 S. 1 ist die Geschäftsführungsbefugnis im Zweifel nicht übertragbar (Verbot der Substitution). Dies folgt jedoch bereits aus dem Abspaltungsverbot und ist zwingend (→ § 709 Rn. 13; hieran hält gem. § 711a BGB-E auch der Mauracher Entwurf fest, → § 705 Rn. 1a). Die Regelung stellt jedoch klar, dass sich ein geschäftsführender Gesellschafter nicht der eigenen Entscheidungsbefugnis begeben darf, zB durch **schuldrechtliche Abhängigkeiten** gegenüber Dritten oder den Einsatz von **Vertretern.** Auch wird der Einsatz von unselbstständigen, weisungsgebundenen und beaufsichtigten **Erfüllungsgehilfen** (Subdelegation) nicht vom Abspaltungsverbot erfasst und ist auch ohne besondere gesellschaftsvertragliche Gestattung zulässig (Erman/*Westermann* § 708 Rn. 2; vgl. zum Auftrag Palandt/*Sprau* § 664 Rn. 2, 6). Ein Verstoß gegen das Substitutionsverbot entfaltet keine Außenwirkung und führt nicht zur Nichtigkeit der Beauftragung des Dritten (OLG Köln 20.12.2007, NJW-RR 2008, 933).

4 **a) Übertragungsverschulden.** § 664 Abs. 1 S. 2 begründet als dispositiver gesetzlicher Regelfall eine Privilegierung. Hiernach haftet der geschäftsführungsbefugte Gesellschafter, dem in Abweichung von S. 1 aufgrund des Gesellschaftsvertrages die **Subdelegation** gestattet ist, nach Maßgabe von § 708 nur bei Auswahlverschulden (BeckOK BGB/*Schöne* Rn. 3); ist dieses gegeben, hat er allerdings – wie bei § 678 – für alle adäquat-kausal verursachten Schäden einzustehen.

5 **b) Zurechnung.** Nach § 664 Abs. 1 S. 3 wird nach Maßgabe von § 278 auch für Fremdverschulden bei der Durchführung gehaftet. Diese Regelung gilt nur für die Fälle, in denen der geschäftsführungsbefugte Gesellschafter unselbstständige, weisungsgebundene und beaufsichtigte **Erfüllungsgehilfen** einsetzt (Subdelegation), was auch ohne Regelung im Gesellschaftsvertrag gestattet ist. Im Rahmen von § 278 gilt § 708 nicht auch für den Gehilfen, weil die personale Verbundenheit als tragende Legitimation dieser Privilegierung nicht mit diesem besteht (abw. die hM, vgl. MüKoBGB/*Schäfer* § 708 Rn. 17). Ist der Dritte zugleich Gehilfe der Gesellschaft, zB als deren Angestellter, scheidet eine Zurechnung zum Gesellschafter von vornherein aus (BeckOK BGB/*Schöne* Rn. 3).

6 **3. Weisungen.** Der Geschäftsführer ist nicht weisungsgebunden (OLG Köln 16.8.2005, DB 2005, 2571; → § 709 Rn. 4), sodass § 665 S. 1 nicht unmittelbar gilt. Der Rechtsgedanke kann jedoch herangezogen werden, wenn es darum geht, in welchem Umfang ein mit quantitativen oder qualitativen Beschränkungen der Geschäftsführungsbefugnis versehener Gesellschafter von den Vorgaben im Interesse der Gesellschaft abweichen darf, zB bei der Wahrnehmung von Geschäftschancen. Grenzen bestehen

gem. § 665 S. 2 **(Warnpflicht),** bei deren Verletzung sich der Gesellschafter gegenüber der GbR schadensersatzpflichtig macht.

7 **4. Mitteilungspflichten.** Die weitgehend dispositiven Pflichten aus § 666 bestehen grundsätzlich gegenüber der GbR, wenn diese rechtsfähig ist (BeckOK BGB/*Schöne* Rn. 3; abw. MüKoBGB/*Schäfer* Rn. 8: kollektives Recht der Gesamtheit der übrigen Gesellschafter), können aber im Wege der actio pro socio geltend gemacht werden (vgl. zur KG BGH 23.3.1992, NJW 1992, 1890 (1892)). Bei der Innengesellschaft stehen sie den Mitgesellschaftern in gesamthänderischer Verbundenheit zu; vgl. auch die **individuellen Informationsrechte** aus §§ 716, 721. Wird gegen die Mitteilungspflichten verstoßen, macht sich der Gesellschafter gegenüber der GbR und den Mitgesellschaftern aus § 280 schadensersatzpflichtig (→ Rn. 18 f.). Zwischen Ehegatten besteht eine Auskunftspflicht nur im Fall der Ehegatten-Innengesellschaft (BGH 9.2.2005, NJW-Spezial 2005, 299).

8 **a) Information.** Jeder geschäftsführungsbefugte Gesellschafter hat seine Mitgesellschafter gem. § 666 Alt. 1 **fortlaufend unverlangt** zu informieren. Gegenstand sind die „erforderlichen Nachrichten", mithin jeder gesellschaftsbezogene Umstand, der für die Ausübung der den Gesellschaftern zustehenden Mitgliedschaftsrechte von Bedeutung ist (LG Heidelberg 28.7.2016, BeckRS 2016, 18066), auch zur Warnung (BeckOK BGB/*Schöne* Rn. 7; für den Hinweis auf Formnichtigkeit eines Vertrages OLG Köln 16.8.2005, DB 2005, 2571). Um die Pflichten nicht zu überspannen, muss die Information **wesentlich** sein. Auch darf kein vorrangiges Geheimhaltungsinteresse oder ein gesetzliches Verbot der Weitergabe bestehen (zu den Grenzen der Information beim Immobilienfonds *Wagner* NZG 1998, 657). Das Informationsrecht ist durch das Verbot unzulässiger Rechtsausübung (§ 242) begrenzt (vgl. LG Heidelberg 28.7.2016, BeckRS 2016, 18066). In § 717 BGB-E des Mauracher Entwurfs (→ § 705 Rn. 1a) findet sich eine ausdrückliche Regelung des Informationsrechts.

9 **b) Auskunft.** Auskunft über den Stand des Geschäfts ist gem. § 666 Alt. 2 nur **auf Verlangen** der übrigen geschäftsführungsbefugten Gesellschafter, hilfsweise aller Mitgesellschafter, zu erteilen. Gegenstand sind alle die GbR und ihre Gesellschafter betreffenden Umstände, sofern sie zur Verfolgung des Gesellschaftszwecks bzw. der Ausübung von Mitgliedschaftsrechten **erforderlich** sind (BeckOK BGB/*Schöne* Rn. 6). Der Zweck der Auskunft setzt auch Grenzen gem. § 242 (vgl. OLG Hamm 15.6.2000, NZG 2001, 73: Hilfsanspruch).

10 **c) Rechenschaft.** Rechenschaft hat der geschäftsführungsbefugte Gesellschafter gem. § 666 Alt. 3 erst nach Verlust seiner Kompetenz bzw. nach Auflösung der Gesellschaft zu erteilen (MüKoBGB/*Schäfer* Rn. 10). Es gilt § 259. Eine Vorlage der **Geschäftsbücher** ist nicht erforderlich (BeckOK BGB/*Schöne* Rn. 8); es besteht aber die Pflicht, solche zu führen (bei großen GbRs, vgl. RGZ 103, 71 (72)). Der Anspruch steht selbstständig neben dem Kontrollrecht aus § 716 (RGZ 148, 278 (279)). Ein vollständiger **Ausschluss** der Rechenschaftspflicht verstößt gegen § 138 (BGH 18.3.1965, WM 1965, 709).

11 **5. Herausgabe, Verzinsung.** Nach **§ 667 Alt. 1** ist alles herauszugeben, was der geschäftsführungsbefugte Gesellschafter zur Wahrnehmung seiner Kompetenzen von der Gesellschaft erhalten hat. Der Anspruch ist fällig, wenn die Geschäftsführungsbefugnis endet oder die Überlassung nicht mehr erforderlich ist. Erfasst sind zB Unterlagen, Dienstwagen und Computer. **§ 667 Alt. 2** erweitert die Herausgabepflicht auf Leistungen von Dritten (zB Zahlungen auf Rechnung der Gesellschaft; Einziehung von Forderungen; Wahrnehmung von Geschäftschancen) sowie selbstgeschaffene Vorteile (zB Erfindungen, Unterlagen; vgl. zu Provisionen BGH 17.10.1991, NJW-RR 1992, 560); vgl. zu Schmiergeldern BGH 5.12.1990, NJW-RR 1991, 483; zur Herausgabe einer bei der DENIC registrierten Internet-Domain OLG Brandenburg 12.2.2014, NZG 2014, 577). Hauptanwendungsbereich ist die **Innengesellschaft,** weil dort ein Gesellschafter im Außenverhältnis im eigenen Namen handelt, insbesondere bei der stillen Gesellschaft (abw. MüKoBGB/*Schäfer* Rn. 12, wonach Regelung hier nicht greift). Die Herausgabepflicht ist jedoch meist durch die entsprechenden Gewinnermittlungs- und -verwendungsregelungen überlagert. Bei der rechtsfähigen Außengesellschaft ist die GbR Inhaberin des Anspruchs (BeckOK BGB/*Schöne* Rn. 10). Die Gesellschafter können ihn im Wege der actio pro socio geltend machen (→ § 705 Rn. 46). Erlangtes Geld ist gem. § 668 zu verzinsen. Nach **Auflösung** der Gesellschaft gilt allein § 732 (OLG Braunschweig 28.9.2006, BeckRS 2006, 15335). Wird in den Gewinnanspruch eines Gesellschafters vollstreckt, steht dem **Gläubiger** auch der Herausgabeanspruch gegen die Mitgesellschafter zu (OLG Celle 31.3.2004, NZG 2004, 613).

12 **6. Aufwendungsersatz, Vorschuss.** Nach § 670 kann der geschäftsführungsbefugte Gesellschafter Aufwendungsersatz verlangen; nach § 669 einen entsprechenden Vorschuss (für eine Analogie zu § 110 HGB *Wertenbruch* NZG 2003, 618 Fn. 10; vgl. zu § 110 HGB jüngst *Gramlich/Müssig* NZG 2019, 1333). Der Anspruch richtet sich bei der Außen-GbR gegen die Gesellschaft (OLG München 4.2.2015, BeckRS 2015, 07184, Rn. 55). Eine Inanspruchnahme der Mitgesellschafter ist im Vorfeld der Auflösung wegen § 707 grundsätzlich ausgeschlossen (→ § 707 Rn. 2). Etwas anderes gilt jedoch dann, wenn der Gesellschaft keine freien Mittel zur Verfügung stehen (BGH 22.2.2011, NJW 2011, 1730).

Nach Auflösung der Gesellschaft besteht der Anspruch nur dann selbstständig, wenn dies besonders vereinbart wurde oder wenn feststeht, dass der Gesellschafter das seinerseits Erlangte nicht herausgeben muss (KG Berlin 9.6.2000, NZG 2001, 556). Für die Verzinsung gilt § 110 Abs. 2 HGB analog, nicht aber § 352 Abs. 2 HGB. Macht ein nicht geschäftsführungsbefugter Gesellschafter Aufwendungen, richtet sich die Ersatzfähigkeit abweichend von § 110 HGB nach §§ 683, 670.

13 a) **Aufwendungen.** Aufwendungen sind freiwillige Vermögensopfer, die der Gesellschafter objektiv und subjektiv im Zusammenhang mit seiner geschuldeten Geschäftsführungstätigkeit erbracht hat und nach den Umständen für **erforderlich** halten durfte (zu § 110 HGB BGH 2.7.1979, NJW 1980, 339). Beispiele: Geldauslagen, Prozesskosten, Steuern (BGH 14.11.1977, WM 1978, 114), nicht Schmiergelder (undeutlich Baumbach/Hopt/*Hopt* HGB § 87d Rn. 4). Von einer eingegangenen Verbindlichkeit kann gem. § 257 **Freistellung** verlangt werden. Einen Anspruch auf angemessene **Vergütung** begründet die Regelung nicht (OLG Köln 4.1.2007, BeckRS 2007, 10766); die bloße Arbeitsleitung ist keine Aufwendung (BGH 12.7.2005, NJW-RR 2005, 794; abw. für Analogie zu § 1835 Abs. 3 BeckOK BGB/*Schöne* Rn. 14). Begleicht ein Gesellschafter **Gesellschaftsverbindlichkeiten,** sind dies Aufwendungen (BGH 22.2.2011, WM 2011, 765). Zuvor hat der Gesellschafter bereits einen entsprechenden Freistellungsanspruch (vgl. BGH 17.12.2001, NZG 2002, 232). Mit Ausnahme der Innengesellschaft richten sich diese Ansprüche gegen die GbR, sofern nichts Abweichendes vereinbart wurde oder das Gesellschaftsvermögen unzureichend ist (BGH 22.2.2011, WM 2011, 765). Lediglich im Rahmen der Haftung bestehen wegen der entsprechend § 128 HGB angeordneten Gesamtschuld auch Regressansprüche gegen die Mitgesellschafter aus § 426 (vgl. BGH 17.12.2001, NZG 2002, 232). Diese richten sich grundsätzlich nach der für das Innenverhältnis maßgeblichen Verlustbeteiligung. Sofern die Haftung gegenüber dem Dritten jedoch durch ein gem. § 708 schuldhaftes Verhalten eines Gesellschafters herbeigeführt wurde, kann unter Heranziehung des Gedankens von § 254 im Innenverhältnis sogar eine alleinige Einstandspflicht des Betreffenden bestehen (vgl. BGH 24.9.2013, NZG 2013, 1302 Rn. 10). Einvernehmlich verauslagte Beträge können von den Mitgesellschaftern während des Bestehens der Gesellschaft nur ausnahmsweise und im Regelfall nur anteilig verlangt werden (OLG Saarbrücken 14.1.1998, NZG 1998, 303).

14 b) **Schäden.** Ersatzfähig sind auch risikotypische Begleitschäden (hM, MüKoBGB/*Schäfer* Rn. 16). Etwas anderes gilt jedoch, wenn der Gesellschafter mit der Tätigkeit ein eigenes Geschäft verknüpft hat (BGH 30.5.1960, NJW 1960, 1568). Der infolge eines Geschäftsunfalls dienstunfähige Gesellschafter kann nicht von der Gesellschaft Ersatz seines **Verdienstausfalls** fordern (zweifelhaft OLG Düsseldorf 26.4.1956, NJW 1956, 1802; wohl teilw. abw. MüKoBGB/*Schäfer* Rn. 17; vgl. auch BGH 7.11.1960, BGHZ 33, 251, 257 = NJW 1961, 359). §§ 844, 846 und § 254 gelten analog.

15 7. **Abdingbarkeit.** Die genannten Gesellschafterrechte und Pflichten sind weitgehend dispositiv (zur Grenze beim Informationsrecht → Rn. 10). Eine beschränkende Klausel muss wegen des Bestimmtheitsgrundsatzes jedoch hinreichend deutlich formuliert sein (→ § 705 Rn. 54).

16 8. **Beweislast.** Die Beweislast für die Tatbestandsmerkmale hat wie allgemein derjenige, der sich darauf beruft.

III. Geschäftsführerpflichten

17 Gesetzlich nicht geregelt sind die Geschäftsführerpflichten im eigentlichen Sinn (vgl. für Fremdorgane zB § 93 Abs. 1 AktG, § 43 Abs. 1 GmbHG). Es bedarf daher einer Konkretisierung der objektiv zu verwirklichenden Handlungsvorgaben. Maßgeblich sind die **gesellschaftsvertraglichen Abreden** über die Geschäftsführung, soweit vorhanden, hilfsweise bzw. ergänzend der **Gesellschaftszweck.** Allgemein gilt, der oder die geschäftsführungsbefugten Gesellschafter haben im Rahmen ihrer ggf. ressortmäßig aufgeilten Zuständigkeit alles daran zu setzen, die gesellschaftsrechtliche Zielsetzung bestmöglich zu verwirklichen (vgl. aber § 708). Die Begriffe Unternehmensgegenstand und Gewinnziel können zur Präzisierung dieser Vorgaben herangezogen werden und sollten ausdrücklich im Gesellschaftsvertrag benannt werden. Die hieraus resultierenden Pflichten werden effektuiert durch eine flankierende **Treue- und Loyalitätspflicht,** da die Geschäftsführungsbefugnis ein uneigennütziges Mitgliedschaftsrecht ist. Die Regelungen über **Wettbewerbsverbote** bei der OHG (§§ 112, 113 HGB) gelten grundsätzlich nicht entsprechend (OLG Celle 16.8.2006, NJW-RR 2007, 65). Die **Geschäftschancenlehre** als eigenständiges Rechtsinstitut gilt indessen unabhängig hiervon auch bei der unternehmenstragenden GbR; hiernach ist der geschäftsführungsbefugte Gesellschafter ohne ausdrückliche Erlaubnis nicht befugt, im Geschäftszweig der GbR Geschäfte auf eigene Rechnung zu tätigen oder zu vereiteln (BGH 4.12.2012, NZG 2013, 216 Rn. 20 f.).

IV. Geschäftsführerhaftung

Erfüllt der geschäftsführungsbefugte Gesellschafter seine Pflichten nicht oder nicht ausreichend (Schlechtleistung) oder überschreitet er seine Befugnisse, kann die GbR bzw. bei der Innengesellschaft die Gesellschafter **Schadensersatz gem. §§ 280, 708** verlangen (nicht nach GoA-Regeln, → § 708 Rn. 5). Wird die Tätigkeit zusätzlich aufgrund eines Drittgeschäfts geschuldet (Dienstvertrag), gilt dies gleichermaßen. Eine automatische Minderung erfolgt nicht (*Servatius* Jura 2005, 838). Zur gerichtlichen Geltendmachung, auch mittels besonderen Vertreters, *Karrer* NZG 2008, 206 (208 ff.); zur actio pro socio → § 705 Rn. 46. Die **Beweislast** richtet sich in allen Fällen nach den allgemeinen Regeln, sodass die GbR die Pflichtverletzung zu beweisen hat und sich der Gesellschafter gem. § 280 Abs. 1 S. 2 exkulpieren bzw. die Voraussetzungen von § 708 nachweisen muss (vgl. BGH 2.6.2006, DStR 2008, 1599). Bei der unternehmenstragenden GbR gilt für die Beurteilung unternehmerischer Entscheidungen die **Business Judgement Rule** (vgl. § 93 Abs. 1 S. 2 AktG) entsprechend. Die Kompetenzüberschreitung eines Gesellschafters führt für sich genommen nicht zu einer Schadensersatzpflicht; erforderlich ist vielmehr ein hierauf beruhender Schaden der GbR (zur KG BGH 2.6.2008, DStR 2008, 1599); der Einwand rechtmäßigen Alternativverhaltens ist indessen möglich und ggf. vom Haftenden zu beweisen (vgl. BGH 11.9.2018, WM 2018, 2248). 18

Besteht ein Anspruch auf Schadensersatz, kann die Gesellschaft diesen mit einer etwaigen Geschäftsführervergütung oder einem Gewinnanspruch **aufrechnen.** Möglich ist auch, die nachlässige Tätigkeit bzw. die Nichtleistung bereits unmittelbar bei der Gewinnverteilung zu berücksichtigen (vgl. MüKoBGB/*Schäfer* § 709 Rn. 36). Auch jenseits dieser Möglichkeiten haben die Gesellschafter grundsätzlich die Dispositionsfreiheit über den Anspruch, sodass insbesondere eine **Entlastung** die Ersatzpflicht entfallen lassen kann (vgl. OLG Köln 19.1.2017, BeckRS 2017, 104188 Rn. 37 für eine Publikumsgesellschaft, aber verallgemeinerungsfähig; zur GmbH & Co. KG BGH 22.9.2020, WM 2020, 2035). Wie bei der GmbH gilt auch hier allerdings, dass die Verzichtswirkung nur so weit reicht, wie die die Ersatzpflicht begründenden Umstände für die Beschließenden zumindest erkennbar waren (OLG Köln 19.1.2017, BeckRS 2017, 104188 Rn. 38 ff.; BGH 22.9.2020, WM 2020, 2035 Rn. 25). 19

Vertretungsmacht

714 Soweit einem Gesellschafter nach dem Gesellschaftsvertrag die Befugnis zur Geschäftsführung zusteht, ist er im Zweifel auch ermächtigt, die anderen Gesellschafter Dritten gegenüber zu vertreten.

Übersicht

I. Allgemeines

1 Die Regelung stellt im Wege einer widerleglichen Vermutung die **Akzessorietät** der Vertretungsmacht zur Geschäftsführungsbefugnis her. Der Rechtsverkehr darf daher anders als bei den Handelsgesellschaften nicht ohne weiteres auf den Bestand und Umfang der Vertretungsmacht vertrauen (→ Rn. 5). Im Übrigen ist die im Wortlaut angelegte Konstruktion der Vertretungsmacht bei der GbR mittlerweile jedoch teilw. überholt: Bei der **Außengesellschaft** beansprucht die in § 714 geregelte „Vertretung der anderen Gesellschafter" keine Geltung mehr. Verpflichtet wird die GbR; die Gesellschafter haften für die Gesellschaftsverbindlichkeiten kraft Gesetzes (→ Rn. 10 ff.); sollen die Gesellschafter darüber hinaus auch persönlich verpflichtet werden, bedarf es einer besonderen Bevollmächtigung außerhalb von § 714 (→ Rn. 9). Bei der **Innengesellschaft** ist eine Vertretung der Mitgesellschafter gegenüber Dritten zwar möglich, jedoch konstruktiv kein gesellschaftsrechtliches Problem, weil hier Dritten gegenüber gerade kein Auftreten als GbR vorliegt (→ § 705 Rn. 7). Insofern kommt es im Außenverhältnis zur rein schuldrechtlichen Mitverpflichtung der Einzelnen gem. §§ 420 ff.

II. Organschaftliche Vertretungsmacht

2 Die Vertretungsmacht der Gesellschafter ist infolge der nunmehr anerkannten Rechtsfähigkeit der Außen-GbR (BGH 29.1.2001, BGHZ 146 341 = NJW 2001, 1056; → § 705 Rn. 67) eine organschaftliche und begründet so **Eigenhandeln der Gesellschaft.** Die Vertretungsmacht definiert das rechtliche Können im Außenverhältnis und ist rechtlich trotz der durch § 714 vermittelten Akzessorietät von der Geschäftsführungsbefugnis als Bezugspunkt für die Pflichtenbindung im Innenverhältnis abzugrenzen (zur Schadensersatzhaftung → § 709 Rn. 18). Im Prozess gegen die GbR ist ein vertretungsbefugter Gesellschafter als Partei zu vernehmen, nicht als Zeuge (BGH 2.5.2007, NJW 2007, 2257). Handeln die organschaftlich vertretungsbefugten Gesellschafter in Ausübung ihrer Geschäftsführungsbefugnis, ist ihr Handeln und Wissen entsprechend § 31 der GbR als Eigenhandeln und Eigenwissen **zuzurechnen,** nicht nach §§ 164, 166, 278, 831 (BGH 24.2.2003, NJW 2003, 1445; zur Wissenszusammenrechnung OLG Karlsruhe 27.6.2008, BeckRS 2008, 20659). Die Zurechnung erfolgt auch beim Scheingesellschafter (BGH 3.5.2007, NJW 2007, 2490). Bei Gesamtvertretung (→ Rn. 4) genügt die Kenntnis eines Vertreters (offengelassen von BGH 16.12.2009, NZG 2010, 261 (262) mwN). Im **Insolvenzverfahren** werden die organschaftliche Vertretungsmacht der Gesellschafter (→ § 714 Rn. 2 ff.) sowie die sonstigen rechtsgeschäftlichen Vollmachten durch § 80 Abs. 1 InsO überlagert. Die mit dem Abwicklungszweck zu vereinbarenden und nicht die Insolvenzmasse betreffenden Gesellschafterkompetenzen bleiben indessen unberührt (vgl. § 729). Zur entsprechenden Anwendung von § 146 Abs. 1 S. 1 HGB im Liquidationsstadium → Rn. 5 aE.

3 **1. Gegenstand der Vertretungsmacht.** Gegenstand der Vertretungsmacht ist sämtliches rechtsgeschäftliches **Handeln mit Wirkung für und gegen die GbR.** Es gilt das Offenkundigkeitsprinzip gem. § 164 Abs. 2. Es muss daher hinreichend deutlich werden, dass jemand für die GbR handelt (vgl. für RA-Sozietät BGH 5.2.2009, MDR 2009, 655). Ein spezieller Rechtsformzusatz ist de lege lata nicht zu führen (abw. MüKoBGB/*Schäfer* § 705 Rn. 274); eine entsprechende Pflicht kann sich aber aus dem Lauterkeitsrecht ergeben (vgl. OLG Hamm 18.2.2020, GWR 2020, 179). Die Gesellschaft wird durch die organschaftliche Vertretung ihrer Gesellschafter auch prozessfähig (§ 61 ZPO). **Nicht** von der Vertretungsmacht umfasst sind die **Grundlagengeschäfte.** Diese bedürfen einer Änderung des Gesellschaftsvertrages durch die Gesellschafter und sind daher strukturell weder Gegenstand der Geschäftsführungsbefugnis noch der Vertretungsmacht (OLG Saarbrücken 6.3.2009, NZG 2009, 22 (23); OLG Stuttgart 11.3.2009, NZG 2009, 1303; für die außerordentliche Kündigung auch BGH 11.5.2016, NJW 2016, 2492 Rn. 25). Diese kategorische Differenzierung erfährt jedoch eine wesentliche Einschränkung. Erkennt man mit der hM an, dass die Gesellschafter die GbR ermächtigen können, die Vertragsänderungen beim Wechsel im Mitgliederbestand herbeizuführen (→ § 705 Rn. 74), fällt diese Befugnis konsequenterweise unter die organschaftliche Vertretungsmacht (so auch BGH 11.5.2016, NJW 2016, 2492 Rn. 25). In diesen Fällen kommt es dann zu einer doppelten Stellvertretung: Die GbR ist Vertreter aller Gesellschafter; die mit organschaftlicher Vertretungsmacht versehenen Gesellschafter sind wiederum Vertreter der GbR. Von der organschaftlichen Vertretungsmacht iSv § 714 **abzugrenzen** sind weiterhin die Bevollmächtigung von Nichtgesellschaftern gem. §§ 164 ff., die Notgeschäftsführung eines Gesellschafters entsprechend § 744 Abs. 2 (→ § 709 Rn. 15) und die Geltendmachung von Sozialansprüchen im Wege der actio pro socio (→ § 705 Rn. 46). Soll die Gesellschafterhaftung beschränkt werden, bedarf es nach hM einer ausdrücklichen Vereinbarung mit dem Gläubiger (→ Rn. 21). Zur zusätzlichen Bevollmächtigung der organschaftlichen Vertreter durch die Gesellschafter → Rn. 9.

4 **2. Einzel- und Gesamtvertretung. a) Gesetzlicher Regelfall.** Die Vertretungsmacht ist nach § 714 **akzessorisch zur Geschäftsführungsbefugnis** gem. § 709; § 126 HGB gilt auch bei der unternehmerischen GbR nicht entsprechend (abw. de lege ferenda *K. Schmidt* ZHR 177 (2013), 712

(737)). Mangels abweichender Regelungen haben die Gesellschafter daher auch gemeinschaftliche Vertretungsmacht („im Zweifel"). Bei der **Aktivvertretung** ist hiernach erforderlich, dass die entsprechende Willenserklärung von allen gemeinsam abgegeben wird und dem Empfänger auch zugeht, ggf. zeitlich gestreckt (Einzelheiten bei § 125 Abs. 2 S. 1 und 2 HGB → HGB § 125 Rn. 1 ff.). Das Gleiche gilt auch iRd Prozessfähigkeit (BGH 19.7.2010, NJW 2010, 2286; OLG Stuttgart 12.7.2010, NJW-RR 2011, 40). Ein Vertrag ist im Zweifel erst mit Erklärung des letzten Gesellschafters geschlossen (BGH 19.6.2008, NZG 2008, 588). Dritte können einseitige Rechtsgeschäfte analog § 174 zurückweisen, wenn die Vertretungsmacht nicht nachgewiesen wird (vgl. BGH 9.11.2001, NJW 2002, 1194; BGH 20.2.2014, NJW 2014, 1587 Rn. 17 f. BAG 5.12.2019, NZG 2020, 623; vgl. hierzu bei der RA-Sozietät *Henssler/Michel* NJW 2015, 11). Vertretungsmängel können rückwirkend geheilt werden, auch prozessual (BGH 19.7.2010, NJW 2010, 2286). Kommt die erforderliche Vertretungsmacht zustande, können die sich weigernden Gesellschafter zur Zustimmung verklagt werden (OLG Stuttgart 12.7.2010, NJW-RR 2011, 40); subsidiär kommen die actio pro socio und die Notgeschäftsführungsbefugnis in Betracht (→ § 705 Rn. 46 ff.). Bei Verhinderung eines Gesamtvertreters, etwa nach Entziehung gem. § 715 oder wegen § 181, besteht grundsätzlich nicht Einzelvertretungsmacht des Verbleibenden (OLG München 12.3.2014, NZG 2014, 899). Ist die Schriftform zu wahren, kann die Unterzeichnung durch einen Gesellschafter genügen, wenn deutlich wird, dass hiervon auch die Erklärungen der übrigen gedeckt sein sollen (LAG Düsseldorf 22.5.2015, BeckRS 2015, 70505). Bei der **Passivvertretung** gilt § 125 Abs. 2 S. 3 HGB entsprechend (BGH 23.11.2011, NZG 2012, 69; MüKoBGB/*Schäfer* Rn. 27; vgl. für Steuerbescheide auch BVerwG 15.6.2016, BeckRS 2016, 49940). Andernfalls würde der Rechtsverkehr mangels Registerpublizität der Vertretungsverhältnisse in besonderer Weise benachteiligt. Für Zustellungen gilt § 170 Abs. 3 ZPO (OLG Karlsruhe 20.6.2007, BeckRS 2008, 1688).

b) Zulässige Abweichungen. Die gesetzliche Anordnung der Akzessorietät der Vertretungsmacht zur Geschäftsführungsbefugnis sowie der Gesamtvertretung sind nicht zwingend. Es ist also zulässig, dass Geschäftsführungsbefugnis und Vertretungsmacht auseinanderfallen. Gleichwohl wirken Modifizierungen der Geschäftsführungsbefugnis (→ § 710 Rn. 2 ff.) im Zweifel auch entsprechend im Bereich der Vertretungsmacht. Wird der erforderlichen Deutlichkeit entsprochen, ist es zum Beispiel zulässig, einem Gesellschafter **Vertretungsmacht ohne Geschäftsführungsbefugnis** zuzuweisen (vgl. OLG Frankfurt a. M. 5.5.2014, WM 2014, 1765). Die gesamtvertretungsbefugten Gesellschafter können auch einem von ihnen eine **Ermächtigung zur Alleinvertretung** erteilen (*Wertenbruch* DB 2003, 1099 (1100 ff.); ähnlich BGH 14.2.2005, NZG 2005, 435: konkludente Bevollmächtigung; vgl. für Erklärungen ggü. dem Grundbuchamt OLG München 15.6.2015, NZG 2015, 1024 (1025)). Bei einer RA-Sozietät ist eine Abweichung von §§ 709, 714 jedoch nicht ohne weiteres aus der Gepflogenheit abzuleiten, dass jeder Sozius seine Mandate eigenverantwortlich erledigt (vgl. BGH 3.5.2007, NJW 2007, 2490). Die Ermächtigung eines Gesellschafters zum Alleinhandeln kann als **transmortale Vollmacht** auch über den Tod eines Gesellschafters Bestand haben (vgl. OLG München 15.6.2015, NZG 2015, 1024 (1025)). Zur Wahrung der **Schriftform** muss der Gesellschafter die Einzelvertretungsmacht bei der Unterschrift deutlich machen (vgl. BAG 21.4.2005, NJW 2005, 2572; *Weitemeyer* NZG 2006, 10), im Grundbuchverfahren hat der Nachweis der Einzelvertretungsmacht in der Form des § 29 GBO zu erfolgen (OLG Celle 22.5.2013, NZG 2013, 1141; → § 705 Rn. 69). Bei der Ausübung von Einzelvertretungsmacht ist nicht notwendig, dass auf die Ermächtigung ausdrücklich hingewiesen wird (LAG Düsseldorf 22.5.2015, BeckRS 2015, 70505). Liegt bei der **Gründung einer GmbH & Co. KG** zu Beginn eine GbR vor, gilt hier regelmäßig bereits die bei der KG maßgebliche Vertretungsregelung kraft Vereinbarung, sodass der künftige Kommanditist von der Vertretung ausgeschlossen ist (vgl. BGH 29.1.2015, NZG 2015, 440 Rn. 23). **Dritten** kann wegen des Grundsatzes der Selbstorganschaft und des Abspaltungsverbots keine organschaftliche Vertretungsmacht eingeräumt werden (allgM, MüKoBGB/*Schäfer* Rn. 12). Hiervon unberührt bleibt die Möglichkeit, dass die vertretungsbefugten Gesellschafter einen Dritten rechtsgeschäftlich bevollmächtigen, die GbR zu vertreten (vgl. für eine **Generalvollmacht** OLG Zweibrücken 3.2.2016, MittBayNot 2017, 575; KG Berlin 17.11.2016, MittBayNot 2017, 368 mAnm von *Volmer;* OLG Frankfurt/M. 27.1.2020, BeckRS 2020, 6208 Rn. 15 ff.; zum Ganzen für den Grundstücksverkehr *Weber* MittBayNot 2019, 11). Zumindest aus wichtigem Grund muss eine derartige Delegation jedoch widerrufbar sein (BeckOK BGB/*Schöne* Rn. 2; zur Ausübung von Geschäftsführungsbefugnissen durch Dritte → § 709 Rn. 13). Die Vollmacht kann dem Dritten wegen § 177 bereits vor Entstehen der GbR erteilt und ausgeübt werden (OLG Zweibrücken 3.2.2016, RNotZ 2016, 247; OLG Frankfurt a. M. 27.1.2020, BeckRS 2020, 6208 Rn. 17). Der **Umfang** einer solchen Vollmacht ist im Zweifel durch Auslegung zu ermitteln (vgl. BGH 20.1.2011, DNotZ 2011, 361). Hierbei kann sich ergeben, dass der Bevollmächtigte den Vollmachtgeber auch in seiner Stellung als Gesellschafter vertreten kann (OLG Frankfurt a. M. 27.1.2020, BeckRS 2020, 6208 Rn. 17). Im **Liquidationsstadium** gilt der Grundsatz der Selbstorganschaft nur noch eingeschränkt, sodass entsprechend § 146 Abs. 1 S. 1 HGB auch Dritte zum Liquidator bestellt werden können (vgl. zur Publikumsgesellschaft, jedoch verallgemeinerungsfähig, BGH 17.9.2013, NJW-RR 2013, 349 Rn. 38). Vgl. auch § 729. 5

6 **c) Beweislast.** Grundsätzlich trägt derjenige die Beweislast für das Bestehen der Vertretungsmacht, der sich hierauf beruft. Im Hinblick auf die in §§ 714, 709 angelegten Vermutungsregeln ergeben sich jedoch Besonderheiten. Die bewiesene Gesellschafterstellung führt hiernach für sich genommen in den Fällen der Aktivvertretung zur Gesamtvertretungsmacht; abweichende Gestaltungen müssen bewiesen werden (vgl. BayObLG 4.5.2020 beckRS 2020, 8109). Bei der Passivvertretung folgt wegen § 125 Abs. 3 S. 3 HGB analog (→ Rn. 4) aus der bewiesenen Gesellschafterstellung die entsprechende Einzelvertretungsmacht. Dies gilt auch bei Zustellungen gem. § 170 Abs. 1 ZPO. Vgl. zum Umfang der Vertretungsmacht sogleich → Rn. 7 f.

7 **3. Umfang der Vertretungsmacht.** Der Umfang der Vertretungsmacht richtet sich im Zweifel nach der Geschäftsführungsbefugnis gem. § 709. § 126 HGB gilt nicht (BGH 27.9.1999, BGHZ 142, 315 (321) = NJW 1999, 3483; abw. bei unternehmenstragenden GbR *Schäfer* ZIP 2003, 1225 (1233)). Wegen dieser **Akzessorietät** haben die Gesellschafter im Zweifel Gesamtvertretungsmacht, inhaltlich konkretisiert durch die Zwecksetzung gemäß Gesellschaftsvertrag bzw. einvernehmlicher Abweichung hiervon. Gesellschaftsvertragliche Modifizierungen der Geschäftsführungsbefugnis gelten im Zweifel auch für die Vertretungsmacht, vor allem im Hinblick auf die Lockerungen des Gebots zum gemeinsamen Handeln (→ § 709 Rn. 8). Darüber hinaus besteht auch die Möglichkeit, für die Vertretungsmacht explizite Regelungen zu treffen, sie zB bei wichtigen Geschäften einzuschränken oder in diesen Fällen Gesamtvertretungsmacht zu bestimmen. Der **Widerspruch** eines Gesellschafters gegen die Geschäftsführung gem. § 711 hat indessen keine Auswirkungen auf die Vertretungsmacht (hM, BGH 11.3.1955, BGHZ 16, 394 (396 f.) = NJW 1955, 825). Dies gilt auch, wenn der widersprechende Gesellschafter durch die Vornahme gegenläufiger Rechtsgeschäfte umgehend die vorherigen Erklärungen des anderen Gesellschafters konterkarieren könnte (BGH 19.6.2008, NZG 2008, 588 (592)). Soll das gesamte Gesellschaftsvermögen übertragen werden, zB die Fondsimmobilie, soll **§ 179a AktG analog** gelten, sofern im Gesellschaftsvertrag hierfür keine vorrangige Regelung getroffen wurde (vgl. OLG Düsseldorf 23.11.2017, 297; hierzu *Findeisen* BB 2018, 585; gegen die Analogie *Meier* DNotZ 2020, 246). Wegen der Akzessorietät der Vertretungsmacht zur Geschäftsführungsbefugnis hat die Kontroverse indessen bei der GbR weniger Bedeutung; überschreitet der nach außen handelnde Gesellschafter seine gesellschaftsrechtlichen Kompetenzen, schlägt dies nämlich grundsätzlich auch auf die Vertretungsmacht durch. Das **Verbot des Selbstkontrahierens** (§ 181) gilt, sofern der Gesellschaftsvertrag hiervon nicht befreit (RG JW 1901, 406; OLG Karlsruhe 28.12.2007, BeckRS 2008, 6845) oder die Mitgesellschafter dies ad hoc gestatten (auch konkludent). Letzteres ist gegeben, wenn ein Gesellschafter den anderen entsprechend § 125 Abs. 2 S. 2 HGB zum Alleinhandeln ermächtigt und dieser dann das Geschäft mit dem Gesellschafter abschließt (vgl. BGH 6.3.1975, BGHZ 64, 72 (76) = NJW 1975, 1117). Auch unabhängig hiervon ist die nachträgliche Genehmigung durch einen anderen vertretungsbefugten Gesellschafter möglich (BGH 16.12.2009, NZG 2010, 261). § 181 steht einem wirksamen Vertreterhandeln auch dann nicht entgegen, wenn ein Gesellschafter einen Gesellschafterbeschluss über allgemeine Maßnahmen der Geschäftsführung durchführt oder wenn aus anderen Gründen eine Gefahr für die Gesellschaftsinteressen nicht besteht (vgl. OLG Frankfurt a. M. 22.3.2018, BeckRS 2018, 4516 Rn. 40).

8 Als Kehrseite dieser Flexibilität besteht eine große **Rechtsunsicherheit.** Zumindest bei einseitigen Rechtsgeschäften kann jedoch analog § 174 die Vertretung zurückgewiesen werden (vgl. BGH 9.11.2001, NJW 2002, 1194; BGH 20.2.2014, NJW 2014, 1587 Rn. 17 f.; BAG 5.12.2019, NZG 2020, 623; hierzu bei der RA-Sozietät *Henssler/Michel* NJW 2015, 11). Ist die Geschäftsführungsbefugnis enger als die Vertretungsmacht, kann Letztere zudem gemäß der Lehre vom Missbrauch der Vertretungsmacht zu verneinen sein, wenn der Geschäftspartner die Diskrepanz kennt oder sie sich ihm aufdrängen musste (vgl. OLG Stuttgart 11.3.2009, NZG 2009, 1303 (1305); BAG 29.1.1997, NJW 1997, 1940). Die **Beweislast** für den Bestand der Vertretungsmacht trifft denjenigen, der sich darauf beruft, mithin regelmäßig Außenstehende (vgl. BGH 6.2.1996, NJW-RR 1996, 673: Nachweis der Vollmacht ist eigenes Interesse des Dritten). Der Rechtsverkehr kann die konkrete Vertretungsmacht der Handelnden oftmals nicht erkennen oder beweisen und ist daher weitgehend schutzlos auf die **Rechtsscheinlehre** verwiesen (Duldungs- und Anscheinsvollmacht). Hierbei gelten die allgemeinen zivilrechtlichen Anforderungen: das bloße Auftreten als Vertreter ist zB nicht ausreichend (BGH 6.2.1996, NJW-RR 1996, 673). Indem der gesetzliche Regelfall Gesamtvertretung vorsieht, ist bei der notwendigen Veranlassung des Rechtscheintatbestands (Duldung) auf alle übrigen Gesellschafter abzustellen (vgl. OLG Saarbrücken 13.11.2008, BeckRS 2008, 25876). Zur unzulässigen Beschränkung der Vertretungsmacht auf das Gesellschaftsvermögen → Rn. 20.

III. Bevollmächtigung durch die Gesellschafter

9 Von der organschaftlichen Vertretungsmacht abzugrenzen sind entgegen des mittlerweile missverständlichen Wortlauts von § 714 die Fälle, in denen die Gesellschafter die GbR bzw. deren vertretungsbefugte Gesellschafter unmittelbar bevollmächtigen, sie gegenüber einem Dritten zu verpflichten. Dies

kann bedeutsam sein, um die gesetzliche **Gesellschafterhaftung** mittels eigener rechtsgeschäftlich begründeter Verpflichtung zu **ergänzen.** Praktische Relevanz hat dies insbesondere bei Publikumsgesellschaften, wenn deren Gesellschafter ebenso Darlehensnehmer werden sollen wie die GbR bzw. ein hierauf gerichtetes Schuldanerkenntnis abgeben und sich insofern der sofortigen Zwangsvollstreckung unterwerfen (vgl. BGH 25.10.2005, NJW-RR 2006, 683 mAnm *Servatius* WuB I E 1. – 2.06; → HGB Anh. Rn. 100 f.). Vgl. zu einer transmortalen Vollmacht bei einer zweigliedrigen GbR OLG München 15.6.2015, NJW-RR 2015, 1382.

IV. Gesellschafterhaftung

10 Die Gesellschafter einer rechtsfähigen Außen-GbR haften entsprechend **§§ 128 ff. HGB** kraft Gesetzes für die Gesellschaftsverbindlichkeiten (BGH 29.1.2001, BGHZ 146, 341 = NJW 2001, 1056); siehe daher vor allem auch die Kommentierung der §§ 128 ff. HGB. In der Insolvenz der GbR gilt § 93 InsO. Überlegungen de lege ferenda zur Einführung einer GbRmbH bei *Röder* ZHR 2020, 457.

11 **1. Adressaten.** Die Haftung trifft grundsätzlich nur diejenigen, die im Zeitpunkt der Begründung der rechtsgeschäftlichen oder gesetzlichen Verbindlichkeit wirksam **Gesellschafter** der Außen-GbR sind (zur Haftung bei Eintritt und Ausscheiden → Rn. 23 ff.). Fehlt es an einer wirksamen Gesellschafterstellung, kommt eine Haftung als **Scheingesellschafter** in Betracht. Erforderlich hierfür ist, dass der betreffende Gesellschafter in zurechenbarer Weise den Rechtsschein einer existierenden GbR und seine Zugehörigkeit zu dieser Gesellschaft gesetzt hat oder gegen den durch einen anderen gesetzten Rechtsschein nicht pflichtgemäß vorgegangen ist und der Dritte sich bei einem geschäftlichen Verhalten auf den Rechtsschein verlassen hat (für die Nennung auf dem Briefkopf trotz Ausscheidens BGH 17.1.2012, DStR 2012, 469 Rn. 19; für den Abschluss eines Prozessvergleichs im Namen einer nicht mehr bestehenden GbR LAG Schleswig-Holstein 19.3.2015, BeckRS 2015, 71673). Ist dies gegeben, trifft die betreffenden Scheingesellschafter eine Haftung für vertragliche und außervertragliche Ansprüche (BGH 3.5.2007, NJW 2007, 2490). Eine akzessorische Haftung nach Rechtsscheingrundsätzen scheidet aber aus, wenn zwischen der Vornahme des Rechtsgeschäfts und dem Rechtsscheintatbestand (Briefkopf) kein Zurechnungszusammenhang besteht (BGH 16.4.2008, NJW 2008, 2330: keine Haftung des Scheinsozius bei nicht anwaltstypischer Tätigkeit; zum Ganzen *Deckenbrock/Meyer* ZIP 2014, 701; *Heyers* DStR 2013, 813; *Heyers* MDR 2013, 1322). Die Haftung als Scheingesellschafter scheidet jedoch nicht bereits deswegen aus, dass im Innenverhältnis die entsprechenden Verbote ausgesprochen wurden, weiterhin den Namen eines ausgeschiedenen Gesellschafters auf dem Briefkopf zu führen (BGH 17.1.2012, DStR 2012, 469 Rn. 22).

11a Der **Treugeber** (Hintermann, Anleger) ist grundsätzlich nicht Adressat der Gesellschafterhaftung, selbst wenn er auf schuldrechtlicher Grundlage weitreichende Macht- und Kontrollbefugnisse eingeräumt bekam (BGH 11.11.2008, NZG 2009, 57; BGH 21.4.2009, BKR 2009, 336, auch zu Abgrenzungsfragen; zustimmend *Armbrüster* ZIP 2009, 1885; abw. *Kindler* ZIP 2009, 1146; *Pfeifle/Heigl* WM 2008, 1485; ohne nähere Begründung auch LG Frankenthal 19.12.2017, BKR 2018, 70: „faktischer Gesellschafter"). Ein Gleichlauf von Herrschaft und persönlicher Haftung besteht im deutschen Recht nicht (BGH 17.3.195, BGHZ 45, 204 = NJW 1966, 1309 – Rektorfall; bestätigt für den atypischen Stillen durch BGH 1.3.2010, BeckRS 2010, 15910; s. aber zur Erstreckung des Rechts der Gesellschafterdarlehen auf einflussnehmende Dritte → Rn. 29). Die Gläubiger müssen sich daher an die Treuhänder halten, zu deren Vermögen jedoch regelmäßig auch vertragliche oder gesetzliche **Freistellungsansprüche** (vgl. §§ 675, 670, 257) gegen den Treugeber gehören. Der Gläubiger kann sich diese abtreten lassen (BGH 22.3.2011, NJW 2011, 2351). Eine Aufrechnung durch den Treugeber mit Ansprüchen aus Prospekthaftung gegen den Treuhänder ist nicht zulässig (BGH 24.7.2012, WM 2012, 1664; BGH 18.10.2012, WM 2012, 2186). Der Freistellungsanspruch verjährt gem. §§ 195, 199 (BGH 19.10.2017, NJW 2018, 1873; BGH 27.2.2019, BeckRS 2019, 6119), die Verjährung beginnt frühestens mit Ablauf des Jahres, in dem er sich infolge Abtretung in einen Zahlungsanspruch umgewandelt hat. Der Freistellungsanspruch ist bei Vorliegen einer quotalen oder summenmäßigen Haftungsbeschränkung gegenüber dem Gesellschaftsgläubiger entsprechend anzupassen (BGH 18.10.2012, WM 2012, 2186). Ausnahmsweise soll eine **Außenhaftung des Treugebers** jedoch in Betracht kommen, wenn die Rolle des Treuhänders sehr begrenzt ist, zB als bloßer „Grundbuchtreuhänder" (vgl. BGH 19.7.2011, NZG 2011, 1023 Rn. 34 ff.).

12 **2. Erfasste Verbindlichkeiten.** Die akzessorische Gesellschafterhaftung betrifft alle Gesellschaftsverbindlichkeiten. **Gesetzliche Verbindlichkeiten** sind ebenfalls erfasst (BGH 24.2.2003, BGHZ 154, 88 = NJW 2003, 1445; krit. *Altmeppen* NJW 2003, 1353 (1354 ff.)); auch Steuerschulden (BFH 26.8.1997, NJW-RR 1998, 1185; *Klein* DStR 2009, 1963) und Verbindlichkeiten nach Sozialrecht (VG Schleswig 15.1.2003, NZG 2004, 184) Eine Ausnahme für berufliche Haftungsfälle in Freiberufler-Sozietäten kommt – abweichend von § 8 Abs. 2 PartGG – nicht in Betracht, sodass insbesondere auch andere, ggf. sogar berufsfremde Sozien haften (BGH 10.5.2012 NZG 2012, 819 Rn. 69; zum Ganzen *Posegga* DStR 2013, 547); das Gleiche gilt bei einer Gemeinschaftspraxis von Ärzten (OLG Koblenz 17.2.2005, VersR

2005, 655). In diesen Fällen kann jedoch konkludent eine Haftungsbeschränkung vereinbart werden (→ Rn. 17). Die Haftung gilt selbst dann, wenn die deliktische Handlung von einem Scheingesellschafter vorgenommen wurde (BGH 3.5.2007, NJW 2007, 2490; einschr. für deliktische Ansprüche OLG Celle 5.7.2006, NJW 2006, 3431). Trotz Gründen des Anlegerschutzes besteht hingegen eine Gesellschafterhaftung nach Bereicherungsrecht gegenüber der finanzierenden Bank beim Immobilienfonds (KG Berlin 6.6.2006, NZG 2006, 706 (711)). Für **Sozialverbindlichkeiten** haften die Gesellschafter nicht (BGH 18.1.2010, ZIP 2010, 515); der Gesellschafter muss auf das Gesellschaftsvermögen zugreifen und zur Inanspruchnahme der Mitgesellschafter ggf. die Liquidation herbeiführen (§ 735). Etwas anderes gilt jedoch für die Erstellung einer Auseinandersetzungsbilanz nach Ausscheiden eines Gesellschafters (BGH 22.9.2008, NZG 2009, 136 (137)). Für **Drittverbindlichkeiten** der Gesellschaft haften die Gesellschafter ebenfalls, jedoch können sie einwenden, dass der Gläubiger sich zunächst um Befriedigung aus dem Gesellschaftsvermögen bemühen muss. Nach der abweichenden hM besteht hingegen **keine generelle Subsidiarität,** weil der Inanspruchgenommene einen Freistellungsanspruch gegen die Gesellschaft hat und bei fehlender Werthaltigkeit desselben nach allgM ohnehin nicht subsidiär haftet (so zur KG BGH 8.10.2013, NZG 2013, 1334 Rn. 31 ff. sowie BGH 20.5.2014, BeckRS 2014, 13905; abw. aber BGH 8.10.2013, WM 2014, 2268 Rn. 34). Dies überzeugt nicht, denn regelmäßig ist es zumindest Geschäftsgrundlage des Gesellschaftsverhältnisses, dass die Vermögensverhältnisse vorrangig über die Gesellschaft abgewickelt werden. Als Reaktion auf den BGH kann und sollte eine entsprechende Regelung im Gesellschaftsvertrag die Subsidiarität begründen können. Bei Inanspruchnahme eines Mitgesellschafters für Drittverbindlichkeiten hat der Gesellschaftergläubiger seinen eigenen Verlustanteil in Abzug zu bringen; für den Rest haften die Mitgesellschafter gesamtschuldnerisch (BGH 1.12.1982, NJW 1983, 749; abw. für Teilschuld MüKoHGB/*K. Schmidt* HGB § 128 Rn. 18; ebenso *Altmeppen* NJW 2009, 2241). Der Inanspruchgenommene hat vorrangig gegen die GbR einen vollständigen **Regressanspruch** aus §§ 713, 670; gegenüber den Mitgesellschaftern einen subsidiären, um den eigenen Verlustanteil zu kürzenden Anspruch aus § 426 (vgl. BGH 17.12.2001, NZG 2002, 232; → § 713 Rn. 13). Im **Insolvenzverfahren** haften die Gesellschafter nicht persönlich für die Verfahrenskosten und Masseverbindlichkeiten (BGH 24.9.2009, WM 2009, 2181; LG Coburg 11.1.2018, BeckRS 2018, 598 Rn. 25; zum Ganzen *K. Schmidt* ZHR 174 (2010), 163). Wurde eine Gesellschaftsverbindlichkeit zur Tabelle festgestellt, hat das gem. § 201 Abs. 2 InsO auch für die Gesellschafterhaftung Rechtskraftwirkung gem. § 129 Abs. 1 HGB (BGH 20.2.2018, WM 2018, 626 Rn 21 ff., auch für den ausgeschiedenen Gesellschafter) Bei Verbindlichkeiten der GbR aus einem **Kontokorrent** kann sich der Gläubiger drauf beschränken, das letzte Saldoanerkenntnis und etwaige danach eingetretene Änderungen des Saldos substantiiert darzutun (OLG Brandenburg 7.3.2018, BeckRS 2018, 3738 Rn. 73).

13 **3. Ausgestaltung der Haftung. a) Akzessorisch.** Die Haftung ist akzessorisch, richtet sich also grundsätzlich auf das, was die GbR schuldet **(Erfüllungstheorie).** Erfüllungsort der Haftung ist der für die GbR maßgebliche (BayObLG 9.9.2002, ZIP 2002, 1998). Vertretbare Leistungen muss der Gesellschafter selbst erbringen, ggf. unter Hinzuziehung von Dritten (vgl. BGH 1.4.1987, NJW 1987, 2367; BGH 22.9.2008, NZG 2009, 136 (137)). **Einschränkungen** folgen daraus, dass die Verpflichtung der Gesellschaft nicht auch vom (einzelnen) Gesellschafter erfüllt werden kann: Bei unvertretbaren Leistungen erstreckt sich etwa die Haftung regelmäßig auf den Schadensersatz wegen Nichterfüllung; etwas anderes gilt nur, wenn er sich im Innenverhältnis zu eben dieser Leistung verpflichtet hat (vgl. zur Bau-ARGE BGH 11.12.1978, BGHZ 73, 217 (221) = NJW 1979, 1361); bei Wettbewerbsverstößen kann sich eine Auskunftspflicht im Wege der Haftung auch gegen die Gesellschafter richten (vgl. OLG Frankfurt a. M. 11.9.2014, ZIP 2015, 976). Die Verurteilung des Gesellschafters zur Abgabe einer von der GbR geschuldeten Willenserklärung kommt indessen nicht in Betracht (BGH 25.1.2008, NJW 2008, 1378). Das Gleiche gilt bei Unterlassungspflichten, sodass die Gesellschafter regelmäßig nur auf Schadensersatz haften (BGH 20.6.2013, NZG 2013, 1095 Rn. 11; BGH 18.11.2016, NZG 2017, 98 Rn. 23). Wird der Schuldinhalt von GbR und Gläubiger nachträglich verändert, zB durch Stundung oder Teilerlass, wirkt dies auch zugunsten der Gesellschafter (abw. aber ohne nähere Begründung VG Würzburg 9.5.2012, DStR 2012, 1463). Die Unterwerfung der GbR unter die sofortige Zwangsvollstreckung gilt umgekehrt jedoch nicht zulasten der Gesellschafter. Ergeht gegenüber einer GbR eine bauaufsichtsrechtliche Ordnungsverfügung, haften die Gesellschafter nur für etwaige Vollstreckungskosten (vgl. OVG Münster 18.11.2008, NZG 2009, 339); eine Haftung für einen sanierungsrechtlichen Ausgleichsbetrag scheidet ebenfalls grundsätzlich aus (OVG Berlin-Brandenburg 18.6.2015, NZG 2015, 1194). Dem Gesellschafter stehen entsprechend **§ 129 HGB** die hierin genannten Verteidigungen gegen die Inanspruchnahme zu (BGH 3.4.2006, NJW-RR 2006, 1268; Einzelheiten dort). Persönliche Einwendungen, zB ein wirksam vereinbarter Haftungsausschluss, kann der Gesellschafter ebenfalls geltend machen. Die Haftung verjährt entsprechend der Hauptverbindlichkeit (BGH 12.1.2010, DStR 2010, 501 (504)); die Verjährung ist mit der Eröffnung des Insolvenzverfahrens über das GbR-Vermögen unterbrochen (OLG Koblenz 15.1.2010, NZG 2010, 544), ebenso anhängige Gerichtsverfahren gegen einen Gesellschafter (LG Saarbrücken 4.6.2010, ZIP 2010, 1823). Ist der Gesellschafter **Verbraucher,** die GbR indessen nicht (→ § 705 Rn. 70), kann er nicht im Rahmen der Haftung etwaige Widerrufs-

rechte oder verbraucherschützende Formvorschriften in Bezug auf die Gesellschaftsverbindlichkeit geltend machen (OLG Brandenburg 7.3.2018, BeckRS 2018, 3738 Rn. 49 ff.). Das Zustimmungserfordernis bei **Ehegatten** gem. § 1365 kann durch den Gesellschafter ebenfalls nicht gegen eine Haftung für die Gesellschaftsverbindlichkeit ins Feld geführt werden (OLG Brandenburg 7.3.2018, BeckRS 2018, 3738 Rn. 55 f.).

b) Unbeschränkt. Die Haftung ist unbeschränkt, wenn nicht mit dem Gläubiger etwas anderes vereinbart wurde (→ Rn. 17 ff.). Wird ein Minderjähriger in Anspruch genommen, kann dieser sich erst iRd Zwangsvollstreckung auf die Haftungsbeschränkung gem. § 1629a berufen (vgl. OVG Münster 18.11.2008, NZG 2009, 339). Zur Möglichkeit der vertraglichen Haftungsbeschränkung → Rn. 17 ff. 14

c) Unmittelbar. Sie ist unmittelbar, dh der Gesellschafter kann den Gläubiger nicht darauf verweisen, zunächst auf das Gesellschaftsvermögen zuzugreifen. Dies gilt auch dann, wenn der Gläubiger weiß, dass der betreffende Gesellschafter aufgrund interner Vereinbarung nicht für die Gesellschaftsverbindlichkeiten einstehen soll (zur KG BGH 14.7.2008, NJW 2008, 3438). Anderes gilt wegen der Treuepflicht nur bei Ansprüchen von Mitgesellschaftern aus Drittgeschäften (BGH 17.12.2001, NZG 2002, 232; abw. noch RGZ 85, 157 auf der Grundlage einer rechtsgeschäftlich begründeten Gesellschafterhaftung); einer Durchsetzungssperre in der Insolvenz unterliegen Drittforderungen eines Gesellschafters jedoch nicht (BGH 3.4.2006, NJW-RR 2006, 1268). 15

d) Gesamtschuldnerisch. Die Gesellschafter untereinander sind Gesamtschuldner; der Gläubiger kann sich so einen solventen Schuldner heraussuchen (BGH 16.12.2009 NJW 2010, 861, auch zum möglichen Rechtsmissbrauch; zum Regress → Rn. 26 ff.). Bei Forderungen von Gesellschaftern aus Drittgeschäften hat der Gläubiger seinen eigenen Haftungsanteil in Abzug zu bringen (BGH 1.12.1982, NJW 1983, 749). Gemäß § 423 ist es möglich, dass der Gläubiger einem Teil der Gesellschafter die Schuld erlässt. Ist Gesamtwirkung gewollt, befreit das auch die Übrigen; ist dies nicht gewollt, können die Übrigen vom Erlasspartner gleichwohl anteiligen Regress nehmen (BGH 19.12.1985, NJW 1986, 1097; vgl. für § 739 auch BGH 9.3.2009, NZG 2009, 581). 16

4. Haftungsbeschränkungen. Insbesondere wegen der mittlerweile auf § 128 HGB analog gestützten gesetzlichen Haftung sind die Gesellschafter vielfach bemüht, ihre persönliche Inanspruchnahme zu vermeiden, sodass im Ergebnis den Gläubigern allein das Gesellschaftsvermögen als Zugriffsobjekt zur Verfügung stehen soll („GbR mbH"; → Rn. 18). Auch ist es denkbar, die persönliche Haftung quotal oder auf einen Teil der Gesellschaftsverbindlichkeit zu beschränken, meist aufgrund einer Abrede zwischen Gesellschafter und Gläubiger (→ Rn. 19). 17

a) Vereinbarung zwischen GbR und Gläubiger. Es steht außer Streit, dass eine Haftungsbeschränkung wie bei OHG und KG aufgrund einer Vereinbarung der GbR mit dem Gläubiger getroffen werden kann. Das bloße Auftreten als „GbR mbH" oder ein entsprechender Hinweis auf die Haftungsbeschränkung genügen hierfür nicht (etwas anderes aus Gründen des Vertrauensschutzes nur für Altfälle bis zum Jahr 1999 bejahend BGH 21.1.2002, BGHZ 150, 1 (3) = NJW 2002, 1642; abw. nach wie vor *Beuthien* WM 2012, 1; wohl auch *Grobe* WM 2011, 44). Welche Anforderungen an die mögliche Vereinbarung zu stellen sind, ist sehr umstritten. Unproblematisch zulässig ist die Haftungsbeschränkung auf das Gesellschaftsvermögen aufgrund **ausdrücklicher Individualvereinbarung** (grundlegend zur mittlerweile überkommenen Doppelverpflichtungslehre BGH 27.9.1999, BGHZ 142, 315 (318) = NJW 1999, 3438; zum heute maßgeblichen Haftungsmodell BGH 24.11.2004, NZG 2005, 209; BGH 20.6.2007, MittBayNot 2008, 67). Die konkludente oder AGB-mäßige Haftungsbeschränkung soll grundsätzlich nicht möglich sein, wobei jedoch Ausnahmen anerkannt wurden (vgl. für Immobilienfonds BGH 21.1.2002, BGHZ 150, 1 (6) = NJW 2002, 1642; ähnlich BGH 26.6.2008, DB 2008, 1738, wonach bei Sozietäten unterschiedlicher Berufsangehöriger der Vertrag im Zweifel nur mit denjenigen Sozien zustande kommt, die auf dem zu bearbeitenden Rechtsgebiet tätig werden dürfen; enger nunmehr BGH 10.5.2012 NZG 2012, 819 Rn. 73: konkrete Anhaltpunkte notwendig). 18

Dieser apodiktischen Differenzierung ist nicht zuzustimmen. Vielmehr sind prinzipiell auch **konkludente und AGB-mäßig vereinbarte Haftungsbeschränkungen** zulässig, sodass anhand der allgemeinen Auslegungslehre sowie gem. §§ 305 ff. im Einzelfall zu prüfen ist, ob diese wirksamer Vertragsbestandteil wurden oder nicht (so auch MüKoBGB/*Schäfer* Rn. 66; BeckOK BGB/*Schöne* Rn. 38 mit strengen Anforderung an die entsprechende Auslegung). Hierbei kann durchaus eine Systembildung anhand typischer Erscheinungsformen erfolgen, zB für Freiberufler-Sozietäten, Bauherrengemeinschaften und Fondsgesellschaften (zutr. MüKoBGB/*Schäfer* Rn. 61: auch heute noch sachgerechte Sonderkonstellationen bei „privilegierungsbedürftigen Gesellschaften"). Die gesetzlich vorgesehenen Möglichkeiten einer Haftungsbeschränkung bei der GbR für bestimmte Berufe haben insoweit eine Leitbildfunktion, die die Unangemessenheit derartiger Klauseln regelmäßig ausschließen dürfte (vgl. § 51a Abs. 1 Nr. 2 BRAO aF, § 67a Abs. 1 Nr. 2 StBerG aF, § 54a Abs. 1 Nr. 2 WPO aF). Auf § 8 Abs. 2 PartGG darf indessen nicht abgestellt werden, weil es sich hierbei um eine andere Rechtsform handelt (MüKoBGB/*Schäfer* Rn. 67). Ob ein Haftungsausschluss bzw. eine Beschränkung vereinbart wurden, 19 muss der Gesellschafter **beweisen.** Zu Haftungsbeschränkungen bei Publikumsgesellschaften → HGB Anh. Rn. 98.

19a Die **Rechtsfolge** einer derartig (wirksam) vereinbarten Haftungsbeschränkung ist derzeit noch nicht abschließend geklärt. Dies ist insbesondere dafür relevant, in welchem Umfang die Gesellschafter haften, wenn die (Darlehens-)Verbindlichkeit der Gesellschaft bereits teilw. getilgt wurde und es zB darum geht, ob die **vereinbarte Haftungsquote** sich auf den ursprünglichen Darlehensbetrag oder die Restvaluta bezieht. Der BGH spricht sich dafür aus, dass im Wege der Auslegung der Beschränkungsvereinbarung regelmäßig Ersteres gelte, bereits erfolgte Tilgungsleistungen seitens der GbR mithin unbeachtlich seien (BGH 8.2.2011, BGHZ 188, 233 = NJW 2011, 2040). Die ist als Auslegungsergebnis nicht angreifbar. Gleichwohl darf § 129 HGB analog auch bei derartigen Haftungsbeschränkungen nicht außer Acht bleiben (in diese Richtung aber *Strohn* DB 2012, 1137 (1138)). Handelt es sich – wie regelmäßig – um die vertragliche Modifizierung der akzessorischen Haftung und nicht um die Begründung einer gänzlich anderen Einstandspflicht seitens der Gesellschafter, ist der Akzessorietätsaspekt auch hier beachtlich.

19b **b) Vereinbarung der Gesellschafter untereinander.** Interne Vereinbarungen der Gesellschafter haben entsprechend **§ 128 S. 2 HGB** keine Auswirkungen auf die Haftung gegenüber Dritten. Etwas anderes gilt jedoch für Drittverbindlichkeiten gegenüber Gesellschaftern; ein im Gesellschaftsvertrag anzutreffender umfassender Haftungsausschluss kann im Wege der Auslegung auch hierauf erstreckt werden (strengere Anforderungen gelten bei der Publikums-KG, vgl. BGH 8.10.2013, BeckRS 2013, 22860).

20 **c) Beschränkung der Vertretungsmacht.** Eine konstruktiv andere Möglichkeit einer Haftungsbeschränkung wird zumindest bei der GbR vielfach in einer entsprechenden Beschränkung der Vertretungsmacht gesehen (grundlegend *Ulmer* ZIP 1999, 445 (561); Überblick bei *Specks* NZG 2009, 293; vgl. auch *Beuthien* WM 2012, 1). Indem § 126 HGB bei der GbR nicht entsprechend gilt, bietet sich hierüber ein leichter Weg, die von den Gesellschaftern gewollte Haftungsbeschränkung einseitig durchzusetzen, indem der Gläubiger allein den handelnden Vertreter ohne Vertretungsmacht als weiteren Schuldner erlangt (§ 179). Gleichwohl ist diese Möglichkeit abzulehnen (abw. wohl VG Würzburg 9.5.2012, DStR 2012, 1463). Es ist ein gesellschaftsrechtliches Prinzip, die organschaftliche Vertretungsmacht von der Haftungsfrage abzugrenzen und zwar unabhängig davon, ob die Vertretungsmacht unbeschränkt ist oder nicht (zutr. *Reiff* ZIP 1999, 1329 (1334); *Kindl* WM 2000, 697 (703)). Gerade bei der nicht publizitätspflichtigen Vertretungsmacht der GbR-Gesellschafter würde es letztlich eine Umgehung des gesellschaftsrechtlichen Typenzwangs darstellen, wenn die Gesellschafter es in der Hand hätten, § 128 HGB durch einseitige Vollmachtsbeschränkung auszuhebeln. Hierüber würde ohne jegliche Publizität eine „Personengesellschaft mit beschränkter Haftung" geschaffen.

21 **d) Vereinbarung mit einem Gesellschafter.** Von der unter → Rn. 18 ff. erörterten Haftungsbeschränkung abzugrenzen sind die Fälle, dass ein Gesellschafter mit dem Gläubiger eine Haftungsbeschränkung vereinbart, zB im Hinblick auf einen Teil der Forderung oder eine **Haftungsquote** (Einzelheiten bei *Klimke* WM 2010, 492). Diese insbesondere bei Fonds gebräuchliche Gestaltung wirkt grundsätzlich allein im Außenverhältnis. Gegenüber den Mitgesellschaftern bleibt es bei der ggf. weitergehenden internen Verlustausgleichspflicht gem. § 739 (vgl. BGH 9.3.2009, NZG 2009, 581). Zu Publikumsgesellschaften → HGB Anh. Rn. 100.

22 **5. Gesellschafterwechsel. a) Haftung des Eintretenden.** Der **Eintritt** eines Gesellschafters (→ § 705 Rn. 75) begründet grundsätzlich eine gesetzliche Haftung entsprechend **§ 130 HGB** für Altverbindlichkeiten (BGH 7.4.2003, BGHZ 154, 370 = NJW 2003, 1803; im Ansatz bereits BGH 30.4.1979, BGHZ 74, 240, 243 = NJW 1979, 1821). Dies gilt aus Gründen des Vertrauensschutzes jedoch nicht für Eintritte aus der Zeit vor dem Rechtsprechungswechsel des BGH hin zur akzessorischen Gesellschafterhaftung im Jahr 2003. Hier ist vielmehr im Einzelfall an den Kriterien der Verhältnismäßigkeit und Zumutbarkeit zu prüfen, ob den Interessen des auf die Fortgeltung der bisherigen Rechtslage Vertrauenden Vorrang gegenüber der materiellen Gerechtigkeit einzuräumen ist (BGH 17.4.2012, BeckRS 2012, 1128; BVerfG 18.10.2012, WM 2012, 2273). Die speziellen Vorschriften des **Verbraucherdarlehens** finden auf die gesetzliche Haftung des Eintretenden keine Anwendung (vgl. zu § 4 VerbrKrG aF BGH 18.7.2006, NJW 2006, 2980; zu §§ 491 ff. LG Rottweil 31.8.2016, BeckRS 2016, 20862).

23 Auf **welche Verbindlichkeiten** sich die gesetzliche Haftung entsprechend § 130 HGB bezieht, ist wegen der fehlenden Rechnungslegungsstandards bei der GbR nach wie vor umstritten. Die hM gewährt auch hier unter strengen Voraussetzungen **Vertrauensschutz** zugunsten des Eintretenden (dies noch offen lassend BGH 7.4.2003, BGHZ 154, 370 = NJW 2003, 1803). Maßgeblich ist stets, ob der Eintretende die Verbindlichkeit hätte erkennen können, was zB bei Forderungen aus Versorgungsverträgen (Gas, Strom, Wasser) der Fall ist (BGH 12.12.2005, NJW 2006, 765) sowie für das Bestehen von Bankverbindlichkeiten (für den Immobilienfonds BGH 17.4.2012, BeckRS 2012, 1128). Etwas anderes gilt, wenn der Eintretende keinen Anlass zur Nachfrage hatte, zB bei Gesellschaftsverbindlichkeiten wegen der Veruntreuung von Mandantengeldern (vgl. BGH 7.4.2003, BGHZ 154, 370 = NJW 2003,

1803). Eine generelle Ausnahme für Verbindlichkeiten aus beruflichen Haftungsfällen anderer Sozien besteht aber nicht (zutr. LG Hamburg 11.5.2004, NJW 2004, 3492; LG Frankenthal 21.7.2004, NJW 2004, 3190). Die Rspr. weicht hiervon jedoch insofern ab, als angenommen wird, bei Sozietäten unterschiedlicher Berufsangehöriger komme der Vertrag im Zweifel nur mit denjenigen Sozien zustande, die auf dem zu bearbeitenden Rechtsgebiet tätig werden dürfen, sodass eine rückwirkende Haftung berufsfremder Gesellschafter ausscheidet (vgl. BGH 26.6.2008, DB 2008, 1738; anders aber nunmehr BGH 10.5.2012, NZG 2012, 819 Rn. 72).

Die Haftung eines **Scheingesellschafters** ist auf die Verbindlichkeiten beschränkt, die nach dem Rechtsscheintatbestand entstanden sind (OLG Saarbrücken 22.12.2005, NJW 2006, 2862). Tritt jemand als **Erbe** in eine GbR ein, haftet er nach Maßgabe des Vorgesagten ebenfalls für die Altverbindlichkeiten (BGH 17.12.2014, NZG 2014, 696). Er kann sich jedoch auf § 139 HGB analog berufen (→ HGB § 139 Rn. 5; offen gelassen von BGH 17.12.2014, NZG 2014, 696 Rn. 9 f.). Für die Verbindlichkeiten des Eintretenden gegenüber Dritten haftet die GbR indessen nicht; **§ 28 HGB** gilt nicht analog (BGH 22.11.2004, BGHZ 157, 361 = NJW 2004, 836; abw. *K. Schmidt* NJW 2003, 1903). 24

b) Haftung des Ausscheidenden. Der **ausgeschiedene Gesellschafter** haftet für die bis dahin entstandenen Verbindlichkeiten nach Maßgabe von § 736 (BGH 24.9.2007, NJW 2007, 3784); dies gilt auch beim Ausscheiden des vorletzten Gesellschafters (BGH 17.1.2012, DStR 2012, 469). Tritt ein ehemaliger Gesellschafter nach außen weiterhin als solcher auf, kommt eine weitergehende Haftung als Scheingesellschafter in Betracht (BGH 17.1.2012, NZG 2012, 221). 25

6. Regress. a) Von der Gesellschaft. Jeder in Anspruch genommene Gesellschafter kann von der GbR aus §§ 713, 670 Rückgriff nehmen (zur OHG BGH 2.7.1962, BGHZ 37, 299 (302) = NJW 1962; → § 713 Rn. 13). Der Anspruch richtet sich auf die gesamte Aufwendung; der Gesellschafter muss sich nicht einen eigenen Verlustanteil anrechnen lassen (RGZ 31, 139 (141)). Obwohl GbR und Gesellschafter keine Gesamtschuldner sind (BGH 29.1.2001, BGHZ 146, 341 = NJW 2001, 1056), gilt die **cessio legis** nach § 426 Abs. 2 entsprechend, um dem befriedigenden Gesellschafter für den Rückgriff die akzessorischen Sicherheiten zu erhalten (MüKoBGB/*Schäfer* Rn. 54; abw. BGH 9.5.1963, BGHZ 39, 319 (323 f.) = NJW 1963, 1873). 26

b) Von den Mitgesellschaftern. Der Regressanspruch gegen die Mitgesellschafter folgt unmittelbar aus § 426 (zur Gesamtschuld Rn. 16). Dieser Sozialanspruch besteht wegen § 707 im Vorfeld der Liquidation nur dann, wenn von der GbR kein Regress zu erwarten ist (BGH 2.7.1979, NJW 1980, 339 (340); BGH 17.12.2001 NJW-RR 2002, 455). Die Höhe der jeweiligen Regressansprüche bestimmt sich grundsätzlich **pro rata** unter Abzug des eigenen Anteils (MüKoBGB/*Schäfer* Rn. 56); gem. § 254 kann hiervon jedoch abgewichen werden, bis hin zur Alleinhaftung eines Gesellschafters, der die Gesellschaftsverbindlichkeit schuldhaft verursacht hat (vgl. BGH 9.6.2008, NZG 2008, 777). Besteht die ernsthafte Möglichkeit, dass ein Gesellschafter von einem Gesellschaftsgläubiger in die Haftung genommen wird, kann er von seinen Mitgesellschaftern **Befreiung** verlangen, wenn der GbR frei verfügbare Mittel zur Erfüllung der Gesellschaftsschuld nicht zur Verfügung stehen (BGH 15.10.2007, NJW-RR 2008, 256). 27

7. Prozessuales. Zwischen Gesellschaft und Gesellschaftern besteht keine Gesamtschuld, sie können jedoch als **Streitgenossen** gemeinsam verklagt werden und sind beim obsiegenden Urteil „samtverbindlich" zur Leistung verpflichtet. § 36 Abs. 1 Nr. 3 ZPO gilt ebenfalls (OLG Naumburg 19.8.2013, BeckRS 2013, 22071). § 129 Abs. 1 HGB gilt bei der GbR sinngemäß (BGH 22.3.2011, NJW 2011, 2048). Die **Rechtskraft** eines gegen die GbR ergangenen Urteils wirkt daher auch gegenüber den Gesellschaftern, nicht aber umgekehrt. Aus § 736 ZPO folgt nichts anderes (BGH 22.3.2011, NJW 2011, 2048 Rn. 10 ff.; *Lenenbach* WM 2011, 385). Aus einem Titel gegen die Gesellschaft kann entsprechend § 129 Abs. 4 HGB nicht in das Privatvermögen der Gesellschafter **vollstreckt** werden; eine bloße Titelumschreibung wegen persönlicher Haftung ist nicht möglich (BGH 17.10.2006, NJW 2007, 1813). 28

V. Gesellschafterdarlehen

Nach § 39 Abs. 1 Nr. 5, Abs. 4 S. 1 InsO gilt das im Zuge des MoMiG reformierte Recht der Gesellschafterdarlehen auch bei der **atypischen GbR,** die weder eine natürliche Person noch eine Gesellschaft als Gesellschafter hat, bei der ein persönlich haftender Gesellschafter eine natürliche Person ist (so zum früheren, insofern identischen § 129a HGB aF BGH 26.1.2009, DB 2009, 507). Nichtgesellschafter können ebenfalls hierunter fallen, wenn sie auf die GbR einen maßgeblichen Einfluss ausüben (zum Ganzen *Servatius,* Gläubigereinfluss durch Covenants, 2008, 542 ff., auch für die gesetzestypische GbR). 29

Entziehung der Vertretungsmacht

715 Ist im Gesellschaftsvertrag ein Gesellschafter ermächtigt, die anderen Gesellschafter Dritten gegenüber zu vertreten, so kann die Vertretungsmacht nur nach Maßgabe des § 712 Abs. 1 und, wenn sie in Verbindung mit der Befugnis zur Geschäftsführung erteilt worden ist, nur mit dieser entzogen werden.

I. Allgemeines

1 Die **organschaftliche Vertretungsmacht** eines Gesellschafters birgt **Haftungsgefahren** für die übrigen in sich. Deshalb müssen die Gesellschafter in der Lage sein, diese zumindest aus wichtigem Grund zu entziehen. § 715 ermöglicht dies unter Verweis auf § 712 und verwirklicht so die im gesetzlichen Regelfall bestehende Akzessorietät zur Geschäftsführungsbefugnis. Die Bevollmächtigung von Nichtgesellschaftern kann nach §§ 164 ff. bzw. dem zugrunde liegenden Rechtsverhältnis entzogen werden.

II. Entziehung

2 **1. Gesetzlicher Regelfall.** Die organschaftliche Vertretungsmacht kann an sich nur durch Änderung des Gesellschaftsvertrages in dem hierfür vorgesehenen Verfahren erfolgen (→ § 705 Rn. 50), mithin regelmäßig nur mit Zustimmung des Betroffenen. § 715 Hs. 1 macht hiervon eine Ausnahme und ermöglicht wie für die Geschäftsführungsbefugnis gem. § 712 Abs. 1 die sofortige Entziehung **aus wichtigem Grund** durch Willensbildung der übrigen Gesellschafter. Im Kern reduziert sich der Aussagegehalt der Regelung darauf, dass der Betroffene einem Stimmverbot unterliegt; iÜ gelten für die Entziehung die gesetzlichen oder gesellschaftsvertraglich modifizierten Anforderungen an die Willensbildung bei Grundlagenentscheidungen (Einstimmigkeit, Mehrheitsbeschluss; → § 705 Rn. 50 ff.). Sieht der Gesellschaftsvertrag wie im gesetzlichen Regelfall gem. § 714 eine **Akzessorietät** zwischen Geschäftsführungsbefugnis und Vertretungsmacht vor, kann Letztere nach § 715 Hs. 2 nur gemeinsam mit der entsprechenden Geschäftsführungsbefugnis entzogen werden. Wird umgekehrt die Geschäftsführungsbefugnis nach § 712 entzogen, erstreckt sich dies im Zweifel auch auf die Vertretungsmacht (MüKoBGB/*Schäfer* Rn. 4). Die Entziehung der Vertretungsmacht kann als **milderes Mittel** dem Ausschluss vorgehen (BGH 31.3.2003, NZG 2003, 625). Als **Rechtsfolge** der wirksamen Entziehung erlischt die organschaftliche Vertretungsmacht des betroffenen ex nunc; mangels Registerpublizität kann eine Fortdauer nur gemäß der allgemeinen Rechtsscheinslehre angenommen werden (Duldungs-/Anscheinsvollmacht). Die Vertretungsmacht der übrigen Gesellschafter bleibt von der Entziehung grundsätzlich unberührt. Etwas anderes gilt aber, wenn die bisherige Vertretungsregelung nicht mehr durchführbar ist. Bleibt allerdings nur ein gesamtvertretungsbefugter Gesellschafter übrig, hat dieser fortan Einzelvertretungsmacht (abw. OLG München 12.3.2014, NZG 2014, 899 (901); *Metzing* NJW 2017, 3194 (3197)). Es wäre nicht mit § 715 vereinbar, in diesen Fällen als Rechtsfolge einer erfolgreichen Entziehung der Vertretungsmacht den status quo ante wieder herzustellen.

3 **2. Zulässige Gestaltungen.** Der Gesellschaftsvertrag kann die durch § 715 Hs. 2 vermittelte Akzessorietät zwischen Geschäftsführungsbefugnis und Vertretungsmacht lockern und die isolierte Entziehung des einen oder anderen vorsehen (hM, MüKoBGB/*Schäfer* Rn. 4; abw. BeckOK BGB/*Schöne* Rn. 8: isolierte Entziehung der Vertretungsmacht ist ausgeschlossen). Möglich ist auch, die Entziehungsgründe zu modifizieren, mithin Tatbestände unterhalb der Schwelle des wichtigen Grundes einzuführen (vgl. OLG Frankfurt a. M. 5.5.2014, WM 2014, 1765; zum Bestimmtheitsgrundsatz → § 705 Rn. 53). Auch Einschränkungen der Vertretungsmacht können vorgesehen werden, zB Entziehung der Einzelvertretungsmacht unter Beibehaltung von Gesamtvertretungsmacht oder sonstige Beschränkungen (MüKoBGB/*Schäfer* Rn. 3; gegen Letzteres BGH 30.9.1982, NJW 1983, 784). Der gesellschaftsvertragliche Ausschluss der Entziehung zumindest aus wichtigem Grund ist ebenfalls möglich, sodass ggf. nur die Möglichkeit bleibt, den Gesellschafter aus der GbR auszuschließen (hM, → § 712 Rn. 12).

4 **3. Verfahren.** → § 712 Rn. 6 ff. Wird einem Gesellschafter die Vertretungsmacht entzogen, ändert sich hieran für die übrigen grundsätzlich nichts. Es bedarf der Auslegung, ob diese Vertretungsregelungen noch Bestand haben sollen und sinnvoll sein können; im Zweifel gilt fortan Gesamtvertretungsbefugnis gem. §§ 709, 714. Auch der einzige Verbleibende erlangt keine Einzelvertretungsmacht (vgl. OLG München 12.3.2014, NZG 2014, 899).

III. Kündigung

5 Die (isolierte) Kündigung der Vertretungsbefugnis durch den Gesellschafter ist abweichend von § 712 Abs. 2 nicht vorgesehen und nach zutreffender hM mangels rechtlicher Relevanz auch nicht möglich (MüKoBGB/*Schäfer* Rn. 6; abw. ohne überzeugende Gründe BeckOK BGB/*Schöne* Rn. 9).

Kontrollrecht der Gesellschafter

716 (1) **Ein Gesellschafter kann, auch wenn er von der Geschäftsführung ausgeschlossen ist, sich von den Angelegenheiten der Gesellschaft persönlich unterrichten, die Geschäftsbücher und die Papiere der Gesellschaft einsehen und sich aus ihnen eine Übersicht über den Stand des Gesellschaftsvermögens anfertigen.**

(2) **Eine dieses Recht ausschließende oder beschränkende Vereinbarung steht der Geltendmachung des Rechts nicht entgegen, wenn Grund zu der Annahme unredlicher Geschäftsführung besteht.**

I. Allgemeines

1 Nach Abs. 1 hat **jeder Gesellschafter** das höchstpersönliche Recht, sich über die Angelegenheiten der Gesellschaft zu unterrichten, soweit es nicht nach Abs. 2 eingeschränkt wurde. Das Informationsrecht ist nicht zweck- oder anlassbezogen und wird allein durch das Verbot unzulässiger Rechtsausübung (§ 242) sowie gem. § 226 beschränkt (BGH 11.1.2011, NJW 2011, 921 Rn. 22; BGH 16.12.2014, NZG 2015, 269 Rn. 11, 23). Es ist **nicht übertragbar** und kann ohne Einverständnis der Mitgesellschafter auch nicht im Wege der Bevollmächtigung auf Dritte delegiert werden (zu § 166 HGB BGH 8.7.1957, BGHZ 25, 112 (122 f.) = NJW 1957, 1555). Etwas anderes gilt jedoch für Sachverständige, die wie Steuerberater und Wirtschaftsprüfer zur Verschwiegenheit verpflichtet sind (so zur KG BGH 28.5.1962, BB 1962, 899 (900); BGH 8.7.1957, BGHZ 25, 115 (123) = NJW 1957, 1555; diese Grenzziehung krit. MüKoBGB/*Schäfer* Rn. 16), sowie für gesetzliche Vertreter und Pfleger (BGH 21.6.1965, BGHZ 44, 98 (100) = NJW 1965, 1961). Die Regelung gilt bei Innen- und Außengesellschaften, auch im Liquidationsstadium (BGH 15.12.1969, BB 1970, 187). **Abzugrenzen** sind die Informationsrechte gegenüber einem Gesellschafter gem. §§ 713, 666 (→ § 713 Rn. 8). Hinsichtlich der Rechnungslegung folgt ein weitergehender Informationsanspruch aus § 721. Für den ausgeschiedenen Gesellschafter gilt § 810 (BGH 8.5.2000, NJW 2000, 2276; BGH 7.4.2008, NZG 2008, 623; Einzelheiten bei *Dißars* NZG 2020, 1514). Das Kontrollrecht eines stillen Gesellschafters ist gem. § 233 Abs. 2 HGB vorrangig. Im **Mauracher Entwurf** (→ § 705 Rn. 1a) ist das Informationsrecht in § 717 BGB-E im Wesentlichen inhaltsgleich geregelt.

II. Umfang des Kontrollrechts (Abs. 1)

2 Der Anspruch aus Abs. 1 richtet sich bei der rechtsfähigen **Außengesellschaft gegen die GbR** (abw. OLG Saarbrücken 10.4.2002, NZG 2002, 669: auch gegen den geschäftsführungsbefugten Gesellschafter). Bei der **Innen-GbR** richtet er sich gegen den Treuhandkommanditisten (BGH 11.1.2011, WM 2011, 317; BGH 16.12.2014, NZG 2015, 269 Rn. 30 und BGH 19.11.2019, WM 2020, 458). Dogmatisch überzeugend ist dies freilich nur, wenn dieser selbst Gesellschafter der Innen-GbR ist; im Übrigen bedarf es anderweitiger Begründungen (etwa § 666 BGB aus der Treuhandabrede). Das Vorgesagte gilt auch, wenn die **Anleger** auf sonstige Weise über die schuldrechtlichen Beziehungen zum Treuhänder hinaus entsprechend einem unmittelbaren Gesellschafter in den Gesellschafterverband einbezogen sind (BGH 16.12.2014, NZG 2015, 269 Rn. 12); dies ist bei Publikumsgesellschaften regelmäßig anzunehmen (BGH 16.12.2014, NZG 2015, 269 Rn. 13). Der Anspruch aus Abs. 1 bezieht sich auf alle **Angelegenheiten der Gesellschaft,** daher grundsätzlich nicht auf Umstände der Gesellschafter. Die Namen und Anschriften der **Mitgesellschafter** werden hiervon jedoch erfasst, auch bei der Publikumsgesellschaft (BGH 21.9.2009, WM 2010, 91; BGH 16.12.2014, NZG 2015, 269 Rn. 11); datenschutzrechtliche Bestimmungen stehen dem nicht entgegen (BGH 19.11.2019, WM 2020, 458 Der Anspruch ist nicht zweck- oder anlassgebunden (BGH 11.1.2011, NJW 2011, 921 Rn. 10). Die Mitgesellschafter können sich nicht auf ein schützenswertes Geheimhaltungsinteresse berufen (BGH 21.9.2009, WM 2010, 91; BGH 16.12.2014, NZG 2015, 269 Rn. 24; hierzu krit. *Sester/Voigt* NZG 2010, 375). **Grenzen des Informationsrechts** bestehen allein nach §§ 242, 226 (BGH 16.12.2014, NZG 2015, 269 Rn. 11; BGH 19.11.2019, WM 2020, 458: konkrete Gefahr eines Datenmissbrauchs).

3 Abs. 1 sieht verschiedene Formen der Gesellschafterkontrolle vor. Gemeinsam ist allen Formen, dass dem Gesellschafter zumindest im Regelfall die Aktivität auferlegt wird, sich die betreffenden Informationen zu beschaffen (OLG Saarbrücken 10.4.2002, NZG 2002, 669). Ein Recht, ungefragt informiert zu werden, gewährleistet die Regelung nicht (OLG Köln 16.8.2005, BeckRS 2005, 9834). Das Recht auf **persönliche Unterrichtung** deckt sich mit § 118 HGB; die Einschränkungen für Kommanditisten nach § 166 gelten nicht. Der Gesellschafter darf alle Bücher und Papiere der Gesellschaft **einsehen.** Elektronisch gespeicherte Dokumente kann er sich ausdrucken lassen (BGH 21.9.2009, WM 2010, 91). Soweit dies nicht ausreicht, um das weite Informationsbedürfnis zu befriedigen, darf er auch Arbeitnehmer und Vertreter der GbR befragen. Fehlen entsprechende Aufzeichnungen, hat der Gesellschafter einen Auskunftsanspruch gem. § 716 gegen die geschäftsführungsbefugten Gesellschafter (MüKoBGB/*Schäfer* Rn. 9). Ein Anspruch auf **Überlassung** von Unterlagen besteht grundsätzlich nicht (OLG

Frankfurt a. M. 19.9.2007, BeckRS 2008, 542). Das Einsichtsrecht ist in den Geschäftsräumen der GbR wahrzunehmen, wenn dies nicht möglich ist, hat der Gesellschafter ausnahmsweise einen Anspruch auf vorübergehende Überlassung der Unterlagen (MüKoBGB/*Schäfer* Rn. 10; einschränkend bei drohenden innergesellschaftlichen Kampfmaßnahmen Erman/*Westermann* Rn. 2). **Kopien** kann er auf eigene Kosten anfertigen (Erman/*Westermann* Rn. 2). Nur wenn das Recht auf Unterrichtung durch Einsichtnahme in Bücher leer zu laufen droht, hat der Gesellschafter auch ein **Auskunftsrecht** (vgl. OLG Saarbrücken 10.4.2002, NZG 2002, 669). Dies ist der Fall, wenn keine Papiere vorhanden, diese lückenhaft oder widersprüchlich sind oder aus sonstigen Gründen keine Grundlage zur ausreichenden Information sind (OLG Brandenburg 27.7.2005, BeckRS 2008, 16922). Weiterhin möglich ist die **Anfertigung einer Übersicht** über den Stand des Gesellschaftsvermögens. Dies kann nur ausnahmsweise verweigert werden, wenn die Gesellschaft ein legitimes Geheimhaltungsinteresse hat (OLG Köln 26.4.1985, ZIP 1985, 800 (802); zum Ganzen *Huber* ZGR 1982, 546). Der Anspruch aus Abs. 1 besteht auch nach Erfüllung dieser Pflichten fort (RGZ 148, 278 (279)).

III. Abdingbarkeit (Abs. 2)

4 Nach Abs. 2 sind **Beschränkungen** des Informationsrechts grundsätzlich zulässig. Besteht der Verdacht der unredlichen Geschäftsführung, wirken diese Beschränkungen jedoch nicht. Dies ist nach hM nur dann der Fall, wenn Betrug und Täuschung in Rede stehen (Erman/*Westermann* Rn. 5), sollte jedoch auch auf den Verdacht der Untreue ausgedehnt werden. Der Gesellschafter muss in diesen Fällen glaubhaft machen, dass ein konkreter Anfangsverdacht besteht (vgl. BGH 16.1.1984, WM 1984, 807). Jenseits dieser gesetzlich benannten Grenzen sind die entsprechenden gesellschaftsvertraglichen Regelungen anhand von § 242 stets auf ihre Angemessenheit hin zu überprüfen, insbesondere bei Publikumsgesellschaften. Weiterhin sind **Anonymitätsklauseln** stets unwirksam, denn es handelt sich um ein unentziehbares mitgliedschaftliches Recht, bei einem Gesellschaftsvertrag einer Personen- bzw. Personenhandelsgesellschaft seine Vertragspartner zu kennen, auch bei Treuhandgestaltungen (BGH 16.12.2014, NZG 2015, 269 Rn. 11, 23; BGH 21.9.2009, WM 2010, 91).

5 Das Informationsrecht kann entsprechend § 712 nur in Ausnahmefällen **nachträglich entzogen** werden, wenn der begründete Verdacht besteht, dass der Gesellschafter die erlangte Information zu gesellschaftsschädlichem Verhalten benutzen will (vgl. zur KG BGH 10.10.1994, NJW 1995, 194 (196); dies abl. Erman/*Westermann* Rn. 6). Vorrangig ist dem Gesellschafter jedoch aufzugeben, das Kontrollrecht durch einen neutralen Sachverständigen wahrzunehmen (vgl. BGH 2.7.1979, BB 1979, 1315 (1316)). **Erweiterungen** des Informationsrechts sind ohne weiteres möglich und können entsprechend § 712 auch wieder aufgehoben werden. Zum Informationsrecht bei der Publikumsgesellschaft → HGB Anh. Rn. 93.

Nichtübertragbarkeit der Gesellschafterrechte

717 **[1]Die Ansprüche, die den Gesellschaftern aus dem Gesellschaftsverhältnis gegeneinander zustehen, sind nicht übertragbar. [2]Ausgenommen sind die einem Gesellschafter aus seiner Geschäftsführung zustehenden Ansprüche, soweit deren Befriedigung vor der Auseinandersetzung verlangt werden kann, sowie die Ansprüche auf einen Gewinnanteil oder auf dasjenige, was dem Gesellschafter bei der Auseinandersetzung zukommt.**

Übersicht

I. Allgemeines

1 § 717 stellt nach seiner offiziellen Überschrift den **Grundsatz der Unübertragbarkeit der individuellen Verwaltungs- und Vermögensrechte** der Gesellschafter auf, die diesen gegeneinander aus dem Gesellschaftsverhältnis zustehen. Die Vorschrift ist Ausdruck des die GbR prägenden besonderen Vertrauensverhältnisses innerhalb der Gesellschaft und des Bemühens, die Gesellschaft nicht Einflüssen

Dritter auszusetzen. Im Ergebnis (→ Rn. 3) schützt § 717 S. 1 vor allem die **Einheit von Mitgliedschaft und Verwaltungsrechten** und das Prinzip der Selbstorganschaft. S. 1 enthält im Kern ein Abspaltungsverbot (→ Rn. 3). S. 2 bestimmt Ausnahmen von diesem Abspaltungsverbot für einzelne Vermögensrechte (Aufwendungsersatz, Gewinn, Auseinandersetzungsguthaben; → Rn. 16 ff.). Treffender lässt sich der in § 717 bestimmte Grundsatz daher mit „eingeschränkte Übertragbarkeit von Gesellschafterrechten" beschreiben (eine Formulierung, die der sog. Mauracher Entwurf (→ § 705 Rn. 1a) verwendet).

Die Bedeutung des Regelungsgehalts der Vorschrift ergibt sich aus ihrer Einbettung in den Normkomplex der §§ 717–720. Eine Abgrenzung ist insbesondere notwendig zu § 719 Abs. 1, der eine isolierte Verfügung über die Beteiligung des Gesellschafters sowie über seinen Anteil an einzelnen Gegenständen der Gesamthand (§ 718) verhindert. § 717 S. 1 bezieht sich in Abgrenzung hierzu nicht auf das Vermögen der Gesellschaft, sondern auf die einzelnen aus der Mitgliedschaft fließenden Rechte des Gesellschafters (Gesamthandsbefugnisse vs. Mitgliedschaftsrechte). 2

II. Grundsatz der Nichtübertragbarkeit (S. 1)

1. Ansprüche der Gesellschafter. Das an „Ansprüche der Gesellschafter" anknüpfende Regelungskonzept des § 717 ist aus historischen Gründen (hierzu Soergel/*Hadding* Rn. 1) missglückt. Das Tatbestandsmerkmal der „Ansprüche" erfasst – entgegen eines an § 194 orientierten Verständnisses – **alle aus der Mitgliedschaft fließenden Rechte der Gesellschafter** (nicht aber den Anteil am Gesellschaftsvermögen und die Mitgliedschaft als solche, deren Übertragung sich ausschließlich nach § 719 beurteilt). Neben mitgliedschaftlichen Individualansprüchen sind auch die Verwaltungsrechte der Gesellschafter erfasst (ganz hM, Staudinger/*Habermeier,* 2003, Rn. 1; MüKoBGB/*Schäfer* Rn. 5; Erman/*Westermann* Rn. 2); zT wird dieses Ergebnis aus einer analogen Anwendung des § 717 S. 1 bzw. unmittelbar aus der funktionalen Bindung der Mitgliedschaft (so Soergel/*Hadding* Rn. 5) gewonnen. Der Mauracher Entwurf (→ § 705 Rn. 1a) will dies mit einer Neuregelung, die nicht mehr von Ansprüchen, sondern von Rechten der Gesellschafter aus dem Gesellschaftsverhältnis spräche, klarstellen. 3

Da die in der Praxis wichtigen Individualansprüche trotz des in S. 1 angeordneten grundsätzlichen Verbots in S. 2 für ausnahmsweise übertragbar erklärt werden, hat das Übertragungsverbot **primär Bedeutung für** die (vom Wortlaut des § 717 nicht erfassten) **Verwaltungsrechte sowie für sonstige Individualansprüche.** Da Individualansprüche nur zT übertragbar sind, hat bei diesen die Zuordnung zur Gruppe der nach S. 2 übertragbaren Individualansprüche Relevanz. Verwaltungsrechte sind sämtlich nicht übertragbar, sodass sich bei ihnen das Problem auf die Frage verlagert, ob eine Gestaltung eine unzulässige „Übertragung" iSd § 717 S. 1 beinhaltet (→ Rn. 8 ff.). 4

Individualansprüche sind insbesondere die nach S. 2 ausnahmsweise übertragbaren vermögensrechtlichen Ansprüche des Gesellschafters aus Geschäftsführung, auf Gewinnanteile und aus der Auseinandersetzung (→ Rn. 16 ff.). Sonstige Individualansprüche sind zB der Anspruch gegen die Gesellschaft auf Rechnungslegung (§ 713), auf Duldung von Maßnahmen zur eigenen Unterrichtung (§ 716 Abs. 1), auf Gewinnverteilung (§ 721) oder Auseinandersetzung (§ 730) als solche (nicht der hieraus jeweils folgende vermögensrechtliche Anspruch). 5

Die **Mitverwaltungsrechte** des Gesellschafters, die nach dem Wesen des Gesellschaftsverhältnisses von der Mitgliedschaft nicht getrennt werden können und deshalb unübertragbar sein müssen, sind insbesondere: Das Geschäftsführungsrecht, das Widerspruchsrecht, die organschaftliche Vertretungsmacht, das Stimmrecht, das Informations- und Kontrollrecht (OLG Hamm 24.5.2006, NZG 2006, 823), die *actio pro socio,* das Mitwirkungsrecht bei Abberufungen und der Liquidation, das Recht auf Teilnahme an der Gesellschafterversammlung, das Kündigungsrecht, das Recht auf ermessensfehlerfreie Entscheidung über die Zustimmung zur Abtretung des Gesellschaftsanteils (OLG Hamm 11.7.2018, BeckRS 2018, 36294). 6

2. Aus dem Gesellschaftsverhältnis. Es muss sich um **Ansprüche „aus dem Gesellschaftsverhältnis"** handeln. Nicht erfasst sind Ansprüche, die Gesellschaftern losgelöst von ihrer Mitgliedschaft gegen Gesamthand und Mitgesellschafter zustehen, zB aus Kauf-, Miet- oder Darlehensverträgen eines Gesellschafters mit der Gesellschaft (sog. Drittgläubigerforderungen). Aus solchen Rechtsverhältnissen resultierende Ansprüche sind grundsätzlich übertragbar; ein etwaiger gesellschaftsvertraglicher Ausschluss der Geltung des S. 2 (→ Rn. 25) erstreckt sich nicht auf diese. Nicht erfasst ist auch die Mitgliedschaft als solche, da sich § 717 S. 1 nur zu einzelnen Ansprüchen als Folge der Mitgliedschaft verhält. 7

3. Übertragung. Unzulässig und nach § 134 nichtig (→ Rn. 24) ist die Übertragung eines aus der Mitgliedschaft in der Gesellschaft folgenden Rechts, soweit S. 2 dies nicht ausnahmsweise gestattet. Eine Übertragung ist auch dann nicht möglich, wenn das Gesellschaftsverhältnis beendet worden ist (OLG Brandenburg 23.7.2014, BeckRS 2014, 17187). Bei vermögensrechtlichen Ansprüchen ist die Übertragung der **Verlust der Rechtsstellung** des bisherigen Inhabers des Rechts, regelmäßig durch Abtretung. Bei sonstigen Individualansprüchen und Verwaltungsrechten sind die denkbaren Gestaltun- 8 gen mannigfaltig. Hier ergeben sich wegen des Abspaltungsverbots Abgrenzungsprobleme insbesondere zu der Frage, ob iSd § 717 einzelne Mitverwaltungsrechte übertragen werden oder nicht vielmehr die Mitgliedschaft insgesamt betroffen ist.

9 Nach dem Normzweck des § 717 S. 1 unzulässig ist eine den Gesellschafter ausschließende **„verdrängende" Vollmacht.** Mit einer solchen wird nicht lediglich eine zusätzliche Berechtigung des Bevollmächtigten geschaffen, sondern der Bevollmächtigende durch die Unwiderruflichkeit der Bevollmächtigung und ergänzende schuldrechtlich begründete Unterlassungspflichten aus seinen Verwaltungsrechten verdrängt (BGH 10.11.1951, BGHZ 3, 354 (359); BGH 14.5.1956, BGHZ 20, 363 (365)). Eine **Überlassung von Mitgliedschaftsrechten zur Ausübung** mit (bei Vorliegen eines wichtigen Grund auch ohne) Zustimmung der übrigen Gesellschafter ist demnach möglich, soweit diese nicht unumkehrbar und der Gesellschafter in seiner Entscheidung frei ist, das überlassene Recht wieder selbst auszuüben (vgl. BGH 10.11.1951, BGHZ 3, 354 (357) – Stimmrecht; BGH 22.1.1962, BGHZ 36, 292 (295) – organschaftliche Vertretungsmacht; OLG Hamm 11.7.2018, BeckRS 2018, 36294 Rn. 59 – Geltendmachung des Anspruch auf Zustimmung zur Anteilsübertragung). Auch ist die Ausübung von nichtübertragbaren Ansprüchen (dh solchen nicht-vermögensrechtlicher Art) des Gesellschafters (→ Rn. 5) durch Dritte mit Zustimmung der Mitgesellschafter möglich. Eine **nichtige Übertragung** kann in eine Überlassung zur Ausübung umgedeutet (§ 140) werden (BGH 12.5.1999, BGHZ 20, 363 (366); OLG Hamm 11.7.2018, BeckRS 2018, 36294 Rn. 67). Zulässig ist nach Sinn und Zweck auch die (wieder entziehbare) Einräumung originärer, dh zusätzlicher und nicht abgespaltener Rechte zugunsten eines Nicht-Gesellschafters (BGH 22.2.1960, NJW 1960, 963 f., str.), da in einem solchen Fall die Mitgliedschaftsrechte der Gesellschafter und die Einheit von Mitgliedschaft und Stimmrecht nicht betroffen sind. Der Sache nach liegt nur eine unbedenkliche Beschränkung der Verfügungsbefugnis über das gemeinschaftliche Vermögen durch das Mitspracherecht eines Dritten vor.

10 **Stimmbindungsverträge unter Gesellschaftern** sind zulässig (Staudinger/*Habermeier,* 2003, Rn. 11; Erman/*Westermann* § 709 Rn. 21; MüKoBGB/*Schäfer* Rn. 23), da es zu keiner gesellschafterfremden Rechtsausübung kommt. Stimmbindungsverträge **mit Dritten** sind nach Auffassung des BGH ebenfalls zulässig, weil der betroffene Gesellschafter im Innenverhältnis weiter frei abstimmen könne (BGH 29.5.1967, NJW 1967, 1963; BGH 27.10.1986, NJW 1987, 1890 (1892)). Diese eher formale, an der schuldrechtlichen Natur des Stimmbindungsvertrags orientierte Annäherung vermag nicht zu überzeugen (abl. auch MüKoBGB/*Schäfer* Rn. 25 mwN zur herrschenden Gegenauffassung, Soergel/*Hadding* § 709 Rn. 36; BeckOK BGB/*Schöne* Rn. 15), weil die vom BGH bejahte Durchsetzbarkeit der Bindung im Wege der Zwangsvollstreckung faktisch zu einem Ergebnis führt, das das Abspaltungsverbot des S. 1 grundsätzlich verhindern soll. Allenfalls zulässig sein kann eine Regelung, die ein bestimmtes Abstimmungsverhalten zum Gegenstand einer Vereinbarung macht, ohne die ein Rechtsverhältnis mit dem Dritten nicht durchgeführt werden kann (zB Verpflichtung zur Zustimmung zur Übertragung des Gesellschaftsanteils des Gesellschafters). Weiterreichende Stimmbindungsverträge sind nach dem Telos des Abspaltungsverbots nur dann unbedenklich, wenn der Dritte eine gesellschaftergleiche Stellung innehat, etwa iRe offenen Treuhand oder Unterbeteiligung.

11 Die Begründung einer offenen **Treuhand** verstößt, anders als eine einfache Treuhand, nicht gegen § 717 S. 1. Sie ist für die Mitgesellschafter ersichtlich, bedarf deren Zustimmung und führt zur Einbeziehung des Treugebers in das Innenverhältnis. Ihm können unmittelbare Rechte und Ansprüche, die zum Gesellschaftsanteil des Treunehmers zählen, zugebilligt werden (BGH 23.6.2003, BGHZ 10, 44 (49)); zur kautelarjuristischen Praxis *Hermanns* ZIP 2005, 2285.

12 Die **Bestellung eines Nießbrauchs** nicht nur an gegenwärtigen und künftigen Ansprüchen iSd S. 2, sondern am Gesellschaftsanteil des Gesellschafters ist nach hM möglich (OLG Karlsruhe 23.9.1988, MDR 1989, 160; MüKoBGB/*Schäfer* § 705 Rn. 96; Erman/*Westermann* Rn. 8; aA Soergel/*Hadding* Rn. 18a). Bei Bestellung eines Nießbrauchs am Gesellschaftsanteil ist aber eine gesellschaftsvertragliche Gestattung oder die Zustimmung aller Gesellschafter notwendig (zu Gestaltungsfragen *Wälzholz* DStR 2010, 1786). Der **Nießbraucher** wird mit dinglicher Wirkung am gesamten Anteil des Gesellschafters berechtigt, sodass seine **Stellung mitgliedschaftlicher Art** ist (str., MüKoBGB/*Schäfer* Rn. 12; NK-BGB/*Heidel* Rn. 3) und es nicht zu einer Abspaltung von Mitgliedschaftsrechten von der Mitgliedschaft kommt.

13 Da der Nießbrauchbesteller durch die Bestellung nicht aus der Gesellschaft ausscheidet (MüKoBGB/*Schäfer* § 705 Rn. 96; Staudinger/*Habermeier,* 2003, Rn. 7; NK-BGB/*Heidel* Rn. 3) und der **Nießbraucher in den Gesellschafterverband einbezogen** wird, ist die **Aufteilung der Befugnisse** zwischen beiden problematisch und bislang ungeklärt. Meinungen reichen von (weiterhin) ausschließlichen Befugnissen des nießbrauchbestellenden Gesellschafters (OLG Koblenz 16.1.1992, NJW 1992, 2163 (2164); Soergel/*Hadding* Rn. 18; *K. Schmidt* ZGR 1999, 600 (607 f.); NK-BGB/*Heidel* Rn. 3) bis hin zu vollen Mitgliedschaftsrechten des Nießbrauchers (*Sudhoff* NJW 1971, 481 ff.). Zum Teil wird von einer gemeinsamen Berechtigung (*Schön* ZHR 158 (1994), 229 (260 f.)), zT von einer Aufspaltung der Rechte ausgegangen (so BFH 1.3.1994, NJW 1995, 1918 (1919)). Jedenfalls die Kompetenz des Gesellschafters, bei Beschlüssen, welche die Grundlagen der Gesellschaft betreffen, selbst abzustimmen, kann ihm durch die Einräumung eines Nießbrauchs an seinem Anteil grundsätzlich nicht genommen werden (BGH 9.11.1998, NJW 1999, 571). Der Nießbraucher kann anstelle des Bestellers daher allenfalls auf

laufende Angelegenheiten bezogene Verwaltungsbefugnisse (Stimmrecht, Kontrollrecht) aus eigenem Recht besitzen, während dem Gesellschafter die Kompetenz bei Beschlüssen, die die Grundlagen der Gesellschaft betreffen, verbleiben muss. Weitergehende Rechte des Nießbrauchers lassen sich mit dem Grundgedanken des Nießbrauchs, der Ziehung von Nutzungen aus der Beteiligung, nicht vereinbaren. Er spricht, ebenso wie rechtsanwendungsbezogene Erwägungen, vielmehr für einen Verbleib der Rechte beim Gesellschafter.

Bei der **Testamentsvollstreckung** ist der Testamentsvollstrecker an dem in den Nachlass fallenden Gesellschaftsanteil iR seiner Amtswahrnehmung mitberechtigt und übt die diesbezüglichen Verwaltungs- und Vermögensrechte anstelle der Erben aus (BGH 3.7.1989, NJW 1989, 3152 (3155)). Eine unzulässige Abspaltung liegt nicht vor (NK-BGB/*Heidel* Rn. 2; MüKoBGB/*Schäfer* Rn. 13), wenngleich der Testamentsvollstrecker mit Rücksicht auf die Erben **in der Wahrnehmung der Rechte beschränkt** sein kann (vgl. BGH 3.7.1989, NJW 1989, 3152 (3155)). In den Kernbereich der Mitgliedschaft der Erben kann er insofern nicht eingreifen (*K. Schmidt* GesR § 45 V 7c; BeckOK BGB/*Schöne* Rn. 12). 14

4. An Nicht-Gesellschafter. § 717 S. 1 verbietet die Übertragung von den aus der Mitgliedschaft in der Gesellschaft folgenden Rechten an Nicht-Gesellschafter. Vom Verbot nicht erfasst sind damit Vereinbarungen der Gesellschafter untereinander über ihre Mitgliedschaftsrechte. Sie beurteilen sich allein nach der Dispositivität des fraglichen Normkomplexes und den für Gesellschaftsverträge geltenden Grenzen der Vertragsfreiheit. 15

III. Ausnahmen (S. 2)

1. Allgemeines. S. 2 enthält eine **Ausnahme vom Grundsatz der Unübertragbarkeit** der einzelnen aus der Mitgliedschaft fließenden Rechte. Bestimmend für diese Ausnahme ist die Vorstellung des Gesetzgebers, dass es sich bei den genannten Rechten um von der Mitgliedschaft trennbare Ansprüche handelt, deren Zession Interessen der Mitgesellschafter nicht entgegenlaufen kann. Die vom Abspaltungsverbot ausgenommenen Ansprüche sind solche, **vermögensrechtlicher Natur,** ihre Übertragung iSd § 717 S. 1 erfolgt durch Abtretung (§ 398). Der zedierende Gesellschafter bedarf für die Abtretung nicht der Zustimmung der Gesellschaft oder der Mitgesellschafter. Die Gesellschaft kann gegenüber dem Zessionar nach § 404 alle Einreden und Einwendungen aus dem Gesellschaftsvertrag geltend machen. Möglich ist eine Sicherungsabtretung der übertragbaren Ansprüche (MüKoBGB/*Schäfer* Rn. 30). 16

Die in S. 2 bestimmten Ansprüche können auch als **künftige bzw. bedingte Forderungen** abgetreten werden (RG 5.2.1932, RGZ 135, 139 (140)). Die Abtretung geht aber ins Leere, wenn die Gesellschafterstellung als Rechtsverhältnis, das die künftige Forderung begründen soll, vor ihrer Entstehung beendet wird oder auf einen anderen übergeht (BGH 19.9.1983, NJW 1984, 492). Da übertragbar, können die von S. 2 erfassten Ansprüche verpfändet werden (§ 1273 Abs. 1, § 1274 Abs. 2, § 1280) und sind pfändbar (§ 851 Abs. 1 ZPO). 17

2. Erfasste Ansprüche. Ansprüche aus der Geschäftsführung sind erfasst, soweit ihre Befriedigung vor der Auseinandersetzung verlangt werden kann. Dies sind insbesondere der aus §§ 713, 670 folgende Anspruch des geschäftsführenden Gesellschafters auf Ersatz von Aufwendungen, die er für erforderlich halten durfte (BGH 2.7.1979, NJW 1980, 339), der Ausgleichsanspruch eines Gesellschafters, der eine Gesellschaftsschuld aus seinem Privatvermögen erfüllt hat (Soergel/*Hadding* Rn. 9) und der Anspruch auf eine vereinbarte Geschäftsführervergütung (Staudinger/*Habermeier*, 2003, Rn. 15). 18

Erfasst sind bereits entstandene oder künftige **Ansprüche auf Gewinnanteile** gegen die Gesellschaft auf Auszahlung oder Entnahme eines festgestellten oder zur Verteilung anstehenden Gewinns (BFH 1.3.2018, DStR 2018, 1362 (1365); OLG Stuttgart 31.10.2012, DStR 2013, 1138 (1140)), ferner auch einem Gesellschafter gewinnunabhängig eingeräumte Zinsen, Vorausdividenden oder sonstige regelmäßige Geldleistungen aus dem Gesellschaftsvermögen (BGH 20.5.1985, WM 1985, 1343 f.). Zu Entnahmerechten → Rn. 21. 19

Unter S. 2 fallen **Ansprüche aus der Auseinandersetzung,** dh dasjenige, was dem Gesellschafter nach Auflösung der GbR (§§ 731 ff.) oder beim Ausscheiden aus der Gesellschaft (§ 738 Abs. 1 S. 2, § 740 Abs. 2) bei der Auseinandersetzung zukommt. Ansprüche dieser Natur sind zB jene auf Rückgabe von Gegenständen (§ 732; BGH 12.1.1998, NJW 1998, 1551 (1552)), auf Rückerstattung der Einlage (§ 733 Abs. 2), auf einen Anteil am Liquidationserlös (§ 734) bzw. Abfindungsguthaben (OLG München 10.3.2010, BeckRS 2010, 06478), auf Ausgleich im Falle einer Nachschusspflicht nach Ausfall eines Mitgesellschafters (§ 735 S. 2). Nicht hierunter fallen die auf die Geltendmachung dieser Ansprüche gerichteten Verwaltungs- und Kontrollrechte (OLG Hamm 24.5.2006, NZG 2006, 823 (824)). 20

Neben den gesetzlich bestimmten vermögensrechtlichen Ansprüchen können aus dem Gesellschaftsverhältnis kraft entsprechend vertraglicher Vereinbarung **weitere vermögensrechtliche Ansprüche** folgen (zB Vorausdividende, sonstige Geldleistungen). Sie sind der Gruppe der in S. 2 genannten und damit übertragbaren Individualansprüche zuzuordnen. Streitig ist, ob gesellschaftsvertraglich vereinbarte Entnahmerechte in die Gruppe der übertragbaren Individualansprüche fallen (bejahend Erman/*Wes-* 21 *termann* Rn. 6; BeckOK BGB/*Schöne* Rn. 20; verneinend Soergel/*Hadding* Rn. 10; vermittelnd MüKoBGB/*Schäfer* Rn. 36 – mit Zustimmung der Gesellschafter). Zwar lässt sich ein Entnahmerecht nicht als „Gewinnanteil" auffassen, übertragbar sind aber auch andere, in S. 2 nicht ausdrücklich erwähnte vermögensrechtliche Ansprüche. Maßgeblich ist daher allein, ob ein Entnahmerecht Mitgliedschaftsrechte berührt, was zu verneinen ist.

22 **3. Rechtsstellung des Dritten.** Der Zessionar (bzw. bei Pfändung ein Pfändungsgläubiger) erwirbt mit der Abtretung nur einen gegenwärtigen oder künftigen Anspruch gegen die GbR (oder einen Mitgesellschafter des Zedenten), **nicht aber die mit dem Anspruch verbundenen Verwaltungsrechte,** da diese nach S. 1 unübertragbar sind (BGH 10.10.1983, WM 1983, 1279). § 401 ist nicht entsprechend anwendbar. Gesellschaftsinterne Entwicklungen kann der Zessionar deshalb nicht beeinflussen. Treffen die Gesellschafter zwischen Abtretung und Entstehen des Anspruchs von Gesellschaftsvertrag oder Gesetz abweichende Vereinbarungen zur Gewinnverteilung oder Auseinandersetzung, muss der Abtretungsempfänger dies grundsätzlich hinnehmen (vgl. RG 22.1.1918, RGZ 91, 428 (431)). Einsichtsrechte bestehen ebenso wenig wie der Zessionar Rechnungsabschluss verlangen (RG 17.6.1902, RGZ 52, 35 (37); RG 9.3.1917, RGZ 90, 19 (20)) oder an der Gewinnfeststellung bzw. Auseinandersetzung mitwirken (RG 17.6.1902, RGZ 52, 35 (36)) kann. Der Pfändungsgläubiger kann aber den gepfändeten Auseinandersetzungsanspruch gegen die anderen Gesellschafter im Klagewege durchsetzen (BGH 21.7.2008, NZG 2008, 705). Aus der Abtretung ergibt sich **für die Gesellschaft die Verpflichtung,** dem Abtretungsempfänger mitzuteilen, ob und welche Ansprüche in der Person des Gesellschafters entstanden sind (RG 17.6.1902, RGZ 52, 35 (37); BGH 3.11.1975, WM 1975, 1299 (1300)). Werden Ansprüche aus der Auseinandersetzung übertragen, folgt hieraus keine Möglichkeit des Zessionars, die Gesellschaft aufzulösen (vgl. RG 9.2.1905, RGZ 60, 126 (130)).

23 Überträgt der Zedent seine **Mitgliedschaft nach der Abtretung auf einen Dritten** oder wird der Gesamthandanteil nach § 859 ZPO gepfändet, können die künftigen Ansprüche nicht mehr in der Person des Zessionars entstehen (BGH 16.5.1988, NJW 1989, 458; BGH 14.7.1997, NJW 1997, 3370 (3371)). Einen Erwerb der Forderung durch den Abtretungsempfänger kann die Vorausabtretung erst dann bewirken, wenn alle gesetzlichen und gesellschaftsvertraglichen Voraussetzungen für das Entstehen dieser Forderung in der Person des Zedenten erfüllt sind. Schutz ist insofern nur gewährleistet, wenn ergänzend die Mitgliedschaft selbst verpfändet oder sicherheitshalber abgetreten wird (vgl. BGH 19.9.1983, NJW 1984, 492).

IV. Gestaltung

24 **S. 1** ist **zwingendes Recht;** hiervon abweichende Vereinbarungen sind nach § 134 nichtig (BGH 10.11.1951, BGHZ 3, 354 (357); BGH 14.5.1956, BGHZ 20, 363 (365); BGH 22.1.1962, BGHZ 36, 292 (293 f.)).

25 **S. 2** ist **dispositiv,** sodass die gesetzlich vorgesehene Ausnahme von der Unübertragbarkeit für bestimmte Vermögensrechte im Gesellschaftsvertrag gem. § 399 ausgeschlossen werden kann (BGH 13.3.1978, NJW 1978, 1382). Die Pfändbarkeit (→ Rn. 17) hindert ein solcher Abtretungsausschluss nicht.

Gesellschaftsvermögen

718 (1) **Die Beiträge der Gesellschafter und die durch die Geschäftsführung für die Gesellschaft erworbenen Gegenstände werden gemeinschaftliches Vermögen der Gesellschafter (Gesellschaftsvermögen).**

(2) **Zu dem Gesellschaftsvermögen gehört auch, was auf Grund eines zu dem Gesellschaftsvermögen gehörenden Rechts oder als Ersatz für die Zerstörung, Beschädigung oder Entziehung eines zu dem Gesellschaftsvermögen gehörenden Gegenstands erworben wird.**

Übersicht

I. Regelungsinhalt

§ 718 bestimmt Erwerb und Umfang des Gesellschaftsvermögens. Die in der Vorschrift genannten, der Förderung des Gesellschaftszwecks bestimmten Gegenstände werden zu einem Sondervermögen zusammengefasst und der Gesellschaft dinglich zugeordnet. Durch die Norm wird die Bildung eines Gesellschaftsvermögens zum Regelfall, aber nicht zu einem konstitutiven Merkmal der GbR bestimmt. Vielmehr ist auch eine vermögenslose GbR denkbar (BeckOK BGB/*Schöne* Rn. 1), so etwa die Innen-GbR, die neben Außenbeziehungen auch auf Gesellschaftsvermögen verzichtet, oder die Außen-GbR, der von den Gesellschaftern Vermögen nur zur Nutzung überlassen wird (BGH 25.3.1965, WM 1965, 744 (745)). Nach § 718 Abs. 1 entsteht bei der GbR durch den dort näher bezeichneten Erwerb ein vom privaten Vermögen der Gesellschafter gesondertes „gemeinschaftliches Vermögen der Gesellschafter“. § 718 regelt darüber hinaus sowohl in Abs. 1 als auch Abs. 2, welche Gegenstände zum Gesellschaftsvermögen gehören. Abs. 2 erklärt zudem das Surrogationsprinzip auf das Gesellschaftsvermögen für anwendbar. In Ergänzung zu § 718 bestimmt § 719 Näheres zu Verfügungen über das Gesamthandsvermögen. 1

II. Die Gesellschaft als Gesamthand

1. Wesen und Funktion. Der Wortlaut des § 718 lässt offen, ob die Berechtigung an den zum Gesellschaftsvermögen gehörenden Gegenständen den Gesellschaftern in ihrer Verbundenheit oder der Gesellschaft selbst zukommt. Maßgeblich ist insoweit, ob der GbR **Rechtssubjektivität** zuzubilligen ist. Dies wird seit einer Grundsatzentscheidung des BGH (BGH 29.1.2001, BGHZ 146, 341 (344)) von der Rspr. für die Außen-GbR bejaht (zu den hieraus folgenden Weiterungen → Rn. 4 ff.; krit. die Rspr. resümierend *Beuthien* NZG 2011, 161 ff. (481 ff.)). Die GbR als Gesamthandsgemeinschaft kann demnach im Rechtsverkehr grundsätzlich, dh, soweit nicht spezielle Gesichtspunkte entgegenstehen, jede Rechtsposition einnehmen (BGH 4.11.1991, BGHZ 116, 86 (88); BGH 15.7.1997, BGHZ 136, 254 (257); BGH 29.1.2001, BGHZ 146, 341 (343)). Sie kann durch die Teilnahme am Rechtsverkehr in diesem Rahmen eigene Rechte und Pflichten begründen und ist rechtsfähig. Eine solche Außen-GbR verfügt nicht über eine bedingte Rechtssubjektivität, sondern ist nach dem Konzept des BGH eine **rechtsfähige Gesellschaft ohne Rechtspersönlichkeit** (vgl. *K. Schmidt* NJW 2001, 993 (996)). Die Verlegung des Sitzes einer GbR ins **Ausland** führt zu deren Auflösung (→ § 726 Rn. 5), sie wandelt sich in eine Liquidationsgesellschaft und ist als solche rechtsfähig (OLG Hamm 14.6.2012, BeckRS 2012, 06544). 2

Träger des Vermögens ist damit die rechtsfähige GbR (vgl. etwa BGH 20.5.2016, NZG 2016, 1123, hM; der Mauracher Entwurf (→ § 705 Rn. 1a) will dies im künftigen Recht ausdrücklich klarstellen. § 714 steht dem nicht entgegen. Dieses Verständnis der Rechtsnatur der gesellschaftsrechtlichen Gesamthandgemeinschaft trägt dem in §§ 718–720 zum Ausdruck kommenden Willen der rechtlichen Absonderung des Gesellschaftsvermögens vom Privatvermögen der Gesellschafter Rechnung. 3

2. Folgerungen. Vermögensrechtsfähigkeit: Die GbR ist als Gesamthand selbstständiges Zuordnungsobjekt des Gesellschaftsvermögens und als solches vermögensrechtsfähig (BGH 29.1.2001, BGHZ 146, 341 (343)). **Grundbuchfähigkeit** (näher *Zimmer* MDR 2009, 237): Die verfahrensrechtliche Frage, ob die GbR unter ihrem Namen als Eigentümerin eines Grundstücks oder als Berechtigte eines beschränkt dinglichen Rechts in das Grundbuch eingetragen werden kann, ist von der – ganz überwiegend bejahten – materiell-rechtlichen Frage zu unterscheiden, ob die GbR Eigentümerin von Grundstücken sein kann. Bei Eintragung eines Rechts für eine GbR sind nach § 47 Abs. 2 GBO auch deren Gesellschafter im Grundbuch einzutragen (zu Altfällen vor dem 18.8.2009 BeckOK GBO/*Reetz* GBO § 47 Rn. 95; OLG Köln 20.12.2010, RNotZ 2011, 166; zum Reformgesetz *Scherer* NJW 2009, 3063). Im Grundbuchverfahren erfolgt eine Identifizierung der GbR zwingend über eine notwendige zusätzliche Benennung und Eintragung aller Gesellschafter (BGH 2.12.2010, NJW 2011, 615 (616); BGH 28.4.2011, NJW 2011, 1958 (1959); grundlegend hierzu *Böttcher* notar 2012, 111), sodass in Abweichung von der früheren Rspr. (BGH 4.12.2008, NZG 2009, 137 (138)) und in Relativierung des modernen dogmatischen Verständnisses der GbR diese nicht lediglich unter der Bezeichnung, die ihre Gesellschafter für sie im Gesellschaftsvertrag vorgesehen haben (sog. „Namens-GbR“), in das Grundbuch eingetragen werden kann (zu den Anforderungen an eine identifizierende Bezeichnung nach § 15 Abs. 1 GBV BGH 28.4.2011, NJW 2011, 1958 (1959); OLG Rostock 27.1.2012, BeckRS 2012, 54439; zu weitgehend OLG München 5.2.2010, NZG 2010, 341). Nach § 899a wird in Ansehung des eingetragenen Rechts (dh nicht generell) vermutet, dass diejenigen Personen Gesellschafter sind, die nach § 47 Abs. 2 GBO im Grundbuch eingetragen (positive Publizität), und dass darüber hinaus keine weiteren Gesellschafter vorhanden (negative Publizität) sind (der Mauracher Entwurf (→ § 705 Rn. 1a) will durch Einführung einer Registerpflicht auch der GbR das Regelungsmodell der § 899a BGB, § 47 Abs. 2 GBO entbehrlich machen). Die Vermutung gilt auch, wenn nach Ausscheiden eines Gesellschafters und/oder Eintritt eines neuen Gesellschafters das Grundbuch unrichtig geworden und 4 nach § 894 zu berichtigen ist (OLG Brandenburg 27.4.2011, NJW-RR 2011, 1036 f.; zur Anwendung des § 19 GBO bei Gesellschafterwechseln *van de Loo* GWR 2012, 80). Im Berichtigungsverfahren bedarf es der Bewilligung aller Gesellschafter (OLG München 1.12.2010, NZG 2011, 548 (549); OLG Brandenburg 28.4.2016, RNotZ 2016, 534 (537); aA KG 19.7.2011, FGPrax 2011, 217). Ist ein Gesellschafterwechsel noch nicht in das Grundbuch eingetragen worden, gelten bei einer Vollstreckung in Grundeigentum der GbR in entsprechender Anwendung von § 1148 S. 1 BGB, § 1192 Abs. 2 BGB die eingetragenen Gesellschafter zu Gunsten des Gläubigers als Gesellschafter. Dies gilt auch, wenn die Gesellschaft durch den Tod eines eingetragenen Gesellschafters gem. § 727 Abs. 1 BGB aufgelöst worden ist (BGH 19.11.2015, NZG 2016, 107). Im Falle der Rechtsnachfolge kann das Grundbuch aufgrund Unrichtigkeitsnachweises (§ 22 GBO) oder im Wege der Berichtigungsbewilligung berichtigt werden (§ 19 GBO); zur Grundbuchberichtigung ist die Vorlage des Gesellschaftsvertrags (in der Form des § 29 GBO, vgl. BGH 13.7.2017, NJW 2017, 3715 (3716)) oder ein sonstiger Inhaltsnachweis erforderlich (OLG München 24.10.2014, ErbR 2015, 54 (56); OLG Schleswig 4.1.2012, FGPrax 2012, 62 (63); aA KG 29.3.2016, NZG 2016, 555 (556); 8.7.2020, NJW-RR 2020, 990 (991): alle Erben müssen in der Form des § 29 GBO zustimmen, da eine Änderung des Gesellschaftsvertrags nicht ausgeschlossen ist). Berechtigt, die Berichtigung des Grundbuchs zu bewilligen, ist der Rechtsnachfolger in den Gesellschaftsanteil (OLG München NZG 2017, 941 (942)). Die Nennung der Gesellschafter im Grundbuch dokumentiert lediglich deren Mitgesellschafterstellung in der GbR, die Eigentümerin des Grundstücks ist (BGH 25.9.2006, NJW 2006, 3716). Daher bedarf es auch keiner Bewilligung der weiteren eingetragenen Gesellschafter, wenn ein Verstorbener ersatzlos gelöscht werden soll (KG 8.7.2020, NJW-RR 2020, 990 (991 f.). 19.7.2011, FGPrax 2011, 217). Beträgt in einer zweigliedrigen Gesellschaft der Anteil eines Gesellschafters 0 %, hindert dies nicht schlechthin die Eintragung der GbR als Eigentümerin (OLG Frankfurt a. M. 20.9.2012, NZG 2013, 338 (339)). Die Höhe des Anteils einzelner Gesellschafter und Veränderungen der Anteilshöhe sind nicht einzutragen (OLG München 9.6.2005, NJW-RR 2005, 1609 (1610)). Nicht eintragungsfähig sind Vertretungsverhältnisse oder die einen Gesellschafter treffenden Verfügungsbeschränkungen (OLG Köln 20.12.2010, RNotZ 2011, 166). Zur Eintragung einer Rückauflassungsvormerkung bei Erwerb durch eine GbR LG Düsseldorf 3.2.2009, RNotZ 2009, 331. **Erbfähigkeit:** Ist umstritten und höchstrichterlich ungeklärt, aber angesichts der Vermögensrechtsfähigkeit für die Außen-GbR zu bejahen (so auch Soergel/*Hadding* Rn. 5; Erman/*Westermann* Rn. 6; Staudinger/*Habermeier,* 2003, Rn. 11; aA RGRK-BGB/*v. Gamm* Rn. 7). Der Umweg über eine Erbeinsetzung der Gesellschafter mit einer Auflage der Zuwendung an die Gesellschaft ist nur bei der nicht-rechtsfähigen Innen-GbR notwendig. **Mitgliedsfähigkeit:** Die Frage, ob und ggf. an welchen Gesellschaften die GbR Mitglied sein kann, ist umstritten (grundl. *Hauschke,* Die GbR als Gesellschafterin, 2005). Der BGH bejaht für die GmbH (BGH 3.11.1980, BGHZ 78, 311 (313)), die AG (BGH 13.4.1992, BGHZ 118, 83 (99)), die eG (BGH 4.11.1991, BGHZ 116, 86 (88)), die KG (als Kommanditistin – BGH 16.7.2001, BGHZ 148, 291 (293)) die Mitgliedsfähigkeit, ebenso kann eine GbR Gesellschafterin einer anderen GbR sein (BGH 2.10.1997, NJW 1998, 376). „Spezielle Gesichtspunkte", die einer Mitgliedschaft in der OHG oder als Komplementärin einer KG entgegenstehen könnten, sind nicht ersichtlich, sodass auch eine solche möglich ist (bejahend LG Berlin 8.4.2003, NZG 2003, 580 (581)). Bei Mitgliedschaft in einer registerpflichtigen Personengesellschaft sind aber neben der GbR die ihr zum Zeitpunkt des Beitritts angehörenden Gesellschafter (ebenso wie spätere Wechsel im Gesellschafterbestand) mit dem Inhalt des § 106 Abs. 2 HGB zum Handelsregister anzumelden (vgl. BGH 16.7.2001, BGHZ 148, 291 (293)). In Berufsausübungsgesellschaften beliebiger Rechtsform können berufsrechtliche Erfordernisse der Mitgliedschaft einer GbR entgegenstehen (vgl. BGH 9.7.2001, BGHZ 198, 270 ff. = NZG 2001, 983 (984) mAnm *Kilian*). **Wechsel- und Scheckrechtsfähigkeit:** Die GbR ist scheck- (BGH 15.7.1997, BGHZ 136, 254 (257 f.)) und wechselfähig (BGH 29.1.2001, BGHZ 146, 341 (358)). **Markenrechtsfähigkeit:** § 7 Nr. 3 MarkenG steht der Eintragung einer (Außen-)Gesellschaft als Inhaberin einer Marke in das Markenregister nicht mehr entgegen (BPatG 20.8.2004, BPatGE 48, 242 (243); LG Berlin 16.9.2008, NZG 2009, 142 (143); anders noch BGH 24.2.2000, GRUR 2000, 1028 (1030)). **Fähigkeit zur Erteilung einer Vollmacht:** besteht nicht (BGH 20.1.2011, DNotZ 2011, 361 (363); OLG München 22.5.2017, NZG 2017, 818 (819), aA KG 14.9.2010, NZG 2010, 1423), die Erteilung muss durch die Gesellschafter erfolgen. **Parteifähigkeit:** ist gegeben (→ Rn. 19 ff.). **Insolvenzfähigkeit:** Die GbR ist kraft gesetzlicher Anordnung (§ 11 Abs. 2 Nr. 1 InsO) insolvenzfähig, mithin Trägerin der Insolvenzmasse. **Versichertenstellung:** Die GbR ist in der Kaskoversicherung Trägerin des versicherten Sacherhaltungsinteresses (BGH 5.3.2008, NJW 2008, 1737 (1738)), sodass eine Mitversicherung der Gesellschafter nur ausnahmsweise in Betracht kommt (hierzu *Brand* VersR 2009, 306). **WEG-Verwalter:** Die fehlende Registerpublizität macht es unmöglich, dass die GbR den besonderen Anforderungen des WEG an einen Verwalter gerecht wird (BGH 26.1.2006, NJW 2006, 2189 (2190)); eine entsprechende Bestellung ist unwirksam. **Grundrechtsfähigkeit:** ist entsprechend den Personenhandelsgesellschaften gegeben (BVerfG 2.9.2002, NJW 2002, 3533). **Beitragspflichtigkeit:** Eine Außen-GbR können öffentlich-rechtliche Beitragspflichten treffen (OVG Baden-Württemberg 20.9.2006, NJW 2007, 105 (106); OVG NRW 7.5.2002, NVwZ-RR 2003, 149 (150); VG München 9.12.2010, M 10 K 10.275). **Beteiligtenfähigkeit:** iSv § 11

VwVfG, § 63 VwGO gegeben (VG Hannover 12.12.2012, BeckRS 2013, 46716). **Jagdpachtfähigkeit:** kann die GbR nach § 11 Abs. 5 BJagdG nicht besitzen (OLG Celle 20.8.2014, NZG 2015, 390 Ls.). Zuverlässigkeit (im gewerberechtlichen Sinne) muss trotz Verselbstständigung der GbR in der Person aller Gesellschafter (und nicht etwa nur der des Geschäftsführers) gegeben sein (VG Stuttgart, 27.2.2019, BeckRS 2019, 18873 Rn. 38).

Die Einordnung der Rechtsnatur der GbR determiniert die Beurteilung, inwieweit die GbR Besitzerin sein kann, insbesondere **Besitz** an den zum Gesellschaftsvermögen gehörenden Sachen hat. Da nach der Rspr. des BGH die GbR jede Rechtsposition einnehmen kann (→ Rn. 2), ist die Annahme folgerichtig, dass die GbR selbst auch Besitzerin sein kann (so Soergel/*Hadding* Rn. 17; Erman/*Westermann* Rn. 4) und nicht, wie dies überkommenem Verständnis entspricht (vgl. BGH 26.1.1983, BGHZ 86, 340 (343)), der Besitz von den Gesellschaftern als unmittelbaren Mitbesitzern ausgeübt wird. Die GbR übt, wie die OHG oder KG (vgl. BGH 26.5.1967, JZ 1968, 69), ihren (unmittelbaren) Besitz durch Organe („Organbesitz") oder Besitzdiener (§ 855), die mit ihrer Sachgewalt für die GbR tätig sein wollen, aus. Eigentumserwerb vollzieht sich damit nach § 929 S. 1, Gutglaubensschutz besteht nach § 935 Abs. 1 bei Verfügungen nicht autorisierter Gesellschafter. Zu einer anderen Annahme kann nur gelangen, wer den Besitz nicht als „Rechtsposition" iSd Rspr. des BGH auffassen will. 5

Im **Gebührenrecht** ist Ausdruck der Rechtssubjektivität der GbR, dass es zu keiner Erhöhung der Gebühren nach § 7 RVG in Abhängigkeit von der Zahl der Gesellschafter kommt (OLG Hamm 7.3.2002, NJW-RR 2002, 1219). Ebenso ist eine Festsetzung von Gebühren gegen einen Gesellschafter nach § 11 RVG nicht möglich, soweit dieser nicht neben der Gesellschaft Auftraggeber des Rechtsanwalts ist (BGH 14.9.2004, NJW 2005, 156 (157)). Die Anwalts-GbR kann einen Beschluss nach § 11 RVG nur insgesamt und nicht lediglich zugunsten einiger Gesellschafter beantragen (OLG Brandenburg 6.1.2009, MDR 2009, 1254). Klagt statt der GbR ein Gesellschafter Vergütungsansprüche ein, ist er auch dann nicht aktivlegitimiert, wenn er auf Zahlung an die GbR klagt (OLG Düsseldorf 6.3.2013, MDR 2013, 1196). 6

Steuerrechtlich führt die Rechtssubjektivität der GbR dazu, dass im Schenkungssteuerrecht bei einer Zuwendung an eine Gesamthandsgemeinschaft die Gesamthänder – und nicht die Gesamthandsgemeinschaft – als Bereicherte anzusehen sind (BFH 5.2.2020, DStR 2020, 1721 (1724); FG Baden-Württemberg 1.3.2017, ZEV 2017, 431). 6a

III. Gesellschaftsvermögen

1. Bestandteile. Bestandteil des Gesellschaftsvermögens sind zunächst **Beiträge** der Gesellschafter. Hierunter fallen an die Gesamthand geleistete Einlagen, die Beitragsforderungen der Gesamthand (Sozialansprüche) und Nutzungs- und Gebrauchsrechte von überlassenen Gegenständen. 7

Durch Geschäftsführung erworbene Gegenstände (bewegliche und unbewegliche Sachen, absolute und relative Rechte, vgl. § 90) werden ebenfalls Gesamthandsvermögen. Der Erwerb setzt entsprechend organschaftliches Handeln für die Gesellschaft (§ 709 Abs. 1, § 710) voraus (RG 7.3.1903, RGZ 54, 103 (106)). Rechtsgeschäftlicher Erwerb erfordert Offenkundigkeit des Handelns für die Gesellschaft; fehlt es an dieser (bzw. liegt kein Geschäft für den, den es angeht, vor), ist eine Übertragung auf die GbR notwendig (§§ 717, 667). Dies gilt auch beim gemeinschaftlichen Handeln aller Gesellschafter, soweit bei diesem der Fremdbezug nicht offenkundig wird. Eine Übertragung ist auch notwendig bei einem – eher atypischen – Vermögenserwerb für eine Innen-GbR, da bei dieser die Handelnden grundsätzlich nicht im Namen der Gesellschaft agieren. Der entsprechende Übertragungsanspruch ist wiederum Gesellschaftsvermögen. Soll rechtsgeschäftlicher Erwerb in Abweichung von § 718 nicht der gesamthänderischen Bindung unterfallen, sondern den Gesellschaftern nach Bruchteilen zustehen, ist hierfür eine entsprechend ausdrückliche Vereinbarung auch im Außenverhältnis notwendig. 8

Durch die in § 718 Abs. 2 getroffene Anordnung werden auch **Surrogate** zu Gesamthandsvermögen. Abs. 2 bestimmt zwei Fälle der gesetzlichen Surrogation: Gesellschaftsvermögen werden alle Sach- und Rechtsfrüchte eines der Gesellschaft zustehenden Hauptrechts (sowie nach §§ 953 ff. erworbene Erzeugnisse) und der Ersatz für zum Gesellschaftsvermögen gehörende Gegenstände (zB Ansprüche auf Schadensersatz – auch gegen Gesellschafter –, Wertersatz, Versicherungsleistungen etc; auf die zu § 285 entwickelten Grundsätze („stellvertretendes commodum") kann zurückgegriffen werden). 9

Da § 718 nicht abschließend ist, kann über die in der Norm genannten Erwerbsvorgänge auch ein **sonstiger Erwerb** Gegenstände zu Gesellschaftsvermögen werden lassen, zB durch ein Grundlagengeschäft, Gesamtrechtsnachfolge (Erbgang, → Rn. 4), Verbindung, Vermischung (§§ 946–948), Verarbeitung für die Gesellschaft (§ 950), einen Anspruch aus einem Vermächtnis (MüKoBGB/*Schäfer* Rn. 22) oder das Entstehenlassen von Good Will (BGH 28.10.1966, MDR 1967, 289). 10

Der Mauracher Entwurf (→ § 705 Rn. 1a) will de lege ferenda den Begriff der „erworbenen Rechte" etablieren, der einerseits sowohl die bislang in § 718 Abs. 1 genannten Gegenstände als auch die in Abs. 2 genannten Surrogate und andererseits sowohl rechtsgeschäftlich als auch kraft Gesetzes erworbene 10a

Rechte erfassen und damit mancherlei aus der zu engen Fassung des § 718 resultierende Unsicherheiten beseitigen würde.

11 Das aus den vorstehenden Bestandteilen zusammengesetzte Gesellschaftsvermögen steht der GbR als Gesamthand zu. Der Erwerb von Gegenständen erhöht, die Verfügung über einzelne Gegenstände im Namen der GbR verringert Umfang und Wert des Gesellschaftsvermögens. Für den Gesellschafter verändert sich hierdurch lediglich Umfang und Wert seines Anspruchs auf das Guthaben bei einer Auseinandersetzung. Soweit das Gesetz an verschiedenen Stellen von einem Anteil der Gesamthänder am Gesellschaftsvermögen spricht, verdeckt diese Formulierung, dass der Gesellschafter an der Rechtsinhaberschaft der Gesellschaft an den Gegenständen nicht teilnimmt (Soergel/*Hadding* Rn. 7). Das Vermögen ist ein solches der Gesellschaft und insoweit ungeteilt.

12 **2. Entstehung und Wegfall.** Das **Gesellschaftsvermögen entsteht** idR mit Abschluss des Gesellschaftsvertrags, da aus diesem ein der GbR zustehender Anspruch auf die versprochenen Beiträge der Gesellschafter folgt (vermögensbegründend ist insofern nicht erst, wie § 718 nahelegen könnte, die Leistung der Beiträge). Das Gesellschaftsvermögen kann auch mit Umwandlung einer Kapitalgesellschaft in eine GbR (§ 191 Abs. 2 Nr. 1 UmwG, §§ 226, 228 Abs. 2 UmwG) entstehen (näher MüKoBGB/*Schäfer* Rn. 14).

13 Die **Auflösung der GbR** lässt die Rechtsinhaberschaft der Gesamthand und damit das Gesellschaftsvermögen und die Rechtsstellung der Gesellschafter als Gesamthänder unberührt. Sie bewirkt insoweit nur, dass das Gesellschaftsvermögen abzuwickeln ist. Erst bei Ausscheiden des vorletzten Gesellschafters einer zweigliedrigen GbR oder bei Ausübung eines Übernahmerechts durch einen Gesellschafter wird der verbleibende (ehemalige) Gesellschafter alleiniger Rechtsinhaber der Gegenstände des bisherigen Gesellschaftsvermögens. **Änderungen im Gesellschafterbestand der GbR** haben lediglich zur Folge, dass das Gesellschaftsvermögen dem jeweils neu zusammengesetzten Gesellschafterkreis zugeordnet ist, verändern es aber nicht (vgl. BGH 9.12.1974, WM 1975, 99 (100)).

14 **3. Verbindlichkeiten. a) Gesellschaftsschulden.** Da die GbR Träger von Rechten und Pflichten ist, können dem Gesellschaftsvermögen **gemeinschaftliche Schulden** gegenüberstehen (vgl. § 733: der Mauracher Entwurf (→ § 705 Rn. 1a) beabsichtigt diesen unstreitigen Befund explizit in den Gesetzeswortlaut aufzunehmen). Hierzu gehören auch die Sozialverbindlichkeiten der Gesellschaft gegenüber den Gesellschaftern (zB Auseinandersetzungs-, Aufwendungsersatz-, Schadensersatz-, Abfindungsansprüche; vgl. OLG Frankfurt a. M. 6.4.2005, NZG 2005, 712) sowie Verbindlichkeiten aus einem außerhalb des Gesellschaftsverhältnisses liegenden Rechtsgeschäft zwischen Gesellschaft und Gesellschaftern (sog. Drittgläubigerforderung, zB aus Mietvertrag). Bei Verbindlichkeiten gegenüber einem der Gesellschafter kommt es aufgrund der eigenen Verpflichtungsfähigkeit der Gesellschaft (BGH 29.1.2001, BGHZ 146, 341 (343)) nicht zu einer Vereinigung von Forderung und Schuld (Konfusion) in der Person des betroffenen Gesellschafters.

15 Durch **Rechtsgeschäft** entstandene Verbindlichkeiten sind Gesellschaftsschulden, wenn sie sich durch einen Zurechnungstatbestand der Gesellschaft zuordnen lassen. Soweit aus dem Rechtsgeschäft Schadensersatzansprüche folgen, wird das Verschulden von Gesellschaftern als organschaftliches Handeln nach § 31 analog (str., BeckOK BGB/*Schöne* Rn. 10; Soergel/*Hadding* Rn. 22; aA etwa MüKoBGB/*Schäfer* Rn. 30; Erman/*Westermann* Rn. 8: § 278), zugerechnet, da ein Fall der sog. Repräsentationshaftung vorliegt (vgl. *K. Schmidt* GesR § 10 IV 3). Das Verschulden von anderweitig legitimierten Personen, die für die Gesellschaft handeln, wird hingegen nach § 278 zugerechnet (hM, Soergel/*Hadding* Rn. 22).

16 **Gesetzlich begründete Gesellschaftsschulden** können aus gesetzlichen Schuldverhältnissen entstehen (Ansprüche aus Delikt, ungerechtfertigter Bereicherung, GoA). Für ein zum Schadensersatz verpflichtendes Verhalten von Gesellschaftern in Ausübung von Organaufgaben muss die GbR mit ihrem Gesellschaftsvermögen nach § 31 analog einstehen. Für deliktisches Handeln von nicht organschaftlich für die GbR handelnden Personen kann sich eine Haftung der GbR aus § 831 ergeben, für Gesellschafter scheidet sie hingegen aus (BGH 30.6.1966, BGHZ 45, 311 (313)).

17 **b) Haftung der Gesellschafter für Gesellschaftsschulden.** Die Gesellschafter der Außen-GbR haften für Verbindlichkeiten der Gesellschaft persönlich in entsprechender Anwendung der §§ 128 f. HGB kraft Gesetzes als Gesamtschuldner (§§ 427, 421). Die Schuld des Gesellschafters ist streng akzessorisch zur Gesellschaftsschuld und verjährt entsprechend; eine gegen die Gesellschaft gerichtete Unterbrechungsmaßnahme wirkt aber nicht ohne weiteres gegen die Gesellschafter (Erman/*Westermann* Rn. 9). Die Haftung der Gesellschafter einer GbR für die Verbindlichkeiten der Gesellschaft ermöglicht es nicht, die Gesellschafter zur Abgabe einer Willenserklärung zu verurteilen, die die Gesellschaft schuldet (BGH 25.1.2008, NJW 2008, 1378 (1379)). Der Erfüllungsort der Gesellschafterschuld entspricht jenem der Gesellschaftsschuld (BayObLG 9.9.2002, BB 2002, 2295). Die persönliche Haftung kann nicht durch einen Namenszusatz oder einen anderen, den Willen, nur beschränkt für diese Verpflichtungen einzustehen, verdeutlichenden Hinweis beschränkt, sondern nur durch eine individualvertragliche Vereinbarung ausgeschlossen werden (vgl. BGH 27.9.1999, BGHZ 142, 315 (320 f.)). Ist

die Haftung der Gesellschafter durch eine solche Vereinbarung auf den der Beteiligungsquote entsprechende Anteil der Gesellschaftsschuld beschränkt worden (quotale Haftung), so ist durch Auslegung zu ermitteln, in welchem Umfang Tilgungen aus dem Gesellschaftsvermögen oder Erlöse aus dessen Verwertung anteilig den Haftungsbetrag des einzelnen Gesellschafters mindern (BGH 8.2.2011, BGHZ 188, 233 (242)). Die unmittelbare und direkte Haftung besteht auch für Ansprüche eines Mitgesellschafters aus einem Drittgeschäft (→ Rn. 13), allerdings nur für dessen eigenen Verlustanteil übersteigenden Forderungsbetrag (BGH 1.12.1982, NJW 1983, 749). Diese Beschränkung des Anspruchs muss sich im Falle der Abtretung der Forderung auch der Zessionar, der nicht Mitgesellschafter ist, entgegenhalten lassen (BGH 1.12.1982, NJW 1983, 749).

Die persönliche Haftung der Gesellschafter gilt aufgrund der akzessorischen Gesellschafterhaftung 18
auch für gesetzlich begründete Verpflichtungen der Außen-GbR. Bei Schadensersatzansprüchen bedarf es keines besonderen Verpflichtungstatbestands in der Person des jeweiligen Gesellschafters (aA Soergel/*Hadding* Rn. 24). Auf die umstrittene Frage, ob § 831 im Verhältnis der Gesellschafter untereinander anwendbar ist, kommt es insoweit nicht mehr an. Ist die GbR einem Bereicherungsanspruch ausgesetzt, haften die Gesellschafter für diesen unabhängig von der Art der Kondiktion. Für Steuerschulden der Gesellschaft haften die Gesellschafter persönlich und unbeschränkbar (BFH 23.10.1985, NJW 1986, 2969 (2970); FG Niedersachsen DStRE 2017, 89 (90)).

IV. Verfahrensrecht

Die **Außen-GbR** ist aufgrund ihrer materiellen Rechtsfähigkeit **parteifähig iSv § 50 ZPO** und 19
prozessfähig iSv § 51 ZPO. Entsprechend ist sie aktiv- bzw. passivlegitimiert (BGH 29.1.2001, BGHZ 146, 341 (346); enger MüKoBGB/*Schäfer* Rn. 46f: nur eine Außen-GbR mit „Identitätsausstattung"). Die Parteifähigkeit der Außen-GbR ist die notwendige prozessrechtliche Konsequenz der Anerkennung der Rechtssubjektivität der Gesellschaft im Verhältnis zu Dritten. Grundsätzlich kann nur die rechtsfähige Gesellschaft die richtige Partei sein (BGH 14.9.2005, BeckRS 2005, 12865). Ein Aktivprozess kann, nach Anerkennung der Rechtsfähigkeit der (Außen-)GbR, nicht von Gesellschaftern „als GbR" geführt werden. Sie können keine auf das Gesamthandvermögen bezogenen Prozesse in Streitgenossenschaft führen (BGH 3.11.2015, NZG 2016, 221 (223)). Im Aktivprozess ist die Gesellschaft – durch die Benennung der gesetzlichen Vertreter und der Bezeichnung, unter der die Gesellschaft im Verkehr auftritt – identifizierbar zu beschreiben. Die Aufnahme der Gesellschafternamen ins Rubrum ist hierfür hilfreich, aber nicht zwingend (*K. Schmidt* NJW 2001, 993 (1000)), soweit Identifizierbarkeit gewährleistet ist. Die Prozessführungsbefugnis ist Teil der Geschäftsführungsbefugnis, sodass nur die entsprechend befugten Gesellschafter im Prozess wirksam für die Gesellschaft handeln können (Erman/*Westermann* Rn. 12). Im eigenen Namen sind Gesellschafter grundsätzlich nicht berechtigt, der GbR zustehende Forderungen geltend zu machen (OLG Düsseldorf 15.5.2012, NZG 2012, 148 (149); dort auch zu Ausnahmen vom Grundsatz) oder gegen Bescheide, die gegen eine GbR gerichtet sind, zu klagen (BFH 30.4.2007, BFH/NV 2007, 1523). Bei einer Liquidationsgesellschaft, die ua bei einer Verlegung des Gesellschaftssitzes (nicht: des Wohnsitzes des geschäftsführenden Gesellschafters) ins Ausland entsteht, ist deshalb § 730 Abs. 2 S. 2 zu beachten (vgl. OLG Hamm 14.6.2012, BeckRS 2014, 06544). Bei einer **Innen-GbR** bleibt für Rechtsstreitigkeiten und für die Vollstreckung in das Gesellschaftsvermögen mangels Rechts- und Parteifähigkeit nur die Möglichkeit einer Gesamthandsklage bzw. Gesamthandsschuldklage (im Detail MüKoBGB/*Schäfer* Rn. 49 ff.). Partei sind die Gesellschafter in notwendiger Streitgenossenschaft.

Nach **§ 736 ZPO** ist zur Zwangsvollstreckung in das Gesellschaftsvermögen „ein gegen alle Gesell- 20
schafter ergangenes Urteil erforderlich". Ein solcher Titel ermöglicht die Zwangsvollstreckung auch bei der Annahme der Rechtsfähigkeit der Gesellschaft (vgl. BGH 16.7.2004, NJW 2004, 3632 (3633)). Der Titel muss, anders der Wortlaut nahelegt, nicht gegen alle Gesellschafter gemeinsam erstritten worden sein. Ausreichend können auch Titel aus mehreren Prozessen sein (Stein/Jonas/*Münzberg* ZPO § 736 Rn. 5). Eine Vollstreckung in das Gesellschaftsvermögen aufgrund eines gegen alle Gesellschafter ergangenen Titels, der eine reine Privatverbindlichkeit der Gesellschafter betrifft, ist grundsätzlich möglich (str., so wie hier MüKoBGB/*Schäfer* Rn. 55; BeckOK BGB/*Schöne* Rn. 20). Das Gesellschaftsvermögen dient zwar nur der Befriedigung der Gesellschaftsgläubiger, allerdings ist eine Überprüfung, ob dem Gesamtschuldtitel auch eine materielle Gesamthandschuld zugrunde liegt, nur im Verfahren nach § 771 ZPO möglich. Im Ergebnis haftet den Privatgläubigern dann allein der Gesellschaftsanteil, der gem. § 859 ZPO pfändbar ist.

Die Annahme der vollen Rechtsfähigkeit der Außen-GbR zwingt darüber hinaus zu dem Ver- 21
ständnis, dass – anders als bei der OHG (§ 124 HGB) – auch ein **Titel gegen die Gesellschaft** zur Vollstreckung in das Gesellschaftsvermögen ausreichend ist (BGH 29.1.2001, BGHZ 146, 341 (353)): Ein gegen die Gesamtheit der gesamthänderisch verbundenen Gesellschafter als Partei ergangenes Urteil ist ein Urteil „gegen alle Gesellschafter" iSd § 736 ZPO, die Vorschrift verlangt weder vom Wortlaut noch vom Zweck her ein Urteil gegen jeden einzelnen Gesellschafter.

22 Ein Titel nur gegen die Gesellschaft ermöglicht nicht eine **Vollstreckung in das Privatvermögen** der Gesellschafter (BayObLG 14.2.2002, NJW-RR 2002, 991), sodass es praktisch immer ratsam ist, neben der Gesellschaft auch die Gesellschafter persönlich zu verklagen. Das kommt insbesondere dann in Betracht, wenn nicht sicher ist, ob eine Außengesellschaft mit Gesamthandvermögen existiert. Stellt sich während des Prozesses heraus, dass die Gesellschafter nicht als Gesamthandgemeinschaft verpflichtet sind, sondern nur einzeln als Gesamtschuldner aus einer gemeinschaftlichen Verpflichtung schulden (§ 427), wird nur die Klage gegen die Gesellschaft – nicht aber die gegen die Gesellschafter persönlich – abgewiesen.

Gesamthänderische Bindung

719 (1) **Ein Gesellschafter kann nicht über seinen Anteil an dem Gesellschaftsvermögen und an den einzelnen dazu gehörenden Gegenständen verfügen; er ist nicht berechtigt, Teilung zu verlangen.**

(2) **Gegen eine Forderung, die zum Gesellschaftsvermögen gehört, kann der Schuldner nicht eine ihm gegen einen einzelnen Gesellschafter zustehende Forderung aufrechnen.**

Übersicht

I. Regelungsinhalt

1 § 719 verhilft der Rechtssubjektivität der Gesamthandsgesellschaft zur Geltung. In Abs. 1 Fall 1 und 2 werden durch **Verfügungsverbote** die rechtlichen Befugnisse der Gesellschafter hinsichtlich des Gesellschaftsvermögens und ihm zugeordneter Gegenstände beschränkt. Die Vorschrift schließt Verfügungen des Gesellschafters über seinen Anteil am Gesellschaftsvermögen und an dem Gesellschaftsvermögen zugehörigen Gegenständen ebenso aus wie einen Anspruch des Gesellschafters auf Teilung. Abs. 1 Fall 1 bestimmt hierbei den untrennbaren Zusammenhang von Gesellschafterstellung und Gesamthandsberechtigung. Das in Abs. 2 enthaltene **Aufrechnungsverbot** schließt zudem die Aufrechnung eines Schuldners der GbR mit einer Forderung, die diesem gegen einen Gesellschafter zusteht, aus.

2 Wirkung dieser Verbote ist die Sonderung des Gesellschaftsvermögens vom privaten Vermögen der Gesellschafter. Das derart geschützte Sondervermögen soll der Erreichung des Gesellschaftszwecks zur Verfügung stehen. Die Vorschrift sichert damit das in § 718 bestimmte Gesamthandsprinzip ab. Das gesetzlich angeordnete Ergebnis folgt für die rechtsfähige Außen-GbR nach dem modernen Verständnis ihrer Rechtsnatur allerdings bereits aus deren Rechtsinhaberschaft (Erman/*Westermann* Rn. 1). Der Mauracher Entwurf (→ § 705 Rn. 1a) kann aufgrund der ihm zu Grunde liegenden Vermögenszuordnung zur GbR auf eine § 719 entsprechende Regelung verzichten (→ § 718 Rn. 3, 10a).

3 § 719 regelt nur das Junktim von Rechtsstellung als Gesellschafter und Mitgliedschaft mit Blick auf das Gesellschaftsvermögen, dh die Unteilbarkeit von Teilhabe an der Gesamthand und Mitgliedschaft in der Gesellschaft. Keine Aussage trifft § 719 zu der Frage der Übertragbarkeit der Mitgliedschaft als solcher, sie wird von § 719 nicht erfasst und richtet sich nach allgemeinen Grundsätzen (Soergel/*Hadding* Rn. 3; → Rn. 13 ff.). Ebenso wenig regelt § 719 Fragen der vermögensmäßigen Beteiligung jedes Gesellschafters an der Gesellschaft. Entsprechende Einzelrechte sind nach Maßgabe des § 717 übertragbar.

II. Verfügung über Anteil am Gesellschaftsvermögen und an zugehörigen Gegenständen (Abs. 1 Fall 1 und 2)

4 Abs. 1 bestimmt, dass der Gesellschafter nicht über seinen Anteil am Gesellschaftsvermögen und an den einzelnen dazu gehörenden Gegenständen verfügen kann. Die Vorschrift ordnet einen **Ausschluss der Verfügungsbefugnis** des Gesellschafters an, kein gesetzliches Verbot iSd § 134 (Soergel/*Hadding* Rn. 7; BeckOK BGB/*Schöne* Rn. 1). Die Unmöglichkeit einer Verfügung folgt aus der alleinigen Rechtsinhaberschaft der GbR an den Gegenständen des Gesellschaftsvermögens. Wirksame Verfügungen über dieses setzen organschaftliches Handeln des Verfügenden für die Gesellschaft voraus.

Die Formulierung **„Anteil am Gesellschaftsvermögen"** ist insoweit missverständlich, als es aufgrund des Regelungsgehalts der §§ 717 ff. gerade keinen solchen Anteil des Gesellschafters gibt, er also weder partiell noch quotal Rechtsinhaber der Gegenstände des Gesellschaftsvermögens ist. § 719 Abs. 1 verdeutlicht, dass die Stellung als Gesamthänder untrennbar mit der Mitgliedschaft der Gesellschafter verbunden ist (vgl. BGH 22.11.1996, NJW 1997, 860 (861)) und diese zur Konstituierung der GbR als Rechtsinhaber führt. Dem Gesellschafter kommt lediglich ein mitgliedschaftlicher Beteiligungswert zu, der kein tauglicher Verfügungsgegenstand ist. Die Gesamthandsbeteiligung aller Gesellschafter am Gesellschaftsvermögen ist ungeteilt und kann daher nicht Gegenstand von selbstständigen Rechtsgeschäften der Gesellschafter untereinander oder mit Dritten sein. Änderungen der Gesamthandsberechtigung sind vielmehr Folge eines Gesellschafterwechsels und vollziehen sich im Wege der An- oder Abwachsung. Bei einem Mitgliederwechsel bleibt das Gesellschaftsvermögen daher auch jeweils der aus dem aktuellen Gesellschafterkreis gebildeten Gesamthand zugeordnet, ohne dass es zu einem Rechtsübergang kommt (BayObLG 12.8.1991, BayObLGZ 1991, 301). 5

Aus der Rechtsinhaberschaft der GbR folgt, dass ein Anteil des Gesellschafters an **einzelnen Gegenständen des Gesellschaftsvermögens** – anders als dies der Wortlaut des § 719 Abs. 1 Fall 2 nahe legt – nicht bestehen kann. Die gesonderte Erwähnung dieser stellt den Unterschied zu einer Gemeinschaft nach Bruchteilen (§§ 741 ff.) klar, bei der den Teilhabern Anteile zustehen, die Gegenstand einer gesonderten Verfügung sein können. Aus der Unmöglichkeit der Verfügung folgt, dass eine Belastung eines Anteils des Gesellschafters an einem der GbR zugeordneten Grundstück mit einem Grundpfandrecht (KG 9.12.1901, KGJ 24 (1902) Nr. 36 S. A 126 f.) ebenso ausgeschlossen ist wie die Verpfändung der Anteile an einzelnen Gegenständen aus dem Gesellschaftsvermögen. § 859 Abs. 1 S. 2 ZPO stellt diesen Grundsatz für die Pfändung ausdrücklich klar. Die Gesamtgläubigern zukommenden Befugnisse des § 432 greifen regelmäßig nicht zugunsten eines Gesellschafters (BGH 24.2.1954, BGHZ 12, 308 (311); zu Ausnahmen BGH 6.6.1955, BGHZ 17, 340 (347); BGH 30.10.1987, BGHZ 102, 152 (155)). Unter das Verfügungsverbot fallen nicht Verfügungen, die namens der Gesamthand durch einen organschaftlich handelnden Gesellschafter für die Gesamthand vorgenommen werden. 6

Dem Ausschluss der Verfügungsbefugnis **entgegenstehende Erklärungen** können nach §§ 133, 157 dahin ausgelegt werden, dass die nach § 717 S. 2 übertragbaren vermögensrechtlichen Ansprüche abgetreten bzw. verpfändet werden sollen (RG 24.4.1918, RGZ 92, 398 (399 f.); Soergel/*Hadding* Rn. 7). Anders als der Anteil am Gesellschaftsvermögen sind die **einzelnen Vermögensrechte** des Gesellschafters nach § 717, wenngleich nur beschränkt, einer Verfügung zugänglich (→ § 717 Rn. 8 ff.). § 719 schließt einen gutgläubigen Erwerb nicht aus. Er kommt in Betracht, wenn ein Gesellschafter in eigenem Namen oder für die Gesellschaft ohne Vertretungsmacht gehandelt hat. Möglich ist eine Zustimmung der übrigen bzw. der geschäftsführenden Gesellschafter nach § 185. 7

III. Anspruch auf Teilung (Abs. 1 Fall 3)

Solange die GbR werbend tätig ist, kann nach Abs. 1 Fall 3 keiner der Gesellschafter die Teilung des Gesellschaftsvermögens oder einzelner dem Gesellschaftsvermögen zugehöriger Gegenstände verlangen. Die Regelung stellt die von der Bruchteilsgemeinschaft (§ 749) abweichende Rechtslage klar. Eine Wertrealisierung ist nur möglich durch Kündigung der Gesellschaft (§ 723), in deren Folge es zur Abwicklung kommt (§§ 730 ff.), oder durch ein gesellschaftsvertraglich ermöglichtes Ausscheiden bei Fortbestand der Gesellschaft, mit der es zu einer Auseinandersetzung kommt (§§ 738 ff.). 8

Gesetzlich ausgeschlossen wird lediglich ein Anspruch des einzelnen Gesellschafters auf Teilung. Möglich ist damit eine einvernehmliche Teilauseinandersetzung hinsichtlich des Gesellschaftsvermögens oder einzelner seiner Gegenstände bei gleichzeitiger Fortsetzung der GbR (hM, MüKoBGB/*Schäfer* Rn. 12; BeckOK BGB/*Schöne* Rn. 5), da für diese gesetzlich keine Kapitalerhaltung vorgeschrieben ist. 9

IV. Aufrechnung (Abs. 2)

Ein Gesellschaftsschuldner kann nach Abs. 2 nicht gegen eine ihm gegen einen, mehrere oder alle Gesellschafter persönlich zustehende Forderung aufrechnen. Geht man von der Rechtssubjektivität der GbR aus, hat Abs. 2 lediglich klarstellende Funktion, da es in einer solchen Konstellation bereits an der in § 387 vorausgesetzten Gegenseitigkeit der Forderungen mangelt (vgl. BGH 26.3.1981, BGHZ 80, 222 (227)). Eine im Prozess erklärte Aufrechnung ist allerdings nicht völlig wirkungslos, da sie nach § 204 Abs. 1 Nr. 5 zur Verjährungshemmung führt (BeckOK BGB/*Schöne* Rn. 6). 10

Zu allen anderen Aufrechnungskonstellationen trifft Abs. 2 keine Aussage, sie beurteilen sich nach allgemeinen Grundsätzen: Ein Schuldner der GbR kann mit einer ihm zustehenden Forderung gegen die Gesellschaft gegenüber einer Forderung der Gesamthand aufrechnen. Die GbR kann mit einer zum Gesellschaftsvermögen gehörenden Forderung gegenüber einer Forderung eines Gläubigers – auch eines Gesellschafters (vgl. OLG Celle 17.7.2001, NZG 2002, 479 (481)) – aufrechnen. Ein Gesellschafter der GbR kann gegenüber einer ihn persönlich treffenden Forderung nicht – auch nicht mit Zustimmung der übrigen Gesellschafter (OLG Dresden 10.10.1902, OLGZ 6, 25 (26)) oder kraft organschaftlicher 11

Vertretungsmacht – mit einer Forderung der GbR aufrechnen, da es auch insoweit an der Gegenseitigkeit iSd § 387 mangelt. Wird ein Gläubiger der GbR wegen einer persönlichen Schuld gegenüber einem Gesellschafter von diesem in Anspruch genommen, kann er mit seinem Anspruch aus der persönlichen Haftung des Gesellschafters für die Gesellschaftsverbindlichkeit aufrechnen (BGH 16.1.1958, BGHZ 26, 241 (243 f.)).

12 Der Gesellschafter, der persönlich für eine Gesellschaftsschuld in Anspruch genommen wird, kann nicht nur mit eigenen persönlichen Forderungen gegen den Gläubiger aufrechnen (BGH 16.1.1958, BGHZ 26, 241 (243)), sondern sich entsprechend § 129 Abs. 3 HGB auch auf ein etwaig bestehendes Aufrechnungsrecht der Gesellschaft gegenüber dem Gläubiger berufen (BGH 24.10.1962, BGHZ 38, 122 (127 f.)). Umgekehrt kann sich die in Anspruch genommene Gesellschaft aber nicht auf eine Aufrechnungsmöglichkeit eines ihrer Gesellschafter gegen den Gläubiger berufen.

V. Übertragung der Mitgliedschaft

13 § 719 trifft keine Aussage zur rechtsgeschäftlichen Übertragung der Mitgliedschaft in Gänze oder zu einem Teil. Sie ist gesetzlich nicht gesondert geregelt, sodass sich ihre Wirksamkeit nach allgemeinen Grundsätzen beurteilt. Mit Zustimmung (Einwilligung, Genehmigung) der Mitgesellschafter (BGH 29.6.1981, BGHZ 81, 82 (84)) kann ein Gesellschafter über seine Mitgliedschaft verfügen (BGH 22.11.1996, NJW 1997, 860 (861)) und diese unmittelbar auf den Neugesellschafter übertragen („Anteilsübertragung"). Alternativ zur Verfügung über den Gesellschaftsanteil sind rechtsgeschäftliche Vereinbarungen des ein- und ausscheidenden Gesellschafters mit den übrigen Gesellschaftern („Theorie des Doppelvertrags") zwar möglich, aber aufgrund der Natur des Gesellschaftsanteils als ein der selbstständigen Verfügung fähiges Recht nicht zwingend notwendig (zu den Weiterungen der unterschiedlichen Formen des Gesellschafterwechsels *Wiedemann* GesR II 52; MüKoBGB/*Schäfer* Rn. 23). Da es bei der Anteilsübertragung zu einer Rechtsnachfolge in den Anteil des bisherigen Gesellschafters kommt, hat der ausscheidende Altgesellschafter keinen Abfindungsanspruch gegen die Gesellschaft, der ihrerseits vom Neugesellschafter keine (neuen) Beiträge geschuldet sind. Möglich ist eine gleichzeitige Auswechslung aller Mitglieder unter Aufrechterhaltung des Gesamthandvermögens (BGH 8.11.1965, BGHZ 44, 229 (231); BGH 3.11.2015, NZG 2016, 221 (223)). Werden alle Mitgliedschaften gleichzeitig auf einen Erwerber übertragen, erlischt die Gesellschaft ohne Liquidation (BGH 10.5.1978, NJW 1978, 1525 (1526)).

14 Die Übertragung erfolgt nach §§ 453, 398. Der Zustimmung der Mitgesellschafter bedarf – unbeachtlich der Übertragungsform (BGH 11.4.1957, BGHZ 24, 106 (114)) – nur das Verfügungsgeschäft (BGH 14.10.1957, BB 1958, 57). Die Zustimmung kann bereits im Voraus im Gesellschaftsvertrag (auch unter Vorbehalt des Widerrufs aus wichtigem Grund, BGH 14.11.1960, WM 1961, 303 (305)), durch Gesellschafterbeschluss in Form einer Einwilligung oder nachträglich durch Genehmigung erfolgen (BGH 28.4.1954, BGHZ 13, 179 (184); BGH 11.4.1957, BGHZ 24, 106 (114 f.)). Gesellschaftsvertraglich bestimmt sein kann auch, dass die Zustimmung bei Vorliegen eines wichtigen Grundes verweigert werden darf (zB bei fehlender Bonität des Folgegesellschafters, LG Dessau-Roßlau 8.5.2012, BeckRS 2012, 11586). Steht eine Teilübertragung im Raum, muss sich die Zustimmung eindeutig auf eine nur teilweise Übertragung beziehen, da es in einem solchen Fall zu einer Vermehrung der Zahl der Gesellschafter kommt (Erman/*Westermann* Rn. 13; MüKoBGB/*Schäfer* Rn. 48). Erteilen kann die Zustimmung auch ein durch Gesellschaftsvertrag oder Gesellschafterbeschluss entsprechend ermächtigter Geschäftsführer. Die Zustimmung muss ein gesellschaftsvertraglich hinreichend eindeutig bestimmtes (BGH 14.11.1960, WM 1961, 303 (304)) Mehrheitserfordernis (zu den Anforderungen an die Anwendbarkeit einer allgemeinen Mehrheitsklausel BGH 21.10.2014, NJW 2015, 859 (862)) erfüllen bzw. ansonsten einstimmig erfolgen. Soweit keine Bindungswirkung vereinbart ist, kann die Zustimmung von jedem Gesellschafter widerrufen werden, solange der Beschluss nicht zustande gekommen ist (BGH 19.2.1990, NJW-RR 1990, 798 (800)).

15 Eine im Voraus erteilte Zustimmung muss im Zeitpunkt der Übertragung noch wirksam, dh nicht widerrufen sein (BGH 30.6.1980, BGHZ 77, 392 (396)). Bei einer vorab erteilten oder einer kraft Vereinbarung entbehrlichen Zustimmung kann die Anteilsübertragung unwirksam sein, wenn sie die allgemeinen gesellschaftsrechtlichen Schranken der Rechtsausübung verletzt. Dies ist insbesondere der Fall, wenn die Anteilsübertragung an einen Erwerber erfolgt, in dessen Person ein Ausschließungsgrund (§ 737) vorliegt (BGH 14.12.1981, ZIP 1982, 309 (310)).

16 Für Verpflichtungs- und Verfügungsgeschäft gelten keine spezifischen Formerfordernisse (BeckOK BGB/*Schöne* Rn. 9). Dies gilt, da lediglich die Mitgliedschaft in der Gesellschaft übertragen wird, auch dann, wenn zum Gesellschaftsvermögen vor allem Gegenstände gehören, deren Übertragung – bzw. die Verpflichtung zu dieser – formbedürftig ist (BGH 31.1.1985, BGHZ 86, 367 (369 f.)). Ausnahmsweise ist Formpflichtigkeit des Verpflichtungsgeschäfts aber bei einer – bei wirtschaftlicher Betrachtung und rein objektiv zu beurteilenden – Umgehung von Formvorschriften anzunehmen (näher MüKoBGB/*Schäfer* Rn. 35 f.). Die Formpflicht kann sich insbesondere aus der analogen Anwendung der § 311b

Abs. 1, § 15 Abs. 4 GmbHG ergeben. Ihre etwaige Verletzung lässt die Wirksamkeit der dinglichen Rechtsänderung unberührt und führt zu Bereicherungsansprüchen gegenüber dem Anteilserwerber.

Der Anteilsübergang vollzieht sich mit Wirksamwerden der Verfügung, dh regelmäßig mit Vorliegen der Zustimmung der Mitgesellschafter. Bis zu ihrem Vorliegen ist die Abtretung schwebend unwirksam (BGH 28.4.1954, BGHZ 13, 179 (186)); die Erteilung wirkt auf den Zeitpunkt der Abtretung zurück (str., wie hier MüKoBGB/*Schäfer* Rn. 29; NK-BGB/*Hanke* Rn. 12). Der Erwerber wird anstelle des Veräußerers Gesellschafter, erlangt dessen Gesamthandsberechtigung und tritt in die Mitgliedschaftspflichten ein (zur Rechtsstellung des Erwerbers näher MüKoBGB/*Schäfer* Rn. 40–47). §§ 738, 739 finden keine Anwendung (BGH 20.10.1980, NJW 1981, 1095 (1096)). Im Zweifel hat die Übertragung des Gesellschaftsanteils den Übergang sämtlicher auf dem Gesellschaftsvertrag beruhenden und abtretbaren Geldansprüche des bisherigen Gesellschafters zur Folge. Etwas anderes gilt nur, wenn der Gesellschaftsvertrag oder der Übertragungsvertrag abweichende Bestimmungen enthalten, oder sich eine Ausnahme aus den Umständen ergibt (BGH 25.4.1966, BGHZ 45, 221). **17**

Aus der Übertragbarkeit des Gesellschaftsanteils folgt die Möglichkeit zu Belastungen des Gesellschaftsanteils mit Zustimmung der anderen Gesellschafter. Entsprechend ist die Bestellung eines **Nießbrauchrechts** am Gesellschaftsanteil (§ 1069) oder eine **Verpfändung** (§ 1274 Abs. 2) möglich. Die Eintragung der Verpfändung von Grundeigentum der Gesellschaft in das Grundbuch scheidet aber aus, da die Verpfändung weder ein Recht des Pfandrechtsinhabers an den im Grundbuch eingetragenen Rechten der GbR bewirkt noch diese als Rechtsinhaberin in ihrer Verfügungsbefugnis beschränkt wird (BGH 20.5.2016, NZG 2016, 1223). **18**

VI. Abweichende Gestaltung

Der Regelungsinhalt des § 719 ist nicht abdingbar, da es sich bei ihm um die gestaltungsfeste gesetzliche Ausprägung der Gesamthand handelt (BayObLG 10.2.1999, NJW-RR 1999, 687 (688)). **19**

Schutz des gutgläubigen Schuldners

720 Die Zugehörigkeit einer nach § 718 Abs. 1 erworbenen Forderung zum Gesellschaftsvermögen hat der Schuldner erst dann gegen sich gelten zu lassen, wenn er von der Zugehörigkeit Kenntnis erlangt; die Vorschriften der §§ 406 bis 408 finden entsprechende Anwendung.

§ 720 dient dem **Schutz des Schuldners** einer zum Gesellschaftsvermögen gehörenden Forderung. Kennt dieser die Zugehörigkeit nicht und ist ihm deshalb die treuhänderische Bindung der Forderung unbekannt, wird er hinsichtlich erfolgter Leistungen an einzelne Gesellschafter vor einer erneuten Inanspruchnahme durch die Gesellschaft aufgrund der in § 720 angeordneten Geltung der §§ 406–408 geschützt (unmittelbar durch diese Vorschriften geschützt wird ein Schuldner, der bereits keine Kenntnis vom Forderungserwerb durch Abtretung als solchem hat). **1**

Nach dem Wortlaut erfasst ist nur der **Forderungserwerb der Gesellschaft** nach § 718 Abs. 1, dh durch Geschäftsführung für die Gesellschaft oder durch die Einbringung eines Beitrags durch einen Gesellschafter im Wege der Abtretung. **Entsprechende Anwendung** findet § 720 auf den Surrogationserwerb nach § 718 Abs. 2 (ganz hM), wegen der über § 412 bewirkten Anwendung der §§ 406–408 nicht aber auf den gesetzlichen Forderungserwerb (MüKoBGB/*Schäfer* Rn. 4; BeckOK BGB/*Schöne* Rn. 1; aA Soergel/*Hadding* Rn. 4; Erman/*Westermann* Rn. 2). Nicht unter § 720 fällt wegen § 851 der Erwerb von Forderungen aus unerlaubter Handlung (Soergel/*Hadding* Rn. 1; Palandt/*Sprau* Rn. 1). **2**

Die **praktische Bedeutung der Vorschrift ist gering,** da unter Zugrundelegung der Rechtssubjektivität der GbR bei einem originären Erwerb von Gesamthandsforderungen Missverständnisse über die Rechtsinhaberschaft an einer Forderung, die aus dem erkennbar gewordenen Handeln der Gesellschaft herrührt, kaum auftreten können. Schuldnerschutz entfaltet § 720 primär bei einem derivativen Erwerb von Gesamthandsforderungen, soweit in einem solchen Fall die §§ 406–408 nicht bereits unmittelbar anwendbar sind (→ Rn. 1). Denkbar ist, dass der Schuldner von der Forderungsinhaberschaft eines einzelnen Gesellschafters ausgeht, zB weil dieser nicht im Namen der Gesellschaft handelt und die erworbene Forderung später an die Gesellschaft abtritt. Eher theoretisch ist der Fall, dass der Schuldner Kenntnis hat, dass eine Forderung mehreren gemeinsam zusteht, ihm aber nicht bekannt ist, dass diese in einer Gesamthandsgemeinschaft verbunden sind und er deshalb mit Blick auf § 420 Teilleistungen an einzelne Gesellschafter erbringt. **3**

§ 720 bestimmt in seinem Anwendungsbereich die **entsprechende Geltung der §§ 406–408.** Der Schuldner behält damit die Aufrechnungsbefugnis gegenüber dem bisherigen Gläubiger, kann an diesen befreiend leisten, Stundungsvereinbarungen treffen. Die Gesellschaft muss Leistungen des gutgläubigen Schuldners bzw. dessen Vereinbarungen gegen sich gelten lassen. Im Streitfalle trifft die Gesellschaft die Beweislast für die Kenntnis des Schuldners von der Zugehörigkeit der Forderung zum Gesellschaftsvermögen (RGRK-BGB/*v. Gamm* Rn. 2). **4**

Gewinn- und Verlustverteilung

721

(1) Ein Gesellschafter kann den Rechnungsabschluss und die Verteilung des Gewinns und Verlusts erst nach der Auflösung der Gesellschaft verlangen.

(2) Ist die Gesellschaft von längerer Dauer, so hat der Rechnungsabschluss und die Gewinnverteilung im Zweifel am Schluss jedes Geschäftsjahrs zu erfolgen.

Übersicht

I. Regelungsinhalt

1 § 721 regelt – gemeinsam mit § 722 – die Behandlung von Gewinn und Verlust, die aus der Geschäftstätigkeit der Gesellschaft resultieren. Während § 721 einen Anspruch des Gesellschafters auf Rechnungsabschluss und die Verteilung von Gewinn und Verlust bestimmt, regelt § 722 den Maßstab für diese Verteilung. § 721 differenziert hierbei zwischen der Gelegenheitsgesellschaft (Abs. 1) und der Dauergesellschaft (Abs. 2), wobei die Vorschrift ebenso für die Innen- wie für die Außen-GbR gilt (BGH 25.1.2011, BeckRS 2011, 03186). Für die Personenhandelsgesellschaften enthält § 120 HGB eine speziellere Regelung.

2 § 721 erfasst nicht die Rechnungslegung und die Gewinn- und Verlustbeteiligung in der Gesellschaft schlechthin. §§ 730 ff. enthalten speziellere und vorrangige Regelungen hierzu bei Auflösung der Gesellschaft (§ 730 Abs. 1, §§ 734, 735) bzw. Ausscheiden eines Gesellschafters (§ 738 Abs. 1, § 739).

II. Rechnungsabschluss

3 Rechnungsabschluss bedeutet die **Ermittlung der wirtschaftlichen Verhältnisse** der Gesellschaft iRd Gewinnfeststellung. Der Rechnungsabschluss ist in die Aufstellung und die Feststellung zweigeteilt. Der Anspruch auf Rechnungsabschluss trägt einen Anspruch auf Rechnungslegung in sich (BGH 14.7.1960, WM 1960, 1121 (1122); BGH 22.3.2011, NZG 2011, 697 (698)). Der Abschluss muss zunächst von den Geschäftsführern der GbR aufgestellt (→ Rn. 5) und sodann von der Gesellschafterversammlung durch Beschluss festgestellt werden (→ Rn. 6). Sind alle Gesellschafter geschäftsführungsbefugt, können Aufstellung und Feststellung zusammenfallen (Soergel/*Hadding/Kießling* Rn. 5).

4 Das Entstehen des entsprechenden Anspruchs des Gesellschafters hängt davon ab, ob eine Gesellschaft „kürzerer" (Abs. 1) oder „längerer" Dauer (Abs. 2) vereinbart ist. § 721 geht hierbei – historisch überholt – von der Gelegenheitsgesellschaft als Normalfall der GbR aus (der Mauracher Entwurf (→ § 705 Rn. 1a) will deshalb de lege ferenda die Dauergesellschaft zum Ausgangspunkt der Regelung machen). Maßgeblich für die Zuordnung sind unter Zugrundelegung des Gesellschaftszwecks die tatsächlichen Gegebenheiten (RG 14.3.1919, RGZ 95, 147 (152)). Bei einer **Gesellschaft von kürzerer Dauer,** insbesondere Gelegenheitsgesellschaften, entsteht der Anspruch nach Abs. 1 erst nach der Auflösung der Gesellschaft, sodass für solche Gesellschaften § 721 im Hinblick auf die spezielleren Regelungen zur Auseinandersetzung (§§ 730–735) vor allem den Anspruch auf Rechnungslegung zu einem früheren Zeitpunkt ausschließt. Bei einer **Gesellschaft von längerer Dauer,** dh einer solchen, die nach ihrem Zweck auf Dauer oder zumindest auf mehrere Abrechnungsperioden angelegt ist, ist im Zweifel am Schluss eines jeden Geschäftsjahres Rechnung zu legen, wenn Zweck der Gesellschaft die Erwirtschaftung laufender Einkünfte ist (Soergel/*Hadding/Kießling* Rn. 7). Bei Projektgesellschaften, die auf längere Dauer angelegt sind, kann sich ein Anderes ergeben, wenn Gewinne und Verluste nach dem Willen der Gesellschafter erst nach Projektende verteilt werden sollen. Entspricht das Geschäftsjahr mangels anderer Vereinbarung dem Kalenderjahr, entsteht der Anspruch zum 31.12. eines jeden Jahres. Zur Abtretung des Anspruchs → § 717 Rn. 5.

5 Die **Aufstellung** erfolgt als Geschäftsführungsmaßnahme (BGH 29.3.1996, BGHZ 132, 263 (266)) durch eine die geordnete Zusammenstellung der Einnahmen oder der Ausgaben enthaltende Rechnung. Anspruchsgegner des Gesellschafters ist insoweit die Gesellschaft (BGH 6.4.1981, BGHZ 80, 357 (358)), die ihrerseits einen Anspruch aus §§ 713, 666 gegen die geschäftsführenden Gesellschafter auf Rechnungsabschluss hat. Jeder Gesellschafter kann diesen Sozialanspruch der Gesellschaft unmittelbar gegen die geschäftsführenden Gesellschafter im Wege der actio pro socio geltend machen (vgl. BGH 27.9.1979, BB 1980, 121 (122); missverständlich OLG Saarbrücken 10.4.2002, NZG 2002, 669 (670): gegen jeden Gesellschafter). Die **Art und Weise** des Rechnungsabschlusses ergibt sich aus § 259, sodass bei Fehlen einer abweichenden Vereinbarung eine einfache Rechnungslegung ausreichend ist. Das Erfordernis

eines kaufmännischen Rechnungsabschlusses (Bilanz, Gewinn- und Verlustrechnung) kann vereinbart werden (§ 242 Abs. 3 HGB), zT wird es bei einem wirtschaftlichen Gesellschaftszweck als stillschweigend vereinbart angenommen (MüKoBGB/*Schäfer* Rn. 6; vgl. auch BGH 6.4.1981, BGHZ 80, 357 (358); OLG Saarbrücken 10.4.2002, NZG 2002, 669 (670)). Die in § 259 Abs. 1 bestimmte Pflicht zur Vorlage von Belegen wird durch das aus § 716 folgende Kontrollrecht des Gesellschafters verdrängt, das ihm jederzeit die Möglichkeit gibt, Geschäftsunterlagen einzusehen (Soergel/*Hadding/Kießling* Rn. 4). Ist ein kaufmännischer Rechnungsabschluss vereinbart, muss die Rechnungslegung den Grundsätzen der ordnungsgemäßen Buchführung entsprechen. In welcher **Frist** nach Anspruchsentstehung die Aufstellung erfolgen muss, hängt von Geschäften und Struktur der Gesellschaft ab. Als äußerste Frist werden mit Blick auf die jährliche Entstehung des Anspruchs sechs Monate zuzubilligen sein.

Die **Feststellung** bestätigt die inhaltliche Richtigkeit des Abschlusses im Verhältnis der Gesellschafter zur Gesellschaft. Ohne Feststellung entsteht der Gewinnanspruch – auch insolvenzrechtlich (NdsFG 28.10.2008, ZIP 2009, 772 (774)) – nicht (BGH 6.4.1981, BGHZ 80, 357 (358); OLG Frankfurt a. M. 15.2.2018, NZG 2018, 1141 (1142)). Sie erfolgt durch Mehrheitsbeschluss, wenn der Gesellschaftsvertrag eine Mehrheitsklausel vorsieht. Sie muss die Feststellung als Beschlussgegenstand nicht ausdrücklich erwähnen, ausreichend ist, dass sich die Erfassung durch Auslegung der Klausel hinreichend ergibt (BGH 20.11.2012, GWR 2013, 89). Ansonsten erfolgt die Feststellung durch einstimmigen Beschluss (BGH 9.11.1998, NJW 1999, 571 (572); BGH 29.3.1996, BGHZ 132, 263 (267)). Er hat den Charakter eines Organbeschlusses der Gesellschafterversammlung (so BGH 15.1.2007, BGHZ 170, 283 (289)). Ein Gesellschafter hat einen Anspruch auf Mitwirkung an der Beschlussfassung gegenüber jedem Mitgesellschafter (BGH 9.11.1998, NJW 1999, 571 (572)). Ob die Verbindlicherklärung auch im Verhältnis der Gesellschafter untereinander gilt, ist str., aber zu bejahen (Soergel/*Hadding/Kießling* Rn. 5; aA MüKoHGB/*Priester* HGB § 120 Rn. 61). 6

III. Gewinnverteilung

§ 721 gibt dem Gesellschafter einen Anspruch auf Verteilung des festgestellten Gewinns, dh des Überschusses des Gesellschaftsvermögens über die Gesellschaftsschulden und Einlagen (vgl. § 734). Die Gewinnverteilung betrifft damit die Gewinnverwendung, der Rechnungsabschluss die Gewinnfeststellung. Auch die Gewinnverteilung differenziert zwischen Gesellschaften kürzerer und längerer Dauer, bei ersteren kommt es zu einer einmaligen (Abs. 1), bei den anderen zu einer jährlichen Gewinnverteilung (Abs. 2). 7

Der **Anspruch auf Gewinnverteilung** entsteht mit Feststellung des Rechnungsabschlusses und ist von dem Anspruch auf den Gewinn, also der Auszahlung des dem Gesellschafter zustehenden Anteils (→ Rn. 9), zu unterscheiden. Die Gewinnverteilung gliedert sich in die rechnerische Ermittlung des jedem Gesellschafter nach dem Gesellschaftsvertrag oder nach § 722 zustehenden Anteils durch die Geschäftsführer und die Feststellung der individuellen Gewinnverwendung durch die Gesellschafter iSe kausalen (MüKoBGB/*Schäfer* Rn. 8 mwN) Schuldanerkenntnisses (§ 781). Die Feststellung erstreckt sich über die vereinbarungsgemäße Verwendung (zB auch Rücklagenbildung) auf die Richtigkeit der Ermittlung der jeweiligen Anteile und ihre Verbindlichkeit zwischen den Gesellschaftern (Soergel/*Hadding/Kießling* Rn. 12). Die Feststellung der Richtigkeit des Rechnungsabschlusses und der Gewinnverteilung können in einem Gesellschafterbeschluss zusammengefasst sein. 8

Vom Anspruch auf Gewinnverteilung zu unterscheiden ist der **Gewinnanspruch,** dh der Anspruch des Gesellschafters auf den Anteil am Gewinn als Geldleistung aus dem Gesellschaftsvermögen (vgl. RG 4.3.1943, RGZ 170, 392 (395); BGH 11.1.1960, BB 1960, 188). Der Gewinnanspruch entsteht mit Feststellung der Gewinnverwendung durch die Gesellschafter iSv Abs. 1 oder Abs. 2. Schuldner ist die rechtsfähige Gesellschaft, eine Haftung der Mitgesellschafter für die Sozialverbindlichkeit während des Bestehens der Gesellschaft ist nicht gegeben (RG 7.2.1928, RGZ 120, 135 (137 f.)). Das Gesetz geht grundsätzlich von einer Vollausschüttung aus. Eine Beschränkung kraft Gesetzes (vgl. § 122 HGB) kennt das Recht der GbR nicht; ausnahmsweise kann sie aus der Treupflicht des Gesellschafters folgen (BGH 29.3.1996, BGHZ 132, 263, 276). Die Auszahlung des Gewinnanteils kann, auch wenn er zunächst bei der Gesellschaft stehen gelassen worden ist, jederzeit und in voller Höhe verlangt werden. Stehen gelassene Gewinnanteile werden, anders als bei den Handelsgesellschaften (§ 120 Abs. 2 HGB), nicht dem Kapitalanteil des Gesellschafters zugeschrieben, sondern als Darlehen des Gesellschafters verbucht (Soergel/*Hadding/Kießling* Rn. 17) und führen zu einer Sozialverbindlichkeit. Der Gewinnanspruch unterliegt der Verjährung nach § 195, § 199 Abs. 1. Zu Verfügungen über den Anspruch → § 717 Rn. 19. 9

Ein **gewinnunabhängiges Entnahmerecht** sieht das Gesetz für die GbR – anders als für oHG und KG (§ 122 HGB) – nicht vor, es kann sich nur aus einer entsprechenden Vereinbarung ergeben (BGH 30.5.1994, NJW-RR 1994, 996), etwa im Hinblick auf eine Geschäftsführervergütung. Unberechtigte Entnahmen können mit der actio pro socio zurückgefordert werden (BGH 8.11.1999, NJW 2000, 505 (506)). Werden Entnahmen aus steuerrechtlichen Gründen als Darlehen deklariert, liegt ein Scheingeschäft nach § 117 vor (OLG Koblenz 19.4.2010, MDR 2010, 1003 (1004)). 10

IV. Verlustverteilung

11 Eine Verteilung des Verlusts ist nur in Abs. 1 vorgesehen, dh erst nach der Auflösung der Gesellschaft (§§ 723–728). Dies folgt aus der fehlenden Pflicht der Gesellschafter zur Erhöhung vereinbarter Beiträge während Bestehens der Gesellschaft (§ 707). Während Bestehens der Gesellschaft sind Verluste vorzutragen. Ein Verlust ergibt sich aufgrund des Rechnungsabschlusses, wenn Gesellschaftsschulden und Einlagen das Gesellschaftsvermögen übersteigen (vgl. § 735). Die Pflicht zur Tragung des Verlustanteils setzt nach seiner dem Rechnungsabschluss nachfolgenden rechnerischen Ermittlung die Feststellung des auf den jeweiligen Gesellschafter entfallenden Verlustanteils voraus. Periodisch kann gleichwohl eine bloße Ermittlung des Verlusts erfolgen, solange dies nicht zu einer effektiven Verlustbeteiligung des Gesellschafters durch Verbuchung auf seinem Darlehenskonto führt (Soergel/*Hadding/Kießling* Rn. 19).

V. Gestaltung

12 § 721 ist dispositiv. Abweichende Regelungen im Gesellschaftsvertrag oder Beschlüsse der Gesellschafter gehen vor. So kann etwa vereinbart werden, dass ein Rechnungsabschluss an bestimmte Geschäftsvorfälle geknüpft ist, auch in Gelegenheitsgesellschaften eine periodische Gewinnverteilung erfolgt oder für die Feststellung des Abschlusses einfache Mehrheit ausreichend ist (BGH 29.3.1996, BGHZ 132, 263 (266)).

Anteile am Gewinn und Verlust

722 **(1) Sind die Anteile der Gesellschafter am Gewinn und Verlust nicht bestimmt, so hat jeder Gesellschafter ohne Rücksicht auf die Art und die Größe seines Beitrags einen gleichen Anteil am Gewinn und Verlust.**

(2) Ist nur der Anteil am Gewinn oder am Verlust bestimmt, so gilt die Bestimmung im Zweifel für Gewinn und Verlust.

I. Regelungsinhalt

1 § 722 Abs. 1 bestimmt bei Fehlen einer Vereinbarung der Gesellschafter als den im Zweifel geltenden **Maßstab für die Verteilung** des nach § 721 festgestellten Gewinns und Verlusts eine Verteilung nach Köpfen.

2 § 722 Abs. 2 stellt als **Auslegungsregel** klar, dass im Falle einer gesellschaftsvertraglichen Bestimmung nur der Gewinn- oder der Verlustverteilung der Verteilungsmaßstab im Zweifel auch für den nicht geregelten Aspekt Geltung beansprucht.

II. Gesetzliche Verteilungsregel

3 Nach Abs. 1 kommt jedem Gesellschafter, soweit nicht ein Anderes bestimmt ist (→ Rn. 5), an Gewinn und Verlust einer GbR ohne Rücksicht auf seinen Beitrag ein gleicher Anteil zu (die Norm ist keine Anspruchsgrundlage, sondern **vertragsergänzende Verteilungsregel;** vgl. etwa BFH 3.11.2015, NZG 2016, 596 (599)). Die Verteilung nach Köpfen ist Ausdruck des gesellschaftsrechtlichen Gleichbehandlungsgrundsatzes (MüKoBGB/*Schäfer* Rn. 1). Die Regel gilt auch für Innengesellschaften (BGH 14.3.1990, NJW-RR 1990, 736 (737)) und hat hier insbesondere Bedeutung für Ehegatteninnengesellschaften (vgl. BGH 30.6.1999, NJW 1999, 2962 (2967); BGH 3.2.2016, ZIP 2016, 860 (861)). Der Mauracher Entwurf (→ § 705 Rn. 1a) bestimmt bei Fehlen einer Vereinbarung als Verteilungsregel hingegen die Anteilsquote, hilfsweise die Beitragsquote und nur höchsthilfsweise den Kopfteil.

4 Bei einer stillen Gesellschaft iSd §§ 230 ff. HGB ist § 231 Abs. 1 HGB („ein den Umständen nach angemessener Anteil") vorrangig, für Personenhandelsgesellschaften ergibt sich die Verteilung aus § 121 HGB. § 231 HGB ist entsprechend anwendbar auf eine der stillen Gesellschaft nachempfundene Innengesellschaft (Beteiligung an einem Nicht-Handelsgewerbe) und auf eine Innenbeteiligung (Soergel/*Hadding/Kießling* Rn. 2). § 722 Abs. 2 kann aber im Anwendungsbereich des § 231 Abs. 1 HGB ergänzend herangezogen werden (OLG Brandenburg 8.2.1995, NJW-RR 1996, 156 (157)). § 722 ist auch Maßstab für die anteilige steuerrechtliche Zurechnung von Einkünften, solange die Gesellschafter keine abweichende, steuerrechtlich berücksichtigungsfähige Vereinbarung getroffen haben (BFH 23.11.2004, DStR 2005, 288 (289); FG Münster 4.12.2018, DStRE 2019, 992 (994)).

III. Gestaltung

5 Die gesetzliche Verteilungsregel gilt nur in Ermangelung einer anderweitigen Bestimmung, § 722 ist dispositiv. Für das Vorliegen einer abweichenden Bestimmung trägt derjenige die Beweislast, der sich auf sie beruft (BGH 30.6.1999, NJW 1999, 2962 (2967)). Die Verteilung kann im Gesellschaftsvertrag

einem Gesellschafter übertragen werden, sie erfolgt dann nach Maßgabe der §§ 315 ff. (Staudinger/*Habermeier,* 2003, Rn. 3).

Gebräuchlich ist insbesondere eine **Ergebnisverteilung nach Einlagenhöhe,** in Berufsausübungsgesellschaften auch nach der **Dauer der Gesellschaftszugehörigkeit** oder der Höhe der persönlich erzielten oder für die Gesellschaft **akquirierten Umsätze** (zu Gestaltungsfragen *Bormann/Hellberg* DB 1997, 2415; *Slota* MDR 1997, 908). Abänderungen des vereinbarten Verteilungsschlüssels bedürfen als Grundlagengeschäft der Einstimmigkeit (BeckOK BGB/*Schöne* Rn. 5). Eine getroffene Regelung kann auch durch langjährige **abweichende Übung** verdrängt werden (BGH 17.1.1966, NJW 1966, 826 (827)). Ist eine Regelung zur Verteilung getroffen worden, kann nur ausnahmsweise ein Anspruch auf spätere Anpassung nach Maßgabe der (geänderten) Beiträge bestehen (vgl. BGH 5.3.1998, NJW-RR 1998, 1639 (1643)). Eine Sittenwidrigkeit von Gewinn- oder Verlustverteilungsregelungen ist denkbar, für ihre ausnahmsweise Annahme bedarf es einer Gesamtwürdigung unter Einbeziehung aller relevanten Umstände, die zur Zeit des Vertragsschlusses gegeben waren (hierzu BGH 4.6.2013, NJW-RR 2013, 1258 (1260)). 6

Fehlt es an einer ausdrücklichen Vereinbarung, kann sich bei einer Gesellschaft mit wirtschaftlichem Zweck eine von Abs. 1 abweichende Verteilungsregel auch aus den Umständen oder aus einer **ergänzenden Vertragsauslegung** ergeben (vgl. BGH 14.3.1990, NJW-RR 1990, 736 (737)). Die Vereinbarung deutlich unterschiedlicher Beiträge kann Anzeichen für die konkludente Vereinbarung unterschiedlicher Beteiligungsquoten sein (OLG Schleswig 17.2.2004, NJW-RR 2004, 972 (974)). Eine ergänzende Vertragsauslegung kommt in Betracht, wenn von den Gesellschaftern (bewusst) offen gelassen wurde, welche Beiträge zu leisten und wie das Ergebnis zu verteilen ist (BGH 28.6.1982, NJW 1982, 2816 (2817)). Maßgeblich für die Verteilung sind dann die eingesetzten Vermögenswerte. Diese Grundsätze gelten auch für eine Ehegattengesellschaft mit wirtschaftlichem Zweck (BGH 14.3.1990, NJW-RR 1990, 736). 7

Wie aus Abs. 2 folgt, ist auch eine **isolierte Regelung** nur der Verlust- oder Gewinnbeteiligung möglich. Die Beteiligung am Verlust und/oder Gewinn kann auch insgesamt ausgeschlossen werden, da eine solche keine notwendige Voraussetzung für das Vorliegen einer Gesellschaft ist (BGH 26.1.1967, WM 1967, 346 (347)). Der Ausschluss gilt im Zweifel auch für die Auseinandersetzung (BGH 26.1.1967, WM 1967, 346 (347)). Ein Gewinnausschluss (*„societas leonina“;* zu Nullbeteiligungsgesellschaften → § 705 Rn. 6; *Butzer* MedR 2001, 604; *Gummert/Klimke* MedR 2011, 615 (685)) macht eine Abgrenzung der Gesellschafterstellung des Betroffenen von einer abhängigen Beschäftigung notwendig. Ebenfalls zulässig sind unterschiedliche Schlüssel für Gewinn- und Verlustbeteiligung. 8

Vorbemerkung zu §§ 723–728

§§ 723–728 sind Teil des systematisch zusammengehörigen Normkomplexes der §§ 723–740 und bestimmen die Gründe für die Auflösung einer GbR: Die Kündigung der Gesellschaft durch einen Gesellschafter (§ 723 Abs. 1, § 724), die Kündigung durch einen Pfändungsgläubiger eines Gesellschafters (§ 725 Abs. 1), die Zweckerreichung oder das Unmöglichwerden des Gesellschaftszwecks (§ 725), der Tod eines Gesellschafters (§ 727 Abs. 1) oder die Insolvenz der Gesellschaft (§ 728 Abs. 1) oder eines Gesellschafters (§ 728 Abs. 2). Diese gesetzlichen Auflösungsgründe unterscheiden sich u. a. dadurch, dass in den Fällen der §§ 726, 728 Abs. 1 die Auflösung zwingend ist, während in den sonstigen Fällen die Fortsetzung der Gesellschaft bei Ausscheiden des Gesellschafters, in dessen Person der Auflösungsgrund eintritt, vereinbart oder beschlossen werden kann. Die Weiterungen dieser nach der gesetzlichen Systematik atypischen Konstellation der Fortsetzung der Gesellschaft kraft Beschluss oder Vereinbarung regeln die §§ 736–740. Da die Regelungen der §§ 723–728 nicht abschließender Natur sind, kann ein Auflösungsgrund auch aus allgemeinen schuldrechtlichen Prinzipien folgen oder sich aus der Natur der GbR ergeben. In Betracht kommen zB ein Auflösungsbeschluss der Gesellschafter (er kann zB in dem Beschluss liegen, das Unternehmen der Gesellschaft zu veräußern, BGH 28.11.1957, BGHZ 26, 126 (128 f.)), ein Aufhebungsvertrag, Zeitablauf (arg. e. § 723 Abs. 1 S. 2; → § 723 Rn. 7 f.) oder die Vereinigung aller Gesellschaftsanteile in einer Person. 1

Das historisch überholte Konzept der GbR räumt mit diesem Ansatz der Personenkontinuität Vorrang vor der Unternehmenskontinuität ein, weil es davon ausgeht, dass die Gesellschaft in einem an die Person des Gesellschaftes gebundenen Vertragsverhältnis fußt (Motive, *Mugdan* II 348). Ein Abweichen von dem den §§ 723–728 BGB zu Grunde liegenden Prinzip der „Auflösung der Gesellschaft vor Ausscheiden eines Gesellschafters“ erfordert eine vertragliche Vereinbarung in Form einer Fortsetzungsklausel (→ § 736 Rn. 1 ff.). Der **Mauracher Entwurf** (→ § 705 Rn. 1a) will aufgrund des von ihm etablierten gesetzlichen Leitbilds der GbR als Dauergesellschaft die in der Person des Gesellschafters liegenden Auflösungsgründe in Ausscheidensgründe umwandeln und künftig in verschiedenen Untertiteln das „Ausscheiden eines Gesellschafters“ und die „Auflösung der Gesellschaft“ behandeln. Zwei Zentralnormen sollen künftig die (gesetzlichen) Ausscheidens- und Auflösungsgründe zusammenfassen, Folgevorschriften sodann jeweils die Rechtsfolgen von Ausscheiden bzw. Auflösung regeln. Neu ange- 2 legt ist im Konzept des Mauracher Entwurfs daher ua eine Differenzierung zwischen der Kündigung der Gesellschaft einerseits und der Mitgliedschaft andererseits. Die Kündigung der Mitgliedschaft wird nach dem Reformvorschlag ordentlich oder außerordentlich möglich sein, jene der Gesellschaft nur aus wichtigem Grund (wobei im Rahmen der Interessenabwägung bei außerordentlicher Kündigung der Gesellschaft gewichtigere Gründe vorliegen müssen als bei einer Kündigung der Mitgliedschaft).

3 Die Auflösung der Gesellschaft bewirkt nicht deren Beendigung, sondern führt zu ihrer **Auseinandersetzung,** dh der Abwicklung der Rechtsbeziehungen der Gesellschaft zu ihren Gesellschaftern und zu Dritten. Die §§ 730–735 befassen sich mit dieser „Auseinandersetzungsgesellschaft", in die sich die zuvor werbend tätige Gesellschaft durch die Auflösung wandelt. Der Mauracher Entwurf (→ § 705 Rn. 1a) will die Detailregelungen der §§ 730–735, von redaktionellen Anpassungen einmal abgesehen, weitgehend unverändert lassen, sie aber um zahlreiche Regelungen aus dem Recht der Personenhandelsgesellschaften (§§ 145–158 HGB) ergänzen. Hiermit einher gehen soll eine Ersetzung des Begriffs der Auseinandersetzung, der bei einer rechtlichen Verselbstständigung der Gesellschaft nicht länger passend ist, durch jenen der Liquidation. Ergänzungen des bisherigen Normbestands betreffen ua detailreichere Regelungen zu den Rechten und Pflichten der Liquidatoren und notwendige Regelungen, die sich aus der für das künftige Recht vorgeschlagenen Registerpflichtigkeit der Gesellschaft bürgerlichen Rechts in einem neu zu schaffenden Gesellschaftsregister ergeben.

4 Die Abwicklung der Rechtsbeziehungen der Gesellschaft führt sodann zu ihrer **Beendigung,** dh dem Wegfall des Rechtssubjekts. Sie tritt bereits ein, wenn kein Aktivvermögen der Gesellschaft mehr besteht, da hinsichtlich des Negativvermögens die persönliche Gesellschafterhaftung hinreichenden Gläubigerschutz gewährt. Daher tritt bei einer zweigliedrigen Gesellschaft mit Ausscheiden eines der beiden Gesellschafter sofortige Vollbeendigung ein, wenn dem Verbleibenden der Anteil des Ausscheidenden aufgrund einer entsprechenden Fortsetzungsklausel zuwächst und es deshalb nicht zu einer Auseinandersetzung kommt (BGH 28.1.2002, NJW-RR 2002, 704; zur Behandlung einer Fortsetzungsklausel → § 736 Rn. 9; ist die zweigliedrige Gesellschaft auf diese Weise vollbeendigt, so lässt sie sich weder durch Vertrag noch durch rückwirkende Gestaltungserklärung des letztverbliebenen Gesellschafters in eine Liquidations-Gesellschaft zurückverwandeln, OLG München 22.5.2017, NZG 2017, 818 (819); *K. Schmidt* ZIP 2008, 2337 (2342)). Zu einer sofortigen Vollbeendigung kommt es auch bei Vereinigung aller Anteile in einer Hand (RG 1.4.1940, RGZ 163, 142 (149)).

Kündigung durch Gesellschafter

723 (1) **[1]Ist die Gesellschaft nicht für eine bestimmte Zeit eingegangen, so kann jeder Gesellschafter sie jederzeit kündigen. [2]Ist eine Zeitdauer bestimmt, so ist die Kündigung vor dem Ablauf der Zeit zulässig, wenn ein wichtiger Grund vorliegt. [3]Ein wichtiger Grund liegt insbesondere vor,**

1. wenn ein anderer Gesellschafter eine ihm nach dem Gesellschaftsvertrag obliegende wesentliche Verpflichtung vorsätzlich oder aus grober Fahrlässigkeit verletzt hat oder wenn die Erfüllung einer solchen Verpflichtung unmöglich wird,

2. wenn der Gesellschafter das 18. Lebensjahr vollendet hat.

[4]Der volljährig Gewordene kann die Kündigung nach Nummer 2 nur binnen drei Monaten von dem Zeitpunkt an erklären, in welchem er von seiner Gesellschafterstellung Kenntnis hatte oder haben musste. [5]Das Kündigungsrecht besteht nicht, wenn der Gesellschafter bezüglich des Gegenstands der Gesellschaft zum selbständigen Betrieb eines Erwerbsgeschäfts gemäß § 112 ermächtigt war oder der Zweck der Gesellschaft allein der Befriedigung seiner persönlichen Bedürfnisse diente. [6]Unter den gleichen Voraussetzungen ist, wenn eine Kündigungsfrist bestimmt ist, die Kündigung ohne Einhaltung der Frist zulässig.

(2) **[1]Die Kündigung darf nicht zur Unzeit geschehen, es sei denn, dass ein wichtiger Grund für die unzeitige Kündigung vorliegt. [2]Kündigt ein Gesellschafter ohne solchen Grund zur Unzeit, so hat er den übrigen Gesellschaftern den daraus entstehenden Schaden zu ersetzen.**

(3) **Eine Vereinbarung, durch welche das Kündigungsrecht ausgeschlossen oder diesen Vorschriften zuwider beschränkt wird, ist nichtig.**

Übersicht

I. Regelungsinhalt

§ 723 regelt die ordentliche (Abs. 1 S. 1) und die außerordentliche **Kündigung** (Abs. 1 S. 2, 6) **der Gesellschaft** (nicht: der Mitgliedschaft in der oder der Beteiligung an der Gesellschaft) durch einen oder mehrere Gesellschafter. Dem Kündigungsrecht kommt im Konzept der GbR eine besondere Bedeutung zu, weil die Existenz der Gesellschaft an die kontinuierliche Mitgliedschaft aller Gründungsgesellschafter geknüpft ist. Ein in das Belieben des Gesellschafters fallendes Ein- und Austrittsrecht besteht nach dem Gesetz nicht, die Mitgliedschaft ist konzeptionell unveräußerlich und unvererblich. Die an eine Kündigung durch bereits einen Gesellschafter geknüpfte Auflösungswirkung führt daher zu einem Spannungsverhältnis zwischen dem Wunsch nach der Lösung des Dauerschuldverhältnisses eines oder mehrerer Gesellschafter und einem etwaigen Erhaltungsinteresse der übrigen Gesellschafter. Es wird durch ein nur in geringem Maße beschränktes ordentliches Kündigungsrecht in § 723 des Gesellschafters einer unbefristet eingegangenen Gesellschaft einerseits und die in §§ 736 ff. bestimmte Möglichkeit der Fortsetzung der Gesellschaft trotz Kündigung der übrigen Gesellschafter andererseits aufgelöst. 1

§ 723 Abs. 1 räumt vor diesem Hintergrund in S. 1 ein (ordentliches) Kündigungsrecht in der **unbefristet** eingegangenen, in S. 2 und 3 ein (außerordentliches) Kündigungsrecht in der **befristet eingegangenen Gesellschaft** ein. S. 3–5 enthalten Sonderregelungen zum Kündigungsrecht des minderjährigen Gesellschafters einer befristeten Gesellschaft. § 723 Abs. 2 bestimmt als Schranke der Ausübung eines nach Abs. 1 bestehenden Kündigungsrechts die **Unzeitigkeit der Kündigung,** soweit für diese kein wichtiger Grund gegeben ist. § 723 Abs. 3 regelt die Unwirksamkeit von vertraglichen Absprachen, die zum Ausschluss oder zu einer Beschränkung des Kündigungsrechts führen und garantiert insofern den Grundsatz, dass eine Lösung von einem Dauerschuldverhältnis zum Schutz der persönlichen Freiheit der Vertragspartner möglich sein muss und dieses Recht gestaltungsfest ist. 2

§ 723 gilt sowohl für Außen- als auch für Innengesellschaften (OLG Schleswig 10.9.2002, OLGR 2002, 452 (453)). Für die oHG und die KG enthält das HGB sowohl hinsichtlich der ordentlichen als auch der außerordentlichen Kündigung zu § 723 Abs. 1 vorrangige Regelungen (§§ 131 ff., 161 Abs. 2 HGB). Auf die Beschränkung des ordentlichen Kündigungsrechts der Personenhandelsgesellschaften (BGH 14.11.1953, NJW 1954, 106) und der stillen Gesellschaft (BGH 20.12.1956, BGHZ 23, 10 (12)) ist § 723 Abs. 3 hingegen anwendbar. Für die außerordentliche Kündigung der stillen Gesellschaft verweist § 234 Abs. 1 S. 2 HGB auf § 723. 3

II. Kündigungserklärung

Die Kündigungserklärung ist eine **einseitige empfangsbedürftige Willenserklärung.** Für ihre Abgabe ist Stellvertretung zulässig (RG 23.11.1928, JW 1929, 368 (369)), nicht aber die Überlassung des Rechts zur Ausübung (→ § 717 Rn. 9). Sie kann bereits erfolgen, bevor der Gesellschaftsvertrag in Vollzug gesetzt worden ist (BGH 13.4.1995, NJW-RR 1995, 1061). Die Kündigung ist an alle Gesellschafter zu richten und muss allen Gesellschaftern zugehen. Die an die Gesellschaft gerichtete Kündigung wird wirksam, sobald alle Gesellschafter von ihr Kenntnis durch einen Gesellschafter (RG 27.6.1888, BRGZ 21, 93 (95)) oder den Kündigenden selbst (BGH 11.1.1993, NJW 1993, 1002) erhalten haben. Ein Zugang gegenüber vertretungsberechtigten Gesellschaftern reicht grundsätzlich nicht aus, weil sich deren Vertretungsbefugnis regelmäßig nicht auf Geschäfte erstreckt, die die Geschäftsgrundlage der Gesellschaft betreffen (BGH 11.5.2016, NJW 2016, 2492 (2493)). Die Erklärung gegenüber einem Geschäftsführer genügt, soweit dieser nicht alle Gesellschafter in Kenntnis setzt, nur, wenn er durch Vertrag oder Beschluss hierzu ermächtigt ist (RG 27.6.1888, BGHZ 21, 93 (95); BGHZ 11.5.2016, NJW 2016, 2492 (2493)) oder sich dies aus den Umständen ergibt (Fondsgesellschaft, BGH 27.6.2000, NJW 2000, 3558 (3560)). Gegebenenfalls kann auch die Weiterleitung bzw. Benachrichtigung der anderen Gesellschafter von der an die Gesellschaft gerichtete Kündigung ausreichen (BGH 11.5.2016, NJW 2016, 2492 (2493)); soweit nicht im Gesellschaftsvertrag eindeutig abweichende Form- und Zugangsvoraussetzungen für die Kündigung geregelt sind (OLG München 19.7.2017, BeckRS 2017, 120041). Bei einer kreditfinanzierten Anlagebeteiligung als verbundenem Geschäft zwischen Darlehen und Anteilserwerb kann die Kündigung auch gegenüber der finanzierenden Bank erfolgen (BGH 21.7.2003, NJW 2003, 2821 (2823)). Wirksam wird die Kündigung mit Zugang bei allen Gesellschaftern, sie kann mit Zustimmung aller Gesellschafter aber zurückgenommen werden (OLG Zweibrücken 7.7.1998, NZG 1998, 939 (940); str.). Anfechtung oder Nichtigkeit der Erklärung kann nur bis zu Beginn der Abwicklung geltend gemacht werden. 4

Inhaltlich ist für die Erklärung der Kündigung ausreichend, dass der Wille zur Auflösung der Gesellschaft eindeutig erkennbar ist. Ein solcher kann sich zB ergeben aus der Erklärung eines Rücktritts (vgl. RG 6.2.1917, RGZ 89, 398 (400)), der Anfechtung des Gesellschaftsvertrags (vgl. RG 13.11.1940, RGZ 165, 193 (206)) bzw. des Beitritts (OLG Frankfurt a. M. 19.12.2008, BeckRS 2009, 25688), des „Austritts" aus der Gesellschaft (vgl. BGH 28.1.2002, NZG 2002, 417 (418)), der Geltendmachung von Ansprüchen aus der Auseinandersetzung (BGH 11.1.1993, NJW 1993, 1002), der Aufforderung zur 5

Freistellung von künftigen Forderungen gegen die Gesellschaft (OLG Düsseldorf 24.10.1997, NJW-RR 1998, 658 (659)), der Kündigung eines anderen Rechtsverhältnisses (OLG Brandenburg 15.8.2007, BeckRS 2008, 09582 – Mietvertrag) oder einer Klage auf Realisierung der Ausscheidensfolgen. Auch faktisches Handeln kann konkludent eine Kündigungserklärung beinhalten, zB die Vereitelung der Zweckerreichung durch Veräußerung von Gesellschaftsvermögen (OLG Düsseldorf 26.1.2001, NZG 2001, 746 (747)), die Verhinderung des Betretens der Betriebsstätte des Unternehmens, dessen Träger die Gesellschaft ist (OLG Karlsruhe 19.4.2002, NZG 2003, 324 (325)) oder nach einer Trennung von Eheleuten die tatsächliche Beendigung der Zusammenarbeit (BGH 28.9.2005, NJW 2006, 1268 (1270); OLG Hamm 20.11.2009, FamRZ 1737, 1738). Notwendig ist in einem solchen Fall, dass der Gesellschafter durch sein Verhalten zu erkennen gibt, dass er an der bisherigen gemeinsamen Zweckverfolgung nicht mehr festhalten will. Die Kündigung kann idR nur unter eine Bedingung gestellt werden, wenn deren Eintritt allein vom Willen des Empfängers abhängig ist (näher Soergel/*Hadding*/*Kießling* Rn. 17). Bei der außerordentlichen Kündigung ist der Grund anzugeben, soweit er nicht bereits allen Gesellschaftern bekannt ist. Eine Teilkündigung, etwa differenziert nach einem eigenen und einem übertragenen Anteil, ist nicht möglich (BGH 22.5.1989, NJW-RR 1989, 1259 (1260); str.).

6 Eine **Kündigungsfrist** sieht das Gesetz (Ausnahme Abs. 1 S. 4 sowie → Rn. 26) nicht vor (der Mauracher Entwurf (→ § 705 Rn. 1a) schlägt für das künftige Recht eine generelle Kündigungsfrist von drei Monaten zum Ablauf des Kalenderjahrs für die auf unbestimmte Zeit eingegangene Gesellschaft vor). Grenzen der Ausübung des jederzeitigen Kündigungsrechts zieht die Schadensersatzpflicht aus Abs. 2 bei einer unzeitigen Kündigung (→ Rn. 21). Ist für die Kündigung vertraglich in den Grenzen des Abs. 3 (→ Rn. 26) eine Frist bestimmt, kann unter Berücksichtigung des Kündigungsgrunds eine verspätete ggf. in eine Kündigung zum nächst fristgerechten Termin umgedeutet werden (RG 9.5.1908, LZ 1908, 699). Ist gesellschaftsvertraglich keine besondere **Form** vereinbart, ist die Kündigung formlos möglich, ansonsten gilt § 127. Schweigen auf Formwidrigkeit bedeutet keinen Verzicht auf das Formerfordernis (NK-BGB/*Hanke* Rn. 5). Die ordentliche Kündigung bedarf bei Ehegatten im Falle des § 1365 der **Zustimmung** des anderen Ehegatten sowie bei nicht voll geschäftsfähigen Gesellschaftern des Familiengerichts (§ 1822 Nr. 1), wenn der Gesellschaftsanteil wesentlicher Vermögensgegenstand des Gesellschafters ist.

III. Ordentliche Kündigung

7 Eine ordentliche Kündigung ist möglich bei einer auf unbestimmte Zeit (Abs. 1 S. 1) und auf Lebenszeit eines Gesellschafters (§ 724 S. 1) eingegangenen Gesellschaft (bei befristeten Gesellschaften ersetzt der Zeitablauf die Möglichkeit der ordentlichen Kündigung; ein Kündigungsrecht kann aber vereinbart werden). Auf unbestimmte Zeit eingegangen ist auch eine auf bestimmte Zeit eingegangene Gesellschaft, die nach Ablauf der bestimmten Zeit stillschweigend fortgesetzt wird (§ 724 S. 2), sowie eine Gesellschaft, die für eine Mindestdauer eingegangen wird. Bei dieser ist eine ordentliche Kündigung nur bis zum Fristablauf ausgeschlossen (Erman/*Westermann* Rn. 2). Eine die ordentliche Kündigung ausschließende Befristung der Gesellschaft kann sich nicht nur aus dem Gesellschaftsvertrag, sondern auch aus dem Gesellschaftszweck (BGH 11.7.1968, BGHZ 50, 316 (321)) oder aus den Umständen ergeben (OLG Köln 26.6.2001, NZG 2001, 1082 (1083): Projektgesellschaft). Für die Annahme einer Befristung ist kalendermäßige Bestimmung nicht notwendig. Der Endzeitpunkt muss aber zumindest bestimmbar sein, ansonsten liegt eine unter aufschiebender Bedingung auf unbestimmte Zeit eingegangene Gesellschaft vor (OLG Karlsruhe 26.10.1999, NZG 2000, 304 (305)). Befristet ist auch eine Gesellschaft, die kraft Gesellschaftsvertrag nach Ablauf der für sie bestimmten Dauer jeweils für eine bestimmte Zeitdauer fortgesetzt werden soll, falls nicht einer der Gesellschafter seinen entgegenstehenden Willen äußert (RG 3.5.1932, RGZ 136, 236 (241)).

8 Ergibt sich eine Befristung nicht zweifelsfrei, gilt eine Gesellschaft als auf unbestimmte Zeit eingegangen. Allerdings kann auch bei einer unbefristeten Gesellschaft das ordentliche Kündigungsrecht unter bestimmten Umständen und unter Berücksichtigung des Vertragszwecks zumindest zeitweise explizit ausgeschlossen werden (RG 22.10.1937, RGZ 156, 129 (134)) oder konkludent ausgeschlossen sein (OLG Hamm 26.10.1992, NJW-RR 1993, 1383 (1384); OLG Naumburg 26.5.2015, NZG 2016, 346 (347). Die Gesellschaft wird während dieser Zeit wie eine befristete behandelt (RG 22.10.1937, RGZ 156, 129 (134)).

9 Nur ausnahmsweise kann das ordentliche Kündigungsrecht iSe Erfordernisses eines sachlichen Grundes eingeschränkt sein. Dies gilt namentlich zum Schutze von rein kapitalmäßig beteiligten stillen Gesellschaftern, in Publikumsgesellschaften oder bei mittelbaren Beteiligungen, wenn durch die Kündigung der Gesellschaft die Kapitalgeber durch den Kündigenden von den wirtschaftlichen Vorteilen der Gesellschaft ausgeschlossen werden sollen (BGH 7.2.1994, BGHZ 125, 74 (78 ff.)).

IV. Außerordentliche Kündigung

10 In einer **GbR,** die **befristet** eingegangen ist oder in der nach dem Gesellschaftsvertrag eine Kündigung nur unter Einhaltung einer Frist möglich sein soll, ist eine Kündigung **nur aus wichtigem Grund** möglich. Entsprechend dem allgemeinen Rechtsgedanken des § 314 Abs. 1 S. 2 liegt ein solcher vor, wenn dem Kündigenden unter Berücksichtigung aller Umstände des Einzelfalls und unter Abwägung der beteiligten Interessen die Fortsetzung der Gesellschaft bis zur vereinbarten Beendigung nicht zugemutet werden kann. Hierbei muss die Kündigung als Antwort auf die Vertragsstörung **stets ultima ratio** sein (→ Rn. 18). Der Gesellschaftsvertrag kann konkretisieren, was insbesondere ein wichtiger Grund sein soll (→ Rn. 29). Im Rechtsstreit ist in vollem Umfang nachprüfbar, ob ein wichtiger Grund vorgelegen hat. Der Mauracher Entwurf (→ § 705 Rn. 1a) würde bei seiner Umsetzung an den etablierten Grundsätzen zur außerordentlichen Kündigung nichts ändern, wenngleich die Interessenabwägung im reformierten Recht zu berücksichtigen hätte, dass eine Kündigung dort nicht mehr zur Auflösung der Gesellschaft, sondern nur zum Ausscheiden des kündigenden Gesellschafters führen soll (→ Vor §§ 723–728 Rn. 2).

11 Allgemein ist für die Beurteilung maßgeblich, ob das Individualinteresse des Kündigenden an der Beendigung der Gesellschaft das Interesse der übrigen Gesellschafter an der Fortsetzung der Gesellschaft überwiegt (BGH 12.7.1982, BGHZ 84, 379 (383); BGH 22.5.2012, NJW-RR 2012, 1059 (1062); OLG Köln 15.12.2016, BeckRS 2016, 21238; OLG München 24.10.2018, BeckRS 2018, 27369 Rn. 80). Mit Blick auf die vereinbarte gemeinsame Zielerreichung kann dies regelmäßig nur zu bejahen sein, wenn das **Vertrauensverhältnis der Gesellschafter** untereinander zerrüttet ist oder die **Verfolgung des Gesellschaftszwecks** aus einem sonstigen Grund nicht mehr möglich erscheint. Neben Art und Schwere des Kündigungsgrundes sind in die Abwägung einzubeziehen Art, Dauer (BGH 8.7.1976, WM 1976, 1030 (1031)) und Zweck der Gesellschaft, die Stellung der Gesellschafter in der Gesellschaft, ihre persönlichen Verbindungen, die Intensität der persönlichen Zusammenarbeit, die wirtschaftlichen Folgen (stRspr BGH 21.11.2005, NJW-RR 2006, 322 (323 f.)) sowie die Schwere der Zumutung, an der Gesellschaft bis zum Ablauf der Befristung oder zum nächst möglichen ordentlichen Kündigungstermin festzuhalten. Das Bestehen des Kündigungsgrunds ist hierbei nicht davon abhängig, ob die GbR als Folge des geltend gemachten Kündigungsgrunds keine Erträge mehr abwirft (BGH 15.12.1958, WM 1959, 134 (136)). Typische Kündigungsgründe lassen sich in solche subjektiver (→ Rn. 12 ff.) und objektiver (→ Rn. 16 f.) Natur scheiden.

12 Zumeist ist der Kündigungsgrund subjektiver Natur und liegt **in der Person eines Gesellschafters.** Abs. 1 S. 3 Nr. 1 Alt. 1 benennt beispielhaft als solchen die vorsätzliche oder grob fahrlässige **Verletzung einer wesentlichen Gesellschafterpflicht,** dh von besonders wichtigen Pflichten, die aus dem Gesellschaftsverhältnis herrühren. Hiermit wird zugleich eine generelle „Erheblichkeitsschwelle" geschaffen – nicht jedes gesellschaftswidrige Verhalten oder jede Streitigkeit unter den Gesellschaftern berechtigt zur Kündigung. Die Beurteilung personenbezogener Gründe muss zudem stets unter Berücksichtigung der beiderseitigen Verhaltensweisen erfolgen (stRspr, BGH 18.7.2005, NZG 2005, 843). Kündigungsgründe können sein das Nichteinhalten wesentlicher Zusagen (BGH 21.3.2005, NJW 2005, 1784 (1788)), arglistige Täuschung (BGH 17.11.1980, WM 1981, 452 (453); speziell zur arglistigen Täuschung eines Anlegers BGH 19.10.2010, NJW-RR 2011, 263 (264); OLG München 25.10.2012, BeckRS 2012, 22132), nachhaltige Verstöße gegen Geschäftsführungspflichten (OLG München 16.4.2009, BeckRS 2009, 13138), Missbrauch einer Vollmacht als Geschäftsführer, kollusives Wirken zwecks Herausdrängen eines Gesellschafters (jeweils BGH 25.2.1985, WM 1985, 997 (998)), die Verweigerung einer Mitwirkungshandlung, die für das Erreichen des Gesellschaftszwecks unerlässlich ist (OLG Köln 26.6.2001, NZG 2001, 1082 (1083)), beharrliches Widersetzen gegenüber begründeten Ansprüchen oder auch nur billigen Wünschen (RG 9.12.1937, JW 1937, 3155 (3156)), der begründete Verdacht unredlichen Verhaltens in der Gesellschaft (BGH 17.12.1959, BGHZ 31, 295 (304 f.) – Übervorteilung), das vorzeitige „Verlassen" der Gesellschaft unter Mitnahme von Vertragsbeziehungen (BGH 28.1.2002, NJW-RR 2002, 704 (705)), die Zerstörung der Kreditwürdigkeit der Gesellschaft (vgl. BGH 10.6.1996, NJW 1996, 2573 (2574), das Inkasso über Privatkonten (OLG Hamm 26.6.2006, Rbeistand 2006, 99 (103)), die unabgesprochene und steuerrechtlich nicht gebotene Weitergabe interner Unterlagen an das Finanzamt (LG Heidelberg 6.11.2019, ZInsO 2020, 109 (112 f.)). Kein Kündigungsgrund ist das Einklagen einer berechtigten Forderung gegen die Gesellschaft und eine anschließende Zwangsvollstreckung (LG Berlin 16.6.2014, NZG 2014, 1303 (1305 f.)).

13 Auch **personenbezogene Umstände außerhalb des Gesellschaftsverhältnisses** können einen wichtigen Grund darstellen, soweit sie sich aufgrund nachhaltiger Zerstörung des gesellschaftlichen Vertrauensverhältnisses auf die weitere Zusammenarbeit in der Gesellschaft auswirken (RG 3.12.1915, WarnR 1916 Nr. 49 – ansehensgefährdendes Verhalten, OLG Jena 9.7.1997, NZG 1998, 343 (347) – strafrechtliche Verdächtigung, BGH 30.11.1951, BGHZ 4, 108 (114) – ehebrecherische Beziehung zu Ehepartner eines Mitgesellschafters; BGH 9.11.1972, NJW 1973, 92 – Ehescheidung bei Familiengesellschaft; BGH 8.7.1976, WM 1976, 1030 (1031) – Herabwürdigung von Verwandten eines Gesellschafters).

14 Aus Abs. 1 S. 3 Nr. 1 Alt. 2 (Unmöglichkeit der Erfüllung einer wesentlichen Gesellschafterpflicht) folgt, dass **keine schuldhafte Verursachung** des Kündigungsgrundes erforderlich ist. Auch die krankheits- oder altersbedingte Unfähigkeit zur notwendigen Mitarbeit, die Unmöglichkeit der Beitragsleistung wegen Vermögensverfalls, der drohende wirtschaftliche Zusammenbruch eines Gesellschafters bei Verbleib in der Gesellschaft (BGH 21.11.2005, NJW-RR 2006, 322 (324)), der Verlust einer für die Erreichung des Gesellschaftszwecks ausdrücklich oder stillschweigend vorausgesetzten Zulassung bzw. Fähigkeit (zB Mitgliedschaft in einer Berufskammer) kann Kündigungsgrund sein (OLG Naumburg 11.6.2009, DStRE 2010, 390 (391); → § 726 Rn. 4).

15 Explizit in Abs. 1 S. 4 Nr. 2 bestimmt ist im Interesse des Minderjährigenschutzes als Kündigungsgrund das **Erreichen der Volljährigkeit** eines Gesellschafters, der seine Gesellschafterstellung – aus beliebigen Gründen – als Minderjähriger erlangt hat. Mit Erreichen der Volljährigkeit kann ein solcher Gesellschafter binnen drei Monaten ab Kenntnis bzw. Kennenmüssen der Gesellschafterstellung kündigen (Ausschlussfrist). Die Vorschrift ist im Zusammenhang mit der Haftungseinrede aus § 1629a zu sehen. Diese ist (primär) auf Altverbindlichkeiten gerichtet, während § 723 Abs. 1 S. 3 Nr. 2 ermöglichen soll, künftigen Haftungsrisiken zu entgehen (näher Soergel/*Hadding/Kießling* Rn. 47 f.). Ein weiterer wichtiger Grund ist eine – auf beliebigem Grund beruhende – **fehlerhafte Gesellschafterstellung,** insbesondere aufgrund eines ertäuschten Beitritts (BGH 23.7.2013, WM 2014, 265; BGH 21.7.2003, NJW 2003, 2821 (2823); BGH 27.6.2000, NJW 2000, 3558 (3560)), wobei die Kündigung – zumindest auch – auf den Vertragsmangel gestützt werden muss (BGH 23.7.2013, NZG 2013, 1060 (1061); BGH 27.6.2000, NJW 2000, 3558 (3560)). Die Kündigung tritt in diesem Fall an die Stelle der Rückgängigmachung der Beteiligung unter dem Gesichtspunkt des Schadensersatzes (BGH 19.11.2013, BeckRS 2013, 20423).

16 Auch ein **objektiver Grund** kann zur Kündigung berechtigen. Von § 723 erfasst sind solche, die unter der Schwelle der in § 726 explizit bestimmten Gründe (Erreichen des Gesellschaftszwecks oder seine Unmöglichkeit) liegen. So berechtigt nach § 723 zur Kündigung etwa die anhaltende Unrentabilität der Gesellschaft ohne Hoffnung auf Wende zum Besseren (BGH 29.6.1992, NJW 1992, 2696 (2698)), eine grundlegende Veränderung der technischen oder rechtlichen Rahmenbedingungen (RG 11.11.1933, RGZ 142, 212 (215 f.)), eine wesentliche Änderung des Gesellschaftszwecks durch Mehrheitsbeschluss (RG 11.11.1933, RGZ 142, 212 (215); BGH 21.4.1980, WM 1980, 868) oder wenn die Erreichung des Gesellschaftszwecks bei verständiger Betrachtung sinnlos geworden ist (OLG Frankfurt a. M. 3.12.1998, NZG 1999, 492 f.). Das Ausscheiden eines anderen Gesellschafters wegen Insolvenz stellt nur ausnahmsweise bei Darlegung besonderer Umstände einen wichtigen Grund zur Kündigung der (fortgesetzten) Gesellschaft dar; die Geschäftsführerstellung des insolventen Gesellschafters ist regelmäßig kein solcher besonderer Umstand (BGH 22.5.2012, NJW-RR 2012, 1059 (1062)). Auch eine schwere und dauerhafte Zerrüttung der Gesellschaft (BGH 24.7.2000, NJW 2000, 3491 (3492); BGH 21.9.1998, NJW 1998, 3771 (3772)) berechtigt zur Kündigung, allerdings ist der Gesellschafter von der Kündigung ausgeschlossen, auf dessen schuldhaftem Verhalten die objektive Zerrüttung ausschließlich oder jedenfalls überwiegend beruht (BGH 24.7.2000, NJW 2000, 3491 (3492)). Eigenes schuldhaftes Verhalten des Kündigenden schließt dessen Kündigungsrecht daher nicht ohne Weiteres aus (RG 26.2.1938, JW 1938, 1392 (1393)).

17 **Maßgeblicher Zeitpunkt** für das Vorliegen des wichtigen Grundes ist der Zugang der Kündigungserklärung (→ Rn. 4). Künftig eintretende Ereignisse („vorsorgliche Kündigung") können die Kündigung nicht stützen. Umstritten ist, ob ein **Nachschieben von Gründen,** die nach der Erklärung entstanden sind, möglich ist (bejahend OLG Köln 26.6.2001, NZG 2001, 1082 (1084); verneinend OLG München 24.6.1998, NZG 1998, 937 (938); ausf. Soergel/*Hadding/Kießling* Rn. 20 ff.). Spätere Vorgänge können aber zumindest indizielle Bedeutung haben (BGH 24.7.2000, NJW 2000, 3491 (3492); BGH 26.11.1954, BB 1955, 78). Liegt kein wichtiger Grund vor, kommt nach § 140 eine **Umdeutung** in eine ordentliche Kündigung in Betracht, wenn ein entsprechender Wille des Erklärenden erkennbar ist (BGH 12.1.1998, NJW 1998, 1551). Angenommen werden kann dies nur, wenn die Rechtsfolgen identisch sind (BGH 25.2.1953, BB 1953, 336).

18 Abs. 1 S. 2 ist **lex specialis zu § 314** (BT-Drs. 14/6040, 177). Das dort bestimmte Erfordernis einer Fristsetzung oder Abmahnung als Einschränkung des Kündigungsrechts kann sich daher allenfalls aus der Treupflicht ergeben. Entsprechend anwendbar auf Abs. 1 S. 2 ist allerdings § 314 Abs. 3, wonach binnen einer angemessenen Frist nach Erlangung der Kenntnis über den Grund zu kündigen ist; im Übrigen unterliegt das Kündigungsrecht der Verwirkung (BGH 6.11.2018, ZIP 2019, 22 (25)). In einer zweigliedrigen GbR soll diese einen Monat betragen (OLG Brandenburg 21.7.2004, 7 U 221/03 – nv). Bei längerem Zuwarten trifft den Kündigenden die Beweislast, dass der Grund durch Zeitablauf nicht in Fortfall geraten ist (vgl. BGH 11.7.1966, NJW 1966, 2160 (2161) – 15 Monate). Der Zeitablauf indiziert jedenfalls, dass das Festhalten an der GbR zumutbar ist (OLG Köln 22.7.1992, WM 1993, 325 (328)). Die Grundsätze des Wegfalls der Geschäftsgrundlage (§ 313) sind von Abs. 1 S. 2 erfasst, da eine erhebliche Störung der Geschäftsgrundlage grundsätzlich einen außerordentlichen Kündigungsgrund iSd Norm mit sich bringt. Aufgrund der Treupflicht der Gesellschafter ist anstatt der Auflösung zunächst im Falle der Zumutbarkeit und Möglichkeit eine Vertragsanpassung herbeizuführen. So kann dem Gesellschafter die Fortführung der Gesellschaft zumutbar sein, wenn Geschäftsführungs- und Vertretungsbefugnisse geändert werden. Ein Rücktritt kann erklärt werden, bis die Gesellschaft in Vollzug gesetzt worden ist (BGH 29.4.1967, WM 1967, 419 (420)); alternativ möglich bleibt die Kündigung (BGH 13.4.1995, NJW-RR 1995, 1061).

Bei schuldhafter Verursachung des Kündigungsgrundes durch einen Gesellschafter kann diesen ein **Schadensersatzanspruch** gegenüber seinen Mitgesellschaftern treffen (vgl. § 314 Abs. 4), gerichtet auf Ersatz der durch die vorzeitige Beendigung der Gesellschaft erlittenen Nachteile (RG 17.1.1940, RGZ 162, 388 (395 f.)). Bei ertäuschtem Beitritt ergeben sich Ansprüche aus culpa in contrahendo oder Delikt (BGH 21.3.2005, NJW 2005, 1784 (1787)). **19**

V. Kündigungsschranken

Die Kündigung kann bei Fehlen einer dem entgegenstehenden Vereinbarung (die Abs. 3 zu beachten hat) **ohne Einhaltung einer Frist** erfolgen (→ Rn. 6). Auch wenn das Kündigungsrecht als solches eigennützig ist und gesetzlich durch Abs. 3 besonders geschützt wird, kann die Treupflicht des Gesellschafters ausnahmsweise Grenzen bei seiner Ausübung ziehen. Eine kündigungsspezifische gesetzliche Ausformung erhält die Treupflicht in Abs. 2 durch das Verbot der unzeitigen Kündigung (→ Rn. 21); auf der Treupflicht beruht auch das Verbot der rechtsmissbräuchlichen Kündigung (→ Rn. 22). Zur Verwirkung → Rn. 18. **20**

Das **Verbot der unzeitigen Kündigung** (Abs. 2) hat die Bedeutung einer schadensersatzbewehrten Pflicht zur Beachtung einer angemessenen Frist bei der einseitigen Vertragsbeendigung. Eine unzeitige Kündigung berührt aber nicht die Wirksamkeit der Kündigung, sondern gibt lediglich den Mitgesellschaftern einen Schadensersatzanspruch. Unzeitig ist eine Kündigung, wenn sie die „gemeinschaftlichen Interessen der Gesellschafter" verletzt. Entscheidend ist, dass durch die schuldhafte Wahl des Kündigungszeitpunktes ein außerordentlicher Schaden entsteht (BGH 13.1.1959, BB 1959, 538). Ausnahmsweise darf eine Kündigung zur Unzeit erfolgen, wenn hierfür ein wichtiger Grund vorliegt, dh wenn das Interesse des Kündigenden an der Auflösung zur „Unzeit" schutzwürdiger ist als das Interesse der Mitgesellschafter an der Auflösung zu einem späteren Zeitpunkt (BGH 8.7.1976, WM 1976, 1030). Ist eine angemessene Frist zur Kündigung gesellschaftsvertraglich bestimmt, stellt sich das Problem der unzeitigen Kündigung regelmäßig nicht. Bei Verschulden ersatzfähig ist der sog. **Verfrühungsschaden,** er ist auf das positive Interesse gerichtet. Nachteile, die mit der Auflösung als solche typisch verbunden sind, etwa der Verlust künftiger Einnahmen oder die Kosten für Schaffung einer neuen beruflichen Grundlage, sind kein ersatzfähiger Schaden. **21**

Als unwirksam zu behandeln sein kann eine Kündigung – mit großer Zurückhaltung – wegen **Rechtsmissbrauchs,** etwa, wenn der Kündigende die Kündigungslage arglistig herbeigeführt hat (BGH 15.6.1959, BGHZ 30, 195 (202 f.)) oder er eine Notlage ausnutzt (Soergel/*Hadding/Kießling* Rn. 53). Kein Rechtsmissbrauch ist eine Massenkündigung, auch wenn diese als Reaktion auf eine nicht mögliche Ausschließung eines Gesellschafters erklärt wird (näher *Henssler/Kilian* ZIP 2005, 2229; → Rn. 24). In exzeptionellen Fällen kann aus der Treupflicht folgen, dass der einzelne Gesellschafter an sich unzumutbare Umstände hinnehmen muss, soweit er in seiner Existenz nicht bedroht ist (vgl. RG 11.12.1934, RGZ 146, 169 (179 f.)). **22**

Das in Abs. 1 S. 4 bestimmte Kündigungsrecht des volljährig gewordenen Gesellschafters besteht nach S. 5 nicht, wenn der Gesellschafter das Erwerbsgeschäft in der Gesellschaft bereits mit gerichtlicher Genehmigung wie ein Volljähriger betrieben hat (§ 112). **23**

VI. Wirkung der Kündigung

Die Kündigung bewirkt eo ipso die **Auflösung der Gesellschaft.** Anders also bei den Personenhandelsgesellschaften ist für die Auflösung kein richterlicher Gestaltungsakt (Auflösungsurteil, § 133 HGB) notwendig. Ist gesellschaftsvertraglich eine Frist bestimmt, wirkt die Kündigung **erst mit Ablauf der Frist,** soweit die Gesellschafter nicht auf die Einhaltung verzichtet haben (vgl. OLG Celle 10.11.1999, NJW-RR 2000, 989). Ist eine **Fortsetzung der Gesellschaft** mit den nicht kündigenden Gesellschaftern vereinbart (Fortsetzungsklausel), tritt an die Stelle der Auflösung als Wirkung das **Ausscheiden des kündigenden Gesellschafters** gegen Abfindung (§§ 736, 738). Ansprüche der Gesellschaft gegen den Gesellschafter und vice versa unterliegen zum Stichtag des Ausscheidens einer Durchsetzungssperre (→ § 730 Rn. 16), die gegenseitigen Ansprüche werden zu unselbstständigen Rechnungsposten (BGH 2.7.2001, BGHZ 148, 201 (207); BGH 22.5.2012, NJW-RR 2012, 1179 (1182)). Im Falle einer Massenkündigung kann der Gesellschaftszweck aber unmöglich werden, sodass eine Fortsetzung ausscheidet (vgl. BGH 16.11.1998, DStR 1999, 171). Bei bestandsgefährdenden **Massenkündigungen** ist es eine Frage der Auslegung, ob die Fortsetzungsklausel tatsächlich Geltung beanspruchen soll. **24**

Die durch die Kündigung aufgelöste, aber noch nicht voll beendigte GbR kann durch (bei Fehlen abweichender Bestimmung: einstimmigen) Gesellschafterbeschluss wieder zu einer werbenden Gesell- **25** schaft werden (BGH 19.6.1995, NJW 1995, 2843 (2844)). Die bloße Fortführung des Geschäftsbetriebs unter Verhandlungen über eine Fortsetzung der Gesellschaft stellt noch keinen (konkludenten) Fortsetzungsbeschluss dar (BGH 19.6.1995, NJW 1995, 2843 (2844)).

VII. Vereinbarungen über das Kündigungsrecht

26 Nach Abs. 3 ist ein Ausschluss oder eine über Abs. 1 und 2 hinausgehende Beschränkung des Rechts zur ordentlichen und/oder außerordentlichen Kündigung unwirksam. Als **Ausschluss des Kündigungsrechts** unzulässig ist die Vereinbarung, dass ein Ausscheiden aus der Gesellschaft nur durch einen Ausschluss seitens der Gesellschaft möglich ist (OLG Jena 9.7.1997, NZG 1998, 343 (345)), als Folge eines Aufhebungsvertrags (RG 26.6.1923, DJZ 1924, 231 (232)) oder gleichzeitig mit einer bestimmten Zahl Mitglieder (RG 1.4.11, LZ 1911, 455 (456)) erfolgen kann. In einer zwar befristet, aber auf **überlange Zeit** (zB über die Lebenserwartung der Gesellschafter hinaus) eingegangenen Gesellschaft (oder bei Beschränkungen der Kündbarkeit für lange Zeit) führt die Befristung aufgrund Abs. 2 häufig faktisch zum Ausschluss der Lösungsmöglichkeit von der Gesellschaft. Da die persönliche und wirtschaftliche Bewegungsfreiheit der Gesellschafter auf unüberschaubare und de facto unbegrenzte Dauer beschränkt ist, kann die Vereinbarung Abs. 3 unterfallen (BGH 13.6.1994, NJW 1994, 2886 (2888); BGH 11.7.68, BGHZ 50, 316 (321 f.)). Eine Bewertung ist stets nur im Einzelfall unter Berücksichtigung aller Interessen (BGH 6.11.2012, ErbStB 2013, 81; BGH 22.5.2012, NJW-RR 2012, 1242 (1244); BGH 18.9.2006, NJW 2007, 295 (296); BGH 21.3.2005, NJW 2005, 1784 (1786); BGH 19.1.1967, WM 1967, 315 (316), betrafen Zeitspannen von 5 bis 31 Jahren), flankierenden Gestaltungen (zB Möglichkeit der freien Übertragbarkeit des Anteils) und dem Gesellschaftszweck (Altersvorsorge, OLG München 9.6.2016, BeckRS 2016, 10947). Mit Blick auf den Gesellschafter ist maßgebliches Kriterium insbesondere, inwieweit dessen persönliche und wirtschaftliche Dispositionsfreiheit eingeengt wird (BGH 18.9.2006, NJW 2007, 295 (296)). Soweit ein Ausschluss nach Abs. 3 unwirksam ist, tritt an seine Stelle eine durch ergänzende Vertragsauslegung zu ermittelnde Höchstdauer des Ausschlusses des Kündigungsrechts **(geltungserhaltende Reduktion),** nur äußerstenfalls die gesetzliche Regelung (BGH 18.9.2006, NJW 2007, 295 (297); OLG Stuttgart 16.5.2007, NZG 2007, 786 f.; OLG Hamm 4.2.2016; GesR 2016, 227 (231)).

27 Eine **Beschränkung des Kündigungsrechts** ist unwirksam, wenn sie § 723 zuwider erfolgt. Anstelle der nichtigen Kündigungsregelung tritt dispositives Recht (BGH 22.5.2012, NJW-RR 2012, 1242 (1245); BGH 13.6.1994, ZIP 1994, 1180 (1182)). Die Beschränkungen des Abs. 1 S. 4 (→ Rn. 15) und des Abs. 1 S. 2 (→ Rn. 10) bleiben also unberührt, ebenso Beschränkungen, die Sinn und Zweck des Kündigungsrechts nicht entwerten. Nur übermäßige und damit unzumutbare Bindungen sind daher unwirksam. Hierunter fallen Form- und Verfahrenserfordernisse ebenso wenig wie die Vereinbarung einer angemessenen **Kündigungsfrist** oder bestimmter **Kündigungstermine,** soweit durch solche keine übermäßig lange Bindung bewirkt wird. Der BGH hat eine Kündigungsfrist von zwei Jahren nicht beanstandet (BGH 13.6.1994, BGHZ 126, 226 (227)).

28 Ein nach Abs. 3 unzulässiger **faktischer Ausschluss bzw. eine Erschwerung des Kündigungsrechts** setzt keine unmittelbare Gestaltung des Kündigungsrechts voraus. Nach Abs. 3 zu überprüfen sind auch Nachteile in Folge der Kündigung. Sie können in der Gestaltung von Abfindungsvereinbarungen liegen, wenn der Gesellschaftsvertrag als Folge einer grundsätzlich ermöglichten Kündigung schwerwiegende wirtschaftliche Nachteile für den Kündigenden bestimmt. Dies ist anzunehmen bei einem vollständigen Ausschluss von Auseinandersetzungs- bzw. Abfindungsansprüchen (Ausnahmen gelten in Idealgesellschaften und – mit Einschränkungen – für „geschenkte“ Gesellschafterstellungen; vgl. BGH 2.6.1997, BGHZ 135, 387 (390); BGH 22.7.2002, NJW 2002, 3536 (3537); vgl. auch OLG München 24.10.2018, DStRE 2019, 1546 (1549)) oder Regelungen, die solche Ansprüche zwar nicht ausschließen, aber durch Gegenansprüche (zB Versorgungslasten) vollständig aufzehren (BGH 21.6.2010, DStR 2010, 1898; OLG München 12.5.2009, BeckRS 2009, 25514; OLG Düsseldorf 12.4.2019, DStRE 2020, 895 f.; LG München 4.3.2013, NJW 2014, 478 (481)), nicht aber zB wenn an die Stelle der Abfindung der Erlös aus einem freihändigen Verkauf des Anteils durch die Gesellschaft tritt (BGH 21.1.2014, DStR 2014, 1404). Nicht nach Abs. 3 unwirksam sein können Fortsetzungsklauseln (§ 736); aus ihnen resultierende Nachteile werden über § 738 Abs. 1 S. 2 bzw. eine Anpassung von Abfindungsregeln ausgeglichen (BGH 7.4.2008, NJW 2008, 1943 (1945)).

29 Bei einer **Begrenzung des Abfindungsanspruchs der Höhe** nach – absolut oder prozentual – ist für die Wirksamkeit eine sachliche Rechtfertigung notwendig. Bei prozentualen Abfindungsklauseln führt eine Differenz von wahrem Anteilswert und Abfindungsbetrag, berechnet häufig nach Buchwert, von mehr als 50 % regelmäßig zur Unwirksamkeit (BGH 13.3.2006, NJW-RR 2006, 1270 (1271) – 30 %; BGH 20.9.1993, BGHZ 123, 281 (285 ff.) – 45 %; BGH 24.5.1993, NJW 1993, 2101 (2103) – 10 %; BGH 9.1.1989, NJW 1989, 2685 (2686) – 50 %; LG Münster 11.7.2016, BeckRS 2016, 14881). Feste Größen haben sich aber nicht etabliert. Eine der Höhe nach unbedenkliche Abfindung kann durch die Auszahlungsmodalitäten unangemessen werden (zu bejahen jedenfalls bei Fehlen besonderer Gründe bei Ratenzahlung über zehn Jahre, BGH 9.1.1989, NJW 1989, 2685 (2686), vgl. aber BGH 29.11.2004,

NJW-RR 2005, 627 – Verrentung über 40 Jahre). Unzulässige Erschwerungen wirtschaftlicher Art können sich auch ergeben, wenn der Gesellschafter als Folge seiner Kündigung Geldleistungen an die Gesellschaft zu erbringen hat („Abstand", Vertragsstrafe, Austrittsgeld etc; vgl. BGH 27.11.2000, NJW 2001, 1270 (1271); RG 9.10.1905, RGZ 61, 328 (329 f.)), dieser an sich zurück zu gewährende Gegenstände langfristig überlassen muss (RG 18.9.1915, BGHZ 87, 215 (220)) oder für Versorgungsansprüche von Altgesellschaftern nach Ausscheiden einzustehen hat (BGH 18.2.2008, DStR 2008, 785 (786)). Eine analoge Anwendung des § 723 zur Begrenzung eines überhohen Abfindungsbetrags zugunsten des Kündigenden ist nicht möglich (OLG München 23.3.2006, NJOZ 2006, 2198 (2205)).

30 Jenseits des Regelungsgehalts des Abs. 3 ist das Kündigungsrecht gestaltbar. Möglich ist, bestimmte Umstände als Grund zur außerordentlichen Kündigung zu bestimmen (nicht aber, die außerordentliche Kündigung auf einzelne Gründe zu beschränken, BGH 13.6.1994, NJW 1994, 2886 (2887 f.)). Die Gestaltung kann zwischen einzelnen Gesellschaftern sowohl hinsichtlich der Kündigungsvoraussetzungen als auch der Rechtsfolgen differenzieren (RG 22.10.1937, RGZ 156, 129 (134 f.)). Eine Übertragung des Kündigungsrechts auf Dritte durch Vereinbarung ist nicht möglich (→ § 717 Rn. 6). Nicht nur für eine ordentliche, sondern auch für eine außerordentliche Kündigung kann eine interessengerechte (kurze) Kündigungsfrist wirksam vereinbart werden (str., abl. RG 17.1.1940, RGZ 162, 388 (393); wie hier Soergel/*Hadding/Kießling* Rn. 60).

Kündigung bei Gesellschaft auf Lebenszeit oder fortgesetzter Gesellschaft

724 **[1] Ist eine Gesellschaft für die Lebenszeit eines Gesellschafters eingegangen, so kann sie in gleicher Weise gekündigt werden wie eine für unbestimmte Zeit eingegangene Gesellschaft. [2] Dasselbe gilt, wenn eine Gesellschaft nach dem Ablauf der bestimmten Zeit stillschweigend fortgesetzt wird.**

I. Regelungsinhalt

1 § 724 enthält eng auszulegende (Soergel/*Hadding/Kießling* Rn. 1) Sonderregelungen für zwei besondere Ausprägungen einer befristeten Gesellschaft, für deren Behandlung die in § 723 Abs. 1 bestimmten allgemeinen kündigungsrechtlichen Grundsätze keine sachgerechte Lösung bieten sollen (der Mauracher Entwurf (→ § 705 Rn. 1a) hält § 723Abs. 1 S. 1 hingegen – zu Recht – für hinreichend und will auf eine § 724 entsprechende Regelung verzichten). Die Vorschrift soll Gesellschafter vor unüberschaubaren Bindungen schützen (BGH 19.1.1967, WM 1967, 315 (316); zum Normzweck ausf. MüKoBGB/*Schäfer* Rn. 2 ff.).

2 S. 1 befasst sich mit der zwar befristet, aber aufgrund der Verknüpfung der Frist mit der Lebenszeit eines Gesellschafters zumeist sehr langfristigen Gesellschaft, die aus diesem Grunde konzeptionelle Nähe zur unbefristet eingegangenen Gesellschaft aufweist. S. 1 enthält eine gesetzliche Umdeutung der vereinbarten lebenslangen Dauer in eine unbestimmte Vertragszeit mit der Folge eines Rechts zur ordentlichen Kündigung (BGH 19.1.1967, WM 1967, 315 (316)). S. 2 beinhaltet eine Auslegungsregel (Erman/*Westermann* Rn. 3), welches Kündigungsrecht in einer zwar befristet, aber sodann stillschweigend – und damit einstweilen auf unbestimmte Dauer – fortgesetzten Gesellschaft gelten soll. Auch hier bestimmt § 724 die kündigungsrechtliche Gleichstellung mit der auf unbestimmte Zeit eingegangenen Gesellschaft.

3 Bei Vorliegen der tatbestandlichen Voraussetzungen ermöglicht § 724 eine an sich ausgeschlossene ordentliche Kündigung der auf befristete Zeit eingegangenen Gesellschaften. Kündigungsberechtigt sind alle Gesellschafter, also im Falle des S. 1 nicht nur der Gesellschafter, auf dessen Lebenszeit die Gesellschaft befristet sein soll (hM, MüKoBGB/*Schäfer* Rn. 10).

II. Tatbestandsvoraussetzungen

4 Nach S. 1 muss die Gesellschaft im Sinne einer Fest- oder Mindestdauer bis zum Ableben mindestens eines Gesellschafters eingegangen sein. Dem steht der lebenslange Ausschluss des Kündigungsrechts gleich (Erman/*Westermann* Rn. 1). Nach hM nicht erfasst sind Befristungen, die lediglich auf eine Dauer geschlossen sind, die die voraussichtliche Lebenserwartung des Gesellschafters übersteigt (MüKoBGB/*Schäfer* Rn. 6 mwN auch zur Gegenauffassung). Bei diesen kann aber eine nach § 723 Abs. 3 zu beurteilende überlange Befristung vorliegen (→ § 723 Rn. 25). Nicht anwendbar ist die Norm, wenn die Lebenszeit die Höchstdauer der Gesellschaft ist und eine kürzere Mindestdauer vereinbart ist oder wenn ein wiederkehrendes Kündigungsrecht besteht. S. 1 ist nicht anwendbar bei einer Bindung der GbR an die Dauer der Existenz einer juristischen Person oder einer anderen Gesamthand, die Gesellschafter der GbR ist. Ist die Gesellschafter-Gesellschaft befristet, ist die Dauer der GbR vorhersehbar und der Normzweck nicht angesprochen. Ist die Gesellschafter-Gesellschaft unbefristet eingegangen, gilt Gleiches für die GbR, sodass ein ordentliches Kündigungsrecht nach § 723 ohnehin besteht (vgl. BGH 11.7.1968, BGHZ 50, 316 (321 f.)).

5 S. 2 setzt eine nach Ablauf einer Befristung stillschweigend fortgesetzte Gesellschaft voraus. Keine Fortsetzung liegt vor, wenn der Geschäftsbetrieb iSe Aufschubs der Abwicklung bis zur Beendigung der Verhandlungen über eine Fortsetzung aufrechterhalten wird (BGH 19.6.1995, NJW 1995, 2843 (2844)). Stillschweigend bezieht sich auf die Dauer, nicht auf die Fortsetzung der Gesellschaft. Vorausgesetzt ist, dass sich keine Feststellung zur beabsichtigten weiteren Dauer treffen lässt, entweder weil die Gesellschaft ohne diesbezügliche Absprachen faktisch fortgesetzt wird oder wenn zwar die Fortsetzung, nicht aber die Dauer beschlossen wird. Auf erneute Befristung gerichteter Parteiwille, der sich auch aus dem Gesellschaftszweck oder Geschäftsführungsmaßnahmen ergeben kann, geht vor. Nach wohl hM ist S. 2 entsprechend anwendbar auf die Fortsetzung nach Auflösung aus anderem Grund (Tod, Insolvenz, Kündigung; vgl. NK-BGB/*Hanke* Rn. 4 mwN).

III. Gestaltung

6 Die in § 724 S. 1 angeordnete Gleichstellung mit der unbefristeten Gesellschaft ist nicht zwingend. Vielmehr kann sich aus den Umständen, insbesondere dem Gesellschaftszweck oder durch reduzierende Auslegung des Gewollten, ergeben, dass die Gesellschaft zwar nicht dauerhaft, wohl aber einstweilen unkündbar ist (BGH 19.1.1967, WM 1967, 315 (316), noch weitergehend OLG Frankfurt a. M. 27.7.2006, OLGR 2007, 101). Auch kann die aus der Vorschrift folgende jederzeitige Kündbarkeit schlüssig abbedungen sein, wenn ein dem Normzweck Rechnung tragendes anderweitiges Lösungsrecht besteht. Eine freie Übertragbarkeit des Anteils auf Dritte ist aber nicht hinreichend, da nicht gewiss ist, ob sich tatsächlich ein Käufer findet und eine Lösung von der Gesellschaft effektiv möglich ist (*Grunewald* FS Claussen, 1997, 103, str.). Nach der Rspr. ausreichend sein soll das Recht des Gebundenen, jederzeit Umwandlung in eine Kapitalgesellschaft verlangen zu können (RG 22.10.1937, RGZ 156, 129 (136)).

Kündigung durch Pfändungspfandgläubiger

725 (1) **Hat ein Gläubiger eines Gesellschafters die Pfändung des Anteils des Gesellschafters an dem Gesellschaftsvermögen erwirkt, so kann er die Gesellschaft ohne Einhaltung einer Kündigungsfrist kündigen, sofern der Schuldtitel nicht bloß vorläufig vollstreckbar ist.**

(2) **Solange die Gesellschaft besteht, kann der Gläubiger die sich aus dem Gesellschaftsverhältnis ergebenden Rechte des Gesellschafters, mit Ausnahme des Anspruchs auf einen Gewinnanteil, nicht geltend machen.**

I. Regelungsinhalt

1 § 725 ermöglicht dem Privatgläubiger eines Gesellschafters, durch Kündigung der Gesellschaft den Vermögenswert der Mitgliedschaft seines Schuldners zu realisieren. Die Regelung ist notwendig, da eine unmittelbare Vollstreckung in das Gesellschaftsvermögen wegen Forderungen gegen einzelne Gesellschafter aufgrund der Rechtssubjektivität der Gesellschaft nicht möglich ist und die – grundsätzlich mögliche – Pfändung der nach § 717 S. 2 abtretbaren einzelnen vermögenswerten Ansprüche des Schuldner-Gesellschafters häufig nicht zur Befriedigung des Privatgläubigers führt. § 725 eröffnet über den Umweg eines eigenen Kündigungsrechts des Gläubigers diesem den Zugriff auf die Substanz der Beteiligung des Schuldners.

2 § 725 gilt auch für die Innengesellschaft ohne Gesamthandsvermögen, für OHG, KG und PartG gilt hingegen § 135 HGB, für stille GbR und Unterbeteiligung § 135 HGB analog.

II. Pfändung

3 § 725 Abs. 1 knüpft das Recht zur außerordentlichen Kündigung an die durch § 859 Abs. 1 S. 1 ZPO ermöglichte „Pfändung des Anteils des Gesellschafters an dem Gesellschaftsvermögen" an. Nicht hinreichend ist eine Vorpfändung nach § 845 ZPO (OLG Hamm 28.1.2009, BeckRS 2009, 9497). Ist die Mitgliedschaft ausnahmsweise frei übertragbar, bedarf es § 859 ZPO nicht, die Rechtspfändung kann wegen vereinbarter Übertragbarkeit der Mitgliedschaft dann unmittelbar nach §§ 857, 851 ZPO erfolgen. Entgegen des Wortlauts des § 859 ZPO ist Gegenstand der Pfändung nicht lediglich der der Beteiligung innewohnende Beteiligungswert, sondern die **Mitgliedschaft des Gesellschafters** selbst (BGH 21.4.1986, BGHZ 97, 392 (394), str., vgl. Soergel/*Hadding/Kießling* Rn. 5 ff.). Sie erfolgt nach § 857 ZPO (hM, BGH 21.4.1986, BGHZ 97, 392 (394)). Drittschuldner ist die Gesellschaft. Sowohl hinsichtlich Kündigungen als auch mitgepfändeter einzelner Vermögensrechte muss sich der Gläubiger an diese halten (BGH 21.4.1986, BGHZ 97, 392 (294)). Wird nur die Kündigung angestrebt, ist nach dem Wortlaut des § 725 eine Überweisung des Anteils nach § 835 Abs. 1 ZPO, § 857 Abs. 1 ZPO nicht notwendig (Erman/*Westermann* Rn. 2).

Die Entgegennahme des Pfändungsbeschlusses ist Geschäftsführungsmaßnahme und kann deshalb durch die Geschäftsführer erfolgen (BGH 21.4.1986, BGHZ 97, 392 (394); aA etwa RGRK-BGB/*v. Gamm* Rn. 2: nur allen Gesellschaftern). Bei mehreren Geschäftsführern genügt Zustellung an einen (OLG Köln 25.3.1993, NJW-RR 1994, 1517 (1518)). Von der Pfändung des Anteils **erfasst sind alle übertragbaren Vermögensrechte** des Gesellschafters gegen die Gesellschaft, soweit der Gesellschafter vor der Pfändung nicht bereits über sie verfügt hat (→ § 717 Rn. 17). Neben dem in Abs. 2 ausdrücklich erwähnten Gewinnanspruch sind dies zB Ansprüche auf Abfindung, Aufwendungsersatz oder Ausgleich. Die einzelnen Gegenstände des Gesellschaftsvermögens werden dagegen nach § 895 Abs. 1 S. 2 ZPO von der Pfändung des Anteils nicht erfasst (BGH 15.9.2016, NZG 2016, 1307 (1308)). Bis auf das Kündigungsrecht folgen nach Abs. 2 aus der Pfändung keine Mitverwaltungsrechte (vgl. RG 9.3.1917, RGZ 90, 19 (20)), sodass der Pfändungsgläubiger nicht Rechnungslegung verlangen oder Verfügungen über Vermögensgegenstände der Gesellschaft verhindern kann (OLG Stuttgart 30.11.1999, OLGR 2000, 151 (152)). Für zum Gesellschaftsvermögen gehörende Grundstücke kann kein Pfändungsvermerk in das Grundbuch eingetragen werden (OLG Düsseldorf 27.1.2004, NJW-RR 2004, 1111). 4

Mit der Pfändung kommt es zur Verstrickung aller aus der Mitgliedschaft folgenden Vermögensrechte, sodass der Gesellschafter-Schuldner über diese nicht mehr verfügen kann (BGH 12.7.1968, NJW 1968, 2059 (2060)), bereits abgetretene künftige Ansprüche entstehen pfandrechtsbelastet (BGH 16.5.1988, BGHZ 104, 251, 252; BGH 14.1.2010, NZG 2010, 356 (358)). Wohl kann der Gesellschafter bis zur Kündigung Mitverwaltungsrechte – nicht zum Nachteil des Gläubigers – ausüben oder selbst kündigen. 5

III. Kündigung

Als „Gläubiger eines Gesellschafters" **kündigungsberechtigt** ist nach dem Telos des § 725 nur der **Privatgläubiger** eines Gesellschafters, dh der Gläubiger von Forderungen, die nicht aus der Gesellschaftssphäre resultieren (ganz hM, Erman/*Westermann* Rn. 4 mwN; der Mauracher Entwurf (→ § 705 Rn. 1a) beabsichtigt dies explizit klarzustellen). Ist der Privatgläubiger Mitgesellschafter, kann die Treupflicht der Kündigung entgegenstehen (BGH 25.11.1968, BGHZ 51, 84 (87); BGH 16.2.1978, WM 1978, 675 (676)). Ein Gesellschaftsgläubiger, der wegen einer Forderung gegen die Gesellschaft einen Gesellschafter in Anspruch nehmen möchte, bedarf der Möglichkeit der Kündigung nicht, da er Zugriff auf das Vermögen der Gesellschaft, der Gesellschafter sowie auf deren einzelne, nach § 717 S. 2 übertragbare Vermögensrechte nehmen kann. Eine **Abtretung** der aus der Gesellschaftssphäre gegen den Gesellschafter herrührenden Forderung an einen Dritten, damit dieser dann seinerseits nach § 725 kündigt, ist rechtsmissbräuchlich (Erman/*Westermann* Rn. 4). 6

Kündigungsvoraussetzung ist neben der Pfändung des Vermögensanteils, dass der **Schuldtitel,** auf dessen Grundlage die Pfändung erfolgt, **rechtskräftig** ist. Anders als § 135 HGB verzichtet § 725 auf das Erfordernis einer vorgängigen fruchtlosen Vollstreckung in das sonstige bewegliche Vermögen des Gesellschafters (um die Gesellschaft vor der Belastung einer Abfindungszahlung bewahren, wenn sich der Privatgläubiger auch anderweitig befriedigen kann, schlägt der Mauracher Entwurf (→ § 705 Rn. 1a) eine § 135 HGB entsprechende Neuregelung vor). Auf Grundlage eines nur vollstreckbaren Titels kann lediglich der Gewinnanspruch geltend gemacht werden (Abs. 2). Ein Vorbehaltsurteil genügt, wenn das Nachverfahren unbeendet ist, nicht (LG Lübeck 6.3.1986, NJW-RR 1986, 836 (837)). Eine Überweisung ist nicht Voraussetzung der Kündigung (→ Rn. 3). 7

Die **Kündigungserklärung** muss gegenüber allen Gesellschaftern – auch dem Schuldner – erfolgen (→ § 723 Rn. 4). Eine Kündigungsfrist ist nicht zu beachten (der Mauracher Entwurf (→ § 705 Rn. 1a) beabsichtigt dies zu ändern), gesellschaftsvertraglich vereinbarte Fristen binden den Gläubiger nicht, ebenso gilt für ihn § 723 Abs. 2 nicht. Mit Zugang der Kündigung ist die Gesellschaft aufgelöst. 8

Nach der Kündigung kann der Gläubiger den Auseinandersetzungsanspruch des Schuldners geltend machen (BGH 5.12.1991, BGHZ 116, 222 (230)) und zur Realisierung notwendige Informationen, Rechnungslegung und Kontrollbefugnisse verlangen. An einem Beschluss zur Fortsetzung der GbR ist der Pfändungsgläubiger zu beteiligen (BGH 25.11.1968, BGHZ 51, 84 (91)). Verwaltet die GbR nur einen einzigen Vermögensgegenstand, so soll der Pfändungsgläubiger unmittelbar auf Duldung der Veräußerung und Auszahlung des Anteils am Reinerlös klagen können (BGH 25.11.1968, BGHZ 51, 84 (91)). Nicht nur der Schuldner, sondern auch die Mitgesellschafter können den Gläubiger vor der Auseinandersetzung befriedigen (§ 268) und so seine Rechte aus der Pfändung in Fortfall kommen lassen (hM, MüKoBGB/*Schäfer* Rn. 22; Erman/*Westermann* Rn. 5). Erfolgt die Befriedigung erst nach Kündigung, bleibt die GbR aufgelöst bzw. – bei Fortsetzungsklausel – der Schuldner ausgeschieden. Die Fortsetzung der GbR mit ihm kann von den Gesellschaftern ohne Beteiligung des Gläubigers beschlossen werden; aus der Treupflicht kann ein Anspruch auf Wiederaufnahme des Gesellschafter-Schuldners folgen (BGH 15.6.1959, BGHZ 30, 195 (201)). 9

IV. Gestaltung

10 § 725 ist gestaltungsfest und kann nicht abbedungen werden. Gesellschaftsvertraglich vereinbart werden kann die Fortsetzung der Gesellschaft unter Ausscheiden des Gesellschafter-Schuldners mit Zugang der Kündigungserklärung seines Privatgläubigers. Die Pfändung erfasst insoweit den Abfindungsanspruch des ausgeschiedenen Gesellschafters (vgl. BGH 8.12.1971, WM 1972, 81 (83)). Beschränkungen des Anspruchs (BGH 12.6.1975, NJW 1975, 1835 (1837)) oder die Einziehung des Anteils (LG Gießen 27.9.1984, MDR 1986, 155) nur für den Fall der Kündigung nach § 725 sind unwirksam, sonstige Beschränkungen unterliegen der allgemeinen Inhaltskontrolle. Eine allgemeine Fortsetzungsklausel umfasst im Zweifel auch die Kündigung nach § 725 (MüKoBGB/*Schäfer* Rn. 7).

Auflösung wegen Erreichens oder Unmöglichwerdens des Zweckes

726 Die Gesellschaft endigt, wenn der vereinbarte Zweck erreicht oder dessen Erreichung unmöglich geworden ist.

I. Regelungsinhalt

1 § 726 regelt die Bedeutung der Zweckerreichung bzw. ihre Unmöglichkeit für das weitere Schicksal der Gesellschaft. Im Rahmen des § 723 würden diese beiden objektiven Gründe zu einer außerordentlichen Kündigung berechtigen. Nach § 726 bewirkt die (Unmöglichkeit der) Zweckerreichung hingegen unmittelbar und unabhängig von der Kenntnis der Gesellschafter (MüKoBGB/*Schäfer* Rn. 7) die Auflösung der Gesellschaft. Anders als der Wortlaut nahelegt („endigt"), kommt eine sofortige Beendigung nur ausnahmsweise in Betracht, wenn die GbR über kein Aktivvermögen verfügt (→ Vor §§ 723–728 Rn. 3) § 726 macht insofern nur eine Kündigung der Gesellschaft überflüssig, um ihre Auflösung herbeizuführen, nicht die Auseinandersetzung.

2 Die Vorschrift gilt für die GbR, die ständige Gesellschaft und den nicht rechtsfähigen Verein (RG 18.6.1928, JW 1928, 3111). Für Personenhandelsgesellschaften und PartG ist § 133 HGB vorrangig. Da bei einer Handelsgesellschaft der Betrieb eines Gewerbes aber Grundvoraussetzung für ihre Existenz ist (BGH 19.5.1960, NJW 1960 1664 (1665)), kommt trotz Eintragung im Handelsregister § 726 BGB zur Anwendung, wenn, was bei einer möglichen Zweckerreichung oder Unmöglichkeit nicht untypisch ist, eine solche Gesellschaft überhaupt kein Gewerbe mehr betreibt und auch nicht nur eigenes Vermögen verwaltet (vgl. OLG München 23.3.2016, BeckRS 2016, 06501). Das Vorliegen des Auflösungsgrundes muss beweisen, wer sich darauf beruft (RG 4.6.1940, RGZ 164, 129 (142)).

II. Zweckerreichung

3 Die für die Auflösung vorausgesetzte **Zweckerreichung,** dh die Erreichung des gesellschaftsvertraglich gemeinsam bestimmten Ziels der Gesellschaft, betrifft vor allem **Gelegenheitsgesellschaften** und bei diesen insbesondere Projektgesellschaften; dies auch, weil eine weite Fassung des Gesellschaftszwecks die Zweckerreichung weniger wahrscheinlich macht (BeckOK BGB/*Schöne* Rn. 5). Insbesondere bei Gelegenheitsgesellschaften kann die Auflösung wegen Zweckerreichung mit der Auflösung aufgrund Ablaufs der vereinbarten Zeit (→ Vor §§ 723–728 Rn. 3) zusammenfallen. Beschränkt sich der Zweck auf ein bloßes dauerhaftes Tätigwerden (zB in Berufsausübungsgesellschaften), ist Zweckerreichung ausgeschlossen (BeckOK BGB/*Schöne* Rn. 5), sie kann nur unmöglich werden (→ Rn. 4). Zweckerreichung ergibt sich typischerweise bei Gesellschaften zur Abwicklung eines Bauprojekts (BGH 24.11.1980, NJW 1981, 749), zur Erschließung oder zum Erwerb eines Grundstücks, zur Verwertung von befristeten Schutzrechten oder zur Gründung einer Kapitalgesellschaft (Vorgründungsgesellschaften) bzw. zur Erhöhung des Kapitals einer Kapitalgesellschaft (Vorbeteiligungsgesellschaften; bei Scheitern der Kapitalerhöhung greifen die §§ 738 ff., OLG Schleswig 4.7.2014, 2246 (2249 f.)). Bei der Beurteilung der Zweckerreichung ist zu berücksichtigen, inwieweit dieser die fehlende Aufbringung des notwendigen Kapitals entgegensteht (vgl. zur Bauherrengemeinschaft BGH 2.11.1987, NJW-RR 1988, 616 (617)).

4 **Unmöglichkeit der Zweckerreichung** meint die nachträgliche Unmöglichkeit (bei anfänglicher ist die GbR fehlerhaft, Staudinger/*Habermeier,* 2003, Rn. 5), an deren Annahme hohe Anforderungen zu stellen sind (OLG Köln 14.3.2002, OLGR 2002, 315 (316)). Eine bloß vorübergehende Unmöglichkeit genügt nicht, sie muss dauernd, offenbar und ausgemacht sein (RG 4.6.1940, RGZ 164, 129 (142)) und darf nicht durch organisatorische Änderungen, Ersatzbeschaffungen etc zu beheben sein. **Vorübergehende Unmöglichkeit** führt lediglich zum Ruhen der GbR (BGH 23.5.1957, BGHZ 24, 279 (296)). Kapitalmangel genügt nur, wenn die Gesellschafter Sanierungsmaßnahmen endgültig verweigern (RG 23.3.1938, JW 1938, 1522 (1523)), Unrentabilität nur bei auch langfristig unmöglicher Gewinnerzielung wegen grundlegender Veränderung der Rahmenbedingungen (MüKoBGB/*Schäfer* Rn. 5). Unmöglichkeit kann vorliegen bei Verlust der zur Zweckerreichung notwendigen Berufsausübungs-

befugnis (vgl. BGH 15.12.2003, NJW-RR 2004, 472 f.; vgl. LSG Berlin- Brandenburg 13.9.2019, BeckRS 2019, 25094 Rn. 22 zur Ausübung der vertragszahnärztlichen Tätigkeit) oder von unverzichtbaren Vermögensgegenständen (zB Patent, RG 18.9.1929, JW 1930, 1730 (1731)), nicht aber bei einer bloßen Gewerbeabmeldung. Als Unmöglichkeit ist auch die endgültige Trennung von Eheleuten einer Ehegatteninnengesellschaft anzusehen (AG Kehl 8.5.2016, FamRZ 2016, 2014). Liegt keine Unmöglichkeit vor, kann ein Grund zur außerordentlichen Kündigung nach § 723 Abs. 1 vorliegen.

III. Exkurs: Sitzverlegung ins Ausland

Kein Fall der Zweckerreichung oder ihrer Unmöglichkeit ist die grenzüberschreitende **Sitzverlegung ins Ausland.** Aber auch sie kann zu einer unmittelbaren und von der Kenntnis der Gesellschaft unabhängigen Auflösung der Gesellschaft führen, wenn nach dem Wegzug die deutsche Rechtsform in einem anderen Mitgliedstaat beibehalten werden soll (vgl. OLG Hamm 14.6.2012, BeckRS 2014, 06544). Die Niederlassungsfreiheit nach Art. 49, 54 AEUV verlangt nicht, dass das deutsche Recht einen solchen rechtsformwahrenden Wegzug ermöglichen muss (vgl. EuGH 29.11.2011, NZG 2012, 114 (115 f.) – National Grid Indus), sodass er nach der insoweit weiterhin maßgeblichen Sitztheorie zur Auflösung und Liquidation der Gesellschaft führt. Nach den Grundsätzen der EuGH-Rspr. (EuGH 16.12.2008, NJW 2009, 569 (571) – Cartesio) darf hingegen die Auflösung vom deutschen Recht nicht angeordnet werden, wenn sich die wegziehende GbR in eine Rechtsform des Aufnahmestaats umwandeln will und das Recht des Aufnahmestaats eine identitätswahrende Umwandlung im Rahmen eines Zuzugs gestattet (vgl. EuGH 13.12.2005, NJW 2006, 425 (426) – Sevic; EuGH 12.7.2012, NZG 2012, 871 (873 f.) – Vale). 5

IV. Gestaltung

§ 726 ist gestaltungsfest. Vereinbarungen, die die Auflösung bei Vorliegen eines Auflösungsgrunds iSd § 726 ausschließen oder erschweren, sind unwirksam (BGH 20.12.1962, WM 1963, 728 (730)). Möglich ist die Vereinbarung der Fortsetzung mit einem (bereits bestimmten) anderen Gesellschaftszweck nach Erreichen des zunächst vereinbarten Zwecks. Nach Auflösung kann ein entsprechender Fortsetzungsbeschluss getroffen werden (BGH 20.12.1962, WM 1963, 728 (730)), die Liquidationsgesellschaft wandelt sich identitätswahrend in eine werbende um. Gesellschaftsvertragliche Regelungen sind ggf. nach § 313 dem neuen Zweck anzupassen BGH 15.12.2003, NJW-RR 2004, 472 (473)). 6

Auflösung durch Tod eines Gesellschafters

727 (1) **Die Gesellschaft wird durch den Tod eines der Gesellschafter aufgelöst, sofern nicht aus dem Gesellschaftsvertrag sich ein anderes ergibt.**

(2) [1] **Im Falle der Auflösung hat der Erbe des verstorbenen Gesellschafters den übrigen Gesellschaftern den Tod unverzüglich anzuzeigen und, wenn mit dem Aufschub Gefahr verbunden ist, die seinem Erblasser durch den Gesellschaftsvertrag übertragenen Geschäfte fortzuführen, bis die übrigen Gesellschafter in Gemeinschaft mit ihm anderweit Fürsorge treffen können.** [2] **Die übrigen Gesellschafter sind in gleicher Weise zur einstweiligen Fortführung der ihnen übertragenen Geschäfte verpflichtet.** [3] **Die Gesellschaft gilt insoweit als fortbestehend.**

Übersicht

I. Regelungsinhalt

§ 727 regelt das Schicksal der GbR bei Tod eines Gesellschafters. Die Vorschrift trägt dem Leitmotiv der GbR, der personalen und unveränderlichen Verbindung der Gründungsgesellschafter, Rechnung und verhindert, dass diese bei Tod eines ihrer Mitgesellschafter gegen ihren Willen die GbR mit Erben des verstorbenen Gesellschafters fortsetzen müssen. Vor diesem Hintergrund knüpft Abs. 1 an den Tod eines Gesellschafters die automatische Auflösung der Gesellschaft (→ Rn. 5 ff.), soweit der Gesellschaftsvertrag nicht, wie in der Praxis häufig, eine Fortsetzung der Gesellschaft mit dem verbleibendem oder einem veränderten Gesellschafterkreis vorsieht (→ Rn. 12 ff.). Abs. 2 bestimmt für den Fall der Auf- 1 lösung begrenzte Rechte und Pflichten der Erben und der übrigen Gesellschafter, die der Bestandswahrung dienen. Der Mauracher Entwurf (→ § 705 Rn. 1a) sieht eine Auflösung der Gesellschaft bei Tod eines Gesellschafters nur noch bei entsprechender Vereinbarung im Gesellschaftsvertrag vor; für diesen Fall soll es, von einigen redaktionellen Anpassungen abgesehen, im künftigen Recht beim Regelungsgehalt des Abs. 2 bleiben.

2 Die Vorschrift gilt für Innen- und Außengesellschaften. Für Handelsgesellschaften gehen § 131 Abs. 2 Nr. 1 HGB, § 177 HGB vor, wobei § 727 Abs. 2 über § 105 Abs. 3 HGB Anwendung finden kann.

II. Voraussetzungen

3 Auflösungsgrund ist der Tod des Gesellschafters. Diesem gleich steht die Verschollenheitserklärung (§ 9 VerschG) und die gerichtliche Feststellung des Todes (§ 39 VerschG). Rein faktische Verschollenheit oder etwa Geschäftsunfähigkeit erlauben keine (analoge) Anwendung der Norm, können aber zu einer Kündigung aus wichtigem Grund berechtigen (Soergel/*Hadding/Kießling* Rn. 2). Ist in einer zweigliedrigen Gesellschaft der überlebende Gesellschafter Vollerbe des Verstorbenen, endigt die Gesellschaft (AG Potsdam 1.2.2001, ZIP 2001, 346), nicht hingegen bei Vorerbschaft (BGH 14.5.1986, BGHZ 98, 48 (50); zum damit verbundenen Problem der Einmann-Personengesellschaft *Raible,* Die zweigliedrige GbR, 2006).

4 Kein Anwendungsfall des Abs. 1 ist die Auflösung einer juristischen Person oder rechtsfähigen Personengesellschaft, die Gesellschafter der GbR ist (BGH 12.7.1982, WM 1982, 974, str.). Die Auflösung kann aber zur Kündigung aus wichtigem Grund berechtigen (Soergel/*Hadding/Kießling* Rn. 3). Erst mit der Beendigung ist eine dem Tod einer natürlichen Person vergleichbare Konstellation zu bejahen (vgl. RG 12.2.1929, RG 123, 289 (293)).

III. Rechtsfolgen

5 Die Auflösung und damit die Umwandlung der werbenden in eine Liquidationsgesellschaft tritt mit dem Tod des Gesellschafters und unabhängig von der Kenntnis der Mitgesellschafter oder der Erben hierüber ein. In der durch die Auflösung entstandenen Liquidationsgesellschaft rückt der Erbe bzw. die Erbengemeinschaft in die Mitgliedsstellung des Erblassers ein und übt dessen Vermögens- und Mitverwaltungsrechte aus (BGH 20.5.1981, NJW 1982, 170 (171); BGH 21.9.1995, NJW 1995, 3314 (3315)). Ist die GbR im Grundbuch eingetragen, kann der Erbe mit Blick auf § 47 Abs. 2 GBO im Wege der Grundbuchberichtigung als Gesellschafter eingetragen werden (OLG München 7.9.2010, NJW 2010, 1667 f.; zu den Anforderungen des Nachweises des Gesellschaftsvertrags OLG Schleswig 4.1.2012, FGPrax 2012, 62; zu den Besonderheiten bei einer zweigliedrigen GbR mit einem verbleibenden Gesellschafter OLG Dresden, 12.4.2011, ZEV 2012, 339 (341)). Die (noch) im Grundbuch eingetragenen (bisherigen) Gesellschafter gelten aber, wenn in Grundeigentum einer GbR vollstreckt wird, mit Blick auf § 727 ZPO in entsprechender Anwendung von § 1148 S. 1, § 1192 Abs. 2 noch als Gesellschafter (BGH 20.11.2011, NJW 2011, 1449 (1450); BGH 19.11.2015, NZG 2016, 107)). Kommt es zur Eröffnung des Insolvenzverfahrens über den Nachlass des Gesellschafters, geht die Befugnis, über im Grundbuch eingetragene Rechte der GbR zu verfügen, von dem Erben auf den Insolvenzverwalter über (BGH 13.7.2017, NJW 2017, 3715 (3716)). Dies gilt allerdings nicht, wenn es zu einer Fortsetzung der Gesellschaft kraft Nachfolgeklausel kommt (auch dann nicht, wenn der Insolvenzverwalter die Gesellschaft nach § 725 kündigt (BGH 13.7.2017, NJW 2017, 3715 (3716)). Entsprechend § 32 Abs. 1 Nr. 1 InsO ist die Eröffnung des Insolvenzverfahrens durch Insolvenzvermerk ins Grundbuch aufzunehmen (BGH 13.7.2017, NJW 2017, 3715 (3716)). Wird der vorletzte Gesellschafter ausschließlich vom letzten Gesellschafter beerbt, kommt es zur Vollbeendigung der Gesellschaft (BGH 10.12.1990, NJW 1991, 844; OLG München 4.7.2017; NZG 2017, 941 (942)). Trifft den Erben aus der Verwaltung eine Haftung im Innen- (§ 708) oder Außenverhältnis, sind entsprechende Ansprüche Nachlassverbindlichkeiten (ggf. als Nachlasserbenschuld). Die Haftung kann nach §§ 1975 ff. auf das Erbe beschränkt werden (vgl. RG 22.3.1918, RGZ 92, 341 (343)).

6 Nach Abs. 2 S. 1 hat der Erbe die Pflicht zur unverzüglichen (§ 121) Anzeige des Todes des Erblasser-Gesellschafters gegenüber allen Mitgesellschaftern, soweit diese nicht bereits anderweitig Kenntnis erhalten haben. Erben mehrere, kann jeder Miterbe die Pflicht erfüllen. Der Erbe hat bei Gefahr im Verzug ferner die dem Erblasser iSd § 710 übertragenen Geschäfte – entgegen § 730 Abs. 2 S. 2 Hs. 2 – ohne vorherige Abstimmung mit den Mitgesellschaftern fortzuführen **(Notgeschäftsführung).** Die Pflicht entfällt bei zuvor gemeinsamer Geschäftsführung in der GbR, sie trifft ansonsten nach Abs. 2 S. 2 neben den Erben auch die übrigen Gesellschafter. Nach Abs. 2 S. 3 gelten übergangsweise die für die werbende Gesellschaft vorgesehenen Regeln zu Geschäftsführung und Vertretung. Mit dem Notgeschäftsführungsrecht korrespondiert bei den Erben insofern die für seine Wahrnehmung notwendige Vertretungsmacht nach § 714 (Erman/*Westermann* Rn. 4). Eine Verletzung der in Abs. 2 bestimmten Pflichten kann zu Schadensersatz verpflichten (BeckOK BGB/*Schöne* Rn. 6); an dem hierfür notwendigen Verschulden fehlt es zB bei fehlender Kenntnis des Erben von der Gesellschafter-

stellung des Erblassers. Die Notgeschäftsführung endet, sobald die Gesellschafter zur gemeinsamen Geschäftsführung nach § 730 Abs. 2 S. 2 Hs. 2 übergehen können.

Mehreren Erben ist die Gesellschafterstellung in ungeteilter Miterbengemeinschaft zugewiesen (BGH 14.5.1986, BGHZ 98, 48 (52); BGH 21.9.1995, NJW 1995, 3314 (3315)). Sie nehmen die ihnen zustehenden Rechte als Nachlassverwaltung gem. § 2038 Abs. 1 gemeinsam wahr. Für Verwaltungsmaßnahmen ist einfache Mehrheit ausreichend (§ 2038 Abs. 2 S. 1 iVm § 745 Abs. 1 S. 1), ansonsten Einstimmigkeit erforderlich. Das Notgeschäftsführungsrecht steht jedem Miterben nach § 2038 Abs. 2 S. 1 iVm § 744 Abs. 2 zu (str., wie hier BeckOK BGB/*Schöne* Rn. 9; aA: der Mehrheit der Miterben). 7

Eine Rückumwandlung der Liquidationsgesellschaft in eine werbende Gesellschaft unter Beteiligung des Erben ist möglich, setzt bei mehreren Erben nach diesbezüglich einstimmigem Beschluss (BGH 4.4.1951, BGHZ 1, 324 (327)) aber Nachlassteilung voraus. 8

Testamentsvollstrecker und Nachlassverwalter können in der Liquidationsgesellschaft Verwaltungs-, nicht aber persönliche Mitgliedschaftsrechte geltend machen (BGH 24.11.1980, NJW 1981, 749 (750); BGH 14.5.1986, BGHZ 98, 48 (58); BayObLG 30.10.1990, WM 1991, 131 (132)). Zur werbenden Gesellschaft → Rn. 16. 9

IV. Gestaltung

1. Abdingbarkeit. § 727 Abs. 1 Hs. 1 verdeutlicht, dass eine Auflösung der Gesellschaft bei Tod eines Gesellschafters nicht zwingend ist. Eine Fortsetzung trotz Tod eines Gesellschafters folgt zwar nur selten unmittelbar aus dem Gesellschaftszweck (vgl. etwa RG 16.5.1906, DJZ 1906, 878 (879)). Sie ergibt sich aber häufig aus einer Vereinbarung über die Fortsetzung der Gesellschaft bei Tod eines oder mehrerer Gesellschafter im Gesellschaftsvertrag **(Fortsetzungsklausel).** Solche Fortsetzungsklauseln, die das Gesetz in § 736 explizit anspricht (→ § 736 Rn. 1 ff.), sind insbesondere bei Erwerbszwecken dienenden Dauergesellschaften weit verbreitet. Sie müssen, wie der Gesellschaftsvertrag im Allgemeinen, nicht zwingend schriftlich, sondern können auch mündlich oder durch schlüssiges Verhalten vereinbart sein (OLG Hamm 9.2.2012, BeckRS 2012, 10094(Fortsetzung einer Musikband); OLG Jena 7.4.2014, BeckRS 2015, 5802). Wird § 29 GBO relevant, billigt die instanzgerichtliche Rspr. Formerleichterungen zu (OLG München 24.10.2014, ErbR 2015, 54 (56); OLG München 27.11.2012, NJOZ 2013, 843 (844); OLG Schleswig 4.1.2012, ZEV 2012, 434 (436)). Der BGH hat sich zuletzt zurückhaltender geäußert, ohne die Frage abschließend zu entscheiden, und lässt jedenfalls einen privatschriftlichen Vertrag als Nachweis nicht genügen (BGH 13.7.2017, NJW 2017, 3715 (3718)). 10

Fortsetzungsklauseln sind, als Regelung der Fortsetzung der Gesellschaft mit den verbleibenden Gesellschaftern, zu unterscheiden von gesellschaftsvertraglichen Klauseln, nach denen in der fortgesetzten Gesellschaft an die Stelle des Verstorbenen mit dem Todesfall kraft Erbrecht oder rechtsgeschäftlicher Vereinbarung ein bestimmter Nachfolger tritt (erbrechtliche oder rechtsgeschäftliche **Nachfolgeklausel** → Rn. 12 ff. bzw. → Rn. 17), oder eine bestimmte Person das von ihr auszuübende Recht zum Eintritt in die Gesellschaft haben soll (rechtsgeschäftliche **Eintrittsklausel** → Rn. 18 ff.). Nach der Rspr. soll in Zweifelsfällen eine Klausel als Nachfolge- und nicht als Eintrittsklausel zu verstehen sein (BGH 10.2.1977, BGHZ 68, 225 (231)). Jedenfalls in Berufsausübungsgesellschaften, in denen die Mitgliedschaft berufsrechtlich an bestimmte persönliche Voraussetzungen geknüpft ist, wird dieses Verständnis nicht gelten können (Erman/*Westermann* Rn. 15). 11

2. Nachfolgeklauseln. Eine gesellschaftsvertraglich vereinbarte (einfache) Nachfolgeklausel, die dazu führt, dass die Mitgliedschaft eines Erblasser-Gesellschafters vererbt werden kann, ist zulässig (BGH 10.2.1977, BGHZ 68, 225 (229); BGH 29.9.1977, NJW 1978, 264). Ihre Wirkung entfalten kann eine solche erbrechtliche Nachfolgeklausel allerdings nur bei **Vorliegen eines erbrechtlichen Erwerbsvorgangs** in der Person des prospektiven Gesellschafters (gesetzlicher Erbgang, Verfügung von Todes wegen). Durch diesen fällt der Anteil in den Nachlass (BGH 14.5.1986, BGHZ 98, 48 (51)). Erb- und gesellschaftsrechtliche Komponente der Nachfolge müssen in Deckung sein (Erman/*Westermann* Rn. 7). Fallen sie auseinander, kann bei einem Defizit auf der erbrechtlichen Ebene (zB keine Erbeinsetzung des als Nachfolger-Gesellschafters Benannten) eine Umdeutung der Nachfolgeklausel in eine Eintrittsklausel in Betracht kommen (BGH 29.9.1977 NJW 1978, 264 (265); BGH 25.5.1987, JZ 1987, 880), bei einem Defizit auf der gesellschaftsrechtlichen Ebene (keine Benennung des Erben als Nachfolger-Gesellschafter) eine Pflicht zur Übertragung des den überlebenden Gesellschaftern angewachsenen Anteils des Verstorbenen auf den Erben (vgl. BGH 10.2.1977, BGHZ 68, 225 (233); BGH 29.9.1977, NJW 1978, 264 (265)). 12

Ist der Nachfolger **Alleinerbe,** rückt er mit dem Todesfall unmittelbar in die Gesellschafterstellung des Erblassers ein. Bei Minderjährigen ist eine familiengerichtliche Genehmigung nicht notwendig (BGH 21.12.1970, BGHZ 55, 267 (269)). Die Rechtsstellung in der GbR entspricht, soweit der Gesellschaftsvertrag nicht ein Anderes vorsieht oder sich dies aus den Umständen ergibt (besondere Fähigkeiten des Erblassers, die beim Erben nicht vorhanden sind; vgl. BGH 6.11.1958, NJW 1959, 192), derjenigen des Erblassers. Als Rechtsnachfolger haftet der Gesellschafter-Erbe für Gesellschaftsschulden 13 wie ein rechtsgeschäftlicher Erwerber. Verhindern kann er dies nur durch Erbausschlagung insgesamt (§ 1942), sodass im Schrifttum ein fristloses Austrittsrecht diskutiert wird, wenn die Mitgesellschafter ihm nicht ein Wahlrecht analog § 139 HGB einräumen (so MüKoBGB/*Schäfer* Rn. 48; BeckOK BGB/*Schöne* Rn. 13; zweifelnd Erman/*Westermann* Rn. 11). Die besseren Gründe sprechen hierfür. Der BGH hat die Frage, ob der analog § 130 HGB haftende Erbe der Gesellschaft analog § 139 HGB ein Austrittsrecht hat, bislang aber offen gelassen (BGH 17.12.2013, NZG 2014, 696 (697)). Der Mauracher Entwurf (→ § 705 Rn. 1a) schlägt zur Beseitigung dieser Unsicherheiten vor, eine § 139 HGB nachgebildete Vorschrift in das Recht der GbR aufzunehmen, die die Fortsetzung der Gesellschaft mit dem Erben und ein fristgebundenes Austrittsrecht regeln würde).

14 Sind von der Nachfolgeklausel mehrere Erben als **Miterben** erfasst, wird nicht die Miterbengemeinschaft statt des Erblassers Gesellschafter. Vielmehr kommt es, ebenso wie bei einer Personenhandelsgesellschaft (hierzu BGH 21.12.1970, BGHZ 55, 267 (269); BGH 10.2.1977, 68, 225 (237)) quotal zur **Sondererbfolge** jedes Miterben (hM, Erman/*Westermann* Rn. 8; MüKoBGB/*Schäfer* Rn. 33; Soergel/*Hadding/Kießling* Rn. 21). Die Beteiligung ist aus dem gesamthänderisch gebundenen übrigen Nachlass ausgegliedert (wobei str. ist, ob es sich haftungsrechtlich um eine Nachlassteilung iSd § 2059 handelt; ausf. hierzu Erman/*Westermann* Rn. 11). Gegen dieses Ergebnis spricht nicht die zwangsläufige Erschwerung der Verwaltung der GbR durch die Zunahme der Gesellschafterzahl, da diese die Konsequenz der einvernehmlichen Gestaltung durch die Alt-Gesellschafter ist (→ Rn. 12; zu den haftungsrechtlichen Weiterungen ausf. Erman/*Westermann* Rn. 11). Möglich ist eine Vertreterklausel, nach der die Gesellschafter-Erben einen Vertreter bestimmen müssen, der ihre Rechte gegenüber der GbR wahrzunehmen hat (BGH 12.2.1966, BGHZ 46, 291 (294)).

15 Sollen nicht alle, sondern nur **bestimmte Erben** in die Gesellschafterstellung des Erblassers nachrücken, ist dies durch eine sog. **„qualifizierte Nachfolgeklausel"** möglich. Qualifikation meint Benennung des oder der nachfolgenden Gesellschafter im Gesellschaftsvertrag oder einer letztwilligen Verfügung. Bestimmbarkeit der Person ist ausreichend. Die Bestimmung kann auch den überlebenden Gesellschaftern überlassen werden (NK-BGB/*Hanke* Rn. 14). Der bestimmte Miterbe erwirbt den Anteil des verstorbenen Gesellschafters unmittelbar im Ganzen (BGH 10.2.1977, BGHZ 68, 225 (236)). Nicht als Nachfolger qualifizierte Erben können lediglich erbrechtliche Ausgleichsansprüche gegen die Gesellschafter-Erben geltend machen. Die Erbquote behält aber die volle, ihr nach Erbrecht zukommende Bedeutung für die Ansprüche der Miterben untereinander auf Wertausgleich. Die Rspr. leitet einen entsprechenden Anspruch aus § 242 her (BGH 22.11.1956, BGHZ 22, 186 (197)), das Schrifttum überwiegend aus einer Analogie zu § 1978 oder §§ 2050 ff. (MüKoBGB/*Schäfer* Rn. 45 mwN; NK-BGB/*Hanke* Rn. 14).

16 Gesellschaftsvertraglich kann auch **Testamentsvollstreckung** hinsichtlich des Gesellschaftsanteils des Verstorbenen ermöglicht werden (BGH 3.7.1989, BGHZ 108, 187 (191); BGH 25.2.1985, NJW 1985, 1953 (1954)). Aus der bloßen freien Übertragbarkeit des Anteils (OLG Hamburg 24.4.1984, ZIP 1984, 1226 (1227)) oder einer Nachfolgeklausel kann dies nicht gefolgert werden. Die **Befugnisse** des Testamentsvollstreckers in der werbenden Gesellschaft sind umstritten. Die von der Mitgliedschaft trennbaren Vermögensrechte iSd § 717 Abs. 2 können wahrgenommen werden. Hinsichtlich der Mitgliedschaftsrechte kommt es durch das Tätigwerden des Testamentsvollstreckers zwar nicht zu einer unzulässigen Abspaltung des Anteils von den Mitgliedschaftsrechten oder zu einer Verletzung des Prinzips der Selbstorganschaft (BGH 3.7.1989, BGHZ 108, 187 (199) str.), sodass ihm auch diese grundsätzlich zustehen können (etwa auch Kündigung der Gesellschaft oder Verfügung über den Anteil; vgl. LG Leipzig 13.5.2008, ZEV 2009, 96 (98)). Streit besteht aber, ob sich – anders als bei der registerpflichtigen Personenhandelsgesellschaft – unter dem Gesichtspunkt des Gläubigerschutzes Einschränkungen ergeben. Der Testamentsvollstrecker kann aufgrund § 2206 den Erblasser nicht mit dessen Privatvermögen verpflichten und haftet selbst ebenfalls nicht mit seinem Privatvermögen. Bejaht man deshalb mit guten Gründen (so etwa Erman/*Westermann* Rn. 9) die Notwendigkeit eines der Haftungsverfassung der GbR gerecht werdenden Gläubigerschutzes, können dem Testamentsvollstrecker Geschäftsführungs- und Vertretungsbefugnisse nicht zukommen (zur Nachlassverwaltung in der werbenden Gesellschaft Soergel/*Hadding/Kießling* Rn. 60 ff.). Zu unterscheiden ist diese Frage davon, ob ein Testamentsvollstrecker über einen verkehrsfähigen Geschäftsanteil eines Erblassers verfügt, der als Teil des vom Erblasser hinterlassenen Vermögens zum Nachlass gehört (KG 9.12.2008, FGPrax 2009, 56 (57)).

17 Von einer vorstehend erläuterten erbrechtlichen Nachfolgeklausel zu unterscheiden ist eine **rechtsgeschäftliche Nachfolgeklausel.** Bei ihr kommt es zwar mit dem Tod eines Gesellschafters ebenfalls zu einer automatischen Nachfolge, das Einrücken in die Gesellschafterstellung vollzieht sich aber nicht auf erbrechtlicher, sondern auf rechtsgeschäftlicher Grundlage. Eine derart herbeigeführte Nachfolge ist nach der Rspr. bei fehlender Beteiligung des Nachfolgers unwirksam, da ihr aufgrund der einen Gesellschafter auch treffenden Pflichten partiell ein Vertrag zulasten Dritter zugrunde liegt (BGH 10.2.1977, BGHZ 68, 225 (231 ff.)). Denkbar ist allenfalls eine auf den Überlebensfall des Nachfolgers aufschiebend bedingte rechtsgeschäftliche Übertragung der Mitgliedschaft (§§ 413, 398, 158 Abs. 1) auf Grundlage eines Beitrittsvertrags zwischen den Gesellschaftern und dem Nachfolger (vgl. BGH 11.5.1959, NJW

1959, 1433). Die Zuwendung vollzieht sich dann bereits zu Lebzeiten des Nachfolgers, sodass die Mitgliedschaft nicht in den Nachlass fällt und die Formvorschrift des § 2301 nicht gilt (NK-BGB/*Hanke* Rn. 11).

3. Eintrittsklauseln. Gesellschaftsvertraglich können die Gesellschafter Erben oder Dritten das Recht zum Eintritt in die fortgesetzte Gesellschaft einräumen. Ein solches aus einem Rechtsgeschäft unter Lebenden zugunsten eines Dritten (§ 328 Abs. 1) oder aus einem Vermächtnis (BGH 25.5.1987, NJW-RR 1987, 989 (990)) folgendes Eintrittsrecht gibt dem vertraglich Benannten einen Anspruch gegen die überlebenden Gesellschafter auf Aufnahme in die Gesellschaft in Nachfolge des verstorbenen Gesellschafters (MüKoBGB/*Schäfer* Rn. 53 ff.). Das Eintrittsrecht kann unter der Bedingung des Vorliegens bestimmter Qualifikationen (zB einer Berufsausübungsbefugnis) in der Person des Begünstigten stehen. Wenn der Betroffene die gesellschaftsvertraglichen Eintrittsvoraussetzungen nicht erfüllt, kann er nur durch eine abweichende Vereinbarung der beteiligten Gesellschafter in die Gesellschaft aufgenommen werden (OLG München 6.4.2016, BeckRS 2016, 06782). Eine Verpflichtung zum Eintritt auf Anfordern der überlebenden Gesellschafter kann nicht begründet werden (BGH 10.2.1977, BGHZ 68, 225 (232)), allerdings kann mittelbar durch eine aufschiebend bedingte Erbeinsetzung oder ein Vermächtnis faktischer Zwang zur Ausübung des Eintrittsrechts in eine bestimmte Richtung ausgeübt werden (vgl. nur NK-BGB/*Hanke* Rn. 16). 18

Da der Erwerb der Mitgliedschaft außerhalb des Erbrechts erfolgt, ist eine Erbenstellung nicht notwendig. Die Benennung des Eintrittsberechtigten kann auch einem Dritten überlassen werden (MüKoBGB/*Schäfer* Rn. 54). Das eingeräumte Recht muss ggf. innerhalb einer in der Eintrittsklausel bestimmten **Frist,** bei deren Fehlen innerhalb einer angemessenen Frist (RG 29.10.1942, RGZ 170, 98 (108)) ausgeübt werden. Sie hängt von den Umständen ab (BGH 29.9.1977, WM 1977, 1323 (1327) – drei Monate bei unklarer Sachlage). 19

Der Eintritt erfolgt durch Aufnahmevertrag, soweit sich nicht ergibt, dass der Begünstigte die Aufnahme bereits durch bloße Erklärung ausüben kann (vgl. BGH 29.9.1977, WM 1977, 1323 (1326)). Es kommt nach einer vorangegangenen Anwachsung mit dem Eintritt zu einer Abwachsung in gleicher Höhe bei den Alt-Gesellschaftern (soweit nicht ein Anderes bestimmt ist). Bei einer zuvor zweigliedrigen Gesellschaft führt die Ausübung des Eintrittsrechts nicht zu einem Eintritt, da die Gesellschaft mit dem Tod aufgelöst und beendigt ist (→ Vor §§ 723–728 Rn. 3). Es kommt zur Neubegründung einer GbR zwischen überlebendem Gesellschafter und „Eintrittsberechtigtem". 20

Nimmt der Begünstigte sein Eintrittsrecht nicht wahr oder erfüllt die vertraglich bestimmten Eintrittsvoraussetzungen nicht, so entsteht hinsichtlich des Gesellschaftsanteils des verstorbenen Gesellschafters ein in dessen Nachlass fallender **Abfindungsanspruch** (§§ 736, 738 Abs. 1), falls die Gesellschaft mit den übrigen Gesellschaftern fortgesetzt wird. Kommt es nicht zur Fortsetzung, ist die Gesellschaft mit der Folge der Auseinandersetzung aufgelöst. Bei einem Eintritt hängt das Schicksal des Abfindungsanspruchs von der ggf. durch Auslegung zu ermittelnden Ausgestaltung des Eintrittsrechts im Vertrag ab. Denkbar ist ein Ausschluss des Abfindungsanspruchs, weil die überlebenden Gesellschafter die Vermögensrechte des verstorbenen Gesellschafters bis zum Eintritt seines Nachfolgers treuhänderisch halten, oder eine Vorausabtretung des Anspruchs aus der Auseinandersetzung durch den bisherigen Gesellschafter an den Eintretenden (vgl. BGH 29.9.1977, NJW 1978, 264 (265)), mit dem der Eintretende gegen einen Einlagenanspruch aufrechnen kann (Soergel/*Hadding/Kießling* Rn. 16). Fehlt es an einer ein solches Verständnis erlaubenden Regelung, fällt der Abfindungsanspruch in den Nachlass. Der Eintretende muss dann uU eine Einlage erbringen, während der Abfindungsanspruch nach erbrechtlichen Grundsätzen unter den Miterben verteilt wird. 21

Auflösung durch Insolvenz der Gesellschaft oder eines Gesellschafters

728 (1) [1] **Die Gesellschaft wird durch die Eröffnung des Insolvenzverfahrens über das Vermögen der Gesellschaft aufgelöst.** [2] **Wird das Verfahren auf Antrag des Schuldners eingestellt oder nach der Bestätigung eines Insolvenzplans, der den Fortbestand der Gesellschaft vorsieht, aufgehoben, so können die Gesellschafter die Fortsetzung der Gesellschaft beschließen.**

(2) [1] **Die Gesellschaft wird durch die Eröffnung des Insolvenzverfahrens über das Vermögen eines Gesellschafters aufgelöst.** [2] **Die Vorschrift des § 727 Abs. 2 Satz 2, 3 findet Anwendung.**

Übersicht

I. Regelungsinhalt

1 § 728 regelt das Schicksal der GbR bei Eröffnung des Insolvenzverfahrens über das Vermögen der Gesellschaft oder eines ihrer Gesellschafter. § 11 Abs. 2 Nr. 1 InsO erkennt die Insolvenzfähigkeit der GbR ausdrücklich an. Die Vorschrift ermöglicht die Eröffnung des Insolvenzverfahrens über das Vermögen der GbR, an die § 728 Abs. 1 S. 1 die Auflösung der Gesellschaft knüpft. Abs. 2 sieht dieselbe Folge vor bei Eröffnung des Insolvenzverfahrens über das Vermögen eines Gesellschafters. Zu parallelen Insolvenzverfahren s. BeckOK BGB/*Schöne* Rn. 17.

2 Abs. 1 hat Relevanz für eine GbR, die als Außengesellschaft eigene Rechtspersönlichkeit besitzt, da die vorausgesetzte Eröffnung des Insolvenzverfahrens nur bei solchen Gesellschaften in Betracht kommt, die materiell-rechtlich Schuldner und verfahrensrechtlich Beteiligter sind und über ein Vermögen verfügen können. Nicht insolvenzfähig sind daher Innengesellschaften (hM, Soergel/*Hadding/Kießling* Rn. 2; MüKoBGB/*Schäfer* Rn. 5, 7; aA etwa Erman/*Westermann* Rn. 2), wohl aber Gelegenheitsgesellschaften, Gesellschaften mit nicht wirtschaftlichem Zweck (str.) oder in Vollzug gesetzte fehlerhafte Gesellschaften (MüKoInsO/*Ott/Vuia* InsO § 11 Rn. 47; MüKoBGB/*Schäfer* Rn. 5). Abs. 2 gilt hingegen sowohl für die Außen- als auch die Innen-GbR und unabhängig von der Bildung eines Gesellschaftsvermögens (MüKoBGB/*Schäfer* Rn. 33; aA: Erman/*Westermann* Rn. 4). Für Personenhandelsgesellschaften gelten § 131 Abs. 1 Nr. 3, Abs. 3 S. 1 Nr. 2 HGB, § 144 HGB.

II. Insolvenz der Gesellschaft

3 Die **Eröffnung des Insolvenzverfahrens** iSv Abs. 1 S. 1 erfolgt auf Antrag bei Vorliegen des Insolvenzeröffnungsgrunds der Zahlungsunfähigkeit der Gesellschaft (§ 17 InsO), (nur auf deren Eigenantrag) bei drohender Zahlungsunfähigkeit (§ 18 Abs. 1 InsO) oder bei Vorliegen der Voraussetzungen des § 19 InsO ausnahmsweise auch bei Überschuldung. Die Zahlungsfähigkeit der Gesellschafter ist bedeutungslos. Antragsberechtigt sind neben den Gesellschaftsgläubigern (§ 14 InsO) auch die Gesellschafter (§ 15 Abs. 1 InsO). Eine Insolvenzantragspflicht besteht nicht bei Existenz mindestens eines persönlichen haftenden Gesellschafters, der natürliche Person ist (vgl. § 15a InsO; OLG München 4.2.2015, BeckRS 2015, 07184). Die Notwendigkeit einer Antragstellung kann sich aber für Geschäftsführer unter dem Gesichtspunkt zivilrechtlicher Haftung ergeben. Ist ein Insolvenzantrag nicht geboten, kann der Gesellschafter, der ihn gleichwohl stellt, seine Treuepflicht verletzen (OLG München 4.2.2015, BeckRS 2015, 07184).

4 Das Wirksamwerden des Eröffnungsbeschlusses des Insolvenzgerichts nach § 27 InsO führt nach Abs. 1 S. 1 zur Auflösung der Gesellschaft. Wirksam wird der Beschluss mit seiner Herausgabe durch die Geschäftsstelle, nicht erst mit Zustellung oder Rechtskraft (BeckOK BGB/*Schöne* Rn. 3). Auflösung tritt auch bei fehlerhaftem Beschluss ein, nicht aber bei Zurückweisung des Eröffnungsantrags mangels Masse (vgl. BGH 8.10.1979, BGHZ 75, 178 (181)). Wird der Eröffnungsbeschluss erfolgreich durch Beschwerde (die keine aufschiebende Wirkung hat, § 6 Abs. 3 InsO) angefochten und aufgehoben, entfällt der Auflösungsbeschluss rückwirkend. Die Gesellschaft war dann nie aufgelöst, Rechtshandlungen des Insolvenzverwalters bleiben aber wirksam (§ 34 Abs. 3 S. 3 InsO).

5 Die Eröffnung des Verfahrens betrifft nur das Vermögen der Gesellschaft, die Gesellschafter sind in ihrer privaten Vermögenssphäre nicht betroffen. Ihre Haftung besteht zudem nur für Verbindlichkeiten, welche die GbR bis zur Eröffnung des Insolvenzverfahrens eingegangen ist (für Steuerschulden etwa BFH 26.8.1997, DStR 1997, 1723; BFH 1.6.2016, DStR 2016, 1986; FG München 21.4.2010, DStRE 2011, 966 (967)), danach haftet nur das Gesellschaftsvermögen. Die Geschäftsführung in der GbR übernimmt nach § 80 Abs. 1 InsO der Insolvenzverwalter. Nur der Insolvenzverwalter kann nach § 93 InsO für die Dauer des Verfahrens die persönliche Haftung der Gesellschafter aus dem Gesellschaftsverhältnis geltend machen (nicht eine Haftung aus anderen Rechtsverhältnissen; vgl. OLG Stuttgart 14.5.2002, NZI 2002, 495 (496)). Entsprechende Leistungen der Gesellschafter dürfen nicht zur Befriedigung von Masseverbindlichkeiten verwendet werden; für diese haftet lediglich das Gesellschaftsvermögen (LG Aachen ZInsO 2019, 1282 (1284)). Prozesse von Gläubigern gegen Gesellschafter wegen Verbindlichkeiten der GbR werden durch die Eröffnung analog § 17 Abs. 1 S. 1 AnfG unterbrochen (BGH 14.11.2002, NJW 2003, 590 (591); OLG Stuttgart 14.5.2002, NZI 2002, 495 (497)), neu erhobene Klagen sind unzulässig (LG Wiesbaden 8.3.2012, VersR 2013, 910 (911)). Gesellschafter können auch nicht gegen Gesellschaftsgläubiger auf Feststellung klagen, nicht persönlich für eine Verbindlichkeit der Gesellschaft zu haften (BGH 12.7.2012, NZG 2012, 1113 (1114)). Werden Forderungen gegen die GbR durch Insolvenzplan befriedigt, entfällt die persönliche Gesellschafterhaftung (§ 227 Abs. 2 InsO).

6 Das Insolvenzverfahren verdrängt die gesellschaftsrechtliche Liquidation nach § 730 Abs. 1. Streitig ist, ob es bei Aufhebung oder Einstellung des Insolvenzverfahrens vor Beendigung der GbR zu einer Auseinandersetzung nach §§ 730 ff. kommt (soweit die Gesellschafter nicht die Fortsetzung der aufgelös-

ten GbR beschließen) oder sich die GbR wieder in eine werbende wandelt (vgl. Soergel/*Hadding/Kießling* Rn. 4; Erman/*Westermann* Rn. 5).

Wird das Verfahren auf Antrag des Schuldners nach §§ 212, 213 InsO eingestellt oder nach der Bestätigung eines Insolvenzplans, der den Fortbestand der Gesellschaft vorsieht (§§ 248 ff. InsO), aufgehoben, so können die Gesellschafter nach Abs. 1 S. 2 die Fortsetzung der Gesellschaft beschließen, die sodann als werbende wieder auflebt. 7

III. Insolvenz eines Gesellschafters

Nach Abs. 2 führt auch die Eröffnung des Insolvenzverfahrens über das Vermögen eines Gesellschafters zur Auflösung der GbR (nicht aber eine Nachlassinsolvenz des Gesellschaftererben, BGH 30.4.1984, BGHZ 91, 132 (137)). Durch die Auflösung wird dem Insolvenzverwalter im Interesse der Privatgläubiger des Insolvenzschuldners der Zugriff auf dessen gesellschaftlichen Vermögensrechte (Auseinandersetzungsguthaben bzw. Abfindungsanspruch sowie auch sein Anteil an der Gesellschaft (OLG München 22.5.2017, NZG 2017, 818 (819)) ermöglicht. Zu Abweisung des Antrags, Aufhebung des Beschlusses → Rn. 4. Fassen die übrigen Gesellschafter einen Fortsetzungsbeschluss, bedarf dieser der Zustimmung des Insolvenzverwalters (hM, MüKoBGB/*Schäfer* Rn. 43 mwN). Eine Einbeziehung des Insolvenzschuldners ist nur möglich bei Freigabe von dessen Gesellschaftsanteil aus der Masse (MüKoBGB/*Schäfer* Rn. 44). 8

Mit Eröffnung des Verfahrens fällt der Anteil des Gesellschafters, soweit die Rechte nicht bereits anderweitig abgetreten sind (→ § 717 Rn. 8), in die Masse. Gegenstände des Gesellschaftsvermögens werden vom Beschlag nicht erfasst (BGH 14.2.1957, NJW 1957, 750 (752)). Die Befugnis der Gesellschaft, über ein Grundstück zu verfügen, als dessen Eigentümerin sie eingetragen ist, bleibt durch die Eröffnung des Insolvenzverfahrens über das Vermögen eines Gesellschafters unberührt (KG 28.12.2010, ZIP 2011, 370 (371)), betroffen ist insofern allein die Geschäftsführung und die Vertretung der Gesellschaft. Sofern ein Gesellschafter in seiner Funktion als Vertretungsorgan eine Notarvollmacht zur Vertretung der Gesellschaft erteilt hat, erlischt diese nach § 117 Abs. 1 InsO mit der Eröffnung der Insolvenz über das Vermögen des Gesellschafters (OLG München 22.5.2017, NZG 2017, 818 (819); OLG München 9.7.2018, NZI 2018, 696 (697); aA BeckOGK/*v. Proff zu Irnich,* 1.8.2020, § 728 Rn. 45). Für ein Grundstück der GbR kann im Falle einer Gesellschafterinsolvenz wegen § 47 Abs. 2 GBO ein Insolvenzvermerk analog § 32 Abs. 1 Nr. 1 InsO eingetragen werden, auch wenn der Insolvenzschuldner in diesem Falle nicht der Grundstückseigentümer ist (BGH 13.7.2017, NJW 2017, 3715 (3716); OLG Dresden 5.10.2011, NZG 2012, 679 (680); OLG München, 2.7.2010, ZIP 2011, 375; LG Berlin 24.3.2016, BeckRS 2016, 09398; aA OLG Dresden 17.9.2002, NJW-RR 2003, 46 (47); OLG Rostock 11.9.2003, NZI 2003, 648). Bei anhängigen Prozessen tritt in Bezug auf die Gesellschaft selbst oder die übrigen Gesellschafter nicht Unterbrechung nach § 240 ZPO ein (OLG Frankfurt a. M. 13.8.2001, NJW-RR 2002, 1277 f.). Gesellschaftsgläubiger können weiterhin wegen einer Gesellschaftsschuld in das Gesellschaftsvermögen vollstrecken. Mitgesellschafter sind hingegen gehindert, Ausgleichs- oder Sozialansprüche geltend zu machen (MüKoBGB/*Schäfer* Rn. 40; Erman/*Westermann* Rn. 6). 9

Der insolvente Gesellschafter scheidet nicht aus der Gesellschaft aus, sondern bleibt während des Auflösungsverfahrens deren Gesellschafter. In der Abwicklungsgesellschaft übernimmt der Insolvenzverwalter für den Insolvenzschuldner gem. § 80 Abs. 1 InsO dessen Funktion (OLG Zweibrücken 30.5.2001, NZI 2001, 431 (432); OLG München 22.5.2017, NZG 2017, 818 (819), ohne hierdurch besondere Befugnisse im Verhältnis zur Gesellschaft zu erlangen (vgl. AG Mannheim 27.11.2019, ZInsO 2020, 371 (372)). Für die Mitgesellschafter gilt nach Abs. 2 S. 2 bis zum Beginn der Auseinandersetzung die Aufgabenübertragung iSd § 727 Abs. 2 fort, aufgrund der ausschließlichen Bezugnahme des § 727 Abs. 2 S. 2, 3 hingegen nicht für den Insolvenzverwalter mit Blick auf die dem Insolvenzschuldner in der GbR übertragenen Aufgaben (MüKoBGB/*Schäfer* Rn. 39). Die Abwicklung erfolgt gem. § 84 Abs. 1 InsO außerhalb des Insolvenzverfahrens nach Maßgabe der §§ 730 ff. (vgl. OLG Köln 19.10.2005, NZI 2006, 36 (37)), der Grundsatz der Durchsetzungssperre (→ § 730 Rn. 13 ff.) gilt uneingeschränkt (OLG Köln 17.10.2013, BeckRS 2014, 15747). An der Auseinandersetzung nimmt der Insolvenzverwalter in Gesamtgeschäftsführung mit den übrigen Gesellschaftern teil. An eine Vereinbarung zur Verwertung ist der Insolvenzverwalter, soweit er diese nicht nach §§ 129 ff. InsO anfechten kann, gebunden (Erman/*Westermann* Rn. 7). Die übrigen Gesellschafter können nach § 733 Vorausbefriedigung bzw. nach § 84 Abs. 1 S. 2 InsO aus dem ermittelten Anteil des Insolvenzschuldners abgesonderte Befriedigung verlangen. 10

IV. Gestaltung

§ 728 Abs. 1 ist zwingend, Abs. 2 ist Gestaltungen zugänglich, soweit diese dem Gläubigerschutz Rechnung tragen. So ist eine Vereinbarung, nach der ein insolventer Gesellschafter ausscheidet und nach § 738 abgefunden wird, während die übrigen Gesellschafter die Gesellschaft fortsetzen, wirksam (BFH 1.6.2016, DStR 2016, 1986; OLG Hamm 22.3.1984, BauR 1986, 462). Dem Gläubigerschutz 11 wird hier Rechnung dadurch getragen, dass der Abfindungsanspruch in die Masse fällt (zum Kündigungsrecht der anderen Gesellschafter wegen des Ausscheidens des insolventen Gesellschafters → § 723 Rn. 16). Möglich ist auch ein gesellschaftsvertragliches Übernahmerecht eines Gesellschafters für den Fall der Insolvenz eines Mitgesellschafters (BeckOK BGB/*Schöne* Rn. 10). Die Fortführung der Gesellschaft mit dem insolventen Gesellschafter kann nach hM nicht vereinbart werden (Palandt/*Sprau* Rn. 2; jurisPK-BGB/*Bergmann* Rn. 6; Soergel-*Hadding/Kießling* Rn. 17; aA wohl MüKoBGB/*Schäfer* Rn. 44). Hiervon zu unterscheiden ist die Frage, ob die Mitgesellschafter den insolventen Gesellschafter – ggf. formlos und konkludent – ohne Verfügungsbeschränkung nach § 80 InsO als neuen Gesellschafter aufnehmen können (bejahend BFH DStR 2016, 1986 (1989), MüKoBGB/*Schäfer* Rn. 44).

Fortdauer der Geschäftsführungsbefugnis

729 **[1] Wird die Gesellschaft aufgelöst, so gilt die Befugnis eines Gesellschafters zur Geschäftsführung zu seinen Gunsten gleichwohl als fortbestehend, bis er von der Auflösung Kenntnis erlangt oder die Auflösung kennen muss. [2] Das Gleiche gilt bei Fortbestand der Gesellschaft für die Befugnis zur Geschäftsführung eines aus der Gesellschaft ausscheidenden Gesellschafters oder für ihren Verlust in sonstiger Weise.**

I. Regelungsinhalt

1 § 729 S. 1 schützt die Geschäftsführer der werbenden GbR vor einer unbeabsichtigten Überschreitung ihrer Geschäftsführungsbefugnisse bei Auflösung der Gesellschaft. Nach § 730 Abs. 2 S. 2 steht den Gesellschaftern bei Fehlen abweichender vertraglicher Vereinbarung mit der Auflösung die Geschäftsführung nur noch gemeinschaftlich zu. Die Auflösung – mit der Folge des Erlöschens einer uU vereinbarten Einzelgeschäftsführungsbefugnis – kann aber eintreten, ohne dass hiervon alle Gesellschafter notwendigerweise Kenntnis haben müssen (zu den Auflösungsgründen → Vor §§ 723–728 Rn. 1), sodass § 729 einen Fortbestand der Geschäftsführungsbefugnis – und nach § 714 im Zweifel auch der Vertretungsmacht – für den Zeitraum zwischen Auflösung und Kenntnisnahme aller Gesellschafter hiervon fingiert. S. 2 erweitert diesen Schutz für vergleichbare Sachverhalte, in denen es nicht zu einer Auflösung der Gesellschaft kommt, ein Geschäftsführer aber ähnlich schutzwürdig ist.

2 § 729 gilt nicht nur für die GbR, sondern seit Aufhebung des § 136 HGB durch das HRefG 1998 nach § 105 Abs. 3 HGB auch für die Personenhandelsgesellschaften.

II. Voraussetzungen

3 § 729 setzt das **Bestehen einer Geschäftsführungsbefugnis** voraus. Da § 729 vor einer auflösungsbedingten Änderung einer Einzelgeschäftsführungsbefugnis nach § 730 Abs. 2 S. 2 schützen soll (→ Rn. 1), ist keine Fingierung notwendig, wenn zuvor Gesamtgeschäftsführung galt. Ob § 729 in diesem Fall nicht anwendbar ist oder keine Relevanz besitzt, wird unterschiedlich beurteilt, ist im Ergebnis aber belanglos. Ohne Bedeutung ist, ob alle oder nur einzelne Gesellschafter einzelgeschäftsführungsbefugt waren. § 674 und nicht § 729 findet Anwendung auf Fälle der Übertragung der Geschäftsführung für einzelne Geschäfte, dh bei Fehlen organschaftlicher Geschäftsführungs- und Vertretungsmacht (MüKoBGB/*Schäfer* Rn. 3).

4 § 729 greift bei **Wegfall einer zunächst bestehenden Geschäftsführungsbefugnis.** S. 1 regelt hierbei den Wegfall der Geschäftsführungsbefugnis aufgrund **Auflösung der Gesellschaft.** Die Vorschrift greift ohne Rücksicht auf den Grund der Auflösung, dh unabhängig davon, ob bei einem Auflösungsgrund typischerweise Kenntnis der Geschäftsführer im Zeitpunkt der Auflösung vorliegt (zB bei Kündigung) oder nicht (zB bei Zweckerreichung, Tod oder Insolvenz eines (anderen) Gesellschafters). Bei der Auflösung wegen Insolvenz der Gesellschaft (§ 728 Abs. 1, § 131 Abs. 1 Nr. 3 HGB) geht mit dieser die Geschäftsführungsbefugnis auf den Insolvenzverwalter über (→ § 728 Rn. 5), sodass für § 729 S. 1 kein Raum verbleibt. Die Wirksamkeit der eine Auflösung bewirkenden Kündigung (§ 723) setzt regelmäßig Zugang der Erklärung bei allen Gesellschaftern voraus, sodass auch hier nur bei abweichender Regelung der Wirksamkeit im Gesellschaftsvertrag § 729 S. 1 relevant ist. S. 2 gilt bei Fortfall der Geschäftsführungsbefugnis und Fortbestand der Gesellschaft. Schutzwürdigkeit eines Gesellschafters kann hier bestehen in dem in S. 2 explizit erwähnten Fall des **Ausscheidens des Gesellschafters** aus der GbR. An der die Fortdauer ausschließenden Kenntnis bzw. dem Kennenmüssen kann es idR nur bei einem unfreiwilligen Verlust der Mitgliedschaft (Ausschließung) oder bei einem einvernehmlichen Ausscheiden fehlen, bei welchem der Zeitpunkt hierfür von einem Ereignis abhängt, dessen Eintritt noch ungewiss ist. Der in S. 2 Alt. 2 bestimmte Verlust in sonstiger Weise liegt ua **bei Verlust der Geschäftsführungsbefugnis** aufgrund eines darauf gerichteten Beschlusses der Mitgesellschafter nach § 712 oder einer rechtskräftigen gerichtlichen Entscheidung (§ 117 HGB) vor. Im Falle des § 712 setzt die Entziehung aber Zugang des Entziehungsbeschlusses beim Betroffenen voraus, sodass idR keine Gutgläubigkeit (→ Rn. 5) besteht.

Raum für eine Fingierung der Geschäftsführungsbefugnis ist nur bei **Gutgläubigkeit des Geschäftsführers** hinsichtlich des Fortbestehens der Geschäftsführungsbefugnis. Sie entfällt nicht nur bei positiver Kenntnis des Erlöschens, sondern auch bereits bei Kenntnis der Tatsachen, die kraft Gesetz oder Gesellschaftsvertrag zum Erlöschen der Geschäftsführungsbefugnis führen. Das Kennenmüssen beurteilt sich nach § 122 Abs. 2, wobei der Sorgfaltsmaßstab des § 708 gilt. Wird der Gesellschafter bösgläubig, gilt die Fiktion bis zu diesem Zeitpunkt. 5

III. Rechtsfolge

Bis zum Zeitpunkt des Kennens bzw. Kennenmüssens der Geschäftsführungsbefugnis fingiert § 729 im Verhältnis zu den übrigen Gesellschaftern den **Fortbestand der bisherigen Geschäftsführungsbefugnis.** Ersatz von Aufwendungen und eine etwaige Geschäftsführervergütung können weiterhin beansprucht werden (Soergel/*Hadding/Kießling* Rn. 6). 6

Eine **Pflicht zur Geschäftsführung** folgt aus § 729 nicht („gilt … zu seinen Gunsten"), allerdings ist ggf. die Pflicht zur Notgeschäftsführung aus § 727 Abs. 2, § 728 Abs. 2 (→ § 727 Rn. 6) zu beachten. Im Falle des Vorliegens der Voraussetzungen des § 727 Abs. 2 besteht allerdings tatsächliche Geschäftsführungsbefugnis, sodass es auf ihre Fingierung nach § 729 nicht ankommt. 7

Im **Außenverhältnis** liegt wegen § 714 kein vollmachtloses Handeln vor, allerdings schadet nach § 169 Kenntnis bzw. Kennenmüssen des Dritten vom Erlöschen der Befugnis (vgl. RG 29.1.1909, LZ 1909, 310). In der OHG und KG fehlt es an einer § 714 entsprechenden Vorschrift, im Außenverhältnis greift § 143 iVm § 15 Abs. 1 HGB. 8

IV. Gestaltung

§ 729 ist aufgrund seines Schutzzwecks (→ Rn. 1) dispositiv und kann abbedungen werden (hM, MüKoBGB/*Schäfer* Rn. 1). 9

Auseinandersetzung; Geschäftsführung

730 (1) **Nach der Auflösung der Gesellschaft findet in Ansehung des Gesellschaftsvermögens die Auseinandersetzung unter den Gesellschaftern statt, sofern nicht über das Vermögen der Gesellschaft das Insolvenzverfahren eröffnet ist.**

(2) [1]**Für die Beendigung der schwebenden Geschäfte, für die dazu erforderliche Eingehung neuer Geschäfte sowie für die Erhaltung und Verwaltung des Gesellschaftsvermögens gilt die Gesellschaft als fortbestehend, soweit der Zweck der Auseinandersetzung es erfordert.** [2]**Die einem Gesellschafter nach dem Gesellschaftsvertrag zustehende Befugnis zur Geschäftsführung erlischt jedoch, wenn nicht aus dem Vertrag sich ein anderes ergibt, mit der Auflösung der Gesellschaft; die Geschäftsführung steht von der Auflösung an allen Gesellschaftern gemeinschaftlich zu.**

Übersicht

I. Regelungsinhalt

§ 730, eingebettet in den Normkomplex der §§ 730–735, ist die Ausgangsnorm zu den **Folgen der Auflösung der GbR,** die in §§ 723–728 bestimmt ist. § 730 ordnet in Abs. 1 als Folge der Auflösung die Auseinandersetzung des Gesellschaftsvermögens an und stellt in Abs. 2 die hierfür notwendigen Organisationsstrukturen zur Verfügung. §§ 731–735 regeln sodann die einzelnen Stufen der Abwicklung bis hin zum Abschluss des Verfahrens. Abs. 1 Hs. 2 schließt für den Auflösungsgrund der Eröffnung des Insolvenzverfahrens über das Vermögen der Gesellschaft (§ 728 Abs. 1) die Abwicklung aus. Hier tritt an die Stelle der Abwicklung nach den §§ 731–735 das Insolvenzverfahren nach der InsO. 1

Die ausführlichen gesetzlichen Regelungen zur Auseinandersetzung beruhen darauf, dass die Auflösung nicht zur sofortigen Beendigung des Dauerschuldverhältnisses führt, sondern lediglich zu der Umwandlung der werbenden GbR in eine **Abwicklungsgesellschaft.** Diese Zwischenstufe dient im Interesse von Gläubigern, Schuldnern und Gesellschaftern der sachgerechten Behandlung des Gesellschaftsvermögens zwischen Auflösung und Beendigung und stellt sicher, dass während der Abwicklung 2 die GbR als Zuordnungsobjekt des Vermögens weiter existiert. Der für diesen Vorgang im Gesetz verwendete Begriff der Auseinandersetzung entspricht hierbei inhaltlich der Liquidation iSd HGB (§§ 145 ff. HGB). Der Mauracher Entwurf (→ § 705 Rn. 1a) beabsichtigt, de lege ferenda die Terminologie (und auch den Gesetzesaufbau) dem Recht der Personenhandelsgesellschaften anzugleichen, da bei einer rechtlichen Verselbständigung der Gesellschaft bürgerlichen Rechts auf deren Abwicklung der Begriff „Auseinandersetzung" nicht mehr passt.

II. Anwendungsbereich

3 § 730 und die weiteren Regelungen zur Abwicklung sind aufgrund der Formulierung, dass eine Auseinandersetzung **„in Ansehung des Gesellschaftsvermögens"** erfolgt, nur dann anwendbar, wenn ein solches vorhanden ist (vgl. RG 25.8.1937, JW 1937, 2970 (2971); BGH, 11.9.2018, NJW 2019, 161). Fehlt es an (aktivem) Gesellschaftsvermögen oder vereinigt es sich in einer Hand, tritt mit Auflösung der GbR zugleich deren Vollbeendigung ein (→ § 723 Rn. 3), so etwa bei der Innengesellschaft ohne Gesamthandsvermögen (BGH 22.6.1981, NJW 1982, 99 (100); BGH 23.6.1986, NJW-RR 1986, 1419; BGH 11.9.2018, NJW 2019, 161), der nicht in Vollzug gesetzten GbR (OLG Frankfurt a. M. 16.5.1995, NJW-RR 1996, 101 (102)) oder der zweigliedrigen Gesellschaft nach Ausscheiden des vorletzten Gesellschafters bei Vorliegen einer Fortsetzungsklausel (BGH 23.10.2006, NJW-RR 2007, 245 (246)).

4 Wenngleich in solchen Fällen **keine Abwicklung** stattfindet, ist eine Endabrechnung nach den für die Liquidation geltenden Grundsätzen über schuldrechtliche Ausgleichsansprüche gegen denjenigen, dem das der Gesellschaft dienende Vermögen gehört, notwendig (vgl. BGH 15.10.1990, NJW-RR 1991, 422 (423); BGH 11.9.2018, NJW 2019, 161); auf diese Abrechnung besteht entsprechend § 738 Abs. 1 S. 2 ein Anspruch (BGH 2.5.1983, NJW 1983, 2375). Streitig ist, ob bei einer beendeten Innengesellschaft nur der Außengesellschafter zur Schlussabrechnung verpflichtet ist (so wohl MüKoBGB/*Schäfer* Rn. 16). Der Innengesellschafter ist aber jedenfalls berechtigt, die Schlussabrechnung zu erstellen, wenn der Außengesellschafter die Abrechnung verzögert (BGH 23.6.1986, NJW-RR 1986, 1419). **Schwebende Geschäfte** sind abweichend von § 740 in die Abrechnung mit einzubeziehen (BGH 14.7.1960, WM 1960, 1121). Nicht beansprucht werden kann die Verwertung im Alleineigentum des Außengesellschafters stehenden Eigentums, das der GbR gedient hat (BGH 14.7.1960, WM 1960, 1121). Diesbezüglich können allenfalls Abfindungsansprüche bestehen, soweit sich aus dem Gesellschaftsvertrag nicht ausnahmsweise ein Anspruch auf Einräumung von Eigentum nach Beendigung der Gesellschaft ergibt (BGH 2.5.1983, NJW 1983, 2375 (2376)). Zum Gebrauch überlassene Gegenstände sind zurückzugeben (§ 738 Abs. 1 S. 2, § 732). Hat der Innengesellschafter eine Einlage in das Vermögen des Außengesellschafters geleistet, ist nach § 733 Abs. 2 S. 2 zu verfahren (Erman/*Westermann* Rn. 3).

5 Bei einer der stillen Gesellschaft nachempfundenen GbR (typische stille GbR) ist entsprechend § 235 HGB zu verfahren (Erman/*Westermann* Rn. 4). Bei gesellschaftsähnlichen Rechtsverhältnissen kommt eine Anwendung der §§ 730 ff. nach hM nicht in Betracht (Soergel/*Hadding/Kießling* Vor § 730 Rn. 16 mwN), wohl aber bei der fehlerhaften Gesellschaft (RG 13.1.1941, RGZ 166, 51 (59); OLG Braunschweig 1.10.2003, NZG 2004, 325 (326); OLG Düsseldorf 3.5.2006, MedR 2007, 428 (430)).

III. Abwicklungsgesellschaft

6 Die Auseinandersetzung hat stets eine Auflösung zur Voraussetzung. Mit Eintritt eines Auflösungstatbestands wird aus der werbenden Gesellschaft eine **Abwicklungsgesellschaft.** Entgegen des Wortlauts des Abs. 2 S. 1 ist das Fortbestehen der GbR nicht bloße Fiktion (BGH 19.11.2015, NZG 2016, 107; BGH 15.9.2016, NZG 2016, 1307 (1309)). Die Gesellschaft behält die Rechtsinhaberschaft am Gesellschaftsvermögen (RG 23.2.1907, RGZ 65, 227 (233)) und haftet für die Verbindlichkeiten der vormals werbenden GbR. Sie bleibt auch insoweit parteifähig (OLG Brandenburg 24.8.2008, NJ 2008, 318). Die Rechtsstellung der Gläubiger ist unverändert; die Auflösung begründet kein außerordentliches Lösungsrecht der GbR in Bezug auf bestehende Schuldverhältnisse (OLG Brandenburg 2.4.2008, NZG 2008, 506 (507)). Nur der Gesellschaftszweck verändert sich, weil er nunmehr auf Auseinandersetzung gerichtet ist (BGH 19.11.2015, NZG 2016, 107). In der Abwicklungsgesellschaft bleiben Änderungen des Gesellschafterkreises durch Aufnahme (RG 15.12.1922, RGZ 106, 63 (67)) oder Ausschließung (BGH 4.4.1951, BGHZ 1, 325 (331)) von Gesellschaftern möglich. Eine Kündigung der Abwicklungsgesellschaft ist allerdings nicht möglich (BGH 20.12.1962, WM 1963, 729 (730)), wohl aber ein Ausscheiden durch Vereinbarung mit den übrigen Gesellschaftern (BeckOK BGB/*Schöne* Rn. 21).

7 Die **Rechte und Pflichten der Gesellschafter** orientieren sich an dem gewandelten Zweck der Gesellschaft, der nunmehr auf die bloße Abwicklung gerichtet ist. Die **Treupflicht** besteht grundsätzlich fort, allerdings orientiert am Abwicklungszweck (BGH 11.1.1971, NJW 1971, 802). Sie hindert Gesellschafter daher nicht, sich auf dem Gebiet der in Liquidation befindlichen Gesellschaft zu betätigen, schließt aber aus, dass sie sich hierfür ohne entsprechenden Ausgleich Vermögenswerte der GbR allein

zu Nutzen machen (BGH 14.1.1980, NJW 1980, 1628 (1629)). Über Umstände, die mitgliedschaftliche Vermögensinteressen der Mitgesellschafter berühren, muss zutreffend und vollständig informiert werden (BGH 9.9.2002, NJW-RR 2003, 169 (170)). Die Abwicklung schwebender Geschäfte darf nicht behindert werden, der Gesellschaft dürfen keine Verluste zugefügt werden und es ist alles zu unterlassen, was die bestmögliche Verwertung des Gesellschaftsvermögens beeinträchtigen kann (BGH 14.1.1980, NJW 1980, 1628). **Beitragspflichten** bestehen nur noch insoweit, als Beiträge für die Abwicklung benötigt werden (BGH 14.11.1977, NJW 1978, 424). Den Gesellschafter soll die Beweislast für die fehlende Notwendigkeit der Beitragsleistung treffen (BGH 5.11.1979, NJW 1980, 1522 (1523); str.). Die Geltendmachung eines Schadensersatzanspruchs gegen einen Gesellschafter ist jedenfalls dann ausgeschlossen, wenn die Leistung zur Befriedigung der Gesellschaftsgläubiger nicht mehr benötigt wird und der ersatzpflichtige Gesellschafter selbst unter Berücksichtigung der ihn treffenden Verbindlichkeit noch etwas aus der Liquidationsmasse zu verlangen hat (hM, Erman/*Westermann* Rn. 6; MüKoBGB/*Schäfer* Rn. 32; vgl. aber LG Bielefeld 6.5.1981, VersR 1982, 176). Werden rückständige Beiträge oder Schadensersatz nicht geleistet, ist dies in der Schlussabrechnung zu berücksichtigen. **Mitwirkungspflichten** bestehen hinsichtlich der Auseinandersetzung (BGH 17.2.1969, WM 1969, 591 (592)), sodass die Gesellschafter wechselseitig Pflichten zur Auskunft und Mitwirkung an der Schlussabrechnung treffen (vgl. OLG Brandenburg 19.3.2020, NZFam 2020, 498 zur Mitwirkung bei Auseinandersetzung einer Sozietät; AG Waiblingen 17.8.2018, WuM 2018, 807 zur Zustimmung zur Auflösung eines Mietverhältnisses bei beendeter nichtehelicher Lebensgemeinschaft).

Kommt ein Gesellschafter diesen abwicklungsbezogenen Pflichten nicht nach, kann er zu Schadensersatz verpflichtet sein (BGH 4.7.1968, NJW 1968, 2005 (2006); OLG Frankfurt a. M. 15.2.2018, NZG 2018, 1141 (1143)); der entsprechende Anspruch unterliegt nicht der Durchsetzungssperre (→ Rn. 13 ff.). Möglich ist eine Klage auf Vornahme bestimmter Handlungen, zum Beispiel auf Zustimmung zur Kündigung von Dauerschuldverhältnissen (LG Berlin 19.6.2014, Grundeigentum 2014, 1341 (Hausverwaltervertrag); AG Dresden 23.9.2014, 312 F 2115/14 (Zeitschriftenabos)) oder zu einem Auseinandersetzungsplan (BeckOK BGB/*Schöne* Rn. 18). 8

In der Abwicklungsgesellschaft agieren nach Abs. 2 S. 2 **alle Gesellschafter als Abwickler** (der Mauracher Entwurf (→ § 705 Rn. 1a) schlägt eine eigenständige, zum Teil §§ 146–152 HGB nachgebildete Regelung zu den Liquidatoren (und weiteren Liquidationsbeteiligten) vor. § 265 Abs. 1 AktG, § 66 Abs. 1 GmbHG mit der Folge einer Stellung der zuvor geschäftsführenden Gesellschafter als Abwickler kraft Gesetzes (zu Kautelen → Rn. 22) sind nicht analog anwendbar (BGH 5.7.2011, NJW 2011, 3087 (3088)). Auf Antrag eines Gesellschafters kann analog § 146 Abs. 2 HGB aus wichtigem Grund gerichtlich ein (auch gesellschaftsfremder) Liquidator ernannt werden (BGH 5.7.2011, NJW 2011, 3087 (3089)), da der Grundsatz der Selbstorganschaft nach Auflösung nur noch eingeschränkte Bedeutung hat (BGH 12.9.2013, NJW-RR 2014, 349 (352)). Dies widerspricht insbesondere in Publikumsgesellschaften regelmäßig nicht grundsätzlich den Interessen der übrigen Gesellschafter, wenn eine gemeinsame Geschäftsführung nicht praktikabel erscheint und die Handlungsfähigkeit der Gesellschaft gefährden würde (BGH 12.9.2013, NJW-RR 2014, 349 (352)). Beruht die Auflösung auf § 727 oder § 728 Abs. 2 S. 1, werden auch Erbe(n) bzw. Insolvenzverwalter Abwickler (→ § 727 Rn. 7 und → § 728 Rn. 5). In der Abwicklungsgesellschaft gilt der Grundsatz der Gesamtgeschäftsführung und -vertretung. Dies ist unabhängig davon, ob die entsprechenden Befugnisse in der werbenden Gesellschaft abweichend vom Kollektivprinzip des § 709 bestimmt waren oder nicht (vgl. OLG Köln 29.5.1995, NJW-RR 1996, 27 (28)), gesellschaftsvertraglich für die werbende Gesellschaft eingeräumte Geschäftsführungsbefugnisse erlöschen nach Abs. 2 S. 2. Dies gilt auch in einer als Publikumsgesellschaft ausgestalteten GbR (BGH 5.7.2011, NJW 2011, 3087 (3088); aA LG Nürnberg-Fürth 25.6.2010, NJW 2010, 2960). Rechtsbehelfe (BFH 19.10.2001, BFH/NV 2002, 370) und Verfahrensanträge (AG Dortmund 15.9.2011, BeckRS 2011, 25872; zu § 9 ZVG) müssen daher durch alle Gesellschafter gemeinschaftlich erhoben bzw. gestellt werden, eine Prozessvollmacht von jedem Gesellschafter vorgelegt werden. Eine abweichende Vereinbarung der Geschäftsführung ist möglich (→ Rn. 22), es kann auch die Fiktion fortbestehender Geschäftsführungsbefugnis nach § 729 greifen (→ § 729 Rn. 4). Vereitelt ein Gesellschafter eine sachgemäße Durchführung der Auseinandersetzung unter Zurückstellung der Gesellschaftsinteressen, können ausnahmsweise einzelne Gesellschafter Ansprüche der Gesellschaft geltend machen (BGH 6.6.1955, NJW 1955, 1393 (1394); OLG Dresden 15.7.1999, NZG 2000, 248 (249)). Mit der **Geschäftsführungsbefugnis** aller Gesellschafter einher geht deren Recht auf Zugang zur Infrastruktur der Gesellschaft (OLG Oldenburg 14.7.2004, OLGR 2005, 753 (754 f.)). Intern bleibt es bei der bisherigen Zuordnung von Rechten und Sachen zu den jeweiligen Gesellschaftern, soweit nicht die Auseinandersetzung Rückgabe an die Gesellschafter erfordert (OLG Frankfurt a. M. 19.9.2007, BeckRS 2010, 6560– Büroinventar, Dienstwagen). Der Abwicklungszweck begrenzt die **Vertretungsmacht** (MüKoBGB/*Schäfer* Rn. 43). Eine Bindung der GbR für über diesen Zweck hinausgehende Geschäfte, die einvernehmlich vorgenommen werden, besteht gleichwohl. Fehlt es an einheitlichem Willen, kann sich Vertretungsmacht der Handelnden aus Rechtsschein- oder Duldungsvollmacht ergeben (hM, MüKoBGB/*Schäfer* Rn. 43 mwN). 9

10 Die **Aufgaben der Abwickler** ergeben sich aus Abs. 2 sowie den §§ 732–735. Zur Vorbereitung der Auseinandersetzung müssen nach Abs. 2 S. 1 abgeschlossene oder abschlussreife Geschäfte, die noch nicht durchgeführt sind (RG 7.6.1943, RGZ 171, 129 (133); LG Hagen 26.9.2018, BeckRS 2018, 43535), abgewickelt werden. Soweit zur Abwicklung dieser schwebenden Geschäfte unverzichtbar, sind nach Abs. 2 S. 1 auch neue Geschäfte möglich (BGH 12.12.1963, WM 1964, 152). **Offene Beiträge der Gesellschafter** sind noch einzuziehen, soweit diese aus Sicht der Abwickler für die Abwicklung notwendig sind (→ Rn. 7). Eine **actio pro socio** soll bezüglich rückständiger Beiträge, anders als für Schadensersatzansprüche der Gesellschaft (RG 22.10.1938, RGZ 158, 302 (314)), aufgrund nicht mehr zwangsläufig gleichgerichteten Interesses bei entgegenstehender Entscheidung der Liquidatoren unbegründet sein (vgl. RG 23.10.1920, RGZ 100, 165 (166 f.); BGH 30.11.1959, NJW 1960, 433 f.). Gegenstände sind sodann zurückzugeben (§ 732), Schulden zu tilgen (§ 733 Abs. 1), Einlagen an die Gesellschafter zurück zu erstatten (§ 733 Abs. 2), die Schlussabrechnung zu erstellen und ein Überschuss (§ 734) oder Verlust (§ 735) zu verteilen.

11 Eine **Vergütung für die Tätigkeit als Abwickler** kann nur bei entsprechendem Gesellschafterbeschluss beansprucht werden. Eine Vereinbarung über eine Geschäftsführervergütung in der werbenden Gesellschaft gilt für die Abwicklungsgesellschaft nicht fort (BGH 6.3.1967, WM 1967, 682 (684)). Zum Teil wird bei einer Übertragung der Abwicklung auf Einzelne angenommen, dass die übrigen Gesellschafter aufgrund ihrer Treupflicht eine Vergütung bewilligen müssen (MüKoBGB/*Schäfer* Rn. 42).

12 Die **Beendigung der Abwicklungsgesellschaft** und damit Vollbeendigung der GbR tritt ein, wenn das Aktivvermögen abgewickelt ist (BGH 11.4.1957, BGHZ 24, 91 (93)). Hiermit verliert die Gesellschaft auch ihre Parteifähigkeit (VG Stuttgart 27.2.2019, BeckRS 2019, 18873 Rn. 32). Das Vorhandensein von Gesellschaftsverbindlichkeiten hindert die Beendigung nicht, da die Gesellschafter jedem Gläubiger nach § 128 HGB analog für den vollen Betrag haften (vgl. RG 30.10.1897, RGZ 40, 29 (31); BGH 11.4.1957, BGHZ 24, 91 (93); aA etwa SG Stralsund 29.11.2013, S 3 KR 68/10; unentschieden OLG Düsseldorf 27.3.2014, NZG 2014, 583 (584), mwN zum Streitstand). An die Abwicklung des Gesellschaftsvermögens schließt sich daher idR ein interner schuldrechtlicher Ausgleich an, der nicht mehr Teil der gesetzlich vorgesehenen Auseinandersetzung ist (aber → § 735 Rn. 3). Er knüpft an die erstellte Schlussabrechnung an, aus der sich etwaige Auseinandersetzungsguthaben oder Ausgleichsansprüche ergeben (→ Rn. 16 f.). Ergibt sich nach der Schlussabrechnung weiteres Aktivvermögen, besteht die Abwicklungsgesellschaft fort; die Abwicklung ist wieder aufzunehmen (RG 11.6.1926, RGZ 114, 131 (135)). Zur Behandlung der beendeten GbR im Steuerverfahren BFH 24.3.1987, BFHE 150, 293; BFH 22.1.2015, BFH/NV 2015, 995; BVerwG 15.6.2016, NVwZ 2017, 565 (566).

IV. Durchsetzungssperre

13 Die Umwandlung der werbenden in eine Abwicklungsgesellschaft führt zu einer (abdingbaren, → Rn. 18 ff., und in einigen Bereichen durchbrochenen, → Rn. 14) **Durchsetzungssperre** hinsichtlich einzelner auf dem Gesellschaftsverhältnis beruhender Ansprüche der Gesellschafter gegen die Gesellschaft oder gegen Mitgesellschafter. Diese können nicht mehr selbstständig geltend gemacht werden, sondern sind als unselbstständige Rechnungsposten in die Auseinandersetzungsrechnung einzustellen (stRspr, BGH 2.7.1962, BGHZ 37, 299 (304); 10.5.1993, NJW-RR 1993, 1187; BGH 3.2.2015, NJW 2015, 1956 (1958) für stille Gesellschaft). Die Durchsetzungssperre soll die **Gefahr von Hin- und Herzahlungen** während des Auseinandersetzungsverfahrens verhindern. Sie findet uneingeschränkt auch Geltung beim einseitigen Ausscheiden eines Gesellschafters (BGH 20.10.1977, WM 1978, 89 (90)), bei der Auflösung einer zweigliedrigen Gesellschaft (BGH 9.3.1992, NJW 1992, 2757 (2758); aber → Rn. 15) und bei der Abwicklung nach einer Auflösung gem. § 728 Abs. 2 (OLG Köln 17.10.2013; BeckRS 2014, 15747). Maßgeblich für die Sperrwirkung ist stets, dass der fragliche Anspruch auf dem Gesellschaftsverhältnis beruht; ist das anspruchsbegründende Rechtsverhältnis ein anderes als die Gesellschaft, kann der Anspruch als **Drittgläubigerforderung** außerhalb der Liquidation geltend gemacht werden. Dies gilt etwa für einen Ersatzanspruch gegen einen Mitgesellschafter wegen eines Schadens, der die Gesellschaft nicht berührt (BGH 8.2.1962, NJW 1962, 859), für einen Rückzahlungsanspruch aus einem anderen Rechtsverhältnis, der allenfalls einen wirtschaftlichen Bezug zur GbR hat (BGH 16.9.1985, NJW-RR 1986, 456 – Darlehen an Mitgesellschafter, damit dieser seiner Beitragspflicht nachkommen kann), für einen Kaufvertrag über einen Erbteil (BGH 12.11.2007, NZG 2008, 68 (69)), Beraterdienstvertrag mit der GbR (BGH 3.4.2006, NJW-RR 2006, 1268).

14 **Von der Sperrwirkung erfasst** sind mit dieser Maßgabe Zahlungsansprüche des Gesellschafters auf Gewinn, Einlagenrückerstattung (BGH 15.5.2000, NJW 2000, 2586 (2587); OLG Köln 17.10.2013, BeckRS 15747), Ersatz von Aufwendungen für die Gesellschaft (BGH 2.7.1962, BGHZ 37, 299 (304), OLG Hamburg, 30.11.2018, NZG 2019, 142), von Miet-/Pachtzinsen von zum Gebrauch eingebrachten Grundstücken (OLG Thüringen 26.4.2006, OLGR 2007, 143); Rückzahlung unerlaubter Entnahmen (OLG München 7.4.2012, BeckRS 2014, 06888; LG Braunschweig 17.4.2001, NJW-RR

2002, 243), Ausgleich von Good Will (OLG Karlsruhe 16.11.2000, NZG 2001, 654 (655)), aus Regress nach § 426 (BGH 15.1.1988, BGHZ 103, 72 (77); bestr., soweit der Anspruchsinhaber der Gesellschaft nicht mehr angehört), Schadensersatzansprüche gegen die Gesellschaft (BGH 13.6.1957, WM 1957, 1027 (1029)) oder gegen einen Gesellschafter wegen Treupflichtverletzungen (BGH 17.6.1953, NJW 1953, 1217 (1219); BGH 4.12.2012, NJW 2013, 363 (367)) oder unerlaubter Handlungen gegen die Gesellschaft (OLG München 7.4.2012, BeckRS 2014, 06888). **Nicht erfasst von der Sperrwirkung** sind nach Sinn und Zweck der Durchsetzungssperre Ansprüche, die nicht auf Zahlung gerichtet sind (hL). Der BGH hat dies jedenfalls für einen Anspruch auf Schadensersatz wegen der Verletzung einer Geschäftschance durch Naturalrestitution angenommen (BGH 4.12.2012, NJW-RR 2013, 363 (367)) und auf einen damit verbundenen Zahlungsanspruch auf Aufwendungsersatz, nicht aber auf einen solchen auf Wertersatz nach § 250 BGB erstreckt (BGH 4.12.2012, NJW-RR 2013, 363 (367)).

Durchbrochen wird die Durchsetzungssperre, wenn schon vor Beendigung der Auseinander- 15
setzung mit Sicherheit feststeht, dass ein Gesellschafter Aufwendungsersatz in bestimmter Höhe verlangen kann (BGH 8.12.1960, WM 1961, 323; BGH 2.7.1962, BGHZ 37, 299 (305)) oder ein Anspruch auf Verlustausgleich in bestimmter Höhe gegen einen Gesellschafter besteht (BGH 12.11.1990, NJW-RR 1991, 549; seine Werthaltigkeit wegen Insolvenz der Gesellschafters ist hingegen ohne Bedeutung, OLG Köln 17.10.2013, BeckRS 2014, 15747). Dies kann insbesondere in einer zweigliedrigen Gesellschaft der Fall sein (vgl. BGH 23.10.2006, NJW-RR 2007, 245 (246); OLG Koblenz 20.2.2008, MDR 2008, 1049). Allerdings bedarf es in solchen Fällen wenigstens einer **vorläufigen Auseinandersetzungsrechnung.** Erhebt der in Anspruch genommene Gesellschafter einzelne Einwendungen gegen ihre Richtigkeit und Vollständigkeit, hat das Gericht diese Streitpunkte zu klären und das Auseinandersetzungsguthaben festzustellen (BGH 7.12.1987, NJW-RR 1988, 997 (998); BGH 12.11.1990, NJW-RR 1991, 549). Nicht gehindert ist die Durchsetzung bestimmter Ansprüche auf Schadensersatz (→ Rn. 7) oder auf Ausgleich für in der Auseinandersetzung übernommenes Gesellschaftsvermögen (BGH 14.1.1980, NJW 1980, 1628).

Prozessual hindert die Durchsetzungssperre nicht, im Wege der **Feststellungsklage** die Berechti- 16
gung eines Anspruchs außerhalb der Auseinandersetzung mit bindender Wirkung zu klären (BGH 13.6.1957, WM 1957, 1027). Eine **Leistungsklage** oder eine **Stufenklage** auf Auskunft und Leistung kann – auch ohne ausdrücklichen Hilfsantrag (OLG Brandenburg 12.6.2019, NJW-RR 2019, 1004 (1005)) – in eine Feststellungsklage umgedeutet werden (BGH 9.3.1992, NJW 1992, 2757 (2759); BGH 10.5.1993, NJW-RR 1993, 1187 (1188); BGH 24.10.1994, NJW 1995, 188 (189); BGH 4.12.2012, NJW 2013, 363 (367)), soweit der Kläger dem nicht ausdrücklich oder konkludent entgegen tritt (OLG Frankfurt a. M. 21.7.2006, OLGR 2007, 97 (98)) und seine Ansprüche nicht im Urkundsprozess verfolgt (§ 592 ZPO, vgl. BGH 22.5.2012, NJW-RR 2012, 1179 (1182 f.); OLG Frankfurt a. M. 21.9.2011, GWR 2011, 522). Das gilt auch für Ansprüche der Gesellschaft gegen den ausgeschiedenen Gesellschafter (BGH 9.3.1992, NJW 1992, 2757 (2758)). Nach Maßgabe der Feststellung fließen die Rechnungsposten in die Auseinandersetzungsrechnung (zur Stichtagbestimmung OLG München 15.9.1994, NJW-RR 1995, 485) ein. Das Gericht darf auf eine Leistungsklage nicht selbst eine Auseinandersetzungsbilanz erstellen, Gesellschafter dazu verurteilen, der „Bilanz" zuzustimmen und die Feststellung treffen, dass einem Gesellschafter ein bestimmter Überschussanteil zusteht (OLG Zweibrücken 9.12.2004, OLGR 2005, 358 (359)).

V. Schlussabrechnung

Die Schlussabrechnung beendet die Auseinandersetzung zwischen den Gesellschaftern und stellt das 17
Ende der Abwicklung dar. Auf die Erstellung der **Schlussabrechnung** hat jeder Gesellschafter einen Anspruch, der einen Anspruch auf vorhergehende Rechnungslegung in sich trägt (→ § 721 Rn. 3). Dieser kann klageweise gegen die Gesellschaft oder die Abwickler, denen diese Aufgabe übertragen (→ Rn. 9) ist, durchgesetzt werden (vgl. BGH 22.3.2011, NZG 2011, 697 (698); OLG Hamm 30.3.1983, BB 1983, 1304; OLG Saarbrücken 28.6.2016, BeckRS 2016, 19947). Ein Klageantrag auf Erstellung einer Schlussabrechnung ist hinreichend bestimmt (OLG Bremen 6.7.2009, NZG 2009, 1066), nicht aber ein Antrag auf Durchführung der Auseinandersetzung (BGH 24.11.1980, NJW 1981, 749). Auch wenn die Schlussabrechnung bisweilen als Auseinandersetzungsbilanz bezeichnet wird, ist eine formelle Bilanz (vgl. § 154 HGB) für die GbR – wie überhaupt eine bestimmte Form – nicht vorgeschrieben. Eine **Gesamtabrechnung** ist **entbehrlich,** wenn sich der endgültige Anspruch des Gesellschafters ohne besondere Abrechnung ermitteln lässt (Soergel/*Hadding/Kießling* Vor § 730 Rn. 5) oder ein Gesellschafter das Gesellschaftsvermögen gegen Abfindung der übrigen Gesellschafter übernehmen soll.

Mit der Schlussabrechnung werden die iRd Auseinandersetzung entstehenden Zahlungsansprüche 18
soweit wie möglich verrechnet. Wirkung der Feststellung der Schlussabrechnung mittels Beschlusses durch alle Gesellschafter ist nicht nur die Verbindlichkeit der Rechnung zwischen den Gesellschaftern, sondern auch die **Fälligkeit** der Ansprüche auf das Auseinandersetzungsguthaben (vgl. BGH 24.10.1994, NJW 1995, 188 (189)) oder die Zahlung von Nachschüssen (MüKoBGB/*Schäfer* Rn. 61).

Der feststellende Beschluss muss nicht einstimmig erfolgen, wenn der Gesellschaftsvertrag eine allgemeine Mehrheitsklausel vorsieht (BGH 15.11.2011, NJW 2012, 1439 (1440); KG 3.5.2010, NZG 2010, 1102 (1103)). Der Anspruch auf das Auseinandersetzungsguthaben richtet sich gegen die Gesellschaft, die ihn aus dem nach der Berichtigung der Schulden verbleibenden Vermögen erfüllt, oder, wenn ihr Vermögen bereits verteilt ist, gegen einen ausgleichspflichtigen Gesellschafter (BGH 5.7.1993, DStR 1993, 1490 (1491)). In einer zweigliedrigen Gesellschaft kann der Anspruch unmittelbar gegen den anderen Gesellschafter geltend gemacht werden (BGH 14.12.1998, NJW 1999, 1180 (1181); BGH 21.11.2005, NJW-RR 2006, 468 f.; BGH 13.10.2015, NJW-RR 2016, 292 (293)).

VI. Gestaltung

19 Gesellschaftsvertraglich kann § 730 durch eine Auseinandersetzungsregelung – auch nur für bestimmte Auflösungstatbestände (vgl. RG 5.11.1918, Recht 1919, Nr. 246) – ersetzt bzw. modifiziert werden, insbesondere kann eine grundlegend andere Art der Auseinandersetzung als die Abwicklung nach §§ 731 ff. vereinbart werden (der Mauracher Entwurf (→ § 705 Rn. 1a) will diese Möglichkeit gesetzlich ausdrücklich klarstellen). Eine entsprechende Abweichung vom Gesetz kann auch durch das Verhalten der Gesellschafter nach Eintritt des Auflösungsgrunds stillschweigend erfolgen (RG 6.6.1930, HRR 1930 Nr. 1606; RG 26.11.1937, JW 1938, 666 – konkludente Übernahme). Die **Vertragsfreiheit** der Gesellschafter einer Abwicklungsgesellschaft ist nur insoweit begrenzt, als die Gesellschafter für den Fall der Auflösung der Gesellschaft nicht die Abwicklung ausschließen können, ohne statt dessen eine andere Form der Auseinandersetzung zu vereinbaren (BGH 4.4.1951, BGHZ 1, 325 (329)). Möglich ist allerdings, soweit nicht bereits durch eine gesellschaftsvertragliche **Fortsetzungsklausel** die Auflösung der Gesellschaft ausgeschlossen wird (→ § 736 Rn. 4), die **Rückumwandlung** der Abwicklungsgesellschaft in eine werbende Gesellschaft durch einstimmigen Gesellschafterbeschluss (OLG Frankfurt a. M. 17.8.1987, NJW-RR 1988, 225) (der Mauracher Entwurf (→ § 705 Rn. 1a) schlägt eine explizite gesetzliche Regelung zu Möglichkeiten und Voraussetzungen von Fortsetzungsbeschlüssen vor). Zu prüfen ist allerdings, ob der Fortsetzungsbeschluss nicht lediglich befristet ist, weil die Gesellschafter lediglich einen vorübergehenden Aufschub der Abwicklung vereinbaren wollen (vgl. BGH 4.4.1951, BGHZ 1, 325 (329)), etwa um eine bessere Verwertung des Vermögens sicherzustellen (vgl. RG 22.1.1915, WarnR 1915, Nr. 80, 112 (113 f.)) oder Klarheit über die Ausübung eines Übernahmerechts (→ Rn. 20) zu gewinnen. Der Ausschluss des Anspruchs eines einzelnen Gesellschafters auf Durchführung der Auseinandersetzung ist nichtig (RG 20.12.1939, DR 1940, 806 (807)).

20 Soll die GbR nicht fortgesetzt werden, kann eine **Realteilung** (RG 6.12.1929, HRR 1930, Nr. 608) oder eine **Abfindung** für einen Gesellschafter vereinbart werden. In Berufsausübungsgesellschaften erfolgt häufig eine Aufteilung der Mandanten/Patienten auf die Berufsträger zur künftigen Betreuung (zu steuerrechtlichen Weiterungen FG Saarland 24.9.2003, EFG 2003, 1776 ff.); entsprechende Vereinbarungen können aber berufsrechtliche Einschränkungen entgegenstehen (vgl. etwa § 32 BORA – Notwendigkeit einer Mandantenbefragung). Möglich ist mit Zustimmung aller Gesellschafter eine die Liquidation ersetzende **Veräußerung des Gesellschaftsvermögens** an Dritte bzw. die Übertragung der Mitgliedschaftsrechte auf eine bestehende Kapitalgesellschaft (BGH 28.5.1909, BGHZ 71, 296 (299 f.); RG 22.1.1918, RGZ 91, 428 (431)). Eine Verschmelzung der GbR mit einem anderen Rechtsträger entsprechend §§ 2 ff. UmwG ist hingegen wegen des in § 1 Abs. 2 UmwG bestimmten Analogieverbots nicht möglich.

21 Anstelle der Abwicklung kann vertraglich ein **Übernahmerecht** eines Gesellschafters vereinbart werden (BGH 19.5.1960, BGHZ 32, 307 (314); BGH 6.12.1993, NJW 1994, 796), das grundsätzlich – ggf. innerhalb einer bestimmten Frist – durch empfangsbedürftige Willenserklärung auszuüben ist (hM, Erman/*Westermann* Rn. 18; Soergel/*Hadding/Kießling* Vor § 730 Rn. 27). Mit Blick auf die für die OHG geltende Regelung des § 140 Abs. 1 HGB ist für die unternehmenstragende GbR auch ein gesetzliches Übernahmerecht analog § 737 zu bejahen (OLG München 24.6.1998, NZG 1998, 937; ausf. Soergel/*Hadding/Kießling* Vor § 730 Rn. 25). Dies gilt jedenfalls dann, wenn der Gesellschaftsvertrag eine Übernahme- oder Fortsetzungsklausel enthält. In Vollziehung des vertraglichen oder gesetzlichen Übernahmerechts geht das Gesamthandsvermögen im Wege einer Gesamtrechtsnachfolge über. Gesamthandseigentum wird Alleineigentum des Übernehmers (BGH 19.5.1960, BGHZ 32, 307 (314); BGH 13.12.1965, NJW 1966, 827). Wird ein Übernahmerecht nicht oder nicht fristgemäß wahrgenommen, kommt es zur Abwicklung.

22 Die in Abs. 2 für die Abwickler bestimmte **Gesamtgeschäftsführung/-vertretung** ist abdingbar und kann durch – ggf. auch ergänzend auszulegenden (BGH 5.7.2011, NJW 2011, 3087 (3088)) – Gesellschaftsvertrag oder Auseinandersetzungsabrede gestaltet werden. Einzelnen Gesellschaftern kann die Geschäftsführung (BGH 5.7.2011, NJW 2011, 3087 (3088); OLG Köln 29.5.1995, NJW-RR 1996, 27 (28)) oder die Vornahme bestimmter Geschäfte (BGH 21.5.1964, BB 1964, 786) übertragen werden. Nicht möglich ist der Ausschluss einzelner Gesellschafter von der Abwicklerstellung durch Mehrheitsbeschluss auf der Grundlage einer allgemeinen Mehrheitsklausel (OLG Naumburg 1.3.2012, NZG 2012, 1259 (1260)). Auch wenn eine konkludente Übertragung der Geschäftsführung uU in Betracht

kommen soll (OLG Brandenburg 28.4.2008, NJ 2008, 318), besteht keine Vermutung dass eine in der werbenden Gesellschaft eingeräumte Alleinvertretungs-/-geschäftsführungs-/-vertretungsbefugnis nach Auflösung der Gesellschaft (fort)bestehen soll (BGH 27.10.2008, NJW-RR 2009, 333 (334 f.) (zu § 68 GmbHG). Die Gestaltung kann aber nicht Personen, die kraft Gesetzes im Interesse des Gläubigerschutzes anstelle eines Gesellschafters handeln (§§ 727, 728 Abs. 2 S. 1), von der Geschäftsführung ausschließen. Inhaltlich können die Befugnisse erweitert, nicht aber verengt werden. Durch Beschluss aller Gesellschafter kann auch ein gesellschaftsfremder Dritter als Liquidator eingesetzt werden (hM, MüKoBGB/*Schäfer* Rn. 47 mwN), dies ist auch möglich durch gerichtliche Entscheidung auf Antrag eines Gesellschafters analog § 146 Abs. 2 HGB (BGH 5.7.2011, NJW 2011, 3087 (3089)). Abdingbar ist auch die Durchsetzungssperre von Gesellschafteransprüchen (→ Rn. 12; KG 9.6.2000, NZG 2001, 556 (557)); die Vereinbarung von Fälligkeitszeitpunkten für Ansprüche der Gesellschafter bewirkt aber keine solche Abbedingung (vgl. BGH 17.5.2011, NJW 2011, 2355 (2356); OLG Brandenburg 12.6.2019, NJW-RR 2019, 1004 (1005)).

Verfahren bei Auseinandersetzung

731 **[1]Die Auseinandersetzung erfolgt in Ermangelung einer anderen Vereinbarung in Gemäßheit der §§ 732 bis 735. [2]Im Übrigen gelten für die Teilung die Vorschriften über die Gemeinschaft.**

1 § 731 bestimmt, dass die Auseinandersetzung vorrangig den in einer Vereinbarung der Gesellschafter gesetzten Regeln folgt. Nur bei deren Fehlen oder Lückenhaftigkeit gelten die Regelungen der §§ 732–735. S. 1 hat nur klarstellende Bedeutung, da das Auseinandersetzungsverfahren das grundsätzlich dispositive Innenrecht betrifft und sich die Anwendung der §§ 732–735 bei Fehlen einer Vereinbarung aus sich selbst ergäbe. Nach S. 2 gelten, soweit sich in §§ 732–735 keine Bestimmungen finden, subsidiär die Vorschriften über die Auseinandersetzung der Gemeinschaft (§§ 749–758). § 731 ist auf Innen- und Außengesellschaften gleichermaßen anwendbar (aber → Rn. 4).

2 **Vereinbarung** meint eine gesellschaftsvertragliche Regelung oder einen vor oder nach (BGH 14.7.1960, WM 1960, 1121 (1122)) der Auflösung der Gesellschaft gefassten einstimmigen Gesellschafterbeschluss (RG 22.1.1918, RGZ 91, 428 (431)) zur Regelung der Auseinandersetzung. Eine solche Vereinbarung kann die gesetzlichen Regelungen zur Auseinandersetzung teilweise oder insgesamt abändern (aber → Rn. 4), sie muss sich am Grundsatz der Wirtschaftlichkeit orientieren (OLG Hamm 28.6.2004, NZG 2004, 1106). Zu denkbaren Vereinbarungen → § 730 Rn. 18 ff. Fehlt es an einer solchen, erfolgt die Abwicklung nach Maßgabe der §§ 732–735 sowie des § 730.

3 Der **Verweis auf das Recht der Gemeinschaft** (§§ 742–758) bezieht sich aufgrund des Regelungskontexts des § 731 nur auf den Ausschnittbereich der Vorschriften zur Aufhebung der Gemeinschaft, also auf die §§ 752–758. Diese Vorschriften sind zwar auch nach Anerkennung der Rechtsfähigkeit der GbR grundsätzlich (BGH 16.5.2013, NJW-RR 2014, 149 (151)), aber nicht schlechthin anwendbar, nämlich nur, soweit die §§ 731–735 keine GbR-spezifische Regelung enthalten und soweit die Vorschriften mit dem Recht der GbR insgesamt kompatibel sind. So sind die §§ 752, 753 nicht anwendbar, wenn es an Gesellschaftsvermögen zur gesamten Hand oder zu Bruchteilen (→ § 718 Rn. 1) fehlt. Für § 753 ist auch kein Raum, wenn in Abweichung von § 733 Abs. 3 die Veräußerung von Gesellschaftsvermögen nicht nur zur Schuldentilgung erfolgt, sondern dieses vollständig in Geld umgesetzt werden soll. Ist dies nicht der Fall, werden die verbleibenden Vermögensgegenstände in Natur geteilt. Unteilbare oder nur unter Wertminderung verwertbare Gegenstände werden nach § 753 durch Pfandverkauf (§§ 1240–1240, 1246), Grundstücke durch Zwangsversteigerung nach §§ 15 ff. ZVG liquidiert, die auch von einem einzelnen Gesellschafter beantragt werden kann, soweit er nach § 181 Abs. 2 S. 1 ZVG im Grundbuch als Mitberechtigter eingetragen ist (BGH 16.5.2013, NJW-RR 2014, 149 (150)). Die Beschlagnahme im ZVG-Verfahren bewirkt allerdings kein Veräußerungsverbot nach § 23 ZVG (BGH 15.9.2016, NZG 2016, 1307 (1308)). Die Anwendbarkeit des § 754 S. 2 ist bestritten (abl. MüKoBGB/*Schäfer* Rn. 5) und richtiger Weise angesichts der Liquidatorenbefugnisse nach § 730 zu verneinen. §§ 755, 756 haben angesichts § 733 Abs. 1, 3 keinen verbleibenden Anwendungsbereich (hM, Erman/*Westermann* Rn. 2; NK-BGB/*Hanke* Rn. 5). § 757 verweist auf die kaufrechtliche Mängelhaftung, soweit einzelne Gesellschafter Gegenstände des Gesellschaftsvermögens übernehmen. § 758 hat aufgrund der jederzeit durch Kündigung herbeiführbaren Auflösung der GbR keine Relevanz.

4 § 731 geht aufgrund des **Vorrangs einer Vereinbarung der Gesellschafter** von einer Gestaltbarkeit des Abwicklungsverfahrens insgesamt aus. Einschränkungen bestehen allerdings, soweit Rechte des Gesellschaftergläubigers (§ 725), Insolvenzverwalters (§ 728) oder von Erben (§ 727) in der Abwicklungsgesellschaft betroffen sind (siehe die jeweilige Kommentierung).

Rückgabe von Gegenständen

732 **[1] Gegenstände, die ein Gesellschafter der Gesellschaft zur Benutzung überlassen hat, sind ihm zurückzugeben. [2] Für einen durch Zufall in Abgang gekommenen oder verschlechterten Gegenstand kann er nicht Ersatz verlangen.**

1 § 732 regelt mit der in S. 1 bestimmten **Pflicht zur Rückgabe** der von den Gesellschafter der Gesellschaft **zur bloßen Nutzung überlassener Gegenstände** die erste Stufe der Auseinandersetzung, der sich die Berichtigung der Gesellschaftsschulden (§ 733 Abs. 1), die Rückgewähr der Einlagen (§ 733 Abs. 2) und die Überschussverteilung (§ 734) bzw. der Nachschuss bei Verlust (§ 735) anschließen. S. 2 ordnet an, wer die Gefahr hinsichtlich der überlassenen Gegenstände zu tragen hat.

2 Der in S. 1 bestimmte Anspruch des Gesellschafters auf Rückgabe besteht hinsichtlich der Gesellschaft beitragsweise zur Nutzung überlassener und zwischenzeitlich nicht untergegangener Gegenstände. Der Anspruch ist nicht dinglicher, sondern gesellschaftsrechtlicher Natur. Er entsteht mit Auflösung der Gesellschaft, sodass die **Rückgabe sofort** verlangt werden kann (BGH 29.6.1981, NJW 1981, 2802). Die GbR kann dem Anspruch aber ggf. ein **Zurückbehaltungsrecht** nach § 273 entgegensetzen, wenn der Gegenstand für die Abwicklung noch benötigt wird (RG 15.9.1937, JW 1937, 3155 (3156); RG 3.11.1937, JW 1938, 457). Die Rückgabe kann auch verweigert werden, wenn hohe Wahrscheinlichkeit besteht, dass der anspruchsberechtigte Gesellschafter zu einem Nachschuss nach § 735 verpflichtet sein wird (BGH 29.6.1981, NJW 1981, 2802). Zur **Erfüllung** ist an Sachen unmittelbarer Besitz einzuräumen. Bei Rechten erlischt mit Auflösung die der GbR eingeräumte Nutzungsbefugnis, sodass es eines Vorgehens nach § 732 an sich nicht bedarf.

3 Sind Gegenstände der Gesellschaft **zu Eigentum überlassen,** greift nicht § 732, sondern § 733 Abs. 2 S. 2 (→ § 733 Rn. 8). Diese Norm soll statt § 732 auch dann (analog) gelten, wenn ein Gegenstand **dem Wert nach eingebracht** ist, dh „wirtschaftlich wie Gesellschaftsvermögen zu behandeln" ist, ohne dass es dinglich zu einer Zuordnung zur GbR als Rechtsträger gekommen ist (BGH 25.3.1965, WM 1965, 744 (745); BGH 15.6.2009, NJW-RR 2009, 1697 (1698), str., aA etwa MüKoBGB/*Schäfer* Rn. 9 f. mwN). Bei einer Überlassung eines Gegenstands außerhalb einer gesellschaftsvertraglichen Verpflichtung, etwa durch Miete, Pacht oder Leihe, bleibt das zugrunde liegende Rechtsverhältnis durch die Auflösung der Gesellschaft unberührt, es kann aber uU aus wichtigem Grund durch Kündigung beendet werden (MüKoBGB/*Schäfer* Rn. 2).

4 Nach S. 2 trägt die **Gefahr des zufälligen Untergangs** oder **der zufälligen Verschlechterung** der eingebrachten Sache im Rahmen ihres bestimmungsgemäßen Gebrauchs der anspruchsberechtigte Gesellschafter, sodass dieser in einem solchen Fall – vorbehaltlich abweichender Vereinbarung, etwa durch Garantie – keinen Schadensersatz und allenfalls nach § 285 Surrogatherausgabe verlangen kann. Beruhen Untergang oder Verschlechterung auf schuldhaftem Handeln eines Gesellschafters, kommt es darauf an, ob der handelnde Gesellschafter geschäftsführend tätig war. In diesem Fall wird sein Verschulden der Gesellschaft analog § 31 mit der Folge einer Haftung der GbR neben dem Gesellschafter zugerechnet. Im Übrigen haftet nur der – nicht geschäftsführend handelnde – Gesellschafter aus dem Gesellschaftsverhältnis. Für das Verschulden gilt der Maßstab des § 708.

Berichtigung der Gesellschaftsschulden; Erstattung der Einlagen

733 (1) **[1] Aus dem Gesellschaftsvermögen sind zunächst die gemeinschaftlichen Schulden mit Einschluss derjenigen zu berichtigen, welche den Gläubigern gegenüber unter den Gesellschaftern geteilt sind oder für welche einem Gesellschafter die übrigen Gesellschafter als Schuldner haften. [2] Ist eine Schuld noch nicht fällig oder ist sie streitig, so ist das zur Berichtigung Erforderliche zurückzubehalten.**

(2) **[1] Aus dem nach der Berichtigung der Schulden übrig bleibenden Gesellschaftsvermögen sind die Einlagen zurückzuerstatten. [2] Für Einlagen, die nicht in Geld bestanden haben, ist der Wert zu ersetzen, den sie zur Zeit der Einbringung gehabt haben. [3] Für Einlagen, die in der Leistung von Diensten oder in der Überlassung der Benutzung eines Gegenstands bestanden haben, kann nicht Ersatz verlangt werden.**

(3) **Zur Berichtigung der Schulden und zur Rückerstattung der Einlagen ist das Gesellschaftsvermögen, soweit erforderlich, in Geld umzusetzen.**

Übersicht

I. Regelungsinhalt

1 Gemäß § 733 sind – bei Fehlen einer abweichenden Vereinbarung (→ § 731 Rn. 3) – die nach der Rückgabe der Gegenstände (§ 732) nächsten Schritte der Abwicklung die Berichtigung der Schulden (Abs. 1) und die Rückgewähr der Einlagen (Abs. 2). Abs. 3 ordnet die „Versilberung“ des Gesellschaftsvermögens an, soweit dies zur Berichtigung der Schulden und Einlagenrückgewähr notwendig ist (der Mauracher Entwurf (→ § 705 Rn. 1a) will den Regelungsgehalt der Norm mit einigen redaktionellen Anpassungen beibehalten).

2 § 733 entfaltet nur im Innenverhältnis Wirkung. Gläubiger können aus der Vorschrift keine Rechte herleiten, insbesondere ist § 723 kein Schutzgesetz iSd § 823 Abs. 2 (ganz hM, Soergel/*Hadding/Kießling* Rn. 1 mwN) und gibt auch nicht den zwingend einzuhaltenden Ablauf der Abwicklung vor. Die Vorschrift bestimmt vielmehr wechselseitige Pflichten der Gesellschafter iRd Abwicklung. Der Gläubigerschutz wird über die Möglichkeit des Zugriffs auf das Gesellschaftsvermögen während der Abwicklung nach § 736 ZPO und durch die persönliche Gesellschafterhaftung gewährleistet, die zugleich den grundsätzlich fehlenden Schutz vor Einlagenrückgewähr in der GbR rechtfertigt.

II. Berichtigung der Gesellschaftsschulden (Abs. 1)

3 Nach Abs. 1 S. 1 hat jeder Gesellschafter einen mit der Leistungsklage durchsetzbaren Anspruch auf Berichtigung der „gemeinschaftlichen Schulden“, bevor die Einlagen an die Gesellschafter zurückgewährt werden. Der **Vorrang der Schuldentilgung** stellt sicher, dass eine persönliche Inanspruchnahme der Gesellschafter erst erfolgt, wenn das Gesellschaftsvermögen hierfür eingesetzt worden ist. Die Schuldenberichtigung setzt das Vorhandensein von aktivem Gesellschaftsvermögen voraus (OLG München 28.11.2007, BeckRS 2007, 19142 Rn. 11), sodass ein Anwendungsbereich bei der Innen-GbR nur ausnahmsweise (vgl. OLG Braunschweig 18.1.2000, OLGR 2000, 204) und bei einer Außen-GbR stets dann besteht, wenn ihre Auflösung nicht – wie bei der Innen-GbR im Allgemeinen – bereits zur Vollbeendigung führt (→ Vor §§ 723–728 Rn. 3).

4 Gemeinschaftliche Schulden sind insbesondere Verbindlichkeiten, deren Schuldner die Gesellschaft ist, aber auch solche, die Gesellschafter im eigenen Namen, aber auf Rechnung für die Gesellschaft eingegangen sind (BGH 3.5.1999, NJW 1999, 2438). Gläubiger können neben Dritten auch Gesellschafter selbst sein. Die Schulden können auf Vertrag oder Gesetz beruhen. Nicht zu den gemeinschaftlichen Schulden iSd Abs. 1 gehören Ansprüche zwischen den Mitgesellschaftern (sog. **Individualansprüche**) auch dann, wenn sie aus dem Gesellschaftsverhältnis folgen (RG 6.7.1928, JW 1928, 2368 (2369)). Es besteht aber ein Befriedigungsvorrecht gem. §§ 756, 731 Abs. 2.

5 Bei Gesellschafterverbindlichkeiten ist zu unterscheiden, ob der Gesellschafter Forderungen geltend macht, die auf dem Gesellschaftsverhältnis beruhen (sog. **Sozialverbindlichkeiten**) oder sonstige Forderungen, die ihm wie einem beliebigen Dritten gegenüber der Gesellschaft zustehen (sog. **Drittgläubigerverbindlichkeiten,** → § 718 Rn. 13). Für Sozialverbindlichkeiten, nicht aber für Drittgläubigerverbindlichkeiten gilt während der Abwicklung idR die sog. Durchsetzungssperre (→ § 730 Rn. 12). Dass Sozialverbindlichkeiten von Abs. 1 erfasst werden, bewirkt daher nur, dass der anspruchsberechtigte Gesellschafter nach Berichtigung der übrigen Verbindlichkeiten vor dem Beginn der Einlagenrückgewähr nach Abs. 2 zu befriedigen ist. Bei Drittgläubigerverbindlichkeiten gilt dies nicht, hier findet auch kein Abzug in Höhe der Verlustbeteiligung des Gesellschaftergläubigers statt. Vielmehr erfolgt der wirtschaftliche Ausgleich mittelbar durch die bewirkte Verringerung des Gesellschaftsvermögens bzw. Erhöhung des Verlusts (Palandt/*Sprau* Rn. 3).

6 Die in Abs. 1 S. 2 angeordnete Pflicht zur Zurückbehaltung eines Betrages für noch nicht fällige (betagte sowie bedingte) oder streitige Forderungen kann durch Hinterlegung erfüllt werden (§ 372). Solange die Forderungen nicht abgewickelt werden können, besteht die GbR als Abwicklungsgesellschaft fort. Die Geltendmachung offensichtlich unbegründeter Forderungen oder die Existenz von Forderungen, mit deren Geltendmachung mit großer Wahrscheinlichkeit nicht mehr zu rechnen ist, hindert die endgültige Abwicklung aber nicht. Dies gilt auch, wenn die Rücknahme eines mit Rücksicht auf Abs. 1 S. 2 hinterlegten Betrages nach § 376 ausgeschlossen ist (BayObLG 20.11.1978, MDR 1979, 404).

III. Einlagenrückgewähr (Abs. 2)

7 Nach Berichtigung der gemeinschaftlichen Schulden besteht – in der Außen-GbR und ggf. analog in der Innen-GbR – nach Abs. 1 S. 2 ein Einlagenrückgewähranspruch des Gesellschafters gegen die Gesellschaft. Reichen die vorhandenen Gesellschaftsmittel nicht aus, muss nach Maßgabe des Abs. 3 (→ Rn. 10) zunächst weiteres Gesellschaftsvermögen in Geld umgesetzt werden. Für den Verbrauch des

Vermögens zur Schuldenberichtigung ist der Abwickler kraft seiner Rechenschaftspflicht beweisbelastet (BGH 30.6.1966, WM 1966, 1052).

8 **Geldeinlagen** sind unmittelbar zurückzuerstatten. Für **Sacheinlagen,** die ins Eigentum der Gesellschaft übergegangen sind, ist Wertersatz zu leisten. Der Gesellschafter, der die Sacheinlage geleistet hat, ist weder verpflichtet, diese anstelle des **Wertersatz** zurückzunehmen, noch hat er einen Anspruch auf Rückübertragung. Ersatz ist iHd Werts zum Zeitpunkt der Einbringung zu leisten. Ist diese zum Buchwert erfolgt, schließt dies den späteren Wertersatz zum objektiven Wert nicht aus (hM, BGH 6.3.1967, WM 1967, 682 (683); vgl. aber BGH 16.12.1971, WM 1972, 213 (214); diff. NK-BGB/*Hanke* Rn. 11). Mängel bei Einbringung mindern den zu ersetzenden Wert (vgl. BGH 24.6.1985, NJW 1986, 51 (52)). Ist der Wert bei Einbringung nicht fixiert worden und auch nicht anderweitig zu ermitteln, ist er ggf. zu schätzen. Zwischenzeitliche Wertsteigerungen und -verluste treffen die Gesellschaft ebenso wie das Risiko des Untergangs der Sache nach ihrer Einbringung. Besteht die Einlage in der Bestellung eines dinglichen Rechts zugunsten der Gesellschaft, kann der Gesellschafter bei einer Einräumung für die Dauer des Bestehens die Zustimmung zur Löschung, bei einer nicht befristeten Einräumung hingegen nur Wertersatz verlangen.

9 Ausgeschlossen ist der Wertersatz für Einlagen, die in **Diensten** (nicht nur im engen Sinne der §§ 611 ff., BGH 26.11.1979, NJW 1980, 1744) oder der **Überlassung von Gegenständen zum Gebrauch** (die nach § 732 gegenständlich zurückzugewähren sind) bestanden haben. Da der Grund für diesen Ausschluss ua die schlechte Messbarkeit des Wertes ist, wird eine Ausnahme für den Fall zu bejahen sein, dass eine Dienstleistung zu einem messbaren Vermögenszuwachs bei der GbR geführt hat und ihre Erbringung nicht eine bloße Beitragsleistung nach § 705 war (vgl. BGH 22.11.1965, NJW 1966, 501). Auf **Werkleistungen** soll Abs. 2 S. 3 nicht anwendbar sein, da das Werk das Gesellschaftsvermögen messbar erhöht (BGH 26.11.1979, NJW 1980, 1744 – Architektenleistung, str.).

IV. Vermögensverwertung (Abs. 3)

10 Sind die flüssigen Gesellschaftsmittel nicht hinreichend, um die Schulden und die Einlagen zurückzugewähren, bestimmt Abs. 3, dass das verbleibende Gesellschaftsvermögen im notwendigen Maße „in Geld umzusetzen", also zu versilbern ist. Die Gesellschafter müssen beschließen, dass Gegenstände des Vermögens verwertet werden. Bei fehlender Mitwirkung muss der sich weigernde Gesellschafter auf Zustimmung oder Mitwirkung verklagt werden (OLG Frankfurt a. M. 19.9.2007, BeckRS 2008, 542). Soweit nur die Versilberung von Teilen des Vermögens notwendig ist, haben sich die Abwickler am Grundsatz der Wirtschaftlichkeit zu orientieren (OLG Hamm 26.6.2004, NZG 2004, 1106). Typischerweise wird dies zum Einzug offener und dem Verkauf noch nicht fälliger Forderungen sowie dann zur Veräußerung am Markt besonders rasch und/oder Gewinn bringend verwertbarer Gegenstände des Gesellschaftsvermögens führen. Zur Art der Versilberung → § 731 Rn. 4, zu diesbezüglichen Vereinbarungen → Rn. 11. Reicht der erzielte Erlös zur Schuldenberichtigung und Einlagenrückgewähr nicht, trifft die Gesellschafter die Nachschusspflicht gem. § 735.

V. Gestaltung

11 § 733 ist insgesamt dispositiv. Die Gesellschafter können zB vereinbaren, dass Wertersatz entgegen Abs. 2 S. 2 ausgeschlossen sein bzw. trotz Abs. 2 S. 3 erfolgen soll (BGH 28.6.1962, WM 1962, 1086), Sacheinlagen in Natur zurückzunehmen sind oder Wertersatz zunächst in Gegenständen des Gesellschaftsvermögens zu suchen ist. Zu berücksichtigen sind auch Absprachen, nach denen einzelnen Gesellschaftern besonderes Know-how oder Good Will als Einlage kapitalmäßig gutgeschrieben wird und deshalb auszugleichen ist. Möglich sind Vereinbarungen zur Art der Verwertung nach Abs. 3, zB freihändiger Verkauf (vgl. LG Hamburg 21.2.1957, MDR 1957, 419; → § 731 Rn. 4). Vereinbart werden kann auch, dass das Gesellschaftsvermögen über das nach Abs. 3 zur Schuldenberichtigung und Einlagenrückgewähr notwendige Maß hinaus insgesamt versilbert wird, um die Notwendigkeit einer Teilung des Rests in Natur (§§ 731 S. 2, 752) zu vermeiden.

Verteilung des Überschusses

734 **Verbleibt nach der Berichtigung der gemeinschaftlichen Schulden und der Rückerstattung der Einlagen ein Überschuss, so gebührt er den Gesellschaftern nach dem Verhältnis ihrer Anteile am Gewinn.**

1 § 734 knüpft an § 733 (Schuldenberichtigung, Einlagenrückgewähr) an. Die Norm, deren Regelungsgehalt der Mauracher Entwurf (→ § 705 Rn. 1a) beibehält, bestimmt als abschließenden Schritt der Abwicklung die **Verteilung** des sich nach dem vorherigen Gang der Abwicklung ergebenden, verbleibenden Gesellschaftsvermögens (Abwicklungsgewinn einschl. des weiteren Geschäftsgewinns). § 734 ist dispositiv.

Es handelt sich bei der **Überschussverteilung** nur um einen Ausschnitt des notwendigen Ausgleichs sämtlicher Ansprüche zwischen der Gesellschaft und ihren Gesellschaftern sowie der Gesellschafter untereinander. Der Überschussanteil ist daher, ebenso wie die nach § 733 Abs. 2 zurückzugewährende Einlage, zumeist nur Bestandteil einer umfassenden **Schlussabrechnung.** Aus dieser kann sich iRe Saldierung ein **Auseinandersetzungsguthaben** (vgl. § 717 S. 2) zugunsten eines jeden Gesellschafters ergeben, das mit der verbindlichen Feststellung der Schlussabrechnung durch die Gesellschafter fällig wird (BGH 24.10.1994, NJW 1995, 188 (189)). Das in §§ 733, 734 bestimmte Rangverhältnis ist zu beachten, was bei mangelndem Gesellschaftsvermögen zu einer bloß anteiligen Befriedigung in der jeweiligen Kategorie führt. 2

Gegenstand der Verteilung ist der Überschuss, dh das **Aktivvermögen,** das nach dem gesetzlich bestimmten Gang der Abwicklung (Rückgabe überlassener Gegenstände, Schuldenberichtigung, Einlagenrückgewähr, Zurückbehaltung von Beträgen) verbleibt. Er ergibt sich insbesondere durch Gewinne bei der Verfolgung des Gesellschaftszwecks und Wertsteigerungen von Gegenständen des Gesellschaftsvermögens. Wie der Überschuss zu ermitteln ist, gibt das Gesetz nicht vor. Bei Unternehmergesellschaften ist eine **Auseinandersetzungsbilanz** regelmäßig unverzichtbar. Zur Wertermittlung anzuwenden ist die sog. Substanzwertmethode, wobei die Werte der einzelnen Gegenstände mit dem Veräußerungswert anzusetzen sind. Grundsätzlich ist beim Fehlen abweichender vertraglicher Vereinbarungen auch der Verkehrswert der Beteiligung zu berücksichtigen, der die stillen Reserven und den Good Will des lebenden Unternehmens umfasst (BGH 10.10.1979, NJW 1980, 229; OLG Saarbrücken 6.5.2010, DStRE 2010, 1282). 3

Die Verteilung erfolgt nach §§ 731 S. 2, 752 ff., und zwar auch dann, wenn statt der Auseinandersetzung eine Übernahme des Gesellschaftsvermögens durch einen Gesellschafter vereinbart wird. Jeder Gesellschafter hat gegen die Gesellschaft (Sozialverpflichtung) einen Anspruch auf Ausschüttung des auf ihn entfallenden Überschussanteils. Der Anteil errechnet sich nach den für die Gewinnverteilung geltenden Grundsätzen, dh zugrunde zu legen ist eine etwaige Vereinbarung (RG 11.6.1926, RGZ 114, 131 (134)). Bei Fehlen einer solchen gelten gleiche Anteile als vereinbart (→ § 722 Rn. 3). Bei einer stillschweigend vereinbarten Ehegatten-Innengesellschaft ohne ausdrückliche Absprachen, ist im Wege der Auslegung zu ermitteln, ob sich anhand der Umstände Hinweise auf eine andere Verteilungsabsicht ergeben (BGH 3.2.2016, NZG 2016, 547 (549)). 4

In Ermangelung einer abweichenden Vereinbarung kommt es zur **Realteilung** der verbleibenden Vermögensgegenstände (§ 731 S. 2, § 752 S. 1), soweit eine solche aufgrund der Art des Vermögensgegenstands, eines zu besorgenden erheblichen Wertverlusts (OLG Köln 14.6.2000, OLGR 2000, 406) oder aus rechtlichen Gründen (Unteilbarkeit einer Forderung) nicht ausgeschlossen ist. Als Realteilung kommt auch eine Aufteilung von Geschäftsbeziehungen in Betracht (OLG München 16.7.2001, NZG 2002, 235 (236); OLG Saarbrücken 6.5.2010, DStRE 2010, 1282 (1283)), soweit deren Fortführung nicht dem Geschick der früheren Gesellschafter überlassen werden soll (hierzu BGH 6.12.1993, NJW 1994, 796; BGH 31.5.2010, NJW 2010, 2660; in diesem Fall kann eine zusätzliche Abfindung für den Geschäftswert nicht beansprucht werden, wenn nicht ein gravierendes Chancenungleichgewicht besteht, BGH 18.9.2012, ZMGR 2013, 51). Die Auseinandersetzung kann auch in der Übertragung von Geschäftsanteilen an einer GmbH bestehen, § 15 Abs. 4 GmbHG findet dann keine Anwendung (LG Stuttgart 16.1.2014, GWR 2014, 88). **Bei Unteilbarkeit** sind die Gegenstände zu verwerten (→ § 733 Rn. 10). Der sich auf den anteiligen Erlös erstreckende Vermögensanspruch des einzelnen Gesellschafters unterliegt der sog. Durchsetzungssperre (→ § 730 Rn. 12), kann also nicht isoliert geltend gemacht werden und ist in die **Schlussabrechnung** (→ § 730 Rn. 16) einzustellen (eine Klage auf Feststellung eines Gewinnanteils ist aber denkbar, vgl. BGH 22.1.2019, NJW 2019, 1002 (1003)). Für einen Anspruch auf Wertausgleich nach erfolgter Auseinandersetzung gilt dies nicht (OLG Saarbrücken 6.5.2010, DStRE 2010, 1281 (1282)). In die Schlussabrechnung sind die real geteilten Vermögensgegenstände mit ihrem anteiligen Wert, dh unter Berücksichtigung von Wertsteigerungen und aufgelöster stiller Reserven, aufzunehmen (BGH 21.4.1955, BGHZ 17, 130 (137); BGH 17.11.1955, BGHZ 19, 42 (48)). Bei der Bewertung sind die Gesellschafter frei. 5

Nachschusspflicht bei Verlust

735 **[1] Reicht das Gesellschaftsvermögen zur Berichtigung der gemeinschaftlichen Schulden und zur Rückerstattung der Einlagen nicht aus, so haben die Gesellschafter für den Fehlbetrag nach dem Verhältnis aufzukommen, nach welchem sie den Verlust zu tragen haben. [2] Kann von einem Gesellschafter der auf ihn entfallende Beitrag nicht erlangt werden, so haben die übrigen Gesellschafter den Ausfall nach dem gleichen Verhältnis zu tragen.**

§ 735 bestimmt das Vorgehen, wenn sich im Zuge der Abwicklung kein nach § 734 zu verteilender Überschuss, sondern ein Verlust ergibt. Für diesen Fall ordnet die Norm eine durch einen Nachschuss zu erfüllende **Ausgleichspflicht der Gesellschafter** an, die in der werbenden Gesellschaft nach § 707 1 grundsätzlich nicht besteht (vgl. RG 14.12.1940, RGZ 166, 65 (68)). § 735 betrifft allein das Innenverhältnis und ist deshalb dispositiv. Ist vereinbart, dass einzelne Gesellschafter am Verlust nicht beteiligt sind, scheidet auch eine Nachschusspflicht aus (BGH 26.1.1967, WM 1967, 346 (347)). Unberührt hiervon bleiben die **persönliche Haftung eines Gesellschafters** und die Ausgleichspflicht der übrigen Gesellschafter nach § 426 Abs. 2.

2 Ein auszugleichender **Verlust** liegt vor, wenn die Summe der Gesellschaftsverbindlichkeiten (einschließlich der Sozialverbindlichkeiten) das Aktivvermögen der Gesellschaft zum Zeitpunkt der Vollbeendigung der Gesellschaft übersteigt (zur Berechnung → § 734 Rn. 2).

3 Das Vorliegen eines Abwicklungsverlusts führt nach S. 1 zu einem Anspruch auf Nachschuss gegen die Gesellschafter, für die sich kein Guthaben ergeben hat, der von den Liquidatoren geltend zu machen ist (vgl. BGH 30.11.1959, NJW 1960, 433 (434)). Dienen die eingeforderten Beträge nicht nur zur Verwirklichung des Liquidationszwecks, sondern auch zum Ausgleich unter den Gesellschaftern, soll eine Zuständigkeit der Liquidatoren kraft Gesetzes nicht bestehen (BGH 21.11.1983, NJW 1984, 435; für eine Publikumsgesellschaft offen gelassen BGH 14.11.1977, NJW 1978, 424; BGH 11.10.2011, NZG 2011, 1432 (1436)). Wegen des engen Zusammenhangs zwischen der Abwicklung des Gesellschaftsvermögens und dem internen Ausgleich zwischen den Gesellschaftern ist eine Zuständigkeit der Liquidatoren für den Kontenausgleich richtigerweise grundsätzlich und nicht nur bei entsprechender Vereinbarung im Gesellschaftsvertrag zu bejahen (so jedenfalls für die Publikumsgesellschaft BGH 15.11.2011, BGHZ 191, 293 (308); BGH 30.1.2018, NZG 2018, 580 (585)). Eine entsprechende Zuständigkeit eines Insolvenzverwalters besteht hingegen aufgrund von dessen abweichender Pflichtentbindung nicht (OLG Hamm 21.1.2019, ZIP 2019, 429 (431 f.); aA *Rock/Contius* ZIP 2017, 1889 (1891)).

4 Der Liquidator muss in der Liquidationsschlussbilanz die Kapitalanteile der Gesellschafter für die Verteilung des Gesellschaftsvermögens gem. § 155 Abs. 1 HGB errechnen und dabei auch die sich aus den §§ 733–735 iVm § 105 Abs. 2 HGB ergebenden Einzelansprüche als unselbstständige Rechnungsposten in die Kapitalkonten der Gesellschafter einstellen. Der Anspruch ist nach hM (vgl. BGH 15.11.2011, BGHZ 191, 293 (305 f.); OLG München 2.7.2009, GWR 2009, 269) ein solcher der Gesellschaft (Sozialanspruch), kann aber auch iRe actio pro socio geltend gemacht werden (Erman/*Westermann* Rn. 1). Der Anspruch besteht im Verhältnis der Gewinn- und Verlustbeteiligung der Gesellschafter (§§ 722, 734). Bestehen Anhaltspunkte dafür, dass der Fehlbetrag in entsprechender Höhe nicht aufgebracht werden kann, weil Gesellschafter nicht in der Lage sein werden, die auf sie entfallenden Nachschüsse zu leisten, kann die Gesellschafterversammlung beschließen, dass diesem Umstand bereits bei der Festlegung der Höhe der einzufordernden Nachschusszahlungen Rechnung getragen wird (so für die Publikumsgesellschaft BGH 15.11.2011, BGHZ 191, 293 (305)). Gläubiger können diesen Anspruch mit einem Titel gegen die GbR nach §§ 829, 835 ZPO pfänden und sich überweisen lassen, soweit sie ihre Ansprüche bei einem unzulänglichen Gesellschaftsvermögen nicht gegenüber den persönlich haftenden Gesellschaftern selbst verfolgen. Der Anspruch der Gesellschaft setzt idR die **Feststellung des entstandenen Verlusts** voraus (BGH 12.5.1977, DB 1977, 2040; KG 12.11.2009, NZG 2010, 223), die zugleich zur Fälligkeit führt (OLG Brandenburg 23.6.2010, BeckRS 2010, 18628). Eine unmittelbare Abwicklung zwischen nachschusspflichtigen und ausgleichungsberechtigten Gesellschaftern ist möglich, soweit das Gesellschaftsvermögen im Übrigen bereits abgewickelt ist und Nachschüsse nur noch dem internen Ausgleich dienen (BGH 13.10.2015, NJW-RR 2016, 292 (293); dort auch zu den Anforderungen an die vereinfachte Auseinandersetzungsrechnung). Es kann treuwidrig sein, den ausgleichungsberechtigten Gesellschafter auf den Abschluss der Auseinandersetzung zu verweisen (KG 9.6.2000, NZG 2001, 556 (558)). Die Nachhaftungsbegrenzung nach § 160 HGB soll auch den Anspruch aus § 735 erfassen (OLG Koblenz 14.9.2009, NZG 2009, 1426).

5 Nach S. 2 trifft jeden Gesellschafter eine **subsidiäre Ausfallhaftung** in Höhe der Quote der Verlustbeteiligung, wenn ein Gesellschafter seiner Nachschusspflicht nicht nachkommt. Diese Haftung besteht nicht nur für den Fehlbetrag, sondern auch für die sonstigen gegen ihn bestehenden Sozialansprüche (BGH 24.10.1974, WM 1975, 268 (269)).

Ausscheiden eines Gesellschafters, Nachhaftung

736 (1) **Ist im Gesellschaftsvertrag bestimmt, dass, wenn ein Gesellschafter kündigt oder stirbt oder wenn das Insolvenzverfahren über sein Vermögen eröffnet wird, die Gesellschaft unter den übrigen Gesellschaftern fortbestehen soll, so scheidet bei dem Eintritt eines solchen Ereignisses der Gesellschafter, in dessen Person es eintritt, aus der Gesellschaft aus.**

(2) **Die für Personenhandelsgesellschaften geltenden Regelungen über die Begrenzung der Nachhaftung gelten sinngemäß.**

Übersicht

I. Regelungsinhalt

1 Nach dem Konzept der GbR führt eine Veränderung im Gesellschafterbestand wegen der Höchstpersönlichkeit der Beteiligung zur Auflösung der Gesellschaft. § 723 Abs. 1, § 724 Abs. 1, § 727 Abs. 1, § 728 Abs. 2 ordnen daher für verschiedene Fälle der Veränderung des Gesellschafterkreises die Auflösung der GbR und ihre Vollbeendigung durch Liquidation an. §§ 736–740 befassen sich mit der Vermeidung dieses Regelfalles durch die **Fortsetzung der (werbenden) Gesellschaft** ohne den Gesellschafter, in dessen Person der Auflösungsgrund eingetreten ist. § 736 knüpft einen solchen ausnahmsweisen Fortbestand der GbR trotz Änderungen im Gesellschafterkreis an eine entsprechend gesellschaftsvertragliche Vereinbarung in Form einer Fortsetzungsklausel. Die Vorschrift ist anwendbar auf die Außen- und die Innen-GbR (zu letzterer näher Soergel/*Hadding/Kießling* Rn. 5).

2 Abs. 1 benennt mit der Kündigung, der Insolvenz oder dem Tod des Gesellschafters denkbare Ausscheidensgründe, an die eine vertragliche Vereinbarung der Fortsetzung der Gesellschaft geknüpft sein kann (sog. **Fortsetzungsklausel**). Abs. 2 verweist für die Regelung des Schicksals der persönlichen Haftung des ausscheidenden Gesellschafters für Gesellschaftsverbindlichkeiten – in systematisch bemerkenswerter Weise – auf das Recht der OHG (§ 160 HGB). Weitere Rechtsfolgen des Ausscheidens ergeben sich aus §§ 738–740.

3 Die **Zulässigkeit von Fortsetzungsvereinbarungen** folgt aus der für Gesellschaftsverträge allgemein geltenden Gestaltungsfreiheit des Innenverhältnisses (→ § 705 Rn. 40 ff.). Abs. 1 konkretisiert daher lediglich diesen allgemeinen Rechtsgedanken für typische Fälle, sodass andere, im Gesetz nicht geregelte Fortsetzungsvereinbarungen ebenfalls zulässig sind. Anstelle einer Vereinbarung der automatischen Fortsetzung der Gesellschaft bei Eintritt eines Ausscheidensgrundes in der Person eines Mitgesellschafters durch eine **Fortsetzungsklausel** kann der Gesellschaftsvertrag daher auch vorsehen, dass alle Gesellschafter die Fortsetzung der Gesellschaft unter Ausschluss des betroffenen Gesellschafters einstimmig oder durch gesellschaftsvertragliche bestimmte Mehrheit beschließen können (**Fortsetzungsrecht;** BGH 4.3.1968, WM 1968, 697 (698)). Ohne vertragliche Vereinbarung ist nach Auflösung der Gesellschaft ein **Fortsetzungsbeschluss** der verbliebenen Gesellschafter möglich (BGH 13.7.1967, BGHZ 48, 251 (254)); der Sache nach handelt es sich dann um einen Rückumwandlungsbeschluss. Im Schrifttum wird zum Teil vertreten, dass die Fortsetzung auch ohne Fortsetzungsklausel aus einem entsprechenden, sich hinreichend deutlich ergebenden Willen folgen kann, zB bei unternehmenstragenden, die berufliche Existenz sichernden Gesellschaften (vgl. Staudinger/*Habermeier,* 2003, § 737 Rn. 8); hier verschwimmen die Grenzen zu einer grundsätzlich möglichen konkludent vereinbarten Fortsetzungsklausel (zu einer solchen etwa OLG Celle 20.8.2014, NZG 2015, 390 Ls.). Weitere zulässige Fortsetzungsvereinbarungen, die zu einer Umgestaltung des Gesellschafterkreises führen, sind zB das **Eintrittsrecht** eines Dritten (→ § 727 Rn. 18 ff.) oder die **Übernahme des Gesellschaftsvermögens** durch den letztverbleibenden Gesellschafter (→ Vor §§ 723–728 Rn. 3).

II. Fortsetzungsklausel (Abs. 1)

4 Abs. 1 stellt klar, dass der Fortbestand einer GbR bei Ausscheiden eines ihrer Gesellschafter an einen im Gesellschaftsvertrag durch eine Fortsetzungsklausel manifestierten Fortsetzungswillen geknüpft ist. Mit Eintritt des in der Fortsetzungsklausel in Bezug genommenen Ausscheidensgrundes **scheidet der Gesellschafter eo ipso aus der GbR aus,** ohne dass hierfür ein Gesellschafterbeschluss, Gestaltungsakt oder Ähnliches erforderlich wäre. Er ist dann nach § 738 abzufinden, im Falle seiner Insolvenz fällt dieser Anspruch in die Insolvenzmasse. Die Fortsetzungsklausel kann auch dann greifen, wenn der Ausscheidensgrund erst im Liquidationsstadium eintritt und eine Auslegung ergibt, dass die Klausel den Fortbestand einer werbenden Gesellschaft nicht voraussetzt (str., vgl. BGH 9.7.1964, WM 1964, 1086 (1087); BGH 20.12.1962, WM 1963, 728 (730)). Im Regelfall verliert die Ausscheidenswirkung einer Kündigung ihren Geltungsgrund aber durch die mit einem Auflösungsbeschluss eintretende Änderung des Gesellschaftszwecks, da dieser sich von der Fortführung der Gesellschaft auf deren Liquidation (und die anteilsgemäße Beteiligung der Gesellschafter am Liquidationserlös) wandelt (BGH 6.2.2018, NZG 2018, 577 (578)).

5 Ein Ausscheiden aufgrund **Kündigung eines Gesellschafters** erfasst insbesondere die ordentliche Kündigung eines oder mehrerer Gesellschafter. Knüpft die Klausel an die Kündigung eines Gesellschafters an, gilt sie mangels abweichender Regelung auch, wenn die Mehrheit der Gesellschafter kündigt (BGH 7.4.2008, NJW 2008, 1943 (1944 f.)). Schließen sich einer Kündigung alle übrigen Gesellschafter an, kommt es zur Auflösung der GbR (BGH 16.11.1998, DStR 1999, 171 (172)). Bei

einer Massenkündigung einer Gesellschaftermehrheit kann in einer Publikums-Gesellschaft trotz Fortsetzungsklausel eine Auflösung in Betracht kommen, wenn die Erreichung des Gesellschaftszwecks aufgrund des Ausscheidens zahlreicher Gesellschafter unmöglich wird (OLG Stuttgart 24.5.1982, JZ 1982, 766 (767)). Auslegungsfrage ist, ob eine Fortsetzungsklausel auch bei einer außerordentlichen Kündigung Geltung beansprucht (RG 17.1.1940, RGZ 162, 388 (392); RG 9.9.1943, DR 1944, 187 (188 f.)). Dass dies im Interesse aller Beteiligten liegt, ist nicht allein bereits deshalb zu verneinen, weil die Mitgesellschafter, welche die Gesellschaft fortsetzen sollen, den Kündigungsgrund selbst verursacht haben. Die Interessen des gleichwohl freiwillig Ausscheidenden sind dann über einen etwaigen Schadensersatzanspruch zu wahren (str., wie hier MüKoBGB/*Schäfer* Rn. 11; Erman/*Westermann* Rn. 3). Die Fortsetzung der Gesellschaft kann er nicht – unter dem Gesichtspunkt der unzulässigen Rechtsausübung – verhindern (str., MüKoBGB/*Schäfer* Rn. 11; aA RG 17.1.1940, BGHZ 162, 388 (394); Soergel/*Hadding/Kießling* Rn. 6). Eine Fortsetzung wird regelmäßig anzunehmen sein, soweit der wichtige Grund, auf den die Kündigung gestützt wird, der Fortsetzung nicht entgegensteht (*Grunewald* ZIP 1999, 597 (598)). Auch wenn in Abs. 1 nicht ausdrücklich genannt, kann die Fortsetzung ebenso für den Fall der **Kündigung durch einen Privatgläubiger** eines Gesellschafters (§ 725) vereinbart werden. Ist die Fortsetzung allgemein an eine Kündigung geknüpft, erfasst sie regelmäßig auch die Kündigung nach § 725. Anders ist es, wenn ein Gesellschafter kündigt und die Gesellschaft noch vor Eintritt der Kündigungswirkung aufgelöst wird. Dann verbleibt der kündigende Gesellschafter, sofern im Gesellschaftervertrag keine anderweitige Regelung getroffen wurde, in der Liquidationsgesellschaft und scheidet nicht aus (BGH 6.2.2018, NZG 2018, 577 (578)).

6 Verknüpft werden kann die Fortsetzungsklausel auch mit dem **Tod eines Gesellschafters.** Alternative Gestaltung für den Fall des Todes eines Gesellschafters, die eine Abfindung der Erben vermeiden hilft, ist eine Nachfolgeklausel (→ § 727 Rn. 12 ff.). Zwischen beiden Gestaltungen steht eine mit einem Eintrittsrecht eines Dritten kombinierte Fortsetzungsklausel (→ § 727 Rn. 18 ff.).

7 Eine Fortsetzungsklausel kann auch die in § 728 Abs. 2 für den Fall der **Gesellschafterinsolvenz** angeordnete Auflösung vermeiden (→ § 728 Rn. 11). Im Falle der Gesellschaftsinsolvenz ist eine Fortsetzung vor Verfahrensbeendigung nicht möglich (§ 728 Abs. 4).

8 Eine Fortsetzungsklausel kann aufgrund der lediglich beispielhaften Aufzählung in Abs. 1 an **beliebige andere Ausscheidensgründe** geknüpft werden, denen die Rechtsordnung im Lichte des § 138 die Anerkennung nicht versagt. Praktisch bedeutsam sind objektiv beurteilbare Ereignisse wie das Erreichen einer Altersgrenze, Arbeitsunfähigkeit, der Verlust einer Berufsausübungsbefugnis oder eine Wiederverheiratung (BGH 8.7.1965, WM 1965, 1035 (1036)). Abzugrenzen sind entsprechende Regelungen von einem Ausschließungsrecht nach § 737, das insbesondere für Geschehnisse vereinbart wird, die eine wertende Betrachtung durch die Beteiligten voraussetzen. Ist die Fortsetzungsklausel überhaupt nicht an bestimmte Ausscheidensgründe geknüpft, ist idR davon auszugehen, dass alle denkbaren Auflösungsgründe erfasst sind (Soergel/*Hadding/Kießling* Rn. 11; MüKoBGB/*Schäfer* Rn. 11). Nicht erfasst, weil eine Fortsetzung nicht denkbar ist, sind die Gründe der Zweckerreichung, Unmöglichkeit und Eröffnung des Insolvenzverfahrens über das Vermögen der Gesellschaft (§§ 726, 728 Abs. 1).

9 In einer (nur noch) **zweigliedrigen GbR** müssen Vereinbarungen zur Fortsetzung vor dem Ausscheiden des vorletzten Gesellschafters getroffen sein. Ist die Gesellschaft durch sein Ausscheiden erloschen, so lässt sie sich weder durch Vertrag noch durch rückwirkende Gestaltungserklärung des letztverbliebenen Gesellschafters in eine Liquidations-Gesellschaft zurückverwandeln (OLG München 22.5.2017, NZG 2017, 818 (819)). Eine Fortsetzungsklausel kann in eine Übernahmeklausel umgedeutet werden, wenn einer Übernahme des Gesellschaftsvermögens durch den letzten Gesellschafter den Umständen nachkeine Gründe entgegenstehen (OLG Köln 15.12.2016, BeckRS 2016, 21238; OLG Stuttgart 5.5.2004, NZG 2004, 766 (768); MüKoBGB/*Schäfer* Rn. 9; NK-BGB/*Hanke* Rn. 9. Es kommt dann zu einer Anwachsung entsprechend § 738 Abs. 1 S. 1 bei dem verbliebenen Gesellschafter (OLG München 4.7.2017, ZIP 2017, 1758 (1759)). Ob aufgrund der durch die Übernahme bewirkten Gesamtrechtsnachfolge eine Gestaltungserklärung des Übernehmenden notwendig ist, wird uneinheitlich beurteilt (verneinend BGH 7.7.2008, NJW 2008, 2992; OLG Hamm 8.4.2013, NZG 2014, 540, vgl. aber BGH 21.1.1957, WM 1957, 512 (514)). Der Übernahme kann der Missbrauchseinwand entgegengesetzt werden, wenn die Übernahme ohne Fortsetzungsabsicht erfolgt und lediglich bezweckt, die Möglichkeit einer Abfindung zu eröffnen, anstatt einen Liquidationserlös zu verteilen (RG 17.1.1940, RGZ 162, 388 (394)).

III. Nachhaftung (Abs. 2)

10 Abs. 2 regelt das Schicksal der persönlichen Haftung des aus der GbR ausgeschiedenen Gesellschafters für Gesellschaftsverbindlichkeiten, die vor seinem Ausscheiden begründet worden sind. Diese Haftung bleibt von dem Ausscheiden für ihn, aber auch seine Erben (LG Köln 21.6.2013, ErbR 2013, 245) grundsätzlich unberührt, es greift aber über Abs. 2 ein Haftungsausschluss nach Ablauf einer Ausschlussfrist. Er gilt für alle Fälle des Ausscheidens, nicht nur für die in Abs. 1 ausdrücklich genannten (vgl. OLG Brandenburg 1.12.2004, BeckRS 2004, 18314). Die in Abs. 2 in Bezug genommenen Regelun-

gen über die Begrenzung der Nachhaftung in Personenhandelsgesellschaften finden sich in **§ 160 HGB.** Auf die Kommentierung dieser Vorschrift im Kommentar kann verwiesen werden. Besonderheiten bei der in Abs. 2 angeordneten sinngemäßen Anwendung ergeben sich allein bei der Bestimmung der Fünfjahresfrist des § 160 Abs. 1 S. 2 HGB, da es die dort für den **Fristbeginn** vorausgesetzte Registereintragung für die GbR nicht gibt (nach dem Mauracher Entwurf (→ § 705 Rn. 1a) würde sich im künftigen Recht dieses Problem nur noch für in einem zu schaffenden Gesellschaftsregister nicht eingetragene Gesellschaften stellen). Nach hM tritt an die Stelle der Registereintragung als ihr vergleichbarer Publizitätsakt daher die **Kenntnisnahme der jeweiligen Gläubiger** vom Ausscheiden des Gesellschafters (BGH 24.9.2007, NJW 2007, 3784 (3785); BGH 3.7.2020, BeckRS 2020, 19740 Rn. 28; OLG Naumburg 17.1.2006, NZG 2006, 711 (712); BayVGH 2.5.2013, DStR 2013, 1791 (1792); OLG Hamm 30.6.2017, BeckRS 2017, 132869 Rn. 41 zur Wissenszurechnung zwischen Finanzverwaltung und Steuergläubiger; LG Düsseldorf 18.9.2019, BeckRS 2019, 32942 Rn. 101). In der Konsequenz der Anknüpfung an die Kenntnis des jeweiligen Gläubigers kann die Ausschlussfrist damit gegenüber den Gläubigern uneinheitlich beginnen und entsprechend enden. Das für den Gesellschafter hierdurch im Grundsatz zeitlich unüberschaubare Nachhaftungsrisiko kann nur durch eine aktive Informationspolitik durch GbR und/oder Gesellschafter begrenzt werden. Der Ausgeschiedene muss ggf. beweisen, dass der Gläubiger von dem Ausscheiden Kenntnis hatte und wann dies der Fall war (LG Düsseldorf 18.9.2019, ZMR 2019, 978 (980). Die Anwendbarkeit des Abs. 2 auf die zweigliedrige Gesellschaft wird zT mit dem Argument bestritten, es läge nach Ausscheiden des vorletzten Gesellschafters keine Gesellschaft mehr vor, die Abs. 2 gedanklich voraussetze (str., so etwa LG Berlin 11.12.2000, FamRZ 2001, 1708; AG Dortmund 8.2.2000, NZM 2001, 94 (95)).

Abs. 2 nimmt nach wohl hM zwar § 160 HGB, nicht aber die **Sonderverjährungsvorschrift des § 159 HGB** in Bezug (str., MüKoBGB/*Schäfer* Rn. 28; *Seibert* DB 1994, 461 (463 f.); aA Heymann/*Sonnenschein/Weitemeyer* HGB § 159 Rn. 1). Sie ist aber analog anzuwenden (vgl. BGH 10.2.1992, BGHZ 117, 168 (179) zu § 159 HGB aF). Der Mauracher Entwurf (→ § 705 Rn. 1a) sieht eine § 159 HGB entsprechende gesetzliche Regelung vor. 11

Ausschluss eines Gesellschafters

737 **[1]Ist im Gesellschaftsvertrag bestimmt, dass, wenn ein Gesellschafter kündigt, die Gesellschaft unter den übrigen Gesellschaftern fortbestehen soll, so kann ein Gesellschafter, in dessen Person ein die übrigen Gesellschafter nach § 723 Abs. 1 Satz 2 zur Kündigung berechtigender Umstand eintritt, aus der Gesellschaft ausgeschlossen werden. [2]Das Ausschließungsrecht steht den übrigen Gesellschaftern gemeinschaftlich zu. [3]Die Ausschließung erfolgt durch Erklärung gegenüber dem auszuschließenden Gesellschafter.**

Übersicht

I. Regelungsinhalt

Im Interesse des Schutzes des einzelnen Gesellschafters ist eine Veränderung des Gesellschafterkreises einer Personengesellschaft durch bloßen Mehrheitsbeschluss grundsätzlich nicht möglich. Die zwangsweise Entfernung eines einzelnen Gesellschafters ist vielmehr nur auf dem Sonderweg der Ausschließung möglich, deren Voraussetzungen für die GbR § 737 bestimmt. Materiell-rechtlich knüpft das Gesetz in S. 1 die Ausschließung an das Vorliegen eines wichtigen Grundes iSd § 723 Abs. 1 S. 2. Der Entzug der Gesellschafterstellung durch zwangsweises Ausscheiden ohne wichtigen Grund ist nur mit Zustimmung des betroffenen Gesellschafters möglich, entweder durch antizipierte Zustimmung in Form der eindeutigen Regelung im Gesellschaftsvertrag (→ Rn. 14 ff.) oder durch Zustimmung zu einem Beschluss, durch den nachträglich eine Ausschlussregelung in den Gesellschaftsvertrag eingefügt wird (vgl. BGH 25.1.2011, NJW 2011, 1667 (1669); BGH 26.1.1961, NJW 1961, 724). Das Vorliegen des wichtigen Grundes in der Person eines Gesellschafters gibt den übrigen Gesellschaftern ein nach S. 2 gemeinschaftlich auszuübendes Verteidigungsrecht und einen präventiven Schutz vor künftigen Störungen. S. 3 regelt eine Detailfrage des im Übrigen nicht näher ausgestalteten Ausschließungsverfahrens. 1

§ 737 gilt nur für die Außen-GbR, nicht aber die Innen-GbR (OLG Bamberg 15.4.1998, NZG 1998, 897, str.). Die Vorschrift ist auch bei Vorliegen einer zweigliedrigen GbR anwendbar (OLG Hamm 28.1.2009, BeckRS 2009, 10744; OLG Koblenz 15.7.2014, NZG 2014, 1229). Für die OHG, die KG (iVm § 161 Abs. 2 HGB) und die PartG (iVm § 9 Abs. 1 PartGG) ist die Ausschließung in 2 materiell identischer Weise in § 140 HGB geregelt, wenngleich dort das Recht nicht an eine Fortsetzungsklausel gebunden und durch Gestaltungsklage geltend zu machen ist.

II. Ausschließungsrecht

3 Eine Ausschließung ist nur möglich, wenn der Gesellschaftsvertrag für den Fall des Ausscheidens eines Gesellschafters eine Fortsetzung der GbR bestimmt. Notwendig ist damit die Aufnahme einer **Fortsetzungsklausel** in den Gesellschaftsvertrag (→ § 736 Rn. 4 ff.), mit der die Gesellschafter ihr Interesse am Bestandsschutz der GbR manifestieren (der Mauracher Entwurf (→ § 705 Rn. 1a), der den Grundsatz „Auflösung der Gesellschaft vor Ausscheiden eines Gesellschafters" des geltenden Rechts umkehren will, möchte auf dieses Erfordernis verzichten). Über den Wortlaut des § 737 S. 1 hinaus muss sich die Fortsetzungsklausel nicht gerade auf den Kündigungsfall beziehen. Genügend ist eine auf wesentliche personelle Veränderungen bezogene Fortsetzungsvereinbarung (LG Heidelberg 6.11.2019, ZInsO 2020, 109 (111); MüKoBGB/*Schäfer* Rn. 7). Entscheidend ist, dass im Gesellschaftsvertrag zum Ausdruck kommt, dass das Bestandsschutzinteresse der Gesellschafter an der Fortführung des gemeinsamen Zwecks durch das Ausscheiden eines Gesellschafters nicht entfällt (LG Heidelberg 6.11.2019, ZInsO 2020, 109 (111); BeckOK BGB/*Schöne* Rn. 4). Das kann auch konkludent vereinbart sein (OLG Celle 20.8.2014, BeckRS 2014, 21702) oder aus einer ergänzenden Vertragsauslegung gewonnen werden (LG Heidelberg 6.11.2019, ZInsO 2020, 109 (112)), wenn der Wille zur Fortsetzung erkennbar ist (bejaht z. B. für Herausgebergesellschaft einer Fachzeitschrift (LG Heidelberg 6.11.2019, ZInsO 2020, 109 (112), verneint für Jagdausübungsgesellschaft (OLG Celle 20.8.2014, BeckRS 2014, 21702).

4 Das Ausschließungsrecht setzt das Vorliegen eines Kündigungsgrundes iSd § 723 Abs. 1 S. 2 in der Person des Auszuschließenden voraus. Die Gesellschafter können dann entweder nach § 723 Abs. 1 S. 2 die GbR kündigen oder den störenden Gesellschafter ausschließen. Der Bewertungsmaßstab für die Beurteilung des wichtigen Grundes ist in beiden Fällen identisch (str., Erman/*Westermann* Rn. 3; MüKoBGB/*Schäfer* Rn. 9; aA BGH 30.11.1951, BGHZ 4, 108 (110); BGH 7.11.1960 WM 1961, 32 (33)). Das Verhalten eines gesetzlichen Vertreters ist dem Gesellschafter zuzurechnen (BGH 18.10.1976, WM 1977, 500 (502) – nicht abgedr. in BGHZ 68, 81 ff.), das eines Rechtsvorgängers nur ausnahmsweise (RG 19.9.1924, RGZ 108, 388 = JW 1925, 946; BGH 4.4.1951, BGHZ 1, 324 (330); zu Ausnahmen RG 21.10.1924, BGHZ 109, 80 (82 f.); RG 18.12.1936, BGHZ 153, 274 (278)).

5 Ein **wichtiger Grund** liegt nur vor, wenn der Gesellschafter eine ihm nach dem Gesellschaftsvertrag obliegende wesentliche Verpflichtung vorsätzlich oder grob fahrlässig verletzt oder wenn ihm deren Erfüllung unmöglich wird. Ein Verschulden des auszuschließenden Gesellschafters ist nicht notwendig (RG 18.9.1889, BGHZ 24, 136 (138)). Daher sind auch schwerwiegende Erkrankungen oder sonstige Gründe, welche dem betroffenen Gesellschafter die Führung der Geschäfte unmöglich machen, wichtiger Grund. Stets ist verlangt, dass den übrigen Gesellschaftern objektiv und bei verständiger Würdigung aller Gesamtumstände unzumutbar ist, mit dem störenden Gesellschafter die Gesellschaft fortzusetzen. Maßgeblich ist eine objektive ex-ante Prognose der Fortdauer oder künftigen Wiederholung der Störung. Ist die Störung beendet, kommt eine Ausschließung nicht mehr in Betracht, da diese keinen Sanktionscharakter hat, sondern ausschließlich der Sicherstellung der weiteren gemeinsamen Zweckverfolgung dient (aber zur Zerrüttung → Rn. 7). Die Ausschließung muss im Lichte der gesellschafterlichen Treuepflicht die **ultima ratio** sein, weil andere Möglichkeiten zur Bewältigung der gesellschaftsinternen Krise nicht mehr zumutbar sind, und von **Verteidigungswillen** getragen sein. Zu erwägen ist daher stets eine mildere Lösung (zB Entzug der Vertretungsmacht/Geschäftsführungsbefugnis des Störers, Einschaltung eines Treuhänders etc; „Subsidiarität des Ausschlusses"). In die **grundsätzlich notwendige Gesamtabwägung** einzubeziehen sind neben dem eigentlichen Fehlverhalten des oder der Auszuschließenden die Stellung des ausgeschlossenen Gesellschafters in der Gesellschaft, die Verdienste für das gemeinsame Unternehmen und das Maß der Zerstörung des Vertrauensverhältnisses (vgl. BGH 30.11.1951, BGHZ 4, 108 (111); BGH 17.12.1959, BGHZ 31, 295 (306)). An dem notwendigen Verteidigungswillen fehlt es, wenn die die Ausschließung dazu dient, den vermeintlichen Störer unter Wert abzufinden oder vom Liquidationserlös auszuschließen (BGH 10.7.1958, LM HGB § 142 Nr. 10). Grundsätzlich keinen wichtigen Grund können Geschehnisse geben, die der privaten Lebenssphäre der Beteiligten zuzuordnen sind (BGH 30.11.1951, BGHZ 4, 108 (113 f.)).

6 Als **verhaltensbedingte Ausschließungsgründe** hat die Rspr. bejaht: Maßlose Beschimpfungen der und Vorwürfe an die Mitgesellschafter (BGH 30.11.1951, BGHZ 4, 108 (117 ff.)), Veruntreuungen in der Geschäftsführung (BGH 14.5.1952, BGHZ 6, 113 (116 f.)), das schuldhafte Erwecken von Verdachtsmomenten strafbaren Verhaltens eines Mitgesellschafters (BGH 17.12.1959, BGHZ 31, 295 (302 ff.)), Übervorteilung der Gesellschaft (BGH 25.1.1960, BGHZ 32, 17 (30 ff.)), die bewusste Geschäftsschädigung (BGH 23.1.1967, BGHZ 46, 392 (394 ff.)), die Vornahme von umfangreichen Risikogeschäften in Überschreitung abgesprochener Kompetenzen (BGH 15.12.1958, WM 1959, 134 (135)), die planmäßige Herbeiführung einer Zwangsversteigerung zum Gesellschaftserwerb (BGH 3.7.1961, NJW 1961, 1767 (1768)), der objektiv erhärtete Verdacht der Unredlichkeit (BGH 17.12.1959, BGHZ 31, 295 (307)), die Zerstörung des Vertrauensverhältnisses durch ein ehewidriges

Verhältnis eines kurz zuvor eingeheirateten Familiengesellschafters (BGH 9.11.1972, NJW 1973, 92f.), die fortgesetzte Verletzung der vereinbarten Pflicht zur Mitarbeit (BGH 26.3.1956, WM 1956, 1060), die steuerrechtlich nicht gebotene Weitergabe gesellschaftsinterner Unterlagen an die Finanzverwaltung (LG Heidelberg 6.11.2019, ZIP 2020, 109 (112f.)), schwerwiegende Verstöße gegen gesellschaftsvertragliche Pflichten, etwa die Ausübung vertragswidrigen Wettbewerbs (BGH 21.3.1957, WM 1957, 582 (583)) oder die Verletzung der Verschwiegenheitspflicht. Weitere, **nicht verhaltensbedingte Ausschließungsgründe** können sein: Die Unfähigkeit zur Führung der Geschäfte, zB aufgrund langanhaltender Krankheit, Erreichen eines bestimmten Alters, Betreuung, ein Wohnortwechsel.

Persönliche Spannungen oder gesellschaftsbezogene Meinungsverschiedenheiten können die Ausschließung eines Gesellschafters nur in besonders schwerwiegenden Fällen rechtfertigen (BGH 12.12.1994, NJW 1995, 597). Problematisch ist die Begründung eines solchen Lösungsrechts, wenn nicht an singuläre Ereignisse in der Person eines Gesellschafters angeknüpft wird, sondern abstrakter an eine **„Zerrüttung" der Gesellschaft.** Zu prüfen ist dann, ob das eigene Fehlverhalten des/r Ausschließenden dazu führt, dass der in der Person des Auszuschließenden behauptete wichtige Grund in einem Maße „abgeschwächt" wird, dass die Schwelle des § 737 in der Person des Auszuschließenden nicht erreicht wird (vgl. BGH 31.3.2003, WM 2003, 1084 (1085); BGH 18.7.2005, NJW 2005, 3061 (3062)). Zwar kann eine „Verschuldensaufrechnung" iRd Gesamtabwägung nicht stattfinden, jedoch muss eine deutlich überwiegende Verursachung des Zerwürfnisses durch den auszuschließenden Gesellschafter feststellbar sein (BGH 31.3.2003, WM 2003, 1084 (1085)). Dieser Ansatz der Rspr. führt dazu, dass in einer aufgrund beiderseitiger Verursachungsbeiträge besonders schwerwiegend zerrütteten Gesellschaft eine Ausschließung praktisch nicht in Betracht kommt, Ausweg vielmehr nur die Auflösung der Gesellschaft ist. 7

Die Schwere des Vorwurfs ist nicht abstrakt, sondern stets mit Blick auf die konkrete Gesellschaft zu beantworten. Ein Fehlverhalten eines Gesellschafters in einer Publikumsgesellschaft ist für das zukünftige Schicksal der Gesellschaft weniger schwerwiegend als das eines Gesellschafters in stark personalistisch geprägten Gesellschaften, die vom wechselseitigen Vertrauen der Gesellschafter geprägt sind (vgl. *Wiedemann* WM Heft 7/1994, 53). Aus diesem Grund sind die Anforderungen an den Ausschlussgrund zB in einer Familiengesellschaft oder einer Berufsausübungsgesellschaft niedriger als in anderen Gesellschaften. 8

Bei einer Ausschließung müssen die Mitgesellschafter nicht binnen einer bestimmten oder angemessenen **Frist** handeln, da zur Ausschließung berechtigende Umstände nicht der Verjährung oder Verwirkung unterliegen. Es spricht aber eine tatsächliche Vermutung für den Fortfall des Ausschließungsgrundes, wenn die Mitgesellschafter in Kenntnis aller Fakten über einen längeren Zeitraum von ihrem Ausschließungsrecht nicht Gebrauch machen (MüKoHGB/*K. Schmidt* HGB § 140 Rn. 38). Eine Ausschließung ist nicht mehr möglich, wenn das zur Ausschließung berechtigende Verhalten verziehen worden ist, auf das Ausschließungsrecht verzichtet bzw. es durch nachfolgendes Verhalten der ausschließungsberechtigten Gesellschafter verwirkt wurde (MüKoHGB/*K. Schmidt* HGB § 140 Rn. 38). 9

Das Ausschließungsrecht besteht auch noch im **Abwicklungsstadium** (BGH 4.4.1951, BGHZ 1, 324 (331)), wobei die Unzumutbarkeit hier, soweit keine Fortsetzung ins Auge gefasst ist, mit Blick auf die Auseinandersetzung unter Beteiligung des Störers bestehen muss (BeckOK BGB/*Schöne* Rn. 12). Analog anwendbar ist § 737 auf Fälle, in denen in Folge der Ausschließung nur ein vertragstreuer Gesellschafter verbleibt (OLG Hamm 8.6.1999, NJW-RR 2000, 482f.; ausf. Erman/*Westermann* Rn. 8ff.); dieser hat ein durch einseitige Erklärung auszuübendes Übernahmerecht gegenüber dem Störer/den Störern (OLG Koblenz 15.7.2014, NZG 2014, 1229; OLG Frankfurt a. M. 20.10.2005, NJW-RR 2006, 405 (406); OLG München 24.6.1998, NZG 1998, 937 (938)). 10

III. Verfahren der Ausschließung

Die Ausschließung erfolgt auf der Grundlage eines **einstimmigen Beschlusses** der nicht von der Ausschließung betroffenen Gesellschafter (der Mauracher Entwurf (→ § 705 Rn. 1a) will dieses Einstimmigkeitserfordernis gesetzlich klarstellen). Eine aus der Treupflicht folgende Verpflichtung zur Zustimmung kann nur ausnahmsweise angenommen werden (BGH 28.4.1975, BGHZ 64, 253 (257f.); BGH 18.10.1976, BGHZ 68, 81 (82)), wenn die Ausschließung zur weiteren Zweckverfolgung dringend erforderlich und die Zustimmung hierzu auch zumutbar ist. Der Betroffene hat kein Stimmrecht, auch dann nicht, wenn zugleich über weitere Ausschließungen abgestimmt wird (BGH 20.1.1986, BGHZ 97, 28 (34); OLG Brandenburg 13.1.2010, BeckRS 2010, 04108). Ihm muss in der Gesellschafterversammlung auch kein Gehör gewährt werden (str., MüKoBGB/*Schäfer* Rn. 15; Staudinger/*Habermeier*, 2003, Rn. 10; aA Erman/*Westermann* Rn. 5; Soergel/*Hadding* Rn. 9). Der **Beschluss wird wirksam** mit Mitteilung an den Betroffenen durch einen (nicht: alle) Mitgesellschafter; sie ist entbehrlich bei Anwesenheit bei der Beschlussfassung. Die Mitteilung des Ausschließungsgrundes kann verlangt werden (vgl. BayObLG 30.3.1909, BGHZ 9, 179 (185)), ist aber nicht Wirksamkeitsvoraussetzung. Rechtsschutz gegen die Ausschließung ist grundsätzlich auch im einstweiligen Verfügungsverfahren, in dem eine folgenorientierte Interessenabwägung zu erfolgen hat, denkbar, wenngleich die Anforderungen aufgrund der anzustrebenden Leistungsverfügung hoch sind (vgl. OLG Karlsruhe 20.12.2018, ZInsO 2019, 216 (217)). 11

IV. Rechtsfolgen der Ausschließung

12 Die Wirksamkeit der Ausschließung tritt mit Zugang des Beschlusses ein, sie führt zum Ausscheiden aus der Gesellschaft und dem Entstehenden eines Abfindungsanspruchs nach § 738 Abs. 1 S. 2. Soll in Folge der Ausschließung eine Grundbuchberichtigung erfolgen, muss der Nachweis der Unrichtigkeit nach § 29 GBO auch den Nachweis des wichtigen Grundes umfassen (OLG Hamm 24.5.2007, NZG 2008, 21 (22); OLG München 28.10.2015, NZG 2015, 1362 (1363)). Dem Grundbuchberichtigungsanspruch kann ein fälliger Anspruch auf Zahlung eines Auseinandersetzungsguthabens entgegengehalten werden (OLG Brandenburg 28.4.2016, RNotZ 2016, 534 (540)); LG Münster 11.7.2016, BeckRS 2016, 14881). Der Ausgeschlossene kann Klage auf Feststellung des Fortbestehens seiner Mitgliedschaft erheben (BGH 21.10.1991, NJW-RR 1992, 227; näher Soergel/*Hadding/Kießling* Rn. 16), der Ausschluss ist uneingeschränkt richterlich überprüfbar (BGH 17.12.1959, BGHZ 31, 295 (299)). War die Ausschließung unberechtigt, können dem zu Unrecht Ausgeschlossenen Schadensersatzansprüche gegen seine Mitgesellschafter zustehen (BGH 17.12.1959, BGHZ 31, 295 (302)).

V. Gestaltung

13 S. 1 und S. 2 sind, im Gegensatz zu S. 3 (MüKoBGB/Schäfer Rn. 16; vgl. BGH 17.12.1959, BGHZ 31, 295 (298); aA Soergel/*Hadding/Kießling* Rn. 23), dispositiv. Grund und Verfahren der Ausschließung können, auch für verschiedene Gesellschafter, unterschiedlich gestaltet werden.

14 Die Anforderungen an den Ausschließungsgrund können sowohl erschwert – bis hin zu einer enumerativen Auflistung oder einem völligen Ausschluss – als auch erleichtert werden. Eine Erleichterung ist etwa die Aufnahme eines Katalogs absoluter Ausschlussgründe, durch den eine Billigkeitsprüfung und das ultima ratio-Prinzip abbedungen werden (OLG Düsseldorf 7.10.2004, DB 2004, 2685 (2687)) und die ggf. zu einem automatischen Verlust der Gesellschafterstellung ohne Notwendigkeit einer Beschlussfassung führen kann (BGH 24.3.2003, 1729 (1730); OLG Brandenburg 28.4.2016, RNotZ 2016, 534 (537)). Praktisch relevant sind insbesondere Gestaltungen, die eine Ausschließung erleichtern sollen, typischerweise durch eine **Hinauskündigungsklausel.** Mit einer solchen Klausel wird den Gesellschaftern das Recht eingeräumt, die Mitgliedschaft eines Mitgesellschafters durch „Hinauskündigung" (BGH 13.7.1981, BGHZ 81, 263 ff.; BGH 5.6.1989, BGHZ 107, 351 (354 ff.)) ohne die Notwendigkeit eines rechtfertigenden Grundes nach freiem Ermessen zu beenden. Solche Klauseln sind selbst dann **nach § 138 nichtig,** wenn der gekündigte Gesellschafter eine angemessene Abfindung erhalten soll (BGH 13.7.1981, BGHZ 81, 263 (266 ff.); BGH 19.9.1988, BGHZ 105, 213 (216 ff.)). Hierbei kommt es nicht darauf an, ob ein ausdrückliches Hinauskündigungsrecht vereinbart wird oder eine wirkungsgleiche Gestaltung getroffen ist (zB unwiderrufliches Ankaufrecht des Gesellschaftsanteils, BGH 9.7.1990, BGHZ 112, 103 (107); BGH 19.9.2005, BGHZ 164, 98 (100); OLG Hamm 17.3.2004, MedR 2005, 234 (253)). Diese von Schrifttum überwiegend abgelehnte Rspr. (Nachweise bei *Kilian* WM 2006, 1567 ff.) soll durch eine Inhaltskontrolle des Gesellschaftsvertrages eine Willkürherrschaft der Gesellschaftermehrheit (**„Damoklesschwert der Hinauskündigung"**, *Schilling* ZGR 1979, 419 (426)) verhindern. Eine unwirksame Hinauskündigungsklausel kann aber uU durch ergänzende Vertragsauslegung als Vereinbarung eines Ausschließungsrechts aus wichtigem Grund aufrechterhalten werden (BGH 5.6.1989, BGHZ 107, 351 (354 ff.)).

15 Nur **ausnahmsweise** kann eine Hinauskündigungsklausel **sachlich gerechtfertigt** und wirksam sein. Angenommen wird dies, der Sache nach gestützt auf die Figur einer „minderen" Gesellschafterstellung, bei sogenannten „Manager"-Gesellschaftern in Familiengesellschaften (BGH 9.7.1990, BGHZ 112, 103 (110 ff.)) und nach dem sog. Managerbeteiligungsmodell (BGH 19.9.2005, BGHZ 164, 98 (106)). Ein solches liegt vor, wenn einem Geschäftsführer im Hinblick auf seine Geschäftsführerstellung eine Minderheitsbeteiligung eingeräumt wird, für die er nur ein Entgelt iHd Nennwerts zu zahlen hat und die er bei Beendigung seines Geschäftsführeramtes gegen eine der Höhe nach begrenzte Abfindung zurück zu übertragen hat. Gerechtfertigt ist die Klausel auch bei einem Neugesellschafter einer Berufsausübungsgesellschaft während einer kurz zu bemessenden (vgl. *Kilian* WM 2006, 1567) Phase seiner Erprobung (BGH 8.3.2004, NJW 2004, 2013 (2015); BGH 7.5.2007, NJW-RR 2007, 1256 (1259); OLG Frankfurt a. M. 20.10.2005, NJW-RR 2006, 405 (406 f.)), bei der Verknüpfung – der vom später Kündigenden – eingeräumten Gesellschafterstellung mit einem anderem Vertragsverhältnis (Anstellungs-, Kooperationsvertrag), in dessen Rahmen die eigentliche wirtschaftliche Betätigung erfolgen soll (BGH 14.3.2005, DStR 2005, 798 (800); BGH 19.9.2005, BGHZ 164, 98 (105)), bei einem testamentarisch verfügten freien Recht eines Erben zur Hinauskündigung des Miterben (BGH 19.3.2007, NJW-RR 2007, 913 (914)), oder wenn die Gesellschaftsbeteiligung gepfändet wird und die Pfändung ununterbrochen mindestens drei Monate bestanden hat (OLG Brandenburg 28.4.2016, RNotZ 2016, 534 (537)). In diesen Fällen sind die schützenswerten gesellschaftsrechtlichen Interessen schwächer ausgeprägt als bei einer Gesellschafterstellung, die auf eigener unternehmerischer Tätigkeit beruht. Vergleichbar mit der Verkoppelung mit einem anderen Vertragsverhältnis ist der Fall, dass berufsrecht-

liche Voraussetzungen für den Verbleib in der Gesellschaft nicht länger gegeben sind (vgl. BGH 8.3.2004, NJW 2004, 2013 (2015)). **Keine eine Hinauskündigungsklausel legitimierenden Umstände** sind eine lediglich geringe Kapitalbeteiligung (BGH 26.7.1984, WM 1985, 771 f.; nunmehr relativierend BGH 19.5.2005, NJW 2005, 3641 (3642 f.)), der Erwerb der Mitgliedschaft im Wege der Schenkung (BGH 9.7.1990, BGHZ 112, 103 (109); BGH 8.3.2004, NJW 2004, 2013 (2015), bedeutet keine Abkehr von diesem Grundsatz) oder des Erbgangs (BGH 13.7.1981, BGHZ 81, 263 (270); BGH 19.9.1988, BGHZ 105, 213 (218); eine Ausnahme gilt, wenn die Klausel ersichtlich an den Tod des Erblassers anknüpft und ein zeitlich begrenztes Kündigungsrecht vorsieht).

Soll eine Ausschlussregelung nachträglich in den Gesellschaftsvertrag eingefügt werden, die zu einer die Gesellschafterstellung aufhebenden Änderung des Gesellschaftsvertrags führt, kann in besonders gelagerten Ausnahmefällen aus der Treupflicht des Gesellschafters die Pflicht erwachsen, einer Änderung zuzustimmen (BGH 26.1.1961, NJW 1961, 724; BGH 19.10.2009, NJW 2010, 65 (67)). Eine **Zustimmungspflicht** kommt dann ausnahmsweise in Betracht, wenn sie mit Rücksicht auf das bestehende Gesellschaftsverhältnis oder auf die bestehenden Rechtsbeziehungen der Gesellschafter untereinander dringend erforderlich ist und die Änderung des Gesellschaftsvertrags dem Gesellschafter unter Berücksichtigung seiner eigenen Belange zumutbar ist, dh schützenswerte Belange des einzelnen Gesellschafters nicht entgegenstehen (BGH 25.1.2011, NJW 2011, 1667 (1670); BGH 19.10.2009, NJW 2010, 65 (67); jeweils für die oHG „Sanieren oder Ausscheiden“). Dieser Grundsatz ist auch auf die GbR anwendbar (OLG Stuttgart 11.7.2013, NZG 2013, 1061 (1063); OLG Düsseldorf 7.3.2014, BeckRS 2014, 12977). Die Zustimmungspflicht kann nicht von vornherein abstrakt mit der Begründung verneint werden, dass der Gesellschafter nach seinem Ausscheiden – anders als bei sofortiger Liquidation der Gesellschaft – einer Nachhaftung ausgesetzt wäre (OLG Stuttgart 11.7.2013, NZG 2013, 1061 (1063)). 15a

Das **Verfahren** kann dahingehend gestaltet werden, dass für den Ausschließungsbeschluss eine einfache oder qualifizierte Mehrheit ausreichend sein soll (allgM), die Entscheidung einem Beirat übertragen wird (OLG Köln 15.3.2000, NZG 2000, 834 (835)) oder ein Beschluss bei Eintritt eines bestimmten Ereignisses insgesamt entbehrlich ist (BGH 24.3.2003, NJW 2003, 1729 (1730)). 16

Auseinandersetzung beim Ausscheiden

738 (1) [1] **Scheidet ein Gesellschafter aus der Gesellschaft aus, so wächst sein Anteil am Gesellschaftsvermögen den übrigen Gesellschaftern zu.** [2] **Diese sind verpflichtet, dem Ausscheidenden die Gegenstände, die er der Gesellschaft zur Benutzung überlassen hat, nach Maßgabe des § 732 zurückzugeben, ihn von den gemeinschaftlichen Schulden zu befreien und ihm dasjenige zu zahlen, was er bei der Auseinandersetzung erhalten würde, wenn die Gesellschaft zur Zeit seines Ausscheidens aufgelöst worden wäre.** [3] **Sind gemeinschaftliche Schulden noch nicht fällig, so können die übrigen Gesellschafter dem Ausscheidenden, statt ihn zu befreien, Sicherheit leisten.**

(2) **Der Wert des Gesellschaftsvermögens ist, soweit erforderlich, im Wege der Schätzung zu ermitteln.**

Übersicht

I. Regelungsinhalt

§§ 738–740 regeln die vermögensmäßige Auseinandersetzung zwischen der Gesellschaft und dem Gesellschafter, der nach §§ 736, 737 aus der GbR ausgeschieden ist. Die Auseinandersetzung zwischen den Gesellschaftern selbst ist nicht umfasst. § 738 enthält die Grundregel der Auseinandersetzung, §§ 739, 740 befassen sich mit Sonderproblemen. Die Auseinandersetzung mit dem ausgeschiedenen Gesellschafter stellt der Sache nach eine Teilliquidation dar, sodass das Verfahren die Regelungen der §§ 730–736 in Abs. 1 S. 2 in Bezug nimmt. 1

§ 738 gilt für die Außen- und die Innen-GbR sowie für die OHG, KG und PartG. Entsprechende Anwendung findet § 738 bei Übernahme des Gesellschaftsvermögens durch den letztverbleibenden Gesellschafter (BGH 12.7.1999, NJW 1999, 3557; BGH 6.12.1993, NJW 1994, 796). 2

II. Anwachsung (Abs. 1 S. 1)

3 Die Regelung zur Anwachsung in Abs. 1 S. 1 regelt die gesellschafts- bzw. sachenrechtliche Ebene des Ausscheidens. In der **rechtsfähigen Gesellschaft** tritt mit dem Ausscheiden eines Gesellschafters ein Abfindungsanspruch nach Abs. 1 S. 2 an die Stelle seiner Mitgliedschaft. Diese wird deshalb unter den verbliebenen Gesellschaftern durch eine Erhöhung ihrer Teilhaberschaft an der Gesellschaft nach § 722 oder einer hiervon abweichenden Vereinbarung verteilt („Anwachsung"; zur zweigliedrigen Gesellschaft → § 736 Rn. 9). Die Anwachsung führt zu einem gesetzlichen Eigentumserwerb (§ 12 WEG ist deshalb nicht anwendbar, AG Bremerhaven 26.10.2010, WM 2011, 181 (183)). Ist die GbR im Grundbuch eingetragen, ist mit Blick auf § 47 Abs. 2 GBO Folge der Anwachsung, dass das Grundbuch hinsichtlich des eingetragenen Gesellschafterbestands unrichtig und eine Grundbuchberichtigung durch Berichtigungsbewilligung aller eingetragenen Gesellschafter, dh auch des bereits ausgeschiedenen Gesellschafters, erforderlich ist (str., OLG München 1.12.2010, NZG 2011, 548; OLG Hamm 28.6.2011, FGPrax 2011, 226; **aA** OLG Jena 23.6.2011, NJW-RR 2011, 1236).

4 In der **nicht-rechtsfähigen Gesellschaft** ist Trägerin des Vermögens nicht die Gesellschaft, sodass es nicht zu einem automatischen Vermögensübergang bei Ausscheiden eines Gesellschafters kommen kann. Die Gesellschafter als Gesamthänder haben das Vermögen, jeder für sich vollständig und nicht quotal (→ § 719 Rn. 5), inne. Die Folgen des Ausscheidens vollziehen sich daher auf sachenrechtlicher Ebene. Die dingliche Mitberechtigung des Gesellschafters entfällt mit dem Ausscheiden. Zu einer in der Folge notwendigen Grundbuchberichtigung (§ 894) hat er seine Zustimmung zu erteilen (RG 23.2.1907, RGZ 65, 227 (241)). Die „Anwachsung" bedeutet den Fortfall der bislang die übrigen Mitgesellschafter einschränkenden Mitberechtigung des Ausgeschiedenen und eine steigende Beteiligung der Verbleibenden im Wert (ggf. im Grundbuch klargestellt durch einen „Anwachsungsvermerk", vgl. OLG Köln 24.11.2000, NJW-RR 2002, 519 (520)). Da sich die Anwachsung kraft Gesetzes vollzieht (RG 7.3.1932, RGZ 136, 97 (99)), ist eine Übertragung der Vermögensgegenstände nicht notwendig (BGH 9.7.1968, BGHZ 50, 307 (309)).

5 Die Anwachsung tritt mit dem Zeitpunkt des Vorliegens des Ausscheidensgrundes, soweit dieser eo ipso zum Ausscheiden führt, oder eines hierfür notwendigen Gesellschafterbeschlusses ein. Hat die Gesellschaft kein Gesamthandsvermögen gebildet, fehlt es an der Grundlage für eine Anwachsung, sodass es mit dem Ausscheiden nur zu einem schuldrechtlichen Ausgleich kommt.

III. Auseinandersetzung (Abs. 1 S. 1, 2)

6 **1. Anspruch auf Rückgabe von Gegenständen.** Der Ausgeschiedene hat nach Abs. 1 S. 2 Fall 1 einen **Anspruch auf Rückgabe zur Nutzung überlassener Gegenstände** (§ 732, → § 732 Rn. 1 ff.; der Mauracher Entwurf (→ § 705 Rn. 1a) schlägt für das künftige Recht einen Verzicht hierauf vor). Besteht hohe Wahrscheinlichkeit, dass der Ausgeschiedene nach § 739 ausgleichspflichtig ist, kann die Gesellschaft ein Zurückbehaltungsrecht nach § 273 geltend machen (BGH 29.6.1981, NJW 1981, 2802). Eine Pflicht zur weiteren Überlassung von Gegenständen, die für die Gesellschaft unentbehrlich sind (→ § 732 Rn. 2), kann nur ausnahmsweise bestehen (RG 3.11.1937, JW 1938, 457). In diesem Fall schuldet die Gesellschaft ein Nutzungsentgelt (MüKoBGB/*Schäfer* Rn. 76).

7 **2. Anspruch auf Schuldbefreiung.** Der Ausgeschiedene ist nach Abs. 1 S. 2 Fall 2 von den bis zu seinem Ausscheiden begründeten Gesellschaftsschulden zu befreien, soweit sein Ausscheiden ersatzlos ist, dh nicht auf einer Übertragung auf einen Dritten beruht (hierzu BGH 20.10.1980, NJW 1981, 1095 (1096)). Der gegen die Gesellschaft gerichtete **Anspruch auf Schuldbefreiung** trägt der Tatsache Rechnung, dass das Ausscheiden die Haftung des vormaligen Gesellschafters für bereits entstandene Verbindlichkeiten der Gesellschaft im Außenverhältnis unberührt lässt. Der Anspruch ist sofort fällig, auch wenn die Schuld noch nicht fällig ist und zum fraglichen Zeitpunkt noch keine Inanspruchnahme droht (OLG Hamm 17.5.2011, BeckRS 2011, 23605). Die Rechtsnatur des Anspruchs ergibt sich aus § 257 (Palandt/*Sprau* Rn. 3). Die Befreiung kann die Gesellschaft nur durch Erfüllung oder durch Vereinbarung mit dem Gläubiger herbeiführen, dass der Altgesellschafter aus der Haftung entlassen wird (RG 24.2.1931, RGZ 132, 29 (31); BGH 3.5.1999, NJW 1999, 2438 (2440)). Der Ausgeschiedene kann nicht den zur Tilgung notwendigen Betrag von der Gesellschaft verlangen. Eine Umwandlung des Befreiungs- in einen Zahlungsanspruch kann auch nicht nach § 250 eintreten (BGH 3.6.1998, NJW-RR 1998, 1514 (1515)). Entsprechend gilt Abs. 1 S. 2 Fall 2, wenn der Ausgeschiedene für Verbindlichkeiten der Gesellschaft Sicherheiten gestellt hat (RG 24.2.1931, RGZ 132, 29 (33); BGH 14.2.1974, NJW 1974, 899 (900)). Der Anspruch auf Schuldbefreiung besteht auch, wenn den Ausgeschiedenen eine Nachschusspflicht nach § 739 trifft; die Gesellschaft kann dem Anspruch dann aber ein Zurückbehaltungsrecht nach § 273 entgegensetzen (BGH 14.2.1974, NJW 1974, 899 (900)). Für noch nicht fällige Verbindlichkeiten gewährt S. 3 der Gesellschaft eine Ersetzungsbefugnis dahingehend, dass die Gesellschaft statt der Ablösung gegenüber dem Gesellschafter Sicherheit leisten kann. Ist eine Verbindlichkeit streitig, besteht der Anspruch auf Freistellung nicht (RG 18.2.1905, RGZ 60, 155 (159)).

Der ausgeschiedene Gesellschafter hat einen Anspruch auf Auskunftserteilung über den Bestand der Schulden, von denen er Befreiung verlangen kann (OLG München 17.12.1996, OLGR 1997, 115). Hinsichtlich des Bestehens von Gesellschaftsschulden ist er als Gläubiger des Befreiungsanspruchs beweispflichtig (BGH 9.3.2009, NZG 2009, 581). Der Freistellungsanspruch muss nach Grund und Höhe bezeichnet sein; ist dies nicht möglich, ist ein Freistellungsantrag unzulässig und stattdessen auf Feststellung zu klagen (BGH 22.5.2012, NJW 2013, 155 (157); BGH 22.3.2010, NJW-RR 2010, 952).

3. Anspruch auf Abfindung. Nach Abs. 1 S. 2 Fall 3 hat der ausgeschiedene Gesellschafter einen **Anspruch auf Abfindung.** Er setzt voraus, dass das um die Einlagen der anderen Gesellschafter und die Gesellschaftsverbindlichkeiten bereinigte Gesellschaftsvermögen einen Überschuss aufweist. Ergibt sich hingegen ein Verlust, trifft den Ausgeschiedenen nach § 739 eine Nachschusspflicht (→ § 739 Rn. 1 ff.), die die Gesellschaft einem Anspruch aus § 732 entgegensetzen kann (näher bei § 739). Das **Abfindungsguthaben** ist in derselben Weise zu berechnen wie das Auseinandersetzungsguthaben bei Auflösung der Gesellschafter. Die Höhe des Abfindungsanspruchs ergibt sich aus der auf den Abfindungsstichtag zu erstellenden Schlussabrechnung (BGH 18.7.2013, NJW 2014, 305 (307)). Die Pflicht zu ihrer Erstellung trifft die Gesellschaft (OLG München 31.7.2019, BeckRS 2019, 18732 Rn. 43). Allgemein sind einzubeziehen der Anspruch auf Rückzahlung der Einlage oder ihres Werts, der anteilige Anspruch auf den in der Schlussabrechnung ausgewiesenen, nach dem beim Ausscheiden geltenden Gewinnverteilungsschlüssel zwischen dem Ausgeschiedenen und den übrigen Gesellschaftern aufzuteilenden, fiktiven Liquidationsüberschuss sowie die sonstigen in die Abfindungsbilanz als Rechnungsposten einzustellenden gegenseitigen Ansprüche aus dem Gesellschaftsverhältnis. Die ermittelten wechselseitigen Zahlungsansprüche unterliegen bis zur Ermittlung des Saldos der Durchsetzungssperre (→ § 730 Rn. 12 ff.). Ab dem Zeitpunkt des Ausscheidens des Gesellschafters können einzelne Forderungen daher nicht selbstständig gegenüber der Gesellschaft geltend gemacht oder abgetreten werden (vgl. nur OLG Frankfurt a. M. 15.2.2018, BeckRS 2018, 3306; OLG Hamm 13.1.2016, BeckRS 2016, 03478). Ist eine direkte Bewertung des Anteils mangels eines Marktes für einen solchen (typischerweise) nicht möglich, muss zunächst der Wert des Gesellschaftsvermögens und sodann der Wert des Anteils des Ausgeschiedenen hieran (seine Höhe folgt aus Vereinbarung, bei Fehlen einer solchen aus § 722) ermittelt werden (der Mauracher Entwurf (→ § 705 Rn. 1a), der die Anknüpfung der Höhe der Abfindung an einen hypothetischen Liquidationserlös aufgeben will, schlägt als Maßstab der Bemessung die „Angemessenheit" vor und stellt nicht mehr auf das Gesellschaftsvermögens, sondern den Wert des Gesellschaftsanteils ab) 8

Für die Aufstellung der Schlussabrechnung gelten die Grundsätze des § 721 (→ § 721 Rn. 1 ff.) mit der Maßgabe, dass auch der Ausgeschiedene im erforderlichen Umfang mitzuwirken hat (BGH 8.5.2000, NJW 2000, 2276 (2277)). Er kann nach § 810 in die Geschäftsunterlagen Einsicht nehmen, soweit hieran ein rechtliches Interesse besteht (BGH 17.4.1989, NJW 1989, 3272 (3273); das Interesse entfällt nicht bereits durch die Vorlage einer Schlussabrechnung, OLG München 19.2.2014, BeckRS 2014, 03987, und einen Sachverständigen hinzuziehen (BGH 8.7.1957, BGHZ 25, 115 (123)). Der Ausgeschiedene kann die Aufstellung der Schlussabrechnung auch iRe Stufenklage (§ 254 ZPO) auf das Abfindungsguthaben erzwingen (BGH 9.10.1974, FamRZ 1975, 35 (38); BGH 12.7.2016, NZG 2016, 1025 (1026); OLG Naumburg 23.9.1998, NZG 1999, 111 (112)). An der Bindungswirkung herbeiführenden Feststellung der Schlussabrechnung durch Beschluss ist er trotz seines Ausscheidens zu beteiligen. Die Feststellung entfaltet Bindungswirkung iSv § 779 (MüKoBGB/*Schäfer* § 738 Rn. 29). 9

Zur Ermittlung des Wertes des Gesellschaftsvermögens – maßgeblich ist der Zeitpunkt des Ausscheidens des Gesellschafters (BGH 20.10.2003, DStR 2004, 97 (98)) –gibt es keine allgemein gültige Regel, vielmehr ist die Bewertungsmethode im Streitfall vom Gericht – gegebenenfalls sachverständig beraten – sachverhaltsspezifisch auszuwählen (BGH 24.10.1990, NJW 1991, 1547 (1548); BGH 24.5.1993, NJW 1993, 2101 (2103); OLG Dresden 29.11.2012, ZInsO 2015, 2447). (der Mauracher Entwurf (→ § 705 Rn. 1a) legt das Prinzip der Methodenoffenheit zu Grunde). Bei unternehmenstragenden Gesellschaften legt die Rspr. regelmäßig die sog. **Ertragswertmethode** zugrunde (BGH 9.11.1998, NJW 1999, 283 f.; BGH 16.12.1991, BGHZ 116, 359 (371); BGH 1.7.1982, NJW 1982, 2441; OLG Koblenz 20.2.2009, OLGR 2009, 608; OLG Hamm 20.8.2018, openJur 2020, 2967). Diese Methode bestimmt den Wert nach dem aus der Gesellschaft ziehbaren Nutzen und nicht lediglich aus der Addition des Wertes der Einzelgegenstände des Gesellschaftsvermögens (Substanzwertmethode). Voraussichtliche künftige Jahreserträge werden auf Grundlage der zurückliegenden Jahresergebnisse (Erträge abzgl. Aufwendungen) geschätzt, auf den Bewertungszeitpunkt abgezinst und um gewisse oder wahrscheinliche zukünftige Ereignisse bereinigt (näher Erman/*Westermann* Rn. 5a). Der Substanzwert dient hierbei als untere Wertgrenze, da er das Mindestvermögen der Gesellschaft darstellt (BGH 24.5.1993, NJW 1993, 2101 (2102)). Modifikationen der Bewertungsmaßstäbe sind dort notwendig, wo die Ertragswertmethode strukturell versagen muss, etwa weil das Unternehmen unrentabel ist, über hohe stille Reserven verfügt (vgl. BGH 13.3.2006, NZG 2006, 425 f.) oder der Ertragswert stark personengebunden ist (vgl. BGH 24.10.1991, NJW 1991, 1547). 10

11 Findet die **Substanzwertmethode** Anwendung, ist der Wert der einzelnen materiellen und immateriellen Bestandteile des Gesellschaftsvermögens zu ermitteln. Einzelne Sachwerte sind mit ihren Wiederbeschaffungskosten anzusetzen (Soergel/*Hadding/Kießling* Rn. 30). Stille Reserven sind zu berücksichtigen (BGH 8.5.1998, BGHZ 138, 371 (383); RG 22.12.1922, RGZ 106, 128 (132)), ebenso der Good Will (BGH 3.5.1999, NJW 1999, 2438 (2439); BGH 6.3.1995, NJW 1995, 1551). Eine – durch die Gesellschafter, ggf. mit Hilfe eines Sachverständigen – vorzunehmende Schätzung nach Abs. 2 kommt nur in Betracht, wenn einzelne Gegenstände keinen objektiv durch Marktpreise, Nominalwerte etc bestimmbaren Wert besitzen (zum „Wert" noch schwebender Geschäfte s. § 740). Soll sich die Abfindung vereinbarungsgemäß am **Vermögenssteuerwert** orientieren (vgl. BGH 29.6.1992, DStR 1992, 1371 (1372)), findet eine Schätzung nach dem sog. „Stuttgarter Verfahren", dh auf der Grundlage des Einheitswerts unter lediglich begrenzter Berücksichtigung des Ertragswertes, statt. Bei einer Freiberufler-GbR ist neben den Sachwerten der Unternehmenswert durch die persönlichen Beziehungen zwischen dem Berufsträger und den Kunden bestimmt (BGH 6.12.1993, NJW 1994, 766 f.; BGH 8.5.2000, NJW 2000, 2584 (2585)). Mit der Teilung der Sachwerte und einer rechtlich nicht begrenzten Möglichkeit, um Kunden zu werben, ist der Unternehmenswert abgegolten und kann eine weitergehende Abfindung ohne entsprechende Vereinbarung grundsätzlich nicht beansprucht werden (BGH 31.5.2010, NJW 2010, 2660 f.; BGH 17.5.2011, NJW 2011, 2355 (2356 f.); OLG München 12.3.2014, BeckRS 2014, 05810).

12 **Schuldner** des resultierenden Anspruchs auf Abfindung ist die Gesellschaft oder der Übernehmer (OLG Brandenburg 13.11.2010, BB 2010, 2642), die Formulierung des Abs. 1 S. 2 („ihm dasjenige zu zahlen") begründet keine unmittelbare Haftung der Gesellschafter (Soergel/*Hadding/Kießling* Rn. 40, str.). Ob sie zumindest akzessorisch analog § 128 HGB haften, ist umstritten, aber zu bejahen (BGH 12.7.2016, NZG 2016, 1025; BGH 17.5.2011, NJW 2011, 2355; BGH 2.7.2001, BGHZ 148, 201 (206); aA Soergel/*Hadding/Kießling* Rn. 40. Der Anspruch entsteht im Zeitpunkt des Ausscheidens, Fälligkeit tritt erst ein mit Bezifferung aufgrund der Schlussabrechnung (RG 29.11.1927, RGZ 118, 295 (299); RG 29.11.1927, LZ 1928, 253; str., aA etwa OLG Brandenburg 25.1.2008 – 7 U 21/07 Rn. 25; → § 730 Rn. 17). Vor Fälligkeit kann grundsätzlich keine Teilzahlung aufgrund einzelner Aktivposten des Guthabens verlangt werden; eine Ausnahme wird bejaht, wenn der Teilbetrag dem Ausgeschiedenen unstreitig zusteht (RG 13.2.1917, RGZ 89, 403 (408); BGH 8.12.1960, BB 1961, 348; KG 5.3.2007, NZG 2008, 70 (72)). Der Anspruch ist gerichtet auf Zahlung eines Geldbetrages, etwaige Verzugszinsen folgen aus § 288 Abs. 1 (OLG Karlsruhe 23.3.2005, NZG 2005, 627 (628)). Eine abweichende Vereinbarung, etwa die Mitnahme von Sachwerten oder von Vertragsbeziehungen (Mandanten/Patienten etc) ist möglich (→ Rn. 17). Über den Abfindungsanspruch kann, auch bereits vor dem Ausscheiden (BGH 11.7.1988, NJW 1989, 453), verfügt werden (→ § 717 Rn. 20).

IV. Rechtsstellung des Ausgeschiedenen

13 Mit dem Ausscheiden endet die Gesellschafterstellung, alle mit ihr verbundenen Geschäftsführungs-, Mitsprache- und Kontrollrechte entfallen. Es bestehen aber nachvertragliche Pflichten zur Mitwirkung an der Auseinandersetzung sowie Rechte auf Informationen und Auskünfte iRd Auseinandersetzung. Der Ausgeschiedene muss seine Zustimmung zu einer Grundbuchberichtigung (§ 894) erteilen, wenn er als Gesellschafter im Grundbuch eingetragen ist (OLG Köln 24.11.2000, NJW-RR 2002, 519 (520)), kann aber ggf. ein Zurückbehaltungsrecht nach § 273 geltend machen (OLG Köln 24.11.2000, NJW-RR 2002, 519 (520)). Weitere Pflichten können als **Nachwirkung der Treupflicht** bestehen, zB Verschwiegenheit über Unternehmensgeheimnisse zu bewahren oder solchen Modalitäten der Abfindungszahlung zuzustimmen, die den Fortbestand der Gesellschaft nicht gefährden.

14 Ein **Wettbewerbsverbot** muss vereinbart werden. Dies kann auch konkludent in den Abfindungsregelungen erfolgen (BGH 7.3.2005, NJW 2005, 2618 (2619); BGH 8.5.2000, NJW 2000, 2584; BGH 28.5.1979, WM 1979, 1064) und sich etwa aus der Abgeltung von Good Will und stillen Reserven ergeben. Das Wettbewerbsverbot muss dem Zweck der Sicherung der weiteren unternehmerischen Tätigkeit der Gesellschaft dienen, darf also keinen Strafcharakter besitzen, und muss mit Rücksicht auf den Ausgeschiedenen in gegenständlicher, räumlicher und zeitlicher Hinsicht hinreichend beschränkt sein (BGH 26.3.1984, NJW 1984, 2366 (2367); BGH 18.7.2005, NJW 2005, 3061 (3062)). Eine geltungserhaltende Reduktion entsprechend § 139 ist nur möglich bei der Überschreitung der zulässigen *zeitlichen* Grenzen (zB zwei Jahre bei Freiberuflern; vgl. BGH 29.9.2003, NJW 2004, 66 (67); BGH 18.7.2005, NJW 2005, 3061 (3062)), nicht der räumlichen oder gegenständlichen Grenzen (BGH 8.5.2000, NJW 2000, 2584 (2585); BGH 14.7.1997, NJW 1997, 3089 (3090)). Wird ein wirksam vereinbartes Wettbewerbsverbot verletzt, kann dies dazu führen, dass der Anteil des Ausgeschiedenem am ideellen Wert der Gesellschaft auf Null reduziert ist (LG Dortmund 30.5.2008, BeckRS 2008, 16425).

15 Vor dem Ausscheiden entstandene **Vermögensrechte** des Ausgeschiedenen bleiben bestehen, unterliegen aber der sog. Durchsetzungssperre (→ § 730 Rn. 12). Die persönliche Haftung für Verbindlich-

keiten der Gesellschaft, die bis zum Zeitpunkt des Ausscheidens begründet wurden, gilt fort, soweit mit den Gläubigern keine abweichende Vereinbarung getroffen wird.

V. Gestaltung

Abs. 1 S. 1 (Anwachsung) ist zwingend (BGH 4.9.1992, DStR 1993, 1530; RG 11.12.1903, RGZ 56, 206 (208 f.)). § 738 Abs. 1 S. 2, 3 sind, ebenso wie §§ 739, 740, dispositiv, sodass die Auseinandersetzung weitgehend individueller Gestaltung zugänglich ist. Deshalb sind gesellschaftsvertragliche Abfindungsbeschränkungen, die im Allgemeinen den Bestand des Unternehmens durch Einschränkung des Kapitalabflusses sichern und/oder die Berechnung des Abfindungsanspruchs vereinfachen sollen, grundsätzlich zulässig (BGH 16.12.1991, NJW 1992, 892 (894 f.); BGH 24.5.1993, NJW 1993, 2101). Eine konkludent vereinbarte Abfindungsbeschränkung ist denkbar, ihre Annahme unterliegt aber hohen Anforderungen (vgl. LG Heidelberg 6.11.2019, ZInsO 2020, 109 (114 f.)). Anknüpfungspunkte können der Gesellschaftszweck, der Verzicht auf periodische Gewinnverteilung, die Art der geschuldeten Beiträge sein (LG Heidelberg aaO; verneint für Herausgebergesellschaft einer wissenschaftlichen Fachzeitschrift). Bei Fehlen einer Regelung kann eine Abfindungsbeschränkung regelmäßig nicht aus einer ergänzenden Vertragsauslegung gewonnen werden, weil die Frage der Abfindung angesichts § 738 Abs. 1 S. 2 BGB nicht regelungsbedürftig ist (LG Heidelberg 6.11.2019, ZInsO 2020, 109 (119)). 16

Da Abfindungsvereinbarungen idR den in der Gesellschaft verbleibenden Gesellschaftern günstig sind (vgl. aber BayVGH 30.1.2008, NJW-RR 2008, 1456), unterliegen sie einer umfassenden **richterlichen Inhaltskontrolle.** Maßstab ist vor allem § 138 Abs. 1, aber für den Fall der Kündigung durch den Ausscheidenden auch § 723 Abs. 3 (vgl. BGH 24.9.1984, NJW 1985, 192 (193); → § 723 Rn. 27 f.). Dies gilt auch für den Fall der Vereinbarung einer „Abwicklungspauschale", die den Abfindungsbetrag pauschaliert mindert. Sie ist kein pauschalierter Schadensersatz und deshalb im Falle einer Publikumsgesellschaft nicht AGB-ähnlich an § 309 Nr. 5 BGB zu messen, sondern eine Abfindungsregelung (LG Landshut 23.8.2017, BeckRS 2017, 136510). Sittenwidrigkeit einer Abfindungsvereinbarung kann vorliegen, wenn der Gesellschafter wegen Auseinanderfallen von realem und vereinbartem Abfindungswert in der Ausübung seiner Rechte faktisch beschnitten wird, die Abfindungsvereinbarung knebelnde Wirkung hat. An die Stelle einer unwirksamen Vereinbarung tritt die Pflicht zur vollen Abfindung nach Abs. 1 S. 2 (BGH 16.12.1991, BGHZ 116, 359 (368 f.); OLG Hamm 4.12.2002, NZG 2003, 440). Unbedenklich ist eine Regelung, nach welcher statt einer Abfindung aus dem Gesellschaftsvermögen der Anteil durch die Gesellschaft freihändig verkauft werden kann, wenn der Ausscheidende durch ein eigenes Recht zur Verwertung gegen Missbrauch geschützt ist (BGH 21.1.2014, DStR 2014, 1404). Ergibt sich die Diskrepanz zwischen vereinbartem und realem Wert erst im Verlauf der Mitgliedschaft in der Gesellschaft, kann sie nicht nach § 138 Abs. 1 unwirksam sein, unterliegt aber einer Ausübungskontrolle. Sie ist gem. § 242 auf das Verbot der unzulässigen Rechtsausübung zu stützen (*Ulmer/Schäfer* ZGR 1995, 134 (144 ff.)) und kann, wenn dem Ausscheidenden das Festhalten an der ursprünglich vereinbarten Regelung unzumutbar ist, zu einer nach Treu und Glauben im Wege der ergänzenden Vertragsauslegung an die Umstände angepassten Abfindungsregelung führen (vgl. BGH 20.9.1993, BGHZ 123, 281 (284 f.); OLG Stuttgart 11.4.2018, BeckRS 2018, 36116). 17

Eine Regelung über die **Höhe der Abfindung,** mit welcher der reale Wert unterschritten wird, muss auf nachvollziehbare, das Abfindungsinteresse des Gesellschafters begrenzende Interessen auf Seiten der Gesellschaft gestützt sein, denen auch durch andere Gestaltungen (Ratenzahlungen etc) nicht Rechnung getragen werden kann (Soergel/*Hadding/Kießling* Rn. 47). Im Rahmen dieser Abwägung kommt es auf die Umstände des Einzelfalls an, wobei die Rspr. bei Freiberuflersozietäten tendenziell eine größere Gestaltungsfreiheit zubilligt als Gesellschaften mit gewerblichen oder sonstigem unternehmerischem Zweck (vgl. auch OLG München 12.5.2010, BeckRS 2010, 25514). Zu berücksichtigen sind die Ertragsstruktur der Gesellschaft, die Höhe des betroffenen Anteils und die Umstände des Ausscheidens, sodass sich starre Grenzwerte verbieten. Als Richtwert kann aber gelten, dass eine auf unter 50 % des realen Wertes begrenzte Abfindung regelmäßig unwirksam ist (BGH 9.1.1989, NJW 1989, 2685 (2686) – 50 % des Buchwertes; BGH 20.9.1993, BGHZ 123, 281 (284) – 45 % des Verkehrswertes; BGH 13.3.2006, NJW-RR 2006, 1270, 1271 – 30 % des Liquidationswertes). Ein Missverhältnis kann sich nicht nur aus einer ausdrücklichen Regelung der Höhe ergeben, sondern auch aus der Art ihrer Berechnung, etwa durch eine – grundsätzlich unbedenkliche – Buchwertklausel. Sie stellt auf das bilanzielle Eigenkapital ab und lässt stille Reserven und Good Will unberücksichtigt, sodass sie bei längerer Mitgliedschaft in der Gesellschaft zu einer starken Diskrepanz von Buchwert und realem, hypothetisch nach § 738 geschuldetem Wert führen kann (vgl. BGH 24.5.1993, NJW 1993, 2101 (2102); OLG München 1.9.2004, NZG 2004, 1055 (1056); LG Münster 11.7.2016, BeckRS 2016, 14881). Eine Lösung ist dann über § 242 BGB zu suchen (→ Rn. 16). Auch kann die Vereinbarung einer an sich sachgerechten Abfindung auf Grundlage des Ertragswertes unwirksam sein, wenn der Liquidationswert des Unternehmens seinen Ertragswert erheblich übersteigt (BGH 13.3.2006, NJW-RR 2006, 1270 (1271)). Bei der Beurteilung ist zu berücksichtigen, ob der Ausscheidende für die Abfindung seinerseits eine Gegenleistung erbringen muss, die die Abfindung wirtschaftlich in einem die 18

Grenze zur Sittenwidrigkeit überschreitenden Maße entwertet (verneint für die Verpflichtung zur Aufgabe einer Kassenarztzulassung von OLG Frankfurt a. M. 14.1.2010, GesR 2010, 491 (493)). Für steuerliche Zwecke ist das gesellschaftsrechtliche Abfindungsguthaben nicht bindend (FG Münster 10.9.2015, ErbStb 2016, 3 (Verkehrswert eines Grundstücks)).

19 Umstritten ist, ob ein großzügigerer Maßstab für den Fall der Ausschließung eines Gesellschafters aus wichtigem Grund (§ 737) gilt. ZT wird vertreten, dass eine Beschränkung der Abfindung als zulässige Vertragsstrafe qualifiziert werden kann, wenn der Ausgeschiedene den Kündigungsgrund in seiner Person schuldhaft herbeigeführt hat (vgl. BGH 24.5.1993, NJW 1993, 2101 (2102); BGH 9.1.1989, NJW 1989, 2685 (2686); aA Soergel/*Hadding/Kießling* Rn. 50). Nur ausnahmsweise ist iRe Gesamtabwägung zu berücksichtigen, wie die Mitgliedschaft erlangt wurde (etwa durch unentgeltliche Zuwendung oder ohne Kapitaleinlage; vgl. BGH 22.7.2002, NJW 2002, 3536 (3537)). Unwirksam sind Regelungen, die die Abfindung ausschließlich zum Nachteil Dritter schmälern (oder ganz ausschließen) sollen (BGH 19.6.2000, BGHZ 144, 365 (367); BGH 12.6.1975, BGHZ 65, 22 (27)), eine Begrenzung also etwa nur für den Fall des Ausscheidens durch Gläubigerpfändung (§ 725 Abs. 1) oder Insolvenzeröffnung (§ 728 Abs. 2) vorsehen. Keine solche unzulässige Regelung liegt bei einer Vereinbarung auf den Todesfall vor; hier handelt es sich um eine vorweggenommene unentgeltliche Verfügung über den Anteilswert unter Lebenden (KG 19.9.1958, JR 1959, 101).

20 Ein vollständiger **Ausschluss der Abfindung** ist regelmäßig unwirksam, eine Ausnahme kann allenfalls bei Gesellschaften gelten, die einen ideellen Zweck verfolgen (BGH 2.6.1997, NJW 1997, 2592 (2593); OLG Frankfurt a. M. 29.7.2008, OLGR 2009, 374; LG Heidelberg 6.11.2019, ZInsO 2020, 109 (114)). Besteht der wesentliche Wert einer unternehmenstragenden Gesellschaft in ihrem Good Will (typischerweise bei Freiberuflergesellschaften), ist ein völliger Ausschluss zwar ebenfalls unwirksam (OLG Celle 16.5.2007, OLGR 2007, 482 (483)), die Regelung aber darauf zu untersuchen, ob nicht in der (hinreichend realistischen, OLG Schleswig 29.1.2004, MedR 2004, 215 (218)) Möglichkeit, Vertragsbeziehungen mitzunehmen (Mandanten-/Patientenübernahme), eine einer adäquaten Abfindung wirtschaftlich gleichwertige Regelung zu sehen ist (vgl. BGH 14.6.2010, NZG 2010, 901; BGH 8.5.2000, NJW 2000, 2584 f.; BGH 6.3.1995, NJW 1995, 1551; OLG Celle 5.1.2007, NZG 2007, 542 (543)). Ist dies nicht der Fall, kann der Ausschluss der Abfindung zur Unwirksamkeit einer Mandantenschutzklausel führen, wenn der Ausgeschiedene die Abfindung nicht beansprucht (OLG Celle 16.5.2007, OLGR 2007, 482 (483)). Ein Ausschluss kann wirksam sein, wenn anstelle der Abfindung ein Eintrittsrecht eines Familienangehörigen des Ausscheidenden vorgesehen ist (OLG München 12.3.2008, BeckRS 2008, 8281).

21 **Modalitäten der Abfindung** können grundsätzlich wirksam vereinbart werden. Ratenzahlungsvereinbarungen unterliegen bei sachlich gerechtfertigter Laufzeit (zehn Jahre, BGH 9.1.1989, NJW 1989, 2685 (2686;) ausnahmsweise, etwa zur Altersversorgung, auch länger, 17.5.2004, NJW 2004, 2449 f.) und Verzinsung des Abfindungsguthabens (BGH 9.1.1989, NJW 1989, 2685 (2686)) keinen Bedenken.

Haftung für Fehlbetrag

739 Reicht der Wert des Gesellschaftsvermögens zur Deckung der gemeinschaftlichen Schulden und der Einlagen nicht aus, so hat der Ausscheidende den übrigen Gesellschaftern für den Fehlbetrag nach dem Verhältnis seines Anteils am Verlust aufzukommen.

1 § 739 ordnet die Pflicht des ausscheidenden Gesellschafters an, einen sich iRd Schlussabrechnung (auch als Abfindungs- oder Abschichtungsbilanz bezeichnet) ergebenden Fehlbetrag anteilig auszugleichen (der Mauracher Entwurf (→ § 705 Rn. 1a) hält an dieser Regelung fest). § 739 gilt auch für die OHG und PartG, für die KG nur nach Maßgabe des § 167 Abs. 3 HGB. Entsprechend anwendbar ist § 739 bei Übernahme des Gesellschaftsvermögens (OLG Hamm 11.5.2004, NZG 2005, 175). Nicht anwendbar ist § 739 bei einer Rechtsnachfolge in den Gesellschaftsanteil (dh Gesellschafterwechsel, vgl. OLG Hamm 6.3.1985, Rpfleger 1985, 289 f.). Der Anspruch verjährt nach § 195 (BGH 10.5.2011, NJW 2011, 2292 (2293); BGH 19.7.2010, NJW-RR 2010, 1401 (1402)), eine entsprechende Anwendung von §§ 159, 160 HGB ist nicht möglich (aA *K. Schmidt* DB 2010, 2093 (2095 f.)). Der Anspruch entsteht grundsätzlich mit dem Ausscheiden des Gesellschafters; die Feststellung der Schlussabrechnung ist keine Voraussetzung für seine Fälligkeit (BGH 19.7.2010, NJW-RR 2010, 1401 (1402); OLG München 23.2.2017, BeckRS 2017, 102599), sodass den Beteiligten kein Anspruch auf einen Feststellungsbeschluss zusteht (MüKoBGB/*Schäfer* § 738 Rn. 28) und zur Verhinderung der Verjährung ggf. Feststellungsklage geboten ist. Ist der aus einer Personengesellschaft ausgeschiedene Gesellschafter im Stande, die Höhe seines Abfindungsanspruchs schlüssig zu begründen, so kann er nach dem Verstreichen der vertraglich vereinbarten Fälligkeitszeitpunkte im Regelfall auf Leistung klagen und im Rahmen dieser Zahlungsklage den Streit darüber austragen, ob und in welcher Höhe bestimmte Aktiv- oder Passivposten bei der Berechnung des Abfindungsguthabens zu berücksichtigen sind.

Die **Ausgleichspflicht** besteht, wenn die auf den Tag des Ausscheidens erstellte Abschichtungsbilanz ergibt, dass das Gesellschaftsvermögen die Verbindlichkeiten der Gesellschaft (§ 733 Abs. 1) und die Einlagen der Gesellschafter (§ 733 Abs. 2) rechnerisch nicht abdeckt (OLG Hamm 11.5.2004, NZG 2005, 175). Eine Beschränkung der Außenhaftung lässt die Ausgleichspflicht im Innenverhältnis unberührt (KG 9.1.2009, NZG 2009, 1222 (1223)). Hat der Ausgeschiedene mit Gesellschaftsgläubigern hinsichtlich seiner persönlichen Haftung für Gesellschaftsverbindlichkeiten eine Haftungsbeschränkung vereinbart, kann er sich im Innenverhältnis gegenüber der Gesellschaft auf solche Individualabsprachen nicht berufen und bleibt anteilig in voller Höhe ausgleichspflichtig (BGH 9.3.2009, NZG 2009, 581 (582)). Der aus der Ausgleichspflicht folgende **Sozialanspruch** entsteht mit Ausscheiden und wird mit Bezifferung fällig, er kann von den verbliebenen Gesellschaftern iRe actio pro socio geltend gemacht werden. Der Anspruch besteht in der Höhe des Anteils am Fehlbetrag, der sich rechnerisch aus der Verlustbeteiligung nach § 722 oder der vertraglich vereinbarten Quote ergibt (vgl. RG 9.2.1884, RGZ 11, 123 (130)). 2

Der Ausscheidende kann mit einem Anspruch auf Rückerstattung seiner Einlage aufrechnen und ein Zurückbehaltungsrecht geltend machen (§ 273), soweit ihm Ansprüche gegen die Gesellschaft nach § 738 Abs. 1 S. 2 zustehen (Rückgabe von Gegenständen, Wertersatz, Schuldbefreiung etc; BGH 14.2.1974, NJW 1974, 899 (900); zur Beweispflicht BGH 9.3.2009, NZG 2009, 581). Da die Gesellschaft die Erfüllung dieser Ansprüche ebenfalls auf § 273 gestützt verweigern kann, ist Zug-um-Zug zu erfüllen. Nicht möglich ist die Leistungsverweigerung wegen etwaig noch zustehender Ansprüche aus § 740 (BGH 16.1.1969, WM 1969, 494 (495)). Eine **Zahlungspflicht des ausgeschiedenen Gesellschafters** besteht daher im Ergebnis nur dann, wenn der auf ihn entfallende Fehlbetrag einschließlich sonstiger, der Gesellschaft noch geschuldeter Beträge nach dem Ergebnis der Schlussabrechnung höher ist als die ihm iRd Abfindung zurückzugewährende Einlage sowie etwaige weitere ihm noch zustehende Ansprüche aus dem Gesellschafterverhältnis. 3

Kann der Ausgleichsbetrag nicht erlangt werden, führt dies, da in der werbenden Gesellschaft **keine Verlustausgleichsverpflichtung** besteht, nicht zu einer Ausfallhaftung der übrigen Gesellschafter nach Maßgabe ihrer Verlustbeteiligung (Erman/*Westermann* Rn. 2; MüKoBGB/*Schäfer* Rn. 4; Soergel/*Hadding/Kießling* Rn. 6), wohl aber zur Erhöhung des auf sie entfallenden Verlusts der Gesellschaft. 4

Beteiligung am Ergebnis schwebender Geschäfte

740 (1) [1]**Der Ausgeschiedene nimmt an dem Gewinn und dem Verlust teil, welcher sich aus den zur Zeit seines Ausscheidens schwebenden Geschäften ergibt.** [2]**Die übrigen Gesellschafter sind berechtigt, diese Geschäfte so zu beendigen, wie es ihnen am vorteilhaftesten erscheint.**

(2) **Der Ausgeschiedene kann am Schluss jedes Geschäftsjahrs Rechenschaft über die inzwischen beendigten Geschäfte, Auszahlung des ihm gebührenden Betrags und Auskunft über den Stand der noch schwebenden Geschäfte verlangen.**

§ 740 soll sicherstellen, dass die Erstellung der Abfindungsbilanz nicht durch die Ungewissheit über noch schwebende Geschäfte erschwert wird. Hinsichtlich der Teilhabe am Ergebnis schwebender Geschäfte gewährt § 740 daher einen eigenen Anspruch des Ausgeschiedenen, der selbstständig neben den Abfindungsanspruch in § 738 tritt (der Mauracher Entwurf (→ § 705 Rn. 1a) schlägt einen Verzicht auf § 740 vor, weil diesem konzeptionell die vom Entwurf nicht mehr als vorrangig heranzuziehende Substanzwertmethode zu Grunde liegt). Findet § 740 Anwendung, dürfen schwebende Geschäfte bei der Auseinandersetzung nach §§ 738, 739 nicht in Ansatz gebracht werden. § 740 gilt auch im Recht der OHG, KG und PartG. Die Norm findet für die Übernahme des Gesellschaftsvermögens durch den einzigen verbleibenden Gesellschafter entsprechende Anwendung (BGH 7.12.1992, NJW 1993, 1194; OLG Hamm 11.5.2004, NZG 2005, 175). 1

Schwebende Geschäfte sind unternehmensbezogene Rechtsgeschäfte, an welche die Gesellschaft zum Abfindungsstichtag schon gebunden war, die aber beide Vertragspartner bis dahin noch nicht voll erfüllt hatten (BGH 7.12.1992, NJW 1993, 1194; BGH 29.4.85, WM 1985, 1166), obwohl dies nach Eigenart und Bedeutung des Vertrages für das Unternehmen grundsätzlich möglich gewesen wäre (BGH 16.12.1985, NJW-RR 1986, 454 (455)). Gesetzliche Schuldverhältnisse, Dauerschuldverhältnisse (BGH 16.12.1985, NJW-RR 1986, 454 (455); str.) und reine Hilfsgeschäfte sind nicht erfasst, da bei ihnen der Normzweck (nachwirkende Ergebnisbeteiligung) nicht angesprochen ist. 2

Durch § 740 tritt der ausgeschiedene Gesellschafter in eine **schuldrechtliche Beziehung** zur Gesellschaft. Die Durchführung der Geschäfte obliegt, unter Beachtung des Maßstabs des § 708, allein seinen früheren Mitgesellschaftern (RG 11.11.1903, RGZ 56, 16 (19)). Der Ausgeschiedene ist aus diesen Geschäften weder berechtigt noch verpflichtet (RG 5.7.1902, JW 1902, 445). 3

Realisiert sich ein Gewinn, hat der Ausgeschiedene gegen die GbR einen **Anspruch auf Auszahlung** des nach Rechnungslegung auf ihn entfallenden Gewinnanteils. Der Anspruch entsteht und wird 4 fällig, wenn das Ergebnis des Geschäfts objektiv feststeht (BGH 4.11.1979, WM 1980, 212 (213 f.); BGH 7.12.1992, NJW 1993, 1194 (1195)). Die Rechnungslegung nach Abs. 2 ist also nicht anspruchsbegründend, wohl aber können auf ihrer Grundlage festgestellte Teilgewinne beansprucht werden (vgl. Soergel/*Hadding/Kießling* Rn. 7). Bei einem **Verlust** muss der Ausgeschiedene seinen Verlustanteil an die Gesellschaft zahlen.

5 Abs. 2 verpflichtet die Gesellschaft, gegenüber dem Ausgeschiedenen am Schluss jeden Geschäftsjahres (§ 721) **Rechenschaft** über Ergebnis sowie Art und Weise der beendeten Geschäfte abzulegen (maßgeblich ist der Zahlungseingang, BGH 16.1.1969, WM 1969, 494 (496)). Rechenschaft erfolgt nach Maßgabe der §§ 259, 260 (vgl. BGH 9.7.1959, NJW 1959, 1963 (1964)). Einsichtgewährung in die Bücher genügt nicht (BGH 8.12.1960, WM 1961, 173). Hinzu tritt nach § 242 ein **Auskunftsanspruch** über die weiterhin schwebenden Geschäfte (Soergel/*Hadding/Kießling* Rn. 8). Diese Ansprüche treten an die Stelle der Kontrollrechte eines Gesellschafters (§ 716 Abs. 1) und sind, da aus dem früheren Gesellschaftsverhältnis herrührend, iSv § 717 Abs. 1 höchstpersönlicher Natur.

6 § 740 ist **dispositiv** (BGH 14.7.1960, WM 1960, 1121 (1122); ausf. *Knöchlein* DNotZ 1960, 472). Der Ausscheidende kann von der späteren Beteiligung an schwebenden Geschäften ausgeschlossen werden. Dies ist auch konkludent möglich und insbesondere anzunehmen, wenn der Abfindungsanspruch nach der gebräuchlichen Ertragswert- (OLG Hamm 11.5.2004, NZG 2005, 175 f., auch zu einer Ausnahme von diesem Grundsatz) oder der Buchwertmethode (MüKoBGB/*Schäfer* Rn. 8) berechnet worden ist (vgl. auch LG Hamburg 2.9.2016, BeckRS 2016, 114969). Hier sind schwebende Geschäfte bereits bei der Bemessung des Ertragswerts berücksichtigt bzw. sollen mit abgegolten sein (näher MüKoBGB/*Schäfer* Rn. 1). Die praktische Relevanz des § 740 ist daher auf die mittlerweile unübliche Anwendung der Substanzwertmethode begrenzt.

Gesetz über Partnerschaftsgesellschaften Angehöriger Freier Berufe (Partnerschaftsgesellschaftsgesetz – PartGG)

vom 25.7.1994 (BGBl. 1994 I 1744),

Zuletzt geändert durch Art. 7 Aktienrechtsnovelle 2016 vom 22.12.2015 (BGBl. 2015 I 2565)

Voraussetzungen der Partnerschaft

1 (1) [1]**Die Partnerschaft ist eine Gesellschaft, in der sich Angehörige Freier Berufe zur Ausübung ihrer Berufe zusammenschließen.** [2]**Sie übt kein Handelsgewerbe aus.** [3]**Angehörige einer Partnerschaft können nur natürliche Personen sein.**

(2) [1]**Die Freien Berufe haben im allgemeinen auf der Grundlage besonderer beruflicher Qualifikation oder schöpferischer Begabung die persönliche, eigenverantwortliche und fachlich unabhängige Erbringung von Dienstleistungen höherer Art im Interesse der Auftraggeber und der Allgemeinheit zum Inhalt.** [2]**Ausübung eines Freien Berufs im Sinne dieses Gesetzes ist die selbständige Berufstätigkeit der Ärzte, Zahnärzte, Tierärzte, Heilpraktiker, Krankengymnasten, Hebammen, Heilmasseure, Diplom-Psychologen, Mitglieder der Rechtsanwaltskammern, Patentanwälte, Wirtschaftsprüfer, Steuerberater, beratenden Volks- und Betriebswirte, vereidigten Buchprüfer (vereidigte Buchrevisoren), Steuerbevollmächtigten, Ingenieure, Architekten, Handelschemiker, Lotsen, hauptberuflichen Sachverständigen, Journalisten, Bildberichterstatter, Dolmetscher, Übersetzer und ähnlicher Berufe sowie der Wissenschaftler, Künstler, Schriftsteller, Lehrer und Erzieher.**

(3) **Die Berufsausübung in der Partnerschaft kann in Vorschriften über einzelne Berufe ausgeschlossen oder von weiteren Voraussetzungen abhängig gemacht werden.**

(4) **Auf die Partnerschaft finden, soweit in diesem Gesetz nichts anderes bestimmt ist, die Vorschriften des Bürgerlichen Gesetzbuchs über die Gesellschaft Anwendung.**

Übersicht

I. Allgemeines

1. Partnerschaft als Sonderform. Das am 1.7.1995 in Kraft getretene PartGG soll den Angehörigen Freier Berufe eine Organisationsform bieten, die der modernen Berufsausübung entspricht (BT-Drs. 12/6152, 7). Die **neue Gesellschaftsform** sollte rechtlich selbständiger als die GbR und personalistischer als die GmbH werden. Haftungsrechtlichen Besonderheiten, die sich aus einem besonderen Vertrauen in einen einzelnen Partner ergeben können, wurde erst im Jahr 2008 durch die Haftungskonzentration auf den befassten Partner in § 8 Abs. 2 Rechnung getragen. Einen Durchbruch brachte die im Jahr 2013 als weitere Variante eingeführte **Partnerschaftsgesellschaft mit beschränkter Berufshaftung (PartGmbB).** Diese neue Möglichkeit der Haftungsbeschränkung auf das Vermögen 1 der Partnerschaft setzt gem. § 8 Abs. 4 durch das Berufsrecht vorgegebene Mindestversicherungssummen voraus, die für Rechts- und Patentanwälte 2,5 Mio. EUR (§ 51a Abs. 2 BRAO, § 45a Abs. 2 PAO), für Steuerberater mit Modifikationen 1 Mio. EUR (§ 67 Abs. 2 StBerG) und für Wirtschaftsprüfer (§ 54 Abs. 1 WPO) 1 Mio. EUR betragen.

2 **2. Nähe zur oHG.** Die Partnerschaft ist eng an die oHG angelehnt. Sie ist Trägerin des Gesellschaftsvermögens, namensrechtsfähig, aktiv und passiv parteifähig, grundbuchfähig, erbfähig, wechselfähig, deliktsfähig und insolvenzfähig.

3 Gesetzestechnisch ist diese Nähe durch Verweisung auf das Recht der oHG (§§ 105 ff. HGB) bewältigt. Solche Verweise finden sich in § 4 Abs. 1 (Anmeldung der Partnerschaft), § 6 Abs. 3 (Rechtsverhältnis der Partner untereinander), § 7 Abs. 2, Abs. 3 und Abs. 5 (Wirksamkeit im Verhältnis zu Dritten; rechtliche Selbständigkeit; Vertretung), § 8 Abs. 1 (Haftung für Verbindlichkeiten der Partnerschaft), § 9 Abs. 1 und Abs. 4 (Ausscheiden eines Partners; Auflösung der Partnerschaft) und § 10 (Liquidation der Partnerschaft; Nachhaftung). Die Verweise sehen eine **entsprechende Anwendung** bestimmter Vorschriften des Rechts der oHG vor.

4 **3. Abgrenzung zur oHG.** Die Nähe zur oHG hat Grenzen, die sich aus der Unterscheidung zwischen handelsgewerblicher Tätigkeit und freiberuflicher Tätigkeit ergeben. Die Unabhängigkeit und Eigenverantwortlichkeit der Berufsausübung passt nicht zwanglos in die Organisationsregeln der §§ 105 ff. HGB. Da die Vorschriften über die oHG jeweils nur entsprechend gelten, sind bei der Rechtsanwendung die Besonderheiten der Ausübung eines Freien Berufs zu berücksichtigen. Im Bereich der GbR hat sich die Sozietät als **Sonderform** freiberuflicher Zusammenschlüsse etabliert (*K. Schmidt* NJW 2005, 2801 ff.; *Hirtz* AnwBl. 2008, 82 ff.). Das Recht der GbR ist ohnehin subsidiär anwendbar (§ 1 Abs. 4).

5 **4. GmbH als Alternative.** Die bei Inkrafttreten des PartGG bestehenden Bedenken gegen die Zulässigkeit einer Freiberufler-GmbH (vgl. zur Entwicklung *Henssler* Einf. Rn. 41 ff.) sind heute weitgehend überwunden. Das PartGG grenzt sich indessen deutlich von der GmbH ab. Die GmbH & Co. KG steht mangels gewerblicher Tätigkeit jedenfalls für Rechtsanwälte nicht zur Verfügung (BGH 18.7.2011, NJW 2011, 3036; BVerfG 6.12.2011, NJW 2012, 993).

6 **5. Praktischer Bedarf.** Die Haftungskonzentration auf den handelnden Partner (§ 8 Abs. 2) machte die PartG attraktiver. Konkurrentin wurde die englische Limited Liability Partnership **(LLP)** mit der Möglichkeit der (jedenfalls zunächst fraglichen; vgl. *Henssler/Mansel* NJW 2007, 1393) Beschränkung der Haftung auf das Gesellschaftsvermögen. Die neue **PartGmbB** (§ 8 Abs. 4) schafft eine **sinnvolle Alternative** und wird als Gesellschaftsform rege angenommen, insbesondere von Rechtsanwälten, Steuerberatern und Wirtschaftsprüfern (*Lieder/Hoffmann* NZG 2020, 721 (722)). Ihre Einführung kann, weil nunmehr im deutschen Recht eine Freiberuflerpersonengesellschaft ohne unmittelbare persönliche Berufshaftung der Gesellschafter etabliert wurde, zugleich die Bedenken gegen eine effektive Haftungsbeschränkung durch die LLP beseitigen (*Henssler* NJW 2014, 1761 (1763)).

7 Die – zu begrüßende – Einführung einer Gesellschaft mit beschränkter Berufshaftung verbirgt nur mühsam, dass es dem Gesellschaftsrecht der Freien Berufe und dem deutschen Gesellschaftsrecht insgesamt an einer Systematisierung fehlt. Eigentlich ist die PartG mit beschränkter Berufshaftung im Gesetz ein Fremdkörper.

II. Gesetzliche Voraussetzungen (Abs. 1 und Abs. 2)

8 **1. Partnerschaft.** Die Begriffswahl ist nicht konsequent. Im Gesetzestitel ist von „Partnerschaftsgesellschafen" die Rede, während der Gesetzestext einheitlich von „Partnerschaft" spricht. Partnerschaft und PartG sind also iSd PartGG synonym.

9 **2. Gesellschaft.** Die Partnerschaft ist auf Dauer angelegte Personengesellschaft und Außengesellschaft. Sie ist – von § 8 Abs. 2 und der Partnerschaft mbB abgesehen – Haftungsgemeinschaft der Partner, die grundsätzlich unbeschränkt und persönlich haften. Sie ist verselbständigte mitunternehmerische Funktionseinheit, nicht aber juristische Person. Weil die Partnerschaft Personengesellschaft ist, ist § 1 Abs. 4, der die subsidiäre Geltung der §§ 705 ff. BGB anordnet, eigentlich entbehrlich. Die Gründung der Partnerschaft erfordert einen schriftlichen **Gesellschaftsvertrag** (§ 3).

10 Wird eine Gesellschaft trotz fehlenden Vertrages ins Partnerschaftsregister eingetragen, liegt eine **Scheinpartnerschaft** vor. Ebenfalls Rechtsscheinsgrundsätze gelten, wenn aus der Auflistung lediglich angestellter Mitarbeiter (etwa auf dem Briefkopf) auf deren Eigenschaft als Partner geschlossen werden kann.

11 Durch den Gesellschaftsvertrag verpflichten sich die Partner gegenseitig, die Erreichung eines gemeinsamen Zwecks zu fördern (§ 705 BGB). Gemäß § 1 Abs. 1 S. 1 ist **Zweck** der Partnerschaft die Ausübung des Freien Berufs der Gesellschafter.

Zur Förderungspflicht der Gesellschafter gehört gem. § 705 BGB die Pflicht, die vereinbarten Beiträge zu leisten. Diese **Beitragspflicht** wird in der Partnerschaft in erster Linie charakterisiert durch die Pflicht jedes Gesellschafters zur aktiven persönlichen Berufsausübung und zur grundsätzlich unbeschränkten persönlichen Haftung. Auch sonstige Beitragsleistungen kommen in Betracht (→ § 3 Rn. 5). **12**

3. Angehörige Freier Berufe. Nur Angehörige Freier Berufe kommen daher als Partner in Betracht. Die Pflicht zur Anmeldung (§ 4 Abs. 2) ermöglicht eine **Kontrolle.** Ändert sich die Tätigkeit eines Partners, ist das Registergericht gem. §§ 395, 374 Nr. 3 FamFG von Amts wegen zur Berichtigung der Eintragung im Partnerschaftsregister befugt. Eine Regelung, die eine Information des Registergerichts sicherstellen würde, fehlt. **13**

Aus § 1 Abs. 1 folgt, dass der Anteil an einer Partnerschaft nicht an Dritte veräußert werden darf, die Freien Berufen nicht angehören, also **nicht partnerschaftsfähig** iSd § 1 Abs. 1 sind. Die Abtretung eines Anteils an eine nicht partnerschaftsfähige Person ist gem. § 134 BGB nichtig. **14**

Für Freie Berufe, für die eine Zulassung erforderlich ist, bestimmt § 9 Abs. 3 bei endgültigem Verlust der Berufszulassung die Ausscheidensfolge. Da es eine solche Sanktion für zulassungsfreie Freie Berufe nicht gibt, scheidet ein Partner, der nicht mehr freiberuflich tätig ist, nicht von selbst aus (*Henssler* Rn. 110). Er bleibt Partner, soweit der Gesellschaftsvertrag keine anderweitige Regelung vorsieht. Die Mitgesellschafter können einen Antrag auf gerichtlichen Ausschluss nach § 9 Abs. 1 iVm §§ 133, 140 HGB stellen. **15**

Nicht nur die Verwendung des Plurals („…Angehörige…") zeigt, dass eine Partnerschaft die Beteiligung von **mindestens zwei** Gesellschaftern voraussetzt. Die Freiberufler-GmbH bietet hingegen die Möglichkeit einer Einmann-Gründung. Bei Ausscheiden des vorletzten Partners erlischt die Partnerschaft als Gesellschaft; sie wandelt sich in eine freiberufliche Einzelpraxis um. **16**

Der erst durch Gesetz vom 22.7.1998 (BGBl. 1998 I 1878) eingeführte § 1 Abs. 2 S. 1 versucht eine – durch die Vorschaltung der Wörter „im allgemeinen" – stark relativierte **Legalbeschreibung** dessen, was „Freie Berufe" sind. Wegen des Zusatzes „im allgemeinen" handelt es sich nicht um eine Legaldefinition, weil eine abschließende Begriffsbildung gerade nicht vorgenommen wird. Methodisch handelt es sich um die Umschreibung eines Topos. **17**

Angesichts des ausführlichen Katalogs in § 1 Abs. 2 S. 2 kommt den Beschreibungskriterien keine große Bedeutung zu, zumal der Katalog sich selbst noch durch den Hinweis auf „ähnliche Berufe" erweitert. Wegen der engen Anlehnung des § 1 Abs. 2 an § 18 Abs. 1 Nr. 1 EStG kann in Zweifelsfällen die steuerliche Judikatur herangezogen werden (vgl. BT-Drs. 12/6152, 10). **18**

§ 1 Abs. 2 benennt **vier Kriterien:** **19**

(1) Der Freie Beruf ist **Beruf.** Berufstätigkeit ist die auf gewisse Dauer angelegte Tätigkeit, die der Schaffung und Erhaltung der Lebensgrundlage dient (*Henssler* Rn. 73). **20**

(2) Die persönliche, eigenverantwortliche und fachlich unabhängige Erbringung von Dienstleistungen ist erforderlich. Damit wird das wesentliche Kriterium der **Selbständigkeit** der Tätigkeit eher verborgen als umschrieben. Für die Abgrenzung zur nichtselbständigen Tätigkeit sind vergleichbare Überlegungen von Bedeutung wie sie in § 18 EStG und im Arbeitsrecht üblich sind. Selbständig tätig ist, wer den Weisungen eines Dritten nicht zu folgen verpflichtet ist und wer auf eigene Rechnung und Gefahr arbeitet (Schmidt/*Wacker* EStG § 18 Rn. 7). Darauf muss die Gestaltung des Partnervertrages Rücksicht nehmen. Wenn etwa ein „Juniorpartner" unter der Leitung anderer Partner steht und von ihren Weisungen abhängig ist, handelt es sich um einen „Scheinpartner". **21**

(3) Die zu erbringenden Dienstleistungen müssen **„höherer Art"** sein. **22**

(4) Sie beruhen auf **besonderer** beruflicher Qualifikation oder schöpferischer Begabung. **23**

4. Katalogberufe. Die in § 1 Abs. 2 S. 2 genannten Katalogberufe lassen sich in Gruppen unterteilen: **24**

(1) **Heilberufe.** Das Gesetz nennt Ärzte, Zahnärzte, Tierärzte, Heilpraktiker, Krankengymnasten, Hebammen, Heilmasseure und Diplom-Psychologen. Ausdrücklich nicht erwähnt sind Apotheker, denen also die Partnerschaft als Organisationsform nicht offen steht; denkbare Gesellschaftsformen sind (idR wegen eines in kaufmännischer Weise eingerichteten Betriebs) die oHG und (ausnahmsweise) die GbR. § 8 ApoG verbietet (noch) die Apotheker-GmbH. Die Berufsbezeichnung Krankengymnast ist überholt; an ihre Stelle ist seit dem 1.6.1994 die Bezeichnung Physiotherapeut getreten (vgl. § 1 MPhG). Jedoch ist die Fortführung der Berufsbezeichnung „Krankengymnast" möglich; auch der Physiotherapeut übt einen Freien Beruf aus. Mit dem Begriff „Hebammen" sind auch die seit 1985 zur Geburtshilfe unter der Bezeichnung „Entbindungspfleger" zugelassenen Männer gemeint. Probleme wirft der im neuen MPhG nicht mehr verwendete Begriff „Heilmasseur" auf. Masseure und medizinische Bademeister können einen Freien Beruf ausüben, wobei nach der Rspr. des BFH (BFH 26.10.1970, BStBl. II 1971, 249) der Bereich freiberuflicher Tätigkeit verlassen wird, wenn die Nutzung der Einrichtung des Badebetriebs im Mittelpunkt steht. Mit der Erwähnung des Diplom-Psychologen ist auch die Tätigkeit des Psychotherapeuten iSd PsychThG erfasst. **25**

26 (2) **Rechts- und wirtschaftsberatende Berufe.** Erfasst sind die Mitglieder der Rechtsanwaltskammern, also Rechtsanwälte und verkammerte Rechtsbeistände, Patentanwälte, Wirtschaftsprüfer, Steuerberater, beratende Volks- und Betriebswirte, vereidigte Buchprüfer (vereidigte Buchrevisoren) und Steuerbevollmächtigte. Soweit bei Rechtsanwälten auf die Kammermitgliedschaft abgestellt wird, kann daraus nicht der Schluss gezogen werden, ausländische Rechtanwälte, die nicht einer deutschen Rechtsanwaltskammer angehören, seien (im Rahmen des Berufsrechts; vgl. § 59a Abs. 2 Nr. 1 BRAO) als Partner nicht zugelassen (*Henssler* NZG 2019, 401).

27 **Die Nichtaufnahme der Notare** beruht auf einer ausdrücklichen Entscheidung des Gesetzgebers (BT-Drs. 12/6152, 10) und der Erwägung, dass die Ausübung eines öffentlichen Amts die Aufnahme in eine Partnerschaft hindere. Das gilt auch für Anwaltsnotare, die also nur in ihrer Funktion als Rechtsanwalt, nicht aber in ihrer Funktion als Notar partnerschaftsfähig sind mit der Folge, dass der betroffene Partner nur als Rechtsanwalt geführt werden kann, nicht aber zugleich als Notar (vgl. MWHLW/*Lenz* Rn. 51). Die Berechtigung dieser Erwägungen ist durch die Neufassung von § 9 BNotO aus dem Jahre 1998 nicht entfallen (entgegen *Henssler* Rn. 82). § 9 Abs. 1 S. 1 BNotO gestattet zwar die gemeinsame Berufsausübung von Nur-Notaren, ändert aber nichts daran, dass das Notaramt ein öffentliches Amt und damit kein Freier Beruf ist (so auch OLG Celle 30.5.2007, NJW 2007, 2929 (2930); anders: *Henssler* Rn. 82; MüKoBGB/*Schäfer* Rn. 48, 80).

28 Andere Berufe, die im Einzelfall **Rechtsdienstleistungen** iSv § 5 RDG als Nebenleistungen im Zusammenhang mit einer anderen Tätigkeit erbringen dürfen, werden allein dadurch nicht zum „ähnlichen Beruf" im Verhältnis zu rechts- und wirtschaftsberatenden Berufen. Die Erlaubnisnorm des § 5 RDG (vgl. dazu BeckOK RDG/*Hirtz* RDG § 5 Rn. 9 ff.) schafft, eben weil es sich um bloße Annextätigkeiten handelt, keinen neuen Freien Beruf.

29 Problematisch ist die Erwähnung der **beratenden Volks- und Betriebswirte.** Weder gibt es ein gesetzlich bestimmtes Berufsbild noch hat sich ein umgrenzbares Tätigkeitsbild tradiert. Der Hinweis, die Abgrenzung könne sich an dem Studieninhalt der universitären Studiengänge orientieren (Schmidt/*Wacker* EStG § 18 Rn. 107), hilft nicht weiter, da die berufliche Qualifikation nur ein Kriterium ist. Um ein Selbstbenennungsrecht der Betroffenen zu vermeiden, müssen diejenigen, die als beratende Volks- und Betriebswirte eine Partnerschaft begründen wollen, die Erfüllung der Beschreibungskriterien des Freien Berufs darlegen und belegen.

30 (3) **Technische und naturwissenschaftliche Berufe.** Hierzu gehören Ingenieure, Architekten, Handelschemiker, hauptberufliche Sachverständige und Lotsen. Das OLG Zweibrücken (OLG Zweibrücken 30.8.2012, BeckRS 2012, 25141) lässt für ein Ingenieurbüro auch die GmbH & Co. KG zu.

31 (4) **Vermittler geistiger Güter und Informationen (Kulturberufe).** Genannt sind Journalisten, Bildberichterstatter, Dolmetscher und Übersetzer.

32 (5) **Sonstige Personen.** § 1 Abs. 2 S. 2 aE benennt die **Wissenschaftler, Künstler, Schriftsteller, Lehrer und Erzieher.** Hier sind Personen – nicht Berufsbezeichnungen – genannt, um zu verdeutlichen, dass für diese Tätigkeiten eine auf gewisse Dauer angelegte Tätigkeit „in Person" erforderlich ist.

33 (6) **Ähnliche Berufe.** Darüber hinaus öffnet der Katalog sich für „ähnliche Berufe" (allerdings nicht in Bezug auf Wissenschaftler, Künstler, Schriftsteller, Lehrer und Erzieher). „Ähnlich" ist ein Beruf, der in den wesentlichen Punkten mit einem Katalogberuf verglichen werden kann (BFH 11.7.1991, BStBl. II 1991, 878; BFH 28.8.2003, BStBl. II 2004, 954).

34 **5. Zur Ausübung.** Es reicht nicht aus, dass die Partner irgendwie einen Freien Beruf ausüben. Dies muss innerhalb der Partnerschaft geschehen. Die Partner müssen sich also „zur Ausübung ihrer Berufe" zusammenschließen. Damit verlangt § 1 Abs. 1 S. 1 eine aktive freiberufliche Tätigkeit aller Partner. Es entspricht daher der ganz hM, dass es keine Gesellschafter geben darf, die ihren Beruf nicht aktiv in der Partnerschaft ausüben (zB *Henssler* Rn. 24; MüKoBGB/*Schäfer* Rn. 11).

35 Das **Gebot aktiver Tätigkeit** schließt die Beteiligung als bloße Anlage oder stille Beteiligung (selbst für Angehörige Freier Berufe) aus (BT-Drs. 12/6152, 7, 9). Mit der Partnerschaft wird nur dem eine besondere Gesellschaftsform zur Verfügung gestellt, der seinen Beruf in eigener Verantwortung ausübt und für sein Handeln grundsätzlich persönlich haftet. Eine auch nur nebenberuflich ausgeübte Tätigkeit reicht aus. Unterbeteiligung, Nießbrauch und Treuhand sind ausgeschlossen. Das Gebot aktiver Tätigkeit hindert aber Verpfändung und Pfändung grundsätzlich nicht; der Gläubiger erwirbt indessen nur das Recht zur Verwertung des Anteils.

36 Allerdings ist von außen nicht zu verhindern, dass Gesellschafter Partner bleiben, die sich aus der aktiven Mitarbeit zurückgezogen haben. Die übrigen Partner können indessen den Ausschluss erzwingen.

37 Die Partnerschaft ist also Berufsausübungsgesellschaft. Sie steht damit für Bürogemeinschaften, Labor- und Apparategemeinschaften und sonstige Gesellschaften, deren Zweck sich in der gemeinsamen Benutzung von Räumen, Gegenständen und Personal erschöpft, nicht zur Verfügung.

6. Zusammenschluss. Die Angehörigen Freier Berufe schließen sich durch **Gesellschaftsvertrag** zusammen. § 1 Abs. 1 S. 1 betont dieses Erfordernis, das durch die gem. § 3 Abs. 1 angeordnete Schriftform unterstrichen wird. 38

7. Angehörige einer Partnerschaft. § 1 Abs. 1 verwendet den Begriff „Angehörige" zweifach. Die erste Verwendung in S. 1 ist sinnvoll. Nur Angehörige Freier Berufe sind taugliche Partner. Die zweite Erwähnung in S. 3 ist terminologisch unglücklich. Das Gesellschaftsrecht verwendet idR nicht den Begriff des Angehörigen einer Gesellschaft. Auch das PartGG verwendet diesen Begriff sonst nicht. 39

§ 1 Abs. 1 S. 3 meint, dass nur natürliche Personen (§§ 1 ff. BGB) Gesellschafter einer Partnerschaft, also Partner, sein können. Daraus folgt, dass weder eine GbR noch eine Partnerschaft Gesellschafter einer Partnerschaft sein kann. Die verbreitete Kritik an dieser Anforderung an die Qualität der Gesellschafter (vgl. zB *K. Schmidt* ZIP 1993, 633 (639); *Henssler* Rn. 43 ff.; MWHLW/*Lenz* Rn. 105) ist angesichts des eindeutigen Wortlautes nur de lege ferenda von Bedeutung (anders: *Beck* AnwBl. 2015, 382). 40

Die Norm verhindert weder die Gesellschafterstellung einer Partnerschaft in einer anderen juristischen Person noch den Zusammenschluss einer Partnerschaft mit anderen Partnerschaften, Freiberuflern oder juristischen Personen in anderer Kooperationsform. Der BGH (20.3.2017, NJW 2017, 1681) hat allerdings – zu Unrecht – angenommen, eine PartG könne gem. § 59e Abs. 1 S. 1 BRAO nicht Gesellschafterin einer Rechtsanwaltsgesellschaft sein. 41

III. Berufsrechtsvorbehalt (Abs. 3)

1. Grundsatz. § 1 Abs. 3 stellt klar, dass das PartGG die tatsächliche Ausübung des Berufs nicht regeln will. Insoweit gilt das **Berufsrecht,** das die eigentliche Berufsausübung in der Partnerschaft ausschließen oder von weiteren Voraussetzungen abhängig machen kann. Weitere Berufsrechtsvorbehalte enthalten § 6 Abs. 1 und § 8 Abs. 3. Längst nicht für alle Katalogberufe gibt es berufsrechtliche Regelungen. 42

2. Interprofessionelle Partnerschaften. Manche Berufsrechte beschränken die Möglichkeit interprofessioneller Partnerschaften. Das begegnet verfassungsrechtlichen Bedenken; so ist § 59a) Abs. 1 S. 1 BRAO insoweit nichtig, als Rechtsanwälten untersagt wird, sich mit Ärzten und Apothekern zu einer PartG zusammenzuschließen (BVerfG NJW 2016, 700; BGH NJW 2016, 2263). Diese Überlegungen müssen zur Erweiterung der Möglichkeiten einer interprofessionellen Zusammenarbeit zwischen verschiedenen Formen von Freien Berufen führen (vgl. den Gesetzgebungsvorschlag von *Henssler* AnwBl. Online 2018, 564). 43

IV. Anwendung der Vorschriften über die GbR (Abs. 4)

1. Gesetzestechnik. Gemäß § 1 Abs. 4 gelten für die Partnerschaft die §§ 705 ff. BGB subsidiär. Der Wortlaut von § 1 Abs. 4 lehnt sich an den Wortlaut von § 105 Abs. 3 HGB an. Zu Recht ordnet die Vorschrift die unmittelbare (wenngleich subsidiäre) Anwendung des Rechts der BGB-Gesellschaft an, weil die Partnerschaft Sonderform der Personengesellschaft ist. Soweit das PartGG auf das Recht der oHG verweist (→ Rn. 3), ist keine unmittelbare, sondern eine entsprechende Anwendung bestimmter Vorschriften vorgesehen. Das ist folgerichtig, weil die Partnerschaft kein Handelsgewerbe ausübt. 44

2. Wesen der Partnerschaft. Der unterschiedliche Charakter der Verweisungen beschreibt gut das Wesen der Partnerschaft: Die nicht subsidiäre aber entsprechende Anwendung bestimmter oHG-Vorschriften zeigt Verwandtschaft und Unterschiede zur oHG. Die subsidiäre aber unmittelbare Anwendung der Regelungen über die BGB-Gesellschaft zeigt den Sonderformcharakter. Das ist einerseits bei der Auslegung der Regelungen im PartGG und andererseits bei der Rechtsanwendung innerhalb der BGB-Gesellschaft zu beachten. Der Gesetzgeber hat mit dem PartGG den gesellschaftsrechtlichen Zusammenschluss von Angehörigen Freier Berufe als abgrenzungsfähige Sonderform des Gesellschaftsrechts akzeptiert. Diese sachlogischen Strukturen sind es, die etwa auch zum Haftungsprivileg des § 8 Abs. 2 geführt haben. Die Gesetzesbegründung (BT-Drs. 13/9820, 21) weist zutreffend auf die Haltung des Rechtsverkehrs bei mehrgliedrigen Partnerschaften hin, keine persönliche Haftung aller Partner vor allem dann zu erwarten, wenn diese aus verschiedenen Berufen stammen. Dem liegt die Überlegung zugrunde, dass im Zweifel Vertragspartner des Mandanten oder Patienten die Gesellschaft ist, dass aber besonderes Vertrauen in den einen Partner investiert wird. Dieses Charakteristikum der Berufsausübung im Freien Beruf hat einerseits den Gesetzgeber zur Schaffung der Partnerschaft veranlasst, muss aber andererseits auch bei der Rechtsanwendung auf die GbR berücksichtigt werden (*Hirtz* AnwBl. 2008, 82 ff.). 45

Name der Partnerschaft

2 (1) [1]**Der Name der Partnerschaft muß den Namen mindestens eines Partners, den Zusatz „und Partner“ oder „Partnerschaft“ sowie die Berufsbezeichnungen aller in der Partnerschaft vertretenen Berufe enthalten.** [2]**Die Beifügung von Vornamen ist nicht erforderlich.** [3]**Die Namen anderer Personen als der Partner dürfen nicht in den Namen der Partnerschaft aufgenommen werden.**

(2) **§ 18 Abs. 2, §§ 21, 22 Abs. 1, §§ 23, 24, 30, 31 Abs. 2, §§ 32 und 37 des Handelsgesetzbuchs sind entsprechend anzuwenden; § 24 Abs. 2 des Handelsgesetzbuchs gilt auch bei Umwandlung einer Gesellschaft bürgerlichen Rechts in eine Partnerschaft.**

Übersicht

I. Allgemeines

1 Auch die Freien Berufe müssen sich am Markt behaupten. Im Bereich der GbR ist – zB mangels grundsätzlicher Anwendbarkeit der firmenrechtlichen Vorschriften des HGB – eine dauerhafte Bezeichnung nur durch umfangreiche vertragliche Regelungen (zB mit Namensgebern für den Fall des Ausscheidens) möglich. Das **Namensrecht** der Partnerschaft trägt diesen Bedürfnissen heute nicht mehr ausreichend Rechnung; der Gesetzgeber sollte sich vom Konzept der Personenfirma verabschieden (*Henssler* Rn. 3). Weil die Partnerschaft eng an die oHG angelehnt ist, ohne ein Handelsgewerbe zu betreiben, bestand Regelungsbedarf für ein stabiles Namensrecht. Die Partnerschaft kann unter ihrem Namen klagen und verklagt werden. Ihre rechtliche Selbständigkeit (in Anlehnung an § 124 HGB; vgl. § 7 Abs. 2) erfordert eigene Namensgebung.

II. Namensbestandteile (Abs. 1)

2 **1. Name der Partnerschaft.** Die Partnerschaft als solche kann und muss einen Namen erhalten. Der Name ist äußeres **Kennzeichen** einer Person oder Gesellschaft, und zwar zu ihrer Unterscheidung von anderen (vgl. BVerwG 17.3.1987, NJW 1987, 2454).

3 **2. Name mindestens eines Partners.** Zum Mindestbestandteil des Namens einer Partnerschaft gehört der Name mindestens eines Partners. Maßgeblich ist der **bürgerliche Nachname** des Partners. Die Angabe des Vornamens ist gem. § 2 Abs. 1 S. 2 möglich aber nicht erforderlich. Die Partnerschaft kann sich auf einen Namen beschränken oder die Namen mehrerer bzw. aller Partner verwenden. Alle Namensgeber müssen Partner sein.

4 **3. Rechtsformzusatz.** Die Regelung über den Rechtsformzusatz ist zwingend. Es bleibt Wahlfreiheit zwischen „und Partner“ und „Partnerschaft“. **Singgemäße Abwandlungen** sind in Grenzen zulässig (zB „& Partner“, „+Partner“ (BGH 21.4.1997, NJW 1997, 1854 (1855)) „und Partnerinnen“ oder „Partnerschaftsgesellschaft“ (*Henssler* Rn. 14 ff.). Für die Partnerschaft mit beschränkter Berufshaftung sieht § 8 Abs. 4 weitere – zwingende und mögliche – Zusätze vor (→ § 8 Rn. 2).

5 Wegen Irreführung über die Anzahl der Partner darf der Zusatz „und Partner“ nicht verwendet werden, wenn die Bezeichnung die Namen aller Partner enthält. Gemäß § 11 ist die Verwendung der Rechtsformhinweise ausschließlich der Partnerschaft vorbehalten.

6 **4. Berufsbezeichnungen.** Der Name der Partnerschaft muss **alle** in ihr konkret ausgeübten Berufe enthalten. Werden bestimmte Dienstleistungen nicht angeboten, obwohl einer der Partner eine solche Qualifikation aufweist (zB Anwalt, der auch Wirtschaftsprüfer ist) oder nur nebenberuflich ausübt (Anwältin als Lyrikerin), gehört die Bezeichnung – schon zur Vermeidung von Irreführung – nicht in den Namen.

7 Da Anwaltsnotare nur bezogen auf die Anwaltstätigkeit partnerschaftsfähig sind, kann die Berufsbezeichnung „Notar“ nicht in den Namen der Partnerschaft aufgenommen werden. Unbedenklich ist

es, wenn der Anwaltsnotar seinem Namen die Berufsbezeichnung „Notar“ hinzufügt, wenn durch die Gestaltung des Briefkopfs deutlich herausgestellt wird, wer Rechtsanwalt und Notar und wer nur Rechtsanwalt ist (vgl. hierzu BGH 11.7.2005, NJW 2005, 2693 (2694)).

Für Steuerberatungs-, Buchprüfungs- und Wirtschaftsprüfungsgesellschaften gelten Sonderregeln (vgl. § 53 S. 2 StBerG, § 31 S. 2 WPO); sie sind von der Verpflichtung befreit, die Berufsbezeichnungen aller in der Partnerschaft vertretenen Berufe in den Namen aufzunehmen (vgl. OLG München NZG 2017, 64). 8

5. Namen anderer Personen. Gemäß § 2 Abs. 1 Nr. 3 dürfen **nur** die Namen der Partner in den Namen der Partnerschaft aufgenommen werden. 9

6. Namenszusätze. § 2 knüpft zwar an das Prinzip „Personenfirma“ an, verbietet aber – iRd gem. § 2 Abs. 2 iVm § 18 Abs. 2 HGB zu wahrenden Namenswahrheit – zusätzliche Angaben, wie etwa Sach- und Phantasiebezeichnungen, nicht. Auch das anwaltliche Berufsrecht enthält kein Verbot solcher Zusätze (BGH 11.3.2004, NJW 2004, 1651 (1652)). 10

III. Verweisung auf Firmenrecht (Abs. 2)

1. HGB-Firmenrecht. Die wesentlichen firmenrechtlichen Vorschriften des HGB sind gem. § 2 Abs. 2 entsprechend anzuwenden. Damit sind die Grundsätze der **Firmenwahrheit,** der **Firmenbeständigkeit** und der **Firmenausschließlichkeit** auch für den Namen der Partnerschaft zu beachten. 11

Nach hM werden diese Grundsätze nicht berührt, wenn eine PartG mit dem Zusatz „Sozietät“ in das Partnerschaftsregister eingetragen wird (*Henssler* Rn. 21) oder wenn eine ärztliche PartG die Bezeichnung „Gemeinschaftspraxis“ führt (OLG Schleswig 18.9.2002, NJW-RR 2003, 173). Die Verwässerung des Begriffs „Sozietät“ ist indessen bedenklich (Irreführungsgefahr). 12

Gemäß dem Grundsatz der **Namensbeständigkeit** kann bei Änderung des Familiennamens eines namensgebenden Partners der Name der Partnerschaft ohne Änderung beibehalten werden; die Änderung des Familiennamens muss jedoch zum Partnerschaftsregister angemeldet werden (§ 3 Abs. 2 Nr. 2; § 4 Abs. 1 S. 3). Wird eine GbR in eine PartG umgewandelt, soll allerdings § 21 HGB nicht gelten; der aktuelle richtige Name soll in den Namen der PartG einfließen (OLG Karlsruhe 29.4.1999, NJW 1999, 2284 (2285); str.). Eine berufsrechtlich zulässige Übertragung der Partnerschaft auf eine andere Partnerschaft erlaubt die Fortführung des ursprünglichen Partnerschaftsnamens (§ 2 Abs. 2 iVm § 22 Abs. 1 HGB; vgl. *Henssler* Rn. 30). Bei einer Neubildung des Namens wird der Grundsatz der Kontinuität eher zurücktreten, sodass der neue Name der PartG den Namen eines ausgeschiedenen Partners in der Regel nicht mehr enthalten darf (OLG Hamm 1.2.2017, NZG 2018, 1355; 5.10.2016, NZG 2016, 1351). Zusätze, die keinen Zweifel an der Kontinuität lassen, sind zulässig (OLG Hamm 6.12.2019, NZG 2020, 351). 13

Im Falle eines **Gesellschafterwechsels** (Ausscheiden des namensgebenden Partners) kann der bisherige Name dennoch fortgeführt werden (§ 2 Abs. 2 iVm § 24 Abs. 1 HGB; vgl. OLG Celle 11.8.2008, BeckRS 2008, 18135); das gilt bei akademischen Berufen einschließlich des Doktortitels (BGH 8.5.2018, ZIP 2018, 1393). Die Einwilligung des ausgeschiedenen Partners (bzw. dessen Erben) ist erforderlich (entsprechend § 24 Abs. 2 HGB). Eine solche Einwilligung wird häufig schon im Partnerschaftsvertrag erklärt. Problematisch ist die Fallgestaltung, in der ein Seniorpartner entgegen seiner ursprünglichen Planung in einer anderen Kanzlei tätig wird. Auch insoweit darf die ursprüngliche Partnerschaft dessen Namen weiter führen, muss aber zur Vermeidung einer Irreführungsgefahr auf das Ausscheiden des Namensgebers und auf den Umstand hinweisen, dass er in anderer Praxis tätig ist (BGH 17.4.1997, NJW 1997, 3236; BGH 28.2.2002, NJW 2002, 2093). 14

Versagt ein Partner bei Ausscheiden seine Einwilligung, darf sein Name zwar (entsprechend § 24 Abs. 2 HGB) nicht mehr verwendet werden. Das macht aber eine vollständige Neubildung des Namens nicht erforderlich (*Henssler* Rn. 36). 15

2. Umwandlung einer GbR. Gemäß § 2 Abs. 2 iVm § 24 Abs. 2 HGB darf der Name der Sozietät oder Praxis in der Partnerschaft auch dann fortgeführt werden, wenn der namensgebende Gesellschafter schon vor der Umwandlung ausgeschieden ist (RegE, BT-Drs. 12/6512, 12; OLG Hamm 12.7.2018, ZIP 2019, 661). Voraussetzung ist aber, dass es überhaupt einen Praxis- oder **Sozietätsnamen** gab. Wurden bei der GbR nur die einzelnen Gesellschafter in einer Namensleiste aufgeführt, fehlt es an einer firmenrechtlichen Anknüpfung und einer Anwendbarkeit von § 24 Abs. 2 HGB (ebenso MWHLW/*Meilicke* Rn. 36 ff. gegen *Henssler* Rn. 40). In der Praxis ergeben sich Probleme, wenn in einer GbR mit mündlicher Zustimmung des Gesellschafters oder seiner Erben über Jahre oder Jahrzehnte hinweg der Name geführt wurde, weil die gem. § 24 Abs. 2 HGB erforderliche Einwilligungserklärung nicht vorgelegt werden kann. Weil es ein formelles Namensrecht der GbR nicht gibt, sollten insoweit keine hohen Anforderungen gestellt werden. Auch Indizien für die bisher gepflegte Namenskontinuität sollten zur Darlegung der ausdrücklichen Einwilligung reichen. Nach dem Gesetzesentwurf der Bundesregierung (BT-Drs 12/6152, 12) soll den bislang in einer BGB-Gesellschaft zusammengeschlossenen Freiberuflern die Möglichkeit gegeben werden, den in der Bezeichnung enthaltenen Wert auf die Partnerschaft zu übertragen. 16

17 **3. Berufsrechtliche Besonderheiten.** Zahlreiche berufsrechtliche Vorschriften enthalten zusätzliche Anforderungen an den Namen der Partnerschaft und der Bezeichnung der Partner. Diese bleiben (entsprechend der Grundregelung in § 1 Abs. 3) grundsätzlich unberührt.

Partnerschaftsvertrag

3 (1) **Der Partnerschaftsvertrag bedarf der Schriftform.**

(2) **Der Partnerschaftsvertrag muß enthalten**

1. den Namen und den Sitz der Partnerschaft;

2. den Namen und den Vornamen sowie den in der Partnerschaft ausgeübten Beruf und den Wohnort jedes Partners;

3. den Gegenstand der Partnerschaft.

Übersicht

I. Allgemeines

1 Gesetzliche Schriftform (§ 126 BGB) ist im Personengesellschaftsrecht ungewöhnlich. Nach dem RegE (BT-Drs. 12/6152, 13) ist nur Beweisfunktion, nicht etwa Warnfunktion oder Möglichkeit der Inhaltskontrolle bezweckt. Das passt nicht, weil nach §§ 4, 5 Abs. 1 die in § 3 Abs. 2 vorgesehenen Mindestangaben ohnehin Inhalt der von allen Gesellschaftern zu bewirkenden Anmeldung und der Eintragung ins Register bilden.

II. Vertrag und Schriftform (Abs. 1)

2 **1. Partnerschaftsvertrag.** Der Partnerschaftsvertrag ist Gesellschaftsvertrag (vgl. § 705 BGB), in welchem mindestens zwei Personen die vertragliche Verpflichtung eingehen, einen gemeinsamen Zweck zu fördern, der in freiberuflicher Berufsausübung besteht (§ 1 Abs. 1 S. 1). Die Rechtsform „Partnerschaft" muss vereinbart werden.

3 Für die **Auslegung** gelten die allgemeinen Regeln (§§ 133, 157 BGB). Wortlaut und gemeinsame Vorstellung der Partner sind in erster Linie maßgeblich (BGH 28.9.1995, NJW 1995, 3313 (3314)). Nach längerer Vertragsdauer und Gesellschafterwechsel tritt der Wille der Gründer nach und nach zugunsten einverständlicher tatsächlicher Handhabung zurück (*Henssler* Rn. 46). Bei Lücken hat – wie im Gesellschaftsrecht üblich – die ergänzende Vertragsauslegung Vorrang vor der Anwendung dispositiven Rechts (BGH 24.9.1984, NJW 1985, 192 ff.).

4 **2. Schriftform.** Der gesamte Vertragsinhalt unterliegt der Schriftform iSv § 126 BGB; das gilt auch für spätere Änderungen. Bei qualifizierter elektronischer Signatur kann der Partnerschaftsvertrag auch in elektronischer Form geschlossen werden (§ 126 Abs. 3 BGB, § 126a BGB). Eigenhändige Namensunterschrift der Partner ist erforderlich.

5 **3. Rechtsfolgen eines Formmangels.** Obwohl der Normzweck dies nicht zu fordern scheint (→ Rn. 1), führt der Verstoß zur Nichtigkeit des Partnerschaftsvertrages gem. § 125 S. 1 BGB. Eine Umdeutung gem. § 140 BGB in einen formfreien GbR-Vertrag kommt allenfalls dann in Betracht, wenn es den Gesellschaftern gerade nicht um die Haftungsbeschränkung nach § 8 Abs. 2 ging.

6 Nach Abschluss des formwirksamen Vertrages aber vor Eintragung in das Register ist die in Vollzug gesetzte Gesellschaft **Vorgesellschaft** als GbR. Wenn sie nicht mehr eingetragen werden soll, helfen die Regeln der fehlerhaften Gesellschaft, die ohnehin gelten, wenn es zur Eintragung der nichtigen Partnerschaft ins Register und zur Tätigkeitsaufnahme kommt. Im Innenverhältnis gelten nach Eintragung im Zweifel die Grundsätze über die Partnerschaft (str.: dafür zB *Henssler* Rn. 23 unter Hinweis auf BT-Drs. 12/6152, 13). Gegenüber Dritten kann § 5 Abs. 2 iVm § 15 HGB helfen.

4. Beitritt und Ausscheiden. Jeder rechtsgeschäftliche Beitritt zu einer Partnerschaft ist Vertragsänderung und unterliegt dem Schriftformerfordernis. Für den fehlerhaften Beitritt eines neuen Gesellschafters gelten ebenfalls die Grundsätze von der faktischen Gesellschaft. Sinngemäß dasselbe gilt für ein formnichtiges Ausscheiden eines Partners (zur Kündigung → § 9 Rn. 5). 7

III. Notwendiger Mindestinhalt (Abs. 2)

1. Bestandteile. § 3 Abs. 2 nennt drei notwendige **Mindestbestandteile,** nämlich Namen und Sitz der Partnerschaft (→ Rn. 9), Namen und Wohnorte der Partner (→ Rn. 10) und den Gegenstand der Partnerschaft (→ Rn. 11). Geboten ist eine Vertragsgestaltung, die weit über die Mindesterfordernisse des § 2 Abs. 2 hinausgeht und die wesentlichen Rechtsverhältnisse möglichst vollständig erfasst. Es besteht weiter Gestaltungsspielraum. Zu erwägen sind Regelungen über Rechtsform, Name, Sitz/Gegenstand/Partner, Anteile und Beiträge (ggf. auch: eingebrachte Mandate oder Ähnliches)/Geschäftsführung und Vertretung/Partnerversammlung und Beschlüsse/Haftung und Versicherung/Überschussrechnung/Gewinn und Verlust, Entnahmen und Rücklage/Kontenführung/Arbeitsleistung, Krankheit, Berufsunfähigkeit, Urlaub/Anteilsübertragung und Erbfolge/Geschäftsjahr, Dauer und Kündigung/Ausscheiden/Abfindung/Auflösung und Liquidation/Wettbewerbsverbot/Schiedsklausel. (Vertragsmuster finden sich zB bei: BeckFormB BHW/*Blaum/Scholz* VIII. B. 1.; *Henssler* Nach § 11). 8

2. Name und Sitz. Während § 2 Abs. 1 Regelungen zum Namen der Partnerschaft enthält, schweigt das PartGG zum Sitz. Da dennoch die Angabe zum Sitz notwendiger Bestandteil ist, haben die Partner freie Sitzwahl, sodass § 106 HGB nicht entsprechend anzuwenden ist (ebenso MüKoBGB/*Schäfer* Rn. 18; *Henssler* Rn. 28). Ein Doppelsitz kommt grundsätzlich nicht in Betracht (hM; vgl. MüKoBGB/*Schäfer* Rn. 19); Zweigniederlassungen helfen dem Bedürfnis ab. Der Sitz hat Bedeutung für Gerichtsstand (§ 17 Abs. 1 ZPO) und Zuständigkeit des Registergerichts (§ 4 Abs. 1 iVm § 106 Abs. 1 HGB). 9

3. Angaben über Partner. Namen, Vornamen und der in der Partnerschaft ausgeübte Beruf müssen im Vertrag ebenso angegeben werden wie der Wohnort (Hauptwohnsitz iSd tatsächlichen Aufenthaltsorts des Partners). 10

4. Gegenstand. Die gemeinsame Ausübung einer freiberuflichen Tätigkeit ist Gegenstand der Partnerschaft (§ 1). In diesem Sinne ist der Bereich der Berufstätigkeit eindeutig festzulegen. Der Zweck der Partnerschaft bezieht sich auf diesen Gegenstand. Er hat Bedeutung auch für die Reichweite des Wettbewerbsverbots (vgl. § 6 Abs. 3 iVm § 112 HGB). 11

Anmeldung der Partnerschaft

4 (1) [1]**Auf die Anmeldung der Partnerschaft in das Partnerschaftsregister sind § 106 Abs. 1 und § 108 Satz 1 des Handelsgesetzbuchs entsprechend anzuwenden.** [2]**Die Anmeldung hat die in § 3 Abs. 2 vorgeschriebenen Angaben, das Geburtsdatum jedes Partners und die Vertretungsmacht der Partner zu enthalten.** [3]**Änderungen dieser Angaben sind gleichfalls zur Eintragung in das Partnerschaftsregister anzumelden.**

(2) [1]**In der Anmeldung ist die Zugehörigkeit jedes Partners zu dem Freien Beruf, den er in der Partnerschaft ausübt, anzugeben.** [2]**Das Registergericht legt bei der Eintragung die Angaben der Partner zugrunde, es sei denn, ihm ist deren Unrichtigkeit bekannt.**

(3) **Der Anmeldung einer Partnerschaft mit beschränkter Berufshaftung nach § 8 Absatz 4 muss eine Versicherungsbescheinigung gemäß § 113 Absatz 2 des Gesetzes über den Versicherungsvertrag beigefügt sein.**

Inhalt der Eintragung; anzuwendende Vorschriften

5 (1) **Die Eintragung hat die in § 3 Abs. 2 genannten Angaben, das Geburtsdatum jedes Partners und die Vertretungsmacht der Partner zu enthalten.**

(2) **Auf das Partnerschaftsregister und die registerrechtliche Behandlung von Zweigniederlassungen sind die §§ 8, 8a, 9, 10 bis 12, 13, 13d, 13h und 14 bis 16 des Handelsgesetzbuchs über das Handelsregister entsprechend anzuwenden; eine Pflicht zur Anmeldung einer inländischen Geschäftsanschrift besteht nicht.**

Übersicht

I. Allgemeines

1 **1. Grundlagen.** Die Partnerschaft wird im Verhältnis zu Dritten erst mit Registereintragung wirksam (§ 7 Abs. 1). Die also erwünschte **Publizität** erfordert ein Register. Weil die Partnerschaft kein Handelsgewerbe ausübt (§ 1 Abs. 1 S. 2), ist ein besonderes Partnerschaftsregister bei den Amtsgerichten vorgesehen. §§ 4 und 5 regeln Anmeldung und Eintragung.

2 **2. Systematik.** Die Grundnorm für das Partnerschaftsregister ist § 5 mit Verweisungen auf handelsregisterrechtliche Regelungen im HGB. Die **Prüfungspflicht** des Registergerichts ist gem. § 4 Abs. 2 S. 2 im Verhältnis zum Handelsregister eingeschränkt. Die Regelungen zum Partnerschaftsregister in §§ 4 und 5 sind nur in ihrer Zusammenschau verständlich.

3 **3. Partnerschaftsregisterverordnung.** Weitere Regelungen zur Verfahrenstechnik enthält die Partnerschaftsregisterverordnung **(PRV)** (vom 16.6.1995, BGBl. 1995 I 808 ff.; zuletzt geändert durch Art. 5 Abs. 3 des Gesetzes vom 10.11.2006, BGBl. 2006 I 2553 (2574 ff.)). Rechtsgrundlage ist § 387 Abs. 2 FamFG. Die PRV sichert im Ergebnis, dass sich Einrichtung und Führung des Partnerschaftsregisters an den Regelungen über das Handelsregister (gem. HRV) orientieren.

II. Anmeldung zum Partnerschaftsregister (§ 4)

4 **1. Antrag.** Gemäß § 4 Abs. 1 iVm § 106 Abs. 1 HGB besteht die Pflicht, die Partnerschaft bei dem für ihren Sitz zuständigen Registergericht anzumelden **(Antragserfordernis).**

5 **2. Gerichtliche Zuständigkeit.** Für das Partnerschaftsregister sachlich zuständig sind gem. § 5 Abs. 2 iVm § 8 HGB und § 374 Nr. 3 FamFG die Amtsgerichte. Örtlich zuständig ist grundsätzlich das Amtsgericht, in dessen Bezirk die Partnerschaft ihren Sitz hat (§ 377 FamFG). Die Bundesländer haben in unterschiedlicher Form von der Ermächtigung gem. § 376 FamFG Gebrauch gemacht, die örtliche Zuständigkeit bei bestimmten Amtsgerichten zu konzentrieren (Übersichten bei *Henssler* § 4 Rn. 14 sowie bei MWHLW/*Wolff* § 4 Rn. 13). Funktionell zuständig für die Führung ist grundsätzlich der Rechtspfleger; dem Urkundsbeamten der Geschäftsstelle obliegen besondere Aufgaben (zB Eintragungen, Registerauszüge, Beglaubigungen, Bescheinigungen). Die Berufskammern haben gem. § 380 FamFG, § 4 PRV Mitwirkungspflichten. Bei Anmeldung einer PartGmbB iSv § 8 Abs. 4 muss eine Versicherungsbescheinigung gem. § 113 Abs. 2 VVG beigefügt sein (§ 4 Abs. 3). So wird der Nachweis über die Mindestversicherungssummen geführt, die sich gem. § 8 Abs. 4 aus den einzelnen Berufsgesetzen ergeben (→ § 8 Rn. 28 ff.).

6 **3. Form.** Die Anmeldung erfolgt elektronisch, allerdings zum Schutz des Rechtsverkehrs in öffentlich beglaubigter Form (§ 5 Abs. 2 iVm § 12 Abs. 1 HGB, § 129 BGB). Der Notar versieht das Dokument mit einem einfachen elektronischen Zeugnis (§ 39a BeurkG) und übermittelt es an das Registergericht.

7 **4. Anmeldebefugnis und -berechtigung.** Anmelden müssen grundsätzlich alle Partner (§ 4 Abs. 1 S. 1 iVm § 108 Abs. 1 HGB). Die Partner können sich – auch untereinander – vertreten lassen. Auch die Vollmacht zur Anmeldung erfordert öffentlich beglaubigte Form (§ 5 Abs. 2 iVm § 12 HGB).

8 **5. Anmeldepflichtige Erstangaben.** Die Anmeldung muss mindestens enthalten: Name und Sitz der Partnerschaft (§ 4 Abs. 2, § 3 Abs. 2 Nr. 1), Familienname, Vorname und Wohnort jedes Partners (§ 4 Abs. 1 S. 2, § 3 Abs. 2 Nr. 2), sämtliche in der Partnerschaft ausgeübten Berufe (§ 4 Abs. 1 S. 2, § 3 Abs. 2 Nr. 2), den Gegenstand der Partnerschaft (§ 4 Abs. 1 S. 2, § 3 Abs. 2 Nr. 3), das Geburtsdatum jedes Partners (§ 4 Abs. 1 S. 2) sowie die Vertretungsmacht der Partner (§ 4 Abs. 1 S. 2). Die Angaben zu den in der Partnerschaft ausgeübten Berufen und zum Gegenstand der Partnerschaft müssen auch auf den jeweiligen Partner bezogen erfolgen, da gem. § 4 Abs. 2 S. 1 und § 3 PRV die Zugehörigkeit jedes Partners zu dem Freien Beruf, den er in der Partnerschaft ausübt, anzugeben ist. Der Begriff der Vertretungsmacht meint nur die gesetzliche, nicht die rechtsgeschäftlich erteilte (MWHLW/*Wolff* § 4 Rn. 38). Anzugeben ist eine etwaige Befreiung von § 181 BGB. Doktortitel sind kraft Gewohnheitsrechts eintragungsfähig (BGH 4.4.2017, NZG 2017, 734).

6. Änderungen. Im Sinne der Aktualität müssen Änderungen der bei Neuanmeldung anzugebenden Tatsachen ebenfalls angemeldet werden (§ 4 Abs. 1 S. 3). Besondere Anmeldepflichten bestehen beim Ausscheiden eines Partner (§ 9 Abs. 1 iVm § 143 Abs. 2 HGB), bei Auflösung der Partnerschaft (§ 9 Abs. 1 iVm § 143 Abs. 1 HGB), bei Sitzverlegung (§ 5 Abs. 2 iVm § 13h Abs. 1 HGB) sowie bei Erlöschen des Namens der Partnerschaft (§ 2 Abs. 2 iVm § 31 Abs. 2 S. 1 HGB). Weitere Anmeldungstatbestände können im Zusammenhang mit Fortsetzung der Partnerschaft (§ 9 Abs. 1 iVm § 144 Abs. 2 HGB), und mit Angaben zu Liquidatoren und ihrer Vertretungsmacht (§ 10 Abs. 1 iVm § 148 HGB) und der Vollbeendigung der Partnerschaft (§ 10 Abs. 1 iVm § 157 HGB) gegeben sein. Aus dem UmwG ergeben sich Anmeldepflichten im Zusammenhang mit Verschmelzungen, Spaltungen und Formwechsel. **9**

7. Kosten. Die Höhe der Gebühr folgt aus § 1 HRegGebV iVm § 58 GNotKG. Für die Ersteintragung einer Partnerschaft mit bis zu drei einzutragenden Partnern sind zB 100 EUR zu zahlen. **10**

III. Eintragung (§ 5)

1. Prüfung der Anmeldung. Neben den **formellen** Voraussetzungen (Anmeldung, Zuständigkeit, Anmeldeberechtigung, Form, Eintragungsfähigkeit, Vollständigkeit) prüft das Registergericht auch einige **materielle** Eintragungsvoraussetzungen. Zwar legt es gem. § 4 Abs. 2 S. 2 die Angaben der Partner zugrunde. Die damit bezweckte Erleichterung der Aufgaben ändert aber nichts am Amtsermittlungsgrundsatz gem. § 26 FamFG. Das Registergericht ist nicht darauf beschränkt, die Anmeldung bei Kenntnis der Unrichtigkeit zu beanstanden (MüKoBGB/*Schäfer* Rn. 12, 13; *Henssler* § 4 Rn. 42; aA zB: MWHLW/*Wolff* § 4 Rn. 51). Wenn Bedenken bestehen, ob die Eintragungstatsachen richtig und vollständig mitgeteilt sind, kann das Registergericht prüfen. **11**

Zum materiellen Prüfungsumfang gehören die Angaben zum Sitz (schon wegen der Zuständigkeit), zum Namen (Prüfung der Unterscheidbarkeit gem. § 2 Abs. 2 iVm § 30 HGB), die Personalien der anmeldepflichtigen Partner und deren Zugehörigkeit zu den Freien Berufen. Da der Partnerschaftsvertrag nicht vorgelegt werden muss, ist dessen Inhaltskontrolle grundsätzlich nicht Aufgabe des Registergerichts. Kennt das Gericht indessen den Mangel der Schriftform, ist die Eintragung abzulehnen. Eine Kontrolle der Einhaltung des Berufsrechts ist grundsätzlich nicht Aufgabe des Registergerichts. Wenn aber Berufsrecht für die Wirksamkeit einzutragender Tatsachen relevant ist, unterliegt es der Prüfung (*Henssler* § 4 Rn. 42). Werden berufsrechtliche Vorschriften über den Namen der Partnerschaft nicht beachtet, ist die Eintragung abzulehnen. Ohnehin soll das Registergericht, wenn für die relevanten Berufe öffentlich-rechtliche Berufskammern oder -vertretungen bestehen, ihnen gem. § 380 Abs. 2 FamFG in zweifelhaften Fällen Gelegenheit zur Stellungnahme geben. **12**

2. Inhalt. Einzutragen sind alle anmeldepflichtigen Tatsachen (→ Rn. 8). **13**

3. Registerrechtliche Regelungen. § 5 Abs. 2 schafft das Partnerschaftsregister und bestimmt für das Registerrecht der Partnerschaft die entsprechende Anwendung der genannten Regelungen über das Handelsregister. Die Verweisung betrifft unter anderem die Anlage des Registers, das – ohne Nachweis eines rechtlichen Interesses – bestehende Einsichtsrecht (§ 9 HGB), die Bekanntmachung der Eintragungen, die Form der Anmeldungen, das Verfahren bei Errichtung und Verlegung von Zweigniederlassungen, Festsetzung von Zwangsgeld, Publizität und Bindung an rechtskräftige oder vollstreckbare Entscheidungen des Prozessgerichts. Die Anwendbarkeit der **Registerpublizität** (entsprechend § 15 Abs. 1 HGB) hat für vertragliche Regelungen der Vertretungsmacht gem. § 7 Abs. 3 und für das Ausscheiden eines Partners besondere Bedeutung; dem Rechtsverkehr kann solches erst nach Eintragung und Bekanntmachung entgegen gehalten werden. **14**

4. Zweigniederlassungen. Wenn das Berufsrecht nicht entgegen steht (§ 1 Abs. 3), können Partnerschaften Zweigniederlassungen betreiben. Deren Mindestmerkmale sind räumliche Selbständigkeit, Geschäftsidentität, auf gewisse Dauer angelegter Geschäftsbetrieb und ausreichende sachliche und personelle Ausstattung (iE *Henssler* § 5 Rn. 26). **15**

Rechtsverhältnis der Partner untereinander

6 (1) **Die Partner erbringen ihre beruflichen Leistungen unter Beachtung des für sie geltenden Berufsrechts.**

(2) **Einzelne Partner können im Partnerschaftsvertrag nur von der Führung der sonstigen Geschäfte ausgeschlossen werden.**

(3) [1]**Im übrigen richtet sich das Rechtsverhältnis der Partner untereinander nach dem Partnerschaftsvertrag.** [2]**Soweit der Partnerschaftsvertrag keine Bestimmungen enthält, sind die §§ 110 bis 116 Abs. 2, §§ 117 bis 119 des Handelsgesetzbuchs entsprechend anzuwenden.**

Übersicht

I. Allgemeines

1 Die Erinnerung an das Berufsrecht (Abs. 1) beruht auf der Erwägung, dass die grundsätzlich gewährte Gestaltungsfreiheit der Partner zur Regelung ihres Innenverhältnisses ihre Grenzen dort hat, wo das Berufsrecht im Interesse Dritter besondere Pflichten normiert. Die Eigenverantwortlichkeit jedes Partners wird durch § 6 Abs. 2 unterstrichen. Im Übrigen verweist Abs. 3 im Wesentlichen auf die gesetzlichen Regelungen zum Innenverhältnis der oHG, soweit der Partnerschaftsvertrag (§ 3) keine vom dispositiven Recht abweichenden Bestimmungen enthält.

II. Bindung an das Berufsrecht (Abs. 1)

2 **1. Bindung jedes einzelnen Partners.** Obwohl der einzelne Partner seine freiberufliche Tätigkeit gegenüber Dritten idR zwischen der Partnerschaft und dem Dritten begründeten Rechtsverhältnisses ausübt, bleibt jeder Partner **in eigener Person** verpflichtet, den jeweiligen berufsrechtlichen Anforderungen zu entsprechen. In der Wiederholung dieses Grundsatzes erschöpft sich aber nicht der Regelungsgehalt von Abs. 1. Er enthält insoweit eine Einschränkung der Gestaltungsfreiheit des Partnerschaftsvertrages, als dessen Inhalt sich zu den berufsrechtlichen Pflichten jedes einzelnen nicht in Widerspruch setzen darf. Folgerichtig bestimmt Abs. 2, dass der einzelne – berufsrechtlich voll verantwortliche – Partner nicht von der Geschäftsführung der Partnerschaft in Bezug auf die freiberufliche Tätigkeit ausgeschlossen werden kann. Die Besonderheit der Ausübung eines Freien Berufs mit der für den einzelnen Beruf jeweils gegebenen berufsrechtlichen Verantwortung wird – bei aller Anlehnung an die oHG – so nachdrücklich unterstrichen.

3 Dieser Berufsrechtsvorbehalt gilt nicht nur für den Inhalt des Partnerschaftsvertrages, sondern bedeutet darüber hinaus, dass Weisungen der Mitgesellschafter, die in die unabhängige Berufsausübung eingreifen, unbeachtlich sind. Auf die Nichtbeachtung solcher Weisungen dürfen daher gesellschaftsrechtliche Sanktionen (zB Hinauskündigung) nicht gestützt werden.

4 **2. Typische berufsrechtliche Pflichten.** Für jeden einzelnen in der Partnerschaft ausgeübten Freien Beruf sind die jeweiligen beruflichen Pflichten relevant. Vielen Freien Berufen sind Bestimmungen eigen, die die Unabhängigkeit und Eigenverantwortung des Berufsträgers unterstreichen (für Rechtsanwälte: §§ 1, 3 Abs. 1 BRAO, § 43a Abs. 1 BRAO sowie § 1 BORA; für Steuerberater: § 2 Abs. 1 BOStB, § 55 Abs. 5 und 6 BOStB; für Wirtschaftsprüfer: §§ 43, 44 WPO, § 2 BOWP; für Ärzte: § 1 Abs. 2 BÄO). Bedeutsam sind Regelungen zur Verschwiegenheit (vgl. nur § 203 StGB sowie zB für Rechtsanwälte in § 43a Abs. 2 BRAO, § 2 BORA). Für das Innenverhältnis ist bei einigen Freien Berufen die Pflicht zur Vermeidung von Interessenkollisionen relevant (für Rechtsanwälte: §§ 43, 43a Abs. 1 BRAO, § 3 BORA; für Steuerberater: § 6 BOStB iVm § 57 Abs. 1 StBerG; für Wirtschaftsprüfer § 53 WPO, § 3 BOWP). In einer – zulässigen – interprofessionellen Sozietät muss (durch Regelungen im Partnerschaftsvertrag) sichergestellt sein, dass die Berufspflichten aller Partner gewahrt werden (*Henssler* Rn. 5).

III. Grenzen der Ausschließung von der Geschäftsführung (Abs. 2)

5 **1. Geschäftsführung.** § 6 Abs. 2 steht in Wechselbeziehung zu Abs. 3 einerseits und Abs. 1 andererseits. Wenn es im Partnerschaftsvertrag keine Regelung über die Geschäftsführung gibt, sind gem. Abs. 3 S. 2 die gesetzlichen Regelungen in § 114 Abs. 1 HGB, § 115 Abs. 1 HGB, § 116 Abs. 1 HGB entsprechend anwendbar. Danach ist für gewöhnliche Geschäfte jeder Partner jeweils allein zur Ge-

schäftsführung berechtigt; die Mitgesellschafter haben ein Widerspruchsrecht. Für außergewöhnliche Geschäfte gilt Gesamtgeschäftsführung.

2. Sonstige Geschäfte. Weil vom gesetzlichen Modell der Geschäftsführung weitgehend abgewichen werden kann, zugleich aber die Eigenverantwortlichkeit des freiberuflichen Berufsträgers nicht angetastet werden soll, bestimmt § 6 Abs. 2, dass ein einzelner Partner nur von der Führung der sonstigen Geschäfte ausgeschlossen werden kann, nicht also von Geschäften, welche berufliche Leistungen iSv § 6 Abs. 1 sind. 6

Bei der mithin bedeutsamen **Grenzziehung** zwischen dem Bereich der „beruflichen Leistungen" einerseits und den „sonstigen Geschäften" andererseits ist auf den Sinn der Regelung, nämlich die eigenverantwortliche freiberufliche Tätigkeit jedes Partners gegenüber Dritten zu sichern, abzustellen. „Sonstige Geschäfte" sind also solche Handlungen, die ohne Bezug zu einer konkreten Pflicht aus der Berufsausübung lediglich den erforderlichen organisatorischen Rahmen zur Erbringung der freiberuflichen Tätigkeit schaffen und aufrecht erhalten (MüKoBGB/*Schäfer* Rn. 10). Dazu gehören etwa der Abschluss von Miet- und Arbeitsverträgen, der Einkauf von Büromaterial, der Erwerb von Grundbesitz, Personalführung, Buchführung, Bibliothekspflege (*Henssler* Rn. 61). Indessen können auch bloße Hilfsgeschäfte, die für sich gesehen keinen freiberuflichen Charakter haben, im Zusammenhang mit den freiberuflichen Leistungen stehen. Das gilt etwa für die Akquisition von Aufträgen, die Mitwirkung an der Rechnungserstellung durch Bestimmung der Vergütung, für die Teilnahme an Fortbildungsveranstaltungen (MüKoBGB/*Schäfer* Rn. 12). 7

3. Konkordanz der Partnerbefugnisse. § 6 Abs. 2 bedeutet nur, dass einzelne Partner im Hinblick auf ihre beruflichen Leistungen nicht von der Führung der Geschäfte ausgeschlossen werden können. Daraus folgt nicht, dass jeder Partner frei wäre, Verträge über seine freiberuflichen Leistungen nach seinem Belieben abzuschließen (MWHLW/*Meilicke* Rn. 45). Jeder Partner hat die gesellschaftsrechtliche Verbundenheit zu den anderen Partnern zu achten. Und da sich jeder Partner gegenüber jedem Partner auf Eigenverantwortlichkeit berufen kann, ist praktische Konkordanz zwischen der Verantwortlichkeit jedes einzelnen Partners und der jedes anderen Partners herzustellen. Hierzu kann der Partnerschaftsvertrag Mechanismen vorsehen (zB Abstimmungsbedürfnis bei besonderen Geschäften). 8

4. Gestaltungsoptionen. Nicht nur in größeren Partnerschaften können Regelungen zur internen Geschäftsverteilung sinnvoll sein. Diese berühren die grundsätzliche Verantwortlichkeit nicht. Nur im Bereich des § 6 Abs. 2 ist der vollständige Ausschluss einiger Partner von der Geschäftsführung zulässig. Jedenfalls zwingt § 6 Abs. 2 nicht zur Einzelgeschäftsführung (hM: MüKoBGB/*Schäfer* Rn. 19; *Henssler* Rn. 58). 9

5. Entziehung (§ 6 Abs. 3 S. 2 iVm § 117 HGB). Die Entziehung der Geschäftsführungsbefugnis **aus wichtigem Grund** durch gerichtliche Entscheidung ist unproblematisch, wenn es um den Bereich der „sonstigen Geschäfte" geht. Für den Bereich der Berufsausübung würde ein dauerhafter Entzug problematisch; mindestens müssten andere Möglichkeiten der aktiven Mitwirkung in der Gesellschaft eingeräumt werden (*Henssler* Rn. 62; aA MüKoBGB/*Schäfer* Rn. 22). Grundsätzlich kommt allenfalls ein vorübergehender Entzug in Betracht, um etwa den Partnern die Gelegenheit zu geben, den problematischen Partner auszuschließen (§ 9 Abs. 1). 10

IV. Innenverhältnis (Abs. 3)

1. Vorrang des Partnerschaftsvertrages. Für das Innenverhältnis ordnet § 6 Abs. 3 S. 1 – unter Berufsrechtsvorbehalt (Abs. 1) – den Vorrang der vertraglichen Regelungen an. **Zwingende** Vorgaben enthält das Gesetz zur Partnerschaftsfähigkeit (§ 1 Abs. 1 Nr. 1) sowie zu den Folgen des Verlustes der Mitgliedschaft und der Anteilsvererbung (§ 9 Abs. 3 und 4) und zur Eigenverantwortlichkeit (§ 6 Abs. 2). Fehlen Regelungen, ist das Recht der oHG iRv § 6 Abs. 3 entsprechend anzuwenden. Die darin enthaltene Verweisung auf § 118 Abs. 2 HGB bedeutet aber nicht, dass die zwingende Vorschrift des § 118 Abs. 2 HGB für die Partnerschaft dispositiv wäre (MüKoBGB/*Schäfer* Rn. 23). 11

2. Verweisungsinhalt. § 6 Abs. 3 S. 2 erklärt die darin aufgeführten oHG-Vorschriften **nur** für **entsprechend** anwendbar. Die sich aus den sachlogischen Strukturen der Partnerschaft – im Gegensatz zu einer Handelsgewerbegesellschaft – ergebenden Besonderheiten sind also bei der Rechtsanwendung zu berücksichtigen. Verwiesen wird auf Regelungen zu Aufwendungsersatz (§ 110 Abs. 1 HGB), Verzinsungspflicht (§ 110 Abs. 2 HGB, § 111 HGB), Wettbewerbsverbot (§§ 112, 113 HGB), Geschäftsführung (§§ 114–117 HGB; → Rn. 5), Informationsrechte (§ 118 HGB), Beschlussfassung (§ 119 HGB), nicht aber ausdrücklich auf die handelsrechtlichen Regelungen der Gewinnverteilung (§§ 120 ff. HGB), sodass insoweit über § 1 Abs. 4 die GbR-Regelungen (§ 721 Abs. 2 BGB) gelten. 12

3. Ersatz für Aufwendungen und Verluste. Der in § 110 Abs. 1 HGB normierte Aufwendungsersatzanspruch gilt auch, wenn ein Partner wegen der in § 8 Abs. 1 S. 1 angeordneten gesamtschuldnerischen Haftung in Anspruch genommen wird, ohne sich auf das Haftungsprivileg des § 8 Abs. 2 13 berufen zu können (*Henssler* Rn. 69). Der Regressanspruch gegen die Partnerschaft genießt Vorrang gegenüber dem Gesamtschuldnerinnenausgleich (vgl. MüKoBGB/*Schäfer* Rn. 26 unter Hinweis auf BGH 12.7.1963, NJW 1962, 1863). Für den Innenregress gelten die allgemeinen Regeln, die insbesondere im Bereich der PartGmbB die Haftungsvermeidung für berufliche Fehler gefährden können (→ § 8 Rn. 43; *Wertenbruch* NZG 2013, 1006). Die Partner können – und sollten jedenfalls bei der PartGmbB – im Innenverhältnis eine individuelle Gestaltung des Innenregresses vereinbaren (*Wertenbruch* NZG 2013, 1006).

14 **4. Wettbewerbsverbot.** Das gesetzliche Wettbewerbsverbot ist wesentliche Grundlage für das notwendige **Vertrauensverhältnis** in der Partnerschaft (MüKoBGB/*Schäfer* Rn. 28). Trotz des Wortlautes von § 112 HGB ist eine einfache Gesellschafterstellung in Form einer Kapitalbeteiligung an einer Konkurrenzgesellschaft jedenfalls dann problematisch, wenn interne Mitsprache- und Informationsrechte bestehen (ebenso MüKoBGB/*Schäfer* Rn. 28; anders *Henssler* Rn. 73). Denn das Wettbewerbsverbot ist Ausprägung der gesellschaftsrechtlichen Treuepflicht (→ BGB § 705 Rn. 41 ff.), die wegen des personalistischen Charakters der Partnerschaft insoweit Zurückhaltung gebietet.

15 Die gesetzliche Regelung ist **dispositiv,** sodass das Verbot grundsätzlich verschärft, aber auch reduziert oder abbedungen werden kann.

16 Ein gesetzliches **nachvertragliches Wettbewerbsverbot** besteht grundsätzlich nicht. Bei der vertraglichen Vereinbarung nachvertraglicher Wettbewerbsverbote sind einerseits inhaltliche Grenzen und andererseits **Wechselwirkungen zu Abfindungsansprüchen** (*Hirtz* AnwBl. 2008, 82 (88)) zu beachten. Nur ein gegenständlich, zeitlich und räumlich begrenztes Wettbewerbsverbot ist zulässig (BGH 18.7.2005, BB 2005, 2098; BGH 29.9.2003, NJW 2004, 66; BGH 8.5.2000, NJW 2000, 2584). Die zeitliche Grenze liegt (insbesondere für Anwaltsgesellschaften) bei zwei Jahren (*Goette* AnwBl. 2007, 637 (643, 644)). Wird die zeitliche Grenze nicht beachtet, wird es auf die angemessene Zeit geltungserhaltend reduziert (*Goette* AnwBl. 2007, 637 (644)). Verstöße gegen gegenständliche und räumliche Grenzen führen indessen zur Nichtigkeit (BGH 18.7.2005, NJW 2005, 3061 (3062); BGH 8.5.2000, NJW 2000, 2584). Gegenständliche und räumliche Grenzen hängen von der Struktur der Partnerschaft und den ausgeübten Berufen ab. Da bei Freiberuflergesellschaften (insbesondere bei Anwälten, Steuerberatern und Wirtschaftsprüfern) der Wert der Beteiligung des einzelnen Partners im Wesentlichen in den Mandantenbeziehungen liegt, ist – neben der Aufteilung der Sachwerte – die rechtlich unbeschränkte Möglichkeit, um die Mandanten, Klienten oder Patienten zu werben, die naheliegende Form der Auseinandersetzung (BGH 31.5.2010, ZIP 2010, 1594; *Henssler/Michel* NZG 2012, 401 (408); Römermann NJW 2007, 2209 (2214)). Bei der Prüfung der rechtlichen Wirksamkeit von Abfindungsbeschränkungen wird daher die Frage bedeutsam, welche Möglichkeiten der ausgeschiedene Partner hat, an diesem Wert zu partizipieren. Der Partner, der durch ein nachvertragliches Wettbewerbsverbot gehindert wird, nach seinem Ausscheiden auf den Mandantenstamm der Partnerschaft zurückzugreifen, und der zugleich durch die Beschränkung seines Abfindungsguthabens keinen Gegenwert für Mandantenbeziehungen erhält, kann insgesamt so benachteiligt sein, dass die Abfindungsregelung im Ergebnis unwirksam ist (*Westermann* AnwBl. 2007, 103 (108); *Hirtz* AnwBl. 2008, 82 (88)).

17 **5. Informationsrechte.** Bei der entsprechenden Anwendung des § 118 Abs. 1 HGB sind Besonderheiten aufgrund beruflicher Schweigepflichten, die die in der Gesellschaft ausgeübten Freien Berufe nach sich ziehen, zu berücksichtigen. Soweit sich das Kontrollrecht auf die wirtschaftlichen Verhältnisse der Partnerschaft bezieht, ist eine Kollision mit Schweigepflichten idR ausgeschlossen. Da regelmäßig die Aufträge der ganzen Partnerschaft erteilt werden, gibt es innerhalb der Partnerschaft nur dann Probleme, wenn der Mandant seine Zustimmung zur Weitergabe von Informationen an andere Partner und Mitarbeiter verweigert hat bzw. wenn sich aus dem Auftragsverhältnis ausdrücklich oder unmittelbar ergibt, dass die Weitergabe nicht gebilligt wird. In solchen Fällen geht die Geheimhaltungspflicht vor (vgl. MüKoBGB/*Schäfer* Rn. 35).

18 **6. Beschlussfassung.** Der Grundsatz der Einstimmigkeit (§ 119 HGB) bewährt sich auch bei personalistisch strukturierten Partnerschaften mit einer überschaubaren Anzahl von Partnern. Durch Partnerschaftsvertrag kann das Mehrheitsprinzip mit Regelungen über die Berechnung der Stimmen vorgesehen werden. Für eine die Abweichung vom Einstimmigkeitsprinzip legitimierende Mehrheitsklausel genügt es, wenn sich aus der Auslegung des Gesellschaftsvertrages eindeutig ergibt, dass der in Frage stehende Beschlussgegenstand einer Mehrheitsentscheidung unterworfen sein soll (BGH 21.10.2014, NJW 2014, 859).

19 **7. Gewinnverteilung.** Enthält der Partnerschaftsvertrag keine Regelung, so nehmen gem. § 1 Abs. 4 iVm § 722 Abs. 1 BGB die Partner zu gleichen Anteilen am Gewinn der Partnerschaft teil. In der Vertragspraxis (zB für Anwaltsgesellschaften) werden verschiedene Gewinnverteilungstypen – nebst deren Kombination – vorgefunden (vgl. *Hirtz* AnwBl. 2008, 82 (85) unter Hinweis auf *Heussen* AnwBl. 2007, 169 (171)):

– Typ 1: Gewinnverteilung abhängig vom individuellen Beitragsergebnis (Merit Based),

– Typ 2: Verteilung des Gewinns nach Köpfen und/oder Alter/Unternehmenszugehörigkeit,
– Typ 3: Gewinnverteilung nach Zahl der Gesellschaftsanteile (ähnlich wie bei der GmbH),
– Typ 4: Reines Lockstep-System (schrittweises Aufrücken innerhalb definierter Punktzahlen und ebenso schrittweise Abschmelzen nach Erreichen eines bestimmten Lebensalters),
– Typ 5: Kombination aus den Typen 1–4.

Wirksamkeit im Verhältnis zu Dritten; rechtliche Selbständigkeit; Vertretung

7 (1) **Die Partnerschaft wird im Verhältnis zu Dritten mit ihrer Eintragung in das Partnerschaftsregister wirksam.**

(2) **§ 124 des Handelsgesetzbuchs ist entsprechend anzuwenden.**

(3) **Auf die Vertretung der Partnerschaft sind die Vorschriften des § 125 Abs. 1 und 2 sowie der §§ 126 und 127 des Handelsgesetzbuchs entsprechend anzuwenden.**

(4) [1] **Die Partnerschaft kann als Prozess- oder Verfahrensbevollmächtigte beauftragt werden.** [2] **Sie handelt durch ihre Partner und Vertreter, in deren Person die für die Erbringung rechtsbesorgender Leistungen gesetzlich vorgeschriebenen Voraussetzungen im Einzelfalle vorliegen müssen, und ist in gleichem Umfang wie diese postulationsfähig.** [3] **Verteidiger im Sinne der §§ 137 ff. der Strafprozessordnung ist nur die für die Partnerschaft handelnde Person.**

(5) **Für die Angabe auf Geschäftsbriefen der Partnerschaft ist § 125a Absatz 1 Satz 1, Absatz 2 des Handelsgesetzbuchs mit der Maßgabe entsprechend anzuwenden, dass bei einer Partnerschaft mit beschränkter Berufshaftung auch der von dieser gewählte Namenszusatz im Sinne des § 8 Absatz 4 Satz 3 anzugeben ist.**

Übersicht

I. Allgemeines

1 § 7 regelt das **Außenverhältnis** der Partnerschaft. In erster Linie wird auf die entsprechende Anwendung der oHG-Bestimmungen verwiesen. Abs. 4 ist insoweit ein Fremdkörper, als er eine berufsrechtlich motivierte Sonderregelung für solche Angehörigen Freier Berufe enthält, die als Prozessbevollmächtigte, Verfahrensbevollmächtigte oder Strafverteidiger tätig werden. Auch wenn diese Regelung eine Reaktion auf eine Rspr. des BFH (BFH 26.2.1999, DStR 1999, 758 (759)) war, bestätigt der Regelungsbedarf doch, dass es wegen der Ausübung eines Freien Berufs besondere sachlogische Strukturen gibt, die nicht erst durch PartGG geschaffen wurden, sondern die auch für andere Organisationsformen Freier Berufe typisch sind, sodass sich ein Sonderrecht entwickelt.

II. Wirksamkeit gegenüber Dritten (Abs. 1)

2 **1. Wirksamkeit.** Die Wirksamkeit der Partnerschaft im Verhältnis zu Dritten hängt von ihrer Eintragung im Handelsregister ab. Die Eintragung hat **konstitutive Wirkung.**

3 **2. Vor der Eintragung.** § 7 sieht bewusst von einer entsprechenden Anwendung des § 123 HGB ab. Abs. 1 lehnt sich an § 123 Abs. 1 HGB an. Die Regelung des § 123 Abs. 2 HGB für den vorzeitigen Geschäftsbeginn der zum Betrieb eines Handelsgewerbes gegründeten oHG ist wegen der besonderen Struktur der Partnerschaft nicht aufgenommen worden. Während sich oHG und GbR durch das inhaltliche Kriterium „Handelsgewerbe" unterscheiden, fehlt ein entsprechendes Kriterium zur Unterscheidung von GbR und Partnerschaft, weil sonst für freiberufliche BGB-Gesellschaften im Ergebnis ein Formzwang zur Partnerschaft entstanden wäre.

4 Aus § 7 Abs. 1 folgt zwingend, dass die Regelungen des PartGG im **Außenverhältnis** vor der Eintragung nicht angewendet werden können. Da es im Personengesellschaftsrecht nach ganz überwM an der Möglichkeit fehlt, entsprechend einer Vor-GmbH eine besonders strukturierte Vorgesellschaft zu konturieren, gelten für die Partnerschaft, die ihre Geschäfte schon vor Eintragung beginnt, die Regelungen über die GbR (ganz hM; zB MüKoBGB/*Schäfer* Rn. 4; *Henssler* Rn. 8; aA *Römermann* PartGG Rn. 5).

5 Für das **Innenverhältnis** ist nach dem Grundsatz der Privatautonomie der Partnerschaftsvertrag maßgeblich. Im Zweifel ist anzunehmen, dass die vertragsschließenden Gesellschafter dessen Regeln zugrunde legen wollen. Die Vorpartnerschaft bleibt indessen GbR.

6 **3. Außenhaftung der „Vor-Partnerschaft".** Grundsätzlich gilt das Haftungsregime der GbR. Die GbR ist rechts- und parteifähig (BGH 29.1.2001, NJW 2001, 1056). Mit ihr kommt im Zweifel der Vertrag zustande, nicht mit den einzelnen Freiberuflern (so für die Anwaltssozietät BGH 3.5.2007, NJW 2007, 2490; BGH 6.7.1971, NJW 1971, 1801). Die persönliche Haftung aller BGB-Gesellschafter leitet der BGH aus einer analogen Anwendung des § 128 HGB ab (BGH 3.5.2007, NJW 2007, 2490 (2492)). Für das deliktische Handeln eines BGB-Gesellschafters haftet die GbR entsprechend § 31 BGB (BGH 3.5.2007, NJW 2007, 2490 (2491); BGH 24.2.2003, NJW 2003, 1445; BGH 24.6.2003, NJW 2003, 2984). Nach Auffassung des IX. Zivilsenats des BGH sollen diese Grundsätze auch für die berufshaftungsrechtlichen Verbindlichkeiten (zB Anwaltshaftung) gelten (BGH 3.5.2007, NJW 2007, 2490 (2492)). Der II. Zivilsenat hatte dies bewusst offen gelassen (BGH 12.12.2005, NJW 2006, 765; BGH 7.4.2003, NJW 2003, 1803), und zwar aus gutem Grund (vgl. *Hirtz* AnwBl. 2008, 82 (83); *Sassenbach* AnwBl. 2006, 304 (308); dagegen zB *K. Schmidt* NJW 2005, 2801 (2806)). Die Praxis wird sich auf die Rspr. des IX. Zivilsenats des BGH einzurichten haben.

7 **4. Scheinpartnerschaft.** Wird eine Partnerschaft eingetragen, ohne dass eine freiberufliche Tätigkeit der Gesellschafter vorliegt, wird kein Rechtsschein einer freiberuflichen Tätigkeit begründet; das PartGG verweist bewusst nicht auf § 5 HGB (MüKoBGB/*Schäfer* Rn. 8; *Henssler* Rn. 21). Wird eingetragen, ohne dass formelle Anmeldungsvoraussetzungen vorliegen, kommt die Partnerschaft durch die Eintragung voll wirksam zur Entstehung (MüKoBGB/*Schäfer* Rn. 7).

III. Rechtsnatur (Abs. 2)

8 **1. Rechtliche Selbständigkeit.** Durch die entsprechende Anwendung von § 124 HGB ist klargestellt, dass die Partnerschaft Rechte erwerben und Verbindlichkeiten eingehen, Eigentum und andere dingliche Rechte an Grundstücken erwerben, vor Gericht klagen und verklagt werden kann. Die Partnerschaft ist also selbständiges Rechtssubjekt. Sie ist Trägerin des eigenen Gesellschaftsvermögens und damit Vertragspartner (auch der iRd freien Berufsausübung zustande kommenden Verträge, zB Mandats- und Behandlungsverträge; *Römermann* PartGG Rn. 15). Die Partnerschaft ist grundbuchfähig.

9 **2. Unter ihrem Namen.** Anders als die oHG hat die Partnerschaft keine Firma, sondern einen Namen (§ 2). Auch deshalb kommt nur eine entsprechende Anwendung des § 124 Abs. 1 HGB in Betracht. Wie bei der oHG gilt, dass die Partnerschaft unter dem Partnerschaftsnamen aktiv und passiv rechtsfähig ist, sodass sie zB unter ihrem Namen klagen und verklagt werden **muss.**

10 **3. Insolvenzfähigkeit.** Die Partnerschaft ist gem. § 11 Abs. 2 Nr. 1 InsO insolvenzfähig.

11 **4. Vollstreckung.** Für die Vollstreckung in das Partnerschaftsvermögen ist entsprechend § 124 Abs. 2 HGB ein gegen die Partnerschaft gerichteter Titel erforderlich und ausreichend.

IV. Vertretung (Abs. 3)

12 **1. Verweisungsumfang.** § 7 Abs. 3 erklärt die wesentlichen Regeln für die organschaftliche Vertretung der oHG für entsprechend anwendbar (§ 125 Abs. 1 und 2 HGB, §§ 126, 127 HGB), nimmt aber von dieser Verweisung ausdrücklich aus die oHG-Regeln zur gemischten Gesamtvertretung (§ 125

Abs. 3 HGB) und – zunächst auch – zu Angaben auf Geschäftsbriefen (§ 125a HGB). § 125 Abs. 3 HGB musste ausgenommen werden, da die Partnerschaft mangels Betriebs eines Handelsgewerbes keine Prokura erteilen kann. Für eine ungeschmälerte Anwendung von § 125a HGB bestand keine Veranlassung, da Gesellschafter der Partnerschaft nur natürliche Personen sein können (§ 1 Abs. 1 S. 3). § 7 Abs. 5 führt zur selektiven Analogie (→ Rn. 22).

2. Einzelvertretungsmacht. Jeder Partner hat grundsätzlich Einzelvertretungsmacht (entsprechend § 125 Abs. 1 HGB), die sich (§ 126 Abs. 1 HGB) auf alle gerichtlichen und außergerichtlichen Geschäfte und Rechtshandlungen einschließlich der Veräußerung und Belastung von Grundstücken erstreckt. Aus Gründen des Verkehrsschutzes ist der Umfang der Vertretungsmacht entsprechend § 126 Abs. 2 HGB **nicht** gegenständlich **beschränkbar.** Wie bei der oHG besteht passive Vertretungsmacht jedes zur Mitwirkung bei der Vertretung befugten Gesellschafters (entsprechend § 125 Abs. 2 S. 3 HGB). 13

Die Einzelvertretungsmacht wird grundsätzlich durch den Gesellschaftszweck (§ 3 Abs. 2 Nr. 3) nicht begrenzt, sodass auch gewerbliche Geschäfte – in den Grenzen der Grundsätze des Missbrauchs der Vertretungsmacht – durch den Vertreter im Namen der Partnerschaft abgeschlossen werden können (*Henssler* Rn. 34). 14

3. Gesamtvertretung. Entsprechend § 125 Abs. 2 HGB kann im Partnerschaftsvertrag bestimmt werden, dass alle oder mehrere Partner nur in Gemeinschaft zur Vertretung der Gesellschaft ermächtigt sein sollen (Gesamtvertretung). Es ist möglich, einzelnen Partnern Einzelvertretungsbefugnis einzuräumen, während andere Partner jeweils nur gemeinschaftlich mit einem oder mehreren anderen Partnern handeln dürfen. 15

4. Ausschluss von der Vertretung. Für die oHG gilt gem. § 125 Abs. 1 HGB, dass einzelne Partner durch Gesellschaftsvertrag von der Vertretungsmacht ausgeschlossen werden können. Aus dem Umstand, dass § 7 Abs. 3 auch diese Regelung für entsprechend anwendbar erklärt, könnte geschlossen werden, dass dies einschränkungslos auch für die Partnerschaft gilt. Das ist aber nicht der Fall. Hier zeigt sich, dass die gesetzestechnische Verweisung auf die oHG-Vorschriften nur eine entsprechende Anwendung erlaubt, sodass also vor jeder Anwendung der HGB-Vorschriften zu prüfen ist, ob den Besonderheiten der Partnerschaft Rechnung getragen werden muss. Zum Wesen der Partnerschaft gehört die Eigenverantwortlichkeit jedes Partners, die durch § 6 Abs. 2 unterstrichen wird. Auch wenn § 6 Abs. 2 nur bestimmt, dass einzelne Partner nur von der Führung der sonstigen – nicht die beruflichen Leistungen betreffenden – Geschäfte ausgeschlossen werden können, so gilt iSd Primats der Ausübung des Freien Berufs doch, dass ohne wirksames Handeln im Außenverhältnis eine verantwortliche freiberufliche Tätigkeit kaum vorstellbar ist. Daher dürfen einzelne Partner nicht vollständig von der Vertretungsbefugnis ausgeschlossen werden (*Henssler* Rn. 45; *Römermann* PartGG Rn. 18). Soweit angenommen wird, insoweit reiche die Gewährung einer Untervollmacht aus (MWHLW/*Meilicke* Rn. 27; ähnlich MüKoBGB/*Schäfer* Rn. 18), begründet dies nur eine Abhängigkeit vom Vollmachtgeber und gerade nicht die gebotene Eigenverantwortlichkeit. Mindestvoraussetzung ist also, dass keine Einzelfall bezogene Untervollmacht erteilt wird, sondern eine generelle (wenn auch nicht organschaftliche) Vollmacht für alle mit der Berufsausübung verbundenen rechtsgeschäftlichen Handlungen, erteilt durch die Partnerschaft, vertreten durch einen oder mehrere vertretungsberechtigte Partner (*Henssler* Rn. 40). 16

5. Entziehung der Vertretungsmacht. Entsprechend § 127 HGB kann einem Partner die Vertretungsmacht durch gerichtliche Entscheidung entzogen werden. Voraussetzung ist das Vorliegen eines wichtigen Grundes. Die Entziehung ist ultima ratio. Wenn ihr Zweck mit der Entziehung der Einzelvertretungsmacht und der Begründung einer Gesamtvertretungsmacht erreicht werden kann, ist eine generelle Entziehung der Vertretungsmacht nicht möglich. Der Gesellschaftsvertrag kann die Entziehung der Vertretungsmacht wegen der Parallelwertung zu § 6 Abs. 2 nicht erleichtern (vgl. iE *Henssler* Rn. 51; aA MüKoBGB/*Schäfer* Rn. 18). Er kann die Entziehung durch Gesellschafterbeschluss vorsehen und sie von weiteren Voraussetzungen abhängig machen. Ein Ausschluss der Entziehung der Vertretungsmacht ist unzulässig (vgl. BGH 3.11.997, NJW 1998, 1225 (1226) für die oHG). 17

6. Eintragungspflicht. Gemäß § 5 Abs. 1 ist die Vertretungsmacht der Partner von allen Partnern zur Eintragung in das Partnerschaftsregister anzumelden. Solange das nicht geschieht, kann sich der gutgläubige Rechtsverkehr auf das Bestehen der Einzelvertretungsmacht verlassen (§ 5 Abs. 2 iVm § 15 HGB; MüKoBGB/*Schäfer* Rn. 16). 18

V. Die Partnerschaft als Prozess- oder Verfahrensbevollmächtigte (Abs. 4)

1. Prozess- oder Verfahrensbevollmächtigte. Das PartGG beruht auf dem Konzept, für alle Freien Berufe eine Gesellschaftsform bereit zu stellen, spezielle berufsrechtliche Regelungen nicht zu treffen und im Übrigen auf den Vorrang berufsrechtlicher Regeln (§ 1 Abs. 3) zu verweisen. Von diesem Regelungskonzept weicht § 7 Abs. 4 insoweit ab, als für rechts- und steuerberatende Berufe im 19

Bereich der Tätigkeit als Prozess- und Verfahrensbevollmächtigte eine Sonderregelung getroffen ist, und zwar in Anlehnung an § 59l BRAO, der die Postulationsfähigkeit der Rechtsanwalts-GmbH regelt. Der Gesetzgeber hat damit zu einer problematischen Rechtsauffassung des BFH Stellung genommen, der die Postulationsfähigkeit der Partnerschaft verneint hatte (BFH 26.2.1999, NJW 1999, 2062 (2063) sowie BGH 9.6.1999, NJW 1999, 3655 (3656)). Abs. 4 erkennt der Partnerschaft nunmehr allgemein die Fähigkeit zu, prozessuale Handlungen in allen Verfahrensschritten wirksam vorzunehmen. Folgerichtig ist es, auch der GbR die Postulationsfähigkeit zu gewähren (*Henssler* Rn. 55).

20 **2. Handelnde Personen.** Die Partnerschaft kann nur von einem solchen Partner oder Vertreter vertreten werden, der selbst in berechtigter Weise vor der jeweiligen Stelle auftreten darf. § 7 Abs. 4 S. 2 enthält insoweit eine generelle Bezugnahme auf die einzelnen Prozess- oder Verfahrensordnungen, das RDG und die einzelnen Berufsordnungen. Wenn also einzelne Partner oder angestellte Vertreter der Partnerschaft postulationsfähig sind, so ist es auch die Partnerschaft selbst. Daraus folgt zugleich, dass insoweit eine etwa bestehende Gesamtvertretung nicht dazu führt, dass Rechtsmittel von den zur Gesamtvertretung berechtigten Partnern unterschrieben werden müssen (so aber MWHLW/*Meilicke* Rn. 40, der allerdings das Dilemma mit einer stillschweigenden Ermächtigung lösen will; ähnlich auch *Henssler* Rn. 50). Da sich die Postulationsfähigkeit aber von der Befugnis einer einzelnen Person ableitet, kann sie auch über den Umweg der Gesamtvertretungsregelung nicht an die Voraussetzung geknüpft werden, dass ein weiterer Partner tätig wird, der selbst insoweit gar nicht postulationsfähig sein könnte. Solange eine höchstrichterliche Klärung dieser Frage aussteht, ist nach dem Prinzip des sichersten Weges für Partnerschaften, die als Verfahrens- oder Prozessbevollmächtigte auftreten, Gesamtvertretungsanordnung nicht zu empfehlen.

21 **3. Strafverteidiger.** Da Verteidiger immer nur eine Person, nicht aber eine Personenvereinigung sein kann, wird die Postulationsfähigkeit der Partnerschaft durch Abs. 4 S. 3 klarstellend eingeschränkt. Wenn mehrere Partner die Verteidigung übernehmen sollen, müssen sie einzeln bevollmächtigt werden.

VI. Geschäftsbriefe (Abs. 5)

22 **1. Verweisungsbereich.** Abs. 5 verweist auf die oHG-Regelung für Angaben auf Geschäftsbriefen (§ 125a Abs. 1 S. 1, Abs. 2 HGB), nicht aber auf § 125a Abs. 1 S. 2 und 3 HGB, da Gesellschafter einer Partnerschaft nur natürliche Personen sein können. Auf den Geschäftsbriefen muss die Rechtsform der Partnerschaft, der Sitz der Partnerschaft, das Registergericht sowie die Registernummer angegeben werden (entsprechend § 125a Abs. 1 S. 1 HGB). Bei einer **PartGmbB** ist der von ihr gewählte **Namenszusatz** gem. § 8 Abs. 4 Nr. 2 anzugeben.

23 Für Bestellscheine und Vordrucke ist die Weiterverweisung über § 125a Abs. 2 HGB auf § 37a Abs. 2–4 HGB von Bedeutung. Die Sanktionierung der Pflichtangaben erfolgt durch die Androhung von Zwangsgeldern gegen die vertretungsbefugten Partner.

24 **2. Geschäftsbriefe.** Wie in § 125a Abs. 1 S. 1 HGB ist der Begriff des Geschäftsbriefs weit auszulegen. Erfasst sind also auch Kurzmitteilungen, Postkarten, Telefaxe, Emails und elektronische Mitteilungen. Reine Werbebriefe oder an einen allgemeinen Adressatenkreis gerichtete unspezifische Informationen sind nicht berührt, zumal Voraussetzung ist, dass die Geschäftsbriefe an einen bestimmten Empfänger gerichtet sind. Weitere Pflichtangaben folgen aus berufsrechtlichen Regelungen (zB § 10 Abs. 1 S. 1 BORA, § 19 Abs. 4 S. 1 BOStW, § 28 Abs. 3 S. 1 BOWP).

Haftung für Verbindlichkeiten der Partnerschaft

8 (1) [1]**Für Verbindlichkeiten der Partnerschaft haften den Gläubigern neben dem Vermögen der Partnerschaft die Partner als Gesamtschuldner.** [2]**Die §§ 129 und 130 des Handelsgesetzbuchs sind entsprechend anzuwenden.**

(2) **Waren nur einzelne Partner mit der Bearbeitung eines Auftrags befaßt, so haften nur sie gemäß Absatz 1 für berufliche Fehler neben der Partnerschaft; ausgenommen sind Bearbeitungsbeiträge von untergeordneter Bedeutung.**

(3) **Durch Gesetz kann für einzelne Berufe eine Beschränkung der Haftung für Ansprüche aus Schäden wegen fehlerhafter Berufsausübung auf einen bestimmten Höchstbetrag zugelassen werden, wenn zugleich eine Pflicht zum Abschluß einer Berufshaftpflichtversicherung der Partner oder der Partnerschaft begründet wird.**

(4) [1]**Für Verbindlichkeiten der Partnerschaft aus Schäden wegen fehlerhafter Berufsausübung haftet den Gläubigern nur das Gesellschaftsvermögen, wenn die Partnerschaft eine zu diesem Zweck durch Gesetz vorgegebene Berufshaftpflichtversicherung unterhält.** [2]**Für die Berufshaftpflichtversicherung gelten § 113 Absatz 3 und die §§ 114 bis 124 des Versicherungsvertragsgesetzes entsprechend.** [3]**Der Name der Partnerschaft muss den Zusatz „mit beschränkter Berufshaftung" oder die Abkürzung „mbB" oder eine andere allgemein verständ-**

liche Abkürzung dieser Bezeichnung enthalten; anstelle der Namenszusätze nach § 2 Absatz 1 Satz 1 kann der Name der Partnerschaft mit beschränkter Berufshaftung den Zusatz „Part" oder „PartG" enthalten.

Übersicht

I. Allgemeines

1. Grundlagen. § 8 verfolgt den Zweck, **haftungsrechtliche Besonderheiten** in freiberuflichen Berufsausübungsgesellschaften in verschiedener Hinsicht zu berücksichtigen. So schafft § 8 Abs. 2 eine Haftungskonzentration auf den mit der Bearbeitung befassten Partner. § 8 Abs. 4 stellt mit der Partnerschaft mit beschränkter Berufshaftung eine weitere Variante der Partnerschaft bereit. Es ist zu erwarten, dass sich die PartGmbB als freiberufliche Gesellschaftsform durchsetzen wird. 1

Der Rechtsverkehr investiert Vertrauen in die Person des Freiberuflers, also zB in den konkret angesprochenen und im Einzelfall tätig werdenden Rechtsanwalt, erwartet aber keine persönliche Haftung aller Partner, was besonders deutlich wird, wenn es sich um mehrgliedrige Partnerschaften mit Partnern aus verschiedenen Berufen handelt. Diesen sachlogischen Strukturen entspricht eine vollständige Übernahme des Haftungsregimes der oHG nicht. Deshalb (vgl. BT-Drs 13/9820, 21) normiert § 8 Abs. 2 eine **Haftungskonzentration auf den mit der Bearbeitung befassten Partner.** Damit ist aber nicht gesagt, dass die freiberuflichen Besonderheiten nicht auch im Recht der GbR in Anwendung des § 8 Abs. 2 zugrunde liegenden Rechtsgedanken zu einer Haftungskonzentration des tätigen Partners führen könnten (*Hirtz* AnwBl. 2008, 82 (83); dagegen BGH 10.5.2012, NJW 2012, 2435 (2442)). § 8 Abs. 2 ist nicht etwa eine haftungsmäßige Belohnung für diejenigen, die die bis zur Einführung dieser Norm wenig attraktive PartG doch wählen, sondern die Vorschrift ist Folge der Besonderheiten freiberuflicher Berufsausübung. 2

Eine andere Zielrichtung hat § 8 Abs. 4, der es seit dem 19.7.2013 ermöglicht, die persönliche Haftung der Partner für Berufsfehler auszuschließen. Die **PartGmbB** soll es Freiberuflern mit ausreichendem Versicherungsschutz ermöglichen, einer häufig als existenzgefährdend empfundenen Haftung auszuweichen. 3

2. Systematik. Abs. 1 bestätigt die akzessorische und gesamtschuldnerische Haftung der Partner für die Verbindlichkeiten der Partnerschaft in Anlehnung an die oHG-Regeln. Abs. 2 verändert diesen Grundsatz in Form einer Haftungsbeschränkung zugunsten der nicht oder nur untergeordnet mit der 4

Bearbeitung eines der Partnerschaft erteilten Auftrags befassten Partners (**Haftungskonzentration** auf den Bearbeiter). Abs. 3 beschränkt sich darauf, Berufsrechtsregelungen zu ermöglichen, die bei entsprechendem Versicherungsschutz eine summenmäßige Begrenzung der Haftung wegen fehlerhafter Berufsausübung gestatten. Abs. 4 schafft unter der Voraussetzung ausreichenden Versicherungsschutzes als weitere **Sonderform** die **Partnerschaft mit beschränkter Berufshaftung;** diese hat die Haftungsbeschränkung im Namen mitzuteilen.

II. Gesamtschuldnerische und akzessorische Haftung der Partner (Abs. 1)

5 **1. Haftung der Partnerschaft.** Die Haftung der Partnerschaft wird nicht durch § 8 normiert, sondern vorausgesetzt. Sie folgt aus § 7 Abs. 2 iVm § 124 HGB. § 8 Abs. 1 ist insoweit § 128 HGB nachgebildet. Wie bei der oHG haftet die Gesellschaft für Verbindlichkeiten jeder Art (Vertrag, Delikt, Steuern usw). Wie bei oHG und – neuerdings – GbR haftet die Partnerschaft für das Handeln ihrer Gesellschafter entsprechend § 31 BGB. Das gilt nach hM auch innerhalb von Vertragsbeziehungen, sodass die Anwendbarkeit des § 278 BGB dahinstehen kann (vgl. *Henssler* Rn. 27).

6 **2. Vertragliche Haftungsbeschränkung.** Aus § 8 Abs. 3 folgt mittelbar, dass Haftungsbeschränkungsvereinbarungen zwischen der Partnerschaft und den Auftraggebern grundsätzlich möglich sind. Es gelten die allgemeinen Grenzen (zB § 276 Abs. 2 BGB bei vorsätzlichem Verhalten). Etwaige berufsrechtliche Sondervorschriften (zB § 52 BRAO) sind zu beachten. Für vorformulierte Haftungsbegrenzungsklauseln gelten die §§ 307 ff. BGB.

7 **3. Zwangsvollstreckung.** Gemäß § 8 Abs. 1 S. 2 iVm § 129 Abs. 4 HGB findet eine Zwangsvollstreckung gegen die Partner aus einem gegen die Partnerschaft gerichteten Titel nicht statt.

8 **4. Haftung der Partner.** Die § 128 HGB nachgebildete Vorschrift ordnet im Ergebnis eine akzessorische, persönliche, unbeschränkte, unmittelbare, primäre Haftung der Partner als Gesamtschuldner auch mit ihrem Privatvermögen an. Zu beachten ist, dass sich die Haftungskonzentration gem. § 8 Abs. 2 nur auf Ansprüche der Auftraggeber wegen Bearbeitungsfehlern bezieht. Die grundsätzliche Haftung erfasst alle Verbindlichkeiten (cic, Vertrag, Gefährdungshaftung, ungerechtfertigte Bereicherung, Delikt, Steuern, Sozialabgaben, Geldbußen, Strafen).

9 Für reine **Sozialverbindlichkeiten,** also Ansprüche des Partners gegen die Partnerschaft, die sich aus dem Gesellschaftsverhältnis ergeben, besteht keine unmittelbare Haftung der Partner; § 8 Abs. 1 ist darauf nicht anwendbar (MüKoBGB/*Schäfer* Rn. 6 sowie → BGB § 705 Rn. 217, → BGB § 705 Rn. 220). Etwas anderes gilt nur dann, wenn es sich um Rückgriffsansprüche eines im Außenverhältnis allein zur Tilgung einer Gesellschaftsschuld herangezogenen Gesellschafters handelt.

10 Von praktisch geringer Bedeutung ist der Streit, ob die Partner neben der Gesamthand als echte Gesamtschuldner haften (→ HGB § 128 Rn. 30).

11 **5. Einwendungen des Partners.** Aus der in § 8 Abs. 1 S. 2 angeordneten entsprechenden Anwendung des § 129 HGB folgt, dass der in Anspruch genommene Partner sich nicht nur auf etwaige in seiner Person begründete Verteidigungsrechte berufen kann, sondern auf alle Einwendungen und Einreden, die der Partnerschaft zur Verfügung stehen.

12 **6. Haftung eintretender Partner.** Der einer bestehenden Partnerschaft neu beitretende Partner haftet infolge der in § 8 Abs. 1 S. 2 angeordneten entsprechenden Anwendung des § 130 HGB auch für Altverbindlichkeiten. Allerdings gilt auch insoweit die Haftungskonzentration des § 8 Abs. 2 für berufliche Pflichtverletzungen. Der mit der Bearbeitung des Auftrags vor und nach seinem Beitritt nicht befasste Partner haftet also nicht; das ist anders, wenn er nach seinem Eintritt in die Bearbeitung oder Überwachung eines Altmandates eingeschaltet wird (BGH 19.11.2009, ZIP 2010, 124 mAnm *Hirtz* WuB II K. § 8 PartGG 1.10; anders: *Henssler/Deckenbrock* EWiR 2010, 89).

13 Über eine entsprechende Anwendung von § 130 HGB lässt sich eine Haftung beim Eintritt eines Partners in die Einzelpraxis eines Freiberuflers unter gleichzeitiger Gründung einer Partnerschaft nicht begründen. Im Handelsrecht gilt § 28 HGB (Gründung einer oHG durch Eintritt in ein einzelkaufmännisches Unternehmen). Dessen analoge Anwendung sieht § 2 Abs. 2 gerade nicht vor. Anders als bei einem einzelkaufmännischen Unternehmen fehlt es bei einer freiberuflichen Einzelpraxis an jeder typisierenden Verlautbarung nach außen, die (zB über das Handelsregister) Anlass für Rechtsscheinüberlegungen sein könnte. Für eine analoge Anwendung von § 28 HGB fehlt es also an einer planwidrigen Regelungslücke; sie ist abzulehnen (*Henssler* Rn. 52; aA MüKoBGB/*Schäfer* Rn. 10; MWHLW/*v. Westphalen* Rn. 35). Der bloße Umstand, dass die Einzelpraxis in die PartGG eingebracht wird, führt im Außenverhältnis noch nicht zur Haftung für Altverbindlichkeiten (so für GbR BGH 17.11.2011, NZG 2012, 65 (67); aA *Henssler* Rn. 52). Nicht nur aus Rechtsscheingründen bleibt für den Beitretenden ein erhebliches Risiko, das versichert werden sollte.

14 **7. Haftung des Scheinpartners.** Ebenso wie im Bereich der GbR (BGH 29.1.2001, NJW 2001, 1056 (1061); BGH 8.7.1999, NJW 1999, 3040; BGH 5.11.1993, NJW 1994, 257) haftet derjenige, der

ohne partnerschaftsregisterliche Eintragung und Bekanntmachung auf dem Briefkopf oder dem Namensschild der Partnerschaft mit seinem Wissen als Partner geführt wird, persönlich wegen **zurechenbar gesetzten Rechtsscheins.** Das gilt nicht nur im Bereich der anwaltstypischen Tätigkeit (missverständlich BGH 16.4.2008, AnwBl. 2008, 635 mAnm *Hirtz*). Wenn der Name eines angestellten oder freien Mitarbeiters auf dem Briefbogen der Gesellschaft ohne Hinweis auf seinen besonderen Status angegeben wird, dürfte entsprechender Rechtsschein gesetzt werden, dem nicht die fehlende Eintragung im Partnerschaftsregister entgegen gehalten werden kann (MüKoBGB/*Schäfer* Rn. 11; *Henssler* Rn. 57; MWHLW/*v. Westphalen* Rn. 37). Voraussetzung ist in jedem Einzelfall, ob der etwa veranlasste Rechtsschein für irgendein Verhalten des Dritten ursächlich geworden ist, er also Vertrauen investiert hat. Da die Haftung des Scheinpartners nicht weiter geht als diejenige eines echten Partners, gilt auch § 8 Abs. 2 für ihn. Wer sich nach außen als Scheinpartner führen lässt, sollte im Innenverhältnis für die eindeutige Regelung von Ausgleichsansprüchen sorgen.

III. Handelndenhaftung für berufliche Fehler (Abs. 2)

1. Grundlagen. Besonders bei überörtlichen und/oder interprofessionellen Partnerschaften mit vielen Mitgliedern führte eine persönliche Haftung aller Partner für den beruflichen Fehler eines Partners zu einer sinnwidrigen und unpraktischen Haftungsausweitung, für die ein innerer Grund nicht ersichtlich ist. Zwar vermag auch die schiere Größe einer Partnerschaft Vertrauen in die Haftungsmasse zu begründen. Indessen ist es nicht nachvollziehbar, etwa einem Mandanten, der aus einer überörtlichen Anwaltspartnerschaft einen Rechtsanwalt mit der Gestaltung seines Arbeitsvertrages beauftragt, Haftungsansprüche persönlich gegen die 200 anderen Rechtsanwälte, Steuerberater und Wirtschaftsprüfer zu gewähren, die an anderen Orten und in anderem Zusammenhang arbeiten und in die der Auftraggeber kein Vertrauen investiert hat. Angesichts dessen ist es schief, von einem „Haftungsprivileg" zu sprechen, wenn § 8 Abs. 2 die Haftung auf eine Handelndenhaftung konzentriert. Unter hinreichender Beachtung des Verkehrsschutzes bleibt es bei der Haftung der Partnerschaft für berufliche Fehler jedes einzelnen Partners. Lediglich die persönliche Haftung der anderen Partner für den beruflichen Fehler eines einzelnen Partners wird ausgeschlossen. Diese Überlegungen sind analogiefähig und sollten auch im Bereich der GbR die analoge Anwendung der §§ 128, 130 HGB und erst Recht des § 28 HGB begrenzen (vgl. dazu *Hirtz* AnwBl. 2008, 82 (83 ff.); anders BGH 10.5.2012, NJW 2012, 2435 (2442)). 15

2. Einzelne Partner. Nur der oder die Partner, die mit der Bearbeitung eines Auftrags befasst waren, sollen für berufliche Fehler – neben der Partnerschaft – haften. „Einzeln" bedeutet: Gleichgültig ist es, ob es nur ein Partner war oder ob es mehrere Partner waren, die den Auftrag bearbeitet haben. Außerdem ist die tatsächliche **Individualisierbarkeit** des jeweils bearbeitenden Partners Voraussetzung für die Haftungsbeschränkung (MWHLW/*v. Westphalen* Rn. 77). Voraussetzung für die Haftungskonzentration ist weiterhin, dass überhaupt ein „Partner" angesprochen ist. Auf eine Person, die nicht Partner ist, kann sich die Haftung nicht konzentrieren. Damit ist aber noch nicht gesagt, ob die übrigen Partner dennoch iSv § 8 Abs. 2 einwenden können, mit der Bearbeitung eines Auftrages nicht befasst gewesen zu sein. Insoweit ist zu unterscheiden: 16

a) Scheinpartner. Er haftet nach außen (→ Rn 12) wie ein Partner. Wenn er mit der Bearbeitung eines Auftrags allerdings nicht befasst war, kann er sich auf Abs. 2 berufen, weil der Rechtsschein nicht zu einer strengeren Haftung führt als die echte Gesellschafterstellung (OLG München 18.1.2001, NJW-RR 2001, 1358 (1360); *Henssler* Rn. 89; zweifelnd *Arnold/Dötsch* DStR 2003, 1398 (1403)). Problematischer ist, ob sich die Partner darauf berufen können, der Scheinpartner sei allein mit der Bearbeitung befasst gewesen (dafür wohl OLG München 18.1.2001, NJW-RR 2001, 1358 (1360); *Jungk* BRAK-Mitt. 2007, 197 (198)). Dagegen spricht, dass die Begründung einer Rechtsscheinhaftung nicht zugunsten anderer Personen eine vom Gesetz sonst nicht vorgesehene Enthaftung nach sich ziehen kann. § 8 Abs. 2 liegt der Gedanke zugrunde, dass mindestens ein im Partnerschaftsregister eingetragener Partner persönlich verantwortlich sein muss (*Henssler* Rn. 90). Sonst hätten es die Partner in der Hand, durch ein Auftretenlassen von Scheinpartnern ihre persönliche Verantwortlichkeit auf eine externe Person abzuwälzen, zu der sie nicht einmal ein Partnerschaftsverhältnis begründen wollten. 17

b) Angestellte. Personen, die wie Angestellte oder freie Mitarbeiter nicht Partner sind und nach außen hin auch nicht als Partner erscheinen, haften grundsätzlich – jenseits deliktischer Ansprüche – nicht. Auch wenn sie im Außenverhältnis individualisierbar sind, führt deren Einschaltung als solche nicht zur Anwendung der Haftungskonzentrationsregel gem. § 8 Abs. 2. 18

3. Bearbeitung eines Auftrags. Der Inhalt des Auftrags ist Anknüpfung für die Handelndenhaftung. Auftrag meint zB das konkrete Anwalts- oder Steuerberatungsmandat oder den ärztlichen Behandlungsvertrag, ganz gleich, ob die Geschäftsbesorgung als Dienst- oder Werkvertrag anzusehen ist. Der in die Bearbeitung eingeschaltete Partner soll jedenfalls haften. Daraus folgt, dass es auf die Bearbeitung des konkreten Einzelauftrags ankommt. Auch iRe laufenden Geschäftsbeziehung (zB Dauerberatungsvertrag) ist nur der Partner mit der Bearbeitung befasst, der die konkret erbetene Einzelleistung erbringt; 19

frühere oder spätere Leistungen anderer Partner in anderem Zusammenhang sind irrelevant. Auch der Partner, der das Mandat an einen anderen Partner abgegeben hat, haftet mit (BGH 12.9.2019, NJW 2019, 3520, dazu *Hirtz* EWiR 2019, 679; kritisch dazu *Schäfer* NZG 2020, 401). Sind aber bei der Bearbeitung eines vielschichtigen Auftrags (zB Unternehmenskauf) zahlreiche Partner (auch unterschiedlicher Professionen, zB Rechtsanwälte, Steuerberater, Wirtschaftsprüfer) mit der Bearbeitung befasst, haften sie, soweit nicht die Berufszugehörigkeit bzw. Fachkompetenz eine eindeutige Zuordnung erlaubt, unabhängig von interner Arbeitsaufteilung alle (MüKoBGB/*Schäfer* Rn. 19).

20 **4. Befassung mit der Bearbeitung.** Nicht betroffen ist der Partner, der in keiner Hinsicht mit der Bearbeitung eines Auftrags befasst war. Das wird iRe interprofessionellen Partnerschaft auf die Partner zutreffen, die nicht über die für die Bearbeitung des jeweiligen Auftrags erforderliche Qualifikation verfügen und schon deshalb gehindert sind, an der Bearbeitung mitzuwirken (MüKoBGB/*Schäfer* Rn. 23). Diese Überlegungen sind aber nicht zwingend, sondern begründen allenfalls die Basis für eine Vermutung der Nichtbefassung, die erschüttert ist, wenn der eigentlich nicht sachkundige Partner sich in die Erledigung eines sachfremden Auftrages individualisierbar eingemischt hat. Bei einer Partnerschaft, die über **mehrere Standorte** verfügt, soll einiges dafür sprechen, dass nur die Partner des Standorts mit der Bearbeitung befasst sind (MWHLW/*v. Westphalen* Rn. 77; *Henssler* Rn. 76). Das ist angesichts des Umstandes, dass innerhalb großer Partnerschaften die arbeitstechnische Fluktuation zwischen den Standorten intensiv ist, indessen nur ein schwaches Indiz, das wenig bei der Individualisierung hilft. Zur Befassung genügt nicht die Mitwirkung am Vertragsschluss; maßgeblich ist, weil es um eine Haftung für berufliche Fehler geht, die Ausführung des Auftrags. Zur Bearbeitung gehört also auch die Überwachung von Angestellten oder freien Mitarbeitern. Die Partner, die nach der internen Zuständigkeitsverteilung hätten tätig werden müssen, sind daher stets mit der Bearbeitung des Auftrags „befasst" (RegE BT-Drs. 13/9820, 21). Fehlt eine solche Organisationsstruktur, geht dies zu Lasten aller Partner, die sich auf die Anwendung des § 8 Abs. 2 alsdann nicht berufen können.

21 **5. Bearbeitungsbeiträge von untergeordneter Bedeutung.** Wer einen Beitrag von nur untergeordneter Bedeutung leistet, soll nicht haften. Die Begründung des Regierungsentwurfs (BT-Drs. 13/9820, 21) nennt zu Recht Urlaubsvertretungen ohne eigene gebotene inhaltliche Bearbeitung oder – allerdings zu Unrecht – geringfügige Beiträge aus nur am Rande betroffenen Berufsfeldern. Das Argument, die Beiziehung eines nur beratenden Partners sei deshalb als untergeordneter Beitrag anzusehen, da sonst ein kontraproduktiver Anreiz geschaffen würde, auf die kanzleiinterne Sichtung und Kontrolle zu verzichten (Henssler/Prütting/*Henssler* Rn. 38), trägt nicht, da eine partnerschaftsinterne Sichtung und Kontrolle unter Berücksichtigung des Know-how verschiedener Berufsträger nicht nur Schönheitsmerkmal sein sollte, sondern auch Haftungsfolgen nicht scheuen darf. Wenn ein Bearbeitungsbeitrag eines solchen Zuarbeiters grundsätzlich geeignet ist, Haftungsfolgen nach sich zu ziehen, so kann er nicht von untergeordneter Bedeutung sein (*Hahn/Naumann* WM 2012, 1756 (1760)).

22 **6. Vertragliche Bestimmung des befassten Partners.** Durch Individualabrede kann die Handelndenhaftung der Partner nach Abs. 2 modifiziert und sogar ausgeschlossen werden. Da § 8 Abs. 2 aber zum **Leitbild** der Haftung der Partnerschaft gehört, dürften vorformulierte Abweichungen im Zweifel unwirksam sein (MüKoBGB/*Schäfer* Rn. 29). In der bloßen Benennung eines Sachbearbeiters im Zusammenhang mit der Auftragsannahme einer Partnerschaft ist eine Abbedingung von § 8 Abs. 2 grundsätzlich nicht zu sehen mit der Folge, dass andere Partner, die mit dem Auftrag befasst werden, gem. § 8 Abs. 2 haften. Der von der Partnerschaft benannte Partner wird sich im Regelfall einer Haftung gem. Abs. 2 nicht entziehen können, da mit der Benennung die Nachricht verbunden ist, dass der benannte Partner eine Gesamtverantwortung für den Auftrag übernehmen soll (*Henssler* Rn. 88).

23 **7. Haftung für berufliche Fehler.** Die Haftungskonzentration hat nur die akzessorische Haftung der Gesellschafter für Ansprüche aus Schäden wegen fehlerhafter Berufsausübung zum Gegenstand. Erfüllungsansprüche werden nicht erfasst. Damit sind auch Ansprüche auf Nacherfüllung sowie Rechte auf Minderung oder Rücktritt nicht Gegenstand der Regelung (zutreffend *Henssler* Rn. 67 gegen MWHLW/*v. Westphalen* Rn. 52). Im Übrigen erfordert der Zweck, die Risiken unbeteiligter Partner zu reduzieren, eine weite Auslegung. Erfasst sind alle Schadenersatzansprüche wegen Pflichtverletzung iRv Geschäftsbesorgungs-, Dienst- oder Werkverträgen einschließlich solcher aus Verträgen mit Schutzwirkung für Dritte und aus cic sowie aus Delikt, wenn sie im Zusammenhang mit der Leistungsbewirkung (Bearbeitungsfehler) stehen (MüKoBGB/*Schäfer* Rn. 15). Voraussetzung ist immer, dass die Partnerschaft haftet, sodass die deliktische Eigenhaftung eines Partners nicht berührt wird.

24 **8. Darlegungs- und Beweislast.** Die Partner, die sich gem. § 8 Abs. 2 auf die Befassung eines Partners oder einzelner Partner berufen wollen, tragen die Darlegungs- und Beweislast dafür, welche Personen an der Bearbeitung beteiligt waren. In den meisten Fällen wird der Anspruchsteller wissen, welcher der Partner mit der Bearbeitung des Auftrags befasst war. Bestehen insoweit entschuldbare Unklarheiten, hat der Anspruchsteller gegen die Partnerschaft einen Auskunftsanspruch (RegE BT-Drs. 13/9820, 21; MüKoBGB/*Schäfer* Rn. 24). Problematisch ist die Empfehlung an den Anspruchsteller,

den Zahlungsanspruch gegen die Partnerschaft einzuklagen und gleichzeitig die Partnerschaft auf eine vorprozessual nicht erteilte Auskunft zu verklagen (so aber *Henssler* Rn. 97). Denn es kann sein, dass die Schadenersatzklage und der Auskunftsanspruch entscheidungsreif sind, sodass für eine subjektive Klageerweiterung auf die Handelnden in erster Instanz keine Möglichkeit mehr bleibt. Vorzugswürdig ist – nach vergeblicher Aufforderung zur Auskunftserteilung – die Erhebung einer Schadenersatzklage gegen die Partner, die als Handelnde iSv § 8 Abs. 2 in Betracht kommen, zB alle Partner eines mit der Auftragsdurchführung befassten Standortes. Erklären dann die Partner iRd Rechtsstreits ihre Beteiligung, kann der Rechtsstreit insoweit in der Hauptsache für erledigt erklärt werden; die Kosten sind der PartGG und der hierfür nach Abs. 1 haftenden Partner aufzuerlegen (MüKoBGB/*Schäfer* Rn. 25).

IV. Höchstbetragshaftung (Abs. 3)

1. Grundlagen. Abs. 3 gestattet eine summenmäßige Begrenzung der Haftung auf einen bestimmten Höchstbetrag durch anderweitige berufsrechtliche Regelungen. 25

2. Beschränkung. Die durch Abs. 3 gewährte Beschränkungsmöglichkeit bezieht sich auf das Haftungsregime der ersten beiden Absätze des § 8. Sowohl die Haftung der Partnerschaft als auch die Haftung der handelnden Partner kann beschränkt werden. Erforderlich ist ein auf bestimmte Freie Berufe bezogenes Gesetz, das sich auf die Haftung für Ansprüche aus fehlerhafter Berufsausübung bezieht, die Haftung der Partnerschaft im Übrigen also unberührt lässt. Weitere zwingende Voraussetzung ist eine gesetzliche Pflicht der den freien Beruf ausübenden Partner zum Abschluss einer Berufshaftpflichtversicherung (durch die Partner unmittelbar oder die Partnerschaft). 26

3. Höhenmäßige Haftungsbeschränkung. Erreichen lässt sich auf diesem spezialgesetzlichen Wege nur eine höhenmäßige Haftungsbeschränkung, nicht aber eine sonstige gesetzliche Haftungsbegrenzung. 27

4. Berufsrechtliche Einzelregelungen. Eine echte gesetzliche Haftungsbeschränkung iSv § 8 Abs. 3 gibt es bislang nicht. Für Rechtsanwälte (§ 52 BRAO), Patentanwälte (§ 45a PAO), Steuerberater (§ 67a Abs. 1 StBerG) und Wirtschaftsprüfer (§ 54a Abs. 1 WPO) sind summenmäßige Haftungsbegrenzungen in der Form von Individualvereinbarungen und in Form von vorformulierten Vertragsbedingungen unter der Voraussetzung ausreichenden Versicherungsschutzes möglich. 28

5. Haftungsbegrenzung ohne berufsrechtliche Regelung. Auch ohne spezialgesetzliche Regelung sind individualvertraglich vereinbarte Haftungsbeschränkungen möglich. Bei vorformulierten Bedingungen greift die Inhaltskontrolle aus §§ 307 ff. BGB. 29

V. Partnerschaft mit beschränkter Berufshaftung (Abs. 4)

1. Grundlagen. Hohe Haftungsrisiken freiberuflicher Betätigung, die Tendenzen der BGH-Rspr. zur Haftungsverschärfung in der BGB-Gesellschaft und zusätzliche Risiken der Größe freiberuflicher Berufsausübungsgesellschaften ließen den **Bedarf nach institutioneller Haftungsbeschränkung** wachsen. Die Praxis sah diesen Bedarf durch die Anwalts GmbH einerseits und die Partnerschaft als solche andererseits nichts als gedeckt an, sodass die englische Limited Liability Partnership als Konkurrentin erwuchs. Dem will der Gesetzgeber mit der PartGmbB als Variante der PartG begegnen. Die geringen Änderungen im PartGG, die zur Einführung dieser neuen Gesellschaftsform geführt haben, mögen über den Umstand täuschen, dass es sich um eine für Rechtsanwälte, aber auch für Wirtschaftsprüfer und Steuerberater attraktive Gesellschaftsform handelt. 30

Bedingung der nur für diesen Fall durch § 8 Abs. 4 angeordneten Beschränkung der Haftung aus Schäden wegen fehlerhafter Berufsausübung auf das Gesellschaftsvermögen ist, dass eine **Berufshaftpflichtversicherung** vorgehalten wird, deren Mindestversicherungssumme durch Berufsgesetze für diesen Fall bestimmt wird. Daraus folgt, dass für alle an der Partnerschaft beteiligten Berufsgruppen eine solche gesetzliche Vorschrift bestehen muss (OLG Hamm 30.7.2015, NZG 2016, 737). Nicht mit der Haftungsbeschränkung verknüpft ist die firmenrechtliche Ordnungsvorschrift in § 8 Abs. 4 S. 3. Diese verlangt einen konkreten Zusatz, der auf die beschränkte Berufshaftung hinweist. 31

Rechtssystematisch überzeugt die Lösung nicht. So geht das Gesetz davon aus, dass die Regelungen über die BGB-Gesellschaft, die eine akzessorische Haftung jedes Gesellschafters nach der neuen Rspr. des BGH voraussetzen, auf eine Gesellschaftsform ergänzend angewendet werden, für die diese im Bereich der Berufshaftung gerade nicht mehr gilt. Auch hier dürfte naheliegen, dass der Gesetzgeber Besonderheiten freiberuflicher Berufsausübung berücksichtigt, die in der gesellschaftsrechtlichen Haftungsrechtsprechung des BGH im Sozietätsrecht vernachlässigt werden (*Hirtz* ZAP 2014, 607 (610)). 32

§ 8 Abs. 4 erfasst nicht die unmittelbare Haftung des handelnden Partners aus Delikt (*Römermann* PartGG Rn. 109; *Wertenbruch* in Westermann/Wertenbruch PersGesR-HdB § 34a Rn. 998). Für alle Bereiche jenseits der Berufungshaftung bleibt es bei der persönlichen Haftung jeden Partners nach § 8 Abs. 1 S. 1. § 8 Abs. 2 wird indessen durch § 8 Abs. 4 verdrängt (*Wertenbruch* in Westermann/Wertenbruch PersGes-HdB § 34a Rn. 994c). 33

34 **2. Berufshaftpflichtversicherung.** Die Beschränkung der Berufsfehlerhaftung auf das Gesellschaftsvermögen wird durch eine Mindesthaftpflichtversicherung ausgeglichen. Die **Vorgaben zur Mindestversicherungssumme** ergeben sich aus dem jeweiligen Berufsrecht. Für Rechtsanwälte (§ 52 BRAO) und Patentanwälte (§ 45a PAO) beträgt die Mindestversicherungssumme 2,5 Mio. EUR (analog zur Rechtsanwalts-GmbH). Für Steuerberater gilt ähnlich wie zur GmbH, dass eine Berufshaftpflichtversicherung in angemessener Höhe abzuschließen ist (§ 67 S. 1 StBerG). Bei Abschluss einer Berufshaftpflichtversicherung mit einer Mindestversicherungssumme von 1 Mio. EUR bleibt die Haftungsbeschränkung für Steuerberater auch dann bestehen, wenn sich im Nachhinein herausstellt, dass die Versicherungssumme nicht „angemessen" war. Gemäß § 54 WPO beträgt die Mindestversicherungssumme für Wirtschaftsprüfer 1 Mio. EUR. Damit gibt es damit bundesgesetzliche Regelungen für Rechtsanwälte, Patentanwälte, Steuerberater, Wirtschaftsprüfer und vereidigte Buchprüfer. Landesgesetzliche Regelungen bestehen zT für Architekten, beratende Ingenieure und (in Niedersachen und in Bayern) für Angehörige von Heilberufen (näher: *Henssler* Rn. 165 ff.; *Korch* GmbHR 2016, 150 (151)). Für interprofessionelle Gesellschaften ergibt sich durch die unterschiedlichen Höhen der Mindestversicherungssummen ein praktisches Problem. Der Gesetzgeber ging – zu Recht – davon aus, dass sich das strengste Berufsrecht für alle Beteiligten auch insoweit durchsetzt (BT-Drs. 17/13944, 15; ebenso *Henssler/Trottmann* NZG 2017, 241 (246)); Bedenken dagegen bei *Korch* GmbHR 2016, 150 (152)).

35 Die Partnerschaft selbst muss die Versicherung unterhalten; es reicht nicht aus, dass die Versicherung der Partner auch die Partnerschaft einbezieht. Rechtsanwälte, vereidigte Buchprüfer und Wirtschaftsprüfer müssen damit versicherungsrechtlich zwei Versicherungen abschließen, eine für jeden Berufsträger und die weitere, in § 8 Abs. 4 angesprochene Versicherung für die PartGmbB. Nur für Steuerberater gilt gem. § 51 Abs. 3 Hs. 2 StBerG, dass die Partner einer PartGmbB, die ausschließlich für die Partnerschaft tätig sind, über die Berufshaftpflichtversicherung der PartGmbB mitversichert sind.

36 Die Versicherung muss zum Zeitpunkt der schädigenden Handlung „unterhalten" sein; zu diesem Zeitpunkt muss also grundsätzlich Versicherungsschutz bestehen (*Wertenbruch* in Westermann/Wertenbruch PersGes-HdB § 34a Rn. 996a). Vorausgesetzt wird dagegen nicht, dass der konkrete Schaden auch vollständig gedeckt ist, sodass durchaus Schutzlücken denkbar sind (*Henssler* Rn. 130).

37 Die Berufshaftpflichtversicherung ist nicht Pflichtversicherung iSd §§ 113 ff. VVG. Indessen verweist § 8 Abs. 4 durch eine Rechtsfolgenverweisung auf die – eigentlich nur für Pflichtversicherungen geltenden – § 113 Abs. 3 VVG, §§ 114–124 VVG. Wesentlich ist die Anwendung von 117 Abs. 1 VVG; danach bleibt die Verpflichtung des Versicherers auch im Falle des nachträglichen Freiwerdens gegenüber dem Versicherten „in Ansehung des Dritten bestehen". Diese **Fiktion** des Bestehens des Anspruchs zugunsten des Geschädigten betrifft zB die Fälle, in denen der Versicherer nachträglich von seiner Leistungspflicht frei wird, weil der Versicherte mit der Prämienzahlung in Verzug ist oder eine Obliegenheit verletzt hat.

38 Gemäß § 51a Abs. 2 BRAO können die Leistungen des Versicherers für alle innerhalb eines Versicherungsjahres verursachten Schäden auf den Betrag der Mindestversicherungssumme, vervielfacht mit der Zahl der Partner, begrenzt werden. Eine Erhöhung der Mindestversicherungssumme pro einzelnen Schadensfall hat das nicht zur Folge (*Henssler* Rn. 148). Die neuen Vorschriften regeln nicht, wie die Mindestversicherungssumme in interprofessionellen Gesellschaften zu berechnen ist. Soweit auch nur ein Rechtsanwalt beteiligt ist, muss zur Erreichung des Schutzzwecks von § 8 Abs. 4 iVm § 51a BRAO die für die anwaltliche PartGmbB geltende Regelung insgesamt zur Anwendung kommen (Prinzip der Meistbelastung; vgl. Henssler/Prütting/*Henssler* Rn. 58).

39 **3. Zusatz.** Gemäß § 8 Abs. 4 S. 3 muss die Partnerschaft mit beschränkter Berufshaftung ihrem Namen einen konkreten Zusatz hinzufügen, der auf die beschränkte Berufshaftung hinweist. Insoweit wird § 2 ergänzt. Gemäß § 3 Abs. 3 ist der Namenszusatz in das Partnerschaftsregister einzutragen. Auf öffentlichen Verlautbarungen ist der Namenszusatz zu führen (§ 7 Abs. 5). Da die Haftungsbeschränkung der Partnerschaft sich auf berufliche Fehler beschränkt, dürfte der Zusatz „mbH" irreführend und unzulässig sein (RegE vom 15.8.2012, BT-Drs. 17/10487, 17). Anders als noch im Regierungsentwurf vorgesehen, ist die Führung des Zusatzes nicht zur Bedingung für die Haftungsbeschränkung geworden. Gleichwohl bleibt die Eintragung des Namens in Form einer **firmenrechtlichen Bestimmung** angeordnet.

40 **4. Das Entstehen der PartGmbB.** Wie bei der PartG setzt eine **Neugründung** den Abschluss des schriftlichen Gesellschaftsvertrages, Abschluss und Nachweis des erforderlichen Versicherungsschutzes und Registereintragung voraus. Aus einer Kapitalgesellschaft kann nach den Regeln des UmwG (§§ 192 ff., 228 ff. UmwG) umgewandelt werden (Beschlussfassung, Neufassung des Gesellschaftsvertrages und Registereintragung).

41 **Aus einer BGB-Gesellschaft** kann nicht nur eine PartG sondern sogleich in eine PartGmbB **umstrukturiert** werden, wenn die Mindestanforderungen des PartGG erfüllt sind (zB Schriftform des Gesellschaftsvertrages, Abschluss, Bestand und Nachweis der Mindestversicherung). Gesellschafterbeschluss und Änderung des Gesellschaftsvertrages sind auch Voraussetzung für den Formwechsel von

einer PartG in eine PartGmbB. Soweit vertreten wird (*Leuering* NZG 2013, 1001 (1005); *Sommer/Treptow* NJW 2013, 3269 (3270)) der bloße Abschluss einer Haftpflichtversicherung iSv § 8 Abs. 4 führe zum Formwechsel außerhalb des Partnerschaftsregisters, wird übersehen, dass zwischen PartG und PartGmbB nicht nur hinsichtlich der Haftungsfragen durchaus Unterschiede bestehen, sodass eine Willensbildung der Gesellschafter erforderlich ist (auch in Bezug auf die Namensänderung).

Umstrukturierungen lösen die Frage aus, zu welchem Zeitpunkt bei bestehenden Vertragsverhält- 42 nissen (zB Mandaten) der Haftungsausschluss gem. § 8 Abs. 4 greift (zB **Altmandate**). § 10 Abs. 2 legt eine analoge Anwendung der Nachhaftungsregelungen des § 160 HGB nahe. Auch § 224 Abs. 1 UmwG sieht vor, dass der Formwechsel frühere Ansprüche nicht berührt. Aufträge (Mandate), die nach dem Wechsel in die PartGmbB abgeschlossen werden, sind damit zweifelsfrei privilegiert (Henssler/Prütting/*Henssler* Rn. 66). Für Altaufträge ist umstritten, ob auf den Zeitpunkt des Vertragsschlusses oder den der Pflichtverletzung abzustellen ist. Die bisher wohl h. M. scheint auf den Zeitpunkt des Vertragsschlusses abzustellen (vgl. MüKoBGB/*Schäfer* BGB § 714 Rn. 70 und MüKoBGB/*Schäfer* BGB § 736 Rn. 22; → Rn. 16). Das überzeugt für eine Haftung aus Berufsfehlern nicht, da Auslöser für die Haftung der Verstoß ist und die gesetzgeberische Wertung des neuen PartGmbB gerade darin liegt, für die berufliche Haftung an die Stelle der persönlichen Haftung den Versicherungsschutz zu setzen, der auf den Verstoß abstellt (ebenso Henssler/Prütting/*Henssler* Rn. 66).

5. Innenregress. Für den Innenregress gelten auch in der PartGmbB die allgemeinen Regeln. Das 43 erfordert im Bereich der Berufsfehler Strategien zur Vermeidung einer Haftung über Umwege. Wenn etwa die Versicherungssumme nicht ausreicht, kann im Einzelfall der Gesellschafter gem. § 8 Abs. 4 von der Haftung befreit sein. In Höhe der Differenz haftet die PartGmbB, sodass Fragen des **Verlustausgleichs** und der **Nachschusspflicht** analog §§ 735, 739 BGB aufgeworfen werden. Solche Ansprüche mögen allein durch die Wahl der PartGmbB konkludent ausgeschlossen sein; besser ist eine ausdrückliche Regelung des Ausschlusses der §§ 735, 739 BGB im Gesellschaftsvertrag (*Henssler* Rn. 208; *Wertenbruch* NZG 2013, 1006).

Auch der **Regressanspruch** der PartGmbB aus § 280 Abs. 1 BGB gegen den bei der Berufsausübung 44 fahrlässig handelnden Gesellschafter sollte in den gesetzlich gestatteten Grenzen (§ 276 Abs. 3 BGB) vertraglich jedenfalls für den Fall einfacher Fahrlässigkeit, ggf. auch für andere Fahrlässigkeitsformen vertraglich ausgeschlossen werden (*Wertenbruch* NZG 2013, 1006 (1008)).

Insbesondere in ärztlichen Partnerschaften kommt die **deliktische Eigenhaftung** eines Partners in 45 Betracht; ihm sollte ein Freistellungsanspruch bzw. Regressanspruch gegen die PartGmbB vertraglich eingeräumt werden (vgl. dazu *Wertenbruch* in Westermann/Wertenbruch PersGesR-HdB § 34a Rn. 998, 999h).

Ausscheiden eines Partners; Auflösung der Partnerschaft

9 (1) **Auf das Ausscheiden eines Partners und die Auflösung der Partnerschaft sind, soweit im folgenden nichts anderes bestimmt ist, die §§ 131 bis 144 des Handelsgesetzbuchs entsprechend anzuwenden.**

(2) **(aufgehoben)**

(3) **Verliert ein Partner eine erforderliche Zulassung zu dem Freien Beruf, den er in der Partnerschaft ausübt, so scheidet er mit deren Verlust aus der Partnerschaft aus.**

(4) [1] **Die Beteiligung an einer Partnerschaft ist nicht vererblich.** [2] **Der Partnerschaftsvertrag kann jedoch bestimmen, daß sie an Dritte vererblich ist, die Partner im Sinne des § 1 Abs. 1 und 2 sein können.** [3] **§ 139 des Handelsgesetzbuchs ist nur insoweit anzuwenden, als der Erbe der Beteiligung befugt ist, seinen Austritt aus der Partnerschaft zu erklären.**

Übersicht

I. Allgemeines

1 Das PartGG kommt ohne detaillierte Regelungen zum Ausscheiden eines Gesellschafters, zur Auflösung der Partnerschaft, zur Liquidation der Partnerschaft und zur Nachhaftung eines ausgeschiedenen Partners aus, indem in §§ 9 und 10 weitgehend auf das Recht der oHG verwiesen wird. Dieses ist – unter Berücksichtigung der Typizität der Partnerschaft – entsprechend anzuwenden. Zu beachten ist darüber hinaus die subsidiäre Geltung der GbR-Vorschriften gem. § 1 Abs. 4 iVm § 738–740 BGB. Zwei Besonderheiten werden in Abs. 3 und Abs. 4 berücksichtigt. Gemäß Abs. 3 ist der Verlust der Zulassung zum Freien Beruf Grund für das Ausscheiden. Abs. 4 sieht Einschränkungen zur Vererblichkeit des Anteils vor.

II. Ausscheiden eines Partners (Abs. 1 und Abs. 3)

2 **1. Gesetzliche Ausscheidensgründe.** Die entsprechende Anwendung von § 131 Abs. 3 HGB führt dazu, dass die darin erwähnten und nachstehend aufgeführten Ausscheidensgründe nicht zur Auflösung der Partnerschaft, sondern zum Ausscheiden des Partners führen. Die Partnerschaft wird unter den übrigen Partnern fortgesetzt.

3 **a) Tod des Partners (§ 131 Abs. 3 Nr. 1 HGB).** Die Beteiligung an einer Partnerschaft ist gem. § 9 Abs. 4 nicht vererblich ist, sodass die Erben nicht Gesellschafter werden, sondern lediglich einen Abfindungsanspruch erhalten (§ 1 Abs. 4 iVm § 738 Abs. 1 S. 2 BGB).

4 **b) Eröffnung des Insolvenzverfahrens über das Vermögen des Partners (§ 131 Abs. 3 Nr. 2 HGB).** Der Abfindungsanspruch fällt in die Insolvenzmasse. Das gilt nicht für die Abweisung des Insolvenzantrags mangels Masse gem. § 26 InsO (BGH 8.10.1979, BGHZ 75, 178 (179 ff.) = NJW 1980, 233; aA MüKoHGB/*K. Schmidt* HGB § 131 Rn. 74).

5 **c) Kündigung des Partners (§ 131 Abs. 3 Nr. 3 HGB).** Das Recht eines Partners zur ordentlichen Kündigung ist bei einer auf unbestimmte Zeit eingegangenen Partnerschaft zwingend (§ 9 Abs. 1 iVm § 132 HGB sowie § 1 Abs. 4 iVm § 723 Abs. 1, 3 BGB). Das Recht der außerordentlichen Kündigung aus wichtigem Grund, das für die GbR in § 723 Abs. 1 BGB vorgesehen ist, gilt wegen der primären Verweisung des § 9 Abs. 1 auf § 133 HGB nicht für die Partnerschaft (so die Gesetzesbegründung BT-Drs. 12/6152, 19); es besteht nur die Möglichkeit der Auflösungsklage. Insoweit sind vertragliche Modifikationen sowohl zur ordentlichen als auch zur außerordentlichen Kündigung möglich (→ Rn. 14).

6 Die **Erklärung** der Kündigung hat gegenüber allen Partnern zu erfolgen. Obwohl sie formfrei möglich ist, ist aus Beweisgründen Schriftform mit Zugangsnachweis empfehlenswert. Die Kündigungsfrist beträgt – mangels anderweitiger vertraglicher Regelung – gem. § 9 Abs. 1 iVm § 132 Hs. 2 HGB, § 105 Abs. 2 HGB, § 123 Abs. 1 S. 2 BGB sechs Monate zum Schluss eines Kalenderjahres. Die Kündigung führt zum Ausscheiden aus der Partnerschaft (→ Rn. 18).

7 **d) Kündigung durch den Privatgläubiger des Partners (§ 131 Abs. 3 Nr. 4 HGB).** Der Privatgläubiger eines Partners kann über die Pfändung des Auseinandersetzungsguthabens (§ 1 Abs. 4 iVm § 717 S. 2 BGB) die Partnerschaft für den jeweiligen Partner aus eigenem Recht gem. Abs. 1 iVm § 135 HGB kündigen.

e) Eintritt von weiteren im Partnerschaftsvertrag vorgesehenen Fällen (§ 131 Abs. 3 Nr. 5 HGB). Die Verweisung auf § 131 Abs. 3 Nr. 5 HGB macht deutlich, dass die gesetzliche Regelung über das Ausscheiden einzelner Partner dispositiv ist. Besondere vertragliche Regelungen sind üblich, zB zu Ausscheiden bei Alter oder dauerhafter Arbeitsunfähigkeit. Möglichkeiten und Grenzen der Vertragsgestaltung werden nachstehend erläutert (→ Rn. 13). 8

f) Beschluss der Partner (§ 131 Abs. 3 Nr. 6 HGB). Die Verweisung darf nicht dahingehend missverstanden werden, dass die Partner einen Gesellschafter ohne dessen Zustimmung nach freiem Ermessen ausschließen können. Gegen den Willen des Partners ist Ausschlussklage geboten (entsprechend §§ 133, 140 Abs. 1 HGB). Mangels besonderer Regelung muss der Beschluss einstimmig getroffen werden (§ 6 Abs. 3 iVm § 119 Abs. 1 HGB). Vertragliche Modifikationen sind indessen üblich (→ Rn. 13). 9

Die **Ausschlussklage** muss von allen Mitgesellschaftern, die notwendige Streitgenossen iSv § 62 ZPO sind, erhoben werden. Erforderlich ist ein **wichtiger Grund.** Er liegt nur dann vor, wenn den Klägern die Fortsetzung der Partnerschaft zum nächstmöglichen ordentlichen Beendigungszeitpunkt nicht zugemutet werden kann (BGH 31.3.2003, NZG 2003, 625 (626); BGH 12.5.1977, BGHZ 69, 160 (169) = NJW 1977, 2160 (2162)). Die Ausschließung muss also ultima ratio sein. Der wichtige Grund muss in der Person des auszuschließenden Gesellschafters angelegt sein. Für die Wertung sind gem. § 9 Abs. 1 iVm §§ 140, 133 Abs. 1 HGB die wichtigen Gründe bedeutsam, die gem. § 133 Abs. 2 HGB einen Gesellschafter berechtigen, die Auflösung der Gesellschaft zu verlangen. Die höchstrichterliche Rspr. tendiert zu sehr hohen Anforderungen. Allerdings muss das Fehlverhalten nicht verschuldet sein. Selbst eine massive Trübung des Vertrauensverhältnisses kann die Ausschließung dann nicht rechtfertigen, wenn das Zerwürfnis nicht überwiegend durch den Auszuschließenden verursacht worden ist (BGH 31.3.2003, NZG 2003, 625 (626)). In Partnerschaften (zB zwischen Rechtsanwälten und Ärzten) kommt es in besonderer Weise auf wechselseitiges Vertrauen an. Dem trägt die Rspr. noch zu wenig Rechnung (zutreffend *Henssler* Rn. 23). 10

2. Ausscheiden wegen Zulassungsverlustes (Abs. 3). Der besondere Ausscheidensgrund ist nur für solche Partnerschaften vorgesehen, deren Freie Berufe eine formelle Zulassung zur Berufsausübung voraussetzen. Es handelt sich ausnahmslos um verkammerte Berufe, nämlich Rechtsanwälte, Patentanwälte, Wirtschaftsprüfer, vereidigte Buchprüfer, Steuerberater, Ärzte, Zahnärzte, Tierärzte, Architekten, beratende Ingenieure und Lotsen. Tritt nach dem jeweils einschlägigen Berufsrecht der endgültige Verlust der Zulassung ein, führt dies zum Ausscheiden. Wenn ein Partner zwei oder mehr Freie Berufe ausübt, scheidet er nur aus, wenn er für sämtliche dieser Berufe die erforderliche Zulassung endgültig verloren hat (MüKoBGB/*Schäfer* Rn. 22). 11

Fehlt es am berufsrechtlichen Erfordernis einer besonderen Zulassung, kann der Fall dauernder Unfähigkeit zur Berufsausübung zu einer Beendigung der Partnerstellung nach den allgemeinen Ausschließungsgründen nach Gesetz oder Vertrag führen. 12

3. Vertragliche Ausscheidensregeln. Die Verweisung auf § 131 Abs. 3 S. 1 HGB zeigt, dass das gesetzliche Recht der Ausscheidensgründe dispositiv ist. Allerdings neigt die Rspr. zu einer an § 138 BGB orientierten Inhalts- und einer aus § 242 BGB begründeten Ausübungskontrolle. 13

a) Erleichterungen des Kündigungsrechts. Solche sind weitgehend üblich und idR rechtlich unproblematisch (zB Verkürzung der Kündigungsfrist des § 132 HGB bis hin zum Recht zur jederzeitigen Kündigung). Empfehlenswert ist anstelle der Auflösungsklage die Einräumung eines Rechts zur fristlosen Kündigung aus wichtigem Grund zugunsten des einzelnen Partners (→ Rn. 5). 14

b) Erschwerungen des Kündigungsrechts. In älteren Gesellschaftsverträgen finden sich Regelungen, die bewirken sollen, dass die Gesellschaft nur aus wichtigem Grund kündbar ist. Ein ordentliches Kündigungsrecht wird ganz oder für einen langen Zeitraum, etwa für 30 Jahre, ausgeschlossen. Nach einigen Jahren der Unsicherheit hat der BGH (BGH 18.9.2006, NJW 2007, 295) klargestellt, dass in einem Rechtsanwaltssozietätsvertrag der Ausschluss des Rechts zur ordentlichen Kündigung für einen Zeitraum von 30 Jahren selbst dann eine unzulässige Kündigungsbeschränkung iSd § 723 Abs. 3 BGB darstellt, wenn sie Teil der Alterssicherung der Seniorpartner ist. Die frühere Auffassung, die sich nur an § 138 BGB als Grenze orientierte und daher zeitlich unbeschränkte Befristungen in Gesellschaftsverträgen grundsätzlich zuließ, ist damit überholt. Die überlange Bindung an den Vertrag führt nur zur Nichtigkeit der Laufzeitklausel, an deren Stelle in erster Linie die ergänzende Vertragsauslegung und in zweiter Linie das dispositive Recht tritt (*Goette* AnwBl. 2007, 637 (642)). Eine über 14 Jahre hinausgehende Bindung soll auch im Wege ergänzender Vertragsauslegung nicht greifen (vgl. BGH 18.9.2006, NJW 2007, 295 (296)). Je nach Fallgestaltung wird die Obergrenze bei zwischen fünf und zehn Jahren liegen (*Henssler* Rn. 29: fünf Jahre, unter Hinweis auf OLG Stuttgart 16.5.2007, OLGR 2007, 659 (662)). 15

c) Hinauskündigung. Nach wie vor enge Grenzen setzt der BGH der vertraglich eingeräumten Möglichkeit, einen Gesellschafter auch ohne Vorliegen eines wichtigen Grundes „hinaus zu kündigen". 16

Regelungen, die es ermöglichen, einen Gesellschafter ohne sachlichen Grund auszuschließen, sind danach grundsätzlich wegen Verstoßes gegen § 138 Abs. 1 BGB nichtig (zuletzt BGH 19.9.2005, BGHZ 164, 98 ff. und 107 ff.). Tragend ist insoweit die „Damoklesschwert"-Erwägung: Der vom Ausschluss bedrohte Gesellschafter empfinde das freie Kündigungsrecht der anderen als Disziplinierungsmittel, sodass er nicht frei von seinen Rechten Gebrauch mache, sondern sich den Vorstellungen der anderen Seite beuge. Andererseits nimmt der BGH an, dass eine Hinauskündigungsklausel wirksam ist, wenn sie wegen besonderer Umstände **sachlich gerechtfertigt** ist (BGH 7.5.2007, ZIP 2007, 1309 (1310); BGH 19.9.2005, BGHZ 164, 98 (102)). Diese Rspr. ist nahezu gewohnheitsrechtlich gefestigt (zur Kritik *Drinkuth* NJW 2006, 410 ff.; *Hirtz* BB 1981, 761 ff.). Einen Gesellschafter „minderen Rechts" (Begriff von *Flume* NJW 1979, 902 (904)), der insoweit weniger schutzwürdig wäre, erkennt der BGH nicht an, prüft aber in jedem Einzelfall, ob es rechtfertigende Gründe für die Hinauskündigung gibt, die nicht die Qualität eines wichtigen Grundes haben müssen (zuletzt BGH 19.3.2007, NJW-RR 2007, 913). Wenn das Ausschließungsrecht bei Aufnahme eines neuen Gesellschafters dazu dient, den Altgesellschaftern binnen angemessener Frist die Prüfung zu ermöglichen, ob zu dem neuen Partner das notwendige Vertrauen aufgebaut werden kann, ist eine Hinauskündigung innerhalb dieser Zeit sachlich gerechtfertigt (vgl. BGH 7.5.2007, ZIP 2007, 1309; BGH 8.3.2004, ZIP 2004, 903). Der für Laborärzte vom BGH für angemessen gehaltene Dreijahreszeitraum dürfte dort, wo kein Zwang besteht, umgehend eine Sozietät zu begründen, bereits zu lang sein (vgl. *Hirtz* AnwBl. 2008, 82 (87)).

17 **4. Rechtsgeschäftliche Anteilsübertragung.** Die Übertragung des Partnerschaftsanteils führt im Ergebnis zum Ausscheiden des Übertragenden, allerdings nicht iSv § 9, sondern iSe vereinbarten Rechtsnachfolge. Die Anteilsübertragung setzt eine Zulassung im Partnerschaftsvertrag oder die Zustimmung aller Partner voraus (MüKoBGB/*Schäfer* Rn. 32). Die Mitgliedschaft geht mit allen Rechten und Pflichten auf den Erwerber über. Er muss tauglicher Partner iSv § 1 Abs. 1 und des Partnerschaftsvertrages sein.

III. Rechtsfolgen des Ausscheidens

18 **1. Gesetzliche Folgen.** Besondere Regeln zu den Ausscheidensfolgen gibt es weder für die Partnerschaft noch für die oHG, sodass nach § 1 Abs. 4 die §§ 738–740 BGB anwendbar sind. Im Bereich freiberuflicher Sozietäten gibt es Entwicklungen zu einem Sonderrecht (vgl. *Westermann* AnwBl. 2007, 103 ff.; *Hirtz* AnwBl. 2008, 82 (86 ff.)).

19 Der Anteil des ausgeschiedenen Partners **wächst** den verbleibenden Partnern, die die Partnerschaft fortsetzen, von selbst **an.** Bei einer zweigliedrigen Partnerschaft wird der verbleibende Partner von selbst Gesamtrechtsnachfolger und hat den Ausgeschiedenen abzufinden (MüKoBGB/*Schäfer* Rn. 12; *Henssler* Rn. 44). Zur Rückgabe von Gegenständen (§ 738 Abs. 1 S. 2 BGB), Schuldbefreiung (§ 738 Abs. 1 S. 2 BGB), Nachschusspflicht (§ 739 BGB) und Beteiligung an schwebenden Geschäften (§ 740 BGB) gelten die allgemeinen Regeln. Das gilt grundsätzlich auch für den **Abfindungsanspruch,** der mit dem Zeitpunkt des Ausscheidens entsteht (§ 738 Abs. 1 S. 2 BGB). Wie im Bereich der GbR gilt der Grundsatz der Durchsetzungssperre, sodass eine Gesamtabrechnung vorzunehmen ist.

20 Grundlage zur Ermittlung der Ansprüche ist die Auseinandersetzungsbilanz, die für die Partnerschaft auf den Stichtag des Ausscheidens aufzustellen ist. In ihr sind alle Vermögenswerte der Gesellschaft anzugeben, einschließlich der stillen Reserven und des Firmenwertes. Auch für Partnerschaften sind die allgemeinen Grundsätze der Unternehmensbewertung heranzuziehen; im Zweifel ist eine Ertragswertberechnung geboten (vgl. BGH 24.5.1993, NJW 1993, 2101; *Henssler* Rn. 62 ff.). Die insoweit anzustellende Prognose der Gewinnerwartungen sieht sich aber gerade bei freiberuflichen Praxen der Besonderheit ausgesetzt, dass eher die Person des einzelnen Partners zB Mandanten oder Patienten bindet und weniger die Partnerschaft als solche. Scheidet der prägende Partner aus der Partnerschaft aus, führte es zu unbilligen Ergebnissen, wenn die zukünftigen Gewinnerwartungen auf Basis der bisher mit dem Ruf dieses Partners erzielten Gewinne errechnet werden. Das gilt auch für den Fall des Ausscheidens aus Altersgründen. Scheidet ein aktiver Partner aus und kann er auf die bisherigen Mandanten oder Patienten zurückgreifen, sollte im Regelfall auf eine Bewertung künftiger Geschäftschancen bei der Ermittlung des Abfindungsanspruchs verzichtet werden. Vollends zuverlässige Kriterien fehlen indessen, auch wenn der BGH für ein Gleichgewicht zwischen dem Mandatsschutz und der Beteiligung am Fortführungswert der Sozietät sorgt (so *K. Schmidt* NJW 2005, 2801 (2804), unter Hinweis auf BGH 8.5.2000, DStR 2000, 1021 mAnm *Goette*). Bei einer Freiberuflersozietät ist die Teilung der Sachwerte und die rechtlich nicht begrenzte, gleichberechtigte Möglichkeit, um die bisherigen Mandanten der Gesellschaft zu werben, die sachlich naheliegende und angemessene Art der Auseinandersetzung (BGH 31.5.2010, NJW 2010, 2660); eine weitergehende Abfindung kann dann grundsätzlich nicht beansprucht werden. Die Faustregel, wonach bei der Berechnung des Praxiswerts grundsätzlich der Umsatz der letzten drei Jahre die entscheidende Bemessungsgrundlage sein soll (BRAK-Mitt. 2018, 6 (8)), wobei der letzte Jahresumsatz doppelt gewichtet wird, kann also nur Basis für weitere Überlegungen und Bereinigungen sein (*Henssler* Rn. 78).

2. Vertragliche Abfindungsklauseln. Vertragliche Abweichungen sind empfehlenswert, wenn sie sich iRd durch die höchstrichterliche Rechtsprechung gezogenen Grenzen halten. Nach ständiger Praxis des BGH ist es eine Frage der Bewertung sämtlicher Einzelfallumstände, ob eine Abfindungsvereinbarung gegen § 138 BGB verstößt, dem Verbot übermäßiger Einschränkungen der Kündigungsfreiheit gem. § 723 Abs. 3 BGB widerstreitet oder ob es wegen der Entwicklung der Wertverhältnisse seit Abschluss des Gesellschaftsvertrages gegen Treu und Glauben verstößt, wenn sich die Gesellschaft auf die den Abfindungsanspruch einschränkende vertragliche Regelung beruft (→ BGB § 738 Rn. 1 ff.). Wenn zum Zeitpunkt des Ausscheidens ein erhebliches Missverhältnis zwischen Klauselwert und wirklichem Anteilswert besteht, kann zweifelhaft sein, ob die Gesellschaft sich gegenüber dem ausgeschiedenen Partner auf Abfindungsbeschränkungen berufen kann (BGH 20.9.1993, BGHZ 123, 281 = NJW 1993, 3193; BGH 13.6.1994, BGHZ 126, 226 (233) = NJW 1994, 2536 (2537)). Bei hochtechnisierten Ärztepartnerschaften kann der Buchwert der Praxisausstattung erheblich hinter dem wirklichen Wert zurückbleiben, sodass eine entsprechende Beschränkung auf den Buchwert problematisch ist. Das ist idR bei Partnerschaften von Anwälten, Steuerberatern oder Wirtschaftsprüfern anders. Wenn den Ausscheidenden insoweit kein Wettbewerbsverbot trifft und er also sowohl auf den Mandantenstamm zurückgreifen kann als auch am wirtschaftlichen Wert der laufenden Mandate partizipiert, ist eine Buchwertklausel eher unproblematisch (BGH 7.4.2008, ZIP 2008, 1276 (1279); BGH 8.5.2000, NJW 2000, 2584). Die Kombination von Buchwertklausel und Wettbewerbsverbot ist im Regelfall nicht hinnehmbar (*Hirtz* AnwBl. 2008, 82 (88)). 21

3. Anmeldung. Gemäß § 9 Abs. 1 iVm § 143 HGB ist das Ausscheiden von sämtlichen Partnern, auch den Ausgeschiedenen, zur Eintragung in das Partnerschaftsregister anzumelden. Für den Todesfall gilt die besondere Regelung des § 143 Abs. 3 HGB entsprechend. 22

IV. Auflösung (Abs. 1)

1. Auflösungsgründe. Die entsprechende Anwendung von § 131 Abs. 1 HGB führt zu folgenden zwingenden, grundsätzlich abschließenden Auflösungsgründen: 23

a) Zeitablauf (§ 131 Abs. 1 Nr. 1 HGB). Zeitlich befristete Partnerschaften zur Durchführung von Einzelprojekten (zB Architekten) kommen in Betracht. 24

b) Auflösungsbeschluss der Partner (§ 131 Abs. 1 Nr. 2 HGB). Einstimmigkeit ist erforderlich, wenn nicht der Partnerschaftsvertrag ausdrücklich und eindeutig etwas anderes bestimmt. 25

c) Eröffnung des Insolvenzverfahrens über das Vermögen der Partnerschaft (§ 131 Abs. 1 Nr. 3 HGB). Eine Fortsetzungsmöglichkeit eröffnet § 144 HGB. Die Ablehnung der Eröffnung des Insolvenzverfahrens mangels Masse ist nicht als gesetzlicher Auflösungsgrund vorgesehen, kann aber, da Drittinteressen nicht berührt werden, vertraglich vereinbart werden (*Henssler* Rn. 91). 26

d) Erlass eines Auflösungsurteils aus wichtigem Grund (§ 131 Abs. 1 Nr. 4 iVm § 133 HGB). Erforderlich ist ein wichtiger Grund, der wegen des ultima ratio Charakters dieser Regelung nur dann gegeben sein kann, wenn Abhilfemaßnahmen nicht ausreichen. 27

e) Ausscheiden des vorletzten Partners. Ohne dass dies im Gesetz ausdrücklich angesprochen wäre, kommt es zur Auflösung einer zweigliedrigen Partnerschaft (mit gleichzeitiger Beendigung), wenn einer der beiden Partner nach § 9 Abs. 3 ausscheidet. Der letzte Partner wird Gesamtrechtsnachfolger. 28

2. Vertragliche Regelungen. Der Partnerschaftsvertrag kann weitere Auflösungsgründe bestimmen, wie sich aus § 131 Abs. 1 Nr. 2 und 2 HGB ergibt. Neben der Ablehnung der Eröffnung des Insolvenzverfahrens über das Vermögen der Partnerschaft kann etwa auch eine Auflösung statt des Ausscheidens bei Tod, Insolvenz oder Kündigung des Partners oder bei Kündigung durch den Privatgläubiger des Partners vorgesehen werden (vgl. zur oHG Baumbach/Hopt/*Roth* HGB § 131 Rn. 74). 29

3. Folgen. Die Partnerschaft wandelt sich von einer werbenden Gesellschaft in eine Abwicklungsgesellschaft um, behält aber ihre Identität. Es schließt sich die Liquidationsphase gem. § 10 an. Die Auflösung der Partnerschaft ist von sämtlichen Partnern zur Eintragung in das Partnerschaftsregister anzumelden (§ 9 Abs. 1 iVm § 143 Abs. 1 HGB). 30

V. Vererbung der Beteiligung (Abs. 4)

1. Grundsatz. Um zu erreichen, dass auch nach dem Tode eines Partners nur partnerfähige Personen Gesellschafter sind, ordnet Abs. 4 S. 1 an, dass die Beteiligung an einer Partnerschaft nicht vererblich ist, wenn nicht im Partnerschaftsvertrag vorgesehen ist, dass taugliche Partner iSv § 1 Abs. 1 S. 1 erben können. Das Wahlrecht des Partner-Erben wird in Modifikation von § 139 HGB dadurch eingeschränkt, dass dem Erben nur die Wahl zwischen dem Verbleib in der Partnerschaft und dem Ausscheiden eröffnet wird (Abs. 4 S. 3). 31

32 **2. Abweichende Regelungen.** Die Vererblichkeit kann im Partnerschaftsvertrag vorgesehen werden (Abs. 4 S. 2), allerdings nur bezogen auf gem. § 1 Abs. 1 und 2 taugliche Partner, also Angehörige solcher Berufe, die mit den bereits in der Partnerschaft ausgeübten Berufen vereinbar sind. Solche Nachfolgeklauseln sind mit sonstigen erbrechtlichen Gestaltungsmöglichkeiten des Partners zu harmonisieren (vgl. § 139 HGB). Mit einer einfachen Nachfolgeklausel wird für eine Partnerschaft bestimmt, dass alle Erben eines Partners, die einen tauglichen Freien Beruf ausüben, Nachfolger werden. Durch eine qualifizierte Nachfolgeklausel wird die Vererbung auf bestimmte oder einen dieser geeigneten Erben beschränkt.

Liquidation der Partnerschaft; Nachhaftung

10 (1) **Für die Liquidation der Partnerschaft sind die Vorschriften über die Liquidation der offenen Handelsgesellschaft entsprechend anwendbar.**

(2) **Nach der Auflösung der Partnerschaft oder nach dem Ausscheiden des Partners bestimmt sich die Haftung der Partner aus Verbindlichkeiten der Partnerschaft nach den §§ 159, 160 des Handelsgesetzbuchs.**

I. Allgemeines

1 Für die Rechtsverhältnisse der aufgelösten Partnerschaft verweist Abs. 1 auf die Liquidationsregeln der oHG in den §§ 145–158 HGB. Nicht nur für den Auflösungsfall, sondern auch für das Ausscheiden des Partners richtet sich die Nachhaftung nach den §§ 159, 160 HGB, sodass im Ergebnis über die Verjährungsregel des § 159 HGB und die zeitliche Grenze des § 160 HGB die Nachhaftung beschränkt wird. Bei der entsprechenden Anwendung der §§ 145–158 HGB sind die Besonderheiten der Partnerschaft zu beachten. Ferner sind gem. § 1 Abs. 3 berufsrechtliche Spezialregelungen zu beachten (zB den zwingenden § 55 Abs. 1 BRAO und die Ermessensregelung der § 54 Abs. 4 StBerG, § 70 Abs. 1 S. 1 StBerG).

II. Liquidation (Abs. 1)

2 **1. Liquidatoren.** Die Abwicklung der aufgelösten Partnerschaft bis zur Beendigung liegt in den Händen der Liquidatoren (§ 149 HGB), deren Aufgabe es ist, die laufenden Geschäfte zu beenden, Forderungen einzuziehen, das Vermögen zu verwerten, für die Befriedigung der Gläubiger zu sorgen und restliches Vermögen entsprechend § 155 HGB unter den Partnern zu verteilen. Gemäß § 146 Abs. 1 S. 1 HGB sind grundsätzlich sämtliche Partner Liquidatoren, denen Gesamtvertretungsmacht (§ 150 Abs. 1 HGB) zusteht. Vertragliche Abweichungen durch Partnerschaftsvertrag oder – idR einstimmigen – Beschluss sind möglich (MüKoBGB/*Schäfer* Rn. 5). Bestellung, Abberufung und Anmeldung der Liquidatoren richtet sich nach §§ 146–148 HGB. Ihre Rechte und Pflichten folgen aus §§ 149 –153 HGB.

3 Besonderheiten gelten hinsichtlich der **Bilanzierung** (§ 154 HGB). Da die aktive Partnerschaft nicht der in §§ 238, 242 HGB normierten Pflicht zur Jahresrechnungslegung unterliegt, wäre es sinnwidrig, aus § 154 HGB für die Partnerschaft in Liquidation eine Bilanzierungspflicht der Liquidatoren anzunehmen (so aber MüKoBGB/*Schäfer* Rn. 10; *Henssler* Rn. 18; wie hier *Römermann* PartGG Rn. 10; MWHLW/*Hoffmann* Rn. 2). Folgerichtig muss die gem. § 155 HGB jedenfalls erforderliche Liquidationsschlussbilanz nicht den Anforderungen der §§ 238 ff. HGB entsprechen. Ausreichend ist, dass festgestellt werden kann, welche Ansprüche den einzelnen Partnern nach Beendigung der Liquidation zustehen.

4 **2. Liquidationsergebnis.** Auf Basis dieser Bilanz ist entsprechend § 155 HGB das nach Berichtigung der Schulden verbleibende Vermögen nach dem Verhältnis der Anteile unter den Partnern zu verteilen, und zwar mangels besonderer Abrede in Geld. Für etwa ungedeckte Schulden haben die Partner im Verhältnis ihrer Anteile gem. § 1 Abs. 4 iVm § 735 BGB nachzuschießen. Das gilt nicht für Verbindlichkeiten, für die gem. § 8 Abs. 2 nur der handelnde Partner haftet, sodass insoweit die nicht in die Mandatsbearbeitung eingeschalteten Partner keine Nachschusspflicht trifft (*Henssler* Rn. 28). Trotz offener Verbindlichkeiten kann es zur Vollbeendigung der Partnerschaft kommen; es greift alsdann die Nachhaftung (MüKoBGB/*Schäfer* Rn. 13).

5 **3. Folgen des Erlöschens.** Mit der Vollbeendigung erlischt der Name der Partnerschaft. Entsprechend § 157 Abs. 1 HGB ist das Erlöschen des Namens von allen Liquidatoren anzumelden. Für die Verwahrung der Geschäftsbücher und die Einsicht und Benutzung gelten §§ 157 Abs. 2 und Abs. 3 HGB entsprechend.

6 **4. Alternativen.** Gemäß § 10 Abs. 1 iVm § 145 Abs. 1 HGB, § 158 HGB sind andere Arten der Auseinandersetzung denkbar (vgl. BGH 11.5.2009, AnwBl. 2009, 718 mAnm *Hirtz* AnwBl. 2009, 775; MWHLW/*Hoffmann* Rn. 10), etwa die Übernahme der Partnerschaft durch einen der Partner (Anteils-

kauf oder Abfindung der übrigen Partner), durch Naturalteilung des Vermögens (Weiterführung verschiedener Zweigniederlassung durch jeweils einen Partner), durch Übertragung aller Anteile auf einen Dritten oder die Übertragung des Gesamtvermögens auf einen Treuhänder zur Abfindung der Gläubiger, und schließlich die Umwandlung in eine andere Rechtsform oder Zusammenführung mit einer anderen Gesellschaft (vgl. dazu *Henssler* Rn. 38 ff.). Empfehlenswert sind Vorgaben im Partnerschaftsvertrag.

III. Begrenzte Nachhaftung (Abs. 2)

1. Sonderverjährung. § 10 Abs. 2 verweist auf die fünfjährige Sonderverjährung des § 159 HGB, um die Haftungsrisiken der Partner nach Auflösung der Partnerschaft zu begrenzen. Das gilt nur, soweit Ansprüche nicht nach anderen Vorschriften einer kürzeren Verjährung unterliegen. Die Frist beginnt (entsprechend § 159 Abs. 2, 3 HGB) mit der Eintragung der Auflösung im Partnerschaftsregister oder einem späteren Fälligkeitsdatum der Ansprüche. Voraussetzung ist stets, dass der Partner gem. § 8 Abs. 1 iVm §§ 129, 130 HGB für Gesellschaftsverbindlichkeiten von Dritten in Anspruch genommen wird. Die Titulierung des Anspruchs gegen die Partnerschaft verhindert die Verjährung gem. § 159 HGB nicht. 7

2. Haftung des ausgeschiedenen Partners. Durch § 10 Abs. 2 iVm § 160 HGB wird eine zeitliche Nachhaftungsgrenze von fünf Jahren gezogen. Auch hier ist – wie bei § 159 HGB – Voraussetzung, dass es sich um Ansprüche gegen die Partnerschaft handelt, für die der einzelne Partner persönlich haftet. Ansprüche aus anderen Rechtsgründen (zB persönliche Bürgschaft für Verbindlichkeiten der Partnerschaft) werden nicht erfasst. Fristbeginn für die Ausschlussfrist ist das Ende des Tages, an dem das Ausscheiden des betreffenden Gesellschafters in das Register des zuständigen Gerichts eingetragen wird oder der Zeitpunkt, in welchem der Gläubiger vom Ausscheiden eines Gesellschafters Kenntnis erhält (so gegen die bis dahin hM: BGH 24.9.2007, BGHZ 174, 7 ff. = NJW 2007, 3784). 8

Übergangsvorschriften

11 (1) [1]**Den Zusatz „Partnerschaft" oder „und Partner" dürfen nur Partnerschaften nach diesem Gesetz führen.** [2]**Gesellschaften, die eine solche Bezeichnung bei Inkrafttreten dieses Gesetzes in ihrem Namen führen, ohne Partnerschaft im Sinne dieses Gesetzes zu sein, dürfen diese Bezeichnung noch bis zum Ablauf von zwei Jahren nach Inkrafttreten dieses Gesetzes weiterverwenden.** [3]**Nach Ablauf dieser Frist dürfen sie eine solche Bezeichnung nur noch weiterführen, wenn sie in ihrem Namen der Bezeichnung „Partnerschaft" oder „und Partner" einen Hinweis auf die andere Rechtsform hinzufügen.**

(2) [1]**Die Anmeldung und Eintragung einer dem gesetzlichen Regelfall entsprechenden Vertretungsmacht der Partner und der Abwickler muss erst erfolgen, wenn eine vom gesetzlichen Regelfall abweichende Bestimmung des Partnerschaftsvertrages über die Vertretungsmacht angemeldet und eingetragen wird oder wenn erstmals die Abwickler zur Eintragung angemeldet und eingetragen werden.** [2]**Das Registergericht kann die Eintragung einer dem gesetzlichen Regelfall entsprechenden Vertretungsmacht auch von Amts wegen vornehmen.** [3]**Die Anmeldung und Eintragung des Geburtsdatums bereits eingetragener Partner muss erst bei einer Anmeldung und Eintragung bezüglich eines der Partner erfolgen.**

(3) [1]**Die Landesregierungen können durch Rechtsverordnung bestimmen, dass Anmeldungen und alle oder einzelne Dokumente bis zum 31. Dezember 2009 auch in Papierform zum Partnerschaftsregister eingereicht werden können.** [2]**Soweit eine Rechtsverordnung nach Satz 1 erlassen wird, gelten die Vorschriften über die Anmeldung und die Einreichung von Dokumenten zum Partnerschaftsregister in ihrer bis zum Inkrafttreten des Gesetzes über elektronische Handelsregister und Genossenschaftsregister sowie das Unternehmensregister vom 10. November 2006 (BGBl. I S. 2553) am 1. Januar 2007 geltenden Fassung.** [3]**Die Landesregierungen können durch Rechtsverordnung die Ermächtigung nach Satz 1 auf die Landesjustizverwaltungen übertragen.**

I. Allgemeines

1. Schutzzweck von Abs. 1. Die für den Namen der Partnerschaft vorgesehenen Zusätze „Partnerschaft" und „und Partner" werden für die Partnerschaft geschützt, und zwar in Kenntnis des Umstandes, dass bis zur Einführung der PartG entsprechende Zusätze insbesondere im Bereich von Sozietäten weit verbreitet waren. Daher hat es in Abs. 1 S. 2 eine am 30.6.1997 abgelaufene Übergangsfrist gegeben. Mit deren Ablauf ist das Ziel der Regelung verwirklicht, Verwechslungen mit anderen Gesellschaftsformen zu verhindern. 1

2 **2. Sonstige Übergangsvorschriften.** Abs. 2 ist nur verständlich, wenn man berücksichtigt, dass durch das Gesetz über elektronische Register und Justizkosten für Telekommunikation (ERJuKoG) (vom 10.12.2001 BGBl. 2001 I 3422) Änderungen der § 4 Abs. 1 S. 2, § 5 Abs. 1 zur neu eingeführten Pflicht zur Anmeldung und Eintragung des Geburtsdatums jedes Partners sowie der in der jeweiligen Partnerschaft geltenden Vertretungsmacht vorgenommen wurden. Zur Vermeidung unnötigen Verwaltungsaufwandes sind Altpartnerschaften von der Pflicht zur sofortigen Nachmeldung freigestellt worden. Abs. 3 ermöglicht Übergangsbestimmungen zur Papierform trotz Umstellung des Partnerschaftsregisters auf den elektronischen Betrieb für die Zeit bis zum 31.12.2009.

II. Exklusivität der Namenszusätze (Abs. 1)

3 **1. Zusätze.** Gemäß § 2 Abs. 1 muss der Name der Partnerschaft den Zusatz „und Partner" oder den Zusatz „Partnerschaft" enthalten. Umgekehrt werden anderen Gesellschaftsformen diese Zusätze verwehrt. Die Zusätze dürfen auch dann nicht verwendet werden, wenn anderweitige Rechtsformzusätze deutlich machen, dass es sich nicht um eine Partnerschaft handelt (vgl. BGH 21.4.1997, BGHZ 135, 257 (258) = NJW 1997, 1854; unrichtig daher OLG München 14.12.2006, NJW-RR 2007, 761 (762)). Umstritten ist, ob dies auch für den Zusatz „Partners" gilt (dafür KG 17.9.2018, NZG 2018, 1235; dagegen OLG Hamburg 10.5.2019, NZG 2019, 744). Da § 11 eher den Charakter einer Ausnahmevorschrift trägt, dürfte eine analoge oder erweiternde Anwendung jedenfalls dann problematisch sein, wenn ein eindeutiger Rechtsformzusatz verwendet wird (ähnlich *Gerber/Bornholdt* NZG 2019, 655).

4 **2. Bestandsschutz.** Die Übergangsregelungen in Abs. 1 S. 2 und 3 führen zu einem doppelten Bestandsschutz. Das in S. 2 vorgesehene Privileg ist allerdings mit dem 30.6.1997 ausgelaufen. Es hat nur noch insoweit Relevanz, als die privilegierten Altgesellschaften dann die Zusätze weiterführen dürfen, wenn in ihrem Namen ein eindeutiger Hinweis auf die von ihnen gewählte Gesellschaftsform aufgenommen ist. Eine Anwaltssozietät, die vor dem 1.7.1995 die Bezeichnung „Rechtsanwälte Schmitz, Müller und Partner" geführt hatte, muss sich in „Rechtsanwälte Schmitz, Müller und Partner GbR" umbenennen. Da der Begriff „Sozietät" nicht mehr eindeutig auf eine BGB-Gesellschaft hinweist, sondern vielmehr – leider – als rechtsformneutraler Begriff für freiberufliche Gesellschaften verwendet wird, hilft dieser Begriff iSv § 1 S. 3 nicht weiter.

5 **3. Bestandsschutz bei Veränderungen.** Wenn der privilegierte Name verändert wird, endet grundsätzlich die Befugnis, Zusätze iSv Abs. 1 zu führen. Bei einer Umbenennung gilt das aber nur dann, wenn der Kern der Bezeichnung berührt wird, weil ihm die vorrangige Kennzeichnungsfunktion zukommt (entsprechend §§ 22, 24 HGB). Der Kern wird berührt beim Wegfall oder bei nicht nur unwesentlicher Änderung eines darin enthaltenen Namen, wobei etwas anderes gelten kann, wenn nur ein Vorname entfällt (OLG Stuttgart 21.3.2000, NJW-RR 2000, 1128 (1129); *Henssler* Rn. 9). Auch bei Verschmelzung oder Formwechsel unter Beteiligung einer Partnerschaft bleibt es beim Bestandsschutz (vgl. die Verweisungen in § 18 Abs. 3 S. 3 UmwG, § 200 Abs. 1 und 4 S. 3 UmwG auf § 11). Das gilt auch für Partnerschaften, die einen Formwechsel vollziehen, wenn sie selbst aus einer nach § 11 Abs. 1 S. 2 und 3 privilegierten Gesellschaft entstanden sind (MWHLW/*Wolff* Rn. 16). Auch im Falle einer Unternehmensveräußerung kann sich der Erwerber einer GbR in Bezug auf den von ihm als Bezeichnung fortgeführten GbR-Namen auf den Bestandsschutz berufen (entgegen OLG Karlsruhe 5.12.1997, NJW 1998, 1160 (1161) und MWHLW/*Wolff* Rn. 17). Zwar ist eine Analogie zu § 22 HGB abzulehnen (vgl. zum Streitstand MüKoHGB/*Heidinger* HGB § 22 Rn. 8 ff.). Für die Anwendung von Abs. 1 S. 3 kommt es aber nicht auf diese Analogie an, sondern darauf, dass Namenskontinuität ermöglicht werden soll (zutreffend MüKoBGB/*Schäfer* Rn. 10; *Henssler* Rn. 11).

6 **4. Rechtsfolgen eines Verstoßes.** Die unbefugte Verwendung des Partnerzusatzes kann iRd Firmenmissbrauchsverfahrens durch das Partnerschaftsregistergericht verfolgt werden (§ 2 Abs. 2 iVm § 37 Abs. 1 HGB). Daneben sind wettbewerbsrechtliche Ansprüche (Irreführungsverbot) und berufsrechtliche Sanktionen (AGH- NW 2.12.2011, BRAK-Mitt 2012, 182) denkbar.

Handelsgesetzbuch

vom 10.5.1897 (RGBl. 1897, 219)

zuletzt geändert durch Art. 1 Gesetz zur weiteren Umsetzung der TransparenzRL-ÄnderungsRL im Hinblick auf ein einheitliches elektronisches Format für Jahresfinanzberichte vom 12.8.2020 (BGBl. 2020 I 1874)
– Auszug –

Erstes Buch. Handelsstand

Zweiter Abschnitt. Handelsregister; Unternehmensregister

Handelsregister

§ 8 (1) **Das Handelsregister wird von den Gerichten elektronisch geführt.**

(2) **Andere Datensammlungen dürfen nicht unter Verwendung oder Beifügung der Bezeichnung „Handelsregister" in den Verkehr gebracht werden.**

Übersicht

I. Funktion des Handelsregisters

Das Handelsregister soll dem Wirtschaftsverkehr die Möglichkeit einräumen, sich schnell und zuverlässig Kenntnis von den wesentlichen rechtlichen Verhältnissen eines Einzelkaufmannes, einer Gesellschaft oder einer juristischen Person zu verschaffen; umgekehrt räumt es den Einzelkaufleuten, Gesellschaften und juristischen Personen die Möglichkeit ein, ihre Rechtsverhältnisse für Dritte verbindlich kundzutun **(Publizitätsfunktion).** Die Führung des Handelsregisters durch die Gerichte erlaubt eine staatliche Kontrolle der zur Eintragung angemeldeten Tatsachen und gewährleistet die Verlässlichkeit der eingetragenen Tatsachen **(Kontrollfunktion).** 1

Es ist zu unterscheiden zwischen **deklaratorischen** Einträgen, bei denen über § 15 die Publizitätsfunktion im Vordergrund steht, und **konstitutiven** Einträgen, bei denen der Eintritt der beabsichtigten Rechtsfolge von einer vorgeschalteten registergerichtlichen Kontrolle abhängig gemacht wird. 2

Die Anordnung der elektronischen Führung des Handelsregisters beruht auf europarechtlichen Vorgaben. Die Weigerung der Justizverwaltung, einem mit Handelsregistersachen befassten Richter die elektronisch eingereichten Eingaben zum Handelsregister in ausgedruckter Form zur Bearbeitung vorzulegen, stellt keine Verletzung der richterlichen Unabhängigkeit dar (BGH 21.10.2010, CR 2011, 89 (90)). 3

II. Aufbau und Inhalt des Handelsregisters

4 **1. Aufbau des Handelsregisters.** Das Handelsregister besteht gem. § 3 HRV aus zwei Abteilungen: In Abteilung A **(HRA)** werden die Einzelkaufleute, die OHG, die KG, die EWIV sowie die in § 33 aufgeführten juristischen Personen eingetragen. In Abteilung B **(HRB)** werden die GmbH, die AG, KGaA und die VVaG eingetragen. Für jeden Einzelkaufmann, für jede Handelsgesellschaft und für jede juristische Person ist ein eigenes **Registerblatt** anzulegen, dass innerhalb der beiden Abteilungen jeweils fortlaufend durchnummeriert wird (§ 13 Abs. 1 HRV). Die zum Handelsregister eingereichten und gem. § 9 Abs. 1 S. 1 der unbeschränkten Einsicht unterliegenden Dokumente werden für jedes Registerblatt in einen **Registerordner** aufgenommen (§ 9 Abs. 1 S. 1 HRV), der dem früheren, vor Einführung des elektronischen Handelsregisters geführten Sonderband entspricht. Sonstige, nicht der unbeschränkten Einsicht unterliegenden Dokumente werden zu den **Registerakten** (früher: Hauptband) genommen.

5 **2. Eintragungsfähige und nicht eintragungsfähige Tatsachen. a) Eintragungsfähige Tatsachen.** Eintragungsfähig ist zum einen alles, was kraft ausdrücklicher gesetzlicher Anordnung eingetragen werden muss. Die Rspr. lässt darüber hinaus auch Eintragungen zu, soweit dies dem Rechtsverkehr dient (BGH 30.1.1992, NJW 1992, 1453 (1454)), verfolgt dabei jedoch im Interesse der Übersichtlichkeit eine eher restriktive Haltung. Innerhalb der eintragungsfähigen Tatsachen ist zwischen **eintragungspflichtigen** und **nicht eintragungspflichtigen** Tatsachen zu unterscheiden. Welcher Typus jeweils vorliegt, ist in erster Linie dem Wortlaut des Gesetzes zu entnehmen; fehlt eine gesetzliche Eintragungspflicht, kann sie im Einzelfall aus Gründen der Sicherheit des Rechtsverkehrs geboten sein (BGH 24.10.1988, BGHZ 105, 324 (343 f.) = NJW 1989, 295). Aus diesem Grund ist beispielsweise die Befreiung des GmbH-Geschäftsführers vom Verbot des Selbstkontrahierens eine eintragungspflichtige Tatsache (BGH 28.2.1983, BGHZ 87, 59 (61 f.) = NJW 1983, 1676). Wirkt die Registereintragung konstitutiv, handelt es sich idR um eine nicht eintragungspflichtige Tatsache, da dem Betroffenen die Freiheit über den Eintritt der konstitutiven Wirkung erhalten bleiben soll (BayObLG 7.2.1984, BayObLGZ 1984, 29 (32) = BB 1984, 804).

6 **b) Nicht eintragungsfähige Tatsachen.** Nicht eintragungsfähig sind solche Tatsachen, deren Eintragung weder nach dem Wortlaut des Gesetzes noch aus Gründen des Schutzes des Rechtsverkehrs geboten ist. Damit soll das Handelsregister **übersichtlich** gehalten und Dritte vor einer **ausufernden Publizitätswirkung** des Handelsregisters (§ 15 Abs. 2) geschützt werden. Nicht eintragungsfähig sind beispielsweise andere handelsrechtliche Vollmachten als die Prokura (OLG Frankfurt a. M. 18.3.1976, BB 1976, 569 (570)) oder die Eintragung eines gemeinsamen Vertreters für mehrere Kommanditisten (OLG Hamm 26.4.1952, MDR 1952, 549 (549)).

III. Eintragungsverfahren

7 **1. Zuständigkeiten.** Die **örtliche** Zuständigkeit bestimmt sich nach dem Sitz bzw. der Hauptniederlassung des Einzelkaufmannes bzw. der Gesellschaft, und zwar auch hinsichtlich der Eintragungen für etwaige Zweigniederlassungen. Eine Mehrzahl von Bundesländern hat die Zuständigkeit für mehrere Amtsgerichtsbezirke bei einem Amtsgericht konzentriert. **Funktionell** ist grundsätzlich der Rechtspfleger zuständig (§ 3 Nr. 2 lit. d RPflG), nur einige Aufgaben sind beim Richter verblieben (§ 17 Nr. 1 RPflG). Es sind dies vor allem die Kapitalgesellschaften betreffenden Ersteintragungen, Satzungsänderungen, Unternehmensverträge sowie Löschungen und Auflösungen.

8 **2. Anmeldung.** Von wenigen Ausnahmen wie etwa der Eintragung der Insolvenz (§ 32) abgesehen, erfolgen Eintragungen nur auf **Antrag.** Wer zur Anmeldung befugt oder gar verpflichtet ist, ergibt sich aus den jeweiligen gesetzlichen Vorschriften; mangels ausdrücklicher Regelung ist es derjenige, dessen Angelegenheiten betroffen sind.

9 **3. Prüfung durch das Registergericht. a) Formelle Prüfung.** Das Registergericht prüft zunächst die formellen Voraussetzungen, wie etwa die Wahrung der nach § 12 zu beachtenden **Form** und die Vollständigkeit der **Unterlagen.**

10 **b) Materielle Prüfung.** Das Gericht unterzieht die Anmeldung in **tatsächlicher** Hinsicht einer Plausibilitätskontrolle. Allerdings besteht für Eintragungen im Handelsregister nur eine begrenzte Amtsermittlungspflicht. Eine Anmeldung zum Handelsregister dient, jedenfalls bei deklaratorischen Eintragungen, zugleich der Glaubhaftmachung der einzutragenden Tatsachen und begründet damit eine Vermutungswirkung. Drängen sich jedoch trotz ordnungsgemäßer Anmeldung Zweifel an der Richtigkeit der einzutragenden Tatsachen auf oder sind die Tatsachen nicht schlüssig dargelegt, ist das Gericht zur Aufklärung des Sachverhalts gem. § 26 FamFG berechtigt und verpflichtet (OLG München 30.3.2009, ZIP 2009, 2266 (2267)).

In **rechtlicher** Hinsicht ist der Prüfungsumfang uneinheitlich. Auf dem Gebiet des **Privatrechts** wird etwa die Wirksamkeit eines Unternehmensvertrages geprüft (BGH 24.10.1988, BGHZ 105, 324 (330) = NJW 1989, 295), generell jedoch nicht ein entgegenstehendes Recht Dritter, wie etwa die Verletzung eines privaten Kennzeichenrechts durch eine Firma (OLG Karlsruhe 16.11.1950, NJW 1951, 280 (280)). Auf dem **öffentlich-rechtlichen** Gebiet wird beispielsweise die Täuschungsgeeignetheit einer Firma, nicht aber die gewerbe- oder wirtschaftsaufsichtsrechtliche Zulässigkeit des Unternehmens geprüft, was sich aus § 7 ergeben soll (OLG Braunschweig 3.5.1977, Rpfleger 1977, 363 (363 f.)). Als Orientierungsformel wird sich sagen lassen, dass die Vereinbarkeit einer einzutragenden Tatsache mit handels- und gesellschaftsrechtlichen Vorschriften überprüft wird, Normen aus anderen Rechtsgebieten aber grundsätzlich ebenso unberücksichtigt bleiben wie durch Vertrag oder Satzung eingeräumte Rechte Dritter. Mögen auch Prüfungspflicht und Prüfungspraxis entsprechend eingeschränkt sein, wird man dem Gericht eine umfassende Prüfung, sollte es sie vornehmen, nicht verwehren können (str.); das Gericht braucht sich nicht zum Gehilfen der öffentlichen Verlautbarung rechtswidriger Umstände machen zu lassen. 11

Etwas anderes gilt nur, wenn zur Beseitigung einer unwirksamen Rechtshandlung ein **bestimmtes Verfahren,** wie beispielsweise eine **Anfechtungsklage,** vorgeschrieben ist; hier muss es nach allgM den Betroffenen überlassen bleiben, ob sie den Verfahrensweg beschreiten wollen. Eine **Registersperre** vor Ablauf der Anfechtungsfrist oder, bei erhobener Anfechtung, bis zur rechtskräftigen Entscheidung über die Anfechtung, kommt nur in Betracht, wenn die Eintragung vollendete Tatsachen schaffen würde, die nicht mehr rückgängig zu machen sind (Rechtsanalogie zu § 319 Abs. 5, § 327e Abs. 2 AktG, § 16 Abs. 2 UmwG). 12

c) Entscheidung des Gerichts. Das Gericht wird, je nach Ergebnis der Prüfung, die **Eintragung** verfügen (§ 25 Abs. 1 HRV), das Eintragungsverfahren wegen Vorgreiflichkeit eines anderweitigen, streitigen Rechtsverhältnisses **aussetzen** (§§ 21, 381 FamFG), zur Behebung einer Unvollständigkeit oder eines anderen Hindernisse eine **Zwischenverfügung** erlassen (§ 382 Abs. 4 S. 1 FamFG) oder die Eintragung **ablehnen;** eine teilweise Ablehnung der Eintragung ist nicht möglich (BayObLG 17.12.1987, BGHZ 1987, 74 (78) = WM 1987, 502). Die Eintragung eintragungspflichtiger Tatsachen darf nicht von der Anmeldung weiterer, ebenfalls eintragungspflichtiger Tatsachen abhängig gemacht werden (BGH 4.7.1977, NJW 1977, 1879 (1879 f.)). 13

d) Rechtsbehelfe. Die Zwischenverfügung, die Aussetzungsverfügung sowie die Zurückweisung des Eintragungsantrages sind mit der **Beschwerde** angreifbar (§ 58 FamFG, § 382 Abs. 4 S. 1 FamFG, § 11 RPflG). Die Eintragungsverfügung ist als gerichtsinterner Vorgang ebenso wenig angreifbar wie die erfolgte Eintragung (§ 383 Abs. 3 FamFG). Eine Beschwerde gegen die Eintragung kann jedoch in eine Anregung an das Registergericht, das Amtslöschungsverfahren nach § 395 ff. FamFG einzuleiten, umgedeutet werden; die Einleitung eines **Amtslöschungsverfahren** liegt sodann im pflichtgemäßen Ermessen des Registergerichts (BayObLG 1.10.1979, Rpfleger 1980, 18 (19)). 14

4. Kosten. Die Kosten richten sich nach den Vorschriften des **Gerichts- und Notarkostengesetzes.** 15

Eintragungen in das Handelsregister; Verordnungsermächtigung

8a **(1) Eine Eintragung in das Handelsregister wird wirksam, sobald sie in den für die Handelsregistereintragungen bestimmten Datenspeicher aufgenommen ist und auf Dauer inhaltlich unverändert in lesbarer Form wiedergegeben werden kann.**

(2) [1] Die Landesregierungen werden ermächtigt, durch Rechtsverordnung nähere Bestimmungen über die elektronische Führung des Handelsregisters, die elektronische Anmeldung, die elektronische Einreichung von Dokumenten sowie deren Aufbewahrung zu treffen, soweit nicht durch das Bundesministerium der Justiz und für Verbraucherschutz nach § 387 Abs. 2 des Gesetzes über das Verfahren in Familiensachen und in den Angelegenheiten der freiwilligen Gerichtsbarkeit entsprechende Vorschriften erlassen werden. [2] Dabei können sie auch Einzelheiten der Datenübermittlung regeln sowie die Form zu übermittelnder elektronischer Dokumente festlegen, um die Eignung für die Bearbeitung durch das Gericht sicherzustellen. [3] Die Landesregierungen können die Ermächtigung durch Rechtsverordnung auf die Landesjustizverwaltungen übertragen.

§ 8a Abs. 1 regelt den angesichts der weitreichenden Publizitätswirkungen (§ 15) wichtigen Zeitpunkt des **Wirksamwerdens** einer Handelsregistereintragung und stellt hierbei konsequent auf den Zeitpunkt der Abrufbarkeit der Information ab. Es muss daher sichergestellt sein, dass in der EDV der Zeitpunkt der Einsehbarkeit festgehalten wird. 1

2 § 8a Abs. 2 enthält eine **Verordnungsermächtigung** an die Landesregierungen. Diese haben sich in Folge des § 49 Abs. 2 HRV um einheitliche Standards bemüht.

3 Das elektronische Handelsregister kann unter **www.handelsregister.de** eingesehen werden.

Unternehmensregister

8b (1) **Das Unternehmensregister wird vorbehaltlich einer Regelung nach § 9a Abs. 1 vom Bundesministerium der Justiz und für Verbraucherschutz elektronisch geführt.**

(2) **Über die Internetseite des Unternehmensregisters sind zugänglich:**

1. Eintragungen im Handelsregister und deren Bekanntmachung und zum Handelsregister eingereichte Dokumente;
2. Eintragungen im Genossenschaftsregister und deren Bekanntmachung und zum Genossenschaftsregister eingereichte Dokumente;
3. Eintragungen im Partnerschaftsregister und deren Bekanntmachung und zum Partnerschaftsregister eingereichte Dokumente;
4. Unterlagen der Rechnungslegung nach den §§ 325 und 339 sowie Unterlagen nach § 341w, soweit sie bekannt gemacht wurden;
5. gesellschaftsrechtliche Bekanntmachungen im Bundesanzeiger;
6. im Aktionärsforum veröffentlichte Eintragungen nach § 127a des Aktiengesetzes;
7. Veröffentlichungen von Unternehmen nach dem Wertpapierhandelsgesetz oder dem Vermögensanlagengesetz im Bundesanzeiger, von Bietern, Gesellschaften, Vorständen und Aufsichtsräten nach dem Wertpapiererwerbs- und Übernahmegesetz im Bundesanzeiger sowie Veröffentlichungen nach der Börsenzulassungs-Verordnung im Bundesanzeiger;
8. Bekanntmachungen und Veröffentlichungen von Kapitalverwaltungsgesellschaften und extern verwalteten Investmentgesellschaften nach dem Kapitalanlagegesetzbuch, dem Investmentgesetz und dem Investmentsteuergesetz im Bundesanzeiger;
9. Veröffentlichungen und sonstige der Öffentlichkeit zur Verfügung gestellte Informationen nach den §§ 5, 26 Absatz 1 und 2, § 40 Absatz 1, den §§ 41, 46 Absatz 2, den §§ 50, 51 Absatz 2, § 114 Absatz 1 bis § 116 Absatz 2, den §§ 117, 118 Absatz 4 und § 127 des Wertpapierhandelsgesetzes, sofern die Veröffentlichung nicht bereits über Nummer 4 oder Nummer 7 in das Unternehmensregister eingestellt wird;
10. Mitteilungen über kapitalmarktrechtliche Veröffentlichungen an die Bundesanstalt für Finanzdienstleistungsaufsicht, sofern die Veröffentlichung selbst nicht bereits über Nummer 7 oder Nummer 9 in das Unternehmensregister eingestellt wird;
11. Bekanntmachungen der Insolvenzgerichte nach § 9 der Insolvenzordnung, ausgenommen Verfahren nach dem Zehnten Teil der Insolvenzordnung.

(3) **[1] Zur Einstellung in das Unternehmensregister sind dem Unternehmensregister zu übermitteln:**
1. die Daten nach Absatz 2 Nr. 4 bis 8 und die nach § 326 Absatz 2 von einer Kleinstkapitalgesellschaft hinterlegten Bilanzen durch den Betreiber des Bundesanzeigers;
2. die Daten nach Absatz 2 Nr. 9 und 10 durch den jeweils Veröffentlichungspflichtigen oder den von ihm mit der Veranlassung der Veröffentlichung beauftragten Dritten.

[2] Die Landesjustizverwaltungen übermitteln die Daten nach Absatz 2 Nr. 1 bis 3 und 11 zum Unternehmensregister, soweit die Übermittlung für die Eröffnung eines Zugangs zu den Originaldaten über die Internetseite des Unternehmensregisters erforderlich ist. [3] Die Bundesanstalt für Finanzdienstleistungsaufsicht überwacht die Übermittlung der Veröffentlichungen und der sonstigen der Öffentlichkeit zur Verfügung gestellten Informationen nach den §§ 5, 26 Absatz 1 und 2, § 40 Absatz 1, den §§ 41, 46 Absatz 2, den §§ 50, 51 Absatz 2, § 114 Absatz 1 bis § 116 Absatz 2, den §§ 117, 118 Absatz 4 und § 127 des Wertpapierhandelsgesetzes an das Unternehmensregister zur Speicherung und kann Anordnungen treffen, die zu ihrer Durchsetzung geeignet und erforderlich sind. [4] Die Bundesanstalt kann die gebotene Übermittlung der in Satz 3 genannten Veröffentlichungen, der Öffentlichkeit zur Verfügung gestellten Informationen und Mitteilung auf Kosten des Pflichtigen vornehmen, wenn die Übermittlungspflicht nicht, nicht richtig, nicht vollständig oder nicht in der vorgeschriebenen Weise erfüllt wird. [5] Für die Überwachungstätigkeit der Bundesanstalt gelten § 6 Absatz 3 Satz 1 und 3, Absatz 15 und 16, die §§ 13, 18 und 21 des Wertpapierhandelsgesetzes entsprechend.

(4) **[1] Die Führung des Unternehmensregisters schließt die Erteilung von Ausdrucken sowie die Beglaubigung entsprechend § 9 Abs. 3 und 4 hinsichtlich der im Unternehmensregister gespeicherten Unterlagen der Rechnungslegung im Sinn des Absatzes 2 Nr. 4 ein. [2] Gleiches gilt für die elektronische Übermittlung von zum Handelsregister eingereichten Schriftstücken**

nach § 9 Abs. 2, soweit sich der Antrag auf Unterlagen der Rechnungslegung im Sinn des Absatzes 2 Nr. 4 bezieht; § 9 Abs. 3 gilt entsprechend.

I. Bedeutung des Unternehmensregisters

§ 8b ist die **zentrale Norm** des seit dem 1.1.2007 existenten Unternehmensregisters. Das Unternehmensregister hat die Aufgabe, die rechtlich relevanten Daten eines Unternehmensträgers an einer **einheitlichen Informationsquelle** zur Verfügung zu stellen. Es ist ausschließlich über das **Internet** (www.unternehmensregister.de) einsehbar. Ihm kommt nicht die Registerpublizität gem. § 15 zu. Das BMJ hat mit der Führung des Unternehmensregisters die Bundesanzeiger Verlagsges. mbH beauftragt. 1

II. Datenbestand

Hinsichtlich der Daten der Handels-, Genossenschafts- und Partnerschaftsregister sowie hinsichtlich gewisser Daten der Insolvenzgerichte hat das Unternehmensregister lediglich eine **Portalfunktion.** Beim Unternehmensregister werden nur die von den Gerichten zu übermittelnden sog. **Indexdaten** gespeichert, die ein Auffinden des Unternehmensträgers ermöglichen, während bezüglich der eigentlichen Informationen eine Weiterleitung an die Spezialregister erfolgt. Die beim Unternehmensregister selbst hinterlegten Daten werden hinsichtlich der Nr. 4–8 vom (elektronischen) Bundesanzeiger dem Unternehmensregister zur Verfügung gestellt, wohingegen die kapitalmarktrechtlichen Daten der Nr. 9 und 10 vom Informationspflichtigen selbst gemeldet werden müssen. 2

III. Einsichtnahme

Die Einzelheiten der Datenerhebung, der Datenübermittlung und der Datenlöschung werden durch die **Unternehmensregisterverordnung** geregelt. Diese ist, wie das Unternehmensregister selbst, unter www.unternehmensregister.de abrufbar. Das Unternehmensregister kann grundsätzlich gebührenfrei eingesehen werden, lediglich die Einsicht in die bei den Ländern gespeicherten Daten des Handels-, Genossenschafts- und Partnerschaftsregisters ist gebührenpflichtig. Im Übrigen wird auf die Kommentierung zu § 9 (→ § 9 Rn. 1 ff.) verwiesen. 3

Einsichtnahme in das Handelsregister und das Unternehmensregister

9 (1) [1] **Die Einsichtnahme in das Handelsregister sowie in die zum Handelsregister eingereichten Dokumente ist jedem zu Informationszwecken gestattet.** [2] **Die Landesjustizverwaltungen bestimmen das elektronische Informations- und Kommunikationssystem, über das die Daten aus den Handelsregistern abrufbar sind, und sind für die Abwicklung des elektronischen Abrufverfahrens zuständig.** [3] **Die Landesregierung kann die Zuständigkeit durch Rechtsverordnung abweichend regeln; sie kann diese Ermächtigung durch Rechtsverordnung auf die Landesjustizverwaltung übertragen.** [4] **Die Länder können ein länderübergreifendes, zentrales elektronisches Informations- und Kommunikationssystem bestimmen.** [5] **Sie können auch eine Übertragung der Abwicklungsaufgaben auf die zuständige Stelle eines anderen Landes sowie mit dem Betreiber des Unternehmensregisters eine Übertragung der Abwicklungsaufgaben auf das Unternehmensregister vereinbaren.**

(2) **Sind Dokumente nur in Papierform vorhanden, kann die elektronische Übermittlung nur für solche Schriftstücke verlangt werden, die weniger als zehn Jahre vor dem Zeitpunkt der Antragstellung zum Handelsregister eingereicht wurden.**

(3) [1] **Die Übereinstimmung der übermittelten Daten mit dem Inhalt des Handelsregisters und den zum Handelsregister eingereichten Dokumenten wird auf Antrag durch das Gericht beglaubigt.** [2] **Dafür ist eine qualifizierte elektronische Signatur zu verwenden.**

(4) [1] **Von den Eintragungen und den eingereichten Dokumenten kann ein Ausdruck verlangt werden.** [2] **Von den zum Handelsregister eingereichten Schriftstücken, die nur in Papierform vorliegen, kann eine Abschrift gefordert werden.** [3] **Die Abschrift ist von der Geschäftsstelle zu beglaubigen und der Ausdruck als amtlicher Ausdruck zu fertigen, wenn nicht auf die Beglaubigung verzichtet wird.**

(5) **Das Gericht hat auf Verlangen eine Bescheinigung darüber zu erteilen, dass bezüglich des Gegenstandes einer Eintragung weitere Eintragungen nicht vorhanden sind oder dass eine bestimmte Eintragung nicht erfolgt ist.**

(6) [1] **Für die Einsichtnahme in das Unternehmensregister gilt Absatz 1 Satz 1 entsprechend.** [2] **Anträge nach den Absätzen 2 bis 5 können auch über das Unternehmensregister an das Gericht vermittelt werden.** [3] **Die Einsichtnahme in die Bilanz einer Kleinstkapitalgesellschaft**

(§ 267a), die von dem Recht nach § 326 Absatz 2 Gebrauch gemacht hat, erfolgt nur auf Antrag durch Übermittlung einer Kopie.

I. Einsichtsrecht

1 **1. Allgemeines.** Handels- und Unternehmensregister dienen der Information der Wirtschaftsakteure; den – großzügigen – Einsichtsrechten in die Register kommt damit zentrale Bedeutung zu. Indem das Gesetz die Einsichtnahme allgemein zu Informationszwecken gestattet, erlaubt es im Grunde die **ungehinderte Einsichtnahme;** mit der Einführung des elektronischen Handelsregisters entfiel auch faktisch eine Überprüfung eines irgendwie gearteten Nachweises eines Einsichtsinteresses. Eine faktische Grenze stellt jetzt nur noch die Kostenpflichtigkeit eines Abrufes dar; iÜ kann die Einsicht nur bei klaren Missbrauchsfällen verweigert werden. Das in § 9 Abs. 1 S. 1 aufgenommene Tatbestandsmerkmal „zu Informationszwecken" schließt eine Einsicht zu allein kommerziellen Zwecken, wie etwa dem Errichten eines kostenpflichtigen „Handelsregisters" durch einen privaten Rechtsträger, aus.

2 **2. Umfang.** Jeder Einzelkaufmann, jede juristische Person sowie jede Handelsgesellschaft ist unter einer in derselben Abteilung fortlaufenden Nummer **(Registerblatt)** in das Register einzutragen (§ 13 HRV). Die zum Handelsregister eingereichten und der unbeschränkten Einsicht unterliegenden Dokumente werden für jedes Registerblatt in einen dafür bestimmten **Registerordner** aufgenommen. Registerblatt und Registerordner unterliegen der uneingeschränkten Einsicht.

3 Nicht erfasst vom umfassenden Einsichtsrecht des Abs. 1 S. 1 werden die nicht zum Handelsregister eingereichten, sondern aufgrund dessen **eigener Tätigkeit** zu den Akten gelangten Dokumente, wie etwa iRe Rechtsbehelfs- oder Ordnungsstrafverfahrens. Für die Kenntnisnahme von solchen Urkunden bleibt es bei der allgemeinen Regel des § 13 FamFG, die die Glaubhaftmachung eines berechtigten Interesses voraussetzt (KG 30.7.2019, NJW-RR 2019, 1516).

4 **Altdokumente,** dh solche Dokumente, die länger als zehn Jahre vor der Antragstellung beim Handelsregister eingereicht worden sind, braucht das Registergericht nicht elektronisch zur Verfügung zu stellen; es steht ihm jedoch frei, dies insbesondere bei häufig angeforderten Dokumenten zu tun.

5 **3. Art und Weise.** Mit der Website www.handelsregister.de haben die Länder von der Ermächtigung des Abs. 1 S. 4 Gebrauch gemacht und ein zentrales Registerportal eingeführt. Die Nutzung des **elektronischen Registers** ist kostenpflichtig; maßgeblich sind die Vorschriften der JVKostG. Es besteht weiterhin die gebührenfreie Möglichkeit, gem. § 10 HRV das Register direkt an den Registergerichten einzusehen.

6 **Weitergehende Auskunftsrechte,** etwa telefonischer Art, bestehen nicht. Wegen der Gefahr von Missverständnissen und daraus folgenden Amtshaftungsansprüchen sollte von informellen Auskünften außerhalb der geregelten Verfahren abgesehen werden.

II. Negativattest

7 In der Praxis eine große Rolle spielt das Negativattest des Abs. 5. Hierbei muss jedoch beachtet werden, dass eine Auskunft oder Abschrift aus dem Handelsregister stets nur den Stand zum Zeitpunkt der Einsichtnahme widerspiegelt; die **Aussagekraft** nimmt mit zunehmendem Zeitabstand ab.

III. Keine analoge Anwendbarkeit von § 34 GBO

8 Der durch ein Zeugnis des Registergerichts oder eine Notarbescheinigung zu führende Nachweis einer Vertretungsberechtigung oder der Rechtsnachfolger einer GmbH ist durch die Einführung des gemeinsamen Registerportals der Länder entbehrlich geworden, da das Grundbuchamt sich durch Einsichtnahme in dieses Register selbst die für erforderlich angesehenen Unterlagen beizuziehen (OLG Frankfurt a. M. 29.6.2011, DNotZ 2012, 141 (142). Die gegenteilige Ansicht des OLG Hamm (OLG Hamm 17.1.2008, DNotZ 2008, 530 (531)) ist angesichts der Unkompliziertheit der Einsichtnahme nicht überzeugend (*Roth* FGPrax 2008, 192 f.).

Übertragung der Führung des Unternehmensregisters; Verordnungsermächtigung

9a **(1) [1]Das Bundesministerium der Justiz und für Verbraucherschutz wird ermächtigt, durch Rechtsverordnung mit Zustimmung des Bundesrates einer juristischen Person des Privatrechts die Aufgaben nach § 8b Abs. 1 zu übertragen. [2]Der Beliehene erlangt die Stellung einer Justizbehörde des Bundes. [3]Zur Erstellung von Beglaubigungen führt der Beliehene ein Dienstsiegel; nähere Einzelheiten hierzu können in der Rechtsverordnung nach Satz 1 geregelt werden. [4]Die Dauer der Beleihung ist zu befristen; sie soll fünf Jahre nicht unterschreiten; Kündigungsrechte aus wichtigem Grund sind vorzusehen. [5]Eine juristische Person des Privatrechts darf nur beliehen werden, wenn sie grundlegende Erfahrungen mit der Veröffentlichung von kapitalmarktrechtlichen Informationen und gerichtlichen Mittei-**

lungen, insbesondere Handelsregisterdaten, hat und ihr eine ausreichende technische und finanzielle Ausstattung zur Verfügung steht, die die Gewähr für den langfristigen und sicheren Betrieb des Unternehmensregisters bietet.

(2) [1]**Das Bundesministerium der Justiz und für Verbraucherschutz wird ermächtigt, durch Rechtsverordnung mit Zustimmung des Bundesrates Einzelheiten der Datenübermittlung zwischen den Behörden der Länder und dem Unternehmensregister einschließlich Vorgaben über Datenformate zu regeln.** [2]**Abweichungen von den Verfahrensregelungen durch Landesrecht sind ausgeschlossen.**

(3) [1]**Das Bundesministerium der Justiz und für Verbraucherschutz wird ermächtigt, durch Rechtsverordnung ohne Zustimmung des Bundesrates die technischen Einzelheiten zu Aufbau und Führung des Unternehmensregisters, Einzelheiten der Datenübermittlung einschließlich Vorgaben über Datenformate, die nicht unter Absatz 2 fallen, Löschungsfristen für die im Unternehmensregister gespeicherten Daten, Überwachungsrechte der Bundesanstalt für Finanzdienstleistungsaufsicht gegenüber dem Unternehmensregister hinsichtlich der Übermittlung, Einstellung, Verwaltung, Verarbeitung und des Abrufs kapitalmarktrechtlicher Daten einschließlich der Zusammenarbeit mit amtlich bestellten Speicherungssystemen anderer Mitgliedstaaten der Europäischen Union oder anderer Vertragsstaaten des Abkommens über den Europäischen Wirtschaftsraum im Rahmen des Aufbaus eines europaweiten Netzwerks zwischen den Speicherungssystemen, die Zulässigkeit sowie Art und Umfang von Auskunftsdienstleistungen mit den im Unternehmensregister gespeicherten Daten, die über die mit der Führung des Unternehmensregisters verbundenen Aufgaben nach diesem Gesetz hinausgehen, zu regeln.** [2]**Soweit Regelungen getroffen werden, die kapitalmarktrechtliche Daten berühren, ist die Rechtsverordnung nach Satz 1 im Einvernehmen mit dem Bundesministerium der Finanzen zu erlassen.** [3]**Die Rechtsverordnung nach Satz 1 hat dem schutzwürdigen Interesse der Unternehmen am Ausschluss einer zweckändernden Verwendung der im Register gespeicherten Daten angemessen Rechnung zu tragen.**

Die Vorschrift wendet sich an die Regierungen auf Bundes- und Landesebene und schafft die zum Betrieb des Unternehmensregisters erforderlichen **Verordnungsermächtigungen.** § 9a Abs. 1 ist auf die Bundesanzeiger Verlagsges. mbH mit Sitz in Köln zugeschnitten, die in der Folge beliehen wurde. Abs. 2 soll eine länderübergreifende, einheitliche Handhabung sicherstellen. Abs. 3 dient insbesondere dem Datenschutz. 1

Europäisches System der Registervernetzung; Verordnungsermächtigung

9b (1) [1]**Die Eintragungen im Handelsregister und die zum Handelsregister eingereichten Dokumente sowie die Unterlagen der Rechnungslegung nach § 325 sind, soweit sie Kapitalgesellschaften betreffen oder Zweigniederlassungen von Kapitalgesellschaften, die dem Recht eines anderen Mitgliedstaates der Europäischen Union oder eines anderen Vertragsstaates des Abkommens über den Europäischen Wirtschaftsraum unterliegen, auch über das Europäische Justizportal zugänglich.** [2]**Hierzu übermitteln die Landesjustizverwaltungen die Daten des Handelsregisters und der Betreiber des Unternehmensregisters übermittelt die Daten der Rechnungslegungsunterlagen jeweils an die zentrale Europäische Plattform nach Artikel 4a Absatz 1 der Richtlinie 2009/101/EG des Europäischen Parlaments und des Rates vom 16. September 2009 zur Koordinierung der Schutzbestimmungen, die in den Mitgliedstaaten den Gesellschaften im Sinne des Artikels 54 Absatz 2 des Vertrags im Interesse der Gesellschafter sowie Dritter vorgeschrieben sind, um diese Bestimmungen gleichwertig zu gestalten (ABl. L 258 vom 1.10.2009, S. 11), die zuletzt durch die Richtlinie 2013/24/EU (ABl. L 158 vom 10.6.2013, S. 365) geändert worden ist, soweit die Übermittlung für die Eröffnung eines Zugangs zu den Originaldaten über den Suchdienst auf der Internetseite des Europäischen Justizportals erforderlich ist.**

(2) [1]**Das Registergericht, bei dem das Registerblatt einer Kapitalgesellschaft oder Zweigniederlassung einer Kapitalgesellschaft im Sinne des Absatzes 1 Satz 1 geführt wird, nimmt am Informationsaustausch zwischen den Registern über die zentrale Europäische Plattform teil.** [2]**Den Kapitalgesellschaften und Zweigniederlassungen von Kapitalgesellschaften im Sinne des Absatzes 1 Satz 1 ist zu diesem Zweck eine einheitliche europäische Kennung zuzuordnen.** [3]**Das Registergericht übermittelt nach Maßgabe der folgenden Absätze an die zentrale Europäische Plattform die Information über**

1. **die Eintragung der Eröffnung, Einstellung oder Aufhebung eines Insolvenzverfahrens über das Vermögen der Gesellschaft,**

2. die Eintragung der Auflösung der Gesellschaft und die Eintragung über den Schluss der Liquidation oder Abwicklung oder über die Fortsetzung der Gesellschaft,
3. die Löschung der Gesellschaft sowie
4. das Wirksamwerden einer Verschmelzung nach § 122a des Umwandlungsgesetzes.

(3) [1]**Die Landesjustizverwaltungen bestimmen das elektronische Informations- und Kommunikationssystem, über das die Daten aus dem Handelsregister zugänglich gemacht (Absatz 1) und im Rahmen des Informationsaustauschs zwischen den Registern übermittelt und empfangen werden (Absatz 2), und sie sind, vorbehaltlich der Zuständigkeit des Betreibers des Unternehmensregisters nach Absatz 1 Satz 2, für die Abwicklung des Datenverkehrs nach den Absätzen 1 und 2 zuständig.** [2]**§ 9 Absatz 1 Satz 3 bis 5 gilt entsprechend.**

(4) **Das Bundesministerium der Justiz und für Verbraucherschutz wird ermächtigt, durch Rechtsverordnung mit Zustimmung des Bundesrates die erforderlichen Bestimmungen zu treffen über**
1. Struktur, Zuordnung und Verwendung der einheitlichen europäischen Kennung,
2. den Umfang der Mitteilungspflicht im Rahmen des Informationsaustauschs zwischen den Registern und die Liste der dabei zu übermittelnden Daten,
3. die Einzelheiten des elektronischen Datenverkehrs nach den Absätzen 1 und 2 einschließlich Vorgaben über Datenformate und Zahlungsmodalitäten sowie
4. den Zeitpunkt der erstmaligen Datenübermittlung.

1 Die Norm setzt zusammen mit dem neuen § 26 HRV die Richtlinie 2012/17/EU (ABl. 2012 L 156, 1) um. Angesichts der häufig europaweiten Tätigkeit von Unternehmen stellt sie die Abrufbarkeit der Schlüsseldaten deutscher Kapitalgesellschaften über das Europäische Justizportal sicher.

Bekanntmachung der Eintragungen

10 [1]**Das Gericht macht die Eintragungen in das Handelsregister in dem von der Landesjustizverwaltung bestimmten elektronischen Informations- und Kommunikationssystem in der zeitlichen Folge ihrer Eintragung nach Tagen geordnet bekannt; § 9 Abs. 1 Satz 4 und 5 gilt entsprechend.** [2]**Soweit nicht ein Gesetz etwas anderes vorschreibt, werden die Eintragungen ihrem ganzen Inhalt nach veröffentlicht.**

I. Allgemeines

1 Die Vorschrift ist zentraler Bestandteil der Einführung des **elektronischen Handelsregisters** (www.handelsregister.de). Das Gesetz knüpft an die Bekanntmachung eine Mehrzahl von Rechtsfolgen, insbesondere nach § 15. Die Bekanntmachung erfolgt ausschließlich elektronisch. Die Bekanntmachung ist von der bloßen elektronischen Abrufbarkeit zu unterscheiden.

II. Funktion der Bekanntmachung

2 Die Bekanntmachung erfolgter Eintragungen ermöglicht dem Rechtsverkehr, **Änderungen** wahrzunehmen, ohne regelmäßig das Handelsregister selbst nach Veränderungen durchsuchen zu müssen. Die Beschränkung auf eine elektronische Bekanntmachung trägt zur Kostensenkung und Entbürokratisierung bei.

III. Umfang von Eintragung und Bekanntmachung

3 IdR stimmen Eintragung und Bekanntmachung überein. Die **Bekanntmachung** kann jedoch in Einzelfällen **weiter** gehen als die Eintragung, so ist beispielsweise bei Eintragung einer Firma die Lage der Geschäftsräume bekannt zu geben (§ 34 S. 1 HRV). In diesen Fällen ist auf die fehlende Eintragung sowie darauf hinzuweisen, dass diese Angaben ohne Gewähr für die Richtigkeit erfolgen (§ 34 S. 3 HRV). Teilweise erfolgt trotz Eintragung überhaupt **keine Bekanntmachung** durch das Handelsregister, so etwa bei der bereits durch das Insolvenzgericht zu veröffentlichenden Mitteilung einer Insolvenzeröffnung (§§ 23, 30 InsO). Teilweise erfolgt eine nur **eingeschränkte Bekanntmachung,** so sind zB bei der Bekanntmachung über die Eintragung einer KG keine näheren Angaben zu den Kommanditisten zu machen (§ 162 Abs. 2).

IV. Maßgeblichkeit des elektronischen Handelsregisters

4 Erfolgt neben der elektronischen Bekanntmachung eine Bekanntmachung in Papierform, ist für den Eintritt von an die Bekanntmachung anknüpfenden Rechtsfolgen allein die elektronische Bekanntmachung maßgebend. Es ist der jeweiligen Rechtsvorschrift zu entnehmen, ob die Eintragung oder

zusätzlich deren Bekanntmachung erforderlich ist; wird, wie etwa bei dem Entstehen einer AG (§ 41 Abs. 1 S. 1 AktG) oder einer GmbH (§ 11 Abs. 1 GmbHG), allein auf die Eintragung abgestellt, ist die Bekanntmachung insoweit irrelevant.

V. Verfahren

Die Einzelheiten des Bekanntmachungsverfahrens sind in den §§ 32 ff. HRV geregelt. Die Bekanntmachung hat **unverzüglich** zu erfolgen (§ 32 HRV). Verstöße hiergegen können Staatshaftungsansprüche begründen. 5

Die Bekanntmachung ist demjenigen, der die Eintragung beantragt hat, **mitzuteilen** (§ 383 Abs. 1 FamFG). Damit wird dem Betroffenen eine Richtigkeitskontrolle ermöglicht, die im Hinblick auf etwaige Haftungsansprüche bei unrichtiger Bekanntmachung auch im Interesse des Staates liegt. Auf einen gem. § 383 Abs. 1 FamFG möglichen Verzicht auf die Mitteilung der Bekanntmachung sollte daher seitens des Gerichts grundsätzlich nicht hingewirkt werden. 6

VI. Abdingbarkeit

Auf die Bekanntmachung kann **nicht verzichtet** werden. Ebenso wenig kann einem Antrag auf Hinauszögern der Bekanntmachung stattgegeben werden. 7

Anwendung der Verordnung (EU) 2016/679

10a (1) [1] **Das Auskunftsrecht nach Artikel 15 Absatz 1 und das Recht auf Erhalt einer Kopie nach Artikel 15 Absatz 3 der Verordnung (EU) 2016/679 des Europäischen Parlaments und des Rates vom 27. April 2016 zum Schutz natürlicher Personen bei der Verarbeitung personenbezogener Daten, zum freien Datenverkehr und zur Aufhebung der Richtlinie 95/46/EG (Datenschutz-Grundverordnung) (ABl. L 119 vom 4.5.2016, S. 1; L 314 vom 22.11.2016, S. 72) wird dadurch erfüllt, dass die betroffene Person Einsicht in das Handelsregister und in die zum Handelsregister eingereichten Dokumente sowie in das für die Bekanntmachungen der Eintragungen bestimmte elektronische Informations- und Kommunikationssystem nehmen kann.** [2] **Eine Information der betroffenen Person über konkrete Empfänger, gegenüber denen die im Register, in Bekanntmachungen der Eintragungen oder in zum Register einzureichenden Dokumenten enthaltenen personenbezogenen Daten offengelegt werden, erfolgt nicht.**

(2) **Hinsichtlich der im Handelsregister, in Bekanntmachungen der Eintragungen oder in zum Handelsregister einzureichenden Dokumenten enthaltenen personenbezogenen Daten kann das Recht auf Berichtigung nach Artikel 16 der Verordnung (EU) 2016/679 nur unter den Voraussetzungen ausgeübt werden, die in den §§ 393 bis 395 und §§ 397 bis 399 des Gesetzes über das Verfahren in Familiensachen und in den Angelegenheiten der Freiwilligen Gerichtsbarkeit sowie der Rechtsverordnung nach § 387 Absatz 2 des Gesetzes über das Verfahren in Familiensachen und in den Angelegenheiten der Freiwilligen Gerichtsbarkeit für eine Löschung oder Berichtigung vorgesehen sind.**

(3) **Das Widerspruchsrecht gemäß Artikel 21 der Verordnung (EU) 2016/679 findet in Bezug auf die im Handelsregister, in Bekanntmachungen der Eintragungen oder in zum Handelsregister einzureichenden Dokumenten enthaltenen personenbezogenen Daten keine Anwendung.**

Die Norm setzt die Datenschutz-Grundverordnung (DS-GVO) für das Handelsregister um. Von den nach Art. 23 DS-GVO möglichen Ausnahmen wurde zur Aufrechterhaltung der Funktionsfähigkeit des Handelsregisters Gebrauch gemacht. Das Berichtigungsrecht nach Art. 16 DS-GVO und das Widerspruchsrecht nach Art. 21 DS-GVO können (nur) im Rahmen der bestehenden registerrechtlichen Löschungs- und Berichtigungsverfahren gewährt werden, da es angesichts des Vertrauensschutzes nicht zu einer endgültigen Löschung einmal eingetragener Daten kommen darf. 1

Offenlegung in der Amtssprache eines Mitgliedstaats der Europäischen Union

11 (1) [1] **Die zum Handelsregister einzureichenden Dokumente sowie der Inhalt einer Eintragung können zusätzlich in jeder Amtssprache eines Mitgliedstaats der Europäischen Union übermittelt werden.** [2] **Auf die Übersetzungen ist in geeigneter Weise hinzuweisen.** [3] **§ 9 ist entsprechend anwendbar.**

(2) **Im Fall der Abweichung der Originalfassung von einer eingereichten Übersetzung kann letztere einem Dritten nicht entgegengehalten werden; dieser kann sich jedoch auf die einge-**

reichte Übersetzung berufen, es sei denn, der Eingetragene weist nach, dass dem Dritten die Originalfassung bekannt war.

I. Allgemeines

1 Die Vorschrift dient der Umsetzung der EU-Publizitätsrichtlinie. Sie räumt den Kaufleuten die Möglichkeit ein, die von ihnen zum Handelsregister eingereichten Unterlagen ganz oder teilweise in eine oder mehrere Amtssprachen eines Mitgliedstaats der EU übersetzen zu lassen und die Übersetzung zum Handelsregister einzureichen. Mit dieser **freiwilligen Fremdsprachenpublizität** soll der innereuropäische Wirtschaftsverkehr erleichtert werden. Die Vorschrift wird durch § 325 Abs. 6 für Rechnungsunterlagen ergänzt.

II. Deutsch als Gerichtssprache

2 Da das Handelsregister in deutscher Sprache geführt wird (§ 184 GVG), können Übersetzungen immer nur **zusätzlich** zu in deutscher Sprache verfassten Dokumenten eingereicht werden, aber nie an deren Stelle.

III. Übersetzung

3 In Betracht kommen nur Übersetzungen aus Amtssprachen von Mitgliedstaaten der EU. Eine **Beglaubigung** der Übersetzungen ist **nicht erforderlich.** Die Übersetzungen werden nicht von Amts wegen geprüft.

IV. Schutz Dritter

4 **1. Anwendungsbereich.** Wie bei § 15 umfasst der Schutz des § 11 Abs. 2 nur den rechtsgeschäftlichen und prozessualen Verkehr zwischen der Gesellschaft und Dritten, im Verhältnis zwischen Gesellschaft und Gesellschaftern nur Drittgeschäfte.

5 **2. Risiko falscher Übersetzungen.** Das Risiko falscher Übersetzungen trägt nach Abs. 2 der Kaufmann. Der Kaufmann muss sich eine falsche Übersetzung entgegenhalten lassen, es sei denn, dem **Dritten** war die Abweichung von der Originalfassung **bekannt.**

6 **3. Risiko eines falschen Originals.** § 15 findet nur insoweit Anwendung, als der Dritte sich nach § 15 Abs. 3 auf die falsche deutsche Originalfassung der **Eintragung** berufen kann; iÜ findet § 15 keine zusätzliche Anwendung, da die Übersetzung nach gängiger Praxis nicht bekannt gemacht wird.

V. Verfahrensvorschriften

7 **1. Hinweispflicht.** Gemäß Abs. 1 S. 2 ist im Handelsregister auf die Übersetzung in geeigneter Weise hinzuweisen. Dies kann durch ein entsprechendes **Symbol** (etwa die jeweilige Landesflagge) oder durch einen entsprechenden **Vermerk,** beispielsweise in der Landessprache, geschehen.

8 **2. Einsichtnahme.** Dem Gesetzeswortlaut liegt die Vorstellung zugrunde, dass die Übersetzung **nicht bekannt** gemacht wird. Ob dies mit der Publizitätsrichtlinie vereinbar ist, ist umstritten (*Paefgen* ZIP 2008, 1653 (1658)). Die Übersetzungen unterliegen gem. § 15 Abs. 1 S. 3 der Einsichtnahme nach § 9.

9 **3. Änderungen.** Der Kaufmann ist nicht verpflichtet, bei Änderungen von in Übersetzung hereingereichten Dokumenten auch die Änderungen oder eine neue Fassung übersetzen zu lassen. Jedoch ist in einem solchen Fall durch das Registergericht kenntlich zu machen, dass die Übersetzung **nicht mehr dem aktuellen Stand** der Registereintragung entspricht. Die Kenntlichmachung ist zu entfernen, sobald eine aktualisierte Übersetzung eingereicht wird (§ 15 HRV).

10 **4. Rücknahme.** Das Gesetz schweigt sich zu einer Rücknahme einmal eingereichter fremdsprachiger Unterlagen aus. Da das Einreichen jedoch **freiwillig** erfolgt, sollte eine Rücknahme jederzeit möglich sein (*Paefgen* ZIP 2008, 1653 (1658)).

Anmeldungen zur Eintragung und Einreichungen

12 (1) [1]**Anmeldungen zur Eintragung in das Handelsregister sind elektronisch in öffentlich beglaubigter Form einzureichen.** [2]**Die gleiche Form ist für eine Vollmacht zur Anmeldung erforderlich.** [3]**Anstelle der Vollmacht kann die Bescheinigung eines Notars nach § 21 Absatz 3 der Bundesnotarordnung eingereicht werden.** [4]**Rechtsnachfolger eines Beteiligten haben die Rechtsnachfolge soweit tunlich durch öffentliche Urkunden nachzuweisen.**

(2) [1]**Dokumente sind elektronisch einzureichen.** [2]**Ist eine Urschrift oder eine einfache Abschrift einzureichen oder ist für das Dokument die Schriftform bestimmt, genügt die Übermittlung einer elektronischen Aufzeichnung; ist ein notariell beurkundetes Dokument oder eine öffentlich beglaubigte Abschrift einzureichen, so ist ein mit einem einfachen elektronischen Zeugnis (§ 39a des Beurkundungsgesetzes) versehenes Dokument zu übermitteln.**

I. Beglaubigung

1 Die zwingende öffentliche Beglaubigung verursacht zwar zusätzliche Kosten, ist aber ein Garant für die hohe **Zuverlässigkeit** des deutschen Handelsregisters.

II. Anmeldungen

2 Die ausschließlich elektronisch abzugebenden Anmeldungen besitzen eine **Doppelnatur.** Sie sind zum einen eine Erklärung gegenüber dem Gericht. Für sie finden nicht die Vorschriften des BGB über Willenserklärungen Anwendung, sondern die allgemeinen Grundsätze über Prozesshandlungen. So ist die Anmeldung bedingungs- und befristungsfeindlich und unanfechtbar, kann aber bis zur Eintragung zurückgenommen werden (BayObLG 25.6.1992, DNotZ 1993, 197 (198)), da vor Eintragung kein Vertrauensschutz nach § 15 existiert. Zum anderen kann die Anmeldung zugleich konstitutive Bedeutung für den anzumeldenden Vorgang haben, etwa im Falle des § 2 S. 1.

III. Vertretung

3 Abweichend von § 167 BGB ist eine **Vollmacht** ebenfalls elektronisch in öffentlich beglaubigter Form einzureichen. Eine Vertretung ist nicht möglich, wenn der Anmelder für die Richtigkeit der angemeldeten Tatsache zivil- (zB § 9a Abs. 1 GmbHG) oder strafrechtlich (beispielsweise § 82 GmbHG) verantwortlich ist (OLG Schleswig 20.1.2010, NZG 2010, 957 (958); offengelassen in BGH 2.12.1991, BGHZ 116, 190 (199 f.)) oder wenn die rechtlichen Grundlagen betroffen sind, auf denen die Existenz, Rechtsform und rechtliche Ausgestaltung des eigenen Handelsgewerbes aufbaut (BGH 2.12.1991, BGHZ 116, 190 (193); aA BayObLG 23.12.2003, Rpfleger 2004, 292 (293) – Anmeldung des Erlöschens der Gesellschaft durch einen verfahrensbevollmächtigten Notar). In den übrigen Fällen genügt grundsätzlich eine Generalvollmacht.

IV. Nachweis der Rechtsnachfolge

4 Die Einschränkung, dass die Rechtsnachfolger eines Beteiligten die Rechtsnachfolge nur durch öffentliche Urkunden nachzuweisen haben, soweit dies tunlich ist, räumt dem Registergericht ein **Ermessen** ein (OLG Düsseldorf 12.8.2019, NZG 2020, 222 (223)). Sind die relevanten Dokumente im selben Gericht vorhanden, etwa beim Nachlassgericht, sollte auf eine Vorlage der Urkunden verzichtet und eine Bezugnahme akzeptiert werden. Ist die Beschaffung einer öffentlichen Urkunde nur unter hohem Aufwand möglich, sollte dieser nicht außer Verhältnis zum Wert der angemeldeten Tatsache stehen. In den Fällen des Gesellschafterwechsels kraft Anteilsübertragung verzichtet die Praxis auf einen Nachweis, da Veräußerer und Erwerber bereits originär am Registerverfahren Beteiligte sind (*Heinze* NZG 2010, 647 (650)).

V. Einreichung von Dokumenten

5 Der weitgehende Verzicht auf eine elektronische Signatur bei der Einreichung von Dokumenten lässt sich aus Gründen der **Kostenersparnis** begründen. Wo immer möglich, sollte das anmeldende Unternehmen jedoch eine Übermittlung über eine elektronische Signatur vornehmen, um eine höhere Richtigkeitsgewähr zu erreichen. Angesichts des klaren Wortlauts von § 12 Abs. 2 S. 2 Hs. 1 wird trotz des nach § 16 Abs. 3 GmbHG möglichen gutgläubigen Erwerbs eines GmbH-Anteils aufgrund eines Eintrags in der Gesellschafterliste das Registergericht die Einreichung einer vom Geschäftsführer qualifiziert signierten Liste nur bei im Einzelfall vorhandenen begründeten, sich aufdrängenden Zweifeln an der Authentizität der Liste verlangen können (LG Gera 18.6.2009, NotBZ 2009, 332 (333); *Apfelbaum* BB 2008, 2470 (2477)).

VI. Formvorschriften

6 Die **Form** ist gewahrt durch notarielle Beglaubigung der Unterschrift (§ 129 Abs. 1 BGB), notarielle Beurkundung der Anmeldung (§ 129 Abs. 2 BGB), einen gerichtlich protokollierten Prozessvergleich (§ 127a BGB) oder die Beglaubigung durch einen Konsularbeamten (§ 10 Abs. 1 Nr. 2, Abs. 2 KonsularG). Juristische Personen des öffentlichen Rechts brauchen die von ihnen iR ihrer Zuständigkeit

ausgestellten öffentlichen Urkunden bei der Anmeldung nicht beglaubigen zu lassen (BayObLG 24.6.1975, DNotZ 1975, 120).

7 Alle gegenüber dem Registergericht **abzugebenden Erklärungen** müssen in elektronischer Form übermittelt werden, und zwar ausschließlich. Die Übermittlung muss über einen Notar und versehen mit einer elektronischen Signatur erfolgen. Eine öffentliche Behörde oder eine siegelberechtigte Körperschaft des öffentlichen Rechts kann eine Anmeldung zum Handelsregister selbst vornehmen; die nunmehr in elektronischer Form erforderliche Anmeldung kann dabei an Stelle der früher möglichen Einreichung einer öffentlichen Urkunde durch ein öffentliches elektronisches Dokument iSv § 371a Abs. 2 ZPO erfolgen, für das die besonderen Voraussetzungen gem. § 39a S. 4 BeurkG nicht entsprechend gelten (OLG Stuttgart 21.4.2009, OLGR Stuttgart 2009, 745 (747)).

8 Soweit gem. § 12 Abs. 2 S. 2 Hs. 2 ein notariell beurkundetes Dokument oder eine öffentlich beglaubigte Abschrift einzureichen ist, erfordert dies **keine bildidentische Wiedergabe des Originaldokuments.** Die Bestätigung des Notars der Übereinstimmung des vorstehenden Abbildes mit der Urschrift ist angesichts der mit der Einführung des elektronischen Handelsregisters bezweckten Kosten- und Zeitersparnis lediglich dahin zu verstehen, dass damit (lediglich) bescheinigt wird, dass ein zwar nicht bildlich entsprechend, aber inhaltlich übereinstimmendes Bild des Originaldokuments eingereicht wurde (LG Regenburg 21.2.2008, RNotZ 2008, 306 (307) = MittBayNot 2008, 318 (319)).

VII. Abdingbarkeit

9 Als öffentlich-rechtliche Verfahrensvorschrift ist die Norm nicht abdingbar.

10 Können elektronische Anmeldungen und Dokumente wegen eines **Systemausfalls** vorübergehend nicht entgegengenommen werden, kann gem. § 54 Abs. 3 HRV die nach Landesrecht zuständige Stelle anordnen, dass Anmeldungen und Dokumente auch in Papierform zum Handelsregister eingereicht werden können; die aufgrund einer Anordnung nach S. 1 eingereichten Schriftstücke sind unverzüglich in elektronische Dokumente zu übertragen (Überblick über die in den einzelnen Bundesländern geschaffenen Ausnahmeregelungen bei *Schlotter/Reiser* BB 2008, 118 (122)).

Zweigniederlassungen von Unternehmen mit Sitz im Inland

13 (1) [1]**Die Errichtung einer Zweigniederlassung ist von einem Einzelkaufmann oder einer juristischen Person beim Gericht der Hauptniederlassung, von einer Handelsgesellschaft beim Gericht des Sitzes der Gesellschaft, unter Angabe des Ortes und der inländischen Geschäftsanschrift der Zweigniederlassung und des Zusatzes, falls der Firma der Zweigniederlassung ein solcher beigefügt wird, zur Eintragung anzumelden.** [2]**In gleicher Weise sind spätere Änderungen der die Zweigniederlassung betreffenden einzutragenden Tatsachen anzumelden.**

(2) **Das zuständige Gericht trägt die Zweigniederlassung auf dem Registerblatt der Hauptniederlassung oder des Sitzes unter Angabe des Ortes sowie der inländischen Geschäftsanschrift der Zweigniederlassung und des Zusatzes, falls der Firma der Zweigniederlassung ein solcher beigefügt ist, ein, es sei denn, die Zweigniederlassung ist offensichtlich nicht errichtet worden.**

(3) **Die Absätze 1 und 2 gelten entsprechend für die Aufhebung der Zweigniederlassung.**

I. Allgemeines

1 Maßgeblich für Verlautbarungen betreffend Zweigniederlassungen ist das Register(-gericht) der **Hauptniederlassung.** Die Vorschrift ist eine Konsequenz der fehlenden Rechtsfähigkeit von Zweigniederlassungen. Über deren Rechtsverhältnisse gibt **zentral** das **Register des Hauptsitzes** Auskunft.

2 Mit der zwingenden Anmeldung und Eintragung einer **inländischen Geschäftsanschrift** ist eine Zustellungserleichterung zugunsten der Gläubiger bezweckt. Änderungen sind zur Eintragung anzumelden (§ 13 Abs. 1 S. 2).

3 Die inländische Niederlassung einer Gesellschaft, die im Ausland registriert ist, ist auch dann als **„Zweigniederlassung"** iSd HGB zu behandeln, wenn der Verwaltungssitz im Inland liegt und die geschäftlichen Aktivitäten der Auslandsgesellschaft vollständig in der inländischen Niederlassung entfaltet werden (BT-Drs. 16/6140, 117 f.). § 13 Abs. 1 S. 1 verpflichtet nicht zur Eintragung einer ausländischen und im ausländischen Register eingetragenen Zweigniederlassung in das Handelsregister des inländischen (deutschen) Unternehmens; den Zwecken des Handelsregisters ist – auch unter Berücksichtigung des Europarechts – hinreichend Rechnung getragen, wenn sowohl die Hauptniederlassung bzw. Gesellschaft als auch die Zweigniederlassungen in dem Handelsregister eines Gerichts desjenigen Landes eingetragen werden, in dem sie belegen sind (OLG Düsseldorf 26.10.2009, NJW-Spezial 2009, 767 (767–768)).

II. Hauptniederlassung

Jeder Kaufmann muss eine Niederlassung, jede Handelsgesellschaft einen Sitz haben. Dieser Ort begründet öffentlich-rechtliche Zuständigkeiten, ist Gerichtsstand und die für Zustellungen **maßgebliche Adresse.** Daneben können ein Kaufmann oder eine Handelsgesellschaft eine oder mehrere Zweigniederlassungen haben. 4

III. Zweigniederlassung

1. Voraussetzungen. Eine Zweigniederlassung liegt bei **kumulativem** Vorliegen der folgenden Voraussetzungen vor: 5

(1) Es muss eine deutliche **räumliche Trennung** zur Hauptniederlassung bestehen. Ist diese Voraussetzung erfüllt, kann eine Zweigniederlassung auch in derselben Gemeinde wie die Hauptniederlassung bestehen.

(2) Die Zweigniederlassung muss ähnlich wie die Hauptniederlassung eine **organisatorische Einheit** sein, in der in qualitativer und quantitativer Hinsicht im Wesentlichen die gleichen Geschäfte abgewickelt werden können wie in der Hauptniederlassung, und zwar grundsätzlich – auch in personeller Hinsicht – unabhängig von dieser.

(3) Die Zweigniederlassung muss **auf Dauer** eingerichtet sein. Daran fehlt es beispielsweise bei einem Messestand.

2. Rechtsfolgen. Die Zweigniederlassung ist als solche **nicht selbst rechtsfähig.** Rechtsstreitigkeiten, die die Zweigniederlassung selbst betreffen, können jedoch unter ihrer Firma geführt werden. Insoweit können auch an ihrem Ort Zustellungen erfolgen (BGH 24.11.1951, BGHZ 4, 62 (65)). 6

3. Firma. Die Firma der Zweigniederlassung kann mit derjenigen der Hauptniederlassung **identisch** sein, einen geänderten **Firmenzusatz** tragen, oder aber sogar über einen **eigenen Firmenkern** verfügen; in diesem letzteren Fall muss die Firma der Zweigniederlassung einen auf die Hauptniederlassung verweisenden Firmenzusatz tragen und in der Satzung enthalten sein (BayObLG 19.3.1992, BB 1992, 943). Bei mit der Firma der Hauptniederlassung nicht identischer Firma der Zweigniederlassung kann die Vertretungsmacht eines Prokuristen oder des Gesellschafters einer Personenhandelsgesellschaft auf eine der beiden Betriebsstätten beschränkt werden (§ 50 Abs. 3, § 126 Abs. 3). 7

IV. Verfahrensvorschriften

Das Registergericht, in dessen Zuständigkeitsbereich die Zweigniederlassung liegt, ist mit der Zweiniederlassung nicht befasst; zuständig ist grundsätzlich allein das **Register der Hauptniederlassung.** 8

V. Abdingbarkeit

Die Zuständigkeit des Gerichts der Hauptniederlassung bzw. des Gesellschaftssitzes ist eine **ausschließliche.** Die Vorschrift kann nicht erweiternd auf Zweigniederlassungen inländischer Gesellschaften im Ausland ausgedehnt werden. 9

(aufgehoben)

13a-13c

Sitz oder Hauptniederlassung im Ausland

13d (1) **Befindet sich die Hauptniederlassung eines Einzelkaufmanns oder einer juristischen Person oder der Sitz einer Handelsgesellschaft im Ausland, so haben alle eine inländische Zweigniederlassung betreffenden Anmeldungen, Einreichungen und Eintragungen bei dem Gericht zu erfolgen, in dessen Bezirk die Zweigniederlassung besteht.**

(2) **Die Eintragung der Errichtung der Zweigniederlassung hat auch den Ort und die inländische Geschäftsanschrift der Zweigniederlassung zu enthalten; ist der Firma der Zweigniederlassung ein Zusatz beigefügt, so ist auch dieser einzutragen.**

(3) **Im übrigen gelten für die Anmeldungen, Einreichungen, Eintragungen, Bekanntmachungen und Änderungen einzutragender Tatsachen, die die Zweigniederlassung eines Einzelkaufmanns, einer Handelsgesellschaft oder einer juristischen Person mit Ausnahme von Aktiengesellschaften, Kommanditgesellschaften auf Aktien und Gesellschaften mit beschränkter Haftung betreffen, die Vorschriften für Hauptniederlassungen oder Niederlassungen am Sitz der Gesellschaft sinngemäß, soweit nicht das ausländische Recht Abweichungen nötig macht.**

I. Allgemeines

1 § 13d entspricht § 13, je nachdem, ob Sitz oder Hauptniederlassung im Inland oder im **Ausland** liegen. Für **Kapitalgesellschaften** wird § 13d ergänzt durch § 13e, mit weiteren Präzisierungen für die AG in § 13f und die GmbH in § 13g. Registerrechtlich wird die Zweigniederlassung eines Unternehmens mit Sitz oder Hauptniederlassung im Ausland wie eine inländische Hauptniederlassung behandelt.

2 Die §§ 13d ff. dienen der Umsetzung der **11. Richtlinie** 89/666/EWG des Rates vom 21.12.1989 über die Offenlegung von Zweigniederlassungen, die in einem Mitgliedstaat von Gesellschaften bestimmter Rechtsformen errichtet wurden, die dem Recht eines anderen Staates unterliegen (ABl. 1989 L 395, 36).

II. Prüfung durch das Registergericht

3 Mangels anderweitigen inländischen Anknüpfungspunktes ist der Ort der Zweigniederlassung des ausländischen Unternehmens registerrechtlich zuständig. Die **Zuständigkeit** ist umfassend. Das Registergericht hat nicht nur zu prüfen, ob die spezifischen Voraussetzungen einer Zweigniederlassung erfüllt sind (s. hierzu die Kommentierung zu § 13 → § 13 Rn. 1 ff.), sondern auch, ob die ausländische Gesellschaft als solche ordnungsgemäß errichtet wurde. Insoweit wird das deutsche Registergericht hierbei auch das ausländische Recht zu prüfen haben, zB hinsichtlich der Frage, ob die Gesellschaft wirksam errichtet worden ist, aber auch, wer die Zweigniederlassung anzumelden hat. Im Einzelnen ist dies abhängig vom (ausländischen) Gesellschaftsstatut. Im Wege der Substitution ist zu ermitteln, welcher inländischen Rechtsform die ausländische Rechtsform am nächsten kommt. Für Gesellschaften mit Sitz innerhalb der EU geben die Gesellschaftsrechts-RL (RL (EU) 2017/1132) sowie die Ein-Personen-GmbH-RL (BGBl. 1991 II 2206) nähere Auskunft über die entsprechend vergleichbaren Kapitalgesellschaften. Davon hängt etwa ab, ob die ausländische Gesellschaft in HRA oder HRB einzutragen ist, oder einer GmbH oder einer AG vergleichbar ist mit der Folge, dass ergänzend die Vorschriften der §§ 13e ff. gelten. So gilt etwa für die Zweigniederlassung einer Public Private Limited englischen Rechts ergänzend § 13g (OLG Zweibrücken 28.2.2008, DNotZ 2008, 795 (796)).

4 Gemäß Abs. 3 ist die inländische Zweigniederlassung einer ausländischen Gesellschaft **wie eine inländische Hauptniederlassung** zu behandeln. Die deutsche Zweigniederlassung (auch) einer ausländischen juristischen Person kann als Berechtigte im Grundbuch eingetragen werden, unbeschadet der fehlenden Rechtsfähigkeit (OLG München 18.12.2012, NZG 2013, 558 (559)).

5 Die Zulässigkeit der **Firma** richtet sich grundsätzlich nach deutschem Recht (KG 11.9.2007, NZG 2008, 80). Ist die Gesellschaft nach dem Recht eines Mitgliedstaats der EU rechtmäßig gegründet, ist bei der Auslegung der nationalen firmenrechtlichen Vorschriften jedoch der Niederlassungsfreiheit Rechnung zu tragen. Denn es kann die Niederlassungsfreiheit einer Gesellschaft beschränken, wenn sie ihre nach Gründungsrecht in zulässiger Weise gebildete Firma in einem anderen Vertragsstaat nicht verwenden kann. Es ist deshalb zu prüfen, ob zwingende Gründe des Allgemeininteresses die Beschränkung rechtfertigen. Dazu zählt der Schutz des Rechtsverkehrs vor Täuschung und Missbrauch, aber auch das Interesse potenzieller anderer Unternehmensgründer, bestimmte Allgemeinbegriffe firmenrechtlich freizuhalten (OLG München 1.7.2010, NZG 2011, 157). Es braucht nach der neueren Rspr. nicht deutlich zu werden, dass es sich um die Firma einer Zweigniederlassung handelt (s. etwa die beiden als zulässig erachteten Firmen in den beiden oben genannten Fällen des KG („Autodienst-Berlin Ltd.") und des OLG München („Zahnarztpraxis Ltd.").

III. Verfahren

6 Hinsichtlich des eigentlichen Registerrechts ist als **lex fori** ausschließlich deutsches Recht anwendbar (OLG München 1.7.2010, NZG 2011, 157), also etwa hinsichtlich der Frage, welche Dokumente in welcher Form einzureichen sind. Der Begriff der Zweigniederlassung und ihr Errichtungsvorgang im Inland, der aus einem dahingehenden Organisationsakt und einer Aufnahme der Geschäftstätigkeit besteht, richten sich nach deutschem Recht. Auch bei Zweigniederlassungen ausländischer Gesellschaften wirkt die Registereintragung nicht konstitutiv, sondern verlautbart lediglich den entsprechenden Errichtungsvorgang und hat somit nur deklaratorische Bedeutung (KG 18.11.2003, NZG 2004, 49 (50)). Einer Löschung der Zweigniederlassung einer ausländischen Gesellschaft wegen Vermögenslosigkeit nach § 394 Abs. 1 S. 1 FamFG steht bereits entgegen, dass die Zweigniederlassung nicht über eine eigene Rechtspersönlichkeit und damit auch nicht über eigenes Vermögen verfügt (OLG Frankfurt a. M. 17.5.2010, NJW-RR 2011, 330 (331)).

7 Wer zur **Anmeldung** verpflichtet und befugt ist, richtet sich grundsätzlich nach dem ausländischen Recht, wobei ergänzend rechtsvergleichend zu prüfen ist, welches Organ die Kompetenzen hat, die dem Organ einer entsprechend inländischen Gesellschaft am nächsten kommen (KG 18.11.2003, NZG 2004, 49 (50)). So müssen beispielsweise bei der Zweigniederlassung einer Public Private Limited

britischen Rechts sämtliche Direktoren anmelden, die eine den deutschen Geschäftsführern einer GmbH entsprechende Organstellung haben (so bereits BayObLG 18.7.1985, WM 1985, 1202 (1203)). Stets anmeldepflichtig ist darüber hinaus der Leiter der Zweigniederlassung (OLG Hamm 27.1.2006, NJW-RR 2006, 1631 (1632)).

Zweigniederlassungen von Kapitalgesellschaften mit Sitz im Ausland

13e **(1) Für Zweigniederlassungen von Aktiengesellschaften und Gesellschaften mit beschränkter Haftung mit Sitz im Ausland gelten ergänzend zu § 13d die folgenden Vorschriften.**

(2) **[1] Die Errichtung einer Zweigniederlassung einer Aktiengesellschaft ist durch den Vorstand, die Errichtung einer Zweigniederlassung einer Gesellschaft mit beschränkter Haftung ist durch die Geschäftsführer zur Eintragung in das Handelsregister anzumelden. [2] Bei der Anmeldung ist das Bestehen der Gesellschaft als solcher nachzuweisen. [3] Die Anmeldung hat auch eine inländische Geschäftsanschrift und den Gegenstand der Zweigniederlassung zu enthalten. [4] Daneben kann eine Person, die für Willenserklärungen und Zustellungen an die Gesellschaft empfangsberechtigt ist, mit einer inländischen Anschrift zur Eintragung in das Handelsregister angemeldet werden; Dritten gegenüber gilt die Empfangsberechtigung als fortbestehend, bis sie im Handelsregister gelöscht und die Löschung bekannt gemacht worden ist, es sei denn, dass die fehlende Empfangsberechtigung dem Dritten bekannt war. [5] In der Anmeldung sind ferner anzugeben**

1. **das Register, bei dem die Gesellschaft geführt wird, und die Nummer des Registereintrags, sofern das Recht des Staates, in dem die Gesellschaft ihren Sitz hat, eine Registereintragung vorsieht;**
2. **die Rechtsform der Gesellschaft;**
3. **die Personen, die befugt sind, als ständige Vertreter für die Tätigkeit der Zweigniederlassung die Gesellschaft gerichtlich und außergerichtlich zu vertreten, unter Angabe ihrer Befugnisse;**
4. **wenn die Gesellschaft nicht dem Recht eines Mitgliedstaates der Europäischen Union oder eines anderen Vertragsstaates des Abkommens über den Europäischen Wirtschaftsraum unterliegt, das Recht des Staates, dem die Gesellschaft unterliegt.**

(3) **[1] Die in Absatz 2 Satz 5 Nr. 3 genannten Personen haben jede Änderung dieser Personen oder der Vertretungsbefugnis einer dieser Personen zur Eintragung in das Handelsregister anzumelden. [2] Für die gesetzlichen Vertreter der Gesellschaft gelten in Bezug auf die Zweigniederlassung § 76 Abs. 3 Satz 2 und 3 des Aktiengesetzes sowie § 6 Abs. 2 Satz 2 und 3 des Gesetzes betreffend die Gesellschaften mit beschränkter Haftung entsprechend.**

(3a) **[1] An die in Absatz 2 Satz 5 Nr. 3 genannten Personen als Vertreter der Gesellschaft können unter der im Handelsregister eingetragenen inländischen Geschäftsanschrift der Zweigniederlassung Willenserklärungen abgegeben und Schriftstücke zugestellt werden. [2] Unabhängig hiervon können die Abgabe und die Zustellung auch unter der eingetragenen Anschrift der empfangsberechtigten Person nach Absatz 2 Satz 4 erfolgen.**

(4) **Die in Absatz 2 Satz 5 Nr. 3 genannten Personen oder, wenn solche nicht angemeldet sind, die gesetzlichen Vertreter der Gesellschaft haben die Eröffnung oder die Ablehnung der Eröffnung eines Insolvenzverfahrens oder ähnlichen Verfahrens über das Vermögen der Gesellschaft zur Eintragung in das Handelsregister anzumelden.**

(5) **[1] Errichtet eine Gesellschaft mehrere Zweigniederlassungen im Inland, so brauchen die Satzung oder der Gesellschaftsvertrag sowie deren Änderungen nach Wahl der Gesellschaft nur zum Handelsregister einer dieser Zweigniederlassungen eingereicht zu werden. [2] In diesem Fall haben die nach Absatz 2 Satz 1 Anmeldepflichtigen zur Eintragung in den Handelsregistern der übrigen Zweigniederlassungen anzumelden, welches Register die Gesellschaft gewählt hat und unter welcher Nummer die Zweigniederlassung eingetragen ist.**

(6) **Die Landesjustizverwaltungen stellen sicher, dass die Daten einer Kapitalgesellschaft mit Sitz im Ausland, die im Rahmen des Europäischen Systems der Registervernetzung (§ 9b) empfangen werden, an das Registergericht weitergeleitet werden, das für eine inländische Zweigniederlassung dieser Gesellschaft zuständig ist.**

Übersicht

I. Anwendungsbereich

1 Von der Vorschrift erfasst werden Gesellschaften, die der deutschen Aktiengesellschaft oder der deutschen GmbH entsprechen. Im Wege der **Substitution** ist zu ermitteln, welcher inländischen Rechtsform die ausländische Rechtsform am nächsten kommt. Für Gesellschaften mit Sitz innerhalb der EU geben die Gesellschaftsrechts-RL (RL (EU) 2017/1132) sowie die Ein-Personen-GmbH-RL (BGBl. 1991 II 2206) nähere Auskunft über die entsprechend vergleichbaren Kapitalgesellschaften. Die Vorschrift ist in jüngster Zeit insbesondere bedeutsam geworden für die Public Private Limited britischen Rechts, die handelsregisterrechtlich am ehesten der GmbH entspricht.

II. Anmeldeverpflichtete

2 Zur **Anmeldung** verpflichtet sind diejenigen **Organe,** die in der ausländischen Gesellschaft eine dem Vorstand bzw. Geschäftsführer vergleichbare Organfunktion ausüben. Bei der Public Private Limited britischen Rechts obliegt die Leitung der Gesellschaft dem Board of Directors (Direktorium). Es kann aus einem oder mehreren Mitgliedern bestehen, die nicht zugleich Gesellschafter sein müssen. Es vertritt die Gesellschaft nach außen, wobei mehreren Direktoren grundsätzlich Gesamtvertretungsbefugnis zukommt, aber auch Alleinvertretungsbefugnis möglich ist.

3 Die den Vorstand bzw. Geschäftsführer treffende Anmeldepflicht betrifft ihn nicht nur als Organ, sondern auch **persönlich.** Daraus folgt ein eigenes Beschwerderecht nicht nur der Gesellschaft, sondern auch der Person, die konkret die Anmeldung vorgenommen hat (KG 18.11.2003, NZG 2004, 49 (50)).

III. Ständige Vertreter

4 Mit den in § 13e Abs. 2 S. 4 Nr. 3 aufgeführten ständigen Vertretern sind keine gewöhnlichen Handlungsbevollmächtigten gemeint, sondern allein solche Personen, die eine dem deutschen **Prokuristen** vergleichbare Stellung innehaben. Unsicherheiten bei der Frage nach der Vergleichbarkeit kann durch eine großzügige Eintragungspraxis begegnet werden, da die Befugnisse im Einzelnen aufzuführen sind, sodass durch Einsichtnahme in das Handelsregister Klarheit und Rechtssicherheit hergestellt werden kann.

IV. Inhabilität

5 Mit dem Verweis in § 13e Abs. 3 S. 2 auf den Inhabilitätskatalog in § 6 Abs. 2 GmbHG sollen **Umgehungen** ausgeschlossen werden. Solche können darin bestehen, dass eine Person, die für den Posten des Geschäftsführers einer GmbH gem. § 6 GmbHG inhabil ist, eine ausländische Gesellschaft allein zu dem Zweck gründet, dass diese ihrerseits eine deutsche Zweigniederlassung errichtet, die im Inland Aktivitäten wie eine deutsche GmbH entwickelt. Zwar wird insoweit die Anmeldung der Zweigniederlassung einer ausländischen Gesellschaft einer Beschränkung unterworfen, als dass Personen, die nach deutschem Recht inhabil wären, nicht als Organe einer Auslandsgesellschaft in Deutschland eine Zweigniederlassung eintragen können. Darin liegt jedoch keine europarechtswidrige Ausländerdiskriminierung, da diese Beschränkungen inländische Gesellschaften in der gleichen Weise betreffen (BT-Drs. 16/6140, 119 ff.). Gemäß § 13f Abs. 2 und § 13g Abs. 2 hat die Anmeldung die Versicherung zu enthalten, dass keine Bestellungshindernisse bestehen; Entsprechendes gilt auch für die spätere Anmeldung neuer Vorstandsmitglieder bzw. Geschäftsführer (§ 13f Abs. 5 und § 13g Abs. 5). Die vom Geschäftsführer der Beteiligten in der Anmeldung abgegebene Versicherung, er sei „noch nie, weder im Inland noch im Ausland, wegen einer Straftat verurteilt worden“, genügt den Anforderungen des entsprechend anwendbaren § 8 Abs. 3 GmbHG. Es ist nicht erforderlich, die in § 6 Abs. 2 S. 2 Nr. 3 GmbHG genannten Straftatbestände oder die in Rede stehenden vergleichbaren Bestimmungen des ausländischen Rechts in der Versicherung im Einzelnen aufzuführen (BGH 17.5.2010, NZG 2010, 829 (830)).

V. Verfahren

6 Der Begriff der Zweigniederlassung und ihr Errichtungsvorgang im Inland, der aus einem dahingehenden Organisationsakt und einer Aufnahme der Geschäftstätigkeit besteht, richten sich nach deutschem Recht als der **lex fori** (OLG München 1.7.2010, NZG 2011, 157). Danach wirkt die Registereintragung nicht konstitutiv, sondern verlautbart lediglich den entsprechenden Errichtungsvorgang und hat somit nur deklaratorische Bedeutung (KG 18.11.2003, NZG 2004, 49 (50)).

7 Für die Beurteilung der Zulässigkeit des **Unternehmensgegenstands** einer inländischen Zweigniederlassung gilt deutsches Recht (§ 13d Abs. 3). Der im deutschen Handelsregister einzutragende Gegenstand der Zweigniederlassung muss daher hinreichend konkretisiert und individualisiert sein (OLG Schleswig-Holstein 9.1.2008, GmbHR 2008, 1041). Das Registergericht überprüft nicht, ob die Geschäftstätigkeit der Zweigniederlassung von dem Unternehmensgegenstand der ausländischen Kapitalgesellschaft gedeckt ist (OLG Düsseldorf 21.2.2006, NJW-RR 2006, 1040 (1041)). Für Gesellschaften mit Sitz in der EU folgt dies daraus, dass die Gesellschafts-RL (RL (EU) 2017/1132) die Offenlegungspflichten abschließend regelt (EuGH 30.9.2003, NZG 2003, 1064 (1065 ff.) zur Vorgängerregelung der Zweigniederlassungsrichtlinie) und eine Übereinstimmungsprüfung zwischen dem Gegenstand der Gesellschaft und demjenigen der Zweigniederlassung dort nicht vorgesehen ist. Für Gesellschaften außerhalb der EU begründet sich der Verzicht auf eine Übereinstimmensprüfung damit, dass anderenfalls registerrechtliche Eintragungsverfahren mit hochkomplexen gesellschaftsrechtlichen Fragen belastet werden würden. Zu klären wäre unter Berücksichtigung der Rechtspraxis des jeweiligen ausländischen Staates, wie satzungsrechtliche Bestimmungen über den Unternehmensgegenstand des betreffenden Typs der Kapitalgesellschaft auszulegen sind und zu welchen rechtlichen Folgen eine Tätigkeit der Gesellschaft außerhalb ihres statuarischen Unternehmenszweckes führt (OLG Jena 28.6.2005, NZG 2005, 930 (931)).

VI. Limited

8 Bei der Anmeldung der Zweigniederlassung einer englischen Limited bedarf es nicht der Vorlage einer beglaubigten Übersetzung von „Table A" zum Registergericht. **„Table A"** enthält die vergleichbar einer Rechtsverordnung erlassene Mustersatzung für eine Limited. Sie enthält dispositives Recht, von dem die Gesellschaftsgründer – später die Gesellschafter – durch Vereinbarung abweichen können. Wenn und soweit sie dies nicht tun, gelten für die Gesellschaft die Bestimmungen der „Table A". Sie stellt damit materiell-rechtlich eine den Bestimmungen im zweiten und dritten Abschnitt des GmbHG vergleichbare Kodifikation dar. „Table A" enthält somit ausländische Rechtsvorschriften. Die Feststellung ausländischen Rechts obliegt aber dem Gericht iR seiner Pflicht zur Amtsermittlung. Schon deshalb darf das Gericht von einem Verfahrensbeteiligten nicht die Überlassung einer (beglaubigten) Übersetzung eines ausländischen Gesetzestextes verlangen (OLG Zweibrücken 28.2.2008, DNotZ 2008, 795 (795)). Reicht nach englischem Recht die Einreichung eines elektronischen Dokuments zur wirksamen Gründung einer Private Limited aus, ist bei der Anmeldung einer Zweigniederlassung der Gesellschaft der Gesellschaftsvertrag in der bei Companies House archivierten Form in öffentlich beglaubigter Abschrift beizufügen (OLG Hamm 14.1.2011, NJW-RR 2011, 396 (397)).

9 Eine Eintragung der Befreiung von den Beschränkungen des **§ 181 BGB** oder einer dem Inhalt dieser Vorschrift nachgebildeten Umschreibung der Befreiung vom Verbot des Insichgeschäftes und/oder der Mehrfachvertretung kommt jedoch für die Directors einer englischen Limited nicht in Betracht. Denn für die körperschaftliche Verfassung einer Gesellschaft, insbesondere die Frage, welche Organe diese bestellen muss und darf sowie für die Geschäftsführungsbefugnis und den Umfang der Vertretungsmacht dieser Organe ist das Personalstatut der Gesellschaft maßgeblich; das englische Recht kennt aber für die Directors einer Private Limited by Shares keine dem generellen Selbstkontrahierungsverbot des § 181 BGB vergleichbare Regelung. Vielmehr ist dort die Vertretungsmacht der Directors Dritten gegenüber grundsätzlich unbeschränkt.

10 Das Registergericht darf wegen eines im Inland gegen den – dem Geschäftsführer einer GmbH gleichstehenden – Director einer englischen Private Limited Company durch vollziehbare Entscheidung der Verwaltungsbehörde verhängten **Gewerbeverbots** (§ 6 Abs. 2 S. 1 Nr. 2 GmbHG) die beantragte Eintragung einer Zweigniederlassung der Limited in das Handelsregister verweigern (BGH 7.5.2007, NJW 2007, 2328 (2329)).

11 Obligatorisch ist die Anmeldung des **ständigen Vertreters** für die Zweigniederlassung einer englischen Limited in Deutschland zum Handelsregister (nur) dann, wenn ein solcher bestellt ist, wobei jedoch keine Pflicht zur Bestellung eines ständigen Vertreters besteht (OLG München 14.2.2008, NZG 2008, 342 (342)).

12 Allein die **Übernahme der Komplementärstellung** in einer nach deutschem Recht gegründeten KG durch eine nach englischem Recht wirksam gegründeten und registrierten Limited führt nicht zur Entstehung einer inländischen Zweigniederlassung, die nach §§ 13d und 13e HGB zur Eintragung in das deutsche Handelsregister anzumelden wäre (OLG Frankfurt a. M. 24.4.2008, DNotZ 2008, 860 (860)). Die deutsche Zweigniederlassung einer Limited mit Sitz in Hong Kong kann unter ihrer Firma als Kommanditistin im Handelsregister eingetragen werden (OLG Bremen 18.12.2012, NZG 2013, 144 (145)).

Zweigniederlassungen von Aktiengesellschaften mit Sitz im Ausland

13f **(1) Für Zweigniederlassungen von Aktiengesellschaften mit Sitz im Ausland gelten ergänzend die folgenden Vorschriften.**

(2) [1] **Der Anmeldung ist die Satzung in öffentlich beglaubigter Abschrift und, sofern die Satzung nicht in deutscher Sprache erstellt ist, eine beglaubigte Übersetzung in deutscher Sprache beizufügen.** [2] **Die Vorschriften des § 37 Abs. 2 und 3 des Aktiengesetzes finden Anwendung.** [3] **Soweit nicht das ausländische Recht eine Abweichung nötig macht, sind in die Anmeldung die in § 23 Abs. 3 und 4 des Aktiengesetzes vorgesehenen Bestimmungen und Bestimmungen der Satzung über die Zusammensetzung des Vorstandes aufzunehmen; erfolgt die Anmeldung in den ersten zwei Jahren nach der Eintragung der Gesellschaft in das Handelsregister ihres Sitzes, sind auch die Angaben über Festsetzungen nach den §§ 26 und 27 des Aktiengesetzes und der Ausgabebetrag der Aktien sowie Name und Wohnort der Gründer aufzunehmen.** [4] **Der Anmeldung ist die für den Sitz der Gesellschaft ergangene gerichtliche Bekanntmachung beizufügen.**

(3) **Die Eintragung der Errichtung der Zweigniederlassung hat auch die Angaben nach § 39 des Aktiengesetzes sowie die Angaben nach § 13e Abs. 2 Satz 3 bis 5 zu enthalten.**

(4) [1] **Änderungen der Satzung der ausländischen Gesellschaft sind durch den Vorstand zur Eintragung in das Handelsregister anzumelden.** [2] **Für die Anmeldung gelten die Vorschriften des § 181 Abs. 1 und 2 des Aktiengesetzes sinngemäß, soweit nicht das ausländische Recht Abweichungen nötig macht.**

(5) **Im Übrigen gelten die Vorschriften der §§ 81, 263 Satz 1, § 266 Abs. 1 und 2, § 273 Abs. 1 Satz 1 des Aktiengesetzes sinngemäß, soweit nicht das ausländische Recht Abweichungen nötig macht.**

(6) **Für die Aufhebung einer Zweigniederlassung gelten die Vorschriften über ihre Errichtung sinngemäß.**

(7) **Die Vorschriften über Zweigniederlassungen von Aktiengesellschaften mit Sitz im Ausland gelten sinngemäß für Zweigniederlassungen von Kommanditgesellschaften auf Aktien mit Sitz im Ausland, soweit sich aus den Vorschriften der §§ 278 bis 290 des Aktiengesetzes oder aus dem Fehlen eines Vorstands nichts anderes ergibt.**

I. Formvorschriften

1 Für die öffentliche Beglaubigung der Abschrift der Satzung genügt eine den Forderungen des § 42 BeurkG entsprechende **ausländische Beglaubigung.** Es würde die Anforderungen überspannen, wenn man verlangen würde, dass das sich im Ausland befindliche Original einem deutschen Notar vorgelegt wird.

2 Der **Nachweis der Bestellung** zum Vorstand bzw. einer entsprechend ausländischen Organstellung hat, wenn sich diese nicht schon aus der Satzung ergibt, grundsätzlich durch Einreichung des Gesellschafterbeschlusses oder – bei mündlicher Bestellung – einer schriftlichen Bestätigung des Bestellungsorgans in Urschrift oder öffentlich beglaubigter Form zu erfolgen (KG 18.11.2003, NJW-RR 2004, 331 (332)).

II. Organschaftliche Vertretungsmacht

3 Die **gesetzliche Vertretungsmacht** der Organe einer Gesellschaft richtet sich nach dem Personalstatut der Gesellschaft (Art. 12 EGBGB). Es ist daher zu prüfen, ob Eintragungen hinsichtlich des Umfangs der Vertretungsmacht mit dem Zweck des Handelsregisters, die tatsächlichen und rechtlichen Verhältnisse klar, zuverlässig und vollständig darzustellen, vereinbar sind. Dies ist jedenfalls dann nicht der Fall, wenn in der Eintragung deutsche Rechtsbegriffe wie etwa die Befreiung vom Verbot des Selbstkontrahierens verwendet werden, die es so im ausländischen Recht nicht gibt (hierzu instruktiv OLG München 4.5.2006, NJW-RR 2006, 1042 (1043)).

4 Gemäß § 13f Abs. 2 hat die Anmeldung die Versicherung zu enthalten, dass keine **Bestellungshindernisse** bestehen; Entsprechendes gilt auch für die spätere Anmeldung neuer Vorstandsmitglieder (§ 13f Abs. 5).

Zweigniederlassungen von Gesellschaften mit beschränkter Haftung mit Sitz im Ausland

13g **(1) Für Zweigniederlassungen von Gesellschaften mit beschränkter Haftung mit Sitz im Ausland gelten ergänzend die folgenden Vorschriften.**

(2) [1]**Der Anmeldung ist der Gesellschaftsvertrag in öffentlich beglaubigter Abschrift und, sofern der Gesellschaftsvertrag nicht in deutscher Sprache erstellt ist, eine beglaubigte Übersetzung in deutscher Sprache beizufügen.** [2]**Die Vorschriften des § 8 Abs. 1 Nr. 2 und Abs. 3 und 4 des Gesetzes betreffend die Gesellschaften mit beschränkter Haftung sind anzuwenden.** [3]**Wird die Errichtung der Zweigniederlassung in den ersten zwei Jahren nach der Eintragung der Gesellschaft in das Handelsregister ihres Sitzes angemeldet, so sind in die Anmeldung auch die nach § 5 Abs. 4 des Gesetzes betreffend die Gesellschaften mit beschränkter Haftung getroffenen Festsetzungen aufzunehmen, soweit nicht das ausländische Recht Abweichungen nötig macht.**

(3) **Die Eintragung der Errichtung der Zweigniederlassung hat auch die Angaben nach § 10 des Gesetzes betreffend die Gesellschaften mit beschränkter Haftung sowie die Angaben nach § 13e Abs. 2 Satz 3 bis 5 zu enthalten.**

(4) [1]**Änderungen des Gesellschaftsvertrages der ausländischen Gesellschaft sind durch die Geschäftsführer zur Eintragung in das Handelsregister anzumelden.** [2]**Für die Anmeldung gelten die Vorschriften des § 54 Abs. 1 und 2 des Gesetzes betreffend die Gesellschaften mit beschränkter Haftung sinngemäß, soweit nicht das ausländische Recht Abweichungen nötig macht.**

(5) **Im übrigen gelten die Vorschriften der §§ 39, 65 Abs. 1 Satz 1, § 67 Abs. 1 und 2, § 74 Abs. 1 Satz 1 des Gesetzes betreffend die Gesellschaften mit beschränkter Haftung sinngemäß, soweit nicht das ausländische Recht Abweichungen nötig macht.**

(6) **Für die Aufhebung einer Zweigniederlassung gelten die Vorschriften über ihre Errichtung sinngemäß.**

Der BGH hat dem EuGH die Frage vorgelegt, ob die Vorschriften zu den Angaben hinsichtlich Stammkapital und Bestellungshindernis europarechtskonform sind (BGH 14.5.2019, NZG 2019, 775). Im Übrigen wird auf die **Kommentierung zu § 13f** (→ § 13f Rn. 1 ff.) verwiesen. 1

Verlegung des Sitzes einer Hauptniederlassung im Inland

13h (1) **Wird die Hauptniederlassung eines Einzelkaufmanns oder einer juristischen Person oder der Sitz einer Handelsgesellschaft im Inland verlegt, so ist die Verlegung beim Gericht der bisherigen Hauptniederlassung oder des bisherigen Sitzes anzumelden.**

(2) [1]**Wird die Hauptniederlassung oder der Sitz aus dem Bezirk des Gerichts der bisherigen Hauptniederlassung oder des bisherigen Sitzes verlegt, so hat dieses unverzüglich von Amts wegen die Verlegung dem Gericht der neuen Hauptniederlassung oder des neuen Sitzes mitzuteilen.** [2]**Der Mitteilung sind die Eintragungen für die bisherige Hauptniederlassung oder den bisherigen Sitz sowie die bei dem bisher zuständigen Gericht aufbewahrten Urkunden beizufügen.** [3]**Das Gericht der neuen Hauptniederlassung oder des neuen Sitzes hat zu prüfen, ob die Hauptniederlassung oder der Sitz ordnungsgemäß verlegt und § 30 beachtet ist.** [4]**Ist dies der Fall, so hat es die Verlegung einzutragen und dabei die ihm mitgeteilten Eintragungen ohne weitere Nachprüfung in sein Handelsregister zu übernehmen.** [5]**Die Eintragung ist dem Gericht der bisherigen Hauptniederlassung oder des bisherigen Sitzes mitzuteilen.** [6]**Dieses hat die erforderlichen Eintragungen von Amts wegen vorzunehmen.**

(3) [1]**Wird die Hauptniederlassung oder der Sitz an einen anderen Ort innerhalb des Bezirks des Gerichts der bisherigen Hauptniederlassung oder des bisherigen Sitzes verlegt, so hat das Gericht zu prüfen, ob die Hauptniederlassung oder der Sitz ordnungsgemäß verlegt und § 30 beachtet ist.** [2]**Ist dies der Fall, so hat es die Verlegung einzutragen.**

I. Anwendungsbereich

Bei **Kapitalgesellschaften** muss die **Sitzverlegung** mit der Anmeldung einer entsprechenden Satzungsänderung einhergehen (§ 54 Abs. 3 iVm § 3 Abs. 1 Nr. 1 GmbHG, § 181 Abs. 3 AktG iVm § 23 Abs. 3 Nr. 1 AktG). Für die **AG** enthält § 45 AktG eine Sonderregelung für Sitzverlegungen innerhalb des Gerichtsbezirkes, die für eine KGaA gem. § 278 Abs. 3 AktG entsprechend gilt. Auf **Vereine** ist die Vorschrift nicht anwendbar (OLG Oldenburg 11.6.1992, NJW-RR 1992, 1533). 1

II. Anmeldung weiterer Tatsachen

Werden zugleich mit der Sitzverlegung andere eintragungspflichtige Vorgänge – ohne Bestimmung der **Reihenfolge** ihrer Erledigung – angemeldet, liegt es nach allgemeiner Auffassung im Ermessen des Registergerichts des bisherigen Sitzes, ob es die weiteren Eintragungen noch vornimmt und dann die 2

Akten übersendet, oder ob es diese weiteren Vorgänge dem Registergericht des neuen Sitzes zur Prüfung und Eintragung übersendet (KG 22.10.1996, NJW-RR 1997, 868 (869)). Dem Unverzüglichkeitsgebot von Abs. 2 S. 1 wird allgemein entnommen, dass mit Eingang des Antrags auf Sitzverlegung das alte Gericht jedenfalls dann auch alle noch bei ihm anhängigen Anmeldungen sowie alle mit der Anmeldung der Sitzverlegung zusammen eingereichten Anmeldungen dem neuen Gericht zuständigkeitshalber zur weiteren Bearbeitung zu übersenden sind, wenn die Anmeldungen noch nicht entscheidungsreif sind. Die Zuständigkeit des alten Registergerichts endet in jedem Fall mit der Mitteilung des neuen Gerichts über die bei ihm erfolgte Eintragung. Stellt das neue Gericht bei der vom ihm durchzuführenden **Firmenprüfung** gem. § 30 fest, dass die Firma sich nicht hinreichend von Firmen am neuen Ort unterscheidet, darf die Eintragung der Sitzverlegung nicht vor der Anmeldung und Eintragung der neuen Firma erfolgen.

III. Verfahren

3 Besteht **zwischen den Registergerichten** des bisherigen und des neuen Sitzes **Streit** darüber, welche Anforderungen in formeller Hinsicht im Einzelnen an eine Registeranmeldung zu stellen sind, so berechtigt dies das Registergericht des neuen Sitzes nicht zur Ablehnung der Übernahme des Verfahrens. Dieses Gericht hat vielmehr über den Antrag auf Eintragung der Sitzverlegung in eigener Verantwortung nach § 13h Abs. 2 S. 3 zu befinden, ohne hierbei an die Rechtsauffassung des Registergerichtes des abgebenden Gerichtes gebunden zu sein (OLG Frankfurt a. M. 11.2.2008, DNotZ 2008, 626 (627)). Hierbei hat das Registergericht der neuen Niederlassung lediglich zu prüfen, ob der Sitz ordnungsgemäß verlegt ist und die Voraussetzungen iSd § 30 beachtet sind. Ist dies der Fall, so hat das Gericht die Verlegung einzutragen und dabei die ihm mitgeteilten Eintragungen ohne weitere Nachprüfung in sein Handelsregister zu übernehmen (OLG München 15.12.2010, NZG 2011, 117 (118)).

[Festsetzung von Zwangsgeld]

14 **[1] Wer seiner Pflicht zur Anmeldung oder zur Einreichung von Dokumenten zum Handelsregister nicht nachkommt, ist hierzu von dem Registergericht durch Festsetzung von Zwangsgeld anzuhalten. [2] Das einzelne Zwangsgeld darf den Betrag von fünftausend Euro nicht übersteigen.**

I. Anwendungsbereich

1 **1. Sachlich.** Dem **Registerzwang** unterliegen alle **eintragungspflichtigen Tatsachen.** Die bloße Eintragungsfähigkeit genügt nicht, auch nicht, wenn eine (fehlerhafte oder unvollständige) Anmeldung erfolgt ist. Hat das Registergericht von einer eintragungspflichtigen, aber nicht angemeldeten Tatsachen Kenntnis erlangt (idR durch die Anzeige eines Wettbewerbers oder der IHK), muss es von Amts wegen tätig werden. Der Registerzwang darf nur mittels der in § 14 vorgesehenen Sanktionen ausgeübt werden. Insbesondere ist es unzulässig, die Eintragung einer ordnungsgemäß erfolgten Anmeldung davon abhängig zu machen, dass der Anmeldende seiner Pflicht zur Anmeldung oder zur Dokumenteneinreichung bezüglich eines anderen Gegenstandes nachkommt (BGH 4.7.1977, NJW 1977, 1879 (1880)).

2 **2. Persönlich.** Die Androhung und Festsetzung von **Zwangsgeld** richtet sich immer nur gegen natürliche Personen. Müssen bestimmte tatsächliche Verhältnisse oder Rechtsverhältnisse angemeldet und in die Register eingetragen werden, erklärt das Gesetz in keinem Fall die juristische Person für anmeldepflichtig, sondern immer deren Vertretungsorgane, in einzelnen Fällen zusätzlich auch Organmitglieder ohne Vertretungsbefugnis. Das Gesetz bestimmt damit als Anmeldepflichtigen denjenigen, der die anmeldepflichtigen Tatsachen und Rechtsverhältnisse einer juristischen Person am besten kennt; das ist – im Regelfall – deren organschaftlicher Vertreter. Mit dieser Benennung des Adressaten einer Anmeldepflicht will aber das Gesetz nicht die juristische Person über ihr Vertretungsorgan zur Anmeldung verpflichten. Eine gebotene Anmeldung ist daher eine persönliche und – wegen des regelmäßig möglichen Registerzwangs – öffentlich-rechtliche Pflicht der gesetzlich zur Anmeldung bestimmten Personen (BayObLG 3.7.1986, NJW-RR 1986, 1480 (1480)). Wegen des persönlichen Charakters der Registerpflicht erlischt das konkrete Zwangsgeldverfahren mit dem Tod der in Anspruch genommenen Person (BayObLG 22.12.1992, BB 1993, 385). Gegen einen Notar, der an Veränderungen nach § 40 Abs. 1 GmbHG mitgewirkt hat und deshalb nach § 40 Abs. 2 GmbHG anstelle der Geschäftsführer zur Einreichung der Liste der Gesellschafter verpflichtet ist, kann bei Nichterfüllung dieser Pflicht nach Maßgabe der §§ 388 ff. FamFG, § 14 HGB Zwangsgeld festgesetzt werden (OLG Köln 19.7.2013, NZG 2013, 1431 (1433)). Im Insolvenzverfahren ist der Insolvenzverwalter registerverpflichtet. Die Anmeldung gehört zu den Verwaltungsrechten, die der Insolvenzverwalter gem. § 80 Abs. 1 InsO anstelle des Gemeinschuldners wahrnimmt, um dessen Einfluss auf das erfasste Vermögen im Interesse der Befriedigung der Gläubiger auszuschalten (BGH 24.11.1980, NJW 1981, 822). Die Verpflichtung

des GmbH-Geschäftsführers, die noch vor der Eröffnung des Insolvenzverfahrens über das Vermögen der Gesellschaft erfolgte Änderung der Geschäftsanschrift der Gesellschaft zum Handelsregister anzumelden, entfällt nicht aufgrund der Eröffnung des Insolvenzverfahrens (OLG Hamburg 27.1.2011, GmbHR 2011, 828 (829)).

II. Verfahren

Das Zwangsverfahren ist in den §§ 388 ff. FamFG geregelt. Mit der Aufforderung zum Nachkommen der Registerpflicht wird ein Zwangsgeld **angedroht.** Hiergegen kann der Adressat **Einspruch** einlegen. Hält das Gericht diesen nicht für offensichtlich begründet, hat es zur **mündlichen Verhandlung** zu laden. Wird der Einspruch für begründet erachtet, hat das Gericht die Aufforderung zur Anmeldung sowie die Androhung des Zwangsmittels aufzuheben; anderenfalls hat das Gericht den Einspruch zu verwerfen und das angedrohte Zwangsgeld **festzusetzen.** Zur Geltendmachung von materiellen Einwendungen ist ein vorhergehender Einspruch zwingend nötig. Allerdings kann das Registergericht iRd Entscheidung über den Einspruch gegen eine wiederholte Zwangsgeldfestsetzung das früher festgesetzte Zwangsgeld nach § 390 Abs. 6 FamFG aufheben, wenn die Unrichtigkeit der vorangegangenen Verfügung erkannt wird (OLG Schleswig-Holstein 9.6.2010, ZInsO 2010, 1157 (1159)). 3

Wird innerhalb der bestimmten Frist weder der gesetzlichen Verpflichtung genügt noch Einspruch erhoben, so ist das angedrohte **Zwangsgeld festzusetzen** und zugleich die frühere Verfügung unter Androhung eines erneuten Zwangsgeldes zu wiederholen. In gleicher Weise ist fortzufahren, bis der gesetzlichen Verpflichtung genügt oder Einspruch erhoben wird (§ 389 FamFG). 4

Gegen den Beschluss, durch welchen das Zwangsgeld festgesetzt oder der Einspruch verworfen wird, findet die **Beschwerde** statt (§ 391 FamFG). Materielle Einwendungen gegen die Registerpflicht können nur nach vorgeschaltetem Einspruchsverfahren geltend gemacht werden. 5

Die **Vollstreckung** findet gemäß den Vorschriften der Justizbeitreibungsordnung statt. Wird vor der Vollstreckung die verlangte Anmeldung oder Dokumenteneinreichung noch vorgenommen, ist nicht weiter zu vollstrecken; das Zwangsgeld ist Beugemittel und keine Strafe. 6

[Publizität des Handelsregisters]

15 (1) **Solange eine in das Handelsregister einzutragende Tatsache nicht eingetragen und bekanntgemacht ist, kann sie von demjenigen, in dessen Angelegenheiten sie einzutragen war, einem Dritten nicht entgegengesetzt werden, es sei denn, daß sie diesem bekannt war.**

(2) [1] **Ist die Tatsache eingetragen und bekanntgemacht worden, so muß ein Dritter sie gegen sich gelten lassen.** [2] **Dies gilt nicht bei Rechtshandlungen, die innerhalb von fünfzehn Tagen nach der Bekanntmachung vorgenommen werden, sofern der Dritte beweist, daß er die Tatsache weder kannte noch kennen mußte.**

(3) **Ist eine einzutragende Tatsache unrichtig bekanntgemacht, so kann sich ein Dritter demjenigen gegenüber, in dessen Angelegenheiten die Tatsache einzutragen war, auf die bekanntgemachte Tatsache berufen, es sei denn, daß er die Unrichtigkeit kannte.**

(4) **Für den Geschäftsverkehr mit einer in das Handelsregister eingetragenen Zweigniederlassung eines Unternehmens mit Sitz oder Hauptniederlassung im Ausland ist im Sinne dieser Vorschriften die Eintragung und Bekanntmachung durch das Gericht der Zweigniederlassung entscheidend.**

Übersicht

I. Abs. 1

Abs. 1 behandelt die sog. **negative Publizität.** Was eintragungspflichtig, aber weder eingetragen noch bekannt gemacht ist, kann der Kaufmann einem Dritten nicht entgegenhalten. Da die negative Publizität kein Selbstzweck ist, erfährt dieser Grundsatz eine Ausnahme bei positiver Kenntnis des Dritten von der Tatsache. Was eintragungspflichtig ist, ist nicht in § 15, sondern an anderer Stelle im HGB und in den rechtsformspezifischen Spezialgesetzen geregelt. 1

2 Wegen der weitgehenden Wirkung der negativen Publizität hat das Registergericht die Veröffentlichung einer Eintragung unverzüglich zu veranlassen (§ 32 HRV). Die Eintragung selbst kann angesichts der Geschäftsbelastung der Gerichte nicht immer unverzüglich erfolgen. Bei **besonderer Eilbedürftigkeit** oder besonders schwierigen rechtlichen Gestaltungen ist es daher ratsam, frühzeitig Kontakt mit dem Registergericht aufzunehmen, um eine reibungslose Bearbeitung zu gewährleisten.

3 Abs. 1 betrifft nur **eintragungspflichtige Tatsachen.** Es spielt zwar keine Rolle, ob es sich hierbei um konstitutive oder deklaratorische Eintragungen handelt, jedoch tritt bei konstitutiven Einträgen ohnehin erst mit der Eintragung die beabsichtigte Änderung der Rechtsverhältnisse ein, sodass iRd Vertrauensschutzes der Bekanntmachung die entscheidende Bedeutung zukommt. Die Eintragungspflicht entfällt nicht dadurch, dass eine notwendige, eintragungspflichtige Vor-Eintragung rechtwidrig unterblieben ist (BGH 11.11.1991, BGHZ 116, 37 (44) = NJW 1992, 505), auch wenn das Registerblatt jetzt scheinbar wieder richtig ist. Bei von der Rspr. entwickelten Eintragungspflichten wird man eine zulasten des Eintragungspflichtigen wirkende Berufung Dritter auf § 15 Abs. 1 erst ab Rechtskraft und Veröffentlichung der die Eintragungspflicht begründenden Gerichtsentscheidung bejahen können (vgl. BGH 11.11.1991, BGHZ 116, 37 (45) = NJW 1992, 505). Für lediglich eintragungsfähige Sachen gilt Abs. 1 nicht. Das Gesetz enthält an einigen Stellen Sondervorschriften, die iR ihres Regelungsbereiches § 15 Abs. 1 verdrängen, zB § 25 Abs. 2, § 28 Abs. 2, § 139 Abs. 4 und § 174. Für die Eintragung der Eröffnung eines Insolvenzverfahrens gilt § 15 ebenfalls nicht (§ 32 Abs. 2 S. 2).

4 Geschützt wird (nur) der **Dritte.** Derjenige, in dessen Angelegenheiten die Tatsache einzutragen war, kann sich nicht auf die fehlende Eintragung bzw. Bekanntmachung berufen. Der Eintragungspflichtige ist auch insoweit nicht geschützt, als der Grund für die fehlende Eintragung bzw. Bekanntmachung ihm nicht zurechenbar zu sein braucht. Die Norm gilt auch zulasten von geschäftsunfähigen Eintragungspflichtigen bezüglich der infolge seiner Geschäftsunfähigkeit eingetretenen Beendigung seiner Organstellung; von dieser die Vertretungsmacht betreffenden Frage zu trennen ist jedoch die andere Frage nach seiner Geschäftsfähigkeit iRd konkreten Geschäftes – § 15 Abs. 1 begründet kein Vertrauen auf die konkrete Geschäftsfähigkeit des für den Kaufmann Handelnden (BGH 1.7.1991, BGHZ 115, 78 (80) = NJW 1991, 2566).

5 Der Dritte kann sich teils auf die Eintragung und teils auf die wahre Rechtslage berufen, selbst wenn diese einander logisch ausschließen (sog. **Rosinentheorie**). So kann beispielsweise der ehemalige persönlich haftende Gesellschafter einer KG, der in Anspruch genommen wird, weil sein Ausscheiden bei Geschäftsabschluss im Handelsregister noch nicht eingetragen war, dem Gläubiger nicht entgegengehalten, ebenso wie zu seinen Lasten seine weitere Zugehörigkeit zur Gesellschaft fingiert werde, müsse auch zu seinen Gunsten, weil seine Gesamtvertretungsbefugnis ebenfalls noch nicht gelöscht sei, das Geschäft mangels seiner Mitwirkung ihm gegenüber als nicht zustande gekommen behandelt werden (BGH 1.12.1975, BGHZ 65, 309 (310) = MDR 1976, 295). Ebenso kann ein Kommanditist unter Berufung auf § 15 Abs. 1 in Anspruch genommen werden, wenn weder sein Eintritt noch sein Austritt zum Handelsregister angemeldet wurden (BGH 21.3.1983, NJW 1983, 2258 (2260)). Denn für die Anwendung des § 15 Abs. 1 ist es nicht erforderlich, dass der Dritte das Handelsregister eingesehen hat oder gar eine Kausalität der Handelsregistereintragung für das Handeln oder Unterlassen des Dritten besteht. Es handelt sich um einen abstrakten bzw. typisierten Vertrauensschutz, bei dem Kenntnisnahme vom Registerinhalt und Kausalität unwiderleglich vermutet werden, soweit lediglich die Möglichkeit bestand, dass der Dritte im Vertrauen auf den Fortbestand der bisherigen Rechtslage gehandelt haben konnte. Ob die Tatsache das Verhalten des Dritten tatsächlich beeinflusst hat, ist gleichgültig (OLG Celle 8.2.2001, OLGR Celle 2001, 153 (155)).

6 Für die Anwendung des § 15 Abs. 1 kommt es nicht auf das tatsächliche **Vertrauen** des Dritten auf die Handelsregistereintragung an. Dieses wird vielmehr unwiderleglich vermutet, ohne dass dem Eintragungspflichtigen die Möglichkeit des Gegenbeweises eröffnet ist. Nach allgM gilt, wie aus § 15 Abs. 4 geschlussfolgert werden kann, die Vorschrift jedoch nur im Geschäftsverkehr. Darunter sind nicht nur rechtsgeschäftliche oder rechtsgeschäftsähnliche, sondern auch sonstige rechtlich erhebliche Beziehungen zu fassen, soweit – abstrakt – das Vertrauen auf die Eintragung für das Verhalten des Dritten von Bedeutung sein konnte. Daher ist die Berufung auf § 15 Abs. 1 dann ausgeschlossen, wenn die Kenntnis der einzutragenden Tatsache für das Rechtsverhältnis keinerlei Bedeutung gehabt haben konnte, ein Zusammenhang zwischen der Entstehung des Anspruchs und dem Inhalt des Registers also undenkbar ist (BFH 12.5.1978, NJW 1978, 1944 (1944)). Dies ist idR insbesondere bei deliktischen Ansprüchen der Fall (zB einem Verkehrsunfall oder einem Verstoß gegen das UWG außerhalb einer bestehenden Geschäftsverbindung), soweit diese nicht einen Zusammenhang zu einem konkreten Vertragsgeschäft aufweisen, wie dies etwa bei einem Betrug häufig der Fall sein wird. Gleiches gilt für vertragsähnliche Ansprüche wie solche aus GoA oder ungerechtfertigter Bereicherung. Der ausgeschiedene Gesellschafter einer OHG haftet nicht für Verbindlichkeiten der Gesellschaft (Arbeitnehmeransprüche) gem. §§ 128, 160, die aufgrund eines Betriebsübergangs gem. § 613a Abs. 1 S. 1 BGB entstanden sind, wenn der Gesellschafter zum Zeitpunkt des Betriebsübergangs gesellschaftsrechtlich bereits aus der OHG ausgeschieden war, sein Wechsel in die Stellung eines Kommanditisten aber erst später in das Handelsregister eingetragen worden ist und die Arbeitnehmer die Arbeitsverhältnisse danach widerspruchslos

fortgesetzt haben (LAG Hamm, 4.3.2009, ZInsO 2010, 822 (826)). § 15 umfasst auch den so genannten Prozessverkehr einschließlich Zustellungen (OLG Brandenburg 24.3.2010, BeckRS 2010, 12605). Unanwendbar ist § 15 jedoch im Prozessrecht bei unabdingbaren Prozessvoraussetzungen sowie im Strafrecht und sonstigen öffentlichen Recht.

II. Abs. 2

Geschützt wird nur eine richtige Tatsache (BGH 14.5.2019, NZG 2019, 861 (864)). Ist eine eintragungspflichtige angemeldet und bekannt gemacht, muss sie ein Dritter grundsätzlich **gegen sich wirken lassen.** Eine Ausnahme gilt nur für eine **Übergangsfrist** von 15 Tagen nach der Bekanntmachung, sofern der Dritte nachweist, dass er schuldlos von der Tatsache nichts wusste. Für Nicht-Kaufleute gilt der Fahrlässigkeitsmaßstab des § 276 Abs. 2 BGB, wonach fahrlässig handelt, wer die im Verkehr erforderliche Sorgfalt außer Acht lässt. Für Kaufleute gilt die strengere Vorschrift des § 347 Abs. 1, die auf die Sorgfalt eines ordentlichen Kaufmannes abstellt. Seit der durch die Einführung des elektronischen Handelsregisters ganz wesentlich erleichterten Einsichtnahme in das Handelsregister wird man Kaufleuten daher jedenfalls bei größeren Geschäften eine Berufung auf die Schonfrist nicht mehr gestatten können. Bei Alltagsgeschäften wird man keine routinemäßige Recherche beim Unternehmens- bzw. Handelsregister verlangen können, da dies organisatorisch schwierig ist, personelle Ressourcen bindet und jeder einzelne Abruf kostenpflichtig ist (*Paefgen* ZIP 2008, 1653 (1655 f.); tendenziell strenger bereits zur früheren Rechtslage BGH 8.5.1972, NJW 1972, 1418 (1419)). 7

Die Berufung des Kaufmannes auf § 15 Abs. 2 kann im Einzelfall **missbräuchlich** sein. Dies ist insbesondere dann der Fall, wenn dem Kaufmann ein der Registereintragung entgegenstehender Rechtsschein zugeordnet werden kann. So ist es beispielsweise rechtsmissbräuchlich, sich auf eine Haftungsbeschränkung zu berufen, wenn sie während einer festen Geschäftsverbindung erfolgt, ohne dass der Geschäftspartner auf die Änderung hingewiesen wird (BGH 6.4.1987, NJW 1987, 3124 (3125)). Nicht ausreichen soll es jedoch für eine unbeschränkte persönliche Haftung eines Kommanditisten, der als solcher zutreffend im Handelsregister eingetragen ist, dass dieser in der Vergangenheit von seinem Geschäftspartner verschiedentlich fälschlich als Komplementär angesprochen wurde, ohne einen Korrekturversuch unternommen zu haben (BAG 18.8.2011, DB 2012, 285 (286)). 8

III. Abs. 3

Das Vertrauen in die Richtigkeit der Eintragungen und Bekanntmachungen in das Handelsregister wird nur in den Grenzen des § 15 Abs. 3 geschützt. Unrichtig ist eine Bekanntmachung, wenn sie im **Widerspruch** zur tatsächlichen Rechtslage steht. 9

Vertrauensschutz besteht daher nach allgM in allen Fällen **unrichtiger Bekanntmachung,** also auch dann, wenn bereits die Eintragung unrichtig war (selbst wenn die Unrichtigkeit auf einem anderen Fehler beruhte), oder die Eintragung sogar gänzlich fehlte. 10

Umstritten ist, ob § 15 Abs. 3 über seinen Wortlaut hinaus auch für den umgekehrten Fall gilt, dass zwar die Bekanntmachung richtig, aber die **Eintragung falsch** ist. Vertrauensschutz auch in diesem Falle zu gewähren lässt sich damit begründen, dass das Handelsregister als öffentliches Register für den Rechtsverkehr als verlässlich gelten muss. Andererseits würde der anmeldende Kaufmann mit dem Risiko falscher Eintragungen belastet. Da er jedoch infolge Kenntnis seiner eigenen Angelegenheiten die Richtigkeit seines eigenen Registerblattes selbst am besten beurteilen kann, wird man ihm im Ergebnis mit dieser Ausdehnung der Rechtsscheinhaftung belasten können. Dies gilt zumal angesichts des Umstandes, dass der Kaufmann auch Amtshaftungsansprüche geltend machen kann. Das Registergericht hat nicht nur eigene Fehler bei der von ihm vorgenommenen Eintragung zu unterlassen. Es ist darüber hinaus verpflichtet, dafür Sorge zu tragen, dass Umstände, die der tatsächlichen Rechtslage nicht entsprechen, nicht Aufnahme in das Handelsregister und mit amtlicher Hilfe öffentliche Verbreitung finden (BGH 24.6.1982, BGHZ 84, 285 (287) = NJW 1983, 222). Daraus folgt andererseits, dass eine unrichtige, also eine mit der wirklichen Rechtslage nicht übereinstimmende Eintragung im Handelsregister – im Regelfall durch Löschung – als solche kenntlich und erforderlichenfalls öffentlich bekanntgemacht wird. Der betroffene Kaufmann kann einen entsprechenden Antrag stellen, das Registergericht kann aber auch von sich aus tätig werden. 11

Die Vorschrift wirkt nur zulasten desjenigen, der den Eintragungsantrag selbst gestellt hat oder sich einen solchen Antrag zurechnen lassen muss. Ob die Anmeldung selbst fehlerhaft war oder nicht, soll dabei keine Rolle spielen (OLG Brandenburg 21.6.2012, JuS 2013, 360). Insofern ist § 15 Abs. 3 kein Fall von Rechtsscheinhaftung, sondern von Veranlasserhaftung. 12

Wie bei Abs. 1 kommt es nicht auf das aktuelle **Vertrauen** des Dritten auf die Handelsregistereintragung an. Ebenfalls wie bei Abs. 1 findet die Vorschrift jedoch nur im Geschäftsverkehr Anwendung. Notwendig ist also ein zumindest theoretischer Zusammenhang zwischen der Entstehung des Anspruchs und dem Inhalt des Registers. Ebenfalls wie bei Abs. 1 kann der Dritte sich aussuchen, ob er sich auf die wahre Rechtslage oder auf die fehlerhafte Eintragung bzw. Bekanntmachung berufen will. 13

14 § 15 gilt im Geschäftsverkehr, und hierzu gehört auch der Prozessverkehr. Wenn ein Dritter im Geschäftsverkehr aufgrund des durch § 15 Abs. 3 begründeten Rechtsschein einen materiell-rechtlichen Anspruch gegen die im Handelsregister eingetragene Person erlangt, ist dieser Anspruch in der Praxis nur dann voll wirksam, wenn der Dritte den kraft Rechtsscheins erworbenen Anspruch auch **prozessual durchsetzen** kann auf der Grundlage des Inhalts der Handelsregistereintragung, die den Rechtsschein begründet hat. Von daher besteht auch unter dem Gesichtspunkt von Treu und Glauben (§ 242 BGB) bei unzutreffender Eintragung eines GmbH-Geschäftsführers jedenfalls dann ein Bedürfnis für die Anwendung des § 15 Abs. 3 iRd § 51 ZPO, wenn dieser eingetragene Geschäftsführer Verpflichtungen der eingetragenen Gesellschaft begründet hat. Der Einwand des Beklagten, er sei mangels ordnungsgemäßer Vertretung (fehlerhafte Bestellung des Geschäftsführers einer GmbH) nicht gem. § 51 ZPO **prozessfähig,** greift daher dann nicht durch, wenn sich der Kläger auf den Rechtsschein aus § 15 Abs. 3 berufen kann (OLG Sachsen-Anhalt 29.7.2008, OLGR Naumburg 2009, 25 (26)).

IV. Abs. 4

15 Die Beschränkung auf Unternehmen mit Sitz oder Hauptniederlassung im Ausland erklärt sich aus § 13 Abs. 2. Wegen der darin statuierten **Zuständigkeitskonzentration** auf das Registergericht des Sitzes oder der Hauptniederlassung ist in diesen Fällen die Anwendbarkeit von § 15 Abs. 1–3 unproblematisch.

V. Darlegungs- und Beweislast

16 Bei § 15 Abs. 1 trägt der Anmeldepflichtige die volle Beweislast für die **positive Kenntnis des Dritten** von der eintragungspflichtigen, aber nicht eingetragenen bzw. nicht bekannt gemachten Sache. Wer sich auf die **Schonfrist** des § 15 Abs. 2 beruft, trägt die Beweislast für seine schuldlose Unkenntnis der neuen Registereintragung. Im Falle des Abs. 3 trägt derjenige, auf dessen Veranlassung die Eintragung erfolgte, die volle Beweislast für die positive Kenntnis des Dritten von der Eintragung bzw. der Bekanntmachung.

Öffentliche Zustellung

15a **[1] Ist bei einer juristischen Person, die zur Anmeldung einer inländischen Geschäftsanschrift zum Handelsregister verpflichtet ist, der Zugang einer Willenserklärung nicht unter der eingetragenen Anschrift oder einer im Handelsregister eingetragenen Anschrift einer für Zustellungen empfangsberechtigten Person oder einer ohne Ermittlungen bekannten anderen inländischen Anschrift möglich, kann die Zustellung nach den für die öffentliche Zustellung geltenden Vorschriften der Zivilprozessordnung erfolgen. [2] Zuständig ist das Amtsgericht, in dessen Bezirk sich die eingetragene inländische Geschäftsanschrift der Gesellschaft befindet. [3] § 132 des Bürgerlichen Gesetzbuchs bleibt unberührt.**

I. Normzweck

1 Professionelle **Firmenbestatter** agieren häufig aus dem Ausland heraus. Durch Schließen des (inländischen) Ladenlokals und Bestellung eines im Ausland lebenden Geschäftsführers wird Gläubigern die Möglichkeit genommen, Zugriff auf etwa noch vorhandenes Gesellschaftsvermögen zu nehmen. Juristischen Personen soll eine solche **kalte Liquidation** künftig nicht mehr möglich sein; insbesondere soll eine juristische Person sich nicht dadurch seinen Verpflichtungen entziehen können, dass ihre Leiter lediglich eine Briefkastenanschrift angeben und in Krisenfällen untertauchen.

2 Mit dem durch das MoMiG eingefügten § 15a wird gegenüber juristischen Personen die **öffentliche Zustellung erleichtert.** Eine öffentliche Zustellung ist danach möglich, wenn der Zugang der Willenserklärung weder unter der eingetragenen inländischen Anschrift, noch unter einer im Handelsregister eingetragenen Anschrift einer für Zustellungen empfangsberechtigten Person (§ 13e Abs. 2 S. 4, § 10 Abs. 2 S. 2 GmbHG, § 39 Abs. 1 S. 2 AktG) noch unter einer ohne Ermittlungen bekannten anderen inländischen Anschrift möglich ist. Die Erleichterung geht daher in zweierlei Richtungen: Weder brauchen Ermittlungen über die tatsächliche inländische Adresse angestellt werden, noch muss an eine bekannte Adresse im Ausland zugestellt werden. Prozessual wird die Vorschrift durch die Neufassung von § 185 ZPO ergänzt.

II. Zuständigkeit

3 Über die Bewilligung der öffentlichen Zustellung entscheidet das **Prozessgericht,** das sie auch ausführt (zu den Einzelheiten s. § 186 ZPO).

III. Darlegungs- und Beweislast

In der **Erleichterung** der von dem zustellungswilligen Gläubiger zu erbringenden Ermittlungsarbeit liegt die wesentliche Verbesserung des Gläubigerschutzes. Grundsätzlich verlangt die Rspr., dass die die öffentliche Zustellung beantragende Partei alle im bisherigen Lebenskreis des Zustellungsempfängers aufscheinenden Möglichkeiten einer Klärung seines derzeitigen Aufenthaltes nutzen muss (OLG Frankfurt a. M. 16.2.2006, BeckRS 2006, 04 805). Im Anwendungsbereich des § 15a sind solche Ermittlungen nicht mehr notwendig. Die Anforderungen der Rspr. gelten jedoch weiterhin für Personengesellschaften. 4

[Entscheidung des Prozessgerichts]

16 (1) [1]**Ist durch eine rechtskräftige oder vollstreckbare Entscheidung des Prozessgerichts die Verpflichtung zur Mitwirkung bei einer Anmeldung zum Handelsregister oder ein Rechtsverhältnis, bezüglich dessen eine Eintragung zu erfolgen hat, gegen einen von mehreren bei der Vornahme der Anmeldung Beteiligten festgestellt, so genügt zur Eintragung die Anmeldung der übrigen Beteiligten.** [2]**Wird die Entscheidung, auf Grund deren die Eintragung erfolgt ist, aufgehoben, so ist dies auf Antrag eines der Beteiligten in das Handelsregister einzutragen.**

(2) **Ist durch eine rechtskräftige oder vollstreckbare Entscheidung des Prozessgerichts die Vornahme einer Eintragung für unzulässig erklärt, so darf die Eintragung nicht gegen den Widerspruch desjenigen erfolgen, welcher die Entscheidung erwirkt hat.**

I. Allgemeines

Nicht selten sollen insbesondere durch **einstweilige Verfügungen** Eintragungen in das Handelsregister erzwungen oder, häufiger noch, verhindert werden. Die Norm regelt das Verhältnis zwischen dem Registergericht einerseits und dem Prozessgericht andererseits. Gemäß § 26 FamFG hat das Registergericht von Amts wegen die zur Feststellung der Tatsachen erforderlichen Ermittlungen durchzuführen und die geeignet erscheinenden Beweise zu erheben. Es kann jedoch auch, wenn eine von ihm zu erlassende Eintragungsverfügung von der Beurteilung eines streitigen Rechtsverhältnisses abhängig ist, die Verfügung aussetzen, bis über das Verhältnis im Wege des Rechtsstreits entschieden ist; ist der Rechtsstreit nicht anhängig, kann es einem der Beteiligten eine Frist zur Erhebung der Klage bestimmen (§ 381 FamFG). 1

II. Anwendungsbereich der Norm

Gestaltende gerichtliche Entscheidungen wie etwa jene über die Entziehung der Geschäftsführungsbefugnis nach § 117 führen aufgrund ihrer gestaltenden Wirkung zu einer Veränderung der Rechtslage und sind damit ohnehin für das Registergericht bindend. Entsprechendes gilt für Entscheidungen nach **§ 894 ZPO,** mit denen die Abgabe einer Willenserklärung fingiert wird. **Verurteilende und feststellende Entscheidungen** wirken nur inter partes (§ 325 ZPO), und daran ändert auch § 16 nichts. In diesen Fällen kann das Registergericht mithin aufgrund von Einwendungen Dritter oder im öffentlichen Interesse eine Entscheidung treffen, die von jener des Prozessgerichts inhaltlich abweicht. 2

III. Tatbestände der Norm

1. Abs. 1 S. 1. Die Norm ist anwendbar bei von mehreren vorzunehmenden Anmeldungen (**§ 16 Abs. 1 S. 1 Alt. 1,** Bsp.: Anmeldung der Errichtung einer OHG, § 108) sowie bei streitigen, eintragungspflichtigen Tatsachen (**§ 16 Abs. 1 S. 1 Alt. 2,** Bsp.: Entziehung der Vertretungsmacht eines persönlich haftenden Gesellschafters). Die gerichtliche Entscheidung ersetzt bei diesen Anmeldungen das anderenfalls erforderliche Einverständnis der Mitbetroffenen. Das Registergericht ist in diesen Fällen weder verpflichtet noch berechtigt, die Rechtslage insoweit eigenständig zu prüfen, als das Prozessgericht bereits über sie entschieden hat; dessen Entscheidung hat das Registergericht vielmehr seiner eigenen Eintragungsverfügung zugrunde zu legen. 3

2. Abs. 1 S. 2. Wird die Entscheidung des Prozessgerichts, auf der die Eintragung im Handelsregister beruht, **nachträglich aufgehoben,** erfolgt keine Berichtigung von Amts wegen. Vielmehr ist dieser Umstand auf Antrag eines der Beteiligten in das Handelsregister einzutragen (§ 16 Abs. 1 S. 2). Es ist sodann Sache der Beteiligten, ob sie aus der Aufhebung weitere Konsequenzen ziehen wollen. 4

3. Abs. 2. In der Praxis wichtiger ist die durch § 16 Abs. 2 eröffnete Möglichkeit **Dritter,** durch eine prozessgerichtliche Entscheidung eine **Eintragung zu verhindern,** die in deren Rechte eingreifen würde. So kann beispielsweise durch eine einstweilige Verfügung iSd §§ 935 ff. ZPO dem Vorstand einer AG die Anmeldung eines Gesellschafterbeschlusses zur Eintragung in das Handelsregister mit der 5

Folge untersagt werden, dass dadurch die Eintragung in das Handelsregister verhindert wird (BVerfG 13.10.2004, BVerfGK 4, 102 (104) = WM 2004, 2354). Ist die Eintragung bereits vor Eingang des Widerspruchs beim Registergericht erfolgt, ist es für einen vorbeugenden Rechtsschutz im Registerverfahren zu spät. Dem Dritten bleibt dann noch die Möglichkeit, den Dritten auf Abgabe eines entsprechenden **Löschungsantrages** zu verklagen.

IV. Verfahren

6 Erfolgt eine Eintragung aufgrund einer rechtskräftigen oder vollstreckbaren Entscheidung des Prozessgerichts, ist dieser Umstand bei der Eintragung im **Register** zu vermerken (§ 18 S. 1 HRV). Eine Aufhebung der Entscheidung ist in dieselbe Spalte des Registers einzutragen (§ 18 S. 2 HRV).

Dritter Abschnitt. Handelsfirma

[Begriff]

17 (1) **Die Firma eines Kaufmanns ist der Name, unter dem er seine Geschäfte betreibt und die Unterschrift abgibt.**

(2) **Ein Kaufmann kann unter seiner Firma klagen und verklagt werden.**

Übersicht

I. Allgemeines

1 Die Firma genießt als der Name, unter dem ein Kaufmann seine Geschäfte betreibt, den Schutz des **§ 12 BGB** (BGH 6.7.1954, BGHZ 14, 155 (159)). Ein Einzelkaufmann verfügt daneben über seinen bürgerlichen Namen, bei einer Handelsgesellschaft ist die Firma der einzige Name. Die Firma ist ein **Immaterialgüterrecht** mit persönlichkeits- und vermögensrechtlichen Elementen.

2 **Firmenfähig** sind alle Kaufleute, also die **Ist-Kaufleute** nach § 1 Abs. 2, die eingetragenen Kann-Kaufleute nach §§ 2 und 3, sowie die **Personenhandels- und Kapitalgesellschaften.** Die Partnerschaft führt keine Firma, sondern einen Namen (§ 2 Abs. 1 S. 1 PartGG).

3 Von der Firma als dem Namen des Unternehmensträgers sind zu unterscheiden die **Marke** als Produktbezeichnung sowie **Geschäftsbezeichnungen,** die nicht auf den Unternehmensträger, sondern auf das Unternehmen hinweisen, und auch von Nichtkaufleuten verwendet werden dürfen. Eine firmenmäßige Verwendung dieser Kennzeichen ist unzulässig; das Kennzeichen darf daher nicht so verwendet werden, dass bei den angesprochenen Verkehrskreisen der Eindruck entstehen könnte, mit dem Kennzeichen würde der Unternehmensträger bezeichnet werden (BGH 8.4.1991, NJW 1991, 2023 (2024)).

II. Firmenarten

4 Man unterscheidet zwischen der aus dem Namen des Kaufmannes bzw. eines Gesellschafters gebildeten **Personenfirma,** der dem Unternehmensgegenstand entlehnten **Sachfirma** sowie der **Phantasiefirma.** Weitere Firmenkategorien sind die ursprüngliche und die abgeleitete Firma sowie der Firmenkern und der Firmenzusatz.

III. Firmengrundsätze

Grundlegend für **Bildung und Führung von Firmen** sind die sog. Firmengrundsätze. 5

1. Firmenwahrheit. Nach dem in § 18 Abs. 2 niedergelegten Grundsatz der Firmenwahrheit darf die Firma keine Angaben enthalten, die geeignet sind, über geschäftliche Verhältnisse, die für die angesprochenen Verkehrskreise wesentlich sind, **irrezuführen.** Jedes Firmenführungsrecht – wie immer es erworben und wie lange es ausgeübt worden sein mag – endet, sobald die geschäftlichen Verhältnisse des Firmenträgers in Widerspruch zu dem Inhalt des Firmennamens treten und die Allgemeinheit aus der Beibehaltung der Firma unzutreffende Schlüsse auf die geschäftlichen Verhältnisse des Firmenträgers ziehen könnte (BGH 9.6.1953, BGHZ 10, 196 (201)). 6

2. Firmenausschließlichkeit. Die Firma soll nicht nur für sich genommen nicht irreführend sein, sondern sie soll auch nicht mit anderen Firmen **verwechselbar** sein. Der in § 30 statuierte Grundsatz der Firmenausschließlichkeit verlangt daher, dass jede neue Firma sich von allen an demselben Ort oder in derselben Gemeinde bereits bestehenden und in das Handelsregister eingetragenen Firmen deutlich unterscheiden muss. 7

3. Firmeneinheit. Ebenfalls dem **Irreführungsgebot** geschuldet ist der Grundsatz der Firmeneinheit, wonach Einzelkaufleute für ein Unternehmen sowie Handelsgesellschaften generell nur eine Firma führen dürfen. Ein Einzelkaufmann darf für mehrere von ihm organisatorisch getrennt betriebene Unternehmen jeweils eine eigene Firma führen (arg. e. § 50 Abs. 3 S. 1), so wie auch Gesellschafter mehrere personenidentische Personenhandelsgesellschaften gründen dürfen, die dann auch eine jeweils eigene Firma führen dürfen. Auch aus dem Grundsatz der Firmeneinheit folgt das Verbot, eine Marke oder eine mit der Firma nicht identische Unternehmensbezeichnung in einer Weise einzusetzen, dass sie im Verkehr nicht mehr (nur) als schlagwortartige, werbekräftige Kennzeichnung eines Geschäfts, sondern zugleich als der eigene Name des Unternehmensträgers, also eine Firma, erscheint (BGH 8.4.1991, NJW 1991, 2023 (2024)). 8

4. Firmenöffentlichkeit. Der Grundsatz der Firmenöffentlichkeit verlangt die Eintragung der Firma ins **Handelsregister.** Das Registergericht kann den Kaufmann zur Anmeldung einer zulässigen Firma durch Zwangsgeld anhalten (§ 14). 9

5. Firmenführungspflicht. Der Grundsatz der Firmenführungspflicht schließlich verlangt, dass auf allen **Geschäftsbriefen** des Kaufmanns gleich welcher Form, die an einen bestimmten Empfänger gerichtet werden, die Firma anzugeben ist. Die Einzelheiten regelt § 37a. 10

IV. Beginn und Ende der Firma

1. Entstehung. Die Firma des Einzelkaufmannes, dessen Unternehmen nach Art oder Umfang einen in kaufmännischer Weise eingerichteten Gewerbebetrieb erfordert, gelangt zur Entstehung durch ihre **Verwendung** (BGH 9.6.1953, BGHZ 10, 196 (204)). Bei Kann-Kaufleuten entsteht die Firma erst mit der **Eintragung,** da vorher mangels Kaufmanneigenschaft auch keine Firmenfähigkeit existiert. Handelsgesellschaften dürfen nicht ohne gleichzeitige Anmeldung einer zulässigen Firma eingetragen werden. Bei Handelsgesellschaften wirkt die Eintragung der Firma ausnahmsweise nur deklaratorisch, wenn die Vor-Gesellschaft, die als solche firmenfähig ist (BGH 29.10.1992, BGHZ 120, 103 (107)), die Firma bereits geführt hat. Solange die Handelsgesellschaft besteht, besteht auch deren Firma. 11

2. Erlöschen. Gibt der Einzelkaufmann sein Geschäft nicht nur vorübergehend auf, erlischt seine Firma; gleiches gilt, wenn sein Unternehmen nach Art oder Umfang einen in kaufmännischer Weise eingerichteten Gewerbebetrieb nicht mehr erfordert. Für Handelsgesellschaften hingegen kommt das Erlöschen der Firma qua **Geschäftsaufgabe** nicht in Betracht, denn zum einen bedürfen diese zur Identifizierung notwendigerweise einer Firma und zum andern ist der Unternehmensträger von dem von diesem betriebenen Unternehmen zu unterscheiden. 12

3. Andere Unternehmenskennzeichnungen. Während Handelsgesellschaften im Rechtsverkehr stets nur unter ihrer Firma als ihrem einzigen Namen auftreten können, können Einzelkaufleute wahlweise entweder unter ihrem bürgerlichen Namen oder unter ihrer Firma handeln. Ein **firmenmäßiger** Gebrauch von anderen Unternehmenskennzeichnungen, etwa einer Etablissementsbezeichnung, ist nicht zulässig. 13

4. Änderung der Firma. Eine Firma darf **jederzeit** geändert werden. Für die Änderung der Firma gelten die Vorschriften über die Bildung einer **neuen Firma.** Eine fortgeführte Firma darf grundsätzlich nicht verändert werden. Es sind jedoch solche Änderungen zulässig, die sich nach dem Übergang des Geschäfts durch Erweiterung oder Einschränkung des Geschäftsumfangs, durch Fallenlassen eines bisherigen oder Aufnahme eines neuen Geschäftszweigs, durch Umbenennung des Firmensitzes oder durch 14

Sitzverlegung ergeben. In diesen Fällen ist die Firmenänderung nicht nur im Interesse des Inhabers, sondern auch in dem der Allgemeinheit notwendig oder doch wünschenswert (BGH 12.7.1965, BGHZ 44, 116 (119 f.)).

15 **5. Keine isolierte Firmenübertragung.** Gemäß § 23 kann die Firma nicht isoliert, dh ohne das Handelsgeschäft, für welches sie geführt wird, **veräußert** werden. Entsprechendes gilt für eine **Gebrauchsüberlassung.** Dies gilt auch im **Zwangsvollstreckungs**- und im **Insolvenzverfahren,** bei denen eine isolierte Verwertung der Firma nicht in Betracht kommt. Bei einer Veräußerung durch den Insolvenzverwalter ist darüber hinaus bei der Firma eines Einzelkaufmannes (BGH 13.12.1989, BGHZ 109, 364 (367)) oder einer Personenhandelsgesellschaft (OLG Koblenz 17.10.1991, NJW 1992, 2101 (2102)), die den bürgerlichen Namen des Einzelkaufmannes bzw. eines Gesellschafters enthält, die Zustimmung des Namensträgers erforderlich.

V. Schutz der Firma

16 **1. Anspruchsgrundlagen.** Das Recht zur Führung einer zulässigen Firma ist umfassend geschützt. Anspruchsgrundlagen für Abwehr- und Schadensersatzansprüche sind die **§§ 823, 12 BGB,** letztere Vorschrift auch dann, wenn die Firma keinen bürgerlichen Namen enthält (BGH 8.12.1953, BGHZ 11, 214 (215); BGH 6.7.1954, BGHZ 14, 155 (159)). Wer in seinem Firmenrecht verletzt wird, kann hiergegen vor den Zivilgerichten klagen **(§ 37 Abs. 2).** Daneben kommt gem. **§ 37 Abs. 1** ein Untersagungsverfahren von Amts wegen durch das Handelsregistergericht in Betracht; ein subjektives Recht auf ein Einschreiten gibt es allerdings nicht. Diese Ansprüche kommen nicht nur bei Führen einer gleichlautenden Firma in Frage, sondern auch bei solchen, die eine Verwechslungsgefahr in sich tragen. Bei anderen Unternehmenskennzeichen kommt ein Schutz nach **§§ 5, 15 MarkenG** in Betracht (BPatG 29.72019, BeckRS 2019, 20887).

17 **2. Voraussetzungen.** Voraussetzung für einen firmenrechtlichen Schutz ist ein **älteres Recht** des Verletzten. Neben absoluten Kennzeichenrechten kommen auch relative in Betracht, wie sie sich häufig bei Betriebsabspaltungen finden. Neben der **Verwirkung,** für die die allgemeinen Voraussetzungen des Zeit- und des Umstandsmoments gelten, kommt eine **Erwirkung** durch langjährigen, unbeanstandeten Gebrauch im guten Glauben in Betracht, allerdings nicht, wenn dadurch die Schutzzwecke des Firmenrechts, wie etwa die Vermeidung von Verwechslungen, gefährdet werden würden.

18 **3. Rechtsfolge.** Rechtsfolge kann neben einer **Unterlassungsverfügung** ein **Schadensersatzanspruch** sein, der sich, wie auch sonst bei gewerblichen Schutzrechten, am konkreten Schaden, am Gewinn des Verletzers oder an fiktiven Lizenzgebühren orientiert.

VI. Grenzen des Firmenrechts

19 Der Gebrauch des Firmennamens unterliegt, wie jede wettbewerbliche Handlung, dem Gebote der **Lauterkeit** (BGH 9.6.1953, BGHZ 10, 196 (201)), insbesondere also dem Irreführungsgebot nach §§ 3 und 5 UWG.

VII. Verfahren

20 Die in § 17 Abs. 2 eröffnete Möglichkeit, dass ein Kaufmann unter seiner Firma klagen und verklagt werden kann, hat als ungeschriebenes Tatbestandsmerkmal zur Voraussetzung, dass es sich hierbei um einen unternehmensbezogenen Rechtsstreit handeln muss. Partei wird auch in diesen Fällen stets der Kaufmann, da eine Firma oder ein Unternehmen weder rechts- noch parteifähig sind (BGH 21.11.1989, NJW 1990, 908 (908)). Die Angabe der Firma ohne Bezeichnung des Inhabers genügt den Erfordernissen des § 253 Abs. 2 Nr. 1 ZPO; verklagt ist in einem solchen Fall, wer zur Zeit der Rechtshängigkeit Inhaber war (OLG München 10.3.1971, NJW 1971, 1615 (1615)). Eine Verurteilung unter der Firma gestattet die **Zwangsvollstreckung** auch in das Privatvermögen des Einzelkaufmanns, sowie umgekehrt eine Verurteilung unter dessen bürgerlichen Namen die Zwangsvollstreckung auch in das Geschäftsvermögen zulässt. Nach § 729 Abs. 2 ZPO ist eine vollstreckbare Ausfertigung gegen denjenigen, der ein unter Lebenden erworbenes Handelsgeschäft unter der bisherigen Firma fortführt, bezüglich solcher Verbindlichkeiten zu erteilen, für die er nach § 25 Abs. 1 S. 1, Abs. 2 haftet, sofern sie vor dem Erwerb des Geschäfts gegen den früheren Inhaber rechtskräftig festgestellt worden sind (OLG Köln 17.12.1993, NJW-RR 1994, 1118 f.). Zu einem ordnungsgemäßen Beweisantritt genügt die Angabe einer Firma des Kaufmanns jedoch nicht, vielmehr ist anhand des Handelsregisters der bürgerliche Name des Kaufmanns zu ermitteln (OLG Thüringen 7.10.2009, MDR 2010, 827 (828)).

[Firma des Kaufmanns]

18 (1) **Die Firma muß zur Kennzeichnung des Kaufmanns geeignet sein und Unterscheidungskraft besitzen.**

(2) [1] **Die Firma darf keine Angaben enthalten, die geeignet sind, über geschäftliche Verhältnisse, die für die angesprochenen Verkehrskreise wesentlich sind, irrezuführen.** [2] **Im Verfahren vor dem Registergericht wird die Eignung zur Irreführung nur berücksichtigt, wenn sie ersichtlich ist.**

Übersicht

I. Grundlagen

Im Firmenrecht herrscht grundsätzlich **Wahlfreiheit;** alle Kaufleute können unabhängig von ihrer Rechtsform zwischen Sach-, Personen- und Phantasiefirmen nebst Mischformen wählen. Das Firmenrecht stellt nur einige, wenige Grundanforderungen auf, um ein Mindestmaß an Praktikabilität, Transparenz und Verkehrsschutz zu gewährleisten. Gemäß § 18 muss die Firma, um ihrer Namensfunktion gerecht zu werden, Kennzeichnungs- und Unterscheidungskraft besitzen. Darüber hinaus darf sie im Interesse des Wirtschaftsverkehrs nicht irreführend sein. 1

II. Aussprechbarkeit

Um seiner Namensfunktion gerecht zu werden, muss die Firma grundsätzlich aussprechbar sein. Übliche **Interpunktionen** wie ein Gedankenstrich oder Anführungszeichen stehen dem ebenso wenig entgegen wie **Sonderzeichen,** solange diese wie etwa das kaufmännische „und“ (&) oder das „at“-Zeichen (@) aussprechbar sind. **Buchstabenfolgen** sind grundsätzlich idS artikulierbar; es kommt nicht darauf an, ob diese aufgrund der Anordnung der Vokale und Konsonanten gleichsam wie ein Wort aussprechbar sind (BGH 8.12.2008, DStR 2009, 333 (334) („HM & A“ bei einer GmbH & Co. KG)). **Bilder** können mangels Aussprechbarkeit nicht Bestandteil einer Firma sein. Als bloße grafische Gestaltung eines Schriftbildes wird auch eine hochgestellte Zahl angesehen. Demgemäß ist das Registergericht auch nicht an die exakte Schreibweise in der Registeranmeldung im Zuge der Eintragung der Firma in das Register gebunden. Eine von dieser Eintragung abweichende Verwendung des Firmennamens durch den Rechtsträger im Rechtsverkehr bedingt daher auch keine Änderung der Firma (OLG München, 13.4.2011, GmbHR 2011, 587 (588)). Gegen fremdsprachliche Firmenbestandteile bestehen keine grundsätzlichen Bedenken. Diese werden ihrer Namensfunktion gerecht, wenn sie vom deutschen Publikum memoriert werden können. Dies setzt nicht notwendigerweise voraus, dass die fremdsprachlichen Ausdrücke verstanden werden (zB pasta, consulting, savoir vivre), da eine in Deutschland nicht allgemein verständliche, fremdsprachliche Firma in aller Regel wenn auch nicht als Sachfirma, so aber doch als Phantasiefirma zulässig sein wird. 2

III. Gattungsbezeichnungen; Allerweltsnamen

Reinen Gattungsbezeichnungen (OLG München 1.7.2010, NZG 2011, 157: „Zahnarztpraxis“) und sehr verbreiten Namen (Müller, Schmidt) fehlt die Unterscheidungskraft; diese können sie durch **individualisierende Firmenzusätze** erlangen; bei häufig vorkommenden Nachnamen wird das Hinzufügen des Vornamens meist für die notwendige Individualisierung sorgen, so wie dies auch beim bürgerlichen Namen der Fall ist. Allein dadurch, dass eine nur einmalig vergebene **Internet-Domain** zur Firma gemacht wird, können die Grundsätze der Firmenbildung nicht umgangen werden (LG Köln 8.2.2008, BeckRS 2008, 18436). Der **Rechtsformzusatz** hat für sich alleine keine individualisierende Funktion (BGH 14.7.1966, BGHZ 46, 7 (12)). 3

IV. Täuschungsverbot

4 **1. Grundlagen.** Das in § 18 Abs. 2 niedergelegte, umfassende Täuschungsverbot ist Ausfluss der Firmenwahrheit. Es betrifft sowohl den Firmenkern wie etwaige Firmenzusätze. Hinsichtlich des – stets zwingenden – Rechtsformzusatzes bestehen spezialgesetzliche Sonderregelungen (§ 19, § 4 GmbHG, §§ 4, 279 AktG, § 3 GenG, § 2 PartGG). Auf eine **Täuschungsabsicht** kommt es nicht an. Eine **fortgeführte Firma** darf nicht in Widerspruch zu den geschäftlichen Verhältnissen treten (BGH 12.7.1965, BGHZ 44, 116 (119 f.)). Jedes Firmenführungsrecht – wie immer es erworben und wie lange es ausgeübt worden sein mag – endet, sobald die geschäftlichen Verhältnisse des Firmenträgers in Widerspruch zu dem Inhalt des Firmennamens treten und die Allgemeinheit aus der Beibehaltung der Firma unzutreffende Schlüsse auf die geschäftlichen Verhältnisse des Firmenträgers ziehen könnte (BGH 9.6.1953, BGHZ 10, 196 (201)). Die §§ 21, 22 und 24 enthalten aus Gründen der Firmenbeständigkeit hiervon Ausnahmen. Wird eine erloschene Firma alsbald von einem anderen Unternehmensträger angenommen und geführt, kann hierin eine Irreführung liegen, wenn die angesprochenen Verkehrskreise von der Kontinuität des Unternehmens ausgehen.

5 **2. Beurteilungsmaßstab.** Mit dem Abstellen auf die angesprochenen Verkehrskreise und die Wesentlichkeit der Angabe will § 18 Abs. 2 einer zu strengen Praxis entgegenwirken. Wesentlich sind nur solche Angaben über geschäftliche Verhältnisse, die für die wirtschaftliche Entscheidung der (potentiellen) Geschäftspartner, gerade mit diesem Unternehmen in Kontakt zu treten, bei vernünftiger, objektiver Betrachtung eine Rolle spielen können; Angaben von nur geringer **wettbewerbsrechtlicher Relevanz** oder von nebensächlicher wirtschaftlicher Bedeutung werden von § 18 Abs. 2 nicht erfasst (BayObLG 17.5.1999, NJW-RR 2000, 111 (111 f.)). Die Täuschungsgefahr braucht sich zwar noch nicht hin zu einer tatsächlichen Täuschung konkretisiert haben, eine nur theoretische Täuschungsgefahr scheidet jedoch aus. Im Übrigen ist maßgeblich, an welche **Verkehrskreise** sich die Firma richtet. Im Billigmarktsektor muss idR von einem geringeren Bildungsgrad ausgegangen werden als etwa im Wissenschaftsverlagswesen.

6 **3. Einzelfälle.** Noch nicht abschließend geklärt ist die Frage, ob in die Firma eines Einzelkaufmannes der **Name eines Dritten,** also einer anderen Person als des Unternehmensträgers, in die Firma einer Handelsgesellschaft der Name eines Nicht-Gesellschafters aufgenommen werden darf. Zwar herrscht grundsätzlich Wahlfreiheit und die gewählte Firma mag in einem solchen Fall streng genommen keine Personenfirma mehr sein, aber sie kommt doch als Phantasiefirma grundsätzlich in Betracht. Unzulässig ist eine solche – nur scheinbare – Personenfirma jedoch jedenfalls dann, wenn es hierdurch zu einer relevanten Täuschung des Verkehrs kommen würde, etwa indem durch die Verwendung eines bestimmten Namens eine so nicht vorhandene Sachkenntnis oder Seriosität widergespiegelt wird (LG Wiesbaden 7.4.2004, NJW-RR 2004, 1106), oder ein so nicht vorhandenes Haftungsvermögen vorgetäuscht wird. In der Regel wird dies bei Einzelkaufleuten und Personenhandelsgesellschaften zur Unzulässigkeit einer solchen Firma führen (aA für einen Einzelkaufmann: OLG München 8.11.2012, MDR 2013, 44 (45); für eine GmbH & Co. AG: OLG Karlsruhe 24.2.2010, MDR 2010, 1130 (1131)). Bei Kapitalgesellschaften spielt die Frage der persönlichen Haftung keine Rolle, sodass nur auf den Umfang der Einflussnahme auf die Geschicke des Unternehmens abzustellen ist. Eindeutig irreführend wäre die Verwendung des Namens einer jedermann bekannten Person des öffentlichen Lebens (Beispiel: „Claudia Schiffer Kosmetik GmbH"), sofern die betreffende Person nicht an der Gesellschaft beteiligt ist (OLG Thüringen 22.6.2010, NZG 2010, 1354 (1355); OLG Rostock 17.11.2014, NZG 2015, 243; einschränkend (tatsächliche Verbindung zwischen dem verwendeten Namen und der Gesellschaft) OLG Karlsruhe 22.11.2013, MDR 2014, 233 (234); krit. gegenüber der Zulassung von Fremdnamen: *Kögel* GmbHR 2011, 16 (18 ff.)).

7 Wählt die Personenhandelsgesellschaft eine Personenfirma, kann diese durch Aufnahme der – grundsätzlich vollständigen – Firma einer der Personenhandelsgesellschaft als Gesellschafterin beitretenden Handelsgesellschaft gebildet werden. Enthält die Firma der **Gesellschafter-Gesellschaft** Angaben, die bei Verwendung in der zweiten Firma irreführend wären (etwa Orts- oder Größenangaben), ist umstritten, ob die Firma entsprechend gekürzt werden darf oder gar nicht erst als Namensgeberin in Betracht kommt. Die Rspr. lässt geringfügige Auslassungen zu (BGH 16.3.1981, BGHZ 80, 353 (355 f.) = NJW 1981, 2746; OLG Celle 16.6.1976, NJW 1976, 2021 (2022)).

8 Bei der Verwendung eines **akademischen Grades oder Titels** muss danach differenziert werden, ob dieser für die Beurteilung des Unternehmens eine Rolle spielt (BGH 13.4.1959, MDR 1959, 551). Ist der Grad oder Titel geeignet, etwas über die Qualität des Unternehmens auszusagen, muss der Namensträger die Unternehmensbelange maßgeblich mitbestimmen (BGH 24.10.1991, NJW-RR 1991, 367 (368)). Wenn etwa eine GmbH, die auf dem Gebiet der Personalberatung tätig ist, in ihrer Firma eine Person mit einem Doktortitel aufführt, die nicht mehr der Gesellschaft angehört und auch kein sonstiger promovierter Akademiker in der Gesellschaft eine maßgebliche Stellung einnimmt, ist eine Eignung zur Irreführung iSd § 18 Abs. 2 zu bejahen; Entsprechendes gilt für Berufsbezeichnungen

(OLG Köln 12.3.2008, DNotZ 2009, 140 (142)). Nach Ausscheiden des den Doktortitel führenden Namensgebers einer Partnergesellschaft kann diese den Titel weiterführen (BGH 8.5.2018, NZG 2018, 900 (901)).

Die Firma darf keinen falschen Vorstellungen über den **Umfang** des Unternehmens Vorschub leisten, sei es hinsichtlich der Betriebsgröße („Werk" oder „Fabrik" bei einem Ein-Mann-Betrieb), sei es hinsichtlich des bedienten Marktes („europäisch" bei Tätigkeit nur in einem Bundesland) (sehr großzügig (UG als „Holding") OLG Frankfurt a. M. 16.4.2019, NJW-RR 2019, 1447 (1448)). Die Aufnahme einer **Ortsangabe** in den Namen einer Firma stellt, gleich ob diese in attributiver oder substantivischer Form erfolgt, idR nicht allein deshalb einen Verstoß gegen das Irreführungsverbot dar, weil die Firma keine führende oder besondere Stellung in dem Ort nachgewiesen hat (OLG München 28.4.2010, DStR 2010, 991; OLG Braunschweig 10.8.2011, Rpfleger 2012, 153 (154)). Anderes kann gelten, wenn zusätzliche Angaben in dem Firmennamen die Berühmung einer solchen besonderen Stellung nahelegen (OLG München 28.4.2010, DStR 2010, 991; OLG Dresden 26.5.2010, BeckRS 2011, 02004). 9

Wird in die Firma eine Bezeichnung aufgenommen, die üblicherweise als Umschreibung des **Unternehmensgegenstandes** verwendet wird, muss dieser Gegenstand für das Unternehmen prägend sein; eine objektive gegebene Täuschungsgefahr wird nicht dadurch beseitigt, dass der Firmeninhaber behauptet, es läge keine Sach-, sondern eine Phantasiefirma vor. 10

Eine **Phantasiefirma** darf keine Assoziationen hervorrufen, die falsche Vorstellungen über das mit der Firma bezeichnete Unternehmen wecken können (BayObLG 17.5.1999, NJW-RR 2000, 111 (111 f.)). Eine Irreführung soll auch dann vorliegen, wenn die Firma **keinen Bezug zum Unternehmensgegenstand** hat (OLG Düsseldorf 12.8.2019, NZG 2020, 308 (309)). 11

4. Erwirkung. Wegen des **vorrangigen Verkehrsschutzes** kommt die Erwirkung einer unzulässigen, weil täuschenden Firma, nicht in Betracht (BGH 12.7.1965, BGHZ 44, 116 (118)). 12

5. Beurteilungszeitpunkt. Eine unzulässige Firma kann zulässig, eine zulässige Firma kann unzulässig werden, etwa durch Ausdehnung oder Verkleinerung des Geschäftsbereichs. Maßgeblich ist stets der aktuelle Zeitpunkt (BGH 10.11.1969, BGHZ 53, 65 (67 ff.) = NJW 1970, 704). 13

6. Sonstige Anspruchsgrundlagen. Bei der Führung einer irreführenden Firma kommen Ansprüche auch gem. §§ 3, 5 und 8 **UWG** sowie §§ 5 und 15 **MarkenG** in Betracht. 14

V. Verfahren

Bei der Anmeldung einer neuen oder einer geänderten Firma hat das Registergericht die **Verwechslungsgefahr** zu überprüfen (§§ 29, 31 iVm § 26 FamFG). Gegen eine **nachträglich unwahr gewordene** Firma kann das Registergericht nach § 395 FamFG oder nach § 37 Abs. 1 iVm § 392 Abs. 1 FamFG vorgehen. In Verfahren vor dem Registergericht wird gem. § 18 Abs. 2 S. 2 die Eignung zur Irreführung nur berücksichtigt, wenn sie ersichtlich ist, dh im Wesentlichen ohne Beweisaufnahme festgestellt werden kann. 15

Das Firmenrecht des HGB erkennt damit bewusst Firmen als zulässig an, gegen die Abwehrklagen aus anderen Rechtsgebieten, insbesondere aus **§ 3 UWG,** erfolgreich sein können. § 18 Abs. 2 S. 2 setzt nur die Grenzen für die Ermittlungspflicht des Registergerichts herab. 16

Die Frage der **Irreführungsgefahr** wird das Gericht in aller Regel selbst beantworten können, zumal das Registergericht die Eignung zur Irreführung nur berücksichtigen darf, wenn sie evident ist (OLG Düsseldorf 12.8.2019, NZG 2020, 308 (309)). Danach können lediglich Angaben beanstandet werden, bei denen die Täuschungseignung nicht allzu fernliegt und ohne umfangreiche Beweisaufnahme bejaht werden kann (OLG Stuttgart 8.3.2012, NZG 2012, 551 (552)). Ferner werden die Richter häufig selbst zu den angesprochenen Verkehrskreisen gehören. Hilft dies nicht weiter, wird vielfach ein demoskopisches Gutachten einzuholen sein. Bei sich nur an Mitglieder bestimmter Branchen richtenden Firmen kommen auch Auskünfte der IHK oder von Berufsverbänden in Betracht. 17

[Bezeichnung der Firma bei Einzelkaufleuten, einer OHG oder KG]

19 (1) **Die Firma muß, auch wenn sie nach den §§ 21, 22, 24 oder nach anderen gesetzlichen Vorschriften fortgeführt wird, enthalten:**

1. **bei Einzelkaufleuten die Bezeichnung „eingetragener Kaufmann", „eingetragene Kauffrau" oder eine allgemein verständliche Abkürzung dieser Bezeichnung, insbesondere „e. K.", „e. Kfm." oder „e. Kfr.";**
2. **bei einer offenen Handelsgesellschaft die Bezeichnung „offene Handelsgesellschaft" oder eine allgemein verständliche Abkürzung dieser Bezeichnung;**
3. **bei einer Kommanditgesellschaft die Bezeichnung „Kommanditgesellschaft" oder eine allgemein verständliche Abkürzung dieser Bezeichnung.**

(2) **Wenn in einer offenen Handelsgesellschaft oder Kommanditgesellschaft keine natürliche Person persönlich haftet, muß die Firma, auch wenn sie nach den §§ 21, 22, 24 oder nach anderen gesetzlichen Vorschriften fortgeführt wird, eine Bezeichnung enthalten, welche die Haftungsbeschränkung kennzeichnet.**

I. Allgemeines

1 Da für alle Kaufleute Sach-, Personen- und Phantasiefirmen nebst Mischformen zulässig sind, stellen § 19 sowie die einschlägigen spezialgesetzlichen Regelungen (§ 4 GmbHG, §§ 4, 279 AktG, §§ 2, 11 PartGG usw) aus Gründen des Verkehrsschutzes das Erfordernis auf, dass die Firma einen **Rechtsformzusatz** enthalten muss.

II. Einzelkaufmann

2 Solange der – firmenfähige – Einzelkaufmann nicht eingetragen ist, hat er dies entsprechend zu verlautbaren, etwa durch die Formulierung **„einzutragender Kaufmann"**, wie auch Kapitalgesellschaften durch einen entsprechenden Zusatz ihr noch nicht abgeschlossenes Anmeldungsstadium kund zu tun haben, idR durch den Zusatz „i. Gr.".

III. OHG

3 Auch eine OHG bedarf eines Rechtsformzusatzes, entweder **ausgeschrieben** oder in **abgekürzter** Form (zB OHG, oHG, offene HG; mangels Allgemeinverständlichkeit wohl nicht OH, oH). Ein nur auf irgendeine Gesellschaft hindeutender Zusatz („& Co.") genügt nicht.

IV. KG

4 Für die KG gilt das zur OHG Gesagte entsprechend. Als Rechtsformzusätze kommt hier neben „KG" etwa „KommanditG" in Betracht.

V. Personengesellschaften ohne unbeschränkt haftende natürliche Person

5 Abs. 2 gilt auch für mehrstöckige Gesellschaften. Entscheidend ist, dass keine natürliche Person unbeschränkt haftet, auf welcher Stufe auch immer, sondern dass letztendlich nur eine begrenzte Vermögensmasse zur Schuldentilgung zur Verfügung steht.

6 Bei der Kennzeichnung der Haftungsbeschränkung haben die Gesellschafter vielfältige Auswahlmöglichkeiten. Entscheidend ist, dass die Firma in ihrer **Gesamtheit** dem Gebot der Firmenklarheit genügen und kenntlich machen muss, dass keine natürliche Person haftet (OLG Hamm 6.4.1987, NJW-RR 1987, 990). Eine Aneinanderreihung mehrerer Rechtsformzusätze kommt diesem Erfordernis in aller Regel nicht nach („GmbH Co KG", OLG Stuttgart 29.4.1977, MDR 1977, 758 (758); „X GmbH Y KG", BGH 24.3.1980, NJW 1980, 2084). Nach der Rspr. genügt ein auf eine Gesellschaft hindeutender Zusatz (zB „GmbH & Co. KG"). Möglich ist auch „beschränkt haftende OHG", aber mangels Allgemeinverständlichkeit nicht „OHG mbh" (OLG Hamm 6.4.1987, NJW-RR 1987, 990). Wählt die Personenhandelsgesellschaft eine Personenfirma, kann diese durch Aufnahme der – grundsätzlich vollständigen – Firma einer der Personenhandelsgesellschaft als Gesellschafterin beitretenden Handelsgesellschaft gebildet werden. Enthält die Firma der Gesellschafter-Gesellschaft Angaben, die bei Verwendung in der zweiten Firma irreführend wären (etwa Orts- oder Größenangaben), ist umstritten, ob die Firma entsprechend gekürzt werden darf oder gar nicht erst als Namensgeberin in Betracht kommt. Die Rspr. lässt geringfügige Auslassungen zu (BGH 16.3.1981, BGHZ 80, 353 (355 f.) = NJW 1981, 2746; OLG Celle 16.6.1976, NJW 1976, 2021 (2022)). Aus der die Haftungsbeschränkung kennzeichnenden Bezeichnung nach § 19 Abs. 2 muss sich ergeben, um welche Art von Gesellschaft es sich bei dem persönlich Haftenden handelt; die Firma einer Personenhandelsgesellschaft „… GmbH & Co …" ist daher unzulässig, wenn allein Unternehmergesellschaften iSv § 5a Abs. 1 GmbHG persönlich haften (KG 8.9.2009, NZG 2009, 1159).

7 Diese Regeln gelten nicht nur für den häufigsten Fall, dass die unbeschränkt haftende Gesellschafterin eine GmbH ist, sondern auch, wenn es sich um eine andere juristische Person handelt, etwa eine AG oder eine Stiftung. Handelt es sich um eine **ausländische Gesellschaft,** muss aus deren Firma für den deutschen Rechts- und Wirtschaftsverkehr allgemeinverständlich die Haftungsbeschränkung ersichtlich sein, wie dies etwa bei der „Ltd." der Fall ist. Ist diese Bedingung nicht erfüllt, muss dies im (deutschen) Rechtsformzusatz klargestellt werden (zB „X Company Computer OGH mit beschränkter Haftung").

8 Wird in solchen Fällen aus der Firma der Personenhandelsgesellschaft die Begrenzung der Haftungsmasse der unbeschränkt haftenden Gesellschafterin nicht deutlich, kommt neben dem allgemeinen Untersagungsverfahren (§ 37, § 392 FamFG) eine zivilrechtliche **Rechtsscheinhaftung** in Betracht (BGH 8.5.1978, BGHZ 71, 354 (356) = NJW 1978, 2030).

VI. Fortgeführte Firma

Die Notwendigkeit eines auf die konkrete Rechtsform hindeutenden Rechtsformzusatzes besteht auch bei fortgeführten Firmen. Wechselt in einem solchen Fall die Rechtsform des Unternehmensträgers, bedarf die Firma in ihrem Rechtsformzusatz einer entsprechenden **Änderung.** 9

VII. Altfälle

Die Regelungen gelten auch für vor dem 1.7.1998 eingetragene Firmen, und zwar nach der Aufhebung des Art. 38 EGHGB durch Art. 209 Abs. 6 Nr. 1 des Ersten Gesetzes über die Bereinigung von Bundesrecht im Zuständigkeitsbereich des BMJ vom 19.4.2006 (BGBl. 2006 I 866) uneingeschränkt. Auch eine sich im Hinzufügen eines Rechtsformzusatzes erschöpfende Änderung der Firma ist mithin zur Eintragung im Handelsregister **anzumelden.** 10

(aufgehoben)

20

[Fortführung bei Namensänderung]

21

Wird ohne eine Änderung der Person der in der Firma enthaltene Name des Geschäftsinhabers oder eines Gesellschafters geändert, so kann die bisherige Firma fortgeführt werden.

Die dem Grundsatz der **Firmenbeständigkeit** geschuldete Norm gilt für alle Personenfirmen von Einzelkaufleuten und Handelsgesellschaften und erfasst alle Formen der Namensänderung, auf welchem Grund auch immer sie beruhen mögen. Der Verkehrsschutz gestattet diese Durchbrechung des Grundsatzes der Firmenwahrheit, da sich nicht die hinter dem Unternehmen stehende Person, sondern lediglich deren bürgerlicher Name geändert hat. 1

[Fortführung bei Erwerb des Handelsgeschäfts]

22

(1) **Wer ein bestehendes Handelsgeschäft unter Lebenden oder von Todes wegen erwirbt, darf für das Geschäft die bisherige Firma, auch wenn sie den Namen des bisherigen Geschäftsinhabers enthält, mit oder ohne Beifügung eines das Nachfolgeverhältnis andeutenden Zusatzes fortführen, wenn der bisherige Geschäftsinhaber oder dessen Erben in die Fortführung der Firma ausdrücklich willigen.**

(2) **Wird ein Handelsgeschäft auf Grund eines Nießbrauchs, eines Pachtvertrags oder eines ähnlichen Verhältnisses übernommen, so finden diese Vorschriften entsprechende Anwendung.**

Übersicht

I. Normzweck

1 Um den in einer Firma enthaltenen **Wert** in Form des sog. **good will** zu erhalten, räumt die Norm im Falle des Übergangs eines Handelsgeschäftes dem Grundsatz der Firmenbeständigkeit den Vorrang ein vor dem Grundsatz der Firmenwahrheit. Ein Auseinanderfallen von Betrieb und dem dazugehörigen Firmennamen soll verhindert werden. Dieser Vorrang gilt allerdings nicht unbeschränkt, sondern findet seine Grenze im Irreführungsverbot.

II. Handelsgeschäft

2 **1. Begriff des Handelsgeschäfts.** Ein Handelsgeschäft ist als solches nicht übertragbar. Gemeint ist die **Gesamtheit der materiellen und immateriellen Vermögenswerte,** die zum Betreib eines konkreten Unternehmens nötig sind. Das so verstandene Unternehmen muss über das Planungsstadium hinausgegangen und in nicht unerheblichem Umfang am Markt operativ tätig geworden sein. Eine nur vorübergehende Betriebseinstellung schadet nicht, wenn das Unternehmen ohne Veränderung seiner Identität wieder in seinem früheren Geschäftsbereich tätig werden kann; entscheidend ist, ob insbesondere die immateriellen Werte noch bestehen, nämlich neben dem Firmennamen und etwaigen Marken insbesondere noch die Kunden- und Lieferantenbeziehungen (BGH 26.5.1972, NJW 1972, 2123). Dadurch wird insbesondere eine Verwertung der Firma in der Krise, die wegen Liquiditätsschwierigkeiten zu einer vorübergehenden Betriebseinstellung geführt haben mag, ermöglicht.

3 **2. Umfang der Übertragung.** Es brauchen nicht ausnahmslos sämtliche Vermögenswerte des Betriebs veräußert werden. Es genügt, wenn **im Großen und Ganzen** diejenigen Werte übertragen werden, die nach wirtschaftlichen Gesichtspunkten den Schluss rechtfertigen, dass die mit dem Kennzeichen verbundene Geschäftstradition vom Erwerber fortgesetzt wird (BGH 22.11.1990, NJW 1991, 1353 (1354)). Bei Verkäufen iRe Liquidation oder einer Insolvenz sind im Interesse einer wirtschaftlich sinnvollen Verwertung der vorhandenen Vermögenswerte des aufzulösenden Unternehmens keine zu strengen Maßstäbe bei der Beurteilung des Erfordernisses des Betriebsübergangs anzulegen (BGH 22.11.1990, NJW 1991, 1353 (1354)). Unerheblich ist, ob der Erwerber tatsächlich die **Absicht** hat, den erworbenen Betrieb fortzusetzen. Maßgebend ist insoweit vielmehr allein, dass der Wille der Vertragspartner dahin geht, mit den Kennzeichnungsrechten den dazugehörigen Geschäftsbetrieb als solchen zu übertragen, und zwar mit den Werten, die dem Erwerber die Möglichkeit zu dessen Fortsetzung bieten (BGH 26.5.1972, NJW 1972, 2123 (2124)).

4 **3. Hauptniederlassung und Zweigniederlassung.** Zulässig ist es, nur die Hauptniederlassung samt Firma oder nur die Zweigniederlassung samt Firma (BGH 13.10.1980, BB 1980, 1658) zu übertragen. Soweit hierdurch eine **Firmenverdoppelung** entsteht, bedarf es bei einer der beiden Firmen eines klarstellenden Zusatzes; ferner muss bei einer Personenfirma der Namensgeber zustimmen, und zwar auch bei einer Kapitalgesellschaft (BGH 13.10.1980, BB 1980, 1658).

5 **4. Kaufmannseigenschaft.** Ist die Firma bislang nicht im Handelsregister eingetragen, ist dies bei **Ist-Kaufleuten** unschädlich (BayObLG 6.7.1978, DB 1978, 1880), bei **Kann-Kaufleuten** steht dies hingegen einer auf § 22 gestützten Firmenfortführung entgegen (OLG Stuttgart 1.3.1962, BB 1962, 386).

III. Form der Übertragung

6 **1. Erwerb unter Lebenden.** Das Recht, beim Erwerb eines Handelsgeschäfts die bisherige Firma fortzuführen, hängt davon ab, dass der bisherige Geschäftsinhaber in die Fortführung der Firma „ausdrücklich willigt" (§ 22 Abs. 1). Das erfordert die vertragliche Einigung über die Übertragung der Firma als Teil des Vertrages über die Veräußerung des Handelsgeschäfts, wobei eine stillschweigende Einigung möglich ist. Notwendig ist aber die Feststellung von Tatsachen, aus denen sich die Einwilligung **unzweideutig** ergibt. Allein aus der Übertragung eines Handelsgeschäfts kann auf eine eindeutige Vereinbarung über die Firmenübertragung nicht geschlossen werden, weil ein Handelsgeschäft auch ohne Firma übertragen werden kann (BGH 27.4.1994, NJW 1994, 2025 (2026)).

7 Die Übertragung der Firma unter Lebenden erfolgt nach hL gem. §§ 398, 413 BGB. Die Übertragungserklärung muss als **Grundlagengeschäft** bei Personengesellschaften durch alle Gesellschafter erfolgen (BGH 8.2.1952, NJW 1952, 537 (538)). Bei Kapitalgesellschaften muss wegen § 12 BGB der namensgebende Gesellschafter in die Firmenübertragung einwilligen, wenn er der Übertragung nicht bereits als Mitglied eines Vertretungsorgans zugestimmt hat.

8 Die **Einwilligung** des veräußernden Unternehmensträgers kann inhaltlich **beschränkt,** etwa zeitlich befristet oder auflösend bedingt werden. Im Zweifel ermächtigen Einwilligung und Übertragung zur Weiterübertragung, aber nicht zur Firmenvervielfältigung (RG 16.11.1907, RGZ 67, 94 (95)).

2. Erwerb von Todes wegen. Miterben können auch ohne gesellschaftlichen Zusammenschluss ein ererbtes Handelsgeschäft in **ungeteilter Erbengemeinschaft** ohne zeitliche Begrenzung fortführen (BGH 8.10.1984, BGHZ 92, 259 (262) = NJW 1985, 136). Die Erbengemeinschaft ist als neue Firmeninhaberin in das Handelsregister einzutragen (§ 31 Abs. 1). Setzen sie sich auseinander, steht es ihnen frei, nach den allgemeinen Regeln eine Handelsgesellschaft zu gründen und durch diese das Handelsgeschäft weiter zu betreiben. 9

3. Nutzungsüberlassung. Die Regelungen gelten für die **Unternehmenspacht** und den **Unternehmensnießbrauch** entsprechend (§ 22 Abs. 2). 10

IV. Einwilligung des Namensgebers

Bei der Personenfirma ist zur Rechtmäßigkeit der Firmenübertragung die Einwilligung des Namensgebers **erforderlich.** Soweit der Namensgeber etwa als Einzelkaufmann oder als Gesellschafter am Übertragungsgeschäft beteiligt war, ist in seiner Zustimmung zur Firmenübertragung zugleich die Einwilligung zu sehen. Ist er nicht beteiligt, ist die Einwilligung einzuholen, es sei denn, sie sei bereits vorab, etwa anlässlich der Errichtung der Gesellschaft, erklärt worden. 11

Bei einer Veräußerung aus der **Insolvenz** ist zu unterscheiden. Erfolgte die Aufnahme des Namens in die Firma freiwillig, was bei Kapitalgesellschaften seit jeher und bei Personenhandelsgesellschaften seit dem 1.7.1998 der Fall ist, kann der Insolvenzverwalter die Firma auch ohne die Zustimmung des Namensgebers verwerten (für die GmbH: BGH 27.9.1982, BGHZ 85, 221 (224 f.) = MDR 1983, 379; für die GmbH & Co: BGH 14.12.1989, BGHZ 109, 364 = NJW 1990, 1605; anders noch, soweit nach altem Recht der Name in die Firma aufgenommen werden musste: BGH 26.2.1960, BGHZ 32, 103 (108) = NJW 1960, 1008). Will der Namensgeber dies verhindern, muss er bereits bei der Firmenbildung erklären, seine Zustimmung zur Aufnahme seines Namens in die Firma sei an seine Zugehörigkeit zum Unternehmensträger geknüpft. 12

V. Firmenkontinuität

1. Grundsatz. Die Firma ist grundsätzlich **unverändert** fortzuführen, da nur eine solche Firmenkontinuität ein Durchbrechen der Firmenwahrheit rechtfertigen kann (BGH 12.7.1965, BGHZ 44, 116 (119)). 13

2. Ausnahmen. Von diesem Grundsatz gibt es drei Ausnahmen. Ob ein solcher Ausnahmefall gegeben ist, oder ob das Ausmaß der Änderungen bedeutet, dass keine **Firmenfortführung** mehr vorliegt, sondern eine sich an § 18 zu messende **Firmenneubildung,** ist eine Frage des Einzelfalles. 14

a) Nachfolgevermerk. Stets zulässig ist ein Nachfolgevermerk. Ist der ursprünglichen Firma bei einem Ersterwerb des Handelsgeschäfts ein Nachfolgevermerk in Form eines Inhabervermerkes hinzugefügt worden, darf diese Firma bei einem Zweiterwerb des Handelsgeschäfts nicht mit unverändertem Inhabervermerk fortgeführt werden (OLG Hamm 6.9.1985, NJW-RR 1986, 195 (196)). 15

b) Vermeidung von Täuschungen. Ferner dürfen bzw. müssen solche Änderungen vorgenommen werden, die nachträglich im **Interesse der Allgemeinheit** notwendig oder wünschenswert werden (BGH 12.7.1965, BGHZ 44, 116 (119)). Solche besonderen Fälle liegen etwa vor bei Hinweisen auf **Titel** und **Berufsqualifikationen,** wenn der neue Inhaber über diese nicht mehr verfügt; in einem solchen Fall sind entweder die Hinweise auf die besondere persönliche Qualifikation herauszunehmen, oder es ist durch einen Nachfolgevermerk klarzustellen, dass der jetzige Inhaber nicht notwendigerweise über dieselben Qualifikationen verfügt. Hat der Personenteil einer gemischten Sach- und Personenfirma keine die Firma prägende Bedeutung, so stellt die Firmenänderung in Gestalt eines Wechsels des Personennamens bei einer fortgeführten Firma eine zulässige Änderung dar (OLG Düsseldorf 8.3.2019, NZG 2019, 949 (950)). Ferner muss stets der zutreffende **Rechtsformzusatz** geführt werden (§ 19, § 4 GmbHG, §§ 4, 279 AktG usw). Übernimmt ein Einzelkaufmann eine Firma von einer Handelsgesellschaft, muss er entweder die auf eine Gesellschaft hindeutenden Zusätze wie beispielsweise „& Co." eliminieren, oder einen alle Zweifel ausschließenden Nachfolgevermerk anbringen (BGH 12.11.1984, NJW 1985, 736 (737)); hinzukommt, dass er stets den von ihm selbst nach § 19 zu führenden Rechtsformzusatz in die Firma aufzunehmen hat (Bsp.: alte Firma „X und Y OHG", neue Firma: „X und Y, Nachf. Z e. K."). 16

c) Sonstige. Sonstige Änderungen sind zulässig, wenn sie den Grundsätzen der Firmenbildung entsprechen und **keinen Zweifel an der Identität** der geänderten mit der bisherigen Firma aufkommen lassen (BGH 12.7.1965, BGHZ 44, 116 (119)). Will der Erwerber das erworbene Handelsgeschäft mit einem von ihm bereits betriebenen zusammenführen, kann er die beiden Firmen zu einer einheitlichen, neuen Firma zusammenfassen. 17

VI. Erlöschen des Rechts auf Führung der alten Firma

18 Das Recht zur Führung der Firma erlischt, wenn der Erwerber das **Handelsgeschäft** im Wesentlichen **aufgibt,** sei es durch eine völlige Umgestaltung, sei es durch eine Aufgabe des bisherigen Handelsbetriebes (BGH 17.4.1957, WM 1957, 1152 (1154)).

VII. Firmenverdopplung zwecks Abwicklung der Veräußerin

19 Verbleibt ein – unwesentlicher – Teil des Betriebes beim Veräußerer, können die Vertragsparteien die Kennzeichnung in vollem Umfang auf die Erwerberin übertragen und gleichzeitig mit **schuldrechtlicher Wirkung** vereinbaren, dass die übertragende Gesellschaft die Bezeichnung für eine begrenzte Zeit zu Abwicklungszwecken soll benutzen dürfen (BGH 22.11.1990, NJW 1991, 1353 (1354)).

VIII. Umwandlung

20 Für Unternehmensübernahmen im Geltungsbereich des UmwG gelten **besondere Regelungen** (§§ 18, 200 UmwG).

IX. Verfahren

21 Im Falle der Firmenfortführung durch den Erwerber erfolgt die Eintragung des Inhaberwechsels auf dem **bisherigen Registerblatt.** Entschließt sich der Erwerber nach einiger Zeit der Firmenfortführung zur Annahme einer neuen Firma, ist der Erwerber mit seiner neuen Firma nach näherer Maßgabe von § 13 Abs. 3 HRV auf einem neuen Registerblatt einzutragen. Als Nebenpflicht aus dem Übertragungsvertrag folgt die Pflicht des ehemaligen Inhabers zur Anmeldung des Erlöschens der alten Firma.

[Veräußerungsverbot]

23 Die Firma kann nicht ohne das Handelsgeschäft, für welches sie geführt wird, veräußert werden.

1 **Leerübertragungen** von Firmen sind wegen der solchen Geschäften immanenten Irreführungsgefahren nicht zulässig. Daher kann die Firma immer nur zusammen mit dem Handelsgeschäft übertragen werden. Es brauchen nicht ausnahmslos sämtliche Vermögenswerte des Betriebs veräußert werden. Es genügt, wenn **im Großen und Ganzen** diejenigen Werte übertragen werden, die nach wirtschaftlichen Gesichtspunkten den Schluss rechtfertigen, dass die mit dem Kennzeichen verbundene Geschäftstradition vom Erwerber fortgesetzt wird (BGH 22.11.1990, NJW 1991, 1353 (1354)). Verfügt eine Handelsgesellschaft über kein Handelsgeschäft mehr, kommt eine Übertragung der Firma von vornherein nicht in Betracht. Verbleibt ein – unwesentlicher – Teil des Betriebes beim Veräußerer, können die Vertragsparteien die Kennzeichnung in vollem Umfang auf die Erwerberin übertragen und gleichzeitig mit schuldrechtlicher Wirkung vereinbaren, dass die übertragende Gesellschaft die Bezeichnung für eine begrenzte Zeit zu **Abwicklungszwecken** soll benutzen dürfen (BGH 22.11.1990, NJW 1991, 1353 (1354)).

2 Kein Problem des § 23 ist der Kauf einer **Vorratsgesellschaft,** da Firmenrechtsinhaber der Unternehmensträger und nicht die Firma ist und in diesen Fällen der Unternehmensträger und nicht nur das von ihm betriebene Handelsgeschäft oder die von ihm geführte Firma veräußert wird. Sollte es bei dem Mantelkauf ausnahmsweise zu einer Irreführung kommen, weil der Verkehr mit der Firma noch das alte Unternehmen verbindet, sind diese Fälle über §§ 3, 5 und 8 UWG zu erfassen.

[Fortführung bei Änderungen im Gesellschafterbestand]

24 (1) **Wird jemand in ein bestehendes Handelsgeschäft als Gesellschafter aufgenommen oder tritt ein neuer Gesellschafter in eine Handelsgesellschaft ein oder scheidet aus einer solchen ein Gesellschafter aus, so kann ungeachtet dieser Veränderung die bisherige Firma fortgeführt werden, auch wenn sie den Namen des bisherigen Geschäftsinhabers oder Namen von Gesellschaftern enthält.**

(2) **Bei dem Ausscheiden eines Gesellschafters, dessen Name in der Firma enthalten ist, bedarf es zur Fortführung der Firma der ausdrücklichen Einwilligung des Gesellschafters oder seiner Erben.**

I. Widerstreitende Firmengrundsätze

§ 24 dient dem Grundsatz der **Firmenbeständigkeit.** Bei der hierdurch ermöglichten Führung einer Personenfirma durch andere als die in der Firma genannten Personen tritt der Grundsatz der **Firmenwahrheit** zurück. § 24 Abs. 2 ist nicht auf die Firmierung einer juristischen Person anwendbar (BGH 20.4.1972, BGHZ 58, 322 (325) = NJW 1972, 1419; aA LG Freiburg 4.5.2009, BeckRS 2010, 06693). 1

II. Anwendungsfälle

Die Vorschrift ist in den folgenden Fällen anwendbar: (1) Durch das Hinzutreten einer weiteren Person zu einem Einzelkaufmann **entsteht** überhaupt erst eine **Handelsgesellschaft.** Jedenfalls bei einem Ist-Kaufmann ist eine vorherige Eintragung der Firma nicht erforderlich. (2) Auch im umgekehrten Fall findet die Norm Anwendung, also wenn aus einer Handelsgesellschaft so viele Gesellschafter ausscheiden, dass nur noch **ein einziger übrig** bleibt, der dann das Handelsgeschäft als Einzelkaufmann betreibt (BGH 9.1.1989, NJW 1989, 1798 (1799)). (3) Ebenfalls anwendbar ist die Vorschrift bei einem **Wechsel aller Gesellschafter** einer Personenhandelsgesellschaft, da ein solcher Wechsel die Identität der Gesellschaft unberührt lässt (BGH 8.11.1965, BGHZ 44, 229 (231) = NJW 1966, 499; hinsichtlich der Frage, ob § 22 oder § 24 einschlägig ist, offengelassen von BGH 5.5.1977, BB 1977, 1015 (1016)). (4) Ein bislang persönlich haftender Gesellschafter wird **Kommanditist.** 2

III. Einwilligung des Namensgebers bei Personenfirma

Scheidet bei einer Personenfirma der namensgebende Gesellschafter aus, darf nach der eindeutigen Anordnung in § 24 Abs. 2 die Firma nur dann fortgeführt werden, wenn der Ausscheidende hierin grundsätzlich eingewilligt hat. Die Einwilligung muss wegen der Höchstpersönlichkeit des Namensrechts in der Insolvenz durch den Namensgeber (BGH 26.2.1960, BGHZ 32, 103 (108) = NJW 1960, 1008) und im Falle einer Testamentsvollstreckung durch dessen Erben (BGH 16.2.1987, BGHZ 100, 75 (77) = NJW 1987, 2081) erklärt werden. Auf die Firmierung einer juristischen Person ist § 24 Abs. 2 nicht anwendbar (BGH 20.4.1972, BGHZ 58, 322 (325) = NJW 1972, 1419; aA LG Freiburg 4.5.2009, BeckRS 2010, 06693). 3

IV. Firmenkontinuität

1. Grundsatz. Die Firma ist **grundsätzlich unverändert** fortzuführen, da nur eine solche Firmenkontinuität ein Durchbrechen der Firmenwahrheit rechtfertigen kann (BGH 12.7.1965, BGHZ 44, 116 (119) = WM 1965, 916). 4

2. Ausnahmen. Von diesem Grundsatz gibt es aus Gründen der **Firmenwahrheit** Ausnahmen, hinsichtlich derer auf die entsprechende Kommentierung zu § 22 (→ § 22 Rn. 1 ff.) verwiesen wird. 5

[Haftung des Erwerbers bei Firmenfortführung]

25 (1) [1] **Wer ein unter Lebenden erworbenes Handelsgeschäft unter der bisherigen Firma mit oder ohne Beifügung eines das Nachfolgeverhältnis andeutenden Zusatzes fortführt, haftet für alle im Betriebe des Geschäfts begründeten Verbindlichkeiten des früheren Inhabers.** [2] **Die in dem Betriebe begründeten Forderungen gelten den Schuldnern gegenüber als auf den Erwerber übergegangen, falls der bisherige Inhaber oder seine Erben in die Fortführung der Firma gewilligt haben.**

(2) **Eine abweichende Vereinbarung ist einem Dritten gegenüber nur wirksam, wenn sie in das Handelsregister eingetragen und bekanntgemacht oder von dem Erwerber oder dem Veräußerer dem Dritten mitgeteilt worden ist.**

(3) **Wird die Firma nicht fortgeführt, so haftet der Erwerber eines Handelsgeschäfts für die früheren Geschäftsverbindlichkeiten nur, wenn ein besonderer Verpflichtungsgrund vorliegt, insbesondere wenn die Übernahme der Verbindlichkeiten in handelsüblicher Weise von dem Erwerber bekanntgemacht worden ist.**

Übersicht

I. Normzweck

1 § 25 Abs. 1 S. 1 knüpft die Haftung des Nachfolgers für im Betrieb des Unternehmens begründete Verbindlichkeiten des Vorgängers an die durch die Fortführung der Firma nach außen in Erscheinung tretende **Kontinuität** des Unternehmens an (BGH 12.2.2001, BGHZ 146, 374 (376) = NJW 2001, 1352). Es handelt sich um einen Fall typisierter **Rechtsscheinhaftung.** Ist eine Haftung nach § 25 Abs. 1 S. 1 zu verneinen, kommt immer noch die allgemeine Rechtsscheinhaftung in Betracht (BGH 5.7.2012, NZG 2012, 916 (917)).

II. Persönlicher Anwendungsbereich

2 Die Vorschrift findet nur auf **Kaufleute** Anwendung (BGH 17.9.1991, NJW 1992, 112 (113)). Bei Betriebsübernahme von einem Nichtkaufmann kommt die allgemeine Rechtsscheinhaftung in Betracht (BGH 4.7.1966, BB 1966, 876).

III. Stilllegung des Geschäftsbetriebs

3 Eine **vorübergehende** Stilllegung des Geschäftsbetriebs, insbesondere während eines Insolvenzverfahrens, steht der Anwendung des § 25 Abs. 1 S. 1 nicht entgegen, solange die wesentlichen Grundlagen des Handelsgeschäfts, vor allem seine innere Organisation und seine Geschäftsbeziehungen zu Kunden und Lieferanten, soweit intakt bleiben, dass die **Möglichkeit einer Wiederaufnahme** und Fortführung des Unternehmens durch den Übernehmer besteht (BGH 4.11.1991, NJW 1992, 911).

IV. Erwerbstatbestand

4 **1. Grundsatz.** Ein Erwerb liegt in jeder **Unternehmensübertragung oder -überlassung,** zB in der Übernahme des Handelsgeschäfts einer Personenhandelsgesellschaft durch einen ihrer Gesellschafter (OLG München 15.5.1996, BB 1996, 1682 (1683)) oder in der Pacht des Anlagevermögens bei Kauf des Umlaufvermögens (BGH 29.3.1982, NJW 1982, 1647). Es ist nicht erforderlich, dass das Geschäft in seinen sämtlichen Teilen übernommen wird. Die in § 25 vorgesehene Rechtsfolge greift auch ein, wenn einzelne Vermögensbestandteile oder Betätigungsfelder von der Übernahme ausgenommen werden, solange der den Schwerpunkt des Unternehmens bildende wesentliche **Kern** desselben übernommen wird, sodass sich der nach außen für den Rechtsverkehr in Erscheinung tretende Tatbestand als Weiterführung des Unternehmens in seinem wesentlichen Bestand darstellt (BGH 4.11.1991, NJW 1992, 911 (912)). Auch eine sukzessiv erfolgende Unternehmensübernahme kann eine Fortführung des Handelsgeschäfts iSv § 25 Abs. 1 sein (BGH 24.9.2008, DStR 2009, 383 (384)).

5 Es kommt nur darauf an, ob eine Übernahme **tatsächlich** erfolgt ist; unerheblich ist, ob das zugrundeliegende Kausalgeschäft wirksam ist bzw. im Falle einer Anfechtung geblieben ist (OLG Düsseldorf 8.5.1962, NJW 1963, 545). Nicht ausreichend ist hingegen der bloße **Rechtsschein** einer Unternehmensfortführung (OLG Bremen 13.2.2008, NZG 2008, 946).

6 **2. Insolvenz.** Eine **Ausnahme** von der Erwerberhaftung bildet der Erwerb vom Insolvenzverwalter. Aufgabe des Insolvenzverwalters ist es, die Vermögensgegenstände des Gemeinschuldners zu verwerten und dabei im Interesse der Gläubiger den höchstmöglichen Erlös zwecks anschließender Verwertung zu erzielen. Mit dieser Aufgabe wäre es unvereinbar, wenn der Erwerber eines zur Masse gehörenden Unternehmens nach § 25 Abs. 1 haften müsste. Eine Veräußerung des Unternehmens mit sämtlichen Schulden, die zum Zusammenbruch des bisherigen Trägers geführt haben, wäre nur in den seltensten Fällen erreichbar (BGH 11.4.1988, BGHZ 104, 151 (154) = NJW 1988, 1912). § 25 Abs. 1 S. 1 ist auf den Erwerb eines Handelsgeschäfts aus der Insolvenz auch dann nicht anwendbar, wenn die Ver-

äußerung nicht durch den Insolvenzverwalter, sondern durch den Schuldner in der Eigenverwaltung erfolgt (BGH 3.12.2019, NZG 2020, 318 (319)).

3. Sondervorschriften. Bei **Umwandlungen** hält das UmwG eigene Regelungen bereit (zB § 133 Abs. 1 S. 2 UmwG). Bei **Arbeitsverhältnissen** ist zusätzlich § 613a BGB zu beachten, wobei § 25 nicht zulasten des Arbeitnehmers durch § 613a BGB eingeschränkt werden darf (BAG 23.1.1990, NZA 1990, 685 (688)). 7

V. Kontinuität

1. Fortführung des Handelsgeschäftes. Von einer Unternehmensfortführung geht der maßgebliche Verkehr aus, wenn ein Betrieb von einem neuen Inhaber in seinem **wesentlichen Bestand unverändert** weitergeführt wird, der Tätigkeitsbereich, die innere Organisation und die Räumlichkeiten ebenso wie Kunden- und Lieferantenbeziehungen jedenfalls im Kern beibehalten und/oder Teile des Personals übernommen werden (BGH 7.12.2009, NJW-RR 2010, 246; BGH 24.9.2008, DStR 2009, 383 (384)). Wird der erworbene Betrieb umgehend weiterveräußert, haftet nur der Zweiterwerber (RG 13.2.1934, RGZ 143, 368 (373)). 8

2. Fortführung der Firma. Die Anwendung dieser Vorschrift setzt voraus, dass ein vollkaufmännisches Handelsgeschäft erworben und unter der bisherigen Firma fortgeführt wird (BGH 17.9.1991, NJW 1992, 112 (113)). Auf Nichtkaufleute – Minderkaufleute iSd § 4 – findet die Norm keine Anwendung (FG Münster 1.7.2010, EFG 2010, 2062 (2063)). Auf die Fortführung einer Etablissement- oder Geschäftsbezeichnung kann § 25 Abs. 1 nicht entsprechend angewandt werden (BGH 17.12.2013, NZG 2014, 459; BFH 20.5.2014, NZG 2014, 1239 (1240)), ebenso wenig auf die Fortführung des Namens einer Internetplattform (LG Aachen 8.5.2009, ZGS 2009, 429 (430); Mettler MDR 2012, 1005 (1007 f.)). Neben die Fortführung des Unternehmens muss die Fortführung der Firma treten. Ob Firmenfortführung anzunehmen ist, muss aus der Sicht des maßgeblichen Verkehrs beurteilt werden. Entscheidend ist, ob die unter dem bisherigen Geschäftsinhaber geführte und von dem Erwerber weitergeführte Firma eine derart **prägende Kraft** besitzt, dass der Verkehr sie mit dem Unternehmen gleichsetzt und in dem Verhalten des Erwerbers eine Fortführung der bisherigen Firma sieht. Dabei spielen gewisse Änderungen der alten Firma keine Rolle, sofern der prägende Teil der alten Firma in der neuen beibehalten ist (BGH 12.2.2001, BGHZ 146, 374 (376) = NJW 2001, 1352; BGH 7.10.2009, GRUR-RR 2010, 136 (137)). Die Firmengleichheit wird nicht durch Hinzufügung oder Weglassung eines auf eine Gesellschaft deutenden Zusatzes ausgeschlossen (BGH 15.3.2004, NJW-RR 2004, 1173 (1174)). Ein Nachfolgezusatz beseitigt die Haftung nicht, wie der Gesetzestext eindeutig besagt (BGH 16.1.1984, NJW 1984, 1186 (1187)). Es steht der Haftung nach § 25 nicht entgegen, wenn für einen kurzen Zwischenzeitraum das Unternehmen unter einer anderen Firma fortgeführt wird (BGH 16.9.2009, ZIP 2009, 2244 (2245)). 9

VI. Rechtsfolge

1. Schuldbeitritt. Mit der Unternehmens- und Firmenfortführung tritt der Erwerber den bisher im Geschäftsbetrieb entstandenen Schulden bei, unabhängig von Entstehungsgrund und Rechtsnatur. Es gelten die allgemeinen Regeln über **Gesamtschuldnerschaft** (BGH 8.5.1989, NJW-RR 1989, 1055 (1056)). Die Haftung des Erwerbers ist nicht auf das erworbene Handelsgeschäft beschränkt (BGH 16.6.1955, BB 1955, 652). Die Haftung erfasst nicht nur Verbindlichkeiten, die im Zeitpunkt des Geschäftsübergangs bereits voll wirksam sind, sondern als zur Zeit der Geschäftsübernahme bestehende Ansprüche sind auch solche anzusehen, die betagt, bedingt oder sonst noch nicht fällig sind, wenn nur der Rechtsgrund für diese Ansprüche schon vor der Geschäftsübernahme entstanden ist (BGH 15.5.1990, NJW-RR 1990, 1251 (1253)). 10

2. Dauerschuldverhältnisse. Bezüglich Dauerschuldverhältnissen hat der BGH bisher offengelassen, ob § 25 generell zu einem **Vertragsübergang** kraft Gesetzes führt (ablehnend OLG Hamm 10.3.2009, GWR 2009, 194 (195)). Jedenfalls bei Mietverträgen ist ein solcher Vertragsübergang auf einen neuen Mieter ohne Mitwirkung des Vermieters ausgeschlossen (BGH 25.4.2001, NJW 2001, 2251 (2252)). Bei einem Dauerschuldverhältnis, das der Veräußerer des Handelsgeschäfts begründet hat, neigt der BGH offensichtlich zu einer einschränkenden Auslegung des § 25 Abs. 1 dahin, dass der Erwerber für die nach dem Inhaberwechsel liegenden Zeitabschnitte nur insoweit verpflichtet ist, als er Anspruch auf die Gegenleistung hat (BGH 15.5.1990, NJW-RR 1990, 1251 (1253), nicht tragend). 11

3. Weiterhaftung des Veräußerers. Die Weiterhaftung des Veräußerers für **Altverbindlichkeiten** ist nach näherer Maßgabe des § 26 auf **fünf Jahre** begrenzt. 12

VII. Ausschluss der Mithaftung

13 **1. Eintragung ins Handelsregister.** Der gesetzliche Schuldbeitritt des Erwerbers kann ausgeschlossen werden, indem Veräußerer und Erwerber eine **Vereinbarung** dahin treffen, dass der Erwerber nicht für die im Betrieb des Geschäfts begründeten Verbindlichkeiten des früheren Inhabers haften soll und diese Vereinbarung in das Handelsregister **eingetragen und bekanntgemacht** oder von dem Erwerber oder dem Veräußerer dem Dritten **mitgeteilt** wird. Erforderlich ist also zweierlei: Erstens eine Vereinbarung und zweitens deren Verlautbarung. Zulässig sind Vereinbarungen, die eine eingeschränkte Übernahme vorsehen, soweit sich die Auswirkung der Beschränkung auf die einzelne Forderung abstrakt bestimmen lässt, was beispielsweise bei einer prozentualen Beschränkung, aber nicht bei einem absoluten Höchstbetrag der Fall ist (RG 21.7.1936, RGZ 152, 75 (78)). Entscheidend ist immer, dass die Einzelheiten der Haftungsbeschränkung jedenfalls aus den zum Handelsregister eingereichten Unterlagen für jedermann ersichtlich sind: Auf dem Registerblatt selbst genügt ein entsprechender Hinweis auf die Beschränkung.

14 **2. Positive Kenntnis des Dritten.** Ohne Eintragung und Bekanntmachung wirkt eine Haftungsbeschränkung selbst gegenüber solchen Gläubigern nicht, denen diese positiv bekannt war, wenn diese Kenntnis nicht auf einer **ausdrücklichen Mitteilung** durch den Erwerber oder den Veräußerer an den Dritten beruht; § 15 Abs. 1 findet keine Anwendung, da es sich bei dem Haftungsausschluss nicht um eine eintragungspflichtige Tatsache handelt (BGH 1.12.1958, BGHZ 29, 1 (4)).

15 **3. Zeitpunkt der Vereinbarung über den Haftungsausschluss.** Es ist nicht notwendig, dass der Haftungsausschluss vorher oder gleichzeitig mit der Geschäftsübernahme eingetragen und bekanntgemacht wird, vielmehr ist es ausreichend, wenn der Haftungsausschluss **unverzüglich** nach der Geschäftsübernahme angemeldet wird und Eintragung und Bekanntmachung sodann in **angemessenem Zeitabstand** folgen. Dabei ist es für die Bemessung des Zeitraums ohne Bedeutung, ob sich in der Zwischenzeit schon für den konkreten Fall eine Verkehrsauffassung dahin bilden konnte, dass der Geschäftsübernehmer auch die Geschäftsverbindlichkeiten des bisherigen Inhabers übernommen habe (BGH 1.12.1958, BGHZ 29, 1 (4)). Die äußerste Grenze wird bei etwa einem halben Jahr liegen (OLG Düsseldorf 6.6.2003, NJW-RR 2003, 1120 (1121 f.) hält fünf Monate für noch angemessen); maßgeblich sind die Umstände des Einzelfalls. Das Risiko einer verzögerten Eintragung und Bekanntmachung trifft den neuen Unternehmensträger; es kommt dabei weder auf dessen Verschulden noch auf ein solches des Registergerichtes an (OLG Düsseldorf 6.6.2003, NJW-RR 2003, 1120 (1121)).

16 **4. Anfechtbarkeit.** Der Haftungsausschluss soll nach allgemeiner Auffassung weder außerhalb noch innerhalb eines **Insolvenzverfahrens** angefochten werden können. Hiervon unabhängig ist die Frage, ob der Unternehmensübernahmevertrag insgesamt wegen Unangemessenheit der Gegenleistung angefochten werden kann, und hierbei spielt die Frage einer Haftungsübernahme eine entscheidende Rolle.

VIII. Schuldnerschutz

17 Die Kontinuität von Firma und Handelsgeschäft begründet nicht nur bei den Gläubigern, sondern auch bei den Schuldnern einen **Rechtsschein,** der diese schutzbedürftig macht. Nach § 25 Abs. 1 S. 2 gelten die im Betrieb begründeten Forderungen dem Schuldner gegenüber als auf den Erwerber übergegangen, wenn der frühere Inhaber in die Fortführung der Firma eingewilligt hat. Hierbei handelt es sich, was die Position des Schuldners, demgegenüber der Veräußerer die Forderung weiterhin geltend machen will, angeht, nicht lediglich um eine schlichte Vermutung, die ohne weiteres und jederzeit mit den üblichen Beweismitteln widerlegt werden könnte. Vielmehr ist der von dem Unternehmensveräußerer mit der entsprechenden Behauptung auf Leistung verklagte Schuldner berechtigt, diesem entgegenzuhalten, dass ihm gegenüber in Ermangelung einer den Erfordernissen des § 25 Abs. 2 entsprechende Kundmachung allein der Erwerber als Gläubiger gelte (BGH 20.1.1992, NJW-RR 1992, 866 (867)). Eine freiwillige Leistung an den Veräußerer ohne Zustimmung des Erwerbers ist dem Schuldner nicht anzuraten. Es ist nämlich sehr umstritten, ob sich der Schuldner in einem solchen Fall auf § 407 BGB berufen kann, oder ob bei Eintragung und Bekanntmachung der Firmenübernahme § 15 Abs. 2 gilt. Richtiger Ansicht nach kann § 15 Abs. 2 keine Anwendung finden, da Firmenübernahme und Forderungsabtretung zweierlei sind.

18 Nach § 25 Abs. 2 ist eine von § 25 Abs. 1 **abweichende Vereinbarung** zwischen dem Veräußerer und dem Erwerber des Handelsgeschäfts gegenüber Dritten, dh insbesondere den Schuldnern des Unternehmens, nur dann wirksam, wenn sie in das Handelsregister eingetragen und bekanntgemacht oder von dem Erwerber oder Veräußerer dem Dritten mitgeteilt ist, wobei die Kundmachung unverzüglich im Anschluss an den Geschäftsübergang erfolgen muss (BGH 20.1.1992, NJW-RR 1992, 866 (867)).

IX. Verfahren

19 Wird ein Haftungsausschluss nach § 25 Abs. 2 zur Eintragung im Handelsregister angemeldet, hat das Registergericht zu prüfen, ob überhaupt die Haftungsvoraussetzungen des § 25 Abs. 1 vorliegen. Aus Gründen der Rechtssicherheit sollte hierbei **kein allzu strenger Maßstab** angelegt werden. Das Registergericht hat hiernach die Eintragung eines Haftungsausschlusses bereits dann vorzunehmen, wenn sich anhand der von der Rspr. entwickelten Beurteilungskriterien ergibt, dass die Möglichkeit der Bejahung der Haftungsvoraussetzungen zumindest ernsthaft in Betracht kommt (OLG Schleswig 1.2.2012, FGPrax 2012, 126 (127); OLG Düsseldorf 9.5.2011, MDR 2011, 924 (926); OLG Frankfurt a. M. 23.6.2005, NJW-RR 2005, 1349). Hierdurch soll verhindert werden, dass eine mögliche unterschiedliche Beurteilung der Haftungsvoraussetzungen des § 25 Abs. 1 durch das Registergericht einerseits und ein Prozessgericht andererseits sich einseitig zum Nachteil des Anmelders auswirkt (OLG Düsseldorf 6.6.2003, NJW-RR 2003, 1120 (1121)).

20 Grundsätzlich hat zwar das Registergericht nicht nachzuprüfen, ob der Haftungsausschluss noch zeitig genug eingetragen werden kann, um gegenüber den Gläubigern wirksam werden zu können. Ist jedoch offensichtlich, dass wegen der **langen Zeit** zwischen dem Wechsel des Unternehmensträgers und der Eintragung und Bekanntmachung ein nach außen wirkender Haftungsausschluss nicht mehr herbeigeführt werden kann, muss die Eintragung versagt werden (OLG Düsseldorf 6.6.2003, NJW-RR 2003, 1120 (1121)).

21 Die Eintragung erfolgt **allein bei dem die Firma fortführenden Rechtsträger,** nicht hingegen bei dem übertragenden, selbst wenn dieser fortbesteht (OLG Düsseldorf 25.2.2008, NJW-RR 2008, 1211). Die Anmeldung eines Haftungsausschlusses kann zum Registerblatt des neuen Unternehmensträgers durch diesen **allein** erfolgen (OLG München 30.4.2008, DNotZ 2008, 955 (957)).

[Fristen bei Haftung nach § 25]

26 (1) [1] **Ist der Erwerber des Handelsgeschäfts auf Grund der Fortführung der Firma oder auf Grund der in § 25 Abs. 3 bezeichneten Kundmachung für die früheren Geschäftsverbindlichkeiten haftbar, so haftet der frühere Geschäftsinhaber für diese Verbindlichkeiten nur, wenn sie vor Ablauf von fünf Jahren fällig und daraus Ansprüche gegen ihn in einer in § 197 Abs. 1 Nr. 3 bis 5 des Bürgerlichen Gesetzbuchs bezeichneten Art festgestellt sind oder eine gerichtliche oder behördliche Vollstreckungshandlung vorgenommen oder beantragt wird; bei öffentlich-rechtlichen Verbindlichkeiten genügt der Erlass eines Verwaltungsakts.** [2] **Die Frist beginnt im Falle des § 25 Abs. 1 mit dem Ende des Tages, an dem der neue Inhaber der Firma in das Handelsregister des Gerichts der Hauptniederlassung eingetragen wird, im Falle des § 25 Abs. 3 mit dem Ende des Tages, an dem die Übernahme kundgemacht wird.** [3] **Die für die Verjährung geltenden §§ 204, 206, 210, 211 und 212 Abs. 2 und 3 des Bürgerlichen Gesetzbuches sind entsprechend anzuwenden.**

(2) **Einer Feststellung in einer in § 197 Abs. 1 Nr. 3 bis 5 des Bürgerlichen Gesetzbuchs bezeichneten Art bedarf es nicht, soweit der frühere Geschäftsinhaber den Anspruch schriftlich anerkannt hat.**

I. Grundlagen

1 Mit der Ausgestaltung der **Nachhaftungsbegrenzung** als Ausschlussfrist ist diese eine von Amts wegen zu beachtende Einwendung. Da die Einrede der Verjährung in aller Regel erkannt und erhoben wird, hat die Norm mit der Verkürzung der regelmäßigen Verjährungsfrist auf drei Jahre an praktischer Bedeutung verloren. Eine vergleichbare Regelung findet sich in den §§ 159 f., auf deren Kommentierung ergänzend verwiesen (→ § 159 Rn. 1 ff. und → § 160 Rn. 1 ff.) wird.

II. Tatbestand

2 Die Norm setzt voraus, dass ein Handelsgeschäft fortgeführt wird, und zusätzlich entweder auch die Firma fortgeführt wird (§ 25 Abs. 1 S. 1) oder ein besonderer Verpflichtungsgrund für die Haftung des Erwerbers für die früheren Geschäftsverbindlichkeiten gegeben ist (§ 25 Abs. 3). Höchstrichterlich noch nicht geklärt ist die Frage, ob § 26 Abs. 1 S. 1 insofern der teleologischen Reduktion bedarf, als dass Voraussetzung für eine Nachhaftungsbegrenzung ist, dass nicht nur eine Unternehmensüberlassung, sondern eine **Unternehmensübertragung** vorliegt. Dies ist zu bejahen, da nur in einem solchen Fall den Gläubigern die in dem Unternehmen steckenden Werte grundsätzlich als Haftungsmasse zur Verfügung stehen, und nicht nur das Privatvermögen des Erwerbers, den die Gläubiger sich nicht als Schuldner ausgesucht haben.

III. Rechtsfolge

3 Die Nachhaftungsbegrenzung hat zur Folge, dass für erst **fünf Jahre** nach der Handelsregistereintragung des neuen Inhabers fällig werdende Verbindlichkeiten überhaupt keine Haftung eintritt, und für sonstige Verbindlichkeiten nur, soweit der Anspruch rechtskräftig festgestellt, in einem vollstreckbaren Vergleich oder in einer vollstreckbaren Urkunde niedergelegt oder durch eine im Insolvenzverfahren erfolgte Feststellung vollstreckbar geworden ist. Zu beachten ist hierbei, dass gem. § 26 Abs. 1 S. 3 eine Reihe von Vorschriften über die Verjährung für die Ausschlussfrist entsprechende Anwendung finden, sodass insbesondere eine eingeleitete Rechtsverfolgung einem Erlöschen der Verbindlichkeit entgegenstehen kann.

IV. Entsprechende Anwendbarkeit

4 Die Nachhaftungsbegrenzung greift auch, wenn der Erwerber nicht nur aus § 25, sondern auch aus einem **anderen Verpflichtungsgrund,** etwa einem echten Schuldbeitritt, mithaftet (BGH 26.11.1964, BGHZ 42, 381 (383 f.) = NJW 1965, 439 zu § 26 aF).

V. Abdingbarkeit

5 Der Veräußerer kann auf die Nachhaftungsbegrenzung verzichten, was insbesondere bei längerfristigen Verträgen notwendig werden kann, wenn die Vertragsgegenseite anderenfalls den für das Handelsgeschäft notwendigen Vertrag nicht fortsetzen will. Notwendig zur Abbedingung ist eine entsprechende **Einigung** zwischen dem Veräußerer und dem **Gläubiger.**

[Haftung des Erben bei Geschäftsfortführung]

27 (1) **Wird ein zu einem Nachlasse gehörendes Handelsgeschäft von dem Erben fortgeführt, so finden auf die Haftung des Erben für die früheren Geschäftsverbindlichkeiten die Vorschriften des § 25 entsprechende Anwendung.**

(2) [1] **Die unbeschränkte Haftung nach § 25 Abs. 1 tritt nicht ein, wenn die Fortführung des Geschäfts vor dem Ablaufe von drei Monaten nach dem Zeitpunkt, in welchem der Erbe von dem Anfalle der Erbschaft Kenntnis erlangt hat, eingestellt wird.** [2] **Auf den Lauf der Frist finden die für die Verjährung geltenden Vorschriften des § 210 des Bürgerlichen Gesetzbuchs entsprechende Anwendung.** [3] **Ist bei dem Ablaufe der drei Monate das Recht zur Ausschlagung der Erbschaft noch nicht verloren, so endigt die Frist nicht vor dem Ablaufe der Ausschlagungsfrist.**

Übersicht

I. Rechtsgrundverweisung

1 § 27 ist die Parallelvorschrift zu § 25. Wie dieser zieht jener Paragraph aus dem durch die Fortführung von Handelsgeschäft und Firma geschaffenen Rechtsschein die Konsequenz einer Haftung (auch) des neuen Trägers des alten Unternehmens. Nach hM handelt es sich um eine Rechtsgrundverweisung auf **§ 25,** auf dessen Kommentierung daher ergänzend verwiesen (→ § 25 Rn. 1 ff.) wird.

II. Tatbestand

2 Nach hM ist **ungeschriebene Tatbestandsvoraussetzung,** dass der Erwerber nicht nur das Handelsgeschäft, sondern auch die alte Firma fortführt, dann anderenfalls wäre kein eine Haftungserstreckung rechtfertigender Rechtsschein gesetzt. Nicht, auch nicht analog, anwendbar ist die Norm auf

denjenigen, der das Geschäft nicht als Erbe, sondern als Vermächtnisnehmer oder Beschenkter von Todes wegen weiterführt; in diesen Fällen greift § 25.

III. Rechtsfolge

Die in § 27 Abs. 1 iVm § 25 Abs. 1 S. 1 angeordnete **Haftung** des Erben für alle im Betriebe des Geschäfts begründeten Verbindlichkeiten des früheren Inhabers verwehrt es dem Erben, von den allgemeinen Möglichkeiten zur Beschränkung der Erbenhaftung Gebrauch zu machen. 3

IV. Einstellung während der Bedenkzeit

Auf die Einstellung während der Bedenkzeit des **§ 27 Abs. 2** kann sich der Erbe nach dem Gesetzeswortlaut nur berufen, wenn das Handelsgeschäft insgesamt oder zumindest in allen seinen wesentlichen Teilen eingestellt wird; die Veräußerung oder Nutzungsüberlassung reicht nicht aus, da sie der Annahme der Kontinuität der alten Geschäftsbeziehung Vorschub leistet (RG 2.12.1903, RGZ 56, 196 (199)). In der Lit. ist umstritten, ob der bloße Verzicht auf das Führen der alten Firma ebenfalls die unbeschränkte Haftung vermeidet, oder ob hierzu eine unverzügliche Aufgabe der alten Firma zu verlangen ist. Aus Vorsichtsgründen ist daher anzuraten, dass der Erbe sich schnellstmöglich über die Firmenfortführung im Klaren wird. **Rechtsfolge** der Geschäftsaufgabe während der Bedenkzeit ist das Wiederaufleben der allgemeinen Möglichkeiten zur Beschränkung der Erbenhaftung. 4

V. Nichthaftungserklärung

In der Lit. wird angesichts der uneingeschränkten Verweisung in § 27 Abs. 1 auf § 25 eine Nichthaftungserklärung in analoger Anwendung von § 25 Abs. 2 überwiegend für möglich gehalten (so auch bereits RG 2.12.1903, RGZ 56, 196 (198)). Die Möglichkeit der Eintragung und Bekanntmachung einer solchen Erklärung wird im Einzelfall mit dem zuständigen Registergericht zu erörtern sein. 5

VI. Sonderfälle

1. Erbengemeinschaft. Bei einer Erbengemeinschaft treten die Rechtsfolgen des § 27 in der Person aller Erben ein, soweit das Geschäft von den **Erben gemeinschaftlich** fortgeführt wird. Führt nur einer der Miterben das Geschäft fort, kann darin zugleich eine Fortführung auch durch die übrigen Miterben erblickt werden, wenn diese ihn ausdrücklich oder stillschweigend dazu **bevollmächtigt** haben (§ 2038 BGB iVm § 745 BGB; BGH 24.9.1959, BGHZ 30, 391 (395)). Eine solche konkludente Bevollmächtigung kann bereits darin liegen, dass der aktive Miterbe mit Wissen der übrigen Erben und unter deren Duldung das Geschäft weiterführt. 6

Bei einer **Erbenmehrheit** ist zur Geschäftsaufgabe ein Beschluss nach § 2038 Abs. 2 S. 1 iVm § 745 BGB erforderlich. Kann sich ein aufgabewilliger Erbe hierbei nicht durchsetzen, muss er die Auseinandersetzung nach § 2042 BGB beantragen, wenn sich die übrigen Miterben nicht auf eine Teilauseinandersetzung einlassen. 7

2. Ausschlagung der Erbschaft. Kommt es zu einer Ausschlagung der Erbschaft, haftet der **dann als Erbe Berufene,** und zwar auch für zwischenzeitliche, dh nach dem Erbfall begründete Verbindlichkeiten. 8

3. Vor- und Nacherbschaft. Bei Fortführung eines zum Nachlass gehörenden Handelsgeschäfts unter der bisherigen Firma durch Vorerben und Nacherben haftet der Nacherbe auch für die vom Vorerben begründeten Betriebsschulden; darauf, ob die Eingehung iR **ordnungsmäßiger Verwaltung** des Nachlasses lag, kommt es für die handelsrechtliche Haftung nicht an (BGH 10.2.1960, BGHZ 32, 60 (66 f.) = NJW 1960, 959). 9

4. Kommanditist als Erbe. Ein Kommanditist, der dadurch zum Alleininhaber des Gesellschaftsvermögens wird, dass er die Beteiligung seines einzigen, persönlich haftenden Mitgesellschafters erbt, haftet für die bisherigen Gesellschaftsverbindlichkeiten unter den Voraussetzungen des § 27. Liegen diese Voraussetzungen nicht vor, dann ist die Haftung – vom Privatvermögen des Erblassers abgesehen – auf den Bestand des **übergegangenen Gesellschaftsvermögens** beschränkt (BGH 10.12.1990, BGHZ 113, 132 (138) = NJW 1991, 844). 10

5. Testamentsvollstreckung. Wird der Testamentsvollstrecker als Amtstreuhänder im eigenen Namen tätig, führt dies ebenso wenig zu einer Haftung der Erben nach § 27 wie die Tätigkeit eines Nachlassverwalters, Nachlassinsolvenzverwalters oder Vergleichsverwalters (BGH 18.1.1954, BGHZ 12, 100 (102); BGH 27.3.1961, BGHZ 35, 13 (16) = WM 1961, 576). 11

[Eintritt in das Geschäft eines Einzelkaufmanns]

28 (1) [1]**Tritt jemand als persönlich haftender Gesellschafter oder als Kommanditist in das Geschäft eines Einzelkaufmanns ein, so haftet die Gesellschaft, auch wenn sie die frühere Firma nicht fortführt, für alle im Betriebe des Geschäfts entstandenen Verbindlichkeiten des früheren Geschäftsinhabers.** [2]**Die in dem Betriebe begründeten Forderungen gelten den Schuldnern gegenüber als auf die Gesellschaft übergegangen.**

(2) **Eine abweichende Vereinbarung ist einem Dritten gegenüber nur wirksam, wenn sie in das Handelsregister eingetragen und bekanntgemacht oder von einem Gesellschafter dem Dritten mitgeteilt worden ist.**

(3) [1]**Wird der frühere Geschäftsinhaber Kommanditist und haftet die Gesellschaft für die im Betrieb seines Geschäfts entstandenen Verbindlichkeiten, so ist für die Begrenzung seiner Haftung § 26 entsprechend mit der Maßgabe anzuwenden, daß die in § 26 Abs. 1 bestimmte Frist mit dem Ende des Tages beginnt, an dem die Gesellschaft in das Handelsregister eingetragen wird.** [2]**Dies gilt auch, wenn er in der Gesellschaft oder einem ihr als Gesellschafter angehörenden Unternehmen geschäftsführend tätig wird.** [3]**Seine Haftung als Kommanditist bleibt unberührt.**

I. Normzweck

1 Die Norm will ein **Auseinanderfallen von Aktiva und Passiva** verhindern. Wird das Handelsgeschäft eines Einzelkaufmannes in eine Personenhandelsgesellschaft unter Beteiligung des ehemaligen Unternehmensinhabers eingebracht, so soll allein die in der Fortführung des Unternehmens liegende Kontinuität einer Übernahme der unternehmensbezogenen Schulden des einbringenden Einzelkaufmannes dienen. Auf die Beibehaltung der Firma soll es hierbei, anders als bei § 25, nicht mehr ankommen. Im Übrigen entspricht die Vorschrift in vielem § 25, sodass ergänzend auf dessen Kommentierung verwiesen (→ § 25 Rn. 1 ff.) wird.

II. Tatbestand

2 **1. Persönlicher Anwendungsbereich.** § 28 Abs. 1 S. 1 setzt nach seinem Wortlaut und nach der Rspr. des BGH voraus, dass jemand in das Geschäft eines Einzelkaufmanns eintritt (BGH 22.1.2004, BGHZ 157, 361 (365) = NJW 2004, 836). Daran ist entgegen anderslautenden Stimmen im handelsrechtlichen Schrifttum festzuhalten, da Nicht-Kaufleuten mangels Eintragung im Handelsregister nicht die Möglichkeit einer Enthaftung nach § 28 Abs. 2 offensteht. Das Handelsgeschäft muss also von einem **Ist-Kaufmann** oder einem eingetragenen **Kann-Kaufmann** betrieben worden sein. Kaufmann iSd Vorschrift ist auch eine Kapitalgesellschaft. Eine analoge Anwendung außerhalb des kaufmännischen Bereichs wird von der Rspr. abgelehnt (OLG Schleswig 11.3.2011, EWiR 2012, 115). Eine entsprechende Anwendung auf den Fall, dass sich ein Rechtsanwalt mit einem bisher als Einzelanwalt tätigen anderen Rechtsanwalt zur gemeinsamen Berufsausübung in einer Sozietät in der Form einer GbR zusammenschließt, hat der BGH abgelehnt (BGH 17.11.2011, NJW-RR 2012, 239 (242)). Treten einer Rechtsanwalts-Partnerschaftsgesellschaft Rechtsanwälte bei, die zuvor mit anderen Rechtsanwälten eine Sozietät in der Rechtsform der GbR betrieben haben, haftet die Partnerschaftsgesellschaft nur aufgrund eines erklärten Schuldbeitritts, nicht jedoch entsprechend § 28 Abs. 1 für die Altschulden der Sozietät (BGH 23.11.2009, NJW 2010, 3720 (3721)).

3 **2. Neuentstehen einer Personengesellschaft.** Es muss eine Personenhandelsgesellschaft neu entstehen; wird das Handelsgeschäft in eine bereits **zuvor bestehende** Gesellschaft eingebracht, greift nicht § 28, sondern § 25 sowie daneben die §§ 130 und 173.

4 **3. Unternehmenskontinuität.** Ungeschriebenes, aber allgemein angenommenes Tatbestandsmerkmal ist die Fortführung des Unternehmens. Es genügt, wenn das Einbringen des Unternehmens in Form einer bloßen **Unternehmensüberlassung** erfolgt. Der zugrundeliegende Gesellschaftsvertrag braucht **nicht wirksam** zu sein, solange die Regeln über die **fehlerhafte Gesellschaft** Anwendung finden (BGH 22.11.1971, NJW 1972, 1466 (1467)). In der **Insolvenz** findet die Vorschrift keine Anwendung, da die Verwertung eines einzelkaufmännischen Unternehmens sonst übermäßig erschwert werden würde.

III. Rechtsfolge

5 Liegen die tatbestandlichen Voraussetzungen des § 28 vor, tritt die neugegründete Personenhandelsgesellschaft den im Betrieb des eingebrachten Handelsgeschäftes entstandenen Verbindlichkeiten des früheren Geschäftsinhabers bei; es gelten die allgemeinen Regeln über **Gesamtschuldverhältnisse** (§§ 421 ff. BGB) (BGH 8.5.1989, NJW-RR 1989, 1055 (1056)). § 729 Abs. 2 ZPO ermöglicht eine

entsprechende **Titelerweiterung.** Der ehemalige Alleininhaber haftet iRd Nachhaftungsbegrenzung gem. § 28 Abs. 3 iVm § 26 in vollem Umfang weiter. Der **eingetretene Gesellschafter** haftet als persönlich haftender Gesellschafter gem. § 128 unbeschränkt und als Kommanditist gem. § 171 bis zur Höhe seiner Einlage. Zur Geltendmachung gegen den persönlich haftenden Gesellschafter ist die Umschreibung des früher bereits gegen den Einzelkaufmann gerichteten Titels nicht möglich (§ 129 Abs. 4).

IV. Haftungsausschluss

Eine bei Abschluss des Gesellschaftsvertrages getroffene Abrede, wonach bestimmte im Unternehmen begründete Verbindlichkeiten im Innenverhältnis zwischen der neugegründeten Gesellschaft und dem bisherigen Unternehmensinhaber allein von diesem zu tragen seien und er die Gesellschaft von diesen Verbindlichkeiten freizuhalten habe, erfüllt, auch wenn sie einzelnen Gläubigern mitgeteilt wird, nicht den Tatbestand des § 28 Abs. 2. Denn eine solche **Ausgleichsabrede** setzt das Bestehen einer Haftung gerade voraus (BGH 8.5.1989, NJW-RR 1989, 1055). 6

V. Schuldnerschutz

Aus Gründen des Schuldnerschutzes ordnet § 28 Abs. 1 S. 2 an, dass der Schuldner **befreiend** an die das Handelsgeschäft übernehmende Gesellschaft zahlen kann. 7

[Anmeldung der Firma]

29 Jeder Kaufmann ist verpflichtet, seine Firma, den Ort und die inländische Geschäftsanschrift seiner Handelsniederlassung bei dem Gericht, in dessen Bezirke sich die Niederlassung befindet, zur Eintragung in das Handelsregister anzumelden.

I. Anwendungsbereich

Die Anmeldung hat durch denjenigen zu erfolgen, der das Unternehmen tatsächlich im eigenen Namen **betreibt,** bei einer Unternehmensüberlassung also durch den Nießbrauchsnehmer, Verpächter o. dgl. (OLG Köln 29.10.1962, NJW 1963, 541). Jeder Kaufmann iSd § 1 ist anmeldepflichtig, den Kann-Kaufleuten nach §§ 2 und 3 steht die Anmeldung frei. Das Handelsgeschäft muss **kaufmännischen Zuschnitt** haben, zumindest muss ein solcher in absehbarer Zeit realistischer Weise erreicht werden können. Gelingt es dem Unternehmen nach der Anmeldung wider Erwarten nicht, die Schwelle zur Kaufmannschaft zu überschreiten, ist die Firma von Amts wegen zu löschen. Für die Handelsgesellschaften gelten spezielle Regeln (§§ 106, 108, 162, §§ 7 f. GmbHG, §§ 36 ff., 282 AktG). 1

II. Geschäftsanschrift

Mit der zwingenden Anmeldung und Eintragung einer inländischen Geschäftsanschrift ist eine **Zustellungserleichterung** zugunsten der Gläubiger bezweckt. Änderungen sind zur Eintragung anzumelden (§ 31 Abs. 1). 2

III. Prüfung durch das Registergericht

Das Registergericht hat die Anmeldung in **formeller und materieller** Hinsicht zu prüfen, und, wo immer opportun, dem Anmeldenden durch eine **Zwischenverfügung** die Möglichkeit zu geben, den erkannten Mangel abzustellen. Wird eine firmenrechtlich unzulässige Firma zur Eintragung in das Handelsregister angemeldet, so ist grundsätzlich die Aussetzung des Anmeldeverfahrens bis zur Erledigung des Firmenmissbrauchsverfahrens geboten; die unzulässige Firmenführung iSd § 37 Abs. 1 ist bereits darin zu sehen, dass die Firma zur Eintragung beim Registergericht angemeldet worden ist (BayObLG 28.4.1988, NJW-RR 1989, 100). In Ergänzung zu § 29 sieht § 24 Abs. 4 HRV vor, dass das Registergericht darauf hinzuwirken hat, dass bei der Anmeldung auch der Geschäftszweig, dh der Unternehmensgegenstand, anzugeben ist, soweit er sich nicht aus der Firma ergibt; werden natürliche Personen zur Eintragung in das Handelsregister angemeldet, ist in der Anmeldung ferner deren Geburtsdatum anzugeben. 3

[Unterscheidbarkeit]

30 (1) **Jede neue Firma muß sich von allen an demselben Ort oder in derselben Gemeinde bereits bestehenden und in das Handelsregister oder in das Genossenschaftsregister eingetragenen Firmen deutlich unterscheiden.**

(2) **Hat ein Kaufmann mit einem bereits eingetragenen Kaufmanne die gleichen Vornamen und den gleichen Familiennamen und will auch er sich dieser Namen als seiner Firma bedienen, so muß er der Firma einen Zusatz beifügen, durch den sie sich von der bereits eingetragenen Firma deutlich unterscheidet.**

(3) **Besteht an dem Orte oder in der Gemeinde, wo eine Zweigniederlassung errichtet wird, bereits eine gleiche eingetragene Firma, so muß der Firma für die Zweigniederlassung ein der Vorschrift des Absatzes 2 entsprechender Zusatz beigefügt werden.**

(4) **Durch die Landesregierungen kann bestimmt werden, daß benachbarte Orte oder Gemeinden als ein Ort oder als eine Gemeinde im Sinne dieser Vorschriften anzusehen sind.**

I. Tatbestand

1 Die Vorschrift statuiert aus Gründen des Publikumsschutzes vor Verwechslungen den sog. Grundsatz der Firmenausschließlichkeit. Räumlicher Bezugspunkt ist der **Ort** (im umgangssprachlichen Sinne) oder die kommunalrechtliche, politische **Gemeinde.** Bei über diese Grenzen hinausgehender Wirtschaftstätigkeit bieten die § 37 Abs. 2, §§ 5, 14 und 15 MarkenG, § 12 BGB sowie § 5 UWG ergänzenden Schutz. Ob die Unterscheidbarkeit auch gegenüber Namensbezeichnungen von Partnergesellschaften und Vereinen bestehen muss, ist umstritten (*Kögel* Rpfleger 2012, 131 (133)). Einer Eintragung entgegen steht nach hM bereits eine **Verwechslungsgefahr** iwS, die dann gegeben ist, wenn die Firma Anlass zu der – irrigen – Vorstellung gibt, die beiden Unternehmen seien wirtschaftlich, organisatorisch oder sonst miteinander verbunden. Umstritten ist, ob auch derjenige auf diese Normen zu verweisen ist, der sich nicht auf den Schutz seiner älteren Firma, sondern auf eine daraus abgeleitete Abkürzung beruft (zB BMW statt Bayerische Motorenwerke). Im Interesse des Verkehrsschutzes wird man dies zu bejahen haben, da nur diese Norminterpretation ein Einschreiten von Amts wegen gestattet.

2 Im Interesse des Publikumsschutzes vor Verwechslungen ist die Rspr. zur **„deutlichen Unterscheidbarkeit"** eher streng. Zusätze zur Gesellschaftsform sind nicht geeignet, die Verwechslungsgefahr aufzuheben. Bei Eigennamen wird aus Gründen des Persönlichkeitsschutzes großzügiger verfahren; ein anderer Vorname soll zur Unterscheidbarkeit ausreichen. Ist die alte Firma zu Unrecht eingetragen, hemmt sie solange eine verwechslungsfähige neue Firma, bis die alte Firma gelöscht worden ist (str.). Denn der Grundsatz der Firmenausschließlichkeit dient nicht dem Interesse des Inhabers der alten Firma, sondern dem Schutz des Publikums vor Verwechslungen.

3 Bei der **Prüfung** der Unterscheidbarkeit ist nicht nur auf **Bild** und **Klang** des Wortes zu achten, sondern auch auf dessen **inhaltlichen Gehalt** (RG 17.9.1920, RGZ 100, 45 (45 f.): „Ostdt. Betriebsstoffgesellschaft mbH" unterscheidet sich nicht hinreichend deutlich von „Ostdt. Brennstoffvertrieb GmbH"). Ansonsten gilt, dass die beiden Firmenträger nicht miteinander im Wettbewerb zu stehen brauchen; ein Wettbewerbsverhältnis wird die Verwechslungsgefahr jedoch idR erhöhen.

II. Verfahren

4 Verstößt das Gericht gegen § 30, indem es eine neue Firma trotz Verwechslungsgefahr einträgt, kann der Träger der alten Firma die **Amtslöschung** nach § 395 FamFG anregen. Trägt das Registergericht trotz deutlicher Unterscheidbarkeit nicht ein, hat der Träger der neuen Firma ein Beschwerderecht (§ 59 FamFG). Verwendet der Träger der neuen Firma trotz gerichtlicher Ablehnung die neue Firma, können sowohl das gerichtliche als auch das private **Unterlassungsverfahren nach § 37** angestrengt werden.

III. Abdingbarkeit

5 Die Vorschrift ist **nicht abdingbar,** insbesondere nicht durch einen Verzicht des Inhabers der älteren Firma (BGH 14.7.1966, BGHZ 46, 7 (11) = WM 1966, 973).

[Änderung der Firma; Erlöschen]

31 (1) **Eine Änderung der Firma oder ihrer Inhaber, die Verlegung der Niederlassung an einen anderen Ort sowie die Änderung der inländischen Geschäftsanschrift ist nach den Vorschriften des § 29 zur Eintragung in das Handelsregister anzumelden.**

(2) [1] **Das gleiche gilt, wenn die Firma erlischt.** [2] **Kann die Anmeldung des Erlöschens einer eingetragenen Firma durch die hierzu Verpflichteten nicht auf dem in § 14 bezeichneten Wege herbeigeführt werden, so hat das Gericht das Erlöschen von Amts wegen einzutragen.**

I. Inhaberwechsel

Der Begriff des Inhabers ist ein rechtlicher Begriff, der unter Zugrundelegung der **wirtschaftlichen** Gegebenheiten auszulegen ist. Zu einem Inhaberwechsel kommt es daher auch bei einer Nießbrauchseinräumung oder einer Verpachtung. Wird hingegen nur das Unternehmen, nicht aber auch die Firma übertragen, liegt kein Inhaberwechsel iSd § 31 vor. 1

II. Geschäftsanschrift

Mit der zwingenden Anmeldung und Eintragung der Änderung einer gem. § 29 angegebenen, inländischen Geschäftsanschrift ist eine **Zustellungserleichterung** zugunsten der Gläubiger bezweckt. Die Verpflichtung des GmbH-Geschäftsführers, die noch vor der Eröffnung des Insolvenzverfahrens über das Vermögen der Gesellschaft erfolgte Änderung der Geschäftsanschrift der Gesellschaft zum Handelsregister anzumelden, entfällt nicht aufgrund der Eröffnung des Insolvenzverfahrens (OLG Hamburg 27.1.2011, GmbHR 2011, 828 (829)). Hingegen ist im Falle der Eröffnung des Insolvenzverfahrens über das Vermögen des im Handelsregister eingetragenen Kaufmanns der Insolvenzverwalter nicht nach § 31 Abs. 1 verpflichtet, seine eigene Anschrift oder eine andere zustellfähige Anschrift zur Eintragung in das Handelsregister anzumelden (OLG Schleswig 9.6.2010, ZInsO 2010, 1157 (1159)). 2

III. Erlöschen der Firma

Ein Erlöschen der Firma liegt bei einer **endgültigen** und nicht nur vorübergehenden Einstellung des Geschäftsbetriebs vor. Mit der Vollbeendigung der Gesellschaft ist nicht zugleich die Firma erloschen. Diese erlischt erst dann, wenn der Geschäftsbetrieb nicht nur vorübergehend, sondern endgültig eingestellt wird. Deshalb kann die Firma trotz der Vollbeendigung der Liquidationsgesellschaft unter den Voraussetzungen der §§ 22, 24 fortgeführt werden, wenn die Wiederaufnahme der unternehmerischen Tätigkeit objektiv möglich erscheint (BayObLG 10.3.2000, NZG 2000, 641 (642)). 3

IV. Verfahren

Führt das Erzwingungsverfahren gem. § 31 Abs. 2 S. 2 iVm § 14 nicht zum Erfolg, kommt bei Erlöschen der Firma die **Löschung** durch das Handelsregistergericht von Amts wegen in Betracht (§§ 393 ff. FamFG). 4

[Insolvenzverfahren]

32 (1) [1] **Wird über das Vermögen eines Kaufmanns das Insolvenzverfahren eröffnet, so ist dies von Amts wegen in das Handelsregister einzutragen.** [2] **Das gleiche gilt für**

1. **die Aufhebung des Eröffnungsbeschlusses,**
2. **die Bestellung eines vorläufigen Insolvenzverwalters, wenn zusätzlich dem Schuldner ein allgemeines Verfügungsverbot auferlegt oder angeordnet wird, daß Verfügungen des Schuldners nur mit Zustimmung des vorläufigen Insolvenzverwalters wirksam sind, und die Aufhebung einer derartigen Sicherungsmaßnahme,**
3. **die Anordnung der Eigenverwaltung durch den Schuldner und deren Aufhebung sowie die Anordnung der Zustimmungsbedürftigkeit bestimmter Rechtsgeschäfte des Schuldners,**
4. **die Einstellung und die Aufhebung des Verfahrens und**
5. **die Überwachung der Erfüllung eines Insolvenzplans und die Aufhebung der Überwachung.**

(2) [1] **Die Eintragungen werden nicht bekanntgemacht.** [2] **Die Vorschriften des § 15 sind nicht anzuwenden.**

Eine Insolvenz ist samt den näheren konkreten Regelungen, wie etwa eine Eigenverwaltung oder ein Insolvenzplan, nicht nur vom Insolvenzgericht von Amts wegen zu veröffentlichen, sondern auch von diesem an das Handelsregister zu melden (Ziffer XIII MiZi), wo es bei dem betroffenen Unternehmensträger einzutragen ist. Da die **Mitteilung von Amts wegen** erfolgt, ist eine Anmeldung nicht erforderlich. Wegen des unbedingten **Vorrangs des Insolvenzrechts** ist für einen Vertrauensschutz nach § 15 kein Platz. 1

[Juristische Person]

33 (1) **Eine juristische Person, deren Eintragung in das Handelsregister mit Rücksicht auf den Gegenstand oder auf die Art und den Umfang ihres Gewerbebetriebes zu erfolgen hat, ist von sämtlichen Mitgliedern des Vorstandes zur Eintragung anzumelden.**

(2) [1]**Der Anmeldung sind die Satzung der juristischen Person und die Urkunden über die Bestellung des Vorstandes in Urschrift oder in öffentlich beglaubigter Abschrift beizufügen; ferner ist anzugeben, welche Vertretungsmacht die Vorstandsmitglieder haben.** [2]**Bei der Eintragung sind die Firma und der Sitz der juristischen Person, der Gegenstand des Unternehmens, die Mitglieder des Vorstandes und ihre Vertretungsmacht anzugeben.** [3]**Besondere Bestimmungen der Satzung über die Zeitdauer des Unternehmens sind gleichfalls einzutragen.**

(3) **Die Errichtung einer Zweigniederlassung ist durch den Vorstand anzumelden.**

(4) **Für juristische Personen im Sinne von Absatz 1 gilt die Bestimmung des § 37a entsprechend.**

1 Die Vorschriften der §§ 33 und 34 gelten für alle juristischen Personen, die nicht bereits Formkaufleute sind, soweit deren Eintragung in das Handelsregister mit Rücksicht auf den Gegenstand oder auf die Art und den Umfang ihres Gewerbebetriebes zu erfolgen hat. Das sind jedenfalls die ein Handelsgewerbe betreibenden rechtsfähigen **Vereine** und **Stiftungen.** Inwieweit auch Anstalten und Körperschaften des öffentlichen Rechts sowie **Eigenbetriebe** von Gebietskörperschaften erfasst werden, ist umstritten; rechtstatsächlich ist festzustellen, dass die Registergerichte diese Unternehmenseinheiten jedenfalls nicht zur Eintragung anhalten (*Kornblum* DÖV 2012, 20 (22)). Auf ausländische juristische Personen ist die Vorschrift nur anwendbar, soweit sie Zweigniederlassungen in Deutschland unterhalten; für diese gelten neben dem § 33 Abs. 3 die §§ 13 ff. entsprechend.

2 Die **persönliche Anmeldepflicht** kann gegenüber jedem einzelnen Vorstandsmitglied gem. § 14 durchgesetzt werden. Bei kommunalen Eigenbetrieben ist das für die Betriebsleitung und Vertretung vorgesehene Organ zuständig (OLG Frankfurt a. M. 20.12.2001, DB 2002, 369 (370)).

3 § 33 Abs. 4 verpflichtet die juristischen Personen mit seinem Verweis auf § 37a, in ihrer Geschäftskorrespondenz die **grundlegenden Unternehmensdaten** anzugeben.

[Anmeldung und Eintragung von Änderungen]

34 (1) **Jede Änderung der nach § 33 Abs. 2 Satz 2 und 3 einzutragenden Tatsachen oder der Satzung, die Auflösung der juristischen Person, falls sie nicht die Folge der Eröffnung des Insolvenzverfahrens ist, sowie die Personen der Liquidatoren, ihre Vertretungsmacht, jeder Wechsel der Liquidatoren und jede Änderung ihrer Vertretungsmacht sind zur Eintragung in das Handelsregister anzumelden.**

(2) **Bei der Eintragung einer Änderung der Satzung genügt, soweit nicht die Änderung die in § 33 Abs. 2 Satz 2 und 3 bezeichneten Angaben betrifft, die Bezugnahme auf die bei dem Gericht eingereichten Urkunden über die Änderung.**

(3) **Die Anmeldung hat durch den Vorstand oder, sofern die Eintragung erst nach der Anmeldung der ersten Liquidatoren geschehen soll, durch die Liquidatoren zu erfolgen.**

(4) **Die Eintragung gerichtlich bestellter Vorstandsmitglieder oder Liquidatoren geschieht von Amts wegen.**

(5) **Im Falle des Insolvenzverfahrens finden die Vorschriften des § 32 Anwendung.**

1 Über den Wortlaut hinaus ist in analoger Anwendung des § 31 Abs. 2 das **Erlöschen der Firma** ebenfalls anzumelden. Die die Änderung belegenden **Urkunden** sind beizulegen. Im Übrigen gilt für die Eintragung ergänzend § 40 HRV.

(aufgehoben)

35, 36

[Unzulässiger Firmengebrauch]

37 (1) **Wer eine nach den Vorschriften dieses Abschnitts ihm nicht zustehende Firma gebraucht, ist von dem Registergerichte zur Unterlassung des Gebrauchs der Firma durch Festsetzung von Ordnungsgeld anzuhalten.**

(2) [1] **Wer in seinen Rechten dadurch verletzt wird, daß ein anderer eine Firma unbefugt gebraucht, kann von diesem die Unterlassung des Gebrauchs der Firma verlangen.** [2] **Ein nach sonstigen Vorschriften begründeter Anspruch auf Schadensersatz bleibt unberührt.**

I. Überblick

Bei unzulässigem Firmenmissbrauch sieht die Vorschrift sowohl ein öffentlich-rechtliches (Abs. 1) als auch ein privatrechtliches (Abs. 2) **Unterlassungsverfahren** vor. 1

II. Amtsverfahren

Erlangt das Registergericht von einem unzulässigen Firmengebrauch Kenntnis, muss es hiergegen von Amts wegen, dh auch ohne Antrag eines Dritten, einschreiten. Nach überwiegender Auffassung soll ihm hierbei ein **Ermessen** zukommen. Diese Ansicht ist mit dem Wortlaut nicht vereinbar. Von der verfahrensrechtlichen Frage des Ermessens zu unterscheiden ist das materiell-rechtliche Problem der sog. **Erwirkung** bei einer jahrzehntelang verwendeten Geschäftsbezeichnung (BGH 15.10.1976, WM 1977, 24 (26) – Ostfriesische Teegesellschaft). 2

Ein **unzulässiger Firmengebrauch** liegt immer dann vor, wenn eine Firma von jemanden zu geschäftlichen Zwecken verwendet wird, der diese Firma nicht führen darf, sei es, weil er mangels Kaufmanneigenschaft überhaupt nicht zum Führen einer Firma berechtigt ist, sei es, weil er jedenfalls die konkret verwendete Firma nicht benutzen darf. Ein firmenmäßiger Gebrauch liegt regelmäßig bei geschäftsmäßigen Handlungen vor, bei denen der Verkehr die vollständige Angabe des Geschäftsinhabers erwartet. Untersagt ist die Verwendung einer der Firmierung nicht entsprechende Bezeichnung danach nur dann, wenn durch sie der unzutreffende Eindruck erweckt wird, es handele sich bei jener Bezeichnung um die (vollständige) Firmierung (OLG Köln 5.11.2010, NZG 2011, 155 (156)). Wird eine Firma nur iRv Werbung verwendet, soll nach der Rspr. kein firmenmäßiger Gebrauch vorliegen (OLG Düsseldorf7.11.1995, NJW-RR 1996, 936 (937–938)); in Betracht kommen in diesem Fall jedoch Ansprüche nach dem UWG. 3

Das amtswegige Firmenmissbrauchsverfahren setzt, nach Anhörung, mit einer Anordnungsverfügung ein, mit welcher der unzulässige Firmengebrauch konkret untersagt und ein Ordnungsgeld angedroht wird (§ 392 iVm § 388 FamFG). Wird hiergegen schuldhaft verstoßen, ist ein **Ordnungsgeld** nach näherer Maßgabe von § 389 FamFG zu verhängen. 4

III. Privatklageverfahren

§ 37 Abs. 1 vermittelt kein subjektives Recht auf Einschreiten des Registergerichts. Der einzelne Bürger ist hierdurch nicht schutzlos gestellt, denn § 37 Abs. 2 gewährt ihm einen eigenen, privatrechtlichen **Unterlassungsanspruch.** Der Anspruch setzt keine Verletzung eines eigenen Firmenrechts oder sonstigen absoluten Rechts voraus; es reicht vielmehr jede Verletzung von unmittelbaren rechtlichen Interessen wirtschaftlicher Art (BGH 8.4.1991, NJW 1991, 2023). 5

[Angaben auf Geschäftsbriefen]

37a (1) **Auf allen Geschäftsbriefen des Kaufmanns gleichviel welcher Form, die an einen bestimmten Empfänger gerichtet werden, müssen seine Firma, die Bezeichnung nach § 19 Abs. 1 Nr. 1, der Ort seiner Handelsniederlassung, das Registergericht und die Nummer, unter der die Firma in das Handelsregister eingetragen ist, angegeben werden.**

(2) **Der Angaben nach Absatz 1 bedarf es nicht bei Mitteilungen oder Berichten, die im Rahmen einer bestehenden Geschäftsverbindung ergehen und für die üblicherweise Vordrucke verwendet werden, in denen lediglich die im Einzelfall erforderlichen besonderen Angaben eingefügt zu werden brauchen.**

(3) [1] **Bestellscheine gelten als Geschäftsbriefe im Sinne des Absatzes 1.** [2] **Absatz 2 ist auf sie nicht anzuwenden.**

(4) [1] **Wer seiner Pflicht nach Absatz 1 nicht nachkommt, ist hierzu von dem Registergericht durch Festsetzung von Zwangsgeld anzuhalten.** [2] **§ 14 Satz 2 gilt entsprechend.**

I. Persönlicher Anwendungsbereich

1 Aus der systematischen Stellung der Norm im Vergleich zu den spezielleren Regelungen der §§ 125a, 177a, § 35a GmbHG, § 80 AktG und § 25a GenG folgt, dass die Norm auf **alle Kaufleute** Anwendung findet, also auch auf nicht eingetragene sowie auf inländische Zweigniederlassungen eines ausländischen Kaufmannes. Denn gerade in diesen Fällen fehlender oder nur eingeschränkter Registerpublizität kommt den von § 37a geforderten Grundangaben eine besondere Bedeutung zu.

II. Sachlicher Anwendungsbereich

2 Der **Begriff des Geschäftsbriefs** ist weit zu verstehen, denn die Norm verwendet bewusst nicht den engeren Begriff des Handelsbriefes, der gem. § 257 Abs. 2 ein Handelsgeschäft betreffen muss. Erfasst ist jede Willens- oder Wissenserklärung, die sich an einen bestimmten Empfänger richtet und nicht (fern) mündlich erfolgt. Eine Ausnahme gilt nur für Mitteilungen oder Berichten, die iRe bestehenden Geschäftsverbindung ergehen und für die üblicherweise Vordrucke verwendet werden, es sei denn, es handelt sich um einen Bestellschein (§ 37a Abs. 2 und 3). Ein als E-Mail versendeter Newsletter ist als Geschäftsbrief iSd § 37a anzusehen und ist mit den entsprechenden Pflichtangaben zu versehen (LG Baden-Baden 18.1.2012, WRP 2012, 612 (613)).

3 Sobald das Registergericht von einem Verstoß gegen § 37a glaubhafte **Kenntnis** erhält, hat es dem Beteiligten unter Androhung eines Zwangsgeldes aufzugeben, innerhalb einer bestimmten Frist seiner gesetzlichen Verpflichtung nachzukommen oder die Unterlassung mittels Einspruchs gegen die Verfügung zu rechtfertigen, § 388 FamFG. Die Herleitung zivilrechtlicher Ansprüche aus einem Fehlen der Angaben wird idR nicht in Betracht kommen. Die Norm ist **kein Schutzgesetz** iSd § 823 Abs. 2 BGB und das Fehlen der Angaben wird, im Gegensatz zu falschen Angaben, nur in Ausnahmefällen zu einem Irrtum führen, der eine Anfechtung oder einen Anspruch wegen Verschuldens bei Vertragsverhandlungen rechtfertigt.

Zweites Buch. Handelsgesellschaften und stille Gesellschaft

Erster Abschnitt. Offene Handelsgesellschaft

Erster Titel. Errichtung der Gesellschaft

[Begriff der oHG; Anwendbarkeit des BGB]

105 (1) **Eine Gesellschaft, deren Zweck auf den Betrieb eines Handelsgewerbes unter gemeinschaftlicher Firma gerichtet ist, ist eine offene Handelsgesellschaft, wenn bei keinem der Gesellschafter die Haftung gegenüber den Gesellschaftsgläubigern beschränkt ist.**

(2) [1] **Eine Gesellschaft, deren Gewerbebetrieb nicht schon nach § 1 Abs. 2 Handelsgewerbe ist oder die nur eigenes Vermögen verwaltet, ist offene Handelsgesellschaft, wenn die Firma des Unternehmens in das Handelsregister eingetragen ist.** [2] **§ 2 Satz 2 und 3 gilt entsprechend.**

(3) **Auf die offene Handelsgesellschaft finden, soweit nicht in diesem Abschnitt ein anderes vorgeschrieben ist, die Vorschriften des Bürgerlichen Gesetzbuchs über die Gesellschaft Anwendung.**

Übersicht

I. Allgemeines

1 § 105 enthält die prägenden Charakteristika der oHG. Die Vorschrift hat durch Art. 3 HRRefG 1998 einen neuen Abs. 2 erhalten, der bisherige Abs. 2 wurde Abs. 3 (BGBl. 1998 I 1474). Im Übrigen entspricht die Vorschrift der Ursprungsfassung des HGB aus dem Jahr 1897 (RGBl. 1897 I 219).

2 Die oHG ist eine Gesellschaft, deren Zweck auf den Betrieb eines Handelsgewerbes unter gemeinschaftlicher Firma gerichtet ist, wenn alle Gesellschafter gegenüber den Gesellschaftsgläubigern unbegrenzt haften (§ 105 Abs. 1). Diese Umschreibung der oHG stellt klar, dass es sich um eine **PersGes** handelt (statt vieler MüKoHGB/*K. Schmidt* Rn. 6). Die oHG muss zunächst alle konstitutiven Merkmale der Gesellschaft bürgerlichen Rechts (GbR) erfüllen. Mindestens zwei Gesellschafter müssen sich also durch den Abschluss eines Gesellschaftsvertrages gegenseitig verpflichten, die Erreichung eines gemeinsamen Zwecks in der durch den Vertrag bestimmten Weise zu fördern (§ 705 BGB). Zweck der oHG ist – abgesehen von den Fällen des Abs. 2 – der Betrieb eines Handelsgewerbes (§ 105 Abs. 1). Durch diesen Zweck wird die oHG von ihrer Grundform, der GbR, abgegrenzt. Zugleich wird deutlich, dass es sich bei der oHG um eine spezielle **(Außen-)Gesellschaft bürgerlichen Rechts** handelt (allgM, MHdB GesR I/*Möhrle* § 46 Rn. 8; MüKoHGB/*K. Schmidt* Rn. 4). Folgerichtig sind die §§ 705 ff. BGB subsidiär anwendbar (§ 105 Abs. 3). Allerdings sind inzwischen umgekehrt auch einige handelsgesellschaftsrechtliche Vorschriften auf die Außengesellschaft bürgerlichen Rechts anwendbar (näher MüKoHGB/*K. Schmidt* Rn. 275). Erfüllt eine GbR die Merkmale des § 105, so ist sie – unabhängig vom Willen der Gesellschafter – oHG (→ Rn. 18).

3 Zugleich ist die oHG die **Grundform der Personenhandelsgesellschaften** (vgl. § 161 Abs. 2). Im Unterschied zur KG haften alle Gesellschafter unbeschränkt. Die oHG wird ganz überwiegend als **(rechtsfähige) Gesamthandsgemeinschaft** und nicht als juristische Person eingestuft (BGH 19.1.2001, BGHZ 146, 341 = NJW 2001, 1056 (1058); BGH 16.2.1961, BGHZ 34, 293 (296) = NJW 1961, 1022; RG 30.6.1921, RGZ 102, 301 (302); MHdB GesR I/*Möhrle* § 46 Rn. 10; EBJS/*Wertenbruch* Rn. 14; BeckOGK/*Sanders* Rn. 20; aA *Raiser* AcP 194 (1994), 495 ff.). Das gilt auch dann, wenn sie in ihrer konkreten Ausprägung, etwa als Publikums-KG, kapitalistisch strukturiert ist (dazu MüKoHGB/*K. Schmidt* Rn. 6 f.).

4 Die (wirtschaftliche) Bedeutung der oHG ist im Laufe des letzten Jahrhunderts gesunken (zur Entwicklung *K. Schmidt* GesR § 46 I 2b). Das liegt vor allem an der allgemeinen Beliebtheit von Gesellschaftsformen mit beschränkter Haftung (MHdB GesR I/*Möhrle* § 46 Rn. 13). Der Trend hält auch in jüngerer Zeit an. Während zum 1.1.2010 in den Handelsregistern nach den amtlichen Geschäftsübersichten der Handelsregistergerichte noch 27.422 OHG eingetragen waren, waren es zum 1.1.2020

lediglich noch 23.120. Die Zahl der KG liegt mit 278.490 (1.1.2020) bei wachsender Tendenz deutlich höher (zum Ganzen *Kornblum* GmbHR 2020, 677, 678).

II. Begriff und Merkmale der oHG (Abs. 1)

1. Gesellschaft. Gemäß § 105 Abs. 1 ist eine oHG stets eine **Gesellschaft,** und zwar **iSv § 705 BGB** (§ 105 Abs. 3). Mindestens **zwei Gesellschafter** müssen sich in einem Gesellschaftsvertrag verpflichtet haben, die Erreichung eines gemeinsamen Zwecks zu fördern, insbesondere durch die Leistung von Beiträgen. Eine Einpersonen-oHG kann grundsätzlich weder entstehen noch nach Ausscheiden eines Gesellschafters fortbestehen (näher MüKoHGB/*K. Schmidt* Rn. 24; BeckOGK/*Sanders* Rn. 43). 5

Gemeinsamer Zweck meint den überindividuellen Verbandszweck (Staub/*Schäfer* Rn. 20; EBJS/*Wertenbruch* Rn. 23), nicht die (eigennützigen) Absichten der Gesellschafter (vgl. BGH 26.10.1959, BGHZ 31, 105 = NJW 1960, 145 (147); BGH 29.1.1951, NJW 1951, 308; Baumbach/Hopt/*Roth* Rn. 1). In Abgrenzung zur BGB-Gesellschaft liegt der Verbandszweck der oHG entweder im **Betrieb eines Handelsgewerbes unter gemeinschaftlicher Firma** (Abs. 1, Abs. 2 S. 1 Alt. 1) **oder in der nur eigenen Vermögensverwaltung** (Abs. 2 S. 1 Alt. 2; statt vieler MüKoHGB/*K. Schmidt* Rn. 28). Der im Gesellschaftsvertrag regelmäßig festgelegte Unternehmensgegenstand bezeichnet den konkretisierten Verbandszweck (Staub/*Schäfer* Rn. 21). Eine oHG wird idR mit einer Gewinn- und Verlustbeteiligung aller Gesellschafter einhergehen, eine solche Beteiligung ist aber nicht konstitutiv (BGH 6.4.1987, NJW 1987, 3124 (3125); Heymann/*Emmerich* Rn. 26). 6

Die Gesellschafter fördern den gemeinsamen Zweck durch **Beiträge,** die begrifflich von Einlagen abzugrenzen sind. Von dem allgemeineren Begriff „Beitrag“ ist jedes Tun oder Unterlassen umfasst, das den vereinbarten Zweck fördert; Einlagen sind dagegen spezielle Beiträge, die auf die Bildung von Eigenkapital gerichtet sind (Baumbach/Hopt/*Roth* § 109 Rn. 6; grundlegend *K. Schmidt* GesR § 20 II 1a). Ein Gesellschafter einer oHG muss einen Beitrag leisten. Eine Einlagepflicht besteht hingegen nicht (anders bei der KG für den Kommanditisten, § 171 Abs. 1). Ein entsprechender Beitrag liegt bei der oHG schon darin, dass sich der Gesellschafter an der Gesellschaft beteiligt und nach den §§ 128 ff. haftet (allgM; vgl. RG 25.10.1912, RGZ 80, 268 (271); RWH HGB/*Haas* Rn. 72). Ein Beitrag ist etwa auch die Geschäftsführung (BGH 6.4.1987, NJW 1987, 3124 (3125)) oder die sonstige aktive Mitarbeit zur Verwirklichung des Unternehmenszwecks. Aus der fehlenden Verpflichtung, eine Einlage zu leisten, folgt zugleich, dass der Gesellschafter nicht notwendigerweise am Eigenkapital der Gesellschaft beteiligt ist. 7

2. Betrieb eines Handelsgewerbes. a) Gewerbe. Der Begriff „Gewerbe“ wird in versch. Rechtsmaterien verwendet (bspw. im Handels- und Gesellschaftsrecht, dem Steuer- oder Gewerberecht). Eine allgemeingültige Definition gibt es aufgrund der unterschiedlichen Zwecke der Regelungen nicht (Baumbach/Hopt/*Hopt* § 1 Rn. 11). Für das Handels- und Gesellschaftsrecht definiert die **Rspr.** den Begriff als jede **auf Dauer angelegte, berufs- und planmäßige selbstständige, nach außen erkennbare,** mit **Gewinnerzielungsabsicht** verfolgte Tätigkeit **nicht freiberuflicher, künstlerischer oder wissenschaftlicher Art** (vgl. BGH 23.9.1992, BGHZ 119, 252 = NJW 1992, 3242; BGH 2.7.1985, BGHZ 95, 155 (157) = NJW 1985, 3063; BGH 1.7.1968, NJW 1968, 692; BGH 7.7.1960, BGHZ 33, 321 (324) = NJW 1961, 725; OLG Düsseldorf 6.6.2003, NJW-RR 2003, 1120). Ob die Tätigkeit auch erlaubt sein muss, ist umstritten (Baumbach/Hopt/*Hopt* § 1 Rn. 12). Dass die freien Berufe kein Handelsgewerbe ausüben, kann § 1 Abs. 1 S. 2, Abs. 2 PartGG entnommen werden (vgl. BGH 18.7.2011, NJW 2011, 3036; BGH 15.7.2014, NJW 2015, 61 [für das Beispiel des Wirtschaftsprüferberufs, mit Verweis auf § 1 Abs. 2 des Gesetzes über eine Berufsordnung der Wirtschaftsprüfer]; *Henssler/Markworth* NZG 2015, 1 (4)). Insbesondere das Merkmal der Gewinnerzielungsabsicht wird zu Recht kritisiert; es ist heute durch das Merkmal der Erzielung laufender Einnahmen aus dem Angebot entgeltlicher Leistungen am Markt zu ersetzen (OLG Dresden NZG 2003, 124; Baumbach/Hopt/*Hopt* § 1 Rn. 16; *K. Schmidt* HandelsR § 9 IV 2d; *Henssler* ZHR 161 (1997), 13 (21 f.); *Wedemann* NZG 2016, 645 (649 f.); offen gelassen noch von BGH 29.3.2006, BGHZ 167, 40 (45 f.) = NJW 2006, 2250 [obiter]; BGH 24.6.2003, BGHZ 155, 240 (246) = NJW 2003, 2742). 8

b) Mischtätigkeiten. Bei **Mischtätigkeiten,** etwa freiberuflicher und handelsgewerblicher Tätigkeit der Gesellschaft, ist auf die typische Tätigkeit bzw. den Schwerpunkt des wirtschaftlichen Handelns abzustellen (BGH 15.7.2014, NJW 2015, 61; BGH 18.7.2011, NJW 2011, 3036 (3037) (vgl. dazu auch BVerfG 6.12.2011, NJW 2012, 993); BGH 2.6.1999, NJW 1999, 2967 (2968); BayObLG 21.3.2002, NZG 2002, 718; *Henssler* PartGG § 1 Rn. 103 ff.; *Henssler* FS Bergmann, 2018, 321; Baumbach/Hopt/*Hopt* § 1 Rn. 20, 28; Oetker/*Körber* § 1 Rn. 46; nach KKRD/*Roth* § 1 Rn. 15 und MüKoHGB/*K. Schmidt* § 1 Rn. 35 können freiberufliche und gewerbliche Tätigkeit nebeneinander bestehen). Maßgeblich ist, welche Tätigkeit nach dem **„Gesamtbild“** dominiert. Dementsprechend hat das BayObLG für die Eintragungsfähigkeit einer KG, die im Schnittstellenbereich von gewerblicher und freiberuflicher Tätigkeit aktiv werden wollte, darauf abgestellt, ob das Tätigkeitsfeld insgesamt oder zumindest im Wesentlichen dem gewerblichen Bereich oder dem Bereich der freien Berufe zuzuordnen ist (BayObLG 9

21.3.2002, NZG 2002, 718). Der BGH hat – noch nach altem Recht für den Fall einer neben dem Warenhandel betriebenen handwerklichen Tätigkeit – betont, dass Kaufmann iSd § 1 der Inhaber eines solchen „gemischten" Betriebs nur dann sei, *„wenn der Warenhandel für das Unternehmen charakteristisch und quantitativ nennenswert ist, das Gesamtbild des Unternehmens also durch den Handel geprägt wird"* (BGH 2.6.1999, NJW 1999, 2967 (2968)). Lasse sich ein derartiger Schwerpunkt nicht feststellen, sei die gewerbliche Tätigkeit mithin lediglich von untergeordneter oder höchstens gleichrangiger Bedeutung im Vergleich zu der nicht gewerblichen Tätigkeit, so könne der Inhaber nicht als Kaufmann behandelt werden. Diese Grundsätze lassen sich auf die Abgrenzung zwischen gewerblicher und freiberuflicher Tätigkeit übertragen (KKRD/*Roth* § 1 Rn. 24). Danach schadet bereits eine gleichrangige freiberufliche oder sonstige nicht gewerbliche Tätigkeit, nicht aber untergeordnete Tätigkeiten dieser Art (*Henssler/Markworth* NZG 2015, 1 (4); *Henssler* NZG 2011, 1121). Aufgrund der speziellen Vorschriften der § 49 Abs. 2 StBerG und § 27 Abs. 2 WPO gilt für Steuerberater- und Wirtschaftsprüfer-GmbH und Co. KGs dem BGH zufolge etwas **anderes,** wenn diese neben der sie prägenden freiberuflichen Tätigkeit nur untergeordnete Treuhandtätigkeiten durchführen (BGH 15.7.2014, NJW 2015, 61 (62); vgl. dazu kritisch *Henssler/Markworth* NZG 2015, 1 (5 f.)). Sie sind dann gleichwohl als KG zu qualifizieren. Besondere Probleme bereitet die Einordnung digitaler Dienstleistungen von Angehörigen der Freien Berufe, etwa Legal-Tech-Dienstleistungen von Rechtsanwälten. Hier empfiehlt sich jedenfalls im Handels- und Gesellschaftsrecht eine großzügige Zuordnung zur freiberuflichen Tätigkeit, um die Berufsausübung in der PartG nicht sachwidrig zu erschweren (vgl. auch *Eitelbuß* DStR 2018, 1568).

10 Eine Gesellschaft, die überwiegend freiberuflich und daneben untergeordnet kleingewerblich tätig ist, kann nicht, auch nicht über § 2, ins Handelsregister eingetragen werden. Ist die Eintragung gleichwohl (zu Unrecht) erfolgt, greift § 5, der zumindest entsprechend anwendbar sein dürfte. Die für den Handelsverkehr essentiellen Rechtsklarheitserwägungen sprechen für eine Qualifikation als oHG. Der tatsächliche Schwerpunkt der Tätigkeit ist für Außenstehende/Geschäftspartner nicht nachvollziehbar. Die allgemeine Voraussetzung des § 5, dass überhaupt ein Handelsgewerbe betrieben wird, ist hier erfüllt. Die Gesellschaft kann dann jedenfalls nicht als PartG eingestuft werden, da dieser Rechtsform jede dauerhafte (klein-)gewerbliche Tätigkeit verwehrt ist (*Henssler* PartGG § 1 Rn. 106 ff.). Entsprechendes gilt auch bei einer untergeordneten vermögensverwaltenden Tätigkeit neben einer überwiegenden freiberuflichen Ausrichtung (→ Rn. 21, → Rn. 35).

11 **c) Handelsgewerbe.** Handelsgewerbe ist jeder Gewerbetrieb, es sei denn, dass nach Art und Umfang des Unternehmens ein in kaufmännischer Weise eingerichteter Geschäftsbetrieb nicht erforderlich ist (§ 1 Abs. 2). Für Kleingewerbe iSv § 2 und für Land- und Fortwirtschaftsgroßbetriebe iSv § 3 Abs. 2, 3 ist § 105 Abs. 2 zu beachten. Tritt ein Gesellschafter dem Betrieb eines Einzelkaufmanns (unabhängig davon, ob Ist- oder Kann-Kaufmann) bei, so entsteht eine oHG (vgl. BGH 13.7.1972, BGHZ 59, 179 (183) = NJW 1972, 1660; Baumbach/Hopt/*Roth* Rn. 4). Übernimmt eine neu gegründete oHG den Betrieb einer GmbH oder AG, so ist sie nur dann tatsächlich oHG, wenn der übernommene Betrieb ein (Klein-) Gewerbe darstellt (BGH 13.7.1972, BGHZ 59, 179 (183 f.) = NJW 1972, 1660). Gemäß **§ 1 Abs. 2** wird das Vorliegen eines *Handels*gewerbes vermutet (*„Handelsgewerbe ist jeder Gewerbebetrieb,* ***es sei denn*** *…"*); demnach obliegt dem Gewerbetreibenden die Darlegungs- und Beweislast dafür, dass kein Handelsgewerbe besteht. Zum maßgeblichen Zeitpunkt → Rn. 16.

12 **d) ARGE als oHG.** Der BGH betrachtet die ARGE **bislang als GbR** (vgl. BGH 29.1.2001, BGHZ 146, 341 = NJW 2001, 1056; BGH 24.1.1983, BGHZ 86, 300 (307) = NJW 1983, 1114; BGH 8.11.1978, BGHZ 72, 267 (271) = NJW 1979, 308). Er verlangt, dass bei einer oHG sichere Anhaltspunkte für die Kaufmannseigenschaft bestehen (vgl. BGH 21.1.2009, BauR 2009, 702 = BeckRS 2009, 05200). Entscheidend ist danach nicht nur, dass die ARGE nach außen hin gegenüber Dritten auftritt, sondern auch, dass sie auf eine gewisse Dauer ausgerichtet ist und nicht lediglich im Innenverhältnis die Koordinierung zwischen den Bauunternehmen übernimmt. Entgegen der Auffassung des BGH kommt aber für lang andauernde, nicht lediglich kooperative ARGE die Qualifikation als oHG durchaus in Betracht (Oetker/*Lieder* Rn. 20; *K. Schmidt* GesR § 58 III 3c; BeckOGK/*Sanders* Rn. 173; *K. Schmidt* DB 2003, 703 (704 f.); aA RWH HGB/*Ries* § 1 Rn. 30; Staub/*Schäfer* Rn. 30; *Thierau/Messerschmidt* NZBau 2007, 129 f.). Vieles spricht dafür, dass entweder ein Großbauvorhaben oder aber mehrere kleinere Bauvorhaben Zweck der ARGE sein müssen, damit diese Voraussetzungen erfüllt sind (vgl. auch *Lakkis* NZBau 2012, 737 (738 f.)). Die jüngere instanzgerichtliche Rechtsprechung hält eine Einordnung einer ARGE als oHG unter den genannten Bedingungen ebenfalls für zwingend (KG 22.8.2001, BauR 2001, 1790 (1790 f.); OLG Dresden 20.11.2001, NZG 2003, 124 (für Großbauvorhaben); OLG Frankfurt a. M. 10.12.2004, OLGR 2005, 257; aA OLG Karlsruhe 7.3.2006, BauR 2006, 1190; vgl. auch Oetker/*Lieder* Rn. 20 mwN; EBJS/*Wertenbruch* Rn. 29 f.).

13 **3. Gemeinschaftliche Firma.** Das Merkmal „unter gemeinschaftlicher Firma" ist – anders als der Wortlaut von § 105 Abs. 1 nahelegen mag – **keine Voraussetzung** für die Entstehung einer oHG (heute hM Baumbach/Hopt/*Roth* Rn. 5; Staub/*Schäfer* Rn. 35; Schlegelberger/Geßler/*K. Schmidt* Rn. 40). Es soll lediglich verdeutlicht werden, dass die oHG Außenrechtsgesellschaft (Baumbach/Hopt/

Hopt Rn. 5) und selbst Trägerin des Unternehmens ist (MüKoHGB/*K. Schmidt* Rn. 43). Eine oHG entsteht auch dann, wenn sich die Gesellschafter nicht über eine Firma geeinigt haben (RWH HGB/*Haas* Rn. 13; KKRD/*Kindler* Rn. 11). Sie kann nur eine Firma haben (BGH 21.9.1976, BGHZ 67, 166 (167 ff.) = NJW 1976, 2163). Es gelten die **allgemeinen Bestimmungen des Firmenrechts** (s. im Einzelnen Erl. zu §§ 17 ff.). Die Gesellschafter können untereinander verpflichtet sein, eine zulässige Firma zu vereinbaren (MüKoHGB/*K. Schmidt* Rn. 46; EBJS/*Wertenbruch* Rn. 50).

Die Rechtsfolgen der Verwendung einer unzulässigen Firma unterscheiden sich danach, ob es sich um eine handelsgewerbliche (Abs. 1) oder eine kleingewerbliche bzw. vermögensverwaltende oHG (Abs. 2) handelt. Bei einem handelsgewerblichen Gesellschaftszweck (§ 105 Abs. 1) hindert das Auftreten unter einer unzulässigen Firma nicht die Entstehung als oHG (allgM, BGH 29.11.1956, BGHZ 22, 240 (243) = NJW 1957, 218; RG 11.3.1913, RGZ 82, 24 (25); Oetker/*Lieder* Rn. 23). Das Registergericht kann aber gem. § 37 Abs. 1 gegen den Gebrauch einer unzulässigen Firma vorgehen und es können Unterlassungs- (§ 37 Abs. 2) und/oder Schadensersatzansprüche entstehen. Etwas anderes gilt für die kleingewerbliche oder vermögensverwaltende oHG (Abs. 2). Da hier die Eintragung konstitutiv für die Entstehung der oHG ist, kann diese nicht entstehen, solange das Registergericht eine Eintragung wegen Unzulässigkeit der Firma zurückweist. 14

4. Unbeschränkte Haftung aller Gesellschafter. Charakteristisch für die oHG ist, dass „bei keinem der Gesellschafter die Haftung gegenüber den Gesellschaftsgläubigern beschränkt ist" (Abs. 1). Gemeint ist, dass alle Gesellschafter im **Außenverhältnis** nach den gesellschaftsvertraglichen Absprachen unbeschränkt haften. Sobald die Haftung auch nur eines Gesellschafters im Außenverhältnis generell beschränkt wird, liegt keine oHG mehr vor (vgl. auch BGH 23.11.1978, NJW 1979, 1705 (1706); Heymann/*Emmerich* Rn. 35; RWH HGB/*Haas* Rn. 14; vgl. MüKoHGB/*K. Schmidt* Rn. 47; EBJS/*Wertenbruch* Rn. 51). Derjenige Gesellschafter, der sich auf eine gesellschaftsrechtliche Haftungsbeschränkung beruft, ist **darlegungs- und beweispflichtig** (BGH 23.11.1978, NJW 1979, 1705 f.; Staub/*Schäfer* Rn. 36). Im **Innenverhältnis** steht es den Gesellschaftern frei, Absprachen über die Haftung/Freistellung der einzelnen Gesellschafter zu treffen (Baumbach/Hopt/*Roth* Rn. 6; MüKoHGB/*K. Schmidt* Rn. 48). Das ergibt sich aus § 109 sowie einem Umkehrschluss aus § 128 S. 2 (MüKoHGB/*K. Schmidt* Rn. 48). Unschädlich ist es, wenn im Einzelfall durch eine konkrete Vereinbarung mit dem Vertragspartner der oHG die persönliche Haftung eines Gesellschafters (etwa auf seine Beteiligungsquote) beschränkt oder ganz ausgeschlossen wird. Ähnlich wie eine Quoten-GbR (BGH 27.11.2012, NJW 2013, 1098) kann auch eine Quoten-oHG durch Individualvereinbarung mit dem Vertragspartner, etwa einer Bank bei Aufnahme eines Darlehens durch die oHG, vereinbart werden. 15

5. Entstehung der oHG nach Abs. 1. a) Neugründung. Bei der Beurteilung der Entstehung der oHG sind **Innen- und Außenverhältnis** voneinander zu trennen (vgl. MüKoHGB/*K. Schmidt* Rn. 108; BeckOGK/*Sanders* Rn. 21 f.). Abs. 1 betrifft das Innenverhältnis der Gesellschafter untereinander und zur Gesellschaft. Für die Entstehung im Innenverhältnis ist lediglich der Abschluss eines entsprechenden Gesellschaftsvertrages erforderlich (vgl. Staub/*Schäfer* Rn. 48 f.). Für die Entstehung im Außenverhältnis kommt es gem. § 123 Abs. 1 hingegen grundsätzlich auf die Eintragung im Handelsregister an. Beginnt die Gesellschaft ihre Geschäfte (also den Betrieb eines Handelsgewerbes) allerdings schon vor der Eintragung, so tritt die Wirksamkeit im Außenverhältnis schon mit dem Zeitpunkt des Geschäftsbeginns ein (§ 123 Abs. 2). **Maßgeblicher Zeitpunkt** für die Beurteilung, ob (bereits) ein Handelsgewerbe vorliegt, ist grundsätzlich derjenige der Betrachtung (etwa Aufnahme des Gesellschaftsbetriebs oder Eintragung, vgl. BGH 17.6.1953, BGHZ 10, 91 (96) = NJW 1953, 1217 (1218)). Allerdings ist es nicht notwendig, dass der volle Geschäftsbetrieb aufgenommen worden ist (BGH 19.5.1960, BGHZ 32, 307 (311) = NJW 1960, 1664; BayObLG 13.11.1984, NJW 1985, 982 (983)). Es genügt, dass das sich entwickelnde Geschäft auf den Betrieb eines Handelsgewerbes angelegt ist und **zuverlässige Anhaltspunkte** dafür bestehen, dass das Unternehmen alsbald eine entsprechende Entwicklung erfahren wird (BGH 17.6.1953, BGHZ 10, 91 (96) = NJW 1953, 1217 (1218); BayObLG 13.11.1984, NJW 1985, 982 (983); KG 12.1.1923, OLGE 43, 203; *Hueck* OHG § 5 I 2). 16

Auf die künftige Ausübung eines Handelsgewerbes gerichtete Vorbereitungshandlungen im Rechtsverkehr können also bereits mit Wirkung für und gegen die oHG und unter Anwendung der Vorschriften des HGB abgeschlossen werden (Baumbach/Hopt/*Roth* § 123 Rn. 10). Liegen die genannten Voraussetzungen nicht vor, so kommt ein Eigengeschäft der Gesellschafter in Betracht, oder – nach Abschluss des Gesellschaftsvertrags – ein Geschäft der dann möglicherweise bereits entstandenen Außen-GbR („oHG in Gründung"; vgl. zur Entstehung der Außen-Ges: Baumbach/Hopt/*Roth* § 123 Rn. 17). Die bloße Möglichkeit, dass das Unternehmen irgendwann nach Art und Umfang einen in kaufmännischer Weise eingerichteten Betrieb erfordert, rechtfertigt dagegen noch nicht die Annahme eines Handelsgewerbes. 17

b) Umwandlung einer GbR/Gesamthandsgemeinschaft in eine oHG. Das Vorliegen einer oHG ist unabhängig vom Willen der Gesellschafter. Es kommt nur darauf an, ob die konstitutiven 18

objektiven Voraussetzungen erfüllt sind (stRspr; etwa BGH 19.5.1960, BGHZ 32, 307 (310) = NJW 1960, 1664; BGH 29.11.1956, BGHZ 22, 240 (244 f.) = NJW 1957, 218; *Hueck* OHG § 1 II). So wird eine GbR bei Aufnahme eines Handelsgewerbes automatisch – unter Wahrung ihrer Identität – zur oHG (BGH 29.1.2001, BGHZ 146, 341 (346) = NJW 2001, 1056; BGH 21.12.1966, NJW 1967, 821; BeckOGK/*Sanders* Rn. 26). Dieser identitätswahrende Formwechsel bedarf weder einer Einzelübertragung des Vermögens noch einer Gesamtrechtsnachfolge (vgl. nur MüKoHGB/*K. Schmidt* Rn. 109).

19 Bei einer fortgesetzten Gütergemeinschaft (§§ 1483 ff. BGB) oder Erbengemeinschaft (§§ 2032 ff. BGB) ist hingegen mangels gesellschaftsrechtlicher Verbundenheit der Mitglieder der (konkludente) Abschluss eines Gesellschaftsvertrags notwendig. Es bedarf also einer besonderen Vereinbarung. Die bloße Fortführung des zum Nachlass gehörenden Handelsgeschäfts reicht nicht aus (RG 15.5.1925, JW 1926, 552 (553) mAnm *Legers*). Eine Gesellschaft, die nach Abs. 1 zur oHG wird, muss nunmehr ihre Firma zum Handelsregister anmelden (§§ 14, 29, 106 Abs. 1). Die **Eintragung** ist lediglich **deklaratorisch** (*K. Schmidt* GesR § 46 III 2a).

20 **6. Umwandlung anderer Rechtsträger in eine oHG. a) Nach dem UmwG.** Eine oHG kann im Wege der Umwandlung durch Verschmelzung, Spaltung oder Formwechsel entstehen (vgl. § 1 UmwG). §§ 190 ff. UmwG vereinfachen die **formwechselnde Umwandlung;** für den Formwechsel in eine oHG gelten §§ 190 ff. UmwG, § 191 Abs. 2 Nr. 2 UmwG, §§ 226, 228 ff. UmwG. Der Rechtsträger bleibt hierbei identisch, sodass eine Vermögensübertragung nicht stattfindet (Kallmeyer/*Meister/Klöcker* UmwG § 190 Rn. 6). Für die Altverbindlichkeiten der umgewandelten Gesellschaft haften die neuen Gesellschafter analog §§ 130, 173 (MüKoHGB/*K. Schmidt* Rn. 111). Zu den Einzelheiten s. Erl. zu §§ 190 ff. UmwG.

21 **b) Andere Umwandlungsmöglichkeiten.** Außerhalb des UmwG kann eine oHG durch **identitätswahrenden Rechtsformwechsel** aus einer anderen – auch ausländischen (→ Rn. 194) – Gesamthandsgesellschaft entstehen. So wird eine GbR mit Aufnahme eines Handelsgewerbes kraft Gesetzes zur oHG (→ Rn. 18). Eine KG, die nach Ausscheiden des letzten **Kommanditisten** oder Umwandlung seiner Kommandit- in eine Komplementärbeteiligung weiter betrieben wird, wird ebenfalls zur oHG (BGH 23.11.1978, NJW 1979, 1705 f.), sofern insgesamt mindestens zwei voll haftende Gesellschafter verbleiben. Dies ist auch dann der Fall, wenn eine KG in Liquidation ohne persönlich haftenden Gesellschafter die Liquidation nicht nachhaltig betreibt und auch keinen neuen Komplementär aufnimmt (Sächsisches FG 14.11.2018, EFG 2019, 669). Die iSd § 1 handelsgewerbliche Tätigkeit einer **Partnerschaftsgesellschaft** lässt unabhängig von ihrer Löschung im Partnerschaftsregister stets eine oHG entstehen (Henssler/Prütting/*Henssler* PartGG § 1 Rn. 20; *Henssler* PartGG § 1 Rn. 113; anders wohl MüKoHGB/*K. Schmidt* Rn. 109, der die Löschung voraussetzt sowie MükoBGB/*Schäfer* PartGG § 1 Rn. 19 ff., solange im Sinne eines „Nebenzweckprivilegs" die gewerbliche Tätigkeit der freiberuflichen diene). Die Schwerpunkttheorie (→ Rn. 9) muss insoweit zurücktreten, sodass auch in dem angesichts jüngerer Entwicklungen (zB „Legal Tech" → Rn. 9) nicht rein theoretischen Fall einer überwiegend **freiberuflichen** und untergeordneten, gleichwohl aber iSv § 1 handelsgewerblichen Tätigkeit, eine oHG entsteht. Das folgt schon aus der an das Handelsgewerbe anknüpfenden Verpflichtung, nunmehr Handelsbücher (§§ 238 ff.) zu führen. Auch wäre nicht einzusehen, weshalb trotz des Betriebs eines Handelsgewerbes die den Schutz der Geschäftspartner bezweckenden Vorschriften des HGB nicht anwendbar sein sollten. Bei der handelsgewerblich tätigen PartG handelt es sich ungeachtet der grundsätzlich konstitutiv wirkenden Eintragung in das Partnerschaftsregister (→ PartGG § 7 Rn. 2) um eine oHG (*Henssler* PartGG § 1 Rn. 113). Bei nur kleingewerbetreibender Nebentätigkeit neben einer freiberuflichen Haupttätigkeit entsteht eine GbR (→ Rn. 10). Eine Eintragung ins Handelsregister nach § 2 kommt nach der Schwerpunkttheorie nicht in Betracht. Eine **Erbengemeinschaft,** in deren Gesamthandsvermögen sich ein Handelsgeschäft befindet, ist weder nach dem UmwG umwandlungsfähig noch kann sie durch schlichte Fortführung in eine oHG umgewandelt werden (BGH 8.10.1984, BGHZ 92, 259 (262 ff.) = NJW 1985, 136; Habersack/Schäfer/*Schäfer* Rn. 60; MüKoHGB/*K. Schmidt* Rn. 112). Sofern die Erbengemeinschaft diese Rechtsform anstrebt, ist die Neugründung einer Handelsgesellschaft (durch Abschluss eines Gesellschaftsvertrags) unter Einbringung des Gewerbebetriebs erforderlich (vgl. BGH 8.10.1984, BGHZ 92, 259 (264) = NJW 1985, 136; EBJS/*Wertenbruch* Rn. 181).

22 Die **Vorgesellschaft** einer geplanten Kapitalgesellschaft (zB Vor-GmbH) ist grundsätzlich keine oHG, allerdings entsteht eine solche mit Aufgabe der Eintragungsabsicht, sofern der handelsgewerbliche Betrieb fortgeführt wird (BGH 4.11.2002, BGHZ 152, 290 (294 f.) = NJW 2003, 429; BGH 28.11.1997, NJW 1998, 1079 (1080); BGH 9.3.1981, BGHZ 80, 129 (142) = NJW 1981, 1373; BeckOGK/*Sanders* Rn. 27). Sofern schon bei Errichtung der Gesellschaft keine Eintragungsabsicht bestand, entsteht beim Betrieb eines Handelsgewerbes sogleich eine oHG (BGH 18.1.2000, BGHZ 143, 314 (319) = NJW 2000, 1193; BGH 29.11.1956, BGHZ 22, 240 = WM 1957, 57; BeckOGK/*Sanders* Rn. 27). Fehlt es an der Handelsgewerblichkeit iSd § 1, entsteht anstelle der oHG eine GbR (BGH 28.11.1997, NJW 1998, 1079 (1080)). Eine entgegenstehende Bezeichnung ist unbeachtlich (BGH 7.12.1964, WM 1965, 246; BGH 29.11.1956, BGHZ 22, 240 (243) = WM 1957, 57).

23 **7. oHG kraft Rechtsscheins.** Fehlen eine oder mehrere Voraussetzungen für die Entstehung einer oHG, kann, wenn die Gesellschaft gleichwohl im Rechtsverkehr als oHG auftritt, eine sog. **Schein-oHG** vorliegen (→ Rn. 188 ff.) oder aber die Registerpublizität gem. § 15 Abs. 1, 3 greifen (→ Rn. 30). Davon zu unterscheiden ist die sog. fehlerhafte Gesellschaft (→ Rn. 125 ff.).

III. Kleingewerbliche und vermögensverwaltende Gesellschaft (Abs. 2)

24 **1. Öffnung der oHG für kleingewerbliche Gesellschaften.** Nach § 105 Abs. 2 S. 1 ist eine Gesellschaft, deren Gewerbebetrieb nicht schon nach § 1 Abs. 2 Handelsgewerbe ist oder die nur eigenes Vermögen verwaltet, (nur) dann oHG, wenn die Firma des Unternehmens in das Handelsregister eingetragen ist. § 2 S. 2 und 3 gelten für die Anmeldung beim Handelsregister sowie den Löschungsantrag gem. § 105 Abs. 2 S. 2 entsprechend. Abs. 2 stellt die gesellschaftsrechtliche **Parallelregelung zu § 2** dar und eröffnet kleingewerblichen oder land- oder forstwirtschaftlich tätigen Gesellschaften sowie vermögensverwaltenden Gesellschaften (→ Rn. 32 ff.) die Rechtsform der oHG oder KG. Die **Eintragung** wirkt in diesen Fällen **konstitutiv** iSv § 123 Abs. 1. Praktische Bedeutung entfaltet Abs. 2 insbesondere wegen der Möglichkeit der Haftungsbeschränkung (§§ 171, 172, 176 Abs. 1 S. 2) im Rahmen der Gründung einer KG (§ 161 Abs. 2 iVm § 105 Abs. 2), die bei der alternativ möglichen GbR nicht bestünde.

25 **2. Eintragungsoption.** Die Eintragung einer kleingewerblichen oder vermögensverwaltenden GbR ist eine Handlungsoption der Gesellschafter und daher **freiwillig.** Es gelten die für die Eintragung kaufmännischer Firmen geltenden Vorschriften (§ 105 Abs. 2 S. 2 iVm § 2 S. 2). Die Eintragung erfolgt auf Anmeldung durch sämtliche Gesellschafter gem. §§ 106, 108. Im Innenverhältnis setzt dies grundsätzlich einen einstimmigen **Beschluss sämtlicher Gesellschafter** voraus, jedoch soll in Anlehnung an § 217 Abs. 1 S. 2 UmwG bei entsprechender Regelung im Gesellschaftsvertrag auch eine Mehrheitsentscheidung genügen (hM, MüKoHGB/*K. Schmidt* Rn. 66; *Schön* DB 1998, 1169 (1175)). Im Zweifel dürfte die Anmeldung ein Grundlagengeschäft darstellen und damit einen einstimmigen Beschluss erfordern (so Baumbach/Hopt/*Roth* Rn. 14). Auf der Grundlage eines solchen Beschlusses sind die Gesellschafter zur Mitwirkung bei der Eintragung in das Handelsregister verpflichtet (*Schön* DB 1998, 1169 (1175)). Sofern kein wirksamer Antrag vorliegt, die Eintragung gem. Abs. 2 S. 2 iVm § 2 S. 2 aber dennoch erfolgt, findet § 5 Anwendung (Baumbach/Hopt/*Roth* Rn. 12).

26 **3. Änderung der Verhältnisse nach der Eintragung.** Nach der Eintragung bleibt die Rechtsform als oHG bzw. KG erhalten, solange die Eintragungsvoraussetzungen fortbestehen. Das ist unproblematisch, wenn die zunächst kleingewerbliche Tätigkeit der nach §§ 2, 105 Abs. 2 eingetragenen Gesellschaft nachträglich die Schwelle zum Handelsgewerbe überschreitet und somit gem. **§ 1 Abs. 2** eintragungspflichtig wird. Aber auch für den Fall, dass eine zunächst nach § 1 Abs. 2 eintragungspflichtige und eingetragene Gesellschaft später nur noch ein Kleingewerbe betreibt, bleibt die Rechtsform erhalten und es erfolgt keine Amtslöschung der Gesellschaft (*K. Schmidt* ZHR 163 (1999), 87 (93 ff.); EBJS/*Wertenbruch* Rn. 42; *Tröger* in Westermann/Wertenbruch PersGes-HdB Rn. I 120b). Dementsprechend ist auch ein Antrag analog § 105 Abs. 2 als Widerspruch zu einer Amtslöschung nicht erforderlich, denn § 105 Abs. 2 knüpft an die aufgrund eines wirksamen Antrags erfolgte Eintragung als solche an und nicht an den konkreten Willen der Gesellschafter zur Ausübung der Eintragungsoption des Abs. 2 (*K. Schmidt* ZHR 163 (1999), 87 (93); Oetker/*Lieder* Rn. 32; EBJS/*Wertenbruch* Rn. 42; *Tröger* in Westermann/Wertenbruch PersGes-HdB Rn. I 120b; aA Begr. RegE BT-Drs. 13/8444, 64; *Schmitt* WiB 1997, 1113 (1117)). Die Gesellschafter können daher auf der Eintragung bestehen (indem sie schlicht nicht weiter tätig werden) oder die oHG nach § 105 Abs. 2 S. 2 iVm § 2 S. 3 löschen lassen. Dies gilt auch, wenn die Gesellschaft infolge Geschäftsveräußerung nur noch vermögensverwaltend tätig ist.

27 Ist dagegen keine Eintragung in das Handelsregister erfolgt und sinkt das Handelsgewerbe auf ein **Kleingewerbe** ab, so wandelt sich die oHG automatisch in eine GbR um. Ebenso wird die oHG zur GbR, wenn der Betrieb – unabhängig vom Willen der Gesellschafter – nicht nur vorübergehend eingestellt wird (BGH 19.5.1960, BGHZ 32, 307 (310) = NJW 1960, 1664). Eine solche Betriebseinstellung liegt etwa bei Verpachtung des Betriebs vor (BGH 13.11.1961, BB 1962, 349 [nach Beendigung der Verpachtung aber wieder Umwandlung in oHG]; BGH 19.5.1960, BGHZ 32, 307 (312) = NJW 1960, 1664) sowie bei Vermietung der Gewerberäume (BGH 9.12.1974, WM 1975, 99).

28 Die Umwandlung der oHG in eine GbR ändert nur den rechtlichen Charakter der Gesellschaft, wahrt aber deren **Identität** (BGH 10.5.1971, NJW 1971, 1698; BGH 13.11.1961, BB 1962, 349). Das Vermögen der oHG ist das Vermögen der GbR. Daher ist etwa das Grundbuch nur hinsichtlich der Bezeichnung des Eigentümers zu korrigieren (RG 11.5.1937, RGZ 155, 75 (85), BayObLG 3.10.1980, NJW 1982, 109 (110); BayObLG 21.10.1982, MDR 83, 427; str.). Für die Praxis ist die **Grundbuchfähigkeit der GbR** mittlerweile geklärt. Der BGH hatte sie in dem Beschluss vom 4.12.2008 (NJW 2009, 594) bejaht; die damit bereits anerkannte Grundbuchfähigkeit hat der Gesetzgeber durch die

Einführung von § 899a BGB sowie § 47 Abs. 2 GBO in seinen Willen aufgenommen. Zu den praktisch wichtigen Problemkreisen rund um die Eintragung vgl. *Suttmann* NJW 2013, 423.

29 Der Wille der Gesellschafter wird bei einer durch identitätswahrenden Formwechsel entstandenen GbR regelmäßig dahin gehen, ihre Beziehungen im **Innenverhältnis** weiterhin nach dem Recht der Personenhandelsgesellschaften zu regeln (BGH 10.5.1971, NJW 1971, 1698; BGH 15.12.1955, BGHZ 19, 269 (275 f.) = NJW 1956, 297; aA *Kornblum* BB 1972, 1032 (1033 ff.)). Deshalb können im Innenverhältnis weiterhin die Regeln der oHG bzw. KG anwendbar sein (BGH 6.4.1987, NJW 1987, 3124 (3126) [Geschäftsführungs- und Vertretungsregeln; für die dort noch festgestellte – weiterhin – beschränkte Haftung früherer Kommanditisten ist die geänderte Auffassung zur Haftung in der GbR gem. § 128 analog zu beachten]; BGH 10.5.1971, NJW 1971, 1698 [Geschäftsführungs- und Vertretungsregeln]; BGH 19.5.1960, BGHZ 32, 307 = NJW 1960, 1664 (1666 f.) [oHG-Regeln im Innenverhältnis, sofern gesellschaftsvertragliche Vereinbarung möglich]).

30 Umstritten sind die Rechtsfolgen, wenn jeglicher Gesellschaftszweck entfällt, also bspw. der Geschäftsbetrieb ganz eingestellt wird (vgl. dazu Habersack/Schäfer/*Schäfer* § 131 Rn. 12). Tritt eine als oHG eingetragene Gesellschaft, die weder unter Abs. 1 noch unter Abs. 2 fällt, weiterhin gegenüber Dritten rechtsgeschäftlich auf, so können die handelnden Gesellschafter sowie die Gesellschaft weiterhin nach den §§ 105 ff. zu behandeln sein, insbesondere nach § 15 Abs. 1, 3 (vgl. MüKoHGB/*K. Schmidt* Rn. 49). Es besteht eine Schein-Handelsgesellschaft (RWH HGB/*Haas* Rn. 8a; → Rn. 188). § 5 ist nicht anwendbar (RWH HGB/*Haas* Rn. 8a; MüKoHGB/*K. Schmidt* Rn. 49, § 5 Rn. 6). Die Gesellschafter sind verpflichtet, die Löschung zu beantragen (MüKoHGB/*K. Schmidt* Rn. 73).

31 **4. Löschungsoption.** Gemäß § 105 Abs. 2 S. 2 iVm § 2 S. 3 können die Gesellschafter durch gemeinschaftlichen Antrag iSd § 108 freiwillig die Löschung der Gesellschaft beantragen, sofern diese nicht zwischenzeitlich nach § 1 Abs. 2 eintragungspflichtig geworden ist. Der für den Löschungsantrag im Innenverhältnis notwendige Beschluss muss auch hier grundsätzlich einstimmig ergehen. Während es im Fall der Entscheidung über den Eintragungsantrag für zulässig erachtet wird, gesellschaftsvertraglich einen Mehrheitsentscheid zu vereinbaren (EBJS/*Wertenbruch* Rn. 36; → Rn. 25), erscheint bei der Löschung aufgrund der gravierenderen Folgen (etwa für Kommanditisten einer KG) die Einstimmigkeit zwingend (Baumbach/Hopt/*Roth* Rn. 14; Oetker/*Lieder* Rn. 33). Die Löschung wirkt ex nunc und führt zur Umwandlung der oHG bzw. KG in eine GbR.

32 **5. Vermögensverwaltende oHG. a) Neuregelung durch das HRRefG von 1998.** § 105 Abs. 2 S. 1 Alt. 2 eröffnet auch rein vermögensverwaltenden Gesellschaften die Möglichkeit, sich auf ihren Antrag als oHG (oder KG) eintragen zu lassen. Die Eintragung wirkt sowohl für die Innen- (Abs. 2 S. 1 aE) als auch für die Außengesellschaft konstitutiv (§ 123 Abs. 1; vgl. Baumbach/Hopt/*Roth* Rn. 13; Habersack/Schäfer/*Schäfer* Rn. 28), wenn diese kein Gewerbe nach § 1 Abs. 2 ausübt (EBJS/*Wertenbruch* Rn. 37). Bis zum HRRefG war dies nicht möglich, da die reine Vermögensverwaltung nicht als Gewerbe angesehen wird (vgl. BGH 19.5.1960, BGHZ 32, 307 (310 ff.) = NJW 1960, 1664; BGH 19.2.1990, ZIP 1990, 505 (506); Baumbach/Hopt/*Roth* Rn. 13; Habersack/Schäfer/*Schäfer* Rn. 28; Schlegelberger/Geßler/*K. Schmidt* Rn. 36; aA *Siems* NZG 2001, 738). Durch § 105 Abs. 2 S. 1 Alt. 2 wird die Vermögensverwaltung als einem Gewerbe vergleichbar eingestuft (Begr. RegE BT-Drs. 13/8444, 39; Baumbach/Hopt/*Roth* Rn. 13; aA MüKoHGB/*K. Schmidt* Rn. 68). Vermögensverwaltende Gesellschaften können sich wie kleingewerbliche Gesellschaften freiwillig eintragen und auch wieder löschen lassen (Abs. 2 S. 2 iVm § 2 Abs. 2 S. 3).

33 Typische Fälle vermögensverwaltender Gesellschaften sind Fonds-, Immobilienverwaltungs- und Objektgesellschaften, Besitzgesellschaften bei der Betriebsaufspaltung sowie Holdinggesellschaften (BT-Drs. 13/8444, 40; vgl. auch RWH HGB/*Haas* Rn. 9; Baumbach/Hopt/*Roth* Rn. 13; Habersack/Schäfer/*Schäfer* Rn. 29; EBJS/*Wertenbruch* Rn. 37). Auch die Komplementär-Personengesellschaften in der mehrstufigen GmbH & Co. KG fallen in diese Kategorie (Baumbach/Hopt/*Roth* Rn. 13; *Schön* DB 1998, 1169; EBJS/*Wertenbruch* Rn. 39; einschränkend RWH HGB/*Haas* Rn. 9a). Sachgerechtes Ziel der Regelung ist es, Fonds von Kleinanlegern die Rechtsform der Publikums-KG zu eröffnen. Die bis zur Rechtsänderung bei (steuerrechtlich motivierter) Wahl einer Personengesellschaft nur mögliche Ausgestaltung des Fonds (etwa eines geschlossenen Immobilienfonds) als GbR wird den Bedürfnissen der Praxis und der Kapitalanleger wegen der unbegrenzten Verlustausgleichspflicht der Gesellschafter gem. § 735 BGB nicht gerecht (vgl. auch BT-Drs. 13/8444, 41). Den Anlegern ist hier häufig nicht bewusst, dass nicht nur der Verlust ihrer Kapitalanlage droht, sondern eine eventuell weit darüber hinausgehende Vermögenseinbuße bzw. Haftung.

34 **b) Verwaltung nur eigenen Vermögens; Erheblichkeitsschwelle.** Voraussetzung ist, dass „nur **eigenes** Vermögen" verwaltet wird (Abs. 2 Alt. 2). Fremdvermögensverwaltung fällt nicht unter den Tatbestand (Baumbach/Hopt/*Roth* Rn. 13; Habersack/Schäfer/*Schäfer* Rn. 29), vielmehr ist diese als Gewerbe iSd § 1 einzustufen (Oetker/*Lieder* Rn. 28), sodass die allgemeinen Regeln gelten. Ob die Vermögensverwaltung von einiger **Erheblichkeit** sein muss, ist umstritten. Die Begründung des RegE zur Einführung des Abs. 2 verhält sich dazu folgendermaßen: *„Unter ‚Verwaltung eigenen Vermögens' i. S.*

dieser Vorschrift sind freilich völlig unbedeutende und wirtschaftlich nicht über den alltäglichen privaten Bereich herausreichende Betätigungen nicht zu fassen" (BT-Drs. 13/8444, 41). Da der Wortlaut diese Einschränkung nicht wiedergebe und Rechtsunsicherheit wegen der unbestimmten Rechtsbegriffe drohe, wird gefordert, auch diese Betätigungen unter Abs. 2 S. 1 Alt. 2 zu fassen (Baumbach/Hopt/*Roth* Rn. 13; EBJS/*Wertenbruch* Rn. 38). So sei etwa die Verwaltungs-Gesellschaft eines privat selbst genutzten Haus-Grundstücks als oHG eintragungsfähig (Baumbach/Hopt/*Roth* Rn. 13; EBJS/*Wertenbruch* Rn. 38). Nach *K. Schmidt* soll die oHG sogar Allzweckgesellschaft geworden sein, sodass „Personengesellschaften zu jedem gesetzlich zulässigen Zweck" als oHG eintragungsfähig seien (MüKoHGB/*K. Schmidt* Rn. 63, Begr. Rn. 58 ff.). Obwohl das Wortlautargument durchaus beeindruckt, sprechen neben Systematik und Genese – also die Auswertung der Gesetzesmaterialien – auch Sinn und Zweck der Regelung für ein enges Verständnis. Zunächst passt die Einbeziehung privater Sachverhalte nicht zum Regelungsbereich des HGB, das wesentlich von dem Gewerbebegriff geprägt ist (→ Rn. 8; Abs. 1, Abs. 2 Alt. 1). Es liegt daher nahe, die vom Gewerbebegriff vorausgesetzte **Berufsmäßigkeit** in vergleichbarer Form auch für Abs. 2 Alt. 2 zu fordern (wie hier: Habersack/Schäfer/*Schäfer* Rn. 29; ähnlich RWH HGB/*Haas* Rn. 9). Auch Freiberufler üben nach dem eindeutigen Willen des Gesetzgebers kein Gewerbe aus (*Tröger* in Westermann/Wertenbruch PersGes-HdB Rn. I 115). Die Einführung der PartG soll eben dieses Defizit ausgleichen; als „Schwester" der oHG wäre sie überflüssig, stünde den Freien Berufen ohnehin die oHG zur Verfügung (vgl. § 1 Abs. 1 S. 1, 2 PartGG; Habersack/Schäfer/*Schäfer* Rn. 29). Die Gesetzesmaterialien greifen daher mit der angesprochenen Ausnahme nur Überlegungen auf, die ohnehin unabhängig vom Wortlaut der Norm zu beachten wären. Sie stützen damit zusätzlich die hier befürwortete enge Interpretation. Das unter → Rn. 32 f. geschilderte Regelungsanliegen, ein sachgerechtes Haftungsmodell für große Vermögensverwaltungsgesellschaften zur Verfügung zu stellen, spricht zusätzlich für die Ausklammerung unbedeutender Vermögensverwaltungstätigkeiten, bei denen kein entsprechender Bedarf besteht. Zwar trifft es zu, dass das Gesamtsystem der Personengesellschaft nicht stimmig ist; dieses Manko kann indes nicht gegen den klaren Willen des Gesetzgebers durch Aufwertung der oHG zur „Auffanggesellschaft" behoben werden (im Ergebnis ebenso Habersack/Schäfer/*Schäfer* Rn. 29; Oetker/*Lieder* Rn. 29). Das OLG München hat die Eintragungsfähigkeit einer unerheblichen Vermögensverwaltung offen gelassen (OLG München NJW-RR 2009, 152).

Dass eine eigenvermögensverwaltende oHG nicht lediglich oder ausschließlich eigenes Vermögen verwaltet, sondern auch noch weitere Tätigkeiten ausübt (zB Konzernleitungsfunktion) ist unschädlich (Habersack/Schäfer/*Schäfer* Rn. 29; vorsichtiger, aber in dieselbe Richtung gehend KKRD/*Kindler* Rn. 10). Wird daneben jedoch schwerpunktmäßig freiberuflich gearbeitet, kommt gem. der Schwerpunkttheorie – ebenso wie bei einer untergeordnet kleingewerbetreibenden Freiberuflergesellschaft – keine Eintragung als oHG in Betracht (→ Rn. 9 f., → Rn. 21; Oetker/*Lieder* Rn. 29). **35**

IV. Verweisung auf das Recht der bürgerlich-rechtlichen Gesellschaft (Abs. 3)

1. Verweisung auf §§ 705 ff. BGB. Als besondere Form der GbR (→ Rn. 2) unterliegt die oHG gem. § 105 Abs. 3 den Regelungen der GbR, sofern die §§ 105 ff. keine abweichende Regelung treffen. Anwendung finden insbesondere folgende Vorschriften: § 705 BGB (→ Rn. 5), §§ 706–708, 712 Abs. 2 BGB, §§ 717, 718–720, 722 Abs. 2 BGB, § 725 Abs. 2 BGB, §§ 732, 735, 738–740 BGB (eingehend MüKoHGB/*K. Schmidt* Rn. 269). **36**

2. Geltung von oHG-Recht für andere Gesellschaften. Häufig findet jedoch umgekehrt auch das Recht der oHG entsprechende Anwendung auf andere Gesellschaften. Dies trifft insbesondere auf die KG (§ 161 Abs. 2) und die PartGG (vgl. die Einzelverweisungen in § 2 Abs. 2 PartGG, § 4 Abs. 1 PartGG, § 5 Abs. 2 PartGG, § 6 Abs. 3 PartGG, §§ 7; 8 Abs. 1 PartGG, §§ 9, 10 PartGG) zu, aber auch auf die EWIV (§ 1 EWIVAG) und zT auf die GbR (so zB bereits BGH 19.5.1960, BGHZ 32, 307 = NJW 1960, 1664 [zu § 142 aF]; BGH 29.1.2001, BGHZ 146, 341 = NJW 2001, 1056 [zu § 128]; BGH 7.4.2003, BGHZ 154, 370 = NJW 2003, 1803 [zu § 130]; dazu *K. Schmidt* NJW 2003, 1897 (900 ff.); kritisch *Canaris* ZGR 2004, 69). Auch für eine Erbengemeinschaft, die ein ererbtes Handelsgeschäft über viele Jahre betreibt, sollen im Hinblick auf die Rechtsbeziehungen der Miterben untereinander die Regelungen der oHG entsprechende Anwendung finden (BGH 21.5.1955, BGHZ 17, 299 (301 f.) = NJW 1955, 1227 [17 Jahre lange Fortführung eines Handelsgeschäfts], → Rn. 59). **37**

V. Die Gesellschafter und ihre Gesellschafterfähigkeit

1. Zahl. Aus § 705 BGB ergibt sich, dass eine Anerkennung als oHG die Existenz von **mindestens zwei Gesellschaftern** voraussetzt, die sich durch einen Gesellschaftsvertrag verbunden haben (RWH HGB/*Haas* Rn. 4; Habersack/Schäfer/*Schäfer* Rn. 70; MüKoHGB/*K. Schmidt* Rn. 24; EBJS/*Wertenbruch* Rn. 53; BeckOGK/*Sanders* Rn. 337). Dies schließt eine Einmann-oHG grundsätzlich aus (BGH 10.7.1975, BGHZ 65, 79 (82 f.) = NJW 1975, 1774; Habersack/Schäfer/*Schäfer* Rn. 70, 72, 74; MüKoHGB/*K. Schmidt* Rn. 24; EBJS/*Wertenbruch* Rn. 53; *Tröger* in Westermann/Wertenbruch Pers- **38**

Ges-HdB Rn. I 152; aA *Baumann* BB 1998, 225; *Flume* BGB AT I 1 99; *Priester* DB 1998, 55; *Raiser* AcP 194 (1994), 495 (509 f.); *Weimar* ZIP 1997, 1769).

39 Ein Gesellschaftsanteil kann stets nur einem, niemals einer Mehrheit von Rechtsträgern gehören, sog. subjektiv ungeteilte Mitgliedschaft (MüKoHGB/*K. Schmidt* Rn. 76). Personenmehrheiten halten einen einheitlichen Anteil (*Tröger* in Westermann/Wertenbruch PersGes-HdB Rn. I 152a). Außerdem kann jeder Gesellschafter **grundsätzlich** nur einen **einheitlichen Mitgliedschaftsanteil** innehaben (hM, BGH 20.4.1972, BGHZ 58, 316 (318) = NJW 1972, 1755; BGH 10.6.1963, WM 1963, 989; BGH 11.4.1957, BGHZ 24, 106 (108) = NJW 1957, 1026; RWH HGB/*Haas* Rn. 4a; Habersack/Schäfer/*Schäfer* Rn. 72 ff.; MüKoHGB/*K. Schmidt* Rn. 24, 25, 75 ff.; BeckOGK/Sanders Rn. 340), sog. objektiv ungeteilte Mitgliedschaft (MüKoHGB/*K. Schmidt* Rn. 77). In bestimmten – wichtigen und jeweils umstrittenen – Fällen wird jedoch eine Ausnahme hiervon zugelassen (*Tröger* in Westermann/Wertenbruch PersGes-HdB Rn. I 152a). Die Gesellschaft kann dann fortbestehen, obwohl ein **einziger Gesellschafter mehrere Anteile** hält (MüKoHGB/*K. Schmidt* Rn. 25). Als **Beispiele** lassen sich dingliche Belastungen (Pfandrecht und Nießbrauch; vgl. *Tröger* in Westermann/Wertenbruch PersGes-HdB Rn. I 152b) und erbrechtliche Verfügungen wie Testamentsvollstreckung, Nachlassverwaltung oder ein Vermächtnis nennen (vgl. nur Habersack/Schäfer/*Schäfer* Rn. 73; MüKoHGB/*K. Schmidt* Rn. 25; Oetker/*Lieder* Rn. 38). Erwirbt bspw. ein Gesellschafter eine Beteiligung als Vorerbe (§§ 2100 ff. BGB) eines anderen Gesellschafters hinzu, so soll nach tvA die Selbständigkeit beider Anteile erhalten bleiben und die Gesellschaft somit nicht erlöschen (*Baur/Grunsky* ZHR 133 (1970), 209 (217 ff.); RWH HGB/*Haas* Rn. 5; MüKoHGB/*K. Schmidt* Rn. 78). Nach der überzeugenden Gegenansicht (*Tröger* in Westermann/Wertenbruch PersGes-HdB Rn. I 152c; *Flume* BGB AT I 1 99 ff.; Habersack/Schäfer/*Schäfer* Rn. 73; Oetker/*Lieder* Rn. 41; EBJS/*Wertenbruch* Rn. 62) genügt es, wenn zum Schutz des Nacherben im Nacherbfall die Gesellschaft nach §§ 2139, 2143 BGB wiederauflebt (zu weiteren diskutierten Ausnahmen vgl. Habersack/Schäfer/*Schäfer* Rn. 72 ff.; MüKoHGB/*K. Schmidt* Rn. 24, 25, 75 ff.; EBJS/*Wertenbruch* Rn. 38, 43 ff.). Ist an einer oHG eine **Gesamthand** als Gesellschafterin **beteiligt,** so hält sie nur einen einheitlichen ungeteilten Gesellschaftsanteil. Für Entstehung und Fortbestand einer oHG bedarf es daher eines weiteren Gesellschafters (vgl. BGH 19.2.1990, NJW-RR 1990, 798 (799); RWH HGB/ *Haas* Rn. 4). Eine Höchstzahl an Gesellschaftern gibt es nicht (Habersack/Schäfer/*Schäfer* Rn. 71; BeckOGK/*Sanders* Rn. 331).

40 Die nachträgliche Vereinigung aller Gesellschaftsanteile in der Hand eines Gesellschafters oder das ersatzlose Ausscheiden des vorletzten Gesellschafters führen zum automatischen **Erlöschen** der Gesellschaft (BGH 10.7.1975, BGHZ 65, 79 (82 f.) = NJW 1975, 1774; *K. Schmidt* GesR § 8 IV 2b). Das bisherige Gesellschaftsvermögen geht im Wege der **Gesamtrechtsnachfolge** auf den letzten früheren Gesellschafter über (BGH 10.12.1990, BGHZ 113, 132 (133) = NJW 1991, 844; BGH 19.2.1990, NJW-RR 1990, 798; BGH 10.5.1978, BGHZ 71, 296 (300) = NJW 1978, 1525; Baumbach/Hopt/*Roth* Rn. 8; *K. Schmidt* GesR § 8 IV 2b; aA für Anwachsung: *Flume* BGB AT I 1 369 ff.; *Tröger* in Westermann/Wertenbruch PersGes-HdB Rn. I 152). Diese Rechtsfolge (häufig als Anwachsungsmodell bezeichnet) eröffnet der Gestaltungspraxis Möglichkeiten, um Vermögensgegenstände in das Eigentum des letzten verbleibenden Gesellschafters außerhalb von Veräußerungs- oder Einlagevorgängen zu übertragen.

41 **2. Natürliche Personen. a) Grundsatz.** Grundsätzlich kann jede natürliche Person Gesellschafterin einer oHG sein. Maßgeblich ist die Rechtsfähigkeit gem. § 1 BGB (Habersack/Schäfer/*Schäfer* Rn. 85).

42 **b) Geschäftsunfähige und beschränkt Geschäftsfähige.** Auch geschäftsunfähige (§ 104 BGB) sowie in der Geschäftsfähigkeit beschränkte Personen (§ 106 BGB) können grundsätzlich oHG-Gesellschafter sein, soweit dem nicht die Regeln des BGB zu ihrem Schutz (insbesondere §§ 104 ff., 181, 1795, 1822, 1643 BGB) entgegenstehen. Zum Abschluss eines Gesellschaftsvertrags, der zum Betrieb eines Erwerbsgeschäfts eingegangen wird, ist gem. § 1822 Nr. 3 Alt. 2 BGB, § 1643 Abs. 1 BGB neben der Zustimmung der Eltern als gesetzliche Vertreter (§ 1629 Abs. 1 S. 2 BGB) die **Genehmigung durch das Familiengericht** (§§ 1, 111 Nr. 2 FamFG, § 151 Nr. 1 FamFG) erforderlich. Ist ein Elternteil selbst Gesellschafter der oHG, ist er gem. § 1629 Abs. 2 S. 1 BGB iVm § 1795 Abs. 1 Nr. 1, Abs. 2 BGB, § 181 BGB von der Vertretung ausgeschlossen; hierzu ist ein Ergänzungspfleger (§ 1909 Abs. 1 S. 1 BGB) zu bestellen. Der Erwerb der Gesellschafterstellung geht selbst bei geleisteter Einlage mit der Übernahme von Pflichten einher und ist daher rechtlich nicht lediglich vorteilhaft (BGH 12.2.1977, BGHZ 68, 225 (231 f.) = NJW 1977, 1339). Raum für eine teleologische Reduktion des § 181 BGB besteht damit nicht (*Rust* DStR 2005, 1942 (1945); EBJS/*Wertenbruch* Rn. 280).

43 Die Genehmigungspflicht aus **§ 1822 Nr. 3 BGB** besteht idR auch dann, wenn der Vertretene Kommanditist werden soll (hM; RG 12.2.1902, RGZ 51, 33 (35); BGH 30.4.1955, BGHZ 17, 160 = NJW 1955, 1067; OLG Hamm 22.1.1974, OLGZ 1974, 158 (160); MüKoHGB/*K. Schmidt* Rn. 145, 215; EBJS/*Wertenbruch* Rn. 94, 279; *Tröger* in Westermann/Wertenbruch PersGes-HdB Rn. I 132ba). Genehmigungsbedürftig sind zudem der spätere **Beitritt** zu einer bestehenden Gesellschaft (BGH 20.9.1962, BGHZ 38, 26 (27) = NJW 1962, 2344; Habersack/Schäfer/*Schäfer* Rn. 86; MüKoHGB/*K. Schmidt* Rn. 145; EBJS/*Wertenbruch* Rn. 94), der **Anteilserwerb** (BGH 20.9.1962, BGHZ 38, 26

(27) = NJW 1962, 2344; Habersack/Schäfer/*Schäfer* Rn. 87) und das vertragliche Ausscheiden als Veräußerung eines Erwerbsgeschäfts (BGH 26.1.1961, NJW 1961, 724 (725); BGH 30.4.1955, BGHZ 17, 160 (164 f.) = NJW 1955, 1067). Die Genehmigungspflicht erstreckt sich jedoch nur auf rechtsgeschäftliche Verfügungen; der Eintritt in eine Gesellschafterstellung als Erbe aufgrund einer Nachfolgeklausel ist daher nicht genehmigungspflichtig (Baumbach/Hopt/*Roth* Rn. 26; *Tröger* in Westermann/Wertenbruch PersGes-HdB Rn. I 132). Eine gesellschaftsvertragliche Beteiligung an der Gesellschaft ist auch dann, wenn sie unentgeltlich erfolgt, genehmigungspflichtig gem. § 1822 Nr. 3 Var. 3 BGB (OLG Hamm 22.1.1974, OLGZ 1974, 158 (160 f.); Heymann/*Emmerich* Rn. 45; EBJS/*Wertenbruch* Rn. 96).

Änderungen des Gesellschaftsvertrags (→ Rn. 104 ff.) unterliegen nach dem Wortlaut des § 1822 Nr. 3 BGB grundsätzlich keiner erneuten Genehmigungspflicht (BGH 20.9.1962, BGHZ 38, 26 = NJW 1962, 2344; BGH 4.4.1968, DB 1968, 932; Baumbach/Hopt/*Roth* Rn. 26; EBJS/*Wertenbruch* Rn. 121). Die Aufnahme und das Ausscheiden anderer Mitgesellschafter sind als solche genehmigungsfrei (BGH 26.1.1961, NJW 1961, 724 = LM HGB § 138 Nr. 8; hieran zweifelnd Heymann/*Emmerich* Rn. 46; Baumbach/Hopt/*Roth* Rn. 26; EBJS/*Wertenbruch* Rn. 121). Führt die Änderung des Gesellschaftsvertrages jedoch zu einer **Erweiterung der Haftung,** bspw. durch Umwandlung der Beteiligung eines nicht voll geschäftsfähigen Kommanditisten in die eines Komplementärs oder durch Erhöhung der Haftsumme, kann sich eine Genehmigungspflicht aus § 1822 Nr. 10 BGB ergeben (BGH 7.10.1991, NJW 1992, 300 (301); EBJS/*Wertenbruch* Rn. 121; vgl. *Tröger* in Westermann/Wertenbruch PersGes-HdB Rn. I 138a). **44**

Mit dem Erwerb der Gesellschafterstellung unterliegt der nicht (unbeschränkt) Geschäftsfähige grundsätzlich den Regelungen des Gesellschaftsrechts und des Gesellschaftsvertrags wie jeder andere Gesellschafter (vgl. MHdB GesR I/*Möhrle* § 47 Rn. 25 Staub/*Habersack* § 128 Rn. 9; zu Änderungen des Gesellschaftsvertrags → Rn. 44). Die **Ausübung der Gesellschafterrechte** für den nicht (unbeschränkt) geschäftsfähigen Gesellschafter erfolgt **durch die gesetzlichen Vertreter** (BGH 18.9.1975, BGHZ 65, 93 (99 f.) = NJW 1976, 49; Baumbach/Hopt/*Roth* Rn. 27). Ist ein Elternteil selbst Gesellschafter, kann er das Kind in teleologischer Reduktion von § 181 BGB (iVm § 1629 Abs. 2 S. 1 BGB, § 1795 BGB) gleichwohl vertreten, sofern der Gesellschaftsvertrag nicht geändert wird (hM; BGH 22.9.1969, BGHZ 52, 316 (318 ff.) = WM 1969, 1280; BGH 18.9.1975, BGHZ 65, 93 (96 ff.) = NJW 1976, 49; Heymann/*Emmerich* Rn. 47; Baumbach/Hopt/*Roth* Rn. 27; Habersack/Schäfer/*Schäfer* Rn. 87). Der gesetzliche Vertreter kann daher laufende Angelegenheiten der Gesellschaft zugleich im eigenen Namen und im Namen seines Kindes bewirken. **45**

Nicht die Gesellschaft steht unter gesetzlicher Vertretung, sondern nur der Gesellschafter (BGH 20.9.1962, BGHZ 38, 26 (30) = NJW 1962, 2344; vgl. auch Heymann/*Emmerich* Rn. 46; EBJS/*Wertenbruch* Rn. 97). **Geschäftsführungshandlungen der Gesellschaft** bedürfen daher keiner Genehmigung, selbst wenn sie bei Vornahme für den nicht (voll) Geschäftsfähigen in den Anwendungsbereich der §§ 1643, 1821, 1822 BGB fallen würden (BGH 20.9.1962, BGHZ 38, 26 (30 f.) = NJW 1962, 2344; BGH 29.6.1970, DB 1971, 189; Habersack/Schäfer/*Schäfer* Rn. 87). Daher sind auch Verfügungen der Gesellschaft über Grundstücke oder Schiffe (vgl. §§ 1643, 1821 Abs. 1 BGB) genehmigungsfrei, obwohl der gesetzliche Vertreter für eine solche Verfügung einer Genehmigung bedürfte (s. nur EBJS/*Wertenbruch* Rn. 97). **46**

Schließlich kann ein beschränkt geschäftsfähiger Gesellschafter durch seinen gesetzlichen Vertreter mit Genehmigung des Familiengerichts (!) zur **selbstständigen Ausübung** der Gesellschafterrechte ermächtigt werden (§ 112 Abs. 1 S. 1 BGB). Er ist dann für solche Rechtsgeschäfte unbeschränkt geschäftsfähig, die der Betrieb der Gesellschaft mit sich bringt. Ausgenommen sind Rechtsgeschäfte, zu denen der Vertreter der Genehmigung des Familiengerichts bedarf (§ 112 Abs. 1 S. 2 BGB; s. § 1643 Abs. 1 BGB, § 1821 f. BGB; Baumbach/Hopt/*Roth* Rn. 27; MüKoHGB/*K. Schmidt* Rn. 129). Rücknahme der Ermächtigung erfolgt dann auch nur mit Zustimmung des Familiengerichts (§ 112 Abs. 2 BGB). **47**

Dem Schutz des Minderjährigen dient die **Haftungsbeschränkung des § 1629a BGB** für Verbindlichkeiten, die seine Eltern als gesetzliche Vertreter oder sonstige vertretungsberechtigte Personen im Rahmen ihrer Vertretungsmacht begründet haben (dazu *Tröger* in Westermann/Wertenbruch PersGes-HdB Rn. I 146b; krit. *K. Schmidt* JuS 2004, 361 ff.). **48**

c) Ehegatten. Bei der Beteiligung von Ehegatten, die im gesetzlichen Güterstand der **Zugewinngemeinschaft** (§§ 1363 ff. BGB) leben, ist **§ 1365 BGB** zu beachten. Danach kann sich ein Ehegatte nur mit Genehmigung des anderen Ehegatten dazu verpflichten, über sein Vermögen im Ganzen oder jedenfalls sein wesentliches Vermögen zu verfügen (stRspr seit BGH 28.4.1961, BGHZ 35, 135 (143 f.) = NJW 1961, 1301; vgl. etwa BGH 25.6.1980, BGHZ 77, 293 (295) = NJW 1980, 2350; BGH 26.2.1965, BGHZ 43, 174 (176 f.) = NJW 1965, 909). Die Genehmigungspflicht kann insbesondere aus dem Gegenstand der Einlagepflicht resultieren. Erstreckt sich die Einlage nicht auf das „Vermögen im Ganzen“, setzt die Genehmigungspflicht voraus, dass die Mitgesellschafter Kenntnis davon hatten, dass die Einlage das wesentliche Vermögen des Ehegatten ausmacht oder dass sie zumindest Kenntnis der **49**

diese Verhältnisse begründenden Tatsachen hatten (sog. subjektive Theorie; stRspr etwa BGH 26.2.1965, BGHZ 43, 174 (176 f.) = NJW 1965, 909; BGH 25.6.1980, BGHZ 77, 293 (295) = NJW 1980, 2350; BGH 22.4.1975, BGHZ 64, 246 (247) = NJW 1975, 1270; zu den objektiven Voraussetzungen nach der ganz herrschenden subjektiven Theorie sowie weiteren Einzelheiten vgl. ausf.: MüKoBGB/*Koch* BGB § 1365 Rn. 12 ff.; Baumbach/Hopt/*Roth* Rn. 24). Zur Sicherung des Zugewinnausgleichs besteht die Genehmigungspflicht unabhängig davon, ob der Einlage ein adäquater Gegenwert, zB in Form einer Beteiligung, gegenübersteht (BGH 26.2.1965, BGHZ 43, 174 (176 f.) = NJW 1965, 909; BGH 28.4.1961, BGHZ 35, 135 (145) = NJW 1961, 1301).

50 Abgesehen von Verfügungen über die Einlage sowie den entsprechenden gesellschaftsvertraglichen Vereinbarungen kann § 1365 BGB bei allen gesellschaftsvertraglichen Vereinbarungen eine Rolle spielen, die eine Verpflichtung zu Vermögensübertragungen oder Vermögensbelastungen begründen. Dies kann auch bei der Einbringung des Handelsgeschäfts eines Einzelkaufmanns in eine Gesellschaft oder bei Kündigung der Gesellschaft der Fall sein (Baumbach/Hopt/*Roth* Rn. 24; zu weiteren Einzelheiten s. *Sandrock* FS Bosch, 1976, 841; *Sandrock* FS Duden, 1977, 513).

51 Haben die Ehegatten ehevertraglich den Güterstand der **Gütertrennung** (§ 1414 BGB) vereinbart, gilt die Beschränkung des § 1365 BGB nicht. Bei **Gütergemeinschaft** (§§ 1415 ff. BGB) soll die Gründung einer oHG unter den Ehegatten nur möglich sein, wenn die Mitgliedschaftsrechte durch notariellen Ehevertrag (§ 1410 BGB) dem Vorbehaltsgut zugewiesen sind (§ 1418 Abs. 2 Nr. 1 BGB; vgl. BGH 10.7.1975, BGHZ 65, 79 (81) = NJW 1975, 1774; EBJS/*Wertenbruch* Rn. 86; aA [Mitgliedschaft auch als Sondergut möglich] *Gernhuber/Coester-Waltjen,* Familienrecht, 6. Aufl. 2010, § 38 Rn. 16; MüKoHGB/*K. Schmidt* Rn. 143 (zweifelnd); MüKoBGB/*Schäfer* BGB § 705 Rn. 75). Bei Beteiligung einer dritten Person besteht dagegen kein Formerfordernis (BayObLG 18.12.1980, DB 1981, 519; Baumbach/Hopt/*Roth* Rn. 25). Zum Zustandekommen eines konkludenten Gesellschaftsvertrags zwischen Ehegatten → Rn. 84 ff.

52 **3. Juristische Personen.** Grundsätzlich kann **jede juristische Person** Gesellschafterin einer oHG sein (RG 4.7.1922, RGZ 105, 101 (103); *Flume* BGB AT I 1 63; Heymann/*Emmerich* Rn. 50; Habersack/Schäfer/*Schäfer* Rn. 93; MüKoHGB/*K. Schmidt* Rn. 84; *Tröger* in Westermann/Wertenbruch PersGes-HdB Rn. I 149; BeckOGK/*Sanders* Rn. 230). Dies gilt auch für eine rechtsfähige Stiftung (MüKoHGB/*K. Schmidt* Rn. 88; BeckOGK/*Sanders* Rn. 231), ist für die Stiftung & Co. KG jedoch umstritten (MüKoHGB/*K. Schmidt* Rn. 88; *Tröger* in Westermann/Wertenbruch PersGes-HdB Rn. I 149f). Juristischen Personen des **öffentlichen Rechts** steht die Beteiligung als Gesellschafterin ebenfalls offen (vgl. RG 1.4.1940, RGZ 163, 142 (149); Heymann/*Emmerich* Rn. 50; Habersack/Schäfer/*Schäfer* Rn. 94; MüKoHGB/*K. Schmidt* Rn. 90; *Tröger* in Westermann/Wertenbruch PersGes-HdB Rn. I 149d). Hiervon unabhängig ist die Frage der öffentlich-rechtlichen Zulässigkeit einer solchen Beteiligung im Hinblick auf die unbeschränkte Gesellschafterhaftung; gerade wegen dieser Haftung ist die Beteiligung spezialgesetzlich häufig untersagt (etwa in den Gemeindeordnungen, bspw. § 107 Abs. 1 Nr. 3 GO NRW – nur bei begrenzter Haftung der Gemeinde), sodass juristische Personen des öffentlichen Rechts als Gesellschafterinnen einer oHG in der Praxis keine bedeutsame Rolle einnehmen (MüKoHGB/*K. Schmidt* Rn. 90; vgl. *Tröger* in Westermann/Wertenbruch PersGes-HdB Rn. I 149d).

53 Auch eine im Entstehen begriffene juristische Person **(Vorgesellschaft)** kann Gesellschafterin einer oHG sein (vgl. BGH 9.3.1981, BGHZ 80, 129 (132) = NJW 1981, 1373; Habersack/Schäfer/*Schäfer* Rn. 95; MüKoHGB/*K. Schmidt* Rn. 86; EBJS/*Wertenbruch* Rn. 172). Praktisch bedeutsam ist dies vor allem bei der noch nicht im Handelsregister eingetragenen Vor-GmbH im Rahmen ihrer Beteiligung als Komplementärin einer GmbH & Co. KG (vgl. BGH 9.3.1981, BGHZ 80, 129 (132) = NJW 1981, 1373; BGH 12.11.1984, NJW 1985, 736 (737); RWH HGB/*Haas* Rn. 60; MüKoHGB/*K. Schmidt* Rn. 86; EBJS/*Wertenbruch* Rn. 172). Zudem kann eine juristische Person in **Liquidation** sich als Gesellschafterin an einer oHG beteiligen (BGH 8.10.1979, BGHZ 75, 178 (181 f.) = NJW 1980, 233; OLG Hamburg 13.3.1987, BB 1987, 1061; RWH HGB/*Haas* Rn. 61; Oetker/*Lieder* Rn. 44; EBJS/*Wertenbruch* Rn. 172).

54 **Ausländische juristische Personen** können sich an einer deutschen Personenhandelsgesellschaft beteiligen, sofern das ausländische Recht eine solche Beteiligung zulässt (OLG Frankfurt a. M. 28.7.2006, NZG 2006, 830; OLG Saarbrücken 21.4.1989, NJW 1990, 647; BayObLG 21.3.1986, NJW 1986, 3029; Baumbach/Hopt/*Roth* Rn. 28; EBJS/*Wertenbruch* Rn. 173; BeckOGK/*Sanders* Rn. 234).

55 **4. Gesamthandsgesellschaften. a) oHG und KG.** Eine oHG oder KG kann Gesellschafterin einer oHG sein, wie sich schon den § 125a Abs. 1 S. 3, §§ 129a S. 2, 172 Abs. 6, § 172a S. 2 entnehmen lässt (allgM; RWH HGB/*Haas* Rn. 63; Habersack/Schäfer/*Schäfer* Rn. 96 f.; MüKoHGB/*K. Schmidt* Rn. 93; EBJS/*Wertenbruch* Rn. 170; BeckOGK/*Sanders* Rn. 239). Mitglied der Gesellschaft wird die sich beteiligende, selbst rechtsfähige oHG oder KG als solche, nicht deren Gesellschafter (Heymann/*Emmerich* Rn. 52; EBJS/*Wertenbruch* Rn. 170). Zulässig ist auch eine wechselseitige Beteiligung von PersGes (BGH 6.10.1992, BGHZ 119, 346 (356) = NJW 1993, 1265; MüKoHGB/*K. Schmidt* Rn. 93). Gesellschafterin einer oHG können zudem die Partenreederei als rechtsfähige Gesamthandsgesellschaft,

die EWiV sowie die Partnerschaftsgesellschaft werden (RWH HGB/*Haas* Rn. 63; KKRD/*Kindler* Rn. 18; Baumbach/Hopt/*Roth* Rn. 28; Schlegelberger/Geßler/*K. Schmidt* Rn. 77; EBJS/*Wertenbruch* Rn. 170).

b) Gesellschaft bürgerlichen Rechts (GbR). Ob sich auch eine GbR an einer oHG oder KG beteiligen kann, ist nach wie vor umstritten. Früher wurde dies von der hM mangels Handelsregisterpublizität der Mitglieder der GbR verneint (vgl. BGH 12.12.1966, BGHZ 46, 291 (296) = NJW 1967, 826; vgl. Habersack/Schäfer/*Schäfer* Rn. 98). Seit Anerkennung der Rechts- und Parteifähigkeit der **Außen-GbR** durch den BGH (BGH 29.1.2001, BGHZ 146, 341 = NJW 2001, 1056) im Jahr 2001 wird zumindest die Fähigkeit der GbR anerkannt, **Kommanditistin** einer KG zu sein (so BGH 16.7.2001, BGHZ 148, 291 = ZIP 2001, 1713; Baumbach/Hopt/*Roth* Rn. 28; MüKoHGB/*K. Schmidt* Rn. 96). Diese Auffassung wurde durch Einführung des § 162 Abs. 1 S. 2 bestätigt (MüKoHGB/*K. Schmidt* Rn. 96; EBJS/*Wertenbruch* Rn. 176; BeckOGK/*Sanders* Rn. 241). Folgerichtig erscheint es, als nächsten Schritt auch die Stellung einer GbR als **Gesellschafterin einer oHG bzw. Komplementärin** einer KG anzuerkennen (*Bergmann* ZIP 2003, 2231; *Heinze* DNotZ 2012, 426 (429 f.); KKRD/*Kindler* Rn. 19; Baumbach/Hopt/*Roth* Rn. 28; Habersack/Schäfer/*Schäfer* Rn. 98; *Schmidt/Bierley* NJW 2004, 1210; MüKoHGB/*K. Schmidt* Rn. 98; EBJS/*Wertenbruch* Rn. 176; anders noch BGH 12.12.1966, BGHZ 46, 291 (296) = NJW 1967, 826). Mit Anerkennung der Rechtsfähigkeit der Außen-GbR ist die gegenteilige, früher hM überholt (Baumbach/Hopt/*Roth* Rn. 28; Oetker/*Weitemeyer* Rn. 46; EBJS/*Wertenbruch* Rn. 176). Das fehlende Mindestkapital der GbR wird durch die persönliche Haftung der Gesellschafter analog § 128 (BGH 27.9.1999, BGHZ 142, 315 = NJW 1999, 3483) kompensiert (vgl. EBJS/*Wertenbruch* Rn. 176). Die zu konzedierenden Publizitätsdefizite der GbR stellen, wie § 161 Abs. 1 S. 2 für die Kommanditistenstellung verdeutlicht, lediglich ein formelles und lösbares Problem dar (Baumbach/Hopt/*Roth* Rn. 28; EBJS/*Wertenbruch* Rn. 143). Aus § 161 Abs. 1 S. 2 lässt sich kein Gegenschluss ziehen, denn diese Neuregelung will nur die formalen Konsequenzen aus der Entscheidung BGH 16.7.2001, BGHZ 148, 291 = ZIP 2001, 1713 ziehen (BT-Drs. 14/7348, 29; MüKoHGB/*K. Schmidt* Rn. 98). Die **Eintragung der GbR** als Gesellschafterin der OHG im Handelsregister erfolgt unter der Bezeichnung, die ihre Gesellschafter im Gesellschaftsvertrag für sie vorgesehen haben, also ihrem **eigenen Namen,** ergänzt um die Angabe der **Namen ihrer Gesellschafter** sowie eines **Rechtsformzusatzes** (vgl. MüKoHGB/*K. Schmidt* Rn. 100; EBJS/*Wertenbruch* Rn. 176). 56

Eine **Innen-GbR** soll zwar an sich nicht beteiligungsfähig sein, doch begründet sie mit dem Beitritt zur oHG ein Rechtsverhältnis nach außen und wird dadurch zur (beteiligungsfähigen) Außen-GbR (RWH HGB/*Haas* Rn. 64; Baumbach/Hopt/*Roth* Rn. 29; EBJS/*Wertenbruch* Rn. 179). 57

c) Nichtrechtsfähiger Verein. Wie die GbR kann auch der nicht eingetragene Verein Gesellschafter einer oHG sein (KKRD/*Kindler* Rn. 19; RWH HGB/*Haas* Rn. 65; Baumbach/Hopt/*Roth* Rn. 28; Habersack/Schäfer/*Schäfer* Rn. 99; MüKoHGB/*K. Schmidt* Rn. 87; BeckOGK/*Sanders* Rn. 243; anders: *Hueck* OHG § 2 I 3b; *Tröger* in Westermann/Wertenbruch PersGes-HdB Rn. I 150d). Dies folgt aus der Verweisung des § 54 BGB auf das Recht der GbR sowie aus der Anerkennung deren Rechts- und Parteifähigkeit (MHdB GesR I/*Möhrle* § 47 Rn. 39; Baumbach/Hopt/*Roth* Rn. 28; EBJS/*Wertenbruch* Rn. 178). Die Eintragung erfolgt auch hier unter dem Namen aller Mitglieder (MüKoHGB/*K. Schmidt* Rn. 87; EBJS/*Wertenbruch* Rn. 178). Die bei mitgliederstarken Vereinen entstehenden **Eintragungsprobleme** hindern wie bei der GbR die Beteiligungsfähigkeit nicht (Baumbach/Hopt/*Roth* Rn. 28; EBJS/*Wertenbruch* Rn. 178). 58

d) Erben-, Güter- und Bruchteilsgemeinschaft. Einer **Erbengemeinschaft** wird aufgrund ihrer Haftungs- und Organisationsverfassung und mangels Rechtsfähigkeit (BGH 11.9.2002, NJW 2002, 3389; LG Berlin 8.7.2003, ZEV 2004, 428; MüKoBGB/*Gergen* BGB § 2032 Rn. 19; Staudinger/*Werner,* 2010, BGB § 2032 Rn. 5; EBJS/*Wertenbruch* Rn. 181; BeckOGK/*Sanders* Rn. 245; aA *Ann,* Die Erbengemeinschaft, 2001, 394 ff.; *Eberl-Borges,* Die Erbauseinandersetzung, 2000, 31 ff.; *Flume* BGB AT I 1 59 Fn. 48; *Grunewald* AcP 197 (1997), 305) derzeit ganz überwiegend das Auftreten als Gesellschafterin einer oHG verwehrt (BGH 4.5.1983, NJW 1983, 2376; BGH 10.2.1977, BGHZ 68, 225 (237) = NJW 1977, 1339; BGH 22.11.1956, BGHZ 22, 186 (192) = NJW 1957, 180; RWH HGB/*Haas* Rn. 65; MHdB GesR I/*Möhrle* § 47 Rn. 37 Baumbach/Hopt/*Roth* Rn. 29; MüKoHGB/*K. Schmidt* Rn. 104 [hält dies lediglich für die Komplementärstellung, nicht aber für die Stellung als Kommanditist für zwingend]; Oetker/*Lieder* Rn. 47; EBJS/*Wertenbruch* Rn. 181; *Tröger* in Westermann/Wertenbruch PersGes-HdB Rn. I 150e). Vielmehr soll die Gesellschafterstellung des Erblassers in Einzelgesellschafterstellungen der Miterben „zerfallen" (BGH 10.2.1977, BGHZ 68, 225 (237) = NJW 1977, 1339; Habersack/Schäfer/*Schäfer* Rn. 100; EBJS/*Wertenbruch* Rn. 181; *Tröger* in Westermann/Wertenbruch PersGes-HdB Rn. I 150e; erbrechtliche Kritik etwa bei *Lange/Kuchinke,* Erbrecht, 5. Aufl. 2001, § 5 VI. A. 1.). Hiervon zu unterscheiden ist die tatsächliche Fortführung eines ererbten Handelsgeschäfts, die auch in Erbengemeinschaft ohne zeitliche Beschränkung möglich ist (stRspr; etwa RG 26.3.1931, RGZ 132, 138 (142); BGH 21.5.1955, BGHZ 17, 299 (302) = NJW 1955, 1227; Habersack/Schäfer/*Schäfer* Rn. 58; EBJS/*Wertenbruch* Rn. 181; zur Umwandlung in eine oHG → Rn. 21). 59

60 Eine **Gütergemeinschaft** kann mangels Rechtsfähigkeit ebenfalls nicht Gesellschafterin einer oHG sein (BayObLG 22.1.2003, ZIP 2003, 480; *Hueck* OHG § 2 I 3d; Baumbach/Hopt/*Roth* Rn. 29; MüKoHGB/*K. Schmidt* Rn. 105; EBJS/*Wertenbruch* Rn. 181; *Tröger* in Westermann/Wertenbruch PersGes-HdB Rn. I 150f; BeckOGK/*Sanders* Rn. 247; aA *Michalski* OHG-R Rn. 58; *Grziwotz* ZIP 2003, 848; zur Gründung einer oHG durch die Gütergemeinschaft → Rn. 51). Die **Bruchteilsgemeinschaft** (§§ 741 ff. BGB) ist als schlichte Rechtsgemeinschaft kein Rechtssubjekt und deshalb ebenfalls nicht beteiligungsfähig (MHdB GesR I/*Möhrle* § 47 Rn. 41; MüKoBGB/*K. Schmidt* BGB § 741 Rn. 3; EBJS/*Wertenbruch* Rn. 180).

61 **5. Eigene Anteile.** Im Gegensatz zu einer Kapitalgesellschaft (§ 71 AktG, § 33 GmbHG) kann die oHG als Personengesellschaft keine eigenen Anteile halten, also nicht ihr eigener Gesellschafter sein. Bei der Abtretung eines Gesellschaftsanteils (zur grundsätzlichen Zulässigkeit → Rn. 116 ff.) an die Gesellschaft wächst dieser den anderen Gesellschaftern zu. Denkbar ist dagegen, dass eine von der oHG gehaltene Tochtergesellschaft ihrerseits Anteile an der oHG hält, sodass es zu einer mittelbaren Beteiligung an sich selbst kommt (Baumbach/Hopt/*Roth* Rn. 30).

62 **6. Kaufmannseigenschaft der Gesellschafter.** Die *Gesellschaft* ist gem. § 6 Abs. 1 Kaufmann (für Verbrauchereigenschaft einer nur vermögensverwaltenden oHG aber Erman/*Saenger* BGB § 13 Rn. 6). Nach **bislang hM** sollen damit auch die *Gesellschafter* einer oHG und Komplementäre einer KG per se als Kaufleute anzusehen sein (BGH 16.2.1961, BGHZ 34, 293 (296 f.) = NJW 1961, 1022; BGH 5.5.1960, NJW 1960, 1852; *Canaris* HandelsR § 2 Rn. 20; Heymann/*Emmerich* Rn. 5, der allerdings für eine Einzelfallbetrachtung plädiert; *Flume* BGB AT I 1 59 f.; RWH HGB/*Haas* Rn. 7; *Hueck* OHG § 3 III Fn. 8; KKRD/*Koller* § 1 Rn. 23; *Tröger* in Westermann/Wertenbruch PersGes-HdB Rn. I 122a). Für Kommanditisten soll dies dagegen – ebenso wenig wie für geschäftsführende Alleingesellschafter einer GmbH (BGH 8.11.2005, BGHZ 165, 43 = NJW 2006, 431) – unabhängig von ihrer Geschäftserfahrung nicht gelten (BGH 22.10.1981, NJW 1982, 569 (570); BGH 2.6.1966, BGHZ 45, 282 (284 f.) = NJW 1966, 1960; *Canaris* HandelsR § 2 Rn. 21; *Flume* BGB AT I 1 59 f.; KKRD/*Koller* § 1 Rn. 23; aA *Ballerstedt* JuS 1963, 253 (259)). Mit der im Schrifttum vordringenden Auffassung sind beide Einordnungen abzulehnen, da sie in ihrer Pauschalität weder konstruktiv noch im Ergebnis überzeugen können. Konstruktiv bestehen **definitorische Einwände.** Kaufmann ist, wer ein Handelsgewerbe **betreibt** (§ 1 Abs. 1). Das Handelsgewerbe wird aber gerade von der Gesellschaft, nicht von den einzelnen Gesellschaftern betrieben. Diese sind bei entsprechender Vertretungsbefugnis zwar organschaftliche Vertreter der Gesellschaft als Formkaufmann, nicht aber selbst Kaufleute (Habersack/Schäfer/*Schäfer* Rn. 77 ff.; MüKoHGB/*K. Schmidt* § 1 Rn. 55, 67; EBJS/*Wertenbruch* Rn. 182). Die hM setzt sich daher mit ihrer Einordnung über die Trennung zwischen der oHG als Gesamthand und den in ihr zusammengeschlossenen Gesellschaftern hinweg (RWH HGB/*Haas* Rn. 7; Baumbach/Hopt/*Roth* Rn. 19; Habersack/Schäfer/*Schäfer* Rn. 779; MüKoHGB/*K. Schmidt* Rn. 14; EBJS/*Wertenbruch* Rn. 182; aA *Canaris* HandelsR § 2 Rn. 20 [begriffsjuristischer Zirkelschluss]). Doch **auch im Ergebnis ist es nicht angezeigt,** oHG-Gesellschafter und Komplementäre einer KG stets persönlich als Kaufleute anzusehen, Kommanditisten dagegen – selbst wenn sie geschäftsleitend tätig sind – hiervon stets freizustellen.

63 Der einzelne Gesellschafter ist (entgegen der hM) nicht als Kaufmann anzusehen (so auch BeckOGK/*Sanders* Rn. 359, der auf die Rechtsnatur der Handelsgesellschaft und § 124 HGB verweist). Sachgerecht erscheint stattdessen die **an Fallgruppen ausgerichtete analoge Anwendung** einzelner, die Kaufmannseigenschaft voraussetzender Vorschriften (Baumbach/Hopt/*Roth* Rn. 19 ff.; MüKoHGB/*K. Schmidt* Rn. 15 ff.; *K. Schmidt* ZIP 1986, 1510; EBJS/*Wertenbruch* Rn. 182 [im Grundsatz verneinend und deutlich einschränkend]). Diese Analogie hat sich am jeweiligen Normzweck sowie an der Geschäftserfahrung und der unter Umständen geringen Schutzbedürftigkeit der Gesellschafter zu orientieren (Habersack/Schäfer/*Schäfer* Rn. 79), weswegen sich auch im Ergebnis Unterschiede zu der pauschalisierenden hM ergeben. Zur Bildung von Fallgruppen kann das Kaufmannsrecht in (1) reine Statusnormen, (2) Vorschriften mit Bezug zu konkreten Handelsgeschäften und (3) Verbraucherschutzvorschriften unterteilt werden (Habersack/Schäfer/*Schäfer* Rn. 79 ff.).

64 Reine **Statusnormen** sind solche, die allein auf die Kaufmannseigenschaft ohne weiteren konkreten Handelsbezug abstellen. Meist handelt es sich dabei nicht um zentrale Vorschriften des handelsrechtlichen Alltags. Diese reinen Statusnormen können auf Gesellschafter einer oHG und Komplementäre einer KG analog angewandt werden (MüKoHGB/*K. Schmidt* Rn. 16), sodass insoweit kein Unterschied zur bislang hM besteht. Diese Gesellschafter sind nach der gesetzlichen Konzeption gem. §§ 114, 125 grundsätzlich geschäftsführungs- und vertretungsbefugt und daher insoweit nicht schutzbedürftig (*K. Schmidt* ZIP 1986, 1510 (1515)). Darüber hinaus ist eine analoge Anwendung auch auf geschäftsleitende Kommanditisten möglich (Habersack/Schäfer/*Schäfer* Rn. 80; MüKoHGB/*K. Schmidt* Rn. 16; *K. Schmidt* ZIP 1986, 1510 (1515)), denn die genannten Analogievoraussetzungen sind auch hier erfüllt. Als reine Statusnormen sind danach analog anwendbar: **§ 109 GVG** (Baumbach/Hopt/*Roth* Rn. 20; Habersack/Schäfer/*Schäfer* Rn. 80; MüKoHGB/*K. Schmidt* Rn. 16; *Zöllner* DB 1964, 795 (796)) sowie

§§ 29, 38 ZPO (Habersack/Schäfer/*Schäfer* Rn. 80; MüKoHGB/*K. Schmidt* Rn. 16; aA *Kornblum* ZHR 138 (1974), 478 (490); Baumbach/Hopt/*Roth* Rn. 20).

Bedeutsamer als reine Statusnormen sind diejenigen Vorschriften, die in ihrem Tatbestand nicht nur die Kaufmannseigenschaft, sondern auch den **Abschluss eines Handelsgeschäfts** voraussetzen (insbesondere §§ 343 ff.). Neben der Kaufmannseigenschaft muss hier auch die zweite Voraussetzung des Handelsgeschäfts, die Zugehörigkeit des Geschäfts zum Betrieb des Kaufmanns, erfüllt sein (§ 343 Abs. 1). Auch wenn man dabei auf den Betrieb der *Gesellschaft* und nicht auf den – gar nicht existierenden – des Gesellschafters abstellt, wird diese Voraussetzung oft nicht erfüllt sein. Die entsprechende Anwendung dieser Normen kommt nur in Betracht, wenn ein – **im eigenen Namen** (Baumbach/Hopt/*Roth* Rn. 22) – getätigtes Rechtsgeschäft des Gesellschafters einen Bezug zur Geschäftstätigkeit der Gesellschaft aufweist, also im Zusammenhang mit der Gesellschafterstellung oder dem Gesellschaftszweck steht (Habersack/Schäfer/*Schäfer* Rn. 81). Auch hier kommt die entsprechende Anwendung auf oHG-Gesellschafter, Komplementäre sowie geschäftsführungsbefugte Kommanditisten in Betracht (MüKoHGB/*K. Schmidt* Rn. 17). Praktisch bedeutsam ist dies insbesondere im Hinblick auf Bürgschaften, Schuldanerkenntnisse oder Vertragsstrafenvereinbarungen. Im Schrifttum wird vielfach gefordert, § 350 analog auf den (persönlich haftenden) Gesellschafter anzuwenden (EBJS/*Hakenberg* § 350 Rn. 12 f.; *Lieb* DB 1967, 759 (762); KKRD/*Roth* § 350 Rn. 5; Habersack/Schäfer/*Schäfer* Rn. 81 [unter den oben → Rn. 63 genannten Voraussetzungen]; MüKoHGB/*K. Schmidt* § 350 Rn. 10 f.; aA Baumbach/Hopt/*Hopt* § 350 Rn. 7 [gegen Baumbach/Hopt/*Roth* Rn. 22]; mittlerweile zweifelnd MüKoHGB/*K. Schmidt* Rn. 17; *K. Schmidt* HandelsR § 18 I 1d aa; EBJS/*Wertenbruch* Rn. 186), teilweise sogar auf den geschäftsleitenden Kommanditisten (Habersack/Schäfer/*Schäfer* Rn. 80 f.; zweifelnd MüKoHGB/*K. Schmidt* Rn. 17; *K. Schmidt* HandelsR § 18 I 1d aa; ablehnend – für einen GmbH-Geschäftsführer – BGH 8.11.2005, BGHZ 165, 43 = NJW 2006, 431). Angesichts der aktuellen Tendenzen in der Rspr. des BGH ist nicht zu erwarten, dass die Gerichtspraxis die hier vertretene Auffassung aufgreifen wird (skeptisch auch MüKoHGB/*K. Schmidt* § 350 Rn. 10a) 65

Eine analoge Anwendung des Kaufmannsrechts auf **persönliche Geschäfte** des Gesellschafters außerhalb der Geschäftstätigkeit der Gesellschaft ist hingegen ausgeschlossen (BGH 28.6.1968, BB 1968, 1053; Baumbach/Hopt/*Roth* Rn. 23; Habersack/Schäfer/*Schäfer* Rn. 81; *K. Schmidt* ZIP 1986, 1510 (1516)). Gleiches gilt für **Geschäfte zwischen den Gesellschaftern,** so insbesondere für den Abschluss oder die Änderung des Gesellschaftsvertrags (Baumbach/Hopt/*Roth* Rn. 21; für Grundlagengeschäfte zustimmend Habersack/Schäfer/*Schäfer* Rn. 82). 66

Zweifelhaft ist schließlich, ob Gesellschafter beim Abschluss von Geschäften mit Bezug zur Gesellschaft im Hinblick auf die §§ 312 ff., 474 ff., 491 ff. BGB als **Verbraucher iSd § 13 BGB** anzusehen sind. Nach geltendem Recht handelt es sich beim Verbraucherbegriff nicht um eine Statusbeschreibung, vielmehr ist bei dem jeweiligen konkreten Geschäft darauf abzustellen, ob der Gesellschafter dabei zu privaten Zwecken handelt, also außerhalb einer selbständigen (handels)gewerblichen Tätigkeit (Habersack/Schäfer/*Schäfer* Rn. 83). Entscheidend ist damit der **konkrete Geschäftszweck** (MüKoHGB/*K. Schmidt* Rn. 17a). Bei Individualgeschäften, bei denen die Gesellschafter im eigenen Namen, aber im Zusammenhang mit ihrer Beteiligung handeln (etwa zur Finanzierung der Beteiligung durch ein Darlehen), kommt nach dem Regelungsanliegen der Verbraucherschutznormen eine Einordnung als Verbraucher in Betracht. Bei Geschäften, die unmittelbar eine Gesellschaftsangelegenheit betreffen („Gesellschaftssphäre"), werden die Gesellschafter nur ganz ausnahmsweise als Verbraucher handeln (etwa wenn die Gesellschafterstellung allein zum Zwecke der Kapitalanlage übernommen wird; vgl. EBJS/*Wertenbruch* Rn. 185). 67

Ein GmbH-Gesellschafter, der einen Kredit zur Finanzierung der Beteiligung aufnimmt, handelt nach der Rspr. des BGH auch dann zu privaten Zwecken (dh als **Verbraucher**), wenn er für Gesellschaftsverbindlichkeiten persönlich mithaftet (für GmbH-Geschäftsführer BGH 8.11.2005, NJW 2006, 431; BGH 28.6.2000, BGHZ 144, 370 = NJW 2000, 3133; s. aber auch BGH 21.4.1998, BGHZ 138, 321 = NJW 1998, 1939). Geschäftsführende GmbH-Gesellschafter sind außerdem keine Unternehmer, da sie nicht selbstständig tätig sind (vgl. Habersack/Schäfer/*Schäfer* Rn. 83 mwN). Nicht abschließend geklärt ist, ob diese – insbesondere von der Rspr. geprägte – Ansicht auf die persönlich haftenden Gesellschafter von Personenhandelsgesellschaften übertragbar ist (Habersack/Schäfer/*Schäfer* Rn. 83). 68

Beim Abschluss von Schiedsvereinbarungen sind mit Blick auf die Formvorschrift des **§ 1031 Abs. 5 S. 1 ZPO** drei Fälle auseinanderzuhalten (vgl. MüKoHGB/*K. Schmidt* Rn. 17): Die Schiedsvereinbarung (1) im Gesellschaftsvertrag, (2) zwischen den Gesellschaftern (außerhalb des GesV) sowie (3) zwischen den Gesellschaftern und Dritten. Zu klären ist jeweils, ob – neben dem Erfordernis einer selbstständigen Urkunde (§ 1031 Abs. 5 S. 3 ZPO) – die Schriftform bzw. elektronische Form (§§ 126, 126a BGB; § 1031 Abs. 5 S. 1, 2 ZPO) einzuhalten ist, weil die Vereinbarung als Verbrauchergeschäft eingestuft werden muss. Für den Abschluss als Bestandteil des Gesellschaftsvertrags ist umstritten, ob § 1031 ZPO überhaupt anwendbar ist. Zum Teil wird für einen Rückgriff auf § 1066 ZPO plädiert (Habersack/Schäfer/*Schäfer* Rn. 45; MüKoHGB/*K. Schmidt* Rn. 17, 121 f.). Maßgeblich ist die Einordnung des Gesellschaftsvertrages als Satzung [„organisationsrechtliche Regel"] oder als „auf Vereinbarung beruhende Verfügung" iSd §§ 1066, 1029 Abs. 1 ZPO; im erstgenannten Fall entfällt das 69

Formerfordernis von vornherein. Die hM wendet dagegen überzeugend § 1031 ZPO an (RWH HGB/*Haas* Rn. 33g; *Haas* SchiedsVZ 2007, 1 differenziert zwischen Vertragsschluss [§ 1031 ZPO] und nachträglicher Änderung [§ 1066 ZPO]; Baumbach/Hopt/*Hopt* Einl. vor § 1 Rn. 90; KKRD/*Kindler* Rn. 6; *Rüppell* BB 2014, 1091 (1092); Musielak/Voit/*Voit* ZPO § 1031 Rn. 9; EBJS/*Wertenbruch* Rn. 88 ff. mwN). Die danach maßgebliche Frage, ob die Gesellschafter beim Vertragsschluss als Verbraucher handeln (vgl. dazu Musielak/Voit/*Voit* ZPO § 1031 Rn. 9; EBJS/*Wertenbruch* Rn. 89), wird nur ausnahmsweise, etwa beim Beitritt zu einer Publikumsgesellschaft zum Zwecke der reinen Kapitalanlage zu bejahen sein (→ Rn. 67). Entsprechendes gilt, wenn die Gesellschafter **außerhalb des Gesellschaftsvertrags** (und damit in jedem Fall im Anwendungsbereich des § 1031 ZPO) eine Schiedsvereinbarung treffen. Dagegen soll bei Abschluss einer **Schiedsvereinbarung durch Gesellschafter mit Dritten** (etwa mit Blick auf die persönliche Haftung für die Gesellschaftsschulden) **keine Verbrauchereigenschaft** vorliegen, der Formzwang des § 1031 Abs. 5 ZPO also nicht greifen (RWH HGB/*Haas* Rn. 7a; MüKoHGB/*K. Schmidt* Rn. 17; EBJS/*Wertenbruch* Rn. 188; *Wertenbruch* in Westermann/Wertenbruch PersGes-HdB Rn. I 746). Entsprechendes gilt für geschäftsführende (MüKoHGB/*K. Schmidt* Rn. 17), nicht jedoch für sonstige **Kommanditisten** (vgl. zu § 1027 ZPO aF BGH 11.10.1979, NJW 1980, 1049; BGH 2.6.1966, BGHZ 45, 282 (286) = NJW 1966, 1960; MüKoHGB/*K. Schmidt* Rn. 17).

VI. Der Gesellschaftsvertrag

70 **1. Rechtsnatur. a) Schuld- und Organisationsvertrag.** Der Gesellschaftsvertrag ist unerlässliche Voraussetzung einer oHG (→ Rn. 5). Fehlt er, kann allenfalls eine Scheingesellschaft vorliegen (→ Rn. 23, → Rn. 188 ff.); zu den Folgen eines fehlerhaften Gesellschaftsvertrags → Rn. 125 ff. Der Gesellschaftsvertrag legt zum einen die Rechte und Pflichten der Beteiligten fest und ist daher **Schuldvertrag** (Habersack/Schäfer/*Schäfer* Rn. 137; MüKoHGB/*K. Schmidt* Rn. 114; EBJS/*Wertenbruch* Rn. 69; *Tröger* in Westermann/Wertenbruch PersGes-HdB Rn. I 102 ff.; *Wiedemann* WM-Sonderbeilage 8/1990, 2 ff.). Zum anderen hat er verbandskonstituierende Wirkung und ist daher als Grundlage für die Organisation der Gesellschaft auch **Organisationsvertrag** (vgl. BGH 2.7.1990, BGHZ 112, 40 (45) = NJW 1990, 2616; *Flume* BGB AT I 1 4, 61; Habersack/Schäfer/*Schäfer* Rn. 139; MüKoHGB/*K. Schmidt* Rn. 114; EBJS/*Wertenbruch* Rn. 69).

71 Die gesellschaftsvertraglich errichtete Organisation dient der Förderung des gemeinsamen Zwecks (Baumbach/Hopt/*Roth* Rn. 47; Habersack/Schäfer/*Schäfer* Rn. 140; → Rn. 5 f.). Daher wird der Gesellschaftsvertrag nicht als Austauschvertrag angesehen (vgl. BGH 29.1.1951, NJW 1951, 308; *U. Huber,* Leistungsstörungen II, 1999, 487; *Hüttemann,* Leistungsstörungen bei Personengesellschaften, 1998, 67 ff.). Überzeugender dürfte das Bild eines Kooperationsvertrags sein.

72 **b) Kein Handelsgeschäft/Gesellschafter als Verbraucher.** Der Abschluss eines Gesellschaftsvertrages ist für den Gesellschafter grundsätzlich kein Handelsgeschäft iSd §§ 343 ff. (Heymann/*Emmerich* Rn. 5; *Lieb* DB 1967, 759 (762); Baumbach/Hopt/*Roth* Rn. 49; Habersack/Schäfer/*Schäfer* Rn. 141, *Tröger* in Westermann/Wertenbruch PersGes-HdB Rn. I 126), und zwar auch dann nicht, wenn mit der hM aus der Gesellschafterstellung die Kaufmannseigenschaft gefolgert wird (Heymann/*Emmerich* Rn. 5; vgl. Habersack/Schäfer/*Schäfer* Rn. 141; → Rn. 62 ff.). Etwas anderes dürfte gelten, wenn der Gesellschafter bereits aufgrund anderweitiger Tätigkeit Kaufmann ist und der Abschluss des Gesellschaftsvertrags zu dem Betrieb dieses schon ausgeübten Handelsgewerbes gehört (offen gelassen in BGH 2.6.1966, BGHZ 45, 282 (284 f.) = NJW 1966, 1960; vgl. aber Baumbach/Hopt/*Roth* Rn. 49; Habersack/Schäfer/*Schäfer* Rn. 141; *Zöllner* DB 1964, 795 (798); aA MüKoHGB/*K. Schmidt* Rn. 115).

73 Ob die §§ 13, 312 ff., 491 ff. BGB auf den Abschluss des **Gesellschaftsvertrags** anwendbar sind (→ Rn. 67), ist zwar nicht auszuschließen. Zu beachten ist aber, dass diese Bestimmungen neben einem Handeln als Verbraucher entweder *„eine entgeltliche Leistung des Unternehmers"* (§ 312 Abs. 1 BGB) voraussetzen oder nur *„für entgeltliche Darlehensverträge zwischen einem Unternehmer als Darlehensgeber und einem Verbraucher als Darlehensnehmer (Verbraucherdarlehensvertrag)"* (§ 491 Abs. 1 BGB) gelten. Grundsätzlich ist der Beitritt zu einer Personengesellschaft oder einem Verein gerade kein entgeltlicher Vertrag, sondern ein organisationsrechtliches Geschäft, das auf die Begründung der Mitgliedschaft gerichtet ist (vgl. MüKoBGB/*Wendehorst* BGB § 312 Rn. 27; *v. Weschpfennig* BKR 2009, 99 (100); vgl. auch *Westermann* in Westermann/Wertenbruch PersGes-HdB Rn. I 215d). Wird die Mitgliedschaft allerdings maßgeblich durch einen Austauschcharakter geprägt, wie dies bei einer Kapitalanlage der Fall sein kann, ist wegen der vergleichbaren Schutzbedürftigkeit ein Rückgriff auf § 312 Abs. 1 BGB zulässig (EuGH 15.4.2010, NJW 2010, 1511; BGH 12.7.2010, BGHZ 186, 167 = NJW 2010, 3096; BGH 5.5.2008, NZG 2008, 460; EBJS/*Wertenbruch* Rn. 321 (nur bei reiner Kapitalanlage). Es bietet sich dann an, zwischen **Individualgeschäften** der Gesellschafter (bspw. eigene Vermögensverwaltung) und solchen Vertragsschlüssen zu differenzieren, die der Gesellschafter im Rahmen einer schon zuvor aufgenommenen unternehmerischen Aktivität tätigt, bei der er somit als Unternehmer auftritt (→ Rn. 65 sowie EBJS/*Wertenbruch* Rn. 185; zwischen Gesellschafter- und Individualsphäre differenzierend BeckOGK/

Sanders Rn. 356). Der Abschluss eines neuen Gesellschaftsvertrages zwischen gleichrangigen natürlichen Personen kann zwar der Individualsphäre zuzuordnen sein. Dies gilt dann aber regelmäßig für jede Partei, sodass kein Unternehmer iSd § 14 BGB involviert ist, § 312 Abs. 1 BGB folglich auch nicht einschlägig ist. Seine Anwendbarkeit scheidet umgekehrt auch dann aus, wenn alle Beteiligten als Unternehmer anzusehen sind. Beim **Beitritt** natürlicher Personen zu **Publikumsgesellschaften** der Vermögensverwaltung wird dagegen ein Rückgriff die Verbraucherschutzvorschriften in Betracht kommen (vgl. OLG Hamm 21.1.2013 – I-8 U 281/11; Baumbach/Hopt/*Roth* Anh. § 177a Rn. 58; Schulze/*Saenger* BGB § 705 Rn. 33; *v. Weschpfennig* BKR 2009, 99; EBJS/*Wertenbruch* Rn. 321 f.; *Westermann* in Westermann/Wertenbruch PersGes-HdB Rn. I 215d). Praktisch relevant dürfte dies freilich nicht bei der oHG, sondern vorrangig bei der Publikums-KG (und der GbR) sein. Die Beitrittsvereinbarung ist eine Änderung des Gesellschaftsvertrages (→ Rn. 111; Baumbach/Hopt/*Roth* Rn. 67; *Rüppell* BB 2014, 1091 (1094 f.)).

2. Anwendbarkeit der §§ 320 ff. und der §§ 434 ff. BGB. Der Gesellschaftsvertrag wird überwiegend als gegenseitiger Vertrag iSd §§ 320 ff. BGB angesehen (BGH 29.1.1951, NJW 1951, 308; RG 5.4.1935, RGZ 147, 340 (341 f.); RG 29.4.1911, RGZ 76, 276 (279); *U. Huber,* Leistungsstörungen II, 2009, 498; Habersack/Schäfer/*Schäfer* Rn. 143; Oetker/*Lieder* Rn. 96; EBJS/*Wertenbruch* Rn. 69; *Wertenbruch* in Westermann/Wertenbruch PersGes-HdB Rn. I 391; aA Baumbach/Hopt/*Roth* Rn. 48; MüKoHGB/*K. Schmidt* Rn. 114). Bedeutung hat dies für die Anwendbarkeit der §§ 320 ff. BGB auf **Leistungsstörungen** im Gesellschaftsverhältnis. Dies wird heute allerdings nicht abstrakt-generell, sondern mit Blick auf die konkreten Umstände des Einzelfalls unter Berücksichtigung der wesensmäßigen Unterschiede des Gesellschafts- zum Austauschvertrag sowie der gesellschaftsrechtlichen Wertungen entschieden (BGH 6.11.1958, WM 1959, 53 f.; BGH 28.11.1955, WM 1956, 29; vgl. Baumbach/Hopt/*Roth* Rn. 48; Oetker/*Lieder* Rn. 103; EBJS/*Wertenbruch* Rn. 153 f.; *Wertenbruch* in Westermann/Wertenbruch PersGes-HdB Rn. I 391 ff.). 74

Daraus folgt für eine in Vollzug gesetzte PersGes., dass die **Einrede des nichterfüllten Vertrags** gem. § 320 BGB grundsätzlich keine Anwendung findet (BGH 28.11.1955, WM 1956, 29; Heymann/*Emmerich* Rn. 7; RWH HGB/*Haas* Rn. 33a; KKRD/*Kindler* Rn. 40; Baumbach/Hopt/*Roth* Rn. 48; MüKoHGB/*K. Schmidt* Rn. 185 f.; Oetker/*Lieder* Rn. 103; EBJS/*Wertenbruch* Rn. 156, *Wertenbruch* in Westermann/Wertenbruch PersGes-HdB Rn. I 391; im Grundsatz ebenso, jedoch Ausnahmen zulassend Habersack/Schäfer/*Schäfer* Rn. 145 ff.). Ein Gesellschafter kann sich gegenüber einer Forderung der Gesellschaft nicht auf die Säumnis eines oder mehrerer anderer Gesellschafter berufen (BGH 28.11.1955, WM 1956, 29; Heymann/*Emmerich* Rn. 7; Baumbach/Hopt/*Roth* Rn. 48). Anderes soll nach tvA innerhalb der Zweipersonengesellschaft gelten (*Hueck* OHG § 6 II 3b, c; KKRD/*Kindler* Rn. 40; MHdB GesR I/*Möhrle* § 47 Rn. 51; Habersack/Schäfer/*Schäfer* Rn. 149; nur für die 2-Personen-Innengesellschaft, also nicht für oHG und KG MüKoHGB/*K. Schmidt* Rn. 185; aA Baumbach/Hopt/*Roth* Rn. 48; Oetker/*Lieder* Rn. 103; EBJS/*Wertenbruch* Rn. 156; *Wertenbruch* in Westermann/Wertenbruch PersGes-HdB Rn. I 391). 75

Rücktritt vom Gesellschaftsvertrag gem. §§ 323 ff. BGB und **Schadensersatz statt** der Leistung gem. §§ 281, 283, 311a Abs. 2 BGB sind bei verspäteter oder unmöglicher Leistung aufgrund des Vorrangs der gesellschaftsrechtlichen Auflösungs- und Kündigungsregeln nach **tvA** ebenfalls ausgeschlossen (RWH HGB/*Haas* Rn. 74 differenziert: §§ 323 ff. BGB nicht, §§ 280, 281 BGB anwendbar; KKRD/*Kindler* Rn. 41 f. differenziert: §§ 323 ff. BGB, §§ 280 Abs. 1, 3, 281 BGB: nicht, § 280 Abs. 1 BGB, § 241 Abs. 2 BGB, § 280 Abs. 1, 3 BGB, § 283 BGB: anwendbar; modifizierend für den Fall der Unmöglichkeit MHdB GesR I/*Möhrle* § 47 Rn. 52; Baumbach/Hopt/*Roth* Rn. 48; EBJS/*Wertenbruch* Rn. 157 f.; **aA** Habersack/Schäfer/*Schäfer* Rn. 150; MüKoHGB/*K. Schmidt* Rn. 184; Oetker/*Lieder* Rn. 102). Da es sich bei Gesellschaftsverträgen regelmäßig um Dauerschuldverhältnisse handelt, ist jedenfalls ab Invollzugsetzung das Rücktrittsrecht nach §§ 323 ff. BGB durch die Regelungen zur Kündigung (§§ 723 ff. BGB) ausgeschlossen (Palandt/*Sprau* BGB § 705 Rn. 13). Die §§ 280 ff. BGB sind für Schadensersatzansprüche neben der Leistung anwendbar. 76

Bei Mängeln der geleisteten Einlage und bzgl. deren Rechtsfolgen ist nach einer im Vordringen befindlichen Ansicht regelmäßig zu differenzieren. Die Rechtsfolgen des **§ 437 Nr. 1, 2 BGB** (Nacherfüllung, Schadens- und Aufwendungsersatz) sind anwendbar; nicht jedoch diejenigen des § 437 Nr. 2 BGB (Rücktritt und Minderung; EBJS/*Wertenbruch* Rn. 161 hält § 437 Nr. 1, 3 BGB für anwendbar; ebenso KKRD/*Kindler* Rn. 42 sowie Habersack/Schäfer/*Schäfer* Rn. 151 f.; ohne diese Differenzierung Oetker/*Lieder* Rn. 104; aA RWH HGB/*Haas* Rn. 74; Baumbach/Hopt/*Roth* Rn. 48 gegen Anwendung ohne Anpassung; MüKoHGB/*K. Schmidt* Rn. 187). Im Übrigen ergeben sich die Rechtsfolgen anstelle des Rücktritts und der Minderung aus dem Gesellschaftsvertrag (ggf. in ergänzender Auslegung) und dem dispositiven Gesellschaftsrecht (RWH HGB/*Haas* Rn. 74 und MüKoHGB/*K. Schmidt* Rn. 187; *K. Schmidt* GesR § 20 III 3d möchten diese Fälle ausschließlich nach dem Gesellschaftsrecht lösen, dh ohne Rückgriff auf §§ 434 ff. BGB). 77

3. Vertragsschluss. a) Anwendbarkeit der §§ 104 ff. BGB. Das Zustandekommen des Gesellschaftsvertrags bestimmt sich mangels spezialgesetzlicher Vorgaben grundsätzlich nach den 78

§§ 104 ff. BGB. Uneingeschränkt anwendbar sind die Regeln über die Geschäftsfähigkeit nach **§§ 104 ff. BGB** (stRspr, vgl. nur BGH 30.9.1982, NJW 1983, 748 [Minderjähriger]; BGH 17.2.1992, NJW 1992, 1503 [vorübergehend Geisteskranker]; KKRD/*Kindler* Rn. 5; Habersack/Schäfer/*Schäfer* Rn. 154; MüKoHGB/*K. Schmidt* Rn. 126; EBJS/*Wertenbruch* Rn. 70; *Wiedemann* WM-Sonderbeilage 8/1990, 4; → Rn. 42 [Geschäftsunfähiger als Gesellschafter]). Stellvertretung beim Abschluss des Gesellschaftsvertrags gem. **§§ 164 ff. BGB** ist in den Grenzen der §§ 181, 1629 Abs. 2 S. 1 BGB, § 1795 BGB sowie unter Beachtung etwaiger Genehmigungsvorbehalte (→ Rn. 42 f.) möglich (Heymann/*Emmerich* Rn. 15; KKRD/*Kindler* Rn. 5a; Baumbach/Hopt/*Roth* Rn. 50).

79 Als mehrseitiger Vertrag, dh wenn mehr als zwei Personen an der Gesellschaft beteiligt sein sollen, kommt der Gesellschaftsvertrag abweichend von **§§ 145 ff. BGB** erst mit dem Zugang (§ 130 Abs. 1 BGB) der Beitrittserklärungen aller als Gesellschafter vorgesehenen Personen an alle anderen Vertragspartner zustande (Habersack/Schäfer/*Schäfer* Rn. 154; EBJS/*Wertenbruch* Rn. 70). Haben sich die Parteien nicht über alle als regelungsbedürftig angesehenen Punkte geeinigt, steht dies einem (konkludenten) Vertragsschluss nicht entgegen, wenn sich die Parteien im Bewusstsein der Lückenhaftigkeit gleichwohl iÜ vertraglich binden wollten und die Gesellschaft einvernehmlich in Vollzug gesetzt haben (BGH 28.6.1982, NJW 1982, 2816 f.; BGH 23.11.1959, NJW 1960, 430; Habersack/Schäfer/*Schäfer* Rn. 160; EBJS/*Wertenbruch* Rn. 71). Daher überwindet der einverständliche Vollzug der Gesellschaft die Zweifelsregel des **§ 154 Abs. 1 S. 1 BGB** (vgl. BGH 28.6.1982, NJW 1982, 2816 f.; BGH 23.11.1959, NJW 1960, 430; Heymann/*Emmerich* Rn. 12; Habersack/Schäfer/*Schäfer* Rn. 160). Auch **§ 125 S. 2 BGB** ist nicht anwendbar (BGH 5.2.1968, BGHZ 49, 364 f. = NJW 1968, 1378). Die Vereinbarung von Bedingungen oder Befristungen nach **§§ 158 ff. BGB** ist möglich (BGH 21.3.1983, NJW 1983, 2258 f.). Üblich ist es bspw., den Eintritt eines Kommanditisten nur unter der Bedingung seiner Eintragung zu vereinbaren, um dessen unbeschränkte persönliche Haftung zu vermeiden. Eine **Rückdatierung** des Gesellschaftsvertrags oder des Beitritts eines neuen Gesellschafters (→ Rn. 114) ist möglich, allerdings nur mit Wirkung im Innenverhältnis (BGH 24.5.1976, WM 1976, 972 (974); BGH 29.9.1977, NJW 1978, 264 (266 f.); EBJS/*Wertenbruch* Rn. 70). Zu den Folgen von Vertragsmängeln sowie zu **§ 139 BGB** bei Teilnichtigkeit → Rn. 101.

80 **b) Inhalt und Nebenabreden.** Da eine auf den Betrieb eines Handelsgewerbes gerichtete Gesellschaft automatisch die Rechtsform der oHG annimmt (§ 105 Abs. 1, sog. Rechtsformzwang), bedarf es hinsichtlich der Rechtsform keiner rechtsgeschäftlichen Willensübereinstimmung (vgl. statt vieler nur Habersack/Schäfer/*Schäfer* Rn. 158; MüKoHGB/*K. Schmidt* Rn. 118). Die Anforderungen an den **Mindestinhalt** des Gesellschaftsvertrags sind daher gering. Lediglich der gemeinsame Zweck (Betrieb eines Handelsgewerbes), die Leistung von Beiträgen und das Auftreten nach außen müssen von der vertraglichen Einigung umfasst sein (Habersack/Schäfer/*Schäfer* Rn. 157; differenzierend zwischen gesetzlichem und vertraglichem Mindestinhalt: MüKoHGB/*K. Schmidt* Rn. 117 ff.; EBJS/*Wertenbruch* Rn. 74). Ebenfalls zu den essentialia negotii – ohne die der Vertrag nicht wirksam werden kann – gehört, dass und welche (zumindest zwei) Vertragsparteien Gesellschafter werden sollen (so wohl auch RWH HGB/*Haas* Rn. 18). In der Praxis wird eine Vielzahl weiterer Regeln unverzichtbar sein, insbesondere zu **Geschäftsführung** und **Vertretung,** zur **Gewinn- und Verlustbeteiligung** sowie zur **Gesellschafternachfolge** usw (MüKoHGB/*K. Schmidt* Rn. 120). Diese berühren die Wirksamkeit des Vertrages jedoch nicht, weil mangels Vereinbarung die ergänzende Vertragsauslegung bzw. dispositives Gesetzesrecht Anwendung finden (→ Rn. 100; Heymann/*Emmerich* Rn. 21; KKRD/*Kindler* Rn. 7).

81 Neben dem eigentlichen Gesellschaftsvertrag werden häufig schuldrechtliche **Nebenabreden** getroffen. Diese können den Gesellschaftern untereinander schuldrechtliche Pflichten auferlegen, zB eine Andienungspflicht gegenüber den Mitgesellschaftern vor einer Anteilsveräußerung. Sind sämtliche Gesellschafter an solchen „Nebenabreden" beteiligt, können diese in Wirklichkeit als Teil des Gesellschaftsvertrages oder bei nachträglicher Vereinbarung als Änderung desselben gewollt sein; dann sind sie entsprechend auszulegen (RWH HGB/*Haas* Rn. 20; EBJS/*Wertenbruch* Rn. 92). Eine solche Auslegung tritt – anders als bei Kapitalgesellschaften – auch nicht mit Formvorschriften in Konflikt (zur Formfreiheit des Gesellschaftsvertrags → Rn. 90 ff.).

82 **c) Form.** Zur Formfreiheit bei Anteilsübertragungen → Rn. 120.

83 **aa) Grundsatz: Formfreier und konkludenter Gesellschaftsvertrag.** Soweit nicht besondere Formvorschriften anwendbar sind (→ Rn. 90 ff.), kann der Gesellschaftsvertrag **grundsätzlich formfrei** und damit auch durch schlüssiges Verhalten **(konkludent)** geschlossen werden (allgM, vgl. nur KKRD/*Kindler* Rn. 5a, 6; Habersack/Schäfer/*Schäfer* Rn. 167; *Tröger* in Westermann/Wertenbruch PersGes-HdB Rn. I 124, 127; BeckOGK/Sanders Rn. 62). Ein konkludenter Vertragsschluss kann insbesondere anzunehmen sein bei einverständlichem Geschäftsbeginn (BGH 28.11.1953, BGHZ 11, 190 (192) = NJW 1954, 231; EBJS/*Wertenbruch* Rn. 75) oder bei gemeinsamer Anmeldung zum Handelsregister vor Abschluss eines Gesellschaftsvertrages (BGH 13.5.1985, WM 1985, 1229; BGH 17.9.1984, WM 1984, 1605; KKRD/*Kindler* Rn. 5). Voraussetzung ist jedoch zumindest eine (konkludente) Einigung über

den Mindestinhalt (→ Rn. 80; Habersack/Schäfer/*Schäfer* Rn. 155). Zur ergänzenden Vertragsauslegung bei verbleibenden Lücken → Rn. 98 ff. Die bloße Fortführung eines ererbten Handelsgeschäfts durch die Erbengemeinschaft wird hingegen aufgrund praktischer Bedürfnisse und mit Blick auf § 27 idR nicht als konkludenter Abschluss eines Gesellschaftsvertrags gewertet (stRspr, vgl. nur BGH 8.10.1984, BGHZ 92, 259 = NJW 1985, 136; → Rn. 21, → Rn. 59).

bb) Insbesondere: konkludente Innengesellschaft von Ehegatten und nichtehelichen Lebensgefährten. Entgegen früherer Rspr. (vgl. nur BGH 29.1.1986, NJW 1986, 1870; BGH 8.7.1982, NJW 1982, 2236) wird ein konkludenter Abschluss eines Gesellschaftsvertrags zwischen Ehegatten inzwischen nur noch ausnahmsweise (BGH 28.9.2005, BGHZ 165, 1 = NJW 2006, 1268), am ehesten noch bei Gütertrennung angenommen (Baumbach/Hopt/*Roth* Rn. 52). Der gesetzliche Güterstand steht der Annahme einer Ehegatten-Innengesellschaft allerdings nicht grundsätzlich entgegen. Vielmehr können die im Falle einer Scheidung hieraus und aus der parallelen Auflösung der Gesellschaft resultierenden Ansprüche nebeneinander bestehen (BGH 28.9.2005, BGHZ 165, 1 = NJW 2006, 1268; KG 8.5.2012, FamRZ 2013, 787 = BeckRS 2013, 08603). Allerdings spricht die Aussicht auf den Zugewinnausgleich und auf Teilhabe an dem Erarbeiteten häufig gegen einen Vertragsschluss; der Güterstand ist damit zumindest wichtiges Indiz (BGH 28.9.2005, BGHZ 165, 1 = NJW 2006, 1268; OLG Hamm 7.3.2012, BeckRS 2012, 13770). Häufig wird es sich um eine reine Innengesellschaft und damit nicht um eine oHG handeln (BGH 11.4.1990, NJW-RR 1990, 1090). In jedem Fall müssen die Ehegatten einen über die eheliche Gemeinschaft (§ 1353 BGB) hinausgehenden **(eheübersteigenden) gemeinsamen Zweck** verfolgen. Die **Mitarbeit** in dem Gewerbe des Ehegatten genügt nicht, solange sie sich im Rahmen der aus § 1353 Abs. 1 BGB resultierenden Mitarbeitspflicht hält (BGH 30.6.1999, BGHZ 142, 137 = NJW 1999, 2962 (2964); EBJS/*Wertenbruch* Rn. 72). Ein eheübersteigender Zweck kann aber im Aufbau eines Unternehmens liegen oder beim Erwerb von Grundeigentum zur Vermögensbildung verfolgt werden. Eine konkludente gesellschaftsvertragliche Einigung setzt überdies voraus, dass Erträge oder geschaffene Werte nach der Vorstellung der Ehegatten **beiden gemeinschaftlich** zustehen (BGH 30.6.1999, BGHZ 142, 137 = NJW 1999, 2962 (2966)). Eheliche Mitarbeit im Gewerbe des Ehegatten begründet überdies nur dann gesellschaftsvertragliche Ausgleichsansprüche, wenn der mitarbeitende Ehegatte funktional gleichberechtigt ist (BGH 28.9.2005, BGHZ 165, 1 (6) = NJW 2006, 1268). Ob dies bejaht werden kann, muss im Einzelfall anhand der konkreten Umstände beurteilt werden. Wichtige Indizien bieten Art und Umfang der gemeinsamen Vermögensbildung, die gemeinsame Planung und Absprache über Geschäftsführung, Gewinnverteilung und -wiederanlage (BGH 25.6.2003, NJW 2003, 2982; BGH 30.6.1999, BGHZ 142, 137 (154) = NJW 1999, 2962) sowie der Umfang des jeweiligen Kapitaleinsatzes und seine steuerliche Behandlung (Baumbach/Hopt/*Roth* Rn. 52). Liegen die Voraussetzungen der Innengesellschaft nicht vor, sind Ansprüche gem. **§ 313 BGB** bzw. **§ 812 Abs. 1 S. 2 Alt. 2 BGB** denkbar. 84

Auch bei der **Gütergemeinschaft** wird der Betrieb eines zum Gesamtgut gehörenden Geschäfts nur selten als konkludente Gesellschaftsbegründung zu bewerten sein (BGH 7.12.1993, NJW 1994, 652). Jedenfalls gilt die Formvorschrift des § 1410 BGB, sodass ein konkludenter Vertrag formfehlerhaft ist (BGH 10.7.1975, BGHZ 65, 79 = NJW 1975, 1774; näher zur Ehegattengesellschaft bei Gütergemeinschaft *Apfelbaum* MittBayNot 2006, 185 (188 ff.)). Auf den formfehlerhaften Vertrag finden die Grundsätze über die fehlerhafte Gesellschaft Anwendung (offen gelassen in BGH 10.7.1975, BGHZ 65, 79 = NJW 1975, 1774 (1776); zu Fehlerfolgen → Rn. 101, → Rn. 125 ff.). 85

Rechtsfolge einer wirksam konkludent begründeten Ehegatten(Innen-)Gesellschaft ist, dass bei Auflösung der Gesellschaft (regelmäßig mit Scheidung oder Aufhebung der Ehe) selbstständige **Ausgleichsansprüche** entsprechend §§ 738 ff. BGB entstehen, die neben die familienrechtlichen Ausgleichsansprüche (etwa §§ 1371 ff. BGB) treten (BGH 28.9.2005, BGHZ 165, 1 = NJW 2006, 1268; BGH 25.6.2003, BGHZ 155, 249 (255) = NJW 2003, 2982; ausf. *Haußleiter* NJW 2006, 2741). 86

In der Praxis zunehmend bedeutsam ist die gesellschaftsrechtliche Gestaltung der nichtehelichen Lebensgemeinschaft (neLG). Im Grundsatz können ebenso wie Ehegatten auch nichteheliche Lebensgefährten zur Verfolgung eines gemeinschaftsübersteigenden Zwecks (konkludent) eine (Innen-)Gesellschaft errichten. Entscheidend ist das Vorliegen eines (konkludenten) Vertragsschlusses mit entsprechendem Rechtsbindungswillen (BGH 28.9.2005, BGHZ 165, 1 (10) = NJW 2006, 1268; BGH 30.6.1999, BGHZ 142, 137 (153) = NJW 1999, 2962; anders noch BGH 24.3.1980, BGHZ 77, 55 = NJW 1980, 1520 und BGH 12.7.1982, BGHZ 84, 388 = NJW 1982, 2863). Eine „rein faktische Willensübereinstimmung" reicht dafür nicht aus (BGH 6.7.2011, NJW 2011, 2880; OLG Brandenburg 10.12.2014, NZG 2015, 595; vgl. auch *Herr* NJW 2012, 3486 (3487)). Die Rspr. tendiert dazu, an den gemeinschaftsübersteigenden Zweck geringere Anforderungen zu stellen als bei Ehegatten. Da in der neLG keine gesetzlichen Ausgleichs- und Unterhaltsansprüche bestehen, erfolge jede Unterstützung des anderen Partners gemeinschaftsübersteigend. Ein „nach gesellschaftsrechtlichen Grundsätzen zu bewertendes Handeln der Partner einer nichtehelichen Lebensgemeinschaft [setze] nicht voraus, dass diese ein über den typischen Rahmen dieser Gemeinschaft hinausgehenden Zweck verfolgen, wie das im Verhältnis von Ehegatten zueinander zu fordern" sei (OLG Brandenburg 10.12.2014, NJW-RR 2015, 87

516). Ein über den typischen Rahmen der Gemeinschaft hinausgehender Zweck müsse daher nicht notwendig verfolgt werden (BGH 9.7.2008, BGHZ 177, 193 = NJW 2008, 3277 f.; OLG Brandenburg 10.12.2014, NJW-RR 2015, 516; aA noch BGH 30.6.1999, BGHZ 142, 137 = NJW 1999, 2962 und OLG Naumburg 17.9.2002, NJW-RR 2003, 578).

88 Allerdings wird in diesen Fällen der für den Vertragsschluss erforderliche Rechtsbindungswillen der Parteien häufig zweifelhaft sein (BGH 6.7.2011, NJW 2011, 2880; BGH 9.7.2008, BGHZ 177, 193 = NJW 2008, 3277 f.; OLG Brandenburg 10.12.2014, NJW-RR 2015, 516; EBJS/*Wertenbruch* Rn. 73). Die Lebensgefährten müssen erkennbar (und nachweisbar) die rechtsgeschäftliche Absicht verfolgen, einen gemeinsamen Vermögenswert zu schaffen, der nicht nur von ihnen gemeinsam genutzt werden kann, sondern ihnen nach ihrer Vorstellung bei wirtschaftlicher Betrachtung auch gemeinsam gehört (BGH 9.7.2008, BGHZ 177, 193 = NJW 2008, 3277; so bereits BGH 8.7.1996, NJW 1996, 2727; OLG Brandenburg 10.12.2014, NJW-RR 2015, 516). Damit dürfte eine gesellschaftsrechtliche Auseinandersetzung in der neLG auch künftig die Ausnahme bleiben (ähnlich *Majer* NJOZ 2009, 114 f.; *v. Proff* NJW 2008, 3266 (3268)).

89 Ohnehin wird es sich in den Fällen eines konkludenten Vertragsschlusses meist um eine Innengesellschaft und damit nicht um eine oHG handeln, insbesondere wenn einer der Partner ein gemeinsames Unternehmen nach außen **allein** führen soll (BGH 10.1.1985, NJW 1985, 1841 f.). Es kommen jedoch Ansprüche gem. § 313 BGB (soweit gemeinschaftsbezogener Zuwendung die Vorstellung oder Erwartung zu Grunde lag, die neLG werde Bestand haben, BGH 6.7.2011, NJW 2011, 2880) oder § 812 Abs. 1 S. 2 Alt. 2 BGB (Leistung geht über das hinaus, was das tägliche Zusammenleben erst ermöglicht; Vermögenswert überdauert neLG; wenigstens stillschweigende Zweckvereinbarung, BGH 6.7.2011, NJW 2011, 2880) in Betracht.

90 **cc) Formbedürftigkeit.** Übernimmt ein Gesellschafter im Gesellschaftsvertrag eine Verpflichtung, die nach allgemeinen Vorschriften formbedürftig ist, unterliegt der Gesellschaftsvertrag ausnahmsweise insgesamt dieser Form (BGH 10.4.1978, NJW 1978, 2505 f.; Habersack/Schäfer/*Schäfer* Rn. 168), etwa gem. §§ 311b, 518 BGB, § 15 GmbHG.

91 **§ 311b Abs. 1 S. 1 BGB:** Formbedürftig ist der Gesellschaftsvertrag, wenn sich darin ein Gesellschafter zur **Einbringung** eines Grundstücks in die Gesellschaft (BGH 5.12.1956, BGHZ 22, 312 (317) = NJW 1957, 459) oder zum **Erwerb** eines der Gesellschaft gehörenden Grundstücks bei Ausscheiden oder bei Auflösung der Gesellschaft (BGH 10.4.1978, NJW 1978, 2505 f.) verpflichtet. Die Formpflicht entsteht bereits bei nur faktischem (mittelbarem) Zwang (allgM BGH 9.7.1992, NJW 1992, 3237 f.; BGH 2.7.1986, NJW 1987, 54; BGH 2.12.1979, BGHZ 76, 43 (46) = NJW 1980, 829; für den Gesellschaftsvertrag KKRD/*Kindler* Rn. 6; Habersack/Schäfer/*Schäfer* Rn. 170; MüKoHGB/*K. Schmidt* Rn. 135; *Tröger* in Westermann/Wertenbruch PersGes-HdB Rn. I 129). Gleiches soll gelten, wenn nicht der Gesellschafter, sondern die Gesellschaft zum Erwerb von Grundeigentum verpflichtet wird (RWH HGB/*Haas* Rn. 22; EBJS/*Wertenbruch* Rn. 76). Wird ein Gesellschafter im Gesellschaftsvertrag beauftragt, ein Grundstück im eigenen Namen zu erwerben, ist dies wegen des Durchgangserwerbs ebenfalls formbedürftig (BGH 5.11.1982, BGHZ 85, 245 (248) = NJW 1983, 566; im Ergebnis ebenso *Tröger* in Westermann/Wertenbruch PersGes-HdB Rn. I 129b, der allerdings auf die Verpflichtung zur Weiterübereignung abstellt). Gleiches gilt für das Wohnungseigentum (§ 4 Abs. 3 WEG), für ein Erbbaurecht (§ 11 Abs. 2 ErbbauRG) und für Miteigentumsanteile an Grundbesitz (§ 747 BGB).

92 **Nicht** gem. § 311b Abs. 1 BGB **formpflichtig** ist die Verpflichtung zur Einbringung eines Anteils an einer Gesamthandsgesellschaft, der ein Grundstück gehört (BGH 31.1.1983, BGHZ 86, 367 (370 f.) = NJW 1983, 1110; OLG Düsseldorf 14.12.2006, NZG 2007, 510 f.; aA MüKoHGB/*K. Schmidt* Rn. 134, 136 *„§ 311b BGB … analog … auf eine Verpflichtung zur Übertragung von Anteilen an einer Gesellschaft, die nur dem Halten und Verwaltung von Grundeigentum dient.“*). Soweit die gemeinsame Eigentümerstellung der einzige Zweck der Gesamthandsgesellschaft ist, kann Umgehung vorliegen und § 311b Abs. 1 S. 1 BGB gleichwohl Anwendung finden (BGH 2.10.1997, NJW 1998, 376 f.; ausf. MüKoBGB/*Schäfer* BGB § 719 Rn. 35 ff.; zurückhaltend EBJS/*Wertenbruch* Rn. 677). Ebenfalls nicht formpflichtig ist der Gesellschaftsvertrag, der auf Beteiligung an einer Gesellschaft gerichtet ist, deren Zweck die Verwaltung und Verwertung von Grundstücken ist (sog. **Grundstücksgesellschaft;** vgl. BGH 2.10.1997, NJW 1998, 376 f.; BGH 10.4.1978, NJW 1978, 2505 f. [sofern keine Erwerbspflicht des Gesellschafters]; RG 10.4.1908, RGZ 68, 260 (262); RG 22.5.1913, RGZ 82, 299 (302); RWH HGB/*Haas* Rn. 22; Oetker/*Lieder* Rn. 14; EBJS/*Wertenbruch* Rn. 77; aA wohl MüKoHGB/*K. Schmidt* Rn. 136, der bei Verpflichtung zur Übertragung § 311b BGB für analog anwendbar hält; dann muss das auch für die Verpflichtung zum Erwerb gelten).

93 **Heilung** tritt gem. § 311b Abs. 1 S. 2 BGB (ggf. iVm § 4 Abs. 2 WEG; § 11 Abs. 2 ErbbauRG) mit Auflassung und Eintragung in das Grundbuch ein. Zu den Folgen eines Formverstoßes → Rn. 101 f.

94 **§ 518 Abs. 1 BGB:** Wird dem Gesellschafter eine **unentgeltliche Aufnahme** in die Gesellschaft versprochen, ist der Gesellschaftsvertrag formpflichtig gem. § 518 Abs. 1 BGB (BGH 2.7.1990, BGHZ 112, 40 (44) = NJW 1990, 2616). Unentgeltlich ist die Aufnahme aber nur dann, wenn dem Gesellschafter weder Tätigkeits- noch Haftungspflichten auferlegt werden (BGH 13.6.1977, WM 1977,

862 (864); BGH 25.1.1965, BB 1965, 472). Deshalb liegt bei einlagefreier Aufnahme in eine Mitunternehmer-oHG – ebenso wie bei einlagefreier Aufnahme in eine Freiberufler-GbR – regelmäßig **keine Schenkung,** auch keine gemischte, vor (BGH 2.7.1990, BGHZ 112, 40 (44) = NJW 1990, 2616; BGH 11.5.1959, NJW 1959, 1433 [bei Abfindungsverpflichtung]; KKRD/*Kindler* Rn. 6; MüKoHGB/*K. Schmidt* Rn. 140; Oetker/*Lieder* Rn. 15; aA *Hueck* DB 1966, 1043 (1045); Baumbach/Hopt/*Roth* Rn. 56 [tatsächliche Vermögensmehrung maßgeblich]; Habersack/Schäfer/*Schäfer* Rn. 175; EBJS/*Wertenbruch* Rn. 82). Die einlagefreie Aufnahme in eine **KG** als Kommanditist ist dagegen mangels Außenhaftung (§ 171 Abs. 1 Hs. 2) formpflichtige Schenkung (BGH 2.7.1990, BGHZ 112, 40 (44) = NJW 1990, 2616; KKRD/*Kindler* Rn. 6; Baumbach/Hopt/*Roth* Rn. 56). **Heilung** tritt gem. § 518 Abs. 2 BGB durch tatsächliche Einräumung der schenkweise versprochenen Beteiligung nach §§ 413, 398 BGB ein, wobei eine Eintragung in das Handelsregister nicht erforderlich ist (deklaratorische Eintragung, vgl. MüKoHGB/*K. Schmidt* Rn. 141; EBJS/*Wertenbruch* Rn. 83). Zu den **Folgen eines Formverstoßes** → Rn. 101 f.

§ 15 Abs. 4 S. 1 GmbHG: Der Gesellschaftsvertrag ist nach § 15 Abs. 4 S. 1 GmbHG formbedürftig, wenn er eine **Verpflichtung zur Abtretung** (Einbringung) eines GmbH-Geschäftsanteils enthält. Ebenfalls formbedürftig ist nach hM die Verpflichtung zur Abnahme eines Gesellschaftsanteils, sog. **Erwerbspflicht** (OLG München 7.12.1994, WM 1995, 670; stRspr des RG, vgl. RG 13.12.1935, RGZ 149, 385 (397); RG 7.1.1930, RGZ 127, 65 (71); Baumbach/Hueck/*Fastrich* GmbHG § 15 Rn. 33). Da nach § 15 Abs. 3 GmbHG nicht nur die Übertragung des Geschäftsanteils, sondern in erweiternder Rspr. auch die Abtretung eines hierauf gerichteten Anspruchs formbedürftig ist (BGH 5.11.1979, BGHZ 75, 352 (354) = NJW 1980, 1100), gilt die Formpflicht des § 15 Abs. 4 S. 1 GmbHG auch für die entsprechende **Verpflichtung zur Abtretung des Übertragungsanspruchs** (RWH HGB/*Haas* Rn. 23; MüKoHGB/*K. Schmidt* Rn. 139; EBJS/*Wertenbruch* Rn. 85). Nicht formpflichtig ist nach allgemeinen Grundsätzen (→ Rn. 183) die Einbringung eines Anteils an einer Gesamthandsgesellschaft, in deren Vermögen sich GmbH-Anteile befinden (OLG Frankfurt a. M. 4.10.2006, NZG 2008, 19 f.; RWH HGB/*Haas* Rn. 23; MüKoHGB/*K. Schmidt* Rn. 139), sofern darin nicht eine unzulässige Umgehung liegt. Ähnlich wie bei Grundstücksgesellschaften liegt dies nahe, wenn sich der Gesellschaftszweck auf das Halten und Verwalten dieser Geschäftsanteile beschränkt (BGH 10.3.2008, NZG 2008, 377; MüKoHGB/*K. Schmidt* Rn. 139). **Heilung** tritt gem. § 15 Abs. 4 S. 2 GmbHG durch wirksame (notarielle, § 15 Abs. 3 GmbHG) Abtretung des Geschäftsanteils ein. Zu den **Folgen eines Formverstoßes** → Rn. 101 f. 95

Sonstige: Formbedürftigkeit des Gesellschaftsvertrags kann iÜ resultieren aus **§ 311b Abs. 3 BGB** (Vermögensübertragung) sowie aus **§ 1410 BGB** (Gesellschaftserrichtung durch Ehegatten, die im Güterstand der Gütergemeinschaft leben; → Rn. 51, → Rn. 85). Zu Schiedsvereinbarungen nach §§ 1029 ff. ZPO im Gesellschaftsvertrag → Rn. 69 sowie EBJS/*Wertenbruch* Rn. 88 ff. Bei **vereinbarter Form (§ 127 BGB)** entscheidet die Parteivereinbarung über Inhalt, Zweck und Wirkung eines Verstoßes. Dieses Formerfordernis wird vor allem bei Vertragsänderungen relevant (Habersack/Schäfer/*Schäfer* Rn. 177 ff., 188; MüKoHGB/*K. Schmidt* Rn. 144, 162). Dient das Formerfordernis – wie regelmäßig – lediglich der Dokumentation (BGH 5.2.1968, BGHZ 49, 364 (366 f.) = NJW 1968, 1378; aA Habersack/Schäfer/*Schäfer* Rn. 178), berührt ein Verstoß nicht die Wirksamkeit des Gesellschaftsvertrags. Ist eine Beurkundung vereinbart worden, hat dies im Zweifel konstitutive Wirkung: Gemäß § 154 Abs. 2 BGB ist der Gesellschaftsvertrag im Zweifel nicht geschlossen, bis die Beurkundung erfolgt ist. Setzen sich die Gesellschafter indes bewusst über die vereinbarte Form hinweg, kann darin eine stillschweigende Aufhebung der Formvereinbarung liegen (BGH 29.3.1996, BGHZ 132, 263 (270) = NJW 1996, 1678), wobei sowohl eine einmalige Außerkraftsetzung als auch eine dauerhafte Aufhebung je nach Parteiwille denkbar sind (MüKoHGB/*K. Schmidt* Rn. 144). Bei der Annahme, eine qualifizierte Schriftformvereinbarung sei formfrei aufgehoben, ist Zurückhaltung geboten (BGH 2.6.1976, BGHZ 66, 378 (381) = NJW 1976, 1395; vgl. auch MüKoHGB/*K. Schmidt* Rn. 144, 162). Wird die oHG ohne Einhaltung der vereinbarten Form in Vollzug gesetzt, entsteht sie entweder tatsächlich oder zumindest als fehlerhafte Gesellschaft (→ Rn. 125 ff.; vgl. auch MüKoHGB/*K. Schmidt* Rn. 144). Bei formwidrigen Änderungen des Gesellschaftsvertrags, die mit keiner konkludenten Aufhebung der Schriftformklausel verbunden sind, gilt im Zweifel die Nichtigkeitsfolge des § 125 S. 2 BGB (→ Rn. 108). 96

d) Genehmigungserfordernisse. Zum Erfordernis familiengerichtlicher Genehmigung bei Beteiligung beschränkt Geschäftsfähiger und Geschäftsunfähiger am Gesellschaftsvertrag → Rn. 42 ff. Zur Genehmigungsbedürftigkeit bei bestimmten Beteiligungen eines in Zugewinngemeinschaft lebenden **Ehegatten** → Rn. 49 f. **Öffentlich-rechtliche** Zustimmungen, etwa bei Beschränkungen der Berufsausübung, können iVm § 134 BGB Wirksamkeitsvoraussetzung sein (zu den Folgen → Rn. 125 ff., insbesondere → Rn. 140 f.). 97

e) Auslegung. Der Gesellschaftsvertrag ist nach allgemeinen Regeln (§§ 133, 157 BGB) auszulegen (allgM, vgl. nur BGH 21.10.2014, NZG 2014, 1296 (1299); BGH 7.3.2005, NJW 2005, 2618 f.; BGH 16.3.1998, NJW-RR 1998, 1488; Heymann/*Emmerich* Rn. 21; KKRD/*Koller* Rn. 7). Anders als bei 98 den abstrakt-generellen, gesetzesähnlichen Satzungen von Kapitalgesellschaften ist aber nicht streng objektiv vorzugehen, sondern im **Grundsatz** eine **subjektive Auslegung** anzuwenden. Nur bei **Publikumsgesellschaften** ist wegen der Vielzahl der Gesellschafter eine **objektive Auslegung** sachgerecht (stRspr, vgl. nur BGH 12.3.2013, NJW 2013, 2278 (2279); RWH HGB/*Haas* Rn. 28; Baumbach/Hopt/*Roth* Rn. 59; Oetker/*Lieder* Rn. 97; EBJS/*Wertenbruch* Rn. 109; aA MüKoHGB/*K. Schmidt* Rn. 150 [keine Festlegung auf eine Methode]). Nach der Rspr. *„unterliegen die Regelungen in Gesellschaftsverträgen von Publikumsgesellschaften unabhängig davon, ob die Bereichsausnahme des … § 310 Abs. 4 BGB n. F. eingreift, einer ähnlichen Auslegung und Inhaltskontrolle wie* [AGB]" (BGH 12.3.2013, NJW 2013, 2278 (2279)). Neben dem Wortlaut einer Regelung, ihrem Sinn und Zweck und der Interessenlage der Parteien ist insbesondere auch die bisherige tatsächliche Übung durch die Gesellschafter maßgeblich (BGH 10.3.1989, NJW-RR 1989, 993 f. [stille Gesellschaft]; Heymann/*Emmerich* Rn. 21; Habersack/Schäfer/*Schäfer* Rn. 193; MüKoHGB/*K. Schmidt* Rn. 149). Daneben sind die gesellschaftsrechtliche Treuepflicht und der Gleichbehandlungsgrundsatz zu beachten (KKRD/*Kindler* Rn. 7).

99 Auch **formbedürftige Gesellschaftsverträge** sind nach den allgemeinen Regeln auszulegen. Streitig ist, ob und unter welchen Voraussetzungen bei der Auslegung auch außerhalb der Urkunde liegende Umstände berücksichtigt werden können. Teilweise wird vertreten, dass solche Umstände nur dann zu berücksichtigen seien, *„wenn sie in der Urkunde einen wenn auch unvollkommenen Ausdruck gefunden haben"* (Habersack/Schäfer/*Schäfer* Rn. 195 mit Verweis auf die sog. **„Andeutungstheorie";** nach MüKoHGB/*K. Schmidt* Rn. 150: Berücksichtigung jedenfalls bei Andeutung; dazu auch *Bergermann* RNotZ 2002, 557 (559), die die Theorie jedoch ablehnt). Ihre eigentliche Rechtfertigung findet die Andeutungstheorie beim Testament als einseitigem Rechtsgeschäft (s. BGH 8.12.1982, BGHZ 86, 41 = NJW 1983, 672; BGH 9.4.1981, BGHZ 80, 242 = NJW 1981, 1737). Anders als bei Gesellschaftsverträgen (→ Rn. 98) ist bei Testamenten in erster Linie der wirkliche Wille zu erforschen, wenn auch nicht völlig losgelöst von der Erklärung (§ 133 BGB; vgl. MüKoBGB/*Leipold* BGB § 2084 Rn. 8 f.). Diese Situation ist mit derjenigen bei gegenseitigen Verträgen nicht vergleichbar, vor allem, weil es nicht nur um den Willen einer einzigen Person geht. Dem trägt die unterschiedliche Behandlung bei der Auslegung Rechnung (§ 157 BGB). Gleichwohl vertritt die Rspr. die Andeutungstheorie auch in Fällen des § 311b Abs. 1 S. 1 BGB (BGH 12.7.1996, NJW 1996, 2792; BGH 25.3.1983, BGHZ 87, 150 = NJW 1983, 1610; OLG Düsseldorf 26.4.2007, BeckRS 2008, 05777; KG 19.6.2003, BeckRS 2003, 30321156; auch in KG 27.8.2013, BeckRS 2014, 23047 hat das OLG Düsseldorf sich – in den Tenor nicht tragenden Erwägungen – für die Anwendung der Andeutungstheorie bei formbedürftigen Rechtsgeschäften ausgesprochen; offen gelassen von OLG Naumburg 23.8.2005, BeckRS 2005 30361643; vgl. auch *Bergermann* RNotZ 2002, 557, 559; Habersack/Schäfer/*Schäfer* Rn. 195). In der gesellschaftsrechtlichen Lit. wird die Anwendung der Andeutungsformel überwiegend abgelehnt (Oetker/*Lieder* Rn. 97; EBJS/*Wertenbruch* Rn. 102; *Tröger* in Westermann/Wertenbruch PersGes-HdB Rn. I 142). In der Rspr. musste über die Anwendung der Andeutungstheorie auf Gesellschaftsverträge – soweit erkennbar – bis heute nicht entschieden werden. Für die Gestaltungspraxis dürfte sich bei besonders heiklen oder wichtigen Klauseln eine „vorausschauende Weitschweifigkeit" empfehlen. Es können etwa Motive oder die Hintergründe genannt werden, derentwegen eine Klausel aufgenommen wurde.

100 **Strikt** von der Auslegung einer Urkunde **zu trennen** ist die in der Praxis häufig angewandte Beweislastregel (§ 286 Abs. 1 S. 1 ZPO) der inhaltlichen Richtigkeit und Vollständigkeit (sog. tatsächliche Vermutung; vgl. dazu Habersack/Schäfer/*Schäfer* Rn. 195). Die Auslegung kann erst vorgenommen werden, wenn der Sachstand (Tatsachengrundlage), also der Auslegungsgegenstand – im Zweifel nach erfolgter Beweisaufnahme – feststeht. Auch der schriftliche Gesellschaftsvertrag trägt – wie jede Urkunde über ein Rechtsgeschäft – die Vermutung der Richtigkeit und Vollständigkeit in sich (vgl. nur RWH HGB/*Haas* Rn. 28). Gleichwohl zu Tage tretende Lücken sind im Wege der **ergänzenden Vertragsauslegung** zu schließen; nur subsidiär ist auf dispositives Gesetzesrecht zurückzugreifen (BGH 20.9.1993, BGHZ 123, 281 (285 f.) = NJW 1993, 3193 f.; BGH 24.9.1984, NJW 1985, 192 f.; BGH 28.6.1982, NJW 1982, 2816 f.; ausführliche Darstellung bei Habersack/Schäfer/*Schäfer* Rn. 197 f.).

101 **f) (Teilweise) Unwirksamkeit.** Unwirksamkeit des Gesellschaftsvertrags kann sich insbesondere aus §§ 125, 134, 138 BGB ergeben. Eine weitergehende richterliche Inhaltskontrolle findet nicht statt. Auch §§ 305 ff. BGB sind nicht anwendbar (§ 310 Abs. 4 BGB). Sind nur einzelne Vertragsbestimmungen unwirksam (Teilnichtigkeit), hat dies idR entgegen **§ 139 BGB** nicht die Gesamtnichtigkeit des Vertrags zur Folge. Vielmehr ist auch ohne salvatorische Klausel idR davon auszugehen, dass die Parteien den Gesellschaftsvertrag iÜ aufrechterhalten wollen (hM, vgl. nur BGH 8.4.1976, WM 1976, 1027 (1029); BGH 5.2.1968, BGHZ 49, 364 f. = NJW 1968, 1378; MüKoHGB/*K. Schmidt* Rn. 156 mwN). Außerdem können unwirksame Klauseln im Wege der **geltungserhaltenden Reduktion** auf das zulässige Maß zurückgeführt werden (BGH 5.6.1989, BGHZ 107, 351 (355 ff.) = NJW 1989, 2681; BGH 19.9.1988, BGHZ 105, 213 (220 f.) = NJW 1989, 834); das gilt allerdings nicht für Publikumsgesellschaften (Habersack/Schäfer/*Schäfer* Rn. 199). Umdeutung gem. **§ 140 BGB** ist möglich (BGH 15.12.1955, BGHZ 19, 269 = NJW 1956, 297).

Ist der Gesellschaftsvertrag gleichwohl insgesamt unwirksam, so liegt bei Invollzugsetzung eine **fehlerhafte Gesellschaft** vor (→ Rn. 125 ff.). 102

4. Vorvertrag. Stehen dem Abschluss des Gesellschaftsvertrags noch rechtliche oder tatsächliche Hindernisse entgegen, wollen die Parteien aber schon eine wechselseitige Bindung eingehen, können sie hierzu einen Vorvertrag schließen. Aus dem wirksam zustande gekommenen Vorvertrag kann auf Abschluss des Hauptvertrags geklagt werden, wobei der Beklagte im Wege der Einwendung konkrete Alternativvorschläge zu dem eingeklagten Vertragstext unterbreiten kann (BGH 12.5.2006, NJW 2006, 2843). Im Falle seiner Verurteilung wird die Willenserklärung des Beklagten gem. § 894 S. 1 ZPO mit Rechtskraft des Urteils fingiert. Ein klagbarer Vorvertrag setzt hinreichende inhaltliche **Bestimmtheit** voraus. Die essentialia negotii des späteren Hauptvertrags müssen zumindest durch Auslegung bestimmbar sein (BGH 20.9.1989, NJW 1990, 1234; BGH 10.11.1975, WM 1976, 180 f.). Soweit der Vorvertrag, insbesondere wegen § 894 ZPO, eine verpflichtende Vorwegnahme des eigentlichen Hauptvertrags bedeutet, sind die **Formerfordernisse** des späteren Hauptvertrags zu beachten (→ Rn. 90 ff.; Baumbach/Hopt/*Roth* Rn. 58; Habersack/Schäfer/*Schäfer* Rn. 202). Aus § 314 BGB kann sich ein Kündigungsrecht aus wichtigem Grund (BGH 20.6.1958, NJW 1958, 1531) und aus § 242 BGB ein Leistungsverweigerungsrecht ergeben (BGH 6.12.1982, WM 1983, 170 [Unzumutbarkeit wegen persönlichen Zerwürfnisses]). Der Vorvertrag zur Gründung einer oHG oder KG führt häufig zur Gründung einer GbR und ähnelt dem Vorgründungsvertrag im Kapitalgesellschaftsrecht (Habersack/Schäfer/*Schäfer* Rn. 201). 103

5. Änderungen des Gesellschaftsvertrags. a) Zustandekommen des Änderungsvertrags; Mitwirkungspflichten. Die Änderung des Gesellschaftsvertrags ist **Grundlagengeschäft** und bedarf deshalb – bei Stellvertretung unter Beachtung des § 181 BGB (BGH 26.1.1961, NJW 1961, 724) – grundsätzlich der Zustimmung aller Gesellschafter (Baumbach/Hopt/*Roth* Rn. 60; *Tröger* in Westermann/Wertenbruch PersGes-HdB Rn. I 136). Häufig enthalten Gesellschaftsverträge für Vertragsänderungen sog. **Mehrheitsbeschlussklauseln.** Der BGH hat den von ihm früher für die formelle Legitimation solcher Mehrheitsentscheidungen bejahten **Bestimmtheitsgrundsatz** inzwischen aufgegeben (BGH 21.10.2014, NZG 2014, 1296) und sich auch von der **Kernbereichslehre** distanziert. Maßgeblich ist nach der aktuellen Rspr., ob der mit der Änderung verbundene Eingriff in die individuelle Rechtsstellung des Gesellschafters, dh in seine rechtliche und vermögensmäßige Position in der Gesellschaft, im Einzelfall im Interesse der Gesellschaft geboten und dem betroffenen Gesellschafter unter Berücksichtigung seiner eigenen schutzwerten Belange zumutbar ist. Anderenfalls soll eine Treupflichtverletzung der Mehrheit gegenüber der Minderheit vorliegen. Ausgenommen von der Zumutbarkeitsprüfung ist ein vom BGH inhaltlich nicht näher bestimmter Bereich von unverzichtbaren Rechten (→ § 119 Rn. 1 ff.). 104

Ist die Zustimmung eines Gesellschafters zur Vertragsänderung erforderlich, steht es ihm grundsätzlich frei, diese zu verweigern. In Ausnahmefällen kann sich jedoch aus der wechselseitigen Treuepflicht (ggf. auch aus § 313 BGB, vgl. MüKoHGB/*K. Schmidt* Rn. 165) eine **Zustimmungspflicht** zur Vertragsänderung ergeben (stRspr, vgl. nur BGH 25.9.1986, BGHZ 98, 276 (279) = NJW 1987, 189 f.; BGH 28.4.1975, BGHZ 64, 253 (257) = NJW 1975, 1410 f.). Dieser Eingriff in die Privatautonomie eines Gesellschafters ist nur gerechtfertigt, wenn das objektive Interesse der Gesellschaft die Vertragsänderung erfordert und diese dem betroffenen Gesellschafter zumutbar ist (BGH 19.11.1984, NJW 1985, 972 f.; BGH 28.4.1975, BGHZ 64, 253 (257) = NJW 1975, 1410 f.). In der Rspr. wurde eine solche Zustimmungspflicht etwa **bejaht** zur Vereinbarung geeigneter Nachfolgeklauseln im Todesfall (BGH 20.10.1986, NJW 1987, 952; BGH 18.3.1974, NJW 1974, 1656 f.) bzw. zur Vorwegnahme einer bereits getroffenen Nachfolgeregelung (BGH 8.11.2004, NJW-RR 2005, 263), zum freiwilligen Ausscheiden eines zahlungsschwachen Mitgesellschafters (BGH 26.1.1961, NJW 1961, 724), zu einer wegen drohender Insolvenz notwendigen Änderung der Verzinsung einer Kapitaleinlage (BGH 19.11.1984, NJW 1985, 972 f.) sowie zur Ausschließung eines Mitgesellschafters bei wichtigem Grund gem. § 140 (BGH 28.4.1975, BGHZ 64, 253 (257) = NJW 1975, 1410 f.). Auf Erteilung der Zustimmung kann geklagt werden; Durchsetzung erfolgt nach § 894 ZPO. 105

b) Form des Änderungsvertrags. Der Änderungsvertrag ist **grundsätzlich formfrei,** kann daher auch konkludent zustande kommen, etwa bei gemeinsamer Anmeldung der Änderung zum Handelsregister (BGH 13.5.1985, WM 1985, 1229; BGH 17.9.1984, WM 1984, 1605; BGH 23.2.1976, BB 1976, 528) oder bei längerer, vorbehalts- und widerspruchsloser Hinnahme einer vom Gesellschaftsvertrag abweichenden Übung durch die Gesellschafter (BGH 21.2.1978, BGHZ 70, 331 f. = NJW 1978, 1001). Dann spricht eine tatsächliche Vermutung dafür, dass nicht nur eine einmalige Durchbrechung, sondern auch eine Änderung mit Wirkung für die Zukunft gewollt ist (BGH 29.3.1996, BGHZ 193, 263 (271) = NJW 1996, 1678 (1680) [im Ergebnis abl.]; BGH 17.1.1966, NJW 1966, 826). Eine konkludente Änderung scheidet aus, wenn gesellschaftsvertraglich eine Beschlussfassung der Gesellschafter vorausgesetzt ist (BGH 18.4.2005, NJW-RR 2005, 1195). Bei Publikumsgesellschaften ist wegen der Vielzahl der Gesellschafter kein Rückschluss auf eine Willensübereinstimmung sämtlicher 106

Beteiligter zulässig; deshalb ist lediglich eine einmalige Durchbrechung und keine Änderung mit Wirkung für die Zukunft anzunehmen (BGH 5.2.1990, NJW 1990, 2864).

107 Ist der Gesellschaftsvertrag formbedürftig (→ Rn. 90 ff.), erstreckt sich diese Pflicht auf den Änderungsvertrag (allgM, vgl. nur Heymann/*Emmerich* Rn. 23; RWH HGB/*Haas* Rn. 30), sofern die das Formerfordernis begründenden Umstände im Zeitpunkt der Änderung noch vorliegen (Habersack/Schäfer/*Schäfer* Rn. 188; MüKoHGB/*K. Schmidt* Rn. 161).

108 Eine gesellschaftsvertragliche **Schriftformklausel** kann zur Nichtigkeit des Änderungsvertrags führen (§ 125 S. 2 BGB), wenn das Schriftformerfordernis als konstitutiv vereinbart wurde. Ob konstitutive oder nur deklaratorische Wirkung gewollt ist, muss durch Auslegung ermittelt werden. Die Rspr. tendiert zur Annahme deklaratorischer Schriftformklauseln (BGH 5.2.1968, BGHZ 49, 364 = NJW 1968, 1378; kritisch etwa Baumbach/Hopt/*Roth* Rn. 63; Habersack/Schäfer/*Schäfer* Rn. 178, 188). Allerdings können auch konstitutive Schriftformklauseln durch übereinstimmende gesellschaftsvertragswidrige Praxis **konkludent aufgehoben** werden (BGH 29.3.1996, BGHZ 132, 263 (270) = NJW 1996, 1678 [im Ergebnis abl.]; BGH 2.3.1978, BGHZ 71, 162 (164) = NJW 1978, 1585; MüKoHGB/*K. Schmidt* Rn. 162; EBJS/*Wertenbruch* Rn. 117; *Tröger* in Westermann/Wertenbruch PersGes-HdB Rn. I 136a). Das gilt unter Umständen sogar, wenn eine sog. „doppelte" oder „qualifizierte" Schriftformklausel durch eine Individualabrede vereinbart wurde (str. vgl. etwa BGH 30.9.1992, BGHZ 119, 283 = NJW 1993, 64 [Klausel aufgehoben, wenn mündliche Vertragsänderung mit dem Willen, die Schriftformvereinbarung aufzuheben und Bestätigung durch längere Vertragsdurchführung]; BGH 2.6.1976, BGHZ 66, 378 = NJW 1976, 1395 [Ausnahme nur für Individualvertrag unter Kaufleuten]; Staudinger/*Hertel,* 2012, BGB § 125 Rn. 126; *Tröger* in Westermann/Wertenbruch PersGes-HdB Rn. I 137 [zurückhaltend]; aA BAG 24.6.2003, NJW 2003, 3725; MüKoBGB/*Einsele* BGB § 125 Rn. 70; Palandt/*Ellenberger* BGB § 125 Rn. 19 mwN; BeckOK BGB/*Wendtland* BGB§ 125 Rn. 14 f.; EBJS/*Wertenbruch* Rn. 118). Bei AGB gelten andere Grundsätze (vgl. nur Palandt/*Ellenberger* BGB § 125 Rn. 19; BeckOK BGB/*H. Schmidt* BGB § 305b Rn. 17 ff.).

109 **c) Genehmigungserfordernis, Treupflicht.** Änderungen des Gesellschaftsvertrags können gem. § 1643 Abs. 1 BGB, § 1822 BGB sowie gem. § 112 BGB der familiengerichtlichen **Genehmigung** bedürfen. Aus der Genehmigungspflicht des Gesellschaftsvertrags folgt in diesen Fällen nicht automatisch die Genehmigungspflicht des Änderungsvertrags. Dies gilt insbesondere für § 1822 Nr. 3 BGB, wonach nur das Eingehen eines Gesellschaftsvertrags, nicht aber die Änderung genehmigungspflichtig ist (BGH 20.9.1962, BGHZ 38, 26 = NJW 1962, 2344; BGH 4.4.1968, DB 1968, 932; Baumbach/Hopt/*Roth* Rn. 26; EBJS/*Wertenbruch* Rn. 121). Nach dem Normzweck kommt es darauf an, ob die Änderung zu einer *weiteren* Vermögensdisposition des beschränkt Geschäftsfähigen führt (im Ergebnis str.; wie hier *Gernhuber/Coester-Waltjen,* Familienrecht, 6. Aufl. 2010, § 60 Rn. 109; aA [jede Änderung genehmigungspflichtig] MüKoBGB/*Kroll-Ludwigs* BGB § 1822 Rn. 29). Danach sind Veränderungen im Gesellschafterbestand (Eintritt, Ausscheiden [→ Rn. 111 ff.]) als solche genehmigungsfrei (BGH 26.1.1961, NJW 1961, 724 = LM HGB § 138 Nr. 8;; Baumbach/Hopt/*Roth* Rn. 26; EBJS/*Wertenbruch* Rn. 121; zweifelnd Heymann/*Emmerich* Rn. 46). Genehmigungspflichtig ist aber bspw. die Umwandlung der Beteiligung eines nicht unbeschränkt geschäftsfähigen Kommanditisten in die eines Komplementärs oder die Erhöhung der Haftsumme (für Genehmigungspflicht gem. § 1822 Nr. 3 bzw. 10 BGB: BGH 7.10.1991, NJW 1992, 300 (301); MüKoHGB/*K. Schmidt* Rn. 159; EBJS/*Wertenbruch* Rn. 121).

110 Gegenüber aufklärungsbedürftigen Mitgesellschaftern kann aus der wechselseitigen Treuepflicht eine Aufklärungspflicht über die mit der Vertragsänderung verbundenen Nachteile resultieren, deren schuldhafte Verletzung zu **Schadensersatzansprüchen** nach § 280 Abs. 1 BGB, § 311 Abs. 2 BGB, § 241 Abs. 2 BGB (cic) führt (BGH 7.10.1991, NJW 1992, 300 (302)). Dies gilt insbesondere, wenn zwischen den am Vertragsschluss Beteiligten ein persönliches Vertrauensverhältnis besteht oder begründet werden soll.

VII. Veränderungen des Gesellschafterbestandes

111 **1. Eintritt eines Gesellschafters. a) Grundsatz.** Der Eintritt in eine bestehende oHG erfolgt durch Vertrag zwischen dem Eintretenden und den Gesellschaftern; dieser Beitrittsvertrag ist zugleich **Änderung des Gesellschaftsvertrags** (vgl. BGH 6.2.1958, BGHZ 26, 330 (333) = NJW 1958, 668; BGH 11.2.1980, BGHZ 76, 160 (164) = NJW 1980, 1463; MüKoHGB/*K. Schmidt* Rn. 206).

112 **b) Gesellschaftsvertragliche Regelungen.** Der Gesellschaftsvertrag kann hiervon **Abweichendes** regeln. So können etwa die Gesellschafter bestimmte Gesellschafter bevollmächtigen, den Eintrittsvertrag mit Wirkung für alle Gesellschafter zu schließen (BGH 17.11.1975, WM 1976, 15 (16) [Ermächtigung der Komplementäre bei einer KG]). Dies kann durch Abreden im Gesellschaftsvertrag geschehen, die eine Entscheidung über den Beitritt durch Mehrheitsbeschluss zulassen oder diese Entscheidung einem Beirat übertragen (Baumbach/Hopt/*Roth* Rn. 67). Die Ermächtigung außen stehender Dritter zum Abschluss des Eintrittsvertrags in eigenem oder in fremdem Namen ist jedenfalls dann problematisch, wenn die Ermächtigung nicht hinreichend bestimmt ist (für Zulässigkeit unter Hinweis auf §§ 317 ff.

BGB Baumbach/Hopt/*Roth* Rn. 67; aA KKRD/*Kindler* Rn. 57). Bei **Publikumsgesellschaften** soll auch die Gesellschaft selbst (BGH 14.11.1977, NJW 1978, 1000) oder ein Treuhänder ermächtigt werden können (BGH 16.11.1981, NJW 1982, 877 (879)).

c) Person des Eintretenden. Im Gesellschaftsvertrag kann eine **Aufnahmepflicht** der Gesellschafter wirksam vereinbart werden (OGH 15.12.1949, MDR 1950, 147; Baumbach/Hopt/*Roth* Rn. 68). Gemäß § 140 Abs. 1 S. 1, § 133 ausschließbaren Personen kann der Eintritt dann aber gleichwohl verweigert werden (vgl. BGH 14.11.1960, WM 1961, 303 (305)). 113

d) Eintrittsvertrag. Vom Eintritt ist die Übertragung eines Gesellschaftsanteils zu unterscheiden (→ Rn. 116). Wie auch bei der Gesellschaftsgründung (→ Rn. 79) ist in dem Eintrittsvertrag eine Rückdatierung des Eintrittszeitpunktes zwar mit schuldrechtlicher Wirkung möglich, eine – etwa aus steuerlichen Gründen erwünschte – Rückwirkung des Eintritts im Außenverhältnis ist damit aber nicht verbunden (für das Steuerrecht BFH 21.12.1972, BFHE 108, 495 (498); MüKoHGB/*K. Schmidt* Rn. 206; EBJS/*Wertenbruch* Rn. 266). Der Eintritt eines Gesellschafters in eine oHG, an der ein Minderjähriger beteiligt ist, ist nicht gem. § 1643 Abs. 1 BGB, § 1822 Nr. 3 BGB genehmigungspflichtig, weil daraus keine weiter gehenden, der erstmaligen Errichtung der Gesellschaft vergleichbaren Risiken für das Vermögen des Minderjährigen resultieren; auch eine analoge Anwendung ist nicht geboten (BGH 20.9.1962, BGHZ 38, 26 ff. = NJW 1962, 2344; *Gernhuber/Coester-Waltjen,* Familienrecht, 6. Aufl. 2010, § 60 Rn. 109; EBJS/*Wertenbruch* Rn. 266; aA MüKoBGB/*Kroll-Ludwigs* BGB § 1822 Rn. 29; Soergel/*Zimmermann* BGB § 1822 Rn. 26; → Rn. 97). Hinsichtlich eventueller anderer Genehmigungserfordernisse und der **Form** des Eintrittsvertrages gelten die Ausführungen zum Gesellschaftsvertrag entsprechend (→ Rn. 83 ff.; MüKoHGB/*K. Schmidt* Rn. 206). 114

e) Rechtsfolgen. Der Neugesellschafter unterliegt ab seinem Beitritt nach außen der vollen **Gesellschafterhaftung** gem. § 130 Abs. 1, § 128 für neue und alte Gesellschaftsverbindlichkeiten (s. im Einzelnen Erl. §§ 128, 130). Im Innenverhältnis muss er allerdings keine Verluste übernehmen, die vor seinem Beitritt entstanden sind, soweit nicht gesellschaftsvertraglich anderes vereinbart wurde (BGH 21.11.1983, NJW 1985, 435; KKRD/*Kindler* Rn. 58). Der eintretende Gesellschafter ist gem. § 107 in das Handelsregister einzutragen. Zu den Folgen eines **fehlerhaften Eintritts** → Rn. 155. 115

2. Übertragung eines Gesellschaftsanteils. a) Übertragung anstelle kombinierten Eintritts und Ausscheidens. Solange ein Gesellschaftsanteil als nicht übertragbar galt, konnte ein Gesellschafterwechsel nur durch **Kombination** von Austritt des alten und Eintritt des neuen Gesellschafters (s. nur RG 28.11.1913, RGZ 83, 312 (314 f.); Schlegelberger/Geßler/*K. Schmidt* Rn. 182) bewirkt werden. Dies hatte zur Folge, dass zwischen dem alten und dem neuen Gesellschafter keine gesellschaftsrechtlichen Beziehungen bestanden. Der neue Gesellschafter wurde nicht Rechtsnachfolger (Habersack/Schäfer/*Schäfer* Rn. 288; MüKoHGB/*K. Schmidt* Rn. 208, 213). 116

Inzwischen ist auch die **Übertragbarkeit** von Gesellschaftsanteilen anerkannt (heute stRspr, RG 30.9.1944, DNotZ 1944, 195 (196 f.); BGH 28.4.1954, BGHZ 13, 179 (185 f.) = NJW 1954, 1155; BGH 30.6.1980, BGH Z 77, 392 (394 f.) = NJW 1980, 2708), und zwar als Verfügung (Abtretung, §§ 398, 413 BGB) über die Gesellschafterstellung. Sie bewirkt einen Wechsel der Gesellschafter durch Rechtsnachfolge. Welche der beiden (→ Rn. 116 oder → Rn. 117) Varianten gewollt ist, ist durch Auslegung zu ermitteln, wobei idR eine Abtretung der Gesellschafterstellung anzunehmen ist (Habersack/Schäfer/*Schäfer* Rn. 288; MüKoHGB/*K. Schmidt* Rn. 208). 117

b) Voraussetzungen der Übertragung. Zum Schutz der verbleibenden Gesellschafter ist eine Übertragung nur mit ihrer **Zustimmung** möglich (vgl. BGH 14.10.1957, BB 1958, 57 f.). Die Zustimmung kann antizipiert, dh bereits im Gesellschaftsvertrag (→ Rn. 80), oder erst im Zusammenhang mit der Übertragung (→ Rn. 121) erteilt werden. Das Zustimmungserfordernis gilt nur für das Verfügungsgeschäft (Abtretung), da nur dadurch die übrigen Gesellschafter betroffen sind (BGH 14.10.1957, BB 1958, 57 f.; Habersack/Schäfer/*Schäfer* Rn. 294). 118

aa) Gesellschaftsvertragliche Regelung (Zulassung). Die Gesellschafter können im Gesellschaftsvertrag die Übertragbarkeit der Gesellschaftsanteile frei regeln. Sieht der Gesellschaftsvertrag vor, dass eine Zustimmung nur versagt werden darf, wenn besondere Umstände gegen den neuen Gesellschafter sprechen, hat der Übertragende einen klagbaren Anspruch auf Erteilung der Zustimmung (BGH 14.11.1960, WM 1961, 303 (305); Habersack/Schäfer/*Schäfer* Rn. 295). Müssten die Gesellschafter die Gesellschaft mit dem neuen Gesellschafter nicht fortsetzen, weil in seiner Person ein Ausschließungsgrund vorliegt, darf die Zustimmung verweigert werden (BGH 14.11.1960, WM 1961, 303 (305); vgl. auch BGH 14.12.1981, ZIP 1982, 309 (310)). Die Zustimmung darf aber auch bei Umständen, die nicht die Schwere eines Ausschließungsgrundes erreichen, verweigert werden, da das Interesse, in eine Gesellschaft einzutreten, weniger schutzwürdig ist als das Interesse eines Gesellschafters am Verbleib in der Gesellschaft (BGH 14.11.1960, WM 1961, 303 (305)). Eine Übertragung auf einen Mitgesellschafter ist auch bei grundsätzlicher gesellschaftsvertraglicher Zulässigkeit unwirksam, wenn der Mitgesellschafter seine eigene Beteiligung gekündigt hat und durch die Übertragung Kündigungsfristen umgangen 119 würden (BGH 22.5.1989, NJW-RR 1989, 1259 (1260); OLG München 24.9.2003, NJW-RR 2004, 334 f.; EBJS/*Wertenbruch* Rn. 275).

120 Sowohl die Verpflichtung zur Erteilung der Zustimmung als auch die Verpflichtung zur Verfügung über einen Gesellschaftsanteil sind grundsätzlich formfrei. § 311b Abs. 1 BGB und § 15 Abs. 4 GmbHG sind nicht anwendbar, weil es um die Übertragung eines Anteils geht. Daher soll es bei der Formfreiheit auch dann bleiben, wenn das Gesellschaftsvermögen im Wesentlichen aus Grundeigentum oder GmbH-Anteilen besteht, nicht aber, wenn der Gesellschaftszweck allein in der Verwaltung von Grundvermögen oder Gesellschaftsanteilen liegt (vgl. BGH 31.1.1983, BGHZ 86, 367 (369 f.) = NJW 1983, 1110; Habersack/Schäfer/*Schäfer* Rn. 300 f.; MüKoHGB/*K. Schmidt* Rn. 216; aA EBJS/*Wertenbruch* Rn. 208).

121 **bb) Zustimmung aller Gesellschafter.** Soweit der Gesellschaftsvertrag die Anteilsübertragung nicht besonders zulässt, bedarf die Übertragung eines Gesellschaftsanteils der Zustimmung aller Gesellschafter. Für die Zustimmungserklärung gelten die allgemeinen Bestimmungen der **§§ 182 ff. BGB** (BGH 28.4.1955, BGHZ 13, 179 (185 f.) = NJW 1954, 1155). Die Gesellschafter sind – unter Berücksichtigung ihrer Treuepflicht – **frei** in ihrer Entscheidung über die Zustimmung (BGH 8.11.2004, NJW-RR 2005, 263; OGH 16.6.1948, MDR 1948, 343; MüKoHGB/*K. Schmidt* Rn. 218). Sieht der Gesellschaftsvertrag vor, dass die Zustimmung nur aus wichtigem Grund verweigert werden kann, sind die Gesellschafter zur Erteilung der Zustimmung verpflichtet, wenn ein solcher Grund nicht vorliegt (OLG Bremen 7.6.2007, DStR 2007, 1267 [für die KG]). Das Vorliegen eines wichtigen Grundes ist gerichtlich uneingeschränkt überprüfbar. Wer unwiderruflich zugestimmt hat (wobei sich die Unwiderruflichkeit auch aus der Natur der Sache ergeben kann (BGH 30.6.1980, BGHZ 77, 392 (396) = NJW 1980, 2708) ist grundsätzlich an seine Zustimmung gebunden (BGH 30.6.1980, BGHZ 77, 392 (396) = NJW 1980, 2708). Ansonsten ist die Zustimmung bis zur Vornahme des Verfügungsgeschäfts frei widerruflich (MüKoHGB/*K. Schmidt* Rn. 218; EBJS/*Wertenbruch* Rn. 276). Erfolgt die Übertragung ohne die erforderliche Zustimmung eines Gesellschafters, ist sie schwebend unwirksam (näher MüKoHGB/*K. Schmidt* Rn. 219). Verweigerung der Genehmigung führt zur endgültigen Unwirksamkeit des Beitritts (BGH 28.4.1955, BGHZ 13, 179 (187) = NJW 1954, 1155). Ansonsten wirkt die Genehmigung auf den Zeitpunkt der Anteilsübertragung bzw. auf einen abweichend vereinbarten Zeitpunkt zurück (Habersack/Schäfer/*Schäfer* Rn. 297).

122 **cc) Teilübertragung.** Teilübertragungen, dh Übertragungen nur eines Teils eines Gesellschaftsanteils (vgl. BGH 11.4.1957, BGHZ 24, 106 (114) = NJW 1957, 1026), führen zu einer **Gesellschaftervermehrung** (Habersack/Schäfer/*Schäfer* Rn. 312 f.; *Wertenbruch* in Westermann/Wertenbruch PersGes-HdB Rn. I 648). Wegen der damit verbundenen Veränderungen für die bestehenden Gesellschafter muss sowohl die gesellschaftsvertragliche Regelung der Zulässigkeit von Übertragungen als auch jede hierzu erteilte Zustimmung unzweifelhaft zum Ausdruck bringen, dass sie sich (auch) auf Teilübertragungen erstrecken (Habersack/Schäfer/*Schäfer* Rn. 312; MüKoHGB/*K. Schmidt* Rn. 221). In der Praxis sind Teilübertragungen vielfach die Folge sog. einfacher Nachfolgeklauseln (Übergang der Gesellschafterstellung auf mehrere Erben; → § 139 Rn. 18).

123 **c) Rechtsfolgen.** Der neue Gesellschafter rückt in die Position des alten Gesellschafters ein (**Identität des Gesellschafterverhältnisses;** BGH 28.4.1954, BGHZ 13, 179 (186) = NJW 1954, 1155; BGH 7.12.1972, NJW 1973, 328 (329)). Ausnahmen bestehen insoweit, als die Rechte an die Person des alten Gesellschafters selbst geknüpft waren (Baumbach/Hopt/*Roth* Rn. 72) oder die übertragenden Gesellschafter zulässigerweise eine andere Regelung getroffen haben (BGH 25.4.1966, BGHZ 45, 221 (222) = NJW 1966, 130). Die Anteilsübertragung ist nach §§ 107, 143 in das **Handelsregister** einzutragen. Dies geschieht als Eintragung von Austritt und Eintritt mit Rechtsnachfolgezusatz (krit. MüKoHGB/*K. Schmidt* Rn. 222: Widerspruch in sich; richtiger wäre Eintragung als Einzelrechtsnachfolge durch Anteilsveräußerung).

124 **3. Ausscheiden eines Gesellschafters.** Zum Ausscheiden eines Gesellschafters → § 131 Rn. 37 ff.

VIII. Die fehlerhafte Gesellschaft

125 **1. Überblick.** Nach allgemeinen Regeln sind Leistungen, die zur Erfüllung eines gem. § 105 Abs. 1 BGB, § 108 Abs. 1 BGB, § 125 S. 1 BGB, §§ 134, 138 BGB, § 142 Abs. 1 BGB, § 154 Abs. 1 S. 1 BGB unwirksamen Vertrags ausgetauscht wurden, gem. § 812 Abs. 1 S. 1 Alt. 1 BGB, § 818 BGB zurückzugewähren. Diese Rechtsfolge wird für Gesellschaftsverträge durch die Lehre von der fehlerhaften (früher: faktischen) Gesellschaft korrigiert (zusammenfassend BGH 5.5.2008, NZG 2008, 460; *Schäfer,* Die Lehre vom fehlerhaften Verband, 2002, passim). Entscheidende **Rechtsfolge** ist, dass eine aufgrund fehlerhaften (unwirksamen) Gesellschaftsvertrags in Vollzug gesetzte Gesellschaft nicht als von Anfang an nichtig angesehen wird. Vielmehr können die Fehlerfolgen nur ex nunc geltend gemacht werden (→ Rn. 147 ff.). **Voraussetzungen sind:** (1) Es liegen auf einen Gesellschaftsvertrag gerichtete übereinstimmende Willenserklärungen vor („fehlerhafter Vertrag"), diese oder der Vertrag insgesamt sind aber unwirksam/nichtig („fehlerhaft", → Rn. 127 ff.); (2) die Gesellschaft wurde in Vollzug gesetzt (→ Rn. 135 ff.) und (3) es bestehen keine vorrangigen Schutzinteressen, mit denen ein Verzicht auf rückwirkende Nichtigkeit unvereinbar wäre (→ Rn. 138 ff.). Zu den Rechtsfolgen bei fehlender Geschäftsfähigkeit eines Gesellschafters → Rn. 138. Abzugrenzen ist die fehlerhafte oHG von der Schein-oHG: Anders als bei einer Schein-oHG resultieren aus der fehlerhaften oHG auch Rechtsfolgen im Innenverhältnis, außerdem entfaltet sie ihre Wirkung auch gegenüber Bösgläubigen (→ Rn. 149).

Die Lehre von der fehlerhaften Gesellschaft entspricht **stRspr** (vgl. nur BGH 26.9.2005, NJW-RR 2006, 178; BGH 13.1.2003, NZG 2003, 276; BGH 29.11.2004, DStR 2005, 295; BGH 27.6.2006, DStR 2006, 1664) und findet allgemeine Billigung in der Literatur (vgl. nur RWH HGB/*Haas* Rn. 38 ff.; MüKoHGB/*K. Schmidt* Rn. 229 ff.; EBJS/*Wertenbruch* Rn. 308 ff.; *Westermann* in Westermann/Wertenbruch PersGes-HdB Rn. I 213 ff.; BeckOGK/*Sanders* Rn. 473 ff.). Von der fehlerhaften Gesellschaftsgründung wurde sie auf fehlerhafte Gesellschaftsveränderungen (zB Eintritt, Austritt, Übertragung) ausgeweitet (→ Rn. 154 ff.). Die **Legitimation** dieser **Durchbrechung der allgemeinen Nichtigkeitsfolgen** wird darin gesehen, dass es zu unerträglichen Ergebnissen führen würde und mit dem recht verstandenen Zweck der bürgerlich-rechtlichen Nichtigkeits- und Anfechtungsvorschriften nicht vereinbar wäre, wenn eine auf Dauer angelegte und tatsächlich vollzogene Leistungsgemeinschaft, für die alle Beteiligten Beiträge erbracht und Werte geschaffen, die Gewinnchancen genutzt und das gemeinschaftliche Risiko getragen haben, mit rückwirkender Kraft aus dem Rechtsleben gestrichen würde. Sie würde damit zu Unrecht so behandelt, als ob sie niemals existiert hätte. Ein solches Rechtsverhältnis verdiene vielmehr so lange Bestandsschutz, bis der Nichtigkeits- oder Anfechtungsgrund geltend gemacht werde (BGH 29.6.1970, BGHZ 55, 5 (8) = NJW 1971, 375 (377)). Aus der Perspektive der Gesellschafter spricht hierfür die Nähe des Gesellschaftsvertrags als „Gemeinschafts- und Organisationsverhältnis" (Baumbach/Hopt/*Roth* Rn. 76) zu einem Dauerschuldverhältnis. Hinzu treten Verkehrsschutzargumente und Bestandsschutzerwägungen (eingehend MüKoHGB/*K. Schmidt* Rn. 229, 232 mwN; vgl. auch *Thum* VuR 2014, 413 f.). Die dogmatische Einordnung der Rechtsfigur ist umstritten (ausf. *Maultzsch* JuS 2003, 544 ff.; Habersack/Schäfer/*Schäfer* Rn. 322 ff.). Es ist an der Zeit, dass diese geglückte Rechtsfortbildung ihren Niederschlag im Gesetz findet. 126

2. Tatbestandliche Voraussetzungen. a) Fehlerhafter Gesellschaftsvertrag. Die Anwendung der Lehre setzt voraus, dass auf den Abschluss eines Gesellschaftsvertrags gerichtete übereinstimmende und mit Bezug aufeinander abgegebene Willenserklärungen vorliegen (BGH 23.7.2013, NJW-RR 2013, 1373 (1374); BGH 28.11.1953, BGHZ 11, 190 = NJW 1954, 231; BeckOGK/*Sanders* Rn. 484). Diese müssen „fehlerhaft", also mit zumindest einem Wirksamkeitsmangel belastet sein. Der Vertrag muss *„von dem tatsächlichen, wenn auch rechtlich fehlerhaften Willen der Vertragschließenden getragen sein"* (BGH 1.6.2010, NZG 2010, 1397). Fehlt es hieran, kann allenfalls eine Schein-oHG vorliegen (→ Rn. 188 ff.). Nicht anwendbar – weil nicht nötig – sind die Grundsätze der fehlerhaften Gesellschaft, wenn der fehlerhafte Gesellschaftsvertrag bereits aus anderen Rechtsgründen wirksam bleibt (zB nach §§ 139, 140 BGB) oder der Fehler geheilt wird (→ Rn. 90 ff.). 127

Die Grundsätze der fehlerhaften Gesellschaft sind nicht nur bei der Gründung einer (Außen-)oHG, sondern stets dann anwendbar, wenn Gesellschafter am unternehmerischen Risiko einer Gesellschaft beteiligt sind und für längere Zeit Leistungen auf ihre Verpflichtungen erbracht haben. Sie greifen damit bei der GbR (vgl. BGH 14.10.1991, NJW 1992, 1501), der KG (BGH 24.10.1951, BGHZ 3, 285 = NJW 1952, 97), der GmbH-Gründungsgesellschaft (BGH 12.5.1954, BGHZ 13, 285 = NJW 1954, 1562) sowie bei atypischer – ein- oder mehrgliedriger (BGH 19.11.2013, NZG 2013, 1422; vgl. dort auch zu privilegierten Schadensersatzansprüchen bei eingliedrigen stillen Gesellschaften; ferner *Thum* VuR 2014, 413 (416 f.); EBJS/*Wertenbruch* Rn. 336; das gilt nur eingeschränkt für mehrgliedrige stille Gesellschaften, EBJS/*Wertenbruch* Rn. 337 ff.) – stiller Gesellschaft (BGH 23.7.2013, NJW-RR 2013, 1373 (1374)). Darüber hinaus sind die Regeln der fehlerhaften Gesellschaft auch auf reine Innengesellschaften – ohne Rücksicht auf etwaiges Gesamthandsvermögen – wie die typische stille Gesellschaft anwendbar (BGH 19.11.2013, NZG 2013, 1422; BGH 23.7.2013, NJW-RR 2013, 1373 (1374); BGH 21.3.2005, NJW 2005, 1784 f.; BGH 29.6.1970, BGHZ 55, 5 (8) = NJW 1971, 375 (377); EBJS/*Wertenbruch* Rn. 334; aA Habersack/Schäfer/*Schäfer* Rn. 329 f. mwN [nur Innengesellschaften mit Gesamthandsvermögen]). 128

Die Fehlerhaftigkeit des Gesellschaftsvertrags kann auf jedem rechtsgeschäftlichen **Unwirksamkeitsgrund** beruhen, also sich etwa aus § 105 Abs. 1 BGB, § 108 Abs. 1 BGB, § 125 S. 1, 134, 138, 142 Abs. 1 BGB, § 154 Abs. 1 S. 1 BGB ergeben (vgl. nur EBJS/*Wertenbruch* Rn. 312; BeckOGK/*Sanders* Rn. 490). 129

Eine praktisch bedeutsame Fallgruppe ist die Unwirksamkeit infolge **Anfechtung** wegen Irrtums, Täuschung oder Drohung (§ 142 Abs. 1 BGB, §§ 119, 123 BGB; BGH 12.5.1954, BGHZ 13, 320 = NJW 1954, 1562). Der Anwendung der Grundsätze über die fehlerhafte Gesellschaft stehen in diesen Fällen regelmäßig auch keine vorrangigen Schutzinteressen entgegen (vgl. BGH 19.11.2013, NZG 2013, 1422; → Rn. 144). 130

131 Eine zweite Fallgruppe umfasst die Fehlerhaftigkeit infolge Verstoßes gegen ein **gesetzliches Verbot** (§ 134 BGB; BGH 20.3.1986, BGHZ 97, 250 = NJW 1987, 65 [Sozietätsverbot bei öffentlich bestellten Vermessungsingenieuren]), bei **Sittenwidrigkeit** (§ 138 BGB; BGH 16.5.1988, NJW-RR 1988, 1379 [Bordellbetrieb; im Ergebnis abl.]), **Formnichtigkeit** (§ 125 S. 1 BGB; BGH 29.11.1952, BGHZ 8, 157 (165) = NJW 1953, 818 [Grundstücksgeschäft bei Apothekergesellschaft]) und **Dissens** (§§ 154 f. BGB; BGH 14.10.1991, NJW 1992, 1501 f. [Baustellen-Verwertungs-GbR]), sofern zumindest die Gesellschaft als solche übereinstimmend gewollt ist (BGH 28.11.1953, BGHZ 11, 190 = NJW 1954, 231; → Rn. 127). In diesen Fällen wird es allerdings selten zu den Rechtsfolgen der fehlerhaften Gesellschaft kommen: Bei bloßen Formverstößen wird regelmäßig Heilung eingetreten sein, iÜ kann eine Bestätigung (§ 141 BGB) vorliegen (näher Habersack/Schäfer/*Schäfer* Rn. 336), und bei Verbotsgesetz- oder Sittenwidrigkeit stehen regelmäßig vorrangige Schutzinteressen einer Anwendung der Grundsätze über die fehlerhafte Gesellschaft entgegen (→ Rn. 140 f.). Ebenfalls kommen die Grundsätze der fehlerhaften Gesellschaft zum Tragen bei einem auf Rückabwicklung gerichteten Anspruch wegen **Verschuldens bei Vertragsschluss** (§ 311 Abs. 2 BGB, § 280 Abs. 1 BGB, § 249 BGB; BGH 27.6.2000, NJW 2000, 3558 (3560) [Immobilienfonds]) sowie bei Fehlen der **Geschäftsgrundlage** gem. § 313 BGB (BGH 13.5.1953, BGHZ 10, 44 (51) = NJW 1953, 1548 (1550) [Treuhandverhältnis als Geschäftsgrundlage für Eintritt in KG]; BGH 10.12.1973, BGHZ 62, 20 (26) = NJW 1975, 498 (501) [Gesellschafternachfolge]; zu den Rechtsfolgen vgl. EBJS/*Wertenbruch* Rn. 333).

132 Im Falle eines **Vertretungsmangels** bei Abschluss des Gesellschafts- oder Beitritts-Vertrages ist zu differenzieren. Zwar meint der BGH in einer neueren Entscheidung, die „*Grundsätze der fehlerhaften Gesellschaft* [seien] *bei einem Vertretungsmangel anwendbar.*" (BGH 23.7.2013, NJW-RR 2013, 1373 (1374); aA Baumbach/Hopt/*Roth* Rn. 80; Habersack/Schäfer/*Schäfer* Rn. 327 mangels Zurechenbarkeit der Erklärungen). Dies kann jedoch nur so verstanden werden, dass die Anwendung der Rechtsfigur nicht grundsätzlich ausgeschlossen ist. Unter welchen Voraussetzungen ein Rückgriff auf die genannten Grundsätze möglich ist, hängt von verschiedenen Faktoren ab. Insbesondere ist bei einem Beitritt zu unterscheiden, ob die bereits vorhandenen Gesellschafter oder der Beitrittswillige unwirksam vertreten werden (RWH HGB/*Haas* Rn. 39; EBJS/*Wertenbruch* Rn. 330; ausf. und kritisch gegenüber der hM *Klimke* NZG 2012, 1366 ff.). Auch eine fehlerhafte Gesellschaft setzt als **Mindestanforderung** auf den Abschluss eines Gesellschaftsvertrags gerichtete Willenserklärungen zwischen den Beteiligten voraus, was nicht der Fall ist, wenn ein Vertreter eine ihm erteilte Vollmacht überschreitet, er also zum Abschluss eines Gesellschaftsvertrages im Namen der angeblich beitrittswilligen Gesellschafter gar nicht bevollmächtigt ist (BGH 13.9.2011, NZG 2011, 1225; BGH 1.6.2010, NZG 2010, 1397). Nur wenn alle Mitgesellschafter davon ausgehen, wirksam vertreten worden zu sein, oder wenn sie das Rechtsgeschäft zurechenbar veranlasst haben, kann eine fehlerhafte Gesellschaft entstehen (BGH 13.9.2011, NZG 2011, 1225; BGH 1.6.2010, NZG 2010, 1397; vgl. ebenso MüKoHGB/*K. Schmidt* Rn. 236). Wird der Beitrittswillige – etwa wegen eines Verstoßes des Vertreterhandelns gegen das RDG – nicht wirksam vertreten, kommt das Entstehen einer fehlerhaften Gesellschaft in Betracht (BGH 16.12.2002, BGHZ 153, 214 = NJW 2003, 1252 (1254) [Unwirksamkeit der Treuhändervollmacht wegen § 1 Abs. 1 RBerG]).

133 Die dritte Fallgruppe bildet die fehlerhafte Beteiligung besonders schutzwürdiger Personen an dem Gesellschaftsvertrag. Die Schutzbedürfnisse **Geschäftsunfähiger und beschränkt Geschäftsfähiger** stehen einer sie belastenden Anwendung der Regeln über die fehlerhafte Gesellschaft entgegen (→ Rn. 142).

134 Dagegen kann die Ausübung eines **verbraucherschützenden Widerrufsrechts** (§§ 355 ff., 312, 495 BGB) zu einer fehlerhaften Gesellschaft führen, obwohl widerrufliche Rechtsgeschäfte nicht als anfechtbar oder schwebend unwirksam, sondern vielmehr als wirksam, aber gestaltbar (§ 357 BGB) angesehen werden (BGH 5.5.2008, NZG 2008, 460; BGH 21.7.2003, NJW 2003, 2821 (2823); BGH 2.7.2001, NJW 2001, 2718 (2720); KKRD/*Kindler* Rn. 28; *Louven* BB 2001, 1807; *Oechsler* NJW 2008, 2471; MüKoHGB/*K. Schmidt* Rn. 241; *Schubert* WM 2006, 1328; EBJS/*Wertenbruch* Rn. 323). Die Vereinbarkeit dieser Rspr. mit der Richtlinie 85/577/EWG hat der EuGH bestätigt (EuGH 15.4.2010, ZIP 2010, 772 auf Vorlage von BGH 5.5.2008, NZG 2008, 460; EG-Vereinbarkeit bejahend *Oechsler* NJW 2008, 2471; vgl. auch *Kindler* DStR 2008, 1335). Der widerrufende Verbraucher kann daher mangels Rückwirkung seines Widerrufs wegen der wirtschaftlichen Entwicklung der Gesellschaft weniger als den Wert seiner Einlage zurückerhalten oder sich bei negativem Auseinandersetzungsguthaben sogar über den Verlust der geleisteten Einlage hinausgehenden Zahlungspflichten ausgesetzt sehen (→ Rn. 146).

135 **b) Gesellschaft ist in Vollzug gesetzt.** Erst wenn die Gesellschaft „in Vollzug gesetzt" ist, bestehen schutzwürdige Interessen, die einer Anwendung der allgemeinen Fehlerfolgen (ex tunc Nichtigkeit und Rückabwicklung gem. §§ 812, 818 BGB) entgegenstehen. Bevor die Gesellschaft – etwa durch Geschäftsaufnahme oder Beitragsleistungen – ins Leben getreten ist, bleibt es bei den allgemeinen Regeln, dh der Gesellschaftsvertrag ist ex tunc nichtig, eine Auflösungsklage gem. § 133 daher nicht erforderlich (vgl. Baumbach/Hopt/*Roth* Rn. 81).

Eine Gesellschaft ist nicht bereits mit Abschluss des Gesellschaftsvertrags in Vollzug gesetzt (EBJS/*Wertenbruch* Rn. 237). *„Denn nur dann, wenn das Gesellschaftsverhältnis tatsächlich ins Leben getreten ist und Rechtstatsachen geschaffen worden sind, an denen die Rechtsordnung nicht vorbeigehen kann, ist es gerechtfertigt, die allgemeinen Nichtigkeitsgründe zu beschränken"* (BGH 10.4.1978, NJW 1978, 2505). Die Gesellschaft muss nach außen und innen ins Leben getreten sein und so viele gewichtige Rechtstatsachen geschaffen haben, dass Recht und Verkehrssicherheit es **verbieten,** der Gesellschaft die rechtliche Anerkennung zu versagen (BGH 12.5.1954, BGHZ 13, 320 = NJW 1954, 1562). Dabei kann es nur auf solche Vollzugsakte ankommen, die den Gesellschaftern zurechenbar sind (MüKoHGB/*K. Schmidt* Rn. 236; EBJS/*Wertenbruch* Rn. 316), insbesondere durch Mitwirkung, Duldung, Veranlassung, Vertretung etc (RWH HGB/*Haas* Rn. 41; vgl. insgesamt zur Invollzugsetzung BeckOGK/*Sanders* Rn. 497 ff.). Zum Vertreter ohne Vertretungsmacht → Rn. 132. 136

Eine Gesellschaft wird regelmäßig mit ihrer **Eintragung und Bekanntmachung** in Vollzug gesetzt (RWH HGB/*Haas* Rn. 41; MüKoHGB/*K. Schmidt* Rn. 236; für Indizwirkung Habersack/Schäfer/*Schäfer* Rn. 335; Oetker/*Lieder* Rn. 109; EBJS/*Wertenbruch* Rn. 314). Vorbereitende Geschäfte können aber genügen (BGH 12.5.1954, BGHZ 13, 320 = NJW 1954, 1562), vor allem die **tatsächliche Aufnahme des Geschäftsbetriebs** (BGH 11.11.1991, BGHZ 116, 37 (40) = NJW 1992, 505), die Leistung von Einlagezahlungen (BGH 21.3.2005, NJW 2005, 1784 f.) sowie Beschlussfassungen der Gesellschaft und andere innere Verbandsakte (MüKoHGB/*K. Schmidt* Rn. 236). 137

c) Vorrangige Schutzinteressen stehen nicht entgegen. Bei den allgemeinen Regeln, dh der Nichtigkeit ex tunc, hat es zu bleiben, wenn vorrangige Allgemein- oder Individualschutzinteressen entgegenstehen (stRspr, vgl. nur BGH 19.11.2013, NZG 2013, 1422; BGH 26.9.2005, NJW-RR 2006, 178; BGH 24.10.1951, BGHZ 3, 285 (288) = NJW 1952, 97; vgl. auch *Wessels* ZIP 2014, 101; generell gegen Ausnahmen MüKoHGB/*K. Schmidt* Rn. 237; Habersack/Schäfer/*Schäfer* Rn. 337; vgl. auch *K. Schmidt,* BB 2014, 515 zu kartellrechtswidrigen Gesellschaften; auch BeckOGK/*Sanders* Rn. 504 hält die Kritik an der herrschenden Meinung für überzeugend). Dies wird von der Rspr. im Ergebnis nur bei **sitten- oder verbotsgesetzwidrigen Gesellschaftsverträgen** sowie bei Beteiligung eines **Minderjährigen** bzw. Geschäftsunfähigen bejaht (→ Rn. 142; vgl. zusammenfassend BGH 5.5.2008, NZG 2008, 460 (462)). Entschuldbare Unkenntnis der Gesellschafter vom Gesetzesverstoß lässt die Schutzwürdigkeit nicht entfallen (Baumbach/Hopt/*Roth* Rn. 83 [es sei denn, das Gesetz setze Kenntnis voraus]; MüKoHGB/*K. Schmidt* Rn. 237; **aA** BGH 24.4.1954, BB 1954, 456; Habersack/Schäfer/*Schäfer* Rn. 345). Vielmehr genügt es, dass vorrangige Schutzinteressen **objektiv** entgegenstehen, da sie nicht dispositiv sind und daher auch nicht kenntnisunabhängig hinter das Bestandsschutzinteresse des gelebten Gemeinschafts- und Organisationsverhältnisses (→ Rn. 126) zurücktreten müssen. 138

Haftung im Außenverhältnis: Die Gesellschafter haften – wenn die zur Fehlerhaftigkeit (die zugleich die Ausnahme von der Als-Wirksam-Behandlung begründet) führende Norm sie nicht gerade vor der Inanspruchnahme durch Dritte schützen soll (bspw. Geschäftsunfähige) – nach den „allgemeinen Vorschriften" des bürgerlichen Rechts sowie nach (gesellschaftsrechtlichen) Rechtsscheinsgrundsätzen bzw. § 15 Abs. 3; § 5 Abs. 2 PartGG (MHdB GesR I/*Miras* § 100 Rn. 135). Es können auch Fälle einer Scheingesellschaft vorliegen (→ Rn. 188 ff.; zur Haftung Baumbach/Hopt/*Roth* Rn. 99; nach tvA ist dies bei Verstößen gegen § 134 BGB iVm § 1 GWB anzunehmen, vgl. *Wessels* ZIP 2014, 101 (109); kritisch dazu *K. Schmidt* BB 2014, 515 (517)). Ferner kommt in Betracht, dass lediglich ein einzelner Gesellschafter nicht als solcher zu behandeln ist, die übrigen aber nach den Grundsätzen der fehlerhaften Gesellschaft haften (so bei Minderjährigen, vgl. BGH 30.9.1982, NJW 1983, 748). Die **Haftung im Innenverhältnis** richtet sich jeweils nach dem Grund der Fehlerhaftigkeit (vgl. zu den Rechtsfolgen MHdB GesR I/*Miras* § 100 Rn. 130 ff.). 139

aa) Vorrangige öffentliche Interessen. Vorrangige öffentliche Interessen stehen entgegen, wenn der Gesellschaftsvertrag insgesamt und damit der Gesellschaftszweck gegen ein **Verbotsgesetz (§ 134 BGB)** oder die **guten Sitten (§ 138 BGB)** verstößt (BGH 23.7.2013, NJW-RR 2013, 1373 (1374); BGH 9.2.1970, NJW 1970, 1540; aA MüKoHGB/*K. Schmidt* Rn. 237, 243; EBJS/*Wertenbruch* Rn. 317 [unzumutbar für den gutgläubigen Rechtsverkehr]). Bei einem Gesetzverstoß nur einzelner Vertragsklauseln ist der Gesellschaftsvertrag entgegen § 139 BGB iÜ wirksam (→ Rn. 101), entstehende Lücken werden durch ergänzende Vertragsauslegung oder dispositives Gesetzesrecht geschlossen (→ Rn. 100; Heymann/*Emmerich* Rn. 85; *Westermann* in Westermann/Wertenbruch PersGes-HdB Rn. I 227b). 140

Gesamtnichtigkeit wegen verbotenen oder sittenwidrigen Gesellschaftszwecks wurde bspw. **bejaht** von OLG Hamm 13.3.1986, NJW-RR 1986, 1487 f. und BGH 4.3.2008, BeckRS 2008, 16751(jeweils Verstoß gegen § 1 GWB, „*…mangels eines wirksamen Gesellschaftsvertrages* [sei eine Gesellschaft] *nicht [auch nicht als fehlerhafte Gesellschaft] existent…*"; zur Abwicklung solcher Gesellschaften *Wessels* ZIP 2014, 101; kritisch und für Anwendung der Lehre der fehlerhaften Gesellschaft: *K. Schmidt* BB 2014, 514) sowie von OLG Köln 29.11 2007, NJW 2008, 589 (591) (Verstoß gegen § 203 StGB). Insbesondere der Verstoß gegen berufsrechtliche Bestimmungen fällt hierunter (BGH 20.3.1986, BGHZ 97, 243 = NJW 1987, 65 [Verstoß gegen § 6 Abs. 3 Berufsordnung für öffentlich bestellte Vermessungsingenieure in NRW]; BGH 24.9.1979, BGHZ 75, 214 = NJW 1980, 638 [Verstoß gegen § 8 Bundesapothekenge- 141 setz]; BGH 25.3.1974, BGHZ 62, 234 = NJW 1974, 1201 [Verstoß gegen § 1 Abs. 1 des inzwischen aufgehobenen RBerG]). Demgegenüber wurden **keine** entgegenstehenden öffentlichen **Schutzinteressen** angenommen in BGH 21.3.2005, NJW 2005, 1784 ff. (Verstoß gegen § 32 KWG [Kapitalanlagemodell]); BGH 16.12.2002, BGHZ 153, 214 = NJW 2003, 1252 (Verstoß gegen § 1 Abs. 1 RBerG [Nichtigkeit nur der Vollmacht und des Treuhandvertrages bei Immobilienfonds, nicht aber des Fondsbeitritts]); BGH 5.5.2003, NJW-RR 2003, 1116 (fehlende Spielhallenkonzession berührt nicht die Wirksamkeit des Gesellschaftsvertrags).

142 **bb) Vorrangige Individualinteressen.** Vorrangige Schutzinteressen stehen insbesondere entgegen, wenn **Minderjährige** oder sonst in der **Geschäftsfähigkeit beschränkte Personen** nicht wirksam am Gesellschaftsvertrag beteiligt wurden (zu §§ 104 ff., 181, 1629, 1643, 1795, 1821 ff., 1909 BGB → Rn. 42). Ihre Interessen stehen nach stRspr einer Durchbrechung der allgemeinen Nichtigkeitsfolge ex-tunc entgegen (BGH 30.9.1982, NJW 1983, 748 [Minderjähriger]; BGH 20.9.1962, BGHZ 38, 26 (29) = WM 1962, 1260 [Minderjähriger]; BGH 30.4.1955, BGHZ 17, 160 = WM 1955, 828 [Minderjähriger]; BGH 17.2.1992, NJW 1992, 1503 [vorübergehend Geisteskranker]; gegen generellen Ausschluss der fehlerhaften Gesellschaft in diesen Fällen EBJS/*Wertenbruch* Rn. 319).

143 Die weiteren **Fehlerfolgen** der unwirksamen Beteiligung und ihre Auswirkungen auf den Gesellschaftsvertrag iÜ und die Mitgesellschafter sind umstritten. Die Ansichten reichen von vollständiger Nichtigkeit des Gesellschaftsvertrags über die Nichtigkeit allein der Beteiligung des nicht (unbeschränkt) Geschäftsfähigen (Baumbach/Hopt/*Roth* Rn. 84) bis hin zur Wirksamkeit auch dieser Beteiligung (zumindest hinsichtlich eines Gewinnanspruchs) und des Schutzes des nicht (voll) Geschäftsfähigen allein durch Ausgleichs- und Freistellungsansprüche im Innenverhältnis (ausf. zum Meinungsstand betreffend Minderjährige RWH HGB/*Haas* Rn. 44; Habersack/Schäfer/*Schäfer* Rn. 338 ff.; MüKoHGB/*K. Schmidt* Rn. 238 mwN). Entscheidend ist der Schutzzweck der Verbotsvorschriften. Daher ist mit der **Rspr.** von der Unwirksamkeit der Beteiligung des nicht (unbeschränkt) Geschäftsfähigen auszugehen. Die vollständige Unwirksamkeit des Gesellschaftsvertrags ist im Individualschutzinteresse hingegen nicht geboten (BGH 30.9.1982, NJW 1983, 748; in diese Richtung bereits BGH 30.4.1955, BGHZ 17, 160 = NJW 1955, 1067 (1069); KKRD/*Kindler* Rn. 29). Das führt bei Zwei-Personen-Gesellschaften zu Schwierigkeiten, ggf. zu einer Schein-oHG (MüKoHGB/*K. Schmidt* Rn. 238). Ergibt die Auslegung, dass die übrigen Gesellschafter die Gesellschaft auch ohne den nicht (unbeschränkt) Geschäftsfähigen errichten wollten (zur Anwendung des § 139 BGB → Rn. 101), besteht zwischen ihnen ein wirksamer Gesellschaftsvertrag. Ansonsten liegt zwischen den Mitgesellschaftern – ohne Beteiligung des nicht (unbeschränkt) Geschäftsfähigen – eine fehlerhafte Gesellschaft vor (Baumbach/Hopt/*Roth* Rn. 84).

144 **Arglistige Täuschung/widerrechtliche Drohung:** Entgegen der Rspr. des RG (RG 28.4.1941, DR 1941, 1943; RG 2.8.1943, DR 1943, 1221) und anfänglichen, obiter dicta geäußerten Tendenzen des BGH, auch arglistig getäuschte oder bedrohte Gesellschaftsgründer von der Anwendung der Grundsätze über die fehlerhafte Gesellschaft freizustellen (BGH 12.5.1954, BGHZ 13, 320 = NJW 1954, 1562; BGH 6.2.1958, BGHZ 26, 330 = NJW 1958, 668), geht der BGH nunmehr in **stRspr** davon aus, dass die durch § 123 BGB geschützte Willensbildungs- und Willensbetätigungsfreiheit kein gegenüber dem Bestands- und Verkehrsschutz vorrangiges Individualinteresse bildet (BGH 19.11.2013, NZG 2013, 1422; BGH 5.5.2008, NZG 2008, 460 (462); BGH 2.7.2001, BGHZ 148, 201 = NJW 2001, 2718 (2720) [obiter]; BGH 16.5.1988, NJW-RR 1988, 1379). Der Getäuschte bzw. Bedrohte wird wirksam Gesellschafter und ist auf Schadensersatzansprüche im Innenverhältnis, auf außerordentliche Kündigung oder auf Auflösungs- bzw. Ausschließungsklage (§§ 133, 140) verwiesen (zust. RWH HGB/*Haas* Rn. 45; KKRD/*Kindler* Rn. 32; Habersack/Schäfer/*Schäfer* Rn. 343; EBJS/*Wertenbruch* Rn. 327 f.).

145 **Fehlende Zustimmung nach § 1365 BGB:** Beteiligt sich ein im gesetzlichen Güterstand lebender Ehegatte mit seinem ganzen oder wesentlichen Vermögen an einer Gesellschaft, bedarf er hierfür der Zustimmung seines Ehegatten nach § 1365 BGB (→ Rn. 49). Ob die Interessen des zustimmungspflichtigen Ehegatten zu den vorrangigen Individualschutzgründen zählen, ist bislang nicht obergerichtlich geklärt. Im Schrifttum wird überwiegend für die Anwendbarkeit der Grundsätze der fehlerhaften Gesellschaft plädiert (Heymann/*Emmerich* Rn. 87; KKRD/*Kindler* Rn. 31; Habersack/Schäfer/*Schäfer* Rn. 342; differenzierend EBJS/*Wertenbruch* Rn. 329). Da § 1365 BGB zunächst nur die Einlage, nicht die Gesellschafterbeteiligung betrifft, ist zu differenzieren: Folge der absoluten Unwirksamkeit bei endgültig verweigerter Zustimmung ist, dass *auch* der zustimmungspflichtige Ehegatte eine etwaige geleistete Einlage zurückfordern kann (§ 1368 BGB). Ob damit auch der Beitritt des durch § 1365 BGB beschränkten Ehegatten unwirksam ist, bestimmt sich sodann nach § 139 BGB. Nur wenn dies der Fall ist, entsteht zwischen den verbleibenden Gesellschaftern eine fehlerhafte Gesellschaft (*Gernhuber/Coester-Waltjen,* Familienrecht, 6. Aufl. 2010, § 35 Rn. 48).

146 **Verbraucherwiderruf:** Bei Haustürgeschäften im Zusammenhang mit dem Beitritt zu Publikumsgesellschaften kann sich ein Widerrufsrecht aus §§ 312, 355 BGB ergeben (→ Rn. 67, → Rn. 134; EBJS/*Wertenbruch* Rn. 321 f.). Der Widerruf zieht eine fehlerhafte Gesellschaft nach sich (→ Rn. 134),

dh der Beitritt wird nicht ex-tunc unwirksam, vielmehr wird der Verbraucher wie beim Ausscheiden aus der Gesellschaft abgefunden. In Betracht kommen aber Schadensersatzansprüche (EBJS/*Wertenbruch* Rn. 326; für Fälle der **stillen Gesellschaft** vgl. bereits die Nachweise → Rn. 128 sowie *Thum* VuR 2014, 413; EBJS/*Wertenbruch* Rn. 334 ff.). Bei **kartellrechtswidrigen Gesellschaftsverträgen** (Verstoß gegen § 1 GWB) kommt es zur Nichtigkeit ex-tunc: BGH 4.3.2008, BeckRS 2008, 16751; KKRD/*Kindler* Rn. 29; sowie ausf. *Topel* in Wiedemann KartellR-HdB § 50 Rn. 42 ff; *Wessels* ZIP 2014, 101; kritisch *K. Schmidt* BB 2014, 515.

3. Rechtsfolgen der fehlerhaften Gesellschaft. a) Überblick und Abgrenzung. Eine **in Vollzug gesetzte** fehlerhafte Gesellschaft ist im Innen- und im Außenverhältnis solange als wirksam anzusehen (→ Rn. 148 f.), bis der Fehler wirksam geltend gemacht wird (→ Rn. 150 ff.) und regelmäßig für die Zukunft zur Auseinandersetzung führt (→ Rn. 153). **147**

b) Wirksamkeit der Gesellschaft. Die fehlerhafte Gesellschaft ist im **Innenverhältnis** eine wirksame Gesellschaft. Dies gilt im Verhältnis der Gesellschafter untereinander sowie gegenüber der Gesellschaft. Rechte und Pflichten der Beteiligten ergeben sich aus dem – fehlerhaften – Gesellschaftsvertrag (stRspr, vgl. nur BGH 6.2.1958, BGHZ 26, 330 = NJW 1958, 668; vgl. auch RWH HGB/*Haas* Rn. 46 f.; BeckOGK/*Sanders* Rn. 514). Die Gesellschafter bleiben insbesondere verpflichtet, die vereinbarten Einlagen und Beiträge zu leisten und unterliegen der allgemeinen Treuepflicht, soweit nicht gerade die vertragliche Verpflichtung nichtig ist – etwa im Fall der Sittenwidrigkeit einer einzelnen Bestimmung nach § 138 BGB, die nicht den Vertrag insgesamt erfasst (→ Rn. 101) – bzw. gerade diese Bestimmung, etwa die Gewinn- und Lastenverteilung, durch arglistige Täuschung durchgesetzt wurde (BGH 10.7.1975, BGHZ 65, 79 (85) = NJW 1975, 1774 (1776); BGH 30.3.1967, BGHZ 47, 293 (302) = NJW 1967, 1961 (1963)). Außerdem begründet der Arglisteinwand ein Leistungsverweigerungsrecht des arglistig getäuschten Gesellschafters, soweit eine Leistung ausschließlich dem täuschenden Mitgesellschafter zu Gute käme (BGH 12.5.1977, BGHZ 69, 160 = NJW 1977, 2160; BGH 9.2.1976, NJW 1976, 894). **148**

Auch im **Außenverhältnis** ist die fehlerhafte Gesellschaft voll wirksam. Sie ist insbesondere **rechts-, partei- und insolvenzfähig** (Heymann/*Emmerich* Rn. 90; MüKoHGB/*K. Schmidt* Rn. 244 mwN; BeckOGK/*Sanders* Rn. 515). Die Gesellschafter unterliegen sämtlich der Haftung nach §§ 128, 130 (BGH 8.11.1965, BGHZ 44, 235 (237) = NJW 1966, 107 f.), und zwar unabhängig davon, ob Dritte insoweit bösgläubig sind (BGH 30.9.1982, NJW 1983, 748; → Rn. 125; Baumbach/Hopt/*Roth* Rn. 85). Dies unterscheidet die fehlerhafte Gesellschaft von der Schein-oHG. **149**

c) Geltendmachung der Fehlerhaftigkeit. Der zur Fehlerhaftigkeit der Gesellschaft führende Mangel ist, da eine wirksame Gesellschaft vorliegt, nach den Vorschriften des HGB **mit Wirkung für die Zukunft** (ex-nunc) geltend zu machen. Dabei muss sich ausdrücklich auf den Vertragsmangel gestützt werden (BGH 23.7.2013, NJW-RR 2013, 1373 zur Kündigung einer stillen Gesellschaft nach § 234, § 723 BGB, der Gedanke dürfte zu verallgemeinern sein). Aus dieser Rspr. ergibt sich, dass bspw. die durch einen Gesellschafter erklärte – aber mit der angegebenen Begründung nicht wirksame – Kündigung **nicht** durch das „zufällige" Vorliegen eines fehlerhaften Vertrages Wirksamkeit erlangt. Die Fehlerhaftigkeit des Gesellschaftsvertrags ist dementsprechend nicht von Amts wegen durch das Gericht zu prüfen. Um die Fehlerhaftigkeit geltend zu machen, kommen die **Auflösungsklage** nach § 133 (stRspr, vgl. nur BGH 24.10.1951, BGHZ 3, 285 (290) = NJW 1952, 97), sowie – sofern ein Mitgesellschafter die Fehlerhaftigkeit zu vertreten hat – die **Ausschließungsklage** nach § 140 (BGH 30.3.1967, BGHZ 47, 293 = NJW 1967, 1961 (1963)) in Betracht. Letztere wird insbesondere bei arglistiger Täuschung nach § 123 BGB und bei sittenwidriger Übervorteilung nach § 138 BGB relevant. Beide Klagen führen zu einem Gestaltungsurteil. Schließlich kann der Gesellschafter – ohne Klage – eine **außerordentliche Kündigung** erklären, wenn sich dies ausdrücklich oder im Wege ergänzender Vertragsauslegung aus dem Gesellschaftsvertrag ergibt. Eine solche ergänzende Vertragsauslegung ist insbesondere dann angezeigt, wenn die Fehlerhaftigkeit des Vertrages auf einer arglistigen Täuschung oder Drohung beruht u. dem getäuschten bzw. bedrohten Gesellschafter ein Zuwarten bis zum Eintritt der Rechtskraft eines Gestaltungsurteils nach §§ 133, 140 nicht zuzumuten ist (BGH 30.3.1967, BGHZ 47, 293 = NJW 1967, 1961 (1963); Habersack/Schäfer/*Schäfer* Rn. 350 mwN). **150**

Der zur Beendigung einer fehlerhaften Gesellschaft bzw. der Gesellschafterstellung nach den genannten Vorschriften erforderliche **wichtige Grund** liegt bereits in der Fehlerhaftigkeit, bedarf also keiner weiteren Umstände (hM, vgl. BGH 24.10.1951, BGHZ 3, 285 = NJW 1952, 97; Heymann/*Emmerich* Rn. 93; RWH HGB/*Haas* Rn. 46; EBJS/*Wertenbruch* Rn. 343; aA noch RG 28.4.1941, DR 1941, 1943). Der Fehler muss noch im Zeitpunkt der Erklärung vorliegen (Baumbach/Hopt/*Roth* Rn. 88), seine Geltendmachung kann nur innerhalb der Grenzen von Treu und Glauben erfolgen (Treuepflicht bzw. § 242 BGB; vgl. Habersack/Schäfer/*Schäfer* Rn. 350; EBJS/*Wertenbruch* Rn. 343). Sofern er auf arglistiger Täuschung oder Drohung beruht, gilt die **Frist** des § 124 BGB für seine Geltendmachung entsprechend (so auch Heymann/*Emmerich* Rn. 92; Baumbach/Hopt/*Roth* Rn. 88; EBJS/*Wertenbruch* Rn. 343). **151**

152 Unabhängig von der Geltendmachung der Fehlerhaftigkeit können **Schadensersatzansprüche** gegen Mitgesellschafter bestehen, wenn diese den Fehler zu vertreten haben (Baumbach/Hopt/*Roth* Rn. 89). In Betracht kommen insbesondere Ansprüche aus §§ 280, 311 Abs. 2 BGB, § 241 Abs. 2 BGB (cic), § 823 Abs. 2 BGB sowie § 826 BGB (BGH 21.3.2005, NJW 2005, 1784 (1787)).

153 **d) Auseinandersetzung.** Die Auseinandersetzung richtet sich primär nach den **Regelungen des Gesellschaftsvertrags,** soweit nicht gerade die Auseinandersetzungsvereinbarung (→ Rn. 147) auf sittenwidriger Übervorteilung, arglistiger Täuschung oder Drohung beruht. Dann bedarf es ergänzender Vertragsauslegung, subsidiär gelten §§ 145 ff. (BGH 10.7.1975, BGHZ 65, 79 (82 f.) = NJW 1975, 1774; BGH 24.10.1951, BGHZ 3, 285 (290) = NJW 1952, 97).

154 **4. Ausdehnung auf fehlerhafte Vertragsänderungen.** Die Rspr. wendet die Grundsätze über die fehlerhafte Gesellschaft inzwischen auch auf wichtige fehlerhafte Änderungen des Gesellschaftsvertrags an, und zwar insbesondere auf den **Beitritt** (→ Rn. 111 ff.), das **Ausscheiden** (→ Rn. 124) und ggf. sonstige den Status der Gesellschaft betreffende **Vertragsänderungen** (MüKoHGB/*K. Schmidt* Rn. 248 ff. zT kritisch; ausf. und mit alternativem Lösungsansatz Habersack/Schäfer/*Schäfer* Rn. 352 ff.). Die genannten fehlerhaften Vertragsänderungen werden ab Vollzug als wirksam behandelt und können nur mit Wirkung für die Zukunft beseitigt werden, sofern nicht vorrangige Schutzinteressen eine Unwirksamkeit ex tunc erfordern (insoweit gelten → Rn. 150 ff.). Als Fehlerquellen kommen die unter → Rn. 127 ff. geschilderten in Betracht.

155 **a) Fehlerhafter Beitritt und Beitritt zu einer fehlerhaften Gesellschaft.** Die Regeln der fehlerhaften Gesellschaft werden sowohl auf den **fehlerhaften Beitritt** zu einer wirksamen Gesellschaft, als auch auf den fehlerfreien **Beitritt zu einer fehlerhaften Gesellschaft** angewandt (stRspr BGH 16.12.2002, NJW 2003, 1252; BGH 12.10.1987, NJW 1988, 1321; BGH 8.11.1965, BGHZ 44, 235 (237) = NJW 1966, 107; BGH 6.2.1958, BGHZ 26, 330 (335) = NJW 1958, 668; BeckOGK/*Sanders* Rn. 525; kritisch Heymann/*Emmerich* Rn. 95 ff.). „*Der fehlerhaft vollzogene Beitritt ist damit regelmäßig nicht von Anfang an nichtig, sondern wegen des Nichtigkeits- oder Anfechtungsgrunds* ***nur mit Wirkung für die Zukunft vernichtbar.*** *Bis zur Geltendmachung des Fehlers ist der vollzogene Beitritt grundsätzlich voll wirksam. Die Rechte und Pflichten der Gesellschafter richten sich nach dem Gesellschaftsvertrag*“ (BGH 16.12.2002, NJW 2003, 1252). Der fehlerhaft Beigetretene haftet damit nach den §§ 129, 130.

156 Der Beitritt ist in **Vollzug** gesetzt, wenn die Beteiligten Rechtstatsachen geschaffen haben, an denen die Rechtsordnung nicht vorbeigehen kann, etwa die Leistung von Beiträgen, die Eintragung im Handelsregister oder die Ausübung gesellschaftsvertraglicher Rechte (BGH 14.10.1991, NJW 1992, 1501 f.; BGH 10.4.1978, NJW 1978, 2505 f.; BGH 6.2.1958, BGHZ 26, 330 = NJW 1958, 668). Vor Vollzug kann sich der beitretende Gesellschafter seiner Gesellschafterstellung und seiner Außenhaftung nach § 128 nach den allgemeinen Regeln, etwa durch Anfechtung, rückwirkend entziehen (§ 142 Abs. 1 BGB) (BGH 10.4.1978, NJW 1978, 2505 f.).

157 Mit Vollzug des Beitritts können die Fehlerfolgen nur noch für die Zukunft geltend gemacht werden. Der fehlerhaft beigetretene Gesellschafter kann seine Gesellschafterstellung gem. §§ 133, 140 oder im Wege außerordentlicher Kündigung beseitigen. Bis dahin haftet er im **Außenverhältnis** unbeschränkt und ist im **Innenverhältnis** entsprechend den vertraglichen Vereinbarungen und gesetzlichen Regeln verpflichtet. In Ausnahmefällen ist ein Leistungsverweigerungsrecht nach § 242 BGB zu erwägen (BGH 6.2.1958, BGHZ 26, 330 = NJW 1958, 668; EBJS/*Wertenbruch* Rn. 351). Dem arglistig getäuschten oder bedrohten Beitretenden wird zudem im Wege der ergänzenden Vertragsauslegung ein Recht zur **außerordentlichen Kündigung** zugebilligt (BGH 16.11.1981, NJW 1982, 877 (879); BGH 12.5.1977, BGHZ 69, 160 = NJW 1977, 2160 (2162); BGH 27.2.1975, NJW 1975, 1700 f.; → Rn. 150).

158 **b) Fehlerhaftes Ausscheiden.** Auf den vollzogenen fehlerhaften Austritt aus der Gesellschaft werden die Regeln über die fehlerhafte Gesellschaft ebenfalls angewandt (BGH 13.1.2003, NJW-RR 2003, 533; BGH 17.2.1992, NJW 1992, 1503; BGH 13.3.1975, WM 1975, 512; BGH 14.4.1969, NJW 1969, 1483). Das Ausscheiden kann auf eine Vereinbarung, eine Eigenkündigung, aber auch auf eine Ausschließung § 140 zurückzuführen sein.

159 Dem ausscheidenden Gesellschafter zurechenbarer (→ Rn. 136) **Vollzug** liegt jedenfalls vor, sobald der Anteil des Austretenden den übrigen Gesellschaftern anwächst (Baumbach/Hopt/*Roth* Rn. 95; ausf. EBJS/*Wertenbruch* Rn. 358). Die Unwirksamkeit des Ausscheidens kann ab Vollzug nicht mehr rückwirkend geltend gemacht werden. Vielmehr ist die Mitgliedschaft nach den Regeln über die fehlerhafte Gesellschaft beendet und die Gesellschaft unter den verbleibenden Gesellschaftern fortgeführt worden. Der fehlerhaft Ausgeschiedene hat einen Abfindungsanspruch erworben, sein Gesellschaftsanteil ist den Mitgesellschaftern angewachsen. Beruht das Ausscheiden nicht auf einem schuldhaften Vorverhalten des fehlerhaft Ausgeschiedenen, hat er mit Wirkung für die Zukunft einen **Anspruch auf Wiederaufnahme** in die Gesellschaft (BGH 14.4.1969, NJW 1969, 1483; BGH 13.3.1975, WM 1975, 512; weitergehend MüKoHGB/*K. Schmidt* Rn. 249). Unter Umständen können schuldrechtliche Ansprüche

„rückwirkend" geltend gemacht werden (EBJS/*Wertenbruch* Rn. 360), wenn sie im Falle des Fortbestehens der Mitgliedschaft entstanden wären.

Vom fehlerhaften Ausscheiden abzugrenzen ist die fehlerhafte **Vereinbarung über das Abfindungsguthaben.** Hier bleibt es bei den allgemeinen Vorschriften über die Unwirksamkeitsfolgen; der Grundsätze über die fehlerhafte Gesellschaft bedarf es nicht (Habersack/Schäfer/*Schäfer* Rn. 361; EBJS/*Wertenbruch* Rn. 362). 160

c) Fehlerhafte Anteilsübertragung. Von mehreren Richtungswechseln der Rspr. geprägt ist die Beurteilung fehlerhafter Anteilsübertragungen. Die ältere Rspr. hatte bereits die Anwendbarkeit der Grundsätze über die fehlerhafte Gesellschaft auf die Übertragung eines **Kommanditanteils** nach §§ 413, 398 BGB (→ Rn. 117) bejaht (BGH 18.1.1988, NJW 1988, 1324 f.). Für die fehlerhafte Übertragung eines **GmbH-Anteils** (BGH 17.1.2007, NJW 2007, 1058 f.; BGH 22.1.1990, NJW 1990, 1915 f.) und den fehlerhaften Gesellschafterwechsel in der **Vorgesellschaft** hat der BGH in späteren Entscheidungen dagegen einen Rückgriff auf diese Grundsätze abgelehnt. Solche Übertragungen wurden als von Anfang an unwirksam eingestuft. Die Lit. hat diese Rspr. aufgegriffen und überwiegend auf die Personengesellschaften übertragen. Da eine unwirksame Anteilsübertragung (Abtretung, also Verfügungsgeschäft) den Bestand der Gesellschaft und die Wirksamkeit des Gesellschaftsvertrags nicht berühre, bestehe kein dringendes, spezifisch organisationsrechtliches Interesse an einer bloßen Ex-Nunc-Unwirksamkeit (so im Ergebnis auch Heymann/*Emmerich* Rn. 100; MüKoHGB/*K. Schmidt* Rn. 256). Für die oHG sei wegen der vergleichbaren Interessenlage genauso wie für die GmbH zu entscheiden (RWH HGB/*Haas* Rn. 53; Baumbach/Hopt/*Roth* Rn. 94; MüKoHGB/*K. Schmidt* Rn. 256). Eine fehlerhafte Übertragung eines oHG-Anteils ist danach bereicherungsrechtlich rückabzuwickeln. Der Schutz des (gutgläubigen) **Rechtsverkehrs** wird über § 15 Abs. 3, §§ 413, 409, 407 BGB und die allgemeinen Rechtsscheinsgrundsätze verwirklicht (RWH HGB/*Haas* Rn. 53 plädiert dafür, *„die §§ 413, 409, 407 BGB oder § 16 GmbHG analog, ggf. auch § 15 Abs. 3 und Rechtsscheinsgrundsätze"* heranzuziehen; ähnlich Habersack/Schäfer/*Schäfer* Rn. 364; Baumbach/Hopt/*Roth* Rn. 94; MüKoHGB/*K. Schmidt* Rn. 256). 161

Der BGH hat diese Weiterentwicklung durch die Lit. allerdings nicht aufgegriffen. Vielmehr sollen nach einer aktuellen Entscheidung die Grundsätze über die fehlerhafte Gesellschaft auch im Fall der nichtigen Übertragung von **Geschäftsanteilen einer Fonds-GbR** anwendbar sein (BGH 20.7.2010, NJW-RR 2010, 1402; zustimmend Oetker/*Lieder* Rn. 116; EBJS/*Wertenbruch* Rn. 364 jew. mwN). Ein Bedürfnis hierfür wurde bejaht, weil die Gesellschaft und deren Gläubiger sich darauf verlassen können müssten, dass der eingeführte Neugesellschafter bis zur Klärung eines Streits über die Anteilsübertragung als solcher zu behandeln sei. Der *XI. Zivilsenat* hebt für die Praxis hervor, dass dieser Gedanke auf **alle Personengesellschaften** übertragbar sei. Nach Abstimmung mit dem II. Zivilsenat geht er davon aus, dass *„der Wechsel der Mitgliedschaft in Personengesellschaften … grundsätzlich Bestandsschutz genießt"*. Danach gilt der Anteilserwerber bis zur Klärung der Wirksamkeit unwiderruflich und mit allen Rechten und Pflichten im Innen- wie im Außenverhältnis (Haftung, §§ 128, 130) als Mitglied der Gesellschaft (BGH 20.7.2010, NJW-RR 2010, 1402). Eingehend zu Fragestellungen der fehlerhaften Anteilsübertragung BeckOGK/*Sanders* Rn. 532 ff. 162

Zu unterscheiden von der Anteilsübertragung ist die – in der Praxis unübliche – **Kombination aus Eintritt und Austritt** (→ Rn. 116). Dann sollen die Grundsätze über die fehlerhafte Gesellschaft auf den fehlerhaften Eintritt und/oder den fehlerhaften Austritt Anwendung finden (EBJS/*Wertenbruch* Rn. 363). Es gelten → Rn. 155 ff. 163

d) Sonstige Fälle. Im Übrigen kommt es darauf an, ob eine **Vertragsänderung** den Status der Gesellschaft berührt, wie dies insbesondere bei Änderungen des Bestands von Gesellschaft und Gesellschaftern der Fall ist (Baumbach/Hopt/*Roth* Rn. 97). Nur bei solchen **Status-Änderungen** sind die Regeln über die fehlerhafte Gesellschaft anzuwenden (BGH 10.12.1973, BGHZ 62, 20 (28) = NJW 1974, 498 (501); BGH 14.4.1969, NJW 1969, 1483; kritisch Baumbach/Hopt/*Roth* Rn. 96; Habersack/Schäfer/*Schäfer* Rn. 353 ff.; MüKoHGB/*K. Schmidt* Rn. 252). Bei Fehlern in allen anderen, nicht den Status der Gesellschaft berührenden, Vertragsänderungen gelten die allgemeinen Unwirksamkeitsregeln (BGH 10.12.1973, BGHZ 62, 20 (26) = NJW 1974, 498 (501)), etwa für Änderungen der Haftungsverfassung, des Gesamthandvermögens, der Geschäftsführung und Vertretung sowie für die Umwandlung der Gesellschaft oder eines Anteils (aA Baumbach/Hopt/*Roth* Rn. 96). 164

Zur fehlerhaften Auflösung s. Habersack/Schäfer/*Schäfer* Rn. 356; MüKoHGB/*K. Schmidt* Rn. 251; sowie zur fehlerhaften Rechtsnachfolge MüKoHGB/*K. Schmidt* Rn. 255. 165

IX. Beteiligung Dritter ohne Gesellschafterstellung

1. Allgemeines. Im Gesetz ist die Beteiligung an einer oHG **als Gesellschafter** als Regelfall vorgesehen. Daneben besteht nach allgemeinen Grundsätzen die Möglichkeit, nicht als Gesellschafter, sondern anderweitig an der Personengesellschaft beteiligt zu sein und an den Gewinnen zu partizipieren. Grund für den Verzicht auf die Gesellschafterstellung kann es sein, nicht nach außen in Erscheinung zu 166 treten, aber auch vorweggenommene Vermögensübertragungen im Familienkreis können ein Anlass sein. Praktisch wichtige Gestaltungen sind die Treuhand (→ Rn. 167 ff.), der Nießbrauch (→ Rn. 175 ff.) und die Unterbeteiligung (→ Rn. 184 ff.).

167 **2. Treuhand. a) Charakter.** Die gesetzlich nicht geregelte Treuhand umfasst Gestaltungen, die sich dadurch charakterisieren lassen, dass eine Person (Treuhänder) für eine andere Person (Treugeber) Rechte ausübt oder eine Rechtsstellung innehat, wobei dem im Außenverhältnis als Rechtsinhaber auftretenden Treuhänder im Innenverhältnis durch den sog. Treuhandvertrag bestimmte Pflichten auferlegt sind (*Henssler* AcP 1996, 37). Dem Treuhänder steht im Außenverhältnis ein „mehr" an Rechtsmacht zu, während im Innenverhältnis die Beschränkungen der Treuhandabrede greifen. In der Praxis haben sich verschiedene Treuhandgestaltungen entwickelt (eingehend MüKoHGB/*K. Schmidt* Vor § 230 Rn. 35 ff.), die – vereinfacht dargestellt – wie folgt kategorisiert werden können:

- **Umfang** der Rechtsübertragung: Vollmachtstreuhand, Ermächtigungstreuhand, Vollrechtstreuhand;
- **Zweck** der Treuhand: eigennützige und fremdnützige Treuhand;
- **Begründung** der Treuhand: Vereinbarungstreuhand (Treuhänder ist bereits Rechtsinhaber) und Übertragungstreuhand (Treugeber überträgt das Recht);
- **Offenlegung** der Treuhand: offene bzw. verdeckte Treuhand.

168 Bei Treuhandbeteiligungen an Gesellschaftsanteilen dürfte in der Praxis die Vollrechtstreuhand die gebräuchlichste Form sein (so EBJS/*Wertenbruch* Rn. 189). Hierbei unterfällt der gesamte Gesellschaftsanteil dem Treuhandverhältnis. Der Treuhänder (Treunehmer) selbst muss tauglicher Gesellschafter sein (→ Rn. 41 ff.; RWH HGB/*Haas* Rn. 65a).

169 **b) Zulässigkeit.** Ob ein Gesellschafter seinen Anteil treuhänderisch Dritten zuweisen darf, entscheidet in erster Linie der Gesellschaftsvertrag. Aus ihm kann sich ergeben, dass jede treuhänderische Zuweisung der **Zustimmung aller Gesellschafter** bedarf. Je nach Art der Treuhand kann die Verweigerung der Zustimmung unredlich sein, so etwa bei der **Vereinbarungstreuhand,** weil hier der Treuhänder bereits Gesellschafter ist und sich nur im Innenverhältnis gegenüber dem Treugeber zu einem bestimmten Verhalten verpflichtet (KKRD/*Kindler* Rn. 20; Habersack/Schäfer/*Schäfer* Rn. 104; aA Baumbach/Hopt/*Roth* Rn. 32; MüKoHGB/*K. Schmidt* Vor § 230 Rn. 54). Stets zustimmungsbedürftig ist indes die **Übertragungstreuhand,** weil sie auf eine Veränderung des Gesellschafterkreises zielt und daher die für die Übertragung der Mitgliedschaftsrechte erforderlichen Voraussetzungen erfüllt sein müssen. Soll der Treuhänder auch im Verhältnis zur Gesellschaft und den übrigen Gesellschaftern zur Ausübung der treuhänderisch zugewiesenen Mitgliedschaftsrechte berechtigt sein (sog. **offene Treuhand**), bedarf dies ebenfalls der Zustimmung der Mitgesellschafter. Mit Erteilung der Zustimmung wird der Treugeber in den Verbund der Gesellschafter einbezogen und – durch treuhänderische Zuweisung von Kontroll- und Überwachungsrechten – intern Mitberechtigter (BGH 13.5.1953, BGHZ 10, 44 (49) = NJW 1953, 1548 (1549); Habersack/Schäfer/*Schäfer* Rn. 107).

170 Als zulässig werden auch sog. **verdeckte Treuhandgestaltungen** angesehen, bei denen das Treuhandverhältnis den anderen Gesellschaftern nicht offenbart wird (BGH 13.5.1953, BGHZ 10, 44 (49) = NJW 1953, 1548; *Beuthien* ZGR 1974, 26 (46); Habersack/Schäfer/*Schäfer* Rn. 104; Heymann/*Emmerich* Rn. 56; einschränkend OLG Hamburg 30.4.1993, NJW-RR 1993, 868 für eine GmbH). Allerdings kann im Gesellschaftsvertrag anderes bestimmt sein, im Einzelfall kann auch die Treuepflicht der Gesellschafter einer verdeckten Treuhand entgegenstehen (*Beuthien* ZGR 1974, 26 (46)). Ob den anderen Gesellschaftern ein Anspruch auf Offenlegung der Treuhand zusteht, ist eine von ihrer Zulässigkeit zu trennende Frage (s. dazu OLG Hamburg 30.4.1993, NJW-RR 1993, 868 [Anspruch der GmbH-Gesellschafter bei verdeckter Treuhand über einen gem. § 15 Abs. 5 GmbHG vinkulierten Gesellschaftsanteil nur auf Nennung der Person des Treuhänders, nicht aber auf Offenlegung der Stimmbindungsabreden]).

171 **c) Auswirkungen auf das Gesellschaftsverhältnis.** Im Verhältnis zur Gesellschaft ist der Treuhänder vollwertiger **Gesellschafter** und grundsätzlich Inhaber aller Rechte und Pflichten (RG 18.10.1932, RGZ 138, 106 (108); BGH 10.11.1951, BGHZ 3, 354 (360) = NJW 1952, 178; BGH 29.1.1980, BGHZ 76, 127 (130) = NJW 1980, 1163; OLG Jena 26.4.2007 = DStR 2007, 588). Bei der offenen Treuhand bestimmt sich die Rechtsstellung des Treugebers einerseits nach dem Umfang des Treuhandverhältnisses, andererseits danach, ob die übrigen Gesellschafter der treuhänderischen Zuweisung zugestimmt haben (vgl. BGH 13.5.1953, BGHZ 10, 44 (49) = NJW 1953, 1548; Heymann/*Emmerich* Rn. 55; MüKoHGB/*K. Schmidt* Vor § 230 Rn. 54 [Stimmrechtsvollmacht]; Rn. 66 [Mitgliedschaftliche Mitwirkungs- und Gestaltungsrechte]). Das Stimmrecht selbst kann der Treuhänder allerdings nicht einmal mit Zustimmung der Mitgesellschafter auf den Treugeber übertragen, da dies gegen das **Abspaltungsverbot** verstoßen würde (BGH 10.11.1951, BGHZ 3, 354 = NJW 1952, 178). Im Übrigen sind Einflussmöglichkeiten des Treugebers auf die Gesellschaft allein eine Frage des Innenverhältnisses zum Treuhänder. Stimmbindungsklauseln etwa binden den Treuhänder nur im Innenverhältnis (Baumbach/Hopt/*Roth* Rn. 33; MüKoHGB/*K. Schmidt* Vor § 230 Rn. 63). Weisungswidrige Stimmabgaben des Treuhänders stellen demnach zwar eine zum Schadensersatz verpflichtende Pflichtverletzung gegenüber dem Treugeber dar (→ Rn. 173), sind im Außenverhältnis aber wirksam (MüKoBGB/*Schäfer* BGB

§ 705 Rn. 88 Fn. 242; *Henssler* AcP 196 (1996) 37 (48 f.)). Im Einzelfall kann obendrein der Gesellschaftsvertrag oder die Treuepflicht des Treuhänders gegenüber seinen Mitgesellschaftern einer weisungsgemäßen Stimmabgabe des Treuhänders entgegenstehen (vgl. BGH 13.5.1953, BGHZ 10, 44 (51 f.) = NJW 1953, 1548).

Als Inhaber des Gesellschaftsanteils ist der Treuhänder – mit Zustimmung aller Gesellschafter – auch **verfügungsbefugt.** Verletzt er seine aus dem Treuhandverhältnis resultierenden Pflichten, Aufträge, schuldrechtlichen Verfügungsbeschränkungen und Weisungen, berührt dies die Wirksamkeit seiner Rechtshandlungen grundsätzlich nicht. Dem Treuhänder sind (treuhand-)vertragswidrige Verfügungen lediglich schuldrechtlich verboten (§ 137 BGB) (*Henssler* AcP 196 (1996), 37). Ein Schutz des Treugebers nach den Grundsätzen des Missbrauchs der Vertretungsmacht würde dem Zweck der Treuhand nicht gerecht, denn der Treuhänder ist – je nach Art und Umfang der Treuhand – selbst Rechtsinhaber und nicht nur weisungswidrig handelnder Stellvertreter. Die Anwendung dieser Rechtsfigur auf die Treuhand ist daher abzulehnen (BGH 4.4.1968, NJW 1968, 1471; BGH 4.11.1976, WM 1977, 525 (527); EBJS/*Wertenbruch* Rn. 218; für Anwendbarkeit hingegen *Kötz* NJW 1968, 1471 f.; Habersack/Schäfer/*Schäfer* Rn. 108; MüKoHGB/*K. Schmidt* Vor § 230 Rn. 69). Auch bei evident pflichtwidrigem Handeln des Treuhänders ist eine gegenüber Dritten vorgenommene Rechtshandlung daher nach außen grundsätzlich wirksam, soweit nicht ausnahmsweise dem Dritten gem. § 242 BGB (Rechtsmissbrauch) eine Berufung auf die Rechtshandlung versagt wird. Schutzwürdige Belange des Treugebers treten grundsätzlich zurück, weil er das Risiko pflichtwidrigen Handelns mit der Treuhand bewusst gesetzt hat. Den Anleger, der über einen Treuhänder an einer oHG beteiligt ist, trifft iÜ eine Offenlegungspflicht über seine wirtschaftlichen Verhältnisse gegenüber der die Gesellschaft finanzierenden Bank (OLG Stuttgart 8.3.2006, NZG 2006, 902). 172

Der Treugeber ist bei pflichtwidrigem Verhalten des Treuhänders in erster Linie auf **Schadensersatzansprüche** gegen den Treuhänder und sein Recht zur **Kündigung der Treuhand** verwiesen (Heymann/*Emmerich* Rn. 61; MüKoHGB/*K. Schmidt* Vor § 230 Rn. 76). Dies gilt auch, wenn der Treuhänder über den Gesellschaftsanteil unter Verstoß gegen ein nur schuldrechtlich wirkendes Veräußerungsverbot (§ 137 BGB) verfügt hat. Hier kann auch der Erwerber gem. § 826 BGB schadensersatzpflichtig sein, wenn er Kenntnis von der Weisungswidrigkeit der Verfügung hatte (vgl. BGH 4.4.1968, NJW 1968, 1471). Im Extremfall kann eine Verfügung auch nach § 138 BGB nichtig sein (BGH 4.4.1968, NJW 1968, 1471). Allerdings haftet der Treugeber, der nicht selbst Gesellschafter einer PersGes ist, sondern für den ein Gesellschafter treuhänderisch den Gesellschaftsanteil hält, für die Gesellschaftsschulden nicht persönlich analog §§ 128, 130 (BGH 20.7.2010, NJW-RR 2010, 1402; BGH 11.11.2008, BGHZ 178, 271 = NJW-RR 2009, 254). Denn §§ 128, 130 setzen zwingend eine „wirkliche" Gesellschafterstellung voraus. Die persönliche Haftung des Personengesellschafters für die Gesellschaftsschulden betrifft das Außenverhältnis, in dem der Treugeber gerade nicht in Erscheinung tritt. 173

d) Treuhandverhältnis. Das Treuhandverhältnis, also das Innenverhältnis zwischen Treugeber und Treuhänder, ist regelmäßig ein **Geschäftsbesorgungsvertrag** (§ 675 BGB) (BGH 26.10.1993, BGHZ 123, 380 (386) = NJW 1994, 262), der auch gesellschaftsrechtliche Bestandteile aufweisen kann (MüKoHGB/*K. Schmidt* Vor § 230 Rn. 51, 72). Wesentlicher Inhalt des Treuhandverhältnisses ist die Verpflichtung zur weisungsgemäßen Ausübung der übertragenen Rechte. Auch ohne ausdrückliche Vereinbarung folgt aus dem fiduziarischen Charakter der Treuhand (vgl. Heymann/*Emmerich* Rn. 63), zumindest in ergänzender Vertragsauslegung, dass der Treuhänder nach Beendigung einer Übertragungstreuhand verpflichtet ist, dem Treugeber den treuhänderisch zugewiesenen Gesellschaftsanteil zurück zu übertragen (MüKoHGB/ *K. Schmidt* Vor § 230 Rn. 91). Gegebenenfalls bedarf es der Zustimmung der Gesellschafter, wobei die Zustimmung zu einer treuhänderischen Sicherungsübertragung eine unwiderrufliche Einwilligung zur Rückübertragung darstellt (BGH 30.6.1980, BGHZ 77, 392 (396) = NJW 1980, 2708). 174

3. Nießbrauch. a) Zulässigkeit. Nach allgM ist der Nießbrauch an einem Gesellschaftsanteil als ein Nießbrauch an Rechten iSv §§ 1069 ff. BGB **zulässig** (BGH 20.4.1972, BGHZ 58, 316 (318) = NJW 1972, 1755; OLG München 8.8.2016, DStR 2016, 2000 Rn. 12; KKRD/*Kindler* Rn. 23). Das Abspaltungsverbot steht dem nicht entgegen (BGH 3.7.1989, BGHZ 108, 187 (199) = NJW 1989, 3152; Staudinger/*Heinze,* 2017, BGB Anh. §§ 1068 f. Rn. 60). 175

Die Bestellung eines Nießbrauchs an einem oHG-Gesellschaftsanteil erfolgt nach den für die Übertragung eines oHG-Gesellschaftsanteils geltenden Vorschriften (§ 1069 Abs. 1 BGB). Entscheidend ist in erster Linie der Gesellschaftsvertrag, wobei die Auslegungsgrundsätze heftig umstritten sind (→ Rn. 169 f.). Kann dem Gesellschaftsvertrag nichts Gegenteiliges entnommen werden, bedarf die Bestellung eines Nießbrauchs am Gesellschaftsanteil der Zustimmung aller Gesellschafter. Vom Nießbrauch am Gesellschaftsanteil ist der Nießbrauch am Gewinn des Gesellschafters zu unterscheiden (vgl. § 717 S. 2 BGB). Weil der Gewinn dem Gesellschafter zur freien Verfügung zugewiesen ist, kann hieran ein Nießbrauch generell ohne Zustimmung der anderen Gesellschafter bestellt werden (Habersack/Schäfer/*Schäfer* Rn. 129, der auf Schwächen der Konstruktion hinweist). Bei der Bestellung eines 176

Nießbrauchs an einem Kommanditanteil handelt es sich weder um eine eintragungspflichtige noch um eine kraft Gesetzes eintragungsfähige Tatsache (OLG München 8.8.2016, DStR 2016, 2000 Rn. 8 ff.).

177 **b) Auswirkungen auf das Gesellschaftsverhältnis.** Der Besteller des Nießbrauchs ist weiterhin Gesellschafter und haftet dementsprechend nach § 128 S. 1 (vgl. BGH 9.11.1998, NJW 1999, 571; Habersack/Schäfer/*Schäfer* Rn. 128). Er kann den mit dem Nießbrauch belasteten *Gesellschaftsanteil* ggf. mit Zustimmung der Gesellschafter (→ Rn. 121) übertragen, ohne dass die Übertragung zu ihrer Wirksamkeit im Außenverhältnis der Zustimmung des Nießbrauchers bedürfte (*Wertenbruch* in Westermann/Wertenbruch PersGes-HdB Rn. I 683f). Wird der Nießbrauch durch eine Verfügung oder Abstimmung in der Gesellschaft beeinträchtigt, kann im **Innenverhältnis** zwischen Besteller und Nießbraucher die **Zustimmung** des Nießbrauchers notwendig sein (§ 1071 Abs. 2 BGB) (Staudinger/*Heinze,* 2017, BGB Anh. §§ 1068 f. Rn. 72, 76; MüKoHGB/*K. Schmidt* Vor § 230 Rn. 22; EBJS/*Wertenbruch* Rn. 297). Dies gilt nicht bei gesellschaftsvertraglich zulässigen Mehrheitsbeschlüssen und im Hinblick auf Rechte des Gesellschafters, die zwingend dem Besteller zugewiesen sind (OLG München 8.8.2016, DStR 2016, 2000 Rn. 13 f.; vgl. MHdB GesR I/*Haag* § 66 Rn. 33 ff.; Habersack/Schäfer/*Schäfer* Rn. 124). Eine fehlende oder versagte Zustimmung wirkt sich – ebenso wie bei der Treuhand (→ Rn. 167 ff.) – nur auf das Innenverhältnis von Nießbraucher und Besteller aus (höchst umstr. wie hier: OLG Düsseldorf 14.9.1998, NJW-RR 1999, 619 (620); MHdB GesR I/*Haag* § 66 Rn. 33 ff. [nur solange keine Beeinträchtigung des Nießbrauchs]; MüKoBGB/*Pohlmann* BGB § 1071 Rn. 13; Baumbach/Hopt/*Roth* Rn. 46; aA *Schön* ZHR 158 (1994), 229 (267); Habersack/Schäfer/*Schäfer* Rn. 125; Soergel/*Stürner* BGB § 1068 Rn. 7g).

178 Die **Rechtsstellung** des Nießbrauchers und insbesondere seine **Haftung** hängen sehr stark von der konkreten Ausgestaltung der Vereinbarungen ab. Abstrakte Aussagen sind schwierig, es kann nur um eine Festlegung gehen, was als Regelfall anzusehen ist, welche Rechte und Pflichten dem Nießbraucher also üblicherweise zugebilligt werden. Das Verständnis der Rechtsstellung strahlt zugleich auf die Auslegung des Gesellschaftsvertrages aus. Zahlreiche Fragen sind insoweit nicht abschließend geklärt. Entschieden ist allein, dass das Stimmrecht des Bestellers bei Grundlagenbeschlüssen weiterhin dem Besteller zusteht (BGH 9.11.1998, NJW 1999, 571).

179 Im Schrifttum geht eine **weite Ansicht** davon aus, dass regelmäßig eine starke Rechtsstellung des Nießbrauchers gewollt ist (*Flume* BGB AT I 1 § 17 VI; KKRD/*Kindler* Rn. 23; Baumbach/Hopt/*Roth* Rn. 46; Habersack/Schäfer/*Schäfer* Rn. 124 ff.). Soweit nichts Abweichendes vereinbart ist, sollen dem Nießbraucher alle Rechte zustehen, die sich auf die Geschäftsführung beziehen, abgesehen von der Befugnis zu Grundlagenbeschlüssen. Da die Einräumung eines Nießbrauchs nach dieser Ansicht mit einer weitreichenden Veränderung der Handlungsorganisation der Gesellschaft verbunden ist, soll die Befugnis zur freien Übertragung eines Gesellschaftsanteils nicht als minus die Befugnis zur Bestellung eines Nießbrauchs enthalten (→ Rn. 176). Zudem soll der Nießbraucher im Außenverhältnis wie ein Gesellschafter nach § 128 S. 1 haften und deshalb in das Handelsregister eingetragen werden.

180 Demgegenüber sollen nach einer **engen, wohl herrschenden Ansicht** Rechte und Pflichten aus dem Gesellschaftsverhältnis vorbehaltlich abweichender gesellschaftsvertraglicher Regelung grundsätzlich allein dem Gesellschafter, also dem Nießbrauchbesteller, zustehen (OLG München 8.8.2016, DStR 2016, 2000 Rn. 17; Staudinger/*Heinze,* 2017, BGB Anh. §§ 1068 f. Rn. 72; MüKoBGB/*Pohlmann* BGB § 1068 Rn. 71 ff.; MüKoHGB/*K. Schmidt* Vor § 230 Rn. 21; EBJS/*Wertenbruch* Rn. 295 f.). Eine Außenhaftung scheidet aus, sodass der Nießbraucher auch nicht in das Handelsregister eingetragen werden muss.

181 Inhalt und Umfang der Rechtsstellung des Nießbrauchers sind in erster Linie der Vereinbarung zwischen Besteller und Nießbraucher zu entnehmen, ggf. in ergänzender Vertragsauslegung gem. §§ 133, 157 BGB. **Im Zweifel** dürfte der Wille der Beteiligten dahin gehen, dass einerseits der Besteller nur so viel von seiner Rechtsstellung aufgeben möchte, wie dies für ein Nutzungsrecht des Nießbrauchers unerlässlich ist, und dass andererseits der Nießbraucher nur einen Nießbrauch und nicht eine Gesellschafterstellung erlangen möchte und soll. Dem Willen der Parteien wird daher regelmäßig **eher eine begrenzte Zuweisung von Gesellschafterrechten** auf den Nießbraucher entsprechen (→ Rn. 180). Außerdem würde eine Aufteilung der mit dem Gesellschaftsanteil verbundenen Verwaltungsrechte auf zwei Rechtsinhaber zu Rechtsunsicherheit führen und die Gesellschaftsvorgänge mit erheblichem Konfliktpotential belasten (Staudinger/*Heinze,* 2017, BGB Anh. §§ 1068 f. Rn. 72; MüKoHGB/*K. Schmidt* Vor § 230 Rn. 21). Anders ist für das **Informationsrecht** des Nießbrauchers zu entscheiden (EBJS/*Wertenbruch* Rn. 296). Nach der hier vertretenen Ansicht gilt zugleich für das Zustimmungserfordernis (→ Rn. 177): Ist im Gesellschaftsvertrag die freie Übertragbarkeit des Gesellschaftsanteils vereinbart, wird damit regelmäßig auch die Möglichkeit einer zustimmungsfreien Bestellung eines Nießbrauchs am Gesellschaftsanteil eröffnet (MüKoBGB/*Pohlmann* BGB § 1068 Rn. 34; aA Baumbach/Hopt/*Roth* Rn. 44). Übertragungsklauseln erfassen also im Zweifel auch als minus die Nießbrauchsbestellung.

Für die Praxis empfiehlt sich dringend eine umfassende vertragliche Regelung der Rechtsstellung des Nießbrauchers, um die aufgezeigten Unsicherheiten zu bewältigen und im Hinblick auf die erheblichen Unterschiede bzgl. Außenhaftung und Mitbestimmung (*Hopt* VertrFormB Form. II. H.1). 182

c) Nutzungen des Gesellschaftsanteils. Dem Nießbraucher stehen die Nutzungen, also insbesondere die Erträge des Gesellschaftsanteils, zu (vgl. § 1068 Abs. 2 BGB, § 1030 Abs. 1 BGB, § 99 Abs. 2 BGB. Darunter fallen nach hM nur die **entnahmefähigen Gewinne,** also die nach Bildung entsprechender Rücklagen von den Gesellschaftern freigegebenen Anteile am Jahresüberschuss (BGH 20.4.1972, BGHZ 58, 316 (320) = NJW 1972, 1755; OLG München 8.8.2016, DStR 2016, 2000 Rn. 12; Staudinger/*Heinze,* 2017, BGB Anh. §§ 1068 f. Rn. 78). Da der Nießbrauch nicht unmittelbar am Gesellschaftsvermögen, sondern an der gesellschaftlichen Beteiligung besteht, gebühren dem Nießbraucher auch nur die Erträge dieses Rechts, nicht die Gewinne des Unternehmens schlechthin. Werden Gewinne thesauriert, stehen die entsprechenden Beträge ebenso wie bei Kapitalgesellschaften (zur insoweit gebotenen Gleichbehandlung BGH 20.4.1972, BGHZ 58, 316 (320) = NJW 1972, 1755 (1765)) dem Nießbraucher grundsätzlich nicht zu (OLG München 8.8.2016, DStR 2016, 2000 Rn. 12; EBJS/*Wertenbruch* Rn. 292; aA MüKoHGB/*K. Schmidt* Vor § 230 Rn. 17). Bei einer Kapitalerhöhung aus Gesellschaftsmitteln erstreckt sich der Nießbrauch aber auch auf den Gewinn, der auf den erhöhten Teil des Gesellschaftsanteils entfällt (BGH 27.9.1982, GmbHR 1983, 148 (149); differenzierend Habersack/Schäfer/*Schäfer* Rn. 121). Erfolgt die Kapitalerhöhung hingegen durch private Mittel der Gesellschafter, also gegen neue (nicht vom Nießbrauch erfasste) Einlagen, so erhält der Nießbraucher nur die Gewinne des nicht erhöhten Anteils (BGH 27.9.1982, GmbHR 1983, 148 (149); Heymann/*Emmerich* Rn. 72; Staudinger/*Heinze,* 2017, BGB Anh. §§ 1068 f. Rn. 87; aA MüKoHGB/*K. Schmidt* Vor § 230 Rn. 17). 183

4. Unterbeteiligung. a) Charakter. Die Unterbeteiligung ist die **(stille) Beteiligung** an einem Gesellschaftsverhältnis: Ein Gesellschafter (Hauptbeteiligter) gewährt einem Dritten (Unterbeteiligter) die Teilhabe an dem Gesellschaftsanteil (EBJS/*Gehrlein* § 230 Rn. 91; MüKoHGB/*K. Schmidt* Vor § 230 Rn. 97, 99 [*„stille Beteiligung an einem Gesellschaftsanteil“*]). Dadurch entsteht zwischen dem Hauptbeteiligten und dem Unterbeteiligten regelmäßig eine (nicht rechtsfähige, vgl. BGH 29.1.2001, BGHZ 146, 341 ff. = NJW 2001, 1056) **Innengesellschaft bürgerlichen Rechts** (BGH 11.7.1968, BGHZ 50, 316 (320) = NJW 1968, 2003; Habersack/Schäfer/*Schäfer* Rn. 110). Hierauf sind die §§ 705 ff. BGB, ergänzt durch entsprechende Anwendung des Rechts der stillen Gesellschaft (§§ 230 ff.), anwendbar (BGH 11.7.1968, BGHZ 50, 316 (320) = NJW 1968, 2003; KKRD/*Kindler* § 230 Rn. 4; Baumbach/Hopt/*Roth* Rn. 38). Da dieses Recht der stillen Gesellschaft nur wenige zwingende gesetzliche Regelungen enthält, sind auch zahlreiche Formen einer atypischen stillen Unterbeteiligung möglich. In der Praxis kommen am häufigsten die atypische stille Gesellschaft in der Form der einkommensteuerrechtlichen Mitunternehmerschaft (atypischer stiller Gesellschafter muss ein gewisses Unternehmerrisiko tragen und Unternehmensinitiative entfalten), die stille Gesellschaft als Publikumsgesellschaft (Beteiligung mehrerer stiller Gesellschafter), die stille Gesellschaft mit Vermögensbeteiligung des Stillen und die stille Gesellschaft mit Geschäftsführerbeteiligung des Stillen vor. Diese Formen der atypischen stillen Gesellschaft können auch miteinander kombiniert werden (*Blaurock* Stille Gesellschaft-HdB § 4 Rn. 26 f.; *Weigl* Stille Gesellschaft 121 f.). 184

b) Auswirkungen auf das Gesellschaftsverhältnis. Bei der (stillen) Unterbeteiligung ist nur der hauptbeteiligte Gesellschafter mit den hieraus resultierenden mitgliedschaftlichen Rechten und Pflichten (EBJS/*Gehrlein* § 230 Rn. 94; MüKoHGB/*K. Schmidt* § 230 Rn. 233). Er steht dabei in einem Spannungsfeld zwischen seinen – sich je nach Ausgestaltung der Unterbeteiligung durchsetzenden – **Pflichten gegenüber der Gesellschaft** und den Mitgesellschaftern auf der einen und den Interessen des Unterbeteiligten auf der anderen Seite. Das Gesellschaftsverhältnis hat mittelbare Auswirkungen auf die Unterbeteiligung (Habersack/Schäfer/*Schäfer* Rn. 111), kann etwa die Unwirksamkeit von Abreden des Unterbeteiligungsvertrags nach sich ziehen oder Treupflichten des Unterbeteiligten gegenüber der Hauptgesellschaft begründen (Staub/*Harbarth* § 230 Rn. 289 ff.). Für Geschäfte, die Einfluss auf die Grundlagen der Unterbeteiligung haben, kann daher nach den Absprachen im Innenverhältnis zum Unterbeteiligten die Zustimmung des Unterbeteiligten erforderlich sein (*Blaurock* Stille Gesellschaft-HdB § 30 Rn. 43; Staub/*Harbarth* § 230 Rn. 293). Im Rahmen der Unterbeteiligung können auch vertragliche Vereinbarungen zwischen Haupt- und Unterbeteiligtem über ein bestimmtes Stimmverhalten des Hauptbeteiligten getroffen werden, wobei ggf. Modifikationen am Gesellschaftsvertrag erforderlich sind (sog. **Stimmbindungsabsprachen;** vgl. *Blaurock* Stille Gesellschaft-HdB § 30 Rn. 45; EBJS/*Gehrlein* § 230 Rn. 95; einschränkend Habersack/Schäfer/*Schäfer* Rn. 112, 105). Sie wirken freilich nur im Innenverhältnis: Eine diesen Absprachen zuwiderlaufende Stimmabgabe des Hauptbeteiligten ist nach außen gleichwohl wirksam (BGH 4.11.1976, WM 1977, 525 (528); Staub/*Harbarth* § 230 Rn. 285). Da der Hauptbeteiligte in erster Linie der Gesellschaft treuverpflichtet ist, soll er nur dann dem Unterbeteiligten schadensersatzpflichtig sein, wenn er in der mit dem Unterbeteiligten vereinbarten Weise ohne gesellschaftsrechtlichen Treuepflichtverstoß hätte abstimmen können (vgl. BGH 4.11.1976, 185

WM 1977, 525 (528); vgl. auch Habersack/Schäfer/*Schäfer* Rn. 112). Überzeugender erscheint es, die Haftung im Innenverhältnis zum Unterbeteiligten allein daran zu messen, wozu sich der Hauptbeteiligte gegenüber dem Unterbeteiligten verpflichtet hat. Kann er seine Verpflichtungen wegen vorrangiger Treuepflichten gegenüber der Gesellschaft nicht erfüllen, entlastet ihn allein die damit verbundene Unmöglichkeit nicht von Schadensersatzpflichten. Meist werden dem Unterbeteiligten aber die Treuepflichten des Hauptbeteiligten gegenüber der Gesellschaft bewusst sein und damit auch Grundlage des Unterbeteiligungsverhältnisses sein.

186 Mit Zustimmung der übrigen Gesellschafter können dem Unterbeteiligten auch umfassendere Einwirkungsrechte auf die Gesellschaft eingeräumt werden, (sog. **offene Unterbeteiligung,** MHdB GesR I/*Gayk* § 30 Rn. 9, 31; Habersack/Schäfer/*Schäfer* Rn. 113).

187 **c) Unterbeteiligungsverhältnis.** Die Begründung einer Unterbeteiligung erfordert als Begründung einer Innen-GbR einen Gesellschaftsvertrag. Soweit eine Unterbeteiligung keine Auswirkungen auf die Gesellschaft hat, ist eine Zustimmung der Gesellschafter zu der Unterbeteiligung nicht erforderlich (BGH 11.7.1968, BGHZ 50, 316 (325) = NJW 1968, 2003; Staub/*Harbarth* § 230 Rn. 279). **Informationsrechte** bestehen nur innerhalb des Unterbeteiligungsverhältnisses, nicht gegenüber der Hauptgesellschaft (MHdB GesR I/*Gayk* § 30 Rn. 34; Habersack/Schäfer/*Schäfer* Rn. 112). Sie bestimmen sich nach § 233 (BGH 11.7.1968, BGHZ 50, 316 (325) = NJW 1968, 2003; BGH 10.10.1994, NJW-RR 1995, 165 (166); für ein weiterreichendes Informationsrecht *Blaurock* § 30 Rn. 48; MHdB GesR I/*Gayk* § 30 Rn. 36; Baumbach/Hopt/*Roth* Rn. 42). Im Zweifel soll der Unterbeteiligte keinem **Wettbewerbsverbot** unterliegen (BGH 11.7.1968, BGHZ 50, 316 (324) = NJW 1968, 2003). In der Praxis wird die Unterbeteiligung als Instrument der vorweggenommenen Erbfolge eingesetzt (Oetker/*Lieder* Rn. 63). Vorteile ergeben sich aus dem Umstand, dass ihre Schenkung unter Lebenden aufschiebend bedingt durch den Tod des Hauptgesellschafters durch Abschluss des Gesellschaftsvertrags zu Lebzeiten vollzogen werden kann (§ 2301 Abs. 2 BGB, § 518 Abs. 2 BGB), sodass sie nicht in einen eventuell pflichtteilbelasteten Nachlass fällt (zu den Voraussetzungen BGH 29.11.2011, NZG 2012, 222 Rn. 22 ff. „Siegfried Unseld-Stiftung").

X. Die Scheingesellschaft/-oHG

188 **1. Begriff.** Als **Schein-oHG** werden Fallgestaltungen bezeichnet, in denen nach außen der Schein einer bestehenden oHG erweckt wird, in Wirklichkeit ein solches Gesellschaftsverhältnis aber nicht besteht. Es fehlt also eine **objektive Voraussetzung** für das Vorliegen einer Gesellschaft. Soweit kein wirksamer Vertrag vorliegt, ist die Scheingesellschaft von der **fehlerhaften Gesellschaft** (→ Rn. 125 ff.) anhand des vorliegenden Mangels des Vertrages abzugrenzen. Eine Scheingesellschaft kann anzunehmen sein, wenn die Grundsätze der fehlerhaften Gesellschaft aufgrund überwiegender Allgemein- oder Individualinteressen nicht anwendbar sind (Nichtigkeit ex-tunc, → Rn. 138 ff.) oder, wenn ein Gesellschaftsvertrag gem. § 117 BGB nur zum Schein geschlossen wird (dann keine Anwendung der Grundsätze über die fehlerhafte Gesellschaft, vgl. nur MüKoBGB/*Armbrüster* § 117 BGB Rn. 3; MHdB GesR I/*Miras* § 100 Rn. 48; aA Habersack/Schäfer/*Schäfer* Rn. 370 [Verkehrsschutz]; *Markworth,* Scheinsozius und Scheinsozietät, 2016, 85 f.). In Fällen der sog. **Strohmanngesellschaft**" (vgl. Habersack/Schäfer/*Schäfer* Rn. 369; EBJS/*Wertenbruch* Rn. 370 wird idR das Entstehen einer Gesellschaft und ggf. ein Treuhandverhältnis gerade gewollt sein. Eine Scheingesellschaft kommt auch dann in Betracht, wenn eine nicht gem. § 105 Abs. 2 in das Handelsregister eingetragene und mangels Gewerblichkeit eventuell auch nicht eintragungsfähige GbR als oHG auftritt (MüKoHGB/*K. Schmidt* Rn. 259; EBJS/*Wertenbruch* Rn. 370). Sobald eine GbR indes unter den Voraussetzungen und nach Maßgabe des § 105 Abs. 2 eingetragen wird, ist sie oHG, und die Frage einer Schein-oHG stellt sich nicht mehr.

189 **2. Rechtliche Behandlung.** Die Schein-oHG als solche ist **weder rechts- noch parteifähig** (MüKoHGB/*K. Schmidt* Rn. 258; EBJS/*Wertenbruch* Rn. 372). Eine gegen die Scheingesellschaft gerichtete Klage kann sich nur gegen die dahinter stehende GbR (sofern diese existiert; → BGB § 705 Rn. 1 ff.) richten; im Prozess ist das Rubrum nach § 319 ZPO entsprechend zu berichtigen (EBJS/*Wertenbruch* Rn. 372).

190 Materiell-rechtlich ist zwischen dem Innen- und dem Außenverhältnis zu unterscheiden. Im **Innenverhältnis** der Schein-oHG gelangt oHG-Recht nicht zur Anwendung, und zwar auch nicht über die Grundsätze der fehlerhaften Gesellschaft. Haben – etwa im Falle des § 117 BGB – die Schein-Gesellschafter das Entstehen einer oHG gerade nicht gewollt (§ 117 Abs. 2 BGB), so liegt kein zurechenbares rechtsgeschäftliches Handeln vor (BGH 27.5.1953, NJW 1953, 1220; BGH 28.11.1953, BGHZ 11, 190 (191) = NJW 1954, 231). Vielmehr gelten im Innenverhältnis, sofern die Schein-Gesellschafter tatsächlich als GbR verbunden sind, die §§ 705 ff. BGB. Besteht nicht einmal ein solches (verschleiertes) GbR-Verhältnis, so sind auch die §§ 705 ff. BGB unanwendbar, und es gelten die allgemeinen Vorschriften des Schuldrechts (BGH 27.5.1953, NJW 1953, 1220). Angesichts der geringen Anforderungen an den gemeinsamen Zweck dürften diese Fälle aber selten sein.

Im **Außenverhältnis** müssen sich die Gesellschafter der Schein-oHG an dem gesetzten Rechtsschein festhalten lassen und haften gegenüber Gutgläubigen entsprechend den oHG-Vorschriften – also insbesondere gem. § 128 –, sofern sie den Rechtsschein zurechenbar veranlasst haben (vgl. BGH 11.3.1955, BGHZ 17, 13 (16) = NJW 1955, 985; BGH 25.6.1973, BGHZ 61, 59 (64 f.) = NJW 1973, 1691; BGH 26.11.1979, NJW 1980, 784 (785)). Mit der Annäherung von oHG und GbR hat diese Rechtsscheinhaftung kaum noch praktische Bedeutung (MüKoHGB/*K. Schmidt* Rn. 259; vgl. zur Schein-GbR und –PartG *Markworth,* Scheinsozius und Scheinsozietät, 2016). 191

XI. Internationales Personengesellschaftsrecht

1. Bestimmung des Gesellschaftsstatuts. Das nicht kodifizierte Internationale Recht der Personengesellschaften war in der jüngeren Vergangenheit durch die Rspr. des EuGH grundlegenden Veränderungen unterworfen, die bis heute nicht abschließend aufgearbeitet wurden, sodass zahlreiche Fragen ungeklärt sind. Bis zum Ende des 20. Jahrhunderts entsprach es stRspr und hL in Deutschland, dass bei internationalem Bezug das auf eine Gesellschaft anzuwendende Gesellschaftsrecht anhand des Verwaltungssitzes bestimmt wird (sog. **Sitztheorie,** BGH 30.1.1970, BGHZ 53, 181 (183) = NJW 1970, 998; BGH 21.3.1986, BGHZ 97, 269 (271) = NJW 1986, 2194; Palandt/*Thorn* EGBGB Anh. Art. 12 Rn. 1). Das galt sowohl für Kapitalgesellschaften als auch für die hier interessierenden Personengesellschaften, ohne dass dies gesetzlich ausdrücklich geregelt worden wäre. Bewegung brachte in diesen gefestigten Diskussionsstand der EuGH, der in einer Serie von Entscheidungen die Sitztheorie für europarechtswidrig erklärte, soweit sie dazu führt, dass eine einmal wirksam gegründete Gesellschaft für den Fall der Sitzverlegung nicht ohne ihr ursprüngliches rechtliches Kleid fortbestehen kann (EuGH 5.11.2002, Slg. I 2002, 9919 = NJW 2002, 3614 – Überseering; EuGH 30.9.2003, Slg. I 2003, 10 155 = NJW 2003, 3331 – Inspire Art; EuGH 11.3.2004, Slg. I 2004, 2431 = NJW 2004, 2439 – Hughes de Lasteyrie du Saillant). Im Anwendungsbereich der europäischen Niederlassungsfreiheit des Art. 49 AEUV ist daher nach einer Verlegung des Verwaltungssitzes in einen anderen Mitgliedstaat der EU/EWR weiterhin das Gesellschaftsrecht des Gründungsortes anzuwenden (sog. **Gründungstheorie**). Das gilt selbst für sog. „Scheinauslandsgesellschaften", die zwar im Ausland gegründet sind, aber von Beginn an im Inland tätig werden und hier auch ihren Verwaltungssitz, als den Sitz der Geschäftsleitung, haben. Auch wenn sich die Rechtsprechung des EuGH nur auf juristische Personen bezog, war von vornherein nicht ersichtlich, weshalb auf Personenhandelsgesellschaften, die gleichermaßen die Niederlassungsfreiheit beanspruchen können, andere Grundsätze anwendbar sein sollten. 192

2. Sitzverlegung ausländischer Personengesellschaften nach Deutschland. a) Verlegung des Verwaltungssitzes von EU-Gesellschaften. Für den Zuzug ausländischer Personengesellschaften bedeutet dies, dass in der EU und im Europäischen Wirtschaftsraum (EWR) wirksam gegründete Personengesellschaften gemäß dem jeweiligen Gründungsgesellschaftsstatut nach einer grenzüberschreitenden Verlegung des **Verwaltungssitzes** hierzulande anzuerkennen und als solche ohne weiteres rechts- und parteifähig sind (BGH 13.3.2003, BGHZ 154, 185 (189 f.) = NJW 2003, 1461; BGH 19.9.2005, BGHZ 164, 148 (151) = NJW 2005, 3351). Auch die Zuständigkeit nach Art. 22 Nr. 2 EuGVVO aF (= Art. 24 Nr. 2 EuGVVO nF – „Brüssel Ia-VO" [VO Nr. 1215/2012 mWv 10.1.2015]) richtet sich nach der Gründungstheorie (BGH 12.7.2011, NJW 2011, 3372 mAnm *Müller;* vgl. auch *Staudinger/Steinrötter* JuS 2015, 1 (3)). Nach den 2008 durch Art. 3 MoMiG in §§ 13 ff., §§ 106 f. aufgenommenen Zusätzen haben Personenhandelsgesellschaften bei der Eintragung im Handelsregister jeweils eine inländische Geschäftsanschrift anzugeben. Damit soll für Zwecke des Gläubigerschutzes sichergestellt werden, dass eine Geschäftsadresse im Inland bekannt ist (BT-Drs. 16/6140, 49). 193

b) Verlegung von Verwaltungs- und Satzungssitz von EU-Gesellschaften. Als Zuzugsstaat für eine ausländische Personengesellschaft muss das deutsche Recht den Zuzug auch dann ermöglichen, wenn die ausländische Gesellschaft nicht nur den Verwaltungssitz, sondern auch ihren **Satzungssitz** nach Deutschland verlegt. Hier kommt es zu einem identitätswahrenden Formwechsel der wirksam nach dem Recht eines anderen Mitgliedstaates gegründeten Gesellschaft in eine deutsche Personengesellschaft, bei einer handelsgewerblichen Tätigkeit also in eine oHG (EuGH 12.7.2012, NZG 2012, 871 (873); dazu Schall/*Schall* Anh. IntPersonengesellR Rn. 94; *Behme* NZG 2012, 936; *Böttcher/Kraft* NJW 2012, 2701; *Kindler* EuZW 2012, 888, die jew. auf Probleme der praktischen Umsetzung dieser Rspr. eingehen). Die nationale Rspr. hat die Entscheidung des EuGH bereits umgesetzt (OLG Nürnberg 19.6.2013, NZG 2014, 349 mAnm *Stiegler*). Für die identitätswahrende Sitzverlegung von Personengesellschaften bedarf es keiner Anwendung des UmwG, vielmehr vollzieht sich der Formwechsel von Personengesellschaften ohne formelle Voraussetzungen und außerhalb des Handelsregisters, soweit die Voraussetzungen der jeweiligen Rechtsform der Sache nach vorliegen (Oetker/*Lieder* Rn. 145). 194

c) Sitzverlegung bei sonstigen Gesellschaften. Nicht gemeinschaftsrechtlich vorgegeben ist die Anknüpfung bei Gesellschaften, die außerhalb der EU und des EWR gegründet wurden. Die Partei- und Rechtsfähigkeit einer **US-amerikanischen Gesellschaft** ist aufgrund des deutsch-amerikanischen 195

Freundschaftsvertrags nach ihrem Gründungsrecht zu beurteilen (BGH 29.1.2003, BGHZ 153, 353 (357) = NJW 2003, 1607). Im Übrigen plädieren der BGH und Teile des Schrifttums dafür, weiterhin der Sitztheorie zu folgen (BGH 12.7.2011, NJW 2011, 3372 mAnm *Müller;* MüKoBGB/*Kindler* IntGesR Rn. 455 ff.; Palandt/*Thorn* EGBGB Anh. Art. 12 Rn. 10), andere wollen auch insoweit auf die Gründungstheorie umschwenken (*Behrens* IPRax 2003, 193 (205 f.); *Eidenmüller* ZIP 2002, 2233 (2244)). Der BGH begründet seine Entscheidung für die **Sitztheorie** überzeugend damit, dass es Aufgabe des Gesetzgebers sei, die Gründungstheorie zu kodifizieren. Hierfür spricht das besondere Bedürfnis nach Stabilität und Vertrauensschutz bei Kollisionsnormen. Der im Jahr 2008 vorgestellte RefE des BMJ (zum Entwurf MüKoBGB/*Kindler,* 5. Aufl. 2010, IntGesR Rn. 540 ff.; *Schneider* BB 2008, 566 ff.) ist nicht weiterverfolgt worden (vgl. auch BGH 27.10.2008, NJW 2009, 289 [schweizerische AG]; OLG Hamburg 30.3 2007, NZG 2007, 597 (598); BeckOK BGB/*Lorenz* EGBGB Einl. IPR Rn. 15). Zu einem Überblick über das internationale und europäische Gesellschaftsrecht vgl. Baumbach/Hopt/*Roth* Einl. vor § 105 Rn. 29 ff.

196 **3. Sitzverlegung einer oHG ins Ausland. a) Verlegung des Verwaltungssitzes.** Von der Bestimmung des **Gesellschaftsstatuts** zu trennen ist die Frage, ob das deutsche **materielle Gesellschaftsrecht** eine Sitzverlegung einer deutschen Personengesellschaft ins Ausland zulässt. Bei dieser sog. Wegzugsproblematik ist zwischen der Verlegung des Satzungs- bzw. Registersitzes ins Ausland und der hier zunächst angesprochenen bloßen Verlegung des Verwaltungssitzes (Sitz der Hauptverwaltung) einer weiterhin im deutschen Handelsregister eingetragen oHG zu trennen. Der deutsche Gesetzgeber hat insoweit im Gesellschaftsrecht bislang nur Teilregelungen verabschiedet, die notwendige große Reform (→ Rn. 200) ist im Entwurfsstadium stecken geblieben. Deutsche GmbHs und AGs können nach der Streichung von § 4a Abs. 2 GmbHG aF und § 5 Abs. 2 AktG aF durch das MoMiG ihren effektiven Verwaltungssitz in das Ausland verlegen (vgl. BT-Drs. 16/6140, 29 und *Wicke* GmbHG § 4a Rn. 11). Daraus wird man allerdings noch nicht zwingend herleiten können, dass vergleichbares ohne entsprechende gesetzliche Klarstellung auch für Personengesellschaften zu gelten hat. Während eine deutsche Kapitalgesellschaft zwingend eine Eintragung im deutschen Handelsregister voraussetzt, ist bei einer handelsgewerblichen oHG, die also kein Kleingewerbe betreibt, die Eintragung nur deklaratorisch. Sie entsteht nach § 123 Abs. 2 bereits mit Geschäftsaufnahme. Im Schrifttum lässt sich ein entsprechender eindeutiger Meinungsschwenk – wohl angesichts dieser Unterschiede – dementsprechend noch nicht beobachten.

197 Nach bislang hA führte die Verlegung des effektiven Verwaltungssitzes ins Ausland, sofern keine Umwandlung in eine andere Rechtsform angestrebt ist, zwingend zur **Auflösung** der oHG und zu ihrer Abwicklung unter Aufrechterhaltung der Rechtsfähigkeit als Liquidationsgesellschaft nach §§ 145 ff. (Heymann/*Emmerich* § 106 Rn. 14 (kritisch); so wohl auch MüKoHGB/*Langhein* § 106 Rn. 30). Eine grenzüberschreitende Trennung von Verwaltungs- und Satzungssitz ist damit bei einer Personengesellschaft nicht möglich. Mit Blick auf die aktuellen Entwicklungen und das weite Verständnis der Niederlassungsfreiheit erscheint es sachlich überzeugender und zugleich systemgerechter, schon de lege lata Wegzugsfreiheit anzuerkennen (Oetker/*Lieder* Rn. 144; EBJS/*Wertenbruch* Rn. 376 ff.). Anerkanntermaßen dürfen aufgrund der Niederlassungsfreiheit der Verlegung des tatsächlichen Verwaltungssitzes keine unnötigen Hindernisse in den Weg gelegt werden (EuGH 29.11.2011 DStR 2011, 2334 Rn. 27). Da – anders als bei der Verlegung des Satzungssitzes – keine entgegenstehenden Sachgründe ersichtlich sind, spricht vieles dafür, einer oHG die Befugnis zur Nutzung der Niederlassungsfreiheit zuzusprechen und ihr die Verlegung ihres Verwaltungssitzes in einen anderen EU-Mitgliedstaat zu gestatten. Die Gesellschaft bleibt hier weiterhin den strengen Regeln des deutschen Gesellschafts-, Bilanz- und Registerrechts unterworfen, sodass Schutzlücken zu Lasten der Gläubiger nicht erkennbar sind. Einen rechtssicheren Weg bietet angesichts des strittigen Diskussionsstandes für alle Fälle der grenzüberschreitenden Sitzverlegung der identitätswahrende Rechtsformwechsel in eine ausländische Personengesellschaft des Zuzugsstaates. Sie kann weder vom Wegzugs- noch vom Zuzugsstaat verhindert werden.

198 **b) Verlegung (auch) des Satzungssitzes.** Die mit der Änderung des Gesellschaftsstatus verbundene identitätswahrende (isolierte) Verlegung des Satzungssitzes wurde lange Zeit nicht für möglich gehalten. Der EuGH hat jedoch klargestellt, dass die Niederlassungsfreiheit auch insofern gilt. Sie steht deshalb insbesondere herkunftsstaatlichen Regeln entgegen, die einen grenzüberschreitenden Formwechsel verhindern, bei dem eine wirksam gegründete Gesellschaft **aus dem Gründungsstaat** nicht einfach nur **„wegziehen", sondern** dabei **gleichzeitig** in eine Gesellschaftsform des Zuzugsstaates **umgewandelt** werden möchte (EuGH 16.12.2008, EuZW 2009, 75 (80)). Das deutsche Recht darf also nicht zunächst die Auflösung und Liquidation der wegziehenden Gesellschaft verlangen, um so die Umwandlung zu blockieren (EuGH 16.12.2008, EuZW 2009, 75 (80)). Dabei kommt es nach dem jüngsten Urteil des EuGH in der Rs. **„Polbud"** nicht darauf an, ob die Gesellschaft im Zuzugsstaat eine **wirtschaftliche Aktivität** entfaltet (EuGH 25.10.2017, NJW 2017, 3639; zustimmend *Bayer/Schmidt* ZIP 2017, 2225 (2229)).

199 Beschränkungen der grenzüberschreitenden Umwandlung durch singuläre Satzungssitzverlegung können durch den Gründungsstaat nur dann angeordnet werden, wenn sie durch **zwingende Gründe**

des Allgemeininteresses gerechtfertigt werden (zB Schutz der Gläubiger, Minderheitsgesellschafter oder Arbeitnehmer der Gesellschaft, s. EuGH 13.12.2005, NJW 2006, 425; EuGH 21.12.2016, NJW 2017, 1723). Die Interessen der Gläubiger dürfen nach Auffassung des EuGH aber nicht durch die Anordnung der Auflösung und sofortigen Liquidation der fortziehenden Gesellschaft geschützt werden, sondern allein etwa dadurch, dass der grenzüberschreitende Formwechsel an die Vorlage von Bankbürgschaften oder andere gleichwertige Sicherheiten geknüpft wird (vgl. EuGH 25.10.2017, NJW 2017, 3639 Rn. 58).

[Anmeldung zum Handelsregister]

106 (1) **Die Gesellschaft ist bei dem Gericht, in dessen Bezirke sie ihren Sitz hat, zur Eintragung in das Handelsregister anzumelden.**

(2) **Die Anmeldung hat zu enthalten:**

1. **den Namen, Vornamen, Geburtsdatum und Wohnort jedes Gesellschafters;**
2. **die Firma der Gesellschaft, den Ort, an dem sie ihren Sitz hat, und die inländische Geschäftsanschrift;**
3. **[aufgehoben]**
4. **die Vertretungsmacht der Gesellschafter.**

Übersicht

I. Allgemeines

1. Normzweck. Die Regelung dient dem **Schutz des Verkehrs,** indem sie hinsichtlich derjenigen Verhältnisse der Personenhandelsgesellschaft, die für das Publikum von Interesse sind, eine Anmeldung zu dem der Öffentlichkeit gem. § 9 Abs. 1 zugänglichen Handelsregister vorsieht. Der Inhalt dieser jedenfalls für die Firma, den Ort des Unternehmenssitzes sowie die inländische Geschäftsanschrift (Abs. 2 Nr. 2) bereits gem. §§ 6, 29 verpflichtenden und insoweit den Grundsatz der Firmenöffentlichkeit verwirklichenden Anmeldung wird in § 106 im Hinblick auf die Besonderheiten der OHG angepasst und erweitert (Abs. 2 Nr. 1, 4: Mehrheit von Inhabern [Gesellschafter], Vertretungsverhältnisse). 1

Die §§ 106–108 werden im Bereich der OHG durch weitere Spezialnormen (§ 143, § 144 Abs. 2, §§ 148, 157) für die dort geregelten besonderen Situationen (Auflösung der Gesellschaft, Fortsetzung nach durchgeführtem Insolvenzverfahren, Ausscheiden eines oder mehrerer Gesellschafter, Liquidation) **ergänzt.** Für die KG sind darüber hinaus §§ 162, 175 zu beachten. Soweit nicht durch die genannten Spezialvorschriften verdrängt, gelten daneben die Regelungen gem. § 6 iVm §§ 8–16, 17 ff., 53. 2

2. Anmeldepflicht. Die in § 106 statuierte Pflicht zur Anmeldung ist **öffentlich-rechtlicher** Natur und von einer sich etwa aus dem Gesellschaftsvertrag ergebenden privatrechtlichen Verpflichtung der Gesellschafter untereinander (→ § 108 Rn. 5) abzugrenzen. Sie ist **nicht abdingbar** und kann nach § 14, §§ 388 ff. FamFG durch Festsetzung von Zwangsgeld gegenüber jedem Anmeldepflichtigen, dh gegenüber sämtlichen Gesellschaftern (vgl. § 108 Abs. 1) erzwungen werden. Die Anmeldung hat **unverzüglich** nach Aufnahme des Geschäftsbetriebes in der Form des § 12 zu erfolgen, eine vorherige – freiwillige – Anmeldung nach Abschluss des Gesellschaftsvertrages ist möglich. Für die kleingewerbliche GbR bleibt die nach § 105 Abs. 2, § 2 mögliche Anmeldung und Eintragung, durch die sie erst zur Personenhandelsgesellschaft wird, selbstverständlich freiwillig. 3

Die Anmeldepflicht besteht **bis zur Vollbeendigung** der Gesellschaft, welche nicht mit der bloßen Auflösung, die ihrerseits gem. § 143 einzutragen ist, gleichgesetzt werden darf (MüKoHGB/*Langhein* 4

Rn. 13; KG 1.10.2008, FGPrax 2009, 54 (55)). Eine **Rücknahme** (Widerruf) der Anmeldung ist formlos möglich, allerdings nur bis zum Vollzug der Eintragung im Register; bei wirksamer Rücknahme hat die Eintragung selbst dann zu unterbleiben, wenn nach dem oben Gesagten eine Pflicht zur Anmeldung besteht (BayObLG 9.11.1989, DB 1990, 168 (169)). Eine – erneute – Anmeldung müsste dann bei Vorliegen der Voraussetzungen über § 14 erzwungen werden (→ Rn. 3).

II. Inhalt der Anmeldung

5 **1. Allgemeines.** Bei den Tatsachen, die dem Registergericht anlässlich der Anmeldung mitzuteilen sind bzw. mitgeteilt werden können, ist zwischen **gesetzlich vorgeschriebenen** (→ Rn. 6 ff.) und **ergänzenden** (→ Rn. 16 ff.) Angaben zu unterscheiden. Während die gesetzlich vorgeschriebenen Angaben sämtlich auch in das Handelsregister eingetragen werden, ist bei den ergänzenden Angaben zwischen solchen, die tatsächlich zur Eintragung gelangen (→ Rn. 17), sowie denjenigen, die nicht **eintragungsfähig** sind (→ Rn. 18), zu differenzieren.

6 **2. Gesetzlich vorgeschriebene Angaben.** Gesetzlich geregelt ist die Anmeldepflicht für die unmittelbar in Abs. 2 aufgezählten Angaben. Diese werden gem. § 40 Nr. 2, 3 HRV in das Handelsregister eingetragen.

7 **a) Angaben über die Gesellschafter.** Die Anmeldung muss den **Namen, Vornamen, Geburtsdatum** und **Wohnort** jedes Gesellschafters beinhalten. Sinn dieser Regelung ist es, den Gesellschaftsgläubigern die Durchsetzung von Forderungen gegen die persönlich haftenden Gesellschafter zumindest zu erleichtern. Ausnahmen für einzelne Gesellschafter sind nicht zulässig. Eine Vereinbarung, wonach die Eintragung eines Gesellschafters einer Personenhandelsgesellschaft unterbleiben und dieser Gesellschafter nach außen als Träger der Gesellschaft nicht in die Erscheinung treten soll, ist daher unwirksam (BGH 13.5.1953, BGHZ 10, 44 (48) mwN). Die Nennung eines von mehreren Vornamen eines Gesellschafters (Rufname) wird bei genügender Unterscheidbarkeit zu anderen Mitgesellschaftern – die regelmäßig aufgrund des ebenfalls anzugebenden Geburtsdatums gegeben sein dürfte – als ausreichend angesehen (vgl. MüKoHGB/*Langhein* Rn. 17 mwN; zu Künstlernamen/Pseudonymen vgl. OLG Frankfurt a. M. 18.11.2002, NJW 2003, 364).

8 **Kaufleute** können nach hM mit ihrer Firma unter Hinzufügung ihres bürgerlichen Namens angemeldet und eingetragen werden (BayObLG 16.2.1973, BB 1973, 397; MüKoHGB/*Langhein* Rn. 18; MüKoHGB/*Heidinger* § 17 Rn. 46; EBJS/*Born* Rn. 9; str., großzügiger – auch ohne Hinzufügung des bürgerlichen Namens, der sich unschwer dem insoweit einschlägigen Register entnehmen lässt: GK-HGB/*Steitz* § 17 Rn. 19; ebenso wohl OLG Jena 9.9.2010, NZG 2011, 25; Scholz/*Veil* GmbHG § 8 Rn. 10; Rowedder/Schmidt-Leithoff/*Schmidt-Leithoff* GmbHG § 8 Rn. 5a [für die Beteiligung an einer GmbH]; strenger – nur bürgerlicher Name: EBJS/*Märtens,* 2. Aufl. 2008, Rn. 9; RWH HGB/*Haas* Rn. 5).

9 Sind an der einzutragenden OHG **Personengesellschaften** beteiligt, ist bei Personenhandelsgesellschaften lediglich deren Firma anzumelden. Bei der GbR, welche nach neuerer Rspr. des BGH als Teilnehmerin am Rechtsverkehr grundsätzlich jede Rechtsposition einnehmen (BGH 29.1.2001, BGHZ 146, 341 = NJW 2001, 1356) und folglich auch Gesellschafterin einer OHG sein kann (*Bergmann* ZIP 2003, 2231 (2233, 2241); MüKoHGB/*Langhein* Rn. 19 mwN; ebenso für die Beteiligung an einer KG [als Komplementärin] OLG Celle 27.3.2012, ZIP 2012, 766; LG Berlin 8.4.2003, NZG 2003, 580 (581); [als Kommanditistin] BGH 16.7.2001, BGHZ 148, 291 = NJW 2001, 3121) ist dagegen mangels Registerpublizität der GbR und der aus diesem Grund fehlenden Informationsmöglichkeit des Publikums über die Haftungssituation zusätzlich die Anmeldung der GbR-Gesellschafter (mit sämtlichen Angaben gem. Abs. 2) zu fordern (*Bergmann* ZIP 2003, 2231 (2238 ff.); vgl. für die KG die zum 15.12.2001 eingefügte Regelung in § 162 Abs. 1 S. 2 sowie für die GmbH OLG Hamm 24.5.2016, NZG 2016, 1147 (1148) mzustAnm *Wachter* GmbHR 2016, 1090 (1093)). Ebenso anzumelden und einzutragen sind alle späteren Änderungen im Gesellschafterbestand (vgl. BGH 16.7.2001, NJW 2001, 3121 (3122)) sowie Angaben zu Vertretungsverhältnissen innerhalb der GbR, sofern diese von den gesetzlichen Vorgaben (§§ 714, 709 BGB) abweichen (LG Berlin 8.4.2003, NZG 2003, 580 (581)).

10 Bei **juristischen Personen** ist ebenso wie bei Personenhandelsgesellschaften nur deren Firma bzw. Name (Verein, Stiftung) anzumelden. Bei der grundsätzlich zulässigen Beteiligung ausländischer juristischer Personen und Personenhandelsgesellschaften wird im Interesse des Publikumsschutzes die Eintragung der auch bei Anmeldung einer inländischen Zweigniederlassung erforderlichen Angaben (§§ 13e ff. HGB) geboten sein (vgl. MüKoHGB/*Langhein* Rn. 21 mwN). Ob die deutsche Zweigniederlassung als unselbständiger Teil eines ausländischen Unternehmens unter ihrer Firma als Gesellschafter im Handelsregister eingetragen werden kann, ist umstritten (dafür OLG Bremen 18.12.2012, BB 2013, 129; dagegen OLG Celle 7.6.1999, NJW-RR 2000, 701). Solange eine GmbH (AG) noch nicht in das Handelsregister eingetragen ist, kann (nur) die Vor-Gesellschaft als Gesellschafterin angemeldet und eingetragen werden, und zwar unter der Firma der GmbH mit dem Zusatz „i. G.", welcher

sodann nach Eintragung der GmbH von Amts wegen zu löschen ist (BGH 12.11.1984, NJW 1985, 736 (737)).

Dritte, denen ein **Recht an einem Gesellschaftsanteil** zusteht (etwa aufgrund Nießbrauchs, 11
Unterbeteiligung oder Treuhänderschaft) sind nach hM nicht zur Eintragung in das Handelsregister anzumelden (MüKoHGB/*Langhein* Rn. 24; RWH HGB/*Haas* Rn. 8; OLG München 8.8.2016, NZG 2016, 1064; aA Staub/*Schäfer* Rn. 16; *Wedemann* ZGR 2016, 798 (834, 835)); OLG Stuttgart 28.1.2013, NZG 2013, 432; OLG Oldenburg 9.3.2015, NZG 2015, 643; LG Aachen 28.4.2003, RNotZ 2003, 398 [jew. für Nießbrauch]).

b) Angaben über die Gesellschaft. Anzumelden ist die von der OHG **tatsächlich geführte** 12
Firma, deren Zulässigkeit sich nach den allgemeinen Bestimmungen der §§ 17 ff. (insbesondere §§ 18, 19, 22, 24) richtet, auch wenn diese mit der möglicherweise im Gesellschaftsvertrag aufgeführten (ursprünglich vorgesehenen) Firma bereits nicht mehr übereinstimmt.

Daneben ist der **Ort des Sitzes** der Gesellschaft anzugeben. Aus ihm ergibt sich das zuständige 13
Registergericht nach Abs. 1, der allgemeine Gerichtsstand der OHG entsprechend § 17 Abs. 1 ZPO sowie das örtlich zuständige Gericht für Klagen iSd § 22 ZPO (zur geschwundenen Bedeutung des Sitzes im internationalen Gesellschaftsrecht → IntGesR Rn. 14 ff. unter zutreffendem Hinweis auf die verbleibende Relevanz der sog. Sitztheorie im Verhältnis zu Drittstaaten). Maßgeblich ist der **tatsächliche Verwaltungssitz,** dh der Ort, von dem aus die Geschäfte der Gesellschaft faktisch geleitet werden bzw. – sofern dies auf mehrere Orte zutrifft – der Ort der Hauptverwaltung (BGH 9.1.1969, BB 1969, 329; BGH 27.5.1957, BB 1957, 799; KG 7.2.2012, NZG 2012, 1346 (1347); EBJS/*Born* Rn. 14; de lege lata bestätigend für [Nicht-EU] Drittstaaten BGH 27.10.2008, NJW 2009, 289 (291); aA – frei wählbarer Rechtssitz – Staub/*Schäfer* Rn. 19 mwN; ebenso wohl RWH HGB/*Haas* Rn. 11 sowie – zumindest de lege ferenda – Baumbach/Hopt/*Roth* Rn. 8).

Ferner ist nach der Neufassung der Nr. 2 durch das Gesetz zur Modernisierung des GmbH-Rechts 14
und zur Bekämpfung von Missbräuchen (MoMiG) vom 23.10.2008 (BGBl. 2008 I 2026) auch die **inländische Geschäftsanschrift** der OHG mitzuteilen, wobei sich die Verpflichtung zur Anmeldung der Lage der Geschäftsräume schon vorher aus § 24 Abs. 2 S. 1 HRV ergab (vgl. zum Ganzen *Sikora/Tiedtke* MittBayNot 2009, 209). Anders als nach alter Rechtslage ist aufgrund der Neufassung von § 40 Nr. 2 lit. b HRV die Geschäftsanschrift nunmehr aber auch im Handelsregister **einzutragen.** Die dadurch erzielte höhere Transparenz führt zu einer faktisch wirkenden Zustellungserleichterung zugunsten der Gesellschaftsgläubiger (vgl. BT-Drs. 16/6140, 117 f.). Der für Zustellungen an juristische Personen in § 185 Nr. 2 ZPO neu eingeführte vereinfachte Weg zu öffentlichen Zustellungen soll den Gläubigern von Personenhandelsgesellschaften nach dem Willen des Gesetzgebers allerdings versperrt bleiben (BT-Drs. 16/6140, 118 f.). Anders als bei Kapitalgesellschaften kann keine inländische Geschäftsanschrift angemeldet und eingetragen werden, die vom Sitz der Gesellschaft abweicht (KG 16.4.2012, FGPrax 2012, 172 (173); OLG Schleswig 14.11.2011, Rpfleger 2012, 262). Gemäß Art. 65 S. 1, 2 EGHGB galt für alle bereits eingetragenen Gesellschaften eine **Nachmeldepflicht** bis 31.10.2009, sofern die Anschrift nicht schon zuvor nach § 24 HRV mitgeteilt worden war. War dem Registergericht die inländische Anschrift aus diesem Grund bereits bekannt, trägt es sie seit November 2009 von Amts wegen und ohne Überprüfung kostenfrei als Geschäftsanschrift in das Handelsregister ein (Art. 65 S. 3 EGHGB). Durch die Einräumung der Übergangsfrist sollte eine übermäßige Belastung der Register und der mittelständischen Wirtschaft vermieden werden (BT-Drs. 16/6140, 116).

c) Angaben über die Vertretungsmacht. Die organschaftliche Vertretungsmacht der Gesellschafter 15
muss sich aus dem Handelsregister ergeben. Dies gilt für jede vom gesetzlichen Normalfall (§ 125 Abs. 1) abweichende Regelung, aber auch dann, wenn die Gesellschafter eine solche nicht getroffen haben (OLG Köln 24.5.2004, NJW-RR 2004, 1106 (1107); *Busch* Rpfleger 2003, 329 (330)). Damit soll insbesondere dem ausländischen Publikum der Zugang zu den entsprechenden Informationen erleichtert werden (BT-Drs. 14/6855, 19). Zu den einzutragenden Angaben gehört auch die Befreiung vom Verbot des Selbstkontrahierens (§ 181 BGB; BayObLG 4.11.1999, NJW-RR 2000, 562; nicht anders im Falle der Beteiligung einer ausländischen Gesellschaft [engl. Ltd.] OLG Frankfurt a. M. 28.7.2006, BB 2006, 2152 (2153 f.)), nach hM aber nicht eine Ermächtigung iSd § 125 Abs. 2 S. 2 (EBJS/*Born* Rn. 18 mwN; aA für die sog. Artermächtigung mit beachtlichen Gründen *Servatius* NZG 2002, 456 (458 f.)). Zur Angabe der Vertretungsverhältnisse innerhalb einer an der OHG beteiligten GbR → Rn. 9.

3. Ergänzende Angaben. Da die dem Handelsregister zukommende Publizitätsfunktion der Öffent- 16
lichkeit die Möglichkeit geben soll, sich über die Rechtsverhältnisse von Kaufleuten und Gesellschaften zu unterrichten, können dem Registergericht nach heute hM über die gesetzlich vorgeschriebenen Angaben hinaus – in Analogie zu den Bestimmungen über die Pflichtmitteilungen oder aufgrund richterlicher Rechtsfortbildung – auch **weitere Umstände** mitgeteilt werden und zur Eintragung gelangen, wenn ein erhebliches Bedürfnis des Rechtsverkehrs an der entsprechenden Information besteht (BGH 4.4.2017, NZG 2017, 734; BGH 14.2.2012, NZG 2012, 385 (386); BGH 24.10.1988,

BGHZ 105, 324 (343 ff.) = NJW 1989, 295 (299); BayObLG 17.12.1987, NJW-RR 1988, 869; OLG Hamburg 29.4.1986, BB 1986, 1255 jew. mwN). Die Eintragungsfähigkeit ist dabei umso eher zu bejahen, je stärker **Sinn und Zweck** des Handelsregisters eine Eintragung erforderlich erscheinen lassen, je bedeutsamer also die jeweiligen Informationen für das Publikum sind. Ob in diesen Fällen aus der Eintragungsfähigkeit auch eine (erzwingbare) Anmeldepflicht folgt, ist iRe am Sinn und Zweck des Registers orientierten einzelfallbezogenen Betrachtung zu prüfen (differenzierend auch MüKoHGB/*Langhein* Rn. 37 und MüKoHGB/*Langhein* § 107 Rn. 14; RWH HGB/*Haas* Rn. 23; eine Anmeldepflicht grundsätzlich bejahend EBJS/*Born* Rn. 22 mwN; Staub/*Schäfer* Rn. 11).

17 **a) Eintragungsfähige Tatsachen.** Einzutragen sind danach etwa die Veränderung der Personalien eines Gesellschafters (analog § 107) oder die Fortsetzung der Gesellschaft nach deren Auflösung (analog § 144); ebenso Änderungen im Gesellschafterbestand infolge einer Gesamtrechtsnachfolge oder einer Sonderrechtsnachfolge aufgrund Anteilsübertragung (BGH 19.9.2005, NJW-RR 2006, 107 (108)) sowie im Hinblick auf die weitreichenden Befugnisse nach §§ 2205, 2211 BGB die Anordnung einer Testamentsvollstreckung über den zum Nachlass eines Mitgesellschafters gehörenden Gesellschaftsanteil (BGH 14.2.2012, NZG 2012, 385 (386) für den Anteil eines Kommanditisten; aA OLG Köln 21.7.2014, NZG 2014, 1272 (1274) für den Anteil eines GmbH-Gesellschafters). Auch aus Gewohnheitsrecht kann eine Eintragungsfähigkeit begründet werden (BGH 4.4.2017, NZG 2017, 734 (735 f.) für die Eintragungsfähigkeit eines Doktortitels).

18 **b) Nicht eintragungsfähige Tatsachen.** Nicht eintragungsfähig sind dagegen solche Umstände, die lediglich die inneren Verhältnisse der OHG oder ihrer Gesellschafter betreffen (vgl. dazu etwa MüKoHGB/*Langhein* Rn. 36), auch wenn die Information für Dritte von wirtschaftlichem oder rechtlichem Interesse sein mag. Dies gilt etwa für Einschränkungen der Geschäftsfähigkeit der Gesellschafter (soweit diese sich nicht aus dem ohnehin einzutragenden Geburtsdatum der Gesellschafter ergeben; für eine Kennzeichnungspflicht einer nur aus minderjährigen Gesellschaftern bestehenden OHG de lege ferenda allerdings *Behnke* NZG 1999, 244 (245)), güterrechtliche Beschränkungen der Verfügungsbefugnis, durch Rechtsgeschäft erteilte (General-)Vollmachten (OLG Hamburg 4.12.2008, NZG 2009, 957 mzustAnm *Mohr* GmbHR 2009, 255), bestehende Unternehmensverträge (Gewinnabführungsverträge) (OLG München 8.2.2011, BB 2011, 724), Rechte Dritter an einem Gesellschaftsanteil (→ Rn. 11), Verlautbarungen über die Leistung der Einlage (BGH 29.6.1981, BGHZ 81, 82 (87) = NJW 1981, 2747 (2748)) oder Details des Gesellschaftsvertrages wie die Gewinnverteilung und Ähnliches. Bekannt gemacht (§ 34 HRV), aber nicht gem. § 40 HRV in das Register eingetragen wird auch der Unternehmensgegenstand, der, soweit er sich nicht aus der Firma ergibt, nach § 24 Abs. 4 HRV angegeben werden soll.

III. Erklärung gegenüber dem Registergericht

19 **1. Zuständiges Gericht.** Zur Eintragung anzumelden ist die OHG nach Abs. 1 bei dem Gericht, in dessen Bezirk sie ihren Sitz hat. Das zuständige Registergericht, das das Register in elektronischer Form führt (→ § 8 Rn. 1 ff.), ergibt sich aus der Regelung des § 376 FamFG iVm § 1 HRV; maßgeblich für die **örtliche** Zuständigkeit ist der tatsächliche Verwaltungssitz der Gesellschaft (→ Rn. 13). **Funktionell** zuständig ist nach § 3 Abs. 2 lit. d RPflG der Rechtspfleger (zu den Ausnahmen vgl. § 17 RPflG). Eingetragen wird die OHG in Abteilung A des Handelsregisters (§ 3 Abs. 2, § 40 HRV); die Bekanntmachung richtet sich nach § 10, §§ 25, 27, 32 ff. HRV.

20 **2. Prüfung.** Das Registergericht hat als Gericht der Freiwilligen Gerichtsbarkeit die zur Feststellung erforderlichen Ermittlungen **von Amts wegen** vorzunehmen (§ 26 FamFG). Die registerrechtliche Prüfung erstreckt sich dabei auf eine formelle und eine materielle Rechtmäßigkeitskontrolle. Eingeschränkt wird dies nach § 18 Abs. 2 S. 2 für die Prüfung der Irreführungseignung der angemeldeten Firma (→ § 18 Rn. 15 sowie GK-HGB/*Steitz* § 18 Rn. 37). Allerdings führen grundsätzlich nur **begründete Bedenken** des Registergerichts zu einer intensiveren Prüfung der angemeldeten Tatsachen (BGH 4.7.1977, NJW 1977, 1879 (1880); BayObLG 3.3.1988, NJW-RR 1988, 1307 (1308); MüKoHGB/*Langhein* Rn. 40). Das Registergericht kann sich dann von den Beteiligten die zur Aufklärung erforderlichen weiteren Unterlagen vorlegen lassen oder anderweitig Ermittlungen anstellen. In zweifelhaften Fällen kann es gem. § 23 S. 2 HRV auch ein Gutachten der IHK einholen. Ist eine inhaltlich unrichtige Eintragung bewirkt worden, kann diese nach § 395 Abs. 1 S. 1 FamFG von Amts wegen wieder gelöscht werden (vgl. MüKoHGB/*Langhein* Rn. 44). Die Berichtigung offenbarer Unrichtigkeiten ist nach § 17 HRV möglich; gegen die eine (angeregte) Berichtigung ablehnende Entscheidung des Registergerichts ist der Beschwerdeweg eröffnet (OLG Hamm 26.1.2010, NZG 2010, 631).

IV. Wirkung der Eintragung

21 Die Eintragung hat bei einer den Betrieb eines kaufmännisch angelegten Handelsgewerbes (§ 105 Abs. 1, § 1 Abs. 2) bezweckenden OHG lediglich **deklaratorische** Wirkung; sie dient in diesen Fällen

ausschließlich der Publizität des Handelsregisters und dem Schutz des Verkehrs (→ Rn. 1). Im Falle einer klein- oder nichtgewerblichen Gesellschaft (§ 105 Abs. 2) wirkt die Eintragung dagegen **konstitutiv,** dh die OHG entsteht im Außenverhältnis erst mit Eintragung (vgl. § 123 Abs. 2). Materielle Folgen können der (Nicht-)Eintragung einzelner Umstände ferner im Hinblick auf eine Rechtsscheinhaftung (§ 15) oder eine Haftung nach §§ 25, 28, 128 zukommen (vgl. die dortigen Kommentierungen).

[Anzumeldende Änderungen]

107 Wird die Firma einer Gesellschaft geändert, der Sitz der Gesellschaft an einen anderen Ort verlegt, die inländische Geschäftsanschrift geändert, tritt ein neuer Gesellschafter in die Gesellschaft ein oder ändert sich die Vertretungsmacht eines Gesellschafters, so ist dies ebenfalls zur Eintragung in das Handelsregister anzumelden.

Übersicht

I. Allgemeines

1. Normzweck. Der mit der Regelung des § 106 bezweckte Publikumsschutz (→ § 106 Rn. 1) würde in seiner Wirkung stark ausgehöhlt, wenn nachträglich eingetretene Änderungen der bei der Erstanmeldung anzugebenden, die OHG und ihre Gesellschafter betreffende Umstände aus dem Handelsregister nicht hervorgingen. Um die **Richtigkeit und Aktualität des Registers** zu gewährleisten, ergänzt § 107 daher die Grundnorm des § 106 um die Pflicht zur Anmeldung späterer Veränderungen der ursprünglich einzutragenden Tatsachen. Gleichsam ergänzt § 107 die im Hinblick auf Firma, Ort des Gesellschaftssitzes und inländische Geschäftsanschrift bereits gem. §§ 6, 31 Abs. 1 bestehenden Anmeldepflichten. 1

2. Anmeldepflicht. Ebenso wie die Pflicht zur (Erst-)Anmeldung ist auch die Pflicht zur Anmeldung von späteren Änderungen öffentlich-rechtlicher Natur, **zwingend** und kann nach § 14 durch Festsetzung von Zwangsgeld gegenüber jedem Anmeldepflichtigen, dh gegenüber sämtlichen Gesellschaftern (vgl. § 108 Abs. 1) durchgesetzt werden (→ § 106 Rn. 3). Die Anmeldepflicht besteht auch im Liquidationsstadium **bis zur Vollbeendigung** der Gesellschaft (→ § 106 Rn. 4). 2

Die Eintragung erst in Zukunft eintretender Änderungen kommt nicht in Betracht (allgM, zB EBJS/*Born* Rn. 3 mwN); die Änderung muss vielmehr **bereits eingetreten** sein oder zumindest **zeitgleich** mit der Eintragung erfolgen (BGH 28.10.1981, BGHZ 82, 209 (212) = NJW 1982, 883 (884) zum durch die Eintragung aufschiebend bedingten Eintritt weiterer Gesellschafter). Wird im Zusammenhang mit der Anmeldung einer Änderung eine andere Angabe unrichtig oder die Unrichtigkeit einer bereits eingetragenen anderen Angabe bemerkt, so kann aus diesem Grund die Eintragung der Änderung nicht verweigert werden (BayObLG 3.3.1988, NJW-RR 1988, 1307 (1308)); erforderliche Korrekturen sind in derartigen Fällen von Amts wegen vorzunehmen (→ § 106 Rn. 20 aE) oder gem. § 14 herbeizuführen. Fällt im Zusammenhang mit der Änderungsanmeldung auf, dass die zu ändernde Tatsache gar nicht eingetragen war, kann die unterlassene Eintragung zusammen mit der Eintragung der Änderung nachgeholt werden (OLG Hamm 7.1.1993, NJW-RR 1993, 807; OLG Oldenburg 20.3.1987, NJW-RR 1987, 1441 für den Fall der Eintragung des Ausscheidens eines Gesellschafters, dessen Eintritt nicht angemeldet/eingetragen worden war). Zur gerichtlichen Zuständigkeit und zur Prüfung der Anmeldung → § 106 Rn. 19 f. 3

II. Anzumeldende Änderungen

1. Änderungen in Bezug auf die Gesellschaft. Anzumelden ist nach dem klaren Wortlaut der Norm **jede** – auch geringfügige – **Änderung der Firma.** Die häufig anzutreffende Formulierung, wonach dies sowohl für den Firmenkern, als auch für sonstige Firmenbestandteile bzw. -zusätze gelte (vgl. zB MüKoHGB/*Langhein* Rn. 4 mwN), geht ersichtlich von der früheren Bedeutung dieser Begriffe aus und ist insofern überholt. Nach neuem Recht gehören zum sog. Firmenkern auch die früher als Zusatz behandelten Bestandteile, während als Firmenzusatz nur noch der nach § 19 zwingende Rechtsformzusatz anzusehen ist (vgl. zur Terminologie GK-HGB/*Steitz* Vor §§ 17–24 Rn. 10/13). 4

5 Weiter ist die **Verlegung des Sitzes** anmeldepflichtig. Da es nach überwM auf den tatsächlichen Verwaltungssitz der Gesellschaft ankommt (→ § 106 Rn. 13 mwN), kommt der Eintragung lediglich deklaratorische Bedeutung zu. Die Anmeldung hat nach § 13h beim Gericht des bisherigen Sitzes zu erfolgen. Werden gleichzeitig mit der Sitzverlegung noch andere Änderungen gemeldet oder stehen noch bereits gemeldete Änderungen zur Eintragung an, steht es im pflichtgemäßen Ermessen des gem. § 13h befassten Gerichts, ob es diese selbst erledigt oder die Anmeldungen dem für den neuen Sitz zuständigen Gericht zur Erledigung zuleitet (KG 22.10.1996, BB 1997, 173 (174) mwN = Rpfleger 1997, 217 mAnm *Buchberger*).

6 Anzumelden ist nach der Neufassung des § 107 durch das Gesetz zur Modernisierung des GmbH-Rechts und zur Bekämpfung von Missbräuchen (MoMiG) vom 23.10.2008 (BGBl. 2008 I 2026) auch jede **Änderung der inländischen Geschäftsanschrift** der Gesellschaft. Die mit der entsprechenden Änderung des § 106 Abs. 2 Nr. 2 bezweckte höhere Transparenz nebst faktisch wirkender Zustellungserleichterung zugunsten der Gesellschaftsgläubiger (→ § 106 Rn. 14) kann nur erreicht werden, wenn auch eine Pflicht zur Aktualisierung der Daten besteht (vgl. BT-Drs. 16/6140, 119).

7 **2. Änderungen in Bezug auf die Gesellschafter.** Von der Anmeldepflicht erfasst ist zunächst der Fall des **Eintritts jedes neuen Gesellschafters** in die OHG, wobei der Rechtsgrund für den Eintritt (Rechtsgeschäft unter Lebenden; erbrechtliche Nachfolge) keine Rolle spielt. Unerheblich ist auch, ob der Neueintretende den Kreis der Gesellschafter erweitert oder lediglich einen ausscheidenden Gesellschafter ersetzt und ob letzteres durch gleichzeitigen Austritt des Altgesellschafters (anmeldepflichtig nach § 143 Abs. 2) geschieht oder unmittelbar durch Übertragung der Mitgliedschaft mit Zustimmung aller Beteiligten (zur Zulässigkeit der letztgenannten Variante unter Eintragung eines Sonderrechtsnachfolgevermerks vgl. OLG Köln 4.2.2004, FGPrax 2004, 88 (89 f.) mwN = ZIP 2004, 505). Änderungen im Bestand einer als Gesellschafterin beteiligten GbR sind ebenfalls mitzuteilen (→ § 106 Rn. 9). Berichtigungen betreffend den Namen oder die Firma eines Gesellschafters sind einzutragen (OLG Hamm 26.1.2010, NZG 2010, 631 (632), aA OLG Frankfurt a. M. 30.9.2014, NZG 2015, 710 (712), das im Hinblick auf die Berichtigung vor dem Hintergrund des § 17 Abs. 1 S. 1 HRV von einem Ermessen des Registergerichts ausgeht).

8 Anzumelden ist weiter eine sog. **Beteiligungsumwandlung,** dh der Wechsel eines Kommanditisten in die Rolle eines persönlich haftenden Gesellschafters und umgekehrt (hM, vgl. BayObLG 3.3.1988, NJW-RR 1988, 1307 (1308); Staub/*Schäfer* Rn. 7; EBJS/*Born* Rn. 8; aA MüKoHGB/*Langhein* Rn. 10). Im Falle der Übernahme eines weiteren Anteils durch einen bereits beteiligten Gesellschafter ist lediglich das Ausscheiden des Altgesellschafters einzutragen, während die Gesellschafterstellung des Übernehmenden, dessen Gesellschaftsanteil notwendigerweise eine Einheit bildet, nicht tangiert wird (BayObLG 10.12.1982, BB 1983, 334 (335); OLG Hamm 22.9.1981, NJW 1982, 835 (836); RWH HGB/*Haas* Rn. 11).

9 Auch die **Umwandlung der Rechtsform** der Gesellschaft stellt nach allgM ein anmeldepflichtiges Ereignis dar. So etwa wenn durch Ausscheiden der Kommanditisten einer KG oder deren Wechsel in die Rechtsstellung unbeschränkt haftender Gesellschafter eine OHG entsteht oder es durch die Beschränkung der Haftung einzelner OHG-Gesellschafter zur Wandlung in eine KG kommt. Dies gilt auch im Falle der Beendigung der Gesellschaft durch Übertragung sämtlicher Anteile aller Gesellschafter auf einen Dritten (KG 30.11.2018, NJW-RR 2019, 549). Zur Anmeldung der Umwandlung im Falle eines Formwechsels iSd § 190 UmwG vgl. §§ 198 f. UmwG.

10 **3. Änderungen in Bezug auf die Vertretungsmacht.** Mitzuteilen und einzutragen sind schließlich sämtliche Veränderungen, welche die (gesetzlichen) **Vertretungsverhältnisse der OHG** berühren. Dazu zählen sowohl alle grundsätzlichen Änderungen (zB ein Wechsel von der Allein- zur Gesamtvertretungsbefugnis oder umgekehrt), als auch solche Änderungen, die nur einzelne Gesellschafter betreffen (zB Entzug der Alleinvertretungsbefugnis oder Ähnliches; mehr Beispiele bei *Busch* Rpfleger 2003, 329 (332 ff.)). Auch Änderungen im Bestand einer an der OHG beteiligten GbR sind mitzuteilen und einzutragen (→ § 106 Rn. 15, → § 106 Rn. 9).

11 **4. Sonstige Änderungen.** Zur Anmeldung ergänzender Angaben allgemein → § 106 Rn. 16. Eintragungsfähig, nach hM aber nicht zwingend anzumelden sind danach Änderungen der Personalien (zB Name oder Wohnort) der Gesellschafter (OLG Frankfurt a. M. 30.9.2014, NZG 2015, 710 (711); → § 106 Rn. 17). Eine entsprechende Berichtigung kann auch ohne (förmliche) Anmeldung von Amts wegen erfolgen, wenn die Änderung durch öffentliche Urkunden nachgewiesen ist (vgl. Staub/*Schäfer* Rn. 10). Zu melden ist entsprechend § 24 Abs. 4 HRV auch jede Änderung des Unternehmensgegenstandes, wenngleich insoweit keine Eintragung, wohl aber eine Bekanntmachung nach § 34 HRV stattfindet (→ § 106 Rn. 18).

[Anmeldung durch alle Gesellschafter]

108 **[1]Die Anmeldungen sind von sämtlichen Gesellschaftern zu bewirken. [2]Dies gilt nicht, wenn sich nur die inländische Geschäftsanschrift ändert.**

Übersicht

I. Allgemeines

1. Normzweck. Indem die Anmeldepflicht sämtlichen Gesellschaftern der OHG auferlegt wird, werden mehrere Ziele zugleich verfolgt. Zum Ersten soll die erforderliche Mitwirkung aller Gesellschafter gewährleisten, dass die zur Eintragung angemeldeten Angaben zutreffend sind, um die **Richtigkeit des Registers** auch ohne aufwändige Kontrolle seitens des Gerichts sicherzustellen. Zu Ermittlungen des Registergerichtes von Amts wegen (§ 26 FamFG) sollte es daher nur in Ausnahmefällen bei konkreten Zweifeln an der Richtigkeit der angemeldeten Tatsachen kommen (→ § 106 Rn. 20). Zum Zweiten kann im Falle einer auf einer unzutreffenden Anmeldung beruhenden unrichtigen Eintragung der dadurch ausgelöste **Rechtsschein** (§ 15 Abs. 3) auf diese Weise ohne weiteres allen Gesellschaftern zugerechnet werden (BGH 21.7.2020, NZG 2020, 1070 (1071)). Schließlich wird der Regelung im Hinblick auf die konstitutive Wirkung der Eintragung bei der klein- oder nichtgewerblichen Gesellschaft (§ 105 Abs. 2; → § 106 Rn. 21) auch eine **Warnfunktion** zugeschrieben (MüKoHGB/*Langhein* Rn. 1 mwN). 1

2. Anmeldepflicht. Es handelt sich um eine **gegenüber dem Registergericht** bestehende öffentlich-rechtliche Pflicht, der sich die einzelnen Gesellschafter nicht durch Abreden im Innenverhältnis entziehen können (→ § 106 Rn. 3). Die Verpflichtung kann über § 14, §§ 388 ff. FamFG durchgesetzt werden. Die Zwangsmaßnahmen richten sich dabei gegen den einzelnen, mitwirkungspflichtigen Gesellschafter – soweit Gesellschafter eine juristische Person oder eine Personenhandelsgesellschaft ist, gegen deren gesetzliche Vertreter –, nicht aber gegen die OHG selbst (allgM, zB EBJS/*Born* Rn. 3). Dennoch wird auch die Gesellschaft im Rechtsmittelverfahren gegen eine Zwangsgeldfestsetzung als beschwerdebefugt angesehen (BayObLG 12.11.1987, BB 1988, 88 (89); für die Genossenschaft: BGH 11.7.1957, BGHZ 25, 154 (157) = NJW 1957, 1558). 2

Die Anmeldepflicht nach § 108 bezieht sich aufgrund der gesetzlichen Systematik ausschließlich auf diejenigen **Umstände,** die **nach §§ 106, 107** anzumelden sind (allgM). Andere Anmeldungen können grundsätzlich auch durch den oder die vertretungsberechtigten Gesellschafter erfolgen. Allerdings ist für zahlreiche sonstige Meldungen ebenfalls die Mitwirkung aller Gesellschafter vorgeschrieben (vgl. etwa § 143 Abs. 1, § 144 Abs. 2, § 148 Abs. 1). 3

Die Eintragung erfolgt, sobald dem Registergericht die erforderlichen Anmeldungen aller Gesellschafter vorliegen; ob die einzelnen Anmeldungen **gleichzeitig oder nacheinander** abgegeben werden spielt keine Rolle (zur Rücknahme einer Anmeldung vor Eintragung → § 106 Rn. 4). Nach Eintragung kann eine Löschung von Amts wegen (§ 395 FamFG) nur dann erfolgen, wenn das Register sich als inhaltlich falsch erweist; Verfahrensfehler wie die fehlende Mitwirkung einzelner Gesellschafter, Vertretungs- oder Formmängel rechtfertigen die Einleitung eines Amtslöschungsverfahrens dagegen nicht. 4

Neben der öffentlich-rechtlichen, gegenüber dem Registergericht bestehenden Pflicht, sind die Gesellschafter auch zivilrechtlich **aus dem gesellschaftsvertraglichen Verhältnis** zur Mitwirkung bei der Anmeldung verpflichtet (stRspr, vgl. BGH 17.12.2001, NZG 2002, 233 (234); BGH 15.6.1959, BGHZ 30, 195 (197 f.)). Ein entsprechender Anspruch auf Mitwirkung (nicht: Zustimmung zur Eintragung, vgl. BGH 17.12.2001, NZG 2002, 233 (234)) kann daher gegenüber jedem Gesellschafter, nicht aber gegen die Gesellschaft selbst verfolgt werden (BGH 2.5.1983, WM 1983, 785 (786)). Einwendungen gegen diesen Anspruch können grundsätzlich nur insoweit Berücksichtigung finden, als sie auch gegenüber dem Registergericht erhoben werden könnten (BGH 10.12.1973, BGHZ 62, 20 (22 f.)). Allerdings kann dem Anspruch auf Mitwirkung der Einwand der unzulässigen Rechtsausübung entgegen gehalten werden (RG 5.1.1926, RGZ 112, 280 (282 f.) für den Fall der begehrten Mitwirkung an der Anmeldung einer aufzulösenden OHG; ebenso Staub/*Schäfer* Rn. 5; Baumbach/Hopt/*Roth* Rn. 7; strenger MüKoHGB/*Langhein* Rn. 6, EBJS/*Born* Rn. 5). Ein erstrittenes Urteil auf Mitwirkung macht nach § 16 Abs. 1 die Vornahme der Anmeldung durch den Verurteilten entbehrlich. 5

6 Im Übrigen ist die Mitwirkung an einer Handelsregister-Anmeldung durch einen Mitgesellschafter für die weiteren Gesellschafter nach Treu und Glauben mit Rücksicht auf die Verkehrssitte regelmäßig als **materiell-rechtliche Billigung** des erklärten Inhaltes im Innenverhältnis zu verstehen, sofern sich aus den Umständen nichts Abweichendes ergibt (BGH 13.5.1985, NJW-RR 1986, 28 (29); BGH 23.2.1976, BB 1976, 528 (529)).

II. Anmeldepflichtige Personen

7 **1. Gesellschafter.** Die Anmeldepflicht trifft unabhängig von ihrer Vertretungsbefugnis und unabhängig davon, ob die eingetretene Änderung befürwortet oder abgelehnt wurde, **alle Gesellschafter** der OHG. Dies gilt ungeachtet des Gewichts oder der Bedeutung der einzutragenden Tatsache oder Änderung für Gesellschaft und Gesellschafter (OLG Frankfurt a. M. 12.9.2011, ZIP 2012, 924 (925)). Maßgeblicher Zeitpunkt ist der **Eintritt des anmeldepflichtigen Ereignisses,** sodass etwa das Ausscheiden eines Gesellschafters auch von dem Ausgeschiedenen und das Eintreten eines Gesellschafters von diesem sowie von einem nach dessen Eintritt ausgeschiedenen Mitgesellschafter zur Eintragung in das Handelsregister anzumelden ist (BayObLG 4.4.1978, DB 1978, 1832 und BGH 28.3.1977, DB 1977, 1085). Gegen die Ablehnung der Eintragung steht jedem anmeldenden Gesellschafter das Recht der Beschwerde gem. § 59 Abs. 1 FamFG zu (KG 7.2.2012, NZG 2012, 1346), nicht aber der Gesellschaft (BGH 21.7.2020, NZG 2020, 1070).

8 Bei geschäftsunfähigen oder beschränkt geschäftsfähigen Gesellschaftern (Ausnahme: § 112 BGB) obliegt die Anmeldung deren **gesetzlichen Vertretern.** Durch ihre organschaftlichen Vertreter handeln an der OHG beteiligte juristische Personen und Personenhandelsgesellschaften; Entsprechendes gilt für eine beteiligte GbR. Dabei genügt die Erklärung durch die nach Gesetz bzw. Satzung zur Vertretung berufenen Personen; eine Mitwirkung aller ist nicht erforderlich (allgM, vgl. OLG Hamm 3.3.1983, Rpfleger 1983, 316). § 181 BGB findet auf die Anmeldung keine Anwendung, sodass zB ein gesetzlicher Vertreter eines Mitgesellschafters, der zugleich selbst an der OHG beteiligt ist, iRd Anmeldung ohne weiteres sowohl für sich, als auch für den von ihm Vertretenen handeln kann (vgl. BayObLG 28.3.1977, DB 1977, 1085). Ein entsprechender Wille muss aus der Anmeldungserklärung allerdings eindeutig hervorgehen (OLG Hamm 3.3.1983, Rpfleger 1983, 316 (317); BayObLG 5.7.1974, Rpfleger 1974, 359).

9 **2. Dritte.** Im Falle des Todes eines Gesellschafters obliegt die Mitwirkung an der Anmeldung unabhängig davon, ob sie auch alle als Nachfolger des Verstorbenen in die OHG einrücken, sämtlichen **Erben** bzw. bei Eintritt des Nacherbfalls den Nacherben (OLG Düsseldorf 12.8.2019, NZG 2020, 222; OLG Hamm 12.12.1985, Rpfleger 1986, 139 (140); BayObLG 12.10.1978, Rpfleger 1978, 450 (451)). Die Zulässigkeit einer (Verwaltungs)Testamentsvollstreckung an einem OHG-Anteil ist strittig (→ § 139 Rn. 76 ff. mwN). Hält man sie für zulässig, ist der **Testamentsvollstrecker** iR seiner Befugnisse zur Anmeldung berechtigt und verpflichtet (BGH 3.7.1989, BGHZ 108, 187 (190) = NJW 1989, 3152 (3153); vgl. auch OLG Frankfurt a. M. 15.4.2019, BeckRS 2019, 029889 Rn. 27 ff.; verneinend für den Fall der sog. Abwicklungsvollstreckung OLG Hamm 10.12.2010, NZG 2011, 437; OLG München 7.7.2009, NJW-RR 2010, 15 (16)). Daneben besteht nach hM kein Anmelderecht des/der Erben (vgl. etwa MüKoHGB/*Langhein* Rn. 10; EBJS/*Born* Rn. 12; jetzt auch Baumbach/Hopt/*Roth* § 139 Rn. 28 mit dem Hinweis, dass der Erbe angehört werden müsse; offengelassen bei BGH 3.7.1989, BGHZ 108, 187 (190)).

10 Ist über das Vermögen eines Gesellschafters ein Insolvenzverfahren eröffnet, handelt anstelle des Gesellschafters der **Insolvenzverwalter** (BGH 24.11.1980, NJW 1981, 822; bestätigend BGH 3.7.1989, BGHZ 108, 187 = NJW 1989, 3152 (3153)).

11 Anmeldepflichtige Personen können sich durch **Bevollmächtigte** vertreten lassen, wobei die Vollmacht in öffentlich beglaubigter Form vorzuliegen hat (§ 10 Abs. 2 FamFG iVm § 12 Abs. 1 S. 2; vgl. OLG Schleswig 20.1.2010, FGPrax 2010, 147 (148); zum Nachweis bei ausländischen Gesellschaften, bei denen die Vertretungsverhältnisse nicht durch Einsicht in ein elektronisch geführtes Register festgestellt werden können OLG Schleswig 1.2.2012, NJW-RR 2012, 1063 sowie OLG Köln 1.2.2013, FGPrax 2013, 74 (75) auch zur Frage des Nachweises der Existenz einer ausländischen Gesellschaft). Von der **Prokura** (§ 49 Abs. 1) ist die Anmeldung von Tatsachen nach §§ 106, 107, welche die Rechtsform oder die Existenz des eigenen Unternehmens betreffen, jedoch nicht gedeckt (BGH 2.12.1991, NJW 1992, 975; KG 4.5.2016, NJW-RR 2016, 1054 (1055); OLG Karlsruhe 7.8.2014, NZG 2014, 1346; jedenfalls für die bloße Eintragung der Änderung der Geschäftsanschrift aA OLG München 9.8.2016, NJW-RR 2016, 1438 (1439)). Die Vollmacht ist nach allgemeinen Grundsätzen (§§ 168 ff. BGB) widerruflich. Auch im Falle einer unwiderruflichen Vollmachtserteilung kann ein Widerrufsrecht aus wichtigem Grund nicht ausgeschlossen werden (BGH 17.7.2006, NJW 2006, 2854 (2855) mwN). Zur Reichweite der Vollmachtsvermutung für einen Notar gem. § 378 Abs. 2 FamFG vgl. OLG München 10.3.2015, NZG 2015, 604.

Die Zulässigkeit einer vorab – etwa bereits bei Eintritt in die Gesellschaft – erteilten **Generalvollmacht** hat der BGH bei einer Publikumsgesellschaft jedenfalls für den Fall bejaht, dass dem Gesellschafter ein Wahlrecht zwischen der Erteilung einer solchen Generalvollmacht und der (persönlichen) Mitwirkung bei der Anmeldung eingeräumt wird (BGH 17.7.2006, NJW 2006, 2854 (2855); BGH 9.5.2005, NZG 2005, 722 (725); für Publikumsgesellschaften ebenso – mit Einschränkungen für Anmeldungen, die in die Rechtsstellung des Gesellschafters eingreifen – etwa RWH HGB/*Haas* Rn. 12; Staub/*Schäfer* Rn. 13; aus praktischen Gründen für eine Zulässigkeit auch im Bereich der sog. Vorsorgevollmacht EBJS/*Born* Rn. 14; OLG Karlsruhe 13.8.2013, GmbHR 2014, 205; OLG Frankfurt a. M. 16.4.2013, ZIP 2013, 2058 (2059)). Vielfach wird darüber hinaus die Zulässigkeit einer derartigen Generalvollmacht auch ohne solche Einschränkungen – zT mit dem eher praxisfernen Hinweis auf die Möglichkeit der Einzelfallprüfung durch das Registergericht bei Verdacht des Missbrauchs der Vollmacht – bejaht (MüKoHGB/*Langhein* Rn. 15; GK-HGB/*Ensthaler* Rn. 3; KKRD/*Kindler* Rn. 1a; Baumbach/Hopt/*Roth* Rn. 3; vgl. auch BayObLG 23.12.2003, DB 2004, 647; OLG Schleswig 4.6.2003, BB 2003, 1611 f.). Dem ist im Hinblick auf den Zweck der Norm (→ Rn. 1) mit Vorsicht zu begegnen. 12

III. Ausnahme (S. 2)

S. 2 bestimmt abweichend von dem in S. 1 festgelegten Grundsatz, dass eine bloße **Änderung der inländischen Geschäftsanschrift** der OHG **nicht von allen Gesellschaftern** angemeldet werden muss. Dafür genügt vielmehr die Anmeldung durch den oder die vertretungsberechtigten Gesellschafter iSd § 125. Die durch das Gesetz zur Änderung des Aktiengesetzes (Aktienrechtsnovelle 2016) vom 22.12.2015 geschaffene Ausnahme trägt dem Umstand Rechnung, dass die 2008 nachträglich eingeführte Verpflichtung zur Anmeldung jeder Änderung der inländischen Geschäftsanschrift in § 107 zu einer Erhöhung der Transparenz für das Publikum und insbes. die Gesellschaftsgläubiger führen sollte (→ § 107 Rn. 6), die Anforderung des § 108 (S. 1) insoweit jedoch zu bürokratisch und nicht angemessen erscheint (vgl. BT-Drs. 18/4349, 15). Sofern mit der Änderung der Anschrift zugleich auch noch andere Änderungen angemeldet werden sollen, verbleibt es freilich bei dem in S. 1 geregelten Prinzip. 13

Zweiter Titel. Rechtsverhältnis der Gesellschafter untereinander

[Gesellschaftsvertrag]

109 **Das Rechtsverhältnis der Gesellschafter untereinander richtet sich zunächst nach dem Gesellschaftsvertrage; die Vorschriften der §§ 110 bis 122 finden nur insoweit Anwendung, als nicht durch den Gesellschaftsvertrag ein anderes bestimmt ist.**

Übersicht

I. Allgemeines

Die Vorschrift stellt die **grundsätzliche** Freiheit der Gesellschafter, ihre Rechtsbeziehungen untereinander nach eigenen Vorstellungen in einem Gesellschaftsvertrag zu regeln, in den Vordergrund und normiert damit den grundsätzlichen Vorrang des Gesellschaftsvertrages gegenüber den gesetzlichen Regelungen (allgA). 1

Diese Vertragsfreiheit betrifft sowohl die Rechtsbeziehungen der Gesellschafter untereinander als auch zur Gesellschaft. § 109 verweist in erster Linie auf die Vorschriften der §§ 110–122. Die Verweisung ist jedoch nicht abschließend. Auch die Regelungen über die Auflösung der Gesellschaft und das Ausscheiden einzelner Gesellschafter (§§ 131–144) sowie die Vorschriften über die Liquidation der Gesellschaft (§§ 145 ff.) sind grundsätzlich dispositiv. 2

3 Demgegenüber sind die Regelungen über die Rechtsbeziehungen der Gesellschafter und der Gesellschaft zu **Dritten** (Außenverhältnis; §§ 123 ff.) grundsätzlich **zwingend** vorgegeben und einer abweichenden Vertragsgestaltung durch die Gesellschafter entzogen (MüKoHGB/*Enzinger* Rn. 1).

4 § 109 kommt auch bei der KG zur Anwendung (§ 161 Abs. 2).

II. Grenzen der Vertragsfreiheit – Überblick

5 Die Gestaltungsfreiheit besteht nicht unbeschränkt, sondern unterliegt wie jede rechtliche Befugnis dem Vorbehalt missbräuchlicher Verwendung (Staub/*Schäfer* Rn. 2). Zunächst wird der gesellschaftsrechtlichen Regelungsfreiheit durch allgemeine zwingende Vorschriften des **Privatrechts** Grenzen gesetzt (→ Rn. 6). Für die Praxis von erheblicher Bedeutung sind **gesellschaftsrechtliche Schranken.** Zu unterscheiden sind Schranken aufgrund zwingender Normen (→ Rn. 10 ff.) und die durch Rspr. und Lit. entwickelten ungeschriebenen Schranken (→ Rn. 16 ff.).

III. Privatrechtliche Schranken

6 Durch **zwingende** Vorschriften des Privatrechts werden der gesellschaftsrechtlichen Regelungsfreiheit Grenzen gesetzt. Auch für Gesellschaftsverträge der Personenhandelsgesellschaften kommen **§§ 134, 138 BGB** zu Anwendung.

7 In Betracht kommen Verstöße gegen ein gesetzliches Verbot oder die guten Sitten (MüKoHGB/*Enzinger* Rn. 8 mwN). Eine grobe **Ungleichbehandlung** der Gesellschafter unter Ausnutzung der wirtschaftlichen Vormachtstellung des einen oder der Unerfahrenheit des anderen – zB bei einem groben Missverhältnis zwischen dem tatsächlichen Wert einer Anlage und dem dafür vereinbarten Wertansatz – kann den Schluss auf Sittenwidrigkeit rechtfertigen (BGH 5.12.1974, WM 1975, 325 (327); OLG Schleswig 13.6.2002, ZIP 2002, 1244; EBJS/*Born* Rn. 5; Staub/*Schäfer* Rn. 20 f.), wobei die sich aus § 138 BGB ergebenden Grenzen nur Extremfälle erfassen sollen (MüKoHGB/*Enzinger* Rn. 8). Sittenwidrig sind nach der Rspr. auch Klauseln, die einen Teil der Gesellschafter rechtlos stellen (Ausschluss ohne sachlichen Grund) (BGH 8.3.2004, NJW 2004, 2013; BGH 19.9.2005, BGHZ 164, 98 = NJW 2005, 3641; BGH 19.9.2005, BGHZ 164, 107 = NJW 2005, 3644, jew. zur GmbH) oder Bedingungen unterwerfen, die einer Knebelung gleichkommen (BGH 12.7.1965, BGHZ 44, 158 = WM 1965, 1021).

8 Die Sittenwidrigkeit und damit Unwirksamkeit einzelner Bestimmungen führt idR **nicht** zur Nichtigkeit des gesamten Vertrages (BGH 5.2.1968, BGHZ 49, 364 = WM 1968, 646).

IV. Gesellschaftsrechtliche Schranken

9 Von erheblich praktischer Bedeutung sind gesellschaftsrechtliche Schranken. Diese ergeben sich zum Teil aus **zwingenden** Normen. Der überwiegende Teil beruht auf den von Rspr. und Lit. entwickelten **ungeschriebenen Rechtsgrundsätzen.**

10 **1. Zwingende Normen. a) Mindestinformationsrechte (§ 118 Abs. 2).** § 118 Abs. 2 gewährleistet den Gesellschaftern einen **unverzichtbaren** Mindestbestand an Kontroll- und Informationsrechten für den Fall, dass Grund zur Annahme unredlicher Geschäftsführung besteht. Wegen der weiteren Einzelheiten wird auf die Kommentierung zu § 118 (→ § 118 Rn. 31 ff.) verwiesen.

11 **b) Abspaltungsverbot (§ 717 S. 1 BGB).** Eine wichtige Einschränkung der gesellschaftsvertraglichen Gestaltungsfreiheit ist das in § 717 S. 1 BGB normierte **Abspaltungsverbot,** das über § 105 Abs. 3 auch für die OHG verbindlich ist. § 717 S. 1 BGB regelt, dass Ansprüche, die den Gesellschaftern aus dem Gesellschaftsverhältnis gegeneinanderzustehen, nicht losgelöst vom Gesellschaftsanteil übertragbar sind. Das Verbot untersagt die Abspaltung mitgliedschaftlicher Verwaltungsrechte vom Stammrecht der Mitgliedschaft. Verwaltungsrechte sind mit dem Gesellschaftsanteil notwendig verbunden und können nicht von ihm losgelöst und selbständig übertragen werden (BGH 10.11.1951, BGHZ 3, 354 = NJW 1952, 178; EBJS/*Born* Rn. 8). Das Abspaltungsverbot hat zwingenden Charakter.

12 Unter das Abspaltungsverbot fällt beispielsweise die Übertragung des Stimmrechts eines Gesellschafters an andere Gesellschafter oder Dritte. Unzulässig sind unwiderrufliche Bevollmächtigungen mit verdrängender Wirkung durch Verzicht auf persönliche Rechtsausübung.

13 Allerdings verstößt die **Überlassung** der Verwaltungsrechte an Mitgesellschafter oder Dritte **zur Ausübung** nicht gegen das Abspaltungsverbot. Dabei ist zu beachten, dass der überlassende Gesellschafter in jeder Hinsicht dispositionsbefugt bleibt; unzulässig sind deshalb unwiderrufliche Übertragungen (BGH 10.11.1951, BGHZ 3, 354 (357) = NJW 1952, 178; MüKoHGB/*Enzinger* Rn. 13; → § 119 Rn. 11 ff.).

14 Die **Umdeutung** einer gegen das Abspaltungsverbot verstoßenden Übertragung eines Verwaltungsrechts in eine wirksame Überlassung zur Ausübung ist möglich (BGH 14.5.1956, BGHZ 20, 363 (366 ff.) = NJW 1956, 1198).

c) Vertragsbeendigungsfreiheit. Jedem Gesellschafter steht das unentziehbare Recht zu, innerhalb einer überschaubaren Frist oder aus wichtigem Grund aus der Gesellschaft auszuscheiden (§ 723 Abs. 3 BGB, § 133 Abs. 3 HGB). Diese Vorschriften können nicht abgedungen werden und dienen der Sicherung der Vertragsbeendigungsfreiheit als Unterfall der Privatautonomie Wegen der Einzelheiten vgl. die Kommentierung zu § 723 BGB (→ BGB § 723 Rn. 1 ff.) und § 133 (→ § 133 Rn. 1 ff.). 15

2. Ungeschriebene Schranken. a) Verbandssouveränität. Unter der Verbandssouveränität ist die Autonomie der Gesellschaft zu verstehen, dass alleine die Gesellschafter über die Gestaltung der Grundlagen ihres Zusammenschlusses zu entscheiden haben (RWH HGB/*v. Gerkan/Haas* Rn. 4). Die OHG ist in diesem Zusammenhang wegen der persönlichen Haftung der Gesellschafter einer Fremdbestimmung nicht zugänglich. Soweit Dritten in Angelegenheiten der Gesellschaft Rechte eingeräumt werden, können diese jederzeit durch Änderung des Gesellschaftsvertrages wieder beseitigt werden (BGH 11.7.1960, BGHZ 33, 105 (109) = NJW 1960, 1997). 16

b) Selbstorganschaft. Aus dem Grundsatz der Selbstorganschaft folgt, dass die organschaftliche **Geschäftsführungs- und Vertretungsbefugnis** zwingend den persönlich haftenden Gesellschaftern zugeordnet ist (RWH HGB/*v. Gerkan/Haas* Rn. 5; EBJS/*Born* Rn. 15). Wegen des unbeschränkten Haftungsrisikos dient der Grundsatz der Selbstorganschaft auch dem Selbstschutz der Gesellschafter (MüKoHGB/*Enzinger* Rn. 19). Nähere Einzelheiten vgl. Kommentierung §§ 114 ff. und 125 ff. 17

c) Kernbereich der Mitgliedschaftsrechte. Eine weitere ungeschriebene Schranke der Vertragsfreiheit dient dem Schutz des **Kernbereichs** der mitgliedschaftlichen Rechtsstellung eines Gesellschafters. Diese gesellschaftsrechtliche Schranke sichert die Gewährleistung eines Mindeststandards an Gesellschaftsrechten und dient damit insbesondere dem Minderheitenschutz (EBJS/*Born* Rn. 17; MüKoHGB/*Enzinger* Rn. 23; Staub/*Schäfer* Rn. 35 ff.). 18

Die Rspr. des BGH ordnet dem Kernbereich der Mitgliedschaft beispielsweise das **Informationsrecht,** das Recht auf Beteiligung am Liquidationserlös (BGH 10.10.1994, NJW 1995, 194) und das **Stimmrecht** (BGH 24.5.1993, NJW 1993, 2100) zu. Wegen den weiteren Einzelheiten wird auf die Kommentierung zu § 119 (→ § 119 Rn. 8 ff.) verwiesen. 19

d) Bestimmtheitsgrundsatz. Der Bestimmtheitsgrundsatz ist nach hM ein wesentliches Instrument des Minderheitenschutzes; ihm kommt – neben der Kernbereichslehre – eine eigenständige Bedeutung zu (BGH 15.1.2007, BGHZ 170, 283 = NJW 2007, 1685 – Otto; → § 119 Rn. 38 ff.). 20

e) Gleichbehandlungsgrundsatz. Der gewohnheitsrechtlich begründete Grundsatz der **Gleichbehandlung** findet nach einhelliger Ansicht auch im Recht der Personengesellschaften Anwendung (BGH 14.5.1956, BGHZ 20, 363 = WM 1956, 857; MüKoHGB/*Enzinger* Rn. 20; EBJS/*Born* Rn. 28). Die Bedeutung dieses Grundsatzes erschließt sich im Verbot einer willkürlichen, sachlich nicht gerechtfertigten Ungleichbehandlung der Gesellschafterinteressen bei Gesellschafterbeschlüssen oder Maßnahmen der Geschäftsführung (RWH HGB/*v. GerkanIHaas* Rn. 10). Sachlich vertretbare Ungleichbehandlungen sind möglich (BGH 16.12.1991, BGHZ 116, 359 (373) = NJW 1992, 892 – GmbH). 21

Zur Anwendung kommt der Gleichbehandlungsgrundsatz insbesondere bei der Gewinnverteilung, dem Entnahmerecht und bei der Einforderung rückständiger Einlagen und Beiträge. Unzulässig ist in diesem Zusammenhang das Verlangen – willkürlich – nur von einem Gesellschafter die Leistung von Beiträgen oder die Erbringung von Nachschüssen zu verlangen (EBJS/*Born* Rn. 29). 22

Ein Verstoß gegen den Gleichbehandlungsgrundsatz hat die Unwirksamkeit des entsprechenden Gesellschafterbeschlusses zur Folge (RWH HGB/*v. Gerkan/Haas* Rn. 10). 23

f) Treuepflicht. Die Treuepflicht ist in Rspr. und Lehre als allgemeines Prinzip des Verbandrechts anerkannt. Der Anwendungsbereich umfasst sowohl das Verhältnis zwischen den Gesellschaftern als auch das Verhältnis der Gesellschafter zur Gesellschaft. Der Gesellschafter hat sowohl eine Förderpflicht gegenüber der Gesellschaft als auch eine Rücksichtnahmepflicht gegenüber dem Mitgesellschafter (allgA; vgl. EBJS/*Born* Rn. 20 mwN). Gerade bei der gesetzestypischen Personenhandelsgesellschaft ist die Treuepflicht besonders ausgeprägt. Wegen der weiteren Einzelheiten wird auf die Kommentierung zu § 705 BGB (→ BGB § 705 Rn. 41 ff.) verwiesen. 24

[Ersatz für Aufwendungen und Verluste]

110 (1) **Macht der Gesellschafter in den Gesellschaftsangelegenheiten Aufwendungen, die er den Umständen nach für erforderlich halten darf, oder erleidet er unmittelbar durch seine Geschäftsführung oder aus Gefahren, die mit ihr untrennbar verbunden sind, Verluste, so ist ihm die Gesellschaft zum Ersatze verpflichtet.**

(2) **Aufgewendetes Geld hat die Gesellschaft von der Zeit der Aufwendung an zu verzinsen.**

Übersicht

I. Allgemeines

1 Die Regelung des Abs. 1 bestimmt die Verpflichtung der Gesellschaft, den Gesellschaftern die Aufwendungen und Verluste zu ersetzen, die ihnen in Gesellschaftsangelegenheiten entstanden sind. Der Vorschrift liegt das Prinzip der Risikohaftung bzw. -zurechnung für Tätigkeiten im fremden Interesse zugrunde (allgM; RWH HGB/*v. Gerkan/Haas* Rn. 1). Der Gesellschafter kann von der Gesellschaft einen Ausgleich dafür verlangen, dass er in ihrem Interesse ein **Sonderopfer** erbracht hat (BGH 20.6.2005, ZIP 2005, 1552; BGH 17.12.2001, NJW-RR 2002, 455).

2 § 110 ist keine Anspruchsgrundlage für die Vergütung des Gesellschafters (hM; MüKoHGB/*Langhein* Rn. 3; → § 114 Rn. 47 ff.). Über § 161 Abs. 2 gilt § 110 auch für die KG, während die Norm auf die Gesellschaft bürgerlichen Rechts nicht anwendbar ist.

II. Anspruchsberechtigte und Anspruchsverpflichtete

3 **1. Anspruchsberechtigte.** Der Anspruch steht nach allgemeiner Ansicht **sämtlichen** – auch den nichtgeschäftsführenden – **Gesellschaftern** zu (BGH 17.12.2001, NJW-RR 2002, 455). Allerdings ist die Anwendbarkeit von § 110 auf die Zeit der **Zugehörigkeit** zur Gesellschaft beschränkt (BGH 9.5.1963, BGHZ 39, 319 (324 f.) = NJW 1963, 1873). Macht der ausgeschiedene Gesellschafter Aufwendungen für die Zeit nach dem Ausscheiden aus der Gesellschaft geltend, richtet sich die Ersatzpflicht nach den allgemeinen Vorschriften.

4 Nichtgesellschafter haben grundsätzlich **keinen** Anspruch aus § 110. Ausnahmsweise sind die durch §§ 844, 845 BGB begünstigten Personen originär anspruchsberechtigt (hM, BGH 19.6.1952, BGHZ 7, 30 (34) = NJW 1952, 1249; EBJS/*Bergmann* Rn. 17 mwN).

5 Soweit ein Gesellschafter wie ein Dritter mit der Gesellschaft in Geschäftsbeziehung tritt, kann er etwaige Aufwendungen oder Verluste nicht über § 110, sondern nur nach den für dieses Geschäft geltenden Vorschriften beanspruchen (MüKoHGB/*Langhein* Rn. 8).

6 **2. Anspruchsverpflichtete.** Der Anspruch richtet sich gegen die **Gesellschaft** und kann jederzeit geltend gemacht werden. Grundsätzlich kann der Gesellschafter den Aufwendungsersatzanspruch während des Bestehens der Gesellschaft – aber auch im Liquidationsverfahren – in **voller Höhe** ohne Abzug des eigenen Verlustanteils verfolgen (BGH 17.12.2001, NJW-RR 2002, 455). Soweit der Gesellschafter gegen Dritte Ersatzansprüche hat und von der Gesellschaft vollen Ausgleich erhält, ist er zur Abtretung dieser Ansprüche aus der gesellschaftsvertraglichen Beziehung verpflichtet (EBJS/*Bergmann* Rn. 30; aA Staub/*Schäfer* Rn. 20; RWH HGB/*v. Gerkan/Haas* Rn. 14; Anwendbarkeit von § 255 BGB).

7 Nach ganz hM ist der Anspruch **nicht** subsidiär (Baumbach/Hopt/*Roth* Rn. 6; EBJS/*Bergmann* Rn. 28 mwN; MüKoHGB/*Langhein* Rn. 9), dh der Gesellschafter ist nicht verpflichtet zunächst durch die Inanspruchnahme Dritter einen Ausgleich zu erlangen. Aus der gesellschaftlichen Treuepflicht kann sich allerdings nach hM bei angespannter finanzieller Lage der Gesellschaft eine „Schonung" rechtfertigen, die zunächst die Inanspruchnahme anderer Ersatzpflichtiger erfordert. Die Erfüllung des Ersatzanspruchs des Gesellschafters kann auch durch Verrechnung – zB mit einer Einlageforderung – erfolgen (BGH 30.4.1984, NJW 1984, 2290).

8 **Mitgesellschafter** sind nicht Schuldner des Aufwendungsersatzanspruchs; eine Haftung während des Bestehens der Gesellschaft kommt nicht in Betracht. Eine Inanspruchnahme würde dem Grundsatz des § 707 BGB widersprechen (EBJS/*Bergmann* Rn. 29; MüKoHGB/*Langhein* Rn. 10).

Der **Regress** bei den Mitgesellschaftern ist bei Begleichung von Gesellschaftsschulden subsidiär **ausnahmsweise** möglich, falls aus dem Gesellschaftsvermögen voraussichtlich keine Befriedigung zu erlangen ist oder die Gesellschaft nicht bereit ist, den Anspruch zu erfüllen. In diesem Fall muss der die Gesellschaftsschuld begleichende Gesellschafter zunächst seinen eigenen Verlustanteil abziehen und kann den Mitgesellschafter nur entsprechend dessen Verlustanteil (pro rata) in Anspruch nehmen (BGH 17.12.2001, NJW-RR 2002, 455; BGH 15.1.1988, BGHZ 103, 72 = NJW 1988, 1375; RWH HGB/*v. Gerkan/Haas* Rn. 4). 9

III. Ersatz von Aufwendungen (Abs. 1 Fall 1)

1. Begriff. Aufwendungen sind bewusste und freiwillige Vermögensopfer. Als Beispiele seien die Übernahme von Verbindlichkeiten, die Tilgung von Gesellschaftsschulden und sonstige Auslagen des Gesellschafters aufgeführt. 10

Für das Kriterium der **Freiwilligkeit** ist das Verhältnis des Gesellschafters zu der Gesellschaft entscheidend. Soweit für den Gesellschafter aus gesellschaftsvertraglichen oder sonstigen mit der Gesellschaft bestehenden Abreden die Verpflichtung besteht, für die Gesellschaft tätig zu werden, scheidet § 110 als Anspruchsgrundlage aus. In solchen Fällen richtet sich eine Ersatz- oder Vergütungspflicht der Gesellschaft nach den vertraglichen Regelungen. 11

2. Voraussetzungen. a) Gesellschaftsangelegenheit. Die Aufwendungen müssen in **Gesellschaftsangelegenheiten** gemacht sein. Der Gesellschafter muss sowohl objektiv zweifelsfrei im Interessenkreis der Gesellschaft tätig geworden sein als auch subjektiv mit entsprechender Willensrichtung gehandelt haben (RWH HGB/*v. Gerkan/Haas* Rn. 5; MüKoHGB/*Langhein* Rn. 13). In diesem Zusammenhang dürfen auch Eigeninteressen des Gesellschafters im Spiel sein, solange diese nicht derart überwiegen, dass ein etwaiges Gesellschaftsinteresse dahinter völlig zurücktritt (BGH 20.6.2005, ZIP 2005, 1552). Nach zwischenzeitlich wohl hM ist der Anwendungsbereich des § 110 nicht auf ausschließlich befugtes Handeln beschränkt (EBJS/*Bergmann* Rn. 7 mwN; Baumbach/Hopt/*Roth* Rn 2; MüKoHGB/*Langhein* Rn. 6; wohl auch RWH HGB/*v. Gerkan/Haas* Rn. 6; aA Heymann/*Emmerich* Rn. 5; Staub/*Schäfer* Rn. 9 f.). 12

b) Erforderlichkeit. Weitere Voraussetzung ist, dass der Gesellschafter die Aufwendungen den Umständen nach für **erforderlich** halten durfte. Dabei kommt es nicht darauf an, ob die Maßnahme im Gesellschaftsinteresse objektiv erforderlich war. Abzustellen ist vielmehr – unter Heranziehung von § 708 BGB – auf den objektiven Standpunkt eines sorgfältig handelnden Gesellschafters (hM). Bei Anwendung dieser Grundsätze besteht eine Ersatzpflicht der Gesellschaft beispielsweise, falls der Gesellschafter auf eine nicht bestehende oder nicht fällige Schuld gezahlt hat (MüKoHGB/*Langhein* Rn. 16). Eine Erkundigungspflicht dürfte allerdings idR bestehen (EBJS/*Bergmann* Rn. 15). Sollte dem Gesellschafter durch Zahlung auf eine nicht bestehende Gesellschaftsschuld ein Bereicherungsanspruch zustehen, muss dieser entsprechend § 255 BGB Zug um Zug gegen die Ersatzleistung an die Gesellschaft abgetreten werden (Staub/*Schäfer* Rn. 14). 13

3. Beispiele für Aufwendungen. Als Beispiele für Aufwendungen iSv Abs. 1 kommen in Betracht: Reisen im Interesse der Gesellschaft (RG 1.2.1911, RGZ 75, 208 (213)), Erwerb von Gegenständen für Rechnung der Gesellschaft, Kosten im Zusammenhang mit der Vorbereitung oder Durchführung von Geschäftsführungsmaßnahmen oder Gesellschafterversammlungen, Überlassung von Gegenständen oder Dienstleistungen ohne gesellschaftsvertragliche Verpflichtung (EBJS/*Bergmann* Rn. 11, mit Differenzierungen; MüKoHGB/*Langhein* Rn. 13). 14

Auch die Übernahme von Verbindlichkeiten oder die Eingehung einer Bürgschaftsverpflichtung für die Gesellschaft können Aufwendungen iSv § 110 sein (BGH 18.11.1996, NJW 1997, 740). 15

Problematisch und in der Praxis von erheblicher Bedeutung ist, ob im Ausland vom Gesellschafter für die Gesellschaft getätigte – uU für den Geschäftsabschluss unabdingbare – **Schmiergeldzahlungen** eine Ersatzpflicht nach Abs. 1 auslösen können (BGH 8.5.1985, BGHZ 94, 268 (272) = NJW 1985, 2405, beim Handelsvertreter unter Einschränkungen bejaht; ansonsten eher zweifelhaft; vgl. MüKoHGB/*Langhein* Rn. 13; *Fischer* ZIP 2005, 139 (145); vgl. zum Steuerrecht, *Gotzens* DStR 2005, 673). 16

Eine Aufwendung iSv Abs. 1 ist auch die **Tilgung von Gesellschaftsschulden** unabhängig davon, ob der Gesellschafter von sich aus oder auf Veranlassung eines Gesellschaftsgläubigers tätig geworden ist (BGH 27.3.1995, NJW 1995, 1960; BGH 2 7.1962, BGHZ 37, 299 (302) = NJW 1962, 1863; Baumbach/Hopt/*Roth* Rn. 10; EBJS/*Bergmann* Rn. 12). Der Anspruch richtet sich primär gegen die Gesellschaft; ein Rückgriff bei den Mitgesellschaftern ist allerdings grundsätzlich möglich, allerdings nur unter Abzug des eigenen Verlustanteils und auch nur entsprechend des jeweiligen Verlustanteils des in Anspruch genommenen Mitgesellschafters (→ Rn. 9). 17

IV. Ausgleich von Verlusten (Abs. 1 Fall 2)

18 **1. Begriff.** Verluste sind **unfreiwillige** Vermögensnachteile und -beschädigungen jeder Art, insbesondere Vermögens-, Personen- und Sachschäden (allgA). Erfasst werden auch mittelbare Nachteile, wie zB der Verdienstausfall (BGH 7.11.1960, BGHZ 33, 251 (257) = NJW 1961, 359 zu § 670 BGB). Immaterielle Nachteile (Schmerzensgeld) sind nach § 110 grundsätzlich nicht ersatzfähig (hM; Baumbach/Hopt/*Roth* Rn. 11; MüKoHGB/*Langhein* Rn. 17); ein Anspruch kann sich nur unter den besonderen Voraussetzungen des § 253 Abs. 2 BGB ergeben (EBJS/*Bergmann* Rn. 18). § 110 umfasst des Weiteren nicht den Verlust aus der Gesellschaftsbeteiligung selbst (Staub/*Schäfer* Rn. 21).

19 **2. Voraussetzungen.** Eine Erstattungspflicht der Gesellschaft tritt nur ein, wenn der Verlust durch ein Tätigwerden bei der Besorgung von Gesellschaftsgeschäften oder aus damit untrennbar verbunden Gefahren eintritt. Nach hM (vgl. Baumbach/Hopt/*Roth* Rn. 12; RWH HGB/*v. Gerkan/Haas* Rn. 11; Staub/*Schäfer* Rn. 22) ist ein **enger und unmittelbarer Zusammenhang** mit der Geschäftsbesorgung bzw. eine untrennbar mit ihr verbundene spezifische Gefahr erforderlich. Die im Vergleich zum Aufwendungsersatzanspruch erhebliche Einschränkung findet seine Rechtfertigung zum einen in der Überschaubarkeit des Haftungsrisikos für die OHG und zum anderen in der Abgrenzung des eigenen Lebensrisikos des Gesellschafters von den Risiken, die primär der Gesellschaft zuzuordnen sind und sich somit für den Gesellschafter als Sonderopfer darstellen (EBJS/*Bergmann* Rn. 21; MüKoHGB/*Langhein* Rn. 18).

20 **3. Beispiele. a) Teilnahme am Straßenverkehr.** Solange die Teilnahme am Straßenverkehr sich als allgemeines Lebensrisiko des Gesellschafters darstellt, scheidet ein Anspruch aus. Bei besonders dringenden, eilbedürftigen Geschäften, die zu riskanten Verhalten herausfordern, kann uU ein Anspruch gegeben sein (vgl. MüKoHGB/*Langhein* Rn. 19 m. w. Bsp; differenzierend EBJS/*Bergmann* Rn. 23).

21 **b) Ersatz von Geldstrafen und Bußgeldern.** Nach der Rspr. und hM ist die Gesellschaft zum Ersatz von Vermögensnachteilen wegen strafrechtlicher Sanktionen gegen den Gesellschafter, die mit einer Tätigkeit für die Gesellschaft verbunden sind, **nicht** verpflichtet (BGH 31.1.1957, BGHZ 23, 222 (224) = NJW 1957, 586; MüKoHGB/*Langhein* Rn. 21; RWH HGB/*v. Gerkan/Haas* Rn. 13; Staub/*Schäfer* Rn. 25). Diskutiert wird, ob bei Straftaten des Gesellschafters im Ausland – soweit inländische bzw. international geschützte Rechtsgüter nicht betroffen sind – eine Erstattungspflicht der Gesellschaft in Betracht kommen kann (MüKoHGB/*Langhein* Rn. 22; EBJS/*Bergmann* Rn. 19).

22 Weiter problematisch ist in diesem Zusammenhang die Behandlung von vorherigen und nachträglichen Erstattungszusagen der Gesellschaft gegenüber dem Gesellschafter. Vorherige Erstattungszusagen werden ganz überwiegend unter Berücksichtigung des Präventionszwecks als unzulässig angesehen (EBJS/*Bergmann* Rn. 20; RWH HGB/*v. Gerkan/Haas* Rn. 13; differenzierend Staub/*Schäfer* Rn. 25). Nachträgliche Erstattungszusagen der Gesellschaft dürften nur dann unter §§ 134, 138 BGB fallen, wenn die Zusage ihrerseits eine Straftat darstellt. Nach einer Entscheidung des 2. Strafsenats des BGH (BGH 7.11.1990, BGHSt 37, 226 (229) = NJW 1991, 990) erfüllt die nachträgliche Erstattungszusage nicht den Tatbestand der Strafvereitelung nach § 258 Abs. 2 StGB.

23 **4. Verschulden.** Der Anspruch ist **nicht** von einem etwaigen Verschulden der Gesellschaft oder ihrer Organe oder der Mitgesellschafter abhängig. Ein Verschulden des Gesellschafters schließt den Ersatzanspruch grundsätzlich nicht aus. Die Grenze dürfte jedoch bei vorsätzlichem Verhalten (vgl. hierzu MüKoHGB/*Langhein* Rn. 20 mit weiteren Differenzierungen) und im Regelfall bei grob fahrlässigen Verhalten zu ziehen sein (BGH 5.12.1983, BGHZ 89, 153 (160) = NJW 1984, 789 – Vereinsrecht; Schlegelberger/Geßler/*Martens* Rn. 24).

V. Verzinsung (Abs. 2)

24 Die Vorschrift hat wegen des erhöhten Zinssatzes (5 %; vgl. § 352) eine eigenständige Bedeutung. Nach ganz hM erstreckt sich die Zinspflicht auch auf Aufwendungsersatzansprüche, die wegen eines in Gesellschaftsangelegenheiten erlittenen Verlustes entstanden sind (EBJS/*Bergmann* Rn. 36; RWH HGB/*v. Gerkan/Haas* Rn. 15). Der Beginn der Verzinsung richtet sich nach dem Zeitpunkt der Aufwendung bzw. nach dem Zeitpunkt der Konkretisierung der Vermögenseinbuße.

VI. Freistellung und Vorschuss

25 Soweit die Aufwendungen des Gesellschafters in der Belastung mit einer Verbindlichkeit bestehen, hat der Gesellschafter einen **Freistellungsanspruch** nach § 257 BGB. Bis zur Fälligkeit der Verbindlichkeit kann die Gesellschaft nach § 257 S. 2 BGB Sicherheit leisten.

26 Nach § 105 Abs. 3 iVm §§ 713, 669 BGB kann der Gesellschafter – allerdings nur für erforderliche Aufwendungen – **Vorschuss** verlangen (MüKoHGB/*Langhein* Rn. 27; Staub/*Schäfer* Rn. 40 f.). Bei

grundloser Verweigerung der Vorschusszahlung braucht der Gesellschafter – von Ausnahmefällen abgesehen – nicht für die Gesellschaft tätig werden.

VII. Abweichende Vereinbarungen

§ 110 ist dispositiv; abweichende Vereinbarungen sind zulässig (hM). Die Gesellschafter können regeln, dass entgegen § 110 Aufwendungen und Verluste nicht zu ersetzen sind. Weitergehende Regelungen, die Ersatz für Vermögensopfer vorsehen, die nicht unter § 110 fallen, sind ebenfalls möglich. In der Praxis wird vielfach von Pauschalierungen, zB bei Reisekosten, Gebrauch gemacht. Nach der Rspr. können Sonderregelungen auch konkludent vereinbart werden (BGH 2.7.1979, NJW 1980, 339 (340); OLG Koblenz 14.2.1986, NJW-RR 1987, 24). 27

[Verzinsungspflicht]

111 (1) **Ein Gesellschafter, der seine Geldeinlage nicht zur rechten Zeit einzahlt oder eingenommenes Gesellschaftsgeld nicht zur rechten Zeit an die Gesellschaftskasse abliefert oder unbefugt Geld aus der Gesellschaftskasse für sich entnimmt, hat Zinsen von dem Tage an zu entrichten, an welchem die Zahlung oder die Ablieferung hätte geschehen sollen oder die Herausnahme des Geldes erfolgt ist.**

(2) **Die Geltendmachung eines weiteren Schadens ist nicht ausgeschlossen.**

Übersicht

I. Allgemeines

§ 111 Abs. 1 verpflichtet den Gesellschafter der Gesellschaft für vorenthaltene Gelder Zinsen zu zahlen. Die Vorschrift bildet das Gegenstück zu § 110 Abs. 2, der die Verzinsungspflicht der Gesellschaft regelt. Bei § 111 handelt es sich um einen eigenständigen gesellschaftsrechtlichen Ausgleichsanspruch, für den weder die Voraussetzungen des Verzugs oder der Rechtshängigkeit noch ein Verschulden des Gesellschafters vorliegen muss (allgA; vgl. EBJS/*Bergmann* Rn. 1). Der Zweck des § 111 erschließt sich in der Überlegung, dass ein Kaufmann ihm zustehende Gelder gewinnbringend anlegen würde. 1

II. Voraussetzungen

1. Überblick. § 111 führt **drei Fälle** auf, für die eine Verzinsung in Betracht kommt. Der erste Fall betrifft die **ausstehende Einlageschuld,** der zweite Fall die **nicht rechtzeitige Ablieferung** von für die Gesellschaft eingenommenen Gelder und schließlich der dritte Fall die **unbefugte Entnahme.** Nach hM ist diese Aufzählung **abschließend** und kann nicht allgemein auf alle Fälle von Geldschulden angewendet werden (EBJS/*Bergmann* Rn. 2; MüKoHGB/*Langhein* Rn. 2). Den Gesellschaftern bleibt es aufgrund des dispositiven Charakters von § 111 unbenommen, die Verzinsungspflicht durch gesellschaftsvertragliche Regelungen zu erweitern. 2

Die Verzinsungspflicht bezieht sich auf **Geld**forderungen. Darunter fallen auch Leistungen, die nach der Verkehrsauffassung einer Einlage in Bargeld gleichkommen, wie fällige Schecks oder Wertpapiere, die jederzeit in Geld umgesetzt werden können (MüKoHGB/*Langhein* Rn. 6 mwN; RWH HGB/*Gerkan/Haas* Rn. 2). 3

2. Berechtigte und Verpflichtete. Anspruchsinhaber ist die Gesellschaft. Der – ggf. im Wege der actio pro socio zu verfolgende – Zinsanspruch kann sich nicht nur gegen die geschäftsführenden Gesellschafter, sondern gegen **jeden** Gesellschafter richten. 4

3. Ausstehende Einlage. In der ersten Variante regelt Abs. 1 die Verzinsung für den Fall, dass ein Gesellschafter seine Geldeinlage nicht zur rechten Zeit einzahlt. Einlagen sind alle auf Zahlung gerichteten Leistungspflichten des Gesellschafters, die ihren Rechtsgrund im Gesellschaftsvertrag haben. Soweit 5 ein Geschäft als sog. Drittgeschäft zwischen Gesellschafter und Gesellschaft **keine** gesellschaftsvertragliche Grundlage hat, unterliegt es **nicht** der Verzinsungspflicht nach Abs. 1 (BGH 27.6.1988, NJW 1989, 166; EBJS/*Bergmann* Rn. 7).

6 Soweit die Einlageschuld durch vorzeitige Rückzahlung oder verdeckte Vergütung wieder auflebt, unterliegt sie der Verzinsung (MüKoHGB/*Langhein* Rn. 7).

7 **4. Nichtablieferung von Gesellschaftsgeldern.** Als nicht abgeliefertes Geld ist jede Geldsumme anzusehen, die der Gesellschafter eingenommen hat und die an die Gesellschaft auszukehren ist, unabhängig davon, ob der Empfang des Geldes befugt oder unbefugt war (RWH HGB/*v. Gerkan/Haas* Rn. 6). Unter Einnahme ist sowohl der Barempfang von Geld als auch der auf ein Konto des Gesellschafters eingezahlte Geldbetrag zu verstehen.

8 Die Ablieferung muss **rechtzeitig** erfolgen. Der Gesellschafter muss unverzüglich von der tatsächlich bestehenden Handlungsmöglichkeit Gebrauch machen. Dabei ist auf die Umstände des Einzelfalls abzustellen. Die Ablieferung des beispielsweise während einer kurzen Geschäftsreise eingenommenen Geldes nach der Rückkehr ist regelmäßig rechtzeitig (EBJS/*Bergmann* Rn. 12).

9 **5. Unbefugte Entnahmen.** Eine Entnahme iSv Abs. 1 liegt nur vor, falls der Gesellschafter den Betrag für sich, also für **eigene Zwecke,** erlangt hat. Auf Gut- oder Bösgläubigkeit kommt es nicht an (MüKoHGB/*Langhein* Rn. 11). Das Verwenden des entnommenen Geldbetrages für Zwecke der Gesellschaft (zB Zahlung von Gesellschaftsschulden) löst die Verzinsungspflicht **nicht** aus.

10 Unter Entnahme ist jede Form des Entzugs der Verfügbarkeit über Liquidität der Gesellschaft zu verstehen, wie zB die Inanspruchnahme des Gesellschaftskontos für eigene Belange.

11 Die Entnahme ist **unbefugt,** wenn sie weder durch den Gesellschaftsvertrag oder einen Gesellschafterbeschluss noch von der Zustimmung der Gesellschafterversammlung oder der geschäftsführenden Gesellschafter gedeckt ist (allgA).

12 Soweit die Entnahme dazu dient, den eigenen, gegen die Gesellschaft berechtigterweise bestehenden Anspruch zu befriedigen, scheidet eine Verzinsungspflicht aus (EBJS/*Bergmann* Rn. 17; RWH HGB/*v. Gerkan* Rn. 6).

13 Die Gesellschaft trägt die **Darlegungs- und Beweislast** für das Vorliegen einer Entnahme iSv Abs. 1. Der Gesellschafter muss darlegen und beweisen, dass er befugt gehandelt hat (EBJS/*Bergmann* Rn. 18; MüKoHGB/*Langhein* Rn. 13).

III. Rechtsfolgen

14 **1. Beginn der Verzinsungspflicht.** Die Pflicht zur Verzinsung **beginnt** bei ausstehenden Einlagen mit der Fälligkeit der Einlage. Der Beginn der Verzinsung ist bei unzulässigen Kapitalrückzahlungen nach der hM weder von der Aufforderung seitens der Gesellschaft noch von der Gut- oder Bösgläubigkeit des Gesellschafters bei der Entgegennahme abhängig; die Fälligkeit tritt sofort mit der unzulässigen Rückzahlung ein (MüKoHGB/*Langhein* Rn. 14; EBJS/*Bergmann* Rn. 22 mwN auch zur Gegenansicht).

15 Bei der Nichtablieferung von Gesellschaftsgeldern setzt die Pflicht zur Verzinsung mit Ablauf der – je nach Einzelfall – noch als rechtzeitig erachteten Frist ein.

16 Die Verzinsungspflicht beginnt mit der unbefugten Entnahme; auf ein Verschulden oder die Kenntnis des Empfängers kommt es nicht an.

17 **2. Zinshöhe.** Die Zinshöhe beträgt vorbehaltlich abweichend gesellschaftsvertraglicher Regelungen nach § 352 Abs. 2 **5 %.** Eine Kürzung des Zinsanspruchs der Gesellschaft um einen anteiligen Gewinnanteil des betroffenen Gesellschafters ist nicht möglich.

IV. Weitergehende Rechte (Abs. 2)

18 Aus der Regelung des Abs. 2 folgt, dass zugunsten der Gesellschaft zusätzliche Ersatzansprüche aus Vertrag oder sonstigen Anspruchsgrundlagen (Geschäftsführung ohne Auftrag, Bereicherungsrecht, Deliktsrecht) in Betracht kommen können. Weiter sind gesellschaftsrechtliche Maßnahmen wie die Entziehung der Geschäftsführungs- und Vertretungsbefugnis sowie die Ausschließung des Gesellschafters möglich.

V. Abweichende Vereinbarungen

19 Die Regelungen des § 111 sind dispositiv. Im Gesellschaftsvertrag kann die Verzinsungspflicht verschärft, gemildert oder auch ausgeschlossen werden.

[Wettbewerbsverbot]

112 **(1) Ein Gesellschafter darf ohne Einwilligung der anderen Gesellschafter weder in dem Handelszweig der Gesellschaft Geschäfte machen noch an einer anderen gleichartigen Handelsgesellschaft als persönlich haftender Gesellschafter teilnehmen.**

(2) Die Einwilligung zur Teilnahme an einer anderen Gesellschaft gilt als erteilt, wenn den übrigen Gesellschaftern bei Eingehung der Gesellschaft bekannt ist, daß der Gesellschafter an einer anderen Gesellschaft als persönlich haftender Gesellschafter teilnimmt, und gleichwohl die Aufgabe dieser Beteiligung nicht ausdrücklich bedungen wird.

Übersicht

I. Allgemeines

1. Normzweck. Das Wettbewerbsverbot hat seine Grundlage in der Treuepflicht des Gesellschafters, die das vom gegenseitigen Vertrauen getragene Gesellschaftsverhältnis einer handelsrechtlichen Personengesellschaft in besonderem Maße beherrscht (BGH 5.12.1983, BGHZ 89, 162 (166) = NJW 1984, 1351). Mit dem Wettbewerbsverbot soll die illoyale, eigensüchtige Ausnutzung des aufgrund der Gesellschafterstellung bestehenden Einflusses und der durch sie erlangten Informationen verhindert werden. Das Verbot dient dem Schutz der Gesellschaft und der Mitgesellschafter vor der Gefahr, die dadurch besteht, dass ein Gesellschafter Kenntnisse und Informationen, die er aufgrund seiner Gesellschafterstellung erlangt, im eigenen Interesse – unter Verletzung der Treuepflicht – für eigene Zwecke verwertet. 1

2. Überblick. Die Vorschrift des § 112 ist als Verbot mit Erlaubnisvorbehalt ausgestaltet. Damit wird deutlich, dass der Schutz der Gesellschaft nicht erst mit Schadenseintritt einsetzt, sondern bereits im Vorfeld die **konkrete Gefährdung** genügt (EBJS/Bergmann Rn. 3; Staub/*Schäfer* Rn. 1). 2

Neben den in § 112 geregelten Fallkonstellationen bleibt es den Gesellschaftern unbenommen, abweichende Vereinbarungen zu treffen (→ Rn. 26 ff.), wobei dem **nachvertraglichen Wettbewerbsverbot** in der Praxis eine erhebliche Bedeutung zukommt. 3

Über § 161 Abs. 2 gilt § 112 für die persönlich haftenden Gesellschafter einer KG, während §§ 112, 113 auf die Kommanditisten keine Anwendung findet (vgl. § 165). Für die Gesellschaft bürgerlichen Rechts gilt § 112 ebenfalls nicht. 4

Die **Rechtsfolge** einer Verletzung des Wettbewerbsverbots ist in **§ 113** geregelt. 5

II. Anwendungsbereich

1. Persönlich. a) Gesellschafter. Das Wettbewerbsverbot gilt nach hM grundsätzlich für **alle Gesellschafter** der OHG. Nicht ausschlaggebend ist dabei die Tatsache, ob der Gesellschafter geschäftsführend tätig ist. Auch dem nicht geschäftsführenden Gesellschafter stehen Mitwirkungs-, Informations- und Kontrollrechte zu, die Einblicke in die Gesellschaftsinterna gewähren. Dadurch besteht auch beim 6 nicht geschäftsführenden Gesellschafter die Gefahr einer illoyalen Ausnutzung zu eigenen Zwecken (MüKoHGB/*Langhein* Rn. 5; EBJS/*Bergmann* Rn. 4).

7 **b) Dritte.** Eine Ausdehnung erfährt das Wettbewerbsverbot auf **Dritte,** falls diese im Verhältnis zu den anderen Gesellschaftern einem persönlich haftenden Gesellschafter – insbesondere durch Wahrnehmung von Mitgliedschaftsrechten – gleichstehen (EBJS/*Bergmann* Rn. 5). Auch Treugeber, Unterbeteiligte und Nießbraucher unterliegen dem Wettbewerbsverbot, falls sie über Mitwirkungs- und Informationsrechte wie ein persönlich haftender Gesellschafter verfügen (MüKoHGB/*Langhein* Rn. 8). Stille Gesellschafter und Kommanditisten, die zwar durch § 165 vom Wettbewerbsverbot befreit sind, unterliegen ausnahmsweise dem Wettbewerbsverbot, falls ihnen intern Rechte eingeräumt werden, die einem persönlich haftenden Gesellschafter entsprechen (BGH 8.5.1989, NJW 1989, 2687; BGH 5.12.1983, BGHZ 89, 162 (165 f.) = NJW 1984, 1351; Staub/*Schäfer* Rn. 9).

8 **c) Vertreter.** Ein Vertreter unterliegt nicht dem Verbot des § 112 (allgA). Nach hM hat der Vertretene nach § 278 BGB für das wettbewerbswidrige Verhalten seines Vertreters selbst dann einzustehen, falls dieser die erlangten Informationen ausschließlich im eigenen Interesse verwendet (MüKoHGB/*Langhein* Rn. 9; Staub/*Schäfer* Rn. 10). Eine andere Ansicht (EBJS/*Bergmann* Rn. 6; Schlegelberger/Geßler/*Martens* Rn. 3) beschränkt dies nur auf den Fall, dass der Vertreter im Interesse des vertretenen Gesellschafters gehandelt hat.

9 Die übrigen Mitgesellschafter können den Vertreter selbst auf Unterlassung in Anspruch nehmen oder vom vertretenen Mitgesellschafter ein Einschreiten verlangen.

10 **d) Konzernsituation.** Nach der Rspr. (BGH 5.12.1983, BGHZ 89, 162 = NJW 1984, 1351) kommt § 112 auch in Konzernsituationen zur Anwendung (zu den Einzelheiten und den unterschiedlichen Ansätzen im Schrifttum vgl. MüKoHGB/*Langhein* Rn. 7).

11 **2. Zeitlich.** Das Wettbewerbsverbot gilt nur für die **Zeit der Gesellschaftsangehörigkeit** (allgM). Die wettbewerbsrechtlichen Schranken entfallen mit dem Ausscheiden des Gesellschafters. In engen Grenzen werden für den ausscheidenden Gesellschafter noch während der Gesellschaftsangehörigkeit vorgenommene, untergeordnete Hilfsgeschäfte (zB Anmietung von Geschäftsräumen) zur Vorbereitung eines künftigen erlaubten Wettbewerbs für zulässig erachtet. Weitergehende Tätigkeiten vor dem Ausscheiden, die der Anbahnung künftiger Geschäfte dienen, sind hingegen unzulässig (MüKoHGB/*Langhein* Rn. 19).

12 Mit dem Zeitpunkt des **Ausscheidens** wird der Gesellschafter von allen wettbewerbsrechtlichen Beschränkungen frei. Der Gesellschaft bleibt es allerdings unbenommen, über den Zeitpunkt des Ausscheidens hinaus durch die Vereinbarung eines **nachvertraglichen** Wettbewerbsverbots dem ausgeschiedenen Gesellschafter Beschränkungen aufzuerlegen (→ Rn. 26 ff.).

13 In der **Liquidationsphase** gilt das Wettbewerbsverbot des § 112 grundsätzlich weiter (BGH 16.3.1961, WM 1961, 629 (631); Staub/*Schäfer* Rn. 12 mwN). Allerdings ist in der Liquidationsphase normalerweise eine fortschreitende Reduzierung der Teilnahme am Handelsverkehr verbunden. Dies führt dazu, dass das Wettbewerbsverbot in Bezug auf die sich in Liquidation befindliche Gesellschaft – unter Berücksichtigung der Belange des Gesellschafter iR seiner geplanten neuen Betätigungen – nicht den gleichen Beschränkungen wie bei einer werbenden Tätigkeit der Gesellschaft unterliegt (vgl. BGH 11.1.1971, NJW 1971, 802 – auf Treuepflicht abstellend –; MüKoHGB/*Langhein* Rn. 19; EBJS/*Bergmann* Rn. 18).

III. Verbotene Geschäfte im gleichen Handelszweig (Abs. 1 Fall 1)

14 Nach der ersten Tatbestandsvariante des § 112 ist es den Gesellschaftern einer OHG verwehrt, im Handelszweig der Gesellschaft **Geschäfte** zu machen. Eine Gewerbsmäßigkeit der Tätigkeit ist nicht notwendig; auch eine gelegentliche Betätigung zu Erwerbszwecken ist ausreichend (RWH HGB/*v. Gerkan/Haas* Rn. 5), wobei im Ergebnis nicht die Art der Betätigung, sondern die Gefahr der Interessenkollision im Vordergrund steht. Unter § 112 fallen auch Geschäfte des Gesellschafters als Handelsvertreter, Kommissionär oder Makler im Interesse Dritter für fremde Rechnung im Handelszweig der Gesellschaft (BGH 22.6.1972, WM 1972, 1229).

15 Davon abzugrenzen ist die Betätigung des Gesellschafters nur für seinen persönlichen Bedarf, wobei allerdings in einem solchen Fall ebenfalls weder konkrete Geschäftschancen noch interne Informationen zum Schaden der Gesellschaft ausgenutzt werden dürfen (BGH 23.9.1985, NJW 1986, 584). Die Einschaltung eines Treuhänders oder eines sonstigen Beauftragten – ohne Offenlegung des wirtschaftlichen Eigeninteresses des Gesellschafters – fällt unter Umgehungsgesichtspunkten ebenfalls unter § 112 (Staub/*Schäfer* Rn. 20).

16 Der Begriff des **Handelszweigs** ist mit dem Begriff des gleichartigen Handelsgeschäfts in der zweiten Tatbestandsvariante deckungsgleich und darf nicht eng aufgefasst werden. Zu ermitteln ist der konkrete Handelszweig der Gesellschaft durch Auslegung des von den Gesellschaftern tatsächlich und konkret als Unternehmensgegenstand gewollten Geschäftszwecks, wobei die Formulierungen im Gesellschaftsver-

trag uU nur eine Auslegungshilfe darstellen (EBJS/*Bergmann* Rn. 9; MüKoHGB/*Langhein* Rn. 11). Dabei sind auch spätere Weiterentwicklungen der Gesellschaftstätigkeit oder auch Einschränkungen der Unternehmenstätigkeit für die Bestimmung des relevanten Marktes, der wiederum Auswirkung auf die konkrete Reichweite des Wettbewerbsverbots hat, zu berücksichtigen (BGH 21.2.1978, BGHZ 70, 331 (333) = NJW 1978, 1001; BGH 5.12.1983, BGHZ 89, 162 (170) = NJW 1984, 1351; RWH HGB/*v. Gerkan/Haas* Rn. 6).

IV. Verbotene Beteiligung mit persönlicher Haftung an gleichartiger Handelsgesellschaft (Abs. 1 Fall 2)

Das Verbot der Teilnahme als **persönlich haftender** Gesellschafter an einer gleichartigen Handelsgesellschaft hat seine Berechtigung in der in solchen Konstellationen für die Gesellschaft bestehenden **Gefährdungslage,** die durch Ausnutzung von Geschäftsgeheimnissen und Insiderwissen, also allgemein durch die Konkurrenzsituation, entstehen kann. Es kommt dabei nicht auf die formale Stellung als persönlich haftender Gesellschafter, sondern auf die **tatsächliche Rechtstellung** an, die der Gesellschafter im anderen Unternehmen hat (EBJS/*Bergmann* Rn. 14; RWH HGB/*v. Gerkan/Haas* Rn. 8). Soweit ein persönlich haftender Gesellschafter tatsächlich nur die Stellung eines Kommanditisten hat, kommen die §§ 112, 113 nicht zur Anwendung (MüKoHGB/*Langhein* Rn. 17). Umgekehrt ist ein Kommanditist oder stiller Gesellschafter, der über besondere Einflussmöglichkeiten verfügt und damit mit der Rechtsstellung eines Komplementärs vergleichbar ist, dem Wettbewerbsverbot des § 112 unterworfen (EBJS/Bergmann Rn. 14). Eine reine kapitalistische Beteiligung (zB als typischer Kommanditist oder stiller Gesellschafter) wird von § 112 Abs. 1 Fall 2 nicht umfasst. 17

Die Rechtsform der anderen Gesellschaft ist unerheblich. Für die Beurteilung, ob eine **„gleichartige"** Gesellschaft vorliegt, ist – unter Berücksichtigung der notwendigen Konkurrenzsituation – entscheidend, dass die andere Gesellschaft demselben Handelszweig zuzuordnen ist (MüKoHGB/*Langhein* Rn. 17). Insoweit sind die bereits oben (→ Rn. 16) bei der Beurteilung des gleichen Handelszweigs aufgestellten Kriterien maßgeblich. Es genügt auch eine partielle Marktüberschreitung, soweit dies nicht nur Randgebiete oder einen ganz unerheblichen Umfang betrifft (Baumbach/Hopt/*Roth* Rn. 7). 18

V. Einwilligung

1. Erteilte Einwilligung (Abs. 1). a) Grundsatz. Die **Einwilligung** der übrigen – auch der nicht geschäftsführenden – Gesellschafter **beseitigt** das Wettbewerbsverbot. Nach hM handelt es sich bei der Einwilligung um eine einseitige empfangsbedürftige Willenserklärung, für die §§ 182–184 BGB entsprechende Anwendung finden. Die Einwilligung kann durch vorherige Zustimmung oder nachträgliche Genehmigung erteilt werden. Ein Gesellschafterbeschluss ist nicht erforderlich (hM, Baumbach/Hopt/*Roth* Rn. 9; MüKoHGB/*Langhein* Rn. 24; vgl. auch EBJS/*Bergmann* Rn. 25 mwN). 19

b) Inhaltliche Ausgestaltung und Form. Die **Einwilligung** kann unter Bedingungen oder unter dem Vorbehalt des Widerrufs erteilt werden. Inhaltlich kann die Einwilligung auf bestimmte Arten von Geschäften beschränkt oder befristet werden. Eine besondere **Form** ist für die Einwilligung **nicht** vorgesehen. Nach allgemeiner Ansicht kommt deshalb auch eine konkludente Einwilligung in Betracht. 20

Die **widerspruchslose Hinnahme** einer konkurrierenden Betätigung rechtfertigt idR **nicht** den Schluss auf eine Einwilligung. Hinzukommen muss ein Handeln – losgelöst vom Einzelfall – über einen längeren Zeitraum, das beim handelnden Gesellschafter das berechtigte Vertrauen auf ein Einverständnis der übrigen Gesellschafter rechtfertigt (EBJS/*Bergmann* Rn. 28; MüKoHGB/*Langhein* Rn. 26; Staub/*Schäfer* Rn. 27; aA *Löffler* NJW 1986, 229). Sollte den Gesellschaftern bei Aufnahme eines neuen Gesellschafters dessen Tätigkeit bekannt sein, wird der neue Gesellschafter in der Folgezeit – unter Berücksichtigung von § 112 Abs. 2 – eher von einer Einwilligung ausgehen können. Die Mitgesellschafter, die mit der ihnen bekannten Wettbewerbssituation nicht einverstanden sind, müssen dies deutlich machen. Der insoweit darlegungs- und beweisbelastete begünstigte Gesellschafter wird deshalb von einer konkludenten Genehmigung seiner Konkurrenztätigkeit – zumindest im bisherigen bekannten Umfang – ausgehen können (EBJS/*Bergmann* Rn. 28; MüKoHGB/*Langhein* Rn. 26; RWH HGB/*v. Gerkan/Haas* Rn. 11). Soweit die Wettbewerbssituation erst später eingetreten ist, dürfte kaum ein konkludentes Einverständnis in Betracht kommen. An die Darlegungs- und Beweislast – sie trifft den begünstigten Gesellschafter – sind erhöhte Anforderungen zu stellen. 21

Nach Aufnahme der Wettbewerbstätigkeit durch den Gesellschafter ist – unter Berücksichtigung der Treuepflicht – eine ohne Vorbehalt oder ohne Bedingung erteilte Einwilligung **unwiderruflich.** Eine Ausnahme ist hiervon nur bei Vorlage eines wichtigen Grundes zu machen (Baumbach/Hopt/*Roth* Rn. 9; MüKoHGB/*Langhein* Rn. 25). 22

2. Einwilligungsfiktion (Abs. 2). Abs. 2 stellt eine **unwiderlegliche Vermutung** auf. Soweit bei Eingehung der Gesellschaft ein persönlich haftender Gesellschafter bereits in einer konkurrierenden OHG, KG oder KGaA als persönlich haftender Gesellschafter beteiligt ist, gilt die Einwilligung der 23 übrigen Gesellschafter als erteilt, sofern diese Tatsache den übrigen Gesellschaftern bekannt ist und gleichwohl die Aufgabe dieser Beteiligung nicht ausdrücklich ausbedungen ist. Erforderlich ist positive Kenntnis aller Mitgesellschafter. Kennenmüssen reicht insoweit nicht aus (hM, EBJS/*Bergmann* Rn. 31; MüKoHGB/*Langhein* Rn. 29). Der Widerspruch eines Gesellschafters genügt, um den Vermutungstatbestand auszuschließen (RWH HGB/*v. Gerkan/Haas* Rn. 12).

24 Weiter verlangt Abs. 2 das **Fehlen** einer **ausdrücklichen** Vereinbarung über die Aufgabe der Beteiligung an der anderen Gesellschaft. Insoweit reichen konkludente Erklärungen nicht aus.

25 Die Einwilligungsfiktion findet aufgrund des klaren Wortlauts nur Anwendung auf Abs. 1 Fall 2. Eine analoge Anwendung auf andere Konkurrenzlagen scheidet aus (EBJS/*Bergmann* Rn. 34; MüKoHGB/*Langhein* Rn. 28; Baumbach/Hopt/*Roth* Rn. 10).

VI. Abweichende Vereinbarungen

26 **1. Erweiterungen und Einschränkungen.** Das Wettbewerbsverbot in § 112 ist dispositiv. Die Gesellschafter können Erweiterungen oder auch Lockerungen des gesetzlichen Wettbewerbsverbots vereinbaren (allgA). In Gesellschaftsverträgen finden sich häufig Klauseln, wonach das Wettbewerbsverbot durch Mehrheitsbeschluss ausgedehnt oder eingeschränkt werden kann. Nach hM wird für die Wirksamkeit eines solchen Mehrheitsbeschlusses – insbesondere für die Lockerung oder gar generelle Befreiung – eine sachliche Rechtfertigung verlangt (MüKoHGB/*Langhein* Rn. 36; RWH HGB/*v. Gerkan/Haas* Rn. 15). Weiter zulässig dürften Bestimmungen sein, die im Hinblick auf die Sanktionen eines Wettbewerbsverbotes ergänzende oder abweichende Regeln aufstellen (vgl. EBJS/*Bergmann* Rn. 40).

27 **2. Nachvertragliches Wettbewerbsverbot. a) Grundsatz.** Die Anwendung des in § 112 normierten Wettbewerbsverbots ist auf die Zeit der Gesellschafterstellung begrenzt (→ Rn. 11). Allerdings besteht auch nach dem Ausscheiden eines Gesellschafters häufig ein Bedürfnis, die Gesellschaft vor einer illoyalen Ausnutzung ihrer Arbeit zu schützen. In diesem Zusammenhang können die vom ausscheidenden Gesellschafter während seiner Zugehörigkeit zur Gesellschaft gewonnen Kenntnisse über Verfahrensabläufe und Vertriebsstrategien sowie sein erworbenes Knowhow für die Gesellschaft ein Problem darstellen, dem mit der Vereinbarung eines **nachvertraglichen Wettbewerbsverbots** begegnet werden kann. Dieses schützenswerte Interesse der Gesellschaft kollidiert jedoch mit dem Interesse und Recht des ausscheidenden Gesellschafters an einer freien Berufsausübung, wobei die **Abwägung** in Zweifelsfällen eher zugunsten des ausgeschiedenen Gesellschafters ausfallen dürfte (BGH 12.5.1998, ZIP 1998, 1159; MüKoHGB/*Langhein* Rn. 22).

28 **b) Voraussetzungen.** Nach der Rspr. und hM muss das nachvertragliche Wettbewerbsverbot **gegenständlich, räumlich** und **zeitlich** begrenzt sein (BGH 14.7.1997, NJW 1997, 3089).

29 In zeitlicher Hinsicht ist nach der Rspr. eine **zweijährige Frist** als äußerste hinzunehmende zeitliche Grenze anzusehen. Ein über zwei Jahre hinausgehendes nachvertragliches Wettbewerbsverbot verstößt idR gegen § 138 BGB, da die während der Gesellschaftszugehörigkeit geknüpften Verbindungen sich nach zwei Jahren bereits soweit gelöst haben, dass der ausgeschiedene Gesellschafter wie jeder andere Wettbewerber behandelt werden kann (BGH 29.3.2003, NJW 2004, 66). Die räumlichen und gegenständlichen Grenzen sind fallbezogen zu bestimmen. Das nachvertragliche Wettbewerbsverbot darf nicht dazu eingesetzt werden, den früheren Mitgesellschafter als Wettbewerber auszuschalten (BGH 18.7.2005, NJW 2005, 3061).

30 Die Missachtung der gegenständlichen und räumlichen Grenzen hat die **Nichtigkeit** des Wettbewerbsverbots zur Folge (BGH 18.7.2005, NJW 2005, 3061). Bei der Anwendung von § 139 BGB im Wege einer geltungserhaltenden Reduktion ist die Rspr. sehr zurückhaltend. Soweit nur eine Überschreitung der zeitlichen Grenzen vorliegt und kein weiterer Verstoß gegen die guten Sitten festzustellen ist, kommt eine **geltungserhaltende** Reduktion auf das zeitlich tolerable Maß in Betracht (BGH 18.7.2005, NJW 2005, 3061; BGH 8.5.2000, NJW 2000, 2584; BGH 14.7.1997, NJW 1997, 3089; EBJS/*Bergmann* Rn. 22).

31 **c) Rechtsfolge.** Bei einer Verletzung des nachvertraglichen Wettbewerbsverbots kommt **§ 113 nicht** zur Anwendung (allgA). Es gelten – soweit nicht etwas anderes vereinbart ist – die allgemeinen bürgerlichrechtlichen Vorschriften über Schadensersatz, Unterlassung oder Gewinnherausgabe (EBJS/*Bergmann* Rn. 23).

VII. Wettbewerbsverbot und Kartellrecht

32 Nach § 1 GWB sind Vereinbarungen und Beschlüsse, die eine Verhinderung, Einschränkung oder Verfälschung des Wettbewerbs bezwecken oder bewirken, verboten. Zwischen **§ 1 GWB** und **§ 112** besteht somit eine latente Konfliktsituation. Nach allgemeiner Ansicht in Rspr. und Lit. ist dieser Konflikt nicht generell zugunsten des gesellschaftsrechtlichen Wettbewerbsverbots oder zugunsten des Verbots wettbewerbsbeschränkender Abreden, sondern jeweils im Einzelfall zu lösen (EBJS/*Bergmann* Rn. 35 mwN; MüKoHGB/*Langhein* Rn. 32).

Bei einer gesetzestypischen OHG ist das Wettbewerbsverbot des § 112 für die Gesellschaft und die Mitgesellschafter unverzichtbar. Das Wettbewerbsverbot soll verhindern, dass das Unternehmen von einem geschäftsführenden und vertretungsberechtigten Gesellschafter ausgehöhlt oder gar zerstört wird (BGH 21.2.1978, BGHZ 70, 331 = NJW 1978, 1001). In einer solchen Fallkonstellation kommt § 1 GWB nicht zur Anwendung. Soweit jedoch die kapitalistische Beteiligung des Gesellschafters im Vordergrund steht, ist das Wettbewerbsverbot für den Bestand und Erhalt der Gesellschaft nicht notwendig, sodass § 1 GWB grundsätzlich zur Anwendung kommen kann (BGH 6.12.1962, BGHZ 38, 306 = NJW 1963, 646; MüKoHGB/*Langhein* Rn. 34). 33

Bei der Vereinbarung eines nachvertraglichen Wettbewerbsverbots kann die Anwendbarkeit von § 1 GWB naheliegen, falls das Wettbewerbsverbot gegenständlich, räumlich und zeitlich weit über das anerkennenswerte Interesse der verbleibenden Gesellschafter hinausgeht und es zu einer spürbaren Beeinflussung der Marktverhältnisse kommt (BGH 19.3.1993, NJW 1994, 384; MüKoHGB/*Langhein* Rn. 33; EBJS/*Bergmann* Rn. 38). 34

Soweit allerdings bereits der Gesellschaftsvertrag inhaltlich Zwecke einer Wettbewerbsbeschränkung verfolgt, liegt ein Verstoß gegen § 1 GWB vor. Das gesellschaftsrechtliche Wettbewerbsverbot weicht in diesem Fall § 1 GWB (BGH 1.12.1981, BGHZ 82, 332 = NJW 1982, 938). 35

[Verletzung des Wettbewerbsverbots]

113 (1) **Verletzt ein Gesellschafter die ihm nach § 112 obliegende Verpflichtung, so kann die Gesellschaft Schadensersatz fordern; sie kann statt dessen von dem Gesellschafter verlangen, daß er die für eigene Rechnung gemachten Geschäfte als für Rechnung der Gesellschaft eingegangen gelten lasse und die aus Geschäften für fremde Rechnung bezogene Vergütung herausgebe oder seinen Anspruch auf die Vergütung abtrete.**

(2) **Über die Geltendmachung dieser Ansprüche beschließen die übrigen Gesellschafter.**

(3) **Die Ansprüche verjähren in drei Monaten von dem Zeitpunkt an, in welchem die übrigen Gesellschafter von dem Abschluss des Geschäfts oder von der Teilnahme des Gesellschafters an der anderen Gesellschaft Kenntnis erlangen oder ohne grobe Fahrlässigkeit erlangen müssten; sie verjähren ohne Rücksicht auf diese Kenntnis oder grob fahrlässige Unkenntnis in fünf Jahren von ihrer Entstehung an.**

(4) **Das Recht der Gesellschafter, die Auflösung der Gesellschaft zu verlangen, wird durch diese Vorschriften nicht berührt.**

Übersicht

I. Allgemeines

§ 113 regelt die **Rechtsfolgen** für schuldhafte Verstöße gegen das in § 112 normierte Wettbewerbsverbot. Das Gesetz sieht alternativ **Schadensersatz** oder ein **Eintrittsrecht** vor. 1

2 Der Nachweis eines Schadens wird in der Praxis von der beweisbelasteten Gesellschaft idR nur schwer zu erbringen sein. Mit der Wahl des Eintrittsrechts hingegen kann die Gesellschaft die wirtschaftlichen Vorteile des Konkurrenzgeschäfts an sich ziehen und erreicht dadurch, dass dem konkurrierenden Gesellschafter die aus dem wettbewerbswidrigen Verhalten erzielten Vorteile nicht verbleiben (EBJS/*Bergmann* Rn. 1; MüKoHGB/*Langhein* Rn. 1). Das Eintrittsrecht vermindert – im Interesse der Gesellschaft – den Anreiz weiterer Zuwiderhandlungen gegen das Wettbewerbsverbot (BGH 6.12.1962, BGHZ 38, 306 (309) = NJW 1963, 646).

3 Die Regelungen des § 113 betreffen ausschließlich die Gesellschafter und wirken somit nur gesellschaftsintern (BGH 5.12.1983, BGHZ 89, 162 (171) = NJW 1984, 1351).

4 Die in Abs. 2 geregelte Geltendmachung der Ansprüche (Entscheidungszuständigkeit aller übrigen Gesellschafter) und insbesondere die kurze Verjährung (Abs. 3) dienen sowohl dem Interesse des betroffenen Gesellschafters als auch der möglichst raschen Beilegung des Konflikts.

5 Die Regelungen in § 113 sind nicht abschließend (→ Rn. 20 ff.). Auf ein nachvertraglich vereinbartes Wettbewerbsverbot findet § 113 keine Anwendung (→ § 112 Rn. 31).

II. Schadensersatzanspruch und Eintrittsrecht

6 **1. Überblick.** Aus dem Wortlaut des Abs. 1 („statt dessen“) folgt, dass die Gesellschaft nicht zugleich Schadensersatz und über das Eintrittsrecht Gewinnabschöpfung verlangen kann. Die dogmatische Einordnung des Verhältnisses zwischen Schadensersatz und Eintrittsrecht ist allerdings umstritten (MüKoHGB/*Langhein* Rn. 10).

7 Nach hM ist die Gesellschaft an die einmal getroffene **Wahl** zwischen Schadensersatz und Eintrittsrecht gebunden (MüKoHGB/*Langhein* Rn. 10; EBJS/*Bergmann* Rn. 6 mwN; *Hueck* OHG § 13 II 6, 104). Nach aA (Staub/*Schäfer* Rn. 10; Baumbach/Hopt/*Roth* Rn. 8) ist nur die Entscheidung hinsichtlich des Eintrittsrechts bindend, während von der zunächst getroffenen Wahl auf Schadensersatz – zB bei später festgestellter Nichtnachweisbarkeit – noch auf das Eintrittsrecht übergegangen werden kann.

8 Wegen der in Abs. 3 geregelten, extrem kurzen dreimonatigen Verjährungsfrist wird in der Praxis die Frage eines Übergangs vom Verlangen auf Schadensersatz zum Eintrittsrecht von geringer Relevanz sein, zumal mit der gerichtlichen Geltendmachung des Schadensersatzanspruchs keine Verjährungsunterbrechung hinsichtlich des Eintrittsrechts erfolgt (MüKoHGB/*Langhein* Rn. 10;). Im Interesse einer raschen und endgültigen Konfliktlösung ist die hM vorzugswürdig.

9 **2. Schadensersatz.** Die Gesellschaft kann bei einem schuldhaften Verstoß des Gesellschafters gegen das Wettbewerbsverbot (Verschuldensmaßstab § 708 BGB) nach Maßgabe der §§ 249 ff. BGB **Schadensersatz** verlangen. Die Verschuldensvermutung des § 280 Abs. 1 S. 2 BGB greift ein, wenn die Gesellschaft die Pflichtverletzung nachgewiesen hat (MüKoHGB/*Langhein* Rn. 6).

10 Der **Nachweis** eines Schadens obliegt der darlegungs- und beweispflichtigen Gesellschaft. Ein Schaden kann zum einen in dem durch das Konkurrenzgeschäft entgangenen Gewinn liegen (Staub/*Schäfer* Rn. 14). Zum anderen kann die Gesellschaft geltend machen, dass ein weitergehender Schaden dadurch entstanden ist, dass beispielsweise ein Kunde abgesprungen oder eine Verschlechterung der Umsatz- oder Ertragssituation eingetreten ist (EBJS/*Bergmann* Rn. 8). Der Nachweis eines solchen Schadens wird – trotz Heranziehung von § 287 ZPO – für die beweispflichtige Gesellschaft idR nur schwer zu führen sein. Eine Kürzung des Schadensersatzanspruchs um die eigene Beteiligungsquote des in Anspruch genommenen Gesellschafters kommt nicht in Betracht (allgM; vgl. MüKoHGB/*Langhein* Rn. 6 mwN). Zu den Anforderungen um die Darlegung eines Schadens vgl. OLG Stuttgart (OLG Stuttgart 15.3.2017, ZIP 2017, 868)

11 **3. Eintrittsrecht. a) Grundlagen.** Der Grundgedanke dieser Tatbestandsvariante liegt in der **Abschöpfungsfunktion** (MüKoHGB/*Langhein* Rn. 7). Erleichtert wird die Geltendmachung dadurch, dass die Gesellschaft keinen eigenen Schaden erlitten haben muss. Trotz des oft schwierigen Nachweises eines Schadens ermöglicht das Eintrittsrecht der Gesellschaft dennoch die **Vorteile** des unter Verletzung des Wettbewerbsverbots gemachten Geschäftes an sich zu ziehen. Insofern hat das Eintrittsrecht eine präventive Wirkung und einen gewissen Sanktionscharakter (EBJS/*Bergmann* Rn. 11).

12 Das Eintrittsrecht hat **keine Außenwirkung.** Es richtet sich nur gegen den Gesellschafter und nicht gegen den am Konkurrenzgeschäft beteiligten Vertragspartner (allgA; BGH 5.12.1983, BGHZ 89, 162 (171) = NJW 1984, 1353). Vertragsbeziehungen mit dem „Konkurrenzunternehmen“ entstehen nur bei Abtretung von Ansprüchen an die Gesellschaft oder bei einer – im Einverständnis mit dem Dritten – erfolgten Schuld- oder Vertragsübernahme durch die Gesellschaft (EBJS/*Bergmann* Rn. 11; Staub/*Schäfer* Rn. 17).

13 **b) Geschäfte auf eigene Rechnung.** Ist der Gesellschafter für **eigene** Rechnung tätig geworden, führt der Eintritt der Gesellschaft zu einem Anspruch auf Gewinnherausgabe. Der Gesellschafter muss sich so behandeln lassen, als sei er wie ein Beauftragter im eigenen Namen für Rechnung der Gesellschaft tätig geworden. Die führt allerdings dazu, dass die Gesellschaft nicht nur die Aufwendungen des

Gesellschafters, sondern auch etwaige Verluste aus der Konkurrenztätigkeit tragen muss (EBJS/*Bergmann* Rn. 15). In der Praxis dürfte dieser Fall kaum Bedeutung haben. Soweit der Gesellschafter in einem solchen Fall ordnungsgemäße Auskünfte erteilt, wird die Gesellschaft ihr Eintrittsrecht nicht ausüben (MüKoHGB/*Langhein* Rn. 8). Verletzt der Gesellschafter seine Auskunftspflicht, ist er der Gesellschaft – bei nachteiligen Folgen des aufgrund der fehlerhaften Auskunft erfolgten Eintritts der Gesellschaft – schadensersatzpflichtig (Staub/*Schäfer* Rn. 18).

c) Geschäfte auf fremde Rechnung. Bei Geschäften auf fremde Rechnung ist alternativ die Herausgabe der bezogenen Vergütung oder die Abtretung des Vergütungsanspruchs vorgesehen. Nach hM kann vom Gesellschafter der Wert seiner erbrachten Tätigkeit **nicht** als Aufwendung abgesetzt werden (EBJS/*Bergmann* Rn. 16; differenzierend Staub/*Schäfer* Rn. 19, 21). 14

d) Beteiligung an einer konkurrierenden Gesellschaft. Nach dem Wortlaut des § 113 bezieht sich das Eintrittsrecht zunächst auf die Geschäfte, die der Gesellschafter § 112 zuwider „gemacht" hat. Nach ganz hM (BGH 5.12.1983, BGHZ 89, 162 (171) = NJW 1984, 1351; BGH 6.12.1962, BGHZ 38, 306 (309 f.) = NJW 1963, 646; EBJS/*Bergmann* Rn. 12 mwN; MüKoHGB/*Langhein* Rn. 8; Staub/*Schäfer* Rn. 20; Baumbach/Hopt/*Roth* Rn. 3; RWH HGB/*v. Gerkan/Haas* Rn. 4a) erfasst der Begriff des „Geschäftemachens" iSd § 113 auch **verbotswidrige Beteiligungen** an einer anderen Gesellschaft iSv § 112 Abs. 1 Alt. 2. 15

Das der Gesellschaft auch bei einer verbotswidrigen Beteiligung zustehende Eintrittsrecht führt weder zu einer Verdrängung des Gesellschafters aus seiner Beteiligung noch zu einem Eintritt der Gesellschaft in die konkurrierende Gesellschaft anstelle des Gesellschafters. Die Abtretung der Mitgliedschaft kann **nicht** verlangt werden (BGH 5.12.1983, BGHZ 89, 162 (171) = NJW 1984, 1353). 16

Der dem Eintrittsrecht zugrunde liegende Abschöpfungsgedanke führt dazu, dass die Gesellschaft – soweit sich die jeweiligen **Tätigkeitsbereiche** der beiden Gesellschaften **decken** – den vollen Ertrag des Gesellschafters aus der Beteiligung an sich ziehen kann (Baumbach/Hopt/*Roth* Rn. 3; EBJS/*Bergmann* Rn. 20). 17

Soweit sich die Tätigkeitsbereiche der beiden Gesellschaften **nicht** in vollem Umfang decken und Gewinne von der konkurrierenden Gesellschaft in Marktbereichen erzielt werden, die nicht zum Tätigkeitsbereich der das Eintrittsrecht ausübenden Gesellschaft zählen, ist streitig, ob die Abschöpfung in voller Höhe (BGH 5.12.1983, BGHZ 89, 162 (171 f.) = NJW 1984, 1351; BGH 6.12.1962, BGHZ 38, 306 (310) = NJW 1963, 646; Baumbach/Hopt/*Roth* Rn. 3; Staub/*Schäfer* Rn. 20) oder nur anteilig erfolgt (EBJS/*Bergmann* Rn. 20 mwN; RWH HGB/*v. Gerkan/Haas* Rn. 4a; wohl auch MüKoHGB/*Langhein* Rn. 8). Bei Annahme einer nur anteiligen Abschöpfung dürften jedoch in praktischer Hinsicht erhebliche Probleme bestehen, den auf das Konkurrenzgeschäft entfallenden Anteil zu bestimmen. 18

e) Auskunftsanspruch. Zur Vorbereitung der Entscheidung, ob vom Eintrittsrecht Gebrauch gemacht werden soll, stehen der Gesellschaft sowohl Auskunftsansprüche als auch Ansprüche auf Rechnungslegung gegen den Gesellschafter zu (EBJS/*Bergmann* Rn. 21; Staub/*Schäfer* Rn. 23). 19

III. Sonstige Ansprüche

1. Unterlassungsanspruch. Nach allgA kann der Gesellschafter von der Gesellschaft auf **Unterlassung** eines dem § 112 widersprechenden Konkurrenzverhaltens in Anspruch genommen werden (BGH 21.2.1978, BGHZ 70, 331 = NJW 1978, 1001; EBJS/*Bergmann* Rn. 22; MüKoHGB/*Langhein* Rn. 11; RWH HGB/*v. Gerkan/Haas* 2; Baumbach/Hopt/*Roth* Rn. 4). 20

Streitig ist in diesem Zusammenhang, ob § 113 Abs. 2 (Beschlussfassung) und/oder Abs. 3 (Verjährung) für den Unterlassungsanspruch Anwendung findet. Nach wohl hM (Staub/*Schäfer* § 112 Rn. 38, 39; MüKoHGB/*Langhein* Rn. 11, 20; RWH HGB/*v. Gerkan/Haas* Rn. 11) gelten Abs. 2 und Abs. 3 (EBJS/*Bergmann* Rn. 34 mit überzeugenden Argumenten). Nach anderer Ansicht soll zwar nicht Abs. 2, jedoch die kurze Verjährung nach Abs. 3 zur Anwendung kommen (Heymann/*Emmerich* Rn. 16). 21

Die Zwangsvollstreckung des Unterlassungsanspruchs richtet sich nach § 890 ZPO. 22

2. Angemaßte Eigengeschäftsführung. Die Geltendmachung von **Schadensersatz** aufgrund angemaßter Eigengeschäftsführung (§ 687 Abs. 2 BGB, § 679 BGB) scheitert nach hM an der abschließenden Regelung des § 113 (EBJS/*Bergmann* Rn. 26; MüKoHGB/*Langhein* Rn. 13; Staub/*Schäfer* Rn. 6). 23

Ein **Gewinnherausgabeanspruch** aus angemaßter Geschäftsführung nach § 687 Abs. 2 BGB, §§ 681, 667 BGB kann **neben § 113** geltend gemacht werden. Die Geltendmachung dieses Anspruchs unterliegt **nicht** den Beschränkungen des Abs. 2 und Abs. 3 (MüKoHGB/*Langhein* Rn. 13; RWH HGB/*v. Gerkan/Haas* Rn. 5; Schlegelberger/*Geßler*/*Martens* Rn. 16). Nach der Rspr. (BGH 12.6.1989, NJW-RR 1989, 1255 – GmbH-Geschäftsführer) ist allerdings Voraussetzung, dass das Geschäft, das der Konkurrierende an sich zieht, der Gesellschaft bereits in einer Weise zugeordnet war, dass es auch äußerlich als für ihn fremd in Erscheinung getreten ist (vgl. EBJS/*Bergmann* Rn. 26 mwN), 24 was regelmäßig der Fall ist, wenn in eine mit der Gesellschaft bestehende schuldrechtliche Beziehung eingegriffen wird.

25 **3. Deliktsansprüche.** Schadensersatzansprüche nach § 823 BGB scheitern an der abschließenden Regelung des § 113. § 112 ist in diesem Zusammenhang **kein** gesetzliches Verbot iSv § 823 Abs. 2 BGB (Schlegelberger/Geßler/*Martens* Rn. 18).

26 Zur Anwendung kann – allerdings unter engen Voraussetzungen – **§ 826 BGB** kommen (BGH 12.6.1989, NJW-RR 1989, 1255, zum wettbewerbswidrigen Verhalten eines GmbH-Geschäftsführers). Sollte § 826 BGB in Betracht kommen, gelten die Abs. 2 und 3 nicht (MüKoHGB/*Langhein* Rn. 14; RWH HGB/*v. Gerkan/Haas* Rn. 6).

27 **4. Vertragsstrafen.** Grundsätzlich sind **Abreden** über Vertragsstrafen **möglich** und in der Praxis verbreitet. Probleme können bei unvollständigen und nicht zweifelsfreien vertraglichen Formulierungen in Bezug auf die gesetzlichen Regelungen entstehen. Insbesondere sollte im Hinblick auf § 340 Abs. 1 BGB klar geregelt werden, ob die Rechte aus § 113 unberührt bleiben (vgl. iE EBJS/*Bergmann* Rn. 23 ff.). Eine Herabsetzung der Vertragsstrafe nach § 343 BGB dürfte idR an der zumindest entsprechenden Anwendung von § 348 scheitern (MüKoHGB/*Langhein* Rn. 15; RWH HGB/*v. Gerkan/Haas* Rn. 7).

28 **5. Auflösungsrecht (Abs. 4).** Klarstellend ist in **Abs. 4** geregelt, dass die Auflösung der Gesellschaft durch § 113 nicht berührt wird. Die Auflösung der Gesellschaft – ebenso wie die Ausschließung eines Gesellschafters oder die Entziehung seiner Geschäftsführungs- und Vertretungsbefugnis wegen des Wettbewerbsverstoßes – unterliegen somit nicht den Einschränkungen der Abs. 2 und Abs. 3 (MüKoHGB/*Langhein* Rn. 12).

IV. Geltendmachung (Abs. 2)

29 **1. Beschluss.** Für die Geltendmachung der in Abs. 1 vorgesehenen Ansprüche ist – sofern sich aus dem Gesellschaftsvertrag nicht die Möglichkeit einer Mehrheitsentscheidung ergibt – ein **einstimmiger Beschluss** der **übrigen** Gesellschafter notwendig. Der betroffene Gesellschafter hat **kein** Stimmrecht. In einer Zweipersonengesellschaft entscheidet der Mitgesellschafter allein

30 **2. Beschlussinhalt.** In dem Beschluss ist von den übrigen Gesellschaftern zunächst über die Frage zu entscheiden, **ob** überhaupt Sanktionen gegen den sich wettbewerbswidrig verhaltenen Mitgesellschafter ergriffen werden sollen. Falls gegen den Mitgesellschafter Ansprüche geltend gemacht werden sollen, schließt sich die Entscheidung über die möglichen Anspruchsalternativen (Schadensersatz, Eintrittsrechts oder zunächst nur Unterlassungsbegehren) an (EBJS/*Bergmann* Rn. 29).

31 **3. Form der Beschlussfassung.** Eine besondere Form für die Beschlussfassung ist nicht vorgesehen. In der klageweisen Geltendmachung oder in der gemeinsamen Beauftragung eines Rechtsanwalts kann eine zulässige stillschweigende Beschlussfassung liegen (BGH 5.12.1983, BGHZ 89, 162 (172) = NJW 1984, 1353; EBJS/*Bergmann* Rn. 35 mwN). In besonders gelagerten Fällen kann sich iRd Beschlussfassung der übrigen Gesellschafter eine Zustimmungspflicht für den einzelnen Gesellschafter ergeben. Der betroffene Gesellschafter ist über den Beschlussinhalt zu informieren.

32 **4. Umsetzung des Beschlusses.** Ein nach Abs. 2 ordnungsgemäß zustandegekommener Beschluss bedarf der Umsetzung durch den geschäftsführenden Gesellschafter, ggf. auch im Wege der actio pro socio durch einen einzelnen Gesellschafter (EBJS/*Bergmann* Rn. 37; RWH HGB/*v. Gerkan/Haas* Rn. 10).

33 In der Insolvenz geht die Entscheidungsbefugnis nach allgemeiner Ansicht auf den Insolvenzverwalter über (MüKoHGB/*Langhein* Rn. 19).

V. Verjährung

34 **1. Anwendungsbereich.** Die in Abs. 3 geregelte **kurze** Verjährung verfolgt für die unter Abs. 1 erfassten Ansprüche eine Befriedungsfunktion im Interesse einer möglichst baldigen Konflikterledigung (MüKoHGB/*Langhein* Rn. 20; RWH HGB/*v. Gerkan/Haas* Rn. 11). Die Anwendbarkeit von Abs. 3 auf Unterlassungsansprüche wird von der hM bejaht (→ Rn. 21).

35 **2. Dreimonatige Verjährungsfrist.** Die dreimonatige Verjährungsfrist beginnt mit der Kenntnis **sämtlicher** Gesellschafter zu laufen. Seit Dezember 2004 genügt durch die Neufassung der Verjährungsvorschriften (vgl. BGBl. 2004 I 214 (216); hierzu *Wagner* ZIP 2005, 558 ff.) bereits auch grob fahrlässige Unkenntnis. Die bloße Kenntnis der geschäftsführenden oder einzelnen Gesellschafter reicht nicht aus. Der verbotswidrig handelnde Gesellschafter hat es jedoch in der Hand, durch gezielte Information aller Gesellschafter die Verjährungsfrist in Lauf zu setzen (EBJS/*Bergmann* Rn. 42).

36 Damit die übrigen Gesellschafter eine sachgerechte Entscheidung nach Abs. 2 treffen können, ist zumindest eine Information über Art und Umfang des Konkurrenzgeschäfts, über die dem verbotswidrig

handelnden Gesellschafter zugewiesenen Vorteile sowie über die für die Gesellschaft entstehenden Nachteile notwendig. Gegebenenfalls sind über Auskunftsansprüche nähere Informationen zu gewinnen (Staub/*Schäfer* Rn. 34), wobei in diesem Zusammenhang zur Verjährungsunterbrechung auch eine Stufenklage nach § 254 ZPO in Betracht gezogen werden kann.

Zur Fristwahrung genügt, dass die übrigen Gesellschafter einen Beschluss nach Abs. 2 fassen und diesen Beschluss dem anderen Gesellschafter vor Ablauf von drei Monaten zur Kenntnis bringen. Die Hemmung der Verjährung durch Klageerhebung richtet sich nach den allgemeinen Vorschriften (vgl. § 204 BGB). Schwebenden Verhandlungen über den Anspruch führen nach § 203 BGB zur Hemmung der Verjährung. **37**

3. Fünfjährige Verjährungsfrist (Abs. 3 Hs. 2). Die **fünfjährige Verjährungsfrist** beginnt – unabhängig von der Kenntnis – sobald der Anspruch **entstanden** ist. Hierfür ist erforderlich, dass die Möglichkeit der Klageerhebung und Verjährungshemmung besteht, wobei zumindest die Möglichkeit der Erhebung einer Feststellungsklage gegeben sein muss (MüKoHGB/*Langhein* Rn. 22). **38**

Bei fortwährenden Verstößen beginnt – unter Berücksichtigung der Intention der Regelung nach einer schnellen Klärung – die fünfjährige Verjährungsfrist bereits mit der ersten Teilhandlung, die Gegenstand einer Feststellungsklage sein kann (MüKoHGB/*Langhein* Rn. 21; aA Schlegelberger/Geßler/*Martens* Rn. 31). **39**

VI. Abweichende Vereinbarungen

Die Regelung des § 113 ist dispositiv. Im Gesellschaftsvertrag können – unter Beachtung der durch § 138 BGB und § 1 GWB gezogenen Grenzen – abweichende Bestimmungen getroffen werden (allgA). **40**

[Geschäftsführung]

114

(1) **Zur Führung der Geschäfte der Gesellschaft sind alle Gesellschafter berechtigt und verpflichtet.**

(2) **Ist im Gesellschaftsvertrage die Geschäftsführung einem Gesellschafter oder mehreren Gesellschaftern übertragen, so sind die übrigen Gesellschafter von der Geschäftsführung ausgeschlossen.**

Übersicht

I. Allgemeines

Die Geschäftsführung der OHG ist in §§ 114–117 geregelt, wobei § 114 die Grundnorm darstellt. **1**
Das gesetzliche Leitbild der OHG als Haftungs- bzw. Tätigkeitsgemeinschaft (MüKoHGB/*Rawert*

Rn. 1) sieht – im Gegensatz zur Rechtslage bei der BGB-Gesellschaft (§ 709 Abs. 1 BGB) – die **Einzel**geschäftsführungsbefugnis **aller** Gesellschafter als gesetzlichen Regelfall vor.

2 Der Grundnorm des § 114 schließen sich die Regelungen des § 115 (Kompetenzverteilung zwischen mehreren geschäftsführenden Gesellschaftern), § 116 (Umfang der Geschäftsführungsbefugnis) und § 117 (Entziehung der Geschäftsführungsbefugnis) an. Ergänzend finden §§ 709–713 BGB und über § 713 BGB das Auftragsrecht (§§ 664–670 BGB) Anwendung.

3 Die Vorschriften der §§ 114 ff. sind unmittelbar nur auf die OHG anwendbar. Für die KG verweist § 161 Abs. 2 auf die §§ 114–117. Für die Gesellschaft bürgerlichen Rechts gilt § 709 BGB.

II. Begriff der Geschäftsführung

4 **1. Grundsatz.** Unter dem **Begriff der Geschäftsführung** versteht man jede auf die Verwirklichung des Gesellschaftszwecks gerichtete Tätigkeit, die **nicht** die Grundlagen der Gesellschaft betrifft (allgM; vgl. MüKoHGB/*Rawert* Rn. 6; Staub/*Schäfer* Rn. 11). Unbeachtlich ist dabei, ob es sich um tatsächliche oder rechtgeschäftliche, gewöhnliche oder außergewöhnliche Maßnahmen handelt (EBJS/*Drescher* Rn. 4).

5 **Beispiele** für typische Geschäftsführungsmaßnahmen: Organisation des Betriebs; Einstellung und Entlassung von Personal; Anweisung und Beaufsichtigung des Personals; Buchführung und Aufstellung des Jahresabschlusses (zur Feststellung der Jahresbilanz → Rn. 7 – Grundlagengeschäft); Verwaltung des Gesellschaftsvermögens; Geltendmachung von Gesellschaftsforderungen einschließlich Sozialansprüchen gegenüber anderen Gesellschaftern im Wege der actio pro socio (BGH 2.7.1973, NJW 1973, 2198).

6 **2. Abgrenzung zum Grundlagengeschäft.** Nicht zur Geschäftsführung gehören **Grundlagengeschäfte.** Dabei handelt es sich um Maßnahmen, die das Verhältnis der Gesellschafter untereinander und damit die Grundlagen der Gesellschaft, also insbesondere die Gestaltung und die Änderungen des Gesellschaftsvertrages und damit die Zusammensetzung und Organisation der Gesellschaft betreffen.

7 **Beispiele für Grundlagengeschäfte:** Gestaltung und Änderung des Gesellschaftsvertrages; Aufnahme und Ausschließung eines Gesellschafters (BGH 11.2.1980, BGHZ 76, 160 (164) = NJW 1980, 1463); Verleihung und Entziehung der Geschäftsführung- und Vertretungsbefugnis (EBJS/*Drescher* Rn. 7); Übertragung des ganzen Vermögens der Gesellschaft auf Dritte (BGH 9.1.1995, NJW 1995, 596); Vergütung der Geschäftsführung (KG 4.5.1992, DStR 1993, 1227 und dazu *Goette,* Anm. zu BGH, Nichtannahmebeschl. vom. 14.6.1993, DStR 1993, 1229); Entscheidung über die Geltendmachung von Ansprüchen wegen der Verletzung eines Wettbewerbsverbotes (§ 113; EBJS/*Drescher* Rn. 4); Wahl der Abschlussprüfer (BGH 24.3.1980, BGHZ 76, 338 (342) = NJW 1980, 1689); nach hM zählt – im Gegensatz zur Aufstellung (→ Rn. 5) – die **Feststellung** des Jahresabschlusses zum Kreis der Grundlagengeschäfte (BGH 29.3.1996, BGHZ 132, 263 = NJW 1996, 1678), wesentliche Struktur- und Organisationsveränderungen in der Gesellschaft (EBJS/*Drescher* Rn. 7).

8 Bei der Aufnahme eines **stillen** Gesellschafters ist zu differenzieren: Nach hM ist die Aufnahme eines typischen stillen Gesellschafters von der Geschäftsführungsbefugnis gedeckt. Soweit der stille Gesellschafter jedoch eine vermögens- oder organisationsrechtliche Stellung erlangt, die einem Kommanditisten entspricht (atypische stille Gesellschaft), ist eine solche Aufnahme als strukturändernde Entscheidung dem Bereich der Grundlagengeschäfte zuzuordnen (MüKoHGB/*Rawert* Rn. 12 mwN).

9 Die **Unterscheidung** zwischen Geschäftsführung und Grundlagengeschäft ist der **Dispositionsbefugnis** der Gesellschafter **nicht** entzogen. Sofern der Kernbereich der Mitgliedschaft nicht betroffen und auch der Bestimmtheitsgrundsatz beachtet ist, können Geschäftsführer – durch den Gesellschaftsvertrag oder durch einen Gesellschafterbeschluss – ermächtigt werden, Grundlagenentscheidungen zu treffen (BGH 14.11.1977, NJW 1978, 1000 – zur Aufnahme von Gesellschaftern; MüKoHGB/*Rawert* Rn. 14).

10 **3. Abgrenzung zu geschäftsführungsfremden Maßnahmen.** Soweit Tätigkeiten des geschäftsführenden Gesellschafters **keinen** Bezug zum Gesellschaftszweck haben, liegt **keine** Geschäftsführung vor. Der geschäftsführende Gesellschafter befindet sich dann in einer **Doppelrolle** und steht der Gesellschaft nicht nur aufgrund gesellschaftlicher Bindungen, sondern auch als „fremder" **Dritter** gegenüber (MüKoHGB/*Rawert* Rn. 16; EBJS/*Drescher* Rn. 9). Als **Beispiel** kommt die beratende Tätigkeit eines Geschäftsführers für die Gesellschaft als Anwalt oder Steuerberater in Betracht. Für die Abgrenzung ist auf die konkreten Umstände des Einzelfalles abzustellen. Soweit eine konkret für eine Drittbeziehung sprechende Vereinbarung nicht besteht, spricht bei Handlungen, die der Verwirklichung des Gesellschaftswecks dienen, eine **widerlegbare** Vermutung für die Einordnung und Behandlung als Geschäftsführungsmaßnahme (MüKoHGB/*Rawert* Rn. 16).

11 **4. Abgrenzung zur Vertretung.** Die Regelungen über die Vertretung finden sich in §§ 125–127. Nach hM ist Geschäftsführung und Vertretung nicht als Gegensatz iSv Innenverhältnis (Geschäftsführung) und Außenverhältnis (Vertretung) zu verstehen. Die Unterscheidung hat vielmehr nach dem rechtlichen „Dürfen" und dem rechtlichen „Können" zu erfolgen (RWH HGB/*v. Gerkan/Haas* Rn. 3;

EBJS/*Drescher* Rn. 5). Geschäftsführung ist damit eine Frage der internen Verantwortlichkeit, Vertretung hingegen eine Frage der Handlungswirksamkeit nach außen (MüKoHGB/*Rawert* Rn. 15; *Hueck* OHG § 10 I 2).

III. Regelfall (Abs. 1)

Der gesetzliche Regelfall sieht – im Gegensatz zu § 709 BGB – vor, dass **alle** Gesellschafter geschäftsführungsbefugt sind und zwar nach der Regelung in § 115 iSe **Einzelgeschäftsführung.** 12

Ein Minderjähriger kann – beispielsweise als Erbe von Gesellschaftsanteilen, die mit dem Recht auf Geschäftsführung verbunden sind – Geschäftsführer sein. Der Minderjährige bedarf allerdings hierfür der Zustimmung seines gesetzlichen Vertreters. Streitig ist, ob der gesetzliche Vertreter die dem Minderjährigen zustehenden Geschäftsführungsbefugnisse nur mit Zustimmung der übrigen Gesellschafter selbst wahrnehmen darf (verneinend MüKoHGB/*Rawert* Rn. 36; EBJS/*Drescher* Rn. 10; bejahend RWH HGB/*v. Gerkan/Haas* Rn. 17). 13

Im Falle des Todes eines Gesellschafters und Übergang des Gesellschaftsanteils auf den Erben ist dieser automatisch geschäftsführungsbefugt, wenn der Gesellschaftsvertrag allen Gesellschaftern die Geschäftsführungsbefugnis einräumt (MüKoHGB/*Rawert* Rn. 33). Soweit die Stellung des Erblassers aufgrund einer besonderen Vertrauensstellung oder fachlicher Qualifikation eingeräumt war, findet eine unmittelbare Nachfolge in die Geschäftsführungsbefugnis nicht statt (BGH 6.11.1958, NJW 1959, 192). 14

IV. Abweichende Vereinbarungen

1. Ausschluss von der Geschäftsführung. Die Geschäftsführung kann durch Gesellschaftsvertrag einem oder mehreren Gesellschaftern übertragen werden. **Abs. 2** sieht für diesen Fall eine **Auslegungsregel** dahingehend vor, dass die übrigen Gesellschafter von der Geschäftsführung ausgeschlossen sind. Abs. 2 greift nur, wenn sich aus dem Gesellschaftsvertrag – uU nach entsprechender Auslegung – nichts anderes ergibt (MüKoHGB/*Rawert* Rn. 20). 15

Die Regelung findet auch Anwendung, sofern lediglich die Aufteilung der Geschäftsführung in Geschäftsbereiche in Betracht kommt. 16

In der Praxis sehen Gesellschaftsverträge weitere Gestaltungsmöglichkeiten vor. Möglich ist beispielsweise die Regelung, dass nur zwei bzw. mehrere Geschäftsführer gemeinschaftlich geschäftsführungsbefugt sind („Vier-Augen-Prinzip"). Weiter sind zeitliche Befristungen möglich. Häufig anzutreffen sind auch Regelungen wonach für die Vornahme bestimmter, besonders bedeutender Geschäfte (Kreditaufnahme; Grundstücksgeschäfte; Personalentscheidungen) die Zustimmung aller geschäftsführenden Gesellschafter verlangt wird (vgl. näher zu weiteren Gestaltungsmöglichkeiten; EBJS/*Drescher* Rn. 15; MüKoHGB/*Rawert* Rn. 21). 17

2. Gestaltungsgrenzen. Das **Abspaltungsverbot** (→ § 109 Rn. 11 ff.), der Grundsatz der **Selbstorganschaft** (→ § 109 Rn. 17) und das Verbot des Eingriffs in den **Kernbereich** der Mitgliedschaft stellen die **Grenzen** für die Abdingbarkeit des Geschäftsführungsrechts dar. 18

Aus diesen Grundsätzen folgt, dass die organschaftliche Geschäftsführung zwingend den Gesellschaftern vorbehalten bleibt und die Geschäftsführung **nicht** auf einen Dritten übertragen werden kann. Die Einräumung einer echten und ausschließlichen Organkompetenz an gesellschaftsfremde Dritte ist bei der OHG nicht statthaft (grundlegend BGH 22.1.1962, BGHZ 36, 292 (293) = NJW 1962, 738; BGH 20.9.1993, WM 1994, 237; BGH 16.11.1981, NJW 1982, 877 (878); EBJS/*Drescher* Rn. 17 ff.). 19

3. Mitwirkung Dritter. Allerdings ist nach stRspr – sofern im Gesellschaftsvertrag oder durch Gesellschafterbeschluss zugelassen – die rechtsgeschäftlich begründete Beauftragung gesellschaftsfremder Dritter mit der bloßen **Ausübung** von Geschäftsführungsbefugnissen **zulässig** (BGH 22.1.1962, BGHZ 36, 292 = NJW 1962, 738; Baumbach/Hopt/*Roth* Rn. 24; MüKoHGB/*Rawert* Rn. 26; Staub/*Schäfer* Rn. 35, 36). Zu beachten ist allerdings, dass die Überlassung der Geschäftsführungsbefugnisse zur Ausübung nicht im Ergebnis einer Übertragung gleichkommt, was beispielsweise bei einer unwiderruflichen Vollmacht unter gleichzeitigem Verzicht auf die eigene Rechtsausübung der Fall wäre (EBJS/*Drescher* Rn. 17 mwN). Den Gesellschaftern müssen allerdings ausreichend Kontroll-, Eingriffs- und Kündigungsrechte verbleiben (EBJS/*Drescher* Rn. 18). Als Beispiele kommt ein weitgehendes Weisungsrecht gegenüber dem Dritten sowie das Recht zur Kündigung aus wichtigem Grund in Betracht (BGH 16.11.1981, NJW 1982, 877; BGH 5.10.1981, NJW 1982, 1817). 20

4. Beiräte. Gegen die Einrichtung eines **Beirats** bestehen keine Bedenken, soweit ihm ausschließlich Gesellschafter angehören. 21

Soweit der Beirat ganz oder teilweise mit gesellschaftsfremden Dritten besetzt ist, dürfen ihm Geschäftsführungsbefugnisse nur zur Ausübung überlassen werden (EBJS/*Drescher* Rn. 21 ff.; MüKoHGB/*Rawert* Rn. 30; Staub/*Schäfer* Rn. 84; ausf. KKRD/*Kindler* Rn. 4). 22

V. Rechte und Pflichten der geschäftsführenden Gesellschafter

23 **1. Rechtsgrundlage.** Die geschäftsführenden Gesellschafter sind unmittelbar aufgrund des Gesellschaftsvertrages zur Geschäftsführung berechtigt und verpflichtet. Der Abschluss eines zusätzlichen Dienstvertrages ist möglich (Baumbach/Hopt/*Roth* Rn. 9; EBJS/*Drescher* Rn. 28 mwN). Das Rechtsverhältnis der geschäftsführenden Gesellschafter zur Gesellschaft ist unmittelbarer Ausdruck der Mitgliedschaft (MüKoHGB/*Rawert* Rn. 32).

24 **2. Grundsatz der persönlichen Rechtsausübung.** Die Geschäftsführungsbefugnis eines Gesellschafters ist an seine **Person** gebunden und erstreckt sich – vorbehaltlich abweichender Regelungen im Gesellschaftsvertrag – auf den gesamten Tätigkeitsbereich der Gesellschaft.

25 Dem Gesellschafter steht damit zunächst das **Recht** auf ungestörte Wahrnehmung seiner Kompetenzen zu (MüKoHGB/*Rawert* Rn. 38; Staub/*Schäfer* Rn. 19). Der geschäftsführende Gesellschafter ist – vorbehaltlich anderslautender Bestimmungen im Gesellschaftsvertrag (Mehrheitsentscheidungen; zu den Besonderheiten vgl. § 115 und § 116 Abs. 3) – **nicht weisungsgebunden** (BGH 11.2.1980, BGHZ 76, 160 (167) = NJW 1980, 1463; MüKoHGB/*Rawert* Rn. 38; RWH HGB/*v. Gerkan/Haas* Rn. 15). Somit besteht auch keine Möglichkeit, im Weg der actio pro socio die Vornahme oder Unterlassung einer konkreten Geschäftsführungsmaßnahme zu erzwingen (BGH 11.2.1980, BGHZ 76, 160 (167) = NJW 1980, 1463).

26 Mit dem Recht auf Geschäftsführung korrespondiert die **Pflicht** zur Geschäftsführung (Pflichtenrecht; vgl. BGH 24.1.1972, NJW 1972, 862 (863); MüKoHGB/*Rawert* Rn. 39). Es gilt der **Grundsatz der persönlichen Rechtsausübung.** Der Geschäftsführer muss die mit der Geschäftsführung verbundenen Aufgaben grundsätzlich persönlich wahrnehmen. Eine interne Arbeitsteilung befreit nicht von der Gesamtverantwortung für die übrigen Tätigkeitsbereiche der Gesellschaft (BGH 1.3.1993, NJW 1994, 2149 für GmbH). Allerdings besteht für den Gesellschafter nur für die eigentliche Leitung der Geschäfte die Pflicht zur persönlichen Wahrnehmung. Der Geschäftsführer kann Hilfskräfte heranziehen, die keine Erfüllungsgehilfen des geschäftsführenden Gesellschafters, sondern Angestellte der OHG sind (vgl. iE MüKoHGB/*Rawert* Rn. 41).

27 **3. Inhaltliche Anforderungen an die Geschäftsführungstätigkeit.** Die Ausübung der Geschäftsführung hat sich am **Interesse** der Gesellschaft zu orientieren. Aus der Treuepflicht folgt für den geschäftsführenden Gesellschafter die **Verpflichtung** zur **uneigennützigen** Tätigkeit für die Gesellschaft (Staub/*Schäfer* Rn. 18, 45 ff.). Die Geschäftsführer sind strikt an den vom Gesellschaftsvertrag umschriebenen Gesellschaftszweck und die hierin zum Ausdruck gekommenen Gesellschafterinteressen gebunden (BGH 24.1.1972, NJW 1972, 862).

28 Bei Entscheidungen wird dem Geschäftsführer grundsätzlich ein **weiter** unternehmerischer **Ermessensspielraum** zugebilligt. Ohne einen solchen Ermessensspielraum wäre eine unternehmerische Tätigkeit nicht denkbar. Das bewusste Eingehen geschäftlicher Risiken birgt die Gefahr von Fehleinschätzungen und Fehlbeurteilungen. Der Handlungsspielraum ist nach der Rspr. überschritten, wenn aus Sicht eines ordentlichen und gewissenhaften Geschäftsführer das hohe Risiko eines Schadens unabweisbar ist und keine vernünftigen geschäftlichen Gründe dafür sprechen, es dennoch einzugehen, so etwa bei einem Verstoß gegen die in der Branche anerkannten Erkenntnisse und Erfahrungssätze (BGH 21.3.2005, WM 2005, 933; 3.12.2001, WM 2002, 220 betr. Genossenschaft; 21.4.1997, BGHZ 135, 244 (253) = NJW 1997, 1926 betr. AG; EBJS/*Drescher* Rn. 32).

29 **4. Pflichten des Geschäftsführers.** Neben der Treuepflicht treffen den geschäftsführenden Gesellschafter eine Reihe weiterer Pflichten, insbesondere **Sorgfalts-, Interessenwahrungs-** und sonstige **Loyalitätspflichten** (EBJS/*Drescher* Rn. 33). Im Vordergrund steht dabei das **Verbot,** Erwerbschancen der Gesellschaft zu eigenen Gunsten auszunutzen. Mit der Übertragung der Geschäftsführungsbefugnis dürfen die übrigen Gesellschafter darauf **vertrauen,** dass der geschäftsführende Gesellschafter seine Tätigkeit dem Gesellschaftszweck widmet und sich uneigennützig für das gemeinsame Ziel einsetzen wird (BGH 23.9.1985, NJW 1986, 584 (585); BGH 8.5.1989, NJW 1989, 2687). Soweit im Einzelfall die Feststellung schwierig ist, ob eine Geschäftschance tatsächlich der Sphäre der Gesellschaft zuzuordnen ist, soll nach hM für die Frage der Zugehörigkeit zum Geschäftsbetrieb aus Gründen erleichterter Beweisführung eine widerlegliche Vermutung bestehen (MüKoHGB/*Rawert* Rn. 48). Weiter treffen den geschäftsführenden Gesellschafter Benachrichtigungs-, Auskunfts- und Rechenschaftspflichten (vgl. näher MüKoHGB/*Rawert* Rn. 51 ff. mwN).

VI. Haftung des geschäftsführenden Gesellschafters

30 **1. Pflichtwidriges Verhalten.** Mangels einer gesetzlichen Haftungsregelung für Geschäftsführerverhalten haften die geschäftsführenden Gesellschafter für die schuldhafte Verletzung ihrer Geschäftsführerpflichten der Gesellschaft nach allgemeinen Grundsätzen auf Schadensersatz.

Beispiele aus der höchstrichterlichen Rspr. für schadensersatzauslösende Pflichtverstöße: Ausnutzung der Geschäftsführerstellung für eigennützige Zwecke im Abwicklungsstadium (BGH 11.1.1971, NJW 1971, 802); Handeln gegen ein im Gesellschaftsvertrag vorgesehenes Wettbewerbsverbot (BGH 3.2.1997, NJW-RR 1997, 925); Übergehen eines gesellschaftsvertraglich vorgesehenen Zustimmungserfordernisses der Mitgesellschafter (BGH 4 11.1996, NJW 1997, 314); Handeln entgegen dem Widerspruch eines Mitgesellschafters (BGH 10.12.2001, NJW-RR 2002, 540); Verstoß gegen die in der betreffenden Branche anerkannten Erkenntnisse und Erfahrungssätze (BGH 3.12.2001, WM 2002, 220 – Genossenschaft); Handeln gegen die Interessen der Gesellschaft zum eigenen Vorteil (BGH 23.9.1985, NJW 1986, 584). 31

Pflichtwidrig und damit ein zum Schadensersatz verpflichtendes Verhalten stellt die **Überschreitung** der durch die §§ 115, 116 gezogenen Kompetenzgrenzen dar. Allein der Kompetenzverstoß kann bereits eine Haftung begründen, ohne dass beim Ausführungsverhalten eine Pflichtwidrigkeit hinzutreten muss. Die Grundsätze der Geschäftsführung ohne Auftrag sind nach hM unanwendbar (BGH 4.11.1996, NJW 1997, 314; BGH 11.1.1988, NJW-RR 1988, 995 (996); EBJS/*Drescher* Rn. 36; MüKoHGB/*Rawert* Rn. 61 ff. mwN). 32

Bei unternehmerischen Entscheidungen ist – bedingt durch die Eigenart der kaufmännischen Betätigung – dem Geschäftsführer idR ein breiter **Ermessensspielraum** zuzubilligen (MüKoHGB/*Rawert* Rn. 56; RWH HGB/*v. Gerkan/Haas* Rn. 27; Staub/*Schäfer* Rn. 40 ff., 55). Die Annahme eines Sorgfaltsverstoßes in diesem Bereich bedarf der sorgfältigen Prüfung, wobei alleine Geschäftsvorfälle, die sich bei einer ex post Betrachtung als nachteilig für die Gesellschaft darstellen, nicht generell den Rückschluss auf eine Pflichtverletzung des Geschäftsführers zulassen. Auch bei einer unzutreffenden Einschätzung von Risiken liegt idR **keine** Pflichtverletzung vor. Erst bei klarer Überschreitung der Grenzen oder bei Ausübung des unternehmerischen Ermessens in objektiv schwer nachvollziehbarer, grob leichtfertiger Weise oder bei Eingehen eines übermäßigen Risikos kann der Vorwurf der Pflichtverletzung begründet sein (Staub/*Schäfer* Rn. 55). 33

Die Pflichtwidrigkeit einer Handlung entfällt, wenn die Mitgesellschafter dem Verhalten des Geschäftsführers in Kenntnis der Zusammenhänge **zugestimmt** haben (RWH HGB/*v. Gerkan/Haas* Rn. 29; MüKoHGB/*Rawert* Rn. 58; zur Entlastung → Rn. 44 ff.). 34

2. Schaden. Der Umfang des zu ersetzenden Schadens richtet sich nach den allgemeinen Regeln der §§ 249 ff. BGB, wobei auch der entgangene Gewinn erfasst wird. Der Pflichtverstoß muss ursächlich für den der Gesellschaft entstandenen Schaden sein. Erwachsen der Gesellschaft durch die pflichtwidrige Handlung allerdings Vorteile, sind diese auszugleichen (BGH 11.1.1988, NJW-RR 1988, 995; MüKoHGB/*Rawert* Rn. 65). 35

3. Verschulden. Eine Haftung des geschäftsführenden Gesellschafters setzt **Verschulden** voraus. Der Verschuldensmaßstab richtet sich über § 105 Abs. 3 nach § 708 BGB, wonach ein Gesellschafter bei Erfüllung der ihm aus dem Gesellschaftsverhältnis obliegenden Verpflichtungen nur für diejenige Sorgfalt einzustehen hat, die er in eigenen Angelegenheiten anzuwenden pflegt. 36

Nach der höchstrichterlichen Rspr. (BGH 12.11.1979, BGHZ 75, 321 = NJW 1980, 589; BGH 4.7.1977, BGHZ 69, 207 (209) = NJW 1977, 2311) gelten die Haftungserleichterungen nicht für die Publikumsgesellschaften; hier gilt uneingeschränkt der verkehrsübliche Sorgfaltsmaßstab des § 276 BGB. Weitere Einschränkung des sachlichen Anwendungsbereichs von § 708 BGB ergeben sich für die Teilnahme am Straßenverkehr (BGH 20.12.1966, BGHZ 46, 313 (317) = NJW 1967, 558). 37

Die Rspr. und ganz hM lehnt eine über § 708 BGB hinausgehende Haftungserleichterung nach den arbeitsrechtlichen Haftungsgrundsätzen ab (BGH 27.2.1975, WM 1975, 467; MüKoHGB/*Rawert* Rn. 60 mwN; RWH HGB/*v. Gerkan/Haas* Rn. 26; Heymann/*Emmerich* Rn. 17a). 38

4. Darlegungs- und Beweislast. Die **Gesellschaft** trägt die Darlegungs- und Beweislast für den Schadenseintritt und die Ursächlichkeit des Geschäftsführerverhaltens, wobei ihr beim Nachweis der Schadenshöhe die Beweiserleichterungen nach § 287 ZPO zugutekommen (allgA). 39

Der **Gesellschafter** muss darlegen und beweisen, dass sein Verhalten pflichtgemäß oder nicht von ihm zu vertreten ist oder dass der Schaden auch bei pflichtgemäßem Alternativverhalten eingetreten wäre (hM; EBJS/*Drescher* Rn. 41; MüKoHGB/*Rawert* Rn. 64, 69; RWH HGB/*v. Gerkan/Haas* Rn. 31; Staub/*Schäfer* Rn. 64; vgl. auch BGH 4.11 2002, BGHZ 152, 280 = NJW 2003, 358 zur GmbH). Dem Gesellschafter obliegt auch der Nachweis, dass die Gesellschaft wegen der empfangenen Gegenleistung einen Vermögensvorteil erlangt hat (BGH 11.1.1988, NJW-RR 1988, 803). Insbesondere trifft den geschäftsführenden Gesellschafter die Darlegungs- und Beweislast, dass er den grundsätzlich weiten unternehmerischen Ermessensspielraum eingehalten hat. 40

5. Geltendmachung von Ansprüchen. Zur Geltendmachung der Schadensersatzansprüche gegen den geschäftsführenden Gesellschafter sind die **übrigen** geschäftsführenden Gesellschafter zuständig. Aufgrund der Bedeutung einer solchen Schadensersatzklage ist für die Rechtsverfolgung gem. § 116 Abs. 2 ein **Beschluss sämtlicher Gesellschafter** erforderlich (BGH 4.11.1982, WM 1983, 60; BGH 12.6.1997, WM 1997, 1431), wobei bei der Beschlussfassung der zum Ersatz verpflichtete Gesellschafter 41

nicht stimmberechtigt ist (hM). Die Gesellschaftergesamtheit hat auch über einen Anspruchsverzicht oder über einen Vergleichsabschluss zu entscheiden (RWH HGB/*v. Gerkan/Haas* Rn. 30).

42 Der Anspruch der Gesellschaft kann auch durch einen nicht zur Geschäftsführung berechtigten Gesellschafter geltend gemacht werden und zwar im Wege der **actio pro socio** (BGH 27.6.1957, BGHZ 25, 47 (49) = NJW 1957, 1358; MüKoHGB/*Rawert* Rn. 68).

43 **6. Verjährung.** Die **Verjährung** des Schadensersatzanspruchs aus pflichtwidrigem Geschäftsführerhandeln richtet sich nach § 199 Abs. 2 und 3 BGB.

44 **7. Entlastung.** Unter Entlastung ist die einseitige **Billigung** der Art und Weise der Geschäftsführung für die Dauer der zurückliegenden Entlastungsperiode zu verstehen (vgl. § 120 Abs. 2 AktG). In der Entlastung liegt typischerweise auch eine Vertrauenskundgabe für die zukünftige Geschäftsführung (hM; BGH 14.11.1994, NJW 1995, 1353 (1356); BGH 20.5.1985, BGHZ 94, 324 (326) = NJW 1986, 129; Baumbach/Hopt/*Roth* Rn. 16). Die Entlastung erfolgt durch einen **Beschluss.** Die Entlastung bewirkt, dass die OHG mit Ersatzansprüchen und Kündigungsgründen ausgeschlossen ist, die der Gesellschafterversammlung bei sorgfältiger Prüfung aller Vorlagen und Berichte erkennbar sind oder von denen alle Gesellschafter privat Kenntnis haben (BGH 20.5.1985, BGHZ 94, 324 (326) = NJW 1986, 129; EBJS/*Drescher* Rn. 44).

45 Ein klagbarer Anspruch des geschäftsführenden Gesellschafters auf Entlastung hat der BGH (20.5.1985, BGHZ 94, 324 (327) = NJW 1986, 129) für die GmbH verneint. Von diesem Grundsatz ist auch bei der OHG auszugehen. Zum einen kann künftiges Vertrauen nicht gerichtlich erzwungen werden. Zu anderen steht den Gesellschaftern bei der Frage, ob der Geschäftsführer seine Entscheidungen zweckmäßig getroffen hat, ein weiter Ermessensspielraum zu, der einer gerichtlichen Überprüfung der Frage, ob die Entlastung zu erteilen ist, nicht offensteht (vgl. EBJS/*Drescher* Rn. 46; Baumbach/Hopt/*Roth* Rn. 16; MüKoHGB/*Rawert* Rn. 73; aA Schlegelberger/Geßler/*Martens* Rn. 44 mwN).

46 Möglich ist für den Geschäftsführer bei Verweigerung der Entlastung eine Kündigung. Der Geschäftsführer kann aber auch eine negative Feststellungsklage mit dem Ziel der Feststellung, dass er im Entlastungszeitraum keine pflichtwidrigen Handlungen begangen hat, erheben (BGH 20.5.1985, BGHZ 94, 324 (327) = NJW 1986, 129; MüKoHGB/*Rawert* Rn. 73).

VII. Vergütung des geschäftsführenden Gesellschafters

47 **1. Anspruchsbegründung.** Die Gewinnbeteiligung des geschäftsführenden Gesellschafters ist zugleich die Gegenleistung für die Geschäftsführertätigkeit (BGH 10.6.1965, BGHZ 44, 40 = NJW 1965, 1960; EBJS/*Drescher* Rn. 48; MüKoHGB/*Rawert* Rn. 77). Eine besondere **Vergütung** ist grundsätzlich **nicht** vorgesehen. § 110 scheidet als Anspruchsgrundlage aus (BGH 21.5.1955, BGHZ 17, 299 = NJW 1955, 1227; → § 110 Rn. 2).

48 Eine zusätzliche Geschäftsführervergütung neben der normalen Gewinnbeteiligung setzt deshalb entweder eine entsprechende Vereinbarung im Gesellschaftsvertrag oder einen Gesellschafterbeschluss voraus (BGH 21.5.1955, BGHZ 17, 299 (301) = NJW 1955, 1227), wobei alle Gesellschafter mitwirken müssen (BGH 6.7.1967, WM 1967, 1099).

49 Nach der Rspr. ist auch die Annahme einer **konkludenten** Einigung angezeigt, falls der Geschäftsführer eine über das übliche Maß hinausgehende Tätigkeit verrichtet (BGH 21.5.1955, BGHZ 17, 299 (301) = NJW 1955, 1227; RWH HGB/*v. Gerkan/Haas* Rn. 32; differenzierend EBJS/*Drescher* Rn. 48). Allerdings sind gesteigerte Anforderungen an die Annahme einer solchen konkludenten Vereinbarung zu stellen. Die Rspr. erkennt solche Ansprüche nur an, wenn sie sich zusätzlich auf eine ergänzende Vertragsauslegung oder auf die gesellschaftsrechtliche Treuepflicht wegen veränderter Umstände stützen lassen (BGH 4.7.1977, WM 1977, 1140; MüKoHGB/*Rawert* Rn. 78; EBJS/*Drescher* Rn. 48; RWH HGB/*v. Gerkan/Haas* Rn. 33).

50 Grundsätzlich ist es aber auch möglich, die Regelung der Vergütung in einem besonderen **Dienstvertrag** unter Geltung der §§ 611 ff. BGB zu treffen. Dann handelt es sich allerdings um ein Drittgeschäft, dh der Dienstverpflichtete steht der Gesellschaft wie ein **Dritter** gegenüber und sein Vergütungsanspruch beruht nicht auf dem Gesellschaftsverhältnis (BGH 5.2.1963, NJW 1963, 1051; MüKoHGB/*Rawert* Rn. 79).

51 In der Praxis kann die Vergütung entweder als feste oder als erfolgs- bzw. gewinnabhängige Zahlung vereinbart werden (EBJS/*Drescher* Rn. 50). Bei einer **gewinnabhängigen** Regelung entfällt ein Anspruch, wenn kein Gewinn erzielt wird. Bei Vereinbarung einer festen Vergütung wird im Zweifel von einer **gewinnunabhängigen** Vereinbarung auszugehen sein (MüKoHGB/*Rawert* Rn. 80).

52 **2. Anpassung der Vergütung (Herauf-/Herabsetzung).** Eine **Heraufsetzung** der Vergütung kann sich im Wege der **Anpassung** bei einer wesentlichen Änderung der Verhältnisse (zB Ausweitung der Geschäftsführeraufgaben) ergeben (BGH 4.7.1977, WM 1977, 1140). Allerdings besteht nur unter besonderen Umständen eine Pflicht der Mitgesellschafter einer Erhöhung zuzustimmen (BGH 15.6.1978, NJW 1978, 2595; BGH 10.6.1965, BGHZ 44, 40 = WM 1965, 744).

Umgekehrt kann bei einer Reduzierung des Tätigkeitsumfangs oder auch in einer Krisenlage die **Herabsetzung** der Vergütung angezeigt sein. In allen Fällen wird sich die notwendige Anpassung – unter Berücksichtigung des konkreten Einzelfalls – nach § 315 BGB (Anpassung der Höhe nach billigem Ermessen nach den Grundsätzen über den Wegfall der Geschäftsgrundlage) richten. Bei einer unberechtigten Weigerung des Gesellschafters an einer entsprechenden Herabsetzung mitzuwirken, kann die Bestimmung durch Urteil getroffen werden (BGH 4.7.1977, WM 1977). 53

3. Wegfall der Vergütung. Grundsätzlich steht dem Geschäftsführer ein Anspruch auf Tätigkeitsvergütung nur für die Zeit zu, in der er tatsächlich für die Gesellschaft tätig geworden ist. Der Vergütungsanspruch entfällt bei nicht nur vorübergehender Verhinderung (BGH 13.5.1953, BGHZ 10, 44 (53) = NJW 1953, 1548). Soweit die Verhinderung nur vorübergehender Natur und vom Geschäftsführer nicht zu vertreten ist, bleibt der Vergütungsanspruch bestehen (EBJS/*Drescher* Rn. 53; MüKoHGB/*Rawert* Rn. 87). 54

[Geschäftsführung durch mehrere Gesellschafter]

115 (1) **Steht die Geschäftsführung allen oder mehreren Gesellschaftern zu, so ist jeder von ihnen allein zu handeln berechtigt; widerspricht jedoch ein anderer geschäftsführender Gesellschafter der Vornahme einer Handlung, so muß diese unterbleiben.**

(2) **Ist im Gesellschaftsvertrage bestimmt, daß die Gesellschafter, denen die Geschäftsführung zusteht, nur zusammen handeln können, so bedarf es für jedes Geschäft der Zustimmung aller geschäftsführenden Gesellschafter, es sei denn, daß Gefahr im Verzug ist.**

Übersicht

I. Allgemeines

§ 115 regelt die **Kompetenzverteilung** zwischen mehreren geschäftsführenden Gesellschaftern und bestimmt, dass die Geschäftsführungsbefugnis in der OHG grundsätzlich als **Einzelgeschäftsführungsbefugnis** – eingeschränkt durch das Widerspruchsrecht der Mitgeschäftsführer – ausgestaltet ist. In § 115 Abs. 2 finden sich Regelungen für den Fall, dass der Gesellschaftsvertrag die Geschäftsführungsbefugnis mehrerer oder aller Gesellschafter anordnet. 1

Die Vorschrift des § 115 ist **dispositiv.** Im Gesellschaftsvertrag können abweichende Regelungen getroffen werden. 2

Im Gegensatz zu § 115 sieht § 709 BGB für die Gesellschaft bürgerlichen Rechts die Gesamtgeschäftsführung durch alle Gesellschafter vor. Die anderslautende Regelung in § 115 erschließt sich aus dem Erfordernis nach größerer Flexibilität bei der Geschäftsführung einer Personenhandelsgesellschaft (MüKoHGB/*Rawert* Rn. 2). 3

Für den Bereich der **Vertretungsbefugnis** sieht § 125 Abs. 2 als Regelfall die Einzelvertretungsbefugnis vor (vgl. Kommentierung zu § 125 → § 125 Rn. 1 ff.). 4

II. Einzelgeschäftsführung (Abs. 1)

1. Regelfall. Das Gesetz sieht bei mehreren geschäftsführenden Gesellschaftern als **Regelfall** die **Einzelgeschäftsführungsbefugnis** vor. Das bedeutet, dass jeder geschäftsführende Gesellschafter grundsätzlich für den gesamten Geschäftsführungsbereich der Gesellschaft zuständig und allein entscheidungsberechtigt ist (EBJS/*Drescher* Rn. 3). Abgesehen von § 116 Abs. 2 (außergewöhnliches Geschäft) besteht gegenüber dem geschäftsführenden Gesellschafter **kein** Weisungsrecht; er unterliegt 5

keinem Zustimmungsvorbehalt der Mitgesellschafter (BGH 11.2.1980, BGHZ 76, 160 (164) = NJW 1980, 1463 (1464)).

6 **2. Ressortverteilung.** Die Einzelgeschäftsführung erstreckt sich – vorbehaltlich anderweitiger Regelungen im Gesellschaftsvertrag – grundsätzlich auf den **gesamten Tätigkeitsbereich** der Gesellschaft. Abgrenzungsprobleme entstehen bei internen Ressortaufteilungen. Soweit die geschäftsführenden Gesellschafter lediglich intern im Rahmen einer Abrede eine Ressortaufteilung vorgenommen haben, berührt dies nicht die gesellschaftsrechtliche Verantwortung aller geschäftsführenden Gesellschafter für den Gesamtbereich der Geschäftsführung (EBJS/*Drescher* Rn. 4). In einem solchen Fall bleiben die Geschäftsführer auch außerhalb ihres Ressorts zum Widerspruch berechtigt und ggf. verpflichtet.

7 Soweit allerdings die Ressortaufteilung bereits im Gesellschaftsvertrag vorgesehen ist, liegt eine generelle Einschränkung bzw. Beschränkung der Geschäftsführungsbefugnis auf den jeweiligen Ressortbereich vor mit der Folge, dass der Geschäftsführer sein Widerspruchsrecht nur in diesem Fall ausüben kann (RWH HGB/*v. Gerkan/Haas* Rn. 1; Staub/*Schäfer* Rn. 10). Bei ressortübergreifenden Grundsatzentscheidungen spricht jedoch eine Vermutung für eine Gesamtgeschäftsführungsbefugnis (MüKoHGB/*Rawert* Rn. 8).

III. Widerspruchsrecht

8 **1. Grundsatz.** Das **Widerspruchsrecht** ist als Bestandteil der Geschäftsführungsbefugnis – ebenso wie diese selbst – ein mit dem Anteil verbundenes, nicht selbständig übertragbares uneigennütziges Mitgliedschaftsrecht der geschäftsführenden Gesellschafter (Staub/*Schäfer* Rn. 5) und dient dazu, den geschäftsführenden Gesellschaftern **Mitsprache** und gleichberechtigten **Einfluss** auf die Leitung der Gesellschaft zu sichern (MüKoHGB/*Rawert* Rn. 9).

9 **2. Inhaber des Widerspruchsrechts.** Das Widerspruchsrecht steht **nur** den **geschäftsführungsbefugten Gesellschaftern** zu (zur Einschränkung bei Ressortaufteilung → Rn. 6). Gesellschafter, die von der Geschäftsführung **ausgeschlossen** sind, haben **kein** Widerspruchsrecht. Soweit in der Gesellschaft **nur** ein Gesellschafter geschäftsführungsbefugt ist, besteht **kein** Widerspruchsrecht. Soweit der zum Widerspruch berechtigte Gesellschafter von Maßnahmen persönlich betroffen ist, besteht das Widerspruchsrecht **grundsätzlich** weiter.

10 Ein **Ausschluss** des Widerspruchsrechts kommt nur in Ausnahmefällen in Betracht. Bei einer **Interessenkollision,** bei der auch das Stimmrecht nicht ausgeübt werden kann, entfällt das Widerspruchsrecht. Weiter entfällt das Widerspruchsrecht eines geschäftsführenden Gesellschafters, wenn gegen ihn im Namen der Gesellschaft gerichtlich Ansprüche geltend gemacht werden (BGH 9.5.1974, NJW 1974, 1555). Schließlich scheidet ein Widerspruch gegen den Widerspruch eines anderen Geschäftsführers aus, weil sonst die Ausübung des Widerspruchsrechts unterlaufen würde (EBJS/*Drescher* Rn. 13; Staub/*Schäfer* Rn. 14).

11 Eine **Übertragung** des Widerspruchsrechts auf Dritte oder einen Beirat ist durch Gesellschaftsvertrag möglich (EBJS/*Drescher* Rn. 7; vgl. BGH 22.2.1960, NJW 1960, 963 für die Übertragung des Stimmrechts).

12 **3. Gegenstand des Widerspruchsrechts.** Das Widerspruchsrecht beschränkt sich auf **Maßnahmen der Geschäftsführung.** Gegen die Ausübung sonstiger Mitgliedschaftsrechte (Stimmrechtsausübung; Teilnahme an Gesellschafterversammlungen, Einsichtsrechte oder die actio pro socio) besteht **kein** Widerspruchsrecht (MüKoHGB/*Rawert* Rn. 14 mwN; Staub/*Schäfer* Rn. 14).

13 Grundsätzlich besteht das Widerspruchsrecht nur gegen **konkrete** Einzelmaßnahmen der Geschäftsführung. Ein pauschaler Widerspruch gegen die gesamte Geschäftsführung ist deshalb ebenso unzulässig wie der systematische Widerspruch gegen jede Maßnahme eines anderen Geschäftsführers (allgA). Eine generelle Verhinderung der Tätigkeit von Mitgeschäftsführern ist nicht über einen Widerspruch, sondern nur – unter den engen gesetzlichen Voraussetzungen – mit einer Entziehungsklage nach § 117 möglich (MüKoHGB/*Rawert* Rn. 17; Staub/*Schäfer* Rn. 13; vgl. Kommentierung zu § 117 → § 117 Rn. 1 ff.).

14 Allerdings ist ein Widerspruch auch gegen eine Reihe inhaltlich zusammenhängender bzw. gleichartiger Einzelmaßnahmen oder gegen einen bestimmten Geschäftsplan – mit allen hierfür erforderlichen Einzelmaßnahmen – möglich. Im Hinblick auf die erforderliche Konkretisierung der Maßnahme können Abgrenzungsschwierigkeiten zwischen einer unzulässigen „Blockadepolitik" und einer vernünftigen Kontrollfunktion des Widerspruchsrechts bestehen. Im Einzelfall ist zu prüfen, ob dem jeweiligen Geschäftsführer noch ein nennenswerter Bereich eigenverantwortlicher Geschäftsführung verbleibt (EBJS/*Drescher* Rn. 9 mwN).

15 **4. Ausübung des Widerspruchsrechts.** Der Widerspruch ist eine empfangsbedürftige **Willenserklärung,** der mit Zugang an den betroffenen Geschäftsführer wirksam wird (Heymann/*Emmerich* Rn. 7).

Für die Ausübung des Widerspruchsrechts müssen die übrigen Geschäftsführer von der beabsichtigten Maßnahme Kenntnis haben. Die hM bejaht in diesem Zusammenhang eine **Unterrichtungspflicht** des handelnden geschäftsführenden Gesellschafters (BGH 19.4.1971, NJW 1971, 1613 (Ls.) = WM 1971, 819; EBJS/*Drescher* Rn. 10; MüKoHGB/*Rawert* Rn. 20; RWH HGB/*v. Gerkan/Haas* Rn. 4; Staub/*Schäfer* Rn. 15). Dabei ist die **rechtzeitige** Unterrichtung von besonderer Bedeutung, weil der Widerspruch nur vor Durchführung der beabsichtigten Maßnahme erklärt werden kann (hM; EBJS/*Drescher* Rn. 11; MüKoHGB/*Rawert* Rn. 25). 16

Das Widerspruchsrecht darf nicht nach freiem Belieben, sondern nur iRe ordnungsgemäßen Geschäftsführung ausgeübt werden. Die ganz hM nimmt deshalb eine **Begründungspflicht** des widersprechenden Gesellschafters an (EBJS/*Drescher* Rn. 14; MüKoHGB/*Rawert* Rn. 23; RWH HGB/*v. Gerkan/Haas* Rn. 6; KKRD/*Kindler* Rn. 3). Eine Begründung ist allerdings entbehrlich, falls die Gründe für den Widerspruch offensichtlich oder aus den vorangegangenen Auseinandersetzungen bekannt sind. 17

Streitig ist, welche Rechtsfolge eine **fehlende** Begründung nach sich zieht. Nach einer Ansicht ist der Widerspruch bei fehlender Begründung unbeachtlich (EBJS/*Drescher* Rn. 14; Heymann/*Emmerich* Rn. 7; Schlegelberger/Geßler/*Martens* Rn. 1). Die Gegenansicht (MüKoHGB/*Rawert* Rn. 24; Staub/*Schäfer* Rn. 18) bejaht die Wirksamkeit des unbegründeten Widerspruchs; jedoch kann eine zu Unrecht verweigerte Begründung zur Haftung auf Schadensersatz führen. 18

Die **Rücknahme** eines Widerspruchs ist jederzeit möglich. Die beanstandete Maßnahme kann dann durchgeführt werden. 19

Soweit ein Geschäftsführer zu einer beabsichtigten Maßnahme ausdrücklich seine **Zustimmung** erklärt hat, ist er an diese Erklärung gebunden; ein nachträglicher Widerspruch ist dann nicht mehr möglich (hM; vgl. Staub/*Schäfer* Rn. 17; MüKoHGB/*Rawert* Rn. 21). Soweit allerdings die Zustimmung bzw. der Verzicht auf einen Widerspruch auf unvollständigen oder unrichtigen Informationen basiert oder nachträgliche Veränderungen der Verhältnisse eingetreten sind, ist eine Bindung an diese Erklärungen zu **verneinen** (MüKoHGB/*Rawert* Rn. 22 mwN). 20

5. Grenzen des Widerspruchsrechts. Das Widerspruchsrecht darf nicht nach freiem Belieben, sondern nur iR ordnungsgemäßer, dh am Gesellschaftszweck orientierter Geschäftsführung (BGH 8.7.1985, NJW 1986, 844), also weder willkürlich noch für persönliche Belange, ausgeübt werden. 21

Der Geschäftsführer, der einen Widerspruch erwägt, hat bei der Prüfung, ob eine unternehmerische Maßnahme zweckmäßig ist, einen **Beurteilungsspielraum.** 22

Die gerichtliche Überprüfung der Pflichtwidrigkeit eines Widerspruchs ist nur in eingeschränkter Weise möglich (BGH 11.1.1988, NJW-RR 1988, 995 (996); BGH 8.7.1985, NJW 1986, 844). Die gerichtliche Prüfungskompetenz erstreckt sich nur auf die Frage, ob die beabsichtigte Maßnahme ersichtlich im Gesellschaftsinteresse erforderlich ist; in einem solchen Fall ist ein Widerspruch pflichtwidrig und unbeachtlich (EBJS/*Drescher* Rn. 19). 23

Die **Beweislast** trägt derjenige, der die Unwirksamkeit des Widerspruchs behauptet (Baumbach/Hopt/*Roth* Rn. 3; *Wittmann* in BLP Beweislast-HdB Band 4 § 115 Rn. 1). 24

Die **Überschreitung** der Grenzen zulässigen Ermessens liegt vor, falls die Entscheidung des widersprechenden Geschäftsführers sich nicht am Unternehmenswohl, sondern an gesellschaftsfremden Belangen orientiert und die Durchsetzung persönlicher Interessen im Vordergrund steht (BGH 8.7.1985, NJW 1986, 844; Heymann/*Emmerich* Rn. 12; MüKoHGB/*Rawert* Rn. 38). 25

Soweit eine bevorstehende Maßnahme erkennbar den Geschäftsinteressen nicht entspricht und für die Gesellschaft offensichtlich nachteilig ist, kann durch die dadurch bedingte Ermessensreduzierung auf null eine **Pflicht** zur **Erhebung eines Widerspruchs** bestehen (EBJS/*Drescher* Rn. 17; MüKoHGB/*Rawert* Rn 39). 26

6. Rechtsfolgen des Widerspruchs. Ein **pflichtwidriger** Widerspruch entfaltet **keine** Wirkung. Die Maßnahme darf vom geschäftsführenden Gesellschafter trotz des Widerspruchs durchgeführt werden. 27

Bei einem **berechtigten** Widerspruch muss die Maßnahme unterbleiben (Abs. 1 Hs. 2). Ein Geschäftsführer verletzt seine Pflicht aus dem Gesellschaftsvertrag und ist zum Schadensersatz verpflichtet, falls er – trotz beachtlichen und wirksamen Widerspruchs – eine Maßnahme durchführt. Die Pflichtverletzung verpflichtet zum Schadensersatz, falls der Gesellschaft ein Schaden entstanden ist (BGH 11.1.1988, NJW-RR 1988, 995; MüKoHGB/*Rawert* Rn. 31 ff. mwN zur Schadensberechnung). 28

Allerdings entfaltet der Widerspruch nur Wirkung im Verhältnis zwischen den geschäftsführenden Gesellschaftern. Eine trotz Widerspruchs vollzogene Maßnahme bleibt im Außenverhältnis **wirksam** (§ 126 Abs. 2). Im Einzelfall kann im Außenverhältnis von der Gesellschaft gegenüber dem Dritten der Einwand des Missbrauchs der Vertretungsmacht geltend gemacht werden, falls die sich widersprechenden Erklärungen darauf hindeuten, dass der Dritte die Überschreitung der Vertretungsmacht gekannt hat oder erkennen konnte (MüKoHGB/*Rawert* Rn. 30). Ein interner Widerspruch schlägt auf das Außenverhältnis durch, wenn der Geschäftsgegner ein Mitgesellschafter ist, der der Gesellschaft ausnahmsweise als Dritter gegenübersteht (BGH 20.9.1962, BGHZ 38, 26 (33 ff.) = WM 1962, 1260; EBJS/*Drescher* Rn. 23; Staub/*Schäfer* Rn. 22). 29

30 **7. Prozessuale Fragen.** Mit der **Feststellungsklage** (§ 256 ZPO) kann die Wirksamkeit eines Widerspruchs gerichtlich geklärt werden. Ein Feststellungsinteresse ergibt sich im Regelfall aus der Tatsache, dass Streit über die Wirksamkeit des Widerspruchs besteht. Mit einer Unterlassungsklage kann der Gefahr der Wiederholung eines pflichtwidrigen Widerspruchs begegnet werden. Soweit Eilbedürftigkeit vorliegt, kommt iR des vorläufigen Rechtsschutzes eine einstweilige Verfügung in Betracht (§ 935 ZPO).

IV. Gesamtgeschäftsführung (Abs. 2)

31 **1. Regelungsmöglichkeiten.** Abweichend von der gesetzlich geregelten Einzelgeschäftsführung kann im Gesellschaftsvertrag die **Gesamtgeschäftsführung** aller oder einiger Gesellschafter vereinbart werden. Die Gestaltungsmöglichkeiten sind vielfältig. Die Einzel- und die Gesamtgeschäftsführung können in beliebiger Weise personen- oder bereichsbezogen miteinander kombiniert werden.

32 Zu beachten ist, dass von der Gesamtgeschäftsführungsbefugnis nicht auf die Gesamtvertretungsbefugnis geschlossen werden kann (vgl. § 125 Abs. 2; EBJS/*Drescher* Rn. 24; MüKoHGB/*Rawert* Rn. 48).

33 **2. Zustimmung.** Grundsätzlich bedarf nach der Auslegungsregel des § 115 Abs. 2 bei Gesamtgeschäftsführungsbefugnis jede Einzelmaßnahme der **Zustimmung aller geschäftsführenden Gesellschafter.** Die in Abs. 2 vorgesehene Zustimmung kann sowohl für konkrete Einzelmaßnahmen als auch für eine bestimmte Gattung von Geschäften erteilt werden. Allerdings ist eine vorab erteilte Zustimmung für alle künftigen Geschäftsführungsmaßnahmen nicht möglich. In einem solchen Fall würde das Wesen der Gesamtgeschäftsführung unterlaufen (EBJS/*Drescher* Rn. 26; RWH HGB/*v. Gerkan/Haas* Rn. 11).

34 Die Zustimmung erfolgt durch **empfangsbedürftige** Willenserklärung gegenüber demjenigen Geschäftsführer, der die Maßnahme durchführen will. Die Zustimmung kann auch nachträglich erteilt werden.

35 Die Verweigerung der Zustimmung bedarf – wie im Fall der Widerspruchseinlegung – einer Begründung (→ Rn. 17; MüKoHGB/*Rawert* Rn. 52 mwN).

36 Das Zustimmungsrecht darf nur iR **pflichtgemäßen Geschäftsführerermessens** ausgeübt werden. Die zum Widerspruchsrecht entwickelten Grundsätze gelten entsprechend. Somit kann sich im Einzelfall eine Pflicht zur Erteilung oder aber auch zur Verweigerung der Zustimmung ergeben

37 Eine **Verwirkung** des Zustimmungsrechts wird bei einer systematisch pflichtwidrigen Zustimmungsverweigerung oder ständiger Passivität in Betracht kommen (BGH 24.1.1972, NJW 1972, 862 (863); EBJS/*Drescher* Rn. 31).

38 **Gerichtliche Geltendmachung:** Die Zustimmung kann – bei pflichtwidriger Verweigerung – im Wege der Leistungsklage auf Abgabe der Zustimmungserklärung nach § 894 ZPO erzwungen werden.

39 **3. Gefahr im Verzug.** Nach § 115 Abs. 2 ist die Zustimmung bei Gefahr im Verzug entbehrlich. **Gefahr im Verzug** liegt vor, wenn die **konkrete Gefahr** besteht, dass der Gesellschaft bis zur Einholung der Zustimmung der anderen gesamtgeschäftsführungsbefugten Gesellschafter bereits ein Schaden entstanden ist (BGH 4.5.1955, BGHZ 17, 181 (185) = NJW 1955, 1027).

40 Die Regelung des § 115 Abs. 2 ist auf die Vornahme betriebsgewöhnlicher Maßnahmen beschränkt; im Fall eines außergewöhnlichen Geschäfts (§ 116 Abs. 2) findet § 115 Abs. 2 keine Anwendung (vgl. § 116 Rn. 22; EBJS/*Drescher* Rn. 33).

41 Das Widerspruchsrecht kann abweichend von § 115 geregelt werden (EBJS/*Drescher* Rn. 36).

V. Abweichende Vereinbarungen

42 Zunächst wird auf die über Abs. 2 eingeräumte Möglichkeit verwiesen, im Gesellschaftsvertrag die Geschäftsführung abweichend von der Vorschrift des Abs. 1 zu regeln (→ Rn. 31).

43 Die Gestaltungsmöglichkeiten sind vielfältig. Beispielsweise kommt die Aufteilung der Geschäftsführungsbefugnis nach Arten von Geschäften oder Ressorts in Betracht. Auch ist die Bindung einzelner Gesellschafter an die Mitwirkung von Mitgeschäftsführern oder Dritten im Gesellschaftsvertrag möglich (EBJS/*Drescher* Rn. 35 mwN). Bei der Mitwirkung von Dritten sind allerdings die Grundsätze der Selbstorganschaft und des Abspaltungsverbots zu beachten (→ § 109 Rn. 11, → § 109 Rn. 17). Abweichende Regelungen sind auch im Hinblick auf das Widerspruchsrecht möglich (MüKoHGB/*Rawert* Rn. 41 mwN).

[Umfang der Geschäftsführungsbefugnis]

116

(1) Die Befugnis zur Geschäftsführung erstreckt sich auf alle Handlungen, die der gewöhnliche Betrieb des Handelsgewerbes der Gesellschaft mit sich bringt.

(2) Zur Vornahme von Handlungen, die darüber hinausgehen, ist ein Beschluß sämtlicher Gesellschafter erforderlich.

(3) [1] **Zur Bestellung eines Prokuristen bedarf es der Zustimmung aller geschäftsführenden Gesellschafter, es sei denn, daß Gefahr im Verzug ist. [2] Der Widerruf der Prokura kann von jedem der zur Erteilung oder zur Mitwirkung bei der Erteilung befugten Gesellschafter erfolgen.**

Übersicht

I. Allgemeines

1 § 116 unterscheidet in Abs. 1 und 2 zwischen **gewöhnlichen** und **außergewöhnlichen** Geschäften. Für gewöhnliche Geschäfte ist die Kompetenz der geschäftsführenden Gesellschafter gegeben (Abs. 1). Für außergewöhnliche Geschäfte sieht Abs. 2 eine Entscheidungszuständigkeit sämtlicher Gesellschafter vor. Abs. 2 bezweckt den Schutz der nicht geschäftsführungsbefugten Gesellschafter, die nach § 128 grundsätzlich unbeschränkt haften. Für die Erteilung und den Widerruf einer Prokura sieht Abs. 3 Sonderregeln vor.

2 § 116 Abs. 2 bleibt allerdings in seiner Wirkung auf das **Innenverhältnis** beschränkt. Im Außenverhältnis ist eine Beschränkung der Vertretungsmacht für außergewöhnliche Geschäfte nicht möglich (§ 126 Abs. 2).

II. Umfang der Geschäftsführungsbefugnis (Abs. 1)

3 **1. Abgrenzung zu Grundlagengeschäften.** Gewöhnliche und außergewöhnliche Geschäfte sind Maßnahmen der **Geschäftsführung** und streng von den **Grundlagengeschäften** zu **unterscheiden** (MüKoHGB/*Jickeli* Rn. 6; Staub/*Schäfer* Rn. 8; → § 114 Rn. 4 ff.). **Außergewöhnliche Geschäfte** gehen zwar über den bisherigen Geschäftsbetrieb hinaus und sind deshalb vom Ausnahmecharakter geprägt. Außergewöhnliche Geschäfte bewegen sich aber noch **innerhalb** des Gesellschaftszwecks und bewirken weder eine Änderung des Gesellschaftszwecks noch des Unternehmensgegenstandes (MüKoHGB/*Jickeli* Rn. 7).

4 **Grundlagengeschäfte** hingegen betreffen das Gesellschaftsverhältnis und setzen einen Vertragsschluss mit allen Gesellschaftern voraus (BGH 11.2.1980, BGHZ 76, 160 (164) = NJW 1980, 1463; BGH 29.3.1996, BGHZ 123, 263 = NJW 1996, 1678, Feststellung des Jahresabschlusses als Grundlagengeschäft).

5 **2. Unterscheidung gewöhnliche und außergewöhnliche Geschäfte.** Die **Unterscheidung** zwischen gewöhnlichen und außergewöhnlichen Geschäften richtet sich nach dem Zuschnitt des Handelsgewerbes und der konkreten Ausgestaltung des Gesellschaftsvertrages.

6 Entscheidend für die Abgrenzung ist eine **einzelfallbezogene** Betrachtungsweise, die auf den Betrieb des konkreten Handelsgewerbes abstellt (BGH 13.1.1954, BB 1954, 143).

7 **Kriterien** für die Einordnung sind der Inhalt des Gesellschaftsvertrages, Art und Größe des konkreten Unternehmens, die bisherige Entscheidungspraxis sowie Art, Größe, Bedeutung und Risiko des Geschäfts für den konkreten Betrieb (EBJS/*Drescher* Rn. 3; RWH HGB/*v. Gerkan/Haas* Rn. 1). Die hM und Rspr. legt bei der Einordnung von Geschäften als gewöhnlich iSv Abs. 1 einen **großzügigen** Maßstab an.

8 Allerdings kann kein Handelsgewerbe ohne Unternehmerrisiko betrieben werden. Dabei werden Veränderungen und Anpassung an die Gegebenheiten des Marktes als normale Vorgänge und damit als

gewöhnliche Maßnahme einzustufen sein. Ungewöhnlich sind demnach nur sprunghafte Entwicklungen (MüKoHGB/*Jickeli* Rn. 8 mwN).

9 Die Rspr. sieht Geschäfte dann als nicht mehr gewöhnlich an, wenn sie wegen ihres Inhalts und Zwecks oder ihrer Bedeutung und der mit ihnen verbundenen Gefahr für die Gesellschafter **Ausnahmecharakter** tragen (BGH 11.2.1980, BGHZ 76, 160 (162) = NJW 1980, 1463; BGH 13.1.1954, BB 1954, 143).

10 **3. Gewöhnliche Geschäfte – Beispiele. Gewöhnliche Geschäfte** sind solche, die in einem Handelsgewerbe, wie es die konkrete OHG betreibt, normalerweise vorkommen können.

11 **Beispiele:** Routinegeschäfte des laufenden Betriebs (Anschaffung, Herstellung oder Verarbeitung des vom Unternehmensgegenstand gedeckten Warensortiments); Verkehr mit Banken und Versicherungen für den laufenden Bedarf (Staub/*Schäfer* Rn. 9); Aufstellung des Jahresabschlusses (vgl. im Gegensatz dazu die Feststellung des Jahresabschlusses als Grundlagengeschäft); Verlagerung von Warenbeständen; Verträge mit Architekten und Bauunternehmern sowie Baumaßnahmen (BGH 11.2.1980, BGHZ 76, 160 = NJW 1980, 1463); Veräußerungen von Betriebsgegenständen, soweit diese nicht einen ungewöhnlich hohen Wert für die Gesellschaft darstellen. Finanzierungsgeschäfte, Aufnahme von Darlehen und Bestellung von Sicherheiten, soweit nicht die Fremdfinanzierungsquote so hoch wird, dass im Vorhaben eine riskante Geschäftsstrategie zu sehen ist (MüKoHGB/*Jickeli* Rn. 25 mwN); Organisationsmaßnahmen (Erteilung und Widerruf von Handlungsvollmachten – zur Prokura, → Rn. 31).

12 Die Gründung oder Auflösung von **Zweigniederlassungen** sowie eine Expansion des Unternehmens im Ausland ist nur dann als gewöhnliches Geschäft zu qualifizieren, wenn die Gesellschaft schon in der Vergangenheit Zweigniederlassungen hatte oder im Ausland tätig war und damit keine grundlegende Neuausrichtung der Gesellschaft verbunden ist. Betritt die OHG mit diesen Maßnahmen Neuland, handelt es sich um ein außergewöhnliches Geschäft (EBJS/*Drescher* Rn. 5; MüKoHGB/*Jickeli* Rn. 27; Staub/*Schäfer* Rn. 9).

13 Bei der Gründung, dem Erwerb oder der Umstrukturierung einer **Tochtergesellschaft** ist – soweit nicht sogar die Einordnung als Grundlagengeschäft angezeigt ist – auf die Besonderheiten des Einzelfalles abzustellen, wobei selbst die Einordnung als gewöhnliches Geschäft in Betracht kommen kann (vgl. zum Aktienrecht auch BGH 26.4.2004, BGHZ 159, 30 ff. = NJW 2004, 1860 – Gelatine; BGH 25.2.1982, BGHZ 83, 122 (136 ff.) = NJW 1982, 1703 – Holzmüller; OLG Koblenz 9.8.1990, NJW-RR 1991, 487; EBJS/*Drescher* Rn. 7; MüKoHGB/*Jickeli* Rn. 28 mwN).

14 Die normale **Prozessführung** – auch gegenüber Gesellschaftern – ist grundsätzlich ein gewöhnliches Geschäft (zur Schadensersatzklage gegen einen persönlich haftenden Gesellschafter → Rn. 17). Soweit ein Prozess mit hohen Risiken – auch für die weitere Betätigung der Gesellschaft – verbunden ist, dürfte die Grenze zum außergewöhnlichen Geschäft überschritten sein (MüKoHGB/*Jickeli* Rn. 29 mwN).

15 **4. Außergewöhnliche Geschäfte – Beispiele. Außergewöhnliche Geschäfte** gehen nach Inhalt, Zweck und Umfang oder nach ihrer Bedeutung und den mit ihnen verbundenen Gefahren über den gewöhnlichen Rahmen des bisherigen Geschäftsbetriebs der Gesellschaft hinaus und besitzen **Ausnahmecharakter** (BGH 11.2.1980, BGHZ 76, 160 (164) = NJW 1980, 1463 (1464); EBJS/*Drescher* Rn. 4; zum Kriterium des „maximalen" Risikos vgl. MüKoHGB/*Jickeli* Rn. 14).

16 **Beispiele:** Bedeutende Erweiterungsinvestitionen; Erwerb von Grundstücken; Kreditgeschäfte von besonderer Tragweite; Spekulations- und Anlagegeschäfte.

17 Eine **Schadensersatzklage** gegen einen persönlich haftenden Gesellschafter wegen der Verletzung der Geschäftsführungspflicht ist als außergewöhnliches Geschäft einzuordnen, da in einer solchen Fallkonstellation mit erheblichen Interessenkonflikten zwischen den Gesellschaftern zu rechnen ist (BGH 4.11.1982, WM 1983, 60; BGH 12.6.1997, WM 1997, 1431). Die Tragung der Kosten des unterlegenen Prozessgegners kann ein außergewöhnliches Geschäft darstellen (OLG Celle 9.11.2016, NZG 2017, 418).

18 Um außergewöhnliche Maßnahmen handelt es sich auch, wenn die Unternehmensorganisation geändert wird und damit dem Geschäftsbetrieb „ein anderes Gesicht" gegeben wird (MüKoHGB/*Jickeli* Rn. 33 mwN).

19 Auch die Beteiligung eines Außenstehenden am Ergebnis der Geschäftstätigkeit (Aufnahme als typischer stiller Gesellschafter) stellt eine außergewöhnliche Maßnahme dar (Staub/*Schäfer* Rn. 12).

20 **5. Beweislast.** Die Frage, ob eine konkrete Geschäftsführungsmaßnahme noch zum gewöhnlichen Betrieb gehört oder der Zustimmung aller Gesellschafter bedarf, wirft die Frage eines möglichen Kompetenzverstoßes des Geschäftsführers auf.

21 Insoweit muss der Geschäftsführer nachweisen, dass er innerhalb der ihm zustehenden Geschäftsführungsbefugnis, also pflichtgemäß gehandelt hat (EBJS/*Drescher* Rn. 8; aA *Baumgärtel* in BLP Beweislast-HdB Band 4 § 116 Rn. 1).

III. Beschluss sämtlicher Gesellschafter (Abs. 2)

1. Grundsatz. Außergewöhnliche Geschäfte bedürfen nach Abs. 2 der Zustimmung **aller** – auch der von der Geschäftsführung ausgeschlossenen – **Gesellschafter.** Die Regelung ist allerdings dispositiv; im Gesellschaftsvertrag ist die Festlegung einer Mehrheitsentscheidung oder die Beschlussfassung nur durch die geschäftsführenden Gesellschafter möglich (allgA). Ein Beschluss der Gesellschafter ist – im Gegensatz zur Regelung in § 115 Abs. 2 (→ § 115 Rn. 39) – auch bei Gefahr im Verzug erforderlich. Sollte sich die Maßnahme angesichts einer notwendigen Gefahrenabwehr als gewöhnliche Maßnahme darstellen, entfällt das Erfordernis eines Beschlusses (BGH 13.1.1954, BB 1954, 143; RWH HGB/*v. Gerkan/Haas* Rn. 3). 22

2. Beschlussfassung. Die **Gesellschafter** sind berechtigt und verpflichtet sich an der **Beschlussfassung** zu beteiligen. Die Verletzung der Mitwirkungspflichten oder wiederholtes pflichtwidriges Verhalten kann zur Verwirkung des Stimmrechts führen (BGH 24.1.1972, NJW 1972, 862 (864); EBJS/*Drescher* Rn. 10). Die Stimmabgabe des Gesellschafters hat sich am Gesellschaftsinteresse zu orientieren und darf nicht zur Durchsetzung individueller Belange benutzt werden, wobei den Gesellschaftern hierbei allerdings ein weiter und gerichtlich nur in Grenzen überprüfbarer Beurteilungsspielraum zusteht (BGH 8.7.1985, NJW 1986, 844 zu § 115; MüKoHGB/*Jickeli* Rn. 37). 23

Ausnahmsweise kann für den Gesellschafter eine **Zustimmungspflicht** bestehen, falls es um Maßnahmen geht, die im Interesse der Gesellschaft unerlässlich sind (BGH 24.1.1972, NJW 1972, 862 (864); BGH 2.7.1973, WM 1973, 1291). Sollte der Gesellschafter dagegen erkennen, dass der Gesellschaft durch die vorgeschlagenen Maßnahmen Schäden drohen, besteht eine Pflicht zur Ablehnung. Bei der Beurteilung der Frage, ob eine Zustimmungs- oder Ablehnungspflicht für den Gesellschafter besteht, ist dem Gesellschafter ein **erheblicher Ermessensspielraum** eingeräumt. Die gerichtliche Überprüfung erstreckt sich nicht auf die Zweckmäßigkeit der Maßnahme, sondern nur auf die äußersten Ermessensgrenze – „Ermessensreduzierung auf Null" – (EBJS/*Drescher* Rn. 12; MüKoHGB/*Jickeli* Rn. 41; Staub/*Schäfer* Rn. 20). 24

3. Wirkung des Beschlusses. Ein wirksamer Zustimmungsbeschluss ist für die geschäftsführenden Gesellschafter bindend. Der Beschluss hat für die Geschäftsführer die Wirkung einer Weisung und befreit diese von der Verantwortlichkeit für das Geschäft (MüKoHGB/*Jickeli* Rn. 43). Eine Schadensersatzpflicht des Geschäftsführers kommt nur in Betracht, falls er im Vorfeld des Beschlusses den Gesellschaftern nicht alle für die Beschlussfassung notwendige Informationen mitgeteilt hatte. 25

Eine pflichtwidrig oder grundlos verweigerte Zustimmung ist unbeachtlich. Die Mitgesellschafter dürfen die Maßnahme durchführen (BGH 2.7.1973, WM 1973, 1291; EBJS/*Drescher* Rn. 16; RWH HGB/*v. Gerkan/Haas* Rn. 5). 26

4. Fehlen eines Zustimmungsbeschlusses. Eine geplante außergewöhnliche Geschäftsführungsmaßnahme darf **nicht** vollzogen werden, soweit ein erforderlicher zustimmender Gesellschafterbeschluss nicht zustande gekommen ist. Die Wirksamkeit eines trotzdem vorgenommenen Geschäfts im Außenverhältnis bleibt davon unberührt. 27

Der geschäftsführende Gesellschafter haftet bei pflichtwidrig vorgenommenen Geschäften auf **Schadensersatz** (BGH 4.11.1996, NJW 1997, 314). 28

5. Notgeschäftsführungsrecht. Jedem Gesellschafter steht – auch ohne Geschäftsführungsbefugnis – bei einer Versagung der Zustimmung unter den engen Voraussetzungen des § 744 Abs. 2 BGB ein **Notgeschäftsführungsrecht** zu (BGH 4.5.1955, BGHZ 17, 182 = NJW 1955, 1027; EBJS/*Drescher* Rn. 19; MüKoHGB/*Jickeli* Rn. 45). Das Notgeschäftsführungsrecht berechtigt **nur** im Innenverhältnis, begründet allerdings **keine** Vertretungsmacht nach außen (BGH 4.11.1996, NJW 1997, 314). 29

6. Prozessrechtliche Fragen. Der BGH (BGH 11.2.1980, BGHZ 76, 160 = NJW 1980, 1463) **verbietet** im Regelfall dem nicht geschäftsführungsberechtigten Gesellschafter die Erhebung einer **Unterlassungsklage** gegen den Geschäftsführer wegen pflichtwidriger Maßnahmen. Offen gelassen hat der BGH die Frage, ob unter besonderen Umständen ein Unterlassungsanspruch zur Erhaltung des gemeinsamen Vermögens möglich ist. Die hM in der Lit. bejaht bei kompetenzwidrigem Verhalten des Geschäftführers einen – auch vom einzelnen Gesellschafter mit der actio pro socio geltend zu machenden – vorbeugenden Unterlassungsanspruch (Baumbach/Hopt/*Roth* Rn. 4; EBJS/ Rn. 18; MüKoHGB/*Jickeli* Rn. 46; RWH HGB/*v. Gerkan/Haas* Rn. 5). 30

IV. Erteilung und Widerruf der Prokura (Abs. 3)

1. Grundsatz. In Abs. 3 sind besondere Regelungen für die Erteilung und den Widerruf der **Prokura** getroffen. Die gesonderte Regelung rechtfertigt sich aus der weitreichenden Vertretungsmacht eines Prokuristen (vgl. § 49 HGB). Abs. 3 stellt eine dispositive Sonderregelung zu § 115 dar. Die Regelung bezieht sich ausschließlich auf die Prokura und ist nicht auf andere Vollmachten übertragbar 31

(MüKoHGB/*Jickeli* Rn. 51 mwN). Abs. 3 betrifft – wie alle Regelungen zur Geschäftsführung – nur das Innenverhältnis.

32 **2. Erteilung der Prokura.** Die Erteilung der Prokura bedarf – auch bei einer Einzelgeschäftsführungsbefugnis – der Zustimmung **aller** geschäftsführenden Gesellschafter. Soweit im Ausnahmefall die Erteilung der Prokura ein außergewöhnliches Geschäft darstellt, wird Abs. 3 von Abs. 2 verdrängt. In einem solchen Fall ist zusätzlich die Zustimmung auch der nicht an der Geschäftsführung beteiligten Gesellschafter einzuholen (Baumbach/Hopt/*Roth* Rn. 8; EBJS/*Drescher* Rn. 21).

33 Obwohl Abs. 3 nur unmittelbar die Erteilung der Prokura betrifft, wird für den Abschluss des **Anstellungsvertrages** des Prokuristen – bei Bestehen eines engen wirtschaftlichen Zusammenhangs – auch für die Anstellungskompetenz das Zustimmungserfordernis des Abs. 3 bejaht (MüKoHGB/*Jickeli* Rn. 48; EBJS/*Drescher* Rn. 22; RWH HGB/*v. Gerkan/Haas* Rn. 7; aA Heymann/*Emmerich* Rn. 13).

34 Im Außenverhältnis ist allerdings alleine die Vertretungsbefugnis nach § 126 maßgeblich. Das Registergericht darf die Eintragung nicht wegen der fehlenden Zustimmung der übrigen Gesellschafter verweigern, soweit ein vertretungsberechtigter Gesellschafter die Prokura erteilt hat (BGH 14.2.1974, BGHZ 62, 166 (169) = NJW 1974, 1194; EBJS/*Drescher* Rn. 22). Eine Verweigerung der Registereintragung kommt allerdings in Betracht, falls für das Registergericht die kompetenzwidrig erteilte Vollmacht offensichtlich ist und deshalb mit einem alsbaldigen Widerruf zu rechnen ist (Baumbach/Hopt/*Roth* Rn. 9; Heymann/*Emmerich* Rn. 14).

35 **3. Gefahr im Verzug.** Bei **Gefahr im Verzug** kann jeder geschäftsführungsbefugte Gesellschafter eine Prokura erteilen. Gefahr im Verzug besteht, wenn der Gesellschaft infolge ungenügender Vertretung, die alleine durch die sofortige Erteilung einer Prokura behoben werden kann, ernsthaft ein Schaden droht (allgA).

36 Streitig ist, ob die unter diesen Umständen erteilte Prokura nur vorläufigen Charakter hat und unverzüglich die Zustimmung der übrigen geschäftsführungsberechtigten Gesellschafter einzuholen ist (Baumbach/Hopt/*Roth* Rn. 8; Heymann/*Emmerich* Rn. 15). Vorzugswürdig ist die Gegenansicht, die auch bei Gefahr im Verzug von einer dauerhaften Bestellung ausgeht. Die übrigen Gesellschafter sind – nach der vom handelnden geschäftsführenden Gesellschafter durchzuführenden unverzüglichen Benachrichtigung – durch das Widerrufsrecht hinreichend geschützt (MüKoHGB/*Jickeli* Rn. 56; Staub/*Schäfer* Rn. 34; RWH HGB/*v. Gerkan/Haas* Rn. 8).

37 **4. Widerruf der Prokura.** Nach § 116 Abs. 3 S. 2 kann in Abweichung von § 115 Abs. 1 und 2 die Prokura von **jedem Geschäftsführer widerrufen** werden, wobei die Regelung nur das Innenverhältnis betrifft. Ob der Widerruf gegenüber dem Prokuristen wirksam ist, hängt von der Vertretungsmacht des widerrufenden Geschäftsführers ab (EBJS/*Drescher* Rn. 25).

38 **5. Einschränkung und Erweiterung der Prokura.** Nach hM gilt **Abs. 3 S. 1** entsprechend für eine **Erweiterung** der Prokura (MüKoHGB/*Jickeli* Rn. 54). Nach überwiegender Meinung gilt – auch aus Gleichbehandlungsgrundsätzen – für die nachträgliche **Beschränkung** der Prokura **Abs. 3 S. 2** entsprechend (Baumbach/Hopt/*Roth* Rn. 10; EBJS/*Drescher* Rn. 27; MüKoHGB/*Jickeli* Rn. 58; aA Staub/*Fischer* Rn. 13).

V. Abweichende Vereinbarungen

39 § 116 ist **dispositiv** (allgA). Im Gesellschaftsvertrag können beispielsweise die Bereiche der einfachen und außergewöhnlichen Geschäfte definiert werden, wobei dies durch einen Enumerativkatalog oder durch generell-abstrakte Kriterien erfolgen kann (MüKoHGB/*Jickeli* Rn. 61).

40 Der Umfang der Geschäftsführungsbefugnis kann abweichend von Abs. 1 geregelt werden. Weiter ist eine Regelung im Gesellschaftsvertrag dahingehend möglich, dass ein Widerruf nur mit Zustimmung aller Gesellschafter möglich ist. In einem solchen Fall muss jeder geschäftsführende Gesellschafter seine Mitgesellschafter vor Ausspruch des Widerrufs informieren und ihnen Gelegenheit zur Stellungnahme geben (EBJS/*Drescher* Rn. 28 mwN).

[Entziehung der Geschäftsführungsbefugnis]

117 **Die Befugnis zur Geschäftsführung kann einem Gesellschafter auf Antrag der übrigen Gesellschafter durch gerichtliche Entscheidung entzogen werden, wenn ein wichtiger Grund vorliegt; ein solcher Grund ist insbesondere grobe Pflichtverletzung oder Unfähigkeit zur ordnungsmäßigen Geschäftsführung.**

Übersicht

I. Allgemeines

1. Normzweck. Die Entziehung der Geschäftsführungsbefugnis stellt einen einschneidenden Schritt für die Gesellschaft und den betroffenen Geschäftsführer dar. Anders als § 712 BGB für die BGB-Gesellschaft sieht § 117 bei der OHG aus Gründen der Rechtssicherheit nur die Möglichkeit einer Entziehung im Wege der **Gestaltungsklage** vor. Bei einem kaufmännisch betriebenen Unternehmen besteht ein besonderes Bedürfnis nach Klarheit über die Besetzung der organrechtlichen Unternehmensführung (EBJS/*Drescher* Rn. 1). Das Erfordernis einer gerichtlichen Entscheidung dient zum einen dem Schutz des geschäftsführenden Gesellschafters und zum anderen der Rechtssicherheit in der Frage, wer in der OHG geschäftsführungsbefugt ist. 1

2. Geltungsbereich. Die Vorschrift hat für jede organschaftliche Geschäftsführung in Personenhandelsgesellschaften Geltung. Über § 161 Abs. 2 kommt § 117 auch für die KG zur Anwendung. Bei der GmbH & Co. KG hat § 117 Geltung für die Komplementär-GmbH (BGH 25.4.1983, NJW 1984, 173; EBJS/*Drescher* Rn. 2; RWH HGB/*v. Gerkan/Haas* Rn. 1). Auf Publikumsgesellschaften findet § 117 keine Anwendung. 2

Dritte, die mit der Geschäftsführung aufgrund eines Vertrages beauftragt worden sind, unterliegen **nicht** dem Entziehungsverfahren nach § 117. Die Geschäftsführungsbefugnis kann in diesen Konstellationen durch Kündigung des Anstellungsvertrages oder durch Abrufungsbeschluss der übrigen Gesellschafter entzogen werden (BGH 22.1.1962, BGHZ 36, 292 (294) = NJW 1962, 738). 3

II. Gegenstand der Entziehung

1. Vollständige Entziehung. Nach § 117 kann jede Art der Geschäftsführung – gesetzlich oder vertraglich – entzogen werden Soweit – wie im Regelfall – die vollständige Entziehung in Betracht kommt, schließt dies auch die in § 115 geregelten Widerspruchs- und Zustimmungsrechte sowie die Zustimmungsbefugnis bei außerordentlichen Geschäften nach § 116 Abs. 2 mit ein (MüKoHGB/*Jickeli* Rn. 18). 4

2. Teilweise Entziehung. Statt einer vollständigen Entziehung der Geschäftsführungsbefugnis kommt auch eine **Beschränkung** oder **Teilentziehung** der Geschäftsführungsbefugnis in Betracht 5

(BGH 10.12.2001, NJW-RR 2002, 540). Beachtet werden muss in diesem Zusammenhang allerdings, dass auch für eine Teilentziehung ein wichtiger Grund iSv § 117 vorliegen muss (MüKoHGB/*Jickeli* Rn. 24; Staub/*Schäfer* Rn. 18). Als Gestaltungsmöglichkeiten einer Teilentziehung bieten sich beispielsweise die Einführung einer Gesamtgeschäftsführung statt einer Einzelgeschäftsführung (RWH HGB/*v. Gerkan/Haas* Rn. 8) oder die Beschränkung der Kompetenzen in sachlicher oder räumlicher Hinsicht an.

6 **3. Anwendung auf sonstige Mitverwaltungsrechte.** Nach allgemeiner Ansicht scheidet eine Anwendung von § 117 auf sonstige Mitverwaltungsrechte aus (EBJS/*Drescher* Rn. 5; MüKoHGB/*Jickeli* Rn. 9 mwN). Insbesondere die Informations- und Kontrollrechte nach §§ 118, 166 dienen überwiegend dem Interesse des einzelnen Gesellschafters. Im Einzelfall kann ein missbräuchliches Verhalten des Gesellschafters zum Einwand nach § 242 BGB führen. Ein in die Zukunft gerichteter Rechtsentzug ist jedoch nicht möglich (MüKoHGB/*Jickeli* Rn. 9).

7 **4. Verhältnis zu anderen Gestaltungsklagen. a) Entziehung der Vertretungsmacht.** Von der Entziehung der Geschäftsführungsbefugnis nach § 117 ist die **Entziehung** der das Außenverhältnis betreffenden **Vertretungsmacht nach § 127** zu unterscheiden. Es liegen unterschiedliche Streitgegenstände vor, die allerdings einer Klageverbindung zugänglich sind, soweit der Geschäftsführer aus seiner organschaftlichen Stellung insgesamt entfernt werden soll. Ein auf Entziehung der Geschäftsführungsbefugnis lautender Klageantrag ist dahingehend auszulegen, dass er den Antrag auf Entziehung der Vertretungsmacht einschließt (BGH 9.12.1968, BGHZ 51, 198 = NJW 1969, 507), wobei zwischen Geschäftsführungs- und Vertretungsbefugnis kein Stufenverhältnis besteht (MüKoHGB/*Jickeli* Rn. 14).

8 **b) Ausschluss nach § 140.** Im Verhältnis zur Entziehung der Geschäftsführungsbefugnis sind an den noch weitergehenden Eingriff auf Ausschluss des Gesellschafters aus der Gesellschaft iRd **Klage nach § 140** nochmals verschärfte Anforderungen zu stellen (MüKoHGB/*Jickeli* Rn. 15; Einzelheiten vgl. Erläuterungen zu § 140 → § 140 Rn. 1 ff.).

9 **c) Auflösung nach § 133.** Erhöhte Anforderungen sind auch an die Voraussetzungen einer **Auflösungsklage nach § 133** zu stellen (Einzelheiten vgl. Erläuterung zu § 133 → § 133 Rn. 1 ff.).

III. Wichtiger Grund

10 **1. Definition.** Nach Rspr. und hM. liegt ein **wichtiger Grund** vor, wenn die Geschäftsführung des Gesellschafters das **Vertrauensverhältnis** zwischen den Gesellschaftern nachhaltig zerstört hat und den übrigen Gesellschaftern daher bei der gebotenen Gesamtbetrachtung unter Berücksichtigung der Interessen aller Beteiligten eine weitere Ausübung der Geschäftsführungsbefugnisse durch den geschäftsführenden Gesellschafter nicht mehr zuzumuten ist (BGH 25.4.1983, NJW 1984, 173; Baumbach/Hopt/*Roth* Rn. 4; EBJS/*Drescher* Rn. 7; MüKoHGB/*Jickeli* Rn. 28; Staub/*Schäfer* Rn. 24).

11 In diesem Zusammenhang ist eine umfassende **Abwägung** aller beteiligten Interessen iRe Gesamtabwägung notwendig, wobei mit Rücksicht auf die Bedeutung des Eingriffs ein strenger Maßstab anzulegen ist und der wichtige Grund auf die Geschäftsführung zurückgehen muss. Die Entziehung der Geschäftsführungsbefugnis kommt nur in Betracht, wenn die Zustände in der Gesellschaft nicht auf weniger einschneidende Weise geordnet werden können (sog. „Utima ratio-Prinzip"; vgl. MüKoHGB/*Jickeli* Rn. 2). Zu berücksichtigen sind auf der einen Seite die Interessen des Gesellschafters, dem die Geschäftsführung entzogen werden soll. Der Entzug der Geschäftsführungsbefugnis ist normalerweise mit einschneidenden Veränderungen auch für die beruflichen Perspektiven des Geschäftsführers verbunden. Auf der anderen Seite müssen die Interessen der Gesellschaft, den Gesellschaftszweck störungsfrei verfolgen zu können, berücksichtigt werden (Staub/*Schäfer* Rn. 26).

12 IRd Gesamtabwägung ist der Grundsatz der **Verhältnismäßigkeit** zu beachten (BGH 31.3.2003, WM 2003, 1084 (1085) zu § 737 BGB; BGH 9.12.1968, BGHZ 51, 198 = WM 1969, 118). Soweit mit weniger einschneidenden Maßnahmen eine zumutbare Lösung erreicht werden kann, sind solche Lösungsansätze vorrangig aufzugreifen und umzusetzen. Als **Beispiele** kommen die **Umwandlung** einer Einzelgeschäftsführung in eine Gesamtgeschäftsführung (Baumbach/Hopt/*Roth* Rn. 5; EBJS/*Drescher* Rn. 14), sowie die **Einschränkung** der Geschäftsführungsbefugnis in sachlicher, zeitlicher und räumlicher Hinsicht in Betracht. Möglich ist eine solche Teilentziehung allerdings nur bei einem entsprechenden Klageantrag. Mildere Maßnahmen kann das Gericht nur auf Antrag aussprechen (BGH 10.12.2001, NJW-RR 2002, 540; Heymann/*Emmerich* Rn. 18).

13 **2. Grobe Pflichtverletzung. a) Voraussetzungen.** Im Gesetz ist beispielhaft als wichtiger Grund die **grobe Pflichtverletzung** aufgeführt. Voraussetzung hierfür ist ein **schuldhaftes** Verhalten des Geschäftsführers von einigem Gewicht. Eine einmalige, selbst grobe Pflichtverletzung erfüllt – zB bei fehlender Wiederholungsgefahr – nicht stets die Voraussetzungen eines wichtigen Grundes (BGH 31.3.2003, WM 2003, 1084 zu § 737 BGB). Beharrliches und hartnäckiges Verhalten wird – bei einem

entsprechenden Schuldvorwurf – zur Bejahung eines wichtigen Grundes führen (BGH 25.4.1983, NJW 1984, 173; EBJS/*Drescher* Rn. 10).

b) Beispiele. Straftaten (Untreue/Unterschlagung) zum Nachteil der Gesellschaft (BGH 14.6.1999, NJW 1999, 2820 (2821) zu § 140); Verstöße gegen ein Wettbewerbsverbot (BGH 3.2.1997, NJW-RR 1997, 925 zu § 140); Unredlichkeit bei der Geschäftsführung unter Vernachlässigung der gesellschaftlichen Pflichten; hartnäckige Nichtbeachtung der Mitwirkungsrechte anderer Gesellschafter und Verstoß gegen die gesellschaftsvertraglich festgelegte Organisationsordnung (BGH 25.4.1983, NJW 1984, 173); Blockierung der Geschäftsführung durch anhaltende Verweigerung der Mitwirkung (BGH 24.1.1972, NJW 1972, 862 (863)); dauernde Störung der gesellschaftlichen Zusammenarbeit durch Erhebung ungerechtfertigter Widersprüche oder treuwidrige Verweigerung der erforderlichen Zustimmung zu Geschäftsführungsmaßnahmen (EBJS/*Drescher* Rn. 11); Beleidigungen und Tätlichkeiten gegen andere Gesellschafter; missbräuchliches Verhalten zum eigenen Vorteil; schuldhaft verursachtes Zerwürfnis, das nachhaltige schädliche Auswirkungen auf das Gesellschaftsverhältnis hat und für die Zukunft ein sinnvolles Zusammenwirken der Gesellschafter nicht erwarten lässt (BGH 12.12.1994, NJW 1995, 597; BGH 15.9.1997, NJW 1998, 146). 14

3. Unfähigkeit zur ordnungsgemäßen Geschäftsführung. § 117 sieht als weiteres Regelbeispiel die **Unfähigkeit** des Geschäftsführers zur ordnungsgemäßen Geschäftsführung vor. Im Gegensatz zur groben Pflichtverletzung ist alleine die objektiv fehlende Eignung zur Unternehmensführung entscheidend. Ein **schuldhaftes** Verhalten des Geschäftsführers ist **nicht** notwendig (BGH 19.12.1951, JZ 1952, 276; EBJS/*Drescher* Rn. 12; MüKoHGB/*Jickeli* Rn. 56 mwN). 15

Beispiele: lange Abwesenheit und dauernde Verhinderung; dauerhafte schwere Erkrankung oder Abbau der Leistungsfähigkeit durch hohes Alter; unzureichende fachliche Befähigung uU auch durch unterlassene Fortbildung (MüKoHGB/*Jickeli* Rn. 57). 16

4. Darlegungs- und Beweislast. Die Gesellschafter, die die Entziehungsklage erheben, tragen die Darlegungs- und Beweislast für das Vorliegen eines wichtigen Grundes (*Wittmann* in BLP Beweislast-HdB Rn. 1). 17

IV. Entziehungsverfahren

1. Antrag der übrigen Gesellschafter. Nach § 117 erfolgt die Entziehung der Geschäftsführungsbefugnis durch **Gestaltungsurteil** auf **Antrag der übrigen Gesellschafter.** Das Urteil gestaltet den Gesellschaftsvertrag um und berührt die Grundlagen der Gesellschaft. Deshalb müssen an der Entscheidungsfindung alle übrigen – auch die von der Geschäftsführung und Vertretung ausgeschlossenen – Gesellschafter mitwirken (BGH 28.4.1975, BGHZ 64, 253 (255) = NJW 1975, 1410; BGH 18.10.1976, BGHZ 68, 81 (82) = NJW 1977, 1013 zu § 140; EBJS/*Drescher* Rn. 15). Die Mitwirkung aller übrigen Gesellschafter ist auch bei Gefahr im Verzug erforderlich (OLG Köln 14.7.1976, BB 1977, 464 (465); MüKoHGB/*Jickeli* Rn. 59). Eine Ausnahme besteht bei der Publikumsgesellschaft. Zum Schutz der Anleger ist für die Erhebung der Klage ein einfacher Mehrheitsbeschluss ausreichend (BGH 9.11.1987, BGHZ 102, 172 = NJW 1988, 969; EBJS/*Drescher* Rn. 15). 18

Nach allgA kann eine Klage auf Entziehung auch gegen **mehrere** Geschäftsführer in **einem Klageverfahren** erfolgen. Voraussetzung einer solchen Klagehäufung ist, dass von sämtlichen übrigen Gesellschaftern die Klage erhoben wird (BGH 28.4.1975, BGHZ 64, 253 (255) = NJW 1975, 1410 zu § 140; EBJS/*Drescher* Rn. 21; MüKoHGB/*Jickeli* Rn. 60; RWH HGB/*v. Gerkan/Haas* Rn. 14). Diese Erleichterung ist nicht auf den Fall beschränkt, dass gegen die mehrere Geschäftsführer derselbe wichtige Grund geltend gemacht wird. Die Entziehungsgründe müssen weder identisch sein noch sachlich zusammenhängen (EBJS/*Drescher* Rn. 21). Soweit allerdings bei nur einem Geschäftsführer der Entziehungsgrund wegfällt, ist die Klage dann bereits gegen sämtliche übrigen Geschäftsführer abzuweisen, da es dann auf Klägerseite an der Mitwirkung sämtlicher nicht betroffener Gesellschafter fehlt (BGH 28.4.1975, BGHZ 64, 253 (255) = NJW 1975, 1410; MüKoHGB/*Jickeli* Rn. 60 mwN). 19

Nach ganz hM besteht für einen Gesellschafter, der nicht aktiv am Prozess beteiligt sein möchte, die Möglichkeit bindend sein Einverständnis mit dem Vorgehen der Mitgesellschafter zu erklären. Diese klagen dann in gewillkürter Prozessstandschaft (MüKoHGB/*Jickeli* Rn. 61; Staub/*Schäfer* Rn. 52). 20

2. Mitwirkungserfordernis. Aus der gesellschafterlichen Treuepflicht leitet die Rspr. und ganz hM. eine Pflicht des Gesellschafters zur Mitwirkung an einer Entziehungsklage ab, falls dies im Interesse der Gesellschaft geboten ist (BGH 28.4.1975, BGHZ 64, 253 (255) = NJW 1975, 1410; MüKoHGB/*Jickeli* Rn. 62; Baumbach/Hopt/*Roth* Rn. 6; Heymann/*Emmerich* Rn. 12). 21

Der sich weigernde Gesellschafter kann auf Zustimmung verklagt werden, wobei es hierzu nicht der Mitwirkung der anderen Gesellschafter bedarf. Ein stattgebendes Zustimmungsurteil ersetzt nach § 894 ZPO die Mitwirkung an der Entziehungsklage (BGH 28.4.1975, BGHZ 64, 253 (255) = NJW 1975, 1410; EBJS/*Drescher* Rn. 16; RWH HGB/*v. Gerkan/Haas* Rn. 16; MüKoHGB/*Jickeli* Rn. 63). 22

23 Aus Gründen der Prozessökonomie lässt die Rspr. und hM die **Verbindung** von Zustimmungs- und Entziehungsklage zu (BGH 25.4.1983, NJW 1984, 173; BGH 18.10.1976, BGHZ 68, 81 (83) = NJW 1977, 1013).

24 **3. Klageverfahren. a) Gerichtsstand.** Das Gesetz sieht keinen besonderen Gerichtsstand vor. Die Zuständigkeit richtet sich nach den allgemeinen Regeln (§§ 12, 22 ZPO).

25 **b) Notwendige Streitgenossenschaft.** Die übrigen Gesellschafter sind nur gemeinsam klagebefugt. Über die Geschäftsführungsbefugnis des beklagten Gesellschafters kann den klagenden Gesellschaftern gegenüber nur **einheitlich** entschieden werden. Zwischen ihnen besteht deshalb eine **notwendige Streitgenossenschaft** (§ 62 Abs. 1 Alt. 1 ZPO). Soweit sich ein Gesellschafter nicht am Prozess beteiligt, muss die Klage mangels Aktivlegitimation der übrigen Gesellschafter abgewiesen werden (BGH 15.6.1959, BGHZ 30, 195 (197) = NJW 1959, 1683; EBJS/*Drescher* Rn. 20; MüKoHGB/*Jickeli* Rn. 67). Zur Möglichkeit einer gewillkürten Prozessstandschaft (→ Rn. 20).

26 **c) Klageverbindungen.** Die Entziehungsklage kann gegen mehrere Geschäftsführer erhoben werden. Eine Verbindung von Zustimmungs- und Entziehungsklage ist möglich (→ Rn. 23).

27 Die übrigen Gesellschafter können mit der Erhebung der Entziehungsklage hilfsweise den Antrag auf Ausschließung des geschäftsführenden Gesellschafters (§ 140) oder auf Auflösung der Gesellschaft (§ 133) stellen (EBJS/*Drescher* Rn. 22; RWH HGB/*v. Gerkan/Haas* Rn. 15). Der beklagte Geschäftsführer kann seinerseits eine über die Entziehungsklage hinausgehende Regelung des Gesellschaftsverhältnisses erreichen, indem er eine Widerklage auf Auflösung der Gesellschaft nach § 133 erhebt.

28 Zur Möglichkeit einer **Verbindung** der Entziehungsklage mit der Klage auf Zustimmung zu einer Neuordnung der Geschäftsorganisation (→ Rn. 40).

29 Bei der vollständigen bzw. teilweise Entziehung der Geschäftsführungsbefugnis (→ Rn. 5) handelt es sich jeweils um **verschiedene** Streitgegenstände. Die Teilentziehung ist kein bloßes „Minus" zu der vollständigen Entziehung. Über eine Teilentziehung ist deshalb durch das Gericht nur auf einen entsprechenden Antrag zu entscheiden (BGH 10.12.2001, NJW-RR 2002, 540).

30 **d) Entscheidung im Hauptsacheverfahren.** Die Entziehung der Geschäftsführung wird durch **Gestaltungsurteil** ausgesprochen. Mit Rechtskraft des Urteils tritt die Gestaltungswirkung ein und der Gesellschaftsvertrag wird für und gegen alle Gesellschafter geändert, allerdings nur hinsichtlich des vollständigen oder teilweisen Entzugs der Geschäftsführung. Eine Entscheidung über die vorläufige Vollstreckbarkeit bedarf es nicht. Für die Klageerhebung besteht keine Frist. Allerdings kann eine erhebliche Verzögerung der gerichtlichen Geltendmachung gegen das Vorliegen eines wichtigen Grundes sprechen (EBJS/Drescher Rn. 19; MüKoHGB/*Jickeli* Rn. 65).

31 **e) Einstweiliger Rechtsschutz.** Der einstweilige Rechtsschutz richtet sich – nachdem besondere Regeln im HGB fehlen – nach §§ 935 ff. ZPO. Die Geschäftsführungsbefugnis kann auf Antrag aller übrigen Gesellschafter durch **einstweilige Verfügung** (Regelungsverfügung § 940 ZPO) ganz oder teilweise entzogen werden (BGH 11.7.1960, BGHZ 33, 105 = NJW 1960, 1997). IRd Eilentscheidung kann das Gericht alle erforderlichen Anordnungen treffen (vgl. näher MüKoHGB/*Jickeli* Rn. 72 u. 73 mwBsp.). Möglich ist dabei sogar die Betrauung eines Dritten mit der alleinigen Führung der Geschäfte, falls der einzige geschäftsführungsberechtigte Gesellschafter in Anspruch genommen wird (BGH 11.7.1960, BGHZ 33, 105 = NJW 1960, 1997). Auch der von der Entziehung bedrohte Geschäftsführer kann sich mit einem Antrag auf Erlass einer einstweiligen Verfügung wehren (OLG Köln 14.7.1976, BB 1977, 464).

32 **f) Revisionsinstanz.** Ob ein bestimmtes Verhalten als wichtiger Grund für eine Entziehung zu werten ist, ist eine Frage tatrichterlicher Würdigung. Die Revisionsinstanz überprüft nur, ob der Tatrichter den Rechtsbegriff des wichtigen Grundes verkannt hat, das ihm eingeräumte Ermessen überschritten oder wesentliche Tatsachen außer Acht gelassen oder nicht vollständig gewürdigt hat (BGH 25.3.1993, NJW 1993, 1972; BGH 25.2.1991, NJW 1991, 1681; MüKoHGB/*Jickeli* Rn. 68).

33 **g) Schiedsverfahren.** Die Gesellschafter können sich einem schiedsgerichtlichen Verfahren unterwerfen. Mit der Vollstreckbarerklärung durch ein Gericht (§§ 1060 ff. ZPO) tritt an die Stelle des rechtskräftigen Urteils der Schiedsspruch. Auch das Schiedsgericht kann Eilmaßnahmen treffen (vgl. § 1041 Abs. 1 ZPO).

V. Wirkungen des Urteils

34 **1. Umfang der Gestaltungswirkung.** Gegenüber dem beklagten Geschäftsführer führt eine der Entziehungsklage stattgebende rechtskräftige Entscheidung dazu, dass ihm die Geschäftsführungsbefugnis ganz oder teilweise entzogen wird. Ab Rechtskraft des Urteils hat er nur noch die Stellung eines von der Geschäftsführung ausgeschlossenen Gesellschafters (EBJS/*Drescher* Rn. 28), wobei ihm auch das Widerspruchsrecht nach § 115 Abs. 1 nicht mehr zusteht (MüKoHGB/*Jickeli* Rn. 74).

Mit Entziehung der Geschäftsführungsbefugnis erlischt auch der Anspruch auf Vergütung (Mü- 35
KoHGB/*Jickeli* Rn. 75; Staub/*Schäfer* Rn. 81). Unproblematisch ist dies, falls das vereinbarte Entgelt von dem – aus der Beteiligung folgenden – Gewinnanspruch eindeutig gesondert werden kann. Ansonsten ist wegen der Verflechtung mit dem Gewinnanspruch idR eine Änderung des Gesellschaftsvertrages erforderlich (EBJS/*Drescher* Rn. 28).

Ein wichtiger Grund iSd § 117 rechtfertigt bei Vorhandensein eines zusätzlichen Dienstvertrages idR 36
die fristlose Kündigung gem. § 626 BGB.

2. Neuordnung der Geschäftsführung. Das **Entziehungsurteil** beschränkt sich auf die Entzie- 37
hung der Geschäftsführungsbefugnis und betrifft unmittelbar **nur** den betreffenden Geschäftsführer. Eine automatische **Umgestaltung** der künftigen Geschäftsführungsregelung erfolgt durch die gerichtliche Entscheidung **nicht.** Durch die beschränkte Gestaltungswirkung bleiben die Geschäftsführungsbefugnisse der übrigen Geschäftsführer bestehen (MüKoHGB/*Jickeli* Rn. 76).

Eine **Neuordnung** ist notwendig, wenn die bisherigen Regelungen nicht mehr durchführbar sind 38
(EBJS/*Drescher* Rn. 30). Ein solcher Fall liegt vor, wenn der beklagte Geschäftsführer einziger Geschäftsführer war. Falls der Gesellschaftsvertrag zwei Gesamtgeschäftsführer vorsieht, ist eine Neuordnung ebenfalls angezeigt, da bei Entfallen eines der Geschäftsführer die Gesamtgeschäftsführungsbefugnis des anderen idR nicht zur Einzelgeschäftsführungsbefugnis erstarkt (EBJS/*Drescher* Rn. 29; MüKoHGB/*Jickeli* Rn. 76; BGH 25.5.1964, BGHZ 41, 367 (368) = NJW 1964, 1624 für Vertretungsbefugnis; Heymann/*Emmerich* Rn. 23).

Führt das Entziehungsverfahren dazu, dass die OHG **keinen** Geschäftsführer mehr hat, fällt – sofern 39
der Gesellschaftsvertrag keine Ersatzlösung vorsieht – das Recht, Maßnahmen der Geschäftsführung zu treffen, ohne weiteres auf die Gesamtheit **aller** Gesellschafter zurück (BGH 9.12.1968, BGHZ 51, 198 (201) = NJW 1969, 507). Die Gesellschafter sind aufgrund ihrer gesellschafterlichen Treuepflicht gehalten, an einer Neuordnung mitzuwirken (EBJS/*Drescher* Rn. 30; Baumbach/Hopt/*Roth* Rn. 10; RWH HGB/*v. Gerkan/Haas* Rn. 19).

Die Entziehungsklage und die Klage auf Zustimmung zur Neuordnung können **verbunden** werden, 40
falls der beklagte Gesellschafter sich einer Neuordnung verschließen sollte. Das Gericht kann allerdings **nicht** von sich aus eine Neuordnung anordnen, weil sonst in die Grundlagen der Gesellschaft eingegriffen und die Privatautonomie der Gesellschafter verletzt werden würde (EBJS/*Drescher* Rn. 31 mwN).

Falls eine Einigung der Gesellschafter über die Neuordnung nicht zustande kommt, verbleiben als 41
letzte Möglichkeiten die **Ausschließung** des Gesellschafters, der sich der Neuordnung verschließt (§ 140), sowie die **Auflösung** der Gesellschaft nach § 133.

VI. Abweichende Vereinbarungen

§ 117 ist **dispositiv.** Durch Regelungen im Gesellschaftsvertrag kann die Entziehung der Geschäfts- 42
führungsbefugnis erleichtert oder erschwert werden (BGH 4.10.2004, NJW-RR 2005, 39). Die Regelungen können sowohl die Entziehungsgründe als auch das Entziehungsverfahren betreffen.

1. Erleichterung. In sachlicher Hinsicht ist durch gesellschaftsvertragliche Regelungen eine **Erwei-** 43
terung der Entziehungsgründe möglich. Von der Rspr. anerkannt sind vertragliche Gestaltungen, die eine Abberufung ohne wichtigen Grund vorsehen (BGH 23.10.1972, NJW 1973, 650 (651)).

Eine Erleichterung kann der Gesellschaftsvertrag auch dahingehend vorsehen, dass an die Stelle einer 44
Entziehungsklage ein **Gesellschaftsbeschluss** tritt (BGH 4.10.2004, ZIP 2004, 2282; BGH 20.12.1982, BGHZ 86, 177 = NJW 1983, 938; BGH 5.6.1989, BGHZ 107, 251 (356) = NJW 1989, 2681 zu § 140; EBJS/*Drescher* Rn. 38; RWH HGB/*v. Gerkan/Haas* Rn. 24), wobei der **betroffene** Gesellschafter bei der Entscheidung mit seinem Stimmrecht **ausgeschlossen** ist. Bei Vorliegen eines wichtigen Grundes sind die übrigen Gesellschafter verpflichtet, der Entziehung zuzustimmen. Mit wirksamer Beschlussfassung erlischt die Geschäftsführungsbefugnis. Dem betroffenen Gesellschafter steht die gerichtliche Kontrolle mittels einer Feststellungsklage offen. Diese Möglichkeit kann dem betroffenen Gesellschafter nicht genommen werden (allgA). Auch die übrigen Gesellschafter können zur Überprüfung der Wirksamkeit der beschlossenen Entziehung Feststellungsklage erheben (EBJS/*Drescher* Rn. 38).

2. Erschwerung. Die Gesellschafter können im Gesellschaftsvertrag beispielsweise durch einengende 45
Umschreibung der möglichen Entziehungsgründe oder durch eine abschließende Festlegung der in Betracht kommenden Entziehungsgründe die Entziehung der Geschäftsführungsbefugnis **erschweren** (EBJS/*Drescher* Rn. 36).

Die hM verneint die Möglichkeit, im Gesellschaftsvertrag das Recht zur Entziehung aus wichtigem 46
Grund **völlig** auszuschließen (Baumbach/Hopt/*Hopt* Rn. 11; EBJS/*Drescher* Rn. 37 mwN; RWH HGB/*v. Gerkan/Haas* Rn. 21; aA MüKoHGB/*Jickeli* Rn. 79 mwN).

47 Für das Entziehungsverfahren selbst kann der Gesellschaftsvertrag Erschwerungen in Form eines zusätzlichen Gesellschafterbeschlusses oder in Form einer Vorprüfung durch einen Beirat oder einen Schiedsgutachter vorsehen (Baumbach/Hopt/*Roth* Rn. 11).

VII. Niederlegung der Geschäftsführung

48 Nach ganz hM kann der geschäftsführende Gesellschafter von sich aus die Geschäftsführung **niederlegen,** wenn die anderen Gesellschafter einverstanden sind oder der Gesellschaftsvertrag diese Möglichkeit vorsieht (EBJS/*Drescher* Rn. 40; MüKoHGB/*Jickeli* Rn. 88; RWH HGB/*v. Gerkan/Haas* Rn. 10). Weiter besteht für den geschäftsführenden Gesellschafter über § 105 Abs. 3 HGB, § 712 Abs. 2 BGB eine Kündigungsmöglichkeit, allerdings nur bei Vorliegen eines wichtigen Grundes (Baumbach/Hopt/*Roth* § 114 Rn. 19).

[Kontrollrecht der Gesellschafter]

118 (1) **Ein Gesellschafter kann, auch wenn er von der Geschäftsführung ausgeschlossen ist, sich von den Angelegenheiten der Gesellschaft persönlich unterrichten, die Handelsbücher und die Papiere der Gesellschaft einsehen und sich aus ihnen eine Bilanz und einen Jahresabschluß anfertigen.**

(2) **Eine dieses Recht ausschließende oder beschränkende Vereinbarung steht der Geltendmachung des Rechtes nicht entgegen, wenn Grund zu der Annahme unredlicher Geschäftsführung besteht.**

Übersicht

I. Allgemeines

1 § 118 gewährt **jedem** Gesellschafter einer OHG ein **uneingeschränktes** individuelles Recht auf persönliche Unterrichtung. Dieses Recht gehört zum Grundtatbestand der gesellschaftlichen Mitgliedschaftsrechte (Kernbereich der Mitgliedschaft; → § 109 Rn. 10).

2 Das Kontrollrecht hat wegen der unbeschränkten persönlichen Haftung des Gesellschafters essentielle Bedeutung (MüKoHGB/*Enzinger* Rn. 1) und ist ein **wichtiges** Instrument des Minderheitenschutzes (BGH 10.10.1994, NJW 1995, 194 (195); BGH 11.7.1988, NJW 1989, 225; BGH 28.5.1962, WM 1962, 883). Die Unterrichtung ermöglicht dem Gesellschafter sowohl seine Vermögensinteressen als auch seine Mitverwaltungsbefugnisse in der Gesellschaft sachgerecht wahr zu nehmen

II. Gegenstand, Inhalt und Umfang der Kontrollrechte

3 **1. Gegenstand des Informationsrechts.** Das **Informationsrecht** des Gesellschafters erstreckt sich auf **alle Angelegenheiten** der Gesellschaft und erfasst in seiner gebotenen weiten Auslegung alle Vorgänge, die die Gesellschaft mittelbar und unmittelbar betreffen (allgA). Damit sind alle wirtschaftlichen Verhältnisse der Gesellschaft iwS erfasst (RWH HGB/*v. Gerkan/Haas* Rn. 5). Nach der Rspr. zählen hierzu auch die Beziehungen zu verbundenen Unternehmen (BGH 16.1.1984, NJW 1984, 2470; BGH 20.6.1983, WM 1983, 910). Allerdings richtet sich das Informationsrecht in solchen Fällen nur

gegen die eigene Gesellschaft, wobei auf berechtigte Interessen der Konzerngesellschaft Rücksicht genommen werden muss (EBJS/*Drescher* Rn. 9).

2. Einsichtsrecht. Das **Einsichtsrecht** umfasst alle Unterlagen der Gesellschaft im weitesten Sinn, zB Handelsbücher, Geschäftsunterlagen, Verträge, Geschäftskorrespondenzen, Aktenvermerke etc sowie elektronisch gespeicherte Daten (EBJS/*Drescher* Rn. 11). Elektronisch gespeicherte Daten müssen auf dem Bildschirm oder durch Ausdruck zur Verfügung gestellt werden (RWH HGB/*v. Gerkan/Haas* Rn. 6). Soweit die geschäftlichen Vorgänge sich nur aus privaten Aufzeichnungen eines Geschäftsführers erschließen, muss auch in diese Unterlagen Einsicht gewährt werden (BGH 15.12.1969, BB 1970, 187). Um das Einsichtsrecht ausüben zu können, muss dem Gesellschafter Zutritt zu den Geschäftsräumen gewährt werden. Ein Anspruch auf Herausgabe der Unterlagen besteht grundsätzlich nicht (BGH 16.1.1984, NJW 1984, 24709). Der Gesellschafter darf weiter aus den Handelsbüchern und Papieren eine Bilanz (Jahresabschluss) anfertigen (Abs. 1; MüKoHGB/*Enzinger* Rn. 10 mwN). 4

3. Auskunftsrecht. Die Rspr. und hM gewährt dem Gesellschafter für den Fall, dass dem Informationsbedürfnis des Gesellschafters durch die bloße Einsichtnahme nicht hinreichend genügt wird – zB bei Unvollständigkeit, Unrichtigkeit oder bei Widersprüchen – einen individuellen Anspruch auf Erteilung von Auskünften (BGH 20.6.1983, WM 1983, 910; BGH 12.6.1954, BGHZ 14, 53 (60); Baumbach/Hopt/*Roth* Rn. 7; EBJS/*Drescher* Rn. 13 mwN; RWH HGB/*v. Gerkan/Haas* Rn. 7). Zum Auskunftsrecht nach §§ 713, 666 BGB → Rn. 37. 5

4. Grenzen. Grundsätzlich bedarf die Geltendmachung der Informationsrechte **nicht** der Darlegung eines besonderen rechtlichen oder wirtschaftlichen Interesses (BGH 28.5.1962, WM 1962, 883; Heymann/*Emmerich* Rn. 2; MüKoHGB/*Enzinger* Rn. 29). 6

Eine Verweigerung kommt nur in **Ausnahmefällen** in Betracht. Der Hinweis der Gesellschaft auf ein Geheimhaltungsinteresse führt **nicht** zu einer Beschränkung der Kontrollrechte, sondern nur zu einer besonderen Verschwiegenheitspflicht des Gesellschafters bezüglich des Geschäftsgeheimnisses (EBJS/*Drescher* Rn. 15). 7

Der BGH (10.10.1994, NJW 1995, 194 (195)) hat bei der Beteiligung des Gesellschafters an einem Konkurrenzunternehmen unter Hinweis auf § 51a Abs. 2 GmbHG die Verweigerung eines Einblicks in besonders sensible Unterlagen erwogen. 8

Die Gesellschaft kann die Ausübung der Informationsrechte verweigern, falls die Informationen für Wettbewerbsverstöße verwendet werden sollen (BGH 14.12.1981, WM 1982, 234 (236); MüKoHGB/*Enzinger* Rn. 29). Auch das schikanöse Gebrauchmachen von Informationsrechten (BayObLG 27.10.1988, NJW-RR 1989, 350) sowie die Ausübung in Schädigungsabsicht führen zur berechtigten Verweigerung (EBJS/*Drescher* Rn. 15). 9

Nicht ausreichend für die Verweigerung der Informationsrechte sind bloße Spannungen zwischen den Beteiligten oder die Absicht des Gesellschafters mit den verlangten Informationen Abfindungs- oder Schadensersatzansprüche gegen die Gesellschaft vorzubereiten und geltend zu machen (EBJS/*Drescher* Rn. 15). 10

Die Gesellschaft trägt die **Darlegungs- und Beweislast** für die Voraussetzungen, die ausnahmsweise eine Verweigerung der Informationsrechte rechtfertigen. 11

III. Ausübung der Kontrollrechte

1. Anspruchsinhaber. Die Informationsrechte aus § 118 stehen **allen** Gesellschaftern für die **Dauer** ihrer **Zugehörigkeit zur Gesellschaft** zu (allgM; vgl. MüKoHGB/*Enzinger* Rn. 18). Mit dem Ausscheiden des Gesellschafters aus der Gesellschaft entfallen die Kontrollrechte des § 118 auch soweit sich die Vorgänge aus der Zeit der Gesellschaftszugehörigkeit beziehen (BGH 17.4.1989, NJW 1989, 3272 zur GmbH; Baumbach/Hopt/*Roth* Rn. 2; EBJS/*Drescher* Rn. 5). Ausgeschiedene Gesellschafter – auch Erben eines Gesellschafters, die nicht nach § 139 in die Gesellschaft eintreten – haben **keine** Rechte aus § 118. Ihnen steht jedoch ein Einsicht- und Informationsrecht aus § 810 BGB zu (→ Rn. 35 ff.). 12

Das Kontrollecht ist ein mit der Mitgliedschaft **untrennbar** verbundenes Mitverwaltungsrecht und muss vom Gesellschafter persönlich wahrgenommen werden (BGH 28.5.1962, WM 1962, 883). Die Bevollmächtigung eines Dritten zur Ausübung des Informationsrechts ist grundsätzlich nicht zulässig (BGH 8.7.1957, BGHZ 25, 115 (118) = WM 1957, 1059; zur Ausnahme → Rn. 16). 13

Während der Liquidation der Gesellschaft bestehen die Ansprüche aus § 118 unbeschränkt. 14

2. Ausübung durch Dritte. Eine **Einschränkung** der persönlichen Wahrnehmung der Informationsrechte ergibt sich für minderjährige oder in der Geschäftsfähigkeit beschränkte Gesellschafter. In diesen Fällen werden die Informationsrechte vom **gesetzlichen Vertreter** ausgeübt (BGH 21.6.1965, BGHZ 44, 98 (100) = NJW 1965, 1961), wobei sich der gesetzliche Vertreter, der nicht der gesellschafterlichen Treuepflicht unterliegt, zum Schutz der anderen Gesellschafter zur Verschwiegenheit verpflichten muss (EBJS/*Drescher* Rn. 18). 15

16 Eine Ausübung der Informationsrechte durch **Bevollmächtigte** ist nur im Ausnahmefall im Einvernehmen mit allen Gesellschaftern möglich. **Ausnahmsweise** ist auch die vorübergehende Wahrnehmung der Informationsrechte durch einem Dritten gestattet, soweit **wichtige Gründe** – längere Abwesenheit oder Krankheit des Gesellschafters – einer persönlichen Ausübung entgegenstehen und eine Vertretung durch einen Dritten den übrigen Gesellschaftern zumutbar ist (BGH 8.7.1957, BGHZ 25, 115 (118) = NJW 1957, 1555; Baumbach/Hopt/*Roth* Rn. 8; MüKoHGB/*Enzinger* Rn. 20).

17 Umgekehrt können weit **überwiegende** Interessen der Gesellschaft die persönliche Ausübung der Informationsrechte durch den Gesellschafter ausschließen. Als Beispiel kommen Wettbewerbssituationen oder die Einsicht in Privatunterlagen eines Gesellschafters in Betracht. In solchen Fällen erfolgt die Ausübung des Kontrollrechts für den betroffenen Gesellschafter durch einen zur Verschwiegenheit verpflichteten **Sachverständigen** (BGH 2.7.1979, WM 1979, 1061; BGH 15.12.1969, BB 1970, 187; EBJS/*Drescher* Rn. 20; RWH HGB/*v. Gerkan/Haas* Rn. 10).

18 **3. Hinzuziehung Dritter.** Zur sachgerechten Wahrnehmung seiner Rechte kann der Gesellschafter einen berufsrechtlich zur Verschwiegenheit verpflichteten **sachverständigen** Dritten (Steuerberater, Wirtschaftsprüfer, Rechtsanwalt) zur eigenen **Unterstützung** heranziehen (BGH 16.1.1984, NJW 1984, 2470; BGH 8.7.1957, BGHZ 25, 115 (118) = NJW 1957, 1555; RWH HGB/*v. Gerkan/Haas* Rn. 9). In diesem Fall bleibt der Gesellschafter allerdings selbst für die Ausübung der Informationsrechte verantwortlich (EBJS/*Drescher* Rn. 21).

19 Der insoweit beweispflichtigen Gesellschaft steht ein Ablehnungsrecht zu, falls der hinzugezogene Dritte unzumutbar ist (BGH 28.5.1962, WM 1962, 883). Als berechtigte Ablehnungsgründe kommen die Tätigkeit des hinzugezogenen Dritten für ein Konkurrenzunternehmen oder die Befürchtung einer Störung des Vertrauensverhältnisses unter den Gesellschaftern in Betracht.

20 **4. Anspruchsgegner.** Die Ansprüche aus § 118 richten sich **gegen** die **Gesellschaft,** wobei die Ansprüche auch direkt gegen den geschäftsführenden Gesellschafter geltend gemacht werden können, weil dieser der Gesellschaft gegenüber rechenschaftspflichtig ist (BGH 23.3.1992, NJW 1992, 1890 (1891); BGH 20.6.1983, WM 1983, 910 (911); MüKoHGB/*Enzinger* Rn. 25).

21 **5. Ort und Zeit der Ausübung.** Die Einzelheiten für die Ausübung der Informationsrechte sind gesetzlich **nicht** geregelt. Von Ausnahmen abgesehen muss die Einsicht in den Geschäftsräumen der Gesellschaft zu den üblichen Geschäftszeiten mit Einräumung eines angemessenen Zeitraumes erfolgen (EBJS/*Drescher* Rn. 26).

22 Die Aushändigung von Unterlagen zur Mitnahme ist nur dem Fall vorbehalten, dass eine Einsichtnahme in den Geschäftsräumen der Gesellschaft faktisch nicht möglich ist.

23 Die Anfertigung von Abschriften und Kopien ist möglich, soweit keine berechtigten Interessen der Gesellschaft entgegenstehen (OLG Köln 26.4.1985, ZIP 1985, 800). Bei Unterlagen, die Geschäftsgeheimnisse betreffen, ist nur die Einsichtnahmen, jedoch nicht die Vervielfältigung vorgesehen (EBJS/*Drescher* Rn. 28 mwN).

24 **6. Kosten.** Der Gesellschafter hat grundsätzlich die **Kosten,** die mit der Ausübung der Informationsrechte verbunden sind, **selbst** zu tragen, da er eigenen Interessen wahrnimmt (BGH 15.12.1969, BB 1970, 187). Ausnahmsweise können Kosten für Sachverständige, die der Gesellschafter beauftragt und die er normalerweise selbst zu tragen hat, von der Gesellschaft zu ersetzten sein, falls die Zuziehung eines Sachverständigen wegen Lücken oder Fehler in den Geschäftsunterlagen geboten war (RWH HGB/*v. Gerkan/Haas* Rn. 14).

IV. Prozessuale Durchsetzung

25 Bei einer Informationsverweigerung muss der Gesellschafter die Durchsetzung seiner Kontrollrechte vor dem Prozessgericht mit einer Leistungsklage verfolgen. Der Bestimmtheit des Klageantrages steht nicht entgegen, dass die vorzulegenden Urkunden im Einzelnen nicht bezeichnet sind, sondern allgemein auf „Einsichtnahme" abgestellt wird (BGH 8.7.1957, BGHZ 25, 115 (118) = NJW 1957, 1555; BGH 2.7.1979, WM 1979, 1061 für KG; EBJS/*Drescher* Rn 30; MüKoHGB/*Enzinger* Rn. 37; RWH HGB/*v. Gerkan/Haas* Rn. 15).

26 Zur Sicherstellung von Unterlagen ist iRd vorläufigen Rechtsschutzes mit einer einstweilige Verfügung nach §§ 935 ff. ZPO vorzugehen (Baumbach/Hopt/*Roth* Rn. 15).

27 Die **Vollstreckung** eines Urteils auf **Auskunftserteilung** erfolgt nach ganz hM nach **§ 888 ZPO** (BayObLG 22.12.1988, NJW-RR 1989, 932). Die Erteilung einer Auskunft ist eine unvertretbare Handlung.

28 Streitig ist die Rechtslage bei der Vollstreckung eines Anspruchs auf Einsicht in Unterlagen. Die hM wendet iRd Vollstreckung § 883 ZPO an (OLG Frankfurt a. M. 17.7.1991, NJW-RR 1992, 171; Baumbach/Hopt/*Roth* Rn. 15; EBJS/*Drescher* Rn. 31; aA mit guten Gründen MüKoHGB/*Enzinger* Rn. 40, Vollstreckung nach § 888 ZPO).

V. Abweichende Vereinbarungen

29 **1. Grundsatz der Dispositivität.** Die in § 118 geregelten Kontroll- und Einsichtsrechte sind dispositiv und können somit umgestaltet, beschränkt oder auch erweitert werden (allgA).

30 Einer weitgehenden Einschränkung des Informationsrechts als ein unverzichtbares Instrument des Minderheitenschutzes steht gerade bei der OHG die unbeschränkte Haftung der Gesellschafter entgegen (vgl. allg. BGH 11.7.1988, NJW 1989, 225). Das Informationsrecht des Gesellschafters gehört zum nicht ohne weiteres entziehbaren Kernbestand der Gesellschafterrechte. Eine vollständige Entziehung des Informationsrechts ist deshalb nicht zulässig (BGH 10.10.1994, NJW 1995, 194 (195); EBJS/*Drescher* Rn. 33; MüKoHGB/*Enzinger* Rn. 32; RWH HGB/*v. Gerkan/Haas* Rn. 17).

31 **2. Außerordentliches Kontrollrecht (Abs. 2).** Nach Abs. 2 können die Informationsrechte trotz ausschließender oder beschränkender Vereinbarungen ausgeübt werden, wenn Grund zu der Annahme **unredlicher** Geschäftsführung besteht. Bei Vorliegen eines solchen Verdachts ist jede von Abs. 1 abweichende Regelung unbeachtlich.

32 Der Tatbestand des § 118 Abs. 2 ist **weit** auszulegen. An den Nachweis der Voraussetzungen des außerordentlichen Kontrollrechts sind keine strengen Voraussetzungen zu stellen (EBJS/*Drescher* Rn. 35; Heymann/*Emmerich* Rn. 19).

33 Den **Gesellschafter** trifft zunächst die Darlegungs- und Behauptungslast. Überwiegend wird in diesem Zusammenhang bereits eine schlüssige Tatsachenbehauptung als ausreichend erachtet; eine Glaubhaftmachung wird nicht verlangt (BGH 16.1.1984, NJW 1984, 2470; Baumbach/Hopt/*Roth* Rn. 18; EBJS/*Drescher* Rn. 35). Soweit der Gesellschafter seine Behauptungen schlüssig dargelegt hat, ist es Sache der Gesellschaft den Verdacht auszuräumen (MüKoHGB/*Enzinger* Rn. 34).

34 Für die berechtigte Annahme unredlicher Geschäftsführung kommen gravierende Mängel in der Buchführung, das Fehlen wichtiger Unterlagen (Heymann/*Emmerich* Rn. 19), grundlose Verweigerung des Kontrollrechts oder Vertuschungsversuche in Betracht.

VI. Sonstige Informationsrechte

35 **1. Einsichtsrecht nach § 810 BGB.** Die Einsicht- und Kontrollrechte des § 118 stehen dem Gesellschafter nur für die Zeit seiner Gesellschaftszugehörigkeit zu (→ Rn. 12). Der ausgeschiedene Gesellschafter hat Einsicht- und Auskunftsansprüche auf der Grundlage von §§ 810, 242 BGB, soweit dies zur Klärung von Ansprüchen aus dem Gesellschaftsverhältnis geboten ist (BGH 11.7.1988, NJW 1989, 225). Trotz des weiten Anwendungsbereichs des § 810 BGB (vgl. BGH 20.1.1971, BGHZ 55, 201 = WM 1971, 238) erfordert der Anspruch nach § 810 BGB das Vorliegen eines **rechtlichen Interesses.** Allerdings sind an die Darlegung dieses Interesses keine zu hohen Anforderungen zu stellen, da die verlangte Einsicht dem Gesellschafter erst genauere weitere Erkenntnisse bringen soll. Ausreichend ist der Vortrag konkreter Anhaltspunkte, die den Einsichtsanspruch rechtfertigen (EBJS/*Drescher* Rn. 38). Davon abzugrenzen ist die ohne nähere Grundlage verlangte Einsicht, die eine **unzulässige Ausforschung** darstellt (BGH 30.11.1989, BGHZ 109, 260 (267) = NJW 1990, 510; BGH 17.4.1989, NJW 1989, 3272).

36 Ein rechtliches Interesse ist für die Einsicht in Unterlagen zur Berechnung des Abfindungsguthabens, für die Geltendmachung von Ansprüchen aus der Zeit der Zugehörigkeit zur Gesellschaft (BGH 11.7.1988, NJW 1989, 225) oder für die Überprüfung, ob das errechnete Guthaben in einem Missverhältnis zum wirklichen Wert der Beteiligung steht (BGH 17.4.1989, NJW 1989, 3272), zu bejahen. Für Vorgänge aus der Zeit **nach** dem Ausscheiden des Gesellschafters aus der Gesellschaft besteht idR **kein** Einsichtsrecht (BGH 23.10.1961, WM 1961,1329; RWH HGB/*v. Gerkan/Haas* Rn. 2; MüKoHGB/*Enzinger* Rn. 34).

37 **2. Informationsrecht nach §§ 713, 666 BGB.** Abzugrenzen von den individuellen Informationsrechten des § 118 sind die Informationsrechte der **Gesellschaftergesamtheit** nach §§ 713, 666 BGB. Die geschäftsführenden Gesellschafter schulden den übrigen Gesellschaftern Nachricht, Rechenschaft und auf Verlangen Auskunft. Dieses **kollektive** Recht reicht nicht weiter als die individualrechtlichen Befugnisse (BGH 23.3.1992, NJW 1992, 1890 zu § 51a GmbHG; EBJS/*Drescher* Rn. 41; RWH HGB/*v. Gerkan/Haas* Rn. 19). Der Anspruch ist von der Gesellschaftergesamtheit geltend zu machen; ein einzelner Gesellschafter kann das Recht im Wege der actio pro socio zugunsten der Gesellschaft ausüben (hM; vgl. mit Einschränkungen BGH 23.3.1992, NJW 1992, 1890; Baumbach/Hopt/*Roth* Rn. 12; MuKoHBG/*Enzinger* Rn. 11; RWH HGB/*v. Gerkan/Haas* Rn. 19; aA Schlegelberger/Geßler/*Martens* § 166 Rn. 17).

[Beschlussfassung]

119 (1) **Für die von den Gesellschaftern zu fassenden Beschlüsse bedarf es der Zustimmung aller zur Mitwirkung bei der Beschlußfassung berufenen Gesellschafter.**

(2) **Hat nach dem Gesellschaftsvertrage die Mehrheit der Stimmen zu entscheiden, so ist die Mehrheit im Zweifel nach der Zahl der Gesellschafter zu berechnen.**

Übersicht

I. Allgemeines

1 Die Willensbildung der Gesellschafter und damit die Gestaltung der Rechtsverhältnisse untereinander und im Verhältnis zur Gesellschaft vollzieht sich in der Form von Gesellschafterbeschlüssen. Das Stimmrecht als „sozietäres“ Grundrecht ist eines der wichtigsten Gesellschafterrechte

2 Das Gesetz ordnet in **Abs. 1** als Grundsatz das **Einstimmigkeitsprinzip** an. Der gesetzlichen Regelung liegt das gesetzestypische Leitbild der OHG zugrunde, das von der Gleichberechtigung der Partner in einer Haftungs- und Arbeitsgemeinschaft geprägt ist (MüKoHGB/*Enzinger* Rn. 3).

3 **Abs. 2** sieht eine Auslegungsregel für den Fall vor, dass das Einstimmigkeitsprinzip durch das **Mehrheitsprinzip** ersetzt wird. Das Mehrheitsprinzip kann bereits der Gesellschaftsvertrag vorsehen. Eine nachträgliche „Einführung“ durch einstimmigen Gesellschafterbeschluss ist ebenfalls möglich.

II. Gesellschafterbeschluss

4 **1. Rechtsnatur.** Die Rechtsnatur des Gesellschafterbeschlusses und die rechtsdogmatische Einordnung waren lange umstritten. Der Meinungsstreit lässt sich – etwas generalisierend – auf die Unterscheidung Rechtsgeschäft oder Gesamtakt bzw. Sozialakt reduzieren (zum Meinungsstand: *Köster,* Anfechtungs- und Nichtigkeitsklagen gegen Gesellschafterbeschlüsse bei OHG und KG, 1981; MüKoHGB/*Enzinger* Rn. 6 ff.; Staub/*Schäfer* Rn. 7 ff.; *Westermann* in Westermann/Wertenbruch PersGesR-HdB Rn. 482; ausf. EBJS/*Freitag* Rn. 8). Der Meinungsstreit dreht sich im Wesentlichen um die Frage, inwieweit die allgemeinen Regeln der Rechtsgeschäftslehre anwendbar sind und wie in Konfliktfällen bei der Stimmrechtsausübung verfahren werden soll.

5 Nach der heute **hM** ist der Gesellschafterbeschluss ein **mehrseitiger Akt,** der sich aus den verschiedenen Stimmen zusammensetzt, die ihrerseits Willenserklärungen sind und den allgemeinen Regeln über Rechtsgeschäfte unterstehen (BGH 18.9.1975, BGHZ 65, 93 (96 f.) = NJW 1976, 49; EBJS/*Freitag* Rn. 8; MüKoHGB/*Enzinger* Rn. 10).

6 **2. Gegenstand der Beschlussfassung.** Eine Vielzahl von gesetzlichen Vorschriften sieht die **Notwendigkeit** einer **Beschlussfassung** durch die Gesellschafter vor. Beschlussgegenstände können Maßnahmen der Geschäftsführung (vgl. § 115 Abs. 2, § 116 Abs. 2 und 3, §§ 147 und 152) oder Grundlagengeschäfte (vgl. §§ 131, 146) sein. Hierzu gehören auch Entscheidungen über die Bilanzfeststellung und Gewinnverteilung (§§ 120 ff.) und über die Einwilligung in ein konkurrierendes Verhalten eines Gesellschafters nach § 112.

7 Änderungen des Gesellschaftsvertrages bilden den Hauptanwendungsfall für gesetzlich nicht geregelte Beschlussgegenstände. Wegen des Eingriffs in die vertragliche Beziehung der Gesellschafter bedarf es grundsätzlich der Beteiligung aller Gesellschafter (EBJS/*Freitag* Rn. 7).

III. Stimmrecht

8 **1. Begriff und rechtliche Einordnung.** Die Stimmabgabe ist eine **Willenserklärung,** für die die allgemeinen bürgerlich rechtlichen Regeln über Willenserklärungen gelten (ganz hM; BGH 18.9.1975, BGHZ 65, 93 (97 f.) = NJW 1976, 49; Baumbach/Hopt/*Roth* Rn. 5; KKRD/*Kindler* Rn. 7). Die Stimmabgabe ist eine empfangsbedürftige Willenserklärung, die mit Zugang gegenüber den anderen Mitgesellschaftern wirksam wird.

9 Eine Stimmabgabe kann wegen Irrtums anfechtbar oder aus sonstigen Gründen nichtig sein. Die Auswirkungen einer nichtigen Stimmabgabe unterscheiden sich danach, ob das Einstimmigkeitsprinzip oder Mehrheitsprinzip gilt. Im letzteren Fall ist zu prüfen, ob der Beschluss auch ohne die Stimme zustande gekommen wäre (MüKoHGB/*Enzinger* Rn. 16 mwN).

10 **2. Widerruf der Stimmabgabe.** Streitig ist, **ob** und unter welchen **Voraussetzungen** eine abgegebene Stimme **widerrufen** werden kann. Das RG hat den grundsätzlichen Widerruf bis zum Zugang der letzten abgegebenen Stimme zugelassen (RG 13.4.1940, RGZ 163, 385 (392)). Der BGH hat die Entscheidung dieser Frage offengelassen (BGH 19.2.1990, NJW-RR 1990, 798). In der Lit. werden die unterschiedlichsten Ansätze vertreten (vgl. Übersicht MüKoHGB/*Enzinger* Rn. 15). Für die Praxis ist der Lösungsansatz des BGH (19.2.1990 NJW-RR 1990, 798) vorzugswürdig, wonach bei der Abstimmung im Umlaufverfahren der bereits zustimmende Gesellschafter während des weiteren Abstimmungsverfahrens – zumindest konkludent – seinen Willen dahingehend geäußert hat, an seine Stimmabgabe gebunden zu sein (→ Rn. 32 ff.). Die Dauer dieser Bindung iRd Abstimmungsverfahrens richtet sich nach dem Einzelfall, unter Vermeidung sowohl von Übereilung als auch von unangemessener Verzögerung.

11 **3. Ausübung des Stimmrechts.** Das Stimmrecht ist ein höchstpersönliches Recht des Gesellschafters und kann deshalb vom Mitgliedschaftsrecht **nicht getrennt,** insbesondere **nicht** selbständig **übertragen** werden (**Abspaltungsverbot;** ständige Rspr. und hM; BGH 14.5.1956, BGHZ 20, 363 (364) = NJW 1956, 1198; BGH 10.11.1951, BGHZ 3, 354 (357) = NJW 1952, 178; Baumbach/Hopt/*Roth* Rn. 19; EBJS/*Freitag* Rn. 11; Heymann/*Emmerich* Rn. 14).

12 Einer unzulässigen Übertragung des Stimmrechts stehen Gestaltungen gleich, die im Ergebnis dem Gesellschafter dauerhaft die Ausübung des Stimmrechts unmöglich machen und zu einer dauerhaften Verdrängung des Gesellschafters führen. Hierzu zählt nach der Rspr. eine unwiderrufliche Stimmrechtsvollmacht mit Stimmverzicht des Vollmachtgebers (BGH 10.11.1951, BGHZ 3, 354 (357) = NJW 1952, 178) oder die schuldrechtliche Verpflichtung des Gesellschafters, gegen den Willen des bevollmächtigten Dritten vom Stimmrecht keinen Gebrauch zu machen (BGH 15.12.1969, NJW 1970, 468).

13 Im Gegensatz zur unzulässigen Übertragung steht die – durch Gesellschaftsvertrag geregelte oder mit Zustimmung aller Gesellschafter gebilligte – **Ausübung** des Stimmrechts durch **Bevollmächtigte.**

14 Ein in der Geschäftsfähigkeit beschränkter Gesellschafter kann nicht selbst an der Abstimmung teilnehmen. Die Ausübung des Stimmrechts steht dem gesetzlichen Vertreter zu (BGH 21.6.1965, BGHZ 44, 98 (100 f.) = NJW 1965, 1961). Der Gesellschafter, an dessen Gesellschaftsanteil ein Nießbrauch bestellt ist, bleibt – zumindest für Grundlagengeschäfte – alleine stimmberechtigt (BGH 9.11.1998, NJW 1999, 571).

15 Das **Selbstkontrahierungsverbot** des § 181 BGB kommt zur Anwendung, falls gegenläufige Interessen bestehen. Diese Konstellation besteht regelmäßig nicht bei Beschlussgegenständen, die die Geschäftsführung betreffen. Insoweit kann ein Gesellschafter für sich und zugleich als Stimmrechtsvertreter von Mitgesellschaftern handeln (BGH 18.9.1975, BGHZ 65, 93 (97) = NJW 1976, 49; Baumbach/Hopt/*Roth* Rn. 22). Soweit es jedoch um Änderungen des Gesellschaftsvertrages oder um die Bestellung des Stimmrechtsvertreters zum geschäftsführenden Gesellschafter geht, bestehen häufig Interessenkonflikte, die zur Anwendung von § 181 BGB führen (BGH 24.9.1990, BGHZ 112, 339 (343) = NJW 1991, 691; EBJS/*Freitag* Rn. 27).

16 **4. Ausschluss des Stimmrechts. a) Gesetzliches Stimmverbot. Gesetzlich** geregelte Fälle eines **Stimmverbots** enthalten § 113 Abs. 2, §§ 117, 127 und 140. In diesen Fällen ist der ausgeschlossene Gesellschafter von dem Ergebnis der Beschlussfassung selbst betroffen. Sämtlichen Fallkonstellationen ist

gemeinsam, dass die Beschlussfassung auf die Regelung eines schweren gesellschaftsinternen Konflikts abzielt, sei es durch Verfolgung von Ersatzansprüchen gegen den Gesellschafter sei es durch Eingriffe in die Stellung als Mitglied der Gesellschaft. Der Gesellschafter müsste in diesen Fällen über sein eigenes Verhalten quasi als „Richter in eigener Sache" (vgl. BGH 20.1.1986, BGHZ 97, 28 (33) = NJW 1986, 2051) befinden.

17 **b) Gesetzlich nicht geregelte Fallkonstellationen.** Über die gesetzlich geregelten Fälle eines Stimmverbots hinaus besteht weitgehend Einigkeit, dass für Fallkonstellationen ein **Stimmverbot zu bejahen** ist, in denen aufgrund typisierender Beurteilung die **Gefahr** besteht, dass der betreffende Gesellschafter außerstande sein wird, sich bei der Abstimmung allein von dem Gesellschaftsinteresse und nicht von Sonderinteressen leiten zu lassen (Baumbach/Hopt/*Roth* Rn. 8;). Bejaht wird ein Stimmverbot für die Beschlussfassung über die Befreiung des Gesellschafters von einer der Gesellschaft gegenüber bestehenden Verbindlichkeit, bei Entscheidungen über die Entlastung (BGH 21.4.1986, BGHZ 97, 382 (384) = NJW 1986, 2250 – GmbH), bei der Beschlussfassung über die Geltendmachung von Ersatzansprüchen gegen den Gesellschafter (BGH 20.1.1986, BGHZ 97, 28 (33) = NJW 1986, 2051) und bei der Beschlussfassung über die Einleitung oder Erledigung eines Rechtsstreites gegen den Gesellschafter (BGH 16.12.1991, BGHZ 116, 353 = NJW 1992, 977). Dagegen besteht **kein** Stimmverbot wegen einer gemeinsam begangenen Pflichtverletzung, wenn einer vorsätzlichen Verfehlung eines Gesellschafter-Geschäftsführers mit einem Aufsichtsversäumnis des anderen Gesellschafters eine andersartige Pflichtverletzung gegenübersteht (BGH 4.5.2009, ZIP 2009, 2594 – GmbH).

18 **c) Einschränkungen und Erweiterungen durch Gesellschaftsvertrag.** Grundsätzlich ist die Einschränkung oder Erweiterung des Stimmverbots durch **gesellschaftsvertragliche Regelungen** möglich.

19 Bei einer **Einschränkung des Stimmverbots** ist zu beachten, dass das Verbot, bei Selbstbetroffenheit an Entlastungsbeschlüssen mitzuwirken, nicht vertraglich abbedungen werden kann (BGH 12.6.1989, BGHZ 108, 21 (26) = NJW 1989, 2694 – GmbH).

20 Eine **Erweiterung des Stimmverbots** ist nach hM möglich (Baumbach/Hopt/*Roth* Rn. 13; KKRD/*Kindler* Rn. 2; aA *Wiedemann* GesR I § 7 II, S. 368; Heymann/*Emmerich* Rn. 25), wobei die Grenzen, die zum Schutz des Gesellschafters bei Mehrheitsklauseln bestehen, auch bei der Erweiterung des Stimmverbots durch gesellschaftsrechtliche Regelungen zu beachten sind.

21 **5. Stimmbindungsvereinbarungen.** Nach ganz hM können **innerhalb** der Gesellschaft **Stimmbindungsvereinbarungen** getroffen werden. Die Grenzen für solche Vereinbarungen werden durch § 138 BGB und die gesellschaftsrechtliche Treuepflicht gezogen. Der Kernbereich der Mitgliedschaft darf nicht ausgehöhlt werden (BGH 29.5.1967, BGHZ 48, 163 = NJW 1967, 1963; Baumbach/Hopt/*Roth* Rn. 17; MüKoHGB/*Enzinger* Rn. 37; Staub/*Schäfer* Rn. 68 ff.).

22 Problematisch ist die Zulässigkeit einer Stimmbindung gegenüber **Dritten.** Der BGH (BGH 29.5.1967, BGHZ 48, 163 = NJW 1967, 1963) erachtet – für die GmbH – Stimmbindungen für zulässig. Die wohl hM lehnt für **Personengesellschaften** wegen der Gefahr der Einwirkung Außenstehender eine Stimmbindung ab (Baumbach/Hopt/*Roth* Rn. 18; MüKoHGB/*Enzinger* Rn. 37). Dieser Ansicht ist zuzustimmen. Die Gefahr einer Fremdbestimmung ist mit der Gesellschaftsform der OHG nicht in Einklang zu bringen. Zulässig ist die Stimmbindung gegenüber Dritten nur bei Treuhand- und Unterbeteiligungen, weil diese Rechtsverhältnisse an die Mitgliedschaft gebunden sind (Baumbach/Hopt/*Hopt* Rn. 18; MüKoHGB/*Enzinger* Rn. 37).

23 Aus zulässigen Stimmbindungsvereinbarungen kann grundsätzlich auf Erfüllung geklagt werden. Die Vollstreckung richtet sich nach **§ 894 ZPO,** wobei in der Praxis wegen der üblichen Verfahrensdauer Bedenken an der Effektivität eines solchen Vorgehens angebracht sind. Dem einstweiligen Rechtsschutz im Wege einer einstweiligen Verfügung steht allerdings das Verbot der Vorwegnahme der Hauptsache entgegen (MüKoHGB/*Enzinger* Rn. 39 mwN; aA OLG Koblenz 27.2.1986, NJW 1986, 1692; Baumbach/Hopt/*Roth* Rn. 18). Die Praxis behilft sich mit Vertragsstrafenvereinbarungen.

24 **6. Stimmpflicht.** Durch die Pflicht zur Förderung des gemeinsamen Zwecks und allgemein aus der gesellschafterlichen Treuepflicht folgt die Verpflichtung des Gesellschafters an der Willensbildung der Gesellschaft mitzuwirken.

25 Aus der gesellschafterlichen Treuepflicht folgt weiter in Einzelfällen die **Verpflichtung,** in einem bestimmten Sinne abzustimmen. Diese Verpflichtung besteht, falls nur eine bestimmte Entscheidung des Gesellschafters – zB Ablehnung eines rechtswidrigen Beschlussvorschlags oder Zustimmung zu gebotenen Geschäftsführungsmaßnahmen – rechtmäßig ist (Baumbach/Hopt/*Roth* Rn. 7). Nach ständiger Rspr. des BGH kann die Treuepflicht des Gesellschafters auch gebieten, einer Anpassung des Gesellschaftsvertrages an veränderte Verhältnisse zuzustimmen, die mit Rücksicht auf das Gesellschaftsverhältnis **dringend geboten** und den Gesellschaftern unter Berücksichtigung ihrer eigenen schutzwerten Belange **zumutbar** ist (BGH 25.9.1986, BGHZ 98, 276 (279) = NJW 1987, 189; BGH 28.4.1975, BGHZ 64, 253 (257) = NJW 1975, 1410; BGH 10.6.1965, BGHZ 44, 40 (41) = NJW 1965, 1960). Eine Zustimmungspflicht wird bejaht für das vorzeitige Ausscheiden eines in persönliche Zahlungs-

schwierigkeiten geratenen Gesellschafters (BGH 26.1.1961, NJW 1961, 724) und für die Anpassung der Tätigkeitsvergütung und Erhöhung der Vorausvergütung (BGH 10.6.1965, BGHZ 44, 40 (41) = NJW 1965, 1960 und BGH 29.9.1986, WM 1986, 1556).

Soweit für den Gesellschafter eine positive Stimmpflicht besteht, ist bei Entscheidungen in Geschäftsführungsangelegenheiten sowohl die ablehnende Stimmabgabe als auch die Stimmenthaltung unbeachtlich (EBJS/*Freitag* Rn. 40). Bei Änderungen des Gesellschaftsvertrages hingegen ist die gegenteilige Stimmabgabe ebenso wie die Stimmenthaltung nicht unbeachtlich. Der Gesellschafter muss in diesen Fällen mit der Leistungsklage auf Zustimmung verklagt werden (BGH 3.2.1997, NJW-RR 1997, 925; BGH 29.9.1986, WM 1986, 1556; Baumbach/Hopt/*Roth* Rn. 7). Die geschuldete Zustimmung wird gem. **§ 894 ZPO** ersetzt. Der Beschluss kommt mit Rechtskraft des Urteils zustande. 26

IV. Beschlussfassung

1. Form. Das Zustandekommen eines Gesellschafterbeschlusses erfordert nach der gesetzlichen Regelung **keine** besonderen Förmlichkeiten. Beschlüsse können durch mündliche oder schriftliche Stimmabgabe gefasst werden (RWH HGB/*v. Gerkan/Haas* Rn. 2), wobei auch eine Stimmabgabe mittels neuer Kommunikationsmittel (zB E-Mail) möglich ist (MüKoHGB/*Enzinger* Rn. 40). Durch übereinstimmendes schlüssiges Verhalten der Gesellschafter können ebenfalls Beschlüsse zustande kommen (BayObLG 20.11.1986, BB 1987, 711; Baumbach/Hopt/*Roth* Rn. 27). Nicht notwendig ist die gleichzeitige Stimmabgabe der Gesellschafter; die Beschlussfassung im Umlaufverfahren ist möglich (→ Rn. 32). 27

2. Schriftformklauseln. Der Gesellschaftsvertrag kann für die Beschlussfassung **Schriftform** vorsehen. Auch die neuen Kommunikationsmittel (vgl. hierzu § 227 Abs. 2 und 3, § 126b BGB) erfüllen die Kriterien der vereinbarten Schriftform (MüKoBGB/*Einsele* BGB § 127 Rn. 8). 28

Problematisch ist, ob der vereinbarten Schriftform – wie in § 125 S. 2 BGB geregelt – im Zweifel wirksamkeitsbegründende Bedeutung zukommt oder ob sie nur eine deklaratorische, der Beweissicherung dienende Ordnungsvorschrift darstellt. Die Rspr. und hM geht von einer lediglich **deklaratorischen** Bedeutung aus. Die Nichtbeachtung der vereinbarten Schriftform führt regelmäßig nicht zur Unwirksamkeit des Beschlusses (BGH 5.2.1968, BGHZ 49, 364 = WM 1968, 646; EBJS/*Freitag* Rn. 61 mwN; RWH HGB/*v. Gerkan/Haas* Rn. 5; diff. MüKoHGB/*Enzinger* Rn. 46; Baumbach/Hopt/*Roth* Rn. 28). Soweit im Einzelfall die Formvorschrift bei der Beschlussfassung nicht beachtet wurde, lässt dies auf einen Gesellschafterwillen in Richtung auf eine Durchbrechung des Formzwangs bzw. eine stillschweigende Aufhebung des Formzwangs schließen, wobei ein Bewusstsein der Gesellschafter, dass von der Formvorschrift abgegangen wird, nicht notwendig ist (BGH 7.2.1972, BGHZ 58, 115 (118) = WM 1972, 311; MüKoHGB/*Enzinger* Rn. 47 mwN). 29

Soweit der Gesellschaftsvertrag die notarielle Beurkundung vorsieht, kommt diesem Erfordernis eine über die bloße Beweissicherung hinausgehende Bedeutung zu, deren Nichteinhaltung zur Unwirksamkeit führt (EBJS/*Freitag* Rn. 61). 30

3. Gesellschafterversammlung. Die Gesellschafter können die Beschlussfassung in die **Gesellschafterversammlung** verlagern. Soweit unverzichtbare Mitgliedschaftsrechte wie das Teilnahmerecht des Gesellschafters beachtet werden, können die Modalitäten für die Einberufung der Gesellschafterversammlung oder den Verfahrensablauf im Gesellschaftsvertrag geregelt werden. Jeder Gesellschafter kann – soweit der Gesellschaftsvertrag die Beschlussfassung in einer Gesellschafterversammlung vorsieht – eine Gesellschafterversammlung einberufen. Das Recht auf Einberufung kann im Gesellschaftsvertrag auch auf die geschäftsführenden Gesellschafter beschränkt werden. In einem solchen Fall steht den übrigen Gesellschaftern – jedenfalls bei Vorliegen eines wichtigen Grundes in Analogie zu § 118 Abs. 2 – das Recht zur Einberufung zu (BGH 9.11.1987, BGHZ 102, 172 (175) = NJW 1988, 969; Baumbach/Hopt/*Roth* Rn. 29; MüKoHGB/*Enzinger* Rn. 49). 31

4. Umlaufverfahren. Die **gleichzeitige** Stimmabgabe der Gesellschafter ist nicht notwendig. Gegen die Zulassung eines **Umlaufverfahrens** für die Beschlussfassung bestehen keine Bedenken. 32

Die Frage, ob ein Gesellschafter während des Umlaufverfahrens an seine bereits abgegebene Stimme gebunden ist oder ob ein Widerruf möglich ist, wird unterschiedlich beantwortet (→ Rn. 10). Der BGH (BGH 19.2.1990, NJW-RR 1990, 798) hat die Beantwortung dieser Frage offengelassen. In der Lit. wird teilweise eine Bindung bis zum Abschluss des Abstimmungsverfahrens unter Anwendung von § 145 BGB bejaht. Teilweise wird auch nach Beschlussgegenständen (Bindung bei Geschäftsführungsangelegenheiten; Widerrufsmöglichkeit bei Vertragsänderungen) differenziert (*Hueck* OHG § 11 II 3; MüKoBGB/*Schäfer* BGB § 709 Rn. 67a). 33

5. Bestimmung der Mehrheit. Soweit der Gesellschaftsvertrag Mehrheitsentscheidungen zulässt, ist nach Abs. 2 im Zweifel die Mehrheit nach der Anzahl der Gesellschafter nach Köpfen zu berechnen (Kopfteilprinzip). Ohne abweichende Regelungen ist grundsätzlich die Mehrheit aller **stimmberechtigten Mitglieder** notwendig. Mitglieder, die vom Stimmrecht ausgeschlossen sind, werden nicht 34 mitgezählt; Stimmenthaltungen bleiben unberücksichtigt (BGH 30.3.1998, NJW 1998, 1946; BGH 21.3.1988, BGHZ 104, 66 = NJW 1988, 1844).

35 Die gesetzliche Regelung in Abs. 2 wird in der Praxis vielfach durch abweichende Bestimmungen ersetzt. Häufig bestehen Regelungen, die eine Stimmenberechnung nach der **Höhe der Kapitalanteile** vorsehen. Auch kann – unter Berücksichtigung der durch § 138 BGB gezogenen Grenzen – Gesellschaftern eine höhere Stimmenzahl oder ein mehrfaches Stimmrecht für bestimmte Beschlussgegenstände zugeordnet werden (Staub/*Schäfer* Rn. 50).

V. Mehrheitsbeschluss und Minderheitenschutz

36 **1. Grundsatz.** Gesellschaftsbeschlüsse kommen nach dem in Abs. 1 geregelten Einstimmigkeitsprinzip nur dann zustande, wenn **alle** Beteiligten zustimmen. Das Erfordernis der Zustimmung aller Gesellschafter bewirkt einen weitreichenden Schutz der einzelnen Gesellschafter vor Beeinträchtigungen ihrer sozietären Interessen (MüKoHGB/*Enzinger* Rn. 3). Nachteilig wirkt sich das Einstimmigkeitsprinzip allerdings in Konstellationen aus, in denen ein Gesellschafter für die Gesellschaft uU „lebensnotwendige", richtungsweisende Entscheidungen torpedieren kann.

37 Die durch das Einstimmigkeitsprinzip beeinträchtigte oder gar aufgehobene Handlungsfähigkeit der Gesellschaft soll durch die in Abs. 2 vorgesehene Zulassung von **Mehrheitsbeschlüssen** beseitigt werden. Mehrheitsbeschlüsse können bereits im Gesellschaftsvertrag vorgesehen oder nachträglich durch einstimmigen Beschluss – sei es für den konkreten Einzelfall oder generell – eingeführt werden (hM und stRspr; BayObLG 20.11.1986, BB 1987, 711 (713); Baumbach/Hopt/*Roth* Rn. 34; MüKoHGB/*Enzinger* Rn. 5). Das Mehrheitsprinzip kann in Ausnahmefällen auch dadurch außer Kraft gesetzt werden, dass die Gesellschafter – ohne einen Beschluss gefasst zu haben – über längere Zeit stillschweigend entsprechend verfahren (BGH 21.2.1977, BGHZ 70, 331 = NJW 1978, 1001; BGH 29.3.1996, BGHZ 132, 163 = NJW 1996, 1678).

38 **2. Schranken bei Mehrheitskompetenzen.** Mit der – im Interesse der Funktionsfähigkeit der Gesellschaft – vielfach notwendigen Zulassung von Mehrheitsentscheidungen korrespondiert die Notwendigkeit, **Beschränkungen** gegen eine zu weite Ausdehnung der Mehrheitskompetenz im Interesse des Minderheitenschutzes festzulegen (vgl. allg. Überblick, EBJS/*Freitag* Rn. 46 ff. mwN).

39 In Rspr. und Lit. werden seit langem vielfältige Ansätze und Lösungsmöglichkeiten (insb. Bestimmtheitsgrundsatz und Kernbereichslehre) erörtert, wobei die wegweisende Entscheidung **„OTTO"** des **BGH** (BGH 15.1.2007, BGHZ 170, 283 ff. = NJW 2007, 1685) weitgehende Klarheit gebracht und einen verlässlichen Prüfungsmaßstab an die Hand gegeben hat.

40 Der Ausgangspunkt der Diskussion reicht weit in die Zeit der Rspr. des RG zurück. Das RG hat bereits entschieden, dass Mehrheitsklauseln nicht für jeden Beschlussgegenstand Geltung beanspruchen können, weil eine schrankenlose Unterwerfung unter die Mehrheitsherrschaft sittenwidrig wäre. Der BGH (BGH 24.11.1975, BGHZ 66, 82 (85) = NJW 1976, 958; BGH 12.11.1952, BGHZ 8, 35 (41) = NJW 1953, 102) hat diese Grundsätze fortgeführt. Danach sind gesellschaftsvertragliche Klauseln, die allgemein festlegen, dass für Gesellschafterbeschlüsse einfache Mehrheiten genügen, nur auf Geschäftsführungsbeschlüsse und auf Beschlüsse über laufende Angelegenheiten zu beziehen (BGH 13.5.1985, NJW 1985, 2830).

41 Bei **ungewöhnlichen** Maßnahmen bleibt es nach diesen Grundsätzen beim Einstimmigkeitsbeschluss, soweit sich nicht aus dem Gesellschaftsvertrag **deutlich** ergibt, dass mehrheitlich abgestimmt werden kann. Insbesondere Vertragsänderungen und andere Grundlagengeschäfte erfordern eine deutliche und eindeutige Fixierung im Gesellschaftsvertrag, etwa durch Anführung spezieller Beschlussgegenstände (BGH 13.5.1985, NJW 1985, 2830; OLG Stuttgart 19.4.2000, NZG 2000, 835; MüKoHGB/*Enzinger* Rn. 78). Denn diese die Grundlagen der Gesellschaft berührenden oder in Rechtspositionen des Gesellschafters eingreifenden Maßnahmen werden typischerweise nicht in ihrer vollen Tragweite erfasst und können angesichts der Unvorhersehbarkeit späterer Entwicklungen auch regelmäßig nicht erfasst werden. Der Bestimmtheitsgrundsatz schützt somit innerhalb der Personengesellschaft die Minderheit, der nicht unterstellt werden kann, sie unterwerfe sich der Mehrheit blindlings unter Inkaufnahme möglicherweise weittragender Folgen einer gar nicht bedachten Änderung (BGH 10.10.1994, NJW 1995, 194; BGH 15.11.1982, BGHZ 85, 350 (356) = NJW 1983, 1056).

42 Die Mehrheitsklausel muss auch unter Berücksichtigung des Bestimmtheitsgrundsatzes die betroffenen Beschlussgegenstände allerdings nicht minutiös auflisten. Es genügt, wenn sich aus dem Gesellschaftsvertrag eindeutig ergibt, dass der in Frage stehende Beschlussgegenstand einer Mehrheitsentscheidung unterworfen sein soll (BGH 15.1.2007, BGHZ 170, 283 ff. = NJW 2007, 1685).

43 Ein Teil der Lit. sieht einen wirksamen Minderheitenschutz nicht über den Bestimmtheitsgrundsatz, sondern über die sog. **Kernbereichslehre** gewährleistet (Staub/*Schäfer* Rn. 38 ff.; MüKoBGB/*Schäfer* BGB § 709 Rn. 90). Hinsichtlich des Kernbereichs der mitgliedschaftlichen Rechtsstellung wird weiter differenziert. Danach sollen mehrheitliche Eingriffe in den Kernbereich der Mitgliedschaft nur zugelassen werden, wenn ihnen der betreffende Gesellschafter – ggf. antizipiert – im Gesellschaftsvertrag

zugestimmt hat. Davon abzugrenzen sind Gegenstände, die zum unverzichtbaren Kernbereich zählen und damit auch nicht mit Zustimmung des betroffenen Gesellschafters zur Disposition stehen (RWH HGB/*v. Gerkan/Haas* Rn. 20; Baumbach/Hopt/*Roth* Rn. 36).

Die neuere Rspr. des **BGH** (BGH 15.1.2007, BGHZ 170, 283 = NJW 2007, 1685 – Otto) hat am Bestimmtheitsgrundsatz festgehalten und begründet seine Entscheidung allerdings „doppelspurig" (vgl. vgl. hierzu schon *Goette* FS Sigle, 2000, 145 ff.). 44

Am **Ausgangspunkt** der Prüfung steht der **Bestimmtheitsgrundsatz:** Eine die Abweichung vom personengesellschaftsrechtlichen Einstimmigkeitsprinzip legitimierende **Mehrheitsklausel** muss dem Bestimmtheitsgrundsatz entsprechen. Es genügt dabei, wenn sich aus dem Gesellschaftsvertrag eindeutig ergibt, dass der in Frage stehende Beschlussgegenstand einer Mehrheitsentscheidung unterworfen sein soll (BGH 15.1.2007, BGHZ 170, 283 = NJW 2007, 1685). Auf dieser ersten Stufe hat die Gesellschaftermehrheit das Vorhandensein der Legitimationsgrundlage für ihren gegen die Stimme des Minderheitsgesellschafters gefassten Beschluss darzulegen und zu beweisen. 45

Auf der **zweiten Stufe** erfolgt die **inhaltliche Wirksamkeitsprüfung.** Zu prüfen ist, ob trotz Zulassung der betreffenden Mehrheitsentscheidung im Gesellschaftsvertrag ein unzulässiger Eingriff in schlechthin **unverzichtbare** oder in **„relativ unentziehbare"**, dh in nur mit (ggf. antizipierter) Zustimmung des einzelnen Gesellschafters oder aus wichtigem Grund entziehbare Mitgliedschaftsrechte, vorliegt (BGH 15.1.2007, BGHZ 170, 283 = NJW 2007, 1685). Handelt es sich um einen Eingriff in **unverzichtbare Mitgliedschaftsrechte,** ist der Beschluss unwirksam. Sowohl eine ad hoc als auch eine antizipiert erteilte Zustimmung macht den Beschluss nicht wirksam; die Mehrheitsklausel läuft in diesem Fall leer. Soweit es sich nur um „relativ unentziehbare", also mit Zustimmung des Gesellschafters entziehbare Rechtspositionen handelt, ist auf der zweiten Stufe zu prüfen, ob die Gesellschaftermehrheit die inhaltlichen Grenzen der ihr erteilten Ermächtigung eingehalten und sie sich nicht etwa treupflichtwidrig über beachtenswerte Belange der Minderheit hinweggesetzt hat (BGH 15.1.2007, BGHZ 170, 283 = NJW 2007, 1685). Die Darlegungs- und Beweislast in diesem Fall liegt beim überstimmten Gesellschafter. Dieser muss den Nachweis einer treupflichtwidrigen Mehrheitsentscheidung führen. 46

3. Fallbeispiele. Eine **Erhöhung** der Beitragspflicht kann durch Mehrheitsbeschluss erfolgen. Voraussetzung ist allerdings, dass Ausmaß und Umfang einer möglichen zusätzlichen Belastung der Gesellschafter im Gesellschaftsvertrag festgelegt worden sind. Fehlt es an dieser Voraussetzung, ist der Beschluss gegenüber dem betroffenen Gesellschafter unwirksam (BGH 23.1.2006, NJW-RR 2006, 829). 47

Das **Informationsrecht** des Kommanditisten ist von der Rspr. als schlechthin unantastbar angesehen worden (BGH 10.10.1994, NJW 1995, 194). 48

Das Recht auf Geltendmachung von Ansprüchen der Gesellschaft iRd actio pro socio darf nur durch eindeutige Regelungen im Gesellschaftsvertrag beschränkt werden (BGH 13.5.1985, NJW 1985, 2830). Eine Entziehung dieses Rechts ist nicht möglich, allenfalls sind Regelungen in der Ausübung möglich (RWH HGB/*v. Gerkan/Haas* Rn. 25). 49

VI. Beschlussmängel

1. Überblick. § 119 enthält **keine** Regeln für die Behandlung von mängelbehafteten Beschlüssen. Die Rspr. und hM **verneint** die analoge Anwendung aktienrechtlicher Vorschriften über Anfechtung und Nichtigkeit von Gesellschafterbeschlüssen (vgl. zuletzt BGH 7.6.1999, NJW 1999, 3113; Heymann/*Emmerich* Rn. 11; RWH HGB/*v. Gerkan/Haas* Rn. 8 mit Tendenz zur Gegenansicht; aA *K. Schmidt* FS Stimpel, 1985, 217 ff.; MüKoHGB/*Enzinger* Rn. 98 mwN). In der Praxis geht es dabei hauptsächlich um die Frage, ob eine **Klagefrist** hinsichtlich der gerichtlichen Überprüfung der behaupteten Mängel besteht oder zeitlich unbegrenzt eine Berufung auf einen Beschlussmangel möglich ist. 50

Beschlussmängel können verschiedene Ursachen haben. Zu unterscheiden sind Mängel bei der Stimmabgabe sowie formelle und materielle Mängel. 51

2. Differenzierung nach Art des Mangels und Rechtsfolge. Mängel können zunächst die **Stimmabgabe** als solches betreffen. Weitere Gründe, die zu Mängeln des Beschlusses führen, können **formeller** oder **materieller** Art sein. 52

a) Mängel bei der Stimmabgabe. Mängel bei der Stimmabgabe können aus unterschiedlichen Gründen vorliegen. Als Beispiele kommen fehlende Geschäftsfähigkeit oder die Anfechtungsgründe nach §§ 119, 123 BGB in Betracht. Eine Unwirksamkeit der Stimmgabe liegt weiter vor, falls der Gesellschafter von der Abstimmung wegen bestehender Interessenkollision ausgeschlossen war. 53

Eine fehlerhafte Stimmabgabe führt zur **Nichtigkeit** des Beschlusses, falls das – gesetzlich grundsätzlich vorgesehene – **Einstimmigkeitsprinzip** gilt. Soweit das **Mehrheitsprinzip** vereinbart ist, muss geprüft werden, ob die erforderliche Mehrheit auch ohne die nicht zu berücksichtigende, fehlerhafte Stimme erreicht worden ist (hM BGH 19.1.1987, NJW 1987, 1262; MüKoHGB/*Enzinger* Rn. 94; *Westermann* in Westermann/Wertenbruch PersGesR-HdB Bd. 1, Rn. 552). 54

55 **b) Formelle Fehler.** Formelle Fehler, die sich auf den Beschluss als solchen beziehen, sind Verstöße gegen Verfahrensvorschriften. Unmittelbar zur **Nichtigkeit** führen alle Verfahrensfehler, die in einer Verletzung der Einberufungsvorschriften bestehen und dem Gesellschafter sein Teilnahmerecht beschneiden (BGH 14.11.1994, NJW 1995, 1353). Unbeachtlich ist der Verfahrensfehler nur für den Fall, dass sich der Gesellschafter – in Kenntnis des Verfahrensverstoßes – trotzdem an der Abstimmung beteiligt (Schlegelberger/Geßler/*Martens* Rn. 11). Nach der Rspr. führen weitere formelle Fehler, wie die fehlerhafte Stimmenauszählung oder die Zulassung eines von der Abstimmung ausgeschlossenen Gesellschafters zur **Nichtigkeit,** es sei denn die fehlerhaft mitgezählte Stimme war für das Beweisergebnis bedeutungslos (BGH 14.11.1994, NJW 1995, 1353 (1355); BGH 30.3.1987, BGHZ 100, 264 (269) = NJW 1987, 2580).

56 Bloße Ordnungsvorschriften, die keine Gesellschafterbelange zum Gegenstand haben, wirken sich auf die Wirksamkeit des Beschlusses nicht aus.

57 **c) Materielle Mängel.** Auch Verstöße gegen das Gesetz und gegen sachlich-rechtliche Rechtspositionen der Gesellschafter **(materielle Fehler bzw. Mängel)** führen zur Nichtigkeit. In Betracht kommen Verstöße gegen die Treuepflicht oder das Gleichbehandlungsgebot oder Eingriffe in unentziehbare, nicht durch Mehrheitsbeschluss abdingbare Gesellschafterrechte (EBJS/*Freitag* Rn. 72; RWH HGB/*v. Gerkan/Haas* Rn. 11).

58 Eine Heilung des Mangels kommt durch nachträgliche Zustimmung des benachteiligten Gesellschafters in Betracht. Weiter kann die Berufung auf die Fehlerhaftigkeit **verwirkt** sein, falls die Gesellschaft längere Zeit nach dem Beschluss verfährt.

59 **3. Prozessuale Geltendmachung.** Der **Streit** über die Wirksamkeit eines Beschlusses ist **unter den Gesellschaftern** selbst und nicht mit der Gesellschaft auszutragen (BGH 13.2.1995, NJW 1995, 1218; BGH 30.4.1984, BGHZ 91, 132 = NJW 1984, 2104; Staub/*Schäfer* Rn. 90 ff.; RWH HGB/*v. Gerkan/Haas* Rn. 12). Die Klage richtet sich gegen diejenigen Gesellschafter, die hinsichtlich der Wirksamkeit des Beschlusses einen gegenteiligen Standpunkt einnehmen (EBJS/*Freitag* Rn. 77).

60 Die Geltendmachung erfolgt mit der **Feststellungsklage** nach **§ 256 ZPO.** Nach der Rspr. und hM, die nicht auf die aktienrechtlichen Vorschriften über die Anfechtung von Gesellschafterbeschlüssen zurückgreift, ist die Feststellungsklage selbst bei einer körperschaftlich strukturierten Publikumsgesellschaft **nicht** an eine Frist gebunden (BGH 7.6.1999, NJW 1999, 3113). Die Anwendung aktienrechtlicher Klagefristen (vgl. § 246 AktG) wird für die OHG abgelehnt (hM).

61 Allerdings ist ohne eine Regelung im Gesellschaftsvertrag der Mangel – zur Vermeidung einer Verwirkung – innerhalb einer **angemessenen Frist** nach Kenntniserlangung geltend zu machen. Die Rspr. erachtet sechs Monate – im Einzelfall bis zu drei Jahre – als angemessen (Baumbach/Hopt/*Roth* Rn. 32). Ansonsten unterliegt die gerichtliche Geltendmachung in zeitlicher Hinsicht nur der Verwirkung (BGH 7.6.1999, NJW 1999, 3113; BGH 24.9.1990, BGHZ 112, 339 (344) = NJW 1991, 691; BGH 11.12.1989, NJW-RR 1990, 474).

62 Durch gesellschaftsvertragliche Regelung ist allerdings die Festlegung einer Klagefrist möglich. Eine Unterschreitung der Monatsfrist – in Anlehnung an § 246 AktG – ist nicht möglich (BGH 12.3.2007, DStR 2007, 961; BGH 13.2.1995, NJW 1995, 1218; Baumbach/Hopt/*Roth* Rn. 32).

[Gewinn und Verlust]

120 (1) **Am Schlusse jedes Geschäftsjahrs wird auf Grund der Bilanz der Gewinn oder der Verlust des Jahres ermittelt und für jeden Gesellschafter sein Anteil daran berechnet.**

(2) **Der einem Gesellschafter zukommende Gewinn wird dem Kapitalanteile des Gesellschafters zugeschrieben; der auf einen Gesellschafter entfallende Verlust sowie das während des Geschäftsjahrs auf den Kapitalanteil entnommene Geld wird davon abgeschrieben.**

Übersicht

I. Allgemeines

Die §§ 120–122 befassen sich mit der Ermittlung und Verteilung von Gewinnen und Verlusten der Gesellschaft sowie mit dem Entnahmerecht der Gesellschafter. 1

§ 120 regelt zunächst in Abs. 1 das Verfahren der Gewinn- und Verlust**ermittlung** sowie die Berechnung des Anteils der Gesellschafter am Ergebnis. Abs. 2 befasst sich mit der Verbuchung des Jahresergebnisses. 2

Die Gewinn- und Verlust**verteilung** ist in § 121 normiert. § 122 regelt das **Entnahmerecht** der Gesellschafter. 3

Die in §§ 120 ff. vorgesehene Gewinnverteilung wird in der Praxis **vielfach abgedungen** und durch ergänzende oder abweichende Regelungen ersetzt. § 120 ist insoweit häufig nur Auffangnorm (EBJS/*Ehricke* Rn. 2; RWH HGB/*v. Gerkan/Haas* Rn. 2). 4

Die Generalverweisung in § 161 Abs. 2 wird für die KG durch § 167 teilweise modifiziert. Wegen der Einzelheiten wird auf die dortige Kommentierung (→ § 167 Rn. 1 ff.) verwiesen. 5

II. Inhaltliche Anforderungen an den Jahresabschluss

Soweit es bei der Aufstellung des Jahresabschlusses um die Ermittlung von Gewinnen und Verlusten (Bilanzierungspflicht) geht, sind §§ 242 ff. zu beachten (EBJS/*Ehricke* Rn. 1; MüKoHGB/*Priester* Rn. 19 ff. mwN). Es gelten die **Grundsätze ordnungsmäßiger Buchführung (GoB).** 6

Der Jahresabschluss besteht aus der Bilanz und einer besonderen Gewinn- und Verlustrechnung (§ 242 Abs. 3). 7

Ein Stamm- oder Grundkapital mit einem festen Kapitalbetrag wie bei der GmbH und AG ist nicht vorgeschrieben. Soweit nach dem Gesellschaftsvertrag **Eigenkapital** vorgesehen ist, muss nach § 247 Abs. 1 das Eigenkapital der Gesellschaft gesondert ausgewiesen und hinreichend aufgegliedert werden. 8

Einlagen der Gesellschafter sind gesetzlich nicht vorgesehen, können aber durch Gesellschaftsvertrag vereinbart werden. Die Bewertung von Einlagen ist sowohl für das Innenverhältnis unter den Gesellschaftern als Rechnungsgröße für die Rechtsbeziehungen zwischen den Gesellschaftern als auch im Außenverhältnis – Transparenz hinsichtlich des Vermögensstands der Gesellschaft – von Bedeutung (EBJS/*Ehricke* Rn. 22 ff.). Zur Bewertung von Einlagen in Personengesellschaften (vgl. Baumbach/Hopt/*Roth* Rn. 17; MüKoHGB/*Priester* Rn. 32; Staub/*Schäfer* Rn. 26 ff. und ausf. BeckBilKo/*Fröschle/Kofahl* § 247 Rn. 198). 9

Das Gesetz sieht die Bildung von **Rücklagen** bei der OHG nicht vor. Der Gesellschaftsvertrag kann die Bildung von freien Rücklagen allerdings vorschreiben oder zulassen (EBJS/*Ehricke* Rn. 29 ff.; Baumbach/Hopt/*Roth* Rn. 5). 10

III. Aufstellung Jahresabschluss

1. Bedeutung des Jahresabschlusses. Im Jahresabschluss wird die Vermögens- und Ertragslage der OHG dargestellt, die sich aus der Gegenüberstellung der Aufwendungen und Erträge innerhalb eines Geschäftsjahres ergibt. Nach § 242 Abs. 3 bilden die Bilanz und die GuV den Jahresabschluss. Der Jahresabschluss dient sowohl in der Außenwirkung als auch innerhalb der OHG der Information über die **wirtschaftlichen** Verhältnisse der OHG (EBJS/*Ehricke* Rn. 4). 11

Der Jahresabschluss ist auch in steuerrechtlicher Hinsicht von Bedeutung. Die im Jahresabschluss enthaltene Handelsbilanz ist für die Steuerbilanz maßgeblich. Weiter ist der Jahresabschluss für die Einkommensteuerpflicht der Gesellschafter relevant (vgl. ausf. Staub/*Schäfer* Rn. 5 ff.). 12

2. Begriff. Unter der **Aufstellung** des Jahresabschlusses versteht man die zusammenfassende Übernahme des Zahlenwerks aus Buchführung und Inventar in die Bilanz und die Gewinn- und Verlustrechnung unter Vornahme der erforderlichen Abschlussbuchungen (MüKoHGB/*Priester* Rn. 46) unter Beachtung der bilanzrechtlichen Vorschriften und der konkreten Regelungen im Gesellschaftsvertrag. 13

14 **3. Unterscheidung zwischen Aufstellung und Feststellung.** Die **Aufstellung** des Jahresabschlusses, also die Herstellung eines vollständigen und genehmigungsfähigen Entwurfs, ist scharf von der **Feststellung** des Jahresabschlusses zu **trennen** (EBJS/*Ehricke* Rn. 8; MüKoHGB/*Priester* Rn. 45). Für die Aufstellung des Jahresabschlusses sind ausschließlich die geschäftsführenden Gesellschafter zuständig, während die Feststellung des Jahresabschlusses in die Grundlagenkompetenz der Gesellschaft fällt.

15 **4. Verpflichtete.** Die Aufstellung des Jahresabschlusses stellt eine **Geschäftsführungsmaßnahme** dar, für die die geschäftsführenden Gesellschafter zuständig sind (BGH 29.3.1996, BGHZ 132, 263 = NJW 1996, 1678; BGH 24.3.1980, BGHZ 76, 338 (342) = NJW 1980, 1689). Soweit mehrere Gesellschafter zur Geschäftsführung berechtigt sind, hat grundsätzlich jeder von ihnen die Pflicht und das Recht, den Jahresabschluss aufzustellen (vgl. § 115). Falls nur ein Gesellschafter zur Geschäftsführung berechtigt ist, hat er den Jahresabschluss alleine aufzustellen.

16 Zur Erfüllung der Verpflichtung kann der geschäftsführende Gesellschafter sich der Hilfe **Dritter** bedienen. Die Pflicht zur Aufstellung ist nicht höchstpersönlich. Allerdings ist die gesellschaftsvertragliche **Übertragung** der Aufstellungskompetenz mit bindender bzw. befreiender Wirkung an Dritte **nicht** möglich. Die geschäftsführenden Gesellschafter müssen den bilanziellen Beurteilungsrahmen selbst ausfüllen (EBJS/*Ehricke* Rn. 11; MüKoHGB/*Priester* Rn. 49).

17 Falls der geschäftsführende Gesellschafter für die ordnungsgemäße Aufstellung des Jahresabschlusses nicht den ausreichenden Sachverstand hat, besteht für ihn die Verpflichtung, einen sachverständigen Mitarbeiter hinzuzuziehen (BGH 3.7.1961, NJW 1961, 1767) Ansonsten kann sich der geschäftsführende Gesellschafter schadensersatzpflichtig machen.

18 **5. Bewertungsermessen.** Die geschäftsführenden Gesellschafter haben bei der Aufstellung des Jahresabschlusses ein sog. bilanzrechtliches **Bewertungsermessen** (RWH HGB/*v. Gerkan/Haas* Rn. 5). Die nicht geschäftsführenden Gesellschafter sind an ermessensfehlerfrei getroffene Entscheidungen bei der späteren Feststellung des Jahresabschlusses gebunden, selbst wenn sie mit den getroffenen Entscheidungen nicht einverstanden sind (EBJS/*Ehricke* Rn. 19; MüKoHGB/*Priester* Rn. 63).

19 Soweit allerdings bei der Aufstellung des Jahresabschlusses die geschäftsführenden Gesellschafter bereits unzulässiger Weise Teile der **Ergebnisverwendung** vorweggenommen haben, entfällt eine Bindung der übrigen Gesellschafter bei der Feststellung des Jahresabschlusses (BGH 29.3.1996, BGHZ 132, 263 (264) = NJW 1996, 1678). Bilanzierungsmaßnahmen, denen die Bedeutung einer **Ergebnisverwendung** zukommt, fallen in die Kompetenz der Gesamtheit der Gesellschafter und können, soweit der Gesellschaftsvertrag keine anderweitige Regelung enthält, nur durch **alle** Gesellschafter gemeinschaftlich getroffen werden (→ Rn. 28).

20 **6. Frist zur Aufstellung.** Das Gesetz sieht für die Aufstellung des Jahresabschlusses **keine** Frist vor. Nach § 243 Abs. 3 ist nur vorgesehen, dass der Jahresabschluss innerhalb der einem ordnungsmäßigen Geschäftsgang entsprechenden Zeit aufzustellen ist. Eine Frist von drei bis neun Monaten wird für die OHG als vertretbar angesehen (EBJS/*Ehricke* Rn. 12).

21 **7. Prozessuale Durchsetzung.** Soweit von den geschäftsführenden Gesellschaftern die Aufstellung des Jahresabschlusses nicht innerhalb einer angemessen Frist erfolgt, besteht für die nicht geschäftsführenden Gesellschafter die Möglichkeit, im Wege der actio pro socio **Leistungsklage** auf Aufstellung des Jahresabschlusses zu erheben (MüKoHGB/*Priester* Rn. 53). Die beklagten geschäftsführenden Gesellschafter bilden **keine** notwendige Streitgenossenschaft (BGH 10.10.1983, WM 1983, 1279). Die Zwangsvollstreckung richtet sich nach § 888 ZPO (unvertretbare Handlung).

22 **8. Differenzen bei der Aufstellung des Jahresabschlusses.** Die zur Geschäftsführung nicht befugten Gesellschafter haben iRd Aufstellung der Jahresbilanz keine Möglichkeit der Intervention, falls sie mit einzelnen Festlegungen nicht einverstanden sind. Erst bei der Feststellung des Jahresabschlusses können die nicht zur Geschäftsführung befugten Gesellschafter ihre Zustimmung verweigern (→ Rn. 27 ff.).

23 Soweit mehrere Gesellschafter zur Geschäftsführung und damit zur Aufstellung der Jahresbilanz berechtigt sind, hat jeder geschäftsführende Gesellschafter nach § 115 Abs. 1 die Möglichkeit zu widersprechen. Um unnötige Verzögerungen zu vermeiden, darf die Verweigerung der Zustimmung nur unter bestimmten Bedingungen vorgenommen werden (EBJS/*Ehricke* Rn. 15). Der Widerspruch darf sich nicht pauschal auf den gesamten Jahresabschluss als solchen beziehen, sondern muss **konkrete** Positionen der Bilanz betreffen. Er darf weder sachlich unbegründet noch gegen die Interessen der Gesellschaft gerichtet sein. Ein Widerspruch, der sich auf Zweckmäßigkeitserwägungen bei der Ausübung von Ermessensentscheidungen bezieht, wird von der Rspr. als stets beachtlich angesehen (BGH 11.1.1988, WM 1988, 986; BGH 8.7.1985, NJW 1986, 844; MüKoHGB/*Priester* Rn. 52).

IV. Feststellung Jahresabschluss

1. Begriff. Die **Feststellung des Jahresabschlusses** bedeutet dessen Billigung und Verbindlicherklärung durch die Gesellschafter (allgA; BGH 29.3.1996, BGHZ 132, 263 (274) = NJW 1996, 1678). Es liegt insoweit ein **Grundlagengeschäft** vor, welches unter den Gesellschaftern rechtsgeschäftliche Bedeutung im Hinblick auf die im Jahresabschluss enthaltenen Vermögenspositionen entfaltet. 24

Wegen des Grundsatzes der Bilanzkontinuität hat die Feststellung des Jahresabschlusses Bedeutung für die Ermittlung des Jahresergebnisses des nächsten Geschäftsjahres. Die Wertansätze in der Eröffnungsbilanz des Geschäftsjahres müssen mit denen der Schlussbilanz des vorhergehenden Geschäftsjahres übereinstimmen (EBJS/*Ehricke* Rn. 34). 25

2. Rechtsnatur. Die **Rechtsnatur** des Feststellungsbeschlusses ist **streitig** (umfassend zum Meinungsstand vgl. EBJS/*Ehricke* Rn. 35 ff.). Die frühere Rspr. des BGH (BGH 11.1.1960, WM 1960, 187; vgl. auch OLG Karlsruhe 2.12.1994, DB 1995, 264) und ein Teil der Lit. gehen bei der Feststellung von einem abstrakten Schuldanerkenntnis iSv §§ 781, 782 BGB aus (*Hueck* OHG 17 I 4 S. 234; Staub/*Schäfer* Rn. 11). Die überwiegende Ansicht in der Lit. sieht in der Feststellung des Jahresabschlusses ein kausales Schuldanerkenntnis bzw. einen Feststellungsvertrag eigener Art (Heymann/*Emmerich* Rn. 9; MüKoBGB/*Schäfer* BGB § 721 Rn. 7; Staub/*Schäfer* Rn. 19). Der Meinungsstreit ist ohne größere praktische Bedeutung (vgl. ausf. EBJS/*Ehricke* Rn. 35 ff. mwN). 26

3. Beschlussfassung. Die Feststellung des Jahresabschlusses erfolgt durch einen **Beschluss** sämtlicher, auch der nicht geschäftsführenden Gesellschafter und bei der KG auch der Kommanditisten (allgA; vgl. nur BGH 29.3.1996, BGHZ 132, 263 ff. = NJW 1996, 1678), wobei der Feststellungsbeschluss keiner besonderen Form bedarf und auch konkludent zustande kommen kann (BGH 3.11.1975, WM 1975, 1261; OLG Düsseldorf 26.11.1993, NJW-RR 1994, 1455 (1458)). 27

Soweit der Gesellschaftsvertrag nichts Abweichendes festlegt, muss der Beschluss über die Feststellung des Jahresabschlusses **einstimmig** erfolgen (BGH 29.3.1996, BGHZ 132, 263 = NJW 1996, 1678 (1681); Staub/*Schäfer* Rn. 18). 28

Falls sich ein Gesellschafter treuwidrig **weigert,** seine Zustimmung zu erklären, muss er durch Klage auf Zustimmung zur Feststellung des Jahresabschlusses in Anspruch genommen werden, wobei es sich dabei um eine Klage der Gesellschafter untereinander ohne Beteiligung der Gesellschaft handelt (BGH 27.9.1979, WM 1979, 1330; EBJS/*Ehricke* Rn. 39a). 29

Anders als bei der Aufstellung des Jahresabschlusses (→ Rn. 21) liegt auf Kläger- bzw. Beklagtenseite nach hM in der Lit. eine **notwendige** Streitgenossenschaft vor (EBJS/*Ehricke* Rn. 39a; KKRD/*Kindler* Rn. 2; aA Staub/*Schäfer* Rn. 21) Nach der Rspr. (OLG München 30.3.2001, NZG 2001, 959 – Auseinandersetzungsbilanz) liegt **keine** notwendige Streitgenossenschaft vor. 30

4. Bindungswirkung. Für die nicht geschäftsführenden Gesellschafter besteht hinsichtlich der aufgestellten Jahresbilanz eine weitgehende Bindung. Die Verweigerung der Zustimmung ist bei ermessensfehlerfreien (treuekonformen) Entscheidungen der Aufsteller nicht möglich (EBJS/*Ehricke* Rn. 40; MüKoHGB/*Priester* Rn. 63). Soweit allerdings bei der Aufstellung bereits Bilanzierungsentscheidungen, die der Sache nach Ergebnis**verwendung** sind, getroffen wurden, ist eine gesonderte Betrachtungsweise erforderlich (→ Rn. 19). 31

5. Inhaltliche Anforderungen und Reichweite. Nach hM bezieht sich der Feststellungsbeschluss inhaltlich auf den gesamten Jahresabschluss. Die Feststellungswirkungen umfassen nach ganz hM sowohl die Jahresbilanz als auch die GuV (EBJS/*Ehricke* Rn. 41; MüKoHGB/*Priester* Rn. 59 mwN). 32

6. Fehlerhafter Feststellungsbeschluss. Ein Feststellungsbeschluss kann aus formellen Gründen (zB nicht ordnungsgemäße Ladung) oder wegen inhaltlicher Mängel fehlerhaft sein. Nach hM sind fehlerhafte Feststellungsbeschlüsse nicht anfechtbar, sondern stets unwirksam (EBJS/*Ehricke* Rn. 51; MHdB GesR I/*Bezzenberger* Rn. 77; aA MüKoHGB/*Priester* Rn. 70). 33

7. Abgrenzung zur Gewinnverwendung. Von der in § 120 Abs. 1 geregelten **Ermittlung** des Jahresergebnisses ist die Entscheidung über die **Verwendung** des Ergebnisses **streng zu trennen** (MüKoHGB/*Priester* Rn. 72). Die Bedeutung dieser Unterscheidung erschließt sich aus der Tatsache, dass Entscheidungen, die der Sache nach Ergebnisverwendung sind, nur durch **alle** Gesellschafter gemeinschaftlich getroffen werden können. Soweit bereits Bilanzierungsmaßnahmen die Ergebnisverwendung betreffen, sind diese – soweit keine besonderen gesellschaftsvertraglichen Regelungen bestehen – der übereinstimmenden Feststellung durch alle Gesellschafter vorbehalten, da es sich bei der Ergebnisverwendung um ein bilanzrechtliches Grundlagengeschäft handelt (BGH 29.3.1996, BGHZ 132, 263 = NJW 1996, 1678; EBJS/*Ehricke* Rn. 63 ff.; RWH HGB/*v. Gerkan/Haas* Rn. 7). 34

Nach der Rspr. des BGH (BGH 29.3.1996, BGHZ 132, 263 = NJW 1996, 1678) sind die Einstellung offener Rücklagen in die Bilanz sowie die zusätzlichen Abschreibungen nach § 253 Abs. 4 (stille Reserven) als **Bilanzierungsentscheidungen zu qualifizieren,** die der Sache nach **Ergebnisver-** 35

wendung sind. Die Bildung von Aufwandsrückstellungen nach § 249 Abs. 1 S. 3, Abs. 2 sowie die Bildung steuerlicher Sonderabschreibungen sind nach der Rspr. des BGH ebenfalls der Ergebnisverwendung zuzurechnen (vgl. näher MüKoHGB/*Priester* Rn. 72 ff.; EBJS/*Ehricke* Rn. 67 ff.).

V. Kapitalanteil (Abs. 2)

36 **1. Begriff und Erscheinungsformen.** Der in Abs. 2 und weiteren Vorschriften des HGB (vgl. §§ 121, 122, 155, 167–169) aufgeführte Begriff des **„Kapitalanteils"** wird im HGB nicht definiert. Die Regelung in Abs. 2 bestimmt lediglich, dass der Gewinn oder Verlust sowie Entnahmen jeweils dem Kapitalanteil zu- oder abgeschrieben werden.

37 Nach allgemeiner Ansicht gibt der **Kapitalanteil** als bloße Bilanz- oder Bewertungsziffer das jeweilige Maß der Beteiligung des Gesellschafters am Gesellschaftsvermögen wieder (BGH 1.6.1987, BGHZ 101, 123 (126) = NJW 1987, 3184; BGH 20.4.1972, BGHZ 58, 316 (318) = NJW 1972, 1755; Baumbach/Hopt/*Roth* Rn. 13; RWH HGB/*v. Gerkan/Haas* Rn. 13). Darunter ist nicht der wirkliche Wert der Beteiligung iSd Verkehrswertes, sondern eine **Bilanz- oder Rechnungsziffer** zu verstehen. Der Kapitalanteil spiegelt die verhältnismäßige Beteiligung des einzelnen Gesellschafters am Wert des Gesellschaftsvermögens wider (MüKoHGB/*Priester* Rn. 84).

38 Der Kapitalanteil kann – bedingt durch Verluste oder durch Entnahmen, die nicht durch Gewinn abgedeckt sind – **negativ** sein (allgA; Baumbach/Hopt/*Roth* Rn. 22; MüKoHGB/*Priester* Rn. 88; Staub/*Schäfer* Rn. 61). Aus einem negativen Kapitalanteil folgt jedoch **keine** Nachschusspflicht der Gesellschafter (BGH 3.5.1999, NJW 1999, 2438; BGH 10.2.1977, BGHZ 68, 225 = NJW 1977, 1339 (1340)), auch nicht in der Insolvenz der Gesellschaft (EBJS/*Ehricke* Rn. 72). Erst beim Ausscheiden eines Gesellschafters oder bei Auflösung der Gesellschaft besteht ein Ausgleichsanspruch. Die Mitgliedschaftsrechte eines Gesellschafters werden durch einen negativen Kapitalanteil nicht beeinflusst (MüKoHGB/*Priester* Rn. 89).

39 Der Kapitalanteil stellt **kein subjektives Recht** dar; er kann **nicht** abgetreten, gepfändet oder belastet werden (ganz hM; EBJS/*Ehricke* Rn. 59; MüKoHGB/*Priester* Rn. 87 mwN zu abw. Ansicht).

40 Gesellschaftsbeteiligungen **ohne** Kapitalanteil sind möglich (MüKoHGB/*Priester* Rn. 91 mwN).

41 Wegen der Einheitlichkeit des Gesellschaftsanteils ist es nach hM **ausgeschlossen,** dass ein Gesellschafter **mehrere** Kapitalanteile halten kann (BGH 11.4.1957, BGHZ 24, 106 (108 f.) = WM 1957, 705; BayObLG 29.1.2003, NZG 2003, 476; EBJS/*Ehricke* Rn. 61; Schlegelberger/Geßler/*Martens* § 161 Rn. 41; aA MüKoHGB/*Priester* Rn. 93 mwN).

42 **2. Variabler Kapitalanteil.** Die gesetzliche Regelung in Abs. 2 geht von einem **variablen Kapitalanteil** aus. Die erstmalige Bemessung des Kapitalanteils eines Gesellschafters ist im Gesetz nicht geregelt. Der Ausgangswert ergibt sich entweder aus den Festlegungen im Gesellschaftsvertrag oder aus dem Einbringungswert der Einlage des Gesellschafters (MüKoHGB/*Priester* Rn. 94; EBJS/*Ehricke* Rn. 71), wobei von den Gesellschaftern bei der Bewertung die Grenzen der §§ 253–255 beachtet werden müssen.

43 In Abs. 2 sind Regelungen für nachfolgende Veränderungen getroffen. Der Kapitalanteil ist eine durch Zu- und Abschreibungen beeinflusste variable Größe (RWH HGB/*v. Gerkan/Haas* Rn. 14). Dem Kapitalanteil werden – idR bei der Feststellung des Jahresabschlusses – die Gewinnanteile zugeschrieben. Der Anteil am Jahresverlust und Entnahmen belasten die Kapitalkonten (MüKoHGB/*Priester* Rn. 95). Der nach diesen Grundsätzen ermittelte Kapitalanteil bildet sowohl die Bezugsgröße für die Berechnung der Vordividende nach § 121 Abs. 1 als auch für die Mindestrendite nach § 122 Abs. 1 (EBJS/*Ehricke* Rn. 71).

44 **Variable** Kapitalkonten bringen gewichtige **Nachteile** mit sich. Der sich ständig ändernde Kapitalanteil ist keine verlässliche Größe um daran zB Verwaltungs- und insbesondere Stimmrechte anzuknüpfen (EBJS/*Ehricke* Rn. 75). Bei einem variablen Kapitalkonto ist auch nicht zu erkennen, in welcher Höhe der noch nicht geltend gemachte Gewinn entnahmefähig ist (MüKoHGB/*Priester* Rn. 100). Die Praxis begegnet deshalb diesen Problemen mit abweichenden Vereinbarungen und der Einrichtung von **festen** Kapitalkonten.

45 **3. Abweichende Vereinbarungen – fester Kapitalanteil.** Um die oben (→ Rn. 44) beschriebenen Nachteile der variablen Kapitalanteile zu umgehen, wird in der Praxis gesellschaftsvertraglich vielfach ein System **fester Kapitalanteile** eingerichtet (Baumbach/Hopt/*Roth* Rn. 15; Staub/*Schäfer* Rn. 65). Feste Kapitalanteile bieten den Vorteil, dass die vom Kapitalanteil abhängigen Rechtsverhältnisse konstant bleiben. Der Kapitalanteil bleibt unverändert und kann nur durch eine Änderung des Gesellschaftsvertrages neu festgesetzt werden (EBJS/*Ehricke* Rn. 75).

46 IdR entspricht der durch die Festsetzung eines Betrages festgelegte Kapitalanteil dem Betrag der Einlage (EBJS/*Ehricke* Rn. 75). Das Konto wird in der Praxis üblicherweise als **„Kapitalkonto I"** bezeichnet. Vermögensrechte und Verwaltungsrechte des Gesellschafters orientieren sich an dem festen Kapitalanteil.

Soweit der Gesellschaftsvertrag keine Mehrheitsentscheidungen vorsieht, ist für die Beschlussfassung über die Einrichtung fester Kapitalkonten – weil der Kernbereich der Mitgliedschaft berührt ist – eine einstimmige Beschlussfassung notwendig. Bei Mehrheitsklauseln muss die Zustimmung der betroffenen Gesellschafter hinzukommen (MüKoHGB/*Priester* Rn. 102). 47

Bei Vereinbarung fester Kapitalanteile unter Einrichtung eines festen Kapitalkontos ist zwingend ein weiteres Konto, das sog. **„Kapitalkonto II"** zu führen, in dem diejenigen Vermögensvorgänge (Gewinn- und Verlustanteile; Einlagen und Entnahmen) erfasst und verbucht werden, die nicht den festen Kapitalanteil verändern sollen (EBJS/*Ehricke* Rn. 76 ff.; Heymann/*Emmerich* Rn. 31; differenzierend MüKoHGB/*Priester* Rn. 105 ff. mwN). 48

4. Privatkonto. Neben den Kapitalkonten wird idR für die Verbuchung von Forderungen und Verbindlichkeiten zwischen den Gesellschaftern und der Gesellschaft ein weiteres Konto als **Privat-, Darlehens- oder Verrechnungskonto** eingerichtet (EBJS/*Ehricke* Rn. 81 ff.; MüKoHGB/*Priester* Rn. 96; Staub/*Schäfer* Rn. 55, 62). Die auf solchen Konten verbuchten Forderungen sind selbständig übertragbar und können gepfändet werden (OLG Köln 11.1.2000, ZIP 2000, 1726 (1729)). 49

[Verteilung von Gewinn und Verlust]

121 (1) [1]**Von dem Jahresgewinne gebührt jedem Gesellschafter zunächst ein Anteil in Höhe von vier vom Hundert seines Kapitalanteils.** [2]**Reicht der Jahresgewinn hierzu nicht aus, so bestimmen sich die Anteile nach einem entsprechend niedrigeren Satze.**

(2) [1]**Bei der Berechnung des nach Absatz 1 einem Gesellschafter zukommenden Gewinnanteils werden Leistungen, die der Gesellschafter im Laufe des Geschäftsjahrs als Einlage gemacht hat, nach dem Verhältnisse der seit der Leistung abgelaufenen Zeit berücksichtigt.** [2]**Hat der Gesellschafter im Laufe des Geschäftsjahrs Geld aus seinem Kapitalanteil entnommen, so werden die entnommenen Beträge nach dem Verhältnisse der bis zur Entnahme abgelaufenen Zeit berücksichtigt.**

(3) **Derjenige Teil des Jahresgewinns, welcher die nach den Absätzen 1 und 2 zu berechnenden Gewinnanteile übersteigt, sowie der Verlust eines Geschäftsjahrs wird unter die Gesellschafter nach Köpfen verteilt.**

Übersicht

I. Allgemeines

§ 121 regelt in Ergänzung zu § 120 wie der im Jahresabschluss ermittelte Gewinn oder Verlust auf die einzelnen Gesellschafter **verteilt** wird. Die Gewinn- und Verlustverteilung bildet ein Kernstück der Mitgliedschaftsrechte des Gesellschafters (EBJS/*Ehricke* Rn. 1; MüKoHGB/*Priester* Rn. 3). 1

Als Grundregel ist in **Abs. 3** die Verteilung von Gewinn und Verlust nach „Köpfen" vorgesehen. Abweichend davon ist in **Abs. 1 S. 1** eine sog. Vorzugs- oder **Vordividende** geregelt, die sich an den Kapitalanteilen orientiert. **Abs. 2** regelt die Anpassung der im Laufe eines Jahres durch Einlagen oder Entnahmen der Gesellschafter eintretenden Veränderungen. 2

Die gesetzlichen Regelungen werden in der Praxis vielfach durch abweichende Vereinbarungen ersetzt. 3

II. Gewinnverteilung (Abs. 1)

4 **1. Begriff.** § 121 enthält keine Definition, was unter Gewinn bzw. Verlust zu verstehen ist. Nach allgA ist der Regelung des § 121 der **bilanzrechtliche Gewinnbegriff** zugrunde zu legen. **Gewinn** idS ist das gem. § 120 von den geschäftsführenden Gesellschaftern ermittelte und im Beschluss über die Bilanzfeststellung nach Ausübung der Bilanzwahlrechte bestätigte positive Jahresergebnis (EBJS/*Ehricke* Rn. 2; MüKoHGB/*Priester* Rn. 6 mwN).

5 Vom bilanzrechtlichen Gewinnbegriff ist die steuerrechtliche Beurteilung zu unterscheiden (MüKoHGB/*Priester* Rn. 8 mwN).

6 **2. Entstehung.** Der Gewinnanspruch des Gesellschafters entsteht mit der **Feststellung des Jahresabschlusses** (BGH 6.4.1981, BGHZ 80, 357 (358) = NJW 1981, 2563; Baumbach/Hopt/*Roth* Rn. 3). Ein gesonderter Beschluss der Gesellschafter ist nicht notwendig (EBJS/*Ehricke* Rn. 3; MüKoHGB/*Priester* Rn. 10).

7 **3. Geltendmachung.** Der Gewinnanspruch ist gegen die Gesellschaft gerichtet und stellt eine **Sozialverbindlichkeit** dar (BGH 29.3.1996, BGHZ 132, 263 (267) = NJW 1996, 1678; Heymann/*Emmerich* Rn. 9; MüKoHGB/*Priester* Rn. 12), Für diesen Anspruch haftet – während des Bestehens der Gesellschaft – nur das Gesellschaftsvermögen. Eine persönliche Haftung der Mitgesellschafter nach § 128 scheidet aus. Die Geltendmachung des Gewinnanspruchs ist – vorbehaltlich abweichend gesellschaftsvertraglicher Regelungen – nur bis zur Feststellung der nächsten Jahresbilanz möglich (EBJS/*Ehricke* Rn. 4).

8 **4. Übertragbarkeit.** Der **Gewinnanspruch** ist nach § 717 S. 2 BGB übertragbar und damit **abtretbar, verpfändbar** und **pfändbar** (allgA). Auch die Abtretung **künftiger Gewinnansprüche** ist nach hM möglich (Baumbach/Hopt/*Roth* Rn. 4; MüKoHGB/*Priester* Rn. 13; EBJS/*Ehricke* Rn. 6).

9 Der **abgetretene** Gewinnanspruch steht dem Zessionar zu. Der Zessionar wird dadurch jedoch **nicht** zu einem Gesellschafter. Gesellschaftsrechtliche Mitsprache- und Informationsrechte stehen dem Zessionar in Bezug auf den Gewinnanspruch **nicht** zu (allgA). Trotz Abtretung des Gewinnanspruchs wirkt der Gesellschafter als Zedent weiter an der Feststellung des Jahresabschlusses mit und entscheidet über die Gewinnverwendung. Auch spätere Änderungen des Gesellschaftsvertrages muss sich der Zessionar bis zur Grenze des § 138 BGB gefallen lassen (BGH 23.2.1981, WM 1981, 648; EBJS/*Ehricke* Rn. 6).

10 In Abgrenzung dazu steht die **Nichtübertragbarkeit des Gewinnstammrechts** (Abspaltungsverbot § 717 S. 1 BGB; allgA). Das Gewinnstammrecht bildet einen unselbständigen Teil der **Mitgliedschaft.** Es ist das der Mitgliedschaft immanente generelle Recht auf Beteiligung an dem von der Gesellschaft erzielten Gewinn und bildet damit gleichsam den Boden, auf dem der Gewinnanspruch erwächst (EBJS/*Ehricke* Rn. 7 mwN; MüKoHGB/*Priester* Rn. 9).

11 **5. Verjährung.** Die Verjährungsfrist für den Anspruch beträgt nach §§ 195, 199 BGB drei Jahre. Mit der Feststellung des Jahresabschlusses entsteht der Gewinnanspruch des Gesellschafters. Ab diesem Zeitpunkt beginnt die Verjährung.

III. Vordividende

12 **1. Einzelheiten.** Nach Abs. 1 S. 1 erhält jeder Gesellschafter von dem bilanziell festgestellten Jahresgewinn vorab einen Anteil von 4 % seines Kapitalanteils (sog. Vorzugs- oder **Vordividende**). Soweit nur ein geringerer Gewinn entstanden ist und dieser für die Auszahlung der vierprozentigen Vordividende nicht ausreicht, bestimmen sich die Anteile gem. **Abs. 1 S. 2** nach einem entsprechend niedrigeren Satz. Bei einem negativen Kapitalanteil entfällt ein Anspruch auf die Vordividende (Baumbach/Hopt/*Roth* Rn. 1; EBJS/*Ehricke* Rn. 9; RWH HGB/*v. Gerkan/Haas* Rn. 2). Ebenso entfällt ein Anspruch für Gesellschafter ohne Kapitalanteil (hM).

13 Soweit der Jahresgewinn zur Bildung einer **offenen Rücklage** herangezogen wird, ist die offene Rücklagenbildung entsprechend wie der Jahresgewinn zu behandeln. Dies hat zur Folge, dass bei der Bildung einer offenen Rücklage zunächst jedem Gesellschafter ein Vorzugsrücklagenanteil iHv 4 % seines Kapitalanteils gewährt werden muss (EBJS/*Ehricke* Rn. 9 mwN).

14 Abweichungen von der gesetzlich geregelten Kapitaldividende sind ein Eingriff in den Kernbereich der Mitgliedschaft und bedürfen grundsätzlich der Zustimmung aller betroffenen Gesellschafter, soweit der Gesellschaftsvertrag nicht wirksam einen Mehrheitsbeschluss vorsieht (MüKoHGB/*Priester* Rn. 18).

15 **2. Berechnung.** Die Regelung des Abs. 2 orientiert sich zunächst an der Vorschrift des § 120 Abs. 2, die von einem **variablen** Kapitalanteil ausgeht. Abs. 2 regelt die zeitanteilige Berechnung. Entscheidend ist der Stand des Kapitalanteils zu Beginn des Geschäftsjahres, dessen Ergebnis zu verteilen ist. Bei Veränderungen des Kapitalanteils im Laufe eines Geschäftsjahres ist die Vordividende im Verhältnis zu den Zeiträumen der jeweils maßgeblichen Höhe zu berechnen (RWH HGB/*v. Gerkan/Haas* Rn. 2).

Freiwillige Leistungen der Gesellschafter erhöhen dabei den Kapitalanteil nicht. Unberechtigte Entnahmen schmälern den Kapitalanteil nicht (EBJS/*Ehricke* Rn. 10; MüKoHGB/*Priester* Rn. 19).

IV. Verteilung des weiteren Gewinns und Verlustes (Abs. 3)

1. Weiterer Gewinn. Nach Abs. 3 wird ein – nach Verteilung der Vordividende – noch verbleibender Jahresgewinn unter den Gesellschaftern nach **Köpfen** verteilt, wobei dies auch Gesellschaftern ohne oder mit einem negativen Kapitalanteil zugutekommt (hM; MüKoHGB/*Priester* Rn. 21). Nach der gesetzlichen Regelung erfolgt somit unabhängig vom Kapitalanteil eine gleichmäßige Verteilung des überschüssigen Jahresgewinns. 16

Auch Gesellschafter, die ihre Einlage noch nicht erbracht haben, nehmen an der Verteilung des überschüssigen Jahresgewinns teil. Allerdings kann die Gesellschaft gegen diesen Anspruch mit dem fälligen Einlageanspruch aufrechnen (EBJS/*Ehricke* Rn. 11 mwN). 17

2. Verlustverteilung. Ein festgestellter Jahresverlust ist ebenfalls nach Köpfen zu verteilen. Der Verlust wird – ohne dass es auf die Ursache ankommt – gleichmäßig auf alle Gesellschafter verteilt (MüKoHGB/*Priester* Rn. 23). Nach der gesetzlichen Regelung ist die Höhe des Kapitalanteils ohne Bedeutung. Eine **Nachschusspflicht** bei Verlusten ist – vorbehaltlich einer ausdrücklichen Regelung im Gesellschaftsvertrag – vor Beendigung der Gesellschaft **ausgeschlossen** (BGH 23.1.2006, NJW-RR 2006, 827 zur Publikumsgesellschaft mit möglichen Ausnahmen; EBJS/*Ehricke* Rn. 13; Heymann/*Emmerich* Rn. 10). 18

V. Abweichende Regelungen im Gesellschaftsvertrag

1. Grundsätze. Die Regelungen in § 121 sind grundsätzlich durch abweichende Vereinbarungen im Gesellschaftsvertrag abdingbar (allgA). In der Praxis werden vielfach abändernde Regelungen getroffen, weil die gesetzlichen Regelungen – insbesondere die Verteilung nach Köpfen (Abs. 3) – im Hinblick auf die Gewinnverteilung bei unterschiedlichem Einsatz der Gesellschafter als nicht interessengerecht angesehen wird (vgl. Staub/*Schäfer* Rn. 18 ff.). Ergänzende bzw. abweichende Regelungen sind insbesondere für den Fall erforderlich, dass im Gesellschaftsvertrag vom gesetzlichen Leitbild der variablen Kapitalkonten abgewichen und feste Kapitalkonten eingerichtet werden (MüKoHGB/*Priester* Rn. 27; → § 120 Rn. 45 ff.). 19

Die abweichenden Vereinbarungen müssen dem **Bestimmtheitsgrundsatz** genügen. Die Grenzen der Gestaltungsfreiheit werden durch §§ 134, 138 BGB gezogen (*Bormann/Hellberg* DB 1997, 2415 (2419); EBJS/*Ehricke* Rn. 14). 20

Nachträgliche Änderungen der gesetzlichen Regelungen zur Gewinn- und Verlustbeteiligung sind mit Zustimmung sämtlicher Gesellschafter möglich. Soweit der Gesellschaftsvertrag für derartige Regelungen über die Gewinn- und Verlustverteilung eine **Mehrheitsentscheidung** vorsieht, wird dies für zulässig erachtet (BGH 29.9.1986, WM 1986, 1556 (1557); EBJS/*Ehricke* Rn. 15). Eine qualifizierte Mehrheitsklausel im Gesellschaftsvertrag hinsichtlich der Regelungen über die Gewinn- und Verlustverteilung muss Art und Umfang des Eingriffs in den Gewinn- und Verlustverteilungsschlüssel konkret festgelegen, weil die Gewinn- und Verlustverteilung zum **Kernbereich der Mitgliedschaft** zählt (MüKoHGB/*Priester* Rn. 30). 21

Die Annahme einer – in der Praxis zudem nur schwer beweisbaren – **stillschweigenden** Beschlussfassung wird nur in Ausnahmefällen angenommen und gilt im Zweifel auch nicht als verbindliche Dauerregelung für die Zukunft (BGH 18.4.2005, NJW-RR 2005, 1195; MüKoHGB/*Priester* Rn. 31). Gleiches gilt für die Annahme einer Abänderung durch ständige Übung, was wiederum den Rückschluss auf einen stillschweigenden Beschluss zulässt (EBJS/*Ehricke* Rn. 16). 22

Die gerichtliche Klärung von Streitfragen über die Gewinnverteilung wird nicht mit der Gesellschaft, sondern **zwischen** den **Gesellschaftern** ausgetragen (Feststellungsklage). 23

Ein Anspruch eines Gesellschafters auf Änderung der Gewinnverteilung kann sich nach den Grundsätzen über den Wegfall der Geschäftsgrundlage oder aus der gesellschafterlichen **Treuepflicht** ergeben (Staub/*Schäfer* Rn. 23; MüKoHGB/*Priester* Rn. 33 ff.). Dies kann beispielsweise bei Verschiebungen von Beteiligungsverhältnissen in Betracht kommen, durch die eine nicht mehr hinnehmbare Unangemessenheit der Verteilungsmodalitäten entstanden ist (EBJS/*Ehricke* Rn. 16a). 24

2. Beispiele für abweichende Regelungen. In der Praxis wird häufig von den gesetzlichen Regelungen der §§ 120 ff. abgewichen. Möglich ist beispielsweise die Verteilung des überschüssigen Gewinns – abweichend von Abs. 3 – nicht nach Köpfen, sondern nach der **Höhe der Kapitalanteile** (allgA; MüKoHGB/*Priester* Rn. 35 mwN; vgl. Vertragsmuster im MVHdB I GesR Form II 3 § 7). 25

Weiter kann vereinbart werden, dass der Gewinn oder ein Teil des Gewinns nicht verteilt werden soll, sondern in eine **Rücklage** einzustellen ist (BGH 29.3.1996, BGHZ 132, 263 (274 ff.) = NJW 1996, 263 mwN; RWH HGB/*v. Gerkan/Haas* Rn. 7). 26

27 Möglich ist die Beteiligung an einer Gesellschaft **ohne** Gewinnbeteiligung (hM; vgl. BGH 6.4.1987, NJW 1987, 3124 (3125); EBJS/*Ehricke* Rn. 19; MüKoHGB/*Priester* Rn. 37).

28 Gesellschaftsvertraglich kann auch der völlige **Ausschluss** der **Verlustbeteiligung** für einen Gesellschafter geregelt werden (Baumbach/Hopt/*Roth* Rn. 9; EBJS/*Ehricke* Rn. 19). Die Haftung nach **§ 128** bleibt davon jedoch unberührt.

29 Die Vereinbarung von sog. **Vorabgewinnen,** mit denen besondere Leistungen des Gesellschafters für die Gesellschaft abgegolten werden, ist möglich. Zu unterscheiden sind echte Vorabgewinne, die nur bei der tatsächlichen Erzielung eines Gewinnes zur Auszahlung kommen, und gewinnunabhängige Vorabvergütungen (vgl. MüKoHGB/*Priester* Rn. 38 ff. mwN).

[Entnahmen]

122 (1) **Jeder Gesellschafter ist berechtigt, aus der Gesellschaftskasse Geld bis zum Betrage von vier vom Hundert seines für das letzte Geschäftsjahr festgestellten Kapitalanteils zu seinen Lasten zu erheben und, soweit es nicht zum offenbaren Schaden der Gesellschaft gereicht, auch die Auszahlung seines den bezeichneten Betrag übersteigenden Anteils am Gewinne des letzten Jahres zu verlangen.**

(2) **Im übrigen ist ein Gesellschafter nicht befugt, ohne Einwilligung der anderen Gesellschafter seinen Kapitalanteil zu vermindern.**

Übersicht

I. Allgemeines

1 Die Regelung des § 122 umfasst das **Entnahmerecht** des Gesellschafters. Der Gesellschafter kann nach der gesetzlichen Regelung bereits vor der Auflösung der Gesellschaft oder einem Austritt aus der Gesellschaft auf das angesammelte Vermögen – in einem gewissen Umfang – zugreifen (MüKoHGB/*Priester* Rn. 1). Der Zweck der Regelung erschließt sich aus der Tatsache, dass dem Gesellschafter für seine Tätigkeit für die Gesellschaft – zur Sicherung seines Mindestunterhalts – eine Versorgung gewährleistet werden muss (Alimentierungsfunktion). Dem Bedarf des Gesellschafters an regelmäßigen Zahlungen steht das Interesse der Gesellschaft gegenüber, ausreichendes Vermögen zu bilden und das Vermögen zu erhalten. § 122 schafft zwischen diesen beiden Interessensgegensätzen einen angemessenen Ausgleich (EBJS/*Ehricke* Rn. 1).

2 § 122 unterscheidet das gewinnunabhängige **Kapitalentnahmerecht** in **Hs. 1** (Mindestrendite) und das **Gewinnentnahmerecht** in **Hs. 2.** In weiterer Abgrenzung zum gewinnunabhängigen Kapitalentnahmerecht in Hs. 1 steht die Vordividende des § 121, die einen entsprechenden Gewinn voraussetzt (→ § 121 Rn. 12 ff.).

3 Abs. 2 verbietet den Gesellschaftern die eigenmächtige Entnahme weiterer Beträge zur Verminderung des Kapitalanteils.

4 Bei der KG kommt § 122 für den Kommanditisten nicht zur Anwendung (§ 169 Abs. 1 S. 1).

II. Entnahme

1. Begriff. § 122 regelt **zwei** Arten von Entnahmen: Kapital- und Gewinnentnahme. Unter **Entnahme** ist jede unmittelbare oder mittelbare vermögenswerte Leistung aus dem Vermögen der Gesellschaft an den Gesellsachafter in seiner Eigenschaft als Gesellschafter (societatis causa) zu verstehen (allgA; MüKoHGB/*Priester* Rn. 5 mwN). Die in § 122 verwendeten Begriffe „Erheben, Auszahlen und Vermindern" sind nur beispielhaft aufgeführte Formen einer Entnahme. 5

Leistungen der Gesellschaft an den Gesellschafter aufgrund eines **Drittgeschäfts** zählen **nicht** zu den Entnahmen iSv § 122. Allerdings liegt ein Drittgeschäft nur vor, wenn der Vertrag mit dem Gesellschafter zu marktüblichen Konditionen abgeschlossen wird. Beispielsweise ist die Rückzahlung von Gesellschafterdarlehen nur bei Vereinbarung von marktüblichen Zinsen und Rückzahlungsmodalitäten als Drittgeschäft zu qualifizieren (EBJS/*Ehricke* Rn. 4). 6

2. Anspruchsinhaber und -gegner. Grundsätzlich ist jeder Gesellschafter **Inhaber** des Entnahmerechts. Folgende Unterscheidung muss jedoch beachtet werden: Der **Gewinnentnahmeanspruch** ist vom Kapitalanteil unabhängig und steht daher **jedem** Gesellschafter zu. Das **Kapitalentnahmerecht** steht dagegen einem Gesellschafter, der keinen oder nur einen negativen Kapitalanteil hat, **nicht zu** (allgA). Soweit Rechtsnachfolger des Gesellschafters ein Verfügungsrecht über den Kapitalanteil besitzen, haben sie auch ein Recht auf Entnahme (EBJS/*Ehricke* Rn. 12). 7

Der Entnahmeanspruch ist als **Sozialverbindlichkeit** zu qualifizieren, der sich **gegen** die **Gesellschaft** richtet und deshalb Zahlung nur aus dem Gesellschaftsvermögen verlangt werden kann. Eine Haftung der Gesellschafter während des Bestehens der Gesellschaft scheidet aus (BGH 10.4.1989, NJW-RR 1989, 866; MüKoHGB/*Priester* Rn. 10). 8

3. Entstehung des Anspruchs. Nach allgemeiner Ansicht entsteht der Entnahmeanspruch frühestens mit der **Feststellung** des Abschlusses für das vergangene Geschäftsjahr (MüKoHGB/*Priester* Rn. 7 mwN; vgl. auch BGH 14.9.1998, BGHZ 139, 299 = NJW 1998, 3646 für die GmbH). Das Entnahmerecht entfällt, falls dem laufenden Jahr kein Geschäftsjahr vorausgegangen ist, in dem ein Jahresabschluss aufgestellt und ein Kapitalanteil festgestellt wurde (EBJS/*Ehricke* Rn. 6; Heymann/*Emmerich* Rn. 5). 9

Die beiden Entnahmerechte des § 122 können nur in einem relativ engen **Zeitraum** geltend gemacht werden: Der Beginn des Zeitfensters ist auf die Feststellung des Jahresabschlusses für das vorangegangene Geschäftsjahr und das Ende auf die Feststellung der Folgebilanz zu datieren (BGH 3.11.1975, WM 1975, 1261; Staub/*Schäfer* Rn. 10; MüKoHGB/*Priester* Rn. 29). Bei Fristversäumnis erlischt das Entnahmerecht. 10

Das **Entnahmerecht** muss vom Gesellschafter geltend gemacht werden. Durchsetzbarkeit und Erfüllbarkeit setzt ein entsprechendes Verlangen voraus, wobei die Aufforderung an den geschäftsführenden Gesellschafter auf Auszahlung genügt (EBJS/*Ehricke* Rn. 7). 11

Das rechtzeitig geltend gemachte Entnahmerecht führt zu einem Zahlungsanspruch, der nach §§ 195, 199 BGB in drei Jahren verjährt (Baumbach/Hopt/*Roth* Rn. 10; MüKoHGB/*Priester* Rn. 31 mwN). 12

Bei der Frage nach den Auswirkungen eines erloschenen oder nicht geltend gemachten Entnahmerechts ist zu **differenzieren:** Soweit in der Gesellschaft das gesetzlich vorgesehene System der **variablen** Kapitalanteile gilt, erhöhen die nicht entnommenen Beträge den Kapitalanteil des betroffenen Gesellschafters; der Gewinn des Vorjahres wird bildlich gesprochen „eingemauert" (MüKoHGB/*Priester* Rn. 32). Sind für die Gesellschaft **feste** Kapitalanteile vereinbart, erfolgt die Zuschreibung der nicht entnommenen Anteile auf dem Privatkonto bzw. bei entsprechenden Regelungen im Gesellschaftsvertrag auf dem sog. Kapitalkonto II (EBJS/*Ehricke* Rn. 9). 13

4. Durchsetzung des Anspruchs. Eine **eigenmächtige** Entnahme durch jeden Gesellschafter, also der Zugriff auf die Gesellschaftskasse, ist grundsätzlich **nicht** möglich. Die geschäftsführenden Gesellschafter sind für die Erfüllung des Entnahmeanspruchs zuständig. Die geschäftsführenden Gesellschafter können iR ihrer Vertretungsmacht allerdings die Auszahlung der ihnen zustehenden Beträge selbst veranlassen. § 181 BGB steht nicht entgegen, da es um das Handeln in Erfüllung einer Verbindlichkeit geht (allgA; Baumbach/Hopt/*Roth* Rn. 5; EBJS/*Ehricke* Rn. 14). 14

Soweit die Gesellschaft ihren Zahlungsverpflichtungen nicht nachkommt, muss die **Gesellschaft** mit einer Leistungsklage in Anspruch genommen werden. Zulässig ist auch eine Klage auf Feststellung, dass die Entnahme zulässig ist (OLG Koblenz 20.9.1979, BB 1980, 855). 15

Der Gewinnanspruch geht bei Ausscheiden des Gesellschafters oder in der Liquidation als unselbständiger Rechnungsposten in die Auseinandersetzungsbilanz ein (BGH 15.5.2000, NJW 2000, 2586 (2587); MüKoHGB/*Priester* Rn. 10). 16

5. Unberechtigte Entnahmen. Entnahmen sind **unberechtigt,** wenn ein Verstoß gegen Abs. 1 oder Abs. 2 oder den Gesellschaftsvertrag vorliegt. Als Beispiel kommen verdeckte Gewinnausschüttungen oder falsche Berechnungen des Gewinns in Betracht (MüKoHGB/*Priester* Rn. 15). Der Gesellschafter muss unrechtmäßig erhaltene Zahlungen an die Gesellschaft zurückerstatten; die Berufung auf 17

Gutgläubigkeit ist ihm verwehrt (RWH HGB/*v. Gerkan/Haas* Rn. 11). Nach § 111 sind unzulässige Entnahmen bis zur Rückzahlung zu verzinsen. Die Geltendmachung eines weiteren Schadens ist nicht ausgeschlossen.

18 Unzulässige Entnahmen führen buchmäßig **nicht** zu einer Minderung des Kapitalanteils, sondern zu einer Belastung des Privatkontos des Gesellschafters (EBJS/*Ehricke* Rn. 21; MüKoHGB/*Priester* Rn. 44). Der Rückzahlungsanspruch ist eine Forderung der Gesellschaft, die von jedem Gesellschafter mit der **actio pro socio** geltend gemacht werden kann (BGH 8.11.1999, NJW 2000, 505 – GbR; Baumbach/Hopt/*Roth* Rn. 6). Zur Darlegungs- und Beweislast → Rn. 40.

19 In der **Insolvenz** kann der Anspruch nur durch den Insolvenzverwalter durchgesetzt werden (EBJS/*Ehricke* Rn. 20). Soweit der Gesellschafter zwischenzeitlich aus der Gesellschaft ausgeschieden ist, geht die Rückforderung in die Ermittlung des Auseinandersetzungsguthabens ein (MüKoHGB/*Priester* Rn. 46). Nach dem Tod eines Gesellschafters haften die Erben, gegen die der Anspruch direkt durchgesetzt werden kann (EBJS/*Ehricke* Rn. 22 mwN).

20 **6. Vorschuss.** Nach hM besteht während des Geschäftsjahres grundsätzlich **kein** Anlass, dem Gesellschafter einen **Vorschuss** zu gewähren. Soweit besondere Gründe – beispielsweise ein unvorhergesehener privater Finanzbedarf eines Gesellschafters – vorliegen, kann eine Vorschusszahlung unter folgenden **Voraussetzungen** in Betracht kommen: Der Vorschuss muss vorsichtig kalkuliert sich am ungünstigsten möglich erscheinenden Abschlussergebnis orientieren, im angemessenen Rahmen liegen und die Gesellschaft muss über genügend Barmittel verfügen (EBJS/*Ehricke* Rn. 16; MüKoHGB/*Priester* Rn. 13) Sollte sich nachträglich herausstellen, dass der Vorschuss zu hoch bemessen war, schuldet der Gesellschafter Rückzahlung. Anspruchsgrundlage ist in einem solchen Fall der Gesellschaftsvertrag und nicht §§ 812 ff. BGB mit der sonst möglichen Berufung auf § 818 Abs. 3 BGB (BGH 29.5.1967, BGHZ 48, 70 (74) = NJW 1967, 1905).

III. Kapitalentnahmerecht (Abs. 1 Hs. 1)

21 **1. Umfang und Berechnung.** Soweit im Gesellschaftsvertrag nichts Abweichendes bestimmt ist, hat gem. Abs. 1 Hs. 1 jeder Gesellschafter das Recht auf Entnahme eines Betrages iHv bis zu 4 % des letzten Kapitalanteils. Zweck der Regelung ist die zumindest teilweise Sicherung des Lebensunterhalts des Gesellschafters (MüKoHGB/*Priester* Rn. 17; RWH HGB/*v. Gerkan/Haas* Rn. 1).

22 Das Entnahmerecht steht dem Gesellschafter auch zu, wenn die Gesellschaft keinen Gewinn erzielt hat. Das **gewinnunabhängige Kapitalentnahmerecht** nach Abs. 1 Hs. 1 ist von der Vordividende nach § 121 Abs. 1 zu unterscheiden, die stets einen Gewinn voraussetzt (→ § 121 Rn. 12). Voraussetzung für das Kapitalentnahmerecht ist allerdings, dass für den Gesellschafter im Jahresabschluss für das letzte Geschäftsjahr ein positiver Kapitalanteil ausgewiesen ist (EBJS/*Ehricke* Rn. 26). Gesellschafter ohne oder mit einem negativen Kapitalanteil haben **kein** Kapitalentnahmerecht.

23 Grundlage für die **Berechnung** ist – ausgehend von der gesetzlichen Regel – der variable Kapitalanteil. Soweit im Gesellschaftsvertrag feste Kapitalanteile vereinbart sind (zur Abgrenzung → § 120 Rn. 36 ff.), bilden diese festgelegten Kapitalanteile die Berechnungsgrundlage (EBJS/*Ehricke* Rn. 27 mwN; Staub/*Schäfer* Rn. 13).

24 **2. Abtretbarkeit, Pfändbarkeit und Aufrechnung.** Die Abtretbarkeit und die Pfändbarkeit des Kapitalentnahmerechts sind streitig. Nach einer Ansicht ist der Anspruch auf Kapitalentnahme **nicht** alleine abtretbar und verpfändbar. Als Argument wird auf das Abspaltungsverbot des § 717 S. 1 BGB verwiesen. Das Kapitalentnahmerecht sei unabhängig von der Erzielung eines Gewinns, weshalb die für Gewinnansprüche geltende Ausnahme des Abspaltungsverbotes (§ 717 S. 2 BGB) nicht zur Anwendung kommen würde (Baumbach/Hopt/*Hopt* Rn. 4; KKRD/*Kindler* Rn. 2; Staub/*Schäfer* Rn. 15; zur Gegenansicht Heymann/*Emmerich* Rn. 13; weitere Hinweise bei MüKoHGB/*Priester* Rn 22 mwN).

25 Die differenzierende Ansicht (EBJS/*Ehricke* Rn. 30; MüKoHGB/*Priester* Rn. 23) geht ebenfalls von der grundsätzlichen Nichtabtretbarkeit aus, differenziert jedoch zu Recht wie folgt: Einer Abtretbarkeit stehen die Gesichtspunkte des Abspaltungsverbots dann nicht mehr entgegen, wenn die Gesellschafter im Gesellschaftsvertrag oder durch einstimmigen Beschluss die Abtretung des Kapitalentnahmerechts zugelassen haben.

26 Von der hM wird auch die **Aufrechnung** der Gesellschaft gegen den Kapitalentnahmeanspruch eines Gesellschafters zugelassen (EBJS/*Ehricke* Rn. 33; MüKoHGB/*Priester* Rn. 25; RWH HGB/*v. Gerkan/Haas* Rn. 5; aA Schlegelberger/Geßler/*Martens* Rn. 7).

27 **3. Einschränkungen.** Eine **Einschränkung** des gewinnunabhängigen Entnahmerechts nach Abs. 1 Hs. 1 sieht das Gesetz – anders als beim Gewinnentnahmerecht nach Abs. 1 Hs. 2 – **nicht** vor. Die Gesellschaft ist zur Auszahlung der Beträge prinzipiell auch dann verpflichtet, wenn sie nicht über die erforderlichen Mittel verfügt (EBJS/*Ehricke* Rn. 34).

28 Eine Einschränkung kann sich in **engen** Grenzen aus der allgemeinen Treuepflicht ergeben. Durch das Entnahmeverlangen und die daraufhin erfolgte Auszahlung müsste der Gesellschaft ein schwerer und

nicht wieder gutzumachender Schaden entstehen und dem Gesellschafter müsste der zeitweilige Verzicht auf die Ausübung seines Entnahmerechts unter Berücksichtigung seiner wirtschaftlichen Lage zumutbar sein (MüKoHGB/*Priester* Rn. 39; RWH HGB/*v. Gerkan/Haas* Rn. 6).

IV. Gewinnentnahmerecht (Abs. 1 Hs. 2)

1. Umfang. Dem **Gewinnentnahmerecht** des Abs. 1 Hs. 2 liegt das Prinzip der Vollausschüttung zugrunde. Jeder Gesellschafter kann den über die Kapitalentnahme nach Abs. 1 Hs. 1 hinausgehenden, **weiteren** Gewinn verlangen. Das Gewinnentnahmerecht knüpft – anders als das Entnahmerecht nach Abs. 1 Hs. 1 – **nicht** an den Kapitalanteil an und steht deshalb auch grundsätzlich Gesellschaftern mit negativem oder keinem Kapitalanteil zu (Baumbach/Hopt/*Roth* Rn. 12; Heymann/*Emmerich* Rn. 14). Allerdings liegt ein entnahmefähiger Gewinn nur vor, wenn der auf den Gesellschafter entfallende Anteil am Gewinn des Vorjahres den Sockelbetrag des Abs. 1. Hs. 1 übersteigt, also summenmäßig mehr als 4 % des letztjährigen Kapitalanteils beträgt (EBJS/*Ehricke* Rn. 35; MüKoHGB/*Priester* Rn. 26). 29

2. Abtretung und Aufrechnung. Nach allgemeiner Ansicht kann der Anspruch auf Gewinnentnahme **abgetreten** (vgl. § 717 S. 2 BGB), verpfändet und gepfändet werden. Die Abtretung führt jedoch **nicht** zur Einräumung von Gesellschafterrechten. Der Gesellschafter, der seinen Gewinnanspruch abgetreten oder verpfändet hat, kann weiter an der Bilanzfeststellung mitwirken und über den Umfang der Gewinnausschüttung entscheiden (EBJS/*Ehricke* Rn. 36). 30

Auch die Abtretung eines **zukünftigen** Gewinnanspruchs ist möglich. Die Gesellschaft kann andererseits mit fälligen Einlageforderungen gegen den Gewinnentnahmeanspruch **aufrechnen** (MüKoHGB/*Priester* Rn. 28). 31

3. Grenzen. Das Gesetz sieht – anders als beim Kapitalentnahmerecht nach Abs. 1 Hs. 1 – vor, dass das Entnahmerecht **nicht** geltend gemacht werden kann, soweit es zum „**offenbaren** Schaden der Gesellschaft gereicht". Die Vorschrift dient dem Schutz der Gesellschaft vor übermäßig gefährdenden Mittelabfluss (MüKoHGB/*Priester* Rn. 33) und gibt der Gesellschaft eine zeitlich aufschiebbare Einrede in Gestalt eines Leistungsverweigerungsrechts, wobei maßgeblich für die Beurteilung der Zeitpunkt des Auszahlungsverlangens ist (RWH HGB/*v. Gerkan/Haas* Rn. 9). 32

Ein **offenbarer Schaden** der Gesellschaft liegt vor, wenn die Entnahme den Bestand der Gesellschaft gefährden würde, weil durch die Auszahlung der Verlust an liquiden Mitteln droht, welche die Gesellschaft zur Fortführung des Unternehmens in dem vertraglich vorgesehenen bzw. beschlossenem Umfang benötigt (MüKoHGB/*Priester* Rn. 37; Staub/*Schäfer* Rn. 20). Eine bloße Verschlechterung der Gewinnsituation kann das Gewinnentnahmerecht nicht beschneiden. Auch muss ein nur vorübergehender Liquiditätsengpass der Gesellschaft mit Kreditaufnahmen begegnet werden. Das Gesetz hat mit dem Leistungsverweigerungsrecht der Gesellschaft allerdings dem Thesaurierungsinteresse der Gesellschaft Vorrang vor dem Interesse des Gesellschafters auf Gewinnentnahme eingeräumt, was bei der erforderlichen Abwägung beachtet werden muss (vgl. ausf. EBJS/*Ehricke* Rn. 45; MüKoHGB/*Priester* Rn. 38). 33

Bei der Beurteilung, ob ein offenbarer Schaden der Gesellschaft vorliegt, ist auf die Einschätzung eines unbefangenen, sachkundigen Dritten abzustellen, der den drohenden Schaden in Kenntnis der Finanzlage der Gesellschaft ohne weiteres erkennen muss. 34

Eine Leistungsverweigerung steht der Gesellschaft allerdings nur bis zur Behebung der Finanzknappheit zu; einem späteren Auszahlungsverlangen steht die zeitliche Beschränkung der Jahresfrist (→ Rn. 10) nicht entgegen. 35

Soweit eine vollständige Auszahlungsverweigerung der Gesellschaft nicht gerechtfertigt ist, kommen Teilleistungen uU mit Ratenzahlung in Betracht. Das Prinzip der **Gleichbehandlung** aller Gesellschafter muss dabei beachtet werden (MüKoHGB/*Priester* Rn. 35). 36

V. Verbot der Verminderung des Kapitalanteils (Abs. 2)

Abs. 2 stellt klar, dass – abgesehen vom Kapitalentnahmerecht nach Abs. 1 Hs. 1 und dem Gewinnentnahmerecht nach Abs. 1 Hs. 2 – weitere Entnahmen ohne Einwilligung der anderen Gesellschafter nicht zulässig sind. Die Unzulässigkeit bezieht sich sowohl auf den Umfang als auch auf die Art der Entnahme (Baumbach/Hopt/*Hopt* Rn. 14; EBJS/*Ehricke* Rn. 46). 37

Abs. 2 bezweckt zum einen den Bestandsschutz des Gesellschaftskapitals im Gesellschafterinteresse. Weiter soll Abs. 2 eigenmächtige Verschiebungen der Kapitalanteile unterbinden. Der Schutz der Gesellschaftsgläubiger wird von Abs. 2 allerdings **nicht** bezweckt (MüKoHGB/*Priester* Rn. 42). 38

Die Gesellschafter können einverständlich die Verminderung der Kapitalanteile vereinbaren oder beschließen. Die unbeschränkte persönliche Haftung aller Gesellschafter macht die Bildung und Erhaltung eines Kapitalstocks verzichtbar (Staub/*Schäfer* Rn. 22) und rechtfertigt aus diesem Grunde auch die Möglichkeit der einverständlichen Minderung der Kapitalanteile. 39

VI. Beweislast

40 Die Beweislast für die **Berechtigung** einer Entnahme trifft denjenigen Gesellschafter, der sich auf das Entnahmerecht beruft und die Entnahme verlangt (BGH 21.1.1982, NJW 1982, 2065; MüKoHGB/*Priester* Rn. 12). Nach hM kann sich der Gesellschafter für die Frage der Berechtigung nicht ausschließlich auf einen entsprechenden Gesellschafterbeschluss berufen, sondern muss im Einzelnen die Wirksamkeit des Feststellungsbeschlusses und die Ordnungsmäßigkeit des zugrunde liegenden Jahresabschlusses darlegen und ggfs. beweisen (BGH 21.1.1982, NJW 1982, 2065; EBJS/*Ehricke* Rn. 23; MüKoHGB/*Priester* Rn. 12 mwN). Allerdings trifft die Gesellschaft eine Pflicht zum substantiierten Bestreiten, wenn dem beweisbelasteten Gesellschafter eine nähere Darlegung des Sachverhalts nicht möglich ist (vgl. allg. BGH 17.5.1999, NJW 1999, 3485 (3486)).

41 Soweit die Gesellschaft die Rückzahlung unberechtigter Entnahmen verlangt, trifft sie die Darlegungs- und Beweislast (EBJS/*Ehricke* Rn. 23).

VII. Abweichende Vereinbarungen

42 **1. Ausgangspunkt.** § 122 ist dispositiv. In der Praxis werden idR abweichende Vereinbarungen getroffen. Die Gesellschafter können durch Gesellschaftsvertrag oder durch Gesellschafterbeschluss Erweiterungen oder Beschränkungen der Entnahmerechte bestimmen. Als wesentliche Interessen stehen zum einen das Ausschüttungsinteresse der Gesellschafter und das Thesaurierungsinteresse der Gesellschaft im Vordergrund (vgl. MüKoHGB/*Priester* Rn. 50). In der Praxis wird dabei häufig das Interesse, die Kapitalgrundlage der Gesellschaft abzusichern, im Vordergrund stehen, was idR zu einer Einschränkung des Entnahmerechts führen dürfte (vgl. EBJS/*Ehricke* Rn. 50 mwN; RWH HGB/*v. Gerkan* Rn. 13).

43 **2. Regelungsmöglichkeiten.** In Gesellschaftsverträgen werden häufig Entnahmebeschränkungen in Form von **Rücklagenbildungen** vereinbart (RWH HGB/*v. Gerkan/Haas* Rn. 14). Weiter kann dem Geschäftsführer der OHG ein monatliches Entnahmerecht als **Tätigkeitsvergütung** eingeräumt werden (EBJS/*Ehricke* Rn. 50). Als entnahmefähig können auch **Zinserträge** gestellt werden, auf deren Auszahlung aus der gesellschafterlichen Treuepflicht uU aber verzichtet werden muss (MüKoHGB/*Priester* Rn. 51).

44 Im Gesellschaftsvertrag kann zulässigerweise geregelt werden, dass die jährlichen Entnahmeregelungen durch einen Mehrheitsbeschluss der freien Disposition der Gesellschafter unterstellt wird (BGH 29.3.1996, BGHZ 132, 263 (275 f.) = NJW 1996, 1678). Allerdings ist die Entziehung bereits entstandener Ansprüche auf gewinnunabhängige Leistungen von der Zustimmung der betroffenen Gesellschafter abhängig (EBJS/*Ehricke* Rn. 53; RWH HGB/*v. Gerkan/Haas* Rn. 17).

45 **Steuerentnahmerecht:** Gewinne werden bei Personenhandelsgesellschaften den Gesellschaftern als Einkünfte aus Gewerbebetrieb unmittelbar zugerechnet (vgl. § 15 Abs. 1 S. 1 Nr. 2 EStG) und unterliegen der Einkommensteuer unabhängig davon, ob sie an den Gesellschafter ausgeschüttet werden oder nicht. Die **Entnahme** zumindest derjenigen Beträge, die zur Bezahlung der persönlich beim Gesellschafter anfallenden Steuer für den anteiligen OHG-Gewinn notwendig sind, bedarf einer **Regelung** im Gesellschaftsvertrag (vgl. grundlegend BGH 29.3.1996, BGHZ 132, 263 (277) = NJW 1996, 1678; ausf. zur Gegenansicht in der Lit. EBJS/*Ehricke* Rn. 55; MüKoHGB/*Priester* Rn. 61 ff.).

Dritter Titel. Rechtsverhältnis der Gesellschafter zu Dritten

[Wirksamkeit im Verhältnis zu Dritten]

123 (1) **Die Wirksamkeit der offenen Handelsgesellschaft tritt im Verhältnis zu Dritten mit dem Zeitpunkt ein, in welchem die Gesellschaft in das Handelsregister eingetragen wird.**

(2) **Beginnt die Gesellschaft ihre Geschäfte schon vor der Eintragung, so tritt die Wirksamkeit mit dem Zeitpunkte des Geschäftsbeginns ein, soweit nicht aus § 2 oder § 105 Abs. 2 sich ein anderes ergibt.**

(3) **Eine Vereinbarung, daß die Gesellschaft erst mit einem späteren Zeitpunkt ihren Anfang nehmen soll, ist Dritten gegenüber unwirksam.**

Übersicht

I. Allgemeines

1. Normzweck. Die über § 161 Abs. 2 auch für die KG geltende Regelung betrifft ebenso wie die nachfolgenden Vorschriften dieses Titels die **Beziehungen der Gesellschaft und ihrer Gesellschafter nach außen,** also zum Publikum. Sie hat in diesem Verhältnis **zwingenden** Charakter (Abs. 3). 1

Geregelt wird, **ab welchem Zeitpunkt** eine Gesellschaft mit allen Konsequenzen für Geschäftsführung, Vertretung und Haftung als OHG **(Handelsgesellschaft)** einzustufen ist. Die Norm stellt insoweit noch einmal deutlich heraus, was sich dem Grunde nach bereits aus dem Zusammenspiel der §§ 1, 2, 3 sowie des § 105 Abs. 2 ergibt. Danach liegt eine Handelsgesellschaft vor, wenn entweder ein kaufmännisches Gewerbe iSd § 1 betrieben wird (Abs. 2) oder die Eintragung im Handelsregister erfolgt ist (Abs. 1). Fehlt es, zB bei der nur kleingewerblich tätigen, nicht eingetragenen Gesellschaft, an beidem, ist die nach außen auftretende Gesellschaft als GbR zu qualifizieren. Stellt die nicht eingetragene OHG ihren Betrieb nicht nur vorübergehend ein (vgl. BGH 19.5.1960, BGHZ 32, 307 = WM 1960, 764) oder ist sie nur noch in geringem, kleingewerblichen Umfang tätig, verliert sie konsequenter Weise ab diesem Zeitpunkt ihren Status als Handelsgesellschaft. 2

Abzugrenzen ist die Frage des **Wirksamwerdens im Verhältnis zu Dritten als OHG** von den Bestimmungen über das Rechtsverhältnis der Gesellschafter untereinander (§§ 109 ff.) und von der Frage nach dem Zeitpunkt des Wirksamwerdens des Gesellschaftsvertrages. Letztere ist nach allgemeinen Grundsätzen zu beantworten (vgl. MüKoHGB/*K. Schmidt* Rn. 2). Ebenfalls abzugrenzen ist die weitere Frage des Zeitpunkts der Entstehung der Gesellschaft als Rechtsträger. Spätestens mit Aufnahme des Geschäftsbetriebes liegt eine Außengesellschaft mit Rechtsträgereigenschaft vor. Geht der Betrieb dabei über einen kleingewerblichen Umfang hinaus, handelt es sich bei dem entstandenen Rechtsträger um eine Handelsgesellschaft (Abs. 2; vgl. auch BGH 21.10.1991, NJW 1992, 241 (242) – weitergehend EBJS/*Hillmann* Rn. 5, der schon vor Geschäftsbeginn von einer OHG/KG ausgeht, wenn nur der Zweck auf den Betrieb eines vollkaufmännischen Handelsgewerbes ausgerichtet sei), andernfalls um eine GbR (BGH 29.1.2001, BGHZ 146, 341 = NJW 2001, 1056; BGH 1.7.2002, BGHZ 151, 204 = NJW 2002, 3539). Bereits auf eine solche GbR können aber die Regelungen über die OHG entsprechende Anwendung finden (allgM, vgl. etwa BGH 29.11.1971, BB 1972, 61; MüKoHGB/*K. Schmidt* Rn. 14; RWH HGB/*Haas* Rn. 3; Staub/*Habersack* Rn. 4). 3

2. Formwechsel und Rechtsschein. Die Umwandlung einer GbR in eine OHG durch Eintritt der Voraussetzungen des Abs. 1, 2 stellt sich als **Formwechsel kraft Gesetzes** dar und berührt die Identität der Gesellschaft als Rechtsträger nicht (OLG München 30.11.2015, MDR 2016, 168 (169); OLG Hamm 14.10.2010, NZG 2011, 300 (301)). Dies gilt für den Fall der Eintragung der Gesellschaft in das Handelsregister (BGH 21.10.1991, NJW 1992, 241 (242)) ebenso wie bei Aufnahme von Geschäften iSd Abs. 2 durch Ausweitung des Geschäftsbetriebes (OLG Brandenburg 10.7.2006, MDR 2007, 162) sowie für den umgekehrten Fall der Umwandlung einer (nicht eingetragenen) OHG in eine GbR aufgrund dauerhafter Einschränkung des Geschäftsbetriebes (→ Rn. 2). Da Identität und Vermögen der Gesellschaft in all diesen Fällen erhalten bleiben, kann auch schon vor Entstehung der OHG ohne größere praktische Probleme Gesellschaftsvermögen gebildet werden (zur nach überwM zulässigen Eintragung der „OHG/KG in Gründung" unter Beifügung der Gesellschafternamen im Grundbuch vgl. KG 4.11.2014, NZG 2015, 70 (71); BayObLG 24.5.1985, NJW-RR 1986, 30 sowie MüKoHGB/*K. Schmidt* Rn. 16 mwN). 4

§ 123 setzt schon seinem Wortlaut nach eine tatsächlich bestehende Handelsgesellschaft voraus. Eine nicht existierende **Scheingesellschaft** (zB ein unzulässig firmierender Einzelkaufmann) oder eine durch entsprechenden Auftreten den Anschein des Bestehens einer OHG erweckende GbR (sog. **Schein-OHG**) – wozu das Führen einer „firmenähnlichen" Geschäfts- oder Etablissementsbezeichnung ohne Rechtsformzusatz nach neuem Firmenrecht nicht ausreicht (vgl. GK-HGB/*Steitz* Vor §§ 17–24 Rn. 17 mwN; ebenso MüKoHGB/*K. Schmidt* Rn. 22 mN zur früheren Rspr.) – fallen daher nicht unter die Regelung. Der Schutz des Verkehrs richtet sich in diesen Fällen nach allgemeinen Rechtscheingrundsätzen. Dagegen findet § 123 auf eine unberechtigt eingetragene GbR (Handelsgesellschaft kraft Eintragung, § 5) ohne Weiteres Anwendung. Gleiches gilt für die auf einem unwirksamen Gesellschaftsvertrag basierende, jedoch in Vollzug gesetzte und daher bis zur Geltendmachung des Mangels als wirksam zu behandelnde **fehlerhafte Gesellschaft** (Staub/*Habersack* Rn. 7; zur fehlerhaften Gesellschaft eingehend → § 105 Rn. 125 ff.). 5

II. Zeitpunkt des Eintritts der Wirksamkeit

6 **1. Wirksamkeit durch Eintragung (Abs. 1).** Spätestens mit der Eintragung wird die OHG im Außenverhältnis gegenüber Dritten als solche behandelt. Maßgebend ist dem Wortlaut der Vorschrift entsprechend die **Eintragung im Handelsregister,** nicht der (vorherige) Zeitpunkt der Anmeldung zur Eintragung oder der (spätere) Zeitpunkt der Bekanntmachung (allgM).

7 Ist die Wirksamkeit bereits zuvor nach Abs. 2 eingetreten, wirkt die Eintragung lediglich **deklaratorisch** (→ § 106 Rn. 21). Im Ergebnis kommt der Eintragung damit nur bei Kleingewerbetreibenden, land- oder forstwirtschaftlichen Betrieben iSd § 3 sowie bei Vermögensverwaltungsgesellschaften (§ 105 Abs. 2) konstitutive Wirkung zu (vgl. auch zu den steuerrechtlichen Konsequenzen BFH 4.2.2009, BB 2009, 1791 mAnm *Lühn*). Da der Gesetzgeber in § 1 Abs. 2 eine widerlegliche Vermutung und damit eine Beweislastregel geschaffen hat, nach der den Gewerbetreibenden die Darlegungs- und Beweislast dafür trifft, dass sein Unternehmen keinen in kaufmännischer Weise eingerichteten Geschäftsbetrieb erfordert (zu den insoweit maßgeblichen Kriterien vgl. etwa Baumbach/Hopt/*Hopt* § 1 Rn. 23), muss derjenige der sich auf das Wirksamwerden der OHG nach außen beruft, lediglich darlegen und beweisen, dass überhaupt ein Gewerbe betrieben wird (GK-HGB/*Ensthaler* § 1 Rn. 31; EBJS/*Hillmann* Rn. 21) und die Geschäfte entsprechend Abs. 2 aufgenommen wurden (→ Rn. 9 ff., insbesondere zur Beweislast → Rn. 11).

8 Bei **Übernahme** oder **Fortführung** eines im Handelsregister eingetragenen Unternehmens durch eine Gesellschaft wird diese nach allgM unmittelbar zur Handelsgesellschaft, auch wenn sie selbst zuvor noch nicht eingetragen war. Dies gilt jedoch dann nicht, wenn es sich bei dem übernommenen Unternehmen um dasjenige eines Formkaufmannes gem. § 6 handelt (GmbH, AG, eG) und dieses kein kaufmännisches Gewerbe iSd § 1 betreibt (vgl. BGH 13.7.1972, BGHZ 59, 179 (183 f.) = NJW 1972, 1660 (1661)).

9 **2. Wirksamkeit durch Geschäftsbeginn (Abs. 2).** Unabhängig vom Zeitpunkt der Eintragung entsteht die ein kaufmännisches Unternehmen nach § 1 betreibende OHG als Handelsgesellschaft bereits mit Aufnahme der Geschäfte (→ Rn. 7). Maßgebend ist der **Zeitpunkt des tatsächlichen Beginns der Geschäfte,** nicht ein insoweit von den Gesellschaftern vereinbartes Datum. Für die Annahme des Geschäftsbeginns ist nicht erforderlich, dass das Unternehmen in vollem Umfang den Betrieb aufnimmt; vielmehr genügt schon die **erste** dem Gesellschaftszweck dienende, einem **Dritten gegenüber** vorgenommene Rechtshandlung, auch wenn es lediglich eine **Vorbereitungshandlung** ist, sofern der Gesellschaftszweck auf den Betrieb eines Handelsgewerbes iSd § 1 gerichtet ist und ausreichend objektive Anhaltspunkte dafür vorliegen, dass das Unternehmen eine entsprechende Ausgestaltung und Einrichtung in Kürze erfahren wird (BGH 26.4.2004, BB 2004, 1357 (1358); BGH 19.2.1990, NJW-RR 1990, 798 (799); bloße Zukunftserwartungen der Gesellschafter reichen indes nicht aus: OLG Stuttgart 27.2.2002, NZG 2002, 910 (912); BayObLG 13.11.1984, NJW 1985, 982 (983)). Im Falle des Erlöschens einer ausländischen (Kapital-)Gesellschaft steht die Fortsetzung der Geschäftstätigkeit im Inland einem Geschäftsbeginn im oben genannten Sinne gleich (vgl. OLG Celle 29.5.2012, NJW-RR 2012, 1065).

10 Da bereits die erste dem Betriebszweck dienende Vorbereitungshandlung den Beginn der Geschäfte markiert (→ Rn. 9), sind an die Erfüllung dieses Kriteriums **keine strengen Anforderungen** zu stellen, solange ein Tätigwerden nach außen im Vordergrund steht. Ausreichend sind etwa die Anschaffung von Produktionsgeräten oder einer Ladeneinrichtung sowie der Aufbau eines Warenbestandes, der Kauf/Bau oder die Anmietung von Geschäfts- oder Produktionsräumen sowie die in diesem Zusammenhang erforderlichen vorbereitenden Tätigkeiten wie die Sicherstellung einer Finanzierung (OLG Schleswig 29.6.1990, DStR 1990, 1430 (1431)), die Eröffnung eines Bankkontos für die Gesellschaft oder die Vorbereitung einer notariellen Beurkundung (BGH 26.4.2004, BB 2004, 1357 (1358)), die Aufnahme von Verhandlungen mit Kunden oder einer werbenden Tätigkeit wie Versendung von Rundschreiben, Preislisten, Schaltung von Anzeigen oder die Teilnahme an einer Messe (BGH 26.4.2004, BB 2004, 1357 (1358)), ebenso das Einstellen von Personal (KG 27.7.1939, DR 1939, 1795) und das Auftreten gegenüber einer Behörde (BFH 10.12.1964, BB 1965, 236). Für die Annahme des Beginns der Geschäfte nicht ausreichend sind dagegen solche Vorgänge, denen lediglich ein gesellschaftsinterner Charakter zukommt, wie dem Abschluss des Gesellschaftsvertrages oder sonstigen Absprachen zwischen den Gesellschaftern ohne Außenwirkung. Dazu zählt auch die nicht nach außen wirkende Leistung der Einlage (str., wie hier MüKoHGB/*K. Schmidt* Rn. 9; Staub/*Habersack* Rn. 17; RWH HGB/*Haas* Rn. 10; aA EBJS/*Hillmann* Rn. 17 unter Berufung auf RG 2.8.1943, DR 1943, 1221).

11 Die Aufnahme der Geschäfte muss durch ein **Handeln im Namen der Gesellschaft,** also durch das Tätigwerden für die hierdurch entstehende OHG geschehen (allgM, vgl. nur OLG Schleswig 29.6.1990, DStR 1990, 1430 (1431); EBJS/*Hillmann* Rn. 19). Gemäß dem in § 164 Abs. 1 S. 2 BGB verankerten allgemeinen Grundsatz macht es keinen Unterschied, ob die Erklärung ausdrücklich im Namen der Gesellschaft erfolgt oder ob die Umstände ergeben, dass in ihrem Namen gehandelt wird. Erforderlich ist nach hM weiter die ausdrückliche oder stillschweigende **Zustimmung aller Gesellschafter;** die die

OHG betreffenden Vertretungsregelungen (§§ 125, 126) greifen erst mit einvernehmlichem Beginn der Geschäftstätigkeit (Staub/*Habersack* Rn. 20; EBJS/*Hillmann* Rn. 20; GK-HGB/*Ensthaler* Rn. 5; Heymann/*Hoffmann/Bartlitz* Rn. 17; offen gelassen bei BGH 26.4.2004, BB 2004, 1357 (1358); aA MüKoHGB/*K. Schmidt* Rn. 10, der darauf abstellt, dass die Gesellschaft auch schon vor Wirksamwerden nach außen vor einem eigenmächtigen Handeln ihrer Gesellschafter nicht geschützt sei; ebenso *Bartlitz* NZG 2020, 1094 (1095 ff.)). Wer sich auf die Entstehung der OHG im Außenverhältnis beruft und daraus für sich günstige Rechtsfolgen ableiten möchte, trägt nach allgemeinen Grundsätzen die **Darlegungs- und Beweislast** für den einvernehmlichen Geschäftsbeginn (Baumbach/Hopt/*Roth* Rn. 12; zur Darlegungs- und Beweislast bzgl. des Vorliegens eines Handelsgewerbes iSd § 1 → Rn. 7).

3. Unwirksamkeit abweichender Vereinbarungen (Abs. 3). Die in Abs. 1 und 2 getroffenen 12
Bestimmungen sind **zwingend.** Vereinbarungen über ein späteres Wirksamwerden nach außen sind **Dritten gegenüber unwirksam.** Über den Wortlaut des Abs. 3 hinaus gilt dies nach allgM auch für Vereinbarungen über ein früheres Wirksamwerden. Dies gilt selbst dann, wenn der Dritte Kenntnis von der abweichenden Vereinbarung hat oder die entsprechende Vereinbarung – in unzulässiger Weise – in das Handelsregister eingetragen wurde (OLG Schleswig 29.6.1990, DStR 1990, 1430 (1431); MüKoHGB/*K. Schmidt* Rn. 6/12). Im **Innenverhältnis** der Gesellschafter untereinander sind derartige Abreden dagegen zulässig und wirksam (BGH 29.9.1977, NJW 1978, 264 (266 f.); BGH 24.5.1976, MDR 1976, 1000 (1001)). Dies soll auch dann gelten, wenn ein Gesellschafter der Gesellschaft iRe Drittgeschäftes wie ein Außenstehender gegenübertritt (vgl. MüKoHGB/*K. Schmidt* Rn. 12).

[Rechtliche Selbständigkeit; Zwangsvollstreckung in Gesellschaftsvermögen]

124 (1) **Die offene Handelsgesellschaft kann unter ihrer Firma Rechte erwerben und Verbindlichkeiten eingehen, Eigentum und andere dingliche Rechte an Grundstücken erwerben, vor Gericht klagen und verklagt werden.**

(2) **Zur Zwangsvollstreckung in das Gesellschaftsvermögen ist ein gegen die Gesellschaft gerichteter vollstreckbarer Schuldtitel erforderlich.**

Übersicht

I. Allgemeines

1. Normzweck. Die Vorschrift bestimmt, dass die OHG – obgleich anders als GmbH, AG oder eG 1
nicht juristische Person (ganz hM, aA etwa *Raiser* AcP 194 (1994), 495 (510 ff.)) – **als solche** unter der von ihr geführten Firma aktiv **am Rechtsverkehr teilnehmen,** mithin Rechte erwerben, Verbindlichkeiten eingehen und über ein eigenes Gesellschaftsvermögen verfügen kann. Damit kommt ihr trotz ihrer Eigenschaft als Gesamthandsgesellschaft gegenüber ihren Gesellschaftern ein erhebliches Maß an Eigenständigkeit zu; in der Praxis kann die OHG daher nahezu wie eine juristische Person agieren und wird auch entsprechend wahrgenommen. Wie eine juristische Person ist auch die OHG darauf angewie-

sen, dass natürliche Personen, dh idR ihre (geschäftsführenden) Gesellschafter oder sonstige Bevollmächtigte, für sie handeln.

2 **2. Rechtsnatur der OHG.** Vom Gesetzgeber ungelöst bleibt die **dogmatische Frage** nach der Rechtsnatur der OHG. Neben einer Mindermeinung, die sie mit allen Konsequenzen als juristische Person ansehen möchte (→ Rn. 1), wird insbesondere vertreten, die OHG als eigenständiges, von den Gesellschaftern losgelöstes und verselbständigtes Rechtssubjekt zu qualifizieren (so etwa BGH 5.3.2008, BGHZ 175, 374 (378) = NJW 2008, 1737 (1738); Staub/*Habersack* Rn. 3; Heymann/*Hoffmann/Bartlitz* Rn. 6 jew. mwN). Nach anderer Ansicht soll es sich bei ihr nur um ein mit der Fähigkeit zur selbständigen Rechtsträgerschaft ausgestattetes Sondervermögen der Gesellschafter handeln (so vor allem die – ältere – Rspr., vgl. zuletzt etwa BGH 24.1.1990, BGHZ 110, 127 (128 f.) mwN = NJW 1990, 1181). Diesem theoretischen Streit kommt aufgrund der in Abs. 1 getroffenen Regelung jedoch **in der Praxis keine Bedeutung** zu (MüKoHGB/*K. Schmidt* Rn. 1).

II. Rechtsstellung der OHG als Trägerin von Rechten und Pflichten

3 **1. Trägerin des Gesellschaftsvermögens.** Der **Begriff des Gesellschaftsvermögens** ist in **§ 718 BGB,** der gem. § 105 Abs. 3 auf die OHG Anwendung findet, legal definiert. Danach gehören die Beiträge der Gesellschafter und die rechtsgeschäftlich für die Gesellschaft erworbenen Gegenstände (§ 718 Abs. 1 BGB) ebenso zum Gesellschaftsvermögen, wie die aufgrund dinglicher Surrogation erworbenen Rechte und Gegenstände (§ 718 Abs. 2 BGB). Die Aufzählung ist jedoch **nicht abschließend;** unter das Gesellschaftsvermögen fallen vielmehr auch aufgrund sonstiger Umstände (etwa kraft Erbrechts, Ersitzung, Verbindung, Vermischung, Verarbeitung oder Vertrages zugunsten Dritter) für die bzw. von der OHG erworbene Rechte und Gegenstände. Nicht zum Gesellschaftsvermögen gehören dagegen solche Gegenstände, die die Gesellschafter der OHG nur „zur Nutzung" überlassen haben (wohl aber die daraus gezogenen Nutzungen, vgl. Baumbach/Hopt/*Roth* Rn. 6).

4 Aufgrund der Selbständigkeit der OHG gegenüber ihren Gesellschaftern (→ Rn. 1 f.) hat zwischen dem Vermögen der Gesellschafter einer- und dem Gesellschaftsvermögen andererseits eine **strikte Trennung** zu erfolgen. Dem einzelnen Gesellschafter steht insbesondere **kein Bruchteilseigentum** am Gesellschaftsvermögen oder gar an einzelnen Rechten oder Gegenständen daraus zu. Er ist als Mitglied der OHG (nur) Inhaber eines einheitlichen Gesellschaftsanteils iSd Gesamtheit all seiner Rechte und Pflichten aus dem Gesellschaftsverhältnis. Dieser Anteil kann mit der – ggf. bereits im Gesellschaftsvertrag enthaltenen, uU an bestimmte Bedingungen geknüpften – Zustimmung der übrigen Gesellschafter übertragen werden (→ § 105 Rn. 118 ff.).

5 **2. Trägerin einzelner Rechte. a) Vertragliche Ansprüche gegenüber Gesellschaftern und Dritten.** Die OHG ist Inhaberin der (Sozial-)Ansprüche gegen die Gesellschafter auf Leistung von **Einlagen, Beiträgen** und **Nachschüssen.** Ebenso können ihr gegen die Gesellschafter Schadensersatzansprüche aus der Verletzung von der Gesellschaft gegenüber bestehender Verpflichtungen (etwa bei Verstoß gegen ein Wettbewerbsverbot) zustehen.

6 Zudem erwirbt die Gesellschaft **vertragliche Ansprüche gegenüber Dritten** durch entsprechende Teilnahme am Rechtsverkehr. Vertragspartei ist dann in jedem Fall die OHG, sodass ein Wechsel im Gesellschafterbestand auch bei Dauerschuldverhältnissen keine Auswirkungen hat. Möglich, aufgrund des Trennungsprinzips (→ Rn. 4) aber **keineswegs zwingend** ist, dass aus den im Namen der OHG abgeschlossenen Rechtsgeschäften **auch die Gesellschafter** berechtigt (und verpflichtet) werden. Ob dies der Fall ist, hängt idR davon ab, ob und inwieweit die Gesellschafter in den Vertrag mit einbezogen werden sollen und ist damit eine Frage der **Auslegung des Vertrages** (BGH 5.3.2008, BGHZ 175, 374 (380) = NJW 2008, 1737 (1738 f.) mAnm *Brand* VersR 2009, 306; Staub/*Habersack* Rn. 12; MüKoHGB/*K. Schmidt* Rn. 15; zu ähnlichen Ergebnissen, aber mit der Regelung in § 124 Abs. 1 nur schwer zu vereinbarender Konstruktion und Formulierung gelangt der BGH in den beiden aufgrund der oben zitierten Entscheidung als überholt zu betrachtenden Urteile: BGH 7.10.1987, NJW 1988, 556 und BGH 24.1.1990, BGHZ 110, 127 (128 f.) mwN = NJW 1990, 1181). Bei von der OHG geschlossenen Versicherungsverträgen sind die Gesellschafter regelmäßig jedenfalls dann nicht als Dritte iSd § 86 VVG anzusehen, wenn und soweit sie gesellschaftsintern zur Nutzung der versicherten Sache (Kraftfahrzeug) berechtigt sind, sodass ein Regress ihnen gegenüber sowie gegenüber § 86 Abs. 3 VVG privilegierten Personen in diesen Fällen ausscheidet (BGH 5.3.2008, BGHZ 175, 374 (381) = NJW 2008, 1737 (1739)).

7 **b) Absolute Rechte.** Die OHG kann ferner von Todes wegen erwerben, also **erben** oder mit einem Vermächtnis bedacht werden (BFH 7.12.1988, NJW 1989, 2495). Sie kann, wie sich schon aus der expliziten Erwähnung in Abs. 1 S. 2 ergibt, auch Eigentum und andere **dingliche Rechte** an Grundstücken erwerben. Insoweit ist sie ohne weiteres **grundbuchfähig** und unter ihrer Firma im Grundbuch einzutragen (§ 15 Abs. 1 lit. b GBV; für die noch in Gründung befindliche OHG, die kein Handelsgewerbe betreibt, vgl. BayObLG 24.5.1985, NJW-RR 1986, 30: Eintragung aller Mitglieder der Gesell-

schaft zzgl. Sitz, Firma und dem Zusatz ‚OHG in Gründung'; ebenso KG 4.11.2014, NZG 2015, 70 (71)). Des Weiteren kann die OHG Inhaberin **gewerblicher Schutzrechte** sein (zB von Marken – vgl. § 7 Nr. 3 MarkenG –, Patenten, Geschmacks- und Gebrauchsmustern).

Weiterhin stehen der OHG Ansprüche bei Eingriffen in ihre Rechte nach den allgemeinen Regelungen zu (etwa aus §§ 812 ff., 823 ff. BGB). Sie verfügt zudem über **Immaterialgüterrechte** wie das **Namens- bzw. Firmenrecht.** Gegen Eingriffe kann sie sich insoweit nach § 37 Abs. 2 bzw. § 12 BGB zur Wehr setzen (BGH 6.7.1954, BGHZ 14, 155 (159) = NJW 1954, 1681; BGH 8.12.1953, BGHZ 11, 214 (215) = NJW 1954, 388). Im Bereich ihres eigenen sozialen Geltungsanspruchs (abzugrenzen von Angriffen gegenüber den Gesellschaftern oder Angestellten der Gesellschaft) genießt sie zudem **Ehrenschutz,** wobei ihr ein Schmerzensgeldanspruch nach hM nicht zusteht (BGH 25.9.1980, BGHZ 78, 274 (280) = NJW 1981, 675 (676); BGH 8.7.1980, BGHZ 78, 24 (28) = NJW 1980, 2807 (2810); ebenso etwa EBJS/*Hillmann* Rn. 6 sowie nunmehr auch Staub/*Habersack* Rn. 15). 8

Auch wenn die zum Besitz erforderliche tatsächliche Sachherrschaft iSd § 854 BGB von ihren Gesellschaftern ausgeübt wird, kann die OHG selbst **Besitzerin** einer Sache sein (BGH 26.5.1967, WM 1967, 938). Insofern stehen ihr sämtliche Selbsthilfe- und Besitzschutzansprüche zu (§§ 859, 861 f., 867 BGB). 9

c) Beteiligung an anderen Vereinigungen. Die OHG kann schließlich grundsätzlich **an anderen Gesellschaften beteiligt** sein, so etwa als Gesellschafter einer juristischen Person oder einer anderen Personenhandelsgesellschaft (allgM). Dies gilt auch für die Beteiligung als Gesellschafterin einer GbR (vgl. für eine an einer anderen GbR beteiligte GbR: BGH 2.10.1997, BB 1997, 2498 = NJW 1998, 376) und die früher umstrittene Möglichkeit persönlich haftende Gesellschafterin einer KGaA zu sein (vgl. BGH 24.2.1997, BGHZ 134, 392 (395 ff.) = BB 1997, 1220 (1221), die Zulässigkeit einer GmbH als Komplementärin einer KGaA unter anderem aus der Zulässigkeit von Personenhandelsgesellschaften als persönlich haftende Gesellschafter einer solchen Gesellschaft herleitend). 10

d) Übernahme von Ämtern. Die Ausübung von **Ämtern und Funktionen** durch die OHG ist grundsätzlich ebenfalls möglich, soweit dies nicht nach dem Wortlaut oder dem Sinn der jeweils zugrunde liegenden Vorschriften einer natürlichen Person vorbehalten ist. So kann die OHG Liquidatorin, Testamentsvollstreckerin, Verwalterin einer Wohnungseigentümergemeinschaft (OLG Hamburg 5.2.1988, OLGZ 1988, 299 (302)) oder Bevollmächtigte sein, nicht aber Insolvenzverwalterin (§ 56 Abs. 1 InsO), Vorstand oder Aufsichtsrat einer AG (§ 76 Abs. 3 S. 1 AktG, § 100 Abs. 1 S. 1 AktG), Geschäftsführerin einer GmbH (§ 6 Abs. 2 S. 1 GmbHG), Vorstand eines Vereins oder einer eG, Prokurist sowie Vormund, Pfleger oder Betreuer (§ 1897 Abs. 1 BGB). 11

3. Pflichten der OHG. a) Vertragliche Verbindlichkeiten. Verbindlichkeiten der OHG können sich selbstverständlich aus ihren **rechtsgeschäftlichen Aktivitäten** ergeben. Bei pflichtwidrigem Handeln iR angebahnter oder begründeter vertraglicher Schuldverhältnisse haftet die OHG nach allgemeinen Grundsätzen. Das Handeln ihrer **Organe** wird der OHG nach § 31 BGB (hM, zB MüKoHGB/*K. Schmidt* Rn. 16; EBJS/*Hillmann* Rn. 4; unklar KKRD/*Kindler* Rn. 6), ihrer **Erfüllungsgehilfen** nach § 278 BGB zugerechnet. 12

Auch ein **Mitverschulden** oder einen Verstoß gegen die Schadensminderungspflicht (§ 254 BGB) der für sie agierenden Personen muss sich die OHG anrechnen lassen (vgl. BGH 8.2.1952, NJW 1952, 537 (538)). Die **Wissenszurechnung** (Gut- oder Bösgläubigkeit) erfolgt bei Bevollmächtigten nach allgemeinen Grundsätzen (§ 166 BGB; zur Zurechnung des Wissens der Gesellschaftsorgane → § 125 Rn. 47 ff.). 13

b) Gesetzliche Schuldverhältnisse. Ebenso kann sich die OHG Forderungen aus gesetzlichen Schuldverhältnissen ausgesetzt sehen. Dies gilt zuvorderst für Ansprüche aus **Delikt,** wobei die Gesellschaft dann neben der verantwortlich handelnden natürlichen Person haftet. Für Verrichtungsgehilfen trifft die OHG die Haftung nach § 831 BGB mit der allgemein geltenden Möglichkeit der Exkulpation. Für ihre **Gesellschafter** haftet sie **entsprechend § 31 BGB** (ebenso für deren Mitverschulden, → Rn. 13), sofern diese in Angelegenheiten der Gesellschaft tätig waren, mithin ein innerer Zusammenhang mit der Führung der Geschäfte der OHG besteht (allgM, vgl. BGH 24.2.2003, BGHZ 154, 88 (94) = NJW 2003, 1445 (1446 f.); BGH 8.2.1952, NJW 1952, 537 (538)). Denn diese sind **verfassungsmäßig berufene Vertreter** iSd § 31 BGB (BGH 18.1.1973, NJW 1973, 456 (457)). Dies gilt nach der Rspr. des VI. Zivilsenates des BGH auch dann, wenn das Delikt darin besteht, dass ein allein handelnder, jedoch nicht allein vertretungsberechtigter Gesellschafter die rechtliche Verbindlichkeit seines Handelns – zB durch Fälschung der Unterschrift eines weiteren Gesellschafters – vortäuscht, weil für das Zustandekommen vertraglicher Bindungen einer- und das Entstehen einer deliktischen Haftung andererseits jeweils eigenständige Kriterien gelten (BGH 8.7.1986, BGHZ 98, 148 (153 f.) = NJW 1986, 2941 (2942); str., aA BGH 6.4.1967, WM 1967, 714 (715); RG 22.12.1931, RGZ 134, 375 (377); Staub/*Habersack* Rn. 14 Fn. 39). Verfassungsmäßig berufene Vertreter sind aber auch Nichtgesellschafter, denen bedeutsame Aufgaben der OHG zur eigenständigen Erfüllung zugewiesen sind (BGH 30.10.1967, BGHZ 49, 19 (21) mwN = NJW 1968, 391). Dieser Haftung kann die OHG nicht etwa dadurch entgehen, dass sie es unterlässt, für wesentliche Aufgabenbereiche einen eigenverantwortlich 14 handelnden Repräsentanten oder Vertreter iSd § 30 BGB zu bestimmen, weil darin ein **Organisationsmangel** zu sehen ist, für den die Gesellschaft wiederum nach § 31 BGB haftet (BGH 16.2.1982, NJW 1982, 1144 (1145); BGH 10.5.1957, BGHZ 24, 200 (212 f.)).

15 Ferner treffen die OHG die üblichen **Verkehrssicherungspflichten,** bei deren Verletzung sie dem Geschädigten gegenüber schadensersatzpflichtig ist. Für die Zurechnung ergeben sich hier keine Besonderheiten. Eine Forderung gegenüber der OHG kann auch aufgrund von **Gefährdungshaftungstatbeständen** entstehen, soweit die Gesellschaft als Halterin, Herstellerin oder Betreiberin iSd §§ 833 ff. BGB, § 7 StVG, § 33 LuftVG, § 1 f. UmweltHG, § 2 HPflG, § 22 WHG, § 1 ProdHaftG anzusehen ist.

16 Schließlich können gegenüber der Gesellschaft auch **Bereicherungs- und Unterlassungsansprüche** bestehen. Insbesondere kann die OHG **Störerin** iSd § 1004 BGB und als solche zur Beseitigung der Störung verpflichtet sein.

III. Die OHG im Zivilverfahren

17 **1. Erkenntnisverfahren. a) Trennungsprinzip.** Das materiell-rechtlich sowie im Hinblick auf das Vermögen von Gesellschaft und Gesellschaftern herrschende strenge Trennungsprinzip (→ Rn. 4, → Rn. 6) setzt sich auch verfahrensrechtlich mit der Folge fort, dass strikt zwischen **Gesellschafts- und Gesellschafterprozess** zu unterscheiden ist (grundlegend BGH 18.3.1975, BGHZ 64, 155 (156); BGH 13.2.1974, BGHZ 62, 131 (132)). Die OHG einer- und ihre Gesellschafter andererseits sind demnach **unterschiedliche Prozessparteien.**

18 Daraus erwachsen verschiedene **Konsequenzen:** So ist eine Änderung im Bestand der Gesellschafter, insbesondere ein **Gesellschafterwechsel** vor oder während des laufenden Verfahrens, für den Gesellschaftsprozess grundsätzlich ohne Bedeutung (zum Ausscheiden sämtlicher Gesellschafter bis auf einen → Rn. 23).

19 Eine Klage kann durch oder gegen die OHG erhoben werden, ohne dass die Gesellschafter ebenfalls als Partei beteiligt sind. Ein gemeinsames Vorgehen der OHG und der Gesellschafter, die in diesem Fall **einfache Streitgenossen** sind (vgl. BGH 10.3.1988, NJW 1988, 2113 mwN), ist möglich, aber keineswegs zwingend. Auch eine Beteiligung als Streithelfer (§ 66 ZPO) kommt für die Gesellschafter im Gesellschaftsprozess und umgekehrt in Betracht.

20 Die OHG und die Gesellschafter können auch **gegeneinander** Zivilprozesse führen (ggf. im Wege der actio pro socio, → § 114 Rn. 5 und → § 114 Rn. 42). Dabei kann es sowohl um Sozialansprüche (zB Leistung von Beiträgen oder Nachschüssen, Erfüllung sonstiger Gesellschafterpflichten, Unterlassen von Wettbewerb als Ausfluss des Prinzips der Gesellschaftertreue etc), als auch um Ansprüche aus sog. Drittgeschäften gehen, also aus solchen Geschäften, die ihren Rechtsgrund nicht im Gesellschaftsverhältnis, sondern in einem davon abzugrenzenden Rechtsverhältnis haben und bei denen der Gesellschafter der OHG wie ein Dritter gegenübersteht (zB Gesellschafter als Mieter/Vermieter, Darlehensgeber/-nehmer uÄ). Soweit die zur Geltendmachung der (Sozial-)Ansprüche berufenen geschäftsführenden Gesellschafter untätig bleiben, können – als Ausfluss ihres Mitgliedschaftsrechts – auch nicht vertretungsberechtigte Mitglieder der OHG diese Ansprüche für die Gesellschaft (Antrag auf Leistung an die Gesellschaft) klageweise geltend machen (**actio pro socio,** vgl. unter anderem grundlegend BGH 27.6.1957, BGHZ 25, 47 = NJW 1957, 1358 sowie BGH 26.4.2010, NZG 2010, 783; BGH 13.5.1985, NJW 1985, 2830). Kommt es zu einem Rechtsstreit mit dem allein vertretungsberechtigten Mitglied der OHG, so ist sie für dieses Verfahren als vertreterlos iSd § 57 Abs. 1 ZPO anzusehen und ihr nach jener Vorschrift ein **Prozesspfleger** („besonderer Vertreter") zu bestellen (vgl. Staub/*Habersack* Rn. 27, 41). Im Falle eines Verfahrens zwischen der OHG und einem gemeinsam mit anderen Mitgliedern gesamtvertretungsberechtigten Gesellschafter, bedarf es zu Annahme einer Vertretungsbefugnis des/der übrigen gesamtvertretungsberechtigten Gesellschafter einer Ermächtigung iSd § 125 Abs. 2 S. 2, die freilich häufig stillschweigend in der Erhebung der Klage gegen die OHG, vertreten durch den oder die übrigen vertretungsberechtigten Gesellschafter, liegen wird (vgl. RG 11.2.1927, RGZ 116, 116 (117 f.)).

21 Der im Gesellschaftsprozess von der OHG in deren Namen beauftragte Prozessbevollmächtigte hat keinen unmittelbaren **Kostenerstattungsanspruch** gegenüber den Gesellschaftern; eine Festsetzung gegen einen Gesellschafter nach § 11 RVG kommt daher nur dann in Betracht, wenn dieser neben der Gesellschaft Auftraggeber des Prozessbevollmächtigten ist, dh diesen (zugleich) im eigenen Namen beauftragt hat (BGH 14.9.2004, NJW 2005, 156 (157) [für die GbR]; OLG Köln 15.7.1998, OLGR 1999, 99).

22 **b) Partei- und Prozessfähigkeit.** Die **Parteifähigkeit** (§ 50 Abs. 1 ZPO) der OHG ergibt sich ohne weiteres aus der eindeutigen Regelung in Abs. 1 (allgM, vgl. nur BGH 18.3.1975, BGHZ 64, 155 (156) = GRUR 1976, 30 (31)). Sie beginnt mit der Entstehung der OHG (vgl. § 123) und endet nicht mit ihrer Auflösung (vgl. § 131) – wobei die OHG dann durch ihre Liquidatoren vertreten wird (vgl. §§ 145 ff.) –, sondern vielmehr erst mit **Vollbeendigung** (BGH 28.3.1996, NJW 1996, 2035; BGH

7.10.1994, NJW 1995, 196). Voll beendet ist die OHG nicht schon mit der Einstellung ihrer Geschäftstätigkeit und der Löschung im Handelsregister, sondern erst wenn kein zu verteilendes Vermögen mehr vorhanden ist und deswegen eine (Nachtrags-)Liquidation nicht in Betracht kommt (vgl. BGH 29.9.1981, NJW 1982, 238). Von einer Vollbeendigung kann demnach nicht ausgegangen werden, wenn Anhaltspunkte für die Existenz eines verwertbaren Vermögens bestehen, wofür im **Aktivprozess** der juristischen Person/Personenhandelsgesellschaft schon die Geltendmachung des Klageanspruches ausreicht (allgM, vgl. nur BGH 6.2.1991, NJW-RR 1991, 660). Im **Passivprozess** der aufgelösten und erloschenen OHG genügt für die Annahme des Fortbestehens der Parteifähigkeit bereits die Behauptung des Klägers, dass bei der OHG noch Vermögen vorhanden sei (BGH 6.2.1991, NJW-RR 1991, 660). Umstritten ist die Behandlung der aufgelösten OHG im Passivprozess allerdings dann, wenn (während des laufenden Verfahrens) ihr Vermögen verteilt wurde und unstreitig keine Liquidationsmasse mehr vorhanden ist. Für diesen Fall geht ein Teil der Rspr. davon aus, dass die Gesellschaft nicht (mehr) parteifähig ist (BGH 29.9.1981, NJW 1982, 238; BGH 5.4.1979, BGHZ 74, 212 (213); BayObLG 12.1.1995, NJW-RR 1995, 612 (613); OLG Oldenburg 29.6.1995, NJW-RR 1996, 160 (161); ebenso etwa EBJS/*Hillmann* Rn. 26, 27). Nach anderer Auffassung ist bei dieser Konstellation schon deshalb von einer Parteifähigkeit auszugehen, weil ein Erfolg im laufenden Zivilverfahren einen Kostenerstattungsanspruch begründen könnte und damit der Annahme der völligen Vermögenslosigkeit entgegensteht (BGH 4.5.2004, NJW 2004, 2523 (2524); BGH 6.2.1991, NJW-RR 1992, 660; OLG Koblenz 1.4.1998, NJW-RR 1999, 39 (40)). Noch weitergehend wird vertreten, dass die Beendigung der Gesellschaft auf gegen sie anhängige Passivprozesse gänzlich ohne Einfluss ist (Musielak/Voit/*Weth* ZPO § 50 Rn. 18; HK-ZPO/*Kayser* ZPO § 50 Rn. 18; offengelassen bei BGH 6.2.1991, NJW-RR 1992, 660). Parteifähig ist auch die nach ihrem Personalstatut parteifähige – aber nicht notwendig rechtsfähige – ausländische Gesellschaft oder Personenvereinigung (OLG Karlsruhe 24.1.2018, NZG 2018, 757 (758)).

Scheiden während des Verfahrens alle Gesellschafter bis auf einen aus der OHG aus, kommt es zur **liquidationslosen Vollbeendigung** unter **Gesamtrechtsnachfolge** ihres einzig verbliebenen Gesellschafters; prozessual kommt es zur Unterbrechung bzw. Aussetzung in entsprechende Anwendung der §§ 239, 246 ZPO (BGH 15.3.2004, BB 2004, 1244 (1245); BGH 10.12.1990, BB 1991, 1230 jew. mwN). 23

Prozessfähigkeit gem. §§ 51, 52 ZPO, dh die Fähigkeit, den Prozess selbst oder durch selbst bestellte Vertreter zu führen, kommt der OHG als nicht natürliche Person nicht zu; vielmehr handelt die OHG durch ihre organschaftlichen Vertreter, die im Prozess die Stellung von gesetzlichen Vertretern haben (hM, vgl. nur BGH 8.2.1993, NJW 1993, 1654; Staub/*Habersack* Rn. 27; krit. zur fehlenden Prozessfähigkeit der OHG unter dogmatischen Gesichtspunkten MüKoHGB/*K. Schmidt* Rn. 22; zum Sonderfall der actio pro socio → Rn. 20). Das Gericht hat daher die wirksame Vertretung der OHG von Amts wegen zu prüfen (§ 56 ZPO), sofern sich aufgrund des vorgetragenen Sachverhaltes ausreichende Anhaltspunkte für das Nichtvorliegen einer ordnungsgemäßen Vertretung ergeben (vgl. BGH 4.5.2004, NJW 2004, 2523 (2524)). 24

Ob und welche Gesellschafter im Prozess der OHG als **Zeugen** vernommen werden können, hängt von ihrer Vertretungsberechtigung zum Zeitpunkt der Vernehmung ab (vgl. § 455 Abs. 1 ZPO). Danach werden die vertretungsberechtigten Gesellschafter als Partei, die nicht vertretungsberechtigten Gesellschafter dagegen als Zeugen vernommen (ganz hM, BGH 27.9.1965, BB 1965, 1167; BGH 19.10.1964, BGHZ 42, 230 (231); BAG 16.11.1979, BB 1980, 580; MHdB GesR I/*Herchen* § 70 Rn. 11; aA – Vernehmung sämtlicher Gesellschafter als Partei – noch BGH 16.2.1961, BGHZ 34, 293 (297)). 25

c) Klageerhebung und Zustellung. Die Klageschrift hat, um den Anforderungen der § 253 Abs. 2 Nr. 1 ZPO, § 253 Abs. 4 ZPO iVm § 130 Nr. 1 ZPO zu genügen, die OHG mit ihrer **vollständigen Firma** und die **gesetzlichen Vertreter** aufzuführen. Unkorrektheiten bei der Parteibezeichnung können berichtigt werden, ohne dass ein Parteiwechsel vorliegt und die diesbezüglichen Voraussetzungen geprüft werden müssten (BGH 14.9.2005, NJW-RR 2006, 42; BGH 24.11.1980, NJW 1981, 1453 (1454)); diese Grundsätze gelten auch dann, wenn sich die klagende Partei selbst fehlerhaft bezeichnet hat (BGH 15.1.2003, BB 2003, 438). Voraussetzung für eine derartige **Berichtigung** ist jedoch stets, dass die vorzunehmende Auslegung klar ergibt, wer Partei sein soll (BGH 27.11.2007, NJW-RR 2008, 582). 26

Die **Zustellung** der Klage hat an einen gesetzlichen Vertreter der OHG zu erfolgen (§ 170 Abs. 1 und 3 ZPO). Eine Ersatzzustellung gem. § 178 Abs. 1 Nr. 2 ZPO ist in den Geschäftsräumen der OHG – nicht: eines Gesellschafters – vorzunehmen (BayObLG 14.4.1988, WuM 1988, 332; zweifelnd Staub/*Habersack* Rn. 32 Fn. 128). 27

d) Zuständigkeitsfragen. Örtlich zuständig für Klagen gegen die OHG ist nach § 17 Abs. 1 ZPO das Gericht am Ort des Sitzes der Gesellschaft (→ § 106 Rn. 13). Der **Sitz der OHG** ist ferner zur Bestimmung des örtlich zuständigen Gerichts in den Fällen heranzuziehen, in denen die OHG gericht- 28 lich gegen ihre Gesellschafter vorgeht oder die Gesellschafter sich gegenseitig wegen Ansprüchen aus dem Gesellschaftsverhältnis verklagen (§ 22 ZPO).

29 Die **funktionelle Zuständigkeit** der Kammer für Handelssachen kann sich für den Gesellschaftsprozess aus § 95 Abs. 1 Nr. 1 GVG (Klagen gegen die OHG aus einem Geschäft, das für beide Teile Handelsgeschäft ist) ergeben. Diese Vorschrift findet auch Anwendung auf Streitigkeiten zwischen der OHG und einem ihrer Gesellschafter aus einem Drittgeschäft (zum Begriff → Rn. 20; vgl. LG Osnabrück 14.5.1981, BB 1983, 792 = MDR 1983, 588). Ferner sind sämtliche Klagen aus dem Gesellschaftsverhältnis unter den Gesellschaftern bzw. zwischen der OHG und ihren Gesellschaftern ebenfalls Handelssachen nach § 95 Nr. 4 lit. a GVG. Erforderlich für eine Verhandlung vor der Kammer für Handelssachen ist freilich stets ein entsprechender Antrag des Klägers (§ 96 GVG) oder des Beklagten (§ 98 GVG).

30 **e) Prozesskostenhilfe.** Die Bewilligung von Prozesskostenhilfe für die OHG ist nach § 116 S. 1 Nr. 2 ZPO möglich. Voraussetzung dafür ist, dass die Verfahrenskosten weder von der Gesellschaft noch von den am Gegenstand des Rechtsstreits wirtschaftlich Beteiligten aufgebracht werden können und die Unterlassung der Rechtsverfolgung oder Rechtsverteidigung allgemeinen Interessen zuwiderlaufen würde. **Wirtschaftlich beteiligt** iSd Vorschrift sind sämtliche Gesellschafter (OLG Stuttgart 12.2.1975, NJW 1975, 2022; Musielak/Voit/*Fischer* ZPO § 116 Rn. 14). **Allgemeine Interessen** sind nur dann betroffen, wenn außer den an der Führung des Prozesses wirtschaftlich Beteiligten ein erheblicher Kreis von Personen durch die Unterlassung der Rechtsverfolgung in Mitleidenschaft gezogen werden kann, was insbesondere zu bejahen ist, wenn ohne die Durchführung des Rechtsstreits die Gesellschaft an der Ausführung einer der Allgemeinheit dienenden Aufgabenerfüllung gehindert, eine Vielzahl von Arbeitsplätzen bedroht oder eine Vielzahl von Gläubigern betroffen wären (BGH 24.10.1990, NJW 1991, 703; OLG Hamm 20.7.1988, NJW-RR 1989, 382 (383)).

31 **2. Zwangsvollstreckungsverfahren.** Auch im Zwangsvollstreckungsverfahren findet das strikte Trennungsprinzip seine konsequente Fortführung. Eine **Zwangsvollstreckung in das Vermögen der OHG** setzt mithin, wie Abs. 2 ausdrücklich klar stellt, einen **Titel gegen die Gesellschaft** voraus; ein nur gegen die Gesellschafter gerichteter Titel reicht dagegen nicht aus (BGH 22.3.2011, NJW 2011, 2048). Dies gilt auch bei Vorliegen eines gegen den vertretungsberechtigten Gesellschafter (vgl. BayObLG 9.5.1986, NJW 1986, 2578) oder alle Gesellschafter gerichteten Titels. Hiervon wurde vor allem im älteren Schrifttum unter Bezugnahme auf § 736 ZPO eine Ausnahme für den Fall gemacht, dass ein Titel gegen sämtliche Gesellschafter einer GbR erstritten wurde und diese nachträglich durch Eintragung im Handelsregister zur OHG wird (vgl. etwa Staub/*Habersack* Rn. 42). Dazu besteht nach der Anerkennung der (Außen-)GbR als rechts- und parteifähig (vgl. BGH 29.1.2001, BGHZ 146, 341 = NJW 2001, 1056) kein Grund mehr (zutr. Baumbach/Hopt/*Roth* Rn. 45; *Habersack* BB 2001, 477 (481); *Gesmann-Nuissl* WM 2001, 973 (976); *Hadding* ZGR 2001, 712 (734); zweifelnd Staub/*Habersack* Rn. 42; EBJS/*Hillmann* Rn. 29; aA RWH HGB/*Haas* Rn. 6b). Es ist vielmehr eine Titelumschreibung auf die OHG entsprechend § 727 ZPO in Betracht zu ziehen (MüKoHGB/*K. Schmidt* Rn. 30; *Hadding* ZGR 2001, 712 (734)). Gegen den Versuch der Vollstreckung in das Gesellschaftsvermögen aufgrund eines gegen einen oder mehrere Gesellschafter erlangten Titels steht der OHG die **Drittwiderspruchsklage** nach § 771 ZPO offen.

32 Auch umgekehrt ist eine **Vollstreckung in das Vermögen der Gesellschafter** aus einem ausschließlich gegen die OHG erwirkten Titel grundsätzlich nicht möglich (→ § 129 Abs. 4); zu Unrecht in Anspruch genommene Gesellschafter können gegen die Vollstreckung in ihr Vermögen ebenfalls nach § 771 ZPO vorgehen (zur Berücksichtigung des Gegeneinwands des Vollstreckungsgläubigers wegen der unbeschränkten Mithaftung des Gesellschafters nach § 128 → § 129 Rn. 18).

IV. Sonstige Rechtsstellung der OHG

33 **1. Insolvenzverfahren.** Die **Insolvenzfähigkeit** der OHG ergibt sich unmittelbar aus § 11 Abs. 2 Nr. 1 InsO. Sie – und nicht die Gesellschafter – ist nach zutreffender Auffassung als **Gemeinschuldnerin** anzusehen (vgl. nur MüKoHGB/*K. Schmidt* Rn. 34; Baumbach/Hopt/*Roth* Rn. 46; Uhlenbruck/*Hirte* InsO § 11 Rn. 236; aA noch BGH 16.2.1961, BGHZ 34, 293 (297) = NJW 1961, 1022 zur KO). Folge der Eröffnung des Insolvenzverfahrens über das Vermögen der Gesellschaft ist ihre Auflösung (§ 131 Abs. 1 Nr. 3), während die Eröffnung eines Insolvenzverfahrens über das Vermögen eines Gesellschafters gem. § 131 Abs. 3 Nr. 2 mangels anderweitiger vertraglicher Bestimmungen lediglich zum Ausscheiden dieses Gesellschafters führt (zum Sonderfall des Ausscheidens eines Gesellschafters aus einer Zwei-Mann-OHG vgl. LG Bonn 20.4.2004, BeckRS 2004, 11129; BVerwG 13.7.2011, BVerwGE 140, 142 = NJW 2011, 3671 – zur KG).

34 **2. Öffentliches Recht.** Die OHG ist **grundrechtsfähig** und kann, soweit sie in ihren Grundrechten verletzt wird, Verfassungsbeschwerde einlegen (BVerfG 29.7.1959, BVerwGE 10, 89 (99) = NJW 1959, 1675). Sie kann ferner als Vereinigung iSd § 1 Nr. 2 VwVfG bzw. § 61 Nr. 2 VwGO **Beteiligte** eines

Verwaltungsverfahrens und eines Verwaltungsprozesses sein (BVerwG 13.7.2011, BVerwGE 140, 142 = NJW 2011, 3671; OVG Brandenburg 12.8.1998, BB 1998, 1861 (1862) = NJW 1998, 3513). Ebenso kann sie polizeirechtlich als **Störerin** (etwa als Betreiberin einer Anlage) zur Verantwortung gezogen werden (vgl. HessVGH 25.4.1989, DB 1989, 1459 (1460)).

3. Steuerrecht. Die OHG ist aufgrund der einschlägigen steuerrechtlichen Regelungen **selbst Schuldnerin** von Umsatzsteuer (§ 1 Abs. 1 Nr. 3 UStG) und Gewerbesteuer (§ 5 Abs. 1 Nr. 3 GewStG). Da sie weder natürliche, noch juristische Person ist, schuldet sie dagegen **keine Einkommen- oder Körperschaftsteuer** (vgl. § 1 EStG, § 1 KStG). Steuerschuldner sind insoweit die Gesellschafter als natürliche (oder juristische) Personen, denen ihre anteiligen Einnahmen aus der Gesellschaftsbeteiligung zugerechnet werden und von ihnen entsprechend versteuert werden müssen (vgl. BGH 27.5.1986, BGHZ 98, 77 (80) = NJW 1986, 2827 (2828)). 35

4. Strafrecht. Eine Bestrafung der OHG kommt nicht in Betracht, wohl aber die Durchführung von Straf- und Ordnungswidrigkeitsverfahren gegen ihre **vertretungsberechtigten Gesellschafter** (§ 14 Abs. 1 Nr. 2 StGB; § 9 Abs. 1 Nr. 2 OWiG). Zudem ist es möglich, gegen die OHG eine **Geldbuße** auszusprechen (§ 30 Abs. 1 Nr. 3 OWiG ggf. iVm § 377 Abs. 2 AO). Ebenso können gegen sie die strafrechtlichen Maßnahmen des Verfalls und der Einziehung verhängt werden (§§ 73 ff., 75 S. 1 Nr. 3 StGB; § 29a OWiG). 36

Die OHG genießt **strafrechtlichen Schutz,** sofern die jeweiligen Strafvorschriften ihrer Natur nach nicht auf natürliche Personen zugeschnitten und beschränkt sind. So fällt beispielsweise das Vermögen der OHG unter den Schutz des § 266 StGB (BGH 17.3.1987, BGHZ 100, 190 (192 f.) = NJW 1987, 2008). Auch Ansehen und Ruf der OHG sind durch die Strafnormen der §§ 185 ff. StGB geschützt (BGH 8.7.1980, BGHZ 78, 24 (25 f.) = NJW 1980, 2807 (2808); Schönke/Schröder/*Leckner*/*Eisele* StGB Vor §§ 185 Rn. 3a). Soweit zur Verfolgung bestimmter Delikte ein Strafantrag erforderlich ist, kann dieser durch die OHG selbst gestellt werden (MHdB GesR I/ *Herchen* § 67 Rn. 18). 37

[Vertretung der Gesellschaft]

125 (1) **Zur Vertretung der Gesellschaft ist jeder Gesellschafter ermächtigt, wenn er nicht durch den Gesellschaftsvertrag von der Vertretung ausgeschlossen ist.**

(2) [1] **Im Gesellschaftsvertrage kann bestimmt werden, daß alle oder mehrere Gesellschafter nur in Gemeinschaft zur Vertretung der Gesellschaft ermächtigt sein sollen (Gesamtvertretung).** [2] **Die zur Gesamtvertretung berechtigten Gesellschafter können einzelne von ihnen zur Vornahme bestimmter Geschäfte oder bestimmter Arten von Geschäften ermächtigen.** [3] **Ist der Gesellschaft gegenüber eine Willenserklärung abzugeben, so genügt die Abgabe gegenüber einem der zur Mitwirkung bei der Vertretung befugten Gesellschafter.**

(3) [1] **Im Gesellschaftsvertrage kann bestimmt werden, daß die Gesellschafter, wenn nicht mehrere zusammen handeln, nur in Gemeinschaft mit einem Prokuristen zur Vertretung der Gesellschaft ermächtigt sein sollen.** [2] **Die Vorschriften des Absatzes 2 Satz 2 und 3 finden in diesem Falle entsprechende Anwendung.**

Übersicht

I. Allgemeines

1 **1. Normzweck.** Die Vorschrift regelt, wer bzw. **welche Personen** zur Vertretung der Gesellschaft gegenüber Dritten (Publikum) berechtigt sind und betrifft damit das **Außenverhältnis der OHG.** Sie stellt somit die Ergänzung zu §§ 114 f. dar, die Bestimmungen über die Geschäftsführungsbefugnis der Gesellschafter zum Gegenstand haben und damit vor allem für das Innenverhältnis der Gesellschaft von Relevanz sind. Dabei ist zu beachten, dass jede Vertretungshandlung zwangsläufig auch die Führung der Geschäfte der Gesellschaft betrifft (→ § 114 Rn. 11), die Frage der Wirksamkeit der Vertretung nach außen aber von der Frage abzugrenzen ist, inwieweit das jeweilige Handeln von der internen Geschäftsführungsbefugnis des oder der jeweiligen Gesellschafter gedeckt ist.

2 **2. Inhalt.** Die Vorschrift enthält über den **Grundfall der Einzelvertretung** (Abs. 1) hinaus nähere Bestimmungen über den Kreis der potentiellen Vertreter. Danach kann im Gesellschaftsvertrag das Erfordernis des Zusammenwirkens mehrerer oder aller Gesellschafter vereinbart werden, wobei die zur Gesamtvertretung berufenen Gesellschafter sich im Einzelfall oder für bestimmte Arten von Geschäften gegenseitig ermächtigen können (Abs. 2). Im Gesellschaftsvertrag kann auch eine gemischte Gesamtvertretung durch einen (oder mehrere) Gesellschafter und einen (oder mehrere) Prokuristen geregelt werden (Abs. 3). Die vom Wortlaut erfassten Alternativen sind jedoch **nicht abschließend.** So besteht etwa auch die Möglichkeit einer Vereinbarung, wonach einzelne Gesellschafter gar nicht zur Vertretung der OHG nach außen berechtigt sein sollen.

3 Die Grenze der Gestaltungsmöglichkeiten wird durch das **Prinzip der Selbstorganschaft** gezogen, wonach die organschaftliche Vertretungsmacht grundsätzlich (Abs. 1) Hand in Hand mit der Gesellschafterstellung einhergeht (→ Rn. 7). Da das Recht der Personalhandelsgesellschaften von dem Grundsatz beherrscht wird, dass die gesetzliche (organschaftliche) Vertretungsbefugnis nur einem Gesellschafter und nicht einem Dritten allein zustehen kann, muss mithin stets wenigstens ein (persönlich haftender) Gesellschafter für die OHG vertretungsberechtigt sein (BGH 9.12.1968, BGHZ 51, 198 (200) und BGH 11.7.1960, BGHZ 33, 105 (108); MüKoHGB/*K. Schmidt* Rn. 6 mwN; krit. zum Prinzip der Selbstorganschaft *Osterloh-Konrad* ZGR 2019, 271 (298 ff.)). Davon unberührt bleibt die Möglichkeit, die OHG durch rechtsgeschäftlich bestellte Vertreter handeln zu lassen (→ Rn. 12 ff.).

II. Organschaftliche Vertretung

4 **1. Gesetzliche Vertretung.** Die organschaftliche Vertretung der OHG stellt – wie die Vertretung bei juristischen Personen auch – einen **Fall der gesetzlichen Vertretung** dar (hM, vgl. zum theoretischen Streit über die Rechtsnatur der organschaftlichen Vertretung und terminologische Differenzen *Beuthien* NJW 1999, 1142 ff.).

5 Unabhängig davon gelten nach allgM die **§§ 164 ff. BGB** in Bezug auf das Handeln durch und für die Gesellschaft. Erforderlich ist mithin ein ausdrückliches oder konkludentes Handeln im Namen der OHG (§ 164 Abs. 1 BGB) unter Einbeziehung der **Grundsätze über unternehmensbezogene Geschäfte.** Bei einem unternehmensbezogenen Geschäft geht der Wille der Beteiligten nach der vom BGH in stRspr angewandten Auslegungsregel im Zweifel dahin, dass abweichend von § 164 Abs. 2 BGB der Inhaber des Unternehmens Vertragspartei wird und nicht der ohne einen ein Vertretungsverhältnis andeutenden Zusatz für das Unternehmen Handelnde (BGH 31.7.2012, ZIP 2012, 2159 (2160) mwN). Das gilt auch dann, wenn entgegen § 17 Abs. 1 die Firma der OHG unzutreffend gebraucht wird oder sonstige Fehlvorstellungen über das hinter der Firma stehende Unternehmen bestehen (BGH 18.5.1998, NJW 1998, 2897 und BGH 7.5.1998, NJW-RR 1998, 1392 jew. mwN). Voraussetzung ist allerdings, dass der Handelnde sein Auftreten für ein Unternehmen hinreichend deutlich macht. Der Inhalt des Rechtsgeschäftes muss – ggf. iVm den jeweiligen Umständen – die eindeutige Auslegung zulassen, dass ein bestimmtes Unternehmen Vertragspartei werden soll (BGH 13.10.1994, NJW 1995, 43 (44) mwN).

6 Handelt ein **nicht vertretungsberechtigter Gesellschafter** für die OHG, gelten die §§ 177 ff. BGB, sofern der Erklärungsempfänger nicht nach § 15 HGB oder allgemeinen zivilrechtlichen Grundsätzen (insbesondere denen der Duldungs- oder Anscheinsvollmacht, dh wenn die tatsächlich vertretungsberechtigten Gesellschafter wissentlich einen nicht Vertretungsberechtigten im Namen der Gesellschaft agieren lassen oder den Anschein hervorrufen bzw. in zurechenbarer Weise aufrecht erhalten, ein tatsächlich nicht zur Vertretung Befugter dürfe die Gesellschaft vertreten; vgl. ausführlich

Staudinger/*Schilken,* 2014, BGB § 167 Rn. 28 ff.) auf die Vertretungsmacht des Handelnden vertrauen durfte und auch tatsächlich vertraut hat.

2. Selbstorganschaft. Beherrscht wird die Regelung des § 125 vom **Grundsatz der Selbstorganschaft** (→ Rn. 3). Als Ausfluss dieses Prinzips kann Dritten das Recht zur organschaftlichen Vertretung der OHG nicht übertragen werden, sondern obliegt als **an die Mitgliedschaft in der Gesellschaft gebundenes Teilhaberecht** den Gesellschaftern. Auch unter Einbeziehung sämtlicher, in Abs. 2 und 3 nicht abschließend geregelter Kombinations- und Gestaltungsmöglichkeiten muss daher immer eine Vertretung durch zumindest einen (persönlich haftenden) Gesellschafter möglich bleiben (BGH 5.10.1981, NJW 1982, 1817). Eine entgegenstehende Vereinbarung ist unwirksam und führt im Zweifel zur Annahme der Gesamtvertretungsberechtigung durch alle Gesellschafter (BGH 11.7.1960, BGHZ 33, 105 (108)). Unzulässig ist es folglich auch, sämtlichen (persönlich haftenden) Gesellschaftern die Vertretungsmacht nach § 127 zu entziehen (BGH 10.12.2001, NJW-RR 2002, 540; BGH 3.11.1997, NJW 1998, 1225; BGH 9.12.1968, BGHZ 51, 198 (199 f.); *Osterloh-Konrad* ZGR 2019, 271 (275); → § 127 Rn. 4). 7

Mit dem Grundsatz der Selbstorganschaft vereinbar und daher zulässig ist es hingegen, wenn lediglich die Vertretungsmacht des einzig vertretungsberechtigten Gesellschafters beendet wird (→ Rn. 22 ff.), weil und soweit dann eine Vertretung durch die übrigen Gesellschafter möglich bleibt (BGH 11.7.1960, BGHZ 33, 105 (108) und BGH 9.12.1968, BGHZ 51, 198 (199 f.)). Da demnach die Handlungsfähigkeit der OHG stets sichergestellt ist, besteht für einen gerichtlich bestellten **Notvertreter** analog § 29 BGB oder eine **Notgeschäftsführung** nach § 744 Abs. 2 BGB kein Raum (Staub/*Habersack* Rn. 12). Möglich und ggf. notwendig ist es freilich, der OHG unter bestimmten Umständen einen Prozesspfleger gem. § 57 ZPO zu bestellen (zu derartigen Konstellationen → § 124 Rn. 20). 8

Bei einer aus mehreren (Kapital-)Gesellschaften zusammengesetzten OHG wird die Ausübung der organschaftlichen Vertretungsbefugnis dadurch gewahrt, dass den handlungsunfähigen Gesellschaftern (zB zwei GmbHs) ihrerseits das Handeln ihrer gesetzlichen (organschaftlichen) Vertreter (zB ihrer Geschäftsführer) als eigenes Handeln zugerechnet wird (vgl. MüKoHGB/*K. Schmidt* Rn. 8). 9

3. Ausnahmen vom Grundsatz der Selbstorganschaft. Eine gesetzlich geregelte Ausnahme vom Prinzip der Selbstorganschaft enthält § 146 Abs. 2 für die im Abwicklungsstadium befindliche Liquidationsgesellschaft. Danach können auch Nichtgesellschafter zu Liquidatoren und damit zu Vertretern einer OHG bestellt werden. Eine solche Fremdverwaltung (vgl. auch MüKoHGB/*K. Schmidt* Rn. 5, der insoweit von „modifizierter Selbstorganschaft" spricht) kann vor dem Hintergrund der im Stadium der Abwicklung nicht selten zerstrittenen und im Wesentlichen ihre Individualinteressen verfolgenden Gesellschafter durchaus sinnvoll und einer Eigenverwaltung nach § 146 Abs. 1 vorzuziehen sein (BGH 11.7.1960, BGHZ 33, 105 (110 f.)). 10

Auch sonst kann es zu **„liquidationsähnlichen Sonderlagen"** kommen. Das Prinzip der Selbstorganschaft ist Ausdruck eines grundsätzlich gleichgerichteten Gesellschafterinteresses und gilt dann nicht, wenn ein solches Interesse nicht (mehr) besteht (BGH 7.6.2010, NZG 2010, 1381 (1382)). Eine solche Situation kann etwa bei – insbesondere wechselseitiger – Entziehung der Vertretungsbefugnis oder Ausschließung aus der Gesellschaft sowie bei Auflösungsklagen eintreten und ggf. eine (vorübergehende) Einsetzung eines außenstehenden Dritten als Vertreter der Gesellschaft analog § 146 Abs. 2 rechtfertigen (vgl. *Wiedemann* GesR II § 4 II 2b bb; EBJS/*Hillmann* Rn. 5; *Wertenbruch* in Westermann/Wertenbruch PersGes-HdB, 2016, § 13 Rn. I 247). 11

III. Vertretung durch Bevollmächtigte

1. Grundsatz der Zulässigkeit. Die OHG kann außer durch ihre vertretungsberechtigten Gesellschafter als Organe (gesetzliche Vertreter) auch durch **rechtsgeschäftlich bestellte Vertreter** (Bevollmächtigte) handeln. Dabei kommen neben nach allgemeinen Regeln (§§ 164 ff. BGB) bevollmächtigten Vertretern insbesondere Prokuristen und Handlungsbevollmächtigte nach §§ 48 ff., 54 ff. in Betracht. Die zivilrechtlichen Grundsätze der Duldungs- und Anscheinsvollmacht (→ Rn. 6) finden auch insoweit Anwendung. 12

Erteilt werden kann die Vollmacht in allen Fällen **durch die OHG selbst,** die dabei durch ihre organschaftlichen Vertreter handelt. Für die Prokura, die überdies ausdrücklich erteilt werden muss, gilt dies abschließend (vgl. § 48 Abs. 1), in allen anderen Fällen ist grundsätzlich auch eine Unterbevollmächtigung durch einen entsprechend bevollmächtigten rechtsgeschäftlichen Vertreter möglich. Im Gesellschaftsvertrag kann ein Sonderrecht eines Gesellschafters auf Erteilung einer Vertretungsmacht (häufig: Prokura) vereinbart werden; diese kann dann nur aus wichtigem Grund verweigert bzw. nachträglich widerrufen werden (BGH 27.6.1955, BGHZ 17, 392 (394)). 13

Rechtsgeschäftlicher Vertreter kann ein **Dritter** oder ein **nicht vertretungsberechtigter Gesellschafter** sein (allgM). Dies gilt nach zutreffender und im Vordringen befindlicher Auffassung auch für einen nicht alleine vertretungsberechtigten Gesellschafter (ausf. dazu MüKoHGB/*K. Schmidt* Rn. 10; 14

ebenso Staub/*Habersack* Rn. 13; RWH HGB/*Haas* Rn. 4; EBJS/*Hillmann* Rn. 7; ausdrücklich nunmehr auch Baumbach/Hopt/*Roth* Rn. 9; aA etwa noch GK-HGB/*B. Schmidt* § 48 Rn. 11).

15 **2. Grenzen der Zulässigkeit.** Zulässig ist nach allgM auch die Erteilung einer weitreichenden **Generalvollmacht** oder einer **Betriebsführungsermächtigung,** deren Umfang über denjenigen einer Prokura hinausgeht (BGH 22.1.1962, BGHZ 36, 292 (295); BGH 15.10.1981, NJW 1982, 1817; EBJS/*Hillmann* Rn. 9).

16 Schwierigkeiten kann in Fällen dieser Art aber die Abgrenzung zur unzulässigen, weil mit dem Prinzip der Selbstorganschaft nicht mehr zu vereinbarenden „verdrängenden Vollmacht" bereiten, durch die der Bevollmächtigte faktisch zum Drittorgan wird (zur Problematik vgl. Staub/*Habersack* Rn. 15; *K. Schmidt* HandelsR § 16 II 1.b; zur Unzulässigkeit einer unwiderruflichen Stimmrechtsvollmacht BGH 14.5.1956, BGHZ 20, 363 (364); BGH 10.11.1951, BGHZ 3, 354 (358 f.)). Eine derart umfassende Bevollmächtigung setzt daher immer das Bestehen hinreichender **Informations-, Kontroll- und Weisungsbefugnisse** sowie ein **Widerrufs- bzw. Kündigungsrecht** – zumindest aus wichtigem Grund – aufseiten der vertretungsberechtigten Gesellschafter voraus, um einen unzulässigen vollständigen Ausschluss der Gesellschafter von der Geschäftsführung zu vermeiden (vgl. etwa BGH 20.9.1993, WM 1994, 237 (238); BGH 16.11.1981, NJW 1982, 877 (878); *Windbichler* GesR § 14 Rn. 8 iVm § 13 Rn. 4).

IV. Einzelvertretung (Abs. 1 Hs. 1)

17 In Abs. 1 Hs. 1 wird die **Einzelvertretung durch jeden Gesellschafter als gesetzlicher Regelfall** für die OHG statuiert. Ergibt sich aus dem Gesellschaftsvertrag nichts Abweichendes, ist daher jeder Gesellschafter befugt, die Gesellschaft organschaftlich zu vertreten. Damit hat der Gesetzgeber für die Personenhandelsgesellschaften insoweit eine **Sonderregel** geschaffen, als bei den Kapitalgesellschaften wie auch bei der GbR mehrere vorhandene organschaftliche Vertreter im Zweifel nur gemeinsam zur Vertretung berechtigt sind, und dies mit den „Bedürfnissen des Handels" begründet (vgl. *Wertenbruch* NZG 2019, 407 (409) mwN). Das hat unter anderem zur Folge, dass die **Darlegungs- und Beweislast** für eine von Abs. 1 abweichende Regelung der Vertretungsbefugnisse innerhalb der OHG bei demjenigen liegt, der sich darauf beruft (Heymann/*Hoffmann/Bartlitz* Rn. 16).

18 Bei sich **widersprechenden Willenserklärungen** jeweils allein vertretungsberechtigter Gesellschafter finden die allgemein für Willenserklärungen geltenden Regelungen des BGB Anwendung. Beim Abschluss von Verträgen ist danach grundsätzlich auf die erste Willenserklärung abzustellen (§§ 145 ff. BGB: ein – im Zweifel verbindliches – Angebot kann nicht ohne weiteres widerrufen werden, die bereits erklärte Annahme eines Angebotes wird nicht durch die spätere Ablehnung desselben unwirksam), ansonsten (zB bei Widerruf oder Anfechtung) auf die letzte (vgl. etwa EBJS/*Hillmann* Rn. 13). Der Widerspruch eines einzelvertretungsberechtigten Gesellschafters gegen die von einem anderen einzelvertretungsberechtigten Gesellschafter abgegebene Willenserklärung lässt deren Wirksamkeit grundsätzlich nicht entfallen; dies gilt auch dann, wenn der widersprechende Gesellschafter durch den umgehenden Abschluss eines gegenläufigen Rechtsgeschäfts (zB Abschluss eines neuen Vertrages durch Gesellschafter B, nachdem Gesellschafter A zuvor einen entsprechenden Vertrag gekündigt hat) die vorherige Erklärung des anderen Gesellschafters konterkarieren könnte (BGH 19.6.2008, NJW-RR 2008, 1484 (1488)). Im Sinne des § 130 Abs. 1 S. 2 BGB „gleichzeitig" abgegebene widersprüchliche Willenserklärungen heben sich entsprechend dieser Regelung gegenseitig auf (allgM, vgl. bereits RG 11.12.1912, RGZ 92, 95).

19 Als Mitglieder vertretungsberechtigt sind auch an der OHG beteiligte **juristische Personen und Personengesellschaften** (→ § 106 Rn. 9), wobei sie ihre Vertretungsbefugnis durch ihre organschaftlichen oder rechtsgeschäftlich bestellten Vertreter ausüben (BGH 8.10.1979, BGHZ 75, 178 (182) = BB 1980, 11 (12)).

20 Ebenfalls vertretungsbefugt sind alle an der Gesellschaft beteiligten **nicht oder nicht uneingeschränkt geschäftsfähigen natürlichen Personen.** Da die Regelung des § 165 BGB für beschränkt Geschäftsfähige auf die organschaftliche Vertretung in der Personengesellschaft aus Haftungsgründen (§ 128) keine Anwendung findet (allgM, vgl. nur EBJS/*Hillmann* Rn. 48 mwN), müssen alle Gesellschafter ohne volle Geschäftsfähigkeit dabei jedoch durch ihre jeweiligen gesetzlichen Vertreter handeln, soweit sie von jenen nicht allgemein nach § 112 BGB ermächtigt worden sind (allgM, vgl. nur MüKoHGB/*K. Schmidt* Rn. 18; Baumbach/Hopt/*Roth* Rn. 10). Eine Genehmigung des Vormundschaftsgerichts ist weder zur Vertretung im Einzelfall noch – folgerichtig (§ 112 Abs. 1 S. 2 BGB) – für eine Ermächtigung nach § 112 BGB erforderlich, weil aus dem jeweiligen Rechtsgeschäft unmittelbar nur die OHG, nicht aber der nicht oder nur beschränkt Geschäftsfähige verpflichtet wird (ganz hM, Staub/*Habersack* Rn. 30 unter Hinweis auf BGH 20.9.1962, BGHZ 38, 26 (30)). Zu den Besonderheiten im Hinblick auf die Haftung des minderjährigen Gesellschafters → § 128 Rn. 53 ff.

21 Die im Namen der OHG abgegebene, nach § 105 Abs. 1 bzw. §§ 106 ff. BGB aber nichtige bzw. unwirksame Erklärung eines nicht (voll-)geschäftsfähigen Gesellschafters führt auch dann nicht zu einer

Haftung der Gesellschaft, wenn die Einschränkung im Hinblick auf die Geschäftsfähigkeit nicht im Handelsregister eingetragen ist. § 15 Abs. 1, 3 schützt das Vertrauen in den (Fort-)Bestand der Vertretungsbefugnis, nicht aber in das Vorliegen uneingeschränkter Geschäftsfähigkeit (BGH 1.7.1991, BGHZ 115, 78 (79 f.) = NJW 1991, 2566 (2567); BGH 9.2.1970, BGHZ 53, 210 (215); EBJS/*Hillmann* Rn. 50; im Ergebnis ebenso Staub/*Habersack* Rn. 31, der das Nichtbestehen bzw. Erlöschen der Vertretungsbefugnis aufgrund Geschäftsunfähigkeit nicht für eine eintragungsfähige Tatsache hält). Eine Verpflichtung der OHG kann sich in solchen Fällen aber aus den Grundsätzen der **Rechtsscheinhaftung** ergeben, sofern das Handeln des nicht voll Geschäftsfähigen, von anderen zur Vertretung berechtigten Gesellschaftern erkannt und geduldet wurde oder erkennbar war und hätte verhindert werden können (BGH 1.7.1991, BGHZ 115, 78 (81 ff.) = NJW 1991, 2566 (2567); MüKoHGB/*K. Schmidt* Rn. 18; nur iErg zust. *Lutter/Gehling* JZ 1992, 154 ff.).

V. Ausschluss von der Vertretungsmacht (Abs. 1 Hs. 2)

Eine (erste) Ausnahme vom Grundsatz der Einzelvertretung durch jeden Gesellschafter sieht das Gesetz in Abs. 1 Hs. 2 vor. Die Regelung räumt den Beteiligten die Möglichkeit des Ausschlusses einzelner Gesellschafter von der Vertretung **durch den Gesellschaftsvertrag** ein. Dabei ist es zulässig, einen oder auch mehrere Gesellschafter von der Vertretung der OHG auszuschließen, solange wenigstens ein vertretungsbefugter Gesellschafter übrig bleibt (Prinzip der Selbstorganschaft, → Rn. 7 f.). Ein solcher Ausschluss kann bereits bei Gründung der OHG erfolgen oder aber durch eine nachträgliche Änderung des Gesellschaftsvertrages vereinbart werden. Der Ausschluss erfasst auch die Passivvertretung (Abs. 2 S. 3 setzt eine Vertretungsbefugnis voraus). 22

Wenngleich sich eine ausdrückliche Regelung über den Ausschluss zur Vermeidung von Streitigkeiten empfiehlt, ist diese Vereinbarung grundsätzlich an **keine Form** gebunden und kann insbesondere auch stillschweigend verabredet werden. Unabhängig von der gewählten Form kann zur Feststellung eines Ausschlusses auch die **Auslegung** der jeweiligen vertraglichen Abrede der Gesellschafter erforderlich werden. So wird in der ausdrücklichen Aufzählung nur einzelner Gesellschafter als vertretungs-, zeichnungs- oder firmierungsberechtigt im Zweifel ein Ausschluss der in diesem Zusammenhang nicht erwähnten Mitgesellschafter zu sehen sein (MüKoHGB/*K. Schmidt* Rn. 15; Baumbach/Hopt/*Roth* Rn. 12). Ebenso kann ein expliziter Ausschluss bestimmter Gesellschafter von der Geschäftsführung jedenfalls dann auch auf einen gewollten Ausschluss von der Vertretungsmacht schließen lassen, wenn der Vertrag nicht sauber zwischen Geschäftsführung und Vertretung differenziert und keine abweichender Anhaltspunkte enthält (EBJS/*Hillmann* Rn. 44; RWH HGB/*Haas* Rn. 17). Sonderregeln für nicht vollgeschäftsfähige Gesellschafter (→ Rn. 20) – etwa dahingehend, dass diese im Zweifel oder ohne ausdrückliche anderweitige Erwähnung von der Vertretung ausgeschlossen sein sollen – sind ohne konkrete Anknüpfungspunkte im Zusammenhang mit der Auslegung gesellschaftsvertraglicher Vereinbarungen nicht angezeigt (Staub/*Habersack* Rn. 33). 23

Die Vereinbarung über den Ausschluss von der Vertretung der OHG ist **bedingungsfeindlich** sowie **nicht sachlich oder zeitlich beschränkbar** (allgM, vgl. nur EBJS/*Hillmann* Rn. 45). Unzulässig sind danach Klauseln, wonach ein Gesellschafter zur Vertretung der OHG nur in bestimmten Zeiträumen (Urlaubsregelung), nur bei Eintritt oder Wegfall bestimmter Umstände (Regelung für den Fall der Krankheit oder Abwesenheit) oder nur für einzelne Geschäftsbereiche („Verkauf", „Geschäfte mit Auslandsbezug" oder Ähnliches) berechtigt und iÜ ausgeschlossen sein soll. Die auch hier ggf. gebotene Auslegung der vertraglichen Regelung kann dabei zu dem Ergebnis führen, dass nach dem Willen der Gesellschafter der betroffenen Gesellschafter von der organschaftlichen Vertretung zwar ausgeschlossen, im jeweils gewollten Umfang aber bevollmächtigt werden sollte (→ Rn. 12 ff.); bei angeordneter Gesamtvertretung (Abs. 2 S. 1) ist auch an die Möglichkeit einer Ermächtigung nach Abs. 2 S. 2 zu denken. 24

Soll ein von der Vertretung zunächst ausgeschlossener Gesellschafter später mit organschaftlicher Vertretungsmacht ausgestattet werden, ist eine Aufhebung des Ausschlusses durch **nachträgliche Änderung des Gesellschaftsvertrages** notwendig. Auch diese ist grundsätzlich formlos möglich. Abzugrenzen ist eine solche nachträgliche Änderung von einer ebenfalls stets möglichen, allgemein erteilten oder auf ein konkretes Geschäft bezogenen Bevollmächtigung eines nicht vertretungsberechtigten Gesellschafters (→ Rn. 14). Insbesondere ist nicht bereits aus dem Umstand, dass ein nicht vertretungsberechtigter Gesellschafter mit Kenntnis und Duldung der vertretungsberechtigten Gesellschafter als Vertreter der OHG auftritt, auf eine beabsichtigte Aufhebung des Ausschlusses von der Vertretung zu schließen (Staub/*Habersack* Rn. 35). In derartigen Fällen liegt es vielmehr näher, eine stillschweigende Bevollmächtigung anzunehmen; dies gilt vor allem, wenn eine nach § 107 erforderliche Eintragung der Änderung der Vertretungsmacht im Handelsregister weder erfolgt noch beabsichtigt ist (MüKoHGB/*K. Schmidt* Rn. 17). 25

Außer durch einen gesellschaftsvertraglich geregelten Ausschluss kann die Vertretungsmacht eines Gesellschafters isoliert nur durch eine **Entziehung** nach § 127 zum Erlöschen gebracht werden. Ob eine **einseitige isolierte Niederlegung** der Vertretungsbefugnis ohne gleichzeitige Kündigung der 26

Geschäftsführung aus wichtigem Grund gem. § 105 Abs. 3, § 712 Abs. 2 BGB zulässig ist, ist umstritten, mangels Einschlägigkeit der Vorschrift des § 712 Abs. 2 BGB, die den isolierten Wegfall der Vertretungsmacht nicht regelt sowie wegen der auch sonst erforderlichen vertraglichen Einigung aller Gesellschafter über die Vertretungsverhältnisse innerhalb der OHG, aber zu verneinen (hM, vgl. etwa MüKoHGB/*K. Schmidt* Rn. 24; MHdB GesR I/*v. Ditfurth* § 55 Rn. 3; Staub/*Habersack* Rn. 36; aA etwa Heymann/*Hoffmann/Bartlitz* § 127 Rn. 11 f.; KKRD/*Kindler* Rn. 7 und § 127 Rn. 4).

27 Ein **Streit über das Bestehen der organschaftlichen Vertretungsmacht** eines Gesellschafters betrifft die Grundordnung der OHG und ist daher – regelmäßig in Form einer Feststellungsklage (§ 256 ZPO) – zwischen den Gesellschaftern auszutragen (BGH 26.10.1978, NJW 1979, 871 (872)). Eine Klage gegen die OHG würde dagegen an der fehlenden Passivlegitimation der Gesellschaft scheitern (Baumbach/Hopt/*Roth* Rn. 12; zumindest missverständlich insoweit Staub/*Habersack* Rn. 37), eine solche gegen einen Geschäftspartner der OHG am fehlenden Rechtsschutzbedürfnis (BGH 26.10.1978, NJW 1979, 871 (872)).

VI. Gesamtvertretung (Abs. 2)

28 **1. Gestaltungsspielraum.** Eine weitere Möglichkeit vom Regelfall der Einzelvertretung durch jeden Gesellschafter abzuweichen eröffnet Abs. 2 S. 1. Danach kann **im Gesellschaftsvertrag** – ursprünglich oder nachträglich – als wesentliches Kontrollinstrument vereinbart werden, dass **alle oder mehrere Gesellschafter nur gemeinsam** zur Vertretung berechtigt sein sollen, dh alle oder jedenfalls bestimmte Gesellschafter auf die Mitwirkung anderer Gesellschafter angewiesen sind.

29 Die vom Wortlaut des Abs. 2 S. 1 erfassten Alternativen sind dabei **nicht abschließend.** Vielmehr bestehen **zahlreiche Kombinationsmöglichkeiten,** wobei bei fehlender Eindeutigkeit der vertraglichen Regelung auch im Hinblick auf die von den Gesellschaftern konkret gewollte Ausgestaltung eine Vertragsauslegung (→ Rn. 23) möglich und geboten ist:

30 – Gesamtvertretung durch **sämtliche Gesellschafter** gemeinsam (Abs. 2 S. 1 Alt. 1); dies gilt im Zweifel als gewollt, soweit der Grundsatz des Abs. 1 eindeutig abbedungen wurde, die stattdessen getroffene Regelung aber unwirksam ist (BGH 11.7.1960, BGHZ 33, 105 (108)),

31 – Gesamtvertretung durch **mehrere, aber nicht alle Gesellschafter** gemeinsam (Abs. 2 S. 1 Alt. 2), wobei dann – ggf. durch Auslegung – aus dem Vertrag zu entnehmen ist, ob die übrigen Gesellschafter gem. Abs. 1 Hs. 2 von der Vertretung ausgeschlossen (→ Rn. 23) oder ggf. sogar zur Einzelvertretung berechtigt sein sollen (→ Rn. 32 f.). Es kommt sowohl die Möglichkeit in Betracht, dass nur einzelne, **konkret bezeichnete Gesellschafter** zur Gesamtvertretung berechtigt sein sollen (zB A und C bei einer aus A, B, C und D bestehenden OHG), als auch, dass eine Gesamtvertretung durch eine **bestimmte Anzahl beliebiger Gesellschafter** vereinbart wird (zB jeweils zwei beliebige Gesellschafter einer aus vier Personen bestehenden OHG),

32 – Einzelvertretung durch einzelne Gesellschafter, während andere nur gemeinsam zur Vertretung berechtigt sind (**Kombination aus Einzel- und Gesamtvertretung:** etwa wenn im obigen Bsp. einer aus vier Personen bestehenden OHG B die Gesellschaft alleine vertreten darf, während A, C und D jeweils nur zu zweit in beliebiger Zusammensetzung gesamtvertretungsbefugt sind),

33 – Einzelvertretung durch einzelne Gesellschafter und Gesamtvertretung durch andere nur im Zusammenwirken mit einem zur Einzelvertretung Berechtigten (so etwa, wenn im obigen Bsp. A, C und D zur Gesamtvertretung jeweils nur gemeinsam mit dem einzelvertretungsberechtigten B befugt sind), sog. **halbseitige Gesamtvertretung** (heute nach allgM zulässig, vgl. BGH 14.2.1974, BGHZ 62, 166 (170 ff.); ebenso bereits RG 9.3.1917, RGZ 90, 21 (22 f.)),

34 – Gesamtvertretung in einer der möglichen Varianten und **in Kombination mit einer oder mehreren Einzelvollmachten** für einen der nicht allein vertretungsberechtigten Gesellschafter (→ Rn. 14).

35 Der eingeräumte weite **Gestaltungsspielraum** besteht allerdings **nicht unbegrenzt.** So ist es nicht zulässig und im Außenverhältnis wirkungslos, die Gesamtvertretung auf bestimmte Zeiträume oder Geschäftsbereiche zu beschränken oder nur für bestimmte Situationen anzuordnen (vgl. die Ausführungen zum Ausschluss von der Vertretung der Gesellschaft, → Rn. 24). Eine entsprechende Regelung kann jedoch die Kompetenzen der Gesellschafter iRd Geschäftsführung im Innenverhältnis wirksam beschneiden (vgl. MüKoHGB/*K. Schmidt* Rn. 32).

36 **2. Zusammenwirken der Gesamtvertreter.** Der nach dem Gesellschaftsstatut erforderliche Kreis von Personen hat iRd Gesamtvertretung gemeinsam, wenn auch **nicht notwendig zeitgleich** zu handeln (RG 14.2.1913, RGZ 81, 325 (326); zu beachten ist allerdings, dass zuerst abgegebene Erklärungen zum Zeitpunkt der Abgabe von späteren Willenserklärungen noch bestehen sowie etwa eine sich aus dem materiellen Recht ergebende Pflicht zur gleichzeitigen Anwesenheit, vgl. § 925 Abs. 1 S. 1 BGB).

37 Wurde die Gesellschaft iRd Gesamtvertretung nicht ordnungsgemäß vertreten, dh haben ein oder mehrere Gesellschafter gehandelt, die allein bzw. in der jeweils zustande gekommenen Zusammensetzung nicht zur Vertretung berechtigt waren, handelt es sich um einen Fall der **Vertretung ohne**

Vertretungsmacht, auf den die §§ 177 ff. BGB konsequent anzuwenden sind. Demnach ist insbesondere eine **Genehmigung** nach §§ 182 ff. BGB möglich (für einseitige Willenserklärungen gilt § 180 BGB). Die Genehmigung bedarf gem. § 182 Abs. 2 BGB nicht der für das Rechtsgeschäft bestimmten Form (ausführlich BGH 25.2.1994, BGHZ 125, 218 = NJW 1994, 1344). Sie kann sowohl durch den oder die nicht beteiligten Gesamtvertreter (RG 18.2.1921, RGZ 101, 342 (343)), als auch durch einen etwa vorhandenen einzelvertretungsberechtigten Gesellschafter (BGH 29.11.1993, NJW-RR 1994, 291 (292 f.)), als auch durch einen rechtsgeschäftlichen Vertreter erfolgen, sofern dieser aufgrund der ihm erteilten Vollmacht zur (Allein-)Vertretung für dieses Geschäft befugt ist (RG 11.12.1925, RGZ 112, 215 (220 f.)). Aus der den Gesellschaftern obliegenden Treuepflicht kann sich eine Verpflichtung zur Genehmigungserteilung ergeben, insbesondere wenn dies erforderlich ist, um Schaden von der Gesellschaft abzuwenden (Staub/*Habersack* Rn. 42).

3. Verhinderung oder Wegfall einzelner Gesamtvertreter. Entscheidend ist zunächst eine saubere Differenzierung dahin, ob es sich bei der Verhinderung – bezogen auf die betroffene Vertreterhandlung – um eine dauerhafte oder eine nur vorübergehende handelt. Ist ein Gesamtvertreter **vorübergehend an der Vertretung gehindert** (zB durch Ortsabwesenheit oder Krankheit), ist seine Mitwirkung nicht etwa entbehrlich. Insbesondere kommt es in einer solchen Situation nicht automatisch dazu, dass der oder die verbleibenden Gesamtvertreter die OHG nun ohne den verhinderten Gesellschafter vertreten könnten (hM, vgl. BGH 12.12.1960, BGHZ 34, 27 (29); Baumbach/Hopt/*Roth* Rn. 16; EBJS/*Hillmann* Rn. 28; RWH HGB/*Haas* Rn. 12; ebenso Staub/*Habersack* Rn. 44 der lediglich den Fall der *dauerhaften* Verhinderung eines Gesamtvertreters in einer Zwei-Personen-Gesellschaft aus rechtlichen Gründen [§ 181 BGB] anders beurteilt, → Rn. 39; unklar Heymann/*Hoffmann/Bartlitz* Rn. 28/30; aA MüKoHGB/*K. Schmidt* Rn. 54 für den Fall, dass nur noch ein handlungsfähiger Gesellschafter übrig bleibt: dieser dürfe dann allein handeln). Auch eine Bevollmächtigung durch den verhinderten Vertreter selbst scheidet mangels entsprechender Befugnis aus (BGH 12.12.1960, BGHZ 34, 27 (29)). Eine Lösung kann in diesen Fällen durch die Erteilung von Einzelermächtigungen, ggf. auch durch die nachträgliche Genehmigung der Handlungen des oder der übrigen Gesamtvertreter erzielt werden (vgl. EBJS/*Hillmann* Rn. 28). Sollte dies im Einzelfall nicht möglich sein, kann eine Änderung des Gesellschaftsvertrages erforderlich werden, an der mitzuwirken es dann die Pflicht eines jeden Gesellschafters ist, um die Handlungsfähigkeit der Gesellschaft wieder herzustellen (vgl. RWH HGB/*Haas* Rn. 14). 38

Bei einem **dauerhaften Wegfall** eines gesamtvertretungsberechtigten Gesellschafters, etwa durch Ausscheiden aus der Gesellschaft oder Entziehung der Vertretungsmacht – aber, da der dauerhafte Wegfall auf die jeweilige Vertreterhandlung bezogen ist, auch dann, wenn der Gesellschafter aus rechtlichen Gründen (§ 181 BGB) die OHG nur bei einem bestimmten Geschäft nicht vertreten kann (MüKoHGB/*K. Schmidt* Rn. 52, unklar allerdings die nochmalige Erwähnung dieser Fallkonstellation bei den Ausführungen zur lediglich vorübergehenden Verhinderung in MüKoHGB/*K. Schmidt* Rn. 54; ebenfalls missverständlich die Einordnung bei Staub/*Habersack* Rn. 44; zur Problematik auch → Rn. 42) – ist zunächst zu prüfen, ob der Gesellschaftsvertrag für solche Situationen Regelungen vorsieht. Sollte dies nicht der Fall sein, wächst die Vertretungsmacht jedenfalls nicht ohne weiteres dem oder den verbliebenen vertretungsberechtigten Gesellschaftern zu (allgM; vgl. grundlegend BGH 25.5.1964, BGHZ 41, 367 (368 f.); BGH 4.11.1982, WM 1983, 60 mit Ausnahme für den Fall, dass die Gesellschaft durch die übrigen Gesellschafter gegen den ausgefallenen Gesellschafter klagt). Vielmehr kommt es dann, sofern nicht die zunächst angezeigte ergänzende Auslegung des Gesellschaftsvertrages zu einem anderen Ergebnis führt (→ § 127 Rn. 6), bis zu einer ggf. gebotenen Änderung des Gesellschaftsvertrages (→ Rn. 38) regelmäßig zur Gesamtvertretungsbefugnis sämtlicher Gesellschafter, auch wenn diese bislang nicht vertretungsberechtigt waren (BGH 11.7.1960, BGHZ 33, 105 (108); Staub/*Habersack* Rn. 43, 51; EBJS/*Hillmann* Rn. 26; aA offenbar MüKoHGB/*K. Schmidt* Rn. 52). Etwas anderes, nämlich das Erstarken der Gesamtvertretungsbefugnis zur Alleinvertretungsmacht, gilt nach wohl einhelliger Auffassung aus Gründen des Erhalts der Handlungsfähigkeit der Gesellschaft, wenn nach dem Wegfall eines Gesellschafters nur noch ein Gesellschafter verbleibt (vgl. BGH 25.5.1964, BGHZ 41, 367 (369) für die KG; Staub/*Habersack* Rn. 43, 51; MHdB GesR I/*v. Ditfurth* § 54 Rn. 27; Baumbach/Hopt/*Roth* Rn. 16). 39

VII. Ermächtigungen (Abs. 2 S. 2)

1. Zweck und Rechtsnatur der Ermächtigung. Den Gesamtvertretern ist es **zur Erleichterung des Rechtsverkehrs mit Dritten** (vgl. BGH 25.11.1985, NJW-RR 1986, 778) nach Abs. 2 S. 2 gestattet, einzelne von ihnen zur Vornahme bestimmter Geschäfte oder bestimmter Arten von Geschäften zu ermächtigen, was faktisch zu dem gewünschten und allgemein akzeptierten Ergebnis führt, dass der ermächtigte Gesamtvertreter in bestimmten Angelegenheiten alleine für die Gesellschaft auftreten darf. 40

41 Die theoretische Frage nach der **Rechtsnatur der Ermächtigung** ist umstritten. Nach überkommener Auffassung handelt es sich dabei um eine Bevollmächtigung (RG 14.2.1913, RGZ 81, 325 (328)), was aber schon deshalb nicht zutreffen kann, weil die Ermächtigung anders als die Vollmacht (→ Rn. 13) nicht von der OHG selbst, sondern von den übrigen Gesamtvertretern erteilt wird (→ Rn. 43). Im Übrigen handelt der nach Abs. 2 S. 2 Ermächtigte nicht als rechtsgeschäftlicher, sondern als organschaftlicher Vertreter der Gesellschaft, was mit der Einstufung der Ermächtigung als Bevollmächtigung nicht zu erklären wäre. Überwiegend wird daher angenommen, dass die Gesamtvertretungsmacht für den von der Ermächtigung erfassten Bereich („partiell") zur Einzelvertretungsmacht des Ermächtigten mutiert (BGH 6.3.1975, BGHZ 64, 72; KKRD/*Kindler* Rn. 5; Baumbach/Hopt/*Roth* Rn. 17; *Wiedemann* GesR II § 8 III.2.c; MHdB GesR I/*v. Ditfurth* § 54 Rn. 29). Dem ist entgegen zu halten, dass eine auch nur partielle Abweichung von dem statutarisch festgelegten Prinzip der Gesamtvertretung ohne Änderung des Gesellschaftsvertrages gerade nicht zulässig ist. Richtiger erscheint es daher mit einer weiteren im Schrifttum vertretenen Ansicht von einem unveränderten Fortbestehen der Gesamtvertretungsbefugnis auch für den von der Ermächtigung betroffenen Bereich auszugehen, weil lediglich die Ausübung der (fortbestehenden) Gesamtvertretungsmacht aufgrund der erteilten Ermächtigung (ausnahmsweise) dem ermächtigten Gesellschafter allein überlassen wird (*Schwarz* NZG 2001, 529 (535); MüKoHGB/*K. Schmidt* Rn. 44; Staub/*Habersack* Rn. 46 mit Ausführungen zum unscharfen Begriff der „Delegation" der Gesamtvertretungsmacht in Fn. 141).

42 **2. Insichgeschäfte (§ 181 BGB).** Eng mit der dogmatischen Herleitung der Ermächtigung verknüpft ist die Frage, ob es möglich ist, mittels einer Ermächtigung das Verbot eines Insichgeschäftes, bei dem einer der gesamtvertretungsberechtigten Gesellschafter der OHG als Vertragspartner gegenübersteht, zu umgehen. Dies wird von einer verbreiteten Ansicht bejaht (BGH 6.3.1975, BGHZ 64, 72 (76); EBJS/*Hillmann* Rn. 35; Baumbach/Hopt/*Roth* § 126 Rn. 9, sowie das überwiegende Schrifttum zu § 181 BGB, vgl. nur Palandt/*Ellenberger* BGB § 181 Rn. 12; BeckOK BGB/*Schäfer* BGB § 181 Rn. 15; Staudinger/*Schilken,* 2014, BGB § 181 Rn. 17; krit. *Ising* NZG 2011, 841 (844); offengelassen bei BGH 8.10.1991, NJW 1992, 618), steht aber im Widerspruch zur dargelegten dogmatischen Grundlage der Ermächtigung (→ Rn. 41), nach der der Ermächtigte stets auch für den oder die restlichen Gesamtvertreter handelt (zumindest im Ergebnis ebenso MüKoHGB/*K. Schmidt* Rn. 45; RvWH /*Haas* Rn. 10; Staub/*Habersack* Rn. 51; KKRD/*Kindler* Rn. 5; zweifelnd auch EBJS/*Hillmann* Rn. 35). Eine derartige **Umgehung des Verbots eines Insichgeschäftes** ist aber auch aus praktischen Gründen gar nicht erforderlich. Da der betroffene Gesamtvertreter aufgrund der Vorschrift des § 181 BGB von der Vornahme des Geschäftes dauerhaft ausgeschlossen ist, wird die OHG in diesem Fall ohnehin wirksam von sämtlichen übrigen Gesellschaftern gemeinsam – bzw. bei einer aus nur zwei Personen bestehenden Gesellschaft durch den verbliebenen Gesellschafter allein – vertreten (→ Rn. 39). Durch diese(n) kann auch der aufgrund eines etwaigen Mitwirkens des ausgeschlossenen Gesamtvertreters schwebend unwirksame Vertrag genehmigt werden (→ Rn. 37).

43 **3. Erteilung, Umfang und Widerruf der Ermächtigung.** Eine Ermächtigung wird durch **einseitige empfangsbedürftige Willenserklärung** der übrigen Gesamtvertreter gegenüber dem Ermächtigten ausgesprochen (EBJS/*Hillmann* Rn. 31; MüKoHGB/*K. Schmidt* Rn. 43; Baumbach/Hopt/*Roth* Rn. 17). Sie kann auch **stillschweigend** vorgenommen werden und ist – auch bezogen auf ein formbedürftiges Rechtsgeschäft – **formlos** möglich (§ 167 Abs. 2 BGB analog). Ein fortgesetztes Dulden des alleinigen Handelns eines Gesamtvertreters kann möglicherweise zur Annahme einer Ermächtigung ausreichen, wenn der Vertragspartner nach den Umständen auf ihr Vorliegen schließen darf (vgl. RG 5.2.1929, RGZ 123, 279 (288 f.)), ist aber von der (konkludenten) nachträglichen Änderung der gesellschaftsvertraglichen Regelungen über die Vertretungsverhältnisse abzugrenzen (MüKoHGB/*K. Schmidt* Rn. 43; *Wertenbruch* NZG 2005, 462 (463 f.)).

44 Der **Umfang** der Ermächtigung richtet sich in erster Linie nach der ggf. auszulegenden Erklärung der übrigen Gesamtvertreter. Er ist allerdings sowohl nach dem Wortlaut („bestimmte Geschäfte oder bestimmte Arten von Geschäften"), als auch dem Sinn und Zweck der Norm begrenzt. Insbesondere darf durch Einzelermächtigungen nicht die Kompetenz aller Gesellschafter zur statutarischen Regelung der Vertretungsverhältnisse der OHG faktisch ausgehöhlt werden. Zulässig ist danach beispielsweise eine auf ein alleiniges Handeln eines Gesamtvertreters für ein genau umrissenes Tätigkeitsfeld (zB die Leitung einer bestimmten Unternehmensfiliale) oder für die Abwicklung einzelner oder eines konkreten Typs exakt abgegrenzter Geschäfte (zB Kredit-, Miet-, Immobiliengeschäfte) zielende Ermächtigung, nicht aber eine (nahezu) vollständige Übertragung des gesamten Tätigkeitsbereichs der Gesellschaft iRe „Generalermächtigung" (BGH 25.11.1985, NJW-RR 1986, 778; BGH 12.12.1960, BGHZ 34, 27 (30); OLG Dresden 20.1.1994, NJW-RR 1995, 803 (804)).

45 Die Ermächtigung kann mit Wirkung für die Zukunft jederzeit und ohne Begründung widerrufen werden. Für einen wirksamen **Widerruf** wird es ausreichen, wenn die zur Gesamtvertretung notwendige Anzahl von Gesellschaftern einen solchen erklärt. So, wenn in einer aus A bis F bestehenden OHG, die nach ihrem Statut von zwei beliebigen Gesellschaftern gemeinsam vertreten wird, A und B dem D eine Einzelermächtigung erteilt haben und E und F diese später widerrufen (zum Problem sich widersprechen-

der Erklärungen → Rn. 18; wie hier EBJS/*Hillmann* Rn. 33; Staub/*Habersack* Rn. 53; aA MüKoHGB/*K. Schmidt* Rn. 46; RWH HGB/*Haas* Rn. 10: der oder die Ermächtigende(n) müssen widerrufen). Haben dagegen in Abwandlung des obigen Beispiels A, B und C den D ermächtigt und erklärt nur C einen Widerruf, so bleibt die Ermächtigung hiervon unberührt (ebenso nun Staub/*Habersack* Rn. 53).

VIII. Passivvertretung (Abs. 2 S. 3); Wissens- und Verschuldenszurechnung

1. Passivvertretung. Die Möglichkeit der Vereinbarung von Gesamtvertretung gilt nach der zwingenden Vorschrift des Abs. 2 S. 3 nicht für die **Entgegennahme von Willenserklärungen** (Passivvertretung). Hier reicht es demnach aus, wenn die Erklärung auch nur einem zur Vertretung berechtigten Gesellschafter zugeht (eine entsprechende Regelung enthält § 170 Abs. 3 ZPO betreffend die Zustellung im Zivilverfahren). Die Entgegennahme eines Angebotes auf Abschluss eines Vertrages ist daher von Abs. 2 S. 3 umfasst, nicht aber die Abgabe einer Annahmeerklärung. Ob etwas Anderes dann gilt, wenn – wie zB bei § 362 oder einem Vertragsschluss nach den Grundsätzen über das kaufmännische Bestätigungsschreiben – ein Schweigen zur Annahme des Angebotes als ausreichend angesehen wird, ist streitig (bejahend Staub/*Habersack* Rn. 55 sowie nunmehr auch Baumbach/Hopt/*Roth* Rn. 18; differenzierend MüKoHGB/*K. Schmidt* Rn. 47: nur bei kaufmännischem Bestätigungsschreiben). 46

2. Wissenszurechnung. Auf welcher **dogmatischen Grundlage** sich die OHG das Wissen ihrer organschaftlichen Vertreter zurechnen lassen muss ist umstritten. Während teilweise auf eine entsprechende Anwendung von Abs. 2 S. 3 oder – parallel zur Zurechnung bei rechtsgeschäftlichen Vertretern – von § 166 Abs. 1 BGB verwiesen wird (EBJS/*Hillmann* Rn. 15; KKRD/*Kindler* § 124 Rn. 6; Baumbach/Hopt/*Roth* Rn. 4), stellt eine andere Ansicht mit der Begründung auf eine Analogie zu § 31 BGB ab, dass es sich um organschaftliche Zurechnung und nicht um solche fremder Kenntnis handle (MüKoHGB/*K. Schmidt* Rn. 13; Staub/*Habersack* Rn. 20; RWH HGB/*Haas* Rn. 3b; offengelassen bei BGH 12.11.1998, NJW 1999, 284 (286) und OLG Köln 29.8.2002, VersR 2003, 73 (74)). In der neueren Rspr. des BGH zeichnet sich daneben zunehmend die Tendenz ab, die Grundlage der Wissenszurechnung nicht in der Organstellung des Vertreters, sondern im Gedanken des Verkehrsschutzes zu sehen und die Frage der Zurechnung im Einzelfall aufgrund einer wertenden Betrachtung zu entscheiden, wobei der Geschäftspartner der Gesellschaft grundsätzlich nicht schlechter, aber auch nicht besser gestellt werden darf als derjenige, der einer natürlichen Person gegenübersteht (vgl. ausf. BGH 2.2.1996, BGHZ 132, 30 (35 ff.) = NJW 1996, 1339 (1340 f.); ebenso BGH 15.4.1997, BGHZ 135, 202 (205) = NJW 1997, 1917; BGH 8.12.1989, BGHZ 109, 327 (332) = NJW 1990, 975 (976); zustimmend auf Basis der Organtheorie Staub/*Habersack* Rn. 22). 47

Maßgeblich ist im Ergebnis jedenfalls grundsätzlich **die Kenntnis (oder das Kennenmüssen) eines vertretungsberechtigten Gesellschafters** vom Vorliegen bestimmter Umstände. Bei der Gesamtvertretung genügt die Kenntnis bzw. das Kennenmüssen nur eines Vertreters (BGH 12.11.1998, NJW 1999, 284 (286); BGH 14.2.1974, BGHZ 62, 166 (173)). Dies gilt auch dann, wenn dieser Gesellschafter an dem konkreten Geschäft gar nicht beteiligt war (BGH 8.12.1989, BGHZ 109, 327 (330 f.) = NJW 1990, 975 (976); MüKoHGB/*K. Schmidt* Rn. 13/50; Staub/*Habersack* Rn. 24; aA RWH HGB/*Haas* Rn. 3b; Heymann/*Hoffmann/Bartlitz* Rn. 48;). Nicht allgemein beantworten lässt sich die Frage nach der Zurechnung des Wissens eines bereits ausgeschiedenen Gesellschafters (dagegen etwa: EBJS/*Hillmann* Rn. 16; zumindest tendenziell dafür zB MüKoHGB/*K. Schmidt* Rn. 13). Nach der in → Rn. 47 erwähnten neueren Rspr. des BGH, nach der für die Wissenszurechnung im Wesentlichen auf eine wertende Betrachtung abzustellen ist, kommt es bei im Einzelfall nicht beteiligten Einzelvertretern ebenso wie bei sogar schon verstorbenen oder aus sonstigen Gründen aus der Gesellschaft ausgeschiedenen Gesellschaftern entscheidend darauf an, ob es sich bei dem zuzurechnenden Wissen um Informationen handelt, die iRd die Gesellschaft treffenden Organisationspflichten typischerweise aktenmäßig festgehalten werden sowie ggf. innerhalb der Gesellschaft weitergegeben werden und mithin verfügbar sein müssen (BGH 2.2.1996, BGHZ 132, 30 (36 f.) = NJW 1996, 1339 (1340 f.); zustimmend Staub/*Habersack* Rn. 22/25; idS auch *Schultz* NJW 1997, 2093 (2094); vgl. auch *Bohrer* DNotZ 1991, 124 (129 f.), der von „Wissensverantwortung" spricht). 48

Danach kann uU auch das Wissen eines nicht vertretungsberechtigten Gesellschafters der OHG zugerechnet werden, wenn der Gesellschafter nach der internen Organisation der Gesellschaft mit Aufgaben betraut ist oder war, die die Entgegennahme von Informationen und die Verpflichtung zur Speicherung bzw. Weitergabe derselben mit sich bringt (sog. **„Wissensvertreter"**, vgl. BGH 24.1.1992, BGHZ 117, 104 (106 f.) = NJW 1992, 1099 (1100)). Die bloße Geschäftsführungsbefugnis – ohne gleichzeitig (Wissens-)Vertreter der OHG zu sein – reicht dagegen nicht aus (hM, vgl. Staub/*Habersack* Rn. 26; EBJS/*Hillmann* Rn. 16; aA MüKoHGB/*K. Schmidt* Rn. 13). 49

3. Verschuldenszurechnung. Die **(Mit-)Verschuldenszurechnung** für das Handeln bzw. ggf. auch Unterlassen ihrer Vertreter im deliktischen und rechtsgeschäftlichen Bereich erfolgt analog § 31 BGB (vgl. BGH 24.2.2003, BGHZ 154, 88 (94) = NJW 2003, 1445 (1446 f.); EBJS/*Hillmann* Rn. 17). Für sonstige Bevollmächtige haftet sie nach § 278, § 831 BGB (zur Verschuldenszurechnung → § 124 Rn. 12 ff.). 50

IX. Gemischte Gesamtvertretung (Abs. 3)

51 **1. Begriff.** Als weitere Möglichkeit der Gestaltung der organschaftlichen Vertretungsverhältnisse der Gesellschaft ist in Abs. 3 eine **Gesamtvertretung von Gesellschaftern mit einem oder mehreren Prokuristen** vorgesehen (sog. gemischte oder unechte Gesamtvertretung). Wie schon die Möglichkeit der Ermächtigung nach Abs. 2 S. 2 soll auch diese Option der Vereinfachung der in der Praxis oft als umständlich empfundenen Handhabung der Gesamtvertretung dienen (vgl. Heymann/*Hoffmann/Bartlitz* Rn. 43; BGH 6.2.1958, BGHZ 26, 330 (333)). Auch die Regelung über eine gemischte Gesamtvertretung muss – ursprünglich oder nachträglich – im Gesellschaftsvertrag vereinbart werden.

52 **2. Gestaltungsmöglichkeiten und Grenzen der Zulässigkeit.** Die Grenzen, die dem Gestaltungsspielraum der Gesellschafter bei der Vereinbarung einer gemischten Gesamtvertretung gezogen sind, sind im Einzelnen umstritten (vgl. dazu → Rn. 53). Klar ist aber, dass das Prinzip der Selbstorganschaft (→ Rn. 3, → Rn. 7 ff.) auch bei gemischter Gesamtvertretung Beachtung zu finden hat. Danach muss eine **Vertretung ohne Prokuristen,** also nur durch einen oder mehrere vertretungsberechtigte Gesellschafter allein, stets möglich bleiben, weshalb es unzulässig ist, alle oder gar den einzigen vertretungsberechtigten Gesellschafter an die Mitwirkung eines Prokuristen zu binden (BGH 6.2.1958, BGHZ 26, 330 (332 f.)).

53 Systematik und Wortlaut des Abs. 3 S. 1 („wenn nicht mehrere [Gesellschafter] zusammen handeln“) deuten darüber hinaus auf eine **weitere Begrenzung** der Gestaltungsmöglichkeiten hin. So dürfte, da die Vorschrift lediglich als Erleichterung einer ohnehin vereinbarten Gesamtvertretung konzipiert ist (→ Rn. 51 sowie Staub/*Habersack* Rn. 57 f.), die Gesamtvertretung durch einen Gesellschafter und einen Prokuristen nur bei Bestehen einer (echten) Gesamtvertretungsregelung in Betracht kommen, die Bindung eines Gesellschafters einer zweigliedrigen OHG an einen Prokuristen bei gleichzeitiger Einzelvertretungsmacht des anderen Gesellschafters mithin ausscheiden (idS BGH 6.2.1958, BGHZ 26, 330 (332 f.); MHdB GesR I/*v. Ditfurth* § 54 Rn. 30; Heymann/*Hoffmann/Bartlitz* Rn. 44; Baumbach/Hopt/*Roth* Rn. 19 mit gleichzeitiger Kritik als „sehr formal“ in Rn. 21). Ferner könnte nach dem Wortlaut etwa eine Regelung als unzulässig anzusehen sein, nach der bestimmte Gesellschafter als Gesamtvertreter nur gemeinsam mit einem Prokuristen, nicht aber mit einem anderen Gesellschafter handeln dürfen (so zB wenn in einer aus A, B und C bestehenden OHG mit dem Prokuristen P, A und B entweder zusammen oder jeweils einzeln mit P, C aber nur gemeinsam mit P handeln darf; vgl. Staub/*Habersack* Rn. 58). Ob eine derart formale Begrenzung der zulässigen Formen gemischter Gesamtvertretung sinnvoll ist, erscheint zweifelhaft. Um den Gestaltungsspielraum der Gesellschafter nicht unnötig einzuengen, plädiert ein Teil des Schrifttums daher für eine Zulässigkeit der oben genannten Varianten über den Wortlaut des Abs. 3 S. 1 hinaus (MüKoHGB/*K. Schmidt* Rn. 33; Staub/*Habersack* Rn. 58 ff.; wohl auch EBJS/*Hillmann* Rn. 39; gegen jede Erweiterung freilich MüKoHGB/*Krebs* § 48 Rn. 85: „kein Erfindungsrecht für neue Vollmachtsarten“).

54 Unproblematisch zulässig ist dagegen die **halbseitige gemischte Gesamtvertretung** (zur echten halbseitigen Gesamtvertretung → Rn. 33). Möglich ist mithin eine Vereinbarung, wonach der Gesellschafter nicht ohne den Prokuristen handeln darf, der Prokurist – iRd rechtsgeschäftlich erteilten Prokura – aber ohne den Gesellschafter. Auch der umgekehrte Fall (Gesellschafter darf auch ohne Prokurist handeln, der Prokurist aber nicht ohne ihn) kann vereinbart werden (ganz hM vgl. BGH 6.11.1986, BGHZ 99, 76 (78) = NJW 1987, 841; OLG Frankfurt a. M. 16.11.2000, NJW-RR 2001, 178 mzN; aA *Beuthien/Müller* DB 1995, 461 (464)), betrifft jedoch nicht die organschaftliche Vertretung der OHG, sondern ist als gemischte Gesamtprokura entsprechend § 48 Abs. 2 zu behandeln (vgl. etwa BGH 6.11.1986, BGHZ 99, 76 (78 ff.) = NJW 1987, 841; Baumbach/Hopt/*Hopt* § 48 Rn. 6).

55 Nicht zulässig ist nach allgM dagegen die Bindung eines Gesellschafters an eine Person, deren rechtsgeschäftliche Vertretungsmacht auf einer anderen Grundlage als einer Prokura beruht, so zB auf einer Handlungsvollmacht iSd § 54 (vgl. nur MüKoHGB/*K. Schmidt* Rn. 41).

56 **3. Umfang.** Der **Umfang der Vertretungsmacht** bestimmt sich bei der gemischten Gesamtvertretung einheitlich, also auch für den Prokuristen, nach § 126 und nicht nach § 49, weil es sich insofern um organschaftliche Vertretung handelt (ganz hM, vgl. BGH 6.11.1986, BGHZ 99, 76 (81) mwN zur Rspr. = NJW 1987, 841 (842); Staub/*Habersack* Rn. 61; KKRD/*Kindler* Rn. 5; RWH HGB/*Haas* Rn. 16; aA *Krebs* ZHR 159 (1995), 635 (645 f.)).

57 **4. Einzelermächtigung und Passivvertretung (Abs. 3 S. 2).** Über die **Verweisung in Abs. 3 S. 2** gelten die Regelungen des Abs. 2 S. 2 (Möglichkeit der Einzelermächtigung) und Abs. 2 S. 3 (Passivvertretung) für die gemischte Gesamtvertretung entsprechend. Demnach können sowohl der in die gemischte Gesamtvertretung eingebundene Gesellschafter, als auch der Prokurist zur Vornahme bestimmter Geschäfte oder Arten von Geschäften ermächtigt werden und sind zur Passivvertretung der Gesellschaft befugt (allgM, EBJS/*Hillmann* Rn. 42, Staub/*Habersack* Rn. 62; Zweifel hieran sind entgegen MüKoHGB/*K. Schmidt* Rn. 49 nicht angebracht, weil es der Verweisung nicht bedurft hätte, wenn Abs. 2 S. 2 und 3 nur auf die Gesellschafter-Gesamtvertreter Anwendung finden sollte).

X. Handelsregister

Die Vertretungsverhältnisse der OHG und jede diesbezügliche Änderung sind gem. § 106 Abs. 2 Nr. 4, § 107 in das Handelsregister einzutragen (→ § 106 Rn. 15 und → § 107 Rn. 10). 58

[Angaben auf Geschäftsbriefen]

125a (1) [1] **Auf allen Geschäftsbriefen der Gesellschaft gleichviel welcher Form, die an einen bestimmten Empfänger gerichtet werden, müssen die Rechtsform und der Sitz der Gesellschaft, das Registergericht und die Nummer, unter der die Gesellschaft in das Handelsregister eingetragen ist, angegeben werden.** [2] **Bei einer Gesellschaft, bei der kein Gesellschafter eine natürliche Person ist, sind auf den Geschäftsbriefen der Gesellschaft ferner die Firmen der Gesellschafter anzugeben sowie für die Gesellschafter die nach § 35a des Gesetzes betreffend die Gesellschaften mit beschränkter Haftung oder § 80 des Aktiengesetzes für Geschäftsbriefe vorgeschriebenen Angaben zu machen.** [3] **Die Angaben nach Satz 2 sind nicht erforderlich, wenn zu den Gesellschaftern der Gesellschaft eine offene Handelsgesellschaft oder Kommanditgesellschaft gehört, bei der ein persönlich haftender Gesellschafter eine natürliche Person ist.**

(2) **Für Vordrucke und Bestellscheine ist § 37a Abs. 2 und 3, für Zwangsgelder gegen die zur Vertretung der Gesellschaft ermächtigten Gesellschafter oder deren organschaftliche Vertreter und die Liquidatoren ist § 37a Abs. 4 entsprechend anzuwenden.**

Übersicht

I. Allgemeines

1. Normzweck. Die nicht abdingbare Norm dient der Transparenz sowie dem Informationsinteresse 1 und dem **Schutz des Rechtsverkehrs,** der zur Erlangung wesentlicher Basisdaten der OHG keine Registerrecherche anstellen muss, sondern auf den mit der Gesellschaft geführten Schriftverkehr zurückgreifen kann. In Abs. 2 wird der Geltungsbereich der Vorschrift im Hinblick auf Bestellscheine und Vordrucke entsprechend der Regelungen in § 37a Abs. 2 und 3 näher definiert. Zudem wird auch im Hinblick auf Sanktionen bei Verstößen gegen die Norm auf § 37a Abs. 4 verwiesen.

Während S. 1 für alle OHGen gilt, sind gem. der in Abs. 1 S. 2 und 3 enthaltenen Regelung 2 **zusätzliche Angaben** bei solchen Gesellschaften erforderlich, bei denen letztlich keine natürliche Person mit ihrem Vermögen haftet (zB bei einer durch zwei GmbHs gebildeten OHG) und den Gläubigern daher nur eine beschränkte Haftungssumme zur Verfügung steht. Nach dem Sinn der Vorschrift gilt dies über den Wortlaut des S. 3 hinaus für alle **mehrstöckigen Gesellschaftskonstruktionen,** bei denen am Ende nicht wenigstens ein persönlich haftender Gesellschafter eine natürliche Person ist (hM, vgl. etwa Baumbach/Hopt/*Roth* Rn. 4; MüKoHGB/*K. Schmidt* Rn. 4). Aus dem Umstand, dass der Gesetzgeber durch die sprachliche Neufassung des § 19 Abs. 5 aF in § 19 Abs. 2 aufgrund des Handelsrechtsreformgesetzes von 1998 eine Erstreckung auf mehrstöckige Personenhandelsgesellschaften ermöglicht (zur Anwendbarkeit bereits des § 19 Abs. 5 aF auf mehrstöckige Gesellschaften vgl. GK-HGB/*Steitz* § 19 Rn. 15 mwN), eine entsprechende Umformulierung des Abs. 1 S. 3 aber unterlassen hat, kann nicht gefolgert werden, dass hier eine unterschiedliche Regelung gewollt war (so aber RWH HGB/*Haas* Rn. 1), zumal die Gesetzesbegründung hierfür keine Anhaltspunkte liefert (vgl. BT-Drs. 13/8444, 65).

2. Verhältnis zu anderen Vorschriften. § 125a ist den älteren Regelungen für die Kapitalgesell- 3 schaften (§ 80 AktG, § 35a GmbHG, § 25a GenG) nachgebildet. Für den Bereich der Personenhandelsgesellschaften sollte die Vorschrift stets im Zusammenspiel mit der **Grundnorm des § 37a** gesehen werden, auf die in Abs. 2 ausdrücklich verwiesen wird. Im Ergebnis existiert heute somit ein weitgehend einheitlicher Informationsstandard für Geschäftsbriefe aller kaufmännischer Unternehmen (GK-HGB/*Steitz* § 37a Rn. 2). Durch die Verweisung in § 7 Abs. 5 PartGG gilt Abs. 1 S. 1, Abs. 2 auch für Partnerschaftsgesellschaften. Gewerbetreibenden, für die bis 2009 § 15b GewO galt, wonach auf Geschäftsbriefen unter anderem eine ladungsfähige Anschrift unter voller Namensnennung anzugeben war, ist auch weiterhin die Angabe der entsprechenden Informationen aus steuer- und wettbewerbsrechtlichen Gründen zu empfehlen, zumal seit Mitte Mai 2010 die Dienstleistungs-Informationspflichten-Verordnung (DL-InfoV) vom 12.3.2010 gilt (BGBl. 2010 I 267), die für Informationsunterlagen von Dienstleistern entsprechende (und weitergehende) Angaben verlangt (§ 2 Abs. 2 Nr. 4 iVm Abs. 1 DL-InfoV).

II. Angaben auf Geschäftsbriefen

4 **1. Geschäftsbrief.** Der **Begriff** des Geschäftsbriefes ist im Hinblick auf den Zweck der Norm **weit** zu verstehen und erfasst über den Brief im postalischen Sinn hinaus sämtliche in **Textform** abgefasste, Drittbezug aufweisende Mitteilungen im geschäftlichen Bereich (vgl. Oetker/*Boesche* Rn. 5). Erforderlich ist in jedem Fall eine **Verlautbarung im Namen der Gesellschaft** (zu verschiedenen Fallkonstellationen bei Handeln Dritter vgl. *Bredol* NZG 2017, 611 (612 f.)).

5 Danach gelten neben Mitteilungen, die die Anbahnung, Ausgestaltung oder Beendigung rechtsgeschäftlicher Verhältnisse zum Inhalt haben auch Auftragsbestätigungen, Lieferscheine, Rechnungen oder Quittungen als Geschäftsbriefe und zwar unabhängig davon, ob sie im Original oder als Kopie, als persönlich ausgehändigter oder postalisch übermittelter Brief, als Postkarte oder (Computer-)Fax zur Verfügung gestellt werden. Unerheblich ist, ob der Inhalt der Mitteilung für den Empfänger neu oder ihm die entsprechende Information bereits bekannt ist. Da maßgeblich auf die Abgrenzung zur bloßen mündlichen Übermittlung von Informationen abzustellen ist, sind auch **E-Mails** als Geschäftsbriefe anzusehen. Dies wurde in Abs. 1 S. 1 durch das Anfang 2007 in Kraft getretene EHUG mit dem eingefügten Zusatz „gleichviel welcher Form" klar gestellt, galt nach zutreffender Ansicht im Hinblick auf den Schutzzweck der Norm aber auch schon davor (vgl. GK-HGB/*Steitz* § 37a Rn. 3). Umstritten ist, ob die gesetzlich geforderten Pflichtangaben unmittelbar in den Text einer E-Mail aufgenommen werden müssen (so *Hoeren/Pfaff* MMR 2007, 207 (208 f.), die darauf hinweisen, dass dem Empfänger der E-Mail nicht zwingend auch ein komfortabler Zugang zum Internet zur Verfügung stehe), oder ob diese auch auf einer Internetseite des Versenders für den Empfänger bereitgestellt werden können, sofern in der E-Mail hierauf mittels eines Hyperlinks verwiesen wird (*Leuering/Rubel* NJW-Spezial 2008, 47 (48)), wobei praktische Erwägungen sowie die aufgrund des technischen Fortschritts verstärkt gegebene (mobile) Verfügbarkeit des Internets für letztere Ansicht sprechen (vgl. auch *Glaus/Gabel* BB 2007, 1744 (1745 ff.) unter Hinweis auf die Rspr. des BGH 14.6.2006, NJW 2006, 2976 zum Ausreichen der Abrufbarkeit von AGB via Hyperlink). Bei **anderen Textübermittlungsdiensten** ist unter Berücksichtigung der Übertragungsmöglichkeiten und Vorgaben zu differenzieren. Eine aus technischen Gründen auf maximal 160 Zeichen beschränkte, per Telefon übermittelte Kurznachricht (SMS) dürfte grundsätzlich nicht als Geschäftsbrief geeignet sein, zumal allein durch Aufführung der erforderlichen Angaben (→ Rn. 12) die Maximalzahl der zulässigen Zeichen nahezu erreicht ist (hM, vgl. *Hoeren/Pfaff* MMR 2007, 207 (208); Roth/Altmeppen/*Altmeppen* GmbHG § 35a Rn. 5, aA *Maaße/Orlikowski-Wolf* BB 2007, 561 (565); Staub/*Burgard* § 37a Rn. 11). Gleiches gilt für ähnlich reglementierte Dienste wie Twitter (bis November 2017 max. 140, seither 280 Zeichen). Dagegen wird man Verlautbarungen über Messenger-Dienste ohne Zeichenbeschränkung, wie etwa WhatsApp, nicht anders als Mitteilungen per E-Mail zu qualifizieren haben.

6 Aufgrund der ausdrücklichen Regelung des Abs. 2 iVm § 37a Abs. 3 sind sämtliche **Bestellscheine,** inklusive vorgedruckter Bestellscheine und solcher im Internet (sog. Bestellmasken) als Geschäftsbriefe anzusehen.

7 Ausdrücklich vom Anwendungsbereich der Norm ausgenommen sind dagegen **Vordrucke,** die in der jeweiligen Branche üblicher Weise verwendet und im Einzelfall ergänzt werden (etwa durch Mengen- oder Preisangaben). Diese Ausnahme gilt jedoch nur **iRe bestehenden Geschäftsverbindung,** wozu ein vorausgegangener geschäftlicher Kontakt ausreicht, bei dem die nach Abs. 1 erforderlichen Angaben gemacht wurden und der noch nicht so lange zurück liegt, dass von einer Kenntnis der angabepflichtigen Umstände beim Empfänger nicht mehr ausgegangen werden kann. Die Ausnahme gilt nicht für Bestellscheine in Gestalt von Vordrucken (Abs. 2 iVm § 37a Abs. 3 S. 2; → Rn. 6).

8 Die in Textform abgefasste Mitteilung muss einen **Bezug zum Geschäftsbetrieb** des Unternehmens aufweisen. Dies kann iR bereits bestehender, noch anzubahnender oder schon beendeter Beziehungen zu der Gesellschaft gegenüberstehenden Verkehrsteilnehmern der Fall sein (Heymann/*Hoffmann/Bartlitz* Rn. 5). Ob bloße **PR- und Marketingmitteilungen** wie Schreiben iRe After-Sales- oder Customer-Relationship-Managements oder Hinweise auf Jubiläen, Schließungen, Öffnungen, Umzüge oÄ nicht als Geschäftsbriefe angesehen werden sollten (dafür MüKoHGB/*K. Schmidt* Rn. 6) erscheint im Hinblick auf das Informationsinteresse des Publikums zweifelhaft, zumal auch solche Mitteilungen letztlich auf die (Wieder-)Aufnahme von geschäftlichen Kontakten zielen.

2. Bestimmter Empfänger. Erforderlich ist, dass der Geschäftsbrief einen **Drittbezug** aufweist. Mitteilungen, die nur gesellschaftsinternen Charakter aufweisen, fallen daher nicht unter die Regelung, wohl aber solche an Gesellschafter im Zusammenhang mit Drittgeschäften (zum Begriff → § 124 Rn. 20) sowie an Mitarbeiter iR ihres Arbeitsverhältnisses mit der OHG (hM vgl. etwa RWH HGB/ *Haas* Rn. 3; EBJS/*Hillmann* § 37a Rn. 5; aA MüKoHGB/*Krebs* § 37a Rn. 5; einschränkend Baumbach/Hueck/*Beurskens* GmbHG § 35a Rn. 6). 9

Die Mitteilung muss zudem an einen oder mehrere **bestimmte Empfänger** gerichtet sein. Damit fallen nicht an konkrete Personen adressierte schriftliche Äußerungen wie Postwurfsendungen, (Werbe-) Anzeigen oder Mitteilungen auf einer Homepage im Internet aus dem Anwendungsbereich der Norm (anders bei Internetformularen, die durch Ausfüllen auf einen bestimmten Empfänger konkretisiert werden, vgl. *Roth/Groß* K&R 2002, 127 (132 f.); KKRD/*Roth* § 37a Rn. 2). 10

3. Angaben über die OHG. a) Allgemein erforderliche Angaben. Anzugeben sind die **Rechtsform** (ausgeschrieben oder unter Verwendung der üblichen Abkürzungen), der **Sitz,** das zuständige **Registergericht** und die **Nummer der Eintragung im Handelsregister.** Obwohl vom Wortlaut des Abs. 1 S. 1 nicht explizit umfasst ist nach zutreffender Meinung auch die **Firma** der OHG anzugeben (MüKoHGB/*K. Schmidt* Rn. 9). 11

In der Praxis könnten die Angaben daher beispielsweise wie folgt lauten: 12

Firma/Rechtsform: Fashionworld OHG; Sitz: Speyer; Registergericht: Amtsgericht Ludwigshafen am Rhein (Registernr. HRA 1895).

b) Gesellschaften ohne unbeschränkt haftende natürliche Person. Sofern den Gläubigern der OHG keine natürliche Person (unbeschränkt) haftet (→ Rn. 2), müssen nach Abs. 1 S. 2 auch die Firmen (bei Vereinen oder Stiftungen: Namen) der Gesellschafter angegeben werden (aA im Wege einer einschränkenden Auslegung des Wortlauts der Norm *Mehringer* NZG 2017, 41 (43 f.): nur des geschäftsführenden/vertretungsberechtigten Gesellschafters). Ist Gesellschafter eine AG (KGaA) oder GmbH sind darüber hinaus die **Angaben nach § 80 AktG bzw. § 35a GmbHG** (Rechtsform, Sitz, Registergericht und Registernummer sowie Vorstandsmitglieder und Aufsichtsratsvorsitzender bzw. sämtliche Geschäftsführer und ggf. der Vorsitzende von Beirat oder Aufsichtsrat) notwendig. 13

Liegt eine **mehrstöckige OHG** vor (dh die Gesellschafter der OHG sind Gesellschaften, deren Gesellschafter wiederum Gesellschaften sind usw.), bei der letztlich keine natürliche Person unbeschränkt haftet (Beispiel: Gesellschafter der A-OHG sind die X-AG und die Y-KG, deren persönlich haftende Gesellschafterin die Z-GmbH ist), sind nach Sinn und Zweck der Vorschrift auch Angaben über die hinter den an der OHG beteiligten Gesellschaften stehenden Gesellschafter (im obigen Beispiel also nicht nur Angaben über die X-AG, sondern nach § 35a GmbHG auch über die Z-GmbH als Komplementärin der Y-KG) zu fordern (MüKoHGB/*K. Schmidt* Rn. 12). 14

III. Rechtsfolgen eines Verstoßes

1. Registerrechtliche Konsequenzen. Nach Abs. 2 iVm § 37a Abs. 4 hat das Registergericht bei fehlenden, unvollständigen oder falschen Angaben die nach § 125 Abs. 1 oder dem Gesellschaftsvertrag vertretungsberechtigten Gesellschafter durch Festsetzung von **Zwangsgeld** dazu anzuhalten, ihren Pflichten nachzukommen. Dabei darf das im Einzelfall festgesetzte Zwangsgeld den Betrag von 5.000 EUR nicht überschreiten (§ 14 S. 2). Das Verfahren richtet sich nach §§ 388 ff. FamFG. 15

2. Zivilrechtliche Auswirkungen. § 125a ist **Schutzgesetz** iSd § 823 Abs. 2 BGB, was bei Verletzung einen Schadenersatzanspruch gegen die verantwortlichen Vertreter (→ Rn. 15) und über § 31 BGB gegenüber der OHG auszulösen geeignet ist (ganz hM, vgl. etwa Oetker/*Boesche* Rn. 13; Staub/ *Habersack* Rn. 11; ebenso nunmehr Baumbach/Hopt/*Roth* Rn. 11). Auch eine Haftung aus cic (§ 311 Abs. 2 BGB iVm § 280 Abs. 1 BGB) sowie eine Anfechtung aufgrund Irrtums oder Täuschung sind in diesen Fällen denkbar (MüKoHGB/*K. Schmidt* Rn. 16/17). 16

Ergänzend ist an die Möglichkeit einer **Rechtsscheinhaftung** analog § 179 BGB in denjenigen Fällen zu denken, in denen aufgrund unzureichender oder fehlerhafter Angaben ein berechtigtes Vertrauen des Vertragspartners auf die unbeschränkte Haftung wenigstens einer natürlichen Person als Gesellschafter geweckt wurde (vgl. nur BGH 5.2.2007, NJW 2007, 1529; BGH 24.6.1991, NJW 1991, 2627). Bei einer nicht unter Abs. 1 S. 2 fallenden OHG besteht dazu freilich kein Anlass (EBJS/ *Hillmann* Rn. 11). 17

Schließlich stellt § 125a eine Verhaltensregelung im Interesse der Marktteilnehmer dar, sodass ein Verstoß gegen die Vorschrift, durch den die Geltendmachung zivilrechtlicher Ansprüche seitens potentieller Gläubiger erschwert wird grundsätzlich einen **wettbewerbsrechtlichen Unterlassungsanspruch** nach § 8 Abs. 1 UWG, § 3a UWG begründen kann, sofern der Verstoß im Einzelfall geeignet ist, den Wettbewerb nicht nur unerheblich zu beeinträchtigen (LG Bonn 22.6.2006, BeckRS 2006, 10375; KBF/*Köhler* UWG § 3a Rn. 1.305 iVm 1.304). 18

[Umfang der Vertretungsmacht]

126 (1) **Die Vertretungsmacht der Gesellschafter erstreckt sich auf alle gerichtlichen und außergerichtlichen Geschäfte und Rechtshandlungen einschließlich der Veräußerung und Belastung von Grundstücken sowie der Erteilung und des Widerrufs einer Prokura.**

(2) **Eine Beschränkung des Umfanges der Vertretungsmacht ist Dritten gegenüber unwirksam; dies gilt insbesondere von der Beschränkung, daß sich die Vertretung nur auf gewisse Geschäfte oder Arten von Geschäften erstrecken oder daß sie nur unter gewissen Umständen oder für eine gewisse Zeit oder an einzelnen Orten stattfinden soll.**

(3) **In betreff der Beschränkung auf den Betrieb einer von mehreren Niederlassungen der Gesellschaft finden die Vorschriften des § 50 Abs. 3 entsprechende Anwendung.**

Übersicht

I. Allgemeines

1 **1. Normzweck.** Die Vorschrift legt den **Umfang der Vertretungsmacht der organschaftlichen Vertreter** der OHG in allen Bereichen fest (vornehmlich für Erklärungen iR rechtsgeschäftlichen Handelns, aber auch für prozessuale Erklärungen oder Erklärungen im behördlichen Verfahren, vgl. MüKoHGB/*K. Schmidt* Rn. 3). Danach ist die Vertretungsmacht mit Ausnahme der in Abs. 3 geregelten Möglichkeit der Beschränkung auf eine von mehreren Zweigniederlassungen im Außenverhältnis **unbeschränkt und unbeschränkbar** (Abs. 1 und 2).

2 Damit dient die Norm dem **Schutz** aber auch der **Erleichterung des Rechtsverkehrs** und so letztlich auch den Interessen der Gesellschaft. Das Publikum soll sich auf das Bestehen der Vertretungsbefugnis der organschaftlichen Vertreter der Gesellschaft verlassen dürfen und die Bereitschaft zum Abschluss eines Geschäftes mit der OHG nicht beeinträchtigt werden.

3 **2. Reichweite.** Geregelt werden **nur Umfang und (Un-)Beschränkbarkeit der organschaftlichen Vertretungsmacht.** Daher ist § 126 für die Beurteilung des Umfangs der Befugnisse rechtsgeschäftlicher Vertreter der OHG nicht einschlägig. Ebenso wenig ist die Vorschrift auf Umfang oder Beschränkbarkeit der im Vergleich zur Vertretungsbefugnis wesentlich umfassenderen Geschäftsführungsbefugnis der Gesellschafter anzuwenden (dazu § 116). Da das interne Vertretungsrecht im Verhältnis zu den übrigen Gesellschaftern stärker beschränkt sein kann als die Vertretungsbefugnis gegenüber Dritten, kann es zu einer ein **Missbrauchsrisiko** begründenden überschießenden Vertretungsmacht im Außenverhältnis kommen.

II. Umfang nach Abs. 1

4 **1. Vertretung im Bereich rechtsgeschäftlichen Handelns.** Gemäß dem Wortlaut des Abs. 1 („alle gerichtlichen und außergerichtlichen Geschäfte und Rechtshandlungen") und dem Zweck der Norm (→ Rn. 1 f.) ist die **Vertretungsmacht weitestgehend unbeschränkt.** Sie ist daher nicht auf solche Geschäfte begrenzt, die der Geschäftsbetrieb mit sich bringt (§ 49 Abs. 1) oder gewöhnlich mit sich bringt (§ 54 Abs. 1, § 116 Abs. 1), sondern umfasst auch sonstige, dh nicht auf den Betrieb zugeschnittene oder branchenfremde sowie solche Geschäfte, die gar keine Handelsgeschäfte iSd § 343 sind (hM, Staub/*Habersack* Rn. 5 mwN). Dies gilt auch für Geschäfte, die von einem – ordnungsgemäß vertretenen – minderjährigen vertretungsberechtigten Gesellschafter vorgenommen werden (→ § 125 Rn. 20).

5 In Abs. 1 eigens erwähnt werden die **Veräußerung und Belastung von Grundstücken** (zur Abschichtung von der insoweit gem. § 49 Abs. 2 begrenzten Prokura) sowie die Befugnis zu **Erteilung und Widerruf der Prokura** (zur Bekräftigung der bereits in § 48 Abs. 1, § 52 Abs. 1 enthaltenen

Regelung und zur Vermeidung von Missverständnissen im Hinblick auf die nur im Innenverhältnis zur Prokuraerteilung grundsätzlich erforderliche Zustimmung sämtlicher vertretungsberechtigter Gesellschafter gem. § 116 Abs. 3 S. 1; → § 116 Rn. 31 ff.). Das Registergericht hat daher über das Vorliegen der Vertretungsberechtigung des die Eintragung der Prokura anmeldenden Gesellschafters hinaus die Voraussetzungen des § 116 Abs. 3 nicht zu prüfen (RG 22.12.1931, RGZ 134, 303 (307)). Allerdings muss das Registergericht Anhaltspunkten, die auf einen Missbrauch der Vertretungsmacht hindeuten, nachgehen und das Eintragungsverfahren ggf. gem. § 381 FamFG aussetzen (MüKoHGB/*K. Schmidt* Rn. 8; für den Fall sich widersprechender Erklärungen der vertretungsberechtigten Gesellschafter gelten die allgemeinen Grundsätze, → § 125 Rn. 18).

Hervorzuheben ist darüber hinaus auch die von der Vertretungsmacht erfasste Befugnis zu Abschluss, 6
Änderung und Kündigung von **Arbeitsverträgen** sowie zur Erteilung von Weisungen gegenüber den Angestellten der OHG, unabhängig vom Vorliegen einer entsprechenden Befugnis im Innenverhältnis (hM, MüKoHGB/*K. Schmidt* Rn. 4 mwN auch zur früher vertretenen Gegenansicht). Im Hinblick auf die notwendige Abgrenzung zu den Grundlagengeschäften (→ Rn. 7 ff.) ebenfalls erwähnenswert ist, dass Abs. 1 grundsätzlich auch im Namen der Gesellschaft abgeschlossene Verträge mit den Gesellschaftern erfasst, soweit es sich um sog. **Drittgeschäfte** (zB mit einem der Gesellschafter als Mieter/Vermieter, Darlehensgeber oder -nehmer oÄ) handelt, bei denen jeweils einer oder mehrere der Gesellschafter der OHG wie ein Dritter gegenüberstehen (heute allgM, vgl. Staub/*Habersack* Rn. 10; Baumbach/Hopt/*Roth* Rn. 6).

2. Begrenzung des Umfangs. a) Grundlagengeschäfte. Die Vertretungsmacht der vertretungs- 7
berechtigten Gesellschafter erstreckt sich nicht auf solche Geschäfte, die das innere Verhältnis der Gesellschafter zueinander, dh die **Grundlagen des Gesellschaftsverhältnisses** betreffen (allgM, vgl. bereits RG 20.12.1939, RGZ 162, 370 (374)).

Dazu zählen, da die Gesellschaft weder am Zustandekommen, noch an der konkreten Ausgestaltung 8
des Gesellschaftsvertrages beteiligt ist, sämtliche **Änderungen des Gesellschaftsvertrages,** einschließlich der Aufnahme neuer Gesellschafter (BGH 6.2.1958, BGHZ 26, 330 (333)). Zu beachten ist allerdings, dass einzelnen Gesellschaftern oder Dritte im Gesellschaftsvertrag zur Aufnahme neuer Gesellschafter ermächtigt werden können, weil das erforderliche Einverständnis der übrigen Gesellschafter mit dem Eintritt neuer Gesellschafter in einem solchen Falle in zulässiger Weise im Voraus erteilt wird (BGH 16.11.1981, NJW 1982, 877 (879); BGH 14.11.1977, NJW 1978, 1000). Diese Befugnis beruht dann aber auf der entsprechenden Ermächtigung und nicht auf Abs. 1.

Im Einzelnen gehören etwa die **Ausschließung eines Gesellschafters** (Heymann/*Hoffmann*/*Bartlitz* 9
Rn. 14), die **Änderung der Geschäftsführungs- oder Vertretungsverhältnisse** (*Grunewald* 1 B. Rn. 22; *Wertenbruch* in Westermann/Wertenbruch PersGes-HdB Rn. I 328a; nicht aber der Abschluss eines Anstellungsvertrags, durch den lediglich die Konditionen des zur Geschäftsführung nach der gesetzlichen Regelung ohnehin berufenen Gesellschafters festgelegt werden: BGH 19.4.2016, WM 2016, 1299 (1301)), die **Feststellung des Jahresabschlusses** (BGH 29.3.1996, BGHZ 132, 263 (266) = NJW 1996, 1678 mwN), sowie die **Änderung der Firma** (BGH 8.2.1952, NJW 1952, 537 (538)) zu den Grundlagengeschäften. Gleiches gilt für die **Auflösung der Gesellschaft** (RG 20.12.1939, RGZ 162, 370 (374)), die **Änderung des Unternehmensgegenstandes** (Staub/*Habersack* Rn. 14) und den **Abschluss eines Unternehmensvertrages** iSd §§ 291 ff. AktG (RWH HGB/*Haas* Rn. 3; EBJS/*Hillmann* Rn. 10).

Auch die Verpflichtung zur **Veräußerung** oder Verpachtung des von der OHG betriebenen **Unter-** 10
nehmens als Ganzes, die zwangsläufig zu einer Änderung des Gesellschaftszwecks, wenn nicht gar zur Auflösung der Gesellschaft führt, ist als Grundlagengeschäft zu qualifizieren (hM, vgl. BGH 9.1.1995, NJW 1995, 596; MüKoHGB/*K. Schmidt* Rn. 13; Baumbach/Hopt/*Roth* Rn. 3; abw. für den Fall, dass ein veräußertes Grundstück den einzigen Vermögensgegenstand der Gesellschaft darstellt *Spranger* ZfIR 2011, 234; aA *Grunewald* JZ 1995, 577 (578) sowie *Hadding* FS Lutter, 2000, 851 (866 ff.): grundsätzlich wirksam, dem Vertragspartner der OHG soll aber bei Kenntnis die Berufung auf den Vertrag unter dem Aspekt des Missbrauchs der Vertretungsmacht (→ Rn. 19 ff.) versagt bleiben), nicht hingegen die einzelnen Verfügungsgeschäfte, mit denen das Vermögen übertragen wird, es sei denn, dass diese ihrerseits Grundlagengeschäfte darstellen.

Ob ein **Betriebsführungsvertrag,** der einem Dritten über den Umfang einer Prokura hinausgehen- 11
de Befugnisse zur Leitung des von der OHG betriebenen Unternehmens einräumt (zur Zulässigkeit solcher Verträge → § 125 Rn. 15), als Grundlagengeschäft anzusehen ist, ist umstritten (verneinend Staub/*Habersack* Rn. 18; EBJS/*Hillmann* Rn. 10; bejahend Baumbach/Hopt/*Roth* Rn. 3; offengelassen von BGH 5.10.1981, NJW 1982, 1817 (1818)).

Nicht als Grundlagengeschäft einzustufen ist dagegen die Aufnahme und das Ausscheiden eines einem 12
Darlehensgeber vergleichbaren **typischen stillen Gesellschafters,** dem über die bloße Beteiligung hinaus keine Rechte innerhalb der Gesellschaft eingeräumt werden (BGH 26.10.1978, DB 1979, 644; BGH 11.1.1960, WM 1960, 187). Ebenso wenig stellt die gerichtliche Geltendmachung von Ansprüchen gegen einzelne Gesellschafter wegen der Verletzung gesellschaftsrechtlicher Pflichten ein Grund-

lagengeschäft dar, weil sie die gesellschaftsrechtliche Stellung des beklagten Gesellschafters unberührt lässt und ihm keine zusätzlichen Pflichten auferlegt (OLG Stuttgart 11.3.2009, NZG 2009, 1303 (1304)).

13 **b) Insichgeschäfte (§ 181 BGB).** § 181 BGB verbietet es dem vertretungsberechtigten Gesellschafter, die OHG bei einem Rechtsgeschäft zu vertreten, bei dem er selbst oder eine andere von ihm vertretene Person der Gesellschaft als Vertragspartner gegenübersteht. Eine **Befreiung** des vertretungsberechtigten Gesellschafters von diesem **Verbot des Selbstkontrahierens** ist nicht von Abs. 1 gedeckt. Vielmehr bedarf es dazu einer entsprechenden Regelung im Gesellschaftsvertrag oder eines Beschlusses mit vertragsändernder Mehrheit (BGH 7.2.1970, BGHZ 58, 115 (117 f.); BGH 1.12.1969, WM 1970, 249 (251)). Zur Zulässigkeit und Erforderlichkeit der Umgehung des Verbotes des § 181 BGB durch Erteilung einer Einzelermächtigung nach § 125 Abs. 2 S. 2 → § 125 Rn. 42; zur Eintragung der Befreiung im Handelsregister → § 106 Rn. 15.

III. Beschränkung der Vertretungsmacht im Außenverhältnis

14 **1. Grundsatz der Unwirksamkeit (Abs. 2).** Abs. 2 regelt die grundsätzliche **Unbeschränkbarkeit der Vertretungsmacht im Außenverhältnis.** Hier kommt der im Schutz des Rechtsverkehrs liegende Zweck der Norm (→ Rn. 1 f.) voll zur Geltung. Das Publikum kann auf den Umfang der Vertretungsmacht vertrauen und braucht sich um etwaige Beschränkungen selbst dann nicht zu kümmern, wenn diese zu Unrecht im Handelsregister eingetragen sein sollten (Staub/*Habersack* Rn. 20; Heymann/*Hoffmann/Bartlitz* Rn. 18).

15 Da Wortlaut und Zweck des Abs. 2 diese Wirkung auf „Dritte" begrenzen, kann einer Einschränkung der Vertretungsmacht als damit verknüpfte Einschränkung der Geschäftsführungsbefugnis aber **interne Wirkung** zukommen. Daraus folgert die hM weiter, dass Abs. 2 auf den Rechtsverkehr **zwischen Gesellschaft und Gesellschaftern** keine Anwendung findet (stRspr, vgl. BGH 5.4.1973, WM 1973, 637 (638); BGH 20.9.1962, BGHZ 38, 26 (33); OLG Hamm 19.11.2018, WM 2019, 362 (364); *Grunewald* 1 B. Rn. 22 bei Fn. 11; EBJS/*Hillmann* Rn. 14; RWH HGB/*Haas* Rn. 7; Baumbach/Hopt/*Roth* Rn. 6; aA MüKoHGB/*K. Schmidt* Rn. 17, wonach Abs. 2 im Außenverhältnis auch gegenüber gesellschaftsangehörigen und gesellschaftsnahen Personen gelte – eine sachgerechte Lösung sei in diesen Fällen über die Missbrauchsregeln zu erreichen), und zwar unabhängig von der Kenntnis oder dem Kennenmüssen der Einschränkung der Vertretungsmacht (Staub/*Habersack* Rn. 28; Heymann/*Hoffmann/Bartlitz* Rn. 21; EBJS/*Hillmann* Rn. 17; Baumbach/Hopt/*Roth* Rn. 6; aA neben MüKoHGB/*K. Schmidt* Rn. 17 insoweit auch *Wertenbruch* in Westermann/Wertenbruch PersGes-HdB Rn. 307).

16 Nach verbreiteter Ansicht soll sich die Nichtanwendbarkeit des Abs. 2 in derartigen Fällen auch auf solche Personen **(„Insider")** erstrecken, die zwar nicht unmittelbar an der Gesellschaft beteiligt, aber eng mit ihr verbunden sind (etwa Pfandgläubiger, Nießbraucher, Treugeber, Unterbeteiligte, Tochterunternehmen uÄ), jedoch nicht auf **ehemalige Gesellschafter** oder deren Erben (vgl. Staub/*Habersack* Rn. 30; EBJS/*Hillmann* Rn. 18; Baumbach/Hopt/*Roth* Rn. 7; KKRD/*Kindler* Rn. 3).

17 **2. Beschränkung auf einzelne Niederlassungen (Abs. 3).** Aus Gründen der besseren Handhabbarkeit lässt das Gesetz in Abs. 3 ausdrücklich eine Ausnahme von der Unbeschränkbarkeit der Vertretungsmacht zu, die wegen der Unzulässigkeit eines partiellen Ausschlusses von der Vertretungsmacht (→ § 125 Rn. 24) anders nicht zu erreichen wäre. So kann die Vertretungsmacht eines Gesellschafters explizit auf den **Betrieb einer oder mehrerer Niederlassungen** beschränkt werden. Diese Beschränkung ist beim Registergericht der Hauptniederlassung, nicht (zwingend) hingegen beim Registergericht der Zweigniederlassung(en) einzutragen (BGH 21.3.1988, BGHZ 104, 61 (64 f.) = NJW 1988, 1840 f.) und führt zur Unwirksamkeit von Geschäften, die der jeweilige Gesellschafter außerhalb der Grenzen seines Kompetenzbereiches vornimmt.

18 Aus der **Verweisung auf § 50 Abs. 3** ergibt sich, dass Voraussetzung für die Wirksamkeit der Beschränkung die Unterschiedlichkeit der Firma der Zweigniederlassung ist, welche sich auch aus einem entsprechenden Filialzusatz ergeben kann (§ 50 Abs. 3 S. 2, vgl. etwa GK-HGB/*B. Schmidt* § 50 Rn. 11).

IV. Missbrauch der Vertretungsmacht

19 **1. Voraussetzungen der Außenwirkung des Missbrauchs.** Die sich aus der intern gültigen, nach außen aber regelmäßig unwirksamen Beschränkung der Vertretungsbefugnis ergebende überschießende Vertretungsmacht führt bei Auseinanderfallen von Geschäftsführungsbefugnis und Vertretungsmacht zu einem Missbrauch der Vertretungsmacht. Ein solcher, **objektiv festzustellender Missbrauch** kann dem durch Abs. 2 gerade geschützten Dritten aber nur ganz ausnahmsweise entgegen gehalten werden. Gegeben sein muss dazu auch **ein subjektives Element auf Seiten des Dritten.** Demnach ist zu fordern, dass der Geschäftspartner der OHG weiß (Vorsatz) oder es sich ihm anhand erheblicher Verdachtsmomente aufdrängen, also evident (iS grober Fahrlässigkeit) sein muss, dass der Vertreter der

Gesellschaft seine ihm im Innenverhältnis gezogenen Grenzen überschreitet (stRspr, zT zu anderen Organisationsformen, zT allgemein auf den Missbrauch von Vertretungsmacht bezogen: BGH 2.7.2007, NJW 2008, 69 (75); BGH 10.4.2006, NJW 2006, 2776; BGH 22.6.2004, NJW-RR 2004, 1637 (1638); BGH 29.6.1999, NJW 1999, 2883; BGH 13.11.1995, NJW 1996, 589 (590); BGH 14.3.1988, NJW 1988, 2241 (2243); OLG Zweibrücken 13.3.2001, NZG 2001, 763; abw. OLG Saarbrücken 22.4.2015 – 22 U 22/14 Rn. 12, BeckRS 2015, 09736, wonach Missbrauch allenfalls bei Vorsatz des Dritten vorliege).

Ein kollusives Zusammenwirken des Vertreters und des Vertragspartners der Gesellschaft ist dagegen nicht erforderlich (allgM, vgl. nur MüKoHGB/*K. Schmidt* Rn. 21; Staub/*Habersack* Rn. 24 f.). Die notwendigen Verdachtsmomente können unter anderem bei einem für die Gesellschaft grob nachteiligen Geschäft aufkommen (BGH 13.11.1995, NJW 1996, 589 (590)), welches diese bei Kenntnis der zugrunde liegenden Umstände üblicher Weise nicht abschließen würde (BGH 5.2.1983, NJW 1984, 1461 (1462)). Die Nachteiligkeit des Geschäftes für die OHG ist jedoch keine Voraussetzung für das Eingreifen der Regeln über den Missbrauch der Vertretungsmacht, wenn es für den Vertragspartner aufgrund anderer Umstände erkennbar war, dass der Vertreter mit Abschluss des Geschäftes gegen intern bestehende Schranken verstößt (BGH 10.4.2006, NJW 2006, 2776). 20

2. Rechtsfolgen. Vorbehaltlich einer wirksamen Genehmigung seitens der OHG kann der Dritte bei ihm entgegen zu haltendem Missbrauch der Vertretungsmacht **aus dem geschlossenen Geschäft keine Rechte** herleiten. Nach der Rspr. folgt dies aus § 242 BGB, der den in diesem Fall in seinem Vertrauen auf das Bestehen der Vertretungsmacht nicht schutzwürdigen Dritten daran hindert, Rechte aus einem so zustande gekommenen Vertrag geltend zu machen (BGH 5.11.2003, NJW-RR 2004, 247 (248); BGH 31.1.1990, BGHZ 113, 315 (320) = NJW 1991, 1812 (1813); BGH 18.5.1988, NJW 1988, 3012 (3013); ebenso RWH HGB/*Haas* Rn. 9; EBJS/*Hillmann* Rn. 23). Nach einer im Schrifttum verbreiteten Auffassung soll sich dies aus den Grundsätzen des Handelns ohne Vertretungsmacht (§§ 177 ff. BGB) ergeben (MüKoHGB/*K. Schmidt* Rn. 22; Staub/*Habersack* Rn. 27; KKRD/*Kindler* Rn. 2b aE; GK-HGB/*Ensthaler* Rn. 7; Heymann/*Hoffmann*/*Bartlitz* Rn. 28). 21

Überdies macht sich der die Vertretungsmacht missbrauchende Gesellschafter gegenüber der OHG schadensersatzpflichtig (BGH 19.5.1980, WM 1980, 953 (954)). Hat die Gesellschaft ihrerseits Kontrollpflichten gegenüber dem Vertreter vernachlässigt, kann dies auch iRd Geltendmachung von Ansprüchen des Dritten aus cic oder Delikt Berücksichtigung finden (MüKoHGB/*K. Schmidt* Rn. 23; Staub/*Habersack* Rn. 27; ebenso im Ergebnis BGH 25.3.1968, BGHZ 50, 112 (114 f.); EBJS/*Hillmann* Rn. 23 über den Rechtsgedanken des § 254 BGB; unklar Baumbach/Hopt/*Roth* Rn. 11). 22

[Entziehung der Vertretungsmacht]

127 Die Vertretungsmacht kann einem Gesellschafter auf Antrag der übrigen Gesellschafter durch gerichtliche Entscheidung entzogen werden, wenn ein wichtiger Grund vorliegt; ein solcher Grund ist insbesondere grobe Pflichtverletzung oder Unfähigkeit zur ordnungsgemäßen Vertretung der Gesellschaft.

Übersicht

I. Allgemeines

1. Normzweck. Die Vorschrift eröffnet die Möglichkeit, einem **vertretungsbefugten Gesellschafter** die Vertretungsmacht auch ohne die ansonsten erforderliche Regelung im Gesellschaftsvertrag (→ § 125 Rn. 22 ff. zur Vereinbarung eines Ausschlusses von der Vertretungsmacht gem. § 125 Abs. 1 1

Hs. 2) **gegen seinen Willen** zu entziehen. Dies erfordert nach dem Wortlaut der Norm in materiellrechtlicher Hinsicht das Vorliegen eines wichtigen Grundes und in prozessualer Hinsicht ein gerichtliches (Gestaltungs-)Klageverfahren. Nicht in § 127 geregelt ist die freiwillige Niederlegung der Vertretungsbefugnis durch einen Gesellschafter (→ § 125 Rn. 26).

2 **2. Verhältnis zu anderen Vorschriften.** Die Regelung ist in engem Zusammenhang mit den Vorschriften der **§§ 140 und 117 sowie des § 133** zu sehen, die ebenfalls einen gerichtlichen Antrag auf Änderung der gesellschaftlichen Verhältnisse aus wichtigem Grund betreffen, welcher regelmäßig seine Ursache in nicht einvernehmlich lösbaren Differenzen innerhalb der Gesellschaft haben wird. Dabei ist nach dem Grundsatz der Verhältnismäßigkeit von einem **abgestuften Verhältnis** der Vorschriften zueinander auszugehen; während im Extremfall des § 133 das Gesetz sogar die Auflösung der OHG vorsieht, kann nach § 140 eine vollständige Ausschließung eines Gesellschafters aus der Gesellschaft erfolgen. Als im Vergleich dazu mildere Mittel sind §§ 117 und 127 zu verstehen, die lediglich die Entziehung von Geschäftsführungs- bzw. Vertretungsbefugnis ermöglichen. Die Klage nach § 127 kann dabei mit derjenigen nach § 117 im Wege der objektiven Klagehäufung nach § 260 ZPO verbunden werden. Da dies häufig die Absicht des oder der klagenden Gesellschafter sein wird, kann ein nur auf Entziehung der Geschäftsführungsbefugnis lautender Antrag seitens des Gerichts dahingehend ausgelegt werden, dass dieser auch den Antrag auf Entziehung der Vertretungsbefugnis einschließt (BGH 9.12.1968, BGHZ 51, 198 (199)).

II. Entziehung aus wichtigem Grund

3 **1. Gegenstand, Wirkung und Umfang der Entziehung. a) Gegenstand und Wirkung der Entziehung.** Die Entziehung betrifft – wie sich aus der Systematik des Gesetzes ergibt – ausschließlich die **organschaftliche Vertretungsmacht der Gesellschafter,** nicht dagegen rechtsgeschäftliche erteilte Vollmachten, deren Beendigung sich nach den für sie geltenden allgemeinen Regeln (§§ 168 ff. BGB; § 52) richtet (ganz hM MüKoHGB/*K. Schmidt* Rn. 5; Staub/*Habersack* Rn. 6; EBJS/*Hillmann* Rn. 6; KKRD/*Kindler* Rn. 1; unklar für bevollmächtigte Gesellschafter Baumbach/Hopt/*Roth* Rn. 5; aA unter Berufung auf die Intention des Gesetzgebers Heymann/*Hoffmann*/*Bartlitz* Rn. 3).

4 Entzogen werden können daher **Einzel- und Gesamtvertretungsbefugnis** (§ 125 Abs. 1 und Abs. 2 S. 1). Bei der Einzelvertretung gilt dies auch für die Vertretungsmacht des einzigen vertretungsberechtigten Gesellschafters, mit der Konsequenz, dass bei Erfolg der Klage nach § 127 (zunächst) alle Gesellschafter gesamtvertretungsberechtigt werden (hM, vgl. BGH 11.7.1960, BGHZ 33, 105 (108); Staub/*Habersack* Rn. 7; KKRD/*Kindler* Rn. 3; aA MüKoHGB/*K. Schmidt* Rn. 7 Fn. 15: nur die übrigen Gesellschafter). Zu beachten sind jedoch die durch das Prinzip der Selbstorganschaft gezogenen Grenzen, weshalb es nicht möglich ist, sämtlichen (persönlich haftenden) Gesellschaftern die Vertretungsmacht zu entziehen (BGH 10.12.2001, NJW-RR 2002, 540; BGH 9.12.1968, BGHZ 51, 198 (199 f.); EBJS/*Hillmann* Rn. 7; → § 125 Rn. 7 und → § 170 Rn. 3; aA MüKoHGB/*K. Schmidt* Rn. 7 für diese praktisch nur bei der KG relevante Konstellation: Entziehung sollte als milderes Mittel gegenüber der Ausschließung oder Auflösung mit der Folge zugelassen werden, dass die Gesellschaft als aufgelöst gilt und bis zu einer Fortsetzung unter Neuregelung der Vertretungsverhältnisse von allen übrigen Gesellschaftern (→ Rn. 4) als Liquidatoren vertreten wird; ebenso KKRD/*Kindler* Rn. 3; Baumbach/Hopt/*Roth* Rn. 3).

5 Bei der Gesamtvertretung kann die Entziehung jeden gesamtvertretungsberechtigten Gesellschafter betreffen, in dessen Person ein wichtiger Grund gegeben ist. Dies gilt für die **echte (§ 125 Abs. 2),** wie auch für die **gemischte (§ 125 Abs. 3) Form der Gesamtvertretung.** Bei gemischter Gesamtvertretung soll jedoch die Vertretungsmacht des Prokuristen nach § 52 widerrufen werden können, also keine Entziehung erforderlich sein (EBJS/*Hillmann* Rn. 9; Staub/*Habersack* Rn. 10; Heymann/*Emmerich* Rn. 3; Baumbach/Hopt/*Roth* Rn. 5 iVm Rn. 3). Dem wird aus praktischen Erwägungen sowie im Hinblick auf den Wortlaut der Norm („einem Gesellschafter") jedenfalls dann zuzustimmen sein, wenn der gesamtvertretungsberechtigte Prokurist nicht zugleich – von der Vertretungsmacht nach § 125 Abs. 1 und 2 ausgeschlossener – Gesellschafter ist, obgleich die dogmatische Grundlage wenig tragfähig erscheint (bei der Vertretungsmacht des Prokuristen als Gesamtvertreter handelt es sich nach nahezu einhelliger Meinung um organschaftliche, → § 125 Rn. 56 mzN).

6 Die Entziehung der Vertretungsmacht eines Gesamtvertreters soll nach hM zur **Folge** haben, dass **sämtliche Gesellschafter gemeinsam zur Gesamtvertretung berechtigt** sind, sofern die Gesellschaft nicht ohnehin aus nur zwei Gesellschaftern besteht, weil dann im Falle rechtskräftiger Entziehung der andere Gesellschafter Einzelvertretungsbefugnis erlangt (Staub/*Habersack* Rn. 9; EBJS/*Hillmann* Rn. 8; Heymann/*Hofmann*/*Bartlitz* Rn. 4; *Metzing* NJW 2017, 3194 (3197); aA MüKoHGB/*K. Schmidt* Rn. 24 iVm § 125 Rn. 52: stets Vertretung durch den oder die anderen gesamtvertretungsberechtigten Gesellschafter). Vorzugswürdig erscheint demgegenüber eine einzelfallbezogene, mit einer **(ergänzenden) Auslegung** des Gesellschaftsvertrages beginnende Betrachtung, die zu dem oben wiedergegebenen Ergebnis der hM führen kann, aber nicht muss (→ § 125 Rn. 39; idS auch MHdB

GesR I/*v. Ditfurth* § 55 Rn. 35f.; *Wiedemann* GesR II § 4 II 5a dd; ebenfalls differenzierend Baumbach/Hopt/*Roth* Rn. 9). So leuchtet es beispielsweise nicht ein, in einer aus A, B, C und D bestehenden OHG bei der jeweils zwei beliebige Gesellschafter zur Gesamtvertretung befugt sind, zwingend eine Gesamtvertretungsberechtigung aller Gesellschafter anzunehmen, wenn dem D die Vertretungsmacht entzogen worden ist. Hier dürfte eine einzelfallbezogene Betrachtung im obigen Sinne vielmehr regelmäßig ergeben, dass die bestehende Gesamtvertretungsregelung aufrecht erhalten bleibt (für diesen Fall ebenso Baumbach/Hopt/*Roth* Rn. 9). Aber auch wenn die gebotene Auslegung zu keinem brauchbaren Resultat kommt, wird häufig eine **Neufassung der Vertretungsregelung** im Gesellschaftsvertrag erforderlich sein, an der mitzuwirken und der zuzustimmen – schon um eine wechselseitige Blockade der zerstrittenen Gesellschafter zu vermeiden – die einklagbare Pflicht jedes Gesellschafters ist (näher dazu *Wiedemann* GesR II, § 4 II 5a dd; MHdB GesR I/*v. Ditfurth* § 55 Rn. 35 f.).

Kein Gegenstand der Entziehung ist die **Ermächtigung** gem. § 125 Abs. 2 S. 2, die vielmehr jederzeit und ohne Angabe von Gründen widerrufen werden kann (→ § 125 Rn. 45; ganz hM, vgl. nur Staub/*Habersack* Rn. 6; MüKoHGB/*K. Schmidt* Rn. 5; EBJS/*Hillmann* Rn. 6; aA Heymann/*Hoffmann/Bartlitz* Rn. 3f.; KKRD/*Kindler* Rn. 1). 7

b) Umfang der Entziehung. Da die Regelung des § 127 letztlich Ausfluss des Verhältnismäßigkeitsgrundsatzes ist (→ Rn. 2, → Rn. 11), kommt in Aufweichung des Wortlauts der Norm nicht nur eine vollständige Entziehung der Vertretungsbefugnis in Betracht, sondern als demgegenüber milderes Mittel auch eine **Teil-Entziehung (Beschränkung)** der Vertretungsmacht in dem nach §§ 125f. zulässigen Ausmaß (hM, BGH 10.12.2001, NJW-RR 2002, 540; BGH 9.12.1968, BGHZ 51, 198 (203); MüKoHGB/*K. Schmidt* Rn. 12ff.; Baumbach/Hopt/*Roth* Rn. 7; RWH HGB/*Haas* Rn. 4). Möglich sind danach Beschränkungen, die einen zuvor einzelvertretungsberechtigten Gesellschafter an die Mitwirkung eines anderen Gesellschafters oder eines Prokuristen binden oder die Beschränkung der Vertretungsmacht auf eine Zweigniederlassung. Ebenso soll nach einer im Schrifttum vertretenen Auffassung eine zeitlich begrenzte Entziehung zulässig sein (vgl. MüKoHGB/*K. Schmidt* Rn. 12; Baumbach/Hopt/*Roth* Rn. 7). Dem ist mit Vorsicht zu begegnen, weil eine derartige Vereinbarung iRd § 125 so gerade nicht möglich wäre (→ § 125 Rn. 24). Eindeutig unzulässig ist dagegen jede nicht mit § 126 in Einklang zu bringende sachliche Beschneidung des Umfangs der Vertretungsmacht. 8

2. Voraussetzung der Entziehung. a) Wichtiger Grund. Der wichtige Grund wird im Gesetz nicht definiert. Die Aufzählung der Gründe „grobe Pflichtverletzung" und „Unfähigkeit zur ordnungsgemäßen Vertretung" erfolgt nur beispielhaft, macht aber deutlich, dass nicht jeder Verstoß gegen die gesellschaftsvertragliche Ordnung einen wichtigen Grund darstellt, sondern das **Vertrauen** der übrigen Gesellschafter in die ordnungsgemäße Vertretung so nachhaltig gestört sein muss, dass die Fortsetzung des bestehenden Zustandes für die Gesellschaft und die beteiligten Gesellschafter **unzumutbar** erscheint (BGH 25.4.1983, NJW 1984, 173; MüKoHGB/*K. Schmidt* Rn. 15; *Wiedemann* GesR II § 4 II 5a aa; EBJS/*Hillmann* Rn. 4). 9

Der wichtige Grund, der dem Gesellschafter zuzurechnen sein muss, kann vielfältiger Natur, **verhaltens- oder zustandsbezogen** sein (zu möglichen Gründen die Aufzählung bei → § 117 Rn. 14 und → § 117 Rn. 16). Insbesondere ist **kein Verschulden** des betroffenen Gesellschafters erforderlich, wenngleich dies iRd Abwägung (→ Rn. 11) zu berücksichtigen sein wird. Auch die (unverschuldete) Unfähigkeit zur ordnungsgemäßen Vertretung aufgrund Erkrankung, Gebrechlichkeit oder fehlender Erfahrung bzw. Sachkompetenz kann einen wichtigen Grund zur Entziehung darstellen (vgl. MHdB GesR I/*v. Ditfurth* § 55 Rn. 14ff.; EBJS/*Hillmann* Rn. 4). Ist der betroffene Gesellschafter eine juristische Person oder eine Personenhandelsgesellschaft, muss sie sich in der Person ihrer Organe begründeten Umstände zurechnen lassen (BGH 25.4.1983, NJW 1984, 173). 10

b) Abwägung. Stets erforderlich ist eine umfassende Würdigung aller in Betracht kommender Umstände des Einzelfalls iRe beiden Seiten sowie den Belangen der Gesellschaft gerecht werdenden **Interessensabwägung** (MHdB GesR I/*v. Ditfurth* § 55 Rn. 17; *Wiedemann* GesR II § 4 II 5a aa; EBJS/*Hillmann* Rn. 5). Dabei ist im Hinblick auf die Beurteilung der Unzumutbarkeit des Fortbestehens der gegenwärtigen Vertretungsverhältnisse vor allem auf die Art des geltend gemachten wichtigen Grundes und die Schwere eines etwaigen Fehlverhaltens abzustellen. Zudem darf auch ein mögliches Fehlverhalten der die Entziehung betreibenden Gesellschafter nicht unberücksichtigt bleiben, wenngleich sich eine schematische „Verschuldensaufrechnung" iRd vorzunehmenden Gesamtabwägung verbietet (BGH 31.3.2003, NZG 2003, 625 (627); MüKoHGB/*K. Schmidt* Rn. 16). Schließlich gilt es den **Grundsatz der Verhältnismäßigkeit** zu wahren. Die Entziehung muss daher ein zur Beendigung des unzumutbaren Zustandes geeignetes und erforderliches Mittel darstellen und kommt weiterhin nur dann in Betracht, wenn die Unzumutbarkeit nicht durch ein gleich geeignetes, milderes Mittel (etwa die bloße Beschränkung der Vertretungsmacht, → Rn. 8) ebenso beseitigt werden könnte. 11

c) Anderweitige Regelung im Gesellschaftsvertrag. § 127 ist im Bezug auf die dort geregelten Voraussetzungen lediglich insofern zwingend, als die Entziehung der Vertretungsmacht aus wichtigem Grund nicht ausgeschlossen werden darf, während **Erleichterungen** in materiell-rechtlicher Hinsicht 12 bis zum gänzlichen Verzicht auf das Vorliegen eines wichtigen Grundes möglich sind (BGH 3.11.1997, NJW 1998, 1225 (1226); Heymann/*Hoffmann/Bartlitz* Rn. 10; Baumbach/Hopt/*Roth* Rn. 12; abw. MHdB GesR I/*v. Ditfurth* § 55 Rn. 26: auch völliger Ausschluss möglich); die Entziehung der Vertretungsmacht steht dann im pflichtgemäßen Ermessen der Gesellschafter, welches frei von Willkür und Verstößen gegen gesellschaftsvertragliche Treuepflichten auszuüben ist (Staub/*Habersack* Rn. 14; MüKoHGB/*K. Schmidt* Rn. 19). Regelmäßig wird eine entsprechende Regelung im Gesellschaftsvertrag mit einer das Verfahren der Entziehung der Vertretungsmacht erleichternden Vereinbarung (→ Rn. 24) einhergehen. So lange die Möglichkeit der Entziehung aus wichtigem Grund nicht völlig ausgeschlossen wird, sind auch **Erschwerungen** der Voraussetzung der Entziehung zulässig, insbesondere der Ausschluss bestimmter Tatbestände als in Frage kommende Entziehungsgründe (hM, EBJS/*Hillmann* Rn. 18; RWH HGB/*Haas* Rn. 11; Baumbach/Hopt/*Hopt* Rn. 11; wohl auch Staub/*Habersack* Rn. 15; missverständlich KKRD/*Kindler* Rn. 5).

III. Entziehungsverfahren

13 **1. Klageerhebung.** Erforderlich ist die Erhebung einer auf Entziehung der Vertretungsmacht gerichteten **Gestaltungsklage** mit dem Ziel eines entsprechenden Gestaltungsurteils, welches mit Eintritt der Rechtskraft zum Wegfall der Vertretungsmacht des betroffenen Gesellschafters führt (zu Besonderheiten bei Publikumsgesellschaften → HGB Anh. Rn. 88 sowie MüKoHGB/*K. Schmidt* Rn. 36 jew. mwN).

14 **Aktiv legitimiert** sind alle Gesellschafter mit Ausnahme des beklagten als **notwendige Streitgenossen** (ganz hM, BGH 25.4.1983, NJW 1984, 173; BGH 15.6.1959, BGHZ 30, 195 (197); EBJS/*Hillmann* Rn. 12; Staub/*Habersack* Rn. 16; Baumbach/Hopt/*Roth* Rn. 8; aA *Schwab,* Das Prozessrecht gesellschaftsinterner Streitigkeiten, 2005, 242: Aktivlegitimation der Gesellschaft).

15 Da eine Nichtbeteiligung bzw. Klagerücknahme durch einzelne Gesellschafter demnach zwangsläufig zur Abweisung der Entziehungsklage führt, ist eine praxistaugliche Lösung für derartige Fälle erforderlich. Nach stRspr des BGH besteht deshalb die Möglichkeit einer außergerichtlich bindend erteilten **Einverständniserklärung** seitens der sich nicht am Rechtsstreit beteiligenden Gesellschafter (BGH 17.12.2001, NJW-RR 2002, 538 (539); BGH 15.9.1997, NJW 1998, 196; BGH 18.10.1976, BGHZ 68, 81 (83); aA MüKoHGB/*K. Schmidt* Rn. 20). Dies wird von der hL übernommen und überwiegend als Fall der **gewillkürten Prozessstandschaft** angesehen (vgl. etwa Heymann/*Hoffmann/Bartlitz* Rn. 8 iVm § 117 Rn. 10; Baumbach/Hopt/*Roth* Rn. 8 iVm Baumbach/Hopt/*Roth* § 117 Rn. 7; MHdB GesR I/*v. Ditfurth* § 55 Rn. 19; explizit für gewillkürte Prozessstandschaft und gegen bloße „Zustimmung" Staub/*Habersack* Rn. 17; gegen gewillkürte Prozessstandschaft aber ausdrücklich BGH 15.9.1997, NJW 1998, 196). Für den Fall, dass ein Gesellschafter sein Einverständnis verweigert, kann und muss er von den übrigen Gesellschaftern **auf Mitwirkung verklagt** werden, wobei die Pflicht zur Mitwirkung am Entziehungsverfahren aus der gesellschaftsvertraglichen Treuepflicht hergeleitet wird (BGH 9.11.1987, BGHZ 102, 172 (176) = NJW 1988, 969 (970); BGH 18.10.1976, BGHZ 68, 81 (82); BGH 28.4.1975, BGHZ 64, 253 (257 ff.)). Da es sowohl für den Erfolg der Zustimmungs-, als auch für denjenigen der Entziehungsklage maßgeblich auf die Frage des Vorliegens eines wichtigen Grundes, dh letztlich der Unzumutbarkeit des Fortbestandes des status quo ankommt, können beide Verfahren aus prozessökonomischen Gründen miteinander verbunden und gemeinsam entschieden werden (hM, BGH 25.4.1983, NJW 1984, 173; BGH 18.10.1976, BGHZ 68, 81 (84 ff.); EBJS/*Hillmann* Rn. 12; Baumbach/Hopt/*Roth* Rn. 8 iVm Baumbach/Hopt/*Roth* § 117 Rn. 7; aA, im Ergebnis allerdings ebenso MüKoHGB/*K. Schmidt* Rn. 20, der mit beachtlicher dogmatischer Argumentation für einen „einheitlichen mehrseitigen Gestaltungsprozess" plädiert, an dem alle Gesellschafter zu beteiligen sind; abw. *Pabst* BB 1978, 892 (895), der die Entscheidung über die Mitwirkungspflicht für vorrangig hält; krit. idS auch *Wiedemann* GesR II § 4 II 5a bb aE).

16 Gerichtet ist die Klage gegen den Gesellschafter, dem die Vertretungsmacht entzogen werden soll. Eine solche Klage ist auch **gegen mehrere Gesellschafter** als einfache Streitgenossen möglich, und zwar unabhängig davon, ob die Entziehung auf zusammenhängende oder voneinander unabhängige Gründe gestützt wird (ganz hM, vgl. Staub/*Habersack* Rn. 18; MüKoHGB/*K. Schmidt* Rn. 21; aA etwa MHdB GesR I/*v. Ditfurth* § 55 Rn. 21: nur bei einheitlichem sachlichen Grund).

17 Die Klage kann am allgemeinen Gerichtsstand des beklagten Gesellschafters oder am Sitz der Gesellschaft erhoben werden. Funktionell zuständig ist bei entsprechendem Antrag (§§ 96 Abs. 1, 98 Abs. 1 S. 1 GVG) die Kammer für Handelssachen (§ 95 Nr. 4a GVG). Die Vereinbarung eines **Schiedsverfahrens** (§§ 1029 ff. ZPO) ist zulässig (BGH 29.3.1996, NJW 1996, 1753 (1754)); ob der Schiedsspruch nach § 1060 ZPO für vollstreckbar zu erklären ist, ist umstritten (bejahend etwa BayObLG 24.2.1984, BB 1984, 746; EBJS/*Hillmann* Rn. 14; Staub/*Habersack* Rn. 23; MHdB GesR I/*v. Ditfurth* § 55 Rn. 30; verneinend mit der Folge, dass die Wirkung ohne Weiteres mit Erlass des Schiedsspruchs eintritt unter anderem Musielak/Voit/*Voit* ZPO § 1055 Rn. 11, Musielak/Voit/*Voit* ZPO § 1060 Rn. 2; Zöller/*Geimer* ZPO § 1060 Rn. 6; *Vollmer* BB 1984, 1774 (1777)).

Die klageweise Geltendmachung ist an keine **Frist** gebunden; allerdings kann ein zu langes Zuwarten – unabhängig von einer etwaigen Geltendmachung des Verwirkungseinwandes durch den beklagten Gesellschafter – die Erfolgsaussichten im Hinblick auf die erforderliche Unzumutbarkeit des Fortbestandes des monierten Zustandes schmälern. 18

Zulässig und in der Praxis häufig ist die **Verbindung** der Klage auf Entziehung der Vertretungsmacht mit derjenigen auf Entziehung der Geschäftsführungsbefugnis nach § 117; insoweit kann eine Auslegung des Klageantrags geboten sein (→ Rn. 2). 19

Eine zulässige **Teil-Entziehung** erfordert nach allgM einen eigenen, hierauf gerichteten **(Hilfs-) Antrag,** weil die Teil-Entziehung im Verhältnis zur vollständigen Entziehung kein Minus, sondern ein Aliud darstellt und den klagenden Gesellschaftern nicht ohne entsprechenden Antrag aufgedrängt werden darf (BGH 10.12.2001, NJW-RR 2002, 540 (541); EBJS/*Hillmann* Rn. 11; MüKoHGB/*K. Schmidt* Rn. 23). Wegen der Pflicht des Gerichts, auf die Stellung sachdienlicher Anträge hinzuweisen (§ 139 Abs. 1 ZPO), dürften praktische Probleme in diesem Zusammenhang allerdings kaum auftauchen. 20

2. Einstweiliger Rechtsschutz. Da sich das vorgeschriebene Klageverfahren als langwierig erweisen kann, es gerade bei Unzumutbarkeit der bestehenden Verhältnisse aber nicht sinnvoll erscheint, den Ausgang eines möglicherweise durch mehrere Instanzen ausgefochtenen Rechtsstreits abzuwarten, besteht die Möglichkeit des Erlasses einer **Regelungsverfügung** nach § 940 ZPO zur **Abwendung wesentlicher Nachteile** für Gesellschaft und Gesellschafter (allgM, vgl. nur BGH 11.7.1960, BGHZ 33, 105). 21

IRe solchen einstweiligen Verfügung bestehen mehrere Möglichkeiten zur Abwendung von Nachteilen von der Gesellschaft und zum Erhalt ihrer Handlungsfähigkeit. So kann dem Gesellschafter, dem die Vertretungsmacht entzogen werden soll, im Eilverfahren die **Ausübung der Vertretungsmacht** untersagt werden (MüKoHGB/*K. Schmidt* Rn. 27; Staub/*Habersack* Rn. 19; Baumbach/Hopt/*Roth* Rn. 8 iVm Baumbach/Hopt/*Roth* § 117 Rn. 7). Im Falle des Verstoßes gegen die gerichtliche Verfügung liegt dann ein Missbrauch der Vertretungsmacht vor (→ § 126 Rn. 19). Sollte sich eine derartige Maßnahme als (voraussichtlich) nicht ausreichend erweisen, kann ein **einstweilige Beschränkung oder Entziehung** der Vertretungsmacht angeordnet werden (BGH 11.7.1960, BGHZ 33, 105 (110); EBJS/*Hillmann* Rn. 13). Schließlich kann in Ergänzung dazu weiter angeordnet werden, dass die Vertretungsverhältnisse in der Gesellschaft einstweilen anders (zB vorübergehende Alleinvertretungsmacht eines Gesellschafters oder sogar eines Dritten, → § 125 Rn. 11) geregelt werden (BGH 11.7.1960, BGHZ 33, 105 (110); MüKoHGB/*K. Schmidt* Rn. 29; GK-HGB/*Ensthaler* Rn. 6; Staub/*Habersack* Rn. 19). 22

Antragsberechtigt sind wie bei einer Klage grundsätzlich alle übrigen Gesellschafter gemeinsam, falls das Begehren nur auf ein Ausübungsverbot zielt jedoch jeder einzelne Gesellschafter (MüKoHGB/*K. Schmidt* Rn. 31; Baumbach/Hopt/*Roth* Rn. 8 iVm Baumbach/Hopt/*Roth* § 117 Rn. 7; im Ergebnis ebenso Staub/*Habersack* Rn. 20); zum ggf. erforderlichen Einverständnis der übrigen Gesellschafter (das im Verfügungsverfahren nach allgemeinen Regeln auch glaubhaft gemacht werden kann) sowie zur Verfahrensstandschaft und zur Mitwirkungspflicht → Rn. 15. Nach § 1041 ZPO sind vorläufige oder sichernde Maßnahmen auch in einem eventuellen Schiedsverfahren (→ Rn. 17) möglich. 23

3. Anderweitige Regelung im Gesellschaftsvertrag. Wie in materiell-rechtlicher Hinsicht kann auch das Verfahren im Gesellschaftsvertrag abweichend von § 127 geregelt, insbesondere erleichtert werden (BGH 3.11.1997, NJW 1998, 1225 (1226)). So können die Gesellschafter vereinbaren, dass die Entziehung der Vertretungsmacht außer durch ein uU langwieriges Klageverfahren auch oder stattdessen durch einen ein- oder mehrstimmigen **Gesellschafterbeschluss** entzogen werden kann (allgM, vgl. nur BGH 3.11.1997, NJW 1998, 1225 (1226); Staub/*Habersack* Rn. 21; RWH HGB/*Haas* Rn. 12). Bei der Beschlussfassung, vor der der betroffene Gesellschafter zu hören ist, wirkt dieser nicht mit (MüKoHGB/*K. Schmidt* Rn. 25). 24

Die Entziehung der Vertretungsmacht durch Beschluss wird **unmittelbar** mit Beschlussfassung und Mitteilung des Ergebnisses gegenüber allen Gesellschaftern **wirksam** (EBJS/*Hillmann* Rn. 22; MüKoHGB/*K. Schmidt* Rn. 25). 25

Bei **Streit** über die Wirksamkeit der Entziehung ist eine **Feststellungsklage** (§ 256 ZPO) zwischen den Gesellschaftern anhängig zu machen (hM, vgl. BGH 7.6.1999, NJW 1999, 3113 (3114); BGH 6.11.1989, BB 1990, 371 (372); BGH 20.12.1982, BGHZ 86, 177 (180) = NJW 1983, 938 (939); EBJS/*Hillmann* Rn. 21; MHdB GesR I/*v. Ditfurth* § 55 Rn. 28; Baumbach/Hopt/*Roth* Rn. 12 iVm Baumbach/Hopt/*Roth* § 117 Rn. 12; aA Staub/*Habersack* Rn. 21: neben Gesellschaftern auch Gesellschaft selbst klagebefugt; abw. wohl auch MüKoHGB/*K. Schmidt* Rn. 25 iVm MüKoHGB/*Enzinger* § 119 Rn. 106 ff.: Anfechtungsklage). 26

4. Handelsregister. Die Entziehung der Vertretungsmacht ist als Änderung der Vertretungsverhältnisse der OHG gem. § 107, § 106 Abs. 2 Nr. 4 **zum Handelsregister anzumelden.** Zur Anmeldung verpflichtet sind nach § 108 grundsätzlich alle Gesellschafter (→ § 108 Rn. 7); gem. der Regelung des 27

§ 16 Abs. 1 S. 1 ist die Beteiligung des durch Urteil ausgeschlossenen Gesellschafters sowie desjenigen Gesellschafters, dessen Verpflichtung zur Mitwirkung an der Entziehung durch Urteil festgestellt wurde, aber entbehrlich (vgl. GK-HGB/*Ensthaler* § 16 Rn. 2). An das entsprechende Urteil ist der Registerrichter gebunden; eine Überprüfung auf dessen Richtigkeit findet nicht statt. Die Wirkung gegenüber Dritten wird durch § 15 geregelt.

[Persönliche Haftung der Gesellschafter]

128 [1] **Die Gesellschafter haften für die Verbindlichkeiten der Gesellschaft den Gläubigern als Gesamtschuldner persönlich.** [2] **Eine entgegenstehende Vereinbarung ist Dritten gegenüber unwirksam.**

Übersicht

I. Allgemeines

1 **1. Normzweck.** Die Vorschrift konkretisiert ein bereits in § 105 Abs. 1 letzter Hs. angesprochenes wesentliches Merkmal der OHG: den **Grundsatz der unbeschränkten (S. 1) und gegenüber Gesellschaftsgläubigern unbeschränkbaren (S. 2) persönlichen Haftung der Gesellschafter.** Sie dient dem **Schutz der Gläubiger,** denen anders als bei den Kapitalgesellschaften keine Mindesthaftmasse seitens der Gesellschaft zur Verfügung steht. Die statuierte unmittelbare Haftung für fremde,

von den eigenen Verbindlichkeiten der Gesellschafter strikt zu trennende (→ § 124 Rn. 4) Schulden ist für das Wesen der OHG von zentraler Bedeutung. Sie ist Symbol der Verantwortung der Gesellschafter für ihre Gesellschaft, erhöht deren Wertschätzung und Kreditwürdigkeit im Verkehr (vgl. BGH 7.4.2003, BGHZ 154, 370 (373) = NJW 2003, 1803 (1804) und dient damit letztlich auch den **Interessen der OHG** selbst. Das Publikum, das mit einer OHG in geschäftlichen Kontakt tritt, darf grundsätzlich darauf vertrauen, dass es mit einem Geschäftspartner zu tun hat, dessen Mitglieder ihm vollumfänglich persönlich haften (der Fall, dass letztlich keine natürliche Person mit ihrem Vermögen haftet, ist gem. § 125a Abs. 1 S. 2 deutlich zu kennzeichnen; → § 125a Rn. 2, → § 125a Rn. 13 f.). Entsprechende Anwendung findet die Regelung auf Gesellschaften bürgerlichen Rechts (→ § 714 BGB Rn. 10 ff.) und Freiberufler-Sozietäten (→ § 130 Rn. 2).

2. Konzeption. Die Ausgestaltung der Haftung der Gesellschafter für Verbindlichkeiten der Gesellschaft weist nicht unerhebliche **Parallelen zur Bürgenhaftung** auf (vgl. BGH 20.4.1967, BGHZ 47, 376 (379); Staub/*Habersack* Rn. 2). Dies beginnt bei der einseitigen (der Anspruch auf eine etwaige Gegenleistung verbleibt bei der OHG) Übernahme des Ausfallrisikos, setzt sich bei den dem Gesellschafter gegenüber den Gläubigern möglichen Einwendungen (§ 129) fort und reicht bis zum Übergang der fortbestehenden Forderung gegen die Gesellschaft auf den Gesellschafter nach Erfüllung der Verbindlichkeit. Teilweise geht die Haftung aber auch über diejenige eines Bürgen hinaus. Dies gilt etwa im Hinblick darauf, dass sie sich bei neuen Gesellschaftsverbindlichkeiten unabhängig von deren Rechtsgrund ständig und automatisch erweitert. 2

II. Haftungsvoraussetzungen

1. Bestehen einer OHG. Als erste Voraussetzung für die Haftung nach § 128 muss zum Zeitpunkt der Begründung einer Verbindlichkeit überhaupt eine OHG bestanden haben, wobei die Existenz einer **fehlerhaften Gesellschaft** ausreicht (allgM, vgl. nur MüKoHGB/*K. Schmidt* Rn. 7; zur fehlerhaften Gesellschaft → § 105 Rn. 125 ff.). 3

Wird durch die im Rechtsverkehr handelnden Personen der Anschein erweckt, als agiere man für eine – in Wahrheit nicht bestehende – OHG, haften diese Personen gutgläubigen Dritten gegenüber als (Schein-)Gesellschafter einer solchen **Schein-OHG** (BGH 26.11.1979, NJW 1980, 784 (785); BGH 25.6.1973, BGHZ 61, 59 (64 f.); Staub/*Habersack* Rn. 7; *Bartels/Wagner* ZGR 2013, 482 (503); zum [Schein-]Sozius einer Schein-Rechtsanwaltssozietät BGH 12.7.2012, ZIP 2012, 1960 (1962); OLG Hamm 28.9.2010, NZG 2011, 137 sowie *Heyers* DStR 2013, 813 ff.). Dies kann auch für denjenigen gelten, der dem von Dritten gesetzten Anschein einer Beteiligung an einer Schein-OHG nicht aktiv im Rahmen des zumutbaren entgegentritt (OLG Hamm 15.2.1965, MDR 1965, 580; *Bergmann* WM 2018, Sonderbeilage 1, 3, 9; MüKoHGB/*K. Schmidt* Rn. 5). Davon abzugrenzen ist die auf einer entsprechenden Anwendung des § 179 BGB beruhende Rechtsscheinhaftung derjenigen, die ohne korrekte Firmierung oder sonstigen Hinweis auf eine Haftungsbeschränkung für eine Kapitalgesellschaft oder eine GmbH & Co. auftreten (vgl. GK-HGB/*Steitz* § 19 Rn. 31). 4

Im Fall der **Umwandlung** in eine andere Rechtsform gilt § 128 nur für die bis zum Formwechsel begründeten Verbindlichkeiten (MüKoHGB/*K. Schmidt* Rn. 7). Im Stadium der Liquidation bleibt die persönliche Gesellschafterhaftung sowohl für Alt- als auch für nach Auflösung begründete Neuverbindlichkeiten grundsätzlich unverändert bestehen (→ § 156 Rn. 2). 5

2. Gesellschaftereigenschaft. Die Haftung trifft diejenigen, die zum Zeitpunkt der Begründung der Verbindlichkeit – sei es auch durch fehlerhaften Beitritt – **Gesellschafter der OHG** sind, auch wenn sie danach aus der OHG ausgeschieden sein sollten (zur Enthaftung vgl. § 160). 6

Bei Entstehung einer OHG durch **Eintritt in ein bislang einzelkaufmännisch geführtes Unternehmen** gehen die Geschäftsverbindlichkeiten gem. § 28 auf die Gesellschaft über; der Eintretende haftet für diese zu Gesellschaftsschulden gewordenen Altverbindlichkeiten nach § 128 (vgl. GK-HGB/*Steitz* § 28 Rn. 11). 7

Wer außerhalb des Anwendungsbereichs des § 15 den unzutreffenden Anschein der Zugehörigkeit zu einer (tatsächlich existierenden) OHG erweckt oder dem von Dritten gesetzten Anschein nicht entgegen tritt, haftet als **Scheingesellschafter** ebenfalls nach § 128 (BGH 11.3.1955, BGHZ 17, 13; *Deckenbrock/Meyer* ZIP 2014, 701 (702); Baumbach/Hopt/*Roth* Rn. 5; ebenso als **Scheinsozius einer Rechtsanwaltssozietät** BGH 16.7.2015, ZIP 2015, 1622; BGH 3.5.2007, BGHZ 172, 169 = NJW 2007, 2490). 8

3. Bestehen einer Gesellschaftsverbindlichkeit. Notwendig ist eine **Forderung gegenüber der OHG** (also nicht gegen einen der Gesellschafter persönlich), **gleich welchen Inhalts** (zum Inhalt iE → Rn. 22 ff.). Unerheblich ist, auf welchem **Rechtsgrund** diese beruht; grundsätzlich wird daher für zivilrechtliche und öffentlich-rechtliche, rechtsgeschäftlich und gesetzlich begründete Verbindlichkeiten gehaftet (hM, vgl. BGH 24.2.2003, BGHZ 154, 88 (94) = NJW 2003, 1445 (1446); BGH 19.5.1983, BGHZ 87, 286 (288) = NJW 1983, 2254; KG 2.2.2018, BeckRS 2018, 2442 Rn. 60 ff.; EBJS/*Hillmann* 9

Rn. 9; Baumbach/Hopt/*Roth* Rn. 2; aA für Deliktsverbindlichkeiten *Altmeppen* NJW 1996, 1017 (1021 ff.); *Schäfer* ZIP 2003, 1225 (1227); zu Besonderheiten bei öffentlich-rechtlichen Verbindlichkeiten vgl. etwa BVerwG 5.6.2019, ZInsO 2019, 1942 → Rn. 52).

10 Zu den Forderungen gegenüber der OHG gehören auch solche, die ihren Gesellschaftern aus sog. **Drittgeschäften** zustehen (BGH 8.10.2013, ZIP 2013, 2305 (2306) = NZG 2013, 1334; BGH 1.12.1982, NJW 1983, 749; BGH 10.11.1969, WM 1970, 280; zum Begriff des Drittgeschäfts → § 124 Rn. 20). Dies gilt auch dann, wenn das Drittgeschäft auf einer im Gesellschaftsvertrag verankerten Pflicht des Gesellschafters zum Abschluss eines solchen beruht, so zB wenn im Gesellschaftsvertrag vereinbart wurde, dass der Gesellschafter A der aus A, B, C und D bestehenden OHG als Beitrag zur Gesellschaft ihm gehörenden Grundbesitz als Betriebsgelände verpachtet (vgl. MüKoHGB/*K. Schmidt* Rn. 12; Staub/*Habersack* Rn. 13).

10a Hierzu entsprach es bislang der hM im Schrifttum, dass die Mitgesellschafter in diesem Fall aufgrund der wechselseitigen Treuepflicht lediglich **subsidiär** haften, dh der berechtigte Gesellschafter danach zunächst versuchen muss, die OHG selbst in Anspruch zu nehmen (Staub/*Habersack* Rn. 13; MüKoHGB/*K. Schmidt* Rn. 12; RWH/*Haas* Rn. 5; EBJS/*Hillmann,* 3. Aufl. 2014, Rn. 10; Baumbach/Hopt/*Roth* Rn. 24 mit Einschränkung für die Publikumsgesellschaft; *Wiedemann* GesR II § 8 III 3b aa; ebenso unter anderem OLG Karlsruhe 24.1.2001, NZG 2001, 748 (749); aA etwa MüKoBGB/*Schäfer* BGB § 705 Rn. 203 mwN zur Gegenansicht). Somit würden im obigen Beispiel B, C und D dem A nur dann haften, falls die OHG die Pachtzinsforderung dem A auf entsprechende Anforderung hin nicht ausgleicht. Daran wird vor dem Hintergrund der neueren Rspr. des BGH (BGH 8.10.2013, ZIP 2013, 2305 (2308) = BB 2013, 3088 mzustAnm *Stumpf* BB 2013, 3092) nicht mehr festzuhalten sein. Demnach ist der Gesellschafter-Gläubiger einem Dritten – jedenfalls im Hinblick auf die Möglichkeit einer unmittelbaren Inanspruchnahme der (Mit-)Gesellschafter – vollständig gleichzustellen, weil es aufgrund der bestehenden Regress- und Freistellungsansprüche gegen die Gesellschaft (→ Rn. 29 ff.) an einem Schutzbedürfnis des in Anspruch genommenen Gesellschafters regelmäßig fehlt (BGH 8.10.2013, ZIP 2013, 2305 (2308) unter Bezugnahme auf die entsprechende Rspr. des RG; ebenso bereits OLG Köln 28.12.2012, NZG 2014, 179 (182); nachfolgend OLG München 4.6.2014, BeckRS 2014, 14696; EBJS/*Hillmann* Rn. 10).

10b Allerdings haften die Mitgesellschafter in einem solchen Fall lediglich **auf den um die Beteiligung des Gläubiger-Gesellschafters geminderten Anteil** (hM, vgl. Staub/*Habersack* Rn. 13/25; EBJS/*Hillmann* Rn. 10; MHdB GesR I/*Herchen* § 68 Rn. 63; OLG Karlsruhe 24.1.2001, NZG 2001, 748 (749); abw. im Sinne einer pro rata-Haftung MüKoHGB/*K. Schmidt* Rn. 18). Mithin haften im obigen Beispiel B, C und D dem A – gleiche Haftungsquoten unterstellt – (nur) auf 3/4 der Pachtforderung. Dies gilt auch im Falle der Zession der Forderung aus dem Drittgeschäft an einen Außenstehenden, wenn also etwa A die Pachtzinsforderungen an Z abgetreten hätte (hM, BGH 1.12.1982, NJW 1983, 749; Staub/*Habersack* Rn. 25 f.; Baumbach/Hopt/*Roth* Rn. 24).

11 **Sozialansprüche,** also Forderungen eines Gesellschafters, die auf dem Gesellschaftsverhältnis an sich basieren, sind dagegen grundsätzlich keine Gesellschaftsverbindlichkeiten iSv § 128, weil die Gesellschafter ansonsten entgegen § 105 Abs. 3 iVm § 707 BGB bei wirtschaftlicher Betrachtung zur Leistung von Nachschüssen verpflichtet wären (BGH 10.4.1989, NJW-RR 1989, 866; BGH 2.7.1962, BGHZ 37, 299 (301 f.); Baumbach/Hopt/*Roth* Rn. 22). Ausnahmen werden freilich für Aufwendungsersatzansprüche (§ 110) des selbst von einem Gläubiger in Anspruch genommenen Gesellschafters (gestützt auf § 426 Abs. 1 BGB, BGH 17.12.2001, NJW-RR 2002, 455 (456); BGH 2.7.1962, BGHZ 37, 299 (301 f.)) sowie für den Abfindungsanspruch eines bereits ausgeschiedenen Gesellschafters zugelassen (BGH 11.10.1971, BB 1971, 1530 (1531)), wobei in diesen Fällen die Haftung durch den Grundsatz der Subsidiarität beschränkt ist (BGH 8.10.2013, ZIP 2013, 2305 (2308)) und zudem nur pro rata, dh beschränkt auf den jeweiligen Verlustanteil, gehaftet wird (→ Rn. 33 mit Bsp.; BGH 11.10.1971, BB 1971, 1530 (1531); *Wiedemann* GesR II § 8 III 3b aa; GK-HGB/*Ensthaler* Rn. 19; Staub/*Habersack* Rn. 12/48).

12 **4. Fehlen einer haftungsbeschränkenden Vereinbarung. Interne haftungsbeschränkende Vereinbarungen** entfalten Dritten gegenüber selbst dann keine Wirkung (S. 2), wenn die Dritten positive Kenntnis von einer entsprechenden Vereinbarung haben oder sogar eigens darauf hingewiesen werden (allgM, vgl. nur BGH 27.9.1999, BGHZ 142, 315 [GbR] = NJW 1999, 3483; EBJS/*Hillmann* Rn. 14; MüKoHGB/*K. Schmidt* Rn. 13). Ihnen kann allenfalls Bedeutung für das Haftungsverhältnis der Gesellschafter untereinander zukommen (→ Rn. 36).

13 Zulässig ist dagegen ein anfänglich oder nachträglich, **unmittelbar mit dem Gläubiger vereinbarter Haftungsausschluss oder eine entsprechende Haftungsbeschränkung,** wonach einzelne oder alle Gesellschafter nicht oder nur eingeschränkt (etwa subsidiär oder pro rata) haften sollen (BGH 27.11.2012, NJW 2013, 1083 (1091); BGH 8.2.2011, BGHZ 188, 233 = NJW 2011, 2040 (2042); BGH 28.6.1971, WM 1971, 1513 (1514 f.); OLG Köln 25.2.2015, BeckRS 2015, 09186; OLG München 28.6.2001, WM 2003, 1324 (1327); Baumbach/Hopt/*Roth* Rn. 38). Der Umfang der Haftungsbeschränkung ist ggf. durch Auslegung zu ermitteln (BGH 27.11.2012, NJW 2013, 1089

(1090); OLG Köln 25.2.2015, BeckRS 2015, 09186). Nach allgemeinen Grundsätzen kann eine derartige Vereinbarung auch stillschweigend erfolgen (BGH 28.6.1971, WM 1971, 1513 (1514 f.)); aufgrund der Ungewöhnlichkeit ist bei der Feststellung des erforderlichen Verzichtswillens des Gläubigers mit äußerster Sorgfalt vorzugehen (OLG München 28.6.2001, WM 2003, 1324 (1327); Staub/*Habersack* Rn. 16; *Bergmann* WM-Sonderbeil. 1/2018, 3 (8)). Wegen ihres überraschenden Charakters wird eine entsprechende Regelung in AGB regelmäßig gem. § 305c BGB unzulässig sein (BGH 27.9.1999, BGHZ 142, 315 [GbR] = NJW 1999, 3483; OLG Stuttgart 9.11.2001, BB 2001, 2607; MüKoHGB/*K. Schmidt* Rn. 14), wobei der BGH für geschlossene Immobilienfonds aufgrund des Charakters solcher Fonds als reines Kapitalanlagekonstrukt eine Ausnahme zulässt (BGH 21.1.2002, BGHZ 150, 1 (5 f.) = NJW 2002, 1642 (1643)). Die Wirkung eines derartigen Haftungsausschlusses im Außenverhältnis schlägt auf das Innenverhältnis der Gesellschafter untereinander – etwa im Falle des Regresses gegenüber einem im Außenverhältnis privilegierten Gesellschafter – nur dann durch, wenn auch eine entsprechend interne Vereinbarung unter den Gesellschaftern besteht (→ Rn. 12; BGH 9.3.2009, NZG 2009, 581 (582); vgl. auch Staub/*Habersack* Rn. 16).

III. Haftungsgrundsätze

1. Unbeschränktheit. Die Haftung ist **nicht beschränkt,** dh weder nach Art der Gesellschaftsverbindlichkeit, noch ihrem Umfang nach begrenzt. Vom Fall des Vorliegens einer entsprechenden Vereinbarung mit dem Gläubiger (→ Rn. 13) abgesehen, ist sie zudem auch **nicht beschränkbar.** Der Gesellschafter haftet den Gesellschaftsgläubigern demzufolge mit seinem gesamten (Privat-)Vermögen. 14

2. Unmittelbarkeit. Der Gesellschafter haftet ferner **unmittelbar.** Somit besteht eine Zahlungsverpflichtung direkt gegenüber den Gesellschaftsgläubigern und nicht nur gegenüber der OHG, etwa um diese ihrerseits in die Lage zu versetzen, die Schuld gegenüber den Gläubigern zu begleichen. 15

3. Primäre Haftung. Gehaftet wird zudem **primär,** dh die Zahlungspflicht des Gesellschafters ist – wie bei einem selbstschuldnerischen Bürgen – nicht von einer vorherigen Geltendmachung gegenüber der OHG abhängig. 16

Eine Ausnahme gilt insbesondere für Forderungen der Gesellschafter gegenüber Mitgesellschaftern iRd Innenregresses; hier setzt die Geltendmachung die vorherige, mangels Leistungsfähigkeit oder Leistungsbereitschaft erfolglose Anforderung des Betrages von der Gesellschaft voraus (→ Rn. 33 mwN). 17

4. Akzessorietät. Die Gesellschafterschuld nach § 128 ist in vollem Umfang von der Entwicklung und dem Bestand der Gesellschaftsschuld abhängig (zu den Parallelen zur Bürgschaft → Rn. 2). Man kann insofern von einem grundsätzlichen **Gleichlauf von Gesellschaftsverbindlichkeit und Gesellschafterhaftung** sprechen (BGH 11.12.1978, BGHZ 73, 217 (225) = NJW 1979, 1361 (1362)). Dieser prinzipielle Gleichlauf betrifft sowohl die Höhe (zB die sich uU ständig verändernde Höhe eines der OHG eingeräumten Kontokorrentkredites, vgl. BGH 28.6.1968, BGHZ 50, 277 (278)), als auch die Art der Schuld (zB bei Umwandlung eines Erfüllungsanspruchs in einen Schadensersatzanspruch wegen Nichterfüllung, vgl. BGH 13.7.1967, BGHZ 48, 203; BGH 21.12.1961, BGHZ 36, 224). 18

Bei **Erlöschen der Gesellschaftsschuld** kann folglich auch die Schuld des Gesellschafters aus § 128 keinen Bestand haben. Es ist daher nicht möglich, der OHG die Schuld unter Fortbestand der Haftung des Gesellschafters zu erlassen oder unter Fortbestand der Fälligkeit gegenüber dem Gesellschafter zu stunden. Dieses von der ganz hM (krit. allerdings Heymann/*Hoffmann/Bartlitz* Rn. 11) vertretene Ergebnis lässt sich auf zwei Säulen stützen. Zum ersten hätte eine solche Vereinbarung bezüglich der Hauptschuld aufgrund der Akzessorietät der Haftung des Gesellschafters stets auch Einfluss auf dessen Verpflichtung; ein **Erlass der Hauptschuld** würde daher auch die akzessorische Forderung gegen den Gesellschafter zum Erlöschen bringen (MüKoHGB/*K. Schmidt* Rn. 17; Staub/*Habersack* Rn. 21; *Windbichler* GesR § 14 Rn. 16). Zum zweiten brächte eine einseitig zugunsten der OHG getroffene Vereinbarung eine dem Gesellschafter nicht zumutbare Verschärfung der Haftung und einen Verlust seiner Rechte aus § 129 mit sich und wäre daher treuwidrig und unwirksam (BGH 20.4.1967, BGHZ 47, 376 (381); Baumbach/Hopt/*Roth* Rn. 20; EBJS/*Hillmann* Rn. 19). Wirksam ist ein solcher Vorbehalt demnach nur dann, wenn der betroffene Gesellschafter einer entsprechenden Vereinbarung zugestimmt hat (BGH 26.5.1975, WM 1975, 974; LG Frankfurt a. M. 27.7.2016, NZG 2016, 1066 (1067); EBJS/*Hillmann* Rn. 19; Baumbach/Hopt/*Roth* Rn. 20, Baumbach/Hopt/*Roth* § 129 Rn. 3). Nach anderer, zum gleichen Ergebnis führender Auffassung kann eine derartige Vereinbarung in ein pactum de non petendo umgedeutet werden, wonach die fortbestehende Schuld der OHG vom Gläubiger (nur) dieser gegenüber – dauerhaft oder vorübergehend – nicht geltend gemacht wird (Staub/*Habersack* Rn. 21; MüKoHGB/*K. Schmidt* Rn. 17, die dazu aber ebenfalls die Zustimmung des betroffenen Gesellschafters fordern) 19

5. Gesamtschuldnerische (Solidarische) Haftung. Die in S. 1 ausdrücklich angeordnete **gesamtschuldnerische Haftung der Gesellschafter (§§ 421 ff. BGB)** führt dazu, dass es in das Belieben des Gläubigers gestellt wird, welchen Gesellschafter er in welchem Umfang in Anspruch nehmen möchte 20

(§ 421 S. 1 BGB), ohne auf Haftungsquoten, abweichend interne Vereinbarungen oder das den in Anspruch genommenen Gesellschafter treffende Regressrisiko Rücksicht nehmen zu müssen. Dies gilt auch für Ansprüche der Gesellschafter gegen die OHG aus Drittgeschäften (→ Rn. 10 mwN; abw. MüKoHGB/*K. Schmidt* Rn. 18, wonach „jedenfalls bei übersehbaren Verhältnissen" die Mitgesellschafter nur als Teilschuldner mit wechselseitiger Ausfallgarantie in Anspruch genommen werden könnten).

21 Kein Gesamtschuldverhältnis besteht dagegen zwischen der OHG und ihren Gesellschaftern. Hat die OHG die Forderung zugunsten des Gläubigers abgesichert, gehen diese Sicherheiten also nicht nach § 426 Abs. 2 BGB, §§ 412, 401 BGB auf den den Gläubiger befriedigenden Gesellschafter über (→ Rn. 30 mwN).

IV. Inhalt der Haftung

22 **1. Allgemeines.** Eng mit dem Grundsatz der Akzessorietät (→ Rn. 18 f.) verbunden ist die Frage, ob bzw. in welchen Fällen die Verpflichtung des Gesellschafters nach § 128 inhaltlich mit der konkreten Verpflichtung der OHG identisch ist (sog. Erfüllungstheorie) oder ob der Gesellschafter den Gläubigern stets nur auf das Interesse, also etwa Schadens- oder Wertersatz in Geld haftet (sog. Haftungstheorie, vgl. dazu etwa Staub/*Habersack* Rn. 27; *Wiedemann* GesR II § 8 III 3b cc; MHdB GesR I/*Herchen* § 68 Rn. 21 ff.; krit. zu den Theorie-Bezeichnungen *K. Schmidt* GesR § 49 III 1 mit dem zutr. Hinweis, dass es letztlich um ein **interessengerechtes Haftungsmodell** für die Praxis geht). Schon aus der Fragestellung geht hervor, dass das Problem dann nicht relevant wird, wenn bereits die OHG eine Geldzahlung (Kaufpreis, Miete, Schadensersatz, Geldbuße, Steuerzahlung etc) schuldet. Der BGH stellt in stRspr je nach Einzelfall auf das Interesse des Gläubigers an der Erfüllung seiner Forderung einer- und die Zumutbarkeit der Erfüllung der OHG-Verbindlichkeit in ihrer ursprünglichen Form für den Gesellschafter andererseits ab (vgl. BGH 1.4.1987, NJW 1987, 2367 (2369); BGH 11.12.1978, BGHZ 73, 217 (220, 221 f.)). Dabei geht er offenbar von dem Grundsatz aus, dass die OHG-Verpflichtung in ihrer ursprünglichen Gestalt auch den Gesellschafter trifft und eine bloße Haftung auf einen in Geld zu leistenden Ersatz die Ausnahme darstellt (BGH 22.3.1988, BGHZ 104, 76 (78) = NJW 1988, 1976 f.; BGH 1.4.1987, NJW 1987, 2367 (2369); idS auch EBJS/*Hillmann* Rn. 22; MüKoHGB/*K. Schmidt* Rn. 24; Staub/*Habersack* Rn. 28 f.; Baumbach/Hopt/*Roth* Rn. 9).

23 **2. Fallgruppen.** Aufgrund der gebotenen **fallbezogenen Beurteilung** des jeweiligen Inhalts der Gesellschafterschuld bietet sich eine Unterteilung der möglichen Verbindlichkeiten in einzelne Gruppen an. Unproblematisch und daher keiner näheren Betrachtung zuzuführen ist der Fall, dass die OHG die Zahlung von Geld schuldet, weil dann auch die Haftung des Gesellschafters ohne weiteres auf Zahlung eines entsprechenden Betrages gerichtet ist (→ Rn. 22).

24 **a) Herausgabe/Lieferung von Sachen.** Falls die Gesellschaft die Lieferung eines Gegenstandes (etwa an einen Käufer) oder die Herausgabe einer Sache (etwa an den Vermieter) schuldet, kann eine entsprechende **Leistungs-/Herausgabeklage** nicht nur gegen die OHG, sondern **auch gegen die Gesellschafter** erhoben werden (BGH 1.4.1987, NJW 1987, 2367 (2369)). Dass die Herausgabevollstreckung nach § 883 ZPO (bei vertretbaren Sachen/Gattungsschuld nach § 884 ZPO) regelmäßig nur gegen die OHG erfolgversprechend sein wird, ist insofern ohne Bedeutung, als ein entsprechender Titel gegen den Gesellschafter Grundlage für einen Schadensersatzanspruch nach §§ 280, 281 BGB sein kann (vgl. EBJS/*Hillmann* Rn. 25). Die Fallgruppe zeigt anschaulich, dass es im Wesentlichen um die praxisgerechte und an den Interessen und Bedürfnissen der Beteiligten ausgerichtete Anwendung des § 128 geht: Der Gläubiger wird nicht mit der Ungewissheit belastet, wer letztlich im Besitz der zu verschaffenden Sache ist, sondern kann – insbesondere durch Verbindung der Klage auf Leistung mit einer Fristsetzung zur Herausgabe und Verpflichtung zur Zahlung von Schadensersatz nach § 281 Abs. 1 BGB für den Fall der Nichterfüllung – prozessual ökonomisch und ohne Risiko vorgehen (vgl. Staub/*Habersack* Rn. 31 ff.; *K. Schmidt* GesR § 49 III 1).

25 **b) Vertretbare Handlungen.** Eine vertretbare Handlung (zB Beseitigung bestimmter Mängel) schuldet der **Gesellschafter ebenso wie die OHG.** Genau wie diese kann er sich zur Erfüllung der Verbindlichkeit eines Dritten bedienen (BGH 11.12.1978, BGHZ 73, 217 (222)); die Vollstreckung erfolgt nach § 887 ZPO.

26 **c) Unvertretbare Handlungen.** Die unvertretbare Handlung ist in § 888 Abs. 1 S. 1 ZPO dahingehend definiert, dass sie **durch einen Dritten nicht vorgenommen werden kann.** Die Schuld des Gesellschafters aus § 128 kann folglich nicht deckungsgleich mit derjenigen der OHG (zB auf Erteilung einer Auskunft oder Ausstellung eines Zeugnisses) sein, sodass sich eine Verurteilung des Gesellschafters zur Vornahme einer von der Gesellschaft geschuldeten unvertretbaren Handlung verbietet (MüKoHGB/*K. Schmidt* Rn. 28; Staub/*Habersack* Rn. 36; Heymann/*Hoffmann/Bartlitz* Rn. 35; Baumbach/Hopt/*Roth* Rn. 15; OLG Hamm 28.7.2011, JurBüro 2012, 49; ebenso nunmehr auch EBJS/*Hillmann* Rn. 27; aA noch BGH 14.2.1957, BGHZ 23, 302, weil und soweit der geschäftsführende Gesellschafter für die Handlung in der Gesellschaft zuständig sei). Der Umstand, dass eine etwa anzuord-

nende Zwangshaft nach § 888 Abs. 1 S. 3 ZPO gegen die geschäftsführenden Gesellschafter zu vollstrecken wäre, vermag daran ebenso wenig etwas zu ändern, wie die Tatsache, dass die verurteilte Gesellschaft die von ihr geschuldete Handlung letztlich durch ihre geschäftsführenden Gesellschafter vornehmen lassen muss.

d) Willenserklärungen. Auch bei Verpflichtung zur Abgabe einer Willenserklärung kann diese (als unvertretbare Handlung, → Rn. 26) **nur durch die OHG selbst** abgegeben werden; die Verpflichtung der Gesellschafter aus § 128 kann daher nicht inhaltsgleich sein. Dementsprechend würde die Verurteilung eines Gesellschafters auf Abgabe der Erklärung den Gläubiger seinem Vollstreckungsziel nicht näher bringen (ganz hM, vgl. nur BGH 25.1.2008, NJW 2008, 1378 (1379) mzustAnm *Reiff* LMK 2008, 259890; BGH 22.12.1982, WM 1983, 220 (221); MüKoHGB/*K. Schmidt* Rn. 30; krit. dagegen *Koechel* NZG 2020, 127 (129 f.)). Auch hier folgt aus dem Umstand, dass die OHG nur durch ihre vertretungsberechtigten Gesellschafter handeln kann und diese die Erklärung im Namen der Gesellschaft abgeben müssen, nichts anderes. 27

e) Duldungen/Unterlassungen. Ist die OHG verpflichtet, etwas zu dulden oder zu unterlassen, betrifft diese Verpflichtung die Gesellschaft selbst. Die entsprechende Duldung oder Unterlassung durch den Gesellschafter hat daher zwangsläufig einen anderen Inhalt, sodass **eine deckungsgleiche Verpflichtung nach § 128 grundsätzlich nicht bestehen kann** (BGH 20.6.2013, ZIP 2013 1856 (1857); OLG Stuttgart 5.7.2018 GRUR-RR 2019, 109 (112); Staub/*Habersack* Rn. 38; MüKoHGB/*K. Schmidt* Rn. 29; Heymann/*Hoffmann/Bartlitz* Rn. 32; LG Köln 7.9.2011, GRURPrax 2011, 456). Eine Unterlassung (etwa ein **Wettbewerbsverbot**), zu der sich die OHG vertraglich verpflichtet hat, kann neben der Gesellschaft auch deren Gesellschafter treffen, wenn es sich nach dem Inhalt der Vereinbarung oder nach Treu und Glauben auch auf diese erstreckt (BGH 9.11.1973, BB 1974, 482; BGH 7.6.1972, BGHZ 59, 64 (67)). Die Haftung der Gesellschafter folgt in diesen Fällen aber nicht aus § 128, mögen Gesellschafter und Gesellschaft letztlich auch dasselbe schulden (MüKoHGB/*K. Schmidt* Rn. 29; Staub/*Habersack* Rn. 39; Heymann/*Hoffmann/Bartlitz* Rn. 33 f.; MHdB GesR I/*Herchen* § 68 Rn. 26; so hat der BGH 9.11.1973, BB 1974, 482; BGH 7.6.1972, BGHZ 59, 64 (67) die Unterlassungsverpflichtung auch auf § 242 BGB gestützt und außerhalb des Anwendungsbereichs des § 128 ebenso entschieden, vgl. BGH 30.11.2004, NZG 2005, 274 (276) [GmbH]; aA – Haftung aus § 128 – EBJS/*Hillmann* Rn. 29; *Wiedemann* GesR II § 8 III 3b cc). Schließlich ist dem Gläubiger in Fällen dieser Art auch nur mit der kumulativen Unterlassung durch Gesellschaft und Gesellschafter gedient. 28

V. Innenregress des haftenden Gesellschafters

1. Ansprüche gegen die OHG. Die Zahlung des nach § 128 von Gläubigern der OHG in Anspruch genommenen Gesellschafters stellt eine Aufwendung iSd § 110 dar. Der Gesellschafter hat daher bei Vorliegen der Voraussetzungen dieser Norm, er also insbesondere die Zahlung „den Umständen nach für erforderlich halten" durfte (→ § 110 Rn. 13), einen **Erstattungsanspruch gegen die Gesellschaft nach § 110** (allgM, vgl. nur BGH 30.4.1984, NJW 1984, 2290 (2291); BGH 9.5.1963, BGHZ 39, 319 (323 f.); BGH 2.7.1962, BGHZ 31, 299 (301) [unter 1.]; weitergehend BGH 17.12.2001, NJW-RR 2002, 455, wonach jeder – also zB auch ein stiller – Gesellschafter von der Gesellschaft nach § 110 Ausgleich dafür verlangen kann, dass er in ihrem Interesse ein Sonderopfer erbracht hat). 29

Umstritten ist, ob daneben auch die Forderung des befriedigten Gläubigers selbst im Wege des gesetzlichen Forderungsübergangs (§ 412 BGB) auf den leistenden Gesellschafter übergeht. Relevant ist dies insbesondere im Hinblick auf den Übergang akzessorischer Sicherheiten nach §§ 412, 401 BGB, die Möglichkeit der Gesellschaft, dem Gesellschafter Einreden aus dem Verhältnis zum Gläubiger entgegen zu halten (§§ 412, 404 BGB) und für die Frage, ob die Umschreibung eines vom Gläubiger gegen die OHG erwirkten Titels auf den Gesellschafter nach § 727 ZPO möglich ist. Klar ist, dass sich eine solche **cessio legis** nicht auf § 426 Abs. 2 BGB stützen lässt, weil es an einem Gesamtschuldverhältnis zwischen OHG und Gesellschaftern fehlt (Rn. 21; ganz hM, BGH 9.5.1963, BGHZ 39, 319 (323); RWH HGB/*Haas* Rn. 10; Staub/*Habersack* Rn. 43; Baumbach/Hopt/*Roth* Rn. 25; für eine Analogie zu § 426 Abs. 2 BGB dagegen *Flume* § 16 II 2c). Eine verbreitete Ansicht im Schrifttum tritt jedoch wegen der akzessorischen Ausgestaltung der Haftung nach § 128 und der erheblichen Parallelen zur Bürgschaft (→ Rn. 2) für eine **analoge Anwendung des § 774 BGB** und damit für eine cessio legis mitsamt den oben angesprochenen Konsequenzen ein, wobei die für eine Analogie grundsätzlich erforderliche Regelungslücke aufgrund der Nichtanwendbarkeit des § 426 Abs. 2 BGB bestehen soll (MüKoHGB/*K. Schmidt* Rn. 31; *K. Schmidt* GesR § 49 V 1; Staub/*Habersack* Rn. 43; KKRD/*Kindler* §§ 128, 129 Rn. 9; *Hammen* WM 2019, 945 (948 ff.); Hadding FS Fleck, 1998, 71 (80); *Wiedemann* GesR II § 3 III 3d cc, tendenziell auch Baumbach/Hopt/*Roth* Rn. 25). Mit dem BGH wird man jedoch argumentieren müssen, dass es aufgrund der abschließenden Regelung des Erstattungsanspruchs in § 110 HGB an einer solchen planwidrigen Lücke gerade fehlt, sodass eine Analogie zu § 774 BGB und damit auch ein Forderungsübergang nach § 412 BGB ausscheiden (BGH 19.7.2011, WM 2011, 30

1658 (1664, 1665); EBJS/*Hillmann* Rn. 30; RWH HGB/*Haas* Rn. 10; *Wertenbruch* in Westermann/Wertenbruch PersGes-HdB, 2014, Rn. I 980a).

31 Der Gesellschafter ist nicht gezwungen, zunächst den Gläubiger zu befriedigen und erst dann einen Erstattungsanspruch gegen die OHG geltend zu machen. Vielmehr hat er gegenüber der Gesellschaft auch einen – ggf. einklagbaren – **Anspruch auf Freistellung** von der Verbindlichkeit, sobald eine Inanspruchnahme durch einen Gläubiger droht (allgM, vgl. etwa BGH 8.10.2013, ZIP 2013, 2305 (2308); Staub/*Habersack* Rn. 41; RWH HGB/*Haas* Rn. 12; MHdB GesR I/*Herchen* § 69 Rn. 8).

32 **2. Ansprüche gegen die Mitgesellschafter.** Die Gesellschafter haften untereinander als Gesamtschuldner nach § 426 BGB (→ Rn. 20). Dies führt zum **Ausgleichsanspruch aus § 426 Abs. 1 BGB** als Folge der Inanspruchnahme nach § 128 im Außenverhältnis und hat mit einer Nachschusspflicht oder einem Verstoß gegen § 707 BGB entgegen veralteter Ansicht nichts zu tun (heute allgM, vgl. BGH 2.7.1962, BGHZ 37, 299 (302); zur weitergehenden Ansicht des BGH 17.12.2001, NJW-RR 2002, 455 (456), nach der der auf § 426 BGB gestützte Regress noch nicht einmal Gesamtschuldnerschaft voraussetzt, sondern entsprechend auch von anderen Beteiligten wie einem stillen Gesellschafter geltend gemacht werden kann, der freiwillig Schulden der Gesellschaft tilgt und sich dadurch von sich aus einem persönlich haftenden Gesellschafter gleichstellt, → Rn. 29).

33 Der Anspruch besteht jedoch nur **subsidiär,** dh der berechtigte Gesellschafter muss sich zunächst an die OHG wenden (→ Rn. 29 ff.). Erst wenn diese auf entsprechende Anforderung nicht zahlt, weil sie dazu nicht willens oder in der Lage ist, kann er sich nach § 426 Abs. 1 BGB an seine Mitgesellschafter halten (BGH 8.10.2013, ZIP 2013, 2305 (2308); BGH 15.10.2007, ZIP 2007, 2313 (2314)). Zudem ist zu beachten, dass die Mitgesellschafter nur **pro rata,** also entsprechend ihrer vertraglich festgelegten (Verlust-)Beteiligung an der Gesellschaft haften (allgM, BGH 9.12.2014 NZG 2015, 225 (226) [für die KG]; BGH 15.1.1988, BGHZ 103, 72 (76) = NJW 1988, 1375 (1376); MüKoHGB/*K. Schmidt* Rn. 34; RWH HGB/*Haas* Rn. 11; *Graf Wolfskeel v. Reichenberg* NZG 2017, 45 (46)). In einer aus A, B und C bestehenden OHG, an der A zur Hälfte und B und C zu je 1/4 beteiligt sind, haftet B dem vom Gläubiger im Außenverhältnis auf Zahlung von 10.000 EUR in Anspruch genommenen C also lediglich auf 2.500 EUR. Dieser Betrag kann sich jedoch nach § 426 Abs. 1 S. 2 BGB erhöhen, wenn ein Mitgesellschafter ausfällt. In diesem Fall wird dessen Anteil wiederum auf die anderen Gesellschafter anteilig verteilt. Ist im obigen Bsp. A insolvent, haftet B dem C auf insgesamt 5.000 EUR, weil der ausgefallene Anteil des A (5.000 EUR) entsprechend der Beteiligung von B und C von diesen zu tragen ist. Anderes kann unter Heranziehung des Gedankens aus § 254 BGB dann gelten, wenn die Verpflichtung der Gesellschaft auf dem schuldhaften Verhalten eines Gesellschafters beruht (BGH 24.9.2013 NJW 2013, 3572 (3573)). Abzugrenzen ist diese Haftungsbeschränkung von der Begrenzung der Haftung des infolge eines Drittgeschäftes von einem Mitgesellschafter nach § 128 in Anspruch genommenen Gesellschafters. Letzterer haftet dem der Gesellschaft wie ein Dritter gegenüberstehenden Gesellschafter auf den nur um dessen Verlustanteil gekürzten Betrag (Staub/*Habersack* Rn. 49; Baumbach/Hopt/*Roth* Rn. 27; → Rn. 10b mit Bsp.).

34 Neben dem Anspruch aus § 426 Abs. 1 BGB steht dem nach § 128 in Anspruch genommenen Gesellschafter auch die im Wege der **cessio legis** auf ihn übergehende Gläubigerforderung als Rückgriffsanspruch zur Verfügung, wobei sich der gesetzliche Forderungsübergang in diesem Fall zwanglos **aus § 426 Abs. 2 BGB** ergibt (hM, MüKoHGB/*K. Schmidt* Rn. 34; Baumbach/Hopt/*Roth* Rn. 27; MHdB GesR I/ *Herchen* § 69 Rn. 9; im Ergebnis ebenso Staub/*Habersack* Rn. 48, den Forderungsübergang aber auf §§ 412, 401 BGB als Folge der cessio legis nach § 774 BGB analog [→ Rn. 30] stützend). Auch insoweit gelten allerdings die aus der Treuepflicht resultierenden Einschränkungen bei der Geltendmachung von Regressansprüchen gegenüber den Mitgesellschaftern (→ Rn. 33).

35 Ebenso wie beim Regress gegenüber der OHG kann der Gesellschafter bei drohender Inanspruchnahme unter Vorliegen der oben aufgezeigten Voraussetzungen **Freistellung pro rata** von seinen Mitgesellschaftern verlangen und muss nicht zuwarten, bis er die Forderung des Gläubigers im Außenverhältnis selbständig und alleine getilgt hat (vgl. BGH 15.10.2007, ZIP 2007, 2313 (2314); BGH 25.3.1991, BGHZ 114, 138 (142) = NJW 1991, 3148; OLG Koblenz 15.12.1994, NJW-RR 1995, 486 (487)).

36 **3. Abweichende Vereinbarungen.** Der die Unwirksamkeit entgegenstehender Vereinbarungen bestimmende S. 2 gilt nur gegenüber Dritten (→ Rn. 12), also im Außenverhältnis. Im **Innenverhältnis** sind solche Regelungen zugunsten oder zulasten einzelner Gesellschafter (zB in Gestalt der Befreiung eines oder mehrerer Gesellschafter von bestimmten oder allen Verbindlichkeiten oder der Übernahme bestimmter Verbindlichkeiten durch einen oder mehrere Gesellschafter allein) dagegen **grundsätzlich zulässig.** Eine mit einem Gläubiger getroffene Vereinbarung über eine Nichtinanspruchnahme im Außenverhältnis schlägt ohne entsprechend interne Regelung nicht auf das Innenverhältnis durch (→ Rn. 13).

37 **4. Sonderfall des ausgeschiedenen Gesellschafters.** Einer gesonderten Betrachtung bedarf die Konstellation, in der ein **bereits ausgeschiedener Gesellschafter** aufgrund der fortbestehenden

Haftung im Außenverhältnis von einem Gläubiger nach §§ 128, 160 in Anspruch genommen wird. Vorbehaltlich einer auch hier möglichen abweichenden Vereinbarung mit dem ausgeschiedenen Gesellschafter (→ Rn. 36) gelten dafür die nachfolgenden Grundsätze (zum Sonderfall der – eventuell durch oder nach Ausscheiden eines Gesellschafters erfolgten – Auflösung der OHG → § 131 Rn. 63 ff.).

a) Rückgriff gegenüber der OHG. Aus **§ 105 Abs. 3 iVm § 738 Abs. 1 S. 2 BGB** folgt, dass die OHG (§ 738 BGB spricht zwar von den „übrigen Gesellschaftern", meint damit aber den Verband in seiner Gesamtheit) den bereits ausgeschiedenen, aber nachhaftenden Gesellschafter von der Inanspruchnahme für Gesellschaftsverbindlichkeiten **freizustellen** hat. Die Regelung stellt sich damit als Verlängerung der Bestimmung des § 110 für die Zeit nach dem Ausscheiden aus der Gesellschaft dar (MüKoHGB/*K. Schmidt* Rn. 61). 38

Hat der ausgeschiedene Gesellschafter den Gesellschaftsgläubiger bereits befriedigt, kann er **Regress bei der OHG** nehmen; dies ist im Ergebnis nicht str., wird dogmatisch allerdings höchst unterschiedlich hergeleitet. So wird teilweise wie bei noch bestehender Zugehörigkeit zur Gesellschaft auf § 110 zurückgegriffen (*Preuß* ZHR 160 (1996), 163 (165); *Wiedemann* WM-Beil. 7/1992, 36; *Hadding* FS Stimpel, 1985, 139 (153 ff.)), zT auf § 670 BGB abgestellt (BGH 14.11.1977, WM 1978, 114 (115); Baumbach/Hopt/*Roth* Rn. 36; Heymann/*Hoffmann/Bartlitz* § 110 Rn. 3). Überwiegend wird jedoch eine entsprechende Anwendung der § 105 Abs. 3 iVm § 738 Abs. 1 S. 2 BGB befürwortet (so MüKoHGB/*K. Schmidt* Rn. 61; Staub/*Habersack* Rn. 45; GK-HGB/*Ensthaler* Rn. 24; MüKoBGB/*Schäfer* BGB § 738 Rn. 10/79). Dafür spricht der Zweck der Regelung, nach der es erst gar nicht zu einer Inanspruchnahme des ausgeschiedenen Gesellschafters kommen soll; geschieht dies dennoch, ist es nur konsequent, auch den Rückgriff gegenüber der OHG auf diese Vorschrift zu stützen. 39

Daneben – bzw. nach einer weiteren, vornehmlich von der Rspr. vertretenen Auffassung wohl ausschließlich – besteht ein Anspruch aus der übergegangenen Gläubigerforderung, wobei die **cessio legis** hier – anders als bei bestehender Gesellschaftszugehörigkeit (→ Rn. 30) – **aus § 426 Abs. 2 BGB** hergeleitet wird (für zusätzlichen Anspruch etwa EBJS/*Hillmann* Rn. 31; Baumbach/Hopt/*Roth* Rn. 36; den Anspruch allein auf § 426 Abs. 2 BGB stützend BGH 14.1.1985, BGHZ 93, 246 (247) = NJW 1985, 1776; BGH 9.5.1963, BGHZ 39, 319 (323); *Büscher/Klusmann* ZIP 1992, 11 (17)). Dem kann mit dem Hinweis, dass das bloße Ausscheiden Gesellschafter und Gesellschaft nicht zu Gesamtschuldnern werden lässt (ebenso MüKoHGB/*K: Schmidt* Rn. 61; Baumbach/Hopt/*Roth* Rn. 36), entgegengetreten werden. Nach der unter Rn. 30 dargestellten Auffassung, die von einem gesetzlichen Übergang der Gläubigerforderung analog § 774 BGB ausgeht, kann für einen Rückgriffsanspruch des ausgeschiedenen Gesellschafters auch auf diese Norm rekurriert werden (MüKoHGB/*K. Schmidt* Rn. 61; Staub/*Habersack* Rn. 46). Nach hier vertretener Auffassung, wonach sich der Regressanspruch ausschließlich aus § 105 Abs. 2 iVm § 738 Abs. 1 S. 2 BGB ergibt (→ Rn. 38 ff.), besteht für eine solche Analogie jedoch kein Raum. 40

b) Rückgriff gegenüber den restlichen Gesellschaftern. Zudem ist auch dem bereits ausgeschiedenen Gesellschafter ein **Regress gegen die aktuell an der OHG beteiligten Personen** möglich. Das wird zT – wie bei fortbestehender Zugehörigkeit zur Gesellschaft – mit § 426 Abs. 1 BGB bzw. § 426 Abs. 2 iVm §§ 412, 401 BGB begründet, weil das Ausscheiden nichts am Fortbestand der Gesamtschuldnerschaft ändere (Staub/*Habersack* Rn. 50; *Wiedemann* GesR II § 3 III 3d cc aE; MHdB GesR I/*Herchen* § 69 Rn. 18), zT auf die Haftung der Gesellschafter aus § 128 für die nach → Rn. 38 ff. bestehende Verbindlichkeit der Gesellschaft gestützt (MüKoHGB/*K. Schmidt* Rn. 62; für § 128 und § 426 BGB KKRD/*Kindler* §§ 128, 129 Rn. 20). 41

Umstritten ist, ob die unter → Rn. 33 dargestellten Einschränkungen der Haftung (subsidiär und pro rata) auch für die Regressforderung des ausgeschiedenen Gesellschafters gelten. Während die **Subsidiarität der Haftung** aufgrund der nachwirkenden **Treuepflicht** zu bejahen ist (str., wie hier Staub/*Habersack* Rn. 50; MüKoHGB/*K. Schmidt* Rn. 62; EBJS/*Hillmann* Rn. 34; *Wiedemann* GesR II § 3 III 3d cc aE; aA, da die Treuepflicht erloschen sei BGH 2.7.1979, NJW 1980, 339 (340); KKRD/*Kindler* §§ 128, 129 Rn. 20; *Büscher/Klusmann* ZIP 1992, 11 (18)), ist für eine **pro rata-Haftung** mangels Haftungsbeteiligung des gem. § 105 Abs. 3 iVm § 738 Abs. 1 S. 2 BGB vollständig zu entlastenden ausgeschiedenen Gesellschafters kein Raum (hM, vgl. EBJS/*Hillmann* Rn. 34; MüKoHGB/*K. Schmidt* Rn. 62; KKRD/*Kindler* §§ 128, 129 Rn. 20; RWH HGB/*Haas* Rn. 33; aA Staub/*Habersack* Rn. 50; *Wiedemann* WM-Beil. 7/1992, 37). 42

VI. Haftung des ausgeschiedenen Gesellschafters

1. Grundsatz. Ein Gesellschafter kann aus verschiedenen Gründen aus einer OHG **ausscheiden,** wodurch eine maßgebliche Voraussetzung für seine Haftung aus § 128 (→ Rn. 5 ff.) entfällt. Möglich ist dies etwa in den in § 131 Abs. 3 genannten Fällen (neben der Kündigung insbesondere aufgrund eines vertraglich geregelten Austrittsrechts), aber auch aufgrund einer Anteilsübertragung oder einer Ausschließung durch die übrigen Gesellschafter nach § 140. Gleichzustellen sind diejenigen Fälle, in denen der Beteiligte seine Stellung als persönlich haftender Gesellschafter verliert, so etwa bei einem Wechsel 43 in die Rolle eines Kommanditisten einer neu entstehenden KG (§ 150 Abs. 3, vgl. BGH 19.5.1983, NJW 1983, 2256 (2258); BGH 22.9.1980, BGHZ 78, 114 (116) = NJW 1981, 175) oder bei Umwandlung bzw. übertragender Verschmelzung in eine Kapitalgesellschaft mit der Folge des Formwechsels bzw. Erlöschens der OHG (§§ 190 ff., 202 bzw. §§ 2 ff., 20 UmwG; OLG Köln 18.7.2001, BB 2001, 2444 (2445)). Zum Sonderfall der Eröffnung eines Insolvenzverfahrens über das Vermögen der OHG → Rn. 62 ff. Von den aufgezählten Fällen des Ausscheidens abzugrenzen ist die vollständige Auflösung der Gesellschaft. Hier besteht die Haftung der Gesellschafter grundsätzlich fort, unterliegt jedoch der Sonderverjährung nach § 159 (→ § 159 Rn. 1 ff.).

44 Auf welchem Grund das Ausscheiden auch beruhen mag: die **Haftung des Gesellschafters** nach § 128 wird dadurch grundsätzlich nicht tangiert. Dies gilt sowohl für die Tatsache der Haftung als solche, als auch für den Inhalt der Haftung (vgl. BGH 1.4.1987, NJW 1987, 2367 (2369); BGH 25.11.1985, NJW 1986, 1690; BGH 21.12.1970, BGHZ 55, 267 (269); BGH 6.6.1968, BGHZ 50, 232 (235); BGH 13.7.1967, BGHZ 48, 203 (205)). Der ausgeschiedene Gesellschafter haftet somit für sämtliche bis zu seinem Ausscheiden – bzw. gegenüber denjenigen Gläubigern, die den Umstand des Ausscheidens weder kannten noch kennen mussten und dies im Bestreitensfall nachweisen können bis 15 Tage nach Bekanntmachung (§ 15 Abs. 2) – begründeten Gesellschaftsverbindlichkeiten **(Altverbindlichkeiten)** nach § 128 **(Nachhaftung).** Für danach begründete Neuverbindlichkeiten haftet er dagegen nicht mehr. Etwas anderes kann sich ausnahmsweise aus Gründen der Rechtsscheinhaftung ergeben, etwa, wenn der bereits Ausgeschiedene nach wie vor als Gesellschafter der OHG auftritt und handelt (zum Scheingesellschafter → Rn. 8), wozu zwar nicht die Weiterverwendung seines Namens in der Firma der OHG (arg. e. § 24 Abs. 2), wohl aber die Nennung auf dem Briefkopf der Gesellschaft ausreichen kann (BGH 17.1.2012, NZG 2012, 221 (222); differenzierend BGH 29.1.2001, BGHZ 146, 341 (359) = NJW 2001, 1056 (1061)). Um den etwa gesetzten Rechtsschein zu zerstören, muss der ausgeschiedene Gesellschafter selbst aktiv werden und erforderlichenfalls den Klageweg beschreiten; es genügt jedenfalls nicht, dass er den verbleibenden Gesellschaftern die Weiterverwendung von Hinweisen auf eine bestehende Gesellschaftszugehörigkeit wie die Namensverwendung im Briefkopf oder auf einem Firmen- oder Kanzleischild untersagt (BGH 17.1.2012, NZG 2012, 221 (222)).

45 **2. Alt- und Neuverbindlichkeiten. a) Ausschlaggebender Zeitpunkt.** Um die **entscheidende Abgrenzung zwischen Alt- und Neuverbindlichkeiten** vornehmen zu können, müssen **zwei Zeitpunkte** festgelegt werden. Zum einen kommt es maßgeblich auf den Zeitpunkt des (wirksamen) Ausscheidens, zum anderen auf den auf den Moment an, in dem die fragliche Verbindlichkeit begründet wurde (vgl. den Wortlaut des § 160 Abs. 1 S. 1).

46 Im Hinblick auf den **Zeitpunkt des Ausscheidens** ist die **materiell-rechtliche Wirksamkeit** entscheidend, wobei nach dem Grund des Ausscheidens zu differenzieren ist. In den Fällen des § 131 Abs. 3 S. 1 ist die Regelung in § 131 Abs. 3 S. 2 zu beachten. Kommt es auf die Zustimmung der Gesellschafter an (zB beim einvernehmlichen Austritt oder bei einer gesellschaftsvertraglich geregelten Anteilsübertragung) ist grundsätzlich die Zustimmung des letzten – sofern die Zustimmung einer Mehrheit ausreicht des letzten erforderlichen – Gesellschafters ausschlaggebend, sofern der Austritt bzw. die Übertragung nicht auf einen späteren Zeitpunkt befristet oder aufschiebend bedingt ist (Staub/*Habersack* Rn. 60). Die Vereinbarung einer Rückwirkung des Ausscheidens kann Wirkung im Innenverhältnis entfalten, für die Haftung im Außenverhältnis ist sie hingegen irrelevant (MüKoHGB/*K. Schmidt* Rn. 48). Im Falle der Ausschließung nach § 140 entscheidet die Rechtskraft des Urteils. Bei einer Verschmelzung oder einem Formwechsel ist auf die Eintragung im Handelsregister abzustellen (§§ 20, 202 UmwG).

47 Wegen der Begründung der Verbindlichkeit ist der Zeitpunkt maßgebend, in dem der **Rechtsgrund des jeweiligen Anspruchs geschaffen** wurde, aus dem sich ohne Hinzutreten weiterer rechtsgeschäftlicher Akte die Gesellschaftsschuld ergibt; Entstehung und Fälligkeit oder die Abhängigkeit von einer Gegenleistung sind dagegen nicht von Bedeutung (ganz hM, vgl. BGH 3.7.2020, NZG 2020, 1145 (1146); BGH 17.1.2012 NZG 2012, 221; BGH 12.12.2005, NJW 2006, 765; BGH 29.4.2002, BGHZ 150, 373 (376) = NJW 2002, 2170 (2171); BGH 27.9.1999, BGHZ 142, 324 (329) = NJW 2000, 208 (209); BGH 21.12.1970, BGHZ 55, 267 (269 f.); OLG Hamm 24.10.2007, NZG 2008, 101; OLG Rostock 8.2.2001, NJW-RR 2002, 244; Staub/*Habersack* Rn. 62; MüKoHGB/*K. Schmidt* Rn. 49; Baumbach/Hopt/*Roth* Rn. 29; aA *Honsell/Harrer* ZIP 1986, 341 (344 ff.); *Moll/Hottgenroth* RdA 1994, 223 (224 ff.); zweifelnd auch Heymann/*Hoffmann/Bartlitz* Rn. 55 Fn. 94).

48 **b) Einzelne Schuldverhältnisse. aa) Vertragliche Schuldverhältnisse.** Der ausgeschiedene Gesellschafter haftet nach § 128 für alle Verbindlichkeiten aus **Verträgen, die die Gesellschaft bis zu seinem Ausscheiden eingegangen ist.** Der Gesellschaftsgläubiger soll sich darauf verlassen dürfen, dass die bei Abschluss des Vertrages persönlich haftenden Gesellschafter auch im Falle eines späteren Ausscheidens aus der OHG als Haftende zur Verfügung stehen. Daraus folgt, dass es für die Haftung des Ausgeschiedenen ohne Belang ist, ob der Anspruch des vorleistungspflichtigen Gläubigers aus dem Vertrag zum Zeitpunkt des Ausscheidens schon fällig war (BGH 21.12.1970, BGHZ 55, 267 (269 f.)) oder ob – etwa aufgrund einer aufschiebenden Bedingung oder Befristung – der Gläubiger erst später

berechtigt war, die Erfüllung der Verbindlichkeit einzufordern (BGH 11.12.1978, BGHZ 73, 217 (220); BGH 21.12.1961, BGHZ 36, 224 (225)). Soweit sich ein dem Grunde nach bereits angelegter Erfüllungsanspruch (Primäranspruch) nach Ausscheiden – etwa wegen Verzugs bzw. Nicht- oder Schlechterfüllung – in einen Schadensersatz-, Rückgewähr- oder Mangelbeseitigungsanspruch verwandelt, hat dies auf die Nachhaftung gleichfalls keinen Einfluss (vgl. BGH 13.7.1967, BGHZ 48, 203 (204)). Auch bei einem nach Ausscheiden gewährten, aber schon vorher vom Gläubiger verbindlich zugesagten Darlehen handelt es sich um eine Altverbindlichkeit (MüKoHGB/*K. Schmidt* Rn. 50; Staub/*Habersack* Rn. 64; Heymann/*Hofmman/Bartlitz* Rn. 61; aA Baumbach/Hopt/*Roth* Rn. 30). Entscheidend ist mithin, wann die rechtsgeschäftlichen Erklärungen, aus denen der Anspruch hergeleitet wird, mit **Bindungswirkung** abgegeben wurden (BGH 11.12.1978, BGHZ 73, 217 (220)). Nach dem im Gläubigerschutz liegenden Zweck der Vorschrift ist dabei maßgeblich darauf abzustellen, ob der Vertragspartner der Gesellschaft an seine Willenserklärung gem. §§ 145 ff. BGB oder iRe Vorvertrages gebunden ist, während eine lediglich einseitig die OHG bindende Erklärung vor Ausscheiden des Gesellschafters die später daraus entstehende Verpflichtung nicht zur Altverbindlichkeit macht (Staub/*Habersack* Rn. 63; MüKoHGB/*K. Schmidt* Rn. 50, 54; aA EBJS/*Hillmann* Rn. 52; MHdB GesR I/*Schulte/Hushahn* § 75 Rn. 64).

Die Haftung greift auch für dem Grunde nach bereits angelegten Verbindlichkeiten aus **Dauerschuldverhältnissen** (vgl. BGH 12.12.2005, NJW 2006, 765; BGH 29.4.2002, BGHZ 150, 373 (376) [unter 3 aE] = NJW 2002, 2170 (2171); BGH 8.10.1984, NJW 1985 (1899)), wie Miet- und Leasingverträgen, Lieferverträgen (zB mit Energieversorgern) oder Arbeitsverträgen (inkl. Ruhegeldzahlungen). Auch die Verlängerung eines bestehenden Vertragsverhältnisses aufgrund einer Fortsetzungsklausel, die die laufenden Verbindlichkeiten der Gesellschaft unverändert fortsetzt, lässt die Haftung des Ausgeschiedenen unberührt (BGH 29.4.2002, BGHZ 150, 373 (376)). Die Gefahr einer Endloshaftung besteht in diesen Fällen aufgrund der Regelung des § 160 nicht. 49

bb) Nachträgliche Veränderungen des Schuldverhältnisses. Aus dem bei → Rn. 47 dargelegten Grundsatz folgt weiter, dass die Haftung durch den vertraglich angelegten status quo zum Zeitpunkt des Ausscheidens begrenzt wird, eine nachträgliche Änderung, die zu einer **Erweiterung** der dem Grunde nach angelegten vertraglichen Verbindlichkeiten oder einer **Verschärfung** der Haftung zulasten des bereits ausgeschiedenen Gesellschafters führt, also nicht erfolgen kann (allgM, vgl. etwa MüKoHGB/*K. Schmidt* Rn. 52; EBJS/*Hillmann* Rn. 51; RWH HGB/*Haas* Rn. 29; MHdB GesR I/*Schulte/Hushahn* § 75 Rn. 67). Nachträglich vereinbarte **Einschränkungen** der Verbindlichkeit oder der Durchsetzungsmöglichkeiten wirken sich dagegen immer auch zugunsten des ausgeschiedenen Gesellschafters aus (Staub/*Habersack* Rn. 67). 50

Einen Sonderfall stellen Verbindlichkeiten aus einem der Gesellschaft eingeräumten **Kontokorrentkredit** dar. Nach gefestigter Rspr. haftet der ausgeschiedene Gesellschafter hier maximal nur bis zu der zum Zeitpunkt des Ausscheidens bestehenden Höhe der Kontokorrentschuld, wobei die Haftung zu seinen Gunsten durch den nach dem Ausscheiden niedrigsten Saldo begrenzt wird (BGH 25.11.1985, NJW-RR 1986, 834 (835); BGH 28.6.1968, BGHZ 50, 277 (284); BGH 28.11.1957, BGHZ 26, 142 (150)). Die Reduzierung des Saldos kommt dem Ausgeschiedenen aber nur dann zu Gute, wenn sie in einem periodisch erstellten Rechnungsabschlusssaldo (vgl. § 355 Abs. 2) festgehalten ist, also nicht auf einer zwischen zwei Rechnungsabschlüssen gelegenen, an einen beliebigen Tag oder eine beliebige Stunde anknüpfenden Momentaufnahme beruht (BGH 2.11.1973, NJW 1974, 100; BGH 9.12.1971, BB 1972, 1163 (1164); OLG Köln 18.7.2001, BB 2001, 2444 (2445)). Daraus folgt, dass der Ausgeschiedene von der Haftung für Verbindlichkeiten aus dem der OHG eingeräumten Kredit ganz frei wird, wenn das Konto nach seinem Ausscheiden einen positiven Abschlusssaldo aufweist (hM, vgl. außer der bereits zitierten Rspr. etwa EBJS/*Hillmann* Rn. 50; Baumbach/Hopt/*Roth* Rn. 30). Diese, den Vorzug einer klaren Handhabbarkeit für die Praxis bietende Auffassung ist indes nicht unumstritten. Ihr wird insbesondere entgegen gehalten, dass der jeweilige Saldo den Haftungsstand des Ausgeschiedenen nicht zwingend richtig abbildet (vgl. etwa Staub/*Habersack* Rn. 66; MüKoHGB/*K. Schmidt* Rn. 56; *Canaris* HandelsR § 25 V 2; MHdB GesR I/ *Schulte/Hushahn* § 75 Rn. 63). Dies kann sowohl zulasten des Ausgeschiedenen gehen, soweit es ihm verwehrt wird, sich auf die nach seinem Ausscheiden auf die bestehende Schuld erbrachten Zahlungen zu berufen, sofern der Abschlusssaldo durch die Verrechnung mit neuen Verbindlichkeiten nicht bzw. nicht im Umfang der geleisteten Zahlungen sinkt, als auch zu seinen Gunsten wirken, etwa wenn sich der Saldo aufgrund der Verbuchung von Zahlungen auf (neu entstandene) Forderungen auf einen Stand erhöht, der über demjenigen am Tag des Ausscheidens liegt. 51

cc) Gesetzliche Schuldverhältnisse. Auch bei gesetzlichen Schuldverhältnissen handelt es sich um Altverbindlichkeiten, soweit der Rechtsgrund noch vor Ausscheiden des Gesellschafters gelegt worden ist. Bei **deliktischen Verbindlichkeiten** reicht es daher aus, wenn die **Verletzungshandlung** noch vor dem Ausscheidenszeitpunkt erfolgt ist (hM, vgl. MüKoHGB/*K. Schmidt* Rn. 57; EBJS/*Hillmann* Rn. 53; MHdB GesR I/ *Schulte/Hushahn* § 75 Rn. 65; enger Staub/*Habersack* Rn. 69: über die Handlung hinaus muss bereits eine Rechtsgutsverletzung eingetreten sein). Bei Bereicherungsansprüchen ist nach der Art der Kondiktion zu unterscheiden; während bei der Leistungskondiktion auf den (ver- 52 meintlichen) Entstehungszeitpunkt des vermeintlichen Rechtsgrundes abzustellen ist (BGH 17.1.2012, NZG 2012, 221 (221 f.), wonach allerdings die Grundlage für eine versehentliche nochmalige Zahlung eines nur einmal geschuldeten Betrages nicht in der ursprünglichen Vereinbarung zu sehen ist), kommt es bei der Nichtleistungskondiktion auf den Zeitpunkt der Vornahme der in die geschützte Rechtsposition eingreifenden Handlung (vergleichbar der Verletzungshandlung beim deliktischen Anspruch) an (EBJS/*Hillmann* Rn. 53; Staub/*Habersack* Rn. 69). Bei der GoA wiederum ist der Zeitpunkt der Übernahme der Geschäftsführung maßgebend (BGH 25.11.1985, NJW 1986, 1690). Bei Verbindlichkeiten gegenüber einer WEG, an der die Gesellschaft beteiligt ist, kommt es für die Verpflichtung zur Zahlung von Beiträgen für die Instandhaltung, Instandsetzung, sonstige Verwaltung und des gemeinschaftlichen Gebrauchs des gemeinschaftlichen Eigentums nicht auf den Zeitpunkt der Beschlussfassung über den Wirtschaftsplan nach § 28 WEG, sondern ausschließlich auf den Zeitpunkt des Erwerbs des Wohnungseigentums durch die Gesellschaft an, weil ab diesem Moment die Kostentragungspflicht gem. § 16 Abs. 2 WEG jedenfalls dem Grunde nach gelegt ist (BGH 3.7.2020, NZG 2020, 1145 (1146 f.)). Besonderheiten gelten für öffentlich-rechtliche Verpflichtungen. Nach der verwaltungsgerichtlichen Rechtsprechung stellt ein Verwaltungsakt gegen die Gesellschaft jedenfalls ohne öffentlich-rechtliche Ermächtigungsgrundlage keine Basis für die Anwendung von Verwaltungszwang gegenüber einem (ausgeschiedenen) Gesellschafter dar (BVerwG 5.6.2019 ZInsO 2019, 1942).

VII. Haftung minderjähriger Gesellschafter

53 Minderjährige Gesellschafter haften nach § 128 für Verbindlichkeiten der OHG gemäß den auch auf sie anzuwendenden gesellschaftsrechtlichen Regeln grundsätzlich uneingeschränkt. Das BVerfG hat diese **unbegrenzte Haftung** als mit dem allgemeinen Persönlichkeitsrecht der Minderjährigen (Art. 2 Abs. 1 GG iVm Art. 1 Abs. 1 GG) nicht vereinbar eingestuft, weil diese von ihren gesetzlichen Vertretern nicht mit erheblichen Schulden in die Volljährigkeit entlassen werden dürfen (BVerfG 13.5.1986, BVerfGE 72, 155 = NJW 1986, 1859). Der Gesetzgeber hat darauf mit der Einführung des § 1629a BGB und der Neufassung des über § 105 Abs. 3 auch auf die OHG anwendbaren § 723 BGB durch das **Minderjährigenhaftungsbeschränkungsgesetz** aus dem Jahr 1998 (BGBl. 1998 I 2487) reagiert. Danach gelten für minderjährige Gesellschafter die nachfolgend dargestellten Regeln.

54 Die **Haftung vor Erlangung der Volljährigkeit** unterliegt keinen Besonderheiten; der Minderjährige haftet hier also mit seinem gesamten Vermögen. Dies gilt auch für die (Nach-)Haftung bei Ausscheiden vor Erreichen der Volljährigkeit bis zu diesem Zeitpunkt. Zu einem Eingriff in die gesellschaftsrechtliche Haftungsordnung kommt es erst ab dem Zeitpunkt, zu dem der minderjährige Gesellschafter volljährig wird.

55 Scheidet der (vormals) minderjährige Gesellschafter innerhalb der **dreimonatigen Frist** des § 723 Abs. 1 S. 4 BGB aus – wozu ihm in § 723 Abs. 1 S. 3 Nr. 2 BGB ein außerordentliches Recht zur Kündigung eingeräumt wird – greift § 1629a Abs. 1 BGB ein, wonach die **Haftung durch das bei Eintritt der Volljährigkeit vorhandene Vermögen begrenzt** wird. Das gilt auch für die Haftung des bereits zuvor ausgeschiedenen Gesellschafters ab dem Zeitpunkt des Eintritts der Volljährigkeit. Der an seinem 15. Geburtstag aus der OHG ausscheidende Gesellschafter haftet folglich noch drei Jahre lang unbegrenzt (nach), bevor mit Erreichen der Volljährigkeit die Haftungsbeschränkung des § 1629a Abs. 1 BGB zu beachten ist. Die Beschränkung soll dabei nach der im familienrechtlichen Schrifttum hM auf die bei Eintritt der Volljährigkeit vorhandenen Vermögensgegenstände begrenzt sein (vgl. etwa Staudinger/*Coester,* 2015, BGB § 1629a Rn. 54 f.; MüKoBGB/*Huber* BGB § 1629a Rn. 38; BeckOK BGB/*Veit* BGB § 1629a Rn. 13), was zu einer – konstruiert wirkenden – Differenzierung zwischen zwei zu unterscheidenden Vermögensmassen (vor und nach Erreichen der Volljährigkeit) führt (für eine summenmäßig auf den Wert des bei Eintritt der Volljährigkeit vorhandenen Vermögens begrenzte Haftung daher MüKoHGB/*K. Schmidt* Rn. 67, 70; *K. Schmidt* FS Derleder, 2005, 601 ff.). Die Haftungsbeschränkung greift gem. § 1629a Abs. 2 BGB nicht, wenn der Minderjährige im Hinblick auf den Geschäftsbetrieb der OHG nach § 112 BGB ermächtigt war. In diesem Fall steht ihm auch kein außerordentliches Kündigungsrecht zu (vgl. § 723 Abs. 1 S. 5 BGB); es bleibt vielmehr beim Grundsatz der unbeschränkten Haftung.

56 Kommt es innerhalb der dreimonatigen Frist des § 723 Abs. 1 S. 4 BGB, § 1629a Abs. 4 BGB nicht zur Beendigung der Mitgliedschaft in der OHG, haftet der ehemals minderjährige Gesellschafter ebenfalls **für vor Erreichen der Volljährigkeit entstandene Verbindlichkeiten nur mit dem zu diesem Zeitpunkt vorhandenen Vermögen.** Zugunsten der Gläubiger wird allerdings vermutet, dass die Verbindlichkeit erst nach Eintritt der Volljährigkeit entstanden ist (§ 1629a Abs. 4 S. 1 BGB) und dass das Vermögen des vormals minderjährigen Gesellschafters zum Zeitpunkt der Inanspruchnahme bereits vor Erreichen der Volljährigkeit vorhanden war (§ 1629a Abs. 4 S. 2 BGB). Will der in Anspruch genommene Gesellschafter der Haftung entgehen, muss er demnach im Bestreitensfall sowohl nachweisen, dass die Verbindlichkeit noch zu Zeiten seiner Minderjährigkeit entstanden ist, als auch, dass er sein Vermögen, auf das zugegriffen werden soll, erst nach Erreichen der Volljährigkeit erworben hat. Zur Geltendmachung der Haftungsbeschränkung in Prozess und Zwangsvollstreckung → Rn. 76.

VIII. Haftung aufgrund zusätzlich eingeräumter Sicherheiten

1. Allgemeines. Die Gesellschafter können, wie jeder Dritte auch, den Gläubigern der OHG Sicherheiten bestellen (Bürgschaften, Grundpfandrechte, Sicherungsabtretungen etc). Diese bieten den Gläubigern neben der Haftung aus § 128 eine **zusätzliche Absicherung.** Dies gilt vor allem für den **Fall der Insolvenz der Gesellschaft,** weil die Gläubiger während des laufenden Insolvenzverfahrens die Gesellschafter nicht nach § 128 in Anspruch nehmen können (vgl. § 93 InsO), wohl aber aufgrund solch zusätzlich gewährter persönlicher Sicherheiten (ganz hM, vgl. nur BGH 4.7.2002, BGHZ 151, 245 (248 f.) = NJW 2002, 2718 f. mzN; aA etwa *Bork* NZI 2002, 362 (365 f.)). Zudem wird die Haftung des Sicherungsgebers anders als die nach § 128 durch einen Insolvenzplan nicht berührt (§ 254 Abs. 2, § 227 Abs. 1 und 2 InsO; vgl. noch zur KO/VglO BGH 22.5.1986, NJW 1986, 2308 (2309)). Schließlich ermöglichen Personalsicherheiten auch ein Vorgehen gegen einen ehemaligen Gesellschafter, unabhängig von der Begrenzung der Nachhaftung gem. § 160 oder der Sonderverjährung nach § 159. 57

2. Praktische Handhabung und Konsequenzen. Von besonderer praktischer Bedeutung ist dabei die **Gesellschafterbürgschaft.** Da die OHG-Gesellschafter nach hM als Kaufleute anzusehen sind (BGH 2.6.1966, BGHZ 45, 282 (284); BGH 16.2.1961, BGHZ 34, 293 (296 f.); EBJS/*Hillmann* Rn. 55; aA MüKoHGB/*K. Schmidt* Rn. 97), kann die Bürgschaft gem. § 350 formlos gestellt werden (im Ergebnis ähnlich aber mit abw. Begründung Staub/*Habersack* Rn. 81; MüKoHGB/*K. Schmidt* Rn. 97). Eine Sittenwidrigkeit der Bürgschaft unter dem Gesichtspunkt der Überforderung des Bürgen wird bei der Gesellschafterbürgschaft wegen des wirtschaftlichen Eigeninteresses des Gesellschafters und dessen Erfahrung in geschäftlichen Angelegenheiten regelmäßig nicht anzunehmen sein (vgl. BGH 1.10.2002, NJW 2003, 59; BGH 28.5.2002, NJW 2002, 2634 (2635); BGH 18.9.2001, NJW 2002, 1337 (1338)). 58

Wird der Gesellschafter aus der Bürgschaft in Anspruch genommen, geht die Gläubigerforderung gem. § 774 Abs. 1 BGB auf ihn über und er kann mangels abweichender Vereinbarungen grundsätzlich bei der Gesellschaft (dieser gegenüber idR auch auf § 670 BGB gestützt, vgl. MüKoHGB/*K. Schmidt* Rn. 101) und den Mitgesellschaftern **Regress** nehmen. Dieser Rückgriff folgt den gleichen Regeln wie der Regress des nach § 128 in Anspruch genommenen Gesellschafters, dh die übrigen Gesellschafter sind regelmäßig nur subsidiär und pro rata zum Ausgleich verpflichtet (→ Rn. 33; Staub/*Habersack* Rn. 84; EBJS/*Hillmann* Rn. 57). 59

Haben sich **mehrere Gesellschafter gemeinsam** verbürgt, haften diese untereinander nach § 774 Abs. 2 BGB iVm § 426 BGB anteilig, dh sofern nichts Abweichendes geregelt ist entsprechend ihrer jeweiligen (Verlust-)Beteiligung an der Gesellschaft (BGH 19.12.1988, NJW-RR 1989, 685; OLG Köln 26.8.1994, NJW 1995, 1685 jeweils zur GmbH). Haben sich ein Gesellschafter und ein an der OHG nicht beteiligter Dritter gemeinsam verbürgt, kann der Dritte grundsätzlich nach § 774 Abs. 1 BGB (§ 670 BGB) bei der Gesellschaft und nach § 128 (§ 774 Abs. 2 BGB iVm § 426 BGB) bei den Gesellschaftern Rückgriff nehmen (BGH 17.6.1993, NJW-RR 1993, 1377 (1378)), während umgekehrt dem Gesellschafter ein Regress gegen den Dritten ohne entsprechende Vereinbarung verwehrt sein wird. 60

Das Ausscheiden aus der OHG beendet grundsätzlich nicht die **Haftung des Ausgeschiedenen als Sicherungsgeber** (BGH 18.5.1995, BGHZ 130, 19 (22 f.) = NJW 1995, 2553 f.), kann aber – insbesondere wenn die Gesellschafterstellung Grundlage für die Übernahme der Bürgschaft und dem Gläubiger dies bekannt war – einen wichtigen Grund zur ex nunc wirkenden Kündigung der Bürgschaft darstellen (BGH 22.5.1986, NJW 1986, 2308 (2309); BGH 10.6.1985, NJW 1986, 252 (253), auch zur Möglichkeit des Wegfalls der Geschäftsgrundlage in vergleichbar gelagerten Fällen; OLG Celle 5.10.1988, NJW-RR 1989, 548). Dem Gläubiger ist dann aber idR ein angemessener Zeitraum zuzugestehen, innerhalb dessen er sich mit der OHG über eine Fortsetzung der geschäftlichen Beziehungen – ggf. gegen Stellung einer anderen Sicherheit – verständigen kann (vgl. BGH 10.6.1985, NJW 1986, 252 (253); OLG Celle 5.10.1988, NJW-RR 1989, 548). Im Verhältnis zur OHG kann sich der als Gesellschafter ausgeschiedene Bürge idR von der Verpflichtung aus der Bürgschaft iSv § 105 Abs. 3 iVm § 738 Abs. 1 S. 2 BGB freistellen lassen (vgl. BGH 19.12.1988, NJW-RR 1989, 685; EBJS/*Hillmann* Rn. 58; Staub/*Habersack* Rn. 85). 61

IX. Persönliche Haftung in der Insolvenz der Gesellschaft

1. Grundsatz. Die Eröffnung des Insolvenzverfahrens über das Vermögen der gem. § 11 Abs. 2 Nr. 1 InsO als solche insolvenzfähigen OHG tangiert das **Fortbestehen der persönlichen Haftung der Gesellschafter nach § 128** vom Grundsatz her nicht; vielmehr erlangt die Gesellschafterhaftung gerade im Falle der Zahlungsunfähigkeit der Gesellschaft besondere Relevanz (BGH 21.1.1993, BGHZ 121, 179 (189) = NJW 1993, 663 (665); BGH 13.7.1967, BGHZ 48, 203 (205)). 62

Um – anders als nach der Rechtslage vor Inkrafttreten der Insolvenzordnung – einen Wettlauf der Gläubiger zu vermeiden und stattdessen eine **möglichst gleichmäßige Verteilung der Haftungs-** 63

masse zu erreichen, ist nach § 93 InsO ausschließlich der Insolvenzverwalter zur Geltendmachung von Ansprüchen nach § 128 gegen die Gesellschafter befugt (BGH 9.10.2008, BGHZ 178, 171 (174) = NJW 2009, 225; BGH 4.7.2002, BGHZ 151, 245 (248) = NJW 2002, 2718).

64 **2. Alt- und Neuverbindlichkeiten.** Im Hinblick auf die nach dem oben Gesagten fortbestehende Haftung ist zwischen Alt- und Neuverbindlichkeiten zu differenzieren, wobei die Trennlinie hier durch den **Zeitpunkt der Eröffnung des Insolvenzverfahrens** gezogen wird. Ähnlich wie beim ausscheidenden Gesellschafter ist im Falle der Insolvenz der OHG daher maßgeblich darauf abzustellen, ob die jeweilige Verbindlichkeit ihrem Grunde nach schon vor Verfahrenseröffnung geschaffen war (zur Abgrenzung zwischen Alt- und Neuverbindlichkeiten in diesem Sinne → Rn. 47), also eine Insolvenzforderung iSd § 38 InsO vorliegt.

65 Um **Altverbindlichkeiten,** für die der Gesellschafter nach § 128 unverändert haftet, handelt es sich demnach auch bei Schulden aus gegenseitigen Verträgen, die **schon vor Eröffnung des Insolvenzverfahrens angelegt** waren, aber erst danach zu erfüllen sind (§ 55 Abs. 1 Nr. 2 InsO), wie etwa Verbindlichkeiten aus laufenden Dauerschuldverhältnissen, aber auch bei Ansprüchen auf Schadensersatz wegen einer vom Insolvenzverwalter nach § 103 Abs. 2 InsO verweigerten Erfüllung bestehender Verträge (allgM, vgl. BGH 13.7.1967, BGHZ 48, 203 (205); MüKoHGB/*K. Schmidt* Rn. 78; EBJS/*Hillmann* Rn. 68; zur vergleichbaren Situation beim Wandel eines primären Erfüllungsanspruchs in einen Schadensersatzanspruch wegen Nicht-, Schlecht- oder Späterfüllung nach Ausscheiden eines Gesellschafters → Rn. 48).

66 **Neuverbindlichkeiten** sind dagegen alle diejenigen Schulden, die **erst durch das Handeln des Insolvenzverwalters begründet** werden (§ 55 Abs. 1 Nr. 1 InsO), sowie Kondiktionsansprüche gegen die Masse (§ 55 Abs. 1 Nr. 3 InsO). Ferner sind auch die Kosten des Insolvenzverfahrens selbst (§ 54 InsO) – die gar nicht erst anfallen, wenn das Insolvenzverfahren wegen nicht ausreichenden Gesellschaftsvermögens gem. § 26 InsO nicht eröffnet wird – als Neuverbindlichkeiten einzustufen (ganz hM, vgl. BGH 24.9.2009, NJW 2010, 69; Staub/*Habersack* Rn. 73; MüKoHGB/*K. Schmidt* Rn. 81; iErg nunmehr auch RWH HGB/*Haas* Rn. 18b; aA MHdB GesR I/*Butzer/Knof* § 85 Rn. 71). Hinsichtlich solcher Neuverbindlichkeiten gilt für die Gesellschafter der insolventen OHG, denen aufgrund der Fremdverwaltung des Gesellschaftsvermögens im Gläubigerinteresse jede Einflussmöglichkeit auf die Handlungen des Insolvenzverwalters entzogen ist, nichts anderes als für ausgeschiedene Gesellschafter (→ Rn. 44, → Rn. 50), sodass eine Inanspruchnahme gem. § 128 insoweit nicht in Betracht kommt (ganz hM, OLG Brandenburg 23.5.2007, NZI 2008, 41; vgl. ferner ausführlich MHdB GesR I/*Butzer/Knof* § 85 Rn. 66 ff.; MüKoHGB/*K. Schmidt* Rn. 81; Staub/*Habersack* Rn. 73; EBJS/*Hillmann* Rn. 69; aA KPB/*Lüke* InsO § 93 Rn. 29 f.).

67 **3. Geltendmachung der Haftung während des Insolvenzverfahrens.** Gemäß **§ 93 InsO** geht die Befugnis zur Geltendmachung der persönlichen Haftung der Gesellschafter auf den Insolvenzverwalter über (→ Rn. 63). Die Vorschrift bezieht sich dabei ausschließlich auf die akzessorische Haftung aus § 128 (vgl. BGH 4.7.2002, BGHZ 151, 245 (248) = NJW 2002, 2718 f.; BFH 2.11.2001, BB 2002, 447 (448); Baumbach/Hopt/*Hopt* Rn. 46) und gilt auch für ausgeschiedene Gesellschafter (*Gerhardt* ZIP 2000, 2181 (2182 f.)). Zur daneben bestehenden Haftung der Gesellschafter als Sicherungsgeber → Rn. 57 ff. Der Regelung kommt **sowohl eine Sperr-, als auch eine Ermächtigungsfunktion** zu. Gesperrt wird durch § 93 InsO der Zugriff der Gesellschaftsgläubiger auf die Gesellschafter der in Insolvenz befindlichen OHG, während der Insolvenzverwalter ermächtigt wird, die Forderungen gegen die Gesellschafter aus § 128 treuhänderisch einzuziehen und ggf. als gesetzlicher Prozessstandschafter gerichtlich gegen die Gesellschafter vorzugehen (BGH 9.10.2008, BGHZ 178, 171 (173 ff.) = NJW 2009, 225 und BGH 9.10.2006, BB 2007, 64; MüKoHGB/*K. Schmidt* Rn. 85; MHdB GesR I/*Butzer/Knof* § 85 Rn. 59 f.). Die Ermächtigungswirkung erstreckt sich dabei auch auf die Anfechtung von Leistungen, die der Gesellschafter noch vor Eröffnung des Insolvenzverfahrens, aber bereits nach Eintritt der Krise (materielle Insolvenz) gegenüber Gläubigern erbracht hat (BGH 9.10.2008, NJW 2009, 225 (226) mwN).

68 Da der Insolvenzverwalter mithin anstelle der Gläubiger agiert, wird man es in sein **Ermessen** zu stellen haben, **gegenüber welchem Gesellschafter** er **in welchem Umfang** von der ihm eingeräumten Befugnis Gebrauch macht; eine Geltendmachung über den zur Deckung der Verbindlichkeiten benötigten Betrag hinaus kann jedoch rechtsmissbräuchlich sein und Rückzahlungsansprüche aus § 199 Abs. 2 InsO auslösen (hM, vgl. EBJS/*Hillmann* Rn. 70; Baumbach/Hopt/*Roth* Rn. 46; MüKoInsO/*Brandes/Gehrlein* § 93 Rn. 25; MHdB GesR I/*Butzer/Knof* § 85 Rn. 77; aA das sog. „Ausfallhaftungsmodell“, wonach der Insolvenzverwalter von seiner Befugnis nur Gebrauch machen darf, soweit eine Unterdeckung der Masse vorliegt, vgl. dazu MüKoHGB/*K. Schmidt* Rn. 86). Für die nach § 93 InsO zur Masse gezogenen Beträge muss der Insolvenzverwalter zumindest rechnerisch wie ein Treuhänder **zwischen den einzelnen Massen trennen,** weil die Gesellschafter nur für Altverbindlichkeiten haften (→ Rn. 64 ff.) und iÜ nicht auszuschließen ist, dass einzelne Gesellschafter (zB Ausgeschiedene) nur in eingeschränktem Umfang haften (MüKoHGB/*K. Schmidt* Rn. 88; vgl. auch BGH 9.10.2006, BB 2007, 64 (65)).

4. Auswirkungen des Insolvenzplanes auf die Haftung. Durch einen Insolvenzplan (§§ 217 ff. InsO) können Verwertung und Verteilung des Gesellschaftsvermögens sowie die Haftung des Schuldners nach Abschluss des Verfahrens **abweichend von den gesetzlichen Bestimmungen** verbindlich geregelt werden. Insbesondere wird der Schuldner (OHG) von den nach dem Plan nicht zu erfüllenden Verbindlichkeiten befreit (§ 227 Abs. 1 InsO), was gemäß der ausdrücklichen Regelung in **§ 227 Abs. 2 InsO** auch für die Haftung der Gesellschafter aus § 128 gilt. Die Haftung aus Personalsicherheiten, die die Gesellschafter den OHG-Gläubigern gestellt haben, werden gem. § 254 Abs. 2 S. 1 InsO von dieser Befreiung nicht erfasst (→ Rn. 57). Ein (anteiliger) Rückgriff des auf diese Weise weiter haftenden Gesellschafters gegenüber seinen Mitgesellschaftern hängt von den im Innenverhältnis getroffenen Regelungen ab und wird regelmäßig nur dann in Betracht kommen, wenn die Gewährung der zusätzlichen Sicherheit im Einverständnis mit den übrigen Gesellschaftern erfolgt ist (BGH 9.3.1987, BGHZ 100, 126 (129 f.) = NJW 1987, 1893; EBJS/*Hillmann* Rn. 72). 69

Umstritten ist, ob die Regelung des § 227 Abs. 2 InsO lediglich die zum Zeitpunkt der Planbestätigung noch aktiven Gesellschafter oder auch die bereits ausgeschiedenen, aber noch nachhaftenden Gesellschafter begünstigen soll. Nach vor allem von der – älteren – Rspr. vertretener Ansicht gilt die **haftungsbegrenzende Wirkung des Insolvenzplans für ausgeschiedene Gesellschafter** nicht, weil es nicht erforderlich sei, die am weiteren Schicksal der Gesellschaft nicht mehr unmittelbar beteiligten Gesellschafter von der Regelung profitieren zu lassen, die vornehmlich die Sanierung und Fortführung des Unternehmens nach Abschluss des Insolvenzverfahrens ermöglichen soll (BGH 25.5.1970, NJW 1970, 1921 (1922); RG 10.11.1933, RGZ 142, 206 (208); BGH 5.1.1904, RGZ 56, 362 (366); RG 1.3.1892, RGZ 29, 38 (39 f.)). Allerdings vermag dieses Argument jedenfalls in den Fällen nicht zu überzeugen, in denen das Ausscheiden nur den Status als persönlich haftender Gesellschafter betrifft, die Mitgliedschaft (zB als Kommanditist) und damit das Interesse am wirtschaftlichen Schicksal der Gesellschaft aber bestehen bleibt. Die zumindest seit Geltung der Insolvenzordnung hM im Schrifttum vertritt demgegenüber ohnehin die Auffassung, dass eine Schlechterstellung der ausgeschiedenen gegenüber den noch aktiven Gesellschaftern in jedem Fall unbillig und vor dem Hintergrund einer einheitlichen Haftung aus § 128 nicht zu rechtfertigen ist (vgl. etwa MüKoHGB/*K. Schmidt* Rn. 90; Baumbach/Hopt/*Roth* Rn. 46; MHdB GesR I/*Butzer/Knof* § 85 Rn. 120 ff.; *Eidenmüller* ZGR 2001, 680 (684); Uhlenbruck/*Lüer* InsO § 227 Rn. 10). 70

5. Auswirkungen der Insolvenz auf Regressansprüche der Gesellschafter. Die Gesellschafter können auch im Insolvenzverfahren Ansprüche gegen die OHG geltend machen. Dies gilt unstr. für Forderungen aus Drittgeschäften (→ § 124 Rn. 20), nach ganz hM aber auch für die **unverändert fortbestehenden Rückgriffsansprüche** der Gesellschafter (→ Rn. 29 ff.) wegen der vorab erfolgten Befriedigung einzelner Gläubiger (vgl. nur MüKoHGB/*K. Schmidt* Rn. 92; EBJS/*Hillmann* Rn. 74). 71

Da der **Befriedigung eines Gläubigers nach Eröffnung des Insolvenzverfahrens** wegen der Sperrfunktion des § 93 InsO (→ Rn. 67) keine schuldbefreiende Wirkung zukommt, scheidet ein Rückgriff des zahlenden Gesellschafters in diesen Fällen von vornherein aus; dieser wird vielmehr auf die Möglichkeit der Geltendmachung von Ansprüchen gegenüber dem Gläubiger aus §§ 812 ff. BGB angewiesen sein (MüKoInsO/*Brandes/Gehrlein* InsO § 93 Rn. 13; EBJS/*Hillmann* Rn. 74). 72

6. Sonderfall der Doppelinsolvenz. Im praktisch nicht seltenen Fall der **Doppel- oder Mehrfachinsolvenz der OHG und ihrer Gesellschafter** sind selbstverständlich getrennte Verfahren über die jeweiligen Vermögensmassen durchzuführen und strikt voneinander zu trennen (BGH 21.1.1993, BGHZ 121, 179 (189) = NJW 1993, 663 (665)). Der nach § 93 InsO zur Einziehung von Forderungen gegenüber den Gesellschaftern befugte Insolvenzverwalter über das Vermögen der OHG darf nach dem sog. **Ausfallprinzip** das Vermögen der Gesellschafter aber nur insoweit in Anspruch nehmen, als Gläubigerforderungen nicht bereits im Verfahren über das Vermögen der OHG befriedigt werden, weil es ansonsten zu einer kaum zu rechtfertigenden Bevorzugung der OHG-Gläubiger gegenüber denjenigen Gläubigern käme, denen ein Anspruch nur gegenüber den Gesellschaftern zusteht (str., wie hier etwa MüKoHGB/*K. Schmidt* Rn. 87; EBJS/*Hillmann* Rn. 75; MHdB GesR I/*Butzer/Knof* § 85 Rn. 99 f.; MüKoInsO/*Brandes/Gehrlein* InsO § 93 Rn. 27 f.; aA RWH HGB/*Haas* Rn. 23; Baumbach/Hopt/*Roth* Rn. 47; KKRD/*Kindler* §§ 128, 129 Rn. 8; *K. Schmidt/Bitter* ZIP 2000, 1077 (1083)). 73

X. Prozessuale Besonderheiten

Die OHG kann selbst in Anspruch genommen und verklagt werden (→ § 124 Rn. 17 ff.). Die prozessuale Inanspruchnahme der Gesellschafter ist davon streng zu unterscheiden (→ § 124 Rn. 17). Werden **OHG und Gesellschafter** gemeinsam verklagt sind sie **einfache Streitgenossen** iSd § 59 ZPO (→ § 124 Rn. 19). Obwohl die OHG und die Gesellschafter **keine Gesamtschuldner** sind, sollten sie wegen der Rechtsfolge des § 100 Abs. 4 ZPO als Gesamtschuldner verurteilt werden; um der abweichend materiellen Rechtslage Rechnung zu tragen, empfiehlt es sich, eine Verurteilung „wie Gesamtschuldner" auszusprechen oder eine ähnliche Formulierung zu gebrauchen (vgl. MüKoHGB/ 74

K. Schmidt Rn. 23; EBJS/*Hillmann* Rn. 59; RWH HGB/*Haas* Rn. 9c; aA – nur „als Gesamtschuldner" – Baumbach/Hopt/*Roth* Rn. 39).

75 Einen **gemeinsamen Gerichtsstand kraft Sachzusammenhangs** gibt es für Klagen gegen Gesellschaft und Gesellschafter nicht. Eine mit der OHG getroffene **Gerichtsstandsvereinbarung** gilt im Zweifel auch für die klageweise Geltendmachung von Ansprüchen aus § 128 gegen die Gesellschafter (BGH 8.7.1981, NJW 1981, 2644 (2646); EBJS/*Hillmann* Rn. 61; ebenso RvWH /*Haas* Rn. 9b; MüKoHGB/*K. Schmidt* Rn. 22, der zutr. von einer entsprechenden Auslegungsregel ausgeht). Gleiches gilt für eine mit der OHG getroffene Schiedsabrede (vgl. etwa BGH 12.11.1990, NJW-RR 1991, 423 (424), allerdings von einer – zwingenden – Erstreckung auf die Gesellschafter ausgehend; Baumbach/Hopt/*Roth* Rn. 40; RWH HGB/*Haas* Rn. 9b). Zur Zwangsvollstreckung → § 124 Rn. 31 f., → § 129 Rn. 18.

76 Die Beschränkung der Haftung des (vormals) **minderjährigen Gesellschafters** nach § 1629a BGB (→ Rn. 55 f.) ist im Erkenntnisverfahren geltend zu machen und führt zu einem entsprechenden **Vorbehalt im Urteil,** ohne den die Beschränkung nicht berücksichtigt wird (§ 786 ZPO, § 780 Abs. 1 ZPO). Im Vollstreckungsverfahren kann die Beschränkung im Wege der Erhebung einer entsprechenden Einwendung nach § 767 ZPO geltend gemacht werden (§§ 786, 785 ZPO). Bei einem noch gegen ihn als Minderjährigen – mangels Möglichkeit der Geltendmachung der Haftungsbeschränkung – zwangsläufig ohne Vorbehalt ergangenen Urteil kann der volljährig gewordene Gesellschafter die Haftungsbeschränkung nach § 1629a BGB – auch ohne entsprechenden Vorbehalt im Titel – aus Gründen der Praktikabilität mit der Vollstreckungsabwehrklage gem. §§ 786, 785, 767 ZPO geltend machen (vgl. MüKoBGB/*Huber* BGB § 1629a Rn. 34 mwN).

[Einwendungen des Gesellschafters]

129 (1) **Wird ein Gesellschafter wegen einer Verbindlichkeit der Gesellschaft in Anspruch genommen, so kann er Einwendungen, die nicht in seiner Person begründet sind, nur insoweit geltend machen, als sie von der Gesellschaft erhoben werden können.**

(2) **Der Gesellschafter kann die Befriedigung des Gläubigers verweigern, solange der Gesellschaft das Recht zusteht, das ihrer Verbindlichkeit zugrunde liegende Rechtsgeschäft anzufechten.**

(3) **Die gleiche Befugnis hat der Gesellschafter, solange sich der Gläubiger durch Aufrechnung gegen eine fällige Forderung der Gesellschaft befriedigen kann.**

(4) **Aus einem gegen die Gesellschaft gerichteten vollstreckbaren Schuldtitel findet die Zwangsvollstreckung gegen die Gesellschafter nicht statt.**

Übersicht

I. Allgemeines

1 **1. Normzweck.** Die Regelung ist **Ausfluss der Akzessorietät der Gesellschafterhaftung** (→ § 128 Rn. 18 f.) und ergänzt die Bestimmung des § 128. Sie stellt klar, dass der Gesellschafter den Gesellschaftsgläubigern all diejenigen Einwendungen entgegen halten kann, die auch von der OHG erhoben werden könnten und geht damit weniger weit als die für die Bürgschaft geltende Regelung in § 768 BGB, nach dessen Abs. 2 der Bürge eine Einrede des Hauptschuldners nicht einmal durch dessen Verzicht auf die Erhebung verliert. Die Vorschrift gewährleistet somit, dass die Gläubiger für den Fall der unmittelbaren Inanspruchnahme der Gesellschafter nicht besser stehen, als bei Geltendmachung gegenüber der Gesellschaft und der Gesellschafter vor der Inanspruchnahme wegen einer Forderung bewahrt wird, die (so) gar nicht besteht. Im Hinblick auf die Gestaltungsrechte der Anfechtung und Aufrechnung bestimmen Abs. 2 und 3, dass der Gesellschafter, der diese Rechte nicht selbst für die OHG ausüben kann, die Leistung so lange verweigern darf, wie die Gesellschaft den Gläubigeranspruch durch entsprechende Ausübung zu Fall bringen könnte (vgl. § 770 BGB zur wortgleichen Reglung bei

der Bürgschaft). In Abs. 4 wird hingegen das Prinzip der strikten Trennung zwischen Gesellschafts- und Gesellschaftervermögen (→ § 124 Rn. 4, → § 124 Rn. 31 f.) fortgeführt und ausdrücklich geregelt, dass trotz der Akzessorietät der Haftung ein nur gegen die OHG erwirkter Titel zur Vollstreckung gegen die Gesellschafter nicht ausreicht.

2. Reichweite. Entgegen des zu engen Wortlauts gilt Abs. 1 nicht nur für Einwendungen, sondern auch für der Gesellschaft zustehende **Einreden** (allgM, vgl. MüKoHGB/*K. Schmidt* Rn. 4; RWH HGB/*Haas* Rn. 3; Baumbach/Hopt/*Roth* Rn. 1; *Hofmeister* NZG 2002, 851 (853)), nicht aber für rein prozessuale Wirkung entfaltende Einwendungen oder Rechte, die die OHG betreffen (zB Einrede der anderweitigen Rechtshängigkeit, Einwand der örtlichen Unzuständigkeit oÄ; vgl. Staub/*Habersack* Rn. 5; MüKoHGB/*K. Schmidt* Rn. 5). 2

Die Vorschrift gibt dem Gesellschafter die zusätzliche Möglichkeit, sich auf Einwendungen aus dem Recht der Gesellschaft **(abgeleitete Einwendungen)** zu berufen. Daneben kann der Gesellschafter selbstverständlich auch ihm **persönlich zustehende Einwendungen** nach allgemeinen Grundsätzen geltend machen und Gestaltungsrechte ausüben. So etwa, wenn der Gläubiger (nur) mit ihm vereinbart hat, primär die OHG in Anspruch nehmen zu wollen oder auf eine persönliche Inanspruchnahme ihm gegenüber ganz verzichtet hat oder dem Gesellschafter persönlich Gegenansprüche gegen den Gläubiger zustehen, mit denen er aufrechnen kann. 3

Die Abs. 1–3 sind dahingehend **abdingbar,** dass ein Gesellschafter dem Gläubiger gegenüber auf die Geltendmachung einer abgeleiteten Einwendung (zB Verjährungseinrede) oder sein Recht zur Leistungsverweigerung wegen eines noch nicht ausgeübten Gestaltungsrechts der OHG verzichten kann. Auch kann der Gesellschaft eine Verbindlichkeit erlassen oder gestundet, die Haftung des Gesellschafters jedoch ausdrücklich aufrechterhalten werden. Erforderlich ist dazu aber in allen Fällen die Mitwirkung bzw. **Zustimmung** des betroffenen Gesellschafters (vgl. MHdB GesR I/*Herchen* § 68 Rn. 57; zur unterschiedlichen Konstruktion dieses Ergebnisses → § 128 Rn. 19 mzN sowie Staub/*Habersack* Rn. 16). 4

II. Einwendungen (Abs. 1)

1. Einwendungen der OHG. a) Arten von Einwendungen. Erfasst werden **sämtliche, rechtshindernden, rechtsvernichtenden und rechtshemmenden Einwendungen und Einreden** (→ Rn. 2) jedweder Art, so etwa der Einwand der Nichtigkeit/Unwirksamkeit des Vertrages, der Erfüllung, des Erlasses, des Verzichts, der mangelnden Fälligkeit, der Stundung, der Unmöglichkeit der Leistung, eines pactum de non petendo, der Verwirkung oder der unzulässigen Rechtsausübung, aber auch die Einreden des nicht erfüllten Vertrages und der Verjährung. 5

Von besonderer Bedeutung sind insbesondere die im Zusammenhang mit dem Eintritt der **Verjährung** der Forderung auftretenden Fragen. Dabei ist von dem bereits dargestellten Grundsatz auszugehen, dass der Gesellschafter sich auf die sich nach den allgemeinen Regeln richtende Verjährung der Forderung im Verhältnis zwischen Gesellschaftsgläubiger und OHG berufen kann (vgl. BGH 22.3.1988, BGHZ 104, 76 (77 ff.) = NJW 1988, 1976 ff.; BGH 8.2.1982, NJW 1982, 2443; BGH 27.4.1981, NJW 1981, 2579). Dies ist nicht nur aufgrund der Akzessorietät der persönlichen Haftung des Gesellschafters folgerichtig, sondern auch deshalb gerechtfertigt, weil jene persönliche Haftung des nicht ausgeschiedenen Gesellschafters einer fortbestehenden OHG – im Falle der Auflösung der Gesellschaft bzw. des Ausscheidens gelten die Sondervorschriften der §§ 159 f. – keiner eigenständigen Verjährung unterliegt (hM, vgl. BGH 12.1.2010, NZG 2010, 264 (267) mzustAnm *Schodder* EWiR 2010, 393 sowie BGH 9.7.1998, BGHZ 139, 214 (218) = NJW 1998, 2972 (2974); EBJS/*Hillmann* Rn. 4; nunmehr auch Staub/*Habersack* Rn. 6 f.; zu den Auswirkungen des seit 2002 geltenden Verjährungsrechts ausführlich MüKoHGB/*K. Schmidt* Rn. 7; *Hofmeister* NZG 2002, 851 (854)). 6

Kommt es zu einer **Hemmung oder einem Neubeginn der Verjährung** (**§§ 203 ff. BGB**) **im Verhältnis zur OHG,** kann auch der Gesellschafter sich nicht auf eine Verjährung des Anspruchs aus § 128 berufen (BGH 22.9.1980, NJW 1981, 175 (176)). Ebenso kann der aus § 128 rechtzeitig verklagte oder sogar bereits rechtskräftig verurteilte Gesellschafter nicht geltend machen, dass die Forderung gegenüber der Gesellschaft zwischenzeitlich, also nach **Hemmung der Verjährung des gegen ihn gerichteten Anspruchs,** verjährt ist, weil der Gesellschafter in diesem Fall nicht schutzbedürftig ist und insbesondere kein geschütztes Interesse daran hat, dass der Gläubiger den kostenintensiveren und möglicherweise riskanteren Weg beschreitet und die OHG gleichfalls gerichtlich in Anspruch nimmt (ganz hM, vgl. BGH 22.3.1988, BGHZ 104, 76 (80) = NJW 1988, 1976 (1977); BGH 27.4.1981, NJW 1981, 2579; MüKoHGB/*K. Schmidt* Rn. 9; Heymann/*Hoffmann*/*Bartlitz* Rn. 13; aA Staub/*Habersack* Rn. 8 wegen des Risikos, dass die Gesellschaft trotz ihr gegenüber eingetretener Verjährung die Forderung über den Umweg des Innenregresses nach § 110 doch noch begleichen muss). Umgekehrt wirkt eine **Hemmung der Verjährung gegenüber einem Gesellschafter nicht zulasten der OHG** (ganz hM, MüKoHGB/*K. Schmidt* Rn. 9; EBJS/*Hillmann* Rn. 4; RWH HGB/*Haas* Rn. 4; Baumbach/ 7

Hopt/*Roth* Rn. 2; *Stangl* NZG 2016, 568 (572); in entgegen gesetzte Richtung tendierend allerdings BGH 22.3.1988, BGHZ 104, 76 (81 f.) = NJW 1988, 1976 (1977)).

8 **b) Materiell rechtskräftige Feststellung gegenüber der OHG.** Eine **rechtskräftige Entscheidung** – insbesondere Urteile, Vollstreckungsbescheide (OLG Schleswig 6.1.1998, OLGR 1998, 123 (124)), einem Urteil gleich gestellte Feststellungen wie der Eintrag in der Insolvenztabelle gem. § 178 Abs. 3 InsO bzw. § 201 Abs. 2 InsO (vgl. BGH 20.2.2018, BGHZ 217, 327 = NZG 2018, 497 (498); BGH 30.1.1961, NJW 1961, 1066 (1067)) und bestandskräftige Bescheide über öffentlich-rechtliche Forderungen (zB Abgabenbescheid) – über den (nur) gegenüber der Gesellschaft geltend gemachten Gläubigeranspruch wirkt **auch zugunsten und zulasten des Gesellschafters** (BGH 20.2.2018, BGHZ 217, 327 = NZG 2018, 497 (498); BGH 19.6.2008, NJW-RR 2008, 1484 (1486); BGH 3.4.2006, BB 2006, 1240 (1241); BGH 11.12.1995, BB 1996, 341; BGH 15.6.1993, NJW-RR 1993, 1266 (1267); BGH 18.3.1975, BGHZ 64, 155 (156); BGH 13.7.1970, BGHZ 54, 251 (255); ein bestandskräftiger Bescheid über eine öffentlich-rechtliche Forderung allerdings nur zulasten des [allein-] vertretungsberechtigten Gesellschafters, vgl. MüKoHGB/*K. Schmidt* Rn. 14 mwN). Für die Praxis irrelevant ist die nicht abschließend geklärte Frage, ob dies dogmatisch auf eine Erstreckung der Rechtskraft (so wohl BGH 15.6.1993, NJW-RR 1993, 1266 (1267)) oder auf eine präklusionsähnliche Wirkung wie in § 767 Abs. 2 ZPO zu stützen ist (ausdrücklich offengelassen bei BGH 22.3.2011, NJW 2011, 2048 (2049); BGH 3.4.2006, BB 2006, 1240 (1241); BGH 1.7.1976, WM 1976, 1085 (1086)). Abgeleitete Einwendungen gegen die ihn betreffende Forderung kann der Gesellschafter jedenfalls nur noch insoweit erheben, als dies auch der OHG selbst iRd § 767 Abs. 2 ZPO möglich wäre (BGH 1.7.1976, WM 1976, 1085 (1086); RG 19.2.1929, RGZ 124, 146 (151 f.); BAG 12.6.2002, KTS 2003, 315 (318)). Eine Ausnahme von der beschriebenen Wirkung zulasten des Gesellschafters gilt für den Fall, dass die OHG mit der rechtskraftdurchbrechenden Klage nach § 826 BGB gegen den Titel vorgehen kann (BGH 11.12.1995, BB 1996, 341 (342); OLG Düsseldorf 27.4.2001, NZG 2001, 890).

8a Da Abs. 1 Ausdruck und Folge der akzessorischen Haftung der Gesellschafter für die Schuld der Gesellschaft ist, die Gesellschaft für die Schuld der Gesellschafter aber keineswegs akzessorisch haftet, besteht **keine umgekehrte Bindungswirkung** eines im Prozess gegen alle Gesellschafter ergangenen rechtskräftigen Urteils für und gegen die Gesellschaft (ausdrücklich klarstellend BGH 22.3.2011, NJW 2011, 2048 (2049); RWH HGB/*Haas* Rn. 6).

9 Auch wenn der Gesellschafter nach Rechtskraft der Entscheidung gegenüber der OHG auf die Geltendmachung der abgeleiteten Einwendungen beschränkt ist, die von ihr nach § 767 Abs. 2 ZPO erhoben werden können, kann und muss er deswegen **keine Vollstreckungsgegenklage** nach § 767 ZPO erheben; eine solche kommt für ihn nur im Falle eines gegen ihn persönlich erwirkten rechtskräftigen Titels in Betracht. Vielmehr kann er dem Gläubiger derartige, nach Rechtskraft des Titels gegenüber der OHG eingetretenen Umstände (insbesondere Erfüllung) ohne weiteres als Verteidigungsmittel entgegen halten (RG 19.2.1929, RGZ 124, 146 (152); Staub/*Habersack* Rn. 12; RWH HGB/*Haas* Rn. 6).

10 Durch die rechtskräftige Entscheidung zulasten der OHG beginnt eine **Verjährungsfrist von 30 Jahren** gem. § 201 iVm § 197 Abs. 1 Nr. 3–6 BGB zu laufen. Dies gilt nach dem bei → Rn. 6 Gesagten auch für die Forderung aus § 128 gegenüber dem Gesellschafter, sofern nicht durch Auflösung der Gesellschaft oder Ausscheiden aus der fortbestehenden OHG die Sonderregelung der §§ 159 f. greift (vgl. *K. Schmidt/Schneider* BB 2003, 1961 (1968 f.)).

11 **c) Sonderfall des ausgeschiedenen Gesellschafters.** Die obigen Darstellungen bezüglich der Wirkung der Verjährung bzw. der rechtskräftigen Feststellung des Bestehens oder Nichtbestehens von Forderungen gegenüber der OHG sind im Falle der **(Nach-)Haftung eines ausgeschiedenen Gesellschafters** zumindest teilweise zu modifizieren.

12 So führt die Erhebung der **Klage gegen die OHG** gegenüber einem zu diesem Zeitpunkt bereits ausgeschiedenen Gesellschafter nicht zu einer ihm gegenüber wirkenden Hemmung der Verjährung (BGH 22.9.1980, BGHZ 78, 114 (120 f.) = NJW 1981, 175 (176); EBJS/*Hillmann* Rn. 4/8). Ebenso wirkt eine **rechtskräftige Entscheidung über die Gläubigerforderung im Verhältnis zur OHG** nicht zulasten des bei Rechtshängigkeit ausgeschiedenen Gesellschafters, weil der Ausgeschiedene am Verfahren gegen die OHG auch mittelbar nicht beteiligt ist, von diesem häufig nicht einmal Kenntnis erlangt und auf die angemessene Vertretung seiner Interessen keinen maßgeblichen Einfluss hat (BGH 20.2.2018, NZG 2018, 497 (498 f.); BGH 8.11.1965, BGHZ 44, 229 (233 f.); MüKoHGB/*K. Schmidt* Rn. 16; *Klimke* ZGR 2006, 540 (555)). Beide Ausnahmen gelten ihrem Sinn und Zweck nach allerdings nur, sofern der Gesellschafter tatsächlich vollständig aus der Gesellschaft ausgeschieden ist, nicht hingegen, wenn er der (umgewandelten) Gesellschaft in anderer Funktion (Kommanditist; GmbH-Gesellschafter) noch angehört (BGH 22.9.1980, BGHZ 78, 114 (120 f.)). Bei einer zugunsten der OHG ergangenen Entscheidung bleibt es dabei, dass diese auch zugunsten des ausgeschiedenen Gesellschafters wirkt; ebenso kann der Ausgeschieden sich zu seinen Gunsten auf die der OHG gegenüber eingetretene Verjährung berufen (MüKoHGB/*K. Schmidt* Rn. 16; EBJS/*Hillmann* Rn. 8).

13 **2. Persönliche Einwendungen.** Neben den der OHG zustehenden, abgeleiteten Einwendungen kann der Gesellschafter diejenigen **persönlichen Einwendungen uneingeschränkt** erheben, die ihm aus seinem Rechtsverhältnis zum Gläubiger zustehen und die vom Bestand der Einwendungen der Gesellschaft unabhängig sind. Dabei kann er sich insbesondere auf persönliche Vereinbarungen mit dem Gläubiger stützen (→ Rn. 3), aber auch auf gem. § 328 BGB zu seinen Gunsten wirkende Vereinbarungen zwischen Gläubiger und OHG, auf die befreiende Wirkung einer Feststellung im Insolvenzplan (§ 227 Abs. 2 InsO) oder auf §§ 159 f.; auch die Aufrechnung mit persönlichen Gegenforderungen ist nach allgemeinen Grundsätzen möglich (vgl. dazu auch BGH 19.11.2013, NJW 2014, 1107 (1108 f.)).

III. Gestaltungsrechte (Abs. 2, 3)

14 Da der Gesellschafter – insbesondere sofern er nicht (allein-)vertretungsberechtigt ist – der OHG gegenüber den Gläubigern zustehende Gestaltungsrechte nicht selbst ausüben kann, räumen die Abs. 2 und 3 ihm ein **Leistungsverweigerungsrecht** ein, auf welches er sich so lange berufen kann, wie die Ausübung durch die Gesellschaft noch möglich ist. Kann die Gesellschaft eine Anfechtung aufgrund des Ablaufs der einschlägigen Frist (vgl. §§ 121, 124 BGB) nicht mehr wirksam erklären oder eine Aufrechnung wegen des Erlöschens der ihr gegenüber dem Gläubiger zustehenden Forderung nicht mehr vornehmen, verliert in der Folge auch der Gesellschafter die verzögerliche Einrede aus Abs. 2, 3. Hat die OHG dagegen ihr Gestaltungsrecht wirksam ausgeübt, kann sich der Gesellschafter nach Abs. 1 auf das Nichtbestehen der Gesellschaftsverbindlichkeit berufen. Die zulässige Erfüllungsverweigerung des Gesellschafters nach Abs. 2, 3 führt im Prozess zur Abweisung der ihm gegenüber erhobenen Klage als zurzeit unbegründet.

15 Über ihren Wortlaut hinaus sind Abs. 2 und 3 außer auf Anfechtung und Aufrechnung **analog auch auf andere der Gesellschaft zustehende Gestaltungsrechte** (zB Rücktritt, Kündigung, Minderung) anzuwenden (ganz hM, vgl. Staub/*Habersack* Rn. 21; Baumbach/Hopt/*Roth* Rn. 10; Heymann/*Hoffmann/Bartlitz* Rn. 17; EBJS/*Hillmann* Rn. 11; MHdB GesR I/*Herchen* § 68 Rn. 56; aA MüKoHGB/*K. Schmidt* Rn. 18, der in Fällen der „bevorstehenden" Ausübung des Gestaltungsrechts allerdings eine dilatorische Einrede nach § 242 BGB gewähren will).

16 Bei der Aufrechnung kommt es entgegen dem Wortlaut des Abs. 3 – der auf einer unreflektierten Übernahme des § 770 Abs. 2 BGB beruht – nicht auf die Aufrechnungsmöglichkeit des Gläubigers, sondern die **Aufrechnungsmöglichkeit der Gesellschaft** an (allgM, vgl. nur BGH 14.12.1964, BGHZ 42, 396 (397); MüKoHGB/*K. Schmidt* Rn. 17/24; Staub/*Habersack* Rn. 23; RWH HGB/*Haas* Rn. 12). Eine Berufung auf Abs. 3 scheidet also aus, soweit die OHG – etwa wegen eines vertraglich vereinbarten oder sich aus dem Gesetz ergebenden Aufrechnungsverbots – keine Möglichkeit zur Aufrechnung hat, und zwar unabhängig davon, ob der Gläubiger die Aufrechnung seinerseits erklären kann oder nicht (BGH 14.12.1964, BGHZ 42, 396 (397)).

17 Sofern aus der Ausübung des Gestaltungsrechts **neue Verbindlichkeiten der Gesellschaft** resultieren (zB auf Schadensersatz nach § 122 BGB oder aus einem nach Erklärung des Rücktritts entstehenden Rückgewährschuldverhältnis) haftet der Gesellschafter für diese nach den allgemeinen Grundsätzen.

IV. Zwangsvollstreckung gegen Gesellschafter (Abs. 4)

18 Die OHG ist gegenüber ihren Mitgliedern verselbständigt; zwischen den Vermögensmassen von Gesellschaftern und Gesellschaft ist nach dem **Trennungsprinzip** strikt zu unterscheiden (→ § 124 Rn. 4, (→ § 124 Rn. 17 ff., → § 124 Rn. 31). Dem trägt die Regelung des Abs. 4 Rechnung, der klarstellt, dass für eine Zwangsvollstreckung in das Vermögen der Gesellschafter auch ein gegen diese erwirkter Titel erforderlich ist. Dies gilt auch für die Verwaltungsvollstreckung wegen einer öffentlich-rechtlichen Verbindlichkeit (MüKoHGB/*K. Schmidt* Rn. 31 mwN). Trotz der Auswirkungen einer rechtskräftigen Entscheidung über Gesellschaftsverbindlichkeiten (→ Rn. 8 ff.) ist eine Vollstreckung aus einem gegenüber der OHG erwirkten Titel daher nicht möglich und wäre mit der Erinnerung nach § 766 ZPO anzugreifen; eine Titelumschreibung nach § 727 ZPO scheidet aus (OLG Frankfurt a. M. 30.11.1981, ZIP 1982, 315; OLG Hamm 10.2.1978, NJW 1979, 51 f.). Eine Pfändung von Gesellschaftervermögen aufgrund eines gegen die OHG erwirkten Titels kommt ebenso wenig in Betracht; allerdings wird einer statthaften Drittwiderspruchsklage des Gesellschafters nach § 771 ZPO wegen dessen persönlicher Haftung aus § 128 idR der Einwand unzulässiger Rechtsausübung (§ 242 BGB) entgegenstehen (hM, vgl. BGH 1.6.1953, LM ZPO § 771 Nr. 2; RG 2.2.1934, RGZ 143, 275 (277 f.); MüKoHGB/*K. Schmidt* Rn. 28; KKRD/*Kindler* §§ 128, 129 Rn. 6; Musielak/Voit/*Lackmann* ZPO § 771 Rn. 33).

(aufgehoben)

129a

[Haftung des eintretenden Gesellschafters]

130 (1) **Wer in eine bestehende Gesellschaft eintritt, haftet gleich den anderen Gesellschaftern nach Maßgabe der §§ 128 und 129 für die vor seinem Eintritte begründeten Verbindlichkeiten der Gesellschaft, ohne Unterschied, ob die Firma eine Änderung erleidet oder nicht.**

(2) **Eine entgegenstehende Vereinbarung ist Dritten gegenüber unwirksam.**

Übersicht

I. Allgemeines

1 **1. Normzweck.** Die Norm bestimmt, dass ein zur OHG hinzukommendes Neumitglied ohne dahingehende (konkludente) Verpflichtungserklärung für sämtliche Verbindlichkeiten der Gesellschaft ebenso wie die Altgesellschafter und unabhängig davon haftet, ob die Verbindlichkeit vor oder nach dem Zeitpunkt seines Eintritts begründet wurde. Diese Haftung entspricht dem **Wesen der Personengesellschaft,** die kein garantiertes Haftungskapital besitzt und deren Vermögen dem Zugriff der Gesellschafter jederzeit uneingeschränkt und sanktionslos offen steht (BGH 7.4.2003, BGHZ 154, 370 (373 f.) = NJW 2003, 1803 (1804)). Die Haftung des beitretenden Gesellschafters stellt mithin das Gegenstück zu der mit dem Eintritt in die OHG erlangten Teilhaberschaft am Gesellschaftsvermögen mitsamt den damit verbundenen Zugriffsmöglichkeiten dar (BGH 7.4.2003, BGHZ 154, 370 (373 f.) = NJW 2003, 1803 (1804); *Klimke* ZGR 2006, 540 (543); *Ulmer* ZIP 2003, 1113 (1115 f.)). Sie dient damit dem **Schutz der Gesellschaftsgläubiger,** denen der Gesellschafterbestand zum Zeitpunkt der Begründung der Verbindlichkeit idR nicht bekannt sein wird (Staub/*Habersack* Rn. 2; EBJS/*Hillmann* Rn. 1) und führt das bereits in § 128 verankerte **Prinzip der Akzessorietät der Haftung** konsequent fort (MüKoHGB/*K. Schmidt* Rn. 1).

2 **2. Reichweite.** Im Hinblick auf die Reichweite der Vorschrift wurde in der Vergangenheit insbesondere die **analoge Anwendbarkeit auf die (Außen-)GbR** kontrovers diskutiert. Durch den mit der grundlegenden Entscheidung des BGH aus dem Jahr 2001 vollzogenen Paradigmenwechsel (vgl. BGH 29.1.2001, BGHZ 146, 341 = NJW 2001, 1056) wurde der Weg für die entsprechende Anwendung des § 130 geebnet und konsequenter Weise auch beschritten (BGH 12.12.2005, NJW 2006, 765; BGH 7.4.2003, BGHZ 154, 370 = NJW 2003, 1803). Die vom BGH ursprünglich noch offen gelassene Frage, ob die Haftung entsprechend §§ 128, 130 auch für **Verbindlichkeiten aus beruflichen Haftungsfällen von Freiberufler-Sozietäten** anzuwenden ist, ist von der Rechtsprechung zwischenzeitlich ebenfalls bejaht worden (vgl. BGH 12.5.2012, BGHZ 193, 193 = NJW 2012, 2435 (2441); BGH 3.5.2007, BGHZ 172, 169 = NJW 2007, 2490 (2492 f.); OLG Koblenz 21.10.2010, WuM 2012, 105 (106); OLG Koblenz 1.2.2008, BRAK-Mitt. 2008, 101). Dies überzeugt, weil für eine Sonderbehandlung ein zwingender Grund nicht erkennbar ist (ebenso bereits GK-HGB/*Steitz* § 28 Rn. 7; MüKoHGB/*K. Schmidt* Rn. 5 jew. mwN).

3 § 130 regelt jedoch nur die **Fälle des Eintritts in eine bereits bestehende Gesellschaft.** Entsteht die OHG dagegen erst durch einen Eintritt in ein zuvor einzelkaufmännisch geführtes Unternehmen gilt § 28 (→ § 28 Rn. 1 ff.; zur – analogen – Anwendung des § 28 auf Fälle, in denen durch Eintritt keine OHG, sondern eine GbR/Freiberufler-Sozietät entsteht vgl. GK-HGB/*Steitz* § 28 Rn. 7 f. mzN). Danach haftet für Altverbindlichkeiten die neu entstehende Gesellschaft; die persönliche Haftung der Gesellschafter für die Verbindlichkeiten der neu entstandenen Gesellschaft folgt wiederum aus § 128.

II. Voraussetzungen

4 **1. Existenz einer Gesellschaft.** Es muss bereits eine im Außenverhältnis wirksame OHG bestehen (→ Rn. 3). Ob dies der Fall ist, ist nach §§ 105, 123 zu beurteilen und zu bejahen, wenn die Gesellschaft **im Handelsregister eingetragen** ist (§ 123 Abs. 1, § 105 Abs. 2; vgl. BGH 6.7.1981, NJW 1982, 45 (46)) oder – unabhängig von ihrer Eintragung – ein **Handelsgewerbe iSd § 1** betreibt (§ 123 Abs. 2). Im letztgenannten Fall reicht es aus, wenn die Schwelle zum Betrieb eines Handelsgewerbes iSv § 1 Abs. 2

durch den Beitritt des neuen Gesellschafters überschritten wird (MüKoHGB/*K. Schmidt* Rn. 2; Heymann/*Hoffmann/Bartlitz* Rn. 5). Auch der Eintritt in eine Schein-OHG (→ § 128 Rn. 4) führt zur Haftung nach § 130 (Baumbach/Hopt/*Roth* Rn. 4; vgl. auch BGH 17.11.2011, NJW-RR 2012, 239 (242)).

2. Eintritt in die Gesellschaft. Der Begriff des Eintritts in die Gesellschaft ist **weit auszulegen;** erfasst werden alle Fälle, in denen ein **neuer Gesellschafter** Mitglied der OHG wird. Dies kann durch Aufnahme eines weiteren Gesellschafters ebenso geschehen, wie durch eine Anteilsübertragung (allgM, vgl. MüKoHGB/*K. Schmidt* Rn. 14 mzN) oder die Nachfolge in der Gesellschafterstellung als Erbe (BGH 17.12.2013, ZIP 2014, 1221 (1222); BGH 6.7.1981, NJW 1982, 45). Auch bei Verschmelzung mehrerer Gesellschaften durch Aufnahme in eine bestehende OHG (§§ 4 ff. UmwG) werden die Mitglieder der erlöschenden Gesellschaft(en) zu „eintretenden" Neugesellschaftern der OHG (MüKoHGB/*K. Schmidt* Rn. 14). Gleiches gilt bei Umwandlung einer Kommanditistenstellung in diejenige eines persönlich haftenden Gesellschafters (§ 161 Abs. 2, § 130; vgl. OLG Rostock 3.9.2009, OLGR 2009, 947; EBJS/*Hillmann* Rn. 5). 5

Ein sog. **fehlerhafter Beitritt** führt entsprechend den Grundsätzen über die fehlerhafte Gesellschaft (→ § 105 Rn. 125 ff.) nicht zum Fortfall der Haftung nach § 130 für die Vergangenheit, sondern kann nur mit Wirkung für die Zukunft geltend gemacht werden (ganz hM, vgl. BGH 14.10.1991, NJW 1992, 1501 (1502); BGH 8.11.1965, BGHZ 44, 235; Staub/*Habersack* Rn. 8; MüKoHGB/*K. Schmidt* Rn. 15; RWH HGB/*Haas* Rn. 6; EBJS/*Hillmann* Rn. 6; Baumbach/Hopt/*Hopt* Rn. 4; aA etwa *Honsell/Harrer* ZIP 1983, 259 (263)). Ob dies auch bei einer **fehlerhaften Anteilsübertragung** gilt, ist str., weil in diesem Fall kein neuer Anteil geschaffen wird, sondern dieser vielmehr beim Übertragenden verbleibt (für die Anwendung der Regeln über den fehlerhaften Beitritt BGH 20.7.2010, NJW-RR 2010, 1402 (1405 f.); BGH 18.1.1988, NJW 1988, 1324 (1325); BGH 14.4.1968, WM 1968, 892 (893); GK-HGB/*Ensthaler* Rn. 2; KKRD/*Kindler* Rn. 1; *Wiedemann* GesR II § 2 V 5b; aA MüKoHGB/*K. Schmidt* Rn. 15; EBJS/*Hillmann* Rn. 7; Baumbach/Hopt/*Roth* Rn. 4; die auf die Möglichkeit einer Rechtsscheinhaftung verweisen). 6

Ist dagegen nur der **Schein eines Eintritts in eine OHG** hervorgerufen worden, kommt lediglich eine Rechtsscheinhaftung, nicht aber eine solche aus § 130 in Betracht (OLG Saarbrücken 22.12.2005, NJW 2006, 2862 (2863 f.); *Deckenbrock/Meyer* ZIP 2014, 701 (704); Baumbach/Hopt/*Roth* Rn. 5; MüKoHGB/*K. Schmidt* Rn. 15; aA Heymann/*Hoffmann/Bartlitz* Rn. 5). 7

III. Rechtsfolgen

Der Eintritt führt gemäß der Verweisung auf §§ 128, 129 zur **unbeschränkten persönlichen Haftung** für alle zum – möglicherweise aufschiebend bedingten oder befristeten – Zeitpunkt des Eintritts noch bestehenden Gesellschaftsverbindlichkeiten. Einer Eintragung im Handelsregister oder eines sonstigen geschützten Vertrauens der Gesellschaftsgläubiger bedarf es dazu nicht (BGH 12.10.1987, NJW 1988, 1321 (1323); BGH 8.11.1965, BGHZ 44, 235 (237)). Ob im Zuge des Eintritts eine Änderung der Firma erfolgt, ist – wie in Abs. 1 letzter Hs. ähnlich wie in § 28 Abs. 1 klargestellt wird – für die Haftungsfolge unerheblich. Eine Beschränkung der Haftung ohne Beteiligung der Gläubiger ist nur für eintretende Erben nach Maßgabe der Regelung des § 139 möglich. 8

IV. Entgegenstehende Vereinbarungen (Abs. 2)

Eine abweichende Vereinbarung kann nach Abs. 2 im Außenverhältnis nur Wirkung entfalten, wenn sie mit dem jeweiligen Gläubiger getroffen wurde, was auch schon vor Eintritt des Neugesellschafters und auch durch eine entsprechend vertragliche Regelung zwischen OHG und Gläubigern zu seinen Gunsten (§ 328 BGB) erfolgen kann (zur entsprechenden Bestimmung in § 128 S. 2 → § 128 Rn. 12 f.). Eine im Innenverhältnis vereinbarte Haftungsfreistellung für Altverbindlichkeiten hat (anders als in den Fällen der § 25 Abs. 2, § 28 Abs. 2) auch dann nur Bedeutung für **interne Ausgleichs- und Freistellungsansprüche des Neugesellschafters,** wenn die Vereinbarung den Gläubigern bekannt gemacht wurde. 9

V. Prozessuale Auswirkungen

Sofern der **Eintritt während eines gegenüber den Gesellschaftern laufenden Prozesses** erfolgt, muss der Gläubiger den Eingetretenen durch Erweiterung der Klage in das Verfahren mit einbeziehen, wenn er aus dem zu erwirkenden Titel auch persönlich gegen den Neugesellschafter vorgehen möchte. Verstirbt ein verfahrensbeteiligter Gesellschafter während des laufenden Prozesses gilt § 239 ZPO; ein bereits erwirkter Titel kann nach Maßgabe des § 727 ZPO umgeschrieben werden. 10

Die **rechtskräftige Entscheidung** über das Bestehen eines gegenüber der OHG geltend gemachten Anspruchs (→ § 129 Rn. 8 ff.), ist für den eintretenden Gesellschafter auch dann verbindlich, wenn er zum Zeitpunkt seines Beitritts schon keinen Einfluss auf den Ausgang des Verfahrens mehr nehmen konnte (allgM, vgl. nur Staub/*Habersack* Rn. 14; EBJS/*Hillmann* Rn. 11). 11

[Antragspflicht bei Zahlungsunfähigkeit oder Überschuldung]

130a (1) [1] **Nachdem bei einer Gesellschaft, bei der kein Gesellschafter eine natürliche Person ist, die Zahlungsunfähigkeit eingetreten ist oder sich ihre Überschuldung ergeben hat, dürfen die organschaftlichen Vertreter der zur Vertretung der Gesellschaft ermächtigten Gesellschafter und die Liquidatoren für die Gesellschaft keine Zahlungen leisten.** [2] **Dies gilt nicht von Zahlungen, die auch nach diesem Zeitpunkt mit der Sorgfalt eines ordentlichen und gewissenhaften Geschäftsleiters vereinbar sind.** [3] **Entsprechendes gilt für Zahlungen an Gesellschafter, soweit diese zur Zahlungsunfähigkeit der Gesellschaft führen mussten, es sei denn, dies war auch bei Beachtung der in Satz 2 bezeichneten Sorgfalt nicht erkennbar.** [4] **Die Sätze 1 bis 3 gelten nicht, wenn zu den Gesellschaftern der offenen Handelsgesellschaft eine andere offene Handelsgesellschaft oder Kommanditgesellschaft gehört, bei der ein persönlich haftender Gesellschafter eine natürliche Person ist.**

(2) [1] **Wird entgegen § 15a Abs. 1 der Insolvenzordnung die Eröffnung des Insolvenzverfahrens nicht oder nicht rechtzeitig beantragt oder werden entgegen Absatz 1 Zahlungen geleistet, so sind die organschaftlichen Vertreter der zur Vertretung der Gesellschaft ermächtigten Gesellschafter und die Liquidatoren der Gesellschaft gegenüber zum Ersatz des daraus entstehenden Schadens als Gesamtschuldner verpflichtet.** [2] **Ist dabei streitig, ob sie die Sorgfalt eines ordentlichen und gewissenhaften Geschäftsleiters angewandt haben, so trifft sie die Beweislast.** [3] **Die Ersatzpflicht kann durch Vereinbarung mit den Gesellschaftern weder eingeschränkt noch ausgeschlossen werden.** [4] **Soweit der Ersatz zur Befriedigung der Gläubiger der Gesellschaft erforderlich ist, wird die Ersatzpflicht weder durch einen Verzicht oder Vergleich der Gesellschaft noch dadurch aufgehoben, daß die Handlung auf einem Beschluß der Gesellschafter beruht.** [5] **Satz 4 gilt nicht, wenn der Ersatzpflichtige zahlungsunfähig ist und sich zur Abwendung des Insolvenzverfahrens mit seinen Gläubigern vergleicht oder wenn die Ersatzpflicht in einem Insolvenzplan geregelt wird.** [6] **Die Ansprüche aus diesen Vorschriften verjähren in fünf Jahren.**

(3) **Diese Vorschriften gelten sinngemäß, wenn die in den Absätzen 1 und 2 genannten organschaftlichen Vertreter ihrerseits Gesellschaften sind, bei denen kein Gesellschafter eine natürliche Person ist, oder sich die Verbindung von Gesellschaften in dieser Art fortsetzt.**

Übersicht

I. Allgemeines

Die komplexe Regelung stellt, ebenso wie § 177a, die insolvenzbezogenen Organpflichten bei den nicht-gesetzestypischen Personengesellschaften, vor allem der **GmbH & Co. KG,** weitgehend denen bei AG und GmbH gleich (§ 92 AktG → AktG § 92 Rn. 1 ff. und § 64 GmbHG → GmbHG § 64 Rn. 1 ff.). **Abs. 1 S. 1 und 2** begründen ein **Zahlungsverbot nach Insolvenzreife;** wird hiergegen schuldhaft verstoßen, sind die Geschäftsführer bzw. Liquidatoren gem. Abs. 2 zur Erstattung verpflichtet (→ Rn. 29 ff.). **Abs. 2** knüpft zudem an die auch für nicht-gesetzestypische Personengesellschaften geltenden Insolvenzantragspflichten gem. § 15a Abs. 1 S. 2 InsO an und sanktioniert schuldhafte Verstöße hiergegen mit einer Ersatzpflicht wegen **Insolvenzverschleppung** (→ Rn. 27 ff.). Diese spezielle Regelung unterscheidet sich teilweise von der allgemeinen, bei AG und GmbH allein auf § 823 Abs. 2 BGB gestützten Haftung, im Ergebnis wirkt sich dies aber richtigerweise nicht aus. Nach **Abs. 1 S. 3** trifft die Geschäftsführer bzw. Liquidatoren einer nicht-gesetzestypischen Personengesellschaft auch die im Zuge des MoMiG geschaffene **Insolvenzverursachungshaftung** (→ Rn. 18 ff.). **Abs. 3** erstreckt die insolvenzbezogenen Organpflichten bei mehrstöckigen Gesellschaften auf die Organe der nachgelagerten Gesellschafter-Gesellschaften (→ Rn. 35). 1

Im Zuge der **Corona-Pandemie** wurde die Insolvenzantragspflicht nach § 15a InsO vorübergehend ausgesetzt (vgl. § 1 COVInsAG); korrespondierend werden während dieser Zeit Zahlungen, die im ordnungsgemäßen Geschäftsgang erfolgen, insbesondere solche, die der Aufrechterhaltung oder Wiederaufnahme des Geschäftsbetriebes oder der Umsetzung eines Sanierungskonzepts dienen, als mit der Sorgfalt eines ordentlichen und gewissenhaften Geschäftsleiters iSd Abs. 1 S. 2, auch in Verbindung mit § 177a S. 1 vereinbar fingiert (§ 2 Abs. 1 Nr. 1 COVInsAG). Hieraus folgt zunächst, dass die durch Abs. 1 S. 1 normierten **Zahlungsverbote** grundsätzlich auch während der ausgesetzten Insolvenzantragspflicht Geltung beanspruchen (→ Rn. 3 ff.). Den Haftungsadressaten kommt jedoch die **gesetzliche Exkulpation** zu Gute, wenn die genannten Kriterien objektiv erfüllt sind, wofür der Haftungsadressat die Beweislast trägt (*Born* NZG 2020, 521 (526 f.)). Haftungsunschädlich sind hiernach alle Zahlungen, die aus der maßgeblichen ex ante-Perspektive diesen Zielen dienen. Hierbei ist eine **großzügige Beurteilung** geboten (so auch *Bitter* ZIP 2020, 685 (690 f.): „Insolvency Judgement Rule"; vgl. auch *Römermann* NJW 2020, 1108 (1110)) und Grigoleit/*Gansmeier* AktG § 92 Rn. 33a: Gestattung einer „freien Sanierung"). Zahlungen an Gesellschafter, Schmiergelder oder sonstige außergewöhnliche Geschäfte werden hiervon freilich nicht gedeckt (*Thole* ZIP 2020, 650 (655)). Gesetzlich nicht ausdrücklich geregelt sind die Folgen der Aussetzung der Insolvenzantragspflicht für die **Insolvenzverschleppungshaftung** der Geschäftsleiter gem. Abs. 2 S. 1 (→ Rn. 27 ff.). Insofern ist es konsequent, die Haftung während der Dauer der Aussetzung zu verneinen. Problematisch ist insofern freilich, dass die komplizierten qualitativen Anforderungen hieran gem. § 1 COVInsAG (hierzu Grigoleit/*Gansmeier* AktG § 92 Rn. 24 ff.; *Born* NZG 2020, 521 (525 f.)) **Rechtsunsicherheit** erzeugen, was die Aussetzung der Antragspflicht vielfach aus berechtigten Gründen der Vorsicht leerlaufen lassen dürfte oder umgekehrt zu Fehleinschätzungen der Akteure führt. Angesichts des erklärten gesetzgeberischen Ziels, Insolvenzen zu vermeiden, muss daher auch jenseits der Vermutungen gem. § 1 COVInsAG Raum bleiben, das Vertretenmüssen angesichts der unsicheren Rechtslage und der vielfachen Eilbedürftigkeit zu verneinen. Im Hinblick auf die **Insolvenzverursachungshaftung** gem. Abs. 1 S. 3 (→ Rn. 18) haben die COVID-Privilegierungen indessen keine unmittelbaren gesetzlichen Auswirkungen. Insofern kann der Praxis gleichwohl geraten werden, auch das Ende der gesetzlichen COVID-Privilegierungen im Auge zu behalten, weil dann durchaus wieder mit mehr Insolvenzen zu rechnen ist, was auch den Blick auf die bis dahin verwirklichte Insolvenzverursachungshaftung lenkten dürfte. Die jetzigen Privilegierungen lassen bei tatbestandlichen Zahlungen an Gesellschafter nicht den Schluss zu, dass die hierdurch hervorgerufene Zahlungsunfähigkeit generell exkulpiert wäre. 1a

II. Anwendungsbereich

Die Regelung gilt gem. Abs. 1 S. 1 und 4 im Ausgangspunkt für alle OHG, bei denen (letztlich) keine natürliche Person unbeschränkt für die Gesellschaftsverbindlichkeiten haftet (sog. **nicht-gesetzestypische Personenhandelsgesellschaft**). Sie gilt konsequenterweise nicht, wenn eine natürliche Person Gesellschafterin der OHG ist oder unbeschränkt haftende Gesellschafterin eines Gesellschafters. Konsequenterweise ist die Regelung auch nicht auf die Partnerschaft gem. PartGG anwendbar (BeckOGK/*Könen* Rn. 25; abw. HaKo-HGB/*Freitag* Rn. 7). Die Regelung gilt gem. § 177a aber auch bei der nicht-gesetzestypischen KG, vor allem also bei der GmbH & Co. KG. Auf die nicht-gesetzestypische **GbR** ist die Regelung ebenfalls entsprechend anzuwenden (wohl auch MüKoHGB/*K. Schmidt* Rn. 12); nach dem Mauracher Entwurf soll dies in § 722 BGB-E ausdrücklich geregelt werden. Das Gleiche gilt für die **EWIV,** wenn keine natürliche Person für deren Verbindlichkeiten haftet (vgl. § 1 EWIVAG). Bei der **KGaA** gilt indessen gem. § 278 Abs. 2 AktG in allen Fällen der vergleichbare § 92 AktG, sodass für eine Analogie zu Abs. 1 S. 4 kein Raum ist (abw. BeckOGK/*Könen* Rn. 22; Haber- 2 sack/Schäfer/*Habersack* Rn. 8). Die entsprechende Anwendung auf **ausländische Personengesellschaften** mit Sitz in Deutschland, bei denen keine natürliche Person unbeschränkt persönlich haftet (vor allem die englische LLP), hängt von der Qualifizierung der Norm als gesellschafts- oder insolvenzrechtlich ab. Insofern ist eine differenzierte Betrachtung geboten: Durch die zentrale Anknüpfung des Zahlungsverbots gem. **Abs. 1 S. 1** an die insolvenzrechtlich definierte Insolvenzreife (§§ 17, 19 InsO) spricht dafür, die Vorschrift insolvenzrechtlich zu qualifizieren und über Art. 7 EuInsVO, § 335 InsO auch auf Auslandsgesellschaften anzuwenden (so auch EuGH 10.12.2015, NZG 2016, 115 – Kornhaas; vgl. die Vorlage BGH 2.12.2014, NZG 2015, 101; früher bereits zu § 64 S. 1 GmbHG in Bezug auf die englische Ltd. KG 24.9.2009, GmbHR 2009, 99; *Servatius* BB 2015, 1087 (1089 ff.); ebenso auch Baumbach/Hueck/*Haas* GmbHG § 64 Rn. 51 f. und nunmehr BGH 4.7.2017, NZG 2017, 1034; abw. *Schall* ZIP 2005, 965 (974) mit nicht gerechtfertigten Bedenken zur Vereinbarkeit mit dem europäischem Primärrecht). Der Standort der Norm im HGB spricht jedenfalls nicht dagegen, weil für die international-privatrechtliche Qualifizierung eine funktionale Betrachtung maßgeblich ist. Indem die Regelung Quotenschmälerungen verhindert, gehört sie dem auf Mangelverwaltung gerichteten Insolvenzrecht an und findet daher auch auf vergleichbare Auslandsgesellschaften Anwendung. Der EuGH hat dies zutreffend auch in Bezug auf die internationale Zuständigkeit deutscher Gerichte gem. Art. 3 EuInsVO für Klagen aus § 64 GmbHG entschieden (vgl. EuGH 4.12.2014, NZG 2015, 154). Kommt es nicht zur Insolvenzeröffnung, scheidet ein Rückgriff auf Art. 7 EuInsVO aus; für diese Fälle ist es naheliegend, eine (subsidiäre!) deliktsrechtliche Qualifikation anzunehmen (so auch Baumbach/Hueck/*Haas* GmbHG § 64 Rn. 52). Die in **Abs. 2** statuierte Insolvenzverschleppungshaftung ist ebenfalls insolvenzrechtlich zu qualifizieren (vgl. LG Kiel 20.2.2006, NZG 2006, 672; Baumbach/Hueck/*Haas* GmbHG § 64 Rn. 202, mN zur Gegenmeinung). Die in **Abs. 1 S. 3** geregelte Insolvenzverursachungshaftung ist indessen gesellschaftsrechtlich zu qualifizieren (*Servatius* BB 2015, 1087 (1091 ff.); BeckOGK/*Könen* Rn. 15; abw. Baumbach/Hueck/*Haas* GmbHG § 64 Rn. 54 auf der Grundlage eines an die Verfahrenseröffnung geknüpften Verständnisses der Haftung, was aber keine hinreichende Stütze im Gesetz findet (→ Rn. 24).

III. Zahlungsverbot nach Insolvenzreife (Abs. 1 S. 1 und 2)

3 Abs. 1 S. 1 statuiert für die nicht-gesetzestypischen Personengesellschaften (→ Rn. 2) ein grundsätzliches Zahlungsverbot bei objektivem Vorliegen von Zahlungsunfähigkeit (§ 17 InsO) oder Überschuldung (§ 19 InsO). Ausnahmen hiervon bestehen gem. Abs. 2 S. 1 für Zahlungen, die mit der Sorgfalt eines ordentlichen und gewissenhaften Geschäftsleiters vereinbar sind. Die Rechtsfolgen einer verbotenen Zahlung ergeben sich aus Abs. 2 und begründen eine verschuldensabhängige Ersatzpflicht gegenüber der Gesellschaft (→ Rn. 12). Die Vorschrift ähnelt § 92 Abs. 2 S. 1 und 2 AktG sowie § 64 S. 1 und 2 GmbHG.

4 **1. Insolvenzreife.** Das Zahlungsverbot knüpft in objektiver Hinsicht an die insolvenzrechtlichen Tatbestände der **Zahlungsunfähigkeit** gem. § 17 InsO → InsO § 17 Rn. 1 ff.) und der **Überschuldung** gem. § 19 InsO an (→ InsO § 19 Rn. 1 ff.). Die drohende Zahlungsunfähigkeit gem. § 18 InsO ist zwar Eröffnungsgrund, begründet jedoch kein Zahlungsverbot. Das Zahlungsverbot wird ergänzt durch die ebenfalls an Zahlungsunfähigkeit und Überschuldung anknüpfende Insolvenzantragspflicht gem. § 15a Abs. 1 S. 2 InsO (→ Rn. 28). Die dort maßgebliche Überlegungsfrist ist jedoch für Abs. 1 grundsätzlich unerheblich (BGH 16.3.2009, NZI 2009, 490 Rn. 20; OLG Brandenburg 12.1.2016, BeckRS 2016, 03550). Maßgeblich ist somit allein der **Zeitpunkt,** zu dem erstmalig die Insolvenzreife gegeben ist. Eine dies relativierende Betrachtung ist indessen im Rahmen von Abs. 1 S. 2 möglich (→ Rn. 11a). Die im Zuge der **Corona-Pandemie** ausgesetzte Insolvenzantragspflicht hat mittelbar Auswirkungen auf die Zahlungsverbote, indem bestimmte Zahlungen als mit der Sorgfalt eines ordentlichen und gewissenhaften Geschäftsleiters als vereinbar gelten (→ Rn. 1a). Vgl. Im Übrigen zur Möglichkeit der Exkulpation → Rn. 14.

5 Der Insolvenzgrund der Zahlungsunfähigkeit gem. § 17 InsO gilt bei allen Gesellschaften; der der Überschuldung dem Wortlaut von § 19 InsO gem. nur für juristische Personen. Es besteht jedoch Einigkeit, dass die Überschuldung auch Insolvenzgrund bei den nicht-gesetzestypischen Personengesellschaften iSv Abs. 1 ist (Graf-Schlicker/*Pöhlmann* InsO § 19 Rn. 2). Es ist somit iRv § 130a bei beiden Insolvenzgründen auf die **Liquiditäts- bzw. Vermögenslage der Personengesellschaft** abzustellen, meist der (GmbH & Co.) KG. Hiervon abzugrenzen sind die ggf. ebenfalls erfüllten kapitalgesellschaftsrechtlichen Zahlungsverbote gem. § 92 Abs. 2 S. 1 und 2 AktG und § 64 S. 1 und 2 GmbHG für die Komplementär-GmbH bzw. -AG. Schließlich gilt das Zahlungsverbot gem. Abs. 3 auch entsprechend bei mehrstöckigen nicht-gesetzestypischen Personengesellschaften (→ Rn. 35).

6 Maßgeblich ist somit die **Insolvenzreife der Personengesellschaft.** Besonderheiten bestehen bei den nicht-gesetzestypischen Personengesellschaften jedoch vor allem darin, dass sich deren Liquiditäts- oder Vermögenslage unter Einbeziehung der persönlich haftenden Gesellschafter ergibt. Dies betrifft vor allem die Frage nach aktivierbaren Nachschuss- oder Verlustausgleichsansprüchen gegen die Komple-

mentär-GmbH (BeckOGK/*Könen* Rn. 45). Die Überschuldung kann daher ausgeräumt werden, wenn die Komplementärin die Personengesellschaft im Innenverhältnis freistellt, zB durch harte Patronatserklärungen. Das Gleiche gilt für die Verhinderung der Zahlungsunfähigkeit, wenn die Komplementärin die Liquidität sicherstellt, zB iRe Cash Pools. Ist hingegen die Komplementärin selbst in der Krise, kann die Insolvenzreife der Personengesellschaft hierdurch kaum ausgeräumt werden. Zu bedenken ist auch, dass die Insolvenzreife nicht allein deswegen ausscheidet, weil die Gläubiger sich über § 128 an die Komplementärin halten können. Der aus der Inanspruchnahme der Komplementärin erwachsende Aufwendungsersatzanspruch gem. § 110 ist nämlich im Überschuldungsstatus der KG zu passivieren, wenn kein Rangrücktritt erklärt wurde. Die **Beweislast** für das Bestehen eines Insolvenzgrundes trägt die Gesellschaft, in der Insolvenz der Verwalter (§ 80 Abs. 1 InsO). Dies gilt nach den Grundsätzen der Beweisvereitelung als bewiesen, wenn der Geschäftsführer seine Pflicht zur Führung und Aufbewahrung von Büchern und Belegen verletzt hat (so zur Haftung wegen Insolvenzverschleppung BGH 24.1.2012, NZG 2012, 464).

Rechtspolitisch ist sehr umstritten, ob die **positive Fortbestehensprognose** den Insolvenzgrund der Überschuldung beseitigen kann (vgl. § 19 Abs. 2 S. 1 InsO; hierzu *Bitter/Hommerich/Reiß* ZIP 2012, 1201). Richtigerweise sollte der Gesetzgeber wieder zum weitgehend rechnerisch ermittelten Überschuldungsbegriff zurückkehren oder aber, wie in anderen Rechtsordnungen durchaus üblich, auf den Überschuldungstatbestand gänzlich verzichten. Die derzeitige Rechtslage gem. § 19 Abs. 2 S. 1 InsO mag wirtschaftspolitisch gewünscht sein, um Krisen abzumildern. Sie führt jedoch bei den flankierenden Fragen des Überschuldungstatbestands, insbes. des Zahlungsverbots und der Insolvenzantragspflicht, zu großer **Rechtsunsicherheit.** Prognosen sind wenig geeignet, ernst zu nehmende zivil- oder gar strafrechtliche Verantwortlichkeiten zu schaffen. Dies gilt insbesondere dann, wenn die Beweislast für die positive Fortbestehensprognose dem Geschäftsleiter obliegt (vgl. BGH 18.10.2010, DStR 2011, 130). Im Rahmen der Zahlungsunfähigkeit hat die positive Fortbestehensprognose indessen keine eigenständige Bedeutung; in gewisser Weise vergleichbar sind allerdings die Kriterien, wonach die Zahlungsunfähigkeit von der (rechtlich unbeachtlichen) bloßen Zahlungsstockung abgegrenzt wird (Einzelheiten zur hier maßgeblichen Zeitraumbetrachtung bei Baumbach/Hueck/*Haas* GmbHG Vor § 64 Rn. 15a ff.). 7

2. Zahlungsverbot. Mit Vorliegen eines Insolvenzgrundes (→ Rn. 4 ff.) dürfen grundsätzlich keine Zahlungen zulasten des Vermögens der Personengesellschaft mehr erfolgen. Die für die Insolvenzverschleppung gem. § 15a Abs. 1 InsO maßgebliche Überlegungsfrist ist für Abs. 1 unerheblich (BGH 16.3.2009, NZI 2009, 490; OLG Brandenburg 12.1.2016, BeckRS 2016, 03550). Die **Beweislast** für einen Verstoß gegen das Zahlungsverbot trägt grundsätzlich die Gesellschaft, in der Insolvenz der Verwalter (§ 80 Abs. 1 InsO). Es ist ausreichend, dass die Insolvenzreife objektiv erkennbar ist (BGH 18.10.2010, WM 2010, 2313 Rn. 14; Baumbach/Hopt/*Roth* Rn. 5; Baumbach/Hueck/*Haas* GmbHG § 64 Rn. 104; abw. *Schulze-Osterloh* AG 1984, 141 (143): positive Kenntnis notwendig). Die Normadressaten (→ Rn. 9) können sich aber exkulpieren, indem sie die fehlende Erkennbarkeit der Insolvenzreife beweisen (→ Rn. 14) oder die Vereinbarkeit der Zahlung mit der Sorgfalt eines ordentlichen und gewissenhaften Geschäftsleiters (→ Rn. 11). 8

a) Adressaten. Adressaten des Zahlungsverbots sind einmal die organschaftlichen Vertreter der zur Vertretung befugten Gesellschafter, regelmäßig also die **Geschäftsführer** der Komplementär-GmbH. Bei Kollegialorganen gilt das Zahlungsverbot für jeden einzelnen (MüKoHGB/*K. Schmidt* Rn. 13); wegen der wechselseitigen Überwachungspflicht können daher auch Zahlungen von Mitgeschäftsführern für die Übrigen haftungsbegründend sein (vgl. BGH 21.3.1988, NJW 1989, 1789; OLG München 28.11.2007, GmbHR 2008, 320). Auf die konkrete Ausgestaltung der organschaftlichen vertretungsmacht kommt es somit nicht an (BeckOGK/*Könen* Rn. 27). Mehrere Geschäftsführer haften **gesamtschuldnerisch** (OLG München 18.12.2013, ZIP 2014, 65 Rn. 19). Für mehrstöckige nicht-gesetzestypische Personengesellschaften erstreckt sich das Zahlungsverbot auch auf die organschaftlichen Vertreter der Gesellschafter-Gesellschaften (Abs. 3; → Rn. 35). In diesen Fällen erstreckt sich die Haftung aber nicht auf die Gesellschafter der Komplementär-Personengesellschaft, die von der organschaftlichen Vertretung ausgeschlossen sind (BeckOGK/*Könen* Rn. 37). Wie bei § 92 Abs. 2 S. 1 AktG und § 64 S. 1 GmbHG ist im Übrigen auch ein fehlerhaft bestelltes Organ Normadressat sowie ein faktisches Organ (→ GmbHG § 64 Rn. 8; BeckOGK/*Könen* Rn. 33). **Faktischer Geschäftsführer** ist, wer nach dem Gesamtbild ohne Bestellungsakt, aber mit Wissen der Gesellschaft, für diese wie ein Geschäftsführer tätig wird (BGH 1.3.1993, NJW 1994, 2149); der bestellte Geschäftsführer muss dabei nicht völlig verdrängt werden (OLG Brandenburg 21.3.2012, BeckRS 2012, 08559). Erforderlich ist aber, dass der Betreffende die Geschicke der Gesellschaft – über die interne Einwirkung hinaus – durch eigenes Handeln im Außenverhältnis maßgeblich in die Hand genommen hat (BGH 11.7.2005, WM 2005, 1706 (1707 f.)). Die notwendige Qualität des Einflusses bestimmt sich weniger nach rechtlichen als nach wirtschaftlichen Maßstäben im Hinblick auf die übernommenen Führungsaufgaben und deren Intensität; hierbei ist eine Abwägung anzustellen (vgl. LG Krefeld 16.3.2016, BeckRS 2016, 114641). Darüber hinaus richtet sich das Zahlungsverbot auch an die **Liquidatoren** der Personengesellschaft (vgl. § 146); 9

sind diese juristische Personen oder rechtsfähige Personengesellschaften, richtet es sich an deren organschaftliche Vertreter (BeckOGK/*Könen* Rn. 32), vgl. auch Abs. 3 (→ Rn. 35). Die **Gesellschafter** der Personengesellschaft oder der Komplementär-Gesellschaften sind als solche grundsätzlich nicht Normadressat, können jedoch als faktische Geschäftsführer haftbar sein (abw. für Einbeziehung BeckOGK/*Könen* Rn. 34). Mitglieder eines **Aufsichtsrats** oder Beirats sind nicht Adressat des Zahlungsverbots, können sich aber gegenüber der KG aus den allgemeinen Regeln haftbar machen, wenn sie bei Zahlungen der Geschäftsleiter ihre Überwachungspflicht verletzen (BGH 20.9.2012, NZG 2010, 1186 – Doberlug, jedoch im Hinblick auf den Umfang der Ersatzpflicht zu eng auf den obligatorischen AR und § 93 Abs. 3 Nr. 6 AktG begrenzt; vgl. auch OLG Hamburg 6.3.2015, NZG 2015, 756 (758)). Über die Grundsätze der Schutzwirkung zu Gunsten Dritter stehen der KG hieraus unmittelbar Ansprüche zu (→ HGB Anh. Rn. 157). Sonstige **Dritte sind nicht Adressaten** und haften auch nicht als Teilnehmer (BGH 11.2.2008, NJW-RR 2008, 1066; abw. MüKoHGB/*K. Schmidt* Rn. 38 unter Hinweis auf § 830 BGB, was jedoch mangels deliktsrechtlichen Charakters des Zahlungsverbots nicht passt, so auch BGH 6.8.2019, WM 2019, 1649 Rn. 20).

10 **b) Zahlung.** Der Begriff der Zahlung ist wie bei § 92 Abs. 2 S. 1 AktG und § 64 S. 1 GmbHG insolvenzrechtlich auszulegen und umfasst jede **Masseschmälerung** (BGH 5.5.2008, WM 2008, 1227 Rn. 10; → GmbHG § 64 Rn. 10 ff.). Grundsätzlich gilt eine **weite Auslegung** (vgl. BGH 16.3.2009, WM 2009. 955), die jede Übertragung von Vermögensgegenständen und Wirtschaftsgütern einschließt (*Gehrlein* ZHR 181 (2017), 482 (486 f.) und (496 ff.), auch zur Differenzierung von unmittelbarer und mittelbarer Benachteiligungen). Es ist unerheblich, ob es sich um **Geld- oder Sachleistungen** handelt, Dienstleistungen unterfallen indessen nicht dem Zahlungsbegriff (OLG Hamburg 31.8.2005, NZG 2005, 1008 (1012)). Es ist ebenso unerheblich, an wen die Zahlung erfolgt (Gesellschafter, Dritte, verbundene Unternehmen). Sie muss aber die (künftige bzw. potentielle) Insolvenzmasse der Personengesellschaft schmälern, mithin aus deren Vermögen erfolgen; Leistungen aus dem Vermögen der Komplementärin verstoßen ggf. gegen § 92 Abs. 2 S. 1 AktG bzw. § 64 S. 1 GmbHG. Auch die Begründung einer die Masse belastenden **Verbindlichkeit** ist entgegen der hM eine Zahlung, da die Folgen für die übrigen Gläubiger in Gestalt der Quotenschmälerung dieselben sind (abw. BGH 29.11.1999, NJW 2000, 668; BeckOGK/*Könen* Rn. 64 f.; wie hier OLG Hamburg 31.8.2005, NZG 2005, 1008). Die Begleichung einer Verbindlichkeit aus einem Debetsaldo begründet als bloßer Gläubigerwechsel indessen keine Masseschmälerung, wenn die Bank über keine Gesellschaftssicherheiten verfügt (BGH 26.3.2007, NZG 2007, 462). Umgekehrt ist die **Einziehung einer Forderung** auf ein debitorisches Konto der Gesellschaft aber eine Zahlung (BGH 11.2.2020, NZG 2020, 517 Rn. 15). Die Zahlung muss von einem Normadressaten durch aktives Tun oder pflichtwidriges Unterlassen (Überwachungspflicht bei Kollegialorganen) **veranlasst** worden sein (BGH 16.3.2009, NJW 2009, 1598 Rn. 13). Erforderlich ist somit Wissen und Wollen bzw. die Möglichkeit der Verhinderung (BGH 11.2.2020, NZG 2020, 517). Der „heimliche Griff in die Kasse" durch einen Gesellschafter löst daher keine Ersatzpflicht der Geschäftsführer aus. Das Gleiche gilt für eine Kontopfändung (vgl. BGH 16.3.2009, NJW 2009, 1598; BGH 16.1.2014, NZG 2014, 588 Rn. 7 ff.). Andererseits haben die Geschäftsleiter aber nach hM allgemein, dh auch ohne entsprechende Einziehung, dafür zu sorgen, dass ab Insolvenzreife keine **Zahlungen auf ein debitorisches Konto** der KG mehr gelangen, weil die Verringerung des Debets eine Zahlung an die Bank darstellt (vgl. BGH 3.6.2014, WM 2014, 1546 Rn. 16; OLG Brandenburg 12.1.2016, BeckRS 2016, 03550; BGH 11.2.2020, NZG 2020, 517). § 130a Abs. 1 S. 1 schützt hiernach auch die Gläubigergleichbehandlung jenseits der vermögensmäßigen Betrachtung der Zahlungsflüsse (so auch BGH 18.11.2014, NZG 2015, 149 Rn. 9). Dies überzeugt zwar wertungsmäßig, überdehnt jedoch den Tatbestand des Zahlungsverbots.

11 **c) Ausnahmen.** Die Haftung der Geschäftsleiter entfällt zunächst, soweit die durch die Zahlung verursachte Schmälerung der Masse in einem unmittelbaren Zusammenhang mit ihr ausgeglichen wird. Diese **ungeschriebene Konkretisierung** des Zahlungsverbots lässt sich dadurch rechtfertigen, dass keine Gläubigerbeeinträchtigung herbeigeführt wird. Erforderlich und maßgeblich ist daher allein der **Zufluss eines objektiven Gegenwerts** an die Insolvenzmasse, mithin als für das durch § 1 InsO geschützte Gläubigerinteresse taugliches Verwertungsobjekt (BGH 18.11.2014, NZG 2015, 149 Rn. 10 f.; treffend *Schädlich* NZI 2017, 811 (812): fiktive Verwertbarkeit). Die der Lohnzahlung entsprechenden Arbeitsleitungen entsprechen diesen Anforderungen nicht (OLG München 22.6.2017, BeckRS 2017, 114996; abw. noch OLG Düsseldorf, 1.10.2015, NZI 2016, 642). Für den Ausgleich ist zudem ein **unmittelbarer** wirtschaftlicher, nicht notwendig zeitlicher **Zusammenhang mit der Zahlung** erforderlich (BGH 4.7.2017, NZG 2017, 1034 Rn. 10 ff.). Die Regeln des Bargeschäfts nach § 142 InsO sind insoweit aber nicht entsprechend anwendbar, die Anrechnung folgt eher dem System der **schadensrechtlichen Vorteilsanrechnung** unter Berücksichtigung der Befriedigungsinteressen der Gläubiger (BGH 4.7.2017, NZG 2017, 1034 Rn. 12, 14; zustimmend *Altmeppen* ZIP 2017, 1833; abw. *Habersack/Forster* ZHR 178 (2014), 387; OLG Düsseldorf 1.10.2015, NZI 2016, 642; anders auch *Gehrlein* ZHR 181 (2017), 482). Dies lässt sich auf alle potentiell haftungsauslösenden Austauschverträge übertragen, wenn die Leistung der Gesellschaft der Gegenleistung vorausgeht (BeckOGK/*Könen*

Rn. 75). Für den Ausgleich trägt der Geschäftsleiter die **Beweislast** (vgl. OLG München 22.6.2017, BeckRS 2017, 114996, Rn. 39). Sind diese Voraussetzungen erfüllt, ist es für das Entfallen der Ersatzpflicht nach Abs. 1 S. 1 aber **nicht erforderlich,** dass der Zufluss bei Insolvenzeröffnung noch **wertmäßig vorhanden** ist; die Geschäftsleiter können sich bei negativen Wertveränderungen aber nach Abs. 2 ersatzpflichtig machen (BGH 18.11.2014, NZG 2015, 149 Rn. 12; hierzu *K. Schmidt* NZG 2015, 129), Einzelheiten → Rn. 27. Der Anspruch entfällt auch, soweit es dem Insolvenzverwalter gelingt, durch die **Insolvenzanfechtung** eine Rückerstattung der Zahlung zu erreichen (BGH 18.11.2014, NZG 2015, 149 Rn. 9). Dies gilt aber nicht, wenn die verbotene Zahlung von einem debitorischen Konto erfolgte (BGH 3.6.2014, WM 2014, 1546).

Weiterhin ist die Zahlung gem. **Abs. 1 S. 2** zulässig, wenn sie mit der **Sorgfalt eines ordentlichen und gewissenhaften Geschäftsleiters** vereinbar ist. Insofern gilt das Gleiche wie bei § 92 Abs. 2 S. 2 AktG und § 64 S. 2 GmbHG. Die Regelung ist eng auszulegen (OLG Hamburg 13.10.2017, DStR 2017, 2621 Rn. 60). Maßgeblich ist der Zeitpunkt der Vornahme der Zahlung (BeckOGK/*Könen* Rn. 81). Die **Beweislast** hierfür tragen die Geschäftsleiter (BGH 19.6.2012, WM 2012, 1539 Rn. 10; OLG München 18.12.2013, ZIP 2014, 63 Rn. 20 f.; zur weiteren Exkulpationsmöglichkeit → Rn. 14). Allgemein gilt, dass solche Leistungen zulässig sind, die auch ein **besonnener Insolvenzverwalter** rechtmäßig hätte vornehmen können (Bork/Schäfer/*Bork* GmbHG § 64 Rn. 21). Sie müssen daher bei wertender Betrachtung aus ex ante-Sicht dem objektiven Gläubigerinteresse dienen (OLG Hamburg 18.11.2014, BeckRS 2014, 23739 Rn. 36). Die entsprechende Anwendung der **Business Judgement Rule** gem. § 93 Abs. 1 S. 2 AktG ist sachgerecht (vgl. auch *Bitter* ZIP 2020, 685 (690 f.): „Insolvency Judgement Rule"). Sorgfaltsgemäß können hiernach Zahlungen sein, die die Masse nicht schmälern, zB die Freigabe von aussonderungsfähigen Gegenständen oder die Befriedigung absonderungsberechtigter Gläubiger bis zur Höhe des Wertes ihres Sicherungsguts (OLG Hamburg 18.11.2014, BeckRS 2014, 23739 Rn. 37) bzw. Leistungen, denen eine vollwertige Gegenleistung gegenübersteht (→ Rn. 10). Zulässig sind auch Zahlungen, die kraft Gesetzes geleistet werden müssen, wie zB die Abführung von Sozialversicherungsbeiträgen (BGH 2.6.2008, ZIP 2008, 1275). Das Gleiche gilt für Zahlungen, die im Insolvenzfall Masseschulden iSv § 55 InsO wären (OLG Hamburg 18.11.2014, BeckRS 2014, 23739 Rn. 36). Ebenso zulässig können Zahlungen sein, durch die für den Fall späterer Insolvenzeröffnung größere Nachteile von der Insolvenzmasse abgewendet werden oder die zur Aufrechterhaltung des Unternehmens im Rahmen eines mit § 15a InsO zu vereinbarenden **Sanierungsversuchs** erforderlich sind (OLG Hamburg 18.11.2014, BeckRS 2014, 23739 Rn. 36). In diesem Zusammenhang kann auch die Wertung der **dreiwöchigen Überlegungsfrist** gem. § 15a Abs. 1 S. 1 InsO Rechnung getragen werden, um einer etwas großzügigeren Betrachtung Raum zu geben (so auch BeckOGK/*Könen* Rn. 78). Jenseits dieser Frist dürfte es umgekehrt kaum überzeugende Fälle geben, die Zahlungen nach Insolvenzreife rechtfertigen würden. Die Weiterzahlung laufender Kosten (Löhne, Miete, Energie) sowie die Erfüllung vorteilhafter Verträge zu Sanierungszwecken ist jedoch generell nur zulässig, wenn in dem Zeitpunkt, in welchem derartige Maßnahmen ergriffen werden, hinreichende Aussicht besteht, dadurch die Vermögensbilanz mindestens voll ausgleichen zu können (vgl. OLG Koblenz 9.2.2006, NZG 2006, 583, wohl großzügiger Oetker/*Boesche* Rn. 6). Das Gleiche gilt auch für die Zahlung der Umsatzsteuer (vgl. OLG Hamburg 13.10.2017, DStR 2017, 2621). Erforderlich ist in all diesen Fällen, dass die Zahlung in ein objektiv tragfähiges **Sanierungskonzept** eingebettet war, was der Geschäftsleiter ebenfalls beweisen muss (OLG Hamburg 18.11.2014, BeckRS 2014, 23739 Rn. 45); hierbei hat der Geschäftsleiter auch Vorsorge zu treffen für den Fall, dass das Sanierungskonzept scheitert (vgl. OLG Brandenburg 12.1.2016, ZIP 2016, 923). 11a

3. Ersatzpflicht. Liegt eine verbotene Auszahlung iSv Abs. 1 S. 1 und 2 vor, sind die organschaftlichen Vertreter der zur Vertretung ermächtigten Gesellschafter bzw. die Liquidatoren der Personengesellschaft gem. **Abs. 2 S. 1 Alt. 2** der Personengesellschaft gegenüber als Gesamtschuldner zum Ersatz verpflichtet, wenn sie sich nicht nach Abs. 2 S. 2 exkulpieren können. Der Anspruch ist ein **Ersatzanspruch eigener Art** (BGH 6.8.2019, WM 2019, 1649 Rn. 18, 20, kein Deliktstatbestand, → Rn. 13; abw. Grigoleit/*Gansmeier* AktG § 92 Rn. 35: lediglich Vermutung eines Schadens; vgl. zum Ganzen auch *Altmeppen* ZIP 2020, 937) und wird als **Innenanspruch** vom Insolvenzverwalter gem. § 80 Abs. 1 InsO geltend gemacht (allgM, abw. für Gesamtschaden iSv § 92 InsO Oetker/*Boesche* Rn. 10). Zur Ersatzpflicht kommt es grundsätzlich nur, wenn das Insolvenzverfahren eröffnet oder mangels Masse abgelehnt wurde (BGH 11.9.2000, NJW 2001, 304, sehr kritisch ggü. der teils widersprüchlichen Rechtsprechung Baumbach/Hueck/*Haas* GmbHG § 64 Rn. 24 f.). Zum **Entstehen** gelangt der Anspruch indessen bereits zum Zeitpunkt der Zahlung, was insbesondere im Hinblick auf den Beginn der Verjährung (→ Rn. 24) relevant ist (so auch BeckOGK/*Könen* Rn. 112). Für das Postulat der **förmlichen Insolvenzeröffnung bzw. Ablehnung derselben** gibt § 130a nichts her (abw. BeckOGK/*Könen* Rn. 114: Durchsetzungssperre bis zur Verfahrenseröffnung). Richtigerweise kann er auch unabhängig von diesen Voraussetzungen geltend gemacht werden, wenn es nicht zum (erfolglosen) Insolvenzverfahren kommt. In der masselosen Insolvenz können daher die Gläubiger den Anspruch pfänden und sich überweisen lassen (in voller Höhe, nicht nur bezogen auf die Quote, vgl. BGH 12

11.9.2000, NJW 2001, 304). Es erscheint zudem als sachgerecht, in diesen Fällen darüber hinaus auch ein individuelles **Gläubigerverfolgungsrecht** entsprechend § 93 Abs. 5 S. 1 AktG zuzubilligen, um die Ersatzpflicht bei der masselosen Insolvenz und bei Firmenbestattungen nicht leer laufen zu lassen.

13 **a) Anspruch eigener Art.** Wenngleich die Ersatzpflichtigen nach Abs. 2 S. 1 ausdrücklich zum Ersatz des aus der verbotenen Zahlung resultierenden Schadens verpflichtet sind, wendet die hM nicht die §§ 249 ff. BGB an, sondern sieht hierin einen Anspruch eigener Art (BGH 6.8.2019, WM 2019, 1649 Rn. 18). Hiernach richtet sich die Ersatzpflicht im Rahmen einer Einzelbetrachtung unmittelbar auf die **konkrete Zahlung bzw. deren objektiven Wert,** ohne dass dies durch die auf die Insolvenzmasse bezogene Differenzhypothese ermittelt werden müsste (BGH 28.1.2016, WM 2016, 275 Rn. 49; abw. MüKoHGB/*K. Schmidt* Rn. 33: lediglich Beweiserleichterung, indem die Masseschmälerung in Bezug auf den Wert der Zahlung widerleglich vermutet wird; dagegen *Gehrlein* ZHR 181 (2017), 482 (491 ff.)). Auch die übrigen schadensrechtlichen Zurechnungskriterien gelten im Rahmen von Abs. 2 nur eingeschränkt (vgl. für den Einwand rechtmäßigen Alternativverhaltens BGH 11.2.2020, NZG 2020, 517 Rn. 20 ff.). Letztlich gilt daher insofern trotz abweichenden Wortlauts das Gleiche **wie bei § 64 S. 1 GmbHG** (→ GmbHG § 64 Rn. 46 ff.). Zwar sprechen der Wortlaut von Abs. 2 und die hierin angelegte Gleichstellung mit der Haftung auf Schadensersatz wegen Insolvenzverschleppung dafür, die Ersatzpflicht einheitlich anhand der §§ 249 ff. BGB an die aus der Zahlung resultierende konkrete Masseschmälerung zu knüpfen (sog. Quotenschaden, → Rn. 29 ff.). Gleichwohl ist der hM zuzustimmen, denn nur so lässt sich die von Abs. 1 ausgehende Prävention, bei Insolvenzreife nicht weiter zu wirtschaften, effektiv verwirklichen. Im Hinblick auf eine **D&O-Versicherung** sprechen im Übrigen keine Gründe dagegen, die Ersatzpflicht als einen grundsätzlich hierunter zu fassenden Anspruch anzusehen (vgl. *Armbrüster/Schilbach* ZIP 2018, 1835; abw. OLG Düsseldorf ZIP 2018, 1542 (1545 f.); hierzu *Fiedler* ZIP 2020, 2112; *Altmeppen* ZIP 2020, 937).

14 **b) Möglichkeit der Exkulpation.** Die Ersatzpflicht eines Geschäftsführers oder Liquidators setzt Verschulden voraus. Einfache Fahrlässigkeit genügt (Oetker/*Boesche* Rn. 11). Diese wird vermutet; der Inanspruchgenommene kann sich jedoch exkulpieren (OLG Hamburg 18.11.2014, BeckRS 2014, 23739 Rn. 35). Insofern gilt das Gleiche wie bei § 64 S. 2 GmbHG (→ GmbHG § 64 Rn. 39). Die Exkulpation hat dahingehend zu erfolgen, dass der Inanspruchgenommene die Rechtswidrigkeit der Zahlung nicht erkennen konnte, also die Insolvenzreife oder das Nichteingreifen der Privilegierung gem. Abs. 1 S. 2 (vgl. BGH 6.6.1994, BGHZ 126, 181 (200) = NJW 1994, 2220 (2224); BGH 29.11.1999, BGHZ 143, 184 = NJW 2000, 668). Hierbei sind strenge, **objektive Verschuldensmaßstäbe** anzulegen. Die Geschäftsleiter müssen für eine Organisation sorgen, die ihnen die erforderliche Übersicht über die wirtschaftliche und finanzielle Situation der Gesellschaften jederzeit ermöglicht; bei fehlender eigener Sachkunde ist externer Rat einzuholen (vgl. BGH 19.6.2012, DStR 2012, 1713; BGH 27.3.2012, NZG 2012, 672; zur möglichen Exkulpation infolge qualifizierter externer Beratung BGH 14.5.2007, NJW 2007, 2118 und OLG München 22.6.2017, NZG 2017, 1437 Rn. 63 ff.; zur möglichen Haftung des externen Beraters gegenüber dem Geschäftsleiter BGH 14.6.2012, WM 2012, 1359). Bei Kollegialorganen kann ein Geschäftsführer bzw. Liquidator darlegen, dass er das eigenmächtige Handeln eines anderen nicht erkennen bzw. verhindern konnte. Zur **Corona-Pandemie** → Rn. 1a.

15 **c) Zwingende Haftung.** Das Zahlungsverbot gem. Abs. 1 schützt die Gläubigerinteressen und unterliegt konsequenterweise nicht der Disposition der Gesellschafter. Abs. 2 S. 3 verbietet daher ausdrücklich vorherige **Haftungsausschlüsse oder -beschränkungen** (§ 134 BGB). Auch ein Gesellschafterbeschluss beseitigt die Rechtswidrigkeit der Zahlung nicht, wenn diese – wie regelmäßig – zur Gläubigerbefriedigung erforderlich ist (vgl. Abs. 2 S. 4; zur GmbH BGH 18.3.1974, NJW 1974, 1088). Der nachträgliche **Verzicht oder Vergleich** über eine an sich bestehende Ersatzpflicht ist gem. Abs. 2 S. 4 nur möglich, soweit die Geltendmachung des Anspruchs nicht zur Gläubigerbefriedigung erforderlich ist (vgl. hierzu im eröffneten Verfahren BGH 14.6.2018, NZI 2018, 708). Nach Abs. 2 S. 5 gilt das (beschränkte) Verzichts- und Vergleichsverbot gem. S. 4 nicht, wenn der Ersatzpflichtige zahlungsunfähig ist und sich zur Abwendung des Insolvenzverfahrens mit seinen Gläubigern vergleicht oder wenn die Ersatzpflicht in einem Insolvenzplan geregelt wird. Vgl. zum prozessbeendenden Vergleichsvertrag mit dem Insolvenzverwalter *K. Schmidt* KTS 2001, 373 (378); zur Haftung des Insolvenzverwalters s. § 60 InsO.

16 **d) Verjährung, Geltendmachung.** Die Ersatzpflicht verjährt gem. Abs. 2 S. 6 in **fünf Jahren.** Die Frist beginnt mit der jeweiligen verbotenen Zahlung (BGH 16.3.2009, NJW 2009, 1598; abw. Bork/Schäfer/*Bork* GmbHG § 64 Rn. 33: Beginn frühestens mit gerichtlicher Entscheidung über Eröffnung oder Ablehnung des Insolvenzverfahrens). Ansprüche können gem. § 29 Abs. 1 ZPO am **Sitz der Personengesellschaft** geltend gemacht werden (BGH 6.8.2019, WM 2019, 1649). Dieser ist der gem. § 106 ins Handelsregister eingetragene (→ § 106 Rn. 13), selbst wenn er sich nicht mit dem sog. tatsächlichen Verwaltungssitz deckt oder sich die tatsächlichen Verhältnisse nachträglich ändern. § 32 ZPO ist auf den Anspruch nicht anwendbar (LG Magdeburg 19.4.2012, BeckRS 2012, 09262).

4. Konkurrierende Ansprüche. Das Zahlungsverbot gem. Abs. 1 S. 1 konkretisiert wegen des zwingenden Charakters die gesellschaftsrechtlichen Geschäftsführerpflichten. Indem diese bei der GmbH & Co. KG nach allgM Drittschutz zugunsten der KG entfalten (→ HGB Anh. Rn. 157), konkurriert mit der Ersatzpflicht aus Abs. 2 S. 1 regelmäßig auch ein Anspruch aus **§ 43 Abs. 2 GmbHG.** Um Wertungswidersprüche zu vermeiden, sollte dieser jedoch rechtsfolgenseitig an Abs. 2 S. 1 angepasst werden (→ Rn. 13). Darüber hinaus kann bei den nicht-gesetzestypischen Personengesellschaften mit der Zahlung vielfach auch ein mittelbarer Verstoß gegen das Kapitalerhaltungsgebot der Komplementär-GmbH hervorgerufen werden und dieser gegenüber eine Haftung aus **§ 43 Abs. 3 GmbHG** begründen (→ HGB Anh. Rn. 129 ff.). Die Gesellschaftsgläubiger können den Ersatzpflichtigen grundsätzlich nicht persönlich in Anspruch nehmen (→ Rn. 12). Das Zahlungsverbot gem. Abs. 2 S. 1 ist **nicht Schutzgesetz** iSv § 823 Abs. 2 BGB (OLG Hamm 31.5.2012, ZIP 2012, 2106; zu § 64 S. 1 GmbHG BGH 19.11.2019, NZG 2020, 260). Mit der Ersatzpflicht konkurrieren aber regelmäßig auch Ansprüche aus **Insolvenzanfechtung** gem. §§ 129 ff. InsO bzw. AnfG (*Gehrlein* ZHR 181 (2017), 482 (487 ff.)). Soweit es dem Insolvenzverwalter gelingt, hierdurch eine Rückerstattung von Leistungen zu erreichen, lässt dies Ansprüche aus § 130a entfallen (zu Abs. 1 S. 1, jedoch verallgemeinerungsfähig, BGH 18.11.2014, NZG 2015, 149 Rn. 9). 17

IV. Insolvenzverursachungshaftung (Abs. 1 S. 3)

Im Zuge des MoMiG 2008 eingeführt wurde die Insolvenzverursachungshaftung gem. Abs. 1 S. 3. Die Regelung entspricht § 64 S. 3 GmbHG und § 92 Abs. 2 S. 3 AktG (→ GmbHG § 64 Rn. 55 ff.). Im Kern wird den Geschäftsführern bzw. Liquidatoren einer nicht-gesetzestypischen Personengesellschaft (→ Rn. 2) hierüber die **gläubigerschützende Pflicht** auferlegt, keine Zahlungen an die Gesellschafter zu veranlassen, wenn im Zeitpunkt der Leistung objektiv erkennbar ist, dass diese zur Herbeiführung der Zahlungsunfähigkeit der Gesellschaft führen muss. Wird hiergegen schuldhaft verstoßen, hat der betreffende Geschäftsführer bzw. Liquidator die Leistung gem. Abs. 2 an die Gesellschaft zu erstatten. Die Haftung deckt sich in weiten Teilen mit der Existenzvernichtungshaftung der Gesellschafter aus § 826 BGB (→ Rn. 26), adressiert freilich allein die Geschäftsleiter. Die Regelung ist **zwingend;** eine Weisung seitens der Gesellschafter beseitigt die Ersatzpflicht nicht (→ Rn. 15). Zur **Corona-Pandemie** → Rn. 1a. 18

1. Tatbestand. Beim Tatbestand der Insolvenzverursachungshaftung nach Maßgabe von Abs. 1 S. 3 ist stets zu bedenken, dass auf die Personengesellschaft selbst abgestellt wird. Vgl. hiervon unabhängig auch die Möglichkeit, dass § 64 S. 3 GmbHG und § 92 Abs. 2 S. 3 AktG unmittelbar auf der Ebene der Komplementär-Gesellschaft verwirklicht werden. 19

a) Haftungsadressat. Haftungsadressaten sind durch die **Bezugnahme auf Abs. 1 S. 1** die organschaftlichen Vertreter oder Liquidatoren der zur Vertretung befugten Gesellschafter-Gesellschaften (zB Geschäftsführer der Komplementär-GmbH; → Rn. 9). Zu mehrstöckigen Personengesellschaften → Rn. 35. 20

b) Zahlung an Gesellschafter. Der Begriff der Zahlung deckt sich nach überwiegender Ansicht im Ausgangspunkt mit dem von Abs. 1 S. 1 (vgl. etwa Bork/Schäfer/*Bork* GmbHG § 64 Rn. 549; überzeugend weitergehend für Möglichkeit der Gesamtbetrachtung einzelner Vorgänge innerhalb eines Zeitraums Baumbach/Hueck/*Haas* GmbHG § 64 Rn. 124). Erfasst wird daher im Ausgangspunkt jede **zukünftige Masseschmälerung** (→ Rn. 10 f.); wegen der Notwendigkeit, dass die Zahlung die Zahlungsunfähigkeit herbeiführen muss, bedarf es indessen einer modifizierten Betrachtung (→ Rn. 21a). Als Zahlung an Gesellschafter kommen ohne weiteres die unmittelbaren Leistungen **an die Gesellschafter der Personengesellschaft** in Betracht (zB die Komplementär-GmbH oder einen Kommanditisten). Insofern spielt es auch keine Rolle, ob die Leistung causa societatis erfolgt, mithin eine gesellschaftsrechtliche Grundlage hat, oder im Rahmen eines marktüblichen Drittgeschäft (BeckOGK/*Könen* Rn. 92). Tatbestandlich sind aber auch Zahlungen an Personen, die den Gesellschaftern aufgrund einer engen wirtschaftlichen oder persönlichen Verbundenheit zurechenbar sind (vgl. *Greulich/Bunnemann* NZG 2006, 681; für einen Gleichlauf mit § 30 Abs. 1 GmbHG überzeugend BeckOGK/*Könen* Rn. 92). Dies ist regelmäßig bei mehrstöckigen Personengesellschaften relevant. Die Leistung **muss aus dem Vermögen der Personengesellschaft** erfolgen; Leistungen aus dem Vermögen der Gesellschafter begründen jedoch ggf. eigenständige Ersatzansprüche aus § 64 S. 3 GmbHG und § 92 Abs. 2 S. 3 AktG. 21

Jenseits dieser in Anlehnung an Abs. 1 S. 1 relativ klar konturierten Vorgaben bestehen wegen der **Zukunftsgewandtheit der Haftung** (→ Rn. 22) jedoch auch besondere Probleme bei der Präzisierung des Zahlungsbegriffs. Eine Insolvenzmasse im technischen Sinn ist nämlich im Haftungszeitpunkt noch nicht vorhanden. Abs. 1 S. 3 gilt auch nicht, wenn bereits Zahlungsunfähigkeit besteht (BGH 9.10.2012, NZG 2012, 1379). Die maßgebliche Masseschmälerung infolge der Zahlung muss daher teleologisch erfasst werden, sodass sich hierbei durchaus Unterschiede zu Abs. 1 S. 1 ergeben können. 21a

Als Zahlung im Sinne der Insolvenzverursachungshaftung sollte daher **jeder Vermögensabfluss** angesehen werden, der seiner Art nach Auswirkungen auf die zukünftige Zahlungsfähigkeit der Gesellschaft hat. Dies ist unstreitig gegeben beim Abzug von Liquidität, mithin einem **Geldtransfer** (vgl. zu § 64 S. 3 GmbHG BT-Drs. 16/6140, 46; BeckOGK/*Könen* Rn. 93). Darüber hinaus sind dem jedoch auch Vermögensabflüsse gegenständlicher Art gleichzustellen, etwa die **Übertragung von Sachen und Rechten** (BeckOGK/*Könen* Rn. 93). Hier fehlt es zwar am unmittelbaren Zusammenhang mit dem Insolvenzgrund der Zahlungsunfähigkeit gem. § 17 InsO; eine Einbeziehung rechtfertigt sich jedoch aus der Zukunftsgewandtheit der Haftung, wonach Ursächlichkeit genügt. Aus denselben Gründen fallen im Rahmen der Insolvenzverursachungshaftung auch die **Eingehung einer Verbindlichkeit** gegenüber einem Gesellschafter (so auch BeckOGK/*Könen* Rn. 95) und die **Nichtgeltendmachung einer Forderung** unter den Zahlungsbegriff (so auch Bork/Schäfer/*Bork* GmbHG § 64 Rn. 50). Eine Zahlung liegt jedoch in allen Fällen ebenso wie bei Abs. 1 S. 1 nicht vor, wenn die Gesellschaft unmittelbar eine objektiv werthaltige **Gegenleistung** erhält, welche zudem auch im Hinblick auf die Liquidierbarkeit gleichwertig ist (zurückhaltend Baumbach/Hueck/*Haas* GmbHG § 64 Rn. 129, nur im Rahmen des Verschuldens beachtlich).

21b Problematisch ist auch, ob eine haftungsauslösende Zahlung vorliegen kann, wenn die Gesellschaft hierdurch eine **Verbindlichkeit gegenüber einem Gesellschafter erfüllt.** Die bisherige Kontroverse (→ GmbHG § 64 Rn. 48 ff.) ist stark durch die Sonderkonstellation geprägt, dass im Zeitpunkt der fraglichen Zahlung möglicherweise bereits Zahlungsunfähigkeit iSv § 17 InsO besteht. Als Vorfrage stellt sich dann naturgemäß die Frage, ob die entsprechende Gesellschaftsverbindlichkeit im Liquidationsstatus anzusetzen ist. Der BGH hat dies überzeugend bejaht (vgl. BGH 9.10.2012, NZG 2012, 1379). Hiervon abzugrenzen ist jedoch die für den Anwendungsbereich von Abs. 1 S. 3 bedeutsamere Frage, ob im (unstreitigen) Vorfeld der Zahlungsunfähigkeit in der Begleichung einer fälligen Gesellschaftsverbindlichkeit eine Zahlung liegen kann. Im Bereich von Abs. 1 S. 1 wird dies regelmäßig angenommen, weil hierüber auch die Gleichbehandlung der Gläubiger geschützt wird (→ Rn. 10). Im Vorfeld der Insolvenzreife ginge dies indessen zu weit, da der Grundsatz par conditio creditorum hier noch nicht gilt. Richtigerweise handelt es sich daher um **keine haftungsauslösende Zahlung** iSv Abs. 1 S. 3, wenn die Gesellschaft gegenüber ihrem Gesellschafter eine fällige Verbindlichkeit erfüllt. Die Möglichkeiten der Insolvenzanfechtung bleiben hiervon freilich unberührt.

22 **c) Herbeiführung der Zahlungsunfähigkeit.** Die ersatzpflichtige Zahlung muss **objektiv betrachtet** zur Zahlungsunfähigkeit der Personengesellschaft führen (§ 17 InsO). Abs. 1 S. 3 gilt nicht, wenn bereits Zahlungsunfähigkeit besteht (BGH 9.10.2012, NZG 2012, 1379). Mitursächlichkeit genügt ebenfalls nicht (Baumbach/Hopt/*Roth* Rn. 5). Die notwendige **Kausalität** im Sinne der **Äquivalenzlehre** (conditio sine qua non) setzt aus praktischen Gründen einen engen zeitlichen und sachlichen Zusammenhang zwischen der Zahlung und dem tatsächlichen Eintritt der Zahlungsunfähigkeit voraus. Die Einzelheiten hierzu, insbesondere der relevante Zeitraum, sind freilich nach wie vor sehr umstritten (vgl. Baumbach/Hueck/*Haas* GmbHG § 64 Rn. 131 sowie → GmbHG § 64 Rn. 57 ff.). In der Praxis dürften daher allenfalls **Evidenzfälle** Anerkennung finden, die letztlich denen der Existenzvernichtungshaftung aus § 826 BGB entsprechen. Die Kausalität ist von der Gesellschaft zu **beweisen,** mithin vom Insolvenzverwalter. Eine Kausalitätsvermutung für den Zeitraum der letzten sechs Monate vor Insolvenzeröffnung lässt sich nicht begründen (abw. mit beachtlichen Argumenten im Hinblick auf die Effektivität des Anspruchs Baumbach/Hueck/*Haas* GmbHG § 64 Rn. 141).

23 **d) Verschulden.** Die Insolvenzverursachungshaftung setzt Vertretenmüssen voraus. Nach Abs. 1 S. 3 **wird vermutet,** dass der die Zahlung veranlassende Geschäftsführer bzw. Liquidator schuldhaft gehandelt hat (einfache Fahrlässigkeit genügt). Grundsätzlich besteht im Vorfeld einer sich abzeichnenden Insolvenz nämlich die Organpflicht zur wirtschaftlichen Selbstkontrolle (vgl. BGH 26.1.2016, NZG 2016, 658 Rn. 33). Die Haftungsadressaten können sich jedoch **exkulpieren,** wenn sie darlegen und beweisen, dass die objektiv äquivalente Herbeiführung der Zahlungsunfähigkeit (→ Rn. 22) für sie bei Beachtung der objektiven Sorgfalt eines ordentlichen und gewissenhaften Geschäftsleiters ex ante nicht erkennbar war (vgl. OLG Celle 9.5.2012, GmbHR 2012, 1185 (1188); *Knof* DStR 2007, 1580 (1587)). Die Anforderungen an den Entlastungsbeweis sind wegen der anzustellenden Prognosen einerseits geringer als bei der Haftung nach Abs. 1 S. 1 (→ Rn. 14). Er dürfte jedoch regelmäßig nur dann gelingen, wenn der Geschäftsleiter einen validen **Solvenzplan** erstellt hat, aus dem sich plausibel ergab, dass infolge der Zahlung keine Zahlungsunfähigkeit drohte (hierauf generell abstellend *Knof* DStR 2007, 1580 (1587)). Darüber hinaus besteht anders als bei Abs. 1 S. 1 auch kein Raum für die Exkulpation unter Hinweis darauf, dass die Zahlung durch die Sorgfalt eines ordentlichen und gewissenhaften Geschäftsleiters iSv Abs. 1 S. 2 zulässig war, insbes. im Hinblick auf die Wahrnehmung einer **Sanierungsoption.** Da die Haftung aus Abs. 1 S. 3 nur Zahlungen an die Gesellschafter erfasst, sind vorrangig diese auf Grund ihrer Treuepflicht gehalten, die Gesellschaft vor dem Zusammenbruch zu bewahren. Es ist daher nicht gerechtfertigt, ihnen unter dem Deckmantel der möglichen Sanierung insolvenznah Vermögenswerte auszukehren (abw. Bork/Schäfer/*Bork* GmbHG § 64 Rn. 60; → GmbHG § 64 Rn. 62). Zur **Corona-Pandemie** → Rn. 1a.

2. Rechtsfolge. Liegen die objektiven und subjektiven Voraussetzungen von Abs. 1 S. 3 vor, haben die betreffenden Geschäftsführer bzw. Liquidatoren als Gesamtschuldner gem. Abs. 2 Ersatz zu leisten. Hierbei handelt es sich wie bei dem Anspruch wegen verbotener Zahlungen nach Abs. 1 S. 1 um eine **Ersatzpflicht eigener Art,** auf die die §§ 249 ff. BGB nur eingeschränkt Anwendung finden (→ Rn. 13). Dies ist vor allem insoweit bedeutsam, als die Gesellschaft keinen konkreten Schaden nachweisen muss (Bork/Schäfer/*Bork* GmbHG § 64 Rn. 61). Die geleistete Zahlung ist in der Insolvenz daher ungekürzt an die Masse zu leisten; eine Gegenleistung des Gesellschafters ist jedoch in Abzug zu bringen (Bork/Schäfer/*Bork* GmbHG § 64 Rn. 59 f.). Der Einwand rechtmäßigen Alternativverhaltens ist nur eingeschränkt zulässig (BGH 11.2.2020, NZG 2020, 517 Rn. 20 ff.). Kollateralschäden, die aus der herbeigeführten Insolvenz erwachsen, sind aber anders als bei der Existenzvernichtungshaftung gemäß § 826 BGB nicht zu ersetzen (abw. Grigoleit/*Tomasic* AktG § 92 Rn. 51). Die **Haftung entsteht** mit dem Eintritt der Zahlungsunfähigkeit gem. § 17 InsO. Sie wird daher regelmäßig im Insolvenzverfahren gem. § 80 Abs. 1 InsO vom Verwalter geltend gemacht. Kommt es indessen erst gar nicht zur Einleitung eines förmlichen Insolvenzverfahrens, insbesondere bei der **masselosen Insolvenz** oder in den Fällen der Firmenbestattung, haften die Geschäftsleiter gleichwohl (abw. Baumbach/Hueck/*Haas* GmbHG § 64 Rn. 53; wohl auch BeckOGK/*Könen* Rn. 114: Durchsetzungssperre bis zur Verfahrenseröffnung). 24

Die Ersatzpflicht ist gem. Abs. 2 S. 3–5 weitgehend **zwingend** (→ Rn. 15); der Anspruch **verjährt** gem. Abs. 2 S. 6 in fünf Jahren nach der betreffenden Zahlung (→ Rn. 16). Er kann gem. § 29 Abs. 1 ZPO am **Sitz der Personengesellschaft** geltend gemacht werden (BGH 6.8.2019, WM 2019, 1649). Dieser ist der gem. § 106 ins Handelsregister eingetragene (→ § 106 Rn. 13), selbst wenn er sich nicht mit dem sog. tatsächlichen Verwaltungssitz deckt oder sich die tatsächlichen Verhältnisse nachträglich ändern. Im Vorfeld der Leistung begründet Abs. 1 S. 3 grundsätzlich eine **Leistungsverweigerungspflicht** gegenüber den Gesellschaftern (vgl. für ein entsprechendes Recht immerhin BGH 9.10.2012, NZG 2012, 1379 Rn. 18 ff.; abw. Baumbach/Hueck/*Haas* GmbHG § 64 Rn. 143). Lediglich in den Fällen, in denen eine Verbindlichkeit erfüllt wird oder der Gesellschaft eine objektiv werthaltige und gleichermaßen liquide Gegenleistung zufließt (→ Rn. 21a), besteht diese nicht. 24a

3. Konkurrierende Ansprüche. Mit der Ersatzpflicht des Geschäftsführers bzw. Liquidators wegen insolvenzverursachender Zahlungen einher gehen regelmäßig Ansprüche gegen die Gesellschafter aus Insolvenzanfechtung (§§ 129 ff. InsO bzw. AnfG). Soweit diese realisiert werden können, entfällt die Ersatzpflicht nach Abs. 1 S. 3 (vgl. BGH 18.11.2014, NZG 2015, 149 Rn. 9). Verstößt die Zahlung zugleich gegen das Kapitalerhaltungsgebot der Komplementär-Gesellschaften (→ HGB Anh. Rn. 85 ff.), machen sich die Geschäftsführer bzw. Liquidatoren auch gegenüber diesen Gesellschaftern aus § 31 GmbHG bzw. § 62 AktG sowie § 43 Abs. 3 GmbHG bzw. § 93 Abs. 3 Nr. 1 AktG ersatzpflichtig (vgl. *Kleindiek* FS K. Schmidt, 2000, 893 (901)). Zu § 266 StGB in diesem Kontext *Mahler* GmbHR 2012, 504 (506). 25

4. Existenzvernichtungshaftung. Völlig ungeklärt ist noch, ob eine Zahlung an die Gesellschafter aus dem Vermögen einer nicht-gesetzestypischen Personengesellschaft auch Ansprüche aus Existenzvernichtungshaftung gem. § 826 BGB bzw. für die Geschäftsführer iVm § 830 Abs. 2 BGB begründen kann. Wegen der mittlerweile weitgehenden Gleichstellung der nicht-gesetzestypischen Personengesellschaften mit den Kapitalgesellschaften ist dies zu bejahen. Ein existenzvernichtender Eingriff in das Vermögen einer nicht-gesetzestypischen Personengesellschaft kann daher auch zu Schadensersatzhaftungen der Gesellschafter und deren Geschäftsführer führen (→ § 13 Rn. 43 ff.). 26

V. Insolvenzverschleppung (Abs. 2 bzw. § 823 Abs. 2 BGB)

Nach Abs. 2 S. 1 Alt. 1 machen sich die Geschäftsführer bzw. Liquidatoren einer nicht-gesetzestypischen Personengesellschaft (→ Rn. 2) gegenüber der Gesellschaft bei schuldhaftem Verstoß gegen die Insolvenzantragspflichten gem. **§ 15a Abs. 1 InsO** ersatzpflichtig. Dieser ausdrücklichen Regelung über die zivilrechtlichen Sanktionen der Insolvenz(verfahrens)verschleppung entspricht teilweise die Schadensersatzhaftung der Geschäftsleiter bei GmbH und AG gem. § 15a Abs. 1 InsO iVm § 823 Abs. 2 BGB (→ InsO § 15a Rn. 1 ff.). Die dort **nicht abreißende Kontroverse** über die dogmatische Konstruktion der Insolvenzverschleppungshaftung wird im Rahmen von Abs. 2 noch dadurch verstärkt, dass es sich einerseits um eine spezielle gesetzliche Regelung handelt, andererseits aber explizit auch nur eine Innenhaftung statuiert wird. Zur **Corona-Pandemie** → Rn. 1a. 27

1. Insolvenzantragspflicht. Die an sich auf juristische Personen bezogene Insolvenzantragspflicht gem. § 15a Abs. 1 S. 1 InsO gilt gem. § 15a Abs. 1 S. 2 InsO auch für nicht-gesetzestypische Personengesellschaften (→ Rn. 2). Konkret bedeutet dies, dass die organschaftlichen Vertreter der Gesellschafter-Gesellschaften bzw. die Liquidatoren (→ Rn. 9) bei objektivem Vorliegen von Zahlungsunfähigkeit oder Überschuldung (→ Rn. 4 ff.) spätestens nach drei Wochen Insolvenzantrag über das Vermögen der Personengesellschaft stellen müssen (→ InsO § 15a Rn. 1 ff.). Nach § 15a Abs. 2 InsO trifft 28 die Insolvenzantragspflicht bei mehrstöckigen Gesellschaften auch die organschaftlichen Vertreter der Gesellschafter-Gesellschaften. Zum insoweit identischen Abs. 3 → Rn. 35.

29 **2. Schadensersatzpflicht.** Zentrale zivilrechtliche Folge der schuldhaften Verletzung der Insolvenzantragspflicht ist gem. Abs. 2 S. 1 die Schadensersatzhaftung gegenüber der Personengesellschaft als Innenhaftung. Eine unmittelbare Außenhaftung der Geschäftsleiter gegenüber den Gläubigern lässt sich aus Abs. 2 nicht ableiten, ergibt sich in bestimmten Fällen richtigerweise jedoch wie bei AG und GmbH aus § 15a Abs. 1 S. 2 InsO iVm § 823 Abs. 2 BGB. Insofern besteht bei der atypischen Personengesellschaft eine **gespaltene Lösung,** wohingegen die Insolvenzverschleppungshaftung bei AG und GmbH mangels entsprechender Regelung nach allgM einheitlich auf § 823 Abs. 2 BGB gestützt wird, freilich auch dort mit der Differenzierung von Innen- und Außenhaftung (→ GmbHG § 64 Rn. 70 ff.). Generell gilt aber, dass die Haftung wegen Insolvenzverschleppung bei mehreren Inanspruchzunehmenden eine gesamtschuldnerische ist (vgl. Abs. 2 bzw. § 840 Abs. 1 BGB). Der Anspruch aus Abs. 2 S. 1 verjährt gem. Abs. 2 S. 6 in fünf Jahren, der aus § 15a Abs. 1 S. 2 InsO iVm § 823 Abs. 2 BGB nach den für das Deliktsrecht maßgeblichen Regeln, nicht entsprechend § 43 Abs. 4 GmbHG (BGH 15.3.2011, NJW 2011, 2427).

30 **a) Gegenüber der Gesellschaft zugunsten der Altgläubiger.** Abs. 2 S. 1 begründet eine Haftung der Geschäftsführer bzw. Liquidatoren gegenüber der Personengesellschaft. Die alleinige Anordnung einer **Innenhaftung** gegenüber der Gesellschaft wegen Insolvenzverschleppung ist wohl dem Umstand geschuldet, eine einheitliche Rechtsfolgenanordnung für die Verletzung des Zahlungsverbots nach Abs. 1 (→ Rn. 12 ff.) und der Insolvenzantragspflicht gem. § 15a Abs. 1 InsO regeln zu wollen. Überzeugend ist diese Beschränkung der Ersatzpflicht indessen nicht, denn bei der Insolvenzantragspflicht sind auch individuelle Gläubigerinteressen betroffen, sodass die hM zutreffend über Abs. 2 hinaus bei den nicht-gesetzestypischen Personengesellschaften Ansprüche aus § 823 Abs. 2 BGB bejaht (→ Rn. 32). Gleichwohl ist Abs. 2 als Innenhaftung de lege lata ernst zu nehmen, indem hierüber jedenfalls der **Quotenschaden** der Altgläubiger abgewickelt wird (abw. *Freitag* NZG 2014, 447, der sich aus wirtschaftlichen Gründen contra legem für eine generelle Außenhaftung ausspricht, und Abs. 2 schlichtweg nicht anwenden will; für eine einheitliche Abwicklung aller Schäden wegen Insolvenzverschleppung über § 92 InsO auch *Altmeppen* ZIP 2015, 949 (952 ff.) und *K. Schmidt* NZG 2015, 129 (131 ff.)).

31 **Haftungsbegründend** ist das objektive Vorliegen eines der genannten Insolvenzgründe und das Verstreichenlassen der Überlegungshöchstfrist gem. § 15a Abs. 1 S. 1 InsO. Die Beweislast hierfür trägt der Anspruchsteller. Aus Abs. 2 S. 1 folgt, dass es sich um eine Haftung für **vermutetes Verschulden** handelt, wobei (einfache) Fahrlässigkeit genügt; die Inanspruchgenommenen können sich exkulpieren (→ Rn. 14). Ersatzfähig sind alle **Quotenschmälerungen** der Altgläubiger, was in der Insolvenz vom Verwalter gem. **§ 80 Abs. 1 InsO** geltend gemacht wird, auf § 92 InsO kommt es konsequenterweise hier nicht an; einzelne Altgläubiger können keine Ansprüche geltend machen (unter Hinweis auf § 92 InsO im Kontext von § 823 Abs. 2 BGB auch BGH 5.2.2007, NJW-RR 2007, 759). Der Anspruch richtet sich daher darauf, was die im Zeitpunkt der Insolvenzverschleppung vorhandenen Gläubiger als Befriedigung erhalten hätten, wenn rechtzeitig Antrag gestellt worden wäre (abzüglich der tatsächlich erhaltenen Quote). **Maßgeblicher Zeitpunkt** für die Einordnung als Altgläubiger bzw. deren Quotenschaden ist der objektive Eintritt der Insolvenzreife bzw. Ablauf der Überlegungshöchstfrist gem. § 15a Abs. 1 S. 1 InsO. Im Kern deckt sich die Rechtsfolge der Ersatzpflicht gegenüber der Gesellschaft gem. Abs. 2 wegen Insolvenzverschleppung daher mit der bei den Kapitalgesellschaften unter § 823 Abs. 2 BGB gefassten und über § 92 InsO faktisch als Innenhaftung ausgestalteten Quotenschmälerungen der Altgläubiger. Dies gilt auch bei fortbestehenden Dauerschuldverhältnissen, sodass hier eine differenzierte Betrachtung geboten ist (BeckOGK/*Könen* Rn. 126). Der Anspruch ist gem. Abs. 2 S. 3–5 weitgehend zwingend (→ Rn. 15) und verjährt gem. Abs. 2 S. 6 in fünf Jahren ab dem Zeitpunkt der Insolvenzverschleppung.

31a Problematisch ist diese **Innenhaftung außerhalb des Insolvenzverfahrens,** mithin bei der masselosen Insolvenz oder nach Verfahrensbeendigung. Da hier § 80 Abs. 1 InsO nicht gilt, besteht regelmäßig kein Anlass, dass die Ansprüche noch geltend gemacht werden (zutreffend *Freitag* NZG 2014, 447 (449 ff.)). Angesichts der eindeutigen gesetzgeberischen Wertung, wonach Abs. 2 anders als § 42 Abs. 2 S. 2 BGB materiell-rechtlich eine Innenhaftung statuiert, kann allein über die entsprechende Anwendung eines eigenen **Gläubigerverfolgungsrechts** iSv § 93 Abs. 5 S. 1 AktG sachgerecht Abhilfe geschaffen werden (abw. *Freitag* NZG 2014, 447 (449 ff.) auf der Grundlage seiner Umgestaltung von Abs. 2 in eine generelle Außenhaftung; abw. auch BeckOGK/*Könen* Rn. 114 im Hinblick auf den Quotenschaden: Durchsetzungssperre bis zur Verfahrenseröffnung). In den Fällen, in denen das Insolvenzverfahren nicht eröffnet wird, insbesondere in der **masselosen Insolvenz,** besteht daher die Möglichkeit, dass Gläubiger unmittelbar die entsprechenden Ersatzansprüche geltend machen (in voller Höhe, nicht nur bezogen auf die Quote, vgl. BGH 11.9.2000, NJW 2001, 304).

b) Gegenüber den Neugläubigern. Eine grundlegend abweichende Betrachtung erfolgt im Hinblick auf die Gläubiger, die erst **nach Insolvenzreife** bzw. präzisem Ablauf der Überlegungshöchstfrist gem. § 15a Abs. 1 S. 1 InsO Ansprüche gegen die Personengesellschaft erwarben. Insofern kommt wegen Insolvenzverschleppung allein eine **deliktische Haftung** der Geschäftsleiter gem. § 15a Abs. 1 S. 2 InsO iVm § 823 Abs. 2 BGB in Betracht, auch im Fall der masselosen Insolvenz bzw. nach Verfahrensbeendigung. Abs. 2 sieht diese nicht vor (Oetker/*Boesche* Rn. 14; abw. wohl Baumbach/Hopt/*Roth* Rn. 8) und schließt diese auch nicht aus (sehr umstr., vgl. zum Ganzen BeckOGK/*Könen* Rn. 106 ff.). Objektiv **haftungsbegründend** ist ebenfalls das Verstreichenlassen der Überlegungshöchstfrist nach Vorliegen eines Insolvenzgrundes gem. § 15a Abs. 1 S. 1 InsO. Im Unterschied zur Innenhaftung nach Abs. 2 besteht indessen wegen des deliktsrechtlichen Charakters der Haftung **keine Verschuldensvermutung,** was eine zu kritisierende Ungleichbehandlung darstellt und vom Gesetzgeber durch einen einheitlichen Tatbestand der Insolvenzverschleppungshaftung behoben werden sollte (abw. für eine Analogie zu § 93 Abs. 2 S. 2 AktG jedoch BGH 8.1.2001; DStR 2001, 175 (177); Baumbach/Hueck/*Haas* GmbHG § 64 Rn. 195, was jedoch für das Deliktsrecht nicht passt). 32

Die deliktische **Ersatzpflicht** erfasst, anders als bei AG und GmbH wegen der speziell geregelten Innenhaftung gem. Abs. 2, nur den Schaden der Neugläubiger, mithin derer, die erst nach pflichtwidriger Insolvenzverschleppung Gläubiger wurden (abw. Oetker/*Boesche* Rn. 16, ohne das Konkurrenzproblem zu Abs. 2 zu problematisieren). Die konkrete dogmatische Umsetzung der auf § 823 Abs. 2 BGB gestützten Haftung gegenüber den Neugläubigern ist indessen differenziert zu betrachten: Der seine Insolvenzantragspflicht versäumende Geschäftsführer hat hiernach einem **vertraglichen Neugläubiger** den Schaden zu ersetzen, der ihm dadurch entsteht, dass er mit der überschuldeten oder zahlungsunfähigen Gesellschaft noch in Rechtsbeziehungen getreten ist (grundlegend BGH 6.6.1994, NJW 1994, 2220 (2222 f.); vgl. auch BeckOGK/*Könen* Rn. 124: Kontrahierungsschaden). Der zu ersetzende Schaden besteht nicht in dem wegen der Insolvenz der Gesellschaft entwerteten Erfüllungsanspruch des Gläubigers. Er ist vielmehr auf Ersatz des **negativen Interesses** gerichtet. Ersatzfähig sind danach nur Schäden, die dadurch entstehen, dass der vertragliche Neugläubiger infolge des Vertragsschlusses mit der insolvenzreifen Gesellschaft im Vertrauen auf deren Solvenz dieser noch Geld- oder Sachmittel als Vorleistungen zur Verfügung stellt und dadurch Kredit gewährt, ohne einen entsprechend werthaltigen Gegenanspruch oder eine entsprechende Gegenleistung zu erlangen, oder er infolge des Vertragsschlusses Aufwendungen erbracht hat (BGH 21.10.2014, NZG 2015, 227 Rn. 13 f.). Die vertraglichen Neugläubiger können ihren Anspruch **individuell geltend machen** (BGH 30.3.1998, BGHZ 138, 211 (216) = NJW 1998, 2667; abw. Oetker/*Boesche* Rn. 17: nur bei der masselosen Insolvenz). Dies gilt auch bei fortbestehenden Dauerschuldverhältnissen, sodass hier eine differenzierte Betrachtung geboten ist (BeckOGK/*Könen* Rn. 126). Die Ansprüche **gesetzlicher Neugläubiger** der Gesellschaft werden demgegenüber nach Ansicht des BGH wie die Altgläubiger behandelt, sodass diese gem. Abs. 2 – über § 92 InsO – nur ihren Quotenschaden ersetzt bekommen (BGH 8.2.1999, NJW 1999, 2182 (2183); BGH 7.7.2003, NZG 2003, 923 (924); kritisch → GmbHG § 64 Rn. 78). Diese Differenzierung ist **nicht überzeugend.** In Anerkennung der grundsätzlich zulässigen Differenzierung zwischen Alt- und Neugläubigerschäden kann nämlich nicht erklärt werden, warum die Neugläubiger wiederum unterschiedlich behandelt werden im Hinblick auf den Rechtsgrund ihrer Forderung. Indem die Haftung aus § 823 Abs. 2 BGB in Bezug auf die Neugläubiger keine konkrete Vertrauenshaftung ist, sondern allein verwirklicht, dass die insolvenzreife Gesellschaft nicht den Regelungen der InsO unterworfen wurde, wäre es konsequent, die Ersatzfähigkeit individueller Neugläubigerschäden auch auf die Inhaber gesetzlicher Forderungen zu erstrecken. Hier besteht nämlich ebenso wie bei den vertraglichen Gläubigern die Möglichkeit, dass sie überhaupt nicht in ihre Gläubigerrolle eingerückt wären, wenn die Geschäftsleiter rechtzeitig Insolvenzantrag gestellt hätten. In allen Fällen ist im Übrigen Raum für die Anerkennung von **Mitverschulden** gem. § 254 BGB (BeckOGK/*Könen* Rn. 125). In allen Fällen haben entsprechend § 255 BGB die Neugläubiger ihre (entwerteten) Ansprüche gegen die Gesellschaft an den Geschäftsleiter **abzutreten,** soweit dieser seiner Ersatzpflicht nachkommt (BeckOGK/*Könen* Rn. 125). 32a

Problematisch ist auch insofern die **Haftung außerhalb des Insolvenzverfahrens,** mithin bei der masselosen Insolvenz oder nach Verfahrensbeendigung. Indem es sich im Hinblick auf die Neugläubiger ohnehin um eine unmittelbare Haftung der Geschäftsleiter handelt, können diese auch außerhalb des eröffneten oder nichteröffneten Insolvenzverfahrens ihre Ansprüche in voller Höhe geltend machen. 32b

c) Umfang der Ersatzpflicht. Bei den Schäden der **Alt- und Neugläubiger** stellt sich gleichermaßen das Problem des konkreten Umfangs der Ersatzpflicht. Es liegt angesichts des systematischen Zusammenhangs mit dem Zahlungsverbot gem. Abs. 1 nahe, auch bei der Insolvenzverschleppungshaftung von einer **Ersatzpflicht eigener Art** zu sprechen (→ Rn. 13). Dies überzeugt indessen weder allgemein noch konkret im Lichte des Wortlauts von Abs. 2 S. 1 („Ersatz des daraus resultierenden Schadens"). Haftungsbegründend ist nämlich nicht eine verbotene Zahlung, sondern weitergehend das Unterlassen der gebotenen Insolvenzantragstellung. Es besteht daher kein rechtlich vorgeprägter Zu- 32c sammenhang zu einem konkreten Vermögensabfluss, woraus haftungsrechtlich eine allein hierauf bezogene Kompensation resultieren könnte (vgl. insofern auch die grundlegende Unterscheidung zwischen § 93 Abs. 2 AktG und § 93 Abs. 3 AktG, wo die dogmatische Differenzierung der Ersatzpflicht gleichermaßen deutlich wird). Richtigerweise begründet daher die Verletzung der Insolvenzantragspflicht einschränkungslos eine **Ersatzpflicht nach §§ 249 ff. BGB,** mithin auf der Grundlage der allgemeinen Voraussetzungen gemäß Differenzhypothese. Für das Vorliegen eines hiernach zu ermittelnden Gläubigerschadens trägt der Anspruchsteller die Beweislast. Allgemeine **schadensrechtliche Zurechnungskriterien,** insbesondere der Einwand rechtmäßigen Alternativverhaltens, beanspruchen ebenfalls uneingeschränkt Geltung. Die realisierten Ansprüche gegen die Geschäftsleiter wegen Verstößen gegen das Zahlungsverbot (→ Rn. 12 ff.) wirken sich insofern ebenfalls schadensmindernd aus (weitergehend BeckOGK/*Könen* Rn. 122: Subsidiarität der Insolvenzverschleppungshaftung bei Quotenschäden, wofür es aber keine gesetzliche Stütze gibt).

33 **3. Strafrechtliche Verantwortlichkeit.** Die Strafbarkeit wegen Insolvenzverschleppung gem. § 130b aF folgt nunmehr aus § 15a Abs. 4 und 5 InsO (vgl. BGH 23.7.2015, NStZ-RR 2015, 341; zum faktischen Geschäftsführer BGH 18.12.2014, NJW 2015, 712). Insoweit gilt für die nicht-gesetzestypischen Personengesellschaften das Gleiche wie für die Kapitalgesellschaften (→ InsO § 15a Rn. 1 ff.).

34 **4. Konkurrierende Ansprüche.** → GmbHG § 64 Rn. 86 ff.

VI. Mehrstöckige Gesellschaften (Abs. 3)

35 Nach Abs. 3 gelten die Regelungen gem. Abs. 1 und 2 sinngemäß, wenn die Komplementärstellung von einer anderen nicht-gesetzestypischen Personengesellschaft ausgeübt wird (sog. doppelstöckige GmbH & Co. KG) oder weitergehender vergleichbarer Gestaltungen. Im Kern verlängert diese Regelung die haftungsbewährten Pflichten auf die organschaftlichen Vertreter, die letztlich Geschäftsführer der Personengesellschaft sind (Einzelheiten bei MüKoHGB/*K. Schmidt* Rn. 10 f.). Dies gilt auch, wenn eine juristische Person Liquidator ist (→ Rn. 9).

130b (aufgehoben)

1 Die Regelung ist aufgrund des MoMiG aufgehoben mit Wirkung zum 1.11.2008. Die Strafbarkeit der organschaftlichen Vertreter und Liquidatoren einer nicht-gesetzestypischen Personengesellschaft ergibt sich jetzt aus § 15a Abs. 4 und 5 InsO.

Vierter Titel. Auflösung der Gesellschaft und Ausscheiden von Gesellschaftern

[Auflösungsgründe]

131

(1) **Die offene Handelsgesellschaft wird aufgelöst:**
1. durch den Ablauf der Zeit, für welche sie eingegangen ist;
2. durch Beschluß der Gesellschafter;
3. durch die Eröffnung des Insolvenzverfahrens über das Vermögen der Gesellschaft;
4. durch gerichtliche Entscheidung.

(2) [1]**Eine offene Handelsgesellschaft, bei der kein persönlich haftender Gesellschafter eine natürliche Person ist, wird ferner aufgelöst:**
1. mit der Rechtskraft des Beschlusses, durch den die Eröffnung des Insolvenzverfahrens mangels Masse abgelehnt worden ist;
2. durch die Löschung wegen Vermögenslosigkeit nach § 394 des Gesetzes über das Verfahren in Familiensachen und in den Angelegenheiten der freiwilligen Gerichtsbarkeit.

[2]**Dies gilt nicht, wenn zu den persönlich haftenden Gesellschaftern eine andere offene Handelsgesellschaft oder Kommanditgesellschaft gehört, bei der ein persönlich haftender Gesellschafter eine natürliche Person ist.**

(3) [1]**Folgende Gründe führen mangels abweichender vertraglicher Bestimmung zum Ausscheiden eines Gesellschafters:**
1. Tod des Gesellschafters,
2. Eröffnung des Insolvenzverfahrens über das Vermögen des Gesellschafters,
3. Kündigung des Gesellschafters,
4. Kündigung durch den Privatgläubiger des Gesellschafters,

5. Eintritt von weiteren im Gesellschaftsvertrag vorgesehenen Fällen,
6. Beschluß der Gesellschafter.

²Der Gesellschafter scheidet mit dem Eintritt des ihn betreffenden Ereignisses aus, im Falle der Kündigung aber nicht vor Ablauf der Kündigungsfrist.

Übersicht

I. Allgemeines

§ 131 regelt die **Auflösungs- und Ausscheidensgründe** der Gesellschaft. Abs. 1 enthält die allgemeinen Auflösungsgründe, Abs. 2 enthält spezielle Auflösungsgründe für Gesellschaften, in denen keine natürliche Person unbeschränkt haftet. Abs. 3 enthält die Ausscheidensgründe. § 131 wird durch die **§§ 132 ff. konkretisiert und ergänzt.** Die Auflösung der Gesellschaft durch Gerichtsbeschluss (§ 131 Abs. 1 Nr. 4) ist in den §§ 133 f. geregelt, das Ausscheiden eines Gesellschafters aufgrund dessen Kündigung (§ 131 Abs. 3 S. 1 Nr. 3) ist zT in § 132 geregelt (ungeregelt geblieben ist das außerordentliche Kündigungsrecht des Gesellschafters, → § 132 Rn. 19 f.); das Ausscheiden durch Kündigung des Privatgläubigers eines Gesellschafters (§ 131 Abs. 3 S. 1 Nr. 4) ist in § 135 konkretisiert. Der Ausschluss eines Gesellschafters aus wichtigem Grund hat in § 140 eine Spezialregelung erfahren. Dunkel bleibt die systematische Bedeutung des § 131 Abs. 3 S. 1 Nr. 6 (Ausscheiden aufgrund eines Beschlusses der Gesellschafter, → Rn. 57). § 139 enthält eine Sonderregelung für den in der Praxis häufigen Fall, dass die Gesellschafter abweichend von § 131 Abs. 3 S. 1 Nr. 1 bestimmt haben, die Gesellschaft solle mit den Erben des verstorbenen Gesellschafters fortgesetzt werden. 1

§ 131 regelt nur die **Voraussetzungen der Auflösung und des Ausscheidens,** die Rechtsfolgen ergeben sich für die Auflösung vor allem aus den §§ 145 ff. und der InsO, für das Ausscheiden vor allem aus den §§ 738 ff. BGB, § 105 Abs. 3. Ergänzende Vorschriften über die Rechtsfolgen von Auflösung und Ausschluss enthält § 143 (Anmeldepflicht) sowie § 144 (Fortsetzung einer durch Eröffnung des Insolvenzverfahrens aufgelösten Gesellschaft). 2

Im System des Personengesellschaftsrechts steht § 131 zwischen den Prinzipien der **Personenidentität,** wonach der Bestand der Personengesellschaft von den sie tragenden Gesellschaftern abhängt, und der **Unternehmenskontinuität,** wonach Unternehmen trotz personeller Veränderungen in der das Unternehmen tragenden Gesellschaft fortgeführt werden sollen (knapper rechtshistorischer Abriss bei Habersack/Schäfer/*C. Schäfer* Rn. 2). Dabei hat das Handelsrechtsreformgesetz (HRefG) von 1998 (BGBl. 1998 I 1474) die Unternehmenskontinuität betont und Tatbestände, die zuvor Auflösungsgründe darstellten, als Ausscheidensgründe definiert (Begr. RegE BT-Drs. 13/8444, 41; ausf. *Hess,* Auswirkungen des Handelsreformgesetzes auf die Ausscheidens- und Auflösungsgründe im Personengesellschaftsrecht, 2006, 29 ff.). Dies entsprach der ohnehin zu beobachtenden Vertragspraxis (s. etwa *Ammon* DStR 1998, 1474 (1476); mit Vorbehalten zustimmend *Lamprecht* ZIP 1997, 919 (921)). 3

Dem **Anwendungsbereich** der Norm unterliegen die OHG, die KG (§ 161 Abs. 2; beachte jedoch § 177 als lex specialis zu § 131 Abs. 3 S. 1 Nr. 1) und die Partnerschaftsgesellschaft (§ 9 PartGG). Das Ausscheiden und die Auflösung der EWIV sind in Art. 27 ff. EWIV-VO, § 8 EWIVAG geregelt. 4

5 Die Norm enthält **teils zwingendes, teils dispositives Recht.** Sämtliche Vorschriften des § 131 Abs. 3 sind dispositiv (s. § 131 Abs. 3 S. 1: „mangels abweichender Vereinbarung"). Die gläubigerschützenden Auflösungsgründe des § 131 Abs. 1 Nr. 3 sowie des § 131 Abs. 2 S. 1 sind zwingend. § 131 Abs. 1 Nr. 3 ist ebenso unabdingbar wie das Auflösungsrecht aus § 133 (zu § 133 Abs. 3 → § 133 Rn. 43 ff.).

II. Auflösung der Gesellschaft (Abs. 1)

6 **1. Allgemeines.** Die Gesellschaft ist aufgelöst, wenn einer der in § 131 Abs. 1 und 2 aufgeführten oder sonstigen Auflösungsgründe eintritt. Dogmatisch handelt es sich bei der Auflösung nach hM um eine **Zweckänderung:** Mit der Auflösung ist die Gesellschaft nicht mehr auf den Betrieb eines Handelsgeschäfts gerichtet, sondern auf ihre Abwicklung und Beendigung (Baumbach/Hopt/*Roth* § 145 Rn. 4; EBJS/*Hillmann* § 156 Rn. 2; Heymann/*Sonnenschein/Weitemeyer* § 145 Rn. 5; KKRD/*Kindler* § 145 Rn. 2; RWH HGB/*Haas* § 145 Rn. 4; Habersack/Schäfer/*Habersack* § 145 Rn. 16; Habersack/Schäfer/*C. Schäfer* Rn. 7; Oetker/*Kamanabrou* Rn. 3; aA (Überlagerung des Gesellschaftszwecks durch den Liquidationszweck) *K. Schmidt* ZHR 153 (1989), 270 (281 f.); *K. Schmidt,* Liquidationsbilanzen und Konkursbilanzen, 1989, 28 f.; MüKoHGB/*K. Schmidt* § 156 Rn. 11). Die Auflösung markiert den Beginn der Liquidation. Am Ende der Liquidation, dh der Verteilung des Gesellschaftsvermögens (§ 155), steht die **Vollbeendigung** der Gesellschaft, also deren Erlöschen als Rechtsträger. Die Gesellschaft kann auch **ohne Auflösung vollbeendet** werden, zB bei der Verschmelzung (§ 20 UmwG) oder beim Erwerb sämtlicher Gesellschaftsanteile durch einen Gesellschafter (→ Rn. 63). Zu einem solchen liquidationslosen Erlöschen der Gesellschaft führt auch die Löschung gem. § 131 Abs. 2 S. 1 Nr. 2, wenn die Gesellschaft tatsächlich über kein Vermögen verfügt (→ Rn. 30 ff.). Zur **Fortsetzung** einer aufgelösten Gesellschaft → § 145 Rn. 22 ff.

7 Nach **hM** sind die Auflösungsgründe des § 131 Abs. 1 und 2 **erschöpfend** (BGH 25.11.1981, BGHZ 82, 323 (326); BGH 8.10.1979, BGHZ 75, 178 (179); BGH 14.12.1972, WM 1973, 863 (864); stRspr). Dies dürfte aber nur idS gemeint sein, dass ein Rückgriff auf die Auflösungsgründe der §§ 723 ff. BGB sowie allgemeine zivilrechtliche Prinzipien grundsätzlich ausgeschlossen ist (s. etwa RWH HGB/*Haas* Rn. 21). Zu weiteren gesetzlichen Auflösungsgründen → Rn. 21 ff. Unbestritten ist weiterhin, dass der Gesellschaftsvertrag zusätzliche Auflösungsgründe enthalten kann (s. nur EBJS/*Lorz* Rn. 27; KKRD/*Kindler* Rn. 1a).

8 Liegen **mehrere Auflösungsgründe** vor, konkurrieren sie grundsätzlich ideal. Eine bereits aufgelöste Gesellschaft kann zwar (logisch) nicht noch einmal aufgelöst werden; weitere Auflösungsgründe können aber auch in der bereits aufgelösten Gesellschaft verwirklicht werden (vgl. MüKoHGB/*K. Schmidt* Rn. 10).

9 **2. Zeitablauf (Abs. 1 Nr. 1).** Die Gesellschaft wird aufgelöst durch den Ablauf der Zeit, für welche sie eingegangen ist (§ 131 Abs. 1 Nr. 1). Die Regelung hat nur klarstellende Bedeutung. Im Falle der Befristung ergibt sich die Auflösung der Gesellschaft aus dem Vertrag. § 131 Abs. 1 Nr. 1 meint die Vereinbarung einer **Höchstdauer** für die Gesellschaft (Habersack/Schäfer/*C. Schäfer* Rn. 18; EBJS/*Lorz* Rn. 12). Zur – in praxi häufiger vorkommenden – Vereinbarung einer Mindestdauer der Gesellschaft → § 132 Rn. 7, 15 f. Ob eine Befristung vereinbart worden ist, muss durch Auslegung des Gesellschaftsvertrags (§§ 133, 157 BGB) ermittelt werden.

10 Unter die Befristung des § 131 Abs. 1 Nr. 1 fallen auch Bestimmungen, welche die Auflösung der Gesellschaft an ein Ereignis knüpfen, dessen Eintritt gewiss ist, aber zeitlich nicht genau feststeht (RG 18.1.1911, LZ 1911, 298 (GbR); MüKoHGB/*K. Schmidt* Rn. 12; EBJS/*Lorz* Rn. 13). Das Fristende muss jedoch **kalendarisch bestimmbar** sein, darf also nicht von einem nach Eintritt und Zeitpunkt ungewissen Ereignis (Bedingung iSd § 158 BGB) abhängen (Habersack/Schäfer/*C. Schäfer* Rn. 19: Anwendung der zu § 286 Abs. 2 Nr. 1 BGB entwickelten Grundsätze; BeckHdB PersGes/*Eberhard* § 13 Rn. 22). Wird die Auflösung der Gesellschaft an die Erklärung eines Gesellschafters geknüpft, so handelt es sich um eine Kündigungsklausel (MüKoHGB/*K. Schmidt* Rn. 12).

11 **3. Auflösungsbeschluss (Abs. 1 Nr. 2).** Aufgelöst wird die Gesellschaft, wenn die Gesellschafter dies beschließen (§ 131 Abs. 1 Nr. 2). Auch diese Regelung hat bloß **klarstellenden Charakter.** Die Auflösung ergibt sich in diesem Fall aus dem Beschluss. Gleiches gilt für den Abschluss eines Auflösungsvertrags, denn auch der Auflösungsbeschluss hat vertragsändernden Charakter.

12 Der Beschluss kann ausdrücklich oder konkludent gefasst werden (EBJS/*Lorz* Rn. 17; Habersack/Schäfer/*C. Schäfer* Rn. 25; BeckHdB PersGes/*Eberhard* § 13 Rn. 23; *Wertenbruch* in Westermann/Wertenbruch PersGes-HdB Rn. 1606). Ein **konkludenter Auflösungsbeschluss** kann etwa in dem Beschluss liegen, das Handelsgewerbe der Gesellschaft einzustellen oder zu veräußern, ohne ein anderes Gewerbe oder die Vermögensverwaltung aufzunehmen (BGH 22.5.1958, WM 1958, 1105 (1106); OLG Hamm 26.10.1988, DB 1989, 815 (816) = GmbHR 1989, 295; restriktiv KG 13.4.1995, NJW-RR 1996, 103 (104)). Erforderlich ist, dass die Gesellschafter von der Abwicklung der Gesellschaft ausgehen. Auch in der Klage und Widerklage auf Auflösung kann eine konkludente Auflösungsvereinbarung liegen (OLG Hamburg 3.10.1884, SeuffA 41 Nr. 206; näher MüKoHGB/*K. Schmidt* Rn. 19).

Abzugrenzen vom Auflösungsbeschluss ist die zeitweise Einstellung des Geschäfts (BGH 19.5.1960, BGHZ 32, 307 (312); RG 30.4.1925, RGZ 110, 422 (425)) sowie die Umwandlung der Gesellschaft in den Formen oder außerhalb des UmwG. Schwierigkeiten kann die Abgrenzung des Auflösungsbeschlusses von der vertragsändernden **Aufnahme einer Befristung iSv § 131 Abs. 1 Nr. 1** bereiten. Paradigmatisch sind Fälle, in denen die Gesellschafter beschließen, die Gesellschaft nach dem Ablauf einer bestimmten Zeit oder dem Eintritt eines Ereignisses aufzulösen. Bedeutung hat diese Abgrenzung nur, wenn für die Auflösung nach § 131 Abs. 1 Nr. 2 andere Voraussetzungen gelten als für die (sonstige) Vertragsänderung. Die Abgrenzung muss sich an dem Interesse der Vertragsparteien orientieren. Diesem Interesse dürfte es regelmäßig am besten entsprechen, eine in absehbarer Zeit bevorstehende Auflösung als Fall des § 131 Abs. 1 Nr. 2 zu behandeln und die in weiter Ferne eintretende Auflösung unter § 131 Abs. 1 Nr. 1 zu subsumieren (RG 3.7.1934, RGZ 145, 99 (101); MüKoHGB/*K. Schmidt* Rn. 16; Habersack/Schäfer/*C. Schäfer* Rn. 28). 13

Der Beschluss bedarf gem. § 119 grundsätzlich der Einstimmigkeit. **Mehrheitsklauseln** sind zulässig und unterliegen den üblichen für Grundlagenbeschlüsse geltenden Anforderungen (→ § 119 Rn. 36 ff.). Aufgrund des Bestimmtheitsgrundsatzes genügen allgemein gehaltene Klauseln, welche die Vertragsänderung per Mehrheitsbeschluss erlauben, nicht für eine wirksame Auflösung (OLG Hamm 26.10.1988, DB 1989, 815 (815 f.) = GmbHR 1989, 295). Eine Zustimmungspflicht der Gesellschafter zum Auflösungsbeschluss kann sich aus der Treuepflicht ergeben, wenn die Auflösung unausweichlich und dem verpflichteten Gesellschafter die Zustimmung zumutbar ist (im Zusammenhang mit der Auflösung BGH 17.12.1959, NJW 1960, 434: „Pflicht, die notwendigen Maßnahmen zu treffen"). Lehnt ein zustimmungspflichtiger Gesellschafter die Zustimmung ab, kann grundsätzlich gem. § 133 auf Auflösung geklagt werden (MüKoHGB/*K. Schmidt* Rn. 20). 14

Der Auflösungsbeschluss bedarf grundsätzlich keiner **Form** – auch dann nicht, wenn sich GmbH-Anteile (§ 15 Abs. 3 GmbHG) oder Grundstücke im Gesellschaftsvermögen befinden, da die Abwicklungspflichten nach den §§ 145 ff. kraft Gesetzes entstehen (MüKoHGB/*K. Schmidt* Rn. 18). Die Zustimmung des **Ehegatten** gem. § 1365 BGB ist erforderlich, wenn der Gesellschaftsanteil das „ganze Vermögen" im Sinne dieser Vorschrift ausmacht (*Beitzke* DB 1961, 21; EBJS/*Lorz* Rn. 16; MHdB GesR I/*Butzer*/*Knof* § 83 Rn. 17; Habersack/Schäfer/*C. Schäfer* Rn. 27; Oetker/*Kamanabrou* Rn. 10; aA *Wertenbruch* in Westermann/Wertenbruch PersGes-HdB Rn. 1608). Sind **minderjährige** Gesellschafter vorhanden, bedarf nur der Vormund einer Genehmigung durch das Vormundschaftsgericht (§ 1823 BGB, aber bloße Ordnungsvorschrift, die die Wirksamkeit des Beschlusses nicht berührt, → § 132 Rn. 8), nicht aber der gesetzliche Vertreter (kein Fall der §§ 1629, 1643 Abs. 1 BGB, § 1822 Nr. 3 BGB; vgl. BGH 22.9.1969, BGHZ 52, 316 (319) (GmbH); EBJS/*Lorz* Rn. 16; KKRD/*Kindler* Rn. 3; MüKoHGB/*K. Schmidt* Rn. 18; Palandt/*Götz* BGB § 1823 Rn. 1; BeckHdB PersGes/*Eberhard* § 13 Rn. 24). 15

Der **fehlerhafte Auflösungsbeschluss** kann nach hM entsprechend den Grundsätzen zur fehlerhaften Gesellschaft als wirksam zu behandeln sein (etwa KKRD/*Kindler* Rn. 3; aA vor allem *C. Schäfer*, Fehlerhafter Verband, 2002, 404 ff.; Habersack/Schäfer/*C. Schäfer* Rn. 56). 16

4. Eröffnung des Insolvenzverfahrens über das Vermögen der Gesellschaft (Abs. 1 Nr. 3). Die Gesellschaft wird durch die Eröffnung des Insolvenzverfahrens über ihr Vermögen aufgelöst. Die Insolvenz eines Gesellschafters führt gem. § 131 Abs. 3 S. 1 Nr. 2 zu dessen Ausscheiden. § 131 Abs. 1 Nr. 3 ist **zwingendes Recht,** kann also im Gesellschaftsvertrag nicht abbedungen werden (MüKoHGB/*K. Schmidt* Rn. 25). 17

Erforderlich für § 131 Abs. 3 Nr. 3 ist die Eröffnung des Insolvenzverfahrens über das Vermögen der Gesellschaft. Entscheidend ist der Zeitpunkt des Eröffnungsbeschlusses gem. § 27 InsO, nicht der Eintritt der materiellen Insolvenz (MüKoHGB/*K. Schmidt* Rn. 23) oder die Antragstellung (Oetker/*Kamanabrou* Rn. 11). Auf den Zeitpunkt der Bekanntmachung und Eintragung des Eröffnungsbeschlusses (§§ 30 ff. InsO) kommt es nicht an. Nicht ausreichend sind Anordnungen von **Sicherheitsmaßnahmen** (§ 21 InsO), etwa der vorläufigen Insolvenzverwaltung. 18

Auch die **Ablehnung der Eröffnung des Verfahrens mangels Masse** (§ 26 InsO) fällt nicht unter § 131 Abs. 1 Nr. 3 (BGH 8.10.1979, BGHZ 75, 178 (179); Habersack/Schäfer/*C. Schäfer* Rn. 37; *Wertenbruch* in Westermann/Wertenbruch PersGes-HdB Rn. 1611). Die Masselosigkeit führt jedoch unter den Voraussetzungen des § 131 Abs. 2 zur Auflösung der Gesellschaft. Auch liegt in diesen Fällen die Annahme eines konkludenten Auflösungsbeschlusses nahe, weil die masselose Gesellschaft als Außen-Gesellschaft regelmäßig nicht fortgeführt werden kann (MüKoHGB/*K. Schmidt* Rn. 22). 19

5. Gerichtliche Entscheidung (Abs. 1 Nr. 4). Die Gesellschaft wird schließlich durch Gerichtsentscheidung aufgelöst. Das Gesetz verweist hier auf das stattgebende Urteil der **Auflösungsklage** gem. § 133. Die Gesellschaft wird mit der Rechtskraft des Urteils aufgelöst. Wegen der Voraussetzungen des § 133 wird auf die dortigen Ausführungen verwiesen (→ § 133 Rn. 5 ff., → § 133 Rn. 35 ff.). 20

6. Auflösungsgründe außerhalb von § 131. Die Auflösungsgründe werden in § 131 **nicht erschöpfend** aufgezählt (→ Rn. 7). Weitere Auflösungsgründe können sich ergeben aus §§ 3 ff. VereinsG 21 (vgl. hierzu *Wertenbruch* in Westermann/Wertenbruch PersGes-HdB Rn. 1624 f.) sowie § 38 Abs. 1 KWG. Kartellrechtliche Verstöße bzw. Sanktionen haben hingegen grundsätzlich keine Auflösungswirkung (dazu MüKoHGB/*K. Schmidt* Rn. 50; *Wertenbruch* in Westermann/Wertenbruch PersGes-HdB Rn. 1626).

22 Entfällt der **vorletzte Gesellschafter** einer **zweigliedrigen Personengesellschaft,** so gehen deren Vermögen und Verbindlichkeiten grundsätzlich im Wege der Gesamtrechtsnachfolge auf den verbleibenden Gesellschafter über und die Gesellschaft erlischt, ohne aufgelöst zu werden (→ Rn. 63).

23 **Entfällt** der **letzte Komplementär einer KG,** sind aber noch mehrere Kommanditisten vorhanden, wird diese weder zur OHG noch zur GbR, sondern ist als KG aufgelöst, ohne dass es eines besonderen Auflösungsbeschlusses bedürfte (BGH 12.11.1952, BGHZ 8, 35 (37 f.); BayObLG 30.4.1999, NZG 2000, 641 (642) = ZIP 2000, 1214; *Bork/Jacoby* ZGR 2005, 611 (614 f.); *Demuth* BB 2007, 1569 (1570); *Frey/v. Bredow* ZIP 1998, 1621 (1622); *K. Schmidt* ZGR 2004, 227 (237); Baumbach/Hopt/*Roth* Rn. 36; EBJS/*Lorz* Rn. 29; Heymann/*Emmerich* Rn. 29; Habersack/Schäfer/*C. Schäfer* Rn. 45 f.; Oetker/*Kamanabrou* Rn. 18). Zu einer Umwandlung in eine OHG kann es kommen, wenn die Kommanditisten die Gesellschaft als solche fortführen und keinen neuen Komplementär aufnehmen (BGH 23.11.1978, NJW 1979, 1705 (1706); *Krings/Otte* NZG 2010, 761 (763)) oder das Liquidationsverfahren nicht nachhaltig betreiben (*Frey* ZGR 1988, 281 (285); MüKoHGB/*K. Schmidt* Rn. 46). Selbstverständlich kann der Gesellschaftsvertrag bestimmen, dass die KG beim Fortfall ihres einzigen Komplementärs von den bisherigen Kommanditisten als OHG fortgeführt wird.

24 Wird die **einzige Komplementärin der KG** (zB die GmbH bei der GmbH & Co. KG) **aufgelöst,** so führt dies zur Auflösung der KG (MüKoHGB/*K. Schmidt* Rn. 47; RWH HGB/*Haas* Rn. 21; Habersack/Schäfer/*C. Schäfer* Rn. 42; *Wertenbruch* in Westermann/Wertenbruch PersGes-HdB Rn. 1612; *K. Schmidt* ZIP 2008, 2337 (2343)). Die gegenteilige, zum alten Recht ergangene Rspr. (BGH 8.10.1979, BGHZ 75, 178 (181 f.); OLG Frankfurt a. M. 14.5.1976, DNotZ 1976, 619 (620 f.); OLG Hamburg 13.3.1987, NJW 1987, 1896 (1897)) sollte nach der Änderung des § 131 durch das HRefG nicht mehr hiergegen eingewandt werden (ausf. MüKoHGB/*K. Schmidt* Rn. 47). Voraussetzung ist, dass in der aufgelösten KG noch mindestens zwei Gesellschafter verbleiben, da die Gesellschaft ansonsten liquidationslos erlischt (→ Rn. 63; *Wertenbruch* in Westermann/Wertenbruch PersGes-HdB Rn. 1612).

III. Auflösung wegen Masselosigkeit und Vermögenslosigkeit (Abs. 2)

25 **1. Allgemeines.** § 131 Abs. 1 Nr. 3 bestimmt, dass die Gesellschaft aufgelöst wird, wenn über ihr Vermögen das Insolvenzverfahren eröffnet wird (→ Rn. 17 ff.). Darüber hinausgehend sieht § 131 Abs. 2 vor, dass die Gesellschaft, bei der keine natürliche Person als persönlich haftender Gesellschafter vorhanden ist, aufgelöst wird, wenn ein Insolvenzverfahren über das Vermögen der Gesellschaft mangels Masse rechtskräftig abgelehnt oder die Gesellschaft wegen Vermögenslosigkeit gem. § 394 FamFG aus dem Handelsregister gelöscht worden ist. Eine Ausnahme gilt, wenn zu den persönlich haftenden Gesellschaftern eine andere OHG oder KG gehört, bei der ein persönlich haftender Gesellschafter eine natürliche Person ist. Diese Bestimmung **bezweckt** Gläubiger- und Verkehrsschutz vor masselosen Gesellschaften. Dieses Risiko schätzt der Gesetzgeber besonders hoch ein, wenn keine natürliche Person unbeschränkt für die Gesellschaftsverbindlichkeiten haftet – eine These, die sich rechtsökonomisch auf die Erkenntnisse zur Verlagerung unternehmerischer Risiken auf die Gläubiger und Allgemeinheit durch Haftungsbeschränkung stützen kann (allg. dazu *Easterbrook/Fischel,* The Economic Structure of Corporate Law, 1991, 49 ff.), wenngleich ähnliche Gefahren beim Rechtsverkehr mit natürlichen Personen entstehen mögen (zum sog. *judgment-proof-problem* bei natürlichen Personen etwa *Shavell,* Foundations of Economic Analysis of Law, 2004, 230 ff.; zu § 131 Abs. 2 de lege ferenda krit. *K. Schmidt,* Wege zum Insolvenzrecht der Unternehmen, 1990, 186 f.).

26 **2. Anwendungsbereich.** Dem Anwendungsbereich des § 131 Abs. 2 unterfallen die OHG, KG und EWIV (§ 1 EWIVAG, Art. 4 EWIV-VO). Trotz § 9 Abs. 1 PartGG bleibt kein Anwendungsbereich für die Partnerschaftsgesellschaft, denn Partner können nur natürliche Personen sein (§ 1 Abs. 1 S. 3 PartGG). Auf die unternehmenstragende **GbR** sollte § 131 Abs. 2 Nr. 1 entsprechend angewandt werden (MüKoHGB/*K. Schmidt* Rn. 31). Die Anwendung von § 131 Abs. 2 wird nicht dadurch ausgeschlossen, dass die Gesellschaft schon **aus anderem Grund aufgelöst** wurde. Auflösungsgründe konkurrieren grundsätzlich ideal (→ Rn. 8).

27 Erforderlich ist weiterhin, dass die Gesellschaft keine **natürliche Person als persönlich haftenden Gesellschafter** hat. Dabei genügt gem. § 131 Abs. 2 S. 2, dass eine natürliche Person vermittelt über ihre Beteiligung als persönlich haftender Gesellschafter an einer OHG oder KG für die Schulden der Gesellschaft haftet.

28 **3. Auflösung wegen Masselosigkeit (Abs. 2 S. 1 Nr. 1).** Eine dem Anwendungsbereich des Abs. 2 S. 1 Nr. 1 unterfallende Gesellschaft wird aufgelöst mit der Rechtskraft des **Beschlusses,** durch den die Eröffnung des Insolvenzverfahrens mangels Masse abgelehnt worden ist **(§ 26 InsO).** Ent-

scheidender Zeitpunkt ist derjenige der Rechtskraft des Beschlusses, es kommt nicht auf seinen Erlass an. Die Einstellung des Insolvenzverfahrens mangels Masse (§ 207 InsO) reicht ebenso wenig wie die Anzeige der Masseunzulänglichkeit durch den Insolvenzverwalter (§ 208 InsO). Zur lediglich deklaratorisch wirkenden Eintragung der Auflösung ins Handelsregister → § 143 Rn. 12.

Mit der Auflösung gem. § 131 Abs. 2 S. 1 Nr. 1 tritt die Gesellschaft in das **Liquidationsstadium** 29 ein. Es gelten grundsätzlich die allgemeinen Regeln der §§ 145 ff. (MüKoHGB/*K. Schmidt* Rn. 36). Nach hM müssen die Gläubiger daher nicht gleichmäßig befriedigt werden (*J. Uhlenbruck,* Kölner Schrift zur InsO, 2. Aufl. 2000, 1190 f.; aA für die GmbH *W. Schulz,* Die masselose Liquidation der GmbH, 1986, 94 ff.; im Grundsatz auch *K. Schmidt* GesR § 11 VI 5; MüKoHGB/*K. Schmidt* Rn. 36; allgemein hierzu etwa *Konzen* FS Ulmer, 2003, 323 (346 ff.) sowie *K. Schmidt* KTS 2005, 261 (265 f.) mit Hinweis auf die Entscheidung BGH 14.7.2004, NJW-RR 2004, 1408 = ZIP 2004, 1708 (betreffend die Haftung des GmbH-Geschäftsführers)). Stellt sich nachträglich die Vermögenslosigkeit der Gesellschaft heraus, gelten § 394 FamFG und § 131 Abs. 2 Nr. 2 (BayObLG 31.3.1994, DB 1994, 978; OLG Frankfurt a. M. 11.8.1980, DB 1981, 83).

4. Löschung wegen Vermögenslosigkeit (Abs. 2 S. 1 Nr. 2). Die Vermögenslosigkeit der Gesellschaft führt an sich weder zur Auflösung noch zur Vollbeendigung der Gesellschaft (OLG Zweibrücken 24.9.2001, NJW-RR 2002, 457 (458)). Die dem Anwendungsbereich des § 131 Abs. 2 unterfallenden Gesellschaften können bei Vermögenslosigkeit jedoch unter den weiteren Voraussetzungen des **§ 394 Abs. 1 und 4 FamFG** von Amts wegen aus dem Handelsregister gelöscht werden. 30

Mit der Löschung ist die Gesellschaft gem. § 131 Abs. 2 S. 1 Nr. 2 **aufgelöst und vollbeendet,** 31 wenn sie tatsächlich vermögenslos ist (sog. „Lehre vom Doppeltatbestand", OLG Hamm 30.3.2007, NZI 2007, 584 (587); OLG Düsseldorf 14.11.2003, NZG 2004, 916 (917); *K. Schmidt* GmbHR 1988, 209 (210 f.); *K. Schmidt* GmbHR 1994, 829 (831); EBJS/*Lorz* Rn. 24; MüKoHGB/*K. Schmidt* Rn. 42; KKRD/*Kindler* Rn. 6; aA – Vollbeendigung der Gesellschaft durch Löschung, selbst wenn Vermögen vorhanden ist – *Hönn* ZHR 138 (1974), 50 (74 ff.)). Stellt sich nachträglich heraus, dass die Gesellschaft doch Vermögen hat, ist sie zwar durch die Löschung aufgelöst worden, jedoch nicht vollbeendet. Sie wird dann gem. §§ 145 ff. abgewickelt (§ 145 Abs. 3). Ergibt sich nachträglich, dass die Gesellschaft zwar kein Vermögen hat, aber noch einzelne Liquidationsmaßnahmen durchzuführen sind – zB die Abgabe von Löschungsbewilligungen beim Grundbuchamt –, so handelt die Person, die für die Verwahrung der Bücher und Papiere der Gesellschaft zuständig ist (§ 157 Abs. 2 analog, MüKoHGB/*K. Schmidt* Rn. 42).

Voraussetzung für die Löschung gem. § 394 Abs. 1 und 4 FamFG ist die **Vermögenslosigkeit** der 32 Gesellschaft und ihrer Komplementärgesellschaften. Für die Vermögenslosigkeit kommt es darauf an, ob die Gesellschaft noch Vermögensgegenstände hat, die für die Gläubigerbefriedigung verwendet, dh verteilt werden können (OLG Celle 2.12.1996, GmbHR 1997, 752; OLG Frankfurt a. M. 11.11.1992, GmbHR 1993, 298 (299); OLG Frankfurt a. M. 7.9.1977, DB 1978, 628). Unverwertbare Vermögensgegenstände wie der innere Firmenwert oder das im Unternehmen vorhandene Know-how bleiben außer Betracht (OLG Frankfurt a. M. 7.9.1977, DB 1978, 628). Voraussetzung für die Verwertbarkeit ist nicht nur die Existenz des Vermögensgegenstands, sondern auch eine hinreichende Werthaltigkeit. Dies wird üblicherweise daran gemessen, ob ein ordentlicher Kaufmann die Vermögensgegenstände in seine Bilanz aufnehmen würde (BayObLG 10.11.1994, DStR 1995, 341 (342) = GmbHR 1995, 530 (GmbH)). Unerheblich ist, ob der Wert dieses Vermögens die Kosten eines eventuellen Insolvenzverfahrens decken würde.

Gemäß § 394 Abs. 1 S. 2, Abs. 4 FamFG wird die Vermögenslosigkeit **unwiderleglich vermutet,** 33 wenn das Insolvenzverfahren über das Vermögen der Gesellschaft durchgeführt worden ist und keine Anhaltspunkte dafür vorliegen, dass die Gesellschaft noch Vermögen besitzt. Das Insolvenzverfahren muss durchgeführt worden sein, die Ablehnung der Eröffnung oder die Einstellung mangels Masse (§§ 26, 207 InsO) stehen dem nicht gleich.

Das **Löschungsverfahren** ist ein Verfahren der Freiwilligen Gerichtsbarkeit. Zuständig ist das 34 Handelsregistergericht. Es ermittelt den Sachverhalt von Amts wegen (§ 26 FamFG; s. nur BayObLG 10.11.1994, DStR 1995, 341 (342) = GmbHR 1995, 530 (GmbH)). Kommt das Gericht zu dem Ergebnis, dass die Voraussetzungen des § 394 Abs. 1 und 4 FamFG erfüllt sind, erfolgt die Entscheidung über die Löschung nach pflichtgemäßem Ermessen (OLG Frankfurt a. M. 16.6.2005, FGPrax 2005, 269; OLG Frankfurt a. M. 10.10.2005, FGPrax 2006, 83; Prütting/Helms/*Holzer,* FamFG, 4. Aufl. 2018, FamFG § 394 Rn. 12). Liegen die Voraussetzungen des § 394 Abs. 1 S. 2 FamFG sowohl bei der Gesellschaft als auch ihren persönlich haftenden Gesellschaftern vor, muss es die Gesellschaft von Amts wegen löschen.

Das Gericht muss die **Absicht der Löschung** den gesetzlichen Vertretern der Gesellschaft nach den 35 für die Zustellung von Amts wegen geltenden Vorschriften der Zivilprozessordnung (§§ 166 ff. ZPO) **bekannt machen** und ihnen eine angemessene Frist zur Geltendmachung des Widerspruchs setzen (§ 394 Abs. 2 S. 1 und Abs. 4 FamFG). Diese Pflicht entfällt, soweit gesetzliche Vertreter fehlen oder ihre Person und ihr inländischer Aufenthalt unbekannt sind (§ 394 Abs. 2 S. 1 und Abs. 4 FamFG). In jedem Fall kann das Gericht anordnen, dass die Bekanntmachung und die Bestimmung der Frist gem. § 10 im elektronischen Handelsregister erfolgt (§ 394 Abs. 2 S. 2 Hs. 1 und Abs. 4 FamFG). In diesem Fall ist jeder zur Erhebung des Widerspruchs berechtigt, der an der Unterlassung der Löschung ein berechtigtes Interesse hat (§ 394 Abs. 2 S. 2 Hs. 2 und Abs. 4 FamFG). Über den Widerspruch entscheidet das Registergericht durch Beschluss (§ 393 Abs. 3 FamFG, § 394 Abs. 3 und 4 FamFG). Gegen diese Entscheidung ist die Beschwerde statthaft (§ 393 Abs. 3 S. 2 FamFG, § 394 Abs. 3 und 4 FamFG). Die Löschung darf nur erfolgen, wenn Widerspruch nicht erhoben wurde oder wenn der den Widerspruch zurückweisende Beschluss rechtskräftig geworden ist (§ 393 Abs. 5 FamFG, § 394 Abs. 3 und 4 FamFG).

36 Eine besondere Eintragung, dass die Gesellschaft aufgelöst wurde, ist gem. § 143 Abs. 1 S. 4 nicht erforderlich. Stellt sich nachträglich heraus, dass die Gesellschaft doch über Vermögen verfügt, findet das Liquidationsverfahren statt (§ 145 Abs. 3). Die Liquidatoren sind von Amts wegen zu bestellen (§ 146 Abs. 2 S. 3).

IV. Ausscheiden des Gesellschafters

37 **1. Allgemeines.** § 131 Abs. 3 S. 1 zählt die Gründe auf, die kraft Gesetzes zum Ausscheiden eines Gesellschafters führen (zum **Zweck** der durch das HRefG geänderten Vorschrift → Rn. 3). Die Gesellschafter scheiden mit dem Eintritt der in § 131 Abs. 3 S. 1 genannten Ereignisse kraft Gesetzes aus der Gesellschaft aus, im Falle der (ordentlichen) Kündigung aber selbstverständlich nicht vor Ablauf der Kündigungsfrist (§ 131 Abs. 3 S. 2).

38 Der Katalog ist **nicht abschließend.** Der Gesellschaftsvertrag kann zusätzliche Ausscheidensgründe vorsehen (§ 131 Abs. 3 S. 1 Nr. 5), die Gesellschafter können unter Beachtung der rechtlichen Grenzen ihrer Mehrheitsherrschaft den Ausschluss eines anderen Gesellschafters beschließen (§ 131 Abs. 3 S. 1 Nr. 6) oder den Austritt ad hoc vereinbaren (→ Rn. 56 f.).

39 Die Tatbestände der § 131 Abs. 3 S. 1 Nr. 1–4 sind **dispositiv** (§ 131 Abs. 3 S. 1: „mangels abweichender vertraglicher Bestimmung"). Die abweichende Regelung kann etwa darin bestehen, dass die Gesellschaft aufgelöst wird **(Auflösungsklauseln)** oder der Eintritt des jeweiligen Grundes für sich genommen folgenlos ist (eingehend für die Möglichkeit zur Fortsetzung der Gesellschaft mit einem insolventen Gesellschafter *Markgraf/Remuta* NZG 2014, 81; *Voigt* NZG 2007, 695; aA KKRD/*Kindler* Rn. 23; *Göcke* NZG 2009, 211; *Heerma* ZIP 2011, 981 (984 ff.)).

40 Zum **Anwendungsbereich** des § 131 Abs. 3 → Rn. 4. Die Ausscheidensgründe des § 131 Abs. 3 setzen eine **werbende Gesellschaft** voraus (EBJS/*Hillmann* § 156 Rn. 12; Habersack/Schäfer/*Habersack* § 156 Rn. 13). Dies ergibt sich aus dem Zweck der Neufassung des § 131 Abs. 3, die Unternehmenskontinuität zu schützen (→ Rn. 3). Ist die Gesellschaft aufgelöst, besteht hierfür kein Bedürfnis (Habersack/Schäfer/*Habersack* § 156 Rn. 13). Tritt nach Auflösung einer der in § 131 Abs. 3 genannten Tatbestände ein, so scheidet der Gesellschafter nicht aus der Gesellschaft aus, sondern die Gesellschafter wickeln die Gesellschaft untereinander ab (Habersack/Schäfer/*Habersack* § 156 Rn. 13). Stirbt der Gesellschafter, erwerben seine Erben ungeachtet des § 131 Abs. 3 S. 1 Nr. 1 den Anteil an der Liquidationsgesellschaft gem. § 1922 BGB, es sei denn, die Vererblichkeit des Anteils an der Liquidationsgesellschaft wurde ausdrücklich ausgeschlossen. In der Abwicklung gilt für die Erben § 146 Abs. 1 S. 2 (→ § 146 Rn. 8 ff.).

41 **2. Tod eines Gesellschafters (Abs. 3 S. 1 Nr. 1).** Mit dem Tod scheidet der Gesellschafter aus der Gesellschaft aus (§ 131 Abs. 3 S. 1 Nr. 1). Nach § 131 Nr. 4 aF führte der Tod zur Auflösung der Gesellschaft. Die Neuregelung wurde durch das HRefG von 1998 eingeführt. Sie **bezweckt** die Sicherung der Unternehmenskontinuität (→ Rn. 3), verfehlt allerdings regelmäßig den vermutlichen Gesellschafterwillen, der dahin gehen dürfte, die Gesellschaft mit den Erben des Verstorbenen fortzusetzen (zur rechtspolitischen Kritik *K. Schmidt* DB 1998, 61 (64); *K. Schmidt* JZ 2003, 585 (593 f.); *Schlitt* NZG 1998, 580 (583); optimistischer *P. Bydlinkski* ZIP 1998, 1169 (1175)). In der Praxis wird § 131 Abs. 3 S. 1 Nr. 1 meist vertraglich durch eine sog. **Fortsetzungsklausel** ersetzt (dazu die Erläuterungen zu § 139 → § 139 Rn. 1 ff.).

42 § 131 Abs. 3 S. 1 Nr. 1 verlangt den Tod einer natürlichen Person, die zum Todeszeitpunkt Gesellschafter war. Umstritten ist seit jeher, ob man dem auch die **Auflösung** bzw. **Vollbeendigung** einer **Gesellschafter-Gesellschaft** gleichstellen kann. Diese Frage wurde nach dem alten Recht unter dem Vorzeichen geführt, ob die Auflösung bzw. Vollbeendigung einer Gesellschafter-Gesellschaft zur Auflösung der Gesellschaft führen soll. Sie wurde überwiegend dahingehend beantwortet, dass zwar die Vollbeendigung (OLG Hamburg 13.3.1987, NJW 1987, 1896 (1897); OLG Frankfurt a. M. 15.7.1982, WM 1982, 1266 (1267)), nicht aber die Auflösung einer Gesellschaft (BGH 8.10.1979, BGHZ 75, 178 (181 f.); OLG Hamburg 13.3.1987, NJW 1987, 1896 (1897)) dem Tod der natürlichen Person gleichzustellen sei (aA vor allem *K. Schmidt* BB 1980, 1498; *K. Schmidt* GmbHR 1980, 261; Schlegelberger/*K. Schmidt* Rn. 32). Auch heute wird vertreten, dass zwar nicht die Auflösung, wohl aber die Vollbeendigung einer Gesellschaft zu deren Ausscheiden gem. § 131 Abs. 3 S. 1 Nr. 1 (analog) führe (OLG

Hamm 30.3.2007, NZI 2007, 584 (587); *Schlitt* NZG 1998, 583 (584); EBJS/*Lorz* Rn. 44; KKRD/*Kindler* Rn. 22; RWH HGB/*Haas* Rn. 26). Dem ist jedoch zu widersprechen (*Dreyer* JZ 2007, 606 (610 ff.); HK-HGB/*Stuhlfehner* Rn. 7b; MüKoHGB/*K. Schmidt* Rn. 68; Habersack/Schäfer/*C. Schäfer* Rn. 79 ff.). Zu unterscheiden ist dabei die Vollbeendigung einer Gesellschaft nach deren Liquidation (→ Rn. 43) und ohne Liquidation (→ Rn. 44).

Schiede eine **abzuwickelnde Gesellschaft** erst mit deren Vollbeendigung aus der Gesellschaft aus, 43 würde sie einen Abfindungsanspruch erwerben, obwohl zum Zeitpunkt der Vollbeendigung das gesamte Gesellschaftsvermögen verteilt sein muss (MüKoHGB/*K. Schmidt* Rn. 68; Habersack/Schäfer/*C. Schäfer* Rn. 80). Es wird dem Willen der Gesellschafter daher regelmäßig am besten entsprechen, wenn die Gesellschafter-Gesellschaft schon im Liquidationsstadium ausscheidet. Dies sollte jedoch erst dann der Fall sein, wenn die Liquidation unumkehrbar geworden ist (*K. Schmidt* GesR § 50 II 2; MüKoHGB/*K. Schmidt* Rn. 68). Rechtsmethodisch ergibt sich dieses Ergebnis nicht aus einer Analogie zu dem – von vornherein unpassenden – § 131 Abs. 3 S. 1 Nr. 1, sondern einer (ergänzenden) Auslegung des Gesellschaftsvertrags. Zum Sonderfall der Auflösung der einzigen Komplementärin einer (mindestens dreigliedrigen) KG → Rn. 24. Zur vertikalen Simultaninsolvenz bei der zweigliedrigen KG → Rn. 53.

Erlischt die Gesellschafter-Gesellschaft **ohne Liquidation** (zB durch Verschmelzung, Spaltung oder 44 weil die Anteile einer Personengesellschaft in einer Hand zusammenfallen), geht es im Kern um die Frage, ob die Gesellschaft mit den Rechtsnachfolgern der vollbeendeten Gesellschafter-Gesellschaft fortgeführt werden soll oder diese nur einen Abfindungsanspruch für die von der Gesellschafter-Gesellschaft gehaltenen Mitgliedschaft erwerben. Dies wiederum hängt davon ab, inwieweit die Gesellschafter den Gesellschaftsanteil in diesen Fällen übertragbar gestellt haben. Das ist eine Frage der Vertragsauslegung. Im Ergebnis sollte man grundsätzlich von der Übertragbarkeit ausgehen, wenn der Gesellschaftsvertrag eine auf den Tod bezogene Fortsetzungsklausel enthält, denn darin kommt hinreichend der Wille der Gesellschafter zum Ausdruck, dass der Gesellschaftsanteil kein höchstpersönliches Recht sein soll (Habersack/Schäfer/*C. Schäfer* Rn. 81; weitergehend *Dreyer* JZ 2007, 606 (612): stets Übergang der Mitgliedschaft, wenn der Verband einen Gesamtrechtsnachfolger hat). In Extremfällen kann man den übrigen Gesellschaftern mit einem Ausschließungsrecht gem. § 140 oder Auflösungsrecht gem. § 133 helfen (MüKoHGB/*K. Schmidt* Rn. 68 aE; Habersack/Schäfer/*C. Schäfer* Rn. 81 aE). Ist der Anteil nicht übertragbar, erlischt die Mitgliedschaft der Gesellschaft mit deren Vollbeendigung und die Rechtsnachfolger erwerben einen Abfindungsanspruch, es sei denn, auch dieser wurde durch den Gesellschaftsvertrag wirksam ausgeschlossen. Dies folgt aber ebenfalls nicht aus einer Analogie zu § 131 Abs. 3 S. 1 Nr. 1, sondern aus der Unübertragbarkeit des Gesellschaftsanteils.

Zu unerwünschten Rechtsfolgen kann die Anwendung des § 131 Abs. 3 S. 1 Nr. 1 in der **Zwei-** 45 **personengesellschaft** führen. Scheidet etwa der Komplementär einer zweigliedrigen KG mit seinem Tod aus der Gesellschaft aus, droht dem Kommanditisten eine unbeschränkte Haftung für sämtliche Gesellschaftsschulden (→ Rn. 65). Vorgeschlagen wird deshalb, § 131 Abs. 3 S. 1 Nr. 1 in diesen Fällen teleologisch zu reduzieren (vgl. mit unterschiedlichen Ansätzen *Frey/v. Bredow* ZIP 1998, 1621 (1621 f.); *Liebs* ZIP 2002, 1716). Eine solche teleologische Reduktion dürfte jedoch an den Grenzen der zulässigen Rechtsfortbildung scheitern, denn der Gesetzgeber hat die Problematik der Zweipersonen-Gesellschaften zur Zeit des HRefG gekannt (weiterführend *Bork/Jacoby* ZGR 2005, 611 (647 ff.); zust. etwa KKRD/*Kindler* Rn. 8). Der verbleibende Kommanditist steht in diesen Fällen auch nicht schutzlos da (→ Rn. 66 ff.).

Hinsichtlich der **Rechtsfolgen des Ausscheidens** gelten grundsätzlich die allgemeinen Ausführun- 46 gen (→ Rn. 60 ff.). Die Mitgliedschaft des Ausscheidenden erlischt eine juristische Sekunde vor seinem Tod. An die Stelle des Gesellschaftsanteils tritt – vorbehaltlich eines wirksamen Ausschlusses – ein Abfindungsanspruch. Dieser Abfindungsanspruch wird eine juristische Sekunde später gem. § 1922 BGB vererbt (BGH 3.7.1989, BGHZ 108, 187 (192); BGH 14.5.1986, BGHZ 98, 48 (56)). Er ist Nachlassbestandteil (BGH 3.7.1989, BGHZ 108, 187 (192); BGH 14.5.1986, BGHZ 98, 48 (56); BGH 30.3.1967, BGHZ 47, 293 (296)). Die Erben haften für die aus der Gesellschafterstellung des Erblassers folgenden Schulden nur nach erbrechtlichen Grundsätzen. § 160 ist anwendbar (→ § 160 Rn. 8).

Sieht der Gesellschaftsvertrag abweichend von § 131 Abs. 3 S. 1 Nr. 1 vor, dass die Gesellschaft mit 47 dem Tod eines Gesellschafters aufgelöst wird (sog. **Auflösungsklausel**), so fällt die Mitgliedschaft an der Liquidationsgesellschaft in den Nachlass (heute wohl allgA, s. nur Baumbach/Hopt/*Roth* Rn. 75; MüKoHGB/*K. Schmidt* § 139 Rn. 8; Habersack/Schäfer/*C. Schäfer* Rn. 85; aA noch *Liebisch* ZHR 116 (1954), 128 (133 ff., 179)). Miterben fällt sie zur gesamten Hand an (BGH 21.9.1995, NJW 1995, 3314 (3315); BGH 14.5.1986, BGHZ 98, 48 (58); *Marotzke* AcP 184 (1984), 541 (548); MüKoHGB/*K. Schmidt* § 139 Rn. 9; Habersack/Schäfer/*C. Schäfer* Rn. 85). Testamentsvollstreckung (BGH 14.5.1986, BGHZ 98, 48 (58)) und Nachlassverwaltung sind zulässig. Für die Ausübung ihrer Gesellschafterrechte müssen die Erben einen gemeinsamen Vertreter bestellen (§ 146 Abs. 1 S. 2, → § 146 Rn. 8). Das Wahlrecht aus § 139 Abs. 4 steht ihnen nicht zu (→ § 139 Rn. 33). Sie **haften** für die bisherigen und während der Liquidation begründeten Gesellschaftsschulden jedoch nur nach erbrechtlichen Grundsätzen, dh mit grundsätzlicher Haftungsbeschränkungsmöglichkeit auf den Nachlass (BGH 10.12.1990, BGHZ 113, 132 (134); BGH 6.7.1981, NJW 1982, 45 (46); BGH 4.3.1976, BGHZ 66, 98

(102 f.); Baumbach/Hopt/*Roth* Rn. 75; Habersack/Schäfer/*C. Schäfer* Rn. 88; krit. *Dauner-Lieb,* Unternehmen in Sondervermögen, 1998, 120 ff., 142 f.). Ergänzend zu den allgemeinen Auflösungsfolgen (§§ 145 ff.) gelten die in § 727 Abs. 2 geregelten Hinweis- und Notgeschäftsführungsregeln gem. § 105 Abs. 3 entsprechend. Die Erben haben demnach den Tod des Gesellschafters den Mitgesellschaftern unverzüglich anzuzeigen und eine dem Erblasser allein oder mit anderen obliegende Geschäftsführung bei Gefahr in Verzug einstweilen fortzusetzen (Habersack/Schäfer/*C. Schäfer* Rn. 86). Die Gesellschafter und Erben können die **Fortsetzung** der Gesellschaft beschließen (→ § 145 Rn. 22 ff.). Sollen mehrere Erben die Gesellschaft als Gesellschafter fortsetzen, enthält der Fortsetzungsbeschluss im Zweifel gleichzeitig eine (Teil-)Auseinandersetzung unter den Miterben, da die Erbengemeinschaft nicht Mitglied einer werbenden Personengesellschaft sein kann (BGH 20.5.1981, NJW 1982, 170 (171); MüKoHGB/*K. Schmidt* § 139 Rn. 10; Habersack/Schäfer/*C. Schäfer* Rn. 85). Beschließen die Erben die Fortsetzung der Gesellschaft, haften sie für die bis dahin begründeten Gesellschaftsverbindlichkeiten auch nach §§ 128, 130 (Habersack/Schäfer/*C. Schäfer* Rn. 88). Zur **Testamentsvollstreckung** in der aufgelösten Gesellschaft → § 139 Rn. 76.

48 **3. Insolvenz eines Gesellschafters (Abs. 3 S. 1 Nr. 2).** Der Gesellschafter scheidet aus der Gesellschaft aus, wenn ein Insolvenzverfahren über sein Vermögen eröffnet wird (§ 131 Abs. 3 S. 1 Nr. 2). Der **Zweck** dieser Vorschrift besteht darin, das Fortführungsinteresse der Mitgesellschafter von dem Befriedigungsinteresse der Gesellschafter-Gläubiger abzukoppeln. Nicht der Anteil an der werbenden oder aufgelösten (so § 131 Nr. 5 aF) Gesellschaft fällt in die Insolvenzmasse des Gesellschafters, sondern sein Abfindungsanspruch.

49 § 131 Abs. 3 S. 1 Nr. 2 **setzt voraus,** dass über das Vermögen des Gesellschafters das Insolvenzverfahren eröffnet wurde. Wie bei § 131 Abs. 1 Nr. 3 entscheidet der Zeitpunkt des Eröffnungsbeschlusses gem. § 27 InsO, nicht der Eintritt der materiellen Insolvenz. Auf den Zeitpunkt der Bekanntmachung und Eintragung des Eröffnungsbeschlusses (§§ 30 ff. InsO) kommt es nicht an. Nicht ausreichend sind Anordnungen von Sicherheitsmaßnahmen (§ 21 InsO), etwa der vorläufigen Insolvenzverwaltung.

50 Die **Ablehnung der Eröffnung des Verfahrens mangels Masse** (§ 26 InsO) fällt **nicht** unter § 131 Abs. 3 S. 1 Nr. 2 (OLG Hamm 30.3.2007, NZI 2007, 584 (587); Baumbach/Hopt/*Roth* Rn. 22; EBJS/*Lorz* Rn. 48; Habersack/Schäfer/*C. Schäfer* Rn. 91; ebenso zum alten Recht BGH 24.10.1985, BGHZ 96, 151 (154); BGH 8.10.1979, BGHZ 75, 178 (181); aA MüKoHGB/*K. Schmidt* Rn. 74). Diese Ablehnung begründet aber regelmäßig ein Ausschließungsrecht der übrigen Gesellschafter gem. § 140. Der Gesellschaftsvertrag sollte für diesen Fall ein Ausschlussrecht vorsehen, das durch Gesellschafterbeschluss ausgeübt werden kann, sodass die Gesellschafter nicht auf die gerichtliche Geltendmachung nach § 140 angewiesen sind. Den Gläubigern bleibt der Weg über §§ 135, 131 Abs. 3 S. 1 Nr. 4.

51 Umstritten ist, ob die Eröffnung des **Nachlassinsolvenzverfahrens** unter § 131 Abs. 3 S. 1 Nr. 2 fällt. Der BGH hat dies für § 131 Nr. 5 aF verneint (BGH 30.4.1984, BGHZ 91, 132 (135)). Dem folgt die wohl überwA auch heute noch (*Ulmer/Schäfer* ZHR 160 (1996), 413 (437 f.); EBJS/*Lorz* Rn. 47; zögerlich MüKoInsO/*Siegmann/Scheuing* InsO Anh. § 315 Rn. 23; Habersack/Schäfer/*C. Schäfer* Rn. 91; aA *K. Schmidt* FS Uhlenbruck, 2000, 655; Baumbach/Hopt/*Roth* Rn. 22; Oetker/*Kamanabrou* Rn. 31; KKRD/*Kindler* Rn. 23; Kübler/Prütting/Bork/*Holzer* InsO § 315 Rn. 19; MüKoHGB/*K. Schmidt* Rn. 73). Diese Ansicht kann sich auf das schon in BGH 30.4.1984, BGHZ 91, 132 (136 f.) angeführte Argument berufen, dass der Nachlassinsolvenzverwalter wegen des Grundsatzes der Selbstorganschaft keine Verwaltungsrechte des Gesellschafters einer werbenden Gesellschaft wahrnehmen kann, sodass die Nachlassinsolvenz den Gesellschafter nicht hindert, diese Rechte weiterhin auszuüben (Habersack/Schäfer/*C. Schäfer* Rn. 91; → § 139 Rn. 82). Folgt man dieser Ansicht, hat der Insolvenzverwalter allerdings ein Kündigungsrecht analog § 135 (BGH 30.4.1984, BGHZ 91, 132 (137); → § 135 Rn. 8).

52 Wie im Falle des § 131 Abs. 3 S. 1 Nr. 1 ist auch iRd § 131 Abs. 3 S. 1 Nr. 2 umstritten, ob man eine teleologische Reduktion für die Fälle vornehmen sollte, in denen der vorletzte Mitgesellschafter einer **Zweipersonengesellschaft** betroffen ist (dafür *Frey/v. Bredow* ZIP 1998, 1621; *Liebs* ZIP 2002, 1718; *Westermann* FS Röhricht, 2005, 655 (670 f.)). Wie bei § 131 Abs. 3 S. 1 Nr. 1 sollte die Frage jedoch grundsätzlich verneint werden (*K. Schmidt* GmbHR 2003, 1404 ff.; KKRD/*Kindler* Rn. 23; MüKoHGB/*K. Schmidt* Rn. 75), zumal sich die Gesellschafter vor unerwünschten Folgen durch entsprechende Vertragsgestaltung schützen können (dazu *K. Schmidt* ZIP 2008, 2337 (2342 f.)). Dies gilt auch, wenn bei einer **zweigliedrigen GmbH & Co. KG** das Insolvenzverfahren über die Komplementär-GmbH eröffnet wird (BGH 15.3.2004, NZG 2004, 611; zu Gestaltungsvorschlägen *Perwein* GmbHR 2014, 1300 (1303)). Zur Gesamtrechtsnachfolge des verbleibenden Kommanditisten in diesem Fall → Rn. 66 ff.

53 Sind sowohl die GmbH als auch die KG insolvent **(„vertikale Simultaninsolvenz"),** sollte jedoch allein § 131 Abs. 1 Nr. 3 zur Anwendung kommen und § 131 Abs. 3 S. 1 Nr. 2 teleologisch reduziert werden, damit sowohl die GmbH als auch die KG koordiniert abgewickelt werden können (*K. Schmidt* GmbHR 2002, 1209 (1213 f.); *K. Schmidt* GmbHR 2003, 1404; *K. Schmidt* JZ 2008, 425 (433 f.);

K. Schmidt ZIP 2008, 2337 (2344); *K. Schmidt* ZIP 2010, 1621 ff.; *K. Schmidt* KTS 2011, 161 (166 f.); *Westermann* FS Röhricht, 2005, 655 (671); MüKoHGB/*K. Schmidt* Rn. 76; Habersack/Schäfer/*C. Schäfer* Rn. 92, 95; *Seeger,* Das Ausscheiden des einzigen Komplementärs, 2010, 76 ff.; *Reiswich* ZInsO 2010, 1809 (1813); wohl auch BFH 4.10.2006, DStR 2006, 2168 (2169 f.); iErg *Gundlach/Frenzel/Schmidt* DStR 2004, 1658). Anders hat mittlerweile jedoch der I. Senat des BGH jedenfalls für den Fall entschieden, in dem nach dem Ausscheiden des Komplementärs mindestens zwei Gesellschafter (im konkreten Fall: zwei Kommanditisten) verbleiben (BGH 8.5.2014, BGHZ 201, 129 (134) = NZG 2014, 897 (898) = GmbHR 2014, 871 (872) mAnm *Blöse* = EWiR 2014, 543 (544) mAnm *Jacoby;* ebenso zuvor BVerwG 13.7.2011, BVerwGE 140, 142 Rn. 17; OLG Hamm 3.7.2003, ZIP 2003, 2264 (2265); Baumbach/Hopt/*Roth* Anh. § 177a Rn. 45a; *Wertenbruch* in Westermann/Wertenbruch PersGes-HdB Rn. 1614; *Haas/Vogel* EWiR 2011, 671). Abweichende, mit dem Insolvenzrecht arbeitende Konzepte (Partikularinsolvenz und/oder Analogie zum Insolvenzrecht der beschränkten Erbenhaftung) finden sich bei OLG Hamm 30.3.2007, NZI 2007, 584 (587 f.); LG Dresden 7.3.2005, ZIP 2005, 955; *Werner* NZI 2014, 895 (896); *Bork/Jacoby* ZGR 2005, 611 (630 f.); *Hirte* NJW 2005, 718 (721); *Marotzke* ZInsO 2009, 590; *Albertus/Fischer* ZInsO 2005, 246; RWH HGB/*Haas* Rn. 29b.

Gleiches sollte gelten, wenn zum Zeitpunkt der Rechtskraft des Insolvenzeröffnungsbeschlusses über das Vermögen eines Gesellschafters Insolvenzanträge über das Vermögen aller anderen Gesellschafter anhängig sind, sog. **„horizontale Simultaninsolvenz"** (*K. Schmidt* ZIP 2008, 2337 (2346 f.); aA BGH 7.7.2008, NJW 2008, 2992; OLG Hamm 8.4.2013, NZG 2014, 540 (541) für die zweigliedrige GbR). Die Anwendung des § 131 Abs. 3 S. 1 Nr. 2 hätte zur Folge, dass im Falle der sukzessiven Insolvenzeröffnungen die zeitliche Reihenfolge über das Ausscheiden und den Zuwachs des Gesellschaftsvermögens entschiede oder man im Falle der gleichzeitigen Insolvenzeröffnung die Folgen des Ausscheidens gar nicht sinnvoll definieren könnte (so auch *K. Schmidt* ZIP 2008, 2337 (2346); *Werner* NZI 2014, 895 (898 f.)). 53a

4. Kündigung eines Gesellschafters (Abs. 3 S. 1 Nr. 3). Kündigt der Gesellschafter, scheidet er aus der Gesellschaft aus; dies gilt grundsätzlich auch, wenn der Gesellschaftsvertrag vor dem Handelsrechtsreformgesetz von 1998 geschlossen worden ist (OLG Celle 10.11.2010, NZG 2011, 261 ff.; vgl. auch Art. 41 EGHGB). § 131 Abs. 3 S. 1 Nr. 3 regelt nur die Rechtsfolgen der Gesellschafter-Kündigung. Das Kündigungsrecht ergibt sich aus §§ 132, 134 oder dem Gesellschaftsvertrag (s. die Erläuterungen zu §§ 132, 134 → § 132 Rn. 1 ff. und → § 134 Rn. 1 ff.). Bei der außerordentlichen Kündigung scheidet der Gesellschafter mit sofortiger Wirkung, dh mit Zugang der Kündigungserklärung, aus der Gesellschaft aus, bei der ordentlichen Kündigung nicht vor Ablauf der Kündigungsfrist (§ 131 Abs. 3 S. 2). 54

5. Kündigung durch den Privatgläubiger eines Gesellschafters (Abs. 3 S. 1 Nr. 4). Auch bei der Kündigung durch einen Privatgläubiger scheidet der Gesellschafter aus der Gesellschaft aus (§ 131 Abs. 3 S. 1 Nr. 4). Die Norm regelt die Rechtsfolge des sich aus § 135 ergebenden Kündigungsrechts. 55

6. Gesellschaftsvertrag (Abs. 3 S. 1 Nr. 5). Der Gesellschaftsvertrag kann zusätzliche Ausscheidensgründe definieren. Dies **stellt** § 131 Abs. 3 S. 1 Nr. 5 **klar.** Die Vorschrift enthält weder einen gesetzlichen Ausschließungsgrund (s. nur EBJS/*Lorz* Rn. 53) noch senkt sie die Inhaltsschranken vertraglicher Ausschlussklauseln (BR-Drs. 340/97, 66; Baumbach/Hopt/*Roth* Rn. 25; EBJS/*Lorz* Rn. 53; KKRD/*Kindler* Rn. 26; Habersack/Schäfer/*C. Schäfer* Rn. 102; aA MüKoHGB/*K. Schmidt* Rn. 87: grundsätzlich kein Erfordernis eines sachlichen Grundes für automatisch eintretende Ausscheidensgründe; zu diesen Schranken → BGB § 737 Rn. 5, 14 ff. sowie ergänzend → § 140 Rn. 10 ff.). § 131 Abs. 3 S. 1 Nr. 5 erfasst nur die von vornherein geltende Ausscheidensregelung. **Ad-hoc-Vereinbarungen** sind daneben selbstverständlich möglich. Ob der Gesellschaftsvertrag weitere Ausschlussgründe enthält, ist durch Auslegung zu ermitteln. Kann nach dem Gesellschaftsvertrag einer KG, die Eigentumswohnungen bewirtschaftet, Kommanditist nur ein Eigentümer dieser Wohnungen sein, so führt der Verkauf seiner Eigentumswohnung zum Ausscheiden des Kommanditisten (BGH 24.3.2003, NZG 2003, 525; dazu *Armbrüster* LMK 2003, 106). 56

7. Gesellschafterbeschluss (Abs. 3 S. 1 Nr. 6). Der Gesellschafter scheidet schließlich aus der Gesellschaft aus, wenn dessen Mitgesellschafter dies beschließen (§ 131 Abs. 3 S. 1 Nr. 6). § 131 Abs. 3 S. 1 Nr. 6 hat **neben § 131 Abs. 3 S. 1 Nr. 5 keine eigenständige Bedeutung.** Die Norm stellt lediglich klar, dass die Gesellschafter die Möglichkeit des Gesellschafterausschlusses per Beschluss haben, wenn der Gesellschaftsvertrag dies vorsieht (MüKoHGB/*K. Schmidt* Rn. 88; Habersack/Schäfer/*C. Schäfer* Rn. 105; EBJS/*Lorz* Rn. 54; Oetker/*Kamanabrou* Rn. 37). § 131 Abs. 3 S. 1 Nr. 6 räumt weder ein Ausschlussrecht per Beschluss ohne vertragliche Grundlage ein – dies wäre ein Widerspruch zu § 140 – noch senkt er die Schranken, unter denen der Gesellschaftsvertrag ein solches Ausschlussrecht enthalten kann (*K. Schmidt* NJW 1998, 2161 (2166)). Zu diesen Voraussetzungen → BGB § 737 Rn. 14 ff. 57

Kein Fall des § 131 Abs. 3 S. 1 Nr. 6, sondern des § 131 Abs. 3 S. 1 Nr. 5, sind Bestimmungen des Gesellschaftsvertrags, die **Ausschlussrechte bestimmter Gesellschafter** (§ 35 BGB) oder **Dritter** 58 vorsehen (MüKoHGB/*K. Schmidt* Rn. 88). Zur Inhaltskontrolle solcher Bestimmungen → BGB § 737 Rn. 14 ff.

58a Die Ausschließung wird wirksam, wenn sie dem auszuschließenden Gesellschafter zugeht (MüKoHGB/*K. Schmidt* Rn. 90. Mit der **Feststellungsklage** nach § 256 ZPO kann sich der Auszuschließende gegen den Ausschließungsbeschluss zur Wehr setzen. **Beklagte** sind die übrigen Gesellschafter (BGH 13.7.1981, BGHZ 81, 263 (264 f.); BGH 15.11.1982, BGHZ 85, 350 (353); BGH 30.4.1984, BGHZ 91, 132 (133); BGH 17.7.2006, NJW 2006, 2854; OLG Stuttgart 26.2.2014 – 14 U 14/13) und nicht die Gesellschaft, da der Streitgegenstand den Gesellschaftsvertrag betrifft, über welchen der Gesellschaft die Dispositionsbefugnis fehlt (BGH 5.6.1967, BGHZ 48, 175 (176 f.); BGH 11.12.1989, WM 1990, 675). Gesellschaftsvertragliche Abreden können die Gesellschaft in die Beklagtenstellung heben (BGH 30.6.1966, WM 1966, 1036; BGH 11.12.1989, WM 1990, 675 f.). Zwar entfaltet ein Feststellungsurteil dann keine Rechtskraft gegenüber den am Ausschließungsbeschluss beteiligten Gesellschaftern, die gesellschaftsvertragliche Regelung verpflichtet sie jedoch schuldrechtlich, das Urteil zu befolgen (BGH 30.4.1984, BGHZ 91, 132 (133); BGH 15.11.1982, BGHZ 85, 350 (353); BGH 11.12.1989, WM 1990, 675). Der Streitwert bestimmt sich nach dem Wert der Beteiligung des Auszuschließenden an der Gesellschaft, dh nach seinem Geschäfts- bzw. Gesellschaftsanteil (stRspr BGH 8.12.2008, NZG 2009, 518). Ist der Auszuschließende nicht am Kapital der Gesellschaft beteiligter Geschäftsführer (etwa eine Komplementär-GmbH), richtet sich sein für die Bewertung nach §§ 3 ff. ZPO maßgebliches wirtschaftliches Interesse an der Feststellung der Unwirksamkeit des Ausschließungsbeschlusses nach dem Wert der Vergütung für seine Tätigkeit (BGH 4.11.2014, NZG 2015, 321).

59 **8. Ausscheidensgründe außerhalb von § 131.** Die Aufzählung des § 131 Abs. 3 S. 1 ist nicht abschließend (BR-Drs. 340/97, 66; KKRD/*Kindler* Rn. 1). Weitere Ausschließungsgründe ergeben sich aus dem Gesetz (zB § 140). Auch können die Gesellschafter das Ausscheiden aus der Gesellschaft vereinbaren (BGH 13.1.2003, NJW-RR 2003, 533). Hierfür gelten die allgemeinen Regeln über die Änderung des Gesellschaftsvertrags, auch die über die fehlerhafte Gesellschaft (BGH 13.1.2003, NJW-RR 2003, 533).

V. Rechtsfolgen des Ausscheidens

60 **1. Allgemeines.** Mit dem Ausscheiden erlischt die Mitgliedschaft des Gesellschafters. Seine **Ansprüche gegen die Gesellschaft** richten sich nach §§ 738–740 BGB (→ § 105 Abs. 3). Auf die dortigen Ausführungen, insbesondere zur Abfindung des Gesellschafters (→ BGB § 738 Rn. 8 ff., → BGB § 738 Rn. 16 ff.), wird verwiesen. Zum nachwirkenden Wettbewerbsverbot → § 112 Rn. 12, → § 112 Rn. 27 ff.

61 Der **Fortbestand der Gesellschaft** wird durch das Ausscheiden regelmäßig nicht berührt. Ausnahmsweise wird die Gesellschaft aufgelöst, insbesondere wenn der einzige Komplementär einer KG ausscheidet (→ Rn. 24) oder wenn der Gesellschaftsvertrag gleichzeitig die Auflösung der Gesellschaft vorsieht. Zu den Besonderheiten beim Ausscheiden des vorletzten Gesellschafters einer Zweipersonengesellschaft → Rn. 63 ff.

62 Im **Außenverhältnis** haftet der Gesellschafter für die vor seinem Ausscheiden begründeten Gesellschaftsschulden nach § 128. Seine Haftung erlischt jedoch unter den Voraussetzungen des § 160 (→ § 160). Zu den Besonderheiten der Gesellschafterhaftung nach dem Ausscheiden → § 128 Rn. 43 ff. Das Ausscheiden ist gem. § 143 Abs. 2 von allen Gesellschaftern – auch dem Ausgeschiedenen – zur Eintragung ins Handelsregister anzumelden (→ § 143 Rn. 4, → § 143 Rn. 8). Die Eintragung hat nur deklaratorische Bedeutung. Unterbleibt die Eintragung, haftet der Gesellschafter für nach seinem Ausscheiden begründete Verbindlichkeiten gem. §§ 128, 15 Abs. 1.

63 **2. Besonderheiten beim Ausscheiden aus der Zweipersonengesellschaft.** Scheidet der vorletzte Gesellschafter einer Zweipersonengesellschaft aus, so erlischt die Gesellschaft. Das Vermögen und die Schulden der Gesellschaft gehen ohne Liquidation im Wege der **Gesamtrechtsnachfolge** auf den verbleibenden Gesellschafter über (grundlegend RG 23.2.1907, RGZ 65, 227 (235 ff.); RG 23.5.1908, RGZ 68, 410 (414 ff.); danach etwa BGH 15.3.2004, NZG 2004, 611; BGH 16.12.1999, NZG 2000, 474; BGH 10.12.1990, BGHZ 113, 132 (133); BGH 10.5.1978, BGHZ 71, 296 (300); BGH 13.7.1967, BGHZ 48, 203 (206); BFH 4.10.2006, DStR 2006, 2168 (2169); BVerwG 13.7.2011, BVerwGE 140, 142 Rn. 15; MüKoHGB/*K. Schmidt* § 140 Rn. 86; Habersack/Schäfer/*C. Schäfer* § 140 Rn. 51; *Wertenbruch* in Westermann/Wertenbruch PersGes-HdB Rn. 1627). Zu den Anforderungen an den nach § 29 Abs. 1 GBO zu führenden Nachweis der Gesamtrechtsnachfolge s. OLG Dresden 27.9.2010, BeckRS 2011, 17863. Unterschiedliche Ansätze existieren über die dogmatische Erklärung dieser Gesamtrechtsnachfolge (Anwachsung, Analogie zu § 738 Abs. 1 S. 1 BGB etc; s. hierzu *Klöhn* JuS 2003, 360 mwN). Die Gesellschaft bleibt trotz des Ausscheidens als solche bestehen, wenn der verbleibende Gesellschafter **keinen einheitlichen Anteil** an dieser Gesellschaft hält (zu diesen Fällen → § 105 Rn. 39). In diesen Fällen existiert nach zutreffendem Verständnis keine „Einmann-Personengesellschaft" (diese gibt es nicht; s. nur KG 3.4.2007, NZG 2007, 665 (666) = ZIP

2007, 1505; KG 5.3.2007, NZG 2008, 70 (71); OLG Karlsruhe 25.10.2006, NZG 2007, 265 (267); *Nägel,* Einmanngesellschaften im deutschen und europäischen Gesellschaftsrecht, 2004, 263; *K. Schmidt* GesR § 8 IV 2b; *Kruth* NZI 2011, 844 (845); aA *W. Baumann* BB 1998, 225; *Kanzleiter* FG Weichler, 1997, 39; *Pfister,* Die Einmann-Personengesellschaft, 1999, 44 ff., 135 ff., 176 ff.; *Priester* DB 1998, 55; *Th. Raiser* AcP 194 (1994), 495 (509 f.); *Th. Schmidt,* Einmann-Personengesellschaften, 1998, 70 ff.; *Weimar* ZIP 1997, 1769), sondern eine Ausnahme vom Dogma der Einheitlichkeit der Personengesellschaftsbeteiligung (umfassend *Lamprecht,* Die Zulässigkeit der mehrfachen Beteiligung an einer Personengesellschaft, 2002, 337 ff.).

Gesellschaftsverträge – insbesondere solche, die vor dem HRefG geschlossen wurden – enthalten häufig sog. **Übernahmeklauseln,** die ausdrücklich vorsehen, dass der letzte verbleibende Gesellschafter das Gesellschaftsvermögen einschließlich der Schulden übernimmt. Diese Klauseln sind regelmäßig so zu verstehen, dass sie dem letzten Gesellschafter das Recht einräumen, das Unternehmen der Gesellschaft zu übernehmen, ihm aber keine entsprechende Pflicht auferlegen (BGH 21.1.1957, LM § 138 Nr. 2; OLG Karlsruhe 25.10.2006, NZG 2007, 265 (267)). Dies gilt auch dann, wenn in einer zweigliedrigen Gesellschaft der eine Gesellschafter den anderen ausschließt (OLG Koblenz 15.7.2014, ZIP 2014, 2086 zur zweigliedrigen GbR). **Kündigen beide Gesellschafter** und würden sie zum selben Zeitpunkt aus der Gesellschaft ausscheiden, wird die Gesellschaft aufgelöst und unter ihnen auseinandergesetzt (OLG Karlsruhe 25.10.2006, NZG 2007, 265 (267)). **64**

Der verbleibende Gesellschafter **haftet** für die im Wege der Gesamtrechtsnachfolge erworbenen Schulden grundsätzlich unbeschränkt mit seinem gesamten, ungeteilten Vermögen. Die §§ 159, 160 finden keine Anwendung. Ein zum Zeitpunkt des Ausscheidens gegen die Gesellschaft anhängiger Prozess wird gegen den Rechtsnachfolger fortgesetzt und die §§ 239, 246 ZPO entsprechend angewandt (BGH 15.3.2004, NZG 2004, 611; OLG Hamm 30.3.2007, NZI 2007, 584 (586)). Titel können nach § 727 ZPO umgeschrieben werden (Habersack/Schäfer/*C. Schäfer* § 140 Rn. 51 aE). Wird über das Vermögen der beendeten Gesellschaft das Insolvenzverfahren eröffnet, ist dieser Beschluss nichtig (BGH 7.7.2008, NJW 2008, 2992; *Trams* NZG 2008, 736; aA *Marotzke* ZInsO 2009, 590). **65**

Besonderheiten gelten, wenn der **verbleibende Gesellschafter Kommanditist** war. Dieser darf nicht allein dadurch unbeschränkbar für alle Gesellschaftsschulden haften, dass er sämtliche Anteile an der Gesellschaft in seiner Hand vereinigt und die Gesellschaft hierdurch liquidationslos erlischt (weiterführend zur Problematik *Lieb* ZGR 1991, 572; *Marotzke* ZHR 156 (1992), 17; *K. Schmidt* JZ 1991, 733; *Frank/Müller-Dietz* JR 1991, 457). Die Rspr. hat hierfür verschiedene Wege aufgezeigt: **66**

Nach **BGH 10.12.1990, BGHZ 113, 132 (134 ff.)** soll die Haftung eines Kommanditisten, der den Gesellschaftsanteil des einzigen Komplementärs gem. § 1922 BGB erwirbt, gem. § 27 Abs. 2 analog ausgeschlossen sein, wenn er das Unternehmen binnen drei Monaten seit Kenntnis der Erbfolge einstellt (zust. etwa *K. Schmidt* JZ 1991, 733). Unberührt bleibt seine Haftung als Erbe des verstorbenen Gesellschafters, die freilich nach erbrechtlichen Grundsätzen beschränkbar ist (BGH 10.12.1990, BGHZ 113, 132 (136)), sowie seine Haftung aus §§ 128, 161 Abs. 2, §§ 171 ff. **67**

Nach **BGH 15.3.2004, NZG 2004, 611** (zu § 131 Abs. 3 S. 1 Nr. 2) ist die Haftung des einzig verbleibenden Kommanditisten aus der durch Ausscheiden des einzigen Komplementärs ausgelösten Universalsukzession von vornherein auf das erworbene Gesellschaftsvermögen beschränkt (zust. *Seibt* FS Röhricht, 2005, 603 (615 f.); RWH HGB/*Haas* Rn. 29a; ebenso zuvor aufgrund allgemeiner Prinzipien der Gesamtrechtsnachfolge *Marotzke* ZHR 156 (1992), 17 (27 ff.); *Klöhn* JuS 2003, 360 (365); abl. Habersack/Schäfer/*C. Schäfer* Rn. 113 aE). Eine unbeschränkte Haftung soll sich nach dieser Entscheidung aus § 25 ergeben können. Die direkte Anwendung dieser Norm scheitert freilich daran, dass es sich in diesen Fällen nicht um einen rechtsgeschäftlichen Erwerb unter Lebenden handelt, sondern um eine nicht geregelte Form der Universalsukzession. In Betracht kommt daher höchstens eine analoge Anwendung von § 25 HGB, die allerdings – angesichts der rechtspolitischen Problematik des § 25 (dazu *Canaris* HandelsR § 7 Rn. 1 ff.) – schon im Grundsatz zweifelhaft ist. **68**

[Kündigung eines Gesellschafters]

132 Die Kündigung eines Gesellschafters kann, wenn die Gesellschaft für unbestimmte Zeit eingegangen ist, nur für den Schluß eines Geschäftsjahrs erfolgen; sie muß mindestens sechs Monate vor diesem Zeitpunkte stattfinden.

Übersicht

I. Allgemeines

1 § 132 regelt einen **Ausschnitt aus dem Kündigungsrecht des Gesellschafters,** nämlich den Zeitpunkt der Kündigungswirkung und die Kündigungsfrist der ordentlichen Kündigung. Die Norm ist insoweit *lex specialis* zu § 723 Abs. 2 BGB: Während die GbR gem. § 723 Abs. 1 S. 2, Abs. 2 BGB grundsätzlich zu jedem Zeitpunkt ordentlich gekündigt werden kann, erlaubt § 132 die ordentliche Kündigung nur zum Schluss des Geschäftsjahres und nach sechsmonatiger Kündigungsfrist. Die übrigen Vorschriften des § 723 BGB finden gem. § 105 Abs. 3 auch auf die OHG Anwendung (BGH 14.11.1953, NJW 1954, 106). Das in § 132 vorausgesetzte ordentliche Kündigungsrecht folgt aus § 723 Abs. 1 S. 1 BGB, § 105 Abs. 3 (Habersack/Schäfer/*C. Schäfer* Rn. 1).

2 Das **Kündigungsrecht** ist ein **höchstpersönliches** und **unentziehbares** (Habersack/Schäfer/*C. Schäfer* Rn. 6) **Individualrecht** des Gesellschafters. Dieser soll davor geschützt werden, wegen seiner Beteiligung in der Gesellschaft seine wirtschaftliche Entfaltungsfreiheit zu verlieren. Außerdem schützt das Kündigungsrecht den Gesellschafter bis zu einem gewissen Grad vor der Ausbeutung durch seine Mitgesellschafter – ein typisches Problem aller langfristigen Verträge (dazu allg. *Richter/Furubotn,* Neue Institutionenökonomik, 4. Aufl. 2010, 183 ff.; s. auch *Fleischer* ZGR 2001, 1 (4 f.)). Die Kündigung unterliegt allerdings – wie alle subjektiven Privatrechte – der allgemeinen Schranke des **Rechtsmissbrauchs.** Zu den Voraussetzungen und Folgen der rechtsmissbräuchlichen Kündigung → BGB § 723 Rn. 22.

3 **Zweck des § 132** ist der Schutz des Unternehmens gegen die jederzeitige ordentliche Kündigung (EBJS/*Lorz* Rn. 3; MüKoHGB/*K. Schmidt* Rn. 2; Habersack/Schäfer/*C. Schäfer* Rn. 1; Oetker/*Kamanabrou* Rn. 2), da das Ausscheiden des Gesellschafters grundsätzlich mit einem Abfindungsanspruch verbunden ist (→ § 131 Rn. 60) und zum Abfluss von Kapital aus der Gesellschaft führt. Hierauf sollen sich die Gesellschafter einstellen können.

4 Unter den **Anwendungsbereich** des § 132 fallen nicht nur OHG-Gesellschafter, Komplementär und Kommanditist (§ 161 Abs. 2), sondern auch der Treugeber einer qualifizierten Treuhand (BGH 20.1.2015, NJW 2015, 1169 (1170)). Die Vorschrift ist außerdem anzuwenden auf die Stille Gesellschaft (§ 234 Abs. 1) und die Partnerschaftsgesellschaft (§ 9 Abs. 1 PartGG). Ob § 132 auch für die unternehmenstragende GbR gilt, ist umstritten (dafür *Strothmann/Vieregge* FS Oppenhoff, 1985, 451 (464 ff.); MüKoHGB/*K. Schmidt* Rn. 3; aA *Steinbeck* FS Hadding, 2004, 675 (682 ff.)). Das Kündigungsrecht in der EWIV ist vorrangig in Art. 27 EWIV-VO geregelt. Lässt der Gründungsvertrag die einseitige Kündigung zu, ist § 132 über Art. 2 EWIV-VO, § 1 EWIVAG anwendbar.

II. Die ordentliche Kündigung

5 **1. Voraussetzungen.** Das Kündigungsrecht gem. § 132 besteht nur, wenn die Gesellschaft auf **unbestimmte Zeit** eingegangen wurde. Gleichgestellt ist gem. § 134 die Gesellschaft, die auf Lebenszeit eingegangen worden ist (→ § 134 Rn. 2, 4). Da es um das Kündigungsrecht des einzelnen Gesellschafters geht, ist die Frage, für welche Zeit die Gesellschaft eingegangen ist, **für jeden Gesellschafter gesondert** zu bestimmen (MüKoHGB/*K. Schmidt* Rn. 12; aA Habersack/Schäfer/*C. Schäfer* Rn. 6). Entgegen des missverständlichen Wortlauts des § 132 kommt es also nicht darauf an, ob die Gesellschaft als ganze auf unbestimmte Zeit geschlossen wurde, sondern ob sich der kündigende Gesellschafter für eine unbestimmte Zeit an der Gesellschaft *beteiligt* hat.

6 Auf unbestimmte Zeit eingegangen ist die Gesellschaft, wenn für die Beteiligung des kündigenden Gesellschafters (→ Rn. 5) **keine Mindestdauer** vereinbart worden ist (BGH 11.7.1968, BGHZ 50, 316 (321 f.); RG 22.10.1937, RGZ 156, 129 (133 f.) (Stille Gesellschaft); EBJS/*Lorz* Rn. 4; KKRD/*Kindler* Rn. 2; MüKoHGB/*K. Schmidt* Rn. 7; Habersack/Schäfer/*C. Schäfer* Rn. 3; Oetker/*Kamanabrou* Rn. 4). Ist eine Mindestdauer vereinbart worden, liegt hierin eine grundsätzlich zulässige Beschränkung des ordentlichen Kündigungsrechts. Zu den Inhaltsgrenzen solcher Vereinbarungen → Rn. 15 ff.

7 Die Vereinbarung einer Höchstfrist fällt unter § 131 Abs. 1 Nr. 1 (→ § 131 Rn. 9). Möglich ist auch, dass eine Zeitvereinbarung **sowohl als Mindest- als auch als Höchstdauer** für die Beteiligung des Gesellschafters zu verstehen ist. Um welche Art von Vereinbarung es sich handelt, ist durch Auslegung zu ermitteln. Haben die Gesellschafter vereinbart, dass die Gesellschaft höchstens 30 Jahre, mindestens aber fünf Jahre bestehen soll, ist die Gesellschaft für jeden Gesellschafter erst nach Ablauf von fünf Jahren auf unbestimmte Zeit geschlossen und daher erst dann ordentlich kündbar.

8 Als Individualrecht (→ Rn. 2) steht das **Kündigungsrecht** jedem einzelnen Gesellschafter zu, unabhängig von seinem Gesellschaftsanteil, seiner Geschäftsführungsbefugnis und Vertretungsmacht. Juristische Personen und rechtsfähige Personengesellschaften handeln durch ihre organschaftlichen Vertreter.

Für **minderjährige** Gesellschafter handeln deren gesetzliche Vertreter. Die Kündigung bedarf zu ihrer Wirksamkeit nicht der Genehmigung des Familien- oder Vormundschaftsgerichts; die §§ 1822 Nr. 3, 1643 Abs. 1 BGB erfassen die einseitige Kündigung nicht (Habersack/Schäfer/*C. Schäfer* Rn. 8), eventuell muss aber ein Ergänzungspfleger bestellt werden (§ 1909 BGB). Für den Vormund gilt zwar § 1823 BGB; hierbei handelt es sich jedoch um eine bloße Ordnungsvorschrift, welche die Wirksamkeit der Kündigung nicht berührt (Palandt/*Götz* BGB § 1823 Rn. 1). Auch wird das Kündigungsrecht eines voll geschäftsfähigen Gesellschafters nicht dadurch eingeschränkt, dass für einen Mitgesellschafter ein Vormund oder Pfleger bestellt wurde, der zur Aufgabe des Geschäftsbetriebs der vormundschaftlichen Genehmigung bedarf. Lebt der Gesellschafter im Güterstand der Zugewinngemeinschaft und stellt der Gesellschaftsanteil den wesentlichen Teil des Vermögens dar, bedarf die Kündigung der Zustimmung des **Ehegatten** gem. § 1365 BGB (EBJS/*Lorz* Rn. 12; KKRD/*Kindler* Rn. 2a; Habersack/Schäfer/*C. Schäfer* Rn. 8; aA MüKoBGB/*Koch* BGB § 1365 Rn. 78).

9 Die Kündigung bedarf als Gestaltungsrecht einer **Kündigungserklärung.** Diese wird mit Zugang wirksam (§ 130 BGB). Adressaten der Kündigungserklärung sind grundsätzlich die übrigen Gesellschafter (MüKoHGB/*K. Schmidt* Rn. 17; RWH HGB/*Haas* Rn. 4), denn die Kündigung ändert den Gesellschaftsvertrag. Der Zugang gegenüber dem geschäftsführenden Gesellschafter genügt daher nur, wenn die Mitgesellschafter Kenntnis erlangen. Der Gesellschaftsvertrag kann bestimmen, dass die Kündigung gegenüber der Gesellschaft ausreicht (s. nur OLG Schleswig 7.12.2000, NZG 2001, 404 (405)). Ob dies der Fall ist, muss durch Auslegung ermittelt werden. Eine ausdrückliche Vertragsbestimmung ist nicht erforderlich, sie kann sich auch aus den Umständen ergeben, etwa wenn der geschäftsführende Gesellschafter neue Gesellschafter ohne Zustimmung aller Mitgesellschafter aufnehmen kann (MüKoHGB/*K. Schmidt* Rn. 17). Bei Publikumsgesellschaften wird man idR davon ausgehen können, dass die Kündigung – sofern das Kündigungsrecht nicht ausgeschlossen ist (→ Rn. 6) – gegenüber der Gesellschaft erklärt werden kann.

10 **Inhaltlich** muss die Kündigungserklärung den Willen des Gesellschafters, das Gesellschaftsverhältnis aufzulösen, unmissverständlich zum Ausdruck bringen (OLG Schleswig 7.12.2000, NZG 2001, 404 (405); MüKoHGB/*K. Schmidt* Rn. 18; Habersack/Schäfer/*C. Schäfer* Rn. 10). Dies muss nicht ausdrücklich geschehen, sondern kann sich auch aus den Umständen ergeben (RG 6.2.1917, RGZ 89, 398 (399 f.); OLG Schleswig 7.12.2000, NZG 2001, 404 (405)). Ein Auflösungsverlangen kann unter Umständen in eine Kündigungserklärung umgedeutet werden (§ 140 BGB); ebenso die Erhebung einer Klage auf Feststellung der Auflösung (vgl. BGH 3.7.1958, WM 1958, 1335).

11 Die Kündigungserklärung bedarf keiner **Form,** es sei denn, der Gesellschaftsvertrag sieht dies vor. Auch muss der Gesellschafter keinen **Kündigungsgrund** angeben. Die Kündigung wird auch nicht dadurch rechtsmissbräuchlich, dass der Gesellschafter mit der Kündigung eigene Vorteile bezweckt (BGH 28.2.1977, DB 1977, 1403 (1404); KKRD/*Kindler* Rn. 2a) oder trotz Fehlens wichtiger Gründe nicht bereit ist, mit einem anderen Gesellschafter zusammenzuarbeiten (s. allg. *Henssler/Kilian* ZIP 2005, 2229 (2233 ff.)). Als Gestaltungsrecht ist die Kündigung grundsätzlich **bedingungsfeindlich** (Heymann/*Emmerich* Rn. 6; MüKoHGB/*K. Schmidt* Rn. 18; Oetker/*Kamanabrou* Rn. 9); sie kann jedoch von einer Bedingung abhängig gemacht werden, sofern diese Bedingung nicht zu einer den Gesellschaftern unzumutbaren Rechtsunsicherheit führt. Insoweit zulässig ist eine Kündigung, die vom Verhalten der Gesellschafter abhängt (BGH 21.3.1986, BGHZ 97, 264 (267) (Rücktritt); OGH 9.3.1950, OGHZ 3, 250 (252); Habersack/Schäfer/*C. Schäfer* Rn. 11). Gleiches gilt, wenn die Kündigung für den Fall erklärt wird, dass die Gesellschafter einen Antrag auf Vertragsänderung nicht annehmen (sog. Änderungskündigung, MüKoHGB/*K. Schmidt* Rn. 18). Bei der Kündigungserklärung kann sich der Gesellschafter **rechtsgeschäftlich vertreten** lassen (RG 23.11.1928, JW 1929, 368 (369)). Der Gesellschaftsvertrag kann jedoch die Ausübung des Kündigungsrechts durch Bevollmächtigte, nicht aber durch gesetzliche Vertreter, verbieten (MüKoHGB/*K. Schmidt* Rn. 14 mit weiteren Einschränkungen aufgrund von § 242 BGB).

12 Die Kündigung kann nur für den Schluss eines Geschäftsjahres erfolgen und muss mindestens sechs Monate vor diesem Zeitpunkt erklärt werden. Die **Kündigungsfrist** ist eine Ereignisfrist und wird nach §§ 187, 188, 193 BGB berechnet (EBJS/*Lorz* Rn. 13; Habersack/Schäfer/*C. Schäfer* Rn. 18). Eine verspätet abgegebene Kündigung wirkt für den nächsten Termin, es sei denn, ein entgegenstehender Wille geht mit hinreichender Deutlichkeit aus ihr hervor (§§ 133, 157 BGB bzw. § 140 BGB). Akzeptieren die Mitgesellschafter eine verspätete Kündigung als rechtzeitig, liegt hierin grundsätzlich eine Einigung über das Ausscheiden des Gesellschafters zu dem Termin, der mit der Kündigung ins Auge gefasst wurde (Baumbach/Hopt/*Roth* Rn. 4; MüKoHGB/*K. Schmidt* Rn. 15; → § 131 Rn. 59). Da § 132 in seinem Regelungsbereich § 723 Abs. 2 BGB als *lex specialis* verdrängt, ist auch eine zur **Unzeit** abgegebene Kündigung grundsätzlich wirksam (*Koehler* JZ 1954, 195 (196); EBJS/*Lorz* Rn. 15; MüKoHGB/*K. Schmidt* Rn. 16; Oetker/*Kamanabrou* Rn. 12; aA KKRD/*Kindler* Rn. 2). Sie kann jedoch in Einzelfällen rechtsmissbräuchlich sein, sodass sich der Gesellschafter gem. § 242 BGB nicht auf sie berufen kann (BGH 14.11.1953, NJW 1954, 106 (in concreto verneint)) und den Kündigenden ggf. zum Schadensersatz verpflichten (*Henssler/Kilian* ZIP 2005, 2229 (2233); EBJS/*Lorz* Rn. 15).

13 **2. Rechtsfolgen.** Mit der Wirksamkeit der Kündigung scheidet der Gesellschafter aus der Gesellschaft aus (§ 131 Abs. 3 S. 1 Nr. 3). Es gelten die allgemeinen Rechtsfolgen des Ausscheidens von Gesellschaftern (→ § 131 Rn. 60 ff.). Zu abweichenden Vereinbarungen → Rn. 8.

14 **3. Abweichende Vereinbarungen.** Von § 132 abweichende Abreden können sich auf das ordentliche Kündigungsrecht an sich, die Art und Weise der Ausübung des Kündigungsrechts (zB Zugang gegenüber Gesellschaft genügend, → Rn. 9), die Kündigungsfrist sowie die Kündigungsfolgen beziehen.

15 **a) Kündigungsrecht.** Die Gesellschafter dürfen das ordentliche Kündigungsrecht grundsätzlich **einschränken** (BGH 17.6.1953, BGHZ 10, 91 (98)). Sie können die Gesellschaft für eine bestimmte Dauer eingehen, dh eine Mindestdauer vorsehen, während derer die ordentliche Kündigung ausgeschlossen ist (→ Rn. 6). Dieselbe Wirkung hat eine Bestimmung, mit der die Gesellschafter das ordentliche Kündigungsrecht für eine bestimmte Zeit ausschließen. Die Dauer eines solchen Ausschlusses muss nicht kalendermäßig festgelegt werden; es genügt jede andere Festlegung dieses Zeitraumes oder Zeitpunkts, solange sie im einzelnen Fall hinreichend bestimmbar ist (BGH 17.6.1953, BGHZ 10, 91 (98)). Dies wird bejaht, wenn die Gesellschafter die Dauer der Bindung ansatzweise übersehen können, um ihre wirtschaftlichen Dispositionen darauf auszurichten (OLG Karlsruhe 26.10.1999, NZG 2000, 304 (305) (Stille Gesellschaft)). Ob die Gesellschafter dies gewollt haben, ist durch Auslegung des Gesellschaftsvertrags zu ermitteln.

16 Die Vereinbarung einer solchen Mindestdauer unterliegt **zeitlichen Schranken,** die aus § 138 BGB (ggf. iVm Art. 12 GG) und § 723 Abs. 3 BGB iVm § 105 Abs. 3 abgeleitet werden. Insofern sei zunächst auf → BGB § 723 Rn. 25 ff. verwiesen. Auch bei den von § 132 erfassten Gesellschaften ist ein Ausschluss des Kündigungsrechts auf Lebenszeit unzulässig (arg. e § 134). Wo darunter die Grenzen verlaufen, ist von den **Umständen des Einzelfalles** abhängig, insbesondere der Realstruktur der Gesellschaft (personalistisch oder kapitalistisch), der Art und dem Umfang der Beteiligung, dem legitimen Bedürfnis der Gesellschafter nach einer dauerhaften Erhaltung des Gesellschaftsvermögens, den Einschränkungen der beruflichen Entfaltungsfreiheit des kündigenden Gesellschafters, den Möglichkeiten dieses Gesellschafters, seinen Gesellschaftsanteil zu angemessenen Konditionen zu veräußern, ob ihm das Recht zusteht, seinen Gesellschaftsanteil den übrigen Gesellschaftern anzudienen usw. In der Rspr. werden Bindungen von 15 Jahren für zulässig gehalten (RG 22.10.1937, RGZ 156, 129 (133 f.)). Der Ausschluss der ordentlichen Kündigung für einen Zeitraum von 30 Jahren kann hingegen nichtig sein (BGH 18.9.2006, NJW 2007, 295 (296) (GbR) mAnm *Römermann;* großzügiger noch BGH 19.1.1967, WM 1967, 315 (316)). Zu den **Rechtsfolgen unwirksamer Kündigungsbeschränkungen** → BGB § 723 Rn. 25 ff.

17 **b) Kündigungsfrist.** Die Gesellschafter können die sechsmonatige Kündigungsfrist **verkürzen** (zB Kündigung zu Quartalsende) und **verlängern.** Wird die Kündigungsfrist verkürzt, dürfte es dem Willen der Gesellschafter gleichzeitig entsprechen, Kündigungen zur Unzeit zu untersagen (s. auch § 723 Abs. 2 BGB). Grenzen der Verlängerungsmöglichkeit ergeben sich aus §§ 138, 723 Abs. 3 BGB iVm § 105 Abs. 3. Es gilt insoweit das zum Ausschluss des ordentlichen Kündigungsrechts Gesagte (→ Rn. 16).

18 **c) Rechtsfolgen der Kündigung.** Im Hinblick auf die Rechtsfolgen können die Gesellschafter bestimmen, dass die Kündigung die **Auflösung** der Gesellschaft zur Folge hat. Die Kündigung kann in diesem Fall auch dann noch erklärt werden, wenn die Gesellschaft bereits aufgelöst ist, denn Auflösungsgründe konkurrieren grundsätzlich ideal miteinander (→ § 131 Rn. 8). Wird die Gesellschaft durch die Kündigung aufgelöst, gelten die allgemeinen Rechtsfolgen der Auflösung (→ § 131 Rn. 6; §§ 145 ff.). Auch diese Rechtsfolgen können modifiziert werden (zur atypischen Liquidation → § 145 Rn. 4, → § 145 Rn. 14). So kann einem Gesellschafter zB das Recht eingeräumt werden, im Falle der Auflösung bestimmte Vermögensgegenstände der Gesellschaft zu übernehmen (RG 28.5.1918, RGZ 93, 54 (55)). Die Rechtsfolgen dürfen aber nicht so ausgestaltet sein, dass sie die Kündigung unzumutbar machen (§§ 138, 723 Abs. 3 BGB, § 105 Abs. 3).

III. Die außerordentliche Kündigung

19 Wie jedes Dauerschuldverhältnis ist das Gesellschaftsverhältnis aus wichtigem Grund kündbar, und zwar auch dann, wenn es auf bestimmte Zeit eingegangen wurde (§ 723 Abs. 1 S. 2 BGB iVm § 105 Abs. 3; ebenso Baumbach/Hopt/*Roth* § 133 Rn. 1; *Stodolkowitz* NZG 2011, 1327 (1328 ff.); *Ulmer* FS Goette, 2011, 544 (552 ff.); *K.Schmidt* GesR § 50 II 4d; aA *Habersack* Reform 73, 91 f.; Habersack/Schäfer/*C. Schäfer* Rn. 5; Habersack/Schäfer/*C. Schäfer* § 133 Rn. 3 f.; KKRD/*Kindler* § 133 Rn. 1). Die Voraussetzungen dieses Rechts decken sich mit denen des außerordentlichen Kündigungsrechts des BGB-Gesellschafters (→ BGB § 723 Rn. 10 ff.). Auch § 723 Abs. 3 BGB gilt gem. § 105 Abs. 3 für die OHG (BGH 14.11.1953, NJW 1954, 106; insoweit zust. Habersack/Schäfer/*C. Schäfer* Rn. 1). Auf Rechtsfolgenseite führt die außerordentliche Kündigung aber nicht zur Auflösung der Gesellschaft, sondern zum **Austritt des Gesellschafters** (§ 131 Abs. 3 S. 1 Nr. 3). Das Recht zur Auflösung der Gesellschaft aus wichtigem Grund ist in § 133 geregelt.

Insbesondere begründet der **Eintritt der Volljährigkeit** trotz § 723 Abs. 1 S. 3 Nr. 2 BGB kein Recht zur Auflösung der Gesellschaft, sondern ein Austrittsrecht (*Grunewald* ZIP 1999, 597 (599); Habersack/Schäfer/*C. Schäfer* § 133 Rn. 32; *Wertenbruch* in Westermann/Wertenbruch PersGes-HdB Rn. 1652; aA *Habersack* Reform 73, 75; EBJS/*Lorz* § 133 Rn. 23 (unter Vorbehalt des Verhältnismäßigkeitsprinzips) MHdB GesR I/*Butzer/Knof* § 83 Rn. 32 ff.; krit. zur Systematik der Neuregelung *Behnke* NJW 1998, 3078 (3082 f.)). Hierfür spricht erstens, dass der Eintritt der Volljährigkeit ein in der Person des Gesellschafters liegender Umstand ist, der nach dem System des § 131 grundsätzlich nicht zur Auflösung der Gesellschaft führen soll (*Grunewald* ZIP 1999, 597 (599)), zweitens, dass dieses Ereignis eindeutig bestimmbar ist, sodass es der Regelung des § 133, die dem Gebot der Rechtssicherheit verpflichtet ist, nicht bedarf. Handelt es sich bei dem Minderjährigen um einen **Kommanditisten,** so hat er nur dann ein Kündigungsrecht, wenn seine Einlage nicht voll erbracht oder zurückgewährt wurde, sodass er gem. §§ 171, 172 ein Haftungsrisiko trägt (*Grunewald* ZIP 1999, 597 (599 f.); Habersack/Schäfer/*C. Schäfer* § 133 Rn. 33; *Wertenbruch* in Westermann/Wertenbruch PersGes-HdB Rn. 1652). 20

[Auflösung durch gerichtliche Entscheidung]

133 (1) **Auf Antrag eines Gesellschafters kann die Auflösung der Gesellschaft vor dem Ablaufe der für ihre Dauer bestimmten Zeit oder bei einer für unbestimmte Zeit eingegangenen Gesellschaft ohne Kündigung durch gerichtliche Entscheidung ausgesprochen werden, wenn ein wichtiger Grund vorliegt.**

(2) **Ein solcher Grund ist insbesondere vorhanden, wenn ein anderer Gesellschafter eine ihm nach dem Gesellschaftsvertrag obliegende wesentliche Verpflichtung vorsätzlich oder aus grober Fahrlässigkeit verletzt oder wenn die Erfüllung einer solchen Verpflichtung unmöglich wird.**

(3) **Eine Vereinbarung, durch welche das Recht des Gesellschafters, die Auflösung der Gesellschaft zu verlangen, ausgeschlossen oder diesen Vorschriften zuwider beschränkt wird, ist nichtig.**

Übersicht

I. Allgemeines

§ 133 regelt die Auflösung der Gesellschaft aus wichtigem Grund. Die Vorschrift dient dem **Individualschutz** des die Auflösung verlangenden Gesellschafters (vgl. Habersack/Schäfer/*C. Schäfer* Rn. 40) und ist daher unabdingbar (§ 133 Abs. 3). § 133 ist Ausdruck eines allgemeinen Prinzips, wonach Dauerschuldverhältnisse aus wichtigem Grund beendet werden können (vgl. § 314 BGB). Die Besonderheit des § 133 besteht darin, dass er aus Gründen des Verkehrsschutzes und der **Rechtssicherheit** anstelle einer einseitigen, empfangsbedürftigen Willenserklärung ein Gestaltungsurteil verlangt. § 133 verdrängt daher § 723 BGB (zu § 723 Abs. 1 S. 3 Nr. 2 BGB → Rn. 32 sowie → § 132 Rn. 20). Bei 1 dem Auflösungsrecht handelt es sich im System der Gesellschafterrechte um einen höchstpersönlichen, unentziehbaren, im Wege der Gestaltungsklage durchsetzbaren Schutzanspruch (vgl. *K. Schmidt,* Mehrseitige Gestaltungsprozesse, 1992, 21 ff.).

2 Dem **Anwendungsbereich** der Norm unterliegen die OHG, die KG (§ 161 Abs. 2) sowie die Partnerschaftsgesellschaft (§ 9 PartGG). § 133 gilt hingegen nicht für die GbR, auch nicht wenn sie unternehmenstragend ist; für sie bleibt es bei der Anwendung des § 723 BGB (Baumbach/Hopt/*Roth* Rn. 2; EBJS/*Lorz* Rn. 4; im Grundsatz auch Habersack/Schäfer/*C. Schäfer* Rn. 7; aA MüKoHGB/*K. Schmidt* Rn. 3).

3 § 133 konkurriert ideal mit **anderen Auflösungsgründen** (→ § 131 Rn. 8). Die Norm ist daher auch anwendbar, wenn die Gesellschaft bereits aufgelöst ist. Allerdings stellt sich in diesen Fällen die Frage nach dem Rechtsschutzbedürfnis in der Zulässigkeit der Auflösungsklage (→ Rn. 36).

4 Beim **Verhältnis des Auflösungsrechts zu anderen ähnlichen Rechtsbehelfen** ist zwischen der Konkurrenz- und der Tatbestandsebene zu unterscheiden. Auf Konkurrenzebene stehen Auflösungs- (§ 133), Kündigungs- und Austritts- (§ 131 Abs. 3 S. 1 Nr. 3, § 723 Abs. 1 S. 2 BGB iVm § 105 Abs. 3), Ausschließungs- (§ 140), Entziehungs- (§§ 117, 127) und Anpassungsrechte (→ § 105 Rn. 44, → § 105 Rn. 104 ff.) grundsätzlich nebeneinander. Auf Voraussetzungsseite kann jedoch in Fällen, in denen ein solches Recht existiert, das Vorliegen eines wichtigen Grundes zu verneinen sein, weil dem Gesellschafter ein gleichwertiger, aber weniger in das Kontinuitätsinteresse der übrigen Gesellschafter eingreifender Rechtsbehelf zur Verfügung steht (→ Rn. 11 ff.). Zu den Unterschieden zwischen § 133 und § 140 → § 140 Rn. 5 f. Schadensersatzansprüche bleiben von § 133 unberührt.

II. Materielle Voraussetzungen des Auflösungsanspruchs

5 **1. Gesellschaft.** § 133 setzt das Bestehen einer Gesellschaft voraus, die dem Anwendungsbereich der Vorschrift unterfällt (→ Rn. 2). Hierbei kann es sich auch um eine **fehlerhafte** Gesellschaft handeln (RG 13.11.1940, RGZ 165, 193 (200)). Zur **aufgelösten** Gesellschaft Rn. 3. Die Gesellschaft kann auf unbestimmte Zeit bzw. auf Lebenszeit (§ 134), aber auch für eine bestimmte Zeit eingegangen worden sein.

6 **2. Wichtiger Grund.** Weiterhin verlangt § 133 das Vorliegen eines wichtigen Grundes. Der Wortlaut des § 133 **(„kann")** ist insoweit ungenau. Liegt ein wichtiger Grund vor, *muss* das Gericht die Auflösung der Gesellschaft aussprechen; es hat kein Ermessen (allgA; RG 23.11.1928, RGZ 122, 312 (314); MüKoHGB/*K. Schmidt* Rn. 55; *Wertenbruch* in Westermann/Wertenbruch PersGes-HdB Rn. 1659).

7 **a) Begriff des wichtigen Grundes.** Wichtiger Grund ist jeder Umstand, der die **Fortsetzung der Gesellschaft** bis zum nächsten ordentlichen Auflösungs- oder Kündigungstermin **unzumutbar** macht (vgl. mit wechselnden Formulierungen BGH 15.9.1997, NJW 1998, 146; BGH 12.7.1982, BGHZ 84, 379 (383); BGH 12.5.1977, BGHZ 69, 160 (169); BGH 28.4.1975, WM 1975, 769 (770); BGH 11.7.1966, NJW 1966, 2160 (2161); BGH 18.11.1975, WM 1975, 329 (330 f.) (GbR); Baumbach/Hopt/*Roth* Rn. 5; EBJS/*Lorz* Rn. 6; KKRD/*Kindler* Rn. 2; MüKoHGB/*K. Schmidt* Rn. 11; RWH HGB/*Haas* Rn. 4; Habersack/Schäfer/*C. Schäfer* Rn. 10; Oetker/*Kamanabrou* Rn. 5 f.; *Wertenbruch* in Westermann/Wertenbruch PersGes-HdB Rn. 1640). Kann den Interessen des Gesellschafters mit Mitteln gedient werden, die nicht ebenso stark in den Bestand der Gesellschaft eingreifen, ist er vorrangig auf diese Mittel zu verweisen (**Verhältnismäßigkeitsprinzip,** BGH 12.5.1977, BGHZ 69, 160 (169); BGH 28.4.1975, WM 1975, 769 (770); BGH 27.10.1955, BGHZ 18, 350 (362); RG 25.5.1938, JW 1938, 2212 (2213); stRspr). All dies ist aufgrund einer **Interessenabwägung unter Einbeziehung aller Umstände des Einzelfalls** zu entscheiden (BGH 15.9.1997, NJW 1998, 146; BGH 12.7.1982, BGHZ 84, 379 (383); BGH 28.4.1975, WM 1975, 769 (770); BGH 29.1.1968, WM 1968, 430 (431); OLG Nürnberg 27.3.1958, WM 1958, 710 (713); BGH 18.11.1975, WM 1975, 329 (330 f.) (GbR); Oetker/*Kamanabrou* Rn. 6; BeckHdB PersGes/*Sauter* § 10 Rn. 21). Es handelt sich bei der Feststellung des wichtigen Grunds um eine auf die bisherigen Tatsachen gestützte Prognoseentscheidung, ob die Gesellschaft sinnvoll fortgesetzt werden kann (BGH 15.9.1997, NJW 1998, 146; EBJS/*Lorz* Rn. 6; MüKoHGB/*K. Schmidt* Rn. 12; *Wertenbruch* in Westermann/Wertenbruch PersGes-HdB Rn. 1640a). Dabei kommt es auf den **Zeitpunkt** der letzten mündlichen Verhandlung an (BGH 15.9.1997, NJW 1998, 146; RG 15.3.1902, RGZ 51, 89 (91); OLG Nürnberg 27.3.1958, WM 1958, 710 (713); abw. wohl auch nicht BGH 24.7.2000, NJW 2000, 3491 (3492) (GbR), in dem für die Beurteilung der Rechtsmissbräuchlichkeit der Kündigung grundsätzlich auf den Zeitpunkt der Kündigungserklärung, dh der Rechtsausübung, abgestellt wird). Das Nachschieben von Gründen ist im Falle des § 133 daher grundsätzlich unproblematisch (Habersack/Schäfer/*C. Schäfer* Rn. 15), kann aber als Klageänderung zu qualifizieren sein (→ Rn. 34). In der **Revisionsinstanz** ist die Überprüfung der tatrichterlichen Würdigung darauf beschränkt, ob der Tatrichter den Rechtsbegriff des wichtigen Grundes verkannt, das ihm eingeräumte Ermessen überschritten oder wesentliche Tatsachen außer Acht gelassen bzw. nicht vollständig gewürdigt hat (BGH 15.9.1997, NJW 1998, 146; BGH 12.12.1994, NJW 1995, 597 (§ 140)).

b) Allseitige Unzumutbarkeit der Fortsetzung der Gesellschaft. Erforderlich ist die Unzumutbarkeit der Fortsetzung der Gesellschaft. Gemeint ist hiermit die **allseitige Unzumutbarkeit** der Fortsetzung. Es muss also unzumutbar sein, die Gesellschaft (überhaupt) fortzuführen, die Kooperationsgrundlage muss entzogen, ein sinnvolles Zusammenwirken der Gesellschafter nicht zu erwarten sein (s. nur BGH 15.9.1997, NJW 1998, 146; BGH 11.7.1966, NJW 1966, 2160 (2161)). Ob ein Schaden eingetreten ist, spielt keine Rolle. Die *einseitige Unzumutbarkeit,* die Gesellschaft gerade mit bestimmten Gesellschaftern fortzuführen, führt zum Ausschlussrecht gem. § 140 (→ § 140 Rn. 5, → § 140 Rn. 11 ff.). 8

Für § 133 ist daher grundsätzlich unerheblich, wen das **Verschulden an der Zerrüttung** trifft (RG 1.2.1929, JW 1929, 1360 (1361); RG 22.2.1898, JW 1898, 203; RG 18.9.1889, RGZ 24, 136 (137); Heymann/*Emmerich* Rn. 4; MüKoHGB/*K. Schmidt* Rn. 25) und ob der wichtige Grund überhaupt schuldhaft herbeigeführt wurde (allgA, s. nur RG 18 9.1889, RGZ 24, 136 (137); BGH 18.11.1975, WM 1975, 329 (330) (GbR); Habersack/Schäfer/*C. Schäfer* Rn. 22), wenngleich das Verschulden des oder der Beklagten die Unzumutbarkeit der Fortsetzung fördert (BGH 28.4.1975, WM 1975, 769 (770) r. Sp.). Hat der Kläger die Zerrüttung des Vertrauensverhältnisses zu vertreten, führt dies nicht notwendig zum Ausschluss des Auflösungsrechts, es ist jedoch iRd Interessenabwägung zu berücksichtigen (→ Rn. 19). Der Grund für die Unzumutbarkeit kann auch in der Person oder sogar in dem Verhalten des Klägers selbst liegen (RG 18.9.1889, RGZ 24, 136 (137)). 9

Notwendig ist in jedem Fall eine Störung des **Gesellschaftsverhältnisses.** Private Sachverhalte können jedoch wichtige Gründe iSd § 133 begründen, wenn sie auf den Geschäftsbetrieb ausstrahlen, zB schwerwiegende Ehrverletzungen (BGH 9.11.1972, WM 1973, 11 (§ 140); → BGB § 723 Rn. 13). 10

c) Verhältnismäßigkeitsgrundsatz. Können die Interessen des Auflösung verlangenden Gesellschafters mit Mitteln befriedigt werden, die nicht ebenso stark in den Bestand der Gesellschaft eingreifen, ist er vorrangig auf diese Mittel zu verweisen. Als solche milderen Mittel kommen vor allem in Betracht: die Kündigung und der Austritt aus wichtigem Grund (§ 131 Abs. 3 S. 1 Nr. 3, § 723 Abs. 1 S. 2 BGB iVm § 105 Abs. 3), die Entziehung der Geschäftsführungsbefugnis und der Vertretungsmacht (§§ 117, 127), der Ausschluss aus wichtigem Grund (§ 140) sowie die Klage auf Anpassung des Gesellschaftsvertrags (→ § 105 Rn. 104 ff.). Auf all diese Behelfe ist der Gesellschafter nur zu verweisen, wenn sie ihm **zumutbar** sind (BGH 28.4.1975, WM 1975, 769 (770)). Dies setzt voraus, dass die alternativen Rechtsbehelfe das Lösungsinteresse des Gesellschafters ebenso befriedigen, dh wenn sie den wichtigen Grund iSd § 133 beheben und sich ohne wesentliche Schwierigkeiten durchsetzen lassen. Dies ist unter Berücksichtigung aller Umstände des Einzelfalls zu beurteilen. Grundsätzlich gilt: Je einschneidender der Auflösungsgrund, desto höher liegt die Zumutbarkeitsgrenze bei der Verhältnismäßigkeitsprüfung. 11

Bei **kapitalistischen Beteiligungen** kommt es iRd Verhältnismäßigkeitsprüfung maßgeblich auf die finanziellen Folgen der unterschiedlichen Rechtsbehelfe an, bei personalistischer Beteiligung können auch immaterielle Umstände die Unzumutbarkeit begründen (Habersack/Schäfer/*C. Schäfer* Rn. 13; BeckHdB PersGes/*Sauter* § 10 Rn. 28). Liegt der Auflösungsgrund in der **Person eines Gesellschafters,** kommt primär die Entziehung der Geschäftsführungsbefugnis oder Vertretungsmacht (§§ 117, 127) oder dessen Ausschluss in Betracht. Dies ist dem die Auflösung betreibenden Gesellschafter aber nur zumutbar, wenn hierdurch der wichtige Grund iSd § 133 behoben wird und die Durchsetzung der Ausschließung keine übermäßigen Schwierigkeiten bereitet (vgl. MüKoHGB/*K. Schmidt* Rn. 9; Habersack/Schäfer/*C. Schäfer* Rn. 13). Dabei ist es dem klagewilligen Gesellschafter grundsätzlich nicht zumutbar, zunächst die anderen Gesellschafter auf Zustimmung zur Ausschlussklage gem. § 140 zu verklagen (*Wertenbruch* in Westermann/Wertenbruch PersGes-HdB Rn. 1640e). 12

Die übrigen Gesellschafter können dem Auflösung verlangenden Gesellschafter auch ein **Austritts- und Abfindungs- oder Vertragsanpassungsangebot** unterbreiten, um die Auflösungsklage abzuwehren (vgl. BGH 28.4.1975, WM 1975, 769 (770)). Lehnt der kündigende Gesellschafter ein solches Angebot ab, obwohl es seine Lösungsinteressen befriedigt hätte, kann er sich grundsätzlich nicht mehr auf die Unzumutbarkeit der Fortsetzung berufen (BGH 27.10.1955, BGHZ 18, 350 (363 f.) (§ 140)). 13

d) Interessenabwägung. Die Interessenabwägung hängt von allen Umständen des jeweiligen Einzelfalls ab. Abzuwägen sind das **Auflösungsinteresse** des Klägers auf der einen und die **Fortsetzungsinteressen** der Beklagten auf der anderen Seite. Eine Rolle spielen vor allem die folgenden Kriterien: 14

– Die **Stellung des Auflösungsklägers in und zu der Gesellschaft,** dh ob er Zentral- oder Randfigur ist (EBJS/*Lorz* Rn. 7). **Frühere Verdienste** eines Gesellschafters können zumindest iRd Verhältnismäßigkeitsprüfung gegen die Auflösung und für einen alternativen Rechtsbehelf sprechen (BGH 23.1.1967, BGHZ 46, 392 (397) (§ 142 aF); BGH 30.11.1951, BGHZ 4, 108 (111, 122) (§ 142 aF)). 15

– Die **Dauer der Gesellschaft:** Jüngere Gesellschaften können leichter aufgelöst werden als ältere (BGH 17.2.1969, WM 1969, 526 (527); BGH 10.6.1996, NJW 1996, 2573 (GbR); BGH 18.11.1975, WM 1975, 329 (331) (GbR); MüKoHGB/*K. Schmidt* Rn. 12; RWH HGB/*Haas* Rn. 12; Habersack/Schäfer/*C. Schäfer* Rn. 19). 16

17 – Hiermit zusammenhängend die **Spezifität der bisherigen Gesellschafts- und Gesellschafterinvestitionen:** Je leichter die bisherigen Investitionen aus ihrem Zusammenhang gelöst werden können und je niedriger der Wertverlust hierbei ist, desto eher kommt eine Auflösung in Betracht (der Sache nach BGH 17.2.1969, WM 1969, 526 (527); BGH 29.1.1968, WM 1968, 430 (431); BGH 18.10.1965, WM 1966, 29 (31); BGH 18.11.1975, WM 1975, 329 (331) (GbR); zum ökonomischen Hintergrund dieses Gedankens *Richter/Furubotn,* Neue Institutionenökonomik, 4. Aufl. 2010, 195 ff.).

18 – Die **Art der Gesellschaft.** Dabei ist nicht nur die Realstruktur zu berücksichtigen, sondern auch die im Gesellschaftsvertrag zum Ausdruck kommenden Wertungen. In personalistischen Gesellschaften genießt das Kontinuitätsinteresse stärkeren Schutz als in kapitalistischen Gesellschaften, sodass die Gesellschafter verpflichtet sein können, über gewisse gesellschaftswidrige Verhaltensweisen hinwegzusehen und gegen sie mit weniger einschneidenden Maßnahmen vorzugehen (BGH 15.9.1997, NJW 1998, 146 (147); BGH 9.12.1968, BGHZ 51, 204 (206)). Andererseits kann ein Fehlverhalten bei verwandtschaftlichen Bindungen als besonders verwerflich erscheinen (BGH 15.9.1997, NJW 1998, 146 (147); BGH 9.12.1968, BGHZ 51, 204 (206) (§ 142 aF); BGH 30.11.1951, BGHZ 4, 108 (115) (§ 142 aF)). Dabei lassen sich die personalistischen Gesellschaften nach dem Grad der persönlichen Zusammenarbeit abstufen (BGH 10.6.1996, NJW 1996, 2573 (GbR); vgl. auch BGH 14.5.1952, BGHZ 6, 113 (116 f.): besonderes Bedürfnis nach vertrauensvoller Zusammenarbeit bei hochbetagten Kommanditisten). Vorfälle aus einer Zeit, in der die Gesellschaft eine andere, weniger auf persönliche Zusammenarbeit ausgerichtete Rechtsform hatte, sollten nur als Indiz für die aktuelle Unzumutbarkeit verwendet werden (weitergehend noch BGH 27.10.1955, BGHZ 18, 350 (365) (§ 140): keine Berücksichtigung von Vorfällen, als die Gesellschaft die Rechtsform einer AG hatte).

19 – Ob die **beklagten Gesellschafter** den wichtigen Grund **zu vertreten** haben. Zwar ist das Vertretenmüssen der Beklagten nicht notwendige Voraussetzung des Auflösungsrechts (→ Rn. 9). Das Verschulden des oder der Beklagten ist jedoch bei der Interessenabwägung zu berücksichtigen (BGH 28.4.1975, WM 1975, 769 (770)). Hat der **Kläger** die Zerrüttung des Vertrauensverhältnisses zu vertreten, führt dies zwar nicht notwendig zum Ausschluss des Auflösungsrechts, es macht die Fortsetzung jedoch eher zumutbar (BGH 15.9.1997, NJW 1998, 146 (147); RG 23.11.1928, RGZ 122, 312 (313); MüKoHGB/*K. Schmidt* Rn. 25; Habersack/Schäfer/*C. Schäfer* Rn. 22). Hat der Kläger den wichtigen Grund vorsätzlich herbeigeführt, kann sein Auflösungsrecht wegen **Rechtsmissbrauchs** ausgeschlossen sein (BGH 24.7.2000, NJW 2000, 3491 (3492) (GbR)). Ob Rechtsmissbrauch vorliegt, ist grundsätzlich zum Zeitpunkt der Wirksamkeit der Kündigungserklärung zu ermitteln, spätere Vorgänge haben allenfalls indizielle Bedeutung (BGH 24.7.2000, NJW 2000, 3491 (3492) (GbR)).

20 – Die **Aktualität der die Unzumutbarkeit begründenden Umstände:** Zwar ist das Recht zur Auflösung der Gesellschaft aus wichtigem Grund an keine Kündigungsfrist gebunden. Ältere, lange vor Klageerhebung liegende, sich nicht wiederholende und abgeschlossene Tatbestände reichen für sich genommen aber nicht als wichtiger Grund aus, wenn die Gesellschaft in Kenntnis der Umstände ungeachtet fortgesetzt wurde (BGH 14.6.1999, NJW 1999, 2820 (2821); BGH 28.6.1993, NJW-RR 1993, 1123 (1125); BGH 11.7.1966, NJW 1966, 2160 (2161); BGH 15.12.1958, LM Nr. 4 = WM 1959, 134 (136); RG 1.3.1935, JW 1935, 2490 (2491)). Es spricht dann eine tatsächliche Vermutung für einen nachträglichen, durch die spätere Entwicklung der gesellschaftlichen Beziehungen bedingten Wegfall des Kündigungsgrundes (vgl. BGH 11.7.1966, NJW 1966, 2160 (2161), wonach solche Gründe im Regelfall nicht länger als „einige Monate" praktische Bedeutung haben). Anwendbar ist die tatsächliche Vermutung nicht mehr anzunehmender Unzumutbarkeit wegen längeren Zuwartens bis zur Erhebung der Auflösungsklage auch bei einer Vielzahl von Verfehlungen, in deren Kumulation sich gerade der Auflösungsgrund manifestiert, wenn bis zur Klageerhebung seit der letzten vorgetragenen Verfehlung 18 Monate verstrichen sind (OLG Hamm 2.9.2013, BeckRS 2014, 10895). Um die Vermutung zu widerlegen, muss der Kläger Tatsachen darlegen und beweisen, aus denen sich ergibt, dass die Fortsetzung der Gesellschaft nichts mit einer Wiederherstellung der gesellschaftlichen Vertrauensgrundlage zu tun hatte, sondern anerkennenswerte gesellschaftliche oder persönliche Gesichtspunkte die Gründe dafür waren, dass es erst verspätet zur Kündigung kam (BGH 11.7.1966, NJW 1966, 2160 (2161)). Frühere Tatsachen können zur Begründung eines neuen wichtigen Grundes beitragen (RG 20.5.1898, RGZ 51, 89 (91)).

21 – Der **bis zur ordentlichen Kündigung oder Auflösung verbleibende Zeitraum** (BGH 10.6.1996, NJW 1996, 2573 (GbR)). Je kürzer dieser Zeitraum, desto eher ist dem Kläger die Fortsetzung der Gesellschaft zumutbar.

22 – Die **Folgen der Auflösung.** Hierbei kann insbesondere berücksichtigt werden, ob die Folgen der Auflösung sich unterschiedlich auf die Gesellschafter auswirken. Würde zB die Auflösung einer Zweipersonengesellschaft einen Gesellschafter erheblich begünstigen, den anderen erheblich benachteiligen, so ist dies bei der Verhältnismäßigkeitsprüfung zu berücksichtigen (BGH 29.1.1968, WM 1968, 430 (431 f.)).

23 **e) Fallgruppen.** Bei der Ordnung der Fallgruppen des § 133 wird üblicherweise zwischen gesellschafts- (→ Rn. 24 ff.) und gesellschafterbezogenen Gründen (→ Rn. 27 ff.) differenziert (s. auch § 140 Abs. 1 S. 1; abw. Habersack/Schäfer/*C. Schäfer* Rn. 17: interne und äußere Umstände sowie solche, die den Vertrag fehlerhaft machen).

24 **aa) Gesellschaftsbezogene Gründe.** Die **Fehlerhaftigkeit der Gesellschaft** ist per se ein Auflösungsgrund iSd § 133 (BGH 30.3.1967, BGHZ 47, 293 (300); inzident BGH 24.1.1974, WM 1974, 318 (319); s. ferner Baumbach/Hopt/*Roth* Rn. 2; diff. *K. Schmidt* AcP 186 (1986), 421 (441 f.); MüKoHGB/*K. Schmidt* Rn. 15; Oetker/*Kamanabrou* Rn. 12). Die Auflösungsklage steht allerdings, wie jedes Gesellschafterrecht, unter dem Vorbehalt der Treuepflichten und des Rechtsmissbrauchseinwands. Dieser Vorbehalt führt zum Ausschluss des Auflösungsrechts, wenn der Gesellschafter verpflichtet wäre, einer den Mangel heilenden Vertragsänderung zuzustimmen (*Wiedemann* WM-Beil. Heft 8/1990, 28; *C. Schäfer,* Fehlerhafter Verband, 2002, 179; Habersack/Schäfer/*C. Schäfer* Rn. 38). Beim fehlerhaften Beitritt besteht hingegen regelmäßig nur ein Austrittsrecht aus wichtigem Grund (→ § 132 Rn. 19). Der Gesellschafter hat sich hierbei ausdrücklich auf den Mangel des fehlerhaften Beitritts als Kündigungsgrund zu berufen (BGH 23.7.2013, NZG 2013, 1060 (1061); → BGB § 705 Rn. 37).

25 Zur Auflösung berechtigt außerdem die **Unerreichbarkeit des Gesellschaftszwecks** (BGH 12.5.1977, BGHZ 69, 160 (162); EBJS/*Lorz* Rn. 19; MüKoHGB/*K. Schmidt* Rn. 16; Habersack/Schäfer/*C. Schäfer* Rn. 35; Oetker/*Kamanabrou* Rn. 12). Der Zweck ist unerreichbar, wenn die Weiterverfolgung des Zwecks sinnlos erscheint (Habersack/Schäfer/*C. Schäfer* Rn. 36 f.; MüKoHGB/*K. Schmidt* Rn. 16). Im Falle des § 133 ist dies vor allem die dauerhafte Unrentabilität der Gesellschaft (vgl. BGH 17.12.1959, NJW 1960, 434; Habersack/Schäfer/*C. Schäfer* Rn. 37), wobei auch hier stets die Umstände des Einzelfalls zu berücksichtigen sind (RG 28.1.1927, JW 1927, 1350 (1351); Habersack/Schäfer/*C. Schäfer* Rn. 36 f.; MüKoHGB/*K. Schmidt* Rn. 17 f.). Bei der Verwaltungsgesellschaft nach § 105 Abs. 2 kommt es auf den Fortfall des Verwaltungszwecks an.

26 Bei den unter § 133 fallenden Gesellschaften ist die **Erreichung des Gesellschaftszwecks** nicht denkbar, da es sich bei ihnen grundsätzlich nicht um Gelegenheitsgesellschaften handelt (BGH 12.5.1977, BGHZ 69, 160 (162); Habersack/Schäfer/*C. Schäfer* Rn. 35; MüKoHGB/*K. Schmidt* Rn. 16; EBJS/*Lorz* Rn. 19; diff. *Wertenbruch* in Westermann/Wertenbruch PersGes-HdB Rn. 1654).

27 **bb) Gesellschafterbezogene Gründe.** Die gesellschafterbezogenen Gründe lassen sich in solche, die im Verhalten eines oder mehrerer Gesellschafter begründet sind, und in nicht verhaltensbezogene Gründe unterteilen.

28 **(1) Verhaltensbezogene Gründe.** Als Bsp. eines verhaltensbezogenen Auflösungsgrundes nennt § 133 Abs. 2 Alt. 1 die vorsätzliche oder grob fahrlässige Verletzung einer wesentlichen Vertragspflicht. Es handelt sich hierbei aber nur um einen vom Gesetzgeber als typisch herausgegriffenen Fall, in dem auch die übrigen Voraussetzungen des § 133 vorliegen müssen (Habersack/Schäfer/*C. Schäfer* Rn. 11) – insbesondere die des Verhältnismäßigkeitsgrundsatzes (→ Rn. 11 ff.) und der Interessenabwägung (→ Rn. 14 ff.). Umgekehrt ist das in § 133 Abs. 2 genannte Beispiel nicht der einzige Fall eines verhaltensbezogenen Auflösungsgrundes.

29 Die **Voraussetzungen** der verhaltensbezogenen wichtigen Gründe sind identisch mit denen des § 723 BGB. Insoweit sei auf die Ausführungen in → BGB § 723 Rn. 12 f. verwiesen. Wesentliche verhaltensbezogene Gründe können zB liegen in groben Verletzungen des Wettbewerbsverbots (BGH 3.2.1997, NJW-RR 1997, 925 (§ 140); OLG München 4.12.1998, NZG 1999, 591 (593) (§ 140); s. aber vorrangig §§ 112 f., 140), der Pflicht zum Schutz von Geschäftsgeheimnissen und zur Bewahrung des Betriebsfriedens (BGH 30.11.1951, BGHZ 4, 108 (120 f.) (§ 142 aF)), bei strafbarem Verhalten, etwa der Veruntreuung und Unterschlagung von Gesellschaftsvermögen (BGH 14.6.1999, NJW 1999, 2820 (2821) (§ 140); BGH 14.5.1952, BGHZ 6, 113 (116 f.)) zu hohen Entnahmen oder der Finanzierung eigener Prozesse durch die Gesellschaft (BGH 23.2.1981, BGHZ 80, 346 (350)).

30 **(2) Nicht verhaltensbezogene Gründe.** Daneben können auch nicht im Verhalten der Gesellschafter begründete Umstände einen wichtigen Grund iSd § 133 darstellen. Auch insoweit gelten grundsätzlich die Ausführungen zu § 723 BGB (→ BGB § 723 Rn. 14). Ein vom Verhalten des Gesellschafters unabhängiger, aber dennoch auf ihn bezogener Auflösungsgrund ist etwa **Unmöglichkeit der Erfüllung einer gesellschaftsrechtlichen Pflicht.** Auch hier kommt es darauf an, inwieweit dieser Umstand die Erreichung des Gesellschaftszwecks stört und ob mildere Mittel in Betracht kommen, etwa die Änderung der Beitragspflicht oder der Ausschluss des Gesellschafters. Ob der Gesellschafter die Unmöglichkeit zu vertreten hat, ist unerheblich (→ Rn. 9), insbesondere kann auch die krankheitsbedingte Unmöglichkeit der Pflichterfüllung einen Auflösungsgrund darstellen (RG 21.11.1922, RGZ 105, 376; RG 30.9.1930, DJZ 1931, 432 (433)). Keine Rolle spielt, ob bereits ein Schaden eingetreten ist. Art. 48 Abs. 2 S. 1 GG steht der Auflösung der Gesellschaft nicht per se entgegen (BGH 2.5.1985, BGHZ 94, 248 (250 ff.)).

31 Weitere nicht verhaltensbezogene wichtige Gründe können sein: der **Verlust der Kreditwürdigkeit,** ohne dass es auf die Eröffnung eines Insolvenzverfahrens (§ 131 Abs. 1 Nr. 3) ankommt (Haber-

sack/Schäfer/*C. Schäfer* Rn. 29), der Verlust an Ansehen oder Glaubwürdigkeit, zB aufgrund strafrechtlicher Verurteilungen, der **Verlust geistiger Fähigkeiten** sowie die dauerhafte **Krankheit.** Auch in diesen Fällen müssen freilich sämtliche allgemeine Voraussetzungen des wichtigen Grundes – insbesondere die Verhältnismäßigkeit der Auflösung sowie die Interessenabwägung im Einzelfall – erfüllt sein. Beim Verlust geistiger Fähigkeiten und dauerhafter Krankheit ist vorrangig an die Einsetzung eines Betreuers oder Pflegers zu denken (RG 3.6.1932, JW 1933, 98 Nr. 2), subsidiär hierzu an den Ausschluss des Gesellschafters (Habersack/Schäfer/*C. Schäfer* Rn. 29).

32 Der **Eintritt der Volljährigkeit** ist für sich genommen kein wichtiger Grund, § 133 verdrängt § 723 Abs. 1 S. 3 Nr. 2 BGB; die Volljährigkeit begründet an sich nur ein außerordentliches Austrittsrecht des nunmehr Volljährigen (sehr str., → § 132 Rn. 20).

33 **3. Zustimmung Dritter.** Das Auflösungsrecht ist höchstpersönliches Individualrecht des Gesellschafters und daher grundsätzlich nicht von der Zustimmung Dritter (Pfandgläubiger, Vormundschaftsgericht, Nacherbe etc) abhängig. Etwas anderes gilt für die Zustimmung des **Ehegatten** gem. § 1365 BGB, wenn die Beteiligung an der Gesellschaft das „ganze Vermögen" iSd § 1365 BGB ausmacht, denn die Auflösung ist mangels richterlichen Ermessens bei Vorliegen eines wichtigen Grundes einer Verfügung iSd § 1365 BGB zumindest gleichzustellen (EBJS/*Lorz* Rn. 31; vgl. auch OLG Hamburg 9.1.1970, NJW 1970, 952; aA Habersack/Schäfer/*C. Schäfer* Rn. 43; *Wertenbruch* in Westermann/Wertenbruch PersGes-HdB Rn. 1631g).

III. Die Auflösungsklage

34 **1. Allgemeines.** Bei der Auflösungsklage nach § 133 handelt es sich um eine auf die Auflösung, dh Änderung des Gesellschaftsvertrags, gerichtete **Gestaltungsklage** (s. nur RWH HGB/*Haas* Rn. 17). Sie kann auch als Widerklage erhoben werden, zB gegenüber der Ausschließungsklage der übrigen Gesellschafter gem. § 140 (*Wertenbruch* in Westermann/Wertenbruch PersGes-HdB Rn. 1657). Denkbar ist auch, dass der wichtige Grund ausnahmsweise gegenüber anderen Ansprüchen der Gesellschafter unter dem Gesichtspunkt der unzulässigen Rechtsausübung eingewandt wird (RG 5.1.1926, RGZ 112, 280 (283); diff. Habersack/Schäfer/*C. Schäfer* Rn. 47). Zur Auflösung der Gesellschaft führt diese Art der Geltendmachung aber nicht (EBJS/*Lorz* Rn. 36). **Streitgegenstand** ist die Auflösung der Gesellschaft aufgrund des vorgetragenen Sachverhalts. In der völligen Auswechslung der Klagegründe liegt daher eine **Klageänderung** iSd §§ 263 f. ZPO (RG 26.2.1938, JW 1938, 1392 (1393)).

35 **2. Zuständigkeit.** Die **sachliche Zuständigkeit** richtet sich nach den allgemeinen Regeln. Grundsätzlich zuständig ist das Landgericht (§ 71 GVG), und zwar die Kammer für Handelssachen (§ 95 Abs. 1 Nr. 4a GVG), ausnahmsweise das Amtsgericht (§ 23 GVG). Der Streitwert bestimmt sich nach dem Interesse des Klägers an der Auflösung der Gesellschaft, das wiederum von seiner Beteiligung abhängt, aber auch nach anderen Gesichtspunkten bestimmt werden kann (OLG Köln 22.6.1982, ZIP 1982, 1006 = BB 1982, 1384; RG 27.4.1901, JW 1901, 395). Für die Klage besteht kein ausschließlicher **Gerichtsstand.** Sie kann daher eingereicht werden beim Gerichtsstand der Gesellschaft (§ 22 ZPO) oder der beklagten Gesellschafter (§§ 12, 13 ZPO).

36 **3. Kläger und Beklagte. Kläger** ist der die Auflösung verlangende Gesellschafter. Er macht ein eigenes Recht geltend (Rn. 1). Klagebefugt sind nur Gesellschafter, nicht aber Dritte, zB Nießbraucher, Unterbeteiligte oder stille Gesellschafter. Treuhänderischer Erwerb reicht für die Stellung als Gesellschafter grundsätzlich aus (BGH 15.4.1966, NJW 1966, 1459 (AG); 15.4.1957, BGHZ 24, 119 (124) (GmbH)). Klagen mehrere Gesellschafter, sind sie notwendige Streitgenossen gem. § 62 Abs. 1 Fall 1 ZPO (MüKoHGB/*K. Schmidt* Rn. 47; Habersack/Schäfer/*C. Schäfer* Rn. 51; *Lüke* JuS 1998, 594; aA noch BGH 15.9.1959, BGHZ 30, 195 (197): § 62 Abs. 1 Fall 2 ZPO). Das **Rechtsschutzbedürfnis** kann fehlen, wenn die Gesellschaft bereits aufgelöst ist. Doch sollte man dies erst bejahen, wenn die Auflösung unter sämtlichen Gesellschaftern unstreitig ist (EBJS/*Lorz* Rn. 5; RWH HGB/*Haas* Rn. 3). **Scheidet** der **Kläger** während des Prozesses **aus der Gesellschaft aus,** ist die Klage als unbegründet abzuweisen (EBJS/*Lorz* Rn. 32; Oetker/*Kamanabrou* Rn. 15); § 265 ZPO ist nicht anwendbar (Habersack/Schäfer/*C. Schäfer* Rn. 61).

37 **Beklagte** sind grundsätzlich alle anderen Gesellschafter, nicht aber die Gesellschaft (BGH 15.9.1997, NJW 1998, 146; BGH 15.9.1959, BGHZ 30, 195 (197); EBJS/*Lorz* Rn. 33; *Wertenbruch* in Westermann/Wertenbruch PersGes-HdB Rn. 1632). Nicht verklagt zu werden brauchen die Gesellschafter, die verbindlich in die Auflösung eingewilligt und hierdurch erklärt haben, das Ergebnis des Prozesses gegen sich gelten lassen zu wollen (stRspr, BGH 15.9.1997, NJW 1998, 146; BGH 13.1.1958, NJW 1958, 418 (419); EBJS/*Lorz* Rn. 33; RWH HGB/*Haas* Rn. 17; Habersack/Schäfer/*C. Schäfer* Rn. 52 f.; aA *K. Schmidt,* Mehrseitige Gestaltungsprozesse, 1992, 70 ff.; *H. Roth* FS Großfeld, 1999, 915 (926 f.)). Fehlt es an einer solchen wirksamen Einwilligung des nicht am Rechtsstreit beteiligten Gesellschafters, ist ein gleichwohl ergangenes Urteil wirksam, es liegt jedoch ein Wiederaufnahmegrund gem. § 579 Abs. 1 Nr. 4 ZPO vor (*Häsemeyer* ZZP 101 (1988), 385 (406); zust. Habersack/Schäfer/*C. Schäfer*

Rn. 53). Mehrere Beklagte sind notwendige Streitgenossen aus materiell-rechtlichen Gründen (§ 62 Abs. 1 Fall 2 ZPO; BGH 15.9.1959, BGHZ 30, 195 (197); EBJS/*Lorz* Rn. 33). **Scheidet ein beklagter Gesellschafter aus,** so ist die Klage gegen diesen Gesellschafter als unzulässig abzuweisen, wenn der Kläger sie nicht insoweit zurücknimmt oder für erledigt erklärt (MüKoHGB/*K. Schmidt* Rn. 49; EBJS/*Lorz* Rn. 34; Habersack/Schäfer/*C. Schäfer* Rn. 61; Oetker/*Kamanabrou* Rn. 16). Im Falle der **Anteilsveräußerung** durch einen Beklagten ist § 265 ZPO analog anwendbar, sodass der Prozess gegen den Veräußerer fortgesetzt werden kann (MüKoHGB/*K. Schmidt* Rn. 49; EBJS/*Lorz* Rn. 34; aA *Wertenbruch* in Westermann/Wertenbruch PersGes-HdB Rn. 1638).

4. Klageantrag. Der Klageantrag ist darauf gerichtet, die Gesellschaft für aufgelöst zu erklären 38 (MüKoHGB/*K. Schmidt* Rn. 51; Habersack/Schäfer/*C. Schäfer* Rn. 55). Der Antrag kann mit Hilfsanträgen verbunden werden – etwa auf Ausschließung von Gesellschaftern (§ 140) oder die Entziehung der Geschäftsführungsbefugnis (§ 117).

5. Urteil und Rechtskraft. Mit dem stattgebenden Urteil spricht das Gericht die **Auflösung** der 39 Gesellschaft aus. Die Gesellschaft ist gem. § 131 Abs. 1 Nr. 4 mit der formellen Rechtskraft des Urteils aufgelöst (RG 21.1.1929, RGZ 123, 151 (153)). Das Gericht kann die Auflösung im Tenor auf Antrag auf einen späteren Zeitpunkt hinausschieben (MüKoHGB/*K. Schmidt* Rn. 55; RWH HGB/*Haas* Rn. 20). Bei seiner Entscheidung ist das Gericht an die Anträge gebunden (§ 308 ZPO). Es kann daher zB nicht die Entziehung der Geschäftsführungsbefugnis, einen Gesellschafterausschluss oder eine Vertragsänderung aussprechen, gleichwohl als Vergleich vorschlagen (Habersack/Schäfer/*C. Schäfer* Rn. 14). Zum fehlenden Entscheidungsermessen über die Auflösung → Rn. 6. Die Entscheidung kann nur hinsichtlich der Kosten für **vorläufig vollstreckbar** erklärt werden (RG 11.3.1924, JW 1924, 1179 (1179 f.); Heymann/*Emmerich* Rn. 18).

Das materiell rechtskräftige Urteil stellt die der Auflösung zugrunde liegenden Tatsachen verbindlich 40 zwischen den Parteien fest (*Ulmer* FS Geßler, 1971, 269 (272 f.); MüKoHGB/*K. Schmidt* Rn. 61). Die **materielle Rechtskraft** des abweisenden Urteils ist abhängig von den Entscheidungsgründen des Urteils (s. allg. nur Zöller/*Vollkommer* ZPO Vor § 322 Rn. 31). Wird die Klage mangels Vorliegens eines wichtigen Grundes abgewiesen, so wird das Nichtvorliegen der vorgetragenen Ausschlussgründe festgestellt. Dies schließt es nicht aus, eine zweite Auflösungsklage auf andere Tatsachen zu stützen, selbst wenn diese bereits zur Zeit der Klageabweisung vorlagen (MüKoHGB/*K. Schmidt* Rn. 61).

6. Einstweiliger Rechtsschutz. Einstweilige Verfügungen auf Auflösung der Gesellschaft sind un- 41 zulässig, da sie **unumkehrbare Rechtsfolgen** haben (allgA Habersack/Schäfer/*C. Schäfer* Rn. 63; *Wertenbruch* in Westermann/Wertenbruch PersGes-HdB Rn. 1660). Zulässig sind hingegen solche einstweiligen Verfügungen, welche auf die Sicherung einer möglichen Auflösung gerichtet sind, zB einstweilige Entziehungen der Geschäftsführungsbefugnis und Vertretungsmacht etc (MüKoHGB/*K. Schmidt* Rn. 57; Habersack/Schäfer/*C. Schäfer* Rn. 63).

7. Beweislast. Der Kläger trägt die Beweislast für die seinen Auflösungsanspruch begründenden 42 Tatsachen. Hierzu gehört vor allem das Vorliegen eines **wichtigen Grundes** (EBJS/*Lorz* Rn. 38; Heymann/*Emmerich* Rn. 18; MüKoHGB/*K. Schmidt* Rn. 54). Dies gilt grundsätzlich auch für die Voraussetzungen der Verhältnismäßigkeit. Soweit es um die Voraussetzung geht, dass dem Kläger kein zumutbares milderes Mittel zur Verfügung steht, sollte man ihm allerdings mit den allgemeinen Grundsätzen über die **Darlegungs- und Beweislast bei negativen Tatsachen** helfen. Der Kläger muss daher nicht jede denkbare Möglichkeit eines milderen Mittels widerlegen, sondern in erster Linie den dahingehenden Beklagtenvortrag (allgemein dazu etwa die Rspr. zur Voraussetzung „ohne rechtlichen Grund" iSd § 812 BGB: BGH 14.7.2003, NJW-RR 2004, 556; 5.2.2003, BGHZ 154, 5 = NJW 2003, 1449; 18.5.1999, NJW 1999, 2887). Für die Frage der Zumutbarkeit dieses milderen Mittels bleibt es bei der ursprünglichen Verteilung der Beweislast.

IV. Abweichende Vereinbarungen

§ 133 Abs. 3 bestimmt: Eine Vereinbarung, durch welche das Recht des Gesellschafters, die Auf- 43 lösung der Gesellschaft zu verlangen, ausgeschlossen oder diesen Vorschriften zuwider beschränkt wird, ist nichtig. Die Parteien können daher von § 133 abweichende Vereinbarungen treffen; sie dürfen jedoch **nicht** das Recht jedes Gesellschafters, unter den Voraussetzungen des § 133 Abs. 1 und 2 die Auflösung der Gesellschaft im Wege der Gestaltungsklage zu verlangen, **ausschließen oder einschränken.** Abweichende Vereinbarungen können sich auf den wichtigen Grund, die Durchsetzung der Auflösung, deren Rechtsfolgen oder die Gewährung zusätzlicher Rechte beziehen.

1. Wichtiger Grund. Definitionen von wichtigen Gründen verstoßen nicht gegen § 133 Abs. 3, 44 soweit sie den Begriff des wichtigen Grundes iSv § 133 Abs. 1 erweitern (RG 22.10.1937, JW 1938, 521 (522)) oder klarstellen. **Einschränkungen** – nicht nur „unzumutbare" (missverständlich die üblicherweise verwandte Formulierung, zB RG 22.10.1937, JW 1938, 521; Habersack/Schäfer/*C. Schä-*

fer Rn. 70; EBJS/*Lorz* Rn. 44; wie hier KKRD/*Kindler* Rn. 4) – sind gem. § 133 Abs. 3 nichtig. Allerdings wird man Vereinbarungen, die bestimmte als wichtige Gründe iSd § 133 Abs. 1 zu qualifizierende Sachverhalte als Auflösungsgründe ausschließen, im Wege der Vertragsauslegung oder Umdeutung (§ 140 BGB) als Dokumentationen eines gemeinsamen Kontinuitätsinteresses deuten und daher ohne Verstoß gegen § 133 Abs. 3 iRd Zumutbarkeitsprüfung berücksichtigen, denn diese orientiert sich ja ua an der im Vertrag zum Ausdruck kommenden Struktur der Gesellschaft (→ Rn. 18; iErg ganz hM, EBJS/*Lorz* Rn. 44; MüKoHGB/*K. Schmidt* Rn. 68; Habersack/Schäfer/*C. Schäfer* Rn. 70). Dabei ist zu bedenken, dass sich diese Bekundungen auf den Zeitpunkt der Abrede beziehen (EBJS/*Lorz* Rn. 44), sie haben also umso geringeres Gewicht, je länger die Vereinbarung zurückliegt.

45 **2. Durchsetzung der Auflösung.** Auch für Vertragsbestimmungen über die Durchsetzung der Auflösung gilt: Sie dürfen das Auflösungsrecht nur erleichtern, nicht jedoch beschränken. Unzulässig wären etwa Klauseln, welche die Auflösung nach § 133 an die Zustimmung Dritter binden (einschr. Habersack/Schäfer/*C. Schäfer* Rn. 78) oder vom Ablauf einer Kündigungsfrist abhängig machen.

46 Grundsätzlich zulässig ist hingegen die Ersetzung der Gestaltungsklage des § 133 durch ein **Kündigungsrecht** nach dem Vorbild des § 723 Abs. 1 S. 2 BGB, denn hierdurch wird die Durchsetzung der Auflösung erleichtert (BGH 30.3.1967, BGHZ 47, 293 (302); BGH 17.12.1959, BGHZ 31, 295 (300)). Sie tritt mit Zugang der Kündigung bei den übrigen Gesellschaftern ein. Zutreffend wird jedoch darauf hingewiesen, dass eine eventuell vorhandene Abfindungsvereinbarung in diesem Fall nicht hinter dem zurückbleiben darf, was der Gesellschafter nach §§ 133, 145 ff. erhalten würde. Doch ist dieser Gefahr zunächst durch eine Korrektur der Abfindungsregelung entgegenzuwirken, nicht durch die Nichtigkeit der gesamten Vereinbarung (MüKoHGB/*K. Schmidt* Rn. 70). Wird auch für das Kündigungsrecht der Rechtsweg ausgeschlossen, liegt ein Verstoß gegen § 133 Abs. 3 vor, denn hiernach muss die Auflösung der Gesellschaft zumindest auf dem Rechtsweg geltend gemacht werden können (inzident BGH 17.12.1959, BGHZ 31, 295 (299)).

47 Zulässig ist eine Regelung, wonach die Klage nicht gegen die Gesellschafter, sondern nur **gegen die Gesellschaft zu richten** ist (so für die Klage auf Feststellung der Beteiligung an der Gesellschaft BGH 30.4.1984, BGHZ 91, 132 (133); für die Klage gegen den Ausschließungsbeschluss BGH 11.12.1989, NJW-RR 1990, 474 (475); für § 133 s. Habersack/Schäfer/*C. Schäfer* Rn. 50). Bei **Publikumsgesellschaften** wird man im Zweifel auch ohne ausdrückliche Vereinbarung von einer solchen Regelung ausgehen können (EBJS/*Lorz* Rn. 35).

48 Die Gesellschafter können auch vereinbaren, dass ein **Schiedsgericht** für den Auflösungsstreit zuständig ist. In diesem Fall spricht das Schiedsgericht mit gestaltender Wirkung die Auflösung der Gesellschaft aus (RG 22.5.1909, RGZ 71, 254 (256); BayObLG 24.2.1984, WM 1984, 809 (810) (GmbH); *Becker* ZZP 97 (1984), 314 (319 f.); *Vollmer* BB 1984, 1774; *Wertenbruch* in Westermann/Wertenbruch PersGes-HdB Rn. 1661). Diese Wirkung tritt mit der Vollstreckbarkeitserklärung des Schiedsspruchs gem. § 1060 ZPO ein.

49 **3. Rechtsfolgen der Auflösung.** Die Rechtsfolgen der Auflösung können grundsätzlich modifiziert werden, doch auch hierdurch darf das Recht, gem. § 133 Abs. 1 die Auflösung der Gesellschaft zu verlangen, **nicht mittelbar beschränkt** werden. Unzulässig sind daher Abfindungsklauseln, die hinter dem zurückbleiben, was der Gesellschafter gem. §§ 133, 145 ff., 155 erhalten würde (→ BGB § 738 Rn. 16 ff.).

50 Ähnliches gilt für Vereinbarungen, wonach die Gesellschaft im Falle der Auflösung nach § 133 unter den verbleibenden Gesellschaftern fortgesetzt wird **(Fortsetzungsklauseln).** Sie sind zulässig (EBJS/*Lorz* Rn. 48; MüKoHGB/*K. Schmidt* Rn. 70 f.; MHdB GesR I/*Butzer/Knof* § 83 Rn. 35; RWH HGB/*Haas* Rn. 22; Habersack/Schäfer/*C. Schäfer* Rn. 76), ihre Abfindungsregelung darf jedoch nicht hinter dem zurückbleiben, was der Gesellschafter im Falle der Liquidation erhalten würde (EBJS/*Lorz* Rn. 48; MüKoHGB/*K. Schmidt* Rn. 71; Habersack/Schäfer/*C. Schäfer* Rn. 76).

51 **4. Zusätzliche Rechte.** Unproblematisch sind Bestimmungen, die dem Gesellschafter unter den Voraussetzungen des § 133 Abs. 1 zusätzliche Rechte gewähren, insbesondere das Recht, durch einseitige Gestaltungserklärung aus der Gesellschaft auszutreten (BGH 17.12.1959, BGHZ 31, 295 (300); BGH 3.10.1957, LM § 140 Nr. 6 = WM 1957, 1406). Solche Bestimmungen haben mittelbare Auswirkungen auf die Auflösung nach § 133 Abs. 1, da die Rechte als mildere Mittel iSd Verhältnismäßigkeitsprüfung zu beachten sind. Dies verstößt auch nicht gegen § 133 Abs. 3, da der Gesellschafter auf ein milderes Mittel nur verwiesen werden darf, wenn seinen Interessen hierdurch voll gedient ist (→ Rn. 11).

[Gesellschaft auf Lebenszeit; fortgesetzte Gesellschaft]

134 **Eine Gesellschaft, die für die Lebenszeit eines Gesellschafters eingegangen ist oder nach dem Ablaufe der für ihre Dauer bestimmten Zeit stillschweigend fortgesetzt wird, steht im Sinne der Vorschriften der §§ 132 und 133 einer für unbestimmte Zeit eingegangenen Gesellschaft gleich.**

I. Allgemeines

§ 134 stellt die auf Lebenszeit eines Gesellschafters eingegangene Gesellschaft im Hinblick auf das ordentliche Kündigungsrecht (§ 132) und das Auflösungsrecht (§ 133) einer für unbestimmte Zeit eingegangenen Gesellschaft gleich. Die Norm ist damit Parallelvorschrift zu § 724 BGB. Ihr **Zweck** ist der Schutz der Gesellschafter einer auf Lebenszeit geschlossenen Gesellschaft. Diese Gesellschafter sollen davor bewahrt werden, sich zu lang an die Gesellschaft zu binden. Dieses Bedürfnis nach sanft-paternalistischem Schutz vor der eigenen Entscheidung erkannte bereits der Gesetzgeber des ADHGB (hierzu MüKoHGB/*K. Schmidt* Rn. 3). Heute lässt es sich zusätzlich auf die Ergebnisse der Kognitionspsychologie zum Phänomen des **übersteigerten Optimismus** stützen (grundlegend *Irwin* 21 Journal of Personality 329 (1953); *Weinstein* 39 Journal of Personality & Social Psychology 806 (1980); zusf. *Klöhn,* Kapitalmarkt, Spekulation und Behavioral Finance, 2006, 116 f. mwN). Selbst vollständig informierte Menschen tendieren systematisch dazu, sich die Zukunft zu rosig zu malen, und unterschätzen daher das Bedürfnis nach künftigen Lösungsrechten. Hier hilft § 134. 1

In dogmatischer Hinsicht dient § 134 einerseits als **Umdeutungs-,** andererseits als **Auslegungsregel.** Haben die Parteien die Gesellschaft ausdrücklich auf Lebenszeit geschlossen, behandelt sie das Gesetz gem. § 134 Alt. 1 so, als hätten sie die Gesellschaft für unbestimmte Zeit eingegangen (Umdeutung, genauer: geltungserhaltende Reduktion). Setzen die Gesellschafter die Gesellschaft nach dem Ablauf der ursprünglich für ihre Dauer bestimmten Zeit stillschweigend fort, vermutet § 134 Alt. 2, dass sie die Gesellschaft für unbestimmte Zeit fortsetzen wollen. 2

Dem **Anwendungsbereich** des § 134 unterfallen die OHG, die KG (§ 161 Abs. 2) – und zwar sowohl hinsichtlich der Komplementäre als auch der Kommanditisten –, die Stille Gesellschaft (§ 234 Abs. 1 S. 1), die Partnerschaftsgesellschaft (§ 9 Abs. 1 PartGG) und die EWIV (§ 1 EWIVAG). Als Auslegungsregel ist § 134 **nicht zwingend.** Schließen die Gesellschafter § 134 aus, dh vereinbaren sie eine Gesellschaft auf Lebenszeit ohne ordentliches Kündigungsrecht und Auflösungsrecht aus wichtigem Grund, so scheitert diese Abrede jedoch im Hinblick auf die Kündigung an §§ 138 BGB, 723 Abs. 3 BGB, § 105 Abs. 3 und im Hinblick auf das Auflösungsrecht an § 133 Abs. 3 (vgl. MüKoHGB/*K. Schmidt* Rn. 8). 3

II. Gesellschaft auf Lebenszeit

Gemäß § 134 Alt. 1 gilt eine Gesellschaft, die für die Lebenszeit eines Gesellschafters geschlossen ist, als für unbestimmte Zeit eingegangen, soweit es um die aus §§ 132, 133 folgenden Rechte geht. Diese Alternative ist grundsätzlich ebenso auszulegen wie § 724 S. 1 BGB (→ BGB § 724 Rn. 2, → BGB § 724 Rn. 4). Entgegen dem missverständlichen Wortlaut der Norm kommt es nicht darauf an, ob die Gesellschaft als ganze auf Lebenszeit geschlossen wurde. Vielmehr ist die Frage nach der Bindungsdauer für **jeden Gesellschafter gesondert** zu bestimmen (MüKoHGB/*K. Schmidt* Rn. 12). Allein dies entspricht dem Schutzzweck des § 134 (→ Rn. 1). Die freie Übertragbarkeit der Anteile steht der Anwendung des § 134 nicht entgegen. Auf Rechtsfolgenseite wird die auf Lebenszeit eingegangene Gesellschaft im Hinblick auf das ordentliche Kündigungsrecht (§ 132) und Auflösungsrecht (§ 133) ebenso behandelt wie eine für unbestimmte Zeit eingegangene Gesellschaft (s. die Ausführungen zu §§ 132, 133 → § 132 Rn. 1 ff. und → § 133 Rn. 1 ff.). 4

III. Fortsetzung einer auf bestimmte Zeit eingegangenen Gesellschaft

Wird die für eine bestimmte Zeit eingegangene Gesellschaft (→ § 132 Rn. 5 ff.) nach dem Ablauf der für ihre Dauer bestimmten Zeit stillschweigend fortgesetzt, so vermutet § 134, dass die Gesellschaft für unbestimmte Zeit eingegangen ist. Voraussetzung ist, dass die Gesellschaft gerade wegen der Befristung aufgelöst wurde. Wird eine zeitlich befristete Gesellschaft aus einem anderen Grund aufgelöst und fortgesetzt, gilt § 134 nicht (MüKoHGB/*K. Schmidt* Rn. 17; aA HK-HGB/*Stuhlfehlner* Rn. 3). Weiterhin dürfen die Gesellschafter die Gesellschaft nicht erneut auf bestimmte Zeit fortsetzen. Setzen die Gesellschafter die Gesellschaft auf Lebenszeit fort, so gilt § 134 Alt. 1. Die Rechtsfolge des § 134 Alt. 2 ist die des § 134 Alt. 1 (→ Rn. 4). 5

[Kündigung durch den Privatgläubiger]

135 Hat ein Privatgläubiger eines Gesellschafters, nachdem innerhalb der letzten sechs Monate eine Zwangsvollstreckung in das bewegliche Vermögen des Gesellschafters ohne Erfolg versucht ist, auf Grund eines nicht bloß vorläufig vollstreckbaren Schuldtitels die Pfändung und Überweisung des Anspruchs auf dasjenige erwirkt, was dem Gesellschafter bei der Auseinandersetzung zukommt, so kann er die Gesellschaft ohne Rücksicht darauf, ob sie für bestimmte oder unbestimmte Zeit eingegangen ist, sechs Monate vor dem Ende des Geschäftsjahrs für diesen Zeitpunkt kündigen.

Übersicht

I. Allgemeines

1 § 135 gewährt dem (Privat-)Gläubiger eines Gesellschafters ein außerordentliches Kündigungsrecht, damit dieser den gepfändeten zukünftigen **Abfindungsanspruch** des Gesellschafters **realisieren** kann. Dies ist zum einen deshalb notwendig, weil Privatgläubiger gem. § 124 Abs. 2 nicht in das Gesellschaftsvermögen vollstrecken können, zum anderen weil diese Gläubiger ohne Kündigungsrecht zwar künftige Gewinn- oder Abfindungsansprüche des Gesellschafters pfänden könnten, jedoch keinen Einfluss auf das Entstehen dieser Ansprüche hätten. Auch könnten diese Gläubiger zwar die Mitgliedschaft des Gesellschafters pfänden, nicht jedoch das Stimmrecht ausüben (vgl. § 725 Abs. 2 BGB). Aus dieser Klemme werden die Gläubiger von § 135 befreit.

2 Dogmatisch handelt es sich bei dem Kündigungsrecht aus § 135 um ein **eigenständiges, nicht vom Gesellschafter abgeleitetes Gestaltungsrecht** (BGH 28.6.1982, NJW 1982, 2773; OLG Düsseldorf 15.10.1981, ZIP 1981, 1210 (1212); MüKoHGB/*K. Schmidt* Rn. 21; Habersack/Schäfer/*C. Schäfer* Rn. 16). Es ist unentziehbar (→ Rn. 28) und übertragbar. Tritt der Gesellschafter seinen zu vollstreckenden Anspruch an einen Dritten ab, so gehen hiermit sowohl das Pfändungspfandrecht an der Mitgliedschaft als auch das Kündigungsrecht auf den Dritten über (§§ 401, 1250 BGB, § 804 Abs. 2 ZPO).

3 In systematischer Hinsicht ist § 135 abschließendes (KKRD/*Kindler* Rn. 4 aE) Spezialgesetz zu § 725 BGB: Während die Kündigung des Gesellschaftergläubigers die BGB-Gesellschaft ohne Kündigungsfrist auflöst, führt die Kündigung der § 135 unterfallenden Gesellschaften nur zum Ausscheiden des Gesellschafters und wirkt mit sechsmonatiger Kündigungsfrist zum Ende des Geschäftsjahres. Diese **Fristbestimmung dient** der Planungssicherheit der übrigen Gesellschafter und dem Schutz der Unternehmenskontinuität.

4 Dem **Anwendungsbereich** des § 135 unterfallen die OHG, die KG (und zwar hinsichtlich der Gesellschaftsanteile von Kommanditist und Komplementär), die Stille Gesellschaft (§ 234 Abs. 1 S. 1), die Partnerschaftsgesellschaft (§ 9 Abs. 1 PartGG) und die EWIV (§ 1 EWIVAG). Das in § 135 vorgesehene Kündigungsrecht des Gläubigers kann nicht im Gesellschaftsvertrag **abbedungen** werden (aA *H. Roth* ZGR 2000, 187 (212)); abweichende Abreden sind aber hinsichtlich der Kündigungsfolgen zulässig (Habersack/Schäfer/*C. Schäfer* Rn. 1; Oetker/*Kamanabrou* Rn. 16; → Rn. 28).

II. Voraussetzungen der Kündigung

5 **1. Gesellschafter.** § 135 verlangt zunächst, dass der Pfändungsschuldner Gesellschafter einer dem Anwendungsbereich des § 135 (→ Rn. 4) unterfallenden Gesellschaft ist. Unerheblich ist, ob die Gesellschaft **aufgelöst** wurde (Baumbach/Hopt/*Roth* Rn. 2; Habersack/Schäfer/*C. Schäfer* Rn. 2; mit Bedenken für den Fall des § 131 Abs. 1 Nr. 3 MüKoHGB/*K. Schmidt* Rn. 4; aA für den Fall des § 131 Abs. 1 Nr. 3 KKRD/*Kindler* Rn. 3), wobei die Möglichkeit besteht, dass der Betrag des Abfindungsanspruchs niedriger ist als der des Residualanspruchs des Gesellschafters gem. § 155 Abs. 1. Ist der Gesellschafter bereits aus einem anderen Grunde aus der Gesellschaft **ausgeschieden,** besteht für das Kündigungsrecht des § 135 kein Bedürfnis. Der Gläubiger kann (und muss) auf den bereits gepfändeten Abfindungsanspruch zugreifen (Habersack/Schäfer/*C. Schäfer* Rn. 2). Ist die Gesellschaft vollbeendet, ist für § 135 ebenfalls kein Raum.

6 **2. Privatgläubiger.** Das Kündigungsrecht steht nur Privatgläubigern des Gesellschafters zu, nicht aber Gesellschaftsgläubigern. Auch die Haftung gem. **§ 128** führt **nicht** zu einem Kündigungsrecht nach § 135. Erforderlich ist eine **individuelle Rechtsbeziehung** zwischen dem Gesellschafter und Gläubiger (MüKoHGB/*K. Schmidt* Rn. 6; MHdB GesR I/*Schulte/Hushahn* § 74 Rn. 29; Habersack/Schäfer/*C. Schäfer* Rn. 3; aA *Zimmer* Zwangsvollstreckung 61 ff.). Der Grund für diese Einschränkung liegt in der Tatsache, dass nur die Privatgläubiger gem. § 124 Abs. 2 gehindert sind, aufgrund ihres Titels gegen den Gesellschafter in das Vermögen der Gesellschaft zu vollstrecken. Werden Gesellschaftsverbindlich-

keiten in Privatverbindlichkeiten der Gesellschafter umgewandelt – zB durch Prozessvergleich –, kommt § 135 hinsichtlich dieser Verbindlichkeiten zur Anwendung (BGH 25.11.1968, BGHZ 51, 84 (87)).

Mitgesellschafter können Privatgläubiger sein, wenn ihr Anspruch nicht auf dem Gesellschaftsverhältnis, sondern auf einer individuellen Rechtsbeziehung mit dem Gesellschafter beruht (BGH 16.2.1978, WM 1978, 675 (676); 25.11.1968, BGHZ 51, 84 (87); OLG Schleswig 18.9.2013, GWR 2014, 259; Baumbach/Hopt/*Roth* Rn. 4; EBJS/*Lorz* Rn. 6; RWH HGB/*Haas* Rn. 2; Habersack/Schäfer/*C. Schäfer* Rn. 4). Sie können dann jedoch aufgrund ihrer gesellschaftsrechtlichen **Treuepflicht** gehindert sein, das Kündigungsrecht gem. § 135 geltend zu machen (BGH 16.2.1978, WM 1978, 675 (676); 25.11.1968, BGHZ 51, 84 (87)). Paradigmatisch ist der Fall, in dem der Mitgesellschafter die Forderung nur erwirbt, um den Gesellschafter aus der Gesellschaft zu drängen. Entscheidend ist, inwieweit dem Mitgesellschafter der Verzicht auf das Kündigungsrecht aufgrund berechtigter Interessen des Gesellschafters zumutbar ist. Eine generelle Pflicht des Gesellschafters, seine Vollstreckungsinteressen hinter den Kontinuitätsinteressen der übrigen Gesellschafter zurückzustellen, besteht nicht (BGH 16.2.1978, WM 1978, 675 (676); MüKoHGB/*K. Schmidt* Rn. 6; EBJS/*Lorz* Rn. 6). Wegen der aus dem **Gesellschaftsverhältnis** erwachsenden Ansprüche der Mitgesellschafter gilt § 135 nicht (BGH 25.11.1968, BGHZ 51, 84 (87); Habersack/Schäfer/*C. Schäfer* Rn. 4; EBJS/*Lorz* Rn. 6). Kostenerstattungsansprüche gegen Mitgesellschafter aus § 91 ZPO sollen auch dann nicht zu den aus dem Gesellschaftsverhältnis erwachsenden Ansprüchen zählen, wenn die zugrunde liegende Klage auf das Gesellschaftsverhältnis gestützt wird (BGH 16.2.1978, WM 1978, 675 (676); Habersack/Schäfer/*C. Schäfer* Rn. 4). 7

Der **Insolvenzverwalter** des Gesellschafters braucht das Kündigungsrecht des § 135 nicht. Ist das Insolvenzverfahren über das Vermögen des Gesellschafters eröffnet, so scheidet der Gesellschafter gem. § 131 Abs. 3 S. 1 Nr. 2 aus der Gesellschaft aus. Die **Nachlassinsolvenz** führt hingegen nicht zum Ausscheiden des Gesellschafters gem. § 131 Abs. 3 S. 1 Nr. 2 (§ 131 Rn. 51, dort auch mwN zur abw. Ansicht). Dem Nachlassinsolvenzverwalter und Nachlassverwalter steht daher ein Kündigungsrecht analog § 135 zu (Habersack/Schäfer/*C. Schäfer* Rn. 6; EBJS/*Lorz* Rn. 7; Oetker/*Kamanabrou* Rn. 4; s. auch schon BGH 30.4.1984, BGHZ 91, 132 (137); *Flume* NJW 1988, 161 (162); *Stodolkowitz* FS Kellermann, 1991, 439 (455); *Ulmer/Schäfer* ZHR 160 (1996), 413 (437)), welches allerdings voraussetzt, dass sonst kein Nachlassvermögen vorhanden ist (Habersack/Schäfer/*C. Schäfer* Rn. 6; *Ulmer/Schäfer* ZHR 160 (1996), 413 (437)). Gleiches gilt für den **Testamentsvollstrecker,** wenn er Nachlassverbindlichkeiten nur unter Kündigung der Gesellschaft erfüllen kann (*Stodolkowitz* FS Kellermann, 1991, 439 (456); Habersack/Schäfer/*C. Schäfer* Rn. 6). Zu den modifizierten vollstreckungsrechtlichen Voraussetzungen in diesen Fällen → Rn. 11, 15, 20. Für Zessionare des Auseinandersetzungsanspruchs gilt § 135 nicht analog (KKRD/*Kindler* Rn. 1; aA *Riegger* BB 1972, 115 (116)). 8

3. Vollstreckungsrechtliche Voraussetzungen. Die Kündigung gem. § 135 verlangt, dass der Privatgläubiger einen nicht nur vorläufig vollstreckbaren Schuldtitel gegen den Gesellschafter erlangt (→ Rn. 10) und aufgrund dieses Titels die Pfändung und Überweisung des Anspruchs auf dasjenige erwirkt hat, was dem Gesellschafter bei der Auseinandersetzung zukommt (→ Rn. 12). Darüber hinaus muss innerhalb der letzten sechs Monate die Zwangsvollstreckung in das bewegliche Vermögen des Gesellschafters erfolglos versucht worden sein (→ Rn. 16). 9

a) Nicht nur vorläufig vollstreckbarer Schuldtitel gegen den Gesellschafter. Der Gläubiger bedarf eines nicht nur vorläufig vollstreckbaren Schuldtitels. Gemeint sind hiermit alle Schuldtitel, die mit **ordentlichen Rechtsmitteln nicht mehr angegriffen** werden können (MüKoHGB/*K. Schmidt* Rn. 18; Habersack/Schäfer/*C. Schäfer* Rn. 9). Ausreichend sind daher etwa rechtskräftige (End-)Urteile (§ 714 Abs. 1 Fall 1 ZPO), rechtskräftige Vollstreckungsbescheide, gerichtliche Vergleiche oder vollstreckbare Urkunden, Auszüge aus der Insolvenztabelle (§ 201 Abs. 2 InsO), rechtskräftige Kostenfestsetzungsbeschlüsse usw (§ 794 ZPO). Maßgeblicher Zeitpunkt ist derjenige der Wirksamkeit der Kündigungserklärung (vgl. BGH 28.6.1982, NJW 1982, 2773; OLG Düsseldorf 15.10.1981, ZIP 1981, 1210 (1211)). Wird der Titel erst nachträglich rechtskräftig, entsteht das Kündigungsrecht zu diesem Zeitpunkt (BGH 28.6.1982, NJW 1982, 2773; OLG Düsseldorf 15.10.1981, ZIP 1981, 1210 (1212)). Wendet der Gesellschafter ein, der Titel sei nicht mehr vollstreckbar, so trägt er hierfür die Beweislast (OLG Jena 7.1.2009, OLGR Jena, 467 = MDR 2009, 991). 10

Das analog § 135 bestehende Kündigungsrecht des **Nachlass(insolvenz)verwalters** und **Testamentsvollstreckers** (Rn. 8) ist nicht davon abhängig, ob ein Schuldtitel gegen den Gesellschafter-Erben vorliegt. Diese Voraussetzung wird durch die Verwaltungs- und Verwertungsbefugnis dieser Personen (§§ 2205, 1985 BGB, § 80 InsO) ersetzt (*Stodolkowitz* FS Kellermann, 1991, 439 (455); *Ulmer/Schäfer* ZHR 160 (1996), 413 (437 f.)). 11

b) Pfändung und Überweisung des Anspruchs auf dasjenige, was dem Gesellschafter bei der Auseinandersetzung zukommt. Der Gläubiger muss nach dem Wortlaut des § 135 die Pfändung und Überweisung des Anspruchs auf dasjenige erwirkt haben, was dem Gesellschafter bei der Auseinandersetzung zukommt. Die ganz hM versteht hierunter den **Gesellschaftsanteil** selbst (BGH 21.4.1986, 12

BGHZ 97, 392 (394); *H. Roth* ZGR 2000, 187 (205); *Wertenbruch,* Die Haftung von Gesellschaften und Gesellschaftsanteilen in der Zwangsvollstreckung, 2000, 487 ff.; *Wössner,* Die Pfändung des Gesellschaftsanteils bei den Personengesellschaften, 2000, 22 ff.; *Stodolkowitz* FS Kellermann, 1991, 439 (446); EBJS/*Lorz* Rn. 12; RWH HGB/*Haas* Rn. 4; Habersack/Schäfer/*C. Schäfer* Rn. 7; *Wertenbruch* in Westermann/Wertenbruch PersGes-HdB Rn. 650a). Der Gläubiger muss also den Anteil des Gesellschafters gem. § 859 Abs. 1 ZPO, § 857 Abs. 1 ZPO, §§ 829, 828 ZPO pfänden und sich zur Einziehung überweisen lassen. Von dieser Pfändung ist auch der zukünftige Anspruch auf das Auseinandersetzungsguthaben erfasst (BGH 5.12.1991, BGHZ 116, 222 (229) (GbR); 8.12.1971, WM 1972, 81 (82)); dieser kann freilich auch ausdrücklich mitgepfändet werden (inzident BGH 8.12.1971, WM 1972, 81 (82); s. auch *H. Roth* ZGR 2000, 187 (193)). Der Grund für den allein auf das Auseinandersetzungsguthaben abstellenden Wortlaut des § 135 liegt im historischen Verständnis des § 717 ZPO und der heute überwundenen Unterscheidung zwischen der nicht der Pfändung unterworfenen Mitgliedschaft und einem davon zu trennenden, der Pfändung unterliegenden Wertrecht der Beteiligung (eingehend *Huber,* Vermögensanteil, Kapitalanteil und Gesellschaftsanteil an Personengesellschaften des Handelsrechts, 1970, 164 ff.; *Wertenbruch,* Die Haftung von Gesellschaften und Gesellschaftsanteilen in der Zwangsvollstreckung, 2000, 487 ff.).

13 Die **isolierte Pfändung des Auseinandersetzungsanspruchs** ist zwar möglich (§ 717 S. 2 BGB iVm § 105 Abs. 3, §§ 829, 851 ZPO). Sie begründet jedoch kein Kündigungsrecht nach § 135 (*Stodolkowitz* FS Kellermann, 1991, 439 (446); EBJS/*Lorz* Rn. 13; RWH HGB/*Haas* Rn. 4; Habersack/Schäfer/*C. Schäfer* Rn. 8; aA KKRD/*Kindler* Rn. 2; MüKoHGB/*K. Schmidt* Rn. 11, 17). Sofern der Wille, diesen Anspruch isoliert zu pfänden, nicht deutlich hervortritt, wird man aber im Zweifel davon ausgehen können, dass die Pfändung, die in Anlehnung an den Wortlaut des § 135 auf das Auseinandersetzungsguthaben gerichtet ist, tatsächlich auf die Pfändung des gesamten Gesellschaftsanteils abzielt (Habersack/Schäfer/*C. Schäfer* Rn. 8; *Wertenbruch* in Westermann/Wertenbruch PersGes-HdB Rn. 651).

14 Der Pfändungs- und Überweisungsbeschluss muss im Zeitpunkt der Kündigungserklärung **wirksam** und die **Zwangsvollstreckung nicht für unzulässig** erklärt worden sein (Habersack/Schäfer/*C. Schäfer* Rn. 15; Heymann/*Emmerich* Rn. 11). Die einstweilige Einstellung der Zwangsvollstreckung hindert die Kündigung während dieser Zeit (MüKoHGB/*K. Schmidt* Rn. 22; Habersack/Schäfer/*C. Schäfer* Rn. 15). Zur Durchführung und Wirksamkeit der Pfändung → BGB § 725 Rn. 3 ff. Hat der Gesellschafter seinen Anteil vor der Pfändung übertragen, so geht die Pfändung ins Leere (s. nur EBJS/*Lorz* Rn. 15; RWH HGB/*Haas* Rn. 5). Hat der Gesellschafter hingegen nur seinen zukünftigen Anspruch auf das Abfindungsguthaben abgetreten, so hindert dies nach der Rspr. des BGH nicht die Wirksamkeit der Anteilspfändung. Der Zessionar erwirbt in diesen Fällen den Abfindungsanspruch belastet mit dem Pfändungspfandrecht (BGH 16.5.1988, BGHZ 104, 351 (354) (GmbH); BGH 19.9.1983, BGHZ 88, 205 (207) (GmbH); aA *Marotzke* ZIP 1988, 1509 (1511 f.); *Zimmer* Zwangsvollstreckung 35 ff.; ausf. hierzu *Wertenbruch,* Die Haftung von Gesellschaften und Gesellschaftsanteilen in der Zwangsvollstreckung, 2000, 515 ff.). Eine **vorherige Pfändung** zugunsten eines anderen Privatgläubigers hindert die erneute Pfändung nicht. Auch sie verschafft dem Pfändungsgläubiger ein eigenes Kündigungsrecht aus § 135 (*Stöber/Rellermeyer,* Forderungspfändung, 17. Aufl. 2020, Rn. E.152; Habersack/Schäfer/*C. Schäfer* Rn. 14). Er muss mit der Kündigung auch nicht warten, bis der vorrangige Pfändungsgläubiger befriedigt ist. Kündigt er die Gesellschaft, muss er in der nachfolgenden Zwangsvollstreckung in das Auseinandersetzungsguthaben jedoch die vorrangige Befriedigung des früheren Pfändungsgläubigers dulden.

15 Das analog § 135 bestehende Kündigungsrecht des **Nachlass(insolvenz)verwalters** und **Testamentsvollstreckers** (→ Rn. 8) ist nicht von der Pfändung des Gesellschaftsanteils abhängig, da diese Personen ohnehin gem. §§ 2205, 1985 BGB, § 80 InsO über den Gesellschaftsanteil verfügen können (*Ulmer/Schäfer* ZHR 160 (1996), 413 (438); *Stodolkowitz* FS Kellermann, 1991, 439 (455)).

16 **c) Erfolgloser Zwangsvollstreckungsversuch in das bewegliche Vermögen.** Das Kündigungsrecht setzt außerdem voraus, dass in den letzten sechs Monaten erfolglos die Zwangsvollstreckung in das bewegliche Vermögen des Gesellschafters versucht wurde. Der Versuch muss nicht notwendigerweise vom kündigenden Gläubiger unternommen worden sein, ausreichend sind **Zwangsvollstreckungsversuche Dritter** (Baumbach/Hopt/*Roth* Rn. 6; EBJS/*Lorz* Rn. 10; Heymann/*Emmerich* Rn. 9; MüKoHGB/*K. Schmidt* Rn. 19; Habersack/Schäfer/*C. Schäfer* Rn. 10). Hierbei kann es sich um privat- oder öffentlich-rechtliche Zwangsvollstreckungen gehandelt haben. Grundlage können rechtskräftig, aber auch vorläufig vollstreckbare Titel gewesen sein. Der Zwangsvollstreckungsversuch muss – ergänzend zum Wortlaut des § 135 – wegen einer **Geldforderung** stattgefunden haben (vgl. §§ 803 ff. ZPO). Unerheblich ist, ob daneben andere Vollstreckungsmöglichkeiten bestünden oder die Zwangsvollstreckung in das bewegliche Vermögen zum Zeitpunkt der Kündigung möglich wäre.

17 Erfolglos war der Zwangsvollstreckungsversuch, wenn er **nicht zur vollen Befriedigung** des Vollstreckungsgläubigers geführt hat. Der Grund hierfür ist grundsätzlich unerheblich. Erfolglos war die Zwangsvollstreckung daher auch dann, wenn die gepfändeten Gegenstände auf den Widerspruch Dritter

freigegeben werden mussten oder sich als unpfändbar herausstellten (MüKoHGB/*K. Schmidt* Rn. 19; Habersack/Schäfer/*C. Schäfer* Rn. 10). Allerdings sollte man dem kündigenden Gläubiger die Berufung auf den erfolglosen Zwangsvollstreckungsversuch verweigern, wenn ihm die Erfolglosigkeit dieses Versuchs eindeutig selbst anzulasten ist, er zB Gegenstände freiwillig freigegeben hat (§ 242 BGB, widersprüchliches Verhalten). Das Gleiche gilt, wenn der Gläubiger freiwillige Zahlungen des Gesellschafters oder Dritter (ohne Widerspruch nach § 267 Abs. 2 BGB) ausgeschlagen hat (Habersack/Schäfer/*C. Schäfer* Rn. 15).

Der Vollstreckungsversuch muss innerhalb von sechs Monaten vor der wirksamen Pfändung und Überweisung des Gesellschaftsanteils stattgefunden haben (Habersack/Schäfer/*C. Schäfer* Rn. 11; Oetker/*Kamanabrou* Rn. 6; offen hinsichtlich des entscheidenden Endtermins BGH 25.5.2009, NZG 2009, 1106). Die **Sechsmonatsfrist beginnt** mit dem letzten erfolglosen Zwangsvollstreckungsversuch. Hierfür kommt es auf den Zeitpunkt an, zu dem sich die Erfolglosigkeit der unternommenen Zwangsvollstreckung herausstellt (der Sache nach ebenso MüKoHGB/*K. Schmidt* Rn. 19; Habersack/Schäfer/*C. Schäfer* Rn. 11). Die Frist ist eine Ereignisfrist, ihre Berechnung richtet sich nach § 187 Abs. 1 BGB, §§ 188, 193 BGB. Dass der Zwangsvollstreckungsversuch erst nach der Anteilspfändung erfolgt, ist unschädlich (BGH 25.5.2009, NZG 2009, 1106; BGH 28.6.1982, NJW 1982, 2773); die Voraussetzungen des § 135 liegen aber frühestens mit der Beendigung des Zwangsvollstreckungsversuchs vor (BGH 28.6.1982, NJW 1982, 2773; OLG Düsseldorf 15.10.1981, ZIP 1981, 1210 (1211 f.)). 18

Der **Nachweis** des erfolglosen Vollstreckungsversuchs kann zB durch eine beglaubigte Abschrift des Pfändungsprotokolls geführt werden (OLG Düsseldorf 15.10.1981, ZIP 1981, 1210 (1211): „ausweislich des Pfändungsprotokolls"; MüKoHGB/*K. Schmidt* Rn. 19). Die Glaubhaftmachung oder der Beweis, dass eine Vollstreckung keinen Erfolg haben würde, zB eine sog. Offenbarungsversicherung des Gesellschafters, genügt nicht (Habersack/Schäfer/*C. Schäfer* Rn. 10). 19

Vollstreckt ein **Nachlassgläubiger** in den Gesellschaftsanteil des Gesellschafter-Erben, so kommt es für das Kündigungsrecht nicht auf die erfolglose Zwangsvollstreckung in das bewegliche Vermögen des Erben, sondern in den Nachlass an (Habersack/Schäfer/*C. Schäfer* Rn. 10). **Nachlass(insolvenz)verwalter** und **Testamentsvollstrecker** müssen ebenfalls nicht in das Vermögen des Gesellschafter-Erben vollstreckt haben. Allerdings besteht ihr Kündigungsrecht gem. § 135 analog nur, wenn kein übriges verwertbares Gesellschaftervermögen vorhanden ist (→ Rn. 8). 20

4. Kündigungserklärung. Als Gestaltungsrecht (→ Rn. 2) bedarf die Kündigung der Erklärung. Sie ist nur iRd § 130 Abs. 1 S. 2 BGB widerruflich. Wie bei § 132 muss die Kündigungserklärung wegen ihrer vertragsändernden Wirkung allen Gesellschaftern **zugehen** (BGH 21.4.1986, BGHZ 97, 392 (395); BGH 29.11.1956, WM 1957, 163; Oetker/*Kamanabrou* Rn. 11). Eine an den geschäftsführenden Gesellschafter gerichtete Kündigungserklärung wird wirksam, wenn die übrigen Gesellschafter sie zur Kenntnis nehmen (BGH 11.1.1993, NJW 1993, 1002 (GbR); EBJS/*Lorz* Rn. 18). Der Gesellschaftsvertrag kann die Kündigung erleichtern und den Zugang gegenüber der Gesellschaft genügen lassen. Bei der Publikums-KG wird man grundsätzlich von einer solchen Vereinbarung ausgehen können (MüKoHGB/*K. Schmidt* Rn. 24; Habersack/Schäfer/*C. Schäfer* Rn. 20). Unter Umständen kann die Kündigungserklärung rechtsmissbräuchlich sein. Die bloße Tatsache, dass der Gläubiger gegen weitere Gesamtschuldner vorgehen könnte, reicht hierfür aber ebenso wenig wie die Tatsache, dass die Gesellschaft aufgelöst wird (OLG Jena 7.1.2009, OLGR Jena, 467 = MDR 2009, 991). 21

Die **inhaltlichen Anforderungen** richten sich nach denen des § 132 (→ § 132 Rn. 10). Verlangt der Gläubiger von der Gesellschaft unter Berufung auf einen Pfändungs- und Überweisungsbeschluss Zahlung des Abfindungsguthabens seines Gesellschafter-Schuldners, so ist hierin grundsätzlich eine konkludente Kündigungserklärung enthalten (*Stöber/Rellermeyer,* Forderungspfändung, 17. Aufl. 2020, Rn. E.155; Habersack/Schäfer/*C. Schäfer* Rn. 20). 22

Die Kündigung bedarf keiner **Form,** die Gesellschafter können jedoch nach dem Rechtsgedanken des § 174 BGB Vorlage einer beglaubigten Abschrift des Schuldtitels und der Bescheinigung über den erfolglosen Zwangsvollstreckungsversuch verlangen (Baumbach/Hopt/*Roth* Rn. 9; EBJS/*Lorz* Rn. 19; MüKoHGB/*K. Schmidt* Rn. 23; Habersack/Schäfer/*C. Schäfer* Rn. 20). 23

5. Kündigungsfrist und -termin. Die Kündigung wirkt gem. § 135 zum Ende des Geschäftsjahres. Die **Kündigungsfrist** beträgt sechs Monate. Sie beginnt mit der Wirksamkeit der Kündigung zu laufen, dh – wenn die übrigen Voraussetzungen des § 135 vorliegen – mit dem Zugang der Kündigungserklärung. Zur Berechnung der Kündigungsfrist → § 132 Rn. 12. Zu abweichenden Bestimmungen im Gesellschaftsvertrag → Rn. 28 f. Eine Einschränkung wegen Kündigung zur Unzeit kennt § 135 nicht. In Ausnahmefällen kann dem Gläubiger die Berufung auf die Einhaltung der Kündigungsfrist gem. § 242 BGB wegen Rechtsmissbrauchs verwehrt sein. 24

III. Rechtsfolgen der Kündigung

Die Kündigung führt zum **Ausscheiden des Gesellschafters** mit den hiermit verbundenen allgemeinen Rechtsfolgen (→ § 131 Rn. 60 ff.) zum Ende des Geschäftsjahres. Die Mitgliedschaft erlischt; 25

das **Pfandrecht** des Gläubigers besteht (nur noch) an dem Abfindungsanspruch (*H. Roth* ZGR 2000, 190 (207)), der grundsätzlich zusammen mit dem Anteil gepfändet und überwiesen worden ist (→ Rn. 12). Im Hinblick auf diesen Anspruch gelten die üblichen Vollstreckungsfolgen der Pfändung und Überweisung, insbesondere die des § 829 ZPO. Die Mitgesellschafter können aufgrund ihrer Treuepflicht zur Wiederaufnahme des Gesellschafters verpflichtet sein, insbesondere wenn ein Mitgesellschafter den Gläubiger durch arglistige Täuschung zur Kündigung verleitet hat (KKRD/*Kindler* Rn. 4; s. allg. RG 18.5.1942, RGZ 169, 153 (155); *Koch* DZWIR 2010, 441 (443)).

26 Der **Gläubiger** kann von der Gesellschaft die Drittschuldnerauskunft verlangen (§ 840 ZPO; hierzu *Wertenbruch* in Westermann/Wertenbruch PersGes-HdB Rn. 660a); vom Gesellschafter kann er gem. § 836 Abs. 3 ZPO die zur Geltendmachung der Forderung nötige Auskunft sowie Herausgabe der Urkunden über die Forderung fordern (*Wertenbruch* in Westermann/Wertenbruch PersGes-HdB Rn. 660b). Darüber hinaus werden Informationsrechte des Gläubigers aus §§ 242, 810 BGB für möglich gehalten (RWH HGB/*Haas* Rn. 11; s. auch KG 1.10.1910, OLGE 21, 386). Umstritten ist, ob dem Gläubiger darüber hinaus gesellschaftsrechtliche **Informationsrechte** gegen die Gesellschaft zustehen (bejahend mit unterschiedlichen Begründungsansätzen *H. Roth* ZGR 2000, 190 (207 f.); Heymann/*Emmerich* Rn. 17 (für die aufgelöste Gesellschaft); Habersack/Schäfer/*C. Schäfer* Rn. 27; *Wössner,* Die Pfändung des Gesellschaftsanteils bei den Personengesellschaften, 2000, 58 ff. (für die aufgelöste Gesellschaft); abl. etwa *Wertenbruch,* Die Haftung von Gesellschaften und Gesellschaftsanteilen in der Zwangsvollstreckung, 2000, 533 ff.). Die Geltendmachung der dem Gesellschafter zustehenden Informationsrechte scheitert freilich an § 725 Abs. 2 BGB, § 105 Abs. 3 (*Wertenbruch,* Die Haftung von Gesellschaften und Gesellschaftsanteilen in der Zwangsvollstreckung, 2000, 533 f.; *Wertenbruch* in Westermann/Wertenbruch PersGes-HdB Rn. 653; aA Habersack/Schäfer/*C. Schäfer* Rn. 27; zwischen der werbenden und der Auflösungsgesellschaft unterscheidend *Wössner,* Die Pfändung des Gesellschaftsanteils bei den Personengesellschaften, 2000, 58 ff.). Weiter gehende eigene Informationsrechte dürften nicht existieren, weil angesichts der § 836 Abs. 3 ZPO, § 840 ZPO keine Gesetzeslücke vorhanden ist (*Wertenbruch,* Die Haftung von Gesellschaften und Gesellschaftsanteilen in der Zwangsvollstreckung, 2000, 535; aA offenbar *H. Roth* ZGR 2000, 190 (207 f.)).

27 Zur Befriedigung des Gläubigers durch die Mitgesellschafter und deren Auswirkungen → BGB § 725 Rn. 8. Zur Fortsetzung bzw. Wiederaufnahme der Gesellschaft mit dem Schuldner → BGB § 725 Rn. 8.

IV. Abweichende Vereinbarungen

28 § 135 ist ein dem Gläubigerschutz dienendes unentziehbares Recht. Die Gesellschafter können es daher im Gesellschaftsvertrag **unmittelbar weder einschränken noch ausschließen** (Baumbach/Hopt/*Roth* Rn. 12; EBJS/*Lorz* Rn. 27; MüKoHGB/*K. Schmidt* Rn. 7; Habersack/Schäfer/*C. Schäfer* Rn. 17; Oetker/*Kamanabrou* Rn. 15; aA *H. Roth* ZGR 2000, 187 (212)). Verlängerungen der Kündigungsfrist sind daher unwirksam. Zulässig ist jedoch eine Abrede, welche die Gesellschaft mit der Kündigung nach § 135 **auflöst** (Baumbach/Hopt/*Roth* Rn. 13; Habersack/Schäfer/*C. Schäfer* Rn. 17). Hierdurch wird das Gläubigerinteresse nicht beeinträchtigt, da das Auseinandersetzungsguthaben des Gesellschafters im Falle der Auflösung grundsätzlich nicht hinter dem Abfindungsanspruch zurückbleibt (s. § 738 Abs. 1 BGB: „dasjenige (…), was er bei der Auseinandersetzung erhalten würde") und vertragliche Abfindungsbeschränkungen im Falle der Liquidation nicht zur Anwendung kommen. **Mittelbare Einschränkungen** des Kündigungsrechts, etwa über Abfindungsklauseln, sind unter den bei → BGB § 738 Rn. 16 ff. genannten Voraussetzungen zulässig.

29 **Erleichterungen des Kündigungsrechts** sind zulässig (s. nur Habersack/Schäfer/*C. Schäfer* Rn. 17; Oetker/*Kamanabrou* Rn. 14). Hierzu gehören – entgegen der wohl hM – auch Verkürzungen der Kündigungsfrist (ebenso *Wertenbruch* in Westermann/Wertenbruch PersGes-HdB Rn. 661b; *Smid* JuS 1988, 613 (618); *Stöber/Rellermeyer,* Forderungspfändung, 17. Aufl. 2020, Rn. E.155; MüKoZPO/*Smid* ZPO § 859 Rn. 25; aA EBJS/*Lorz* Rn. 17; Habersack/Schäfer/*C. Schäfer* Rn. 21). Das hiergegen immer wieder eingewandte Argument, der Gläubiger mache ein eigenständiges Recht geltend (etwa EBJS/*Lorz* Rn. 17; Habersack/Schäfer/*C. Schäfer* Rn. 21), ist zu begrifflich und nicht überzeugend. Die Kündigungsfrist des § 135 dient dem Interesse der *Gesellschafter.* Es ist nicht einzusehen, warum diese nicht über sie disponieren könnten.

(aufgehoben)

136–138

[Fortsetzung mit den Erben]

139 (1) **Ist im Gesellschaftsvertrage bestimmt, daß im Falle des Todes eines Gesellschafters die Gesellschaft mit dessen Erben fortgesetzt werden soll, so kann jeder Erbe sein Verbleiben in der Gesellschaft davon abhängig machen, daß ihm unter Belassung des bisherigen Gewinnanteils die Stellung eines Kommanditisten eingeräumt und der auf ihn fallende Teil der Einlage des Erblassers als seine Kommanditeinlage anerkannt wird.**

(2) **Nehmen die übrigen Gesellschafter einen dahingehenden Antrag des Erben nicht an, so ist dieser befugt, ohne Einhaltung einer Kündigungsfrist sein Ausscheiden aus der Gesellschaft zu erklären.**

(3) [1] **Die bezeichneten Rechte können von dem Erben nur innerhalb einer Frist von drei Monaten nach dem Zeitpunkt, in welchem er von dem Anfalle der Erbschaft Kenntnis erlangt hat, geltend gemacht werden.** [2] **Auf den Lauf der Frist finden die für die Verjährung geltenden Vorschriften des § 210 des Bürgerlichen Gesetzbuchs entsprechende Anwendung.** [3] **Ist bei dem Ablaufe der drei Monate das Recht zur Ausschlagung der Erbschaft noch nicht verloren, so endigt die Frist nicht vor dem Ablaufe der Ausschlagungsfrist.**

(4) **Scheidet innerhalb der Frist des Absatzes 3 der Erbe aus der Gesellschaft aus oder wird innerhalb der Frist die Gesellschaft aufgelöst oder dem Erben die Stellung eines Kommanditisten eingeräumt, so haftet er für die bis dahin entstandenen Gesellschaftsschulden nur nach Maßgabe der die Haftung des Erben für die Nachlaßverbindlichkeiten betreffenden Vorschriften des bürgerlichen Rechtes.**

(5) **Der Gesellschaftsvertrag kann die Anwendung der Vorschriften der Absätze 1 bis 4 nicht ausschließen; es kann jedoch für den Fall, daß der Erbe sein Verbleiben in der Gesellschaft von der Einräumung der Stellung eines Kommanditisten abhängig macht, sein Gewinnanteil anders als der des Erblassers bestimmt werden.**

Übersicht

I. Allgemeines

1 § 139 regelt einen Ausschnitt aus dem Recht der Unternehmensnachfolge in Personengesellschaften. Er bezweckt den **Schutz des Gesellschafter-Erben** (vgl. auch § 139 Abs. 5 Hs. 1). Dieser soll die Wahl haben, ob er als OHG-Gesellschafter oder Kommanditist in der Gesellschaft verbleibt oder aus der Gesellschaft ausscheidet. Die Kommanditbeteiligung könnte der Erbe wegen der ansonsten drohenden Gefahr der persönlichen Haftung (§§ 128, 130), der Beitragspflicht (§ 705 BGB, § 105 Abs. 3, zB Mitarbeit im Betrieb) und des Wettbewerbsverbots (§ 112) bevorzugen. Der Anteilsumwandlung müssen die übrigen Gesellschafter zustimmen (§ 139 Abs. 2). Lehnen sie den Antrag des Erben ab, kann dieser aus der Gesellschaft ausscheiden (§ 139 Abs. 2) und ist somit nicht gezwungen, die gesamte Erbschaft auszuschlagen. § 139 gewährt dem Erben damit **kein echtes Wahlrecht,** dh keinen durchsetzbaren Anspruch auf eine bestimmte Kommanditbeteiligung, sondern nur – aber immerhin – ein **besonderes Austrittsrecht.** Daneben fördert § 139 die Rechtssicherheit und **Unternehmenskontinuität,** indem er die Wahl des Gesellschafter-Erben an eine relativ kurze Ausübungsfrist von drei Monaten ab Kenntnis vom Anfalle der Erbschaft bindet (§ 139 Abs. 3; Habersack/Schäfer/*C. Schäfer* Rn. 1).

2 § 139 setzt voraus, dass der Gesellschaftsvertrag eine (einfache oder qualifizierte) Nachfolgeklausel enthält (→ Rn. 6, → Rn. 8 ff., → Rn. 24 ff.). Ohne gesellschaftsvertragliche Regelung scheidet der Gesellschafter gem. § 131 Abs. 3 S. 1 Nr. 1 eine juristische Sekunde vor seinem Tod aus der Gesellschaft aus und vererbt seinen Abfindungsanspruch aus § 738 BGB, § 105 Abs. 3 gem. § 1922 BGB (→ § 131 Rn. 46). **Abzugrenzen** ist § 139 weiterhin von folgenden Fällen: **(a)** Auflösung der Gesellschaft aufgrund einer im Vertrag enthaltenen sog. Auflösungsklausel (→ § 131 Rn. 47), **(b)** Rechtsnachfolge in die Mitgliedschaft des Gesellschafters qua Rechtsgeschäft unter Lebenden auf den Todesfall (→ Rn. 9), **(c)** Rechtsnachfolge in die Mitgliedschaft im Vermächtniswege (monographisch hierzu *Gallenkamp,* Nachfolge in eine offene Handelsgesellschaft im Vermächtniswege, 2010), **(d)** Eintritt aufgrund eines im Gesellschaftsvertrag zugewandten, an den Tod eines Gesellschafters geknüpften Eintrittsrechts (→ Rn. 86 ff.), **(e)** erbrechtliche Rechtsnachfolge mit automatischer Umwandlung in einen Kommanditanteil bzw. Optionsrecht auf Umwandlung (→ Rn. 94 ff.).

3 Die **dogmatische Besonderheit** des § 139 besteht in seiner **Enthaftungsregelung (Abs. 4).** Sie befreit den Gesellschafter-Erben im Falle seines Austritts, der Umwandlung seines Anteils in eine Kommanditbeteiligung oder im Falle der Auflösung während der Schwebezeit des § 139 Abs. 3 von der eigentlich eingreifenden Haftung gem. §§ 128, 130 bzw. § 128 für die bis dahin begründeten Gesellschaftsverbindlichkeiten (→ Rn. 62 ff., → Rn. 68, → Rn. 75). § 139 Abs. 4 enthält damit eine Ausnahme vom Prinzip der unbeschränkten persönlichen Haftung von OHG-Gesellschaftern.

4 § 139 ist neben **§ 131 Abs. 3 S. 1 Nr. 1** die zweite Norm der §§ 131 ff., die sich mit den Folgen des Todes eines OHG-Gesellschafters beschäftigt. Während § 131 Abs. 3 S. 1 Nr. 1 mit dem Ausscheiden des Gesellschafters die gesetzliche Auffangregel enthält, setzt § 139 voraus, dass die Gesellschafter eine Nachfolgeklausel in den Gesellschaftsvertrag aufgenommen haben. In einem systematischen Zusammenhang steht § 139 darüber hinaus mit **§ 27 Abs. 2.** Während § 139 die Rechtsnachfolge in die Beteiligung eines OHG-Gesellschafters regelt, befasst sich § 27 Abs. 2 mit der Rechtsnachfolge in ein einzelkaufmännisches Gewerbe (näher zum systematischen Zusammenhang dieser Normen *K. Schmidt* ZGR 1989, 445 (448 f.); *K. Schmidt* JZ 1991, 734).

5 Dem sachlichen **Anwendungsbereich** des § 139 unterliegt die erbrechtliche Nachfolge in die Mitgliedschaft eines OHG-Gesellschafters und Komplementärs (§ 161 Abs. 2). Für den Kommanditisten gilt § 177. Auf die Partnerschaftsgesellschaft ist § 139 mit der Maßgabe anzuwenden, dass der Erbe lediglich seinen Austritt aus der Gesellschaft erklären kann (§ 9 Abs. 4 S. 3 PartGG). Umstritten ist, ob § 139 analog auf die GbR anwendbar ist (ausdrücklich offen gelassen in BGH 17.12.2013, NZG 2014, 696 (697); dagegen die (noch) hM, s. etwa Baumbach/Hopt/*Roth* Rn. 8; MüKoBGB/*Küpper* BGB § 1967 Rn. 48; *Schörig* ZEV 2001, 129 (130); *J. Schröder* ZGR 1978, 578 (599); RWH HGB/*Haas* Rn. 23; zweifelnd *Westermann* in Westermann/Wertenbruch PersGes-HdB Rn. 1283; aA EBJS/*Lorz* Rn. 97; *Mock* NZG 2004, 118; MüKoBGB/*Leipold* BGB § 1922 Rn. 132; MüKoBGB/*Ann* BGB § 2058 Rn. 19; MüKoHGB/*K. Schmidt* Rn. 60; Oetker/*Kamanabrou* Rn. 63; Habersack/Schäfer/*Habersack* § 130 Rn. 5; *Ulmer* ZIP 2003, 113 (1121); umfassend *C. Schäfer* NJW 2005, 3665). Zur aufgelösten Gesellschaft → Rn. 33.

II. Die erbrechtliche Nachfolge in die Mitgliedschaft des Erblassers aufgrund einer Nachfolgeklausel

1. Begriffliches. Voraussetzung für die in § 139 vorgesehenen Rechtsfolgen ist eine Bestimmung im Gesellschaftsvertrag, wonach „im Falle des Todes eines Gesellschafters die Gesellschaft mit dessen Erben fortgesetzt" werden soll. Diese Bestimmung wird in der Rechtspraxis überwiegend **„Nachfolgeklausel"** genannt, teils wird die Bezeichnung „Fortsetzungsklausel" vorgezogen (*K. Schmidt* GesR § 45 V 1c). Sie kann zugunsten aller Erben gelten (einfache Nachfolgeklausel) oder nur zugunsten eines oder mehrerer ausgewählter Erben (qualifizierte Nachfolgeklausel). Sie kann isoliert vereinbart oder mit einer sog. Umwandlungsklausel kombiniert werden (→ Rn. 94 ff.). 6

2. Erbrechtlicher Rechtsübergang. Rechtsfolge der Nachfolgeklausel ist, dass die Mitgliedschaft generell oder in Bezug auf bestimmte Personen **„vererblich gestellt"** wird. Damit ist gemeint, dass die Mitgliedschaft nicht gem. § 131 Abs. 3 S. 1 Nr. 1 erlischt, sondern trotz des Todes als Mitgliedschaft in einer werbenden Gesellschaft gem. § 1922 BGB vererbt wird (statt aller *K. Schmidt* GesR § 45 V 4). Die Rechtsnachfolge beruht auf § 1922 BGB, geschieht also **kraft Erbrechts** (s. nur BGH 10.2.1977, BGHZ 68, 225 (237 ff.); *Reuter* ZGR 1991, 467 (476)). Nachfolge per Rechtsgeschäft unter Lebenden (dh „am Nachlass vorbei") kann vereinbart werden. Wegen des Verbots der Verträge zulasten Dritter sind die bedachten Personen hieran jedoch zu beteiligen (stRspr, BGH 10.2.1977, BGHZ 68, 225 (231), BayObLG 21.6.2000, NZG 2000, 1026 = ZIP 2000, 1614; MüKoHGB/*K. Schmidt* Rn. 27; aA *Flume* FS Schilling, 1973, 23; *Säcker,* Gesellschaftsvertragliche und erbrechtliche Nachfolge in Gesamthandsmitgliedschaften, 1970, 44, 54 f.; *Flume* § 18 II 1). Sie sind daher insbesondere zugunsten von Mitgesellschaftern möglich. 7

3. Voraussetzungen des erbrechtlichen Rechtsübergangs. a) Nachfolgeklausel. Der erbrechtliche Rechtsübergang erfordert eine Nachfolgeklausel im Gesellschaftsvertrag. Ob der Gesellschaftsvertrag eine solche Klausel enthält, ist durch Auslegung zu ermitteln. Die Nachfolgeregelung muss nicht den Gesetzeswortlaut des § 139 Abs. 1 wiederholen. Sie kann sich auch **konkludent** aus dem Gesellschaftsvertrag ergeben, doch sollte man bei der Annahme einer konkludenten Vereinbarung zumindest dann Zurückhaltung üben, wenn die Parteien bei Vertragsschluss anwaltlich beraten wurden. Typisch für die einfache Nachfolgeklausel ist in Anlehnung an § 139 Abs. 1 die Bestimmung, dass „beim Tod eines Gesellschafters der Anteil auf dessen Erben übergehen soll". Ohne besondere Anhaltspunkte soll eine allgemein gehaltene Nachfolgeklausel Gesellschafter ohne Kapitalanteil nicht erfassen (OLG Hamm 1.12.1998, NZG 1999, 344 mkritAnm *Behnke*). 8

Abzugrenzen ist die Nachfolgeklausel von der Übertragung des Gesellschaftsanteils per Rechtsgeschäft unter Lebenden auf den Todesfall **(rechtsgeschäftliche Nachfolgeklausel).** Notwendige Voraussetzung eines solchen Rechtsgeschäfts ist die Beteiligung des Bedachten, da ansonsten ein Vertrag zulasten Dritter vorläge. Im Zweifel ist davon auszugehen, dass erbrechtliche Nachfolge gewollt ist (BGH 10.2.1977, BGHZ 68, 225 (238 f.); BGH 12.10.1972, WM 1973, 37 (38) = BB 1973, 166; BGH 10.12.1973, NJW 1974, 498 (499 f.) (insoweit in BGHZ 62, 20 nicht abgedruckt); BGH 2.5.1974, WM 1974, 630 ff. = BB 1974, 902; BayObLG 27.6.1980, DB 1980, 2028; *Goette* DNotZ 1988, 603 (605); *Ulmer* BB 1977, 805 (807); Oetker/*Kamanabrou* Rn. 29; krit. EBJS/*Lorz* Rn. 53). Da die erbrechtliche Nachfolge die Kontinuität der Gesellschaft besser schützt (→ Rn. 87), entspricht diese Zweifelsregel dem allgemeinen personengesellschaftsrechtlichen Auslegungsgrundsatz, Bestimmungen des Gesellschaftsvertrags so auszulegen, dass sie Grundlage langfristiger Zusammenarbeit sein können (allg. dazu *Grunewald* GesR 1 A Rn. 29). Zur Abgrenzung gegenüber der sog. **Eintrittsklausel** → Rn. 86. 9

Gesellschafter können unter den üblichen Voraussetzungen aufgrund ihrer Treuepflicht zur **Zustimmung** zu einer Nachfolgeklausel **verpflichtet** sein, wenn dies im gemeinsamen Interesse der Gesellschafter erforderlich und den Mitgesellschaftern zumutbar ist. Enthält der Gesellschaftsvertrag eine Nachfolgeregelung für den Todesfall, so können die Gesellschafter nach denselben Grundsätzen verpflichtet sein, der von einem Mitgesellschafter aus Alters- oder Krankheitsgründen gewünschten **Vorwegnahme** dieser Regelung zuzustimmen (BGH 8.11.2004, NZG 2005, 129 (130 f.); dazu *Wertenbruch* WuB II E. § 139 HGB 1.05). 10

b) Bestehen der Mitgliedschaft zur Zeit des Erbfalls. Der Erblasser muss zur Zeit des Erbfalls noch Gesellschafter sein. Er darf also insbesondere nicht zuvor aus der Gesellschaft ausgeschieden sein. Zur **aufgelösten Gesellschaft** → Rn. 33. 11

c) Erbrechtliche Legitimation des Nachfolgers. Der Nachfolger muss Erbe des verstorbenen Gesellschafters geworden sein. Die Nachfolgeklausel schließt lediglich die Folgen des § 131 Abs. 3 S. 1 Nr. 1 aus und ermöglicht die Vererbung der Mitgliedschaft als Anteil an einer werbenden Gesellschaft. Der Erwerb selbst vollzieht sich gem. § 1922 BGB, setzt also die Erbenstellung des Nachfolgers voraus. Unerheblich ist, ob diese auf Gesetz oder letztwilliger Verfügung beruht. Ausreichend ist die Stellung als **Miterbe, Ersatzerbe (§ 2096 BGB), Vor- oder Nacherbe (§ 2100 BGB).** Hat der Erblasser 12 mehrere als Nachfolger bestimmte Erben, ordnet er aber in seiner letztwilligen Verfügung die Nachfolge nur eines Erben an, hat dies lediglich den Charakter einer Auseinandersetzungsanordnung oder eines Vorausvermächtnisses (näher hierzu Habersack/Schäfer/*C. Schäfer* Rn. 32; MüKoHGB/*K. Schmidt* Rn. 15). Die Übertragung des Anteils richtet sich nach den allgemeinen Grundsätzen, bedarf also grundsätzlich der Zustimmung aller Gesellschafter.

13 Dass der **Fiskus** Nachfolger werden soll, wird man auch bei einer einfachen Nachfolgeklausel grundsätzlich nicht annehmen können (§§ 133, 157 BGB; Habersack/Schäfer/*C. Schäfer* Rn. 40). Hinterlässt der verstorbene Gesellschafter keine Erben, scheidet er daher gem. § 131 Abs. 3 S. 1 Nr. 1 aus der Gesellschaft aus und der Fiskus erwirbt einen Abfindungsanspruch gem. § 738 BGB, § 105 Abs. 3, §§ 1922, 1936 BGB.

14 **Schlägt der Nachfolger-Erbe** die Erbschaft **aus,** entfallen die Rechtsfolgen der Nachfolgeklausel rückwirkend (§ 1953 Abs. 1 BGB). Stattdessen treten die Ersatzerben gem. § 1922 BGB in die Gesellschafterstellung ein. Befindet sich der **Nachfolger-Erbe** in der **Insolvenz,** folgt er dem Erblasser für eine juristische Sekunde in die Gesellschaft und tritt sofort gem. § 131 Abs. 3 S. 1 Nr. 2 wieder aus der Gesellschaft aus (Habersack/Schäfer/*C. Schäfer* Rn. 34).

15 Im Falle der **Vorerbschaft** gelten die Verfügungsbeschränkungen der §§ 2113 ff. BGB nur für den Vorerben, nicht aber für die Gesellschaft (Bsp. hierzu bei MüKoHGB/*K. Schmidt* Rn. 35). Erfüllt nur der Vorerbe die Qualifikationsmerkmale der Nachfolgeklausel, scheidet er mit Eintritt des Nacherbfalls aus der Gesellschaft aus und der Nacherbe erhält gem. § 2139 BGB den Abfindungsanspruch (BGH 6.10.1980, BGHZ 78, 177 (181); MüKoHGB/*K. Schmidt* Rn. 33; RWH HGB/*Haas* Rn. 13; Habersack/Schäfer/*C. Schäfer* Rn. 85). Erfüllt schon der Vorerbe nicht die Voraussetzungen der Nachfolgeklausel, gelten grundsätzlich die üblichen Regeln zur fehlgeschlagenen Nachfolgeklausel, der Vorerbe erwirbt also grundsätzlich nur einen Abfindungsanspruch (BGH 25.5.1987, NJW-RR 1987, 989 = ZIP 1987, 1042).

16 **Scheinerben** werden nicht Gesellschafter. Allein ihre Mitwirkung in der Gesellschaft löst nicht die Grundsätze über die fehlerhafte Gesellschaft aus. Anders kann dies jedoch bei Vertragsänderungen sein (Habersack/Schäfer/*C. Schäfer* Rn. 41). Im Übrigen kommen je nach Lage des Einzelfalls Vertrauensschutzregelungen in Betracht, insbesondere § 15, §§ 2365 f. BGB und die Grundsätze über die Haftung als Scheingesellschafter. Der Schutz des wahren Erben ergibt sich aus den §§ 2018 ff. BGB (ausf. zum Ganzen *Konzen* ZHR 145 (1981), 29; *R. Fischer* FS Carl Heymanns Verlag, 1965, 271).

17 **4. Einzelheiten zu den Rechtsfolgen der erbrechtlichen Nachfolge. a) Nachlasszugehörigkeit der Mitgliedschaft.** Es ist heute nahezu allgemeine Ansicht, dass die vererbte Mitgliedschaft unabhängig davon, ob sie auf einen **einzigen** oder **mehrere Erben** übergeht, zum Nachlass gehört (grundlegend BGH 14.5.1986, BGHZ 98, 48 (51); danach stRspr etwa BGH 6.10.1992, BGHZ 119, 346 (354); *Esch* NJW 1984, 339; *Flume* ZHR 155 (1991), 501; *Flume* NJW 1988, 161; *Marotzke* AcP 184 (1984), 541 (560); MüKoHGB/*K. Schmidt* Rn. 12; Habersack/Schäfer/*C. Schäfer* Rn. 45; Oetker/*Kamanabrou* Rn. 6; mittlerweile auch MüKoBGB/*Schäfer* BGB § 705 Rn. 112; MüKoBGB/*Schäfer* BGB § 727 Rn. 39 f.; anders noch *Ulmer* NJW 1984, 1496; *Ulmer* FS Schilling, 1973, 79 (87 ff.); aA *Siegmann* NJW 1995, 481 (485 f.); *Siegmann,* Personengesellschaftsanteil und Erbrecht, 1992, 222 f.). Dies ergibt sich nach zutreffender Ansicht schon allgemein daraus, dass ein begrifflicher Unterschied zwischen „Erbschaft" iSd § 1922 BGB und „Nachlass" grundsätzlich nicht existiert (eingehend *Marotzke* AcP 184 (1984), 541 (553 f.); *Marotzke* AcP 187 (1987), 223 (229); MüKoHGB/*K. Schmidt* Rn. 12).

18 **b) Übergang auf mehrere Erben.** Wird der Erblasser von mehreren als Nachfolger legitimierten Personen beerbt, erwerben diese die Mitgliedschaft abweichend von § 2032 BGB nicht als gemeinschaftliches Eigentum. Stattdessen erhalten die Miterben einen ihrer Erbquote entsprechenden Teil der Mitgliedschaft im Wege einer ausnahmsweise vorgesehenen **Sondererbfolge** (stRspr BGH 3.7.1989, BGHZ 119, 346 (354); BGH 14.5.1986, BGHZ 98, 48 (51); BGH 10.2.1977, BGHZ 68, 225 (237); BGH 22.11.1956, BGHZ 22, 186 (192 f.)). Diese Sonderrechtsnachfolge ist erforderlich, weil die Erbengemeinschaft nicht Gesellschafterin einer werbenden Handelsgesellschaft sein kann (BGH 22.11.1956, BGHZ 22, 186 (192); RG 13.9.1943, DR 1943, 1224; RG 17.3.1886, RGZ 16, 40 (56)). Von einer solchen Sondererbfolge geht außerdem § 139 aus, der das Wahlrecht und die Gesellschafterstellung jedem einzelnen Miterben zuweist (BGH 10.2.1977, BGHZ 68, 225 (237)). Mittlerweile dürfte diese Sondererbfolge auch gewohnheitsrechtlich anerkannt sein (*Wiedemann* FS Großfeld, 1999, 1309 (1313): vgl. auch BGH 10.2.1977, BGHZ 68, 225 (237): „kann mangels zwingender gegenteiliger Argumente schon im Hinblick auf die notwendige Kontinuität einer revisionsrechtlichen Rechtsprechung nicht mehr in Frage gestellt werden").

19 Eine der schwierigsten Fragen des Erb- und Personengesellschaftsrechts lautet, welche **erbrechtlichen Konsequenzen** diese **Sonderrechtsnachfolge** hat. Hier gilt: Soweit dem keine zwingenden Gründe des Gesellschaftsrechts entgegenstehen, ist die Mitgliedschaft wie ein „normal vererbter" Vermögensgegenstand zu behandeln (*Wiedemann,* Die Übertragung und Vererbung von Mitgliedschaftsrechten bei Handelsgesellschaften, 1965, 207 ff.; *Wiedemann* FS Großfeld, 1999, 1309 (1326); Habersack/Schäfer/*C. Schäfer* Rn. 51; vgl. auch BGH 30.4.1984, BGHZ 91, 132 (136 f.); BGH 4.5.1983,

NJW 1983, 2376). Dieser Grundsatz ergibt sich aus der schlichten Tatsache, dass auch § 139 mit seiner Zuweisung des Wahlrechts an jeden Gesellschafter Ausnahmen von den §§ 1922 ff. BGB nur macht, *weil und soweit* sich die Gesellschafterstellung der Erbengemeinschaft nicht mit dem Charakter der OHG als Arbeits- und Haftungsgemeinschaft vertragen würde. Dies bedeutet im Einzelnen:

– Trotz Sondererbfolge gehört die Mitgliedschaft zum **Nachlass** (→ Rn. 17). Die Sondervererbung ist **nicht als partielle Nachlassteilung** aufzufassen (aA *H. P. Westermann* AcP 173 (1973), 24 (28 f.); *Kieserling,* Die erbrechtliche Haftung des Miterben-Gesellschafters, 1972, 53 ff.; MüKoHGB/ *K. Schmidt* Rn. 13; *K. Schmidt* GesR § 45 V 4c). Die Mitgliedschaft gilt daher trotz Sondererbfolge grundsätzlich als gemeinschaftlich gebundenes Vermögen iSd § 2032 BGB (Habersack/Schäfer/ *C. Schäfer* Rn. 51). Das unterschiedliche Haftungsregime der §§ 2058 ff. BGB beruht auf dem Gedanken, dass Miterben einerseits beschränkt haften sollen, solange sie wegen ihrer beschränkten Verfügungsbefugnis (§ 2040 Abs. 1 BGB) den Nachlass nicht allein vermindern können. Dies trifft im Grundsatz auch auf Personengesellschaftsanteile zu, sodass allein von der Sondervererbung keine hinreichende Gefahr für die Nachlassgläubiger ausgeht. 20

– Die Gesellschafter-Erben verlieren die **Einrede aus § 2059 Abs. 1 S. 1 BGB** daher nicht allein durch die Sondererbfolge. Dies gilt auch, wenn die Mitgliedschaft den wesentlichen Teil der Erbschaft ausmacht. Die Miterben verlieren die Einrede des § 2059 Abs. 1 S. 1 BGB erst dann, wenn sie über den ererbten Anteil **verfügen,** ihn etwa veräußern oder verpfänden (*Ulmer/Schäfer* ZHR 160 (1996), 413 (427 f.); *Stodolkowitz* FS Kellermann, 1991, 439 (453)). Zuvor können sie Nachlassverwaltung folglich nur gemeinsam beantragen (§ 2062 BGB). 21

– Nachlassgläubiger können **in den Gesellschaftsanteil vollstrecken,** ohne dass den Gesellschafter-Erben die Einrede des § 2059 Abs. 1 S. 1 BGB zusteht. Eigengläubiger können grundsätzlich nicht in den Gesellschaftsanteil vollstrecken, wohl aber in den Anteil jedes Miterben an der Erbengemeinschaft (§ 859 Abs. 2 ZPO). Tun sie es dennoch, können die Miterben Drittwiderspruchsklage gem. § 771 ZPO erheben. 22

– Zur Verminderung von Koordinationsproblemen unter den Gesellschaftern kann der Gesellschaftsvertrag eine sog. **Vertreterklausel** enthalten, also vorsehen, dass die Miterben ihre Verwaltungsrechte durch einen gemeinsamen, aus ihrer Mitte stammenden Vertreter geltend machen müssen. 23

5. Qualifizierte Nachfolgeklausel. Als qualifizierte Nachfolgeklausel bezeichnet man Vertragsbestimmungen, die nur einen oder einen Teil der Miterben als Rechtsnachfolger in die Gesellschaft bestimmen. 24

a) Voraussetzungen. Voraussetzung der qualifizierten Nachfolgeklausel ist zunächst, dass der oder die Nachfolger bei Eintritt des Erbfalls **eindeutig** identifiziert werden können (MüKoHGB/*K. Schmidt* Rn. 16). Ist dies nicht der Fall, ist im Zweifel von einer einfachen Nachfolgeklausel auszugehen (hierfür bedarf es keiner Umdeutung gem. § 140 BGB). Der oder die Begünstigten können auch nach abstrakten Merkmalen bezeichnet sein (zB „der älteste, lebende Abkömmling“, „alle männlichen Abkömmlinge“ oÄ). Die Qualifikation der Nachfolgeregelung muss sich nicht ausdrücklich aus dem Wortlaut der Klausel ergeben (§§ 133, 157 BGB). Im Zweifel ist jedoch von einer einfachen Nachfolgeklausel auszugehen, da diese das Kontinuitätsinteresse der Gesellschafter am besten verwirklicht (iE Habersack/ Schäfer/*C. Schäfer* Rn. 26). 25

Hinsichtlich der **Auswahl der Nachfolger** unterliegen die Gesellschafter grundsätzlich keinen Schranken. Sie können die Bestimmung des Nachfolgers (nicht: der Erben, § 2065 Abs. 2 BGB) einem Dritten, dem Erblasser oder den Erben überlassen (BGH 13.5.1985, NJW-RR 1986, 28 (29) = WM 1985, 1229; BGH 20.12.1962, WM 1963, 259 (260); *Wiedemann* FS Großfeld, 1999, 1309 (1311); MüKoHGB/*K. Schmidt* Rn. 16; Oetker/*Kamanabrou* Rn. 16). Diese Bestimmung muss jedoch zum Zeitpunkt des Erbfalls vorliegen; andernfalls wirkt die qualifizierte Nachfolgeklausel im Zweifel als einfache Nachfolgeklausel (MüKoHGB/*K. Schmidt* Rn. 16). 26

b) Rechtsfolgen. Rechtsfolge der Klausel ist, dass die **Mitgliedschaft vollständig auf den oder die Miterben übergeht,** dh nicht nur in dem Umfang, der der Erbquote des oder den nachfolgenden Miterben gegenüber den anderen Erben entspricht (grundlegend BGH 10.2.1977, BGHZ 68, 225 (237); danach stRspr BGH 9.11.1998, NJW 1999, 571 = DStR 1999, 246 mAnm *Goette;* BGH 10.1.1996, NJW 1996, 1284 (1285 f.); MüKoHGB/*K. Schmidt* Rn. 18; aA noch die mittlerweile aufgegebene sog. „Abspaltungsthese“ von BGH 22.11.1956, BGHZ 22, 186 (194)). Sind mehrere Miterben als Nachfolger vorgesehen, wird die Mitgliedschaft nicht gemeinschaftliches Eigentum iSd § 2032 BGB, sondern geht unmittelbar im Wege der Einzelrechtsnachfolge auf die Miterben über. Der Umfang des Rechtserwerbs richtet sich nach dem Verhältnis der Erbquoten der bedachten Miterben untereinander (zB A, B, C, D und E sind Miterben zu je 1/5. Der Gesellschaftsvertrag enthält eine qualifizierte Nachfolgeklausel zugunsten von A, B und C. A, B und C teilen sich die Mitgliedschaft zu je 1/3). 27

Es entsteht kein Abfindungsanspruch gem. § 738 BGB, § 105 zugunsten der nicht in der Nachfolgeregelung bedachten Miterben, da die Mitgliedschaft vollständig auf die Nachfolger übergeht (BGH 11.7.1968, BGHZ 50, 316 (318); BFH 26.3.1981, NJW 1982, 407 (408)). Die **Ausgleichsansprüche** 28

der nicht nachfolgenden Miterben richten sich nach erbrechtlichen Grundsätzen (BGH 10 2.1977, BGHZ 68, 225 (238); BGH 22.11.1956, BGHZ 22, 186 (197)). Enthält die Verfügung von Todes wegen hierzu keine Bestimmung, so sind die §§ 2050 ff. BGB analog heranzuziehen, denn insoweit besteht kein Wertungsunterschied zwischen erbrechtlicher Rechtsnachfolge und vorweggenommener Erbfolge kraft Rechtsgeschäfts (iErg *Michalski* Gestaltungsmöglichkeiten 196 f.; *Tiedau* NJW 1980, 2446 (2448 f.); *Tiedau* MDR 1957, 641 (642); *Flume* § 18 VI 2; aA BGH 22.11.1956, BGHZ 22, 186 (196 f.): „Treu und Glauben"; *K. Schmidt* GesR § 45 5c; Habersack/Schäfer/*C. Schäfer* Rn. 154 f.: Wert der Mitgliedschaft ist bei der Erbauseinandersetzung in Ansatz zu bringen; *Wiedemann* GesR II § 5 II 2e; ausf. *Menold,* Die erbrechtlichen Schranken der Gestaltung der Vererbung von Anteilen an Gesamthandspersonengesellschaften, 2005, 140 ff.).

29 **c) Die fehlgeschlagene qualifizierte Nachfolgeklausel.** Eine qualifizierte Nachfolgeklausel **schlägt fehl,** wenn die im Gesellschaftsvertrag als Nachfolger Vorgesehenen nicht Erben werden. In diesem Fall können die Erben nicht Gesellschafter werden, weil für sie die Mitgliedschaft nicht vererblich gestellt wurde. Der im Gesellschaftsvertrag als Nachfolger Benannte kann die Mitgliedschaft nicht gem. § 1922 BGB erwerben, weil er nicht Erbe geworden ist. Vorzugehen ist in diesen Fällen wie folgt:

30 Zunächst ist durch **Auslegung der Nachfolgeklausel** zu ermitteln, ob möglicherweise doch ein Erbe als Nachfolger in Betracht kommt, insbesondere Enkel des Erblassers beim Vor-Versterben des in der qualifizierten Nachfolgeklausel vorgesehenen Abkömmlings. Die Nachfolgeklausel schlägt in diesem Fall nur scheinbar fehl. Die Auslegung der Nachfolgeklausel folgt den Grundsätzen des Gesellschaftsrechts. Sie richtet sich nicht nach §§ 2068 f. BGB, denn bei diesen Normen handelt es sich um spezielle, auf einseitige Willenserklärungen zugeschnittene Regeln, bei denen die Ermittlung des mutmaßlichen Erblasserwillens im Vordergrund steht (*Heckelmann* FG v. Lübtow, 1980, 619 (635); Habersack/Schäfer/*C. Schäfer* Rn. 29; aA *Wiedemann* JZ 1977, 689 (690); Heymann/*Emmerich* Rn. 6). Ohne weitere Anhaltspunkte ist allerdings nicht davon auszugehen, dass die Mitgesellschafter mit einer Fortsetzung der Gesellschaft mit den Enkeln einverstanden sind (ebenso BGH 10.2.1977, BGHZ 68, 225 (235); Habersack/Schäfer/*C. Schäfer* Rn. 29; großzügiger *Göbel* DNotZ 1979, 133 (149); *Heckelmann* FG v. Lübtow, 1980, 619 (635 f.); EBJS/*Lorz* Rn. 21).

31 Ist die Klausel fehlgeschlagen, ist sie regelmäßig gem. § 140 BGB in eine Eintrittsklausel zugunsten des im Gesellschaftsvertrag Vorgesehenen **umzudeuten** (BeckHdB PersGes/*Landsittel* § 11 Rn. 83). Ob auch der Abfindungsanspruch der Miterben ausgeschlossen und der Gesellschaftsanteil des Erblassers den übrigen Gesellschaftern treuhänderisch zugewiesen ist oder die Miterben diesen Anspruch gem. § 1922 BGB erwerben, aber dem Begünstigten zur Tilgung seiner Einlageschuld leisten müssen, beurteilt sich nach den allgemeinen Grundsätzen (→ Rn. 89 f.).

III. Das Wahlrecht des Gesellschafter-Erben

32 **1. Allgemeines.** Nach § 139 Abs. 1 kann jeder Erbe „sein Verbleiben in der Gesellschaft davon abhängig machen, dass ihm unter Belassung des bisherigen Gewinnanteils die Stellung eines Kommanditisten eingeräumt und der auf ihn fallende Teil der Einlage des Erblassers als seine Kommanditeinlage anerkannt wird". § 139 Abs. 1 gibt dem Erben damit kein Recht auf Fortführung der Gesellschafterstellung des Erblassers als Kommanditist, sondern lediglich ein besonderes Austrittsrecht, falls die übrigen Gesellschafter nicht mit der Umwandlung in einen Kommanditanteil einverstanden sind (→ Rn. 1). Das **Grundprinzip** des § 139 lautet: Der Erbe, der fristgerecht von seinen Rechten Gebrauch macht, soll nicht schlechter stehen als der Erbe eines Kommanditisten oder der Erbe eines nach § 131 Abs. 3 S. 1 Nr. 1 ausgeschiedenen Erblassers (MüKoHGB/*K. Schmidt* Rn. 67). Er wird bei der fristgerechten Umwandlung seiner Beteiligung in einen Kommanditanteil so gestellt wie der Erbe eines Kommanditisten. Bei rechtzeitigem Austritt wird er so gestellt wie ein durch den Tod gem. § 131 Abs. 3 S. 1 Nr. 1 ausgeschlossener Erbe (*K. Schmidt* ZGR 1989, 445 (450); MüKoHGB/*K. Schmidt* Rn. 67). Dies erreicht § 139 Abs. 4, indem er sowohl im Falle der Umwandlung in einen Kommanditanteil als auch beim Austritt des Gesellschafter-Erben die eigentlich eingreifende Haftung gem. §§ 128, 130 ausschließt. Hingegen modifiziert § 139 weder die erbrechtliche Haftung noch schließt er – entgegen dem missverständlichen Wortlaut des § 139 Abs. 4 – die Haftung des Erben als Kommanditist gem. §§ 171 ff. aus (*K. Schmidt* ZGR 1989, 445 (448); MüKoHGB/*K. Schmidt* Rn. 67).

33 **2. Anwendungsbereich.** Das Wahlrecht des § 139 gilt für die Erben eines dem grundsätzlichen Anwendungsbereich des § 139 unterfallenden Geschäftsanteils (→ Rn. 5). Beim Erbfall in einer **aufgelösten Gesellschaft** hat der Erbe nach hM jedoch kein Austrittsrecht gem. § 139 (BGH 6.7.1991, NJW 1982, 45 (46); Baumbach/Hopt/*Roth* Rn. 8; Habersack/Schäfer/*C. Schäfer* Rn. 75; Oetker/*Kamanabrou* Rn. 63; aA MüKoHGB/*K. Schmidt* Rn. 61), denn in diesem Fall haftet er selbst für die vor und während der Auflösung begründeten Gesellschaftsverbindlichkeiten schon nach allgemeinen Grundsätzen nur mit den erbrechtlichen Haftungsbeschränkungsmöglichkeiten (dazu BGH 6.7.1991, NJW 1982, 45 (46)). Wird in einer **Zweipersonengesellschaft** der Anteil des einen Gesellschafters an

den anderen vererbt und erlischt hierdurch die Gesellschaft ohne Liquidation (→ § 131 Rn. 22, → § 131 Rn. 63), so ist § 139 nicht anwendbar (s. nur Habersack/Schäfer/*C. Schäfer* Rn. 72). Zur Haftungsbeschränkung eines den Komplementäranteil seines Mitgesellschafters erbenden Kommanditisten → § 131 Rn. 65 ff.

3. Voraussetzungen des Wahlrechts. Voraussetzung für das Wahlrecht aus § 139 ist die erbrechtliche, nicht: rechtsgeschäftliche, Nachfolge in einen dem Anwendungsbereich des § 139 unterworfenen Gesellschaftsanteil. Bei der Rechtsnachfolge in einen **Kommanditanteil** besteht gem. § 177 kein Wahlrecht. Gleiches gilt, wenn sich der Gesellschaftsanteil mit dem Erbfall automatisch in einen Kommanditanteil umwandelt (BGH 1.6.1987, BGHZ 101, 123 (125); BGH 9.5.1974, WM 1974, 945 (947); → Rn. 74, → Rn. 94 ff.). Analoge Anwendung findet § 139 jedoch nach zutreffender hM auf den **nicht eingetragenen Kommanditisten,** da die Haftung nach § 176 BGB für in der Vergangenheit begründete Schulden nicht durch eine Eintragung der Kommanditistenstellung beseitigt werden kann und daher ein ähnliches Schutzbedürfnis besteht (MüKoHGB/*K. Schmidt* Rn. 64; Habersack/Schäfer/*C. Schäfer* Rn. 77). Wird die Kommanditistenstellung in der Frist des § 139 Abs. 3 eingetragen, haftet der Erbe für die bis dahin entstandenen Gesellschaftsschulden daher nur erbrechtlich bzw. soweit auch gem. §§ 171, 172 eine Kommanditistenhaftung bestand. 34

War der **Erbe bereits Komplementär** und wird sein Komplementäranteil durch die Erbfolge nur vergrößert, ist § 139 teleologisch zu reduzieren, da der Erbe ohnehin für die Gesellschaftsschulden unbeschränkt haftet und daher des Schutzes nicht bedarf (KG 30.7.1936, JW 1936, 2933 Nr. 28; Habersack/Schäfer/*C. Schäfer* Rn. 77). War der **Erbe zuvor Kommanditist** und erbt er gem. § 1922 BGB einen Komplementäranteil hinzu, so hält er mit dem Erbfall eine einheitliche Komplementärbeteiligung. Das Wahlrecht besteht in diesem Fall im Hinblick auf den gesamten Anteil (BGH 21.12.1970, BGHZ 55, 267 (270); MüKoHGB/*K. Schmidt* Rn. 65; Habersack/Schäfer/*C. Schäfer* Rn. 70). Bestehen die Beteiligungen ausnahmsweise nebeneinander fort (→ § 105 Rn. 39), so findet § 139 nur im Hinblick auf den fortbestehenden Komplementäranteil Anwendung. 35

Das Wahlrecht aus § 139 steht **jedem Erben gesondert** zu, also nicht etwa der Erbengemeinschaft gem. § 2032 BGB zur gesamten Hand (zur Sonderrechtsnachfolge in die Mitgliedschaft → Rn. 18 ff.). Es ist ein persönliches Recht des Erben und fällt nicht in den Nachlass. Nicht erfasst wird es daher von der Anordnung der Testamentsvollstreckung (→ Rn. 76 ff.), Nachlassverwaltung (→ Rn. 81) oder Nachlassinsolvenz (→ Rn. 82). **Vorerben** sind in der Ausübung des Wahlrechts nicht durch die §§ 2113 ff. BGB beschränkt (MüKoHGB/*K. Schmidt* Rn. 62, 68; Habersack/Schäfer/*C. Schäfer* Rn. 83; aA Baumbach/Hopt/*Roth* Rn. 20). Nacherben haben mit Eintritt des Nacherbfalls ein erneutes Wahlrecht gem. § 139, sofern der Vorerbe dieses nicht ausgeübt hat (BGH 25.5.1977, BGHZ 69, 47 (52); *Michalski* DB-Beil. Heft 16/1987, 13; MüKoHGB/*K. Schmidt* Rn. 62, 68; Habersack/Schäfer/*C. Schäfer* Rn. 86). Für **Minderjährige** handeln die gesetzlichen Vertreter, der Genehmigung des Familien- bzw. Vormundschaftsgerichts nach § 1822 Nr. 3 BGB bedarf es nicht. Ein Ergänzungspfleger muss bestellt werden, falls der gesetzliche Vertreter zu den Gesellschaftern gehört (BGH 21.12.1970, BGHZ 55, 267 (270); KG 14.10.1932, JW 1933, 118 (119)). Dem minderjährigen Gesellschafter-Erben steht darüber hinaus ein Austrittsrecht analog § 723 Abs. 1 S. 3 BGB zu, wenn er volljährig wird (Habersack/Schäfer/*C. Schäfer* Rn. 80; → § 132 Rn. 20). 36

Erforderlich ist schließlich, dass zumindest einer der **beim Erbfall vorhandenen Gesellschafter** bei Ausübung des Wahlrechts noch vorhanden ist. Ansonsten fehlt es an einer „Fortsetzung der Gesellschaft" iSv § 139 HGB; außerdem verlangt § 139, dass der Gesellschafter-Erbe den Antrag auf Umwandlung der Gesellschaft bei den „übrigen", dh beim Erbfall vorhandenen Gesellschaftern stellt (vgl. Habersack/Schäfer/*C. Schäfer* Rn. 71). 37

4. Ausübung des Wahlrechts. a) Überblick. § 139 liegt folgendes **Verfahren** zugrunde: **(1)** Zunächst erklärt der Erbe, er mache seinen Verbleib in der Gesellschaft davon abhängig, dass ihm unter den Voraussetzungen des § 139 Abs. 1 ein Kommanditanteil eingeräumt werde (Umwandlungsantrag gem. § 139 Abs. 1). **(2)** Hierauf erklären die übrigen Gesellschafter, ob sie diesen Antrag annehmen. **(3)** Lehnen sie ab, kann der Erbe aus der Gesellschaft austreten (§ 139 Abs. 2). Lässt der Erbe die in den Verfahrensschritten (1) und (3) laufenden Erklärungsfristen verstreichen, bleibt er Komplementär (§ 139 Abs. 3). 38

b) Umwandlungsantrag (Abs. 1). Gemäß § 139 Abs. 1 kann der Erbe seinen Verbleib als Kommanditist unter die Bedingung stellen, dass ihm der bisherige Gewinnanteil belassen und der auf ihn entfallende Teil der Einlage des Erblassers als seine Kommanditeinlage anerkannt wird. Rechtsdogmatisch handelt es sich hierbei um einen Antrag iSd § 145 BGB auf Änderung des Gesellschaftsvertrags, dh eine einseitige empfangsbedürftige Willenserklärung, die grundsätzlich mit Zugang wirksam wird (§ 130 BGB) und keiner Form bedarf. **Empfänger** sind nach dem Wortlaut des § 139 Abs. 2 die übrigen Gesellschafter, nicht die Gesellschaft. Ohne dass § 139 Abs. 5 entgegenstünde, kann im Gesellschaftsvertrag vereinbart werden, dass die Frist zusätzlich durch Erklärung gegenüber der Gesellschaft gewahrt wird. Nicht erforderlich ist der Zugang bei den übrigen Erben (BGH 21.12.1970, NJW 1971, 1268 39

(1269)). Die für die Kündigungserklärung nach § 132 geltenden Grundsätze sind auch hier zu beachten (→ § 132 Rn. 9 ff.).

40 Zum **Inhalt der Kommanditbeteiligung,** von der der Erbe seinen Verbleib in der Gesellschaft abhängig machen kann, → Rn. 52 ff. Macht der Erbe seinen Verbleib als Kommanditist von anderen Bedingungen abhängig, begründet die Ablehnung der übrigen Gesellschafter kein Austrittsrecht (Habersack/Schäfer/*C. Schäfer* Rn. 89).

41 Der Umwandlungsantrag gem. § 139 Abs. 1 muss den übrigen Gesellschaftern in der **Erklärungsfrist** des § 139 Abs. 3 zugehen. Sie beträgt drei Monate ab Kenntnis vom Anfall der Erbschaft. Unerheblich ist, ob der Erbe wusste, dass der Erblasser Gesellschafter einer OHG war. Für den Nacherben kommt es auf den Nacherbfall an. Da die Rechte des § 139 bei Minderjährigen durch deren gesetzliche Vertreter geltend gemacht werden müssen, hängt der Fristablauf von deren Kenntnis ab (§ 139 Abs. 3 S. 2 iVm § 210 BGB). Kann der gesetzliche Vertreter die Rechte aufgrund des Verbots des Selbstkontrahierens nicht ausüben, entscheidet die Kenntnis des Ergänzungspflegers (vgl. BGH 21.12.1970, BGHZ 55, 267 (271 f.); RG 8.2.1934, JW 1934, 1044). Die Frist kann grundsätzlich ausgeschöpft werden. Allerdings trifft den Erben die Obliegenheit, den Antrag so rechtzeitig zu stellen, dass er ggf. auch den Austritt gem. § 139 Abs. 2 in der Dreimonatsfrist des § 139 Abs. 3 erklären kann (→ Rn. 43, → Rn. 45). Ist beim Ablauf der drei Monate das Recht zur Ausschlagung der Erbschaft noch nicht verloren, so verlängert sich die Frist bis zum Ende der Ausschlagungsfrist (§ 139 Abs. 3 S. 3). Ihre Berechnung folgt den §§ 187 ff. BGB (Ereignisfrist). Die Beweislast für den Fristablauf trägt derjenige, der sich auf ihn beruft.

42 **c) Die Reaktion der übrigen Gesellschafter.** Die **Annahme** des Umwandlungsantrags setzt voraus, dass alle übrigen Gesellschafter ihre Zustimmung erteilen. Die Annahme des Antrags ist Grundlagengeschäft (Vertragsänderung), kein Akt der Geschäftsführung. Gleichwohl kann der Gesellschaftsvertrag eine Mehrheitsklausel vorsehen. § 139 Abs. 5 steht dem nicht entgegen, da der Schutz des Gesellschafter-Erben hierdurch nicht betroffen wird (KG 4.12.1941, DR 1942, 732; Habersack/Schäfer/*C. Schäfer* Rn. 94). Machen die übrigen Gesellschafter die Annahme von **weiteren Bedingungen** abhängig, muss sich der Erbe mit diesen Bedingungen innerhalb der Frist des § 139 Abs. 3 einverstanden erklären (Habersack/Schäfer/*C. Schäfer* Rn. 94).

43 Eine **Annahmefrist** sieht § 139 nicht vor. Da es bei der Annahme des Antrags um eine Vertragsänderung geht, ergibt sich eine Fristenregelung jedoch aus den §§ 147, 148 BGB. Diese allgemeinen Regeln der Rechtsgeschäftslehre sind jedoch an die besondere Situation des § 139 anzupassen. Die übrigen Gesellschafter haben daher kraft Gesetzes eine angemessene Überlegungsfrist, deren Länge sich aus den Umständen des Einzelfalles ergibt, in der Regel jedoch nicht mehr als drei Wochen betragen sollte. Nehmen nicht alle übrigen Gesellschafter den Antrag des Gesellschafter-Erben binnen der angemessenen Überlegungsfrist an, gilt der Antrag als abgelehnt (§ 147 Abs. 2 BGB). Eine verspätete Annahme ist als neuer Antrag zu sehen (§ 150 Abs. 1 BGB). Ist beim Ende der angemessenen Annahmefrist die Frist gem. § 139 Abs. 3 abgelaufen, muss der Gesellschafter-Erbe in der OHG verbleiben, wenn die übrigen Gesellschafter seinen Antrag ablehnen. Er hat daher die Obliegenheit, den Antrag so rechtzeitig zu stellen, dass er ggf. den Austritt rechtzeitig erklären kann.

44 Die übrigen Gesellschafter sind bei der Entscheidung über die Anträge grundsätzlich frei. Selbst eine Bindung an den **gesellschaftsrechtlichen Gleichbehandlungsgrundsatz** dürfte **abzulehnen** sein (aA BGH 21.12.1970, NJW 1971, 1268 (1269) (insoweit in BGHZ 55, 267 nicht abgedruckt); Habersack/Schäfer/*C. Schäfer* Rn. 95; zurückhaltender MüKoHGB/*K. Schmidt* Rn. 68). Erstens bestehen ähnliche Bindungen auch nicht beim erstmaligen Vertragsschluss, der Aufnahme neuer Gesellschafter (s. nur EBJS/*Wertenbruch* § 105 Rn. 265) und bei der Formulierung einer qualifizierten Nachfolgeklausel. Zweitens lässt sich die Entscheidungsfreiheit der übrigen Gesellschafter als Seitenstück zur zwingenden Rechtsnatur der in § 139 Abs. 1–4 vorgesehenen Schutzbestimmungen (§ 139 Abs. 5) verstehen. Während das Antrags- und Austrittsrecht dem Erbenschutz dienen (§ 139 Abs. 5), werden die übrigen Gesellschafter durch das Ablehnungsrecht des § 139 Abs. 2 geschützt. Eine Pflicht zur Gleichbehandlung ist in diesem Rahmen nicht geboten und nur schwer justiziabel.

45 **d) Die Austrittserklärung (Abs. 2).** Lehnen die übrigen Gesellschafter den Antrag nach § 139 Abs. 1 ab, so hat der Gesellschafter-Erbe das Recht, aus der Gesellschaft auszutreten (§ 139 Abs. 2). Er muss hierfür keine Kündigungsfrist einhalten (§ 139 Abs. 2). Allerdings muss auch der Austritt nach dem klaren Wortlaut und der systematischen Stellung des § 139 Abs. 3 innerhalb der **Dreimonatsfrist** ab Kenntnis der Erbschaft erklärt werden. Der Gesellschafter-Erbe hat daher die Obliegenheit, den Antrag nach § 139 Abs. 1 so rechtzeitig zu stellen, dass er auch den Austritt in der Frist des § 139 Abs. 3 erklären kann. Hierbei muss er eine angemessene Überlegungsfrist für die übrigen Gesellschafter einkalkulieren (Habersack/Schäfer/*C. Schäfer* Rn. 90; → Rn. 43).

46 **5. Rechtsfolgen. a) Fortführung der OHG mit dem Erben.** Macht der Erbe von seinem Antrags- und Austrittsrecht keinen (fristgemäßen) Gebrauch, wird die Gesellschaft mit ihm als OHG-

Gesellschafter fortgeführt. Der Erbe rückt im **Innenverhältnis** in die ihm zugedachte Position des Erblassers ein.

Hinsichtlich seiner **Haftung für die Gesellschaftsschulden** ist zu unterscheiden: Für die Verbindlichkeiten vor dem Erbfall **(Altverbindlichkeiten)** haftet er einerseits erbrechtlich gem. § 128 HGB, § 1967 BGB, dh mit den erbrechtlichen Beschränkungsmöglichkeiten der §§ 1975 ff. BGB, andererseits gesellschaftsrechtlich gem. §§ 128, 130, ohne dass diese Haftung gem. §§ 1975 ff. BGB oder gem. § 139 Abs. 4 beschränkt werden könnte. Eine Bedeutung hat diese Unterscheidung bei der qualifizierten Nachfolgeklausel: Während die nicht in die Gesellschaft nachfolgenden Erben nur erbrechtlich haften, trifft die in der Gesellschaft verbliebenen Miterben auch die gesellschaftsrechtliche Haftung. Im Innenverhältnis können die haftenden Miterben von den Nachfolgern jedoch Freistellung und Regress verlangen (*Emmerich* ZHR 150 (1986), 193 (208 f.); MüKoHGB/*K. Schmidt* Rn. 109). 47

Für die Verbindlichkeiten, die die Gesellschaft während der Dreimonatsfrist des § 139 Abs. 3 eingegangen ist **(Zwischenneuschulden),** haftet der Erbe gesellschaftsrechtlich gem. § 128 ohne die Beschränkungsmöglichkeiten der § 139 Abs. 4, §§ 1975 ff. BGB. Daneben wird man die insoweit entstehenden Verbindlichkeiten für den Gesellschafter-Erben (nicht auch für die sonstigen Miterben bei qualifizierter Nachfolgeklausel) idR als Nachlassverbindlichkeiten iSd § 1967 Abs. 2 BGB ansehen müssen, sodass insoweit eine erbrechtliche Haftung besteht (MüKoHGB/*K. Schmidt* Rn. 107; Habersack/Schäfer/*C. Schäfer* Rn. 124). 48

Die Haftung des Erben für die **Neuschulden** der Gesellschaft, die nach Ablauf der Dreimonatsfrist des § 139 Abs. 3 entstanden sind, ergibt sich allein aus § 128. 49

b) Umwandlung der Beteiligung in einen Kommanditanteil. aa) Allgemeines. Bei der Umwandlung der Beteiligung in einen Kommanditanteil handelt es sich dogmatisch gesehen um eine **Vertragsänderung** zwischen dem Erben und den übrigen Mitgesellschaftern unter Ausschluss der anderen Gesellschafter-Erben (MüKoHGB/*K. Schmidt* Rn. 70). Sie wird wirksam, wenn die Annahmeerklärung der übrigen Gesellschafter wirksam wird (§ 151 S. 1 Hs. 1 BGB). 50

Die **Konditionen der Umwandlung** sind grundsätzlich **dispositiv** und können insbesondere auch im Gesellschaftsvertrag, dh ohne Zustimmung des Gesellschafter-Erben festgelegt werden. Hiergegen spricht auch nicht § 139 Abs. 5 Hs. 1, denn ebenso könnten die Mitgesellschafter die Umwandlung zu anderen Konditionen auch ablehnen. Da § 139 dem Gesellschafter-Erben kein Recht auf Vertragsänderung, sondern nur ein besonderes Austrittsrecht verschafft (→ Rn. 1), greift die gesellschaftsvertragliche Festlegung der Konditionen auch nicht in seine schutzwürdigen Interessen ein. 51

bb) Inhalt der Kommanditistenstellung. Welchen Inhalt die Kommanditistenbeteiligung des Gesellschafter-Erben hat, ist im Gesetz nur rudimentär geregelt. § 139 Abs. 1 enthält die abdingbare Regel, dass der Gesellschafter-Erbe auch als Kommanditist den **Gewinnanteil** des Erblassers erhält. Dies bedeutet, dass der Erbe denselben Anteil am Jahresgewinn erhält wie der Erblasser. Der Gewinnverteilungsschlüssel ergibt sich aus dem Gesellschaftsvertrag, als Auffangregelung kommen die §§ 120, 121 zur Anwendung, nicht aber § 168 Abs. 2 (Habersack/Schäfer/*C. Schäfer* Rn. 98). Auch die **Verlustbeteiligung** des Kommanditisten richtet sich nach der bisher für den Erblasser geltenden Regelung, wenngleich diese nach unten durch den Betrag seines Kapitalanteils und seiner noch rückständigen Einlage begrenzt ist (§ 167 Abs. 3). Regelt der Gesellschaftsvertrag die Gewinnbeteiligung abweichend und zieht er dem Gesellschafter-Erben einen Teil des Gewinnes ab, wächst dieser den übrigen Gesellschaftern in Ermangelung einer besonderen Vertragsregel nach dem Maßstab ihrer bisherigen Gewinnverteilung zu (Habersack/Schäfer/*C. Schäfer* Rn. 99). Das Entnahmerecht des Gesellschafter-Erben richtet sich nach § 169, nicht nach § 122 (MüKoHGB/*K. Schmidt* Rn. 82; Habersack/Schäfer/*C. Schäfer* Rn. 100; insoweit auch RG 27.1.1944, ZAkDR 1944, 129). 52

Darüber hinaus bestimmt die Norm, dass der auf den Erben „fallende Teil der Einlage des Erblassers als seine Kommanditeinlage anerkannt wird". Diese Bestimmung bleibt kryptisch, weil „Einlage" iSd § 139 Abs. 1 als „Pflichteinlage" (= „Beitrag") iSd § 705 BGB, § 105 Abs. 3, als „bedungene Einlage" iSd § 167 Abs. 2, § 169 Abs. 1 und als Haftsumme iSd § 172 Abs. 1 zu verstehen sein könnte. Weitgehende Einigkeit besteht darüber, dass § 139 Abs. 1 mit „Einlage" im Grundsatz den **Kapitalanteil** des Gesellschafters meint (Baumbach/Hopt/*Roth* Rn. 41; Heymann/*Emmerich* Rn. 43; *Westermann* in Westermann/Wertenbruch PersGes-HdB Rn. 1296), dh die Buchungsziffer, die angibt, in welcher Höhe der Gesellschafter an der Gesellschaft beteiligt ist. § 139 Abs. 1 besagt daher für sich genommen nicht mehr als eine Selbstverständlichkeit, nämlich dass der Erbe die Beteiligung des Erblassers als Kommanditist fortführen darf (*K. Schmidt* ZGR 1989, 445 (457)). Der **weitere Inhalt der Kommanditistenbeteiligung** des Erben im Hinblick auf Pflichteinlage, bedungene Einlage und Haftsumme ist im Gesetz jedoch nicht geregelt und daher höchst umstritten: 53

Der **BGH** hat sich zu dem Meinungsstreit bisher nicht geäußert, was darauf schließen lässt, dass die Kautelarpraxis interessengerechte Regelungen hervorbringt. Aus **BGH 1.6.1987, BGHZ 101, 123 (125 ff.)** ergibt sich immerhin, dass ein negativer Kapitalanteil die Umwandlung in eine Kommanditistenbeteiligung nicht hindert und stille Rücklagen nicht aufgelöst werden müssen, wenn alle Gesellschafter mit der Anrechnung auf die zu erbringenden Einlagen einverstanden sind (weitergehend 54

Habersack/Schäfer/*C. Schäfer* Rn. 102 und 109, nach dessen Ansicht der II. Senat in dieser Entscheidung auch davon ausgeht, dass sich die Erben nicht auf die vom Erblasser geleistete Einlage hinsichtlich ihrer gesellschaftsrechtlichen Haftung sollen berufen können).

55 Die **hM** in der Lit. stellt – mit zahlreichen Abweichungen im Detail – auf den Kapitalanteil des verstorbenen Gesellschafters im Zeitpunkt des Erbfalls ab, rechnet ausstehende Einlagen und unrechtmäßige Entnahmen hinzu und bestimmt nach diesem Betrag sowohl die **Pflichteinlage** als auch die **bedungene Einlage;** für die **Haftsumme** wird häufig ein niedrigerer Betrag angesetzt, um eine Kommanditistenhaftung gem. § 171 Abs. 1 Hs. 2, § 172 Abs. 4 S. 1 auszuschließen (*Frey* ZGR 1988, 281 (288 ff.); *Lamers* MDR 1960, 888; *Saßenrath* BB 1990, 1209 (1211 f.); *Sudhoff* NJW 1958, 401; *Huber,* Vermögensanteil, Kapitalanteil und Gesellschaftsanteil an Personengesellschaften des Handelsrechts, 1970, 430 ff.; *Saßenrath,* Die Umwandlung von Komplementär- in Kommanditbeteiligungen, 1988, 159 ff.; Baumbach/Hopt/*Roth* Rn. 42; EBJS/*Lorz* Rn. 108 f.; Heymann/*Emmerich* Rn. 45; KKRD/*Kindler* Rn. 9; Habersack/Schäfer/*C. Schäfer* Rn. 103 ff.). Ein **negativer Kapitalanteil** des Erblassers schließt die Umwandlung in eine Kommanditbeteiligung nicht aus (Habersack/Schäfer/*C. Schäfer* Rn. 110; vgl. jetzt auch BGH 1.6.1987, BGHZ 101, 123 (125)). Die Pflicht- und die bedungene Einlage sollen nach einigen als negative Einlagen fortgeführt werden (*Huber,* Vermögensanteil, Kapitalanteil und Gesellschaftsanteil an Personengesellschaften des Handelsrechts, 1970, 434 ff.; Baumbach/Hopt/*Roth* Rn. 42), nach anderen auf den letzten aktiven Kontostand (*Liebisch* ZHR 116 (1954), 128 (174)), nach wieder anderen auf 1,– EUR festgesetzt werden (KKRD/*Kindler* Rn. 9). Um Haftungsrisiken zu vermeiden, wird als Haftsumme 1,– EUR eingetragen (*Huber,* Vermögensanteil, Kapitalanteil und Gesellschaftsanteil an Personengesellschaften des Handelsrechts, 1970, 436; *Saßenrath* BB 1990, 1209 (1212); *Sudhoff* NJW 1958, 401 (404 f.); EBJS/*Lorz* Rn. 109; Habersack/Schäfer/*C. Schäfer* Rn. 111).

56 Zu folgen ist demgegenüber dem von ***K. Schmidt* begründeten Konzept** (*K. Schmidt* ZGR 1989, 445; MüKoHGB/*K. Schmidt* Rn. 71 ff.; ihm folgend *Herfs* DB 1991, 2121 (2122 f.); RWH HGB/*Haas* Rn. 31 ff.). Ausgangspunkt ist dabei zum einen die Erkenntnis, dass § 139 Abs. 1 keine Aussage über den weiteren Inhalt der grundsätzlich fortzuführenden Beteiligung des Kommanditisten macht (→ Rn. 52) und diese daher aus allgemeinen personengesellschafts- und erbrechtlichen Erwägungen zu ermitteln ist, zum anderen, dass § 139 Abs. 1 eine haftungsrechtliche Norm ist, die den Gesellschafter-Erben nur vor der Haftung nach §§ 128, 130 schützen, ihn aber nicht besser stellen möchte als den Erben eines Kommanditisten.

57 – Einen **Beitrag** schuldet der Kommanditist daher nur insoweit, als auch der Komplementär zur Zeit des Erbfalls eine ausstehende („Pflicht-")Einlagenschuld hatte. § 139 Abs. 1 steht dem nicht entgegen, weil diese Norm lediglich die Haftung aus §§ 128, 130 verhindern möchte und auch der Erbe eines Kommanditisten mit dessen ausstehender Beitragsschuld belastet worden wäre. Der Erbe schuldet den Beitrag einerseits als Rechtsnachfolger des Erblassers (§ 1967 BGB), andererseits aus seiner Mitgliedschaft als Kommanditist, dh ohne erbrechtliche Haftungsbeschränkungsmöglichkeiten (iErg ganz hM, OLG Hamburg 5.11.1993, ZIP 1994, 297 = BB 1994, 238; *K. Schmidt* ZGR 1989, 445 (458); Habersack/Schäfer/*C. Schäfer* Rn. 106; vgl. auch BGH 10.5.1982, BGHZ 84, 47 (48 ff.) (GmbH); aA *Lamers* MDR 1960, 888 (889); gegen jegliche Haftung insoweit *Saßenrath,* Die Umwandlung von Komplementär- in Kommanditbeteiligungen, 1988, 160 ff.).

58 – Die **bedungene Einlage** ist ebenfalls primär aus der Beteiligung des Erblassers zu entwickeln. Ihr Umfang ergibt sich aus dem Betrag, den der Erbe ohne Entnahmemöglichkeit in der Gesellschaft hielt, zuzüglich einer etwa noch geschuldeten (Pflicht-)Einlage sowie etwaiger unzulässiger Entnahmen. Funktional handelt es sich bei dieser Einlage um nichts anderes als eine Buchungsziffer, die angibt, in welcher Höhe der Kommanditist den übrigen Gesellschaftern verspricht, Kapital in der Gesellschaft zu halten und ggf. aus zukünftigen Gewinnen anzusparen (§ 167 Abs. 1, § 169 Abs. 2). Da der Erbe insoweit in die Rechtsstellung des Erblassers einrückt, ist sie aus dem ursprünglichen Versprechen des Erblassers zu entwickeln. Sie mit dem gegenwärtigen Kapitalanteil des Erblassers zum Zeitpunkt des Erbfalls gleichzusetzen, erfordert auch nicht der Normzweck des § 139, da dieser – wie bereits erwähnt – lediglich die persönliche Haftung des Gesellschafter-Erben gem. §§ 128, 130 verhindern möchte und auch der Erbe eines Kommanditisten dessen bedungene Einlage hinzunehmen hat.

59 – Die **Haftsumme** ist gleichzusetzen mit der bedungenen Einlage des Kommanditisten. Ein Haftungsrisiko ist hiermit nur verbunden, soweit der Erbe seine Einlage nicht vollständig erbracht oder unzulässige Entnahmen getätigt hat; allein das wertmäßige Absinken des gegenwärtigen Kapitalanteils (= der gegenwärtigen Beteiligung) unter diese Ziffer begründet keine Haftung des Kommanditisten, da es an einer Rückzahlung iSv § 172 Abs. 4 S. 1 bzw. mangelnden Leistung iSv § 171 Abs. 1 Hs. 2 fehlt (*K. Schmidt* ZGR 1989, 445 (466)). Ist dies aber der Fall, dann ist es nur sachgerecht, den Kommanditisten bis zur Höhe der bedungenen Einlage haften zu lassen: Erstens wird hierdurch die bedungene Einlage durch Haftung zusätzlich gesichert, zweitens schuldet der Kommanditist in diesem Fall ohnehin die Wertrückführung in das Gesellschaftsvermögen im Innenverhältnis und drittens würde auch der Erbe eines Kommanditisten insoweit gem. §§ 171, 172, 173 haften (*K. Schmidt* ZGR 1989, 445 (464); MüKoHGB/*K. Schmidt* Rn. 79).

– Zur richtigen Lösung führt die von *K. Schmidt* begründete Ansicht auch in dem Fall, in dem der Erbe einen **negativen Kapitalanteil** erbt. In diesem Fall wird der negative Kapitalanteil als Buchungsziffer auch für den Kommanditisten fortgeführt (§ 139 Abs. 1). Der Erbe schuldet eine Pflichteinlage (nur), soweit auch der Erblasser zur Zeit des Erbfalls eine entsprechende Schuld hatte (§ 1967 BGB). Er ist erst dann zur Auszahlung von Gewinnen berechtigt, wenn sein Kapitalanteil den Betrag der bedungenen Einlage übersteigt (§ 169 S. 2 Hs. 2), und er haftet nur, aber immerhin – und zwar bis zur Höhe seiner bedungenen Einlage –, soweit der Erblasser seine Einlage nicht erbracht oder unzulässige Entnahmen getätigt hat bzw. der Erbe als Kommanditist unzulässige Entnahmen tätigt. 60

Richtig ist zwar, dass die hier vertretene Ansicht davon abhängt, die **bedungene Einlage des Erblassers zu bestimmen,** was erhebliche praktische Schwierigkeiten verursacht (*Saßenrath* BB 1990, 1209 (1212); Habersack/Schäfer/*C. Schäfer* Rn. 104). Dies ist jedoch zum einen im gesetzgeberischen Konzept angelegt, wonach sich die Beteiligung des Gesellschafter-Erben grundsätzlich nach derjenigen des Erblassers richtet, zum anderen ist § 139 Abs. 1 hinsichtlich des Inhalts der Kommanditbeteiligung dispositiv (§ 139 Abs. 5 Hs. 2, → Rn. 72), sodass die Parteien ihre eigenen Regeln aufstellen können. Können sich die Gesellschafter nicht auf eine Umwandlung einigen und lässt sich auch die bedungene Einlage nicht ermitteln, ist der Gesellschafter-Erbe zum Austritt berechtigt, weil die übrigen Gesellschafter seinen Antrag auf Fortsetzung der Gesellschaft abgelehnt haben (§ 139 Abs. 2, *K. Schmidt* ZGR 1989, 445 (468 f.); MüKoHGB/*K. Schmidt* Rn. 79). 61

cc) Haftung des Gesellschafter-Erben. Während der Schwebezeit zwischen Erbfall und Umwandlung des Gesellschaftsanteils ist der Gesellschafter-Erbe vollwertiger OHG-Gesellschafter (ganz hM, BGH 21.12.1970, BGHZ 55, 267 (273); Baumbach/Hopt/*Roth* Rn. 45; MüKoHGB/*K. Schmidt* Rn. 102; Oetker/*Kamanabrou* Rn. 85). Gleichwohl wird seine Haftung bei der Umwandlung in einen Kommanditanteil durch § 139 Abs. 4 Var. 3 modifiziert. Dabei ist wie folgt zu unterscheiden: Für die Verbindlichkeiten vor dem Erbfall **(Altverbindlichkeiten)** haftet er nur erbrechtlich gem. § 128 HGB, § 1967 BGB, dh mit den erbrechtlichen Beschränkungsmöglichkeiten der §§ 1975 ff. BGB. Die an sich bestehende Haftung gem. §§ 128, 130 wird durch § 139 Abs. 4 Var. 3 ausgeschlossen. Unberührt bleibt eine etwa bestehende Kommanditistenhaftung gem. §§ 171 ff. Die erbrechtliche Haftung gem. § 128 HGB, § 1967 BGB trifft auch die Miterben, die im Falle einer qualifizierten Nachfolgeklausel nicht Gesellschafter geworden sind. 62

Für die Verbindlichkeiten, die die Gesellschaft während dieser Zeit eingeht **(Zwischenneuschulden),** haftet der Erbe nur erbrechtlich gem. §§ 1967, 1975 ff. BGB (BGH 21.12.1970, BGHZ 55, 267 (274); EBJS/*Lorz* Rn. 122; Heymann/*Emmerich* Rn. 92; KKRD/*Kindler* Rn. 10; MüKoHGB/*K. Schmidt* Rn. 103; zur Eigenschaft dieser Schulden als Nachlassverbindlichkeiten → Rn. 48). Seine an sich bestehende gesellschaftsrechtliche Haftung gem. § 128 wird ab Umwandlung durch § 139 Abs. 4 Var. 3 ausgeschlossen. Zuvor, dh während der Schwebezeit, kann der Erbe die Begleichung der Schuld aus seinem Privatvermögen verweigern (MüKoHGB/*K. Schmidt* Rn. 104; Habersack/Schäfer/*C. Schäfer* Rn. 121). Unberührt bleibt die Haftung gem. §§ 171 ff. (MüKoHGB/*K. Schmidt* Rn. 112). Eine Haftung gem. § 15 Abs. 1 für Zwischenneuverbindlichkeiten kommt nicht in Betracht, da die bloße Beschränkungsmöglichkeit keine eintragungsfähige Tatsache ist (BGH 21.12.1970, BGHZ 55, 267 (272 f.); *Westermann* in Westermann/Wertenbruch PersGes-HdB Rn. 1318). 63

Für **Neuschulden** nach der Umwandlung seines Gesellschaftsanteils haftet der Erbe nur gem. §§ 171, 172 (MüKoHGB/*K. Schmidt* Rn. 112; EBJS/*Lorz* Rn. 123; Habersack/Schäfer/*C. Schäfer* Rn. 125). Eine unbeschränkte Haftung kann ihn gem. §§ 128, 15 treffen, wenn die Umwandlung nicht in das Handelsregister eingetragen wird (→ Rn. 65). Nicht anwendbar ist hingegen **§ 176 Abs. 2,** denn die Umwandlung des Gesellschaftsanteils ist kein Eintritt iSd § 176 Abs. 2 (BGH 3.7.1989, BGHZ 108, 187 (197); BGH 4.3.1976, BGHZ 66, 98 (101 ff.); EBJS/*Lorz* Rn. 125 f.; Oetker/*Kamanabrou* Rn. 89; *Westermann* in Westermann/Wertenbruch PersGes-HdB Rn. 1320; *Wiedemann* GesR II § 5 III 2d cc; aA BGH 21.3.1983, NJW 1983, 2258 (2259) (obiter); *Emmerich* ZHR 150 (1986), 193 (213); *Schilling* ZGR 1978, 173 (175 f.); *Kick,* Die Haftung des Erben eines Personenhandelsgesellschafters, 1997, 80 ff.; *Saßenrath,* Die Umwandlung von Komplementär- in Kommanditbeteiligungen, 1988, 184 ff.; Heymann/*Emmerich* Rn. 53; Habersack/Schäfer/*C. Schäfer* Rn. 133). 64

dd) Eintragung in das Handelsregister. Die Umwandlung des Gesellschaftsanteils ist gem. § 162 Abs. 3 ins Handelsregister einzutragen. Zum Nachweis der Rechtsnachfolge kann die Vorlage einer öffentlich beurkundeten Verfügung von Todes wegen genügen (OLG Bremen 15.4.2014, NZG 2014, 671 (672)). Spätestens mit der Umwandlung der Erbenbeteiligung wird die Gesellschaft KG. Der Vorgang sollte jedoch nicht als „Eintritt" **bezeichnet** werden, sondern zum Ausdruck bringen, dass der Erbe nicht neu als Kommanditist in die Gesellschaft eingetreten ist und stattdessen die Mitgliedschaft als Kommanditist mit einer bestimmten Haftsumme fortführt (*K. Schmidt* ZGR 1989, 445 (466 f.); *K. Schmidt* BB 1989, 1702 (1708); MüKoHGB/*K. Schmidt* Rn. 80). 65

c) Austritt des Gesellschafters. Nehmen die übrigen Gesellschafter den Umwandlungsantrag des Gesellschafter-Erben nicht an, kann dieser gem. § 139 Abs. 2 aus der Gesellschaft austreten. Erforderlich 66 hierfür ist, dass der Erbe den übrigen Gesellschaftern die Umwandlung seiner Beteiligung in einen Kommanditanteil nach den in **§ 139 Abs. 1 vorgesehenen Konditionen** angeboten hat. Bietet er sie zu anderen Konditionen an, entsteht kein Austrittsrecht (→ Rn. 40; großzügiger MüKoHGB/*K. Schmidt* Rn. 84).

67 Schließlich muss der Erbe seinen Austritt innerhalb der **Dreimonatsfrist** des § 139 Abs. 3 erklären. Hierfür kommt es auf den Zugang der Austrittserklärung an. Erklärungsempfänger sind alle übrigen Gesellschafter; der Gesellschaftsvertrag kann jedoch vorsehen, dass Zugang gegenüber der Gesellschaft reicht. Für den minderjährigen Gesellschafter handeln dessen gesetzliche Vertreter, die Genehmigung des Familien- oder Vormundschaftsgerichts ist nicht erforderlich (EBJS/*Lorz* Rn. 110). Zur Obliegenheit des Erben, den Umwandlungsantrag nach § 139 Abs. 1 so rechtzeitig zu stellen, dass er auch das Austrittsrecht fristgemäß geltend machen kann, → Rn. 43, → Rn. 45. Um sein Risiko zu minimieren, kann der Erbe seinen Umwandlungsantrag nach § 139 Abs. 1 mit der Erklärung verbinden, dass er im Falle der Ablehnung aus der Gesellschaft austrete (MüKoHGB/*K. Schmidt* Rn. 86 aE; Habersack/Schäfer/*C. Schäfer* Rn. 112).

68 Sind die Voraussetzungen des Austritts erfüllt, scheidet der Erbe mit Wirksamwerden seiner Austrittserklärung aus der Gesellschaft aus. Die Gesellschaft wird mit den übrigen Gesellschaftern (und ggf. Gesellschafter-Erben) fortgesetzt. Es gelten die allgemeinen **Austrittsfolgen** (→ § 131 Rn. 60 ff.). Für die zuvor begründeten Verbindlichkeiten **haftet** der Erbe nur erbrechtlich gem. § 128, §§ 1967, 1975 ff. BGB. Die an sich bestehende Haftung gem. §§ 128, 130 (Altverbindlichkeiten) bzw. § 128 (Zwischenneuschulden) wird durch § 139 Abs. 4 ausgeschlossen. Eine Haftung für nach dem Austritt begründete Verbindlichkeiten kann sich nur aus Rechtsscheingrundsätzen, insbesondere §§ 15, 143 Abs. 2 ergeben (MüKoHGB/*K. Schmidt* Rn. 116, 129). Diese Haftung ist nicht auf den Nachlass beschränkt. War der Name des Erblassers in der Firma enthalten, kann diese trotz seines Todes unter den Voraussetzungen des § 24 Abs. 2 fortgesetzt werden. Scheidet der Erbe aus einer zweigliedrigen Gesellschaft aus, geht das Gesellschaftsvermögen einschließlich der Gesellschaftsschulden ohne Liquidation im Wege der Universalsukzession auf den verbleibenden Gesellschafter über (→ § 131 Rn. 22, → § 131 Rn. 63).

69 Tritt der Erbe nicht (fristgemäß) aus, muss er die Gesellschaft als OHG-Gesellschafter **fortsetzen.** Selbstverständlich kann er sich auch danach mit den Gesellschaftern auf einen Austritt einigen oder unter Umständen die Gesellschaft aus wichtigem Grund kündigen – etwa wenn die übrigen Gesellschafter ihn an der Ausübung seines Austrittsrechts gehindert haben. In jedem Fall entfällt jedoch das Haftungsprivileg gem. § 139 Abs. 4. Möglicherweise hat der Erbe Schadensersatzansprüche gegen die übrigen Gesellschafter auf Haftungsfreistellung (MüKoHGB/*K. Schmidt* Rn. 86).

70 **6. Die Unabdingbarkeit des Austrittsrechts (Abs. 5).** Gemäß § 139 Abs. 5 Hs. 1 kann der Gesellschaftsvertrag die Anwendung der Vorschriften der Abs. 1–4 nicht ausschließen. Ausgenommen hiervon ist laut § 139 Abs. 5 Hs. 2 die Bestimmung des Gewinnanteils für den Fall, dass der Erbe Kommanditist wird. § 139 Abs. 5 schützt den Erben. Ihm sollen durch den Gesellschaftsvertrag nicht die Rechte entzogen werden, die ihm § 139 Abs. 1–4 zubilligt. Für die Auslegung des § 139 Abs. 5 Hs. 1 ist daher zu beachten, **welche Rechte § 139 Abs. 1–4 dem Erben gewährt:** **(1)** Er kann den übrigen Gesellschaftern antragen, dass seine Beteiligung unter den Bedingungen des § 139 Abs. 1 in einen Kommanditanteil umgewandelt wird (§ 139 Abs. 1). **(2)** Für den Fall, dass die übrigen Gesellschafter diesen Antrag ablehnen, kann er aus der Gesellschaft austreten (§ 139 Abs. 2). **(3)** Und er wird von der Haftung gem. §§ 128, 130 für Altschulden sowie gem. § 128 für (Zwischen-)Neuschulden befreit, wenn er innerhalb der Dreimonatsfrist des § 139 Abs. 3 aus der Gesellschaft ausscheidet, die Gesellschaft aufgelöst wird oder dem Erben die Stellung eines Kommanditisten eingeräumt wird (§ 139 Abs. 4). Hingegen gewährt § 139 dem Erben **kein Recht,** seinen Anteil zu bestimmten Konditionen in eine Kommanditbeteiligung umzuwandeln (MüKoHGB/*K. Schmidt* Rn. 94). Die übrigen Gesellschafter sind bei ihrer Entscheidung über den Umwandlungsantrag frei.

71 Von § 139 Abs. 5 erfasst sind nur solche Regelungen des Gesellschaftsvertrags, die darauf abzielen, die soeben unter (1)–(3) (→ Rn. 70) genannten Rechte des Erben **auszuschließen** oder **mittelbar oder unmittelbar einzuschränken** (so im Ausgangspunkt wohl auch Habersack/Schäfer/*C. Schäfer* Rn. 134; MüKoHGB/*K. Schmidt* Rn. 92 ff.). Unwirksam ist daher zB eine Bestimmung, welche die Erklärungsfrist des § 139 Abs. 3 verkürzt (MüKoHGB/*K. Schmidt* Rn. 92), eine besondere Form für den Umwandlungsantrag nach § 139 Abs. 1 oder die Austrittserklärung gem. § 139 Abs. 2 bestimmt oder für den Austritt gem. § 139 Abs. 2 spezielle Abfindungsbeschränkungen vorsieht (näher dazu Habersack/Schäfer/*C. Schäfer* Rn. 139).

72 Hingegen schließt § 139 Abs. 5 nicht Vertragsbestimmungen aus, welche den **Inhalt der Kommanditbeteiligung** des Gesellschafter-Erben im Falle der Umwandlung nach § 139 Abs. 1 regeln. Solche Regeln bewirken lediglich, dass sich die übrigen Gesellschafter iSd § 139 von vornherein darauf festlegen, welche Kommanditbeteiligung sie dem Erben anbieten werden. Da § 139 dem Gesellschafter-Erben kein Recht auf Vertragsänderung, sondern nur ein besonderes Austrittsrecht verschafft, greift die gesellschaftsvertragliche Festlegung der Konditionen nicht in seine schutzwürdigen Interessen ein. Selbst

wenn die Regelung des Gesellschaftsvertrags unwirksam wäre, könnten die übrigen Gesellschafter die Umwandlung des Anteils in einen Kommanditanteil ablehnen. Dieser Rechtsgedanke ist auch in § 139 Abs. 5 Hs. 2 enthalten. Zulässig sind daher insbesondere auch Erhöhungen der Kommanditeinlage, für den Fall, dass die Gesellschaft mit dem Erben als Kommanditist fortgeführt wird (aA MüKoHGB/*K. Schmidt* Rn. 92; Habersack/Schäfer/*C. Schäfer* Rn. 137; *Westermann* in Westermann/Wertenbruch PersGes-HdB Rn. 1321; wie hier aber wohl *Wiedemann* GesR II § 5 III 2d aa). Der Gesellschafter-Erbe hat freilich, wenn ihm die übrigen Gesellschafter nur eine solche, nicht aber eine § 139 Abs. 1 entsprechend (→ Rn. 52 ff.) Kommanditbeteiligung anbieten, ein (unbeschränkbares, § 139 Abs. 5 Hs. 1) Austrittsrecht gem. § 139 Abs. 2.

73 Nicht von § 139 Abs. 5 erfasst sind ferner Regeln des Gesellschaftsvertrags, die die Rechtsstellung des Erben **stärken,** zB Verlängerungen der Überlegungsfrist gem. § 139 Abs. 3. Da die Gesellschafter jedoch keinen Vertrag zulasten der Gläubiger schließen können, ist für die Haftungsbefreiung nach § 139 Abs. 4 allein die Dreimonatsfrist maßgeblich (Habersack/Schäfer/*C. Schäfer* Rn. 138; MüKoHGB/*K. Schmidt* Rn. 92; EBJS/*Lorz* Rn. 136). Ebenso wenig gilt § 139 Abs. 5 nach seinem Schutzzweck (→ Rn. 70) für Abreden, die der Erbe mit den übrigen Gesellschaftern **nach dem Erbfall** trifft, sowie für die **letztwillige Verfügung** des Erblassers, denn § 139 Abs. 5 beschränkt nicht die Testierfreiheit (ganz hM, s. etwa Habersack/Schäfer/*C. Schäfer* Rn. 142; MüKoHGB/*K. Schmidt* Rn. 95; aA *Budzikiewicz* AcP 209 (2009), 354 (383 ff.)).

74 Da § 139 schließlich die Vererblichstellung des Gesellschaftsanteils durch Nachfolgeklausel voraussetzt, dh auch die Regelung des § 139 Abs. 5 erst durch die Nachfolgeklausel ausgelöst wird, schränkt § 139 Abs. 5 nicht die Freiheit der Gesellschafter ein, den Erbteil ganz oder **teilweise vererblich zu stellen** oder eine **automatische Umwandlung** der Mitgliedschaft in einen Kommanditanteil anzuordnen (→ Rn. 7, → Rn. 94 ff.).

IV. Die Auflösung der Gesellschaft während der Schwebezeit

75 Wird die Gesellschaft während der Schwebezeit aufgelöst, gelten grundsätzlich die allgemeinen Regeln über die Auflösung der OHG (§§ 145 ff.). Für die **Haftung** des Gesellschafter-Erben gelten die Regeln über die Haftung des ausgetretenen Gesellschafters entsprechend (→ Rn. 68). Dies ergibt sich aus § 139 Abs. 4, der die Auflösung der Gesellschaft während der Schwebezeit mit dem Austritt gleichsetzt, weil die Austrittserklärung des Erben in diesen Fällen obsolet ist. Der Erbe haftet also für die bis zur Auflösung entstandenen Gesellschaftsverbindlichkeiten nur nach Maßgabe des Erbrechts (BGH 6.7.1981, NJW 1982, 45 (45 f.)). Die an sich bestehende Haftung für diese Verbindlichkeiten gem. §§ 128, 130 bzw. § 128 schließt § 139 Abs. 4 aus. Für Neuverbindlichkeiten nach der Auflösung haftet der Gesellschafter-Erbe zwar gem. §§ 128, kann diese Haftung jedoch gem. §§ 1975 ff. BGB beschränken, da er insoweit nach dem Schutzzweck des § 139 Abs. 4 nicht schlechter stehen darf, als wäre die Gesellschaft mit dem Tod des Gesellschafters aufgelöst worden (BGH 6.7.1981, NJW 1982, 45 (46); RG 21.10.1909, RGZ 72, 119 (121); Baumbach/Hopt/*Roth* Rn. 49; Heymann/*Emmerich* Rn. 57 f.; KKRD/*Kindler* Rn. 23). Eine Rechtsscheinhaftung kann sich aus §§ 15, 143 ergeben. Gleiches gilt, wenn die Gesellschafter die Gesellschaft als werbende fortführen (BGH 25.11.1963, WM 1964, 154; Habersack/Schäfer/*C. Schäfer* Rn. 127).

V. Testamentsvollstreckung, Nachlassverwaltung und Nachlassinsolvenz

76 **1. Testamentsvollstreckung.** Die **Auseinandersetzungsvollstreckung** am Gesellschaftsanteil einer OHG ist grundsätzlich zulässig. Sie kommt insbesondere in Betracht, wenn die Gesellschaft entgegen § 131 Abs. 3 S. 1 Nr. 1 durch den Tod eines Gesellschafters aufgelöst wird (→ § 131 Rn. 47). Im Falle der Nachfolgeklausel besteht für die Auseinandersetzungsvollstreckung häufig kein Bedürfnis, weil sich die automatische Aufteilung der Mitgliedschaft im Wege der Sondererbfolge wie eine partielle Nachlassteilung auswirkt (MüKoHGB/*K. Schmidt* Rn. 44).

77 Die **Verwaltungsvollstreckung** am OHG-Anteil ist nach hM grundsätzlich unzulässig; ihre Anordnung entfaltet daher keine Wirkung (BGH 10.2.1977, BGHZ 68, 225 (239); BGH 11.4.1957, BGHZ 24, 106 (113); RG 4.3.1943, RGZ 170, 392 (394); Heymann/*Emmerich* Rn. 22; Habersack/Schäfer/*C. Schäfer* Rn. 60; *Westermann* in Westermann/Wertenbruch PersGes-HdB Rn. 1336; *Wiedemann* GesR II § 5 III 3b; aA *Faust* DB 2002, 189; *Marotzke* JZ 1986, 457; *Marotzke* AcP 187 (1987), 223 (236); *Muscheler,* Haftungsordnung, 1995, 550; MüKoHGB/*K. Schmidt* Rn. 47; *Priester* FS Streck, 2011, 891 (896 ff.); RWH HGB/*Haas* Rn. 16; monographisch etwa *Dörrie,* Die Testamentsvollstreckung im Recht der Personenhandelsgesellschaften und der GmbH, 1994). Sie soll einigen zwingenden Gründen des Gesellschaftsrechts widersprechen, nämlich der persönlichen Haftung des Gesellschafter-Erben sowie dem Grundsatz der Selbstorganschaft und dem Abspaltungsverbot. Die Argumente der im Vordringen begriffenen Gegenmeinung (zusammenfassend und mwN MüKoHGB/*K. Schmidt* Rn. 47) haben sich in der Rspr. bisher nicht niedergeschlagen.

78 Anerkannt ist jedoch schon heute, dass der Gesellschaftsanteil gewissermaßen mit seiner **„Außenseite"** der Testamentsvollstreckung unterliegt (BGH 14.5.1986, BGHZ 98, 48 (57)), dh weder zur freien Verfügung des Erben steht (§ 2205 BGB) noch dem Zugriff seiner Eigengläubiger unterliegt (§ 2214 BGB). Dies ist unproblematisch, denn insoweit konfligiert die Testamentsvollstreckung nicht mit zwingenden Grundsätzen des Gesellschaftsrechts. Daher ist die Testamentsvollstreckung insoweit auch nicht an die Zustimmung der Mitgesellschafter gebunden (BGH 14.5.1986, BGHZ 98, 48 (57)).

79 Zulässig ist die Testamentsvollstreckung auch am OHG-Anteil außerdem, wenn die Gesellschaft abweichend von § 131 Abs. 3 S. 1 Nr. 1 durch den Tod eines Gesellschafters **aufgelöst** wird. Auch in diesem Fall widerspricht sie nicht zwingendem Gesellschaftsrecht. Hinterlässt der Erblasser eine Erbengemeinschaft, welcher der Gesellschaftsanteil zur gesamten Hand zugeordnet wird (§ 2032 BGB), so agiert der Testamentsvollstrecker als gemeinsamer Vertreter der Miterben (§ 146 Abs. 1 S. 2). Seine Befugnisse sind durch den Liquidationszweck beschränkt (MüKoHGB/*K. Schmidt* Rn. 53). Zur zulässigen Testamentsvollstreckung am **Kommanditanteil** → § 177 Rn. 9 ff.

80 Solange die Zulässigkeit der Testamentsvollstreckung nicht anerkannt ist, bieten sich zur Herbeiführung möglichst identischer Rechtswirkungen **Ersatzlösungen** an, vor allem die treuhänderische Übertragung des Gesellschaftsanteils an einen Testamentsvollstrecker (der von der persönlichen Haftung gem. § 128 im Innenverhältnis befreit wird, aber das Insolvenzrisiko seines Regressschuldners trägt) oder die Bevollmächtigung des Testamentsvollstreckers; s. weiterführend *Proff* DStR 2018, 415 (418 ff.); *Lorz/Kirchdörfer,* Unternehmensnachfolge, 2. Aufl. 2011, Kap. 5 Rn. 101 ff.; Scherer/*Scherer/Bregulla-Weber,* Unternehmensnachfolge, 2020, § 18 Rn. 164 ff.

81 **2. Nachlassverwaltung.** Die Nachlassverwaltung am OHG-Anteil ist zulässig (BGH 30.4.1984, BGHZ 91, 132 (136); BGH 30.3.1967, BGHZ 47, 293 (295 ff.)). Sie erfasst jedoch nur die **Vermögensrechte, nicht auch die Verwaltungsrechte** des Erben (BGH 30.4.1984, BGHZ 91, 132 (136); BGH 30.3.1967, BGHZ 47, 293 (295 f.); BayObLG 30.10.1990, NJW-RR 1991, 361 (362); MüKoHGB/*K. Schmidt* Rn. 55; Habersack/Schäfer/*C. Schäfer* Rn. 37; *Westermann* in Westermann/Wertenbruch PersGes-HdB Rn. 1342). Der Nachlassverwalter kann daher zwar die Gewinn- und Abfindungsansprüche eines Gesellschafters geltend machen, nicht aber die Auflösung der Gesellschaft betreiben oder das Wahlrecht des Erben aus § 139 ausüben. Zulässig ist die Kündigung aus wichtigem Grund analog § 135 (→ § 135 Rn. 8). Ist die Gesellschaft aufgelöst, stehen der vollumfänglichen Nachlassverwaltung keine zwingenden Gründe des Gesellschaftsrechts entgegen (EBJS/*Lorz* Rn. 92; MüKoBGB/*Küpper* BGB § 1985 Rn. 6; aA BayObLG 30.10.1990, NJW-RR 1991, 361 (362)).

82 **3. Nachlassinsolvenz.** Im Falle der Nachlassinsolvenz gilt § 131 Abs. 3 S. 1 Nr. 2 weder direkt noch analog; stattdessen hat der Nachlassinsolvenzverwalter ein **Kündigungsrecht** analog § 135 (EBJS/*Lorz* § 135 Rn. 7; Habersack/Schäfer/*C. Schäfer* § 135 Rn. 6; s. auch schon BGH 30.4.1984, BGHZ 91, 132 (137); *Flume* NJW 1988, 161 (162); *Ulmer/Schäfer* ZHR 160 (1996), 413 (437); *Stodolkowitz* FS Kellermann, 1991, 439 (455); aA *K. Schmidt* FS Uhlenbruck, 2000, 655; MüKoHGB/*K. Schmidt* Rn. 56) (→ § 131 Rn. 51, → § 135 Rn. 8).

VI. Rechtsgeschäftliche Nachfolge- und Eintrittsklausel

83 **1. Rechtsgeschäftliche Nachfolgeklausel.** Von der erbrechtlichen Nachfolgeklausel zu unterscheiden ist die rechtsgeschäftliche Nachfolgeklausel, an welcher der Nachfolger notwendig beteiligt sein muss (zur Abgrenzung → Rn. 9). Rechtsdogmatisch handelt es sich um eine **Verfügung unter Lebenden,** aufschiebend bedingt durch das Überleben des Bedachten und befristet auf den Tod des Verfügenden (Habersack/Schäfer/*C. Schäfer* Rn. 14). Auch wenn die Klausel im Gesellschaftsvertrag enthalten ist und alle an ihr Beteiligten Gesellschafter sind, sollte sie rechtlich vom Gesellschaftsvertrag getrennt werden (eingehend MüKoHGB/*K. Schmidt* Rn. 24). Ihr Rechtsgrund kann eine Schenkung auf den Todesfall oder grundsätzlich jedes andere Rechtsgeschäft sein. Handelt es sich um eine Schenkung auf den Todesfall, bedarf die Klausel trotz § 2301 BGB keiner erbrechtlichen Form, da die Schenkung mit der aufschiebend bedingten Verfügung über den Gesellschaftsanteil vollzogen ist (BGH 14.7.1971, WM 1971, 1338 (1340); KG 19.9.1958, JR 1959, 101; *Ulmer* ZGR 1972, 195 (212 ff.); Habersack/Schäfer/*C. Schäfer* Rn. 14; aA *Becker* AcP 201 (2001), 629 (632 ff., 656 f.); nach dem Parteiwillen diff. MüKoHGB/*K. Schmidt* Rn. 24).

84 Die rechtsgeschäftliche Nachfolgeklausel kann formell im **Gesellschaftsvertrag** enthalten sein, aber auch in einem separaten Rechtsgeschäft vereinbart werden. Da zur Übertragung der Mitgliedschaft per Rechtsgeschäft grundsätzlich die Zustimmung aller Gesellschafter erforderlich ist, wird sie häufig in den Gesellschaftsvertrag aufgenommen, um die Zustimmung der Gesellschafter zu sichern. Erforderlich ist dies jedoch nicht; insbesondere kann der Gesellschaftsvertrag auch auf die separate rechtsgeschäftliche Übertragung Bezug nehmen (MüKoHGB/*K. Schmidt* Rn. 24).

85 Rechtsfolge ist die rechtsgeschäftliche **Übertragung der Mitgliedschaft „am Nachlass vorbei"** (BayObLG 21.6.2000, NZG 2000, 1026 (1027) = ZIP 2000, 1614; MüKoHGB/*K. Schmidt* Rn. 23). Da die Mitgliedschaft als Ganzes auf den Rechtsnachfolger übergeht, entstehen keine Abfindungs-

ansprüche gem. § 738 BGB, § 105 Abs. 3. Wie bei der erbrechtlichen Nachfolgeklausel sind die Ausgleichsansprüche der Miterben daher im Erbrecht zu suchen. Solche kommen insbesondere in Betracht gem. § 2325 BGB (gegen den Erben; monographisch hierzu *Lambrecht,* Pflichtteilsreduzierung bei der Nachfolge in Personengesellschaften, 2010) und gem. § 2329 BGB (gegen den Beschenkten). Umstritten ist, ob daneben die §§ 2050 ff. BGB analog zur Anwendung kommen (dazu Habersack/Schäfer/*C. Schäfer* Rn. 15 mwN).

2. Eintrittsklausel. Abzugrenzen von der erbrechtlichen und rechtsgeschäftlichen Nachfolgeklausel ist die rechtsgeschäftliche Eintrittsklausel. Bei ihr handelt es sich um einen **echten Vertrag zugunsten Dritter auf den Todesfall** (§§ 328, 331 BGB). Das zugewandte Recht kann sein: ein schuldrechtlicher Anspruch auf Aufnahme oder ein Optionsrecht auf Beitritt zur Gesellschaft, welches durch einseitige Erklärung ausgeübt wird (MüKoHGB/*K. Schmidt* Rn. 27; Habersack/Schäfer/*C. Schäfer* Rn. 16). Notwendig für ein Optionsrecht ist schon nach den allgemeinen Grundsätzen der Rechtsgeschäftslehre die hinreichende **Bestimmtheit** der Beitrittsbedingungen. Wie bei der rechtsgeschäftlichen Nachfolgeklausel kann Causa des Rechtserwerbs eine Schenkung auf den Todesfall, aber auch jedes andere Rechtsgeschäft sein. § 2301 BGB steht einer Schenkung nicht entgegen, weil diese mit der Wirksamkeit der Eintrittsklausel vollzogen ist. 86

Als Mittel der **Gestaltungspraxis** ist die Eintrittsklausel vor allem Alternative zur qualifizierten Nachfolgeklausel. Wie diese ist die Eintrittsklausel von dem Wunsch der Gesellschafter getragen, im Todesfall die Gesellschaft mit einem (oder mehreren) bestimmten Dritten unter Ausschluss von Abfindungsansprüchen, dh ohne Eingriff in die Kapitalstruktur der Gesellschaft, fortzusetzen. Sie hat gegenüber der Nachfolgeklausel den Vorteil, dass sie das Eintrittsrecht vom Willen des Erblassers abkoppelt. Anders als bei der qualifizierten Nachfolgeklausel muss der Eintretende nicht Erbe geworden sein. Auch kann die Auswahl des Eintrittsberechtigten gesellschaftsvertraglich einem Dritten überlassen werden (Habersack/Schäfer/*C. Schäfer* Rn. 18; BeckHdB PersGes/*Landsittel* § 11 Rn. 115), während bei der erbrechtlichen Nachfolge die Grenzen des § 2065 BGB zu beachten sind. Gleichwohl schützt die erbrechtliche Nachfolge besser die **Kontinuitätsinteressen der übrigen Gesellschafter:** Der erbrechtliche Nachfolger erwirbt die Mitgliedschaft ohne Weiteres und hat ein zeitlich beschränktes Wahl- und Austrittsrecht (§ 139); der Eintritt ist an eine Willenserklärung des Berechtigten gebunden. Schließlich spricht psychologisch gesehen mehr dafür, dass Gesellschafter in der Gesellschaft verbleiben, wenn sie die Mitgliedschaft durch besondere Erklärung umwandeln bzw. ausschlagen und nicht ihren Eintritt erklären müssen (sog. Besitztumseffekt, grundlegend hierzu *Thaler,* 1 Journal of Economic Behavior & Organization 39, 43 ff. (1980); *Kahneman/Knetsch/Thaler,* 98 Journal of Political Economy 1325, 1326 (1990)). Der Vollzug des Eintritts kann ein Hin- und Herzahlen der Einlageleistung erfordern (→ Rn. 89 f.) und ist daher mit den Insolvenzrisiken der beteiligten Erben belastet. Bestand die Gesellschaft aus zwei Personen, erfordert das todesbedingte Ausscheiden des einen Gesellschafters regelmäßig eine Neugründung (MüKoHGB/*K. Schmidt* Rn. 25), auf die verzichtet werden kann, wenn die Nachfolge erbrechtlich geregelt wird. 87

Im Falle der Eintrittsklausel wird die Gesellschaft gem. § 131 Abs. 3 S. 1 Nr. 1 unter den **übrigen Gesellschaftern fortgesetzt.** Der **Abfindungsanspruch** gem. § 738 BGB, § 105 Abs. 3 fällt in den Nachlass (allgA, MüKoHGB/*K. Schmidt* Rn. 28). Der Begünstigte hat einen schuldrechtlichen Anspruch gegen die übrigen Gesellschafter auf Aufnahme in die Gesellschaft bzw. kann die Aufnahme durch einseitige Ausübung eines Optionsrechts zustande bringen. Welche Variante gewollt ist, ist durch Auslegung zu ermitteln. Ob und welche Einlage er leisten muss, ist ebenfalls Auslegungsfrage. Grundsätzlich wird man davon ausgehen müssen, dass er den Betrag leisten muss, welcher der Gesellschaft gem. § 738 BGB, § 105 Abs. 3 iVm § 1922 BGB entgeht. 88

Da die Gesellschaft im Einzelfall als **Einlage** erhalten soll, was sie gem. § 738 BGB, § 105 Abs. 3 an die Erben zahlen müsste, wird es regelmäßig dem Interesse der Gesellschafter entsprechen, die Kapitalgrundlage der Gesellschaft von Anfang an so weit wie möglich zu schonen. Erreicht werden kann dies vor allem auf zwei Wegen: **(a)** Der Abfindungsanspruch ist durch die Eintrittsklausel ausgeschlossen und wird den übrigen Gesellschaftern treuhänderisch zugewiesen, um ihn mit der Einlageschuld des beitretenden Gesellschafters zu verrechnen (BGH 29.9.1977, NJW 1978, 264 (265); *Ulmer* ZGR 1972, 195 (219 f.); Habersack/Schäfer/*C. Schäfer* Rn. 17). In diesem Fall erlischt die Mitgliedschaft und es entsteht kein Abfindungsanspruch. Der beim Erbfall bestehende Gesellschaftsanteil des Verstorbenen wird jedoch schuldrechtlich simuliert und den Gesellschaftern treuhänderisch zwecks Verrechnung zugewiesen. **(b)** Der Begünstigte hat einen Vermächtnisanspruch gegen die (übrigen) Erben, den Abfindungsanspruch gem. § 738 BGB, § 105 Abs. 3 zur Tilgung seiner Einlageschuld an die Gesellschaft zu leisten. 89

Ob und ggf. welche dieser Regelungen gewollt ist, ist **durch Auslegung zu ermitteln.** Gesellschaftsvertraglich dürfte im Zweifel – auch ohne dass dies ausdrücklich bestimmt sein müsste – von Variante (a) auszugehen sein, denn diese fördert besser das Kontinuitätsinteresse der Gesellschafter. Sie schützt die Gesellschaft vor der Inanspruchnahme durch die Erben, vermeidet ein kostspieliges Hin- und Herzahlen, entlastet den Vollzug des Beitritts vom Insolvenzrisiko der Erben und hängt nicht davon ab, dass der Erblasser dem Eintrittsberechtigten kraft letztwilliger Verfügung ein Vermächtnis verschafft. Ist 90 von Variante (b) auszugehen, so liegt in der Zahlung der Einlageschuld durch die Erben keine Erfüllung gem. § 267 BGB, sondern eine Leistung gem. § 362 Abs. 1 BGB an den Eintretenden sowie die Überbringung einer Tilgungsbestimmung des Eintretenden an die Gesellschaft gem. § 362 Abs. 1 BGB. Bei Rechtsgrundlosigkeit existiert daher grundsätzlich keine Leistungsbeziehung zwischen den Miterben und der Gesellschaft, sondern es wird „übers Eck" abgewickelt.

91 Der **Vollzug des Eintritts** richtet sich nach den allgemeinen Grundsätzen (→ § 105 Rn. 115). Bei nicht voll Geschäftsfähigen ist § 1822 Nr. 3 BGB zu beachten. Ausgleichsansprüche unter Erben können sich aus den üblichen Bestimmungen des Erbrechts ergeben, etwa §§ 2050 ff., 2316, 2325 BGB (MüKoHGB/*K. Schmidt* Rn. 31). Nach seinem Eintritt haftet der neue Gesellschafter für die bisherigen Gesellschaftsschulden gem. §§ 128, 130.

92 **3. Rechtsgeschäftliche Variationen der Nachfolge- und Eintrittsklausel.** Nachfolge- und Eintrittsklausel lassen sich vielfach variieren. Da diese Variationen das Schicksal des Gesellschaftsanteils betreffen, müssen sie sich aus dem **Gesellschaftsvertrag** ergeben, bedürfen für ihre Wirksamkeit also grundsätzlich der Zustimmung aller Gesellschafter. Der Erblasser kann diese Rechtswirkungen nicht durch letztwillige Verfügung herbeiführen. Eventuelle Bestimmungen der letztwilligen Verfügung sind ggf. nach erbrechtlichen Maßstäben umzudeuten. Enthält der Gesellschaftsvertrag zB eine einfache Nachfolgeklausel, die Verfügung von Todes wegen aber eine Aufteilung des Gesellschaftsanteils abweichend von der Erbquote, so ist diese als Teilungsanordnung aufzufassen (MüKoHGB/*K. Schmidt* Rn. 15, 22; Habersack/Schäfer/*C. Schäfer* Rn. 46; aA *Priester* DNotZ 1977, 558 (561); *Wiedemann,* Die Übertragung und Vererbung von Mitgliedschaftsrechten bei Handelsgesellschaften, 1965, 220 f.).

93 **a) Gespaltene Nachfolgeklausel.** Möglich ist, die erbrechtliche Nachfolge auf einen Teil des Gesellschaftsanteils zu beschränken (gespaltene Nachfolgeklausel). Der Gesellschaftsanteil wird dann nur **teilweise vererblich gestellt.** Im Übrigen tritt der Erbe wie im Regelfall des § 131 Abs. 3 S. 1 Nr. 1 aus der Gesellschaft aus, sodass der insoweit entstehende Abfindungsanspruch in den Nachlass fällt und von den übrigen Miterben gem. §§ 1922, 2032 BGB erworben wird (BGH 22.11.1956, BGHZ 22, 186 (194); RG 29.10.1942, RGZ 170, 98 (106); Baumbach/Hopt/*Roth* Rn. 16; Habersack/Schäfer/*C. Schäfer* Rn. 30). Eine solche Variation bietet sich etwa an, um den Erben Auseinandersetzungsstreitigkeiten zu ersparen bzw. die Kompensation der in einer qualifizierten Nachfolgeklausel nicht als Gesellschafter vorgesehenen Erben sicherzustellen.

94 **b) Kombinierte Nachfolge- und Umwandlungsklausel.** Eine besondere Schöpfung der Kautelarpraxis ist die kombinierte Nachfolge- und Umwandlungsklausel (*K. Schmidt* BB 1989, 1703; Scherer/*Krause,* Unternehmensnachfolge, 2020, § 14 Rn. 45 ff.). Ihr **Zweck** ist es, die Umwandlung des Gesellschaftsanteils in eine Kommanditbeteiligung sicherzustellen, da § 139 dem Erben kein Recht auf Anteilsumwandlung, sondern nur ein besonderes Austrittsrecht gibt (→ Rn. 32). Denkbar ist auch, dass die Beteiligung des Erben in die eines stillen Gesellschafters umgewandelt wird (*Westermann* in Westermann/Wertenbruch PersGes-HdB Rn. 1261).

95 Die Umwandlungsklausel kann **verschiedene Formen** annehmen (Terminologie von MüKoHGB/*K. Schmidt* Rn. 134 ff.): Die *obligatorische Umwandlungsklausel* gibt dem Erben einen Anspruch auf Anteilsumwandlung, die *Optionsklausel* gibt dem Erben das Recht, die Umwandlung durch einseitige Erklärung gegenüber den Mitgesellschaftern herbeizuführen, die *Klausel mit Umwandlungsautomatik* macht den Gesellschafter-Erben automatisch zum Kommanditisten. Bei alledem kann sich die Klausel auf den gesamten Gesellschaftsanteil des Erblassers beziehen oder nur auf einen Teil (gespaltene Nachfolge- und Umwandlungsklausel). So kann zB ein Erbe einen geschrumpften Komplementäranteil erhalten, während die übrigen Miterben den restlichen Anteil als Kommanditanteil bekommen (Habersack/Schäfer/*C. Schäfer* Rn. 30).

96 **Abzugrenzen** ist die kombinierte Nachfolge- und Umwandlungsklausel vor allem von der Eintrittsklausel (→ Rn. 86 ff.). Von dieser unterscheidet sie sich dadurch, dass sie dem Erben kein Recht auf Eintritt gewährt, sondern die Nachfolge kraft Erbrechts regelt. Welche Klausel vorliegt, richtet sich nach dem Gesellschaftsvertrag. Dabei ist nicht am Wortlaut der Vertragsbestimmung zu haften, sondern zu ermitteln, ob die Gesellschafter dem Erben ein Eintrittsrecht zuwenden wollten oder die Fortsetzung der Gesellschaft mit ihm als Erben im Vordergrund steht. Sieht die Klausel etwa „den Eintritt des Erben als Kommanditist" vor, so ist dies im Zweifel als Umwandlungs-, aber nicht als Eintrittsklausel zu verstehen (Habersack/Schäfer/*C. Schäfer* Rn. 22; vgl. auch den Sachverhalt in BGH 1.6.1987, BGHZ 101, 123).

97 Die **Rechtsfolgen** der Umwandlung bestimmen sich – abhängig vom genauen Inhalt der Klausel – grundsätzlich nach den allgemeinen Grundsätzen (→ Rn. 52 ff.). So gibt die obligatorische Umwandlungsklausel dem Erben das Recht, seine Beteiligung zu den im Gesellschaftsvertrag vorgesehenen Konditionen gem. § 139 Abs. 1 umzuwandeln. Die Haftungsfolgen bestimmen sich dann nach den in → Rn. 62 ff. genannten Grundsätzen.

[Ausschließung eines Gesellschafters]

140 (1) [1] **Tritt in der Person eines Gesellschafters ein Umstand ein, der nach § 133 für die übrigen Gesellschafter das Recht begründet, die Auflösung der Gesellschaft zu verlangen, so kann vom Gericht anstatt der Auflösung die Ausschließung dieses Gesellschafters aus der Gesellschaft ausgesprochen werden, sofern die übrigen Gesellschafter dies beantragen.** [2] **Der Ausschließungsklage steht nicht entgegen, daß nach der Ausschließung nur ein Gesellschafter verbleibt.**

(2) **Für die Auseinandersetzung zwischen der Gesellschaft und dem ausgeschlossenen Gesellschafter ist die Vermögenslage der Gesellschaft in dem Zeitpunkte maßgebend, in welchem die Klage auf Ausschließung erhoben ist.**

Übersicht

I. Allgemeines

§ 140 regelt die Ausschließung eines Gesellschafters aus wichtigem Grund. Er bezweckt den **Schutz der übrigen Gesellschafter** (vgl. BGH 14.5.1952, BGHZ 6, 113 (114)). Diese sollen die Möglichkeit haben, die Gesellschaft untereinander fortzusetzen, wenn ein wichtiger Grund (nur) in der Person eines Gesellschafters entsteht. Insoweit ist § 140 auch Ausdruck des § 131 Abs. 3 zugrunde liegenden Ziels, nämlich der **Bewahrung der Unternehmenskontinuität** (BegrRegE, BT-Drs. 13/8444, 67 f.). § 140 ist *lex specialis* zu § 737 BGB. 1

Im System der Gesellschafterrechte handelt es sich bei § 140 um einen den übrigen Gesellschaftern **gemeinschaftlich zustehenden** (vgl. auch § 737 S. 2 BGB) Ausschließungsanspruch, der vorbehaltlich anderer Abreden im Wege der Gestaltungsklage durchgesetzt wird (vgl. *Grunewald,* Der Ausschluss aus Gesellschaft und Verein, 1987, 22 ff.; *Schöne,* Gesellschafterausschluß bei Personengesellschaften, 1993, 17 ff.; *Ulmer* FS Geßler, 1971, 269 (277 f.); Habersack/Schäfer/*C. Schäfer* Rn. 5; Oetker/*Kamanabrou* Rn. 2). 2

Vom **Anwendungsbereich** der Vorschrift umfasst sind die OHG, die KG (§ 161 Abs. 2), auch die GmbH & Co. KG (zur Ausschließung der Komplementär-GmbH BGH 11.12.1989, NJW-RR 1993, 1123), die Partnerschaftsgesellschaft (§ 9 PartGG) sowie die EWIV (Art. 32 EWIV-VO). § 140 gilt hingegen nicht für die GbR, auch nicht wenn sie unternehmenstragend ist (EBJS/*Lorz* Rn. 3; Habersack/Schäfer/*C. Schäfer* Rn. 3; Oetker/*Kamanabrou* Rn. 4; eine Analogie zu § 140 erwägend MüKoHGB/*K. Schmidt* Rn. 6). 3

§ 140 steht in einem systematischen und funktionalen Zusammenhang mit anderen Behelfen, die das Kontinuitätsinteresse der Gesellschafter schützen, etwa dem **Anspruch auf Entziehung der Geschäftsführungsbefugnis (§ 117), Vertretungsmacht (§ 127)** oder der **Klage auf Zustimmung zu Änderungen des Gesellschaftsvertrags.** Wie bei § 133 (→ § 133 Rn. 4) sind Tatbestands- und Konkurrenzebene zu unterscheiden. § 140 konkurriert mit den anderen Gesellschafterrechten grundsätzlich ideal. Auf Tatbestandsebene sorgt das Verhältnismäßigkeitsprinzip dafür, dass kein wichtiger 4

Grund iSd § 140 vorliegt, wenn den Gesellschaftern ein weniger stark in die Mitgliedschaft des auszuschließenden Gesellschafters eingreifendes Mittel zumutbar ist (→ Rn. 15).

II. Verhältnis zur Auflösung der Gesellschaft gem. § 133

5 Von hoher dogmatischer und praktischer Bedeutung ist das **Verhältnis des § 140 zum Auflösungsrecht gem. § 133:** Nach heute ganz hM besteht kein striktes Stufenverhältnis zwischen § 140 und § 133 idS, dass die eine Norm höhere Anforderungen an den wichtigen Grund stellen würde als die andere (*Binz/Sorg* GmbH & Co. KG-HdB § 6 Rn. 79; EBJS/*Lorz* Rn. 5; Heymann/*Emmerich* Rn. 17; MüKoHGB/*K. Schmidt* Rn. 13; RWH HGB/*Haas* Rn. 3; Habersack/Schäfer/*C. Schäfer* Rn. 4, 15; Oetker/*Kamanabrou* Rn. 6; aA OLG Hamm 25.11.1991, DB 1992, 673; *Hueck* OHG § 29 I 2c). Die wichtigen Gründe iSv § 133 und § 140 unterscheiden sich nicht in ihrem Gewicht, sondern in ihrer Struktur („Stoßrichtung", so EBJS/*Lorz* Rn. 5): § 133 setzt die *allseitige Unzumutbarkeit* der Gesellschaftsfortsetzung voraus (→ § 133 Rn. 8), § 140 die *einseitige Unzumutbarkeit,* die Gesellschaft gerade mit dem (den) auszuschließenden Gesellschafter(n) fortzuführen (EBJS/*Lorz* Rn. 5; MüKoHGB/*K. Schmidt* Rn. 13; Habersack/Schäfer/*C. Schäfer* Rn. 15; Oetker/*Kamanabrou* Rn. 7; → Rn. 13). Daher begründen gesellschaftsbezogene wichtige Gründe wegen allseitiger Unzumutbarkeit der Fortsetzung zwar ein Auflösungs-, aber nie ein Ausschlussrecht. Auch fordert § 140, dass in der Person der Ausschlusskläger kein wichtiger Grund iSd § 140 liegt (→ Rn. 14), während die Auflösungsklage sogar auf eigene gesellschafterbezogene Gründe gestützt werden kann (→ § 133 Rn. 9). Schließlich ist die Interessenabwägung in beiden Fällen eine andere: Bei § 133 geht es um die Abwägung des Auflösungsinteresses des/der Kläger(s) mit den Fortsetzungsinteressen des/der Beklagten; bei § 140 geht es um das Ausschließungs- und Fortsetzungsinteresse des/der Kläger(s) gegenüber dem Fortsetzungsinteresse des/der Beklagten.

6 Beide Tatbestände haben damit eine **Schnittmenge von Sachverhalten,** die sowohl wichtige Gründe iSd § 133 als auch des § 140 darstellen, daneben gibt es aber Fälle, die nur unter § 140 oder nur unter § 133 subsumiert werden können. In der Schnittmenge ist freilich das Verhältnismäßigkeitsprinzip des § 133 zu beachten (→ § 133 Rn. 7, → § 133 Rn. 11 ff.). Soweit ein Sachverhalt sowohl zur Auflösung der Gesellschaft als auch zur Ausschließung des/der Gesellschafter(s) berechtigen würde, tritt § 133 auf Tatbestandsebene zurück, wenn das Vorgehen nach § 140 zumutbar ist.

III. Materielle Voraussetzungen der Ausschließung

7 **1. Gesellschaft.** § 140 setzt das Bestehen einer Gesellschaft voraus, die dem Anwendungsbereich der Vorschrift unterfällt (→ Rn. 3). Hierbei kann es sich auch um eine fehlerhafte Gesellschaft handeln. Die **Auflösung** der Gesellschaft schadet nicht (stRspr, RG 30.4.1938, JW 1938, 2214; BGH 4.4.1951, BGHZ 1, 324 (330 f.); Habersack/Schäfer/*C. Schäfer* Rn. 29; abw. noch RG 22.6.1910, RGZ 74, 62).

8 **2. Sämtliche Gesellschafter.** Dem Ausschluss gem. § 140 liegt materiell-rechtlich ein Ausschließungsanspruch zugrunde, der den übrigen Gesellschaftern gemeinschaftlich zusteht (→ Rn. 2). Die übrigen Gesellschafter müssen daher **übereinstimmen, den Ausschlussanspruch geltend zu machen** (Habersack/Schäfer/*C. Schäfer* Rn. 5). Zur prozessualen Seite → Rn. 26 ff.

9 **3. Wichtiger Grund.** Daneben muss ein wichtiger Grund vorliegen. Wie bei § 133 ist auch der Wortlaut des § 140 **(„kann")** ungenau. Liegt ein wichtiger Grund vor, *muss* das Gericht den Ausschluss des Gesellschafters aussprechen (allgA; RG 23.11.1928, RGZ 122, 312 (314); MüKoHGB/*K. Schmidt* Rn. 81).

10 **a) Begriff des wichtigen Grundes.** Wichtiger Grund ist jeder Umstand, der die **Fortsetzung der Gesellschaft** mit dem betroffenen Gesellschafter **unzumutbar** macht (statt vieler BGH 17.12.1959, BGHZ 31, 295 (304); Baumbach/Hopt/*Roth* Rn. 5; EBJS/*Lorz* Rn. 5; RWH HGB/*Haas* Rn. 3). Auch für § 140 gilt daher das **Verhältnismäßigkeitsprinzip.** Können die Interessen der klagenden Gesellschafter mit Mitteln befriedigt werden, die nicht ebenso stark in den Bestand der Mitgliedschaft des Beklagten eingreifen, scheidet der Ausschluss gem. § 140 aus (BGH 26.10.1970, WM 1971, 20 (22); BGH 30.11.1951, BGHZ 4, 108 (111 f.); BGH 31.3.2003, NZG 2003, 625 (626) (GbR); OLG München 31.7.2001, NZG 2002, 328 (330); *Scheifele* BB 1989, 792; Habersack/Schäfer/*C. Schäfer* Rn. 4; Oetker/*Kamanabrou* Rn. 14). All dies ist aufgrund einer **Interessenabwägung unter Einbeziehung aller Umstände des Einzelfalls** zu entscheiden (BGH 28.4.1975, WM 1975, 774 (775) (insoweit in BGHZ 64, 253 nicht abgedruckt); BGH 9.11.1972, WM 1973, 11 (12); BGH 30.11.1951, BGHZ 4, 108 (111); BGH 31.3.2003, NZG 2003, 625 (626) (GbR); BGH 15.9.1997, NJW 1998, 146 (§ 133); EBJS/*Lorz* Rn. 15; MüKoHGB/*K. Schmidt* Rn. 18; Habersack/Schäfer/*C. Schäfer* Rn. 4). Es handelt sich bei der Feststellung des wichtigen Grunds ähnlich wie bei § 133 (→ § 133 Rn. 7) um eine auf die bisherigen Tatsachen gestützte Prognose, ob die Gesellschaft sinnvoll mit dem auszuschließenden Gesellschafter fortgesetzt werden kann. Dabei kommt es auf den **Zeitpunkt** der letzten mündlichen Verhandlung an (BGH 15.9.1997, NJW 1998, 146 (§ 133); EBJS/*Lorz* Rn. 15; KKRD/*Kindler* Rn. 2;

Habersack/Schäfer/*C. Schäfer* Rn. 8). Das Nachschieben von Gründen ist also zulässig. In der **Revisionsinstanz** ist die Überprüfung der tatrichterlichen Würdigung darauf beschränkt, ob das Gericht den Rechtsbegriff des wichtigen Grundes verkannt, den ihm eingeräumten Beurteilungsspielraum überschritten oder wesentliche Tatsachen außer Acht gelassen bzw. nicht vollständig gewürdigt hat (BGH 12.12.1994, NJW 1995, 597; BGH 15.9.1997, NJW 1998, 146 (§ 133)).

b) Einseitige Unzumutbarkeit der Fortsetzung der Gesellschaft. Der wichtige Grund iSd § 140 verlangt zunächst, dass den Klägern die Fortsetzung der Gesellschaft mit dem/den Beklagten unzumutbar ist. Erforderlich ist daher eine **einseitige Zerrüttung des gesellschaftsrechtlich relevanten Vertrauensverhältnisses** (abw. Terminologie bei RWH HGB/*Haas* Rn. 5). 11

Notwendig ist erstens eine Störung des **Gesellschaftsverhältnisses.** Private Sachverhalte können wichtige Gründe iSd § 140 sein, wenn sie auf den Geschäftsbetrieb ausstrahlen, zB schwerwiegende Ehrverletzungen (BGH 9.11.1972, WM 1973, 11; BGH 30.11.1951, BGHZ 4, 108 (120 f.)) oder ehebrecherische Beziehungen zu der Frau eines Mitgesellschafters (BGH 30.11.1951, BGHZ 4, 108 (113 f.)). 12

Kennzeichnend ist zweitens die **Einseitigkeit der Vertrauenszerrüttung.** Diese liegt vor, wenn sich der wichtige Grund auf den oder die auszuschließenden Gesellschafter beschränkt, während sich die übrigen Gesellschafter gesellschaftstreu verhalten (Habersack/Schäfer/*C. Schäfer* Rn. 4, 6). Man muss die Gesellschafter – bildlich gesprochen – in „weiße und schwarze Schafe", dh in „gesellschaftsfreundliche und -feindliche" Gesellschafter einteilen können (MüKoHGB/*K. Schmidt* Rn. 13, 19). Der Auszuschließende braucht den Ausschlussgrund nicht zu vertreten haben (allgA, BGH 28.4.1975, WM 1975, 774 (775) (insoweit in BGHZ 64, 253 nicht abgedruckt); RG 18.9.1889, RGZ 24, 136 (138)). Gleichwohl spielt das Verschulden bei der Beurteilung der Schwere des wichtigen Grundes eines Rolle (→ Rn. 18). Ein Ausschlussgrund liegt grundsätzlich nicht vor, wenn die übrigen Gesellschafter mit dem Verhalten des Beklagten einverstanden waren (BGH 26.10.1970, WM 1971, 20 (21); BGH 17.12.1959, BGHZ 31, 295 (307)), selbst wenn die Zustimmung ihrerseits rechtswidrig ist, zB zu Zwecken der Steuerhinterziehung geschah (BGH 26.10.1970, WM 1971, 20 (21)). 13

Liegt bei einem **Ausschließungskläger** ebenfalls ein wichtiger Grund iSd § 140 vor, so hindert dies die Ausschließung, es sei denn, das Verschulden des Auszuschließenden überwiegt so deutlich, dass die Verfehlungen des/der anderen völlig in den Hintergrund treten (BGH 23.11.1967, WM 1968, 221 (222); BGH 21.3.1957, NJW 1957, 872 (873); BGH 30.11.1951, BGHZ 4, 108 (111); EBJS/*Lorz* Rn. 16; im Grundsatz auch *Grunewald,* Der Ausschluss aus Gesellschaft und Verein, 1987, 71). Die Ausschlusskläger müssen sich aufgrund der gemeinschaftlichen Zuordnung des Ausschließungsanspruchs grundsätzlich gegenseitiges Fehlverhalten zurechnen lassen (*Ulmer* FS Geßler, 1971, 269 (281)); die unbescholtenen Ausschlusskläger müssen die Klage daher ggf. gegen alle „schwarzen Schafe" richten. Zur Berücksichtigung des Verhaltens der Ausschlusskläger iRd Interessenabwägung → Rn. 19. Entfällt die Einseitigkeit der Unzumutbarkeit, ist die Fortsetzung der Gesellschaft also allseitig unzumutbar, so kommt nur die Auflösung gem. § 133 in Betracht (EBJS/*Lorz* Rn. 16). 14

c) Verhältnismäßigkeitsgrundsatz. Weiterhin dürfen den Ausschlussklägern keine Mittel zur Verfügung stehen, die ihr **Fortsetzungsinteresse ebenso befriedigen,** aber nicht **ebenso stark in den Bestand der Mitgliedschaft** des auszuschließenden Gesellschafters eingreifen. Als solche Mittel kommen vor allem in Betracht: die Entziehung der Geschäftsführungsbefugnis und Vertretungsmacht (§§ 117, 127) – und zwar grundsätzlich auch dann, wenn es sich bei dem betroffenen Gesellschafter um den einzigen Komplementär handelt (*K. Schmidt* ZGR 2004, 227 (238 ff.)) –, die Umwandlung der Beteiligung in einen Kommanditanteil oder die eines stillen Gesellschafters, die Anteilsübertragung auf Treuhänder oder im Wege der vorweggenommenen Erbfolge, der Austausch von Organen, wenn juristische Personen Gesellschafter sind (MüKoHGB/*K. Schmidt* Rn. 25; Habersack/Schäfer/*C. Schäfer* Rn. 7). Die Voraussetzungen des Verhältnismäßigkeitsgrundsatzes in § 140 decken sich mit denen iRd § 737 BGB. Die Ausführungen zu → BGB § 737 Rn. 5 ff. gelten daher hier entsprechend. 15

Der **auszuschließende Gesellschafter** kann den Klägern auch eine **Änderung des Vertrags anbieten,** welche die Fortführung der Gesellschaft mit ihm zumutbar macht. Lehnen die Kläger ein solches Angebot ab, können sie den Ausschluss des Klägers nicht mehr verlangen (BGH 27.10.1955, BGHZ 18, 350 (363 f.)). 16

d) Interessenabwägung. Schließlich muss der Ausschluss bei einer Abwägung aller relevanten Umstände dem Gebot der Billigkeit entsprechen. Zum entscheidungserheblichen Zeitpunkt → Rn. 10. Es sind **gegeneinander abzuwägen:** einerseits das Ausschließungsinteresse des/der Kläger(s), andererseits das Fortsetzungsinteresse des/der Beklagten. Eine Rolle spielen vor allem die folgenden Kriterien (ausführlicher *Piehler* DStR 1991, 686 (687 ff.)): 17

– Die das **Fehlverhalten des Auszuschließenden begleitenden Umstände,** insbesondere der Grad seines Vertretenmüssens (BGH 28.4.1975, WM 1975, 774 (775) (insoweit in BGHZ 64, 253 nicht abgedruckt); BGH 9.7.1952, LM Nr. 2 = BB 1952, 649; Habersack/Schäfer/*C. Schäfer* Rn. 9), wenngleich es sich hierbei nicht um eine notwendige Bedingung des Ausschlusses handelt (BGH 18

28.4.1975, WM 1975, 774 (775) (insoweit in BGHZ 64, 253 nicht abgedruckt); *Grunewald,* Der Ausschluss aus Gesellschaft und Verein, 1987, 75; *Piehler* DStR 1991, 686 (687)), und die Folgen des Fehlverhaltens (BGH 9.7.1952, LM Nr. 2 = BB 1952, 649). Auch spricht für einen Ausschluss, dass diejenigen personenbezogenen Umstände wegfallen, die noch kurze Zeit zuvor für die Aufnahme des Gesellschafters sprachen (BGH 9.11.1972, WM 1973, 11 (12)).

19 – Inwieweit auch die den Ausschluss betreibenden **Kläger den Ausschlussgrund zu vertreten haben:** Liegt bei einem Ausschließungskläger ebenfalls ein wichtiger Grund iSd § 140 vor, so hindert dies die Ausschließung, es sei denn, dass das Verschulden des Auszuschließenden so deutlich überwiegt, dass die Verfehlungen des/der anderen völlig in den Hintergrund treten. Liegt bei den Ausschlussklägern zwar kein wichtiger Grund vor, hat aber ein Ausschließungskläger den wichtigen Grund mit oder gar überwiegend zu vertreten, so fließt dies in die Billigkeitsabwägung mit ein, ohne dass sich hierfür schematische Aufrechnungsregeln aufstellen ließen (*Kilian* WM 2006, 1567 (1569); *Piehler* DStR 1991, 686 (687); MüKoHGB/*K. Schmidt* Rn. 30). Bei vorsätzlicher Herbeiführung des wichtigen Grundes durch einen der Ausschlusskläger greift eventuell der Arglisteinwand (OLG München 24.6.1998, NZG 1998, 937 (938) (GbR)).

20 – Die **Aktualität** der den Ausschluss begründenden Umstände. Insoweit gelten die Ausführungen zu → § 133 Rn. 20 entsprechend. **Frühere Verdienste** eines Gesellschafters können zumindest iRd Verhältnismäßigkeitsprüfung gegen die Auflösung und für einen alternativen Rechtsbehelf sprechen (BGH 9.11.1972, WM 1973, 11 (12); BGH 26.10.1970, WM 1971, 20 (22); BGH 14.5.1952, BGHZ 6, 113 (118); BGH 30.11.1951, BGHZ 4, 108 (111, 122); BGH 9.7.1952, LM Nr. 2 = BB 1952, 649).

21 – Die **Folgen des Verbleibs des Beklagten** in der Gesellschaft, insbesondere ob der als wichtiger Grund in Betracht kommende Umstand das Ansehen der Gesellschaft beschädigt und Geschäftsbeziehungen beeinträchtigt hat. Die Gesellschaft muss keinen Schaden erlitten haben, ausreichend ist eine Gefährdung der gemeinsamen Zweckverfolgung (EBJS/*Lorz* Rn. 12; RWH HGB/*Haas* Rn. 3). Zu prognostizieren ist auch, inwieweit sich das Fehlverhalten wiederholen kann. Je leichter dies der Fall ist, desto eher wird man einen Ausschlussgrund bejahen.

22 – Die **Art der Gesellschaft. Familiengesellschaften** sind stärker auf harmonische und vertrauensvolle Zusammenarbeit angewiesen als kapitalistische Gesellschaften (BGH 27.10.1955, BGHZ 18, 350 (360 f.); BGH 30.11.1951, BGHZ 4, 108 (111); inzident BGH 26.10.1970, WM 1971, 20 (22); s. ferner Habersack/Schäfer/*C. Schäfer* Rn. 14 aE; Oetker/*Kamanabrou* Rn. 21). Andererseits kann hier auch das Interesse des Auszuschließenden höher zu bewerten sein, wenn er seine wirtschaftliche Lebensgrundlage verlieren würde (→ Rn. 23). Fehlverhalten kann bei verwandtschaftlichen Bindungen besonders verwerflich erscheinen (BGH 15.9.1997, NJW 1998, 146 (147); BGH 12.12.1994, NJW 1995, 597; BGH 9.12.1968, BGHZ 51, 204 (206) (§ 142 aF); BGH 30.11.1951, BGHZ 4, 108 (115) (§ 142 aF)); andererseits können die Gesellschafter aufgrund ihrer Verwandtschaft verpflichtet sein, über gewisse gesellschaftswidrige Verhaltensweisen hinwegzusehen und gegen sie mit weniger einschneidenden Maßnahmen vorzugehen (BGH 15.9.1997, NJW 1998, 146 (147); BGH 12.12.1994, NJW 1995, 597; BGH 9.12.1968, BGHZ 51, 204 (206)). Dabei lassen sich die personalistischen Gesellschaften nach dem Grad der persönlichen Zusammenarbeit abstufen (BGH 10.6.1996, NJW 1996, 2573 (§ 723 BGB); vgl. auch BGH 14.5.1952, BGHZ 6, 113 (116 f.): besonderes Bedürfnis nach vertrauensvoller Zusammenarbeit bei hochbetagten Kommanditisten). Zur Berücksichtigung von Vorfällen aus einer Zeit, in der die Gesellschaft eine andere, weniger auf persönliche Zusammenarbeit ausgerichtete Rechtsform hatte, → § 133 Rn. 18.

23 – Die **Folgen des Ausschlusses für den Gesellschafter** (BGH 21.11.2005, NJW 2006, 844 (845) (GbR)). Zu berücksichtigen ist in diesem Zusammenhang die **Art der Gesellschafterbeteiligung,** insbesondere ob der Gesellschafter personalistisch oder kapitalistisch an der Gesellschaft beteiligt ist (BGH 27.10.1955, BGHZ 18, 350 (361)), dh ob er die Gesellschaftsbeteiligung als Lebensgrundlage oder bloße Vermögensanlage hält, wie alt er ist und welche Chancen für eine zukünftige Erwerbstätigkeit er hat (BGH 26.10.1970, WM 1971, 20 (22)), schließlich ob mit seinem Ausscheiden ein ganzer Familienstamm aus der Gesellschaft ausscheiden würde (BGH 26.10.1970, WM 1971, 20 (22)). Es gibt keine Regel, wonach **Kommanditisten** grundsätzlich leichter oder schwerer (so aber BGH 12.12.1994, NJW 1995, 597; BGH 3.7.1961, NJW 1961, 1767; RG 25.5.1938, JW 1938, 2212) auszuschließen wären als persönlich haftende Gesellschafter (EBJS/*Lorz* Rn. 18; Habersack/Schäfer/*C. Schäfer* Rn. 14; offen lassend Oetker/*Kamanabrou* Rn. 21). Zweifel an der Wirksamkeit der Abfindungsregelung haben keine Auswirkungen auf die Ausschlussklage (BGH 9.7.1990, BGHZ 112, 103 (111); BGH 5.6.1989, BGHZ 107, 351 (354); BGH 19.9.1988, BGHZ 105, 213 (220); BGH 7.5.1973, NJW 1973, 1606 (1607); EBJS/*Lorz* Rn. 17; aA *Grunewald,* Der Ausschluss aus Gesellschaft und Verein, 1987, 11 ff.; dagegen *Schöne,* Gesellschafterausschluß bei Personengesellschaften, 1993, 26 ff.).

24 – Der **Umfang der Beteiligung.** Dieser lässt Rückschlüsse auf die Ausschließungsfolgen zu (BGH 14.5.1952, BGHZ 6, 113 (117); RWH HGB/*Haas* Rn. 12), kann aber nicht per se einem Ausschluss entgegenstehen (BGH 9.12.1968, BGHZ 51, 204 (207) (§ 142 aF); Baumbach/Hopt/*Roth* Rn. 16;

Habersack/Schäfer/*C. Schäfer* Rn. 13). Gleiches gilt für die Dauer der Beteiligung des Gesellschafters und die Spezifität seiner Investitionen: Je kürzer der Gesellschafter beteiligt war und je unspezifischer seine Investitionen (zum Begriff → § 133 Rn. 17), desto eher darf er ausgeschlossen werden (vgl. BGH 9.11.1972, WM 1973, 11 (12)).

e) Fallgruppen. Wegen der Kasuistik der Ausschlussgründe sei zunächst verwiesen auf → § 133 Rn. 23 ff. (gesellschafterbezogene Gründe, die im Verhalten oder in der Person des Gesellschafters begründet sein können; Nachweise zu § 140 als solche gekennzeichnet), iÜ auf → BGB § 737 Rn. 5 ff. 25

IV. Die Ausschließungsklage

1. Allgemeines. Die Ausschließungsklage ist eine auf den Ausschluss, dh die Änderung des Gesellschaftsvertrags gerichtete **Gestaltungsklage.** Sie kann auch als Widerklage erhoben werden, zB gegenüber einer vom auszuschließenden Gesellschafter erhobenen Auflösungsklage. Auch eine Klage auf Feststellung eines wichtigen Grundes kann zulässig sein (OLG München 25.1.1999, NZG 1999, 590). **Streitgegenstand** ist die Ausschließung des Beklagten auf der Grundlage des vorgetragenen Sachverhalts (*K. Schmidt,* Mehrseitige Gestaltungsprozesse, 1992, 95). 26

2. Zuständigkeit. Die **sachliche Zuständigkeit** richtet sich nach den allgemeinen Regeln. Grundsätzlich zuständig ist das Landgericht (§ 71 GVG), und zwar die Kammer für Handelssachen (§ 95 Abs. 1 Nr. 4a GVG), ausnahmsweise das Amtsgericht (§ 23 GVG). Der Streitwert bestimmt sich nach dem Interesse der Kläger an der Ausschließung (BGH 28.11.1955, BGHZ 19, 172 (175); anders *Happ/Pfeifer* ZGR 1991, 103 (120 f.); *Schneider* MDR 1983, 274 (276)), das wiederum maßgeblich von ihrer Beteiligung abhängt, nicht aber dem Gesellschaftsanteil des Auszuschließenden (BGH 28.11.1955, BGHZ 19, 172 (175)). Für die Klage besteht kein ausschließlicher **Gerichtsstand.** Sie kann daher eingereicht werden beim Gerichtsstand der Gesellschaft (§ 22 ZPO) oder der beklagten Gesellschafter (§§ 12, 13 ZPO). 27

3. Kläger und Beklagte. Kläger sind alle Gesellschafter mit Ausnahme des/der auszuschließenden Gesellschafter(s) (ganz hM, s. nur Habersack/Schäfer/*C. Schäfer* Rn. 36; abw. *Grunewald,* Der Ausschluss aus Gesellschaft und Verein, 1987, 106 f.; *Schwab,* Das Prozeßrecht, 2005, 226 ff.). Der Ausschlussklage steht nicht entgegen, dass nach dem Ausschluss nur ein Gesellschafter verbleibt (sog. **Übernahmeklage,** § 140 Abs. 1 S. 2). Minderjährige benötigen keine familien- oder vormundschaftsgerichtliche Genehmigung. Die Kläger machen einen ihnen gemeinschaftlich zustehenden Anspruch geltend (→ Rn. 2) und sind daher notwendige Streitgenossen aus materiell-rechtlichen Gründen (§ 62 Abs. 1 Alt. 2 ZPO; BGH 15.9.1959, BGHZ 30, 195 (197); Habersack/Schäfer/*C. Schäfer* Rn. 36). Die Mitwirkung der „übrigen" Gesellschafter iSd § 140 an der Klage ist nach hM Prozessvoraussetzung. Liegt in der Person eines Klägers ein Ausschließungsgrund vor, so ist die Klage daher als unzulässig abzuweisen (BGH 18.10.1976, BGHZ 68, 81 (83 f.); RG 11.12.1934, RGZ 146, 169 (173 f.); Habersack/Schäfer/*C. Schäfer* Rn. 38). Nach hM brauchen Gesellschafter nicht mitzuwirken, soweit sie dem **Klageziel verbindlich zugestimmt** oder ihr Ausscheiden für den Fall erklärt haben, dass die Klage gegen den auszuschließenden Gesellschafter Erfolg hat (BGH 17.12.2001, NZG 2002, 233 (234) = ZIP 2002, 710; BGH 15.9.1997, NJW 1998, 146; BGH 18.10.1976, BGHZ 68, 81 (83); *Lüke* JuS 1998, 594 (595 f.); *Mayer* BB 1992, 1497 (1499 f.); *Lindacher* FS Paulick, 1973, 73 (78); KKRD/*Kindler* Rn. 3; Habersack/Schäfer/*C. Schäfer* Rn. 37; aA *K. Schmidt,* Mehrseitige Gestaltungsprozesse, 1992, 82 ff.; MüKoHGB/*K. Schmidt* Rn. 66; dem folgend OGH 27.4.2001, NZG 2001, 1028 (1033); *H. Roth* FS Großfeld, 1999, 915 (926 f.); *Schwab,* Das Prozeßrecht, 2005, 226 ff.). **Scheidet einer der Ausschlusskläger** während des Rechtsstreits **aus der Gesellschaft aus,** so hat dies auf den Erfolg der Ausschließungsklage grundsätzlich keinen Einfluss, es sei denn, dass hierdurch die einseitige Unzumutbarkeit der Fortsetzung entfällt (BGH 25.1.1964, WM 1965, 359; RG 18.12.1936, RGZ 153, 274 (278)). Rechtsnachfolger treten in die Stellung des Ausgeschiedenen ein (Habersack/Schäfer/*C. Schäfer* Rn. 8), sie müssen sich etwaige Verfehlungen ihrer Rechtsvorgänger entgegenhalten lassen (Habersack/Schäfer/*C. Schäfer* Rn. 8). 28

Richtige **Beklagte** sind die auszuschließenden Gesellschafter. Mehrere auszuschließende Gesellschafter sind notwendige Streitgenossen – und zwar auch dann, wenn ihr Ausschluss auf unterschiedliche Tatsachen gestützt wird –, da die Abweisung der Klage gegen einen Gesellschafter die Klage gegen den anderen Gesellschafter unzulässig macht (→ Rn. 28; Baumbach/Hopt/*Roth* Rn. 19; Habersack/Schäfer/*C. Schäfer* Rn. 41; Oetker/*Kamanabrou* Rn. 35; anders MüKoHGB/*K. Schmidt* Rn. 74). Zur Verbindung der Ausschließungsklage mit der Zustimmungsklage gegen nicht mitwirkende Mitgesellschafter → Rn. 39. **Scheidet der Beklagte** während des Rechtsstreits **aus der Gesellschaft aus,** muss die Klage als unbegründet abgewiesen werden, es sei denn, der Kläger nimmt sie zurück oder erklärt sie für erledigt. Im Falle der Rechtsnachfolge ist § 265 ZPO nicht anwendbar (RG 21.10.1924, RGZ 109, 80 (83); MüKoHGB/*K. Schmidt* Rn. 79; Habersack/Schäfer/*C. Schäfer* Rn. 8; aA *Bräutigam* FS Quack, 29

1991, 189 (198 f.)). Die Ausschließungsklage gegen einen Rechtsnachfolger kann nicht auf Gründe in der Person des Rechtsvorgängers gestützt werden (RG 19.9.1924, RGZ 108, 388 (388 f.)).

30 **4. Klageantrag.** Der Klageantrag ist darauf gerichtet, den genau bezeichneten Gesellschafter auszuschließen (MüKoHGB/*K. Schmidt* Rn. 75). Der Antrag kann mit **Hilfsanträgen** verbunden werden, etwa auf die Entziehung der Geschäftsführungsbefugnis (MüKoHGB/*K. Schmidt* Rn. 76). Ebenso kann der Ausschließungsantrag Hilfsantrag sein, etwa wenn ein Gesellschafter primär auf Mitwirkung am Ausschluss eines anderen Gesellschafters verklagt oder im Hauptantrag die Auflösung der Gesellschaft verlangt wird (MüKoHGB/*K. Schmidt* Rn. 76).

31 **5. Urteil und Rechtskraft.** Das stattgebende Urteil ist auf den **Ausschluss des Beklagten** gerichtet. Diese Wirkung tritt mit der formellen Rechtskraft des Urteils ein (MüKoHGB/*K. Schmidt* Rn. 83; Heymann/*Emmerich* Rn. 28). Das Urteil wirkt ex nunc. Bei seiner Entscheidung ist das Gericht an die Anträge gebunden (§ 308 ZPO). Es kann daher zB nicht die Entziehung der Geschäftsführungsbefugnis, Gesellschafterausschluss oder Vertragsänderung aussprechen (vgl. für die Auflösung RG 18.9.1889, RGZ 24, 136 (140)), gleichwohl als Vergleich vorschlagen.

32 Das materiell rechtskräftige Urteil stellt die dem Ausschluss zugrunde liegenden Tatsachen verbindlich zwischen den Parteien fest (MüKoHGB/*K. Schmidt* Rn. 84). Die **materielle Rechtskraft** des abweisenden Urteils ist abhängig von den Entscheidungsgründen des Urteils (s. allg. nur Zöller/*Vollkommer* ZPO Vor § 322 Rn. 31). Wird die Klage mangels eines wichtigen Grundes abgewiesen, so wird das Nichtvorliegen der vorgetragenen Ausschlussgründe festgestellt (MüKoHGB/*K. Schmidt* Rn. 84). Dies kann Bedeutung insbesondere für nachfolgende Schadensersatzprozesse haben. Neue Ausschlussklagen können auch nach einem materiell rechtskräftigen Urteil auf Tatsachen gestützt werden, die zur Zeit der letzten mündlichen Verhandlung hätten vorgetragen werden können, wenn diese nur auf einem anderen als dem geltend gemachten Lebenssachverhalt beruhen.

33 **6. Einstweiliger Rechtsschutz.** Gesellschafter können **nicht** im Wege des einstweiligen Rechtsschutzes **ausgeschlossen** werden. Zulässig sind hingegen einstweilige Verfügungen, die auf die Sicherung eines möglichen Ausschlusses gerichtet sind, zB die einstweilige Entziehung der Geschäftsführungsbefugnis und Vertretungsmacht etc (→ § 117 Rn. 31, → § 127 Rn. 21 ff.). Denkbar sind auch einstweilige Verfügungen zur Sicherung des auszuschließenden Gesellschafters (*Kiethe* NZG 2004, 114).

34 **7. Beweislast.** Die Kläger tragen die Beweislast für die den Ausschlussanspruch begründenden Tatsachen, vor allem den wichtigen Grund. Gleiches gilt grundsätzlich auch für die Voraussetzungen der Verhältnismäßigkeit. Soweit es um die Voraussetzung geht, dass den Klägern keine zumutbaren milderen Mittel zur Verfügung stehen, sollte man jedoch – wie bei § 133 – die in der Rspr. anerkannten Grundsätze über die **Darlegungs- und Beweislast bei negativen Tatsachen** anwenden (→ § 133 Rn. 42). Der Beklagte trägt die Beweislast für die ihm günstigen Tatsachen, insbesondere das Vorliegen eines Ausschließungsgrundes bei einem der Kläger.

35 **8. Besonderheiten beim gegenseitigen Ausschluss aus der Zweipersonengesellschaft.** Erheben die Gesellschafter einer Zweipersonengesellschaft wechselseitig Ausschließungsklage, so kann nur eine oder keine der Klagen begründet sein. Das **prozessuale Verhältnis** dieser Klagen ist nicht speziell geregelt. Da jedoch ein mit der Vorgreiflichkeit einer Klage vergleichbares Verhältnis vorliegt, sollte man § 148 ZPO entsprechend anwenden, sodass das Gericht die Klagen getrennt verhandeln und eines der Verfahren bis zur Entscheidung der anderen Klage aussetzen kann (Habersack/Schäfer/*C. Schäfer* Rn. 25). Die Verbindung der Verfahren scheidet wegen der gegensätzlichen Parteirollen aus (Habersack/Schäfer/*C. Schäfer* Rn. 25). Erhebt der in der Ausschlussklage beklagte Gesellschafter Widerklage auf Auflösung der Gesellschaft, können diese Klagen nach der Rspr. verbunden werden (OLG Frankfurt a. M. 23.11.1971, BB 1971, 1479; aA Schlegelberger/*K. Schmidt* § 142 Rn. 58; zust. Habersack/Schäfer/C. *Schäfer* Rn. 25 Fn. 109). Ist bereits über eine Klage rechtskräftig entschieden, ist die später erhobene Ausschließungsklage unzulässig, da die Gesellschaft mit der Rechtskraft der früheren Klage erloschen ist (Habersack/Schäfer/*C. Schäfer* Rn. 25).

36 Für die **Begründetheit** der Klagen gelten die allgemeinen Ausführungen. An den wichtigen Grund iSd § 140 sind in der Zweipersonengesellschaft keine höheren Anforderungen zu stellen als in der mehrgliedrigen Gesellschaft (ausf. *Hess,* Auswirkungen des Handelsreformgesetzes auf die Ausscheidens- und Auflösungsgründe im Personengesellschaftsrecht, 2006, 139 ff.). Liegen bei beiden Gesellschaftern Ausschlussgründe vor, sollte eine Klage nur dann begründet sein, wenn die Ausschlussgründe in der Person eines Beklagten eindeutig überwiegen (Baumbach/Hopt/*Roth* Rn. 16; MüKoHGB/*K. Schmidt* Rn. 30, 52; ebenso unter § 142 aF BGH 29.1.1968, WM 1968, 430; BGH 25.1.1960, WM 1960, 349 (355); BGH 21.3.1957, WM 1957, 582 (583); BGH 30.11.1951, BGHZ 4, 108 (111); ähnlich Heymann/*Emmerich* § 142 Rn. 10; aA Habersack/Schäfer/*C. Schäfer* Rn. 24: einfaches Überwiegen reicht aus). Zu berücksichtigen ist dabei auch, ob die Übernahme für den erfolgreichen Kläger besonders lukrativ wäre. Überwiegt kein Ausschlussgrund eindeutig, können die Gesellschafter sich über die

Liquidation der Gesellschaft einigen oder gem. § 133 auf Auflösung klagen, da die Fortsetzung der Gesellschaft allseits unzumutbar ist (Heymann/*Emmerich* § 142 Rn. 10).

V. Rechtsfolgen des Ausschlusses

Mit der materiellen Rechtskraft des Ausschlussurteils **scheidet** der Gesellschafter **aus der Gesellschaft aus.** Es gelten die allgemeinen Ausführungen zu den Rechtsfolgen des Ausscheidens (→ § 131 Rn. 60 ff., → BGB § 738 Rn. 3 ff.). Die Abfindung des Gesellschafters wird nach den Werten bei Klageerhebung bemessen (§ 140 Abs. 2). Gewinne aus der Zeit zwischen Klageerhebung und Rechtskraft des Urteils kommen dem Beklagten nicht zugute (MüKoHGB/*K. Schmidt* Rn. 87; aA *Altmeppen* FS Günther H. Roth, 2003, 1 ff.). Werden die Voraussetzungen des Ausschlusses erst nach Klageerhebung erfüllt (zur Zulässigkeit des Nachschiebens von Gründen → Rn. 10), so kommt es auf den Zeitpunkt an, zu dem die Voraussetzungen vorlagen (BGH 8.5.1972, NJW 1972, 1320 (GmbH)). Scheidet der Gesellschafter vor der rechtskräftigen Beendigung des Ausschlussrechtsstreits aus der Gesellschaft aus, ist für die Berechnung seiner Abfindung der Zeitpunkt der Klageerhebung analog § 140 Abs. 2 maßgeblich, sofern die Klage zulässig und begründet gewesen wäre (*Otte* NZG 2011, 1365 (1366 f.)). Wird der einzige Komplementär einer drei- oder mehrgliedrigen KG ausgeschlossen, so ist die Gesellschaft als KG aufgelöst (str., → § 131 Rn. 23), kann aber – als KG oder OHG – fortgesetzt werden. Hat der Ausgeschiedene in zu vertretender Weise (§ 280 Abs. 1 S. 2 BGB) seine Treuepflichten verletzt, schuldet er Schadensersatz (s. nur RG 6.2.1917, RGZ 89, 398 (400) (GbR)). Besonderheiten gelten, wenn der vorletzte Gesellschafter einer **Zweipersonengesellschaft** ausscheidet (→ § 131 Rn. 45, → § 131 Rn. 52 f., → § 131 Rn. 63 ff.). 37

VI. Mitwirkungspflicht und Zustimmungsklage

Die Gesellschafter können zur Mitwirkung an der Ausschließungsklage verpflichtet sein. Dogmatische Grundlage dieser Mitwirkungspflicht ist die allgemeine Treuepflicht der Gesellschafter (BGH 3.2.1997, NJW-RR 1997, 925 (926); *Mayer* BB 1992, 1497; Habersack/Schäfer/*C. Schäfer* Rn. 39). Eine Mitwirkungspflicht besteht unter den allgemeinen Voraussetzungen, unter denen Gesellschafter zur Zustimmung einer Vertragsänderung verpflichtet sind. Der Ausschluss des Gesellschafters muss also dringend **erforderlich** und dem zustimmungspflichtigen Gesellschafter **zumutbar** sein (BGH 28.4.1975, BGHZ 64, 253 (258); EBJS/*Lorz* Rn. 30; MHdB GesR I/*Schulte/Hushahn* § 74 Rn. 59). Liegt ein Ausschlussgrund vor, sind die Mitgesellschafter grundsätzlich auch zur Mitwirkung am Ausschluss verpflichtet (*Grunewald*, Der Ausschluss aus Gesellschaft und Verein, 1987, 102 f.; EBJS/*Lorz* Rn. 30; Heymann/*Emmerich* Rn. 24; MüKoHGB/*K. Schmidt* Rn. 60; aA *A. Hueck* ZGR 1972, 237 (246 f.); *Kollhosser* FS Westermann, 1975, 275 (284 f.)). 38

Prozessual bildet die Zustimmungsklage einen eigenen Streitgegenstand. Sie kann mit der Ausschließungsklage gem. § 260 ZPO verbunden werden (BGH 18.10.1976, BGHZ 68, 81 (83 ff.) = NJW 1977, 1013). Ausschließungs- und Zustimmungsbeklagte sind keine notwendigen Streitgenossen (BGH 18.10.1976, BGHZ 68, 81 (85); *Merle* ZGR 1979, 67 (76); *Ulmer* FS Geßler, 1976, 269 (282); aA *Haarmann/Holtkamp* NJW 1977, 1396; MüKoHGB/*K. Schmidt* Rn. 74). Allerdings kann der Zustimmungsbeklagte dem Ausschließenden gem. § 66 ZPO als Streithelfer beitreten (BGH 18.10.1976, BGHZ 68, 81 (85)). 39

VII. Abweichende Vereinbarungen

§ 140 ist dispositiv (BGH 15.9.1997, NJW 1998, 146; BGH 13.7.1981, BGHZ 81, 263 (265 f.); BGH 20.1.1977, BGHZ 68, 212 (214); BGH 17.12.1959, BGHZ 31, 295 (300); *Goette* DStR 1997, 1093; EBJS/*Lorz* Rn. 43; MüKoHGB/*K. Schmidt* Rn. 88; Habersack/Schäfer/*C. Schäfer* Rn. 52). § 140 kennt keine dem § 133 Abs. 3 entsprechende Regel. Das Ausschlussrecht gem. § 140 kann daher erschwert, ausgeschlossen oder erleichtert werden (s. nur BGH 9.12.1968, RGZ 51, 204 (205) (§ 142 aF)). Abweichende Vereinbarungen betreffen vor allem das Ausschließungsverfahren und den Ausschlussgrund. 40

1. Ausschlussverfahren. Die Gesellschafter können ein von § 140 abweichendes Ausschlussverfahren vorsehen. Sie können die Entscheidung über die Ausschließung einem **Schiedsgericht** (*Goette* DStR 1997, 1093), der **Gesellschafterversammlung** (BGH 21.6.2011, NJW 2011, 2648; BGH 13.7.1981, BGHZ 81, 263 (265 f.); BGH 20.1.1977, BGHZ 68, 212 (214 f.); BGH 17.12.1959, BGHZ 31, 295 (300)) oder sogar **einzelnen Gesellschaftern** (BGH 5.6.1989, BGHZ 107, 351 (356); BGH 13.7.1981, BGHZ 81, 263 (265 f.); BGH 3.2.1997, NJW-RR 1997, 925) übertragen. Vereinbaren die Gesellschafter schiedsrichterliche Streitbeilegung, so ist der Ausschluss mangels anderer vertraglicher Regelungen wirksam, wenn der Schiedsspruch rechtskräftig für vollstreckbar erklärt worden ist (entsprechend → § 133 Rn. 48). Der Rechtsweg kann allerdings in keinem Fall ausgeschlossen werden (entsprechend → § 133 Rn. 46). Ist im Gesellschaftsvertrag bestimmt, dass ein Gesellschafter ausscheidet, 41 wenn die übrigen Gesellschafter – aus wichtigem Grund – sein Ausscheiden durch Erklärung ihm gegenüber verlangen, so ist diese Klausel regelmäßig dahin auszulegen, dass die Gesellschafter über die Ausschließung eines Mitgesellschafters einen Beschluss zu fassen und ihm gegenüber eine entsprechende Ausschließungserklärung abzugeben haben (BGH 21.6.2011, NJW 2011, 2648; zust. *Gehling* EWiR 2011, 813 (814)). Für das beim Ausschluss durch Gesellschafterbeschluss zu beachtende Verfahren gelten die Ausführungen zu § 737 BGB entsprechend (→ BGB § 737 Rn. 11).

42 Vom Ausschluss durch Gesellschafterbeschluss zu unterscheiden ist die Vereinbarung, dass zur **Klageerhebung** iSd § 140 ein Mehrheitsbeschluss der Gesellschafter ausreichen soll. Die Interpretation dieser Klausel ist umstritten. Nach einer Ansicht soll sie die Pflicht der übrigen Gesellschafter begründen, an der Ausschlussklage mitzuwirken (EBJS/*Lorz* Rn. 46; Heymann/*Emmerich* Rn. 34); nach einer anderen Auffassung soll die Klage in diesen Fällen nicht von allen Gesellschaftern, sondern von der gesetzlich vertretenen Gesellschaft erhoben werden können (MüKoHGB/*K. Schmidt* Rn. 91).

43 Daneben können die Gesellschafter die Entscheidungszuständigkeit des Gerichts gem. § 140 unberührt lassen, das **Verfahren des § 140** jedoch **atypisch** ausgestalten. So können sie bestimmen, dass die rechtskräftige Feststellung eines wichtigen Grundes iSd § 140 ausreichen soll, um den Gesellschafter aus der Gesellschaft auszuschließen (OLG München 25.1.1999, NZG 1999, 590). Auch können sie das Ausschlussrecht des § 140 an eine Frist binden (BGH 20.1.1977, BGHZ 68, 212 (216); EBJS/*Lorz* Rn. 50).

44 **2. Ausschlussgrund.** Die Gesellschafter können die Anforderungen an den Ausschlussgrund senken oder erhöhen (zum vollständigen Ausschluss des Ausschließungsrechts → Rn. 40). Rechtsfragen werfen vor allem die Klauseln auf, mit denen die Schwelle des Gesellschafterausschlusses gesenkt wird. Die hierzu ergangene Rspr. ist – soweit es um die allgemeinen Grundsätze und Leitlinien geht – bei → BGB § 737 Rn. 14 ff. nachgewiesen.

(aufgehoben)

141, 142

[Anmeldung von Auflösung und Ausscheiden]

143

(1) [1]**Die Auflösung der Gesellschaft ist von sämtlichen Gesellschaftern zur Eintragung in das Handelsregister anzumelden.** [2]**Dies gilt nicht in den Fällen der Eröffnung oder der Ablehnung der Eröffnung des Insolvenzverfahrens über das Vermögen der Gesellschaft (§ 131 Abs. 1 Nr. 3 und Abs. 2 Nr. 1).** [3]**In diesen Fällen hat das Gericht die Auflösung und ihren Grund von Amts wegen einzutragen.** [4]**Im Falle der Löschung der Gesellschaft (§ 131 Abs. 2 Nr. 2) entfällt die Eintragung der Auflösung.**

(2) **Absatz 1 Satz 1 gilt entsprechend für das Ausscheiden eines Gesellschafters aus der Gesellschaft.**

(3) **Ist anzunehmen, daß der Tod eines Gesellschafters die Auflösung oder das Ausscheiden zur Folge gehabt hat, so kann, auch ohne daß die Erben bei der Anmeldung mitwirken, die Eintragung erfolgen, soweit einer solchen Mitwirkung besondere Hindernisse entgegenstehen.**

Übersicht

I. Allgemeines

1 § 143 bestimmt, dass die Auflösung der Gesellschaft und das Ausscheiden eines Gesellschafters eintragungspflichtige Tatsachen sind und wer diese Tatsachen zur Eintragung ins Handelsregister anmelden muss (sämtliche Gesellschafter). Die Norm bezweckt **Verkehrsschutz durch Registerpublizität** und kann daher im Gesellschaftsvertrag **nicht abbedungen** werden.

II. Die eintragungspflichtigen Tatsachen

2 **1. Auflösung der Gesellschaft (Abs. 1).** Die Auflösung der Gesellschaft muss in das Handelsregister eingetragen werden (§ 143 Abs. 1). Dies gilt unabhängig davon, ob die Gesellschaft als solche eingetragen ist, denn die fehlende Eintragung der Gesellschaft schmälert nicht das Informationsbedürfnis des Rechtsverkehrs hinsichtlich ihrer Auflösung (OLG Brandenburg 29.5.2002, NZG 2002, 909 (910) (Ausscheiden); *Wertenbruch* in Westermann/Wertenbruch PersGes-HdB Rn. 1666). In diesem Fall muss die fehlende Eintragung der Gesellschaft nachgeholt werden (KG 1.4.1920, OLGE 41, 202; OLG Hamburg 5.1.1919, OLGE 40, 189). Gleiches gilt, wenn in der aufgelösten Gesellschaft zwischenzeitlich ein **Fortsetzungsbeschluss** gefasst wurde (Baumbach/Hopt/*Roth* Rn. 1; MüKoHGB/*K. Schmidt* Rn. 3; Oetker/*Kamanabrou* Rn. 2; aA Heymann/*Emmerich* Rn. 3; Habersack/Schäfer/*C. Schäfer* Rn. 12). In diesem Fall ist zunächst die Auflösung und sodann die Fortsetzung der Gesellschaft gem. § 144 Abs. 2 analog einzutragen (MüKoHGB/*K. Schmidt* Rn. 3).

3 Jede Auflösung ist einzutragen. Etwas anderes gilt gem. § 144 Abs. 1 S. 2 nur, wenn die Gesellschaft wegen der Eröffnung des **Insolvenzverfahrens** (§ 131 Abs. 1 Nr. 3) oder gem. § 131 Abs. 2 S. 1 Nr. 1 aufgelöst wird. Hier erfolgt die Eintragung der Auflösung und deren Grund von Amts wegen gem. § 143 Abs. 1 S. 3. Wird die Gesellschaft durch Löschung wegen **Vermögenslosigkeit** (§ 394 FamFG) aufgelöst (§ 131 Abs. 2 S. 1 Nr. 2), so bedarf es keiner weiteren Eintragung der Auflösung. Dies stellt § 143 Abs. 1 S. 4 klar. Zur Anmeldung und Eintragung in dem Fall, in dem die Gesellschaft – zB durch die Vereinigung aller Gesellschaftsanteile in einer Hand – **liquidationslos erlischt,** → § 157 Rn. 3.

4 **2. Ausscheiden eines Gesellschafters (Abs. 2).** Auch das Ausscheiden eines Gesellschafters ist eintragungspflichtig (§ 143 Abs. 2). Dies gilt auch beim **Ausscheiden des vorletzten Gesellschafters einer Zweipersonengesellschaft.** Hier wird neben dem Erlöschen der Firma das Ausscheiden des Gesellschafters eingetragen, nicht jedoch die Auflösung (→ § 157 Rn. 3). Die Eintragungspflicht besteht unabhängig davon, ob zuvor die Gesellschaft (OLG Brandenburg 29.5.2002, NZG 2002, 909 (910); OLG Oldenburg 20.3.1987, NJW-RR 1987, 1441) oder der Gesellschafter (OLG Hamm 7.1.1993, NJW-RR 1993, 807 (809)) eingetragen wurde.

5 **3. Andere Veränderungen des Gesellschafterkreises.** Bei der **Rechtsnachfolge unter Lebenden** trägt die Gerichtspraxis gem. § 143 Abs. 2 das Ausscheiden des Vorgängers und gem. § 107 den Eintritt des Nachfolgers ein, ergänzt um einen sog. Nachfolgevermerk, um deutlich zu machen, dass eine unmittelbare Rechtsnachfolge stattgefunden hat (grundlegend RG 30.9.1944, DNotZ 1944, 195 = WM 1964, 1130; seither stRspr, BGH 29.6.1981, BGHZ 81, 82 (86); OLG Köln 4.2.2004, NZG 2004, 416 (417).

6 Ebenso verfährt die Rspr. bei der Rechtsnachfolge in einen Gesellschaftsanteil **von Todes wegen** (KG 12.11.2002, NZG 2003, 122 (124)). Vorzugswürdig wäre hingegen eine Eintragung der Rechtsnachfolge als solche (s. die Formulierungsvorschläge von MüKoHGB/*K. Schmidt* Rn. 7 f.). Wird die Gesellschaft durch den Tod aufgelöst, ist neben dem Rechtsübergang die Auflösung einzutragen.

7 Auch die **Umwandlung der Mitgliedschaft,** etwa eines OHG- in einen Kommanditanteil, wird aufgrund ihrer Haftungskonsequenzen im Handelsregister als Ausscheiden und Eintritt erfasst. Auch hier wäre es besser, die Umwandlung als solche einzutragen (MüKoHGB/*K. Schmidt* Rn. 9; dazu neigend Habersack/Schäfer/*C. Schäfer* Rn. 13).

III. Die Anmeldepflicht

8 Anmeldepflichtig sind **sämtliche Gesellschafter,** beim Ausscheiden auch der Ausgeschiedene (KG 1.3.2005, NZG 2005, 626; Habersack/Schäfer/*C. Schäfer* Rn. 14). Beim Ausscheiden gem. § 131 Abs. 3 S. 1 Nr. 2 wirkt der Insolvenzverwalter des Gesellschafters mit (BGH 24.11.1980, NJW 1981, 822 = LM Nr. 2); beim Ausscheiden gem. § 131 Abs. 3 S. 1 Nr. 4 bleibt es bei der Anmeldepflicht des Gesellschafters.

9 **Erben** eines Gesellschafters müssen auch dann mitwirken, wenn sie nicht die Nachfolge des Erblassers antreten (KG 5.10.2006, NZG 2007, 101; BayObLG 22.12.1992, BB 1993, 385 (386); OLG Hamburg 5.6.1919, LZ 1920, 490), selbst im Falle einer qualifizierten Nachfolgeklausel (BayObLG 12.10.1978, DB 1979, 86 = BB 1979, 185; KG 28.3.1935, DNotZ 1935, 988 (988 f.)). Ein Erbschein ist zur Mitwirkung jedoch nicht erforderlich (KKRD/*Kindler* Rn. 5a; aA KG 12.11.2002, NZG 2003, 876). Ist Testamentsvollstreckung angeordnet, muss der **Testamentsvollstrecker** mitwirken (BGH 3.7.1989, NJW 1989, 3152 (3153)). Die Erteilung von Vollmachten für die Anmeldung ist zulässig. Vom Umfang einer Prokura ist die Anmeldung jedoch nicht ohne Weiteres umfasst (BayObLG 14.4.1982, WM 1982, 647 (649)).

10 Ist ein Gesellschafter verstorben, kann unter den Voraussetzungen des **§ 143 Abs. 3** die Auflösung der Gesellschaft oder das Ausscheiden dieses Gesellschafters auch ohne Mitwirkung der Erben eingetragen werden, soweit der Mitwirkung besondere Hindernisse entgegenstehen. Diese Vorschrift ermög-

licht die Registereintragung in Fällen, in denen die Erben eines Gesellschafters **nicht vollständig ermittelt** werden können oder **nicht erreichbar** sind. Sie gilt nur, wenn die Gesellschaft durch den Tod aufgelöst oder der Gesellschafter ausgeschieden ist, nicht dagegen für die Fortsetzung mit allen oder – bei qualifizierter Nachfolgeklausel – ausgewählten Erben (MüKoHGB/*K. Schmidt* Rn. 16; Habersack/Schäfer/*C. Schäfer* Rn. 18, 20).

11 **Inhaltlich** muss die Anmeldung alle Angaben enthalten, die für das Registergericht erforderlich sind, um die Richtigkeit der angemeldeten Änderung zu prüfen (Habersack/Schäfer/*C. Schäfer* Rn. 26; EBJS/*Lorz* Rn. 16). Hierzu gehört auch der Auflösungs- bzw. Ausscheidensgrund (OLG Köln 28.8.1978, DNotZ 1979, 54).

IV. Rechtsfolgen und Sanktionen

12 Sämtliche Eintragungen des § 143 wirken nur deklaratorisch. Die **Rechtsfolgen der (Nicht)Eintragung** sind vor allem die des § 15. Dem steht bei den Kommanditisten nach zutreffender Ansicht auch nicht § 162 Abs. 2 Hs. 2 entgegen (*Grunewald* ZGR 2003, 541 (544 ff.); MüKoHGB/*Grunewald* § 162 Rn. 12 mwN auch zur Gegenmeinung; → § 162 Rn. 7). Die Erben eines durch Tod ausgeschiedenen Gesellschafters, dessen Ausscheiden nicht eingetragen wurde, haften Dritten gegenüber gem. § 15 Abs. 1 nur mit dem Nachlass (RG 23.3.1934, RGZ 144, 199 (206)). Zur Anmeldung können die Anmeldepflichtigen gem. § 14 angehalten werden. Die fehlende Anmeldung kann außerdem unter den Voraussetzungen des § 16 durch die Entscheidung des Prozessgerichts ersetzt werden (bedeutsam insbesondere für die Fälle der §§ 133, 140). Zur gesellschaftsrechtlichen Mitwirkungspflicht bei der Anmeldung → § 108 Rn. 5.

13 Zum **Eintragungsverfahren** → § 106 Rn. 19 f. Die Eintragung der Auflösung der Gesellschaft darf nicht davon abhängig gemacht werden, dass zugleich die Liquidatoren zur Eintragung ins Handelsregister angemeldet werden (BayObLG 7.3.2001, NZG 2001, 792); die Eintragung des Ausscheidens eines Gesellschafters wohl aber von dessen Voreintragung (OLG Hamm 7.1.1993, NJW-RR 1993, 807 (809)).

[Fortsetzung nach Insolvenz der Gesellschaft]

144 (1) **Ist die Gesellschaft durch die Eröffnung des Insolvenzverfahrens über ihr Vermögen aufgelöst, das Verfahren aber auf Antrag des Schuldners eingestellt oder nach der Bestätigung eines Insolvenzplans, der den Fortbestand der Gesellschaft vorsieht, aufgehoben, so können die Gesellschafter die Fortsetzung der Gesellschaft beschließen.**

(2) **Die Fortsetzung ist von sämtlichen Gesellschaftern zur Eintragung in das Handelsregister anzumelden.**

I. Allgemeines

1 § 144 regelt die Fortsetzung der durch Insolvenz gem. § 131 Abs. 1 Nr. 3 aufgelösten Gesellschaft in zwei besonderen Fällen. Diese sind die Einstellung des Verfahrens auf Antrag des Schuldners (§ 213 InsO) und die Aufhebung des Verfahrens nach der Bestätigung eines Insolvenzplans, der den Fortbestand der Gesellschaft vorsieht (§§ 248, 258 InsO). Die Norm ist Ausprägung eines **allgemeinen Rechtsgedankens,** denn die Gesellschafter können grundsätzlich die Fortsetzung jeder aufgelösten Gesellschaft beschließen (→ § 145 Rn. 22 ff.).

2 Gleichwohl ist § 144 ein **privilegierter Fortsetzungstatbestand.** Er verlangt im Gegensatz zu den anderen Fällen der Fortsetzung einer gem. § 131 Abs. 1 Nr. 3 aufgelösten Gesellschaft nur den Fortfall des Insolvenzverfahrens und einen Auflösungsbeschluss, nicht aber, dass auch der materielle Auflösungsgrund – die Insolvenz – beseitigt ist (MüKoHGB/*K. Schmidt* Rn. 86; → § 145 Rn. 24). Sachlicher Grund hierfür ist, dass die Gesellschaft, die iSd § 144 aus dem Insolvenzverfahren entlassen wird, typischerweise fortsetzungsfähig ist. Trotzdem wird § 144 von der hM **analog** auf andere Fälle der Einstellung des Insolvenzverfahrens angewandt, insbesondere die Einstellung mangels Masse gem. § 207 InsO (BGH 7.10.1994, NJW 1995, 196; Baumbach/Hopt/*Roth* Rn. 1), die Einstellung nach Feststellung der Masseunzulänglichkeit gem. § 211 InsO und die Aufhebung nach Abhaltung des Schlusstermins gem. § 200 InsO (Heymann/*Emmerich* Rn. 4; RWH HGB/*Haas* Rn. 4 f.; aA für all diese Fälle MüKoHGB/*K. Schmidt* Rn. 3). Unproblematisch ist die analoge Anwendung des § 144 auf die Einstellung wegen Wegfalls des Eröffnungsgrundes (KKRD/*Kindler* Rn. 1; MüKoHGB/*K. Schmidt* Rn. 3).

II. Die Fortsetzung (Abs. 1)

3 § 144 Abs. 1 **setzt voraus,** dass der (einzige) Auflösungsgrund in der Eröffnung des Insolvenzverfahrens über das Gesellschaftsvermögen liegt. Existiert ein weiterer Auflösungsgrund, gelten insoweit die allgemeinen Voraussetzungen der Fortsetzung (→ § 145 Rn. 22 ff.). Weiterhin muss das Insolvenzver-

fahren eingestellt, aufgehoben oder sonst beendet worden sein. Die Gesellschafter müssen einen Fortsetzungsbeschluss gefasst haben. Dieser erfordert grundsätzlich Einstimmigkeit (§ 119). Schließlich setzt § 144 stillschweigend voraus, dass die Gesellschaft noch nicht vollbeendet ist, dass also noch verteilungsfähiges Vermögen existiert (Habersack/Schäfer/*C. Schäfer* Rn. 7; → § 157 Rn. 5). Die **Rechtsfolgen** sind die üblichen der Fortsetzung einer aufgelösten Gesellschaft (→ § 145 Rn. 25).

III. Die Eintragungspflicht (Abs. 2)

Die Fortsetzung ist von sämtlichen Gesellschaftern zur Eintragung in das Handelsregister anzumelden 4
(§ 144 Abs. 2). Diese Eintragung hat nur **deklaratorische Bedeutung.** Bei Verstoß drohen die üblichen Sanktionen der Nichteintragung einer eintragungspflichtigen Tatsache (→ § 143 Rn. 12). Die Eintragung der Beendigung des Insolvenzverfahrens erfolgt **von Amts wegen** (§ 32 Abs. 1).

Fünfter Titel. Liquidation der Gesellschaft

[Notwendigkeit der Liquidation]

145 (1) **Nach der Auflösung der Gesellschaft findet die Liquidation statt, sofern nicht eine andere Art der Auseinandersetzung von den Gesellschaftern vereinbart oder über das Vermögen der Gesellschaft das Insolvenzverfahren eröffnet ist.**

(2) **Ist die Gesellschaft durch Kündigung des Gläubigers eines Gesellschafters oder durch die Eröffnung des Insolvenzverfahrens über das Vermögen eines Gesellschafters aufgelöst, so kann die Liquidation nur mit Zustimmung des Gläubigers oder des Insolvenzverwalters unterbleiben; ist im Insolvenzverfahren Eigenverwaltung angeordnet, so tritt an die Stelle der Zustimmung des Insolvenzverwalters die Zustimmung des Schuldners.**

(3) **Ist die Gesellschaft durch Löschung wegen Vermögenslosigkeit aufgelöst, so findet eine Liquidation nur statt, wenn sich nach der Löschung herausstellt, daß Vermögen vorhanden ist, das der Verteilung unterliegt.**

Übersicht

I. Allgemeines

Die §§ 145 ff. bestimmen, dass und wie die aufgelöste Gesellschaft liquidiert werden muss. Die 1
terminologische Unterscheidung zwischen **Auflösung, Auseinandersetzung, Liquidation** und **Abwicklung** ist im Einzelnen umstr. (Überblick bei Habersack/Schäfer/*Habersack* Rn. 6 f.; MüKoHGB/*K. Schmidt* Rn. 6 ff.). Der Grund hierfür liegt darin, dass dem Gesetzgeber erstens die Rechtssubjektivität der Handelsgesellschaft nicht bewusst war (Habersack/Schäfer/*Habersack* Rn. 6), dass er zweitens den Begriff der „anderen Art der Auseinandersetzung" mit verschiedenem Inhalt gefüllt hat (MüKoHGB/*K. Schmidt* Rn. 6; → Rn. 14 ff.) und drittens die Liquidation in § 145 Abs. 1 als Art der Auseinandersetzung versteht, in § 158 jedoch die andere Art der Auseinandersetzung im Außenverhältnis als Form der Liquidation begreift, wenn Gesellschaftsvermögen vorhanden ist (Habersack/Schäfer/*Habersack* Rn. 7). Dem gesetzgeberischen Konzept am besten gerecht wird die folgende Unterscheidung (MüKoHGB/*K. Schmidt* Rn. 7 ff.):

– **Oberbegriff** ist die **Liquidation** der Gesellschaft **(= Abwicklung).** Sie bezeichnet allgemein das auf 2
die Beseitigung des Rechtsträgers gerichtete Verfahren (Habersack/Schäfer/*Habersack* Rn. 7). Sie mündet in die **Vollbeendigung (= Erlöschen)** der Gesellschaft, führt also zur Annullierung der Gesellschaft als Rechtsträgerin (§ 157). Sie erfolgt im Regelfall durch die Abwicklung des Gesellschaftsvermögens (§§ 146 ff.).

3 – Die **Auseinandersetzung** ist grundsätzlich Teil der Liquidation und bezeichnet die Abwicklung der Rechtsbeziehungen unter den Gesellschaftern im Hinblick auf die aufgelöste Gesellschaft.

4 – Mit der **anderen Art der Auseinandersetzung** meint das Gesetz zwei Sachverhalte (MüKoHGB/*K. Schmidt* Rn. 8 ff.; ähnlich Habersack/Schäfer/*Habersack* Rn. 7; der Sache nach auch EBJS/*Hillmann* Rn. 22 ff.): *erstens* die **Ersetzung des Liquidationsverfahrens** durch die **Vollbeendigung** der Gesellschaft (zB durch Übernahme sämtlicher Anteile durch einen Gesellschafter), *zweitens* die **atypische Liquidation,** mit der zwar die Gesellschaft abgewickelt wird, nicht jedoch ihr Vermögen (zB Gesamtverkauf des Unternehmens). Im zuerst genannten Fall finden die §§ 146 ff. von vornherein keine Anwendung, weil die Gesellschaft erloschen ist (→ Rn. 15), im zuletzt genannten Fall haben die Gesellschafter im Rahmen ihrer Dispositionsbefugnis von §§ 146 ff. abweichende Regeln getroffen. § 158 ordnet für diesen Fall im Außenverhältnis die Geltung der Liquidationsvorschriften an, doch ist dies überflüssig, da dies bereits aus der zwingenden Regel des § 156 folgt (→ § 158 Rn. 1).

5 Die §§ 145 ff. enthalten sowohl **zwingendes als auch dispositives Recht.** Zwingend sind die § 146 Abs. 2, § 147 Hs. 2, §§ 148, 151, 153, 156, 157 (MüKoHGB/*K. Schmidt* Rn. 12). Selbst das zwingende Recht der §§ 146 ff. kann allerdings dadurch umgangen werden, dass die Gesellschafter die Gesellschaft ohne Liquidation beenden (→ Rn. 4).

II. Anwendungsbereich der §§ 145 ff.

6 Die §§ 145 ff. gelten für die Liquidation der OHG, KG (§ 161 Abs. 2), Partnerschaftsgesellschaft (§ 10 Abs. 1 PartGG), EWIV (Art. 2 EWIV-VO, § 1 EWIVAG), nach hM jedoch nicht für die GbR (EBJS/*Hillmann* Rn. 5; Oetker/*Kamanabrou* Rn. 2; aA für die unternehmenstragende GbR MüKoHGB/*K. Schmidt* Rn. 4). Gemäß § 145 Abs. 1 kommen die §§ 146 ff. nicht zur Anwendung, wenn über das Vermögen der Gesellschaft ein **Insolvenzverfahren** eröffnet und sie nach § 131 Abs. 1 Nr. 3 aufgelöst wird.

III. Die Liquidation

7 **1. Voraussetzungen.** Die Liquidation setzt voraus, dass die Gesellschaft **aufgelöst, aber nicht erloschen** ist. Unerheblich ist, ob es sich um eine fehlerhafte Gesellschaft handelte (EBJS/*Hillmann* Rn. 4). Die Liquidation beginnt automatisch mit dem Eintritt des Auflösungstatbestands. **Gesellschaftsvermögen** ist nicht erforderlich, da ein Bedarf nach einem geordneten Liquidationsverfahren auch besteht, wenn lediglich Gläubiger befriedigt und hierzu Fehlbeträge gem. § 735 BGB, § 105 Abs. 3 eingefordert werden müssen (OLG Zweibrücken 24.9.2002, NJW-RR 2002, 457 f.; MüKoHGB/*K. Schmidt* Rn. 17; iE auch Habersack/Schäfer/*Habersack* Rn. 9; aA die wohl hM: BGH 11.4.1957, BGHZ 24, 91 (93); RG 30.10.1897, RGZ 40, 29 (31); EBJS/*Hillmann* Rn. 8; KKRD/*Kindler* Rn. 2; RWH HGB/*Haas* Rn. 1). Die gem. § 394 FamFG gelöschte Gesellschaft wird liquidiert, wenn sich nachträglich herausstellt, dass sie über Gesellschaftsvermögen verfügt (§ 145 Abs. 3).

8 **2. Rechtsfolgen (Überblick). a) Identität, Zweck, Kaufmanneigenschaft, Firma der Gesellschaft.** Die Auflösung ändert den Zweck der Gesellschaft (→ § 131 Rn. 6), berührt für sich genommen aber weder ihren Bestand noch ihre Rechtsform (LG Kaiserslautern 19.9.1984, Rpfleger 1985, 121; *K. Schmidt* ZHR 153 (1989), 270 (298 f.); Habersack/Schäfer/*Habersack* Rn. 13; MüKoHGB/*K. Schmidt* Rn. 20; BeckHdB PersGes/*Eberhard* § 13 Rn. 49). Grundsätzlich sind daher **alle Vorschriften, die auch für die werbende Gesellschaft gelten, im Liquidationsstadium anwendbar,** sofern sich nicht aus den §§ 146 ff. bzw. dem Liquidationszweck etwas anderes ergibt (→ § 156 Rn. 2 ff.). Die Geschäfte der Gesellschaft sind auch nach der Auflösung Handelsgeschäfte (§ 343). Die Kaufmannseigenschaft der Gesellschafter wird durch die Liquidation nicht berührt (RG 23.5.1930, JW 1930, 3743; EBJS/*Hillmann* Rn. 11; Habersack/Schäfer/*Habersack* Rn. 13). Die Firma der Gesellschaft bleibt bestehen, ist jedoch als Liquidationsfirma zu führen (§ 153). Rechtsverhältnisse mit Dritten und laufende Prozesse werden durch die Auflösung an sich nicht berührt.

9 **b) Organisationsstruktur und Pflichten der Gesellschafter.** Die **Organisation** der Gesellschaft wird durch ihren Liquidationszweck beherrscht. Leitungsorgane der Gesellschaft sind die Liquidatoren. Sie haben die Geschäftsführungsbefugnis und Vertretungsmacht (§ 149); für Grundlagengeschäfte – etwa Vertragsänderungen, Bestellung und Abberufung der Liquidatoren (§§ 146 f.) – bleiben die Gesellschafter zuständig. Der Grundsatz der Selbstorganschaft gilt in der Liquidation eingeschränkt, denn Liquidatoren können auch Nicht-Gesellschafter sein (→ § 146 Rn. 3). Die Bestimmungen des **Gesellschaftsvertrags** sind grundsätzlich im Lichte des Liquidationszwecks der Gesellschaft (→ § 131 Rn. 6) auszulegen (vgl. etwa BeckOK HGB/*Lehmann-Richter* Rn. 8).

10 Die **Gesellschafter** schulden einander – auch wenn sie nicht Liquidatoren sind – im Rahmen ihrer Befugnisse Mitwirkung bei der Abwicklung (BGH 24.11.1980, NJW 1981, 749 (750); BGH 4.4.1951, BGHZ 1, 324 (332)). Ihre **Treuepflicht** ist grundsätzlich auf diesen Zweck bezogen, er bestimmt Inhalt und Intensität der Treuepflicht (BGH 11.1.1971, NJW 1971, 802; *Hillers,* Personengesellschaft und

Liquidation, 1988, 55; Heymann/*Sonnenschein/Weitemeyer* Rn. 10; Habersack/Schäfer/*Habersack* Rn. 17). Da die Treuepflicht grundsätzlich nur auf die Auseinandersetzung gerichtet ist, sind die Gesellschafter regelmäßig nicht mehr daran gehindert, sich auf dem Gebiet der Gesellschaft wirtschaftlich zu betätigen (BGH 11.1.1971, NJW 1971, 802; Habersack/Schäfer/*Habersack* Rn. 17). Weiterhin wird man mit dem Fortschreiten der Liquidation davon ausgehen, dass die verbleibenden Treuebindungen unter den Gesellschaftern schwächer werden, da die Grundlage der gemeinsamen Zweckverfolgung zunehmend schwächer wird (iErg EBJS/*Hillmann* Rn. 12). Im Einzelfall können die Gesellschafter jedoch aufgrund ihrer Treuepflicht gehalten sein, einer Fortsetzung der Gesellschaft zuzustimmen (→ Rn. 26). Das **Gleichbehandlungsgebot** bleibt während der Liquidation erhalten (*Hillers,* Personengesellschaft und Liquidation, 1988, 58 ff.; MüKoHGB/*K. Schmidt* Rn. 23).

c) Vermögensrechtliche Beziehungen zwischen der Gesellschaft und den Gesellschaftern. 11
Erhebliche Auswirkungen hat die Liquidation auf die vermögensrechtliche Beziehung zwischen der Gesellschaft und den Gesellschaftern. Aus Vereinfachungsgründen verlieren die **Sozialansprüche der Gesellschafter** ihre Selbstständigkeit und werden lediglich als Rechnungsposten des Auseinandersetzungsguthabens behandelt, das erst mit der Schlussverteilung fällig wird (**Liquidationsgebundenheit; Grundsatz der Gesamtabrechnung,** BGH 2.7.1962, BGHZ 37, 299 (304); Baumbach/Hopt/*Roth* Rn. 6). Zuvor unterliegen diese Ansprüche einer sog. **Durchsetzungssperre,** können also vom Gesellschafter weder eingeklagt noch abgetreten oder verpfändet noch von seinen Privatgläubigern gepfändet werden (s. nur *Wiedemann* GesR II § 6 III 3d aa; *Freund* MDR 2011, 577). Unbenommen bleibt dem Gesellschafter die Klage auf Feststellung des Sozialanspruchs (BGH 9.3.1992, NJW 1992, 2757 (2758); BGH 4.6.1984, ZIP 1984, 1084 ff.). Ein solcher Antrag ist regelmäßig in der Leistungsklage enthalten (BGH 18.3.2002, NZG 2002, 519; BGH 15.5.2000, NJW 2000, 2586; BGH 9.3.1992, NJW 1992, 2757 (2758); KG 5.3.2007, NZG 2008, 70 (72)). Die Durchsetzungssperre gilt ausnahmsweise nicht, soweit schon vor der Liquidation feststeht, dass der Gesellschafter eine Auszahlung erhält (BGH 10.5.1993, NJW-RR 1993, 1187 f. = ZIP 1993, 919; BGH 24.10.1994, NJW 1995, 188 f.; BGH 2.7.1962, BGHZ 37, 299 (305); KG 5.3.2007, NZG 2008, 70 (72); mkritBespr *Michalski* NZG 2008, 57; OLG Hamm 12.5.2004, NZG 2004, 764 f.).

Sozialansprüche der **Gesellschaft** gegen Gesellschafter, zB auf **Leistung der Einlage** oder auf 11a
Zahlung von Nachschüssen, bleiben in ihrem Bestand von der Auflösung der Gesellschaft grundsätzlich unberührt (vgl. zum Haustürwiderruf eines Gesellschafters in der Liquidation BGH 30.1.2018, BGHZ 217, 237 Rn. 51 ff. und dazu *Klöhn,* ZGR 2020, 154, 165 ff.). Gleiches gilt für andere Sozialansprüche, etwa auf Rückzahlung unberechtigt ausgezahlter Gewinne oder Schadensersatz wegen der Verletzung mitgliedschaftlicher Pflichten. Der Liquidator ist grundsätzlich befugt, diese Ansprüche geltend zu machen, und zwar auch dann, wenn dies ausschließlich zur Durchführung des Innenausgleichs erforderlich ist (näher dazu → § 149 Rn. 10 ff.). Jedoch sind die Gesellschafter grds. nur insoweit zur Leistung verpflichtet, als sie zur Durchführung der Liquidation **erforderlich** ist (sog. **Einziehungssperre,** → § 149 Rn. 11). In dogmatischer Hinsicht handelt es sich dabei um eine besondere Ausprägung der Dolo-agit-Einrede des Gesellschafters (ebenso EBJS/*Hillmann* Rn. 11; MüKoHGB/*K. Schmidt* Rn. 19; im Ergebnis wie hier *Hillers,* Personengesellschaft und Liquidation, 1989, 190 ff.; andere Konstruktion bei *Wertenbruch* in Westermann/Wertenbruch PersGes-HdB Rn. 1735), keine rechtsvernichtende Einwendung (so iE die ältere Rechtsprechung, zB BGH 30.11.1959, NJW 1960, 433, 434, wonach der Anspruch nur in Höhe des Erforderlichen bestehen soll). Wegen des veränderten Gesellschaftszwecks ist der Gesellschafter in aller Regel berechtigt, **Sacheinlagen** nicht in natura zu leisten, sondern den Wert der Einlage in Geld zu zahlen (MüKoHGB/*K. Schmidt* Rn. 12; EBJS/*Hillmann* Rn. 12). Schuldet der Gesellschafter die Überlassung von Gegenständen zur Nutzung, entfällt diese Verpflichtung grundsätzlich mit der Auflösung der Gesellschaft; bereits überlassene Gegenstände kann der Gesellschafter herausverlangen (BGH 29.6.1981, NJW 1981, 2802; EBJS/*Hillmann* Rn. 12). Einlageforderungen im Rahmen von **Anspar-Beteiligungen** an Publikums-Gesellschaften werden unabhängig von der ursprünglichen Fälligkeitsabrede grundsätzlich **sofort in der Höhe fällig,** in der sie zur Durchführung der Liquidation **erforderlich** sind (näher *Klöhn,* ZGR 2020, 154 (177 ff.); offen gelassen in BGH 16.5.2017, NZG 2017, 907 Rn. 8 (stille Gesellschaft); eher vom Fortbestand der ursprünglichen Fälligkeitsabrede ausgehend wohl BGH 15.5.2018, DStR 2018, 1874 Rn. 38). Übersteigt dieser Betrag die wirtschaftliche Leistungsfähigkeit des Gesellschafters, steht ihm ein Leistungsverweigerungsrecht gem. § 242 BGB zu, auf das er sich im Prozess berufen muss und für dessen Voraussetzungen er die Darlegungs- und Beweislast trägt (*Klöhn* ZGR 2020, 154 (178)). Zur Berücksichtigung passiver Liquidationsanteile bei der Schlussverteilung des Vermögens → § 155 Rn. 8.

Von der Durchsetzungssperre ebenfalls erfasst ist der **Regressanspruch** des Gesellschafters gegen seine 12
Mitgesellschafter gem. § 426 BGB (BGH 15.1.1988, BGHZ 103, 72 (75 ff.)). Nicht liquidationsgebunden sind nach neuerer Rspr. und hM außerdem die **Drittansprüche der Gesellschafter** gegen die Gesellschaft (BGH 3.4.2006, NZG 2006, 459 = ZIP 2006, 994 = WM 2006, 1076 in Aufgabe von BGH 20.10.77, WM 1978, 89 (90) und BGH 24.5.71, WM 1971, 931 (932); KG 5.3.2007, NZG 2008, 70 (72); Baumbach/Hopt/*Roth* Rn. 6; *Noack* WuB II J § 730 BGB 1.06; *Wiedemann* GesR II § 6 III 3d aa).

13 **d) Liquidationspflicht gegenüber Dritten?** Dritten gegenüber sind weder die Gesellschafter noch die Liquidatoren dazu verpflichtet, die Gesellschaft zügig abzuwickeln, und zwar auch dann nicht, wenn der Auflösungsgrund dem Gläubigerschutz dient (sehr str.; wie hier EBJS/*Hillmann* Rn. 14; RWH HGB/*Haas* Rn. 3; aA mit verschiedenen Konzepten MüKoHGB/*K. Schmidt* Rn. 26; Habersack/Schäfer/*Habersack* Rn. 21). Führen die Gesellschafter das Unternehmen jedoch fort oder betreiben sie die Liquidation zu langsam, haften sie für die Gesellschaftsverbindlichkeiten gem. §§ 128, 130, ohne diese Haftung gem. § 171 Abs. 1 Hs. 1 beschränken zu können.

IV. Andere Arten der Auseinandersetzung

14 Gemäß § 145 Abs. 1 können die Gesellschafter eine andere Art der Auseinandersetzung vereinbaren. Zu unterscheiden sind hier die Vollbeendigung der Gesellschaft ohne Liquidation sowie die atypische Liquidation (→ Rn. 4). Die **Vollbeendigung der Gesellschaft ohne Liquidationsverfahren** kann etwa geschehen durch die Übernahme aller Gesellschaftsanteile durch einen Gesellschafter oder einen Dritten, den Austritt aller Mitgesellschafter oder die Verschmelzung gem. § 20 UmwG (zu einigen Fallgruppen *Seibt* FS Röhricht, 2005, 603 (604 ff.)). Um eine **atypische Liquidation** handelt es sich zB bei der Übernahme des Gesellschaftsvermögens durch einen Gesellschafter oder Dritten im Wege eines sog. *asset deal,* die Naturalteilung des Gesellschaftsvermögens (zB die Aufteilung der Niederlassungen auf die Gesellschafter), die Einbringung des Unternehmens in eine von der Gesellschaft zu gründende andere Gesellschaft usw (ausf. Habersack/Schäfer/*Habersack* Rn. 35 ff.; EBJS/*Hillmann* Rn. 24; MüKoHGB/*K. Schmidt* Rn. 31 ff.; Oetker/*Kamanabrou* Rn. 16).

15 Die Wahlfreiheit der Gesellschafter wird in den Fällen der atypischen Liquidation durch die **zwingenden Regeln der §§ 146 ff.** eingeschränkt (§ 158 Rn. 1, 3). Die Entscheidung über die Ersetzung der Liquidation durch die Vollbeendigung des Rechtsträgers unterliegt diesen Beschränkungen nicht (MüKoHGB/*K. Schmidt* Rn. 12). Die §§ 146 ff. finden in diesen Fällen von vornherein keine Anwendung, da die Gesellschaft vollbeendet ist.

16 Voraussetzung für die andere Art der Abwicklung ist entweder eine entsprechende Vereinbarung im **Gesellschaftsvertrag** oder ein nach Auflösung gefasster **Gesellschafterbeschluss.** Der Beschluss ist Grundlagengeschäft und bedarf grundsätzlich der Zustimmung aller Mitgesellschafter. Mehrheitsklauseln sind unter den üblichen Voraussetzungen (→ § 119 Rn. 36 ff.) zulässig (BGH 10.10.1994, NJW 1995, 194 (194 f.); EBJS/*Hillmann* Rn. 16; KKRD/*Kindler* Rn. 4). Die Vereinbarung ist grundsätzlich formlos gültig und bedarf bei minderjährigen Gesellschaftern grundsätzlich der Genehmigung durch das Familien- bzw. Vormundschaftsgericht (§ 1822 Nr. 3 BGB; RG 4.12.1928, RGZ 122, 370 (371 f.); KG 10.9.1919, OLGE 40, 96 (97); EBJS/*Hillmann* Rn. 17; aA MüKoHGB/*K. Schmidt* Rn. 48; Habersack/Schäfer/*Habersack* Rn. 26). Der Beschluss bedarf keiner Zustimmung der Liquidatoren, die nicht Gesellschafter sind (BayObLG 30.12.1980, OLGZ 1981, 493 = DB 1981, 518; OLG Hamm 31.10.1983, DB 1984, 341 (341 f.) = ZIP 1984, 181); zum Zustimmungserfordernis des § 145 Abs. 2 → Rn. 17 ff.

V. Zustimmung des Gläubigers oder Insolvenzverwalters

17 Ist die Gesellschaft durch Kündigung des Gläubigers eines Gesellschafters oder durch die Eröffnung eines Insolvenzverfahrens über das Vermögen eines Gesellschafters aufgelöst, so knüpft § 145 Abs. 2 die andere Art der Auseinandersetzung (→ Rn. 4) an die Zustimmung des Gläubigers oder des Insolvenzverwalters. Ist im Insolvenzverfahren Eigenverwaltung angeordnet, muss der Schuldner zustimmen. § 145 Abs. 2 dient dem **Gläubigerschutz** und entzieht den Gesellschaftern ihre nach § 145 Abs. 1 grundsätzlich bestehende Herrschaft über die Liquidation. Die praktische Bedeutung des § 145 Abs. 2 ist nicht hoch, da die dort genannten Fälle grundsätzlich nicht zur Auflösung der Gesellschaft führen, sondern nur zum Ausscheiden des betroffenen Gesellschafters (§ 131 Abs. 3 S. 1 Nr. 2 und 4; MüKoHGB/*K. Schmidt* Rn. 3). Die Zustimmung des betroffenen Gesellschafters ist im Falle der Anteilspfändung ebenfalls erforderlich, nicht dagegen im Insolvenzfall, da er hier die Verwaltungszuständigkeit für sein Vermögen verliert.

18 Nach hM ist § 145 Abs. 2 auf die Fälle zu reduzieren, in denen die Gesellschafter ihre Abrede über die andere Art der Auseinandersetzung **nach der Anteilspfändung** bzw. Eröffnung des Insolvenzverfahrens getroffen haben (EBJS/*Hillmann* Rn. 20; MüKoHGB/*K. Schmidt* Rn. 50; Habersack/Schäfer/*Habersack* Rn. 30). Im Vorhinein getroffene Regelungen können in Ausnahmefällen wegen Gläubigerbenachteiligung sittenwidrig und daher gem. § 138 Abs. 1 BGB nichtig sein (EBJS/*Hillmann* Rn. 20; RWH HGB/*Haas* Rn. 10).

19 Die Zustimmungsberechtigten haben bei der Entscheidung über ihre Zustimmung grundsätzlich **freies Ermessen,** das durch die gesellschaftsrechtliche Treuepflicht nicht beschränkt wird (EBJS/*Hillmann* Rn. 21; MüKoHGB/*K. Schmidt* Rn. 57; Habersack/Schäfer/*Habersack* Rn. 32; Oetker/*Kamanabrou* Rn. 24). Davon unberührt bleiben die allgemeinen Rechtsausübungsschranken der §§ 242, 226 BGB.

Der Verstoß gegen § 145 Abs. 2 hat zur **Folge,** dass die Abwicklungsvereinbarung bzw. der Gesellschafterbeschluss unwirksam ist (MüKoHGB/*K. Schmidt* Rn. 52; Habersack/Schäfer/*Habersack* Rn. 29). Die Wirksamkeit der Ausführungshandlungen wird durch § 145 Abs. 2 nicht berührt (Habersack/Schäfer/*Habersack* Rn. 29). 20

VI. Liquidation nach unberechtigter Amtslöschung (Abs. 3)

§ 145 Abs. 3 bestimmt, dass eine gem. § 394 FamFG, § 131 Abs. 2 S. 1 Nr. 2 gelöschte und aufgelöste Gesellschaft nur dann gem. §§ 146 ff. liquidiert wird, wenn sich nach der Löschung herausstellt, dass Vermögen vorhanden ist, das der Verteilung unterliegt. Dies ist selbstverständlich, da die Gesellschaft andernfalls mit der Löschung vollbeendet wird. Bedeutung hat § 145 Abs. 3 hauptsächlich iVm § 146 Abs. 2 S. 3 (→ § 146 Rn. 13). 21

VII. Die Fortsetzung der Gesellschaft

Obwohl sich die Gesellschaft in der Liquidation befindet, können die Gesellschafter ihre Fortsetzung beschließen. Rechtsdogmatisch handelt es sich um eine **Vertragsänderung,** mit welcher der Liquidationszweck beseitigt und die Gesellschaft in eine werbende Gesellschaft umgewandelt wird. Abzugrenzen hiervon ist der Fall, in dem die Gesellschafter die Liquidation bloß aufschieben und zwischenzeitlich werbend tätig werden. Hier fehlt es an einem zweckändernden Beschluss der Gesellschafter (BGH 4.4.1951, BGHZ 1, 324 (329)). 22

Die Fortsetzung setzt einen **wirksamen, vertragsändernden Fortsetzungsbeschluss** voraus. Dieser erfordert als Grundlagengeschäft grundsätzlich die Zustimmung aller Gesellschafter; Mehrheitsbeschlüsse sind unter Beachtung der allgemeinen Grundsätze (→ § 119 Rn. 38 ff.) zulässig. Allgemein gehaltene Mehrheitsklauseln, die Vertragsänderungen per Mehrheitsentscheidung zulassen, genügen aufgrund des Bestimmtheitsgrundsatzes nicht als Ermächtigungsgrundlage eines Fortsetzungsbeschlusses (BGH 2.7.2007, NZG 2007, 860 = ZIP 2007, 1988). Bei minderjährigen Gesellschaftern sind die §§ 1822 Nr. 3, 181 BGB zu beachten (RG 24.1.1930, RGZ 127, 153; aA MüKoHGB/*K. Schmidt* Rn. 80). Bei Gesellschaftern, die im gesetzlichen Güterstand leben, gilt § 1365 BGB, wenn die Beteiligung das wesentliche Vermögen ausmacht (Habersack/Schäfer/*C. Schäfer* § 131 Rn. 70; aA MüKoHGB/*K. Schmidt* Rn. 78; *Wertenbruch* in Westermann/Wertenbruch PersGes-HdB Rn. 1687). Daneben erfordert der Fortsetzungsbeschluss, dass die Gesellschaft noch nicht vollbeendet ist (OLG Oldenburg 18.1.1955, BB 1955, 237). 23

Weiterhin muss der **Auflösungsgrund behoben** werden, sofern dies nicht bereits durch den Fortsetzungsbeschluss geschehen ist (MüKoHGB/*K. Schmidt* Rn. 74; *Wertenbruch* in Westermann/Wertenbruch PersGes-HdB Rn. 1676; BeckHdB PersGes/*Eberhard* § 13 Rn. 51). In den Fällen, in denen die Gesellschaft durch die Eröffnung eines Insolvenzverfahrens über das Gesellschaftsvermögen aufgelöst wurde (§ 131 Abs. 1 Nr. 3), setzt dies nicht nur den Fortfall des Insolvenzverfahrens voraus, sondern auch, dass der materielle Auflösungsgrund, dh die Insolvenz, beseitigt ist (MüKoHGB/*K. Schmidt* Rn. 86). Etwas anderes gilt jedoch in den Fällen, in denen § 144 Anwendung findet (→ § 144 Rn. 2). Unter den Voraussetzungen des § 145 Abs. 2 ist schließlich *a fortiori* die **Zustimmung des Gläubigers** oder Insolvenzverwalters erforderlich (MüKoHGB/*K. Schmidt* Rn. 81). Die Handelsregistereintragung gem. § 144 Abs. 2 analog (→ Rn. 25) wirkt nur deklaratorisch. 24

Die **Rechtsfolgen der Fortsetzung** bestehen zunächst darin, dass die Auflösung der Gesellschaft im Außenverhältnis ex nunc behoben wird. Die Identität der Gesellschaft als Rechtsträger wird durch den Fortsetzungsbeschluss ebenso wenig berührt wie durch die Auflösung und Liquidation. Im Innenverhältnis treten an die Stelle der §§ 146 ff. mangels anderweitiger privatautonomer Regelungen der Gesellschafter die Regeln des Gesellschaftsvertrags (BGH 4.4.1951, BGHZ 1, 324 (327); RG 15.12.1922, RGZ 106, 63 (66)). Die Gesellschafter können vereinbaren, sich so zu stellen, als sei die Auflösung ex tunc unterblieben. Die Fortsetzung muss gem. § 144 Abs. 2 analog von allen Gesellschaftern zur Eintragung ins **Handelsregister** angemeldet werden (allgA, MüKoHGB/*K. Schmidt* Rn. 83; Einzelheiten bei *Richert* MDR 1956, 149). Dass auch die Auflösung nicht eingetragen wurde, hindert für sich genommen die Haftung gem. § 15 nicht. 25

Eine **Zustimmungspflicht** der Gesellschafter zum Fortsetzungsbeschluss kann sich aus der Treuepflicht ergeben, wenn Fortsetzung im gemeinsamen Interesse der Gesellschafter erforderlich und dem verpflichteten Gesellschafter die Zustimmung zumutbar ist (→ § 105 Rn. 93; *Lieder* DZWiR 2007, 521; *Wertenbruch* in Westermann/Wertenbruch PersGes-HdB Rn. 1686; enger MüKoHGB/*K. Schmidt* Rn. 79). Je nach den Umständen des Einzelfalls kann hierfür ein Austritts-, Freistellungs- und Abfindungsangebot der übrigen Gesellschafter erforderlich sein (vgl. BGH 21.10.1985, NJW-RR 1986, 256 f.). In der Liquidation sind an die Pflicht der Gesellschafter, Beschlüssen über im Gesellschaftsvertrag nicht geregelte Zahlungen an die Gesellschaft aufgrund der Treuepflicht zuzustimmen, höhere Anforderungen zu stellen als im Falle der werbenden Gesellschaft (BGH 2.7.2007, NZG 2007, 860 = ZIP 2007, 1988). 26

[Bestellung der Liquidatoren]

146 (1) [1] **Die Liquidation erfolgt, sofern sie nicht durch Beschluß der Gesellschafter oder durch den Gesellschaftsvertrag einzelnen Gesellschaftern oder anderen Personen übertragen ist, durch sämtliche Gesellschafter als Liquidatoren.** [2] **Mehrere Erben eines Gesellschafters haben einen gemeinsamen Vertreter zu bestellen.**

(2) [1] **Auf Antrag eines Beteiligten kann aus wichtigen Gründen die Ernennung von Liquidatoren durch das Gericht erfolgen, in dessen Bezirke die Gesellschaft ihren Sitz hat; das Gericht kann in einem solchen Falle Personen zu Liquidatoren ernennen, die nicht zu den Gesellschaftern gehören.** [2] **Als Beteiligter gilt außer den Gesellschaftern im Falle des § 135 auch der Gläubiger, durch den die Kündigung erfolgt ist.** [3] **Im Falle des § 145 Abs. 3 sind die Liquidatoren auf Antrag eines Beteiligten durch das Gericht zu ernennen.**

(3) **Ist über das Vermögen eines Gesellschafters das Insolvenzverfahren eröffnet und ist ein Insolvenzverwalter bestellt, so tritt dieser an die Stelle des Gesellschafters.**

Übersicht

I. Allgemeines

1 Die §§ 145 ff. ändern die Organisationsstruktur der Gesellschaft (→ § 145 Rn. 9 f.). Leitungsorgane sind die Liquidatoren. Deren Rechtsstellung ist in den §§ 146–153 geregelt. § 146 beschäftigt sich mit der Bestellung, § 147 mit der Abberufung und § 148 regelt die hierbei gebotenen Registereintragungen. Zum **Anwendungsbereich** → § 145 Rn. 6. Die Vorschrift **gilt** für die gesetzestypische sowie atypische Liquidation, denn auch diese Form der Auseinandersetzung erfordert Liquidatoren. Erfolgt die andere Art der Auseinandersetzung durch Vollbeendigung der Gesellschaft, so ist § 146 von vornherein nicht anwendbar (→ § 145 Rn. 15). § 146 Abs. 2 ist zwingend (MüKoHGB/*K. Schmidt* Rn. 28; Habersack/Schäfer/*Habersack* Rn. 30), § 146 Abs. 3 besagt nach der hier vertretenen Ansicht, was ohnehin aus § 80 InsO folgt (→ Rn. 6).

II. Privatautonome Bestimmung der Liquidatoren

2 Die Gesellschafter können die Liquidatoren privatautonom bestimmen, sei es im **Gesellschaftsvertrag,** sei es durch **Gesellschafterbeschluss** (§ 146 Abs. 1 S. 1). Dies gilt auch, wenn Nicht-Gesellschafter an der Abwicklung beteiligt sind (arg. e § 146 Abs. 2). Geschäftsführungs- und Vertretungsregelungen für die werbende Gesellschaft gelten nicht ohne Weiteres als Bestimmungen über die Liquidatoren (§§ 133, 157 BGB). Für den Beschluss gelten die allgemeinen Regeln über Gesellschafterbeschlüsse als Grundlagengeschäfte (→ § 119 Rn. 41).

3 Tauglich als gekorener Liquidator ist grundsätzlich jeder **Gesellschafter oder Dritte,** jede natürliche oder juristische Person (BayObLG 21.9.1994, ZIP 1994, 1767 (1768)) sowie Personengesellschaft, die ihrerseits Gesellschafter sein können. Die Bestimmung des Dritten kann der Gesellschafterversammlung überlassen werden (OLG Bremen 12.1.1978, BB 1978, 275). **Gläubiger** können Liquidatoren sein; müssen zur Befriedigung ihrer eigenen Forderungen aber von den Gesellschaftern iSd § 181 BGB ermächtigt werden. Geschäftsführende Gesellschafter sollen im Zweifel zur Übernahme der Liquidation verpflichtet sein (Baumbach/Hopt/*Roth* Rn. 4), Dritte unterliegen einer solchen Pflicht nur, wenn sie sich zuvor hierzu zB in einem Dienstvertrag mit der Gesellschaft verpflichtet haben (MüKoHGB/*K. Schmidt* Rn. 10).

III. Gesetzliche Auffangregel (Abs. 1 und 3)

4 Abseits einer privatautonomen Regelung sind **sämtliche Gesellschafter** Liquidatoren (§ 146 Abs. 1 S. 1). Rechtsdogmatisch handelt es sich bei dieser Bestimmung um eine Auslegungsregel. Liquidatoren sind im Zweifel auch solche Gesellschafter, die zuvor keine Geschäftsführungsbefugnis oder Vertretungsmacht hatten, selbst wenn sie ihnen gem. §§ 117, 127 entzogen wurde, auch **Kommanditisten** (BGH 24.9.1982, ZIP 1982, 1318 ff. = WM 1982, 1170; BayObLG 21.9.1994, ZIP 1994, 1767 (1768); OLG Hamm 5.3.2003, NZG 2003, 627 (627 f.); OLG Dresden 15.2.2012, RNotZ 2012, 290), es sei denn, es

handelt sich um eine Publikums-KG (dazu MüKoHGB/*K. Schmidt* Rn. 14), im Falle des § 135 auch die Gesellschafter-Schuldner.

Für die **GmbH & Co KG** gilt Folgendes: Ist die KG durch den Fortfall ihrer Komplementär-GmbH aufgelöst (→ § 131 Rn. 23), sind sämtliche Kommanditisten gem. § 146 Liquidatoren. Wird die KG aufgelöst, ohne dass die Komplementär-GmbH entfällt, dürfte es in der Regel dem Interesse der Gesellschafter am besten entsprechen, wenn die KG weiterhin nur durch die Komplementär-GmbH vertreten wird, denn allein dies garantiert die Kontinuität der Geschäftsleitung in der Liquidation (*K. Schmidt* BB 1980, 1497 (1499); *K. Schmidt* ZHR 153 (1989), 270 (291); *K. Schmidt* JZ 2008, 425 (433); MüKoHGB/*K. Schmidt* Rn. 14; Habersack/Schäfer/*Habersack* Rn. 13). Diese Ansicht kommt vor allem in den Fällen zu sachgerechten Ergebnissen, in denen sowohl GmbH als auch KG aufgelöst werden (→ § 131 Rn. 24). Die KG wird hier durch die GmbH vertreten, ihrerseits vertreten durch die nach § 66 GmbHG bestimmten Liquidatoren (MüKoHGB/*K. Schmidt* Rn. 14; s. auch BGH 8.10.1979, BGHZ 75, 178 (181 f.), wo der II. Senat dieses Ergebnis dadurch erreicht, dass er die Auflösung der KG leugnet). 5

Umstritten ist die Rechtsstellung verschiedener Personen, die mit Wirkung für und gegen die Gesellschafter handeln **(gesetzliche Vertreter nicht voll geschäftsfähiger Gesellschafter, Insolvenzverwalter, Testamentsvollstrecker, Nachlassverwalter etc).** Zu unterscheiden sind zwei Ebenen, die diese Frage entscheiden können: das Gesellschaftsrecht und das Recht, welches die Beziehung des Dritten zum Gesellschafter regelt („Statusrecht", etwa § 80 InsO). Dem Grundsatz der Selbstorganschaft und dem Abspaltungsverbot (→ BGB § 717 Rn. 3 ff.) entspricht es am besten, dass in diesen Fällen der Gesellschafter Liquidator bleibt (*K. Schmidt* ZHR 153 (1989), 270 (287 ff.); MüKoHGB/*K. Schmidt* Rn. 2). Der Wortlaut des § 146 Abs. 3 ist insoweit irreführend. Zwingende Gründe des Statusrechts hindern die Liquidatorenstellung des Gesellschafters grundsätzlich nicht. Liquidatoren sind daher der nicht voll geschäftsfähige Gesellschafter und nicht dessen **gesetzlicher Vertreter** (EBJS/*Hillmann* Rn. 2; MüKoHGB/*K. Schmidt* Rn. 4; Habersack/Schäfer/*Habersack* Rn. 10; aA Baumbach/Hopt/*Roth* Rn. 2), der insolvente Gesellschafter und nicht sein **Insolvenzverwalter** (§ 146 Abs. 3; *K. Schmidt* ZHR 153 (1989), 270 (289); MüKoHGB/*K. Schmidt* Rn. 45; Habersack/Schäfer/*Habersack* Rn. 46; aA BGH 24.11.1980, NJW 1981, 822; Baumbach/Hopt/*Roth* Rn. 2; EBJS/*Hillmann* Rn. 20; Heymann/*Sonnenschein/Weitemeyer* Rn. 3; RWH HGB/*Haas* Rn. 11), im Falle des § 146 Abs. 1 S. 2 die Erben und nicht deren **gemeinsamer Vertreter** (MüKoHGB/*K. Schmidt* Rn. 17; Habersack/Schäfer/*Habersack* Rn. 26; aA Heymann/*Sonnenschein/Weitemeyer* Rn. 4); ebenso bei Anordnung von **Nachlassverwaltung** und **Testamentsvollstreckung,** unabhängig davon, ob sie Alleinerben oder eine Erbengemeinschaft trifft. Die Regeln des Statusrechts bleiben hiervon selbstverständlich unberührt. Für den Minderjährigen oder die Erben im Falle des § 146 Abs. 1 S. 2 handeln also deren Vertreter, die Befugnisse des insolventen Gesellschafters nimmt der Insolvenzverwalter gem. § 80 InsO im eigenen Namen wahr usw. Zur Registereintragung → § 148 Rn. 4. 6

Zu den Besonderheiten der **Nachtragsliquidation** → § 155 Rn. 18. 7

IV. Bestellung des gemeinsamen Vertreters (Abs. 1 S. 2)

Mehrere Erben eines Gesellschafters haben gem. § 146 Abs. 1 S. 2 einen gemeinsamen Vertreter zu bestellen. Diese Regel gilt unabhängig davon, ob der Gesellschafter **vor** der Auflösung gestorben ist und den Anteil gem. § 1922 BGB übertragen hat **oder nach** der Auflösung gestorben ist (zur Unanwendbarkeit des § 131 Abs. 3 S. 1 Nr. 1 in der aufgelösten Gesellschaft → § 131 Rn. 40). Die Norm dient der Handlungsfähigkeit der Gesellschaft. Die Erben bleiben Liquidatoren, für sie handelt der gesetzliche Vertreter (→ Rn. 6); dem Verhältnis zwischen Erben und Vertreter liegt typischerweise ein Auftrag (§ 662 BGB) oder Geschäftsbesorgungsvertrag mit Dienstvertragscharakter (§§ 675, 611 BGB) zugrunde. Handeln alle Miterben gemeinsam, ist dieses Handeln wirksam, wenn die Mitgesellschafter in diese Handlungsform eingewilligt haben (MüKoHGB/*K. Schmidt* Rn. 17). 8

Die Bestellung des gemeinsamen Vertreters erfolgt durch Mehrheitsbeschluss der Erben (§ 2038 Abs. 2 S. 1 BGB, § 745 BGB). Soll ein Gesellschafter bestellt werden, der nicht Erbe ist, muss er vom Verbot des Selbstkontrahierens gem. § 181 BGB befreit werden. Bei Säumnis der Miterben gilt § 146 Abs. 2, nicht § 14. Bei **Testamentsvollstreckung** und **Nachlassverwaltung** handeln Testamentsvollstrecker und Nachlassverwalter für die Erben (EBJS/*Hillmann* Rn. 8; MüKoHGB/*K. Schmidt* Rn. 26; aA für die Nachlassverwaltung BayObLG 30.10.1990, BGHZ 1990, 306 (307 ff.) = NJW-RR 1991, 361). 9

Weigern sich die Erben, den gemeinsamen Vertreter zu bestellen, so ist ihre Mitwirkung **nicht** auf dem Klageweg **erzwingbar;** die Erben können sich jedoch schadensersatzpflichtig machen (Habersack/Schäfer/*Habersack* Rn. 28; Heymann/*Sonnenschein/Weitemeyer* Rn. 5). Gestatten die übrigen Gesellschafter den Erben nicht, gemeinsam zu handeln (→ Rn. 8), sind allein die übrigen Gesellschafter zur Abwicklung berufen (BGH 30.11.1961, WM 1962, 60; EBJS/*Hillmann* Rn. 7). Auch kann das 10

Gericht gem. § 146 Abs. 2 einen Liquidator bestellen, falls die Gesellschaft droht, handlungsunfähig zu werden.

V. Bestellung durch das Gericht (Abs. 2)

11 Auf Antrag eines Beteiligten kann das Gericht die Liquidatoren benennen, sofern ein wichtiger Grund vorliegt (§ 146 Abs. 2 S. 1). Das Gleiche gilt, ohne dass ein wichtiger Grund erforderlich wäre, wenn sich nachträglich herausstellt, dass eine durch Löschung wegen Vermögenslosigkeit aufgelöste Gesellschaft (§ 145 Abs. 3) noch Vermögen hat (§ 146 Abs. 2 S. 3). Die Gerichtsentscheidung genießt Vorrang vor etwaigen privatautonom getroffenen Regelungen, wenngleich gerichtlich bestellte Liquidatoren von den Gesellschaftern abberufen werden können (→ § 147 Rn. 2). Die Regel dient damit ebenfalls der **Handlungsfähigkeit** der Gesellschaft.

12 Das **Bestellungsverfahren** ist ein Verfahren nach § 375 Nr. 1 FamFG. Sachlich zuständig ist das Amtsgericht als Gericht der freiwilligen Gerichtsbarkeit, nicht als Registergericht (§ 23a Abs. 1 Nr. 2, Abs. 2 Nr. 4 GVG; vgl. auch OLG Hamm 16.7.2007, NZG 2007, 905 (906) = ZIP 2007, 1905). Örtlich ausschließlich zuständig ist das Gericht, in dessen Bezirk die Gesellschaft ihren Sitz hat (§ 377 Abs. 1 FamFG). Funktional zuständig ist der Rechtspfleger (§ 3 Nr. 2 lit. d RPflG, § 17 Nr. 2 lit. a RPflG). Es gilt der Amtsermittlungsgrundsatz (§ 26 FamFG); die Prüfungskompetenz erstreckt sich aber nicht auf die Vorfrage, ob die Gesellschaft überhaupt aufgelöst ist, wenn die Parteien hierüber streiten (OLG Hamm 16.7.2007, NZG 2007, 905 (906) = ZIP 2007, 1905). Der Rechtspfleger entscheidet durch Beschluss; Rechtsmittel: Beschwerde (§ 11 Abs. 1 RPflG, § 402 Abs. 1, 58 ff. FamFG).

13 Das Gericht entscheidet auf Antrag eines Beteiligten. **Beteiligter iSd § 146 Abs. 2** ist jeder Gesellschafter, im Falle des § 135 der Gläubiger, durch den die Kündigung erfolgt ist (§ 146 Abs. 2 S. 2) und im Falle der **§ 146 Abs. 2 S. 3, § 145 Abs. 3** jeder Gesellschaftsgläubiger und Dritte, zu dessen Gunsten Liquidationsmaßnahmen durchzuführen sind, etwa die Abgabe einer Willenserklärung im Namen der Gesellschaft (EBJS/*Hillmann* Rn. 19; Habersack/Schäfer/*Habersack* Rn. 43). Der Antrag kann bereits vor der Auflösung gestellt werden (KG 1.12.1938, HRR 1939, 95).

14 Ein **wichtiger Grund** iSd § 146 Abs. 2 liegt vor, wenn der Ablauf der Liquidation ohne gerichtliche Liquidatorenbestellung erheblich behindert würde (vgl. KG 12.1.1999, NJW-RR 1999, 831; KG 8.2.1906, KGJ 32, A 129, 132 f.; OLG Hamm 14.6.1960, BB 1960, 918; OLG Köln 29.5.1989, BB 1989, 1432; EBJS/*Hillmann* Rn. 13; MüKoHGB/*K. Schmidt* Rn. 30; Habersack/Schäfer/*Habersack* Rn. 33; Oetker/*Kamanabrou* Rn. 14). Beispiele wichtiger Gründe sind etwa ein feindseliges Verhältnis zwischen mehreren Liquidatoren, Parteilichkeit oder Unfähigkeit. Kasuistik bei EBJS/*Hillmann* Rn. 14; MüKoHGB/*K. Schmidt* Rn. 31; Habersack/Schäfer/*Habersack* Rn. 33 f. Im Falle des § 145 Abs. 3 muss kein wichtiger Grund vorliegen.

15 Das Gericht ist an den Antrag gebunden, soweit dieser bestimmt ist (MüKoHGB/*K. Schmidt* Rn. 35). Es kann einen oder mehrere Liquidatoren bestellen und **Einzel-, Gesamt- oder Mehrheitsgeschäftsführung und -vertretung** anordnen. Der Berufene kann vorhandene Liquidatoren ersetzen oder ihnen zur Seite treten. Der gerichtlich bestellte Liquidator hat grundsätzlich dieselben Befugnisse wie die privatautonom oder gem. § 146 Abs. 1 S. 1 bestimmten Abwickler. Insbesondere unterliegt er nicht den Weisungen des Gerichts. Zur Annahme des Liquidatorenamtes ist er nicht verpflichtet (Habersack/Schäfer/*Habersack* Rn. 40; EBJS/*Hillmann* Rn. 18). Zu seinem Rechtsverhältnis mit der Gesellschaft → § 149 Rn. 4 f.

VI. Bestellung weiterer Liquidatoren, Beschränkung der Liquidatorenrechte

16 Die Beschränkung der Rechte berufener Liquidatoren (zB die Anordnung von Gesamt- statt Alleingeschäftsführungsbefugnis und -vertretungsmacht) richtet sich nach **§ 147,** geschieht also durch Gesellschafter- oder Gerichtsbeschluss, wobei letzterer einen wichtigen Grund voraussetzt (allgA; Baumbach/Hopt/*Roth* Rn. 6; Habersack/Schäfer/*Habersack* § 147 Rn. 5). Die allgemeinen Grenzen des Liquidationsrechts sind zu beachten (zB § 151). An den wichtigen Grund sind geringere Anforderungen zu stellen, abhängig von der in Rede stehenden Beschränkung. Die Bestellung weiterer Liquidatoren ist der Beschränkung gleichzustellen (Baumbach/Hopt/*Roth* § 147 Rn. 2; MüKoHGB/*K. Schmidt* § 147 Rn. 7).

[Abberufung von Liquidatoren]

147 **Die Abberufung von Liquidatoren geschieht durch einstimmigen Beschluß der nach § 146 Abs. 2 und 3 Beteiligten; sie kann auf Antrag eines Beteiligten aus wichtigen Gründen auch durch das Gericht erfolgen.**

Übersicht

I. Allgemeines

1 § 147 regelt die Abberufung der Liquidatoren. Diese kann geschehen durch Gesellschafterbeschluss (§ 147 Hs. 1, **ordentliche Abberufung**) und Gerichtsentscheidung (§ 147 Hs. 2, **außerordentliche Abberufung**). Zu unterscheiden ist stets das Organ- und das daneben bestehende Vertragsverhältnis zwischen Liquidator und Gesellschaft (→ § 149 Rn. 4). § 147 regelt nur das **Organverhältnis.** § 147 Hs. 2 enthält zwingendes Recht, § 147 Hs. 1 dagegen nicht. Zur Beschränkung der Liquidatorenrechte → § 146 Rn. 16.

2 Zum grundsätzlichen **Anwendungsbereich** → § 145 Rn. 6. § 147 gilt für die typische und atypische Liquidation, denn auch letztere wird von Liquidatoren durchgeführt. Besteht die andere Art der Auseinandersetzung darin, dass die Vollbeendigung an die Stelle der Abwicklung tritt, so ist für § 147 von vornherein kein Raum (→ § 145 Rn. 15). § 147 unterliegt **jeder Liquidator,** auch der gerichtlich aus wichtigem Grund bestimmte (MüKoHGB/*K. Schmidt* Rn. 4).

3 **Adressat** der Abberufung ist stets der Liquidator; in den Fällen, in denen Dritte mit Wirkung für und gegen Gesellschafter handeln (→ § 146 Rn. 6), also regelmäßig die Gesellschafter, nicht aber die Dritten (ebenso MüKoHGB/*K. Schmidt* Rn. 1; anders die wohl hM). Gleichwohl kann der wichtige Grund iSv § 147 Hs. 2 im Verhalten des Dritten liegen, denn der Gesellschafter muss sich dessen Verhalten zurechnen lassen.

II. Abberufung durch Gesellschafterbeschluss (Hs. 1)

4 Die ordentliche Abberufung geschieht durch einstimmigen Beschluss der nach § 146 Abs. 2 und 3 Beteiligten. Zum Begriff des Beteiligten → § 146 Rn. 13. Die Abberufung wird mit der Bekanntgabe gegenüber dem Liquidator wirksam. Die Regelung ist dispositiv. Das Abberufungsrecht der Gesellschafter kann **erweitert, beschränkt oder ausgeschlossen** werden. Insbesondere Mehrheitsklauseln sind zulässig (s. nur EBJS/*Hillmann* Rn. 3). Das Antragsrecht der sonstigen Beteiligten nach § 147 Hs. 2 bleibt jedoch unberührt.

5 Ein Liquidator, der auf Antrag eines Beteiligten nach § 146 Abs. 2 S. 1 bestellt wurde, kann nur mit **Zustimmung dieses Beteiligten** abberufen werden, da dessen Antragsrecht sonst leer laufen könnte (MüKoHGB/*K. Schmidt* Rn. 15; Habersack/Schäfer/*Habersack* Rn. 8; EBJS/*Hillmann* Rn. 4). Wurde der Liquidator durch den Gesellschaftsvertrag bestellt (§ 146 Abs. 1 S. 1, Fall 2), soll er nach hM nur mit dessen Zustimmung oder aus wichtigem Grund abberufen werden können (MüKoHGB/*K. Schmidt* Rn. 15; Habersack/Schäfer/*Habersack* Rn. 8; EBJS/*Hillmann* Rn. 4). Im Falle der wegen Vermögenslosigkeit gelöschten Gesellschaft kann der Liquidator entsprechend § 146 Abs. 2 S. 3 **nur durch das Gericht** abberufen werden (Habersack/Schäfer/*Habersack* Rn. 6; EBJS/*Hillmann* Rn. 4).

III. Abberufung durch Gerichtsbeschluss (Hs. 2)

6 Die außerordentliche Abberufung geschieht durch Gerichtsbeschluss. Das **Abberufungsverfahren** ist ein Verfahren nach § 375 Nr. 1 FamFG. Sachlich zuständig ist das Amtsgericht als Gericht der freiwilligen Gerichtsbarkeit, nicht als Registergericht (§ 23a Abs. 1 Nr. 2, Abs. 2 Nr. 4 GVG). Örtlich ausschließlich zuständig ist das Gericht, in dessen Bezirk die Gesellschaft ihren Sitz hat (§ 377 Abs. 1 FamFG). Funktional zuständig ist der Rechtspfleger (§§ 3 Nr. 2 lit. d, 17 Nr. 2 lit. a RPflG). Es gilt der Amtsermittlungsgrundsatz (§ 26 FamFG); die Prüfungskompetenz erstreckt sich aber nicht auf die Vorfrage, ob die Gesellschaft überhaupt aufgelöst ist, wenn die Parteien hierüber streiten (OLG Hamm 16.7.2007, NZG 2007, 905 (906) = ZIP 2007, 1905). Der Rechtspfleger entscheidet durch Beschluss; Rechtsmittel: Beschwerde (§ 11 Abs. 1 RPflG, § 402 Abs. 1 FamFG, §§ 58 ff. FamFG). Das Verfahren setzt den Antrag eines Beteiligten (→ § 146 Rn. 13) voraus. Der Liquidator kann den Antrag selbst stellen, wenn er Beteiligter ist. Dem Liquidator ist rechtliches Gehör zu gewähren.

7 Materiell erforderlich ist ein **wichtiger Grund.** Dieser ist gegeben, wenn die weitere Tätigkeit des Liquidators für die Gesellschaft oder einen der Beteiligten iSd § 147 unzumutbar ist (etwa OLG Düsseldorf 22.7.1998, NJW-RR 1999, 37 (37 f.); KG 12.1.1999, NJW-RR 1999, 831 (831 f.); EBJS/*Hillmann* Rn. 6; MüKoHGB/*K. Schmidt* Rn. 21; Habersack/Schäfer/*Habersack* Rn. 12; Oetker/*Kamanabrou* Rn. 4), etwa weil der Liquidator die Durchführung der Abwicklung gefährdet (BayObLG 25.9.1997, NJW 1998, 2397 = BB 1997, 2397; KG 12.1.1999, NJW-RR 1999, 831 f. = NZG 1999, 437) oder berechtigte Zweifel an der Unparteilichkeit des Liquidators bestehen (KG 12.1.1999, NZG 1999, 437).

Nicht ausreichend sind bloße Meinungsverschiedenheiten unter den Liquidatoren. Weitere Kasuistik bei MüKoHGB/*K. Schmidt* Rn. 21.

8 Die Abberufung des Liquidators kann nicht im Wege der **einstweiligen Verfügung** geschehen, da sie die Hauptsache vorwegnehmen würde (allgA, OLG Frankfurt a. M. 26.10.1988, ZIP 1989, 39 (39 f.); RWH HGB/*Haas* Rn. 10). Allerdings kann das Prozessgericht vorläufige Maßnahmen anordnen, etwa die vorläufige Entziehung der Geschäftsführungsbefugnis, die vorläufige Tätigkeitsuntersagung oder ein Verbot, bestimmte Handlungen vorzunehmen (EBJS/*Hillmann* Rn. 8).

IV. Sonstige Beendigungsgründe

9 Das Amt des Liquidators endet durch **Vollbeendigung** der Gesellschaft oder wenn sich diese in eine **werbende Gesellschaft** umwandelt. Es endet mit **Zeitablauf,** wenn das Amt befristet war (OLG Hamm 30.12.1980, OLGZ 1981, 493).

10 Der Liquidator kann sein Amt **niederlegen.** Gesellschafter sind aufgrund ihrer Treuepflicht grundsätzlich nur aus wichtigem Grund zur Niederlegung berechtigt (Habersack/Schäfer/*Habersack* Rn. 17; anders MüKoHGB/*K. Schmidt* Rn. 10); bei Dritten gilt diese Einschränkung grundsätzlich nicht (BayObLG 30.12.1980, ZIP 1981, 188 (190); Habersack/Schäfer/*Habersack* Rn. 17). Die Beendigung des Dienst- oder sonstigen Vertrages zwischen Liquidator und Gesellschaft hat für sich genommen keine Auswirkungen auf seine Amtsstellung, häufig fällt beides jedoch zusammen (in diesem Sinne dürfte BayObLG 30.12.1980, ZIP 1981, 188 (191) zu verstehen sein). Umgekehrt hat die Amtsniederlegung für sich genommen keine Auswirkungen auf den Vertrag.

11 **Stirbt** der Liquidator, so ist zu unterscheiden: Handelte es sich um einen Dritten, so enden sein Amt und Anstellungsvertrag (§§ 613, 673, 675 BGB); hat die Gesellschaft keine weiteren Liquidatoren, kommt § 146 Abs. 1 zur Anwendung, dh die Abwicklung erfolgt durch die Gesellschafter. Handelte es sich um einen Gesellschafter-Liquidator, wird die Liquidatorenstellung vererbt, es sei denn, die Gesellschafter haben § 146 Abs. 1 S. 1 abbedungen (MüKoHGB/*K. Schmidt* Rn. 11; Habersack/Schäfer/*Habersack* Rn. 16). Ist § 146 Abs. 1 S. 1 abbedungen, führen die verbleibenden Liquidatoren die Geschäfte fort.

[Anmeldung der Liquidatoren]

148 (1) [1]**Die Liquidatoren und ihre Vertretungsmacht sind von sämtlichen Gesellschaftern zur Eintragung in das Handelsregister anzumelden.** [2]**Das gleiche gilt von jeder Änderung in den Personen der Liquidatoren oder in ihrer Vertretungsmacht.** [3]**Im Falle des Todes eines Gesellschafters kann, wenn anzunehmen ist, daß die Anmeldung den Tatsachen entspricht, die Eintragung erfolgen, auch ohne daß die Erben bei der Anmeldung mitwirken, soweit einer solchen Mitwirkung besondere Hindernisse entgegenstehen.**

(2) **Die Eintragung gerichtlich bestellter Liquidatoren sowie die Eintragung der gerichtlichen Abberufung von Liquidatoren geschieht von Amts wegen.**

I. Allgemeines

1 § 148 regelt die Eintragung der Liquidatoren und ihrer Vertretungsmacht in das Handelsregister sowie der sich in dieser Hinsicht später ergebenden Veränderungen. Die Bestimmung dient der Sicherheit des Rechtsverkehrs durch **Registerpublizität** und ergänzt die §§ 106, 107, 108, 143 (zur Registerpublizität beim Erlöschen der Gesellschaft s. § 157).

2 Zum grundsätzlichen **Anwendungsbereich** → § 145 Rn. 6. Die Bestimmung gilt für die **typische und atypische Liquidation,** denn auch letztere erfordert Liquidatoren (Habersack/Schäfer/*Habersack* Rn. 5). Wird die Liquidation durch die Vollbeendigung der Gesellschaft ersetzt, ist für § 148 von vornherein kein Anwendungsbereich (→ § 145 Rn. 14 f.). Die Bestimmung ist **zwingend.** Die Eintragung hat keine konstitutive, sondern nur deklaratorische Wirkung (allgA, BayObLG 21.9.1994, ZIP 1994, 1767 (1770); OLG Köln 8.8.1959, BB 1959, 463), sie (bzw. ihr Unterbleiben) kann aber zur Rechtsscheinhaftung nach § 15 führen.

II. Anmeldung durch die Gesellschafter (Abs. 1)

3 Die Liquidatoren und ihre Vertretungsmacht sind von **sämtlichen Gesellschaftern** zur Eintragung in das Handelsregister anzumelden (§ 148 Abs. 1 S. 1). Die Eintragungspflicht trifft alle Gesellschafter, also auch diejenigen, die nicht Liquidator oder die selbst von der einzutragenden Tatsache betroffen sind (vgl. auch BayObLG 7.3.2001, NZG 2001, 792 (792 f.)). Die Gesellschafter können Dritte zur Anmeldung bevollmächtigen. Bei der Publikums-KG wird man regelmäßig davon ausgehen können, dass die geschäftsführenden Gesellschafter und Liquidatoren die Anmeldung vornehmen können (MüKoHGB/*K. Schmidt* Rn. 8; EBJS/*Hillmann* Rn. 3). **Gesellschafter-Erben** unterliegen ebenfalls der Anmelde-

pflicht. Zur Vereinfachung der Eintragung kann auf deren Mitwirkung jedoch verzichtet werden, wenn anzunehmen ist, dass die Anmeldung den Tatsachen entspricht und einer Mitwirkung der Erben besondere Hindernisse entgegenstehen (→ § 143 Rn. 10).

Der genaue **Inhalt der Anmeldung** folgt § 106 Abs. 2 Nr. 1 (Name, Vorname, Geburtsdatum und Wohnort des Abwicklers). Liquidatoren iSv § 148 Abs. 1 sind nur die **nicht gerichtlich bestimmten Abwickler** (arg. e § 148 Abs. 2). Ist eine Personengesellschaft oder juristische Person Liquidator, so sind Firma und Sitz anzumelden. In den Fällen, in denen **Dritte** für die Liquidatoren handeln, ohne selbst Liquidator zu sein (gesetzliche Vertreter des nicht voll geschäftsfähigen Gesellschafters, der gemeinsame Vertreter gem. § 146 Abs. 1 S. 2, Insolvenzverwalter, Testamentsvollstrecker etc), so ist nur der *Dritte* einzutragen, denn für den Rechtsverkehr kommt es nicht darauf an, wer die formale Stellung als Liquidator hat, sondern wer für die Gesellschaft handeln kann (Habersack/Schäfer/*Habersack* Rn. 7; MüKoHGB/*K. Schmidt* Rn. 5). Die Anmeldepflicht nach § 148 Abs. 1 besteht auch, wenn die Gesellschaft selbst oder ihre Auflösung entgegen §§ 106, 143 noch nicht eingetragen oder angemeldet war. Beide Anmeldungen sind dann zu verbinden (KG 1.4.1920, OLGE 41, 202). Darüber hinaus ist schon bei der erstmaligen Anmeldung die **Vertretungsmacht** der Liquidatoren anzumelden, und zwar auch dann, wenn sie der gesetzlichen Regel der Gesamtvertretungsmacht (§ 150 Abs. 1) entspricht (EBJS/*Hillmann* Rn. 2). 4

Nach § 148 Abs. 1 S. 2 ist auch jede **Änderung in den Personen** der Liquidatoren oder ihrer **Vertretungsmacht** anzumelden. Anmeldepflichtig sind auch hier sämtliche Gesellschafter (→ Rn. 3). Die Änderung in der Person muss sich auf deren Stellung als Liquidator oder eine in § 106 Abs. 2 Nr. 1 genannte Tatsache beziehen. Anzumelden ist insbesondere die (nicht-gerichtliche, § 148 Abs. 2) Abberufung der Liquidatoren. Änderungen in der Vertretungsmacht sind alle Abweichungen von der gesetzlich vorgesehenen Gesamtvertretungsmacht (§ 150 Abs. 1 Hs. 2) sowie jede sonstige nachträgliche Änderung der Vertretungsbefugnis. 5

Die Anmeldung muss **unverzüglich** nach dem Entstehen der anmeldepflichtigen Rechtstatsache geschehen, und zwar bei dem Registergericht, in dessen Bezirk die Gesellschaft ihren Sitz hat. § 12 ist zu beachten. Zwangsmittel: § 14. 6

III. Eintragung gerichtlicher Anordnungen (Abs. 2)

Die Eintragung **gerichtlich bestellter Liquidatoren** sowie die Eintragung der **gerichtlichen Abberufung** von Liquidatoren geschieht von Amts wegen (§ 148 Abs. 2). Gleiches gilt für die gerichtliche Einschränkung der Liquidatorenbefugnisse, die sich nach § 147 richtet. Die Eintragung erfolgt auf Ersuchen des nach § 146 Abs. 2, § 147 handelnden Gerichts. 7

[Rechte und Pflichten der Liquidatoren]

149 **[1]Die Liquidatoren haben die laufenden Geschäfte zu beendigen, die Forderungen einzuziehen, das übrige Vermögen in Geld umzusetzen und die Gläubiger zu befriedigen; zur Beendigung schwebender Geschäfte können sie auch neue Geschäfte eingehen. [2]Die Liquidatoren vertreten innerhalb ihres Geschäftskreises die Gesellschaft gerichtlich und außergerichtlich.**

Übersicht

I. Allgemeines

§ 149 regelt die **Geschäftsführungsbefugnis** (S. 1) und **Vertretungsmacht** (S. 2) der Liquidatoren und legt – dispositiv und nicht abschließend – den Ablauf der Liquidation bis zur Verteilung des Gesellschaftsvermögens (§ 155) und Eintragung des Erlöschens der Firma (§ 157) fest. Es handelt sich dabei um die Schritte: Beendigung laufender Geschäfte, Einziehung der Forderungen, Versilberung des Gesellschaftsvermögens. 1

2 Zum grundsätzlichen **Anwendungsbereich** der Vorschrift → § 145 Rn. 6. Die Vorschrift gilt auch für die atypische Liquidation, denn auch sie erfordert Liquidatoren. Wird die Abwicklung durch die Vollbeendigung der Gesellschaft ersetzt, ist für die Anwendung von § 149 von vornherein kein Raum (→ § 145 Rn. 15). **§ 149 S. 1** ist **dispositiv.** § 149 ist weder Schutzgesetz zugunsten der Gesellschaftsgläubiger noch zugunsten der Gesellschafter.

3 § 149 S. 1 regelt nur die Geschäftsführungsbefugnis der Liquidatoren. Für die **Haftung der Abwickler** gelten die allgemeinen Regeln (→ Rn. 21 f.). Die Gesellschafter bleiben für **Grundlagengeschäfte** zuständig (→ § 145 Rn. 9). Sie können kompetenzwidrige Geschäfte der Liquidatoren durch einstweilige Verfügung abwehren und außerdem von ihrem Weisungsrecht gem. § 152 Gebrauch machen. Die Liquidatoren sollen allerdings befugt sein, den Sitz der Gesellschaft zu verlegen, wenn die Abwicklung dies erfordert (BGH 9.1.1969, WM 1969, 293 (294); krit. MüKoHGB/*K. Schmidt* Rn. 5; Habersack/Schäfer/*Habersack* Rn. 4; Oetker/*Kamanabrou* Rn. 2).

II. Rechtsverhältnis zwischen Liquidator und Gesellschaft, insbesondere Vergütung

4 Beim Rechtsverhältnis des Liquidators gegenüber der Gesellschaft ist – wie auch sonst im Gesellschaftsrecht – zwischen **organschaftlichem** und **vertraglichem Rechtsverhältnis** zu unterscheiden. Das **Organverhältnis** entsteht mit der wirksamen Bestellung als Liquidator, unabhängig vom Rechtsgrund der Bestellung. Aus ihm folgt die höchstpersönliche, dh nicht delegationsfähige Pflicht zur ordnungsgemäßen Abwicklung im Interesse aller Gesellschafter und sonstigen Beteiligten iSd § 146.

5 Bei dem **Vertragsverhältnis** ist zu unterscheiden: *Privatautonom bestellte Dritte* haben mit der Gesellschaft grundsätzlich einen Geschäftsbesorgungsvertrag mit Dienstvertragscharakter (§§ 675, 611 BGB). Ist keine Vergütung vereinbart, so gilt § 612 BGB. Denkbar ist, dass Dritte aufgrund eines Auftrags (§ 662 BGB) tätig werden. *Gesellschafter-Liquidatoren* sind mit der Gesellschaft über den Gesellschaftsvertrag verbunden (zum Inhalt der Treuepflicht im Abwicklungsstadium → § 145 Rn. 10). Die Gesellschaft schuldet daher grundsätzlich keine Vergütung. Ein entgeltlicher Tätigkeitsvertrag über die Abwicklung besteht daneben nur bei besonderer Vereinbarung (BGH 21.5.1955, BGHZ 17, 299 (301); BayObLG 21.9.1994, ZIP 1994, 1767 (1770); MüKoHGB/*K. Schmidt* § 146 Rn. 9). *Gerichtlich bestellte Drittliquidatoren* haben allein aufgrund des staatlichen Bestellungsaktes kein Vertragsverhältnis mit der Gesellschaft (MüKoHGB/*K. Schmidt* § 146 Rn. 43; aA BayObLG 30.12.1980, ZIP 1981, 188 (190); Baumbach/Hopt/*Roth* Rn. 1; EBJS/*Hillmann* § 146 Rn. 18). Ein Vergütungsanspruch ergibt sich jedoch aus § 265 Abs. 4 AktG analog (AG Hamburg 20.1.1967, MDR 1969, 847 (847 f.); MüKoHGB/*K. Schmidt* Rn. 43; Habersack/Schäfer/*Habersack* § 146 Rn. 40).

III. Geschäftsführungsbefugnis

6 Die Geschäftsführungsbefugnis der Liquidatoren umfasst grundsätzlich alle gewöhnlichen und außergewöhnlichen Geschäfte in Verfolgung des Liquidationszwecks. Die Aufzählung des § 149 S. 1 ist **nicht abschließend.** Nicht zur Geschäftsführungsbefugnis gehören Grundlagengeschäfte.

7 **1. Beendigung laufender Geschäfte.** Die Liquidatoren haben die laufenden Geschäfte zu beenden (§ 149 S. 1). Der Begriff des **Geschäfts** ist weit zu verstehen und umfasst auch tatsächliche Handlungen (MüKoHGB/*K. Schmidt* Rn. 8; Habersack/Schäfer/*Habersack* Rn. 14; aA Heymann/*Sonnenschein/Weitemeyer* Rn. 3: nur Rechtsgeschäfte). Soweit es der Liquidationszweck im Interesse aller Gesellschafter und sonstiger Beteiligter gebietet, sind Dauerrechtsverhältnisse zum nächstmöglichen Termin zu kündigen, außerordentliche Kündigungsrechte auszuschöpfen, einverständliche Aufhebungen anzustreben. Auch die einstweilige **Fortführung** kann geboten sein, sofern es der Liquidationszweck erfordert (allgA, EBJS/*Hillmann* Rn. 5). Davon ist am Anfang der Abwicklung grundsätzlich auszugehen (RG 27.10.1909, RGZ 72, 236 (240)). Laufende Gerichtsprozesse werden durch die Liquidatoren fortgeführt. Der Liquidationszweck kann es gebieten, diese Prozesse etwa durch Erledigungserklärung zu beenden oder einen Vergleich anzustreben.

8 **2. Eingehung neuer Geschäfte.** Zur Beendigung schwebender Geschäfte können die Liquidatoren neue Geschäfte eingehen (§ 149 S. 1 Hs. 2). Die Vorschrift regelt die Geschäftsführungsbefugnis, das „können" ist daher als „dürfen" zu lesen (MüKoHGB/*K. Schmidt* Rn. 12). Die Kompetenz zur Eingehung neuer Geschäfte erstreckt sich über den Wortlaut des § 149 S. 1 Hs. 2 auf sämtliche Geschäfte, die dem **Liquidationszweck** dienen (vgl. BGH 26.1.1959, BB 1959, 249; RG 27.10.1909, RGZ 72, 236 (240); RG 23.4.1881, RGZ 4, 61 (64); MüKoHGB/*K. Schmidt* Rn. 13; Habersack/Schäfer/*Habersack* Rn. 16). Der Begriff des Geschäfts ist ebenso weit zu verstehen wie bei der Beendigung laufender Geschäfte (→ Rn. 7). Unzulässig sind neue Geschäfte, die nicht auf die Liquidation der Gesellschaft, sondern die eigenmächtige Fortführung zielen. Erlaubte neue Geschäfte können insbesondere sein: der Kauf von Materialien (Habersack/Schäfer/*Habersack* Rn. 17), Wertpapiergeschäfte (BGH 26.1.1959, BB 1959, 249), die Belastung von Grundstücken (OLG Frankfurt a. M. 19.11.1979, OLGZ 1980, 96),

andere Sicherungsgeschäfte (RG 4.2.1935, 146, 376 (378) (Verein)); weitere Kasuistik bei MüKoHGB/ *K. Schmidt* Rn. 14.

3. Einziehung von Forderungen. Die Liquidatoren müssen Forderungen der Gesellschaft einziehen (§ 149 S. 1), notfalls fällig stellen und/oder einklagen. Auch diese Pflicht gilt nicht absolut, sondern nach Maßgabe des **Liquidationszwecks.** Zum Schicksal der Fälligkeitsabrede bei Ansparmodellen in Publikumsgesellschaften → § 145 Rn. 11a. 9

Die Liquidatoren sind auch ohne besondere Ermächtigung im Gesellschaftsvertrag (zu dieser Konstellation BGH 14.11.1977, NJW 1978, 424; BGH 3.7.1978, WM 1978, 898, 899; BGH 11.10.2011, NZG 2011, 1432 Rn. 41) oder aufgrund eines Gesellschafterbeschlusses (dazu → Rn. 13) gem. § 149 **befugt, Sozialansprüche der Gesellschaft** gegenüber Gesellschaftern geltend zu machen. Dies gilt nicht nur für die Einforderung zur Gläubigerbefriedigung, sondern auch dann, wenn die Einforderung **zum Zweck des Innenausgleichs** unter den Gesellschaftern erfolgt (grundlegend *K. Schmidt* ZHR 153 (1989), 270 (295 f.); danach etwa MüKoHGB/*K. Schmidt* Rn. 21 ff.; Habersack/Schäfer/*Habersack* Rn. 24; *Klöhn* ZGR 2020, 154 (170 f.)). Der BGH vertritt diese Linie mittlerweile „jedenfalls für die Auflösung einer Publikums-KG in Form einer Massengesellschaft" (BGH 30.1.2018, BGHZ 217, 237 Rn. 78), sollte sie aber auch für die gesetzestypische Personengesellschaft anerkennen (die Einforderungsbefugnis verneinend BGH 14.4.1966, WM 1966, 706; BGH 21.11.1983, NJW 1984, 435). Die Liquidatoren sind nicht gehalten, Forderungen so einzuziehen, dass die Gesellschafter gleichmäßig belastet werden, sondern entscheiden über die Einziehung nach pflichtgemäßem Ermessen (BGH 30.1.2018, BGHZ 217, 237 Rn. 60 f.; BGH 5.11.1979, NJW 1980, 1522 (1523); OLG München 19.1.2017, BeckRS 2017, 102180 Rn. 21). Ziehen die Liquidatoren die Forderungen der Gesellschaft nicht ein, sind die Verbindlichkeiten der Gesellschafter in die **Schlussrechnung** einzustellen (→ § 155 Rn. 8). Zudem können die Gesellschafter unter den allgemeinen Voraussetzungen im Wege der **actio pro socio** vorgehen. 10

Es gilt der dispositive, allgemeine liquidationsrechtliche Grundsatz, dass die Leistung des Gesellschafters nur insoweit verlangt werden kann, als sie zur **Durchführung der Liquidation erforderlich** ist (Einziehungssperre, → 145 Rn. 11a). Dies gilt sowohl für die Einziehung zum Zweck der Gläubigerbefriedigung als auch zum Zweck des Innenausgleichs. Dogmatisch handelt es sich um ein Leistungsverweigerungsrecht des Gesellschafters: er kann die Leistung verweigern, soweit feststeht, dass der einzuzahlende Betrag aus der Liquidationsmasse wieder an ihn ausgezahlt wird (→ 145 Rn. 11a). Im **Prozess** wird die Notwendigkeit der Einforderung allerdings **vermutet,** wenn sie zum **Zweck der Gläubigerbefriedigung** erfolgt; der Gesellschafter trägt mithin die Darlegungs- und Beweislast dafür, dass die Einforderung entbehrlich ist (BGH 3.7.1978, NJW 1978, 2154; BGH 5.11.1979, NJW 1980, 1522 (1523); BGH 3.7.1978, NJW 1978, 2154). Nach den allgemeinen Grundsätzen über die sekundäre Darlegungslast hat der Liquidator jedoch die insoweit bedeutsamen Verhältnisse der Gesellschaft offenzulegen, soweit nur er dazu imstande ist (BGH 30.1.2018, BGHZ 217, 237 Rn. 59; BGH 3.7.1978, NJW 1978, 2154; BGH 5.11.1979, NJW 1980, 1522 (1523); BGH 15.5.2018, DStR 2018, 1874 Rn. 13). Er hat im Einzelnen darzulegen, wozu die eingeforderten Beträge im Rahmen der Abwicklung benötigt werden (BGH 30.1.2018, BGHZ 217, 237 Rn. 59; BGH 15.5.2018, DStR 2018, 1874 Rn. 13). Maßgeblicher Zeitpunkt für die Beurteilung der Erforderlichkeit der Einforderung ist derjenige der letzten mündlichen Verhandlung (BGH 30.1.2018, BGHZ 217, 237 Rn. 60; BGH 15.5.2018, DStR 2018, 1874 Rn. 13). 11

Erfolgt die Einziehung zum **Zweck des Ausgleichs unter den Gesellschaftern,** so wird ihre Erforderlichkeit nicht vermutet (BGH 21.11.1983, NJW 1984, 435). Stattdessen muss die Gesellschaft bzw. der Liquidator regelmäßig eine **vorläufige Auseinandersetzungsrechnung** aufstellen, welche die Ausgleichsansprüche und -schulden unter den Gesellschaftern angibt. (BGH 30.1.2018, BGHZ 217, 237 Rn. 82; BGH 21.11.1983, NJW 1984, 435). Eine Ausnahme gilt, wenn und soweit auch ohne Auseinandersetzungsrechnung festgestellt werden kann, dass ein Passivkonto besteht (BGH 30.1.2018, BGHZ 217, 237 Rn. 84; BGH 21.11.1983, NJW 1984, 435). Die inhaltlichen Anforderungen an die vorläufige Auseinandersetzungsrechnung sollten nicht allzu streng gefasst werden, da diese Rechnung unter großen faktischen und rechtlichen Unsicherheiten aufgestellt werden muss (näher *Klöhn* ZGR 2020, 154 (173 f.)). Von der Gesellschaft bzw. dem Liquidator kann daher regelmäßig nicht mehr verlangt werden als eine auf einer vollständigen und zutreffenden Tatsachengrundlage aufbauende, kaufmännisch vertretbare Prognose der erwarteten Auseinandersetzungsguthaben (*Klöhn* ZGR 2020, 154 (174); auf dieser Linie wohl auch BGH 15.11.2011, BGHZ 191, 293 Rn. 34 zu dem Einwand, die vorläufige Auseinandersetzungsrechnung beruhe auf „unzutreffenden Grundlagen" oder sei „unrealistisch"). Maßgeblicher Zeitpunkt für die Beurteilung ist derjenige der letzten mündlichen Verhandlung (*Klöhn* ZGR 2020, 154 (175); in diese Sinne wohl auch BGH 30.1.2018, BGHZ 217, 237 Rn. 82–84). Ist die vorläufige **Auseinandersetzungsrechnung entbehrlich,** muss der Liquidator den geltend gemachten Ausgleichsanspruch auf sonstige Weise dartun und beweisen (BGH 30.1.2018, BGHZ 217, 237 Rn. 84; BGH 21.11.1983, NJW 1984, 435). 12

13 Die Gesellschafter können grundsätzlich in dem Gesellschaftsvertrag oder aufgrund eines Beschlusses darüber **disponieren, ob** und **unter welchen formellen Voraussetzungen** die Liquidatoren zur Einziehung von Sozialverbindlichkeiten zum Zweck des Innenausgleichs befugt sind (*Klöhn* ZGR 2020, 154 (175 ff.); auf dieser Linie wohl auch BGH 15.11.2011, BGHZ 191, 293 Rn. 14 ff.). Sie können die Liquidatoren insbesondere ermächtigen, Forderungen gegen die Gesellschafter **ohne vorläufige Auseinandersetzungsrechnung** einzuziehen. Es gelten jedoch die allgemeinen Grenzen der Mehrheitsherrschaft, insbesondere der Gleichbehandlungsgrundsatz und die Treuepflichten (vgl. BGH 15.11.2011, BGHZ 191, 293 Rn. 25 ff. sowie *Klöhn* ZGR 2020, 154 (177)). Legitimer Zweck des Beschlusses ist die Beschleunigung der Abwicklung im Interesse sämtlicher Gesellschafter. Der Einwand, die Einforderung sei nicht zur Erreichung des Liquidationszwecks erforderlich, ist weiterhin erheblich, weil ein Beschluss über eine unnötige Einforderung treuwidrig wäre. Die Beweislast dafür tragen nach den allgemeinen Grundsätzen jedoch diejenigen, die sich gegen den Beschluss wehren (ebenso BGH 15.11.2011, BGHZ 191, 293 Rn. 34).

14 Die vorstehenden Grundsätze gelten grundsätzlich entsprechend für **Drittbeziehungen** zwischen der Gesellschaft und ihren Gesellschaftern (EBJS/*Hillmann* Rn. 11; MüKoHGB/*K. Schmidt* Rn. 31; Habersack/Schäfer/*Habersack* Rn. 20). Allerdings kommt die actio pro socio hier nicht in Betracht (EBJS/*Hillmann* Rn. 10; Habersack/Schäfer/*Habersack* Rn. 20).

15 **4. Versilberung des Vermögens.** Die Liquidatoren müssen das übrige Vermögen der Gesellschaft in Geld umsetzen. Anders als nach § 733 Abs. 3 BGB kommt es nicht darauf an, ob die Versilberung zur Berichtigung der Schulden und Erstattung der Einlagen erforderlich ist. Grundsätzlich haben die Liquidatoren daher die Aufgabe, das Vermögen der Gesellschaft so in Geld umzuwandeln, dass das nach Befriedigung der Gläubiger Verbleibende an die Gesellschafter **ausgezahlt** werden kann. Entscheidend ist, welche Maßnahme das verteilungsfähige Vermögen der Gesellschaft ex ante maximiert. Dies kann eine Unternehmenszerschlagung erfordern, aber auch die Veräußerung en bloc (RG 14.9.1938, RGZ 158, 226 (230); RG 30.10.1914, RGZ 85, 397 (401); OLG Hamm 27.7.1954, BB 1954, 913; EBJS/*Hillmann* Rn. 18; RWH HGB/*Haas* Rn. 14). Soll die Firma mitveräußert werden, müssen die Gesellschafter wegen des Grundlagencharakters des Geschäfts zustimmen (RG 14.9.1938, RGZ 158, 226 (230); MüKoHGB/*K. Schmidt* Rn. 36; Habersack/Schäfer/*Habersack* Rn. 35). Vermögensgegenstände können an Dritte veräußert werden, aber auch an Gesellschafter (OLG Hamm 27.7.1954, BB 1954, 913). Allerdings dürfen keinem Gesellschafter Sondervorteile verschafft werden (EBJS/*Hillmann* Rn. 18; MüKoHGB/*K. Schmidt* Rn. 37; Habersack/Schäfer/*Habersack* Rn. 36).

16 Die Gesellschafter haben grundsätzlich keinen Anspruch auf **Rückgewähr ihrer Einlagen,** diese werden vielmehr ihrem Kapitalkonto gutgeschrieben. Zur Nutzung (quoad usum) überlassene Vermögensgegenstände sind allerdings zurückzugeben (→ Rn. 10). Gleiches gilt für dem Werte nach (quoad sortem) eingebrachte Gegenstände, wobei diese dem Kapitalkonto des Gesellschafters anzurechnen sind (vgl. SchlHFG 9.11.1987, BB 1988, 1217 (1221); MüKoHGB/*K. Schmidt* Rn. 44; Habersack/Schäfer/*Habersack* Rn. 42; aA BGH 25.3.1965, WM 1965, 744 (745 f.)). Ergibt sich bei der Schlussabrechnung ein Anspruch der Gesellschaft auf Nachschusszahlung, so steht ihr ein **Leistungsverweigerungsrecht** zu (Habersack/Schäfer/*Habersack* Rn. 42). Im Übrigen kann die Rückgabe einzelner Vermögensgegenstände grundsätzlich nicht verlangt, aber im Vorhinein vereinbart oder ad hoc beschlossen werden. Zustimmungspflichten aus Treuepflichtgesichtspunkten sind denkbar.

17 **5. Befriedigung der Gläubiger.** Die Liquidatoren haben die Gläubiger zu befriedigen. § 149 S. 1 statuiert nur die Geschäftsführungsaufgaben der Abwickler im Innenverhältnis. Er ist kein Schutzgesetz zugunsten der Gläubiger (→ Rn. 2). Gläubiger in diesem Sinne sind grundsätzlich nur **Drittgläubiger;** beachte für die Sozialverpflichtungen der Gesellschaft die allgemeine liquidationsrechtliche Durchsetzungssperre (→ § 145 Rn. 11). Die Liquidatoren haben nach pflichtgemäßem Ermessen zu entscheiden, ob sie Einwendungen erheben und es ggf. auf einen Prozess ankommen lassen. Sie haben an sich keine Pflicht zur gleichmäßigen Befriedigung der Gläubiger (Oetker/*Kamanabrou* Rn. 13). Reicht das Vermögen unter Einschluss der realisierbaren Ansprüche auf Nachschusszahlung (§ 735 BGB, § 105 Abs. 3) nicht zur Befriedigung sämtlicher Gläubiger, müssen die Liquidatoren der atypischen Personenhandelsgesellschaft gem. §§ 130a, 177 Insolvenzantrag stellen.

IV. Vertretung der Gesellschaft

18 Die Liquidatoren vertreten innerhalb ihres Geschäftskreises die Gesellschaft gerichtlich und außergerichtlich (§ 149 S. 2). Es handelt sich hierbei um eine **organschaftliche Vertretungsmacht.** Die Gesellschaft kann daneben (durch die Liquidatoren) Vollmachten erteilen, insbesondere Handlungsvollmachten, nicht jedoch Prokura (RG 21.10.1909, RGZ 72, 119 (122); EBJS/*Hillmann* Rn. 27; aA MüKoHGB/*K. Schmidt* § 146 Rn. 53; Habersack/Schäfer/*Habersack* Rn. 50; umfassend *K. Schmidt* BB 1989, 229).

19 Die Vertretungsmacht der Liquidatoren ist nach hM durch den **Liquidationszweck beschränkt;** keine Vertretungsmacht besteht also grundsätzlich für alle Geschäfte, die nicht der Abwicklung bzw.

einstweiligen Fortführung der Gesellschaft zur Erreichung des Liquidationszwecks dienen (vgl. BGH 1.12.1983, NJW 1984, 982; BGH 26.1.1959, WM 1959, 323 (324); RG 21.10.1909, RGZ 72, 119 (122 f.); OLG Frankfurt a. M. 19.11.1979, OLGZ 1980, 95 (96 ff.); Baumbach/Hopt/*Roth* Rn. 7; Heymann/*Sonnenschein*/*Weitemeyer* Rn. 12; RWH HGB/*Haas* Rn. 20; *Hueck* OHG § 32 IV 5b; aA *K. Schmidt* AcP 184 (1984), 528; MüKoHGB/*K. Schmidt* Rn. 52; Habersack/Schäfer/*Habersack* Rn. 46).

Dieser Grundsatz wird seinerseits aus Gründen des Vertrauensschutzes begrenzt: Zum einen spricht eine **widerlegbare Vermutung** für die Liquidationszugehörigkeit des Geschäfts. Zum anderen gilt der Liquidator als vertretungsbefugt, wenn der Geschäftsgegner die Liquidationsfremdheit des Geschäfts **nicht kannte oder kennen musste** (BGH 1.12.1983, NJW 1984, 982; BGH 26.1.1959, WM 1959, 323 (324); RG 4.2.1935, RGZ 146, 376 (377 f.)). Die **Darlegungs- und Beweislast** hierfür trägt die Gesellschaft (BGH 1.12.1983, NJW 1984, 982; BGH 26.1.1959, WM 1959, 323 (324)). Unberührt bleiben die Einschränkungen der Vertretungsmacht gem. § 181 BGB (MüKoHGB/*K. Schmidt* Rn. 53 f.; → § 150 Rn. 3) sowie nach den Grundsätzen über den Missbrauch der Vertretungsmacht und der Kollusion. **Im Prozess** werden die Liquidatoren als Partei, nicht als Zeugen vernommen (BGH 19.10.1964, BGHZ 42, 230 (231 f.); RG 15.12.1886, RGZ 17, 365 (369)). 20

V. Haftung der Liquidatoren

Bei der Haftung der Liquidatoren **gegenüber der Gesellschaft** ist zwischen den in → Rn. 4 genannten Rechtsverhältnissen zu unterscheiden. Eine Schadensersatzpflicht kann sich daher aus einer Verletzung der organschaftlichen oder vertraglichen Pflichten des Liquidators zur ordentlichen Abwicklung ergeben. Gesellschafter-Liquidatoren haften im Organschaftsverhältnis (§ 114) und aus dem Gesellschaftsvertrag nur nach Maßgabe von § 708 BGB, § 105 Abs. 3. Für Dritte gilt im Organschafts- und Vertragsverhältnis grundsätzlich § 276 BGB, ebenso für Gesellschafter, die aufgrund eines besonderen Dienstvertrages haften (→ Rn. 5; MüKoHGB/*K. Schmidt* Rn. 59). Der Schadensersatzanspruch wird durch die übrigen Liquidatoren geltend gemacht. Bleiben sie untätig, können die Gesellschafter im Wege der actio pro socio vorgehen (OLG Düsseldorf 3.12.1999, NZG 2000, 475 (476) mAnm *Grunewald;* EBJS/*Hillmann* Rn. 3). 21

Eine Eigenhaftung der Liquidatoren **gegenüber Dritten,** insbesondere Gesellschaftsgläubigern, kann sich nur aus besonderen Vorschriften oder Rechtsgrundsätzen ergeben, etwa einer culpa in contrahendo bei besonderer Vertrauensstellung (§ 311 Abs. 2 und 3 BGB, § 241 Abs. 2 BGB) oder der Verletzung spezieller Schutzgesetze im Gläubigerinteresse. § 149 ist kein solches Schutzgesetz (→ Rn. 2). 22

[Mehrere Liquidatoren]

150 (1) **Sind mehrere Liquidatoren vorhanden, so können sie die zur Liquidation gehörenden Handlungen nur in Gemeinschaft vornehmen, sofern nicht bestimmt ist, daß sie einzeln handeln können.**

(2) [1]**Durch die Vorschrift des Absatzes 1 wird nicht ausgeschlossen, daß die Liquidatoren einzelne von ihnen zur Vornahme bestimmter Geschäfte oder bestimmter Arten von Geschäften ermächtigen.** [2]**Ist der Gesellschaft gegenüber eine Willenserklärung abzugeben, so findet die Vorschrift des § 125 Abs. 2 Satz 3 entsprechende Anwendung.**

I. Allgemeines

Während § 149 den Umfang der Geschäftsführungsbefugnis und Vertretungsmacht bestimmt, regelt § 150 die **Kompetenzverteilung unter den Liquidatoren.** Die Gesellschaft wird im Liquidationsstadium grundsätzlich nicht mehr werbend tätig (vgl. § 149 S. 1 Hs. 2). Die prinzipielle Einzelgeschäftsführung und -vertretung der Gesellschafter (§§ 114–116, 125) wird daher im Abwicklungsstadium zum Schutze der Gesellschafter durch den Grundsatz der Gesamtgeschäftsführung und -vertretung der Liquidatoren ersetzt. Für die passive Stellvertretung gilt zum Schutze des Rechtsverkehrs weiterhin die Regel des § 125 Abs. 2 S. 3 (§ 150 Abs. 2 S. 2). § 150 enthält nur Aussagen zum Organverhältnis der Liquidatoren, nicht auch zu einem eventuell bestehenden Vertrag (→ § 149 Rn. 4 f.). 1

Zum grundsätzlichen **Anwendungsbereich** der Vorschrift → § 145 Rn. 6. Die Vorschrift gilt auch für die atypische Liquidation. Wird die Abwicklung durch die Vollbeendigung der Gesellschaft ersetzt, ist für die Anwendung von § 149 von vornherein kein Raum (→ § 145 Rn. 15). § 150 dient dem Schutz der Gesellschafter und ist daher dispositiv; der Grundsatz der passiven Einzelvertretung (§ 125 Abs. 2 S. 3, § 150 Abs. 2 S. 2) dient dem Schutz des Rechtsverkehrs und kann nicht abbedungen werden. 2

II. Gesamtgeschäftsführung und -vertretung

3 Abseits einer speziellen Regelung dürfen und können mehrere Liquidatoren die zur Liquidation gehörenden Handlungen nur in Gemeinschaft vornehmen. Es bedarf also der **Zustimmung sämtlicher Liquidatoren** (→ § 115 Rn. 33). Ermächtigungen sind als Gattungs- und Spezialermächtigungen gem. § 150 Abs. 2 S. 1 zulässig, lassen § 181 BGB jedoch unberührt (dazu Habersack/Schäfer/*Habersack* Rn. 15).

4 Bei **Gefahr im Verzug** kann im Innenverhältnis auf die Zustimmung der verhinderten Liquidatoren verzichtet werden (§ 115 Abs. 2 Hs. 2 analog; OLG Hamm 5.9.1996, DB 1996, 2326 (2326 f.); MüKoHGB/*K. Schmidt* Rn. 9; RWH HGB/*Haas* Rn. 4; Habersack/Schäfer/*Habersack* Rn. 6). Im Übrigen bleibt nur die Einschaltung des Gerichts gem. §§ 146, 147 (OLG Hamm 5.3.2003, NZG 2003, 627; Habersack/Schäfer/*Habersack* Rn. 12; großzügiger MüKoHGB/*K. Schmidt* Rn. 10).

5 Richten sich Handlungen gegen einen Liquidator, so unterliegt er einem **Stimmverbot** (OLG Hamm 5.3.2003, NZG 2003, 627; *Wertenbruch* NZG 2006, 408 (412)). Allein die theoretische Möglichkeit, dass auch ein Vorgehen gegen den Liquidator denkbar wäre, genügt jedoch nicht für die Annahme eines solchen Stimmverbots (OLG Hamm 5.3.2003, NZG 2003, 627 (628)). Ein Gesellschafter kann einen der Gesellschaft zustehenden Anspruch im **eigenen Namen** geltend machen, wenn es sich bei diesem Anspruch um den letzten Vermögenswert der Gesellschaft handelt und der Vermögenswert nach dem Auseinandersetzungsverfahren diesem Gesellschafter allein zukommt (BGH 17.6.1953, BGHZ 10, 91 (102)). Bei der Passivvertretung ist jeder Gesellschafter alleinvertretungsberechtigt (§ 150 Abs. 2 S. 2 iVm § 125 Abs. 2 S. 3).

III. Abweichende Regelungen

6 § 150 kann – mit Ausnahme des Verweises auf § 125 Abs. 2 S. 3 – unter den Gesellschaftern abbedungen werden. Die Gesellschafter können **Allein- oder Mehrheitsgeschäftsführung und -vertretung sowie Mischformen** vorsehen (EBJS/*Hillmann* Rn. 5). Abweichende Regelungen können im Gesellschaftsvertrag enthalten sein oder ad hoc beschlossen werden. Allerdings kann kein Liquidator vollständig von der Vertretung ausgeschlossen werden (MüKoHGB/*K. Schmidt* Rn. 13; Habersack/Schäfer/*Habersack* Rn. 13). Ist Alleingeschäftsführung vorgesehen, gilt § 115 Abs. 1 Hs. 2 nicht analog (MüKoHGB/*K. Schmidt* Rn. 7). Abweichende Vertretungsregeln sind gem. § 148 S. 2 zur Eintragung ins Handelsregister anzumelden; die Eintragung hat nur deklaratorische Wirkung (→ § 148 Rn. 2). Daneben kann der **Umfang** der Geschäftsführungsbefugnis beschränkt, zB von der Zustimmung eines Beirats abhängig gemacht werden; Außenwirkung entfalten solche Beschränkungen jedoch grundsätzlich nicht (§ 151).

[Unbeschränkbarkeit der Befugnisse]

151 **Eine Beschränkung des Umfanges der Befugnisse der Liquidatoren ist Dritten gegenüber unwirksam.**

1 § 151 bestimmt, dass der Umfang der organschaftlichen Vertretungsmacht der Liquidatoren nicht mit Wirkung für Dritte beschränkt werden kann. Die Vorschrift dient dem **Verkehrsschutz** und ist daher zwingend. Sie ist das liquidationsrechtliche Pendant zu § 126 Abs. 2, verbietet aber auch Beschränkungen auf den Betrieb einer von mehreren Niederlassungen der Gesellschaft (MüKoHGB/*K. Schmidt* Rn. 1; aA Habersack/Schäfer/*Habersack* Rn. 9). Zu beachten ist, dass die organschaftliche Vertretungsmacht der Liquidatoren nach hM durch den **Liquidationszweck** begrenzt wird (→ § 149 Rn. 19 f.). Von § 151 unberührt bleiben Einschränkungen der Geschäftsführungsbefugnis – vor allem durch Weisung gem. § 152 – sowie die Beschränkungen der Vertretungsmacht, die sich aus § 181 BGB sowie den Grundsätzen über den Missbrauch der Vertretungsmacht und der Kollusion ergeben. Ob die Befreiung eines vertretungsberechtigten Gesellschafters vom Verbot des Selbstkontrahierens (§ 181 BGB) auch für seine Tätigkeit als Liquidator gilt, ist eine Frage der Auslegung des Gesellschaftsvertrags (vgl. OLG Düsseldorf 9.12.1988, NJW-RR 1990, 51 (GmbH); RWH HGB/*Haas* Rn. 5). Von vornherein außerhalb des Anwendungsbereichs des § 151 liegen Grundlagengeschäfte, denn hierbei geht es nicht um die Vertretung der Gesellschaft, sondern der Gesellschafter. **Dritte iSd § 151** sind grundsätzlich nicht Gesellschafter; eine Gegenausnahme gilt jedoch bei Publikumsgesellschaften, sofern die Gesellschafter der Gesellschaft wie Dritte gegenüberstehen. **Erweiterungen** der organschaftlichen Vertretungsmacht über den Liquidationszweck hinaus sind zulässig (KG 4.2.1901, OLGE 3, 67 (69) (GmbH); EBJS/*Hillmann* Rn. 2; Heymann/*Sonnenschein/Weitemeyer* Rn. 3).

[Bindung an Weisungen]

152 Gegenüber den nach § 146 Abs. 2 und 3 Beteiligten haben die Liquidatoren, auch wenn sie vom Gerichte bestellt sind, den Anordnungen Folge zu leisten, welche die Beteiligten in betreff der Geschäftsführung einstimmig beschließen.

I. Allgemeines

§ 152 bestimmt, dass die Liquidatoren im Innenverhältnis die Weisungen zu befolgen haben, die ihnen die Beteiligten des Abwicklungsverfahrens erteilen. Die Norm regelt einen Ausschnitt der allgemeinen, aus dem Organschaftsverhältnis der Liquidatoren folgenden **Pflicht zur Abwicklung im Interesse der Gesellschafter und sonstigen Beteiligten** (MüKoHGB/*K. Schmidt* Rn. 3). Die Norm regelt daneben, dass solche Weisungen einstimmig beschlossen werden müssen. Zum grundsätzlichen **Anwendungsbereich** der Vorschrift → § 145 Rn. 6. § 152 gilt sowohl für die typische als auch für die atypische Liquidation, sie hat jedoch von vornherein keinen Anwendungsbereich, wenn die Liquidation der Gesellschaft durch deren Vollbeendigung ersetzt wird (→ § 145 Rn. 15). § 152 ist grundsätzlich dispositiv (→ Rn. 5). 1

II. Die Erteilung der Weisung

Die Beteiligten des Abwicklungsverfahrens müssen die Weisung gem. § 152 einstimmig beschließen. Zum Begriff der Beteiligten → § 146 Rn. 13. Mehrere **Erben** sind in Erbengemeinschaft beteiligt, entscheiden über ihre Stimme gem. § 2038 Abs. 2 BGB, § 745 BGB; ihr Stimmrecht wird durch den nach § 146 Abs. 1 S. 2 zu bestellenden Vertreter ausgeübt (MüKoHGB/*K. Schmidt* Rn. 20). Zu Testamentsvollstreckern, Nachlassverwaltern und sonstigen **Dritten** → § 146 Rn. 6, → § 146 Rn. 9. Bei fehlender Einstimmigkeit entfällt die Folgepflicht aus § 152. 2

Der Gesellschaftsvertrag kann unter den üblichen Voraussetzungen eine **Mehrheitsklausel** vorsehen, und zwar grundsätzlich auch zulasten der sonstigen Beteiligten (EBJS/Hillmann Rn. 7; MüKoHGB/*K. Schmidt* Rn. 14; RWH HGB/*Haas* Rn. 4; aA KKRD/*Kindler* Rn. 2). Nach der Auflösung der Gesellschaft bedarf es hierzu jedoch der Zustimmung der anderen Beteiligten (MüKoHGB/*K. Schmidt* Rn. 14; strenger in einem besonders gelagerten Fall BGH 13.7.1967, BGHZ 48, 251 (254 ff.)). 3

Gegenstand der Weisung kann jede Geschäftsführungsmaßnahme sein. Die Weisungen können sich auf spezielle Geschäfte beziehen oder in Form von Richtlinien ergehen. Der Liquidationszweck beschränkt das Weisungsrecht nicht – auch nicht gegenüber Drittliquidatoren –, da die Gesellschafter Herren des Liquidationsverfahrens sind und auch die Fortsetzung der Gesellschaft beschließen könnten (BeckOGK/*Heusel* Rn. 12; EBJS/*Hillmann* Rn. 4; MüKoHGB/*K. Schmidt* Rn. 9; Habersack/Schäfer/*Habersack* Rn. 8; Oetker/*Kamanabrou* Rn. 3; RWH HGB/*Haas* Rn. 1 f.; aA KKRD/*Kindler* Rn. 2). Allerdings kann die Auslegung des Gesellschaftsvertrags ergeben, dass sich eine Mehrheitsklausel nur auf Liquidationsmaßnahmen bezieht. Das Weisungsrecht besteht nur innerhalb der allgemeinen durch die Rechtsordnung gezogenen Grenzen. Weisungen dürfen also insbesondere nicht gegen §§ 134, 138 BGB verstoßen; ansonsten sind sie unwirksam. 4

III. Die Folgepflicht

Liegt eine wirksame Weisung vor, sind die Liquidatoren gegenüber den Gesellschaftern und sonstigen Beteiligten zur Befolgung verpflichtet. **Abweichungen** von der Weisung sind analog § 665 BGB zulässig (MüKoHGB/*K. Schmidt* Rn. 13; Habersack/Schäfer/*Habersack* Rn. 10; näher BeckOGK/*Heusel* Rn. 26). Grundsätzlich entfaltet die verbindliche Weisung Entlastungswirkung; die Liquidatoren können aber zur Rückfrage verpflichtet sein, wenn die Weisung dem Interesse der Beteiligten offensichtlich widerspricht oder die Liquidatoren besondere Anhaltspunkte hierfür haben. Die Befolgung der Weisung kann durch die Gesellschaft oder einen Beteiligten mit Hilfe der Leistungsklage **durchgesetzt werden,** die Gesellschafter haben die Möglichkeit der actio pro socio (Habersack/Schäfer/*Habersack* Rn. 9). Die Verletzung der Folgepflicht löst einen Schadensersatzanspruch aus, außerdem können die Liquidatoren gem. § 147 abberufen werden. 5

[Unterschrift]

153 Die Liquidatoren haben ihre Unterschrift in der Weise abzugeben, daß sie der bisherigen, als Liquidationsfirma zu bezeichnenden Firma ihren Namen beifügen.

Die Liquidatoren **vertreten** die Gesellschaft (§ 149 S. 2). § 153 bestimmt, wie sie ihre Unterschrift abzugeben haben. Die Vorschrift ist zwingend für die typische und atypische Liquidation, hat jedoch von vornherein keinen Anwendungsbereich, wenn die Liquidation durch die Vollbeendigung der 1

Gesellschaft ersetzt wird (→ § 145 Rn. 15). Ergänzt wird § 153 durch die **§§ 125a, 177a,** die auch in der Liquidation anwendbar sind (§ 156). Auch auf den Geschäftsbriefen der Firma ist der Liquidationszusatz anzufügen (MüKoHGB/*K. Schmidt* Rn. 9).

2 Liquidatoren müssen ihre Unterschrift in der Weise leisten, dass sie die bisherige Firma als Liquidationsfirma bezeichnen und ihren Namen hinzufügen (§ 153). Der **Liquidationszusatz** kann lauten „in Liquidation", „in Abwicklung", „i. L." oÄ. Er wird nicht Bestandteil der Firma und braucht nicht gem. § 143 zur Eintragung ins Handelsregister angemeldet werden (RG 5.12.1885, RGZ 15, 102 (105); MüKoHGB/*K. Schmidt* Rn. 7). Fügen die Liquidatoren ihrer Unterschrift den Liquidationszusatz bei, zerstört dies grundsätzlich die Gutgläubigkeit des anderen Teils iRd § 15 (EBJS/*Hillmann* Rn. 1).

3 Ein **Verstoß gegen § 153** macht die Willenserklärungen der Liquidatoren nicht ungültig; ausnahmsweise kann der Irrtum des Geschäftspartners über die Auflösung der Gesellschaft ein Anfechtungsrecht aus § 119 Abs. 2 BGB, § 123 BGB begründen. § 153 ist Schutzgesetz zugunsten der Gläubiger (OLG Frankfurt a. M. 18.9.1991, NJW 1991, 3286 (3287); *Paura,* Liquidation und Liquidationspflichten, 1996, 148 ff.; Baumbach/Hopt/*Roth* Rn. 1; EBJS/*Hillmann* Rn. 3; RWH HGB/*Haas* Rn. 2; Habersack/Schäfer/*Habersack* Rn. 8). Eine Eigenhaftung des Liquidators droht unter den allgemeinen Voraussetzungen (→ § 149 Rn. 21 f.).

4 Auf die **Kapitalgesellschaft & Co KG bzw. OHG** ist § 153 nur anwendbar, wenn die Personengesellschaft aufgelöst ist und für sie gehandelt wird. Soll eine Erklärung für die aufgelöste Komplementär-Kapitalgesellschaft abgegeben werden, sind § 68 GmbHG, § 269 Abs. 6 AktG einschlägig (Habersack/Schäfer/*Habersack* Rn. 6).

[Bilanzen]

154 **Die Liquidatoren haben bei dem Beginne sowie bei der Beendigung der Liquidation eine Bilanz aufzustellen.**

I. Allgemeines

1 § 154 verpflichtet die Liquidatoren zur Erstellung einer Liquidationseröffnungs- und Liquidationsschlussbilanz. Der Zweck dieser Vorschrift und ihr **Verhältnis zu den allgemeinen handelsrechtlichen Bilanzierungsvorschriften** (§§ 238 ff.) sind umstritten. Nach **tradierter Auffassung** ersetzt § 154 zwar nicht die Buchführungs-, wohl aber die Bilanzierungspflicht nach § 242 (BGH 5.11.1979, NJW 1980, 1522 (1523); BayObLG 14.1.1994, DB 1994, 523 (524); OLG Celle 11.5.1983, ZIP 1983, 943 (944); *Förster/Grönwoldt* BB 1987, 577 (580); *Hueck* OHG § 32 VI 1); eine Ausnahme soll nur in besonderen Fällen gelten, etwa bei außergewöhnlich großem Umfang der Abwicklungstätigkeit (BGH 5.11.1979, NJW 1980, 1522 (1523)).

2 Vorzugswürdig ist demgegenüber eine von *K. Schmidt* begründete **neuere Ansicht,** die zwischen der *internen* und *externen* Liquidationsrechnungslegung unterscheidet: Demnach regelt § 242 die Bilanzierungspflicht der trotz Liquidation als solche fortbestehenden Handelsgesellschaft, § 154 hingegen die Bilanzierungspflicht der Liquidatoren gegenüber den an der Abwicklung Beteiligten. Während § 242 vor allem das Informationsinteresse der Gesellschaftsgläubiger schützt, dient § 154 dazu, Informationsasymmetrien zwischen den Liquidatoren einerseits und (sonstigen) Gesellschaftern sowie Beteiligten der Liquidation (→ § 146 Rn. 13) andererseits zu reduzieren. § 154 ist daher neben § 242 anwendbar (*K. Schmidt,* Liquidationsbilanzen und Konkursbilanzen, 1989, 24 f., 55 ff.; *K. Schmidt* ZHR 153 (1989), 270 (286); BeckOGK/*Heusel* Rn. 12 ff., 17 ff.; EBJS/*Hillmann* Rn. 5; KKRD/*Kindler* Rn. 3; MüKoHGB/*K. Schmidt* Rn. 8; RWH HGB/*Haas* Rn. 9; *Scherrer/Heni,* Liquidations-Rechnungslegung, 2009, 4 ff.; Habersack/Schäfer/*Habersack* Rn. 9; Oetker/*Kamanabrou* Rn. 4). Steuerrechtliche Bilanzierungspflichten bleiben von § 154 ohnehin unberührt (MüKoHGB/*K. Schmidt* Rn. 30).

3 § 154 regelt eine **Organpflicht der Liquidatoren;** im Vertragsverhältnis bestehen Rechenschaftspflichten gem. § 666 BGB iVm § 675 BGB bzw. § 713 BGB, § 105 Abs. 3 (vgl. KKRD/*Kindler* Rn. 4). Mit der Organpflicht der Liquidatoren korrespondiert ein Anspruch der Gesellschaft, der von den Gesellschaftern im Wege der actio pro socio geltend gemacht werden kann (→ § 149 Rn. 13 f., → § 149 Rn. 21).

4 Zum grundsätzlichen **Anwendungsbereich** des § 154 → § 145 Rn. 6. Die Vorschrift gilt sowohl für die typische als auch atypische Liquidation, denn beide erfordern Liquidatoren. Besteht die andere Art der Auseinandersetzung iSd § 145 Abs. 1 darin, dass die Liquidation der Gesellschaft durch deren Vollbeendigung ersetzt wird, so ist für § 154 von vornherein kein Anwendungsbereich (→ § 145 Rn. 15). Im Insolvenzverfahren wird § 154 durch die §§ 66, 153 InsO verdrängt (Habersack/Schäfer/*Habersack* Rn. 5; grundlegend bereits *K. Schmidt,* Liquidationsbilanzen und Konkursbilanzen, 1989, 70 ff.). Da die Vorschrift nur das Verhältnis zwischen den Beteiligten der Abwicklung und ihren Liquidatoren betrifft, ist sie **dispositiv** (BeckOGK/*Heusel* Rn. 47; MüKoHGB/*K. Schmidt* Rn. 27; Habersack/Schäfer/*Habersack* Rn. 6).

II. Interne Liquidationsrechnungslegung

5 § 154 verpflichtet die Liquidatoren zur Aufstellung einer **Liquidationseröffnungs- und Liquidationsschlussbilanz.** Vorbehaltlich entsprechender Weisungen durch die Beteiligten (§ 152) sind die Liquidatoren nicht zur Aufstellung von **Zwischenbilanzen** verpflichtet (BGH 5.11.1979, NJW 1980, 1522 (1523)); anders kann dies bei einem außergewöhnlichen Umfang der Abwicklungstätigkeit sein (OLG Celle 11.5.1983, ZIP 1983, 943 (944)). Da § 154 nur das Innenverhältnis zwischen Liquidatoren und Beteiligten betrifft, müssen die Bilanzen nach § 154 nicht festgestellt werden (zust. BeckOGK/*Heusel* Rn. 34; aA OLG München 30.3.2001, NZG 2001, 959 (959 f.); KKRD/*Kindler* Rn. 2). Werden sie festgestellt, sind die Gesellschafter an sie gebunden (MüKoHGB/*K. Schmidt* Rn. 23), vor allem bei der Verteilung des Vermögens nach § 155. Liquidatoren dürfen daher gem. § 155 Abs. 3 nicht mit der Verteilung des Vermögens beginnen, bevor die Schlussbilanz festgestellt ist (→ § 155 Rn. 14).

6 Die **Liquidationseröffnungsbilanz** ist unverzüglich nach der Auflösung aufzustellen. Es handelt sich um eine Vermögensbilanz, deren Ziel es ist, das versilberungs- und verteilungsfähige Vermögen der Gesellschaft zu ermitteln, nicht dagegen um eine Erfolgsbilanz (MüKoHGB/*K. Schmidt* Rn. 25). Die Bilanzierungsregeln sind nicht aus §§ 238 ff., sondern primär aus dem Liquidationszweck zu entwickeln (wobei die §§ 238 ff. ergänzend herangezogen werden dürfen; ausf. BeckOGK/*Heusel* Rn. 21). Bilanzstichtag ist derjenige der Auflösung der Gesellschaft. Vermögensgegenstände sind mit deren **Liquidationswert** anzusetzen (ausf. *Scherrer/Heni,* Liquidations-Rechnungslegung, 2009, 231 ff.). Stille Reserven sind aufzulösen (EBJS/*Hillmann* Rn. 14). Bilanziert werden müssen alle werthaltigen, versilberungs- und verteilungsfähigen Vermögensgegenstände (*Scherrer/Heni* WPg 1996, 681 (688); Habersack/Schäfer/*Habersack* Rn. 14).

7 Die **Liquidationsschlussbilanz** hat den Zweck, die Vermögensverteilung vorzubereiten (Habersack/Schäfer/*Habersack* Rn. 16; Heymann/*Sonnenschein/Weitemeyer* Rn. 5; BeckHdB PersGes/*Eberhard* § 13 Rn. 82). Abweichend vom Wortlaut des § 154 ist sie daher nicht erst bei der Beendigung der Liquidation, dh nach der vollständigen Verteilung des Gesellschaftsvermögens zu erstellen, sondern sobald das Vermögen gem. § 155 verteilbar ist (allgA, Baumbach/Hopt/*Roth* Rn. 3).

8 Die Liquidationsbilanzen nach § 154 müssen **nicht** notwendig in **getrennten Rechenwerken** enthalten sein, Bezugnahmen auf die Handels- oder Steuerbilanz sind zulässig (hierzu *E. Braun* ZIP 1997, 1013; *Förster* ZIP 1997, 344; *Pink* ZIP 1997, 177 ff.). Dies liegt insbesondere bei der Liquidationsschlussrechnung nahe, die grundsätzlich mit der externen Liquidationsschlussbilanz übereinstimmt (Habersack/Schäfer/*Habersack* Rn. 25). Die Klage auf Erstellung der Bilanzen ist zulässig (OLG Koblenz 7.2.2002, NJW-RR 2002, 827 f. = DB 2002, 1494). Mehrere Liquidatoren sind nicht Streitgenossen (BGH 10.10.1983, WM 1983, 1279; OLG München 30.3.2001, NZG 2001, 959 (959 f.)).

III. Externe Liquidationsrechnungslegung

9 Die Pflicht zur externen Rechnungslegung richtet sich weiter nach §§ 242 ff. (→ Rn. 2), die Buchführungspflicht nach §§ 238 ff. Die Liquidatoren sind als Geschäftsführungsorgane für die Aufstellung der Bilanzen zuständig, die Gesellschafter für ihre Feststellung. Zur externen Liquidationsrechnungslegung gehört neben dem **Jahresabschluss** die Aufstellung einer **Schlussbilanz der werbenden Gesellschaft** (notfalls für ein Rumpfgeschäftsjahr; BayObLG 14.1.1994, DB 1994, 523 (524); *Sudhoff* NJW 1957, 731 ff.; aA *Förschle/Kopp/Deubert* DB 1994, 998 (1000); *Förschle/Deubert* DStR 1996, 1743 (1746); BeckOGK/*Heusel* Rn. 37; EBJS/*Hillmann* Rn. 7; MüKoHGB/*K. Schmidt* Rn. 18), einer **externen Liquidationseröffnungsbilanz** gem. § 270 Abs. 1 AktG, § 71 GmbHG analog (*Scherrer/Heni,* Liquidations-Rechnungslegung, 2009, 48 ff.; Habersack/Schäfer/*Habersack* Rn. 19; aA BeckOGK/*Heusel* Rn. 38; EBJS/*Hillmann* Rn. 8; RWH HGB/*Haas* Rn. 7, 9; MüKoHGB/*K. Schmidt* Rn. 16) sowie einer **externen Liquidationsschlussbilanz** nach Begleichung der Schulden (*K. Schmidt,* Liquidationsbilanzen und Konkursbilanzen, 1989, 62; EBJS/*Hillmann* Rn. 9; RWH HGB/*Haas* Rn. 8, 9).

10 Das **Liquidationsergebnis** wird durch einen Vergleich von externer Schlussbilanz der werbenden Gesellschaft und externer Liquidationsschlussbilanz ermittelt. Es wird wie Gewinn und Verlust unter den Gesellschaftern verteilt, dh ihren Kapitalanteilen zu- oder abgeschrieben, und findet so in der Verteilung gem. § 155 Berücksichtigung (BGH 17.11.1955, BGHZ 19, 42 (47 f.); BGH 14.4.1966, WM 1966, 706).

[Verteilung des Gesellschaftsvermögens]

155 (1) **Das nach Berichtigung der Schulden verbleibende Vermögen der Gesellschaft ist von den Liquidatoren nach dem Verhältnisse der Kapitalanteile, wie sie sich auf Grund der Schlußbilanz ergeben, unter die Gesellschafter zu verteilen.**

(2) [1] **Das während der Liquidation entbehrliche Geld wird vorläufig verteilt.** [2] **Zur Deckung noch nicht fälliger oder streitiger Verbindlichkeiten sowie zur Sicherung der den Gesell-**

schaftern bei der Schlußverteilung zukommenden Beträge ist das Erforderliche zurückzubehalten. [3]Die Vorschriften des § 122 Abs. 1 finden während der Liquidation keine Anwendung.

(3) **Entsteht über die Verteilung des Gesellschaftsvermögens Streit unter den Gesellschaftern, so haben die Liquidatoren die Verteilung bis zur Entscheidung des Streites auszusetzen.**

Übersicht

I. Allgemeines

1 § 155 regelt die Verteilung des Gesellschaftsvermögens, nachdem die Aufgaben nach § 149 erfüllt wurden. Die Vorschrift regelt die **Organpflicht** der Liquidatoren zur Verteilung des Vermögens sowie den hiermit korrespondierenden **Auszahlungs- bzw. Verteilungsanspruch** der Gesellschafter gegen die Gesellschaft (§ 155 Abs. 1 und 2) und stellt klar, dass Streitigkeiten unter den Gesellschaftern über die Verteilung nicht von den Liquidatoren entschieden, sondern unter den Gesellschaftern ausgetragen werden müssen (§ 155 Abs. 3). Nicht in § 155 geregelt ist der Ausgleich der Salden unter den Gesellschaftern (→ Rn. 8).

2 Zum grundsätzlichen **Anwendungsbereich** des § 155 → § 145 Rn. 6. Die Vorschrift gilt sowohl für die typische als auch atypische Liquidation. Besteht die andere Art der Auseinandersetzung iSd § 145 Abs. 1 darin, dass die Liquidation der Gesellschaft durch deren Vollbeendigung ersetzt wird, so ist für § 155 von vornherein kein Anwendungsbereich (MüKoHGB/*K. Schmidt* Rn. 3; Habersack/Schäfer/*Habersack* Rn. 3; → § 145 Rn. 15). § 155 ist **dispositiv** (BayObLG 18.11.1982, BB 1983, 82 (82 f.) = DB 1983, 170; Habersack/Schäfer/*Habersack* Rn. 4). Zu beachten ist jedoch, dass die Beteiligung am Liquidationserlös zum Kernbereich der Mitgliedschaft gehört (BGH 10.10.1994, NJW 1995, 194 (195)), sodass die insoweit geltenden besonderen Anforderungen (→ § 119 Rn. 38 ff.) zu beachten sind (EBJS/*Hillmann* Rn. 3).

3 § 155 ist kein Schutzgesetz zugunsten der **Gläubiger** (EBJS/*Hillmann* Rn. 4; MüKoHGB/*K. Schmidt* Rn. 50; Habersack/Schäfer/*Habersack* Rn. 16). Verstoßen die Liquidatoren gegen § 155, zahlen sie insbesondere Gesellschaftsvermögen an die Gesellschafter aus, bevor sie die Gläubiger befriedigt haben, können und müssen sich die Gläubiger gem. §§ 128, 171 f., 159 an die Gesellschafter halten. Aus der vorzeitigen Verteilung kann sich aber ein Arrest- oder Verfügungsgrund iSd §§ 916 ff., 935 ff. ZPO ergeben. Bei der Kapitalgesellschaft & Co. KG bzw. OHG reicht der Schutz gem. §§ 128, 171 f., 159 nicht aus; hier kommen die § 272 AktG, § 73 GmbHG analog zur Anwendung (Habersack/Schäfer/*Habersack* Rn. 17; MüKoHGB/*K. Schmidt* Rn. 49; *K. Schmidt* BB 2011, 707 (708)).

II. Schlussverteilung (Abs. 1)

4 Die Liquidatoren müssen das nach Berichtigung der Schulden verbleibende Gesellschaftsvermögen unter den Gesellschaftern verteilen (Abs. 1). Vor der Verteilung ist ausweislich §§ 155, 154 die (interne) Liquidationsschlussbilanz zu erstellen (→ § 154 Rn. 5). Darüber hinaus müssen **alle anderen Aufgaben des § 149 S. 1** erledigt sein (vgl. OLG Hamburg 5.3.1958, DB 1958, 395 (360); EBJS/*Hillmann* Rn. 12). Unerheblich sind solche Maßnahmen, die der Schlussverteilung nicht entgegenstehen, etwa wenn noch unverwertbare Vermögensgegenstände vorhanden sind (BeckOGK/*Heusel* Rn. 14; Habersack/Schäfer/*Habersack* Rn. 5).

5 Den Gesellschaftern steht ein korrespondierender Auszahlungs- bzw. Verteilungsanspruch gegen die Gesellschaft zu **(Residualanspruch).** Er ist auf Geld gerichtet; ohne sein Einverständnis muss kein Gesellschafter eine andere Leistung akzeptieren (BayObLG 18.11.1982, BB 1983, 82 (82 f.) = DB 1983, 170). Einlagen werden vorbehaltlich einer anderen Vereinbarung im Gesellschaftsvertrag nicht zurückgewährt, sondern den Kapitalkonten gutgeschrieben, und gehen daher in der Schlussrechnung auf (BGH 16.12.1971, WM 1972, 213 (214)). Zum Schicksal der zur Nutzung und dem Werte nach eingebrachten Gegenstände → § 149 Rn. 10, → § 149 Rn. 16.

6 Der Anspruch **entsteht** und wird **fällig,** wenn seine Voraussetzungen vorliegen (§ 271 Abs. 1 BGB), setzt aber nicht die Erstellung der Schlussbilanz voraus (RG 29.9.1900, RGZ 47, 16 (19)). Er ist abtretbar (§ 717 S. 2 BGB, § 105 Abs. 3) und kann gepfändet werden. Die Gesellschafter können ihn (aus eigenem Recht) einklagen (s. nur OLG Nürnberg 16.5.1969, BB 1969, 1104), ebenso Gesellschafter-Gläubiger nach dessen Pfändung. Im Prozess wird die Gesellschaft durch die unbeteiligten Liquidatoren vertreten oder es wird ein Prozesspfleger gem. § 57 ZPO bestellt (Baumbach/Hopt/*Roth*

Rn. 1). Der Anspruch auf Erstellung der Schlussbilanz gem. § 154 ist dagegen ein Anspruch der Gesellschaft und kann von dem einzelnen Gesellschafter nur im Wege der actio pro socio eingeklagt werden (→ § 154 Rn. 3).

Die **Höhe des Residualanspruchs** richtet sich nach dem Verhältnis der Kapitalanteile der Gesellschafter, so, wie sie sich aufgrund der Schlussbilanz ergeben (sog. Liquidationsanteile). Feste und bewegliche Kapitalanteile sind zusammenzurechnen (*Huber* ZGR 1988, 1 (62); EBJS/*Hillmann* Rn. 14; RWH HGB/*Haas* Rn. 8). Das Liquidationsergebnis ist den Kapitalanteilen zu- oder abzuschreiben. Zur Durchsetzungssperre für Sozialansprüche der Gesellschafter → § 145 Rn. 11. Sind nach der Schlussbilanz **nur aktive Liquidationsanteile** vorhanden, entspricht die Summe der Liquidationsanteile dem Gesellschaftsvermögen (*Huber,* Vermögensanteil, Kapitalanteil und Gesellschaftsanteil an Personengesellschaften des Handelsrechts, 1970, 181; Habersack/Schäfer/*Habersack* Rn. 11). Jeder Gesellschafter kann die Auszahlung seines Kapitalanteils verlangen. 7

Umstritten ist die Rechtslage, wenn **auch passive Liquidationsanteile** existieren. In diesem Fall ergibt die Summe der positiven abzüglich der negativen Kapitalanteile das Gesellschaftsvermögen (Baumbach/Hopt/*Roth* Rn. 2). Die bisher hM ließ diese Anteile bei der Verteilung des Gesellschaftsvermögens unberücksichtigt. Die Verteilung findet demnach anteilig unter den Gesellschaftern statt, die aktive Liquidationsanteile haben. Sodann müssen sich die Gesellschafter untereinander ausgleichen (BGH 21.11.1983, NJW 1984, 435; Baumbach/Hopt/*Roth* Rn. 2; EBJS/*Hillmann* Rn. 23; KKRD/*Kindler* Rn. 4; RWH HGB/*Haas* Rn. 18). Die Liquidatoren sind weder verpflichtet noch berechtigt, von den Gesellschaftern Einzahlungen in das Gesellschaftsvermögen zum Ausgleich der Kapitalkonten zu verlangen (BGH 14.4.1966, WM 1966, 706; BGH 21.11.1983, NJW 1984, 435). Vorzugswürdig ist hingegen die von *K. Schmidt* begründete Gegenansicht, wonach auch der **Ausgleich unter den Gesellschaftern zu den Aufgaben der Liquidatoren gehört** (*K. Schmidt,* ZHR 153 (1989), 270 (295 f.); MüKoHGB/*K. Schmidt* Rn. 16 ff.; Habersack/Schäfer/*Habersack* Rn. 9; BeckOGK/*Heusel* Rn. 31; *Klöhn* ZGR 2020, 154 (170 f.)). Demnach sind die Sozialansprüche der Gesellschaft gegen die Gesellschafter Teil des Gesellschaftsvermögens werden von den Liquidatoren eingezogen (→ § 149 Rn. 10 ff.). Auf dieser Linie liegt mittlerweile auch die **Rechtsprechung des BGH,** zumindest für die Publikums-Gesellschaft (BGH 30.1.2018, BGHZ 217, 237 Rn. 78, → § 149 Rn. 10). Schon die Existenz dieser Ansprüche hindert die Vollbeendigung der Gesellschaft (Habersack/Schäfer/*Habersack* Rn. 9). Nach der Einziehung erhalten die Gesellschafter den vollen Betrag ihrer Konten. Bei Ausfall eines Gesellschafters mit passivem Liquidationsanteil gilt § 735 S. 2 BGB, dh die passiven Kapitalkonten der nachschusspflichtigen Gesellschafter erhöhen sich, die aktiven der ausgleichsberechtigten Gesellschafter vermindern sich entsprechend (Habersack/Schäfer/*Habersack* Rn. 13). 8

Sind **sämtliche Liquidationsanteile passiv,** müssen die Liquidatoren die Nachschussansprüche der Gesellschaft gem. § 735 BGB, § 105 Abs. 3 im Verhältnis der Kapitalanteile geltend machen und die Gläubiger befriedigen. Haben die Gesellschafter § 735 BGB abbedungen, kommt es zur Vollbeendigung der Gesellschaft, sobald das (verbleibende) Gesellschaftsvermögen verteilt ist; die Gläubiger müssen sich an die Gesellschafter halten (§§ 128, 159). 9

III. Vorläufige Verteilung (Abs. 2)

§ 155 Abs. 2 bestimmt, dass das während der Liquidation entbehrliche Geld vorläufig verteilt wird. **Zweck** der Vorschrift ist die möglichst schnelle Befriedigung des Residualinteresses der Gesellschafter, soweit feststeht, dass das Gesellschaftsvermögen nicht zur Befriedigung der Gläubiger gebraucht wird. Auch hierbei handelt es sich um eine **Organpflicht** der Liquidatoren, die mit einem entsprechenden **Anspruch der Gesellschafter** gegen die Gesellschaft korrespondiert (s. nur EBJS/*Hillmann* Rn. 10). Zur Klage des Gesellschafters gegen die Gesellschaft gilt das in → Rn. 6 Gesagte entsprechend. Der Anspruch wird fällig, sobald die Voraussetzungen der Vorabausschüttung vorliegen (MüKoHGB/*K. Schmidt* Rn. 4); die Beweislast hierfür trägt der klagende Gesellschafter. Auch der Anspruch aus § 155 Abs. 2 kann abgetreten werden und ist pfändbar. Der Anspruch aus § 155 Abs. 2 macht das **Entnahmerecht** gem. § 122 entbehrlich; es ist daher ausgeschlossen (§ 155 Abs. 2 S. 3). Auch diese Regelung ist dispositiv. 10

Voraussetzung der Vorabausschüttung ist zunächst das Vorhandensein **„entbehrlichen Geldes“,** dh auszahlungsfähigen Geldvermögens, das nicht zur Befriedigung von Gesellschaftsgläubigern oder zum Binnenausgleich zwischen den Gesellschaftern (→ Rn. 8) benötigt wird. Diesem Rechtsgedanken entsprechend bestimmt **§ 155 Abs. 2 S. 2,** dass zur Deckung noch nicht fälliger oder streitiger Verbindlichkeiten sowie zur Sicherung der den Gesellschaftern bei der Schlussverteilung zukommenden Beträge das Erforderliche zurückzubehalten ist. Die Liquidatoren müssen nicht notwendigerweise Bargeld zurückbehalten; ausreichend sind Gegenstände, durch deren Veräußerung die Gläubiger und Gesellschafter befriedigt werden können (BeckOGK/*Heusel* Rn. 36; EBJS/*Hillmann* Rn. 7; MüKoHGB/*K. Schmidt* Rn. 6; Habersack/Schäfer/*Habersack* Rn. 20). Steht fest, dass der Gesellschafter einen bestimmen Betrag nach Gläubigerbefriedigung und Gesellschafterausgleich verlangen kann, darf ihm dieser Betrag nicht unter Berufung auf § 155 Abs. 2 S. 2 vorenthalten werden (BGH 10.5.1993, 11

ZIP 1993, 919 (920); BGH 9.3.1992, NJW 1992, 2757 (2758); BGH 15.1.1988, BGHZ 103, 72 (77); BGH 2.7.1962, BGHZ 37, 299 (305)). Der Verteilungsschlüssel entspricht dem der Schlussverteilung (→ Rn. 7).

12 Zahlen die Liquidatoren dem Gesellschafter zu viel, hat die Gesellschaft einen **Rückforderungsanspruch.** Anspruchsgrundlage soll nach hM nicht § 812 BGB sein, sondern der gesetzliche Vorbehalt des § 155 Abs. 2 (RG 15.5.1931, LZ 1931, 1261; Baumbach/Hopt/*Roth* Rn. 1). Dogmatisch sauberer ist es, den Anspruch auf § 812 Abs. 1 S. 1 Fall 1 BGB zu stützen und dem Gesellschafter gleichwohl die Berufung auf §§ 814, 818 Abs. 3 BGB zu verwehren, da die Leistung unter einem gesetzlichen Vorbehalt steht, den der Gesellschafter auch gegen sich gelten lassen muss, wenn er hiervon keine positive Kenntnis hatte (iErg MüKoHGB/*K. Schmidt* Rn. 13; Habersack/Schäfer/*Habersack* Rn. 27; BeckOGK/*Heusel* Rn. 42).

13 § 155 Abs. 2 S. 3 schließt das **Entnahmerecht** der Gesellschafter gem. § 122 aus (zum Grund → Rn. 10). Dieser Ausschluss bezieht sich auch auf Liquidationsgewinne (Habersack/Schäfer/*Habersack* Rn. 24; EBJS/*Hillmann* Rn. 9). Gewinne aus einem Rumpfgeschäftsjahr vor der Auflösung entfallen dem Entnahmeverbot ebenfalls, nicht aber Gewinne der letzten abgeschlossenen Geschäftsjahre vor Auflösung (EBJS/*Hillmann* Rn. 9; Heymann/*Sonnenschein/Weitemeyer* Rn. 8; MüKoHGB/*K. Schmidt* Rn. 11; RWH HGB/*Haas* Rn. 5).

IV. Aussetzung der Verteilung bei Streit unter den Gesellschaftern (Abs. 3)

14 Entsteht über die Verteilung des Gesellschaftsvermögens Streit unter den Gesellschaftern, so haben die Liquidatoren die Verteilung bis zur Entscheidung des Streites auszusetzen (§ 155 Abs. 3). Nach **hM** ist der Ausgleich unter den Gesellschaftern von vornherein keine Aufgabe der Liquidatoren (→ Rn. 8). Nach dieser Ansicht hat § 155 Abs. 3 vor allem den Sinn, Ausschüttungen zu verhindern, die die Empfänger aufgrund eines Binnenstreits mit anderen Gesellschaftern wieder verlieren können. Nach der **hier vertretenen Ansicht** gehört der Ausgleich unter den Gesellschaftern zu den Aufgaben der Liquidatoren (→ Rn. 8). § 155 Abs. 3 bewirkt danach zum einen, dass die Liquidatoren mit der Schlussverteilung des Vermögens erst beginnen dürfen, wenn die **Schlussbilanz nach § 154** von den Gesellschaftern festgestellt wurde und zukünftige Verteilungsstreitigkeiten daher weitgehend ausgeschlossen sind, zum anderen untersagt § 155 Abs. 3 den Liquidatoren Maßnahmen, durch die sie **Verteilungsabsprachen** unter den Gesellschaftern konterkarieren würden (MüKoHGB/*K. Schmidt* Rn. 34). Bei Verstoß gegen § 155 Abs. 3 haftet die Gesellschaft dem widersprechenden Gesellschafter auf Schadensersatz und kann ihrerseits bei den pflichtwidrig handelnden Liquidatoren Regress nehmen.

15 **Voraussetzung** der Verteilungsaussetzung ist Streit unter den Gesellschaftern über die Verteilung. Hierfür bedarf es keiner rechtshängigen Klage. Ausreichend ist jede **Meinungsverschiedenheit** der Gesellschafter über die Verteilung (BeckOGK/*Heusel* Rn. 50; Habersack/Schäfer/*Habersack* Rn. 30; EBJS/*Hillmann* Rn. 20; Oetker/*Kamanabrou* Rn. 23). Solange die Liquidationsabschlussbilanz gem. § 154 von den Gesellschaftern nicht festgestellt wurde, sollte eine Vermutung für solche Meinungsverschiedenheiten sprechen (iErg MüKoHGB/*K. Schmidt* Rn. 34: Widerspruch ist Verweigerung der Zustimmung zur Schlussbilanz). Etwas anderes gilt nur, wenn die Verweigerung der Zustimmung bzw. der Widerspruch rechtsmissbräuchlich erfolgt oder völlig unsubstantiiert ist (BeckOGK/*Heusel* Rn. 51; Habersack/Schäfer/*Habersack* Rn. 31; EBJS/*Hillmann* Rn. 20). Unerheblich sind Widersprüche, die sich auf sonstige Geschäftsführungsmaßnahmen der Liquidatoren oder deren Sorgfalt beziehen (MüKoHGB/*K. Schmidt* Rn. 35).

16 Der Streit ist **beendet,** wenn die Meinungsverschiedenheit zwischen den Gesellschaftern nicht mehr existiert. Der Streit kann insbesondere auf dem Prozesswege beendet werden, wobei sowohl eine Feststellungsklage gegen einen, mehrere oder alle Mitgesellschafter als auch eine Leistungsklage gegen die Gesellschaft (Habersack/Schäfer/*Habersack* Rn. 32; BeckOGK/*Heusel* Rn. 52: auch Feststellungsklage gegen Gesellschaft als Schuldnerin der Vermögensverteilung) in Betracht kommt. Die Liquidatoren sind an diese Entscheidung nur gebunden, wenn die Gesellschaft oder alle Gesellschafter an dieses Urteil gebunden sind (zB gem. §§ 68, 74 Abs. 3 ZPO; Habersack/Schäfer/*Habersack* Rn. 33; MüKoHGB/*K. Schmidt* Rn. 39; aA Oetker/*Kamanabrou* Rn. 24). Das Urteil macht auch die Feststellung der Schlussbilanz entbehrlich. Vor Erledigung des Streits ist die Liquidation nicht abgeschlossen (BayObLG 18.11.1982, WM 1983, 353; RWH HGB/*Haas* Rn. 17), außer die Liquidatoren hinterlegen den verteilungsfähigen, zwischen den Gesellschaftern jedoch streitigen Betrag (BayObLG 20.11.1978, WM 1979, 655).

V. Vollbeendigung der Gesellschaft und Nachtragsliquidation

17 Die Gesellschaft erlischt kraft Gesetzes, wenn nach vorheriger Abwicklung **kein Gesellschaftsvermögen** mehr vorhanden ist (→ § 157 Rn. 5 ff.). Solange über die Verteilung des Vermögens gestritten wird, ist die Gesellschaft nicht vollbeendet (→ Rn. 14). Bestreitet ein Gläubiger, dass die Gesellschaft kein Vermögen mehr hat, und führt er einen Prozess gegen sie, gilt sie als parteifähig (KKRD/*Kindler*

§ 157 Rn. 1); stellt sich die Vollbeendigung heraus, ist die Klage als unzulässig abzuweisen (BGH 9.12.1987, NJW 1988, 477 (478)).

Stellt sich nachträglich heraus, dass die Gesellschaft doch noch Vermögen hat, ist eine **Nachtragsliquidation** durchzuführen. Hierfür sind die bisherigen Liquidatoren zuständig, einer Neubestellung bedarf es grundsätzlich nicht (BGH 19.2.1990, NJW 1990, 1725 (1728)). Ihre Vertretungsmacht besteht fort (BGH 21.6.1979, NJW 1979, 1987; BayObLG 6.4.2000, NZG 2000, 833). Etwas anderes gilt jedoch bei der Löschung wegen **Vermögenslosigkeit** (§ 145 Abs. 3). Hier sind die Liquidatoren auf Antrag eines Beteiligten durch das Gericht zu ernennen (§ 146 Abs. 2 S. 3). Gleiches gilt stets für die **Publikums-KG;** hier kommt § 273 Abs. 4 AktG analog zur Anwendung (BGH 2.6.2003, BGHZ 155, 121 (124); BayObLG 5.11.1992, NJW-RR 1993, 359 (360); OLG Hamm 5.9.1996, NJW-RR 1997, 32 (33 f.) = DB 1996, 2326, 2327; OLG Hamm 13.7.1990, NJW-RR 1990, 1371 (1372 f.) = DB 1990, 1960). Auf die OHG oder die typische KG ist diese Regel grundsätzlich nicht zu übertragen (BGH 21.6.1979, NJW 1979, 1987; *Wertenbruch* NZG 2006, 408 (420)). Eine analoge Anwendung von § 273 Abs. 4 AktG kommt jedoch auch bei gesetzestypischen Personengesellschaften in Betracht, wenn die Nachtragsliquidation sehr lange Zeit nach der Löschung im Handelsregister erforderlich wird und unklar ist, ob zu diesem Zeitpunkt die Gesellschafter überhaupt noch existieren und auffindbar sowie zur Fortsetzung der Liquidation bereit und in der Lage sind, so OLG Saarbrücken 18.7.2018, NZG 2018, 1185 (1186) für die OHG. 18

Sind **nur noch einzelne Abwicklungsmaßnahmen erforderlich** – etwa die Abgabe von Willenserklärungen, zB Löschungsbewilligungen, soll gem. § 273 Abs. 4 AktG ein Abwickler gerichtlich bestellt werden (OLG Hamm 13.7.1990, NJW-RR 1990, 1371 (Publikums-GmbH & Co. KG)). Vorzugswürdig ist dagegen die Ansicht, wonach der Verwahrer der Bücher und Papiere nach § 157 Abs. 2 als ermächtigt gilt, solche Handlungen allein vorzunehmen (MüKoHGB/*K. Schmidt* Rn. 57; Habersack/Schäfer/*Habersack* Rn. 35). 19

[Rechtsverhältnisse der Gesellschafter]

156 **Bis zur Beendigung der Liquidation kommen in bezug auf das Rechtsverhältnis der bisherigen Gesellschafter untereinander sowie der Gesellschaft zu Dritten die Vorschriften des zweiten und dritten Titels zur Anwendung, soweit sich nicht aus dem gegenwärtigen Titel oder aus dem Zwecke der Liquidation ein anderes ergibt.**

I. Allgemeines

Die Regelung des § 156 ist **selbstverständlich,** denn die Auflösung ändert lediglich den Gesellschaftszweck (→ § 131 Rn. 6), führt aber nicht zur Beseitigung der OHG als Rechtsträger (Habersack/Schäfer/*Habersack* Rn. 1; MüKoHGB/*K. Schmidt* Rn. 1). Die Gesellschaft besteht daher als Handelsgesellschaft fort, sodass über den Wortlaut des § 156 hinaus nicht nur die Vorschriften des zweiten und dritten Titels zur Anwendung kommen (§§ 109–130b), sondern grundsätzlich **alle Vorschriften über die OHG,** soweit nicht Spezielles aus den §§ 145 ff. folgt (Habersack/Schäfer/*Habersack* Rn. 1; MüKoHGB/*K. Schmidt* Rn. 2; Baumbach/Hopt/*Roth* Rn. 1). Die Vorschrift erklärt sich aus der Vorstellung des HGB-Gesetzgebers, dass die OHG mit der Auflösung nicht mehr vorhanden ist und daher für die Liquidation als fortbestehend fingiert werden muss (BeckOGK/*Heusel* Rn. 2 f.; MüKoHGB/*K. Schmidt* Rn. 1). Diese Vorstellung ist mit der Anerkennung der Rechtsträgerschaft der OHG überholt. 1

II. Anwendbare Vorschriften

In der Liquidation finden grundsätzlich alle Vorschriften über die OHG (und KG, § 161 Abs. 2) Anwendung, soweit nicht Spezielles aus den §§ 145 ff. folgt (→ Rn. 1). Zu weiteren Besonderheiten der Liquidation auf Rechtsfolgenseite → § 145 Rn. 8 ff. Im Einzelnen bedeutet dies: 2

- **§ 105 Abs. 3, §§ 705 ff. BGB** sind grundsätzlich anwendbar, insbesondere § 708 BGB.
- **§§ 106–108** sind anwendbar. Die nach den §§ 143, 148 vorgeschriebenen Anmeldungen kommen hinzu (MüKoHGB/*K. Schmidt* Rn. 22 f.; KKRD/*Kindler* Rn. 1a; teils abw. Baumbach/Hopt/*Roth* Rn. 2; BeckOGK/*Heusel* Rn. 25).
- **§ 109** gilt auch im Liquidationsstadium. Denkbar ist, dass einige Bestimmungen des Gesellschaftsvertrags aus sich heraus nicht in der Abwicklung anwendbar sein sollen.
- **§§ 110, 111** sind anwendbar, der Aufwendungsersatzanspruch des Liquidators, der nicht Gesellschafter ist, folgt aus §§ 670, 675 BGB.
- Die **§§ 112, 113** gelten in der Liquidation nicht, weil die Gesellschaft nicht mehr werbend tätig sein soll (BGH 16.3.1961, WM 1961, 629 (631)). Dennoch kann sich ein Wettbewerbsverbot aus der allgemeinen Treuepflicht des Gesellschafters ergeben (BGH 16.3.1961, WM 1961, 629 (631); BGH 11.1.1971, NJW 1971, 802; MüKoHGB/*K. Schmidt* Rn. 26; EBJS/*Hillmann* Rn. 9).

– Die **§§ 114–117** werden durch die §§ 146, 147, 149 ersetzt. **§ 118** ist weiter anwendbar (EBJS/*Hillmann* Rn. 10).
– **§ 119** gilt weiterhin. Im Gesellschaftsvertrag vorgesehene Mehrheitsklauseln gelten grundsätzlich auch im Liquidationsfall (§§ 133, 157 BGB), nicht jedoch ohne Weiteres für die Beschlussfassung nach § 147 Hs. 1 (MüKoHGB/*K. Schmidt* Rn. 28; strenger Baumbach/Hopt/*Roth* Rn. 3; BeckOGK/*Heusel* Rn. 31).
– Die **§§ 120–122** werden durch die §§ 154, 155 überlagert und grundsätzlich ersetzt; §§ 121, 122 Abs. 2 gelten jedoch fort (Habersack/Schäfer/*Habersack* Rn. 9; MüKoHGB/*K. Schmidt* Rn. 29).
– **§ 123** ist anwendbar, da er lediglich die Anwendung des OHG-Rechts im Außenverhältnis betrifft (Habersack/Schäfer/*Habersack* Rn. 10; MüKoHGB/*K. Schmidt* Rn. 30; aA Baumbach/Hopt/*Roth* Rn. 4). Auch **§ 124** ist weiter anwendbar.
– Die **§§ 125–127** werden durch die §§ 146, 147, 149–151 verdrängt; anwendbar bleibt jedoch § 125a (MüKoHGB/*K. Schmidt* Rn. 32).
– **§§ 128–130** sind weiter anwendbar; ebenso **§ 130a.**
– **§§ 131–144** sind ebenfalls grundsätzlich anwendbar; keine Rechtswirkungen entfalten die Normen, die sich mit der Auflösung als solcher befassen (zur Kumulierungsfähigkeit von Auflösungsgründen → § 131 Rn. 8). Keine Anwendung findet dagegen **§ 131 Abs. 3** (Habersack/Schäfer/*Habersack* Rn. 13; EBJS/*Hillmann* Rn. 12; → § 131 Rn. 40) sowie **§ 139** (→ § 139 Rn. 33).
– **§§ 159, 160** bleiben anwendbar (MüKoHGB/*K. Schmidt* Rn. 36).
– Die Vorschriften der **§§ 161 ff.** sind grundsätzlich weiterhin anwendbar. Dies gilt etwa für **§ 166** (OLG Celle 11.5.1983, WM 1983, 741 (742 f.); KG 21.5.1931, HRR 1931 Nr. 1690). Die **§§ 164, 170** gelten jedoch nicht (MüKoHGB/*K. Schmidt* Rn. 37; KKRD/*Kindler* Rn. 2). Die **§§ 167–169** werden entsprechend den §§ 120–122 durch die §§ 154, 155, 161 Abs. 2 überlagert. **§ 177a** ist ebenso anwendbar wie § 125a.

[Anmeldung des Erlöschens; Gesellschaftsbücher]

157

(1) **Nach der Beendigung der Liquidation ist das Erlöschen der Firma von den Liquidatoren zur Eintragung in das Handelsregister anzumelden.**

(2) [1]**Die Bücher und Papiere der aufgelösten Gesellschaft werden einem der Gesellschafter oder einem Dritten in Verwahrung gegeben.** [2]**Der Gesellschafter oder der Dritte wird in Ermangelung einer Verständigung durch das Gericht bestimmt, in dessen Bezirke die Gesellschaft ihren Sitz hat.**

(3) **Die Gesellschafter und deren Erben behalten das Recht auf Einsicht und Benutzung der Bücher und Papiere.**

Übersicht

I. Allgemeines

1 § 157 beschäftigt sich mit einigen Rechtsfolgen der **Vollbeendigung der Gesellschaft.** § 157 Abs. 1 bestimmt in Abweichung von §§ 29, 31 Abs. 2, § 143, dass das Erlöschen der Firma von den Liquidatoren, nicht: den Gesellschaftern, anzumelden ist. § 157 Abs. 2 regelt die Verwahrung der Bücher und ergänzt damit § 257. § 157 Abs. 3 regelt das Einsichtsrecht in diese Bücher nach der Beendigung und lässt sich dogmatisch als Fortwirkung des § 118 (iVm § 161 Abs. 2) verstehen.

2 Zum **Anwendungsbereich** → § 145 Rn. 6. In der **Insolvenzabwicklung** gilt nicht § 157, sondern § 32 Abs. 1 Nr. 4 (diff. BeckOGK/*Heusel* Rn. 7: § 157 Abs. 2 und 3 anwendbar). § 157 gilt ansonsten sowohl für die typische, als auch die atypische Liquidation (§ 158), denn auch in dieser verfügt die aufgelöste Gesellschaft über Liquidatoren (MüKoHGB/*K. Schmidt* Rn. 3; Habersack/Schäfer/*Habersack* Rn. 2; aA BayObLG 30.12.1980, ZIP 1981, 188 (191); Baumbach/Hopt/*Roth* Rn. 1).

3 **Erlischt die Gesellschaft ohne Liquidation,** gilt § 157 nicht (Oetker/*Kamanabrou* Rn. 2; → § 145 Rn. 15). Das Erlöschen der Firma ist gem. § 31 Abs. 2, § 107 von den Gesellschaftern anzumelden (EBJS/*Hillmann* Rn. 2; RWH HGB/*Haas* Rn. 3). Dies ist entbehrlich bei der Amtslöschung gem. § 394 FamFG. **Scheidet der letzte Mitgesellschafter aus** oder übernimmt ein Gesellschafter oder Dritter sämtliche Anteile, so wird das Erlöschen der Firma sowie das Ausscheiden der Gesellschafter gem. § 31 Abs. 2, §§ 107, 143 von den Gesellschaftern angemeldet (OLG Frankfurt a. M. 25.8.2003, NZG 2004, 808 (809) = DB 2003, 2327; *Wertenbruch* NZG 2006, 408 (418); MüKoHGB/*K. Schmidt* Rn. 5 sowie

MüKoHGB/*K. Schmidt* § 143 Rn. 6; Habersack/Schäfer/*Habersack* Rn. 4). Bei der Anmeldung des Ausscheidens muss der Ausgeschiedene mitwirken (§ 143 Abs. 2). Zur Anmeldung des Erlöschens der Firma ist der Verbleibende allein verpflichtet (MüKoHGB/*K. Schmidt* § 143 Rn. 11). Die Auflösung der Gesellschaft muss in diesem Fall nicht zusätzlich eingetragen werden, da eine aufgelöste Gesellschaft nie existierte (MüKoHGB/*K. Schmidt* Rn. 5; aA BayObLG 26.3.1993, NJW-RR 1993, 848 (849); OLG Düsseldorf 2.7.1997, NJW-RR 1998, 245 (246); OLG Frankfurt a. M. 25.8.2003, NZG 2004, 808 (809); OLG Köln 14.7.1969, DNotZ 1970, 747; *Wertenbruch* NZG 2006, 408 (418)). Unzureichend wäre die bloße Eintragung des Ausscheidens des vorletzten Gesellschafters; hierauf gerichtete Eintragungsanträge sind zurückzuweisen (KG 3.4.2007, NZG 2007, 665 (666 f.) = ZIP 2007, 1505 (Partnerschaftsgesellschaft)). Wird die Firma einzelkaufmännisch etwa durch den verbleibenden Gesellschafter fortgeführt, so ist dieser Vorgang gem. § 31 Abs. 1 als Inhaberänderung zu behandeln (Baumbach/Hopt/*Roth* § 143 Rn. 1; MüKoHGB/*K. Schmidt* § 143 Rn. 4; RWH HGB/*Haas* § 143 Rn. 1).

§ 157 Abs. 1 und 2 regelt das Außenverhältnis und enthält daher – mit Ausnahme des Bestimmungsvorbehalts in § 157 Abs. 2 S. 2 – **zwingendes Recht** (§ 158), § 157 Abs. 3 betrifft das Innenverhältnis und ist **dispositiv** (Oetker/*Kamanabrou* Rn. 16). Die Gesellschafter können aber nicht ohne Zustimmung des betroffenen Gesellschafters das Einsichtsrecht gem. § 118 abbedingen (→ § 156 Rn. 2). 4

II. Erlöschen der Gesellschaft

Die Gesellschaft erlischt kraft Gesetzes, wenn **nach vorheriger Abwicklung** (OLG Zweibrücken 24.9.2001, NJW-RR 2002, 457 (458)) **kein Gesellschaftsvermögen** mehr vorhanden ist (BGH 21.6.1979, NJW 1979, 1987; RG 2.2.1926, JW 1926, 1432 (1433); Habersack/Schäfer/*Habersack* Rn. 6; MüKoHGB/*K. Schmidt* Rn. 9 f.). Unerheblich ist, ob die Gesellschaft noch Schulden hat (s. nur *Grziwotz* DStR 1992, 1365 (1368)). Entgegen der wohl hM sollten **Sozialansprüche** der Gesellschaft, insbesondere der Anspruch aus § 735 BGB, § 105 Abs. 3, zum Gesellschaftsvermögen hinzugezählt werden (BeckOGK/*Heusel* Rn. 13; MüKoHGB/*K. Schmidt* Rn. 10; Habersack/Schäfer/*Habersack* Rn. 6; aA KKRD/*Kindler* Rn. 1), es sei denn, der Innenausgleich wird nicht über das Gesellschaftsvermögen betrieben (MüKoHGB/*K. Schmidt* Rn. 10). Sind Vermögensgegenstände der Gesellschaft zwar (rechtlich) vorhanden, aber tatsächlich **wertlos,** sollte man differenzieren: Wertlose Ansprüche sind abzuschreiben, wertlose, aber verteilungsfähige Sachgegenstände hindern die Vollbeendigung (vgl. Habersack/Schäfer/*Habersack* Rn. 7). 5

Solange über die Verteilung des Vermögens gestritten wird, ist die Gesellschaft nicht vollbeendet (§ 155 Abs. 3). Bestreitet ein Gläubiger, dass die Gesellschaft kein Vermögen mehr hat und führt er einen Prozess gegen sie, gilt sie als **parteifähig** (KKRD/*Kindler* Rn. 1); stellt sich die Vollbeendigung heraus, ist die Klage als unzulässig abzuweisen (BGH 9.12.1987, NJW 1988, 477 (478); → § 155 Rn. 17). 6

Die Löschung der Firma aus dem **Handelsregister** gem. § 157 wirkt rein deklaratorisch (unstr.). Stellt sich nachträglich heraus, dass die Gesellschaft noch Vermögensgegenstände hat, ist die Liquidation nicht beendet (arg. e § 145 Abs. 3). Es findet eine Nachtragsliquidation statt (→ § 155 Rn. 18). Zu den **Handelsregistereintragungen** beim **liquidationslosen Erlöschen** der Gesellschaft → Rn. 3. 7

III. Erlöschen der Firma

Das Erlöschen der Firma ist von den Liquidatoren zur Eintragung in das Handelsregister anzumelden (§ 157 Abs. 1). Dies gilt auch dann, wenn die zu löschende Gesellschaft bisher nicht eingetragen war (EBJS/*Hillmann* Rn. 6; Habersack/Schäfer/*Habersack* Rn. 9). Die Form der Anmeldung richtet sich nach § 12. Anmeldepflichtig sind **sämtliche Liquidatoren.** Kommen die Liquidatoren ihrer Pflicht nicht nach, kann gem. § 14 ein Zwangsgeld gegen sie festgesetzt werden. Das Registergericht kann die Löschung nur ablehnen und den Nachweis der Beendigung verlangen, wenn es begründete Zweifel an der Beendigung der Gesellschaft hat (EBJS/*Hillmann* Rn. 6; Heymann/*Sonnenschein*/*Weitemeyer* Rn. 5; MüKoHGB/*K. Schmidt* Rn. 12; strenger OLG Hamburg 20.5.1904, OLGE 9, 262: nur wenn das Fortbestehen der Firma gerichtskundig ist). Der Vollzugsreife des Antrags auf Eintragung des Erlöschens steht es nicht entgegen, dass das Finanzamt aufgrund potentieller Steuerschulden hiergegen Bedenken angemeldet hat (OLG Düsseldorf 27.3.2014, NZG 2014, 583 (584)). Das Registergericht kann die Eintragung des Erlöschens der Firma nicht davon abhängig machen, dass zugleich die Liquidatoren zur Eintragung ins Handelsregister angemeldet werden (BayObLG 7.3.2001, NZG 2001, 792). 8

Stellt sich **nachträglich** heraus, dass die **Gesellschaft noch Vermögen** hat, bestand nicht nur die Gesellschaft (→ Rn. 7), sondern auch die Firma fort. Es findet eine Nachtragsliquidation statt (→ § 155 Rn. 18). Das Handelsregister ist während der Nachtragsliquidation gem. § 395 Abs. 1 FamFG von Amts wegen zu berichtigen, dh die unrichtige Löschung ist zu löschen (BayObLG 6.4.2000, NZG 2000, 833; MüKoHGB/*K. Schmidt* Rn. 13; aA KG 9.9.2019, NZG 2020, 198 (199): Anmeldung zur Wiedereintragung, wenn diese im Rahmen der Nachtragsliquidation zur vollständigen Beendigung notwendig ist (KG)). Die bloße Behauptung noch vorhandener Schadensersatzansprüche einer gelöschten Publi- 9 kums-KG begründet allein jedoch keine Pflicht zur Löschung der Löschung; die Schlüssigkeit dieser Behauptungen wird iRd Bestellung eines Nachtragsliquidators gem. § 273 Abs. 4 AktG analog geprüft (BayObLG 6.4.2000, NZG 2000, 833).

IV. Die Aufbewahrung der Bücher und Papiere und deren Einsicht

10 Gemäß § 157 Abs. 2 werden die Bücher und Papiere der aufgelösten Gesellschaft einem der Gesellschafter oder einem Dritten in Verwahrung gegeben. Abseits einer einverständigen Regelung wird dieser Gesellschafter oder Dritte durch das Gericht bestimmt, in dessen Bezirk die Gesellschaft ihren Sitz hat. **Bücher und Papiere iSd § 157 Abs. 2** sind alle, für die nach § 257 eine Aufbewahrungspflicht besteht.

11 Die **Gesellschaftervereinbarung** kann im Gesellschaftsvertrag enthalten sein oder durch Beschluss gefasst werden. Die Zustimmung Dritter, insbesondere der Liquidatoren, ist nicht erforderlich (Baumbach/Hopt/*Roth* Rn. 5; MüKoHGB/*K. Schmidt* Rn. 19). Die Gesellschaftervereinbarung und Übernahme der Bücher durch den Bestimmten bringt einen entgeltlichen oder unentgeltlichen Verwahrungsvertrag zwischen den Gesellschaftern und dem Bestimmten gem. §§ 688 ff. BGB zustande (Habersack/Schäfer/*Habersack* Rn. 17).

12 Die **gerichtliche Bestimmung** erfolgt im Verfahren nach § 375 Nr. 1 FamFG. Sachlich zuständig ist das Amtsgericht als Gericht der freiwilligen Gerichtsbarkeit, nicht das Registergericht (§ 23a Abs. 1 Nr. 2, Abs. 2 Nr. 4 GVG). Örtlich ausschließlich zuständig ist das Gericht, in dessen Bezirk die Gesellschaft ihren Sitz hat (§ 377 Abs. 1 FamFG). Funktional zuständig ist der Rechtspfleger (§ 3 Nr. 2 lit. d RPflG, § 17 Nr. 2 lit. a RPflG). Der Bestimmte ist nicht gezwungen, die Bücher aufzubewahren. Eine nachträgliche Vereinbarung unter den Gesellschaftern macht den Gerichtsbeschluss hinfällig. Die Annahme eines Verwahrungsvertrags zwischen den Gesellschaftern und dem Bestimmten entsprechend → Rn. 11 dürfte im Fall der gerichtlichen Bestimmung mit den §§ 145 ff. BGB kaum vereinbar sein (aA hM, etwa Baumbach/Hopt/*Roth* Rn. 6; MüKoHGB/*K. Schmidt* Rn. 24; EBJS/*Hillmann* Rn. 15; RWH HGB/*Haas* Rn. 10). Stattdessen sollte man auf das Verhältnis zwischen den Gesellschaftern und dem Bestimmten § 265 Abs. 4 AktG analog anwenden (BeckOGK/*Heusel* Rn. 29; Habersack/Schäfer/*Habersack* Rn. 20).

13 Die Gesellschafter und deren Erben behalten das **Recht auf Einsicht und Benutzung** der Bücher und Papiere (§ 157 Abs. 3). Dieses Recht umfasst die Anfertigung von Abschriften. Einsichtsrechte der Gesellschafts- und Privatgläubiger richten sich nach §§ 810, 811 BGB.

[Andere Art der Auseinandersetzung]

158 Vereinbaren die Gesellschafter statt der Liquidation eine andere Art der Auseinandersetzung, so finden, solange noch ungeteiltes Gesellschaftsvermögen vorhanden ist, im Verhältnisse zu Dritten die für die Liquidation geltenden Vorschriften entsprechende Anwendung.

1 § 158 stellt klar, dass im Außenverhältnis die Vorschriften über die Liquidation auch dann gelten, wenn die Gesellschafter eine andere Art der Auseinandersetzung (→ § 145 Rn. 4) vereinbart haben. Voraussetzung ist allerdings, dass noch ungeteiltes Gesellschaftsvermögen vorhanden ist. Diese Vorschrift ist **überflüssig** (ebenso BeckOGK/*Heusel* Rn. 3; MüKoHGB/*K. Schmidt* Rn. 3; Habersack/Schäfer/*Habersack* Rn. 2; aA Oetker/*Kamanabrou* Rn. 1; Heymann/*Sonnenschein/Weitemeyer* Rn. 1; offen lassend EBJS/*Hillmann* Rn. 1) und stiftet in systematischer Hinsicht mehr Verwirrung als Klarheit (→ § 145 Rn. 1, → § 145 Rn. 4). Besteht die andere Art der Auseinandersetzung darin, dass die Liquidation der Gesellschaft durch deren Vollbeendigung ersetzt wird (→ § 145 Rn. 4), so ist § 158 von vornherein nicht einschlägig, weil weder Gesellschaft noch Gesellschaftsvermögen vorhanden sind (EBJS/*Hillmann* Rn. 3; MüKoHGB/*K. Schmidt* Rn. 4). Vereinbaren die Gesellschafter eine atypische Form der Liquidation, können sie die zwingenden Vorschriften der §§ 146 ff. nicht umgehen, vor allem nicht § 156 (→ § 145 Rn. 4 f., → § 145 Rn. 15). § 158 **stellt** daher nur **klar, dass die Liquidationsvorschriften im Außenverhältnis zwingend** sind (MüKoHGB/*K. Schmidt* Rn. 8).

2 Für den grundsätzlichen **Anwendungsbereich** des § 158 → § 145 Rn. 6. **Voraussetzung** für § 158 ist zum einen die Vereinbarung einer anderen Art der Auseinandersetzung (→ § 145 Rn. 4). Als solche kommt nur die atypische Liquidation in Betracht, nicht die liquidationslose Vollbeendigung (→ § 145 Rn. 15). Zum anderen muss ungeteiltes Gesellschaftsvermögen vorhanden sein. Auf die Werthaltigkeit des Vermögens kommt es nicht an (Habersack/Schäfer/*Habersack* Rn. 6).

3 Das auf die atypische Liquidation **anwendbare Recht** ergibt sich im Innenverhältnis grundsätzlich aus der Gesellschaftervereinbarung, soweit dem nicht zwingendes Liquidationsrecht entgegensteht (RWH HGB/*Haas* Rn. 3; zB § 154). Im Außenverhältnis gelten gem. § 158 die für die Liquidation geltenden Vorschriften. Das sind zum einen alle Vorschriften, die für die werbende Gesellschaft gelten und nach § 156 auch auf die Liquidationsgesellschaft anwendbar sind, insbesondere die §§ 124, 128–

130a (EBJS/*Hillmann* Rn. 5; → § 156 Rn. 2). Zum anderen sind es die das Außenverhältnis betreffenden Vorschriften der §§ 145 ff., vor allem die § 146 Abs. 1 S. 1, Abs. 2 und 3, §§ 147, 148, 149 S. 2, §§ 150, 151, 153, 157 Abs. 1 und 2 (Habersack/Schäfer/*Habersack* Rn. 7).

Sechster Titel. Verjährung. Zeitliche Begrenzung der Haftung

[Ansprüche gegen einen Gesellschafter]

159 (1) **Die Ansprüche gegen einen Gesellschafter aus Verbindlichkeiten der Gesellschaft verjähren in fünf Jahren nach der Auflösung der Gesellschaft, sofern nicht der Anspruch gegen die Gesellschaft einer kürzeren Verjährung unterliegt.**

(2) **Die Verjährung beginnt mit dem Ende des Tages, an welchem die Auflösung der Gesellschaft in das Handelsregister des für den Sitz der Gesellschaft zuständigen Gerichts eingetragen wird.**

(3) **Wird der Anspruch des Gläubigers gegen die Gesellschaft erst nach der Eintragung fällig, so beginnt die Verjährung mit dem Zeitpunkte der Fälligkeit.**

(4) **Der Neubeginn der Verjährung und ihre Hemmung nach § 204 des Bürgerlichen Gesetzbuchs gegenüber der aufgelösten Gesellschaft wirken auch gegenüber den Gesellschaftern, die der Gesellschaft zur Zeit der Auflösung angehört haben.**

Übersicht

I. Allgemeines

§ 159 **bezweckt,** die Nachhaftung der Gesellschafter einer aufgelösten Gesellschaft auf einen Zeitraum von höchstens fünf Jahren zu begrenzen. Die Vorschrift ist rechtspolitisch nicht frei von Zweifeln (ausf. MüKoHGB/*K. Schmidt* Rn. 6 ff.; s. bereits *K. Schmidt* ZHR 152 (1988), 105 (107 f.); *K. Schmidt* DB 1990, 2357 (2359 f.); *Ulmer/Timmann* ZIP 1992, 1 (7 ff.); RWH HGB/*Haas* Rn. 5; optimistischer *Reichold* NJW 1994, 1617 (1619)). Zum einen begründet § 159 eine nachhaftungsbegrenzende Verjährung ab Eintragung der Liquidation, obwohl zu diesem Zeitpunkt noch neue Verbindlichkeiten begründet werden können (s. freilich § 159 Abs. 3); zum anderen schafft § 159 einen Anreiz für die Gesellschafter, die Liquidation hinauszuzögern. Beides ist der zügigen und geordneten Abwicklung der Gesellschaft nicht förderlich. 1

In dogmatischer Hinsicht statuiert § 159 eine **Sonderverjährung** für die Ansprüche gegen die Gesellschafter einer aufgelösten Gesellschaft. § 159 begründet in Verbindung mit § 214 Abs. 1 BGB eine eigenständige Einrede der Gesellschafter. Das Recht der Gesellschafter, Einwendungen der Gesellschaft geltend zu machen (§ 129 Abs. 1), bleibt hiervon unberührt (s. nur Habersack/Schäfer/*Habersack* Rn. 1). Die Vorschrift ist **dispositiv,** wobei die Verjährung selbstverständlich nicht zulasten der Gläubiger verkürzt werden kann (*K. Schmidt/Schneider* BB 2003, 1961 (1969); EBJS/*Hillmann* Rn. 17; KKRD/*Kindler* Rn. 1, 4). 2

Abzugrenzen ist § 159 von verschiedenen Vorschriften: **§ 160** regelt die Nachhaftungsbegrenzung für ausgeschiedene bzw. in die Stellung eines Kommanditisten zurücktretende Gesellschafter, während § 159 sich mit der Auflösung der Gesellschaft beschäftigt. Scheidet ein Gesellschafter im Liquidationsstadium aus der Gesellschaft aus, so kommen §§ 159, 160 nebeneinander zur Anwendung (MüKoHGB/*K. Schmidt* Rn. 10; Habersack/Schäfer/*Habersack* Rn. 9; EBJS/*Hillmann* Rn. 4). **§ 26** befreit den Veräußerer eines Handelsgeschäfts von den früheren Geschäftsverbindlichkeiten. Veräußert die Gesellschaft vor oder während der Liquidation ihr Unternehmen, können sich die Gesellschafter gem. § 129 Abs. 1 auf die Enthaftung der Gesellschaft gem. § 26 berufen. § 159 kommt daneben zur Anwendung (MüKoHGB/*K. Schmidt* Rn. 9). Auch die Enthaftungstatbestände des UmwG **(§§ 45, 133 Abs. 3 UmwG, § 224 UmwG)** konkurrieren ideal mit § 159. Umstritten ist in diesem Zusammenhang, ob die Umwandlung der Gesellschaft einen konkludenten Fortsetzungsbeschluss darstellt, der auf Voraussetzungsebene die Anwendung des § 159 ausschließt (→ Rn. 7). 3

Dem **Anwendungsbereich** des § 159 unterfallen die OHG, gem. § 161 Abs. 2 die KG – und zwar hinsichtlich der Haftung sowohl der Komplementäre als auch der Kommanditisten –, die Partnerschafts- 4 gesellschaft (§ 10 Abs. 2 PartGG). Darüber hinaus wird § 159 analog angewandt (a) auf die KGaA (MüKoHGB/*K. Schmidt* Rn. 14; Habersack/Schäfer/*Habersack* Rn. 5) sowie (b) auf den Freistellungsanspruch des Treuhandkommanditisten gegenüber dem Treugeber (OLG Frankfurt a. M. 25.6.2009, NZG 2010, 383; OLG Stuttgart 18.3.2010, NZG, 2010, 716 (718); OLG Hamm 23.6.2017, NZG 2017, 1104 (1106); aA BGH 26.6.2012, BeckRS 2012, 18286 (für den gesetzlichen Freistellungsanspruch aus § 257 Satz 1 BGB); OLG München 18.6.2019, ZInsO 2019, 1695 (1698) (für den vertraglichen Freistellungsanspruch); *Wagner* NZG 2009, 733 (736)). Zur GbR → BGB § 736 Rn. 10 f. Eine abweichende Regel gilt für die EWIV (Art. 37 Abs. 2 EWIV-VO: Sonderverjährung fünf Jahre nach Bekanntmachung der Vollabwicklung).

II. Voraussetzungen der Sonderverjährung (Abs. 1)

5 **1. Aufgelöste Gesellschaft.** § 159 setzt eine aufgelöste Gesellschaft voraus. Der **Auflösungsgrund** ist grundsätzlich unerheblich. Insbesondere gilt § 159 auch, wenn die Gesellschaft gem. § 394 FamFG, § 131 Abs. 2 S. 1 Nr. 2 wegen Vermögenslosigkeit gelöscht und aufgelöst wird.

6 Wird die Gesellschaft **ohne Auflösung beendet** (→ § 145 Rn. 4), ist für die Anwendung des § 159 grundsätzlich kein Platz. Vereinigt zB ein Gesellschafter sämtliche Gesellschaftsanteile in seiner Hand, kommt nicht § 159, sondern § 160 zugunsten der übrigen Gesellschafter zur Anwendung (MüKoHGB/*K. Schmidt* Rn. 19; Habersack/Schäfer/*Habersack* Rn. 7; s. zur GbR auch KG 24.5.2004, KGR Berlin 2004, 490 = ZIP 2005, 123 (Ls.)). Auf den außerhalb des UmwG erfolgenden Formwechsel von GbR und OHG ist § 159 nicht anzuwenden (Habersack/Schäfer/*Habersack* Rn. 7 aE).

7 Die Voraussetzungen des § 159 liegen nicht mehr vor, wenn eine aufgelöste Gesellschaft **fortgesetzt** wird (→ § 145 Rn. 22 ff.). Eine bereits eingetretene Verjährung gem. § 159 entfällt nach dem Rechtsgedanken der §§ 130, 173 (MüKoHGB/*K. Schmidt* Rn. 37; iE ebenso KKRD/*Kindler* Rn. 8 aE). Wird eine aufgelöste Gesellschaft nach den Regeln des UmwG umgewandelt, ist hierin grundsätzlich ein konkludenter Fortsetzungsbeschluss enthalten (MüKoHGB/*K. Schmidt* Rn. 11, 37; aA Habersack/Schäfer/*Habersack* Rn. 10). Es gelten dann allein die Nachhaftungsbegrenzungsvorschriften des UmwG. Zur Abgrenzung der unschädlichen Aufschiebung der Liquidation gegenüber der konkludenten Fortsetzung der Gesellschaft → § 145 Rn. 22.

8 **2. Gesellschafter.** § 159 setzt voraus, dass der Inanspruchgenommene zur Zeit der Auflösung Gesellschafter war. Scheidet der Gesellschafter nach der Auflösung aus der Gesellschaft aus, gelten § 159 und § 160 nebeneinander (→ Rn. 3).

9 **3. Gesellschafterverbindlichkeit.** Von der Sonderverjährung des § 159 erfasst sind nur die Ansprüche gegen einen Gesellschafter aus Verbindlichkeiten der Gesellschaft. Gemeint ist hiermit die **Gesellschafterhaftung gem. §§ 128, 130, 171–173, 176.** Das Recht des Gesellschafters, Einwendungen der Gesellschaft geltend zu machen (§ 129 Abs. 1), bleibt von § 159 unberührt. Dies gilt insbesondere für die Einrede der Verjährung gem. § 214 BGB, falls die Gesellschaftsverbindlichkeit früher verjährt als die Haftung des Gesellschafters gem. § 159. Dies stellt § 159 Abs. 1 mit missverständlichem Wortlaut („sofern nicht der Anspruch gegen die Gesellschaft einer **kürzeren Verjährung** unterliegt") noch einmal klar (MüKoHGB/*K. Schmidt* Rn. 28).

10 Abzugrenzen sind Verbindlichkeiten des Gesellschafters aus anderen Rechtsgründen, etwa Bürgschaften, Schuldübernahmen, die Eigenhaftung aus Verschulden bei den Vertragsverhandlungen etc. Ebenfalls nicht von § 159 erfasst sind die **Sozialverbindlichkeiten des Gesellschafters,** etwa auf Leistung seiner Einlage (OLG Schleswig 30.10.2008, NZG 2009, 256 (258)) oder auf Schadensersatz wegen Verletzung seiner Treuepflichten. Eine Ausnahme gilt jedoch für die Nachschusspflicht des Gesellschafters gem. §§ 735, 739 BGB iVm § 105 Abs. 3, denn diese Verbindlichkeit resultiert aus der Haftung des Gesellschafters für die Gesellschaftsschulden (MüKoHGB/*K. Schmidt* Rn. 22; Habersack/Schäfer/*Habersack* Rn. 13).

11 Die Sonderverjährung des § 159 setzt eine **Gesellschaftsverbindlichkeit** voraus. Gemeint sind hiermit nur die Verbindlichkeiten der Gesellschaft gegenüber Dritten. § 159 gilt damit nicht für die Haftung des Gesellschafters für **Sozialverbindlichkeiten der Gesellschaft** (EBJS/*Hillmann* Rn. 7; Oetker/*Boesche* Rn. 7); diese Verbindlichkeiten werden vielmehr in die Gesamtabrechnung nach § 155 eingestellt (MüKoHGB/*K. Schmidt* Rn. 24). Abzugrenzen hiervon sind wiederum Ansprüche, die ein Mitgesellschafter von einem Dritten – zB gem. § 774 BGB – erworben hat (Habersack/Schäfer/*Habersack* Rn. 12).

12 § 159 gilt unabhängig davon, zu welchem Zeitpunkt die Gesellschafterhaftung begründet wurde. Insbesondere fallen auch Verbindlichkeiten unter § 159, die nach der Auflösung entstanden sind (s. aber § 159 Abs. 3). Sonderregeln für **Dauerschuldverhältnisse** sind nicht anzuerkennen (Baumbach/Hopt/*Roth* Rn. 2 (abschließende Regelung); MüKoHGB/*K. Schmidt* Rn. 46; zur Entwicklung der Dogmatik s. MüKoHGB/*K. Schmidt* Rn. 42 ff.). Den Gesellschaftern bleibt es unbenommen, die Dauerschuldverhältnisse der Gesellschaft nach Auflösung zu kündigen bzw. das Erlöschen dieser Schuldverhältnisse

von vornherein mit der Auflösung zu verbinden. Von der Beendigung der Dauerschuldverhältnisse profitieren auch die Gesellschafter.

III. Beginn, Hemmung und Neubeginn der Verjährung (Abs. 2–4)

Die Verjährung **beginnt** grundsätzlich mit dem Ende des Tages, an dem die Auflösung der Gesellschaft in das Handelsregister des für den Sitz der Gesellschaft zuständigen Gerichts eingetragen wird (§ 159 Abs. 2). Auf die Bekanntmachung der Eintragung kommt es nicht an. Der Beginn der Verjährung ist unabhängig davon, ob die Gesellschaft in das Handelsregister eingetragen ist (MüKoHGB/*K. Schmidt* Rn. 29; aA Baumbach/Hopt/*Roth* Rn. 6). Unterbleibt die Eintragung (zB weil die Gesellschaft fälschlicherweise für eine GbR gehalten wurde), beginnt die Verjährung mit der positiven Kenntnis der Gläubiger von der Auflösung (RWH HGB/*Haas* Rn. 11; aA Baumbach/Hopt/*Roth* Rn. 6; KKRD/*Kindler* Rn. 2; MüKoHGB/*K. Schmidt* Rn. 29). Wissen die Gläubiger von der Auflösung, brauchen sie nicht vor dem Ablauf der Sonderverjährungsfrist gem. § 159 geschützt zu werden (ebenso im Hinblick auf § 160 *Wertenbruch* NZG 2008, 216 (217); zu § 160 → § 160 Rn. 4). 13

Wird der Anspruch des Gläubigers gegen die Gesellschaft erst **nach der Eintragung fällig,** so beginnt die Verjährung mit dem Zeitpunkt der Fälligkeit. Erfasst sind hiervon insbesondere die Ansprüche, die erst nach der Auflösung begründet und sodann gem. § 271 BGB fällig werden. 14

Hemmung und Neubeginn der Verjährung richten sich grundsätzlich nach den allgemeinen Regeln der §§ 203 ff. BGB. Erforderlich ist danach stets, dass die Handlungen, welche die Hemmung oder den Neubeginn auslösen (zB Verhandlungen, Maßnahmen der Rechtsverfolgung), auf den *Gesellschafter* und nicht bloß auf die *Gesellschaft* bezogen sind. Hieran anknüpfend enthält **§ 159 Abs. 4** eine Sonderregel über die Hemmung und den Neubeginn der Verjährung: Demnach wirken der Neubeginn der Verjährung und ihre Hemmung nach § 204 BGB gegenüber der aufgelösten Gesellschaft auch gegenüber den Gesellschaftern, die der Gesellschaft zum Zeitpunkt der Auflösung angehört haben. **Zweck** dieser Regelung ist es, den Gläubigern zu ersparen, verjährungshemmende und den Neubeginn begründende Handlungen auch gegenüber den Gesellschaftern vorzunehmen, um die Sonderverjährung nach § 159 zu verhindern. Hemmung und Neubeginn der Verjährung zulasten eines **Gesellschafters** wirken nicht zulasten der übrigen Gesellschafter (KKRD/*Kindler* Rn. 6). 15

§ 159 Abs. 4 **setzt voraus,** dass die Gesellschaft zum Zeitpunkt der Hemmung oder des Neubeginns der Verjährung aufgelöst, aber nicht vollbeendet war. Daneben muss die Verjährung des Gläubigeranspruchs gegen die Gesellschaft wirksam neu begonnen haben (§ 212 BGB) oder gem. § 204 BGB gehemmt worden sein. Andere verjährungshemmende Tatbestände fallen nicht unter § 159 Abs. 4 (*K. Schmidt/Schneider* BB 2003, 1961 (1969); KKRD/*Kindler* Rn. 8; MüKoHGB/*K. Schmidt* Rn. 34; aA für § 231 Abs. 1 AO BFH 21.4.1999, DStRE 2000, 45). Auch darf die Gesellschaftsschuld zum Zeitpunkt der verjährungshindernden Handlung nicht bereits verjährt gewesen sein (BGH 8.2.1982, NJW 1982, 2443; Baumbach/Hopt/*Roth* Rn. 9; Habersack/Schäfer/*Habersack* Rn. 22). 16

Wurde die Verjährung **schon vor Auflösung der Gesellschaft** gem. §§ 204 oder 212 BGB **gehindert,** sollte § 159 Abs. 4 nach seinem Normzweck ebenfalls zur Anwendung kommen, da die Gläubiger ansonsten einen Grund haben, die jeweiligen Handlungen zusätzlich gegenüber den Gesellschaftern vorzunehmen (*K. Schmidt/Schneider* BB 2003, 1961 (1969); KKRD/*Kindler* Rn. 7; MüKoHGB/*K. Schmidt* Rn. 33; vgl. zu § 159 aF RG 16.2.1938, JW 1938, 1173 f.; aA Habersack/Schäfer/*Habersack* Rn. 21). Dies ist auch ohne Weiteres mit dem Wortlaut des § 159 Abs. 4 vereinbar, der nur davon spricht, dass die Verjährung gegenüber der aufgelösten Gesellschaft gehemmt oder unterbrochen worden sein muss, sich aber nicht auf eine zeitliche Reihenfolge von Verjährungshinderung und Auflösung festlegt. 17

IV. Rechtsfolgen

Der Ablauf der Verjährungsfrist begründet eine (eigene, nicht abgeleitete) Einrede des Gesellschafters gem. § 214 BGB. Die Verjährungseinrede entfällt nach dem Rechtsgedanken der §§ 130, 173, wenn die Gesellschafter die Fortsetzung der Gesellschaft beschließen. 18

[Haftung des ausscheidenden Gesellschafters; Fristen; Haftung als Kommanditist]

160 (1) [1]**Scheidet ein Gesellschafter aus der Gesellschaft aus, so haftet er für ihre bis dahin begründeten Verbindlichkeiten, wenn sie vor Ablauf von fünf Jahren nach dem Ausscheiden fällig und daraus Ansprüche gegen ihn in einer in § 197 Abs. 1 Nr. 3 bis 5 des Bürgerlichen Gesetzbuchs bezeichneten Art festgestellt sind oder eine gerichtliche oder behördliche Vollstreckungshandlung vorgenommen oder beantragt wird; bei öffentlich-rechtlichen Verbindlichkeiten genügt der Erlass eines Verwaltungsakts.** [2]**Die Frist beginnt mit dem Ende des Tages, an dem das Ausscheiden in das Handelsregister des für den Sitz der Gesellschaft zuständigen Gerichts eingetragen wird.** [3]**Die für die Verjährung geltenden**

§§ 204, 206, 210, 211 und 212 Abs. 2 und 3 des Bürgerlichen Gesetzbuches sind entsprechend anzuwenden.

(2) **Einer Feststellung in einer in § 197 Abs. 1 Nr. 3 bis 5 des Bürgerlichen Gesetzbuchs bezeichneten Art bedarf es nicht, soweit der Gesellschafter den Anspruch schriftlich anerkannt hat.**

(3) [1] **Wird ein Gesellschafter Kommanditist, so sind für die Begrenzung seiner Haftung für die im Zeitpunkt der Eintragung der Änderung in das Handelsregister begründeten Verbindlichkeiten die Absätze 1 und 2 entsprechend anzuwenden.** [2] **Dies gilt auch, wenn er in der Gesellschaft oder einem ihr als Gesellschafter angehörenden Unternehmen geschäftsführend tätig wird.** [3] **Seine Haftung als Kommanditist bleibt unberührt.**

Übersicht

I. Allgemeines

1 § 160 **bezweckt,** die Haftung des ausgeschiedenen oder in die Stellung eines Kommanditisten zurückgetretenen Gesellschafters in zeitlicher Hinsicht zu begrenzen. Gemäß §§ 128, 130 (ggf. auch gem. §§ 171–175, 176) haften Gesellschafter für alle während ihrer Zugehörigkeit zur Gesellschaft begründeten Verbindlichkeiten. Hierunter fallen auch die erst zukünftig fällig werdenden Verpflichtungen aus Dauerschuldverhältnissen, etwa Miet- oder Pachtverträgen, Arbeitsverträgen usw (BGH 27.9.1999, BGHZ 142, 324 (329); OLG Hamm 24.7.2007, NZG 2008, 101). Freistellungsvereinbarungen unter den Gesellschaftern lassen die Außenhaftung unberührt (vgl. § 128 S. 2, § 130 Abs. 2, § 172 Abs. 3, § 173 Abs. 2). Ohne einen speziellen Enthaftungstatbestand würde den Gesellschaftern daher eine **Endloshaftung** drohen, die ihre wirtschaftliche Bewegungsfreiheit erheblich einschränken und die Attraktivität der OHG und KG als Rechtsform für den Mittelstand senken würde (vgl. Begr RegE BT-Drs. 12/1868, 7; *Seibert* DB 1994, 461; *Lieb* GmbHR 1994, 657; Habersack/Schäfer/*Habersack* Rn. 3). Dem hilft die Nachhaftungsbegrenzung des § 160 ab.

2 In dogmatischer Hinsicht statuiert § 160 eine rechtsvernichtende **Einwendung** der ausgeschiedenen oder in die Stellung eines Kommanditisten zurücktretenden Gesellschafter (OLG Hamm 30.3.2007, NZI 2007, 485 (489); *Mattheus/Schwab* ZGR 2008, 65, 101; MüKoHGB/*K. Schmidt* Rn. 1 aE; Baumbach/Hopt/*Roth* Rn. 3; Habersack/Schäfer/*Habersack* Rn. 1; für Anspruchsgrundlage hingegen wohl *Bormann* NZG 2004, 751). Das Recht der Gesellschafter, Einwendungen der Gesellschaft geltend zu machen (§ 129 Abs. 1), bleibt von § 160 unberührt. Die Gesellschafter profitieren damit insbesondere von einer früheren Verjährung der Gesellschaftsverbindlichkeit.

3 Rechtshistorisch beruht § 160 auf dem Gesetz zur zeitlichen Begrenzung der Nachhaftung von Gesellschaftern (**Nachhaftungsbegrenzungsgesetz,** NachhBG) vom 18.3.1994 (BGBl. 1994 I 560). Die Vorschrift greift die zuvor in der Rspr. zu § 159 aF entwickelte Enthaftungsregel für Dauerschuldverhältnisse auf (zu dieser Regel BGH 19.5.1983, BGHZ 87, 186; BGH 19.5.1983, NJW 1983, 2254; grundlegend *Ulmer/Wiesner* ZHR 144 (1980), 393, 411). Diese Regel kommt neben § 160 nicht mehr zur Anwendung (Habersack/Schäfer/*Habersack* Rn. 2; Baumbach/Hopt/*Roth* Rn. 1). Zu den Auswirkungen frühzeitiger Kündigungsmöglichkeiten bei Dauerschuldverhältnissen → Rn. 12.

4 **Abzugrenzen** ist § 160 von verschiedenen Vorschriften: **§ 159** regelt die Nachhaftungsbegrenzung für die Gesellschafter einer aufgelösten Gesellschaft, während sich § 160 mit dem Ausscheiden bzw. Zurücktreten in die Kommanditistenstellung beschäftigt. Scheidet ein Gesellschafter im Liquidationsstadium aus der Gesellschaft aus, so kommen §§ 159, 160 nebeneinander zur Anwendung (→ § 159 Rn. 3, → § 159 Rn. 8). **§ 26** befreit den Veräußerer eines Handelsgeschäfts von den früheren Geschäftsverbindlichkeiten. Eine § 160 Abs. 3 entsprechende Enthaftung ergibt sich aus §§ 26, 28 Abs. 3, wenn der Inhaber eines Handelsunternehmens sein Geschäft in eine KG einbringt und selbst Kommanditist

wird. Die Enthaftungstatbestände des UmwG (**§§ 45, 133 Abs. 3 UmwG, § 224 UmwG**) überschneiden sich tatbestandlich nicht mit § 160 (MüKoHGB/*K. Schmidt* Rn. 13). Liegen ihre Voraussetzungen vor, so kommen sie neben § 160 zur Anwendung.

Dem **sachlichen Anwendungsbereich** des § 160 unterfallen die Gesellschafter der OHG. Gemäß § 161 Abs. 2 gilt § 160 für die Komplementäre einer KG und § 160 Abs. 1 und 2 für die ausscheidenden Kommanditisten (*Mattheus/Schwab* ZGR 2008, 65 (100); MüKoHGB/*K. Schmidt* Rn. 21; Habersack/Schäfer/*Habersack* Rn. 4). § 160 findet ferner Anwendung auf die Partnerschaftsgesellschaft (§ 10 Abs. 2 PartGG) sowie auf die KGaA (Habersack/Schäfer/*Habersack* Rn. 4). Zur Enthaftung ausgeschiedener oder in die Stellung von Kommanditisten einrückender BGB-Gesellschafter → BGB § 736 Rn. 10f. Eine abweichende Regel für die EWIV enthält Art. 37 Abs. 1 EWIV-VO. In **zeitlicher Hinsicht** gilt § 160 für nach dem 26.3.1994 begründete Verbindlichkeiten; für davor begründete Verbindlichkeiten gilt die Vorschrift nur unter den Voraussetzungen der Art. 35, 36 EGHGB (hierzu *Reichold* NJW 1994, 1617 (1621); EBJS/*Hillmann* Anh. 160; MüKoHGB/*K. Schmidt* Rn. 8f., 45); auch die Neuregelung des § 160 durch das Schuldrechtsmodernisierungsgesetz hat hieran nichts geändert (OLG Hamm 24.7.2007, NZG 2008, 101). 5

II. Voraussetzungen der Enthaftung

§ 160 unterscheidet zwischen dem Ausscheiden des Gesellschafters (Abs. 1 und 2, → Rn. 7ff.) und dem Zurücktreten in die Stellung eines Kommanditisten (Abs. 3, → Rn. 23ff.). 6

1. Enthaftung des ausgeschiedenen Gesellschafters (Abs. 1 und 2). a) Ausscheiden des Gesellschafters. Die Enthaftung gem. § 160 Abs. 1 und 2 setzt voraus, dass der Gesellschafter aus der Gesellschaft ausscheidet. Unerheblich ist, ob das Ausscheiden auf Gesetz oder Vertrag beruht und ob die **Gesellschaft** nach dem Ausscheiden **fortbesteht, aufgelöst oder beendet** wird. Auch das Ausscheiden des vorletzten Gesellschafters einer Zwei-Personen-Gesellschaft unter Übergang des Gesellschaftsvermögens auf den letzten Gesellschafter ist daher für den ausscheidenden Gesellschafter ein Fall von § 160 (BGH 27.9.1999, BGHZ 142, 324 (331f.)), nicht dagegen für den Gesellschafter, auf den das Gesellschaftsvermögen einschließlich der Verbindlichkeiten übergeht. Beim Formwechsel iSd UmwG bleibt der Gesellschafter Anteilsinhaber, er scheidet nicht iSd § 160 aus (zu hieraus sich ergebenen Konsequenzen *Bärwaldt/Schabacker* NJW 1998, 1909). 7

Ist der Gesellschafter **durch Tod** aus der Gesellschaft ausgeschieden (§ 131 Abs. 3 S. 1 Nr. 1), so kommt die Enthaftung gem. § 160 seinen Erben zugute (*Kick,* Die Haftung des Erben eines Personenhandelsgesellschafters, 1997, 51f.; MüKoHGB/*K. Schmidt* Rn. 20; KKRD/*Kindler* Rn. 2). Scheidet der Erbe eines unbeschränkt haftenden Gesellschafters gem. § 139 Abs. 2 aus der Gesellschaft aus, so gilt § 160 für die vom Erblasser herrührende unbeschränkte Gesellschafterhaftung, während § 139 Abs. 4 den Erben von seiner Eigenhaftung als Gesellschafter befreit. Beide Vorschriften kommen also nebeneinander zur Anwendung (MüKoHGB/*K. Schmidt* Rn. 20). 8

Veräußert ein Gesellschafter seinen Anteil, so gilt § 160 analog (MüKoHGB/*K. Schmidt* Rn. 24; Habersack/Schäfer/*Habersack* Rn. 12). 9

b) Gesellschafterverbindlichkeit. Die Enthaftungsregel des § 160 erfasst nur Ansprüche gegen einen Gesellschafter aus Verbindlichkeiten der Gesellschaft, dh die **Gesellschafterhaftung gem. §§ 128, 130, 171–175, 176.** Das Recht des Gesellschafters, Einwendungen der Gesellschaft geltend zu machen (§ 129 Abs. 1), bleibt von § 160 unberührt. Abzugrenzen sind Verbindlichkeiten des Gesellschafters aus anderen Rechtsgründen, etwa Bürgschaften, Schuldübernahmen, die Eigenhaftung aus Verschulden bei den Vertragsverhandlungen etc. Ebenfalls nicht von § 160 erfasst sind die **Sozialverbindlichkeiten** des Gesellschafters, etwa auf Leistung der Einlage oder auf Schadensersatz wegen Verletzung von Treuepflichten. Eine Ausnahme gilt jedoch – ebenso wie bei § 159 (→ § 159 Rn. 10) – für die Nachschusspflicht des Gesellschafters gem. §§ 735, 739 BGB iVm § 105 Abs. 3, denn diese Verbindlichkeiten resultieren aus der Haftung des Gesellschafters für die Gesellschaftsverbindlichkeiten. 10

Die Gesellschafterhaftung setzt eine **Gesellschaftsverbindlichkeit** voraus. Unerheblich ist, auf welchem Rechtsgrund diese Verbindlichkeit beruht (aA für deliktische Verbindlichkeiten *Hardt* ZIP 1999, 1541; dagegen MüKoHGB/*K. Schmidt* Rn. 25; umfassend *Medicus* FS Lutter, 2000, 891). 11

Folgt die Gesellschaftsverbindlichkeit aus einem **Dauerschuldverhältnis,** so befreit die vor Ablauf der Frist nach Abs. 1 bestehende Kündigungsmöglichkeit (der Gesellschaft oder des Gläubigers) den ausgeschiedenen Gesellschafter nicht (BGH 29.4.2002, BGHZ 150, 373 (376); BGH 27.9.1999, BGHZ 142, 324 (330f.) = LM H. 3/2000 § 160 HGB Nr. 2 *(Koller);* BAG 19.5.2004, BAGE 110, 372 = NJW 2004, 3287; OLG Dresden 2.10.1996, NJW-RR 1997, 162 (163); LAG Düsseldorf 14.12.2000, ZIP 2001, 758 (761); *Armbrüster* DZWiR 1997, 55 (58); Baumbach/Hopt/*Roth* Rn. 1; KKRD/*Kindler* Rn. 6; MüKoHGB/*K. Schmidt* Rn. 9; Habersack/Schäfer/*Habersack* Rn. 34; aA *Altmeppen* NJW 2000, 2529 (2535); *Emde* GmbHR 1999, 1290; *Michalski/Barth* NZG 1999, 392 (393)); die früher vom BGH vertretene sog. **„Kündigungstheorie"** (BGH 19.12.1977, BGHZ 70, 132 (137); hierzu etwa *Ulmer/* 12

Timmann ZIP 1992, 1 (2 f.)) kommt neben § 160 nicht mehr zur Anwendung; § 160 ist abschließend (BGH 29.4.2002, BGHZ 150, 373 (376); BGH 27.9.1999, BGHZ 142, 324 (330 f.)).

13 **c) Beginn, Hemmung und Neubeginn der Enthaftungsfrist.** Die Fünfjahresfrist des § 160 **beginnt** grundsätzlich mit dem Ende des Tages, an dem das Ausscheiden des Gesellschafters im Handelsregister eingetragen wird. Auf die Bekanntmachung der Eintragung kommt es nicht an.

14 Unterbleibt die Eintragung, beginnt die Verjährung mit der positiven **Kenntnis der Gläubiger** vom Ausscheiden des Gesellschafters (BGH 24.9.2007, BGHZ 174, 7 (10) = NZG 2007, 941 = ZIP 2007, 2262; *Voigt* NJW 2007, 3786; *Wertenbruch* NZG 2008, 216 (217); MüKoHGB/*K. Schmidt* Rn. 27; Oetker/*Boesche* Rn. 5; RWH HGB/*Haas* Rn. 11; Baumbach/Hopt/*Roth* Rn. 5; grundlegend *Altmeppen* NJW 2000, 2529; aA OLG Hamm 30.3.2007, NZI 2007, 485 (489); *Hofmeister* NJW 2003, 96; KKRD/*Kindler* Rn. 9). Hierfür spricht vor allem die Parallele zu § 736 Abs. 2 BGB (BGH 24.9.2007, BGHZ 174, 7 (10 f.); *Teichmann/Heise* JR 2008, 425; insoweit aA *Wertenbruch* NZG 2008, 216 (217); *Häublein* Jura 2008, 617 (619 f.)). Scheidet ein BGB-Gesellschafter aus, kommt es für den Beginn der Enthaftungsfrist nach ganz hM auf die Kenntnis der Gläubiger vom Ausscheiden an (→ BGB § 736 Rn. 10). Handelt es sich bei der Gesellschaft tatsächlich um eine OHG, die aber irrtümlich nicht zur Eintragung ins Handelsregister angemeldet wurde, sollte nichts anderes gelten. Auch sind die Gläubiger des Gesellschafters nicht weiter schutzwürdig, wenn sie (zuverlässig) auf andere Weise Kenntnis vom Ausscheiden des Gesellschafters erlangt haben (BGH 24.9.2007, BGHZ 174, 7 (11 f.); *Wertenbruch* NZG 2008, 216 (217), der zusätzlich den Gedanken des Rechtsmissbrauchs anführt). Die Beweislast für die Kenntnis der Gläubiger trägt nach den allgemeinen Grundsätzen der ausgeschiedene Gesellschafter (*Voigt* NJW 2007, 3786; *Wertenbruch* NZG 2008, 216 (217)).

15 § 160 Abs. 1 S. 3 bestimmt, dass auf die Enthaftungsfrist die §§ 204, 206, 210, 211, 212 Abs. 2 und 3 BGB über die Hemmung und den Neubeginn der Verjährungsfrist entsprechend anwendbar sind. Die (Ablauf-)Hemmung richtet sich also nach §§ 204, 206, 210, 211 BGB, der Neubeginn nach § 212 Abs. 2 und 3 BGB. Sämtliche den Fristablauf hindernde Handlungen (zB Verhandlungen, Klageerhebung etc) müssen demnach gegenüber dem Gesellschafter, nicht aber gegenüber der Gesellschaft vorgenommen werden. Der Rechtsgedanke des § 159 Abs. 4 (→ § 159 Rn. 15) ist auf die Enthaftungsregel des § 160 nicht zu erstrecken. Wurden diese Handlungen **bereits vor Ausscheiden des Gesellschafters** vorgenommen, ist die Frist von Anfang an gehemmt (MüKoHGB/*K. Schmidt* Rn. 29; aA *Maier-Reimer* DB 2002, 1818 (1820 f.)).

16 **d) Keine fristwahrende Geltendmachung des Anspruchs.** Die Enthaftung tritt nur ein, wenn der Anspruch gegen den Gesellschafter nicht vor Ablauf der Enthaftungsfrist **fällig** wird und in der in § 160 Abs. 1 und 2 bezeichneten Weise **geltend gemacht oder festgestellt** worden ist.

17 Erforderlich ist demnach zunächst, dass der Anspruch vor Ablauf der Enthaftungsfrist **fällig** wird, der Gläubiger also Leistung an sich verlangen kann (vgl. § 271 Abs. 1 BGB). Die Enthaftungsfrist ist insoweit nicht durch Hemmung oder Neubeginn verlängerbar (*Maier-Reimer* DB 2002, 1818 (1819); *K. Schmidt/Schneider* BB 2003, 1961 (1964); EBJS/*Hillmann* Rn. 11; MüKoHGB/*K. Schmidt* Rn. 31). Dies ergibt sich zwar nicht aus dem Wortlaut des § 160 Abs. 1, aber aus dem Ziel des Gesetzes, ausscheidende Gesellschafter vor einer unzumutbaren Nachhaftung zu befreien (ausf. *Maier-Reimer* DB 2002, 1818 (1819 f.)). Insoweit wirkt die Fünfjahresfrist des § 160 Abs. 1 als nicht verlängerbare **zeitliche Höchstgrenze** der Haftung.

18 Weiterhin muss der Anspruch gegen den Gesellschafter in der in § 197 Abs. 1 Nr. 3–5 BGB bezeichneten Art festgestellt worden oder eine gerichtliche oder behördliche Vollstreckungshandlung vorgenommen oder beantragt worden sein; bei öffentlich-rechtlichen Verbindlichkeiten genügt der Erlass eines Verwaltungsakts. Der Feststellung iSd § 197 Abs. 1 Nr. 3–5 bedarf es nicht, soweit der Gesellschafter den Anspruch schriftlich anerkannt hat. Unerheblich ist, ob der jeweilige Tatbestand **vor oder nach dem Ausscheiden** des Gesellschafters erfüllt wurde (vgl. *K. Schmidt/Schneider* BB 2003, 1961 (1963 f.); MüKoHGB/*K. Schmidt* Rn. 34, 35 (39); KKRD/*Kindler* Rn. 12; aA *Maier-Reimer* DB 2002, 1818 (1820 f.)).

19 Die Feststellung iSd § 197 Abs. 1 Nr. 3–5 BGB kennt verschiedene Formen. Unter die **rechtskräftige Feststellung iSd § 197 Abs. 1 Nr. 3 BGB** fallen die Feststellung durch Endurteil (Leistungs- oder Feststellungsurteil), Vorbehaltsurteil (§ 302 Abs. 3 ZPO, § 599 Abs. 3 ZPO), rechtskräftigen Schiedsspruch (§ 1055 ZPO), Vollstreckungsbescheid (vgl. § 700 ZPO) und Kostenfestsetzungsbeschluss (§ 104 ZPO). Ungenügend ist das Grundurteil (§ 304 ZPO). Ebenfalls nicht ausreichend sind Entscheidungen des einstweiligen Rechtsschutzes, denn diese enthalten keine Feststellungen des Anspruchs (s. nur Jauernig/*Mansel* BGB § 197 Rn. 7). Den nach § 197 Abs. 1 Nr. 3 BGB festgestellten Ansprüchen stehen gem. **§ 197 Abs. 1 Nr. 4 und 5 BGB** gleich: Ansprüche aus vollstreckbaren Vergleichen (§ 794 Abs. 1 Nr. 1 ZPO) oder vollstreckbaren Anwaltsvergleichen (§§ 796a–796c ZPO), vollstreckbare Urkunden iSd § 794 Abs. 1 Nr. 5 ZPO, die vollstreckbare Feststellung zur Insolvenztabelle (§§ 201, 215 Abs. 2 InsO) und der schiedsgerichtliche Vergleich, wenn ein entsprechender Schiedsspruch mit vereinbartem Inhalt erlassen worden ist (§ 1053 ZPO).

Der Feststellung iSd § 197 Abs. 1 Nr. 3–5 bedarf es nicht, soweit der Gesellschafter den Anspruch **schriftlich anerkannt** hat (§ 160 Abs. 2). Bei dem Anerkenntnis handelt es sich um ein einseitiges Rechtsgeschäft (aA Habersack/Schäfer/*Habersack* Rn. 32: tatsächliche Handlung), das Teil eines Vertrags sein kann, aber nicht sein muss (vgl. MüKoHGB/*K. Schmidt* Rn. 37). Das Anerkenntnis bedarf der Schriftform iSv § 126 BGB. Erforderlich ist demnach grundsätzlich eine vom Gesellschafter eigenhändig durch Namensunterschrift oder mittels notariell beglaubigten Handzeichens unterzeichnete Urkunde (§ 126 Abs. 1 BGB), die elektronische Form iSd § 126a BGB reicht aus (§ 126 Abs. 3 BGB). Das formlose Anerkenntnis genügt nicht, wie ein Umkehrschluss aus § 160 Abs. 2 und der fehlende Verweis des § 160 Abs. 1 S. 3 auf § 212 Abs. 1 BGB zeigt. Eine Ausnahme hiervon sollte allerdings in den krassen Ausnahmefällen anerkannt werden, in denen die Rspr. gem. § 242 BGB verbietet, sich auf die Formnichtigkeit des Geschäfts zu berufen (MüKoHGB/*K. Schmidt* Rn. 40 aE, zu diesen Fällen etwa Palandt/*Ellenberger* BGB § 125 Rn. 22 ff.). 20

Die Frist wird außerdem gewahrt, wenn der Gläubiger eine **gerichtliche oder behördliche Vollstreckungshandlung** vornimmt oder beantragt. Diese Voraussetzung ist ebenso zu verstehen wie bei § 212 Abs. 1 Nr. 2 BGB. Ausreichend sind demnach grundsätzlich alle das Vollstreckungsverfahren fördernden Maßnahmen bzw. hierauf gerichtete Anträge (Palandt/*Ellenberger* BGB § 212 Rn. 10), etwa die Anordnung der Zwangsversteigerung oder die Bestimmung eines Versteigerungstermins. Hohe praktische Bedeutung hat diese Variante nicht, da der Vollstreckungshandlung zumeist ein Titel zugrunde liegt, der schon für sich genommen den Ablauf der Enthaftungsfrist hindert. 21

Bei öffentlich-rechtlichen Verbindlichkeiten (zB aus einem öffentlich-rechtlichen Erstattungsanspruch) genügt zur Wahrung der Enthaftungsfrist der **Erlass eines Verwaltungsaktes.** Voraussetzung ist nach dem Wortlaut des § 160 Abs. 1 S. 1 Hs. 2 lediglich der Erlass des Verwaltungsaktes, doch sollte man zum Schutz des ausgeschiedenen Gesellschafters fordern, dass der Verwaltungsakt ihm gegenüber *wirksam* geworden ist. Die Voraussetzungen hierfür richten sich nach den einschlägigen Vorschriften des öffentlichen Rechts, grundsätzlich ist also die Bekanntgabe gegenüber dem Betroffenen erforderlich (§ 43 Abs. 1 S. 1 VwVfG). Hierfür spricht auch die Parallele zu § 53 VwVfG, denn auch dort kommt es auf die Wirksamkeit des Verwaltungsaktes an (s. nur *Kopp/Ramsauer,* VwVfG, 20. Aufl. 2019, VwVfG § 53 Rn. 29). Ob der Verwaltungsakt erlassen werden durfte, ist für § 160 unerheblich (Habersack/Schäfer/*Habersack* Rn. 29). Ein nichtiger oder aufgehobener Verwaltungsakt hindert die Enthaftung jedoch nicht. 22

2. Enthaftung des in die Stellung eines Kommanditisten zurücktretenden Gesellschafters (Abs. 3). Wird ein Gesellschafter Kommanditist, kommt eine Enthaftung für die bis zur Eintragung der Änderung in das Handelsregister begründeten Verbindlichkeiten in Betracht (§ 160 Abs. 3 S. 1). Die Kommanditistenhaftung (§§ 171–173, 176) bleibt hiervon unberührt (§ 160 Abs. 3 S. 3). Der **Zweck** dieser Vorschrift ist grundsätzlich identisch mit dem der Enthaftung des ausscheidenden Gesellschafters (→ Rn. 1), nämlich die Förderung der wirtschaftlichen Bewegungsfreiheit und Steigerung der Attraktivität von OHG und KG als Rechtsform für den Mittelstand. 23

a) Wechsel in die Stellung eines Kommanditisten. Erforderlich für die Enthaftung nach § 160 Abs. 3 ist zunächst, dass der Gesellschafter Kommanditist wird. Unerheblich ist, ob er weiterhin geschäftsführend tätig ist (klarstellend § 160 Abs. 3 S. 2). Erfasst von § 160 Abs. 3 S. 1 sind damit die Fälle, in denen der Gesellschaftsanteil eines OHG-Gesellschafters oder Komplementärs in den eines Kommanditisten umgewandelt wird. Endet die unbeschränkte **Kommanditistenhaftung gem. § 176** durch Eintragung des Kommanditanteils im Handelsregister, sollte § 160 auf die Verbindlichkeiten, für die der Kommanditist nach § 176 unbeschränkt haftet, entsprechend angewandt werden (*Mattheus/Schwab* ZGR 2008, 65 (106); EBJS/*Hillmann* Rn. 5; MüKoHGB/*K. Schmidt* Rn. 49). Zur Anwendbarkeit des § 160 bei der **Herabsetzung der Haftsumme** eines Kommanditisten → § 175 Rn. 7. Wird ein Gesellschafter-Erbe gem. **§ 139** Kommanditist, so haftet er für die vom Erblasser herrührenden Verbindlichkeiten erbrechtlich beschränkbar und (darüber hinaus) für die Alt- und Neuverbindlichkeiten der Gesellschaft als Kommanditist (§ 139 Abs. 4; → § 139 Rn. 62 ff.). § 160 Abs. 3 kommt daneben nicht zur Anwendung (MüKoHGB/*K. Schmidt* Rn. 50). 24

b) Gesellschafterverbindlichkeit. Von der Enthaftung nach § 160 Abs. 3 erfasst ist nur die Haftung des Gesellschafters für Verbindlichkeiten der Gesellschaft nach §§ 128, 130 sowie § 176. Es gelten die Ausführungen von → Rn. 10 f. 25

c) Fristlauf. Die Enthaftung setzt den Ablauf der Fünfjahresfrist des § 160 voraus. Sie beginnt mit dem Ende des Tages, an dem der Gesellschafter als Kommanditist in das Handelsregister eingetragen wird. Hemmung und Neubeginn der Frist richten sich nach den §§ 204, 206, 210, 211, 212 Abs. 2 und 3 BGB (§ 160 Abs. 1 S. 3 iVm Abs. 3 S. 1) (→ Rn. 15). Die Eröffnung des Insolvenzverfahrens über das Vermögen der KG unterbricht Rechtsstreitigkeiten gegen Gesellschafter, die Kommanditisten geworden sind (BGH 20.11.2008, NZG 2009, 102 (103)). 26

27 **d) Keine fristwahrende Geltendmachung des Anspruchs.** Schließlich darf die fällige Verbindlichkeit nicht fristwahrend geltend gemacht worden sein (§ 160 Abs. 1 und 2 iVm Abs. 3 S. 1). Es gelten die Ausführungen der → Rn. 16 ff. entsprechend.

III. Rechtsfolgen

28 Ist die Enthaftungsfrist des § 160 abgelaufen, so erlischt der Anspruch des Gläubigers gegen den Gesellschafter. Diesem steht eine **rechtsvernichtende Einwendung** zu, die im Prozess von Amts wegen zu berücksichtigen ist. Tritt der Gesellschafter in die Kommanditistenstellung zurück, bleibt seine **Haftung gem. §§ 171–175** von § 160 unberührt (§ 160 Abs. 3 S. 3; § 176 kommt von vornherein nicht in Betracht, wenn die Voraussetzungen des § 160 Abs. 3 vorliegen).

IV. Abweichende Abreden

29 Nach zutreffender hM kann § 160 durch Abrede zwischen dem Gesellschafter und seinem Gläubiger **abbedungen** werden (*Seibert* DB 1994, 461 (462); *Siems/Maaß* WM 2000, 2328 (2333 f.); Baumbach/Hopt/*Roth* Rn. 8; EBJS/*Hillmann* Rn. 19; Heymann/*Sonnenschein/Weitemeyer* Rn. 23; MüKoHGB/*K. Schmidt* Rn. 16; Oetker/*Boesche* Rn. 17; RWH HGB/*Haas* Rn. 12; *Wertenbruch* in Westermann/Wertenbruch PersGes-HdB Rn. 943, der für eine Verlängerung der Nachhaftungsfrist die Schriftform erforderlich hält; aA *Leverenz* ZHR 160 (1996), 75 ff.; Habersack/Schäfer/*Habersack* Rn. 6 f.). Dies entspricht dem allgemeinen Grundsatz der Vertragsfreiheit. Eine Ausnahme von diesem Grundsatz hätte stärker im Wortlaut und den Gesetzgebungsmaterialien (dazu etwa *Leverenz* ZHR 160 (1996), 75 (77 ff.)) zum Ausdruck kommen müssen. Der Gesellschafter kann also mit seinen Gläubigern eine kürzere oder längere Nachhaftungsfrist vereinbaren. Die Grenzen der Vertragsfreiheit ergeben sich aus den allgemeinen Vorschriften, insbesondere § 138 BGB.

Zweiter Abschnitt. Kommanditgesellschaft

[Begriff der KG; Anwendbarkeit der OHG-Vorschriften]

161 (1) **Eine Gesellschaft, deren Zweck auf den Betrieb eines Handelsgewerbes unter gemeinschaftlicher Firma gerichtet ist, ist eine Kommanditgesellschaft, wenn bei einem oder bei einigen von den Gesellschaftern die Haftung gegenüber den Gesellschaftsgläubigern auf den Betrag einer bestimmten Vermögenseinlage beschränkt ist (Kommanditisten), während bei dem anderen Teile der Gesellschafter eine Beschränkung der Haftung nicht stattfindet (persönlich haftende Gesellschafter).**

(2) **Soweit nicht in diesem Abschnitt ein anderes vorgeschrieben ist, finden auf die Kommanditgesellschaft die für die offene Handelsgesellschaft geltenden Vorschriften Anwendung.**

Übersicht

I. Allgemeines

1 Abs. 1 der Vorschrift definiert die KG und grenzt diese zugleich von der OHG (§§ 105 ff.) ab. Aus Abs. 1 folgt, dass zwischen OHG und KG **nur ein Unterschied** besteht, nämlich der, dass bei der KG

bei mindestens einem von insgesamt mindestens zwei Gesellschaftern die Haftung gegenüber den Gläubigern der Gesellschaft begrenzt ist.

Abs. 2 der Vorschrift erklärt die §§ 162 ff. auf die KG für anwendbar und verweist, soweit sich aus diesen Vorschriften nichts anderes ergibt, auf die für die OHG geltenden Vorschriften (§§ 105 ff.). Aus Abs. 2 iVm § 105 Abs. 3 ergibt sich, dass weiter hilfsweise die Vorschriften über die BGB-Gesellschaft (§§ 705 ff. BGB) anwendbar sind. Die BGB-Gesellschaft ist damit die Grundform der Personen- und Personenhandelsgesellschaften, die OHG verfügt gegenüber der BGB-Gesellschaft über zusätzliche Merkmale (sie ist auf den Betrieb eines Handelsgewerbes unter gemeinschaftlicher Firma gerichtet) und die KG weist demgegenüber noch ein weiteres Merkmal (Beschränkung der Haftung bei mindestens einem Gesellschafter) auf. 2

II. Rechtstatsachen

Die KG ist zahlenmäßig weit verbreitet (MHdB GesR II/*Gummert* § 1 Rn. 17 ff.), allerdings nicht in ihrer dem gesetzlichen Leitbild zugrunde liegenden Struktur mit einer oder mehreren natürlichen Personen als unternehmerisch tätigen Komplementären und einer oder mehreren natürlichen Personen als lediglich kapitalmäßig beteiligten Kommanditisten, sondern überwiegend in der Gestaltungsform der GmbH & Co. KG (→ HGB Anh. Rn. 110 ff.). Ferner ist als besondere Gestaltungsform die Publikumskommanditgesellschaft zu erwähnen (→ HGB Anh. Rn. 1 ff.). Durch das Kapitalanlagegesetzbuch sind außerdem zwei neue Organisationsformen, nämlich die offene und die geschlossene Investmentkommanditgesellschaft (§§ 124 ff., 149 ff. KAGB; zu letzterer → HGB Anh. Rn. 168 ff.), eingeführt worden. 3

III. Einzelerläuterung

1. Tatbestand. a) Persönlich haftender Gesellschafter. Mindestens ein Gesellschafter muss den Gesellschaftsgläubigern unbeschränkt iSd § 128 haften (persönlich haftender Gesellschafter, Komplementär). Persönlich haftender Gesellschafter kann **jede natürliche und jede juristische Person** sein, insbesondere auch die GmbH (anerkannt seit RG 4.7.1922, RGZ 105, 104) und die Stiftung bürgerlichen Rechts (str., grds. zust. *Stengel,* Stiftung und Personengesellschaft, 1993, 71; aA *Pavel,* Eignet sich die Stiftung für den Betrieb erwerbswirtschaftlicher Unternehmen?, 1967, 60, 64; die Handelsregister akzeptieren die Stiftung & Co. KG und tragen diese ein). Auch Personenhandelsgesellschaften (OHG, KG) können die Stellung eines Komplementärs einnehmen. Gleiches gilt für die heute auch von der höchstrichterlichen Rspr. (grundlegend BGH 29.1.2001, NJW 2001, 1056) als rechtsfähig anerkannte **BGB-Außengesellschaft** (hM, zust. LG Berlin 8.4.2003, ZIP 2003, 1201 ff.; *Bergmann* ZIP 2003, 2231; *Steinbeck* DStR 2001, 1162 (1165); MüKoHGB/*K. Schmidt* § 105 Rn. 96 ff.; KKRD/*Kindler* § 105 Rn. 19). 4

Auch der nichtrechtsfähige Idealverein (so die tradierte Bezeichnung, die Rechtsfähigkeit des nichtrechtsfähigen Vereins wird jedoch heute überwiegend und zu recht anerkannt) ist nach inzwischen wohl herrschender Auffassung tauglicher Komplementär (so KKRD/*Kindler* § 105 Rn. 19; Baumbach/Hopt/*Roth* § 105 Rn. 28 f.; MHdB GesR V/*Gummert* § 10 Rn. 25 ff.; prinzipiell auch MüKoHGB/*K. Schmidt* § 105 Rn. 87), was weniger eine Frage der – bei ihm vorhandenen – Rechtsfähigkeit als der auf das Vereinsvermögen beschränkten Haftung ist. Keine Komplementärfähigkeit haben die Innengesellschaft, die eheliche Gütergemeinschaft (OLG Nürnberg 24.5.2017, DStR 2017, 1717) und die Erbengemeinschaft (BGH 11.9.2002, NJW 2002, 3389; BayObLG 22.1.2003, ZIP 2003, 480; kritisch MüKoHGB/*K. Schmidt* § 105 Rn. 104, soweit die Beteiligung der Erbengemeinschaft als Kommanditistin verneint wird). 5

Auch **ausländische Gesellschaftsformen** kommen als Komplementär in Betracht (→ § 105 Rn. 54). Grundsätzlich gilt, dass jede ausländische rechtsfähige Gesellschaft Komplementär einer deutschen KG sein kann (BayObLG 21.3.1986, NJW 1986, 3029; Baumbach/Hopt/*Roth* § 105 Rn. 10, 28). 6

b) Beschränkt haftender Gesellschafter. Ferner muss der KG zumindest ein beschränkt haftender Gesellschafter (Kommanditist) angehören. Kommanditist kann jede natürliche und juristische Person, jede Personenhandelsgesellschaft und außerdem die BGB-Außengesellschaft (heute unstr., vgl. § 162 Abs. 1 S. 2), die Stiftung bürgerlichen Rechts sowie der nicht rechtsfähige (nach heutiger Auffassung rechtsfähige, lediglich nicht eingetragene) Verein (str., zust. KKRD/*Kindler* § 105 Rn. 19; Baumbach/Hopt/*Roth* § 105 Rn. 28) sein. Innengesellschaft, eheliche Gütergemeinschaft und Erbengemeinschaft (zu letzterer s. aber die Überlegungen von MüKoHGB/*K. Schmidt* § 105 Rn. 104) können nicht Kommanditist werden. Ein persönlich haftender Gesellschafter kann nicht gleichzeitig Kommanditist sein. Umgekehrt kann ein Kommanditist nicht gleichzeitig Komplementär sein. Es gilt (bislang) grundsätzlich (zu Ausnahmen → § 105 Rn. 38 ff.) das Dogma von der Einheitlichkeit der Beteiligung an einer Personengesellschaft. Ein persönlich haftender Gesellschafter, der einen Kommanditanteil erwirbt, bleibt persönlich haftender Gesellschafter, ein Kommanditist, der den Gesellschaftsanteil eines persönlich haftenden Gesellschafters erwirbt, wird persönlich haftender Gesellschafter. 7

8 **c) Betrieb eines Handelsgewerbes, Kaufmannseigenschaft.** Der Zweck der Gesellschaft muss wie bei der OHG – vgl. § 105 Abs. 1 – auf den Betrieb eines Handelsgewerbes gerichtet sein (→ § 105 Rn. 8 ff.), dann ist sie von Gesetzes wegen KG. Anderenfalls – kein Handelsgewerbe nach § 1 Abs. 2 HGB oder lediglich vermögensverwaltende Tätigkeit – entsteht die Gesellschaft als KG mit Eintragung (§§ 161 Abs. 2, 105 Abs. 2). Die KG ist ebenso wie die OHG Handelsgesellschaft und damit **Kaufmann** iSd § 6 Abs. 1. Der Komplementär ist nicht schon wegen dieser Eigenschaft, möglicherweise aber aus anderen Gründen Kaufmann (beispielsweise ist die Komplementär-GmbH der GmbH & Co. KG Formkaufmann). Erst recht ist der Kommanditist nicht bereits aufgrund seiner Beteiligung an der KG Kaufmann.

9 **d) Haftungsbeschränkung.** Abs. 1 verlangt, dass bei einem Gesellschafter (Kommanditisten) die Haftung gegenüber den Gesellschaftsgläubigern auf den Betrag einer bestimmten „Vermögenseinlage" (der Begriff ist missverständlich, es kommt tatsächlich für die Beschränkung der Haftung des Kommanditisten darauf an, dass im Handelsregister ein bestimmter Betrag, die „Haftsumme", eingetragen ist. Die Einlage dieses Betrages ist für die Beschränkung der Haftung nicht entscheidend, sie schließt aber – wenn in Höhe der Haftsumme erfolgt – die Haftung im Außenverhältnis aus) beschränkt ist. Die Vorschrift wird nach allgM dahingehend verstanden, dass es nicht auf die Durchsetzbarkeit der Haftungsbeschränkung gegenüber Dritten ankommt, sondern darauf, dass nach dem Gesellschaftsvertrag mindestens ein Gesellschafter nur nach Maßgabe der §§ 171 ff. haftet. Die Haftung des Kommanditisten kann deshalb auch unbeschränkt sein (im Falle des § 176 oder im Falle der Übernahme einer Bürgschaft für eine Verbindlichkeit der KG), ohne dass die Gesellschaft dadurch OHG ist.

10 **e) Umwandlung der Gesellschafterstellung.** Die Stellung eines Kommanditisten kann durch entsprechende Änderung des Gesellschaftsvertrages in die eines Komplementärs und umgekehrt diejenige des Komplementärs in die eines Kommanditisten umgewandelt werden. Hierdurch ändert sich die Ausstattung des Gesellschaftsanteils, es findet jedoch kein Wechsel der Mitgliedschaft statt (BayObLG 21.5.1970, NJW 1970, 1796).

11 **2. Gesellschaftsvertrag. a) Form.** Der Gesellschaftsvertrag der KG bedarf grundsätzlich keiner Form, kann insbesondere auch stillschweigend abgeschlossen werden. Der bedingte Abschluss des Gesellschaftsvertrages ist ebenso wie der bedingte Beitritt zu einer KG zulässig, vor allem mit Rücksicht auf das Risiko unbeschränkter Haftung nach § 176 auch dringend zu empfehlen. Ausnahmsweise ist der Gesellschaftsvertrag nach § 311b Abs. 1 BGB formbedürftig, beispielsweise wenn die Gesellschafter zum Erwerb der von der Gesellschaft gehaltenen Immobilien verpflichtet werden sollen (BGH 10.4.1978, BB 1978, 726).

12 **b) Inhalt.** Der Inhalt des Gesellschaftsvertrages der KG muss den vorstehend (→ Rn. 3 ff.) erläuterten Tatbestandsmerkmalen entsprechen, da die Gesellschaft sonst nicht KG ist. Im Übrigen gelten für den Inhalt des Gesellschaftsvertrages die §§ 163–169 (s. dort) und außerdem die Ausführungen zum Gesellschaftsvertrag der OHG (→ § 105 Rn. 70 ff.) entsprechend. Besonderheiten ergeben sich bei der GmbH & Co. KG (→ HGB Anh. Rn. 110 ff.) und bei der Publikumsgesellschaft (→ HGB Anh. Rn. 4 ff.), ferner bei der offenen und der geschlossenen Investmentkommanditgesellschaft (→ HGB Anh. Rn. 168 ff.).

13 **3. Entstehung und Rechtsnatur.** Die KG wird durch Vertrag aller Gesellschafter errichtet. Sie entsteht als **Außengesellschaft** mit Eintragung in das Handelsregister (Abs. 2 iVm § 123 Abs. 1), unabhängig davon auch mit Aufnahme ihrer Geschäftstätigkeit, und zwar als KG, wenn sie ein Handelsgewerbe (§ 1 Abs. 2) betreibt (Abs. 2 iVm § 123 Abs. 2, § 105 Abs. 2), anderenfalls bis zu ihrer Eintragung zunächst als BGB-Gesellschaft.

14 Die KG ist, auch ohne die Regelung in § 124 Abs. 1 heranzuziehen, ebenso (erst recht) rechtsfähig wie ihre im Wesentlichen strukturgleiche Grundform, die BGB-Außengesellschaft.

15 **4. Gesellschafterwechsel.** Für den Gesellschafterwechsel bei der KG gelten die Grundsätze, die auch für die OHG Anwendung finden (→ § 105 Rn. 111 ff.). Die Komplementär- wie auch die Kommanditbeteiligung sind im Falle einer entsprechenden Regelung im Gesellschaftsvertrag nach Maßgabe dieser Regelung, ansonsten mit Zustimmung aller Gesellschafter, übertragbar.

15a **5. Beteiligung minderjähriger Kommanditisten.** Bei der Übertragung von Kommanditanteilen auf Minderjährige oder im Falle deren Beteiligung an der Errichtung einer KG kommt unter mehreren Gesichtspunkten das Erfordernis einer Genehmigung des Familiengerichts in Betracht. Sind an der betreffenden KG bzw. an deren Errichtung die Eltern oder ein Elternteil oder Geschwister des Minderjährigen beteiligt, bedarf es in Ansehung von § 181 BGB oder im Falle des Vertretungsverbots nach §§ 1629 Abs. 2, 1795 Abs. 1 Nr. 1 BGB der Genehmigung durch einen Ergänzungspfleger, die ihrerseits der Genehmigung des Familiengerichts bedarf. Daneben stellt sich die Frage, ob eine familiengerichtliche Genehmigung nach §§ 1822 Nr. 3, 1915 Abs. 1 BGB einzuholen ist. Jedenfalls bei ein Erwerbsgeschäft betreibenden, nicht lediglich vermögensverwaltenden Gesellschaften ist dies denkbar, wenn die Beteiligung nicht lediglich rechtlich vorteilhaft ist. Dabei ist nach in der Rspr. vertretener Auffassung der Erwerb eines Kommanditanteils der Teilnahme an der Errichtung einer KG gleichzustellen (OLG Frankfurt a. M. 27.5.2008, NZG 2008, 749). Demgegenüber soll der Eintritt eines Minderjährigen in eine ausschließlich vermögensverwaltende KG nicht der familiengerichtlichen Genehmigung nach § 1822 Nr. 3 Var. 2 BGB bedürfen (OLG Dresden 25.4.2018, NZG 2018, 1108), wobei teilweise bei solchen Gesellschaften bereits der Betrieb eines Erwerbsgeschäfts verneint wird, sodass auf die lediglich rechtliche Vorteilhaftigkeit nicht mehr abgestellt werden muss. Auch die aufschiebend bedingte, unentgeltliche Übertragung eines voll eingezahlten Kommanditanteils auf einen Minderjährigen wird von einigen Instanzgerichten als nicht lediglich rechtlich vorteilhaft betrachtet, sodass sie im Falle einer ein Erwerbsgeschäft betreibenden Gesellschaft einer familiengerichtlichen Genehmigung nach § 1822 Nr. 3 BGB bedürfe (OLG Oldenburg 17.7.2019, NZG 2019, 1059 mwN; OLG Frankfurt a. M. 27.5.2008, NZG 2008, 749; aA OLG Köln 26.3.2018, NZG 2018, 1187).

6. Auflösung und Liquidation. Für die KG gelten die Auflösungsgründe des § 131 Abs. 1, Abs. 2. 16
Die in § 131 Abs. 3 genannten Gründe führen beim persönlich haftenden Gesellschafter mangels abweichender gesellschaftsvertraglicher Bestimmungen zu dessen Ausscheiden, grundsätzlich aber nicht zur Auflösung der Gesellschaft. Das Ausscheiden des einzigen Komplementärs löst die KG jedoch ungeachtet der Bestimmung des § 131 Abs. 3 auf, da eine KG ohne Komplementär nicht denkbar ist (vgl. Abs. 1). Durch Beitritt eines neuen Komplementärs kann die KG als werbende Gesellschaft fortgeführt werden (vgl. dazu BGH 23.11.1978, NJW 1979, 1706). Für den Kommanditisten gelten mit Ausnahme des in § 131 Abs. 3 Nr. 1 genannten Auflösungsgrundes, der in § 177 eine gleichlautende Sonderregelung erfahren hat, die gleichen Bestimmungen.

Für die Liquidation der KG gelten §§ 145 ff. entsprechend. Mit Übertragung aller Gesellschaftsanteile 17
auf einen Erwerber wird die KG ohne Liquidation beendet (BAG 28.2.2019, NZG 2019, 672; KG 30.11.2018, NZG 2019, 143; OLG München 16.6.2010, NZG 2010, 1305).

7. Umwandlung. Neben der Errichtung durch Gesellschaftsvertrag kann die KG auch durch Um- 18
wandlung entstehen. Zu unterscheiden ist zwischen der Umwandlung aufgrund Rechtsgeschäfts nach den Bestimmungen des UmwG (Verschmelzung, Spaltung, Vermögensübertragung, Formwechsel; die KG ist insoweit ebenso wie die OHG „umwandlungsfähiger Rechtsträger") und der Umwandlung kraft Gesetzes. Letztere erfolgt ohne und auch gegen den Willen der Gesellschafter, beispielsweise wenn nach Ausscheiden des einzigen Kommanditisten nur Komplementäre beteiligt sind (die KG wird ipso jure zur OHG) oder der Zweck der Gesellschaft nicht länger auf den Betrieb eines Handelsgewerbes unter gemeinschaftlicher Firma gerichtet ist (die KG wird grundsätzlich zur BGB-Gesellschaft, § 5 bleibt allerdings unberührt). Scheidet der einzige Komplementär aus, ist die KG aufgelöst (BGH 23.11.1978, NJW 1979, 1705 (1706)). Setzen die Kommanditisten die handelsgewerbliche Tätigkeit jedoch fort, so wandelt sich die Gesellschaft zwingend in eine OHG, bei anderer als handelsgewerblicher Tätigkeit in eine BGB-Außengesellschaft um (BGH 23.11.1978, NJW 1979, 1705 (1706); auch hier bleibt § 5 unberührt).

8. Erscheinungsformen der KG. Es wird allgemein angenommen, dass den Bestimmungen über 19
die KG ein Leitbild zugrunde liegt, nach welchem der typischen KG wenige unternehmerisch tätige, natürliche Personen als Komplementäre und daneben eine mehr oder minder große Anzahl von an der Geschäftsführung der Gesellschaft nicht beteiligten Kommanditisten angehören (MHdB GesR II/*Gummert* § 1 Rn. 1 ff.). Die Praxis hat sich von diesem Leitbild weit entfernt. Dies gilt etwa für die rein zahlenmäßig dominierende **GmbH & Co. KG** (→ HGB Anh. Rn. 110 ff.). Im Regelfall beherrschen bei diesem Gesellschaftstyp die Kommanditisten die Gesellschafterversammlung und bestimmen über die gleichzeitige Beteiligung an der alleinigen Komplementär-GmbH außerdem über die Geschäftsführung. Der persönlich haftende Gesellschafter ist – soweit gesetzlich zulässig – vom Stimmrecht und von der Beteiligung am Ergebnis ausgeschlossen. Ferner sind die Publikums-KG (→ HGB Anh. Rn. 1 ff.), für die in verschiedener Hinsicht ein Sonderrecht gilt, und die durch das Kapitalanlagesetzbuch eingeführten beiden Organisationsformen, die offene und die geschlossene Investmentkommanditgesellschaft (zu letzterer → HGB Anh. Rn. 168 ff.), zu nennen. Für die Investmentkommanditgesellschaft enthält das Kapitalanlagegesetzbuch eine Reihe von Vorschriften, die von §§ 161 ff. HGB abweichen.

[Anmeldung zum Handelsregister]

162 (1) [1]**Die Anmeldung der Gesellschaft hat außer den in § 106 Abs. 2 vorgesehenen Angaben die Bezeichnung der Kommanditisten und den Betrag der Einlage eines jeden von ihnen zu enthalten.** [2]**Ist eine Gesellschaft bürgerlichen Rechts Kommanditist, so sind auch deren Gesellschafter entsprechend § 106 Abs. 2 und spätere Änderungen in der Zusammensetzung der Gesellschafter zur Eintragung anzumelden.**

(2) **Bei der Bekanntmachung der Eintragung der Gesellschaft sind keine Angaben zu den Kommanditisten zu machen; die Vorschriften des § 15 sind insoweit nicht anzuwenden.**

(3) **Diese Vorschriften finden im Falle des Eintritts eines Kommanditisten in eine bestehende Handelsgesellschaft und im Falle des Ausscheidens eines Kommanditisten aus einer Kommanditgesellschaft entsprechende Anwendung.**

Übersicht

I. Allgemeines

1 Kraft der Verweisung in § 161 Abs. 2 gelten für die KG die handelsregisterrechtlichen Vorschriften der OHG (§§ 106–108, § 125 Abs. 4, §§ 142, 144, 148, 157 Abs. 1 sowie die Bestimmungen der HRV), daneben die Vorschrift selbst, § 175 und schließlich die besonderen Bestimmungen in der HRV (→ Rn. 23 bis → Rn. 42). Die Regelungen in § 162 tragen den Besonderheiten der KG Rechnung. Abs. 1 S. 2 berücksichtigt die neuere Rspr. des BGH, der zufolge die BGB-Außengesellschaft rechtsfähig ist und (jedenfalls) die Rolle einer Kommanditistin einnehmen kann.

2 Die Eintragung der Rechtsverhältnisse der KG in das Handelsregister dient der **Sicherheit des Rechtsverkehrs.** Neben den nach den gesetzlichen Bestimmungen eintragungspflichtigen Tatsachen können daher auch andere Tatsachen eingetragen werden, wenn ihre Eintragung hierzu beitragen kann (eintragungsfähige Tatsachen).

II. Einzelerläuterung

3 **1. Anmeldung. a) Bezeichnung der Kommanditisten, Einlage.** Zusätzlich zu den Angaben gem. § 106 Abs. 2 (diese Vorschrift betrifft den oder die persönlich haftenden Gesellschafter; → § 106 Rn. 1 ff.) ist die Bezeichnung (der Name, die Firma) der Kommanditisten und der Betrag der von ihnen übernommenen „Einlage" anzumelden. Der Begriff der Einlage ist mehrdeutig und wird in Abs. 1 missverständlich verwendet. Nach allgM bezeichnet Abs. 1 S. 1 die sog. **Haftsumme** (auch Hafteinlage genannt, obwohl der Kommanditist nicht iHe Einlage, sondern iHe konkreten, in das Handelsregister eingetragenen Betrages, eben der Haftsumme, haftet), die der im Innenverhältnis zur Gesellschaft geschuldeten **Pflichteinlage** des Kommanditisten entsprechen, aber auch höher oder niedriger als die Pflichteinlage sein kann. Der Begriff der Einlage iSd Abs. 1 S. 1 ist also gleichbedeutend mit demjenigen der Einlage iSd § 171 Abs. 1 (OLG Celle 24.3.1975, OLGZ 1975, 385; EBJS/*Weipert* Rn. 10). Auch dort ist mit „Einlage" die Haftsumme gemeint. Weder eintragungspflichtig noch eintragungsfähig ist die Art und Höhe der Pflichteinlage, ebenso wenig kann die tatsächlich erbrachte Einlageleistung eingetragen werden (BGH 29.6.1981, BGHZ 81, 83 (87) = NJW 1981, 2747). Eintragungsfähig ist dagegen beispielsweise die Befugnis zur Ausübung von Kommanditistenrechten durch den Testamentsvollstrecker (BGH 14.2.2012, NZG 2012, 385; MüKoHGB/*K. Schmidt* § 177 Rn. 37, der darüber hinaus von einer Eintragungspflicht der Verwaltungstestamentsvollstreckung analog § 107 ausgeht; EBJS/*Weipert* Rn. 1; EBJS/*Strohn* § 177 Rn. 22; str., aA OLG München 24.4.1995, NJW-RR 1996, 228). Dagegen kann nach überwiegender Auffassung die Bestellung eines Nießbrauchs an einem Kommanditanteil nicht in das Handelsregister eingetragen werden (OLG Köln 7.10.2019, NZG 2020, 64 mwN; aA OLG Stuttgart NZG 2013, 432 (433)). Zur Anmeldung und zum Nachweis der Rechtsnachfolge von Todes wegen gegenüber dem Handelsregister s. OLG Bremen 15.4.2014, ZIP 2014, 1484.

4 **b) Anmeldepflicht.** Aus § 162 Abs. 1, § 161 Abs. 2 folgt, dass **sämtliche Gesellschafter,** nicht etwa nur die Komplementäre, anmeldepflichtig sind (BayObLG 3.3.1988, WM 1988, 710). Die Gesellschafter können sich bei der Anmeldung vertreten lassen (s. dazu und zur erforderlichen Form der Vollmacht → § 108 Rn. 11 f.). Ist eine BGB-Gesellschaft Gesellschafterin (→ Rn. 5), sind ausschließlich deren geschäftsführende Gesellschafter anmeldepflichtig (aA EBJS/*Weipert* Rn. 11: alle BGB-Gesell-

schafter), dies sind nur im gesetzlichen Regelfall (§§ 709, 714 BGB) alle Gesellschafter. Eine Verpflichtung zur Mitwirkung an der Anmeldung besteht auch im Verhältnis der Gesellschafter untereinander, dies gilt insbesondere gegenüber den Kommanditisten, deren Eintragung grundsätzliche Voraussetzung der beschränkten Kommanditistenhaftung ist.

c) BGB-Gesellschaft und nichtrechtsfähiger Verein als Kommanditisten. Die BGB-Gesellschaft ist in ihrer Erscheinungsform als Außengesellschaft rechtsfähig (BGH 29.1.2001, NJW 2001, 1056). Sie ist deshalb mitgliedsfähig und kann nach heute allgA Kommanditistin einer KG sein (BGH 16.7.2001, BGHZ 148, 291). Der Gesetzgeber hat dem durch die Regelung in Abs. 1 S. 2 Rechnung getragen, allerdings – nicht zuletzt wegen fehlender Registerpublizität der BGB-Außengesellschaft – angeordnet, dass nicht nur die BGB-Gesellschaft als solche, sondern auch deren Gesellschafter entsprechend § 106 Abs. 2 und sodann Änderungen in der Zusammensetzung der Gesellschafter (es besteht Einigkeit darüber, dass unter „Zusammensetzung der Gesellschafter" iSd Vorschrift die Zusammensetzung der Gesellschaft, noch richtiger: die Zusammensetzung des Gesellschafterkreises, zu verstehen ist) einzutragen sind. Es dürfte selbstverständlich sein, dass nur die **BGB-Außengesellschaft,** nicht die BGB-Innengesellschaft, Kommanditistin sein kann, denn die Innengesellschaft ist als solche nicht möglicher Träger von Rechten und Pflichten. 5

Schon wegen des Verweises in § 54 S. 1 BGB auf die Vorschriften über die (BGB-)Gesellschaft und unter Berücksichtigung von deren Rechtsfähigkeit kommt nach heute überwiegender, allerdings umstrittener Auffassung in Betracht, dass der **nichtrechtsfähige Idealverein** an einer KG jedenfalls als Kommanditist beteiligt sein kann (Baumbach/Hopt/*Roth* § 105 Rn 28; KKRD/*Kindler* § 105 Rn. 19). Folgt man dieser Betrachtung mit der auch hier vertretenen Auffassung, gilt Abs. 1 S. 2 auch für den nichtrechtsfähigen Idealverein. 6

2. Eingeschränkte Bekanntmachung. Während für die Anmeldung hinsichtlich der Angaben zu den Kommanditisten § 106 Abs. 2 Nr. 1 iVm Abs. 1 S. 1 (zusätzlich ist die Eintragung der Einlage bzw. Haftsumme erforderlich) gilt, enthält Abs. 2 für die Bekanntmachung der Eintragung die Einschränkung, dass Angaben zu den Kommanditisten nicht zu machen sind. Umstritten ist, wie Abs. 2 Hs. 2, wonach die Vorschriften des § 15 insoweit, also dem Wortlaut der Bestimmung zufolge nur hinsichtlich der Bekanntmachung von Angaben zu den Kommanditisten, die aber eben gar nicht bekannt gemacht werden sollen, zu verstehen ist. Nach einer Auffassung gilt § 15, insbesondere dessen Abs. 1 und Abs. 3, in Bezug auf fehlerhafte Angaben zu den Kommanditisten – sei es in der Eintragung selbst oder in einer entgegen Abs. 2 erfolgten Bekanntmachung – gar nicht mehr (vgl. MüKoHGB/*K. Schmidt* §§ 171, 172 Rn. 26, 30, § 173 Rn. 26, 36; *K. Schmidt* ZIP 2002, 413 und DB 2011, 1149). Nach aA ergibt sich aus der Entstehungsgeschichte der Norm, dass § 15 lediglich für Bekanntmachungsfehler gilt, die es allerdings gar nicht geben dürfte, weil eine Bekanntmachung eben nicht erfolgt (MüKoHGB/*Grunewald* Rn. 13; *Burgard* FS Hadding, 2004, 325 (337 ff.); s. ferner *Paefgen* ZIP 2008, 1653). Nach dieser zweiten Auffassung ist § 15 bei Eintragungsfehlern also weiterhin anwendbar. Die Rspr. ist bislang unentschieden (vgl. BGH 19.9.2005, NJW-RR 2006, 107 (108) = ZIP 2005, 2257 (2258) zur Behandlung der Sonderrechtsnachfolge in einen Kommanditanteil als Aus- und Eintritt bei fehlendem Rechtsnachfolgevermerk mit der Konsequenz der Haftung von Neu- **und** Altkommanditist iHd jeweils für sie eingetragenen Haftsumme). Nicht zuletzt deshalb, weil auch nach der die Anwendung von § 15 insgesamt verneinenden Auffassung jedenfalls die Regeln über den (veranlassten) Rechtsschein anwendbar bleiben (MüKoHGB/*K. Schmidt* § 173 Rn. 36), sollte die Praxis § 15 in Bezug auf Eintragungsfehler trotz Abs. 2 Hs. 2 der Vorschrift berücksichtigen. 7

3. Eintritt und Austritt von Kommanditisten, sonstige Änderungen in den Verhältnissen der Gesellschaft. a) Möglicher Gegenstand der Anmeldung und Eintragung. aa) Eintritt und Austritt von Kommanditisten. Abs. 3 stellt klar, dass auch der Eintritt und Austritt von Kommanditisten anzumelden und einzutragen, nicht aber bekannt zu machen sind. Endet eine KG durch Übertragung sämtlicher Gesellschaftsanteile auf einen Dritten und geht ihr Vermögen damit auf den Dritten im Wege der Gesamtrechtsnachfolge über, so ist das Ausscheiden aller Gesellschafter und der Übergang des Gesellschaftsvermögens auf den Dritten anzumelden und einzutragen (KG 29.1.2018, DB 2019, 1016). 8

bb) Rechtsgeschäftliche Übertragung des Kommanditanteils. Eine Änderung in den Verhältnissen der Gesellschafter kann sich allerdings nicht nur durch Eintritt und Austritt, sondern auch durch **rechtsgeschäftliche Übertragung** eines Kommanditanteils an einen anderen Kommanditisten oder an einen Dritten ergeben. Einigkeit besteht zunächst dahingehend, dass auch eine solche Änderung von Abs. 3 erfasst wird. Der Umstand, dass eine rechtsgeschäftliche Übertragung eines Kommanditanteils stattfindet, ist aus haftungsrechtlichen Gründen, aber auch deshalb, weil sonst etwas Falsches (nämlich Ein- und Austritt) angemeldet würde, deutlich zu machen, und zwar durch den Hinweis, dass die Übertragung im Wege der (Einzel- oder Sonder-)Rechtsnachfolge stattgefunden hat (BGH 19.9.2005, WM 2006, 36 (37); ebenso zur Neufassung des Abs. 2 OLG Köln 4.2.2004, ZIP 2004, 505). Die Eintragungsfähigkeit des Nachfolgezusatzes ist anerkannt (seit RG 30.9.1944, DNotZ 1944, 195 = WM 9

1964, 1130). In der Anmeldung sollen der Komplementär sowie der ausscheidende Kommanditist zudem eine Versicherung abgeben müssen, der zufolge an letzteren keinerlei Abfindung von der Gesellschaft gezahlt worden ist. Eine solche Versicherung ist zwar weder gesetzlich vorgesehen noch eintragungsfähig. Sie schützt insbesondere auch weder den ausgeschiedenen Kommanditisten noch seinen Rechtsnachfolger vor einer Inanspruchnahme durch Gläubiger der Gesellschaft, wenn die für eine solche Inanspruchnahme erforderlichen Voraussetzungen vorliegen und ist damit in jeder Hinsicht überflüssig. Gleichwohl hält die Rspr. (BGH 19.9.2005, WM 2006, 36 gegen KG 8.6.2004, ZIP 2004, 1847; die Notwendigkeit der Abgabe der genannten Versicherung ablehnend auch MüKoHGB/*Grunewald* Rn. 16) an diesem Erfordernis fest, sodass die Praxis, wenn sie die Eintragung der Rechtsnachfolge erreichen will (was aus haftungsrechtlichen Gründen von Bedeutung ist), dies zu beachten hat. Die Versicherung haben der Komplementär und der Kommanditist persönlich abzugeben (KG 28.4.2009, ZIP 2009, 1571).

9a **cc) Übertragung des Kommanditanteils im Wege der Spaltung.** Auch im Wege der Spaltung eines Kommanditisten nach den Vorschriften des UmwG kann – ohne Mitwirkung der übrigen Gesellschafter und ohne dass diese widersprechen könnten – ein Kommanditanteil auf einen anderen übertragen werden. Ein solcher Kommanditistenwechsel ist zum Handelsregister anzumelden und dort einzutragen. Weil sich der Kommanditistenwechsel unabhängig vom Willen der Mitgesellschafter vollzieht und über den Umweg des Handelsregisterrechts keine Mitwirkungs- und ggf. Blockadebefugnisse geschaffen werden sollen, wird im Schrifttum diskutiert, ob durch teleologische Reduktion des § 161 Abs. 2 iVm § 108 S. 1 die erforderliche Anmeldung alleine durch den an der Spaltung als übertragender Rechtsträger beteiligten ausscheidenden Kommanditisten bewirkt werden kann (vgl. *Rawert/Endres* ZIP 2016, 1609 mwN). Die Verfahrensökonomie spricht sicher dafür. Mit gleicher Berechtigung könnte dann allerdings ein seinen Kommanditanteil an einen Dritten veräußernder Kommanditist – sofern die materiellen und formellen Voraussetzungen der Veräußerung vorliegen und diese insbesondere aufgrund gesellschaftsvertraglicher Regelung oder zustimmenden Gesellschafterbeschlusses zulässig ist – eine solche Vereinfachung für sich reklamieren.

10 **dd) Übergang des Kommanditanteils durch Nachfolge von Todes wegen.** Geht ein Kommanditanteil durch Nachfolge von Todes wegen auf einen oder mehrere Nachfolger über, ist nicht nur das Ausscheiden des verstorbenen Kommanditisten, sondern auch der Eintritt des oder der Rechtsnachfolger(s) sowie der Umstand, dass der Kommanditanteil im Wege der Rechtsnachfolge übergegangen ist, durch alle Gesellschafter anzumelden und einzutragen („Eintritt als Erbe"). Hierdurch soll transparent gemacht werden, dass nicht mehr Gesellschafter als vorher haften (Baumbach/Hopt/*Roth* Rn. 9), genauer, da ein Kommanditanteil auch auf mehrere Erben und dann nur im Wege der Einzelrechtsnachfolge übergehen kann, dass den Gläubigern der Gesellschaft insgesamt nicht mehr Haftsumme als zuvor zur Verfügung steht. Ist der vererbte Kommanditanteil von den Miterben aufgrund einer Teilungsanordnung auf einen von ihnen zu übertragen, sind zunächst auch die Miterben in das Handelsregister einzutragen (KG 16.7.2018, NZG 2018, 1150). Ist über den Nachlass eines Kommanditisten Dauertestamentsvollstreckung angeordnet, so ist ein Testamentsvollstreckervermerk in das Handelsregister einzutragen (BGH 14.2.2012, WM 2012, 658). Die Handelsregisteranmeldung betreffend den Eintritt des Erben als Kommanditist kraft Gesamtrechtsnachfolge nimmt der Erbe persönlich vor, sie kann nicht aufgrund post- oder transmortaler Vollmacht des Erblassers für den Erben vorgenommen werden (OLG München 20.6.2017, ZIP 2018, 636).

11 Einen Sonderfall stellt die Änderung der Gesellschafterstellung eines Komplementärs in die eines Kommanditisten und umgekehrt der Gesellschafterstellung eines Kommanditisten in die eines Komplementärs dar. Abs. 3 ist nicht unmittelbar anwendbar, da weder ein Ein- und Austritt noch eine Übertragung der Mitgliedschaft vorliegt. Gleichwohl besteht Einigkeit darüber, dass der Wechsel in eine andere Gesellschafterstellung anmelde- und eintragungspflichtig ist (vgl. BayObLG 3.3.1988, WM 1988, 710; BayObLG 21.5.1970, NJW 1970, 1796; OLG Düsseldorf 26.5.1976, BB 1976, 1759). In der zuerst genannten Variante ist insbesondere eine Haftsumme für den „neuen" Kommanditisten einzutragen, in der zweiten Variante ist die für den die Ausstattung seiner Mitgliedschaft ändernden Gesellschafter eingetragene Haftsumme zu streichen, weil er fortan unbeschränkt haftet. Bekannt zu machen ist in Ansehung von Abs. 2 der Vorschrift allerdings nur die Umwandlung der Beteiligung eines Kommanditisten in diejenige eines Komplementärs, und zwar als dessen Eintritt, und im umgekehrten Falle der Austritt des Komplementärs.

11a Nicht anmelde- und eintragungspflichtig, aber anmelde- und eintragungsfähig ist nach umstrittener Auffassung auch die Begründung eines Nießbrauchs an einem Kommanditanteil, weil der Nießbraucher zwar nicht unbedingt im Außenverhältnis gegenüber den Gläubigern der Gesellschaft für deren Verbindlichkeiten haftet, aber Verwaltungsrechte betreffend den Kommanditanteil innehat, jedenfalls innehaben kann, wenn das Innenverhältnis zwischen Kommanditist und Nießbraucher entsprechend ausgestaltet ist (OLG Stuttgart 28.1.2013, WM 2013, 1805; ebenso OLG Oldenburg 9.3.2015, NZG 2015, 643; aA OLG München 8.8.2016, WM 2017, 1062; eingehend EBJS/*Wertenbruch* § 105 Rn. 299 f.).

b) Anmeldepflicht. Zur Anmeldung eintragungspflichtiger Umstände sind alle durch den Gesellschafterwechsel Betroffenen verpflichtet, das sind alle, die zum Zeitpunkt der Anmeldung schon bzw. noch Gesellschafter sind, aber auch diejenigen, die aufgrund des angemeldeten Sachverhalts noch eintreten sollen (beispielsweise aufschiebend bedingt durch die Eintragung beitretende Gesellschafter) oder dieserhalb ausscheiden werden. Im Falle des Todes eines Gesellschafters sind grundsätzlich (Ausnahme § 143 Abs. 3) alle Erben, auch die nicht Eintretenden, anmeldepflichtig (BayObLG 12.10.1978, DNotZ 1979, 109). 12

4. Rechtsformwechsel. Der Eintritt oder das Ausscheiden eines Gesellschafters, gleich auf welche Weise, kann dazu führen, dass die Gesellschaft ihre Rechtsform ändert. Mit Eintritt des ersten Kommanditisten wird die OHG zur KG, mit Ausscheiden des letzten Kommanditisten wird die Gesellschaft OHG, oder, sofern nur ein Komplementär vorhanden war, mit der Folge der **Anwachsung** des Gesellschaftsvermögens bei diesem beendet. In diesem Falle ist auch der Rechtsformwechsel als solcher – ggf. unter gleichzeitiger Korrektur des unrichtig gewordenen Rechtsformzusatzes – bzw. das Erlöschen der Gesellschaft durch Gesamtrechtsnachfolge anzumelden, einzutragen und bekannt zu machen. Entsprechendes – Eintragungspflicht – gilt für den Fall, dass die Gesellschaft aufgelöst ist, weil der letzte Komplementär ausgeschieden ist. 13

5. Auflösung und Liquidation. Für Auflösung und die Beendigung der Liquidation, jeweils anmeldepflichtig, gelten § 161 Abs. 2, §§ 143, 145; die Kommanditisten müssen mitwirken. 14

[Rechtsverhältnis der Gesellschafter untereinander]

163 **Für das Verhältnis der Gesellschafter untereinander gelten in Ermangelung abweichender Bestimmungen des Gesellschaftsvertrags die besonderen Vorschriften der §§ 164 bis 169.**

Übersicht

I. Allgemeines

Die inhaltlich § 109 gleichende Vorschrift ergänzt die Regelung in § 161 Abs. 2, der zufolge auf die KG, soweit im zweiten Abschnitt nicht ein anderes vorgeschrieben ist, die für die OHG geltenden Vorschriften und – wegen der Verweisung in § 105 Abs. 3 – weiter ergänzend die Vorschriften über die BGB-Gesellschaft (§§ 705 ff. BGB) Anwendung finden. Für das Verhältnis der Gesellschafter untereinander sowie für dasjenige zur Gesellschaft, also für das Innenverhältnis, gelten danach §§ 164–169, sofern der Gesellschaftsvertrag keine abweichenden Bestimmungen enthält. Damit ergibt sich für das Innenverhältnis der Gesellschafter die Rangfolge Gesellschaftsvertrag, sodann §§ 164–169, anschließend §§ 109–122 iVm § 161 Abs. 2, wiederum mit der Maßgabe, dass der Gesellschaftsvertrag nicht etwas anderes bestimmt (vgl. § 109), und schließlich §§ 705 ff. BGB, auch wieder nur, soweit der Gesellschaftsvertrag nicht entgegensteht. 1

Dagegen ist den Gesellschaftern für das Außenverhältnis, das ist das Verhältnis der Gesellschafter sowie dasjenige der Gesellschaft zu Dritten, prinzipiell keine Gestaltungsfreiheit eingeräumt. Eine Ausnahme von diesem Grundsatz ist beispielsweise die Möglichkeit, mit Gläubigern der Gesellschaft den Ausschluss der persönlichen Haftung der Gesellschafter oder eine über § 171 hinausgehende Haftungsbeschränkung zu vereinbaren. 2

II. Einzelerläuterung

1. Schranken der Vertragsfreiheit. §§ 163, 161 Abs. 2, § 109 überlassen die Regelung des Innenverhältnisses weitgehend den Gesellschaftern. Die den Gesellschaftern eingeräumte Dispositivität ist 3 allerdings nicht schrankenlos. Solche Schranken bilden zum einen §§ 134, 138 BGB, zum anderen die Instrumente des Minderheitenschutzes und schließlich die sog. **Kernbereichslehre,** der zufolge in den Kernbereich der Rechte eines Gesellschafters überhaupt nicht (unverzichtbare Gesellschafterrechte) oder nicht ohne deren Zustimmung (verzichtbare Gesellschafterrechte) eingegriffen werden kann (→ § 109 Rn. 18 und → BGB § 705 Rn. 53 ff.). Die Zulässigkeit von Mehrheitsbeschlüssen wird nach dem heutigen Stand der BGH-Rspr. (vgl. BGH 21.10.2014, WM 2014, 2168 Rn. 9 ff.) nicht mehr durch den **Bestimmtheitsgrundsatz,** aber selbstverständlich weiterhin – allerdings nicht auf der ersten Stufe (formelle Legitimation), sondern auf der zweiten Stufe (Beschluss muss materiell berechtig sein) oder im Falle von Zustimmungserfordernissen auf einer dritten Stufe – durch die gerade erwähnte Kernbereichslehre – nicht jeder im Gesellschaftsvertrag vorgesehene Beschlussgegenstand ist zulässigerweise Gegenstand eines Mehrheitsbeschlusses oder er ist es zwar, bedarf aber einer Zustimmung der betroffenen Gesellschafter – begrenzt (→ § 119 Rn. 36 ff. und → BGB § 705 Rn. 53 ff.). Weitere Instrumente des Minderheitenschutzes sind die Treuepflicht, der alle Gesellschafter unterliegen (→ BGB § 705 Rn. 41 ff.) und der Gleichbehandlungsgrundsatz (→ § 109 Rn. 21 ff.). Abfindungsklauseln (→ BGB § 705 Rn. 31) und Ausschließungsrechte (→ § 109 Rn. 7) unterliegen ebenfalls Restriktionen. Insgesamt gelten für die KG die auch für die BGB-Gesellschaft und die OHG entwickelten Grundsätze.

4 Hinzu treten bei der KG zum Schutze des von der Geschäftsführung und zwingend von der Vertretung ausgeschlossenen Kommanditisten im Kern unentziehbare Kontroll- und Informationsrechte (→ § 166 Rn. 1 ff.); bezogen auf diese Rechte ist der in § 163 enthaltene Grundsatz, wonach lediglich mangels abweichender Bestimmungen im Gesellschaftsvertrag §§ 164–169 und damit § 166 gelten, nur eingeschränkt gültig.

5 Bei der Publikums-KG wird wegen des dort erhöhten Schutzbedürfnisses das Prinzip des § 163, den Gesellschaften die Regelung des Innenverhältnisses nach Belieben zu überlassen, noch weiter als bei der gewöhnlichen KG eingeschränkt (→ HGB Anh. Rn. 7 ff.).

6 **2. Einzelne gesellschaftsvertragliche Regelungsgegenstände und ihre Schranken. a) Stimmrecht. aa) Mehrheitsbeschlüsse.** Nach den gesetzlichen Bestimmungen können bei der KG – ebenso wie bei OHG und BGB-Gesellschaft – Gesellschafterbeschlüsse grundsätzlich nur einstimmig gefasst werden (§ 161 Abs. 2, § 119 Abs. 1, ebenso § 709 BGB). Im Gesellschaftsvertrag kann allerdings etwas Abweichendes bestimmt werden. Der Gesellschaftsvertrag kann Mehrheitsbeschlüsse erlauben, dies folgt bereits aus § 161 Abs. 2 iVm § 119 Abs. 1. Grenzen ergeben sich aus der Kernbereichslehre (→ § 119 Rn. 43 ff. und → BGB § 705 Rn. 58 f.)und der Treuepflicht (→ BGB § 705 Rn. 41 ff.). Sie folgten ferner aus dem von der Rspr. des BGH nunmehr vollständig aufgegebenen und durch ein zweistufiges Prüfungsverfahren ersetzten Bestimmtheitsgrundsatz (vgl. BGH 21.10.2014, WM 2014, 2168; → § 119 Rn. 45 ff.). Das Quorum für die Aufhebung erhöhter qualifizierter Mehrheitsklauseln muss nicht notwendigerweise demjenigen der erhöhten qualifizierten Mehrheitsklausel entsprechen, wenn dies nicht ausdrücklich festgelegt ist (BGH 16.10.2012, ZIP 2013, 65 zur Publikumsgesellschaft). Problematisch ist die Auffassung des OLG München (OLG München 12.10.2016, ZIP 2017, 679 zur Publikumsgesellschaft), wonach eine Änderung der Zahlungsmodalitäten der Pflichteinlage, hier der Fälligkeitsregelung, ohne Zustimmung des betroffenen Kommanditisten beschlossen werden könne.

6a Beschlüsse der Gesellschafter solcher Kommanditgesellschaften, die ein Unternehmen der Realwirtschaft betreiben und über die Aufnahme des Wirtschaftsstabilisierungsfonds als Kommanditist entscheiden, können mit einfacher Mehrheit der am Beschluss teilnehmenden Gesellschafter gefasst werden, § 9b Wirtschaftsstabilisierungsbeschleunigungsgesetz (WStBG, BGBl. 2020 I 1633).

7 **bb) Stimmrechtsausschluss.** Für die KG gelten im Ansatz die gleichen Grundsätze zum (gesellschaftsvertraglichen) Ausschluss des Stimmrechts wie bei der OHG. Bei letzterer und ebenso bezogen auf den persönlich haftenden Gesellschafter der KG kann die Zulässigkeit des Stimmrechtsausschlusses aufgrund der unbeschränkten Haftung tendenziell auf größere Bedenken stoßen als bei den nur nach Maßgabe der §§ 171 ff. haftenden Kommanditisten. Das Stimmrecht des Kommanditisten kann grundsätzlich insgesamt ausgeschlossen werden (BGH 14.5.1956, BGHZ 20, 363); dies gilt in Grenzen auch in Bezug auf die Beschlussfassung über außergewöhnliche Handlungen, Grundlagengeschäfte und Änderungen des Gesellschaftsvertrages (Baumbach/Hopt/*Roth* Rn. 5 f.). Allerdings wird ein genereller Ausschluss des Stimmrechts für Änderungen des Gesellschaftsvertrages als unwirksam angesehen, weil hierdurch auch Beschlüsse erfasst würden, die in die Rechtsstellung des vom Stimmrecht ausgeschlossenen Kommanditisten als solche eingreifen (Höhe der Haftsumme, Beteiligung am Ergebnis, Abfindungsanspruch, Nachschusspflicht). Demzufolge ist der Ausschluss des Stimmrechts auf bestimmte Beschlussgegenstände zu beschränken oder es sind umgekehrt Beschlussgegenstände zu bezeichnen, für die der Stimmrechtsausschluss nicht gilt.

8 **cc) Disproportionales Stimmrecht.** Zulässig ist es, abweichend von dem sich aus § 161 Abs. 2 iVm § 119 Abs. 2 ergebenden Grundsatz, nach welchem jedem Gesellschafter das gleiche Stimmrecht bzw. eine Stimme zusteht, die Zahl der einem Kommanditisten zustehenden Stimmen von der Höhe der Hafteinlage, der Höhe der Pflichteinlage oder sonstigen Umständen abhängig zu machen. Ebenso

können – anders als bei der AG – Mehrstimmrechte geschaffen werden, auch für die nicht am Kapital beteiligte Komplementärin (OLG Karlsruhe 29.7.2014, ZIP 2014, 1929).

dd) Stimmbindungsverträge. Stimmbindungsverträge sind in gleichem Maße zulässig wie bei der OHG (BGH 27.10.1986, NJW 1987, 1890 (1892); → § 119 Rn. 21 ff.). Dies gilt sowohl für Verträge der Gesellschafter untereinander als auch für solche mit gesellschaftsfremden Dritten, die insbesondere im Zusammenhang mit der Begründung von Treuhandverhältnissen, Pfandrechten oder der Einräumung eines Nießbrauchs in Betracht kommen (EBJS/*Weipert* Rn. 13). 9

ee) Vertreterklausel. Des Weiteren kann das Stimmrecht eines Kommanditisten durch die sog. Vertreterklausel eingeschränkt werden. Eine solche Klausel schreibt für eine bestimmte Gruppe von Kommanditisten vor, dass diese ihre Rechte nur gemeinsam durch einen Vertreter ausüben können, ohne dass hierdurch die Kommanditanteile dieser Gesellschafter rechtlich vereinigt werden. Sinn und Zweck der Vertreterklausel ist es im Regelfall, zu erreichen, dass das Stimmrecht der betreffenden Gruppe einheitlich ausgeübt wird. Bezogen auf das Stimmrecht der Gesellschafter dieser Gruppe ist die Konstellation also nicht anders als wenn an der KG eine Gesellschaft beteiligt wäre, deren Gesellschafter die Mitglieder der Gruppe sind. Auch in diesem Falle könnte das Stimmrecht nur einheitlich ausgeübt werden. Die Vertreterklausel ist deshalb **uneingeschränkt zulässig** (s. auch BGH 12.12.1966, BGHZ 46, 296). Umstritten ist, ob der Gesellschaftsvertrag die Willensbildung innerhalb der Gruppe vorschreiben kann (offengeblieben bei BGH 6.10.1992, BGHZ 119, 353). Nimmt man an, dass der Gesellschaftsvertrag die Willensbildung innerhalb der Gruppe nicht regeln kann, sind die Gruppenmitglieder aufgerufen, ihr Innenverhältnis zu organisieren, entweder als (Innen-)Gesellschaft oder als bloße Gemeinschaft (nach Auffassung des BGH ausschließlich Gesellschaft, BGH 4.10.2004, ZIP 2004, 2284). Geht man mit dem BGH davon aus, dass gesellschaftsrechtliche Grundsätze das Innenverhältnis bestimmen, bedarf es für die Willensbildung innerhalb der Gruppe der Einstimmigkeit (vgl. § 709 BGB), wenn (gesellschafts-)vertraglich nichts anderes vorgesehen ist. Nach aA genügt die einfache Mehrheit berechnet nach der Größe der Anteile im Zweifel für die Bestellung, jedenfalls für die Abberufung des Gruppenvertreters (Baumbach/Hopt/*Roth* Rn. 10). 10

Die Vertreterklausel unterliegt Schranken (BGH 7.12.1972, NJW 1973, 1602; OLG Zweibrücken 18.11.1974, OLGZ 75, 404). 11

ff) Recht auf Einberufung der Gesellschafterversammlung. Im Schrifttum (eingehend *Wertenbruch* NZG 2018, 1121 mwN) wird ein Recht des einzelnen Kommanditisten auf Einberufung der Gesellschafterversammlung zum Zwecke der Feststellung des Jahresabschlusses und ein Anspruch (darin als minus enthalten) auf eine entsprechende Ergänzung der Tagesordnung diskutiert und bejaht. 11a

b) Abspaltungsverbot und Selbstorganschaft. Aus den Besonderheiten des Rechtsinstituts der Mitgliedschaft, die ein geschlossenes Ganzes darstellt (*K. Schmidt* GesR § 19 I 3b), ergibt sich, dass abspaltungsfähig nur diejenigen Rechte sind, die den gesetzlichen Bestimmungen zufolge (vgl. § 717 S. 2 BGB) sonderrechtsfähig sind. Das Abspaltungsverbot gewährleistet die **Selbstbestimmungsfähigkeit** des Verbandes (BGH 25.2.1965, BGHZ 43, 261 (267) = NJW 1965, 1378). Aus Gründen der Erhaltung der Selbstbestimmungsfähigkeit sind alle organschaftlichen Befugnisse ausschließlich den persönlich haftenden Gesellschaftern zugewiesen (Prinzip der Selbstorganschaft, → BGB § 709 Rn. 13 f.). 12

c) Beirat. Bei der KG kann die Einrichtung eines Beirates vorgesehen werden, und zwar als Organ der Gesellschaft und sowohl ausgestattet mit den Rechten und Pflichten analog dem Aufsichtsrat bei der AG als auch mit der Befugnis, für die Gesellschaft und die Gesellschafter zu handeln (BGH 1.12.1969, NJW 1970, 706; BGH 23.10.1967, BB 1968, 145). Auch die Besetzung des Beirats mit Personen, die der Gesellschaft nicht angehören, ist zulässig, desgleichen deren Beteiligung an der Willensbildung der Gesellschafter durch Gesellschafterbeschlüsse (BGH 22.2.1960, JZ 1960, 490), soweit und solange das Prinzip der **Selbstbestimmungsfähigkeit** des Verbandes nicht beeinträchtigt wird (beispielsweise keine Ermächtigung des Beirats zur Änderung des Gesellschaftsvertrages unter Ausschluss der Gesellschafter, BGH 19.11.1984, WM 1985, 256 (257); iE dazu MAH PersGesR/*Gummert* § 11 Rn. 38 ff.). 13

d) Treuhand. Die Begründung von Treuhandverhältnissen an – abtretbar gestalteten – Kommanditanteilen ist zulässig. Treuhandverhältnisse verstoßen dann nicht gegen das Abspaltungsverbot, wenn der Treuhänder zwar im Wege der Vollmacht dem Treugeber Verwaltungsrechte „zurück überträgt", jedoch im Verhältnis zur KG und deren Gesellschaftern sowie zu Dritten die Gesellschafterposition innehält (eingehend dazu MHdB GesR II/*Weipert* § 12 Rn. 55 ff.). 14

[Geschäftsführung]

164 **[1] Die Kommanditisten sind von der Führung der Geschäfte der Gesellschaft ausgeschlossen; sie können einer Handlung der persönlich haftenden Gesellschafter nicht widersprechen, es sei denn, daß die Handlung über den gewöhnlichen Betrieb des Handelsgewerbes der Gesellschaft hinausgeht. [2] Die Vorschriften des § 116 Abs. 3 bleiben unberührt.**

Übersicht

I. Allgemeines

1 Die Vorschrift trägt dem gesetzlichen Leitbild der KG Rechnung. Danach sind an der gesetzestypischen KG natürliche Personen als unbeschränkt persönlich haftende Gesellschafter beteiligt, die ihre Arbeitskraft der Gesellschaft widmen und diese leiten, während andere Gesellschafter, die Kommanditisten, lediglich als Kapitalgeber fungieren. Diesem Leitbild entspricht es, dass im Regelfall (nur) die das Risiko unbeschränkter Haftung tragenden Komplementäre die Geschicke der Gesellschaft bestimmen und diese führen. Die Kommanditisten sind auf ihre Stellung als am Ergebnis der Gesellschaft beteiligte Gesellschafter beschränkt. Infolge dessen können sie Handlungen der persönlich haftenden Gesellschafter auch nicht widersprechen, so diese nicht über den gewöhnlichen Betrieb des Handelsgewerbes der Gesellschaft hinausgehen. Die Klarstellung in S. 2 der Vorschrift, wonach die Vorschriften des § 116 Abs. 3 unberührt bleiben, erscheint überflüssig. Schon aufgrund der Verweisung in § 161 Abs. 2 gilt § 116 Abs. 3. Auch schränkt S. 1 der Vorschrift § 116 Abs. 3 nicht andeutungsweise ein, sodass es einer Klarstellung nicht bedurft hätte.

2 Die Vorschrift ist iÜ Ausdruck des bei Personengesellschaften geltenden Prinzips der **Selbstorganschaft,** demzufolge jedes Mitglied grundsätzlich geborenes Leitungs- und Handlungsorgan ist und Ausnahmen hiervon durch Vorenthaltung oder Entziehung dieser Eigenschaft erfolgen (EBJS/*Weipert* Rn. 2). Sie betrifft nur die Geschäftsführungsbefugnis und wird hinsichtlich der Vertretungsbefugnis durch § 170 ergänzt. Beide Vorschriften berücksichtigen, dass Geschäftsführungsbefugnis und Vertretungsbefugnis prinzipiell gleich laufen.

II. Einzelerläuterung

3 **1. Geschäftsführung.** Für die Komplementäre gelten grundsätzlich die Bestimmungen in §§ 114 ff. (§ 161 Abs. 2). Danach sind mangels abweichend gesellschaftsvertraglicher Bestimmungen alle Komplementäre zur Geschäftsführung berechtigt und verpflichtet. Anderes gilt für die Kommanditisten: S. 1 Hs. 1 schließt die Kommanditisten von der Geschäftsführung aus.

4 **2. Zustimmungserfordernis bei außergewöhnlichen Geschäften.** Aus § 161 Abs. 2 iVm § 116 Abs. 1, 2 folgt zunächst, dass sich die Geschäftsführungsbefugnis der geschäftsführenden Gesellschafter auf alle Handlungen erstreckt, die der gewöhnliche Betrieb des Handelsgewerbes der Gesellschaft mit sich bringt, und lediglich zur Vornahme von Handlungen, die darüber hinausgehen, ein Beschluss sämtlicher Gesellschafter erforderlich ist. Im Verhältnis der Komplementäre zu einander besteht im Falle von deren Einzelgeschäftsführungsbefugnis (dies ist der gesetzliche Regelfall) dessen ungeachtet jedoch stets das Widerspruchsrecht nach § 115 Abs. 1.

5 Dagegen können die Kommanditisten einer Handlung der persönlich haftenden Gesellschafter grundsätzlich nicht widersprechen, es sei denn, dass diese Handlung über den gewöhnlichen Betrieb des Handelsgewerbes der Gesellschaft hinausgeht. Aus der in Abs. 2 enthaltenen Ausnahme vom **generellen Ausschluss** des Widerspruchsrechts der Kommanditisten ließe sich folgern, dass bei außergewöhnlichen Geschäften lediglich ein Widerspruchsrecht besteht und es – anders als nach § 116 Abs. 1, 2 bei der OHG – bei der KG eines (zustimmenden) Beschlusses aller Gesellschafter zur Vornahme des außergewöhnlichen Geschäfts nicht bedarf. Entgegen des insoweit missverständlichen Wortlautes der Vorschrift wird jedoch allgemein angenommen, dass für außergewöhnliche Geschäfte ein (zustimmender) Beschluss sämtlicher Gesellschafter, sowohl der geschäftsführungsberechtigten als auch der nicht geschäftsführungsberechtigten, der persönlich haftenden Gesellschafter ebenso wie der Kommanditisten, erforderlich ist (RG 22.10.1938, RGZ 158, 305; OLG Stuttgart 11.3.2009, ZIP 2010, 476; zust. Baumbach/

Hopt/*Roth* Rn. 2; eingehend dazu *Beuthien* NZG 2013, 967). Diese Betrachtung hat zugleich zur Folge, dass der „Widerspruch" eines Kommanditisten nur dann den Charakter eines Vetorechts hat, wenn das Einstimmigkeitserfordernis durch den Gesellschaftsvertrag nicht abbedungen wurde (→ Rn. 14).

3. Begriff des außergewöhnlichen Geschäfts, Abgrenzung. Außergewöhnliche Geschäfte sind demnach sowohl von gewöhnlichen Geschäften, diese nehmen die geschäftsführenden Gesellschafter ohne Beteiligung der Kommanditisten und ohne dass diesen ein Widerspruchsrecht zustünde, für die Gesellschaft vor, als auch von Grundlagengeschäften, letztere mögen (müssen aber nicht) außergewöhnlich sein, liegen jedoch in der Zuständigkeit aller Gesellschafter (BGH 9.1.1995, NJW 1995, 596; BGH 11.2.1980, NJW 1980, 1463), weil sie ihren Rechtsgrund im Gesellschaftsverhältnis haben oder außerhalb der Verfolgung des Gesellschaftszwecks liegen, abzugrenzen. Der Begriff der über den gewöhnlichen Betrieb des Handelsgewerbes der Gesellschaft hinausgehenden Handlung in S. 1 entspricht demjenigen in § 116 Abs. 2, sodass auf die dortigen Ausführungen verwiesen werden kann (→ § 116 Rn. 15 ff.). Zum Begriff des Grundlagengeschäfts s. ebenfalls die Anmerkungen zu § 116 (→ § 116 Rn. 3 f.). 6

4. Insbesondere: Aufstellung und Feststellung des Jahresabschlusses. In Rspr. und Lit. ist vielfach die **Rechtsnatur** von Aufstellung und Feststellung des Jahresabschlusses im Zusammenhang mit der Frage, inwieweit die Kommanditisten daran zu beteiligen sind, erörtert worden. Insoweit ist wie folgt zu differenzieren: 7

a) Aufstellung. Die Aufstellung des Jahresabschlusses, also die physische Erstellung des Text- und Rechenwerkes iSd § 242 Abs. 3, ist, ob gewöhnliches Geschäft oder nicht, Sache der geschäftsführenden Gesellschafter (BGH 29.3.1996, BGHZ 132, 263 (272); BGH 12.11.1979, BB 1980, 120). Bei Bilanzierungsmaßnahmen muss jedoch unterschieden werden. Solche Bilanzierungsmaßnahmen, die allein der Darstellung der Vermögenslage iSd § 238 Abs. 1 S. 2 dienen und bei denen es um die Anwendung der gesetzlichen Bestimmungen sowie der Grundsätze ordnungsgemäßer Buchführung geht, sind Bestandteil der (gewöhnlichen) Geschäftsführung (BGH 29.3.1996, BGHZ 132, 263 (272); Baumbach/Hopt/*Roth* Rn. 3) und liegen damit in der Zuständigkeit der geschäftsführenden Gesellschafter. Etwas anderes gilt für **Bilanzierungsentscheidungen,** die **inhaltlich Ergebnisverwendung** sind (beispielsweise Passivierungsentscheidungen nach § 249 Abs. 1 S. 3, Abs. 2, § 253 Abs. 4, Entscheidungen über die Bildung offener Rücklagen). Diese Entscheidungen können grundsätzlich nur durch alle Gesellschafter gemeinschaftlich getroffen werden, es sei denn der Gesellschaftsvertrag bestimmt etwas anderes (BGH 29.3.1996, BGHZ 132, 263; BGH 6.4.1981, NJW 1981, 2563; *Ulmer* FS Hefermehl, 1976, 207). 8

b) Feststellung. Über die Feststellung des Jahresabschlusses haben allein die Gesellschafter zu befinden, und zwar durch Gesellschafterbeschluss. Dies ist eine Frage der Kompetenz (die Feststellung berührt allein das rechtliche Verhältnis der Gesellschafter zueinander, EBJS/*Weipert* Rn. 12) und nicht eine solche der Unterscheidung zwischen gewöhnlichen und außergewöhnlichen Geschäften oder Grundlagengeschäften. Ebenso wenig ist der Beschluss über die Feststellung des Jahresabschlusses ein (außergewöhnliches) Geschäft, welches vergleichbar einer Änderung des Gesellschaftsvertrages die Grundfesten der Gesellschaft berührt. Die Beschlussfassung über den Jahresabschluss wird daher von einer allgemeinen Mehrheitsklausel im Gesellschaftsvertrag erfasst (Einschränkung der Anwendung des inzwischen gänzlich – BGH 21.10.2014, NZG 2014, 1296 Rn. 14 – verabschiedeten Bestimmtheitsgrundsatzes, BGH 15.1.2007, ZIP 2007, 475 Rn. 11 ff. – Otto, insoweit unter Aufgabe von BGH 29.3.1996, BGHZ 132, 263 (266)). 9

5. Erteilung und Widerruf der Prokura. S. 2 der Vorschrift lässt § 116 Abs. 3 unberührt. Deswegen, aber auch schon aufgrund des Verweises in § 161 Abs. 2, wirken an der Erteilung und dem Widerruf der Prokura nur die geschäftsführenden Gesellschafter, im gesetzlichen Regelfall also der oder die Komplementäre, mit. Es wird allerdings für möglich gehalten, dass die Prokuraerteilung im Einzelfall als außergewöhnliches Geschäft anzusehen ist, sodass es in einer entsprechenden Konstellation der Zustimmung aller Gesellschafter, auch der Kommanditisten, bedarf. Auch der Gesellschaftsvertrag kann die Mitwirkung der Kommanditisten an der Erteilung und dem Widerruf einer Prokura vorsehen. 10

6. Haftung. Die Vornahme zustimmungsbedürftiger Geschäfte ohne Einholung der Zustimmung begründet Schadensersatzansprüche der Gesellschaft (*Fleischer* DStR 2009, 1204 (1205)), und zwar auch dann, wenn das betreffende Geschäft unter Anwendung der erforderlichen Sorgfalt vorgenommen wurde, sofern das betreffende Geschäft zu einem **Schaden** bei der Gesellschaft geführt hat (BGH 4.11.1996, NJW 1997, 314; BGH 2.6.2008, WM 2008, 1453 Rn. 7 ff.). Schadensersatzansprüche können allerdings verwirkt sein, wenn die Erträge des ohne erforderliche Zustimmung vorgenommenen Rechtsgeschäfts widerspruchslos entgegengenommen werden (vgl. BGH 2.6.2008, WM 2008, 1453 Rn. 11; zur Genehmigung eines pflichtwidrig abgeschlossenen Geschäfts s. OLG München 3.12.2008, WM 2009, 1037). 11

Unterbleibt das zustimmungsbedürftige Geschäft dagegen mangels Zustimmung, und ist die Verweigerung der Zustimmung willkürlich, kommt ausnahmsweise auch eine Haftung des die Zustimmung 12 zu Unrecht verweigernden Gesellschafters in Betracht (EBJS/*Weipert* Rn. 25). Bei **rechtswidriger Verweigerung** der Zustimmung können die Gesellschafter aber stattdessen auch das Geschäft vornehmen und sich gegenüber einer etwaigen Geltendmachung von Ansprüchen aus Kompetenzverletzung auf die Rechtsmissbräuchlichkeit der Zustimmungsverweigerung berufen (BGH 2.7.1973, WM 1973, 1291 (1294)).

III. Abdingbarkeit

13 Die Vorschrift ist, wie sich aus § 163 ergibt, dispositiv. Demzufolge kommt sowohl eine Einschränkung der Kommanditistenrechte über die Regelung in § 164 hinaus als auch eine Stärkung dieser Rechte in Betracht.

14 **1. Weitergehende Einschränkung der Kommanditistenrechte. a) Ausschluss des Widerspruchsrechts.** Zulässig ist es, das Widerspruchsrecht des Kommanditisten, genauer: das Recht des Kommanditisten, an der Abstimmung über die Vornahme außergewöhnlicher Geschäfte teilzunehmen, ganz auszuschließen (BGH 6.10.1992, BGHZ 119, 357; BGH 14.5.1956, BGHZ 20, 368) oder insoweit eine Beschlussfassung mit der Mehrheit der abgegebenen Stimmen vorzusehen. Damit verliert das Widerspruchsrecht des einzelnen Kommanditisten den Charakter eines Vetorechts.

15 **b) Übertragung der Entscheidung über außergewöhnliche Rechtsgeschäfte auf einen Beirat.** Des Gleichen kann die Befugnis zur Zustimmung zu außergewöhnlichen Geschäften einem Beirat übertragen werden (BGH 29.3.1996, BGHZ 132, 267; BGH 23.10.1967, WM 1968, 98), und zwar auch dergestalt, dass die Mitwirkungsrechte sowohl der Kommanditisten als auch der Komplementäre hierdurch ersetzt und ausgeschlossen werden (MHdB GesR II/*Mutter* § 8 Rn. 24; MAH PersGesR/*Gummert* 11 Rn. 33 f.). Der Kernbereich der Rechte der Kommanditisten bleibt allerdings unverzichtbar (dazu *Immenga* ZGR 1974, 385).

16 **2. Begründung weiterreichender Kommanditistenrechte.** Abweichend von S. 1 kann der Gesellschaftsvertrag bestimmen, dass einzelne oder alle Kommanditisten nach Maßgabe der §§ 114 ff. und damit ebenso wie die Komplementäre organschaftlich geschäftsführungsbefugt sind (BGH 4.3.1976, BB 1976, 526). Darüber hinausgehend lässt es die Rspr. zu, zugunsten des Kommanditisten ein **Weisungsrecht** gegenüber dem Komplementär zu begründen (BGH 17.3.1966, BGHZ 45, 204) oder den (einzigen) Komplementär von der Geschäftsführung auszuschließen, dafür aber ein Geschäftsführungsrecht des Kommanditisten zu vereinbaren (BGH 9.12.1968, BGHZ 51, 198). Die isolierte Erteilung einer Geschäftsführungsbefugnis für den Kommanditisten hat allerdings nicht ohne weiteres den Ausschluss des Komplementärs von der Geschäftsführung zur Folge.

17 Während die Geschäftsführungsbefugnis des Kommanditisten als organschaftliche Geschäftsführungsbefugnis iSd §§ 114 ff. ausgestaltet werden kann (abzugrenzen von der iRe Dienst- oder Arbeitsverhältnisses begründeten Geschäftsführungsbefugnis, für die ausschließlich Dienstvertrags- bzw. Arbeitsrecht gilt und die sich mit dem Dienst- oder Arbeitsvertrag kündigen lässt, dazu BAG NJW 1979, 999; Baumbach/Hopt/*Roth* Rn. 7), kann dem Kommanditisten keine organschaftliche Vertretungsmacht eingeräumt werden (→ § 170 Rn. 5). Aus eben diesem Grunde kann der (einzige) Komplementär auch nicht von der organschaftlichen Vertretungsbefugnis ausgeschlossen werden.

18 Die Einräumung einer organschaftlichen Geschäftsführungsbefugnis zugunsten des Kommanditisten hat im Innenverhältnis zwischen diesem und der KG zur Folge, dass der Kommanditist gegenüber der Gesellschaft wie ein Komplementär **haftet.** Im Außenverhältnis bleibt es bei der Haftung des Kommanditisten nach Maßgabe der §§ 171 ff., und zwar selbst dann, wenn dem Kommanditisten ein Weisungsrecht gegenüber dem Komplementär zusteht (BGH 17.3.1966, BGHZ 45, 204 = NJW 1966, 1309).

IV. Darlegungs- und Beweislast

19 Die Gesellschaft, die den oder die geschäftsführenden Gesellschafter wegen Kompetenzüberschreitung auf Schadenersatz in Anspruch nimmt, hat sowohl das Entstehen eines Schadens (dazu BGH 2.6.2008, WM 2008, 1453 Rn. 7 ff.) als auch die Kompetenzüberschreitung selbst darzulegen und zu beweisen.

[Wettbewerbsverbot]

165 Die §§ 112 und 113 finden auf die Kommanditisten keine Anwendung.

I. Allgemeines

1 Die Vorschrift trägt wiederum dem gesetzlichen Leitbild der KG und der unterschiedlichen Stellung der persönlich haftenden Gesellschafter einerseits und der Kommanditisten andererseits Rechnung. Da

letztere der gesetzlichen Regelung zufolge nicht geschäftsführungsbefugt sind, sondern als Kapitalgeber fungieren, befinden sie sich im Gegensatz zu den geschäftsführenden Gesellschaftern meistens nicht in einem Loyalitätskonflikt zwischen gesellschafts- und eigennützigem Wettbewerbsverhalten. Zudem haben sie nur begrenzten Einfluss auf die Gesellschaft, sodass ihre anderweitige Tätigkeit – selbst wenn sie in Wettbewerb zur KG steht – grundsätzlich nicht (übermäßig) stört. Diese Betrachtung ändert sich, wenn die Gesellschafter sich durch entsprechende Gestaltung des Gesellschaftsverhältnisses vom gesetzlichen Leitbild entfernen, insbesondere den Kommanditisten maßgeblicher Einfluss auf die Geschäftsführung eingeräumt wird.

II. Einzelerläuterung

1. Wettbewerbsverbot der Komplementäre. Die Komplementäre unterliegen dem Wettbewerbsverbot der §§ 112, 113 (→ § 112 Rn. 1 ff. und → § 113 Rn. 1 ff.). Dies folgt bereits aus § 161 Abs. 2 (BGH 21.2.1978, BGHZ 70, 331). Auch solche Komplementäre, die von der Geschäftsführung ausgeschlossen sind, werden von §§ 112, 113 erfasst (dies ist freilich umstritten, wie hier Baumbach/Hopt/*Roth* Rn. 1; Baumbach/Hopt/*Roth* § 112 Rn. 2; aA Staub/*Schäfer* § 112 Rn. 7). 2

Bei der GmbH & Co. KG gelten §§ 112, 113 zunächst für die Komplementär-GmbH (aA OLG Frankfurt a. M. 15.4.1982, BB 1982, 1383). Darüber hinaus werden die beherrschenden GmbH-Gesellschafter sowie die GmbH-Geschäftsführer einbezogen (dazu *Armbrüster* ZIP 1997, 272; → HGB Anh. Rn. 159). 3

2. Wettbewerbsverbot der Kommanditisten. a) Grundsatz. Für die Kommanditisten gelten §§ 112, 113 grundsätzlich nicht. Allerdings kann es dem Kommanditisten aufgrund der ihn treffenden Treuepflicht untersagt sein, Informationen aus der Gesellschaftssphäre zum Nachteil der Gesellschaft, insbesondere im Wettbewerb zur KG, zu verwenden. **Geschäftschancen** der Gesellschaft darf der Kommanditist nicht ohne deren Zustimmung an sich ziehen. 4

b) Kommanditist mit erweitertem Informationsrecht. § 165 liegt der Gedanke zugrunde, dass der Kommanditist weder die Geschäfte der Gesellschaft führt noch umfassende Auskunfts- und Einsichtsrechte hat. Ist einem Kommanditisten eine Stellung eingeräumt, die derjenigen eines Komplementärs im Wesentlichen entspricht, hat er also Geschäftsführungsbefugnis und damit einhergehend einen entsprechenden Informationshorizont, so gelten für ihn §§ 112, 113 trotz des grundsätzlichen Ausschlusses dieser Vorschriften. Wettbewerb im Bereich der Umsatzgeschäfte durch Tätigkeit für eigene oder fremde Rechnung darf der betreffende Kommanditist nicht entfalten (*Beuthien* ZHR 142 (1978), 259 (288)). Irrelevant ist der Umfang der Geschäftsführungsbefugnis. Auch ohne Geschäftsführungsbefugnis des Kommanditisten sollen §§ 112, 113 anwendbar sein, wenn der Kommanditist denselben Zugang zu den Informationen hat wie ein die Geschäfte führender persönlich haftender Gesellschafter (vgl. § 118; so MüKoHGB/*Grunewald* Rn. 6). 5

c) Beherrschender Kommanditist. Hat der Kommanditist maßgeblichen Einfluss auf die Geschäftsführung, sei es aufgrund eines Weisungsrechts gegenüber dem Komplementär oder aufgrund beherrschenden Einflusses wegen mehrheitlicher Beteiligung, sind §§ 112, 113 ebenfalls auf ihn anwendbar (BGH 4.12.2001, NJW 2002, 1047; BGH 5.12.1983, BGHZ 89, 166; BGH 30.11.2004, WM 2005, 391 – zur GmbH; das Vorliegen eines maßgeblichen Einflusses verneinte das OLG Koblenz 20.12.2007, DStR 2008, 1152, in dem von ihm entschiedenen Fall allerdings trotz einer 2/3-Beteiligung des Kommanditisten; ebenso EBJS/*Weipert* Rn. 9: Umfang der Kapitalbeteiligung für sich genommen ist ohne Belang für die Frage der Beherrschung). Ist der beherrschende Kommanditist seinerseits abhängig, trifft das Wettbewerbsverbot auch das ihn beherrschende Unternehmen (BGH 5.12.1983, BGHZ 89, 162 (165)). Besteht die Wettbewerbssituation schon vor Erwerb der Beteiligung an der Gesellschaft, kommt in Betracht, dass die Annahme eines gesetzlichen, ungeschriebenen Wettbewerbsverbots ausscheidet (vgl. BGH 25.6.2008, DB 2008, 2247 Rn. 16 zur AG). 6

d) Dauer. Das Wettbewerbsverbot des Kommanditisten, soweit er einem solchen unterliegt, besteht ohne abweichend gesellschaftsvertragliche Vereinbarung während der Dauer seiner Zugehörigkeit zur KG, ausnahmsweise auch darüber hinaus, wenn er sein (vorzeitiges) Ausscheiden bewusst vertragswidrig herbeigeführt hat (EBJS/*Weipert* Rn. 11). Das Wettbewerbsverbot endet ausnahmsweise vor Beendigung der Mitgliedschaft, wenn der Austritt bereits akzeptiert wurde, die Mitgliedschaft aber formell noch andauert (BGH 30.11.2009, DB 2010, 323 Rn. 15 ff.). Ein **nachvertragliches Wettbewerbsverbot** bedarf zur Anerkennung seiner Wirksamkeit besonderer Voraussetzungen, es muss dem Schutz der berechtigten Interessen der KG dienen und in sachlicher, räumlicher und zeitlicher Hinsicht funktionsnotwendig sein (BGH 26.3.1984, NJW 1984, 2366), um innerhalb des vom Kartellverbot des § 1 GWB nicht erfassten Freiraumes zu bleiben (vgl. auch BGH 19.10.1993, ZIP 1994, 61). Im Liquidationsstadium bleibt das etwa bestehende Wettbewerbsverbot aktiv, allerdings inhaltlich auf den Abwicklungszweck, der nicht behindert werden darf, beschränkt. 7

III. Abdingbarkeit

8 Die Vorschrift ist dispositiv (vgl. § 163). Dem Kommanditisten kann deshalb in den Grenzen, die durch §§ 134, 138 BGB, § 1 GWB gezogen sind (vgl. OLG Frankfurt a. M. 17.3.2009, DB 2009, 1640), ein vertragliches sowie ein nachvertragliches Wettbewerbsverbot auferlegt werden. Danach ist es zulässig, einem Kommanditisten, der maßgeblichen Einfluss auf die Geschäftsführung hat, durch den Gesellschaftsvertrag ein Wettbewerbsverbot aufzuerlegen, wenn die Funktionsfähigkeit und der Bestand einer ansonsten kartellrechtsneutralen Gesellschaft gewährleistet bleiben und das Wettbewerbsverbot nicht über das zum Schutz der Gesellschaft erforderliche Maß hinausgeht (BGH 23.6.2009, NZG 2010, 76; BGH KG 6.3.2014, NZG 2014, 1058). Ein umfassendes gesellschaftsvertragliches Wettbewerbsverbot für einen Minderheitsgesellschafter unterliegt jedoch Schranken, die sich aus der grundgesetzlich geschützten Berufsausübungsfreiheit ergeben (OLG Stuttgart 7.3.2019, ZIP 2019, 1425). Auch die umgekehrte Konstellation ist denkbar. Der bereits wegen entsprechender Anwendung der §§ 112, 113 einem gesetzlichen Wettbewerbsverbot unterliegende Kommanditist kann hiervon ebenso befreit werden wie dies bei einem persönlich haftenden Gesellschafter möglich ist (→ § 112 Rn. 19 ff.).

[Kontrollrecht]

166 (1) **Der Kommanditist ist berechtigt, die abschriftliche Mitteilung des Jahresabschlusses zu verlangen und dessen Richtigkeit unter Einsicht der Bücher und Papiere zu prüfen.**

(2) **Die in § 118 dem von der Geschäftsführung ausgeschlossenen Gesellschafter eingeräumten weiteren Rechte stehen dem Kommanditisten nicht zu.**

(3) **Auf Antrag eines Kommanditisten kann das Gericht, wenn wichtige Gründe vorliegen, die Mitteilung einer Bilanz und eines Jahresabschlusses oder sonstiger Aufklärungen sowie die Vorlegung der Bücher und Papiere jederzeit anordnen.**

Übersicht

I. Allgemeines

Die Vorschrift schränkt das Auskunfts- und Einsichtsrecht des Kommanditisten vorbehaltlich einer abweichenden gesellschaftsvertraglichen Regelung gegenüber dem Auskunfts- und Einsichtsrecht des persönlich haftenden Gesellschafters, dessen Umfang durch § 161 Abs. 2, § 118 bestimmt wird, ein. Dem liegt offenbar die Überlegung des Gesetzgebers zugrunde, dass der nur beschränkt nach Maßgabe der §§ 171 ff. haftende Kommanditist in seiner Funktion als Kapitalgeber mit einem weniger an Kontrollinstrumenten auskommt. Sein **vermögensbezogenes Interesse** an Kontrolle wird bereits in § 164 S. 1 berücksichtigt. Die Rspr. hat allerdings ein über die gesetzlichen Bestimmungen hinausgehendes, zum Kernbereich der Mitgliedschaftsrechte zählendes Informationsrecht des Kommanditisten entwickelt (BGH 10.10.1994, ZIP 1994, 1942 mAnm *Priester* EWiR § 119 HGB 1/95, 73). 1

II. Einzelerläuterung

1. Das ordentliche Informationsrecht. Abs. 1 räumt dem Kommanditisten das Recht ein, die abschriftliche Mitteilung des Jahresabschlusses zu verlangen und dessen Richtigkeit unter Einsicht der Bücher und Papiere der Gesellschaft zu prüfen. 2

a) Abschriftliche Mitteilung des Jahresabschlusses. Unter Jahresabschluss iSd Abs. 1 ist die Bilanz einschließlich der GuV zu verstehen (§ 242 Abs. 3), die innerhalb etwa maßgeblicher gesetzlicher Fristen, sonst innerhalb der einem ordnungsgemäßen Geschäftsgang entsprechender Zeit (§ 243 Abs. 3), spätestens also innerhalb des dem Stichtag folgenden Geschäftsjahres (BFH BStBl. II 1984, 227), aufzustellen ist. Bilanz meint sowohl die **Handelsbilanz** als auch die von der Handelsbilanz abgeleitete **Steuerbilanz** (so OLG Stuttgart 18.2.1970, OLGZ 70, 264). Des Weiteren sind die Eröffnungsbilanz (§ 242 Abs. 1) und die Liquidationseröffnungs- und Schlussbilanz (vgl. § 154) vom Begriff des Jahresabschlusses umfasst, nicht aber Zwischenabschlüsse und Prüfungsberichte (BGH 17.4.1989, WM 1989, 878). Mitteilung des Jahresabschlusses bedeutet dessen Aushändigung. Demgegenüber kann der Kommanditist weder in der gesetzestypischen KG noch in der GmbH & Co. KG die Aushändigung oder Übersendung des Prüfberichts verlangen (BGH 3.2.2015, NZG 2015, 511 Rn. 10). Er ist insoweit auf sein Einsichtsrecht beschränkt. 3

b) Einsichts- und Prüfungsrecht. Der Kommanditist kann Einsicht in die Bücher und Papiere nehmen, um die Richtigkeit des Jahresabschlusses zu prüfen, kann aber **nicht Herausgabe** verlangen. Bücher und Papiere iSd Abs. 1 sind alle Unterlagen der Gesellschaft, insbesondere auch die nicht vom Begriff des Jahresabschlusses erfassten Zwischenabschlüsse und Prüfungsberichte (BGH 17.4.1989, WM 1989, 878). Das Einsichtsrecht ist jedoch auf solche Bücher und Papiere beschränkt, deren Einsichtnahme für die Prüfung des Jahresabschlusses von Bedeutung ist. Das Verlangen, nicht zur sachgerechten Prüfung des Jahresabschlusses erforderliche Bücher oder Papiere einzusehen, ist rechtsmissbräuchlich. Es besteht auch nicht ohne Weiteres eine Verpflichtung zur Übersendung des Prüfberichts an die Kommanditisten zusammen mit der Einladung zur Gesellschafterversammlung, in der über die Feststellung des Jahresabschlusses befunden werden soll (BGH 3.2.2015, NZG 2015, 511, zur Publikums-KG). 4

Bücher und Papiere, in die Einsicht genommen werden kann, sind selbstverständlich auch solche, die abhängige Unternehmen oder sonstige Beteiligungsunternehmen der KG betreffen, soweit es sich um Bücher und Papiere handelt, die im Eigentum der KG stehen. Darüber hinaus kommt in Betracht, dass auch in die Bücher und Papiere abhängiger Unternehmen, sachlich beschränkt durch den Zweck, die Richtigkeit des Jahresabschlusses der KG zu prüfen, Einsicht genommen werden kann (BGH 8.7.1957, BGHZ 25, 115 (122) = NJW 1957, 1555). Ein Recht auf Prüfung der Richtigkeit von Abschlüssen abhängiger Gesellschaften als solches folgt aus Abs. 1 jedoch nicht (EBJS/*Weipert* Rn. 14), wohl aber kann die zutreffende Berücksichtigung der Beteiligung im Jahresabschluss der KG überprüft werden. 5

c) Auskunftsrecht. Abs. 1 beinhaltet grundsätzlich kein Auskunftsrecht des Kommanditisten (s. aber zum allgemeinen, kollektiven Auskunftsrecht nach §§ 713, 666 BGB → Rn. 19). Wenn allerdings die erforderlichen Angaben aus den Büchern und Papieren der Gesellschaft nicht zu ersehen sind, beispielsweise weil diese lückenhaft oder widersprüchlich sind, und der Kommanditist ohne eine entsprechende Auskunft des Komplementärs/geschäftsführenden Gesellschafters keine Klarheit über die Angelegenheiten der KG erhält, wird angenommen, dass auch iRv Abs. 1 und über dessen Wortlaut hinaus ausnahmsweise neben einem allgemeinen Informationsrecht auch ein Auskunftsrecht des einzelnen Gesellschafters besteht (Baumbach/Hopt/*Roth* Rn. 11; siehe ferner BGH 23.3.1992, NJW 1992, 1890: das Auskunfts- oder Informationsrecht ist funktionsgebunden, besteht also nicht zwecks Einwirkung auf die Geschäftsführung). Ein Auskunftsrecht steht auch nur mittelbar über einen Treuhänder an Publikumsgesellschaften beteiligten Anlegern unmittelbar gegen die Gesellschaft (BGH 5.2.2013, NZG 2013, 379) und gegen jeden Mitgesellschafter, der die Auskunft unschwer erteilen kann (BGH 16.12.2014, BB 2015, 523 betreffend Auskunft über Daten der Mitgesellschafter), zu. 6

7 **d) Ausschluss des Einsichts- und Prüfungsrechts nach Feststellung des Jahresabschlusses.** Teilweise wird vertreten, die Feststellung des Jahresabschlusses bzw. die Zustimmung eines Gesellschafters zu dessen Feststellung lasse wegen der **Rechtsnatur** des Feststellungsbeschlusses das Einsichts- und Prüfungsrecht bezogen auf den festgestellten Jahresabschluss entfallen, sodass eine (erneute) Prüfung nur möglich sei, wenn Anfechtungsgründe vorgebracht würden (EBJS/*Weipert* Rn. 16; *Voigt* NZG 2009, 772). Die Rspr. ist dem bislang jedoch nicht gefolgt (KG 23.12.1987, GmbHR 1988, 221 (224), betr. eine GmbH).

8 **2. Ausübung des ordentlichen Einsichtsrechts. a) Grundsatz.** Das Einsichtsrecht kann grundsätzlich nur persönlich ausgeübt werden und ist nicht übertragbar. Mit Zustimmung der übrigen Gesellschafter ist eine Ausübung durch Bevollmächtigte zulässig. Auch ohne Zustimmung der Mitgesellschafter kann ausnahmsweise ein Bevollmächtigter das Einsichtsrecht ausüben, wenn hierfür ein wichtiger Grund gegeben ist (BGH 8.7.1957, BGHZ 25, 123).

9 **b) Beistand Dritter.** Der Grundsatz, wonach das Einsichtsrecht persönlich auszuüben ist, wird beträchtlich durch das allgemein anerkannte Recht, sachverständige Dritte bei der Einsichtnahme hinzuzuziehen, aufgeweicht. Dieses Recht soll dem Kommanditisten auch ohne Nachweis mangelnder eigener Sachkunde oder sonstiger Gründe zustehen (vgl. BGH 16.1.1984, BB 1984, 1274; BGH 8.7.1957, BGHZ 25, 115). Besteht Streit über die Person des sachverständigen Dritten, kann das Gericht den Sachverständigen bestimmen (vgl. BGH 15.12.1969, BB 1970, 187).

10 **c) Ausschluss der persönlichen Einsichtnahme.** Ausnahmsweise kann die KG verlangen, dass der Kommanditist das Einsichtsrecht nicht persönlich, sondern durch einen sachverständigen Dritten ausübt. Der Dritte ist gehalten, dem Kommanditisten die diesem nicht zustehenden Informationen nicht zugänglich zu machen. Eine solche Konstellation kann etwa gegeben sein, wenn der Kommanditist **Wettbewerber** der Gesellschaft ist und zu besorgen steht, dass durch die persönliche Einsichtnahme überwiegende Interessen der KG beeinträchtigt würden (vgl. BGH 11.10.1982, WM 1982, 1403; BGH 2.7.1979, BB 1979, 1316).

11 Die KG muss, um den Kommanditisten auf die Ausübung des Einsichtsrechts durch einen Dritten verweisen zu können, beweisen, dass durch die Einsichtnahme des Kommanditisten in bestimmte Geschäftsunterlagen eine konkrete Gefährdung ihrer Interessen eintritt (BGH 2.7.1979, BB 1979, 1316). Der Kommanditist kann einen Dritten vorschlagen, die KG kann den Dritten bei Vorliegen begründeter Zweifel ablehnen, sodass der Dritte durch das Gericht zu bestimmen ist (vgl. auch BayObLG 22.12.1988, WM 1989, 372).

12 **d) Anspruchsgegner.** Das Recht auf Mitteilung des Jahresabschlusses ist ebenso wie das Recht auf Einsicht der Bücher und Papiere der Gesellschaft **gegen die KG** gerichtet (vgl. BGH 2.7.1962, BB 1962, 899; BayObLG 4.7.1991, BB 1991, 1589; OLG Celle 11.5.1983, BB 1983, 1451). Daneben soll eine Geltendmachung unmittelbar gegenüber den zuständigen geschäftsführenden Gesellschaftern in Betracht kommen (BGH 14.6.2016, NZG 2016, 1102 Rn. 12; BGH 20.6.1983, WM 1983, 911; BGH 29.9.1955, WM 1955, 1585; zust. Baumbach/Hopt/*Roth* § 118 Rn. 1; dagegen *Wiedemann* GesR I 290). Noch weitergehend sieht eine zur Publikums-KG ergangene Entscheidung des BGH jeden (Mit-) Gesellschafter als zur Auskunft verpflichtet an, der die Auskunft unschwer erteilen kann (BGH 16.12.2014, BB 2015, 523). Geht man davon aus, dass die KG als solche aus Abs. 1 verpflichtet ist, kommt als Anspruchsgegner nur die Gesellschaft in Betracht, die sich allerdings zur Erfüllung ihrer Verpflichtung der geschäftsführenden Gesellschafter bedient.

13 **e) Zeitlicher Umfang.** Das Informationsrecht gilt auch in dem Stadium zwischen Auflösung und Vollbeendigung der Gesellschaft (vgl. BayObLG 18.9.1987, BB 1987, 2184; OLG Celle 11.5.1983, BB 1983, 1450). Nach Abschluss der **Liquidation** gilt § 161 Abs. 2 iVm § 157 Abs. 2, 3. Auch in der **Insolvenz** können die Ansprüche aus § 166 geltend gemacht werden (OLG Zweibrücken 7.9.2006, ZIP 2006, 2047). Umstritten ist, ob dem ausgeschiedenen Kommanditisten die Ansprüche aus § 166 zustehen (abl. BGH 11.7.1968, BGHZ 50, 324; BayObLG 20.11.1986, BB 1987, 712; Baumbach/Hopt/*Roth* Rn. 2; aA OLG Hamm 19.2.1970, MDR 1970, 596 = BB 1970, 509, zu § 166 Abs. 3, wenn sich die Geltendmachung der Ansprüche aus § 166 auf den Zeitraum vor Ausscheiden des Kommanditisten bezieht). Wesentliche Unterschiede bestehen zwischen den beiden zitierten Auffassungen deshalb nicht, weil die die Ansprüche aus § 166 ablehnende Auffassung dem ausgeschiedenen Kommanditisten Auskunfts- und Einsichtsrechte bezogen auf den Zeitraum vor seinem Ausscheiden nach Maßgabe von § 810 BGB und § 242 BGB zubilligt (BGH 17.4.1989, WM 1989, 878, → Rn. 20 f.). Nach dieser Auffassung ist allerdings das Verfahren nach Abs. 3 für den ausgeschiedenen Kommanditisten nicht mehr zugänglich (BayObLG 20.11.1986, BB 1987, 712; aA OLG Hamm 19.2.1970, MDR 1970, 596).

14 **f) Sachliche Grenzen.** Die Rechte nach § 166 Abs. 1 stehen dem Kommanditisten grundsätzlich auch dann zu, wenn dieser Wettbewerber der KG ist. Der gegenüber dem Kontrollrecht des Gesellschafters der OHG und des Komplementärs nach § 118 bereits eingeschränkte Umfang des Kontroll-

rechts nach § 166 berücksichtigt im Ansatz, dass der Kommanditist keinem Wettbewerbsverbot unterliegt. Im Einzelfall kann der Kommanditist jedoch verpflichtet sein, das Einsichtsrecht nur durch einen sachverständigen Dritten ausüben zu lassen (→ Rn. 10 f.). Weitere sachliche Grenzen können sich aus dem Missbrauchsverbot und der Treuepflicht des Kommanditisten ergeben (→ § 118 Rn. 6 ff.).

3. Das außerordentliche Informationsrecht des Kommanditisten. a) Rechtsgrundlage. Abs. 3 behandelt das außerordentliche Informationsrecht bei Vorliegen wichtiger Gründe. Umstritten ist, ob Abs. 3 Rechtsgrundlage für dieses außerordentliche Informationsrecht ist oder im Falle des Vorliegens wichtiger Gründe auch unabhängig von Abs. 3 ein derartiges Recht besteht, sodass die Vorschrift nur das **Verfahren** beschreibt (so zutr. Baumbach/Hopt/*Roth* Rn. 8, 11 gegen die hA). In beiden Fällen ist das außerordentliche Informationsrecht unentziehbar. Für die Praxis kann deshalb dahinstehen bleiben, welcher Auffassung zu folgen ist. Umstritten ist ferner, ob das außerordentliche Informationsrecht auf solche Gegenstände beschränkt ist, die für die Prüfung oder das Verständnis des Jahresabschlusses der Gesellschaft erforderlich sind. Für die Praxis ist diese Streitfrage inzwischen entschieden (BGH 14.6.2016, NZG 2016, 1102 Rn. 11; dem BGH folgend OLG München 22.3.2017, DB 2017, 2218; anders noch OLG Köln 17.10.2013, NZG 2014, 660). Der BGH nimmt einen über Abs. 1 hinausgehenden Informationsanspruch (nur) an, wenn die Voraussetzungen des Abs. 3 vorliegen. Damit ist zugleich klar, dass Abs. 3 den Kommanditisten nach Auffassung der höchstrichterlichen Rspr. ein eigenes, von Abs. 1 unabhängiges Informationsrecht einräumt. Dieses außerordentliche Informationsrecht ist allerdings zweckgebunden. Zweck ist die Kontrolle der Geschäftsführung (BGH 14.6.2016, NZG 2016, 1102; OLG München 22.3.2017, DB 2017, 2218). 15

b) Wichtige Gründe. Wichtige Gründe für die Geltendmachung des außerordentlichen Informationsrechts liegen vor, wenn im Interesse des Kommanditisten die sofortige Einsichtnahme in den Jahresabschluss (die Bilanz) und in die Bücher und Papiere der KG geboten ist, beispielsweise wenn der KG oder dem Kommanditisten Schaden droht (vgl. BGH 16.1.1984, BB 1984, 1274), desgleichen, wenn der begründete Verdacht einer nicht ordnungsgemäßen Geschäfts- oder Buchführung besteht (dazu OLG Hamburg 11.5.1965, MDR 1965, 666), insbesondere auch, wenn der Jahresabschluss nicht in den gesellschaftsvertraglich oder gesetzlich bestimmten Fristen erstellt oder ausgehändigt wird (EBJS/*Weipert* Rn. 41). Wichtige Gründe iSv Abs. 3 sollen ferner vorliegen, wenn die Rechte des Kommanditisten gem. Abs. 1 auf Einsicht in die Bücher und Papiere der KG verweigert oder die Einsichtnahme längere Zeit hinausgezögert werden (dazu OLG Hamm 27.2.1970, BB 1970, 509; OLG Hamm 30.7.1971, MDR 1971, 1014; s. auch BayObLG 4.7.1991, BB 1991, 1589; OLG München 12.4.2011, ZIP 2011, 1619). Eine Betriebsprüfung mit möglicherweise nachteiligen steuerlichen Folgen stellt für sich genommen keinen wichtigen Grund dar (OLG München 9.8.2010, ZIP 2010, 1692). Die konkreten Umstände, aus denen sich Erforderlichkeit und Bedeutung der beantragten, über den Rahmen des Abs. 1 hinausgehenden Information ergeben, sind darzulegen (OLG München 7.4.2009, NZG 2009, 658). 16

c) Abgrenzung zu Abs. 1. Das Recht auf Information nach Abs. 3, so mit dem BGH davon ausgegangen wird, dass Abs. 3 ein eigenständiges, von dem Recht nach Abs. 1 unabhängiges Recht begründet, ist tendenziell umfassender als dasjenige nach Abs. 1. Die Rechte nach Abs. 1 und Abs. 3 stehen nebeneinander, können jedoch parallel geltend gemacht werden (keine „Sperrwirkung" des Abs. 1 gegenüber Abs. 3, BGH 14.6.2016, NZG 2016, 1102 Rn. 11). Der Kommanditist kann Mitteilung (Aushändigung) der Bilanz (des Jahresabschlusses) sowie Vorlage (zur Einsicht) der Bücher und Papiere, auch der Zwischenabschlüsse, und insbesondere sonstige Aufklärungen (Auskunft) durch den oder die geschäftsführenden Gesellschafter verlangen. Auch das Recht nach Abs. 3 gewährt aber keine allgemeinen Informationsansprüche, schon gar nicht in Fragen der laufenden Geschäftsführung, sondern ist durch seinen Zweck, die Geschäftsführung zu überwachen, begrenzt und setzt wie erwähnt einen wichtigen Grund, namentlich die Befürchtung einer Schädigung der KG oder ihrer Gesellschafter, voraus (BGH 14.6.2016, NZG 2016, 1102 Rn. 24; dazu *Casper/Selbach* NZG 2016, 1324 (1327 f.)). 17

4. Weitere Informationsrechte. a) Allgemeines Einsichts- und Informationsrecht des Kommanditisten? Aus Abs. 1 iVm Abs. 2 im Vergleich zu § 118 ergibt sich, dass dem Kommanditisten ein allgemeines Recht zur Einsichtnahme in die Bücher und Schriften der KG nicht zusteht (so auch BGH 20.6.1983, WM 1983, 911). Im Schrifttum wird jedoch ein Bedürfnis für ein neben dem Informationsrecht aus § 166 und neben dem kollektiven Informationsrecht aller Gesellschafter gegen den geschäftsführenden Gesellschafter aus §§ 713, 666 BGB (→ Rn. 19) stehendes selbstständiges Informationsrecht gesehen (*K. Schmidt* GesR § 53 III 3b, 21 III; Baumbach/Hopt/*Roth* Rn. 11; aA Heymann/*Horn* Rn. 18; offengeblieben bei BGH 23.3.1992, NJW 1992, 1890). Soweit ein allgemeines Informationsrecht heute anerkannt wird, besteht aber Einigkeit darüber, dass dieses Recht **funktionsgebunden** ist, also nicht der Einwirkung auf die Geschäftsführung dient (BGH 23.3.1992, NJW 1992, 1890). Insgesamt ist jedoch die Tendenz festzustellen, dem Kommanditisten den Anspruch zuzubilligen, Auskunft über alle Sachverhaltsumstände zu erhalten, die er kennen muss, um bestimmte Gesellschafterbeschlüsse fassen zu können, auch wenn kein allgemeines Recht auf Einblick in die Grundlagen für Geschäfts- 18 führungsentscheidungen besteht (BGH 23.3.1992, NJW 1992, 1890 (1892); *Lutter* ZIP 1997, 613 (619)).

19 **b) Kollektives Informationsrecht.** In die verwirrende Anzahl aus unterschiedlichen Rechtsgrundlagen hergeleiteter Informationsrechte des Kommanditisten reiht sich ein weiteres derartiges Recht, das allen Gesellschaftern gemeinsam (kein Individualrecht!) zustehende, allerdings von jedem Gesellschafter (Kommanditisten) im Wege der **actio pro socio** durchsetzbare kollektive Informationsrecht nach § 161 Abs. 2, § 105 Abs. 3 iVm §§ 713, 666 BGB ein, das neben den Rechten aus § 166 bestehen soll (*Huber* ZGR 1982, 539; zust. Baumbach/Hopt/*Roth* Rn. 12). Demgegenüber hatte das RG § 166 noch als §§ 713, 666 BGB verdrängende Sonderreglung angesehen. Tendenziell besteht die Gefahr, dass die von § 166 beabsichtigten Beschränkungen des Informationsrechts des Kommanditisten durch die verschiedenen miteinander konkurrierenden Informationsrechte mehr oder weniger aufgehoben werden. Sofern den Kommanditisten neben § 166 das kollektive Informationsrecht zustehen und von ihnen im Wege der actio pro socio durchsetzbar sein soll, ist jedenfalls der Sinn und Zweck der Beschränkung in Abs. 1, 2 zu berücksichtigen, sodass das Recht nur iRd Mitwirkungsrechte des Kommanditisten, nicht im Sinne einer Begleitung der laufenden Geschäftsführung oder gar einer Einmischung in diese ausgeübt werden kann (BGH 23.3.1992, NJW 1992, 1890).

20 **c) Einsichtsrecht in Urkunden.** Nicht durch § 166 ausgeschlossen oder eingeschränkt wird § 810 BGB. Danach kann der Kommanditist, falls in seiner Person ein entsprechendes rechtliches Interesse vorliegt, Einsicht in die im Besitz der KG befindlichen Urkunden verlangen, wenn diese in seinem Interesse errichtet oder in den Urkunden ein zwischen ihm und einem anderen bestehendes Rechtsverhältnis oder Verhandlungen über ein Rechtsgeschäft enthalten sind, das ihn betrifft.

21 **d) Treu und Glauben (§ 242 BGB).** Ausnahmsweise, nämlich dann, wenn sich ein Kommanditist in entschuldbarer Ungewissheit über das Bestehen oder den Umfang bestimmter seiner Rechte befindet und sich die erforderlichen Informationen nicht selbst auf zumutbare Weise beschaffen kann, der KG eine Auskunftserteilung aber unschwer möglich ist, kann sich auch aus § 242 BGB eine Verpflichtung der KG, Auskunft zu erteilen, ergeben. Nach Auffassung des BGH (8.2.2018, NZG 2018, 736) ist eine vorrangig gegebene, den Auskunftsanspruch gegen die Gesellschaft ausschließende anderweitige Erkenntnismöglichkeit regelmäßig dann gegeben, wenn ein unmittelbarer, nicht auf § 242 BGB gestützter gesetzlicher oder vertraglicher Auskunftsanspruch gegen eine andere Person oder Stelle besteht.

21a **e) Auskunfts- und Einsichtsrecht nach § 51a GmbHG bei der GmbH & Co. KG und bei der Einheits-GmbH & Co. KG.** Bei der GmbH & Co. KG stehen dem Kommanditisten von Gesetzes wegen die „Kontrollrechte" des § 166, also das ordentliche und das außerordentliche Informationsrecht, sowie die weiteren gesetzlichen Informationsrechte (→ Rn. 18 ff.) zu. Dagegen haben die Gesellschafter der Komplementär-GmbH das darüber weit hinausgehende Auskunfts- und Einsichtsrecht des § 51a GmbHG. Dabei ist zu berücksichtigen, dass sich das Auskunfts- und Einsichtsrecht der Gesellschafter der Komplementär-GmbH nach § 51a GmbHG nach ganz hA auch auf die Angelegenheiten der KG erstreckt, deren Geschäfte die Komplementär-GmbH führt (BGH 11.7.1988, GmbHR 1988, 434 (435); OLG Hamm 6.2.1986, GmbHR 1986, 384; MHdB GesR II/*Gummert* § 50 Rn. 85 f.). Handelt es sich bei der Gesellschaft um eine personen- und beteiligungsidentische oder wenigstens um eine personenidentische GmbH & Co. KG, ist der unterschiedliche Umfang der Auskunfts- und Einsichtsrechte nicht von Bedeutung. Anders liegt der Fall, wenn nicht alle Kommanditisten auch Gesellschafter der Komplementär-GmbH sind. In einer solchen Konstellation ist zu überlegen, den Kommanditisten das Auskunfts- und Einsichtsrecht des § 51a GmbHG durch gesellschaftsvertragliche Regelung einzuräumen.

21b Die Einheits-GmbH & Co. KG ist dadurch gekennzeichnet, dass Inhaber sämtlicher Geschäftsanteile an der Komplementär-GmbH die KG selbst ist. Die organschaftliche Vertretung obliegt der Komplementär-GmbH, die ihrerseits wiederum durch den oder die Geschäftsführer vertreten wird (näher MHdB GesR II/*Gummert* § 51 Rn. 3 ff.). Das Auskunfts- und Einsichtsrecht bei der Komplementär-GmbH einer Einheits-GmbH & Co. KG wird also durch die Geschäftsführer der Komplementär-GmbH selbst ausgeübt, was wenig Sinn macht. Ob deshalb über den Wortlaut des § 51a GmbHG hinaus (auch oder nur) den Kommanditisten das Auskunfts- und Einsichtsrecht zusteht, ist umstritten (ablehnend OLG Celle 14.3.2017, DB 2017, 2217; aA Scholz/*K. Schmidt* § 51a Rn. 52). Empfehlenswert ist eine ausdrückliche gesellschaftsvertragliche Regelung, die die Kommanditisten der Einheits-GmbH & Co. KG anstelle der Geschäftsführer der Komplementär-GmbH oder zusätzlich zu diesen zur Geltendmachung des Auskunfts- und Einsichtsrechts nach § 51a GmbHG ermächtigt (→ Rn. 29).

III. Verfahrensvorschriften

22 **1. Das ordentliche Informationsrecht.** Die grundsätzliche Betrachtung geht dahin, dass das ordentliche Informationsrecht nach Abs. 1 im Wege der Leistungsklage vor dem **Prozessgericht** zu verfolgen ist. Da aber bereits der Umstand, dass das Informationsrecht des Kommanditisten nach Abs. 1 nicht alsbald und bereitwillig erfüllt wird, als einer der wichtigen Gründe, die das außerordentliche

Informationsrecht nach Abs. 3 auslösen, angesehen wird (OLG Hamm 19.2.1970, BB 1970, 509; BayObLG 4.7.1991, BB 1991, 1589), ist regelmäßig zugleich die Möglichkeit gegeben, nach Abs. 3 vorzugehen; das dort vorgesehene Anordnungsverfahren ist ein Verfahren nach dem FamFG (§ 1 iVm §§ 23 ff. FamFG) (BayObLG 10.10.1978, DB 1978, 2405 zu § 145 FGG; → Rn. 24). Der Kommanditist kann sich auch dafür entscheiden, in beiden Verfahren parallel vorzugehen (OLG Celle 11.5.1983, BB 1983, 1451).

Bei entsprechender Eilbedürftigkeit kann der Kommanditist flankierend im Wege des **vorläufigen Rechtsschutzes** (§§ 935 ff. ZPO) die Sicherstellung von Büchern und Papieren der Gesellschaft betreiben. 23

2. Das außerordentliche Informationsrecht. Das außerordentliche Informationsrecht wird grundsätzlich im streitigen **Verfahren nach dem FamFG** durchgesetzt (BayObLG 10.10.1978, DB 1978, 2405 zu § 145 FGG). Ob die Erzwingung der Vorlage von Büchern, Papieren, Bilanzen oder sonstigen Aufklärungen vom Gericht nach § 35 FamFG durchzusetzen ist oder aber der Vollstreckung nach § 95 FamFG in Verbindung mit den Vorschriften der ZPO über die Zwangsvollstreckung unterliegt, ist umstritten (für letzteres zutreffend OLG München 9.8.2010, NZG 2014, 140 (Ls.); s. zum Meinungsstand auch KG 25.7.2014, NJW-RR 2014, 1320). IR dieses Verfahrens kann die Berechtigung des Anspruches des Kommanditisten nach Abs. 1 mitgeprüft werden. In dem Verfahren nach dem FamFG kann einstweiliger Rechtsschutz nach Maßgabe der §§ 935 ff. ZPO nicht betrieben werden, möglich sind aber entsprechende Anordnungen nach den §§ 49 ff. FamFG. Generell soll das Betreiben des Verfahrens nach dem FamFG jedes Rechtsschutzbedürfnis für ein Eilverfahren nach §§ 935 ff. ZPO, welches ohnehin mit Blick auf das grundsätzliche Verbot der Vorwegnahme der Hauptsache für problematisch gehalten wird, entfallen lassen (EBJS/*Weipert* Rn. 45). Auch mit Rücksicht auf die Möglichkeit einstweiliger Anordnungen nach §§ 49 ff. FamFG ist das aber ohne große praktische Relevanz. Nach Eröffnung des Insolvenzverfahrens über das Vermögen der Gesellschaft richtet sich der außerordentliche Informationsanspruch des Kommanditisten gegen den Insolvenzverwalter, das laufende Zwangsvollstreckungsverfahren wird nicht unterbrochen (KG 25.7.2014, NJW-RR 2014, 1320). 24

3. Sonstige Informationsrechte. Sonstige Informationsrechte sind stets gegen die Gesellschaft gerichtet und im Wege der Leistungsklage vor den ordentlichen Gerichten geltend zu machen. Die Rspr. lässt allerdings bislang auch eine Klage gegen die geschäftsführenden Gesellschafter zu (BGH 20.6.1983, ZIP 1983, 935). 25

4. Vollstreckung. Die Vollstreckung des Anspruchs auf Einsichtnahme soll nach einer Auffassung nach § 883 ZPO durch Wegnahme der Bücher und Papiere zum Zweck der Einsichtnahme (OLG Koblenz 4.7.1986, NJW 1987, 1220; OLG Hamm 4.10.1973, NJW 1974, 653), nach aA nach § 888 ZPO (MüKoBGB/*Habersack* BGB § 809 Rn. 17) erfolgen. Letzterer Auffassung ist der Vorzug zu geben, da die Bezeichnung aller Bücher und Papiere durch den Kommanditisten – die exakte Bezeichnung wäre für die Herausgabevollstreckung erforderlich – kaum möglich erscheint und lediglich Gestattung der Einsicht in die Geschäftspapiere verlangt werden kann (vgl. BGH 23.3.1992, NJW 1992, 1890; wie hier auch EBJS/*Weipert* Rn. 37). 26

IV. Abdingbarkeit

1. Beschränkung der Informationsrechte. a) Das ordentliche Informationsrecht aus Abs. 1. Aus § 163 lässt sich nicht der Schluss ziehen, dass das Informationsrecht des Kommanditisten insgesamt zur Disposition steht. Nach hA, der beizupflichten ist, kann durch gesellschaftsvertragliche Regelung das Informations- und Kontrollrecht ausgestaltet, auch weiter **eingeschränkt,** aber nicht gänzlich beseitigt werden (BayObLG 27.10.1988, WM 1988, 1790; OLG München 31.1.2018, NZG 2018, 942 (943); zust. Baumbach/Hopt/*Roth* Rn. 18: nicht schlechthin unabdingbar; aA MüKoHGB/*Grunewald* Rn. 48 mwN: nicht abdingbar). Die zulässige Ausgestaltung und weitere Einschränkung betrifft insbesondere die Art und Weise der Ausübung des Rechts in zeitlicher, inhaltlicher und persönlicher Hinsicht, etwa durch eine Vertreterklausel (dazu BGH 11.7.1988, NJW 1989, 225; *Grunewald* ZGR 1989, 545). Insgesamt entspricht es überwiegender und zutreffender Auffassung, dass der Kern des Informations- und Kontrollrechts unangetastet bleiben muss (BGH 10.10.1994, NJW 1995, 194, s. auch BGH 5.2.2013, NZG 2013, 379, zur Unzulässigkeit des Ausschlusses des Auskunftsrechts mittelbarer Anleger von Publikumsgesellschaften über die Daten ihrer Mitanleger). Außerdem ist zu berücksichtigen, dass nach ebenfalls überwA neben den Ansprüchen des Kommanditisten aus Abs. 1 eine Reihe sonstiger Informations-, Kontroll- und Auskunftsrechte bestehen, deren Abdingbarkeit nicht zulässig ist (→ Rn. 18 ff.). Insbesondere ist das Auskunftsrecht nach §§ 713, 666 BGB zwingend (so auch Baumbach/Hopt/*Roth* Rn. 20). Des Weiteren soll ein etwa zulässiger **Ausschluss** des Informations- und Kontrollrechts nicht greifen, wenn der Verdacht unredlicher Geschäftsführung (s. auch § 716 Abs. 2 BGB, § 118 Abs. 2) besteht. Da die ganz überwA in diesen Fällen bereits einen wichtigen Grund nach 27

Abs. 3 annimmt und das außerordentliche Informationsrecht ohnehin nicht beschränkbar ist (→ Rn. 28), bedarf es der Anerkennung dieser Ausnahme allerdings nicht einmal.

28 **b) Das außerordentliche Informationsrecht nach Abs. 3.** Eine Einschränkung des außerordentlichen Informationsrechts nach Abs. 3 ist nicht zulässig (OLG Hamm 19.2.1970, BB 1970, 509). Allerdings soll eine im Gesellschaftsvertrag enthaltene Schiedsklausel Anträge nach Abs. 3 hindern können (BayObLG 10.10.1978, DB 1978, 2405).

29 **2. Erweiterung der Informationsrechte.** Die Gesellschafter können das Informationsrecht des Kommanditisten nach Belieben erweitern. Das gilt sowohl für das ordentliche wie auch für das außerordentliche Informationsrecht. Insbesondere bei der personen- oder gar beteiligungsidentischen GmbH & Co. KG, bei der alle Kommanditisten zugleich Gesellschafter der Komplementär-GmbH sind und gegenüber dieser die Rechte aus § 51a GmbHG ausüben können, ist es in der Praxis häufig so, dass den Gesellschaftern auch in ihrer Eigenschaft als Kommanditisten ein § 51a GmbHG vergleichbares Auskunfts- und Einsichtsrecht im Gesellschaftsvertrag der KG eingeräumt wird (MHdB GesR II/*Gummert* § 50 Rn. 87). Auch ohne derartige gesellschaftsvertragliche Regelung kommt allerdings in Betracht, dass die Kommanditisten in ihrer Eigenschaft als Gesellschafter der Komplementärin von dieser umfassend Auskunft über und Einsichtnahme in die Angelegenheiten der KG nach § 51a GmbHG verlangen können, Einsichtnahme jedenfalls insoweit, als sie sich auf Geschäftsunterlagen im Eigentum der GmbH erstreckt. Die Angelegenheiten der (GmbH & Co.) KG sind aufgrund der persönlichen Haftung der Komplementär-GmbH für die Verbindlichkeiten der KG prinzipiell zugleich Angelegenheiten der Komplementär-GmbH. Umgekehrt ist es freilich nicht so, dass sich die Einsichtsrechte des Kommanditisten stets auch auf die Angelegenheiten der Komplementär-GmbH erstrecken (→ Rn. 21a). Dem ausschließlich an der KG beteiligten Kommanditisten stehen also gegen die Komplementär-GmbH als solche und in Bezug auf deren Angelegenheiten keine Einsichts- oder gar Auskunftsrechte zu. Sind an der KG sowohl Nurkommanditisten als auch Kommanditisten beteiligt, die zugleich Gesellschafter der Komplementär-GmbH sind, kann es zu einem höchst unterschiedlichen Informationsstand der Kommanditisten kommen. Wird dies als Problem angesehen, lässt sich dieses durch die Gewährung eines Einsichts- und Auskunftsrechts entsprechend § 51a GmbHG bei der KG zugunsten der Nurkommanditisten im Wesentlichen lösen.

[Gewinn und Verlust]

167 (1) **Die Vorschriften des § 120 über die Berechnung des Gewinns oder Verlustes gelten auch für den Kommanditisten.**

(2) **Jedoch wird der einem Kommanditisten zukommende Gewinn seinem Kapitalanteil nur so lange zugeschrieben, als dieser den Betrag der bedungenen Einlage nicht erreicht.**

(3) **An dem Verluste nimmt der Kommanditist nur bis zum Betrage seines Kapitalanteils und seiner noch rückständigen Einlage teil.**

Übersicht

I. Allgemeines

1 Abs. 1 der Vorschrift verweist für die Berechnung des Gewinns oder Verlustes auf § 120, der auch für den Kommanditisten gelten soll. Tatsächlich gemeint ist damit zunächst, dass – selbstverständlich – bei der KG das Ergebnis der Gesellschaft insgesamt genauso ermittelt wird (Ermittlung auf den Schluss eines Geschäftsjahres aufgrund einer Bilanz iSd § 4 Abs. 1 EStG) wie bei der OHG (→ § 120 Rn. 11 ff.). Abs. 2 der Vorschrift regelt sodann – insoweit abweichend von § 120 Abs. 2 –, dass der einem Kommanditisten zukommende Gewinn seinem Kapitalanteil nur solange zugeschrieben wird, als dieser den Betrag der bedungenen Einlage nicht erreicht, während dem persönlich haftenden Gesellschafter der Gewinn gem. § 161 Abs. 2 iVm § 120 Abs. 2 unbegrenzt zugeschrieben wird. Zweck der **Be-**

grenzung der Zuschreibung von Gewinnanteilen auf den Betrag der Einlage ist es, zu verhindern, dass sich im Falle beweglicher Kapitalanteile, dies ist nach § 120 Abs. 2 der gesetzliche Regelfall, die Beteiligung des Kommanditisten am Gewinn trotz seiner nur begrenzten Teilnahme am Verlust erhöht.

Abs. 3 begrenzt die Teilnahme des Kommanditisten am Verlust auf den Betrag seines Kapitalanteils und seiner noch rückständigen Einlage, und zwar insgesamt bezogen auf die Dauer der Beteiligung des Kommanditisten, nicht bezogen auf eine Ergebnisermittlungsperiode. 2

II. Einzelerläuterung

1. Ermittlung von Gewinn und Verlust der KG. Für die Ermittlung des Gewinns oder Verlustes der KG gilt nach Abs. 1 § 120 Abs. 1 (→ § 120 Rn. 2). 3

2. Begrenzte Zuschreibung des Gewinns des Kommanditisten. a) Gewinn. Gewinn, der auf den Kommanditisten entfällt, wird nach § 161 Abs. 2 iVm § 120 Abs. 2 und begrenzt durch Abs. 2 der hier kommentierten Bestimmung seinem Kapitalanteil zugeschrieben. Auf welche Weise der Kommanditist mangels abweichender gesellschaftsvertraglicher Vereinbarungen am Gewinn der Gesellschaft teilnimmt, ergibt sich aus § 168 iVm § 121 Abs. 1 und 2. Aus diesen Bestimmungen folgt, dass der Gewinn in einem ersten Schritt und bis zu einer Höhe von 4 % des jeweiligen Kapitalanteils auf alle Gesellschafter, also auch auf den oder die Kommanditisten, verteilt wird (§ 168 Abs. 1). In einem zweiten Schritt erfolgt die Verteilung nach § 168 Abs. 2. 4

b) Kapitalanteil. Die gesetzlichen Bestimmungen definieren nicht, was unter dem Begriff des Kapitalanteils zu verstehen ist. Für den Kapitalanteil iSd hier kommentierten Vorschrift ist zunächst von dem Betrag der Pflichteinlage, nicht von demjenigen der Hafteinlage iSd § 171, letztere richtigerweise als Haftsumme zu bezeichnen, auszugehen. Darauf, dass die Pflichteinlage bereits geleistet ist, kommt es nach den gesetzlichen Bestimmungen (nur) insoweit an, als der Kapitalanteil (genauer: der jeweils aktuelle Stand des Kapitalanteils) als Rechenziffer aus dem Saldo der bedungenen Einlage (Pflichteinlage) einerseits und dem ausstehenden Teil der Einlage, etwa aufgelaufenen anteiligen Gewinnen, Verlusten und getätigten Entnahmen andererseits ermittelt (EBJS/*Weipert* § 168 Rn. 4) und der Vorabgewinn nach § 168 Abs. 1 iVm § 121 nach dem jeweiligen Stand des Kapitalanteils verteilt wird (→ § 168 Rn. 2). Der Kapitalanteil ist idS variabel („beweglich"). 5

c) Zuschreibung. Abs. 2 der Vorschrift begrenzt für die Kommanditisten die Zuschreibung auf den Betrag des Kapitalanteils (der bedungenen Einlage). Hat der Kommanditist seine Pflichteinlage bereits **vollständig** geleistet, findet also keine Zuschreibung von Gewinn statt. Der auf den Kommanditisten entfallende Gewinn, der den Kapitalanteil (den Betrag der bedungenen Einlage) übersteigt, bei vollständig geleisteter Pflichteinlage somit der gesamte Gewinnanteil, wird dem Privat- oder Verrechnungskonto des Kommanditisten zugebucht. Dies wird in der gesetzlichen Bestimmung nicht ausdrücklich erwähnt, aber – ebenso wie die Existenz eines Privat- oder Verrechnungskontos – vorausgesetzt. Sowohl der auf dem Kapitalkonto als auch der auf dem Privatkonto jeweils verbuchte Betrag werden nur verzinst, wenn eine diesbezügliche Vereinbarung (ausdrücklich oder stillschweigend) getroffen wurde. Der auf dem Privatkonto gebuchte Gewinn kann jederzeit vom Kommanditisten entnommen werden, wenn der Gesellschaftsvertrag insoweit keine Einschränkungen vorsieht. Über den Entnahmeanspruch kann der Kommanditist beliebig verfügen, ihn insbesondere abtreten oder verpfänden. Gläubiger können diesen Anspruch pfänden und sich zur Einziehung überweisen lassen (§ 717 S. 1 BGB). Einmal auf dem Privatkonto gebuchter Gewinn kann auch dann entnommen werden, wenn der Kapitalanteil des Kommanditisten später unter den Betrag der bedungenen Einlage herabsinkt oder gar negativ wird (*Huber* ZGR 1988, 1 (8)). Ohne diesbezügliche Vereinbarung findet keine Verrechnung des etwa durch Verluste angegriffenen Kapitalkontos mit dem Privatkonto statt. Das Kapitalkonto ist allein aus künftigen Gewinnen aufzufüllen. Ebenso wenig kann der Kommanditist ohne diesbezügliche Vereinbarung seinen Kapitalanteil und damit seine Beteiligung an künftigen Ergebnissen der KG erhöhen. 6

3. Begrenzte Teilnahme des Kommanditisten am Verlust. Hinsichtlich des auf den Kommanditisten entfallenden Verlusts gilt nach Abs. 3 der Vorschrift, dass der Kommanditist daran nur bis zum Betrage seines Kapitalanteils und seiner noch rückständigen Einlage teilnimmt. Der Wortlaut der Bestimmung ist **missverständlich.** Zunächst gilt, dass der auf den Kommanditisten entfallende Verlust (zur Beteiligung des Kommanditisten am Verlust s. auch → § 169 Rn. 3 ff.) unbegrenzt vom Kapitalanteil des Kommanditisten abgeschrieben wird, auch wenn das zur Folge hat, dass der Kapitalanteil negativ wird (*Knobbe-Keuk* NJW 1980, 2557). Der Kommanditist nimmt also rechnerisch tatsächlich uneingeschränkt am Verlust der Gesellschaft teil. Auch wirtschaftlich betrachtet nimmt der Kommanditist beispielsweise an den zwischen zwei Gewinnjahren entstehenden Verlusten durchaus unbegrenzt – über den Betrag des Kapitalanteils (der bedungenen Pflichteinlage) hinaus – teil. Die insoweit gegebene unbeschränkte Verlustteilnahme des Kommanditisten ergibt sich daraus, dass ein durch das Verlustjahr negativer Kapitalanteil des Kommanditisten aus späteren Gewinnen aufzufüllen ist, bis der Betrag seines Kapitalanteils (der bedungenen Einlage) wieder erreicht ist. Erst diesen Betrag übersteigende Gewinn- 7 anteile können (wieder) entnommen werden. Der Kommanditist nimmt aber – und dies will Abs. 3 ausdrücken – insoweit nicht an einem seinen Kapitalanteil und den Betrag der rückständigen Einlage übersteigenden Verlust teil, als er nicht verpflichtet ist, und zwar weder während des Bestehens des Gesellschaftsverhältnisses noch bei seinem Ausscheiden, seinen geminderten oder gar negativ gewordenen Kapitalanteil durch **Zahlung** in das Gesellschaftsvermögen aufzufüllen (BGH 23.10.1985, WM 1986, 235; BGH 13.12.1982, BGHZ 86, 126). Für die Dauer der Zugehörigkeit zur KG folgt dies bereits aus § 161 Abs. 2, § 105 Abs. 3 iVm § 707 BGB. Für den Zeitpunkt der Liquidation oder denjenigen des Ausscheidens des Kommanditisten aus der KG ergibt sich dies aber erst aus Abs. 3 der Vorschrift, die für den Kommanditisten von §§ 735, 739 BGB abweicht.

8 Konsequenz der insoweit beschränkten Verlustteilnahme des Kommanditisten ist, dass der bei Ausscheiden des Kommanditisten oder Liquidation der KG negative Kapitalanteil die Kapitalkonten der übrigen Gesellschafter und deren Teilhabe am Ergebnis belastet (zu den Konsequenzen des negativen Kapitalkontos EBJS/*Weipert* Rn. 11 ff.).

III. Abdingbarkeit

9 Die Vorschrift ist in vollem Umfang dispositiv, vgl. § 163 (zu abweichenden Gestaltungsoptionen s. vor allem *Huber* ZGR 1988, 1). In der Praxis wird hiervon regelmäßig Gebrauch gemacht.

10 **1. System der festen Kapitalanteile.** In der Praxis ist es üblich, den Gesellschaftern einer KG feste, unveränderliche Kapitalanteile zuzuordnen. Diese Anteile werden auf dem sogenannten Kapitalkonto I (Festkapitalkonto) „gebucht". Die Höhe der festen Kapitalanteile ist für die Beteiligung der Gesellschafter am Ergebnis der Gesellschaft, für die ihnen zustehenden Stimmrechte und für die Beteiligung am Liquidationserlös bzw. für den Abfindungsanspruch maßgeblich. Auf einem sogenannten Kapitalkonto II (bewegliches Kapitalkonto) wird der Betrag der geleisteten Einlage und werden künftige Gewinne, Verluste und Rücklagen gebucht. Daneben wird zumindest ein weiteres Konto (Privat- oder Verrechnungskonto, auch als Darlehenskonto bezeichnet) eingerichtet, auf dem entnahmefähige Gewinne und Forderungen gegen den Gesellschafter gebucht werden. Dieses Konto hat grundsätzlich zivilrechtlich gesehen Darlehenscharakter, weist also Forderungen des Gesellschafters gegen die Gesellschaft oder Verbindlichkeiten des Gesellschafters dieser gegenüber aus, während die Kapitalkonten I und II Eigenkapitalcharakter haben.

11 Die Besonderheit der Einrichtung fester Kapitalkonten besteht darin, dass entsprechend der gesetzlichen Regelung die Kapitalkonten des Kommanditisten, aber – insoweit entgegen der gesetzlichen Regelung – auch diejenigen der Komplementäre unverändert bleiben, was insbesondere Unstimmigkeiten bei der Ergebnisverteilung verhindert, wenn die Kapitalanteile der Gesellschafter negativ geworden sind.

12 **2. Gewinnzuschreibung.** Von Abs. 2 kann dahingehend abgewichen werden, dass der auf einen Kommanditisten entfallende Gewinn dessen Kapitalanteil über den Betrag der Pflichteinlage hinaus, entweder unbegrenzt oder bis zu einem Höchstbetrag, zugeschrieben wird. Der **Gesellschaftsvertrag** kann ferner Regelungen darüber treffen, wie mit demjenigen Gewinn, der dem Kapitalanteil nicht zuzuschreiben ist, verfahren wird, darf also beispielsweise vorsehen, dass dieser Betrag nur teilweise und binnen bestimmter Fristen entnommen werden kann und iÜ der Gesellschaft als Darlehen zu bestimmten Konditionen zu überlassen ist. Wird hierzu nichts weiter vereinbart, sind der Gesellschaft auf diese Weise gewährte Darlehen kündbar (vgl. § 488 Abs. 3 BGB, dazu OLG Düsseldorf 18.10.1962, BB 1963, 284). Ist die Kündigung ausgeschlossen, was für zulässig gehalten wird (vgl. OLG Düsseldorf 18.10.1962, BB 1963, 284), stellt sich die Frage, inwieweit der Kommanditist gleichwohl berechtigt ist, den für die Begleichung der mit seiner Beteiligung verbundenen Steuerbetrag zu entnehmen, wobei außerdem zu berücksichtigen ist, dass Handels- und Steuerbilanz auseinanderfallen können und die Entstehung eines steuerlichen Gewinns nicht zwingend mit einer entsprechenden Liquidität der Gesellschaft und einer Verteilung dieser Liquidität an die Gesellschafter (durch Verbuchungen auf den Privatkonten) einhergeht. Grundsätzlich gilt, dass ein Steuerentnahmerecht besteht, sofern der KG die erforderliche Liquidität zur Verfügung steht und nicht ausdrücklich etwas Abweichendes vereinbart ist (→ § 169 Rn. 14a).

13 Den Gesellschaftern ist zu empfehlen, bei allen Vereinbarungen, die dazu verpflichten, Gewinne im Gesellschaftsvermögen zu belassen, klarzustellen, ob diese Beträge wie Eigen- oder wie Fremdkapital zu behandeln sind, damit eine eindeutige Zuordnung ermöglicht wird. Auch etwaige Entnahmerechte, vor allem die Modalitäten eines Steuerentnahmerechts, sollten geregelt werden (→ § 169 Rn. 12 ff.).

14 **3. Erweiterung der Teilnahme am Verlust.** Von Abs. 3 der Vorschrift kann ebenfalls in jeder Hinsicht abgewichen werden. So kann, korrespondierend zu einer Vereinbarung, der zufolge ein Gesellschafter ohne Kapitalanteil am Gewinn nicht teilzunehmen berechtigt ist, auch seine Beteiligung am Verlust ausgeschlossen werden. Bei der typischen GmbH & Co. KG trifft dies regelmäßig auf die Komplementär-GmbH zu. Ebenso ist es denkbar, den Kommanditisten über die eingeschränkte Teilhabe am Verlust (→ Rn. 7) abweichend von § 707 BGB eine Verlustausgleichs- oder Nachschusspflicht

aufzuerlegen. Eine entsprechende gesellschaftsvertragliche Regelung muss hinreichend bestimmt sein. Insbesondere muss sich aus der Regelung verlässlich ergeben, bis zu welchem Umfang die Kommanditisten nachzuschießen verpflichtet sind.

[Verteilung von Gewinn und Verlust]

168 (1) **Die Anteile der Gesellschafter am Gewinne bestimmen sich, soweit der Gewinn den Betrag von vier vom Hundert der Kapitalanteile nicht übersteigt, nach den Vorschriften des § 121 Abs. 1 und 2.**

(2) **In Ansehung des Gewinns, welcher diesen Betrag übersteigt, sowie in Ansehung des Verlustes gilt, soweit nicht ein anderes vereinbart ist, ein den Umständen nach angemessenes Verhältnis der Anteile als bedungen.**

I. Allgemeines

Abs. 1 der Vorschrift verweist auf § 121 Abs. 1 und 2 und sieht eine Verteilung des Gewinnes iHv bis zu 4 % des Gesamtbetrages der Kapitalanteile nach den für die OHG geltenden Bestimmungen vor. Darüber hinausgehender Gewinn sowie Verluste sind Abs. 2 zufolge mangels abweichender Vereinbarung nach einem den Umständen nach angemessenen Verhältnis zu verteilen. 1

II. Einzelerläuterung

1. Verteilung des Vorzugsgewinnanteils. Ein Gewinn iHv bis zu 4 % bezogen auf den Betrag der Summe der beweglichen (→ § 167 Rn. 5) Kapitalanteile wird im Verhältnis der Beträge der Kapitalanteile zueinander verteilt. Entscheidend ist insoweit nicht der Betrag des vereinbarten Kapitalanteils (der bedungenen Pflichteinlage), sondern der Umfang der darauf bereits erbrachten Einlage einschließlich etwaiger Gewinnzuschreibungen nach § 167 Abs. 2 und abzüglich etwaiger anteiliger Verluste und Entnahmen (→ § 167 Rn. 5). Entsprechend der Verweisung auf § 121 Abs. 1 und 2 gilt, dass Einlagen und Entnahmen während des Geschäftsjahres zeitanteilig zu berücksichtigen sind. Erreicht der erwirtschaftete Gewinn nicht 4 % des Betrages der Summe der Kapitalanteile, findet eine anteilige Kürzung statt. Nur **positive Kapitalanteile** werden bedient. Negative Kapitalanteile mindern den Betrag der positiven Kapitalanteile nicht, sie werden überhaupt nicht berücksichtigt (zutr. EBJS/*Weipert* Rn. 5). 2

2. Verteilung des 4 % der Kapitalanteile übersteigenden Gewinns. Während bei der OHG der Mehrgewinn nach Köpfen und somit unabhängig von der Höhe der (beweglichen) Kapitalanteile verteilt wird (§ 121 Abs. 3), bestimmt Abs. 2 vorbehaltlich einer anderslautenden gesellschaftsvertraglichen Regelung eine Verteilung in einem **angemessenen Verhältnis.** Für die Verteilung sind insbesondere die Beiträge der Gesellschafter zu berücksichtigen, so beispielsweise die Tätigkeit des persönlich haftenden Gesellschafters und einzelner Kommanditisten für die KG, soweit hierfür keine besondere Vergütung vereinbart ist (BGH 22.3.1956, WM 1956, 1062). Auch die Übernahme der persönlichen Haftung durch den Komplementär ist ein solcher Beitrag. Innerhalb der Gruppe der Komplementäre und derjenigen der Kommanditisten kann ebenfalls differenziert werden. Hinsichtlich des nach Berücksichtigung angemessener Vorabgewinne verbleibenden Betrages findet eine Verteilung nach dem Verhältnis der Kapitalanteile zueinander statt, die ihrerseits als angemessen gilt. 3

Besteht Streit über die Art und Weise der Gewinnverteilung, ist dieser nach der Rspr. zwischen den Gesellschaftern, nicht im Verhältnis zwischen Gesellschaftern und Gesellschaft, auszutragen (BGH 17.12 1973, WM 1974, 177). Aufgrund der Gestaltungswirkung des Urteils sind alle Gesellschafter entweder auf der Aktiv- oder auf der Passivseite als jeweils notwendige Streitgenossen beteiligt (BGH 10.10.1983, WM 1983, 1279 (1280) – obiter dictum). In Betracht kommt eine Feststellungsklage gegen die einem bestimmten Verteilungsmaßstab widersprechenden Gesellschafter, wenn ein Rechtsschutzbedürfnis dafür besteht, nicht nur über die Verteilung des Gewinns für ein bestimmtes Geschäftsjahr, sondern auch für folgende Geschäftsjahre verbindlich entscheiden zu lassen. 4

3. Verteilung des Verlusts. Auch hinsichtlich der Verteilung des Verlusts gilt abweichend von § 121 Abs. 3, dass dieser nicht nach Köpfen, sondern in einem **angemessenen Verhältnis** von den Gesellschaftern zu tragen ist. Als angemessen wird von der ganz überwA regelmäßig die Verteilung nach Kapitalanteilen angesehen (Baumbach/Hopt/*Roth* Rn. 3; aA EBJS/*Weipert* Rn. 12). Dies führt insbesondere dann zu Schwierigkeiten, wenn die Kapitalanteile einzelner oder aller Gesellschafter negativ sind. 5

III. Abdingbarkeit

Die Vorschrift ist dispositiv. In der Praxis wird von der Dispositivität üblicherweise Gebrauch gemacht und eine Verteilung des Ergebnisses (Gewinn und Verlust) nach (festen) Kapitalanteilen vereinbart. Dem liegt die Erkenntnis zugrunde, dass eine Verteilung nach beweglichen Kapitalanteilen entsprechend den 6 gesetzlichen Bestimmungen spätestens dann scheitert, wenn negative Kapitalanteile entstehen und diese Kapitalanteile nicht mehr als Bemessungsgröße dienen können (BGH 22.3.1956, WM 1956, 1062). Auch besteht bei der Ergebnisverteilung nach beweglichen Kapitalanteilen Manipulationsspielraum, wenn der Gesellschaftsvertrag die beliebige Erhöhung durch Einlagen zulässt (BGH 23.1.1967, WM 1967, 317 (318); *Huber,* Vermögensanteil, Kapitalanteil und Gesellschaftsanteil an Personengesellschaften des Handelsrechts, 1970, 274).

7 Denkbar ist es, auch bei einer Verteilung nach festen Kapitalanteilen für tätige Gesellschafter einen **Vorabgewinn,** ggf. – anstelle einer Tätigkeitsvergütung – einen garantierten Gewinnanteil, vorzusehen, der auch in Verlustjahren zu bezahlen ist. Eine gesellschaftsvertragliche Vereinbarung, der zufolge bestimmte Gesellschafter eine feste Verzinsung oder einen garantierten Gewinnanteil erhalten, ist im Zweifel dahingehend auszulegen, dass diese Gesellschafter am Verlust nicht teilnehmen (BGH 27.1.1975, WM 1975, 662). Im Außenverhältnis kann Folge einer derartigen Vereinbarung sein, dass die Haftung der betreffenden Kommanditisten gegenüber Gläubigern der KG wieder auflebt (→ § 172 Rn. 44 ff., → § 172 Rn. 57 ff.).

[Gewinnauszahlung]

169 (1) [1] **§ 122 findet auf den Kommanditisten keine Anwendung.** [2] **Dieser hat nur Anspruch auf Auszahlung des ihm zukommenden Gewinns; er kann auch die Auszahlung des Gewinns nicht fordern, solange sein Kapitalanteil durch Verlust unter den auf die bedungene Einlage geleisteten Betrag herabgemindert ist oder durch die Auszahlung unter diesen Betrag herabgemindert werden würde.**

(2) **Der Kommanditist ist nicht verpflichtet, den bezogenen Gewinn wegen späterer Verluste zurückzuzahlen.**

Übersicht

I. Allgemeines

1 Die Vorschrift trägt zum einen dem gesetzlichen Leitbild vom Kommanditisten als einem nur kapitalmäßig an der KG beteiligten Gesellschafter Rechnung, indem sie das gewinnunabhängige Entnahmerecht nach § 122 Abs. 1 S. 1 auf den persönlich haftenden Gesellschafter, der in die KG seine Arbeitskraft einbringt und davon lebt, beschränkt. Zum anderen sind Gegenstand der Vorschrift Aspekte der Aufbringung und Sicherung sowie der Erhaltung der vom Kommanditisten versprochenen Einlageleistung.

II. Einzelerläuterung

2 **1. Ausschluss des gewinnunabhängigen Entnahmerechts.** Abs. 1 S. 1 schließt für den Kommanditisten das gewinnunabhängige Entnahmerecht des Komplementärs nach § 122 Abs. 1 Hs. 1 (→ § 122 Rn. 21 ff.) aus. Der Kommanditist hat damit ausschließlich nach Maßgabe von Abs. 1 S. 2 beschränkte

Gewinnauszahlungsansprüche. § 122 Abs. 2 wird zwar durch Abs. 1 S. 1 ebenfalls ausgeschlossen, aber durch den inhaltsgleichen Abs. 2 ersetzt.

2. Gewinnentnahmerecht nach den gesetzlichen Bestimmungen. Gewinn, der auf ihn entfällt, kann der Kommanditist nach Abs. 1 S. 2 Hs. 1 grundsätzlich entnehmen, also Auszahlung verlangen. Dies gilt ausnahmsweise dann nicht, wenn die Entnahme des Gewinns bei der Gesellschaft einen Schaden verursachen würde. Umstritten ist, ob insoweit § 122 Abs. 1 entgegen S. 1 der Vorschrift herangezogen werden kann oder ob diese Einschränkung aus der Treuepflicht des Kommanditisten abzuleiten ist. Im praktischen Ergebnis kann dies dahingestellt bleiben. 3

a) Gewinn. Abs. 1 S. 2 betrifft den Anspruch des Kommanditisten auf Gewinnauszahlung. Voraussetzung ist eine Gewinngutschrift auf dem Privatkonto des Kommanditisten, die wiederum die Erzielung eines Gewinns, dessen Feststellung und die anschließende Verteilung voraussetzt. Frühestens mit **Feststellung** des innerhalb der Grenzen des § 243 Abs. 3 aufzustellenden Jahresabschlusses und der Verteilung des Ergebnisses erfolgt die Gewinngutschrift. Zu Recht wird bemerkt, dass der Begriff „Gewinn" veraltet und durch „Jahresüberschuss" zu ersetzen ist. Statt „Verlust" muss es „Jahresfehlbetrag" heißen (EBJS/*Weipert* Rn. 4). 4

b) Gewinngutschrift. Der auf den Kommanditisten anteilig entfallende Jahresüberschuss wird allerdings nicht in jedem Falle und in voller Höhe seinem Privatkonto, sondern zunächst seinem Kapitalkonto gutgeschrieben, und zwar bis zum Betrag der „bedungenen" Einlage. Die Gutschrift auf dem Kapitalkonto führt damit zu einer Verrechnung mit in der Vergangenheit demselben Konto belasteten, auf den Kommanditisten entfallenden Jahresfehlbeträgen. 5

c) Gewinnauszahlung. Die Auszahlung des Gewinns kann der Kommanditist nur nach Maßgabe der folgenden Voraussetzungen verlangen: 6

aa) Minderung des Kapitalanteils durch Verluste. Der Kommanditist darf Gewinn dann (und insoweit) nicht entnehmen, wenn bzw. wie sein Kapitalanteil aufgrund von Verlusten unter dem Betrag der vereinbarten Pflichteinlage liegt oder jedenfalls infolge der Auszahlung darunter liegen würde. Genauer ausgedrückt kommt es bei einem um Verluste geminderten Kapitalkonto in Höhe der Differenz zur „bedungenen Einlage" gar nicht erst zur Gutschrift auf dem Privatkonto des Kommanditisten. 7

bb) Noch nicht vollständig erbrachte Einlage. Die Vorschrift regelt nicht ausdrücklich, was gilt, wenn der Kommanditist die Pflichteinlage noch nicht (gar nicht oder noch nicht vollständig, auch dann kann ein Anspruch des Kommanditisten auf Gewinn nach § 168 Abs. 2 bestehen) geleistet hat. Daraus wird geschlossen, dass der Kommanditist auch in diesen Fällen Anspruch auf Auszahlung seines Gewinnanteils hat, dass aber die KG gegen diesen Anspruch den ihr zustehenden Anspruch auf Zahlung der Einlage aufrechnen darf, so dieser Anspruch der Gesellschaft fällig ist. Bis zur Fälligkeit der Einlageschuld dürfe der Kommanditist Gewinnanteile jedoch entnehmen, sich also auszahlen lassen (Baumbach/Hopt/*Roth* Rn. 4). Dem wird hinsichtlich der Behandlung fälliger Einlageforderungen auch für den Fall, dass die Gesellschaft nicht aufrechnet, zutreffend widersprochen (EBJS/*Weipert* Rn. 12). Denn für fällige Einlageforderungen ergibt sich bereits aus § 167 Abs. 2, dass anteiliger Gewinn dem Kapitalanteil zuzuschreiben ist, sodass die Einlageforderung in dieser Höhe erfüllt wird. Eine Auszahlung kommt in einer solchen Konstellation deshalb nicht oder nicht in voller Höhe (wenn der Gewinn höher als der Betrag der rückständigen Einlage ist nämlich nur in Höhe der Differenz) in Betracht. Einer – noch dazu in das Ermessen der geschäftsführungs- und vertretungsbefugten Gesellschafter gestellten – Aufrechnung bedarf es deshalb nicht. 8

cc) Auszahlung. Der nach Ausgleich von Verlusten und Deckung der fälligen Einlageforderung verbleibende Betrag ist dem Privatkonto des Kommanditisten zuzuschreiben; der Kommanditist kann Auszahlung verlangen. 9

dd) Zeitliche Einschränkung des Auszahlungsanspruchs. Nach Abs. 1 der Vorschrift findet § 122 auf den Kommanditisten keine Anwendung. Dies gilt nach überwiegender und zutreffender Auffassung (vgl. Baumbach/Hopt/*Roth* Rn. 5, siehe ferner Staub/*Casper* Rn. 4) auch für die Einjahresgrenze des § 122 Abs. 1 Hs. 1. Neben dem Wortlaut von Abs. 1 spricht für die Richtigkeit dieser Auffassung auch § 167 Abs. 2, wonach der einem Kommanditisten zukommende Gewinn seinem Kapitalanteil nur solange zugeschrieben wird, als dieser den Betrag der bedungenen Einlage nicht erreicht. Wenn der auf den Kommanditisten entfallende Gewinn nach Leistung der Pflichteinlage nicht dem Kapitalanteil zugeschrieben werden kann, kommt nur eine Verbuchung auf dem Privat- oder Verrechnungskonto des Kommanditisten in Betracht. Sofern der Gesellschaftsvertrag keine abweichenden Vereinbarungen enthält, ist deshalb die jederzeitige Entnahme möglich. Im Einzelfall kann der Kommanditist jedoch gehalten sein, ein über längere Zeit nicht entnommenes und der Gesellschaft belassenes Gewinnguthaben nach den Vorschriften über das Darlehen zu kündigen, sodass die Fälligkeit des Auszahlungsanspruchs erst mit Ablauf der Kündigungsfrist (wieder) eintritt. 10

11 **3. Rückzahlung bezogener Gewinne.** Nach Abs. 2 besteht keine Verpflichtung des Kommanditisten, einmal bezogene (dh ausgezahlte oder dem Privatkonto zugeschriebene) Gewinne zurückzuzahlen, wenn später Verluste eintreten und der Kapitalanteil des Kommanditisten gemindert oder gar negativ wird. Dies gilt aber nur, wenn der Kommanditist den Gewinn zu Recht bezogen hat. Stellt sich heraus, dass der Jahresabschluss unzutreffend war und führt die Korrektur dazu, dass ein geringerer oder gar kein Gewinn auf den Kommanditisten entfallen wäre, besteht nach ganz hM ein bereicherungsrechtlicher Anspruch der KG auf Rückzahlung (BGH 12.7.1982, BGHZ 84, 383 = NJW 1982, 2500 mAnm *K. Schmidt;* aA *K. Schmidt* BB 1984, 1592). Abs. 2 betrifft das **Innenverhältnis** zwischen KG und Kommanditist. Die für das Außenverhältnis zwischen dem Kommanditisten und den Gläubigern der KG geltenden Bestimmungen, insbesondere § 172 Abs. 5, finden danach keine Anwendung, sodass der gute Glaube des Kommanditisten, den ihm zugeschriebenen Gewinn rechtmäßig bezogen zu haben, nicht geschützt wird. Dieser Auffassung ist allerdings im Schrifttum mit einleuchtender Begründung und unter Hinweis auf die Entstehungsgeschichte der Vorschrift widersprochen worden (*K. Schmidt* BB 1984, 1592).

11a **4. Steuerentnahmerecht.** Wie ausgeführt (→ Rn. 2) steht zwar dem Komplementär nach § 122 Abs. 1 Hs. 1 ein gewinnunabhängiges Entnahmerecht zu. Für den Kommanditisten ist ein solches Entnahmerecht jedoch nicht nur nicht vorgesehen, es wird ausdrücklich ausgeschlossen (Abs. 1 S. 1). Damit besteht dem Wortlaut des Gesetzes zufolge grundsätzlich auch kein (gewinnunabhängiges) Steuerentnahmerecht. Gleichwohl wurde dem Kommanditisten ein solches Entnahmerecht nach verbreiteter Auffassung im Schrifttum im Einzelfall auch ohne gesellschaftsvertragliche Grundlage zugebilligt, wenn die auf die Erträge aus seiner Beteiligung entfallenden Steuern nicht aus dem entnahmefähigen Gewinn bezahlt werden können (Schlegelberger/*Martens* Rn. 19; *Ernst* BB 1961, 377 (380)). Selbst bezogen auf Erbschaftsteuer wurde dem Erben eines Gesellschafters ein Entnahmerecht für den Fall eingeräumt, dass er diese Steuer nicht aus seinem Privatvermögen zu bezahlen in der Lage ist und die Entnahme aus dem Gesellschaftsvermögen nicht zu einem Schaden bei der Gesellschaft führt (*Barz* FS Knur, 1972, 25 (33); offen geblieben in der Entscheidung BGH WM 1977, 1022 (1024)). Der BGH (29.3.1996, NJW 1996, 1678 (1682)) hat demgegenüber geurteilt, dass ein allgemeines gesetzliches Steuerentnahmerecht neben dem Entnahmerecht des Komplementärs nach § 122 für den Komplementär wie auch für den Kommanditisten nicht anzuerkennen ist, und zwar weder in Bezug auf Ertragsteuern noch für Substanzsteuern. Dies gilt auch in der Insolvenz der Gesellschaft (BGH 5.4.2016, DStR 2016, 1273). Aus dieser Betrachtung resultieren Erstattungsansprüche der Gesellschaft gegen ihre Gesellschafter, wenn die Gesellschaft Kapitalertragsteuern zahlt, weil diese auf die Steuerpflicht der Gesellschafter angerechnet werden und die Gesellschaft somit eine Vorauszahlung auf die Einkommensteuerschuld der Gesellschafter bewirkt (BGH 16.4.2013, DStR 2013, 1391; BGH 5.4.2016, DStR 2016, 1273). Die Rspr. des BGH ist unter anderem mit dem Hinweis kritisiert worden, der steuerpflichtige Gewinn werde „im Gesellschaftsvermögen" erzielt, sodass aus Gründen der Treuepflicht ein Entnahmeanspruch hinsichtlich der steuerlichen Belastungen anzuerkennen sei, die aus nicht entnahmefähigen Gewinnanteilen herrühren (*Schön* FS Beisse, 1997, 471 (484, 487)). Nach Auffassung des BGH muss dagegen der Tatrichter feststellen, ob im Einzelfall ein Steuerentnahmerecht begründet ist. Der BGH hat zwar entgegen mancher Interpretation ein Steuerentnahmerecht nicht kategorisch ausgeschlossen, verlangt für die Annahme eines solchen Rechts aber eine gesellschaftsvertragliche Grundlage, nämlich eine besondere diesbezügliche Regelung im Gesellschaftsvertrag (unter Hinweis auf *Goerdeler* FS Werner, 1984, S. 153 (162 Fn. 29)). Aus der aktuellen Rspr. des BGH zur Überprüfung von Mehrheitsbeschlüssen im Personengesellschaftsrecht kann sich allerdings im Einzelfall ein Anspruch auf Entnahme der für die Begleichung von Steuerverbindlichkeiten erforderlichen Beträge ergeben, wenn ein die Entnahme ablehnender Mehrheitsbeschluss unangemessen treuwidrig und daher nichtig ist (s. dazu EBJS/*Ehricke* § 122 Rn. 55). Dieser Anspruch ist aber auf Ertragsteuern beschränkt und zudem der Höhe nach auf die für den steuerlichen Gewinn zu zahlenden Steuern begrenzt (EBJS/*Ehricke* § 122 Rn. 55). Erbschaft- und Schenkungsteuer sind dem privaten Bereich des Gesellschafters zuzuordnen, sodass ein Entnahmerecht in Bezug auf diese Steuern ausscheidet (Staub/*Schäfer* § 122 Rn. 34; MüKoHGB/*Priester* § 122 Rn. 62; ferner BGH 26.3.1990, ZIP 1990, 1327 (1328); abweichend EBJS/*Weipert* Rn. 26, wobei nicht ganz eindeutig ist, ob diesbezüglich ein gesetzliches, etwa auf die Treuepflicht gestütztes Entnahmerecht bestehen soll oder ob Voraussetzung des Entnahmerechts ist, dass der Gesellschaftsvertrag überhaupt ein Steuerentnahmerecht vorsieht (vgl. EBJS/*Weipert* Rn. 25)).

III. Abdingbarkeit

12 Die Vorschrift ist vollständig dispositiv (vgl. § 163).

13 **1. Erweiterung des Entnahmerechts. a) Grundsatz.** Das Entnahmerecht des Kommanditisten kann im Innenverhältnis beliebig erweitert, insbesondere **gewinnunabhängig** ausgestaltet werden. Der Kommanditist trägt das Risiko des Wiederauflebens seiner Haftung gegenüber Gläubigern der KG (§ 172 Abs. 4). Diese Haftung ist allerdings auf die Haftsumme beschränkt, während es dem Komman-

ditisten im Innenverhältnis erlaubt sein kann, auch einen die Haftsumme übersteigenden Betrag gewinnunabhängig zu entnehmen (BGH 11.12.1989, NJW 1990, 1109; BGH 5.4.1979, WM 1979, 803; BGH 29.3.1973, BGHZ 60, 324 (327) = NJW 1973, 1036). Rechtfertigen lässt sich die summenmäßig beschränkte Haftung im Außenverhältnis trotz ggf. über diese Summe hinausgehender Entnahme (befugnis) nur in Ansehung der stets unbeschränkten Haftung des Komplementärs. Bei der typischen GmbH & Co. KG greifen zusätzlich die Kapitalerhaltungsmechanismen des GmbHG ein.

b) Entnahmebefugnis ohne Gewinn, Steuerentnahmerecht. Dem Kommanditisten kann ebenso wie dem Komplementär ein gewinnunabhängiges Entnahmerecht zugebilligt werden (BGH 5.4.1979, WM 1979, 803). Vor allem können die Gesellschafter auch vereinbaren, dass unabhängig davon, ob die KG Gewinne erzielt oder nicht, in bestimmten Umfang Liquidität von den Gesellschaftern entnommen werden kann, sei es ohne Rücksicht auf den Umfang der Liquidität oder in Abhängigkeit vom Umfang eines erzielten Liquiditätsüberschusses (vgl. BGH 21.1.1982, NJW 1982, 2065 (2066)). Die Auszahlung von Liquiditätsüberschüssen kann ihre vertragliche Grundlage schlicht im Gesellschaftsvertrag haben, sie kann aber auch darlehensweise erfolgen (OLG Nürnberg 22.12.2014, NZG 2015, 226). Eine Tätigkeit des Kommanditisten für die KG kann in Form eines (gewinnabhängigen) Gewinnvoraus oder eines (gewinnunabhängigen) Garantiegewinns vergütet werden. Auch ohne Tätigkeit für die Gesellschaft kann den Kommanditisten bezogen auf die geleistete Pflichteinlage eine Garantieverzinsung, die ohne Rücksicht auf das Erwirtschaften eines Gewinns zu zahlen ist, versprochen werden. Der Umstand, dass es sich ggfs. um eine Rückzahlung der Einlage handelt, ist haftungsrechtlich relevant, qualifiziert die Auszahlung aber nicht als unentgeltliche und dieserhalb anfechtbare Leistung (BGH 20.7.2017, NZG 2017, 1025 Rn. 13). 14

Ein generelles gesetzliches Steuerentnahmerecht kennt das HGB nicht (BGH 29.3.1996, NJW 1996, 1678 (1682); anders OLG München DB 1994, 1465 (1466); → Rn. 11a). Vielmehr müsse, so der BGH, der Tatrichter im Einzelfall entscheiden, ob für ein solches Recht eine grundsätzlich erforderliche gesellschaftsvertragliche Grundlage vorhanden sei. Ohne eine gesellschaftsvertragliche Grundlage besteht das Steuerentnahmerecht also offenbar nicht, und zwar auch nicht bezogen auf Steuerverbindlichkeiten, die nicht ausgeschüttete, thesaurierte Gewinne betreffen. Ob von einem nicht weiter spezifizierten Steuerentnahmerecht nicht nur Gewinnsteuervorauszahlungen, sondern auch Substanzsteuerzahlungen (Erbschaftsteuer) gedeckt sind, ist Frage des Einzelfalls (s. auch BGH 2.6.1977, WM 1977, 1022 (1024); BGH 5.4.1979, WM 1979, 803 zur Vermögensteuer). Deshalb kann und sollte ein **Steuerentnahmerecht** im Gesellschaftsvertrag ausdrücklich vorgesehen werden, um zum einen der zeitlichen Inkongruenz der Verpflichtung zur Zahlung von Einkommensteuervorauszahlungen und Gewinnauszahlungsansprüchen (EBJS/*Weipert* Rn. 25 f.) und zum anderen etwaigen Abweichungen von Steuer- und Handelsbilanz (steuerlicher Gewinn ist höher als handelsrechtlicher Gewinn) Rechnung zu tragen. Auch empfehlen sich detaillierte Regelungen zur Frage, ob nicht nur Ertragsteuerverbindlichkeiten, sondern zudem mit der Beteiligung in Zusammenhang stehende Substanzsteuerverbindlichkeiten aus dem Gesellschaftsvermögen bedient werden können. Weiter ist zu regeln, ob und in welcher Form das Bestehen der Steuerverbindlichkeiten gegenüber der Gesellschaft nachzuweisen ist und ob Steuererstattungen an die Gesellschaft ausgekehrt werden müssen (s. dazu MHdB GesR II/*Herchen* § 24 Rn. 62 ff.). 14a

c) Verpflichtung zur Rückzahlung von Liquiditätsausschüttungen. Die Auszahlung von Liquiditätsausschüttungen an den Kommanditisten kann in all diesen Fällen zur Konsequenz haben, dass seine Haftung im Außenverhältnis wieder auflebt (→ § 172 Rn. 53 ff.). Im Innenverhältnis gilt, dass gewinnunabhängige Liquiditätsausschüttungen nur dann an die Gesellschaft zurück zu gewähren sind, wenn der Gesellschaftsvertrag dies auch vorsieht (BGH 12.3.2013, NZG 2013, 738; nach dem mitgeteilten Sachverhalt wenig einleuchtend in der Begründung allerdings BGH 16.2.2016, ZIP 2016, 518, zutreffend kritisch von *C. Schäfer* NZG 2016, 543 besprochen; ferner BGH 10.10.2017, NZG 2018, 100; dem BGH folgend, aber in erster Linie auf die Unklarheit der gesellschaftsvertraglichen Regelung im konkreten Fall abstellend OLG Nürnberg 1.8.2016, ZIP 2017, 19; s. ferner OLG Nürnberg 22.12.2014, NZG 2015, 226). Sofern ein Kommanditist ohne diesbezügliche Verpflichtung gewinnabhängige Ausschüttungen an die KG zurückzahlt, kann er seinen Rückforderungsanspruch im Falle einer Insolvenz der KG nicht zur Insolvenztabelle anmelden (OLG Hamburg 14.8.2015, NZG 2015, 1192). 14b

2. Einschränkungen des Entnahmerechts. a) Grundsatz. Durch gesellschaftsvertragliche Regelung kann das Entnahmerecht des Kommanditisten mit dessen Zustimmung beschränkt oder ganz ausgeschlossen werden (OLG Düsseldorf 18.10.1962, BB 1963, 284). 15

b) Darlehen. Denkbar ist auch eine Vereinbarung, die den Kommanditisten verpflichtet, auf ihn entfallenden Gewinn der Gesellschaft als Darlehen für bestimmte oder unbestimmte Zeit zur Verfügung zu stellen. 16

c) Rücklagen. Auch eine Regelung, die zur Aufstockung des Kapitalanteils unmittelbar oder durch Einstellung von Teilen des Gewinns in eine Rücklage zwingt, ist möglich. In einer solchen Konstellation 17 wird der der KG zu belassende Gewinn entgegen der Regelung in § 167 Abs. 2 zu Eigenkapital umqualifiziert.

18 **d) Schranken eines bestehenden Steuerentnahmerechts, Anspruch der Gesellschaft auf Erstattung abgeführter Kapitalertragsteuer.** In den vorstehend skizzierten Konstellationen (→ Rn. 15 –17) stellt sich die Frage, ob dem Kommanditisten ein – gesetzliches oder – ggf. stillschweigend vereinbartes – vertragliches Steuerentnahmerecht zusteht (→ Rn. 11a, 14a).

19 Umgekehrt kann der Gesellschaft gegen den Kommanditisten ein Anspruch auf Erstattung von Kapitalertragsteuer auf Kapitalerträge der Gesellschaft zustehen, wenn die Gesellschaft die Kapitalertragsteuer einbehalten und an das Finanzamt abgeführt hat, denn diese ist beim Kommanditisten anrechnungsfähig, sodass die Abführung eine Entnahme darstellt (BGH 5.4.2016, DStR 2016, 1273). Ausschlaggebend dafür ist die gesellschaftsvertragliche Regelung (BGH 16.4.2013, DStR 2013, 1391).

20 Nach Eröffnung des Insolvenzverfahrens über das Vermögen der Gesellschaft entfällt nach Auffassung des BGH auch das etwa gesellschaftsvertraglich ausdrücklich vorgesehene Steuerentnahmerecht (BGH 5.4.2016, DStR 2016, 1273; s. dazu *Kruth* DStR 2016, 1871), sodass der Insolvenzmasse ein Erstattungsanspruch wegen von der Gesellschaft gezahlter Zinsabschläge zusteht.

[Vertretung der KG]

170 **Der Kommanditist ist zur Vertretung der Gesellschaft nicht ermächtigt.**

I. Allgemeines

1 Die Vorschrift regelt einen weiteren Aspekt des gesetzlichen Leitbilds der KG. Nach diesem Leitbild sind nur die persönlich haftenden Gesellschafter für die KG tätig, während die Kommanditisten eine Kapitalbeteiligung daran halten. Dementsprechend – und nicht zuletzt wegen der Beschränkung ihrer persönlichen Haftung im Gegensatz zur unbeschränkten Haftung der Komplementäre – sind sie von der Vertretung der Gesellschaft ausgeschlossen. Das für Personengesellschaften geltende Prinzip der **Selbstorganschaft,** wonach ausschließlich Mitglieder der Gesellschaft zum organschaftlichen Handeln für die Gesellschaft zugelassen sind, zwingt allerdings nicht dazu, die Kommanditisten von der Vertretung auszuschließen, da diese ebenfalls Mitglieder sind. Deshalb wird die Frage gestellt, ob § 170, wenngleich nicht in § 163 ausdrücklich für dispositiv erklärt, die Einräumung organschaftlicher Vertretungsmacht tatsächlich zwingend hindert (EBJS/*Weipert* Rn. 4; die Aufgabe des Prinzips der Selbstorganschaft bereits de lege lata empfiehlt *Osterloh-Konrad* ZGR 2019, 271).

2 Die Vorschrift betrifft das **Außenverhältnis.** Sie korrespondiert mit § 164, wonach die Kommanditisten auch im Innenverhältnis vorbehaltlich abweichend gesellschaftsvertraglicher Bestimmungen von der Führung der Geschäfte der KG ausgeschlossen sind.

II. Einzelerläuterung

3 Die Vorschrift schließt die Kommanditisten von der organschaftlichen Vertretung der KG nach hM zwingend (BGH 7.10.1968, BGHZ 51, 20) aus. Der Ausschluss des Kommanditisten von der organschaftlichen Vertretung der Gesellschaft verbietet es auch, den einzigen Komplementär an die Mitwirkung eines Kommanditisten mit Prokura zu binden (KG 8.12.1938, JW 1939, 424), da anderenfalls die KG ohne Mitwirkung des betreffenden Kommanditisten nicht handlungsfähig wäre. Der Grundsatz der Selbstorganschaft erfordert unter der Prämisse, dass Kommanditisten entsprechend der hM nicht organschaftlich vertreten können, dass die KG stets durch einen oder mehrere Komplementäre vertreten werden kann. Die Vertretungsmacht des einzigen Komplementärs kann deshalb auch **nicht entzogen** werden (vgl. BGH 25.5.1964, BGHZ 41, 369; BGH 9.12.1968, BGHZ 51, 200). Demzufolge führt der Wegfall eines von zwei gesamtvertretungsberechtigten Komplementären ohne Weiteres zur Alleinvertretung des verbleibenden Komplementärs (BGH 25.5.1964, BGHZ 41, 367). Zulässig ist es allerdings, bei Vorhandensein mehrerer Komplementäre entsprechend § 125 Abs. 3 gemischte, unechte Gesamtvertretung vorzusehen. Die Vertretungsmacht der Komplementäre kann aber nur dahingehend beschränkt sein, dass sie entweder mit einem oder mehreren anderen Komplementären oder mit einem über Prokura verfügenden Kommanditisten vertreten (BGH 23.2.1961, WM 1961, 321 (322)).

4 Da die Kommanditisten von der organschaftlichen Vertretung der Gesellschaft ausgeschlossen sind, sollen sie, auch wenn sie rechtsgeschäftlich zur Vertretung der Gesellschaft ermächtigt sind, im Rechtsstreit der KG nicht als Partei, sondern als Zeugen zu hören sein (Baumbach/Hopt/*Roth* Rn. 1).

III. Abdingbarkeit

1. Rechtsgeschäftliche Vertretungsmacht des Kommanditisten. Die Vorschrift ist zwingend, allerdings nach einhelliger Meinung nur insoweit, als dem Kommanditisten keine organschaftliche Vertretungsmacht eingeräumt werden kann. Es wird für zulässig erachtet, dem Kommanditisten in beliebigem Umfang rechtsgeschäftliche Vertretungsmacht zu erteilen. In der Praxis wird der Ausschluss des Kommanditisten von der organschaftlichen Vertretungsmacht deshalb vielfach durch Erteilung einer rechtsgeschäftlichen Vertretungsmacht unterlaufen. Auch sind gesellschaftsvertragliche Regelungen erlaubt, denen zufolge das (rechtsgeschäftliche) Vertretungsrecht des Kommanditisten als nur unter bestimmten Voraussetzungen, auch lediglich aus wichtigem Grund entziehbares mitgliedschaftliches **Sonderrecht** ausgestaltet wird. Ist dies der Fall, hat die gesellschaftsvertraglich begründete Vertretungsmacht letztlich die gleiche Qualität wie die organschaftliche Vertretungsmacht der Komplementäre (*Flume* BGB AT I 2 § 10 I aE). Gleichwohl bleibt ein Unterschied bestehen, nämlich das Verbot, die Vertretungsmacht der Komplementäre durch die Mitwirkung eines Kommanditisten zu beschränken. Soweit Kommanditisten zulässigerweise iRe unechten Gesamtvertretung mitwirken, wird ihre Vollmacht zu einer organschaftlichen Gesamtvertretungsmacht (BGH 14.2.1974, BGHZ 62, 166 (170) = NJW 1974, 1194). 5

Bei der personenidentischen GmbH & Co. KG sind die Kommanditisten üblicherweise zugleich Geschäftsführer der Komplementär-GmbH und werden damit mittelbar zu Organen der KG. Bei der Gestaltung der GmbH & Co. KG als Einheitsgesellschaft wird die KG sowohl gegenüber Dritten nach außen als auch in der Gesellschafterversammlung der GmbH durch die GmbH und diese durch ihre Geschäftsführer vertreten, wenn dies nicht abweichend im Gesellschaftsvertrag geregelt ist (KG 21.12.2018, NZG 2019, 180). 6

2. Prokura des Kommanditisten. Eine dem Kommanditisten zulässigerweise (BGH 27.6.1955, BGHZ 17, 394) erteilte Prokura kann ihm im Außenverhältnis gem. § 52 Abs. 1 jederzeit wieder entzogen werden. Im Innenverhältnis bedarf es dazu aber eines wichtigen Grundes, wenn die Erteilung der Prokura im Gesellschaftsvertrag vorgesehen ist (BGH 27.6.1955, BGHZ 17, 394). Denkbar ist auch, dass einem Kommanditisten Prokura iRe mit der Gesellschaft wie mit einem Dritten eingegangenen Rechtsverhältnisses (Dienstvertrag) erteilt wurde. In diesem Fall richtet sich die Zulässigkeit der Entziehung der Prokura ausschließlich nach diesem Rechtsverhältnis. 7

[Haftung des Kommanditisten]

171 (1) **Der Kommanditist haftet den Gläubigern der Gesellschaft bis zur Höhe seiner Einlage unmittelbar; die Haftung ist ausgeschlossen, soweit die Einlage geleistet ist.**

(2) **Ist über das Vermögen der Gesellschaft das Insolvenzverfahren eröffnet, so wird während der Dauer des Verfahrens das den Gesellschaftsgläubigern nach Absatz 1 zustehende Recht durch den Insolvenzverwalter oder den Sachwalter ausgeübt.**

[Umfang der Haftung]

172 (1) **Im Verhältnisse zu den Gläubigern der Gesellschaft wird nach der Eintragung in das Handelsregister die Einlage eines Kommanditisten durch den in der Eintragung angegebenen Betrag bestimmt.**

(2) **Auf eine nicht eingetragene Erhöhung der aus dem Handelsregister ersichtlichen Einlage können sich die Gläubiger nur berufen, wenn die Erhöhung in handelsüblicher Weise kundgemacht oder ihnen in anderer Weise von der Gesellschaft mitgeteilt worden ist.**

(3) **Eine Vereinbarung der Gesellschafter, durch die einem Kommanditisten die Einlage erlassen oder gestundet wird, ist den Gläubigern gegenüber unwirksam.**

(4) [1] **Soweit die Einlage eines Kommanditisten zurückbezahlt wird, gilt sie den Gläubigern gegenüber als nicht geleistet.** [2] **Das gleiche gilt, soweit ein Kommanditist Gewinnanteile entnimmt, während sein Kapitalanteil durch Verlust unter den Betrag der geleisteten Einlage herabgemindert ist, oder soweit durch die Entnahme der Kapitalanteil unter den bezeichneten Betrag herabgemindert wird.** [3] **Bei der Berechnung des Kapitalanteils nach Satz 2 sind Beträge im Sinn des § 268 Abs. 8 nicht zu berücksichtigen.**

(5) **Was ein Kommanditist auf Grund einer in gutem Glauben errichteten Bilanz in gutem Glauben als Gewinn bezieht, ist er in keinem Falle zurückzuzahlen verpflichtet.**

(6) [1] **Gegenüber den Gläubigern einer Gesellschaft, bei der kein persönlich haftender Gesellschafter eine natürliche Person ist, gilt die Einlage eines Kommanditisten als nicht geleistet, soweit sie in Anteilen an den persönlich haftenden Gesellschaftern bewirkt ist.** [2] **Dies gilt**

nicht, wenn zu den persönlich haftenden Gesellschaftern eine offene Handelsgesellschaft oder Kommanditgesellschaft gehört, bei der ein persönlich haftender Gesellschafter eine natürliche Person ist.

Übersicht

I. Allgemeines

1 **1. Persönliche Haftung des Kommanditisten.** Der einzige Unterschied zwischen OHG und KG besteht darin, dass bei letzterer hinsichtlich mindestens eines Gesellschafters die Haftung gegenüber den Gesellschaftsgläubigern auf den Betrag einer bestimmten Vermögenseinlage beschränkt ist (Kommanditist), während bei mindestens einem anderen Gesellschafter eine Beschränkung der Haftung nicht stattfindet (persönlich haftender Gesellschafter). Die Haftung des Kommanditisten ist in §§ 171–176 geregelt. Die §§ 171–175 betreffen die beschränkte und § 176 die (ausnahmsweise) unbeschränkte Haftung. Auch die (im Regelfall beschränkte und ausnahmsweise unbeschränkte) Haftung des Kommanditisten ist eine persönliche Haftung für Verbindlichkeiten der Gesellschaft gem. § 161 Abs. 2, §§ 128, 130, sie ist aber nach Maßgabe der §§ 171–175 der Höhe nach beschränkt.

2 **2. Regelungssystem der §§ 171, 172, 176.** §§ 171, 172 bilden nach zutreffender Ansicht eine Regelungseinheit (MüKoHGB/*K. Schmidt* §§ 171, 172 Rn. 3). Die Vorschriften werden deshalb hier im Zusammenhang dargestellt und kommentiert. Die Systematik der einzelnen Regelungen in beiden Vorschriften lässt sich in Anlehnung an MüKoHGB/*K. Schmidt* §§ 171, 172 Rn. 3 wie folgt beschreiben: § 171 Abs. 1 Hs. 1 statuiert die summenmäßig begrenzte Kommanditistenhaftung. § 172 Abs. 1 präzisiert, wie die summenmäßige Begrenzung bestimmt wird, während sich dessen Abs. 2 mit einem

Ausnahmefall dieser Bestimmung, nämlich der nach außen bekannt gegebenen Erhöhung der Haftsumme, befasst. § 172 Abs. 3 stellt klar, was für die das Außenverhältnis zu Dritten betreffenden Vorschriften ohnehin gilt, dass nämlich interne Vereinbarungen hinsichtlich der „Einlage" den Gläubigern der KG gegenüber unwirksam sind. Ob der Kommanditist den Gläubigern gegenüber unmittelbar persönlich (noch oder wieder) haftet, richtet sich nach § 171 Abs. 1, § 172 Abs. 4, 5 und 6. Aus einer Zusammenschau der zitierten Regelungen und in Ansehung von § 176 ergibt sich, dass der Kommanditist entweder (aber nur ausnahmsweise) unbeschränkt nach § 176 oder nach § 171 Abs. 1, § 172 Abs. 4 summenmäßig beschränkt, jedoch mit seinem gesamten Vermögen, oder überhaupt nicht haftet (zutr. MüKoHGB/*K. Schmidt* §§ 171, 172 Rn. 4). Die Kommanditistenhaftung ist demzufolge eine Haftung mit dem gesamten Vermögen des Kommanditisten (ohne Einschränkung) bis zur Höhe der für ihn eingetragenen Haftsumme (also mit summenmäßiger Beschränkung außer in den Fällen des § 176) für Verbindlichkeiten der Gesellschaft, die entfällt, soweit der Kommanditist seine „Einlage" (in Höhe der Haftsumme) an die KG geleistet und soweit und solange er diese Einlage nicht zurückerhalten hat.

3. Pflichteinlage und Hafteinlage (Haftsumme). Das Verständnis der Systematik der Kommanditistenhaftung wird teils durch die missverständlichen gesetzlichen Begriffe, teils durch ihre unpräzise Verwendung, erschwert. Grundlegend muss zwischen dem **Innenverhältnis** der Gesellschafter zueinander und zur Gesellschaft einerseits und dem **Außenverhältnis** der Kommanditisten zu den Gläubigern der KG andererseits unterschieden werden. 3

Im Innenverhältnis verpflichtet sich der Kommanditist zur Leistung einer Einlage („bedungene Einlage", vgl. § 167 Abs. 2, § 169 Abs. 1). Auf die Einlageverpflichtung hat der Kommanditist eine Einlageleistung zu erbringen, deren Höhe sich aus dem Gesellschaftsvertrag ergibt. Nach zutreffendem Verständnis ist der Begriff der Einlage bzw. der Einlageleistung der gegenüber dem Begriff des Beitrages engere Begriff, weil erstere eine Vermögensmehrung bei der KG voraussetzt, während Beiträge auch ideellen Charakter haben können. 4

Für das Außenverhältnis kommt es in Ansehung der §§ 171, 172 nicht auf die im Innenverhältnis zugesagte („bedungene") Einlage, sondern auf den im Handelsregister eingetragenen Betrag an. Dieser Betrag sollte als „Hafteinlage" oder besser noch als „Haftsumme" (der Kommanditist haftet auf einen bestimmten Betrag, nicht mit einer Einlage) bezeichnet werden, die im Innenverhältnis geschuldete Einlage lässt sich als „Pflichteinlage" bezeichnen. Demnach ist in § 167 Abs. 2, 3, § 169 Abs. 1, § 171 Abs. 1 Hs. 2, § 172 Abs. 4 die Pflichteinlage und in § 161 Abs. 1, § 171 Abs. 1 Hs. 1, § 172 Abs. 1–3, §§ 174, 175 die Haftsumme gemeint. 5

4. Haftungsbefreiung. Das Verhältnis zwischen Pflichteinlage und Haftsumme einerseits und der Befreiung des Kommanditisten von seiner persönlichen Haftung andererseits wird in § 171 Abs. 1, § 172 Abs. 4 dahingehend beschrieben, dass der Kommanditist von seiner betragsmäßig durch die Haftsumme beschränkten Haftung befreit wird, wenn, aber stets nur soweit er die geschuldete Einlageleistung erbracht hat, wobei die Haftung wieder auflebt, soweit die Einlage haftungsschädlich an den Kommanditisten zurückgezahlt wird. Allerdings berücksichtigt § 171 Abs. 1 nicht oder jedenfalls nicht hinreichend deutlich, dass die Pflichteinlage niedriger als die Haftsumme vereinbart sein kann. In einer solchen Konstellation kann § 171 Abs. 1 nicht dahingehend verstanden werden, dass bei vollständiger Leistung der Pflichteinlage im Innenverhältnis die vollständige Haftungsbefreiung im Außenverhältnis eintritt. Nur dann, wenn die Pflichteinlage mindestens dem Betrag der Haftsumme entspricht und in deren Höhe vollständig geleistet ist, tritt auch die Haftungsbefreiung vollständig ein, anderenfalls nur iHd Pflichteinlage. 6

5. Haftung aufgrund sonstiger Tatbestände. Neben der Haftung des Kommanditisten aus §§ 171, 172 kommt seine Haftung aus einer Reihe weiterer Tatbestände in Betracht. 7

a) Freistellung des Komplementärs. Denkbar ist, dass sich die oder einzelne Kommanditisten verpflichten, den Komplementär von dessen unbegrenzter Haftung ganz oder teilweise freizustellen (BGH 28.11.1994, WM 1995, 196). In einer solchen Konstellation haften die Kommanditisten gegenüber dem Komplementär. Dessen Freistellungsanspruch ist aber grundsätzlich abtretbar und kann von den Gläubigern der KG, die zugleich Gläubiger des Komplementärs (§ 128) sind, gepfändet und ihnen zur Einziehung überwiesen werden. 8

b) Übernahme oder Besicherung von Verbindlichkeiten der KG. Der Kommanditist kann sich unabhängig von seiner Haftung nach §§ 171, 172 gegenüber den Gläubigern der KG zur Erfüllung von deren Verbindlichkeiten verpflichten (Schuldbeitritt) oder diese besichern (Bürgschaft, Garantie, dazu BGH 28.5.2002, NJW 2002, 2634 (2635); BGH 18.9.2001, NJW 2002, 1337). 9

c) Eigenhaftung, Haftung aus Verschulden bei Vertragsschluss. Eine Haftung des Kommanditisten aufgrund der Inanspruchnahme besonderen Vertrauens bei Vertragsverhandlungen und eigenen wirtschaftlichen Interesses an deren Ausgang ist denkbar, wenn angenommen werden darf, dass der Kommanditist gleichsam **in eigener Sache** gehandelt hat (BGH 5.10.1985, NJW 1989, 292 f.; BGH 10

6.6.1994, NJW 1994, 2220 (2222) betr. einen GmbH-Geschäftsführer). Eine solche Eigenhaftung besteht aber nicht schon deshalb, weil der Kommanditist die Verbindlichkeiten der KG besichert.

11 Eine Haftung des Kommanditisten aus Verschulden bei Vertragsschluss kommt in Betracht, wenn der geschäftsführende Kommanditist Vertragspartner der KG pflichtwidrig und schuldhaft über Risiken **nicht aufklärt,** beispielsweise darüber, dass die KG die gegenüber dem vorleistungspflichtigen Vertragspartner zu übernehmenden Pflichten wegen (drohender) Zahlungsunfähigkeit nicht wird erfüllen können (BGH 25.1.1984, NJW 1984, 2284 (2286) mkritAnm *Wiedemann*).

11a **d) Unbeschränkte Haftung des (be)herrschenden Kommanditisten?** Der eine KG aufgrund (qualifiziert) mehrheitlicher Beteiligung oder aufgrund anderer Umstände beherrschende Kommanditist haftet nicht allein deswegen wie ein Komplementär (BGH 17.3.1966, NJW 1966, 1309 – Rektor-Fall; ausführlich zur Haftung des herrschenden Kommanditisten *Fleischer/Hahn* NZG 2018, 1281). Vielmehr müssen besondere Haftungstatbestände (Interzessionserklärung, Rechtsscheinhaftung, Dritthaftung aus Verschulden bei Vertragsschluss, Patronatserklärung, Delikt) gegeben sein, um eine über den Betrag der Haftsumme hinausgehende Haftung des Kommanditisten zu begründen.

II. Einzelerläuterung

12 **1. Haftung des Kommanditisten gegenüber den Gläubigern der KG nach §§ 171, 172. a) Haftung.** Der Kommanditist haftet nach § 171 Abs. 1 Hs. 1 iVm § 161 Abs. 2, § 128 für alle Verbindlichkeiten der KG gegenüber deren Gläubigern persönlich und summenmäßig beschränkt, soweit nicht ausnahmsweise seine unbeschränkte Haftung gem. § 176 besteht. Auf den Rechtsgrund (vertraglich, quasivertraglich, gesetzlich) kommt es nicht an. Gläubiger sind Dritte und, wenn sie der Gesellschaft in Ansehung bestimmter Rechtsverhältnisse oder Forderungen wie Dritte gegenüberstehen. Auch Gesellschafter können bei Drittgeschäften mit der KG Gläubiger in diesem Sinne sein. Der Kommanditist kann sich durch Leistung eines Betrages iHd Haftsumme an einen oder mehrere Gläubiger von seiner summenmäßig beschränkten Haftung befreien.

13 Die Haftung des Kommanditisten wie diejenige der Komplementäre steht neben der Verbindlichkeit der Gesellschaft. Die Haftung des Kommanditisten ist deshalb eine **primäre,** nicht eine subsidiäre Haftung. Auch bei der Geltendmachung sog. Drittgläubigerforderungen lässt sich aus der gesellschaftsrechtlichen Treuepflicht keine generell nur subsidiäre Haftung der übrigen Gesellschafter ableiten (BGH 8.10.2013, BB 2013, 3088, vgl. auch OLG Köln 28.12.2012, NZG 2014, 179). Die Gesellschafter (Komplementäre wie Kommanditisten) haften untereinander solidarisch. Im Verhältnis zur KG gelten die §§ 422 ff. BGB mit Einschränkungen; es besteht aber keine Gesamtschuld (BGH 9.5.1963, BGHZ 39, 319 (323 f.) = NJW 1963, 1873; aA *Flume* BGB AT I 2 § 16 II 2a). Mit Ausnahme des Umstandes, dass die Haftung summenmäßig beschränkt ist, gelten insoweit die Ausführungen in → § 128 Rn. 15 ff. entsprechend.

14 Der Kommanditist haftet iRd §§ 171, 172 nur auf **Geld.** Die früher hA, der zufolge auch der Kommanditist auf Erfüllung in Anspruch genommen werden konnte, ist überholt. Richtigerweise ist wie folgt zu differenzieren: Im Außenverhältnis geht die Haftung des Kommanditisten notwendig auf eine Geldleistung. Der Kommanditist bleibt jedoch – wie jeder beliebige Dritte nach allgemeinen Bestimmungen (§ 267 BGB) – berechtigt, den Anspruch des Gläubigers der KG zu erfüllen. Eine solche Erfüllungsleistung kann auf die Einlageschuld und damit auf die Haftung des Kommanditisten angerechnet, jedoch nicht vom Gläubiger, der nach § 171 Abs. 1 vorgeht, erzwungen werden.

15 Die Kommanditistenhaftung ist **akzessorisch.** Daher kann der Kommanditist dem Gläubiger alle Einwendungen entgegenhalten, die der KG zustehen (§ 161 Abs. 2, § 129, → § 129 Rn. 5 ff.). Hinzu kommen die dem Kommanditisten persönlich zustehenden Einwendungen und Leistungsverweigerungsrechte. Der Kommanditist steht insoweit dem Komplementär gleich.

16 Die Haftung des Kommanditisten **beginnt,** unter den Voraussetzungen des § 176 zunächst unbeschränkt, mit der Entstehung der KG (entweder Eintragung oder Aufnahme einer vollkaufmännischen Tätigkeit) bzw. seinem Beitritt zu dieser und erfasst auch die etwa vor seinem Beitritt begründeten Verbindlichkeiten (§ 173). Die Haftung besteht nach seinem Ausscheiden fort (§ 161 Abs. 2, § 160 Abs. 1). Sie besteht fort für diejenigen Verbindlichkeiten, die vor dem Ausscheiden des Kommanditisten begründet waren. Allerdings kommt es nicht auf den tatsächlichen Zeitpunkt des Ausscheidens, sondern auf denjenigen Zeitpunkt an, zu welchem das Ausscheiden des Kommanditisten in das Handelsregister eingetragen worden ist (§ 161 Abs. 2, § 160 Abs. 1 S. 2). Für die betreffenden Verbindlichkeiten haftet der Kommanditist nach Maßgabe des § 160 zeitlich begrenzt.

17 Desgleichen bleibt die Haftung des Kommanditisten durch die Auflösung der Gesellschaft grundsätzlich unberührt. Für die zeitliche Begrenzung der Haftung gilt grundsätzlich § 159.

18 Der von einem Gläubiger der KG oder von dem Insolvenzverwalter über deren Vermögen in Anspruch genommene Kommanditist kann nach § 110 Erstattung von der KG verlangen, nach seinem Ausscheiden sind §§ 426 Abs. 1, 670 BGB anwendbar. Dies gilt nicht, wenn mit der Zahlung an den Gläubiger die Pflichteinlage erbracht wird. Ist dies nicht der Fall, kann der Kommanditist seinen

Freistellungsanspruch gegen die Einlageforderung der KG aufrechnen (BGH 8.7.1985, BGHZ 95, 188, 195 f. = NJW 1985, 2947, 2948). Der in Anspruch genommene Kommanditist kann ferner von seinen Mitgesellschaftern gem. § 110 Abs. 1, § 128 S. 1, § 162 Abs. 2 iVm § 426 Abs. 1 S. 1 BGB Ausgleich verlangen. Dieser Ausgleichsanspruch ist jedenfalls dann nicht subsidiär gegenüber dem Anspruch gleichen Inhalts gegen die Gesellschaft, wenn feststeht, dass diese nicht über ausreichend freie Mittel verfügt (OLG Düsseldorf 18.7.2013, DB 2013, 2379). Besonderheiten sind in Konstellationen zu beachten, in denen ein oder mehrere Kommanditanteile treuhänderisch gehalten werden. Der BGH tendiert dazu, auch Treugeber unter bestimmten Voraussetzungen wie Kommanditisten zu behandeln und diesen für den Fall, dass sie einen Gläubiger der KG befriedigen, den Erstattungsanspruch nach § 110 HGB zuzusprechen (BGH 29.9.2015, ZIP 2015, 2268).

b) Begrenzung der Kommanditistenhaftung durch die Haftsumme. Nach allgA in Rspr. und Lit. ist die Kommanditistenhaftung durch die Haftsumme absolut begrenzt (BGH 29.3.1973, BGHZ 60, 324 (327 f.) = NJW 1973, 1036 (1037); MüKoHGB/*K. Schmidt* §§ 171, 172 Rn. 21). Infolge dieser Auffassung kann an den Kommanditisten auch ein höherer Betrag als derjenige der Haftsumme aus- oder zurückgezahlt werden, ohne dass sich hierdurch die Haftung gegenüber den Gläubigern erhöht. Davon zu unterscheiden ist eine etwaige Verpflichtung des Kommanditisten zur Rückzahlung im Innenverhältnis, die unberührt bleibt. 19

Die Gesellschafter können die Höhe der Haftsumme frei bestimmen. Sie entspricht häufig dem Betrag der Pflichteinlage, kann aber auch höher (überschießende Haftsumme) oder niedriger (überschießende Pflichteinlage) liegen. Sie ist der Höhe nach weder nach oben noch nach unten begrenzt und kann insbesondere beliebig niedriger und höher als der Einlagebetrag festgelegt werden. Bei überschießender Haftsumme befreit den Kommanditisten auch die vollständige Erbringung der (niedrigeren) Pflichteinlage iHd Differenz zur Haftsumme nicht von der persönlichen Haftung. Sofern der Gesellschaftsvertrag zwischen Haftsumme und Pflichteinlage nicht unterscheidet, entspricht die Haftsumme der Pflichteinlage und umgekehrt (BGH 28.3.1977, NJW 1977, 1821; zust. *K. Schmidt* DB 1977, 2313). 20

Die Haftsumme ist zwar zur Eintragung in das Handelsregister anzumelden, wird allerdings nicht bekannt gemacht (§ 162 Abs. 2). Dementsprechend stellt § 172 Abs. 1, 2 auf die Eintragung ab. Die Eintragung ist grundsätzlich (s. aber § 176 Abs. 1 S. 1 letzter Hs.) **konstitutiv** für die Herbeiführung der Haftungsbeschränkung des Kommanditisten. Tritt der Kommanditist der KG bereits vor seiner Eintragung in das Handelsregister bei oder wird die KG vor ihrer Eintragung errichtet und tätig, haftet der Kommanditist für die zwischen dem Zeitpunkt des Beitritts bzw. der Errichtung der Gesellschaft und seiner bzw. deren Eintragung in das Handelsregister begründeten Verbindlichkeiten der Gesellschaft (grundsätzlich) unbeschränkt (§ 176 Abs. 1 S. 1 Abs. 2). 21

Die Höhe der summenmäßigen beschränkten Kommanditistenhaftung hängt von dem eingetragenen Betrag der Hafteinlage (Haftsumme) ab. Es kommt weder auf die Höhe der Pflichteinlage noch darauf an, ob die in das Handelsregister eingetragene Hafteinlage von der im Gesellschaftsvertrag vereinbarten Hafteinlage abweicht (RG 23.11.1886, RGZ 17, 37 (40); OLG Celle 28.11.1984, ZIP 1985, 100 (103); EBJS/*Strohn* § 172 Rn. 3). 22

Problematisch ist naturgemäß die **fehlerhafte Eintragung** der Haftsumme des Kommanditisten. Nach allgA ist die Eintragung im Handelsregister grundsätzlich auch dann maßgebend, wenn sie nicht der Anmeldung entspricht (Baumbach/Hopt/*Roth* § 172 Rn. 1; MüKoHGB/*K. Schmidt* §§ 171, 172 Rn. 27), weil die unrichtige Eintragung durch die Anmeldung und diese wiederum durch den Kommanditisten immerhin veranlasst wurde. Selbst eine unverzügliche Nachprüfung der aufgrund der Anmeldung etwa unzutreffend erfolgten Eintragung soll den Kommanditisten erst ab dem Zeitpunkt der Berichtigung und nur für die Zukunft iHd „richtigen" (niedrigeren) Haftsumme gegenüber Gläubigern der KG haften lassen. 23

Die Eintragung ist **ausnahmsweise** nicht maßgeblich. Dies gilt zum einen, wenn die Gesellschaft einen höheren als den eingetragenen Betrag bekannt gemacht oder sonst Gläubigern mitgeteilt hat. Die Haftung ist dann auf den höheren Betrag beschränkt. Ist umgekehrt einzelnen oder allen Gläubigern der KG bekannt, dass die eingetragene Haftsumme höher liegt als die im Innenverhältnis vereinbarte (und angemeldete) Haftsumme, haftet der Kommanditist gegenüber den betreffenden Gläubigern nur iHd niedrigeren Betrages. Dies gilt auch (erst recht), wenn der Gläubiger nur den (niedrigeren) Betrag der vereinbarten, nicht aber den (höheren) Betrag der eingetragenen Haftsumme kennt (str., so zutr. MüKoHGB/*K. Schmidt* §§ 171, 172 Rn. 31, ablehnend dagegen Heymann/*Horn* § 172 Rn. 3). 24

c) Erhöhung der Haftsumme. Durch gesellschaftsvertragliche Vereinbarung kann die Haftsumme erhöht werden, und zwar entweder nur die Haftsumme oder sowohl Haftsumme als auch Pflichteinlage. Wenn nichts anderes vereinbart ist, kann eine Erhöhung der Pflichteinlage dahingehend auszulegen sein, dass auch die Haftsumme entsprechend erhöht ist (vgl. auch BGH 28.3.1977, NJW 1977, 1821). Eine Erhöhung der Haftsumme wird mit ihrer Eintragung wirksam. Ausnahmsweise, und dies ist in § 172 Abs. 2 geregelt, wirkt die vereinbarte, aber noch nicht eingetragene Erhöhung der Haftsumme zugunsten der Gläubiger bereits früher, nämlich dann, wenn die Erhöhung in handelsüblicher Weise kund- 25 gemacht oder den Gläubigern in anderer Weise von der Gesellschaft mitgeteilt worden ist. § 172 Abs. 2 stellt die bekannt gemachte Erhöhung der Haftsumme der eingetragenen Haftsummenerhöhung gleich.

26 **d) Keine Änderung der Haftsumme durch Erlass oder Verzicht.** § 172 Abs. 3 enthält bei richtiger Lesart eine Selbstverständlichkeit. Nach dieser Bestimmung kann die Gesellschaft zwar gegenüber dem Kommanditisten auf die Pflichteinlage verzichten bzw. die betreffende Einlageverpflichtung dem Kommanditisten erlassen oder stunden **(Innenverhältnis).** Dies hat aber keinerlei Einfluss auf die Haftung des Kommanditisten gegenüber den Gläubigern der KG **(Außenverhältnis).** Macht ein Gläubiger allerdings nicht (nur) die Außenhaftung des Kommanditisten geltend, sondern pfändet er (zugleich) den Anspruch der KG gegen den Kommanditisten auf Leistung der Pflichteinlage, so hat ein die Pflichteinlage betreffender Erlass der KG insoweit durchaus Außenwirkung.

27 **2. Haftungsbefreiung durch Leistung der Einlage. a) Grundsatz.** Die summenmäßig beschränkte Kommanditistenhaftung ist ausgeschlossen, „soweit" die Einlage geleistet ist. Unklar ist, ob der Wortlaut des § 171 Abs. 1 Hs. 2 auch den Fall erfasst, dass die Haftsumme höher als die Einlage ist. Tatsächlich gilt ungeachtet des Wortlauts der Vorschrift, dass im Außenverhältnis auch bei niedrigerer Pflichteinlage immer die (eingetragene oder bekannt gemachte) Haftsumme maßgeblich ist. Denkbar ist damit eine Konstellation, in welcher der Kommanditist zwar seine Pflichteinlage geleistet hat, diese aber hinter dem Betrag der Hafteinlage zurückbleibt und deshalb der Kommanditist von seiner Haftung gegenüber den Gläubigern der KG nicht (vollständig) befreit ist (→ Rn. 6, → Rn. 20). In einer solchen Konstellation muss der Kommanditist jedoch nicht die Inanspruchnahme durch einen Gläubiger oder den Insolvenzverwalter über das Vermögen der KG abwarten, sondern kann den **Differenzbetrag** zwischen Pflichteinlage und Haftsumme in das Vermögen der KG zahlen (BGH 9.12.1971, BGHZ 58, 72 (76); zutr. MüKoHGB/*K. Schmidt* §§ 171, 172 Rn. 42). Auch der ausgeschiedene Kommanditist, für den ein Kapitalkonto nicht mehr geführt wird, ist berechtigt, haftungsbefreiend einzuzahlen, wobei die Besonderheit besteht, dass die Leistung des ausgeschiedenen Kommanditisten nur für die Altgläubiger verwendet werden darf, denen er haftet, sodass eine getrennte Verbuchung erfolgen muss (BGH 9.12.1977, NJW 1978, 1525 (1526); BGH 9.5.1963, BGHZ 39, 319 (321) = NJW 1963, 1873 (1874); BGH 20.3.1958, BGHZ 27, 51 (56 f.) = NJW 1958, 787 (788)).

28 **b) Erbringung der Einlageleistung durch Zuführung von Kapital. aa) Grundsatz.** § 171 Abs. 1 Hs. 2 bestimmt, dass die Haftung des Kommanditisten ausgeschlossen ist, soweit die Einlage geleistet ist. Während früher „Vertragstheorie" und „Verrechnungstheorie" einander gegenüberstanden (dazu *Wiedemann* FS Bärmann, 1975, 1041) und die erstere nur solche Leistungen des Kommanditisten an die Gesellschaft als Einlageleistungen anerkannte, die als Einlage geleistet und entgegengenommen werden, während letztere darauf abstellte, ob der Gesellschaft Mittel zugeflossen sind, wird heute von der überwA zutreffend angenommen, dass **sowohl** eine Leistung auf die Einlage als auch die entsprechende Zuführung eines Vermögenswertes erforderlich sind (MüKoHGB/*K. Schmidt* §§ 171, 172 Rn. 46 ff.).

29 **bb) Leistung.** Erforderlich ist danach zum einen eine Leistung des Kommanditisten oder eines für seine Rechnung handelnden Dritten. Diese Leistung kann auch aus dem Vermögen des Komplementärs aufgebracht werden (BGH 14.1.1985, BGHZ 93, 246 = NJW 1985, 1776; BGH 30.4.1984, NJW 1984, 2290). Die Leistung muss auf die Einlage erbracht werden. Eine Leistung, die aufgrund eines Verkehrsgeschäftes erfolgt, ist keine haftungsbefreiende Einlageleistung (RG 7.11.1908, Recht 1909 Nr. 139; *Keuk* ZHR 135 (1971), 413).

30 **cc) Sacheinlage.** Besonderheiten bestehen bei Sacheinlagen. Die Leistung der Sacheinlage wirkt haftungsbefreiend, wenn und soweit sie auf die Einlageschuld nach Maßgabe des Gesellschaftsvertrages geleistet wird (MüKoHGB/*K. Schmidt* §§ 171, 172 Rn. 49). Daraus ergibt sich, dass für die **Bewertung** der Sacheinlage grundsätzlich der Gesellschaftsvertrag maßgebend ist. Soweit der Wert der Sacheinlage höher ist als der für deren Leistung nach der gesellschaftsvertraglichen Regelung in Ansatz gebrachte Betrag, kann der Kommanditist nicht geltend machen, dass der Gesellschaft tatsächlich ein höherer Wert zugeflossen ist. Die Unterbewertung einer Sacheinlage wird also nicht nachträglich zum Vorteil des Kommanditisten ausgeglichen.

31 **dd) Leistung auf die Einlage.** Die Leistung muss auf die Einlageforderung erbracht werden. Keine Leistung auf die Einlage ist die Leistung an einen Gesellschaftsgläubiger, die aufgrund der im Außenverhältnis bestehenden Kommanditistenhaftung erfolgt (BGH 30.4.1984, NJW 1984, 2290 (2291)). Auch wenn diese Leistung zwar nicht auf die Einlage erbracht wird, so führt sie gleichwohl im Außenverhältnis zur Befreiung des Kommanditisten von der Haftung gegenüber sonstigen Gläubigern, wenn und soweit der Kommanditist bis zur Höhe der eingetragenen Haftsumme in Anspruch genommen worden ist. Auf den ersten Blick als problematisch anzusehen ist in einer solchen Konstellation, dass die Forderung des Gläubigers gegen die KG zum Zeitpunkt der Zahlung des Kommanditisten an den Gläubiger möglicherweise nicht mehr vollwertig ist. Wenn man in diesem Zusammenhang eine Parallele zur Kapitalaufbringung im GmbH-Recht herstellt, könnte fraglich sein, ob die Zahlung des Kommandi-

tisten haftungsbefreiend wirkt, denn sie befreit ihrerseits die KG nur von einer nicht mehr vollwertigen Forderung des Gläubigers bzw. einer entsprechenden Verbindlichkeit. Zutreffend wird allerdings darauf hingewiesen, dass in der fraglichen Situation die Forderung des Gläubigers systembedingt regelmäßig nicht (mehr) vollwertig sein wird (MüKoHGB/*K. Schmidt* §§ 171, 172 Rn. 52; ebenso OLG Hamm 5.1.1994, NJW-RR 1995, 489; aA BGH 8.7.1985, BGHZ 95, 188 (195) = NJW 1985, 2947 (2948)). Die Befreiung von der Außenhaftung muss in der geschilderten Konstellation schon deshalb erfolgen, weil sich der Kommanditist gegen die Inanspruchnahme zu diesem Zeitpunkt nicht wehren kann und aus dem Verhältnis des § 171 Abs. 1 zu den Vorschriften der InsO folgt, dass bis zur Eröffnung des Insolvenzverfahrens die Befugnis des Kommanditisten besteht, an einen Gläubiger zu leisten, ebenso wie der Gläubiger bis zu diesem Zeitpunkt ein entsprechendes Forderungsrecht hat. Allerdings mag der Gläubiger je nach Lage der Dinge im Einzelfall verpflichtet sein, die Leistung nach den Bestimmungen des AnfG zurückzugewähren.

Der Kommanditist kann zwar im Außenverhältnis grundsätzlich selbst bestimmen, an welchen Gläubiger er leistet (BGH 3.3.1969, BGHZ 51, 391 (393) = NJW 1969, 1210), auch dann noch, nachdem er bereits rechtskräftig zur Zahlung an einen anderen Gläubiger verurteilt ist (MüKoHGB/*K. Schmidt* §§ 171, 172 Rn. 52; EBJS/*Strohn* § 171 Rn. 76: die Haftungsbefreiung kann der Kommanditist als neue Tatsache nach § 767 Abs. 2 ZPO geltend machen). Die Einlageschuld des Kommanditisten ist damit aber nicht ohne weiteres erloschen. Vielmehr bedarf es insoweit der Aufrechnung mit dem Regressanspruch, den der Kommanditist durch die Leistung an den Dritten erworben hatte. Die Aufrechnungsbefugnis des Kommanditisten wiederum besteht auch noch im Insolvenzverfahren, wobei Voraussetzung ist, dass der Kommanditist an den Gläubiger der KG vor Eröffnung des Verfahrens gezahlt hat. Insbesondere kann der Kommanditist gegenüber der Einlageforderung der KG mit seinem Erstattungsanspruch nach § 110 HGB auch dann aufrechnen, wenn die Gläubigerforderung nicht (mehr) werthaltig war (BGH 25.7.2017, NJW 2017, 3232). Ebenso zulässig ist die Leistung des Kommanditisten auf ein debitorisches Konto der KG bei der Bank (vgl. OLG Dresden 24.6.2004, NZG 2004, 1155, das OLG Dresden hat zutreffend ein Erlöschen der Einlagepflicht im Wege der Aufrechnung mit dem Regressanspruch des Kommanditisten angenommen). 32

Von der soeben geschilderten Konstellation, die das Außenverhältnis betrifft, ist die Frage zu unterscheiden, ob und unter welchen Voraussetzungen der Kommanditist von seiner Einlageverpflichtung im **Innenverhältnis** durch Leistung eines Betrages iH eben der Einlage an einen Dritten befreit wird. Unproblematisch ist zunächst die Leistung der Einlage auf Weisung der KG an einen Dritten (§ 362 Abs. 2 BGB). Ebenso unproblematisch wirkt die Leistung an den Zessionar (die Einlageforderung der KG ist grundsätzlich abtretbar) oder an den Pfändungsgläubiger schuldbefreiend. Fraglich ist dagegen, ob die Befreiung von der Einlageverpflichtung auch eintritt, wenn die KG die Einlageforderung an Zahlungs Statt an einen Gläubiger abgetreten hat, solange der Kommanditist an diesen Gläubiger noch nicht geleistet hat (so BGH 19.12.1974, BGHZ 63, 338 (341) = NJW 1975, 1022 (1023); zust. EBJS/*Strohn* § 171 Rn. 72; krit. MüKoHGB/*K. Schmidt* §§ 171, 172 Rn. 53). Fraglich ist ferner, ob die Einlageverpflichtung auch dann erfüllt ist, wenn die KG die Einlageforderung an den Kommanditisten selbst abtritt und diese durch Konfusion erlischt (so BGH 28.11.1983, WM 1984, 50; krit. MüKoHGB/*K. Schmidt* §§ 171, 172 Rn. 53). Ob in dieser Konstellation die Einlageverpflichtung des Kommanditisten erlischt, muss davon abhängig gemacht werden, dass der KG eine vollwertige Einlageleistung zufließt. 33

Die Leistung muss wie eingangs ausgeführt auf die Einlageforderung erbracht werden. Die Erfüllungswirkung tritt zwar regelmäßig als objektive Folge der Leistungsbewirkung ein, doch kann der Schuldner über die Zuweisung seiner Leistung zu einem bestimmten Rechtsgrund entscheiden. In diesem Sinne hat der BFH (BFH 11.10.2007, FR 2008, 366 mAnm *Kempermann* GmbHR 2008, 217 ff.; BFH 16.10.2008, GmbHR 2009, 274) dem Kommanditisten gestattet, durch negative Tilgungsbestimmung darüber zu entscheiden, ob seine Leistung in das Eigenkapital der Gesellschaft auf die Pflichteinlage und damit haftungsverkürzend angerechnet oder einer Rücklage zugeführt werden soll (zustimmend *Priester* FS Crezelius, 2018, 173; anders die wohl hA im Schrifttum). 33a

ee) Einbringung von Anteilen an persönlich haftenden Gesellschaftern. § 172 Abs. 6 betrifft KGen, bei denen kein persönlich haftender Gesellschafter der KG und auch kein persönlich haftender Gesellschafter eines Komplementärs eine natürliche Person ist (sog. typische GmbH & Co. KG, vgl. MHdB GesR II/*Gummert* § 49 Rn. 12, MHdB GesR II/*Gummert* § 50 Rn. 1 ff.). Insbesondere wenn bei der typischen GmbH & Co. KG die Kommanditisten an der Komplementär-GmbH im gleichen Verhältnis wie an der KG beteiligt sind (sog. personen- und beteiligungsidentische GmbH & Co. KG), kommt in Betracht, dass sich die Gesellschafter dazu entschließen, die Geschäftsanteile an der Komplementär-GmbH auf die GmbH & Co. KG zu übertragen. Die GmbH & Co. KG wird damit zur sog. **Einheitsgesellschaft** (dazu MHdB GesR II/*Gummert* § 51 Rn. 3 ff.). Die Zulässigkeit dieser Gestaltung steht heute außer Frage. § 172 Abs. 6 belegt diese Zulässigkeit, trägt aber haftungsrechtlichen Besonderheiten, die sich aus der Struktur der Einheitsgesellschaft einerseits und der Befugnis zur Erbringung von Sacheinlagen andererseits ergeben, Rechnung. Da die Kommanditisten grundsätzlich 34 frei darin sind, die von ihnen übernommenen Pflichteinlagen nicht nur in bar, sondern durch beliebige Sacheinlagen zu erbringen, kann dies eben auch durch Übertragung von Geschäftsanteilen an der Komplementär-GmbH geschehen. In einer solchen Konstellation stünde den Gläubigern der GmbH & Co. KG das Haftungsreservoir der Komplementärin (beziffert durch deren Stammkapital) und dasjenige der KG (beziffert durch die Addition der Haftsummen aller Kommanditisten) nicht kumulativ zur Verfügung, da die Haftsummen durch die dem Haftungsreservoir der Komplementär-GmbH entsprechenden GmbH-Geschäftsanteile ganz oder teilweise aufgebracht würden. Dies widerspräche jedoch dem gegenüber Gläubigern der Gesellschaft erweckten Rechtsschein, der dahin geht, dass sowohl eine Komplementär-GmbH mit ihrem satzungsmäßigen Stammkapital ausgestattet wurde als auch die Kommanditisten Einlagen bis zur Höhe ihrer jeweiligen Haftsumme erbracht haben. Folgerichtig ordnet § 172 Abs. 6 an, dass die Einlage (gemeint ist auch hier die Haftsumme) als nicht geleistet gilt (vgl. § 171 Abs. 1), soweit sie in Anteilen an den persönlich haftenden Gesellschaftern bewirkt ist (vgl. allerdings zu einer vergleichbaren, aber anders beurteilten Konstellation bei der sog. Staffetten- oder Kaskadengründung MHdB GesR III/*Gummert* § 50 Rn. 30; *Priester* DStR 2016, 1555).

35 Nach allgA ist § 172 Abs. 6 über seinen Wortlaut hinaus auch in allen Konstellationen anwendbar, in denen die Kommanditisten das nach Maßgabe der §§ 171, 172 gebundene Vermögen der KG zur Aufbringung des Stammkapitals der Komplementär-GmbH verwenden. Betroffen davon sind etwa Fälle, in denen die KG selbst als Gründerin ihrer (künftigen) Komplementärin auftritt und das Stammkapital aufbringt, sofern das Stammkapital nicht aus **„freiem" Vermögen** aufgebracht werden kann. Ebenso wird die Konstellation erfasst, in welcher die KG die GmbH-Geschäftsanteile von ihren Kommanditisten erwirbt und erst im Anschluss daran die GmbH als Komplementärin in die KG eintritt (vgl. *K. Schmidt* ZGR 1976, 307 (343); zust. EBJS/*Strohn* § 172 Rn. 61). Schließlich steht § 172 Abs. 6 auch dem Erwerb von nicht voll eingezahlten Geschäftsanteilen an der (künftigen) Komplementär-GmbH entgegen, weil die KG für die Aufbringung der restlichen Einlage haften würde. Insoweit wird § 33 GmbHG entsprechend angewandt (EBJS/*Strohn* § 172 Rn. 63; vgl. ferner LG Berlin 26.8.1986, ZIP 1986, 1564).

36 **ff) Leistung durch einen Dritten.** Der Kommanditist hat seine Einlage auch dann geleistet, wenn ein Dritter für ihn die Einlageleistung erbringt (§ 267 BGB). Dieser Dritte kann auch der Komplementär oder ein anderer Kommanditist sein, sofern der KG hierdurch Kapital zugeführt und der Bindung des § 172 Abs. 4 unterworfen wird.

37 **c) Erfordernis der Wertdeckung. aa) Grundsatz.** Der KG muss durch die Einlageleistung ein Vermögenswert (nicht gleichbedeutend mit der Zuführung neuen Kapitals, → Rn. 39) zugeführt werden (BGH 11.12.1989, BGHZ 109, 334 (337) = NJW 1990, 1109; BGH 8.7.1985, BGHZ 95, 188 (198) = NJW 1985, 2147; *Wiedemann* GesR II § 9 III 4b bb). Dieses Erfordernis besteht neben dem Erfordernis der Leistung „auf die Einlage".

38 **bb) Einlage in Geld.** Dem Wertdeckungserfordernis genügt die Erbringung der Einlageleistung in Geld, auch Buchgeld und ebenso die Leistung auf ein debitorisches Konto der KG.

39 **cc) Umbuchung und Einbuchung.** Auch die Umbuchung einer werthaltigen Forderung des Kommanditisten oder eines Dritten gegen die KG kann dem Prinzip der Wertdeckung und dem Kapitalaufbringungsgrundsatz genügen, weil es (nur) darum geht, Gesellschaftskapital aufzubringen, welches der Bindung des § 172 Abs. 4 unterliegt, nicht um die Zuführung neuen Kapitals. Diese Voraussetzung ist gegeben, wenn der werthaltige Kapitalanteil eines Komplementärs, dessen Gesellschafterstellung in die eines Kommanditisten umgewandelt wird, mindestens iHd Haftsumme umgebucht wird (BGH 1.6.1987, NJW 1987, 3184).

40 **dd) Sacheinlage.** Sacheinlagen sind zu bewerten. Maßgeblich ist der Einbringungsstichtag. Liegt ihr Wert unter dem Betrag der Pflichteinlage, wird der Kommanditist im Außenverhältnis nur iHd eingebrachten Werts von seiner Haftung frei (BGH 9.5.1963, NJW 1963, 1873 (1876); Staub/*Thiessen* § 171 Rn. 135). Auch die Einbringung einer Forderung ist Sacheinlage, sodass die Forderung zu **bewerten** ist. Ein Sonderfall ist die Einbringung einer Forderung, die dem Kommanditisten gegen die KG zusteht. Deren Vollwertigkeit hängt von der Solvenz der KG ab. Anders als nach § 19 Abs. 5 GmbHG aF kann bei der KG seit jeher im Gesellschafts- oder Beitrittsvertrag vereinbart werden, dass der Kommanditist berechtigt ist, in Anrechnung auf die Einlageverpflichtung sonstige Sach-, Werk- oder Dienstleistungen zu erbringen. Auch insoweit ist entscheidend, dass der KG ein entsprechender Wert zufließt. Die Sach-, Werk- oder Dienstleistung ist zu bewerten (EBJS/*Strohn* § 171 Rn. 55 f.). Im Zweifel muss die Werthaltigkeit durch Drittvergleich oder Sachverständigengutachten bestimmt werden.

41 **ee) Aufrechnung.** Die Bareinlage kann auch grundsätzlich durch Aufrechnung mit einer Gegenforderung der Kommanditisten erbracht werden (vgl. dazu BGH 8.7.1985, BGHZ 95, 188 = NJW 1985, 2947; OLG Dresden 24.6.2004, NZG 2004, 1155; OLG Hamm 19.5.1999, DStR 1999, 1916 = NZG 2000, 200). Die Voraussetzungen der §§ 387 ff. BGB müssen vorliegen. Allerdings kann die Aufrechnungsbefugnis des Kommanditisten durch gesellschaftsvertragliche Regelung ausgeschlossen

sein. Sieht der Gesellschaftsvertrag vor, dass die Einlage „in bar" zu erbringen ist, muss im Wege der Auslegung ermittelt werden, ob diese Formulierung als **Aufrechnungsverbot** verstanden werden darf (vgl. MüKoHGB/*K. Schmidt* §§ 171, 172 Rn. 60; nicht in jeder Hinsicht einschlägig ist OLG Hamm 19.5.1999, DStR 1999, 1916 = NZG 2000, 200, da die Entscheidung die Aufrechnung des Kommanditisten mit einem ihm zustehenden Erstattungsanspruch nach § 110 betrifft). Der Zulässigkeit der Aufrechnung kann ausnahmsweise das **Wertdeckungsprinzip** entgegenstehen. Nach diesem Prinzip muss die Aufrechnung das Eigenkapital der Gesellschaft effektiv vermehren, um den Kommanditisten von seiner Haftung zu befreien (BGH 8.7.1985, BGHZ 95, 188 = NJW 1985, 2147; OLG Köln 17.12.1993, NJW-RR 1994, 869; Baumbach/Hopt/*Roth* § 171 Rn. 7). Deshalb reicht es nicht aus, wenn der Nennwert der aufzurechnenden Forderungen einander entspricht. Vielmehr müssen die zur Aufrechnung gestellten Forderungen am Stichtag der Aufrechnung bewertet werden (s. aber → Rn. 42 ff. zu den Ausnahmen).

ff) Ausnahmen. Eine Ausnahme vom Wertdeckungsprinzip wird in denjenigen Fällen zugelassen, in denen die Aufrechnung haftungsrechtlich neutral ist und dem Haftungskonzept der §§ 171, 172 nicht widerspricht. In diesen Fällen ist die Aufrechnung zum Nennwert möglich (*K. Schmidt,* Einlage und Haftung des Kommanditisten, 1977, 57; *Gursky* DB 1978, 1261 ff.). Eine solche Konstellation ist gegeben, wenn der Kommanditist einen Gläubiger der KG befriedigt und mit dem ihm daraus erwachsenden Regressanspruch gegen die Einlageverpflichtung aufrechnet (OLG Dresden 24.6.2004, NZG 2004, 1155; OLG Hamm 19.5.1999, DStR 1999, 1916 = NZR 2000, 200). In dieser Konstellation wird lediglich eine in § 171 Abs. 1 anerkannte Möglichkeit der Haftungsbefreiung durch eine andere ausgetauscht; die Aufrechnung ist nicht Mittel der Haftungsbefreiung, sondern Konsequenz einer schon eingetretenen Haftungsbefreiung. In dieser Konstellation zeigt sich die Wechselbeziehung zwischen Pflichteinlage einerseits und Haftsumme andererseits (idS auch MüKoHGB/*K. Schmidt* §§ 171, 172 Rn. 62). 42

Die Aufrechnung zum Nennwert ist auch dann zulässig, wenn der ausgeschiedene Kommanditist, dessen Abfindungsguthaben sich noch im Vermögen der Gesellschaft befindet, mit der Forderung auf Auszahlung aufrechnet. Der Kommanditist, dessen Kapitalkonto aufgrund der Umbuchung dieses Kontos auf sein Darlehenskonto kurz davor steht, seine Einlage mit der Folge des Wiederauflebens seiner Haftung zurückzuerhalten, kann den Abfindungsbetrag stehen lassen und sich auf diese Weise von seiner Haftung befreien. Zu Recht wird bemerkt, dass das Stehenlassen der Einlage nicht zu einem anderen Ergebnis führen kann als wenn der Kommanditist der Gesellschaft weiter angehören würde und sich auf die bereits geleistete Pflichteinlage berufen könnte (*K. Schmidt,* Einlage und Haftung des Kommanditisten, 1977, 159 f.). Fraglich ist, ob ein Kommanditist generell den Anspruch auf Rückzahlung eines der KG zur Verfügung gestellten Darlehens gegen die Pflichteinlageforderung zum **Nennwert** aufrechnen kann oder ob insoweit eine Bewertung stattzufinden hat. Gegen die Aufrechnungsmöglichkeit zum Nennwert wird eingewandt, dass häufig als Darlehen bezeichnete Einlagen ohnehin schon die Funktion haftenden Kapitals hätten, sodass durch die Umqualifizierung vermeintlichen Fremdkapitals in Eigenkapital für die KG nichts gewonnen sei, ihr insbesondere keine zusätzlichen Werte zugeführt würden (MüKoHGB/*K. Schmidt* §§ 171, 172 Rn. 62). Handelt es sich tatsächlich – beispielsweise wegen unzutreffender Bezeichnung – bereits um Eigenkapital, ist diesen Einwänden beizupflichten. Handelt es sich dagegen um Fremdkapital, und zwar auch um solches Fremdkapital, dass bei GmbH und typischer GmbH & Co. KG nach früherer Rechtslage als eigenkapitalersetzend qualifiziert werden musste, kann dieser Auffassung für die gesetzestypische KG nicht gefolgt werden. 43

3. Haftungsschädliche Rückgewähr von Einlagen. Nach § 172 Abs. 4 S. 1 gilt die Einlage den Gläubigern gegenüber als nicht geleistet, soweit sie **„zurückbezahlt"** ist. Die Vorschrift betrifft das Außenverhältnis und bezieht sich auf § 171 Abs. 1, der bestimmt, dass die Haftung – im Außenverhältnis – ausgeschlossen ist, soweit die Einlage geleistet ist. Folgerichtig stellt die Vorschrift im Falle der Rückzahlung den Ursprungszustand – persönliche Haftung des Kommanditisten gegenüber den Gläubigern der KG iHd Haftsumme – wieder her, und zwar ohne Rücksicht auf das Innenverhältnis der Kommanditisten zur Gesellschaft (vgl. BGH 14.7.2008, DB 2008, 2130 Rn. 8). § 172 Abs. 4 S. 1 betrifft also nicht nur das Außenverhältnis, sondern beschränkt sich auch auf dieses. Im Innenverhältnis sind die Kommanditisten frei darin, die Pflichteinlagen an sich zurückzubezahlen, müssen jedoch das Wiederaufleben ihrer Haftung im Außenverhältnis in Kauf nehmen (BGH 14.7.2008, DB 2008, 2130 Rn. 8 f.). Bei Ausscheiden eines Kommanditisten entspricht es gar dem gesetzlichen Normalfall, dass die von ihm geleistete Einlage, so sie nicht durch Verluste aufgezehrt ist, an ihn zurückbezahlt wird (vgl. § 162 Abs. 2, § 105 Abs. 3 iVm § 738 BGB). Sofern sich die Gesellschaft im Falle der Rückzahlung der Einlage an den Kommanditisten die erneute Einforderung vorbehält und später einen darauf gestützten Anspruch auf Einzahlung geltend macht, stellt sich die Zahlung auch ungeachtet einer etwa unzutreffenden Bezeichnung als Darlehensgewährung und Darlehensrückzahlung als Wiedereinzahlung der Einlage dar. Der einzahlende Kommanditist, der hierzu rechtlich nicht verpflichtet ist, erlangt keinen in der Insolvenz anmeldefähigen Erstattungsanspruch aus § 110 HGB (BGH 10.10.2017, ZIP 2018, 18). 44

45 Voraussetzung des Wiederauflebens der Haftung ist, dass die Einlage an den Kommanditisten ganz oder teilweise zurückbezahlt ist. Nach ganz überwA kommt es allerdings nicht darauf an, dass eine Rückzahlung auf die Einlage erfolgt ist, sondern dass der KG **Vermögenswerte** ohne Gegenleistung entzogen wurden (BGH 9.5.1963, BGHZ 39, 319 (331) = NJW 1963, 1873 (1876); BAG 28.9.1982, ZIP 1983, 170 (172); OLG Hamm 7.7.2010, NZG 2010, 1298; zust. etwa Staub/*Thiessen* § 172 Rn. 67, 72). Da § 172 Abs. 4 S. 1 das Pendant zu § 171 Abs. 1 ist, kann die zum Wiederaufleben der Haftung führende Rückzahlung der Einlage nicht anders (wenngleich mit „umgekehrtem Vorzeichen") bestimmt werden als deren Leistung. Kommt es für die Leistung der Einlage sowohl auf eine Überführung von Mitteln in das haftende Vermögen der KG als auch auf die Zuführung von Vermögenswerten (Wertdeckungsprinzip) an, liegt umgekehrt eine haftungsschädliche Rückzahlung vor, wenn dem Kommanditisten Mittel aus dem **gebundenen** Gesellschaftsvermögen zugeführt werden, die nicht aus Gewinnen stammen (so zutr. MüKoHGB/*K. Schmidt* §§ 171, 172 Rn. 66). Dieses Prinzip erfährt insoweit eine Einschränkung, als außerdem die zulasten des Kommanditisten eingetragene **Haftsumme** zu berücksichtigen ist. Nur diese Haftsumme ist für das hier interessierende Außenverhältnis von Bedeutung und nur iHd Haftsumme müssen der KG zur Vermeidung des Wiederauflebens der Haftung Mittel zugeführt bleiben. Deshalb ist eine Rückzahlung oder sonstige Zuwendung an den Kommanditisten für das Wiederaufleben der Haftung irrelevant, wenn hierdurch der Saldo der Kapitalkonten nicht unter die Haftsumme gerät (BGH 12.7.1982, BGHZ 84, 383 = NJW 1982, 2500, mAnm *K. Schmidt* WM 12.7.1982, 1982, 926 (927); zur Gestaltung der Gesellschafterkonten und der je nach Gestaltung denkbaren Vermeidung des Wiederauflebens der Haftung des Kommanditisten eingehend *Mylich* ZHR 182 (2018), 414). Entscheidend für die Beurteilung, ob der Saldo seines Kapitalkontos den Betrag der Haftsumme erreicht, sind die fortgeführten Buchwerte, sodass sich der Kommanditist nicht auf das Vorhandensein stiller Reserven berufen kann (BGH 11.12.1989, BGHZ 109, 334 = NJW 1990, 1109; OLG Stuttgart 2.12.1998, NZG 1999, 113 (115); Baumbach/Hopt/*Roth* § 172 Rn. 8 f.; beachte auch die durch § 172 Abs. 4 S. 3 bewirkte Neutralisierung der Beträge iSd § 268 Abs. 8).

46 Da die Außenhaftung des Kommanditisten gem. § 171 Abs. 1 iVm § 172 Abs. 1 nach allgM stets nur iHd in das Handelsregister eingetragenen Haftsumme besteht (BGH 12.7.1982, BGHZ 84, 383 (387) = NJW 1982, 2500 (2501); 29.3.1973, BGHZ 60, 324 = NJW 1973, 1036), führt auch die Rückzahlung eines die Haftsumme übersteigenden Betrages in keinem Fall zu einer entsprechend erweiterten Haftung des Kommanditisten im Außenverhältnis. Etwas anderes kann sich im Innenverhältnis zur KG ergeben. Soweit der KG aufgrund der erfolgten Rückzahlung Erstattungsansprüche zustehen, sind diese für Gläubiger der KG pfändbar. Auf diesem Wege kann sich eine unrechtmäßige, die Haftsumme übersteigende Auszahlung mittelbar auch im Verhältnis des Kommanditisten zu Gläubigern der KG haftungsschädlich auswirken.

47 Ausgehend davon, dass jede Zuwendung an den Kommanditisten, durch welche dem Gesellschaftsvermögen Werte ohne angemessene Gegenleistung entzogen werden, als Rückzahlung iSd § 172 Abs. 4 S. 1 anzusehen ist, gilt:

48 Die Überführung von Mitteln aus dem Vermögen der KG in dasjenige des Kommanditisten, durch welche die Einlage unter den Betrag der Haftsumme geschmälert wird, ist haftungsschädlich, ohne dass es auf den Rechtsgrund für die Überführung von Werten in das Kommanditistenvermögen ankommt. Somit ist insbesondere auch die **unbefugte Entnahme** aus dem Vermögen der KG unter den genannten Voraussetzungen haftungsschädlich. **Drittgeschäfte** zwischen dem Kommanditisten und der KG sind haftungsschädlich, wenn sie dem Kommanditisten eine unangemessene Gegenleistung gewähren (vgl. OLG Hamm 5.1.1994, NJW-RR 1995, 489; FG Nürnberg 10.12.2002, DStR 2003, 1354; EBJS/*Strohn* § 172 Rn. 25). Dies gilt im Falle der Zahlung eines überhöhten Kaufpreises (BGH 28.6.2016, ZIP 2017, 77 Rn. 9; Staub/*Thiessen* § 172 Rn. 97) ebenso wie bei Gewährung eines Darlehens mit unangemessen niedrigen Zinsen oder einer überhöhten Tätigkeitsvergütung (BAG 28.9.1982, WM 1983, 514; *Riegger* DB 1983, 1909 ff.). Die Gewährung eines Darlehens an die Kommanditisten kann auch jenseits der Frage einer unangemessenen Verzinsung zu einer haftungsschädlichen Rückzahlung führen, wenn hierdurch nicht lediglich liquides Vermögen herausgereicht und durch einen Rückzahlungsanspruch ersetzt wird (Aktivtausch), sondern der Rückzahlungsanspruch nicht vollwertig ist. Insbesondere, aber nicht ausschließlich, bei Publikumsgesellschaften hat sich in der Vergangenheit die Frage gestellt, ob das an die KG gezahlte **Agio** rechtlich betrachtet von der Einlageleistung unterschieden werden kann, sodass eine Rückzahlung des Agio auch dann haftungsunschädlich möglich ist, wenn der Stand des Kapitalkontos des Kommanditisten schon unterhalb der Haftsumme liegt oder durch die Rückzahlung die Haftsumme unterschritten würde, müsste man das Agio dem Kapitalkonto zurechnen. Der BGH hat die Rückzahlung des Agio zutreffend als potentiell haftungsschädlich angesehen und seinen rechtlichen Sonderstatus (idS *Bayer/Lieder* ZIP 2008, 809 ff.) verneint (BGH 5.5.2008, BB 2008, 1356 Rn. 10; BGH 9.7.2007, ZIP 2007, 2074 Rn. 8; s. ferner BFH 6.3.2008, ZIP 2008, 1719 (1721), wonach das vereinbarungsgemäß als „Polster" für haftungsunschädliche Entnahmen gezahlte Agio nicht mehr haftungsunschädlich zurückbezahlt werden kann, wenn es durch Verluste „verbraucht" ist; zu dieser Entscheidung *Hüttemann/Meyer* DB 2009, 1613).

Eine mittelbare, ebenfalls haftungsschädliche Rückzahlung an den Kommanditisten liegt vor, wenn die KG Zahlungen an einen **Dritten** ohne angemessene Gegenleistung erbringt, der seinerseits an den Kommanditisten leistet (BGH 13.2.1967, BGHZ 47, 149 = NJW 1967, 1321). Die Leistung der KG an eine Gesellschaft, an welcher der Kommanditist beteiligt ist und auf deren Geschäftsführung er maßgeblichen Einfluss hat, ist Einlagenrückgewähr (BGH 25.5.2009, DStR 2009, 1654 Rn. 9 ff.). **49**

Wird die Einlage durch **thesaurierte Gewinne** erbracht und steht dem Kommanditisten ein gesetzliches oder gesellschaftsvertragliches Steuerentnahmerecht zu, so tilgt der Kommanditist mit dem zum Zwecke der Steuerzahlung entnommenen Betrag wirtschaftlich gesehen eine Verbindlichkeit der KG, sodass die Entnahme des Steuerbetrages nach einer von *K. Schmidt* (MüKoHGB/*K. Schmidt* §§ 171, 172 Rn. 72; aA OLG Hamm 7.7.2010, NZG 2010, 1298 (1299)) vertretenen Auffassung haftungsunschädlich sein soll. Nach dieser Auffassung wird die Entnahme von Steuern wie Aufwendungsersatz behandelt. **50**

§ 172 Abs. 4 S. 1 stellt nach zutreffender Auslegung auf die Rückzahlung der Einlage aus dem Vermögen der KG, sei es unmittelbar oder mittelbar, ab. Die Rückzahlung muss stets zu einer **Minderung** des Vermögens der KG führen. Deshalb ist die Rückzahlung der Einlage aus dem Vermögen des Komplementärs keine haftungsschädliche Rückzahlung iSd § 172 Abs. 4 S. 1. Zwischen dem Vermögen der KG und demjenigen des Komplementärs ist strikt zu unterscheiden. Der Komplementär haftet zwar mit seinem gesamten Vermögen (§ 128 S. 1). Dieses Vermögen wird dadurch aber rechtlich betrachtet nicht zu demjenigen der KG. Ebenso wenig sind Zahlungen aus dem Vermögen eines haftenden Kommanditisten haftungsschädlich (zutr. MüKoHGB/*K. Schmidt* §§ 171, 172 Rn. 73; idS auch BGH 14.1.1985, NJW 1985, 1776; aA OLG Frankfurt a. M. 28.2.1961, NJW 1963, 545 f.). Dies ist selbstverständlich anders zu beurteilen, wenn der betreffende Gesellschafter für Rechnung der KG handelt und bei dieser Rückgriff nehmen kann. **51**

Der haftungsschädlichen Rückzahlung der Einlage wird deren **Umqualifizierung** von Eigenkapital in Fremdkapital gleichgestellt (MüKoHGB/*K. Schmidt* §§ 171, 172 Rn. 74; aA Baumbach/Hopt/*Roth* § 172 Rn. 7 für die bloße Umwandlung des Auseinandersetzungsguthabens in eine Darlehensforderung, während die Begleichung der Darlehensschuld haftungsschädlich ist). Verbleibt die umqualifizierte Einlage im Gesellschaftsvermögen (wird sie beispielsweise dem Privatkonto des Kommanditisten gutgeschrieben oder anderweitig der KG als Darlehen zur Verfügung gestellt), kann sich der Kommanditist im Falle seiner Inanspruchnahme allerdings durch Aufrechnung („Stehenlassen") des Einlagebetrages iHd Haftsumme von seiner Haftung im Außenverhältnis befreien. Dieser Betrachtung widerspricht die hA unter Hinweis auf den Wortlaut des § 172 Abs. 4 S. 1, wonach die Haftung erst wieder auflebt, wenn der Abfindungsbetrag an den Kommanditisten ausgezahlt ist (BGH 9.5.1963, BGHZ 39, 319 (331); Baumbach/Hopt/*Roth* § 172 Rn. 6 f.). Der Wortlaut des § 172 Abs. 4 S. 1 mag der hA Recht geben, nicht jedoch der Sinn und Zweck der Vorschrift. Geht man hinsichtlich der Einlageleistung vom **Wertdeckungsprinzip** aus, muss die Einlageleistung rechtlich gesehen der KG als Eigenkapital zur Verfügung stehen. Erfolgt eine Umqualifizierung in Fremdkapital, handelt es sich – auch bilanziell – nicht mehr um Eigenkapital, welches der Bindung des § 172 Abs. 4 unterliegt. Im Ergebnis ist der praktische Unterschied zwischen der herrschenden und der hier vertretenen Auffassung regelmäßig nicht groß. Nach der hA liegt im Falle der Umqualifizierung der Einlage in Fremdkapital noch keine haftungsschädliche Rückzahlung vor. Nach der hier vertretenen Auffassung liegt eine solche zwar vor, doch kann sich der Kommanditist durch Aufrechnung („Stehenlassen") von dieser Haftung wieder befreien. **52**

4. Wiederaufleben der Haftung im Falle der Gewinnentnahme. § 172 Abs. 4 S. 2 betrifft ebenfalls das Außenverhältnis, nicht die dispositive Kapitalbindung der Einlage des Kommanditisten im Innenverhältnis. Haftungsschädlich ist danach eine § 169 Abs. 4 S. 2 widersprechende Entnahme von Gewinnen, wenn entweder der Kapitalanteil des Kommanditisten durch Verlust bereits unter den Betrag der geleisteten Einlage herabgemindert ist oder wenn und soweit durch die Entnahme der Kapitalanteil unter diesen Betrag erst herabgemindert wird. Ob der Kapitalanteil gemindert ist oder nicht, beurteilt sich allein nach dem Inhalt der Bilanz, auf den (guten) Glauben der Gesellschafter kommt es insoweit nicht an (BGH 20.4.2009, DStR 2009, 1489 Rn. 11). Entgegen dem Gesetzeswortlaut ist allerdings nicht entscheidend, ob der Saldo des Kapitalkontos überhaupt gemindert wird, sondern ob der Saldo dieses Kontos unter den Betrag der Haftsumme gerät. **53**

Unter Entnahme von Gewinnanteilen sind auch **Zinsen,** die auf den Kapitalanteil des Kommanditisten gezahlt werden, zu verstehen (Staub/*Thiessen* § 172 Rn. 95). **54**

Der Kapitalanteil muss unter den Betrag der Haftsumme gemindert sein oder durch die Entnahme entsprechend gemindert werden. Im Falle einer überschießenden Pflichteinlage kann die den Kapitalanteil mindernde Gewinnentnahme gleichwohl zulässig sein, wenn der Kapitalanteil dadurch nicht unter den Betrag der Haftsumme gemindert wird. Bei überschießender Haftsumme gilt umgekehrt, dass eine im Innenverhältnis zulässige Gewinnentnahme im Außenverhältnis unzulässig bzw. haftungsschädlich sein kann, weil sie das Kapitalkonto noch weiter unter den Betrag der Haftsumme geraten lässt. Auch § 172 Abs. 4 S. 2 lässt jedoch den Grundsatz unberührt, dass die Haftung des Kommanditisten auf die **55**

Höhe der Haftsumme beschränkt ist. Die Vorschrift führt also nicht dazu, dass der Kommanditist bei noch nicht geleisteter Pflichteinlage und unzulässiger Entnahme noch nicht erzielter Gewinne zur Befreiung von seiner Haftung im Außenverhältnis sowohl diese zurückzuzahlen als auch die Pflichteinlage zu leisten hat (EBJS/*Strohn* § 172 Rn. 46).

56 Bei der Berechnung des Kapitalanteils sind Beträge iSd § 268 Abs. 8 nicht zu berücksichtigen, Abs. 4 S. 3 (eingefügt durch das **BilMoG**). Die Vorschrift neutralisiert diese Beträge für die Ermittlung des Kapitalanteils in haftungsrechtlicher Hinsicht.

57 **5. Entnahme von Scheingewinnen. a) Außenverhältnis.** Erhält der Kommanditist Gewinne, obgleich die KG keinen Gewinn erzielt hat (Scheingewinne), wird die an ihn erfolgte Auszahlung wie eine Rückzahlung der Einlage behandelt. Folgerichtig gilt die Einlage den Gläubigern gegenüber iHd an den Kommanditisten gezahlten Scheingewinne (und soweit hierdurch der Betrag der Pflichteinlage die Haftsumme unterschreitet) als nicht geleistet. Abweichend von diesem Prinzip schützt § 172 Abs. 5 das Vertrauen des Kommanditisten in den dort gezogenen Grenzen. Liegen die Voraussetzungen des § 172 Abs. 5 vor, wird der Kommanditist jedenfalls im Außenverhältnis (zum Innenverhältnis → Rn. 62) so behandelt, als sei der Scheingewinn ein tatsächlich erzielter Gewinn, sodass die Haftung des Kommanditisten aufgrund der Auszahlung nicht wieder auflebt. Unabhängig von der Höhe der (etwa zu Unrecht) bezogenen Gewinne ist die Haftung des Kommanditisten allerdings auf den Betrag der Haftsumme beschränkt (*K. Schmidt* ZGR 1976, 307 (336 f.))

58 Die Inanspruchnahme von **Vertrauen** setzt voraus, dass es sich um bilanziell in einer unrichtigen Bilanz (BGH 20.4.2009, DStR 2009, 1489 Rn. 12) ausgewiesenen Gewinn handelt, eine Vorauszahlung auf erwarteten Gewinn genügt demnach nicht, um in den Schutzbereich der Vorschrift zu gelangen (RG 30.5.1896, RGZ 37, 82 (85)). Auch ein im Innenverhältnis zugunsten des Kommanditisten vereinbarter Garantiegewinn – die Bezeichnung ist bereits missverständlich – erfüllt die Voraussetzungen des § 172 Abs. 5 nicht, wenn tatsächlich ein Verlust oder ein zur Bedienung des Garantiegewinnanspruches nicht ausreichender Gewinn erzielt, aber gleichwohl eine Auszahlung vorgenommen wurde (so auch BGH 20.4.2009, DStR 2009, 1489 Rn. 12 ff.). Auch sonstige – wegen Unangemessenheit haftungsschädliche – Zahlungen, die der Kommanditist erhält, beispielsweise aufgrund eines zwischen der KG und ihm geschlossenen Kauf-, Miet-, oder Dienstvertrages, sind nicht als Gewinn iSd Vorschrift zu betrachten.

59 Ein (Schein-)Gewinn iSd § 172 Abs. 5 ist **„bezogen"**, wenn die KG den Gewinn an den Kommanditisten ausgezahlt hat (Baumbach/Hopt/*Roth* § 172 Rn. 11). Die unbefugte Entnahme ist, selbst wenn der Kommanditist gutgläubig war, nicht als bezogener Gewinn anzusehen. Fraglich ist, ob der Kommanditist nur dann in seiner Gutgläubigkeit geschützt wird, wenn der Scheingewinn an ihn ausgezahlt worden ist. Häufig wird bilanziell ausgewiesener Gewinn dem Privat- oder Darlehenskonto oder – insbesondere wenn die Pflichteinlage noch nicht vollständig erbracht wurde – dem Kapitalkonto des Kommanditisten gutgeschrieben. Die wohl überwA **differenziert:** Die Umbuchung des Scheingewinns als entnahmefähige Gutschrift auf ein echtes Darlehenskonto ist Gewinnbezug iSd § 172 Abs. 5 (MüKoHGB/*K. Schmidt* §§ 171, 172 Rn. 87; Staub/*Thiessen* § 172 Rn. 136). Dagegen soll die unmittelbare Gutschrift auf dem Kapitalkonto des Kommanditisten nicht als Gewinnbezug anzusehen sein (Baumbach/Hopt/*Roth* § 172 Rn. 11; MüKoHGB/*K. Schmidt* §§ 171, 172 Rn. 87). Die Berechtigung dieser Differenzierung ist nicht einzusehen. In beiden Konstellationen genießt der Kommanditist den Schutz des § 172 Abs. 5 (so auch Staub/*Schilling,* 4. Aufl. 1987, § 172 Rn. 17, aA jedoch Staub/*Thiessen* Rn. 137, es sei denn, dass der Gewinn zunächst auf dem Privat- oder Darlehenskonto gebucht und dann auf das Kapitalkonto umgebucht wird).

60 Gewinnbezug in Form der Gutschrift auf dem Privat- oder Darlehenskonto des Kommanditisten soll durch **„Stehenlassen"** über den Zeitpunkt der Feststellung des nächsten, einen Verlust ausweisenden Jahresabschlusses den Charakter des Gewinnbezugs verlieren können (MüKoHGB/*K. Schmidt* §§ 171, 172 Rn. 88). Dem wird man nur folgen können, wenn das „Stehenlassen" der Verbuchung auf dem Einlage- oder Kapitalkonto im Einzelfall ausnahmsweise gleichgesetzt werden kann. Geht man nämlich davon aus, dass dem Kommanditisten aufgrund der Regelung in § 167 Abs. 2 im Regelfall zu seinen Gunsten entstandener Gewinn entweder auszuzahlen oder auf seinem Privat- oder Verrechnungskonto zu verbuchen ist, kann es für § 172 Abs. 5 nicht darauf ankommen, ob der Gewinn regelrecht auf dem Privat- oder Darlehenskonto verbucht oder schlicht „stehengelassen" worden ist, da es insoweit nur zwei Möglichkeiten gibt. Entweder ist der stehen gelassene Betrag Eigenkapital oder Fremdkapital, im Zweifel aufgrund § 167 Abs. 2 Fremdkapital und damit bezogen, sodass § 172 Abs. 5 ggf. eingreift, weil der stehen gelassene Betrag wie auf dem Privat- oder Darlehenskonto verbucht zu behandeln ist.

61 Weitere Voraussetzung des § 172 Abs. 5 ist, dass auch die Bilanz in gutem Glauben errichtet wurde. Guter Glaube des den Gewinn beziehenden Kommanditisten allein ist nicht ausreichend. Zutreffend wird darauf hingewiesen, dass die Regelung insbesondere bei kapitalistisch strukturierten **Publikumsgesellschaften** durch diese weitere Voraussetzung regelmäßig leerläuft und deshalb rechtspolitisch verfehlt ist (*K. Schmidt* BB 1984, 1593). Die Rspr. (BGH 12.7.1982, BGHZ 84, 383 = NJW 1982, 2500 mAnm *K. Schmidt*) lässt indes auch bei der Publikumsgesellschaft den guten Glauben des einzelnen

Kommanditisten nicht ausreichen. Dem Wortlaut der Vorschrift zufolge müssen dann diejenigen Gesellschafter, die die Bilanz errichtet haben, in gutem Glauben (gewesen, zum Zeitpunkt, zu welchem der gute Glaube vorgelegen haben muss, → Rn. 62 f.) sein. Dies sind im Regelfall die persönlich haftenden Gesellschafter. Weitergehend wird im Schrifttum die Auffassung vertreten, dass auch die an der Bilanzfeststellung beteiligten Gesellschafter, somit alle Gesellschafter, gutgläubig gewesen sein müssen (EBJS/*Strohn* § 172 Rn. 52; aA Staub/*Thiessen* § 172 Rn. 144: Fehlende Gutgläubigkeit bezüglich der korrekten Aufstellung des Jahresabschlusses schadet nur, wenn der betreffende Kommanditist auch geschäftsführungsbefugt ist). **Umstritten** ist ferner, was unter Gutgläubigkeit iSd Vorschrift zu verstehen ist. Die Rspr. hat dazu die Auffassung vertreten, dass jedenfalls die vorsätzliche Verletzung allgemein anerkannter Bilanzierungsgrundsätze die für die Bilanzaufstellung zuständigen Gesellschafter bösgläubig macht (BGH 12.7.1982, BGHZ 84, 383 (385 f.) = NJW 1982, 2500 (2501) mAnm *K. Schmidt*). In der älteren Rspr. ist bereits bei offensichtlicher Überbewertung von Aktiven bzw. offensichtlicher Unterbewertung von Passiven Bösgläubigkeit angenommen worden (RG 29.4.1893, Gruchot 37 (1893), 1161 (1162 f.)) Im heutigen Schrifttum wird dagegen die Auffassung vertreten, dass nur bei vorsätzlicher, auch bereits bei bedingt vorsätzlicher, Verletzung von Bilanzierungsgrundsätzen Vertrauensschutz zu versagen sei („manipulierte Bilanz", vgl. MüKoHGB/*K. Schmidt* §§ 171, 172 Rn. 90; abl. EBJS/*Strohn* § 172 Rn. 53).

§ 172 Abs. 5 stellt die Voraussetzung auf, dass die Bilanz in gutem Glauben errichtet worden sein muss. Der Wortlaut der Vorschrift legt nahe, dass der gute Glaube zum **Zeitpunkt** der Errichtung der Bilanz vorhanden gewesen sein muss, was gleichzeitig bedeuten könnte, dass eine später eingetretene Bösgläubigkeit unschädlich wäre. Die allgM geht jedoch davon aus, dass noch im Zeitpunkt der Auszahlung die Gesellschafter, die die Bilanz errichtet haben, im Regelfall die geschäftsführenden Gesellschafter, gutgläubig (gewesen) sein müssen (so etwa Staub/*Thiessen* § 172 Rn. 156; MüKoHGB/*K. Schmidt* §§ 171, 172 Rn. 90, 93). Auch die erst später, jedoch noch vor Auszahlung (Gewinnbezug) als fehlerhaft erkannte Bilanz führt also zur Bösgläubigkeit iSd Vorschrift. 62

Neben der Gutgläubigkeit derjenigen Personen, die die Bilanz errichten (aufstellen), bedarf es der Gutgläubigkeit des Kommanditisten im Zeitpunkt des Gewinnbezugs. Umstritten ist, was unter Gutgläubigkeit des Kommanditisten zu verstehen ist. Nach überwiegender Lehre ist der Kommanditist schon dann bösgläubig, wenn er bei sorgfältiger Prüfung die Unrichtigkeit der Bilanz hätte erkennen können (ausf. dazu Staub/*Thiessen* § 172 Rn. 148 ff., 152; RWH HGB/*Mock* § 172 Rn. 45: nur fahrlässige Unkenntnis des nicht für die Feststellung stimmenden Gesellschafters ist unschädlich). Dem steht die Auffassung entgegen, dass nur positive Kenntnis des Kommanditisten schadet (MüKoHGB/*K. Schmidt* §§ 171, 172 Rn. 91, 93). Der zuletzt zitierten Auffassung wird hier gefolgt. 63

Im Einzelfall kommt in Betracht, dass dem Kommanditisten, der selbst gutgläubig ist, die Bösgläubigkeit eines Dritten zugerechnet wird (RG 29.4.1893, Gruchot 37 (1893), 1161 (1163), für den Fall der Bösgläubigkeit des Ehegatten). 64

b) Innenverhältnis. § 172 Abs. 5 betrifft jedenfalls das Außenverhältnis. Das bedeutet, dass sich der Kommanditist gegenüber Dritten unter den Voraussetzungen des § 172 Abs. 5 trotz bezogener Gewinne und trotz des durch den Gewinnbezug unter den Betrag der Haftsumme geminderten Kapitalanteils nach wie vor auf den Ausschluss seiner Haftung, soweit dieser zuvor erfolgt war, berufen kann. Daneben stellt sich die Frage, ob § 172 Abs. 5 auch das Innenverhältnis regelt, sodass der Kommanditist aufgrund gutgläubig errichteter Bilanz in gutem Glauben bezogenen Gewinn endgültig behalten darf oder ob er im Innenverhältnis einem Rückzahlungsanspruch der KG ausgesetzt ist, sodass ein solcher Rückzahlungsanspruch von Gläubigern der Gesellschaft gepfändet und ihnen zur Einziehung überwiesen werden könnte und die **Schutzfunktion** des § 172 Abs. 5 leer laufen würde. Nach wohl überwA gilt die Vorschrift in der Tat nicht auch für das Innenverhältnis, sodass der Kommanditist nach allgemeinen Vorschriften (etwa nach §§ 812 ff. BGB) zur Rückzahlung an die KG verpflichtet ist (EBJS/*Strohn* § 172 Rn. 54; *Wiedemann* GesR II § 9 3 5c; MHdB GesR II/*Herchen* § 30 Rn. 73; Staub/*Thiessen* § 172 Rn. 158). Zutreffend wird der zitierten Auffassung allerdings entgegengehalten, dass diese lediglich eine unmittelbare Haftung durch eine mittelbare Haftung ersetzt, dem Kommanditisten die in verschiedenerlei Hinsicht erforderliche und im Einzelfall gegebene Gutgläubigkeit im Ergebnis also nichts nützt. Der Anwendungsbereich der Vorschrift läuft damit im Wesentlichen (immerhin besteht unter anderem die Möglichkeit, dass die KG auf Rückforderungsansprüche verzichtet oder diese verjähren, sodass ein Gläubiger der KG darauf nicht zurückgreifen kann) leer. Aus der **Entstehungsgeschichte** der Norm folgt indessen, dass es dem Gesetzgeber darum ging, den Kommanditisten im Innenverhältnis zu schützen (iE MüKoHGB/*K. Schmidt* §§ 171, 172 Rn. 96), sodass in Betracht käme, § 172 Abs. 5 auch im Innenverhältnis anzuwenden. Die zuletzt zitierte Auffassung lässt sich aus den zuvor genannten Gründen vertreten, hat sich bislang allerdings nicht durchgesetzt. 65

6. Geltendmachung der Kommanditistenhaftung in der Insolvenz. § 171 Abs. 2 bestimmt, dass im eröffneten Insolvenzverfahren für dessen Dauer die Rechte nach Abs. 1 der Vorschrift durch den Insolvenzverwalter oder Sachwalter ausgeübt werden. § 171 Abs. 2 betrifft demnach das **Außenverhältnis.** Die gegenüber Gläubigern der KG im Außenverhältnis bestehende unmittelbare wenngleich summenmäßig beschränkte Kommanditistenhaftung wird also im eröffneten Insolvenzverfahren vom 66

Insolvenzverwalter bzw. Sachwalter geltend gemacht. In Ansehung des Grundsatzes der gleichmäßigen Behandlung der Insolvenzgläubiger nimmt § 171 Abs. 2 den Gläubigern die Möglichkeit, selbst gegen den Kommanditisten vorzugehen (BGH 28.10.1981, BGHZ 82, 209 (216)) und ermächtigt hierzu den Insolvenzverwalter bzw. Sachwalter in Ergänzung zu deren Rechten nach § 93 InsO. Die Eröffnung des Insolvenzverfahrens über das Vermögen der KG unterbricht Rechtsstreitigkeiten von Gläubigern gegen Kommanditisten, und zwar auch solche von Altgläubigern gegen Gesellschafter, die Kommanditisten geworden sind, aber aus ihrer zuvor unbeschränkten Haftung in Anspruch genommen werden (BGH 20.11.2008, DB 2009, 1759). Zur Anfechtung vorinsolvenzlicher Gesellschafterleistungen an Gläubiger der KG in der Insolvenz der Gesellschaft analog § 93 InsO, s. BGH 9.10.2008, ZIP 2008, 2224; zu dieser Entscheidung wiederum s. *Bork/Vogelsang* ZIP 2014, 2313.

66a Die Klage gegen den Kommanditisten kann am Sitz der Gesellschaft erhoben werden, sofern Erfüllungsort für den Anspruch des Gläubigers gegen die KG, der Grundlage der Klage ist, der Sitz der Gesellschaft ist, daneben am Wohnsitz des Kommanditisten (dazu *Bork* NJW 2018, 2985).

67 § 171 Abs. 2 ist auf das eröffnete Insolvenzverfahren beschränkt, hindert also Leistungen des Kommanditisten an die Gläubiger der KG unbeschadet der Anfechtbarkeit dieser Leistungen nicht, sofern die Voraussetzungen des Anfechtungsgesetzes oder – nach Eröffnung des Insolvenzverfahrens über das Vermögen der KG – diejenigen der Insolvenzanfechtung gegeben sind (→ Rn. 31).

68 Ein Insolvenzverfahren über das Vermögen der Gesellschaft iSd § 171 Abs. 2 ist auch gegeben, wenn eine fehlerhafte, in Vollzug gesetzte Gesellschaft oder eine unberechtigterweise als KG eingetragene **BGB-Gesellschaft** betroffen ist (Baumbach/Hopt/*Roth* § 171 Rn. 11; *v. Gerkan* ZGR 1992, 116 ff.; nach heutiger Rechtslage ist die eingetragene KG ohnehin stets KG). Selbst die Löschung der KG im Register und ihre dadurch bewirkte „Umwandlung" in eine BGB-Gesellschaft hindert die Anwendbarkeit des § 171 Abs. 2 nicht (MüKoHGB/*K. Schmidt* §§ 171, 172 Rn. 105; davon abgesehen ist auch die BGB-Gesellschaft insolvenzrechtsfähig, § 11 InsO, und Ansprüche der Gläubiger gem. § 128 (analog) gegen die Gesellschafter persönlich werden auch in der Insolvenz der BGB-Gesellschaft vom Insolvenzverwalter über deren Vermögen geltend gemacht, § 93 InsO).

69 Darüber hinaus kommt eine Anwendbarkeit des § 171 Abs. 2 in allen Fällen in Betracht, in denen ein (ehemaliger) Kommanditist für Forderungen gegen die (ehemalige) KG beschränkt haftet, namentlich in Fällen, in denen die KG nach den Bestimmungen des UmwG umgewandelt wurde oder sonst Gesamtrechtsnachfolge eingetreten ist, auch wenn das Insolvenzverfahren in diesen Fällen über das Vermögen des umgewandelten Rechtsträgers oder Rechtsnachfolgers eröffnet wird (BGH 2.7.1990, BGHZ 112, 31 (35 f.) = NJW 1990, 3145).

70 § 171 Abs. 2 betrifft nur die den Gläubigern nach Abs. 1 der Vorschrift zustehenden Rechte. Daraus wird geschlossen, dass nur im Falle beschränkter Kommanditistenhaftung die Rechte auf den Insolvenzverwalter bzw. Sachwalter übergehen, sodass die Bestimmung weder für den unbeschränkt haftenden Gesellschafter noch für den unbeschränkt haftenden Kommanditisten (§ 176) gilt (BGH 28.10.1981, BGHZ 82, 209 (214) = NJW 1982, 883 (885) mAnm *K. Schmidt;* Baumbach/Hopt/*Roth* § 171 Rn. 11). Die zitierte Entscheidung ist nach heutiger Rechtslage indes nicht mehr maßgeblich, da insoweit **§ 93 InsO** mit gleicher Rechtsfolge eingreift.

71 Rechtsfolge des § 171 Abs. 2 ist, dass die Gläubiger der KG den Kommanditisten nicht mehr in Anspruch nehmen können (BGH 28.10.1981, BGHZ 82, 209 (214)) und der Kommanditist sich durch Leistung an einen Gläubiger nicht mehr von seiner Haftung befreien kann (BGH 9.12.1971, BGHZ 58, 72 (75)). Leistet der Kommanditist gleichwohl an einen Gläubiger, so unterliegt diese Leistung der Insolvenzanfechtung. Das Kommanditistenvermögen wird iRd § 171 Abs. 2 so wie das Vermögen der KG behandelt. Eine ggf. anfechtbare Leistung des Kommanditisten ist auch die Erklärung der Aufrechnung gegen eine Forderung des Gläubigers der KG (BGH 17.9.1964, BGHZ 42, 192 (194) = NJW 1964, 2407 (2409); BFH 24.7.1984, ZIP 1984, 1245 (1246); Staub/*Thiessen* § 171 Rn. 171).

72 Die **Rechtsnatur** des § 171 Abs. 2 (cessio legis oder Treuhandschaft?) ist umstritten (*Keuk* ZHR 135 (1971), 430). Die rechtliche Einordnung der Ermächtigung des Insolvenzverwalters bzw. Sachwalters ist aber ohne praktische Konsequenzen.

73 Die Inanspruchnahme des Kommanditisten nach § 171 Abs. 2 ist beschränkt auf die Rechte der Gläubiger aus § 171 Abs. 1. Der Insolvenzverwalter bzw. Sachwalter kann die Kommanditisten deshalb nur insoweit in Anspruch nehmen, als dies für die Befriedigung der Insolvenzgläubiger erforderlich ist (BGH 19.5.1958, JZ 1958, 699 mAnm *Schuman;* OLG Hamm 20.11.2000, NZG 2001, 359). Die Kommanditisten haften also nicht für die Masseschulden (OLG München 23.4.2019, ZIP 2019, 2072; OLG Hamm 20.11.2000, NZG 2001, 359) oder die Kosten des Insolvenzverfahrens (OLG Bamberg 13.8.2013, ZInsO 2018, 2209). Bei der Prüfung der Frage, inwieweit der Insolvenzverwalter die Kommanditisten in Anspruch nehmen kann, sind von ihm grundsätzlich alle zur Insolvenztabelle angemeldeten Forderungen zu berücksichtigen, auch wenn sie bestritten werden (OLG Hamm 21.1.2019, ZIP 2019, 429; strenger OLG Bamberg 7.5.2019, ZIP 2019, 1926). Eine konkrete Zuordnung der Klagesumme auf die geltend gemachten Forderungen der Gläubiger ist nicht erforderlich (BGH 20.2.2018, NZI 2018, 442 Rn. 18).

Da mit Insolvenzeröffnung über das Vermögen der KG das Kommanditistenvermögen mit Blick auf die Ansprüche der Gläubiger gegen die KG wie Gesellschaftsvermögen betrachtet wird und der Kommanditist somit nicht mehr gegenüber einzelnen Gläubigern aufrechnen kann (→ Rn. 71), verbleiben ihm im Falle der Inanspruchnahme durch den Insolvenzverwalter bzw. Sachwalter nur die **Einwendungen,** die auch die KG erheben könnte (s. auch BGH 14.1.1991, BGHZ 113, 216 (221) zum Ausschluss von Einwendungen gegen einzelne Gläubiger) sowie der Einwand des Ausschlusses persönlicher Kommanditistenhaftung wegen erbrachter Einlage und schließlich der Einwand, seine Inanspruchnahme sei zur Befriedigung derjenigen Gläubiger, denen er nach § 171 Abs. 1 haften würde, nicht erforderlich, beispielsweise weil das Gesellschaftsvermögen ausreichend bemessen (OLG Hamburg 21.12.2018, ZIP 2019, 70; OLG Hamburg 7.12.2018, ZIP 2019, 185; MüKoHGB/*K. Schmidt* §§ 171, 172 Rn. 112 oder die Einziehung für die Liquidation der Gesellschaft nicht erforderlich ist (OLG München 21.10.2015, ZIP 2015, 2222). Darin liegt nur tendenziell eine Verbesserung der Haftungssituation des Kommanditisten, denn der letztgenannte Einwand steht ihm vor Insolvenzeröffnung nicht zu, da es zu diesem Zeitpunkt nur auf die Frage ankommt, ob der Kommanditist überhaupt im Außenverhältnis persönlich haftet; er kann freilich im **Innenverhältnis** Regress nehmen (§ 110), sieht sich aber ggf. der Aufrechnung der KG mit dem Anspruch auf Erbringung der (restlichen) Pflichteinlage ausgesetzt. Umgekehrt gilt, dass der Insolvenzverwalter nicht nur die Rechte aus § 171 Abs. 2 hat, sondern auch den Anspruch auf die (restliche) Pflichteinlage geltend machen kann. 74

Der Kommanditist kann zwar nach Eröffnung des Insolvenzverfahrens nicht mehr gegenüber dem ihn in Anspruch nehmenden Gläubiger, wohl aber gegenüber der KG mit Ansprüchen aus § 110 nach Befriedigung eines Gläubigers der KG in Höhe des Nennwertes der Gläubigerforderung aufrechnen (BGH 9.12.1971, BGHZ 58, 72 (75) = NJW 1972, 480 (481); Baumbach/Hopt/*Roth* § 171 Rn. 13), und zwar ohne dass es darauf ankäme, dass die Gläubigerforderung zum Zeitpunkt der Befriedigung noch werthaltig war (BGH 25.7.2017, ZIP 2017, 1948 Rn. 21; BGH 8.7.1985, ZIP 1985, 1198). Dem liegt der Gedanke zugrunde, dass sich der Kommanditist vor Eröffnung des Insolvenzverfahrens durch Leistung an die KG von der persönlichen Haftung hätte befreien können und deshalb nach Eröffnung des Verfahrens zur Aufrechnung mit Gegenforderungen der KG berechtigt sein muss (RG 30.5.1896, RGZ 37, 82 (87)). Dies gilt auch für den ausgeschiedenen Kommanditisten (→ Rn. 43). Soweit die Aufrechnungsbefugnis des ausgeschiedenen Kommanditisten früher verneint wurde (OLG Hamburg 27.3.1934, HRR 1934 Nr. 1043), basierte diese Auffassung auf der Annahme, dass erst die Auszahlung des Abfindungsanspruches zu einem Wiederaufleben der Haftung führt. Geht man von dieser Auffassung aus, bedarf es der Anerkennung der Aufrechnungsbefugnis des Kommanditisten in Ansehung des Abfindungsanspruches bzw. des „stehengelassenen" oder noch „stehengebliebenen" Abfindungsguthabens nicht, da seine Haftung nach § 171 Abs. 1 nach wie vor ausgeschlossen ist. Aus den genannten Gründen (→ Rn. 52) ist dieser Auffassung indes nicht zu folgen. 75

Zahlungen, die der Insolvenzverwalter aufgrund der Geltendmachung von Ansprüchen nach § 171 Abs. 2 vereinnahmt, sind als **Sondermasse** zu verwalten, die denjenigen Gläubigern anteilig zugute kommt, denen der Kommanditist im Außenverhältnis zum Zeitpunkt der Eröffnung des Insolvenzverfahrens haftet (eingehend MüKoHGB/*K. Schmidt* §§ 171, 172 Rn. 114). Wenn dies zutreffend ist und außerdem feststeht, dass der Anspruch der KG auf Leistung der Pflichteinlage nicht dieser Sondermasse zuzuordnen ist, muss sich die Frage nach der Konkurrenz zwischen dem nach Insolvenzverfahrenseröffnung vom Insolvenzverwalter geltend gemachten Anspruch aus § 171 Abs. 2 und dem gleichermaßen von ihm zu verfolgenden, der KG zustehenden Anspruch auf Leistung der Pflichteinlage stellen. Der Insolvenzverwalter kann zwar aus beiden Anspruchsgrundlagen vorgehen, der Kommanditist muss aber im Ergebnis nur einmal leisten. Sind Haftsumme und Pflichteinlage wie häufig betragsgleich und geht der Insolvenzverwalter aus § 171 Abs. 2 vor, erfüllt der Kommanditist mit der Zahlung an die KG zugleich deren Anspruch auf Leistung der Pflichteinlage. Macht der Insolvenzverwalter stattdessen den Anspruch auf Leistung der Pflichteinlage geltend, befreit dessen Erfüllung den Kommanditisten auch iRd § 171 Abs. 2. Nach der zitierten Auffassung kommt es also für die Befriedigungschancen der Gläubiger möglicherweise darauf an, aus welcher Anspruchsgrundlage der Insolvenzverwalter vorgeht. Dem Insolvenzverwalter stünde, wenn dieses Ergebnis für richtig befunden würde, zudem ein Wahlrecht zu. 76

Besonderheiten gelten für die Inanspruchnahme des ausgeschiedenen Kommanditisten im **Insolvenzverfahren.** Dieser haftet für diejenigen Verbindlichkeiten, die zum Zeitpunkt der Eintragung seines Ausscheidens in das Handelsregister begründet waren, sodass nur bei Vorhandensein solcher Verbindlichkeiten eine Ermächtigung des Insolvenzverwalters nach § 171 Abs. 2 besteht (BGH 10.5.1978, BGHZ 71, 296 (305) = NJW 1978, 1525 (1527); BGH 20.3.1958, BGHZ 27, 51 (56)). Rechnerisch gesehen ist wegen der Beschränkung der Haftung des ausgeschiedenen Kommanditisten gegenüber bestimmten Gläubigern eine (weitere) Sondermasse zu bilden. 77

7. Geltendmachung der Einlageansprüche durch den Liquidator. Der Liquidator einer KG ist – anders als der Insolvenzverwalter – nicht zur Geltendmachung der Ansprüche Dritter, sondern nur zur Einziehung der Ansprüche der KG gegen ihre Kommanditisten, insbesondere zur Geltendmachung des 77a

Anspruchs auf Zahlung der Pflichteinlage, befugt. Die Einziehung rückständiger Einlagen obliegt ihm allerdings nur, soweit dies für die Durchführung der Liquidation, vor allem für die Befriedigung der Gläubiger der Gesellschaft erforderlich ist (BGH 5.11.1979, NJW 1980, 1522; BGH 11.10.2011, NZG 2011, 1432). Deshalb ist der Liquidator einer KG ohne ausdrückliche gesellschaftsvertragliche Regelung zur Einforderung rückständiger Einlagen zum Zweck des Ausgleichs unter den Gesellschaftern nach Auffassung des BGH nicht befugt (BGH 21.11.1983, NJW 1984, 435; anders ist dies uU bei der Publikums-KG zu beurteilen, s. BGH 11.10.2011, NZG 2011, 1432; BGH 30.1.2018, NZG 2018, 539 Rn. 68 ff.).

78 **8. Treuhandverhältnisse.** Ein Gesellschafter einer Personengesellschaft, der seinen Gesellschaftsanteil iRe Treuhandverhältnisses insgesamt auf den Treunehmer übertragen hat, haftet nicht entsprechend §§ 128 ff. unmittelbar oder in analoger Anwendung für die nach seinem Ausscheiden begründeten Verbindlichkeiten der Gesellschaft. Dies gilt auch, wenn der ausgeschiedene Gesellschafter (Treugeber) einen Teil der Mitgliedschaftsrechte – soweit nach § 717 BGB zulässig – zurückbehält (sog. qualifizierte Treuhand, s. BGH 11.11.2008, NZG 2009, 57 Rn. 18 f.; BGH 1.3.2010, BB 2010, 1883). Diese Grundsätze finden auch auf den mittelbar – über einen Treuhänder – an der Gesellschaft beteiligten Kommanditisten Anwendung (s. dazu MHdB GesR II/*Horbach* § 61 Rn. 22 ff., MHdB GesR II/*Jaletzke* § 63 Rn. 7 ff., 33). Kommanditist im **Außenverhältnis** ist nur der Treunehmer, sodass der Treugeber nicht aus §§ 171, 172 wegen nicht erbrachter oder zurückgewährter Einlage in Anspruch genommen werden kann. Unberührt bleibt selbstverständlich eine etwaige Haftung des Treugebers gegenüber dem Treunehmer im **Innenverhältnis.** Insbesondere können Ansprüche auf Freistellung des Treunehmers von der Außenhaftung bestehen. Solche Freistellungsansprüche des Treunehmers können von den Gesellschaftsgläubigern oder dem Insolvenzverwalter gepfändet werden (OLG Köln 21.8.2008, NZG 2009, 543). Die Abtretung von Freistellungsansprüchen des Treuhandkommanditisten an Dritte, vor allem auch an den Insolvenzverwalter, ist ohne weiteres zulässig, § 399 BGB steht nicht entgegen (BGH 22.3.2011, DB 2011, 1099; OLG Celle 21.1.2009, WM 2009, 935; OLG Jena 13.1.2009, WM 2009, 937; OLG Koblenz 11.12.2008, WM 2009, 939). Umstritten ist, ob der in Anspruch genommene Treugeber mit Schadensersatzansprüchen gegen den Treuhandkommanditisten aufrechnen kann (bejahend OLG Karlsruhe 6.8.2009, NZG 2009, 1107; verneinend BGH 22.3.2011, DB 2011, 1099; OLG Stuttgart 18.3.2010, ZIP 2010, 1694; OLG Koblenz 11.12.2008, WM 2009, 939).

III. Abdingbarkeit

79 §§ 171, 172 betreffen das Außenverhältnis und sind zwingend.

IV. Darlegungs- und Beweislast

80 **1. Leistung der Einlage.** Der von einem Gläubiger der KG in Anspruch genommene Kommanditist muss darlegen und erforderlichenfalls beweisen, dass er sich durch Leistung von seiner Haftung befreit hat (BGH 30.4.1984, NJW 1984, 2290 (2291); OLG Hamm 25.10.1999, NZG 2000, 366; OLG Stuttgart 2.12.1998, NZG 1999, 113 (114); *Keuk* ZHR 135 (1971), 425). Gleiches gilt hinsichtlich des Wertes der vom Kommanditisten in das Gesellschaftsvermögen eingebrachten Leistung (BGH 18.11.1976, WM 1977, 167 (168); OLG Hamm 25.10.1999, NZG 2000, 366; EBJS/*Strohn* § 171 Rn. 86). Wird anstelle der Zahlung oder Überweisung eines Geldbetrages in das Vermögen der KG die Einlage durch Einbuchung erbracht, trägt die Darlegungs- und Beweislast für die Werthaltigkeit ebenfalls der Kommanditist (BGH 1.6.1987, BGHZ 101, 123 (127) = NJW 1987, 3185).

81 Rechnet der Kommanditist gegen die Forderung der KG auf Leistung der Pflichteinlage auf, muss er grundsätzlich – Ausnahme: Aus der Befriedigung eines Gesellschaftsgläubigers resultierender Regressanspruch gegen die KG – die Vollwertigkeit der Gegenforderung nachweisen (OLG Köln 17.12.1993, NJW-RR 1994, 869). Ist der Kommanditist befugt, eine Sacheinlage oder die Leistung von Diensten in Anrechnung auf die Pflichteinlageforderung oder eine Pflichteinlage in Form einer Sacheinlage oder Dienste für die KG zu erbringen, gilt das Gleiche.

82 **2. Wiederaufleben der Haftung.** Die Beweislast für die Voraussetzungen des Wiederauflebens der Haftung nach § 172 Abs. 4 S. 1 trägt nach einer dazu vertretenen Auffassung grundsätzlich der Gläubiger bzw. Insolvenzverwalter (Baumbach/Hopt/*Roth* § 172 Rn. 12). Nach aA ist zu differenzieren. Der Gläubiger bzw. Insolvenzverwalter muss den Nachweis erbringen, dass eine Rückzahlung stattgefunden hat, während der Kommanditist zur Vermeidung seiner Haftung beweisen muss, dass die Rückzahlung haftungsunschädlich war (MüKoHGB/*K. Schmidt* §§ 171, 172 Rn. 76). Nach einer dritten Auffassung ist stets der Kommanditist für den Ausschluss der persönlichen Haftung darlegungs- und beweispflichtig (*Keuk* ZHR 135 (1971), 425 f.). Der differenzierenden Auffassung wird hier gefolgt. Der Insolvenzverwalter und der Gläubiger können prinzipiell das Wiederaufleben der Haftung des Kommanditisten herbeiführende Auszahlungen aus dem Vermögen der KG durch Vorlage festgestellter Jahresabschlüsse belegen, denen zufolge der Kommanditist Zahlungen der KG erhalten hat, obgleich Verluste erwirt-

schaftet wurden und das Kapitalkonto des Kommanditisten den Betrag der Haftsumme unterschreitet (OLG München 26.8.2014, ZIP 2015, 2137).

Im Rahmen des § 174 Abs. 4 S. 2 muss der Kommanditist darlegen und beweisen, dass ihm zustehender Gewinn ausgezahlt worden ist und dass dieser Gewinn nicht zum Ausgleich seines Kapitalkontos hätte verwendet werden müssen (EBJS/*Strohn* § 172 Rn. 56). 83

3. Gutgläubiger Gewinnbezug bei gutgläubig errichteter Bilanz. Die Systematik des § 172 Abs. 5 führt dazu, dass der Gläubiger der KG oder der Insolvenzverwalter über deren Vermögen darlegen und beweisen muss, dass es sich bei dem vom Kommanditisten bezogenen Gewinn um Scheingewinn handelt (vgl. BGH 12.7.1982, BGHZ 84, 383 = NJW 1982, 2500 mAnm *K. Schmidt*). Handelt es sich danach um den Bezug eines Scheingewinns, hat der Kommanditist dem Wortlaut der Vorschrift nach zu urteilen darzulegen und zu beweisen, dass sowohl die Bilanz, auf deren Grundlage er Gewinn bezogen hat, in gutem Glauben errichtet worden ist, als auch, dass er selbst zum Zeitpunkt des Gewinnbezugs in gutem Glauben gewesen ist (Baumbach/Hopt/*Roth* § 172 Rn. 12). Gegen diese Auffassung wird eingewandt, dass die praktische Bedeutung des Merkmals der gutgläubigen Bilanzaufstellung darin bestehe, dass Gutglaubensschutz nach § 172 Abs. 5 nur ausnahmsweise dann nicht in Betracht komme, wenn die Bilanzaufstellung in bösem Glauben erfolge. Deshalb müsse diesen Beweis, mit dem jede Beweisführung des Kommanditisten hinsichtlich seines guten Glaubens gegenstandslos würde, derjenige erbringen, der die wiederaufgelebte Kommanditistenhaftung geltend mache, also der Gläubiger bzw. der Insolvenzverwalter (MüKoHGB/*K. Schmidt* §§ 171, 172 Rn. 97). Es ist zwar zweifelhaft, ob die zuletzt zitierte Auffassung mit dem Wortlaut der Vorschrift vereinbar ist. Sie entspricht jedoch – zumindest in der Insolvenz – einer angemessenen Beweislastverteilung. Fraglich ist, ob dies auch im Falle der Inanspruchnahme durch einen Gläubiger gelten kann, der – anders als der Insolvenzverwalter – aus tatsächlichen Gründen kaum im Stande sein dürfte, die Bösgläubigkeit der die Bilanz aufstellenden Gesellschafter darzulegen und zu beweisen, während der Kommanditist zur Darlegung und zum Beweis des Gegenteils aufgrund seines Informationsrechts (§ 166) weit eher in der Lage ist. 84

4. Geltendmachung der Außenhaftung durch den Insolvenzverwalter bzw. Sachwalter. Es ist Sache des Insolvenzverwalters, darzulegen und zu beweisen, dass Forderungen bestehen, für die der in Anspruch genommene Kommanditist haftet (OLG Jena 11.4.2018, ZInsO 2018, 1221 Rn. 50, 60; OLG Stuttgart 2.12.1998, NZG 1999, 113 (115); *Keuk* ZHR 135 (1971), 431). Hierzu reicht im ersten Schritt die Vorlage der Insolvenztabelle mit festgestellten Forderungen aus, die aus der Insolvenzmasse nicht befriedigt werden können (BGH 20.2.2018, NZG 2018, 497). Die widerspruchslos erfolgte Feststellung zur Insolvenztabelle hat zudem Rechtskraftwirkung zu Lasten des in Anspruch genommenen Kommanditisten (umstritten für den zum Zeitpunkt der Eröffnung des Insolvenzverfahrens bereits ausgeschiedenen Kommanditisten, insoweit soll eine teleologische Reduktion des § 129 in Betracht kommen, dazu *Steiner/Lüdicke* NZI 2019, 320), was sich mittelbar aus § 201 Abs. 2 InsO ergibt (BGH 20.2.2018, NZG 2018, 497; ausführlich dazu *Thole* ZGR 2019, 301). Gelingt dem Insolvenzverwalter der Beweis, dass der Umfang der Gläubigerforderungen die Inanspruchnahme des Kommanditisten rechtfertigt, ist der Kommanditist für die von ihm erhobenen Einwendungen der Gesellschaft (soweit noch zulässig) sowie die ihm persönlich im Insolvenzverfahren noch möglichen Einwendungen darlegungs- und beweispflichtig (OLG Köln 11.6.2018, BeckRS 2018, 13782; OLG Stuttgart 2.12.1998, NZG 1999, 113 (115 f.)). So muss grundsätzlich der Kommanditist den Nachweis führen, dass seine Einlage für die Abwicklung der Gesellschaft nicht erforderlich ist. Allerdings muss der Insolvenzverwalter, Sachwalter oder Liquidator im Sinne einer sekundären Darlegungslast die insoweit bedeutsamen Verhältnisse der Gesellschaft darstellen (OLG München 21.10.2015, ZIP 2015, 2222; s. ferner OLG Saarbrücken 29.3.2017, NZG 2017, 1183 Rn. 32, zur Darlegungs- und Beweislast im Falle der Geltendmachung der Einlagepflicht im Liquidationsstadium; OLG Köln 11.6.2018, BeckRS 2018, 13782). 85

(aufgehoben)

172a

[Haftung bei Eintritt als Kommanditist]

173

(1) **Wer in eine bestehende Handelsgesellschaft als Kommanditist eintritt, haftet nach Maßgabe der §§ 171 und 172 für die vor seinem Eintritte begründeten Verbindlichkeiten der Gesellschaft, ohne Unterschied, ob die Firma eine Änderung erleidet oder nicht.**

(2) **Eine entgegenstehende Vereinbarung ist Dritten gegenüber unwirksam.**

Übersicht

I. Allgemeines

1 Die Vorschrift ordnet an, dass auch der Kommanditist, der in eine bestehende Handelsgesellschaft eintritt, nach Maßgabe der §§ 171, 172 für die vor seinem Eintritt begründeten Verbindlichkeiten der Gesellschaft haftet und eine entgegenstehende Vereinbarung Dritten gegenüber unwirksam ist. Die Vorschrift ist nach heutigem Verständnis in zweierlei Hinsicht letztlich **überflüssig** (*Scholz* in Westermann/Wertenbruch PersGes-HdB Rn. I 3035; aA Staub/*Thiessen* Rn. 5). Zum einen ergibt sich bereits aus dem Verweis in § 161 Abs. 2 auf die für die OHG geltenden Vorschriften (§ 130) die grundsätzliche persönliche Haftung des Kommanditisten für vor seinem Eintritt begründete Verbindlichkeiten. Dass die Haftung des Kommanditisten für Altverbindlichkeiten ebenfalls nach Maßgabe der §§ 171, 172 eine summenmäßig beschränkte Haftung ist, folgt aus § 130 iVm der Regelung in § 161 Abs. 2, der zufolge die Vorschriften über die OHG nur Anwendung finden, soweit im zweiten Abschnitt nicht etwas anderes vorgeschrieben ist. Zum anderen ist nach heutigem Verständnis die in § 130 vorgesehene Haftung des in eine Handelsgesellschaft eintretenden Gesellschafters für die vor dem Eintritt begründeten Verbindlichkeiten dieser Gesellschaft selbstverständlicher Bestandteil des in § 128 zum Ausdruck gebrachten Akzessoritätsprinzips. Nichts anderes kann für die „strukturgleiche" Kommanditistenhaftung, deren Besonderheit lediglich in ihrer summenmäßigen Beschränkung besteht, gelten.

2 Sinn und Zweck der Vorschrift lassen sich nur historisch erklären. Der Gesetzgeber ging bei Einführung der Vorschrift weder von der Rechtssubjektivität der Gesellschaft noch vom Akzessoritätsprinzip aus. Nach dem Verständnis des historischen Gesetzgebers hafteten die Gesellschafter mit zwei Vermögensmassen, zum einen unbeschränkt mit dem Gesellschaftsvermögen und zum anderen unbeschränkt (persönlich haftende Gesellschafter) oder beschränkt (Kommanditisten) mit ihrem Privatvermögen. Legt man diese Vorstellung zugrunde, lässt sich nachvollziehen, dass die Haftung des Gesellschafters für Altverbindlichkeiten regelungsbedürftig erschien.

3 Auch der in § 173 verwendete Begriff des „Eintritts" lässt sich nur unter Heranziehung des historischen Zusammenhangs erklären. Seinerzeit ging der Gesetzgeber davon aus, dass die Mitgliedschaft in einer (Handels-)Gesellschaft allein durch Eintritt erworben werden konnte. Die Möglichkeit, die Mitgliedschaft abtretbar zu gestalten, sodass diese auch durch Erwerb des Gesellschaftsanteils eines Gesellschafters erlangt werden könnte, wurde nicht bedacht. Dies ist wichtig für die – zu bejahende – Frage, inwieweit § 173 auch auf den Fall des Anteilserwerbs anwendbar ist.

II. Einzelerläuterung

4 **1. Haftung des eintretenden Kommanditisten. a) Eintritt.** Abs. 1 ordnet die Haftung des in eine „Handelsgesellschaft" eintretenden Kommanditisten für die vor seinem Eintritt begründeten Verbindlichkeiten an. Unter Eintritt ist nach heutigem Verständnis sowohl der **Eintritt im technischen Sinne** (Aufnahme eines neuen Kommanditisten durch Änderung des Gesellschaftsvertrages) als auch die **Einzelrechtsnachfolge** durch Übertragung des Kommanditanteils (Staub/*Thiessen* Rn. 14, 27; BGH 16.2.1981, BGHZ 80, 81; OLG Hamm 11.6.2018, NZG 2018, 940; MüKoHGB/*K. Schmidt* Rn. 7) und schließlich der Erwerb des Kommanditanteils durch **Universalsukzession,** beispielsweise durch Erbfolge (BGH 21.9.1995, NJW 1995, 3314; KG 30.5.2000, DB 2000, 2011; OLG Hamburg 5.11.1993, NJW-RR 1994, 809 (811); EBJS/*Strohn* Rn. 25 ff.), zu verstehen.

Ferner sind Fallgestaltungen, in denen ein Kommanditist einen weiteren Kommanditanteil oder ein Komplementär einen Kommanditanteil oder ein Kommanditist einen Komplementäranteil – ggf. mit Umwandlung der daraus resultierenden Komplementärstellung in die eines Kommanditisten – erwirbt, entsprechend § 173 zu behandeln, sodass es zur Vermeidung einer „doppelten" Haftung jeweils eines Nachfolgevermerks (→ Rn. 14) bedarf. 5

Auch die Umwandlung der Komplementärstellung in eine Kommanditistenstellung wird als Eintritt iSd Vorschrift betrachtet (vgl. Baumbach/Hopt/*Roth* Rn. 8; MüKoHGB/*K. Schmidt* Rn. 9). Dem ist mit Blick auf die Rechtsfolgen sicher insoweit zuzustimmen, als der frühere Komplementär und jetzige Kommanditist für die vor der Umwandlung seiner Beteiligung begründeten Verbindlichkeiten weiter haftet, wenngleich nach Ablauf der Frist des § 160 nur noch summenmäßig beschränkt. Es ist allerdings fraglich, ob es hierfür erforderlich ist, auf § 173 abzustellen. Dies wäre nur der Fall, wenn der Wechsel des Komplementärs in eine Kommanditistenstellung als Beendigung der einen Mitgliedschaft und Fortsetzung des Gesellschaftsverhältnisses mit einer neuen, anders ausgestatteten Mitgliedschaft betrachtet werden müsste. Dies ist jedoch nicht zutreffend. Durch die geschilderte Umwandlung wird die Identität der Mitgliedschaft nicht berührt oder gar unterbrochen, sondern nur inhaltlich anders ausgestaltet. 6

Auch die Diskussion der Frage, ob § 173 im Falle der Umwandlung einer BGB-Gesellschaft in eine KG Anwendung findet, ist im Ergebnis überflüssig, jedenfalls unter Berücksichtigung der neueren Rspr. des BGH (grundlegend BGH 7.4.2003, NJW 2003, 1803), die § 130 als selbstverständlichen Bestandteil des Akzessoritätsprinzips auch im BGB-Gesellschaftsrecht anwendet. Insoweit stellt sich die Umwandlung einer BGB-Gesellschaft in eine KG hinsichtlich der (künftigen) Kommanditisten nicht anders dar als die Umwandlung der Komplementärstellung in die eines Kommanditisten. 7

Der eintretende Kommanditist tut in Ansehung von § 176 Abs. 2 gut daran, der Gesellschaft unter der **aufschiebenden Bedingung** seiner Eintragung als Kommanditist in das Handelsregister beizutreten. 8

Die Vorschrift ist auch bei **simultanem Eintritt und Austritt** anwendbar. Der simultane Ein- und Austritt führt allerdings je nach Gestaltung im konkreten Fall zu einer Verdoppelung der Haftsummen für einen Übergangszeitraum, da der ausscheidende Kommanditist iHd für ihn eingetragenen Haftsumme fünf Jahre nachhaftet (§ 160) und der neu eingetretene Kommanditist ebenfalls iH seiner Haftsumme haftet. Allerdings kann die eingezahlte Einlage des Altkommanditisten auf das Kapitalkonto des Neukommanditisten umgebucht („eingebucht") werden, sodass sie ihm haftungsrechtlich als iSv § 171 Abs. 1 geleistet zugute kommt (BGH 29.6.1981, BGHZ 81, 82 (88 f.); MüKoHGB/*K. Schmidt* Rn. 20). Es haftet in diesem Falle nur der Altkommanditist, an den die Einlage durch diesen Vorgang zurückbezahlt worden ist. 9

b) Bestehende Personenhandelsgesellschaft. Eine bestehende Personenhandelsgesellschaft ist sowohl die OHG als auch die KG (Baumbach/Hopt/*Roth* Rn. 2). Diskutiert wird ferner die (ggf. analoge) Anwendung der Vorschrift auf den Eintritt eines Gesellschafters in eine BGB-Gesellschaft, die sich im Zuge des Eintritts in eine KG mit dem eintretenden Gesellschafter als Kommanditisten umwandelt (MüKoHGB/*K. Schmidt* Rn. 14). Nach hier vertretener Auffassung ist es nicht erforderlich, § 173 heranzuziehen, weil sich die Rechtsfolgen dieser Vorschrift bereits aus § 128, § 130 iVm § 161 Abs. 2 und die summenmäßig beschränkte Haftung des Neukommanditisten aus §§ 171 ff. ergeben. Die Anerkennung einer Analogie zu § 160 scheint dagegen sinnvoll, weil fraglich sein könnte, ob der Verweis in § 736 Abs. 2 BGB die beschriebene Konstellation erfasst. 10

c) Haftung. Die Rechtsfolge der Vorschrift besteht darin, dass der Kommanditist für sämtliche vor seinem Eintritt begründeten Verbindlichkeiten der KG persönlich, aber nach Maßgabe der §§ 171, 172 beschränkt, haftet. Die Abgrenzung von Alt- und Neuverbindlichkeiten (→ § 130 Rn. 8) hat für die Haftung des Kommanditisten nach § 173 – anders als für etwa iRd Beitrittsvertrages hierzu getroffene Freistellungsvereinbarungen – keine Bedeutung, da in beiden Fällen eine beschränkte Kommanditistenhaftung besteht. Nicht geklärt ist, ob der einen Kommanditanteil nach zuvor erfolgter Herabsetzung der Haftsumme erwerbende Rechtsnachfolger eines Kommanditisten in die Nachhaftung des Veräußerers eintritt oder ob er nur in Höhe der herabgesetzten Haftsumme – soweit noch nicht in Höhe dieses Betrages eine Einlage in das Gesellschaftsvermögen geleistet wurde – haftet (ablehnend Staub/*Thiessen* Rn. 96 mwN). 11

Der Kommanditist haftet mit (ab) seinem **Beitritt,** das ist der Zeitpunkt, zu welchem der Beitritt wirksam wird. Nach allgA ist es möglich, den Beitritt unter eine oder mehrere aufschiebende Bedingungen, insbesondere unter diejenige der Eintragung des Eintritts als Kommanditist in das Handelsregister, zu stellen. Dies ist ua zur Vermeidung der unbeschränkten Kommanditistenhaftung nach § 176 Abs. 2 von Interesse. Nach § 176 Abs. 2 haftet der eintretende Kommanditist für die in der Zeit zwischen dem Wirksamwerden des Eintritts und dessen Eintragung in das Handelsregister begründeten Verbindlichkeiten wie ein persönlich haftender Gesellschafter, es sei denn, seine Beteiligung als Kommanditist war dem Gläubiger, der ihn in Anspruch zu nehmen beabsichtigt, bekannt. Hinsichtlich der zum Zeitpunkt 12 des Eintritts bereits bestehenden Verbindlichkeiten der KG bleibt es dagegen bei der beschränkten Kommanditistenhaftung nach Maßgabe der §§ 171, 172.

13 **2. Besonderheiten beim Eintritt durch Sonderrechtsnachfolge. a) Zulässigkeit der Sonderrechtsnachfolge.** Der Kommanditanteil ist nach heute herrschendem Verständnis übertragbar, wenn der Gesellschaftsvertrag dies vorsieht oder die Mitgesellschafter zustimmen (BGH 29.6.1981, BGHZ 81, 82 (84); BGH 25.4.1966, BGHZ 45, 221 (222); *U. Huber,* Vermögensanteil, Kapitalanteil und Gesellschaftsanteil an Personengesellschaften des Handelsrechts, 1970, 349 ff.). Ob im Einzelfall eine Übertragung des Kommanditanteils des ausscheidenden Gesellschafters auf den eintretenden Gesellschafter oder stattdessen der simultane Ein- und Austritt von Gesellschaftern vorliegt, richtet sich nach den getroffenen Vereinbarungen. Von der Übertragung des Kommanditanteils ist insbesondere auszugehen, wenn der Übertragungsvertrag zwischen ausscheidendem und eintretendem Gesellschafter geschlossen und eine etwa vereinbarte Kaufpreiszahlung zwischen den beiden Gesellschaftern unmittelbar fließt. Dagegen liegt ein simultaner Ein- und Austritt vor, wenn aus dem Gesellschaftsvermögen an den ausscheidenden Gesellschafter eine Abfindung und von dem eintretenden Gesellschafter in dieses Vermögen eine Einlage gezahlt wird.

14 **b) Eintragung der Sonderrechtsnachfolge.** Ein- und Austritt von Kommanditisten sind eintragungspflichtig (§ 162 Abs. 3). Im Falle der Übertragung des Kommanditanteils im Wege der Sonderrechtsnachfolge liegt technisch gesehen allerdings weder ein Eintritt noch ein Austritt vor. Die nach wie vor gängige Eintragungspraxis trägt diesem Umstand durch die Hinzufügung eines **Nachfolgevermerks** Rechnung (grundlegend BGH 19.9.2005, NZG 2006, 15 = ZIP 2005, 2257; BGH 29.6.1981, BGHZ 81, 82 (86) = NJW 1981, 2747; RG 30.9.1944, DNotZ 1944, 195 = WM 1964, 1030 ff.; *K. Schmidt* GmbHR 1981, 254 f.). Einzelne Registergerichte tragen inzwischen den „Übergang" des Kommanditanteils im Wege der Sonderrechtsnachfolge ein. Ohne den nach ganz allgM erforderlichen Nachfolgevermerk besteht das Risiko einer Rechtsscheinhaftung für den ausscheidenden Gesellschafter (→ Rn. 20 f.). Dies gilt insbesondere auch in den Fällen der Anteilsübertragung auf einen Mitgesellschafter. Die mögliche Rechtsscheinhaftung resultiert daraus, dass ohne Rechtsnachfolgevermerk angenommen werden könnte, dass den Gläubigern der KG – jedenfalls innerhalb der Frist des § 160 Abs. 1, 3 – eine größere Haftsumme zur Verfügung steht.

15 Die Registergerichte tragen den Nachfolgevermerk nur ein, wenn in der Anmeldung **versichert** wird, dass dem Altkommanditisten keine Abfindung aus dem Gesellschaftsvermögen gezahlt oder versprochen worden ist. Der BGH hat die Auffassung bestätigt, dass diese Versicherung abzugeben ist (BGH 19.9.2005, NJW-RR 2006, 107 = ZIP 2005, 2257 gegen KG 8.6.2004, ZIP 2004, 1847).

16 **c) Haftung von Alt- und Neukommanditist. aa) Eintragung mit Nachfolgevermerk.** Wird der Nachfolgevermerk in das Handelsregister eingetragen, findet im Gegensatz zu der Konstellation des simultanen Ein- und Austritts grundsätzlich keine Verdoppelung der Haftsumme statt. Die Übertragung des Kommanditanteils hat im Verhältnis zu den Gläubigern der KG also keinerlei Auswirkungen auf die Haftung des alten wie des neuen Kommanditisten. Es haften weder der Alt- noch der Neukommanditist, freilich nur, soweit die Kommanditeinlage iHd Haftsumme erbracht worden und soweit sie nicht zurückbezahlt ist. Soweit die Kommanditeinlage noch nicht erbracht oder zurückbezahlt ist, haften Altkommanditist und Neukommanditist gesamtschuldnerisch bis zur Höhe ein- und derselben Haftsumme (BGH 29.6.1981, BGHZ 81, 82, 85 = NJW 1981, 2747 (2748); *U. Huber,* Vermögensanteil, Kapitalanteil und Gesellschaftsanteil an Personengesellschaften des Handelsrechts, 1970, 399 f.; Staub/*Thiessen* Rn. 80 ff.; EBJS/*Strohn* Rn. 22). Die nachträgliche Leistung entweder des Altkommanditisten (dieser bleibt zur Zahlung an die KG befugt) oder des Neukommanditisten führt zum Ausschluss der Haftung nach § 171 Abs. 1 beider Kommanditisten (BGH 29.6.1981, BGHZ 81, 82; OLG Rostock 8.2.2001, ZIP 2001, 1049; *U. Huber,* Vermögensanteil, Kapitalanteil und Gesellschaftsanteil an Personengesellschaften des Handelsrechts, 1970, 400; Baumbach/Hopt/*Roth* Rn. 11).

17 War die Kommanditeinlage im Zeitpunkt der Übertragung des Kommanditanteils nicht erbracht oder zurückbezahlt, haftet zwar der Altkommanditist neben dem Neukommanditisten als Gesamtschuldner, die Haftung unterliegt allerdings der zeitlichen Begrenzung des § 160.

18 Umstritten ist, was geschieht, wenn der Neukommanditist nach Übertragung des Kommanditanteils die Kommanditeinlage **zurückbezahlt** erhält. Die hM geht davon aus, dass in einer solchen Konstellation nicht nur die Haftung des Neukommanditisten, sondern auch diejenige des Altkommanditisten wieder auflebt (BGH 20.10.1975, NJW 1976, 751 (752); EBJS/*Strohn* Rn. 21; *v. Olshausen* GS Knobbe-Keuk, 1997, 268 ff.). Nach aA lebt nur die Haftung des Neukommanditisten auf (*U. Huber,* Vermögensanteil, Kapitalanteil und Gesellschaftsanteil an Personengesellschaften des Handelsrechts, 1970, 400; Baumbach/Hopt/*Roth* Rn. 12). Die zuletzt genannte Auffassung lässt sich damit begründen, dass nur der Erwerber des Kommanditanteils für die Erhaltung des haftenden Kapitals iHd Haftsumme verantwortlich ist (so früher *K. Schmidt,* Einlage und Haftung des Kommanditisten, 1977, 112). Gleichwohl ist der hA zu folgen, und zwar aufgrund der Konzeption der Kommanditistenhaftung, der zufolge der Kommanditist jederzeit dafür einzustehen hat, dass die Haftsumme durch Einlage in das Gesell-

schaftsvermögen gedeckt ist. Diese Verpflichtung legt § 171 Abs. 1 iVm § 161, Abs. 2, § 160 Abs. 1 auch dem ausgeschiedenen Kommanditisten für den Nachhaftungszeitraum von fünf Jahren auf (MüKoHGB/*K. Schmidt* Rn. 33 begründet dies eingehend).

Erhält der Veräußerer die Einlage nach Übertragung des Kommanditanteils zurück, haftet er selbst begrenzt auf den Betrag der Haftsumme und nur innerhalb der Frist des § 160. Der Erwerber haftet in dieser Konstellation gesamtschuldnerisch mit dem Veräußerer, allerdings auch gegenüber Neugläubigern. 19

bb) Keine Eintragung des Nachfolgevermerks. Sofern der Übergang des Kommanditanteils im Handelsregister ohne Rechtsnachfolgevermerk, also als Austritt des einen und Eintritt des anderen Gesellschafters, eingetragen wird, geht ein Rechtsschein dahin, dass **sowohl** der Altkommanditist – allerdings beschränkt auf den Nachhaftungszeitraum von fünf Jahren gem. § 160 Abs. 1 – als auch der Neukommanditist mit der für ihn eingetragenen Haftsumme haften. Der Umstand, dass beide Haftsummen auf den gleichen Betrag lauten, zerstört den skizzierten Rechtsschein nicht. Allerdings ist die Haftung des Neukommanditisten ausgeschlossen, wenn und soweit die Haftsumme in das Vermögen der KG gelangt und zu seinen Gunsten „umgebucht" worden ist (EBJS/*Strohn* Rn. 18, 24). Umstritten ist dagegen, ob sich der Altkommanditist ebenfalls auf die objektive Rechtslage (Übergang eines Kommanditanteils und nicht Beitritt eines neuen Kommanditisten) berufen kann. Schon vor der Neufassung des § 162 Abs. 2, der die Anwendung des § 15 einschränkt (MüKoHGB/*Grunewald* § 162 Rn. 13), nach aA gänzlich ausschließt (MüKoHGB/*K. Schmidt* Rn. 35 ff.), ist die Auffassung vertreten worden, dass der Umstand der Rechtsnachfolge eine eintragungsbedürftige Tatsache ist, die dazu dient, eine Rechtsscheinhaftung abzuwehren (*K. Schmidt* GmbHR 1981, 255). Gestützt auf § 15 Abs. 1 konnten auf der Grundlage dieser Auffassung gutgläubige Neugläubiger den Altgesellschafter, dessen Kommanditeinlage zugunsten des Neukommanditisten eingebucht worden ist, nach § 171 Abs. 1 bis zur Höhe seiner Haftsumme in Anspruch nehmen (BGH 29.6.1981, BGHZ 81, 82 (89); OLG Köln 24.6.1992, NJW-RR 1992, 1389; Baumbach/Hopt/*Roth* Rn. 13). Der BGH (BGH 29.6.1981, BGHZ 81, 82 (89)) hat die Haftung allerdings aus einer entsprechenden Anwendung des § 172 Abs. 4 abgeleitet, sodass bezweifelt wurde, ob es der Voraussetzungen des § 15 Abs. 1 überhaupt bedürfe (vgl. *U. Huber* ZGR 1984, 154 ff., der aus der zitierten Entscheidung des BGH den Rechtssatz entwickelt hat, dass die Einlage den Gläubigern gegenüber auch dann als nicht geleistet gilt, wenn der Kommanditist seinen Anteil an einen Dritten abtritt, es sei denn die Tatsache der Rechtsnachfolge ist im Handelsregister eingetragen). Seit der Änderung des § 162 im Jahre 2001 ist umstritten, ob § 15 Abs. 1 überhaupt noch anwendbar ist (gegen eine Anwendbarkeit MüKoHGB/*K. Schmidt* Rn. 36, 45; für eine Anwendbarkeit MüKoHGB/*Grunewald* § 162 Rn. 13). Folgt man der Auffassung, dass § 15 Abs. 1 nicht länger anwendbar ist, stellt sich die Frage, ob der von *U. Huber* in Anlehnung an BGH 29.6.1981, BGHZ 81, 82 (89) entwickelte, oben zitierte Rechtssatz gilt, sodass die Haftung des Altkommanditisten unabhängig vom Rechtsschein in jedem Falle eintritt, oder ob – nachdem § 15 Abs. 1 nicht mehr anwendbar ist – der Altkommanditist nur haftet, wenn allgemeine Rechtsscheingrundsätze eingreifen, für die die Eintragung im Handelsregister und die Kenntnis des Gläubigers relevant bleiben (unentschieden BGH 19.9.2005, NJW-RR 2006, 107 (108); idS MüKoHGB/*K. Schmidt* Rn. 36, 45). Geht man mit der zuletzt genannten Auffassung davon aus, dass eine Haftung des Altkommanditisten nur begründet ist, wenn allgemeine Rechtsscheingrundsätze eingreifen, gilt, dass gegenüber Neugläubigern, deren Forderungen nach Eintragung des Ausscheidens des Altkommanditisten begründet wurden, dieser gar nicht haftet. Gegenüber Altgläubigern haftet der Altkommanditist, soweit diese im Vertrauen auf seine Haftung ihr Verhalten in einem bestimmten Sinne eingerichtet, also beispielsweise Ansprüche gegen die KG nicht geltend gemacht haben (so MüKoHGB/*K. Schmidt* Rn. 36). In Ansehung des Umstandes, dass die Neufassung des § 162 im Anschluss an eine Entscheidung des BGH (BGH 16.7.2001, NJW 2001, 3121), in welcher die Kommanditisteneigenschaft der BGB-Außengesellschaft festgestellt und in der ausgeführt wurde, die Eintragung der BGB-Gesellschafter in das Handelsregister sei insoweit geboten, muss allerdings vorsorglich angenommen werden, dass § 15 Abs. 1 weiterhin anwendbar ist, sodass ohne Eintragung des Nachfolgevermerks der Veräußerer (Altkommanditist) stets – nicht nur nach allgemeinen Rechtsscheingrundsätzen – haftet (so insbesondere auch EBJS/*Strohn* Rn. 18). 20

cc) Keine Eintragung des Ausscheidens der Altkommanditisten. Wird der Umstand, dass der Kommanditanteil auf einen Erwerber übergegangen ist, gar nicht eingetragen (es fehlt also an der Eintragung des Ausscheidens des Altkommanditisten und an der Eintragung des Rechtsnachfolgevermerks), geht der Rechtsschein des Handelsregisters dahin, dass ein weiterer Kommanditist mit der für ihn eingetragenen Hafteinlage (Haftsumme) der Gesellschaft beigetreten ist, während der tatsächlich ausgeschiedene Altkommanditist der KG weiterhin – mit der für ihn eingetragenen Hafteinlage (Haftsumme) – angehört. Da sich für „Rechnung" des Altkommanditisten aber keine Kommanditeinlage mehr im Vermögen der KG befindet, lebt seine Haftung wieder auf (BGH 29.6.1981, BGHZ 81, 82 (89) = NJW 1981, 2747). Jedenfalls bis zur Änderung des § 162 im Jahre 2001 haftete der Altkommanditist Neu- und Altgläubigern der KG nach § 171 Abs. 1. Nach Neufassung des § 162 Abs. 2 und 21 unter der Prämisse, dass seitdem § 15 unanwendbar ist (umstritten, → Rn. 20), kommt Gläubigerschutz nach allgemeinen Vertrauensschutzgrundsätzen in Betracht.

22 **dd) Keine Eintragung von Ausscheiden und Eintritt eines Kommanditisten.** Ist weder das „Ausscheiden" des Altkommanditisten noch der „Eintritt" des Neukommanditisten eingetragen, stellt sich die Frage, ob der Altkommanditist nach § 172 Abs. 4 – für seine „Rechnung" befindet sich keine Kommanditeinlage mehr im Gesellschaftsvermögen – und der Neukommanditist nach § 176 Abs. 2 haften. Nach einer im Schrifttum dazu vertretenen Auffassung (MüKoHGB/*K. Schmidt* Rn. 39, MüKoHGB/*K. Schmidt* § 176 Rn. 26, str.) haftet der Neukommanditist gleichwohl beschränkt nach § 173. Der Altkommanditist soll der Haftung nach allgemeinen Rechtsscheingrundsätzen unterliegen.

23 **3. Besonderheiten beim Eintritt durch Gesamtrechtsnachfolge. a) Gesamtrechtsnachfolge.** Gesamtrechtsnachfolge liegt bei der Nachfolge von Todes wegen, in den Fällen der Verschmelzung oder Spaltung einer an der KG beteiligten Gesellschaft sowie bei der Anwachsung des Vermögens einer an der KG beteiligten Personengesellschaft bei deren letztem verbleibenden Gesellschafter vor. Der Erwerb eines Kommanditanteils durch Gesamtrechtsnachfolge ist **„Eintritt"** iSd § 173. In allen genannten Fällen haftet der oder haften die Gesamtrechtsnachfolger nach Maßgabe des § 173, ggf. gesamtschuldnerisch mit dem rechtlich fortbestehenden Altkommanditisten (so im Falle des § 133 Abs. 1 UmwG).

24 **b) Nachfolge von Todes wegen.** Im Falle des Todes eines Kommanditisten geht dessen Kommanditanteil nicht auf die Erbengemeinschaft, sondern im Wege der **Sondernachfolge** unmittelbar auf einen oder mehrere Erben iHd jeweiligen Erbquote, wenn nicht alle Erben Kommanditisten werden (können), im Verhältnis von deren Erbquoten zueinander, über, und zwar entweder nach § 177 oder aufgrund einer gesellschaftsvertraglichen (qualifizierten) Nachfolgeklausel. Auch die Sondernachfolge ist Rechtsnachfolge von Todes wegen und damit Gesamtrechtsnachfolge. Anders ist es, wenn der Kommanditanteil aufgrund eines Vermächtnisses vom Erben auf den Vermächtnisnehmer zu übertragen ist. In diesem Fall sind die Erben Sondernachfolger von Todes wegen und der Vermächtnisnehmer ist Erwerber im Wege der Einzelrechtsnachfolge. Sowohl die Erben wie auch der Vermächtnisnehmer haften nach § 173. Enthält der Gesellschaftsvertrag der KG eine Eintrittsklausel, geht der Kommanditanteil nicht auf den oder die Erben über, sondern wächst zunächst den übrigen Gesellschaftern zu (§ 738 BGB). Der oder die von der Eintrittsklausel begünstigten Erben treten, wenn sie von ihrem Eintrittsrecht Gebrauch machen, iSd § 173 in die Gesellschaft ein.

25 **aa) Alleinerbe.** Der Alleinerbe eines Kommanditisten, der aufgrund von § 177 oder einer Nachfolgeklausel dem Erblasser nachfolgt, haftet sowohl nach § 173 iVm §§ 171, 172 (die Haftung ist ausgeschlossen, wenn die Einlage iHd Haftsumme erbracht ist) als auch erbrechtlich nach § 1967 BGB (ebenfalls iVm §§ 171, 172, also nur, wenn die Einlage iHd Haftsumme nicht erbracht oder zurückbezahlt ist). Hinsichtlich der Haftung nach § 1967 BGB gilt die Besonderheit, dass sie nicht nur nach §§ 171, 172 (Haftsumme ist erbracht) ggf. ausgeschlossen ist, sondern, so sie besteht (Haftsumme ist nicht erbracht), nach §§ 1975 ff. BGB beschränkt werden kann. Dagegen kann die Haftung des Erben nach § 173 nicht beschränkt werden (OLG Hamburg 5.11.1993, NJW-RR 1994, 810, aufgehoben durch BGH 21.9.1995, NJW 1995, 2031; RWH HGB/*Mock* Rn. 20). Dem hiergegen erhobenen Einwand, zur Vermeidung eines Wertungswiderspruchs zu § 139 Abs. 4 müsse auch die Haftung des Erben aus § 173 erbrechtlich beschränkbar sein (vgl. KKRD/*Kindler* Rn. 2), ist nicht zu folgen, da die genannte Vorschrift nicht die erbrechtliche Beschränkung der gesellschaftsrechtlichen Haftung betrifft, sondern es dem Erben eines unbeschränkt haftenden Gesellschafters erlaubt, die sich aus §§ 128, 130 f. ergebende gesellschaftsrechtliche Haftung für Altverbindlichkeiten gesellschaftsrechtlich zu beschränken (zutr. MüKoHGB/*K. Schmidt* Rn. 44, s. auch OLG Hamburg 5.11.1993, NJW-RR 1994, 810, aufgehoben durch BGH 21.9.1995 NJW 1995, 2031: nach Auffassung des BGH haftet der Erbe eines Kommanditisten für Einlageverpflichtungen des Erblassers mit der Möglichkeit der Beschränkung auf den Nachlass, wenn der Erbfall erst nach Auflösung der Gesellschaft eingetreten ist).

26 Zu einer **„doppelten" Haftung** des Erben kann es dadurch kommen, dass dieser ohne Nachfolgevermerk eingetragen wird. Der Erbe kann sich zwar entsprechend BGH 29.6.1981, BGHZ 81, 82 ff. = NJW 1981, 2747 auch ohne Nachfolgevermerk als „Neukommanditist" auf die vom Erblasser erbrachte Einlage berufen, haftet jedoch als Erbe des durch Tod ausgeschiedenen Erblassers während der 5-Jahres-Frist nach § 160 erbrechtlich (also beschränkbar), denn für Rechnung des Erblassers befindet sich keine Kommanditeinlage mehr im Gesellschaftsvermögen (MüKoHGB/*K. Schmidt* Rn. 45).

27 Auch bei der Rechtsnachfolge von Todes wegen stellt sich deshalb die Frage, ob – entsprechend der traditionellen Auffassung (OLG Köln 9.4.1953, DNotZ 1953, 435 (436); Staub/*Thiessen* Rn. 63 f., 100, 102) – die Eintragung eines **Nachfolgevermerks** in das Handelsregister erforderlich ist, um eine Rechtsscheinhaftung des Erben nach § 15 Abs. 1 oder – soweit die Vorschrift wegen der Neufassung des § 162 Abs. 2 für nicht anwendbar gehalten wird (so MüKoHGB/*K. Schmidt* Rn. 36 gegen MüKoHGB/*Grunewald* § 162 Rn. 13) – nach allgemeinen Rechtsscheingrundsätzen zu verhindern. Diese Frage ist zu bejahen. Nach allgA ist ein solcher Nachfolgevermerk zur Vermeidung doppelter Haftung für jeden Erben einzutragen (EBJS/*Strohn* Rn. 27, 31, 33).

bb) Mehrere Erben. Von der Nachfolge des Alleinerben ist die Nachfolge durch mehrere Erben insoweit zu unterscheiden, als diese erbrechtlich (mit der Möglichkeit der Beschränkung) als Gesamtschuldner haften, nach §§ 173, 171 f. jedoch nur iHd Haftsumme, die auf den im Wege der Sondernachfolge erworbenen (Teil-)Kommanditanteil entfällt (LG Aurich 25.3.1997, NJW-RR 1998, 1259 (1260); EBJS/*Strohn* Rn. 31). Die Annahme einer nur anteiligen Haftung der Erben nach §§ 173, 171 f. setzt voraus, dass § 174 – so die zutreffende Auffassung – diese Konstellation nicht erfasst (MüKoHGB/K. Schmidt Rn. 46). 28

Haften nicht alle Erben nach § 173 iVm §§ 171, 172, etwa deshalb, weil nur einzelne von ihnen zur Nachfolge qualifiziert sind, fallen die gesellschaftsrechtliche Haftung nach §§ 173, 171 f. und die erbrechtliche Haftung nach § 1967 BGB auseinander, weil die nicht zur Nachfolge qualifizierten Erben nur erbrechtlich und beschränkbar nach §§ 1967, 2058 BGB, die anderen Erben außerdem gesellschaftsrechtlich und insoweit nicht erbrechtlich beschränkbar, allerdings nur bis zur Höhe der Haftsumme, haften. 29

c) Umwandlungsvorgänge. Der Kommanditist kann sein den Kommanditanteil beinhaltendes Vermögen insgesamt (Verschmelzung oder Übertragung, § 20 Abs. 1 Nr. 1 UmwG, §§ 36, 176 Abs. 3 UmwG, § 178 Abs. 2 UmwG, § 180 Abs. 2 UmwG, §§ 186, 188 Abs. 2 UmwG) oder teilweise (Aufspaltung, Abspaltung, Ausgliederung, teilweise Vermögensübertragung, §§ 125, 20, 36, 177, 179 UmwG, § 176 Abs. 3 UmwG, § 184 Abs. 2 UmwG, § 189 Abs. 2 UmwG) im Weg der (partiellen) Gesamtrechtsnachfolge übertragen. § 173 erfasst entsprechende Vorgänge (eingehend Staub/*Thiessen* Rn. 111 ff.), nicht dagegen den identitätswahrenden (§ 202 Abs. 1 Nr. 1 UmwG) Formwechsel, bei welchem keine Rechtsnachfolge stattfindet. 30

Es bedarf zur Vermeidung einer „doppelten" Haftung in den vorgenannten Konstellationen der Eintragung eines Nachfolgevermerkes, und zwar nicht nur in den Fällen, in denen der vorhandene, das Vermögen unter Einschluss des Kommanditanteils übertragende Rechtsträger bestehen bleibt, sondern auch in den Fällen, in denen dieser erlischt, weil anderenfalls der Neukommanditist als Gesamtrechtsnachfolger des Altkommanditisten die diesen treffende Rechtsscheinhaftung zwingend übernimmt (vgl. EBJS/*Strohn* Rn. 37 f.). 31

III. Abdingbarkeit

Nach Abs. 2 ist die (auf die Haftsumme beschränkte oder nach Maßgabe von § 176 Abs. 2 iVm Abs. 1 S. 1 unbeschränkte) Haftung des eintretenden Kommanditisten für die vor seinem Eintritt begründeten Verbindlichkeiten zwingend. 32

[Herabsetzung der Einlage]

174 Eine Herabsetzung der Einlage eines Kommanditisten ist, solange sie nicht in das Handelsregister des Gerichts, in dessen Bezirke die Gesellschaft ihren Sitz hat, eingetragen ist, den Gläubigern gegenüber unwirksam; Gläubiger, deren Forderungen zur Zeit der Eintragung begründet waren, brauchen die Herabsetzung nicht gegen sich gelten zu lassen.

[Anmeldung der Änderung einer Einlage]

175 [1]Die Erhöhung sowie die Herabsetzung einer Einlage ist durch die sämtlichen Gesellschafter zur Eintragung in das Handelsregister anzumelden. [2]§ 162 Abs. 2 gilt entsprechend. [3]Auf die Eintragung in das Handelsregister des Sitzes der Gesellschaft finden die Vorschriften des § 14 keine Anwendung.

Übersicht

I. Allgemeines

§ 174 behandelt die Herabsetzung der „Einlage" eines Kommanditisten und lässt diese gegenüber Gläubigern (der KG) erst dann wirksam werden, wenn sie im Handelsregister des Gerichts, in dessen 1

Bezirk die Gesellschaft ihren Sitz hat, eingetragen ist. Gleichzeitig enthält die Vorschrift eine Ausnahmeregelung zugunsten derjenigen Gläubiger, deren Forderung zum Zeitpunkt der Eintragung bereits begründet waren. Diese brauchen die Herabsetzung nicht gegen sich gelten zu lassen.

2 § 175 betrifft das Eintragungsverfahren bei der Herabsetzung, aber auch bei der Erhöhung der „Einlage". § 175 bezieht sich also sowohl auf § 174 als auch auf § 172 Abs. 2, der sich seinerseits auf das Wirksamwerden der Erhöhung der „Einlage" gegenüber Dritten bezieht.

3 § 172 Abs. 2, §§ 174, 175 betreffen das Verhältnis des Kommanditisten gegenüber Dritten (Außenverhältnis). Der in den Vorschriften verwandte Begriff der „Einlage" meint also die Hafteinlage (besser: **Haftsumme**).

4 §§ 174, 175 sind anwendbar, wenn die Haftsumme eines Kommanditisten und dadurch die Gesamthaftsumme herabgesetzt wird. Nicht vom Anwendungsbereich der Vorschriften erfasst ist somit die vollständige oder teilweise Übertragung eines Kommanditanteils auf einen Erwerber, die nach dem Haftungskonzept der §§ 171 ff. unter dem Gesichtspunkt der betragsmäßigen Erhaltung des Nennbetrags der Gesamthaftsumme keine Auswirkungen zum Nachteil der Gläubiger hat. Ebenfalls nicht erfasst von §§ 174, 175 sind die Auflösung der Gesellschaft oder das Ausscheiden eines Kommanditisten.

II. Einzelerläuterung

5 **1. Herabsetzung der Einlage.** § 174 regelt die Herabsetzung der Einlage. Einlage iSd Vorschrift ist die Haftsumme, nicht die Pflichteinlage (→ § 172 Rn. 3 ff.). Wird die Haftsumme herabgesetzt, kann, muss dies aber nicht mit einer entsprechenden Herabsetzung der Pflichteinlage einhergehen. Allerdings wird angenommen, dass eine Herabsetzung oder Erhöhung zugleich nach innen und außen wirken soll, wenn nichts anderes bestimmt ist oder sich aus den Umständen ergibt (BGH 28.3.1977, NJW 1977, 1820; EBJS/*Strohn* § 174 Rn. 1).

6 Die Herabsetzung der Einlage ist ebenso wie ihre Erhöhung zur Eintragung in das Handelsregister anzumelden (§ 175 S. 1). Die Eintragung ist nach § 174 konstitutiv. Dem klaren Wortlaut der Vorschrift zufolge kommt es auf eine frühere Kenntnis Dritter von der (gesellschaftsvertraglich zu vereinbarenden) Herabsetzung der Haftsumme nicht an. Insoweit ist § 174 Verkehrsschutznorm, nicht Vertrauensschutznorm (Schlegelberger/*K. Schmidt* §§ 174, 175 Rn. 16). § 174 wird gegen den Wortlaut allerdings dahingehend korrigiert, dass im Falle positiver Kenntnis eines Gläubigers von der Herabsetzung der Verkehrsschutz ausnahmsweise ausgeschlossen sein muss (Baumbach/Hopt/*Roth* § 174 Rn. 1; MüKoHGB/*K. Schmidt* §§ 174, 175 Rn. 17; Staub/*Thiessen* § 174 Rn. 20).

7 § 174 differenziert zwischen Alt- und Neuverbindlichkeiten. **Altgläubigern,** das sind Gläubiger, deren Forderungen zur Zeit der Eintragung begründet waren, kann die Herabsetzung der Haftsumme nicht entgegengehalten werden. Dem Wortlaut der Vorschrift nach bleibt es gegenüber Altgläubigern immer bei der früheren (höheren) Haftsumme. Es besteht jedoch Einigkeit darüber, dass § 160 entsprechend heranzuziehen ist (Baumbach/Hopt/*Roth* § 174 Rn. 2, MüKoHGB/*K. Schmidt* §§ 174, 175 Rn. 19). Dies ist folgerichtig. Wenn es dem Kommanditisten möglich ist, insgesamt aus der Gesellschaft auszuscheiden und die Nachhaftung auch in diesem Falle auf fünf Jahre begrenzt ist, kann für die Herabsetzung der Haftsumme, die sich insoweit als teilweises Ausscheiden auffassen lässt, nicht etwas anderes gelten.

8 Für **Neuverbindlichkeiten,** also solche Verbindlichkeiten, die erst nach der Eintragung der Herabsetzung der Haftsumme begründet wurden, ist allein die neue (eingetragene) Haftsumme maßgeblich.

9 **2. Anwendbarkeit des § 15, allgemeiner Rechtsscheinschutz.** Umstritten ist, ob § 15 nach heutiger Rechtslage auch iRd §§ 174, 175 bezogen auf Eintragungsmängel anwendbar ist, vgl. § 175 S. 2 iVm § 162 Abs. 2 (dagegen MüKoHGB/*K. Schmidt* §§ 174, 175 Rn. 21; dafür MüKoHGB/*Grunewald* § 162 Rn. 13; zur Rechtslage vor dem 29.1.2001 MüKoHGB/*K. Schmidt* Rn. 21 f.). Es bleibt aber auch nach der zuerst zitierten Auffassung die Möglichkeit, dass Gläubigern der KG im Einzelfall **Vertrauensschutz** zu gewähren ist, wenn ein Kommanditist in ihm zurechenbarer Weise bei ihnen einen Irrtum über die Höhe seiner Hafteinlage hervorruft oder unterhält und dadurch eine im Widerspruch zum Inhalt des Handelsregisters stehende Vertrauenslage verursacht. In einer solchen Konstellation kann sich der Kommanditist gegenüber dem Vertrauen in Anspruch nehmenden Neugläubiger nicht auf die Herabsetzung der Hafteinlage berufen. Nach der wohl überwA (EBJS/*Strohn* § 173 Rn. 18), der hier gefolgt wird, bleibt § 15 bei Eintragungsmängeln anwendbar.

III. Verfahrensvorschriften

10 § 175 S. 1 zufolge ist die Erhöhung ebenso wie die Herabsetzung einer „Einlage" (Haftsumme) anzumelden, ist also anmelde- und eintragungspflichtig. Allerdings schließt § 175 S. 3 die Anwendung des § 14 aus. Eine mit Zwangsgeld bei Nichteinhaltung sanktionierte registerrechtliche Pflicht der Gesellschafter zur Anmeldung besteht demzufolge nicht. Den Gesellschaftern ist es damit grundsätzlich freigestellt, die Wirkungen der Eintragung der Herabsetzung der Haftsumme herbeizuführen. Im Zweifel wird sich allerdings aus dem Umstand, dass der Gesellschaftsvertrag iSe Herabsetzung der

Haftsumme geändert wurde und die Herabsetzung zugunsten der Gesellschafter nur wirkt, wenn sie in das Handelsregister eingetragen wird, eine wechselseitige **Verpflichtung** der Gesellschafter untereinander ergeben, an einer entsprechenden Anmeldung zum Handelsregister mitzuwirken.

Die Anmeldung ist durch alle Gesellschafter vorzunehmen. Dies kann gleichzeitig oder zeitlich versetzt geschehen. Auch kann die Anmeldung durch einen Bevollmächtigten, der über eine **Handelsregistervollmacht** verfügt, vorgenommen werden. Besteht im Innenverhältnis der Gesellschafter zueinander eine wechselseitige Anmeldepflicht, kann diese klageweise durchgesetzt werden. Die rechtskräftige oder vollstreckbare Entscheidung des Prozessgerichts ist ausreichend, um die Eintragung zu veranlassen (§ 16). **11**

Einzutragen ist der Kommanditist, dessen Einlage (Haftsumme) geändert ist, ferner der herauf- oder herabgesetzte Betrag. Schließlich wird der Tag der Eintragung vermerkt (§ 40 Nr. 6 HRV). Dies ist, weil die Eintragung konstitutiv wirkt, für die Abgrenzung von Alt- und Neugläubigern iSd § 174 von entscheidender Bedeutung. **12**

Aus § 175 S. 2 iVm § 162 Abs. 2 ergibt sich, dass eine Bekanntmachung seit 2001 nicht mehr erfolgt. Schon in der Zeit von 1998–2000 lautete die Bekanntmachung nur dahingehend, dass die Beteiligung „geändert" ist. **13**

IV. Abdingbarkeit

§§ 174, 175 sind zwingend. **14**

V. Darlegungs- und Beweislast

Will sich der Kommanditist gegenüber einem Gläubiger darauf berufen, dass diesem bereits vor Eintragung der Herabsetzung der Haftsumme in das Handelsregister die Herabsetzung bekannt war, hat er die Kenntnis des Gläubigers darzulegen und zu beweisen (MüKoHGB/*K. Schmidt* §§ 174, 175 Rn. 17). **15**

[Haftung vor Eintragung]

176 (1) [1]**Hat die Gesellschaft ihre Geschäfte begonnen, bevor sie in das Handelsregister des Gerichts, in dessen Bezirke sie ihren Sitz hat, eingetragen ist, so haftet jeder Kommanditist, der dem Geschäftsbeginne zugestimmt hat, für die bis zur Eintragung begründeten Verbindlichkeiten der Gesellschaft gleich einem persönlich haftenden Gesellschafter, es sei denn, daß seine Beteiligung als Kommanditist dem Gläubiger bekannt war.** [2]**Diese Vorschrift kommt nicht zur Anwendung, soweit sich aus § 2 oder § 105 Abs. 2 ein anderes ergibt.**

(2) **Tritt ein Kommanditist in eine bestehende Handelsgesellschaft ein, so findet die Vorschrift des Absatzes 1 Satz 1 für die in der Zeit zwischen seinem Eintritt und dessen Eintragung in das Handelsregister begründeten Verbindlichkeiten der Gesellschaft entsprechende Anwendung.**

Übersicht

I. Allgemeines

1 Nach § 176 Abs. 1 haften die Kommanditisten grundsätzlich wie persönlich haftende Gesellschafter unmittelbar, persönlich und unbeschränkt für Verbindlichkeiten der KG, die bis zur Eintragung der KG (und der betreffenden Kommanditisten in eben dieser Eigenschaft) begründet werden. Entsprechendes gilt für Kommanditisten, die einer bereits eingetragenen KG beitreten, bis sie ebenfalls in das Handelsregister eingetragen sind. § 176 bezweckt **Verkehrsschutz** (dazu ausf. Staub/*Thiessen* Rn. 23 ff.) und **Vertrauensschutz** (vgl. etwa BGH 4.3.1976, BGHZ 66, 98 (101) = NJW 1976, 848 (849); BGH 28.10.1981, BGHZ 82, 209 (212 f.) = NJW 1982, 883 (884) mAnm *K. Schmidt*). Nach aA war § 176 dahingehend zu verstehen, dass Haftungsbeschränkung überhaupt erst durch (konstitutive) Eintragung „verdient" wird (*Knobbe-Keuk* FS Stimpel, 1985, 187 ff.). Nach heute überwA soll die Bestimmung die Gesellschafter zur Eintragung der Haftungsverhältnisse in das Handelsregister anhalten (EBJS/*Strohn* Rn. 1). Unabhängig davon, ob § 176 eher Vertrauensschutznorm ist oder zum Ausdruck bringt, dass die beschränkte Kommanditistenhaftung von einer Eintragung der Haftsumme in das Handelsregister abhängig ist, die damit konstitutiv wirkt, genießen die Gläubiger der KG den Schutz der unbeschränkten Kommanditistenhaftung auch dann, wenn sie nicht ursächlich auf die unbeschränkte Haftung vertraut haben (BGH 28.10.1981, BGHZ 82, 209 (212 f.) = NJW 1982, 883 (884) mAnm *K. Schmidt;* RG 4.3.1930, RGZ 128, 172 (182)).

2 Die frühere Diskussion um den Anwendungsbereich des § 176 ist in großen Teilen überholt, nachdem sich in Rspr. und Schrifttum die Auffassung durchgesetzt hat, dass die Gesellschafter einer BGB-Gesellschaft für deren Verbindlichkeiten nach Maßgabe des Akzessoritätsprinzips (§§ 128 ff.) in unmittelbarer oder entsprechender Anwendung haften (grundlegend BGH 29.1.2001, NJW 2001, 1056). Seit dieser Erkenntnis besteht für alle Typen der Personengesellschaft (BGB-Gesellschaft, OHG, KG, Partnerschaftsgesellschaft) grundsätzlich das gleiche Haftungsregime, dh deren Gesellschafter haften persönlich und unbeschränkt für Verbindlichkeiten ihrer Gesellschaft. Die Haftung der Kommanditisten ist jedoch summenmäßig nach Maßgabe der §§ 171, 172 beschränkt, es sei denn, § 176 steht entgegen. § 176 bedeutet nach heutiger Rechtslage aber keine Schlechterstellung der zu Unrecht als KG firmierenden BGB-Gesellschaft und ihrer Gesellschafter gegenüber der Haftung nach BGB-Gesellschaftsrecht mehr, im Gegenteil. Es wird zutreffend darauf hingewiesen, dass § 176 S. 1 letzter Hs. entgegen dem früheren Verständnis eine Privilegierung für werdende KGen und beitretende Kommanditisten insoweit enthält, als deren Haftung – anders als diejenige der BGB-Gesellschafter – nicht stets, sondern nur im Regelfall eine unbeschränkte Haftung ist (MüKoHGB/*K. Schmidt* Rn. 3).

II. Einzelerläuterung

3 **1. Unbeschränkte persönliche Haftung des Kommanditisten der nicht eingetragenen KG. a) Vorhandensein einer KG.** Voraussetzung ist zunächst, dass eine KG, also eine Gesellschaft, deren Zweck auf den Betrieb eines Handelsgewerbes unter gemeinschaftlicher Firma gerichtet ist (§ 161 Abs. 1), errichtet worden ist. Nach § 161 Abs. 1 S. 1 ist dies der Fall, wenn bei mindestens einem Gesellschafter die Haftung gegenüber den Gesellschaftsgläubigern auf den Betrag einer bestimmten Vermögenseinlage beschränkt ist (iSv beschränkt sein soll), während bei mindestens einem anderen Gesellschafter eine solche Beschränkung der Haftung nicht stattfindet.

4 Liegen die Voraussetzungen des § 161 ganz oder teilweise nicht vor, sind aber diejenigen des § 705 BGB gegeben, sodass eine BGB-Gesellschaft oder OHG errichtet worden ist, greift § 176 nicht ein. Dies ist aus haftungsrechtlicher Sicht auch nicht erforderlich. Die Gesellschafter haften bei beiden genannten Gesellschaftsformen bereits nach Maßgabe des **Akzessorietätsprinzips** unbeschränkt persönlich (vgl. für die BGB-Gesellschaft BGH 27.9.1999, NJW 1999, 3483, und BGH 29.1.2001, NJW 2001, 1056). Dies gilt insbesondere auch, wenn der Zweck der Gesellschaft nicht auf den Betrieb eines Handelsgewerbes (§ 1 Abs. 2) gerichtet ist. § 176 Abs. 1 S. 2 ordnet ausdrücklich an, dass in diesem Falle der Anwendungsbereich des § 176 Abs. 1 nicht eröffnet ist. Konsequenz dessen ist, dass nur diejenige Gesellschaft, die bereits vor Eintragung KG ist und bei der die Eintragung nur deklaratorisch wirkt, von § 176 erfasst wird, während für diejenigen Gesellschaften, die erst mit – insoweit konstitutiv wirkender – Eintragung die Rechtsform der KG erhalten, das tendenziell strengere Haftungsrecht der BGB-Gesellschaft gilt. Sachliche Gründe dafür sind nicht ersichtlich. Im Schrifttum wird deshalb in

Erwägung gezogen, § 176 Abs. 1 S. 2 teleologisch einzuschränken (*K. Schmidt* GesR § 55 II 1a bb; *K. Schmidt* GmbHR 2002, 341 ff.), sodass auch Gesellschafter solcher Gesellschaften in den Genuss der Ausnahmeregelung des § 176 Abs. 1 S. 1 kommen, die alle Voraussetzungen für die Eintragung als KG erfüllen und bei denen einer oder mehrere Gläubiger um die Beteiligung eines oder mehrerer Gesellschafter als (künftige) Kommanditisten wissen. Diese Auffassung hat bislang allerdings keine Zustimmung gefunden (wohl abl. Baumbach/Hopt/*Roth* Rn. 6; KKRD/*Kindler* Rn. 7).

b) Schein-KG. Auf die Schein-KG ist § 176 nicht anwendbar (BGH 22.5.1978, WM 1978, 1151; EBJS/*Strohn* Rn. 3, 4). **5**

c) Keine Eintragung. § 176 setzt voraus, dass die Gesellschaft (noch) nicht in das Handelsregister eingetragen ist. Auf die eingetragene Gesellschaft, genauer: auf die eingetragenen Kommanditisten, finden ausschließlich §§ 171, 172 Anwendung. Nicht erforderlich ist jedoch, dass die Gesellschaft bereits zum Handelsregister angemeldet worden ist. Allerdings muss die Eintragung in das Handelsregister beabsichtigt sein und betrieben werden (vgl. *K. Schmidt* GmbHR 2002, 341 ff.). Wird die Eintragungsabsicht aufgegeben, liegt eine OHG vor. **6**

d) Eintragung der KG ohne Eintragung einzelner Kommanditisten. Ist zwar die KG eingetragen, wurde aber die Eintragung eines oder mehrerer Kommanditisten versäumt, wird § 176 Abs. 2 entsprechend angewandt (EBJS/*Strohn* Rn. 8). **7**

e) Beginn der Geschäfte. § 176 Abs. 1 setzt des Weiteren voraus, dass die Gesellschaft ihre Geschäfte begonnen hat. Dazu reicht es aus, dass irgendein beliebiges Geschäft im Namen der Gesellschaft abgeschlossen wurde, insbesondere reichen auch solche Geschäfte aus, die die operative Tätigkeit der Gesellschaft erst vorbereiten. **8**

f) Zustimmung des Kommanditisten. Der Kommanditist, zu dessen Nachteil § 176 angewandt werden soll, muss der Aufnahme der Geschäftstätigkeit ausdrücklich oder konkludent (BGH 28.10.1981, BGHZ 82, 209 (211) = NJW 1982, 883 (884) mAnm *K. Schmidt;* RG 4.3.1930, RGZ 128, 172 (180)) zugestimmt haben. Eine solche Zustimmung liegt nicht bereits im Abschluss des Gesellschaftsvertrages (sonst wäre das Tatbestandsmerkmal überflüssig, da § 176 die Errichtung der Gesellschaft voraussetzt). Ist allerdings im Gesellschaftsvertrag zum Zeitpunkt der Aufnahme der Geschäftstätigkeit nichts gesagt und ist nach dem bestimmungsgemäßem Verlauf der Dinge damit zu rechnen, dass die Gesellschaft ihre Tätigkeit alsbald beginnt, kann eine **konkludente** Zustimmung anzunehmen sein, insbesondere dann, wenn die Gesellschaft ein bereits bestehendes Handelsgeschäft fortführt. Dem Kommanditisten wird deshalb zu Recht angeraten, ausdrücklich zu vereinbaren, dass ohne gesonderte Zustimmung seinerseits mit der Geschäftstätigkeit nicht begonnen werden darf (MüKoHGB/*K. Schmidt* Rn. 12). Die anfänglich erteilte Zustimmung kann widerrufen werden, allerdings nur bis zum Beginn der Geschäftstätigkeit. Der Kommanditist muss außerdem beachten, dass auch die widerspruchslose Hinnahme des Beginns der Geschäftstätigkeit trotz seiner Weigerung als Duldung und damit als schlüssige Zustimmung aufgefasst werden kann. **9**

g) Fehlende Kenntnis von der Kommanditisteneigenschaft. Die unbeschränkte Haftung des Kommanditisten setzt schließlich Unkenntnis des Gläubigers von seiner Kommanditisteneigenschaft voraus. Die unbeschränkte Haftung ist ausgeschlossen, wenn dem einen Kommanditisten in Anspruch nehmenden Gläubiger die Beteiligung als Kommanditist **bekannt** war. Dem Gläubiger muss für den Ausschluss persönlicher Haftung des betreffenden Kommanditisten bekannt sein, dass dieser bestimmte Gesellschafter der KG als Kommanditist angehört. Nicht ausreichend ist Kenntnis davon, dass es sich bei der Gesellschaft um eine KG handelt. Auch Kennenmüssen des Gläubigers ist irrelevant (RG 4.3.1930, RGZ 128, 172 (182); OLG Nürnberg 10.11.1960, WM 1961, 124 (126)). Allerdings ist nicht erforderlich, dass der Gläubiger die Haftsumme des Kommanditisten kennt. Sind dem Gläubiger alle Gesellschafter bekannt, kann je nach Lage der Dinge im Einzelfall auf eine Kenntnis von der Beteiligung eines bestimmten Gesellschafters als Kommanditist geschlossen werden (RG 4.3.1930, BGHZ 128, 172 (183)). Ferner kommt in Betracht, dass dem Gläubiger alle persönlich haftenden Gesellschafter bekannt sind, sodass alle übrigen Gesellschafter zwangsläufig die Rolle eines Kommanditisten haben; auch in einer solchen Konstellation ist die unbeschränkte Haftung der Kommanditisten nach § 176 ausgeschlossen (vgl. BGH 7.7.1986, NJW-RR 1987, 416 = WM 1986, 1280). **10**

Die Kenntnis von der Beteiligung als Kommanditist muss der Gläubiger im **Zeitpunkt** der Begründung der Verbindlichkeit haben, eine spätere Kenntniserlangung ist für den Gläubiger unschädlich (EBJS/*Strohn* Rn. 12). **11**

Ist dem Gläubiger die Kommanditisteneigenschaft **bekannt,** haftet der Kommanditist beschränkt nach §§ 171, 172. An die Stelle der eingetragenen Haftsumme tritt die im Gesellschaftsvertrag vorgesehene Haftsumme. Dies ist aus Gläubigersicht nicht unproblematisch, weil der Betrag der Haftsumme dem Gläubiger uU unbekannt ist und vor allem bis zu deren erstmaliger Eintragung außerhalb des Registers (§§ 174, 175 greifen noch nicht ein) noch geändert werden kann. Andererseits erscheint es unter dem Gesichtspunkt angemessener Risikoverteilung nicht unbillig, dem Gläubiger, der sich trotz Kenntnis **12** von der Beteiligung eines Gesellschafters als Kommanditist nach dessen Haftsumme nicht erkundigt, das Risiko aufzuerlegen, dass die schlussendlich vereinbarte Haftsumme unter den Erwartungen liegt. Dies gilt selbstverständlich nicht, wenn der Kommanditist zurechenbar den Anschein einer bestimmten Höhe der Haftsumme erweckt.

13 **2. Haftung bei Eintritt als Kommanditist in eine bestehende OHG oder KG.** Der als Kommanditist beitretende Gesellschafter haftet ebenfalls nach Maßgabe des § 176 unter den folgenden Voraussetzungen.

14 **a) Handelsgesellschaft.** Der Kommanditist muss einer OHG oder KG beitreten (RG 4.3.1930, RGZ 128, 172 (174)). Dabei kann es sich um eine noch nicht eingetragene ist-kaufmännische Handelsgesellschaft (§ 1 Abs. 2) oder eine eingetragene (ist-kaufmännische oder kann-kaufmännische) OHG oder KG handeln.

15 **b) Eintritt. aa) Aufnahme eines neuen Gesellschafters.** Eintritt ist zunächst die Aufnahme eines neuen Gesellschafters als Kommanditist (BGH 4.3.1976, BGHZ 66, 98 (100) = NJW 1976, 848 (849)). Eintritt iSd Vorschrift ist ferner der fehlerhafte Eintritt entsprechend den für die fehlerhafte Gesellschaft geltenden Grundsätzen (BGH 28.3.1977, NJW 1977, 1820).

16 **bb) Umwandlung der Komplementärstellung.** Kein Eintritt iSv § 176 Abs. 2 ist der Wechsel des Komplementärs in die Stellung eines Kommanditisten, durch welchen lediglich die Ausstattung einer schon bestehenden und fortgeführten Mitgliedschaft geändert wird. Allerdings haftet der persönlich haftende Gesellschafter bis zur Eintragung ohnehin nach Maßgabe des § 15 Abs. 1 iVm §§ 128, 129 unbeschränkt persönlich.

17 **cc) Rechtsnachfolge von Todes wegen.** Ebenfalls kein Eintritt iSd § 176 Abs. 2 ist die Rechtsnachfolge in den Kommanditanteil von Todes wegen (BGH 3.7.1989, BGHZ 108, 187 (189) = NJW 1989, 3152 (3153)). Dies gilt sowohl für die Rechtsnachfolge in eine bereits im Handelsregister eingetragene Kommanditbeteiligung als auch dann, wenn Erben einem persönlich haftenden Gesellschafter nachfolgen, ihren Anteil aber nach § 139 in eine Kommanditbeteiligung umwandeln (Baumbach/Hopt/*Roth* Rn. 12; *K. Schmidt* ZHR 144 (1980), 197 f.; s. auch BGH 4.3.1976, BGHZ 66, 98 (100) = NJW 1976, 848 (849); der BGH stellt darauf ab, ob der Kommanditist schon zuvor Gesellschafter war). Gleichwohl kann im Falle des § 139 eine unbeschränkte Haftung der nachrückenden, die Beteiligung des Erblassers „umwandelnden" Kommanditisten bestehen, wenn diese die Schwebezeit verstreichen lassen, ohne die Eintragung als Kommanditist herbeizuführen, und zwar entweder in Ansehung des § 176 Abs. 2 (BGH 4.3.1976, BGHZ 66, 98 (100 f.) = NJW 1976, 848 (849)) oder – zutreffend – entsprechend § 15 (*K. Schmidt* ZHR 144 (1980), 199; EBJS/*Strohn* Rn. 27).

18 **dd) Eintrittsrecht des Erben.** Treten die Erben nicht unmittelbar im Wege der Sondernachfolge in die Gesellschaft ein, sondern indem sie ein Eintrittsrecht ausüben, liegt ein Eintritt im rechtstechnischen Sinne vor. Die hM wendet in diesem Falle § 176 Abs. 2 an (Heymann/*Horn* Rn. 16; zweifelnd, aber aus Gründen der Rechtsklarheit zust. MüKoHGB/*K. Schmidt* Rn. 25). Der ein Eintrittsrecht wahrnehmende Kommanditist kann eine Haftung aus § 176 Abs. 2 unschwer dadurch vermeiden, dass er unter der aufschiebenden Bedingung seiner Eintragung den Beitritt erklärt.

19 **ee) „Eintritt" durch Einzelrechtsnachfolge.** Nach hM im Schrifttum ist die Einzelrechtsnachfolge in einen eingetragenen Kommanditanteil durch Anteilsübertragung kein Fall des § 176 Abs. 2 (MüKoHGB/*K. Schmidt* Rn. 26; EBJS/*Strohn* Rn. 27, *U. Huber* ZGR 1984, 160 ff.). Die Rspr. (BGH 21.3.1983, NJW 1983, 2258) hat freilich ihre gegenteilige Auffassung bislang nicht aufgegeben, sodass der Praxis dringend anzuraten ist, die Übertragung eines Kommanditanteils stets unter die **aufschiebende Bedingung** der Eintragung des Erwerbers im Handelsregister als Kommanditist und Rechtsnachfolger (selbst wenn es dieses Vermerks in Ansehung des Urteils BGH 29.6.1981, BGHZ 81, 82 = NJW 1981, 2747 in bestimmten Konstellationen möglicherweise nicht mehr bedarf) des Veräußerers zu stellen. Im Falle des Erwerbs einer noch nicht eingetragenen Kommanditbeteiligung übernimmt der Erwerber allerdings die Haftung aus § 176 Abs. 2 auch dann, wenn es sich dabei nicht um einen Eintritt iSd Vorschrift handelt.

20 **c) Zustimmung zum Geschäftsbeginn.** Die Haftung aus § 176 Abs. 2 setzt ein, ohne dass der Kommanditist der Fortführung des Geschäftsbetriebs gesondert zustimmen müsste (BGH 28.10.1981, BGHZ 82, 209 (211 f.) = NJW 1982, 883 (884) mAnm *K. Schmidt*), weil die Zustimmung bereits im Abschluss des Beitrittsvertrages zu sehen ist, wenn in diesen Vertrag kein Vorbehalt aufgenommen wird (RG 4.3.1930, RGZ 128, 172 (180 f.)). Je nach Geschäftsbetrieb ist ein Vorbehalt nicht einmal möglich, für den Schutz des Kommanditisten aber auch entbehrlich, da dieser seinen Beitritt unter der aufschiebenden Bedingung der Eintragung in das Handelsregister erklären kann.

21 **d) Haftungsumfang.** Der beitretende Kommanditist haftet für die zwischen seinem Beitritt und seiner Eintragung als Kommanditist neu begründeten Verbindlichkeiten (→ Rn. 23 ff.). Diese Haftung

erlischt **nicht** durch die spätere Eintragung des Kommanditisten (→ Rn. 26). Für Altverbindlichkeiten haftet er nach Maßgabe des § 173.

22 **e) Kein konkretes Vertrauen erforderlich.** Die persönliche Haftung des Kommanditisten nach § 176 Abs. 2 setzt nicht voraus, dass der Gläubiger auf eine solche Haftung vertraute oder auch nur die Zugehörigkeit des Kommanditisten zur Gesellschaft kannte. Dem Gläubiger darf lediglich umgekehrt betrachtet die Zugehörigkeit des Gesellschafters als Kommanditist nicht bekannt gewesen sein (RG 4.3.1930, RGZ 128, 172 (182); BGH 28.10.1981, BGHZ 82, 209 (212 f.) = NJW 1982, 883 (884) mAnm *K. Schmidt*). Infolge dessen haftet selbst derjenige Kommanditist, der bereits **vor** seiner Eintragung wieder aus der Gesellschaft ausgeschieden ist, weshalb der ausgeschiedene Kommanditist verlangen kann, dass sein Eintritt und Austritt nachträglich eingetragen wird (OLG Oldenburg 20.3.1987, GmbHR 1988, 140). Die Überlegung, § 176 Abs. 2 dahingehend einzuschränken, dass die unbeschränkte Haftung nur dann besteht, wenn die Beteiligung des Kommanditisten an der Gesellschaft in irgendeiner Weise publik gemacht worden ist (vgl. *K. Schmidt* NJW 1982, 886), hat sich nicht durchgesetzt. Demzufolge muss der Gläubiger entweder die Beteiligung des betreffenden Gesellschafters als Kommanditist kennen oder es müssen ihm alle unbeschränkt haftenden Gesellschafter dergestalt bekannt sein, dass die Kommanditisteneigenschaft aller übrigen Gesellschafter feststeht (BGH 7.7.1986, NJW-RR 1987, 416 = WM 1986, 1280; zust. MüKoHGB/*K. Schmidt* Rn. 32).

23 **3. Rechtsfolgen. a) Haftung gegenüber Dritten.** In den Fällen des § 176 Abs. 1 S. 1 und Abs. 2 haftet der Kommanditist gleich einem persönlich haftenden Gesellschafter (§§ 128, 129). Ausgenommen ist die Haftung für vor seinem Eintritt begründete Verbindlichkeiten (§ 130). Insoweit gilt § 173. Die unbeschränkte Haftung ist beschränkt auf **Neuverbindlichkeiten,** und zwar auf solche, die in dem Zeitraum zwischen dem Wirksamwerden seines Eintritts und der Eintragung in das Handelsregister begründet werden. Im Insolvenzverfahren wird die unbeschränkte Haftung nach § 176 durch den Insolvenzverwalter geltend gemacht (§ 93 InsO). Den unbeschränkt haftenden Kommanditisten bleibt es unbenommen, Regress nach Maßgabe des § 110 zu nehmen (→ § 110 Rn. 3 ff.). § 176 betrifft allein das Außenverhältnis.

24 **b) Haftung gegenüber Mitgesellschaftern.** § 176 ist nach hM eine Vertrauens- und Verkehrsschutznorm (auch wenn konkretes Vertrauen der Gläubiger nicht erforderlich ist). Sie wirkt deshalb nur gegenüber Dritten (RWH HGB/*Mock* Rn. 17). Fraglich ist deshalb auch, ob eine Haftung aus § 176 für **Drittansprüche** anderer Gesellschafter (Ansprüche aus zwischen diesen und der KG abgeschlossenen Kauf-, Miet-, Werk- oder sonstigen schuldrechtlichen Verträgen) in Betracht kommt (in diesem Sinne aber KKRD/*Kindler* Rn. 4). Im Regelfall haben diese Gesellschafter Kenntnis von der Beteiligung des nicht eingetragenen Gesellschafters als Kommanditist, sodass schon aus diesem Grunde die Haftung nicht unbeschränkt ist. Je nach Lage der Dinge im Einzelfall kann außerdem die Treuepflicht der unbeschränkten Inanspruchnahme entgegenstehen. Insgesamt sollte eine unbeschränkte Haftung gegenüber der Gesellschaft oder Mitgesellschaftern ausgeschlossen sein. Umstritten ist in diesem Zusammenhang ferner, ob der nicht eingetragene Kommanditist einem an der Gesellschaft als stiller Gesellschafter Beteiligten unbeschränkt haftet (dagegen KG 18.11.1955, WM 1956, 544; RWH HGB/*Mock* Rn. 18: jedenfalls keine Haftung gegenüber dem atypisch stillen Gesellschafter; zu Recht differenzierend MüKoHGB/*K. Schmidt* Rn. 36).

25 **c) Beschränkung der Haftung auf rechtsgeschäfts- und rechtsgeschäftsähnliche Verbindlichkeiten.** Dem Wortlaut des § 176 Abs. 1, Abs. 2 zufolge haftet der nicht eingetragene Kommanditist für sämtliche Verbindlichkeiten, die zwischen der Errichtung der Gesellschaft bzw. seinem Eintritt in diese und der Eintragung der Gesellschaft bzw. derjenigen des Kommanditisten – gleich aus welchem Rechtsgrund – begründet wurden, unbeschränkt. Die ganz überwA leitet allerdings aus der Funktion des § 176 (Verkehrsschutz) und dem durch sie gewährleisteten abstrakten Vertrauensschutz ab, dass nur bei solchen Verbindlichkeiten eine unbeschränkte Haftung des Kommanditisten in Betracht kommt, bei deren Begründung typischerweise vertraut werden kann (BGH 28.10.1981, BGHZ 82, 209 (215 f.) = NJW 1982, 883 (885) mAnm *K. Schmidt;* LG Osnabrück 28.2.1958, NdsRpfleger 1959, 274 f.; *K. Schmidt* GmbHR 2002, 341 ff.). Die unbeschränkte Haftung soll deshalb grundsätzlich nur Ansprüche aus Rechtsgeschäft oder rechtsgeschäftsähnlichen Handlungen (EBJS/*Strohn* Rn. 14), außerdem gesetzliche Rückabwicklungsansprüche sowie Ansprüche aus Leistungsstörungen, auch wenn sie als gesetzliche Ansprüche eingeordnet werden (MHdB GesR II/*Herchen* § 30 Rn. 109), erfassen. Nimmt man dagegen an, dass der Sinn und Zweck der Vorschrift darin besteht, Gesellschaft und Kommanditisten zur Eintragung anzuhalten, durch welche die Haftungsbeschränkung erst „verdient" wird (*Knobbe-Keuk* FS Stimpel, 1985, 189; *Jacobs* DB 2005, 2227 (2234)), erstreckt sich die unbeschränkte Haftung nach § 176 auch auf gesetzliche Verbindlichkeiten (so BSG 26.6.1975, MDR 1976, 259 f.; BSG 26.5.1976, MDR 1976, 962; in diesem Sinne mit beachtlicher Begründung auch Staub/*Thiessen* Rn. 82 ff.). Die zuletzt genannte Auffassung hat sich nicht durchgesetzt. Entsprechend der hM im Schrifttum und derjenigen des BGH (BGH 28.10.1981, BGHZ 82, 209 (215) = NJW 1982, 883) scheiden also **Deliktsansprüche** ebenso wie **Steuerforderungen** (idS auch FG Berlin 20.10.1982,

EFG 1983 Nr. 437; EBJS/*Strohn* Rn. 14) und öffentlich-rechtliche Beitrags- und Gebührenforderungen (MüKoHGB/*K. Schmidt* Rn. 37; aA BSG 26.6.1975, MDR 1976, 259; BSG 26.5.1976, MDR 1976, 962) aus dem Anwendungsbereich des § 176 aus. Allerdings kann sich eine unbeschränkte Haftung des Kommanditisten insoweit auch aus allgemeinen Rechtsscheingrundsätzen ergeben.

26 **d) Dauer.** Für die nach Eintragung der Gesellschaft bzw. des Eintritts des Kommanditisten begründeten Verbindlichkeiten der KG haften der oder die Kommanditisten nur noch beschränkt nach Maßgabe der §§ 171, 172. Hinsichtlich der zwischen der Aufnahmetätigkeit bzw. dem Eintritt des Kommanditisten und der Eintragung der Gesellschaft bzw. des Kommanditisten begründeten Verbindlichkeiten, soweit sie von § 176 erfasst werden, besteht die unbeschränkte Haftung nach § 176 fort, sie endet, anders als etwa die Handelndenhaftung nach § 11 Abs. 2 GmbHG, nicht mit der Eintragung (RWH HGB/*Mock* Rn. 19; MüKoHGB/*K. Schmidt* Rn. 42), weil der (abstrakte) Vertrauensschutz des § 176 seine Berechtigung nicht rückwirkend verlieren kann.

27 Allerdings endet die unbeschränkte Kommanditistenhaftung entsprechend § 160 Abs. 3 nach einer fünfjährigen Enthaftungsfrist, die mit der Eintragung der Gesellschaft bzw. derjenigen des Kommanditisten beginnt (EBJS/*Strohn* Rn. 20; Baumbach/Hopt/*Roth* Rn. 13; MüKoHGB/*K. Schmidt* Rn. 43). Selbstverständlich kommt dem Gesellschafter eine kürzere Verjährung desjenigen Anspruches, für dessen Erfüllung ihn ein Gläubiger der Gesellschaft auf der Grundlage des § 176 in Anspruch nimmt, zugute, ebenso wie sich der Gesellschafter Maßnahmen der Hemmung der Verjährung gegenüber der KG entgegenhalten lassen muss (BGH 11.12.1978, BGHZ 73, 217 (222) = NJW 1979, 1361; BGH 22.3.1988, BGHZ 104, 76 (79 f.) = NJW 1988, 1976). Ebenso klar ist, dass die auf § 171 gestützte Klage zugleich auch die Haftung des Kommanditisten aus § 176 hemmt (vgl. BGH 4.7.1983, NJW 1983, 2813), was dem Gläubiger allerdings dann wenig nützt, wenn er – von einer beschränkten Haftung des Kommanditisten ausgehend – entsprechend niedrige Ansprüche rechtshängig macht, weil sich die Wirkung der Hemmung auf die Klagesumme beschränkt (MüKoHGB/*K. Schmidt* Rn. 44). Für **Dauerschuldverhältnisse** gilt, dass sich die Haftung entsprechend § 160 auf alle Einzelansprüche erstreckt, die innerhalb von fünf Jahren nach Eintragung der KG bzw. des Kommanditisten fällig werden (BGH 27.9.1999, BGHZ 142, 324 = NJW 2000, 208 (210)).

28 **4. Anwendung des § 176 bei Firmenänderung?** Das BAG hat in einer vereinzelt gebliebenen Entscheidung (BAG 24.8.1979, NJW 1980, 1071; zust. EBJS/*Strohn* Rn. 7) die Auffassung vertreten, § 176 könne zulasten der eingetragenen Kommanditisten angewandt werden, wenn die Gesellschaft ihre Firma ändere und hiervon bereits vor Eintragung der geänderten Firma in das Handelsregister Gebrauch macht. Die Kommanditisten sollen sich in einem solchen Fall vor einer unbeschränkten Haftung in dieser Konstellation durch eine Vereinbarung schützen können, der zufolge die Firmenänderung erst mit Eintragung in das Handelsregister wirksam wird (EBJS/*Strohn* Rn. 7). Dem ist zutreffend widersprochen worden (*K. Schmidt* GesR § 55 V 2; Baumbach/Hopt/*Roth* Rn. 3). In der betreffenden Konstellation kommt, sofern dem Gläubiger die Existenz einer neuen Gesellschaft vorgetäuscht und vom Gläubiger auf die persönliche Haftung ihrer Gesellschafter vertraut wird, lediglich eine **Vertrauenshaftung** nach allgemeinen Grundsätzen und unter den dafür geltenden Voraussetzungen in Betracht.

29 **5. Anwendbarkeit des § 176 auf die Publikums-KG.** Der BGH (BGH 28.10.1981, BGHZ 82, 209 (213) = NJW 1982, 883 (884) mAnm *K. Schmidt*) unterwirft auch den Kommanditisten einer Publikums-KG uneingeschränkt der Haftung aus § 176. Dem wird mit Rücksicht auf die besondere Situation bei der Publikums-KG, bei der dem Gläubiger die Kommanditisten nicht bloß im Einzelfall, sondern typischerweise unbekannt sind, zutreffend widersprochen (MüKoHGB/*K. Schmidt* Rn. 49). Offenbar in der Annahme, dass Publikumsgesellschaften stets oder doch überwiegend (teilweise nehmen die Gesellschafter bewusst eine vermögenslose natürliche Person auf, um die Anwendung der Bestimmungen des GmbHG über die Kapitalerhaltung auszuschließen) als typische GmbH & Co. KG – keine natürliche Person haftet unbeschränkt – organisiert sind und der BGH abweichend von seiner früheren Rspr. geneigt scheint, bei jeder GmbH & Co. KG positive Kenntnis iSv Abs. 1 S. 1 aE anzunehmen, wird für eine Einschränkung des Anwendungsbereichs der Vorschrift kein Bedürfnis gesehen (EBJS/*Strohn* Rn. 22 unter Hinweis auf BGH 21.3.1983, NJW 1983, 2258 (2259)).

III. Abdingbarkeit

30 Abs. 1, Abs. 2 sind durchweg zwingender Natur. Im Falle des Abs. 1 können sich die Kommanditisten nur dadurch schützen, dass sie den Beginn der Geschäftstätigkeit hinausschieben. Alternativ und gleichfalls in der Konstellation des Abs. 2 kommt in Betracht, dass die Kommanditisten der neu errichteten Gesellschaft aufschiebend bedingt beitreten und die persönlich haftenden Gesellschafter die Geschäfte führen. Die Versagung der Zustimmung zur Aufnahme der Geschäfte durch die Kommanditisten ist kein probates Mittel, wenn aus praktischen Gründen (Fortführung eines existenten Handelsgeschäfts durch die Gesellschaft) die Geschäfte zwingend begonnen bzw. fortgeführt werden müssen.

Zudem ist die Duldung der Geschäftstätigkeit uU als konkludente Zustimmung trotz anfänglicher Ablehnung zu werten.

Die beitretenden Kommanditisten haben nicht nur die Möglichkeit, unter aufschiebender Bedingung der Eintragung der Gesellschaft beizutreten, sie können außerdem die wirtschaftlichen Wirkungen des sofortigen Beitritts dadurch herbeiführen, dass sie bezogen auf die künftige Beteiligung eine stille Gesellschaft begründen, die sich mit Eintragung des beitretenden Kommanditisten in eine Kommanditbeteiligung „umwandelt". Im Falle der Übertragung des Kommanditanteils kann bis zu einer Änderung der derzeitigen, eine unbeschränkte Haftung des neuen Gesellschafters annehmenden, Rspr. so verfahren werden, dass der Kommanditanteil unter der aufschiebenden Bedingung der Eintragung des Erwerbers im Wege der Sonderrechtsnachfolge in das Handelsregister abgetreten und bis zu diesem Zeitpunkt – mit Wirkung ab Vertragsschluss – vereinbart wird, dass der Veräußerer den Kommanditanteil ab sofort **treuhänderisch** für den Erwerber hält. Das Treuhandverhältnis kann auflösend bedingt durch die Eintragung des Erwerbers in das Handelsregister gestaltet werden. 31

IV. Darlegungs- und Beweislast

Der Kommanditist muss beweisen, dass dem Gläubiger seine Beteiligung als Kommanditist bekannt war, um die unbeschränkte persönliche Haftung auszuschließen (BGH 28.10.1981, BGHZ 82, 209 (212 f.) = NJW 1982, 883 (884) mAnm *K. Schmidt,* OLG Köln 9.6.1973, BGHZ 1973, 468 (471); EBJS/*Strohn* Rn. 11). 32

[Tod des Kommanditisten]

177 **Beim Tod eines Kommanditisten wird die Gesellschaft mangels abweichender vertraglicher Bestimmung mit den Erben fortgesetzt.**

Übersicht

I. Allgemeines

§ 177 lautete bis zur Neufassung durch das Handelsrechtsreformgesetz vom 21.6.1998: „Der Tod eines Kommanditisten hat die Auflösung der Gesellschaft nicht zur Folge". Die alte Fassung der Vorschrift stellte auf § 131 Nr. 4 aF ab, wonach eine OHG – und ohne besondere gesetzliche Bestimmung demzufolge auch eine KG (§ 161 Abs. 2, § 131 Nr. 4 aF) – durch den Tod eines Gesellschafters aufgelöst wurde, sofern sich aus dem Gesellschaftsvertrag nicht ein anderes ergab. Für die KG sollte diese Rechtsfolge ausgeschlossen werden, weil dies aus Sicht des Gesetzgebers offenbar am ehesten den mutmaßlichen Interessen der Beteiligten entspricht. Nach der Streichung des Auflösungstatbestandes in § 131 Nr. 4 aF und dessen Ersatz durch einen bloßen Ausscheidenstatbestand – der Tod des Gesellschafters einer OHG hat nur noch dessen Ausscheiden zur Folge (§ 131 Abs. 3 Nr. 1) – stand § 177 zur Disposition, wurde aber schlussendlich nicht gestrichen, sondern der Neufassung des § 131 Abs. 3 Nr. 1 angepasst. Somit gilt nach heutiger Rechtslage: Der Tod eines persönlich haftenden Gesellschafters führt ohne abweichende gesellschaftsvertragliche Regelung zu dessen Ausscheiden, sodass seine Erben nicht Mitgesellschafter werden. Der Tod eines Kommanditisten führt dagegen, sofern nicht ein anderes bestimmt ist, zur **Fortsetzung** der Gesellschaft mit den Erben. Damals wie heute liegt dem die Annahme zugrunde, dass Kommanditisten und ihre Rechtsnachfolger für die Gesellschaft von weniger großer Bedeutung wie die persönlich haftenden Gesellschafter sind, sodass im Falle des Todes eines Kommanditisten den übrigen Gesellschaftern die Fortsetzung der Gesellschaft mit den Erben im Regelfall zugemutet werden kann. Dies gilt selbstverständlich – wie erwähnt – nur vorbehaltlich einer abweichenden Regelung im Gesellschaftsvertrag (→ Rn. 6 f.). 1

II. Einzelerläuterung

2 **1. Tod des Kommanditisten. a) Grundsatz.** Ohne abweichende Regelung im Gesellschaftsvertrag wird die Gesellschaft im Falle des Todes eines Kommanditisten mit dem oder den Erben **fortgesetzt.** Einer Nachfolgeklausel bedarf es in diesem Fall nicht. Die Gesellschaft wird nicht aufgelöst. Sie wird nach wie vor durch den oder die Komplementäre vertreten.

3 **b) Vererbung der Kommanditbeteiligung.** Die Kommanditbeteiligung geht kraft Erbrechts auf den oder die Erben über (BGH 10.2.1977, BGHZ 68, 225 (229) = NJW 1977, 1339). Die kraft Erbrechts übergehende Mitgliedschaft ist Bestandteil des Nachlasses (BGH 10.1.1996, NJW 1996, 1284 (1285); BGH 3.7.1989, BGHZ 108, 187 (192); BGH 14.5.1986, BGHZ 98, 48 (51); dies ist im Schrifttum freilich umstritten, → § 139 Rn. 17 ff.). Sind mehrere Erben vorhanden, so erwerben diese den Kommanditanteil des Erblassers gleichwohl nicht als Erbengemeinschaft, sondern einzeln und unmittelbar im Wege der **Sondererbfolge** (Singularsukzession) entsprechend ihren Erbquoten (BGH 3.7.1989, BGHZ 108, 187 (192); KG 30.5.2000, NJW-RR 2000, 1704). Die Sonderzuordnung des Kommanditanteils findet auch statt, wenn bei einer Mehrheit von Erben nur einer oder einzelne für eine Nachfolge in den Kommanditanteil qualifiziert sind (BGH 10.2.1977, BGHZ 68, 225 (237 f.); früher schon BGH 22.11.1956, BGHZ 22, 186 (193 f.)). Begreift man die Sonderzuordnung als eine Zweckkonstruktion, mit welcher der ererbte Kommanditanteil aus dem Gesamthandsvermögen der Erbengemeinschaft und den damit verbundenen rechtlichen Schwierigkeiten seiner Verwaltung herausgehalten werden soll (Schlegelberger/*K. Schmidt* § 139 Rn. 18), so ist sie beim Alleinerben nicht erforderlich (so aber BGH 30.4.1984, BGHZ 91, 132 = NJW 1984, 2104; BGH 22.11.1956, BGHZ 22, 186 (193)). Zum Nachweis der Erbfolge gegenüber dem Handelsregister s. OLG Bremen 15.4.2014, ZIP 2014, 1884.

4 **c) Gesellschaftererbe.** Besonderheiten bestehen, wenn der Kommanditist durch einen Gesellschafter beerbt wird. Ist der Erbe bereits Kommanditist, vereinigt sich der ererbte Kommanditanteil mit dem vorhandenen in einer Person (Grundsatz der Unteilbarkeit der Mitgliedschaft, BGH 1.6.1987, NJW 1987, 3184 (3186); BGH 4.3.1976, BGHZ 66, 98 (101) = NJW 1976, 848 (849)). In diesem Falle wird auch aus mehreren Kapitalkonten ein einziges (MüKoHGB/*K. Schmidt* § 177 Rn. 19). Abweichendes kommt in Betracht, wenn hinsichtlich des ererbten Kommanditanteils Besonderheiten bestehen, beispielsweise der Erbe hinsichtlich dieses Kommanditanteils nur Vorerbe wird oder Testamentsvollstreckung angeordnet ist, sodass die uneingeschränkte Vereinigung des schon gehaltenen Gesellschaftsanteils mit dem ererbten problematisch wäre (BGH 10.1.1996, NJW 1996, 1284 (1286) – IVa. Senat mit Ausführungen zur Rspr. des II. Senats – der zufolge offen ist, ob dessen bisherige Rspr. aufrechterhalten bleibt; BGH 3.7.1989, NJW 1989, 3152; → § 105 Rn. 39).

5 Wenn Erbe der Komplementär ist, findet ebenfalls eine Anteilsvereinigung statt. Für den Komplementär bleibt es bei der unbeschränkten Haftung. Diese ist nicht mehr steigerungsfähig. Ausnahmen kommen wiederum in Betracht, wenn Vorerbschaft angeordnet ist oder der Kommanditanteil der Testamentsvollstreckung unterliegt (→ Rn. 9 ff.).

6 **d) Abweichende gesellschaftsvertragliche oder erbrechtliche Regelungen.** Der Gesellschaftsvertrag kann die Nachfolge in den Kommanditanteil gänzlich ausschließen und die Erben auf den Abfindungsanspruch verweisen, aber auch diesen Anspruch einschränken oder ausschließen. Denkbar ist ferner die Beschränkung der Nachfolge auf bestimmte Personen (qualifizierte Nachfolgeklausel). Die Anordnung von Vor- und Nacherbfolge kann ausgeschlossen sein oder unter Mitwirkung des Vorerben ausgeschlossen werden (BGH 6.1.1980, NJW 1981, 115).

7 Der Gesellschaftsvertrag kann auch die erbrechtliche Nachfolge in den Kommanditanteil ausschließen, aber ein Eintrittsrecht begründen. Schließlich kann der Kommanditanteil, soweit nicht gesellschaftsvertraglich ausgeschlossen (dazu BGH 20.10.1986, NJW 1987, 952; BGH 20.11.1975, WM 1976, 251 (252)), Gegenstand eines Vermächtnisses sein.

8 **2. Haftung des Erben.** Der Erbe haftet in zweifacher Hinsicht. Zum einen haftet er **gesellschaftsrechtlich** als eintretender Kommanditist für Gesellschaftsverbindlichkeiten nach Maßgabe des § 173 (Altverbindlichkeiten, → § 173 Rn. 25 ff., die Eintragung eines Nachfolgevermerks ist zum Ausschluss „doppelter“ Haftung dringend anzuraten) und nach Maßgabe der §§ 171, 172 für Neuverbindlichkeiten. Daneben haftet der Erbe für Einlageverbindlichkeiten des Erblassers gegenüber der Gesellschaft **erbrechtlich** nach § 1967 BGB unbeschränkt, aber beschränkbar. Entsprechendes gilt bei mehreren Erben. § 176 Abs. 2 findet auf den Erben nach ganz hA im Schrifttum keine Anwendung (EBJS/*Strohn* § 176 Rn. 26 f.; tendenziell und in Abkehr von früheren Entscheidungen in Richtung der hA BGH 3.7.1989, BGHZ 108, 187 (197) = NJW 1989, 3152 (3155)).

9 **3. Testamentsvollstreckung. a) Zulässigkeit.** Nach heute maßgeblicher Rspr. (BGH 3.7.1989, BGHZ 108, 187 = NJW 1989, 3152) und hM im Schrifttum (Schlegelberger/*K. Schmidt* § 177 Rn. 27 ff., Schlegelberger/*K. Schmidt* § 139 Rn. 44 ff. mwN) ist es grundsätzlich zulässig, einen Kom-

manditanteil der Testamentsvollstreckung, und zwar nicht nur der **Auseinandersetzungsvollstreckung,** sondern auch der **Dauertestamentsvollstreckung** (Verwaltungstestamentsvollstreckung) zu unterwerfen. Der Testamentsvollstrecker ist nach dieser Ansicht befugt, die mit der Beteiligung verbundenen Mitgliedschaftsrechte auszuüben, kann allerdings nicht den Erben persönlich verpflichten. Ist ein Komplementär oder Kommanditist Erbe, erfasst die Testamentsvollstreckung nur den ererbten Anteil (noch nicht entschieden bei BGH 3.7.1989, BGHZ 108, 187 (199) = NJW 1989, 3152 (3154); im Schrifttum anerkannt, KKRD/*Kindler* Rn. 7).

Ohne weiteres zulässig sind die reine Auseinandersetzungsvollstreckung, die Verwaltungstestamentsvollstreckung bei einer durch Tod aufgelösten Gesellschaft (BGH 25.2.1985, NJW 1985, 1953 f.; OLG München 7.7.2009, ZIP 2009, 2059) sowie die Testamentsvollstreckung am Abfindungsanspruch des durch Tod ausgeschlossenen Gesellschafters (BGH 25.2.1985, NJW 1985, 1953 (1954)), desgleichen die Nachlassverwaltung (BGH 30.3.1967, BGHZ 47, 293 (295 f.)). Hinsichtlich der Verwaltungstestamentsvollstreckung, deren Zulässigkeit heute ebenfalls bejaht wird, stellt sich nach wie vor die umstrittene Frage, inwieweit sie im Gesellschaftsvertrag oder nachträglich zugelassen werden muss (dieses Erfordernis bejaht BGH 3.7.1989, BGHZ 108, 187 (191) = NJW 1989, 3152 (3153)). Zumindest dann, wenn der Gesellschaftsvertrag eine freie Übertragbarkeit der Kommanditanteile zulässt, kann es nach zutreffender Auffassung auf eine besondere Zulassung der Testamentsvollstreckung nicht ankommen (*Ulmer* NJW 1990, 76; Schlegelberger/*K. Schmidt* Rn. 30, 33). Die Dauer- oder Verwaltungstestamentsvollstreckung ist auf Antrag des Testamentsvollstreckers in das Handelsregister einzutragen (BGH 14.2.2012, WM 2012, 658). 10

b) Dauer. Das Amt des Testamentsvollstreckers beginnt mit dessen Annahme, die gegenüber dem Nachlassgericht erklärt wird (§ 2202 BGB). Es endet mit der Amtsniederlegung, der Entlassung oder dem Tode des Testamentsvollstreckers. Die Testamentsvollstreckung als solche endet gemäß den Anordnungen in der letztwilligen Verfügung, spätestens nach 30 Jahren (§ 2210 BGB). Der Testamentsvollstrecker kann den von ihm verwalteten Anteil aus der Testamentsvollstreckung entlassen (freigeben, vgl. § 2217 BGB). 11

c) Befugnisse des Testamentsvollstreckers. Bei den Befugnissen des Testamentsvollstreckers ist zwischen Innenverhältnis und Außenverhältnis zu unterscheiden. Im **Innenverhältnis** (dem Verhältnis zur Gesellschaft und den Mitgesellschaftern) hat der Testamentsvollstrecker grundsätzlich alle Rechte und Pflichten des Erben, er meldet als Dauer- und Verwaltungsvollstrecker (nicht als Abwicklungsvollstrecker, OLG München 7.7.2009, ZIP 2009, 2059) die Rechtsnachfolge zum Handelsregister an (BGH 3.7.1989, BGHZ 108, 187 = NJW 1989, 3152 (3153)), macht die Informationsrechte des Kommanditisten geltend, übt dessen Stimmrecht aus (zum Rückfall einzelner Rechte bei Verhinderung der Teilnahme des Testamentsvollstreckers an der Beschlussfassung gem. § 47 Abs. 4 GmbHG an den Erben s. BGH 13.5.2014, NZG 2014, 945), ihm stehen je nach Einzelfall auch Geschäftsführungsrechte zu (*Ulmer* NJW 1990, 76; offengeblieben bei BGH 3.7.1989, BGHZ 108, 187 (195 f.) = NJW 1989, 3152 (3154); abl. MüKoHGB/*K. Schmidt* Rn. 29). Im Übrigen gilt, dass der Testamentsvollstrecker keine Befugnisse ausüben kann, die über diejenigen eines Gesellschafters hinausgehen. Er ist ebenso wie der Gesellschafter an die sich aus der Treuepflicht ergebenden Schranken gebunden (*Ulmer* NJW 1990, 979; MüKoHGB/*K. Schmidt* Rn. 29). 12

Auch im **Außenverhältnis** hat der Testamentsvollstrecker grundsätzlich (nur) die Befugnisse, die auch der Gesellschafter hat (BGH 14.5.1986, BGHZ 98, 48 (57) = NJW 1986, 2431 (2433)). Der Erbe hingegen kann ohne Zustimmung des Testamentsvollstreckers nicht über den Kommanditanteil verfügen, ihn insbesondere nicht veräußern, verpfänden oder sonstige Rechte daran bestellen. 13

Der Testamentsvollstrecker unterliegt bei der Ausübung der Befugnisse des Gesellschafters allerdings **Grenzen.** Die wichtigste Grenze besteht darin, dass der Testamentsvollstrecker nur für und gegen den Nachlass, nicht auch für und gegen das Privatvermögen des Erben handeln kann (BGH 3.7.1989, BGHZ 108, 187 (195) = NJW 1989, 3152 (3154)). Er kann deshalb weder die Hafteinlage noch die Einlageverpflichtung ohne Zustimmung des Erben erhöhen (BGH 3.7.1989, BGHZ 108, 187 (198) = NJW 1989, 3152 (3155)), es sei denn, er beschränkt die Verpflichtung auf den Nachlass, was zwar bei der Erhöhung der Pflichteinlage, nicht aber bei der Erhöhung der Hafteinlage denkbar ist. Bisher nicht höchstrichterlich entschieden ist die Frage, ob und inwieweit der Testamentsvollstrecker Rechtsgeschäfte vornehmen darf, die den Kernbereich der Mitgliedschaft berühren (dies wird zutr. verneint, vgl. *Ulmer* NJW 1990, 81; offengeblieben bei BGH 3.7.1989, BGHZ 108, 187 (198 f.) = NJW 1989, 3152 (3155); bejahend jedoch LG Mannheim 10.11.1998, NZG 1999, 824, solange davon nur der Nachlass betroffen ist). Entnahmen, die zu einer persönlichen Haftung des Erben nach § 172 Abs. 4 führen, sind problematisch, sollen aber nicht generell von der Testamentsvollstreckerzuständigkeit ausgenommen sein (BGH 3.7.1989, BGHZ 108, 187 (197) = NJW 1989, 3152 (3155)). Missbraucht der Testamentsvollstrecker seine Kompetenzen offensichtlich, kann die dazu getroffene Vereinbarung unwirksam und der Testamentsvollstrecker zur Rückzahlung oder gegenüber dem Erben zur Leistung von Schadensersatz verpflichtet sein (BGH 3.7.1989, BGHZ 108, 187 (198) = NJW 1989, 3152 (3155)). 14

15 Im Außenverhältnis ist es dem Testamentsvollstrecker verboten, ohne Zustimmung des Erben unentgeltlich über Nachlassgegenstände zu verfügen (§ 2205 S. 3 BGB). Dem zuwider geschlossene Geschäfte sind unwirksam. Bezogen auf die Verwaltung des Kommanditanteils sind also dessen unentgeltliche Veräußerung sowie der Austritt aus der Gesellschaft ohne bzw. unter Verzicht auf die Abfindung unwirksam (*Ulmer* NJW 1990, 79). Darüber hinaus gilt, dass allgemein solche Rechtsgeschäfte des Verwalters unwirksam sind, die erkennbar eine Verletzung der gegenüber dem oder den Erben bestehenden Pflichten darstellen (vgl. §§ 2216, 2218 BGB).

16 **d) Haftung.** Im Falle der Testamentsvollstreckung bestehen hinsichtlich der Haftungsfolgen grundsätzlich keine Besonderheiten. Der Erbe haftet sowohl im Außenverhältnis nach Maßgabe des § 173 iVm §§ 171, 172 als auch im Innenverhältnis für die Erbringung der Pflichteinlage. Dazu tritt die **erbrechtliche** Haftung. Der Testamentsvollstrecker ist verpflichtet, die Verbindlichkeiten des Erben mit den Mitteln des Nachlasses zu erfüllen. Einlageschulden kann er nur mit Wirkung für und gegen den Nachlass, nicht zulasten des Erben, begründen. Die gesellschaftsrechtliche Haftung des Erben ist zwar nicht auf den Nachlass beschränkt (BGH 3.7.1989, BGHZ 108, 187 (197) = NJW 1989, 3152 (3155)). Der Erbe kann allerdings verlangen, dass der Testamentsvollstrecker die Verbindlichkeit aus dem Nachlass begleicht.

17 Der Testamentsvollstrecker haftet grundsätzlich, auch wenn er im eigenen Namen für den Nachlass handelt (BGH 2.10.1957, BGHZ 25, 275 (279) = NJW 1957, 1916 (1917)), persönlich weder für Einlageschulden noch aus §§ 171 ff. Dagegen kommt im Innenverhältnis zum Erben eine Haftung nach Auftragsrecht (vgl. §§ 2218, 2219 BGB) in Betracht.

18 **e) Ersatzlösungen.** Nach der grundsätzlichen Zulassung der Testamentsvollstreckung am Kommanditanteil durch die Rspr. (BGH 3.7.1989, BGHZ 108, 187 ff. = NJW 1989, 3152 ff.) spielen die zuvor entwickelten Ersatzlösungen (Treuhandlösung, Vollmachtlösung, Ermächtigungslösung; dazu MüKoHGB/*K. Schmidt* Rn. 38 ff.) keine bedeutende Rolle mehr.

19 **4. Tod des Komplementärs.** Der Tod eines Komplementärs führt nach § 162 Abs. 2, § 131 Abs. 3 Nr. 1 zu dessen Ausscheiden, sofern nicht im Gesellschaftsvertrag etwas anderes (Nachfolgeklausel) vereinbart ist (→ § 131 Rn. 47). Die Erben sind berechtigt, den ggf. im Wege der Sondererbfolge jeweils unmittelbar entsprechend ihrer Quoten geerbten Anteil in eine Kommanditbeteiligung umzuwandeln (→ § 139 Rn. 18).

20 Nicht zum Ausscheiden führt die Umwandlung der Komplementär-Gesellschaft, und zwar weder beim Rechtsformwechsel nach §§ 190 ff. UmwG noch im Falle der Verschmelzung oder Spaltung, bei der umwandlungsrechtliche Gesamtrechtsnachfolge eintritt (vgl. RG 12.2.1929, RGZ 123, 289 (294); Schlegelberger/*K. Schmidt* Rn. 4).

21 Umstritten sind die Folgen der **Auflösung** der (einzigen) Komplementär-Gesellschaft. Nach wohl hM führt deren Auflösung nicht zugleich zur Auflösung der KG (BGH 14.6.1993, DStR 1993, 1227; BGH 8.10.1979, BGHZ 75, 181 f. = NJW 1980, 223). Demgegenüber wird im Schrifttum die Frage gestellt, ob eine werbend tätige KG denkbar ist, deren einziger Komplementär eine Liquidations-GmbH ist und die deshalb von einem Liquidator organschaftlich vertreten wird (die selbst gestellte Frage verneinend Schlegelberger/*K. Schmidt* Rn. 3, Schlegelberger/*K. Schmidt* § 131 Rn. 28 ff.). Dem Einwand von *K. Schmidt* ist insoweit Recht zu geben, als die Geschäftsführung und Vertretung einer werbend tätigen Personenhandelsgesellschaft durch eine Gesellschaft, die selbst auf Abwicklung gerichtet ist, widersprüchlich erscheint. Sinnvoll kann es daher sein, in den Gesellschaftsvertrag eine Klausel aufzunehmen, der zufolge eine in Abwicklung befindliche Komplementär-Gesellschaft aus der KG ausscheidet.

22 Verstirbt der einzige Komplementär oder ist die einzige Komplementär-Gesellschaft voll beendet, ist die KG aufgelöst (→ § 131 Rn. 23 f.).

[Angaben auf Geschäftsbriefen; Antragspflicht bei Zahlungsunfähigkeit oder Überschuldung]

177a **[1] Die §§ 125a und 130a gelten auch für die Gesellschaft, bei der ein Kommanditist eine natürliche Person ist, § 130a jedoch mit der Maßgabe, daß anstelle des Absatzes 1 Satz 4 der § 172 Abs. 6 Satz 2 anzuwenden ist. [2] Der in § 125a Abs. 1 Satz 2 für die Gesellschafter vorgeschriebenen Angaben bedarf es nur für die persönlich haftenden Gesellschafter der Gesellschaft.**

Übersicht

I. Allgemeines

1 Bei der Vorschrift handelt es sich um eine Verweisungsnorm, welche die für die OHG geltenden Vorschriften betreffend zum einen die Pflichtangaben auf Geschäftsbriefen (§ 125a) und zum anderen die Antragspflichten der Gesellschafter bzw. ihrer Organe bei Zahlungsunfähigkeit und Überschuldung (§ 130a) auf bestimmte KGen für anwendbar erklärt. Der Wortlaut der durch das Erste Gesetz zur Bekämpfung der Wirtschaftskriminalität vom 29.7.1976 eingeführten und durch die GmbH-Novelle vom 4.7.1980 sowie das Handelsrechtsreformgesetz vom 22.6.1998 geänderten Vorschrift musste durch das MoMiG vom 23.10.2008 lediglich hinsichtlich des Verweises auf § 130a im zweiten Hs. des ersten Satzes angepasst werden, da § 130a selbst inhaltlich geändert worden ist.

2 Die Vorschrift ist von § 161 Abs. 2 abzugrenzen. Mit letzterer Bestimmung wird bereits die Anwendbarkeit der §§ 125a, 130a auf die KG erreicht, allerdings hinsichtlich der §§ 125a Abs. 1 S. 2, 130a nur auf solche Kommanditgesellschaften, bei denen weder ein Komplementär noch ein Kommanditist natürliche Person ist. Die in der Praxis häufigste Gestaltungsform, die personen- und beteiligungsidentische, typische GmbH & Co. KG, bei der die Kommanditisten natürliche Personen sind, die Komplementär-Funktion aber ausschließlich von einer GmbH wahrgenommen wird, erfassen § 125a Abs. 1 S. 2, § 130a nicht. Eben dies wäre misslich, weil es das Anliegen der zitierten Bestimmungen, insbesondere des § 130a, ist, all diejenigen Gesellschaften zu erreichen, bei denen keine natürliche Person in letzter Konsequenz gesellschaftsrechtlich vermittelt (vgl. §§ 128 ff.) unbeschränkt persönlich haftet. Diesem Anliegen trägt § 177a Rechnung.

II. Einzelerläuterungen

3 § 177a erklärt zwei für die OHG geltende Vorschriften im Wesentlichen – mit Ausnahmen im einzelnen – auf die KG, bei der zwar Kommanditisten, aber keiner der Komplementäre natürliche Person ist, für anwendbar.

4 **1. Angaben auf Geschäftsbriefen (§ 125a).** Schon nach § 161 Abs. 2 iVm § 125a Abs. 1 S. 1 und Abs. 2 sind alle KGen zu bestimmten Angaben (Rechtsform, Sitz, Registergericht, Registernummer) auf Geschäftsbriefen verpflichtet (→ § 125a Rn. 1 ff.).

5 Aus § 161 Abs. 2 iVm § 125a Abs. 1 S. 2 und § 35a GmbHG, § 80 AktG folgt des Weiteren, dass KGen, bei denen weder ein Komplementär noch ein Kommanditist eine natürliche Person ist, auf Geschäftsbriefen sowohl die Firmen der Gesellschafter zu nennen als auch die Angaben nach § 35a GmbHG, § 80 AktG zu machen haben (aber → Rn. 5).

6 § 177a S. 1 erweitert die sich aus § 125a Abs. 1 S. 2 ergebende Verpflichtung auf solche KGen, bei denen einer, mehrere oder alle Kommanditisten natürliche Personen sind.

7 Aus § 177a S. 2 ergibt sich indes zugleich einschränkend, dass die nach § 125a vorgeschriebenen Angaben bei der KG nur hinsichtlich der persönlich haftenden Gesellschafter zu machen sind. Ausnahmsweise bedarf es auch dieser Angaben nicht, wenn wenigstens ein persönlich haftender Gesellschafter zwar nicht selbst natürliche Person ist, aber unmittelbar oder mittelbar über eine natürliche Person als Gesellschafter verfügt. Denn damit gehört der betreffenden Gesellschaft in letzter Konsequenz ein Gesellschafter an, der aufgrund seiner gesellschaftsrechtlichen Stellung auf gesellschaftsrechtlicher Grundlage – §§ 128 ff. – für die Verbindlichkeiten des persönlich haftenden Gesellschafters und damit auch für solche der betroffenen KG haftet, sodass aus gesetzgeberischer Sicht (→ Rn. 2) das Bedürfnis für die Anordnung der gegenüber der dem gesetzlichen Leitbild entsprechenden KG gesteigerten Anforderungen entfällt.

8 **2. Antragspflichten bei Zahlungsunfähigkeit und Überschuldung. a) Antragspflichten.** Die in § 130a Abs. 1 bestimmten Antragspflichten bei Zahlungsunfähigkeit (vgl. § 17 InsO) und Überschuldung (vgl. § 19 InsO) gelten schon über den Verweis in § 161 Abs. 2 auch für alle KGen bzw. die Organe ihrer zur Vertretung der Gesellschaft ermächtigten Gesellschafter, bei denen keiner der Gesellschafter natürliche Person ist (zu den Antragspflichten → § 130a Rn. 1 ff.).

9 § 177a erstreckt die Anwendbarkeit des § 130a auf alle KGen, bei denen zwar kein Komplementär, aber einer, mehrere oder alle Kommanditisten natürliche Personen sind. Anstelle des § 130a Abs. 1 S. 4 wird in § 177a S. 1 Hs. 2 die Regelung in § 172 Abs. 6 S. 2 auf die KG für anwendbar erklärt. Die Intention beider Bestimmungen (die des § 130a Abs. 1 S. 4 wie diejenige des § 172 Abs. 6 S. 2) ist dieselbe. Die besonderen Pflichten aus § 130a Abs. 1 sollen solche Gesellschaften nicht treffen, bei denen schlussendlich doch (dem gesetzlichen Leitbild der KG entsprechend) eine natürliche Person auf gesellschaftsrechtlicher Grundlage (§§ 128 ff.) für die Verbindlichkeiten der Gesellschaft haften muss.

10 **b) Folgen der Pflichtverletzung.** Für den Fall einer Verletzung der in § 130a Abs. 1 bestimmten Pflichten sieht § 130a Abs. 2 vor, dass die Organe der zur Vertretung der Gesellschaft ermächtigten Gesellschafter Schadensersatz leisten müssen, es sei denn die nach Insolvenzreife pflichtwidrig erfolgten Zahlungen und die dadurch herbeigeführte Masseschmälerung wird durch ein damit unmittelbar in Zusammenhang stehendes Ereignis – beispielsweise einen Aktiventausch – ausgeglichen (BGH 18.11.2014, NZG 2015, 149; s. zum Umfang des Schadensersatzes, zur Umkehr der Beweislast und zur Verjährung der Schadensersatzansprüche im Übrigen die Kommentierung zu § 130a).

11 **c) COVID-19-Insolvenzaussetzungsgesetz vom 27.3.2020.** Am 27.3.2020 ist das „Gesetz zur vorübergehenden Aussetzung der Insolvenzantragspflicht und zur Begrenzung der Organhaftung bei einer durch die COVID-19-Pandemie bedingten Insolvenz" (COVInsAG) verkündet worden und mit Rückwirkung zum 1.3.2020 in Kraft getreten (BGBl. 2020 I 569). Das COVInsAG setzt rechtsformübergreifend die Insolvenzantragspflicht nach § 15a InsO, § 42 Abs. 2 BGB bis zum 30.9.2020 für solche Gesellschaften, Stiftungen und Vereine aus, deren Insolvenzreife auf den Auswirkungen der Pandemie beruht und bei denen Aussicht besteht, eine vorhandene Zahlungsunfähigkeit zu beseitigen. Diese beiden Voraussetzungen werden vermutet, wenn der betreffende Insolvenzschuldner am 31.12.2019 nicht zahlungsunfähig war. Der am 30.9.2020 ablaufende Zeitraum, bis zu welchem die Insolvenzantragsfrist ausgesetzt ist, kann aufgrund einer in § 4 COVInsAG enthaltenen Ermächtigung zugunsten des BMJV von diesem höchstens bis zum 31.3.2021 verlängert werden. Soweit und solange die Insolvenzantragspflicht ausgesetzt ist, gelten Zahlungen im ordnungsgemäßen Geschäftsgang iSd § 64 S. 2 GmbHG, § 92 Abs. 2 S. 2 AktG, § 130a Abs. 1 S. 2 (auch iVm § 177a) und § 99 S. 2 GenG als mit der Sorgfalt eines ordentlichen Geschäftsleiters vereinbar. § 2 Abs. 1 Nr. 2–4 COVInsAG sieht weitere Ausnahmen von insolvenzrechtlichen Bestimmungen vor. Die Befugnis zur Stellung eines Insolvenzantrags seitens der (Insolvenz)Gläubiger wird durch § 3 COVInsAG eingeschränkt. Bei Anträgen von Gläubigern, die zwischen dem 28.3.2020 und dem 28.6.2020 gestellt werden, setzt die Eröffnung des Insolvenzverfahrens voraus, dass der Eröffnungsgrund bereits am 1.3.2020 vorlag. Die vorstehend nur grob skizzierten Bestimmungen des COVInsAG sind bei Insolvenzen in den fraglichen Zeiträumen vorrangig zu berücksichtigen.

(aufgehoben)

178–229

Dritter Abschnitt. Stille Gesellschaft

[Begriff und Wesen der stillen Gesellschaft]

230 (1) **Wer sich als stiller Gesellschafter an dem Handelsgewerbe, das ein anderer betreibt, mit einer Vermögenseinlage beteiligt, hat die Einlage so zu leisten, daß sie in das Vermögen des Inhabers des Handelsgeschäfts übergeht.**

(2) **Der Inhaber wird aus den in dem Betriebe geschlossenen Geschäften allein berechtigt und verpflichtet.**

Übersicht

I. Allgemeines

Die stille Beteiligung iSv §§ 230 ff. ist eine Innen-GbR (vgl. insofern auch die aktuellen Reformpläne 1
des Mauracher Entwurfs → BGB § 705 Rn. 1a ff.). Erforderlich ist, dass sich die Parteien gegenseitig zur **gemeinsamen Zweckverfolgung** (§ 705 BGB) verpflichten, nämlich die Erzielung von **Gewinn.** Die Beiträge der Gesellschafter sind unterschiedlich: der Inhaber eines Handelsgeschäfts betreibt dieses im eigenen Namen (Abs. 2), jedoch auf gemeinsame Rechnung. Der Stille steuert hierzu eine Vermögenseinlage bei und partizipiert gem. § 231 Abs. 2 Hs. 2 zwingend am Gewinn (nicht am Umsatz, vgl. BGH 27.11.1963, BB 1960, 12; dies übersieht LG Dortmund 22.8.2008, BeckRS 2008, 21901); die Verlustbeteiligung kann abbedungen werden (§ 231 Abs. 2 Hs. 1). Die stille Gesellschaft ist **nicht rechtsfähig;** gesellschaftsrechtliche Beziehungen bestehen allein im Innenverhältnis. Ein gemeinsames **Gesellschaftsvermögen** wird nicht gebildet, sodass die Vermögenseinlage des Stillen in das Vermögen des Geschäftsinhabers zu leisten ist (Abs. 1); dies gilt auch dann, wenn die Parteien schuldrechtlich etwas anderes vereinbaren (*Weimar* ZIP 1993, 1509 (1511)). Bei Auflösung erfolgt eine schuldrechtliche Auseinandersetzung gem. § 235. Die **Gestaltungsfreiheit** der Parteien reicht bei der stillen Gesellschaft im Innenverhältnis sehr weit; die ihrerseits dispositiven §§ 706 ff. BGB gelten teilweise ergänzend. Praktische Bedeutung hat die stille Gesellschaft vor allem bei Kapitalanlagemodellen (→ HGB Anh. Rn. 1 ff.) und bei der Beteiligung an einer Kapitalgesellschaft („GmbH & Still", gesplittete Einlagen, vgl. *Geißler* GmbHR 2008, 515). Regelmäßig bestehen Abgrenzungsprobleme gegenüber schuldrechtlichen Austauschverträgen, insbesondere dem partiarischen Darlehen (→ Rn. 23). **Typische und atypische** stille Gesellschaften unterscheiden sich danach, in welchem Umfang der Stille an der Geschäftsführung beteiligt ist (→ Rn. 28), sowie, ob eine schuldrechtliche Beteiligung am Vermögen des Geschäftsinhabers gewollt ist (§§ 231, 232, 235). Rechtliche Kategorien sind diese konturenlosen Bezeichnungen indessen nicht; gleichwohl tendiert die Kautelarpraxis traditionell dazu, die vertraglich vereinbarte Atypik durch Vereinbarung einer **kommanditistenähnlichen Stellung** der Stillen zu konturieren, insbesondere als „GmbH & Still" (grundlegend *Aulinger,* Die atypische stille Gesellschaft, 1955; zur Mitunternehmerschaft im Steuerrecht BFH 25.6.1984, NJW 1985, 93; zu mehrgliedrigen stillen Beteiligungen → Rn. 5 ff.). Werden stille Beteiligungen am **Kapitalmarkt** öffentlich angeboten, unterliegt dies gem. § 6 VermAnlG der Prospektpflicht nebst korrespondierender Prospekthaftung gem. § 20 ff. VermAnlG (zu Publikumsgesellschaften → HGB Anh. Rn. 35 ff.). Zudem sieht § 5b VermAnlG vor, dass Vermögensanlagen mit Nachschusspflicht nicht öffentlich angeboten werden dürfen. Zu beachten ist künftig auch, dass Vermögensanlagen gem. § 5a VermAnlG Kündigungsrechte vorsehen müssen. Soweit der Geltungsbereich des KAGB reicht, besteht darüber hinaus nunmehr ein numerus clausus der Anlageformen, sodass die (mehrgliedrige) stille Beteiligung als Publikumsgesellschaft unzulässig ist (→ HGB Anh. Rn. 169).

II. Beteiligte

1. Geschäftsinhaber. Abs. 1 verlangt die Beteiligung des Stillen am Handelsgewerbe, das ein anderer 2
betreibt. Dieser muss **Kaufmann** (§§ 1–3) oder **Handelsgesellschaft** (§ 6 Abs. 1) sein. Auf § 5 kann nur abgestellt werden, wenn ein Gewerbe (noch) betrieben wird (BGH 19.5.1960, BGHZ 32, 307 = NJW 1960, 1664; abw. MüKoHGB/*K. Schmidt* Rn. 21); bei Formkaufleuten erübrigt sich indes eine Prüfung, ob der Geschäftsbetrieb kaufmännisch ist oder nicht (BGH 7.2.1994, NJW 1994, 1156; abw.

bei ideeller Zwecksetzung KKRD/*Kindler* Rn. 7; zur Genossenschaft *Beuthien* NZG 2003, 849). **Vertragspartei** ist stets der Unternehmensträger, mithin eine natürliche oder juristische Person (GmbH, AG (hierzu *Raquet* NZG 2020, 970), auch Vorgesellschaft und ausländische Rechtsformen) bzw. eine gem. § 124 Abs. 1 rechtsfähige OHG bzw. KG (zur stillen Beteiligung an einem nichtkaufmännischen Geschäftsbetrieb → Rn. 3). Wird der Geschäftsbetrieb von einer Erbengemeinschaft betrieben, sind die Erben Vertragspartei (BGH 11.9.2002, NJW 2002, 3389). Mit der **Auflösung** einer Gesellschaft als Geschäftsinhaberin wandelt sich deren Zweck, sodass mangels Betreibens eines Handelsgeschäfts iSv Abs. 1 eine stille Beteiligung nicht mehr möglich ist (hM, EBJS/*Gehrlein* Rn. 5; abw. MüKoHGB/*K. Schmidt* Rn. 29); ein zuvor wirksam begründetes Gesellschaftsverhältnis wird nach § 235 abgewickelt (→ § 234 Rn. 6). Die stille Beteiligung kann auf einen beliebigen **Geschäftsteil** beschränkt werden, was für die Ermittlung der Gewinn- und Verlustbeteiligung (§§ 231, 232) sowie für die Auseinandersetzung nach § 235 bedeutsam ist (enger EBJS/*Gehrlein* Rn. 5: nur bei selbstständigen Geschäftsteilen möglich).

3 Ist der betriebene **Geschäftsbetrieb nicht kaufmännisch,** scheidet eine unmittelbare Anwendung der §§ 230 ff. aus, zB bei einer stillen Beteiligung an einer GbR oder einer freiberuflichen Tätigkeit bzw. Partnerschaftsgesellschaft. Hieraus darf freilich nicht der Schluss gezogen werden, dass ein derartiges gesellschaftsrechtliches Innenverhältnis unzulässig wäre. Vielmehr handelt es sich hierbei im Ausgangspunkt um eine „gewöhnliche" Innen-GbR, was unstreitig zulässig ist. Darüber hinaus ist allerdings zu fragen, ob zumindest einzelne Regelungen der **§§ 230 ff. analog** hierfür gelten. Teile der Lit. verneinen dies, wenn der Geschäftsinhaber kein Gewerbe betreibt, bejahen jedoch die analoge Anwendung, wenn es lediglich an den Erfordernissen eines in kaufmännischer Weise eingerichteten Geschäftsbetriebs fehlt, mithin beim Kleingewerbe (MüKoHGB/*K. Schmidt* 19, 24; zustimmend BFH 10.7.2001, BeckRS 2001, 24001331; weitergehend EBJS/*Gehrlein* Rn. 75: analoge Anwendung auch bei Freiberuflern, „unechte stille Gesellschaft"; ebenso wohl LG Dortmund 22.8.2008, BeckRS 2008, 21901: Partnerschaftsvertrag mit einer RA-Kanzlei; zur Steuerberatungsgesellschaft *Beyer-Petz* DStR 2008, 73). Dem ist nicht zu folgen, weil es unter Geltung des auf dem Kaufmannsbegriff beruhenden Handelsrechts keine planwidrige Regelungslücke gibt. Liegt kein kaufmännischer Geschäftsbetrieb vor, scheidet die entsprechende Anwendung der §§ 230 ff. generell aus (so auch OLG Köln 29.5.1995, NJW-RR 1996, 27). Die Parteien haben nach **GbR-Recht** jedoch die Möglichkeit, ein mit §§ 230 ff. vergleichbares Innenrechtsverhältnis zu etablieren (vgl. BGH 22.6.1981, NJW 1982, 99), sodass letztlich keine Unterschiede bestehen dürften. Vor allem die haftungsmäßige Widmung des Finanzierungsbeitrags als Eigenkapital (→ § 237 Rn. 16) setzt nicht das Vorliegen einer (ggf. „atypischen") stillen Beteiligung voraus.

4 **2. Stiller Gesellschafter.** Stiller Gesellschafter kann jede natürliche oder juristische Person bzw. rechtsfähige Personengesellschaft sein, mithin auch die Außen-GbR (BGH 29.1.2001, BGHZ 146, 341 = NJW 2001, 1056; → BGB § 705 Rn. 67). Fehlt einer Personengemeinschaft die Rechtsfähigkeit, kann sie als solche nicht Stille sein. Dies gilt für die Bruchteilsgemeinschaft gem. §§ 741 ff. BGB (vgl. aber § 10 Abs. 6 WEG bei der Wohnungseigentümergemeinschaft). Die Erbengemeinschaft kann als solche ebenfalls nicht Stiller sein (BGH 22.11.1956, BGHZ 22, 186 (192) = NJW 1957, 180; vgl. auch BGH 11.9.2002, NJW 2002, 3389); die Erben können jedoch in gesamthänderischer Verbundenheit in die Stellung eines verstorbenen Stillen einrücken (vgl. RGZ 126, 386). Eheliche bzw. nichteheliche Lebensgemeinschaften sind ebenfalls nicht rechtsfähig; sind diese jedoch ausnahmsweise durch ein gesellschaftsrechtliches Verhältnis iSv § 705 BGB überlagert, kann die hieraus entstehende Außen-GbR am Rechtsverkehr teilnehmen und konsequenterweise auch Stiller sein (vgl. BGH 31.10.2007, NJW 2008, 443; BGH 28.9.2005, BGHZ 165, 1 = NJW 2006, 1268; BGH 4.11.1991, NJW 1992, 906). Zur Geschäftsfähigkeit → Rn. 15. Möglich und üblich ist auch, dass ein Verbandsmitglied zugleich eine stille Beteiligung mit seiner Gesellschaft eingeht (sog. gesplittete Einlagen), vor allem bei der GmbH und bei Publikumsgesellschaften.

5 **3. Mehrgliedrige stille Gesellschaft.** Im Ausgangspunkt ist jede stille Beteiligung rechtlich isoliert zu betrachten (RGZ 25, 41 (45)). Insofern können die beiden Parteien mehrere Gesellschaftsverhältnisse vereinbaren oder aber der Geschäftsinhaber mit mehreren Stillen Beteiligungsverträge abschließen. Derartige Gestaltungen erfahren jedoch wegen der gewollten Verbindung und der Realstruktur des Zusammenschlusses in ihrer Gesamtheit eine besondere rechtliche Behandlung.

6 **a) Mehrere Stille als Außen-GbR.** Ohne Weiteres können sich mehrere Stille ihrerseits gesellschaftsrechtlich als Außen-GbR vereinigen und hierüber mit dem Geschäftsinhaber eine **eingliedrige stille Gesellschaft** begründen (BGH 7 2.1994, BGHZ 125, 74 (77) = NJW 1994, 1156; OLG Düsseldorf 17.2.1994, NJW-RR 1995, 420, auch zu Auslegungsfragen; vgl. zu Pools und Investment-Clubs *Weitnauer* GWR 2014, 1). Insofern steht es den Stillen als GbR-Gesellschafter auch frei, für ihre vermögensrechtlichen Belange ein Gesamthandsvermögen zu bilden (vgl. BGH 13.2.2006, NJW-RR 2006, 760). Die Außen-GbR der Stillen ist vielfach bei **Publikumsgesellschaften** anzutreffen, wo diese eine Servicefunktion wahrnimmt (*Mock* DStR 2014, 536 (527)). Besonderheiten dieser Gestaltung im Verhältnis zum Geschäftsinhaber bestehen grundsätzlich nicht, sodass es sich auch nicht um eine

„mehrgliedrige stille Gesellschaft" handelt. Eine freie Beendigung des stillen Gesellschaftsverhältnisses mit der Anleger-GbR durch den Geschäftsinhaber ist indessen unzulässig (vgl. für Publikumsgesellschaften BGH 7.2.1994, BGHZ 125, 74 (77) = NJW 1994, 1156); vgl. zur Einbeziehung der Stillen in den Schutzbereich des Geschäftsführervertrags bei der GmbH BGH 14.11.1994, NJW 1995, 1354 (→ HGB Anh. Rn. 155 ff.)). Keine mehrgliedrige stille Gesellschaft liegt vor, wenn ein **Treuhänder** als formal einziger stiller Gesellschafter mit mehreren Anlegern entsprechende Verträge abschließt, selbst wenn es sich im Ergebnis um eine ähnliche Gestaltung handelt (vgl. MüKoHGB/*K. Schmidt* Rn. 86; *Mock* DStR 2014, 536 (537)). Soweit der Geltungsbereich des **KAGB** reicht, besteht darüber hinaus nunmehr ein numerus clausus der Anlageformen, sodass die stille Beteiligung als Publikumsgesellschaft unzulässig ist (→ HGB Anh. Rn. 169).

b) Rechtsformübergreifende Innengesellschaft. Hiervon abzugrenzen ist der Fall, dass sich der Geschäftsinhaber und mehrere Stille in einem einheitlichen Gesellschaftsverhältnis miteinander vereinigen. Auch dies ist zulässig (BGH 10.10.1994, NJW 1995, 192; BGH 19.11.2013, NZG 2013, 1422 (1424); vgl. zur Abgrenzung gegenüber der zweigliedrigen stillen Gesellschaft BGH 22.9.2015, BeckRS 2015, 20726). Kennzeichnend hierfür ist, dass die im Verhältnis der Stillen untereinander bestehenden Rechtsbeziehungen, die jeweils zum Geschäftsinhaber bestehenden Rechtsbeziehungen sowie ggf. auch das gesellschaftsrechtliche Innenverhältnis des Geschäftsinhabers aufgrund privatautonomer Gestaltung einheitlich betrachtet werden sollen **(Auslegung!)**. Die Rechtsprechung nimmt dies mittlerweile **bedenklich großzügig** an. Der Sache nach kann hierdurch ein rechtsformübergreifender Personenverband gegründet werden, mithin eine „einzige atypisch stille Gesellschaft" (so OLG München 19.9.2012, NZG 2012, 1302) bzw. eine **virtuelle Innen-KG** (grundlegend MüKoHGB/*K. Schmidt* Rn. 84; vgl. auch *K. Schmidt* NZG 2014, 881 (883 ff.); *Wiedemann* WM 2014, 1985; *Florstedt* ZIP 2017, 2433; ähnlich *Mylich* ZGR 2018, 867: atypische stille Beteiligung als ergänzender Geschäftsanteil). Rechtliche Besonderheiten bestehen hierbei allein im Innenverhältnis (vgl. OLG Schleswig 30.10.2003, DB 2008, 221). Möglich ist die Bildung von Beiräten (BGH 30.3.1998, NJW 1998, 1946). Eine Registereintragung der „virtuellen Innen-KG" ist nicht möglich (*K. Schmidt* NZG 2014, 881 (884 f.)). Besondere Relevanz haben diese Gestaltungen bei **Publikumsgesellschaften** (vgl. BGH 30.3.1998, NJW 1998, 1946: analoge Anwendung kapitalgesellschaftsrechtlicher Regelungen auf die „körperschaftlich strukturierte Massenpublikumsgesellschaft", nicht aber auf die Grundsätze der actio pro socio, vgl. BGH 14.11.1994, NJW 1995, 1353 (1355); → HGB Anh. Rn. 1 ff.). Soweit der Geltungsbereich des **KAGB** reicht, besteht darüber hinaus nunmehr ein numerus clausus der Anlageformen, sodass die (mehrgliedrige) stille Beteiligung als Publikumsgesellschaft unzulässig ist (→ HGB Anh. Rn. 169). Sind die Stillen zugleich Gesellschafter des Geschäftsinhabers **(gesplittete Einlagen)**, unterliegt die Vermögenseinlage dessen **Kapitalerhaltungsregime** (§ 30 GmbHG, § 57 AktG, § 172; (→ § 237 Rn. 14 ff.)). Ist der Stille hingegen nicht Gesellschafter dieses Rechtsträgers oder einem Gesellschafter zurechenbar, scheidet dies aus (*Servatius* Gläubigereinfluss 416 ff.; abw. für den atypischen Stillen BGH 13.2.2006, NJW-RR 2006, 760; BGH 28.6.2012, NZG 2012, 1103; hierzu *Haas/Vogel* NZI 2012, 875; zur KG wie hier OLG Schleswig 30.10.2008, DB 2008, 221). Möglich und geboten ist allein, die Finanzierungsbeiträge eines stillen Gesellschafters über das neu konzipierte **Recht der Gesellschafterdarlehen** gem. § 39 Abs. 2 Nr. 5 InsO in der Insolvenz mit einem zwingenden Nachrang zu versehen (vgl. auch § 135 InsO). Voraussetzung dafür ist entweder die Nähe des Stillen zu einem Gesellschafter der hiervon erfassten Gesellschaften oder aber – **bei allen Unternehmensformen** – die aus der Einflussnahme des Stillen auf die Geschäftsführung resultierende Nähe des Stillen zum Unternehmensträger (zum Ganzen *Servatius* Gläubigereinfluss 426 ff.; vgl. auch *Mock* DStR 2008, 1645). Vgl. zur Verschmelzung einer virtuellen Innen-KG auf eine GmbH *K. Schmidt* NZG 2016, 4. 7

4. Unterbeteiligung. Stille Gesellschaft und Unterbeteiligung unterscheiden sich nach dem Bezugspunkt der Beteiligung des Kapitalgebers: Bei der stillen Gesellschaft ist dies das von einem Rechtsträger betriebene kaufmännische Unternehmen, bei der Unterbeteiligung ein Anteil am Rechtsträger. Der stille Beteiligungsvertrag kommt zwischen Stillem und Rechtsträger zustande, die Unterbeteiligung durch Vertrag zwischen Stillem und Inhaber des Anteils am Rechtsträger. Stille Beteiligung und Unterbeteiligung schließen so einander aus (hM, vgl. EBJS/*Gehrlein* Rn. 92; abw. MüKoHGB/*K. Schmidt* Rn. 204). Die Unterbeteiligung ist regelmäßig eine **Innen-GbR** zwischen Kapitalgeber und Anteilsinhaber (BGH 11.7.1968, BGHZ 50, 316 = NJW 1968, 2003; BGH 20.9.2011, GWR 2011, 584; vgl. insofern auch die aktuellen Reformpläne des Mauracher Entwurfs → BGB § 705 Rn. 1a ff.), kann jedoch auch eine **Treuhandabrede** sein (zur Abgrenzung BGH 10.6.1994, NJW 1994, 2886 sowie BGH 13.6.1994, DStR 1994, 1199). Die Zustimmung der Gesellschaft ist bei der Begründung einer Unterbeteiligung nicht erforderlich. Die **Schenkung** einer Unterbeteiligung muss gem. § 518 Abs. 1 BGB notariell beurkundet werden (vgl. BGH 29.11.2011, NZG 2012, 222 (224), auch zur Frage der Heilung gem. § 518 Abs. 2 BGB). Zum Ganzen *Blaurock,* Unterbeteiligung und Treuhand an Gesellschaftsanteilen, 1981; zur Unterbeteiligung als Gestaltungsmittel der Unternehmensnachfolge *Kühne/Rehm* NZG 2013, 561 und *Werner* ZEV 2015, 194. 8

9 **a) Außenverhältnis.** Im Außenverhältnis gegenüber der Gesellschaft hat der Unterbeteiligte keine unmittelbaren gesellschaftsrechtlichen Rechte. Er kann diese jedoch vom Hauptbeteiligten unter Beachtung des Abspaltungsverbots zur Ausübung erlangen, zB durch Bevollmächtigung (→ BGB § 717 Rn. 8 ff.; Einzelheiten bei EBJS/*Gehrlein* Rn. 94 f.). Auch die gesellschaftsrechtlichen Pflichten treffen den Unterbeteiligten nicht unmittelbar. Über die Nähe des Unterbeteiligten zum Gesellschafter kann es jedoch gerechtfertigt und geboten sein, ihn diesem gleichzustellen, zB beim Kapitalerhaltungsgebot und beim Recht der Gesellschafterdarlehen gem. § 39 Abs. 1 Nr. 5 InsO (→ InsO § 39 Rn. 1 ff.); zum Wettbewerbsverbot des Unterbeteiligten BGH 11.7.1968, BGHZ 50, 312 (316) = NJW 1968, 2003.

10 **b) Innenverhältnis.** Im Innenverhältnis zwischen Haupt- und Unterbeteiligten gelten die vertraglichen Vereinbarungen; sofern ein gemeinsamer Zweck vereinbart wurde, auch die §§ 705 ff. BGB. Darüber hinaus ist anerkannt, dass bestimmte Regelungen der **§§ 230 ff. analog** gelten: das Kontrollrecht gem. § 233 (BGH 11.7.1968, BGHZ 50, 316 = NJW 1968, 2003); nicht aber § 234 (BGH 13.6.1994, BB 1994, 1597 (1598): stattdessen § 723 BGB; abw. MüKoHGB/*K. Schmidt* § 234 Rn. 70 unter Hinweis auf BGH 11.7.1968, BGHZ 50, 316 (322) = NJW 1968, 2003); wohl aber § 235 Abs. 1 (OLG Hamm 6.12.1993, NJW-RR 1994, 999) und § 235 Abs. 2 und 3 (MüKoHGB/*K. Schmidt* § 235 Rn. 73); auch § 236 (MüKoHGB/*K. Schmidt* § 236 Rn. 45); nicht aber § 136 InsO (MüKoHGB/*K. Schmidt* § 236; → HGB Anh. Rn. 31). Aufgrund steuerrechtlicher Regeln werden im Hinblick auf die Mitunternehmerschaft **typische und atypische Unterbeteiligungen** unterschieden: Letztere liegen dann vor, wenn dem Unterbeteiligten aufgrund entsprechender Vereinbarung umfangreiche Verwaltungs- oder Vermögensrechte eingeräumt werden, die ihm im Ergebnis auf schuldrechtlicher Grundlage eine gesellschafterähnliche Stellung zuweisen (vgl. aus zivilrechtlicher Sicht BGH 29.11.2011, NZG 2012, 222 (224)).

11 **5. Konzernrecht.** Beteiligt sich jemand als Stiller an einer **AG,** ist dies wegen der zwingenden Gewinnbeteiligung gem. § 231 Abs. 2 zumindest ein **Teilgewinnabführungsvertrag** iSv § 292 Abs. 1 Nr. 2 AktG (für die AG BGH 21.7.2003, BGHZ 156, 38 (42 f.) = NJW 2003, 3412; BGH 8.5.2006, NJW-RR 2006, 1182 (1183)), bei der vollständigen Gewinnabführung ein **Gewinnabführungsvertrag** iSv § 291 Abs. 1 S. 1 Alt. 2 AktG. Konsequenzen dieser rechtlichen Einordnung sind die besonderen Wirksamkeitserfordernisse gem. §§ 293–299, 307 AktG, insbesondere die Formerfordernisse (vgl. OLG Celle 22.9.1999, AG 2000, 280) und die konstitutive Registereintragung (vgl. OLG München 13.3.2013, BeckRS 2014, 16794: 15.887 Stille sind eintragungspflichtig); vgl. zur fehlerhaften Gesellschaft bei Nichtbeachtung BGH 21.3.2005, NZG 2005, 472; vgl. zur Berichtspflicht des Vorstands LG München I 5.11.2009, BeckRS 2010, 03716), vgl. schließlich die Besonderheiten bei der gesetzlichen Rücklage gem. § 300 AktG und den Höchstbetrag der Gewinnabführung gem. § 301 AktG. Handelt es sich um einen Gewinnabführungsvertrag, kommen die Verlustübernahmepflicht des Stillen gem. § 302 AktG, der besondere Gläubigerschutz gem. § 303 AktG sowie die Ausgleichs- und Abfindungsansprüche zugunsten der außenstehenden Aktionäre gem. §§ 304, 305 AktG hinzu (→ AktG § 304 Rn. 1 ff. und → AktG § 305 Rn. 1 ff.). Für die stille Beteiligung an einer **GmbH** gilt dies entgegen der hM gleichermaßen, was insbesondere im Hinblick auf die konstitutive Registereintragung relevant ist (MHLS/*Servatius* GmbHG Syst. Darst. 4 Rn. 369; abw. OLG München 17.3.2011, DStR 2011, 1139; KG 29.10.2013, DStR 2013, 1183; KG 24.3.2014, NZG 2014, 668; KKRD/*Kindler* Rn. 12; *Morshäuser/Dietz-Vellmer* NZG 2011, 1135; noch weitergehend *K. Schmidt* NZG 2014, 881 (884): atypische stille Beteiligung in Gestalt einer „virtuellen Innen-KG" ist überhaupt kein Teilgewinnabführungsvertrag). Bei Unternehmen des Finanzsektors schließt § 15 FMStBG die Geltung konzernrechtlicher Vorschriften jedoch ausdrücklich aus. **Genussrechte** iSv § 221 Abs. 4 AktG sind keine stille Beteiligung (BGH 21.7.2003, BGHZ 156, 38 (42 f.) = NJW 2003, 3412; abw. für Genussrechte mit Verlustteilnahme MüKoAktG/*Habersack* AktG § 221 Rn. 89).

III. Gesellschaftsvertrag

12 **1. Inhalt.** Jede stille Beteiligung bedarf eines zumindest konkludent geschlossenen Vertrages über die Etablierung und Verfolgung eines gemeinsamen Zwecks iSv § 705 BGB (→ Rn. 22) und die vom Stillen zu erbringende Vermögenseinlage (→ Rn. 27). Eine bloß faktische Willensübereinstimmung ist nicht ausreichend (BGH 28.9.2005, NJW 2006, 1268; BFH 1.8.1996, NJW 1997, 2702). **Konkrete Regelungen** über die einzelnen Rechte und Pflichten der Parteien sind praktisch geboten, da die gesetzliche Ausgangslage rudimentär und weitgehend dispositiv ist. Dies betrifft vor allem die mögliche Geschäftsführungsbefugnis des Stillen (→ Rn. 30); dessen Gewinn- und Verlustbeteiligung (§§ 231, 232) und Informationsrechte (§ 233); Beginn und Dauer des Gesellschaftsverhältnisses (aufschiebende Bedingung, Befristung, auflösende Bedingung, Kündigungsgründe, vgl. § 234). Vertragsmuster bei *Blaurock* Stille Gesellschaft-HdB 839 ff. Die stille Beteiligung kann unter der aufschiebenden Bedingung des Eintritts steuerrechtlicher Anforderungen geschlossen werden (vgl. zum Ausgang eines BFH-Verfahrens LG Düsseldorf 15.7.2011, DStR 2012, 143). Zu beachten ist künftig auch, dass Vermögensanlagen gem. § 5a VermAnlG Kündigungsrechte vorsehen müssen.

2. Form. Der Abschluss ist formfrei möglich, soweit nicht etwas anderes vereinbart wurde (zur deklaratorischen Schriftformklausel BGH 5.2.1968, BGHZ 49, 364 (366 f.) = NJW 1968, 1378). Ein gesetzlicher Formzwang kann sich jedoch aufgrund anderer Regelungen ergeben: **§ 311b Abs. 1 BGB** gilt bei der Einbringung von Grundstücken durch den Stillen (BGH 28.3.1977, WM 1977, 783, vgl. auch BGH 13.12.1996, NJW 1996, 1279), beim Vorkaufsrecht des Geschäftsinhabers (RGZ 110, 327 (333)), bei der Verpflichtung des Stillen zum Rückerwerb (BGH 10.4.1978, NJW 1978, 2505), bei der im Gesellschaftsvertrag niedergelegten Verpflichtung zum Erwerb eines bestimmten Grundstücks von Dritten und zur anschließenden Veräußerung (BGH 22.10.1990, NJW-RR 1991, 613 (614); OLG Köln 13.4.2000, NZG 2000, 930), nicht aber, wenn der Gesellschaftsvertrag lediglich das „Verwalten und Verwerten" eines Grundstücks vorsieht (BGH 2.4.2001, NJW-RR 2001, 1450). **§ 15 Abs. 4 GmbHG** ist bei GmbH-Anteilen entsprechend zu wahren, **§ 311b Abs. 3 BGB** bei der Einbringung des gegenwärtigen Vermögens oder eines Bruchteils davon, **§ 293 Abs. 3 AktG,** wenn es sich um einen (Teil-) Gewinnabführungsvertrag handelt (OLG Celle 22.9.1999, AG 2000, 280; → Rn. 11). Nach **§ 518 BGB** ist die schenkweise Einräumung einer Gesellschafterstellung formbedürftig (BGH 29.10.1952, BGHZ 7, 378 = NJW 1953, 138; einschr. für den Fall, dass die vom Minderjährigen erbrachte Vermögenseinlage diesem unentgeltlich zugewendet wurde OLG Düsseldorf 17.12.1998, NZG 1999, 652). Das Gleiche gilt umgekehrt, wenn die eingebrachte Vermögenseinlage überbewertet wurde (BGH 24.9.1952, BGHZ 7, 174 (179) = NJW 1952, 1412). Um eine Schenkung an den Stillen handelt es sich nicht, wenn dem Kind eine angemessene Ausstattung gem. § 1624 BGB gewährt wird (BGH 6.3.1967, WM 1967, 685). Eine Schenkung ist nicht wegen der Verlusttragung des Stillen zu verneinen (vgl. BGH 2.7.1990, BGHZ 112, 40 = NJW 1990, 2616 (2617)). 13

Umfang: Besteht ein gesetzlicher Formzwang, soll dies nach hM für den gesamten Gesellschaftsvertrag gelten (vgl. MüKoBGB/*Schäfer* BGB § 705 Rn. 34). Dies überzeugt nicht, weil der Schutzzweck dieser Formvorschriften sich nicht zwingend auf alle Angelegenheiten des Gesellschaftsvertrages bezieht. Insofern ist eine **differenzierte Lösung** in enger Anbindung an die jeweilige Schutzrichtung vorzugswürdig, sodass nur in Ausnahmefällen der Gesamtvertrag formbedürftig ist. § 139 BGB kann entsprechend herangezogen werden. Mit dieser differenzierten Lösung deckt sich auch die allgemein anerkannte Beschränkung der Rechtsfolgen eines **Formmangels** auf die betreffende vertragliche Regelung, zB die Beitragspflicht eines Gesellschafters (BGH 29.6.1966, BGHZ 45, 376 (377) = NJW 1966, 1747; dagegen MüKoBGB/*Schäfer* BGB § 705 Rn. 35; nunmehr ähnlich BGH 21.3.2005, NJW 2005, 1784). Zur fehlerhaften Gesellschaft → Rn. 19. Zu bedenken ist ferner, dass die Nichtbeachtung der Formbedürftigkeit regelmäßig **heilbar** ist (§ 311b Abs. 1 S. 2 BGB; § 15 Abs. 4 S. 2 GmbHG). Der schenkungsrechtliche Formmangel wird gem. § 518 Abs. 2 BGB bereits geheilt, wenn dem Stillen die Gesellschafterstellung schuldrechtlich eingeräumt wird (*Blaurock* NZG 2012, 521 in konsequenter Fortentwicklung der zur Unterbeteiligung ergangenen Entscheidung BGH 29.11.2011, NZG 2012, 222; abw. noch BGH 24.9.1952, BGHZ 7, 174 = NJW 1952, 1412). 14

3. Wirksamkeitshindernisse. Für die Willenserklärungen der Parteien gelten die allgemeinen Regeln. 15

a) Geschäftsfähigkeit, Vertretung. Fehlt einem Gesellschafter die volle Geschäftsfähigkeit, bedarf es der wirksamen Vertretung durch einen anderen, ggf. zusätzlich der gerichtlichen Zustimmung (Einzelheiten bei *Rust* DStR 2005, 1944). Dies gilt insbesondere für Minderjährige, wenn diese Geschäftsinhaber oder Stiller sein sollen. Die Aufnahme eines Stillen ist wegen dessen zwingender Gewinnbeteiligung (§ 231 Abs. 2 Hs. 2) für den Geschäftsinhaber nicht lediglich rechtlich vorteilhaft. Umgekehrt gilt für den Stillen dasselbe, wenn nicht dessen Verlustbeteiligung gem. § 231 Abs. 2 Hs. 1 ausgeschlossen wird. Wurde die Verlustbeteiligung ausgeschlossen, kann der beschränkt Geschäftsfähige selbstständig handeln (hM, vgl. EBJS/*Gehrlein* Rn. 27; abw. BFH 28.11.1973, BeckRS 1973, 22002389); andernfalls bedarf es der Vertretung bzw. Zustimmung der **gesetzlichen Vertreter** (§ 1629 BGB). Die zusätzliche Genehmigung des **Familiengerichts** gem. § 1822 Nr. 3 BGB ist wegen der bloßen Verlustbeteiligung nicht erforderlich (BGH 28.1.1957, JZ 1957, 382; OLG Nürnberg 23.12.2019, NZG 2020, 745 Rn. 22 ff.; abw. KKRD/*Kindler* Rn. 13; wohl auch BFH 28.11.1973, BeckRS 1973, 22002389); etwas anderes gilt nur, wenn dem Minderjährigen besondere Mitspracherechte eingeräumt wurden (OLG Nürnberg 23.12.2019, BeckRS 2019, 40808; EBJS/*Gehrlein* Rn. 27; vgl. zur KG OLG Schleswig 27.2.2020, NZG 2020, 593; Geschäftsführungsbefugnis → Rn. 29). Sind die gesetzlichen Vertreter ebenfalls an der Gesellschaft beteiligt, kommt eine Stellvertretung wegen § 1629 Abs. 2 S. 1 BGB, § 1795 Abs. 2 BGB, § 181 BGB nicht in Betracht (Insichgeschäft). Nach § 1909 BGB ist für jedes Kind ein **Ergänzungspfleger** zu bestellen (BayObLG 16.12.1958, NJW 1959, 989; OLG Nürnberg 23.12.2019, NZG 2020, 745 Rn. 19) und das Geschäft vom Familiengericht zu genehmigen (*Servatius* NJW 2006, 334). Für **Betreute** gilt das Vorgesagte gem. §§ 1902, 1908i BGB sinngemäß. Insbesondere bei mehrgliedrigen stillen Gesellschaften (→ Rn. 5 ff.) können beim Vertragsschluss **Insichgeschäfte** iSv § 181 BGB vorliegen; eine Befreiung vom Verbot des Selbstkontrahierens bzw. der Mehrfachvertretung kann auch durch den Gesellschaftsvertrag erfolgen (vgl. OLG München 27.2.2013, BeckRS 2014, 08355). 15a

16 **b) §§ 134, 138 BGB.** Weitere Wirksamkeitshindernisse folgen aus spezialgesetzlichen Regelungen, ggf. iVm § 134 BGB. Dies gilt gem. § 8 S. 2 ApoG für die stille Beteiligung an einer Apotheke (enger die früher hM, wonach dies nur galt, wenn der Stille aufgrund des Gesellschaftsvertrages Geschäftsführungsbefugnisse hat, vgl. BGH 15.11.1971, NJW 1972, 338). Die Nichtigkeit kann auch aus einem Verstoß gegen § 3 RDG (früher § 1 RBerG) folgen (vgl. zur Beteiligung an einem Inkassounternehmen BGH 25.3.1974, BGHZ 62, 238 = NJW 1974, 1201; zur treuhänderischen Beteiligung an einem Immobilienfonds BGH 16.12.2002, BGHZ 153, 214 (222) = NJW 2003, 1252 (1254) sowie BGH 21.3.2005, NJW 2005, 1784; → HGB Anh. Rn. 7 f.). Die Erlaubnispflicht nach § 1 Abs. 1 Nr. 1 KWG besteht nicht bei Verlustbeteiligung des Stillen (BGH 23.7.2013, NZG 2013, 1060 Rn. 14; zur möglichen Nichtigkeit wegen Verstoßes gegen § 32 Abs. 1 S. 1 KWG vgl. BGH 21.3.2005, NZG 2005, 472 sowie BGH 8.5.2006, NJW-RR 2006, 1182 (1183) für den Fall der vereinbarten ratierlichen Auszahlung eines Auseinandersetzungsguthabens).

17 Eine Nichtigkeit nach § 138 BGB ist nicht bereits deshalb zu bejahen, weil dem Stillen der gesamte Gewinn gebührt (zur societas leonina → BGB § 705 Rn. 6) oder Zweifel an der Vertragsparität bestehen (OLG Schleswig 13.6.2002, NZG 2003, 1059); das Gleiche gilt, wenn der Geschäftsinhaber mit der stillen Einlage „umgehen kann wie er will" (OLG Dresden 21.11.2002, WM 2004, 726) oder eine lange Vertragslaufzeit vereinbart wurde, zB zwölf Jahre (BGH 21.3.2005, NZG 2005, 472; BGH 8.5.2006, NJW-RR 2006, 1182 (1183)). Wird eine bezogen auf den Kapitaleinsatz des Stillen **unangemessen hohe Gewinnbeteiligung** vereinbart, kann dies sittenwidrig sein (vgl. FG Niedersachsen 13.10.2009, GmbHR 2009, 1338). Die für mehrgliedrige Gesellschaften entwickelten Grenzen für die Wirksamkeit von Hinauskündigungsklauseln (vgl. BGH 19.9.2005, NJW 2005, 3641; → BGB § 738 Rn. 16 ff.) lassen sich zumindest auf zweigliedrige stille Gesellschaften nicht übertragen (abw. bei der Publikumsgesellschaft, vgl. BGH 7.2.1994, NJW 1994, 1156).

18 **c) AGB-Kontrolle.** Eine AGB-Kontrolle scheidet wegen § 310 Abs. 4 S. 1 BGB aus (BGH 10.10.1994, NJW 1995, 192; in BGH 19.9.2005, NJW 2005, 3641 offengelassen für den Fall, dass ein Anteilsrückkauf vereinbart wurde; zur Inhaltskontrolle gem. § 242 BGB bei Publikumsgesellschaften → HGB Anh. Rn. 9 ff.).

18a **d) Verbraucherschützende Widerrufsrechte.** Verbraucherschützende Widerrufsrechte können durch Ausübung ebenfalls die Unwirksamkeit des Gesellschaftsvertrag bzw. die Notwendigkeit einer Rückabwicklung herbeiführen. Dies betrifft vor allem den Widerruf nach §§ 312, 312g BGB beim **Haustür- oder Fernabsatzgeschäft.** Es bestehen nach nationalem und europäischem Recht zwar erhebliche Zweifel, ob Fondsbeteiligungen hierunter zu fassen sind, weil sich das erforderliche Merkmal „auf entgeltliche Leistung gerichteter Vertrag" und vor allem das notwendige Begriffspaar „Verbraucher – Unternehmer" bei Gesellschaftsrechtsverhältnissen nur schwer bejahen lassen (so auch *GA Trstenjak* ZIP 2009, 1902). Der EuGH entschied jedoch, dass die frühere Haustürwiderrufsrichtlinie auf den Beitritt eines Verbrauchers zu einem geschlossenen Immobilienfonds anwendbar ist, wenn der Zweck eines solchen Beitritts vorrangig nicht darin besteht, Mitglied dieser Gesellschaft zu werden, sondern Kapital anzulegen (EuGH 15.4.2010, ZIP 2010, 772; abw. noch OLG München 23.11.2006, NZG 2008, 760; vgl. zur Vorlage BGH 5.5.2008, NJW 2008, 2464; zum Ganzen *Weschpfennig* BKR 2009, 99). Diese Betrachtung dürfte verallgemeinerungsfähig sein, sodass Widerrufsrechte auch im Zuge der neuen Verbraucherrechterichtlinie bei Publikumsgesellschaften in Betracht kommen (Oetker/*Wedemann* Rn. 61). Es muss ein **hinreichend deutlicher Widerruf** erklärt werden (zu streng OLG Hamburg 31.10.2014, NZG 2015, 552 Rn. 56, wonach erkennbar werden müsse, dass der Gesellschafter die Beteiligung in einer Haustürsituation geschlossen habe und infolge einer fehlerhaften Widerrufsbelehrung auch nach Ablauf der Widerrufsfrist noch widerrufen dürfe). Der Widerruf ist nicht mehr zulässig, wenn die Gesellschaft bereits aus anderen Gründen aufgelöst wurde (so zur mehrgliedrigen stillen Gesellschaft OLG Hamburg 31.10.2014, NZG 2015, 552 Rn. 55). Zum Finanzierungsvertrag als verbundenes Geschäft BGH 1.3.2011, NZG 2011, 785; BGH 7.12.2010, NZG 2011, 465. Die speziellen Vorschriften des **Verbraucherdarlehens** finden indessen auf die Beteiligung eines Stillen keine Anwendung (vgl. zu § 4 VerbrKrG aF BGH 18.7.2006, NJW 2006, 2980; zu §§ 491 ff. LG Rottweil 31.8.2016, BeckRS 2016, 20862). In allen Fällen kann aber ein **vertragliches Widerrufsrecht** vereinbart werden. Eine vermeintlich gesetzlich notwendige oder vorsorglich erteilte Widerrufsbelehrung begründet dies indessen grundsätzlich nicht (BGH 8.11.2018, NJW 2019, 356 Rn. 19 unter Verweis auf BGH 6.12.2011, NJW 2012, 1066 Rn. 17).

19 **4. Fehlerhafte Gesellschaft.** Liegt ein Wirksamkeitshindernis vor, wird das **in Vollzug gesetzte Gesellschaftsverhältnis** grundsätzlich bis zur Geltendmachung des betreffenden Mangels mittels außerordentlicher Kündigung gem. § 723 BGB (hierzu BGH 23.7.2013, NZG 2013, 1060 Rn. 23; BGH 6.11.2018, BKR 2019, 255 Rn. 31) als wirksam behandelt und nach § 235 abgewickelt (zu Einzelheiten und Ausnahmen → BGB § 705 Rn. 34 ff.). Dies gilt auch bei der stillen Gesellschaft (BGH 26.9.2005, NJW-RR 2006, 178; abw. MüKoBGB/*Schäfer* BGB § 705 Rn. 359); eine abweichende Beurteilung, weil kein Gesamthandsvermögen gebildet werde, ist nicht gerechtfertigt (BGH 21.9.2009, NZG 2010,

62; abw. MüKoBGB/*Schäfer* BGB § 705 Rn. 358). Die Notwendigkeit, **Rückabwicklungsprobleme** zu vermeiden, besteht hiervon unabhängig (abw. mit dem eher pauschalen Hinweis darauf, dass sich der Geschäftsinhaber vielfach gerade nicht auf die Fehlerhaftigkeit berufen darf *Mock* DStR 2014, 537 (538)). Auch eine Differenzierung nach typischer und atypischer stiller Beteiligung ist nicht geboten (BGH 29.6.1970, BGHZ 55, 5 (8) = NJW 1971, 375); die Lehre beansprucht daher insbesondere auch bei mehrgliedrigen stillen Gesellschaften (→ Rn. 6 f.) Geltung (BGH 19.11.2013, NZG 2013, 1422; zum Ganzen *Mock* DStR 2014, 536 und 598). Die ex nunc-Wirkung bezieht sich insofern stets auch auf die rechtliche **Behandlung der geleisteten Eigenkapitalbeiträge,** sodass diese ggf. nicht mehr vorhanden sind und konsequenterweise keine Rückzahlungsansprüche zu Gunsten der Gesellschafter bzw. Anleger mehr bestehen (vgl. nur OLG Hamburg 4.9.2018, NZG 2019, 303). Zur ex nunc-Rückabwicklung infolge verbraucherschützender Regelungen sowie beim Schadensersatzanspruch auf Naturalrestitution → HGB Anh. Rn. 33 f. Ist die stille Beteiligung als Teilgewinnabführungsvertrag zu qualifizieren (→ Rn. 11), kommt es für die Beschränkung der Nichtigkeitsfolgen nach hM nicht auf eine Registereintragung an (vgl. BGH 21.3.2005, NZG 2005, 472; abw. MHLS/*Servatius* GmbHG Syst. Darst. 4 Rn. 259).

5. Auslegung. Gesellschaftsverträge von Personengesellschaften werden nach §§ 133, 157 BGB **subjektiv** ausgelegt (abweichend bei der Publikumsgesellschaft, → HGB Anh. Rn. 5 f.). Ziel der Auslegung ist die Erforschung des wirklich Gewollten aus der Sicht des anderen (vgl. BGH 28.9.1995, NJW 1995, 3313 (3314)). Dem Wortlaut einer Regelung kommt daher nur eine indizielle Bedeutung zu. Er kann – sofern beweisbar – durch anderweitige **Auslegungskriterien** (Entstehungsgeschichte, Umstände bei Vertragsschluss, Vertragszweck, Nebenabreden, tatsächliche Durchführung des Vertrages) überwunden werden. Anzustreben ist eine beiderseits interessengerechte Auslegung (BGH 17.5.2004, NJW 2004, 2449); bei scheinbar widersprüchlichen Bestimmungen ist einer Auslegung der Vorzug zu geben, bei der jeder Vertragsnorm eine tatsächliche Bedeutung zukommt (BGH 7.3.2005, NJW 2005, 2618). Liegt eine Vertragslücke vor, ist eine richterliche **ergänzende Auslegung** anhand des objektivierten mutmaßlichen Willens der Vertragschließenden möglich (BGH 28.6.1982, NJW 1982, 301) und gegenüber dem dispositiven Gesetzesrecht vorrangig (BGH 24.9.1984, NJW 1985, 192). In der **Revision** ist das instanzgerichtliche Auslegungsergebnis nur insofern überprüfbar, ob allgemeine Auslegungsregeln, Denk- und Erfahrungssätze verletzt oder wesentliche Tatsachen unberücksichtigt geblieben sind (BGH 9.7.2001, NJW 2001, 3777). 20

6. Änderung. Der Gesellschaftsvertrag kann einvernehmlich jederzeit geändert werden, auch konkludent (BGH 29.3.1996, BGHZ 132, 263 = NJW 1996, 1678). Vgl. zur gegenseitigen Bevollmächtigung OLG München 8.3.2002, NZG 2002, 623; zur Änderung nach der Geschäftsgrundlagenlehre *Baier* NZG 2004, 356. Ein **gewillkürter Formzwang** besteht hierfür nur, wenn dieser ursprünglich vereinbart wurde und auch die einvernehmliche Vertragsänderung umfasst (§ 127 BGB). Letzteres ist nicht zwingend, weil die Gesellschafter es stets in der Hand haben, die Schriftformklausel einvernehmlich aufzuheben (MüKoBGB/*Schäfer* BGB § 705 Rn. 51; vgl. aber BGH 2.6.1976, BGHZ 66, 378 (381 f.) = NJW 1976, 1395, wo bei einem Mietvertrag der nachträgliche Verzicht auf die Schriftformklausel dem gewillkürten Formzwang unterlag). Die Aufhebung ist dann gem. § 125 S. 2 BGB zu beweisen (MüKoBGB/*Schäfer* BGB § 705 Rn. 51). **Gesetzliche Formerfordernisse** (§§ 311b, 518 BGB, § 15 Abs. 4 GmbHG) gelten nur, wenn die Vertragsänderung hiervon erfasst wird (→ Rn. 13). 21

IV. Gesellschaftszweck

1. Stille Gesellschaft. Konstitutives Merkmal der stillen Beteiligung ist neben der Vermögenseinlage des Stillen (→ Rn. 27) die Etablierung eines gemeinen Zwecks iSv **§ 705 BGB,** zu dessen Verwirklichung sich die Parteien – auf unterschiedliche Weise – wechselseitig verpflichten (RGZ 77, 223 (227)). Gemeinsamer Zweck ist der auf **Gewinnerzielung** unter Beteiligung des Stillen hieran gerichtete Betrieb eines Handelsgeschäfts durch den Inhaber unter Inanspruchnahme der vom Stillen beigesteuerten Vermögenseinlage. Für die Bejahung eines gemeinsamen Zwecks ist daher ein „substanzielles Mehr“ als die bloße Kapitalhingabe und dessen Verwendung erforderlich (BFH 8.4.2008, NZG 2008, 920). Anhand dieses Merkmals lassen sich andere schuldrechtliche Austauschverträge **abgrenzen,** wenngleich dies mangels eindeutiger vertraglicher Abreden in der Praxis oftmals Schwierigkeiten bereitet. 22

2. Partiarische Rechtsverhältnisse. Liegt ein schuldrechtlich begründetes Rechtsverhältnis vor, aufgrund dessen der Kapitalgeber am Gewinn des Unternehmens partizipieren soll, entscheidet die gewollte Etablierung eines gemeinsamen Zwecks, ob es sich um eine stille Beteiligung handelt oder um ein partiarisches Rechtsverhältnis, insbesondere ein Darlehen. 23

a) Praktische Bedeutung. Praktische Bedeutung hat diese Abgrenzung vor allem bei der Beendigung der Kapitalüberlassung (§ 489 BGB einerseits, § 234 andererseits), der Geltung von § 233, bei den Auswirkungen der Insolvenz des Kapitalnehmers (§§ 234, 236 und § 136 InsO einerseits, § 41 InsO andererseits), der Geltung der Lehre von der fehlerhaften Gesellschaft (→ Rn. 19) sowie im Hinblick auf 24 den Sorgfaltsmaßstab (§ 708 BGB). Auf die haftungsmäßige Widmung der Valuta in der Insolvenz hat die gesetzliche Einordnung indessen für sich genommen keine Auswirkungen, indem es stets auf die vertraglich vereinbarte Verlustbeteiligung des Kapitalgebers ankommt (→ § 236 Rn. 14 ff.).

25 **b) Abgrenzung.** Die Abgrenzung von partiarischem Darlehen und stiller Beteiligung erfolgt danach, ob die Parteien einen **gemeinsamen Zweck** verfolgen oder ob ihre Beziehungen ausschließlich durch die Verfolgung unterschiedlicher eigener Interessen bestimmt werden (BGH 18.9.2012, NZG 2013, 53; BFH 28.11.2019, NZG 2020, 672 Rn. 30 ff.). Kennzeichnend für ein **partiarisches Darlehen** ist, dass die Vergütung nicht – oder nicht nur – in einem festen periodischen Betrag besteht, sondern in einem Anteil an dem vom Darlehensempfänger erwirtschafteten Erfolg; diese Erfolgsbeteiligung muss sich nicht unbedingt auf den Gewinn oder Umsatz des gesamten Unternehmens beziehen, sondern kann sich auch auf ein bestimmtes Geschäft beschränken (BFH 28.11.2019, NZG 2020, 672 Rn. 33). Die Abgrenzung erfolgt durch **Auslegung** des Vereinbarten. Sie ist durch Abwägung aller nach dem Vertragsinhalt maßgebenden Umstände vorzunehmen (Einzelheiten bei BGH 10.10.1994, NJW 1995, 192). Die von den Parteien gewählte Formulierung hat allein indizielle Bedeutung (BFH 8.4.2008, NZG 2008, 920; BFH 28.11.2019, NZG 2020, 672 Rn. 34). **Kriterien:** Partnerschaftliches Zusammenwirken spricht für stille Gesellschaft (BFH 7.12.1983, BeckRS 1983, 22006730). Wurde eine gewinnbezogene Verzinsung vereinbart, kann hieraus allein indessen noch nicht der Schluss auf eine stille Beteiligung gezogen werden. Auch die Vereinbarung einer Verlusttragung bzw. gleichwertige Gestaltungen (zB Rangrücktritt iSv § 39 Abs. 2 InsO) genügen hierfür nicht, sodass mezzanine Finanzierungen und Genussrechte regelmäßig Darlehen sind (abw. BGH 9.2.1967, BB 1967, 349: Verlustbeteiligung als Indiz für stille Gesellschaft; noch eindeutiger BFH 28.11.2019, NZG 2020, 672 Rn. 33: Verlustbeteiligung ist dem partiarischen Darlehen fremd; ähnlich MüKoHGB/*K. Schmidt* Rn. 55 ff. indem vor allem auf die Vermögenseinlage abgestellt wird). Das Gleiche gilt für die Vereinbarung besonderer Informations- und Mitwirkungsrechte zugunsten des Kapitalgebers (abw. BGH 29.6.1992, NJW 1992, 2696; OLG Köln 17.9.2014, BeckRS 2014, 22441); diese können nämlich beim Darlehen gleichermaßen vereinbart werden (vgl. *Servatius* Gläubigereinfluss 32 ff.). Vertragscharakteristisch für die Abgrenzung der stillen Beteiligung vom Darlehen ist damit letztlich allein, ob der Geschäftsinhaber seine Tätigkeit kraft vertraglicher Vereinbarung zum gemeinsamen Nutzen erbringt und sich insofern einer gemeinsamen Zielsetzung unterordnet, mithin der Kapitalgeber auch einen vertraglichen **Anspruch auf dessen Geschäftsführung** haben soll (→ Rn. 29).

26 Diese Abgrenzung gilt gleichermaßen bei partiarischen **Dienstverträgen** (vgl. für „Kooperationsvertrag" BGH 29.6.1992, NJW 1992, 2696; zum Handelsvertreter OLG Brandenburg 12.2.2008, BeckRS 2008, 03391) sowie bei **Überlassungsverträgen,** wie Lizenzen, Franchise (OLG Hamm 13.3.2000, NZG 2000, 1169) oder der Umsatzmiete (BGH 28.10.1987, NJW 1988, 417; Einzelheiten bei MüKoHGB/*K. Schmidt* Rn. 55 f. sowie *Lettl* DB 2004, 365). Werden lediglich einzelne Geschäfte aufgrund vertraglicher Vereinbarung auf gemeinsame Rechnung getätigt **(Metageschäft),** handelt es sich nach zweifelhafter hM nicht um eine stille Beteiligung, sondern um eine „normale" BGB-Innengesellschaft (BGH 27.11.1963, BB 1960, 12; BGH 26.6.1989, NJW 1990, 573; BGH 22.2.2011, WM 2011, 765 Rn. 10; OLG Köln 30.8.2013, BeckRS 2014, 06534). **Crowdinvesting** erfolgt regelmäßig in Gestalt partiarischer Darlehen (vgl. *Nietsch/Eberle* DB 2014, 1788 (1793)).

V. Vermögenseinlage

27 Zweites konstitutives Merkmal der stillen Beteiligung ist neben der Etablierung eines gemeinsamen Zwecks die Beteiligung des Stillen mit einer Vermögenseinlage (BGH 24.9.1952, BGHZ 7, 174 (178) = NJW 1952, 1412). Weil es **keine gesetzlich geregelte Kapitalaufbringung** gibt, ist allein erforderlich, dass die Parteien einen der Bewertung zugänglichen Umstand als „Vermögenseinlage" des Stillen definieren (zutreffend EBJS/*Gehrlein* Rn. 15). Es muss sich nicht um Gegenstände im Rechtssinne handeln (vgl. RGZ 95, 147 (150): Bekanntgabe einer Bezugsquelle; RGZ 122, 70 (72): Einbringung von Know-how; OLG Stuttgart 1.3.2016, BeckRS 2016, 07929, Rn. 36: Architektenleistungen); Umwandlung einer Darlehensforderung, BFH 28.11.2019, NZG 2020, 672). Auch die **Bilanzierungsfähigkeit** spielt keine Rolle (zur Einbringung von Dienstleistungen BGH 22.11.1965, BB 1966, 53, vgl. auch § 706 Abs. 3 BGB; zur Gebrauchsüberlassung BGH 12.1.1998, NJW 1998, 1551). Die **dingliche Leistungserbringung** aus dem Vermögen des Stillen ist ebenso wenig erforderlich (vgl. MüKoHGB/*K. Schmidt* Rn. 37: „Einbuchung" durch den Geschäftsinhaber genügt; FG Niedersachsen 13.10.2009, GmbHR 2009, 1338). Wird eine solche jedoch gewollt, muss eine Leistung in das Vermögen des Geschäftsinhabers erfolgen, ein Gesamthandsvermögen iSv § 718 BGB kann bei der stillen Gesellschaft nicht gebildet werden (§ 230 Abs. 1). Fließt die erbrachte Vermögenseinlage an den Stillen zurück, führt dies nicht zwingend zur Auflösung der Gesellschaft (FG Niedersachsen 13.10.2009, GmbHR 2009, 1338). Bei der **Bewertung** der Vermögenseinlage haben die Parteien freies Ermessen (BGH 24.9.1952, BGHZ 7, 174 = NJW 1952, 1412; zum maßgeblichen Wert im Verhältnis der Gesellschafter untereinander, insbesondere bei Überbewertungen und Leistungsstörungen MüKoHGB/*K. Schmidt*

Rn. 150, 156 ff.). Auch bereits erbrachte Leistungen des Stillen können nachträglich als Vermögenseinlage definiert werden (OLG Hamburg 12.8.1998, NZG 1999, 66: Umwandlung eines Darlehens). Über die vertraglich vereinbarte Vermögenseinlage hinaus hat der Stille gem. § 707 BGB nichts zu leisten (vgl. auch § 236). Zur Einlageforderung gegenüber dem Stillen bei der Auseinandersetzung → § 235 Rn. 4. Beteiligt sich jemand als **atypischer Stiller** an einer GmbH oder AG, unterliegt die Vermögenseinlage der entsprechenden Kapitalbindung (zum Ganzen → § 236 Rn. 15 ff. und → HGB Anh. Rn. 84).

VI. Innenverhältnis

Das Innenverhältnis kennzeichnet die Rechtsbeziehungen der Gesellschafter untereinander. Grundlage ist vorrangig der Gesellschaftsvertrag, denn die betreffenden gesetzlichen Regelungen der §§ 230 ff. und §§ 705 ff. BGB sind **weitgehend dispositiv.** Vgl. zum Informationsrecht des Stillen § 233, zur Gewinn- und Verlustbeteiligung §§ 231, 232. 28

1. Geschäftsführungsbefugnis. a) Gesetzlicher Regelfall. Die Geschäftsführungsbefugnis als Maßstab des rechtlichen Dürfens im Innenverhältnis (§ 709 BGB) steht im gesetzlichen Regelfall allein dem **Geschäftsinhaber** zu. Er hat das Handelsgeschäft im gemeinsamen Interesse auf gemeinsame Rechnung zu führen (BGH 14.11.1994, NJW 1995, 1353). Die vom Stillen geleistete Vermögenseinlage hat er gemäß der vereinbarten Zwecksetzung zu verwenden (BGH 29.6.1987, NJW 1988, 413). Der Stille ist an der Geschäftsführung im gesetzlichen Regelfall nicht beteiligt und kann daher auch nicht widersprechen (OLG Dresden 21.11.2002, WM 2004, 726). Hiervon **abzugrenzen** ist jedoch, wenn ein vermeintlicher Akt der Geschäftsführung letztlich die Grundlagen der Gesellschaft berührt, wie zB die Veräußerung des Geschäftsbetriebs oder wesentlicher Teile hiervon. Richtigerweise sieht man hierin keine Geschäftsführung iSv § 709 BGB, sondern eine **Grundlagenentscheidung,** woran im dispositiven gesetzlichen Regelfall auch die von der Geschäftsführung ausgeschlossenen Gesellschafter zu beteiligen sind (vgl. OLG Hamm 24.5.2007, NZG 2008, 21; → BGB § 709 Rn. 51). Zu einer Veräußerung des Handelsgeschäfts bedarf der Geschäftsinhaber daher der Zustimmung des Stillen (BGH 25.9.1963, BB 1963, 1277; zu sonstigen Strukturänderungen *Schlitt/Beck* NZG 2001, 690; zur Aufnahme weiterer Stiller Sudhoff/*Sudhoff* GmbHR 1981, 235; abw. für § 179a AktG analog bei Fondsgesellschaften OLG Düsseldorf 23.11.2017, 297, freilich ohne das Erfordernis der notariellen Beurkundung des Beschlusses; hierzu *Findeisen* BB 2018, 585). Darüber hinaus besteht richtigerweise auch bei der stillen Beteiligung Raum für die Anerkennung der **actio pro socio.** Mangels Gesellschaftsvermögens scheidet insofern jedoch eine Klage des Stillen auf Leistung in dieses aus (OLG Stuttgart 1.3.2016, BeckRS 2016, 07929 Rn. 33); hiervon unberührt bleibt aber die Möglichkeit, dass der Stille bei Vorliegen der engen Voraussetzungen der actio pro socio im eigenen Namen auf Leistung an den Geschäftsinhaber klagt (abw. wohl OLG Stuttgart 1.3.2016, BeckRS 2016, 07929; Einzelheiten → BGB § 705 Rn. 46 ff.). 29

b) Gesellschaftsvertragliche Modifizierung. Zulässig ist ferner, die Beschränkung der Geschäftsführungsbefugnis des Stillen durch entsprechende Regelung im Gesellschaftsvertrag aufzuweichen und zB Zustimmungsvorbehalte oder Widerspruchsrechte zugunsten des Stillen, Gesamtgeschäftsführungsbefugnis iSv § 709 BGB und sogar **Alleingeschäftsführungsbefugnis des Stillen** zu vereinbaren (MüKoHGB/*K. Schmidt* Rn. 77; EBJS/*Gehrlein* Rn. 63; abw. Baumbach/Hopt/*Roth* Rn. 14). Dessen Entscheidungen werden dann vom Geschäftsinhaber umgesetzt bzw. dem Stillen selbst entsprechende Vertretungsmacht eingeräumt. Ist der Stille an der Geschäftsführung beteiligt, erfolgt eine gesetzliche Umqualifizierung des Kapitalbeitrags gem. § 39 Abs. 1 Nr. 5 InsO (*Servatius* Gläubigereinfluss 426 ff.; vgl. auch *Mock* DStR 2008, 1645); ist dies nicht der Fall, scheidet eine Umqualifizierung hiernach aus (BGH 28.6.2012, NZG 2012, 1103 (1104)). 30

c) Geschäftsführerhaftung. Die Geschäftsführungsbefugnis ist grundsätzlich mit der gem. §§ 708, 277 BGB geschuldeten **eigenüblichen Sorgfalt** zur Verwirklichung des Gesellschaftszwecks auszuüben. Dieser laxe Sorgfaltsmaßstab (Einzelheiten bei § 708 BGB) passt jedoch für viele Fälle nicht und kann vertraglich modifiziert werden. Darüber hinaus ist es geboten, bei der stillen Beteiligung an einer GmbH oder AG die betreffenden **objektiven Sorgfaltspflichten** gem. § 43 Abs. 1 GmbHG bzw. § 93 Abs. 1 AktG entsprechend anzuwenden (*Geißler* GmbHR 2008, 515 (516); zur AG *Raquet* NZG 2020, 970). Bei Publikumsgesellschaften gilt daher analog § 43 Abs. 1 GmbHG die strengere objektive Sorgfalt eines ordentlichen Geschäftsleiters (BGH 14.11.1994, NJW 1995, 1353 (1354 f.)); ebenso die Business Judgement Rule gem. § 93 Abs. 1 S. 2 AktG (ähnlich BGH 14.11.1994, NJW 1995, 1353 (1354); *Raquet* NZG 2020, 970 (971 ff.)). Kommt es zur schuldhaften Pflichtverletzung, hat der Stille gegen den Geschäftsinhaber aus § 280 BGB einen Anspruch auf **Schadensersatz.** Er kann jedoch nur dann unmittelbar Leistung in sein Privatvermögen verlangen, wenn die gesellschaftsrechtlichen Voraussetzungen für eine derartige Ausschüttung vorliegen (BGH 29.6.1987, NJW 1988, 413; weitere Einzelheiten bei *Geißler* GmbHR 2008, 515 (519)). 31

32 **d) Aufwendungsersatz, Tätigkeitsvergütung.** Der geschäftsführungsbefugte Gesellschafter hat einen Anspruch auf Aufwendungsersatz gem. §§ 713, 670 BGB (Baumbach/Hopt/*Roth* Rn. 18; abw. EBJS/*Gehrlein* Rn. 58; differenzierend MüKoHGB/*K. Schmidt* Rn. 180: nur bei der atypischen stillen Gesellschaft). Er ist jedoch nicht isoliert geltend zu machen, sondern Rechnungsposten bei der periodischen Ergebnisverteilung nach §§ 231, 232 bzw. bei der Auseinandersetzung nach § 235 (abw. für Ansprüche des Stillen KKRD/*Kindler* Rn. 16). Das Gleiche gilt für die Begleichung von Geschäftsverbindlichkeiten (vgl. BGH 22.2.2011, WM 2011, 765). Eine Tätigkeitsvergütung erhält der geschäftsführungsbefugte Gesellschafter nur aufgrund besonderer Vereinbarung (BGH 10.6.1965, BGHZ 44, 40 (41 f.) = NJW 1965, 1960).

33 **2. Treuepflicht.** Die aus der Zweckförderungspflicht resultierende Treuepflicht (→ BGB § 705 Rn. 40) gilt auch bei der stillen Beteiligung (BGH 11.7.1951, BGHZ 3, 75 (81) = NJW 1951, 710: „beiderseitige Gesellschaftstreue"). Im gesetzlichen Regelfall ist jedoch eine abweichende Betrachtung gegenüber den mehrgliedrigen Gesellschaften geboten.

34 **a) Stiller Gesellschafter.** Ist der Stille lediglich Kapitalgeber ohne Mitspracherechte, kommt seine Stellung der eines Darlehensgebers nahe, sodass eine mitgliedschaftlich begründete Treuepflichtbindung regelmäßig ausscheidet. Dies gilt insbesondere bei der Geltendmachung von Gewinnrechten (§§ 231, 232), vertraglich geregelten Entnahmen und eines Auseinandersetzungsguthabens nach Auflösung (§§ 234, 235). Bei der Ausübung solcher **eigennütziger Gesellschafterrechte** ist die Verfolgung von Eigeninteressen legitim, soweit keine evidente Notwendigkeit besteht, auf die berechtigten Interessen des Geschäftsinhabers angemessen Rücksicht zu nehmen (vgl. zur Einschränkung von Entnahmerechten bei der GbR OLG Karlsruhe 23.3.2003, NZG 2003, 429 (430); zu Gewinnansprüchen OLG Bamberg 17.6.2005, NZG 2005, 808; bei der Publikumsgesellschaft BGH 5.11.1984, NJW 1985, 974). Bei der mehrgliedrigen stillen Gesellschaft (→ Rn. 5) besteht die Treuepflicht auch gegenüber anderen Stillen. Ein **Wettbewerbsverbot** trifft den Stillen grundsätzlich nicht (EBJS/*Gehrlein* Rn. 44; vgl. auch § 165). Wurde dem Stillen Geschäftsführungsbefugnis eingeräumt (→ Rn. 30), trifft ihn dieselbe Treuepflicht wie den Geschäftsinhaber (→ Rn. 35). Das Gleiche gilt für das Wettbewerbsverbot (BGH 5.12.1983, BGHZ 89, 162 (165) = NJW 1984, 1351; BGH 4.12.2001, NJW 2002, 1046 (1047)) und das Verbot zur Ausnutzung von Geschäftschancen (vgl. zur GbR BGH 4.12.2012, NZG 2013, 216).

35 **b) Geschäftsinhaber.** Die Treuepflicht des Geschäftsinhabers ist zunächst durch dessen Geschäftsführungsbefugnis ausgeprägt. Den Geschäftsinhaber trifft ein **Wettbewerbsverbot** entsprechend §§ 112, 113 (abw. die hM, die dies nur bejaht, wenn die stille Beteiligung atypisch ist, was jedoch dem Schutzzweck, zweckwidriges Wirtschaften auf eigene Rechnung zu verhindern, widerspricht; vgl. MüKoHGB/*K. Schmidt* Rn. 141; EBJS/*Gehrlein* Rn. 45; gegen die analoge Anwendung von § 113 auch BGH 5.12.1983, DB 1984, 495). Auch die Geschäftschancenlehre gilt, sodass es regelmäßig verboten ist, Geschäfte innerhalb des durch das Gesellschaftsverhältnis umschriebenen Rahmens auf „eigene Rechnung" zu tätigen (vgl. zur GbR BGH 4.12.2012, NZG 2013, 216).

36 **3. Übertragung der Gesellschafterstellung.** Aufgrund einer Änderung des Gesellschaftsvertrages können sowohl die Person des Geschäftsinhabers als auch die des Stillen ausgetauscht werden (vgl. BGH 12.1.1998, NJW 1998, 1551 (1552)). Ohne entsprechende Regelung bzw. Zustimmung des anderen ist dies einseitig nicht möglich, wegen des Abspaltungsverbots gem. § 717 S. 1 BGB auch nicht im Hinblick auf einzelne Verwaltungsrechte des Gesellschafters (→ BGB § 717 Rn. 1 ff.). Etwas anderes gilt gem. § 717 S. 2 BGB bei Vermögensansprüchen (BGH 12.1.1998, NJW 1998, 1551 (1552)). Wurde die Gesellschafterstellung des Stillen übertragbar gestellt, kann er diese selbstständig veräußern.

37 **4. Prozessuale Streitigkeiten.** Zuständig ist gem. § 95 Abs. 1 Nr. 4 lit. a GVG die Kammer für Handelssachen.

VII. Außenverhältnis

38 Die stille Gesellschaft ist als Innen-GbR **kein Rechtssubjekt** und kann konsequenterweise als solche auch nicht am Rechts- und Prozessverkehr teilnehmen (OLG Stuttgart 1.3.2016, BeckRS 2016, 07929, Rn. 33); dies gilt auch für die mehrgliedrige stille Beteiligung, insbesondere die virtuelle Innen-KG (OLG Schleswig 30.10.2008, DB 2008, 221). Rechtsbeziehungen gegenüber Dritten hat allein der Geschäftsinhaber (vgl. § 230 Abs. 2); er kann den Stillen jedoch bevollmächtigen (BGH 27.3.1961, BB 1961, 583). Für **Verbindlichkeiten des Geschäftsinhabers** haftet allein dessen Vermögen (BGH 6.11.1963, BB 1964, 327). Hierzu gehört auch die geleistete Vermögenseinlage des Stillen (vgl. § 230 Abs. 1); ausstehende Einlagen sind pfändbar (EBJS/*Gehrlein* Rn. 73; zur Insolvenz auch → § 236 Rn. 8 ff.). Aus der Innehabung umfassender Geschäftsführungsbefugnisse resultiert keine persönliche **Haftung des Stillen** (BGH 17.3.1966, NJW 1966, 1309); auch nicht analog §§ 171, 172 bei der virtuellen Innen-KG (BGH 1.3.2010, DStR 2010, 1489; *Berninger* DStR 2010, 2359; *Blaurock* NZG 2010, 974). Ist die stille Beteiligung ein Beherrschungs- oder Gewinnabführungsvertrag (→ Rn. 11), hat

der Geschäftsinhaber jedoch einen Anspruch aus § 302 AktG, der von dessen Gläubigern pfändbar ist. Das neue Haftungskonzept zur Existenzvernichtungshaftung gem. **§ 826 BGB** (MHLS/*Servatius* GmbHG Syst. Darst. 4 Rn. 396 ff.) ist entsprechend auf stille Gesellschafter anzuwenden, wenn diese einem Gesellschafter der GmbH bzw. AG vergleichbar sind (so auch MüKoHGB/*K. Schmidt* Rn. 14). Möglich und geboten ist schließlich, den einflussnehmenden Stillen in das Recht der Gesellschafterdarlehen gem. § **39 Abs. 1 Nr. 5 InsO** einzubeziehen (*Servatius* Gläubigereinfluss 426 ff.).

[Gewinn und Verlust]

231 (1) **Ist der Anteil des stillen Gesellschafters am Gewinn und Verluste nicht bestimmt, so gilt ein den Umständen nach angemessener Anteil als bedungen.**

(2) **Im Gesellschaftsvertrage kann bestimmt werden, daß der stille Gesellschafter nicht am Verluste beteiligt sein soll; seine Beteiligung am Gewinne kann nicht ausgeschlossen werden.**

Übersicht

I. Allgemeines

Abs. 2 Hs. 2 sieht die **Gewinnbeteiligung** des Stillen als zwingendes Strukturprinzip der stillen 1 Gesellschaft vor; die Höhe obliegt der Festlegung im Gesellschaftsvertrag, im Zweifel gilt gem. **Abs. 1** ein angemessener Anteil als bedungen. Eine Beteiligung des Stillen am **Verlust** ist gem. **Abs. 2 Hs. 1** der gesetzliche Regelfall, jedoch nicht zwingend. Wegen der Möglichkeit, den Kapitalgeber am Verlust zu beteiligen, erlangt die stille Gesellschaft vor allem auch Bedeutung für mezzanine Finanzierungen, insbesondere bei Genussrechten (vgl. aber BGH 21.7.2003, BGHZ 156, 38 (42 f.) = NJW 2003, 3412, wonach die stille Beteiligung an einer AG kein Genussrecht iSv § 221 Abs. 4 AktG ist). Über die Ermittlung des dem Stillen konkret gebührenden Gewinnanteils bzw. der von ihm konkret zu tragenden Verluste sowie über die Gewinnverwendung enthält § 231 keine Regelungen; vgl. insoweit § 232. Bedeutung erlangt der sich aus § 232 bzw. einer entsprechend gesellschaftsvertraglichen Vereinbarung ergebende Ergebnisverteilungsschlüssel vor allem bei der Auseinandersetzung gem. § 235 sowie in der Insolvenz des Geschäftsinhabers (§ 236). Vgl. zur Abgrenzung zwischen gesellschaftsrechtlichen Zahlungen und unentgeltlichen Zuwendungen iSv § 516 BGB: BGH 18.9.2012, NZG 2013, 53.

II. Gewinnbeteiligung

1. Angemessener Gewinnanteil. Enthält der Gesellschaftsvertrag keine ausdrückliche oder konklu- 2 dente Regelung über die Gewinnbeteiligung des Stillen (§§ 133, 157 BGB), steht ihm nach Abs. 1 ein „den Umständen nach angemessener Anteil" zu. Dieser kann aufgrund vertraglicher Vereinbarung herabgesetzt (→ Rn. 6), nicht jedoch gänzlich ausgeschlossen werden (Abs. 2 Hs. 2). Fehlt eine vertragliche Regelung über den Gewinnverteilungsschlüssel (→ Rn. 7), sind bei der tatbestandlichen Präzisierung der im gesetzlichen Regelfall bestehenden Gewinnbeteiligung der Gewinn und der angemessene Anteil hieran zu differenzieren (OLG Schleswig 3.5.2019 NZG 2019, 1220 Rn. 43).

a) Gewinnbegriff. Der maßgebliche Gewinnbegriff als Bezugsgröße für die periodische Verteilung 3 folgt aus der GuV des vom Inhaber betriebenen Handelsgeschäfts gem. § 275 Abs. 2 Nr. 20 bzw. § 275 Abs. 3 Nr. 19 (Beteiligung „am Gewinn"). Auf den Umsatz ist nicht abzustellen (BGH 27.11.1963, BB 1963, 12; abw. wohl LG Dortmund 22.8.2008, BeckRS 2008, 21901). Maßgeblich ist die **Betriebsbezogenheit** eines Geschäftsvorfalls (EBJS/*Gehrlein* § 232 Rn. 13) sowie, ob der entsprechende Aufwand bzw. Ertrag der stillen Beteiligung sachlich und zeitlich zuzurechnen ist. Im Zweifel beteiligt sich der Stille am ganzen Handelsgeschäft. Die Privatgeschäfte des Geschäftsinhabers sind nicht miteinzubeziehen (vgl. RGZ 120, 410 (411); RGZ 126, 386 (393): Betriebsergebnis), wofür er jedoch entsprechend § 344 die Beweislast trägt. Ob ein Geschäft nach den Vorgaben des Gesellschaftsvertrages zulässig oder unzulässig ist, spielt keine Rolle (abw. BGH 29.6.1987, WM 1987, 1193 (1194): Zurechnung unzulässiger Erträge allein beim Inhaber). Spätestens bei Beendigung der stillen Gesellschaft ist der Stille auch an den sonstigen Erträgen, insbesondere den betriebsbezogenen **Wertsteigerungen** des Anlage- und Umlaufvermögens, den nicht bilanzierbaren Vermögenswerten sowie stillen Reserven zu beteiligen (vgl. § 235; einschränkend EBJS/*Gehrlein* § 232 Rn. 13, wonach Wertschwankungen im Anlagevermögen grundsätzlich außer Betracht bleiben, wie hier aber MüKoHGB/*K. Schmidt* § 232 Rn. 6, der jedoch **stille Reserven** nur berücksichtigt, wenn sie auf Kosten des Stillen gebildet wurden; ähnlich OLG Frankfurt a. M. 15.3.2001, NZG 2001, 696). Dass bei der stillen Gesellschaft kein Gesellschaftsvermögen gebildet wird, hat allein dingliche Wirkungen und darf nicht zu dem Schluss führen, dass der Stille nicht auch vom wertmäßigen Zuwachs des Betriebsvermögens profitiert. Entsprechend § 344 ist vielmehr davon auszugehen, dass dieser Zuwachs durch die stille Beteiligung mit verursacht wurde. Ist eine **Rücklage** kaufmännisch geboten, muss der Stille sie gegen sich gelten lassen (EBJS/*Gehrlein* § 232 Rn. 14); umgekehrt führt die Auflösung einer zu Zeiten der stillen Beteiligung gebildeten Rücklage zu einem anrechenbaren Ertrag. Für die Auflösung von Rückstellungen gilt dies gleichermaßen. Eine **Tätigkeitsvergütung** kann der Geschäftsinhaber im gesetzlichen Regelfall nicht in Abzug bringen (hM, KKRD/*Kindler* Rn. 23).

4 **b) Angemessenheit.** Für die Angemessenheit des auf den Stillen entfallenden Gewinnanteils kann nicht auf die Verteilungsregeln bei GbR (§ 722 BGB), OHG (§ 121) oder KG (§ 168) abgestellt werden. Die Beteiligung eines Stillen unterscheidet sich strukturell von der Mitgliedschaft in einem Personenverband. Vor allem können verschiedene stille Beteiligungsverhältnisse nebeneinander bestehen, worauf die entsprechenden Regelungen im gesetzlichen Regelfall der eingliedrigen stillen Gesellschaft nicht zugeschnitten sind. Grundlage für die Ermittlung der angemessenen Gewinnbeteiligung ist allein der Kapitalbeitrag als gesellschaftsvertragliche Beteiligung des Stillen für den gemeinsamen Erfolg. Der angemessene Anteil ist daher im gesetzlichen Regelfall eine **Verzinsung** dieser Einlage. Deren **Höhe** hängt prinzipiell davon ab, ob eine Verlusttragung besteht oder nicht; präzisere dogmatische Vorgaben lassen sich Abs. 1 nicht entnehmen. Indem auch die §§ 315, 316 BGB zu Recht nicht gelten (hM, KKRD/*Kindler* Rn. 3), ist die **richterliche Festlegung** der angemessenen Höhe unter Berücksichtigung der Umstände des Einzelfalles der einzige Weg, die Angemessenheitsformel des Abs. 1 zu konkretisieren. Im Kern bedarf es hierfür einer Ermittlung, welche wirtschaftliche Bedeutung der Kapitalbeitrag des Stillen unter Berücksichtigung des Gläubiger- oder weitergehenden Verlustrisikos für den unternehmerischen Erfolg hat und welche Verzinsung der Stille hieraus vernünftigerweise erwarten kann. Will die Praxis diese **konturenlose Formel** vermeiden, müssen vertragliche Vereinbarungen getroffen werden, was dringend anzuraten ist. Zu beachten ist auch, dass die **Finanzverwaltung** die Gewinnbeteiligung grundsätzlich nur in Höhe von 35 % (mit Verlustbeteiligung) bzw. 25 % (ohne Verlustbeteiligung) anerkennt (MüKoHGB/*K. Schmidt* Rn. 14 f.), sodass eine dies konterkarierende tatrichterliche Festlegung der Angemessenheit kaum dem Willen der Beteiligten entspricht.

5 **2. Gesellschaftsvertragliche Modifizierungen.** Aus der rudimentären gesetzlichen Ausgangslage folgt das starke Bedürfnis, den maßgeblichen Gewinnbegriff und den Verteilungsschlüssel verbindlich festzulegen. In den weiten Grenzen von § 138 BGB besteht umfassende Gestaltungsfreiheit; aber → Rn. 8 sowie bei Publikumsgesellschaften die weitergehende richterliche Inhaltskontrolle gem. § 242 BGB (→ HGB Anh. Rn. 9 ff.). Wer sich auf eine abweichende Vereinbarung beruft, hat dies ggf. zu beweisen. Zur Vermeidung von Streitigkeiten ist dringend geraten, hier **eindeutige Regelungen** zu treffen (zur Auslegung → § 231 Rn. 20).

6 **a) Abweichender Gewinnbegriff.** Die Parteien können zunächst einen von der GuV (→ Rn. 3) abweichenden Gewinnbegriff definieren bzw. den Bezugspunkt für die Gewinnermittlung ändern. Möglich ist zB, nur den Gewinn bestimmter Unternehmensteile für maßgeblich zu erachten, bestimmte Ansätze für die Gewinnermittlung festzuschreiben (OLG Frankfurt a. M. 15.3.2001, NZG 2001, 696) oder den Gewinnanspruch aus der Steuerbilanz zu übernehmen (BGH 28.9.1995, DStR 1995, 1843). Besteht allein eine Regelung für die Verlusttragung (→ Rn. 10), gilt diese entsprechend § 722 Abs. 2 BGB im Zweifel auch für den Gewinn (OLG Brandenburg 8.2.1995, NJW-RR 1996, 156). **Konkludente Abreden** sind möglich. So nimmt die hM zutreffend an, dass bei Umwandlung einer Komplementär- bzw. Kommanditistenstellung in eine stille Beteiligung die ursprüngliche Gewinnverteilung gültig bleibt (MüKoHGB/*K. Schmidt* Rn. 10). Wird eine Gewinnverteilung in der Vergangenheit gebilligt, ist stets gesondert zu fragen, ob hierdurch auch eine Zukunftswirkung gewollt ist (vgl. BGH 18.4.2005, NJW-RR 2005, 1195).

7 **b) Verteilungsschlüssel.** Im Hinblick auf den Verteilungsschlüssel setzt sich die weitgehende Gestaltungsfreiheit fort. Die Parteien können die geleistete Einlage als Bezugspunkt der Gewinnverteilung festlegen (vgl. RGZ 25, 41 (44)), feste und variable Verzinsung miteinander kombinieren (RGZ 92, 292) sowie Ober- und Untergrenzen festlegen. Eine entsprechende Regelung über die Verlustbeteiligung (→ Rn. 10) entsprechend § 722 Abs. 2 BGB gilt auch hier im Zweifel für die Gewinnbeteiligung (OLG Brandenburg 8.2.1995, NJW-RR 1996, 156).

3. Grenzen der Gestaltungsfreiheit. Der **Ausschluss** der Gewinnbeteiligung ist nach § 231 Abs. 2 Hs. 2 nicht möglich. Eine entsprechende Regelung ist jedoch nicht nichtig. Sie bewirkt allein, dass keine stille Gesellschaft iSv §§ 230 ff. vorliegt, sondern ggf. eine „normale" Innen-GbR nach §§ 705 ff. BGB (hM, MüKoHGB/*K. Schmidt* Rn. 23). Ein schädlicher Ausschluss liegt dagegen nicht vor, wenn lediglich bestimmte Bereiche der unternehmerischen Tätigkeit (Sparten, Zweigniederlassungen) vom maßgeblichen Gewinnbegriff nicht erfasst werden (RGZ 122, 387 (389)). Wurde eine **Festverzinsung** vereinbart, handelt es sich zwingend um ein Darlehen; das Gleiche gilt, wenn die **Verzinsung** des Kapitals zwar **variabel** ausgestaltet wurde, die Bezugsgröße jedoch nicht an das Geschäftsergebnis des Inhabers geknüpft wurde, zB bei einer Umsatzbeteiligung (BGH 27.9.1982, BGHZ 85, 61 = NJW 1983, 111). Eine andere Beurteilung ist jedoch geboten, wenn dem Kapitalgeber iRd vereinbarten Zweckbindung anderweitig eine Erfolgskomponente zugesagt wird, zB durch die Teilhabe an Wertsteigerungen im Vermögen des Geschäftsinhabers, welche erst mit Beendigung der stillen Beteiligung als Gewinn ausgeschüttet werden sollen (zur Abgrenzung zum partiarischen Darlehen anhand der gemeinsamen Zweckverfolgung → § 230 Rn. 23). Wird eine, bezogen auf den Kapitaleinsatz des Stillen, **unangemessen hohe Gewinnbeteiligung** vereinbart, kann dies sittenwidrig sein und gem. § 138 BGB die Nichtigkeit des Gesellschaftsvertrages herbeiführen (vgl. FG Niedersachsen 13.10.2009, GmbHR 2009, 1338). 8

4. Konzernrecht. Soll der Stille den ganzen Gewinn bekommen, ist dies grundsätzlich zulässig. Es handelt sich dann jedoch bei der Beteiligung an einer AG, KGaA sowie einer GmbH um einen konzernrechtlichen **Gewinnabführungsvertrag** iSv § 291 Abs. 1 S. 1 Alt. 2 AktG, bei der Pflicht zur Abführung eines Teilgewinns um einen Vertrag iSv § 292 Abs. 1 Nr. 2 AktG; ggf. auch um eine Gewinngemeinschaft iSv § 292 Abs. 1 Nr. 1 AktG (→ § 230 Rn. 11). 9

III. Verlustbeteiligung

1. Angemessener Verlustanteil. Enthält der Gesellschaftsvertrag keine ausdrückliche oder konkludente Regelung über die Verlustbeteiligung des Stillen (§§ 133, 157 BGB), hat dieser hiervon einen „den Umständen nach angemessenen Anteil" zu tragen. Zum Verlustbegriff gemäß GuV und zur Frage der Angemessenheit → Rn. 3 f. Vertragliche Abweichungen hiervon sind aus Gründen der Rechtssicherheit dringend anzuraten und weitgehend zulässig, bis hin zum Ausschluss der Verlustbeteiligung (Abs. 2 Hs. 2 e contrario). Letzteres ist jedoch nicht dann bereits anzunehmen, wenn im Gesellschaftsvertrag keine ausdrücklichen Regelungen über die Verlusttragung enthalten sind (BGH 29.6.1992, GmbHR 1992, 747 (748)). Zur steuerlichen Behandlung von Verlusten im Hinblick auf die Abgeltungssteuer *Rockoff/Weber* DStR 2010, 363. 10

2. Gesellschaftsvertragliche Modifizierungen. Wer sich auf eine abweichende Vereinbarung beruft, hat dies ggf. zu beweisen. Die Parteien können (auch konkludent) einen von der GuV **abweichenden Verlustbegriff** definieren bzw. den Bezugspunkt für die Verlustbeteiligung ändern. Möglich ist zB, nur den Verlust bestimmter Unternehmensteile für maßgeblich zu erachten oder den Verlustbegriff aus der Steuerbilanz zu übernehmen (BGH 28.9.1995, DStR 1995, 1843). Eindeutige vertragliche Regelungen über die Verlustbeteiligung des Stillen sind angeraten (instruktiv OLG Brandenburg 9.6.2004, GmbHR 2004, 1390). Im Hinblick auf den **Verteilungsschlüssel** gilt das zur Gewinnbeteiligung Gesagte sinngemäß (→ Rn. 7). Besteht allein eine Regelung für die Gewinnverteilung, gilt diese entsprechend § 722 Abs. 2 BGB im Zweifel auch für den Verlust (OLG Brandenburg 8.2.1995, NJW-RR 1996, 156; BFH 23.7.2002, NJW-RR 2003, 31). Wurde ein „Mindestgewinn" garantiert, liegt hierin der konkludente **Ausschluss** der Verlustbeteiligung (hM, MüKoHGB/*K. Schmidt* Rn. 21). Von der Verlustbeteiligung abzugrenzen sind Vereinbarungen, wonach der Stille zum **Nachschuss** verpflichtet ist (→ § 232 Rn. 10; → § 236 Rn. 11 ff.). 11

[Gewinn- und Verlustrechnung]

232

(1) **Am Schlusse jedes Geschäftsjahrs wird der Gewinn und Verlust berechnet und der auf den stillen Gesellschafter fallende Gewinn ihm ausbezahlt.**

(2) [1] **Der stille Gesellschafter nimmt an dem Verluste nur bis zum Betrage seiner eingezahlten oder rückständigen Einlage teil.** [2] **Er ist nicht verpflichtet, den bezogenen Gewinn wegen späterer Verluste zurückzuzahlen; jedoch wird, solange seine Einlage durch Verlust vermindert ist, der jährliche Gewinn zur Deckung des Verlustes verwendet.**

(3) **Der Gewinn, welcher von dem stillen Gesellschafter nicht erhoben wird, vermehrt dessen Einlage nicht, sofern nicht ein anderes vereinbart ist.**

I. Allgemeines

1 § 232 regelt weitgehend dispositiv die periodische Umsetzung des Gewinnverteilungsschlüssels gem. § 231. Nach Abs. 1 obliegt dem Geschäftsinhaber mit Ablauf eines Geschäftsjahres die Berechnung des dem Stillen hiernach gebührenden Gewinns bzw. des von ihm zu tragenden Verlusts; ein sich hieraus ergebender Gewinnanspruch ist sogleich zu erfüllen. Der Stille hat die Zahlung zwar nicht wegen nachfolgender Verluste zu erstatten (Abs. 2 S. 2 Hs. 1); nach Abs. 2 S. 2 Hs. 2 werden danach entstehende Gewinne jedoch zunächst zur Verlusttragung verwendet. Abs. 2 S. 1 bestimmt, dass die Verlusttragung des Stillen auf den Betrag seiner Vermögenseinlage begrenzt ist, er mithin nicht zum Nachschuss verpflichtet ist. Nach Abs. 3 führen stehen gelassene Gewinne ohne entsprechende Vereinbarung nicht zu einer Erhöhung der Vermögenseinlage, sondern sind weiterhin nach Maßgabe von Abs. 2 S. 2 Hs. 2 auszahlbar.

II. Gewinn- und Verlustrechnung

2 Der Inhaber des Handelsgeschäfts ist verpflichtet, auf der Grundlage des Gewinnverteilungsschlüssels nach § 231 eine **interne Abrechnung** zu erstellen, aus der sich die Ergebnisbeteiligung des Stillen ergibt. Diese ist von der Rechnungslegung des Inhabers zu trennen, wenngleich der Stille einen gesellschaftsvertraglichen Anspruch darauf hat, dass der Inhaber seiner Rechnungslegungspflicht nachkommt, um auf deren Grundlage die interne Abrechnung erstellen zu können (MüKoHGB/*K. Schmidt* Rn. 13). Der maßgebliche **Zeitpunkt** für die Abrechnung ergibt sich mangels abweichender Regelungen aus dem Geschäftsjahr des Handelsgeschäfts, zzgl. der gesetzlichen Fristen zur Aufstellung des hierauf bezogenen Jahresabschlusses (§ 243 Abs. 3, § 42a GmbHG, § 175 AktG, hM), sowie zzgl. einer angemessenen Zeitspanne, auf deren Grundlage die Ergebnisbeteiligung konkret zu ermitteln ist. Für diese Zwecke hat der Inhaber seinen eigenen Jahresabschluss entsprechend anzupassen (BGH 30.11.1959, BB 1960, 14). In die Abrechnung **einzubeziehen** sind alle Posten und Geschäftsvorgänge, die nach dem Willen der Gesellschafter bei der GuV Beachtung finden sollen (→ § 231 Rn. 3). Eine **Beteiligung des Stillen** an der Abrechnung ist im gesetzlichen Regelfall nicht vorgesehen, kann jedoch vertraglich vereinbart werden (vgl. BGH 29.3.1996, NJW 1996, 1678: „Anerkennung der Bilanz" als deklaratorisches Schuldanerkenntnis; einschränkend KG 3.7.1998, NZG 1999, 23: keine Nachschusspflicht des Stillen aufgrund einvernehmlicher Aktivierung einer Verlustzuweisung). Die Beteiligung des Stillen an der Feststellung des Jahresabschlusses unterbricht die Verjährung einer offenen Einlageforderung (BGH 1.3.2010, DStR 2010, 1489). Ob ein Verlust des Stillen eingetreten ist, hat der Geschäftsinhaber zu **beweisen** (BGH 30.11.1959, BB 1960, 14 (15)). Die Beweislast für den Eintritt eines Gewinns trifft grundsätzlich den Stillen, dieser hat jedoch die entsprechenden Informationsansprüche gem. § 233.

III. Gewinnverwendung

3 Ergibt sich aus der internen Abrechnung ein Gewinn des Stillen, hängt es in erster Linie von der vertraglichen Vereinbarung ab, ob und in welchem Umfang der Stille hierüber verfügen kann. Hilfsweise gilt nach den dispositiven Regelungen des § 232 Folgendes:

4 **1. Gewinnanspruch.** Nach Abs. 1 kann der Stille vom Geschäftsinhaber **Zahlung** verlangen, soweit sich aus der Abrechnung ein Gewinn für das entsprechende Geschäftsjahr ergibt (zum Vorrang der Thesaurierung → Rn. 5; zur Umbuchung auf ein Privatkonto → Rn. 6). Die **Fälligkeit** tritt gem. § 271 Abs. 1 BGB mit Fertigstellung der Abrechnung ein (→ Rn. 2), sodass der Stille Stufenklage erheben kann. Aus der gesellschaftsvertraglichen Treuepflicht kann nur in begrenzten Ausnahmefällen ein dilatorisches Verbot der Geltendmachung folgen; der Geschäftsinhaber hat nämlich die erforderliche Liquidität vorzuhalten (MüKoHGB/*K. Schmidt* Rn. 22). Der Anspruch **verjährt** nach den allgemeinen Regeln gem. §§ 195, 199 BGB (zum früheren Recht BGH 6.4.1981, BGHZ 80, 257 (259) = NJW 1981, 2563). Der Zahlungsanspruch ist **pfändbar** und **abtretbar** (§ 717 S. 2 BGB).

5 Hat der Stille Befriedigung erlangt, ist er gem. Abs. 2 S. 2 nicht verpflichtet, den erlangten Gewinn zur späteren Verlusttragung zurück zu zahlen. Ein **Entnahmerecht** entsprechend § 122 steht dem Stillen nicht zu (RGZ 48, 77 (82)). Hat der Stille seine Vermögenseinlage noch nicht vollständig erbracht, kann der Geschäftsinhaber mit dem hieraus resultierenden Zahlungsanspruch **aufrechnen,** sofern nichts anderes vereinbart wurde (EBJS/*Gehrlein* § 232 Rn. 19; weitergehend MüKoHGB/*K. Schmidt* Rn. 23: konkludent vereinbarte Verrechnungsbefugnis des Inhabers bei Bareinlagen). Wurde der Gewinnanteil **fehlerhaft berechnet,** steht dem Inhaber ein Bereicherungsanspruch zu (Einzelheiten MüKoHGB/*K. Schmidt* Rn. 35 ff.); § 172 Abs. 5 gilt nicht (EBJS/*Gehrlein* Rn. 19). Ergibt sich ein Zahlungsanspruch des Stillen, ist dieser wegen der **Kapitalerhaltungsregeln** bei GmbH und AG nur dann gesperrt, wenn der Stille zugleich deren Gesellschafter ist oder einem Gesellschafter zuzurechnen

ist (*Servatius* Gläubigereinfluss 416 ff.; abw. für den atypischen Stillen BGH 13.2.2006, NJW-RR 2006, 760; LG Dortmund 22.8.2008, BeckRS 2008, 21901).

2. Thesaurierung. Im Gesellschaftsvertrag kann vereinbart werden, dass der Stille seinen Gewinnanteil stehen lässt. Nach Abs. 2 S. 2 Hs. 2 ist die Thesaurierung der dispositive Regelfall, wenn die Einlage durch frühere Verluste verringert ist (zur vergleichbaren Aufrechnungsmöglichkeit des Geschäftsinhabers bei der rückständigen Einlage → Rn. 5). Durch die Thesaurierung erhält der Stille eine entsprechende Gutschrift auf seinem **Einlagenkonto** (EBJS/*Gehrlein* Rn. 21; zu den internen Gesellschafterkonten ausführlich *Wälzholz* DStR 2011, 1815; 2011, 1861). Nach Abs. 2 bedarf es hierfür jedoch einer besonderen Vereinbarung, soweit die Gutschrift nicht zu einer Verringerung von bereits im Einlagenkonto dargestellten Verlusten oder zur Auffüllung einer rückständigen Einlage benötigt wird. Die Vermögenseinlage als Bezugspunkt der Gewinnermittlung (→ § 231 Rn. 4) wird daher durch das Stehenlassen von Gewinnen nicht ohne Einverständnis des Geschäftsinhabers vergrößert, sodass der Gewinnverteilungsschlüssel gleich bleibt. Ein Thesaurierungsgebot kann aus der Treuepflicht resultieren, wenn die Bildung von Rücklagen dringend geboten ist (vgl. OLG Nürnberg 30.1.2013, BeckRS 2013, 02392). 6

Von der Gewinnthesaurierung gem. Abs. 2 **abzugrenzen** sind die Fälle, in denen der Gewinn des Stillen auf ein **Privat- oder Darlehenskonto** umgebucht wird. Hierbei handelt es sich nicht um eine Thesaurierung, sondern um eine andere Art der Erfüllung des Zahlungsanspruchs iSv Abs. 1. Rechtlich ist ein entsprechendes Guthaben von der Vermögenseinlage iSv § 230 zu trennen, sodass auch die Beschränkungen gem. Abs. 2 S. 2 Hs. 2 nicht gelten (EBJS/*Gehrlein* Rn. 24). Das auf dem Privatkonto gebuchte Vermögen ist **Fremdkapital,** sodass der Stille hierauf auch dann zugreifen kann, wenn sein Einlagenkonto wegen zwischenzeitlicher Verluste beeinträchtigt wurde. Soll etwas anderes gelten, bedarf es einer entsprechenden Vereinbarung, die ggf. bewiesen werden muss. Fälligkeit und Verzinsung der auf dem Privat- und Einlagenkonto stehenden Beträge ergeben sich aufgrund entsprechend vertraglicher Vereinbarung, hilfsweise entsprechend § 700 BGB bzw. §§ 488 ff. BGB. Zur haftungsrechtlichen Widmung solcher Forderungen des Stillen in der Insolvenz → § 236 Rn. 14 f. 7

IV. Verlustzuweisung

Ergibt sich aus der internen Abrechnung, dass den Stillen ein periodisch ermittelter Verlustanteil trifft, hängt die rechtliche Umsetzung dieses Umstands in erster Linie von der vertraglichen Vereinbarung ab, die ggf. zu beweisen ist. Hilfsweise gilt nach den dispositiven Regelungen des § 232 Folgendes: 8

1. Minderung der Vermögenseinlage. Der Verlustanteil mindert gem. Abs. 2 S. 1 die Vermögenseinlage des Stillen, sodass der Geschäftsinhaber berechtigt ist, das **Einlagenkonto** entsprechend zu belasten. Die Obergrenze hierfür bildet die übernommene Vermögenseinlage, sodass der Stille im gesetzlichen Regelfall nicht zum Nachschuss verpflichtet ist (→ Rn. 10; zur Abwicklung der stillen Beteiligung → § 235 Rn. 4). Ein **negatives Einlagenkonto** infolge höherer oder aufgelaufener Verlustanteile begründet jedoch die im gesetzlichen Regelfall bestehende Ausschüttungssperre bei nachfolgenden Gewinnen gem. Abs. 2 S. 2 Hs. 2 (vgl. OLG Karlsruhe 19.2.1986, ZIP 1986, 916). Wird daher das Einlagenkonto nicht nur aufgezehrt, sondern „überzogen", dürfen nachfolgend erwirtschaftete Gewinne erst bei vollständiger Auffüllung ausgezahlt werden. Ob ein Verlust des Stillen eingetreten ist, hat der Geschäftsinhaber zu **beweisen** (BGH 30.11.1959, BB 1960, 14 (15)). Die Beweislast für einen etwaigen Gewinn trägt der Stille, der hierzu auf die Informationsrechte gem. § 233 zurückgreifen kann. 9

2. Nachschusspflicht. Übersteigen die gemäß Gewinnverteilungsschlüssel auf den Stillen entfallenen Verluste seine Vermögenseinlage, ist er nicht zum Nachschuss verpflichtet (§ 707 BGB). Dies gilt selbst nach Beendigung der stillen Beteiligung (vgl. § 235) und in der Insolvenz des Geschäftsinhabers (vgl. § 236). Insofern ist die stille Beteiligung der Kommanditbeteiligung angenähert (vgl. § 167 Abs. 3). Hiervon können die Parteien aufgrund entsprechend, hinreichend deutlicher **Vereinbarung** abweichen, was ggf. zu beweisen ist (§§ 133, 157 BGB; vgl. OLG Karlsruhe 19.2.1986, ZIP 1986, 916, eindeutige Abrede notwendig). Die einvernehmliche Aktivierung einer Verlustzuweisung genügt hierfür nicht (KG 3.7.1998, NZG 1999, 23). Die Nachschusspflicht kann beschränkt oder unbeschränkt sein (vgl. RGZ 33, 125 (129); BGH 17.3.1966, NJW 1966, 1309) oder an besondere Voraussetzungen geknüpft sein, zB die Insolvenz (hierzu *Weisser* GmbHR 2004, 1370 (1373 f.)). Nach § 5b VermAnlG dürfen Vermögensanlagen mit Nachschusspflicht nicht öffentlich angeboten werden. 10

[Kontrollrecht des stillen Gesellschafters]

233 (1) **Der stille Gesellschafter ist berechtigt, die abschriftliche Mitteilung des Jahresabschlusses zu verlangen und dessen Richtigkeit unter Einsicht der Bücher und Papiere zu prüfen.**

(2) **Die in § 716 des Bürgerlichen Gesetzbuchs dem von der Geschäftsführung ausgeschlossenen Gesellschafter eingeräumten weiteren Rechte stehen dem stillen Gesellschafter nicht zu.**

(3) **Auf Antrag des stillen Gesellschafters kann das Gericht, wenn wichtige Gründe vorliegen, die Mitteilung einer Bilanz und eines Jahresabschlusses oder sonstiger Aufklärungen sowie die Vorlegung der Bücher und Papiere jederzeit anordnen.**

I. Allgemeines

1 Die Regelung ähnelt dem Informationsrecht des Kommanditisten gem. § 166. Der Stille hat nach **Abs. 1** das Recht, eine Abschrift des erstellten Jahresabschlusses zu verlangen und dessen Richtigkeit zu überprüfen. Nach **Abs. 3** kann er bei Vorliegen eines wichtigen Grundes diese und weitere Informationen jederzeit aufgrund gerichtlicher Entscheidung erlangen. Die weitergehenden Informationsrechte eines GbR-Gesellschafters nach § 716 BGB bestehen gem. **Abs. 2** nicht, können jedoch im Gesellschaftsvertrag vereinbart werden; das Gleiche gilt für §§ 713, 666 BGB (Baumbach/Hopt/*Roth* Rn. 7).

II. Umfang des Informationsrechts

2 Das Informationsrecht nach Abs. 1 ist gem. § 717 S. 1 BGB **nicht übertragbar** (vgl. BGH 3.11.1975, BB 1976, 11) und kann ohne Einverständnis des Geschäftsinhabers auch nicht im Wege der Bevollmächtigung auf Dritte delegiert werden (zu § 166 BGH 8.7.1957, BGHZ 25, 112 (122 f.) = NJW 1957, 1555). Etwas anderes gilt jedoch für Sachverständige, die wie Steuerberater und Wirtschaftsprüfer zur Verschwiegenheit verpflichtet sind (so zur KG BGH 8.7.1957, BGHZ 25, 115 (123) = NJW 1957, 1555), sowie für gesetzliche Vertreter und Pfleger (BGH 21.6.1965, BGHZ 44, 98 (100) = NJW 1965, 1961). Der Anspruch richtet sich **gegen den Geschäftsinhaber,** nicht gegen mit diesem verbundene Konzernunternehmen (BGH 16.1.1984, NJW 1984, 2470). Nach **Beendigung** der stillen Gesellschaft, insbesondere wegen Insolvenz des Geschäftsinhabers, gilt allein § 810 BGB (OLG Hamburg 4.3.2004, NZG 2004, 715; *Dißars* DStR 2020, 1514; abw. *Blaurock/Pordzik* NZG 2018, 81 (86 f.)); vgl. für schwebende Geschäfte auch § 235 Abs. 3.

3 **1. Jahresabschluss.** Gegenstand des Informationsrechts ist der Jahresabschluss iSv § 242 Abs. 3, mithin Handelsbilanz und GuV des Geschäftsinhabers (weitergehend Baumbach/Hopt/*Roth* Rn. 3: auch Steuerbilanz). Ist der Geschäftsinhaber nach § 264 buchführungspflichtig, beinhaltet das Informationsrecht auch den **Lagebericht;** bilanziert er nach internationalen Rechnungslegungsstandards, insbesondere **IFRS,** erstreckt sich das Informationsrecht hierauf. Aus § 233 folgt jedoch kein Recht, die Auf- bzw. Feststellung des Jahresabschlusses selbst zu verlangen (OLG Hamburg 4.3.2004, NZG 2004, 715; abw. KKRD/*Kindler* Rn. 1); vgl. insofern jedoch § 232 Abs. 1. Besteht die stille Beteiligung an einem nichtkaufmännischen Unternehmen (→ § 230 Rn. 3), bezieht sich das Informationsrecht auf das vom Geschäftsinhaber anstelle eines förmlichen Jahresabschlusses aufgestellte Rechenwerk, idR die Überschussrechnung für die Steuerveranlagung (MüKoHGB/*K. Schmidt* Rn. 9). Die „Bilanz" der stillen Gesellschaft selbst, mithin die gesellschaftsrechtliche Gewinn- und Verlustverteilung, wird von § 233 nicht erfasst (MüKoHGB/*K. Schmidt* Rn. 24). Hierfür gilt allein § 231 Abs. 1.

4 **2. Abschriftliche Mitteilung.** Nur auf (ausdrückliches oder konkludentes) **Verlangen** ist dem Stillen von dem Jahresabschluss eine Kopie auszuhändigen, nicht die Urschrift (BGH 16.1.1984, WM 1984, 807). Für den Leistungsort gilt nicht § 269 Abs. 1 BGB. Aus dem Wortlaut „Mitteilung" folgt vielmehr, dass der Geschäftsinhaber mangels abweichender Regelung im Gesellschaftsvertrag die Unterlagen auf eigene Kosten fotokopieren und an den Stillen versenden muss.

5 **3. Einsichtnahme.** Ergänzend steht dem Stillen das Recht zu, Einsicht in die für den Jahresabschluss maßgeblichen **Bücher und Papiere** zu nehmen, auch wenn diese (ggf. nur) elektronisch gespeichert sind oder der Geheimhaltung unterliegen (RGZ 117, 334). Die Einsichtnahme erstreckt sich auch auf die Bücher und Papiere von Gesellschaften, die sich im alleinigen Besitz des Geschäftsinhabers befinden (so für § 166 Abs. 3 BGH 8.7.1957, BGHZ 25, 115 (120) = NJW 1957, 1555). Es ist jedoch auf solche Unterlagen beschränkt, die dem Stillen eine sachgerechte Prüfung der erstellten Bilanzen ermöglichen (BGH 8.7.1957, BGHZ 25, 115 (120) = NJW 1957, 1555; vgl. zur Funktionsgebundenheit des Informationsrechts auch OLG Düsseldorf 27.7.2015, NZG 2015, 1153). Ein darüber hinausgehendes **allgemeines Informationsrecht** (Auskunft) gewährt § 233 nicht (hM, MüKoHGB/*K. Schmidt* Rn. 12); § 259 und § 810 BGB werden verdrängt. Es kann sich jedoch aus dem Gesellschaftsvertrag ergeben (so im Hinblick auf die Erfüllung der steuerlichen Pflichten des Stillen OLG Hamburg 4.3.2004, NZG 2004, 715). Auch zeitlich ist das Recht auf Einsichtnahme eingeschränkt, was Abs. 3 verdeutlicht (→ Rn. 5). Es besteht im Umkehrschluss hierzu **nicht jederzeit,** sondern nur im Nachgang zu dem in Kopie übersandten Jahresabschluss. **Art und Weise** der Einsichtnahme bestimmen sich auf der Grundlage der gesellschaftsrechtlichen Treuepflicht, sodass der Stille das Recht nicht zur Unzeit ausüben darf. Eine Mitnahme der Unterlagen ist im dispositiven gesetzlichen Regelfall nicht möglich

(zu § 118 BGH 16.1.1984, NJW 1984, 2470). Kopien und Notizen dürfen jedoch angefertigt werden, wenn dem keine berechtigten Interessen des Geschäftsinhabers entgegenstehen, was wegen des auf den Jahresabschluss begrenzten Informationszwecks regelmäßig zu verneinen ist. Die Kosten der Einsichtnahme trägt der Stille (zu § 118 BGH 15.12.1969, BB 1970, 187). Das Einsichtsrecht kann durch **einstweiligen Rechtsschutz** geltend gemacht werden, ohne dass die Voraussetzungen von Abs. 3 vorliegen müssen (abw. MüKoHGB/*K. Schmidt* Rn. 29).

4. Weitergehende Information. Der Stille kann **aus wichtigem Grund** aufgrund gerichtlicher Entscheidung nach Abs. 3 **jederzeit** weitere Informationen erlangen. Das Vorliegen der Voraussetzungen ist stets dann zu bejahen, wenn die Belange des Stillen durch vertragliche oder gem. Abs. 1 bestehende Einsichtsrechte nicht hinreichend gewahrt sind und darüber hinaus die Gefahr der Schädigung besteht (BGH 8.7.1957, BGHZ 25, 115 (120) = NJW 1957, 1555; dies bei konzernrechtlichen Abhängigkeitslagen bejahend *U. H. Schneider* ZGR 1980, 511 (529 f.)). Das Erfordernis des wichtigen Grundes bezieht sich auf das Informationsbedürfnis des Stillen und nicht nur auf die Notwendigkeit (jederzeitiger) gerichtlicher Anordnung (abw. MüKoHGB/*K. Schmidt* Rn. 15). Der Stille muss einen entsprechenden **Antrag** beim Amtsgericht am Sitz des Geschäftsinhabers iRe Verfahrens nach § 375 FamFG stellen. Dies ist auch parallel zur gerichtlichen Geltendmachung des Anspruchs aus Abs. 1 möglich (OLG Celle 11.5.1983, BB 1983, 1451). Ist der Antrag zulässig und begründet, kann das Gericht zur Verwirklichung des Informationsbedürfnisses **verschiedene Anordnungen** treffen: Vorlegung der Bücher und Papiere, Mitteilung eines Jahresabschlusses, sofern erstellt, auch einer Zwischenbilanz; sonstige Aufklärungen, mithin eine darüber hinausgehende Auskunft oder die Prüfung des Waren- bzw. Kassenbestands. Welches Mittel konkret angeordnet wird, steht im Ermessen des Gerichts (zu § 166 Abs. 3 BayObLG 4.7.1991, BB 1991, 1589). Die Beendigung des Verfahrens durch gerichtlichen Vergleich ist zulässig (zu § 166 Abs. 3 BayObLG 10.10.1978, DB 1978, 2405). 6

III. Abdingbarkeit

Eine gesellschaftsvertragliche **Erweiterung** der Informationsrechte nach Abs. 1 und 2 ist ohne Weiteres möglich. Bei **Beschränkungen** ist zu differenzieren: Das Informationsrecht gem. Abs. 1 kann beschränkt oder ausgeschlossen werden (hM, BayObLG 27.10.1988, WM 1988, 1789 (1790); etwas anderes gilt bei § 166, → § 166 Rn. 1 ff.). Bei Publikumsgesellschaften ist insbesondere die gesellschaftsvertragliche Einrichtung eines eigenen Organs für die alleinige Wahrnehmung des Informationsrechts zulässig (BGH 16.1.1984, NJW 1984, 2470). Das Informationsrecht nach Abs. 3 ist zwingend (BGH 16.1.1984, NJW 1984, 2470), auch bei der Publikumsgesellschaft (BGH 5.9.2008, WM 2008, 2211; → HGB Anh. Rn. 93 ff.). 7

[Kündigung der Gesellschaft; Tod des stillen Gesellschafters]

234 (1) [1] **Auf die Kündigung der Gesellschaft durch einen der Gesellschafter oder durch einen Gläubiger des stillen Gesellschafters finden die Vorschriften der §§ 132, 134 und 135 entsprechende Anwendung.** [2] **Die Vorschriften des § 723 des Bürgerlichen Gesetzbuchs über das Recht, die Gesellschaft aus wichtigen Gründen ohne Einhaltung einer Frist zu kündigen, bleiben unberührt.**

(2) **Durch den Tod des stillen Gesellschafters wird die Gesellschaft nicht aufgelöst.**

Übersicht

I. Allgemeines

1 § 234 regelt weitgehend dispositiv und unvollständig die Auflösung einer stillen Gesellschaft. **Abs. 1 S. 1** verweist im Hinblick auf die Kündigung durch einen Gesellschafter auf die §§ 132, 134 und § 135. Nach **Abs. 1 S. 2** gilt im Hinblick auf die außerordentliche Kündigung zudem § 723 BGB. **Abs. 2** besagt, dass die stille Beteiligung durch den Tod des Geschäftsinhabers nicht aufgelöst wird. Überblick zur Auflösung bei *Geck* DStR 1994, 657.

II. Auflösungsgründe

2 **1. Befristung, Bedingung.** Die stille Beteiligung kann von vornherein oder nachträglich befristet werden, sodass die Auflösung mit Fristablauf automatisch eintritt (vgl. auch § 723 Abs. 1 S. 1 BGB). Das Gleiche gilt bei Vereinbarung einer auflösenden Bedingung gem. § 158 Abs. 2 BGB. In beiden Fällen steht es den Gesellschaftern frei, aufgrund rechtzeitiger Vereinbarung die Fortsetzung herbeizuführen, ebenso nachträglich mit Rückwirkung, um Kontinuität zu erzielen.

3 **2. Zweckerreichung, Zweckverfehlung.** § 726 BGB gilt auch bei der stillen Gesellschaft (BGH 12.7.1982, NJW 1982, 2821). Sollen die Folgen der automatischen Beendigung vermieden werden, müssen die Gesellschafter rechtzeitig den Gesellschaftszweck ändern; § 726 BGB selbst ist nicht abdingbar. Ob Zweckerreichung vorliegt, folgt allein aus dem Gesellschaftsvertrag und kann insbesondere bei **Gelegenheitsgesellschaften** anzunehmen sein (→ BGB § 705 Rn. 10). Fließt die erbrachte Vermögenseinlage an den Stillen zurück, führt dies nicht zwingend zur Auflösung der Gesellschaft (FG Niedersachsen 13.10.2009, GmbHR 2009, 1338). **Unmöglichkeit** der Zweckerreichung setzt voraus, dass die Zweckerreichung dauerhaft und offenbar unmöglich wurde (zur GbR BGH 23.5.1957, BGHZ 24, 279 (293) = NJW 1957, 1279), nicht nur vorübergehend (BGH 12.7.1982, BGHZ 84, 379 (382) = NJW 1982, 2821). Anwendungsfall ist, dass der Geschäftsinhaber das Handelsgeschäft – vereinbarungsgemäß oder eigenmächtig – veräußert und damit die Geschäftsgrundlage zur gemeinsamen Gewinnerzielung wegfällt (vgl. für Sanierung und Veräußerung eines Gebäudes BGH 15.12.2003, NJW-RR 2004, 472). Sinkt das Geschäft lediglich auf ein Kleingewerbe herab, wandelt sich die stille Gesellschaft automatisch in eine gewöhnliche Innen-GbR um (EBJS/*Gehrlein* Rn. 9; vgl. auch BGH 22.6.1981, NJW 1982, 99 sowie → § 230 Rn. 3). Eine Maßnahme des Geschäftsinhabers nach UmwG (Verschmelzung, Spaltung, Formwechsel) lässt die stille Beteiligung unberührt, berechtigt jedoch ggf. zur außerordentlichen Kündigung (→ Rn. 10). Auch die bloße Unrentabilität des Unternehmens genügt zur Bejahung der Zweckverfehlung nicht, sodass insofern eine Kündigung erforderlich ist (zutreffend MüKoHGB/*K. Schmidt* Rn. 16); etwas anderes gilt aber, wenn dem Geschäftsinhaber der Betrieb des Unternehmens aufgrund behördlicher Verfügung untersagt wurde (EBJS/*Gehrlein* Rn. 9) oder wenn wegen § 707 BGB feststeht, dass keiner der Gesellschafter die erforderlichen Mittel zur Geschäftsfortführung aufbringt (vgl. OLG Köln 14.3.2002; BB 2002, 1167).

4 **3. Aufhebungsvertrag.** Die einvernehmliche Auflösung ist jederzeit möglich; vgl. aber § 136 InsO.

5 **4. Tod bzw. Auflösung einer Partei. a) Tod des stillen Gesellschafters.** Nach Abs. 2 ist der Tod des stillen Gesellschafters kein Auflösungsgrund; Abweichendes kann vereinbart werden (Einzelheiten MüKoHGB/*K. Schmidt* Rn. 58). An die Stelle des Stillen rücken die Erben, ggf. in Erbengemeinschaft (vgl. RGZ 126, 386 (392)). Die stille Beteiligung ist regelmäßig nach § 723 BGB außerordentlich kündbar (→ Rn. 10). Ist der Stille eine juristische Person oder Personenhandelsgesellschaft, gilt Abs. 2 bei deren **Auflösung** entsprechend.

6 **b) Tod des Geschäftsinhabers.** Beim Tod des Geschäftsinhabers wird die stille Gesellschaft gem. § 727 Abs. 1 BGB aufgelöst, sofern sich nicht aus dem Gesellschaftsvertrag (Fortsetzungsklausel) etwas anderes ergibt (allgM, MüKoHGB/*K. Schmidt* Rn. 7). Die Erben haben den Tod gem. § 727 Abs. 2 S. 1 BGB unverzüglich anzuzeigen. Die Pflicht zur Fortführung des Handelsgeschäfts folgt allein aus § 235 Abs. 2; für § 727 Abs. 2 S. 2 und 3 BGB ist insoweit kein Raum (hM, MüKoHGB/*K. Schmidt* Rn. 8; abw. *Blaurock/Pordzik* NZG 2018, 81 (82)). Ist eine juristische Person oder Personenhandelsgesellschaft Geschäftsinhaber, führt deren **Auflösung** nicht automatisch zur Auflösung der stillen Beteiligung (BGH 12.7.1982, BGHZ 84, 379 (382) = NJW 1982, 2821). Wohl aber ist regelmäßig eine außerordentliche Kündigung gem. § 723 BGB möglich (→ Rn. 10). Vor Beendigung der Auseinandersetzung der stillen Beteiligung nach § 235 tritt beim Geschäftsinhaber keine Vollbeendigung ein (EBJS/*Gehrlein* Rn. 13).

7 **5. Insolvenz.** Wird über das Vermögen des Geschäftsinhabers oder des Stillen das Insolvenzverfahren eröffnet, ist die stille Gesellschaft gem. § 728 Abs. 2 S. 1 BGB zwingend aufgelöst (BGH 24.2.1969, BGHZ 51, 350 (352) = NJW 1969, 1211; OLG Brandenburg 9.6.2004, GmbHR 2004, 1390; ohne Begründung abw. *Geck* DStR 1994, 657 (660); abw. für die Insolvenz des Geschäftsinhabers unter Berücksichtigung von Sanierungsaspekten auch *Blaurock/Pordzik* NZG 2018, 81 (82 f.)). Maßgeblicher

Zeitpunkt ist der Erlass des Eröffnungsbeschlusses (EBJS/*Gehrlein* Rn. 17). Vgl. zur Auseinandersetzung bei Insolvenz des Geschäftsinhabers § 236 sowie § 136 InsO (→ InsO § 136 Rn. 1 ff.). Die Ablehnung der Insolvenzeröffnung (ggf. mangels Masse) führt die Auflösung nicht herbei, berechtigt aber regelmäßig zur außerordentlichen Kündigung der anderen Partei gem. § 723 Abs. 1 BGB (→ Rn. 10).

6. Kündigung. Die stille Beteiligung kann auch durch Kündigung aufgelöst werden. Erforderlich ist stets eine wirksame Kündigungserklärung, die dem anderen zugehen muss. Der Kündigende muss sich bei der Ausübung nicht auf ein bestimmtes Kündigungsrecht berufen (BGH 27.11.2000, NJW 2001, 1270). Für die **Ausschließung** eines Gesellschafters ist bei der stillen Gesellschaft grundsätzlich kein Raum (vgl. aber zur mehrgliedrigen Gesellschaft MüKoHGB/*K. Schmidt* Rn. 53 ff.). 8

a) Ordentliche Kündigung. Jeder Gesellschafter kann nach § 132 die auf unbestimmte Zeit gegründete stille Beteiligung ordentlich kündigen. Im abdingbaren gesetzlichen Regelfall ist der Kündigungstermin das Ende des Geschäftsjahres des Inhabers; die Kündigungsfrist beträgt sechs Monate (zu Einzelheiten, insbesondere vertraglichen Abweichungen und Kündigungsgründen, s. § 132). Wurde die stille Beteiligung auf Lebenszeit eines Gesellschafters eingegangen, gilt § 134 (→ § 134 Rn. 1 ff.). Das ordentliche Kündigungsrecht kann bei einer auf unbestimmte Zeit bzw. auf Lebenszeit eines Gesellschafters gegründeten Gesellschaft gem. § 723 Abs. 3 BGB **nicht ausgeschlossen** werden (BGH 20.12.1956, BGHZ 23, 10 (14) = NJW 1957, 461; abw. noch RGZ 156, 129 (134)); auch eine vertragliche Befristung unter Ausschluss der ordentlichen Kündbarkeit ist in Ausnahmefällen gem. § 138 Abs. 1 BGB unwirksam, wenn hierdurch die persönliche und wirtschaftliche Handlungsfreiheit beschränkt wird (vgl. BGH 21.3.2005, NJW 2005, 1785). Die Zulässigkeitsgrenzen bei **Hinauskündigungsklauseln** gelten bei der stillen Gesellschaft nicht (abw. bei einer Publikumsgesellschaft, vgl. BGH 7.2.1994, NJW 1994, 1156). Zur dilatorischen Einschränkung des Kündigungsrecht unter dem Aspekt der **Unzeit** vgl. § 723 Abs. 2 BGB. 9

b) Außerordentliche Kündigung. Jeder Gesellschafter hat gem. § 723 Abs. 1 BGB das Recht zur außerordentlichen Kündigung. Dieses ist gem. § 723 Abs. 3 BGB unentziehbar (BGH 21.4.1980, BB 1980, 958). Einzelne wichtige Gründe können jedoch als Regelbeispiele definiert werden, um die Beweisführung zu erleichtern (weitergehend EBJS/*Gehrlein* Rn. 27, wonach einzelne Kündigungsgründe auch ausgeschlossen werden können). Zu den Einzelheiten hinsichtlich Kündigungsgrund, vorrangiger Vertragsanpassung und Kündigungserklärung → BGB § 723 Rn. 1 ff. Zu berücksichtigen ist aber, dass die persönliche Bindung zwischen Stillem und Geschäftsinhaber regelmäßig geringer ausgeprägt ist als bei der GbR, sodass die erforderliche **Unzumutbarkeit** des weiteren Zusammenschlusses höheren Anforderungen unterliegt (EBJS/*Gehrlein* Rn. 28). Umgekehrt können die geringen Mitwirkungsbefugnisse des Stillen bereits bei leichten Pflichtverletzungen des Geschäftsinhabers zur berechtigten Kündigung wegen Vertrauensverlusts führen (vgl. BGH 8.7.1976, DB 1977, 87). Stets erforderlich ist eine auf die Umstände des Einzelfalles abstellende umfassende **Interessenabwägung** (BGH 12.7.1982, BGHZ 84, 379 (381) = NJW 1982, 2821). § 490 Abs. 1 BGB gilt nicht analog. Auch die außerordentliche Kündigung kann **zur Unzeit** erfolgen und den Kündigenden gem. § 723 Abs. 2 BGB schadensersatzpflichtig machen (BGH 8.7.1976, DB 1977, 87). 10

Einzelfälle eines wichtigen Grundes: Änderung der wesentlichen Grundlagen des Geschäftsinhabers (vgl. BGH 21.4.1980, BB 1980, 958); Auflösung einer beteiligten Gesellschaft (vgl. BGH 12.7.1982, BGHZ 84, 379 (382) = NJW 1982, 2821); Behinderung des Stillen bei der Wahrnehmung von Gesellschafterrechten (vgl. BGH 8.7.1976, DB 1977, 87); Lösungsrechte des Stillen nach der Lehre von der fehlerhaften Gesellschaft (→ § 230 Rn. 34 ff. sowie → HGB Anh. Rn. 27). Als wichtige Gründe kommen weiterhin in Betracht: dauernde Unrentabilität des Geschäftsbetriebs, Vermögensverfall des Geschäftsinhabers, dessen Ungeeignetheit zur Geschäftsführung, sowie ein Wechsel im Gesellschafterbestand eines Unternehmensträgers (vgl. EBJS/*Gehrlein* Rn. 29); die drohende Insolvenz des Geschäftsinhabers; der Verkauf des Handelsgeschäfts durch den Geschäftsinhaber (KKRD/*Kindler* Rn. 3). 11

c) Kündigung durch einen Gläubiger. Nach § 135 ist auch eine Kündigung durch einen Gläubiger des Stillen möglich. Dies gilt nicht für Gläubiger des Geschäftsinhabers (MüKoHGB/*K. Schmidt* Rn. 52); auch § 725 BGB gilt nicht (EBJS/*Gehrlein* Rn. 31; → § 135 Rn. 1 ff.). 12

III. Rechtsfolgen der Auflösung

Zum Zeitpunkt eines Auflösungsgrundes wird die stille Beteiligung **beendet,** bei der Kündigung zum Kündigungstermin. Abweichend von den sonstigen Gesellschaftstypen fallen Auflösung und Vollbeendigung damit zusammen, sodass **kein Liquidationsverfahren** stattfindet (BGH 22.6.1981, NJW 1982, 99; BGH 26.6.1989, NJW 1990, 573; BGH 16.5.2017, NZG 2017, 907 Rn. 10; BGH 11.9.2018, WM 2018, 2248; abw. für die mehrgliedrige stille Beteiligung LG Hamburg 31.10.2014, NZG 2015, 553 Rn. 59). Es hat vielmehr eine **Auseinandersetzung** nach § 235 zu erfolgen, bei der die Einzelansprüche unselbstständige Rechnungsposten werden (BGH 3.2.2015, NZG 2015, 674 Rn. 15). Die nach § 235 anzufertigende Schlussabrechnung ist allein Aufgabe des Geschäftsinhabers und setzt nicht 13 das Fortbestehen einer Liquidationsgesellschaft voraus. Dies gilt auch, wenn noch schwebende Geschäfte iSv § 235 Abs. 2 abgewickelt werden müssen (abw. Baumbach/Hopt/*Roth* Rn. 1; *Blaurock/Pordzik* NZG 2018, 81 (82 f.), die jedoch auf S. 84 selbst davon ausgehen, dass die schwebenden Geschäfte „außerhalb der Gesamtabrechnung" gem. § 235 abgewickelt werden). Zum nachwirkenden Informationsrecht des Stillen → § 233 Rn. 1. Wollen die (ehemaligen) Gesellschafter die stille Beteiligung nach Auflösung **fortsetzen,** können sie dies durch eine entsprechende, ggf. rückwirkende gesellschaftsrechtliche Vereinbarung erreichen (vgl. EBJS/*Gehrlein* Rn. 6; abw. *Blaurock/Pordzik* NZG 2018, 81 (83): Fortsetzung während der ihrer Ansicht nach bestehenden Liquidationsphase zulässig). Jedenfalls ist es möglich, im Gesellschaftsvertrag von vornherein ein besonderes Liquidationsverfahren vorzusehen (vgl. OLG München 30.4.2014, BeckRS 2014, 21235 Rn. 50; für die vereinbarte Geltung der §§ 145 ff. bei der „Innen-Liquidation" einer virtuellen KG auch *Blaurock/Pordzik* NZG 2018, 81 (83 f.)).

IV. Beweislast

14 Wer sich auf einen Auflösungsgrund beruft, hat dies darzulegen und zu beweisen.

[Auseinandersetzung]

235 (1) **Nach der Auflösung der Gesellschaft hat sich der Inhaber des Handelsgeschäfts mit dem stillen Gesellschafter auseinanderzusetzen und dessen Guthaben in Geld zu berichtigen.**

(2) [1]**Die zur Zeit der Auflösung schwebenden Geschäfte werden von dem Inhaber des Handelsgeschäfts abgewickelt.** [2]**Der stille Gesellschafter nimmt teil an dem Gewinn und Verluste, der sich aus diesen Geschäften ergibt.**

(3) **Er kann am Schlusse jedes Geschäftsjahrs Rechenschaft über die inzwischen beendigten Geschäfte, Auszahlung des ihm gebührenden Betrags und Auskunft über den Stand der noch schwebenden Geschäfte verlangen.**

Übersicht

I. Allgemeines

1 Die stille Beteiligung wirkt rein schuldrechtlich, indem kein gemeinsames Gesellschaftsvermögen gebildet wird. **Abs. 1** sieht vor, dass sich die Parteien im Hinblick auf die bis zur Auflösung angefallenen Geschäftsvorfälle auseinandersetzen. Auf der Grundlage des Ergebnisverteilungsschlüssels (§§ 231, 232) ist eine **Schlussrechnung** zu erstellen, aus der entweder ein Auseinandersetzungsguthaben des Stillen resultiert oder aber dieser zur Zahlung an den Geschäftsinhaber verpflichtet wird. **Abs. 2 und 3** sehen vor, dass **schwebende Geschäfte** aus dieser stichtagsbezogenen Abrechnung zunächst herausgenommen werden und diesbezüglich eine gesonderte Auseinandersetzung erfolgt. Die Regelung ist weitgehend dispositiv; die Vereinbarung von konkreten Abfindungsklauseln ist dringend anzuraten. Begehrt der Stille bei der zweigliedrigen Gesellschaft als Schadensersatz Rückzahlung der Einlage, steht ihm ein Auseinandersetzungsguthaben nicht zu (BGH 19.12.2005, NZG 2006, 185; → HGB Anh. Rn. 26).

II. Auseinandersetzung

2 Es entspricht ganz hM, dass die §§ 730 ff. BGB bzw. §§ 145 ff. im gesetzlichen Regelfall nicht analog gelten, es somit **kein Liquidationsverfahren** unter Fortbestand des stillen Gesellschaftsverhältnisses gibt (OLG München 30.4.2014, BeckRS 2014, 21235 Rn. 46; BGH 8.12.2015, NZG 2016, 422 (423 f.);

EBJS/*Gehrlein* Rn. 1; abw. *Blaurock/Pordzik* NZG 2018, 81 (83)); abw. für atypische stille Beteiligungen auch MüKoHGB/*K. Schmidt* Rn. 3; *Blaurock/Pordzik* NZG 2018, 81 (83 f.)). Die Auseinandersetzung erfolgt daher allein auf der Grundlage des gesetzlichen bzw. gesellschaftsvertraglich vereinbarten Ergebnisverteilungsschlüssels (Einzelheiten §§ 231, 232). Einzelne Liquidationsvorschriften können jedoch zur sachgerechten Lückenfüllung im Einzelfall analog herangezogen werden. Auch ist es möglich, im Gesellschaftsvertrag ein besonderes Liquidationsverfahren vorzusehen (vgl. OLG München 30.4.2014, BeckRS 2014, 21235 Rn. 50).

1. Schlussabrechnung. Der Geschäftsinhaber ist gem. Abs. 1 verpflichtet, unverzüglich nach Auflösung iSv § 234 eine auf diesen Zeitpunkt bezogene **GuV** zu erstellen (OLG Düsseldorf 17.2.1994, NJW-RR 1995, 420; EBJS/*Gehrlein* Rn. 9: Fortschreibung der ordentlichen Jahresrechnung). Hierin sind alle bis dahin noch nicht iRe periodischen Ergebnisfeststellung nach § 232 berücksichtigten betriebsbezogenen Geschäftsvorfälle aufzunehmen und gemäß dem maßgeblichen Ergebnisverteilungsschlüssel abzurechnen (BGH 29.6.1992, NJW 1992, 2697: Gesamtabrechnung; BGH 3.2.2015, WM 2015, 1114). Die hierunter zu fassenden Vorgänge sind **Rechnungsposten** und können nicht mehr isoliert geltend gemacht werden. Eine förmliche **Abschichtungsbilanz** ist jedenfalls dann aufzustellen, wenn der Stille („atypisch") aufgrund vertraglicher Vereinbarung schuldrechtlich am „Gesellschaftsvermögen" beteiligt wurde (BGH 13.4.1995, NJW-RR 1995, 1061); ansonsten genügt eine **Auseinandersetzungsrechnung** (MüKoHGB/*K. Schmidt* Rn. 16). Nimmt man wie hier an, dass auch der „typische" Stille ohne entsprechende Vereinbarung an Steigerungen des Unternehmenswertes teilnimmt (RGZ 94, 106 (108); → Rn. 4; → § 231 Rn. 3), muss die Abrechnung des Geschäftsinhabers diesem Umstand stets durch ein entsprechendes Zahlenwerk Rechnung tragen. Bei der **gerichtlichen Durchsetzung** genügt es, wenn der Stille beantragt, eine Auseinandersetzungsbilanz zu erstellen; die Entscheidung, welche Handlungen hierfür im Einzelnen vorzunehmen sind, kann im Vollstreckungsverfahren getroffen werden (OLG Bremen 7.6.2009, NZG 2009, 1066). 3

2. Einzubeziehende Posten. Gegenstand der Schlussabrechnung sind zunächst einmal alle **Geschäftsvorfälle,** die in die periodische Ergebnisermittlung fallen (§§ 231, 232), auch iRd stillen Beteiligung entstandene Schadensersatzansprüche (BGH 29.6.1970, NJW 1971, 375). Ergänzend ist zu berücksichtigen, dass mit der Beendigung des Beteiligungsverhältnisses auch Gewinne und Verluste zu realisieren sind, die in der jährlichen GuV keinen Niederschlag finden bzw. fanden. Dies betrifft grundsätzlich auch **Wertveränderungen** des Anlage- und Umlaufvermögens, insbesondere **stille Reserven.** Im gesetzlichen Regelfall sind diese zu berücksichtigen, soweit sie im Zeitraum der stillen Beteiligung anfielen und die Wertveränderung betriebsbezogen ist (abw. die hM, die dies nur bei „atypischen stillen Gesellschaften" bejaht, BGH 10.10.1994, NJW 1995, 192 (193) sowie BGH 13.4.1995, NJW-RR 1995, 1061; → § 231 Rn. 3). **Rücklagen** sind zu berücksichtigen, auch wenn sie nicht förmlich aufgelöst werden. Das Gleiche gilt für **Gewinnvorträge.** Überhöhte **Abschreibungen** sind zu reduzieren (BGH 30.11.1959, BB 1960, 14), unterbliebene nachzuholen (EBJS/*Gehrlein* Rn. 13). Eine Steigerung des **Firmenwerts** ist einzubeziehen, denn dieser wurde letztlich mit Hilfe des Kapitalbeitrags des Stillen vergrößert (abw. BGH 10.10.1994, NJW 1995, 192 (193); BGH 12.5.1986, NJW 1986, 2306; wie hier, jedoch bei der „atypischen stillen Beteiligung" aufgrund Vereinbarung, BGH 9.7.2001, NJW 2001, 3778). **Aufwendungsersatzansprüche** aus §§ 713, 670 BGB sind ab Auflösung ebenfalls nicht mehr isoliert geltend zu machen (BGH 22.2.2011, WM 2011, 765); das Gleiche gilt für **Schadensatzansprüche** gegen einen Gesellschafter (OLG Frankfurt a. M. 21.5.2014, BeckRS 2014, 13889). 4

Ist das **Kapitalkonto** zur Zeit der Auflösung negativ (→ § 232 Rn. 9), ist der Fehlbetrag bei entsprechender Verlusttragung des Stillen ein Abzugsposten; ein Guthaben ist umgekehrt als Aktivposten zu berücksichtigen, wenn dieses nicht zur vereinbarten Verlusttragung erforderlich ist. Die **rückständige Einlage** ist nur im Umfang der **Verlusttragung** zu berücksichtigen (BGH 5.11.1979, NJW 1980, 1522); in diesem Umfang wird sie jedoch mit Auflösung der stillen Gesellschaft **sofort fällig** (hM bei GmbH und AG, vgl. RGZ 138, 111). Bei einer **ratenweisen Einlagepflicht** erstreckt sich die Rückständigkeit nur auf die bis zur Auflösung fällig gewordenen Raten, sodass künftige nicht mehr zu leisten sind (OLG München 30.4.2014, BeckRS 2014, 21235 Rn. 62; abw. für die Kommanditeinlage aber OLG München 21.10.2015, WM 2016, 42; die Frage offen lassend BGH 16.5.2017, NZG 2017, 907 Rn. 21). Die Einlageforderung verjährt gem. §§ 195, 199 BGB, auch bei der stillen Beteiligung an einer Kapitalgesellschaft (BGH 1.3.2010, DStR 2010, 1489, auch zur Unterbrechung). Ergibt die Auslegung des Gesellschaftsvertrags einen **Eigenkapitalcharakter** des Finanzierungsbeitrags des Stillen, muss dieser Beitrag auch nach Auflösung der stillen Gesellschaft noch erbracht werden, soweit dies für die Gläubigerbefriedigung erforderlich ist (→ § 236 Rn. 14 ff.); maßgeblicher Zeitpunkt für die Beurteilung dieser Erforderlichkeit ist der Schluss der mündlichen Verhandlung (vgl. BGH 30.1.2018, WM 2018, 717 Rn. 43). Wird die stille Beteiligung nach der **Lehre von der fehlerhaften Gesellschaft** aufgelöst bzw. beendet (→ § 230 Rn. 19), bezieht sich diese ex nunc Wirkung auch auf die rechtliche Behandlung der geleisteten Eigenkapitalbeiträge, sodass diese ggf. nicht mehr vorhanden sind und konsequenterweise keine Rückzahlungsansprüche zu Gunsten des Stillen mehr bestehen (vgl. nur OLG Hamburg 4.9.2018, NZG 2019, 303). 4a

4b **Gewinnunabhängige Ausschüttungen** sind grundsätzlich nicht rückzahlbar, wenn im Gesellschaftsvertrag keine hinreichenden Anhaltspunkte dafür bestehen, dass diese Auszahlungen unter dem Vorbehalt der Rückforderung geleistet werden (vgl. BGH 12.3.2013, NZG 2013, 738; BGH 1.7.2014, BeckRS 2014, 16417; LG Koblenz 18.2.2020, BeckRS 2020, 3759 Rn. 21; bedenklich weitergehend nunmehr aber BGH 20.4.2017, WM 2017, 1312: Ausschüttungen jenseits von § 169 nur zulässig, wenn der Gesellschaftsvertrag dies vorsieht oder mit Einverständnis aller Gesellschafter). Fehlt es im Hinblick auf die Ausschüttung an einer gesellschaftsvertraglichen Grundlage, kann diese **gem. § 812 BGB zurückgefordert** werden (OLG Düsseldorf 12.12.2019, NZG 2020, 699 Rn. 16 ff.). Die Gutgläubigkeit nach Maßgabe von § 172 Abs. 5 spielt im Innenverhältnis keine Rolle, weil der Entreicherungseinwand ausreichend Schutz bietet (OLG Düsseldorf 12.12.2019, NZG 2020, 699 Rn. 31 f.). Wurden die hiernach rückzahlbaren Ausschüttungen nicht unmittelbar an den Gesellschafter ausgezahlt, sondern im Rahmen eines anderen Beteiligungsprogramms der Gesellschaft umgebucht, steht dies der Rückzahlungsplicht nicht entgegen (BGH 14.3.2017, BKR 2017, 482). Ansprüche auf Rückforderung entsprechender Ausschüttungen können auch **abgetreten** werden (vgl. LG Koblenz 18.2.2020, BeckRS 2020, 3759, freilich schief als „Abtretung der Beteiligung" bezeichnet). Zu beachten ist auch, dass eine (gesellschaftsrechtlich zulässige) Entnahme der **Insolvenzanfechtung** nach §§ 131, 134 InsO unterliegen kann (*Schmiegel* NZI 2013, 913 (918 ff.); vgl. für Scheingewinne auch BGH 18.7.2013, NZG 2013, 1187; für ein Schneeballsystem auch BGH 20.4.2017, WM 2017, 1312).

5 **3. Nicht einzubeziehende Posten.** Nicht einzubeziehende Posten sind zunächst alle Forderungen und Verbindlichkeiten, die ihre Grundlage nicht im Gesellschaftsverhältnis haben, mithin vor allem **Drittgeschäfte** (Kaufvertrag, Darlehen). Das gilt selbst dann, wenn diese in das „gesellschaftsrechtlich" eingerichtete **Privatkonto** des Stillen aufgenommen wurden, zB nach Gewinnausschüttung (→ § 232 Rn. 7). Ein **Ausgabeaufgeld** fällt ebenfalls nicht in die Auseinandersetzung (vgl. BFH 23.2.2000, NJW-RR 2001, 817). Zur haftungsmäßigen Widmung solcher Forderungen gegen den Geschäftsinhaber in der Insolvenz → § 236 Rn. 14 ff. Hat der Stille als Vermögenseinlage **Sacheinlagen** erbracht, sind diese uU außerhalb der wertmäßigen Auseinandersetzung zurück zu gewähren (→ Rn. 9); erbrachte **Dienstleistungen** sind regelmäßig nicht mehr zu berücksichtigen (→ Rn. 10). Die erwarteten Gewinne und Verluste aus den **schwebenden Geschäften** iSv Abs. 2 und 3 sind ebenfalls nicht mit einzubeziehen (EBJS/*Gehrlein* Rn. 31; → Rn. 11 ff.). Hat der Geschäftsinhaber gegen den Stillen einen Anspruch auf **Gewinnrückzahlung,** ist die Geltendmachung ausgeschlossen, wenn der Gewinn als neue Einlage thesauriert wurde (OLG München 30.4.2014, BeckRS 2014, 21235 Rn. 56).

6 **4. Rechtsfolgen.** Die Notwendigkeit einer Schlussabrechnung begründet zunächst im Regelfall eine **Durchsetzungssperre** für die einzubeziehenden Posten. Der Stille kann nur ausnahmsweise Rückzahlung ohne Auseinandersetzung fordern, wenn vor Beendigung der Auseinandersetzung mit Sicherheit feststeht, dass er jedenfalls einen bestimmten Betrag verlangen kann (BGH 29.6.1992, NJW 1992, 2696; ähnlich BGH 3.2.2015, WM 2015, 1114: wenn dadurch das Ergebnis der Auseinandersetzung [teilweise] in zulässiger Weise vorweggenommen wird und insbesondere die Gefahr von Hin- und Herzahlungen nicht besteht). Ergibt sich aus der Schlussabrechnung ein **Auseinandersetzungsguthaben** des Stillen, handelt es sich um einen **Zahlungsanspruch** gegen den Geschäftsinhaber (Abs. 1). Dieser ist bereits zum Auflösungszeitpunkt entstanden und wird mit Beendigung der Auseinandersetzung fällig (BGH 13.11.2000, NZG 2001, 164; BGH 6.12.2016, NZG 2017, 339 (340)). Er ist pfändbar sowie abtretbar (§ 717 S. 2 BGB; vgl. zur GbR BGH 21.7.2008 DZWIR 2008, 480), auch im Voraus (BGH 13.11.2000, NJW-RR 2000, 463; zur gerichtlichen Geltendmachung durch den Dritten BGH 21.7.2008, DStR 2009, 495). Klagt der Stille ein Auseinandersetzungsguthaben ein, trägt er für die Voraussetzungen einer die Vermögenseinlage übersteigenden Forderung die **Beweislast;** das Informationsrecht gem. § 233 gilt insofern fort. Der Geschäftsinhaber muss umgekehrt beweisen, dass die Vermögenseinlage durch Verluste aufgezehrt ist (BGH 30.11.1959, BB 1960, 14 (15); EBJS/*Gehrlein* Rn. 20; Einzelheiten bei MüKoHGB/*K. Schmidt* Rn. 52 ff.). Die klageweise Geltendmachung einer in die Abfindungsrechnung einzubeziehenden Forderung enthält das Feststellungsbegehren, die Forderung in die Auseinandersetzungsbilanz einzubeziehen (BGH 15.5.2000, NJW 2000, 2586). Ergibt sich aus der Schlussabrechnung eine die Vermögenseinlage übersteigende **Verlusttragungspflicht** des Stillen, hat der Geschäftsinhaber wegen § 707 BGB gegen ihn nur dann einen Zahlungsanspruch, wenn dies besonders vereinbart wurde (→ § 232 Rn. 10). Ist dies der Fall, gilt hierfür die Nachhaftungsbegrenzung gem. § 160 entsprechend (vgl. OLG Koblenz 14.9.2009, becklink 292 605).

7 **5. Schadensersatz.** Wurde der Stille bei seinem Beitritt **getäuscht,** kann ihm gegen den Geschäftsinhaber ein Anspruch auf Schadensersatz gem. §§ 311, 280 BGB zustehen, in dessen Folge der Stille so zu stellen ist, wie er stehen würde, wenn er sich nicht beteiligt hätte (BGH 21.3.2005, NZG 2005, 476). Wenngleich in diesen Fällen grundsätzlich die Lehre von der fehlerhaften Gesellschaft gilt (→ § 230 Rn. 19), wird die hieraus resultierende Ex-nunc-Abwicklung schadensrechtlich überlagert. Im Ergebnis hat der Stille daher für die während seiner Beteiligung eintretenden Verluste nicht einzustehen; umge-

kehrt steht ihm dann jedoch auch kein Auseinandersetzungsguthaben zu (BGH 19.12.2005, DStR 2006, 244). Zur abweichenden Beurteilung bei der mehrgliedrigen stillen Gesellschaft → HGB Anh. Rn. 57a.

6. Kapitalerhaltungsgebot. Ergibt sich ein Auseinandersetzungsguthaben des Stillen, ist dieser nicht Adressat der Kapitalerhaltungsregeln bei GmbH und AG, soweit er nicht zugleich deren Gesellschafter ist oder einem Gesellschafter zuzurechnen ist (→ § 30 Rn. 14). Er kann sein Auseinandersetzungsguthaben daher ohne Weiteres verlangen (*Servatius* Gläubigereinfluss 416 ff.); abw. die hM, wonach die Einlage des atypischen Stillen durch § 30 GmbHG gebunden sei, wenn dieser – ohne Innehabung einer formalen Gesellschafterstellung – hinsichtlich seiner vermögensmäßigen Beteiligung und seines Einflusses auf die Geschicke der GmbH weitgehend einem GmbH-Gesellschafter gleichsteht (BGH 13.2.2006, NJW-RR 2006, 760; LG Dortmund 22.8.2008, BeckRS 2008, 21901; OLG Stuttgart 13.11.2008, NZG 2009, 259; BGH 1.3.2010, DStR 2010, 1489; ebenso zur AG OLG Köln 4.12.2008, DB 2009, 609). Einzelheiten → § 236 Rn. 14 ff. 8

III. Sacheinlagen

1. Sachen. Hat der Stille Sacheinlagen erbracht (→ § 230 Rn. 27), sind bloß **zum Gebrauch** überlassene Sachen entsprechend § 732 S. 1 BGB bzw. nach § 985 BGB außerhalb der ggf. noch durchzuführenden Auseinandersetzung sogleich zurückzugeben. Der Geschäftsinhaber hat gem. § 273 BGB ein Zurückbehaltungsrecht wegen etwaiger Ansprüche aus vertraglich vereinbarter Verlusttragung (BGH 12.1.1998, NJW 1998, 1551). Hierzu ist ggf. eine Abschichtungsbilanz aufzustellen (BGH 29.6.1981, NJW 1981, 2802). **Übereignete** Sachen verbleiben nach hM im Eigentum des Geschäftsinhabers und werden wertmäßig zugunsten des Stillen iRd Abrechnung berücksichtigt. Etwas anderes soll jedoch gelten, wenn die Übereignung an den Geschäftsinhaber durch eine Treuhandabrede unterlegt ist, was der Stille ggf. beweisen muss (vgl. MüKoHGB/*K. Schmidt* Rn. 12). Dies überzeugt nicht uneingeschränkt. Die Einbringung einer Sacheinlage quoad dominium weist wegen der Zweckbindung, hiermit im gemeinsamen Interesse zu wirtschaften (→ § 230 Rn. 22), zumindest bei **notwendigen Betriebsmitteln** stets einen auf die Zeit der stillen Beteiligung bezogenen Treuhandcharakter auf. Der Stille kann daher bereits im gesetzlichen Regelfall Rückübereignung verlangen, ohne dass es auf eine besondere Treuhandabrede ankäme (unter Anrechnung dieses Werts iRd Auseinandersetzung). Der Geschäftsinhaber muss ggf. beweisen, dass er aufgrund abweichender Vereinbarung ein Recht hat, die Sache auch über die stille Beteiligung hinaus behalten zu dürfen. Zur Insolvenz § 236. 9

2. Sonstige Vermögenswerte. Bei der Einbringung von sonstigen Gegenständen (zB **Lizenzen, Patente**) gilt dasselbe wie bei der Einbringung von Sachen (→ Rn. 9). Hat der Stille seine Vermögenseinlage durch **Dienstleistungen** erbracht, war der Geschäftsinhaber bereits während der stillen Beteiligung verpflichtet, diese Leistungen iRd periodischen Abrechnung nach § 232 zugunsten des Stillen in Ansatz zu bringen. In diesem Fall sind sie gem. § 733 Abs. 2 S. 3 BGB bei der Auseinandersetzung nicht mehr zu berücksichtigen (BGH 26.11.1979, NJW 1980, 1744; *Blaurock/Pordzik* NZG 2018, 81 (85)). Ist dies nicht erfolgt, muss die Anrechnung zum objektiven bzw. hiervon abweichend vereinbarten Wert iRd Auseinandersetzung erfolgen (→ Rn. 4); über diese Anrechnung hinaus erbrachte Dienste sind gesondert zu vergüten (BGH 22.11.1965, NJW 1966, 501). Die Beendigung der stillen Beteiligung führt dazu, dass der Stille keine weiteren Dienste mehr erbringen muss, selbst bei noch nicht erfüllter Verlusttragungspflicht (MüKoHGB/*K. Schmidt* Rn. 13). Pflichtwidrig nicht erbrachte Dienstleistungen sind bei der Auseinandersetzung in einen wertmäßigen Abzug zu bringen (EBJS/*Gehrlein* Rn. 50). Vgl. zur Auseinandersetzung bei bloß wertmäßig eingebrachten Gegenständen (quoad sortem) *Berninger* DStR 2010, 874. 10

IV. Schwebende Geschäfte

Aus Abs. 2 S. 1 folgt wie bei § 740 BGB die nachwirkende Pflicht des Geschäftsinhabers, die zur Zeit der Auflösung schwebenden Geschäfte im Interesse der Gewinnerzielung abzuwickeln und im Einklang mit dem maßgeblichen Ergebnisverteilungsschlüssel abzurechnen. Der Stille partizipiert an den sich hieraus ergebenden Gewinnen und Verlusten gem. Abs. 2 S. 2. Hierzu ist eine **Sonderabrechnung** anzufertigen, die nicht Bestandteil der Auseinandersetzung nach Abs. 1 ist (BGH 8.4.1976, DB 1976, 2106). Die Regelung ist **dispositiv** (BGH 10.10.1994, BGHZ 127, 176 = NJW 1995, 192). Es kann im Gesellschaftsvertrag vereinbart werden, dass allein eine stichtagsbezogene Abrechnung nach Abs. 1 erfolgt, welche die zukünftige Entwicklung berücksichtigt (zur sofortigen vollständigen Auseinandersetzung im Wege des Ertragswertverfahrens OLG Hamm 11.5.2004, NZG 2005, 175). Abs. 3 gewährt ein besonderes Informationsrecht. 11

1. Schwebende Geschäfte. Schwebende Geschäfte sind alle unternehmensbezogenen Rechtsverhältnisse, die im Zeitpunkt der Auflösung der stillen Beteiligung zu einer Verpflichtung oder Berechtigung des Geschäftsinhabers führen und noch **nicht vollständig erfüllt** sind (BGH 16.12.1985, WM 1986, 709; BGH 29.4.1984, WM 1985, 1166). Beispiele hierfür sind nicht erfüllte Kauf- und Werk- 12 verträge. Maßgeblich ist wie bei § 232, ob das betreffende Geschäft nach der gemeinschaftlichen Zwecksetzung in die beiderseitige Ergebnisaufteilung einzubeziehen ist oder nicht (MüKoHGB/*K. Schmidt* Rn. 39). Nicht erfasst werden **Dauerschuldverhältnisse,** soweit sie den Zeitraum nach der Auflösung betreffen (zu § 740 BGB BGH 9.6.1986, NJW-RR 1986, 1160); für die Zeit bis zur Auflösung werden noch nicht vollständig erfüllte Pflichten nach Abs. 1 auseinandergesetzt (zu § 740 BGB BGH 16.12.1985, NJW-RR 1986, 454).

13 **2. Abwicklung.** Der Geschäftsinhaber hat die schwebenden Geschäfte abzuwickeln, mithin zu erfüllen bzw. einzufordern, entsprechend § 740 Abs. 1 S. 2 BGB ohne strenge Pflichtenbindung auf den zur Zeit der stillen Beteiligung maßgeblichen Gesellschaftszweck (hM, MüKoHGB/*K. Schmidt* Rn. 42: eigenes Ermessen, jedoch Respektierung der Gewinninteressen des Stillen). Setzt sich der Geschäftsinhaber zum Nachteil des Stillen hierüber hinweg, macht er sich diesem gegenüber gem. §§ 280, 708 BGB schadensersatzpflichtig.

14 **3. Ergebnisverteilung.** Für die Partizipation des Stillen gelten die §§ 231, 232 fort. Der Ertrag wird hiernach aufgeteilt, der Geschäftsinhaber ist berechtigt, eigene Aufwendungen anteilig in Abzug zu bringen. Ein etwaiger **Zahlungsanspruch** wird gem. Abs. 2 erst mit Aufstellung einer entsprechenden Abrechnung zum Ende des Geschäftsjahres fällig, in dem das betreffende Geschäft abgewickelt wurde (EBJS/*Gehrlein* Rn. 32). Hiervon ist eine Ausnahme zu machen, wenn feststeht, dass keine weiteren schwebenden Geschäfte mehr abgewickelt werden müssen (vgl. BGH 29.6.1992, NJW 1992, 2696). Die sich aus der Abwicklung ergebenden Ansprüche können mit offenen Forderungen aus der Auseinandersetzung nach Abs. 1 aufgerechnet werden.

15 **4. Informationsrecht.** Der Stille hat gem. Abs. 3 nach Auflösung der stillen Gesellschaft einen jährlichen Anspruch auf Rechenschaft über die inzwischen beendigten Geschäfte sowie über den Stand der noch schwebenden Geschäfte (vgl. auch § 740 Abs. 2 BGB). Der Inhalt des Informationsrechts folgt aus § 259 BGB (BGH 9.7.1959, NJW 1959, 1963); der Stille kann auch gem. § 810 BGB Einsicht in die Bücher nehmen (BGH 8.4.1976, DB 1976, 2106). Die Regelungen sind dispositiv, sodass das nachwirkende Informationsrecht ausgeschlossen oder erweitert werden kann. Eine Grenze sollte jedoch § 233 Abs. 3 bilden, der auf die beendete Gesellschaft entsprechend angewendet werden kann, um den (ehemaligen) Stillen nicht schutzlos zu stellen.

[Insolvenz des Inhabers]

236 (1) **Wird über das Vermögen des Inhabers des Handelsgeschäfts das Insolvenzverfahren eröffnet, so kann der stille Gesellschafter wegen der Einlage, soweit sie den Betrag des auf ihn fallenden Anteils am Verlust übersteigt, seine Forderung als Insolvenzgläubiger geltend machen.**

(2) **Ist die Einlage rückständig, so hat sie der stille Gesellschafter bis zu dem Betrage, welcher zur Deckung seines Anteils am Verlust erforderlich ist, zur Insolvenzmasse einzuzahlen.**

Übersicht

I. Allgemeines

1 Die Norm verwirklicht die im Innenverhältnis maßgebliche Verlustbeteiligung in der Insolvenz des Geschäftsinhabers. **Abs. 1** stellt klar, dass die stille Beteiligung insoweit Fremdkapital ist, als der Stille

nicht aufgrund von § 231 Abs. 1 bzw. einer vertraglichen Vereinbarung zur Verlusttragung verpflichtet ist. In der Insolvenz des Geschäftsinhabers kann er somit etwaige Rückzahlungsansprüche als Insolvenzgläubiger geltend machen. **Abs. 2** bestimmt für den Fall der rückständigen Einlage, dass der Insolvenzverwalter diese nur soweit einziehen kann, als die Verlustbeteiligung des Stillen reicht. Die Regelung wird ergänzt durch die besondere Insolvenzanfechtung gem. § 136 InsO (→ InsO § 136 Rn. 1 ff.). Nicht von § 236 erfasst wird die kraft privatautonomer Gestaltung oder gesetzlicher Anordnung erfolgende Gleichstellung der stillen Einlage mit Eigenkapital, welche vorrangig darüber Auskunft gibt, wie mit der geleisteten oder ausstehenden Vermögenseinlage des Sillen nach Auflösung zu verfahren ist (→ Rn. 14 ff.).

II. Vorrang der Auseinandersetzung

Mit der Eröffnung des Insolvenzverfahrens über das Vermögen des Stillen oder des Geschäftsinhabers wird die stille Gesellschaft gem. § 728 Abs. 2 S. 1 BGB **aufgelöst** (→ § 234 Rn. 7). In beiden Fällen kommt es hierdurch zur gesellschaftsrechtlichen Auseinandersetzung. Diese erfolgt entsprechend § 84 Abs. 1 S. 1 InsO **außerhalb des Insolvenzverfahrens** (hM, MüKoInsO/*Bergmann*/*Gehrlein* InsO § 84 Rn. 13). Insolvenzrechtliche Relevanz hat somit nur das Ergebnis dieser Auseinandersetzung – sei es ein Rückzahlungsanspruch des Stillen, sei es eine Forderung wegen Verlustübernahme des Geschäftsinhabers (für die schwebenden Geschäfte gem. § 235 Abs. 2 und 3 gilt dies entsprechend, vgl. insoweit aber auch §§ 103 ff. InsO). § 236 setzt dies voraus und stellt für den Fall der **Insolvenz des Geschäftsinhabers** klar, dass die gesellschaftsrechtliche Auseinandersetzung auch maßgeblich dafür ist, ob der Stille seine Einlage bzw. stehen gelassene Gewinne zurückerhält sowie, ob er noch etwas an die Insolvenzmasse zahlen muss. In der Insolvenz des Stillen hat die Regelung keine Bedeutung. Die Pflicht des Geschäftsinhabers, die aus der Auflösung resultierende **Abrechnung** gem. § 235 anzufertigen, obliegt dem Insolvenzverwalter und begründet eine Masseschuld iSv § 55 Abs. 1 Nr. 1 InsO (MüKoInsO/*Bergmann*/*Gehrlein* InsO § 84 Rn. 12). Das Haftungsprivileg des § 708 BGB gilt für ihn nicht (EBJS/*Gehrlein* Rn. 6; vgl. auch § 60 InsO). 2

Im **Überschuldungsstatus** des Geschäftsinhabers (§ 19 InsO) ist die stille Beteiligung im Einklang mit der vertraglich vereinbarten Verlustbeteiligung auszuweisen: Wurde die Verlusttragung ausgeschlossen, ist die stille Beteiligung Fremdkapital und entsprechend zu passivieren (vgl. OLG Köln 26.8.1999, NZG 2000, 89 (90); OLG Köln 26.8.1999, AG 2000, 281 (283)); etwas anderes gilt nur, wenn ein Nachrang gem. § 39 Abs. 2 InsO vereinbart wurde (vgl. § 19 Abs. 2 S. 2 InsO). Wurde die Verlusttragung nicht ausgeschlossen, ist die stille Beteiligung – soweit noch vorhanden! – ebenfalls zu passivieren, weil der Stille seine die Verlusttragung übersteigende Einlage als Insolvenzgläubiger fordern kann (→ Rn. 4 ff.). 3

III. Rückzahlung der Einlage

1. Ausschluss der Verlustbeteiligung. Der BGH nahm ursprünglich an, die Einlage des Stillen sei „verantwortliches Kapital" und nehme „am Schicksal des Unternehmens teil" (BGH 30.1.1952, NJW 1952, 421). Dies ist nicht stets richtig, denn der Umfang der insolvenzrechtlichen Haftung des Finanzierungsbeitrags richtet sich allein nach der vertraglich vereinbarten Verlusttragung (grundlegend RGZ 168, 284 (286); *Servatius* Gläubigereinfluss 343 ff.). Eine stille Beteiligung mit vertraglich abbedungener Verlusttragung ist daher **Fremdkapital** (OLG Köln 26.8.1999, NZG 2000, 89 (90)). Liegt keine besonders zu begründende Einschränkung dieses Grundsatzes vor (→ Rn. 14 ff.), kann der Stille seine Einlage gem. Abs. 1 als **Insolvenzgläubiger** iSv § 38 InsO zurückfordern, soweit diese nicht durch bereits eingetretene Verluste, die er gem. § 231 Abs. 2 zu tragen hat, aufgezehrt wurde (BGH 21.3.1983, NJW 1983, 1855 (1856)). Eine vorherige Anmeldung, um Abrechnung zu erhalten, ist nicht erforderlich (Uhlenbruck/*Hirte* InsO § 84 Rn. 6). 4

Besonderheiten bestehen bei **Sacheinlagen.** Hat der Stille einen Gegenstand lediglich zur Nutzung eingebracht, kann er ihn gem. § 47 InsO aussondern (EBJS/*Gehrlein* Rn. 8). Das Gleiche gilt nach hier vertretener Ansicht (→ § 235 Rn. 9) für Gegenstände, die zwar quoad dominium eingebracht wurden, worauf der Stille jedoch wegen des Treuhandcharakters der Beteiligung einen Rückübertragungsanspruch hat (str., aA die hM, vgl. BGH 18.12.1954, BB 1955, 331; Einzelheiten zur Treuhand Uhlenbruck/*Brinkmann* InsO § 47 Rn. 31 ff.). 5

2. Verlustbeteiligung. Soweit der Stille gem. § 231 Abs. 2 zur Verlusttragung verpflichtet ist, kann bereits **kein Auseinandersetzungsguthaben** zu seinen Gunsten bestehen, welches er im Insolvenzverfahren ggf. geltend machen könnte (§ 235). Dies gilt auch in der Insolvenz (OLG Hamburg 17.5.2005, BeckRS 2005, 11256). Abs. 2 setzt dies voraus. Die Verlustbeteiligung kann auch dergestalt sein, dass sie erst im Insolvenzfall wirken soll (hM, EBJS/*Gehrlein* Rn. 2; vgl. insoweit auch § 39 Abs. 2 InsO). Wurde eine Verlustbeteiligung vereinbart, die Einlage bis Insolvenzeröffnung jedoch noch nicht vollständig hiervon aufgezehrt, kann der Stille den Restbetrag als Insolvenzgläubiger verlangen. Verluste nach Insolvenzeröffnung hat der Stille nicht mehr mitzutragen (MüKoHGB/*K. Schmidt* Rn. 18). Wird 6 die stille Beteiligung nach der **Lehre von der fehlerhaften Gesellschaft** aufgelöst bzw. beendet (→ § 230 Rn. 19), bezieht sich diese ex nunc-Wirkung auch auf die rechtliche Behandlung der geleisteten Eigenkapitalbeiträge, sodass diese ggf. nicht mehr vorhanden sind und konsequenterweise keine Rückzahlungsansprüche zu Gunsten des Stillen mehr bestehen (vgl. nur OLG Hamburg 4.9.2018, NZG 2019, 303).

7 **3. Nachträgliche Änderungen.** Die an die vertraglich vereinbarte Verlusttragung angelehnte insolvenzrechtliche Haftung der stillen Beteiligung bietet Gestaltungsfreiheit. Stiller und Geschäftsinhaber können vor Insolvenzeröffnung die **Verlustbeteiligung** jederzeit **aufheben.** Dies ist sogar rückwirkend möglich, denn die §§ 230 ff. enthalten keine gesetzliche Kapitalbindung (→ Rn. 16). Abhilfe vermögen insoweit nur die insolvenzrechtlichen Anfechtungstatbestände zu schaffen, vor allem § 136 InsO (→ InsO § 136 Rn. 1 ff.). Liegen deren Voraussetzungen nicht vor, können Stiller und Geschäftsinhaber frei über die haftungsmäßige Widmung der Verlustbeteiligung des Stillen disponieren, ggf. auch auf Kosten anderer. Die vielfach anzutreffende Charakterisierung, § 236 habe zwingenden Charakter (zB EBJS/*Gehrlein* Rn. 1), ändert hieran nichts. Richtig ist allein, dass eine vertragliche Vereinbarung, die Verluste zwar tragen zu wollen, nicht aber in der Insolvenz, in Bezug auf Letzteres unwirksam ist (hM, EBJS/*Gehrlein* Rn. 2).

IV. Ausstehende Einlagen

8 **1. Ausschluss der Verlustbeteiligung.** Soweit die Verlustbeteiligung des Stillen ausgeschlossen wurde, ist er in der Insolvenz des Geschäftsinhabers **nicht mehr verpflichtet,** ausstehende Einlagen an die Masse zu leisten (RGZ 84, 436; OLG Brandenburg 9.6.2004, GmbHR 2004, 1390 (1391); OLG Hamburg 17.5.2005, BeckRS 2005, 11256; auch bei der stillen Beteiligung an einer GmbH, vgl. OLG Hamm 3.5.1993, NJW-RR 1994, 672). Dies folgt bereits aus der Auseinandersetzung nach Auflösung (BGH 5.11.1979, NJW 1980, 1522; → § 235 Rn. 6). Abs. 2 stellt dies lediglich klar; vgl. beim Kommanditisten § 167 Abs. 3. Ein bereits entstandener **Verzugsschaden** ist jedoch in jedem Fall zu ersetzen, soweit der Geschäftsinhaber hierauf nicht in anfechtungsfester Weise vor Insolvenzeröffnung verzichtet hat.

9 **2. Verlustbeteiligung.** Soweit die vertraglich vereinbarte Verlusttragung reicht (→ § 231 Rn. 10 ff.), ist der Stille verpflichtet, seine ausstehende Einlage an die Insolvenzmasse zu zahlen, bei Sacheinlagen gemäß Vereinbarung. Dies folgt bereits aus der gesellschaftsrechtlichen Auseinandersetzung (§ 235); Abs. 2 stellt dies lediglich klar (zur vorrangigen Beurteilung rückständiger Einlagen bei gewillkürtem Eigenkapitalcharakter → Rn. 14 ff.). Zusätzlich erforderlich ist jedoch, dass die Einlage **rückständig** ist, mithin im Zeitpunkt der Geltendmachung fällig (OLG Brandenburg 9.6.2004, GmbHR 2004, 1390 (1391 ff.)). Dies ist bei betagten Einlageforderungen im Zeitpunkt der Auflösung der stillen Beteiligung zwingend gegeben (so zu GmbH und AG RGZ 138, 111; abw. bei einer **ratenweisen Einlagepflicht** OLG München 30.4.2014, BeckRS 2014, 21235 Rn. 62, wonach künftige Raten nicht mehr zu leisten sind). Den Parteien kommt jedoch eine **Gestaltungsfreiheit** zu, als sie zB vereinbaren können, dass die Einlage nur zur Verwirklichung bestimmter Vorhaben verwendet werden darf (Zweckbindung). Kann diese Bedingung in der Insolvenz des Geschäftsinhabers nicht mehr eintreten, scheidet insoweit Fälligkeit aus, mit der Folge, dass der Stille trotz Verlusttragungspflicht nicht zu leisten braucht (vgl. OLG Brandenburg 9.6.2004, GmbHR 2004, 1390 (1391); die Frage offen lassend BGH 16.5.2017, NZG 2017, 907 Rn. 21). Hierbei ist insbesondere die mit der Auflösung einhergehende Zweckänderung zu berücksichtigen (vgl. für noch zu zahlende Raten im Rahmen einer Sprint-Beteiligung LG Landshut 17.5.2013, BeckRS 2014, 12097). Auch hier gilt, dass die §§ 230 ff. mangels einer § 171 vergleichbaren Regelung für sich genommen keine Möglichkeit bieten, die (rückständige) Kapitalbeteiligung des Stillen der vorrangigen Gläubigerbefriedigung zu widmen (*Servatius* Gläubigereinfluss 343 ff.; ähnlich OLG Schleswig 30.10.2008, DB 2008, 221 (223 f.)). Steht hingegen fest, dass eine Einlage rückständig ist, kann der Stille sich hiervon nach Insolvenzeröffnung nicht durch **außerordentliche Kündigung** analog § 490 Abs. 1 BGB befreien (vgl. zum vertraglichen Kündigungsrecht OLG Brandenburg 9.6.2004, GmbHR 2004, 1390 (1391)). Auch im Vorfeld der Insolvenz führt eine Kündigung des Stillen nur zur Ex-nunc-Beendigung der stillen Beteiligung, sodass die bereits angefallene Verlusttragung nicht mehr einseitig rückwirkend beseitigt werden kann (OLG Hamm 2.3.1999, NZI 1999, 271). Ein bereits entstandener **Verzugsschaden** ist jedoch in jedem Fall zu ersetzen, soweit der Geschäftsinhaber hierauf nicht in anfechtungsfester Weise vor Insolvenzeröffnung verzichtet hat. Verluste nach Insolvenzeröffnung hat der Stille nicht mehr mitzutragen (MüKoHGB/*K. Schmidt* Rn. 18). Zur Verjährung → § 235 Rn. 4.

10 **3. Nachträgliche Änderungen.** Nach Insolvenzeröffnung hat der Geschäftsinhaber wegen § 80 Abs. 1 InsO keine Möglichkeit mehr, im Einvernehmen mit dem Stillen die für dessen Leistungspflicht maßgebliche Verlusttragung auf Kosten anderer zu ändern. Im Vorfeld der Insolvenz ist dies jedoch

ohne Weiteres möglich; Grenzen setzen nur die insolvenzrechtlichen Anfechtungstatbestände gem. §§ 129 ff. InsO (zu § 136 InsO → InsO § 136 Rn. 1 ff.).

V. Nachschusspflicht

1. Ausschluss der Verlustbeteiligung. Soweit der Stille die Verluste nicht mitträgt (→ § 231 Rn. 10 ff.), ist er erst recht nicht zur Leistung von Nachschüssen verpflichtet. 11

2. Verlustbeteiligung. Soweit die Verlustbeteiligung des Stillen reicht, ist er gem. Abs. 2 S. 1 zwar zur Leistung der rückständigen Einlage verpflichtet (→ Rn. 9). Weitere Zahlungen muss er jedoch ohne entsprechende Vereinbarung hierzu wegen § 707 BGB nicht leisten. Den Parteien bleibt es unbenommen, **im Gesellschaftsvertrag** auch eine die Einlage übersteigende Verlusttragungspflicht des Stillen zu vereinbaren, ggf. gerade auf den Insolvenzfall bezogen (Uhlenbruck/*Hirte* InsO § 35 Rn. 191; *Weisser* GmbHR 2004, 1370 (1373 f.)). Sie kann **unbeschränkt** sein, was jedoch eine eindeutige Regelung erfordert (vgl. BGH 17.3.1966, NJW 1966, 1309; OLG Karlsruhe 19.2.1986, ZIP 1986, 916 (917 f.)). Wurde diese vereinbart, wird der Nachschuss mit Insolvenzeröffnung fällig (zu § 735 BGB *K. Schmidt* ZHR 153 (1989), 270 (294 f.)); Geltendmachung durch den Insolvenzverwalter (Uhlenbruck/*Hirte* InsO § 35 Rn. 191), der zuvor eine Auseinandersetzungsbilanz zu erstellen hat (vgl. OLG Hamburg 15.7.2005, BeckRS 2005, 11256). Nach § 5b VermAnlG dürfen Vermögensanlagen mit Nachschusspflicht nicht öffentlich angeboten werden. 12

3. Nachträgliche Änderungen. Nach Insolvenzeröffnung hat der Geschäftsinhaber wegen § 80 Abs. 1 InsO keine Möglichkeit mehr, im Einvernehmen mit dem Stillen die Nachschusspflicht zu beseitigen. Im Vorfeld der Insolvenz ist dies jedoch ohne Weiteres möglich; Grenzen setzen nur die insolvenzrechtlichen Anfechtungstatbestände gem. §§ 129 ff. InsO (zu § 136 InsO → InsO § 136 Rn. 1 ff.). 13

VI. Kapitalbindung, „Materielles Eigenkapital"

Insbesondere bei der stillen Beteiligung wird vielfach versucht, eine Verlustbeteiligung des Stillen zu begründen, ohne den gesetzlich vorgesehenen Weg der §§ 231, 236 zu beschreiten bzw. eine deutliche Abgrenzung hierzu anzuerkennen (instruktive Klarstellungen bei *Bitter* ZIP 2019,146). Hierbei sind vertragliche und gesetzliche Qualifizierungen des vom Stillen gewährten oder versprochenen Kapitalbeitrags zu unterscheiden. 14

1. Gewillkürte Haftungsfunktion. Es ist ohne Weiteres möglich, die Kapitaleinlage des Stillen über die Verlustbeteiligung iSv § 231 Abs. 2 hinaus mit einem besonderen **Rangrücktritt** zu versehen, insbesondere iR gesplitteter Einlagen oder Finanzplanfinanzierungen. Diese sind insolvenzrechtlich gem. § 39 Abs. 2 InsO zu behandeln, mithin nachrangig (Einzelheiten bei *Blaurock* Stille Gesellschaft-HdB Rn. 17.25 ff.). Richtigerweise kommt es hierauf jedoch nur an, wenn dieser „Nachrang" nicht bereits iRv § 236 Berücksichtigung fand, also in der vorrangigen gesellschaftsrechtlichen Auseinandersetzung. Hat die gewillkürte Haftungsfunktion dazu geführt, dass bereits kein Auseinandersetzungsguthaben besteht, kommt es auf § 39 Abs. 2 InsO nicht an. Im Übrigen können Rangrücktrittsvereinbarungen grundsätzlich der **AGB-Kontrolle** unterfallen; zur Wirksamkeit müssen dann die durch BGH 5.3.2015, WM 2015, 623 ff., maßgeblichen Eckpunkte zutreffend beschrieben werden, und es muss für den Darlehensgeber erkennbar sein, dass es sich bei seinem Darlehen um ein echtes unternehmerisches Engagement mit einem entsprechenden unternehmerischen Verlustrisiko handelt (vgl. OLG Düsseldorf 20.12.2017, BeckRS 2015, 124106). Wegen § 310 Abs. 4 BGB gilt dies bei der Finanzierung durch einen stillen Gesellschafter indessen nur eingeschränkt, indem die funktional vergleichbare Inhaltskontrolle über § 242 BGB erfolgt (→ § 230 Rn. 18). 15

Im Kern identisch ist die aktuelle Diskussion, auch unabhängig von einem expliziten Rangrücktritt auf Grund anderer **Indizien** den **Eigenkapitalcharakter** der geleisteten oder versprochenen Vermögenseinlage des Stillen zu bejahen, insbesondere bei Publikumsgesellschaften (zu Letzteren grundlegend BGH 16.5.2017, NZG 2017, 907). Hiernach gilt, dass eine (ggf. noch nicht erbrachte) Einlage auch **über den Verlustanteil hinaus** auf Grund einer Vereinbarung Eigenkapitalcharakter haben kann, was dann bei Auflösung der stillen Gesellschaft, insbesondere infolge der Insolvenz des Geschäftsinhabers, einer Rückzahlung an den Stillen entgegensteht bzw. der Stille noch verpflichtet ist, vertragliche Zahlungspflichten zu erfüllen, soweit dies für die Befriedigung der Gläubiger des Geschäftsinhabers erforderlich ist (BGH 16.5.2017, NZG 2017, 907 Rn. 11); maßgeblicher Zeitpunkt für die Beurteilung dieser Erforderlichkeit ist der Schluss der mündlichen Verhandlung (vgl. BGH 30.1.2018, WM 2018, 717 Rn. 43). Die gebotene **Auslegung,** ob dies gewollt ist oder nicht, hat anhand der für die jeweilige stille Beteiligung maßgeblichen vertraglichen Abreden zu erfolgen, mithin bei mehrgliedrigen Publikumsgesellschaften objektiv (BGH 16.5.2017, NZG 2017, 907 Rn. 14). **Kriterien,** die die Bejahung eines vertraglich vereinbarten Eigenkapitalcharakters nach sich ziehen, sind insbesondere das Verhältnis des vom Geschäftsinhabers eingelegten Kapitals zum Kapital der Stillen, die Einräumung der einem 15a

Kommanditisten vergleichbaren Mitwirkungsrechte zu Gunsten der Stillen sowie die Einräumung weitreichender Informationsrechte (BGH 16.5.2017, NZG 2017, 907 Rn. 14).

15b Wenngleich Auslegungsergebnisse der Rechtsprechung kaum anzugreifen sind, zeigt sich doch deutlich die Tendenz, auf Grund einer objektiven und funktionalen Gesamtschau den Eigenkapitalcharakter zu bejahen, was die **Grenzen zur gesetzlichen Umqualifizierung** nicht hinreichend deutlich werden lässt. So überzeugt es vor allem nur unzureichend, wenn der BGH einzelne Regelungen des Gesellschaftsvertrages, die der vollständigen Umqualifizierung entgegenstehen würden, recht pauschal für unbeachtlich hält (vgl. für eine auf den Insolvenzfall bezogene begrenzte Umqualifizierung in Gestalt eines Rangrücktritts BGH 16.5.2017, NZG 2017, 907 Rn. 14 aE; kritisch auch *Florstedt* ZIP 2017, 2433 (2438 ff.)). Auch die gebotene **Differenzierung von Verlustbeteiligung und Eigenkapitalcharakter** erscheint kaum ausreichend durchdrungen. Vielmehr liegt es im Rahmen der maßgeblichen Vertragsauslegung nahe, dass die Gesellschafter im Hinblick auf die vermögensmäßige Widmung ihrer (ausstehenden) Kapitalbeiträge insofern einen Gleichlauf wollen (abw. BGH 16.5.2017, NZG 2017, 907 Rn. 17 mit einer wenig überzeugenden Unterscheidung von Innen- und Außenverhältnis). Letztlich überzeugend kann die Rechtsprechung des BGH daher nur bei **Publikumsgesellschaften** sein, bei denen über das Gebot der objektiven Auslegung von Gesellschaftsverträgen heteronome Aspekte eher Vertragsinhalt werden können als im Rahmen von §§ 133, 157 BGB.

15c Dessen ungeachtet führt die Annahme eines vertraglich begründeten Eigenkapitalcharakters jedenfalls folgerichtig dazu, dass etwaige **Rückzahlungsansprüche** des Stillen im Umfang der vertraglichen Abreden bei der Auseinandersetzung gem. § 235 nicht bestehen bzw. **noch nicht erbrachte Kapitalbeiträge** (ggf. ratierlich) entsprechend zu leisten sind (BGH 16.5.2017, NZG 2017, 907 Rn. 20 ff.; abw. OLG Frankfurt a. M. 23.10.2019, ZIP 2020, 75: ordentliche Kündigung möglich). Die umstrittene Frage, ob und wie offene Vermögenseinlagen bei Fehlen des vertraglich vereinbarten Eigenkapitalcharakters nach Auflösung bzw. in der Insolvenz noch zu leisten sind (→ Rn. 8 f.) stellt sich nicht, soweit die vertraglichen Regelungen hierzu Vorgaben enthalten. Es ist indessen nach wie vor in Erinnerung zu rufen, dass es den Parteien auch bei den Publikumsgesellschaften frei steht, mittels hinreichend deutlicher **Abreden** diese Folgen auszuschließen, mithin sich explizit **gegen den Eigenkapitalcharakter** der Vermögenseinlage auszusprechen.

16 **2. Gesetzliche Umqualifizierung.** Trotz der zunehmenden Anerkennung vertraglicher Vereinbarungen über die Haftungsfunktion der Vermögenseinlage des Stillen ist zudem praktisch bedeutsam, ob sich dies auch auf Grund gesetzlicher Regelungen ergibt, mithin ohne entsprechende Abreden. Insofern sind verschiedene Konstellationen zu unterscheiden (hierzu instruktiv *Bitter* ZIP 2019, 146): Es ist unbestritten und auch völlig überzeugend, wenn ein **GmbH-Gesellschafter oder Aktionär** im Hinblick auf die **zusätzlich gewährte stille Beteiligung** dem Regime von §§ 39 Abs. 1, Abs. 4 und 5, § 135 InsO unterfällt (BGH 23.11.2017, ZIP 2017, 2481; Baumbach/Hueck/*Haas* GmbHG Anh. § 64 Rn. 59); für die GmbH & Co. KG gilt dies gleichermaßen (→ HGB Anh. Rn. 142 ff.). In diesen Fällen kommt es auf die konkrete Ausgestaltung der stillen Beteiligung nicht an, insbesondere auch nicht auf die Einordnung der stillen Beteiligung als typische oder atypische (BGH 23.11.2017, ZIP 2017, 2481). Maßgeblich und ausreichend ist allein die Gewährung der Vermögenseinlage. Vgl. in diesem Kontext auch die Privilegierungen zur Eindämmung der **Corona-Pandemie** gem. § 2 Abs. 1 Nr. 2 COVInsAG, hierzu *Servatius* Der Konzern 2020, 281.

17 Hiervon abzugrenzen ist die Frage, in welchen Fällen die Vermögensanlage des Stillen entsprechend gesetzlich gebunden ist, wenn der **Stille nicht zugleich Gesellschafter der Kapitalgesellschaft** (& Co.) ist. Eine unmittelbare Anwendung der §§ 39 Abs. 1, Abs. 4 und 5, § 135 InsO scheidet auf der Grundlage der hM aus (weitergehend für eine gesellschaftsübergreifende Finanzierungsregel *Servatius* Gläubigereinfluss 566 ff.). Rspr. und Lit. bejahten früher freilich unter dem **Begriff des „materiellen Eigenkapitals"** recht großzügig eine gesetzliche (!) Umqualifizierung, wenn der Finanzierungsbeitrag zur Erreichung des Gesellschaftszwecks unerlässlich ist, insbesondere bei **Publikumsgesellschaften** (OLG Frankfurt a. M. 22.1.1980, WM 1981, 1371; BGH 17.12.1984, NJW 1985, 1079; LG Dortmund 22.8.2008, BeckRS 2008, 21901; AG Göttingen 15.9.2010, NZI 2010, 959; *Blaurock* Stille Gesellschaft-HdB Rn. 1712: wirtschaftliche Betrachtung ergebe einen dem Eigenkapital gleichgestellten Charakter; zum Ganzen auch *Manz/Lammel* GmbHR 2008, 1121 (1123)). Dem ist **nur begrenzt zuzustimmen.** Dies ist nämlich entweder eine unzulässige Fiktion nicht gewollten Parteiverhaltens oder aber eine mangels gesetzlicher Anordnung der entsprechenden Umqualifizierung nicht haltbare Rechtsfortbildung (zum Ganzen *Servatius* Gläubigereinfluss 411 ff.; Ansätze für eine Differenzierung zwischen privatautonomer und gesetzlicher Umqualifizierung jedoch bereits bei BGH 28.6.1999, BGHZ 142, 116 (119) = NJW 1999, 2809 (2810) zum sog. Finanzplankredit). Es ist unzulässig, aufgrund einer objektiven, gleichsam von außen kommenden Betrachtung, einen Eigenkapitalcharakter zu bejahen, wenn hierfür weder der Wille noch eine gesetzlich angelegte Anordnung für die Umqualifizierung fruchtbar gemacht werden können.

18 Auch der vielfach anzutreffende Hinweis, die **Annäherung** der stillen Beteiligung **an die Stellung eines Kommanditisten** (vgl. *Blaurock* Stille Gesellschaft-HdB Rn. 17.13) besagt für sich genommen nichts, weil es keine materiell-rechtliche Regel gibt, wonach Kommanditeinlagen – jenseits von §§ 171, 172, die bei der stillen Gesellschaft ohnehin nicht gelten – einen Eigenkapitalcharakter haben. Unter dieser Prämisse kommt auch eine Einbeziehung des stillen Gesellschafters in das **Kapitalerhaltungsgebot** bei GmbH und AG zumindest seit Inkrafttreten des MoMiG nicht in Betracht, um eine materiell-rechtlich wirkende Umqualifizierung von Fremd- in Eigenkapital zu erzwingen (*Servatius* Gläubigereinfluss 411 ff.). Die hM sieht dies freilich anders, indem die **Einlage des atypischen Stillen** durch § 30 GmbHG bzw. § 57 AktG gebunden sei, wenn dieser – ohne Innehabung einer formalen Gesellschafterstellung – hinsichtlich seiner vermögensmäßigen Beteiligung und seines Einflusses auf die Geschicke der GmbH weitgehend einem GmbH-Gesellschafter gleichsteht (BGH 13.2.2006, NJW-RR 2006, 760; BGH 1.3.2010, DStR 2010, 1489; BGH 9.8.2012, WM 2012, 1869; LG Dortmund 22.8.2008, BeckRS 2008, 21901; OLG Stuttgart 13.11.2008, NZG 2009, 259; ebenso zur AG OLG Köln 4.12.2008, DB 2009, 609; *Mylich* WM 2013, 1010; im Grundsatz auch *Bitter* ZIP 2019 146 (149); zum Aufrechnungsverbot entsprechend § 19 Abs. 2 S. 2 GmbHG OLG München 30.4.2014, BeckRS 2014, 21236). Angesichts der nunmehr durch den BGH erfolgten Betonung vertraglicher Abreden (→ Rn. 15a) erscheint es indessen als **zweifelhaft,** ob diese fragwürdige Rechtsprechung auch weiter gilt (abw. aber *Florstedt* ZIP 2017, 2433 (2438 ff.), der sich angesichts der jüngeren Entwicklung für eine Ausweitung dieser Rechtsprechung ausspricht).

Möglich und geboten ist letztlich allein, die Finanzierungsbeiträge eines stillen Gesellschafters über das neu konzipierte **Recht der Gesellschafterdarlehen** gem. § 39 Abs. 2 Nr. 5 InsO in der Insolvenz mit einem zwingenden Nachrang zu versehen (vgl. auch § 135 InsO und § 6 AnfG). Voraussetzung dafür ist entweder die Nähe des Stillen zu einem Gesellschafter der hiervon erfassten Gesellschaften oder aber – **bei allen Unternehmensformen** – die aus der Einflussnahme des Stillen auf die Geschäftsführung resultierende Nähe des Stillen zum Unternehmensträger (zum Ganzen *Servatius* Gläubigereinfluss 426 ff.; vgl. auch *Mock* DStR 2008, 1645; *Krolop* GmbHR 2009, 397; zur atypischen stillen Beteiligung an einer GmbH & Co. KG BGH 28.6.2012, NZG 2012, 1103; hierzu *Haas/Vogel* NZI 2012, 875; *Mylich* WM 2013, 1010; BGH, 23.11.2017, NZG 2018, 109). Vgl. zu den Privilegierungen gem. § 2 Abs. 1 Nr. 2 COVInsAG anlässlich der Corona-Pandemie *Servatius* Der Konzern 2020, 281. 19

(aufgehoben)

237

Durch Gesetz vom 5.10.1994 (BGBl. 1994 I 2911); nunmehr gilt § 136 InsO (→ InsO § 136 Rn. 1 ff.). 1

Anhang: Publikumsgesellschaft (mit Prospekthaftung), GmbH & Co. KG und Investment-KG gemäß KAGB

Übersicht

A. Publikumsgesellschaft

I. Allgemeines

1 **1. Begriff.** Publikumsgesellschaften sind im Ausgangspunkt **Personengesellschaften** (GbR, OHG, KG, stille Beteiligung; vielfach auch als GmbH & Co.). Wegen eines großen Gesellschafterkreises (teilweise mehr als 1.000), der weitgehenden Beschränkung der Gesellschafterinteressen auf vermögensrechtliche Belange und einer gewollten körperschaftlichen Organisationsstruktur wurde jedoch rechtsfortbildend ein Sonderrecht entwickelt, welches sich sehr am Recht der juristischen Personen (eV, GmbH und AG) orientiert. Im Mittelpunkt stehen insofern zumeist **geschlossene Fonds.** Bei genauer Betrachtung vermischen sich freilich die an sich zu trennenden Aspekte gesellschaftsrechtlich zulässiger Gestaltungen und der Anwendung spezieller Regeln eines „Sonderrechts". Die konkrete rechtliche Erfassung der Publikumspersonengesellschaften ist daher letztlich nie überzeugend gelöst worden, was angesichts der nunmehr maßgeblichen Regelungen des KAGB auch nicht mehr allzu kritisch gesehen werden sollte. Motiviert ist die Publikumsgesellschaft vor allem durch **steuerrechtliche Aspekte,** wie zB die Mitunternehmerschaft bei Abschreibungsgesellschaften gem. § 15 Abs. 1 S. 1 Nr. 2 EStG oder die Erlangung besonderer (Steuer-)Subventionen bei geschlossenen Immobilien-, Schiffs- oder Filmfonds, ergänzt durch die **größere Gestaltungsfreiheit** im Innenverhältnis gegenüber GmbH und AG. Insofern sind die Publikumsgesellschaften traditionell ein beliebtes **Anlagevehikel** im Bereich des früher „grauen" Kapitalmarkts. Praktisch verbreitet ist auch eine Aufspaltung der Kapitalbeteiligung der Anleger, sog. gesplittete Einlagen (→ Rn. 82), sowie die Haftungsbeschränkung der Anlegergesellschafter für Bankdarlehen (→ Rn. 98). Im Übrigen finden sich bei solchen Modellen oftmals **Treuhandbeteiligungen** (→ Rn. 19, → Rn. 99). Schließlich sind die Publikumspersonengesellschaften in der Praxis zumeist als **GmbH & Co. KG** strukturiert (→ Rn. 110). Vgl. nunmehr aber die **geschlossene Investment-KG** nach dem KAGB (→ Rn. 168) sowie die aktuellen Reformpläne für das Personengesellschaftsrecht gemäß dem Mauracher Entwurf → BGB § 705 Rn. 1a ff.

2 **2. Sonderrecht.** Die rechtliche Sonderbehandlung von Publikumsgesellschaften betrifft vor allem die Auslegung und Inhaltskontrolle des Gesellschaftsvertrages (→ Rn. 5 ff.), die Behandlung von Beschlussmängeln (→ Rn. 69), den Umfang des Bestimmtheitsgrundsatzes (→ Rn. 63) und die Etablierung besonderer Gesellschaftsorgane, wie Aufsichts- und Beiräte (→ Rn. 91). Da Publikumsgesellschaften als geschlossene Fonds meist Anlagezwecken dienen und von einem gewerbsmäßig handelnden Initiator ins Leben gerufen werden, greifen zudem kapitalmarktrechtliche Schutzinstrumente, wie zB die **Prospekthaftung** und cic-Haftung wegen arglistiger Täuschung und Aufklärungspflichtverletzung (→ Rn. 32 ff.). Rechtlich auszugestalten sind schließlich die bei Publikumsgesellschaften häufig anzutreffenden Treuhandlösungen, wodurch sicher gestellt wird, dass die Herrschaftsmacht in der Gesellschaft weitgehend den Gründern bzw. Initiatoren zusteht und die Anleger zumeist allein Vermögensinteressen haben (Einzelheiten bei MüKoBGB/*Schäfer* BGB § 705 Rn. 85 ff.; MüKoHGB/*K. Schmidt* Vor § 230 Rn. 38 ff.). Die **geschlossene Investment-KG** nach dem KAGB (→ Rn. 168) wird die wirtschaftliche Bedeutung der klassischen Publikums-KG und -GbR künftig stark begrenzen.

3 **3. Abgrenzung.** Rechtspolitisch ist die **Sonderbehandlung** von Publikumsgesellschaften zwar zu begrüßen, praktisch ist die Abgrenzung indessen kaum rechtssicher handhabbar. Im Kern geht es darum, eine Trennlinie zu finden, wann eine „normale" Personengesellschaft als Publikumsgesellschaft im Rechtssinne anzusehen ist mit der Folge, dass auch jenseits konkreter gesellschaftsvertraglicher Modifizierungen der personengesellschaftsrechtlichen Regeln eine rechtliche Sonderbehandlung geboten ist. Richtigerweise sollte die Abgrenzung allein anhand des Kriteriums der **bestimmungsgemäßen Kapitalmarktorientierung** erfolgen. Die (große) Zahl von Gesellschaftern ist für sich genommen nicht ausreichend (abw. MüKoHGB/*Grunewald* § 161 Rn. 112), wenngleich sich beide Aspekte in der Praxis meist decken (vgl. aber OLG Stuttgart 27.8.2008, DStR 2009, 651: KG mit 45 Kommanditisten ist keine Publikumsgesellschaft). Um eine Publikumsgesellschaft handelt es sich daher stets bei den zu Anlagezwecken gegründeten **geschlossenen Fonds.** Insofern ist es auch unerheblich, dass die Gesellschaft meist zunächst von wenigen Gesellschaftern gegründet wird und die Anleger erst sukzessive hinzukommen. Die vorstehend skizzierte rechtliche Sonderbehandlung gilt bei diesen Gesellschaften von Anfang an, selbst wenn zu diesem Zeitpunkt noch keine Anlegergesellschafter vorhanden sind. Dies betrifft vor allem die Auslegung des Gesellschaftsvertrages (→ Rn. 5). Im Übrigen, insbesondere bei **größeren Familiengesellschaften,** sollte es im Ausgangspunkt bei der „normalen" Anwendung des Rechts der Personengesellschaften bleiben (abw. MüKoHGB/*Grunewald* § 161 Rn. 112; *Prütting/Schirrmacher* ZGR 2017, 829 (847)).

II. Gesellschaftsvertrag

1. Form. Bei Gesellschaftsverträgen von Personengesellschaften besteht grundsätzlich Formfreiheit. 4
Ausnahmen folgen aus speziellen gesetzlichen Regelungen über die formbedürftige **Erbringung von Beiträgen** (§ 311b Abs. 1 und 3 BGB, § 518 BGB, § 15 Abs. 4 GmbHG). Besteht hiernach ein gesetzlicher Formzwang, soll das nach zweifelhafter hM für den gesamten Gesellschaftsvertrag gelten (→ BGB § 705 Rn. 28). Darüber hinaus fordert die Rspr. bei **Publikumsgesellschaften,** dass der Gesellschaftsvertrag der Schriftform genügen müsse, soweit hierin Begünstigungen der Gründer enthalten sind (zB iSv § 7 Abs. 1 S. 1 Nr. 3 VermVerkProspV); andernfalls sei der Vertrag diesbezüglich gegenüber den anderen Gesellschaftern und der Gesellschaft selbst (relativ) unwirksam (BGH 7.11.1977, NJW 1978, 755). Etwas anderes soll nur dann gelten, wenn die übrigen Gesellschafter über den Kapitalmarkt angeworben werden (BGH 6.12.1982, NJW 1983, 1117); in diesen Fällen wird das Schutzanliegen bereits durch die zwingende Nennung der betreffenden Begünstigungen im Prospekt gem. § 7 Abs. 1 S. 1 Nr. 3 VermVerkProspV verwirklicht. Für die nunmehr allein zulässige geschlossene **Investment-KG** folgt der Formzwang aus § 150 Abs. 1 KAGB (→ Rn. 168).

2. Auslegung. Gesellschaftsverträge von Personengesellschaften werden grundsätzlich nach §§ 133, 5
157 BGB subjektiv ausgelegt (→ BGB § 705 Rn. 29). Dies räumt der Erforschung des wirklich Gewollten breiten Raum ein und ermöglicht gemäß dem Grundsatz falsa demonstratio non nocet Auslegungsergebnisse, die über das (freiwillig) schriftlich Fixierte hinausgehen. Die hiermit verbundene Rechtsunsicherheit rechtfertigt es, für kapitalmarktorientierte Publikumsgesellschaften Abweichungen zu entwickeln. Mittlerweile besteht Einigkeit, dass deren Gesellschaftsverträge wie die Satzungen von GmbH und AG objektiv auszulegen sind, mithin **nach dem objektiven Erklärungsbefund,** so wie sie sich für einen Außenstehenden darstellen (BGH 8.10.2013, BeckRS 2013, 22860 Rn. 12). Dies gilt auch für Gesellschafterbeschlüsse (BGH 6.3.2018, NZG 2018, 658 (659)). Maßgebend ist die Perspektive eines „wirtschaftlich denkenden Gesellschafters" (vgl. BGH 19.10.2009, NJW 2010, 65 (68)). Die Vorstellungen und der Wille der Gründungsgesellschafter, die in dem Gesellschaftsvertrag keinen Niederschlag gefunden haben, sind nicht zu berücksichtigen (BGH 30.4.1979, NJW 1979, 2102). Vertragsbedingungen aus dem Emissionsprospekt sind jedoch mit einzubeziehen (BGH 27.11.2000, NJW 2001, 1271). Mittelbar folgt aus diesem sachgerechten Postulat nach einer objektiven Auslegung ein **Formzwang** bei Publikumsgesellschaften, was durch § 150 Abs. 1 KAGB für die Investment-KG nunmehr ausdrücklich angeordnet wurde. In der **Revision** können die Gesellschaftsverträge daher vom Gericht frei ausgelegt werden, wenn sie über den Bezirk eines OLG hinaus angewendet wurden.

Die objektive Auslegung gilt nach der hier vertretenen Definition von Publikumsgesellschaften als 6
kapitalmarktorientierte Personengesellschaft (→ Rn. 3) **von Anfang an.** Selbst wenn beim ursprünglichen Vertragsschluss nur wenige Gründer beteiligt waren, kann gegenüber nachfolgend hinzutretenden Gesellschaftern nicht vorgebracht werden, was die Gründer abweichend vom Wortlaut übereinstimmend gemeint haben (ähnlich MüKoHGB/*Grunewald* § 161 Rn. 123 f.: rückwirkend ab dem Beitritt des ersten Neugesellschafters, jedoch abweichend, wenn die neuen Gesellschafter nicht schutzwürdig sind, was aber mangels klarer Kriterien nur Rechtsunsicherheit erzeugt und daher kein überzeugendes Abgrenzungskriterium ist). Auch der Grundsatz, wonach eine langjährige einvernehmliche Übung regelmäßig eine konkludente Vertragsänderung begründet, gilt bei Publikumsgesellschaften nicht (BGH 5.2.1990, NJW 1990, 2684). Die objektive Auslegung gilt ebenso für die entsprechenden **Treuhandabreden** (vgl. BGH 13.3.1989, NJW-RR 1989, 993); zur **Nachschusspflicht** → Rn. 74. **Drittgeschäfte** eines Gründers bzw. Gesellschafters mit der Gesellschaft werden nicht objektiv ausgelegt, sondern gemäß den entsprechenden schuldrechtlichen Vorgaben. Dies gilt selbst dann, wenn das entsprechende Rechtsgeschäft – gleichsam bei Gelegenheit – in den Gesellschaftsvertrag aufgenommen wurde. Eine abweichende Beurteilung ist jedoch dann veranlasst, wenn das betreffende Rechtsgeschäft Gegenstand einer Beitragspflicht des Gesellschafters ist (OLG München 28.7.2000, NZG 2000, 1124; vgl. zur Vermutung des Beitragscharakters bei Einbringungsvereinbarungen MüKoBGB/*Schäfer* BGB § 706 Rn. 5 mwN).

3. Inhaltskontrolle. a) Gesetzes- und Sittenwidrigkeit. Die allgemeinen Grenzen der Gestal- 7
tungsfreiheit für Gesellschaftsverträge gem. §§ 134, 138 BGB gelten auch bei Publikumsgesellschaften (→ BGB § 705 Rn. 5). Die Nichtigkeit des Gesellschaftsvertrages kommt hiernach insbesondere wegen gesetzes- oder sittenwidriger Zwecke in Betracht. Die rechtliche Missbilligung des Gesellschaftszwecks muss sich auf das im Gesellschaftsvertrag vereinbarte Ziel des Zusammenschlusses beziehen, nicht auf die (ggf. hiervon abweichende) Tätigkeit der Gesellschaft bzw. deren Gesellschafter. Die Unzulässigkeit einzelner Geschäfte und Handlungen führt daher nicht zwingend zur Unzulässigkeit des Zwecks mit der Folge, dass der Gesellschaftsvertrag nichtig wäre. Für diese Fälle sollte eine entsprechende Anwendung von § 396 AktG in Erwägung gezogen werden. Kommt es nachträglich zur Unzulässigkeit des Gesellschaftszwecks, liegt hierin ein zwingender Auflösungsgrund entsprechend § 726 BGB.

8 Als unzulässiger Zweck kommt bei Publikumsgesellschaften neben dem Verstoß gegen das **RDG** (vgl. OLG Düsseldorf 14.4.2010, DStR 2010, 1686) vor allem die **gezielte Steuerhinterziehung** in Betracht, nicht aber bloße Umgehungsversuche iSv § 42 AO. Die Nichteinhaltung öffentlich-rechtlicher **Genehmigungsvorbehalte** (insbesondere nach KWG) führt ebenfalls nicht zur Unzulässigkeit des Gesellschaftszwecks (vgl. für Spielhallenkonzession BGH 5.5.2003, NZG 2003, 770 sowie OLG Hamm 12.3.2001, NZG 2001, 747; für Verbote nach dem AMG BGH 23.4.1968, NJW 1968, 2286). In diesen Fällen kann es jedoch zur Auflösung gem. § 726 BGB kommen, wenn die Verwirklichung des Gesellschaftszwecks infolge endgültiger Verweigerung unmöglich wird. Soweit die Vermögenseinlage auch am Verlust teilnimmt, ist der Anwendungsbereich des **KWG** für geschlossene Fonds ausgeschlossen (vgl. BGH 8.5.2006, NJW-RR 2006, 1182; BGH 7.12.2009, DB 2010, 213; BGH 23.7.2013, NZG 2013, 1060 Rn. 14). Künftig ist hier jedoch eine Änderung zu erwarten (vgl. den Diskussionsentwurf des BMF für das Gesetz zur Stärkung des Anlegerschutzes und Verbesserung der Funktionsfähigkeit des Kapitalmarkts vom 3.5.2010, abrufbar unter www.bundesfinanzministerium.de). Wären hiernach, was zu begrüßen ist, Anteile an geschlossenen Fonds künftig **Finanzinstrumente** iSv § 1 Abs. 11 KWG (vgl. Art. 2 Nr. 2 des Entwurfs), könnte der Gesellschaftszweck des Fonds eine erlaubnispflichtige Finanzdienstleistung gem. §§ 1 Abs. 1a, 32 ff. KWG darstellen (in diese Richtung bereits Art. 4 ff. des Kommissionsvorschlags für eine Richtlinie über die Verwalter alternativer Investmentfonds, KOM[2009] 207 vom 30.4.2009). Zum fehlerhaften Beitritt, insbesondere bei Verstößen gegen das RDG, → Rn. 22.

9 **b) AGB-Kontrolle.** Obwohl die **Gesellschaftsverträge** bzw. **Beitrittserklärungen** bei Publikumsgesellschaften regelmäßig AGB sind, scheidet eine richterliche Inhaltskontrolle nach §§ 305 ff. BGB wegen § 310 Abs. 4 S. 1 BGB nach bislang allgM aus. Dies ist im Ausgangspunkt sachgerecht, denn die gesellschaftsrechtlichen Gestaltungen fügen sich nicht in die auf Austauschverträge zugeschnittenen Regelungen ein. Auf der anderen Seite greifen die allgemeinen Lehren zur Gesetzes- und Sittenwidrigkeit zu kurz, um spezifische Anlegerinteressen zu wahren und der AGB-typischen Problematik des einseitigen Stellens von Vertragsbedingungen Rechnung zu tragen. Daher ist seit langem anerkannt, über **§ 242 BGB** eine weitgehend vergleichbare Inhaltskontrolle zur Verhinderung einer unangemessenen Benachteiligung der Anlagegesellschafter, insbesondere unter dem Aspekt des Vertrauensschutzes, vorzunehmen (grundlegend BGH 14.4.1975, BGHZ 64, 238 = NJW 1975, 1318; BGH 27.11.2000, NZG 2001, 269); weitergehend, contra legem für eine echte AGB-Kontrolle, OLG Oldenburg 20.5.1999, NZG 1999, 896 sowie MüKoHGB/*Grunewald* § 161 Rn. 131; die Frage beim Beitritt von Verbrauchern jedoch offen lassend BGH 13.12.2011, NZG 2012, 107 Rn. 50; ebenso 23.4.2012, NZG 2012, 789 Rn. 33). Für die bei Publikumsgesellschaften oftmals anzutreffenden **Treuhandverträge** zwischen Anleger und Treuhandkommanditist gilt § 310 Abs. 4 S. 1 BGB nicht, sodass insofern ohne Weiteres auf die **AGB-Kontrolle** abzustellen ist (BGH 9.7.2013, NZG 2013, 980 Rn. 41; MüKoHGB/*Grunewald* § 161 Rn. 137; abw. noch BGH 21.3.1988, BGHZ 104, 50 = NJW 1988, 1903).

9a Allgemein gilt für den **Kontrollmaßstab im Gesellschaftsrecht** dass eine Vertragsklausel wegen Verstoßes gegen § 242 BGB unwirksam ist, wenn sie ohne ausreichenden sachlichen Grund einseitig die Belange der Gründergesellschafter und Komplementäre verfolgt und unbillig die berechtigten Interessen der Kapitalanleger beeinträchtigt (vgl. nur OLG Düsseldorf 24.5.2007, BeckRS 2007, 12068). Gleichwohl sind Reichweite und Anwendungsbereich dieser als Rechtsfortbildung ausgestalteten Inhaltskontrolle sowie die Abgrenzung zu § 307 BGB nach wie vor wenig geklärt und begründen so eine nicht hinzunehmende **Rechtsunsicherheit,** die die Attraktivität von Publikumsgesellschaften aus der Anlegerperspektive erheblich schmälern dürfte. Es bleibt daher zu hoffen, dass zumindest bei Verbraucherverträgen künftig eine stärker gesetzlich konturierte AGB-Kontrolle erfolgt, die auch den internationalen Standards (Klausel-RL) entspricht.

10 **Unzulässige Klauseln:** Verkürzung von Verjährungsfristen bei der Geschäftsführerhaftung unter fünf Jahre (BGH 14.4.1975, BGHZ 64, 238 = NJW 1975, 1318); Verkürzung von Verjährungsfristen bei der Prospekthaftung (BGH 13.12.2011, NZG 2012, 107 Rn. 47; BGH 23.4.2012, NZG 2012, 789 Rn. 43); Einräumung eines Rechts, Gesellschafterbeteiligungen nach freiem Ermessen zu einem bestimmten Zeitpunkt zu übernehmen (BGH 21.3.1988, BGHZ 104, 50 = NJW 1988, 1903); Verpflichtung eines Gesellschafters zur Übernahme von Bürgschaften (vgl. BGH 30.4.1979, NJW 1979, 2102); grundlose Abwahl- und Hinauskündigungsklauseln zugunsten der Mehrheit (vgl. BGH 20.1.1977, BGHZ 68, 212 = NJW 1977, 1292: Erfordernis eines sachlichen Grundes; OLG Köln 23.11.2006, BeckRS 2007, 00206); Etablierung eines qualifizierten Mehrheitserfordernisses für die Abberufung von Gesellschafter-Geschäftsführern (BGH 9.11.1987, BGHZ 102, 72 = NJW 1988, 969) oder externen Verwaltern (BGH 22.3.1982, WM 1982, 583); Einführung einer nicht hinreichend konkreten Klagefrist bei Beschlussmängeln (BGH 7.6.1999, BB 1999, 1835) sowie einer zu kurzen (BGH 13.2.1995, NJW 1995, 1218: keine Unterschreitung von § 246 Abs. 1 AktG); Sanktionierung vermeintlichen Fehlverhaltens mittels Stimmrechtsausschlusses (vgl. BGH 9.5.2005, NZG 2005, 722); Beschränkungen bei den Einberufungsvoraussetzungen für eine ordnungsgemäße Gesellschafterversammlung (BGH 9.5.2005, ZIP 2005, 1319); zeitlich nicht begrenzter Ausschluss des ordentlichen

Kündigungsrechts (BGH 21.3.2005, NJW 2005, 1784); Gewährung einer zu hohen „Haftungsvergütung" an die Komplementärin (OLG Düsseldorf 24.5.2007, BeckRS 2007, 12068).

Zulässige Klauseln: Befristeter Ausschluss des ordentlichen Kündigungsrechts (BGH 29.6.1992, NJW 1992, 2696); Schieds- und Schlichtungsklauseln (BGH 24.3.2003, NJW 2003, 1729; zum Ganzen MHdB GesR I/*Gummert* § 65 Rn. 22 ff.), es gilt § 1031 ZPO; Verbindung der Gesellschaftereigenschaft mit der Innehabung von Wohnungseigentum (vgl. BGH 24.3.2003, NJW 2003, 1729); Zuweisung abgeleiteter Geschäftsführungsbefugnisse an Dritte (vgl. BGH 18.7.2006, NJW 2006, 2980); Etablierung eines Zustimmungserfordernisses zugunsten der Komplementärin bei der Übertragung von Kommanditanteilen (OLG München 28.7.2008, NZG 2009, 25); Befreiung der Geschäftsführer vom Verbot des Selbstkontrahierens (vgl. BGH 11.2.1980, NJW 1980, 1463); weitere Beispiele aus der Lit. bei MüKoHGB/*Grunewald* § 161 Rn. 135. 11

Die **objektive Auslegung** des Inhalts der Regelung (→ Rn. 5) hat **Vorrang** gegenüber der Inhaltskontrolle (BGH 30.4.1979, NJW 1979, 2102). Allerdings lassen sich auch hierüber Aspekte des Anlegerschutzes verwirklichen. Wenngleich der Bestimmtheitsgrundsatz bei Publikumsgesellschaften nach einhelliger Meinung nur eingeschränkt Anwendung findet (→ Rn. 63 f.), sollte zumindest die AGB-rechtliche **Unklarheitenregelung** zugunsten des Gesellschafters entsprechend § 305c Abs. 2 BGB gelten (für eine „Anlehnung" hieran mittlerweile auch BGH 8.10.2013, BeckRS 2013, 22860 Rn. 12). Dies gilt auch für vertragliche Vereinbarungen über die Pflicht von Gesellschaftern zur Gewährung von Bürgschaften oder der Erklärung einer Haftungsübernahme (BGH 30.4.1979, NJW 1979, 2102: Verpflichtung muss „eindeutig festgelegt" und „unmissverständlich" sein). 12

c) Rechtsfolgen der Nichtigkeit. Die Rechtsfolgen der Nichtigkeit einer Bestimmung im Gesellschaftsvertrag bestimmen sich nach **§ 139 BGB.** Hiernach ist ein Rechtsgeschäft im Zweifel insgesamt nichtig. Etwas anderes gilt nur, wenn die Parteien mittels salvatorischer Klausel Abweichendes vereinbart haben (OLG Rostock 5.4.2000, NZG 2000, 930 (931); BGH 15.3.2010, WM 2010, 946) oder sich aus dem Gesamtvertrag und der hierin zum Ausdruck kommenden Interessenlage ergibt, dass der verbleibende Rest als selbstständiges Rechtsgeschäft Bestand haben kann und soll (Teilnichtigkeit). Die **Beweislast** hierfür trägt derjenige, der sich auf die Gültigkeit des Rests beruft (BGH 29.6.1966, BGHZ 45, 380 = NJW 1966, 1747; OLG München 24.3.1987, NJW-RR 1987, 1042). Das hierfür erforderliche, mutmaßlich bereits bei Vertragsschluss vorliegende **Bestandsinteresse** der Gesellschafter ist ggf. im Wege ergänzender Vertragsauslegung zu ermitteln. Es überwiegt bei Publikumsgesellschaften regelmäßig, wenn die Unwirksamkeit nur einen Gesellschafter betrifft (fehlerhafter Beitritt, vgl. BGH 29.1.1962, WM 1962, 462 (463)). Etwas anderes gilt hingegen, wenn die unwirksame Regelung von zentraler Bedeutung für das Zusammenwirken der Gesellschafter ist (vgl. für eine konstitutive Schriftformklausel BGH 5.2.1968, BGHZ 49, 364 = NJW 1968, 1378). Bei Nichtigkeit des Gesellschaftszwecks gem. §§ 134, 138 BGB liegt ebenfalls zwingend Gesamtnichtigkeit vor (vgl. BGH 21.3.1977, BGHZ 68, 207 = NJW 1977, 1233); hieran kann auch eine salvatorische Klausel nichts ändern (vgl. BGH 24.5.1976, WM 1976, 1026). Umgekehrt kann es nach § 138 BGB rechtsmissbräuchlich sein, wenn sich jemand auf die (an sich von Amts wegen zu berücksichtigende) Nichtigkeit beruft (vgl. BGH 23.1.1981, NJW 1981, 1439). Etwaige **Lücken im aufrecht zu erhaltenden Vertrag** können unter Rückgriff auf die dispositiven Regelungen des Personengesellschaftsrechts geschlossen werden, bei der Publikumsgesellschaft auch auf körperschaftliche Regelungen (zu §§ 121 ff. AktG BGH 30.3.1998, ZIP 1998, 859; BGH 25.10.2016, NZG 2017, 303); für eine Lückenschließung durch Rückgriff auf die Regelungen des KAGB MüKoHGB/*Grunewald* § 161 Rn. 136 und *Wiedemann* NZG 2013, 1042 (1043). Im Kern ist jedoch stets im Wege der **ergänzenden Vertragsauslegung** zu ermitteln, welche Regelung passend und interessengerecht ist (grundlegend *Kraft* FS Fischer, 1979, 321 (327 ff.). 13

4. Änderung. Zur Änderung des Gesellschaftsvertrages ist grundsätzlich die Zustimmung aller Gesellschafter erforderlich (vgl. § 119 Abs. 1, → BGB § 705 Rn. 50 ff.); es handelt sich um ein Grundlagengeschäft, sodass hieran im gesetzlichen Regelfall auch die Kommanditisten zu beteiligen sind. Kennzeichnend für eine Publikumsgesellschaft ist jedoch die gesellschaftsvertragliche Einführung des **Mehrheitsprinzips;** die nachträgliche Änderung des Gesellschaftsvertrages kann hiernach wie bei den Körperschaften durch Gesellschafterbeschluss herbeigeführt werden, was angesichts der regelmäßig großen Anzahl der Anleger auch sachgerecht ist. Infolge der weitgehenden Gestaltungsfreiheit im Personengesellschaftsrecht ergeben sich die Einzelheiten über die formalen Anforderungen an die Abstimmung sowie die erforderliche Mehrheit unmittelbar aus dem Gesellschaftsvertrag. 14

Die Änderung des Gesellschaftsvertrages kann nach hM auch bei Publikumsgesellschaften grundsätzlich **formfrei** erfolgen, soweit sich nicht aus speziellen Regelungen über die Erbringung von Beitragspflichten etwas anderes ergibt (vgl. § 311b Abs. 1 und 3 BGB, § 518 BGB, § 15 Abs. 4 GmbHG; → BGB § 705 Rn. 30). Wegen der sachgerechten objektiven Auslegung des Gesellschaftsvertrages bei Publikumsgesellschaften spricht jedoch Vieles dafür, für Änderungen entsprechend § 2 Abs. 1 GmbHG bzw. § 23 Abs. 1 AktG die **notarielle Beurkundung** zu verlangen (→ Rn. 4). Beim gewillkürten Formzwang (§ 127 BGB) haben die Gesellschafter es stets in der Hand, diesen einvernehmlich formlos wieder aufzuheben. 15

III. Beitritt

16 **1. Aufnahmevertrag.** Der Beitritt eines Gesellschafters zu einer Personengesellschaft ist ein Grundlagengeschäft und erfolgt grundsätzlich durch **Änderung des Gesellschaftsvertrages** unter Beteiligung aller Gesellschafter und des Eintretenden (vgl. § 119 Abs. 1 sowie → BGB § 705 Rn. 73). Die KG als solches ist hieran unmittelbar überhaupt nicht beteiligt (völlig anders BGH 14.11.1977, NJW 1978, 1000; dagegen MüKoHGB/*Grunewald* § 161 Rn. 155; zutreffend BGH 9.5.2017, WM 2017, 1252 (1253)). Von dem hieraus resultierenden Erfordernis eines ggf. komplexen mehrseitigen Vertrages kann jedoch aufgrund entsprechend gesellschaftsvertraglicher Regelung **abgewichen** werden, um einem großen Gesellschafterkreis Rechnung zu tragen. Ob und wie vom gesetzlichen Regelfall abgewichen wurde, ergibt die objektive Auslegung des Gesellschaftsvertrages (→ Rn. 5), die Beweislast hierfür trägt derjenige, der sich auf die Abweichung beruft. Das Gleiche gilt für andere Erleichterungen.

17 **a) Bevollmächtigung mehrerer oder einzelner Gesellschafter.** Es ist ohne Weiteres zulässig, für die Wirksamkeit des Aufnahmevertrages auf Seiten der Gesellschafter das Mehrheitsprinzip einzuführen. Dies bedeutet, dass die notwendige Mehrheit der Gesellschafter mit dem Eintretenden einen entsprechenden Aufnahmevertrag abschließt. Die konkrete Umsetzung erfolgt durch eine Bevollmächtigung der entsprechenden Mitgesellschafter oder eines Mitgesellschafters alleine (BGH 17.11.1975, WM 1976, 15, für die Komplementär-GmbH). Dogmatisch soll es sich hierbei entweder um eine rechtsgeschäftliche Bevollmächtigung durch die Mitgesellschafter oder um eine Ermächtigung iSv § 185 BGB handeln (BGH 14.11.1977, NJW 1978, 1000; BGH 19.11.1984, NJW 1985, 1080, auch zur Botenschaft und dem Risiko von Übermittlungsfehlern). Unterschiede bestehen darin, ob der Handelnde im Namen der Mitgesellschafter oder im eigenen Namen handeln muss (BGH 1.3.2011, NJW 2011, 1666, auch zu Auslegungsfragen). Ob die **Ermächtigung** hier überhaupt zulässig ist, erscheint als sehr **zweifelhaft,** weil Verpflichtungsermächtigungen richtigerweise unzulässig sind (vgl. Palandt/*Ellenberger* BGB § 185 Rn. 3) und die Vollmacht gem. § 167 BGB somit das passende und damit vorrangige Rechtsinstitut ist. Diese Bevollmächtigung kann auch konkludent erfolgen (vgl. BGH 14.11.1977, NJW 1978, 1000; ähnlich MüKoHGB/*Grunewald* § 161 Rn. 155: „im Normalfall" auch ohne Klausel). Vgl. zu Auslegungsfragen OLG Düsseldorf 25.2.2013, NZG 213, 540.

18 **b) Bevollmächtigung der Gesellschaft.** Die Publikumsgesellschaft selbst ist an der Aufnahme neuer Gesellschafter grundsätzlich nicht beteiligt, denn es handelt sich um ein Grundlagengeschäft der Gesellschafter. Dennoch ist es möglich, dass diese die Gesellschaft selbst zur Aufnahme neuer Gesellschafter ermächtigen. In diesem Fall handeln für die Gesellschaft deren organschaftliche Vertreter oder sonstige Bevollmächtigte, insbesondere gewerbliche Geschäftsbesorger, **als Vertreter der Gesellschafter** (BGH 14.11.1977, NJW 1978, 1000; BGH 1.3.2011, NJW 2011, 1666). Diese Gestaltungsvariante ist am effektivsten, um den Beitritt zur Massengesellschaft konstruktiv umzusetzen, regelmäßig bei der Publikums-KG. Beteiligen sich die Anleger im Rahmen einer stillen Gesellschaft, kann der Beitritt zugleich auch ein Gesellschaftsverhältnis unter Beteiligung der anderen Stillen begründen (BGH 19.11.2013, NZG 2013, 1422 Rn. 17, sog. **mehrgliedrige stille Gesellschaft,** → § 230 Rn. 7). In diesen Fällen kann die entsprechende Bevollmächtigung des Geschäftsinhabers oder eine Mitgesellschafters gleichermaßen wirken. Sofern bei diesen Gestaltungen Insichgeschäfte iSv § 181 BGB vorliegen, kann eine Befreiung vom Verbot des Selbstkontrahierens bzw. der Mehrfachvertretung auch durch den Gesellschaftsvertrag erfolgen (vgl. OLG München 27.2.2013, BeckRS 2014, 08355).

19 **c) Treuhandgestaltungen.** Schließlich besteht noch die in der Praxis verbreitete Möglichkeit der **mittelbaren Beteiligung** der Anleger. Hierbei wird die förmliche Gesellschafterstellung von einem Treuhänder gehalten (Treuhandkommanditist), der mit den Anlegern über entsprechend schuldrechtliche Abreden verbunden ist (zum Sammeltreuhänder, der viele Anleger repräsentiert, sehr diff. *Wiedemann* ZIP 2012, 1786). Im Ausgangspunkt ist diese Gestaltung rein schuldrechtlich, sodass zwischen dem Ableger und der Gesellschaft bzw. den übrigen Anlegern keine vertraglichen Rechtsbeziehungen bestehen. Wie bei der mehrgliedrigen stillen Beteiligung (→ § 230 Rn. 6 f.) ist es aber auch bei solchen Treuhandgestaltungen insbesondere möglich und verbreitet, dass aus dem **Zusammenspiel schuldrechtlicher und gesellschaftsrechtlicher Abreden** folgt, dass die Anleger im Innenverhältnis **„Quasi-Gesellschafter"** sein sollen mit den entsprechenden unmittelbaren Rechten und Pflichten gegenüber der Gesellschaft (vgl. BGH 11.10.2011, NZG 2011, 1432; BGH 18.9.2012, BeckRS 2012, 23236; BGH 30.1.2018, NZG 2018, 539); konsequenterweise gilt auch der Gerichtsstand gem. § 22 ZPO (BayObLG 5.3.2020, NZG 2020, 706 Rn. 23 ff.). Die an sich **gebotene Auslegung** der komplexen vertraglichen Regeln wird vom BGH zusehends durch eine normative Wertung ersetzt, was bedenklich ist (vgl. BGH 30.1.2018, NZG 2018, 539; krit. auch *Klöhn* ZGR 2020, 154 (161): ein wenig nebulös). Bei der Investment-KG stellt § 152 Abs. 1 S. 2 – 4 KAGB den Anleger kraft Gesetzes im Innenverhältnis einem Kommanditisten gleich (→ Rn. 188), was den BGH wohl auch für Altfälle zu einer entsprechenden Würdigung verleitet. Im **Außenverhältnis** unterliegt freilich auch der Quasi-Gesellschafter keiner gesellschaftsrechtlich begründeten gesetzlichen Haftung (→ Rn. 99). Der Treuhandvertrag unterliegt

vollumfänglich der AGB-Kontrolle (BGH 5.5.2010, NJW 2010, 2197; BGH 13.12.2011, NZG 2012, 107 Rn. 43; abw. noch für eine bloße Kontrolle gem. § 242 BGB BGH 21.3.1988, BGHZ 104, 50 (55 f.); vgl. zum Verstoß der Treuhandabrede gegen das RDG → Rn. 22. Die Vorteile solcher Gestaltung ergeben sich aus der **Anonymität** der Anleger im Verhältnis zu Dritten (vgl. zu Auskunftsansprüchen der Gesellschafter und Anleger untereinander aber → Rn. 94). Auf der anderen Seite sind hierbei vom Anleger regelmäßig besondere **Verwaltungsentgelte** zu entrichten (vgl. *Zinger* BB 2014, 458). Besonders bedeutsam ist die vielfach vorliegende Anerkennung der gewollten Rolle als Quasi-Gesellschafter, wenn es um die Geltendmachung gesellschaftsrechtlicher Pflichten geht, etwa bei der **Rückforderung gewinnunabhängiger Ausschüttungen.** Anders als bei der rein schuldrechtlich begründeten Treuhand können die Gesellschaft, deren Insolvenzverwalter oder ein Dritter infolge Abtretung insofern nämlich relativ leicht unmittelbar gegen den Anleger vorgehen, ohne dass noch gesondert der Freistellungsanspruch aus der Treuhandabrede abgetreten werden müsste (→ Rn. 99 f.).

2. Wirksamkeitshindernisse. a) Schriftform. Der Aufnahmevertrag bedarf grundsätzlich nur dann der Schriftform, wenn dies vereinbart wurde (§ 127 BGB) oder sich dies aus anderen Regelungen ergibt, insbesondere wegen der vom Beitretenden zu erbringenden Einlageleistung (→ BGB § 705 Rn. 27 f.). Bei der Publikumsgesellschaft verlangt die Rspr. darüber hinaus jedoch, dass alle Verpflichtungen, die einer solchen Gesellschaft gegenüber Gründergesellschaftern auferlegt werden sollen, in den schriftlichen Gesellschaftsvertrag bzw. in einen ordnungsgemäß zustande gekommenen und protokollierten Gesellschafterbeschluss aufgenommen werden müssen, um wirksam zu sein; dies gelte auch dann, wenn der eintretende Gesellschafter über Treuhänder an der Gesellschaft beteiligt ist (BGH 7.11.1977, NJW 1978, 755). Hierdurch wird mittelbar ein Formzwang begründet (einschränkend für die Anwerbung von Gesellschaftern über den Kapitalmarkt BGH 6.12.1982, NJW 1983, 1117), der sich jedoch methodenehrlicher unmittelbar aus einer entsprechenden Anwendung von § 2 Abs. 1 GmbHG bzw. 23 Abs. 1 AktG ergibt (→ Rn. 4; zur objektiven Auslegung → Rn. 5). 20

b) Aufschiebende Bedingung. Der Beitritt unter der aufschiebenden Bedingung einer bestimmten Beitragsleistung ist möglich (BGH 19.11.1984, NJW 1985, 1080). 21

c) Gesetzliche Verbote. aa) § 3 RDG. Kommt es – wie regelmäßig – zu einer bloß mittelbaren Beteiligung des Anlegers an der Gesellschaft (→ Rn. 19), können die diese Beteiligung vermittelnden Treuhandabreden wegen eines Verstoßes gegen das **Rechtsdienstleistungsgesetz** unwirksam sein (§ 3 RDG iVm § 134 BGB). Die Nichtigkeit eines **Treuhandvertrages** – ggf. eingebettet in einen ebenfalls unwirksamen Geschäftsbesorgungsvertrag – liegt jedenfalls vor, wenn der Treuhänder nach dem Vertrag nicht nur die wirtschaftlichen Belange des Anlegers wahrzunehmen, sondern dessen Rechte zu verwirklichen oder dessen Rechtsverhältnisse zu gestalten hat, insbesondere in dessen Namen die erforderlichen Verträge abzuschließen hat (BGH 8.5.2006, NJW-RR 2006, 1182). Ein Verstoß scheidet jedoch aus, wenn der Treuhänder lediglich die Aufgabe hat, im eigenen Namen für die Anleger Gesellschaftsanteile zu erwerben und das Stimmrecht nur dann ausüben darf, wenn der Anleger von einer ihm eingeräumten Vollmacht keinen Gebrauch macht. Werden diese Voraussetzungen erfüllt, ist die Tätigkeit als Treuhandgesellschafter keine Rechtsbesorgung (BGH 8.5.2006, NJW-RR 2006, 1182; vgl. auch *Strohn* WM 2005, 1441). Das Gleiche gilt, wenn die in einem Zeichnungsschein erteilte **Vollmacht** nicht den Abschluss eines ganzen Bündels von Verträgen zum Inhalt hat („umfassende Rechtsbesorgungsvollmacht"), sondern sich vielmehr auf die Beitrittserklärung und die Aufnahme von Finanzierungsdarlehen beschränkt (BGH 20.1.2009, BKR 2009, 194; BGH 8.2.2011, NJW 2011, 2040 (2041): auf Wahrung wirtschaftlicher Interessen gerichtet). 22

bb) § 34c GewO. Die Vermittlung von Fondsbeteiligungen ist eine erlaubnispflichtige Tätigkeit gem. § 34c GewO. Ein Verstoß hiergegen begründet jedoch keine Nichtigkeit der betreffenden Verträge über § 134 BGB (BGH 23.10.1980, BGHZ 78, 263 = NJW 1981, 399 für den Maklervertrag). 23

d) Verbraucherschützende Widerrufsrechte. Verbraucherschützende Widerrufsrechte können durch Ausübung ebenfalls die Unwirksamkeit des Beitritts bzw. die Notwendigkeit einer Rückabwicklung herbeiführen. Dies betrifft vor allem den Widerruf nach §§ 312, 312g BGB beim **Haustür- oder Fernabsatzgeschäft** (anwendbar gem. § 305 Abs. 7 KAGB). Es bestehen nach nationalem und europäischem Recht zwar erhebliche Zweifel, ob Fondsbeteiligungen hierunter zu fassen sind, weil sich das erforderliche Merkmal „auf entgeltliche Leistung gerichteter Vertrag" und vor allem das notwendige Begriffspaar „Verbraucher – Unternehmer" bei Gesellschaftsrechtsverhältnissen nur schwer bejahen lassen (so auch *GA Trstenjak* ZIP 2009, 1902). Der EuGH entschied jedoch, dass die frühere Haustürwiderrufsrichtlinie auf den Beitritt eines Verbrauchers zu einem geschlossenen Immobilienfonds anwendbar ist, wenn der Zweck eines solchen Beitritts vorrangig nicht darin besteht, Mitglied dieser Gesellschaft zu werden, sondern Kapital anzulegen (EuGH 15.4.2010, ZIP 2010, 772; abw. noch OLG München 23.11.2006, NZG 2008, 760; vgl. zur Vorlage BGH 5.5.2008, NJW 2008, 2464; zum Ganzen *Weschpfennig* BKR 2009, 99). Diese Betrachtung dürfte verallgemeinerungsfähig sein, sodass Widerrufsrechte auch im Zuge der neuen Verbraucherrechterichtlinie bei Publikumsgesellschaften **in Betracht** 24

kommen. Ob dies auch noch im Stadium der Liquidation zulässig ist, wurde vom BGH offen gelassen (vgl. BGH 30.1.2018, NZG 2018, 539 Rn. 50), dürfte jedoch grundsätzlich zu bejahen sein. Es muss ein **hinreichend deutlicher Widerruf** erklärt werden (zu streng OLG Hamburg, 31.10.2014, NZG 2015, 552 Rn. 56, wonach erkennbar werden müsse, dass der Gesellschafter die Beteiligung in einer Haustürsituation geschlossen habe und infolge einer fehlerhaften Widerrufsbelehrung auch nach Ablauf der Widerrufsfrist noch widerrufen dürfe). Der Widerruf ist nicht mehr zulässig, wenn die Gesellschaft bereits aus anderen Gründen aufgelöst wurde (so zur mehrgliedrigen stillen Gesellschaft OLG Hamburg 31.10.2014, NZG 2015, 552 Rn. 55). Zu den Problemen bei der **Rückabwicklung** → Rn. 33 f.; zum Finanzierungsvertrag als verbundenes Geschäft BGH 1.3.2011, NZG 2011, 785; BGH 7.12.2010, NZG 2011, 465. Möglich ist auch, dass entsprechende **Widerrufsrechte vertraglich vereinbart** werden; Inhalt und Rechtsfolgen sind dann im Wege der Auslegung zu ermitteln (OLG München 27.2.2013, BeckRS 2014, 08355). Eine vermeintlich gesetzlich notwendige oder vorsorglich erteilte Widerrufsbelehrung begründet dies indessen grundsätzlich nicht (BGH 8.11.2018, NJW 2019, 356 Rn. 19 unter Verweis auf BGH 6.12.2011, NJW 2012, 1066 Rn. 17).

25 **e) Anfechtung wegen arglistiger Täuschung.** Die Täuschung des Beitretenden über wesentliche Umstände der Beteiligung durch die Initiatoren, Gründer oder Vermittler kann die Anfechtung wegen arglistiger Täuschung gem. § 123 Abs. 1 BGB begründen. Dies betrifft Angaben über die bisherige Geschäftsentwicklung und die künftigen Ertragsaussichten. Auch die notwendigen und freiwilligen Angaben im Emissionsprospekt sind geeignet, einen Anfechtungstatbestand zu verwirklichen (→ Rn. 40). Die zur Werbung von Anlegern beauftragten Vermittler und von diesen eingesetzte Untervermittler sind Erfüllungsgehilfen der Initiatoren und nicht Dritte iSv § 123 Abs. 2 BGB (OLG Karlsruhe 3.7.2009, WM 2009, 2118). Die Rechtsfolge des § 142 Abs. 1 BGB wird in all diesen Fällen jedoch durch die Lehre von der fehlerhaften Gesellschaft überlagert (BGH 8.11.1965, BGHZ 44, 235 = NJW 1966, 107; → Rn. 27 ff.); die Geltendmachung einer hierauf gestützten außerordentlichen Kündigung ist nach Auflösung der Gesellschaft nicht mehr möglich (BGH 11.12.1978, NJW 1979, 765).

26 **f) Vorvertragliche Aufklärungspflichtverletzung, Prospekthaftung.** Eine vorvertragliche Aufklärungspflichtverletzung (insbesondere bei Prospekthaftung) kann gem. § 311 Abs. 2 und BGB, § 249 Abs. 1 BGB sowie § 20 VermAnlG allenfalls einen Schadensersatzanspruch auf Vertragsaufhebung begründen und berührt so die Wirksamkeit des Beitritts nicht (→ Rn. 51 ff.; → Rn. 55 ff.). Hierbei ist jedoch zu beachten, dass sich die Haftung wegen Aufklärungspflichtverletzungen vorrangig gegen die Mitgesellschafter, Initiatoren oder Gründer richtet und nicht gegen die Gesellschaft selbst. § 708 BGB findet bei vorvertraglichen Pflichtverletzungen keine Anwendung (BGH 20.9.2011, GWR 2011, 584; KG 27.7.1998, NZG 1999, 199).

IV. Fehlerhafte Gesellschaft

27 Steht fest, dass der Gesellschaftsvertrag insgesamt bzw. die Beteiligung eines Gesellschafters nichtig oder anfechtbar ist, ist allgemein anerkannt, dass die Rechtsfolgen eingeschränkt werden, um dem Gesellschaftsverhältnis im Innen- und Außenverhältnis **Bestandsschutz** zuzusprechen (Überblick bei *Kummer* JURA 2006, 330).

28 **1. Voraussetzung.** Voraussetzung ist das Vorliegen eines fehlerhaften Gesellschaftsvertrags, mithin ein **gewollter Vertragsschluss** (BGH 28.11.1953, BGHZ 11, 191 (196) = NJW 1954, 231), ggf. konkludent (BGH 28.11.1953, BGHZ 11, 190 = NJW 1954, 231), auch bei der stillen Gesellschaft (BGH 26.9.2005, NJW-RR 2006, 178; BGH 19.11.2013, NZG 2013, 1422). Die maßgeblichen Aspekte für eine dahingehende Auslegung sind Bindungswille sowie hinreichende Kenntnis von den Mitgesellschaftern und dem Inhalt des Gesellschaftsvertrages (OLG Saarbrücken 6.3.2009, NZG 2009, 22 (23)). Hierdurch ist die Lehre vom sog. faktischen Vertrag abzugrenzen, der nach heute allgM überhaupt keine rechtsgeschäftsähnliche Bindung zu erzeugen vermag (BGH 19.1.1983, NJW 1983, 1877). Die Gesellschaft muss weiterhin durch den Beginn der Vertragsdurchführung **in Vollzug gesetzt** worden sein (OLG Frankfurt a. M. 16.6.1995, NJW-RR 1996, 101). Dieses Merkmal ist zu bejahen, wenn die Unwirksamkeitsfolge ex tunc Schwierigkeiten bei der Rückabwicklung herbeiführen würde (BGH 27.6.2000, NJW 2000, 3558 (3560): Schaffung von Rechtstatsachen, an denen die Rechtsordnung nicht vorbeigehen kann). Dies ist insbesondere gegeben beim Abschluss von Rechtsgeschäften mit Dritten (BGH 14.10.1991, NJW 1992, 1501 (1502)), auch bei Vorbereitungsgeschäften (BGH 24.10.1951, BGHZ 3, 285 (288) = NJW 1952, 97); nicht jedoch zwingend, wenn bloß die Einlage geleistet wurde und diese noch vorhanden ist (BGH 12.5.1954, BGHZ 13, 320 = NJW 1954, 1562).

29 Fehlerhafte **Vertragsänderungen** fallen nur hierunter, wenn sie die gesellschaftsrechtliche Organisation betreffen (BGH 10.12.1970, BGHZ 62, 20 = NJW 1974, 498; weitergehend BeckOK BGB/*Schöne* BGB § 705 Rn. 93: stets, wenn Rückabwicklungsschwierigkeiten; ähnlich *Kummer* JURA 2006, 330 (335 f.)). Beispiele hierfür sind die Etablierung besonderer Gesellschaftsorgane, Änderungen des Gesell-

schaftszwecks oder Kapitalmaßnahmen (zur Kapitalerhöhung OLG Hamburg 4.9.2018, NZG 2019, 303). Die Lehre gilt entsprechend beim fehlerhaften **Beitritt** (BGH 6.2.1958, BGHZ 26, 330 (334) = NJW 1958, 688; BGH 8.11.1965, BGHZ 44, 235 (236) = NJW 1966, 107; für den Immobilienfonds BGH 27.6.2006, DStR 2006, 1664; BGH 20.7.2010, NZG 2010, 991). Sie gilt auch beim fehlerhaften **Ausscheiden** (BGH 14.4.1969, NJW 1969, 1483: Anfechtung einer entsprechenden Vereinbarung). Bei der **Übertragung** der Gesellschafterstellung ist zu differenzieren: Erfolgt diese mittels Doppelvertrag jeweils mit der Gesellschaft, beansprucht die Lehre bei der entsprechenden Vereinbarung Geltung (MüKoBGB/*Schäfer* BGB § 705 Rn. 374). Kommt es zum derivativen Erwerb unmittelbar vom Veräußerer, galt dies nach lange vorherrschender Auffassung gleichermaßen (vgl. BGH 4.2.1968, WM 1968, 892 (893); BGH 18.1.1988, NJW 1988, 1324 (1325)). Indem der BGH nunmehr für die Vor-GmbH anders entscheidet und eine Sonderbehandlung der unwirksamen Übertragung ablehnt (BGH 13.12.2004, NJW-RR 2005, 469; für die Übertragung eines Kommanditanteils auch OLG Hamm 12.4.2007, NZG 2008, 24), ist auch bei der Publikumsgesellschaft eine abweichende Beurteilung geboten (abw. BGH 20.7.2010, NZG 2010, 991). Die Übertragung ist aus dem Anwendungsbereich der Lehre herauszunehmen, soweit das Gesellschaftsverhältnis nicht betroffen ist. Letzteres lässt sich dadurch erreichen, dass die Handlungen des Erwerbers entsprechend dem Rechtsgedanken von § 16 GmbHG als wirksam behandelt werden (in diese Richtung MüKoBGB/*Schäfer* BGB § 705 Rn. 374). Die verbleibenden Rückabwicklungsschwierigkeiten sind allein im Verhältnis von Veräußerer und Erwerber angesiedelt und konsequenterweise nicht zu modifizieren (abw. BeckOK BGB/*Schöne* BGB § 705 Rn. 96).

2. Rechtsfolgen. Liegt kein Ausnahmetatbestand vor (→ Rn. 31), ist die Gesellschaft bzw. der Beitritt trotz des Mangels im **Innen- und Außenverhältnis** als wirksam zu behandeln (BGH 14.4.1969, NJW 1969, 1483; zur Insolvenzfähigkeit der nichtigen, jedoch in Vollzug gesetzten Gesellschaft BGH 16.10.2006, NJW-RR 2007, 259). Dies betrifft vor allem die Gesellschafterrechte und -pflichten (vgl. für die Beitragspflicht BGH 6.2.1958, BGHZ 23, 330 (335) = NJW 1958, 668; für die Treuepflicht BGH 30.4.1955, NJW 1955, 1067). Etwas anderes gilt jedoch, wenn sich der Mangel auf eine hierauf bezogene Formbedürftigkeit bezieht (vgl. zu 311b BGB MüKoBGB/*Schäfer* BGB § 705 Rn. 344). Jeder Gesellschafter, insbesondere der fehlerhaft Beigetretene, kann die Gesellschaft bzw. seine Mitgliedschaft mit **Ex-nunc-Wirkung** aus wichtigem Grund **kündigen** (BGH 24.10.1951, BGHZ 3, 285 (290) = NJW 1952, 97). Die Kündigung hat Vorrang vor § 133 (Baumbach/Hopt/*Roth* Anh. § 177a Rn. 58) und muss der Gesellschaft gegenüber erklärt werden (enger BGH 19.12.1974, BGHZ 63, 346 = WM 1975, 346 (347): nur, wenn diese auch die Beitrittsverträge abschloss, → Rn. 19). Der Kündigende muss sich hierbei auf den Vertragsmangel stützen (BGH 23.7.2013, NZG 2013, 1060 Rn. 23). Vgl. zur möglichen Verwirkung dieses Rechts OLG Celle 1.10.2008, WM 2008, 2247 sowie allgemein zur rechtsmissbräuchlichen Berufung auf die (an sich von Amts wegen zu berücksichtigende) Nichtigkeit BGH 23.1.1981, NJW 1981, 1439. Die Geltendmachung einer hierauf gestützten außerordentlichen Kündigung ist nach Auflösung der Gesellschaft nicht mehr möglich (BGH 11.12.1978, NJW 1979, 765). Die **Abwicklung** der Auflösung bzw. des Ausscheidens richtet sich nach den Liquidationsvorschriften (vgl. für die Anfechtung OLG Düsseldorf 3.5.2006, MedR 2007, 428). Die ex nunc-Wirkung bezieht sich insofern stets auch auf die rechtliche **Behandlung der geleisteten Eigenkapitalbeiträge,** sodass diese ggf. nicht mehr vorhanden sind und konsequenterweise keine Rückzahlungsansprüche zu Gunsten der Gesellschafter bzw. Anleger mehr bestehen (vgl. nur OLG Hamburg 4.9.2018, NZG 2019, 303). **Noch nicht erfüllte Beitragspflichten** sind grundsätzlich zu erfüllen (BGH 30.1.2018, NZG 2018, 539 Rn. 51; BGH 5.5.2008, NZG 2008, 460 Rn. 10; *Klöhn* ZGR 2020, 155 (167 f.), auch zu Fragen der Einziehung durch den Liquidator). Auch das **fehlerhafte Ausscheiden** ist vorläufig wirksam. Dies gilt auch gegenüber Dritten, sodass die Nachhaftung gem. § 736 BGB bzw. § 159 beschränkt ist (BGH 14.4.1969, NJW 1969, 1483). Der Gesellschafter hat jedoch einen Anspruch auf Wiederaufnahme, soweit er den Fehler nicht zu vertreten hat (BGH 14.4.1969, NJW 1969, 1483; BeckOK BGB/*Schöne* BGB § 705 Rn. 95). Zu den steuerrechtlichen Folgen FG Köln 17.1.2007, BeckRS 2007, 26022695. 30

3. Ausnahmen. Die Beschränkung der Unwirksamkeitsgründe kommt nicht in Betracht, wenn dem gewichtige Interessen der Allgemeinheit oder schutzwürdiger Einzelner entgegenstehen (*Goette* DStR 1996, 266 (270)). Eine **Rückwirkung** ist insbesondere bei Verstößen gegen **§§ 134, 138 BGB** geboten, um die jeweiligen Schutzzwecke nicht leer laufen zu lassen. Dies gilt bei einem Verstoß gegen das RDG (BGH 25.3.1974, BGHZ 62, 234 (241) = NJW 1974, 1201; BGH 16.12.2002, BGHZ 153, 214 (222) = NJW 2003, 1252 (1254) sowie BGH 21.3.2005, NJW 2005, 1784; einschr. nunmehr unter Hinweis auf § 242 BGB BGH 17.6.2008, DB 2008, 1617 (1619); abw. wohl auch BGH 20.7.2010, NZG 2010, 991, für die fehlerhafte Übertragung) und bei einem Verstoß gegen § 203 Abs. 1 Nr. 3 StGB (OLG Köln 29.11.2007, NJW 2008, 589); nicht aber bei schwebender Unwirksamkeit infolge Fehlens einer landesrechtlichen Genehmigung (BGH 10.3.2008, BeckRS 2008, 06498); auch nicht bei einem Verstoß gegen § 5 Abs. 1 StBerG, § 56 Abs. 1 StBerG (FG Köln 17.1.2007, BeckRS 2007, 26022695). Trotz an sich gegebener Rückwirkung können die Gesellschafter gegenüber Dritten unter Rechtsscheinsaspekten 31 haften (MüKoBGB/*Schäfer* BGB § 705 Rn. 334; zum Schein-Gesellschafter OLG Saarbrücken 6.3.2009, NZG 2009, 22 (23)).

32 Zulasten **nicht voll Geschäftsfähiger** gilt die Lehre ebenfalls nicht, sodass die unwirksame Gesellschafterstellung rückabzuwickeln ist (BGH 30.4.1955, BGHZ 17, 160 (168) = NJW 1955, 1067). Im Außenverhältnis scheidet mangels Zurechenbarkeit auch eine Haftung des Minderjährigen unter Rechtsscheinsaspekten aus (*Canaris* HandelsR § 3 Rn. 70). Wenn ein Gesellschafter infolge arglistiger **Täuschung** oder widerrechtlicher **Drohung** zum Beitritt bestimmt wird, gilt die Lehre jedoch uneingeschränkt (heute hM, vgl. BGH 16.5.1998, NJW-RR 1998, 1379; BGH 19.11.2013, NZG 2013, 1422 Rn. 12; OLG Rostock 5.4.2000, NZG 2000, 930); ebenso bei der Beteiligung infolge sittenwidriger **Übervorteilung** (BGH 13.3.1975, WM 1975, 512 (514)). Eine abweichende Beurteilung ist auch nicht unter dem Aspekt des europäischen **Verbraucherschutzes** geboten, wenn dem Beitretenden ein gesetzliches Widerrufsrecht zusteht, insbesondere beim Beitritt aufgrund eines Haustür- oder Fernabsatzgeschäfts iSv § 312 BGB (→ Rn. 33). Etwas anderes gilt aber, wenn der Beitretende im Wege des Schadensersatzes mittels **Naturalrestitution** so zu stellen ist, als wenn er niemals Mitglied geworden wäre (→ Rn. 54).

V. Verbraucherschützende Widerrufsrechte

33 Bejaht man die Anwendbarkeit von § 312 BGB (→ Rn. 24), kann eine unterbliebene oder fehlerhafte Widerrufsbelehrung zu einem langen zeitlichen Auseinanderfallen von Gesellschaftsbeitritt und Widerruf führen, in dem vielfach bereits erhebliche Gesellschaftsverluste eingetreten sind. Dem Gesellschafter geht es dann meist darum, über den Widerruf diese nicht mittragen zu müssen, sondern seine ursprünglich geleistete Einlage vollständig zurück zu erhalten; zudem will er die Einforderung von Nachschüssen verhindern. Beide Aspekte werden durch die **Lehre von der fehlerhaften Gesellschaft** eingeschränkt, indem der Widerruf rechtlich und wirtschaftlich lediglich ex nunc wirkt (→ Rn. 30). Der EuGH hat nunmehr im Einklang mit der in Deutschland vorherrschenden Auffassung entschieden, dass eine **Rückabwicklung ex nunc** mit den Vorgaben der Haustürwiderrufsrichtlinie vereinbar sei (EuGH 15.4.2010, ZIP 2010, 772 (774 f.); abw. noch OLG München 23.11.2006, NZG 2008, 760; wie der EuGH aber bereits OLG Celle 2.7.2009, NZG 2009, 105). Auch der Haustürwiderruf ist somit nach wie vor ein durch die Lehre von der fehlerhaften Gesellschaft überlagertes Sonderkündigungsrecht mit Ex-nunc-Wirkung (BGH 12.7.2010, NJW 2010, 3096; hierzu *Schäfer* ZGR 2011, 352; beachtliche Argumente gegen die zu langen Fristen für die Ausübung dieses Rechts bei *Habersack* ZIP 2010, 775). Dies gilt bei allen Publikumsgesellschaften und legitimiert auch die bis zum Ausscheiden mögliche Kommanditistenhaftung (vgl. *Goette* DStR 2010, 1681). Wird ein Verbraucher im Wege einer **Treuhandkonstruktion** lediglich mittelbarer Gesellschafter, vollzieht sich die Rückabwicklung gleichwohl unmittelbar zwischen ihm und der Gesellschaft, wenn nach dem Treuhandvertrag und der Ausgestaltung des Fonds der Treuhänder nur eine Mittlerfunktion einnimmt (OLG Naumburg 12.6.2013, BeckRS 2013, 22621). Bei der Investment-KG stellt § 152 Abs. 1 S. 2–4 KAGB den Anleger im Innenverhältnis einem Kommanditisten gleich (→ Rn. 188).

34 Eine andere Frage ist freilich, ob die Lehre von der fehlerhaften Gesellschaft nicht durch **schadensrechtliche Erwägungen** überlagert wird. Dass die Widerrufsbelehrung eine ggf. schadensersatzbewehrte Rechtspflicht ist, hat der BGH bereits entschieden (BGH 19.9.2006, BGHZ 169, 109 = BKR 2007, 21) und kann auch im Einklang mit den europarechtlichen Vorgaben begründet werden (EuGH 25.10.2005, ZIP 2005, 1059 – Schulte). Die Fälle der fehlerhaften oder der unterbliebenen Widerrufsbelehrung sowie die möglicherweise ebenfalls vorliegende Täuschung des Anlegers beim Beitritt können somit durchaus eine Schadensersatzhaftung auslösen, die im Ergebnis auf eine **Ex tunc-Wirkung** der Kompensation abzielen. Bei der **mehrgliedrigen stillen Gesellschaft** (→ § 230 Rn. 7) geht die Rechtsprechung jedoch inzwischen davon aus, dass sich der Schadensersatzanspruch gegen den Inhaber des Handelsgeschäfts nur auf ein (etwaiges) Abfindungsguthaben erstreckt, ggf. ergänzt um den Ersatz weiterer Schäden, was aber von der Vermögenslage des Handelsbetriebs und der Höhe der (hypothetischen) Abfindungsansprüche der übrigen stillen Gesellschafter abhängt (BGH 19.11.2013, NZG 2013, 1422). Dieser Gedanke ist verallgemeinerungsfähig und sollte bei allen gesellschaftsrechtlich begründeten Anlagemodellen gelten, sodass es im Ergebnis bei einer Ex nunc-Wirkung der Kompensation verbleibt (→ Rn. 54 f.). Wurde ein **Widerrufsrecht vertraglich vereinbart,** sind Inhalt und Rechtsfolgen im Wege der Auslegung zu ermitteln (OLG München 27.2.2013, BeckRS 2014, 08355).

VI. Prospekthaftung

35 **1. Allgemeines.** Der rechtliche Begriff der „Prospekthaftung" ist traditionell vielschichtig. Richtigerweise sind verschiedene Aspekte zu unterscheiden, auch in zeitlicher Hinsicht: Die kapitalmarktrechtliche Prospekthaftung ist eine **spezielle Ersatzpflicht** für unrichtige Angaben im Zusammenhang mit dem Erwerb einer Vermögensanlage. Mittlerweile herrscht hier eine **komplizierte Rechtsentwicklung,** was zu erheblichen Problemen bei der Anwendung des auf den jeweiligen Haftungsfall

anzuwendenden Rechts führt: Die spezialgesetzliche Prospekthaftung wurde im Bereich des grauen Kapitalmarkts bis zum 31.5.2012 auf **§ 13 VerkProspG aF iVm §§ 44 ff. BörsG aF** gestützt. Im Zuge des Gesetzes zur Novellierung des Finanzanlagenvermittlungs- und Vermögensanlagenrechts vom 6.12.2011 folgten die Prospektpflicht und die hierauf beruhende Prospekthaftung beim grauen Kapitalmarkt aus **§§ 20 ff. VermAnlG;** über §§ 13, 22 VermAnlG wird dieses Regime auch auf das Vermögensanlageninformationsblatt (VIB) erstreckt. Für die durch das KAGB regulierten Vermögensanlagen folgt die Prospekthaftung nunmehr aus dem weitgehend identischen **§ 306 KAGB.** Frühere Ansätze, auf der Grundlage von § 311 Abs. 2 BGB die sog. Prospekthaftung ieS zu stützen, haben heute richtigerweise keine Bedeutung mehr (→ Rn. 56). Hiervon abzugrenzen ist jedoch die **allgemeine cic-Haftung,** die auch durch die Bezugnahme eines Haftungsadressaten auf einen fehlerhaften Prospekt begründet werden kann (→ Rn. 57 ff.). Mittelbar kann ein fehlerhafter Prospekt auch bei der **vertraglichen Haftung** des Anlageberaters bzw. Vermittlers Bedeutung haben (→ Rn. 58). Umgekehrt hängt der Umfang der Aufklärungs- und Beratungspflichten auch im haftungsverstärkenden Sinne davon ab, ob eine Vermögensanlage prospektpflichtig ist; eine „freie", dh prospektferne Beratung bzw. Aufklärung, dürfte daher regelmäßig pflichtwidrig sein (vgl. aber auch BGH 19.2.2019, NJW-RR 2019, 678 Rn. 13: kein geringerer Pflichtenumfang bei fehlender Prospektpflicht).

Der **zeitliche Anwendungsbereich** der maßgeblichen Haftungstatbestände der spezialgesetzlichen **36** Prospekthaftung ist wie folgt: Nach § 32 Abs. 1 S. 1 VermAnlG gilt für Ansprüche wegen fehlerhafter Verkaufsprospekte, die **vor dem 1.6.2012** im Inland veröffentlicht worden sind, die Haftung nach § 13 VerkProspG aF iVm §§ 44 ff. BörsG aF (hierzu → 1. Aufl. 2011, Rn. 37). Wurden Verkaufsprospekte entgegen § 8f Abs. 1 S. 1 VerkProspG aF nicht veröffentlicht, ist für die daraus resultierenden Ansprüche, die bis zum 31.5.2012 entstanden sind, das Verkaufsprospektgesetz in der bis zum 31.5.2012 geltenden Fassung ebenfalls weiterhin anzuwenden. Für Ansprüche, die seit **1.6.2012** entstanden sind, richtet sich die Prospekthaftung nach §§ 20 ff. VermAnlG (→ Rn. 30 ff.). Seit Inkrafttreten des KAGB am **22.7.2013** (Art. 28 Abs. 2 AIFM-UmsG) gilt für die Prospekthaftung in Bezug auf die hiernach nunmehr allein zulässige Publikums-KG vorrangig § 306 KAGB. Vgl. zu anderen Haftungstatbeständen → Rn. 55 ff.

2. Prospektpflicht nach VermAnlG und KAGB. Der Prospektpflicht gem. **§ 6 VermAnlG** **37** unterliegen auch nicht-börsengängige Vermögensanlagen ohne wertpapiermäßige Verbriefung: Dies sind gem. § 1 Abs. 2 Nr. 1 VermAnlG vor allem Anteile an geschlossenen Fonds (Publikumspersonengesellschaften, stille Beteiligungen), über § 1 Abs. 2 Nr. 3–6 VermAnlG aber auch partiarische Darlehen, Nachrangdarlehen sowie Genussrechte. Es muss sich jedoch um ein **öffentliches Angebot** handeln. Erforderlich ist hierfür die zielgerichtete Ansprache des Kapitalmarkts, mithin die an einen unbestimmten Personenkreis gerichtete Mitteilung über eine zum Erwerb stehende Vermögensanlage (Einzelheiten bei EBJS/*Groß* Rn. IX 588). **Ausnahmen** von der Prospektpflicht sieht § 2 VermAnlG zB bei nicht mehr als 20 Anteilen derselben Vermögensanlage, bei einem Verkaufspreis je Anleger von mindestens 200.000 EUR oder bei Angeboten nur an beruflich oder gewerblich handelnde Personen vor. Im Zweitmarkt, dh der Veräußerung von Fondsanteilen durch die Kapitalanleger selbst, besteht ebenfalls keine Prospektpflicht (*Fleischer* BKR 2004, 339 (341)). Der notwendige **Prospektinhalt** folgt aus § 7 VermAnlG sowie der VermVerkProspV (Einzelheiten bei *Fleischer* BKR 2004, 339 (341 ff.)). Zusätzlich zum Verkaufsprospekt ist gem. § 13 VermAnlG ein **Vermögensanlageninformationsblatt** (VIB) zu erstellen.

Im Bereich des **KAGB** folgt die Prospektpflicht für Anteile an Publikums-KG aus §§ 268, 269 **37a** KAGB, der im Wesentlichen auf die Anforderungen gem. § 165 KAGB verweist und diese ergänzt (Einzelheiten bei *Kupsch* Auszahlungen an Kommanditisten 211 ff.). Inhaltlich decken sich diese Anforderungen größtenteils mit den Vorgaben der VermVerkProspV. Abweichend vom früheren Recht besteht nunmehr auch bei geschlossenen Fonds die Pflicht zur Anfertigung der wesentlichen Anlegerinformationen gem. §§ 270, 166 KAGB (vgl. auch § 31 Abs. 3a WpHG).

3. Gesetzliche Regelungen gemäß VermAnlG (Auszug)

§ 1 VermAnlG Anwendungsbereich und Begriffsbestimmungen **38**

(1) Dieses Gesetz ist auf Vermögensanlagen anzuwenden, die im Inland öffentlich angeboten werden.

(2) Vermögensanlagen im Sinne dieses Gesetzes sind nicht in Wertpapieren im Sinne des Wertpapierprospektgesetzes verbriefte und nicht als Anteile an Investmentvermögen im Sinne des § 1 Absatz 1 des Kapitalanlagegesetzbuchs ausgestaltete

1. Anteile, die eine Beteiligung am Ergebnis eines Unternehmens gewähren,
2. Anteile an einem Vermögen, das der Emittent oder ein Dritter in eigenem Namen für fremde Rechnung hält oder verwaltet (Treuhandvermögen),
3. partiarische Darlehen,
4. Nachrangdarlehen
5. Genussrechte,

6. Namensschuldverschreibungen und
7. sonstige Anlagen, die einen Anspruch auf eine Verzinsung und Rückzahlung oder einen vermögenswerten Barausgleich im Austausch für die zeitweise Überlassung von Geld gewähren oder in Aussicht stellen,

sofern die Annahme der Gelder nicht als Einlagengeschäft im Sinne des § 1 Absatz 1 Satz 2 Nummer 1 des Kreditwesengesetzes zu qualifizieren ist.

(3) Emittent im Sinne dieses Gesetzes ist die Person oder die Gesellschaft, deren Vermögensanlagen auf Grund eines öffentlichen Angebots im Inland ausgegeben sind.

§ 2 VermAnlG Ausnahmen für einzelne Arten von Vermögensanlagen

(1) Die §§ 5a bis 26 mit Ausnahme von § 18 Absatz 2 und 3 sowie § 19 Absatz 1 Nummer 3 und 4 dieses Gesetzes sind nicht anzuwenden auf

1.–2. [nicht abgedruckt]
3. Angebote, bei denen
   a) von derselben Vermögensanlage im Sinne von § 1 Absatz 2 nicht mehr als 20 Anteile angeboten werden,
   b) der Verkaufspreis der im Zeitraum von zwölf Monaten angebotenen Anteile einer Vermögensanlage im Sinne von § 1 Absatz 2 insgesamt 100 000 Euro nicht übersteigt oder
   c) der Preis jedes angebotenen Anteils einer Vermögensanlage im Sinne von § 1 Absatz 2 mindestens 200 000 Euro je Anleger beträgt,
4. Angebote, die sich nur an Personen richten, die beruflich oder gewerblich für eigene oder fremde Rechnung Wertpapiere oder Vermögensanlagen erwerben oder veräußern,
5. Vermögensanlagen, die Teil eines Angebots sind, für das bereits im Inland ein gültiger Verkaufsprospekt veröffentlicht worden ist,
6. Vermögensanlagen, die einem begrenzten Personenkreis oder nur den Arbeitnehmern von ihrem Arbeitgeber oder von einem mit dessen Unternehmen verbundenen Unternehmen angeboten werden,

7.–9. [nicht abgedruckt]

(2) [1] In den Angeboten nach Absatz 1 Nummer 1a und 3 ist darauf hinzuweisen, dass eine Prospektpflicht nicht besteht. [2] Bei Angeboten nach Absatz 1 Nummer 1a hat der Vorstand der Genossenschaft dafür zu sorgen, dass den Mitgliedern der Genossenschaft vor Vertragsschluss die wesentlichen Informationen über die Vermögenslage zur Verfügung gestellt werden.

§ 20 VermAnlG Haftung bei fehlerhaftem Verkaufsprospekt

(1) [1] Sind für die Beurteilung der Vermögensanlagen wesentliche Angaben in einem Verkaufsprospekt unrichtig oder unvollständig, kann der Erwerber der Vermögensanlagen von denjenigen, die für den Verkaufsprospekt die Verantwortung übernommen haben, und denjenigen, von denen der Erlass des Verkaufsprospekts ausgeht, als Gesamtschuldnern die Übernahme der Vermögensanlagen gegen Erstattung des Erwerbspreises, soweit dieser den ersten Erwerbspreis der Vermögensanlagen nicht überschreitet, und der mit dem Erwerb verbundenen üblichen Kosten verlangen, sofern das Erwerbsgeschäft nach Veröffentlichung des Verkaufsprospekts und während der Dauer des öffentlichen Angebots nach § 11, spätestens jedoch innerhalb von zwei Jahren nach dem ersten öffentlichen Angebot der Vermögensanlagen im Inland, abgeschlossen wurde. [2] Auf den Erwerb von Vermögensanlagen desselben Emittenten, die von den in Satz 1 genannten Vermögensanlagen nicht nach Ausstattungsmerkmalen oder in sonstiger Weise unterschieden werden können, ist Satz 1 entsprechend anzuwenden.

(2) [1] Ist der Erwerber nicht mehr Inhaber der Vermögensanlagen, so kann er die Zahlung des Unterschiedsbetrags zwischen dem Erwerbspreis, soweit dieser den ersten Erwerbspreis nicht überschreitet, und dem Veräußerungspreis der Vermögensanlagen sowie der mit dem Erwerb und der Veräußerung verbundenen üblichen Kosten verlangen. [2] Absatz 1 Satz 2 ist anzuwenden.

(3) Nach Absatz 1 oder Absatz 2 kann nicht in Anspruch genommen werden, wer nachweist, dass er die Unrichtigkeit oder Unvollständigkeit der Angaben des Verkaufsprospekts nicht gekannt hat und dass die Unkenntnis nicht auf grober Fahrlässigkeit beruht.

(4) Der Anspruch nach Absatz 1 oder Absatz 2 besteht nicht, sofern
1. die Vermögensanlagen nicht auf Grund des Verkaufsprospekts erworben wurden,
2. der Sachverhalt, über den unrichtige oder unvollständige Angaben im Verkaufsprospekt enthalten sind, nicht zu einer Minderung des Erwerbspreises der Vermögensanlagen beigetragen hat oder
3. der Erwerber die Unrichtigkeit oder Unvollständigkeit der Angaben des Verkaufsprospekts beim Erwerb kannte.

(5) Werden Vermögensanlagen eines Emittenten mit Sitz im Ausland auch im Ausland öffentlich angeboten, besteht der Anspruch nach Absatz 1 oder Absatz 2 nur, sofern die Vermögensanlagen auf Grund eines im Inland abgeschlossenen Geschäfts oder einer ganz oder teilweise im Inland erbrachten Wertpapierdienstleistung erworben wurden.

(6) [1] Eine Vereinbarung, durch die der Anspruch nach Absatz 1 oder Absatz 2 im Voraus ermäßigt oder erlassen wird, ist unwirksam. [2] Weiter gehende Ansprüche, die nach den Vorschriften des bürgerlichen Rechts auf Grund von Verträgen oder unerlaubten Handlungen erhoben werden können, bleiben unberührt.

§ 21 VermAnlG Haftung bei fehlendem Verkaufsprospekt

(1) [1] Der Erwerber von Vermögensanlagen kann, wenn ein Verkaufsprospekt entgegen § 6 nicht veröffentlicht wurde, von dem Emittenten der Vermögensanlagen und dem Anbieter als Gesamtschuldnern die Übernahme der Vermögensanlagen gegen Erstattung des Erwerbspreises, soweit dieser den ersten Erwerbspreis nicht überschreitet, und der mit dem Erwerb verbundenen üblichen Kosten verlangen, sofern das Erwerbsgeschäft vor Veröffentlichung eines Verkaufsprospekts und innerhalb von zwei Jahren nach dem ersten öffentlichen Angebot der Vermögensanlagen im Inland abgeschlossen wurde. [2] Auf den Erwerb von Vermögensanlagen desselben Emittenten, die von den in Satz 1 genannten Vermögensanlagen nicht nach Ausstattungsmerkmalen oder in sonstiger Weise unterschieden werden können, ist Satz 1 entsprechend anzuwenden.

(2) [1] Ist der Erwerber nicht mehr Inhaber der Vermögensanlagen, kann er die Zahlung des Unterschiedsbetrags zwischen dem Erwerbspreis und dem Veräußerungspreis der Vermögensanlagen sowie der mit dem Erwerb und der Veräußerung verbundenen üblichen Kosten verlangen. [2] Absatz 1 Satz 1 gilt entsprechend.

(3) Werden Vermögensanlagen eines Emittenten von Vermögensanlagen mit Sitz im Ausland auch im Ausland öffentlich angeboten, besteht ein Anspruch nach Absatz 1 oder Absatz 2 nur, sofern die Vermögensanlagen auf Grund eines im Inland abgeschlossenen Geschäfts oder einer ganz oder teilweise im Inland erbrachten Wertpapierdienstleistung erworben wurden.

(4) Der Anspruch nach den Absätzen 1 bis 3 besteht nicht, sofern der Erwerber die Pflicht, einen Verkaufsprospekt zu veröffentlichen, beim Erwerb kannte.

(5) [1] Eine Vereinbarung, durch die ein Anspruch nach den Absätzen 1 bis 3 im Voraus ermäßigt oder erlassen wird, ist unwirksam. [2] Weiter gehende Ansprüche, die nach den Vorschriften des bürgerlichen Rechts auf Grund von Verträgen oder unerlaubten Handlungen erhoben werden können, bleiben unberührt.

§ 22 VermAnlG Haftung bei unrichtigem oder fehlendem Vermögensanlagen-Informationsblatt

(1) Wer Vermögensanlagen auf Grund von Angaben in einem Vermögensanlagen-Informationsblatt erworben hat, kann von dem Anbieter die Übernahme der Vermögensanlagen gegen Erstattung des Erwerbspreises, soweit dieser den ersten Erwerbspreis der Vermögensanlagen nicht überschreitet, und der mit dem Erwerb verbundenen üblichen Kosten verlangen, wenn

1. die in dem Vermögensanlagen-Informationsblatt enthaltenen Angaben irreführend, unrichtig oder nicht mit den einschlägigen Teilen des Verkaufsprospekts vereinbar sind und
2. das Erwerbsgeschäft nach Veröffentlichung des Verkaufsprospekts und während der Dauer des öffentlichen Angebots nach § 11, spätestens jedoch innerhalb von zwei Jahren nach dem ersten öffentlichen Angebot der Vermögensanlagen im Inland abgeschlossen wurde.

(1a) Sofern die Erstellung eines Verkaufsprospekts nach § 2a oder § 2b entbehrlich ist, besteht der Anspruch nach Absatz 1 unter der Voraussetzung, dass

1. die in dem Vermögensanlagen-Informationsblatt enthaltenen Angaben irreführend oder unrichtig sind und
2. das Erwerbsgeschäft während der Dauer des öffentlichen Angebots nach § 11, spätestens jedoch innerhalb von zwei Jahren nach dem ersten öffentlichen Angebot der Vermögensanlagen im Inland abgeschlossen wurde.

(2) Ist der Erwerber nicht mehr Inhaber der Vermögensanlagen, kann er die Zahlung des Unterschiedsbetrags zwischen dem Erwerbspreis, soweit dieser den ersten Erwerbspreis nicht überschreitet, und dem Veräußerungspreis der Vermögensanlagen sowie der mit dem Erwerb und der Veräußerung verbundenen üblichen Kosten verlangen.

(3) Nach Absatz 1 oder Absatz 2 kann nicht in Anspruch genommen werden, wer nachweist, dass er die Unrichtigkeit des Vermögensanlagen-Informationsblatts nicht gekannt hat und dass die Unkenntnis nicht auf grober Fahrlässigkeit beruht.

(4) Der Anspruch nach Absatz 1, Absatz 1a oder Absatz 2 besteht nicht, sofern

1. der Erwerber die Unrichtigkeit der Angaben des Vermögensanlagen-Informationsblatts beim Erwerb kannte oder
2. der Sachverhalt, über den unrichtige Angaben im Vermögensanlagen-Informationsblatt enthalten sind, nicht zu einer Minderung des Erwerbspreises der Vermögensanlagen beigetragen hat.

(4a) [1] Der Erwerber kann von dem Anbieter die Übernahme der Vermögensanlage gegen Erstattung des Erwerbspreises, soweit dieser den ersten Erwerbspreis der Vermögensanlage nicht überschreitet, und der mit dem Erwerb verbundenen üblichen Kosten verlangen, wenn

1. ihm das Vermögensanlagen-Informationsblatt entgegen § 15 nicht zur Verfügung gestellt wurde,
2. das Vermögensanlagen-Informationsblatt den Hinweis nach § 13 Absatz 4 Satz 1 nicht enthalten hat oder
3. er die Kenntnisnahme des Warnhinweises nach § 13 Absatz 4 Satz 1 nicht nach § 15 Absatz 3 oder Absatz 4, auch in Verbindung mit einer Rechtsverordnung nach § 15 Absatz 5, bestätigt hat.

[2] Absatz 2 gilt entsprechend.

(5) Werden Vermögensanlagen eines Emittenten mit Sitz im Ausland auch im Ausland öffentlich angeboten, besteht der Anspruch nach Absatz 1, Absatz 1a, Absatz 2 oder Absatz 4a nur, sofern die Vermögensanlagen auf Grund eines im Inland abgeschlossenen Geschäfts oder einer ganz oder teilweise im Inland erbrachten Wertpapierdienstleistung erworben wurden.

(6) [1] Eine Vereinbarung, durch die der Anspruch nach Absatz 1, Absatz 1a, Absatz 2 oder Absatz 4a im Voraus ermäßigt oder erlassen wird, ist unwirksam. [2] Weiter gehende Ansprüche, die nach den Vorschriften des bürgerlichen Rechts auf Grund von Verträgen oder unerlaubten Handlungen erhoben werden können, bleiben unberührt.

4. Fehlerhafter Prospekt. Die spezialgesetzliche Prospekthaftung gem. § 20 VermAnlG knüpft an einen fehlerhaften **Prospekt** iSv § 7 VermAnlG an, ggf. ergänzt oder berichtigt gem. § 11 VermAnlG. Für die sonstigen Verlautbarungen muss auf die allgemeine cic-Haftung zurückgegriffen werden (→ Rn. 57). Fehlt ein Prospekt, kommt eine vergleichbare Haftung aus § 21 VermAnlG in Betracht (hierzu *Klöhn* DB 2012, 1854); bei einem fehlerhaften VIB ergibt sich die vergleichbare Haftung aus § 22 VermAnlG. Der gebotene Prospektinhalt folgt aus § 7 VermAnlG sowie der VermVerkProspV, der notwendige Inhalt des VIB folgt aus § 13 VermAnlG. 39

40 Die haftungsbegründende **Fehlerhaftigkeit** des Prospekts ist gegeben, wenn die für die Beurteilung der Vermögensanlage wesentlichen Angaben unrichtig oder unvollständig sind. Ein Emissionsprospekt muss den Anlegern im Hinblick auf die Beitrittsentscheidung ein zutreffendes Bild über das Beteiligungsobjekt vermitteln. Es muss über alle Umstände, die für eine Anlageentscheidung von wesentlicher Bedeutung sind oder sein können, insbesondere über die mit der angebotenen speziellen Beteiligungsform verbundenen Nachteile und Risiken, zutreffend, verständlich und vollständig aufgeklärt werden. Dazu gehört eine Aufklärung über Umstände, die den Vertragszweck vereiteln können (BGH 13.12.2011, NZG 2012, 107 Rn. 16). Die aus dem Geschäftsmodell resultierenden Chancen und Risiken müssen zutreffend dargestellt werden (BGH 7.12.2009, DB 2010, 213). Letzteres gilt wegen § 172 Abs. 4 und 5 insbesondere für die rechtliche Qualifikation von Ausschüttungen (vgl. hierzu BGH 12.3.2013, NZG 2013, 738), ebenso die drohende Haftung der Kommanditisten aus § 31 GmbHG (→ Rn. 138; vgl. LG München I 19.12.2014, BeckRS 2015, 01729; abw. *Baumann/Wagner* WM 2015, 1370). Auch über gewährte Sondervorteile zu Gunsten eines Gründungsgesellschafters oder eines mit ihm wesentlich kapitalmäßig oder personell verflochtenen Unternehmen ist aufzuklären (BGH 18.10.2018, NZG 2019, 229; BGH 19.11.2019, NZG 2020, 263). Die „Grundsätze ordnungsgemäßer Durchführung von Prospektprüfungen" vom Institut der Wirtschaftsprüfer **(IDW S 4)** können insoweit Außenwirkung entfalten, als bei ihrer Nichtbeachtung eine Haftung der Prospektverantwortlichen in Betracht kommt (OLG München 22.8.2013, BeckRS 2014, 11543). Maßgeblicher **Zeitpunkt** für die Fehlerhaftigkeit des Prospekts ist der der Veröffentlichung iSv §§ 9, 10 VermAnlG, bei nachträglicher Veränderung der gem. § 11 VermAnlG. Um eine **wesentliche Angabe** handelt es sich, wenn sie zu den wertbildenden Faktoren der Vermögensanlage gehört (vgl. *Grunewald/Schlitt,* Einführung in das Kapitalmarktrecht, 3. Aufl. 2014, 246).

41 Die **Unrichtigkeit** bezieht sich nicht nur auf **Tatsachen.** Auch **Werturteile** können unrichtig sein, wenn sie ins Blaue hinein erfolgen oder unseriös sind. Die Unrichtigkeit kann sich ferner aus dem Gesamteindruck des Prospekts ergeben, wenn die Verhältnisse zu positiv oder beschönigend dargestellt werden (zB durch bilanzielle Gestaltungsspielräume, vgl. BGH 12.7.1982, WM 1982, 862). **Prognosen** sind fehlerhaft, wenn sie nicht durch sorgfältig ermittelte Tatsachen gestützt und – aus ex ante Sicht – nicht vertretbar sind; der Anspruchsteller genügt seiner Darlegungslast indessen nicht, wenn er lediglich vorträgt, dass eine Prognose sich nicht erfüllt hat (BGH 23.4.2012, NZG 2012, 789). Auch **Werbeaussagen** können hiernach haftungsbegründend sein, wenn sie sich auf Tatsachen oder Werturteile beziehen und nicht einen evident reißerischen, mithin substanzlosen Charakter haben (vgl. OLG München 19.8.2008, NZG 2010, 273: keine Haftung bei „werbenden Anpreisungen"; generell zurückhaltend auch *M. Haas/Hanowski* NZG 2010, 254). Maßgeblich ist stets die Sichtweise eines „durchschnittlichen Anlegers, der eine Bilanz zu lesen versteht" (BGH 12.7.1982, WM 1982, 862; ähnlich nunmehr auch BGH 19.10.2009, NJW 2010, 65 (68): „wirtschaftlich denkender Gesellschafter"). Die Prospektverantwortlichen dürfen eine „sorgfältige und eingehende Lektüre" bei den Anlegern voraussetzen (BGH 31.3.1992, WM 1992, 901; vgl. auch *Dörr* WM 2010, 533 (537 ff.)). Diese Anforderungen an den **Empfängerhorizont** sind entgegen vielfacher Kritik nicht zu hoch. Gerade bei der Anlage am „grauen Kapitalmarkt" darf der Aspekt der Selbstkontrolle des Investors nicht zu niedrig angesetzt werden (in diese Richtung aber BGH 18.9.2012, WM 2012, 2147). Man wird nicht erst ab einer Vermögensanlage von 200.000 EUR (vgl. die Ausnahme von der Prospektpflicht gem. § 2 Nr. 3 lit. c VermAnlG) eine gewisse Sachkunde bei der Auswahl von Kapitalmarktprodukten erwarten können, zumal bei geschlossenen Fonds meist – komplizierte – steuerrechtliche Erwägungen die Anlageentscheidung begünstigen (vgl. auch *Heisterkamp* DStR 2004, 2154 und *Fleischer* BKR 2004, 339 (343)).

42 Ob ein Prospekt **unvollständig** ist, folgt aus § 7 VermAnlG sowie §§ 2 ff. VermVerkProspV. Anzugeben sind insbesondere wirtschaftliche Verflechtungen und Vertriebsprovisionen (BGH 29.5.2008, DB 2008, 1675). Nach § 11 VermAnlG besteht eine **Aktualisierungspflicht.** Diese gilt jedoch nur solange, wie die Vermögensanlage noch öffentlich angeboten wird (vgl. OLG Frankfurt a. M. 1.2.1994, WM 1994, 291 (297)). Die **Richtigstellung** der Fehler bis zum Erwerb der Vermögensanlage schließt die Haftung aus (§ 20 Abs. 4 Nr. 3 VermAnlG); vgl. auch BGH 16.11.1978, BGHZ 72, 387 = NJW 1979, 718.

43 **5. Haftungsadressaten.** Haftungsadressaten sind gem. § 20 Abs. 1 VermAnlG alle, die entweder für den Prospekt Verantwortung übernommen haben (Prospektverantwortliche) sowie diejenigen, von denen der Erlass des Prospekts ausgeht (Prospektveranlasser). Beide Ansätze folgen unterschiedlichen dogmatischen Begründungsregeln, was für die jeweilige tatbestandliche Präzisierung relevant ist. Die früher mangels spezialgesetzlicher Prospekthaftung allein unter dem Aspekt der cic-Haftung diskutierten Fälle und Entscheidungen der Rechtsprechung sind daher gleichwohl vielfach auf die spezialgesetzliche Haftung zu übertragen und weitgehend hiervon erfasst.

44 **a) Prospektverantwortliche.** Zu den Prospektverantwortlichen iSv § 20 Abs. 1 VermAnlG zählen nur diejenigen, deren Verantwortungsübernahme zumindest bewusst erfolgte und nach außen erkennbar war (*Habersack/Mülbert/Schlitt,* Unternehmensfinanzierung am Kapitalmarkt, 4. Aufl. 2018, § 33 Rn. 58; zur früheren Prospekthaftung ieS auch BGH 27.1.2004, NJW 2004, 1377). Die Übernahme

von Verantwortung folgt aus einem **Rechtsscheinstatbestand** und bedarf keiner rechtsgeschäftlich wirksamen Erklärung, denn es handelt sich um eine Vertrauenshaftung. Maßgeblich ist daher allein, ob der „durchschnittliche Anleger" (vgl. BGH 12.7.1982, WM 1982, 862) davon ausgehen durfte, dass der Betreffende sich den Aussagegehalt des Prospekts insgesamt oder für bestimmte Teile zu eigen macht. Prospektverantwortliche sind daher zunächst die nach § 2 Abs. 4 VermVerkProspV, § 3 VermVerkProspV Genannten, vor allem der **Anbieter.** Die Benennung gem. § 3 VermVerkProspV ist ausreichend, jedoch nicht notwendig; insbesondere bedarf es keiner förmlichen Unterzeichnung (vgl. BGH 14.7.1998, BGHZ 139, 225 (229) = WM 1998, 1772). Weitere Beispiele aus der Zeit vor Einführung von § 13 VerkProspG iRd allgemeinen cic-Haftung: **Initiatoren, Gründer der Gesellschaft** sowie das **Management,** sofern sie nach außen in Erscheinung treten (vgl. BGH 24.4.1978, BGHZ 71, 284 = NJW 1978, 1625; BGH 31.5.1990, BGHZ 111, 314 = NJW 1990, 2461; BGH 2.6.2008, DB 2009, 2019; *Fleischer* BKR 2004, 339 (344)). Der **geschäftsführungsbefugte Kommanditist** ist regelmäßig als Prospektverantwortlicher anzusehen (abw. *Kind/Oertel* BKR 2009, 329); nicht hingegen der Anlagegesellschafter beim Beitritt neuer Investoren (vgl. *Strohn* DB 2012, 1137 (1137)).

Besonderheiten bestehen bei **sonstigen Experten,** die an der Erstellung des Prospekts mitgewirkt 45 haben. Die hM lehnt eine Einbeziehung in die spezialgesetzliche Prospekthaftung ab, weil diese kein eigenes wirtschaftliches Interesse an der Emission und zudem nur an Teilen des Prospekts mitgewirkt hätten (vgl. MüKoHGB/*Grunewald* § 161 Rn. 184; für Wirtschaftsprüfer auch *Oulds* WM 2008, 1573 (1579); unentschieden *Fleischer* BKR 2004, 339 (344)). Dem ist nicht zuzustimmen. Die Prämisse, erforderlich sei ein eigenes wirtschaftliches Interesse, lässt sich in § 20 Abs. 1 VermAnlG nicht integrieren. Hier geht es – anders als bei den Prospektveranlassern – allein um die tatsächliche **Übernahme von Verantwortung,** mithin um eine auf den Empfängerhorizont abgestellte Vertrauenshaftung, die auch dann Geltung beansprucht, wenn der Veranlasser hiervon nicht profitiert, was ohnehin ein kaum rechtssicher handhabbares Kriterium ist. Auch die Prämisse, die Prospektverantwortung beziehe sich nur auf diejenigen, die für den Prospekt in Gänze Verantwortung übernommen hätten, erscheint als begriffsjuristisch und nicht auf die Vorgaben einer Vertrauenshaftung abgestimmt. Die **nach außen erkennbare** Übernahme von Verantwortung kann sich auch auf **Teilaspekte** beziehen (so zur cic bereits BGH 6.10.1980, BGHZ 79, 337 = NJW 1981, 1449; OLG Bamberg 21.2.2006, WM 2006, 960). Man muss nur iRd haftungsbegründenden Kausalität abgrenzen, ob die Anlegerentscheidung auf dem unrichtigen Teilaspekt beruht oder nicht (→ Rn. 50). Experten, die nicht nach außen erkennbar an der Prospektererstellung mitgewirkt haben bzw. die nicht im Prospekt genannt werden, können nicht Prospektverantwortliche sein (so bereits zur bürgerlich-rechtlichen Prospekthaftung BGH 14.4.1986, WM 1986, 904 (906)); denkbar ist jedoch eine Einbeziehung als Prospektveranlasser (→ Rn. 48).

Beispiele für die mögliche Einbeziehung von Experten als Prospektverantwortliche aus der Rspr. zur 46 früher allein auf § 311 Abs. 2 und 3 BGB gestützten Prospekthaftung: Rechtsanwälte und Wirtschaftsprüfer (BGH 22.5.1980, BGHZ 77, 172 = NJW 1980, 1840; BGH 8.6.2004, NJW 2004, 3420; BGH 15.12.2005, WM 2006, 425; OLG Bamberg 21.2.2006, WM 2006, 960), Letztere insbesondere, wenn sie bei der Prospektprüfung die Vorgaben des IDW-Standards S 4 nicht erfüllt haben; bei Bauherren- und Bauträgermodellen (BGH 31.5.1990, BGHZ 111, 314 = NJW 1990, 2461; BGH 26.9.1991, BGHZ 115, 213; BGH 7.9.2001, BGHZ 145, 121 = NJW 2001, 436). Ein Kreditinstitut übernimmt Prospektverantwortung, wenn es Treuhandkommanditistin und Mitherausgeber des Prospekts ist (BGH 14.1.1985, WM 1985, 533), nicht aber, wenn es lediglich die Voraussetzungen für die Anlegergeldfreigabe überprüft hat und diese bestätigt (BGH 27.1.2004, NJW 2004, 1377). Auch die Benennung einer Person als Beiratsmitglied oÄ führt für sich genommen nicht zu einer Übernahme von Prospektverantwortung (vgl. BGH 16.11.1978, BGHZ 72, 387 = NJW 1979, 718; *Haertlein* ZIP 2008, 726; abw. unter Einbeziehung von Äußerungen eines Beiratsmitglieds BGH, 17.11.2011, ZBB 2012, 137). Das Gleiche gilt für eine mit der Koordination des Eigenkapitalbetriebs betraute Einzahlungstreuhänderin (BGH 29.1.2009, ZIP 2009, 1577).

Die **Publikumsgesellschaft selbst** ist nach einhelliger Ansicht nicht prospektverantwortlich (vgl. 47 Baumbach/Hopt/*Roth* Anh. § 177a Rn. 64; MüKoHGB/*Grunewald* § 161 Rn. 141), sodass in Durchbrechung von § 278 BGB bzw. § 31 BGB analog letztlich nur die unmittelbar Handelnden haften sollen. Beim Beitritt zu einer bereits bestehenden Publikumsgesellschaft ist dies auf den ersten Blick nur schwer nachvollziehbar, zumal der Aufnahmevertrag oftmals sogar mit der Gesellschaft selbst geschlossen wird (→ Rn. 18). Dennoch ist dem zu folgen, um so zu verhindern, dass die Geltendmachung von Kapitalanlegerschäden auf Kosten der Mitgesellschafter und vor allem der Gläubiger geht. Dogmatische Grundlage für den Vorrang der Geltendmachung des Schadensersatzes gegenüber den unmittelbar Handelnden ist die **gesellschaftsrechtliche Treuepflicht,** die auch den irregeführten Anleger trifft und ihm auferlegt, das Gesellschaftsvermögen zu schonen, soweit anderweitig Ersatz zu erlangen ist. Besteht diese Alternative jedoch nicht, ist auch die Publikumsgesellschaft selbst aufgrund von § 278 BGB bzw. § 31 BGB Adressat der Prospekthaftung, um diese nicht auf Kosten der Anleger leer laufen zu lassen. Bei der AG ist dies anerkannt (Spindler/Stilz/*Servatius* AktG § 185 Rn. 16 ff.). Zu den konstruktiven Schwierigkeiten, eine derartige Haftung bei Personengesellschaften durchzusetzen, instruktiv *Blaurock* Stille Gesellschaft-HdB Rn. 19.85. Bei der **stillen Beteiligung** trifft die Prospekthaftung auch den Geschäftsinhaber als Vertragspartner, wenn er sich die Angaben von Vermittlern über § 278 BGB zurechnen lassen muss (BGH 21.3.2005, NZG 2005, 476 – Göttinger Gruppe). Vgl. zum Verhältnis zwischen Ersatzpflicht und gesellschaftsrechtlicher Kapitalbindung auch Wachter/*Servatius* AktG § 57 Rn. 27 f.

48 **b) Prospektveranlasser.** Prospektveranlasser ist gem. § 20 Abs. 1 VermAnlG jeder **tatsächliche Urheber,** der in der Sache hinter dem Prospekt steht; auf ein Auftreten nach außen kommt es nicht an (vgl. zu § 45 BörsG BT-Drs. 13/8933, 78). Hierdurch sollen Haftungslücken geschlossen werden. Zur Konkretisierung bietet es sich an, die bereits bei § 311 Abs. 3 S. 2 BGB anerkannten Kriterien für die Einbeziehung Dritter in die Vertrauenshaftung heranzuziehen. Prospektveranlasser ist daher jeder, der ein **eigenes wirtschaftliches Interesse** an der Veräußerung der Vermögensanlage hat **und kraft eigener Steuerungsmacht** auf die vordergründig Beteiligten und die Erstellung des unrichtigen Prospekts einwirkt (BGH 18.9.2012, WM 2012, 2147). Die früher zur cic-Haftung herangezogenen Fallgruppen der Garantenstellung lassen sich auf § 20 Abs. 1 VermAnlG übertragen. Die Prospekthaftung kann daher auch jemanden treffen, der mangels äußeren Auftretens nicht Prospektverantwortlicher ist. **Bsp.:** Vgl. zum Bauträgermodell BGH 18.12.2005, ZIP 2006, 420; für ein herrschendes Unternehmen iSd Konzernrechts (BGH 16.11.1978, BGHZ 72, 387 = NJW 1979, 718; BGH 6.10.1980, BGHZ 79, 342 = NJW 1981, 1449); Gründungskommanditisten (BGH 14.7.2003, ZIP 2003, 1651); Kredit- und Finanzdienstleistungsinstitute (*Habersack/Mülbert/Schlitt,* Unternehmensfinanzierung am Kapitalmarkt, 4. Aufl. 2018, § 33 Rn. 69). Wenngleich es sich wie bei § 311 Abs. 3 S. 2 BGB um eine Vertrauenshaftung handelt, kommt es auf eine positive Kenntnis des Anlegers von der Urheberschaft der hinter dem Prospekt stehenden Personen nicht an. Geschützt wird ein **typisiertes Vertrauen** (vgl. Baumbach/Hopt/*Roth* Anh. § 177a Rn. 63).

49 **6. Verschulden.** Der Inanspruchgenommene muss gem. § 20 Abs. 3 VermAnlG **Kenntnis oder grob fahrlässige Unkenntnis** von der Fehlerhaftigkeit des Prospekts haben (abw. die früher allein auf § 311 BGB gestützte Prospekthaftung, die bereits bei einfacher Fahrlässigkeit zum Tragen kam, vgl. BGH 24.4.1978, BGHZ 71, 284 (292) = NJW 1978, 1625). Das Verschulden wird **vermutet;** der Inanspruchgenommene kann und muss sich ggf. exkulpieren. Es besteht jedoch keine strikte Gesamtverantwortung aller Beteiligten für alle Inhalte des Prospekts. Den unterschiedlichen Aufgabenbereichen bei der Prospekterstellung ist wegen der teils komplizierten gesetzlichen Vorgaben Rechnung zu tragen. Nach Verschuldensaspekten kann auch derjenige, der als Vertrauenstatbestand die Verantwortung für „den Prospekt" übernommen hat (vgl. § 3 VermVerkProspV), nicht automatisch für alle Unrichtigkeiten herangezogen werden; Prospekthaftung ist keine bloße Veranlassungs- oder gar Garantiehaftung. Zu bedenken ist jedoch, dass bei arbeitsteiligem Vorgehen wie bei Kollegialorganen im Gesellschaftsrecht wechselseitige **Nachforschungspflichten** bestehen und so zumindest in Evidenzfällen auch in Bereichen, für die ein anderer durch positives Tun Verantwortung übernommen hat, eine Unkenntnis bestehen kann, von der sich der Inanspruchgenommene nicht exkulpieren kann.

50 **7. Anspruchsinhaber.** Zum Ersatz berechtigt ist jeder, der die Vermögensanlage innerhalb von nunmehr zwei Jahren nach dem ersten öffentlichen Angebot im Inland (§ 20 Abs. 1 S. 1 VermAnlG) aufgrund des fehlerhaften Prospekts erworben hat. Dies ist unproblematisch der **Ersterwerber** der Vermögensanlage. Es kann aber innerhalb des maßgeblichen Zeitraums auch ein **Zweiterwerber** sein; es kommt nicht darauf, dass der Erwerb unter Vorlage des Prospekts erfolgte. Auf die **Ausschlussfrist** ist gem. § 7 Abs. 2 VermAnlG iVm § 2 Abs. 2 S. 3 VermVerkProspV im Prospekt an hervorgehobener Stelle hinzuweisen; auch das VIB muss gem. § 13 Abs. 3 Nr. 5 VermAnlG einen entsprechenden Hinweis enthalten. Die **haftungsbegründende Kausalität** wird beim fristgemäßen Erwerb gem. § 20 Abs. 4 Nr. 1 VermAnlG widerleglich vermutet; dies gilt richtigerweise auch für den Zweiterwerber. Zur Konkretisierung dieser Vorgaben kann auf die stRspr des BGH Bezug genommen werden, wonach bei einer unrichtigen oder unvollständigen Darstellung von für die Anlageentscheidung wesentlichen Umständen eine **tatsächliche Vermutung** dafür besteht, dass die mangelhafte Prospektdarstellung für die Anlageentscheidung **ursächlich** war (BGH 2.3.2009, DStR 2009, 986 (987)). Hiernach gilt, dass durch unzutreffende oder unvollständige Informationen des Prospekts in das Recht des Anlegers eingegriffen werde, in eigener Entscheidung und Abwägung des Für und Wider darüber zu befinden, ob er in das Projekt investieren will oder nicht. Das Bestehen von Handlungsvarianten sei nicht geeignet, diese auf der Lebenserfahrung beruhende tatsächliche Vermutung für die Ursächlichkeit fehlerhafter Prospektdarstellungen für die Anlageentscheidung bei Immobilien zu entkräften, bei denen es idR vordringlich um Sicherheit, Rentabilität und Inflationsschutz geht. Eine Ausnahme komme allenfalls bei von vornherein spekulativen Geschäften in Betracht, bei denen es nur um das Maß der Sicherheit geht. Dies ist beim Immobilienfonds jedoch grundsätzlich nicht der Fall (BGH 23.4.2012, NZG 2012, 789 Rn. 21). Der Anspruch scheidet auch aus, wenn der Erwerber die Fehlerhaftigkeit des Prospekts **kannte** (dies relativierend BGH 2.3.2009, DStR 2009, 986 (987): nur „grundsätzlich") oder wenn der Prospektfehler „nach der Lebenserfahrung" für die Werthaltigkeit des Anlageobjekts keine Bedeutung hat (BGH 2.3.2009, DStR 2009, 986 (987)). Auch diese Ausschlussgründe muss der Inanspruchgenommene beweisen (§ 20 Abs. 4 Nr. 1 VermAnlG). Zur ähnlich gelagerten Frage der haftungsausfüllenden Kausalität → Rn. 52.

8. Anspruchsinhalt. Der Anspruch richtet sich gem. § 20 Abs. 1 VermAnlG grundsätzlich darauf, dass der Inanspruchgenommene – ggf. mit anderen als Gesamtschuldner – verpflichtet ist, die Vermögensanlage gegen Erstattung des Erwerbspreises und der mit dem Erwerb verbundenen üblichen Kosten zu übernehmen **(Naturalrestitution).** Ist der Erwerber im Zeitpunkt der Geltendmachung des Ersatzanspruchs nicht mehr Inhaber der Anteile, kann er gem. § 20 Abs. 2 VermAnlG die Zahlung des Unterschiedsbetrags zwischen dem Erwerbspreis und dem Veräußerungspreis sowie der mit dem Erwerb und der Veräußerung verbundenen üblichen Kosten verlangen **(Differenzschaden).** 51

Nach § 20 Abs. 4 Nr. 2 VermAnlG kann der Inanspruchgenommene in beiden Fällen die **haftungsausfüllende Kausalität widerlegen,** indem er beweist, dass der fehlerhafte Prospekt nicht zu einer Minderung des Erwerbspreises geführt hat. Der Anspruch scheidet zudem aus, wenn der Prospektfehler „nach der Lebenserfahrung" für die Werthaltigkeit des Anlageobjekts keine Bedeutung hat (vgl. BGH 2.3.2009, DStR 2009, 986 (987)). Im Übrigen ist der Ersatz eines weitergehenden **entgangenen Gewinns** nach – durchaus fragwürdiger hM – ausgeschlossen (vgl. *Fleischer* BKR 2004, 339 (346); abw. die früher auf § 311 BGB gestützte Prospekthaftung; vgl. für die Ersatzfähigkeit entgangener Steuervorteile nach altem Recht BGH 17.5.1982, WM 1982, 760; für die Ersatzfähigkeit entgangener Zinsen BGH 2.12.1991, ZIP 1992, 324). Diese Einschränkung mag der gesetzgeberischen Intention entsprechen, ein allzu großes Ausufern der Prospekthaftung zu verhindern, vermag schadensrechtlich jedoch nicht zu überzeugen. Hat jemand eine Vermögensanlage aufgrund fehlerhaften Prospekts getätigt und sein Kapital daher nicht anderweitig investiert, steht ihm nach den allgemeinen Lehren auch im Bereich der Vertrauenshaftung über § 252 BGB der Ersatz konkret entgangener Gewinne zu (weitergehend für Altfälle sogar BGH 24.4.2012, NZG 2012, 832: regelmäßig mindestens 4 %). Zwischenzeitlich erlangte Steuervorteile sind iRd **Vorteilsausgleichs** umgekehrt grundsätzlich in Abzug zu bringen (BGH 31.5.2010, DStR 2010, 1485). Das Gleiche gilt für zwischenzeitlich erhaltene Ausschüttungen (BGH 23.4.2012, NZG 2012, 789). Vorteile aus anderen Anlageformen werden indessen grundsätzlich nicht angerechnet (vgl. e contrario zur umfassenderen Anlageberatung BGH 18.10.2018, NZG 2019, 229). 52

9. Geltendmachung. Die Haftung ist gem. § 20 Abs. 6 S. 1 VermAnlG insoweit **zwingend** als im Voraus nicht hierauf verzichtet werden kann. Der Anspruch **verjährt** nunmehr gem. §§ 195, 199 BGB innerhalb von drei Jahren ab Kenntnis oder grob fahrlässiger Unkenntnis der Anspruchsvoraussetzungen, längstens nach zehn Jahren. Der Verjährungsbeginn ist frühestens das Zustandekommen des Beteiligungsvertrags (BGH 21.5.2019, NZG 2019, 914 Rn. 11 ff., auch mit Hinweisen auf einen etwaigen späteren Beginn wegen bis dahin fehlender Bestandskraft des Vertrags). Für die Geltendmachung des Ersatzanspruchs gilt der **ausschließliche Gerichtsstand** gem. § 32b ZPO (hierzu BGH 8.12.2015, NZG 2016, 184); die sachliche Zuständigkeit der Landgerichte folgt aus § 71 Abs. 2 Nr. 3 GVG (hierzu OLG Frankfurt a. M. 31.7.2018, NJOZ 2019, 542). Gemäß § 95 Abs. 1 Nr. 6 GVG ist die **KfH** für Ansprüche aus VermAnlG zuständig; konkurrierende deliktische Ansprüche werden hiervon nicht erfasst (vgl. LG München I 3.1.2012, NZG 2012, 512). Schadensersatzansprüche aus spezialgesetzlicher Prospekthaftung können Gegenstand eines Musterverfahrens nach **KapMuG** sein, nicht aber Ansprüche auf vertraglicher Grundlage oder aus der auf die cic gestützten Prospekthaftung iwS (BGH 13.12.2011, NZG 2012, 107 Rn. 14). Der Zusammenschluss von geschädigten Anlegern in einer GbR zur Erhebung einer Sammelklage kann einen Verstoß gegen das RDG bedeuten (vgl. BGH 12.4.2011, ZIP 2011, 1202). Vgl. zur kollisionsrechtlichen Behandlung der Prospekthaftung gem. Art. 4 Abs. 2 Rom II-VO *Einsele* ZEuP 2012, 23; zur Versicherbarkeit von Zahlungspflichten *Hahn* VersR 2012, 393. 53

10. Auswirkungen der Lehre von der fehlerhaften Gesellschaft. Oftmals kollidieren zivilrechtliche Schadensersatzansprüche mit der Lehre von der fehlerhaften Gesellschaft (→ Rn. 27 ff.). Der BGH hat für die **eingliedrige stille Beteiligung** klargestellt, dass diese Grundsätze einem schadensrechtlichen Anspruch auf Rückgewähr der Einlage nicht entgegen stehen, wenn der Vertragspartner des Stillen verpflichtet ist, den Stillen so zu stellen, als hätte er den Gesellschaftsvertrag nicht abgeschlossen und seine Einlage nicht geleistet (BGH 21.3.2005, NZG 2005, 476 – Göttinger Gruppe). Die Rückabwicklung nach §§ 249 ff. BGB schließt so eine gesellschaftsrechtliche Auseinandersetzung aus; der Gesellschafter ist vielmehr so zu stellen, als sei der Gesellschaftsvertrag nicht abgeschlossen worden (BGH 19.12.2005, DStR 2006, 244). Konkret bedeutet dies, dass der Gesellschafter im Wege der Naturalrestitution seine Einlage zurückverlangen kann. Etwaige inzwischen gezahlte Gewinne sind in Abzug zu bringen (*Geißler* GmbHR 2008, 515 (518); ein anderweitiger entgangener Gewinn ist gem. § 252 BGB jedoch ersatzfähig, wenn der Gesellschafter dies nachweisen kann. Bei der **mehrgliedrigen stillen Gesellschaft** (→ § 230 Rn. 7) geht die Rechtsprechung inzwischen davon aus, dass sich der Schadensersatzanspruch gegen den Inhaber des Handelsgeschäfts nur auf ein (etwaiges) Abfindungsguthaben erstreckt, ggf. ergänzt um den Ersatz weiterer Schäden, was aber von der Vermögenslage des Handelsbetriebs und der Höhe der (hypothetischen) Abfindungsansprüche der übrigen stillen Gesellschafter abhängt (BGH 19.11.2013, NZG 2013, 1422; BGH 6.11.2018, BKR 2019, 255 Rn. 27 f.). Etwas anderes gilt nur dann, wenn die stille Beteiligung bereits tatsächlich aufgelöst und auseinandergesetzt wurde (BGH 11.2.2014, BeckRS 2014, 08489). 54

54a Dieser Ansatz ist im Kern berechtigt, denn er verwirklicht die **Anlegergleichbehandlung** (so auch *Wiedemann* WM 2014, 1985). Die dogmatische Begründung fällt indessen außerhalb der Insolvenz schwer und lässt sich letztlich nur mit einer **Treuepflichtbindung** der Anleger untereinander rechtfertigen. Es wäre daher konsequent, diesen Ansatz auch bei den typischen **Publikums-KG** und -GbR zur Geltung zu bringen, was bislang noch nicht hinreichend beachtet wurde. Soweit man daher auch Schadensersatzansprüche der Anleger gegen die Gesellschaft selbst zulässt (→ Rn. 47), ist zumindest im Bereich der Prospekthaftung oder vergleichbarer massenhafter Aufklärungspflichtverletzungen Raum, den individuellen Schadensersatzanspruch des Anlegers mit Rücksicht auf die berechtigten Interessen der anderen Anleger nach Maßgabe der Kriterien des BGH einzuschränken. Auch leuchtet es wertungsmäßig nicht völlig ein, warum der BGH seine im Kern berechtigte Anlegergleichbehandlung an die mehrgliedrige stille Gesellschaft knüpft (vgl. BGH 19.11.2013, NZG 2013, 1422 Rn. 23); konsequent und auf der Grundlage einer funktionalen Betrachtung durchaus begründbar wäre es, diese Wertungen auch auf die typische Massenbeteiligung **rechtlich unverbundener Stiller** zu erstrecken (vgl. hierzu *Blaurock/Gimmler* ZGR 2014, 371 (383 ff.)). Diese unterliegen zwar nicht unmittelbar einer entsprechenden Treupflichtbindung, bilden jedoch bei wirtschaftlicher Betrachtung eine begrenzbare **Gefahrengemeinschaft,** welche prinzipiell auch individuelle Einbußen legitimiert (grundlegend zur begrenzten Vorratsschuld RGZ 84, 125 (128 ff.); vgl. *Servatius* Gläubigereinfluss 196 ff.; wie hier im Ergebnis auch *Schäfer* GWR 2014, 25; für die über eine Außen-GbR mit dem Geschäftsinhaber verbundenen Anleger auch Oetker/*Schubert* HGB Anh. Rn. 61a). Die vom BGH verwendete Formel der „vielschichtigen Interessenlage" als Legitimation einer Anlegergleichbehandlung (BGH 5.8.2008, WM 2008, 1026) vermag daher nicht nur bei mehrgliedrigen stillen Gesellschaften Anwendung zu finden.

55 **11. Konkurrenzen, andere Ansprüche.** Nach § 20 Abs. 6 S. 2 VermAnlG bleiben weitergehende Ansprüche unberührt. Dies gilt insbesondere für deliktische Ansprüche. Mit der spezialgesetzlichen Prospekthaftung konkurrieren oder darüber hinausgehen kann vor allem die deliktische Schadensersatzhaftung wegen **Kapitalanlagebetrugs** aus § 264a StGB iVm § 823 Abs. 2 BGB, was auch zu Ersatzfähigkeit eines entgangenen Gewinns führt (vgl. BGH 21.10.1991, BGHZ 116, 7 = NJW 1992, 241; BGH 29.5.2000, NJW 2000, 2630; BGH 15.7.2010, WM 2010, 1537). Auch eine Haftung aus **§ 826 BGB** ist möglich (vgl. für den Anlageberater BGH 19.2.2008, BGHZ 175, 276 = WM 2008, 825; für die den Fonds finanzierenden Bank BGH 29.9.2009, WM 2009, 2210; für einen Wirtschaftsprüfer BGH 19.11.2013, NJW 2014, 383; für den Anlagevermittler BGH 17.3.2015, NZG 2015, 714). Vgl. zur Haftung gem. § 823 Abs. 2 BGB iVm § 32 Abs. 1 S. 1 KWG wegen Fehlens einer Banklizenz bei der stillen Beteiligung LG Göttingen 10.1.2012, ZIP 2012, 67. Der **Verjährungsbeginn** ist frühestens das Zustandekommen des Beteiligungsvertrags (BGH 21.5.2019, NZG 2019, 914 Rn. 11 ff., auch mit Hinweisen auf einen etwaigen späteren Beginn wegen bis dahin fehlender Bestandskraft des Vertrags). Im Übrigen stellen sich auch jenseits der ggf. nicht einschlägigen spezialgesetzlichen Prospekthaftung Haftungsfragen im Kontext einer täuschungsbedingten Kapitalbeteiligung. Vgl. im Übrigen zum Verhältnis zur nach wie vor maßgeblichen **bürgerlich-rechtlichen Prospekthaftung iwS** → Rn. 57g.

56 **12. Sog. bürgerlich-rechtliche Prospekthaftung ieS.** Da die spezialgesetzliche Prospekthaftung in ihrem Regelungsbereich abschließend ist, hat sie insoweit Vorrang gegenüber der allgemeinen cic-Haftung aus §§ 280, 311 Abs. 2 und 3 BGB. Für die hierauf gestützte, rechtsfortbildend entwickelte bürgerlich-rechtliche Prospekthaftung bzw. Prospekthaftung ieS (grundlegend BGH 6.10.1980, BGHZ 79, 337 (340 ff.) = NJW 1981, 449) besteht daher **kein Raum mehr.** Dies gilt ohne Weiteres, wenn der einschlägige Tatbestand von der spezialgesetzlichen Prospekthaftung erfasst wird (vgl. zu § 127 InvG aF BGH 23.10.2018, NZG 2019, 181 (185). Aber auch darüber hinausgehend ist diese rechtsfortbildend entwickelte Figur auch dann nicht mehr gültig, wenn im zeitlichen Anwendungsbereich der spezialgesetzlichen Prospekthaftung anderweitig, mithin freiwillig, „Prospekte" erstellt und verwendet werden (hM, vgl. MüKoHGB/*Grunewald* § 161 Rn. 204; *Habersack/Mülbert/Schlitt,* Unternehmensfinanzierung am Kapitalmarkt, 4. Aufl. 2018, § 33 Rn. 141; *Blaurock* Stille Gesellschaft-HdB Rn. 19.88; *Hellgardt* ZBB 2012, 73; abw. aber Baumbach/Hopt/*Roth* Anh. § 177a Rn. 62). Man sollte sich endlich dazu durchringen, den Begriff der „bürgerlich-rechtlichen" Prospekthaftung als rechtsfortbildend entwickelte Klassifizierung mit dogmatischem Gehalt zu verabschieden, weil hierüber nur Rechtsunsicherheit erzeugt wird.

56a Hiervon scharf **abzugrenzen** sind jedoch die Fälle, in denen die Anlegerentscheidung nicht allein aufgrund eines falschen Prospekts erfolgt, sondern durch **andere Täuschungshandlungen oder Aufklärungspflichtverletzungen.** Beispiel hierfür sind die Beitrittsverhandlungen mit den Gründungsgesellschaftern bzw. deren Erfüllungsgehilfen sowie sonstige mündliche Äußerungen, ggf. auf einer „Roadshow" (vgl. hierzu BGH 2.6.2008, ZIP 2008, 1526). Hier ist es nach wie vor möglich, über **§ 311 Abs. 2 und 3 BGB** (Einzelheiten → Rn. 57 ff.) nach den allgemeinen zivilrechtlichen Grundsätzen zu einer Schadensersatzhaftung zu gelangen (vgl. BGH 1.3.2011, NJW 2011, 1666; BGH 14.5.2012, NZG 2012, 787; *Habersack/Mülbert/Schlitt,* Unternehmensfinanzierung am Kapitalmarkt, 4. Aufl. 2018, § 33 Rn. 142; abw. MüKoHGB/*Grunewald* § 161 Rn. 184 unter Hinweis darauf, die speziellen kapitalmarktrechtlichen Vorgaben gäben abschließend Aufschluss darüber, worauf man sich verlassen könne). Dies hat dogmatisch betrachtet nichts mit der früheren bürgerlich-rechtlichen Prospekthaftung ieS zu tun. In diesem Kontext können gleichwohl die falschen oder unrichtigen Angaben eines freiwillig oder auf gesetzlicher Grundlage erstellten Prospekts bedeutsam sein und haftungsbegründend wirken, weil sich der Haftungsadressat dieser Tatsachen bedient hat (vgl. für Beitrittsverhandlungen BGH 1.3.2011, NJW 2011, 1666). In diesem Kontext wird dann zumeist von einer bürgerlich-rechtlichen Prospekthaftung iwS gesprochen (vgl. nur MüKoHGB/*Grunewald* § 161 Rn. 196; Staub/*Casper* § 161 Rn. 153) oder von einer uneigentlichen Prospekthaftung (vgl. Palandt/*Grüneberg* § 311 Rn. 19). Auch diese Bezeichnungen sollte jedoch aufgegeben werden, weil haftungsbegründend nicht die Erstellung oder die Existenz den Prospekts oder eine hierauf bezogene Verantwortung sind, sondern (neben anderen Haftungsalternativen) nur die Verwendung desselben (→ Rn. 57a ff.).

13. Allgemeine cic-Haftung. Nicht durch die spezialgesetzliche Prospekthaftung ausgeschlossen sind seit jeher Ansprüche aus der allgemeinen cic-Haftung gem. §§ 280, 311 Abs. 2 und 3 BGB. Dies gilt unstreitig im Hinblick auf die Verletzung **nicht prospektbezogener Aufklärungspflichten,** zB über die konkrete Eignung der Kapitalanlage im Hinblick auf die Verlust- und steuerrechtlichen Risiken (vgl. BGH 7.7.2003, DStR 2003, 1584; BGH 14.7.2003, ZIP 2003, 1651; BGH 21.3.2005, NZG 2005, 476) oder die Haftung von Kreditinstituten wegen verschwiegener Innenprovisionen (vgl. *Herresthal* ZBB 2009, 348). Möglich ist auch, dass zutreffende Prospektangaben im Zuge mündlicher Aussagen verfälscht werden (BGH 14.5.2012, NZG 2012, 787 (788); BGH 17.4.2018, NZG 2018, 902 (904)). In all diesen Fällen hat die Haftung nichts mit einem fehlerhaften Prospekt zu tun, sodass auch terminologisch hierzu keine Bezugnahme erfolgen sollte. Die schadensrechtlichen Besonderheiten gem. § 20 VermAnlG gelten hier ebenfalls nicht, sodass insbesondere auch ein konkret entgangener Gewinn ersatzfähig ist (vgl. OLG Brandenburg 14.7.2010, BB 2010, 2331). Auch eine Beschränkung auf Vorsatz oder grobe Fahrlässigkeit kommt bei diesen Haftungstatbeständen nicht in Betracht, denn § 20 VermAnlG vermag nur im Bereich der prospektbezogenen Irreführung eine Ausschlussfunktion zu begründen. § 708 BGB findet bei vorvertraglichen Pflichtverletzungen keine Anwendung (BGH 20.9.2011, GWR 2011, 584; KG 27.7.1998, NZG 1999, 199). Der Verjährungsbeginn ist frühestens das Zustandekommen des Beteiligungsvertrags (BGH 21.5.2019, NZG 2019, 914 Rn. 11 ff., auch mit Hinweisen auf einen etwaigen späteren Beginn wegen bis dahin fehlender Bestandskraft des Vertrags). 57

14. Sog. bürgerlich-rechtliche Prospekthaftung iwS. Praktisch bedeutsam ist auch, dass im Rahmen und damit auf der Grundlage der allgemeinen (!) cic-Haftung (→ Rn. 57) **Prospektmängel mittelbar Bedeutung** erlangen, wenn der Haftungsadressat sich des unrichtigen oder unvollständigen Prospekts im Rahmen seines **vorvertraglichen Verhandlungsvertrauens** (freiwillig oder auf Grund gesetzlicher Grundlage) bedient hat (vielfach als bürgerlich-rechtliche Prospekthaftung iwS oder als uneigentliche Prospekthaftung bezeichnet, was aber aufgegeben werden sollte, → Rn. 56a; treffend, aber sperrig, BGH 17.7.2018, NZG 2018, 1259 Rn. 10: „Prospekthaftung im weiteren Sinne als Anwendungsfall der Haftung für Verschulden bei Vertragsschluss"). Hierbei ist stets genau darauf zu achten, dass die **haftungsrechtlichen Vorgaben gem. §§ 280, 311 Abs. 2 und 3 BGB** im Mittelpunkt stehen und nicht schillernde Begriffe aus dem Bereich der mittlerweile aufgegebenen bürgerlich-rechtlichen Prospekthaftung ieS oder der spezialgesetzlichen Prospekthaftung. Es kommt somit haftungsbegründend darauf an, ob ein tauglicher Adressat der cic-Haftung im Rahmen eines vorvertraglichen Vertrauensverhältnisses eine Aufklärungspflichtverletzung auf der Grundlage des fehlerhaften Prospekts begangen und zu vertreten hat sowie haftungsausfüllend, ob dem Anleger hieraus ein kausaler Schaden entstanden ist. Hiervon **abzugrenzen** ist daher die mögliche spezialgesetzliche Prospekthaftung (→ Rn. 44) der nachfolgend erfassten Adressaten, welche gleichermaßen verwirklicht sein kann. 57a

Die potentiellen **Adressaten** einer solchen Haftung sind anders als bei der spezialgesetzliche Prospekthaftung (→ Rn. 43 ff.) gesetzlich nicht vorgeprägt, sondern nach Maßgabe von § 311 Abs. 2 und 3 BGB **für jeden Einzelfall** zu ermitteln, ggf. unter Berücksichtigung von § 278 BGB. Insofern darf auch nicht leichtfertig auf frühere Argumentationsmuster im Rahmen der mittlerweile nicht mehr gültigen bürgerlich-rechtlichen Prospekthaftung ieS zurückgegriffen werden. Es handelt sich hierbei nämlich nicht um typisiertes Vertrauen, selbst wenn der Prospekt mittelbar haftungsrechtlich relevant ist (zutreffend und sehr deutlich BGH 17.7.2018, NZG 2018, 1259 Rn. 12). Dies gilt insbesondere, da der Anspruchsteller konkret **darlegen und beweisen** muss, von welcher Person ein haftungsbegründendes Verhalten ausging (BGH 17.7.2018, NZG 2018, 1259 Rn. 15). Abstrakte Formulierungen, wie „Prospektverantwortung" oder „Prospektveranlasser" greifen hier nicht Raum. Auch ein pauschales Abstellen auf die Rolle des (formalen, ggf. potentiellen) Vertragspartners genügt nicht stets. Dieser ist zwar grundsätzlich gem. **§ 311 Abs. 2 BGB** Haftungsadressat (zutreffend BGH 17.7.2018, NZG 2018, 1259 Rn. 12); erforderlich ist aber auch, dass der Haftungsadressat ein **persönliches Verhandlungsvertrauen** für die Anlageentscheidung übernommen hat und der Anspruchsteller hierauf auch konkret vertraute (dies betont zu Recht Staub/*Casper* § 161 Rn. 178; iRv § 311 Abs. 3 BGB auch BGH 17.7.2018, NZG 2018, 1259 Rn. 14; tendenziell abw. MüKoHGB/*Grunewald* § 161 Rn. 196, wenn sie anführt, der Vertragspartner müsse nicht als solches in Erscheinung treten, was aber nur unter Berücksichtigung von § 278 BGB überzeugt). In den Fällen von **§ 311 Abs. 3 BGB** ist es darüber hinaus erforderlich, 57b dass der für den Vertragspartner auftretende Vertreter, Vermittler oder Sachwalter eine über das normale Verhandlungsvertrauen **hinausgehende persönliche Gewähr** für die Seriosität und ordnungsgemäße Erfüllung des Vertrages übernommen hat (BGH 17.7.2018, NZG 2018, 1259 Rn. 12) oder ein **eigenes unmittelbares wirtschaftliches Interesse** am Vertragsschluss hat (BGH 17.7.2018, NZG 2018, 1259 Rn. 17; BGH 22.10.2015, WM 2015, 2238 (2239)). Die bloße, durchaus an prominenter Stelle erfolgende Nennung des Namens im Prospekt kann dies durchaus erfüllen (zurückhaltend aber BGH 17.7.2018, NZG 2018, 1259 Rn. 12 und BGH 22.1.2019, NJW-RR 2019, 621 Rn. 18 ff.). Auf dieser Grundlage lassen sich fallgruppenartig verschiedene Konstellationen unterscheiden.

57c Relativ unproblematisch ist die mögliche Haftung des Geschäftsinhabers bei einer **eingliedrigen oder mehrgliedrigen stillen Gesellschaft** für dessen Verhalten gem. § 311 Abs. 2 BGB im Zuge der Vereinbarung der stillen Beteiligung. Hier ist die Geltendmachung eines Schadensersatzanspruchs freilich durch die Lehre von der fehlerhaften Gesellschaft modifiziert (→ Rn. 34). Tritt der Geschäftsinhaber nicht selbst auf, hat er sich gem. § 278 BGB das Verhalten seiner **Erfüllungsgehilfen** zuzurechnen (vgl. BGH 9.7.2013, NZG 2013, 980); BGH 4.7.2017, NZG 2017, 1033 (1034)). Bei der **Publikums-KG** trifft die allgemeine cic-Haftung gem. § 311 Abs. 2 BGB grundsätzlich die anderen Parteien des Aufnahmevertrags (→ Rn. 16 ff.), mithin vor allem die **Gründungsgesellschafter** (BGH 6.2.2003, NJW-RR 2003, 1064; BGH 23.4.2012, NZG 2012, 744; BGH 9.7.2013, NZG 2013, 980 (982); BGH 9.5.2017, NZG 2017, 858; BGH 4.7.2017, NZG 2017, 1033; BGH 6.2.2018, NJW 2018, 1675) oder **Treuhandkommanditist** (BGH 16.3.2017, NZG 2017, 737). Ihre Eintragung ins Handelsregister ist unerheblich (BGH 17.4.2018, NZG 2018, 902 (903). Der Inanspruchgenommene muss freilich bereits zum **Zeitpunkt des Beitritts** des Anspruchstellers Gesellschafter sein; der nachträgliche Beitritt eines Gesellschafters vermag keine cic-Haftung für zuvor beigetretene Anleger zu begründen. Konsequenterweise sind aber umgekehrt alle **übrigen Mitgesellschafter** im jeweiligen Zeitpunkt potentielle Haftungsadressaten gem. § 311 Abs. 2 BGB (im Grundsatz auch MüKoHGB/*Grunewald* § 161 Rn. 198 gegen BGH 1.10.1984, NJW 1985, 380; einschränkend auch BGH 9.7.2013, NZG 2013, 980 (982)). Insofern spielt es für die rechtliche Qualifizierung als potentieller Haftungsadressat auch keine Rolle, welche konkrete Stellung der Mitgesellschafter hat, denn insofern stellt § 311 Abs. 2 BGB klar und formal auf die Parteien des in Aussicht genommenen Vertrags ab (Palandt/*Grüneberg* BGB § 311 Rn. 26; vgl. zur Irrelevanz der Beteiligungshöhe beim Gründungsgesellschafter BGH 17.4.2018, NZG 2018, 902 (903); BGH 9.5.2017, NZG 2017, 1024; vgl. für die Haftung eines Treuhandkommanditisten gegenüber einem Direktkommanditisten OLG München 21.2.2018, AG 2018, 488 (489)). Insofern ist es auch geboten, dass **andere Anleger** als Mitgesellschafter grundsätzlich Adressaten der cic-Haftung gem. § 311 Abs. 2 BGB sind. Eine **teleologische Begrenzung** des Kreises der Anspruchsgegner erfolgt bei § 311 Abs. 2 BGB allein im Rahmen der Pflichtwidrigkeit und des Vertretenmüssens. Die vielfach noch anzutreffende abweichende Beurteilung ist der mittlerweile nicht mehr maßgeblichen bürgerlich-rechtlichen Prospekthaftung ieS verhaftet. Aus denselben Erwägungen erfolgt im Ausgangspunkt auch eine nicht beschränkte Zurechnung von **Erfüllungsgehilfen** gem. § 278 BGB.

57d Problematisch ist, ob bei den Publikums-KG und -GbR auch eine **Haftung der Gesellschaft** in Betracht kommt. Dies ist indessen zu verneinen. Ein Anleger tritt als Gesellschafter bei, indem er mit den Mitgesellschaftern einen entsprechenden Aufnahmevertrag schließt; die KG als solche ist daher **nicht Vertragspartei** (→ Rn. 16). Nach Maßgabe von § 311 Abs. 2 BGB kommt das vorvertragliche Vertrauensverhältnis auch nicht mit dieser in Betracht, sondern allein mit den Mitgesellschaftern. Eine tatsächlich durch diese erfolgte fehlerhafte Aufklärung kann somit der Gesellschaft nicht zugerechnet werden (BGH 19.7.2004, NZG 2004, 961). Eine abweichende Beurteilung kommt nur im Rahmen von § 311 Abs. 3 BGB in Betracht, wenn die KG durch die Mitgesellschafter ermächtigt bzw. bevollmächtigt wurde (→ Rn. 18; vgl. zur Haftung von Organmitgliedern infolge Verhandlungsvertrauens auch BGH 2.6.2008, DB 2008, 2019). Eine solche **Eigenhaftung des Vertreters** ist zwar beim Fondsbeitritt tatbestandlich denkbar, sollte jedoch aus gesellschaftsrechtlichen Gründen ausscheiden, um eine **Anlegergleichbehandlung** zu gewährleisten und die Geltendmachung von Kapitalanlegerschäden auf Kosten der Mitgesellschafter zu verhindern. Dogmatische Grundlage für den Vorrang der Geltendmachung des Schadensersatzes gegenüber den unmittelbar Handelnden, mithin vor allem den tatbestandlich regelmäßig erfassten Gründungsgesellschaftern oder Treuhändern (dazu sogleich), ist die **gesellschaftsrechtliche Treuepflicht,** die auch den irregeführten Anleger trifft und ihm auferlegt, das Gesellschaftsvermögen zu schonen, soweit anderweitig Ersatz zu erlangen ist. Nur wenn dies ausnahmsweise ausscheidet bzw. praktisch leer läuft, haftet die **KG subsidiär** gegenüber den Anlegern (vgl. zum Verhältnis zwischen Ersatzpflicht und gesellschaftsrechtlicher Kapitalbindung bei der AG auch Wachter/*Servatius* AktG § 57 Rn. 27 f. und Spindler/Stilz/*Servatius* AktG § 185 Rn. 16 ff.).

57e Die haftungsbegründende, vom Kläger zu beweisende **Pflichtwidrigkeit** ergibt sich regelmäßig durch die aktive **Bezugnahme auf einen fehlerhaften Prospekt** durch den Haftungsadressten, aus welcher sich die eigene Verantwortung für die Richtigkeit und Vollständigkeit der dortigen Angaben begründen lässt (vgl. für Beitrittsverhandlungen BGH 1.3.2011, NJW 2011, 1666; BGH 16.3.2017, NZG 2017, 737 (739)). Insofern können daher sämtlich im Bereich der spezialgesetzlichen Prospekthaftung maßgeblichen Mängel (→ Rn. 39 ff.) auch hier relevant sein. Aus der Verwendung eines fehlerhaften Prospekts kann daher auf einen entsprechenden Informationsmangel geschlossen werden (vgl. für die Anlageberatung BGH 13.12.2012, BeckRS 2013, 1866 Rn. 11). Erforderlich ist aber zunächst, dass dem Anspruchsteller der **fehlerhafte Prospekt bekannt** geworden ist (BGH 17.7.2018, NZG 2018, 1259 Rn. 15 f. und Rn. 18: konkret in Anspruch genommenes Vertrauen). Die für die frühere Prospekthaftung ieS angenommene Vermutung, wonach es der Lebenserfahrung entspricht, dass ein Prospektfehler für die Anlageentscheidung ursächlich ist, auch wenn der Prospekt nicht zur Kenntnis genommen wurde, kann auf die nunmehr allein maßgebliche cic-Haftung nicht übertragen werden (BGH 17.7.2018, NZG 2018, 1259 Rn. 14; vgl. aber die entsprechende Vermutung bei der spezialgesetzlichen Prospekthaftung (→ Rn. 52). Zusätzlich muss durch die Verwendung des Prospekts bzw., die Bezugnahme hierauf seitens des Haftungsadressaten beim Anleger die berechtigte **Erwartung geweckt** wurde, dass die dortigen Angaben auch **zumindest oberflächlich geprüft** worden sind (vgl. BGH 16.3.2017, NZG 2017, 737 (739) für den Treuhandkommanditisten, aber verallgemeinerungsfähig.). Dies muss der Anleger darlegen und beweisen (BGH 17.7.2018, NZG 2018, 1259 Rn. 15; die bewusste Verwendung oder Bezugnahme auf einen Prospekt dürfte insofern bei interessengerechter Auslegung des konkludenten Verhaltens aber regelmäßig hierfür ausreichend sein (vgl. BGH 24.4.2014, NJW-RR 2014, 1075). Darüber hinaus ist es auch möglich, dass bei Verwendung eines zutreffenden Prospekts durch **unzutreffende mündliche Angaben** eine pflichtwidrige Täuschung vorgenommen wurde (vgl. BGH 14.5.2012, NZG 2012, 787 (788); BGH 17.4.2018, NZG 2018, 902 (904)). Im Rahmen der **Zurechnung von Erfüllungsgehilfen** gem. § 278 BGB gilt das Vorgesagte entsprechend. Allein aus der Innehabung einer formalen Vertragsstellung resultiert kein besonderes Verhandlungsvertrauen, sodass auch die entsprechende Zurechnung von vornherein hiernach begrenzt ist. Konkret bedeutet dies, dass einem passive Mitgesellschafter im Rahmen von § 311 Abs. 3 BGB nicht über § 278 BGB das (eigenmächtige) verhalten eines Dritten zugerechnet werden darf. Allein aus der formalen Vertragsstellung erwächst nämlich noch nicht ein (konkretes oder typisiertes) Verhandlungsvertrauen, wonach über alle Umstände im Prospekt, der zum Gegenstand des Beitritts gemacht wird, auch zutreffend aufgeklärt werden muss. Eine abweichende Beurteilung würde die Zurechnung gem. § 278 BGB überspannen. Im Kern ist es daher berechtigt, dass im Rahmen der prospektbezogenen cic-Haftung **nur die Gründungsgesellschafter und Treuhandkommanditisten haften** und auch nur diese sich gem. § 278 BGB in weitem Umfang das Verhalten Dritter zurechnen lassen müssen. Die übrigen **Anlegergesellschafter** haben indessen bereits keine aus § 311 Abs. 2 BGB folgenden Aufklärungspflichten, sodass diese regelmäßig **nicht hierunter zu fassen** sind und sich konsequenterweise auch nicht im weiten Umfang des § 278 BGB das Verhalten Dritter zurechnen lassen müssen (iE auch BGH 9.7.2013, NZG 2013, 980 (982); BGH 9.5.2017, WM 2017, 1252 (1253); MüKoHGB/*Grunewald* § 161 Rn. 198 f.).

Die vorstehende Differenzierung zeigt sich letztlich gleichermaßen beim ggf. vom Beklagten zu widerlegenden **Vertretenmüssen.** Weil der Adressat der allgemeinen cic-Haftung nicht notwendig an der Erstellung des Prospekts mitgewirkt hat, stellt sich hier regelmäßig die Frage, ob der Haftungsadressat die **Fehlerhaftigkeit kannte oder kennen musste.** Es gelten grundsätzlich die allgemeinen Regeln gem. § 276 BGB; § 708 BGB findet bei vorvertraglichen Pflichtverletzungen keine Anwendung (BGH 20.9.2011, GWR 2011, 584; KG 27.7.1998, NZG 1999, 199). Eine vertragliche Regelung, wonach der Haftungsadressat trotz Verwendung des Prospekts erklärt, dass er die Prospektangaben nicht überprüft habe, ist unwirksam (BGH 16.3.2017, NZG 2017, 737 (738)). Im Übrigen wird man aber kaum begründen können, dass sich jeder Haftungsadressat der allgemeinen cic-Haftung vollumfänglich über den Prospektinhalt unterrichten muss bzw. diesen vollumfänglich auf Vollständigkeit und Richtigkeit überprüfen muss. In jedem Fall ist es auch möglich, einen entschuldigenden **Rechtsirrtum** anzunehmen, wenn der Haftungsadressat sich sorgfältig informiert hat (vgl. BGH 22.1.2019, NJW-RR 2019, 621 Rn. 37 f.). **57f**

Um **Wertungswidersprüche** zu vermeiden, erscheint es als sachgerecht, entgegen der ganz hM die kodifizierten Ausprägungen der spezialgesetzlichen Prospekthaftung auch auf diese nach wie vor mögliche cic-Haftung zu erstrecken, wenn und soweit sich die Pflichtverletzung auf einen Prospektmangel bezieht. Dies betrifft insbesondere die Begrenzung auf **Vorsatz und grobe Fahrlässigkeit** (→ Rn. 49) sowie die – allerdings durchaus fragwürdige – Begrenzung der Haftung auf die Naturalrestitution bzw. den Differenzschaden (→ Rn. 51 f., abw. im Hinblick auf die kurze Verjährung gem. § 46 BörsG aF wohl BGH 1.3.2011, NJW 2011, 1666 Rn. 13). Dies sollte jedenfalls gelten, soweit sich die Haftungsadressaten decken (→ Rn. 44, 48) und daher beide Ansprüche miteinander konkurrieren. **57g**

15. Verletzung vertraglicher Pflichten. Nicht von der spezialgesetzlichen Prospekthaftung verdrängt sind schließlich auch Ansprüche des Anlegers wegen der Verletzung vertraglicher Pflichten, insbesondere aus einem **Beratungsvertrag** mit einem Kreditinstitut oder Vermögensverwalter bzw. gem. § 675 Abs. 2 BGB (vgl. BGH 6.3.2008, NZG 2008, 828; OLG Schleswig 25.2.2010, WM 2010, 1071; vgl. zur Abgrenzung von Beratung und Vermittlung OLG München 13.7.2020, WM 2020, 18 (22)) sowie aus dem Vertrag mit einem Steuerberater (vgl. BGH 12.11.2009, DB 2009, 2706; BGH 6.12.2018, NJW-RR 2019, 373 Rn. 22 ff.); zur Haftung der Anlagevermittler BGH 29.1.2009, DStR 2009, 546 und *Dörr* WM 2010, 533; zur Hinweispflicht auf die eingeschränkte Fungibilität von KG- **58**

Anteilen BGH 11.12.2014, BKR 2015, 122. Der Umfang der Aufklärungs- und Beratungspflichten ist grundsätzlich nicht geringer, wenn in Bezug auf die Vermögensanlage keine Prospektpflicht (→ Rn. 37 f.) besteht (vgl. BGH 19.2.2019, NJW-RR 2019, 678 Rn. 13). Gleichwohl kann die gebotene Aufklärung bzw. Beratung auch **auf der Grundlage eines Prospektes** erfolgen. Aus der Verwendung eines fehlerhaften Prospekts kann daher auf einen entsprechenden Beratungsfehler geschlossen werden (BGH 13.12.2012, BeckRS 2013, 1866 Rn. 11). Umgekehrt gelten die gebotenen Informationen als erteilt, wenn der Kunde entsprechend Zeit hat, den Prospektinhalt zur Kenntnis zu nehmen (vgl. BGH 10.1.2019, BeckRS 2019, 969 Rn. 3 f.; BGH 10.1.2019, NJW-RR 2019, 428 Rn. 27 ff., auch zur Wirksamkeit haftungsfreistellender Kenntnisnahmeklauseln). Verweigert der Kunde die Kenntnisnahme der Prospektinformationen, entlastet dies den Berater nur, wenn sich nicht aus anderen Aspekten keine Notwendigkeit zur mündlichen Information ergibt (vgl. BGH 10.1.2019, BKR 2020, 39 Rn. 27). Die Existenz eines den gesetzlichen Anforderungen entsprechenden Prospekts, mithin die Prospektpflicht, kann zudem auch das Regime der entsprechenden Pflichten verschärfend beeinflussen, indem die dort genannten Punkte auch beratungs- und aufklärungsrelevant sind; eine „freie", dh prospektferne Beratung bzw. Aufklärung, dürfte daher regelmäßig pflichtwidrig sein.

58a Eine spezielle **über den Prospekt hinausgehende Informationspflicht** besteht auch dann, wenn das Nichterreichen der prospektierten Zeichnungssumme Auswirkungen auf die Chancen und Risiken der Vermögensanlage des Kunden hat (vgl. BGH 19.2.2019, NJW-RR 2019, 678 Rn. 14 ff.). Dies ist auch dann gegeben, wenn es sich abzeichnet, dass institutionelle Anleger infolge der Finanzkrise sich weniger als erwartet am Fonds beteiligen (abw. BGH 19.2.2019, NJW-RR 2019, 678 Rn. 19 f.; nur, wenn es Auswirkungen auf das Geschäftsmodell der Fondsgesellschaft hat, was aber dem Gebot der anlegergerechten Beratung nicht gerecht wird). Schließlich ist auch bei Schiffsfonds gesondert über die Anlegerrisiken wegen ausländischer Schiffsgläubigerrechte aufzuklären (abw. BGH 4.7.2019, NZG 2019, 1181 Rn. 31) sowie über die spezifischen Gefahren einer loan to value-Klausel. Die bei der Anlageberatung maßgebliche **Vermutung aufklärungsrichtigen Verhaltens** kann widerlegt werden (BGH 8.5.2012, NJW 2012, 2427 Rn. 29; BGH 16.5.2019, BeckRS 2019, 11447 Rn. 24).

58b Unter dem Aspekt des Vertrages mit **Schutzwirkung für Dritte** kann sich auch ein von der Fondsgesellschaft beauftragter Wirtschaftsprüfer gegenüber einem Anleger ersatzpflichtig machen (vgl. BGH 14.6.2007, NJW-RR 2007, 1329; BGH 24.4.2014, NZG 2014, 741). Die hierbei maßgeblichen vertraglichen Pflichten unterliegen wegen der bestimmungsgemäßen Verwendung gegenüber den Anlegern der AGB-rechtlichen Beurteilung, obwohl sie regelmäßig mit der Fondsgesellschaft individuell ausgehandelt wurden (BGH 19.11.2009, WM 2009, 2463; hierzu *Koch* WM 2010, 1057). Vgl. zur Einbeziehung Dritter in den Beratungsvertrag OLG München 27.7.2010, BKR 2010, 385. Die **Verjährung** von Schadenersatzansprüchen gem. § 199 Abs. 1 S. 1 Nr. 1 BGB beginnt frühestens mit dem Zustandekommen des Beteiligungsvertrages (BGH 21.5.2019, NZG 2019, 914 Rn. 11 ff., auch mit Hinweisen auf einen etwaigen späteren Beginn wegen bis dahin fehlender Bestandskraft des Vertrags). Bei der Verletzung von Beratungspflichten sind ggf. die erlangten **Vorteile** verschiedener Anlageformen im Rahmen der haftungsausfüllenden Kausalität bzw. Differenzhypothese schadensmindernd zu berücksichtigen (vgl. BGH 18.10.2018, NZG 2019, 229 Rn. 15 ff.).

VII. Gesellschafterbeschlüsse

59 **1. Gesetzliche Ausgangslage.** Besondere Regelungen über Gesellschafterbeschlüsse fehlen bei den Personengesellschaften. Im Ausgangspunkt gilt daher, dass alle zur Entscheidung berufenen Gesellschafter an jeder gesellschaftsinternen Willensbildung mitwirken und der in Rede stehenden Maßnahme zustimmen müssen **(Einstimmigkeit).** Rechtlich sind zwei verschiedene Gegenstände zu unterscheiden: Die Grundlagengeschäfte, die den Gesellschaftsvertrag als solchen betreffen (vgl. § 119 Abs. 1, bei der GbR entsprechend) und die Angelegenheiten der Geschäftsführung, die in Verwirklichung der gesellschaftsvertraglichen Vorgaben vorgenommen werden (§ 114 Abs. 1; § 709 Abs. 1 BGB). Praktisch können beide Bereiche zusammenfallen. Die **Kommanditisten** haben zwar im gesetzlichen Regelfall keine Geschäftsführungsbefugnis (vgl. § 164), sind jedoch bei den Grundlagenentscheidungen wie die Komplementäre zu beteiligen, wenn hiervon nicht im Gesellschaftsvertrag abgewichen wurde (vgl. OLG Karlsruhe 25.2.2009, DB 2009, 1977). Ein besonderes **Verfahren** für die Willensbildung ist ebenfalls gesetzlich nicht vorgegeben. Die notwendige Willensübereinstimmung kann daher formlos, unter gleichzeitiger Anwesenheit aller oder zeitlich gestreckt herbeigeführt werden (Umlaufverfahren).

60 **Nichtgesellschafter** haben kein gesellschaftergleiches Beteiligungsrecht und können dieses wegen § 717 S. 1 BGB auch nicht erlangen (wohl aber ein zusätzliches, vgl. zur OHG BGH 22.2.1960, NJW 1960, 963; für die Beschlussanfechtung durch einen Anleger bei der Treuhandbeteiligung OLG Köln 12.7.1996, NJW-RR 1997, 487). Das Gleiche gilt für eine dinglich wirkende Stimmbindung zugunsten eines Dritten (zu Einzelheiten § 717 BGB). Die **Bevollmächtigung** eines Dritten ist nur zulässig, wenn die Übrigen dem zustimmen (RGZ 163, 385 (393 f.)); bei Nichtwiderspruch ist dies zu bejahen (RGZ 123, 289 (300); zu Vertreterklauseln MüKoBGB/*Schäfer* BGB § 709 Rn. 79 f. sowie [zur Gruppenvertretung] BGH 4.10.2004, NZG 2005, 33). **Treuhandgesellschafter** sind zur gespaltenen Abstimmung nach Maßgabe ihrer jeweiligen Treuhandabrede befugt und verpflichtet (vgl. OLG Köln 12.7.1996, NJW-RR 1997, 487).

2. Mehrheitsprinzip. Zulässig und für die Publikumsgesellschaften kennzeichnend ist die Lockerung des Einstimmigkeitsprinzips (zB einfache oder qualifizierte Mehrheiten, vgl. § 119 Abs. 2; Abstimmung nach Kapitalanteilen), meist verbunden mit **formalen Anforderungen** an die Beschlussfassung (zB Präsenzversammlung, Ladungsfrist, Schriftform, Protokollierung; vgl. zu virtuellen Gesellschaftsversammlungen *Böffel/Schramm* WM 2020, 2004). Nach zutreffender Ansicht folgt dies nicht aus der – begrifflich nur schwer rechtssicher handhabbaren – Kennzeichnung als Publikumsgesellschaft, sondern bedarf einer entsprechend gesellschaftsvertraglichen Grundlage, mithin einer **Mehrheitsklausel** (BGH 15.11.2011, WM 2012, 507 Rn. 22; abw. Baumbach/Hopt/*Roth* Anh. § 177a Rn. 69b: Mehrheitsentscheidungen auch ohne Zulassung möglich). Hierdurch kann die organisatorische Ausgestaltung der Personengesellschaft den körperschaftlich strukturierten Personenverbänden (AG, GmbH) weitgehend gleichgestellt werden. Dies gilt vor allem für die Differenzierung der Mehrheitserfordernisse nach Geschäftsführungsmaßnahmen (idR **einfache Mehrheit**) und Grundlagenentscheidungen (idR **qualifizierte Mehrheit**); eindeutige vertragliche Regelungen, welches Mehrheitserfordernis für welchen Beschlussgegenstand gilt, sind dringend anzuraten; in Zweifelsfällen gelten die AG- und GmbH-rechtlichen Vorgaben entsprechend, sodass für Grundlagenentscheidungen eine qualifizierte Mehrheit erforderlich ist. Eine qualifizierte Mehrheitsklausel muss aber nicht zwingend mit dieser Mehrheit aufgehoben werden (BGH 16.10.2012, WM 2013, 37). Zulässig ist auch, die Befugnis zur Änderung des Gesellschaftsvertrages im Wege einer Ermächtigung auf einen **Beirat** zu delegieren (vgl. BGH 19.11.1984, NJW 1985, 972); für die Ausübung von Geschäftsführungsbefugnissen gilt dies gleichermaßen (Einzelheiten bei MüKoHGB/*Grunewald* § 161 Rn. 144 ff.). Die Gesellschafter haben jedoch wegen § 717 S. 2 BGB und des Grundsatzes der Selbstorganschaft jederzeit das Recht, diese Kompetenzen selbst wahrzunehmen bzw. die Delegation aufzuheben. 61

3. Minderheitenschutz. Gilt das Mehrheitsprinzip oder wird die Änderung auf einen Beirat delegiert, folgen hieraus zwingend besondere Schutzinstrumente zugunsten der Minderheit bzw. ggf. sogar zugunsten der Gesamtheit der Anlegergesellschafter. Bedeutsam sind zunächst allgemeine Schutzinstrumente aus dem Bereich der Körperschaften, wie das **Anhörungsrecht** der Überstimmten (BGH 18.9.1975, BGHZ 65, 93 (96 f.) = NJW 1976, 49) oder das **Einberufungsrecht** entsprechend § 50 Abs. 3 GmbHG (BGH 9.11.1987, BGHZ 102, 172 = NJW 1988, 969); § 51 GmbHG indessen gilt für die Einberufung nicht analog, kann jedoch vereinbart werden (BGH 30.3.1998, NJW 1998, 1946; auch zur analogen Anwendung von § 121 Abs. 4 AktG). 62

Darüber hinaus ist sehr umstritten, auf welche Weise die überstimmte oder an der Beschlussfassung überhaupt nicht beteiligte Minderheit vor einem **Missbrauch der Mehrheitsmacht** zu schützen ist. Traditionell wurden hier auf der Grundlage des Bestimmtheitsgrundsatzes und der Kernbereichslehre besondere Konzepte für das Personengesellschaftsrecht entwickelt (→ BGB § 705 Rn. 54 ff.). Bei den Publikumsgesellschaften war dieser Ansatz jedoch letztlich noch nie sachgerecht, sodass in jüngerer Zeit zu Recht ein neues **zweistufiges Konzept der Beschlusskontrolle** herausgearbeitet wurde. Hiernach ist auf einer ersten Stufe zu ermitteln, ob die Beschlussfassung als solches durch eine entsprechende Regelung im Gesellschaftsvertrag gedeckt ist (Mehrheitsklausel); sodann ist auf einer zweiten Stufe die konkrete Ausübung unter dem Aspekt der Treuepflicht zu würdigen, freilich nach wie vor auch durch die Vorgaben des Gleichbehandlungsgrundsatzes (BGH 15.1.2007, BGHZ 170, 283 = NJW 2007, 1685; BGH 24.11.2008, WM 2009, 231). Vom Bestimmtheitsgrundsatz ursprünglicher Prägung und der Kategorisierung gemäß Kernbereichslehre hat sich dieser Ansatz weitgehend emanzipiert. Gleichwohl haben die für diese Kategorien entwickelten Argumentationsmuster nach wie vor Bestand (→ BGB § 705 Rn. 53 ff.). 63

a) Sog. formelle Legitimation der Mehrheitsmacht. Die Einführung des Mehrheitsprinzips bei den Personengesellschaften setzt traditionell eine **hinreichend bestimmte gesellschaftsvertragliche Regelung** voraus (BGH 12.11.1952, BGHZ 8, 35 (41 f.) = NJW 1953, 102). Dieses früher nach Maßgabe des Bestimmtheitsgrundsatzes konkretisierte Erfordernis hat seine eigenständige Bedeutung in jüngerer Zeit jedoch stark eingebüßt. Die rechtliche Beurteilung der Wirksamkeit eines Mehrheitsbeschlusses betrifft nach der jüngeren Rechtsprechung auf der **ersten Stufe** allein die sog. formelle Legitimation der Mehrheitsmacht, ohne dass hierüber auch gesagt werden könnte, ob deren konkrete Ausübung rechtmäßig ist oder nicht (BGH 24.11.2008, WM 2009, 231 (234 f.)). Der Sache nach war dies bei Publikumsgesellschaften bereits seit langem herrschend, indem die Rechtsprechung den Bestimmtheitsgrundsatz hier für nicht anwendbar hielt (BGH 12.11.1952, NJW 1953, 102; BGH 24.11.1975, NJW 1976, 958; BGH 12.5.1977, NJW 1977, 2160; BGH 13.7.1978, NJW 1978, 1378). Bei den Publikumsgesellschaften gilt daher insbesondere angesichts der jüngsten Entwicklung der Rechtsprechung, dass eine **allgemeine Mehrheitsklausel** im Gesellschaftsvertrag grundsätzlich ausreichend ist, um einen Mehrheitsbeschluss formell zu legitimieren. Eine Auflistung der von einer Mehrheitsklausel im Gesellschaftsvertrag erfassten Beschlussgegenstände ist nicht notwendig, kann jedoch als 64 exemplarische Nennung von Beschlussgegenständen auch bei der Publikumsgesellschaft geboten sein, um Rechtssicherheit zu erlangen.

65 Grund und Tragweite der Mehrheitsentscheidung können und müssen sich durch die **objektive Auslegung** des Gesellschaftsvertrages ergeben (BGH 15.1.2007, BGHZ 170, 283 = NJW 2007, 1685; → Rn. 5 ff.). Hierbei ist im Zweifel davon auszugehen, dass auch eine allgemein formulierte Mehrheitsklausel einen weiten Anwendungsbereich hat. Eine **kategorische Differenzierung** von Angelegenheiten der laufenden Verwaltung und Grundlagenentscheidungen findet nicht statt (vgl. BGH 17.9.2013, NJW-RR 2014, 349 Rn. 36). Dies betrifft nicht nur die inhaltliche Reichweite der Mehrheitsklausel, sondern auch die erforderliche **Beschlussmehrheit.** Es gibt im Personengesellschaftsrecht nicht die kategorische Differenzierung zwischen einfacher und qualifizierter Mehrheit, sodass es die Vertragsfreiheit auch ermöglicht, die einfache Mehrheit für Grundlagenentscheidungen zuzulassen. Als sachgerecht erscheint es jedoch, durch entsprechende Vereinbarung eine dem GmbH- oder AG-Recht entlehnte Differenzierung aufzunehmen (vgl. *K. Schmidt* ZGR 2008, 1 (15); *Priester* DStR 2008, 1386 (1388)). Auch spricht vieles dafür, die dortige Differenzierung im Zweifel bei Auslegungsproblemen entsprechend heranzuziehen, sodass Grundlagenentscheidungen regelmäßig mit qualifizierter Mehrheit zu beschließen sind, wenn nichts anderes deutlich wird (vgl. hierzu *K. Schmidt* ZGR 2008, 1 (15); *Priester* DStR 2008, 1386 (1388)). Verschärfte Anforderungen an die inhaltliche Bestimmtheit bestehen auch bei Publikumsgesellschaften, soweit den Gesellschaftern durch Mehrheitsbeschluss **zusätzliche Belastungen** auferlegt werden (zur insofern wichtigen Nachschusspflicht → Rn. 74). So ist etwa die Änderung der Aufteilung bei der Liquidation (Genussscheine anstelle eines Liquidationserlöses) nicht von einer allgemeinen Mehrheitsklausel gedeckt (vgl. OLG Stuttgart 8.11.2006, ZIP 2007, 771); demgegenüber fällt die Beschlussfassung über die Auseinandersetzungsbilanz unter eine allgemeine Mehrheitsklausel (BGH 15.11.2011, WM 2012, 507).

66 **b) Kernbereichslehre, Treuepflichtbindung.** Unabhängig von der gesellschaftsvertraglich legitimierten Mehrheitsmacht ist in einer **zweiten Stufe** zu fragen, ob die in Rede stehende Maßnahme einen unzulässigen Eingriff in die Mitgliedschaftsrechte eines Gesellschafters darstellt, mithin einen **Treupflichtverstoß** der Gesellschaftermehrheit begründet (BGH 15.1.2007, BGHZ 170, 283 = NJW 2007, 1685; BGH 24.11.2008, WM 2009, 231 (234 f.) zum ganzen *Schäfer* ZGR 2013, 237). Die **Beweislast** hierfür hat die Minderheit (BGH 15.1.2007, NJW 2007, 1685; BGH 24.11.2008, WM 2009, 231 (233)); eine generelle Umkehr dahingehend, dass die Gesellschaft die sachliche Rechtfertigung eines Beschlusses beweisen müsste, kommt nicht in Betracht (abw. möglicherweise BGH 21.10.2014, NZG 2014, 1296 Rn. 12, wonach in den Fällen der Kernbereichslehre regelmäßig eine treupflichtwidrige Ausübung der Mehrheitsmacht anzunehmen sei). Traditionell folgte diese Prüfung den Vorgaben der rechtsfortbildend entwickelten **Kernbereichslehre.** Hiervon hat sich der BGH nunmehr weitgehend emanzipiert, was im Hinblick auf Flexibilität zu begrüßen ist, jedoch auch Rechtsunsicherheit hervorruft (zum Verhältnis von Kernbereichslehre und Treuepflicht *Bohlken/Sprenger* DB 2010, 263 (266)). Die treupflichtgesteuerte Inhaltskontrolle gilt nunmehr nicht mehr nur bei Maßnahmen, die die gesellschaftsvertraglichen Grundlagen berühren oder in den Kernbereich der Mitgliedschaftsrechte bzw. in absolut oder relativ unentziehbare Rechte der Minderheit eingreifen (BGH 24.11.2008, WM 2009, 231 (233)). Im Ausgangspunkt unterfällt vielmehr **jede Ausübung von Mehrheitsmacht** der einzelfallbezogenen Rechtmäßigkeitskontrolle nach den – gesetzlich nicht eindeutig vorgeprägten! – Vorgaben der Treuepflicht (BGH 24.11.2008, NZG 2009, 183; vgl. zur Abdingbarkeit und vertraglichen Ausgestaltung *Fleischer/Harzmeier* NZG 2015, 1289). Maßgeblich ist vor allem, ob sich die Mehrheit über die „beachtenswerten Belange" der Minderheit hinwegsetzt (BGH 15.1.2007, BGHZ 170, 283 = NJW 2007, 1685) oder es sich um eine „zweckwidrige Instrumentalisierung der Mehrheitsklausel" handelt (BGH 24.11.2008, WM 2009, 231 (234 f.)). Kommt man hierbei zum Ergebnis, dass der Beschlussinhalt in concreto rechtswidrig ist, hat dies keine Auswirkungen auf die Wirksamkeit der zugrunde liegenden Mehrheitsklausel (BGH 24.11.2008, NZG 2009, 183) (→ BGB § 705 Rn. 58 f.).

67 **c) Materielle Beschlusskontrolle.** Darüber hinaus wird in der Lit. zunehmend befürwortet, Mehrheitsbeschlüsse einer generellen Inhaltskontrolle am Maßstab des Gesellschaftsinteresses zu unterziehen, was insbesondere eine Beweislastumkehr nach sich zieht (MüKoBGB/*Schäfer* BGB § 709 Rn. 100 f.; *Schäfer* ZGR 2013, 237 (264 ff.)). Richtigerweise besteht hierfür jedoch wegen der im Personengesellschaftsrecht weitergehenden treupflichtgestützten Rechtmäßigkeitskontrolle kein Bedürfnis.

68 **d) Gleichbehandlungsgrundsatz.** Der Gleichbehandlungsgrundsatz ist zentrales Instrument des Minderheitenschutzes, auch bei der Publikumsgesellschaft. Grundsätzlich unzulässig ist hiernach die **willkürliche** Ungleichbehandlung der Gesellschafter (MüKoBGB/*Schäfer* BGB § 705 Rn. 245). Dies gilt zB bei der Vereinbarung von Beitragserhöhungen (BGH 30.9.1974, WM 1974, 1151 (1152); OLG München 22.12.2000, BeckRS 2000, 30152646), Mehrstimmrechten (LG Freiburg 25.1.2013, BeckRS 2013, 02781) und bei der Gewinnverwendung (MüKoBGB/*Schäfer* BGB § 705 Rn. 250). Der Grundsatz kann jedoch – in den Grenzen von Bestimmtheitsgrundsatz und Kernbereichslehre – abbedungen und modifiziert werden (BGH 27.9.1965, WM 1965, 1284 (1286)).

4. Zustimmungspflichten. In allen Fällen kann sich auch umgekehrt die Problematik stellen, dass eine **Minderheit treuwidrig** handelt, wenn sie sich der gebotenen Zustimmung zu einer Maßnahme verschließt. Praktisch relevant ist dies insbesondere im Bereich von Nachschusspflichten (→ Rn. 79). Im Übrigen kommt aber auch bei anderen Grundlagenentscheidungen eine entsprechende Zustimmungspflicht in Betracht (vgl. OLG Düsseldorf 23.11.2017, NZG 2018, 297 (300) im Hinblick auf die Veräußerung des gesamten Gesellschaftsvermögens; hierzu *Findeisen* BB 2018, 585). 68a

5. Beschlussmängel. Die §§ 241 ff. AktG gelten nach ganz hM auch bei Publikumsgesellschaften nicht analog, MüKoHGB/*Grunewald* § 161 Rn. 148, auch mit Nachw. zur Gegenmeinung; vgl. nunmehr aber zu den Reformplänen des Mauracher Entwurfs (→ BGB § 705 Rn. 1a ff.). Im Ausgangspunkt ist im Hinblick auf die gerichtliche Geltendmachung daher auf die **allgemeinen Regeln** abzustellen (BGH 7.6.1999, NJW 1999, 3113; zur Streitwertfestsetzung gem. § 247 Abs. 1 AktG OLG Bremen 5.1.2011, NZG 2011, 312). Insofern ist es aber geboten und auch weitgehend zulässig, vergleichbare Regelungen, insbesondere die Frist zur Geltendmachung von Beschlussmängeln, in den Gesellschaftsvertrag aufzunehmen (BGH 20.1.1977, BGHZ 68, 212 (216) = NJW 1977, 1292; BGH 1.3.2011, NJW 2011, 2578). Eine materielle Ausschlussfrist muss hinreichend bestimmt sein (BGH 7.6.1999, BB 1999, 1835) und darf die Monatsfrist des § 246 Abs. 1 AktG nicht unterschreiten (BGH 13.2.1995, NJW 1995, 1218); vgl. zur Hemmung wegen schwebender Verhandlungen LG Köln 19.12.2019, BeckRS 2019, 34610. Fehlt eine Anschlussfrist, kann die Geltendmachung eines Beschlussmangels verwirkt sein (BGH 7.6.1999, NJW 1999, 3113). Ist ein Beschluss unwirksam, ist dies im Wege der **Feststellungsklage** geltend zu machen (BGH 7.6.1999, NJW 1999, 3113 (3115); BGH 7.6.1999, BB 1999, 1835). Ein Gesellschafter kann diese bei der Publikumsgesellschaft gegen seine Mitgesellschafter oder gegen die Gesellschaft selbst erheben (BGH 5.3.2007, NJW-RR 2007, 757; abw. zur Außen-GbR BGH 24.11.2008, WM 2009, 231 (232): Geltendmachung allein gegenüber der Gesellschaft; differenzierend OLG Rostock 30.7.2008, WM 2009, 355: Gesellschaftsvertrag maßgeblich; ebenso BGH 1.3.2011, NJW 2011, 2578). § 245 Nr. 1 AktG gilt nicht, sodass jeder Gesellschafter bzw. Treugeber klagebefugt ist (LG Stuttgart 28.7.2020, BeckRS 2020, 21301). Das in einem Gesellschafterprozess ergangene Urteil ist auch für die Gesellschaft bindend (BGH 22.3.2011, NJW 2011, 2048 Rn. 16). Zur Geltendmachung von Beschlussmängeln sind bei Treuhandbeteiligungen auch die Anleger (Treugeber als Nichtgesellschafter) befugt (OLG Köln 12.7.1996, NJW-RR 1997, 487). Wird ein Anlagegesellschafter aus der Gesellschaft ausgeschlossen, fehlt einem anderen regelmäßig das Feststellungsinteresse, hierüber Feststellungsklage zu erheben (vgl. BGH 17.7.2006, NJW 2006, 2854). 69

a) Verfahrensfehler. Sehen Gesetz oder Gesellschaftsvertrag bestimmte Anforderungen an die Vorbereitung des Beschlusses und seine Durchführung vor, sind diese einzuhalten. Beispiele sind Ladungsmängel (BGH 10.10.1983, WM 1983, 1407 (1408); OLG Dresden 24.2.2000, NZG 2000, 782; Zur EWIV KG 20.7.2020, ZIP 2020, 2124); keine vorherige Anhörung der Minderheit (BGH 18.9.1975, BGHZ 65, 93 (96 f.) = NJW 1976, 49); Missachtung des Einberufungsrechts (BGH 9.11.1987, BGHZ 102, 172 = NJW 1988, 969). Aus einem Verfahrensfehler resultiert indessen nicht stets die Unwirksamkeit des Beschlusses. Nach hM gilt dies zum einen dann nicht, wenn der Verfahrensfehler auf das Zustandekommen des Beschlusses keinen Einfluss hat, insbesondere weil das Beschlussergebnis von einer entsprechenden Mehrheit getragen wird (BGH 10.10.1983, DNotZ 1985, 85). Dieses Abstellen auf die **potentielle Kausalität** überzeugt jedoch nicht, weil hiernach bei gefestigten Mehrheiten die Beachtung von Schutzvorschriften zugunsten der Minderheit ausgeschlossen wäre. Richtig erscheint, wie im Aktienrecht auf den Schutzzweck der verletzten Norm bzw. Vertragsregelung abzustellen und eine am Minderheitenschutz orientierte, wertende Betrachtung anzustellen, ob hieraus die Unwirksamkeit des Beschlusses zu erfolgen hat oder nicht (**Relevanztheorie;** vgl. Spindler/Stilz/*Würthwein* AktG § 243 Rn. 83 ff.). Insbesondere Ladungsmängel sind daher regelmäßig beachtlich (OLG Stuttgart 1.8.2007, NZG 2008, 26; abw. BeckOK BGB/*Schöne* BGB § 709 Rn. 63). 70

Eine weitere Einschränkung der Unwirksamkeit besteht zum anderen bei der Verletzung einer bloßen **Ordnungsvorschrift** (hM, vgl. für die fehlende Protokollierung RGZ 104, 413 (415)). Da derartige Regelungen nur aus dem Gesellschaftsvertrag selbst resultieren können, ist die Beachtlichkeit der Verletzung dann nicht anzunehmen, wenn diejenigen, die hierdurch geschützt werden sollen, zugleich wirksam (ggf. konkludent) erklärt haben, diese Regelung außer Kraft zu setzen (zutreffend MüKoBGB/*Schäfer* BGB § 709 Rn. 107 unter Hinweis auf die Parallele zum gewillkürten Formzwang). Insofern gilt das Gleiche wie bei der **Heilung** von Verfahrensmängeln. Hat ein Gesellschafter seine Mitgliedschaftsrechte trotz Verfahrensmangels ordnungsgemäß ausüben können, ist der Mangel unbeachtlich (so für Ladungsmängel bei der GmbH BGH 30.3.1987, BGHZ 100, 264 (269 f.) = NJW 1987, 2580). 71

b) Fehlerhafte Stimmabgabe. Resultiert aus dem Mangel allein die fehlerhafte Stimmabgabe eines Gesellschafters, führt dies zunächst auch nur zur hierauf bezogenen Unwirksamkeit (zB Anfechtung, fehlende Geschäftsfähigkeit, Stimmverbot). Auswirkungen auf den Gesamtbeschluss hat dies nur, wenn die betreffende Stimme zur Erzielung von Einstimmigkeit bzw. einer entsprechenden Mehrheit erforderlich ist (allgM). Dies gilt auch, wenn eine Stimmabgabe treupflichtwidrig ist (vgl. BGH 18.9.1975, 72

BGHZ 65, 93 (98) = NJW 1976, 49). Bei Interessenkollisionen ist § 47 Abs. 4 GmbHG entsprechend anwendbar (KG 18.12.2008, NZG 2009, 1269; OLG München 27.8.2009, NZG 2009, 1267).

73 **c) Rechtswidriger Beschluss.** Ist der Beschlussinhalt rechtswidrig, folgt hieraus nur grundsätzlich **Gesamtunwirksamkeit.** Beispiele hierfür sind Verstöße gegen §§ 134, 138 BGB, gegen den Gleichbehandlungsgrundsatz oder die Verletzung des Gesellschaftszwecks, wenn er nicht sogleich abgeändert wurde. Bei Verstößen gegen den Bestimmtheitsgrundsatz und die Kernbereichslehre (→ Rn. 62 ff.) ist zu differenzieren: Bejaht die Mehrheit eine Maßnahme, zB eine Beitragserhöhung, ist dieser Beschluss ihnen gegenüber wirksam; etwas anderes gilt nur, wenn die Zustimmenden ihre Zustimmung davon abhängig machten, dass alle Gesellschafter ihre Zustimmung hierzu erteilen (BGH 19.10.2009, NJW 2010, 65 (67)). Gegenüber den überstimmten Gesellschaftern entfaltet der Beschluss keine Wirkung; sie können den Mangel, der letztlich auf die fehlende Zustimmung zum gefassten Beschluss zurückzuführen ist, mittels der allgemeinen, nicht fristgebundenen Feststellungsklage nach § 256 ZPO bzw. durch Einwendung im Prozess geltend machen (BGH 19.10.2009, NJW 2010, 65 (66)). Zu der hiernach möglichen **gespaltenen Wirksamkeit** eines Beschlusses kann es nur dann kommen, wenn die beschränkte tatsächliche Umsetzung des Beschlusses auch dann möglich und sinnvoll ist, wenn sie nicht gegenüber allen, sondern nur gegenüber den zustimmenden Gesellschaftern erfolgen kann (BGH 19.10.2009, NJW 2010, 65 (66)). Über **§ 139 BGB** kann sich die Unwirksamkeit auch auf andere Beschlüsse erstrecken, soweit ein einheitliches Rechtsgeschäft vorliegt (vgl. OLG Nürnberg 30.1.2013, NZG 2013, 256).

VIII. Nachschusspflichten

74 **1. Gesetzliche Ausgangslage.** Die Einführung oder Erhöhung von Beiträgen bzw. Nachschüssen ist ein Grundlagengeschäft, sodass es hierfür im gesetzlichen Regelfall der Beteiligung der Gesellschaftergesamtheit bedarf, wodurch der Einzelne ausreichend geschützt wird. § 707 BGB stellt für alle Personengesellschaften klar, dass niemand ohne entsprechend rechtsgeschäftlich begründete Verpflichtung zur Leistung von Beiträgen iSv § 706 BGB verpflichtet ist **(Belastungsverbot).** Stimmt der Gesellschafter jedoch der Auferlegung weiterer Pflichten zu, wird er von § 707 BGB nicht geschützt (BGH 3.12.2007, NJW-RR 2008, 903). Die Regelung ist insofern dispositiv (BGH 12.11.1952, BGHZ 8, 35 (39) = NJW 1953, 102); vgl. auch die ähnlichen § 53 Abs. 3 GmbHG, § 180 Abs. 1 AktG. Dies gilt unabhängig davon, ob **zusätzliches Kapital** eingefordert wird oder aber der Gesellschafter lediglich verpflichtet sein soll, seine **verbrauchte Einlage** erneut zu leisten. Beide Gestaltungen sind jedoch gerade bei Fondsgesellschaften vielfach wirtschaftlich notwendig, um die ursprünglich zu positiv eingeschätzten Risiken zu tragen und die Insolvenz zu verhindern. Sog. gespaltene Beitragspflichten finden daher regelmäßig Verwendung (*Wilde* NZG 2012, 215). Nach § 152 Abs. 3 S. 4 und 5 KAGB sind Nachschusspflichten bei der **Investment-KG** aber ausdrücklich verboten (→ Rn. 183). Dies erfordert erneut eine Neubesinnung des gerade erheblich liberalisierten Rechts der Mehrheitsbeschlüsse bei Publikumsgesellschaften (dazu sogleich). Im Übrigen ist künftig zu beachten, dass gem. § 5b VermAnlG generell keine Vermögensanlagen mit Nachschusspflicht mehr öffentlich angeboten werden dürfen (vgl. hierzu *Wilhelmi/Seitz* WM 2016, 101 (103 ff.)).

75 **2. Mehrheitsklauseln.** Es steht gesellschaftsrechtlich außer Streit, dass auch nachträgliche Beitragserhöhungen im Wege des Mehrheitsbeschlusses zulasten der Gesellschafter begründet werden können. Erforderlich ist jedoch, dass die entsprechende Mehrheitsklausel auch als **antizipierte Zustimmung** des betroffenen Gesellschafters zu werten ist und der hierauf beruhende Beschluss auch nicht aus sonstigen Gründen rechtswidrig ist. Eine schlichte Mehrheitsklausel im Gesellschaftsvertrag genügt hierfür auch bei Publikumsgesellschaften nicht (BGH 21.5.2007, NJW-RR 2007, 1521). Das Gleiche gilt für die Verpflichtung eines Gesellschafters zur Übernahme von Bürgschaften gegenüber der finanzierenden Bank (vgl. BGH 30.4.1979, NJW 1979, 2102) sowie für gespaltene Beitragspflichten (vgl. BGH 5.11.2007, NJW-RR 2008, 419; vgl. *Frings* NZG 2008, 218). Dogmatisch umgesetzt werden die besonderen Voraussetzungen für die Begründung von Nachschusspflichten gemäß dem neuen **zweistufigen Konzept der Beschlusskontrolle,** welches der BGH in den letzten Jahren entwickelt hat (→ Rn. 61 ff.; zur normalen Personengesellschaft → BGB § 705 Rn. 53 ff.).

76 **a) Sog. formelle Legitimation der Mehrheitsmacht.** Hiernach ist auf einer **ersten Stufe** zu prüfen, ob der betreffende Mehrheitsbeschluss eine ausreichende formelle Legitimation im Gesellschaftsvertrag hat und auch die betroffenen Gesellschafter hierdurch antizipiert die Übernahme der Nachschusspflichten erklärt haben (vgl. BGH 15.1.2007, BGHZ 170, 283 = NJW 2007, 1685; bestätigt durch BGH 24.11.2008, WM 2009, 231). Maßgeblich hierfür ist die **objektive Auslegung** des Gesellschaftsvertrages (BGH 19.3.2007, NJW-RR 2007, 832; → Rn. 5 f.). Die Anforderungen sind wegen der notwendigen Abbedingung von § 707 im Wege der antizipierten Zustimmung strenger als bei anderen Beschlussgegenständen (BGH 21.10.2014, NZG 2014, 1296 Rn. 17: antizipierte Zustimmung als besondere, eigenständige Kategorie des Beschlussmangels). Die Mehrheitsklausel muss sich in verständli-

cher und nicht nur versteckter Weise aus dem Gesellschaftsvertrag ergeben (BGH 27.9.1982, NJW 1983, 164; BGH 4.7.2006, NJW-RR 2005, 1347). Sie muss zudem **Ausmaß und Umfang** der zusätzlichen Belastung der Gesellschafter erkennen lassen (BGH 15.1.2007, NJW 2007, 1685). Einer genauen, buchstäblichen Festlegung der entsprechenden Leistungspflichten bedarf es nicht (BGH 15.1.2007, NJW 2007, 1685), wohl aber einer betragsmäßigen Obergrenze oder sonstiger Kriterien, die das **Erhöhungsrisiko eingrenzen.** Nicht ausreichend sind hiernach Klauseln, die die Einforderung von Nachschüssen pauschal an die Voraussetzung knüpfen, dass die laufenden Einnahmen die Ausgaben nicht decken (vgl. BGH 23.1.2006, NJW-RR 2006, 827), Klauseln zur Deckung nicht festgelegter Gesamtkosten eines Bauvorhabens (vgl. BGH 4.7.2005, NZG 2006, 379), Klauseln zur Deckung von Verlusten aus laufender Bewirtschaftung (vgl. BGH 19.3.2007, NZG 2007, 382) sowie Klauseln zur pauschalen Deckung von Finanzierungskosten (vgl. KG 8.12.2006, NZG 2008, 840). Inwieweit sich aus sachlichen Kriterien eine Begrenzung des Erhöhungsrisikos ableiten lässt, kann kaum rechtssicher vorher gesagt werden; aus Gründen der Rechtssicherheit ist der Praxis dringend zu raten, zusätzlich auch **betragsmäßige Obergrenzen** aufzunehmen (*Wilde* NZG 2012, 215 (216)).

b) Prüfung auf zweiter Stufe. Auf einer zweiten Stufe ist sodann zu prüfen, ob die Gesellschaftermehrheit die (wirksamen) inhaltlichen Grenzen der Ermächtigung konkret eingehalten und sich nicht treupflichtwidrig über beachtenswerte Belange der Minderheit hinweggesetzt hat (BGH 15.1.2007, NJW 2007, 1685; BGH 24.11.2008, NZG 2009, 183). Maßgeblich zur Beurteilung einer hieraus resultierenden Rechtswidrigkeit des Beschlusses sind die **Treuepflicht** und der **Gleichbehandlungsgrundsatz** (→ BGB § 705 Rn. 57 f.). Für deren Verletzung trägt der Gesellschafter die Beweislast (BGH 15.1.2007, NJW 2007, 1685). Die Heranziehung zu Nachschüssen auf der Grundlage einer nach dem Vorgesagten wirksamen Mehrheitsklausel richtet sich zuvörderst nach den in der Klausel selbst ggf. aufgenommenen Vorgaben. Hier haben die Gesellschafter weitgehende Gestaltungsfreiheit, Umstände zu definieren, wann welcher **zusätzliche Kapitalbedarf** besteht (vgl. BGH 23.1.2006, NJW-RR 2006, 827). Insofern gilt nichts anderes als bei §§ 26–28 GmbHG. Weitere allgemeine Grenzen ergeben sich aus dem Gebot, hiermit den Gesellschaftszweck zu verwirklichen, dem Übermaßverbot sowie der gleichmäßigen Heranziehung aller Gesellschafter. Letzteres kann jedoch aus sachlichen Gründen durchbrochen werden, wenn zB ein Gesellschafter nicht über die notwendige Finanzkraft verfügt. Demgegenüber ist es jedoch unzulässig, wenn die Beiträge allein deshalb erhöht werden, um die finanzschwache Minderheit aus der Gesellschaft zu drängen (BeckOK BGB/*Schöne* BGB § 705 Rn. 9). Auch kann die Treuepflicht es gebieten, einen Nachschuss nur dann einzufordern, wenn er zur Aufrechterhaltung des Betriebs erforderlich ist und nicht allein der Gläubigerbefriedigung im Liquidationsstadium dient (BGH 28.9.1978, NJW 1979, 419). Für die Beurteilung der Wirksamkeit kann auch nicht darauf abgestellt werden, dass dem Gesellschafter die Möglichkeit verbleibt, sich der Nachschusspflicht durch Kündigung zu entziehen (BGH 23.1.2006, NJW-RR 2006, 827). 77

c) Rechtsfolgen. Werden diese Anforderungen eingehalten, erwachsen aus dem wirksamen Einforderungsbeschluss individuelle Leistungspflichten zulasten aller Gesellschafter. Fehlt es insgesamt an der formellen Legitimation der Mehrheitsklausel, ist der Beschluss nicht im Ganzen unwirksam; es kommt vielmehr zu einer **gespaltenen Wirksamkeit:** Die fehlende formelle Legitimation der Mehrheitsmacht, die fehlende antizipierte Zustimmung oder sonstige Mängel infolge der Treuepflicht führen dazu, dass der Beschluss allein den **dissentierenden Gesellschaftern** gegenüber unwirksam ist (BGH 5.3.2007, NJW-RR 2007, 757); auf eine fristgerechte Geltendmachung von Beschlussmängeln kommt es nicht an (BGH 26.3.2007, NJW-RR 2007, 1477; BGH 9.2.2009, NZG 2009, 501; abw. für eine analoge Anwendung der §§ 241 ff. AktG *Gaul* DStR 2009, 804). Unproblematisch werden über den fehlerhaften Beschluss keine Leistungspflichten der dissentierenden Gesellschafter oder der, die nicht an der Beschlussfassung teilnahmen, begründet (BGH 9.2.2009, NZG 2009, 501). Für die **Zustimmenden** gilt hingegen etwas anderes. Soweit sie nicht ihre Zustimmung davon abhängig gemacht haben, dass alle Gesellschafter sich an der Beitragserhöhung beteiligen, kann es durchaus zur wirksamen Begründung von Leistungspflichten kommen (BGH 25.5.2009, NZG 2009, 862; BGH 19.10.2010, NJW 2010, 65 (67)). Richtigerweise werden hierüber die internen Beteiligungsquoten jedoch nicht verändert, weil ansonsten die Sanktionierung einer die Beitragspflicht nicht legitimierenden Mehrheitsklausel weitgehend leer liefe. 78

3. Zustimmungspflichten. Fehlt es an einer wirksamen Mehrheitsklausel zur Begründung von Nachschusspflichten oder wird die erforderliche Mehrheit nicht erreicht, können die Gesellschafter aufgrund der **Treuepflicht** verpflichtet sein, dieser ad hoc zuzustimmen. Dies gilt jedoch nur, wenn die Nachschüsse im Gesellschaftsinteresse geboten sind und es für den Gesellschafter unter Berücksichtigung seiner schutzwürdigen Belange zumutbar ist (BGH 23.1.2006, NJW-RR 2006, 827; BGH 4.7.2005, NJW-RR 2005, 1347; OLG Stuttgart 17.3.2014, GmbHR 2015, 309). Letzteres ist insbesondere dann der Fall, wenn er durch die Folgen der Zustimmung finanziell nicht schlechter stehen würde als ohne den betreffenden Beschluss (BGH 19.10.2009, NJW 2010, 65). Dies ist regelmäßig nur in Sanierungssituationen gegeben, wenn ein Kapitalschnitt zu Gebote steht (BGH 19.10.2009, NJW 2010, 65). 79

Darüber hinaus verlangt der BGH neuerdings zusätzlich, dass die konkrete Zustimmungspflicht Ausfluss einer bereits im Gesellschaftsvertrag niedergelegten **Erwartungshaltung** gegenüber dem Gesellschafter ist (BGH 25.1.2011, NJW 2011, 1667 Rn. 21 f.). Es muss also zur Bejahung einer Zustimmungspflicht bereits im Gesellschaftsverhältnis angelegt sein (objektive Auslegung!), dass jeder Gesellschafter in der Schieflage der Gesellschaft ein weiteres Risiko auf sich nimmt und sich an einer Kapitalerhöhung beteiligt. Die Treuepflicht rechtfertigt es ansonsten nicht, in eine sachlich nicht unvertretbare gesellschaftsvertragliche Regelung ändernd einzugreifen (BGH 25.1.2011, NJW 2011, 1667 Rn. 21). Hierdurch werden letztlich Aspekte des früheren Bestimmtheitsgrundsatzes in die Treuepflicht integriert, was zwar überzeugt, das vom BGH an anderer Stelle ausdifferenzierte Zwei-Stufen-Modell (→ Rn. 5 f.) jedoch relativiert (krit. auch *S. Schneider* NZG 2011, 575 (577)). Ein Gesellschafter kann sich durch vorherige Kündigung seiner Gesellschafterstellung von einer Zustimmungspflicht entziehen (vgl. BGH 23.1.2006, NJW-RR 2006, 827; *Nentwig* WM 2011, 2168 (2174)).

80 Problematisch sind weiterhin die **Folgen der Zustimmungspflicht.** Richtigerweise ist die Frage der Zustimmungspflicht zur Beitragserhöhung von der Verpflichtung zur Beitragsleistung zu trennen. Sofern eine Zustimmungspflicht besteht, wird die entsprechende **Abstimmung des Betroffenen** bei der Beschlussfassung letztlich **fingiert** (MüKoHGB/*Grunewald* § 161 Rn. 129, „als erfolgt unterstellt", vgl. auch OLG Stuttgart 13.12.2016, BeckRS 2016, 115456; zum ganzen *Schäfer* FS Hommelhoff, 2012, 941 (956 f.)). Die nach → Rn. 79 begründbare Zustimmungspflicht im Hinblick auf die Beschlussfassung vermag indessen nicht auch eine entsprechende Nachschusspflicht zu legitimieren. Kein Gesellschafter kann außerhalb von §§ 735, 738 BGB zur erneuten finanziellen Beteiligung gezwungen werden. Kommt die erzwungene Beitragserhöhung daher als Folge der Zustimmungspflicht zustande, erwachsen unmittelbar hieraus **keine Leistungspflichten** für den zustimmungsverpflichteten Gesellschafter (MüKoBGB/*Schäfer* BGB § 707 Rn. 10; möglicherweise aA BGH 2.7.2009, NZG 2009, 1143; für „ganz besondere Ausnahmefälle" auch OLG Stuttgart 17.3.2014, GmbHR 2015, 309 Rn. 43). Dies wirft naturgemäß die Frage nach den **anderen Konsequenzen** auf, insbesondere, ob der beitragsunwillige Gesellschafter gleichwohl von den regelmäßig zu erwartenden Erträgen aufgrund der übrigen Beitragsleistungen profitieren darf. Der BGH hat es für zulässig gehalten, dass der **Beitragsunwillige** aufgrund einer vertraglichen Ausschließungsklausel ausgeschlossen werden kann und gem. § 735 BGB zum Nachschuss der bis dahin angefallenen Verluste verpflichtet ist (BGH 19.10.2009, NJW 2010, 65). Man muss dies verallgemeinern und auch ohne entsprechende Regelung den **Ausschluss aus wichtigem Grund** gem. § 737 BGB bzw. § 133 Abs. 3 Nr. 3 zulassen (so auch *M. Haas* NZG 2010, 984 (985); OLG Stuttgart 17.3.2014, GmbHR 2015, 309 Rn. 57; nunmehr auch BGH 9.6.2015, NZG 2015, 995). Als materielle Legitimation kann auch hier herangezogen werden, dass der Beitragsunwillige infolge des Ausschlusses nicht schlechter steht, als wenn die Übrigen sich an der Rettung der Gesellschaft nicht beteiligt hätten. Geltung beansprucht diese drastische Folge jedoch **nur bei Überschuldung** (so auch *C. Weber* DStR 2010, 702 (705); MüKoBGB/*Schäfer* BGB § 707 Rn. 10). Ist die Gesellschafterstellung infolge der Krise nur noch eine leere Hülse, verdient der Gesellschafter keinen Schutz dahingehend, an den Erträgen, die mit den Mitteln anderer erzielt werden, zu profitieren. Dies kann auch nicht pauschal damit entkräftet werden, dass den Ausscheidenden eine Nachhaftung gem. § 160 trifft (OLG Stuttgart 11.7.2013, NZG 2013, 1061). Die Ausschließung nach den vorgenannten Kriterien kann im Übrigen im Zuge der Beitragserhöhung auch **unmittelbar beschlossen** werden. Der von der Rechtsprechung vorgezeichnete Weg, zunächst eine Ausschließungsklausel zu beschließen (vgl. im Anschluss an BGH 19.10.2009, NJW 2010, 65 – Sanieren oder Ausscheiden auch OLG Düsseldorf 7.3.2014, ZInsO 2014, 2049), ist im Gesetz nicht vorgegeben und insbesondere in Sanierungssituationen auch nicht praxisgerecht; überzeugend daher nunmehr BGH 9.6.2015, NZG 2015, 995.

81 **4. Besondere Gestaltungen.** Keines besonderen Schutzes bedarf der Gesellschafter auch dann, wenn er sich in der **Beitrittserklärung** explizit zur Leistung von Nachschüssen verpflichtet hat; allerdings kann die hierin getroffene Regelung im Widerspruch zu den sonstigen gesellschaftsvertraglichen Bestimmungen stehen und daher unwirksam sein (vgl. KG 15.12.2008, WM 2009, 2177). Bei **Treuhandgestaltungen** ist zuvörderst der Treuhänder als Gesellschafter Adressat der Nachschusspflicht. Er hat grundsätzlich einen Freistellungsanspruch gegen den Treugeber (BGH 18.10.2012, WM 2012, 2186); etwas anderes gilt jedoch, wenn sicher ist, dass der Treuhänder selbst nicht in Anspruch genommen wird (OLG München 16.9.2009, WM 2009, 2309; für die Verjährung solcher Freistellungsansprüche analog §§ 159, 160 OLG Nürnberg 17.1.2008, WM 2009, 942; für die Verjährung nach §§ 195, 199 BGB OLG Karlsruhe 30.6.2009, NZG 2010, 151; hierzu *Jagersberger* NZG 2010, 136 und *Rutschmann* DStR 2010, 555). Darüber hinaus ist es auch möglich und in der Praxis weit verbreitet, dass der Treugeber selbst aufgrund der gesellschafts- und treuhandvertraglichen Ausgestaltung der Beteiligung im Innenverhältnis **„Quasi-Gesellschafter"** mit den entsprechenden Rechten und Pflichten gegenüber der Gesellschaft ist (vgl. BGH 11.10.2011, NZG 2011, 1432; BGH 18.9.2012, BeckRS 2012, 23236; BGH 30.1.2018, NZG 2018, 539 Rn. 16 ff.). In diesem Fall gilt für Klagen auch § 22 ZPO (BayObLG 5.3.2020, NZG 2020, 706). Bei der Investment-KG stellt § 152 Abs. 1 S. 2–4 KAGB den Anleger im Innenverhältnis einem Kommanditisten gleich (→ Rn. 188).

IX. Gesplittete Einlagen

1. Darlehen. Praktisch bedeutsam ist, die Beitragspflicht des Anlagegesellschafters in Eigen- und Fremdkapital aufzuspalten, mithin neben der gesellschaftsrechtlichen Einlage auch ein Darlehen zu gewähren. Dies schafft insbesondere Vorteile für Kommanditisten, da sich die Haftung gegenüber Gesellschaftsgläubigern allein auf die Haftsumme bezieht und diese mit entsprechender Einlageleistung entfällt (§§ 171, 172). Im Ausgangspunkt besteht **Finanzierungsfreiheit,** dh weitere Finanzierungsbeiträge sind mangels abweichend vertraglicher Abrede Fremdkapital und haben daher keine Haftungsfunktion zugunsten anderer. 82

a) Vertragliche Umwidmung. Wollen die Parteien dem Finanzierungsbeitrag Eigenkapitalcharakter beimessen, bedarf es hierfür einer entsprechenden Regelung, insbesondere als **Rangrücktritt** iSv § 39 Abs. 2 InsO (vgl. zu den weiteren Möglichkeiten einer privatautonomen Umqualifizierung des Kapitalbeitrags *Servatius* Gläubigereinfluss 412 ff.). Ob dies gewollt ist, ist allein im Wege der **Auslegung** zu ermitteln und darf keinesfalls fingiert oder den Parteien gleichsam untergeschoben werden (*Servatius* Gläubigereinfluss 415 f.; → § 237 Rn. 14 ff.). Zwar werden Gesellschaftsverträge bei Publikumsgesellschaften objektiv ausgelegt, letztlich geht es jedoch auch hier um die Erforschung des Erklärungswillens. Ebenso zu behandeln sind die sog. **Finanzplankredite,** die nur dann Eigenkapitalfunktion haben, wenn dies von den Gesellschaftern gewollt ist (zutr. BGH 28.6.1999, DStR 1999, 1198: „kein Fall des [gesetzlichen] Eigenkapitalersatzrechts"; ebenso BGH 20.9.2010, NZG 2010, 1267 Rn. 28). Schließt ein Gesellschafter, bei den sog. **Einbringungsvereinbarungen** regelmäßig der Fondsinitiator, mit der Gesellschaft ein Drittgeschäft, zB über den Verkauf einer Immobilie an den Fonds, kann ebenfalls nicht unterstellt werden, dass es sich hierbei um einen eigenkapitalähnlichen Finanzierungsbeitrag handelt mit entsprechend geringer Gegenleistung. 83

b) Gesetzliche Umqualifizierung. Völlig anders zu beurteilen ist die Frage, ob ein als Fremdkapital hingegebener Finanzierungsbeitrag eine gesetzliche Umqualifizierung erfährt, mithin vor allem in der Insolvenz der Gesellschaft wie Eigenkapital zu behandeln ist und Rückzahlungsansprüche des Gesellschafters keine Insolvenzforderungen gem. § 38 InsO darstellen. Dies ist ohne Weiteres möglich bei der nicht-gesetzestypischen Personengesellschaft, bei der keine natürliche Person unbeschränkt haftet (zur GmbH & Co. KG → Rn. 110 ff.; zu GbR BGH 26.1.2009, DB 2009, 507). In diesen Fällen führt § 39 Abs. 1, Abs. 4 S. 1 InsO einen entsprechenden Nachrang insbesondere für Kommanditistendarlehen herbei (weitergehend, auch für gesetzestypische Personengesellschaften *Servatius* Gläubigereinfluss 567 ff.). Der Rspr., die dieses Ergebnis unter dem Aspekt des **„materiellen Eigenkapitals"** stets dann bejaht, wenn der Finanzierungsbeitrag zur Erreichung des Gesellschaftszwecks unerlässlich ist (vgl. OLG Frankfurt a. M. 22.1.1980, WM 1981, 1371; BGH 17.12.1984, NJW 1985, 1079; LG Dortmund 22.8.2008, BeckRS 2008, 21901), ist nicht zuzustimmen (Einzelheiten bei *Servatius* Gläubigereinfluss 580 ff.). 84

2. Stille Beteiligung. Für die stille Beteiligung gilt das Vorgesagte entsprechend. Der Umfang der haftungsmäßigen Widmung der geleisteten Einlage ist disponibel (§ 231 Abs. 2, § 236). Die stille Einlage ohne Verlustbeteiligung (Auslegung!) stellt daher Fremdkapital dar und kann in der Insolvenz als Insolvenzforderung gem. § 38 InsO geltend gemacht werden (Einzelheiten bei *Servatius* Gläubigereinfluss 343 ff.). Eine gesetzliche Umqualifizierung von Finanzierungsbeiträgen in nachrangiges Eigenkapital lässt sich allein über § 39 Abs. 1 Nr. 5 InsO begründen, wenn der Kapitalgeber maßgeblichen Einfluss auf die Gesellschaft nimmt, was bei Publikumsgesellschaften regelmäßig ausscheidet (→ § 236 Rn. 14 ff.). 85

3. Akzessorietät. Trotz der im Ausgangpunkt differenzierten Betrachtung von Fremd- und Eigenfinanzierung bei gesplitteten Einlagen besteht teilweise eine **Akzessorietät:** Wegen der im Gesellschaftsvertrag angelegten Einheit der gesplitteten Einlage können die Fremdfinanzierungsanteile regelmäßig nicht isoliert gekündigt werden (vgl. BGH 28.11.1977, BGHZ 70, 61; BGH 10.12.1984, BGHZ 93, 161 = NJW 1985, 1468); die bei der GmbH entwickelte besondere Behandlung von Finanzplankrediten gilt hier gleichermaßen (→ Rn. 21). Auch sind Zahlungen auf das Darlehen beim Kommanditisten Zahlungen auf die Einlage iSv §§ 171, 172 (BGH 17.5.1982, NJW 1982, 2253). Soll der Gesellschafter nachträglich zur Leistung von Fremdkapital verpflichtet werden, gelten die Anforderungen an die Begründung und Geltendmachung von Nachschüssen gleichermaßen (→ Rn. 74 ff.). 86

X. Gesellschafterrechte

Bei den Personengesellschaften gilt der **Grundsatz der Selbstorganschaft**. Die Geschäftsführungskompetenz und Vertretungsmacht stehen hiernach den Gesellschaftern zu und können nicht verdrängend auf Nichtgesellschafter delegiert werden (→ BGB § 709 Rn. 9 ff., § 717 S. 1 BGB). Bei den Publikumsgesellschaften hat sich insofern jedoch ein auf die Bedürfnisse der Praxis abgestimmtes 87

Sonderrecht entwickelt. Dieses trägt dem Umstand Rechnung, dass die Anlagegesellschafter vor allem Vermögensinteressen verfolgen und nicht an der Verwaltung der Gesellschaft beteiligt sein wollen.

88 **1. Grundlagenentscheidungen.** Änderungen des Gesellschaftsvertrages, insbesondere der Gesellschafterwechsel, obliegen im dispositiven gesetzlichen Regelfall der Gesamtheit aller Gesellschafter, auch der Kommanditisten. Indem dies bei einem großen Gesellschafterkreis unpraktikabel ist, finden sich in den Gesellschaftsverträgen von Publikumsgesellschaften meist entsprechende **Mehrheitsklauseln** (→ Rn. 61) bzw. einzelne Gesellschafter, Dritte oder die Gesellschaft selbst werden **ermächtigt,** die betreffenden Änderungen vorzunehmen (zum Gesellschafterbeitritt → Rn. 16 ff.). Auch die Befugnis zur Änderung des Gesellschaftsvertrages kann auf einen Verwaltungsrat, bestehend aus Gesellschaftern, delegiert werden (BGH 19.11.1984, NJW 1985, 972). Die Anlagegesellschafter haben zwingend ein **Einberufungsrecht** für die Gesellschafterversammlung entsprechend § 50 GmbHG (Baumbach/Hopt/*Roth* Anh. § 177a Rn. 72). Für die **Entziehung von Vertretungsmacht und Geschäftsführungsbefugnis** bedarf es abweichend von §§ 117, 127 keiner Klage, wenn der Gesellschaftsvertrag allgemein Mehrheitsentscheidungen zulässt (vgl. BGH 9.11.1987, BGHZ 102, 172 = NJW 1988, 869; weitergehend Baumbach/Hopt/*Roth* Anh. § 177a Rn. 72: auch ohne Mehrheitsklausel).

89 **2. Geschäftsführungsbefugnis.** Bei der Publikums-GbR steht die Geschäftsführungsbefugnis allen gemeinschaftlich zu (§ 709 Abs. 1 BGB); bei der KG den Komplementären (§ 164). Auch insofern ist es praktisch geboten, aufgrund gesellschaftsvertraglicher Regelungen zu gewährleisten, dass die Geschäftsführungsbefugnis von wenigen Experten pflichtgebunden ausgeübt wird und die Anlegergesellschafter auf deren sachgerechtes Handeln vertrauen dürfen. Wegen des Grundsatzes der Selbstorganschaft ist die Betrauung Dritter mit Geschäftsführungskompetenzen jedoch nur eingeschränkt möglich. Im Einzelnen sind folgende Gestaltungen zu unterscheiden:

90 **a) Gremien.** Ohne Weiteres zulässig ist die gesellschaftsvertragliche Zuweisung der Geschäftsführungsbefugnis bzw. einzelner Zustimmungsvorbehalte oder Vetorechte an einzelne Gesellschafter oder besondere Gremien (Beirat, Verwaltungsrat, Aufsichtsrat; Einzelheiten bei MüKoHGB/*Grunewald* § 161 Rn. 158 ff.). Hierbei handelt es sich jedoch stets um eine **abgeleitete Geschäftsführungsbefugnis,** bei der auch Dritte Mitglied des Gremiums sein können. Die Gesellschafter haben die Möglichkeit, mit einfacher Beschlussmehrheit dem Gremium seine Kompetenz aus wichtigem Grund wieder zu entziehen (BGH 19.11.1984, NJW 1985, 972; BGH 22.3.1982, NJW 1982, 2495; vgl. zur Unzulässigkeit eines Einstimmigkeitserfordernisses für die Abberufung von Gesellschafter-Geschäftsführern BGH 9.11.1987, BGHZ 102, 72 = NJW 1988, 969; weitergehend für die Zulässigkeit der Fremdorganschaft bei der Personengesellschaft *Arlt* NZG 2002, 407). Hat das Gremium eine Aufsichtsfunktion, ist eine Angemessenheitskontrolle der vertraglich eingeräumten Vergütung nach § 113 AktG möglich (offengelassen von BGH 30.3.1998, NJW 1998, 1946). Für die Wahrnehmung der organschaftlichen Pflichten im Gremium gilt nicht die Haftungsprivilegierung gem. § 708 BGB; die Mitglieder haben vielmehr die objektive **im Verkehr erforderliche Sorgfalt** zu beachten und haften ggf. gem. §§ 93, 116 AktG (für den Aufsichtsrat einer Publikumsgesellschaft BGH 4.7.1977, NJW 1977, 2311; für die Geltung von § 43 GmbHG bei der Geschäftsführung BGH 12.11.1979, BGHZ 75, 321 = NJW 1980, 589). Die gesellschaftsvertragliche Reduzierung des Verschuldensmaßstabs ist nicht zulässig. Auch eine Verkürzung von Verjährungsfristen für die Geschäftsleiterhaftung auf unter fünf Jahre ist unzulässig (BGH 14.4.1975, BGHZ 64, 238 = NJW 1975, 1318). Hat ein Beirat Überwachungsfunktionen, ist er entsprechend § 112 AktG befugt, Schadensersatzansprüche gegen die Geschäftsführer im Namen der Gesellschaft geltend zu machen (OLG Bremen 14.8.2009, DStR 2010, 289). Für die Abberufung eines geschäftsführungsbefugten Gesellschafters gilt § 84 Abs. 3 AktG entsprechend (LG Frankfurt a. M. 6.7.2009, NZG 2009, 986).

91 **b) Dritte.** Die Gesellschafter in ihrer Gesamtheit können sich der Geschäftsführungsbefugnis nach dem Grundsatz der Selbstorganschaft nicht begeben (BGH 11.7.1960, BGHZ 33, 105 (106 ff.) = NJW 1960, 1997; vgl. auch das Abspaltungsverbot gem. § 717 S. 1 BGB). Möglich ist daher allein die Übertragung von Geschäftsführungsbefugnissen auf **schuldrechtlicher Grundlage,** mithin der (ggf. entgeltlichen) Beauftragung (Subdelegation, vgl. BeckOK BGB/*Schöne* BGB § 709 Rn. 27: Sonderaufträge; MüKoBGB/*Schäfer* BGB § 709 Rn. 20). Dies begegnet nach hM zumindest bei Publikumsgesellschaften keinen rechtlichen Bedenken, wenn die Gründungsgesellschafter selbst die organschaftliche Geschäftsführungs- und Vertretungsbefugnis behalten, jedoch nicht ausüben (BGH 22.1.1962, BGHZ 36, 292 (293 f.) = NJW 1962, 738; für den Immobilienfonds auch BGH 8.2.2011, NJW 2011, 2040; krit. *Ulmer* ZIP 2005, 1341 (1343)). Diese „derivative Geschäftsführungsbefugnis" kann dem Nichtgesellschafter auch insoweit **unwiderruflich** erteilt werden als sie die Gesellschafterversammlung mit einfacher Beschlussmehrheit aus wichtigem Grund wieder entziehen kann, was nicht erschwert werden darf (BGH 22.3.1982, NJW 1982, 2495; BGH 22.3.1982, WM 1982, 583; zu Zustimmungspflichten beim Widerruf OLG Stuttgart 8.2.2006, NJOZ 2006, 2216; zum Ganzen *Hopt* ZGR 1979, 21).

Die Übertragung von Geschäftsführungsaufgaben auf Dritte stellt keine erlaubnispflichtige **Rechtsberatung** dar (BGH 15.2.2005, ZIP 2005, 1361; *Schmidt-Morsbach/Dicks* BKR 2005, 424). Indem die Einräumung von Gesellschafterkompetenzen auf Dritte Züge der Fremdorganschaft enthält, ist es nur konsequent, den Dritten die gem. §§ 93, 117 AktG entsprechend **objektiv gebotene Sorgfalt** abzuverlangen. Eine Verkürzung von Verjährungsfristen für Haftungsansprüche unter fünf Jahre ist unzulässig (BGH 14.4.1975, BGHZ 64, 238 = NJW 1975, 1318). Gesellschafter, die Aufgaben im Interesse aller stillen Gesellschafter wahrnehmen, können aufgrund Beschlusses der Gesellschafterversammlung für ihre Aufwendungen entlohnt werden, auch wenn sie Mitglieder eines fakultativen Beirats sind und für ihre anders gearteten organschaftlichen Aufgaben bereits eine **Vergütung** erhalten. Ist die Publikumsgesellschaft handlungsunfähig, kommt die gerichtliche Bestellung eines **Notgeschäftsführers** entsprechend § 29 BGB in Betracht (vgl. BGH 23.9.2014, NZG 2014, 1302 Rn. 12). 92

3. Kontroll- und Informationsrechte. Die Kontroll- und Informationsrechte der Anlagegesellschafter werden bei Publikumsgesellschaften meist **vertraglich ausgeschlossen** bzw. stark eingeschränkt. Dies ist weitgehend zulässig (vgl. die Erl. zu §§ 166, 233, § 716 BGB). **Grenzen der Gestaltungsfreiheit** bestehen jedoch, wenn das Informationsbedürfnis **aus wichtigem Grund** besteht (vgl. zum außerordentlichen Informationsrecht des Kommanditisten OLG München 5.9.2008, ZIP 2008, 2017). Die Annahme eines wichtigen Grundes setzt die Darlegung konkreter Umstände voraus, aus denen sich die Erforderlichkeit und Bedeutung der beantragten, über den Rahmen des § 166 Abs. 1 hinausgehenden Information ergeben (OLG München 7.4.2009, NZG 2009, 658). Dies ist zu bejahen, wenn die sofortige Überwachung der Geschäftsführung im Interesse des Gesellschafters geboten ist, zB bei drohender Schädigung von Gesellschaft oder Gesellschaftern, bei begründetem Verdacht nicht ordnungsgemäßer Geschäfts- oder Buchführung sowie bei Verweigerung oder längerer Verzögerung der Kontrolle nach § 166 Abs. 1 (OLG München 7.4.2009, NZG 2009, 658; auch zur eigenverantwortlichen Überprüfung dieser Voraussetzungen durch das Revisionsgericht). In diesem Fall erstreckt sich das Einsichtsrecht auch auf Unterlagen, die für einen bereits festgestellten Jahresabschluss ausschlaggebend sind (abw. *Voigt* NZG 2009, 772). Unregelmäßigkeiten in einem anderen Fonds begründen diese Voraussetzungen nicht in jedem Fall (vgl. OLG München 7.4.2009, NZG 2009, 658). Auch eine Betriebsprüfung durch das Finanzamt genügt alleine nicht (OLG München 9.8.2010, ZIP 2010, 1692). Ob die begehrte Information geeignet und erforderlich ist, hängt vom wichtigen Grund ab und kann zu verneinen sein, wenn andere Unterlagen das Informationsbedürfnis besser befriedigen würden (vgl. OLG Hamm 22.8.2005, NZG 2006, 620). Die Gesellschaft kann die Gewährung der Information von der Benennung der Einsicht nehmenden Person und der gewünschten Unterlagen abhängig machen (OLG München 12.4.2011, NZG 2011, 744). Ansonsten ergeben sich Beschränkungen nur aus §§ 242, 226 BGB (BGH 5.2.2013, ZIP 2013, 619). Ist die Gesellschaft in der **Insolvenz,** bestehen die gesellschaftsrechtlichen Informationsansprüche gegen den Insolvenzverwalter (einschränkend für Angelegenheiten, die sich auf die Rechnungslegung beziehen, KG 30.4.2009, ZIP 2009, 1824). 93

Das zwingende außerordentliche Informationsrecht gegenüber der Gesellschaft ist nicht zweck- oder anlassbezogen und erstreckt sich als unentziehbares Mitgliedschaftsrecht auch auf die Mitteilung von **Name und Anschrift der Mitgesellschafter** (vgl. BGH 21.9.2009, WM 2010, 81; BGH 16.12.2014, NZG 2014, 269 Rn. 11; KG 15.4.2020, BeckRS 2020, 14430). Hierin liegt kein Verstoß gegen des DS-GVO (BGH 19.11.2019, WM 2020, 458). Es steht auch den **Treugebern** in Hinblick auf die anderen Treugeber zu, soweit diese eine Innen-GbR bilden (BGH 11.1.2011, WM 2011, 317) oder über die schuldrechtlichen Beziehungen zum Treuhänder hinaus entsprechend einem unmittelbaren Gesellschafter in den Gesellschafterverband einbezogen sind (BGH 16.12.2014, NZG 2015, 269 Rn. 12). Dies ist bei Publikumsgesellschaften regelmäßig anzunehmen (BGH 5.2.2013, BGHZ 196, 131 (135); BGH 16.12.2014, NZG 2015, 268 Rn. 13). Das Informationsrecht richtet sich gegen die Gesellschaft, aus „sachlich berechtigten Gründen" jedoch auch gegen die Gesellschafter (vgl. für einen Anspruch gegen den Treuhandkommanditisten etwa BGH 16.12.2014, NZG 2015, 268 Rn. 30). Das Informationsrecht ist **funktionsgebunden;** diese Anforderungen sind aber auch erfüllt, wenn der Anleger die Informationen im Hinblick auf die Geltendmachung von Schadensersatz begehrt (abw. OLG Düsseldorf 27.7.2015, NZG 2015, 1153). Die **Vollstreckung** einer Informationsverletzung folgt gem. § 95 FamFG den Regeln der ZPO (OLG München 9.8.2010, ZIP 2010, 1692). Das Informationsrecht ist **nicht pfändbar** (vgl. BGH 29.4.2013, ZIP 2013, 1071, zur GmbH). Bei der Investment-KG stellt § 152 Abs. 1 S. 2–4 KAGB den Anleger im Innenverhältnis einem Kommanditisten gleich (→ Rn. 188). 94

Die aktienrechtlichen Regelungen über die **Sonderprüfung** (§§ 142 ff. AktG) gelten nicht entsprechend (BayObLG 4.7.1985, NJW 1986, 140; OLG Hamm 3.12.2012, BeckRS 2013, 03210). Eine Regelung im Gesellschaftsvertrag, wonach die Anlagegesellschafter ihr Informationsrecht nur durch einen **gemeinsamen Vertreter** ausüben können, ist jedoch wirksam (vgl. BGH 16.1.1984, NJW 1984, 2471). Im Gesellschaftsvertrag kann auch vereinbart werden, dass das außerordentliche Informationsrecht nicht vom Gesellschafter selbst, sondern allein von einem von diesem zu beauftragenden, zur Verschwiegenheit verpflichteten Wirtschaftsprüfer, Steuerberater oder Rechtsanwalt wahrgenommen wer- 95 den muss (BGH 14.1.1984, NJW 1984, 2470 (2471)). Der **Prüfungsbericht** der Wirtschaftsprüfer gem. § 316 ist den Kommanditisten nicht zu übersenden; § 42a Abs. 1 GmbHG gilt nicht entsprechend (BGH 3.2.2015, MDR 2015, 600).

96 **4. Vermögensrechte.** Die Vermögensrechte der Fondsgesellschafter folgen auch bei der Publikumsgesellschaft weitgehend dispositiven allgemeinen Regeln. Zu den Einzelheiten s. daher die jeweilige Erl. Vgl. für Gewinn und Entnahmen §§ 721, 722 BGB, §§ 120–122, 167–169; für die Liquidation §§ 730 ff. BGB, § 155.

XI. Gesellschafterhaftung

97 Die Gesellschafterhaftung folgt auch bei den Publikumsgesellschaften grundsätzlich den allgemeinen Regeln. Für **Kommanditisten** gelten die §§ 171, 172, für die Gesellschafter einer **Publikums-GbR** gelten die §§ 128 ff. HGB analog (→ BGB § 714 Rn. 10 ff.; zu Problemen des Vertrauensschutzes bei Altfällen BGH 19.7.2011, NZG 2011, 1023). Die Haftung ist akzessorisch, vor allem auch im Hinblick auf die Verjährung (BGH 12.1.2010, DStR 2010, 501). Die Unterwerfung eines Gesellschafters unter die **sofortige Zwangsvollstreckung** wird allgemein als zulässig angesehen (BGH 25.10.2005, NJW-RR 2006, 683; BGH 26.6.2007, NJW-RR 2008, 66; krit. wegen Durchbrechung von § 129 jedoch *Servatius* WuB Bankrecht I E 1. Kreditvertrag 1.06). Zur Behandlung **gesplitteter Einlagen** → § 236 Rn. 14 ff.

98 **1. Haftungsbeschränkung.** Eine (quotale) Haftungsbeschränkung auf das Gesellschaftsvermögen kann **zwischen Gesellschaft und Gläubiger vereinbart** werden, auch mittels AGB (vgl. BGH 21.1.2002, BGHZ 150, 1 = NJW 2002, 1642). Relevanz haben derartige Gestaltungen oftmals im Verhältnis zur finanzierenden Bank. Ob ein Haftungsausschluss bzw. eine Beschränkung vereinbart wurden, muss der Gesellschafter beweisen. Eine gesetzliche, **institutionelle Haftungsbeschränkung** bei Fonds kommt de lege lata nicht in Betracht (vgl. LG Berlin 3.12.2009, NZG 2010, 268; Überlegungen de lege ferenda bei *Schäfer* NZG 2010, 241; abw. *Beuthien* WM 2012, 1 und *Grobe* WM 2011, 44; vgl. zum Vertrauensschutz für Altfälle BGH 17.4.2012, NZG 2012, 701). Gleichwohl ist die Rspr. geneigt, im Bereich der Kapitalanlagen Haftungsbeschränkungen auf rechtsgeschäftlicher Grundlage im Rahmen der **Auslegung** großzügig anzunehmen. Maßgeblich hierfür ist, dass die persönliche Haftung für das gesamte Investitionsvolumen für die Kapitalanleger nicht zumutbar ist und vom Rechtsverkehr vernünftigerweise auch nicht erwartet werden kann (vgl. BGH 19.6.2008, DB 2008, 1619 (1620): „erleichterte Bedingungen" für Haftungsbeschränkungen bei vertraglichen Ansprüchen; BGH 21.1.2002, BGHZ 150, 1 (6) = NJW 2002, 1642: konkludente Haftungsbeschränkung möglich). Ob dies auch für gesetzliche Ansprüche gilt, wurde von der Rspr. bisher ausdrücklich offen gelassen, sollte jedoch zumindest dann bejaht werden, wenn die Ansprüche ihre Grundlage im rechtgeschäftlichen Verkehr mit dem Vertragspartner haben. Auch der **Umfang** der Haftungsbeschränkung ist allein Auslegungsfrage (Einzelheiten bei *Klimke* WM 2010, 492). Maßgeblich ist der entsprechende Vertrag mit dem Gläubiger, nicht der Gesellschaftsvertrag oder der Fondsprospekt (BGH 8.2.2011, NJW 2011, 2040 Rn. 41; vgl. aber BGH 8.10.2013, BeckRS 2013, 22860, wonach eine interne Regelung durchaus auf Drittverbindlichkeiten gegenüber einem Gesellschafter durchschlagen kann). Regelmäßig wird eine quotale, teilschuldähnliche Beschränkung vereinbart (vgl. BGH 27.11.2012, NZG 2013, 214). Zahlungen und sonstige Erlöse aus dem Gesellschaftsvermögen an die Gläubiger sind nicht kraft Gesetzes auf die Haftungsanteile **anzurechnen;** dies ergibt sich regelmäßig auch nicht im Wege der Auslegung (BGH 8.2.2011, NJW 2011, 2040 Rn. 26; BGH 17.4.2012, BeckRS 2012, 11289; hierzu krit. *Westermann* NZG 2011, 1041; *Priester* DStR 2011, 1278; abw. noch BGH 16.12.1996, BGHZ 134, 224 = NJW 1997, 1580; zur Entwicklung *K. Schmidt* NJW 2011, 2001). Eine bewusst nachteilige Verwertungsabrede kann Schadensersatzansprüche der Gesellschafter gegen die Bank gem. § 826 BGB auslösen (BGH 8.2.2011, NJW 2011, 2040 Rn. 42). Die Vereinbarung einer Haftungsbeschränkung zwischen einzelnen Gesellschaftern und einem Gläubiger wirkt allein im **Außenverhältnis;** gegenüber den Mitgesellschaftern bleibt es bei der ggf. weitergehenden internen Verlustausgleichspflicht gem. § 739 BGB (vgl. BGH 9.3.2009, NZG 2009, 581; BGH 8.2.2011, NJW 2011, 2045).

99 **2. Treugeber.** Der Treugeber (Anleger) ist **grundsätzlich nicht Adressat** der Gesellschafterhaftung (BGH 11.11.2008, NZG 2009, 57; BGH 20.7.2010, NZG 2010, 991). Dies gilt selbst dann, wenn er auf schuldrechtlicher Grundlage weitreichende Macht- und Kontrollbefugnisse eingeräumt bekam (BGH 11.11.2008, NZG 2009, 57; BGH 21.4.2009, BKR 2009, 336, auch zu Abgrenzungsfragen; zust. *Armbrüster* ZIP 2009, 1885; abw. *Kindler* ZIP 2009, 1146; *Pfeifle/Heigl* WM 2008, 1485). Ein Gleichlauf von Herrschaft und persönlicher Haftung besteht im deutschen Recht nicht (BGH 17.3.1966, BGHZ 45, 204 = NJW 1966, 1309 – Rektorfall; vgl. aber abw. die fragwürdige Außenhaftung des Treugebers, wenn die Rolle des Treuhänders sehr begrenzt ist, zB als bloßer „Grundbuchtreuhänder", gem. BGH 19.7.2011, NZG 2011, 1023 Rn. 34 ff.). Faktisch wird dieses Prinzip freilich durchbrochen, indem der Treugeber dem Treuhänder vertraglich oder kraft Gesetzes (§ 670 BGB) zur **Freistellung** verpflichtet

ist. Diese Pflicht ist **doppelt akzessorisch:** Sie umfasst nur, was der Treuhandkommanditist im Außenverhältnis zu leisten hat, sei es wegen nicht erbrachter Einlage (§ 171 Abs. 1 Hs. 1) oder wegen weitergeleiteter Einlagenrückgewähr iSv § 172 Abs. 4. Dies ist wiederum davon abhängig, dass die in Rede stehende Zahlung **zur Gläubigerbefriedigung erforderlich** nach Maßgabe von §§ 128, 129 ist. Der Freistellungsanspruch ist bei Vorliegen einer quotalen oder summenmäßigen Haftungsbeschränkung gegenüber den Gesellschaftsgläubigern (→ Rn. 98) entsprechend anzupassen (BGH 18.10.2012, WM 2012, 2186). Insofern können auch Sanierungsvereinbarungen zwischen Gesellschaft und Gläubiger beachtlich sein, wenn diese den Bestand der Gesellschaftsverbindlichkeit betreffen (BGH 26.5.1975, WM 1975, 974; für das sog. „Gläubigermodell“ auch BGH 29.9.2020, WM 2020, 2024; vgl. aber OLG Bremen 21.6.2018, BKR 2018, 435 Rn. 49: lediglich Beschränkung der Geltendmachung gewollt; vgl. insofern auch BGH 27.3.2019, BeckRS 2019, 6119 Rn. 2). Im Hinblick auf die individuelle Freistellungspflicht des Anlegers ist zudem im Wege der Auslegung der Treuhandabrede unter Berücksichtigung von § 305c BGB zu ermitteln, ob eine **Teilschuld oder Gesamtschuld** der besteht (bedenkliche Vermischung von Treuhand- und Gesellschaftsrecht bei OLG Hamm 25.10.2017, BeckRS 2017, 131470 Rn. 42 und OLG Bremen 21.6.2018, BKR 2018, 435; gegen die Zulässigkeit einer entsprechenden Gesamtschuldklausel Staub/*Casper* § 161 Rn. 254).

Ein Gesellschaftsgläubiger kann sich den **Freistellungsanspruch** des Treuhänders gegen den Anleger **abtreten** lassen, der sich dann in einen Zahlungsanspruch nach Maßgabe des Vorgesagten umwandelt (BGH 22.3.2011, NJW 2011, 2351; BGH 11.3.2016, NJW 2016, 2407; BGH 19.10.2017, BeckRS 2017, 131337 Rn. 16; vgl. zur **Pfändung** auch OLG Köln 21.8.2008, NZG 2000, 543); die Abtretung kann auch an den Insolvenzverwalter der Gesellschaft erfolgen oder an die Gesellschaft selbst: dies ist ggf. notwendig, weil insofern **§ 171 Abs. 2 nicht gilt,** da es sich nicht um die Geltendmachung von Haftung geht (dies verkennt *Kupsch* Auszahlungen an Kommanditisten 174). In diesen Fällen macht der Zessionar den aus der Freistellung erwachenden Zahlungsanspruch geltend, was mit der gesetzlichen Außenhaftung von Kommanditisten unmittelbar nichts zu tun hat (dies verkennen OLG Hamm 25.10.2017, BeckRS 2017, 131470 Rn. 42 und OLG Bremen 21.6.2018, BKR 2018, 435; zutreffend aber BGH 22.3.2011, NJW 2011, 2351 Rn. 35: bloß „wirtschaftliche Außenhaftung“). Auch auf die Einforderung von Liquidationsfehlbeträgen gegenüber den Kommanditisten einer Gesellschaft darf in diesem Kontext nicht pauschal abgestellt werden, um die Pflichten der Treugeber zu konkretisieren; hierauf kann nur abgestellt werden, wenn der Anleger nicht nur (schuldrechtlich) Treugeber ist, sondern aufgrund der gesamten vertraglichen Vereinbarungen (Auslegung!) als Quasi-Gesellschafter zu qualifizieren ist (vgl. hierzu mit bedenklich unscharfer Auslegung BGH 30.3.2018, NZG 2018, 539; Einzelheiten → Rn. 19). Jenseits dieser gesellschaftsrechtlichen Sonderkonstellation hat die Geltendmachung einer abgetretenen Freistellungsverpflichtung vielmehr denselben Anforderungen der **doppelten Akzessorietät** zu genügen, wie dies bei der Geltendmachung durch den Treuhandkommanditisten selbst maßgeblich sein würde (→ Rn. 99). Dies betrifft auch die **Aufrechnung** des Treugebers mit einer Forderung gegen den Treuhänder wegen Prospekthaftung, was die Forderung ggf. zum Erlöschen bringt (insofern einschr. unter Hinweis auf einen konkludenten Ausschuss der Aufrechenbarkeit, was aber wohl eine Fiktion ist, vgl. BGH 22.3.2011, NJW 2011, 2351 (2354); BGH 24.7.2012, WM 2012, 1664; BGH 18.10.2012, WM 2012, 2186; zustimmend *Stump* BB 2013, 143; abl. *Zinger* BB 2014, 458 (462); *Klöhn* VGR 2012, 143 (1564); *Kupsch* Auszahlungen an Kommanditisten 174; abw. auch noch OLG Karlsruhe 6.8.2009, WM 2009, 2121 (2125)). Der Freistellungsanspruch **verjährt** gem. §§ 195, 199 BGB; die Frist beginnt frühestens mit Ablauf des Jahres, in dem er sich infolge der Abtretung in einen Zahlungsanspruch umgewandelt hat (BGH 19.10.2017, NJW 2018, 1873; BGH 27.3.2019, BeckRS 2019, 6119). Die **Geltendmachung** dieser Freistellungsansprüche ist keine Handelssache gem. § 95 Abs. 1 Nr. 4 lit. a GVG (OLG Frankfurt a. M. 27.9.2018, BeckRS 2018, 25984). Der Gerichtsstand gem. § 22 ZPO kommt nur in Betracht, wenn der Anleger auf Grund der vertraglichen Regelungen (Auslegung!) als Quasi-Gesellschafter zu qualifizieren ist (vgl. BayObLG 5.3.2020, NZG 2020, 706 Rn. 23 ff.). **99a**

3. Rechtsgeschäftliche Verpflichtung der Gesellschafter. Von der Haftungsfrage abzugrenzen **100**
sind die Fälle, in denen die Gesellschafter die Gesellschaft bzw. deren vertretungsbefugte Gesellschafter oder Dritte bevollmächtigen, sie zusätzlich unmittelbar gegenüber einem Gläubiger auf Zahlung zu verpflichten. Dies führt zu einer **Ergänzung der Gesellschafterhaftung.** Praktische Relevanz hat dies bei Publikumsgesellschaften insbesondere, wenn deren Gesellschafter ebenso Darlehensnehmer werden sollen, wie die Gesellschaft ein hierauf gerichtetes Schuldanerkenntnis abgeben und sich insofern der sofortigen Zwangsvollstreckung unterwerfen. Im Ausgangspunkt spricht nichts dagegen, diesen Gestaltungen Wirksamkeit zuzusprechen, zumal die Vereinbarung regelmäßig in eine quotale Haftungsbeschränkung eingebettet ist (→ Rn. 98). Problematisch ist jedoch, dass hierüber der Schutz, den die Gesellschafter im Bereich der Haftung über die Akzessorietät gem. § 129 genießen, weitgehend leer läuft. Zumindest dann, wenn die rechtsgeschäftliche Verpflichtung AGB-mäßig erfolgt, abstrakt sein soll und sich der Gesellschafter der sofortigen Zwangsvollstreckung unterwirft, sind derartige Gestaltungen eine unangemessene Benachteiligung gem. § 307 BGB, selbst, wenn die Haftung quotal beschränkt ist

(abw. BGH 25.10.2005, NJW-RR 2006, 683). Vgl. zur begrenzten Reichweite einer internen „Mithaftungsübernahmeerklärung" BGH 20.7.2010, NZG 2010, 991.

101 Darüber hinaus kann die **Vollmacht** zur rechtsgeschäftlichen Verpflichtung wegen Verstoßes gegen § 3 RDG **nichtig** sein mit der Folge, dass die Verpflichtung gem. § 177 BGB schwebend unwirksam ist (vgl. BGH 17.10.2006, NJW-RR 2007, 1199 und BGH 5.12.2006, NJW-RR 2007, 1202 für den Fall, dass der Vollmacht ein weitreichender Auftrag zugrunde lag, die Interessen des Gesellschafters zu vertreten). Beschränkt sich die Vollmacht jedoch auf die Wahrung wirtschaftlicher Interessen, scheidet die Nichtigkeit aus (BGH 8.2.2011, NJW 2011, 2040 Rn. 19).

XII. Geschäftsführerhaftung

102 Die Sorgfaltsanforderungen an die Gesellschafter- bzw. Fremdgeschäftsführer folgen bei Publikumspersonengesellschaften grundsätzlich den allgemeinen Regeln. Hiernach sind die Vorgaben des Gesellschaftsvertrages über Unternehmensgegenstand und Gewinnziel umzusetzen. Die Haftungsprivilegierung gem. § 708 BGB gilt jedoch nicht, weil hierüber die Anlegerinteressen, auf eine sachkundige und risiko- bzw. ertragsorientierte Vermögensverwaltung vertrauen zu dürfen, nicht ausreichend berücksichtigt würden. Es ist daher allgemein anerkannt, dass für die Erfüllung der Geschäftsführungspflichten der **objektive Sorgfaltsmaßstab** gem. § 43 Abs. 1 GmbHG bzw. § 93 Abs. 1 AktG entsprechend gilt (vgl. BGH 4.7.1977, NJW 1977, 2311; BGH 12.11.1979, BGHZ 75, 321 = NJW 1980, 589).

103 Die **tatbestandliche Präzisierung** der objektiven, jedoch sehr generalklauselartigen Sorgfaltsanforderungen ist bei Publikumspersonengesellschaften bisher nur unzureichend. Als sachgerecht erscheint, die nunmehr für die Investment-KG maßgeblichen Regelungen zumindest in groben Zügen auch auf die fortbestehenden Publikumsgesellschaften alter Prägung zu erstrecken (→ Rn. 192).

104 Verletzen die geschäftsführungsbefugten Gesellschafter bzw. mit Geschäftsführungsaufgaben betraute Dritte schuldhaft diese Pflichten, machen sie sich gegenüber der Gesellschaft gem. § 280 BGB **schadensersatzpflichtig.** Für die gerichtliche Geltendmachung sind die vertretungsbefugten Gesellschafter zuständig. Hat ein Beirat Überwachungsfunktionen, ist er entsprechend § 112 AktG befugt, Schadensersatzansprüche gegen die Geschäftsführer im Namen der Gesellschaft geltend zu machen (OLG Bremen 14.8.2009, DStR 2010, 289). Die Gesellschafter können auch entsprechend § 46 Nr. 8 GmbHG einen besonderen Vertreter bestellen (*Karrer* NZG 2009, 932). Zur actio pro socio → BGB § 705 Rn. 46 ff.

XIII. Übertragung der Gesellschafterstellung

105 Die **Gesellschafterstellung** kann auf zwei unterschiedliche Arten **übertragen** werden, durch Doppelvertrag oder unmittelbar. Die Übertragung hat bei Publikumsgesellschaften eine große praktische Relevanz, weil es anders als beim offenen Fonds keinen jederzeitigen Rücknahmeanspruch gibt. Die Übertragbarkeit leidet jedoch darunter, dass es keinen institutionalisierten Markt für Fondsanteile gibt, was sich de lege ferenda ändern sollte. Vgl. aber derzeit kommerzielle „Börsen", wie zB www.zweitmarkt.de.

106 **1. Doppelvertrag.** Die Gesellschafterstellung kann einmal durch **Doppelvertrag** übertragen werden, dh durch vertragliche Regelungen über das Ausscheiden des Altgesellschafters und Aufnahme des Neuen. In beiden Fällen handelt es sich um eine den Gesellschaftsvertrag abändernde **Grundlagenentscheidung,** an der im gesetzlichen Regelfall alle Gesellschafter zu beteiligen sind, auch die Kommanditisten. Hier kommt es bei Publikumsgesellschaften regelmäßig zu gesellschaftsvertraglich vereinbarten **Erleichterungen,** indem die Gesellschaft bzw. einzelne Gesellschafter ermächtigt werden, die entsprechenden Rechtsgeschäfte mit Wirkung für und gegen die Übrigen abzuschließen (zum Beitritt → Rn. 16 ff.). Der Gesellschafter hat regelmäßig einen Anspruch darauf, dass die Gesellschaft bzw. die Mitgesellschafter die erforderliche **Zustimmung** erteilen; Ausnahmen können jedoch bestehen, wenn die Gesellschafterstellung mit offenen Nachschusspflichten belastet ist, sodass es auf die Leistungsfähigkeit des Gesellschafters ankommt. Um dies rechtssicher abzugrenzen, ist es auch möglich, die Voraussetzungen für die Übertragung in den Gesellschaftsvertrag aufzunehmen. Die bei Körperschaften mögliche Vinkulierung kann hier aufgrund vertraglicher Vereinbarung entsprechend gewährleistet werden (Einzelheiten bei § 15 Abs. 5 GmbHG).

107 **2. Übertragbarkeit der Gesellschafterstellung.** Die Gesellschafterstellung kann zum anderen auch als solche übertragen werden (Überblick bei *Reiff/Nannt* DStR 2009, 2376). Erforderlich ist ein dinglicher Vertrag gem. §§ 413, 398 BGB zwischen Veräußerer und Erwerber (meist zusätzlich ein schuldrechtlicher Vertrag, vgl. § 453 BGB). Auch hierbei handelt es sich im Ausgangspunkt um ein Grundlagengeschäft. Wurde nichts Abweichendes vereinbart, müssen die übrigen Gesellschafter gem. §§ 182 ff. BGB – vorher oder nachträglich – **zustimmen,** auch in abstrakt-genereller Art („Gesellschafterstellung wird übertragbar gestellt"). Zudem besteht die Möglichkeit, die an sich notwendige Beteiligung aller Gesellschafter einigen Entscheidungsträgern zuzuweisen (zum Beitritt → Rn. 16 ff.) sowie eine § 15 Abs. 5 GmbHG entsprechende Vinkulierung zu vereinbaren (vgl. OLG München 28.7.2008, NZG

2009, 25). Die erforderliche Zustimmung kann verweigert werden, wenn die Bonität des Folgegesellschafters nicht gewährleistet ist (LG Dessau-Roßlau 8.5.2012, BeckRS 2012, 11586). Im Übrigen bedarf die **schenkweise Übertragung** eines Kommanditanteils vom Vater auf einen Minderjährigen der familiengerichtlichen Genehmigung (OLG Schleswig 27.2.2020, NZG 2020, 593).

3. Rechtsfolge. Als Rechtsfolge der Übertragung tritt der Erwerber in die gesellschaftsrechtliche Stellung des Veräußerers ein und haftet ggf. für Altverbindlichkeiten gem. § 130 (bei der GbR entsprechend, → BGB § 714 Rn. 22 f.); für den Kommanditisten gelten die §§ 173, 176. Die Nachhaftung des Veräußerers ist gem. § 736 BGB bzw. § 160 begrenzt. Soweit sich die Haftung des ausgeschiedenen und des eintretenden Gesellschafters decken, sind diese Gesamtschuldner. Soll hiervon durch vertragliche Abrede abgewichen werden, insbesondere zu Lasten des Ausscheidenden, muss dies hinreichend deutlich werden (vgl. BGH 26.3.2019, NJW-RR 2019, 811 Rn. 12 ff.). 108

XIV. Ausscheiden, Auflösung

Für das einseitige Ausscheiden eines Gesellschafters gelten im Ausgangspunkt die allgemeinen Regeln (vgl. für die GbR §§ 736 ff. BGB, für die KG §§ 171, 161 Abs. 2, §§ 131 ff.; zur außerordentlichen Kündigung im Fall der Insolvenz BGH 22.5.2012, WM 2012, 31). Zur Kündigung wegen eines fehlerhaften Beitritts → Rn. 30. Bei Publikumsgesellschaften gilt grundsätzlich noch stärker der Grundsatz, dass das **Ausscheiden Vorrang** gegenüber der Auflösung der Gesellschaft hat, was im Regelfall auch entsprechend im Gesellschaftsvertrag vereinbart wird. Gleichwohl kann es gerade umgekehrt sein, wenn sich die Verwirklichung des Gesellschaftszwecks nicht mehr wie ursprünglich geplant realisieren lässt (paradigmatisch die Medienfonds wegen ihrer unsicheren steuerrechtlichen Privilegierung, vgl. *Weber/Bulach* BKR 2009, 504). Hier spricht der Gedanke der **Risikogemeinschaft** aller Gesellschafter dafür, dass vorrangig die Gesellschaft zu liquidieren ist, um ein sog. „Windhunderennen" der austrittswilligen Gesellschafter zu vermeiden (vgl. zur Massenkündigung BGH 12.5.1977, BGHZ 69, 160 = NJW 1977, 2160). Wird eine Publikumsgesellschaft **aufgelöst,** gelten ebenfalls die allgemeinen Regeln (vgl. für die GbR §§ 723 ff. BGB, für die KG § 161 Abs. 2, §§ 131 ff.). Bei der GbR stehen Geschäftsführung und Vertretung mit Auflösung allen Gesellschaftern gemeinschaftlich zu; aus wichtigem Grund kann entsprechend § 146 Abs. 2 ein Liquidator durch das Gericht bestellt werden (vgl. BGH 5.7.2011, NZG 2011, 1140). **Übertragen alle Gesellschafter** ihre Stellung auf einen Dritten, fällt diesem das Gesellschaftsvermögen im Wege der Gesamtrechtsnachfolge zu, und die Gesellschaft wird hiermit beendet (KG 30.11.2018, NZG 2019, 143). 109

B. GmbH & Co. KG

I. Allgemeines

Eine GmbH & Co. KG ist eine KG, deren alleinige Komplementärin eine GmbH ist. Wenngleich es sich so um die **Verbindung von Personen- und Kapitalgesellschaftsrecht** handelt, besteht an der Zulässigkeit seit langem kein Zweifel mehr (vgl. auch die gesetzliche Anerkennung in § 19 Abs. 1 Nr. 3, § 130a, § 15a Abs. 1 S. 2 InsO, § 39 Abs. 4 S. 1 InsO; § 4 MitbestG; abw. zB die Schweiz, vgl. § 552 Abs. 1 OR: nur natürliche Personen als Gesellschafter möglich; vgl. im Übrigen rechtsvergleichend *Fleischer* GmbHR 2017, 633). Der wesentliche Vorteil für die Gründer besteht in der Möglichkeit, als **„Personengesellschaft mit Haftungsbeschränkung"** am Rechtsverkehr teilzunehmen und steuerrechtlich nach EStG veranlagt zu werden. Voraussetzung dafür ist, dass die natürliche Person die Stellung eines Kommanditisten und eines GmbH-Gesellschafters einnimmt und so vor persönlicher Inanspruchnahme weitgehend geschützt ist. Dies lädt freilich auch zu Missbräuchen ein. Dessen ungeachtet handelt es sich bei der GmbH & Co. KG um **keine eigenständige Rechtsform,** sondern um eine Typenverbindung. Im Ausgangspunkt sind die Rechtsverhältnisse innerhalb der verschiedenen Gesellschaften daher auseinander zu halten und getrennt KG- bzw. GmbH-rechtlich zu beurteilen. Dennoch ergeben sich wegen der Verzahnung dieser an sich isoliert nebeneinander stehenden Regelungsbereiche eine Vielzahl von Spezialproblemen, bei denen die rechtliche Trennung aufgeweicht wird. 110

Erscheinungsformen: Bei der Ein-Personen-GmbH & Co. KG nimmt der Gründer neben der Kommanditistenrolle die alleinige Gesellschafterstellung in der Komplementär-GmbH ein (vgl. § 1 GmbHG), hierbei bedarf es regelmäßig einer Befreiung vom Verbot des Selbstkontrahierens gem. § 181 BGB (vgl. § 35 Abs. 3 S. 1 GmbHG; abw. zum früheren Recht bei der Ein-Personen-GmbH & Co. KG BGH 19.11.1979, BGHZ 75, 358 = NJW 1980, 932); bei der personen- und beteiligungsgleichen GmbH & Co. KG sind die Gründer im jeweils selben Umfang als Gesellschafter der GmbH und als Kommanditisten beteiligt; bei der sternförmigen GmbH & Co. KG ist die GmbH Komplementärin verschiedener KG, was oftmals bei Publikumsgesellschaften anzutreffen ist; bei der doppelstöckigen GmbH & Co. KG nimmt eine andere GmbH & Co. KG die Komplementärstellung in einer KG ein (*Schwedhelm* GmbHR 1993, 493); bei der Einheits-GmbH & Co. KG erbringt der Kommanditist seine 111

Hafteinlage durch die Übertragung seiner GmbH-Anteile (vgl. § 172 Abs. 4; ausführlich *Werner* DStR 2006, 706). Die Vertretung der KG in der Gesellschafterversammlung der Komplementär-GmbH obliegt den Geschäftsführern der GmbH (vgl. KG 22.7.2019, NZG 2019, 1260). **Sonderfälle:** Eine GmbH & Co. KG kann auch unter Beteiligung einer Unternehmergesellschaft iSv § 5a GmbHG gegründet werden, was der bereits abgeschlossen geglaubten Diskussion um den Missbrauch der Typenverbindung neuen Antrieb verschaffen wird (vgl. zur Diskussion Bork/Schäfer/*Schäfer* GmbHG § 5a Rn. 9). Eine Rechtsanwalts-GmbH & Co. KG ist nicht zulässig (BGH 18.7.2011, NZG 2011, 1063; BVerfG 6.12.2011, NZG 2012, 343; zu Haftungsfragen *Potsch* NZG 2012, 329). Möglich sind auch die Gründung einer Ltd. & Co. KG (Drogeriemarkt Müller, → IntGesR Rn. 221), die Gründung einer GmbH & Co. OHG sowie die AG & Co. KG (Kühne & Nagel, vgl. OLG Bremen 30.4.1980, AG 1981, 200). Bei der „GmbH & Still" ist jemand gem. §§ 230 ff. am Handelsgeschäft der GmbH beteiligt; hierbei handelt es sich um eine Innen-GbR (→ § 230 Rn. 1); vgl. zur KGaA §§ 278 ff. AktG.

112 In der **Praxis** erfreut sich die GmbH & Co. KG nach wie vor großer Beliebtheit (Zahlen bei *Kornblum* GmbHR 2018, 669 (670): ca. 280.000). Zumeist überwiegen **steuerliche Gesichtspunkte** für die Gründung einer GmbH & Co. KG, (zum Ganzen *Binz/Sorg* GmbHG & Co. KG-HdB §§ 16–20); dies gilt vor allem für Publikumsgesellschaften (→ Rn. 1 ff.). Gesellschaftsrechtlich bietet die Kombination zweier Gesellschaftsformen den Vorteil einer größeren **Gestaltungsfreiheit** im Innenverhältnis (zur Familien-KG ausführlich *Ulmer* ZIP 2010, 549) sowie die Möglichkeit der **Haftungsbeschränkung** bei einer Personengesellschaft. Vgl. zur Umwandlung einer GmbH in eine GmbH & Co. KG BGH 9.5.2005, NZG 2005, 722. Über die GmbH als Komplementärin der KG lässt sich zudem die **Drittorganschaft** verwirklichen. Besonderheiten für die **Unternehmensmitbestimmung** bei der GmbH & Co. KG bestehen gem. § 4 MitbestG. Besondere Anforderungen an die **Rechnungslegung** folgen aus §§ 264a, 325 ff. (vgl. die Erleichterungen für kleine Gesellschaften gem. § 267 Abs. 1, § 326).

II. Gründung

113 Bei der Neugründung einer GmbH & Co. KG sind die Gründung der Komplementär-GmbH und die Gründung der KG zu trennen.

114 **1. Komplementär-GmbH.** Zumindest eine juristische Sekunde vor der Errichtung der KG bedarf es der Gründung der Komplementär-GmbH. Deren Registereintragung nach § 11 Abs. 1 GmbHG ist jedoch nicht erforderlich. Auch eine **Vorgesellschaft** kann bereits Komplementärin sein (BGH 16.3.1992, BGHZ 117, 323 = NJW 1992, 1824), die dann als solche ins Handelsregister der KG eingetragen wird (BGH 12.11.1984, NJW 1985, 736); mit Entstehen der GmbH als juristischer Person gem. § 11 Abs. 1 GmbHG ist das Handelsregister der KG entsprechend § 106 zu korrigieren. Notwendig ist daher die notarielle **Satzungsfeststellung** iSv § 2 GmbHG (Überblick über die verschiedenen Beurkundungspflichten bei *Binz/Mayer* NJW 2002, 3054). Die Vertretungsmacht der GmbH-Geschäftsführer ist im Stadium der Vorgesellschaft noch nicht unbeschränkt (BGH 9.3.1981, BGHZ 80, 129 (139) = 1981, 1373; OLG Brandenburg 2.7.2002, NZG 2002, 869), sodass eine besondere Ermächtigung durch die GmbH-Gründer zur KG-Gründung notwendig ist (auch formlos, vgl. BGH 9.3.1981, BGHZ 80, 129 (139) = NJW 1981, 1373). Befindet sich die GmbH noch im Stadium der Vorgründungsgesellschaft, besteht zur späteren Vorgesellschaft keine Identität (BGH 7.5.1984, BGHZ 91, 151 = NJW 1984, 2164), sodass deren Komplementär-Rolle regelmäßig als sinnlos erscheint (vgl. zur Zulässigkeit *Ulmer* ZIP 2001, 585 (596)). Die Gründung einer **Ein-Personen-GmbH** ist gem. § 1 GmbHG zulässig, sodass der GmbH-Gründer zugleich Allein-Kommanditist werden kann. Soll er zugleich Geschäftsführer der GmbH werden, bedarf es für die Gründung der KG einer Befreiung vom Verbot des Selbstkontrahierens gem. § 181 BGB (vgl. § 35 Abs. 3 S. 1 GmbHG), welche ebenfalls ins Handelsregister der GmbH einzutragen ist (BGH 28.2.1983, BGHZ 87, 59 = NJW 1983, 1676; abw. zum früheren Recht BGH 19.11.1979, BGHZ 75, 358 = NJW 1980, 932). Bei der Registeranmeldung ist klarzustellen, gegenüber welcher Gesellschaft die Befreiung gelten soll (OLG Düsseldorf 30.11.2009, AG 2010, 295).

115 Der **Unternehmensgegenstand** der Komplementär-GmbH muss deren Stellung in der KG zum Ausdruck bringen, da regelmäßig kein eigener Geschäftsbetrieb unterhalten wird. Ohne Weiteres zulässig ist die ausführliche Wendung: „Gegenstand des Unternehmens ist die Beteiligung als persönlich haftender Gesellschafter an der XY-GmbH & Co. KG mit Sitz in…, die sich mit… befasst" (vgl. *Binz/Sorg* GmbH & Co. KG-HdB § 3 Rn. 15 unter Bezugnahme auf die strengen Anforderungen des BayObLG 15.12.1975, DB 1976, 287). Ausreichend dürfte jedoch auch sein, auf die genaue Bezeichnung der KG sowie deren Geschäftsbetrieb zu verzichten (*Wicke* GmbHG § 3 Rn. 6 unter Hinweis auf die jüngeren Ausführungen von BayObLG 27.6.1995, DB 1995, 1801; strenger Lutter/Hommelhoff/*Hommelhoff/Bayer* GmbHG § 3 Rn. 6). Die **Firmenbildung** folgt §§ 18 ff. und § 4 GmbHG, bei der Unternehmergesellschaft ergänzt durch § 5a Abs. 1 GmbHG (*Wachter* NZG 2009, 1263). Üblich und ohne Weiteres zulässig ist es, die Verwaltungsfunktion als Komplementärin in die Firma der GmbH aufzunehmen. Es liegt jedoch keine Irreführung vor, wenn die Komplementär-GmbH ihre Firma aus dem Unternehmensgegenstand der KG bildet (Baumbach/Hopt/*Roth* § 19 Rn. 31). § 30 gilt auch für die notwendige Unterscheidung der Firmen innerhalb einer GmbH & Co. KG. Der Rechtsformzusatz als solcher genügt hierbei zur Unterscheidung nicht (BGH 14.7.1966, BGHZ 46, 12 = WM 1966, 973; Beispiele bei Baumbach/Hopt/*Roth* § 19 Rn. 36).

2. KG. Für die Gründung der KG gelten die allgemeinen Regeln (vgl. § 161 Abs. 2, § 123). Die Komplementär-GmbH wird durch den Geschäftsführer vertreten (§ 35 GmbHG). Soll dieser zugleich Kommanditist werden, bedarf es für einen wirksamen Vertragsschluss über die KG einer Befreiung vom **Verbot des Selbstkontrahierens** gem. § 181 BGB (§ 35 Abs. 3 GmbHG; abw. bei der Ein-Personen-GmbH & Co. KG zum früheren Recht BGH 19.11.1979, BGHZ 75, 358 = NJW 1980, 932). Nach § 35 Abs. 3 S. 2 GmbHG ist im Fall der Mehrfachvertretung über die KG-Gründung zusätzlich eine Niederschrift anzufertigen. Die **schenkweise Übertragung** eines Kommanditanteils vom Vater auf einen Minderjährigen bedarf der familiengerichtlichen Genehmigung (OLG Schleswig 27.2.2020, NZG 2020, 593). Die **Firma** der KG wird gem. §§ 18 ff. gebildet. Sie muss gem. § 19 Abs. 2 zwingend eine Bezeichnung enthalten, die die Haftungsbeschränkung kennzeichnet. Ausreichend ist der Zusatz „GmbH & Co. KG". Ist die Komplementärin einer Unternehmergesellschaft iSv § 5a GmbHG, muss dies entsprechend § 5a Abs. 1 GmbHG auch in der Firma der KG zum Ausdruck kommen, mithin ist ein besonderer Zusatz „haftungsbeschränkt" aufzunehmen (KG 8.9.2009, NZG 2010, 1159; zum Ganzen *Wachter* NZG 2009, 1263). Die Firma der KG muss sich gem. § 30 von der Firma der Komplementär-GmbH unterscheiden. Zur Firma der geschlossenen Investment-KG → Rn. 180. 116

Der **Entstehungszeitpunkt** der KG hängt davon ab, ob die KG auf den Betrieb eines kaufmännischen Gewerbes gerichtet ist oder nicht. Ist dies der Fall, entsteht sie gem. § 161 Abs. 2, § 123 Abs. 2 mit einvernehmlichem Geschäftsbeginn, worunter auch Vorbereitungsgeschäfte fallen (BGH 26.4.2004, BB 2004, 1357 (1358)); andernfalls erst mit Eintragung ins Handelsregister (§ 123 Abs. 1). Im **Innenverhältnis** bestimmen sich die Rechtsbeziehungen der Gesellschafter im Vorfeld der Eintragung dann ggf. nach §§ 705 ff. BGB (vgl. BGH 25.6.1973, BGHZ 61, 59 (67) = WM 1973, 896; abw. *Binz/Sorg* GmbH & Co. KG-HdB § 3 Rn. 48: entsprechende Anwendung von KG-Recht). Allerdings gilt regelmäßig bereits die bei der KG maßgebliche **Vertretungsregelung** kraft Vereinbarung (vgl. BGH 29.1.2015, NZG 2015, 440 Rn. 23). Die (entstandene) KG ist gem. § 6 Abs. 1 **Handelsgesellschaft.** Als Spezialregelung zu § 37a müssen nach § 125a Abs. 1 S. 2, Abs. 2, § 177a S. 2 auf **Geschäftsbriefen,** Vordrucken und Bestellscheinen der KG neben den allgemeinen Anforderungen gem. § 125a Abs. 1 S. 1 auch die Firma der Komplementär-GmbH angegeben werden sowie die Vorgaben gem. § 35a GmbHG. Nach § 125a Abs. 2, § 37a Abs. 4 ist diese Pflicht zwangsgeldbewehrt. 117

III. Gründerhaftung

Indem die Entstehung von GmbH und KG meist nicht zeitgleich erfolgt, der Geschäftsbetrieb jedoch bereits aufgenommen wird, drohen für die Gründer und Geschäftsführer **erhebliche Haftungsgefahren** nach GmbH-und KG-Recht. 118

1. Bei der GmbH. Wird der Geschäftsbetrieb bereits im Stadium der Vorgesellschaft aufgenommen, trifft die GmbH-Gesellschafter nach Eintragung der Gesellschaft die auf den Eintragungszeitpunkt bezogene **Unterbilanzhaftung** (grundlegend BGH 9.3.1981, BGHZ 80, 129 (140 ff.) = NJW 1981, 1373; Einzelheiten bei § 11 GmbHG). Sie haben anteilig, auf ihre Stammkapitalbeteiligung bezogen, das Gesellschaftsvermögen wieder aufzufüllen. Es handelt sich um eine Innenhaftung (auch bei der Ein-Personen-Gesellschaft sowie bei Vermögenslosigkeit, vgl. BGH 24.10.2005, NZG 2006, 64). Vom Umfang dieser theoretisch unbeschränkten Haftung gedeckt sind auch die Verbindlichkeiten der GmbH gegenüber der KG sowie die Ansprüche Dritter aus § 161 Abs. 2, § 128. 119

Kommt es vor der Eintragung zum Scheitern der GmbH, trifft die Gesellschafter die ebenfalls theoretisch unbeschränkte **Verlustdeckungshaftung,** die im Regelfall ebenfalls eine Innenhaftung ist und sich auf die anteilige Beseitigung der Überschuldung erstreckt (grundlegend BGH 27.1.1997, BGHZ 134, 333 = NJW-RR 1997, 1256; Einzelheiten bei § 11 GmbHG). Die GmbH-Geschäftsführer trifft im Stadium der Vorgesellschaft die **Handelndenhaftung** gem. § 11 Abs. 2 GmbHG. Soweit sie im Namen der GmbH & Co. KG handeln, trifft sie die Haftung auch für Verbindlichkeiten der KG gegenüber Dritten (BGH 9.3.1981, BGHZ 80, 129 (133) = NJW 1981, 1373; mit guten Gründen krit. *Binz/Sorg* GmbH & Co. KG-HdB § 3 Rn. 45 ff.). Kommt es bei der Gesellschaftsgründung zu einer **Mantelverwendung,** haften die GmbH-Gesellschafter im Umfang der Unterbilanz, die in dem Zeitpunkt besteht, zu dem die wirtschaftliche Neugründung entweder durch die Anmeldung der Satzungsänderung oder durch die Aufnahme der wirtschaftlichen Tätigkeit erstmals nach außen in Erscheinung tritt (BGH 6.3.2012, NZG 2012, 539; in diese Richtung bereits *Herresthal/Servatius* ZIP 2012, 197). Bei der Gründung einer GmbH & Co. KG sollte die Aufnahme der wirtschaftlichen Tätigkeit durch die GmbH bereits im Anmeldeverfahren der KG gesehen werden. 120

121 **2. Bei der KG.** Die **Kommanditisten haften** vor Eintragung der KG ins Handelsregister gem. § 176 Abs. 1 **unbeschränkt.** Etwas anderes gilt nur, wenn sie dem Geschäftsbeginn nicht zugestimmt haben oder aber die Kommanditistenstellung dem betreffenden Gläubiger bekannt war. Die Anforderungen an die **Bösgläubigkeit des Gläubigers** sind sehr umstritten. Teile der Lit. bejahen die Bösgläubigkeit bereits dann, wenn die Firmenführung als GmbH & Co. KG nahelegt, dass eine natürliche Person lediglich Kommanditist sein könne (so mit Nachdruck *Binz/Sorg* GmbH & Co. KG-HdB § 5 Rn. 33 ff.). Dessen ungeachtet hat sich der BGH dieser Ansicht zu Recht nicht angeschlossen, weil die – zutreffend – Firmierung nicht mit der positiven Kenntnis iSv § 176 Abs. 1 gleichgesetzt werden könne (BGH 18.6.1979, NJW 1980, 54). Man kann die unbeschränkte Haftung daher nur dann verneinen, wenn der Dritte Kenntnis von allen Komplementären hat, mithin weiß, dass nur diese unbeschränkt persönlich haften und andere im Umkehrschluss nicht (so auch BGH 7.7.1986, WM 1986, 1280). Die bloße – zutreffend – Firmierung iSv § 19 Abs. 2 genügt hierfür nicht. Will man dies abweichend beurteilen, muss man § 176 Abs. 1 de lege ferenda um ein Fahrlässigkeitsmerkmal ergänzen. Besteht vor Eintragung der KG mangels kaufmännischen Gewerbes eine GbR, wird jedoch als KG am Rechtverkehr teilgenommen, haftet der **Schein-Kommanditist** entsprechend §§ 171, 172 beschränkt und nicht entsprechend § 176 Abs. 1 unbeschränkt (BGH 25.6.1973, BGHZ 61, 59 (66) = WM 1973, 896; abw. *Binz/Sorg* GmbH & Co. KG-HdB § 3 Rn. 62). Gemäß § 176 Abs. 2 trifft den Kommanditisten die unbeschränkte Haftung auch beim **Eintritt** in eine bereits bestehende GmbH & Co. KG; bei der geschlossenen InvG wird diese gem. § 152 Abs. 4 KAGB beschränkt (→ Rn. 184).

IV. Kapitalaufbringung

122 Gesetzliche Kapitalaufbringungsregeln bestehen allein für den Kommanditisten (§§ 171, 172) und für die Gesellschafter der Komplementär-GmbH (§ 19 GmbHG). Die jeweiligen Regelungen gelten auch bei der GmbH & Co. KG isoliert (BGH 10.12.2007, BGHZ 174, 370 = NJW-RR 2008, 480: **kein Sonderrecht;** zust. *Gummert* DStR 2008, 976; teilw. abw. *K. Schmidt* ZIP 2008, 481: funktionale Einheitsbetrachtung). Insbesondere bei der personengleichen GmbH & Co. KG stellt sich jedoch oftmals das Problem, dass Zahlungsströme nicht genau voneinander abzugrenzen sind. Hierdurch laufen die Gesellschafter einerseits Gefahr, wegen eines unerkannten Verstoßes gegen die Kapitalaufbringungsregeln nachleisten zu müssen bzw. gegenüber Dritten zu haften; andererseits begründet die personale Verflechtung ein Missbrauchspotential, die jeweiligen Regelungen durch verschleierte Rückflüsse zu umgehen. Es ist angeraten, die Zahlungen durch ein differenziertes Kontensystem genau zu dokumentieren.

123 **1. Entfallen der Kommanditistenhaftung.** Der Kommanditist haftet gem. § 171 Abs. 1 gegenüber Gläubigern bis zur Höhe seiner Haftsumme unmittelbar; die Haftung ist jedoch ausgeschlossen, soweit er auf die Haftsumme werthaltige Einlageleistungen erbracht hat. Insofern besteht daher wie bei GmbH und AG ein reales **Kapitalaufbringungsprinzip** (vgl. BGH 8.7.1985, BGHZ 95, 197 = NJW 1985, 2947; BGH 11.2.1989, BGHZ 109, 334 = NJW 1990, 1109; Einzelheiten bei § 171). Die Gesellschafter sind insofern lediglich nur im Innenverhältnis frei, einen Vermögensgegenstand zu bewerten; zur Enthaftung iSv § 171 Abs. 1 führt nur eine objektiv zutreffend bewertete Einlageleistung. Die Zahlung auf ein Konto der Komplementär-GmbH befreit nur dann, wenn die Leistung an die KG weiter geleitet wurde (OLG Hamm 31.1.1995, NJW-RR 1996, 27; zweifelhaft). Bei der **Einheitsgesellschaft** überträgt der Kommanditist seinen Geschäftsanteil an der GmbH als Leistung auf die Haftsumme iSv § 171 Abs. 1 auf die KG. Nach § 172 Abs. 6 S. 1 befreit dies jedoch nicht von der Kommanditistenhaftung. Etwas anderes gilt gem. § 172 Abs. 6 S. 2 nur bei der doppelstöckigen GmbH & Co. KG, wenn ein Komplementär eine natürliche Person ist. Diese Regelung ist immer dann entsprechend anzuwenden, wenn eine natürliche Person in der GmbH eine Komplementärstellung einnimmt und so für alle Gesellschaftsverbindlichkeiten persönlich haftet.

123a Von dieser das Außenverhältnis der KG unter dem Aspekt der Haftung betreffende System **abzugrenzen** sind die internen Beitragspflichten des Kommanditisten (sog. **Pflichteinlage,** → § 162 Rn. 3). Diese übernimmt der Kommanditist gegenüber der KG auf Grund seines Beitritts in der vereinbarten Höhe und mit der vereinbarten Fälligkeit (vgl. im Kontext von Anspar- und Sofortzahlermodellen *Klöhn* ZGR 2020, 154). Bei Treuhandgestaltungen (→ Rn. 19) treffen diese Pflichten auf Grund entsprechender Abrede (Auslegung!) auch unmittelbar die Anleger als Quasi-Gesellschafter (vgl. BGH 30.1.2018, NZG 2018, 539). Diese sind auch nach Ausübung eines Verbraucherwiderrufsrechts (→ Rn. 24, 33 ff.) noch zu erfüllen (vgl. BGH 30.1.2018, NZG 2018, 539 Rn. 51; BGH 5.5.2008, NZG 2008, 460 Rn. 10; *Klöhn* ZGR 2020, 155 (167 f.), auch zu Fragen der Einziehung durch den Liquidator).

124 **2. Kapitaleinlage der Komplementär-GmbH.** Die GmbH ist wegen der persönlichen Haftung gem. § 128 nicht verpflichtet, sich mit Kapital an der KG zu beteiligen. In der Praxis wird gleichwohl oftmals vereinbart, dass die GmbH der KG Gegenstände nutzungsweise überlässt bzw. der KG Darlehen gewährt. Rechtliche Einschränkungen bei der Gestaltungsfreiheit bestehen insoweit nicht. Etwas anderes

gilt jedoch, soweit die GmbH-Gesellschafter zur Erfüllung ihrer eigenen Einlagepflichten gegenüber der GmbH unmittelbar an die KG leisten und so eine Doppeltilgung herbeiführen. Wegen des nach wie vor strengen Kapitalaufbringungsregimes bei der GmbH ist dies nur eingeschränkt zulässig (→ Rn. 125 ff.).

3. Kapitalaufbringung bei der GmbH. Für die GmbH-Gesellschafter gelten im Ausgangspunkt einschränkungslos die Kapitalaufbringungsregeln bei der GmbH (Einzelheiten s. bei §§ 7–9c, 19 ff. GmbHG). 125

a) Mindesteinlagen zur freien Verfügung der Geschäftsführer. Grundsätzlich gilt, dass die Mindesteinlagen zur freien Verfügung der Geschäftsführer zu leisten sind (vgl. § 8 Abs. 2 S. 1 GmbHG). Dies war nach früher hM nicht gegeben, wenn der Betrag absprachegemäß umgehend als Darlehen an den GmbH-Gesellschafter oder ein mit ihm verbundenes Unternehmen zurückfließt (BGH 2.12.2002, NJW 2003, 825). Dies betraf vor allem auch Gestaltungen, bei denen die **Einlage** eines GmbH-Gesellschafters von der GmbH **an die KG als Darlehen weitergereicht** wurde (vgl. BGH 10.12.2007, BGHZ 174, 370 = NJW-RR 2008, 480). Die Gutschrift auf einem Konto der KG befreite den GmbH-Gesellschafter auch dann nicht von seiner Einlagepflicht gegenüber der GmbH, wenn diese neben der Führung der Geschäfte der KG keine weitere Tätigkeit ausübte (BGH 25.11.1985, NJW 1986, 989). Durch das **MoMiG** wurden diese Gestaltungen („Hin- und Herzahlen") weitgehend zulässig. Nach § 19 Abs. 5 S. 1 GmbHG schadet eine absprachegemäße Darlehensrückzahlung der Einlage an den GmbH-Gesellschafter oder die KG dann nicht, wenn die Leistung durch einen vollwertigen Rückgewähranspruch gedeckt ist, der jederzeit fällig ist oder durch fristlose Kündigung der GmbH fällig gestellt werden kann. Nach § 19 Abs. 5 S. 2 GmbHG ist eine derartige Absprache in der Anmeldung nach § 8 GmbHG anzugeben; andernfalls kommt es nicht zur Privilegierung (BGH 16.2.2009, NJW 2009, 2375 – Qivive), und der Geschäftsführer kann sich nach § 82 Abs. 1 Nr. 1 GmbHG strafbar machen. 126

b) Resteinlagen. Für die über die Mindesteinlagen hinausgehenden Resteinlagen gilt nach wie vor, dass der GmbH-Gesellschafter diese gem. § 362 Abs. 2 BGB **unmittelbar an die KG** leisten kann, wenn die GmbH hiermit einverstanden ist und die KG gegen die GmbH eine entsprechende Einlageforderung hat, die vollwertig, fällig und liquide ist (vgl. BGH 25.11.1985, NJW 1986, 989; für eine Beurteilung als verdeckte Sacheinlage aber OLG Stuttgart 24.1.1985, WM 1985, 1066). Die Forderung der KG gegen die GmbH ist vollwertig, wenn das verbleibende Vermögen der GmbH im Zeitpunkt der Leistung des GmbH-Gesellschafters zur vollen Befriedigung der Eigengläubiger der GmbH und der Gläubiger der KG ausreicht (BGH 25.11.1985, NJW 1986, 989). Werden diese Anforderungen eingehalten, ist auch eine unmittelbare **Leistung an einen KG-Gläubiger** möglich (vgl. OLG Hamm 26.10.1999, BB 2000, 319); dies gilt jedoch nicht für die Mindesteinlagen (vgl. BGH 25.11.1985, NJW 1986, 989). Die Regelungen über die **verdeckte Sacheinlage** (§ 19 Abs. 4 GmbHG) gelten bei der GmbH & Co. KG einschränkungslos. Da für die Bejahung einer verdeckten Sacheinlage keine personelle Identität zwischen dem Inferenten und der Partei des Umgehungsgeschäfts erforderlich ist (vgl. BGH 12.2.2007, DStR 2007, 541), kann eine solche insbesondere dann vorliegen, wenn der GmbH-Gesellschafter gründungsnah mit der KG die entsprechenden Geschäfte tätigt. 127

c) Unternehmergesellschaft. Handelt es sich bei der Komplementärin um eine Unternehmergesellschaft, nimmt die Lit. überwiegend an, dass dieser **zwingend ein Gewinnanteil** eingeräumt werden muss, um das Thesaurierungsgebot gem. § 5a Abs. 3 GmbHG nicht leerlaufen zu lassen (vgl. Bork/Schäfer/*Schäfer* GmbHG § 5a Rn. 9 mwN). Dies entspricht zwar dem gesetzgeberisch gewollten transitorischen Charakter der UG, lässt sich jedoch nicht rechtssicher handhaben und lädt zu Missbräuchen ein, sodass auf dieses Erfordernis richtigerweise zu verzichten ist. Sachgerecht und geboten ist es vielmehr, das Kapitalaufbringungskonzept entsprechend **§ 300 Nr. 1 AktG** zur Geltung zu bringen (vgl. Baumbach/Hueck/*Servatius* § 5a Rn. 36). 127a

V. Kapitalerhaltung

Im Hinblick auf ein gesetzliches Kapitalerhaltungsregime sind bei der GmbH & Co. KG § 172 und §§ 30, 31 GmbHG grundsätzlich zu trennen. Sie erfahren jedoch teilweise eine einheitliche, umfassende Beurteilung. 128

1. Bei der KG. Zu einem **Wiederaufleben der Kommanditistenhaftung** iSv § 171 Abs. 1 Hs. 1 kommt es gem. § 172 Abs. 4 S. 1 bei einer Einlagenrückgewähr; hierunter fällt gem. § 172 Abs. 4 S. 2 auch der bei bilanzieller Betrachtung an sich unzulässige Gewinnbezug, der jedoch gem. § 172 Abs. 5 bei Gutgläubigkeit des Kommanditisten privilegiert ist (BGH 20.4.2009, DB 2009, 1289). Die **Geltendmachung** der wieder aufgelebten Haftung obliegt gem. § 171 Abs. 1 HGB den Gesellschaftsgläubigern, gem. § 171 Abs. 2 HGB dem Insolvenzverwalter (zu Letzterem auch im Hinblick auf die Beweislast OLG Dresden 27.6.2019, NZG 2020, 268); dies ist keine Handelssache gem. § 95 Abs. 1 Nr. 4a GVG (OLG Frankfurt a. M. 27.9.2018, BeckRS 2018, 25984). Die KG kann aber auch im Wege 129 der gewillkürten Prozessstandschaft ermächtigt werden, die wieder aufgelebten Haftungsansprüche der Gläubiger im eigenen Namen geltend zu machen (vgl. *Böttcher/Kautzsch* NZG 2008, 583); möglich ist auch umgekehrt, dass sich ein Gläubiger interne Freistellungsansprüche der KG gegen den Kommanditisten abtreten oder pfänden lässt, die über §§ 171, 172 hinausgehen (vgl. OLG Karlsruhe 25.11.1981, BB 1982, 327). Die Geltendmachung der wieder aufgelebten Kommanditistenhaftung ist **nur dann rechtsmissbräuchlich,** wenn die Anspruchserhebung keinen anderen Zweck als die Schädigung des Kommanditisten hat, wenn der Rechtsausübung kein schutzwürdiges Eigeninteresse zugrunde liegt oder hiermit ein vertragsfremdes, unlauteres Ziel verfolgt wird (BGH 14.7.2008, ZIP 2008, 1870, für die Geltendmachung der Haftung durch die den Fonds finanzierende Bank).

130 Unter einer Rückzahlung der Einlage fällt grundsätzlich **jede Zuwendung** an den Kommanditisten **aus dem Gesellschaftsvermögen der KG,** die mangels adäquater Gegenleistung seine Einlage unter den Betrag der Haftsumme iSv § 171 Abs. 1 absinken lässt bzw. wenn die Einlage bereits durch anderweitige Verluste angegriffen oder aufgezehrt wurde (BGH 20.4.2009, DB 2009, 1289 (1290); zur handelsbilanziellen Ermittlung BGH 11.12.1989, NJW 1990, 1109). Die Leistung muss jedoch ihre Grundlage im Gesellschaftsverhältnis haben, mithin **causa societatis** erfolgen. Ausgeglichene Geschäfte, die einem objektiven Drittvergleich standhalten, sind wie bei § 30 Abs. 1 GmbHG unschädlich und können selbst auf Kosten der Haftsumme geleistet werden. Die Rückzahlung eines Agios ist jedoch causa societatis und kann konsequenterweise ein Wiederaufleben der Haftung begründen (BGH 5.5.2008, NZG 2008, 506, unter zutr. Hinweis darauf, dass es nicht darauf ankomme, ob das Agio nach den gesellschaftsvertraglichen Regelungen dem Eigenkapital zuzurechnen sei; abw. *Bayer/Lieder* ZIP 2008, 809); ebenso eine nicht gerechtfertigte Verzinsung der Kommanditeinlage sowie eine überhöhte Tätigkeitsvergütung (BAG 28.9.1982, NJW 1983, 1869). Problematisch ist die **Behandlung von Ausschüttungen,** die insbesondere bei Publikumsgesellschaften vielfach von Anfang an erfolgen (zum Ganzen *Kupsch* Auszahlungen an Kommanditisten 73 ff.). Wenngleich diese ohne Weiteres causa societatis erfolgen, ist im Hinblick auf ein **Wiederaufleben der Haftung** zu differenzieren: Handelt es sich um Gewinnausschüttungen, kommt es zur Privilegierung von Scheingewinnen gem. § 172 Abs. 5 (hierzu BGH 20.4.2009, NJW 2009, 2126). Sonstige Ausschüttungen fallen stets unter § 172 Abs. 4; dies betrifft insbesondere die vielfach anzutreffenden (nur) liquiditätsabhängigen Ausschüttungen. Wurde diese Differenzierung im Fondsprospekt nicht hinreichend deutlich, können dem Anleger auch Ansprüche aus Prospekthaftung zustehen (→ Rn. 33 ff.). Im **Innenverhältnis** ergibt sich eine **Rückzahlungspflicht** derartiger Ausschüttungen indessen nur, wenn im Gesellschaftsvertrag hinreichende Anhaltspunkte dafür bestehen, dass diese Auszahlungen unter dem Vorbehalt der Rückforderung geleistet werden (vgl. BGH 12.3.2013, NZG 2013, 738; BGH 1.7.2014, BeckRS 2014, 16417; bedenklich weitergehend aber BGH 20.4.2017, WM 2017, 1312: Ausschüttungen jenseits von § 169 nur zulässig, wenn der Gesellschaftsvertrag dies vorsieht oder mit Einverständnis aller Gesellschafter). Hieran fehlt es etwa, wenn die Ausschüsse den Kommanditisten als unverzinsliches Darlehen gewährt werden (OLG Nürnberg 22.12.2014, DStR 2015, 435). Fehlt es im Hinblick auf die Ausschüttung an einer gesellschaftsvertraglichen Grundlage, kann diese **gem. § 812 BGB zurückgefordert** werden (OLG Düsseldorf 12.12.2019, NZG 2020, 699 Rn. 16 ff.). Die Gutgläubigkeit nach Maßgabe von § 172 Abs. 5 spielt im Innenverhältnis keine Rolle, weil der Entreicherungseinwand ausreichend Schutz bietet (OLG Düsseldorf 12.12.2019, NZG 2020, 699 Rn. 31 f.). Wurden die hiernach rückzahlbaren Ausschüttungen nicht unmittelbar an den Gesellschafter ausgezahlt, sondern im Rahmen eines anderen Beteiligungsprogramms der Gesellschaft umgebucht, steht dies der Rückzahlungsplicht nicht entgegen (BGH 14.3.2017, BKR 2017, 482). Ansprüche auf Rückforderung entsprechender Ausschüttungen können auch **abgetreten** werden (vgl. LG Koblenz, 18.2.2020, BeckRS 2020, 3759, freilich schief als „Abtretung der Beteiligung" bezeichnet). Zu beachten ist auch, dass eine (gesellschaftsrechtlich zulässige) Entnahme der **Insolvenzanfechtung** nach §§ 131, 134 InsO unterliegen kann (*Schmiegel* NZI 2013, 913 (918 ff.); vgl. für Scheingewinne auch BGH 18.7.2013, NZG 2013, 1187). Bei der **Investment-KG** gilt § 172 Abs. 4 gem. § 152 Abs. 2 KAGB nur eingeschränkt, und durch § 152 Abs. 3 S. 1 KAGB wird zwingend angeordnet, dass eine erloschene Einlagepflicht im Innenverhältnis nicht wieder auflebt (→ Rn. 185).

131 Eine Leistung **aus dem Vermögen der Komplementär-GmbH** fällt grundsätzlich nicht unter § 172 Abs. 4, kann jedoch – aus der Perspektive der GmbH! – eine verbotene Rückzahlung nach § 30 Abs. 1 GmbHG darstellen (→ Rn. 135 f.). Leistungen aus dem Vermögen der GmbH an einen Kommanditisten führen jedoch zum Wiederaufleben der Haftung nach § 172 Abs. 4, wenn die GmbH wegen der Leistung – wie regelmäßig – einen Aufwendungsersatzanspruch gegen die KG aus § 110 hat (vgl. BGH 14.1.1985, BGHZ 93, 24 = NJW 1985, 1776; EBJS/*Henze* Anh. § 177 Rn. 193; vgl. zum unterschiedlichen Haftungsumfang von § 31 GmbHG und § 172 Abs. 4 auch *Immenga* ZGR 1975, 487 (491); Vorschläge für eine einheitliche Beurteilung bei der GmbH & Co. KG de lege ferenda bei *K. Schmidt* GmbHR 1989, 141). Gewährt die KG ihrem Kommanditisten ein **Darlehen,** scheidet ein Wiederaufleben der Haftung entsprechend § 30 Abs. 1 S. 2 Alt. 2 GmbHG aus, sofern der Rückerstattungsanspruch vollwertig ist (einschränkend zum früheren Recht OLG Hamburg 15.1.1990, DStR 1991, 1196). **Zuwendungen an Dritte** fallen unter § 172 Abs. 4, wenn der Leistungsempfänger dem

Kommanditisten aufgrund personaler oder wirtschaftlicher Verbundenheit zuzurechnen ist (vgl. BGH 13.2.1967, BGHZ 47, 149 (156) = NJW 1967, 1321; für die Begleichung von Steuerschulden des Kommanditisten BGH 29.3.1973, BGHZ 60, 324 (328 f.) = NJW 1973, 1036). Erfolgt die Leistung an eine andere Gesellschaft, ist dies nur dann dem Kommanditisten zuzurechnen, wenn dieser an der anderen Gesellschaft beteiligt ist und auf ihre Geschäftsführung einen maßgeblichen Einfluss hat (BGH 25.5.2009, NJW 2009, 2378).

Beim **Ausscheiden des Kommanditisten** begründet die Auszahlung eines Auseinandersetzungs- **132** guthabens ein Wiederaufleben der Haftung (BGH 29.9.1977, BGHZ 69, 274 = NJW 1978, 160). Dies betrifft nur die bis zum Ausscheiden begründeten Altforderungen BGH 28.1.12020, NZG 2020, 384 Rn. 34). Zu einem Wiederaufleben der Haftung kommt es indessen nicht, wenn die Kommanditeinlage im Zuge des Ausscheidens in ein Darlehen umgewandelt wird (BGH 9.5.1963, BGHZ 39, 319 = NJW 1963, 1873); in diesem Fall lebt die Haftung erst bei Rückzahlung des Darlehens wieder auf. Vgl. beim Kommanditistenwechsel auch § 162 Abs. 2. Zum Wiederaufleben der Haftung kommt es bei der **Einheitsgesellschaft** gem. § 172 Abs. 4 S. 1, Abs. 6 auch dann, wenn die KG die Geschäftsanteile an ihrer Komplementär-GmbH von den Kommanditisten kauft und den Kaufpreis aus den Kommanditeinlagen zahlt (EBJS/*Strohn* § 172 Rn. 61; vgl. insofern auch die Beschränkungen durch § 33 GmbHG). Das **Wiederaufleben der Haftung entfällt** ex nunc, soweit der Kommanditist gem. § 171 Abs. 1 Hs. 2 entsprechende Vermögenswerte auf seine Haftsumme erbringt (vgl. OLG München 27.7.1990, DStR 1990, 777). Bei der **Investment-KG** wird das Wiederaufleben nach Ausscheiden gem. § 152 Abs. 6 S. 1 KAGB explizit ausgeschlossen (→ Rn. 185).

Bei den **gesplitteten Einlagen** ist grundsätzlich eine getrennte Beurteilung geboten. Zu differenzie- **133** ren ist bereits beim **Entfallen der Haftung** gem. § 171 Abs. 1 Hs. 2 danach, ob der Kommanditist überhaupt auf die Haftsumme geleistet hat, was bei der Darlehensgewährung nicht zwingend ist, jedoch regelmäßig dem Parteiwillen entspricht. Bei der Rückzahlung von Finanzierungsbeiträgen setzt sich die rechtliche Trennung fort (vgl. hierzu auch BGH 12.3.2013, NZG 2013, 738). Wurde über die Einlageleistung hinaus Fremdkapital als Darlehen oder stille Beteiligung gewährt, erfolgt keine gesetzliche Umqualifizierung dieses Finanzierungsbeitrags in Eigenkapital mit der Folge, dass die Rückzahlung für sich genommen kein **Wiederaufleben der Haftung** nach § 172 Abs. 4 zu begründen vermag (*Servatius* Gläubigereinfluss 411 ff.; abw. für den sog. Finanzplankredit BGH 21.3.1988, BGHZ 104, 33 = NJW 1988, 1841). Zu § 39 Abs. 1 Nr. 5 InsO → Rn. 140 ff.

2. Bei der GmbH. a) GmbH-Gesellschafter. Die GmbH-Gesellschafter unterliegen auch bei der **134** GmbH & Co. KG unmittelbar dem Kapitalerhaltungsgebot gem. §§ 30, 31 GmbHG. Auf eine zugleich gegebene Stellung als Kommanditist kommt es nicht an. Eine verbotene Auszahlung liegt nicht nur vor, wenn dem Gesellschafter etwas unmittelbar aus dem GmbH-Vermögen geleistet wird, sondern kommt auch bei **Leistungen aus dem KG-Vermögen** in Betracht (BGH 29.3.1973, BGHZ 60, 324 = NJW 1973, 1036). Voraussetzung dafür ist jedoch, dass die Leistung mittelbar das Vermögen der GmbH schmälert und hierdurch eine Unterbilanz der GmbH hervorgerufen oder vertieft wird (BGH 9.12.2014, NZG 2015, 225 Rn. 8). Ist die GmbH vermögensmäßig an der KG beteiligt, kann dies relativ leicht ermittelt werden. Darüber hinaus kann sich die Unterbilanz bei der GmbH jedoch auch ohne vermögensmäßige Beteiligung aus dem mittelbaren Vermögensabfluss ergeben, wenn die regelmäßig bestehenden Ansprüche gegen die KG aus §§ 110, 161 Abs. 2 nicht mehr werthaltig sind (BGH 9.12.2014, NZG 2015, 225 Rn. 8; Roth/Altmeppen/*Altmeppen* GmbHG § 30 Rn. 173). Dies gilt regelmäßig, wenn die KG überschuldet ist; zur Anspruchsberechtigung → Rn. 137. Die Einbeziehung mittelbarer Vermögensabflüsse aus der KG an die Gesellschafter der GmbH im Hinblick auf § 30 GmbHG gilt auch, wenn an der KG neben der GmbH eine **natürliche Person als Komplementär** unbeschränkt persönlich haftet (BGH 9.12.2014, NZG 2015, 225 Rn. 9; zustimmend *Gummert* DStR 2015, 761 (765 f.); kritisch *Pöschke/Steenbreker* NZG 2015, 614 (618)). Ein Freistellungsanspruch der in Anspruch zu nehmenden Komplementär-GmbH gegen den anderen Komplementär aus § 426 BGB kann in diesen Fällen bei Werthaltigkeit jedoch bei der Komplementär-GmbH aktivierbar sein, sodass eine Unterbilanz deswegen ausscheidet (BGH 9.12.2014, NZG 2015, 225 Rn. 11). Ist ein Erstattungsanspruch gegeben, kann dieser im Wege der **actio pro socio** auch von einem Kommanditisten geltend gemacht werden, wenn der Geschäftsführer der GmbH sich pflichtwidrig beharrlich weigert (MüKoHGB/*Grunewald* § 161 Rn. 71).

b) Kommanditisten. Kommanditisten, die zugleich GmbH-Gesellschafter sind, unterfallen ebenfalls **135** ohne Weiteres dem GmbH-rechtlichen Kapitalerhaltungsgebot (grundlegend BGH 29.3.1973, BGHZ 60, 324 = NJW 1973, 1036; vgl. für die Zahlung eines Abfindungsguthabens nach Ausscheiden auch BGH 28.1.2020, NZG 2020, 384 Rn. 10 ff., 36 ff.). Vom Auszahlungsverbot umfasst sind wiederum unproblematisch Leistungen aus dem **Gesellschaftsvermögen der GmbH.** Darüber hinaus erfasst sind wegen der Schmälerung des ggf. von der GmbH eingebrachten Kapitals oder der ggf. als Rückstellung zu passivierenden Einstandspflicht aus § 128 jedoch auch Leistungen aus dem **Gesellschaftsvermögen der KG,** soweit hierdurch das Stammkapital der GmbH angegriffen wird. Letzteres ist regelmäßig dann der Fall, wenn die KG überschuldet ist (vgl. BGH 24.3.1980, BGHZ 76, 326 = NJW 1980, 1524). Bei der Bewertung gelten nicht die für die Handelsbilanz maßgeblichen Grundsätze, sondern die tatsächlichen Werte der Vermögensgegenstände (BGH 9.12.2014, NZG 2015, 225 Rn. 17). Wegen der drohenden Haftung aus § 128 kommt es für die Anwendung von § 30 GmbHG somit nicht darauf an, ob die GmbH an der KG kapitalmäßig beteiligt ist (BGH 29.9.1977, BGHZ 69, 274 (279) = NJW 1978, 160; BGH 28.1.2020, NZG 2020, 384 Rn. 39). Ob der **Ausschluss der GmbH vom Gewinn der KG** als solches eine verbotene Auszahlung zugunsten der Gesellschafter darstellt, erscheint als zweifelhaft (weitergehend aber Roth/Altmeppen/*Altmeppen* GmbHG § 30 Rn. 176: Aushungern der Komplementär-GmbH als verbotene Auszahlung, was jedoch bereits nicht rechtssicher handhabbar ist).

136 Ansprüche, die gegen § 30 Ans. 1 GmbHG verstoßen würden, dürfen nicht geltend gemacht und erfüllt werden. Ist die **KG insolvent,** verhindert die Kapitalbindung zunächst, dass der betreffende Kommanditist seine Forderung gem. § 38 InsO zur Tabelle anmelden darf; seine Befriedigung richtet sich vielmehr nach **§ 199 S. 2 InsO** (BGH 28.1.2020, NZG 2020, 384 Rn. 10). Wird eine Leistung causa societatis indessen im Vorfeld der späteren Insolvenz gestundet, zB ein Abfindungsguthaben nach Ausscheiden, kann sich der zu Grunde liegende Anspruch grundsätzlich **in ein Darlehen umwandeln,** welches dann in der Insolvenz gem. § 30 Abs. 1 S. 3 GmbHG iVm. § 39 Abs. 1 Nr. 5 InsO zu behandeln ist (Roth/Altmeppen/*Altmeppen* GmbHG § 30 Rn. 171; abw. zum früheren Recht BGH 29.9.1977, BGHZ 69, 274 (279) = NJW 1978, 160). Indem es aber für die Beurteilung des maßgeblichen Zeitpunkts für die verbotene Einlagenrückgewähr auf den Zeitpunkt der Auszahlung ankommt, besteht hierfür nur Raum, wenn zum Zeitpunkt der Umwandlung der an sich gem. § 30 Abs. 1 GmbHG gebundenen Auszahlungsforderung in ein Darlehen. Mithin die **Novation als Erfüllungssurrogat kein Verstoß gegen § 30 Abs. 1 GmbHG** vorliegt (strenger BGH 28.1.2020, NZG 2020, 384 Rn. 57 ff., für den Fall, dass bereits der maßgebliche gesellschaftsrechtliche Zahlungsanspruch darlehensähnlich ausgestaltet ist).

137 Erfolgt die verbotene Leistung aus dem KG-Vermögen, ist die KG für die **Rückerstattung** selbst gem. § 31 Abs. 1 GmbHG **anspruchsberechtigt** (BGH 29.3.1973, BGHZ 60, 324 = NJW 1973, 1036; BGH 9.12.2014, NZG 2015, 225 Rn. 12; BGH 28.1.2020, NZG 2020, 384 Rn. 43) und kann Rückerstattung in ihr Vermögen verlangen; der Anspruch kann im Wege der actio pro socio auch von Kommanditisten verfolgt werden, sollte die Komplementär-GmbH sich treuwidrig weigern (vgl. BGH 29.3.1972, BGHZ 60, 314 = NJW 1973, 1036). Erfolgt die verbotene Leistung aus dem GmbH-Vermögen, ist diese unmittelbar anspruchsberechtigt. Für die Verjährung gilt in allen Fällen § 31 Abs. 5 GmbHG. **Schadensersatzansprüche** gegen die Geschäftsführer der Komplementär-GmbH aus § 43 Abs. 3 GmbHG stehen ebenfalls der KG zu (BGH 9.12.2014, NZG 2015, 225 Rn. 12, 17). Wegen des gläubigerschützenden Zwecks von § 30 GmbHG steht das Einverständnis der Gesellschafter den Ansprüchen nicht entgegen; andere, auf § 43 Abs. 2 GmbHG gestützte Ansprüche können hierdurch jedoch entfallen (vgl. BGH 9.12.2014, NZG 2015, 225 Rn. 13 f.).

138 **c) Nur-Kommanditisten.** Mittlerweile besteht Einigkeit, dass Leistungen gem. → Rn. 135 ff. an einen Kommanditisten, der nicht zugleich GmbH-Gesellschafter ist, ebenso verbotene Auszahlungen iSv § 30 GmbHG sein können (BGH 19.2.1990, BGHZ 110, 342 (358) = NJW 1990, 1725; BGH 27.3.1995, NJW 1995, 1960: Verjährung nach § 31 Abs. 5 GmbHG aF; OLG Celle 18.6.2003, GmbHR 2003, 900). Dies gilt auch bei der Publikums-GmbH & Co. KG (BGH 19.2.1984, BGHZ 93, 146 (149) = NJW 1985, 1030; *Schnelle* GmbHR 1995, 853 (856); einschränkend *Pöschke/Steenbreker* NZG 2015, 614 (618): nur bei einflussnehmenden Kommanditisten; ähnlich *Baumann/Wagner* WM 2015, 1370 (1373)). Die Erstreckung des Kapitalerhaltungsgebots der GmbH auf den Nur-Kommanditisten ist jedoch nur gerechtfertigt, wenn bei der KG neben der GmbH **keine andere natürliche Person Komplementär** ist (BGH 9.12.2014, NZG 2015, 225 Rn. 10; zustimmend *Gummert* DStR 2015, 761 (765)). Im Übrigen ist gerade bei Publikums-GmbH & Co. KG problematisch, inwieweit der **gutgläubige Leistungsbezug** einer Erstattungspflicht entgegensteht. Es wäre konsequent, § 31 Abs. 2 GmbHG entsprechend anzuwenden, sodass der gutgläubige Leistungsbezug generell nicht privilegiert ist, soweit die Erstattung zur Gläubigerbefriedigung erforderlich ist. Dies ginge indessen zumindest bei Publikums-KG zu weit, da die Kommanditisten dort typischerweise Anlagegesellschafter sind, was sie vom Leitbild der GmbH emanzipiert. Es ist daher geboten, § 172 Abs. 5 entsprechend anzuwenden, soweit die Rückzahlung ein förmlicher Gewinnbezug ist (so auch *Gummert* DStR 2015, 761 (764 f.)). Bei der „normalen" GmbH & Co. KG ohne Anlagekommanditisten bleit es demgegenüber bei § 31 Abs. 2 GmbHG. Eine **Ausfallhaftung** der übrigen Nur-Kommanditisten ergäbe sich konsequenterweise aus § 31 Abs. 3 GmbHG analog. Dies ist indessen zumindest bei der Publikums-KG zu weit; sachgerecht erscheint, wie bei der AG eine Ausfallhaftung der Anlagegesellschafter zu verneinen (so bereits *K. Schmidt* GmbHR 1986, 337 (341)).

139 **d) Leistungen der GmbH an die KG.** Leistungen der GmbH an die KG sind nicht von § 30 Abs. 1 GmbHG erfasst und damit ohne Weiteres zulässig (abw. EBJS/*Strohn* § 172 Rn. 68 unter Hinweis darauf, dass es sich hierbei mittelbar um eine Ausschüttung an die GmbH-Gesellschafter handele, was jedoch nicht überzeugt, solange sich die Leistung im gebundenen GmbH-Vermögen befindet; ähnlich

Roth/Altmeppen/*Altmeppen* GmbHG § 30 Rn. 171; wie hier im Ergebnis auch OLG Köln 5.2.2002, NZG 2003, 42; vgl. auch *Wachter* GmbHR 2004, 1249).

VI. Insolvenzrechtlicher Nachrang von Gesellschafterdarlehen

1. Gesetzliche Ausgangslage. Mittlerweile besteht ein einheitliches insolvenzrechtliches Rege- **140** lungskonzept für Gesellschafterdarlehen gem. **§ 39 Abs. 1 Nr. 5 InsO, § 135 InsO** (vgl. für die masselose Insolvenz auch §§ 6, 6a, 11 AnfG). Die früheren sog. Rechtsprechungsregeln, wonach entsprechend §§ 30, 31 GmbHG auch eine materiell-rechtlich begründete Stammkapitalbindung von Fremdfinanzierungsbeiträgen bestand, wurden abgeschafft (vgl. § 30 Abs. 1 S. 3 GmbHG). Auch bei der GmbH & Co. KG bestimmen sich gem. § 39 Abs. 4 S. 1 InsO Tatbestand und Rechtsfolgen einer möglichen Umqualifizierung von Gesellschafterdarlehen und vergleichbarer Gestaltungen daher nunmehr allein nach §§ 39, 135 InsO (→ InsO § 39 Rn. 1 ff. und → InsO § 135 Rn. 1 ff.). Diesen Regelungen liegt das zutreffende rechtsformübergreifende Konzept zugrunde, wonach niemand, der das unternehmerische Risiko im Vorfeld der Insolvenz maßgeblich steuern konnte, in der Insolvenz sein eigener Gläubiger sein darf (*Servatius* Gläubigereinfluss 426 ff.). Vgl. zur Privilegierung im Rahmen der **Corona-Pandemie** gem. § 2 Abs. 1 Nr. 1 COVInsAG *Servatius* Der Konzern 2020, 281.

2. Übertragung auf die GmbH & Co. KG. Dass das Recht der Gesellschafterdarlehen auch auf die **141** GmbH & Co.KG Anwendung findet, steht **außer Streit** (vgl. nur BGH 15.11.2018, NZG 2019, 235; BGH 21.11.2019, NZG 2020, 393 Rn. 12). Unter welchen Voraussetzungen ein Gesellschafterdarlehen bei der GmbH & Co. KG tatbestandlich gegeben ist, lässt sich infolge des konturenlosen Wortlauts von § 39 Abs. 4 S. 1 InsO allerdings nur anhand des – ggf. begrenzten – Schutzzwecks der Neuregelungen ermitteln, was nach wie vor Rechtsunsicherheit mit sich bringt. Hilfreich ist insofern jedoch ein Rückgriff auf die frühere Rechtslage gem. § 172a aF, was im Gesetzgebungsverfahren zum MoMiG ausdrücklich bejaht wurde (vgl. BT-Drs. 16/6140, 56).

a) Persönlicher Anwendungsbereich. Der persönliche Anwendungsbereich ist bei der GmbH & **142** Co. KG daher nach wie vor dadurch umschrieben, dass im Rahmen von § 39 Abs. 1 Nr. 5 InsO „an die Stelle der Gesellschafter der GmbH die Gesellschafter oder Mitglieder der persönlich haftenden Gesellschafter der KG sowie die Kommanditisten treten" (vgl. § 172a S. 1 aF). Konkret bedeutet dies im Ausgangspunkt, dass in der Insolvenz alle Darlehen der **Gesellschafter** der Komplementär-GmbH sowie alle Darlehen der **Kommanditisten** verstrickt sein können (BGH 21.11.2019, NZG 2020, 393 Rn. 12). **Dritte,** die (unmittelbar) nicht Gesellschafter der KG und GmbH sind, können nur und bereits aufgrund einer entsprechenden Einflussnahme auf die Geschäftsführung einbezogen werden (*Servatius* Gläubigereinfluss 426 ff.; teilw. abw. die hM – umfassende Vergleichbarkeit mit der Stellung eines GmbH-Gesellschafters oder Kommanditisten notwendig – BGH 28.6.2012, NZG 2012, 1103; *Haas/Vogel* NZI 2012, 875 (875); vgl. auch BGH 15.11.2018, NZG 2019, 235 Rn. 7 ff.: Einbeziehung eines Darlehensgebers, der sowohl Kommanditist ist als auch maßgeblich an der Komplementär-Gesellschaft beteiligt). Das Vorgesagte gilt entsprechend für die Vermögeneinlage eines Stillen (→ § 236 Rn. 14 ff.). Im Einzelnen sind folgende Konstellationen der Darlehensgewährung zu unterscheiden:

Darlehen an die Komplementär-GmbH unterfallen unmittelbar § 39 Abs. 1 Nr. 5 InsO. Darle- **143** hen der Kommanditisten werden gem. § 39 Abs. 4 S. 1 InsO ebenfalls erfasst und zwar (wie bereits nach altem Recht und im Bereich von § 30 GmbHG), ohne dass diese zugleich Gesellschafter der Komplementär-GmbH sind, sog. **Nur-Kommanditisten** (hM, vgl. Baumbach/Hopt/*Roth* § 172a Rn. 33; abw. unter verfehltem Hinweis auf das Kleinbeteiligungsprivileg *Binz/Sorg* GmbH & Co. KG-HdB § 12 Rn. 60). Gewährt indessen die KG der GmbH ein Darlehen, fällt dieses nicht unter § 39 InsO, kann jedoch in der Insolvenz der GmbH regelmäßig aus anderen Gründen nicht geltend gemacht werden. **Darlehen an die KG** werden über § 39 Abs. 4 S. 1 InsO verstrickt, wenn sie von einem Komplementär-Gesellschafter oder einem Kommanditisten gewährt wurden. Darlehen der Komplementär-GmbH an die KG werden ebenfalls einbezogen (MüKoHGB/*K. Schmidt* § 172a aF Rn. 15; EBJS/*Strohn* § 172a aF Rn. 26).

b) Kleinbeteiligungsprivileg. Entscheidende Bedeutung hat insbesondere bei Publikumsgesellschaf- **144** ten das Kleinbeteiligungsprivileg gem. **§ 39 Abs. 5 InsO.** Hiernach gilt § 39 Abs. 1 Nr. 5 InsO nicht für den nicht geschäftsführenden Gesellschafter einer Gesellschaft iSd Abs. 4 S. 1, der mit 10 % oder weniger am Haftkapital beteiligt ist. Diese Regelung ist vom Wortlaut her missglückt, denn dem Umstand, dass es sich bei den erfassten „Gesellschaften" stets um Typenverbindungen mehrerer Gesellschaften handelt, wurde keine Rechnung getragen. Sinngemäß gilt daher, dass das Kleinbeteiligungsprivileg stets dann Anwendung findet, wenn die Stellung des Kapitalgebers insgesamt, dh in allen die GmbH & Co. KG ausmachenden Einzelgesellschaften zusammen betrachtet, nicht die Anforderungen des § 39 Abs. 5 InsO erfüllt. Das Merkmal des **geschäftsführenden Gesellschafters** bezieht sich somit auf beide Gesellschaften und ist vor allem untechnisch zu verstehen (vgl. *Servatius* Gläubigereinfluss 463 ff.). Das Gleiche gilt, wenn ein Gesellschafter am **Stammkapital** der GmbH oder an den **Kapital-**

anteilen der KG insgesamt 10% oder mehr hält (abw., für ein alleiniges Abstellen auf die KG, *Binz/Sorg* GmbH & Co. KG-HdB § 12 Rn. 60; MüKoHGB/*K. Schmidt* § 172a aF Rn. 16); wie hier wohl EBJS/*Strohn,* 2. Aufl. 2008, § 172a Rn. 48). Beim koordinierten Vorgehen mehrerer an sich privilegierter Kleingesellschafter greift § 39 Abs. 5 InsO nicht (vgl. zum alten Recht BGH 19.3.2007, DStR 2007, 684; abw. MüKoHGB/*K. Schmidt* § 172a aF Rn. 16; abw. für verschachtelte mittelbare Beteiligungen auch BGH 15.11.2018, NZG 2019, 235 Rn. 13 ff.). Im Hinblick auf den **maßgeblichen Zeitpunkt** für die Privilegierung gilt Folgendes: Verliert der Darlehensgeber die Privilegierung nach Darlehensgewährung, erfolgt gleichwohl eine Subordination. Erlangt ein Gesellschafter nach Darlehensgewährung die Privilegierung, befreit ihn das von der Subordination nur, wenn der Eintritt der Privilegierung außerhalb der Anfechtungsfristen gem. § 135 Abs. 1 InsO erfolgte (*Altmeppen* NJW 2008, 3601 (3604 f.); vgl. auch BGH 15.11.2018, NZG 2019, 235 Rn. 12).

145 **c) Sanierungsprivileg.** Erwirbt nach **§ 39 Abs. 4 S. 2 InsO** ein Gläubiger bei drohender oder eingetretener Zahlungsunfähigkeit der Gesellschaft (§§ 17, 18 InsO) oder bei Überschuldung (§ 19 InsO) Anteile zum Zweck ihrer Sanierung, führt dies bis zur nachhaltigen Sanierung nicht zur Anwendung von § 39 Abs. 1 Nr. 5 InsO auf seine Forderungen aus bestehenden oder neu gewährten Darlehen. Der Regelung liegt die zutreffende Prämisse zugrunde, wonach diejenigen, die die Insolvenz verursacht haben, die Verluste mit ihrem investierten Kapital vorrangig tragen sollen und sich konsequenterweise auch nachträglich nicht davon befreien können. Auch diese Regelung ist auf die GmbH & Co. KG sinngemäß anzuwenden. In den Genuss des Sanierungsprivilegs kommen daher alle **Gläubiger der GmbH oder KG,** die **Anteile an der GmbH oder KG** erwerben. Das Sanierungsprivileg scheidet aus, wenn ein bereits nicht privilegierter GmbH- oder KG-Gesellschafter ein „Sanierungsdarlehen" gibt (abw. *Altmeppen* NJW 2008, 3601 (3605)). Ein bislang gem. § 39 Abs. 5 InsO kleinbeteiligter Gesellschafter kann beim Hinzuerwerb von Anteilen jedoch durchaus in den Genuss des Sanierungsprivilegs gelangen. Die Privilegierung greift ferner nur, wenn der Anteilserwerb (nicht: die Darlehensgewährung!) zum Zweck der Sanierung erfolgt. Dies bedeutet subjektiv **Sanierungsabsicht,** objektiv jedoch auch die **Sanierungsfähigkeit** der GmbH & Co. KG aus der *ex ante*-Perspektive (zum alten Recht bereits BGH 21.11.2005, NJW 2006, 1283).

146 **3. Nachrang in der Insolvenz.** Sind die tatbestandlichen Voraussetzungen von § 39 Abs. 1 Nr. 5 InsO erfüllt, kann die Rückzahlungsforderung im Insolvenzverfahren über die KG bzw. GmbH nur nachrangig und gem. § 174 Abs. 3 InsO nur nach Aufforderung durch das Insolvenzgericht geltend gemacht werden. Im Verhältnis zur Verteilung des – noch vorhandenen! – Grundkapitals gem. § 199 S. 2 InsO haben die Forderungen aus Gesellschafterdarlehen jedoch einen Vorrang. Die gesetzliche Umqualifizierung kommt nicht in Betracht, wenn die (GmbH & Co.) KG vor der Insolvenz in eine **typische KG umgewandelt** wird, bei der eine natürliche Person für alle Gesellschaftsverbindlichkeiten unbeschränkt haftet (OLG Dresden 7.8.2008, ZIP 2009, 1382; abw. für einen rechtsformübergreifenden Ansatz von § 39 InsO *Servatius* Gläubigereinfluss 567 ff.). Wurde ein Darlehensvertrag lediglich geschlossen, jedoch die **Valuta noch nicht ausgezahlt,** scheidet eine Subordination aus. Insofern kann eine Zahlungspflicht allein aufgrund einer rechtsgeschäftlichen Bindung begründet werden (Ausschluss des Kündigungsrechts, Finanzplankredit; vgl. BGH 28.6.1999, DStR 1999, 1198). Eine dogmatisch nicht widerspruchsfreie Sonderregelung für die **Nutzungsüberlassung** von Gegenständen sieht § 135 Abs. 3 InsO vor (→ InsO § 135 Rn. 1 ff.).

147 **4. Insolvenzanfechtung.** Eine **Rückzahlung** des Darlehens im letzten Jahr vor Insolvenzeröffnung oder nach Insolvenzantrag ist gem. § 135 Abs. 1 Nr. 2 InsO anfechtbar, die **Sicherheitenbestellung** aus dem Gesellschaftsvermögen sogar bis zu zehn Jahre zurück (§ 135 Abs. 1 Nr. 1 InsO). Zahlt der Darlehensgeber vor Insolvenzeröffnung die erhaltene Valuta (als erneutes Darlehen) an die Gesellschaft, kann dies zum Entfallen der Gläubigerbenachteiligung führen (vgl. BGH 21.11.2019, NZG 2020, 393 Rn. 15 ff.). Die **Zinsen** werden nach zutreffender Ansicht ebenfalls verstrickt (vgl. § 39 Abs. 3 InsO; Bork/Schäfer/*Thiessen* GmbHG Anh. § 30 Rn. 10; abw. zum früheren Recht jedoch BGH 8.11.2004, ZIP 2005, 82 (84)). Der Gesellschafter kann daher in der Insolvenz gem. § 39 Abs. 1 Nr. 5 InsO seine Zinsansprüche ebenfalls nur nachrangig geltend machen. Vor Insolvenzeröffnung geleistete Zinszahlungen sind gem. § 135 InsO anfechtbar (gegen die Einschränkung der Anfechtbarkeit mittels Annahme eines Bargeschäfts iSv § 142 Abs. 1 InsO zutreffend *Haas* ZInsO 2007, 617 (623 f.)). Die Frage, ob eine anfechtungsrelevante Darlehensrückzahlung tatbestandlich vorliegt, bestimmt sich nach der Frist gem. § 135 Abs. 1 InsO (BGH 15.11.2018, NZG 2019, 235 Rn. 12).

VII. Durchgriffshaftung

148 Indem die GmbH & Co. KG allgemein als zulässige Typenverbindung anerkannt wird, ist es dieser Gesellschaftsform immanent, dass die Gesellschafter ihre Haftung beschränken dürfen. Die Anforderungen, hiervon unter Durchgriffsaspekten abzuweichen, sind daher ebenso hoch wie bei der normalen GmbH. Im prinzipiellen Regelfall haben die GmbH-Gesellschafter sowie die Kommanditisten keine

unbeschränkte Haftung für Gesellschaftsverbindlichkeiten zu befürchten. Das **Vorschieben einer vermögenslosen GmbH** als Komplementärin ist für sich genommen nicht geeignet, eine unbeschränkte Kommanditistenhaftung unter Durchgriffsaspekten zu begründen (BGH 13.6.1966, BGHZ 45, 204 = NJW 1966, 1309 – Rektor-Fall).

Ausnahmen vom Durchgriffsverbot bestehen bei der GmbH & Co. KG allein insoweit, als auch bei der normalen GmbH § 13 Abs. 2 GmbHG durchbrochen wird. Dies gilt insbesondere für die nunmehr auf § 826 BGB gestützte **Existenzvernichtungshaftung** der Gesellschafter einer GmbH (grundlegend BGH 16.7.2007, BGHZ 173, 246 = NZG 2007, 667 – Trihotel; zu Einzelheiten § 13 GmbHG sowie bei MHLS/*Servatius* GmbHG Syst. Darst. 4 Rn. 370 ff.). In konsequenter Fortentwicklung der Rspr. zum Kapitalschutz bei der GmbH (→ Rn. 138) ist es geboten, auch den **Nur-Kommanditisten** als Adressaten der Existenzvernichtungshaftung anzusehen. Die Einzelheiten hierzu sind freilich noch ungeklärt, sodass derzeit allenfalls eine Teilnehmerhaftung gem. § 830 Abs. 3 BGB gesichert ist. Eine Durchgriffshaftung wegen **materieller Unterkapitalisierung** kommt bereits bei der normalen GmbH nicht in Betracht (vgl. BGH 28.4.2008, BGHZ 176, 204 = NJW 2008, 2437) und ist daher auch bei der GmbH & Co. KG ohne Anwendungsbereich (möglicherweise abw. jedoch noch BGH 30.11.1978, NJW 1979, 2104 unter Rückgriff auf § 826 BGB, was heute wohl als Fall der Existenzvernichtungshaftung einzuordnen wäre). Die Durchgriffshaftung wegen **Vermögensvermischung** ist demgegenüber bei der GmbH anerkannt (vgl. BGH 14.11.2005, BGHZ 165, 85 = NZG 2006, 350 – GAMMA) und lässt sich ohne Weiteres auf die GmbH & Co. KG übertragen. Auch hier ist es nur konsequent, den Nur-Kommanditisten zu erfassen, wenn dessen Verhalten die tatbestandsmäßige Verschleierung der Vermögensverhältnisse herbeiführt. 149

VIII. Insolvenz

1. Insolvenzantragspflichten. Indem die GmbH & Co. KG keine eigenständige Rechtsform ist, können sowohl bei der KG als auch bei der Komplementär-GmbH Insolvenzantragspflichten bestehen (Trennungsprinzip). Darüber hinaus erstreckt **§ 15a Abs. 1 S. 2, Abs. 2 InsO** die Insolvenzantragspflichten der GmbH-Geschäftsführer auf die KG (Einzelheiten bei §§ 177a, 130a, § 15a InsO). Hiernach müssen die **Geschäftsführer oder Liquidatoren** der Komplementär-GmbH nicht nur dann Insolvenzantrag stellen, wenn die GmbH selbst zahlungsunfähig (§ 17 InsO) oder überschuldet (§ 19 InsO) ist, sondern auch dann, wenn diese **Insolvenzgründe bei der KG** bestehen. Nach § 15a Abs. 4 und 5 InsO sind die Insolvenzantragspflichten strafbewehrt (Überblick zu den strafrechtlichen Risiken bei *Maurer/Odörfer* GmbHR 2008, 351; 2008, 412). 150

Ist die **Komplementär-GmbH führungslos** iSv § 35 Abs. 1 S. 2 GmbHG, sind gem. § 15a Abs. 2 InsO nunmehr auch die Gesellschafter der Komplementär-GmbH zur Stellung des Insolvenzantrags verpflichtet, wenn die Insolvenzgründe bei der GmbH oder der KG vorliegen, es sei denn, dass sie von den Insolvenzgründen oder der Führungslosigkeit keine Kenntnis haben. Eine Privilegierung von Kleinbeteiligungen hat der Gesetzgeber bewusst nicht vorgesehen (*K. Schmidt* GmbHR 2008, 1072 (1078)). Besteht bei der Komplementär-GmbH ein Aufsichtsrat (vgl. § 52 GmbHG), trifft dessen Mitglieder nicht entsprechend § 15a Abs. 2 InsO die subsidiäre Antragspflicht (*Casper* in Goette/Habersack MoMiG Rn. 6.34). Als überlegenswert erscheint es, die subsidiäre Antragspflicht der Gesellschafter bei **Führungslosigkeit der KG** auf die (bösgläubigen) Kommanditisten zu erstrecken. 151

2. Zahlungsverbot. Gemäß §§ 177a S. 1, 130a Abs. 1 S. 1 und 2 besteht bei Zahlungsunfähigkeit oder Überschuldung der (GmbH & Co.) KG ein Zahlungsverbot, sofern die Zahlung nicht mit der Sorgfalt eines ordentlichen und gewissenhaften Geschäftsleiters vereinbar ist. In Abweichung von der Insolvenzantragspflicht besteht das Zahlungsverbot bereits während der dreiwöchigen Sanierungsfrist (*Poertzgen* ZInsO 2008, 944 (950)). § 177a S. 1, § 130a Abs. 2 S. 1 Alt. 2, Abs. 3 erweitern die bereits für die GmbH-Gesellschafter und -Liquidatoren nach § 64 S. 1 und 2 GmbHG bestehende **Ersatzpflicht** für verbotene Zahlungen nach Insolvenzreife auf die GmbH & Co. KG (→ InsO § 133a Rn. 1). Die Geschäftsführer haben daher der KG die Zahlungen zu erstatten, die nach Insolvenzreife entgegen § 177a S. 1, § 130a Abs. 1 S. 1 und 2 aus dem KG-Vermögen erfolgt sind. Der Kläger hat die Rechtswidrigkeit der Zahlung zu beweisen (BGH 16.3.2009, GmbHR 2009, 937); das Verschulden der Geschäftsführer wird gem. § 130a Abs. 2 S. 2 widerleglich vermutet. Der Anspruch steht der KG zu, in der Insolvenz wird er gem. § 80 Abs. 1 InsO vom Insolvenzverwalter geltend gemacht. Als Gerichtsstand gilt § 29 ZPO (BGH 6.8.2019, NZG 2019, 1113). Die Regelung ist kein Schutzgesetz zu Gunsten der Gesellschaftsgläubiger gem. § 823 Abs. 2 BGB (zu § 64 S. 1 GmbHG BGH 19.11.2019, NZG 2020, 260 Rn. 14 ff.). Daneben und hiervon abzugrenzen kann es bei der GmbH & Co. KG auch zu einer Ersatzpflicht der Geschäftsführer gegenüber der GmbH gem. § 64 S. 1 GmbHG kommen, sofern sie nach Insolvenzreife verbotene Zahlungen aus dem Vermögen der GmbH getätigt haben. 152

3. Insolvenzverschleppung. Nach § 177a S. 1, § 130a Abs. 2 S. 1 Alt. 1, Abs. 3 sind die Geschäftsführer oder Liquidatoren der Komplementär-GmbH der KG gegenüber zum **Schadensersatz** verpflichtet, wenn sie die Pflicht zur Stellung des Insolvenzantrags gem. § 130a Abs. 1 S. 1 schuldhaft 153 missachten (→ InsO § 133a Rn. 27 ff.). Das Verschulden wird auch hier widerleglich vermutet. Die Haftungstatbestände sind gem. § 130a Abs. 2 S. 4 grundsätzlich nicht disponibel (vgl. aber § 130a Abs. 2 S. 4 und 5) und verjähren gem. § 130a Abs. 2 S. 6 in fünf Jahren. Über § 823 Abs. 2 BGB ist die Insolvenzantragspflicht auch Schutzgesetz zugunsten der Gläubiger der KG und kann Ansprüche gegen die Geschäftsführer bzw. Gesellschafter der Komplementär-GmbH hervorrufen (Einzelheiten zu Quotenschaden und Neugläubigerschaden bei § 130a und § 64 GmbHG). Die genannten Schadensersatzhaftungen können auch einen **faktischen Geschäftsführer** treffen (vgl. BGH 21.3.1988, NJW 1988, 1789; BGH 28.11.2001, ZIP 2002, 631). Die **Kommanditisten** können gem. § 830 Abs. 2 BGB als Teilnehmer haften.

154 **4. Insolvenzverursachungshaftung.** Nach § 177a S. 1, § 130a Abs. 1 S. 3 gilt die Insolvenzverursachungshaftung gem. § 64 S. 3 GmbHG auch bei der GmbH & Co. KG (vgl. § 130a Abs. 1 S. 4; → InsO § 133a Rn. 18 ff.). Die Geschäftsführer oder Liquidatoren der Komplementär-GmbH dürfen somit weder aus dem GmbH-Vermögen noch aus dem Vermögen der KG Zahlungen an die Gesellschafter der beteiligten Gesellschaften leisten, soweit diese zur Zahlungsunfähigkeit der GmbH oder der KG führen mussten, es sein denn, dies war auch bei Beachtung der in § 130a Abs. 1 S. 2 bezeichneten Sorgfalt nicht erkennbar (Einzelheiten bei § 130a und § 64 GmbHG).

IX. Geschäftsführung

155 **1. Bei der KG.** Die Geschäftsführung bei der KG obliegt im dispositiven gesetzlichen Regelfall allein der **Komplementär-GmbH** (§ 164 S. 1 Hs. 1). Die Kommanditisten haben jedoch gem. § 164 S. 1 Hs. 2 ein Widerspruchsrecht, sofern die betreffende Handlung über den gewöhnlichen Betrieb des Handelsgewerbes der KG hinausgeht (gegen eine analoge Anwendung von § 179a AktG überzeugend *Meier* DNotZ 2020, 246). Aufgrund vertraglicher Gestaltung ist es einerseits möglich, den Kommanditisten weitergehende Geschäftsführungsbefugnisse einzuräumen; andererseits kann das Widerspruchsrecht auch entzogen werden (Einzelheiten bei § 164; vgl. zum zwingenden Ausschluss der Kommanditisten von der organschaftlichen Vertretung § 170). Von der Geschäftsführungsbefugnis abzugrenzen sind die Grundlagenentscheidungen (zB Aufnahme neuer Gesellschafter, Änderungen des Gesellschaftsvertrages). Diese bedürfen auch bei der KG im dispositiven gesetzlichen Regelfall der Zustimmung aller Gesellschafter (vgl. § 119 Abs. 1; OLG Karlsruhe 25.2.2009, DB 2009, 1977).

156 Die **Ausübung** der Geschäftsführungsbefugnis der Komplementär-GmbH obliegt deren **Geschäftsführer** gem. §§ 35, 37 Abs. 1 GmbHG. Insofern lässt sich bei der GmbH & Co. KG die Drittorganschaft verwirklichen. Es kann aber auch ein Kommanditist zum Geschäftsführer der GmbH bestellt werden (BGH 15.3.2016, NZG 2016, 823). Der Komplementär-GmbH kann gem. § 161 Abs. 3, § 117 von den übrigen Gesellschaftern der KG die Geschäftsführungsbefugnis **entzogen** werden. Die Abberufung des GmbH-Geschäftsführers gem. § 38 GmbHG bzw. die Kündigung von dessen Anstellungsverhältnis obliegt indessen gem. § 46 Nr. 5 GmbHG der Gesellschafterversammlung der GmbH (BGH 8.1.2007, NZG 2007, 590); §§ 117, 127 gelten für den GmbH-Geschäftsführer nicht analog (BGH 20.12.1982, BGHZ 86, 177 = NJW 1983, 983; weitergehend für ein eigenes Abberufungsrecht der Kommanditisten bei der Publikumsgesellschaft *Hüffer* ZGR 1981, 348 (359)). Im Einzelfall kann die Möglichkeit der Abberufung des GmbH-Geschäftsführers Vorrang haben vor der Entziehung der Geschäftsführungsbefugnis der GmbH (vgl. BGH 25.4.1983, NJW 1984, 173). Der **Anstellungsvertrag** des GmbH-Geschäftsführers wird regelmäßig mit der GmbH geschlossen; in diesen Fällen obliegt es auch der Gesellschafterversammlung, den Anstellungsvertrag durch Kündigung zu beenden (*Grunewald* GmbHR 2018, 63 (66)). Darüber hinaus ist es möglich, den Anstellungsvertrag allein mit der KG abzuschließen (BAG 13.7.1995, DB 1995, 2271; BGH 15.4.2014, NZG 2014, 780; BGH 15.3.2016, NZG 2016, 823; vgl. zur Überprüfung einer möglichen Arbeitnehmerstellung vor den Zivilgerichten BAG 20.8.2003, NJW 2003, 3290). In diesen Fällen ist es wegen der Disponibilität von § 46 Nr. 5 GmbHG nicht zwingend notwendig, dass die Gesellschafterversammlung der GmbH dem zustimmt (abw. *Wertenbruch* NZG 2016, 1081 (1086); MüKoHGB/*Grunewald* § 161 Rn. 82; die Frage offen lassend BGH 19.4.2016, NZG 2016, 826 (828)).

157 Grundsätzlich gilt auch bei der GmbH & Co. KG für die **Geschäftsführerhaftung** aus § 280 BGB der Sorgfaltsmaßstab gem. § 708 BGB. Hiernach hat die Komplementär-GmbH nur die Sorgfalt in eigenen Angelegenheiten einzuhalten (Einzelheiten bei § 708 BGB). Diese **Haftungsprivilegierung** ist auf natürliche Personen zugeschnitten und gilt daher bei der KG unter Beteiligung einer Komplementär-GmbH nicht. Deren Geschäftsführer haben vielmehr in allen Belangen gem. § 43 Abs. 1 GmbHG die **objektive Sorgfalt eines ordentlichen Geschäftsleiters** anzuwenden und hierbei auch die Interessen der KG zu wahren (so für die Publikums-KG BGH 4.7.1977, BGHZ 69, 207 (209 f.) = NJW 1977, 2311; → Rn. 102; für die „normale" GmbH & Co. KG auch BGH 22.9.2020, WM 2020, 2035 Rn. 33 ff.; zur AG & Co. KG *Otte* NZG 2011, 1013). Im Rahmen des Zulässigen sind vertragliche Haftungsprivilegierungen zu Gunsten des GmbH-Geschäftsführers jedoch auch bei der GmbH & Co. KG möglich (MüKoHGB/*Grunewald* § 161 Rn. 87; einschr. *Schneider* GmbHR 29017, 680 (682), wenn

keine Gesellschafteridentität vorliegt). Handelt der Geschäftsführer dieser Vorgabe zuwider, haftet er nach zutreffender hM aus seinem Dienstvertrag mit **Schutzwirkung zugunsten der KG** auch dieser gegenüber (vgl. BGH 12.11.1979, BGHZ 75, 321 = NJW 1980, 589). Richtigerweise ist dies auch für die gesetzliche Organhaftung aus § 43 Abs. 2 GmbHG zu bejahen (BGH 18.6.2013, NZG 2013, 1021 (1022); OLG München 21.3.2013, NZG 2013, 742 (743); OLG Köln 22.1.2009, NZG 2009, 1223; vgl. zur Haftung des Geschäftsführers wegen Untreue gegenüber der KG BGH 17.3.1987, BGHZ 100, 190 = NJW 1987, 2008 sowie bei der AG & Co. KG für § 93 Abs. 2 AktG *Otte* NZG 2011, 1013). Ist eine Haftung gegeben, bedarf es für die Geltendmachung durch die KG keines Gesellschafterbeschlusses in der GmbH gem. § 46 Nr. 8 GmbHG (BGH 24.3.1980, BGHZ 76, 326 = NJW 1980, 1524 (1527); OLG Köln 22.1.2009, NZG 2009, 1223). Auch kann ein Kommanditist einen solchen Anspruch subsidiär nach den Regeln der **actio pro socio** geltend machen (LG Berlin 10.12.2012, BeckRS 2013, 02852; MüKoHGB/*Grunewald* § 161 Rn. 72; abw. BGH 19.12.2017, NZG 2018, 220; dagegen überzeugend *Bochmann* GmbHR 2018, 289 (294); *Mock* ZGR 2018, 796 (804 ff.); *K. Schmidt* JZ 2018, 365). Kommanditisten können keine Geschäftsführerhaftung auf eigene Rechnung geltend machen, dsoweit es sich um bloße **Reflexschäden** handelt (vgl. BGH 15.4.2014, NZG 2014, 780 (782)). – Unter denselben Aspekten entfaltet auch die **Treuepflicht eines GmbH-Gesellschafters** Drittwirkung: Hat der Mehrheitsgesellschafter der Komplementär-GmbH den Geschäftsführer veranlasst, zum Nachteil der KG zu handeln, kann ein Kommanditist gegen ihn unmittelbar Schadensersatzansprüche auf Leistung in das KG-Vermögen geltend machen (BGH 5.6.1975, NJW 1976, 192). Die vorbehaltslose **Entlastung** der Komplementärin bewirkt zugleich die Entlastung von deren Geschäftsführer (BGH 22.9.2020, WM 2020, 2035 Rn. 20).

2. Bei der GmbH. Die Geschäftsführung in der Komplementär-GmbH obliegt gem. §§ 35, 37 Abs. 1 GmbHG dem weisungsgebundenen Geschäftsführer. Die Ausübung der Geschäftsführung ist auch die Vertretung der GmbH bei den innergesellschaftlichen Angelegenheiten in der KG, vor allem bei Grundlagenentscheidungen und sonstigen Gesellschafterbeschlüssen. Ist der GmbH-Geschäftsführer zugleich Kommanditist, bedarf es hierfür einer **Befreiung vom Verbot des Selbstkontrahierens** iSv § 181 BGB (§ 35 Abs. 3 S. 1 GmbHG; abw. bei der Ein-Personen-GmbH & Co. KG zum früheren Recht BGH 19.11.1979, BGHZ 75, 358 = NJW 1980, 932). Eine derartige Befreiung ad hoc ist bei der einstimmigen Beschlussfassung in der KG zu bejahen (BGH 25.4.1976, NJW 1976, 1538). Die Bestellung und Abberufung der Geschäftsführer obliegt den Gesellschaftern der Komplementär-GmbH; sie haben hierbei auf die Belange der Kommanditisten Rücksicht zu nehmen (*Hopt* ZGR 1979, 1 (15)). Im Gesellschaftsvertrag der GmbH kann vereinbart werden, dass das Weisungsrecht gem. § 37 Abs. 1 GmbHG durch die Kommanditisten ausgeübt wird (vgl. *Konzen* NJW 1989, 2982). 158

3. Wettbewerbsverbot. Für die **Komplementär-GmbH** gelten die dispositiven §§ 112, 113 ohne Weiteres (OLG Frankfurt a. M. 15.4.1982, BB 1982, 1384); in denselben Grenzen gilt auch die Geschäftschancenlehre (vgl. zur GbR OLG Koblenz 5.8.2010, NZG 2010, 1182). Von diesem Wettbewerbsverbot betroffen sind hingegen nicht auch deren **Organwalter** (vgl. zur AG & Co. KG BGH 9.3.2009, WM 2009, 1138; abw. *Otte* NZG 2011, 1013 (1015 f.) unter Hinweis auf OLG Köln 20.1.2008, NZG 2009, 306). Der (Fremd-)Geschäftsführer der GmbH unterliegt jedoch einer intensiven Treuepflicht, woraus insbesondere resultiert, dass er die Gesellschaftsressourcen nicht zu eigenen privaten Zwecken ausnutzen darf (BGH 9.11.1967, BGHZ 49, 30 (31) = NJW 1968, 396; OLG Naumburg 30.11.1998, NZG 1999, 353). Dies wirkt richtigerweise auch zugunsten der KG (*Rieger* BB 1983, 90) und begründet so im Ergebnis eine mit §§ 112, 113 vergleichbare Rechtslage. Die **Kommanditisten** unterliegen gem. § 165 im dispositiven gesetzlichen Regelfall keinem Wettbewerbsverbot. Etwas anderes gilt nur, wenn sie Einfluss auf die Geschäftsführung nehmen, insbesondere eine komplementärähnliche Stellung inne haben (BGH 5.12.1983, BGHZ 89, 162 (164) = NJW 1984, 1351). Ein vertraglich vereinbartes Wettbewerbsverbot ist kartellrechtlich nur dann wirksam, wenn der Kommanditist eine beherrschende Stellung in der Gesellschaft inne hat (OLG Frankfurt a. M. 17.3.2009, NZG 2009, 903). **GmbH-Gesellschafter** unterliegen bei der mehrgliedrigen Gesellschaft einem Wettbewerbsverbot, wenn sie einen bestimmenden Einfluss auf die GmbH ausüben können (für die GmbH & Co. KG BGH 5.12.1983, BGHZ 89, 162 = NJW 1984, 1351); etwas anderes gilt bei der Ein-Personen-GmbH (vgl. BGH 7.1.2008, NJW-RR 2008, 629). 159

X. Vertretung

Im Außenverhältnis tritt regelmäßig die KG auf, sodass es deren wirksamer Vertretung bedarf. Die **organschaftliche Vertretung** obliegt gem. § 170 allein der **Komplementär-GmbH,** diese wiederum wird vertreten durch die **Geschäftsführer** (§ 35 GmbHG). Diese doppelt vermittelte Vertretung ist zur Wahrung der Offenkundigkeit des Vertreterhandelns für die KG anzugeben (BGH 18.3.1974, BGHZ 62, 216 (229) = NJW 1974, 1191; BGH 17.12.1987, BB 1988, 428). Eine Entziehung der Vertretungsmacht ist gem. § 127 möglich; im Einzelfall kann die Möglichkeit der Abberufung des GmbH-Geschäftsführers gem. § 38 GmbHG Vorrang haben (vgl. BGH 25.4.1983, NJW 1984, 173). 160

Die Entziehung der Vertretungsmacht ist wegen des Grundsatzes der Selbstorganschaft auch unzulässig, wenn es keine weiteren Komplementäre gibt (BGH 9.12.1968, BGHZ 51, 198 (200) = NJW 1969, 507). Möglich bleibt insofern nur die Möglichkeit zur Ausschließung der Komplementär-GmbH gem. § 140 oder der Erhebung der Auflösungsklage gem. § 133. Im Hinblick auf das **Verbot des Selbstkontrahierens** und der Mehrfachvertretung gem. § 181 BGB sind verschiedene Konstellationen zu unterscheiden: Rechtsgeschäfte zwischen KG und GmbH fallen auf Seiten der KG stets hierunter (BGH 19.4.2016, NZG 2016, 826 (827); BGH 15.4.2014, NZG 2014, 780 (781), auf Seiten der GmbH nur, falls derselbe Geschäftsführer handelt. Stets müssen auf beiden Seiten des Rechtsgeschäfts die Voraussetzungen gem. § 181 BGB vorliegen (MüKoHGB/*Grunewald* § 161 Rn. 76), was gesondert und ggf. differenziert zu prüfen ist (*Mielke* BB 2017, 1734 (1735). Eine entsprechend Befreiung muss grundsätzlich in den jeweiligen Gesellschaftsverträgen vorgesehen sein. Bei Ein-Personen-GmbH & Co. KG kommt aber auch eine ad hoc-Befreiung durch den handelnden selbst in Betracht (vgl. BGH 15.4.2014, NZG 2014, 780 (781)). Ist eine GmbH Komplementärin mehrerer KG, ist § 181 BGB zu beachten, wenn die KG miteinander Verträge schließen; die Mehrfachvertretung kann jedoch gestattet werden (KG 4.12.2012, NZG 2013, 136).

161 **Rechtsgeschäftliche Vollmachten** können auch den Kommanditisten sowie sonstigen Personen erteilt werden. Wegen des Grundsatzes der **Selbstorganschaft** ist eine Bindung der Komplementär-GmbH an die Mitwirkung anderer Personen jedoch unzulässig (BGH 25.5.1964, BGHZ 41, 367 (369) = NJW 1964, 1624). Wurde einem Kommanditisten Prokura erteilt, gilt für den Widerruf im Innenverhältnis § 127 entsprechend (BGH 22.7.1955, BGHZ 17, 392 (394) = NJW 1955, 1394); § 116 Abs. 3 S. 2 ist bei der Prokura eines Prokuristen regelmäßig abbedungen, sodass es für den Widerruf eines Gesellschafterbeschlusses bedarf (vgl. OLG Karlsruhe 27.11.1973, BB 1973, 1551). Wurde der grundlose Widerruf einer Prokura gem. § 52 nach außen wirksam, kann der Kommanditist einen Anspruch auf Neuerteilung haben (OLG Saarbrücken 6.3.1968, JZ 1968, 386). Der GmbH-Geschäftsführer kann auch Prokurist der KG sein (OLG Hamburg 15.12.1960, GmbHR 1961, 128; OLG Hamm 8.2.1973, BB 1973, 354). In derartigen Gestaltungen ist jedoch zu beachten, dass sich das bei **Gesamtvertretung** bestehende Gebot des Zusammenwirkens auf die jeweiligen Rechtsträger beziehen muss, es mithin unzulässig ist, wenn ein gesamtvertretungsbefugter Prokurist der KG mit einem gesamtvertretungsbefugten Prokuristen oder Geschäftsführer der GmbH handelt (vgl. OLG Hamburg 15.12.1960, GmbHR 1961, 128). Die Erteilung einer **Generalvollmacht** ist möglich, dies kann jedoch nicht ins Handelsregister eingetragen werden (OLG Hamburg 4.12.2008, NZG 2009, 957).

XI. Gesellschafterbeschlüsse

162 Gesellschafterbeschlüsse in der KG bedürfen im dispositiven gesetzlichen Regelfall der Zustimmung aller Gesellschafter (§ 119 Abs. 1); für die Willensbildung in der GmbH gelten die §§ 45 ff. GmbHG (Einzelheiten jeweils dort). Bei der Einheits-KG obliegt die Vertretung der KG in der Gesellschafterversammlung der Komplementär-GmbH den Geschäftsführern der GmbH (vgl. KG 22.7.2019, NZG 2019, 1260). Bei personenidentischen GmbH & Co. KG ist es im Übrigen oftmals gewünscht, die Willensbildung in den beiden Gesellschaften mittels identischer **Stimmgewichte der Beteiligten synchron** auszugestalten. Hierzu ist es insbesondere möglich, die GmbH in der Gesellschafterversammlung der KG vom Stimmrecht auszuschließen (vgl. BGH 24.5.1993, NJW 1993, 2100; weitergehend für einen solchen Ausschluss auch bei der nicht personenidentischen GmbH & Co. KG OLG München 16.1.1998, GmbHR 1999, 81 (83); *Binz/Sorg* GmbH & Co. KG-HdB § 4 Rn. 29). Vgl. zum Stimmverbot wegen Interessenkollisionen in Anlehnung an § 47 Abs. 4 GmbHG BGH 7.2.2012, NZG 2012, 625.

XII. Informationsrechte

163 **1. In der GmbH.** Die **GmbH-Gesellschafter** haben das Auskunfts- und Einsichtsrecht gem. § 51a GmbHG. Dieses ist zwingend (BGH 11.7.1988, GmbHR 1988, 434 (435)) und erstreckt sich auch auf solche Angelegenheiten der KG, die aufgrund rechtlicher oder wirtschaftlicher Erwägungen zugleich Angelegenheiten der GmbH sind (dies als rechtssystematisch falschen „Informations-Durchgriff" abl. *Binz/Sorg* GmbH & Co. KG-HdB § 5 Rn. 101 f., sofern keine Einheitsgesellschaft vorliegt). Eine Einschränkung, wonach dies nur dann gilt, wenn der GmbH-Gesellschafter zugleich Kommanditist ist, erscheint nicht als geboten (abw. wohl BGH 10.7.1988, NJW 1989, 225). Die stets drohende Haftung der GmbH über § 128 erfordert regelmäßig eine wirtschaftliche Gesamtbetrachtung und begründet so auch ein Informationsbedürfnis des Gesellschafters, der nicht zugleich Kommanditist ist. Auf eine Differenzierung von Publikumsgesellschaften und „normalen" GmbH & Co. kommt es daher nicht an. Das Informationsbedürfnis ist wegen der drohenden wirtschaftlichen Nachteile infolge von § 128 ebenfalls regelmäßig zu bejahen (einschr. Baumbach/Hueck/*Zöllner/Noack* GmbHG § 51a Rn. 13: Informationsbedürfnis ist geringer als beim Unternehmensverbund von Kapitalgesellschaften).

164 **2. In der KG.** Für die **Kommanditisten** gilt im Ausgangspunkt § 166, ergänzt durch ein darüber hinausgehendes allgemeines Informationsrecht sowie ein kollektives Auskunftsrecht (→ § 166 Rn. 1 ff. sowie für Publikumsgesellschaften → Rn. 93 ff.). Beim Nur-Kommanditisten erstrecken sich diese Informationsrechte nur auf die KG; § 51a GmbHG gilt nicht analog (hM, vgl. *Binz/Sorg* GmbH & Co. KG-HdB § 5 Rn. 99; abw. Roth/Altmeppen/*Roth* GmbHG § 51a Rn. 43; abw. zumindest bei Publikumsgesellschaften KKRD/*Kindler* § 166 Rn. 4; vgl. hierzu auch *K. Schmidt* NZG 2011, 361). Auf der Grundlage des bisherigen Verständnisses, § 166 als auf die beschränkten Mitverwaltungsrechte des Kommanditisten und dessen Vermögensinteressen funktionsgebundenes Informationsrecht zu sehen (vgl. BGH 23.3.1992, ZIP 1992, 758 (759 f.)), erscheint die hM als konsequent. Aus Gründen der Rechtssicherheit sollten die Kommanditisten daher darauf drängen, dass ihnen ein entsprechend weiteres Informationsrecht vertraglich eingeräumt wird. Die GmbH hat als geschäftsführungsbefugte **Komplementärin** Zugang zu allen Gesellschaftsinformationen (vgl. auch § 118). Vgl. zum Informationsrecht des ausgeschiedenen Gesellschafters *Dißars* DStR 2020, 1514.

XIII. Buchführung, Gewinnverteilung

165 Die **KG** unterliegt im Ausgangspunkt aufgrund der allgemeinen handelsrechtlichen Regeln der Buchführungspflicht gem. §§ 238 ff. Nach § 264a unterfällt sie wegen der alleinigen Komplementär-Stellung einer GmbH jedoch den verschärften Regelungen für Kapitalgesellschaften gem. §§ 264 ff. Hieraus resultiert zum einen die Pflicht zur **Aufstellung eines standardisierten Jahresabschlusses** (Bilanz, GuV und Anhang) sowie die Anfertigung eines Lageberichts; zum anderen besteht gem. §§ 316 ff. die Pflicht zur **Prüfung** (hierzu *Hüttche/Maurer* GmbHR 2001, 841) und **Offenlegung** (auch in der Liquidation, vgl. LG Bonn 20.11.2009, ZIP 2010, 676). Nach § 325 Abs. 2a kann der Jahresabschluss auch nach IFRS angefertigt und offengelegt werden (vgl. auch § 291). Für die Gewinnermittlung und Gewinnverteilung s. die Erläuterungen zu §§ 167–169. Für die **GmbH** gelten ohne Weiteres die allgemeinen Buchführungs- und Bilanzierungsregeln gem. §§ 238 ff., 264 ff. Für die Gewinnermittlung und Gewinnverteilung s. die Erläuterungen zu § 29 GmbHG.

XIV. Ausscheiden von Gesellschaftern, Auflösung

166 Für die Auflösung der GmbH gelten die §§ 60 ff. GmbHG, für die Auflösung der KG die § 161 Abs. 2, §§ 131 ff. Für das Ausscheiden von **GmbH-Gesellschaftern** s. die Erläuterungen zu § 15 GmbHG (Übertragung der Geschäftsanteile) sowie zu § 34 GmbHG (Kaduzierung) und Anh. § 34 GmbHG (Ausschließung aus wichtigem Grund). Die **Kommanditisten** können ihre Gesellschaftsanteile nur dann selbstständig veräußern, wenn dies im Gesellschaftsvertrag zugelassen wurde; ansonsten bedarf es der Zustimmung aller Mitgesellschafter zum Austritt und der Aufnahme des neuen Gesellschafters (Einzelheiten bei § 105). Wurde vertraglich vereinbart, dass ein Gesellschafter seine Stellung in KG und GmbH nur einheitlich übertragen kann, gilt § 15 Abs. 4 GmbHG auch für den Kommanditanteil (BGH 5.11.1979, NJW 1980, 1522). Beim Tod des Kommanditisten gilt § 177, bei der Insolvenzeröffnung über dessen Vermögen § 131 Abs. 3 Nr. 2. Letzteres ist zwingend (vgl. *Göcke* NZG 2009, 211). Scheiden alle Kommanditisten aus, kommt es zur sofortigen Vollbeendigung der KG (AG Köln 23.4.2009, NZG 2009, 1074).

167 Wird über das Vermögen der **Komplementär-GmbH** das Insolvenzverfahren eröffnet, wird diese gem. § 60 Abs. 1 Nr. 4 GmbHG aufgelöst. Dies führt gem. § 131 Abs. 3 Nr. 2 nur zum Ausscheiden aus der KG, nicht jedoch sogleich zur Auflösung der KG (so aber BGH 15.3.2004, NZG 2004, 611). Diese beschränkte Rechtsfolge ist nicht interessengerecht, sodass der Wegfall des einzigen Komplementärs zugleich auch die Auflösung der KG bewirken sollte (so auch MüKoHGB/*K. Schmidt* § 131 Rn. 76: konsolidierte Abwicklung beider Gesellschaften; → § 131 Rn. 48 ff.). Wollen die verbleibenden Kommanditisten die KG mit einem neuen Komplementär fortführen, bedarf es eines Fortsetzungsbeschlusses (vgl. BGH 12.11.1952, BGHZ 8, 37). Denkbar ist auch, von vornherein eine „Reserve-GmbH" als Ersatz-Komplementär vorzusehen (*Binz/Sorg* GmbH & Co. KG-HdB § 7 Rn. 8 mwN; *Krings/Otte* NZG 2012, 761). Wird das Insolvenzverfahren über die GmbH mangels Masse nicht eröffnet, führt dies gem. § 60 Abs. 1 Nr. 5 GmbHG zwar zu deren Auflösung, gem. § 131 Abs. 3 Nr. 2 e contrario jedoch nicht zu deren Ausscheiden aus der KG und nach hM auch nicht zu deren Auflösung (BGH 8.10.1979, BGHZ 75, 181 = NJW 1980, 233; abw. MüKoHGB/*K. Schmidt* § 131 Rn. 74).

C. Geschlossene Investment-KG gem. KAGB

I. Allgemeines

168 Im Zuge des **KAGB 2013** wurde auch das Recht der geschlossenen Fonds grundlegend reformiert. Anstelle des eher konturenlosen und gesetzlich nicht hinreichend ausdifferenzierten Rechts der Publikumsgesellschaften (→ Rn. 1 ff.) gibt es nunmehr auch **spezielle Produktregeln** für geschlossene

Fonds. Diese gelten zunächst nur für die vom KAGB regulierten Rechtsformen, dürften in Zukunft jedoch auch in anderen Bereichen des Gesellschaftsrechts Ausstrahlungswirkung entfalten.

169 **1. Rechtsformzwang.** Nach § 139 KAGB sind für Neugründungen allein die Investment-AG mit fixem Kapital (§§ 140–148 KGB) und die **geschlossene Investment-KG** (§§ 149–161 KAGB) zulässig (abw. *Wallach* ZGR 2014, 289 (296), der für geschlossene Fonds auch die KGaA anerkennt, was in Bezug auf die Börsengängigkeit der Kommanditanteile eine erhebliche Verbesserung darstellen würde). Unabhängig von dieser bislang ungeklärten Frage entspricht jedenfalls die geschlossene Investment-KG dem traditionellen Grundmodell der geschlossenen Fonds als Personengesellschaft und wird daher künftig erhebliche Bedeutung haben. Gemäß § 149 Abs. 1 S. 2 KAGB gelten die Regelungen des HGB nur subsidiär; hieraus folgt, dass die Investment-KG nur eine **besondere Ausgestaltung der KG** ist und keine eigenständige Rechtsform (*Casper* ZHR 179 (2015), 44 (79)). Hiervon abzugrenzen ist die gem. § 18 Abs. 1 KAGB vorgesehen Möglichkeit, dass eine GmbH & Co. KG externe Kapitalverwaltungsgesellschaft für Investmentvermögen ist (hierzu MüKoHGB/*Grunewald/Brings* Anh. § 161 Rn. 156 f.).

170 Die **Publikums-GbR** und andere Varianten der Publikumsgesellschaft, zum Beispiel die **(mehrgliedrige) stille Beteiligung,** sind im Anwendungsbereich des KAGB indessen nunmehr unzulässig (*Servatius* ZfIR 2014, 134; *Freitag* NZG 2013, 329 (330); BTMB InvG/*Könnecke* KAGB § 149 Rn. 5; Staub/*Casper* § 161 Rn. 263; für eine gesetzliche Neukonzeption der stillen Beteiligung im Kapitalmarktrecht aber *Wiedemann* NZG 2016, 1). Gemäß § 353 Abs. 1 KAGB besteht aber ein zeitlich unbeschränkter **Bestandschutz für Altgesellschaften,** die vor dem 22.7.2013 gegründet wurden und nach dem 21.7.2013 keine zusätzlichen Anlagen tätigen (hierzu *Niewerth/Rybarz* WM 2013, 1154 (1156 f.); *Voigt/Busse* BKR 2013, 184 (187)).

171 Der abschließende Charakter der KAGB-Regeln beschränkt die Vereinigungsfreiheit gem. Art. 9 Abs. 1 GG, ist jedoch vor dem Hintergrund der damit verbundenen **Stärkung des Anlegerschutzes** zu begrüßen (*Servatius* ZfIR 2014, 134). Das bisherige Recht der Publikumspersonengesellschaften war insbesondere im Bereich der GbR nur schwach konturiert. Es gab nahezu keinerlei aussagekräftige gesetzliche Vorgaben, wonach ein Anleger die organisatorische Ausgestaltung und das Haftungsregime bei der GbR einigermaßen verlässlich ableiten konnte. Soweit § 2 Abs. 5 KAGB **Erleichterungen für Klein-AIF** vorsieht, ändert dies am numerus clausus letztlich nichts, denn diese müssen gem. § 44 Abs. 1 Nr. 6 KAGB ebenfalls als Personenhandelsgesellschaft organisiert sein.

172 Sollte eine Publikumsgesellschaft verbotenerweise nicht als Investment-KG betrieben werden, machen sich die Initiatoren und Verwalter nach § 339 KAGB **strafbar.** Verstöße gegen die öffentlich-rechtliche Erlaubnispflicht des Vertriebs von Fondsbeteiligungen gem. § 34c GewO bewirken indessen **keine Nichtigkeit** der Gesellschaftsverträge (*Freitag* NZG 2013, 329 (330)). In diesen Fällen kommt es somit nur zur Auflösung gem. § 726 BGB, wenn die rechtmäßige Verwirklichung des Gesellschaftszwecks unmöglich wird (*Servatius* ZfIR 2014, 134 (135)); dies gilt insbesondere bei Erlass einer Untersagungsverfügung seitens der BaFin gem. § 15 KAGB (vgl. zum KWG BVerwG 24.2.2010, ZIP 2010, 1170 und BGH 30.1.2018, NZG 2018, 539). Sofern die Gesellschafter es wollen, besteht aber auch die Möglichkeit, die Gesellschaft identitätswahrend in eine Investment-KG **umzuwandeln** (weitergehend *Casper* ZHR 179 (2015), 44 (53): Anspruch jedes Gesellschafters auf Umwandlung; im Grundsatz auch MüKoHGB/*Grunewald/Brungs* Anh. § 161 Rn. 17).

173 **2. Mindestkapital.** Eine wesentliche, für die Praxis aber relativ leicht zu nehmende Hürde ist das nunmehr erforderliche Mindesteigenkapital. Nach § 25 Abs. 1 Nr. 1 lit. a KAGB beträgt dies 300.000 EUR. Das von den Anlegern eingeworbene Kommanditkapital wird hierauf angerechnet (*Wallach* ZGR 2014, 289 (307)).

174 **3. Risikomischung.** Das Gebot der Risikomischung ist seit jeher eine zentrale „Fondsidee" und Leitgedanke des Investmentrechts. Im Bereich des grauen Kapitalmarkts gab es indessen hierfür keine normative Absicherung. Bei den geschlossenen Fonds war die Risikostreuung daher eher die Ausnahme, vielfach existieren Ein-Objekt-Gesellschaften. Nach § 262 Abs. 1 KAGB haben nunmehr jedoch auch geschlossene Fonds im Regelfall das Gebot der Risikomischung zu beachten (*Niewerth/Rybarz* WM 2013, 1154 (1165); kritisch hierzu *Servatius* ZfIR 2014, 134 (137 f.)). Gemäß § 262 Abs. 2 KAGB kann hiervon unter bestimmten Voraussetzungen abgewichen werden.

175 **4. Beschränkung des *Leverage*.** Nach § 263 Abs. 1 KAGB dürfen Kredite nur bis zur Höhe von 60 % des Fondsvermögens aufgenommen werden. Die Möglichkeit, einen positiven *Leverage*-Effekt und damit eine Steigerung der Eigenkapitalrendite zu erzielen, wird somit eingeschränkt (zu den Folgen *Hübner* WM 2013, 106 (112)). Die starre Begrenzung stellt nunmehr bei geschlossenen Fonds eine härter wirkende Einschränkung dar als dies bei den offenen Publikumsfonds gilt (vgl. § 215 KAGB: nicht betragsmäßig fixierte Beschränkung des *Leverage* durch die BaFin).

II. Gesellschaftsvertrag und Anlagebedingungen

1. Schriftform. Nach § 150 Abs. 1 KAGB bedarf der Gesellschaftsvertrag abweichend vom Grundmodell der Schriftform nach § 126 BGB. Dies schafft Transparenz und Rechtssicherheit zugunsten der Anleger und hat zudem eine wichtige Funktion bei der **objektiven Auslegung** (*Servatius* ZfIR 2014, 134 (138 f.); → Rn. 5 f.). Die Schriftform ist auch bei **Vertragsänderungen** zu wahren (MüKoHGB/*Grunewald/Brungs* Anh. § 161 Rn. 66). Bei Nichtbeachtung droht Nichtigkeit nach § 125 S. 1 BGB, allerdings sind die Rechtsfolgen nach der Lehre von der fehlerhaften Gesellschaft beschränkt (*Freitag* NZG 2013, 329 (333); *Casper* ZHR 179 (2015), 44 (54); → Rn. 27 ff.). 176

2. Unternehmensgegenstand. Gemäß § 150 Abs. 2 KAGB ist ein Unternehmensgegenstand im Gesellschaftsvertrag festzulegen. Dieser darf ausschließlich die Anlage und **Verwaltung der Mittel** nach einer festgelegten Anlagestrategie zur gemeinschaftlichen Kapitalanlage **zum Nutzen der Anleger** sein. Dies bewirkt eine weitere Annäherung des Rechts der Personengesellschaften an körperschaftliche Denkfiguren (*Servatius* ZfIR 2014, 134 (139)). Der Begriff des Unternehmensgegenstands findet bislang im Recht der Personengesellschaften keine Erwähnung, er ist jedoch charakteristisch im Recht der AG und GmbH. Dort kennzeichnet der Unternehmensgegenstand das Mittel zur Verwirklichung des Gesellschaftszwecks (§ 23 Abs. 3 Nr. 2 AktG, § 3 Abs. 1 Nr. 3 GmbHG). Er hat daher eine besondere normative Bedeutung im Bereich der Binnenorganisation der Gesellschaft als Handlungsvorgabe für die Verwaltung des Gesellschaftsvermögens (vgl. nur § 82 Abs. 2 AktG und § 37 Abs. 1 GmbHG). Bei den Personengesellschaften ist dieses normative Stufenverhältnis zwischen Zweck und Mittel hingegen nur schwach ausgeprägt, sodass die verhaltenssteuernde Wirkung derartiger Vorgaben durch den indifferenten Rekurs auf den „Gesellschaftszweck" iSv § 705 BGB stark relativiert wird. Insofern ist es nur zu begrüßen, wenn die **gesellschaftsvertragliche Ausgestaltung der Mittel-Zweck-Relation** als interne Handlungsvorgabe für die Geschäftsführung nunmehr hinreichend deutlich gefordert wird. Dies stärkt die Justiziabilität von Verwaltungshandeln im Fonds und bietet daher eine bessere Gewähr, dass die Anlegerinteressen auch verwirklicht werden (sog. Prinzipal-Agenten-Problem). Vgl. zum Gebot der Risikomischung → Rn. 174; zur Beschränkung des *Leverage* → Rn. 175. 177

3. Anlagebedingungen. Die Anlagebedingungen gem. § 151 KAGB haben den Zweck, die im Unternehmensgegenstand festgelegte Anlagestrategie zu **präzisieren.** Nach § 151 S. 1 KAGB sind sie nicht Bestandteil des Gesellschaftsvertrages, was gem. § 267 Abs. 3 KAGB die leichtere **Änderbarkeit** außerhalb der Gesellschafterversammlung ermöglicht (*Casper* ZHR 179 (2015), 44 (54 f.); kritisch *Servatius* ZfIR 2014, 134 (139): Gleichbehandlung von Gesellschaftsvertrag und Anlagebedingungen geboten; anders *Wallach* ZGR 2914, 289 (298): Schuldrechtlicher Vertrag zwischen jedem Anleger und der KG, was im Bereich der gesellschaftsrechtlich strukturierten Fonds überhaupt nicht überzeugt). Unabhängig von diesen dogmatischen Streitfragen müssen aber jedenfalls die Anlagebedingungen und der Gesellschaftsvertrag inhaltlich aufeinander abgestimmt sein (MüKoHGB/*Grunewald/Brungs* Anh. § 161 Rn. 85). Vgl. zu nachträglichen Änderungen § 267 Abs. 3 KAGB; auch jenseits dieser tatbestandlich erfassten Erleichterungen ist es sachgerecht, die Regelungen für die Änderung des Gesellschaftsvertrages anzuwenden, mithin keine individuelle Zustimmung aller aktuellen Anleger zu fordern (Erst-recht-Schluss; abw. *Wallach* ZGR 2914, 289 (298); zustimmend MüKoHGB/*Grunewald/Brungs* Anh. § 161 Rn. 87). Nach § 151 S. 3 KAGB ist in allen Fällen, in denen der Gesellschaftsvertrag veröffentlicht, ausgehändigt oder in anderer Weise zur Verfügung gestellt werden muss, auf die jeweiligen Anlagebedingungen zu verweisen und sind diese ebenfalls zu veröffentlichen, auszuhändigen oder in anderer Weise zur Verfügung zu stellen. 178

4. Inhaltskontrolle. Die in der Publikumsgesellschaft wesentliche Inhaltskontrolle gem. **§ 242 BGB** (→ Rn. 7 ff.) gilt auch bei der Investment-KG (*Casper* ZHR 179 (2015), 44 (55)). Trotz der detaillierten gesellschaftsrechtlichen Regelungen des KAGB ist dieses Regime nicht abschließend, was § 149 Abs. 1 S. 2 KAGB belegt. Der Verweis auf die Bestimmungen des HGB gilt nicht nur für das kodifizierte Recht, sondern auch für die Auslegung dieser Normen durch die Judikative mit der durch sie vorgenommenen Rechtsfortbildung zur Publikumsgesellschaft. Zudem hätte sonst die Investment-KG ein geringeres Schutzniveau als deren Vorgänger Publikumsgesellschaft gelten würde. Wegen des Vorrangs der KAGB-Regeln und deren Detailreichtum dürfte die Inhaltskontrolle in der Praxis aber eine weniger gewichtige Rolle einnehmen. 179

5. Firma. Für die Firma der geschlossenen Investment-KG gilt neben den allgemeinen Regeln § 4 Abs. 2 KAGB, welcher das Irreführungsverbot verschärft. Zudem muss die Gesellschaft gem. § 157 KAGB den **Rechtsformzusatz** „geschlossene Investmentkommanditgesellschaft" oder eine verständliche Abkürzung enthalten. Die Abkürzung „geschlInvKG" dürfte dem genügen (*Casper* ZHR 179 (2015), 44 (56), nicht aber „gInvKG" wegen der Gefahr der Verwechslung mit gemeinnützigen Gesellschaften (BTMB InvG/*Könnecke* § 157 Rn. 12; abw. *Casper* ZHR 179 (2015), 44 (56)). Hält eine GmbH die alleinige Komplementärstellung, muss deutlich werden, dass sich die Investmenttätigkeit auf 180 die KG bezieht (vgl. *Freitag* NZG 2013, 329 (333)). Die Bezeichnung **geschlossene Investment-GmbH & Co. KG** dürfte dem genügen (abw. *Casper* ZHR 179 (2015), 44 (56), unter Hinweis darauf, dass nicht deutlich werde, welche Gesellschaft im Investmentbereich tätig sei; weitere Gestaltungsmöglichkeiten bei BTMB InvG/*Könnecke* § 157 Rn. 15).

III. Rechtsstellung der Anleger

181 **1. Beitritt als Kommanditist.** Gemäß § 152 Abs. 1 S. 1 KAGB können sich Anleger grundsätzlich nur unmittelbar als Kommanditisten beteiligen (zu Treuhandlösungen → Rn. 188). Gemäß § 152 Abs. 4 KAGB wird der Beitritt zwingend erst mit **Eintragung ins Handelsregister** wirksam. Dies verhindert eine Haftung nach § 176 Abs. 2 HGB. Im Rahmen von § 176 Abs. 2 wird jedoch seit langem diskutiert, ob die unbeschränkte Haftung auch beim **Kommanditistenwechsel** Anwendung findet. Der BGH hat dies bejaht (BGH 21.3.1983, NJW 1983, 2258); in der Lit. stößt dies überwiegend auf Ablehnung (→ § 176 Rn. 19). Sofern der Gesetzgeber § 152 Abs. 4 KAGB nicht entsprechend ändert und den Kommanditistenwechsel mit einbezieht (hierfür *Servatius* ZfIR 2014, 134 (142)), sollte die Praxis daher auch bei der Investment-KG die Wirksamkeit der Übertragung wie bisher unter die aufschiebende Bedingung der Eintragung stellen.

182 **2. Einlagepflichten.** Gemäß § 152 Abs. 3 S. 1 KAGB erlischt mit Leistung der Einlage der Anspruch auf diese, was letztlich eine überflüssige Wiederholung von § 362 BGB ist. Die Regelung stellt aber für das **Innenverhältnis** zwingend klar, dass die Einlagepflicht auch bei zwischenzeitlicher Vermögensminderung infolge Ausschüttungen nicht wieder auflebt (BTMB InvG/*Könnecke* § 152 Rn. 91; zum Ganzen bei der normalen KG → Rn. 130). Nach § 152 Abs. 7 KAGB sind **Sacheinlagen unzulässig.** Dies verhindert eine etwaige Haftung nach § 172 Abs. 1 wegen Überbewertung. Wird hiergegen verstoßen, bleibt der Beitritt wirksam; eine Außenhaftung kommt nicht in Betracht (*Casper* ZHR 179 (2015), 44 (64)).

183 § 152 Abs. 3 S. 4 und 5 KAGB begründen ein **Verbot für Nachschusspflichten** (undeutlich MüKoHGB/*Grunewald/Brings* Anh. § 161 Rn. 115: Befreiung von Nachschusspflicht). Dies hat unmittelbare Bedeutung im Rahmen von § 735 BGB, wenn es bei der Liquidation um Zuzahlungen geht. Hiervor werden die Anleger nunmehr zwingend geschützt, was auf Kosten der Gläubiger geht. Darüber hinaus erfasst das Verbot jedoch auch § 707 BGB, sodass die Problematik der nachträglichen Leistungen im Zuge von **Sanierungen** (echte Nachschüsse, freiwillige Leistungen oder Kapitalerhöhungen) bei der Investment-KG nunmehr erheblich restriktiver gehandhabt werden muss. Dies betrifft die Frage nach Zustimmungspflichten und die **antizipierte Zustimmung** für Mehrheitsentscheidungen oder individuelle Leistungen (→ Rn. 74 ff.). Diese Gestaltungen sollten auch bei der Investment-KG nach wie vor zulässig sein (*Servatius* ZfIR 2014, 134 (142); MüKoHGB/*Grunewald/Brungs* Anh. § 161 Rn. 127; abw. Staub/*Casper* § 161 Rn. 192; *Wiedemann* NZG 2013, 1041 (1043); *Kupsch* Auszahlungen an Kommanditisten 190 f.). Man muss jedoch (im Lichte der neueren Rechtsprechung: wieder!) stärker als bisher darauf achten, ob die betreffenden Pflichten wirklich auf einer privatautonomen Entscheidung der Betroffenen beruhen. Nach Maßgabe derselben Erwägungen ist auch eine nachträgliche Erhöhung der Haftsumme zulässig.

184 **3. Haftung der Anleger.** Die Kommanditisten der Investment-KG haften grundsätzlich wie bei der normalen Publikumsgesellschaft (→ Rn. 97 ff.). Es gibt aber auch bedeutsame Beschränkungen. So können gem. § 152 Abs. 5 KAGB die Kommanditisten dem **Geschäftsbeginn** nicht zustimmen, bevor die Gesellschaft in das Handelsregister eingetragen ist. Dies verhindert eine Haftung nach § 176 Abs. 1 vor Eintragung der Gesellschaft. Die bislang vorherrschende Praxis, den Eintritt unter die aufschiebende Bedingung der Eintragung zu stellen, ist damit überflüssig (MüKoHGB/*Grunewald/Brungs* Anh. § 161 Rn. 116). Andererseits gilt auch bei der geschlossenen Investment-KG § 173, sodass neu eintretende Kommanditisten durchaus für etwaige Altverbindlichkeiten haften können.

185 **a) Ausschüttungen.** Besonderheiten bestehen auch gem. § 152 Abs. 2 S. 1 und 2 KAGB im Hinblick auf das **Wiederaufleben der Haftung gem. § 172 Abs. 4.** Hiernach bedürfen haftungsschädliche Ausschüttungen der Zustimmung des betroffenen Kommanditisten; dieser ist zuvor auf das Haftungsrisiko hinzuweisen. Das dahinterstehende gesetzgeberische Konzept ist eindeutig: es obliegt der Investment-KG bzw. der externen KVG, bei jeder (!) Ausschüttung den Anleger zu informieren, dass ein Wiederaufleben der Außenhaftung drohen kann und dass der Anleger auf dieser Grundlage durch eine bewusste Entscheidung das entsprechende Risiko übernimmt (pointiert *Kupsch* Auszahlungen an Kommanditisten 194 f.: Schutz des Anlegers vor Rechtsirrtum). Hieraus folgt zunächst, dass der entsprechende **Hinweis hinreichend deutlich** sein muss (Einzelheiten bei *Kupsch* Auszahlungen an Kommanditisten 197 ff.), gleichermaßen aber auch die individuelle **Zustimmung** des Anlegers (Einzelheiten bei *Kupsch* Auszahlungen an Kommanditisten 200 ff.). Diese darf nicht konkludent im Kontext einer Beschlussfassung untergehen (*Casper* ZHR 179 (2015), 44 (76); liberaler *Wiedemann* NZG 2013, 1041 (1042)); zudem muss sie wegen der Warnfunktion zeitlich vor der Ausschüttung erfolgen (MüKoHGB/

Grunewald/Brungs Anh. § 161 Rn. 113; *Kupsch* Auszahlungen an Kommanditisten 196 f.). Auch eine pauschale Generaleinwilligung, ggf. im Gesellschaftsvertrag selbst oder in der Beitrittserklärung, ist nicht ausreichend, da § 152 Abs. 2 S. 1 KAGB einen Konnex zwischen Einwilligung und konkreter Ausschüttung vorsieht (MüKoHGB/*Grunewald/Brungs* Anh. § 161 Rn. 113; *Kupsch* Auszahlungen an Kommanditisten 197; abw. *Eichhorn* WM 2016, 110 (115). Die **Beweislast** für Hinweis und Zustimmung trägt der Gläubiger, ggf. der Insolvenzverwalter (§ 171 Abs. 2). Dies folgt daraus, dass § 152 Abs. 2 S. 1 KAGB explizit vorsieht, dass eine (potentiell haftungsschädliche) Ausschüttung „nur mit Zustimmung" auf der Grundlage des zuvor erteilten Hinweises erfolgen darf (vgl. im Übrigen zur Beweislast → § 172 Rn. 82). Es handelt sich somit nicht um eine Privilegierung vom Wiederaufleben der Haftung, sondern um eine konstitutive Voraussetzung desselben.

Problematisch und gesetzlich nicht eindeutig geklärt sind die Folgen **fehlender Zustimmung** bzw. die Folgen des **fehlenden oder unzureichenden Hinweises.** Sieht man, wie hier wegen des eindeutigen Wortlauts von § 152 Abs. 2 S. 1 KAGB vertreten, diese Voraussetzungen als konstitutiv an, ein Wiederaufleben materiell-rechtlich herbeizuführen, ist es konsequent, dass bei Mängeln die **Außenhaftung ausscheidet,** ohne dass es auf andere Privilegierungstatbestände, etwa § 172 Abs. 5, ankäme (wohl auch *Zetzsche* AG 2013, 613 (625); *Kupsch* Auszahlungen an Kommanditisten 202 ff.; abw., auf Regressmöglichkeiten verweisend, was aber dem Anlegerschutz nicht gerecht wird, *Casper* ZHR 179 (2015), 44 (76 f.); *Freitag* NZG 2013, 329 (335), MüKoHGB/*Grunewald/Brungs* Anh. § 161 Rn. 114). Hiervon abzugrenzen ist die Frage, welche Folgen sich aus diesen Mängeln für das **Innenverhältnis** ergeben, soweit es um die hieraus begründete Rückforderung von Ausschüttungen geht, was sich keineswegs immer mit der Außenhaftung decken muss (vgl. hierzu allgemein → Rn. 130). Die wohl hM wendet hierauf § 152 Abs. 2 KAGB nicht an, sodass die interne Rückforderung konsequenterweise auch bei Hinweis- und Zustimmungsmängeln möglich ist (vgl. MüKoHGB/*Grunewald/Brungs* Anh. § 161 Rn. 111 mwN; jedenfalls auf Grund entsprechender vertraglicher Vereinbarung auch *Kupsch* Auszahlungen an Kommanditisten 189). Dies überzeugt nicht, denn hiernach würde der mit der Hinweispflicht und dem Zustimmungserfordernis als bewusste Risikoübernahme verstandene Anlegerschutz als eindeutiges gesetzliches Konzept im Ergebnis stark relativiert. Für den Anleger macht es nämlich keinen Unterschied, ob er Außen- oder Innenverhältnis zur Rückzahlung von Ausschüttungen verpflichtet ist. Es sprechen daher gute Gründe dafür, eine planwidrige Regelungslücke anzunehmen und die Hinweis- und Zustimmungspflicht auf **alle Ausschüttungen** zu erstrecken und auch die Rückforderbarkeit im Innenverhältnis hiervon abhängig zu machen. Der zwingende Charakter von § 152 Abs. 2 KAGB verhindert auch, diese Lösung durch gesellschaftsvertragliche Modifizierungen zu konterkarieren (abw. *Kupsch* Auszahlungen an Kommanditisten 189). 185a

b) Ausscheiden. Nach § 152 Abs. 6 S. 1 KAGB begründet die **Abfindung** nach Ausscheiden entgegen § 172 Abs. 4 **kein Wiederaufleben der Haftung.** Diese strikte, nicht an weitere Voraussetzungen geknüpfte Regelung ist im Hinblick auf die Interessen des ausscheidenden Anlegers sachgerecht, birgt jedoch für die verbleibenden Gesellschafter und später Hinzutretende auch **Risiken.** Ihnen werden nämlich abweichend von der bis dahin maßgeblichen Gleichbehandlung die wirtschaftlichen Risiken einseitig auferlegt (pessimistisch MüKoHGB/*Grunewald/Brungs* Anh. § 161 Rn. 117, wenn auf die Möglichkeit der Auflösung der Gesellschaft verwiesen wird). Bei der Berechnung der Abfindung muss daher noch stärker als bisher darauf geachtet werden, dass Gläubigerpositionen anteilig in Abzug gebracht werden. Trotz dieser wertungsmäßigen Friktionen sollte die Regelung konsequenterweise auch bei einer **Anteilsübertragung** ohne Rechtsnachfolgevermerk im Handelsregister gelten (*Casper* ZHR 179 (2015), 44 (68 f.); EBJS/*Paefgen* KAGB § 152 Rn. 9). 186

Darüber hinaus sieht § 152 Abs. 6 S. 2 KAGB **einen generellen Haftungsausschluss nach Ausscheiden** vor, soweit es um Gesellschaftsverbindlichkeiten geht. Im Hinblick auf Neuverbindlichkeiten ist die Regelung überflüssig, das Gleiche gilt im Hinblick auf das Wiederaufleben der Haftung infolge von Abfindungen wegen § 152 Abs. 6 S. 1 KAGB. Eine eigenständige Bedeutung entfaltet die Regelung daher nur, indem sie auch in den Fällen des § 15 Abs. 1 eine Haftung ausschließt, obwohl das Ausscheiden nicht eingetragen wurde (abw. WBA/*Paul* KAGB § 152 Rn. 30). Man darf im Übrigen aus § 152 Abs. 6 S. 2 KAGB nicht ableiten, dass andere Ansprüche, die bis zum Ausscheiden entstanden sind, hierdurch ebenfalls ausgeschlossen wären bzw. entfielen. Dies betrifft insbesondere die Fälle, in denen ein Anleger wegen einer Ausschüttung haftet oder eine Ausschüttung zurückzuzahlen hat (→ Rn. 185; abw. MüKoHGB/*Grunewald/Brungs* Anh. § 161 Rn. 117). 187

4. Treuhänderische Beteiligung. Nach § 152 Abs. 1 S. 2–4 KAGB besteht auch die Möglichkeit einer mittelbaren Beteiligung der Anleger über einen Treuhandkommanditisten. Insofern bedarf es wie bislang (→ Rn. 19) einer entsprechenden schuldrechtlichen **Treuhandabrede** zwischen Anleger und Treuhandkommanditisten. Gemäß § 152 Abs. 1 S. 3 KAGB hat der mittelbar beteiligte Anleger **im Innenverhältnis die gleiche Rechtsstellung wie ein Kommanditist.** Dies betrifft sämtliche Kommanditistenrechte und -pflichten, freilich jeweils bezogen auf die konkrete vermögensmäßige Beteiligung des Anlegers gem. Treuhandabrede (vgl. zur Gesellschafterversammlung (→ Rn. 197). Konsequenterweise gilt auch der Gerichtsstand gem. § 22 ZPO (vgl. nur normalen KG BayObLG 5.3.2020, 188

NZG 2020, 706 Rn. 23 ff.). Die konstruktive Umsetzung dieser Gleichstellung lässt das KAGB offen. Richtigerweise lässt man hier jedoch kaum Raum für vertragliche Gestaltungen, sondern stellt den Anleger vor allem in Bezug auf die entsprechenden Rechte als **gesetzliche Folge** von § 152 Abs. 1 S. 3 KAGB einem Kommanditisten gleich (so auch Oetker/*Oetker* § 161 Rn. 208; MüKoHGB/*Grunewald/Brungs* Anh. § 161 Rn. 145; abw. *Casper* ZHR 179 (2015), 44 (71): besondere Abreden erforderlich; für einen abdingbaren Direktanspruch gegen den Treuhänder auch LG Kleve 6.10.2015, BeckRS 2015, 18504).

189 Die **Gesellschafterhaftung** im Außenverhältnis trifft indessen allein den Treuhänder als Kommanditist nach Maßgabe von §§ 171, 172. Eine weitergehende Außenhaftung des Treugebers ist mit dem Konzept des Anlegerschutzes nicht vereinbar (*Casper* ZHR 179 (2015), 44 (72)). Der Treuhänder kann jedoch mittels vertraglicher oder gesetzlicher (§ 670 BGB) **Freistellungsansprüche** vom Anleger Regress oder Freistellung verlangen (→ Rn. 99). Dies gilt auch bei der Investment-KG. Ein konkludenter Ausschluss dieser Freistellungsansprüche ist möglich (*Casper* ZHR 179 (2015), 44 (74)), darf aber nicht fingiert werden. Ein bestehender Freistellungsanspruch ist frei **abtretbar** und kann daher auch von einem Fondsgläubiger geltend gemacht werden (→ Rn. 99; einschränkend im Hinblick auf die Abtretung zugunsten eines Initiators oder des Insolvenzverwalters *Casper* ZHR 179 (2015), 44 (74)). Daneben ist es auch bei der Investment-KG grundsätzlich möglich, dass sich Treugeber und Treuhänder **rechtsgeschäftlich verpflichten,** für Verbindlichkeiten der Fondsgesellschaft einzustehen (→ Rn. 100). Im Zuge des durch das KAGB verstärkten Anlegerschutzes sollte die **Inhaltskontrolle** solcher (ggf. AGB-mäßiger) Verpflichtungen indessen erheblich strikter durchgeführt werden als bislang.

190 Die interne **Freistellungspflicht** des Treugebers gegenüber dem Treugeber ist **akzessorisch** zu dessen (potentieller) Haftung im Außenverhältnis. Insofern kommt sie nur Betracht, soweit der Anleger seinen Anteil auf die Hafteinlage des Treuhandkommanditisten nicht geleistet hat (vgl. §v 171 Abs. 1 Alt. 1) oder infolge schädlicher Ausschüttungen eine **Einlagenrückgewähr** iSv § 172 Abs. 4 erfolgte, welche an den Anleger durchgerecht wurde. Für Letzteres bedarf es nach § 152 Abs. 2 S. 3 KAGB bei mittelbarer Beteiligung über einen Treuhandkommanditisten zusätzlich der **Zustimmung des Anlegers** (*Veith* BKR 2015, 233 (236); insofern gilt das Gleiche wie bei der Direktbeteiligung (→ Rn. 185 f.).

IV. Geschäftsführung, Vertretung

191 Das klassische Modell geschlossener Fonds als GmbH & Co. KG korrespondiert nicht reibungslos mit dem Regelungsmodell für geschlossene Investment-KG des KAGB. Dies betrifft zum einen die externe Verwahrstelle (→ Rn. 201), welche zusätzliche Kontrollfunktionen ausübt, die dem Personengesellschaftsrecht an sich fremd sind. Problematischer ist indessen die Notwendigkeit, eine externe oder interne Kapitalverwaltungsgesellschaft (KVG) gem. § 1 Abs. 12 und 13 KAGB in das KG-Recht zu integrieren. Aus der Perspektive des KAGB ist beides möglich: Bei einer **intern verwalteten Investment-KG** iSv § 17 Abs. 2 Nr. 2 KAGB ist die Komplementär-GmbH zugleich KVG (*Nierwerth/Rybarz* WM 2013, 1154 (1159); teilw. abw. MüKoHGB/*Grunewald/Brungs* Anh. § 161 Rn. 53, wonach sich die externe (!) KVG als Komplementärin beteiligen „könne“, was widersprüchlich ist; auch anders *Kupsch* Auszahlungen an Kommanditisten 187: Investment-KG selbst ist KVG). In diesem Fall muss die Komplementär-GmbH wegen des nach § 153 Abs. 1 S. 2 KAGB geltenden **Vier-Augen-Prinzips** mindestens zwei Geschäftsführer (natürliche Personen) haben; für die Vertretungsmacht gilt dies indessen nicht (kritisch *Freitag* NZG 2013, 329 (334)). Eine Ressortverteilung innerhalb der Geschäftsführung der Komplementär-GmbH ist möglich (MüKoHGB/*Grunewald/Brungs* Anh. § 161 Rn. 98). Bei der **extern verwalteten Investment-KG** iSv § 17 Abs. 1 Nr. 1 KAGB wird insofern eine andere Gesellschaft mittels Geschäftsbesorgungsvertrags bestellt (vgl. *Eichhorn* WM 2016, 145 (147 f.)), der dann die Anlage und Verwaltung des Fondsvermögens obliegt. In der Praxis herrscht Letzteres vor, weil sich hierüber das komplizierte Genehmigungsverfahren für KVG reduzieren lässt, indem dieses nicht für jede Fondsgesellschaft gesondert durchlaufen werden muss (vgl. *Wallach* ZGR 2014, 289 (300 ff.); MüKoHGB/*Grunewald/Brungs* Anh. § 161 Rn. 25). Aus gesellschaftsrechtlicher Perspektive ist diese Gestaltung freilich problematisch, denn sie kollidiert mit dem Grundsatz der **Selbstorganschaft** im Hinblick auf die organschaftliche Geschäftsführungsbefugnis und Vertretungsmacht, soweit diese Kompetenzen der Komplementär-GmbH auf Dritte externalisiert werden. Nach § 149 Abs. 1 S. 2 KAGB iVm. §§ 164, 114 obliegt den Komplementären die Geschäftsführung, nach §§ 125, 126 die Vertretung. Selbst wenn man daher angesichts des KAGB davon ausgehen muss, dass auch bei der geschlossenen Investment-KG eine externe KVG bestellt werden kann, darf dies richtigerweise keine Auswirkungen auf die unentziehbaren Gesellschafterkompetenzen des KG-Rechts haben. Die **Befugnisse der externen KVG** zur Vermögensverwaltung sind daher **lediglich abgeleitet,** mithin gem. §§ 164 ff. BGB bzw. § 185 BGB, ohne dass die organschaftliche Vertretungsmacht und Geschäftsführungskompetenz der Komplementär-GmbH hierdurch im Grunde angetastet werden. Die externe KVG erlangt somit keine organschaftliche Vertretungsmacht für die Investment-KG (OLG München 1.10.2015, NZG 2015, 1430, im Hinblick auf § 51 Abs. 1 ZPO; hierzu *Boxberger* GWR 2016, 1). Ihr muss eine

entsprechende rechtsgeschäftliche **Vollmacht** durch die Investment-KG eingeräumt werden (MüKoHGB/*Grunewald/Brungs* Anh. § 161 Rn. 106). Praktisch besteht freilich die Möglichkeit, dass die Vermögensverwaltung vollständig über die externe KVG abgewickelt wird. Im Ergebnis führt dies gleichwohl stets dazu, dass die Investment-KG dinglich und schuldrechtlich berechtigt und verpflichtet wird (vgl. *Wallach* ZGR 2014, 289 (314)); § 93 KAGB gilt insofern für die gesellschaftsrechtlich strukturierten Fonds nicht. Die **Entscheidung über eine interne oder externe Verwaltung** obliegt den Gesellschaftern der Investment-KG, die dies auch nachträglich mittels Änderung des Gesellschaftsvertrags (→ Rn. 198) beschließen können (MüKoHGB/*Grunewald/Brungs* Anh. § 161 Rn. 79).

Die Zulässigkeit einer extern verwalteten Investment-KG zieht es nach sich, dass im Hinblick auf die Vermögensverwaltung sowie die Erfüllung gesetzlicher Pflichten in diesem Fall **zwei verschiedene Kompetenzebenen** zu trennen sind, die sich aber faktisch überschneiden können (zum Ganzen auch *Böhme* BB 2014, 2380; *Boxberger* GWR 2016, 1 (3); *Reiner* GWR 2016, 136; *Eichhorn* WM 2016, 145 (148 f.); *Krause* NZG 2019, 170). Die gesellschaftsrechtliche Geschäftsführungsbefugnis als pflichtenbegründende Kompetenz obliegt zwingend der Komplementär GmbH; diese können und müssen dann an die KVG zur Ausübung delegiert werden. Die gesetzlichen Pflichten zur Anlage und Verwaltung des Fondsvermögens (vgl. § 17 Abs. 2 KAGB) sowie die übrigen Pflichten gem. §§ 26 ff. KAGB obliegen demgegenüber im Ausgangspunkt allein KVG; diese Pflichten wirken jedoch umgekehrt mittelbar zurück, indem hieraus Rückschlüsse auf die Geschäftsführungskompetenz der Komplementär-GmbH gezogen werden müssen. Praktisch und dogmatisch vollständig durchdrungen erscheint dieser Regulierungsansatz bislang noch nicht. Im Ergebnis besteht nämlich bei der extern verwalteten geschlossenen Investment-KG ein **komplexes Pflichtenbündel** für verschiedene Akteure. Es bestehen erhebliche Zweifel, ob diese im Einzelnen durchaus auch **quantitative Überregulierung** im Hinblick auf das ebenso banale wie auch wichtige Schutzanliegen zu Gunsten der Anleger-Gesellschafter effektiv ist. Rechtsstreitigkeiten in diesem Kontext sucht man bislang vergeblich. Es drängt sich daher die Vermutung auf, dass die Fondspraxis gegenüber konkreten und justiziablen normativen Vorgaben immun ist. 191a

1. Pflichtenmaßstab. Nach § 153 Abs. 1 S. 2 KAGB ist die Geschäftsführung (Komplementär-GmbH, ggf. auch die externe KVG, → Rn. 191 f.) verpflichtet, ausschließlich im **Interesse der Gesellschafter und der Integrität des Marktes** zu handeln. Diese begriffliche Umschreibung beruht auf den Vorgaben der AIFM-Richtlinie und zieht sich wie ein roter Faden durch das gesamte neue Investmentrecht. Sie stellt eine erhebliche Verbesserung der Corporate Governance geschlossener Fonds dar (so auch *Wiedemann* NZG 2013, 1041 (1043)). Die Erstreckung der Geschäftsleiterpflichten auf die Integrität des Marktes ist indessen nicht unproblematisch, denn Verantwortung für den Finanzmarkt kann durchaus den Partikularinteressen der Investment-KG und ihrer Gesellschafter entgegenstehen (*Casper* ZHR 179 (2015), 44 (62)). Wegen Art. 9 GG darf diese Schutzrichtung daher nur eine gegenüber der Zweckbindung untergeordnete Bedeutung haben (weitergehend für eine Verallgemeinerung dieser Ausweitung im Hinblick auf die Corporate Responsibility *Wiedemann* NZG 2013, 1041 (1043)). 192

Andererseits haben sich die Geschäftsführer gem. § 153 Abs. 1 S. 2 Nr. 3 KAGB nur um die **Vermeidung von Interessenkonflikten** zu bemühen und, wenn diese sich nicht vermeiden lassen, dafür zu sorgen, dass unvermeidbare Konflikte unter der gebotenen Wahrung der Interessen der Gesellschafter gelöst werden. Dies ist zu schwach. Generell gilt, dass Organwalter sich bei der Ausübung ihrer Organpflichten nicht illoyal verhalten dürfen (vgl. nur Spindler/Stilz/*Fleischer* AktG § 93 Rn. 68). Dieses wichtige Postulat darf nicht aufgeweicht werden. 193

Weiterhin treffen die Geschäftsleiter auch die **allgemeinen Verhaltens- und Organisationsanforderungen** gem. §§ 26–38 KAGB. Hierüber werden erhebliche, bislang vor allem im WpHG bekannte Wohlverhaltensregeln in das Gesellschaftsrecht implementiert. Diese decken sich teilweise mit den oben genannten Anforderungen gem. § 153 KAGB, präzisieren sie jedoch auch und zwingen vor allem zu umfangreicher **Dokumentation.** Nach § 2 Abs. 5 KAGB besteht für Fonds bis zu einem Volumen von 100 Mio. EUR eine **Privilegierung.** Die allgemeinen Verhaltens- und Organisationspflichten gelten hierbei nur nach Maßgabe des **Verhältnismäßigkeitsprinzips.** Dies ist zu begrüßen, da viele der geradezu öffentlich-rechtlich anmutenden Regeln für viele geschlossene Fonds, die letztlich nur das Vermögen verwalten, überzogen sind. Es bleibt jedoch kritisch zu beobachten, wie die Rechtsanwendung bei diesem neuen Modell der Sorgfaltsmaßstäbe nach dem Verhältnismäßigkeitsprinzip funktioniert. Sollte dies durch die Hintertür wieder die unbefriedigende konturenlose Rechtslage nach dem früheren Recht der Publikumsgesellschaften herbeiführen, muss der Gesetzgeber über eine Verschärfung nachdenken. 194

2. Haftung, Überwachung. Die Geschäftsführerhaftung richtet sich bei der **intern verwalteten Investment-KG** nach dem bisherigen Recht der Publikumsgesellschaften und trifft daher die **Komplementär-GmbH** bzw. deren Vertretungsorgane (→ Rn. 102 ff.; zur GmbH & Co. KG → Rn. 155 ff.); § 708 BGB ist nicht anwendbar (*Wiedemann* NZG 2013, 1041 (1043); *Casper* ZHR 179 (2015), 44 (61)). Die Überwachung der Geschäftsführung erfolgt in diesem Fall durch den zwingend einzurichtenden gesellschaftsinternen Beirat (→ Rn. 199) sowie durch die externe Verwahrstelle 195

(→ Rn. 201). – Bei der **extern verwalteten Investment-KG** bezieht sich eine mögliche Haftung vorrangig auf die **KVG,** welche für ihre gesetzlichen und abgeleiteten gesellschaftsvertraglichen Pflichten gegenüber der Fondsgesellschaft gem. § 280 BGB wegen der Verletzung ihrer Pflichten aus dem Geschäftsbesorgungsvertrag haftet (*Fischer/Friedrich* ZBB 2013, 153 (155); eine weitere Auslagerung auf Dritte weitet die Haftung gem. § 36 Abs. 1 KAGB entsprechend aus (vgl. *Weiser/Hüwe* BB 2013, 1091; für die zweifelhafte Zulässigkeit einer Haftungsbeschränkung in diesem Kontext MüKoHGB/*Grunewald/Brungs* Anh. § 161 Rn. 52). Eine Haftung der KVG unmittelbar den Anlegern gegenüber scheidet richtigerweise aus, soweit hierdurch Reflexschäden kompensiert werden sollen (MüKoHGB/*Grunewald/Brungs* Anh. § 161 Rn. 55 ff. m. Nachw. zur vor allem auf § 89 Abs. 1 KAGB gestützten Gegenmeinung). Die Haftung der **Komplementär-GmbH** nach den gesellschaftsrechtlichen Grundsätzen ist hierdurch nicht suspendiert, beschränkt sich aber regelmäßig auf ein Überwachungsverschulden im Hinblick auf die Aufgabenwahrnehmung durch die KVG (so auch MüKoHGB/*Grunewald/Brungs* Anh. § 161 Rn. 106). Ggf. sind beide als Gesamtschuldner haftbar.

196 **3. Abberufung.** § 153 Abs. 2 KAGB fordert die **Zuverlässigkeit** der Geschäftsleiter und die entsprechende fachliche Eignung. Nach § 153 Abs. 6 KAGB hat die **BaFin** das Recht, die Abberufung der Geschäftsführung zu verlangen und ihnen die Ausübung ihrer Tätigkeit zu untersagen, wenn die nicht gegeben oder nachhaltig gegen das KAGB oder das GwG verstoßen wird (*Eichhorn* WM 2016, 145 (147)). Ausgeführt wird dieses Verlangen auf Abberufung dann von der Gesellschafterversammlung. Diese kann sich auch weigern. Dann hat die BaFin kein Recht zur Ersatzvornahme. Sie kann aber einen **Sonderbeauftragten** einsetzen, der dann mit Organbefugnissen ausgestattet werden kann (§ 40 Abs. 2 KAGB).

196a **4. Grundlagenentscheidungen.** Die Geschäftsführungskompetenzen der Komplementär-GmbH bzw. abgeleitet der externen KVG (→ Rn. 191 ff.) sind von den Grundlagenentscheidungen abzugrenzen, die in die **Kompetenz der Gesellschafter** der Investment-KG fallen. Hieran sind somit im dispositiven gesetzlichen Regelfall auch die **Kommanditisten** zu beteiligen (zur Gesellschafterversammlung → Rn. 197). Der Ausschluss von der Geschäftsführung gem. § 164 gilt auch bei der geschlossenen Investment-KG; die Kommanditisten haben aber im dispositiven gesetzlichen Regelfall das **Widerspruchsrecht** bei außergewöhnlichen Geschäften (abw. MüKoHGB/*Grunewald/Brungs* Anh. § 161 Rn. 120 unter Hinweis auf § 17 Abs. 1 KAGB; vgl. im Übrigen gegen eine analoge Anwendung von § 179a AktG bei Personalgesellschaften überzeugend *Meier* DNotZ 2020, 246).

V. Gesellschafterversammlung

197 Das Recht der Gesellschafterversammlung bestimmt sich im Ausgangspunkt nach **§ 119** (§ 149 Abs. 1 S. 2 KAGB). § 150 Abs. 3 KAGB geht davon aus, dass Gesellschafterversammlungen als **Präsenzveranstaltungen** abgehalten werden. Weiter bestimmt § 150 Abs. 3 Nr. 1 KAGB, dass **Ladungen** in Textform (§ 126b BGB) unter Angabe einer vollständigen Tagesordnung erfolgen müssen. Entsprechend § 51 Abs. 3 GmbHG kann die Gesamtheit der Gesellschafter auf die Geltendmachung von Ladungsmängeln verzichten (*Wiedemann* NZG 2013, 1041 (1042)). Gemäß § 150 Abs. 3 Nr. 2 KAGB ist über die Ergebnisse ein schriftliches **Protokoll** anzufertigen (abw. *Eichhorn* WM 2016, 110 (113): Textform genügt) und den Anlegern in Kopie zu übersenden. Aus der früheren Holschuld in Bezug auf Informationen (→ Rn. 93) wurde somit in begrüßenswerter Weise eine Bringschuld. Über § 152 Abs. 1 S. 3 KAGB sind die Anleger bei **Treuhandgestaltungen** im Innenverhältnis einem Kommanditisten gleichgestellt. Hieraus folgt richtigerweise, dass die Anleger nicht nur ein eigenes **Teilnahmerecht** haben (unstreitig), sondern auch entsprechend ihrer vermögensmäßigen Beteiligung ein entsprechendes **Stimmrecht** (*Freitag* NZG 2013, 329 (334); Oetker/*Oetker* § 161 Rn. 208; abw. MüKoHGB/*Grunewald/Brungs* Anh. § 161 Rn. 148 unter Hinweis auf § 267 Abs. 3 S. 3 KAGB, woraus aber nicht zwingend ein Ausschluss des eigenen Stimmrechts der Anleger folgt, wenn man Bevollmächtigungen berücksichtigt; abw. auch EBJS/*Paefgen* § 152 KAGB Rn. 4: Stimmrecht steht Anleger zwar zu, muss aber durch Treuhänder ausgeübt werden). Der Treuhandkommanditist hat konsequenterweise nur insofern ein eigenes Stimmrecht, als er Anteile auf eigene Rechnung hält.

198 Im gesetzlichen Regelfall des nach § 149 Abs. 1 S. 1 KAGB maßgeblichen KG-Rechts gilt bei der Willensbildung der Gesellschafter das Einstimmigkeitserfordernis. In der bisherigen Praxis der Publikums-KG wird hiervon jedoch fast ausnahmslos abgewichen, indem im Gesellschaftsvertrag das **Mehrheitserfordernis** etabliert wird (→ Rn. 61 ff.). Das Gleiche gilt für die Modifizierung der Stimmkraft anhand der kapitalmäßigen Beteiligung und die Möglichkeit der Stimmrechtsvertretung. Der zentralen gesellschaftsrechtlichen Herausforderung, auf welche Weise diese Annäherung der Personengesellschaften an GmbH und AG rechtlich ausgestaltet wird, hat sich der Gesetzgeber im Zuge des KAGB nicht gestellt. Die nach wie vor kaum konturierten Anforderungen gemäß **Bestimmtheitsgrundsatz und Kernbereichslehre** hätten durchaus gesetzlich fixiert und generalklauselartig ausformuliert werden können, um die Rechtssicherheit zu erhöhen. Das Gleiche gilt für das **Beschlussmängelrecht.** Auch hier besteht nach wie vor große Rechtsunsicherheit, ob allein die allgemeinen zivilprozessualen Regeln

gelten sollen oder eine Anlehnung an das aktienrechtliche Beschlussmängelrecht sachgerecht wäre. Mangels spezieller Regelungen im KAGB beansprucht daher insofern das **Sonderrecht der Publikumsgesellschaften** (→ Rn. 62 ff.) auch hier weiter Geltung.

VI. Beirat

Gemäß § 153 Abs. 3 KAGB ist bei der intern verwalteten Investment-KG **zwingend** ein Beirat zu bilden. Dieser ist Gesellschaftsorgan (MüKoHGB/*Grunewald/Brungs* Anh. § 161 Rn. 149). Die für den Aufsichtsrat einer AG maßgeblichen Normen des AktG sind weitgehend entsprechend anwendbar (§ 153 Abs. 3 S. 2 KAGB, § 18 KAGB). Nach dem Wortlaut von § 153 Abs. 3 S. 1 KAGB erstreckt sich die Überwachung auf die Umsetzung der Ablagebedingungen. Hieraus darf indessen **keine Beschränkung der Überwachungsfunktion** abgeleitet werden (so aber *Casper* ZHR 179 (2015), 44 (62 f.); ähnlich Oetker/*Oetker* § 161 Rn. 217, der aber eine vertragliche Gleichstellung zulässt). Die Überwachung hat sich vielmehr ausgehend von der berechtigten Kontrollfunktion im Anlegerinteresse wie beim Aufsichtsrat der AG auf die gesamte Rechts- und Zweckmäßigkeit der Geschäftsführung zu erstrecken. Kommen die Mitglieder dem nicht nach, können sie sich entsprechend § 116 AktG schadensersatzpflichtig machen. Die Mitglieder des Beirats bedürfen gem. § 152 Abs. 3 S. 3 KAGB der entsprechenden **Sachkunde;** mindestens ein Beiratsmitglied muss von der GmbH **unabhängig** sein (§ 152 Abs. 3 S. 2 KAGB, § 18 Abs. 3 S. 2 KAGB). Die Mitglieder des Beirats werden von der Gesellschafterversammlung gewählt (vgl. § 101 AktG; *Zetzsche* AG 2013, 613 (621); Oetker/*Oetker* § 161 Rn. 216). Dem Beirat einer extern verwalteten Investment-KG können auch juristische Personen angehören (OLG Stuttgart 15.7.2020, NZG 2020, 1103). Vom gesellschaftsinternen Beirat **abzugrenzen** ist die externe **Verwahrstelle** (→ Rn. 201). 199

VII. Auflösung

In Bezug auf die Auflösung und Abwicklung der Investment-KG gelten über § 149 Abs. 1 S. 2 KAGB zunächst die allgemeinen Regeln (→ Rn. 109). Nach § 150 Abs. 4 KAGB sind die § 131 Abs. 3 S. 1 Nr. 2 und 4 zwingend, sodass die betreffenden Gesellschafter in diesen Fällen ausscheiden müssen. Bei der Insolvenz der Komplementär-GmbH kann es jedoch zur Auflösung der KG kommen (*Wallach* ZGR 2014, 289 (318)). Nach § 161 Abs. 1 KAGB gibt es kein Recht auf ordentliche Kündigung der Investment-KG, nach § 161 Abs. 2 S 1 KAGB **keine Auflösungsklage** iSv § 133. Stattdessen sieht § 161 Abs. 2 S. 2 KAGB vor, dass jeder Gesellschafter aus wichtigem Grund kündigen und ausscheiden kann. Gemäß § 161 Abs. 4 KAGB haften die Kommanditisten nach Beendigung der Liquidation nicht für die Verbindlichkeiten der geschlossenen Investment-KG. Diese Regelungen gelten wegen § 152 Abs. 1 S. 2 KAGB auch zugunsten des bloß mittelbar beteiligten Anlegers (Oetker/*Oetker* § 161 Rn. 219). 200

VIII. Verwahrstelle

Es ist ein allgemeines Strukturmerkmal der Investmentregulierung gem. § 80 KAGB, dass eine Verwahrstelle die **Verwaltung des Investmentvermögens überwacht** (vgl. demgegenüber die interne Überwachung durch einen Beirat (→ Rn. 199). Hierbei muss es sich zur Vermeidung von Interessenkollisionen um eine **externe Stelle** handeln, die insbesondere nicht zugleich als Treuhandkommanditist an der Fondsgesellschaft beteiligt sein darf (MüKoHGB/*Grunewald/Brungs* Anh. § 161 Rn. 49). In Betracht kommen hiernach nur die in § 80 Abs. 2 und 3 KAGB genannten Institutionen (CRR-kreditinstitute, Wertpapierfirmen, Treuhänder; zum Ganzen *Janzen* ZBB 2015, 230). Die Bestellung erfolgt durch Abschluss eines **Geschäftsbesorgungsvertrags** mit der Komplementär-GmbH oder der Investment-KG (MüKoHGB/*Grunewald/Brungs* Anh. HGB § 161 Rn. 40; *Burgard/Heimann* WM 2014, 821 (826)). 201

Die **Aufgaben** der Verwahrstelle folgen aus §§ 83, 85 KAG (Einzelheiten bei *Burgard/Heimann* WM 2014, 821 (826)). Die eigentliche Verwahrung, mithin die Verbuchung und physische Übergabe des Investmentvermögens (vgl. § 81 Abs. 1 Nr. 1 lit. a KAGB) hat bei geschlossenen Fonds regelmäßig nur eine begrenzte Bedeutung, weil das Fondsvermögen im Eigentum der KG steht. Bedeutsam ist aber das Recht der Verwahrstelle, Ansprüche gegenüber der Kapitalverwaltungsgesellschaft, mithin der Komplementär-GmbH, wegen Verletzung ihrer Geschäftsführungspflichten geltend zu machen (§ 89 Abs. 1 S. 1 KAGB). Umgekehrt **haftet** die Verwahrstelle gem. § 88 KAGB für Pflichtverletzungen sowohl gegenüber der Investment-KG als auch gegenüber den Anlegern (Einzelheiten bei *Patz* BKR 2015, 193; *Janzen* ZBB 2015, 230 (240)); Letzteres gilt auf der Grundlage der allgemeinen gesellschaftsrechtlichen Dogmatik (Gleichbehandlung, Bindung des Kommanditkapitals) freilich nicht für sog. Reflexschäden (weitergehend, auch unter Rückgriff auf die Figur des Vertrags mit Schutzwirkung zu Gunsten der Anleger, MüKoHGB/*Grunewald/Brungs* Anh. § 161 Rn. 44 ff.). 202

Gesetz betreffend die Gesellschaften mit beschränkter Haftung (GmbHG)

idF der Bekanntmachung vom 20.5.1898 (RGBl. 1998, 846)

zuletzt geändert durch Art. 10 Gesetz zur Umsetzung der Zweiten ZahlungsdiensteRL vom 17.7.2017 (BGBl. 2017 I 2446)

Abschnitt 1. Errichtung der Gesellschaft

Zweck; Gründerzahl

1 Gesellschaften mit beschränkter Haftung können nach Maßgabe der Bestimmungen dieses Gesetzes zu jedem gesetzlich zulässigen Zweck durch eine oder mehrere Personen errichtet werden.

Übersicht

I. Allgemeines

1 § 1 ermöglicht den Einsatz der GmbH zu **jedem** gesetzlich zulässigen, insbesondere auch zum gemeinnützigen **Zweck.** Auch soweit sie kein Handelsgewerbe betreibt, ist die GmbH stets (Form-) **Kaufmann** gem. § 6 Abs. 2 HGB iVm § 13 Abs. 3.

2 Seit 1.1.1981 (GmbH-Novelle 1980, BGBl. 1980 I 836) ist auch die **Einpersonengründung** zulässig. Daher kommt außer dem Abschluss eines Gesellschaftsvertrags (vgl. §§ 2, 3) auch die (einseitige) Gründungserklärung als Errichtungsgeschäft in Betracht. Inzwischen ist die Einpersonengründung auch bei AG (§ 2 AktG) und KGaA (§ 280 Abs. 1 S. 1 AktG) möglich (seit UMAG vom 22.9.2005, BGBl. 2005 I 2802).

3 Der Begriff **„Errichtung"** in § 1 umfasst den gesamten Gründungsvorgang, vom notariellen Vertragsschluss (§ 2) bis zur Eintragung ins Handelsregister (§ 11 Abs. 1), welche die juristische Person entstehen lässt. Das Aktienrecht (vgl. § 29 AktG) nennt Errichtung der Gesellschaft demgegenüber nur den Abschluss des Gesellschaftsvertrags unter Übernahme der Geschäftsanteile; auch dieses Verständnis wird teilweise für die GmbH übernommen (vgl. Baumbach/Hueck/*Fastrich* Rn. 2).

II. Zweck der Gesellschaft

4 **1. Unterscheidung des Gesellschaftszwecks vom Unternehmensgegenstand.** Zwischen Gesellschaftszweck und Unternehmensgegenstand ist zu differenzieren (ganz hM, vgl. HCL/*Ulmer*/*Löbbe*

Rn. 5, aA wohl *Flume* BGB AT I 2 324); teilweise wird außerdem noch das Unternehmensziel unterschieden (MüKoAktG/*Pentz* AktG § 23 Rn. 74 mwN). Anders als das AktG verwendet das GmbHG beide Begriffe nebeneinander; namentlich spricht es in den §§ 1, § 4 S. 2, 61 Abs. 1 vom Zweck der Gesellschaft und in den § 3 Abs. 1 Nr. 2, § 10 Abs. 1, § 75 Abs. 1, § 76 vom Gegenstand des Unternehmens. Gleichwohl ist die Rechtslage im GmbH-Recht und im Aktienrecht einheitlich. Geht man mit der hM von einer Unterscheidung zwischen Zweck und Gegenstand aus, führt die mangelnde Verfolgbarkeit des Unternehmensgegenstands noch nicht automatisch zur Auflösung gem. § 61, dies vielmehr nur dann, wenn der Zweck nicht auch auf anderem Wege erreicht werden kann (HCL/*Ulmer/Löbbe* Rn. 7). Freilich ist die Auflösungsklage wegen der Zweckerreichung (§ 61 Abs. 1 Var. 1) kaum je praktisch geworden (vgl. immerhin OLG Saarbrücken 12.7.1979, AG 1980, 26). Im Einzelnen gilt Folgendes:

5 Nach **hM** ist **Unternehmensgegenstand** der „Wirtschaftsbereich, in dem die Gesellschaft nach der bei Abschluss des Gesellschaftsvertrags von den Gesellschaftern erzielten Übereinkunft ihre Tätigkeit entfalten soll" (BGH 10.10.1994, BGHZ 127, 176 (179) = NJW 1995, 192 zur stillen Gesellschaft) bzw. die „Tätigkeit, die die Gesellschaft ausüben will" (BGH 9.11.1987, BGHZ 102, 209 (213) = NJW 1987, 1087 (1088) (zu § 8 Abs. 1 Nr. 6 aF); aus der Lit. s. nur Baumbach/Hueck/*Fastrich* § 3 Rn. 7 f.). Er ist notwendiger Bestandteil des Gesellschaftsvertrags (§ 3 Abs. 1 Nr. 2) und im Handelsregister einzutragen (§ 10 Abs. 1). Wegen dieser Außenwirkung umschreibt der Unternehmensgegenstand den Tätigkeitsbereich der Gesellschaft vor allem im Interesse des Rechtsverkehrs (HCL/*Ulmer/Löbbe* Rn. 8).

6 Der für jede Gesellschaft (s. § 705 BGB) begriffsnotwendige **Gesellschaftszweck** wird hingegen überwiegend als das Ziel der gemeinsamen Tätigkeit definiert, wobei die hM zwischen gewerblichen, sonstigen wirtschaftlichen, freiberuflichen und ideellen Zielen differenziert und den Unternehmensgegenstand als Mittel zur Erreichung dieser Ziele versteht (vgl. HCL/*Ulmer/Löbbe* Rn. 5 ff.; Scholz/*Cramer* Rn. 3 ff., 8; aus der Rspr. BayObLG 15.12.1975, BayObLGZ 1975, 447; OLG Hamburg 18.9.1967, BB 1968, 267; OLG Saarbrücken 12.7.1979, AG 1980, 26). Teilweise findet sich in Anlehnung an § 1 GenG auch die Formulierung, dass der Gesellschaftszweck sowohl das Unternehmensziel als auch den Unternehmensgegenstand umfasse (MüKoAktG/*Pentz* AktG § 23 Rn. 76). Unstreitig sein dürfte aber, dass eine **Zweckänderung** bei bestimmten Änderungen des Unternehmensgegenstands in Betracht kommt (→ Rn. 7). Demgegenüber leitet die Rspr. im **Vereinsrecht** den Zweck nur aus demjenigen engen Satzungsbestandteil ab, in dem der „oberste Leitsatz für die Vereinstätigkeit" zum Ausdruck gebracht werde und „mit dessen Abänderung schlechterdings kein Mitglied bei seinem Beitritt zum Verein rechnen" könne (BGH 11.11.1985, BGHZ 96, 245 (251) = NJW 1986, 1033 (1034)).

7 **Relevant** wird der Streit vor allem bei den Voraussetzungen für eine **Änderung** der ursprünglichen Satzungsbestimmung; denn die Zweckänderung bedarf nach ganz hM gem. § 33 Abs. 1 S. 2 BGB der Zustimmung aller Gesellschafter (BGH 11.11.1986, BGHZ 96, 245 (248 ff.) = NJW 1986, 1033 (1034) zum eingetragenen Verein; vgl. auch KG 3.9.2004, NZG 2005, 88 zur AG), während die (bloße) Änderung des Unternehmensgegenstandes lediglich eine satzungsändernde Mehrheit erfordert (§ 53) (3/4-Mehrheit der abgegebenen Stimmen). Allerdings gehören stets sowohl Zweck als auch Unternehmensgegenstand zu den **notwendigen Satzungsbestandteilen,** auch wenn nach § 3 Abs. 1 Nr. 2 nur der Unternehmensgegenstand, nicht aber der Gesellschaftszweck explizit bezeichnet werden muss, weshalb häufig auf eine gesonderte Zweckbeschreibung verzichtet wird. Dann führt aber eine Vertragsauslegung regelmäßig zu dem Ergebnis, dass sich der Zweck auf die Gewinnerzielung durch selbständige Tätigkeit in dem durch den Unternehmensgegenstand beschriebenen Markt richtet (so HCL/*Ulmer/Löbbe* Rn. 9; vgl. auch RG 4.6.1940, RGZ 164, 129 (140): Unternehmensgegenstand ist Haupterkenntnisquelle für die Ermittlung des Gesellschaftszwecks).

8 Ist es somit sinnvoll, zwischen Zweck und Gegenstand zu unterscheiden, so ist im Ausgangspunkt eindeutig, dass **nicht jede Gegenstandsänderung zugleich Zweckänderung** sein kann. Für den Übergang von einer gewerblichen zur freiberuflichen (oder sonstigen wirtschaftlichen Tätigkeit) oder zu einer karitativen Betätigung (und umgekehrt) ist dies aber zweifellos anzunehmen. Schwieriger zu beurteilen ist hingegen, welche Gegenstandsänderungen zugleich eine Zweckänderung bewirken. Die Änderung muss so gravierend sein, dass sie das Ziel des gemeinsamen Zusammenwirkens berührt (Bsp. nach MüKoAktG/*Pentz* AktG § 23 Rn. 77: statt Erzeugung von Öko-Strom zukünftig Betrieb eines Atomkraftwerks). Das ist auch bei einer Ersetzung der gewerblichen durch eine vermögensverwaltende Tätigkeit anzunehmen; während die bloße Erweiterung des Unternehmensgegenstandes auf andere Märkte oder Absatzstufen keine Zweckänderung darstellt (HCL/*Ulmer/Löbbe* Rn. 10).

9 **2. Zulässige Zwecke. a) Grundsatz.** Nach § 1 darf die GmbH **jeden beliebigen Zweck** verfolgen, erwerbswirtschaftliche also ebenso wie sonstige wirtschaftliche, freiberufliche und ideelle Zwecke (→ Rn. 10 ff.). Die in § 1 vorbehaltene Vereinbarkeit mit dem Gesetz spielt praktisch keine Rolle (→ Rn. 26 ff.). Ist die Klausel über den Unternehmensgegenstand rechtlich unwirksam, beschränkt § 75 seine Wirkung nach Eintragung der Gesellschaft auf deren Auflösbarkeit im Wege der „Nichtigkeitsklage" (→ Rn. 26 f. und → § 75 Rn. 1 ff.).

b) Erwerbswirtschaftliche Zwecke. Hierunter ist der Gewerbetrieb zur (dauerhaften) Gewinnerzielung zu verstehen (auch als Konzernunternehmen iSd § 18 AktG). Handelsgewerbe oder Urproduktion (Land- und Forstwirtschaft) kommen gleichermaßen in Betracht. Bankgeschäfte sind allerdings nach § 32 KWG erlaubnispflichtig, ebenso Kapitalanlagegeschäfte gem. §§ 17, 18 Abs. 1 KAGB (betr. externe Kapitalverwaltungsgesellschaft) bzw. § 2 Abs. 1 UBGG (als Unternehmensbeteiligungsgesellschaft, vgl. *Fischer* WM 2008, 857 zur Reform des Rechts der UBG). 10

c) Sonstige wirtschaftliche Zwecke. Im Unterschied zur Fallgruppe nach → Rn. 10 fehlt hier die Gewinnerzielungsabsicht; die praktische Bedeutung ist gering. Zu erwähnen sind Wirtschaftsverbände, die ausschließlich im Interesse ihrer Mitglieder handeln, Syndikate und bestimmte Auffanggesellschaften zur Verwertung eines Schuldnervermögens (HCL/*Ulmer/Löbbe* Rn. 18) sowie Holdinggesellschaften. Auch die Verwendung als persönlich haftender Gesellschafter in der GmbH & Co. KG gehört hierher, sofern, wie typischerweise, auf einen eigenen Gewinnanteil verzichtet wird. Weitere Beispiele sind Unternehmen der Daseinsvorsorge (zur besonderen Eignung der GmbH auf diesem Gebiet, HCL/*Ulmer/Löbbe* Rn. 19; vgl. auch *Banspach/Nowak* Der Konzern 2008, 195; *Lorson/Haustein/Albrecht/Perlick* DB 2015, 2705) und die treuhänderische Vermögensverwaltung (vgl. hierzu aus steuerrechtlicher Sicht auch *Wehrheim/Steinhoff* DStR 2008, 989). Teilweise werden sie auch den erwerbswirtschaftlichen Erscheinungsformen zugeschlagen (Baumbach/Hueck/*Fastrich* Rn. 8 und 11). 11

d) Ausübung eines freien Berufs. Die gemeinsame Berufsausübung ist ebenfalls möglich, unterliegt aber strenger **berufsrechtlicher Regulierung** (vgl. zum Begriff des freien Berufs näher MüKoBGB/*Schäfer* PartGG Vor § 1 Rn. 15 ff. und MüKoBGB/*Schäfer* PartGG § 1 Rn. 13 ff., speziell zur Rechtsanwalts-GmbH *Henssler* NJW 1999, 241). Als juristische Person des Privatrechts (Art. 19 Abs. 3 GG) genießt aber auch die GmbH gem. Art. 12 Abs. 1 GG das Grundrecht auf freie Berufswahl (vgl. BVerfG 14.1.2014, ZIP 2014, 368; zur AG BGH 10.1.2005, BGHZ 161, 376 = NJW 2005, 1568 (1569); BGH 25.11.1993, BGHZ 124, 224 (225) = NJW 1994, 786 (787)). Gerichte haben ihr daher auch **ohne ausdrückliche berufsrechtliche Regelung** die Ausübung freiberuflicher Tätigkeit gestattet (BGH 10.1.2005, BGHZ 161, 376 = NJW 2005, 1568 (1569); BGH 25.11.1993, BGHZ 124, 224 (225) = NJW 1994, 786 (787), zur Anwalts-GmbH auch BVerfG 14.1.2014, ZIP 2014, 368; zuvor schon BayObLG 24.11.1994, NJW 1995, 199; zweifelhaft deshalb OLG Düsseldorf 6.10.2006, NZG 2007, 190: unzulässiger Betrieb einer Tierarztpraxis durch GmbH wegen fehlenden Ausführungsbestimmungen in BO). 12

Hierdurch wurde eine immer weitergehende **Liberalisierung** gestoßen (vgl. zB *Kleine-Cosack* DB 2007, 1851). So ist etwa das **Verbot der Sternsozietät** in §§ 59a, 59e BRAO aF (vom BGH 14.11.2005, NJW 2006, 1132 noch als verfassungsgemäß eingestuft) **aufgehoben** worden durch Art. 4 des Gesetzes zur Neuregelung des Rechtberatungsgesetzes vom 12.12.2007, BGBl. 2007 I 2840 (RDG) (dazu *Henssler/Deckenbrock* DB 2008, 41, speziell zur Änderung des § 59a BRAO *Quaas* NJW 2008, 1697). Das BVerfG hat 2014 **§ 59e Abs. 2 S. 1 BRAO, § 59f Abs. 1 BRAO sowie § 52e Abs. 2 S. 1 PAO, § 52f Abs. 1 S. 1 PAO,** die bestimmte Gesellschafterstrukturen und die Verantwortlichkeit von Rechts- bzw. Patentanwälten auf Geschäftsführungsebene verlangten, wegen Unvereinbarkeit mit der Berufsfreiheit für **nichtig** erklärt (BVerfG 14.1.2014, ZIP 2014, 368; zur Übertragbarkeit auf Steuerberater und Wirtschaftsprüfer *Juretzek* DStR 2015, 431 (432) sowie *Ost* DStR 2015, 442 → Rn. 14), und 2016 hat es entgegen § 59a Abs. 1 S. 1 BRAO auch eine **Sozietätsbildung zwischen Rechtsanwälten und Ärzten bzw. Apothekern** für zulässig erklärt, sofern anwaltliche Verschwiegenheit, Unabhängigkeit und das Verbot der Vertretung widerstreitender Interessen gesichert sind (BVerfG 12.1.2016, NJW 2016, 700; in der Folge auch BGH NJW 2016, 2263 – zur Übertragbarkeit dieser zur Partnerschaftsgesellschaft ergangenen Entscheidung vgl. *Römermann* NJW 2016, 682 (685), *Kleine-Cosack* AnwBl. 2016, 311 (313), *Prütting* EWiR 2016, 195 (196)). 12a

Auch bei Ausübung eines freien Berufs ist die Gesellschaft **stets Kaufmann** gem. § 6 Abs. 2 HGB iVm § 13 Abs. 3 und **gewerbesteuerpflichtig** nach § 8 Abs. 2 KStG, unbeschadet der allgemein für freiberufliche Tätigkeit geltenden Gewerbesteuerfreiheit (zur zulässigen Gewerbesteuerfreiheit der – nicht in GmbH-Form – verfolgten freien Berufe, BVerfG 15.1.2008, ZIP 2008, 1164). 13

Beispiele für die zulässige Ausübung freier Berufe in der Rechtsform der GmbH sind (vgl. auch HCL/*Ulmer/Löbbe* Rn. 22 ff.; Baumbach/Hueck/*Fastrich* Rn. 9; MüKoBGB/*Schäfer* PartGG Vor § 1 Rn. 15 ff.): **Steuerberatungsgesellschaft** (§ 49 Abs. 1 StBerG) und **Wirtschaftsprüfungsgesellschaft** (§ 27 Abs. 1 WPO), seit 1.3.1999 **Rechtsanwaltsgesellschaft** nach Maßgabe der §§ 59c ff. BRAO (zuvor BayObLG 24.11.1994, NJW 1995, 199), auch unter Zusammenschluss mit Patentanwälten (BVerfG 14.1.2014, ZIP 2014, 368; aA noch BGH 10.10.2011, ZIP 2012, 226), für Anwaltsnotare allerdings beschränkt auf die Anwaltstätigkeit (§ 59e Abs. 1 S. 3 BRAO; krit. dazu HCL/*Ulmer/Löbbe* Rn. 29). Näher zur Rechtsanwalts-GmbH *Henssler* NJW 1999, 241. Zur Rechtsanwalts-AG vgl. BGH 10.1.2005, BGHZ 161, 376 = NJW 2005, 1568 (1569); vgl. auch OLG Köln 27.2.2008, OLGR Köln 2008, 415, zur **Patentanwalts-GmbH** (§ 52c Abs. 1 PatAnwO), auch unter Zusammenschluss mit Rechtsanwälten s. BVerfG 14.1.2014, ZIP 2014, 368. Aus §§ 2, 59c BRAO folgt das **Verbot, eine Rechtsanwaltsgesellschaft in Form der GmbH & Co KG** zu betreiben, weil diese, anders als 14

Steuerberater und Wirtschaftsprüfer, keine gewerblichen Nebenzwecke betreiben dürfen (BGH 18.7.2011, NJW 2011, 3036; s. auch BVerfG 6.12.2011, ZIP 2012, 367 (368 f.)); anderes gilt für Steuerberatungs- und Wirtschaftsprüfungsgesellschaften, sofern diese auch (gewerblich) als Treuhänder tätig sind; darauf, dass diese Tätigkeit den Schwerpunkt bildet, kommt es dann wegen des insofern vorrangigen Berufsrechts nicht an (BGH 15.7.2014, ZIP 2014, 2030 = NZG 2014, 1179; dazu *Henssler/Markworth* NZG 2015, 1; s. auch AG München 15.11.2010, AnwBl. 2011, 68).

15 Auch für **Architekten, Ingenieure, Unternehmensberater, Heilpraktiker und Dolmetscher** kann die GmbH als zulässige Rechtsform für die gemeinschaftliche Berufsausübung angesehen werden (MüKoBGB/*Schäfer* PartGG Vor § 1 Rn. 21). Problematisch ist nach Maßgabe der Landesarchitektengesetze aber die Eintragungsfähigkeit in eine Architektenliste (vgl. etwa VGH Mannheim 6.10.1998, DVBl. 1999, 50). Sie ist zwar keine Gründungsvoraussetzung, aber erforderlich, damit in der Firma die Bezeichnung „Architekt" verwendet werden darf (vgl. OLG Frankfurt a. M. 24.1.2000, NJW-RR 2001, 172; zur Werbung durch eine nicht in die Architektenliste eingetragene GmbH mit Architekturleistungen, OLG Düsseldorf 28.11.1995, NJW-RR 1996, 1322).

16 Auch **Heilberufe** (Ärzte, Zahnärzte, Tierärzte) können in Form einer GmbH ausgeübt werden (dazu näher MüKoBGB/*Schäfer* PartGG Vor § 1 Rn. 20), zumal sich nirgendwo ein (verfassungskonformes) gesetzliches Verbot findet (vgl. BGH 25.11.1993, BGHZ 124, 224 (225) = NJW 1994, 786 (787) – Zahnarzt-GmbH; vgl. auch OLG Düsseldorf 6.10.2006, NZG 2007, 190 – Tierarzt-GmbH). Das Kammer- und Berufsrecht der Länder errichtet allerdings – verfassungsrechtlich bedenklich – teilweise immer noch objektive Zulassungsschranken (so Art. 18 Abs. 1 S. 2 BayHKaG, dazu BayVerfGH 13.12.1999, NJW 2000, 3418 (3419); und OLG München 3.2.2015, NZG 2015, 401 (für UG) oder verhängt ein sog. Niederlassungsgebot, dh die Verpflichtung, die ärztliche Tätigkeit iRe eigenen Praxis zu erbringen. Die Vereinbarkeit mit Art. 12 Abs. 1 GG, Art. 3 Abs. 1 GG ist insofern aber zweifelhaft (Scholz/*Cramer* Rn. 26 f.; *Taupitz* NJW 1996, 3033, vgl. aber OLG Zweibrücken 21.1.2016, MedR 2016, 798 zur Verfassungsgemäßheit des § 20 Abs. 2 S. 1 HeilBG Rheinland-Pfalz). Seit dem 1.1.2004 ermöglicht das GKV-Modernisierungsgesetz (GMG vom 14.11.2003, BGBl. 2003 I 2190) die Zulassung einer GmbH zur vertragsärztlichen Versorgung als Medizinisches Versorgungszentrum (MVZ; dazu *Rau* MedR 2004, 667; *Treptow,* Die Mitgliedschaft in der als MVZ zugelassenen Ärzte-GmbH, 2011). Inzwischen wird die GmbH in vielen Ländern unter bestimmten (teilweise sehr unterschiedlichen) Anforderungen an die Organisations- und Beteiligungsstruktur zur Berufsausübung ausdrücklich zugelassen (so in Brandenburg (§ 31 Abs. 4 S. 1 BbgHeilBerG), Bremen (§ 27 Abs. 2 S. 3 BrHeilBG), Hamburg (§ 27 Abs. 3 S. 2 HmbKGH), Mecklenburg-Vorpommern (§ 32 Abs. 2 MVHeilBerG), Niedersachsen (§ 32 Abs. 1 Nr. 6, Abs. 2 NdsHKG), Nordrhein-Westfalen (§ 29 Abs. 2 S. 3 NRWHeilBerG), Sachsen (§ 16 Abs. 4 SächsHKaG), Sachsen-Anhalt (§ 20 Abs. 1 Nr. 4 KGHB-LSA), Schleswig-Holstein (§ 29 Abs. 2 S. 3 SHHeilBG) und Thüringen (§ 20 Abs. 2 ThürHeilBG)).

17 **e) Ideelle, insbesondere gemeinnützige Zwecke.** Wie § 4 S. 2 zeigt, kann die GmbH ideelle Zwecke verfolgen. Allerdings bewirkt der – im Vergleich zum Vereinsrecht – umständliche Mitgliederwechsel durch notarielle Abtretung der Geschäftsanteile gewisse praktische Restriktionen. In Betracht kommen insbesondere gesellige oder sportliche Zwecke (zB GmbH zur Förderung der Ausübung des Pferdesports durch ihre Gesellschafter, vgl. FG Hamburg 18.1.2006, DStRE 2006, 1068), ferner wissenschaftliche (zB Forschungsinstitute der öffentlichen Hand), künstlerische (zB Museums-GmbH), politische (dazu auch § 2 Abs. 1 VereinsG, § 17 VereinsG), religiöse (Zulässigkeit garantiert durch Art. 140 GG iVm Art. 137 Abs. 4 WRV) oder karitative. **Gemeinnützig** ist eine GmbH aber nur dann, wenn sie die Anforderungen der – rechtsformneutral gestalteten – §§ 51 ff. AO erfüllt. Die Rechtsform der GmbH lässt deshalb nicht automatisch auf eine Vorsteuerabzugsberechtigung schließen (vgl. KG 4.9.2007, NZG 2008, 110). Zur gemeinnützigen GmbH vgl. zB *Schlüter* GmbHR 2002, 535; 2002 578; speziell zu Fragen der Gemeinnützigkeit bei Umstrukturierungen von Sozialunternehmen unter Einschaltung von Tochter-GmbH *Schröder* DStR 2008, 1069. Bei der Firmierung war bis 2013 der Rechtsformzusatz **„gGmbH"** unzulässig (OLG München 31.12.2006, NJW 2007, 1601), darf jedoch nach **§ 4 S. 2,** eingeführt durch das „Gesetz zur Stärkung des Ehrenamtes" seit 29.3.2013 verwendet werden. Auch die **Stiftungs-GmbH** hat gewisse praktische Bedeutung (vgl. dazu MüKoBGB/*Weitemeyer* BGB § 80 Rn. 297 f.).

18 **3. Genehmigungsbedürftige Zwecke.** Bei allen Zweckarten kann eine **öffentlich-rechtliche Genehmigung** erforderlich sein (→ Rn. 10 ff.); gemeint ist die Zweckverfolgung als solche, nicht lediglich die Genehmigungsbedürftigkeit einzelner zum Unternehmen gehörender Anlagen. Bis zum 1.11.2008 musste ein Nachweis der öffentlich-rechtlichen Genehmigung iRd Gründungsverfahrens vorgelegt werden (§ 8 Abs. 1 Nr. 6 aF). Das MoMiG hat die Vorlagepflicht aus Beschleunigungs- und Vereinfachungsgründen in § 8 Abs. 1 Nr. 6 aF gestrichen (vgl. BegrRegE, BT-Drs. 16/6140, 34), auch um eine Gleichbehandlung mit Einzelkaufleuten (vgl. § 7 HGB) herzustellen, hierdurch aber keineswegs die in Betracht kommenden Tätigkeiten eingeschränkt.

19 Die Genehmigungspflicht bestimmt sich zunächst nach dem **satzungsmäßigen Unternehmensgegenstand,** entscheidend ist aber die konkret angestrebte Tätigkeit der GmbH. Auch vor dem

MoMiG war anerkannt, dass aus dem bloßen **Fehlen einer erforderlichen Genehmigung** nicht die Unzulässigkeit der (genehmigungsfähigen) Betätigung und damit des Gesellschaftszwecks folgt (vgl. BGH 5.5.2003, NJW-RR 2003, 1116 = NZG 2003, 770 (zur GbR). Eine fehlende Genehmigungsfähigkeit kann allerdings zur rechtlichen Unmöglichkeit der Erreichung des Gesellschaftszwecks führen und damit ein Grund für die Auflösungsklage nach § 61 sein (vgl. Baumbach/Hueck/*Haas* § 61 Rn. 7, so etwa im Falle einer Untersagungsverfügung nach § 35 GewO oder § 16 Abs. 3 HwO bzw. einer Löschung der Gesellschaft in der Handwerksrolle (§ 13 HwO) (→ Rn. 20). Hierin liegt aber idR kein Anlass für ein Vorgehen nach § 62 oder die Amtslöschung nach §§ 395, 393 FamFG (vgl. OLG Zweibrücken 17.7.1995, GmbHR 1995, 723; OLG Frankfurt a. M. 9.11.2018, ZIP 2019, 922 – betr. gewerberechtliche Untersagung „jeder selbständiger gewerblichen Tätigkeit“).

Beispiele für eine Genehmigungsbedürftigkeit (ausführlicher *Gottwald* DStR 2001, 944 (945)): 20
§§ 59c ff. BRAO (für die Zulassung als Rechtsanwaltsgesellschaft); §§ 30 ff. GewO (ua für den Betrieb einer/s Privatkrankenanstalt, Spielhalle, Pfandleih-, Bewachungs-, Versteigerungsunternehmens, für die Tätigkeit als gewerbsmäßiger Grundstücksmakler, Bauträger, Baubetreuer); §§ 2, 3 GastG; § 32 KWG (Bankgeschäfte und Finanzdienstleistungen); § 20 KAGB (Kapitalverwaltungsgesellschaft); § 2 PBefG (entgeltliche oder geschäftsmäßige Personenbeförderung). Für die Vorlagepflicht nach § 8 Abs. 1 Nr. 6 aF wurde das Eintragungserfordernis in die Handwerksrolle nach § 7 HwO als Genehmigungserfordernis behandelt (BGH 9.11.1987, BGHZ 102, 209 = NJW 1988, 1087; zur Eintragungsfähigkeit der Vor-GmbH in die Handwerksrolle *Buchholz* NZG 2001, 884).

Die Genehmigung ist **der Gesellschaft selbst** zu erteilen, nicht etwa dem Geschäftsführer (oder gar 21
den Gesellschaftern) persönlich (vgl. OLG Hamm 16.12.1996, NJW-RR 1997, 1258 (1259) = DB 1997, 1127). Soweit es für die Genehmigung auf **Anforderungen an die Person des Betreibers** ankommt (zB Zuverlässigkeit iSd GastG), werden diese auf die (organschaftlichen) Vertreter bezogen (OVG Hamburg 19.8.1982, BB 1982, 2087 = NVwZ 1983, 688; aus Lit. HCL/*Ulmer*/*Löbbe* Rn. 15). Die gewerberechtliche Unzuverlässigkeit der GmbH kann aber (auch) aus dem maßgeblichen Einfluss des unzuverlässigen Alleingesellschafters auf die Geschäftsführung abgeleitet werden (VGH Mannheim 8.11.2004, NJOZ 2006, 48 = VBlBW 2005, 143 betr. Gewerbeuntersagung).

Schon vor Aufhebung des § 8 Abs. 1 Nr. 6 aF war anerkannt, dass die **Registerbehörde** an eine 22
behördliche Entscheidung über Erforderlichkeit und (Nicht-)Erteilung einer Genehmigung gebunden war (BGH 9.11.1987, BGHZ 102, 209 (217) = NJW 1988, 1087, vgl. auch OLG Frankfurt a. M. 8.6.2005, DB 2005, 2569). Seither kann nichts anderes gelten; mit dem angestrebten Beschleunigungseffekt wäre es unvereinbar, dem Registergericht nunmehr iRd § 9c eine Kontroll- und Ablehnungsbefugnis einzuräumen. In Betracht kommt sie lediglich für Fälle, in denen die mangelnde Genehmigungsfähigkeit evident ist.

4. Unzulässige Zwecke. a) Allgemeines. Eine vertragliche Zweckbestimmung kann gem. **§§ 134,** 23
138 BGB nichtig sein, was aber nur ganz ausnahmsweise in Betracht kommt (→ Rn. 24). Die Nichtigkeit kann sich aber auch aus speziellen **Vorschriften** ergeben, wonach bestimmte Tätigkeiten nicht in Form einer GmbH ausgeübt werden dürfen. Ob das Verbot eines bestimmten Unternehmensgegenstands dabei stets (oder nur idR) zur Unzulässigkeit des Gesellschaftszwecks führt, wird unterschiedlich beurteilt (vgl. Baumbach/Hueck/*Fastrich* Rn. 13 bejahend; HCL/*Ulmer*/*Löbbe* Rn. 39 verneinend). Indessen kann der Gesellschaftszweck oft auch anders als durch den konkreten Unternehmensgegenstand erreicht werden. Im Übrigen führt die Genehmigungsbedürftigkeit des Unternehmensgegenstands als solche nicht schon zur Unzulässigkeit des Gesellschaftszwecks (→ Rn. 19).

b) Gesetzesverstöße (§ 134 BGB). Die Sittenwidrigkeit des Gesellschaftszwecks (§ 138 BGB) ist 24
nur noch von theoretischem Interesse (zur Zulässigkeit einer Telefonsex-GmbH etwa BGH 8.11.2007, NJW 2008, 140). Demgegenüber ist immerhin denkbar, dass sich eine **Verbotsnorm** insgesamt **gegen die Errichtung** der Gesellschaft richtet (vgl. HCL/*Ulmer*/*Löbbe* Rn. 41). Einzelne Gesetzesverstöße der GmbH iR ihrer Tätigkeit sind freilich unzureichend. Dementsprechend mager ist das vorhandene Fallmaterial (näher zur Rspr. HCL/*Ulmer*/*Löbbe* Rn. 41 mwN; Baumbach/Hueck/*Fastrich* Rn. 16): GmbH-Gründung zur Bildung eines verbotenen **Kartells,** zum Zwecke verbotenen **Glücksspiels,** des **Schmuggels** (vgl. den Fall von RG 30.9.1919, RGZ 96, 282) oder der **Hehlerei,** wobei sich der Zweck jeweils hierauf (im Wesentlichen) beschränken muss. Das Anstreben einer Steuergestaltung, die sich im Ergebnis nach § 42 AO als unzulässig erweist, führt in keinem Falle zu einem verbots- (oder sitten-)widrigen Gesellschaftszweck (Scholz/*Cramer* Rn. 40). Überholt ist die früher (vgl. etwa KG 24.9.1996, NJW-RR 1997, 794 = DB 1997, 270) für möglich gehaltene Verbotswidrigkeit einer von Ausländern betriebenen Gründung, die selbst in Deutschland keiner Erwerbstätigkeit nachgehen; nach § 4a bedarf die GmbH selbst keiner inländischen Tätigkeit mehr (vgl. zuvor schon *Wachter* ZIP 1999, 1577; *Tountopoulos* Rpfleger 1997, 457).

c) Rechtsformverbote. Bestimmte Vorschriften schließen die GmbH ausdrücklich aus: **§ 8** 25
Abs. 2 VAG: Versicherungsunternehmen dürfen nur in den Formen von AG, SE, VVaG oder als Körperschaft oder Anstalt des öffentlichen Rechts betrieben werden; **§ 2 Abs. 2 BauSparkG:** Private

Bausparkassen müssen sich der Rechtsform der AG bedienen; **§ 34b Abs. 5 S. 1 GewO** schließt juristische Personen als öffentlich bestellte Versteigerer aus (die GmbH kann aber eine Erlaubnis für das Versteigerungsgewerbe nach § 34b Abs. 1, 3 GewO erhalten, vgl. Landmann/Rohmer/*Bleutge* GewO § 34b Rn. 11). § 56 Abs. 1 S. 1 InsO ermöglicht nur die Bestellung einer natürlichen Person als **Insolvenzverwalter** (BGH 19.9.2013, ZIP 2013, 2070; bestätigt durch BVerfG 12.1.2016, NZG 2016, 471 = NJW 2016, 930). **§ 8 ApoG:** Soll eine Gesellschaft eine Apotheke betreiben, so muss es sich um eine GbR oder OHG handeln.

26 **5. Rechtsfolgen eines unzulässigen Gesellschaftszwecks. a) Ursprüngliche Unzulässigkeit.** Bei Nichtigkeit der Zweckbestimmung ergreift dieser Mangel regelmäßig den gesamten Gesellschaftsvertrag; die Eintragung der Gesellschaft ins Handelsregister scheidet aus (§ 9c Abs. 2 Nr. 3) (HCL/*Ulmer/Löbbe* Rn. 45; BayObLG 27.3.1972, BGHZ 1972, 126 und Baumbach/Hueck/*Fastrich* Rn. 17). Entsprechendes gilt auch bei Nichtigkeit (nur) des Unternehmensgegenstands (§ 9c Abs. 2 Nr. 1) (und wohl auch Nr. 3 bei Gesamtnichtigkeitsfolge); ferner bei Missachtung eines Rechtsformverbots (→ Rn. 25). **Nach Geschäftsbeginn** gilt für die Vorgesellschaft die Lehre von der **fehlerhaften Gesellschaft** (→ § 2 Rn. 68), sodass nur die Auflösung (mit Wirkung ex nunc) in Frage kommt. Die von der immer noch hM vertretene Ausnahme beim Verstoß gegen §§ 134, 138 BGB (so HCL/*Ulmer/Löbbe* Rn. 46) ist abzulehnen (Staub/*Schäfer* HGB § 105 Rn. 337 ff.).

27 Die **Eintragung** in das Handelsregister bringt die GmbH (als solche) zur Entstehung; iÜ ist zu differenzieren: Ist der Gesellschaftsvertrag, wie in aller Regel, wegen seiner unwirksamen Zweckbestimmung **insgesamt nichtig,** so ist – wegen Unwirksamkeit auch des Unternehmensgegenstands – die Nichtigkeitsklage nach § 75 (bei Heilungsmöglichkeit nach § 76) und die Amtslöschung nach § 397 FamFG eröffnet (HCL/*Ulmer/Löbbe* Rn. 47). Entsprechendes gilt erst recht, wenn die Nichtigkeit des Gesellschaftszwecks auf den Unternehmensgegenstand ausstrahlt. Auf den Grund für die Nichtigkeit kommt es nach wohl allgemeiner Meinung nicht an; er soll nach Eintragung also auch auf §§ 134, 138 BGB beruhen können, obwohl für die Zeit davor die LfG abgelehnt wird (→ Rn. 26; vgl. HCL/*Ulmer/Löbbe* § 2 Rn. 143). Sollte ausnahmsweise **nur** die Klausel über den **Gesellschaftszweck,** nicht aber auch über den Unternehmensgegenstand, unwirksam sein, so ist nur die Auflösungsklage nach § 61 gegeben, daneben besteht aber auch ein außerordentliches Kündigungs- oder Austrittsrecht, was insbesondere bei Nichterreichen der 10 %-Grenze des § 61 relevant wird.

28 **b) Nachträgliche Unzulässigkeit.** Auch nach Eintragung der Gesellschaft kann der (zunächst zulässige) Zweck durch **Änderung** unwirksam werden; ein entsprechender Gesellschafterbeschluss ist nichtig und seine Eintragung ins Handelsregister abzulehnen. Wird aber der unzulässige Gesellschaftszweck/Unternehmensgegenstand als Satzungsinhalt dennoch eingetragen, so gilt grundsätzlich dasselbe wie bei ursprünglicher Unzulässigkeit nach Eintragung (→ Rn. 27), mit dem Unterschied, dass auch ein Vorgehen nach § 398 FamFG in Betracht kommt (Scholz/*Cramer* Rn. 46). Bei **faktischer Abweichung** von einem (wirksamen) vertraglichen Zweck bzw. Unternehmensgegenstand lässt sich die Unwirksamkeit des Gesellschaftsvertrages nicht begründen (zutr. BayObLG 8.3.1982, BB 1982, 578; HCL/*Ulmer/Löbbe* Rn. 20). Gleichwohl kann die faktische Ausübung eines unzulässigen Zwecks im Wege der Amtsauflösung durch Mangelfeststellung analog § 399 FamFG unterbunden werden (HCL/*Ulmer/Löbbe* § 3 Rn. 23).

29 **c) Heilung des Mangels.** Eine mangelhafte Zweck-/Gegenstandsbestimmung kann – im regelmäßig eröffneten Anwendungsbereich des § 75 (→ Rn. 27) – nicht nur nach § 76 geheilt werden. In Betracht kommt vielmehr auch die Änderung der unwirksamen Zweck-/Gegenstandsbestimmung im Beschlusswege; wegen § 33 BGB ist hierfür die Zustimmung sämtlicher Gesellschafter erforderlich (→ Rn. 7 f.). Dies gilt auch, sofern der Anwendungsbereich des § 76 ausnahmsweise nicht eröffnet ist, also bei zulässigem Unternehmensgegenstand, aber unzulässigem Gesellschaftszweck (vgl. HCL/*Ulmer/Löbbe* Rn. 50); auch insofern müssen alle Gesellschafter zustimmen (§ 33 BGB).

III. Einpersonengesellschaft

30 **1. Begriff der Einpersonengesellschaft.** Seit 2008 verwendet der Gesetzgeber im **Musterprotokoll** (= Anlage 1a zum GmbHG) den Begriff Einpersonengesellschaft (statt der früher gebräuchlichen „Einmanngesellschaft"). Er ist erfüllt, wenn **sämtliche Geschäftsanteile einem einzigen Gesellschafter zustehen** (ggf. mit Ausnahme eigener Anteile, § 33). Der Gesellschafter kann natürliche oder juristische Person oder (rechtsfähige) Personengesellschaft sein (→ § 2 Rn. 40 f.). Eine Einpersonengesellschaft liegt somit auch dann vor, wenn sämtliche Geschäftsanteile einer OHG/KG oder BGB-Gesellschaft gehören (HCL/*Ulmer/Löbbe* § 2 Rn. 67 und 89). Eine Einpersonengesellschaft kann entweder – seit 1980 (→ Rn. 33) – schon als solche gegründet werden (§ 1) oder durch spätere Vereinigung aller Anteile in einer Hand entstehen (etwa infolge Anteilsübertragung, Gesamtrechtsnachfolge, Kaduzierung, Amortisation oder Ausschluss).

Der **Einsatzbereich** der Einpersonengesellschaft ist gegenüber der Mehrpersonen-GmbH nicht beschränkt, sie ist insb. zur Beschränkung der ansonsten bei einzelkaufmännischen Unternehmen bestehenden persönlichen Haftung beliebt (Baumbach/Hueck/*Fastrich* Rn. 52). Das **MoMiG** hat einige Sonderregeln zum 1.11.2008 abgeschafft (namentlich § 7 Abs. 2 S. 3, § 8 Abs. 2 S. 2, § 19 Abs. 4 (Umgehungsschutz), § 60 Abs. 1 Nr. 6, § 65 Abs. 1 S. 2 und § 144b FGG, jew. aF). Das Vorhaben, auf europäischer Ebene eine **„SUP" (Societas Unicus Personae)** als supranationale Unterform der GmbH unter Anpassung der Einpersonengesellschafts-Richtlinie einzuführen (Vorschlag für eine Richtlinie des Europäischen Parlaments und des Rates über Gesellschaften mit beschränkter Haftung mit einem einzigen Gesellschafter vom 9.4.2014, COM(2014), 212 final; dazu *Wicke* ZIP 2014, 1414; *Hommelhoff/Teichmann* GmbHR 2014, 177), wird einstweilen nicht weiterverfolgt (http://notizen.duslaw.de/wie-geht-es-eigentlich-der-sup-richtlinie/, zuletzt abgerufen: 8.2.2020). **31**

Ausgeschlossen ist eine **„Keinmanngründung"** ohne Gesellschafter. Zwar kann durch den Verlust sämtlicher Gesellschafter nach der Eintragung eine „Keinmann-GmbH" entstehen; hierin liegt aber nach ganz hM ein gesetzlicher Auflösungsgrund (HCL/*Ulmer/Löbbe* Rn. 56 mwN), sodass der Zustand nur vorübergehender Natur ist. Andererseits kommt ein sofortiges (liquidationsloses) Erlöschen der Gesellschaft nicht in Frage (HCL/*Ulmer/Habersack* Einl. A Rn. A 23). **32**

2. Die Einpersonen-Gründung. Die Einpersonen-Gründung wurde schon durch die GmbH-Novelle 1980 (seit 1.1.1981) zugelassen (bei der AG erst seit UMAG vom 22.9.2005, § 2 AktG). Sie kann durch Einsatz des **Musterprotokolls** (§ 2 Abs. 1a mit Anl. 1) vereinfacht gegründet werden (Erl. zu § 2 Abs. 1a → § 2 Rn. 1 ff.). Zur **Umwandlung** eines einzelkaufmännischen Unternehmens in eine GmbH s. §§ 152 ff., 158 ff. UmwG. **33**

Bei der Einpersonengründung ist das Gründungsgeschäft kein Vertrag, sondern ein **einseitiges Rechtsgeschäft** (speziell zu Gründungsmängeln bei der Einpersonengründung, *Grooterhorst* NZG 2007, 605). Die Möglichkeit einer **Stellvertretung** bleibt hiervon unberührt (s. auch Hinweis unter Fn. 2 des Musterprotokolls). Abzulehnen ist wegen § 180 S. 1 aber eine vollmachtlose Vertretung (→ § 2 Rn. 25). **Kostenrechtlich** löst die Gründung nur die einfache Gebühr der Nr. 21200 Anl. 1 zu § 3 Abs. 2 GNotKG (§ 36 Abs. 1 KostO aF) aus (stRspr, das gilt auch bei Gründung der GmbH durch eine Vor-AG und Abgabe der Gründungserklärung durch mehrere Vorstandsmitglieder, KG 18.5.2004, NZG 2004, 826 (828) mwN; Scholz/*Cramer* Rn. 59 sowie Fn. 229 mwN). **34**

Frühere Sonderregelungen in § 7 Abs. 2 S. 3, § 8 Abs. 2 S. 2, § 19 Abs. 4 (Umgehungsschutz), § 60 Abs. 1 Nr. 6, § 65 Abs. 1 S. 2 und § 144b FGG (jew. aF), die ein Leerlaufen der subsidiären Ausfallhaftung nach § 24 kompensieren sollten (UHW/*Ulmer* Rn. 53), sind durch das **MoMiG gestrichen** worden. Der Gesetzgeber sieht eine besondere Sicherung im Interesse von Vereinfachung und Beschleunigung des Gründungsverfahrens als verzichtbar an (BT-Drs. 16/6140, 33). **Erhalten** geblieben sind die Sonderregelungen in **§ 35 Abs. 3** (zu Insichgeschäften; vor MoMiG: § 35 Abs. 4) und **§ 48 Abs. 3** (betr. „Beschlussfassung"); sie gelten für jede Einpersonen-GmbH. **35**

Die seit Zulassung der Einpersonen-Gründung entbehrliche **„Strohmann"-Gründung,** bei welcher der Strohmann seine Anteile alsbald nach der Eintragung auf den Hintermann überträgt, ist weiterhin möglich und wird wegen rechtlicher Zweifelsfragen bei der Einpersonen-GmbH im Gründungsstadium sogar empfohlen (so HCL/*Ulmer/Löbbe* Rn. 52). Die Probleme treten insbesondere bei der Konstruktion eines Äquivalents zur Vorgesellschaft auf, die als Gesamthandsgesellschaft nicht bloß aus einer Person bestehen kann, ferner hinsichtlich Binnenorganisation, Gründerhaftung und Rechtsübergang auf die eingetragene GmbH (HCL/*Ulmer/Löbbe* Rn. 55; → § 11 Rn. 1 ff.). **36**

3. Organisation der Einpersonen-GmbH. Hinsichtlich der Organisation gelten **keine Besonderheiten.** Weil die Gesellschafterversammlung aber nur aus einem Gesellschafter besteht, bedarf es de facto niemals der Abhaltung einer förmlichen Versammlung. Vielmehr können sämtliche Beschlüsse durch eine „Vollversammlung" gefasst werden. Auch aus diesem Grund ordnet **§ 48 Abs. 3** für die **Beschlüsse** des Gesellschafters an, dass sie unverzüglich in einer Niederschrift aufzunehmen sind; es handelt sich allerdings nicht um eine Wirksamkeitsvoraussetzung (zu den Folgen → § 48 Rn. 32). Ist ein **Aufsichtsrat** gebildet, kann der Alleingesellschafter nicht zugleich Geschäftsführer und Aufsichtsratsmitglied sein (Scholz/*Cramer* Rn. 69 mwN). **37**

Ist der Alleingesellschafter, wie regelmäßig, zugleich Geschäftsführer, so findet gem. **§ 35 Abs. 3** (früher § 35 Abs. 4) **§ 181 BGB** gleichwohl Anwendung, mag die Möglichkeit eines Interessenkonflikts zwischen Gesellschaft und Gesellschafter hier auch zweifelhaft sein (vgl. näher Scholz/*Schneider/Schneider* § 35 Rn. 147 ff.; zur Anmeldung der Befreiung bei Mustergründung OLG Bremen 15.9.2009, NJW 2010, 542). Ferner ist eine Niederschrift über die vorgenommenen Rechtsgeschäfte anzufertigen (näher Scholz/*Schneider/Schneider* § 35 Rn. 183a ff.). Die Vorschrift setzt also die Möglichkeit von **Rechtsgeschäften zwischen dem Alleingesellschafter und der Gesellschaft** als selbstverständlich voraus. Nach BGH 7.1.2008, DStR 2008, 886 (887) = NZG 2008, 187 (188) (mwN zur Rspr.) unterliegt der Alleingesellschafter-Geschäftsführer **keinem Wettbewerbsverbot,** weil jedenfalls so lange keine Trennung der Interessen möglich sei, als keine Gläubigerinteressen betroffen seien. **38**

39 Nach ihrer Eintragung ist die Einpersonen-GmbH (selbstverständlich) juristische Person (Scholz/*Cramer* Rn. 67), sodass auch das sog. **Trennungsprinzip** gilt (Baumbach/Hueck/*Fastrich* Rn. 56 mwN): Unternehmensvermögen und Privatvermögen sind strikt zu unterscheiden. Folglich ist etwa eine Vollstreckung aus einem Titel gegen die Gesellschaft in das Vermögen des Gesellschafters (oder umgekehrt) nicht möglich (Scholz/*Cramer* Rn. 67). Der Gesellschaft bzw. dem Gesellschafter steht hier jeweils die Drittwiderspruchsklage zu (BGH 16.10.2003, BGHZ 156, 310 = NJW 2004, 217).

40 Eine **tatsächliche Vermischung** der Vermögensmassen durch den Gesellschafter führt zu seiner **Durchgriffshaftung** (vgl. Baumbach/Hueck/*Fastrich* Rn. 57). Auch sonst stellt sich die Durchgriffsproblematik zwar typischerweise bei der Einpersonen-GmbH (Baumbach/Hueck/*Fastrich* Rn. 57; allgemein zu Haftungsrisiken des Alleingesellschafter-Geschäftsführers *Burgard/Heimann* NZG 2018, 601); es handelt sich insofern aber um ein allgemeines Problem des GmbH-Rechts (→ § 13 Rn. 35 ff.).

41 In Bezug auf die Gründerhaftung wegen Anlaufverlusten gelten keine Besonderheiten; die **Unterbilanzhaftung** (allgemein dazu → § 11 Rn. 29 ff.) trifft als (grundsätzliche) Binnenhaftung auch einen Alleingründer (BGH 24.10.2005, NJW-RR 2006, 254 – Unterbilanzhaftung als Innenhaftung auch bei Einmann-GmbH). Aufgrund der vor Eintragung bestehenden **Verlustdeckungshaftung** unterliegt der Gründer stets einer **Außenhaftung** (BGH 27.1.1997, BGHZ 134, 333 = NJW 1997, 1507); es handelt sich um eine anerkannte Ausnahme zum Binnenhaftungskonzept.

Form des Gesellschaftsvertrags

2 (1) [1] **Der Gesellschaftsvertrag bedarf notarieller Form.** [2] **Er ist von sämtlichen Gesellschaftern zu unterzeichnen.**

(1a) [1] **Die Gesellschaft kann in einem vereinfachten Verfahren gegründet werden, wenn sie höchstens drei Gesellschafter und einen Geschäftsführer hat.** [2] **Für die Gründung im vereinfachten Verfahren ist das in der Anlage bestimmte Musterprotokoll zu verwenden.** [3] **Darüber hinaus dürfen keine vom Gesetz abweichenden Bestimmungen getroffen werden.** [4] **Das Musterprotokoll gilt zugleich als Gesellschafterliste.** [5] **Im Übrigen finden auf das Musterprotokoll die Vorschriften dieses Gesetzes über den Gesellschaftsvertrag entsprechende Anwendung.**

(2) **Die Unterzeichnung durch Bevollmächtigte ist nur auf Grund einer notariell errichteten oder beglaubigten Vollmacht zulässig.**

Anlage
(zu § 2 Abs. 1a)
a) Musterprotokoll

für die Gründung einer Einpersonengesellschaft

UR. Nr. ....
Heute, den ....
erschien vor mir, ...,
Notar/in mit dem Amtssitz in
....,
Herr/Frau[1)]
....,
....,
....[2)].

1. Der Erschienene errichtet hiermit nach § 2 Abs. 1a GmbHG eine Gesellschaft mit beschränkter Haftung unter der Firma..
mit dem Sitz in ....

2. Gegenstand des Unternehmens ist ....

3. Das Stammkapital der Gesellschaft beträgt ...... EUR
(i. W........ Euro) und wird vollständig von Herrn/Frau[1)] ...... (Geschäftsanteil Nr. 1) übernommen. Die Einlage ist in Geld zu erbringen, und zwar sofort in voller Höhe/zu 50 Prozent sofort, im Übrigen sobald die Gesellschafterversammlung ihre Einforderung beschließt[3)].

4. Zum Geschäftsführer der Gesellschaft wird Herr/Frau[4)] ......, geboren am ......, wohnhaft in ......, bestellt. Der Geschäftsführer ist von den Beschränkungen des § 181 des Bürgerlichen Gesetzbuchs befreit.

5. Die Gesellschaft trägt die mit der Gründung verbundenen Kosten bis zu einem Gesamtbetrag von 300 EUR, höchstens jedoch bis zum Betrag ihres Stammkapitals. Darüber hinausgehende Kosten trägt der Gesellschafter.

6. Von dieser Urkunde erhält eine Ausfertigung der Gesellschafter, beglaubigte Ablichtungen die Gesellschaft und das Registergericht (in elektronischer Form) sowie eine einfache Abschrift das Finanzamt – Körperschaftsteuerstelle –.

7. Der Erschienene wurde vom Notar/von der Notarin insbesondere auf Folgendes hingewiesen: ......

Hinweise:

1) Nicht Zutreffendes streichen. Bei juristischen Personen ist die Anrede Herr/Frau wegzulassen.

2) Hier sind neben der Bezeichnung des Gesellschafters und den Angaben zur notariellen Identitätsfeststellung ggf. der Güterstand und die Zustimmung des Ehegatten sowie die Angaben zu einer etwaigen Vertretung zu vermerken.

3) Nicht Zutreffendes streichen. Bei der Unternehmergesellschaft muss die zweite Alternative gestrichen werden.

4) Nicht Zutreffendes streichen.

b) Musterprotokoll

für die Gründung einer Mehrpersonengesellschaft
mit bis zu drei Gesellschaftern
UR. Nr. ......

Heute, den ....,
erschienen vor mir, ...,
Notar/in mit dem Amtssitz in
....,
Herr/Frau[1)]
....[2)],
Herr/Frau[1)]
....[2)],
Herr/Frau[1)]
....
....[2)].

1. Die Erschienenen errichten hiermit nach § 2 Abs. 1a GmbHG eine Gesellschaft mit beschränkter Haftung unter der Firma ......
....
mit dem Sitz in ....

2. Gegenstand des Unternehmens ist ....

3. Das Stammkapital der Gesellschaft beträgt ...... EUR (i. W. ...... Euro) und wird wie folgt übernommen:
Herr/Frau[1)]...... übernimmt einen Geschäftsanteil mit einem Nennbetrag in Höhe von ...... EUR (i. W. ...... Euro) (Geschäftsanteil Nr. 1),
Herr/Frau[1)]...... übernimmt einen Geschäftsanteil mit einem Nennbetrag in Höhe von ...... EUR (i. W. ...... Euro) (Geschäftsanteil Nr. 2),
Herr/Frau[1)]...... übernimmt einen Geschäftsanteil mit einem Nennbetrag in Höhe von ...... EUR (i. W. ...... Euro) (Geschäftsanteil Nr. 3).
Die Einlagen sind in Geld zu erbringen, und zwar sofort in voller Höhe/zu 50 Prozent sofort, im Übrigen sobald die Gesellschafterversammlung ihre Einforderung beschließt[3)].

4. Zum Geschäftsführer der Gesellschaft wird Herr/Frau[4)]......, geboren am ......, wohnhaft in ......, bestellt.
Der Geschäftsführer ist von den Beschränkungen des § 181 des Bürgerlichen Gesetzbuchs befreit.

5. Die Gesellschaft trägt die mit der Gründung verbundenen Kosten bis zu einem Gesamtbetrag von 300 EUR, höchstens jedoch bis zum Betrag ihres Stammkapitals. Darüber hinausgehende Kosten tragen die Gesellschafter im Verhältnis der Nennbeträge ihrer Geschäftsanteile.

6. Von dieser Urkunde erhält eine Ausfertigung jeder Gesellschafter, beglaubigte Ablichtungen die Gesellschaft und das Registergericht (in elektronischer Form) sowie eine einfache Abschrift das Finanzamt – Körperschaftsteuerstelle –.

7. Die Erschienenen wurden vom Notar/von der Notarin insbesondere auf Folgendes hingewiesen: ......
....

Hinweise:
[1)] Nicht Zutreffendes streichen. Bei juristischen Personen ist die Anrede Herr/Frau wegzulassen.
[2)] Hier sind neben der Bezeichnung des Gesellschafters und den Angaben zur notariellen Identitätsfeststellung ggf. der Güterstand und die Zustimmung des Ehegatten sowie die Angaben zu einer etwaigen Vertretung zu vermerken.
[3)] Nicht Zutreffendes streichen. Bei der Unternehmergesellschaft muss die zweite Alternative gestrichen werden.
[4)] Nicht Zutreffendes streichen

Übersicht

I. Regelungsgegenstand, Normzweck und Entstehungsgeschichte

1 **1. Abs. 1 und 2.** Die Vorschrift regelt die Form des Gesellschaftsvertrags bzw. des einseitigen Errichtungsgeschäfts (Abs. 1) und einer entsprechenden Abschlussvollmacht (Abs. 2 – in Abweichung von § 167 Abs. 2 BGB). Das Formerfordernis hat Warnfunktion und dient der Rechtssicherheit (→ Rn. 12). Der Inhalt des Vertrages ist im Allgemeinen kein Thema von § 2. Anderes gilt freilich für Abs. 1a bei der im einfachen Verfahren gegründeten GmbH; hier weicht das Musterprotokoll (MP) in einigen Punkten von den §§ 1, 3–5 ab (→ Rn. 51 ff.). Die Rechtsfolgen fehlender Form ergeben sich grundsätzlich aus § 125 BGB (aber → Rn. 18).

2 **2. Abs. 1a.** Abs. 1a regelt aufgrund des MoMiG seit 1.11.2008 die Gründung der GmbH bzw. UG im **vereinfachten Verfahren** als Alternative zum Normalverfahren (Bestandsaufnahme bei *Heckschen* GmbHR 2018, 1093). Ziel ist es, die GmbH-Gründung zu **beschleunigen** und (auch) auf diese Weise die Wettbewerbsfähigkeit der GmbH zu erhöhen (vgl. BT-Drs. 16/6140, 27 (noch zur Mustersatzung), ferner BT-Drs. 16/9737). Mittel hierfür ist die Verwendung eines standardisierten Mustertextes für einfach gelagerte Fälle, der Gesellschaftsvertrag, Geschäftsführerbestellung und Gesellschafterliste in einem Dokument zusammenfasst (vgl. § 2 Abs. 1a S. 4); hinzu kommt die kostenrechtliche Privilegierung durch **§ 105 Abs. 6 GNotKG** (Art. 15a Nr. 2a MoMiG), die allerdings zumeist nur der UG zugutekommt (→ Rn. 49). Seine endgültige Gestalt hat Abs. 1a erst im Gesetzgebungsverfahren gefunden; der RegE hatte noch die Einführung einer Mustersatzung nebst „Gründungsset" geplant; für sie sollte die einfache Schriftform mit beglaubigten Unterschriften ausreichen (vgl. BT-Drs. 16/6140, 5; *Heckschen* DStR 2007, 1442 ff.). Abzuwarten bleibt, inwiefern sich Verfahren und Bedeutung der Mustergründung vor dem Hintergrund der Umsetzung der **Company Law Package-Richtlinie** der Europäischen Kommission (RL (EU) 2019/1151) verändern, wonach die Mitgliedstaaten zu gewährleisten haben, *„dass die Online-Gründung von Gesellschaften vollständig online durchgeführt werden kann, ohne dass die Antragsteller persönlich […] erscheinen müssen."* (Art. 13g Abs. 1 RL (EU) 291/1151); vgl. dazu näher *Kindler/Jobst* DB 2019, 1550; *Bayer/J. Schmidt* BB 2019, 1922; Bormann/Stelmaszczyk NZG 2019, 601; *Bock* DNotZ 2018, 643; *Knaier* GmbHR 2018, 560; *Noack* DB 2018, 1324; *Teichmann* GmbHR 2018, 1.

3 **S. 1, 2 und 3** enthalten die Voraussetzungen der vereinfachten Gründung (max. drei Gesellschafter und ein Geschäftsführer; Verwendung des MP). **S. 4 und 5** nehmen ergänzenden Bezug auf das sog. **Musterprotokoll,** das als Anlage zu § 2 Abs. 1a in Kraft getreten ist und zwischen Ein- und Mehrpersonengesellschaft (mit max. drei Gesellschaftern) differenziert. Es kann sowohl für die UG-Gründung wie auch für die Gründung einer ordentlichen GmbH eingesetzt werden.

II. Gesellschaftsvertrag

1. Rechtsnatur des Gesellschaftsvertrags (der Satzung). a) Mehrpersonengesellschaft. Der Gesellschaftsvertrag hat eine **doppelte Funktion** insofern, als er zwischen den Gesellschaftern ein Schuldverhältnis begründet und die Verfassung der GmbH regelt (HCL/*Ulmer/Löbbe* Rn. 4 f.; Baumbach/Hueck/*Fastrich* Rn. 3). Dies gilt auch für die Gründung mittels MP. Seine **Rechtsnatur** ist zwar im Einzelnen umstritten zwischen der modifizierten Vertragstheorie und der heute klar dominierenden modifizierten Normentheorie (Scholz/*Cramer* Rn. 5; *K. Schmidt* GesR § 5 I, S. 77; *Raiser/Veil* KapGesR § 26 Rn. 14; MüKoGmbHG/*Heinze* Rn. 7 ff.). Einigkeit besteht aber darüber, dass der Gesellschaftsvertrag als Organisationsvertrag bei rechtsgeschäftlichem Geltungsgrund auch objektive, die Verfassung ausgestaltende Bestimmungen enthält, für die andere Regeln als für gewöhnliche Vertragsklauseln gelten (→ Rn. 5 ff.). Auch die Rspr. brauchte sich bislang nicht festzulegen; sie dürfte aber ebenfalls der modifizierten Normentheorie nahestehen (vgl. RG 29.10.1940, RGZ 165, 140 (143); BGH 6.3.1967, BGHZ 47, 172 (179) = NJW 1967, 1268 (1271) – zum Idealverein). 4

Grundsätzlich sind die **allgemeinen Vorschriften des BGB** über Rechtsgeschäfte (§§ 105 ff., 116 ff., 125, 134, 138, 145 ff. BGB) anwendbar (Baumbach/Hueck/*Fastrich* Rn. 6; Scholz/*Cramer* Rn. 6). Auch abgesehen von Abs. 2, der von § 167 Abs. 2 BGB abweicht, gelten zuweilen Sonderregeln, etwa hinsichtlich der Befristung (vgl. § 3 Abs. 2) und zu den Folgen rechtsgeschäftlicher Mängel, die durch die Lehre vom fehlerhaften Verband bzw. §§ 75 ff. modifiziert werden (→ Rn. 68). Eine aufschiebende Bedingung (auch bei einer Beitrittserklärung) stellt ein Eintragungshindernis dar, solange sie noch nicht eingetreten ist (Scholz/*Cramer* Rn. 101). 5

Die Regeln über **gegenseitige Verträge** (§§ 320 ff. BGB) sind nach hM grundsätzlich unanwendbar, soweit sie zur Rückabwicklung einer bereits entstandenen Vor-Gesellschaft führen würden (Baumbach/Hueck/*Fastrich* Rn. 6). Stattdessen kommen bei Leistungsstörungen ggf. Austritt oder Auflösung der Gesellschaft in Frage. Eine **AGB-Kontrolle** ist nach § 310 Abs. 4 S. 1 BGB ausgeschlossen (für Publikumspersonengesellschaften teleologische Reduktion offenlassend BGH II ZR 343/14, BeckRS 2015, 19758 Rn. 28), was die Kontrolle einzelner Klauseln am Maßstab des § 138 BGB nicht ausschließt (vgl. etwa BGH 19.9.2005, BGHZ 164, 107 = NJW 2005, 3644 (Hinauskündigungsklausel); ferner Baumbach/Hueck/*Kersting* § 34 Rn. 26). Auch Abfindungsklauseln unterwirft die Rspr. grundsätzlich einer strengen Beurteilung (→ § 34 Rn. 18 ff.). 6

b) Einpersonengesellschaft. Rechtsgeschäftliche Grundlage der Einpersonengesellschaft ist naturgemäß kein Vertrag, sondern eine **einseitige, rechtsgeschäftliche Errichtungserklärung,** die gegenüber dem Notar abzugeben ist (HCL/*Ulmer/Löbbe* Rn. 7). Die einseitige Erklärung ist „Gesellschaftsvertrag" iSv § 2; hinsichtlich Rechtsnatur (→ Rn. 4) und Anwendbarkeit bürgerlich-rechtlicher Vorschriften (→ Rn. 5 f.) gelten aber keine Besonderheiten. **Gebührenrechtlich** ist die Einpersonengründung durch § 3 Abs. 2 GNotKG iVm KV 21200 GNotKG privilegiert (vgl. KG 18.5.2004, NZG 2004, 826 (828) (zur Vorgängerregelung) – Gründung durch Vor-AG mit mehreren Vorständen). 7

2. Materielle und formelle Satzungsbestandteile; Nebenbestimmungen. Nur die **materiellen (echten) Bestandteile** der Satzung unterliegen den für Auslegung (objektiv) und Änderung (nach §§ 53 f.) des Gesellschaftsvertrags geltenden Sonderregeln und wirken ohne Weiteres auch gegenüber später hinzukommenden Gesellschaftern. Hierzu gehören jedenfalls die **Mindestbestimmungen** nach § 3 (Firma, Sitz, Unternehmensgegenstand (zum Zweck, → § 1 Rn. 4 ff.), Betrag des Stammkapitals, Zahl und Nennbetrag der Geschäftsanteile); sie werden durch §§ 1, 4, 4a, 5 und 5a ergänzt. Zum Mindestinhalt gehören ferner die **Beteiligungserklärungen** der einzelnen Gesellschafter (Scholz/*Cramer* Rn. 7; Baumbach/Hueck/*Fastrich* Rn. 4), mit der sie gem. § 3 Abs. 1 Nr. 4 einen Geschäftsanteil gegen Einlage übernehmen. 8

Materielle Satzungsbestandteile sind ferner alle (sonstigen) **„korporativen" Bestimmungen,** die die Rechtsverhältnisse der Gesellschaft bzw. zwischen dieser und ihren Gesellschaftern regeln und namentlich Kapital, Organisation und Mitgliedschaft gestalten sollen (vgl. BGH 11.10.1993, BGHZ 123, 347 = NJW 1994, 51 zur AG). Aufgrund der im GmbH-Recht weitgehenden **Satzungsfreiheit** können die Gesellschafter prinzipiell autonom festlegen, welche ergänzenden Bestimmungen sie als materielle Bestandteile den für Satzungsbestimmungen geltenden Regeln unterwerfen wollen; teilweise ist die Aufnahme auch Wirksamkeitsbedingung (§ 3 Abs. 2, § 5 Abs. 4, § 15 Abs. 5). **Häufige Regeln** sind Gerichtsstands- und Schiedsklauseln (näher *Böttcher/Fischer* NZG 2011, 601); Einsetzung eines Beirats; Stimmrechtsbeschränkungen (HCL/*Ulmer/Löbbe* § 3 Rn. 113). Auch **Sonderrechte** einzelner Gesellschafter sowie deren Nebenleistungspflichten und Wettbewerbsverbote sind echte Satzungsbestandteile, auch wenn sie personenbezogen (nicht anteilsbezogen) ausgestaltet sind (HCL/*Ulmer/Löbbe* Rn. 9). Freilich ist jeweils durch Auslegung zu ermitteln, ob tatsächlich ein Sonderrecht etc geschaffen werden soll. 9

10 **Formelle (unechte) Satzungsbestandteile** werden hingegen nur bei Gelegenheit des Vertragsschlusses in die Urkunde aufgenommen; für sie gelten uneingeschränkt die allgemeinen Regeln über Rechtsgeschäfte bzw. Verträge, was Auslegung, Änderung und Geltung gegenüber Dritten betrifft. Standardbeispiel ist die Geschäftsführerbestellung in der Satzung gem. § 6 Abs. 3 S. 2, die im Zweifel nicht zu einem – nur mit dessen Zustimmung wieder aufhebbaren – Sonderrecht des Bestellten führt (HCL/*Ulmer/Löbbe* Rn. 10). Das gilt auch für die Bestellung (einschl. Befreiung von § 181 BGB) iRd MP (OLG Bremen 15.9.2009, NJW 2010, 542; *Schäfer* ZIP 2011, 53 (55)). Weiteres Beispiel einer bloß formellen Satzungsbestimmung ist die Angabe der Anteilsinhaber im Gesellschaftsvertrag.

11 Praktisch häufig treffen alle oder einzelne Gesellschafter sog. **schuldrechtliche Nebenabreden** (Gesellschaftervereinbarungen), die nicht Bestandteil der Satzungsurkunde und damit auch nicht publik werden. Aufgrund der eingeschränkten Gestaltungsfreiheit im vereinfachten Verfahren nach Abs. 1a (→ Rn. 49 ff.) sind sie besonders dort Mittel der Wahl, um ergänzende Regelungen zu statuieren. Sofern nicht der Mindestinhalt betroffen (→ Rn. 8) oder die Aufnahme in die Satzung Wirksamkeitsvoraussetzung ist (→ Rn. 9), können die Gesellschafter frei bestimmen, ob sie eine Regelung als (echte oder unechte) Satzungsbestimmung oder als Gesellschaftervereinbarung treffen (vgl. etwa BGH 15.10.2007, DNotZ 2008, 461 (Aufgeld bei Kapitalerhöhung)), wobei allerdings wegen des Formgebots die wesentlichen Bestimmungen in die Satzung gehören (vgl. OLG Dresden 17.6.1996, GmbHR 1997, 746 (747)).

12 **3. Form des Gesellschaftsvertrags. a) Notarielle Form; Unterzeichnung durch die Gesellschafter.** Der Gesellschaftsvertrag muss **notariell beurkundet** und dabei, wie Abs. 1 S. 2 klarstellt, von sämtlichen Gründern unterschrieben werden (vgl. § 13 BeurkG). Bei der Einpersonengründung wird die einseitige Erklärung des Gründers beurkundet und von ihm unterzeichnet. Das MoMiG hat auch bei der **vereinfachten Gründung** am Formerfordernis festgehalten. Die Form dient der **Rechtssicherheit** (→ Rn. 1) und hat **Warnfunktion** (HCL/*Ulmer/Löbbe* Rn. 13), außerdem verbindet sich mit der Beurkundung auch eine **Beratung** durch den Notar (vgl. § 17 BeurkG), der zugleich eine gewisse Vorkontrolle vornimmt und damit die Registergerichte entlastet. Die Einzelheiten der Beurkundung sind in **§§ 6 ff. BeurkG** geregelt (insbesondere ist eine Niederschrift über die Verhandlung aufzunehmen). Fremdsprachige Texte (vgl. § 5 Abs. 2 BeurkG) bedürfen einer Übersetzung für die Anmeldung (LG Düsseldorf 16.3.1999, GmbHR 1999, 609). Bei einer Gründung im **vereinfachten Verfahren** ist zwingend das MP zu verwenden (→ Rn. 55).

13 **Nicht notwendig** ist die einheitliche Verhandlung bzw. **gleichzeitige Anwesenheit beim Notar.** Die sukzessive Beurkundung der Erklärungen ist ebenso möglich wie die Beurkundung vor unterschiedlichen Notaren (§ 13a Abs. 2 BeurkG und HCL/*Ulmer/Löbbe* Rn. 15). Zu **unterzeichnen** ist entweder der Gesellschaftsvertrag oder – bei Erklärung zu Protokoll (§ 9 Abs. 1 S. 2 BeurkG) – die Niederschrift.

14 Die Beurkundung kann auch außerhalb des **Amtsbezirks** des Notars erfolgen (§ 2 BeurkG). Im Ausland darf statt eines (deutschen) Notars nur ein Konsularbeamter gem. §§ 10, 19, 24 KonsularG beurkunden (HCL/*Ulmer/Löbbe* Rn. 22). Zur Beurkundung durch ausländische Notare → Rn. 17.

15 **b) Reichweite des Formgebots.** Beurkundet werden müssen alle **materiellen Satzungsbestimmungen,** auch wenn sie lediglich ergänzender Art sind (→ Rn. 9). Das trifft beispielsweise auch auf Sonderrechte zugunsten einzelner Gesellschafter zu (vgl. BGH 8.11.1968, NJW 1969, 131). **Keiner Form** bedürfen hingegen die schuldrechtlichen Nebenbestimmungen (Gesellschaftervereinbarungen), zumal sie nur die unmittelbar Beteiligten binden (eingehend HCL/*Ulmer/Löbbe* Rn. 27).

16 **c) Auslandsbeurkundung der Gründung.** Wird eine deutsche GmbH im Ausland gegründet, so richtet sich das hierfür anwendbare Recht nach zutr. hM auch hinsichtlich der Form nach dem **Gesellschaftsstatut,** welches das Wahlrecht aus Art. 11 Abs. 1 Alt. 2 EGBGB verdrängt (Baumbach/Hueck/*Fastrich* Rn. 9 mwN; Lutter/Hommelhoff/*Bayer* Rn. 27; *Goette* FS Boujong, 1996, 131 (135 f.)).

17 Es ist daher allein auf Basis des § 2 zu entscheiden, ob dessen Form durch die Beurkundung eines **ausländischen Notars** gewahrt wird. Die früher hM bejahte dies, wenn der ausländische Notar nach Vorbildung und Stellung eine dem deutschen Notar entsprechende Funktion ausübt und ein dem deutschen Recht entsprechendes Beurkundungsrecht anwendet (BGH 16.2.1981, BGHZ 80, 76 = NJW 1981, 116; Baumbach/Hueck/*Fastrich* Rn. 9; bejaht für Schweizer Beamtennotariat, österreichische (hierzu zuletzt *Becht/Stephan-Wimmer* GmbHR 2019, 45) und niederländische Notare sowie für lateinisches Notariat). Diese Auffassung wird aber mit Rücksicht auf die Formzwecke des § 2 zutreffend in Frage gestellt (HCL/*Ulmer/Löbbe* Rn. 20; Scholz/*Cramer* Rn. 19; Lutter/Hommelhoff/*Bayer* Rn. 27; *Goette* DStR 1996, 709 ff.; krit. auch *Mohr* GmbH-StB 2011, 310 (311 f.)), sodass die Auslandsbeurkundung richtigerweise generell ausscheidet (AG Berlin-Charlottenburg 22.1.2016, GmbHR 2016, 223 = RNotZ 2016, 991 = DNotI-Report 2016, 38 betr. Schweizer Notar; **aA** jedoch KG 26.7.2018, NZG 2018, 1195 (Notar mit Amtssitz im Kanton Basel), krit. hierzu *Lieder* ZIP 2018, 805 sowie *Tebben* GmbHR 2018, 1190; und KG 24.1.2018, NZG 2018, 304 (Notar mit Amtssitz im Kanton Bern), krit. hierzu *Herrler* NJW 2018, 1787 sowie *Cramer* DStR 2018, 746). Für die Beurkundung nach **§ 15 Abs. 3** hat der BGH allerdings entgegengesetzt entschieden und an seiner Rspr. vor dem MoMiG festgehalten

(BGH 17.12.2013, NJW 2014, 2026 Rn. 13 ff.; so auch OLG Düsseldorf 2.3.2011, ZIP 2011, 564; vgl. ferner *Hermanns* RNotZ 2011, 224; aber offenlassend für Auslandsbeurkundung einer AG-Hauptversammlung BGH 21.10.2014, NZG 2015, 18); seine Begründung lässt vermuten, dass er die Rechtslage bei § 2 nicht prinzipiell anders einschätzen würde. Wegen der Parallelfrage bei der Anteilsübertragung vgl. → § 15 Rn. 44 ff. – Unabhängig hiervon, bleibt **ausländischen Notaren** eine Beurkundung **im Inland** allemal **verwehrt;** sie sind nach § 11a S. 3 BNotO auf unterstützende Tätigkeiten beschränkt (vgl. BGH 20.7.2015, NJW 2015, 3034; BVerfG 15.10.2015, NJW 2016, 1010).

d) Folgen eines Formmangels. Grundsätzlich führt der Formmangel zur Unwirksamkeit des Gesellschaftsvertrags nach § 125 BGB und stellt daher ein Eintragungshindernis dar (Baumbach/Hueck/*Fastrich* Rn. 14; HCL/*Ulmer/Löbbe* Rn. 28 f.). Mit Entstehung der Vor-Gesellschaft durch Geschäftsbeginn werden die Folgen der Unwirksamkeit aber durch die Lehre vom fehlerhaften Verband **(LfV)** beschränkt (→ Rn. 68). Eine (heilende) **Bestätigung** nach § 141 BGB setzt die formgerechte Wiederholung des Errichtungsgeschäfts voraus. Der Formmangel wird jedoch **durch die Eintragung geheilt** (Scholz/*Cramer* Rn. 25; HCL/*Ulmer/Löbbe* Rn. 30), sodass auch Amtslöschung bzw. -auflösung gem. §§ 397, 399 FamFG ausgeschlossen sind. 18

e) Vertragsänderungen vor Eintragung. Mangels Anwendbarkeit der §§ 53 f. sind Vertragsänderungen vor der Eintragung nur durch **Einigung sämtlicher Gründer** unter Einhaltung der Form des § 2 möglich (OLG Frankfurt a. M. 20.12.2010, GmbHR 2011, 984 (985); HCL/*Ulmer/Löbbe* Rn. 23; Baumbach/Hueck/*Fastrich* Rn. 13). Das gilt auch für Ein- und Austritt eines Gesellschafters (BGH 27.1.1997, BGHZ 134, 333 = NJW 1997, 1507; zur registerrechtlichen Behandlung vgl. KG 24.9.1996, NJW-RR 1997, 794 (795)). Streitig ist, ob darüber hinaus auch eine **Anteilsübertragung** nur in Form einer Vertragsänderung zulässig ist (so die hM BFH 12.12.2007, NZG 2008, 354 (356); HCL/*Ulmer/Löbbe* Rn. 23; Scholz/*Cramer* Rn. 29). Indessen sind Gesellschaftsanteile mit Zustimmung der Gesellschafter auch sonst allemal übertragbar, sodass die besseren Gründe dafür sprechen, die Übertragung analog § 15 bei automatischer Vinkulierung zuzulassen (*K. Schmidt* GmbHR 1997, 869). 19

4. Vertretung bei Abschluss des Gesellschaftsvertrags (Abs. 2). a) Vollmachterteilung, Form. Die Gesellschafter können sich bei der Gründung vertreten lassen, doch bedarf die Vollmacht (§ 167 BGB) oder Genehmigung (→ Rn. 23) entweder **notarieller Beurkundung** (§§ 6 ff. BeurkG, → Rn. 12 f.) oder **Beglaubigung** (§ 40 BeurkG). Anders als die Beurkundung (→ Rn. 17) kann die Beglaubigung, die lediglich die Authentizität der Unterschrift gewährleisten soll, auch von einem ausländischen Notar vorgenommen werden (HCL/*Ulmer/Löbbe* Rn. 33; Baumbach/Hueck/*Fastrich* Rn. 20). Da sie die Legitimation des Vertreters außer Streit stellen soll, ist sie aber keine reine Ordnungsvorschrift, sondern **Wirksamkeitsvoraussetzung** für die Vollmachterteilung (Scholz/*Cramer* Rn. 31). 20

Statt durch Beglaubigung kann die Vollmachterteilung auch durch **öffentliche Urkunde** einer Behörde (vgl. etwa OLG Düsseldorf 20.8.1997, GmbHR 1998, 238) oder durch **notarielle Bescheinigung gem. § 21 Abs. 3 BNotO** (OLG Düsseldorf 30.3.2016, ZIP 2016, 916), eine in das Handelsregister eingetragene Prokura (nicht aber die insofern unzureichende Handlungsvollmacht gem. § 54 HGB) durch **Registerauszug** nachgewiesen werden (HCL/*Ulmer/Löbbe* Rn. 34). 21

b) Umfang der Vollmacht. Die Vollmacht muss die Gründung der konkreten GmbH abdecken, eine Spezialvollmacht ist aber nicht erforderlich. Als ausreichend werden vielmehr auch **Generalvollmacht** und **Prokura,** nicht jedoch die Handlungsvollmacht, angesehen (Baumbach/Hueck/*Fastrich* Rn. 21; zum Nachweis → Rn. 20 f.). Die Vertretung **mehrerer Gründer** durch nur eine Person, auch durch Mitgründer, ist möglich nach Befreiung von § 181 BGB, und zwar ebenfalls in Form des Abs. 2 (HCL/*Ulmer/Löbbe* Rn. 36); bei Bevollmächtigung eines Mitgründers kann die Befreiung von § 181 BGB als miterklärt gelten. 22

c) Rechtsfolgen mangelnder Vertretungsmacht. Bei der **Mehrpersonengründung** ist der Gesellschaftsvertrag ohne ausreichende Vollmacht schwebend unwirksam und bildet ein Eintragungshindernis (HCL/*Ulmer/Löbbe* Rn. 154 ff.). Bei vollmachtlosem Handeln gelten die §§ 177, 180 BGB; ein Anspruch auf Genehmigung gegen den Vertretenen kommt nur bei einem formgerecht abgeschlossenen Vorvertrag in Betracht (→ Rn. 74 f.). Der **Mangel** kann durch nachträgliche formgemäße Erteilung bzw. Genehmigung oder durch nachträgliche Beglaubigung einer bereits erteilten Vollmacht sowie durch eigene Erklärung des Vertretenen **behoben** werden. **§ 182 Abs. 2 BGB** ist nach hM **unanwendbar,** sodass eine formlose Genehmigung ausscheidet (OLG Köln 28.3.1995, BB 1995, 2545; vgl. auch OLG Dresden 17.12.1998, NZG 1998, 311 (312 f.); HCL/*Ulmer/Löbbe* Rn. 32 mwN; eingehend zu Vollmachtmängeln bei der Gründung *Stenzel* GmbHR 2015, 567). 23

Die **Eintragung** der Gesellschaft bewirkt die **Heilung des Formmangels** (HCL/*Ulmer/Löbbe* Rn. 46; *Stenzel* GmbHR 2015, 567 (572)). **Nicht** geheilt wird hingegen das **Fehlen** der Vollmacht; es bleibt vielmehr bei der Unwirksamkeit (nur) der betreffenden Beitrittserklärung (Baumbach/Hueck/ 24

Fastrich Rn. 22 und 38). Der Geschäftsanteil ist nicht wirksam entstanden, weshalb § 399 Abs. 4 FamFG anwendbar ist (Roth/Altmeppen/*Altmeppen* Rn. 46).

25 Bei der **Einpersonengründung** ist die Gründungserklärung gem. § 180 S. 1 BGB **endgültig unwirksam,** eine Genehmigung scheidet daher aus (vgl. KG 18.5.2004, NZG 2004, 826; OLG Stuttgart 3.2.2015, GmbHR 2015, 487; OLG Frankfurt a. M. 1.12.2016, ZIP 2017, 920 (921); HCL/*Ulmer/Löbbe* Rn. 32; *Stenzel* GmbHR 2015, 567 (576); aA *Dürr* GmbHR 2008, 408 (410 ff.); *Hasselmann* ZIP 2012, 1947 (1949)). Der Zweck des § 180 S. 1 BGB, Gewissheit zu schaffen, ist bei einer Gesellschaftsgründung sogar in besonderer Weise einschlägig. Das Geschäft ist somit erneut zu beurkunden (was auch für die Genehmigung gälte, → Rn. 23). Anderes gilt für Satzungsänderungen durch vollmachtlosen Vertreter (OLG München 5.10.2010, ZIP 2011, 772; UHL/*Ulmer/Casper* § 53 Rn. 56). **Formmängel** werden, wie bei der Mehrpersonengründung, durch die Eintragung geheilt, und wie dort ist die GmbH beim (endgültigen) **Fehlen** einer Vollmacht analog § 399 Abs. 4 FamFG von Amts wegen aufzulösen (vgl. *Grooterhorst* NZG 2007, 605 (609); *Stenzel* GmbHR 2015, 567 (576); für die Anwendung von § 397 FamFG Baumbach/Hueck/*Fastrich* Rn. 46).

26 **d) Gesetzliche Vertretung.** Für die gesetzliche bzw. organschaftliche Vertretungsmacht gilt Abs. 2 nicht; sie ist durch jeweils **geeignete Urkunden** nachzuweisen (gesetzliche Vertretungsmacht der Eltern durch Standesamtsurkunden; der Vormünder, Betreuer, Pfleger, Nachlass- und Insolvenzverwalter durch Bestallungsurkunde; organschaftliche Vertretungsmacht durch Registerauszug). Zur Frage, ob Testamentsvollstrecker sich für den Nachlass an der Gründung einer GmbH beteiligen können, → Rn. 30.

27 **5. Auslegung des Gesellschaftsvertrags.** Die allgemeinen Auslegungsregeln für Rechtsgeschäfte (§§ 133, 157 BGB) gelten nur für die **individualrechtlichen (formellen) Satzungsklauseln** (HCL/*Ulmer/Löbbe* Rn. 205), die bei Gelegenheit des Vertragsschlusses (mit-)vereinbart werden, aber die persönlichen Rechtsbeziehungen zwischen Gesellschaft und einzelnen Gesellschaftern regeln (→ Rn. 10; Beispiel: Gehaltsvereinbarung und Pensionsregelung mit Geschäftsführer, BGH 29.9.1955, BGHZ 18, 205 = NJW 1955, 1716). Demgegenüber sind die **körperschaftlichen (materiellen) Satzungsbestimmungen** (→ Rn. 9) **objektiv** auszulegen, da sie auch gegenüber erst später hinzukommenden Gesellschaftern gelten. Für die Auslegung dürfen deshalb nur allgemein zugängliche Unterlagen berücksichtigt werden. Entscheidend ist daher die Satzungsurkunde selbst und der sich hieraus ergebende Wortlaut, Sinnzusammenhang und Regelungszweck der einzelnen Bestimmungen, nicht dagegen ein hiervon abweichendes Verständnis oder eine tatsächliche Übung. Außerhalb der Urkunde liegende Umstände und Abreden sind – auch beim Streit unter Gründern – nur zu berücksichtigen, wenn sie aus den zum Handelsregister eingereichten Unterlagen ersichtlich oder sonst allgemein bekannt sind (BGH 11.10.1993, BGHZ 123, 347 = NJW 1994, 51; BGH 16.12.1991, BGHZ 116, 359 = NJW 1992, 892; BGH 27.9.2011, ZIP 2011, 2357 Rn. 8; OLG Koblenz 21.7.2017, ZIP 2018, 584, 585; näher HCL/*Ulmer/Löbbe* Rn. 198 ff.; eingehend zur Auslegung der GmbH-Satzung auch *Schockenhoff* ZGR 2013, 76; zur ergänzenden Auslegung OLG Schleswig 29.4.2015, NZG 2015, 1076 = GmbHR 2015, 990 = NZI 2015, 803; HCL/*Ulmer/Löbbe* Rn. 201 f.). Sachzusammenhänge, deren Kenntnis bei Mitgliedern und Organen vorauszusetzen ist, können aber herangezogen werden (BGH 26.11.2007, NZG 2008, 309). Das gilt auch für personalistische Gesellschaften, doch kann hier ggf. dem durch objektive Auslegung gewonnenen Ergebnis die Treupflicht entgegengesetzt werden (HCL/*Ulmer/Löbbe* Rn. 204). Die **objektive** Auslegung ist in der Revisionsinstanz **unbeschränkt** nachprüfbar.

III. Gesellschafter

28 **1. Zahl der Gründer/Gesellschafter.** Die GmbH kann auch als Einpersonengesellschaft gegründet werden (→ § 1 Rn. 33). Eine **maximale Gesellschafterzahl** gibt es nur bei der Gründung im vereinfachten Verfahren (**Abs. 1a S. 1:** max. drei). Übernimmt eine rechtsfähige Gesamthandsgesellschaft als solche Anteile, was zweifellos möglich ist (→ Rn. 41), so kommt es für die Gesellschafterzahl nur auf sie, nicht auf ihre Gesellschafter an. Hiervon zu unterscheiden ist der Fall, dass sich die einzelnen Mitglieder der Gesamthand persönlich an der GmbH beteiligen (näher zur Abgrenzung HCL/*Ulmer/Löbbe* Rn. 65 ff.).

29 **2. Besondere Beteiligungsvoraussetzungen.** Der **Gesellschaftsvertrag** kann **besondere Voraussetzungen** der Gesellschaftereigenschaft vorsehen (zB Staatsangehörigkeit, Beruf, Mindestalter, Familienzugehörigkeit etc; vgl. Baumbach/Hueck/*Fastrich* § 1 Rn. 38; HCL/*Ulmer/Löbbe* Rn. 98). Diese sind aber keine Wirksamkeitsvoraussetzungen; bis zur Eintragung kommt lediglich die Anfechtung des Vertrages wegen Irrtums oder Täuschung in Betracht; nach Geschäftsbeginn der Vor-GmbH ist die Gesellschaft deshalb allerdings nur nach § 723 Abs. 1 S. 2 BGB auflösbar (→ Rn. 70). Nach der Eintragung gilt dies erst recht, wobei dann § 61 anzuwenden ist. Auch die Ausschließung des betroffenen Gesellschafters ist möglich (HCL/*Ulmer/Löbbe* Rn. 98, 145; s. auch Baumbach/Hueck/*Fastrich* § 1 Rn. 38, die zur Absicherung eine Vinkulierung empfehlen). – **Gesetzliche Voraussetzungen** (zB

§ 59e BRAO – für Rechtsanwalts-GmbH) haben dagegen im Falle ihres Fehlens weitergehende Folgen (im Beispiel: Ablehnung der Zulassung, vgl. BGH 8.10.2007, NJW-RR 2008, 366 = ZIP 2007, 2333; dazu *Henssler* NJW 1999, 241 (243)).

3. Testamentsvollstrecker als Gründer. Der Testamentsvollstrecker kann sich mit Wirkung für den Nachlass an einer GmbH-Gründung nur dann beteiligen, wenn er die **Stammeinlage** vor der Eintragung mit Nachlassmitteln **vollständig erfüllt,** weil anderenfalls die mit § 2206 BGB unvereinbare persönliche Haftung der Erben droht (diff. Baumbach/Hueck/*Fastrich* § 1 Rn. 46 f.). Aus den gleichen Gründen besteht ein Eintragungshindernis auch dann, wenn eine Differenzhaftung nach § 9 oder eine Vorbelastungshaftung ernsthaft drohen (HCL/*Ulmer*/*Löbbe* Rn. 40). Auch bei der Wahrnehmung von Gesellschafterrechten darf es nicht zu einer persönlichen Haftung der Erben kommen (näher HCL/*Löbbe* § 15 Rn. 31 ff.). 30

4. Ausländer als Gründer. Ausländer können sich ohne Einschränkung an der GmbH-Gründung beteiligen; sie benötigen hierfür keinen **Wohnsitz oder Aufenthaltsort** im Inland (Roth/Altmeppen/*Altmeppen* § 1 Rn. 22). Auf die Erfüllung außenwirtschaftlicher Anforderungen kommt es für die Wirksamkeit der Erklärungen ebenfalls nicht an (Baumbach/Hueck/*Fastrich* § 1 Rn. 29). Zu den besonderen Fragen der Geschäftsführerbestellung → § 6 Rn. 18. 31

5. Geschäftsunfähige, beschränkt Geschäftsfähige und Betreute. Geschäftsunfähige können uneingeschränkt Gesellschafter sein, müssen sich bei der Gründung aber stets durch ihre gesetzlichen Vertreter, also Eltern (§§ 1626, 1629 BGB) oder Vormund (§ 1773 BGB), vertreten lassen, **Betreute** grundsätzlich (aber → Rn. 36) durch ihren Betreuer innerhalb seines Aufgabenkreises (§ 1902 BGB), die auch jeweils die **Mitgliedschaftsrechte** wahrnehmen. § 181 BGB schließt in diesem Falle die Stimmrechtsausübung durch einen ebenfalls beteiligten gesetzlichen Vertreter grundsätzlich nicht aus; eine Ausnahme gilt für satzungsändernde Beschlüsse. Hier gilt das Gleiche wie für die Gründung: Ist ein Vertreter selbst oder als Vertreter einer weiteren Person an der Gründung beteiligt, so ist nach Maßgabe der §§ 181, 1629 Abs. 2 S. 1 BGB; § 1795 Abs. 1, 2 BGB; § 1909 BGB ein Ergänzungspfleger zu bestellen (vgl. BGH 14.6.1972, NJW 1972, 1708: beide Eltern sind ausgeschlossen). **Jedes Kind** benötigt einen **eigenen Pfleger** (BGH 9.7.1956, DNotZ 1956, 559). Für **Betreute** ist ein zusätzlicher Betreuer zu bestellen (§§ 181, 1899 Abs. 4 BGB; vgl. Baumbach/Hueck/*Fastrich* Rn. 25 mwN). Seit 1.9.2009 ist das Familiengericht für die Bestellung bei Minderjährigen, anderenfalls das Betreuungsgericht zuständig, § 1915 Abs. 1 S. 3 Hs. 2 BGB nF; das Vormundschaftsgericht ist abgeschafft. 32

Geben Minderjährige (bei beschränkter Geschäftsfähigkeit) oder Betreute (bei Einwilligungsvorbehalt gem. § 1903 Abs. 1 BGB) **eine eigene Gründungserklärung** ab, ist stets die **Einwilligung** der Vertreter oder Betreuer erforderlich, weil ein Gesellschaftsvertrag niemals nur rechtlich vorteilhaft iSv § 107 BGB bzw. § 1903 Abs. 3 S. 1 BGB ist, und zwar – wegen der Haftung aus §§ 24, 31 und der Vorbelastungshaftung – selbst dann, wenn die Beteiligung geschenkt wird (HCL/*Ulmer*/*Löbbe* Rn. 84). § 1795 Abs. 2 BGB, § 181 BGB (→ Rn. 32) sind entsprechend anzuwenden, sodass ein Pfleger (zusätzlicher Betreuer) erforderlich ist, wenn der Vertreter/Betreuer selbst an der GmbH-Gründung beteiligt ist (BGH 23.2.1968, BGHZ 50, 8 (12)). 33

Einerlei, ob die Vertreter/Betreuer selbst handeln (→ Rn. 32) oder lediglich ihre Einwilligung erklären (→ Rn. 33), bedarf das Gründungsgeschäft bzw. die Einwilligung zusätzlich einer **gerichtlichen Genehmigung.** Das gilt auch dann, wenn ein Ergänzungspfleger handelt. In der **Mehrpersonengesellschaft** folgt das Genehmigungserfordernis regelmäßig zum einen aus **§ 1822 Nr. 3 Alt. 2 BGB,** was lediglich voraussetzt, dass die GmbH gewerbs- oder berufsmäßig zur Erzielung von Gewinnen handelt (s. nur Roth/Altmeppen/*Altmeppen* § 1 Rn. 28), wegen der Ausfallhaftung aus § 24 sowie der Differenz- bzw. Vorbelastungshaftung zum anderen auch aus **§ 1822 Nr. 10 BGB** (Baumbach/Hueck/*Fastrich* Rn. 26), sofern nicht sämtliche Einlagen voll eingezahlt sind (vgl. BGH 20.2.1989, BGHZ 107, 23 (26 f.) = NJW 1989, 1926 (1927) – zur Anteilsübertragung). Seit 1.9.2009 ist für die Genehmigung das Familiengericht **zuständig,** sofern es um Minderjährige geht (§ 1822 BGB nF), bei Betreuten hingegen das Betreuungsgericht (§ 1908i BGB iVm § 1822 BGB nF). 34

In der **Einpersonengesellschaft** folgt das Genehmigungserfordernis nach hM allein aus § 1822 Nr. 3 BGB, nicht auch aus Nr. 10 (Scholz/*Cramer* Rn. 50; Baumbach/Hueck/*Fastrich* Rn. 28; **aA** Roth/Altmeppen/*Altmeppen* § 1 Rn. 28 (§ 1822 Nr. 10 BGB analog)). §§ 1645, 1823, 1908i BGB sind zwar ggf. anwendbar, aber nur Soll-Vorschriften. 35

Fehlt die Genehmigung, so ist bei der **Mehrpersonengründung** die **Vertretererklärung** (Gründungserklärung oder Einwilligung) schwebend unwirksam (§ 1643 Abs. 3 BGB, §§ 1829, 1908i Abs. 1 BGB bzw. §§ 108, 1903 Abs. 1 S. 2 BGB), sodass die Gesellschaft nicht eingetragen werden darf. Die Genehmigung kann nachgeholt werden (§ 1829 BGB), und zwar auch noch nach der Eintragung (aA Scholz/*Cramer* Rn. 52, 94). Wenn der Gesellschafter volljährig geworden ist (§ 1829 Abs. 3 BGB) oder bei Betreuung des Einwilligungsvorbehalt weggefallen ist (§ 1908i Abs. 1 BGB, § 1829 Abs. 3 BGB), kann er auch selbst genehmigen (Baumbach/Hueck/*Fastrich* Rn. 25). Wird die Erklärung endgültig unwirksam, ist nach hL der Minderjährige überhaupt nicht an der Gesellschaft beteiligt, auch nicht nach 36 den Grundsätzen der LfV (etwa Scholz/*Cramer* Rn. 52; → Rn. 68); dem ist zu widersprechen (Staub/*Schäfer* HGB § 105 Rn. 339).

37 Bei der **Einpersonengründung** ist das Errichtungsgeschäft mangels Genehmigung nichtig gem. § 1643 Abs. 3 BGB, § 1831 S. 1 BGB, § 1908i Abs. 1 BGB bzw. § 1903 Abs. 1 S. 2 BGB, § 111 S. 1 BGB, es muss also – nach Einholung der Genehmigung – erneut vorgenommen werden (Baumbach/Hueck/*Fastrich* Rn. 25; → Rn. 25).

38 **6. Ehegatten als Gründer.** Sollte ein Gründer verheiratet sein, kommt im Falle der **Zugewinngemeinschaft** (vgl. insoweit auch Fn. 2 des MP) die Zustimmungspflicht nach **§ 1365 BGB** in Frage, sofern der Gesellschaftsvertrag zu einer Einlage verpflichtet, deren Wert mindestens 85 % des gesamten Vermögens ausmacht (näher Palandt/*Brudermüller* BGB § 1365 Rn. 2 ff.). Bei der **Gütergemeinschaft** kann es zu Problemen kommen, wenn die Einlagepflicht sich nicht auf das Vorbehaltsgut beschränkt (§ 1418 BGB; → Rn. 45).

39 **7. Einzelkaufleute als Gründer.** Der Einzelkaufmann kann sich als Privatperson oder iR seines Handelsgewerbes an der Gründung beteiligen; letzteres wird durch eine Beteiligung **unter seiner Firma** zum Ausdruck gebracht (HCL/*Ulmer/Löbbe* Rn. 87). Die hM verlangt aber, dass in der Gesellschafterliste stets zusätzlich der bürgerliche Name angegeben wird (Baumbach/Hueck/*Fastrich* § 8 Rn. 7). Der Kaufmann kann nach § 5 Abs. 2 nF schon bei der Gründung mehrere Anteile übernehmen, und zwar auch gleichzeitig privat und iR seines Handelsgewerbes (Baumbach/Hueck/*Fastrich* § 1 Rn. 28).

40 **8. Juristische Personen als Gründer.** Juristische Personen, auch ausländischer Provenienz, wenn im Inland anerkannt und keine berufsrechtlichen Regeln entgegenstehen (vgl. § 59e Abs. 1 BRAO), können als Personen (vgl. § 1) uneingeschränkt Gründer einer GmbH sein; **öffentlich-rechtliche** Körperschaften, Anstalten und Stiftungen iR ihres Aufgabengebiets (BGH 28.2.1956, BGHZ 20, 124; HCL/*Ulmer/Löbbe* Rn. 88). Nach heute einhelliger Meinung können sich Gesellschaften bereits in ihrem Gründungsstadium, also als **Vor-GmbH** bzw. **Vor-AG,** als Gründer einer neuen GmbH beteiligen (HCL/*Ulmer/Löbbe* Rn. 92; vgl. auch BGH 9.3.1981, BGHZ 80, 130 = NJW 1981, 1373 (Vor-GmbH als Komplementärin); KG 18.5.2004, NZG 2004, 826 (Vor-AG)).

41 **9. Gesamthandsgemeinschaften als Gründer. a) Gesamthandsgesellschaften.** Das GmbHG spricht zwar in § 1 (ähnlich auch Fn. 1 im MP) nur von „Personen", beschränkt den Gründerkreis hierdurch aber nicht auf Rechtspersonen ieS (Baumbach/Hueck/*Fastrich* § 1 Rn. 22). Demgemäß ist heute **anerkannt,** dass auch Gesamthandsgesellschaften kraft ihrer Rechtsfähigkeit (§ 124 HGB für **OHG, KG;** § 7 Abs. 2 PartGG für **PartG**) **Gründer** einer GmbH sein können, und zwar auch als Alleingesellschafter (HCL/*Ulmer/Löbbe* Rn. 91; Scholz/*Cramer* Rn 60; Baumbach/Hueck/*Fastrich* § 1 Rn. 32; Roth/Altmeppen/*Altmeppen* § 1 Rn 33; zur Beteiligung in einer Liquidationsgesellschaft, vgl. etwa Baumbach/Hueck/*Fastrich* § 1 Rn. 32). Damit wird selbstverständlich nicht ausgeschlossen, dass die Gesamthänder als Einzelpersonen jeweils einen eigenen Geschäftsanteil übernehmen. Weil das Gesellschaftsvermögen bei Beteiligung der Gesellschaft allein dieser, nicht hingegen ihren Gesellschaftern zusteht, liegt auch kein Fall einer gemeinschaftlichen Beteiligung vor, sodass **§ 18 unanwendbar** ist (HCL/*Ulmer/Löbbe* Rn. 91).

42 Auch die **Außen-GbR** ist durch die Rspr. (BGH 29.1.2002, BGHZ 146, 341 = NJW 2001, 1056) als rechts- und parteifähig anerkannt, sodass für sie das Gleiche wie für die **OHG** gilt, wo ebenfalls sämtliche Gesellschafter nach § 128 HGB für die Einlageschuld haften (Baumbach/Hueck/*Fastrich* § 1 Rn. 33). Auch hier ist **§ 18** folglich unanwendbar (HCL/*Ulmer/Löbbe* Rn. 93; Scholz/*Cramer* Rn. 52). In Satzung und Gesellschafterliste sind analog § 162 Abs. 1 S. 2 HGB neben der GbR als solcher auch die Gesellschafter aufzunehmen (zuletzt eindeutig OLG Hamm, 24.5.2016, NZG 2016, 1147 = ZIP 2016, 2021; Scholz/*Cramer* Rn. 63; Baumbach/Hueck/*Fastrich* § 1 Rn. 33).

43 **b) Nichtrechtsfähiger Verein.** Hinsichtlich der Beteiligungsfähigkeit gilt das Gleiche wie für die Außen-GbR (HCL/*Ulmer/Löbbe* Rn. 92 f.; vgl. BGH 2.7.2007, NJW 2008, 69 = ZIP 2007, 1942; zuletzt allerdings offenlassend BGH 21.1.2016, NZG 2016, 666 = ZIP 2016, 1163). Anders als dort haften aber nicht die Mitglieder, sondern nur die Handelnden und das Vereinsvermögen für die Einlagepflichten der übrigen Gesellschafter (HCL/*Löbbe* Rn. 93; Baumbach/Hueck/*Fastrich* § 1 Rn. 35; nach Vereinszweck differenzierend Scholz/*Cramer* Rn. 64). Auch hier kommt § 18 Abs. 2 nicht zur Anwendung (hM, → Rn. 42).

44 **c) Erbengemeinschaft; Gütergemeinschaft.** Nach hM kann die **Erbengemeinschaft** trotz fehlender Rechtsfähigkeit Gründer einer GmbH sein (s. nur Lutter/Hommelhoff/*Bayer* Rn. 12), so etwa, wenn ein Gesellschafter während der Gründung stirbt. Hier ist aber zweifellos **§ 18 anwendbar** (eingehend zur Ausübung von Gesellschafterrechten in diesem Falle *Raue* GmbHR 2015, 121; *J. Schmidt* NZG 2015, 1049; *Schürnbrand* NZG 2016, 241). Stirbt ein Gesellschafter während des Gründungsverfahrens, kann die Haftung der Miterben für die Einlageverpflichtung nach § 18 Abs. 2 gem. § 2059 BGB auf den Nachlass beschränkt werden.

Das Gleiche gilt prinzipiell auch für die – praktisch kaum vorkommende – **Gütergemeinschaft,** die bloßes Sondervermögen der Ehegatten ist (näher HCL/*Ulmer/Löbbe* Rn. 95). Wird die Beteiligung mit Mitteln des Gesamtguts erworben, gehört auch der Anteil selbst zum **Gesamtgut** (vgl. BFH 19.10.2006, DStR 2006, 2207 (2208) = GmbHR 2007, 47; HCL/*Ulmer/Löbbe* Rn. 95). 45

IV. Treuhand

1. Begriff, Zulässigkeit. Der Treuhänder beteiligt sich **im eigenen Namen, aber für Rechnung des Hintermanns** (Treugebers) an der Gesellschaft (Überblick über Treuhandkonstellationen bei Scholz/*Cramer* Rn. 69); er ist im Verhältnis zum Treugeber durch die (schuldrechtliche) Treuhandvereinbarung in der nach außen unbegrenzten Wahrnehmung der Mitgliedschaftsrechte beschränkt (HCL/*Ulmer/Löbbe* Rn. 68 f.). Die gesellschaftsrechtlich zweifellos zulässige Treuhandabrede kann sich auch auf die gemeinsame Teilnahme von Treuhänder und -geber an der Gründung beziehen, wie es vor Öffnung der Einpersonengründung häufig vorkam (vgl. BGH 14.12.1959, BGHZ 31, 263 = NJW 1960, 285 – sog. Erwerbstreuhand; → § 1 Rn. 36; zur ausnahmsweisen Nichtigkeit eines Quoten-Treuhandvertrags s. LG Berlin 13.1.2010, GmbHR 2010, 875). Eine Pflicht zur **Offenlegung** der Treuhand gegenüber den Mitgesellschaftern besteht nur, wenn die Anteile nach § 15 Abs. 5 vinkuliert sind (vgl. OLG Hamburg 30.4.1993, NJW-RR 1993, 868; Scholz/*Cramer* Rn. 77). 46

2. Form- und Zustimmungserfordernisse beim Treuhandvertrag. Die Verpflichtung zur (treuhänderischen) Übertragung ist gem. **§ 15 Abs. 4 formbedürftig,** wenn sie sich auf schon *bestehende* Anteile bezieht (BGH 19.4.1999, BGHZ 141, 207 (211) = NJW 1999, 2594; zuletzt BGH 14.12.2016, NZG 2017, 476 = DNotZ 2017, 295; zur umgekehrten Konstellation der Übertragungstreuhand auch BGH 22.9.2016, NZG 2016, 1312 = NJW 2016, 3525). Bezieht sich die Treuhandabrede auf *noch nicht existente* Anteile, so soll nach der Rspr. § 15 Abs. 4 hingegen nur anwendbar sein, wenn der Treuhandvertrag dem notariellen Vertragsschluss *nachfolgt* (BGH 12.12.2005, NZG 2006, 590 = NJW-RR 2006, 1415; krit. *Altmeppen* FS Westermann, 2008, 771 (781 f.)). Sind die Anteile vinkuliert, ist die **Zustimmung nach § 15 Abs. 5** jedenfalls Wirksamkeitsvoraussetzung für die treuhänderische Übertragung (BGH 10.5.2006, NZG 2006, 627 = NJW-RR 2006, 1414), wohl auch für den Treuhandvertrag selbst (→ § 15 Rn. 123 f.; *Werner* GmbHR 2006, 1248 (1252)). 47

3. Stellung des Treuhänders in der GmbH, Verhältnis zum Treugeber. Nur der **Treuhänder** ist Gesellschafter. Er erwirbt den Anteil entweder infolge der Beteiligung an der Gründung (Erwerbstreuhand) oder durch Anteilsübertragung. Ausnahmsweise unterwirft das Gesetz aber auch den Treugeber GmbH-rechtlichen Regeln, so nach **§ 9a Abs. 4 und gem. § 47 Abs. 4,** wo es für Interessenkollisionen auch auf die Person des Treugebers ankommt. Darüber hinaus hat der BGH früher die **Haftung des Treugebers** für Einlageforderungen und Ähnliches analog §§ 19, 24, 30, 31 bejaht (BGH 13.4.1992, BGHZ 118, 107 = NJW 1992, 2023; zust. Lutter/Hommelhoff/*Bayer* Rn. 15), während er die Außenhaftung des Treugebers in der OHG zuletzt auch im Falle einer qualifizierten (offenen) Treuhand abgelehnt hat (BGH 11.11.2008, BGHZ 178, 271= NZG 2009, 57; BGH 21.4.2009, ZIP 2009, 1266; zur abweichenden Beurteilung im **Innenverhältnis:** BGH 11.10.2011, ZIP 2011, 2299 Rn. 14 ff.; allgemein zur Möglichkeit einer gesellschafterähnlichen Stellung des Treugebers im Innenverhältnis *Walch* NZG 2015, 1259). Richtigerweise ist die Haftung auf Fälle zu beschränken, bei denen der Treugeber etwas aus dem Gesellschaftsvermögen empfangen hat, so bei Verstoß gegen das Auszahlungsverbot (**§§ 30, 31;** vgl. Baumbach/Hueck/*Fastrich* § 31 Rn. 12) sowie bei der **Existenzgefährdungshaftung** (→ § 13 Rn. 62 f.). Im Übrigen kann indirekt auf Freistellungs- und Regressansprüche des Treuhänders gegen den Treugeber zugegriffen werden. 48

V. Gründung im vereinfachten Verfahren (Abs. 1a)

1. Grundlagen. a) Begriff der Gründung im vereinfachten Verfahren. Die vereinfachte Gründung einer ordentlichen **GmbH oder UG** ist eine solche, bei der das MP eingesetzt wird (vgl. S. 2). Die Standardisierung des Gesellschaftsvertrags, die Gesellschafter- (drei) und Geschäftsführerhöchstzahl (eins) verringern Beratungsbedarf und Prüfungsaufwand und bewirken hierdurch einen Beschleunigungseffekt (vgl. BT-Drs. 16/9737, 93). Im Übrigen bleibt das Eintragungsverfahren unverändert, und auch die **notarielle Beurkundung** ist erforderlich (vgl. BT-Drs. 16/9737, 4; anders noch RegE; vgl. *Miras* NZG 2012, 486 (487 ff.)). Die Besonderheiten liegen in einem weitgehenden Ausschluss der Gestaltungsfreiheit, bedingt durch das MP-Verwendungsgebot bei gleichzeitigem Ergänzungsverbot. Die Geschäftsführer-Bestellung muss schon im Gesellschaftsvertrag erfolgen, und die Gesellschafterliste ist bereits in das MP integriert. Die **kostenrechtliche Privilegierung** nach § 105 Abs. 6 GNotKG kommt aber meistens **nur der UG** zugute (*Heckschen* DStR 2009, 166 (167)), weil die Kosten von der Höhe des Stammkapitals abhängen (Baumbach/Hueck/*Fastrich* Rn. 16, 48). 49

b) Begriff des Musterprotokolls. Das MP ist **als Anlage** zum GmbHG einerseits **selbst Gesetz,** nicht etwa bloß eine Arbeitshilfe (S. 2: „bestimmtes Musterprotokoll"). Andererseits ist das ausgefüllte 50 und beurkundete MP **Niederschrift** (= Protokoll, §§ 8, 9 Abs. 1 S. 2 BeurkG). Seine Bestandteile sind zur Hauptsache Gesellschaftsvertrag, einschließlich Geschäftsführerbestellung, und Gesellschafterliste. Hinzu kommen Nebenbestimmungen (Rubrum, Gründungskosten, Ausfertigung und Abschriften sowie weitere Hinweise). Demgegenüber ist die **Anmeldung nicht** vorformuliert und folgt den allgemeinen Regeln. Auch bei Verwendung des MP wird somit (selbstverständlich) ein Gesellschaftsvertrag iSd § 2 Abs. 1 geschlossen (missverständlich *Wälzholz* GmbHR 2008, 841 (842)), weshalb das MP den Mindestinhalt nach § 3 Abs. 1 beinhaltet. Dass der Gesetzgeber in S. 5 ausdrücklich klarstellt, dass die Vorschriften über den Gesellschaftsvertrag anwendbar sind, lässt sich wohl damit erklären, dass das MP zusätzlich die Gesellschafterliste beinhaltet. S. 5 meint also den mit Hilfe eines MP geschlossenen Gesellschaftsvertrag.

51 **2. Voraussetzungen der vereinfachten Gründung nach Abs. 1a. a) Gesellschafter, Gesellschafterhöchstzahl (S. 1).** Hinsichtlich der Beteiligungsfähigkeit gelten die allgemeinen Regeln (→ Rn. 28 ff.), sodass sämtliche natürlichen und juristischen Personen, aber auch Gesamthandsgemeinschaften sich am vereinfachten Verfahren als Gründer beteiligen können. Das gilt auch für **Minderjährige und Betreute.** Zwar kompliziert das Erfordernis, eine gerichtliche Genehmigung vorzulegen (→ Rn. 34), die Gründung im vereinfachten Verfahren. Liegt aber die Genehmigung vor, so ergeben sich keine größeren Schwierigkeiten als im Falle einer Genehmigung nach **§ 1365 BGB** (→ Rn. 38), die von MP Fn. 2 ausdrücklich erwähnt wird.

52 Eine Gründung durch bevollmächtigte **Vertreter** iSv Abs. 2 (→ Rn. 20) ist auch im Falle des Abs. 1a unproblematisch möglich, wie sich auch aus MP Fn. 2 ergibt. Auch ein **Treuhänder** kann Gründer im vereinfachten Verfahren sein.

53 Im vereinfachten Verfahren dürfen **höchstens drei Gründer** jeweils **nur einen Geschäftsanteil** übernehmen (MP b Nr. 3). Für die Einpersonengründung ist ein eigenes MP vorgesehen (MP a). Bei der Beteiligung von **rechtsfähigen Gesamthandsgesellschaften** (einschl. der GbR) und (erst recht) von **juristischen Personen** ist für die Höchstzahl nur auf die Gesellschaft (nicht ihre Gesellschafter) abzustellen. Das gilt auch für nichtrechtsfähige Gesamthandsgemeinschaften; die Gesamthänder sind zwar gemeinschaftlich am Geschäftsanteil (§ 18 Abs. 1!), nicht aber unmittelbar an der Gesellschaft beteiligt (*Ulmer* ZIP 2008, 45 (49); aA HCL/*Ulmer/Löbbe* Rn. 102).

54 **b) Beschränkung auf einen Geschäftsführer (S. 1).** Bis **zur Eintragung** der Gesellschaft darf die Gesellschaft **nur einen** Geschäftsführer haben, für den die allgemeinen Anforderungen des § 6 einzuhalten sind. Er ist zwingend im Gesellschaftsvertrag zu bestellen (MP Nr. 4), doch handelt es sich insofern lediglich um einen formellen Satzungsbestandteil (→ Rn. 10); die Abberufung und Bestellung weiterer Geschäftsführer (nach der Eintragung) brauchen also nicht im Wege der Satzungsänderung zu erfolgen (Lutter/Hommelhoff/*Bayer* Rn. 62; Roth/Altmeppen/*Altmeppen* Rn. 73; *Tebben* RNotZ 2008, 441 (448); aA *Weigl* Notar 2008, 378 ff.; Baumbach/Hueck/*Fastrich* Rn. 18). **Nur** der Gründungs-Geschäftsführer ist aber von **§ 181 BGB** befreit, nicht auch ein eventueller „Ersatzmann", was bei der Anmeldung zu berücksichtigen ist (OLG Stuttgart 28.4.2009, DStR 2009, 1325; OLG Hamm 4.11.2010, ZIP 2011, 1011 und 1668; OLG Rostock 12.3.2010, GmbHR 2010, 872; OLG Düsseldorf 12.7.2011, ZIP 2011, 2468; vgl. auch OLG Bremen 15.9.2009, NJW 2010, 542). Darüber hinaus soll **die Befreiung des Gründungsgeschäftsführers** nach inzwischen wohl hM bei **Bestellung weiterer Geschäftsführer entfallen,** was als Änderung seiner konkreten Vertretungsbefugnis anzumelden sei (OLG Nürnberg 15.7.2015, NZG 2016, 153 (154) = ZIP 2016, 74 mkritAnm *H. Schmidt;* OLG Stuttgart 28.4.2009, DStR 2009, 1325 = ZIP 2009, 1011; Baumbach/Hueck/*Fastrich* Rn. 59; **aA** (zu Recht) MHLS/*J. Schmidt* Rn. 114; HCL/*Ulmer/Löbbe* Rn. 119; MüKoGmbHG/*Heinze* Rn. 247; Rowedder/Schmidt-Leithoff/*Schmidt-Leithoff* Rn. 98; *Werner* GmbHR 2015, 1281). Hiervon unberührt bleibt die Möglichkeit, alte wie neue Geschäftsführer für den Einzelfall von § 181 BGB im Beschlusswege zu befreien (*H. Schmidt* ZIP 2016, 77 mwN); für eine Dauerregelung bedarf es hingegen einer Satzungsgrundlage. – Weil die Befreiung (als konkrete Vertretungsbefugnis) ad personam erteilt wird, gilt sie überdies **nicht** für den (geborenen) **Liquidator** der Gesellschaft, und zwar selbst dann nicht, wenn es sich hierbei um den bei Gründung bestellten (Allein-)Gesellschafter handelt (HCL/*Ulmer/Löbbe* Rn. 119 f.; OLG Frankfurt a. M. 13.10.2011, ZIP 2012, 1076 (1077 f.)). **Fehlerhaft** ist zudem die Anmeldung, dass der einzige Geschäftsführer die Gesellschaft **„stets einzeln"** vertritt (OLG Celle 26.1.2011, GmbHR 2011, 305). Treten nach der Eintragung nämlich weitere Geschäftsführer hinzu, so besteht zwingend **Gesamtvertretungsmacht** nach § 35 Abs. 2 S. 1, deren Abbedingung nur im Wege der Satzungsänderung erreicht werden kann (*Wälzholz* GmbHR 2008, 841 (842); Lutter/Hommelhoff/*Bayer* Rn. 63; HCL/*Ulmer/Löbbe* Rn. 117; OLG Celle 26.1.2011, GmbHR 2011, 305 (306); OLG Hamm 14.4.2011, ZIP 2011, 1668 (1668 f.); zur Anmeldung in abstrakter Form s. OLG Bremen 15.9.2009, NJW 2010, 542; zur Vertretungsmacht bei Gründung mittels MP *Blasche* GmbHR 2015, 403).

55 **c) Verwendung des Musterprotokolls (S. 2). aa) Anwendungsbereich; Ausschließlichkeit.** Das MP muss – in der jeweils zutreffenden Variante – bei der Gründung verwendet werden; für

Vertragsänderungen nach der Eintragung darf es hingegen auch dann nicht verwendet werden, wenn diese sich iRd bei der Gründung bestehenden Möglichkeiten halten; es gelten allein die §§ 53 ff. (OLG München 29.10.2009, ZIP 2009, 2392; Roth/Altmeppen/*Altmeppen* Rn. 88; vgl. auch OLG München 3.11.2009, GmbHR 2010, 312), wobei aber eine kostenrechtliche Privilegierung nach § 105 Abs. 6 GNotKG insofern in Frage kommt. Die Vertragsänderungen müssen sich innerhalb der durch das MP eröffneten Gestaltungsfreiheit bewegen (vgl. auch § 105 Abs. 6 S. 1 Nr. 2 GNotKG) (ausführlich Scholz/*Wicke* Rn. 144). Punktuelle Bereinigungen der sprachlichen Fassung sind nicht nur unschädlich, vgl. § 105 Abs. 6 S. 2 GNotKG (HCL/*Ulmer/Löbbe* Rn. 130), sondern zur Vermeidung inhaltlich falscher Aussagen teilweise auch verpflichtend, etwa im Falle der Sitzverlegung, bei der die Vorlage eines neuen Gründungsprotokolls mit korrigiertem Sitz auch im Urkundenmantel (Einleitungssatz) notwendig ist (OLG Karlsruhe 30.8.2017, ZIP 2018, 1242); eine vollständige Neufassung des Gesellschaftsvertrages ist nicht erforderlich (OLG Düsseldorf 10.5.2010, ZIP 2010, 1343 f. = GmbHR 2010, 757). Für **Vertragsänderungen vor der Eintragung** kann das Protokoll im Übrigen erneut ausgefüllt und beurkundet werden, auch dieser Gebrauch erfolgt „für die Gründung" iSv Abs. 1a (Roth/Altmeppen/*Altmeppen* Rn. 87, wohl auch OLG Düsseldorf 10.5.2010, ZIP 2010, 1343). Hierfür spricht auch, dass § 105 Abs. 6 S. 1 Nr. 2 GNotKG die kostenrechtliche Privilegierung auf Vertragsänderungen erstreckt. Im Wege der Vertragsänderung ist grundsätzlich auch der Austausch eines (oder mehrerer) Gesellschafter möglich. Nicht überzeugend ist freilich die Ansicht, dass das MP bei einer **verunglückten Mustergründung** nicht als Satzung gelten könne (so OLG Düsseldorf 12.7.2011, ZIP 2011, 2469; OLG München 12.5.2010, ZIP 2010, 1081 (1082)); denn das MP hat zweifellos Satzungsfunktion (wie hier *Wachter* GmbHR 2010, 756 (757); *Herrler* GmbHR 2010, 960 (964)).

bb) Ausfüllen des Musterprotokolls/Inhalt. Das Protokoll muss ordnungsgemäß und vollständig unter Berücksichtigung der Fußnoten-Hinweise ausgefüllt werden. Es darf nichts ergänzt oder gestrichen werden; nur die ausdrücklich eröffneten Wahlmöglichkeiten dürfen ausgeübt werden (S. 3: „vom Gesetz abweichenden Bestimmungen.", sa Roth/Altmeppen/*Altmeppen* Rn. 60; OLG München 12.5.2010, ZIP 2010, 1081). Kleine Abweichungen bei Wortwahl, Satzbau oder Zeichensetzung sind aber unschädlich (OLG München 28.9.2010, ZIP 2010, 2044). Bei nicht ordnungsgemäßer Verwendung ist das vereinfachte Verfahren verlassen; eine kostenrechtliche Privilegierung scheidet folglich aus. Gleichwohl wird idR eine wirksam beurkundete Satzung im Normalverfahren vorliegen. Im Einzelnen ist Folgendes zu berücksichtigen: 56

Die **Nr. 1–3** enthalten den Mindestinhalt des **Gesellschaftsvertrags,** nämlich Firma (§ 4, → § 4 Rn. 1 ff.), Sitz (§ 4a, → § 4a Rn. 1 ff.), den konkret bezeichneten Unternehmensgegenstand (→ § 3 Rn. 7 ff.), die Höhe des Stammkapitals und den Nennbetrag der Geschäftsanteile sowie die Gesellschafter (→ Rn. 59) und den von ihnen jeweils übernommenen Geschäftsanteil (→ Rn. 53). Die allein zulässige **Geldeinlage** ist entweder sofort in voller Höhe einzuzahlen (bei der UG zwingend!, § 5a Abs. 2 S. 1) oder zu 50 % sofort, iÜ nach Einforderung durch die Gesellschafterversammlung. Die Anmeldeerfordernisse der § 7 Abs. 2, § 5a Abs. 2 S. 1 bleiben von dieser besonderen Fälligkeitsregel unberührt. 57

Obwohl die Sacheinlage ausgeschlossen ist (→ Rn. 57), kann § 19 Abs. 4 im Falle einer **verdeckten Sacheinlage** bei der Normal-GmbH zur Anwendung kommen; denn an der Einlagefähigkeit ist hier nicht zu zweifeln. Bei der **UG** ist die Sacheinlagefähigkeit durch § 5a Abs. 2 S. 2 definitiv ausgeschlossen, sodass § 19 Abs. 4 hier richtigerweise unanwendbar ist, weil er die Einlagefähigkeit des verdeckt eingelegten Gegenstands zwingend voraussetzt (str., → § 5a Rn. 19). 58

Die **Gesellschafter** sind so zu bezeichnen, wie es auch sonst für die Gesellschafterliste (§ 8 Abs. 1 Nr. 3) erforderlich ist; denn das MP gilt zugleich als Gesellschafterliste. Prozentangaben über die **Beteiligungshöhe** sind nicht erforderlich (*Seibert/Bochmann/Cziupka* GmbHR 2017, R241), aber auch nicht schädlich (*Wicke* DB 2017, 2528 (2531 f.)) Bei **natürlichen Personen** (auch Einzelkaufleuten) sind demnach anzugeben: Familienname (bzw. Firma), Vorname, einschl. abweichenden Geburtsnamen, Geburtsdatum, Wohnort und Wohnung (= Adresse, PLZ). Bei rechtsgeschäftlicher **Vertretung** ist zusätzlich (MP Fn. 2) der Vertreter entsprechend zu bezeichnen (§ 6 Abs. 2 BeurkG). Bei einer **juristischen Person** oder **Personengesellschaft** ist erforderlich: Firma oder sonstiger Name, unter dem sie im Verkehr auftritt, Sitz; bei Personengesellschaften auch die einzelnen Gesellschafter (→ § 40 Rn. 1). 59

Auch wenn die **Geschäftsführer** im Gesellschaftsvertrag zu bestellen sind (Nr. 4), ist die Bestimmung nur formeller Bestandteil des Gesellschaftsvertrags (→ Rn. 10); für die Abberufung ist daher keine Satzungsänderung erforderlich, zumal die Vereinbarung eines Sonderrechts auf Geschäftsführung zwingend ausgeschlossen ist. Der Geschäftsführer ist mit Name, Geburtstag und Wohnsitz zu bezeichnen. Nur er – nicht auch weitere, nach der Eintragung bestellte Geschäftsführer – sind kraft Gesetzes (Nr. 4) von § 181 BGB befreit (→ Rn. 54). Eine Unterschrift des Geschäftsführers ist nicht erforderlich (Deutsches Notarinstitut, DNotI-Report 2011, 149). 60

Gründungskosten (für Errichtung, Einlagenerbringung, Gründungsberatung, Anmeldung etc) dürfen nur bis zu 300 EUR zulasten der Gesellschaft ausgewiesen werden, bei niedrigerem Stammkapital 61

(UG!) nur bis zu dessen Höhe (*Drygala* NZG 2007, 561 (562); für die ordentliche UG-Gründung → § 5a Rn. 12). Die Kostenklausel darf analog § 26 Abs. 4 AktG erst nach Ablauf der fünfjährigen Sperrfrist geändert werden (OLG München 6.10.2010, ZIP 2010, 2096; aA zehnjährige Sperrfrist Baumbach/Hueck/*Fastrich* § 5 Rn. 57 sowie OLG Oldenburg 22.8.2016, NZG 2016, 1065). **Keine Gründungskosten** sind Betriebsaufwendungen für Vorbereitung oder Aufnahme der unternehmerischen Tätigkeit (Scholz/*Veil* § 5 Rn. 111). Gründerlohn darf ebenfalls nicht ausgewiesen werden, weil er zwar Aufwand ist, aber nicht zu den Kosten gehört (HCL/*Ulmer/Casper* § 5 Rn. 211). Die sonst zusätzlich verlangte Auflistung der **einzelnen Kostenpositionen** ist im vereinfachten Verfahren nicht erforderlich (Nr. 5 verlangt ausschließlich den Gesamtbetrag). Hiervon unberührt bleibt das Recht des Registergerichts, eine Einzelaufstellung zu fordern (HCL/*Ulmer/Casper* § 5 Rn. 215).

62 **Nr. 6** erinnert den Notar an seine Pflicht (§ 53 BeurkG), eine beglaubigte Abschrift in elektronischer Form (nach §§ 39, 39a BeurkG) zum Handelsregister einzureichen (§ 8 Abs. 1 iVm § 12 Abs. 2 Hs. 2 HGB). **Nr. 7** bietet Raum für besondere Hinweise des Notars (vgl. §§ 17 ff. BeurkG).

63 **cc) Beurkundungsverfahren.** Es gelten – abgesehen von der MP-Verwendung – die **allgemeinen** Regeln der §§ 8 ff. BeurkG (→ Rn. 12 f.). Zwar scheint der Gesetzgeber davon auszugehen, dass das MP selbst die Niederschrift darstellt, sodass der Vertrag zwingend zu Protokoll erklärt werden müsste, das MP also stets vom Notar auszufüllen wäre. Angesichts der hiervon unabhängigen Beratungspflicht des Notars bestehen aber keine Bedenken dagegen, dass das MP durch die Gründer (oder deren Berater) ausgefüllt und als Anlage zur Niederschrift genommen wird (§ 9 Abs. 1 BeurkG).

64 **d) Verbot abweichender Bestimmungen (S. 3).** Das Formular darf auch nicht durch bloß formelle Satzungsregelungen ergänzt werden (→ Rn. 56); schuldrechtliche **Nebenabreden** können dagegen, weil kein Satzungsbestandteil, vereinbart werden (vgl. etwa *Heckschen* DStR 2007, 1442 (1443)). Für **Satzungsänderungen** *nach* Eintragung gilt diese Beschränkung nicht; für sie kann allerdings auch nicht das Musterformular eingesetzt werden (→ Rn. 55). § 105 Abs. 6 S. 1 Nr. 2 GNotKG privilegiert darüber hinaus (bei der UG) auch die nach § 53 Abs. 2 zu beurkundenden Satzungsänderungen, wenn sie sich iRd des MP bewegen (→ Rn. 55, ferner HCL/*Ulmer/Löbbe* Rn. 130; für Anwendung auch bei redaktioneller Neufassung des Gesellschaftsvertrags *Wicke* DNotZ 2012, 15 (20)). Verwendungsgebot (S. 2) und Abweichungsverbot (S. 3) zusammengenommen lassen **weder Ergänzungen noch Striche** am vorgegebenen Statut zu; Wahlmöglichkeiten bestehen nur dort, wo sie ausdrücklich im MP eröffnet werden. Im Übrigen sind die Gesellschafter auf schuldrechtliche Nebenabreden verwiesen, soweit mit dem Formgebot vereinbar.

65 **e) Maßgeblicher Zeitpunkt für das Vorliegen der Voraussetzungen.** Die Voraussetzungen von Abs. 1a S. 1 (max. drei Gesellschafter, nur ein Geschäftsführer) und S. 3 (keine abweichenden Bestimmungen) müssen **bis zur Eintragung** der GmbH erfüllt sein, sonst wäre der auch auf das Registerverfahren zielende Vereinfachungs- und Beschleunigungseffekt nicht erreichbar. Andererseits sind **Vertragsänderungen** nach der Eintragung gem. §§ 53 ff. möglich, ohne dass die Voraussetzungen der vereinfachten Gründung eingehalten werden müssen (→ Rn. 55).

66 **3. Gesellschaftsvertrag als Gesellschafterliste.** Das MP gilt zugleich als Gesellschafterliste iSv § 8 Abs. 1 Nr. 3, sodass keine (weitere) Liste bei der Anmeldung einzureichen ist und die Gesellschafter ausreichend zu bezeichnen sind (→ Rn. 59). Die **Fiktion** gilt naturgemäß **nur für die erste** Gesellschafterliste; mit Einreichung einer „neuen" Liste nach § 40 ist allein diese maßgeblich.

67 **4. Fehlerfolgen.** Die **Eintragung ist abzulehnen,** wenn die Voraussetzungen einer vereinfachten Gründung nicht erfüllt sind (zB weil mehr als drei Gesellschafter vorhanden sind oder einem Gesellschafter mehr als ein Geschäftsanteil zugeordnet ist). Eine Eintragung im Normalverfahren scheidet dann schon deshalb aus, weil eine gesonderte Gesellschafterliste fehlt (§ 8 Abs. 1 Nr. 3). Eine vom Geschäftsführer unterschriebene Gesellschafterliste kann allerdings nachgereicht und so die – kostenrechtlich allerdings nicht privilegierte – Eintragung im normalen Verfahren erreicht werden (str., Baumbach/Hueck/*Fastrich* Rn. 18; aA OLG Düsseldorf 12.7.2011, ZIP 2011, 2468; OLG München 12.5.2010, GmbHR 2010, 755 mablAnm *Wachter*). Wird die Gesellschaft im vereinfachten Verfahren trotz der Mängel eingetragen, sind diese geheilt (Lutter/Hommelhoff/*Bayer* Rn. 70). Die höheren Gebühren können aber nacherhoben werden. Die Gesellschaft ist voll wirksam und kann auch nicht nach § 75 aufgelöst werden

VI. Vertragsmängel

68 **1. Allgemeines; die Lehre vom fehlerhaften Verband. Nach Geschäftsbeginn** der Vor-GmbH werden die bis dahin uneingeschränkt geltenden Folgen rechtsgeschäftlicher Mängel durch die Lehre vom fehlerhaften Verband (LfV) bestimmt, die wiederum nach der Eintragung abgelöst wird von den §§ 75 ff. (→ § 75 Rn. 1 ff.). Ein wirksam entstandener Verband – mithin auch die Vor-Gesellschaft – kann nur mit Wirkung für die Zukunft **aufgelöst** und durch Liquidation beendet, nicht aber rück-

wirkend wieder beseitigt werden. Zudem schränkt § 75 die überhaupt zur Auflösung führenden Mängel durch enumerative Aufzählung ein, zumal die meisten Fehler ohnehin bereits während der Registerkontrolle auffallen.

Die Anwendbarkeit der LfV hat folgende **Voraussetzungen:** (1) Es wurde ein Gesellschaftsvertrag abgeschlossen, wofür mindestens *eine* Gründungserklärung den Tatbestand der Willenserklärung verwirklichen muss (näher *Schäfer,* Die Lehre vom fehlerhaften Verband, 2002, 163 f.); die Beitrittserklärung muss den Erklärenden aber als Willenserklärung zurechenbar sein, was im Falle einer **vollmachtlosen Vertretung** nicht der Fall ist (BGH v. 13.9.2011, ZIP 2011, 2005 (2007); BGH v. 1.6.2010, NJW 2010, 66 (68); *Schäfer,* Die Lehre vom fehlerhaften Verband, 2002, 208 ff.; Baumbach/Hueck/*Fastrich* Rn. 44). Hier besteht aber aus § 179 BGB ein Anspruch gegen den Vertreter auf Beteiligung an der GmbH. (2) Der Vertrag ist insgesamt unwirksam, wobei zu beachten ist, dass die Unwirksamkeit einzelner Vertragsklauseln oder Beitrittserklärungen abweichend von **§ 139 BGB** im Zweifel *nicht* die Gesamtunwirksamkeit des Vertrages zur Folge hat (HCL/*Ulmer/Löbbe* Rn. 138 f.). (3) Die (Vor-)Gesellschaft muss ihre Geschäfte begonnen haben (vgl. § 123 Abs. 2 HGB). – Zur Frage, ob ein **verbots- oder sittenwidriger Zweck** der Gesellschaft eine Ausnahme von der Anwendbarkeit der LfV rechtfertigt, → § 1 Rn. 26. 69

2. Fehler bei Abschluss des Gesellschaftsvertrags. a) Wirkung nach Geschäftsbeginn der Vor-GmbH. Sofern die mit Vertragsschluss entstehende Vor-GmbH ihre Geschäfte nicht beginnt, gelten noch keine Besonderheiten hinsichtlich der zur Unwirksamkeit führenden Mängel. Schon jetzt trifft aber § 139 BGB nicht das Richtige, sodass die **Unwirksamkeit einzelner Klauseln** im Zweifel **nicht** zur Gesamtunwirksamkeit des Vertrags führt (HCL/*Ulmer/Löbbe* Rn. 139 (str.); aA Baumbach/Hueck/*Fastrich* Rn. 38). Hat die Vor-Gesellschaft mit Einverständnis aller Gesellschafter **ihre Geschäfte begonnen** (§ 123 Abs. 2 HGB) und ist sie hierdurch als Rechtssubjekt (Verband) entstanden (→ HGB § 123 Rn. 11), kann der Fehler nur mit Wirkung für die Zukunft geltend gemacht werden, was Auflösung und Liquidation zur Folge hat – bei fehlerhafter Beitrittserklärung ein außerordentliches Austrittsrecht (→ Rn. 72). Ist der Gesellschaftsvertrag insgesamt unwirksam, braucht keine Auflösungsklage erhoben zu werden (vgl. § 133 HGB); ausreichend ist eine den Mitgesellschaftern erklärte Kündigung gem. § 723 Abs. 1 S. 2 BGB (Roth/Altmeppen/*Altmeppen* Rn. 39). Die solchermaßen aufgelöste Gesellschaft ist entsprechend §§ 66 ff. abzuwickeln (vgl. BGH 23.10.2006, BGHZ 169, 270 = NJW 2007, 589 (Vor-AG)). 70

b) Wirkungen der Eintragung. Die Eintragung führt zum **Formwechsel** der Vor-GmbH in die GmbH und heilt einen Mangel der **Form** nach Abs. 1 oder 2 (→ Rn. 18, → Rn. 24). Von vornherein unbeachtlich für die Wirksamkeit des Vertrags ist das Fehlen einer Voraussetzung für das vereinfachte Verfahren nach Abs. 1a. Im Übrigen können die Mängel ausschließlich durch **Auflösungsklage** nach § 75 geltend gemacht werden (→ § 75 Rn. 1 ff.). Die Registerbehörde kann aber auch die **Amtslöschung** nach § 397 FamFG herbeiführen bzw. die **Amtsauflösung** nach § 399 FamFG betreiben (näher HCL/*Ulmer/Löbbe* Rn. 141). Mängel, die von § 75 nicht erwähnt werden, lassen den Bestand der Gesellschaft auch für die Zukunft grundsätzlich unberührt, sofern nicht eine Auflösungsklage nach § 61 gerechtfertigt ist. Im Übrigen bleibt die Unwirksamkeit einzelner Klauseln oder Beitrittserklärungen zwar bestehen. Die Unwirksamkeit einer Beitrittserklärung kann freilich ebenfalls nur mit Wirkung für die Zukunft durch ein außerordentliches Austrittsrecht geltend gemacht werden (→ Rn. 72). 71

3. Fehlerhafte Beitrittserklärung. a) Folgen einer fehlerhaften Beitrittserklärung. Beschränkt sich die Unwirksamkeit (zB wegen Irrtums oder arglistiger Täuschung, §§ 119, 123 BGB) auf einzelne Beitrittserklärungen, so bleibt die Wirksamkeit des Gesellschaftsvertrags iÜ unberührt, sofern nicht die Gesellschaftsgründung von den betroffenen Gesellschaftern abhängt (*Schäfer,* Die Lehre vom fehlerhaften Verband, 2002, 243 ff.; HCL/*Ulmer/Löbbe* Rn. 146 f.). Gleichwohl ist auch die betroffene Beitrittserklärung nach der LfV **nur mit Wirkung für die Zukunft vernichtbar;** für diese Fälle ist ein außerordentliches, unbefristetes Austrittsrecht anzuerkennen, dessen Ausübung zur Geltendmachung des Mangels erforderlich ist (*Schäfer,* Die Lehre vom fehlerhaften Verband, 2002, 335; allgemein zum Austrittsrecht BGH 16.12.1991, BGHZ 116, 359 (369) = NJW 1992, 892; UHL/*Ulmer/Habersack* Anh. § 34 Rn. 46 ff.). Auch insofern ist zu beachten, dass die Anwendung der LfV bei **vollmachtlosem** Handeln ausscheidet (→ Rn. 69). Die hM macht darüber hinaus eine Ausnahme für alle in ihrer Geschäftsfähigkeit Beschränkten (HCL/*Ulmer/Löbbe* Rn. 151 f.; Baumbach/Hueck/*Fastrich* Rn. 44; Lutter/Hommelhoff/*Bayer* Rn. 41); das ist wegen § 1629a BGB abzulehnen (→ Rn. 36). 72

b) Besonderheiten bei Unwirksamkeit aller Beitrittserklärungen. Sind alle Beitrittserklärungen mangelhaft, so ist zwingend zugleich **der Gesellschaftsvertrag (objektiv) unwirksam.** Wie sonst, entsteht aber auch hier die Vor-GmbH durch Geschäftsbeginn und findet durch die Eintragung der Formwechsel in die GmbH statt, die jedoch nach § 75 bzw. § 399 FamFG wieder aufgelöst werden kann. Art. 11 Abs. 1 lit. b v RL (EU) 2017/1132 zeigt, dass dies sogar für den Fall gilt, dass sämtliche Gründer geschäftsunfähig waren (*Schäfer,* Die Lehre vom fehlerhaften Verband, 2002, 284 f.; ebenso auch HCL/*Ulmer/Löbbe* Rn. 149; Roth/Altmeppen/*Altmeppen* Rn. 45; Baumbach/Hueck/*Fastrich* 73

Rn. 46). Auch in diesem Fall schulden die Gründer somit ihre Einlagen und erhalten lediglich ihren Anteil am Liquidationserlös, wenn sie infolge des Mangels aus der Gesellschaft austreten.

VII. Vor(gründungs)vertrag

74 **1. Begriff.** Der (echte) Vorvertrag zur Gründung einer GmbH muss **inhaltlich** so **bestimmt** sein, dass die Verurteilung zur Abgabe einer konkreten Gründungserklärung möglich ist (BGH 10.11.1975, WM 1976, 180; OLG Karlsruhe 14.6.1995, NJW-RR 1996, 997). Die Bestimmung des Mindestinhalts nach § 3 ist deshalb unerlässlich. **Kein Vorvertrag** (und daher formlos möglich, → Rn. 75) sind Gründungsvorbereitungshandlungen (ohne Abschlusspflicht, gelegentlich auch als „Vorgründungsvertrag" bezeichnet), schuldrechtliche Nebenabreden zum geplanten Gesellschaftsvertrag (HCL/*Ulmer/Löbbe* Rn. 52) sowie nach einem vereinzelten obiter dictum des BGH (21.9.1987, NJW-RR 1988, 288 = ZIP 1988, 89 (str.)) auch die verbindliche Beteiligungszusage zur GmbH-Gründung.

75 **2. Form.** Nach stRspr und hL bedarf der Vorvertrag **analog § 2 Abs. 1** der **notariellen Form,** damit die Warnfunktion des Formgebots gewahrt bleibt (BGH 21.9.1987, NJW-RR 1988, 288 = ZIP 1988, 89; OLG Frankfurt a. M. 30.10.1997, MDR 1998, 957; KG 6.11.2006, Grundeigentum 2007, 149; Baumbach/Hueck/*Fastrich* Rn. 33; HCL/*Ulmer/Löbbe* Rn. 51). Auch die **Vollmacht** zum Abschluss des Vorvertrags ist **analog Abs. 2** formbedürftig (HCL/*Ulmer/Löbbe* Rn. 53). Eine **Haftung** auf das negative Interesse beim **Abbruch von Vertragsverhandlungen** (§§ 280, 311 Abs. 1, 241 Abs. 2 BGB) tritt deshalb nur ausnahmsweise ein (BGH 21.9.1987, NJW-RR 1988, 288; OLG Stuttgart 2.4.2007, WM 2007, 174). Der Schaden ist aber durchaus ersatzfähig, soweit wegen seiner Höhe ein mittelbarer Abschlussdruck nicht bewirkt wird.

76 **3. Rechtsfolgen des Vorvertrags.** Der Vorvertrag, aber auch die (formlos mögliche) Vereinbarung einer GmbH-Gründung (→ § 11 Rn. 4) führt zur Entstehung einer BGB-Innengesellschaft unter den Beteiligten, die mit Abschluss des GmbH-Vertrags wieder erlischt (§ 726 BGB); sie wird üblicherweise als **Vorgründungsgesellschaft** bezeichnet (HCL/*Ulmer/Löbbe* Rn. 55; zur neuerdings diskutierten sog. „Vorbeteiligungsgesellschaft" im Vorfeld einer Kapitalerhöhung s. OLG Schleswig 4.7.2014, DStR 2014, 2246 betr. Rückzahlung von Vorauszahlungen auf eine verabredete, dann aber nicht beschlossene Kapitalerhöhung (in Begründung und Ergebnis sehr zweifelhaft, weil das OLG aufgrund formloser Absprache einen Rückzahlungsanspruch wegen angeblich eingreifender „Durchsetzungssperre" verneint); dazu auch eingehend *Fallak/Huynh Cong* NZG 2016, 1291; ferner *Lieder* DStR 2014, 2464; *Priester* GWR 2014, 405 – teilw. ebenfalls zweifelhaft). Betreiben die Gründer schon vor dem notariellen Vertragsschluss ein Unternehmen, so entsteht – auch ohne Beachtung der Form – eine Außen-GbR bzw. OHG (HCL/*Ulmer/Löbbe* Rn. 54). Wird das GmbH-Gründungsverfahren später eingeleitet, kommt es nicht zu einem automatischen Übergang des Unternehmens auf die Vor-GmbH, weil diese mit der unternehmenstragenden Gesellschaft nicht identisch ist (BGH 7.5.1984, BGHZ 91, 151 = NJW 1984, 2164; HCL/*Ulmer/Löbbe* Rn. 59 mwN). Auch ist die unbeschränkte Gesellschafterhaftung nach § 128 HGB in diesem Falle unausweichlich.

Inhalt des Gesellschaftsvertrags

3 (1) **Der Gesellschaftsvertrag muß enthalten:**
1. die Firma und den Sitz der Gesellschaft,
2. den Gegenstand des Unternehmens,
3. den Betrag des Stammkapitals,
4. die Zahl und die Nennbeträge der Geschäftsanteile, die jeder Gesellschafter gegen Einlage auf das Stammkapital (Stammeinlage) übernimmt.

(2) **Soll das Unternehmen auf eine gewisse Zeit beschränkt sein oder sollen den Gesellschaftern außer der Leistung von Kapitaleinlagen noch andere Verpflichtungen gegenüber der Gesellschaft auferlegt werden, so bedürfen auch diese Bestimmungen der Aufnahme in den Gesellschaftsvertrag.**

Übersicht

I. Allgemeines

1. Regelungsgegenstand. § 3 gilt für **alle GmbHs,** auch für die **UG.** Bei der vereinfachten Gründung wird er zwar durch den spezielleren § 2 Abs. 1a iVm Musterprotokoll verdrängt; doch enthält dieses inhaltsgleiche Regeln zum Mindestinhalt (Abs. 1), während die in Abs. 2 genannten Klauseln bei der vereinfachten Gründung ausgeschlossen sind (§ 2 Abs. 1a, 3, → § 2 Rn. 51 ff.). 1

Abs. 1 legt den Mindestinhalt des Gesellschaftsvertrags fest. Fehlt ein Bestandteil oder ist die entsprechende Vertragsklausel unwirksam, so ist der Vertrag **bis zur Eintragung** wegen Fehlens eines Essentials insgesamt unwirksam, weshalb die Vor-GmbH durch Kündigung aufgelöst werden kann (→ Rn. 15 und → § 2 Rn. 70); zugleich besteht ein Eintragungshindernis gem. § 9c Abs. 2 Nr. 1 (→ Rn. 14). **Nach der Eintragung** gilt hingegen § 75, sodass die Nichtigkeitsklage nur noch bei Fehlen oder Unwirksamkeit der dort abschließend aufgezählten Bestandteile in Betracht kommt (Stammkapital, Unternehmensgegenstand). Bei Fehlen eines anderen Bestandteils (Firma, Sitz oder Stammeinlagen) kann die GmbH freilich von Amts wegen nach § 399 Abs. 4 FamFG aufgelöst werden (HCL/*Ulmer*/*Löbbe* Rn. 1). 2

Nach **Abs. 2** können die dort bestimmten Regelungen mit Wirkung für die GmbH (und damit indirekt für sämtliche Gesellschafter) nur im Gesellschaftsvertrag getroffen werden. In Bezug auf Nebenleistungspflichten hält die hM gleichwohl eine Regelung auch in Nebenabreden für zulässig (→ Rn. 32), hierdurch können freilich nur die daran beteiligten Gesellschafter gebunden werden; bestimmte Gegenstände sind überdies gänzlich ausgeschlossen (→ Rn. 34). Schon wegen des **Formgebots** müssen allerdings unabhängig von Abs. 2 sämtliche wesentlichen Abreden in den Vertrag selbst aufgenommen werden (→ § 2 Rn. 11). 3

2. MoMiG. Das MoMiG hat § 3 kaum verändert. Dass die **Zahl der Geschäftsanteile** anzugeben ist, folgt aus der jetzt möglichen Übernahme mehrerer Geschäftsanteile schon bei der Gründung (§ 5 Abs. 2 S. 2). Die Neufassung von Nr. 4 soll lediglich die Unterscheidung zwischen Beteiligung (Geschäftsanteil) und Einlagepflicht (Stammeinlage) deutlicher hervortreten lassen (BT-Drs. 16/6410, 28). Sie hat eine Reihe redaktioneller Folgeänderungen erforderlich gemacht (vgl. etwa § 5 Abs. 4 S. 1; § 7 Abs. 2, § 8 Abs. 1 Nr. 5, Abs. 2 S. 1, § 9 Abs. 1 S. 1 usw). 4

3. Körperschaftlicher (materieller) und individualrechtlicher (formeller) Inhalt. Der **Mindestinhalt** nach Abs. 1 gehört **notwendig zu den materiellen** (korporativen) Bestimmungen der Satzung (→ Rn. 6 ff. und → § 2 Rn. 8), unterliegt also deren Regeln betreffend Auslegung, Änderung und Geltung gegenüber Dritten (→ § 2 Rn. 27). Bei den fakultativen Bestimmungen ist durch Auslegung vor dem Hintergrund des Normzwecks von § 2 (Form!) zu ermitteln, ob es sich bloß um formelle (‚individualrechtliche‘) Regeln handelt, für die uneingeschränkt das BGB-Vertragsrecht gilt, oder aber um materielle (‚korporative‘) Bestandteile des Gesellschaftsvertrags. Wegen der Abgrenzung – auch zu den schuldrechtlichen Nebenabreden – → Rn. 32 ff. sowie → § 2 Rn. 11. Neben den Mindestbestimmungen nach Abs. 1, 2 gehören zu den materiellen Satzungsbestandteilen namentlich die Klauseln über Sacheinlagen, Sonderrechte, Anteilsvinkulierung, Kompetenzen der Gesellschaftsorgane und Einrichtung fakultativer Organe, Regelungen zu Stimmrecht und Gewinnverteilung (→ § 2 Rn. 9, ferner Baumbach/Hueck/*Fastrich* Rn. 3 mwN). 5

II. Notwendiger Inhalt des GmbH-Vertrags (Abs. 1)

1. Mindestinhalt. a) Firma und Sitz (Nr. 1). Wegen **Firma und Sitz** ist auf die Erläuterungen zu § 4 (Firma) (→ § 4 Rn. 1 ff.) und § 4a (Sitz) (→ § 4a Rn. 1 ff.) zu verweisen. 6

7 **b) Unternehmensgegenstand (Nr. 2).** Der Unternehmensgegenstand (Nr. 2) ist bereits in seinem Verhältnis zum Gesellschaftszweck dargestellt worden (→ § 1 Rn. 4). Nr. 2 verlangt, dass der **Schwerpunkt der Geschäftstätigkeit** nach außen klar **erkennbar** wird. Der Gegenstand ist daher **konkret** anzugeben (Individualisierungsgebot) und der Tätigkeitsbereich mindestens in groben Zügen zu umschreiben, damit eine klare Zuordnung zu einem Geschäftszweig bzw. die Einordnung zum nichtwirtschaftlichen Bereich möglich ist (BGH 3.11.1980, DB 1981, 466; BayObLG 8.1.2003, NZG 2003, 482; BGH 19.1.1996, GmbHR 1996, 360; BayObLG 22.6.1995, BB 1995, 1814; OLG Düsseldorf 6.10.2010, NZG 2010, 1352). Bei der Komplementär-GmbH einer GmbH & Co. KG hat die Rspr. (BayObLG 19.1.1996, GmbHR 1996, 360; 15.12.1976, NJW 1976, 1694; OLG Hamburg 18.9.1967, BB 1968, 267) häufig zusätzlich zur Geschäftsführertätigkeit auch die Angabe des Unternehmensgegenstands der KG verlangt (krit. insoweit etwa HCL/*Ulmer/Löbbe* Rn. 20; Baumbach/Hueck/*Fastrich* Rn. 9). Eine *detaillierte* Umschreibung der Geschäftstätigkeit ist andererseits nicht erforderlich; die Kennzeichnung der Branche reicht (zB: „Betrieb eines Konzerthauses"), auch wenn sich der Gegenstand auf die Beteiligung an anderen Gesellschaften in demselben Tätigkeitsbereich richtet, was allerdings kenntlich zu machen ist (Lutter/Hommelhoff/*Bayer* Rn. 10).

8 Nichtssagende **Blankettformeln** sind eindeutig (auch im vereinfachten Gründungsverfahren!) unzulässig (Beispiele: „Betrieb eines Kaufmannsgeschäfts", „Handelsgeschäfte aller Art", „Produktion und Vertrieb von Waren aller Art", „Betreiben von Handelsgeschäften"). Nur durch spezifische Angaben wird dem **Registergericht** ermöglicht, eventuell unerlaubte Zwecke herauszufiltern (→ § 1 Rn. 23). Zugleich werden die **Gesellschafter** durch das Individualisierungsgebot gegen willkürliche Änderungen oder Ausweitungen des Gegenstands durch Geschäftsführung oder eine einfache Mehrheit geschützt. Denn der Geschäftsführungsbereich wird durch den Unternehmensgegenstand im Innenverhältnis wirksam begrenzt und kann nur mit satzungsändernder Mehrheit erweitert werden. Selbstverständlich ist der korrekte Unternehmensgegenstand anzugeben **(Wahrheitsgebot),** bei einer Vorratsgesellschaft deshalb zwingend die Verwaltung ihres eigenen Vermögens (BGH 16.3.1992, BGHZ 117, 323; Lutter/Hommelhoff/*Bayer* Rn. 79).

9 Werden die Gesellschafter dem Individualisierungsgebot nicht gerecht, besteht ein **Eintragungshindernis** (§ 9c Abs. 2 Nr. 1). Falls gleichwohl eingetragen wird, liegt allerdings kein Nichtigkeitsgrund iSv § 75 bzw. § 399 Abs. 4 FamFG vor. Anderes gilt, wenn die **tatsächliche Tätigkeit** wesentlich vom Unternehmensgegenstand **abweicht.** Hier sind § 75 und § 397 FamFG entsprechend anwendbar (→ § 1 Rn. 28 sowie HCL/*Ulmer/Löbbe* Rn. 23; abw. aber BayObLG 20.2.2002, NZG 2002, 828 zur tatsächlichen Sitzverlegung nach § 4 aF; Baumbach/Hueck/*Fastrich* Rn 10: sie ist für den Bestand der GmbH unschädlich). Falls keine Geschäfte mehr im Unternehmensgegenstand gemacht werden können, ist die Auflösungsklage nach § 61 begründet.

10 **c) Betrag des Stammkapitals (Nr. 3).** Das Stammkapital ist der **Garantiefonds zugunsten der Gläubiger.** Seine Mindesthöhe von 25.000 EUR (§ 5 Abs. 1) darf nur bei der **UG** unterschritten werden (§ 5a Abs. 1: 1 EUR). Auch dort dient es aber als Bezugspunkt für das Kapitalaufbringungs- und -erhaltungsrecht sowie für die Gründerhaftung (→ § 11 Rn. 29 ff.). Es ist stets als **fester Betrag in Euro** auszudrücken. Übergangsvorschriften zur DM finden sich noch in § 1 EGGmbHG (Art. 2 MoMiG). Die Summe der nach Nr. 4 anzugebenden Nennbeträge (→ Rn. 11) muss sich mit dem Stammkapitalbetrag decken (näher § 5 Abs. 3 S. 2 und → § 5 Rn. 7 f.). Eine **Änderung** ist vor der Eintragung im Wege der Vertragsänderung mit Zustimmung aller Gesellschafter möglich, nach der Eintragung im Wege der Kapitalerhöhung nach den §§ 55 ff.

11 **d) Zahl und Nennbetrag der Geschäftsanteile (Nr. 4).** Die Vorschrift hat ihre aktuelle Gestalt durch das MoMiG erhalten (→ Rn. 4). Nunmehr ist auch die **Zahl** der von jedem Gesellschafter übernommenen Geschäftsanteile anzugeben. Die bloße Bestimmbarkeit der Zuordnung reicht ebenso wenig wie die Angabe in der begleitenden Gründungsvereinbarung (Lutter/Hommelhoff/*Bayer* Rn. 17). Die übrigen Änderungen sind redaktioneller Art, insbesondere stellt der Wortlaut jetzt unmittelbar auf den Geschäftsanteil, nicht mehr auf die Stammeinlage ab. Jeder Gesellschafter muss mindestens einen Geschäftsanteil übernehmen (bei der vereinfachten Gründung *darf* er nur einen übernehmen, MP Nr. 3) und hierauf eine **Einlage** („Stammeinlage") leisten. Hierin manifestiert sich die **Einheitsgründung,** bei der das Stammkapital vollständig zu zeichnen ist. Der mögliche Inhalt der Einlagepflicht ergibt sich aus § 5 (Geld- oder Sacheinlage, → § 5 Rn. 1 ff.). Im Gegensatz zur stets gleichbleibenden Stammeinlage kann der Nennbetrag eines Geschäftsanteils variieren (→ Rn. 12).

12 Entsprechend der früheren Angabe zum Wert der Stammeinlage (s. BT-Drs. 16/6140, 29) muss bei jedem Geschäftsanteil der **Nennbetrag** gleichfalls als **fester Euro-Betrag** ausgewiesen werden. Seine Mindesthöhe ergibt sich aus § 5 Abs. 2 S. 1; er darf den Betrag der Stammeinlage nicht übersteigen (s. § 14 S. 2). Die Nennbeträge können für jeden Geschäftsanteil individuell bestimmt werden (§ 5 Abs. 3 S. 1). Der Nennbetrag des Anteils kann sich nachträglich durch nominelle Aufstockung nach Einziehung anderer Anteile oder durch Kapitalerhöhung aus Gesellschaftsmitteln erhöhen (BT-Drs. 16/6140, 29).

Aus der Formulierung „die jeder Gesellschafter…übernimmt" folgt, wie unter der alten Fassung (OLG Hamm 14.1.1986, NJW 1987, 263), dass die **Gründer im Gesellschaftsvertrag** namentlich anzugeben sind (so auch Baumbach/Hueck/*Fastrich* Rn. 16; HCL/*Ulmer/Löbbe* Rn. 34). Zur umstr. Frage, ob bei Beteiligung einer GbR auf die *Gesellschafterliste* auch deren Gesellschafter aufzunehmen sind, vgl. OLG Hamm 24.6.2016, GmbHR 2016, 1090 = DB 2016, 2107 (bejahend) und → § 40 Rn. 10); man wird für die Aufnahme in die (Gründungs-)Satzung entsprechend entscheiden müssen (Baumbach/Hueck/*Fastrich* Rn. 16). Bei späteren Neufassungen der Satzung können Namen und jeweilige Stammeinlage aber selbst dann gestrichen werden, wenn die – weiter aus den Registerakten ersichtlichen – ursprünglichen Einlagepflichten noch nicht vollständig erbracht sein sollten (hM, vgl. BayObLG 13.11.1996, ZIP 1996, 2109 (2110); HCL/*Ulmer/Löbbe* Rn. 32; Baumbach/Hueck/*Fastrich* Rn. 18). 13

2. Bestimmtheitserfordernis. Die Angaben zum Mindestinhalt müssen ausreichend bestimmt, und die Beitrittserklärungen dürfen nicht unter eine Bedingung gestellt sein (zulässig sind reine Rechtsbedingungen). Anderenfalls besteht ein **Eintragungshindernis** nach § 9c Abs. 2 Nr. 1, solange die Bedingung nicht eingetreten ist (Baumbach/Hueck/*Fastrich* Rn. 20). Entsprechendes gilt bei Unbestimmtheit. Die Eintragung lässt die GmbH aber in jedem Falle wirksam entstehen; die Beitrittserklärung wird dann unbedingt (näher HCL/*Ulmer/Löbbe* Rn. 80 ff.). 14

3. Fehlerhafte Regelung des Mindestinhalts. Bei fehlerhaftem Mindestinhalt ist der Vertrag **insgesamt unwirksam,** doch sind die Folgen dieser Unwirksamkeit nach der Eintragung eingeschränkt (→ Rn. 2). Auch vor der Eintragung sind die Folgen durch die LfV iSe bloßen Auflösbarkeit modifiziert (→ § 2 Rn. 68 ff.). **Nach der Eintragung** kommt nur noch die „Nichtigkeitsklage" gem. § 75 (oder die Amtslöschung nach § 397 FamFG) in Betracht; andere als die in § 75 genannten Fehler rechtfertigen nur ein Amtsauflösungsverfahren nach § 399 Abs. 4 FamFG (iVm § 60 Abs. 1 Nr. 6), sofern sie nicht durch Satzungsänderung behoben werden. 15

4. Exkurs: Vorratsgründung und Mantelverwertung. Die **Gründung einer Vorrats-Gesellschaft** wird von der ganz hM als zulässig angesehen, sofern der Vorratscharakter in Unternehmensgegenstand und Firma der Gesellschaft deutlich gekennzeichnet wird (BGH 16.3.1992, BGHZ 117, 323 (AG); BGH 9.12.2002, BGHZ 153, 158 = NJW 2003, 892 (GmbH)). In Verbindung mit einer „Vorrats-Firma" (vgl. BGH 9.12.2002, BGHZ 153, 158 = NJW 2003, 892 und HCL/*Ulmer/Löbbe* Rn. 130 mit Hinweis auf § 18 Abs. 2; *Ulmer* ZIP 2012, 1265) ist die Formulierung „Verwaltung eigenen Vermögens" nicht zu beanstanden (sog. **offene Vorratsgründung,** s. BGH 16.3.1992, BGHZ 117, 323; *Priester* DB 1983, 2291 (2298); Lutter/Hommelhoff/*Bayer* Rn. 78). Hieran ist ungeachtet des vereinfachten Verfahrens festzuhalten, wenngleich dieses den Bedarf für Vorratsgesellschaften stark vermindert. Die Grundsätze der Vorrats- bzw. Mantelgründung gelten uneingeschränkt **auch für die UG.** 16

Wird die Vorratsgesellschaft, typischerweise durch Aufnahme der unternehmerischen Betätigung, in Betrieb genommen, so verbindet sich dies notwendigerweise mit einer Änderung des Unternehmensgegenstands (Nr. 2) und der Firma (Nr. 1), häufig auch des Sitzes (Nr. 1) sowie einer Kapitalerhöhung. Die **wirtschaftliche Neugründung** ist bei Anmeldung der Satzungsänderungen explizit **offenzulegen** und hierbei gem. § 8 Abs. 2 (analog) zu versichern, dass die Mindesteinlagen gem. § 7 Abs. 2, 3 erbracht sind und sich im Anmeldezeitpunkt ihrem Wert nach (immer) noch in der endgültigen freien Verfügung der Geschäftsführer befinden (BGH 9.12.2002, BGHZ 153, 158 = NJW 2003, 892; OLG Jena 27.9.2006, ZIP 2007, 124; OLG Hamburg 19.11.2004, ZIP 2004, 2431; Lutter/Hommelhoff/*Bayer* Rn. 86). Allerdings löst die Unrichtigkeit dieser Erklärung keine an die ursprüngliche Einlagepflicht anknüpfende Inferentenhaftung aus, sondern die (stets auf Geldzahlung gerichtete) anteilige Unterbilanzhaftung der Gründer, weshalb eigentlich das Nichtbestehen einer Unterbilanz versichert werden müsste (in diesem Sinne wird man die Erklärung folglich verstehen müssen, s. auch → Rn. 20). Denn anerkanntermaßen **haften sämtliche Gründer** jedenfalls für die bis zu dieser *Anmeldung* (BGH 9.12.2002, BGHZ 153, 158 (162) = NJW 2003, 892; HCL/*Ulmer/Löbbe* Rn. 160) entstehende **Unterbilanz,** und zwar bezogen auf das statutarische Stammkapital (BGH 6.3.2012, NJW 2012, 1875; BGH 7.7.2003, BGHZ 155, 318 (322) = NJW 2003, 3198). Die Haftung richtet sich nach den allgemeinen Regeln der Unterbilanzhaftung und besteht grundsätzlich der GmbH gegenüber; sie ist stets auf Geldzahlung gerichtet, für deren Erfüllung gelten die Regeln für die Erfüllung von Einlagepflichten entsprechend (insbesondere § 19 Abs. 2, 4, 5; zur Unterbilanzhaftung näher → § 11 Rn. 32 ff.; zur Frage des Vertrauensschutzes in Altfällen (Neugründung vor 7.7.2003) vgl. OLG Köln 20.12.2007, ZIP 2008, 9739). Kommt es *nicht* zur korrekten Anmeldung, so haften die Gründer gleichwohl **beschränkt** auf den Betrag des Gesellschaftsvermögens im Zeitpunkt der wirtschaftlichen Neugründung, sofern sie diesen nachweisen können, und damit nicht für alle Verluste, die erst nach der wirtschaftlichen Neugründung entstehen; die Haftungszäsur tritt in diesem Falle also mit *erstmaligem Außenhandeln* ein (BGH 6.3.2012, BGHZ 192, 341 = NJW 2012, 1875 Rn. 20 (zur Altmantel-Verwertung, aber ohne Differenzierung); dazu *Ulmer* ZIP 2012, 1265; HCL/*Ulmer/Löbbe* Rn. 161). Abweichend von den 17 allgemeinen Grundsätzen liegt die Darlegungs- und Beweislast für das Nicht-Bestehen der Unterbilanz im Falle unterlassener Offenlegung aber bei den Gesellschaftern (BGH 6.3.2012, BGHZ 192, 341 = NJW 2012, 1875 Rn. 20; → § 11 Rn. 33a; zur Beweislast bei *nachträglicher* Offenlegung HCL/*Ulmer*/*Löbbe* Rn. 164). Die **Haftung der ursprünglichen Gründer** nach §§ 9a, 16 Abs. 3 (aF), § 22 Abs. 1 bleibt unberührt (OLG Oldenburg 26.7.2007, NZG 2008, 32 (36)); sie haften aber nicht für Entnahmen der neuen Gründer bei Hin- und Herzahlen (BGH 9.1.2006, GmbHR 2006, 306).

18 Zusätzlich besteht nach hM bis zur Anmeldung der wirtschaftlichen Neugründung (→ Rn. 17) auch eine **Handelndenhaftung** analog § 11 Abs. 2 (sehr str., s. BGH 7.7.2003, BGHZ 155, 318 (327) = NJW 2003, 3198 (obiter), sofern die Geschäftsaufnahme nicht von allen Gesellschaftern konsentiert war [zw.]; für Haftung auch hL, Baumbach/Hueck/*Fastrich* Rn. 13d; Lutter/Hommelhoff/*Bayer* Rn. 89; wohl auch *Goette* DStR 2004, 461 (464); aA *Priester* ZHR 168 (2004), 263 f.; *Heidinger*/*Meyding* NZG 2003, 1129 (1134); *Berkefeld* GmbHR 2018, 337, 344 f.). Dem ist zuzustimmen; die Sicherungsfunktion der Handelndenhaftung ist zumindest immer dann relevant, wenn nicht sämtliche Gesellschafter der Geschäftsaufnahme zugestimmt haben; darüber hinaus ist bei der wirtschaftlichen Neugründung stets auch die Druckfunktion der Haftung erheblich, welche die Geschäftsführer zur Abgabe der geforderten Offenlegungserklärung (→ Rn. 17) anhalten soll. Analog zur Gründerhaftung endet auch die Handelndenhaftung trotz fehlender Offenlegung im Zeitpunkt der wirtschaftlichen Neugründung (→ Rn. 17).

19 Nach der Rspr. bestehen Anmeldepflicht und Haftung auch bei **Aktivierung eines Alt-Mantels,** also der wirtschaftlichen Neugründung einer über längere Zeit inaktiven Alt-Gesellschaft (BGH 7.7.2003, BGHZ 155, 318 = NJW 2003, 3198; OLG Jena 1.9.2004, BB 2004, 2206). Dem ist wegen der noch größeren Risiken bei Gebraucht-Mänteln grundsätzlich zuzustimmen. Der Tatbestand der wirtschaftlichen Neugründung setzt hier einen Wechsel des Unternehmensgegenstands nicht zwingend voraus; vielmehr kommt auch die Wiederaufnahme gleicher oder ähnlicher Geschäfte in Betracht, sofern die Gesellschaft zuvor völlig stillgelegt worden war (BGH 10.12.2013, ZIP 2014, 418 Rn 12 aE). Gleiches soll auch für die Fortführung der Gesellschaft nach Beendigung eines Insolvenzplanverfahrens gelten (so OLG Celle 8.3.2019, ZIP 2019, 611). Das ist indessen nicht zweifelsfrei (s. *Hacker*/*Petsch* ZIP 2015, 761) und kann jedenfalls nur zugunsten von Neu-Gläubigern gelten. **Keine Neugründung** liegt hingegen vor, wenn Satzungsänderungen während der Abwicklungsphase eingetragen werden (KG 26.4.2012, DB 2012, 2387 (2388): keine Haftung ohne Entfaltung unternehmerischer Tätigkeit; s. auch BGH 10.12.2013, ZIP 2014, 418 Rn. 15). Auch die Fortsetzung einer aufgelösten Gesellschaft ist als solche noch keine wirtschaftliche Neugründung (BGH 10.12.2013, ZIP 2014, 418 Rn 13; eine aA zuletzt andeutend für § 60 Abs. 1 Nr. 5: KG 17.10.2016, NZG 2017, 307 = ZIP 2017, 178). Wegen der Abgrenzungsschwierigkeiten zu – haftungsunschädlichen – **Reorganisationsmaßnahmen** bei einer noch aktiven GmbH (BGH 7.7.2003, BGHZ 155, 318 (324) = NJW 2003, 3198 (gab es Anknüpfungspunkte für aktuell betriebenes Unternehmen?); BGH 18.1.2010, ZIP 2010, 621; Rspr.-Analyse bei *Leuering* NJW-Spezial 6/2008, 175) sind die **Rechtsfolgen** aber zu **modifizieren,** sofern nicht der eindeutige Fall der Neugründung eines vermögenslosen Alt-Mantels ohne jede Aktivität vorliegt (insoweit übereinstimmend für Haftung auch die Kritiker des Konzepts der wirtschaftlichen Neugründung, *Altmeppen* DB 2003, 2053; *K. Schmidt* NJW 2004, 1351 f.; *K. Schmidt* ZIP 2010, 857; *Wilhelmi* DZWiR 2004, 183 ff.; *Berkefeld* GmbHR 2018, 337, 340 f.).

20 Bei der Offenlegung der Neugründung ist die volle **Deckung des Stammkapitals** durch Gesellschaftsvermögen im Anmeldezeitpunkt **zu versichern** (aber → Rn. 17); zum Nachweis kann entsprechend § 57i die letzte Jahresbilanz oder eine Zwischenbilanz zugelassen werden (überzeugend HCL/*Ulmer*/*Löbbe* Rn. 155). Die **Haftung der Gesellschafter** ist auch dann auf die Differenz zwischen dem bei Anmeldung vorhandenen und dem statutarischen Stammkapitalbetrag zu begrenzen (Beweislast bei den Gesellschaftern!; → Rn. 17), wenn eine Offenlegung unterbleibt, sofern nicht ein zweifelsfreier Fall von Altmantel-Verwertung vorliegt (HCL/*Ulmer*/*Löbbe* Rn. 160). Auch der BGH (BGH 6.3.2012, NJW 2012, 1875; dazu *Ulmer* ZIP 2012, 1865; krit. *Bayer* EWiR 2012, 347) beschränkt die Haftung generell auf Verluste, die bis zur wirtschaftlichen Neugründung angefallen sind (→ Rn. 17). Freilich tragen die Gesellschafter die Beweislast für die Höhe des Vermögens im Zeitpunkt der wirtschaftlichen Neugründung, also der Aufnahme der unternehmerischen Tätigkeit. Die **Handelndenhaftung** aus § 11 Abs. 2 ist entsprechend zu begrenzen (→ Rn. 18). Zur **Verjährung** der Unterbilanz-/Verlustdeckungshaftung in Altfällen vgl. BGH 26.11.2007, ZIP 2008, 217.

III. Fakultativer, formbedürftiger Inhalt (Abs. 2)

21 **1. Allgemeines.** Auch die **zeitliche Befristung** des Unternehmens und **Nebenleistungspflichten** können, obwohl sie nicht zu den Mindestbestandteilen gehören, nach Abs. 2 wirksam **nur im Gesellschaftsvertrag** vereinbart werden, also nicht in schuldrechtlichen Nebenabreden, wenn auch die Gesellschaft gebunden werden soll (aber → Rn. 32). Entsprechend dem Normzweck des § 2 (notarielle Form) müssen darüber hinaus aber sämtliche wesentlichen (materiellen) Regelungen im Gesellschaftsvertrag selbst und dürfen nicht in begleitenden Absprachen getroffen werden (einhellige Meinung, vgl. nur HCL/*Ulmer*/*Löbbe* Rn. 39; Baumbach/Hueck/*Fastrich* Rn. 25). Abs. 2 ist also **nicht abschlie-**

ßend, sondern bringt einen allgemeinen Grundsatz zum Ausdruck. Gleichwohl können Leistungspflichten grundsätzlich auch in schuldrechtlichen Nebenabreden getroffen werden (vgl. BGH 15.10.2007, GmbHR 2008, 147 – Agio; → Rn. 32). **Rechte (und Pflichten) Dritter** (zB Zustimmungs- oder Entsendungsrechte) gegenüber der GmbH können andererseits nach zutreffender hM gar nicht in der Satzung vereinbart werden (HCL/*Ulmer/Löbbe* Rn. 43 f. und eingehend *Ulmer* FS Wiedemann, 2002, 1297 (1304 ff.); Lutter/Hommelhoff/*Bayer* Rn. 75).

2. Befristung. Soll die Gesellschaft befristet werden, muss dies gem. § 3 Abs. 2, § 60 Abs. 1 Nr. 1 **im Gesellschaftsvertrag** vereinbart und nach § 10 Abs. 2 S. 1 ins Handelsregister eingetragen werden; die Bezugnahme auf eine privatschriftliche Urkunde reicht nicht (RG 21.6.1912, RGZ 79, 418 (422)). Werden diese Voraussetzungen verfehlt, ist die – eingetragene – GmbH als unbefristete wirksam entstanden. Vereinbaren die Gründer außerhalb der Satzung **(schuldrechtlich)** eine Befristung, so kann hierdurch lediglich die Pflicht begründet werden, nach Fristablauf einen Auflösungsbeschluss zu fassen (HCL/*Ulmer/Löbbe* Rn. 46). 22

Abs. 2 verlangt einen **„gewissen" Zeitraum.** Der Vertrag muss deshalb ein bestimmtes Datum oder zumindest eine objektiv genau bestimmbare Zeitspanne (zB zehn Jahre seit Vertragsschluss) beinhalten. Die – zweifelhafte – hM lässt es aber auch zu, dass die Auflösung an ein zukünftiges objektives Ereignis geknüpft wird (Geburtstag eines Gesellschafters; Ablauf eines Patents etc, vgl. BayObLG 9.12.1974, BB 1975, 249 (250); Baumbach/Hueck/*Fastrich* Rn. 27). **Nicht ausreichend** ist jedenfalls eine auflösende Bedingung, die nur nach § 60 Abs. 2 als Auflösungsgrund in Betracht kommt. 23

3. Nebenleistungspflichten. a) Einführung und Begriffsbestimmung. Die praktisch bedeutsamen Nebenleistungspflichten betonen den personalistischen Charakter der GmbH (HCL/*Ulmer/Löbbe* Rn. 54 ff.). Sie sind im GmbH-Recht in weitem Umfang zulässig (anders § 55 AktG) und sie können **Geldleistungen, Handlungen und Unterlassungen** aller Art zum Gegenstand haben, entgeltlich oder unentgeltlich sein, letzteres zB bei Wettbewerbsverboten und „verlorenen Zuschüssen" (HCL/*Ulmer/Löbbe* Rn. 76 ff.). Da auch **schuldrechtliche Nebenabreden** Leistungspflichten zum Inhalt haben können, besteht hier ggf. Abgrenzungsbedarf (→ Rn. 34). Als mitgliedschaftliche Pflicht können (Neben-)Leistungspflichten iSv Abs. 2 aber nur durch Aufnahme in den Gesellschaftsvertrag wirksam begründet werden. 24

Ihr Gegenstand muss ausreichend **bestimmt** sein. Da die **nachträgliche Einführung** im Wege der Satzungsänderung zwingend die Zustimmung des betroffenen Gesellschafters nach § 53 Abs. 3 voraussetzt (s. nur HCL/*Ulmer/Löbbe* Rn. 76 ff. und Erläuterungen zu § 53 Abs. 3 → § 53 Rn. 30 f.), bedarf es von vornherein eines festen Rahmens, welcher den wesentlichen Kern der Verpflichtung erkennen lässt und idR (sofern möglich) auch eine **Höchstgrenze** enthält (HCL/*Ulmer/Löbbe* Rn. 80 ff.). So setzt die wirksame Vereinbarung einer Verlustausgleichspflicht voraus, dass diese zeitlich und/oder der Höhe nach begrenzt ist, sodass die Gesellschafter das Ausmaß der auf sie zukommenden Verpflichtungen ohne Weiteres überblicken können (BGH 22.10.2007, GmbHR 2008, 258). 25

Die Nebenleistungspflichten sind zunächst von den Einlagepflichten zu unterscheiden, was aber idR wegen der Angabepflicht nach Abs. 1 Nr. 4 keine Probleme aufwirft. Von den **Nachschusspflichten** iSv § 26 unterscheiden sie sich dadurch, dass deren Durchsetzung eines Gesellschafterbeschlusses bedarf und sie im Unterschied zu den Nebenleistungen dem geschützten Eigenkapital der Gesellschaft zuzurechnen sind (§ 272 Abs. 2 Nr. 4 HGB und § 30 Abs. 1 S. 2). Entscheidend ist daher, ob die Leistung der Bildung bzw. Stärkung des Eigenkapitals dienen soll bzw. ob der Geschäftsführer zur Einforderung berechtigt sein soll (dann Nachschuss, vgl. HCL/*Ulmer/Löbbe* Rn. 60; Baumbach/Hueck/*Fastrich* Rn. 35). Die Gesellschafter sind frei, ob sie eine Zusatzleistung als nicht den Eigenkapitalregeln unterworfene Nebenleistungspflicht oder aber als Nachschusspflicht ausgestalten. Zur Abgrenzung zu den schuldrechtlichen Nebenabreden → Rn. 34. 26

b) Möglicher Inhalt. Unter den möglichen Leistungsinhalten (→ Rn. 24) kommt die **Geldleistung** besonders häufig vor, namentlich als Gesellschafter-Darlehen oder Agio; Verlustausgleichspflichten begegnen ebenfalls nicht selten, müssen aber begrenzt werden (→ Rn. 25 aE). Das **Agio** wird im GmbH-Recht trotz Bilanzausweis gem. § 272 Abs. 2 Nr. 1 HGB nicht von der Differenzhaftung gem. § 9 erfasst und durch § 30 gegen Ausschüttung geschützt (BGH 15.10.2007, GmbHR 2008, 147 (148); HCL/*Ulmer/Löbbe* Rn. 68; Lutter/Hommelhoff/*Bayer* Rn. 27; anders gem. §§ 36a, 54 AktG). Es kann deshalb zwar auch Gegenstand einer schuldrechtlichen Nebenabrede sein, ist aber idR als Nebenleistungspflicht iSv Abs. 2 zu qualifizieren, falls es in die Satzung aufgenommen wird (BGH 15.10.2007, GmbHR 2008, 147 (148); Lutter/Hommelhoff/*Bayer* Rn. 27). Auch **Sachleistungen,** insbesondere als Gebrauchsüberlassung, **Dienstleistungen,** insbesondere als Pflicht zur Übernahme der Geschäftsführung, sowie Unterlassungen, insbesondere **Wettbewerbsverbote,** sind typischer Inhalt von Nebenleistungspflichten (HCL/*Ulmer/Löbbe* Rn. 69 ff.; Baumbach/Hueck/*Fastrich* Rn. 40 ff.; zur Gestaltung solcher Klauseln in der Praxis *Fröhlich* GmbH-StB 2012, 157). 27

c) Wirksamkeitshindernisse; Leistungsstörungen. Für den Fall, dass die Nebenleistungspflicht unwirksam sein sollte, lässt dies einerseits die Wirksamkeit des Vertrages iÜ unberührt (§ 139 BGB ist 28 unanwendbar, → § 2 Rn. 69). Andererseits gelten aber unbeschränkt die **allgemeinen Regeln des Bürgerlichen Rechts** (§§ 119, 123, 134, 138, 142 BGB etc); nicht die LfV, weil grundsätzlich weder ein Verkehrs- noch ein Bestandsschutzproblem besteht (s. nur Baumbach/Hueck/*Fastrich* Rn. 48). Sofern Nebenleistungen aber ausnahmsweise einen engen Bezug zur Einlagepflicht aufweisen, kann anderes gelten (zB Wettbewerbsverbot, das eine Sacheinlage absichert, s. HCL/*Ulmer/Löbbe* Rn. 63). Auch das **Leistungsstörungsrecht des BGB** ist (teilw. mit Einschränkungen) anwendbar (eingehend HCL/*Ulmer/Löbbe* Rn. 83 ff.); doch bleiben die Folgen eines Rücktritts oder Schadensersatzes stets auf das Nebenpflichtverhältnis beschränkt, führen also nicht etwa zur Abwicklung der Gesellschaft.

29 **d) Befreiung von Nebenleistungspflichten.** Die Gesellschafter können sich nicht einseitig oder kraft (Verzichts-)Erklärung des Geschäftsführers von einer wirksam eingegangenen Nebenleistungspflicht wieder befreien; es bedarf vielmehr stets einer **Satzungsänderung.** Sofern mit der Pflicht ein Sonderrecht eines anderen Gesellschafters korrespondiert, bedarf es hierfür auch dessen Zustimmung (§ 35 BGB). Aufgrund seiner gesellschaftsrechtlichen Grundlage kommt auch keine isolierte Kündigung in Betracht; ebenso wenig ist § 27 (Abandonrecht) entsprechend anwendbar. Auch der **Tod** des Gesellschafters oder die **Veräußerung** des Geschäftsanteils bringen die Pflicht nicht zum Erlöschen (sofern sie nicht ausnahmsweise höchstpersönlich ausgestaltet ist); vielmehr wird sie auf den Rechtsnachfolger übertragen. Ausnahmsweise kommt ein **Austrittsrecht aus wichtigem Grund** in Betracht (HCL/*Ulmer/Löbbe* Rn. 109). Zum Schicksal der Nebenleistungspflicht in der Insolvenz von Gesellschaft und Gesellschafter s. nur Lutter/Hommelhoff/*Bayer* Rn. 37.

IV. Sonstiger fakultativer Inhalt des Gesellschaftsvertrags

30 Weitere **Beispiele** für korporative Regelungen, die in den Gesellschaftsvertrag aufgenommen werden müssen, sind Gewinnverwendungs- und Abfindungsregeln (ggf. unter Beachtung der Gemeinnützigkeitserfordernisse; zur Auslegung einer Abfindungsregelung BGH 27.9.2011, ZIP 2011, 2357), Einziehungs- und Ausschließungsklauseln, Einsetzung eines Aufsichts- oder Beirats, Vinkulierung der Geschäftsanteile, Nachschusspflichten. Auch Sondervorteile und Gründungsaufwand (→ § 5 Rn. 28 f.) müssen zwingend in die Satzung aufgenommen werden (HCL/*Ulmer/Casper* § 5 Rn. 197 ff.). **Nicht im Gesetz erwähnt,** aber ebenfalls aufzunehmen, sind **Gerichtsstands- und Schiedsklauseln** mit Bindungswirkung für die Gesellschaft (§§ 1029, 1066 ZPO, dazu BGH 6.4.2009, ZIP 2009, 1003 = GmbHR 2009, 705 sowie *Versin* GmbHR 2015, 969; zuletzt zu Schiedsklauseln, die nicht Beschlussmängelstreitigkeiten betreffen BGH 16.4.2015, NJW 2015, 3234 = GmbHR 2015, 1148; eingehend *Böttcher/Fischer* NZG 2011, 601; *Reichert/Harbarth* NZG 2003, 379; zu sog. Mediationsklauseln *Schröder* GmbHR 2014, 960). **Außerdem aufzunehmen** sind: Regelungen über das Geschäftsjahr und über die Aufstellung des Jahresabschlusses (iRd § 264 HGB), über Auswahlkriterien für Organmitglieder oder Entsendungsrechte, Verfahrensregeln für die Gesellschafterversammlung, Modifikationen des § 47 Abs. 2 hinsichtlich des Stimmrechts und Sonderrechte iSv § 35 BGB (eingehend HCL/*Ulmer/Casper* § 5 Rn. 185 ff.).

31 Auch wenn die Bestellung des (ersten) Geschäftsführers in der Satzung erfolgt, führt dies im Zweifel nicht zu einem Sonderrecht auf Bestellung (bzw. einer Geschäftsführungspflicht); die Bestellung ist daher lediglich **formeller Satzungsbestandteil,** sodass für die Abberufung § 46 Nr. 5 gilt (Lutter/Hommelhoff/*Bayer* Rn. 45). Zur Abgrenzung gegenüber schuldrechtlichen Nebenabreden → Rn. 32 ff.

V. Schuldrechtliche Nebenabreden

32 **1. Begriff und Rechtsnatur.** Die Gesellschafter sind grundsätzlich frei, **außerhalb der Satzung** schuldrechtliche Nebenabreden (Gesellschaftervereinbarungen) abzuschließen, die naturgemäß nur die an ihrem Abschluss Beteiligten binden. Denkbar ist aber, dass der Gesellschaft darin gem. § 328 BGB eigene Rechte eingeräumt werden (BGH 15.3.2010, ZIP 2010, 1541 = DB 2010, 1749). Insbesondere im Bereich der Nebenleistungspflichten kann es zu Überschneidungen mit den materiellen Satzungsregeln kommen, zumal auch Nebenabreden die Rechtsverhältnisse der oder zur Gesellschaft betreffen (Beispiele in → Rn. 34). Ihre grundsätzliche Zulässigkeit aus gesellschaftsrechtlicher Sicht ist unstreitig (BGH 7.6.1993, BGHZ 123, 15 (20) = NJW 1993, 2246; Scholz/*Cziupka* Rn. 56, 69; HCL/*Ulmer/Löbbe* Rn. 114). Sofern dauernde oder wiederkehrende Pflichten begründet werden, liegt im Zweifel eine Innengesellschaft bürgerlichen Rechts vor. Auch anderenfalls handelt es sich um einen rein schuldrechtlichen Vertrag, für den die allgemeinen **bürgerlich-rechtlichen Vertragsregeln** gelten, ggf. einschließlich AGB-Kontrolle (BGH 11.11.1991, WM 1992, 99 (100)).

33 Die Nebenabreden sind **nicht** nach § 2 **formbedürftig;** sofern sie, wie bei Konsortialabreden häufig, Andienungs- oder Erwerbsrechte enthalten, wohl aber **nach § 15 Abs. 4.** Verletzungen führen idR allein zu Schadensersatzansprüchen (§§ 280, 276, 708 BGB), doch lässt die hM bei **Stimmbindungsvereinbarungen** (dazu BGH 24.11.2008, NJW 2009, 669 – Schutzgemeinschaft II) auch deren gerichtliche Durchsetzung im Wege der Leistungsklage mit Vollstreckung nach § 894 ZPO zu (BGH 29.5.1967, BGHZ 48, 163 (167) = NJW 1967, 1963). Eine weitere Durchbrechung des gegenüber der

Satzungsebene bestehenden Trennungsprinzips (HCL/*Ulmer/Löbbe* Rn. 123 ff.; *Ulmer* FS Röhricht, 2005, 623; s. auch Lutter/Hommelhoff/*Bayer* Rn. 68) nimmt der BGH vor, sofern eine Stimmabgabe zur Beschlussfassung gegen eine Stimmbindung verstößt, der sich alle Gesellschafter unterworfen haben; in diesem Falle soll der abredewidrig zustande gekommene Beschluss anfechtbar sein (BGH 20.1.1983, NJW 1983, 1910 (1911); BGH 27.10.1986, NJW 1987, 1890 (1891); zust. etwa Baumbach/Hueck/*Zöllner/Noack* § 47 Rn. 118; abl. insbesondere HCL/*Ulmer/Löbbe* Rn. 127).

2. Möglicher Inhalt; Abgrenzungsfragen. Typische Gesellschaftervereinbarungen betreffen konsortiale Stimmbindungen, also solche zur Koordinierung der Stimmabgabe bei Gesellschafterbeschlüssen, häufig verbunden mit gegenseitigen Vorkaufs- bzw. Erwerbs- sowie Andienungsrechten hinsichtlich der gepoolten Anteile (eingehend zu Pool-Verträgen in Familienunternehmen etwa *Westermann* GesRZ 2015, 161). Oft finden sich auch Vereinbarungen über die Besetzung der Geschäftsführung oder eines Aufsichtsrats (BGH 27.10.1986, NJW 1987, 1890) sowie über die Abstimmung der Geschäftspolitik. **Pflichten gegenüber der GmbH** können ebenfalls zwischen den Gesellschaftern begründet werden (§ 328 BGB), etwa zur Darlehnsgewährung (BGH 28.6.1999, BGHZ 142, 116 (124) = NJW 1999, 2809), zur Leistung eines Agios (BGH 15.10.2007, GmbHR 2008, 147 (148)) oder zur Verlustübernahme (vgl. auch BGH 15.3.2010, ZIP 2010, 1541 – Abfindungsbeschränkung in Nebenabrede). Hier besteht ein Überschneidungsbereich zu den Nebenleistungspflichten (→ Rn. 24 ff.). Aus der Aufnahme der Regelung in die Satzung folgt im Zweifel aber ihr Charakter als materielle Satzungsbestimmung, sodass sie den allgemein für die Satzung geltenden Regeln für Auslegung, Änderung und Geltung gegenüber hinzukommenden Gesellschaftern unterliegen (hM, vgl. BGH 15.10.2007, GmbHR 2008, 147 (148); Lutter/Hommelhoff/*Bayer* Rn. 21 und 64; Scholz/*Cziupka* Rn. 97; Roth/Altmeppen/*Altmeppen* Rn. 45; aA Baumbach/Hueck/*Fastrich* Rn. 55). **Unzulässig** sind Nebenabreden, sofern sie Leistungen zum Gegenstand haben, die in irgendeiner Weise auf die Einlagepflicht angerechnet oder von der Gesellschaft vergütet werden sollen (unstr., vgl. nur Baumbach/Hueck/*Fastrich* Rn. 57). Der **Gesellschaft** können allgemein **Pflichten** nur auferlegt werden, wenn sie – durch ihre Geschäftsführer – zustimmt, wozu der Geschäftsführer aber nur berechtigt ist, wenn die Abrede (auch) im Interesse der Gesellschaft liegt. 34

Firma

4 [1] **Die Firma der Gesellschaft muß, auch wenn sie nach § 22 des Handelsgesetzbuchs oder nach anderen gesetzlichen Vorschriften fortgeführt wird, die Bezeichnung „Gesellschaft mit beschränkter Haftung“ oder eine allgemein verständliche Abkürzung dieser Bezeichnung enthalten.** [2] **Verfolgt die Gesellschaft ausschließlich und unmittelbar steuerbegünstigte Zwecke nach den §§ 51 bis 68 der Abgabenordnung kann die Abkürzung „gGmbH“ lauten.**

Übersicht

I. Allgemeines

Die Gesellschafter genießen bei der Bildung der Firma ihrer GmbH größte **Freiheit.** Neben der Beachtung der allgemeinen Firmengrundsätze, die insbes. in den §§ 17 ff. HGB niedergelegt sind, sieht das Gesetz nunmehr speziell für die GmbH ausdrücklich nur noch den Rechtsformzusatz vor. Damit stehen zur Auswahl eine Sachfirma, eine Personenfirma, eine Phantasiefirma oder eine Mischfirma. 1

Ergänzend wird auf die **Kommentierung des Firmenrechts** zu den §§ 17 ff. HGB verwiesen. Die folgenden Ausführungen behandeln nur die – wenigen – Besonderheiten der GmbH-Firma. 2

II. Firma als Name

3 Die Firma ist der – einzige – Name der juristischen Person GmbH, unter dem sie nicht nur im Wirtschaftsleben, sondern generell auftritt. Um Irreführungen zu vermeiden, darf sie nur eine einzige Firma führen (Grundsatz der **Firmeneinheit**).

III. Personenfirma

4 Enthält die Firma den Namen einer natürlichen Person, muss der Namensträger **zugestimmt** haben (§ 12 BGB). Der Namensträger braucht **nicht Gesellschafter** zu sein (OLG Thüringen 22.6.2010, NZG 2010, 1354 (1355); OLG Rostock 17.11.2014, NZG 2015, 243; einschränkend (tatsächliche Verbindung zwischen dem verwendeten Namen und der Gesellschaft) OLG Karlsruhe 22.11.2013, MDR 2014, 233 (234); krit. gegenüber der Zulassung von Fremdnamen: *Kögel* GmbHR 2011, 16 (18 ff.)). Ist der Namensgeber Gesellschafter, kann die Gesellschaft nach seinem Ausscheiden dessen Namen weiterhin führen; § 24 Abs. 2 HGB kommt nicht zur Anwendung, da die Führung einer Personenfirma bei einer juristischen Person, anders als bei einer Personenhandelsgesellschaft, immer freiwillig ist. Aus diesem Grund kann in der Insolvenz die Personenfirma auch ohne die Zustimmung des Namensgebers verwertet werden (BGH 27.9.1982, BGHZ 85, 221 (224 f.) = MDR 1983, 379).

IV. Allgemeine firmenrechtliche Vorschriften

5 Die Firma muss **Kennzeichnungs- und Unterscheidungskraft** besitzen (§ 18 Abs. 1 HGB), sich von anderen Firmen unterscheiden (§ 30 HGB) und darf **nicht irreführend** sein (§ 18 Abs. 2 HGB). Wegen der Einzelheiten wird auf die Kommentierung der genannten Vorschriften verwiesen, hier sei nur auf Folgendes hingewiesen:

6 **1. Kennzeichnungskraft.** Das Erfordernis der Kennzeichnungskraft verlangt eine **aussprechbare** Bezeichnung. An der Unterscheidungskraft fehlt es bei der ausschließlichen Verwendung von **Allerweltsnamen oder Branchenbezeichnungen** ohne hinreichend individualisierende Zusätze.

7 **2. Unterscheidbarkeit.** Allein der **Rechtsformzusatz** „GmbH" macht eine Firma noch nicht von einer gleichlautenden anderen unterscheidbar iSd § 30 HGB (BGH 14.7.1966, BGHZ 46, 7 (12) = WM 1966, 973).

8 **3. Irreführungsverbot.** Bei dem in § 18 Abs. 2 HGB niedergelegtem Irreführungsverbot geht es insbes. darum, dass die Firma keine falschen Vorstellungen über das **Unternehmen** selbst oder über die **hinter dem Unternehmen stehenden Person** erweckt. Die unternehmensbezogenen Firmenbestandteile dürfen das Unternehmen nicht **größer** erscheinen lassen, als es ist, nur unbedeutende Abteilungen als prägend herausstellen oder einen weiteren Unternehmensgegenstand vortäuschen, als tatsächlich verfolgt wird. Entsprechendes gilt für **geographische** Angaben, wenn diese ein unzutreffendes Bild über die Größe oder den bedienten Markt vermitteln. Schließlich dürfen gewisse Bezeichnungen nur von bestimmten Einheiten verwendet werden, etwa der Zusatz „& Partner" nur von einer Partnerschaftsgesellschaft (§§ 2, 11 PartGG) oder das Wort „Bank" nur von einem Kreditinstitut. Personenbezogene Firmenbestandteile brauchen sich zwar nicht dem Namen eines Gesellschafters zu entlehnen, sie dürfen aber doch nicht **Qualifikationen** vorspiegeln, die keinem der maßgeblichen Gesellschafter zukommen, so etwa die Verwendung eines Doktortitels, wenn kein Gesellschafter promoviert ist, oder einer geschützten Berufsbezeichnung, wenn keiner diesen Beruf ausübt.

V. Sonderfälle

9 **1. Vor-GmbH.** Nimmt die Vor-GmbH bereits vor Eintragung ihre Wirtschaftstätigkeit auf, hat sie hierfür die für die GmbH angemeldete Firma zu verwenden, wobei sie auf den Umstand der fehlenden Eintragung hinweisen muss, was üblicherweise durch den Zusatz **„in Gründung"** oder eine Abkürzung hiervon (i. Gr.) geschieht; auf keinen Fall darf schlicht der Rechtsformzusatz weggelassen werden, da dies den Rechtsschein einer Personengesellschaft begründen würde.

10 **2. Liquidation.** Befindet sich die GmbH in der Liquidation, ist hierauf durch einen entsprechenden Zusatz in der Firma hinzuweisen (§ 68 Abs. 2); idR geschieht dies durch die Worte **„in Liquidation"** oder eine Abkürzung hiervon (iL). (Erst) Mit Abschluss der Liquidation erlischt auch die Firma.

11 **3. Zweigniederlassungen.** Zweigniederlassungen können anders als die Hauptniederlassung firmieren, soweit der **Bezug zur Hauptniederlassung** firmenmäßig erkennbar bleibt.

12 **4. Firmenübernahme.** Die Firma eines anderen Unternehmensträgers darf unter den in § 22 HGB näher geregelten Voraussetzungen zur Firmenübernahme fortgeführt werden. Bei Fortführung der alten Firma sind die **Haftungsvorschriften** der §§ 25 und 27 HGB zu beachten.

VI. Firmenänderung

Eine Änderung der Firma ist jederzeit zulässig; sie kann notwendig werden, wenn die Firma durch Änderung der Verhältnisse unrichtig geworden ist. Da die Firma Inhalt des Gesellschaftsvertrages ist (§ 3 Abs. 1 Nr. 1), ist für eine Firmenänderung eine entsprechende **Satzungsänderung** nötig. 13

VII. Fehler

1. Vor Eintragung. Entspricht die im Gesellschaftsvertrag gewählte Firma nicht den gesetzlichen Anforderungen, stellt dies ein **Eintragungshindernis** dar (§ 9c Abs. 2 Nr. 1 iVm § 3 Abs. 1 Nr. 1). 14

2. Nach Eintragung. Stellt sich der Fehler in der Firmenbildung erst nach der Eintragung heraus, und wird der Mangel nicht unverzüglich behoben, kommen ein **Firmenmissbrauchsverfahren** nach § 37 Abs. 1 HGB oder ein **Amtsauflösungsverfahren** gem. § 399 FamFG, das zur Auflösung der Gesellschaft gemäß § 60 Abs. 1 Nr. 6 führen kann, in Betracht. 15

Sitz der Gesellschaft

4a Sitz der Gesellschaft ist der Ort im Inland, den der Gesellschaftsvertrag bestimmt.

I. Normzweck

Mit der Vorschrift soll es deutschen Gesellschaften ermöglicht werden, ausländische Tochtergesellschaften mit der Rechtsform der GmbH zu gründen, ihren **Verwaltungssitz** im Ausland zu wählen oder sogar ihre gesamte Geschäftstätigkeit ausschließlich iRe (Zweig-)Niederlassung, die alle Geschäftstätigkeiten erfasst, **außerhalb des deutschen Hoheitsgebiets** zu entfalten. Ebenso kann sich nunmehr ein Ausländer bei der Gründung eines Unternehmens für die Rechtsform der deutschen GmbH entscheiden, selbst wenn die Geschäftstätigkeit ganz oder überwiegend aus dem Ausland geführt werden soll (BT-Drs. 16/6140, 68 f.; differenzierend *Leitzen* NZG 2009, 728). Entscheidend ist, dass der **Satzungssitz** im Inland ist (*Wiehe/Thies* BB 2012, 1891). 1

Gegenüber § 4a aF ist das Erfordernis eines **inländischen Satzungssitzes** in das Gesetz aufgenommen worden. Dieses Postulat war bereits von der Rspr. aufgestellt worden (OLG Brandenburg 30.11.2004, BB 2005, 849 (850)). 2

II. Bedeutung des Sitzes

Der Satzungssitz bestimmt die Zuständigkeit des **Registergerichts** (§ 7 HGB), des **Prozessgerichts** (§ 17 ZPO) sowie des **Insolvenzgerichts,** soweit das Insolvenzverfahren in Deutschland zu eröffnen ist (§§ 3, 4 InsO). Nachdem der Sitz in der Satzung ohne tatsächliche räumliche Anbindung festgelegt werden kann, ist ein *forum shopping* zwar möglich, wegen der weitgehend einheitlichen Anwendung des in Deutschland geltenden Gesellschafts- und Registerrechts jedoch nicht besonders praxisrelevant. Die GmbH kann keinen Doppelsitz, sondern stets nur einen Sitz haben. 3

III. Sitzverlegung

Bei einer nachträglichen Sitzänderung, die sich korporationsrechtlich als Satzungsänderung darstellt (§ 3 Abs. 1 Nr. 1), richtet sich die **registerrechtliche Behandlung** nach § 13h HGB, auf dessen Kommentierung verwiesen wird. 4

IV. Fehler bei der Sitzbestimmung

Enthält die Satzung gar keine oder keine den Anforderungen des § 4 genügende Sitzbestimmung, liegt ein **Eintragungshindernis** vor (§ 9c Abs. 2 Nr. 1 iVm § 3 Abs. 1 Nr. 1). Eine nachträgliche Satzungsänderung mit einer unzulässigen (ausländischen) Sitzwahl ist in entsprechender Anwendung von § 241 Nr. 3 AktG unzulässig und deshalb ebenfalls nicht eintragungsfähig (KG Berlin 25.7.2011, NJW Spezial 2011, 560). Eine gleichwohl erfolgte Eintragung ist durch Amtslöschung zu korrigieren (§ 395 FamFG). 5

Stammkapital; Geschäftsanteil

5 (1) **Das Stammkapital der Gesellschaft muß mindestens fünfundzwanzigtausend Euro betragen.**

(2) [1]**Der Nennbetrag jedes Geschäftsanteils muss auf volle Euro lauten.** [2]**Ein Gesellschafter kann bei Errichtung der Gesellschaft mehrere Geschäftsanteile übernehmen.**

(3) [1]**Die Höhe der Nennbeträge der einzelnen Geschäftsanteile kann verschieden bestimmt werden.** [2]**Die Summe der Nennbeträge aller Geschäftsanteile muss mit dem Stammkapital übereinstimmen.**

(4) [1]**Sollen Sacheinlagen geleistet werden, so müssen der Gegenstand der Sacheinlage und der Nennbetrag des Geschäftsanteils, auf den sich die Sacheinlage bezieht, im Gesellschaftsvertrag festgesetzt werden.** [2]**Die Gesellschafter haben in einem Sachgründungsbericht die für die Angemessenheit der Leistungen für Sacheinlagen wesentlichen Umstände darzulegen und beim Übergang eines Unternehmens auf die Gesellschaft die Jahresergebnisse der beiden letzten Geschäftsjahre anzugeben.**

Übersicht

I. Allgemeines

1 **1. Inhalt, Normzweck.** Das gesetzliche **Mindeststammkapital** legt Abs. 1 bei der ordentlichen GmbH auf 25.000 EUR fest; der **Nennbetrag** eines Geschäftsanteils muss lediglich auf volle Euro lauten und mind. 1 EUR betragen (Abs. 2). Das Verhältnis von Nennbetrag und Stammkapital wird durch Abs. 3 S. 2 bestimmt. Bei der **UG** gilt gem. § 5a Abs. 1 eine Ausnahme von Abs. 1; ihr Stammkapital darf (und muss) zwischen 1 EUR und 24.999 EUR liegen (→ § 5a Rn. 11). § 5 Abs. 4 regelt schließlich Erforderlichkeit und Voraussetzungen einer Festsetzung von **Sacheinlagen** im Gesellschaftsvertrag, die bei der UG ausgeschlossen ist (§ 5a Abs. 2 S. 2). Die **verdeckte Sachgründung** wird seit dem MoMiG gesetzlich in § 19 Abs. 4 nF geregelt und ist daher jetzt dort zu erläutern. Die Angaben zu Stammkapital und Nennbetrag gehören gem. § 3 Abs. 1 Nr. 3 und 4 zum **notwendigen Satzungsinhalt** und sind gem. § 10 Abs. 1 ins Handelsregister einzutragen. Die Regeln gelten zwingend, und zwar gem. § 55 Abs. 4 auch bei der **Kapitalerhöhung,** gem. §§ 197, 36 Abs. 2 UmwG, § 135 Abs. 2 UmwG auch bei **Umwandlungen** (eingehend zur Kapitalaufbringung beim Formwechsel einer GmbH & Co KG in eine GmbH OLG Frankfurt a. M. 19.3.2015, GmbHR 2015, 808 = NZG 2015, 808).

2 **2. Änderungen durch das MoMiG.** Das MoMiG hat das Stammkapital unverändert gelassen; die noch im RegE geplante Absenkung des Mindeststammkapitals auf 10.000 EUR wurde nicht umgesetzt, stattdessen aber die GmbH-Variante UG eingeführt, deren Stammkapital im Extremfall nur 1 EUR zu betragen braucht (dazu § 5a). Neu ist aber der mit 1 EUR deutlich niedrigere **Mindestnennbetrag** eines Geschäftsanteils (Abs. 2 S. 1; bisher: 100 EUR). Nicht mehr erforderlich ist damit auch, dass die Stammeinlage durch 50 geteilt werden kann (so § 5 Abs. 2 aF). Dass das Gesetz jetzt von Nennbetrag statt von Stammeinlage (so auch in Abs. 4) spricht, hat lediglich redaktionelle Bedeutung (→ § 3 Rn. 11). Insgesamt wird die Kapitalaufbringung bei der Gründung liberalisiert, zumal jetzt schon bei der Gründung **mehrere Geschäftsanteile** übernommen werden können (Abs. 2 S. 1), und zwar auch mit **unterschiedlichen Nennbeträgen** (Abs. 3 S. 1). – Eine besondere **Übergangsregelung** ist für § 5 nicht vorgesehen (vgl. § 3 EGGmbHG), sodass die Neuregelungen nur für Gründungen ab November 2008 gelten.

II. Das gesetzliche Mindeststammkapital (Abs. 1) (und 3 S. 2)

1. Allgemeines; Funktion. Das Mindestkapital garantiert als **Haftungsfonds** zugunsten der Gläubiger zwar naturgemäß keine ausreichende Kapitalisierung der Gesellschaft, fungiert aber als **Seriositätsschwelle** zum Haftungsprivileg des § 13 Abs. 2, die allerdings für die UG aufgegeben wurde (§ 5a Abs. 1 iVm § 5 Abs. 1). Das Gesetz enthält zahlreiche Regelungen, welche die **Aufbringung** des Stammkapitals sicherstellen (insbesondere § 7 Abs. 2, 3, §§ 9, 19–24); hinzu kommt die Unterbilanzhaftung der Gründer (→ § 11 Rn. 29 ff.): Die Gesellschaft soll **im Eintragungszeitpunkt** wenigstens über ein Vermögen iHd Stammkapitals verfügen. Dieses wird zudem auch im weiteren Verlauf **gegen Ausschüttungen an die Gesellschafter** durch § 30 Abs. 1 geschützt. Bei qualifizierter Unterbilanz besteht ferner die Einberufungspflicht nach § 49 Abs. 3; bei Überschuldung ist zusätzlich ein Insolvenzantrag durch die Geschäftsführer zu stellen (§ 15a InsO). Eine Herabsetzung des Stammkapitals ist nur unter strenger Beachtung der Gläubigerinteressen nach den §§ 58 ff. möglich. 3

2. Festsetzung. Das Stammkapital muss als **bestimmter Euro-Betrag** im Gesellschaftsvertrag festgesetzt werden (→ § 3 Rn. 10), mindestens iHv **25.000 EUR,** kann selbstverständlich aber auch höher ausfallen, was bei entspr. Kapitalbedarf zu empfehlen ist. Eine **Höchstgrenze** kennt das Gesetz nur für die UG (→ Rn. 1 und → § 5a Rn. 11). Das Stammkapital ist **Bezugspunkt für das Kapitalschutzsystem** (Kapitalaufbringungs- und -erhaltungsrecht) sowie **für die Beteiligung** des einzelnen Gesellschafters an der Gesellschaft; denn die Beteiligungsquote ergibt sich aus dem Verhältnis der Nennbeträge zum Stammkapital (Abs. 3 S. 2, → Rn. 7). 4

Vor Eintragung kann das Stammkapital durch Vertragsänderung **verändert werden,** danach ausschließlich im Wege der Kapitalerhöhung (§§ 55 ff.) oder -herabsetzung (§§ 58 ff.). Hierbei ist der Mindestbetrag unbedingt einzuhalten (§ 58 Abs. 2; Ausnahme: § 58a Abs. 4). Eine Kapitalherabsetzung „in die UG" ist nicht möglich (→ § 5a Rn. 30). Eine Übergangsregelung zur **Euro-Einführung** findet sich noch in § 1 EGGmbHG (näher Baumbach/Hueck/*Fastrich* Rn. 58 ff. sowie *Simon* DB 2008, 1615). 5

3. Eigenkapitalausstattung und Unterkapitalisierung. Das Mindestkapital kann naturgemäß völlig unabhängig vom realen Kapitalbedarf des von der Gesellschaft getragenen Unternehmens festgesetzt werden; bei der UG verzichtet der Gesetzgeber sogar auf jede Grenze (§ 5a Abs. 1). Sein Schutz ist iÜ von vornherein begrenzt (→ Rn. 3). Es gewährt daher Gläubigerschutz lediglich als Seriositätsschwelle (dazu nur HCL/*Ulmer/Casper* Rn. 12 f.). Gleichwohl lehnt es die **Rspr.** beharrlich ab, **materielle Kapitalisierungsregeln** auch außerhalb gesetzlicher Sonderregelungen (§ 25 KAGB; § 10 KWG) anzuerkennen, die unabhängig vom Mindestkapital in Relation zur konkreten Geschäftstätigkeit den „wirklichen Kapitalbedarf" definieren und bei deren Nichtbeachtung eine Durchgriffshaftung der Gesellschafter eingreift; zuletzt sogar im Fall einer Beschäftigungsqualifizierungsgesellschaft, bei welcher der Kapitalbedarf exakt vorhergesagt werden konnte (BGH 28.4.2008, NJW 2008, 2437 – GAMMA mwN (zweifelhaft)). Ein offensichtliches Spekulieren zulasten der Gläubiger sieht der BGH allerdings als Fall einer sittenwidrigen Schädigung nach § 826 BGB an. Demgegenüber plädiert die hL für eine Durchgriffshaftung bei **qualifizierter Unterkapitalisierung,** bei der die betriebswirtschaftlich erforderlichen Eigenmittel offensichtlich von vornherein verfehlt und auch nicht im Wege der Gesellschafterdarlehen aufgebracht worden sind (Hachenburg/*Ulmer* Anh. § 30 Rn. 50 ff.; Lutter/Hommelhoff/*Bayer* § 13 Rn. 20 ff.) (→ § 13 Rn. 29 f.). 6

4. Verhältnis des Stammkapitals zum Nennbetrag (Abs. 3 S. 2). Mit der Neufassung von Abs. 3 S. 2 möchte der Gesetzgeber erreichen (s. BegrRegE, BT-Drs. 16/6140, 31), dass das **Stammkapital** und die **Summe der Nennbeträge** aller Geschäftsanteile stets **übereinstimmen.** Daraus, dass die Vorschrift auf Altfälle nicht anzuwenden ist, folgert das OLG München zutreffend, dass auch bei einer Gesellschafterliste, die eine Alt-Liste korrigieren soll, die Summe der Nennbeträge aller Geschäftsanteile nicht mit dem Stammkapital übereinstimmen muss (OLG München 30.1.2012, ZIP 2012, 773 = GmbHR 2012, 398). Unklar ist indessen, was Abs. 3 S. 2 für **Einziehungsbeschlüsse** bedeutet, die nicht mit einer Kapitalherabsetzung kombiniert sind. Auch bislang mussten zwar infolge einer Einziehung entweder die Nennbeträge der verbliebenen Anteile im Wege der Beschlussfassung angepasst (BayObLG 25.10.1991, GmbHR 1992, 42; Scholz/*Westermann* § 34 Rn. 68; *Grunewald* GmbHR 2012, 769 (772)) oder ein neuer Anteil gebildet werden (UHL/*Ulmer/Habersack* § 34 Rn. 68, 70); doch konnte dies auch noch später erfolgen. Angesichts des insoweit uneindeutigen Wortlauts kann und sollte man es hierbei auch für die Neuregelung belassen, sodass Nichtigkeit des Einziehungsbeschlusses zu verneinen ist (so jetzt auch BGH 2.12.2014, BGHZ 203, 303 = NJW 2015, 1385 = ZIP 2015, 579 sowie näher *Kleindiek* NZG 2015, 489; zuvor bereits OLG Saarbrücken 1.12.2011, ZIP 2012, 729; OLG Rostock 20.6.2012, GmbHR 2013, 752; Baumbach/Hueck/*Fastrich* Rn. 10 sowie näher *Ulmer* DB 2010, 321; *Braun* NJW 2010, 2700; *Clevinghaus* RNotZ 2011, 449 (459 ff.); aA noch OLG München 21.9.2011, DNotI-Report 2012, 30 (Ls.); LG Essen 9.6.2010, NZG 2010, 867; *Wachter* GmbHR Sonderheft MoMiG 5 (11); *Römermann* DB 2010, 209). 7

8 Die Ausgabe der Geschäftsanteile **unter pari** ist selbstverständlich **unzulässig,** auch wenn sie das formale Verhältnis von Nennbetrag und Stammkapital nicht berührt. Das – einhellig anerkannte – Verbot der Unter-pari-Emission ergibt sich aus einer Analogie zu § 9 Abs. 1 AktG, der ein kapitalgesellschaftsrechtliches Prinzip ausdrückt (BGH 14.3.1977, BGHZ 68, 191 (195); Baumbach/Hueck/*Fastrich* Rn. 11; Lutter/Hommelhoff/*Bayer* Rn. 8): Von der durch den Nennbetrag beschriebenen Mindesteinlage darf nicht abgesehen werden. Die **Über-pari-Emission,** die die Stammeinlage mit einem **Agio** kombiniert, ist dagegen unproblematisch, sowohl als Nebenleistungspflicht als auch aufgrund schuldrechtlicher Vereinbarung (→ § 3 Rn. 32).

III. Geschäftsanteil

9 **1. Festsetzung der Nennbeträge (Abs. 2 S. 1, Abs. 3 S. 1).** Jeder Gesellschafter muss mindestens eine Einlage iHd Nennbetrags seines Geschäftsanteils übernehmen, der Nennbetrag ist also entspr. festzusetzen. Die Gesellschaft scheidet als Zeichner aus (s. nur Lutter/Hommelhoff/*Bayer* Rn. 10). Eine Unter-pari-Emission ist unzulässig, ein Agio dagegen (als Nebenleistungspflicht) unproblematisch (→ Rn. 8). Die Summe der Nennbeträge muss dem Stammkapital entsprechen (→ Rn. 7). Der **Mindestbetrag** jedes Geschäftsanteils beträgt seit dem MoMiG nur noch **1 EUR,** doch ist eine Festsetzung in Mindesthöhe nur bedingt empfehlenswert (*Heckschen* DStR 2009, 166 (169)). Das Gesetz möchte hierdurch Teilung und Zusammenlegung von Geschäftsanteilen erleichtern, weshalb auch das Teilungsverbot in § 17 aF aufgehoben wurde. Einen **Höchstbetrag** gibt es nicht; die Nennbeträge der einzelnen Geschäftsanteile können gem. Abs. 3 S. 1 auch **unterschiedlich hoch** gewählt werden (zur Festsetzung im Gesellschaftsvertrag → § 3 Rn. 11 f.).

10 **2. Übernahme mehrerer Geschäftsanteile bei Gründung (Abs. 2 S. 2).** Seit dem MoMiG (→ Rn. 2) kann jeder Gründungsgesellschafter mehrere der fortlaufend zu nummerierenden (§ 40 Abs. 1 S. 1) Geschäftsanteile übernehmen (Abs. 2 S. 2), dies gilt – trotz vermeintlich abw. Wortlauts – auch bei Leistung einer einheitlichen Sacheinlage (Abs. 4 S. 1). Eine **Ausnahme** gilt allerdings für die Gründung im vereinfachten Verfahren, bei der jeder Gesellschafter nur einen Geschäftsanteil zeichnen darf (§ 2 Abs. 1a). Die mehreren Geschäftsanteile eines Gründers können unterschiedlich hohe Nennbeträge haben (Abs. 3 S. 1).

IV. Folgen eines Verstoßes gegen Abs. 1–3

11 Das Unterschreiten der Mindeststammkapitalgrenze nach **Abs. 1** führt nur dann nicht zur (Gesamt-) Nichtigkeit des Vertrages, wenn dieser ausnahmsweise als UG-Vertrag fortgelten kann, wofür aber wegen § 5a Abs. 1 die Änderung der Firma erforderlich ist. Bis dahin darf nicht eingetragen werden; doch entsteht die (fehlerhafte) Vorgesellschaft nach den Regeln der LfV (→ § 2 Rn. 68). Wegen der Folgen nach der Eintragung → § 3 Rn. 15 (Nichtigkeitsklage nach § 75 und Amtslöschung gem. § 397 S. 2 FamFG). Ebenso zur Gesamtnichtigkeit des Vertrages führt ein – wenig praktischer – Verstoß gegen **Abs. 2 S. 1** (voller Eurobetrag) und **Abs. 3 S. 1** (Übereinstimmungsgebot). Bei versehentlicher Eintragung ist (nur) das Amtsauflösungsverfahren nach § 399 Abs. 4 FamFG iVm § 60 Abs. 1 Nr. 6 eröffnet (→ § 3 Rn. 15).

V. Sacheinlagen (Abs. 4)

12 **1. Allgemeines. a) Begriff der Sacheinlage; Sachübernahme.** Als Sacheinlage bezeichnet das Gesetz **jede Nicht-Geldleistung.** Die primäre Einlagepflicht ist die Geldeinlagepflicht, doch kann diese nach Abs. 4 durch eine Sacheinlage ersetzt werden (außer bei UG (§ 5a Abs. 2 S. 2) und im vereinfachten Verfahren (MP Nr. 3)). Keine Sacheinlage ist die Vereinbarung einer Nicht-Geldleistung als **Agio** (HCL/*Ulmer/Casper* Rn. 180, zur abw. umsatzsteuerlichen Beurteilung s. BFH 7.4.2010, NZG 2011, 118 (120); eingehend zum Sachagio *Lubberich* DNotZ 2016, 164). Die Kapitalaufbringung bezieht sich im GmbH-Recht zwar nicht auf das Agio (BGH v. 6.12.2011, ZIP 2012, 73 – Babcock/Borsig (obiter)); doch darf dieses zumindest keinen negativen Wert aufweisen (→ § 9 Rn. 4). Auch ein **Wahlrecht** des Gesellschafters oder der Gesellschaft kann im Vertrag vereinbart werden (Baumbach/Hueck/*Fastrich* Rn. 48). Nach Abs. 4 bedarf es aus Transparenzgründen allemal einer **ausdrücklichen Festsetzung** im Gesellschaftsvertrag. Sie ist Grundlage für die Überprüfung der ordnungsgemäßen Bewertung (§§ 7–9, 9c, 10, 19 und 82). Die Neuregelung der verdeckten Sacheinlage in § 19 Abs. 4 hat hieran nichts geändert; die – strafbewehrte! – Verlautbarungspflicht in § 5 Abs. 4, § 8 Abs. 1 Nr. 4, 5 gilt nach wie vor unbedingt (→ Rn. 14).

13 Bei der **Sachübernahme** wird die Vergütungsforderung eines Gesellschafters oder Dritten gegen die (eigene oder fremde) Einlageforderung verrechnet (eingehend HCL/*Ulmer/Casper* Rn. 123 ff.). Sie wird zwar seit 1980 im GmbH-Recht nicht mehr erwähnt, nach einhelliger Meinung aber von Abs. 4 ebenfalls erfasst. Anderes gilt für eine schuldrechtlich vereinbarte Sachübernahme, die nicht auf die Einlageforderung angerechnet werden soll. Abweichend von § 27 Abs. 1 AktG kann sie auch ohne

Festsetzung im Vertrag wirksam vereinbart werden, sofern sie nicht zur Rückzahlung der Einlage nach den Regeln der verdeckten Sacheinlage führt (→ Rn. 14). Auch der Gegenstand der Sachübernahme ist einschließlich der zu leistenden Vergütung und der Anrechnung auf eine bestimmte Bareinlagepflicht zwingend im Gesellschaftsvertrag festzusetzen (Abs. 4, → Rn. 16). Die Übernahmefähigkeit ist nach den gleichen Grundsätzen zu beurteilen, die für die Sacheinlagefähigkeit gelten (→ Rn. 19). Das allgemeine **Leistungsstörungsrecht** ist aber uneingeschränkt auf die – nicht gesellschaftsvertragliche! – Vereinbarung anwendbar (dagegen → Rn. 24 f.); die Geldeinlagepflicht bleibt hiervon allemal unberührt (HCL/*Ulmer*/*Casper* Rn. 130).

b) Verdeckte Sacheinlage. Wegen des Begriffs der verdeckten Sacheinlage s. § 19 Abs. 4 und → § 19 Rn. 31 ff. Fließt der Einlagebetrag aufgrund einer bei der Gründung verdeckt getroffenen Abrede unter den Gründern iRe Verkehrsgeschäfts wieder an den Inferenten zurück oder wird mit einem Vergütungsanspruch des Gesellschafters verrechnet, so ist dies mangels Festsetzung unzulässig; auch nach der Neuregelung durch das MoMiG besteht ein **Erfüllungs- und Eintragungshindernis** (§ 19 Abs. 4 S. 1, jetzt aber mit Anrechnungslösung gem. § 19 Abs. 4 S. 3, → § 19 Rn. 57 ff.). Auch die **Leistung an Erfüllungs statt** ist weiterhin durch § 19 Abs. 2 S. 1 **verboten** (früher: § 19 Abs. 5; → § 19 Rn. 12). Entsprechendes gilt für die nicht im Vertrag festgesetzte Sachübernahme (→ § 19 Rn. 9 ff.). 14

c) Gemischte Sacheinlage. Von einer **gemischten Sacheinlage** spricht man, wenn der Wert der Sachleistung höher ist als der entsprechende Nennbetrag und der Gesellschafter für die Differenz eine Gegenleistung in Geld oder eine andere Leistung erhält (s. nur Lutter/Hommelhoff/*Bayer* Rn. 41). Demgegenüber handelt es sich um eine – hiervon deutlich zu unterscheidende – **Mischeinlage,** wenn der Nennbetrag des bzw. der Geschäftsanteils/e *eines* Gesellschafters teilweise durch Geld-, teilweise durch Sachleistung aufgebracht wird (zuletzt OLG Celle 5.1.2016, NZG 2016, 300 = mAnm *Sammet* NZG 2016, 344 und *Cavin* NZG 2016, 734); sie ist bei entsprechender Festsetzung unproblematisch (HCL/*Ulmer*/*Casper* Rn. 131). Die gemischte Sacheinlage ist stets als **einheitliches Geschäft** zu behandeln, sodass die Vorschriften über (verdeckte) Sacheinlagen auch bei Teilbarkeit des Sacheinlagegegenstands anwendbar sind (HCL/*Ulmer*/*Casper* Rn. 134). Es bedarf sowohl der Festsetzung gem. Abs. 4 als auch eines Sachgründungsberichts (s. nur Lutter/Hommelhoff/*Bayer* Rn. 41). Die nachträgliche Aufspaltung in einen gesellschafts- und einen kaufrechtlichen Teil kommt nicht in Betracht, weshalb ein Kauf- bzw. Werkvertrag insgesamt unwirksam ist, sofern die gemischte Sacheinlage verdeckt, also nicht ordnungsgemäß im Gesellschaftsvertrag verlautbart wurde (BGH 9.7.2007, BGHZ 173, 145 = NJW 2007, 3425 – Lurgi; BGH 18.2.2008, BGHZ 175, 265 = NZG 2008, 425 – Rheinmöve). Vom Zeitpunkt der Eintragung an wird die Unwirksamkeit allerdings seit dem MoMiG geheilt (§ 19 Abs. 4 S. 2 nF). Eine **Anrechnung nach § 19 Abs. 4 S. 3** kommt bei der verdeckten gemischten Sacheinlage allerdings nur dann in Betracht, wenn der tatsächliche Wert des geleisteten Gegenstands sowohl den Wert der (Sach-)Einlage als auch die Gegenleistung voll abdeckt (BGH 22.3.2010, BGHZ 185, 44 = NJW 2010, 1948 – AdCoCom; → § 19 Rn. 45 f., → § 19 Rn. 61 f.; *Pentz* GmbHR 2010, 673); jeder Minderwert wirkt sich demnach zuerst als Nichterfüllung der Einlagepflicht aus. 15

2. Zur Sacheinlage im Einzelnen. a) Festsetzung im Gesellschaftsvertrag. Der (einlagefähige) **Gegenstand,** sein **Wert** und die Person des **Inferenten,** der seinen Geschäftsanteil (teilweise) gegen Sacheinlage übernehmen will, müssen im Gesellschaftsvertrag genau bezeichnet werden (vgl. zB BGH 21.10.2002, NZG 2003, 85 f.), damit Dritten die *Art* der Kapitalaufbringung erkennbar und dem Registergericht die Kontrolle ermöglicht wird. Auch der **Nennbetrag** des gegen Sacheinlage zu übernehmenden Geschäftsanteils ist anzugeben. Die Bewertung des Gegenstands ist demgegenüber im Sachgründungsbericht zu erläutern (→ Rn. 27). Soll ein **Unternehmen** übernommen werden (s. Abs. 4 S. 2), kann es durch Angabe der Firma benannt werden, ohne dass die Gegenstände seines Vermögens aufgelistet werden müssten (HCL/*Ulmer*/*Casper* Rn. 155). Eine genaue Bezeichnung ist allerdings erforderlich, wenn einzelne Aktiva oder Passiva ausgenommen werden sollen (OLG Düsseldorf 10.1.1996, GmbHR 1996, 214 (215)). Die Sachgründung muss in Anlehnung an § 9 Abs. 2 insgesamt mindestens **zehn Jahre** lang aus der Satzung hervorgehen (Baumbach/Hueck/*Fastrich* Rn. 49). 16

Die **Leistung** der Sacheinlage muss wegen § 7 Abs. 3 an die durch ihren Geschäftsführer vertretene Vorgesellschaft erfolgen; erfüllungstauglich ist allein der in der Satzung bezeichnete Gegenstand; er darf nicht durch einen anderen ersetzt werden; das Verbot der Leistung an Erfüllungs statt (→ Rn. 14) gilt selbstverständlich auch hier. Die **Erfüllung** folgt den allgemeinen zivilrechtlichen Regeln. 17

Fehlt es an einer ordentlichen Festsetzung der Sacheinlage (→ Rn. 16 f.; s. auch *Hoffmann-Becking,* Liber amicorum für Martin Winter, 2011, 237 (243 ff.)), schuldet der Inferent eine **Geldleistung** iHd Nennbetrages; solange die Mindest(geld)einlage nach § 7 Abs. 2 nicht geleistet ist, besteht ein Eintragungshindernis. Haben die Gründer eine Sacheinlage untereinander verabredet, schulden sie einander aber Vertragsanpassung. Mit **Eintragung** entsteht der Geschäftsanteil definitiv mit Geldeinlagepflicht; doch gilt auch hier die Anrechnungslösung des **§ 19 Abs. 4 S. 3,** sofern die Sacheinlage gleichwohl geleistet wurde (Lutter/Hommelhoff/*Bayer* Rn. 32; Baumbach/Hueck/*Fastrich* Rn. 51). 18

19 **b) Einlagefähigkeit.** Die Einlagefähigkeit ergibt sich aus § 27 Abs. 2 AktG (analog). Der Gegenstand muss daher einen gegenwärtig erfassbaren **Vermögenswert** haben und so übertragbar sein, dass er der Gesellschaft endgültig zur freien Verfügung steht, im Ernstfall somit durch Insolvenzverwalter oder Gläubiger zwangsweise **verwertbar** ist (HCL/*Ulmer/Casper* Rn. 51 ff.; Baumbach/Hueck/*Fastrich* Rn. 23 ff.). Die Bilanzierungsfähigkeit ist keine Voraussetzung, sondern Folge der Einlagefähigkeit. Der Gegenstand muss nicht notwendig isoliert übertragbar sein, es reicht, wenn er (zB Firma oder der good will) iRd von der Gesellschaft betriebenen Unternehmens verwertet werden kann (HCL/*Ulmer/Casper* Rn. 57). Der Gegenstand muss aber so auf die Gesellschaft übertragen werden (können), dass die (Privat-)Gläubiger des Inferenten darauf nicht (mehr) zugreifen können.

20 **Einlagefähig** sind demnach sämtliche dinglichen Rechte, auch Immaterialgüterrechte und Sachgesamtheiten bzw. Unternehmen (s. nur Baumbach/Hueck/*Fastrich* Rn. 26). **Nutzungsrechte** müssen entweder dinglicher Natur sein, sich gegen Dritte richten oder sich gegen den Inferenten richten, welcher den Besitz an der Sache aber auf die Gesellschaft zu übertragen hat (BGH 15.5.2000, BGHZ 144, 290 (294) = NJW 2000, 2356; HCL/*Ulmer/Casper* Rn. 64). Sacheinlagefähig sind auch alle (sonstigen) übertragbaren **Rechte** gegen Dritte (näher Baumbach/Hueck/*Fastrich* Rn. 25 ff.)

21 **Nicht einlagefähig** sind **Dienstleistungsforderungen** (§ 27 Abs. 2 Hs. 2 AktG), auch soweit sie sich gegen Dritte richten, sowie alle bloß **obligatorischen Rechte** gegen den Inferenten (Baumbach/Hueck/*Fastrich* Rn. 24, 27; Lutter/Hommelhoff/*Bayer* Rn. 15, 18; vgl. auch BGH 16.2.2009, BGHZ 180, 38 = ZIP 2009, 713 (714) – Qivive; BGH 1.2.2010, BGHZ 184, 158 = NJW 2010, 1747 – Eurobike). § 19 Abs. 5 nF hat hieran nichts geändert (zur Behandlung verdeckt eingelegter Dienstleistungen → § 19 Rn. 36, 78). Auch eigene Geschäftsanteile können nicht direkt oder indirekt als Sacheinlage eingebracht werden (s. zur AG BGH 20.9.2011, ZIP 2011, 2097 Rn. 14 = NZG 2011, 1271).

22 **c) Bewertung.** Die **Überbewertung** einer Sacheinlage hätte eine – verbotene – Unter-pari-Emission zur Folge (→ Rn. 8); sie führt gem. § 9c Abs. 1 S. 2 zu einem Eintragungshindernis, sofern nicht unwesentlich, und in jedem Falle zur **Differenzhaftung** des Inferenten nach § 9 (→ § 9 Rn. 1 ff.; bei verdeckten Sacheinlagen zur Anrechnung nach § 19 Abs. 4 S. 3). Außerdem haften die Gründer auf Schadensersatz nach § 9a, ggf. auch aus §§ 826, 823 Abs. 2 BGB iVm § 263 StGB (HCL/*Ulmer/Casper* Rn. 108). Die **Unterbewertung** ist demgegenüber aus Sicht der Gläubiger unproblematisch und wird deshalb noch immer verbreitet als zulässig betrachtet, neuerdings aber mit Rücksicht auf bilanzrechtliche Probleme (grundsätzliches Verbot willkürlicher stiller Reserven durch das BilMoG) zunehmend in Frage gestellt (vgl. näher HCL/*Ulmer/Casper* Rn. 94 mwN; ebenso Lutter/Hommelhoff/*Bayer* Rn. 27). Der **Wertansatz** (Zeitwert) erfolgt gemäß den allgemeinen Bewertungsregeln für die Eröffnungsbilanz (ausf. dazu HCL/*Ulmer/Casper* Rn. 93 ff.).

23 **Bewertungszeitpunkt** ist gem. § 9 Abs. 1 die *Registeranmeldung,* sodass der Inferent das Risiko der Wertminderung trägt, obwohl die vorherige Leistung erforderlich ist (§ 7 Abs. 3). Dies kann nur durch internen Ausgleich unter den Gründern kompensiert werden (HCL/*Ulmer/Casper* Rn. 96). Die Eintragung kann gem. § 9c Abs. 1 S. 2 darüber hinaus auch dann abgelehnt werden, wenn der Gegenstand *nach* der Anmeldung wesentlich an Wert verliert (→ § 9c Rn. 1 ff., → § 9c Rn. 9).

24 **d) Leistungsstörungen.** An die Stelle einer **unwirksamen Sacheinlagevereinbarung** (zB weil keine ausreichende Festsetzung in der Satzung erfolgt ist, § 5 Abs. 4) tritt eine Geldeinlagepflicht iHd Nennbetrags (→ Rn. 9). Das gilt auch bei **Unmöglichkeit** der Sachleistung, und zwar – entgegen § 275 BGB – selbst dann, wenn der Gesellschafter die Gründe hierfür nicht zu vertreten hat. Hat er sie zu vertreten, kann die Gesellschaft stattdessen auch Schadensersatzanspruch nach §§ 280, 283 BGB geltend machen (Baumbach/Hueck/*Fastrich* Rn. 38). Bei **Verzug** schuldet der Inferent nach Wahl der Gesellschaft entweder den Verzugsschaden (§ 286 BGB) oder – nach Fristsetzung – eine Geldleistung (HCL/*Ulmer/Casper* Rn. 120). Der Rücktritt ist ausgeschlossen.

25 Weist der eingelegte Gegenstand einen **Sach- oder Rechtsmangel** auf, kann die Gesellschaft die Wertdifferenz nach § 9 verlangen. Stattdessen kommt aber auch ein Anspruch auf *Nacherfüllung* gem. § 437 Nr. 1 BGB, § 439 BGB oder auf *Schadensersatz statt der Leistung* gem. § 437 Nr. 3 BGB, §§ 281, 283 BGB bzw. *neben der Leistung* gem. § 280 BGB in Betracht, während Minderung und Rücktritt ausscheiden (HCL/*Ulmer/Casper* Rn. 121). Die *zusätzlichen* Rechtsbehelfe verjähren gem. § 438 BGB; für die Differenzhaftung bleibt es naturgemäß bei § 9 Abs. 2 (zehn Jahre).

26 **3. Übergang zwischen Bar- und Sacheinlage.** Soll die **Sach- in eine Geldeinlage** geändert werden (oder umgekehrt), so ist jedenfalls eine Vertragsänderung erforderlich (§ 5 Abs. 4, § 3 Abs. 1 Nr. 4). Vor Eintragung ist sie in notarieller Form mit Zustimmung aller Gesellschafter wirksam, danach im Wege der Satzungsänderung nach §§ 53 f. Wegen §§ 24, 53 Abs. 3 (Risiko der Ausfallhaftung) ist sie nur mit Zustimmung aller Gesellschafter wirksam. Soll die **Geld- in eine Sacheinlage** geändert werden (s. BGH 4.3.1996, BGHZ 132, 141; BGH 7.7.2003, BGHZ 155, 329: Weg zur „Heilung" einer verdeckten Sacheinlage; krit. nach MoMiG *Heidinger/Knaier* GmbHR 2015, 1), sind außer dem satzungsändernden Beschluss (bzw. der Vertragsänderung) auch ein Sachgründungsbericht sowie ein Wert-

gutachten erforderlich. Andererseits bedarf eine Satzungsänderung hier nicht der Zustimmung aller Gesellschafter; denn § 9 kompensiert die Haftungsgefahr aus § 24 (BGH 4.3.1996, BGHZ 132, 141). Die Möglichkeit einer Satzungsänderung besteht bei jedem Wechsel von der Geld- zur Sacheinlage sowie beim Austausch verschiedener Sacheinlagegegenstände (vgl. OLG Hamburg 29.4.2005, ZIP 2005, 988; Baumbach/Hueck/*Fastrich* Rn. 53), und zwar unverändert auch zur Heilung einer verdeckten Sacheinlage, mag auch § 19 Abs. 4 nF den Bedarf hierfür reduziert haben (→ § 19 Rn. 1 ff., → § 19 Rn. 31 ff.).

4. Sachgründungsbericht (Abs. 4 S. 2). Die höchstpersönliche Pflicht zur Erstellung eines Sachgründungsberichts trifft **alle Gründer.** Diese haften für falsche oder unterbliebene Angaben sowohl nach § 9a als auch strafrechtlich (§ 82 Abs. 1 Nr. 2); es besteht zudem ein Eintragungshindernis (vgl. BGH 14.6.2004, NZG 2004, 910 (911): danach nur noch Haftungsfolgen). Der Bericht muss gem. § 8 Abs. 1 Nr. 4 in **Schriftform,** mit Unterschrift aller Gründer, erfolgen, bedarf aber, weil er nicht Teil des Gesellschaftsvertrages ist, keiner notariellen Beurkundung. Er muss den Wert der eingelegten Gegenstände bzw. ihre wertbildenden Faktoren so erläutern, dass eine Registerprüfung nach § 9c möglich ist. Er muss daher alle wesentlichen Angaben für die Beurteilung der Angemessenheit des Sachwerts enthalten (vgl. auch § 32 Abs. 2 S. 1 AktG). Namentlich sind Anschaffungs- bzw. Herstellungskosten anzugeben, sofern vorhanden, auch Marktpreise. Zustand und Nutzbarkeit des Gegenstands für die Gesellschaft sind ebenfalls darzustellen (Baumbach/Hueck/*Fastrich* Rn. 55). Bei der Einbringung eines **Unternehmens** sind gem. Abs. 4 S. 2 Hs. 2 die Jahresergebnisse für die letzten beiden Geschäftsjahre vor der Anmeldung anzugeben; darüber hinaus ist die Beifügung eines vollständigen Jahresabschlusses aber empfehlenswert (falls das Registergericht ihn nicht ohnehin anfordert). Besteht das Unternehmen noch keine zwei Jahre, ist sein bisheriger Geschäftsgang darzustellen. 27

VI. Gründungsaufwand, Sondervorteile

§ 26 Abs. 2 AktG gilt analog (OLG Hamburg 18.3.2011, GmbHR 2011, 766; OLG München 6.10.2010, ZIP 2010, 2096; HCL/*Ulmer/Casper* Rn. 197; einhellige Meinung). **Sondervorteile** (dh sämtliche Rechte, die einem Gesellschafter ohne Gegenleistung anlässlich der Gründung eingeräumt werden) und **Gründungsaufwand** (Gründungskosten und – ggf. – Gründerlohn, dazu BGH 20.2.1989, BGHZ 107, 1 (6) = NJW 1989, 1610) können der Gesellschaft daher nur dann wirksam auferlegt werden, wenn sie **ausdrücklich in die Gründungs-Satzung** aufgenommen wurden; eine nachträgliche Überwälzung ist ausgeschlossen (§ 26 Abs. 3 AktG). Dies ergibt sich mittelbar auch aus § 9a Abs. 1, § 82 Abs. 1 Nr. 1 sowie neuerdings aus MP Nr. 5, wonach die Gesellschaft im vereinfachten Verfahren mit Gründungs*kosten* nur bis zu 300 EUR belastet werden darf (→ § 2 Rn. 61). Ohne wirksame Festsetzung ist der Aufwand selbstverständlich von den Gründern anteilig zu tragen. 28

Der **Gründungsaufwand** darf als – notfalls zu schätzender – **Gesamtbetrag** aufgenommen werden (BGH 20.2.1989, BGHZ 107, 1 (6 f.) = NJW 1989, 1610 (entsprechende Anwendung von § 26 Abs. 2 AktG); vgl. auch OLG Hamburg 18.3.2011, GmbHR 2011, 766). **Unzureichend** ist aber eine als Prozentsatz ausgedrückte Obergrenze für die von der Gesellschaft zu übernehmenden Gründungskosten (OLG Zweibrücken 25.6.2013, ZIP 2014, 623, dort 10% vom Stammkapital). Die übrigen Posten (→ Rn. 28) sind in jedem Falle zu spezifizieren (OLG Zweibrücken 25.6.2013, ZIP 2014, 623; OLG Celle 11.2.2016, NZG 2016, 586 = ZIP 2016, 618). Wie bei Sacheinlagen (→ Rn. 16) müssen die **Angaben zehn Jahre unverändert beibehalten** werden (OLG Celle 2.2.2018, ZIP 2018, 583 mkritAnm *Wachter* EWiR 2018, 265; zuvor offenlassend OLG Oldenburg 22.8.2016, GmbHR 2016, 1305, 1306 mkritAnm *Wachter;* **aA** (5 Jahre) Roth/Altmeppen/*Altmeppen* Rn 52; MüKoGmbHG/*Schwandtner* Rn. 290; *Wachter* NZG 2010, 734 (737); wohl auch OLG München 6.10.2010, NZG 2010, 1302). Übernimmt die Gesellschaft den Gründungsaufwand, führt dies zur **Belastung des Stammkapitals.** Im erforderlichen Umfang ist dies hinzunehmen (§ 26 Abs. 2 AktG), und kann zu dem notwendigen Gründungsaufwand auch einen angemessenen Gründerlohn enthalten (vgl. HCL/*Ulmer/Casper* Rn. 219; zur Angemessenheit des Gründungsaufwands OLG Celle 22.10.2014, NZG 2014, 1383 = ZIP 2014, 2387; *Cramer* NZG 2015, 373). Die hierauf beruhende Belastung bewirkt **kein Eintragungshindernis** und ist von den Gründern auch nicht kraft ihrer Vorbelastungshaftung (Erläuterungen zu § 11 → § 11 Rn. 1 ff.) auszugleichen. Auch das Ausschüttungsverbot des § 30 ist entsprechend einzuschränken. Eine Gewinnausschüttung ist aber erst nach Wiederauffüllung des zur Kapitaldeckung erforderlichen Vermögens zulässig. Demgegenüber stellen **unverhältnismäßige Gründungskosten** und **unangemessener Gründerlohn** einen Sondervorteil dar, für den diese Privilegien nicht gelten (HCL/*Ulmer/Casper* Rn. 209). Bei der **UG (haftungsbeschränkt)** ist ein Gründungsaufwand zwar bis zur Höhe des vereinbarten Stammkapitals zulässig (KG 31.7.2015, NZG 2015, 1160 = NJW 2015, 3175 = ZIP 2015, 1923 = EWiR 2016, 11; KG 27.7.2015, DStR 2015, 2677); dies steht jedoch unter dem Vorbehalt der Angemessenheit (s. auch → § 5a Rn. 12). 29

Unternehmergesellschaft

5a (1) **Eine Gesellschaft, die mit einem Stammkapital gegründet wird, das den Betrag des Mindeststammkapitals nach § 5 Abs. 1 unterschreitet, muss in der Firma abweichend von § 4 die Bezeichnung „Unternehmergesellschaft (haftungsbeschränkt)" oder „UG (haftungsbeschränkt)" führen.**

(2) [1] **Abweichend von § 7 Abs. 2 darf die Anmeldung erst erfolgen, wenn das Stammkapital in voller Höhe eingezahlt ist.** [2] **Sacheinlagen sind ausgeschlossen.**

(3) [1] **In der Bilanz des nach den §§ 242, 264 des Handelsgesetzbuchs aufzustellenden Jahresabschlusses ist eine gesetzliche Rücklage zu bilden, in die ein Viertel des um einen Verlustvortrag aus dem Vorjahr geminderten Jahresüberschusses einzustellen ist.** [2] **Die Rücklage darf nur verwandt werden**

1. für Zwecke des § 57c;

2. zum Ausgleich eines Jahresfehlbetrags, soweit er nicht durch einen Gewinnvortrag aus dem Vorjahr gedeckt ist;

3. zum Ausgleich eines Verlustvortrags aus dem Vorjahr, soweit er nicht durch einen Jahresüberschuss gedeckt ist.

(4) **Abweichend von § 49 Abs. 3 muss die Versammlung der Gesellschafter bei drohender Zahlungsunfähigkeit unverzüglich einberufen werden.**

(5) **Erhöht die Gesellschaft ihr Stammkapital so, dass es den Betrag des Mindeststammkapitals nach § 5 Abs. 1 erreicht oder übersteigt, finden die Absätze 1 bis 4 keine Anwendung mehr; die Firma nach Absatz 1 darf beibehalten werden.**

Übersicht

I. Allgemeines

1 **1. Entstehung.** Nachdem das „Inspire-Art"-Urteil des EuGH (EuGH 30.9.2003, NJW 2003, 3331) die GmbH im Inland dem (vermeintlichen) **Wettbewerbsdruck durch Scheinauslandsgesellschaften** (insbesondere der „Limited") ausgesetzt hatte (vgl. aber *Niemeier* ZIP 2007, 1794; *Goette* WPg 2008, 231 (232)), reagierte der MoMiG-Geber schließlich mit Schaffung der UG, einer Rechtsformvariante der GmbH ohne Mindestkapital (Bestandsaufnahmen bei *Bayer/Hoffmann* GmbHR 2018, 1156 und

Knaier GmbHR 2018, 1181). Rechtspolitisch war dieser Schritt schon als solcher umstritten (eingehende Bewertung bei BeckOK GmbH/*Miras* Rn. 117 ff. mwN). Ob es empfehlenswert war, das „Balg" in das GmbHG aufzunehmen, blieb ebenfalls zweifelhaft (vgl. *Noack* DB 2007, 1395 (1396); *Veil* GmbHR 2007, 1080 (1085); *Bormann* GmbHR 2007, 897 (899); *Kleindiek* BB 2007, Heft 27, I). Noch im Verfahren sind einige Änderungen, insbesondere in Abs. 3, vorgenommen worden (vgl. BT-Drs. 16/9737, 95). Mit formalem Vollzug des **„Brexit"** am 31.1.2020 stellt sich das Problem gleichsam mit umgekehrtem Vorzeichen: Wie kann der Scheinauslandsgesellschaft in Form einer britischen Ltd. beim absehbaren Verlust ihrer Niederlassungfreiheit die geordnete Umwandlung in eine Inlands-Rechtsform ermöglicht werden (vgl. etwa *Weller/Thomale/Benz* NJW 2016, 2378; *Seeger* DStR 2016, 1817)? Jedenfalls bis zum „Brexit" war ein europarechtlich privilegierter, grenzüberschreitender Formwechsel in eine GmbH möglich und anzuraten (erleichtert durch EuGH 25.10.2017, NZG 2017, 1308 (Polbud)). Da die UG im Rahmen grenzüberschreitender Verschmelzung wegen Abs. 2 S. 2 richtigerweise nicht als aufnehmender Rechtsträger taugt (→ Rn. 6; aA *Schall* ZfPW 2016, 407 (422 f.); differenzierend MüKoGmbHG/*Rieder* Rn. 51 f.), ermöglichte der Gesetzgeber mit dem 4. UmwG-ÄndG in § 122b Abs. 1 Nr. 2 UmwG auch die Verschmelzung auf inländische Personenhandelsgesellschaften (zu dieser „Brexit-Prophylaxe" eingehend *Lieder/Bialluch* NJW 2019, 805). Ob britischen Gesellschaften diese Erleichterungen im Wege bilateraler Abkommen erhalten werden, bleibt abzuwarten.

2. Zielsetzung. Die Vorschrift soll die GmbH **wettbewerbsfähiger** machen (→ Rn. 1). Zugleich soll das Prestige der ordentlichen GmbH möglichst unvermindert bleiben und auch nicht durch eine echte Rechtsformalternative verwässert werden. Deshalb wurde mit der UG eine Rechtsformvariante eingeführt, deren Stammkapital ungünstigstenfalls zwar auf 1 EUR (wegen § 5 Abs. 2) festgesetzt werden kann (→ Rn. 3), die zum Ausgleich aber nach Abs. 3 immerhin einer partiellen Gewinnausschüttungssperre unterliegt, damit das **Übergangsstadium** der UG (→ Rn. 6) möglichst bald verlassen wird. In Verbindung mit dem vereinfachten Gründungsverfahren nach § 2 Abs. 1a (→ § 2 Rn. 49 ff.) ist nach Ansicht des MoMiG-Gebers ein „bislang unbekanntes Maß an Flexibilität, Schnelligkeit, Einfachheit und Kostengünstigkeit erreicht" (BT-Drs. 16/6140, 31), wodurch vor allem junge Existenzgründer gefördert werden sollen, deren Kapitalbedarf unter 12.500 EUR liegt (vgl. § 7 Abs. 2 S. 2). Nur für solche Unternehmen ist die UG freilich geeignet; zu befürchten ist deshalb, dass unverhältnismäßig riskante und völlig unterfinanzierte Unternehmungen in Form der UG betrieben werden. Der **Gläubigerschutz** durch Zwangsrücklage und Warnhinweis in der Firma erscheint zudem unzureichend (s. nur *Goette* WPg 2008, 231 (236)). Die (Gerichts-)Praxis sollte hierauf mit verschärften Durchgriffstatbeständen und der Anerkennung einer Unterkapitalisierungshaftung reagieren (so auch BR, BT-Drs. 16/6140, 63 f.; *Joost* ZIP 2007, 2242 (2244)). Die Rechnung des Gesetzgebers scheint insofern aufzugehen, als schon nach gut drei Jahren über 76.000 UG eingetragen waren (vgl. www.rewi.uni-jena.de/Forschungsprojekt_Unternehmergesellschaft.html (zuletzt abgerufen: 30.1.2020) (Stand: 1.11.2012: 76.377); zum 1.1.2019 waren es bereits 143.561 (*Kornblum* GmbHR 2019, 689 (690); umfassende Statistik auch bei *Bayer/Hoffmann* GmbHR 2018, 1156). 2

3. Regelungsgegenstand. Abs. 1 erlaubt – bei entsprechendem Rechtsformzusatz – das Stammkapital im Extremfall auf 1 EUR festzusetzen, was wegen § 5 Abs. 2 eine Einpersonen-UG voraussetzt. Die Aufgabe von § 5a besteht darin, Sonderrecht für diese Rechtsformvariante zu schaffen, welches das übrige GmbH-Recht (nur) insoweit nach Spezialitätsgrundsätzen verdrängt (BegrRegE BT-Drs. 16/6140, 31). Die Sonderregelungen sollen das geringere Stammkapital kompensieren. Der Rechtsformzusatz „UG (haftungsbeschränkt)" dient der Transparenz **(Abs. 1).** Bei der Kapitalaufbringung gilt ein Volleinzahlungsgebot und Sacheinlagenverbot **(Abs. 2).** Die besondere gesetzliche Rücklage gem. **Abs. 3** dient dem kontinuierlichen Aufbau des Eigenkapitals bis zur Normalgrenze. **Abs. 4** knüpft die Pflicht zur Einberufung der Gesellschafterversammlung an die drohende Zahlungsunfähigkeit, **Abs. 5** regelt den Übergang in die GmbH. 3

II. Rechtsnatur und Wesensmerkmale der UG

1. Keine eigene Rechtsform. Die UG ist keine eigenständige Rechtsform, sondern eine **Variante der GmbH** (ausdrücklich BegrRegE, BT-Drs. 16/6140, 31). Die Besonderheit ggü. der ordentlichen GmbH beschränkt sich darauf, dass § 5a nur für die UG gilt; er verdrängt *insoweit* das allgemeine GmbH-Recht. Auch die UG ist (als GmbH) folglich **juristische Person,** Kapitalgesellschaft und Formkaufmann. Schlagwortartig bezeichnet, ist sie eine GmbH ohne Mindeststammkapital (*Seibert/Decker* ZIP 2008, 1208). Im Grundsatz gelten für sie daher die gleichen Regeln wie für die ordentliche GmbH (vgl. zB BGH 22.6.2012, ZIP 2012, 1764 mzustAnm *Drasdo* NJW-Spezial 2015, 97 (UG kann WEG-Verwalter sein); OVG Lüneburg 24.7.2013, NZG 2013, 1433 (1434) (auch UG fällt nicht unter die Freistellungsregelung des § 3 Abs. 3 S. 3 IHK-G)). 4

2. Abgrenzung zur ordentlichen GmbH. Ob eine UG oder GmbH vorliegt, richtet sich (allein) nach der Höhe des **Stammkapitals;** das Erfordernis einer besonderen **Firmierung** (und die Einhaltung 5 der übrigen Sonderregeln) ist nicht Voraussetzung, sondern Folge der Rechtswahl. Solange allerdings die Voraussetzungen des § 5a nicht eingehalten werden, ist die Eintragung der Gesellschaft zu verweigern (→ Rn. 18). Vor Eintragung kann das Stammkapital noch im Wege der (einvernehmlichen) Vertragsänderung auf einen Betrag unter 25.000 EUR herabgesetzt werden (OLG Frankfurt a. M. 20.12.2010, GmbHR 2011, 984 mAnm *Wachter;* zur Unmöglichkeit einer Kapitalherabsetzung nach Eintragung → Rn. 6). Im Übrigen benötigt selbstverständlich auch die UG ein Stammkapital. Dessen **Gläubigerschutzfunktion** mag allerdings – wegen der geringen Höhe – bezweifelt werden. Immerhin funktionieren die Regeln der Kapitalaufbringung sowie – vor allem – das Ausschüttungsverbot des § 30 auch bei niedrigen Beträgen. Zusätzlichen Schutz gegen die Ausplünderung der UG durch ihre Gesellschafter gewährt die Existenzvernichtungshaftung (zum Ganzen auch *Joost* ZIP 2007, 2242 (2246)).

6 **3. UG als „transitorische" Rechtsform-Variante.** Die UG ist ein **Übergangsstadium** zur ordentlichen GmbH. Zwar besteht kein gesetzlicher Automatismus, doch dient die Zwangsrücklage nach Abs. 3 als Anreiz zur Kapitalerhöhung in die ordentliche GmbH (Abs. 5). Zudem ist der Aufstieg der UG in die Normal-GmbH gem. § 58 Abs. 2 S. 1 unumkehrbar (keine Kapitalherabsetzung unter den Mindestbetrag; vgl. etwa *Freitag/Riemenschneider* ZIP 2007, 1485 (1486)). Die Gesellschaft kann demgemäß **nur durch Erstgründung,** also nicht im Wege der Umwandlung etc entstehen (unstr., vgl. nur Lutter/Hommelhoff/*Kleindiek* Rn. 70; Roth/Altmeppen/*Altmeppen* Rn. 11). Ob die **UG aufnehmende Gesellschaft** bei Spaltung oder Verschmelzung sein kann, wird zwar unterschiedlich beurteilt (die hM lehnt zu Recht ab, vgl. BGH 11.4.2011, NJW 2011, 1883; Lutter/Hommelhoff/*Kleindiek* Rn. 69; differenzierend MüKoGmbHG/*Rieder* Rn. 51 f.); von Bedeutung ist dies, außer in den „Brexit"-Fällen (→ Rn. 1), allerdings nur in dem unwahrscheinlichen Fall, dass die aufnehmende UG ihr Kapital nicht über die Mindestschwelle des § 5 Abs. 1 hinaus erhöhen muss, denn für die Kapitalerhöhung in die GmbH ist bereits § 5a Abs. 2 S. 2 unanwendbar (→ Rn. 16 f.). Dann allerdings stehen das Sacheinlageverbot und die transitorische Natur der UG ihrer Beteiligung entgegen (→ Rn. 17 ff., → Rn. 20).

III. Anwendbares Recht

7 **1. Grundsatz.** Auch die UG ist eine GmbH, sodass alle Vorschriften des GmbHG auch für sie gelten – mit Ausnahme der durch § 5a verdrängten (BegrRegE, BT-Drs. 16/6140, 31). § 5a enthält zudem das einzige Sonderrecht für die UG. Dennoch ist die Verwendungsfähigkeit der UG im Vergleich zur GmbH eingeschränkt. Sie kann **nicht durch Umwandlung** nach dem UmwG entstehen und sich richtigerweise auch **nicht als aufnehmende Gesellschaft** an Verschmelzung und Spaltung beteiligen (→ Rn. 6). Auf weitere Besonderheiten ist im Folgenden einzugehen. Dazu, dass sich die UG nur sehr eingeschränkt als Vorratsgesellschaft eignet, → Rn. 10.

8 **2. Problemfälle.** Strittig ist, ob es rechtmäßigerweise eine **UG & Co. KG** geben kann. Man wird die Komplementärfähigkeit indessen nicht allein wegen des praktisch fehlenden Stammkapitals verneinen können, zumal der Gesetzgeber kein explizites Verbot eingeführt hat (eingehend *Holzner,* Die Unternehmergesellschaft im Wettbewerb der Gesellschaftsrechtsformen, 2011, 341 ff.). Zu Recht diskutiert wird aber, ob das Thesaurierungsgebot des Abs. 3 systematisch dadurch unterlaufen werden darf, dass die UG im KG-Vertrag **gewinnlos** gestellt wird, was mit guten Gründen verneint wird (*Veil* GmbHR 2007, 1080 (1084); aA Lutter/Hommelhoff/*Kleindiek* Rn. 39 f.; HCL/*Paura* Rn. 73 f.; *Heckschen* DStR 2009, 166 (171)). Dem ist zwar im Ansatz zuzustimmen, zumal die UG ein bloßes Durchgangsstadium zur GmbH ist (→ Rn. 6). Es reicht aber, wenn die UG – für ihre Haftung – eine feste **Vergütung** erhält (*Schäfer* ZIP 2011, 53 (58); s. auch Baumbach/Hueck/*Servatius* Rn. 36; *Priester* FS Roth, 2011, 573 (584)). Die KG/UG-Gesellschafter haben daher zwar **darzulegen, dass und wie sie die Zwangsrücklage** bestücken wollen. Ob sie der UG aber einen Gewinnanteil oder einen pauschalen Vergütungsanspruch einräumen, bleibt ihnen überlassen.

9 Auch beim Abschluss eines **Gewinnabführungsvertrages** ist der Vorrang des § 5a Abs. 3 zu beachten (vgl. § 300 AktG), sodass nur der verbleibende Gewinn abgeführt werden kann (zutr. *Veil* GmbHR 2007, 1080 (1084); *Wachter* GmbHR-Sonderheft 10/2008, 33; Baumbach/Hueck/*Servatius* Rn. 37; aA Lutter/Hommelhoff/*Kleindiek* Rn. 73, 41; HCL/*Paura* Rn. 73). Die Verlustausgleichspflicht ändert daran nichts. Entsprechendes gilt auch für die **Ideal-UG.**

IV. Gründung; Firmierung (Abs. 1)

10 **1. Allgemeines.** Die UG kann *nur* durch (Erst-)Gründung nach den allgemeinen Vorschriften des GmbHG entstehen (→ Rn. 6). Wie jeder GmbH steht auch der UG das **vereinfachte Verfahren** in § 2 Abs. 1a offen (→ § 2 Rn. 49 ff.), doch kann sie auch im Normalverfahren gegründet werden (vgl. zB OLG Düsseldorf 12.7.2011, DStR 2011, 2106 (2107)). Die Restriktionen des § 5a sind auch bei der **wirtschaftlichen Neugründung** einer (als solche gegründeten) Vorrats-UG zu beachten, was ihre **Tauglichkeit als Vorratsgesellschaft stark beeinträchtigt;** denn weder kann die Aktivierung mit

einer Sachkapitalerhöhung verbunden werden, noch sind die Regeln über verdeckte Sacheinlagen anwendbar (→ Rn. 19). Deshalb können im Zuge der Neugründung insbesondere keine Gegenstände von einem Gesellschafter erworben werden (vorbehaltlich der Anwendbarkeit von § 19 Abs. 5, → Rn. 16, → Rn. 19). – Durch die **besondere Firmierung** (→ Rn. 13) soll sich der Rechtsverkehr vor der UG schützen können; doch funktioniert dies naturgemäß nur bei vertraglichen Gläubigern mit entsprechender Marktmacht (*Goette* WPg 2008, 231 (236)).

2. Stammkapital der UG. Die **Untergrenze** für das Stammkapitel der UG liegt gem. Abs. 1 – wegen § 5 Abs. 2 – bei nur 1 EUR pro Geschäftsanteil, im Extremfall (Einpersonen-UG) also insgesamt nur **bei 1 EUR.** IÜ ist aber jedenfalls ein fester Betrag gem. § 3 Abs. 1 Nr. 3 im Gesellschaftsvertrag anzugeben. Aus Abs. 5 ergibt sich als **Obergrenze** für das Stammkapital der Betrag von **24.999 EUR.** Bei wesentlich niedrigeren Beträgen (unter 5.000 EUR) droht der UG stets die **anfängliche Überschuldung** (vgl. *Drygala* NZG 2007, 561 ff.; *König/Bormann* DNotZ 2008, 652 (657); MüKoGmbHG/*Rieder* Rn 11 f.), die auch bei der Vor-GmbH (auch als Vor-UG) einen Eröffnungsgrund darstellt und die **Insolvenzantragspflicht** des Geschäftsführers nach § 15a InsO auslöst (→ InsO § 15a Rn. 2; Baumbach/Hueck/*Haas* § 64 Rn. 46). Dies gilt umso mehr, als Aufwendungen für Ingangsetzung und Erweiterung des Geschäftsbetriebes nicht als Aktivposten in die Überschuldungsbilanz einfließen dürfen (s. nur Lutter/Hommelhoff/*Kleindiek* Rn. 18 f.). Anfangsverluste müssen von den Gründern erst effektiv ausgeglichen werden, bevor die UG eingetragen werden kann (Baumbach/Hueck/*Servatius* § 9c Rn. 6a). Es ist daher unbedingt empfehlenswert, das Stammkapital deutlich über der Mindesthöhe anzusetzen (Lutter/Hommelhoff/*Kleindiek* Rn. 18; zu Rechtstatsachen auch *Bayer/Hoffmann* GmbHR 2009, 124 (125)). 11

Weil – in der Überschuldungsbilanz nicht aktivierbare – **Gründungskosten** die sofortige Überschuldung bedingen, wenn sie höher sind als das gewählte Stammkapital (*Seibert* GmbHR 2007, 673 (675); *Heckschen* DStR 2007, 1442 (1444); *Goette* WPg 2008, 231 (237)), gilt das Gleiche wie bei Nr. 5 des Musterprotokolls (MP) bei der UG allgemein, also auch bei Gründung im ordentlichen Verfahren: Der Gesellschaft dürfen Gründungskosten in der Satzung **höchstens iHd Stammkapitals** auferlegt werden (zuletzt KG 31.7.2016, NJW 2015, 3175 = ZIP 2015, 1923; ähnlich bereits OLG Hamburg 18.3.2011, GmbHR 2011, 766 = DNotZ 2011, 457); ein Gründerlohn ist ganz ausgeschlossen (→ § 2 Rn. 61). Nur in dieser Höhe stehen somit der Gesellschaft auferlegte Gründungskosten der Eintragung nicht entgegen (zum Erfordernis, Gründungskosten in der Satzung selbst konkret anzugeben s. KG 28.2.2012, ZIP 2012, 1123). Bei der **MP-Gründung** dürfen die Gründungskosten außerdem die **300-EUR**-Grenze nicht übersteigen (MP Nr. 5). Nicht als Gründung qualifiziert sich der Übergang von der UG in eine Voll-GmbH mittels Kapitalerhöhung, sodass sich die damit verbundenen Kosten nicht der Gesellschaft aufladen lassen (OLG Celle 12.12.2017, NZG 2018, 261; dazu *Cziupka* EWiR 2018, 329). 12

3. Besondere Firmierung. Für den Firmenkern gelten keine Besonderheiten (s. § 4 mit Erläuterungen → § 4 Rn. 1 ff.), nur der **Rechtsformzusatz** muss statt auf GmbH auf „UG (haftungsbeschränkt)“ bzw. „Unternehmergesellschaft (haftungsbeschränkt)“ lauten, und zwar buchstabengetreu und ohne Zwischenfügung weiterer Bestandteile (OLG Hamburg 2.11.2010, GmbHR 2011, 657). Auch nach Einfügung des § 4 S. 2 ist die Bezeichnung „gUG“ keine zulässige Rechtsformbezeichnung für die gemeinnützige UG (OLG Karlsruhe 26.4.2019, NZG 2019, 864 = ZIP 2019, 1327 mablAnm *Wachter* EWiR 2019, 425; BeckOK GmbH/*Miras* Rn 51 f.) Der UG-Zusatz ist **notwendiger Firmen- und Vertragsbestandteil** (§ 3 Abs. 1 Nr. 1). Auf diese Weise soll der Rechtsverkehr **vor der UG gewarnt** werden. Der Klammer-Zusatz „haftungsbeschränkt“ darf deshalb auch in keinem Fall abgekürzt werden (BegrRegE, BT-Drs. 16/6140, 31; vgl. auch den Fall bei BGH 12.6.2012, NJW 2012, 2871, wo erstaunlicherweise der Zusatz „GmbH u. G.“ verwendet worden war). Der Zusatz verdeutlicht den Unterschied zur ordentlichen GmbH, mag er auch eine Verlegenheitslösung geblieben sein (vgl. auch BT-Drs. 16/6140, 74). Selbstverständlich muss die UG auch in ihren **Geschäftsbriefen** (§ 35a Abs. 1) unter ihrer korrekten Bezeichnung gem. Abs. 1 erscheinen. Eine **„UG & Co. KG“** darf sich selbstverständlich nicht „GmbH & Co. KG“ nennen (KG 8.9.2009, ZIP 2009, 2293). 13

Ein **unrichtiger Rechtsformzusatz** führt – entsprechend der Rechtslage zu § 4 (dazu Baumbach/Hueck/*Fastrich* § 4 Rn. 28) – zur Gesamtunwirksamkeit des Gesellschaftsvertrags, weil ein Essential iSv § 3 Abs. 1 fehlt bzw. unwirksam ist. Die Gesellschaft kann deshalb nicht eingetragen werden, solange der Vertrag nicht geändert ist (§ 9c Abs. 2 Nr. 1). Mit Eintragung entsteht die UG gleichwohl; es ist dann aber das **Amtsauflösungsverfahren** nach § 399 Abs. 4 FamFG, § 60 Abs. 1 Nr. 6 eröffnet. Auch ein Firmenmissbrauchsverfahren nach § 37 HGB, § 140 FGG = § 392 FamFG kommt in Betracht. 14

Wird ein Rechtsformzusatz ganz **weggelassen,** trifft nach der Rspr. des BGH (nur) die Geschäftsführer eine **Rechtsscheinhaftung analog § 179 BGB** (BGH 12.6.2012, ZIP 2012, 1659; dazu *Heckschen* EWiR 2012, 697 f.; *Altmeppen* NJW 2012, 2833; *Miras* NZG 2012, 1095; *Schäfer/Hemberger* Ad Legendum 2014, 329 ff.; aA *Klein* NJW 2015, 3607; *Beurskens* NZG 2016, 681); sie haften dann unbeschränkt für alle Verbindlichkeiten. Wird hingegen ein **GmbH-Zusatz** verwendet, so kann der Rechtsverkehr im Grunde nur auf ein Vermögen der Gesellschaft iHd Mindeststammkapitals (25.000 EUR) im Eintragungszeitraum vertrauen (*Veil* GmbHR 2007, 1080 (1082)). Deshalb sprechen 15 gute Gründe dafür, dass die Handelnden (insgesamt) nur bis zu dieser Höhe in Anspruch genommen werden können (vgl. auch *Meckbach* NZG 2011, 968 (970 f.)). Der BGH (BGH 12.6.2012, NJW 2012, 2871 Rn. 24 ff.) konnte diese Frage wegen geringer Höhe der geltend gemachten Forderung offenlassen, entscheidet sich aber für eine Rechtsschein-**Außenhaftung** des handelnden Gesellschafter-Geschäftsführers analog § 179 BGB, sodass dieser unmittelbar von den Gläubigern in Anspruch genommen werden kann. Andere Ansätze möchten den Gläubiger so stellen, als habe er mit der UG überhaupt nicht kontrahiert, was auf eine Ausfallhaftung hinausläuft (*Altmeppen* NJW 2012, 2833; s. auch *Meckbach* NZG 2011, 968 f.) oder (sehr originell) nur einen Anspruch gegen die Gesellschaft auf Erhöhung der Insolvenzquote gewähren (*Schirrmacher* GmbHR 2018, 942 (946 f.)). Die gegen den Ansatz des BGH vorgebrachte Kritik (*Altmeppen* NJW 2012, 2833; vgl. auch *Römermann* GmbHR 2012, 955 (956)) überzeugt nicht; die analoge Anwendung des § 179 Abs. 1 BGB lässt sich dadurch rechtfertigen, dass der Vertreter (zurechenbar) den Rechtsschein einer GmbH erzeugt, obwohl er für eine UG handelt (näher *Schäfer/Hemberger* Ad Legendum 2014, 329 (333)). Zulasten des Handelnden ist ferner anzunehmen, dass das Gesellschaftsvermögen im Zeitpunkt des Vertragsschlusses noch in Höhe des Mindeststammkapitals vorhanden ist. Die handelnden Geschäftsführer haften demgemäß unmittelbar, aber nur in Höhe der Differenz zwischen dem konkreten Stammkapital der UG und dem Mindeststammkapital einer GmbH (25.000 EUR) (Bork/Schäfer/*Schäfer* Rn. 18; *Schäfer/Hemberger* Ad Legendum 2014, 329 (333)).

V. Besonderheiten bei der Kapitalaufbringung (Abs. 2)

16 **1. Volleinzahlungsgebot (S. 1).** Das – selbst gewählte! – Kapital muss in voller Höhe **vor der Anmeldung** aufgebracht werden (S. 1), was gem. § 8 Abs. 2 zu versichern ist. Das gilt auch bei **Kapitalerhöhungen,** die unterhalb des Mindeststammkapitals der GmbH bleiben (BGH 19.4.2011, NJW 2011, 1881 (1882 f.); kritisch hierzu DNotI-Report 2015, 10). Die Anwendbarkeit von § 19 Abs. 5 nF bleibt hiervon aber ebenso unberührt, wie in Bezug auf die Mindesteinlage (§ 7 Abs. 2 S. 1) bei der ordentlichen GmbH.

17 **2. Verbot der Sacheinlage (S. 2).** Über den **Zweck** des Verbots herrscht Unklarheit. Teilw. wird vertreten, dass es allein der **Vereinfachung** und Beschleunigung diene (so MüKoGmbHG/*Rieder* Rn. 19). Hiergegen spricht aber das besondere Sacheinlageverbot des § 2 Abs. 1a für Gründungen im vereinfachten Verfahren, auch bei der ordentlichen GmbH (→ § 2 Rn. 57). Das spezielle Verbot für die UG muss also noch einen weiteren Zweck haben. Richtigerweise dient es auch der Verhinderung **missbrauchsanfälliger Sacheinlagen** aus Gründen des **Gläubigerschutzes** (vgl. BegrRegE, BT-Drs. 16/6410, 32; *Schäfer* ZIP 2011, 53 (56); *Veil* GmbHR 2007, 1080 (1081); *Wälzholz* GmbH-StB 2007, 319 (320); offenlassend BGH ZIP 2011, 1054 Rn. 16): Wenn das Stammkapital beliebig bestimmbar ist, sind Sacheinlagen nicht erforderlich und *deshalb* unzulässig. Benötigt also die Gesellschaft bei den Gründern vorhandene Sachwerte (insbesondere Unternehmen), scheidet die Variante der UG aus (Roth/Altmeppen/*Altmeppen* Rn. 19). Aus diesem Grunde gilt das Verbot konsequentermaßen **auch für Kapitalerhöhungen** (ganz hM, *Seibert* GmbHR 2007, 673 (676); *Bormann* GmbHR 2007, 897 (901); Roth/Altmeppen/*Altmeppen* Rn. 21; Lutter/Hommelhoff/*Kleindiek* Rn. 23). Eine **Ausnahme** besteht aber für die (Sach-)Kapitalerhöhung *in die GmbH* (→ Rn. 28); denn auch eine ordentliche GmbH hätte im Wege der Sachgründung errichtet werden können (so auch BGH 19.4.2011, NJW 2011, 1881 (1882 f.) mwN zum Meinungsstand).

18 Die gleichwohl erfolgende Festsetzung einer Sacheinlage ist nichtig (Roth/Altmeppen/*Altmeppen* Rn. 20; *Hirte* ZInsO 2008, 934); die UG darf **nicht eingetragen werden.** Entgegen verbreiteter Ansicht ist der Gesellschaftsvertrag indessen **nicht insgesamt unwirksam** (so aber *Freitag/Riemenschneider* ZIP 2007, 1485 (1486); *Gehrlein* Konzern 2007, 771 (779)). Wie allgemein bei unwirksamer Sacheinlagevereinbarung (→ § 5 Rn. 24) schuldet der Inferent vielmehr statt der Sach- eine **Geldleistung;** eine gleichwohl geleistete Sacheinlage hat keine Erfüllungswirkung (ebenso Roth/Altmeppen/*Altmeppen* Rn. 20). Aufgrund der **Eintragung** entsteht der Geschäftsanteil dann definitiv mit Geldeinlagepflicht. Die Anrechnungsregelung des § 19 Abs. 4 S. 3 scheidet hier aber aus (so etwa auch *Wälzholz* GmbH-StB 2008, 319 (320)); denn die Regeln der verdeckten Sacheinlage sind auf die UG nicht anwendbar (→ Rn. 19).

19 Richtigerweise folgt aus dem Sacheinlageverbot die **Unanwendbarkeit der Regeln über verdeckte Sacheinlagen** (so auch *Joost* ZIP 2007, 2242 (2244); *Freitag/Riemenschneider* ZIP 2007, 1485 (1486); *Bormann* GmbHR 2007, 897 (901) und *König/Bormann* DNotZ 2008, 652 (656 f.); *Markwardt* BB 2008, 2414 (2421); *Hirte* ZInsO 2008, 934; *Schall* ZGR 2009, 126 (152); *Ulmer* GmbHR 2010, 1298 (1300); *Schäfer* ZIP 2011, 53 (57); aA zB HCL/*Paura* Rn. 40; Lutter/Hommelhoff/*Bayer* § 19 Rn. 69; *Witt* ZIP 2009, 1102 (1104); *Wälzholz* GmbH-StB 2007, 319 (320 f.)). Verschiedentlich wird zwar gesagt, dass die Vereinfachungsfunktion keine Suspendierung des § 19 Abs. 4 rechtfertige (so Lutter/Hommelhoff/*Kleindiek* Rn. 31 und Lutter/Hommelhoff/*Bayer* § 19 Rn. 69; Roth/Altmeppen/*Altmeppen* Rn. 24; *Heinze* GmbHR 2008, 1065 (1066 f.)). Doch dient das Verbot eben nicht bloß der Verfahrensver-

einfachung, sondern auch dem Gläubigerschutz (→ Rn. 17; *Schäfer* ZIP 2011, 53 (57)). Daher gilt, wie auch sonst: Die Anwendbarkeit der Regeln über die verdeckte Sacheinlage setzt voraus, dass der verdeckt eingelegte Gegenstand im Wege einer offenen Sacheinlage hätte eingebracht werden können (vgl. nur BGH 16.2.2009, BGHZ 180, 38 = ZIP 2009, 713 (714) – Qivive – in Bezug auf Dienstleistungen). **Keine verdeckte Sacheinlage** ist die unentgeltliche Übernahme des einzelkaufmännischen Unternehmens des Gründers durch die UG. Entgegen OLG Karlsruhe (OLG Karlsruhe 7.5.2014, ZIP 2014, 1286 f.) liegt aber *keine* unentgeltliche Übernahme, sondern eine verdeckte Sacheinlage vor, sofern die UG Verbindlichkeiten des Unternehmens übernimmt. Die Bareinlagepflicht ist im Falle einer verdeckten Sacheinlage, sofern nicht ausnahmsweise § 19 Abs. 5 eingreift, wie bisher nicht erloschen; sämtliche Geschäfte zu ihrer Durchführung sind analog § 27 Abs. 3 AktG aF unwirksam (vgl. nur BGH 7.7.2003, BGHZ 155, 329 = NJW 2003, 3127). Was in Bezug auf die offene Sachgründung richtig ist, kann bei der verdeckten Sachgründung nicht anders sein.

VI. Die besondere gesetzliche Rücklage (Abs. 3)

1. Zweck. Die gesetzliche Rücklage nach Abs. 3 führt zu einer deutlichen Beschränkung des (Voll-) 20
Ausschüttungsgebots (§ 29 Abs. 1). Das soll die Eigenkapitalausstattung der UG stärken und Anreiz zur Kapitalerhöhung in die ordentliche GmbH geben; das **Übergangsstadium der UG** soll also zum Schutz der **Gläubiger** (BegrRegE, BT-Drs. 16/6140, 32; s. auch *Joost* ZIP 2007, 2242 (2245)) **möglichst schnell beendet** werden (→ Rn. 6).

2. Bildung der Rücklage; Dauer der Pflicht. Schon bei Aufstellung der Jahresbilanz müssen die 21
Geschäftsführer mindestens 25 % des Jahresüberschusses (§ 275 HGB), ggf. nach vorherigem Abzug eines Verlustvortrages, in die gesetzliche Rücklage einstellen (vgl. § 158 Abs. 1 Nr. 4a AktG), und zwar **während des gesamten Bestehens der UG.** Die Pflicht entfällt auch dann nicht, wenn die Rücklage den Betrag des Mindeststammkapitals (25.000 EUR) erreicht hat, sondern erst **nach** einer (freiwilligen) **Kapitalerhöhung** auf mindestens 25.000 EUR, mithin nach Erreichen des GmbH-Stadiums (→ Rn. 28). Zu missbräuchlichen Umgehungen der Rücklagenbildung *Kessel* GmbHR 2016, 199.

3. Verwendung der Rücklage (S. 2). Die Rücklage nach Abs. 3 darf nicht ohne weiteres im 22
Beschlusswege aufgelöst werden, sondern nur zu **bestimmten Zwecken** (Nr. 1–3). Nach **Nr. 1** kann die Rücklage insbesondere für eine **Kapitalerhöhung aus Gesellschaftsmitteln** gem. §§ 57c ff. verwendet werden (zur technischen Durchführung s. die Erläuterungen dort, → § 57c Rn. 1 ff.). Ist die Rücklage höher als 25.000 EUR, braucht sie nicht insgesamt verwendet zu werden. Nach der Erhöhung auf mindestens 25.000 EUR ist der Rest der Rücklage frei verfügbar (BegrRegE, BT-Drs. 16/6410, 32; dazu auch *Bormann* GmbHR 2007, 897 (899); Roth/Altmeppen/*Altmeppen* Rn. 52). Der Weg in die GmbH kann auch stufenweise, durch mehrere Kapitalerhöhungen aus Gesellschaftsmitteln erreicht werden (Roth/Altmeppen/*Altmeppen* Rn. 45).

Die Verwendungszwecke der **Nr. 2 und 3** folgen dem Vorbild des § 150 Abs. 4 Nr. 1, 2 AktG (vgl. 23
Handelsrechtsausschuss DAV NZG 2007, 735 (737)). Die Rücklage kann deshalb auch zum **Ausgleich von Verlusten** (Jahresfehlbetrag oder Verlustvortrag) verwendet werden, weil diese gem. § 57d Abs. 2 einer Umwandlung in Stammkapital entgegenstehen. Die Verrechnung eines Verlustvortrags mit dem Jahresüberschuss bleibt aber vorrangig.

4. Fehlerhafte Feststellung des Jahresabschlusses. Verstößt der Feststellungsbeschluss gegen die 24
Verwendungsbindung ist er – ebenso wie anschließende Gewinnverwendungsbeschlüsse – **nichtig** analog § 256 Abs. 1 Nr. 1 AktG (Feststellung) bzw. § 253 Abs. 1 S. 1 AktG (Verwendung) (BegrRegE, BT-Drs. 16/6140, 32; Roth/Altmeppen/*Altmeppen* Rn. 30; *Müller* ZGR 2012, 81 (91)). Außerdem ist der Geschäftsführer, auch bei unterlassener Rücklagenbildung, schadensersatzpflichtig (§ 43), und sind die Empfänger nach § 812 BGB zur Rückzahlung verpflichtet – sofern nicht der vorrangige § 30 eingreift (*Leuering* NJW-Spezial 2007, 315; *Joost* ZIP 2007, 2242 (2247)). Dem Zweck der Rücklage entsprechend, bestehen überdies Ansprüche aus § 30 Abs. 1 iHd ausgeschütteten gesetzlichen Rücklage, zumal infolge von § 30 Abs. 2 nur freie Rücklagen unbedenklich auszahlungsfähig sind (*Peetz* GmbHR 2012, 1160 (1164); *Joost* ZIP 2007, 2242 (2247); *Wälzholz* GmbH-StB 2007, 319 (321); Roth/Altmeppen/*Altmeppen* Rn. 30 f.). Auch verdeckte Gewinnausschüttungen, welche die Rücklagepflicht beeinträchtigen, sind zu 25 % nach § 31 zurückzufordern (*Schäfer* ZIP 2011, 53 (58); *Peetz* GmbHR 2012, 1160 (1164)).

VII. Die Einberufung der Gesellschafterversammlung (Abs. 4)

1. Zweck. Bei der UG mit minimalem Stammkapital wäre die Anknüpfung an den Verlust des halben 25
Stammkapitals (so allgemein § 49 Abs. 3) definitiv sinnlos. Stattdessen knüpft das Gesetz die Pflicht zur Einberufung der Gesellschafterversammlung daher an den – insolvenzrechtlichen – Begriff der **drohenden Zahlungsunfähigkeit** (→ Rn. 27). Freilich dürfte eine Einberufung mit dem Zweck der Alarmierung hier häufig zu spät kommen (*Joost* ZIP 2007, 2242 (2248); *Veil* GmbHR 2007, 1080 (1083)), sodass

aufgrund der Generalklausel des § 49 Abs. 2 idR schon früher einzuladen sein wird (→ Rn. 26). Der Normzweck des Abs. 4 entspricht demjenigen von § 49 Abs. 3: Die Gesellschafter sollen durch den Geschäftsführer **gewarnt** werden, damit sie die Geschicke der Gesellschaft in der Krise selbst in die Hand nehmen können. Indirekt verfolgt die Vorschrift damit **gläubigerschützende Zwecke,** weshalb sie allgemein als unabdingbar eingeordnet wird (s. Erläuterungen zu § 49 Abs. 3 → § 49 Rn. 1 ff., → § 49 Rn. 16).

26 **2. Verhältnis zu § 49 Abs. 3 (und Abs. 2).** Der Gesetzgeber wollte – zur Schonung junger Existenzgründer – eine § 49 Abs. 3 ausschließende Spezialregelung schaffen, was durch den Wortlaut des Abs. 4 („abweichend") auch ausreichend verdeutlicht wird (Lutter/Hommelhoff/*Kleindiek* Rn. 63 ff.; Roth/Altmeppen/*Altmeppen* Rn. 40). Weil aber die Pflicht zur Einberufung der Gesellschafterversammlung bei drohender Zahlungsunfähigkeit schon nach allgemeinen Regeln eine **selbstverständliche Pflicht des Geschäftsführers** ist (*Goette* WPg 2008, 231 (237)), liegt in der Verdrängung des § 49 Abs. 3 sogar der eigentliche Regelungsgehalt. Denn eine Einberufung – erst – nach Eintritt der drohenden Zahlungsunfähigkeit käme häufig zu spät (→ Rn. 25), weshalb die Einberufungspflicht **aufgrund der Generalklausel des § 49 Abs. 2** regelmäßig schon früher entsteht, sodass Abs. 4 nur geringe praktische Bedeutung erlangen wird (*Joost* ZIP 2007, 2242 (2248); dem folgend auch Roth/Altmeppen/*Altmeppen* Rn. 41; Baumbach/Hueck/*Servatius* Rn. 27).

27 **3. Begriff der „drohenden Zahlungsunfähigkeit".** Die „drohende Zahlungsunfähigkeit" ist (als zusätzlicher Eröffnungsgrund) **in § 18 Abs. 2 InsO definiert:** „Der Schuldner droht zahlungsunfähig zu werden, wenn er voraussichtlich nicht in der Lage sein wird, die bestehenden Zahlungspflichten im Zeitpunkt der Fälligkeit zu erfüllen". Wegen Begriff, Ermittlung und Nachweis der drohenden Zahlungsunfähigkeit vgl. das insolvenzrechtliche Schrifttum (etwa MüKoInsO/*Drukarczyk* InsO § 18 Rn. 13 ff.). Die Pflicht, nach § 15a InsO **Insolvenzantrag** zu stellen, bleibt von Abs. 4 **unberührt,** ebenso auch das Antragsrecht des Geschäftsführers nach §§ 15, 18 InsO. Der Antrag ist auch ohne (vorherige) Zustimmung der Gesellschafter wirksam (MüKoInsO/*Klöhn* InsO § 15 Rn. 91). Verletzt der Geschäftsführer aber seine Pflicht, die Gesellschafter um Zustimmung zu einem *freiwilligen* Antrag zu bitten (s. *Schäfer* FS Müller-Graff, 2015, 241 (247 f.)), so macht er sich schadensersatzpflichtig (näher Erläuterungen zu § 49 Abs. 3 → § 49 Rn. 17). Eine Einbeziehung in die Strafsanktion des § 84 ist demgegenüber aus nicht nachvollziehbaren Gründen unterblieben.

VIII. Der Übergang in die ordentliche GmbH (Abs. 5); andere Umwandlungen

28 **1. Kapitalerhöhung (Hs. 1).** Die UG kann durch **jede Art der Kapitalerhöhung** in eine ordentliche GmbH transformiert werden (effektiv (§§ 55 ff.) oder nominell (§§ 57c ff.)), es bedarf also jeweils eines entsprechend satzungsändernden Beschlusses (§§ 53 f.; vgl. OLG München 29.10.2009, ZIP 2009, 2392; eingehend zu Transformation der UG und Umwandlungsvorgängen *Ries/Schulte* NZG 2018, 571). Dies ist zugleich der einzige Weg in die ordentliche GmbH. Hierfür ist nur erforderlich, dass das Stammkapital wenigstens den Schwellenwert des § 5 Abs. 1 (25.000 EUR) erreicht. Dies ist – trotz des Sacheinlageverbots – sogar im Wege einer (effektiven) **Sachkapitalerhöhung** möglich (→ Rn. 17); insoweit findet auch das Volleinzahlungsgebot (→ Rn. 16) keine Anwendung (BGH 19.4.2011, ZIP 2011, 955 (956 f.); OLG München 7.11.2010, ZIP 2011, 2198; OLG Stuttgart 13.10.2011, ZIP 2011, 2151 Ls.; *Schäfer* ZIP 2011, 53 (56 f.)). Auch bei ausreichender Rücklage nach Abs. 3 muss der Übergang also nicht notwendigerweise durch eine Kapitalerhöhung mit Gesellschaftsmitteln bewirkt werden, zumal der Gesellschaft durch effektive Kapitalerhöhung neue Mittel zufließen (wohl unstr., s. nur Roth/Altmeppen/*Altmeppen* Rn. 46 f.). Die nicht verwendete Rücklage nach Abs. 3 wird hierdurch frei (→ Rn. 22). Auch eine **Kombination** aus beiden Erhöhungsformen ist demgemäß zulässig (*Joost* ZIP 2007, 2242 (2246); Roth/Altmeppen/*Altmeppen* Rn. 46). **Jede verwendungsfähige Rücklage** kann zudem für eine Kapitalerhöhung aus Gesellschaftsmitteln eingesetzt werden, sodass auf diesem Wege auch „in die Kapitalrücklage geleistete" Gegenstände indirekt für eine Kapitalerhöhung aus Gesellschaftsmitteln verwendbar sind (→ § 57d Rn. 1 ff.).

28a Bei einer Barkapitalerhöhung in die GmbH findet auch das **Volleinzahlungsgebot** (→ Rn. 16) **keine Anwendung** mehr. Bei strenger Gesetzesanwendung der §§ 56a, 57 Abs. 2 S. 1 iVm § 7 Abs. 2 S. 1 wären aber nur 25 % des Nennbetrags einzuzahlen. Eine Besserstellung gegenüber der Neugründung ist indessen, auch zum Gläubigerschutz, nicht zu rechtfertigen. Deshalb ist entsprechend § 7 Abs. 2 S. 2 eine **Mindestgesamtleistung iHv 12.500 EUR** zu verlangen (Baumbach/Hueck/*Servatius* Rn. 33; Lutter/Hommelhoff/*Kleindiek* Rn. 26). Nach neuerer Rspr. soll hierfür aber das bisherige Stammkapital zu berücksichtigen und die Einzahlungen auf den neuen Anteil hinzuzurechnen sein. Zugleich braucht sich die Anmeldung gem. § 57 Abs. 2 S. 1 iVm § 7 Abs. 2 S. 1 nur auf die neue Einlageleistung zu beziehen, sodass eine Fortdauer des ursprünglichen Stammkapitals nicht zu versichern ist (OLG Celle 17.7.2017, ZIP 2017, 1805 = NZG 2017, 1222 = GmbHR 2017, 1034).

2. Rechtsfolge der Kapitalerhöhung. Der Übergang in die ordentliche GmbH wird **mit Eintragung** der Kapitalerhöhung (auf mindestens 25.000 EUR) ins Handelsregister wirksam (§ 54 Abs. 3). Die Vorschriften des **§ 5a** werden hierdurch **unanwendbar,** das durch sie verdrängte GmbH-Recht anwendbar. Der Übergang ist in seinen Wirkungen (Identität des Rechtsträgers; keine Gesamtrechtsnachfolge) einem Formwechsel vergleichbar, zumal sich die Anwendbarkeit bestimmter (wenn auch weniger) rechtsformspezifischer Vorschriften ändert. Demgegenüber kann die **Firma** beibehalten werden (→ Rn. 31). Soll sie, wie wohl regelmäßig, geändert werden, ist (auch) deshalb ein satzungsändernder Beschluss erforderlich, der mit der Kapitalerhöhung verbunden werden kann (Lutter/Hommelhoff/*Kleindiek* Rn. 61; Roth/Altmeppen/*Altmeppen* Rn. 55). 29

Der Übergang zur GmbH ist **irreversibel,** die GmbH kann also nicht durch Kapitalherabsetzung wieder zur UG werden (wohl unstr., vgl. Lutter/Hommelhoff/*Kleindiek* Rn. 13, 71; Roth/Altmeppen/*Altmeppen* Rn. 11); denn § 58 Abs. 2 S. 1 verbietet die Kapitalherabsetzung unter den Mindestbetrag. Eine Rückkehr würde auch dem **Übergangsstadium** der UG widersprechen (→ Rn. 6). Wegen § 58 Abs. 2 S. 1 ist eine **effektive Kapitalherabsetzung** bei der UG sogar überhaupt ausgeschlossen (zur vereinfachten Kapitalherabsetzung s. aber § 58a Abs. 4 S. 1). 30

3. Beibehalten der Firma (Hs. 2). Nach Abs. 5 Hs. 2 kann die UG-Firma, einschließlich **UG-Rechtsformzusatz,** beibehalten werden (Roth/Altmeppen/*Altmeppen* Rn. 53 f.; Lutter/Hommelhoff/*Kleindiek* Rn. 62). Die GmbH darf sich also weiterhin UG nennen. Die Firmenwahrheit tritt insofern zurück, doch ist damit kein erhebliches Irreführungspotential verbunden (so auch Roth/Altmeppen/*Altmeppen* Rn. 54). – Auch ein **späterer Wechsel zum GmbH-Zusatz** ist möglich. 31

4. Andere Umwandlungen der UG. Die UG kann nicht im Wege der Umwandlung (etwa Verschmelzung durch Neugründung oder Formwechsel) entstehen (→ Rn. 6; wohl unstr., s. nur Lutter/Hommelhoff/*Kleindiek* Rn. 70; *Freitag/Riemenschneider* ZIP 2007, 1485 (1491)). Wie bei der ordentlichen GmbH ist die Beteiligung an Umwandlungen nach dem **UmwG** aber mit Einschränkung möglich (näher *Veil* GmbHR 2007, 1080 (1084); *Tettinger* Der Konzern 2008, 75 (76 ff.); *Heinemann* NZG 2008, 820 (822)). Insbesondere kann sie **nicht aufnehmende Gesellschaft** iRe Spaltung oder Verschmelzung sein (→ Rn. 6), es sei denn, eine hiermit verbundene Kapitalerhöhung führt sie ins Stadium der ordentlichen GmbH (→ Rn. 6). Der Formwechsel in eine andere Rechtsform ist möglich (*Tettinger* Der Konzern 2008, 75 (76 ff.); *Bormann* GmbHR 2007, 897 (899)). Der Wechsel in die GmbH kommt nur nach Abs. 5 in Betracht. 32

IX. Abdingbarkeit

Die Vorschriften des § 5a Abs. 1–4 und 5 Hs. 1. sind zwingendes Recht; lediglich Abs. 5 Hs. 2 eröffnet hinsichtlich der Firmenfortführung eine Wahlmöglichkeit. 33

Geschäftsführer

6 (1) **Die Gesellschaft muß einen oder mehrere Geschäftsführer haben.**

(2) [1] **Geschäftsführer kann nur eine natürliche, unbeschränkt geschäftsfähige Person sein.** [2] **Geschäftsführer kann nicht sein, wer**

1. **als Betreuter bei der Besorgung seiner Vermögensangelegenheiten ganz oder teilweise einem Einwilligungsvorbehalt (§ 1903 des Bürgerlichen Gesetzbuchs) unterliegt,**
2. **aufgrund eines gerichtlichen Urteils oder einer vollziehbaren Entscheidung einer Verwaltungsbehörde einen Beruf, einen Berufszweig, ein Gewerbe oder einen Gewerbezweig nicht ausüben darf, sofern der Unternehmensgegenstand ganz oder teilweise mit dem Gegenstand des Verbots übereinstimmt,**
3. **wegen einer oder mehrerer vorsätzlich begangener Straftaten**
   a) **des Unterlassens der Stellung des Antrags auf Eröffnung des Insolvenzverfahrens (Insolvenzverschleppung),**
   b) **nach den §§ 283 bis 283d des Strafgesetzbuchs (Insolvenzstraftaten),**
   c) **der falschen Angaben nach § 82 dieses Gesetzes oder § 399 des Aktiengesetzes,**
   d) **der unrichtigen Darstellung nach § 400 des Aktiengesetzes, § 331 des Handelsgesetzbuchs, § 313 des Umwandlungsgesetzes oder § 17 des Publizitätsgesetzes oder**
   e) **nach den §§ 263 bis 264a oder den §§ 265b bis 266a des Strafgesetzbuchs zu einer Freiheitsstrafe von mindestens einem Jahr**

verurteilt worden ist; dieser Ausschluss gilt für die Dauer von fünf Jahren seit der Rechtskraft des Urteils, wobei die Zeit nicht eingerechnet wird, in welcher der Täter auf behördliche Anordnung in einer Anstalt verwahrt worden ist. [3] **Satz 2 Nr. 3 gilt entsprechend bei einer**

Verurteilung im Ausland wegen einer Tat, die mit den in Satz 2 Nr. 3 genannten Taten vergleichbar ist.

(3) [1] **Zu Geschäftsführern können Gesellschafter oder andere Personen bestellt werden.** [2] **Die Bestellung erfolgt entweder im Gesellschaftsvertrag oder nach Maßgabe der Bestimmungen des dritten Abschnitts.**

(4) **Ist im Gesellschaftsvertrag bestimmt, daß sämtliche Gesellschafter zur Geschäftsführung berechtigt sein sollen, so gelten nur die der Gesellschaft bei Festsetzung dieser Bestimmung angehörenden Personen als die bestellten Geschäftsführer.**

(5) **Gesellschafter, die vorsätzlich oder grob fahrlässig einer Person, die nicht Geschäftsführer sein kann, die Führung der Geschäfte überlassen, haften der Gesellschaft solidarisch für den Schaden, der dadurch entsteht, dass diese Person die ihr gegenüber der Gesellschaft bestehenden Obliegenheiten verletzt.**

Übersicht

I. Allgemeines

1 Als Körperschaft muss auch die GmbH mindestens aus zwei Organen bestehen. Neben dem obersten Willensbildungsorgan, das bei der GmbH durch die Gesamtheit der Gesellschafter in Gestalt der **Gesellschafterversammlung** gebildet wird, benötigt die GmbH – wie jede andere juristische Person – ein **Handlungsorgan,** das die Gesellschaft nach außen vertritt und deren Geschäfte führt.

2 Dementsprechend schreibt § 6 Abs. 1 zwingend vor, dass die GmbH einen oder mehrere Geschäftsführer haben muss und legt in den folgenden Absätzen insbesondere **persönliche Voraussetzungen** für die Geschäftsführer fest. Hierzu zählt neben der Eingrenzung auf unbeschränkt geschäftsfähige natürliche Personen (§ 6 Abs. 2 S. 1; → Rn. 18 ff.) ein Katalog von personenbezogenen Tatbeständen, die der Bestellung einer bestimmten Person zum Geschäftsführer entgegenstehen (→ Rn. 25 ff.). Diese schließen nicht nur die Bestellung zum Geschäftsführer, sondern auch die **Eintragung inländischer Zweigniederlassungen** ausländischer Gesellschaften mit beschränkter Haftung in das Handelsregister aus. Das folgt unmittelbar aus § 13e Abs. 3 S. 2 HGB, der die einschlägige Judikatur des BGH zur früheren Rechtslage (BGH 7.5.2007, BGHZ 172, 200 (202 ff.) = NJW 2007, 2328) übernommen hat (Begr. RegE, BT-Drs. 16/6140, 49 f.). Deshalb erstreckt sich § 13g Abs. 2 S. 2 HGB auch auf die nach § 8 Abs. 3 abzugebende Versicherung, dass in der Person des Geschäftsführers keine Umstände vorliegen, die nach § 6 Abs. 2 S. 2 und 3 einer Bestellung zum Geschäftsführer entgegenstehen (Begr. RegE, BT-Drs. 16/6140, 50).

3 Die Abs. 3 und 4 enthalten Bestimmungen zur Gestaltung der Satzung im Hinblick auf den Geschäftsführer sowie zu deren Bestellung. Die weiteren Einzelheiten zu ihrer Rechtsstellung regeln die

§§ 35 ff. Schließlich ordnet der durch das MoMiG angefügte Abs. 5 eine gesamtschuldnerische Schadensersatzpflicht an, wenn die Gesellschafter eine Person zum Geschäftsführer bestellen, obwohl bez. ihr einer der Ausschlusstatbestände in § 6 Abs. 2 S. 2 und 3 vorliegt (→ Rn. 70 ff.).

Neben die Gesellschafterversammlung und den bzw. die Geschäftsführer können in der GmbH weitere Organe treten. § 52 benennt als solches ausdrücklich den **Aufsichtsrat,** sieht diesen aber idR und im Unterschied zur AG lediglich als **fakultatives Organ** vor. Die **zwingende Errichtung** eines Aufsichtsrats kann jedoch in anderen Gesetzen vorgeschrieben sein, insbesondere die Gesetze zur Mitbestimmung der Arbeitnehmer in den Unternehmensorganen treffen derartige Regelungen, wenn die GmbH in den Anwendungsbereich des DrittelbG, des MitbestG oder des MontanMitbestG fällt (s. § 1 Abs. 1 Nr. 3 S. 2 DrittelbG, § 6 Abs. 1 iVm § 1 Abs. 1 MitbestG, § 3 Abs. 1 MontanMitbestG; ferner § 24 Abs. 2 S. 1 MgVG). Zu den Einzelheiten → § 52 Rn. 25 ff. sowie ferner § 18 Abs. 2 S. 1 KAGB. 4

II. Geschäftsführer als notwendiges Organ (Abs. 1)

1. Grundsatz. Der Geschäftsführer ist notwendiges Organ der GmbH; dies ergibt sich zwingend aus § 6 Abs. 1. Dabei genügt es nicht, wenn er erst nach der Eintragung der GmbH im Handelsregister bestellt wird. Vielmehr muss die Gesellschaft wegen § 8 Abs. 1 Nr. 2, Abs. 3–5 bereits im **Gründungsstadium** über Geschäftsführer verfügen (BGH 23.3.1981, BGHZ 80, 212 (214 f.) = NJW 1981, 2125; BeckOK GmbHG/*Wisskirchen/Kuhn* Rn. 2; Lutter/Hommelhoff/*Kleindiek* Rn. 8; MHLS/*Tebben* Rn. 6; MüKoGmbHG/*Goette* Rn. 1 f.; Roth/Altmeppen/*Altmeppen* Rn. 50). 5

Ohne die in § 8 genannten Angaben zum Geschäftsführer sowie dessen Erklärungen kann die GmbH nicht in das Handelsregister eingetragen werden und die Gesellschaft nicht entstehen. Das Registergericht hat die Anmeldung einer Gesellschaft ohne Geschäftsführer deshalb zurückzuweisen (BeckOK GmbHG/*Wisskirchen/Kuhn* Rn. 2; HCL/*Paefgen* Rn. 9; Lutter/Hommelhoff/*Kleindiek* Rn. 8; MüKoGmbHG/*Goette* Rn. 4). Wird sie gleichwohl eingetragen, ist die GmbH trotzdem wirksam errichtet, da kein Nichtigkeitsgrund iSd § 75 vorliegt, allenfalls ein Verfahren nach § 395 FamFG kommt in Betracht (Baumbach/Hueck/*Beurskens* Rn. 5; HCL/*Paefgen* Rn. 10; Lutter/Hommelhoff/*Kleindiek* Rn. 10; MHLS/*Tebben* Rn. 7; MüKoGmbHG/*Goette* Rn. 4; Scholz/*U. H. Schneider/S. H. Schneider* Rn. 3). IdR besteht in einem derartigen Fall eine Pflicht der Gesellschafter, die Bestellung nachzuholen (Baumbach/Hueck/*Beurskens* Rn. 5; HCL/*Paefgen* Rn. 10; Lutter/Hommelhoff/*Kleindiek* Rn. 7, 9; Rowedder/Schmidt-Leithoff/*Schmidt-Leithoff* Rn. 3; s. auch MüKoGmbHG/*Goette* Rn. 5). 6

2. Zahl der Geschäftsführer. a) Kraft Gesetzes. Nach § 6 Abs. 1 muss jede GmbH aus mindestens einem Geschäftsführer bestehen. Abweichendes gilt zT im Anwendungsbereich der Gesetze zur **Mitbestimmung der Arbeitnehmer** in den Organen der Gesellschaft. Gehört nach diesen der Geschäftsführung ein **Arbeitsdirektor** als gleichberechtigtes Mitglied an, folgt hieraus indirekt, dass die Geschäftsführung aus **mindestens zwei Personen** bestehen muss. Derartige Bestimmungen enthalten § 33 MitbestG, § 13 MontanMitbestG sowie § 13 MitbestErgG (s. ferner § 27 Abs. 2 S. 1 MgVG). Beschäftigt die Gesellschaft idR mehr als 500 Arbeitnehmer, aber nicht mehr als idR 2.000 Arbeitnehmer und unterfällt damit dem **DrittelbG,** gilt diese Vorgabe nicht, da das DrittelbG keine Bestimmungen für die Zusammensetzung der Geschäftsführung trifft (Roth/Altmeppen/*Altmeppen* Rn. 75; Scholz/*U. H. Schneider/S. H. Schneider* Rn. 9). Eine Geschäftsführung aus mindestens zwei Personen ist ferner für **Kreditinstitute** (§ 33 Abs. 1 Nr. 5 KWG, § 35 Abs. 2 Nr. 3 KWG) vorgeschrieben. Entsprechendes gilt für **externe Kapitalverwaltungsgesellschaften** in der Rechtsform der GmbH (s. § 18 Abs. 1 KAGB), da die Erlaubnis zu versagen ist, wenn sie nicht mindestens zwei Geschäftsleiter (§ 1 Abs. 19 Nr. 15 KAGB) hat (§ 23 Abs. 1 Nr. 2 KAGB). 7

b) Kraft Gesellschaftsvertrags. Abgesehen von gesetzlichen Vorgaben zur Zahl der Geschäftsführer (→ Rn. 7) kann der Gesellschaftsvertrag deren Anzahl festlegen. Angaben hierzu zählen jedoch nicht zum notwendigen Inhalt des Gesellschaftsvertrags (vgl. § 3 Abs. 1), allerdings enthalten die Musterprotokolle für die Gründung im vereinfachten Verfahren (§ 2 Abs. 1a) unter Nr. 4 Bestimmungen zum Geschäftsführer (aber → Rn. 9). 8

Durch Abreden im Gesellschaftsvertrag können sich die Parteien auf eine **bestimmte Zahl** von Geschäftsführern festlegen; möglich sind aber auch **Mindest- und/oder Höchstzahlen,** die die konkrete Zahl der Geschäftsführer in dem gesetzten Rahmen der Gesellschafterversammlung überlassen (Baumbach/Hueck/*Beurskens* Rn. 4; HCL/*Paefgen* Rn. 11; Lutter/Hommelhoff/*Kleindiek* Rn. 5 f.; MüKoGmbHG/*Goette* Rn. 11; Rowedder/Schmidt-Leithoff/*Schmidt-Leithoff* Rn. 7; Scholz/*U. H. Schneider/S. H. Schneider* Rn. 7). Der Gesellschaftsvertrag trifft Festlegungen zur Zahl der Geschäftsführer idR ausdrücklich, ggf. können diesem entsprechende Vorgaben aber auch im Wege der Auslegung zu entnehmen sein. Beschränkt sich der Gesellschaftsvertrag darauf, eine oder mehrere Person(en) zum Geschäftsführer zu bestellen, kann hieraus allein nicht geschlossen werden, dieser lege hierdurch auch für die Zukunft die Zahl der Geschäftsführer verbindlich fest (→ Rn. 42 sowie Baumbach/Hueck/ 9

Beurskens Rn. 4; HCL/*Paefgen* Rn. 12; MHLS/*Tebben* Rn. 15; MüKoGmbHG/*Goette* Rn. 10; Scholz/*U. H. Schneider/S. H. Schneider* Rn. 7).

10 Verzichtet der Gesellschaftsvertrag auf Vorgaben zur Zahl der Geschäftsführer, kann die **Gesellschafterversammlung** mit der Bestellung (§ 46 Nr. 5) deren Zahl frei festlegen (Baumbach/Hueck/*Beurskens* Rn. 3; HCL/*Paefgen* Rn. 12; Lutter/Hommelhoff/*Kleindiek* Rn. 6; MHLS/*Tebben* Rn. 16; MüKoGmbHG/*Goette* Rn. 8; Scholz/*U. H. Schneider/S. H. Schneider* Rn. 8); möglich sind auch getrennte Beschlussfassungen der Gesellschafterversammlung (Lutter/Hommelhoff/*Kleindiek* Rn. 6). Entsprechendes gilt bei der Vorgabe von Mindest- und/oder Höchstzahlen; innerhalb des hierdurch eröffneten Spielraums trifft die Gesellschafterversammlung die Festlegung zur konkreten Zahl der Geschäftsführer (→ Rn. 9). Von ihr gefasste Mehrheitsbeschlüsse stehen späteren abweichenden Festlegungen in der Satzung nicht entgegen.

11 Von den Angaben in der Satzung zur Zahl der Geschäftsführer darf die Gesellschafterversammlung nicht abweichen; hierfür ist stets eine **vorherige Satzungsänderung** erforderlich (KG 8.3.1918, KGJ 51, 134; Baumbach/Hueck/*Beurskens* Rn. 4; HCL/*Paefgen* Rn. 11; MüKoGmbHG/*Goette* Rn. 9; Scholz/*U. H. Schneider/S. H. Schneider* Rn. 7). Setzt sich die Gesellschafterversammlung über die Vorgaben in der Satzung zur Zahl der Geschäftsführer hinweg, ist deren Bestellung nicht nichtig, sondern der entsprechende Beschluss ist wegen des Verstoßes gegen die Satzung lediglich **anfechtbar** (Baumbach/Hueck/*Beurskens* Rn. 4; BeckOK GmbHG/*Wisskirchen/Kuhn* Rn. 5; HCL/*Paefgen* Rn. 11; MüKoGmbHG/*Goette* Rn. 9; Rowedder/Schmidt-Leithoff/*Schmidt-Leithoff* Rn. 7; Scholz/*U. H. Schneider/S. H. Schneider* Rn. 7 sowie → Rn. 46).

12 **3. Frauenanteil unter den Geschäftsführern.** Unterliegt die GmbH einem Gesetz zur Unternehmensmitbestimmung ist zwingend eine **Zielgröße** für den Frauenanteil unter den Geschäftsführern festzulegen. Für die Mitbestimmung nach dem DrittelbG folgt dies aus § 1 Abs. 1 Nr. 3 DrittelbG iVm § 111 Abs. 5 AktG, für die **Mitbestimmung** nach dem MitbestG aus § 25 Abs. 1 S. 1 Nr. 2 MitbestG iVm § 111 Abs. 5 AktG. Für die **mitbestimmungsfreie GmbH** fehlt eine vergleichbare zwingende Vorgabe. Lediglich bei der GmbH mit fakultativem Aufsichtsrat gilt wegen § 52 Abs. 1 auch § 111 Abs. 5 AktG, sofern die Satzung dessen Anwendung nicht ausschließt, jedoch beschränkt § 111 Abs. 5 AktG die Festlegung einer Zielgröße auf mitbestimmte Gesellschaften.

13 Die **Zuständigkeit** für die Festlegung der Zielgröße zum Frauenanteil unter den Geschäftsführern liegt grundsätzlich bei dem Aufsichtsrat (s. auch § 52 Abs. 2 S. 2); lediglich für die dem DrittelbG unterliegende GmbH sieht § 52 Abs. 2 S. 1 grundsätzlich eine Zuständigkeit der Gesellschafterversammlung vor, die diese Aufgabe jedoch dem Aufsichtsrat übertragen kann (→ § 52 Rn. 23a). Allein die bei der Gesellschafterversammlung verbleibende Bestellungskompetenz (§ 46 Nr. 5) rechtfertigt ohne weitere Anhaltspunkte nicht die Annahme, hierdurch liege abweichend von § 111 Abs. 5 AktG auch die Kompetenz zur Festlegung der Zielgröße bei der Gesellschafterversammlung.

14 Die für den Frauenanteil unter den Geschäftsführern festgelegte Zielgröße ist **keine Bestellungsvoraussetzung.** Führt die Bestellung dazu, dass die Zielgröße nicht (mehr) erreicht wird, bewirkt dies nicht die Rechtsunwirksamkeit der Bestellung (Baumbach/Hueck/*Beurskens* Rn. 25 aE; HCL/*Paefgen* Rn. 63). Dies folgt im Umkehrschluss aus der Pflicht in § 289f Abs. 4 HGB iVm § 289f Abs. 2 Nr. 4 HGB, in der dem Lagebericht beizufügenden Erklärung zur Unternehmensführung (EzU) anzugeben und zu begründen, warum der tatsächliche Anteil von Frauen unter den Geschäftsführern die von dem zuständigen Organ beschlossene Zielgröße unterschreitet. Dies setzt denknotwendig voraus, dass die Bestellung trotz Verfehlung der Zielgröße rechtswirksam ist.

15 **4. Wegfall von Geschäftsführern.** Fällt nach Eintragung der Gesellschaft die bei ihr nach Gesetz oder Satzung notwendige Zahl von Geschäftsführern weg, so berührt dies nicht den **Bestand der Gesellschaft** (Baumbach/Hueck/*Beurskens* Rn. 5; BeckOK GmbHG/*Wisskirchen/Kuhn* Rn. 6). Diese verfügt dann jedoch nicht mehr über ein für die Geschäftsführung der Gesellschaft und deren Vertretung im Außenverhältnis notwendiges Organ. In Betracht kommt dies zB, wenn der Gesellschaftsvertrag keine Festlegung zur Zahl der Geschäftsführer trifft und der einzige Geschäftsführer von der Gesellschafterversammlung abberufen wird, ohne dass diese unmittelbar einen neuen Geschäftsführer bestellt (→ § 38 Rn. 23).

16 Für die Übergangszeit genügt es, wenn die Gesellschaft von einem rechtsgeschäftlich bestellten Vertreter (zB Prokurist) nach außen vertreten wird. Die Gesellschafter trifft jedoch die Pflicht, unverzüglich einen Geschäftsführer zu bestellen (Baumbach/Hueck/*Beurskens* Rn. 5); keinesfalls treten während einer Vakanz die Gesellschafter selbst an die Stelle des fortgefallenen Geschäftsführers (Lutter/Hommelhoff/*Kleindiek* Rn. 7; Scholz/*U. H. Schneider/S. H. Schneider* Rn. 4). Nur für die Passivvertretung trifft § 35 Abs. 1 S. 2 eine nicht verallgemeinerungsfähige Sonderregelung, nach der die Gesellschafter im Fall der Führungslosigkeit für die Entgegennahme von Erklärungen gegenüber der Gesellschaft zuständig sind (→ § 35 Rn. 37 ff.). Gegebenenfalls ist für die Übergangszeit eine **gerichtliche Notbestellung** eines Geschäftsführers vorzunehmen (Baumbach/Hueck/*Beurskens* Rn. 5; → Rn. 64 ff.). Erst wenn absehbar ist, dass die Bestellung eines Geschäftsführers auf längere Zeit nicht

erfolgen wird, kommt uU eine Auflösungsklage nach § 61 in Betracht (BeckOK GmbHG/*Wisskirchen/Kuhn* Rn. 6; HCL/*Paefgen* Rn. 7; MHLS/*Tebben* Rn. 8).

17 Die Grundsätze in → Rn. 15 f. gelten entsprechend, wenn eine nach Gesetz oder Satzung erforderliche **Mindestzahl** nicht mehr erfüllt wird. Ergibt sich diese aus der Satzung, dann kann jedoch statt der Bestellung der fehlenden Geschäftsführer auch die Satzung an die geänderten Verhältnisse angepasst werden (Baumbach/Hueck/*Beurskens* Rn. 4).

III. Persönliche Bestellungsvoraussetzungen

18 **1. Natürliche, unbeschränkt geschäftsfähige Personen (Abs. 2 S. 1).** Zum Geschäftsführer können nur natürliche Personen bestellt werden. Hierdurch schließt § 6 Abs. 2 S. 1 die Bestellung **juristischer Personen** sowie **rechtsfähiger Personengesellschaften** zum Geschäftsführer aus (Baumbach/Hueck/*Beurskens* Rn. 8; GBS GmbHG/*Buck-Heeb* Rn. 5; HCL/*Paefgen* Rn. 16; Scholz/*U. H. Schneider/S. H. Schneider* Rn. 11). Entsprechendes gilt für **Erbengemeinschaften** und **sonstige Rechtsgemeinschaften** (HCL/*Paefgen* Rn. 16; Lutter/Hommelhoff/*Kleindiek* Rn. 11; MHLS/*Tebben* Rn. 18; *Wicke* Rn. 3).

19 Ferner kann nach § 6 Abs. 2 S. 1 nur zum Geschäftsführer bestellt werden, wer **unbeschränkt geschäftsfähig** ist. Die Bestellung Geschäftsunfähiger ist hierdurch ebenso ausgeschlossen wie die Bestellung von Personen, die lediglich beschränkt geschäftsfähig sind. Das gilt für Minderjährige selbst dann, wenn ihre gesetzlichen Vertreter eine **Ermächtigung iSd §§ 112, 113 BGB** erteilt haben und das Familiengericht die Ausübung der Tätigkeit genehmigt hat (OLG Hamm 13.4.1992, DB 1992, 1401; Baumbach/Hueck/*Beurskens* Rn. 9; HCL/*Paefgen* Rn. 15; Lutter/Hommelhoff/*Kleindiek* Rn. 11; MHLS/*Tebben* Rn. 19; Rowedder/Schmidt-Leithoff/*Schmidt-Leithoff* Rn. 10; Scholz/*U. H. Schneider/S. H. Schneider* Rn. 11).

20 Sofern aufgrund einer **Betreuung** ein **Einwilligungsvorbehalt nach § 1903 BGB** besteht, statuiert § 6 Abs. 2 S. 2 Nr. 1 einen speziellen Ausschlusstatbestand. Betreute, die einem Einwilligungsvorbehalt unterliegen, können unabhängig von dessen Reichweite nicht zum Geschäftsführer bestellt werden. Das gilt selbst dann, wenn sich der Einwilligungsvorbehalt auf Bereiche beschränkt, die für die Ausübung der Geschäftsführertätigkeit ohne Bedeutung sind; § 6 Abs. 2 S. 2 Nr. 1 lässt einen teilweise angeordneten Einwilligungsvorbehalt ohne Einschränkungen ausreichen, um einer Person die Fähigkeit zur Wahrnehmung der Organaufgaben abzusprechen. Allerdings folgt im Umkehrschluss aus § 6 Abs. 2 S. 2 Nr. 1, dass eine **Betreuung ohne Anordnung eines Einwilligungsvorbehalts** der Bestellung zum Geschäftsführer nicht entgegensteht (BeckOK GmbHG/*Wisskirchen/Kuhn* Rn. 13; HCL/*Paefgen* Rn. 19; Lutter/Hommelhoff/*Kleindiek* Rn. 18; MüKoGmbHG/*Goette* Rn. 19; Scholz/*U. H. Schneider/S. H. Schneider* Rn. 24; *Wicke* Rn. 3).

21 Unerheblich für die Bestellung zum Geschäftsführer ist die **Staatsangehörigkeit** (Baumbach/Hueck/*Beurskens* Rn. 11; MüKoGmbHG/*Goette* Rn. 20; Roth/Altmeppen/*Altmeppen* Rn. 41; Rowedder/Schmidt-Leithoff/*Schmidt-Leithoff* Rn. 11; Scholz/*U. H. Schneider/S. H. Schneider* Rn. 15). Entsprechendes gilt für den **Wohnsitz** bzw. **ständigen Aufenthaltsort** sowie das Vorliegen einer **Arbeits- bzw. Gewerbeerlaubnis** (allgM OLG Celle 2.5.2007, GmbHR 2007, 657 (657); OLG Dresden 5.11.2002, NZG 2003, 628; OLG Düsseldorf 20.7.1977, GmbHR 1978, 110; OLG Frankfurt a. M. 22.2.2001, NZG 2001, 757; Baumbach/Hueck/*Beurskens* Rn. 11; HCL/*Paefgen* Rn. 54; Lutter/Hommelhoff/*Kleindiek* Rn. 14; Roth/Altmeppen/*Altmeppen* Rn. 41; ausf. *Erdmann* NZG 2002, 503 ff.).

22 Soweit früher zT einschränkend gefordert wurde, bei **Ausländern** müsse zumindest die jederzeitige **Möglichkeit der Einreise** bestehen (so noch OLG Celle 6.5.2007, GmbHR 2007, 657 (657 f.); OLG Hamm 9.8.1999, NJW-RR 2000, 37; OLG Köln 30.9.1998, DB 1999, 38; OLG Zweibrücken 13.3.2001, NZG 2001, 857; Scholz/*U. H. Schneider/S. H. Schneider* Rn. 17 ff.; *Teichmann* IPRax 2000, 110 (113 f.)), ist dem mit der inzwischen vorherrschenden Ansicht **nicht zu folgen** (OLG Dresden 5.11.2002, NZG 2003, 628; OLG Düsseldorf 20.7.1977, GmbHR 1978, 110; OLG Düsseldorf 16.4.2009, NZG 2009, 678 f.; OLG Frankfurt a. M. 14.3.1977, NJW 1977, 1595; OLG Frankfurt a. M. 12.11.2010, BeckRS 2011, 16105; OLG München 17.12.2009, NZG 2010, 157 (158); OLG Zweibrücken 9.9.2010, GmbHR 2010, 1260 f.; für die hL Baumbach/Hueck/*Beurskens* Rn. 11; BeckOK GmbHG/*Wisskirchen/Kuhn* Rn. 15; Bork/Schäfer/*Schäfer* Rn. 5; GBS GmbHG/*Buck-Heeb* Rn. 28 f.; HCL/*Paefgen* Rn. 56 ff.; *Heßeler* GmbHR 2009, 759 ff.; HK-GmbHG/*Pfisterer* Rn. 11; Lutter/Hommelhoff/*Kleindiek* Rn. 15; *Melchior* DB 1997, 413 ff.; MHLS/*Tebben* Rn. 32; MüKoGmbHG/*Goette* Rn. 20; *Ries* NZG 2010, 298 (299 f.); Roth/Altmeppen/*Altmeppen* Rn. 43; *Schiedermair* FS Bezzenberger, 2000, 393 ff.; *Wachter* ZIP 1999, 1577 ff.; diff. jedoch Scholz/*U. H. Schneider/S. H. Schneider* Rn. 17 ff.).

23 Jenseits der in § 6 aufgezählten Bestellungsvoraussetzungen bzw. der dort festgelegten Ausschlusstatbestände kommt ein in der Person liegendes Bestellungshindernis allenfalls in Betracht, wenn die Ausübung der Organtätigkeiten aus tatsächlichen Gründen dauerhaft unmöglich ist. Allein die fehlende Möglichkeit der Einreise nach Deutschland reicht hierfür idR nicht aus. Gestützt wird die hier befürwortete Auffassung zusätzlich durch § 4a, der es der GmbH ermöglicht, ihren Verwaltungssitz auf Dauer

in das Ausland zu verlegen (OLG Düsseldorf 16.4.2009, NZG 2009, 678 (679); OLG Frankfurt a. M. 12.11.2010, BeckRS 2011, 16105; OLG Zweibrücken 9.9.2010, GmbHR 2010, 1260 f.; Baumbach/Hueck/*Beurskens* Rn. 11; Bork/Schäfer/*Schäfer* Rn. 5; HCL/*Paefgen* Rn. 56; Lutter/Hommelhoff/*Kleindiek* Rn. 15; MHLS/*Tebben* Rn. 32; Roth/Altmeppen/*Altmeppen* Rn. 44).

24 **2. Drittorganschaft (Abs. 3 S. 1).** Im Unterschied zu Personengesellschaften, für die der Grundsatz der Selbstorganschaft gilt, besteht für die GmbH – wie bei der AG – keine vergleichbare Verknüpfung der Organwaltereigenschaft mit der Gesellschafterstellung. Die Möglichkeit einer Drittorganschaft hält § 6 Abs. 3 S. 1 ausdrücklich fest (allgM, s. Baumbach/Hueck/*Beurskens* Rn. 10; Bork/Schäfer/*Schäfer* Rn. 14). Werden Personen zum Geschäftsführer bestellt, die nicht zugleich Gesellschafter der GmbH sind, handelt es sich um **Fremdgeschäftsführer.** Wird der Geschäftsführer aus dem Kreis der Gesellschafter bestellt, handelt es sich um einen **Gesellschafter-Geschäftsführer.** Dessen Teilnahmerechte an der Gesellschafterversammlung werden durch die parallele Bestellung zum Geschäftsführer nicht beschränkt, Besonderheiten gelten lediglich bei der Einmann-GmbH (s. § 35 Abs. 3 sowie → Rn. 71 ff.).

25 **3. Gesetzliche Ausschlusstatbestände. a) Berufs- oder Gewerbeverbot (Abs. 2 S. 2 Nr. 2).** Entsprechend der früheren Rechtslage (s. § 6 Abs. 2 S. 4 aF) schließt § 6 Abs. 2 S. 2 Nr. 2 die Bestellung von Personen zum Geschäftsführer aus, die einem Berufs- oder Gewerbeverbot unterliegen. Voraussetzung ist stets, dass sich der **Gegenstand des Tätigkeitsverbots** ganz oder teilweise mit dem (konkreten) **Gegenstand der Gesellschaft** deckt (KG 19.4.2012, NZG 2012, 750 (751); Baumbach/Hueck/*Beurskens* Rn. 15; Lutter/Hommelhoff/*Kleindiek* Rn. 19), wobei es genügt, wenn das Berufs- oder Gewerbeverbot einen nebensächlichen Teil des Unternehmensgegenstands betrifft (KG 19.10.2011, NZG 2012, 430 (431); Baumbach/Hueck/*Beurskens* Rn. 15; HCL/*Paefgen* Rn. 22; MHLS/*Tebben* Rn. 21; MüKoGmbHG/*Goette* Rn. 27; Roth/Altmeppen/*Altmeppen* Rn. 9; Scholz/*U. H. Schneider/S. H. Schneider* Rn. 25). Ebenso wie § 6 Abs. 2 S. 2 Nr. 1 sieht auch Nr. 2 ohne Einschränkungen eine „teilweise" Kongruenz bereits als schädlich an (KG 19.4.2012, NZG 2012, 750 (751)), sodass für eine restriktive Auslegung der Norm keine ausreichenden Anhaltspunkte bestehen.

26 Das Berufsverbot muss entweder aufgrund **gerichtlicher Entscheidung** ergangen sein oder von einer **Verwaltungsbehörde** stammen. Der Ausschlusstatbestand verlangt nach seinem Wortlaut weder die Rechtskraft des gerichtlichen Urteils noch die Bestandskraft der behördlichen Entscheidung. Aufgrund des Normzwecks greift die Inhabilität jedoch erst ein, wenn eine endgültige und damit rechtskräftige bzw. bestandskräftige gerichtliche oder behördliche Entscheidung vorliegt. Eine Ausnahme gilt bei einer Entscheidung der Verwaltungsbehörde, die zugleich die sofortige Vollziehung (§ 80 Abs. 2 Nr. 4 VwGO) anordnet (Baumbach/Hueck/*Beurskens* Rn. 15; HCL/*Paefgen* Rn. 21; HK-GmbHG/*Pfisterer* Rn. 13; MüKoGmbHG/*Goette* Rn. 29; *Wicke* Rn. 4). Berufsverbote durch **ausländische Verwaltungsbehörden** stehen einer Bestellung zum Geschäftsführer nicht entgegen (Baumbach/Hueck/*Beurskens* Rn. 15; GBS GmbHG/*Buck-Heeb* Rn. 11; HCL/*Paefgen* Rn. 25; HK-GmbHG/*Pfisterer* Rn. 13; Lutter/Hommelhoff/*Kleindiek* Rn. 20; Scholz/*U. H. Schneider/S. H. Schneider* Rn. 27; *Wicke* Rn. 5), da sich die Gleichstellung in § 6 Abs. 2 S. 3 ausdrücklich auf die in S. 2 Nr. 3 aufgezählten Straftaten beschränkt.

27 Die **Dauer des Ausschlusses** hängt von dem Inhalt des Berufs- oder Gewerbeverbots ab. Wird dieses auf Dauer ausgesprochen, besteht der Ausschlusstatbestand dauerhaft (HCL/*Paefgen* Rn. 23; *Lutter* DB 1980, 1320), ansonsten für den im Urteil bzw. in der behördlichen Entscheidung genannten Zeitraum (KG 19.10.2011, NZG 2012, 430 (431); Baumbach/Hueck/*Beurskens* Rn. 15; HCL/*Paefgen* Rn. 23; Lutter/Hommelhoff/*Kleindiek* Rn. 20; MüKoGmbHG/*Goette* Rn. 28). Der in § 6 Abs. 2 S. 2 Nr. 3 genannte Fünf-Jahres-Zeitraum ist iRv § 6 Abs. 2 S. 2 Nr. 2 ohne Bedeutung (KG 19.10.2011, NZG 2012, 430 (431); Baumbach/Hueck/*Beurskens* Rn. 15; HCL/*Paefgen* Rn. 23; Lutter/Hommelhoff/*Kleindiek* Rn. 20; MHLS/*Tebben* Rn. 23; Scholz/*U. H. Schneider/S. H. Schneider* Rn. 25), insbesondere kann das persönliche Bestellungshindernis auch kürzer als fünf Jahre sein, wenn das Berufs- oder Gewerbeverbot für einen kürzeren Zeitraum angeordnet worden ist.

28 **b) Rechtskräftige Verurteilung (Abs. 2 S. 2 Nr. 3).** Nicht zum Geschäftsführer kann eine Person bestellt werden, die wegen bestimmter Straftaten zu einer Freiheitsstrafe verurteilt worden ist. Diesen Ausschlusstatbestand enthielt im Kern bereits § 6 Abs. 2 S. 3 aF, wurde durch das MoMiG jedoch im Hinblick auf die erfassten Straftatbestände erheblich ausgeweitet. Neben den bereits zuvor einbezogenen §§ 283–283d StGB erstreckt sich dieser nunmehr auch auf die unterlassene Stellung eines Insolvenzantrags (§ 6 Abs. 2 S. 2 Nr. 3 lit. a) sowie auf eine Verurteilung nach den §§ 263–264a StGB und den §§ 265b–266a StGB.

29 Der Gesetzeswortlaut erfasst auch die nach dem MoMiG mit Gesetz v. 11.4.2017 (BGBl. 2017 I 815 f.) eingefügten §§ 265c–265e StGB zum **Sportwettbetrug sowie zur Manipulation von berufssportlichen Wettbewerben** (KG 22.7.2019, NZG 2019, 1260 f.; OLG Oldenburg 8.1.2018, NJW-RR 2018, 484 (485 f.); HCL/*Paefgen* Rn. 39; Roth/Altmeppen/*Altmeppen* Rn. 21; Scholz/*U. H. Schneider/S. H. Schneider* Rn. 35a; krit. *Melichor/Böhringer* GmbHR 2017, 1074 (1075); **aA** OLG Hamm

27.9.2018, NJW-RR 2019, 155 (156 f.); BeckOK GmbHG/*Wisskirchen/Kuhn* Rn. 26; Lutter/Hommelhoff/*Kleindiek* Rn. 29; wohl auch Baumbach/Hueck/*Beurskens* Rn. 19). Es ist zwar nicht ersichtlich, dass der Gesetzgeber in diesem Rahmen die Auswirkungen der neuen Straftatbestände für die Inhabilität bedacht hat; für die Annahme, bei der unterbliebenen Korrektur von § 6 Abs. 2 S. 2 Nr. 3 lit. e handele es sich um ein vom Norminterpreten iSe statischen Verweisung korrigierbares Redaktionsversehen (idS Baumbach/Hueck/*Beurskens* Rn. 19), fehlen aber tragfähige Anhaltspunkte aus der Entstehungsgeschichte (OLG Oldenburg 8.1.2018, NJW-RR 2018, 484 (485); iErg auch KG 22.7.2019, NZG 2019, 1260 f.; Roth/Altmeppen/*Altmeppen* Rn. 21; **aA** Lutter/Hommelhoff/*Kleindiek* Rn. 29; ferner OLG Hamm 27.9.2018, NJW-RR 2019, 155 (156 f.): einschränkende teleologische Auslegung).

Eine Verurteilung wegen **verspäteter Stellung des Insolvenzantrags** (s. § 15a Abs. 4 InsO) wird vom Wortlaut der lit. a nicht erfasst, führt aber nach verbreiteter Auffassung gleichwohl zur Inhabilität (so OLG Celle 29.8.2013, NZI 2013, 852 (853); Baumbach/Hueck/*Beurskens* Rn. 18; BeckOK GmbHG/*Wisskirchen/Kuhn* Rn. 21; Bork/Schäfer/*Schäfer* Rn. 9; *Gundlach/Müller* NZI 2011, 480 (481); HCL/*Paefgen* Rn. 30; Lutter/Hommelhoff/*Kleindiek* Rn. 23; MHLS/*Tebben* Rn. 24; MüKoGmbHG/*Goette* Rn. 33; Roth/Altmeppen/*Altmeppen* Rn. 13; Rowedder/Schmidt-Leithoff/*Schmidt-Leithoff* Rn. 21; Scholz/*U. H. Schneider/S. H. Schneider* Rn. 31). Durch die Ausweitung des Ausschlusstatbestands führen insbesondere Verurteilungen wegen Betrugs (§ 263 StGB) und Untreue (§ 266 StGB) bei entsprechender Freiheitsstrafe (→ Rn. 33 ff.) zu einer persönlichen Unvereinbarkeit mit der Geschäftsführertätigkeit (zur früheren Rechtslage BayObLG 18.7.1991, BB 1991, 1729 (1730) sowie *Stein* AG 1987, 165; *Voerste* AG 1987, 376). 30

Wie in § 6 Abs. 2 S. 3 aF ist auch die **Aufzählung** in § 6 Abs. 2 S. 2 Nr. 3 **abschließend.** Allerdings sind Verurteilungen nach vergleichbaren **ausländischen Vorschriften** nunmehr – entsprechend der hM zur früheren Rechtslage (OLG Naumburg 10.11.1999, GmbHR 2000, 378; UHW/*Ulmer* Rn. 18; **aA** LG Köln 6.1.1995, NJW-RR 1995, 553) – ebenfalls zu berücksichtigen (§ 6 Abs. 2 S. 3). Wegen der Notwendigkeit einer Vergleichbarkeit mit den in § 6 Abs. 2 S. 2 Nr. 3 aufgelisteten Straftatbeständen reicht es jedoch nicht aus, wenn der erfasste Sachverhalt im Ausland lediglich als Ordnungswidrigkeit verfolgt wird (OLG München 18.6.2014, NJW-RR 2014, 1381 (1382); Baumbach/Hueck/*Beurskens* Rn. 22; HCL/*Paefgen* Rn. 36; Lutter/Hommelhoff/*Kleindiek* Rn. 21). Zu Verurteilungen vor dem 1.11.2008 s. die Übergangsregelung in § 3 Abs. 2 EGGmbHG (dazu Baumbach/Hueck/*Beurskens* Rn. 23; HCL/*Paefgen* Rn. 52 f.; MüKoGmbHG/*Goette* Rn. 38). 31

Stets muss der objektive Straftatbestand **vorsätzlich** verwirklicht worden sein; selbst wenn auch fahrlässiges Verhalten unter Strafe steht (s. § 15a Abs. 5 InsO), führt eine Verurteilung wegen fahrlässiger Tatbegehung nicht zur Inhabilität (Baumbach/Hueck/*Beurskens* Rn. 16; MHLS/*Tebben* Rn. 25). Bei entsprechendem Vorsatz reicht sowohl eine Verurteilung wegen eines **Versuchs** als auch die Verwirklichung des Deliktstatbestands durch ein **Unterlassen** (§ 13 StGB) aus (HCL/*Paefgen* Rn. 26). Ebenso ist die **Art der Beteiligung** an der Verwirklichung des Straftatbestands unerheblich; die Verurteilung als Teilnehmer (Anstifter oder Gehilfe) genügt (BGH 3.12.2019, BeckRS 2019, 33016 Rn. 11 ff.; HCL/*Paefgen* Rn. 26; **aA** *Ahlbrecht* wistra 2018, 241 ff.: nur Täter; krit. auch Baumbach/Hueck/*Beurskens* Rn. 16). Mit der vom Gesetz geforderten „Verurteilung" knüpft das Gesetz an die Feststellung strafbaren Verhaltens an. Es ist deshalb nicht erforderlich, dass die „Verurteilung" durch **Urteil** erfolgt, ein **Strafbefehl** steht dem nach § 410 Abs. 3 StPO gleich (BGH 3.12.2019, BeckRS 2019, 33016 Rn. 11; KG 17.7.2018, NZG 2019, 31; zust. Baumbach/Hueck/*Beurskens* Rn. 16; HCL/*Paefgen* Rn. 26; *Schulte* NZG 2019, 646 (649)). Die **Einstellung** eines Strafverfahrens nach § 153a StPO ist demgegenüber keine „Verurteilung" iSd § 6 Abs. 2 S. 2 Nr. 3 (Baumbach/Hueck/*Beurskens* Rn. 16; HCL/*Paefgen* Rn. 27). 32

Im Unterschied zu einer Verurteilung nach den in § 6 Abs. 2 S. 2 Nr. 3 lit. a–d aufgezählten Straftatbeständen, verlangt § 6 Abs. 2 S. 2 Nr. 3 lit. e bei einer solchen nach den §§ 263–264a StGB oder den §§ 265b–266a StGB die Verurteilung zu einer **Freiheitsstrafe** von **mindestens einem Jahr.** Hieraus folgt im Umkehrschluss für die anderen Tatbestände – wie es der Rechtslage nach § 6 Abs. 2 S. 3 aF entsprach –, dass **Art und Dauer der Strafe** für den Ausschlusstatbestand ohne Bedeutung sind (KG 17.7.2018, NZG 2019, 31); insbesondere reicht bei diesen Straftatbeständen auch die Verurteilung zu einer Geldstrafe für den Ausschlusstatbestand aus (HCL/*Paefgen* Rn. 29). Die Aussetzung der Strafe zur Bewährung steht der Inhabilität nicht entgegen (Baumbach/Hueck/*Beurskens* Rn. 21; HCL/*Paefgen* Rn. 29; HK-GmbHG/*Pfisterer* Rn. 14; MHLS/*Tebben* Rn. 24); Entsprechendes gilt, wenn die Strafe in einer Verwarnung mit Strafvorbehalt (§ 59 Abs. 1 StGB) enthalten ist (OLG Naumburg 3.2.2017, NZG 2017, 1223; Roth/Altmeppen/*Altmeppen* Rn. 11; *Schulte* NZG 2019, 646 (648 f.); krit. Baumbach/Hueck/*Beurskens* Rn. 16). Ob zusätzlich als Nebenstrafe ein Berufsverbot (§ 70 Abs. 1 StGB) verhängt wurde, ist ebenfalls unerheblich (Baumbach/Hueck/*Beurskens* Rn. 20; HCL/*Paefgen* Rn. 28; MHLS/*Tebben* Rn. 24; MüKoGmbHG/*Goette* Rn. 32). 33

Die Verurteilung zu einer **Gesamtfreiheitsstrafe** von mindestens einem Jahr reicht nicht aus, wenn diese Schwelle erst durch Einsatzstrafen für weitere Straftaten erreicht wird, die in Abs. 2 S 2 Nr. 3 nicht genannt sind (Baumbach/Hueck/*Beurskens* Rn. 21; Bork/Schäfer/*Schäfer* Rn. 9; HCL/*Paefgen* Rn. 34; Lutter/Hommelhoff/*Kleindiek* Rn. 28; Roth/Altmeppen/*Altmeppen* Rn. 20), vielmehr müssen die von 34

Abs. 2 S. 2 Nr. 3 erfassten Einzelstrafen (§ 54 Abs. 1 StGB) die Schwelle überschreiten (LG Leipzig 12.10.2016, BeckRS 2016, 19137; Baumbach/Hueck/*Beurskens* Rn. 21; Lutter/Hommelhoff/*Kleindiek* Rn. 28; Roth/Altmeppen/*Altmeppen* Rn. 20; **aA** *Satzger/Endler* NZG 2019, 1201 (1207): keine Addition, sondern die Einsatzstrafe zumindest einer Katalogtat muss die Grenze von einem Jahr überschreiten). Umstritten ist allerdings, ob in Hinblick auf die jeweils erfassten Einsatzstrafen eine fiktive Gesamtstrafenbildung vorzunehmen ist (hierfür Lutter/Hommelhoff/*Kleindiek* Rn. 28; *Weiß* GmbHR 2013, 1076 (1079)) oder eine Addition der Einsatzstrafen (so LG Leipzig 12.10.2016, BeckRS 2016, 19137) ausreicht. Eine Umrechnung von Geldstrafen in eine Freiheitsstrafe scheidet ebenfalls aus, da § 6 Abs. 2 S 2 Nr. 3 ausdrücklich die Verurteilung zu einer Freiheitsstrafe fordert (ebenso OLG Hamm 20.2.2011, NJW-RR 2011, 772 (773); Baumbach/Hueck/*Beurskens* Rn. 21; HCL/*Paefgen* Rn. 35).

35 Der Ausschluss ist stets auf die **Dauer von fünf Jahren** zeitlich beschränkt (ebenso § 6 Abs. 2 S. 3 aF), wobei die Zeit einer behördlich angeordneten Unterbringung in einer Anstalt nicht zur Anrechnung kommt. Der Fünf-Jahres-Zeitraum beginnt – im Unterschied zu § 6 Abs. 2 S. 2 Nr. 2 – nicht mit der Verurteilung, sondern erst mit Eintritt der Rechtskraft (OLG Schleswig 3.6.2014, NJW-RR 2015, 96 (98); Lutter/Hommelhoff/*Kleindiek* Rn. 21; MHLS/*Tebben* Rn. 26; MüKoGmbHG/*Goette* Rn. 32; **aA** Baumbach/Hueck/*Beurskens* Rn. 20: Rechtshängigkeit nach §§ 314, 341 StPO). Darüber hinaus legt das Gesetz eine starre Frist fest, die unabhängig von Dauer und Schwere der strafrechtlichen Sanktion besteht. Ferner verzichtet § 6 Abs. 2 S. 2 Nr. 3 – anders als § 6 Abs. 2 S. 2 Nr. 2 – auf einen Zusammenhang der vorsätzlich verwirklichten Straftat mit dem Gegenstand der GmbH (Baumbach/Hueck/*Beurskens* Rn. 120; HCL/*Paefgen* Rn. 28; Lutter/Hommelhoff/*Kleindiek* Rn. 21; Scholz/*U. H. Schneider/S. H. Schneider* Rn. 32). Die Berechnung der Frist richtet sich nach den §§ 186 ff. BGB (Baumbach/Hueck/*Beurskens* Rn. 20; HCL/*Paefgen* Rn. 27; Lutter/Hommelhoff/*Kleindiek* Rn. 21; MüKoGmbHG/*Goette* Rn. 32).

36 **c) Erklärung bei Anmeldung.** Über die in § 6 Abs. 2 S. 2 Nr. 2 sowie in § 6 Abs. 2 S. 2 Nr. 3 und S. 3 genannten Ausschlusstatbestände haben die Geschäftsführer bei der Anmeldung der Gesellschaft zur Eintragung in das Handelsregister eine Negativerklärung abzugeben (§ 8 Abs. 3; → § 8 Rn. 20).

37 **4. Verstoß gegen gesetzliche Bestellungsvoraussetzungen.** Aus dem Zweck der im Gesetz festgelegten Bestellungsvoraussetzungen bzw. der Ausschlusstatbestände in § 6 Abs. 2 S. 2 und 3 folgt hinreichend deutlich, dass das Gesetz derartige Personen nicht als Geschäftsführer einer GmbH akzeptiert. Deshalb ist eine dem Gesetz zuwiderlaufende Bestellung des Geschäftsführers nicht – wie bei einem Verstoß gegen statutarische Bestellungsvoraussetzungen (→ Rn. 46) – lediglich anfechtbar, sondern **nichtig** (OLG Hamm 20.12.2010, NJW-RR 2011, 772 (773); KG 19.10.2011 NZG 2012, 430 (431); Baumbach/Hueck/*Beurskens* Rn. 6; HCL/*Paefgen* Rn. 43; Lutter/Hommelhoff/*Kleindiek* Rn. 12; MHLS/*Tebben* Rn. 88; MüKoGmbHG/*Goette* Rn. 43; Roth/Altmeppen/*Altmeppen* Rn. 25; Rowedder/Schmidt-Leithoff/*Schmidt-Leithoff* Rn. 29; Scholz/*U. H. Schneider/S. H. Schneider* Rn. 38; zur Löschung von Amts wegen nach § 395 FamFG s. BGH 3.12.2019, BeckRS 2019, 33016 Rn. 10; KG 19.4.2012, NZG 2012, 750 (751); KG 17.7.2018, NZG 2019, 31; OLG München 22.2.2010, NZG 2010, 474 (475); OLG München 3.3.2011, NJW-RR 2011, 622; HCL/*Paefgen* Rn. 42; *Schulte* NZG 2019, 646 (649 f.)).

38 Entfällt die Bestellungsvoraussetzung **nachträglich** oder greift nach wirksamer Bestellung ein Ausschlusstatbestand ein, **endet das Amt *ipso iure*** mit Eintritt des entsprechenden Tatbestands, ohne dass es hierfür weiterer Erklärungen (Abberufung) bedarf (BGH 3.12.2019, BeckRS 2019, 33016 Rn. 10; BayObLG 1.7.1993, BB 1993, 1547; OLG Celle 29.8.2013, NZI 2013, 852 (853); OLG Düsseldorf 2.6.1993, GmbHR 1994, 114; OLG Karlsruhe 23.12.2013, NZG 2014, 1238; KG 17.7.2018, NZG 2019, 31; OLG München 3.3.2011, NJW-RR 2011, 622; OLG Naumburg 3.2.2017, NZG 2017, 1223; LG Halle 10.5.2017, wistra 2017, 367; Baumbach/Hueck/*Beurskens* Rn. 7; HCL/*Paefgen* Rn. 43; Lutter/Hommelhoff/*Kleindiek* Rn. 12; MHLS/*Tebben* Rn. 89; MüKoGmbHG/*Goette* Rn. 45; Roth/Altmeppen/*Altmeppen* Rn. 25; Rowedder/Schmidt-Leithoff/*Schmidt-Leithoff* Rn. 29; Scholz/*U. H. Schneider/S. H. Schneider* Rn. 38). Eine danach erloschene Bestellung zum Geschäftsführer lebt nicht automatisch nach Ablauf der Frist oder Wegfall des Ausschlusstatbestands wieder auf (Baumbach/Hueck/*Beurskens* Rn. 7; Bork/Schäfer/*Schäfer* Rn. 4; HCL/*Paefgen* Rn. 43; Rowedder/Schmidt-Leithoff/*Schmidt-Leithoff* Rn. 19; Scholz/*U. H. Schneider/S. H. Schneider* Rn. 12), vielmehr bedarf es einer **erneuten Bestellung** (Bork/Schäfer/*Schäfer* Rn. 4; HCL/*Paefgen* Rn. 43; MüKoGmbHG/*Goette* Rn. 44; Roth/Altmeppen/*Altmeppen* Rn. 23; Rowedder/Schmidt-Leithoff/*Schmidt-Leithoff* Rn. 29; Scholz/*U. H. Schneider/S. H. Schneider* Rn. 38).

39 Übt der Geschäftsführer trotz Vorliegens eines gesetzlichen Ausschlusstatbestands sein Amt aus oder fehlen ihm die gesetzlich festgelegten Voraussetzungen für die Bestellung, gelten die Grundsätze über die **fehlerhafte Organbestellung** (Baumbach/Hueck/*Beurskens* Rn. 6; *Strohn* DB 2011, 158 f.; **aA** HCL/*Paefgen* Rn. 44). Solange er in das Handelsregister eingetragen ist, können sich Dritte zudem auf den **Schutz durch § 15 HGB** berufen (Baumbach/Hueck/*Beurskens* Rn. 6, 7; HCL/*Paefgen* Rn. 49; Lutter/Hommelhoff/*Kleindiek* Rn. 12; MüKoGmbHG/*Goette* Rn. 48; Roth/Altmeppen/*Altmeppen* Rn. 26; Rowedder/Schmidt-Leithoff/*Schmidt-Leithoff* Rn. 29; Scholz/*U. H. Schneider/S. H. Schneider*

Rn. 38; *Wicke* Rn. 6). Das gilt allerdings nur, soweit es sich um eine eintragungsfähige und eintragungspflichtige Tatsache handelt. Deshalb beschränkt sich der Schutz durch § 15 HGB ausschließlich auf die Vertretungsmacht (treffend Baumbach/Hueck/*Beurskens* Rn. 9), erstreckt sich hingegen nicht auf die unbeschränkte Geschäftsfähigkeit des als Geschäftsführer Eingetragenen, wenn ihm diese fehlt (BGH 1.7.1991, BGHZ 115, 78 (81) = NJW 1991, 2566 sowie zuvor BGH 9.2.1970, BGHZ 53, 210 (215) = NJW 1970, 806; zust. Baumbach/Hueck/*Beurskens* Rn. 9; Bork/Schäfer/*Schäfer* Rn. 12; HCL/*Paefgen* Rn. 49; Lutter/Hommelhoff/*Kleindiek* Rn. 12; Roth/Altmeppen/*Altmeppen* Rn. 26; Scholz/*U. H. Schneider/S. H. Schneider* Rn. 38; *Wicke* Rn. 6).

5. Autonome Bestellungsvoraussetzungen. a) Grundsatz. Die in § 6 Abs. 2 aufgezählten persönlichen Voraussetzungen für die Bestellung zum Geschäftsführer sind insoweit zwingend, als dass diese nicht zur Disposition für die Parteien des Gesellschaftsvertrags stehen und auch nach Eintragung der Gesellschaft im Handelsregister nicht durch eine Satzungsregelung abgeschwächt werden können. Insofern sollen insbesondere die **gesetzlichen Ausschlusstatbestände** auch im Hinblick auf § 6 Abs. 2 S. 1 einen **Mindeststandard** gewährleisten. Den Gesellschaftern bzw. dem Satzungsorgan steht es nach dem Zweck der im Gesetz genannten Bestellungsvoraussetzungen bzw. den gesetzlichen Ausschlusstatbeständen deshalb frei, **weitere persönliche Bestellungsvoraussetzungen** festzulegen (Baumbach/Hueck/*Beurskens* Rn. 24; Lutter/Hommelhoff/*Kleindiek* Rn. 33; MüKoGmbHG/*Goette* Rn. 40; Rowedder/Schmidt-Leithoff/*Schmidt-Leithoff* Rn. 33; Scholz/*U. H. Schneider/S. H. Schneider* Rn. 69). 40

Als spezielle autonome persönliche Bestellungsvoraussetzung kann insbesondere bestimmt werden, dass zum Geschäftsführer nur bestellt werden darf, wer zugleich **Gesellschafter** der GmbH ist (Baumbach/Hueck/*Beurskens* Rn. 10; MHLS/*Tebben* Rn. 36; MüKoGmbHG/*Goette* Rn. 40; Roth/Altmeppen/*Altmeppen* Rn. 45; Scholz/*U. H. Schneider/S. H. Schneider* Rn. 69), um damit die Bestellung eines Fremdgeschäftsführers auszuschließen. Ferner können **individuelle Qualifikationsanforderungen** bestimmt werden, die sich aus dem Gegenstand des Unternehmens oder den Aufgaben in einer arbeitsteilig organisierten mehrgliedrigen Geschäftsführung ergeben. 41

b) Schranken. Bei der Festlegung autonomer Bestellungsvoraussetzungen sind die Parteien des Gesellschaftsvertrags bzw. das Satzungsorgan nicht völlig frei, sie dürfen sich nicht über anderweitige zwingende gesetzliche Vorgaben hinwegsetzen. 42

Eingeschränkt ist die Satzungsautonomie durch die **Gesetze zur Unternehmensmitbestimmung,** da sich statutarische Eignungsvoraussetzungen in einem Zielkonflikt mit dem Auswahlermessen des Aufsichtsrats befinden. Deshalb müssen in Gesellschaftsvertrag oder Satzung festgelegte persönliche Bestellungsvoraussetzungen bei diesen Gesellschaften so beschaffen sein, dass sie das Auswahlermessen des Aufsichtsrats nicht unverhältnismäßig einschränken (Baumbach/Hueck/*Beurskens* Rn. 24; *Immenga* ZGR 1977, 249 (255); MHLS/*Tebben* Rn. 38; MüKoGmbHG/*Goette* Rn. 41; Roth/Altmeppen/*Altmeppen* Rn. 77; Rowedder/Schmidt-Leithoff/*Schmidt-Leithoff* Rn. 33; Scholz/*U. H. Schneider/S. H. Schneider* Rn. 72). Das ist idR unproblematisch, wenn die konkrete Bestellungsvoraussetzung durch den Gegenstand des Unternehmens oder die konkrete Aufgabe in einer mehrgliedrigen Geschäftsführung gerechtfertigt ist (Baumbach/Hueck/*Beurskens* Rn. 24). 43

Persönliche Bestellungsvoraussetzungen, die an die in **§ 1 AGG** abschließend aufgezählten **personenbezogenen Merkmale** anknüpfen, wegen derer eine Benachteiligung (Diskriminierung) grundsätzlich zu unterbleiben hat (zB Alter, Geschlecht, Religion), wurden früher verbreitet als zulässig erachtet. Dem ist seit Inkrafttreten des AGG nicht mehr zuzustimmen (BeckOK GmbHG/*Wisskirchen/Kuhn* Rn. 33; Bork/Schäfer/*Schäfer* Rn. 13; GBS GmbHG/*Buck-Heeb* Rn. 23 f.; Lutter/Hommelhoff/*Kleindiek* Rn. 34; *Wicke* Rn. 8; im Grundsatz ebenfalls MHLS/*Tebben* Rn. 37; krit. Baumbach/Hueck/*Beurskens* Rn. 24 f.). Zwar beziehen die zivilrechtlichen Bestimmungen des AGG (§§ 19 und 20 AGG) Gesellschaftsverträge nicht ein, durch § 6 Abs. 3 werden aber auch die Mitglieder von Organen erfasst, sofern der Zugang zur selbständigen Erwerbstätigkeit betroffen ist. Nach vorherrschendem Verständnis erstreckt sich dies nicht nur auf den Abschluss des Anstellungsvertrags, sondern auch auf den körperschaftsrechtlichen Akt der Bestellung zum Organmitglied (BGH 23.4.2012, BGHZ 193, 110 Rn. 19 = NZG 2012, 777; näher *Oetker* FS Otto, 2008, 361 (377 f.); zust. *Kort* WM 2013, 1049 (1050); GBS GmbHG/*Buck-Heeb* Rn. 23; Lutter/Hommelhoff/*Kleindiek* Rn. 34; MHLS/*Tebben* Rn. 37; Scholz/*U. H. Schneider/S. H. Schneider* Rn. 70; *Stiefer,* Der Schutz von Geschäftsführern und Vorstandsmitgliedern gegen Diskriminierungen, 2016, 199 ff.; **aA** *Christiansen,* Die Anwendbarkeit des Allgemeinen Gleichbehandlungsgesetzes auf GmbH-Geschäftsführer, 2020, 150 ff.; *Mohr* ZHR 178 (2014), 326 (343 f.); *Preis/Sagan* ZGR 2013, 26 (65 f.); krit. auch Baumbach/Hueck/*Beurskens* Rn. 24 f.: kaum zu rechtfertigen). 44

Die Verknüpfung der Geschäftsführerbestellung mit der Zugehörigkeit zu einem bestimmten **Geschlecht** ist deshalb zumeist verboten (Ausnahme § 8 Abs. 1 AGG). Ebenso kann die Zugehörigkeit zu einer bestimmten **Religion oder Weltanschauung** außerhalb der von § 9 AGG privilegierten Gemeinschaften nicht zur persönlichen Bestellungsvoraussetzung erhoben werden. Problematisch sind **Altersgrenzen,** wenn deren Unter- oder Überschreiten dazu führt, dass eine Person nicht zum Geschäftsführer bestellt werden darf (dazu näher *Kort* WM 2013, 1049 (1052 ff.); *Lutter* BB 2007, 45

725 ff.). Derartige Altersgrenzen kann der Gesellschaftsvertrag nicht frei festlegen (Lutter/Hommelhoff/*Kleindiek* Rn. 35), sondern sie bedürfen im Einzelfall einer Rechtfertigung in dem durch § 10 AGG eröffneten Rahmen (s. BGH 23.4.2012, BGHZ 193, 110 Rn. 44 ff. = NZG 2012, 777; Lutter/Hommelhoff/*Kleindiek* Rn. 35; Scholz/*U. H. Schneider/S. H. Schneider* Rn. 68; ausf. *Kort* WM 2013, 1049 (1052 ff.); ferner auch *Kliemt* RdA 2015, 232 ff.; *Siefer,* Der Schutz von Geschäftsführern und Vorstandsmitgliedern gegen Diskriminierungen, 2016, 248 ff., 253 ff.). Aus dem Anwendungsbereich des § 6 Abs. 3 AGG fallen jedoch Sachverhalte heraus, in denen die Tätigkeit aufgrund einer gesellschaftsvertraglichen Verpflichtung (→ Rn. 52) erbracht wird (*Oetker* FS Otto, 2008, 361 (370)). Satzungsbestimmungen, die mit § 1 AGG unvereinbare Bestellungsvoraussetzungen festlegen, sind nach § 7 Abs. 1 AGG rechtsunwirksam (Rowedder/Schmidt-Leithoff/*Schmidt-Leithoff* Rn. 33; iErg auch Scholz/*U. H. Schneider/S. H. Schneider* Rn. 64 f., 70) und stehen einer Bestellung entgegen.

46 **c) Satzungsverstoß.** Verstößt die Bestellung eines Geschäftsführers gegen Vorgaben in der Satzung, ist die Bestellung nicht nichtig, sondern lediglich **anfechtbar** (Baumbach/Hueck/*Beurskens* Rn. 24; HCL/*Paefgen* Rn. 62; Lutter/Hommelhoff/*Kleindiek* Rn. 36; MüKoGmbHG/*Goette* Rn. 47; Roth/Altmeppen/*Altmeppen* Rn. 45; Scholz/*U. H. Schneider/S. H. Schneider* Rn. 73).

IV. Bestellung der Geschäftsführer

47 **1. Allgemeines.** Durch die **Bestellung** wird eine Person zum Organ der Gesellschaft; deshalb handelt es sich bei der Bestellung um einen **körperschaftsrechtlichen Akt,** mit dem das Bestellungsorgan zugleich die Aufgaben des Bestellten innerhalb einer mehrgliedrigen Geschäftsführung (zB Vorsitz in der Geschäftsführung) konkretisieren kann (Lutter/Hommelhoff/*Kleindiek* Rn. 41b). Die Bestellung bedarf der Eintragung in das **Handelsregister** (§ 10 Abs. 1), allerdings hat diese **keine konstitutive Bedeutung** (MüKoGmbHG/*Goette* Rn. 57; Roth/Altmeppen/*Altmeppen* Rn. 47; *Wicke* Rn. 10; → § 39 Rn. 22). Da mit der Bestellung die Übernahme zahlreicher aus dem Amt folgenden Rechte und Pflichten verbunden ist (→ § 35 Rn. 13 ff.), darf niemand gegen seinen Willen zum Geschäftsführer bestellt werden. Eine rechtswirksame Bestellung setzt deshalb zwingend voraus, dass der zum Geschäftsführer Bestellte die Übernahme des Amts **annimmt** (Baumbach/Hueck/*Beurskens* Rn. 49; BeckOK GmbHG/*Wisskirchen/Kuhn* Rn. 37; HCL/*Paefgen* Rn. 97; Lutter/Hommelhoff/*Kleindiek* Rn. 42; MHLS/*Tebben* Rn. 43; MüKoGmbHG/*Goette* Rn. 57 f.; Rowedder/Schmidt-Leithoff/*Schmidt-Leithoff* Rn. 34 sowie → Rn. 53). Wird er gleichwohl in das Handelsregister als Geschäftsführer eingetragen, gewährleistet § 15 HGB den Schutz des Rechtsgeschäftsverkehrs (→ Rn. 39).

48 Von der Bestellung als körperschaftsrechtlichem Akt zu trennen ist die Rechtsgrundlage für die weitere Ausgestaltung der Rechte und Pflichten aufgrund der der zum Geschäftsführer Bestellte seine Tätigkeit für die Gesellschaft erbringt. Dies ist der schuldrechtliche **Anstellungsvertrag,** der insbesondere die persönliche Rechtsstellung des Geschäftsführers im Verhältnis zur Gesellschaft regelt (→ § 35 Rn. 90 ff.).

49 Während die Bestellung die Organstellung begründet (→ Rn. 47), endet diese idR durch eine **Abberufung** (§ 38). Ebenso wie die Bestellung betrifft die Abberufung ausschließlich die körperschaftsrechtliche Stellung des Geschäftsführers (→ § 35 Rn. 12, → § 38 Rn. 60). Das parallel dazu bestehende Anstellungsverhältnis bleibt hiervon unberührt, sofern die Parteien des Anstellungsvertrags keine Kopplungsabrede vereinbart haben (→ § 35 Rn. 153 ff.). Die Abberufung stellt zwar den regelmäßigen Beendigungstatbestand im Hinblick auf die Organstellung dar, ist aber keineswegs der einzige Sachverhalt für deren Beendigung. Neben dem Eintritt eines gesetzlichen Tatbestands, der die Bestellung zum Geschäftsführer zwingend ausschließt (→ Rn. 18 ff., → 38), kommen insbesondere im Gesellschaftsvertrag bereits ausdrücklich festgelegte Beendigungstatbestände in Betracht. Hierzu kann auch das Erreichen einer Altersgrenze zählen, deren Vereinbarkeit mit den Vorgaben des AGG jedoch zweifelhaft ist (s. *Lutter* BB 2007, 725 ff. sowie → Rn. 45). In Betracht kommen ferner der **Tod** des Geschäftsführers sowie die **Amtsniederlegung** durch den Geschäftsführer (→ § 38 Rn. 73 ff.). Erfolgt die Bestellung **zeitlich befristet** (→ § 38 Rn. 80), endet diese automatisch mit Zeitablauf, ohne dass es einer eigenständigen Abberufung bedarf (Lutter/Hommelhoff/*Kleindiek* Rn. 41).

50 Die Verknüpfung der Bestellung mit einer **aufschiebenden** oder **auflösenden Bedingung** wird im Schrifttum verbreitet wegen des damit verbundenen Schwebezustands und der hiermit einhergehenden Rechtsunsicherheit als rechtsunwirksam angesehen (so Lutter/Hommelhoff/*Kleindiek* Rn. 41a; Roth/Altmeppen/*Altmeppen* Rn. 73; Scholz/*U. H. Schneider/S. H. Schneider* Rn. 74). Dem ist die Rspr. mit Recht nicht gefolgt (BGH 24.10.2005, ZIP 2005, 2255 (2256); OLG Stuttgart 11.2.2004, ZIP 2004, 951 (953); zust. MHLS/*Tebben* Rn. 42; Rowedder/Schmidt-Leithoff/*Schmidt-Leithoff* Rn. 40; *Wicke* Rn. 14). Insbesondere die mit einer auflösenden Bedingung verbundene Rechtsunsicherheit ist nicht größer als bei anderen Tatbeständen, die zu einer Beendigung der Organstellung führen. Auch das Vorliegen der Ausschlusstatbestände in § 6 Abs. 2 sowie der Voraussetzungen für eine Abberufung aus wichtigem Grund können mit Unsicherheiten verbunden sein. Die mit einer aufschiebenden oder auflösenden Bedingung verbundene Rechtsunsicherheit ist deshalb nicht derart außergewöhnlich, um die Bestellung allein aufgrund ihrer Rechtsnatur als bedingungsfeindliches Rechtsgeschäft zu qualifizieren.

2. Gesellschaftsvertrag. Die Bestellung des Geschäftsführers kann – wie § 6 Abs. 3 S. 2 verdeutlicht – bereits im Gesellschaftsvertrag erfolgen; das für die Errichtung einer GmbH im vereinfachten Verfahren (§ 2 Abs. 1a) geltende Musterprotokoll sieht unter Nr. 4 die Bestellung eines Geschäftsführers ausdrücklich vor (→ § 2 Rn. 60). Ansonsten ist die Bestellung eines Geschäftsführers **kein notwendiger Satzungsbestandteil,** sodass auch die Bestellung einer namentlich bezeichneten Person zum Geschäftsführer im Gesellschaftsvertrag idR keinen Satzungscharakter hat (HCL/*Paefgen* Rn. 66; *Wicke* Rn. 12). Andernfalls bedürfte eine personelle Veränderung stets einer vorherigen Satzungsänderung, was im Zweifel nicht dem Willen der Gesellschafter entspricht. Aus diesem Grunde kann die Gesellschafterversammlung über die Abberufung sowie die Neubestellung einer anderen Person zum Geschäftsführer selbst dann beschließen, wenn der Gesellschaftsvertrag eine namentlich bezeichnete Person zum Geschäftsführer bestimmt hat (BGH 29.9.1955, BGHZ 18, 205 (207 f.); BGH 16.2.1981, GmbHR 1982, 129 sowie ferner Bork/Schäfer/*Schäfer* Rn. 15; Hachenburg/*Ulmer* Rn. 17; HCL/*Paefgen* Rn. 67; MHLS/*Tebben* Rn. 53; Roth/Altmeppen/*Altmeppen* Rn. 66; Rowedder/Schmidt-Leithoff/*Schmidt-Leithoff* Rn. 37). Die Bestellung zum Geschäftsführer als Satzungsbestandteil ist rechtlich zwar möglich, bedarf aber ausdrücklicher Anhaltspunkte im Gesellschaftsvertrag (BeckOK GmbHG/*Wisskirchen/Kuhn* Rn. 43; HCL/*Paefgen* Rn. 69; HK-GmbHG/*Pfisterer* Rn. 21). Eine Abberufung aus wichtigem Grund (§ 38 Abs. 2) kann hierdurch jedoch nicht ausgeschlossen werden (HCL/*Paefgen* Rn. 73; → § 38 Rn. 18). 51

Die Übernahme der Geschäftsführung kann im Gesellschaftsvertrag als **mitgliedschaftliche Nebenpflicht iSd § 3 Abs. 2** ausgestaltet sein und mit einem unentziehbaren Sonderrecht (§ 35 BGB) zugunsten eines bestimmten Gesellschafters kombiniert werden (HCL/*Paefgen* Rn. 70; Roth/Altmeppen/*Altmeppen* Rn. 68), ohne hierdurch jedoch die Abberufung aus wichtigem Grund auszuschließen (OLG Düsseldorf 26.9.2006, GmbHR 2006, 90 (92); HCL/*Paefgen* Rn. 70; Roth/Altmeppen/*Altmeppen* Rn. 68). Abgesehen davon bedarf es in diesem Fall für den Entzug der Organtätigkeit eines satzungsändernden Beschlusses. Im Zweifel ist eine derart starke Bindung aber nicht anzunehmen (Baumbach/Hueck/*Beurskens* Rn. 35; HCL/*Paefgen* Rn. 71; Scholz/*U. H. Schneider/S. H. Schneider* Rn. 81). 52

Erfolgt die Bestellung zum Geschäftsführer im Gesellschaftsvertrag, ist beim **Gesellschafter-Geschäftsführer** keine ausdrückliche und gesonderte Annahmeerklärung erforderlich; sein Einverständnis hat er bereits durch den Abschluss des Gesellschaftsvertrags bekundet (HCL/*Paefgen* Rn. 68; Lutter/Hommelhoff/*Kleindiek* Rn. 43; MüKoGmbHG/*Goette* Rn. 58; Roth/Altmeppen/*Altmeppen* Rn. 66). Anders ist die Rechtslage, wenn ein **Fremdgeschäftsführer** im Gesellschaftsvertrag zum Geschäftsführer bestimmt wird. In diesem Fall ist eine gesonderte Annahme erforderlich (Baumbach/Hueck/*Beurskens* Rn. 49; HCL/*Paefgen* Rn. 68; Lutter/Hommelhoff/*Kleindiek* Rn. 43), die idR in dem Abschluss des Anstellungsvertrags zumindest konkludent enthalten ist. 53

Sind nach dem Gesellschaftsvertrag sämtliche Gesellschafter zur Geschäftsführung berechtigt, so enthält **§ 6 Abs. 4** eine **Auslegungsregel.** Im Zweifel sind bei einer derartigen Klausel im Gesellschaftsvertrag nur die Gründungsgesellschafter zu Geschäftsführern bestellt. Für später beitretende Gesellschafter bedarf es stets einer gesonderten Bestellung (HCL/*Paefgen* Rn. 105). Keinesfalls ist die Bestellung weiterer Geschäftsführer ausgeschlossen (Roth/Altmeppen/*Altmeppen* Rn. 69). 54

3. Gesellschafterversammlung. Unterbleibt die Bestellung des Geschäftsführers im Gesellschaftsvertrag, geschieht diese durch die Gesellschafterversammlung, da § 6 Abs. 3 S. 2 auf § 46 Nr. 5 verweist. Wegen § 45 Abs. 2 gilt jedoch auch im Hinblick auf das zur Bestellung berufene Gesellschaftsorgan ein Vorrang des Gesellschaftsvertrags. Dieser bleibt von § 6 Abs. 3 S. 2 unberührt, da die Vorschrift die Bestimmungen des gesamten Dritten Abschnitts und damit auch § 45 Abs. 2 für maßgebend erachtet. Fehlt eine vom gesetzlichen Modell abw. Festlegung im Gesellschaftsvertrag, kann die Gesellschafterversammlung den Geschäftsführer auch bereits **vor Eintragung** der Gesellschaft im Handelsregister bestellen (BGH 23.3.1981, BGHZ 80, 212 (214 f.) = NJW 1981, 2125; BayObLG 21.9.1989, DB 1989, 2529 (2530); Baumbach/Hueck/*Beurskens* Rn. 36; Lutter/Hommelhoff/*Kleindiek* Rn. 38; Roth/Altmeppen/*Altmeppen* Rn. 65). 55

Mangels anderweitiger Regelung im Gesellschaftsvertrag erfolgt die Bestellung durch **Mehrheitsbeschluss** (§ 47 Abs. 1). Einer Beschlussfassung durch die Gesellschafterversammlung bedarf es auch, wenn der Gesellschaftsvertrag zugunsten eines bestimmten Gesellschafters ein **bindendes Vorschlagsrecht** begründet (BeckOK GmbHG/*Wisskirchen/Kuhn* Rn. 46; HCL/*Paefgen* Rn. 74). Da die Person des Geschäftsführers in diesem Fall erst mit Ausübung des Vorschlagsrechts feststeht, ist der notwendige körperschaftsrechtliche Akt der Bestellung nicht bereits in dem Gesellschaftsvertrag enthalten. Abzugrenzen ist ein derartiges Vorschlagsrecht jedoch von dem einen einzelnen Gesellschafter im Gesellschaftsvertrag eingeräumten Recht, selbst den Geschäftsführer zu bestellen (dazu BGH 2.7.1973, WM 1973, 1291 (1295) sowie → Rn. 62). 56

Bei der Bestellung eines Gesellschafter-Geschäftsführers ist der zum Geschäftsführer zu bestellende Gesellschafter nicht von der **Abstimmung** ausgeschlossen (BGH 29.9.1955, NJW 1955, 1716 (1717); OLG Hamm 19.7.2018, NZG 2018, 1145 (1147)). Das gilt auch in der **Einmann-GmbH,** wenn der Alleingesellschafter sich selbst zum Geschäftsführer bestellt; § 35 Abs. 3 iVm § 181 BGB ist auf derartige 57 körperschaftsrechtliche Beschlüsse grundsätzlich nicht anzuwenden (ebenso Baumbach/Hueck/*Beurskens* Rn. 37; BeckOK GmbHG/*Wisskirchen/Kuhn* Rn. 39; HCL/*Paefgen* Rn. 77; Lutter/Hommelhoff/*Kleindiek* Rn. 38; MHLS/*Tebben* Rn. 46; MüKoGmbHG/*Goette* Rn. 75; Roth/Altmeppen/*Altmeppen* Rn. 67 sowie allg. OLG Nürnberg 12.4.2018, BeckRS 2018, 14815). Die Pflicht zur **Protokollierung** des Beschlusses (§ 48 Abs. 3) bleibt hiervon unberührt (HCL/*Paefgen* Rn. 77; Lutter/Hommelhoff/*Kleindiek* Rn. 38; MüKoGmbHG/*Goette* Rn. 75 mwN).

58 Der Gesellschaftsvertrag kann die einzelnen **Voraussetzungen für die Bestellung** durch die Gesellschafterversammlung konkretisieren. Das betrifft nicht nur das notwendige **Beschlussquorum,** sondern auch die Einräumung von **Vorschlagsrechten** (dazu OLG Hamm 8.7.1985, ZIP 1986, 1188; MüKoGmbHG/*Goette* Rn. 73). Ferner darf der konkrete Beschluss über die Bestellung nicht im Widerspruch zu **statutarischen Bestellungsvoraussetzungen** stehen (→ Rn. 42 ff.) oder gegen **gesetzliche Vorschriften** verstoßen. Zu diesen zählt insbesondere **§ 7 Abs. 1 AGG,** wenn der Beschluss über die Nichtbestellung eine sachlich nicht gerechtfertigte Benachteiligung wegen eines in § 1 AGG aufgezählten Merkmals (zB Alter) bewirkt (s. BGH 23.4.2012, BGHZ 193, 110 Rn. 19 ff. = NZG 2012, 777; → Rn. 44 f.; **aA** wohl Baumbach/Hueck/*Beurskens* Rn. 25: nur Entschädigungs- und Schadensersatzansprüche). Das gilt auch für den Fall einer **Wiederbestellung** nach einer zunächst befristeten Bestellung (BGH 23.4.2012, BGHZ 193, 110 Rn. 20 = NZG 2012, 777). Die Bindung der Gesellschafterversammlung an die Vorgaben des AGG besteht wegen § 6 Abs. 3 AGG unabhängig davon, ob der Geschäftsführer nach Maßgabe der Richtlinien 2000/43/EG und 2000/78/EG dem unionsrechtlich zu konkretisierenden **Arbeitnehmerbegriff** unterfällt und bereits wegen § 6 Abs. 1 S. 1 Nr. 1 AGG vor Diskriminierungen geschützt ist (→ § 35 Rn. 116). Die Bestellung eines Arbeitnehmers zum Geschäftsführer kann als **individueller oder institutioneller Rechtsmissbrauch** zu bewerten sein, wenn die Bestellung zum Organmitglied allein deshalb erfolgt, um ihm – vermittelt durch § 14 Abs. 1 Nr. 1 KSchG – den Schutz durch die §§ 1–13 KSchG zu entziehen (BAG 21.9.2017, NZA 2018, 358 Rn. 35 f., 44 ff.). Hieraus folgt aber nicht zwingend die Rechtsunwirksamkeit der Bestellung (so aber LAG Köln 18.1.2018, BeckRS 2018, 2690), vielmehr steht lediglich der Berufung auf § 14 Abs. 1 Nr. 1 KSchG der Einwand des Rechtsmissbrauchs (§ 242 BGB) entgegen.

59 **4. Aufsichtsrat.** Für die Bestellung des Geschäftsführers ist nach den Rechtsgrundlagen für die Errichtung des Aufsichtsrats zu unterscheiden. Handelt es sich um einen nach § 52 eingerichteten **fakultativen Aufsichtsrat** und fehlen gesonderte Regelungen, die die Bestellungskompetenz auf den Aufsichtsrat übertragen, bleibt die Gesellschafterversammlung nach § 46 Nr. 5 für die Bestellung des Geschäftsführers zuständig (→ § 52 Rn. 16). Im Gesellschaftsvertrag (§ 45 Abs. 2) kann jedoch Abw. bestimmt werden.

60 Unterliegt die GmbH den **Gesetzen zur Mitbestimmung der Arbeitnehmer** in den Organen der Gesellschaft, dann ist die Errichtung eines Aufsichtsrats zwar zwingend, dieser ist aber nicht stets für die Bestellung des Geschäftsführers zuständig. Eine derartige Zuständigkeit des (mitbestimmten) Aufsichtsrats gilt nur, wenn die Gesellschaft dem **MitbestG** (§ 31) oder der **Montan-Mitbestimmung** (§ 12 MontanMitbestG, § 13 MitbestErgG) unterliegt. Anders ist die Rechtslage im Anwendungsbereich des **DrittelbG,** da dieses die Bestimmungen des rechtsformspezifischen Gesellschaftsrechts zur Bestellung des Geschäftsführers unberührt lässt (→ § 52 Rn. 40). Deshalb verbleibt es bei einer vom DrittelbG erfassten GmbH trotz des obligatorisch zu errichtenden Aufsichtsrats bei der Bestellungskompetenz der Gesellschafterversammlung (§ 46 Nr. 5).

61 **5. Abweichende Zuständigkeit.** Da § 6 Abs. 3 S. 2 für die Bestellung des Geschäftsführers auf den gesamten Dritten Abschnitt des Gesetzes verweist, nimmt die Vorschrift auch die Öffnung in § 45 Abs. 2 in Bezug, die insbesondere gestattet, die Zuständigkeit für die Bestellung des Geschäftsführers abweichend von dem gesetzlichen Grundmodell zu regeln (HCL/*Paefgen* Rn. 81; MüKoGmbHG/*Goette* Rn. 60). Stets bedarf es hierfür jedoch einer Regelung im Gesellschaftsvertrag, andernfalls verbleibt es bei der Zuständigkeit der Gesellschafterversammlung. Eine von § 46 Nr. 5 abweichende Zuständigkeitsregelung für die Bestellung des Geschäftsführers kann wegen ihres Satzungscharakters nur im Wege einer Satzungsänderung modifiziert werden.

62 Neben einer Bestellung durch den **Aufsichtsrat** (→ Rn. 59 f.) kann der Gesellschaftsvertrag auch festlegen, dass die Geschäftsführer insgesamt oder einzelne von ihnen von einem **Gesellschafter** bestellt werden (BGH 2.7.1973, WM 1973, 1291 (1295); BGH 10.10.1988, WM 1989, 250 (252); HCL/*Paefgen* Rn. 82; MHLS/*Tebben* Rn. 61; MüKoGmbHG/*Goette* Rn. 60; Roth/Altmeppen/*Altmeppen* Rn. 61; Rowedder/Schmidt-Leithoff/*Schmidt-Leithoff* Rn. 39). Entsprechendes gilt, wenn der Gesellschaftsvertrag statt einem Aufsichtsrat einen **Beirat** vorsieht und diesem die Kompetenz zur Bestellung zuweist (Baumbach/Hueck/*Beurskens* Rn. 45; HCL/*Paefgen* Rn. 81; MüKoGmbHG/*Goette* Rn. 60; Rowedder/Schmidt-Leithoff/*Schmidt-Leithoff* Rn. 39). Die personelle Zusammensetzung des Beirats ist in diesem Fall ohne Bedeutung, insbesondere ist es unschädlich, wenn diesem auch Personen angehören, die keine Gesellschafter der GmbH sind (HCL/*Paefgen* Rn. 81; MüKoGmbHG/*Goette* Rn. 60; Roth/Altmeppen/*Altmeppen* Rn. 61; Rowedder/Schmidt-Leithoff/*Schmidt-Leithoff* Rn. 39; Scholz/*U. H. Schneider/S. H. Schneider* Rn. 88).

Ein im Gesellschaftsvertrag begründetes Recht zugunsten **externer Stellen oder Personen** (zB Behörden, Kreditgebern, Konzernobergesellschaft), sämtliche oder einzelne Geschäftsführer zu bestellen, stößt verbreitet auf Ablehnung (so zB Bork/Schäfer/*Schäfer* Rn. 16; *Ulmer* FS Werner, 1984, 911 ff.; Scholz/*U. H. Schneider/S. H. Schneider* Rn. 87; *Teichmann,* Gestaltungsfreiheit in Gesellschaftsverträgen, 1970, 196). Die nicht zu bestreitende Einbuße an Selbstbestimmung wird allerdings dadurch kompensiert, dass die Gesellschafterversammlung stets das Recht behält, durch satzungsändernden Beschluss eine abweichende Zuständigkeitsverteilung festzulegen; ferner verbleibt zumindest die Kompetenz zur Abberufung aus wichtigem Grund im Zweifel bei der Gesellschafterversammlung. Deshalb ist der überwA zuzustimmen, die die vorstehend skizzierte Gestaltung per Gesellschaftsvertrag als zulässig erachtet (hierfür zB KG 24.9.1925, JW 1926, 598; Baumbach/Hueck/*Beurskens* Rn. 47; BeckOK GmbHG/*Wisskirchen/Kuhn* Rn. 48; *Beuthien/Gätsch* ZHR 157 (1993), 483 (492 ff.); GBS GmbHG/*Buck-Heeb* Rn. 31; *Hammen* WM 1994, 765 ff.; HCL/*Paefgen* Rn. 83; *Herfs,* Einwirkungen Dritter auf den Willensbildungsprozess der GmbH, 1994, 117 ff.; HK-GmbHG/*Pfisterer* Rn. 24; *Hopt* ZGR 1979, 1 (7 f.); MHLS/*Tebben* Rn. 63; MüKoGmbHG/*Goette* Rn. 61; Roth/Altmeppen/*Altmeppen* Rn. 61; Rowedder/Schmidt-Leithoff/*Schmidt-Leithoff* Rn. 39). In Betracht kommt dies allerdings nur, wenn nicht kraft Gesetzes ein obligatorisch zu bildender Aufsichtsrat für die Bestellung zuständig ist (→ Rn. 60). 63

6. Gerichtliche Bestellung. Eine gerichtliche Bestellung des Geschäftsführers sieht das GmbHG nicht vor. Gleichwohl ist diese nach heute allgM rechtlich möglich und beruht auf einer entsprechenden Anwendung von **§ 29 BGB** (zB BGH 16.6.1952, BGHZ 6, 232 (234 ff.); BGH 25.10.2010, NZG 2011, 26 (27); BayObLG 28.8.1997, BB 1997, 2546; OLG Brandenburg 19.12.2018, BeckRS 2018, 35278; OLG Dresden 18.12.2014, NZG 2015, 391; OLG Düsseldorf 18.4.1997, DB 1997, 1071; OLG Düsseldorf 8.6.2016 NJW-RR 2016, 1183 (1183); OLG Frankfurt a. M. 9.1.2001, BeckRS 2001, 00820; OLG Frankfurt a. M. 26.5.2011, NZG 2011, 1277; OLG Frankfurt a. M. 16.1.2014, NZG 2014, 391 (392); OLG Köln 27.6.2019, BeckRS 2019, 24204; OLG München 11.9.2007, GmbHR 2007, 1271 (1272); OLG Zweibrücken 30.9.2011, NZG 2012, 424 f.; für das Schrifttum Baumbach/Hueck/*Beurskens* Rn. 38; *Gustavus* GmbHR 1992, 15 ff.; HCL/*Paefgen* Rn. 84; MHLS/*Tebben* Rn. 72; Roth/Altmeppen/*Altmeppen* Rn. 51; Rowedder/Schmidt-Leithoff/*Schmidt-Leithoff* Rn. 43; Scholz/*U. H. Schneider/S. H. Schneider* Rn. 94; *H. P. Westermann* FS Kropff, 1997, 683 ff.; **aA** *Kögel* NZG 2000, 20 f.). 64

In Betracht kommt eine Notbestellung, wenn Geschäftsführer fehlen oder diese rechtlich verhindert sind und der Gesellschaft oder anderen Beteiligten ein Schaden droht oder erforderliche Handlungen nicht vorgenommen werden können. Solange die Gesellschafterversammlung die Bestellung des Geschäftsführers noch rechtzeitig vornehmen kann, fehlt es an der erforderlichen **Dringlichkeit** für eine gerichtliche Notbestellung (BayObLG 12.8.1998, DB 1998, 2359 (2360); OLG Düsseldorf 8.6.2016 NJW-RR 2016, 1183 (1183 f.); OLG Frankfurt a. M. 9.1.2001, BeckRS 2001, 00820; OLG Frankfurt a. M. 26.5.2011, NZG 2011, 1277 (1278); OLG Frankfurt a. M. 16.1.2014, NZG 2014, 391 (392 f.); OLG München 11.9.2007, GmbHR 2007, 1271 (1272); OLG Zweibrücken 30.9.2011, NZG 2012, 424 f.; HCL/*Paefgen* Rn. 89; MHLS/*Tebben* Rn. 75; Roth/Altmeppen/*Altmeppen* Rn. 51; Scholz/*U. H. Schneider/S. H. Schneider* Rn. 96 f.). Zudem ist die Geschäftsführungsbefugnis des Notgeschäftsführers auf das sachlich Notwendige zu beschränken (OLG Köln 27.6.2019, BeckRS 2019, 24204; OLG München 11.9.2007, GmbHR 2007, 1271 (1272); BeckOK GmbHG/*Wisskirchen/Kuhn* Rn. 54; HCL/*Paefgen* Rn. 95; Roth/Altmeppen/*Altmeppen* Rn. 55). 65

Das **Verfahren** für die Notbestellung richtet sich nach dem FamFG. **Antragsberechtigt** sind nicht nur Gesellschafter und ggf. Geschäftsführer, sondern auch Gläubiger der Gesellschaft, nicht hingegen die Staatsanwaltschaft (OLG Frankfurt a. M. 16.1.2014, NZG 2014, 391 (393 f.)). Bei seiner Entscheidung ist das Registergericht an etwaige **Satzungsvorgaben** gebunden, insbesondere hat es dort vorgegebene Qualifikationsanforderungen (→ Rn. 41) zu beachten (BayObLG 7.1.1980, NJW 1981, 995 (996); BayObLG 12.8.1998, DB 1998, 2359 (2361); HCL/*Paefgen* Rn. 92; MHLS/*Tebben* Rn. 77; Roth/Altmeppen/*Altmeppen* Rn. 55; Scholz/*U. H. Schneider/S. H. Schneider* Rn. 99). Auch bei der Notbestellung handelt es sich um eine Bestellung, sodass diese nicht gegen den Willen der vom Registergericht als Geschäftsführer in Aussicht genommenen Person erfolgen darf (BGH 22.10.1984, NJW 1985, 637; BayObLG 29.9.1999, NZG 2000, 41 (42); OLG München 11.9.2007, GmbHR 2007, 1271 (1273); Baumbach/Hueck/*Beurskens* Rn. 38; HCL/*Paefgen* Rn. 97; MHLS/*Tebben* Rn. 78; Roth/Altmeppen/*Altmeppen* Rn. 55; Rowedder/Schmidt-Leithoff/*Schmidt-Leithoff* Rn. 45; Scholz/*U. H. Schneider/S. H. Schneider* Rn. 95; **aA** *Gustavus* GmbHR 1992, 15 (18 f.); ferner → Rn. 47). 66

Während seiner **Amtsdauer** steht dem Notgeschäftsführer die **Vertretung der GmbH** ohne Einschränkungen zu (BayObLG 6.12.1985, DB 1986, 422; BayObLG 12.8.1998, DB 1998, 2359 (2360); HCL/*Paefgen* Rn. 94; Roth/Altmeppen/*Altmeppen* Rn. 57; Rowedder/Schmidt-Leithoff/*Schmidt-Leithoff* Rn. 46; Scholz/*U. H. Schneider/S. H. Schneider* Rn. 103). Da die Bestellung des Notgeschäftsführers auf einer gerichtlichen Entscheidung beruht, endet das Amt grundsätzlich nur durch eine gerichtliche Entscheidung (BeckOK GmbHG/*Wisskirchen/Kuhn* Rn. 56; HCL/*Paefgen* Rn. 100). Eine **Abberufung** des Notgeschäftsführers durch die Gesellschafterversammlung ist deshalb selbst aus wichtigem 67

Grund nicht möglich (BayObLG 12.8.1998, DB 1998, 2359 (2360); Baumbach/Hueck/*Beurskens* Rn. 39; GBS GmbHG/*Buck-Heeb* Rn. 46; HCL/*Paefgen* Rn. 100; MHLS/*Tebben* Rn. 81; Roth/Altmeppen/*Altmeppen* Rn. 56; Rowedder/Schmidt-Leithoff/*Schmidt-Leithoff* Rn. 47; Scholz/*U. H. Schneider/S. H. Schneider* Rn. 108). Die Gesellschafter können eine vorzeitige Beendigung des Amts jedoch jederzeit herbeiführen, indem sie der Notbestellung die tatsächliche Grundlage entziehen und eine **ordnungsgemäße Neubestellung** des fehlenden Geschäftsführers vornehmen (BGH 10.11.1980, NJW 1981, 1041 (1041 f.); BayObLG 29.9.1999, NZG 2000, 41 (42); Bork/Schäfer/*Schäfer* Rn. 17; GBS GmbHG/*Buck-Heeb* Rn. 46; HCL/*Paefgen* Rn. 99; MHLS/*Tebben* Rn. 81; Roth/Altmeppen/*Altmeppen* Rn. 54; Rowedder/Schmidt-Leithoff/*Schmidt-Leithoff* Rn. 47; Scholz/*U. H. Schneider/S. H. Schneider* Rn. 107; **aA** *H. P. Westermann* FS Kropff, 1997, 683 (687)).

68 **7. Bestellungsmängel.** Ist die Bestellung des Geschäftsführers rechtlich fehlerhaft, ist hins. der Rechtsfolgen zwischen den verschiedenen Mängeln zu differenzieren. Erfolgte die Bestellung des Geschäftsführers durch ein Organ unter Verstoß gegen die für die Gesellschaft maßgebende Kompetenzordnung, ist die Bestellung nichtig. Das gilt nicht nur bei einem Verstoß gegen die gesetzliche Kompetenzordnung, sondern auch, wenn die Bestellung nicht durch das nach dem Gesellschaftsvertrag zuständige Gesellschaftsorgan (zB Beirat oder Aufsichtsrat) vorgenommen wurde.

69 Unterschiedlich sind die Rechtsfolgen, wenn dem zum Geschäftsführer Bestellten persönliche Voraussetzungen fehlen. Handelt es sich um kraft Gesetzes bestehende Anforderungen an die Person des Geschäftsführers, ist dessen Bestellung aufgrund des Zwecks des Gesetzes nichtig (→ Rn. 30). Anders ist zu entscheiden, wenn die Bestellung gegen Anforderungen verstößt, die die Satzung im Hinblick auf die Person des Geschäftsführers aufstellt. Bei derartigen Mängeln ist die Bestellung lediglich anfechtbar (→ Rn. 46).

V. Ersatzpflicht der Gesellschafter (Abs. 5)

70 Die mit dem MoMiG eingefügte Ersatzpflicht der Gesellschafter soll sicherstellen, dass zum Geschäftsführer nur diejenigen Personen bestellt werden, die Geschäftsführer sein können. Der Haftungstatbestand, der in dem RegE zum MoMiG noch nicht vorgesehen war (BT-Drs. 16/6140, 5 f.), geht zurück auf eine im Hinblick auf die Arbeiten zum MoMiG zurückgestellte Initiative des Bundesrats zum Forderungssicherungsgesetz (s. Art. 11 Nr. 2 lit. b; BT-Drs. 16/511, 25 f., 30 f.), die er iR seiner Stellungnahme zum MoMiG wiederholte (BT-Drs. 16/6140, 64 f.) und die später von der BReg. (BT-Drs. 16/6140, 75) sowie dem Rechtsausschuss (BT-Drs. 16/9737, 11, 96) übernommen wurde (s. auch Lutter/Hommelhoff/*Kleindiek* Rn. 44; MüKoGmbHG/*Goette* Rn. 49).

71 Der Haftungsanspruch soll verhindern, dass die Bestellungshindernisse in § 6 Abs. 2 durch die Einschaltung eines Strohmanns umgangen werden (Begr. RegE, BT-Drs. 16/6140, 65 sowie zuvor BT-Drs. 16/511, 25). Er durchbricht allerdings den Grundsatz, dass die Gesellschafter für einen Schaden nicht verantwortlich sind, den sie selbst ihrer eigenen Gesellschaft zufügen, und wurde aus diesem Grunde nicht in den RegE zum MoMiG aufgenommen (Begr. RegE, BT-Drs. 16/6140, 33; s. auch HCL/*Paefgen* Rn. 108; Lutter/Hommelhoff/*Kleindiek* Rn. 44). Ferner wurde die spätere Regelung in § 6 Abs. 5 als nicht effektiv angesehen, um Umgehungen des § 6 Abs. 2 zu verhindern, da der Haftungstatbestand die indirekte Steuerung der Geschäftspolitik einer GmbH durch amtsunfähige Gesellschafter über das Weisungsrecht nicht verhindert (Begr. RegE, BT-Drs. 16/6140, 33). Eine Begründung für die spätere Abkehr von dieser abl. Haltung ist aus den Gesetzesmaterialien nicht ersichtlich (Begr. RegE, BT-Drs. 16/6140, 33).

72 Zu den von § 6 Abs. 5 erfassten Sachverhalten, in denen eine Person nicht Geschäftsführer sein kann, gehören insbesondere die in § 6 Abs. 2 S. 2 und S. 3 aufgezählten Tatbestände („kann nicht sein"). Entsprechendes gilt für die Voraussetzung in § 6 Abs. 2 S. 1, dass es sich bei dem Geschäftsführer um eine natürliche Person handeln muss, die in ihrer Geschäftsfähigkeit nicht beschränkt ist (Baumbach/Hueck/*Beurskens* Rn. 26; BeckOK GmbHG/*Wisskirchen/Kuhn* Rn. 60). Der Wortlaut des Gesetzes erfasst darüber hinaus solche Bestimmungen im **Gesellschaftsvertrag,** die an die Person des Geschäftsführers besondere Eignungsvoraussetzungen aufstellen. Die Gesetzessystematik sowie die Vorstellungen des historischen Gesetzgebers deuten allerdings darauf hin, dass lediglich die Ausschlusstatbestände in § 6 Abs. 2 einbezogen sind (so *U. H. Schneider/S. H. Schneider* GmbHR 2012, 365 (368); ebenso Lutter/Hommelhoff/*Kleindiek* Rn. 46). Die Gefahr einer Umgehung durch Einschaltung von Strohmännern, der mit der Haftungsnorm begegnet werden soll (→ Rn. 71), besteht zwar in gleicher Weise bei statutarischen Bestellungshindernissen, deren Verletzung führt aber nicht zur Nichtigkeit der Bestellung (→ Rn. 46). Dies steht einer entsprechenden Anwendung der Norm bei einem Verstoß gegen statutarische Bestellungsvoraussetzungen entgegen (ebenso Lutter/Hommelhoff/*Kleindiek* Rn. 46).

73 Die Ersatzpflicht knüpft das Gesetz nicht an die Bestellung als solche, sondern es sieht die **Führung der Geschäfte** als maßgeblich an (dazu insbesondere die Begründung des Rechtsausschusses, BT-Drs. 16/9737, 96), die dem als Geschäftsführer Tätigen von den Gesellschaftern überlassen werden muss. Deshalb kommt es nicht darauf an, ob der körperschaftsrechtliche Akt der Bestellung nichtig oder

lediglich anfechtbar ist. Entscheidend ist die **tatsächliche** Führung der Geschäfte (Roth/Altmeppen/*Altmeppen* Rn. 30; Lutter/Hommelhoff/*Kleindiek* Rn. 47; MHLS/*Tebben* Rn. 100; MüKoGmbHG/*Goette* Rn. 51; *U. H. Schneider/S. H. Schneider* GmbHR 2012, 365 (367)), sodass auch das Nichtentfernen aus der faktischen Leitung die Ersatzpflicht begründen kann (Baumbach/Hueck/*Beurskens* Rn. 27; Bork/Schäfer/*Schäfer* Rn. 20; GBS GmbHG/*Buck-Heeb* Rn. 15; HCL/*Paefgen* Rn. 109; HK-GmbHG/*Pfisterer* Rn. 30; Roth/Altmeppen/*Altmeppen* Rn. 29, 34; *Wicke* Rn. 21). Erforderlich ist jedoch stets die Überlassung von Aufgaben, die denen einer Geschäftsführertätigkeit entsprechen (Baumbach/Hueck/*Beurskens* Rn. 27).

Ausgelöst wird die Ersatzpflicht, indem der „Geschäftsführer" seine **Pflichten gegenüber der Gesellschaft** (§ 43 Abs. 1) verletzt und dieser hierdurch ein **Schaden** entsteht. Damit entspricht der Haftungstatbestand in § 6 Abs. 5 der Regelung in § 43 Abs. 2 (s. auch Begr. RegE, BT-Drs. 16/6140, 65). Nicht ausreichend ist es daher, wenn der Gesellschafter Pflichten verletzt, die gegenüber Dritten bestehen. Die Vorschrift bestätigt deshalb indirekt, dass der als Geschäftsführer Tätige den Pflichten aus § 43 Abs. 2 unterliegt, obwohl eine entgegen § 6 Abs. 2 erfolgte Bestellung nichtig ist (→ Rn. 37) und damit eine fehlerhafte Organbestellung vorliegt (BGH 20.2.1995, BGHZ 129, 30 (32) sowie → § 43 Rn. 8). Ferner genügt es nicht, wenn der Schaden ausschließlich bei Dritten eintritt; § 6 Abs. 5 verlangt ausdrücklich einen Schaden der Gesellschaft. Dieser kann vor allem darauf beruhen, dass Dritte Ersatzansprüche gegenüber der Gesellschaft durchsetzen (*U. H. Schneider/S. H. Schneider* GmbHR 2012, 365 (369)). Einschränkend wird für eine Haftung der Gesellschaft ein Zurechnungszusammenhang zwischen dem Grund der Amtsunfähigkeit und der Pflichtverletzung gefordert (Baumbach/Hueck/*Beurskens* Rn. 29; BeckOK GmbHG/*Wisskirchen/Kuhn* Rn. 63; HCL/*Paefgen* Rn. 115; Roth/Altmeppen/*Altmeppen* Rn. 35 jeweils mwN). Wegen des Schutzzwecks der Haftungsnorm ist dem zuzustimmen. 74

Das Gesetz hat die Haftung der Gesellschafter **nicht verschuldensabhängig** formuliert. Zwar kommt es im Hinblick auf die Verletzung der Obliegenheiten nicht auf ein Verschulden an, die Haftung nach § 6 Abs. 5 setzt aber voraus, dass dem in Anspruch genommenen Gesellschafter das Vorliegen des Bestellungshindernisses bekannt war oder er sich dieser Kenntnis infolge grober Fahrlässigkeit verschlossen hat (Bork/Schäfer/*Schäfer* Rn. 22; Lutter/Hommelhoff/*Kleindiek* Rn. 49 f.). Angesichts dessen begründet die Vorschrift eine Haftung der Gesellschafter gegenüber der Gesellschaft für ein eigenes Auswahl- bzw. Handlungs- und Unterlassungsverschulden (Begr. RegE, BT-Drs. 16/6140, 65; s. auch HCL/*Paefgen* Rn. 118; Lutter/Hommelhoff/*Kleindiek* Rn. 50 f.; MüKoGmbHG/*Goette* Rn. 52; *U. H. Schneider/S. H. Schneider* GmbHR 2012, 365 (368)). 75

Gläubiger des Ersatzanspruchs ist die **Gesellschaft;** von einer Durchgriffshaftung der Gesellschafter gegenüber den Gesellschaftsgläubigern sieht das Gesetz ab (*U. H. Schneider/S. H. Schneider* GmbHR 2012, 365 (366)). Sie können jedoch in den Ersatzanspruch der Gesellschaft vollstrecken (§§ 829, 835 ZPO). Allerdings bedarf die Geltendmachung des Ersatzanspruchs einer Beschlussfassung durch die Gesellschafterversammlung (§ 46 Nr. 8; Baumbach/Hueck/*Beurskens* Rn. 30; HCL/*Paefgen* Rn. 124); unter entsprechender Anwendung von § 93 Abs. 5 AktG wird zT ein eigenes Verfolgungsrecht der Gesellschaftsgläubiger befürwortet (hierfür HCL/*Paefgen* Rn. 124; Lutter/Hommelhoff/*Kleindiek* Rn. 59; UHL/*Paefgen* Rn. 122; **aA** Baumbach/Hueck/*Beurskens* Rn. 30; dazu → § 43 Rn. 54). 76

Zum Schadensersatz verpflichtet sind **nicht alle Gesellschafter,** sondern nur diejenigen, die der betreffenden Person die Geschäftsführung überlassen haben (Lutter/Hommelhoff/*Kleindiek* Rn. 52). Dies sind nicht zwingend zugleich alle Personen, die der GmbH als Gesellschafter angehören, so wenn die Überlassung durch den/die **Mehrheitsgesellschafter** erfolgt (s. Baumbach/Hueck/*Beurskens* Rn. 28). Ein **Minderheitsgesellschafter** kann sich jedoch auch in diesem Fall nicht durch Passivität seiner Haftung entziehen, sondern ihn trifft die Obliegenheit zumutbaren Maßnahmen zu ergreifen, um das ihm bekannte rechtswidrige Verhalten des Mehrheitsgesellschafters zu unterbinden (Baumbach/Hueck/*Beurskens* Rn. 28; Bork/Schäfer/*Schäfer* Rn. 21; GBS GmbHG/*Buck-Heeb* Rn. 17; MüKoGmbHG/*Goette* Rn. 53; Roth/Altmeppen/*Altmeppen* Rn. 32; *U. H. Schneider/S. H. Schneider* GmbHR 2012, 365 (367); **aA** HCL/*Paefgen* Rn. 112), wie zB die Einberufung einer Gesellschafterversammlung zu beantragen (Baumbach/Hueck/*Beurskens* Rn. 28; Bork/Schäfer/*Schäfer* Rn. 21; Roth/Altmeppen/*Altmeppen* Rn. 32;). Die Ersatzpflicht gegenüber der Gesellschaft ist „solidarisch", dh die zum Ersatz verpflichteten Gesellschafter haften der Gesellschaft als **Gesamtschuldner** (→ § 43 Rn. 50 f.; BeckOK GmbHG/*Wisskirchen/Kuhn* Rn. 64; HCL/*Paefgen* Rn. 123; MüKoGmbHG/*Goette* Rn. 55). 77

Nach dem Wortlaut haften lediglich die Gesellschafter unabhängig davon, ob es sich bei ihnen um natürliche oder juristische Personen handelt. Eine Haftung **mittelbarer Gesellschafter** ist vom Wortlaut der Norm nicht umfasst, ist aber im Hinblick auf den Zweck der Vorschrift zu bejahen (hierfür HCL/*Paefgen* Rn. 113; Lutter/Hommelhoff/*Kleindiek* Rn. 52; MüKoGmbHG/*Goette* Rn. 53; mit Einschränkungen auch Roth/Altmeppen/*Altmeppen* Rn. 37), was methodisch jedoch nur aufgrund eines Analogieschlusses vertretbar ist (**aA** Baumbach/Hueck/*Beurskens* Rn. 28). Der Einfluss des mittelbaren Gesellschafters muss deshalb mit dem eines unmittelbaren Gesellschafters vergleichbar sein. 78

Verbreitet wird für eine entsprechende Anwendung von § 6 Abs. 5 plädiert, wenn die **Bestellung** des Geschäftsführers nicht durch die Gesellschafter, sondern den **Aufsichtsrat** erfolgt (Bork/Schäfer/ 79

Schäfer Rn. 19; HK-GmbHG/*Pfisterer* Rn. 34; Lutter/Hommelhoff/*Kleindiek* Rn. 52; MüKoGmbHG/*Goette* Rn. 54; Roth/Altmeppen/*Altmeppen* Rn. 36; *U. H. Schneider/S. H. Schneider* GmbHR 2012, 365 (366); Scholz/*U. H. Schneider/S. H. Schneider* Rn. 44; *Wicke* Rn. 22; **aA** Baumbach/Hueck/*Beurskens* Rn. 26; BeckOK GmbHG/*Wisskirchen/Kuhn* Rn. 60 aE; GBS GmbHG/*Buck-Heeb* Rn. 20; HCL/*Paefgen* Rn. 114). Da § 6 Abs. 5 die Bestellungsverbote in § 6 Abs. 2 absichern soll und ggf. auch ein **Aufsichtsrat** diesen unterliegt, ist dieser Auffassung zu folgen.

80 Wegen der Verknüpfung des Haftungstatbestands mit § 43 Abs. 1 ist für die **Verjährung** nicht die Regelverjährung (drei Jahre, § 195 BGB), sondern eine analoge Anwendung der Fünf-Jahres-Frist in § 43 Abs. 4 vorzugswürdig (Baumbach/Hueck/*Beurskens* Rn. 30; Bork/Schäfer/*Schäfer* Rn. 24; HCL/*Paefgen* Rn. 121; Lutter/Hommelhoff/*Kleindiek* Rn. 62; Roth/Altmeppen/*Altmeppen* Rn. 38; *U. H. Schneider/S. H. Schneider* GmbHR 2012, 365 (369); *Wicke* Rn. 23).

Anmeldung der Gesellschaft

7 (1) **Die Gesellschaft ist bei dem Gericht, in dessen Bezirk sie ihren Sitz hat, zur Eintragung in das Handelsregister anzumelden.**

(2) [1]**Die Anmeldung darf erst erfolgen, wenn auf jeden Geschäftsanteil, soweit nicht Sacheinlagen vereinbart sind, ein Viertel des Nennbetrags eingezahlt ist.** [2]**Insgesamt muß auf das Stammkapital mindestens soviel eingezahlt sein, daß der Gesamtbetrag der eingezahlten Geldeinlagen zuzüglich des Gesamtnennbetrags der Geschäftsanteile, für die Sacheinlagen zu leisten sind, die Hälfte des Mindeststammkapitals gemäß § 5 Abs. 1 erreicht.**

(3) **Die Sacheinlagen sind vor der Anmeldung der Gesellschaft zur Eintragung in das Handelsregister so an die Gesellschaft zu bewirken, daß sie endgültig zur freien Verfügung der Geschäftsführer stehen.**

Übersicht

I. Allgemeines

1 Weil die GmbH als solche erst mit Eintragung entsteht (§ 11 Abs. 1), bedarf es notwendig ihrer Anmeldung zur Eintragung im Handelsregister. Der hierdurch ausgelöste und von § 7 konkretisierte **Anmeldezwang** ist somit von der Anmeldepflicht aus § 29 HGB zu unterscheiden; denn die Gründer sind selbstverständlich nicht verpflichtet, an der Gründung der GmbH festzuhalten, müssen bei Aufgabe der Gründungsabsicht aber ggf. ihre schon (gewerblich) tätige Gesellschaft als OHG eintragen lassen. – § 7 gilt entsprechend bei **Kapitalerhöhungen** (§ 56a) sowie bei der **wirtschaftlichen Neugründung** einer Vorrats-GmbH (→ § 3 Rn. 16 ff.; dazu BGH 7.7.2003, BGHZ 155, 318 = NJW 2003, 3198; BGH 9.12.2002, BGHZ 153, 158 = NJW 2003, 892; OLG Celle 3.1.2008, GmbHR 2008, 211 = NZG 2008, 271; zu den erforderlichen Rechtshandlungen bei Erwerb einer Vorrats-GmbH nach MoMiG s. auch *Müller/Federmann* BB 2009, 1375). Die Entscheidung des BGH (BGH 6.3.2012, ZIP 2012, 817) zur begrenzten Haftung bei unterbliebener Offenlegung einer wirtschaftlichen Neugründung (→ § 3 Rn. 17) hat an der Offenlegungspflicht nichts geändert. Im Interesse des Gläubigerschutzes verfügt § 7 **zwingendes Recht.** Zur Anwendbarkeit bei Umwandlungen und zum Vorrang des UmwG vgl. OLG Frankfurt a. M. 19.3.2015, NZG 2015, 1318 = ZIP 2015, 1229.

2 Abs. 2 S. 2 und Abs. 3 wurden zum 1.1.1981 eingefügt (GmbH-Novelle 1980, BGBl. 1980 I 836). Das **MoMiG** (→ § 3 Rn. 4) hat sich darauf beschränkt, die Terminologie der Abs. 2, 3 an diejenige von § 5 Abs. 2 anzupassen („Geschäftsanteil", „Nennbetrag"). Außerdem wurde Abs. 2 S. 3, der eine

besondere Sicherheit für ausstehende Einlagen bei der Einpersonengründung vorgeschrieben hatte, als unnötig gestrichen (BegrRegE, BT-Drs. 16/6140, 33).

II. Anmeldung der Gesellschaft (Abs. 1)

1. Rechtsnatur der Anmeldung. Die Anmeldung ist **Verfahrenshandlung,** aber auch organschaftlicher Akt (HCL/*Ulmer/Casper* Rn. 19). Gleichwohl gelten die Vorschriften über Willenserklärungen teilweise entsprechend (näher HCL/*Ulmer/Casper* Rn. 10 für § 130 Abs. 2 BGB; Scholz/*Veil* Rn. 12 für §§ 104 ff. BGB ua). Anders als bei den Anmeldepflichten nach § 39 (Vertretungsbefugnisse) und § 67 Abs. 1 (Liquidatoren) besteht nach Abs. 1 (entgegen dem Wortlaut) **keine öffentlich-rechtliche Anmeldepflicht** (→ Rn. 1), sodass auch eine Zwangsgeldfestsetzung durch das Registergericht bei Nichtanmeldung ausscheidet (§ 79 Abs. 2). Hiervon zu unterscheiden ist die **Pflicht der Geschäftsführer gegenüber der (Vor-)Gesellschaft** zu deren Anmeldung. Sie entsteht jedenfalls durch Weisung der Gesellschafter, im Zweifel aber schon mit Vorliegen sämtlicher Eintragungsvoraussetzungen (HCL/*Ulmer/Casper* Rn. 5 f.). Bei Nichterfüllung kann der Geschäftsführer entweder auf Abgabe der Anmeldung verklagt (Vollstreckung: § 888 ZPO) oder abberufen werden (§ 38). Seine Schadensersatzpflicht ergibt sich aus § 43 Abs. 2 (Baumbach/Hueck/*Servatius* Rn. 2). 3

2. Anmeldebefugnis. Nach § 78 müssen sämtliche (wirksam bestellten, → § 6 Rn. 6) **Geschäftsführer** (§ 6), einschließlich ihrer Stellvertreter (§ 44), **gemeinsam** anmelden, und zwar im Namen der Gesellschaft (BGH 24.10.1988, BGHZ 105, 324 (327) = NJW 1989, 295). Grund hierfür sind die bei der Anmeldung abzugebenden haftungs- bzw. strafbewehrten Erklärungen nach § 8 Abs. 2, 3 (§§ 9a, 82). Widerruft auch nur ein Geschäftsführer die Anmeldung, verliert sie ihre Wirksamkeit (Lutter/Hommelhoff/*Bayer* Rn. 1). Die **Gesellschafter** (Gründer) sind nicht anmeldebefugt und daher auch nicht zur Mitwirkung an der Anmeldung verpflichtet. Sie müssen aber alles zur Eintragung Erforderliche veranlassen (Mindesteinzahlungen; Mitwirkung am Sachgründungsbericht). Entsprechendes gilt für die Mitglieder eines Aufsichts- oder Beirats. 4

Die Anmeldung kann nur **höchstpersönlich** vorgenommen werden; die Bevollmächtigung Dritter scheidet daher aus (BayObLG 13.11.1986, DB 1987, 215 (216); Baumbach/Hueck/*Servatius* Rn. 3; Staub/*Koch* HGB § 12 Rn. 43). Das schließt nicht aus, dass die formgerecht vorgefertigten Erklärungen durch den Notar (oder einen anderen) als **Boten** eingereicht werden (HCL/*Ulmer/Casper* Rn. 13 f.; vgl. auch *Ising* NZG 2012, 289 (290 f.)), zumal die **elektronische Übermittlung** gem. § 12 Abs. 1 HGB öffentlich-beglaubigte Form erfordert (→ Rn. 7). 5

3. Zuständigkeit für das Eintragungsverfahren. Die Anmeldung kann nach Abs. 1 ausschließlich beim **Registergericht** (Amtsgericht, § 376 FamFG) **am Satzungssitz** der Gesellschaft (§ 4a) angebracht werden. Die (fehlerhafte) Eintragung durch ein unzuständiges Gericht lässt deren Wirkungen aber unberührt (§ 2 Abs. 3 FamFG). Nur wenn die Anmeldung ohne den Willen der Geschäftsführer erfolgt ist, kommt eine Amtslöschung gem. § 395 FamFG in Frage (Lutter/Hommelhoff/*Bayer* Rn. 4). 6

4. Form und Inhalt der Anmeldung. Das EHUG vom 10.11.2006 (BGBl. 2006 I 2553) hat zum 1.1.2007 in § 12 Abs. 1 S. 1 HGB die Pflicht zur elektronischen Einreichung in **öffentlich beglaubigter Form** (§ 129 BGB, §§ 39a, 40 BeurkG, dazu näher Staub/*Koch* HGB § 12 Rn. 24 f.; *Jeep/Wiedemann* NJW 2007, 166; *Schlotter/Reiser* BB 2008, 118) statuiert, um das Eintragungsverfahren zu beschleunigen. Der Postweg ist damit zwingend ausgeschlossen (für Notfälle kann das Landesrecht Abhilfe vorsehen, § 54 Abs. 3 HRV). Die Länder können die Technik nach § 8a Abs. 2 HGB näher ausgestalten; nirgendwo reicht aber die Einreichung per Email aus (*Sikora/Schwab* MittBayNot 2007, 1). Elektronische **öffentliche Urkunden** durch Behörden werden als ausreichend angesehen (OLG Stuttgart 21.4.2009, GmbHR 2009, 666 mit Hinweis auf § 371a Abs. 2 ZPO). – Der **Inhalt** der Anmeldung ergibt sich aus § 8 (→ § 8 Rn. 1 ff.). Wegen der **Voraussetzungen** nach Abs. 2 (Mindesteinlagen) und Abs. 3 (Sacheinlagen) → Rn. 10 ff. bzw. → Rn. 23. Auch wenn zur Umsetzung des *Company Law Package* eine europaweite Online-Gründung eingeführt wird (→ § 2 Rn. 2; speziell zur Gründung *Lieder* NZG 2018, 1081 (1082 ff.)), bleibt es dabei, dass die Anmeldung **in deutscher Sprache** erfolgen bzw. zumindest mit einer deutschen Übersetzung versehen werden muss (vgl. OLG Frankfurt a. M. 8.8.2017, NZG 2017, 1431 (1433 f.) zur Eintragung Zweigniederlassung einer englischen Limited). 7

5. Fehlerhafte Anmeldung. Bei Verfahrensfehlern oder in Ermangelung der Voraussetzungen nach Abs. 2 und 3 besteht ein Eintragungshindernis (§ 9c Abs. 1, s. nur Baumbach/Hueck/*Servatius* Rn 4). Gegen eine die Eintragung ablehnende Entscheidung kann die Gesellschaft selbst, vertreten durch die Gesellschafter, Beschwerde einlegen (BGH 24.10.1988, BGHZ 105, 324 = NJW 1989, 295; OLG Hamm 5.5.2001, BB 2001, 1756). Auch bei Fehlern führt aber die gleichwohl erfolgende **Eintragung** zur Entstehung der GmbH, idR. auch zur **Heilung** der Mängel. Das gilt insbesondere für Inhalts- und Formfehler; das Fehlen der nach § 8 erforderlichen Unterlagen, die örtliche Unzuständigkeit des Registergerichts, die unterbliebene Mitwirkung sämtlicher Geschäftsführer (soweit Einverständnis aller vorliegt) und die Anmeldung durch einen Vertreter (trotz Höchstpersönlichkeit, → Rn. 5). Die Amts- 8 löschung nach § 395 FamFG kommt nur bei wenigen, besonders schwerwiegenden Mängeln in Betracht, insbesondere bei Anmeldung ohne Willen sämtlicher Geschäftsführer (durch einzelne Geschäftsführer oder Dritte) sowie bei Eintragung ohne Anmeldung (Baumbach/Hueck/*Servatius* Rn. 4).

III. Einlageleistung vor der Anmeldung (Abs. 2, 3)

9 **1. Mindesteinzahlung als Anmeldevoraussetzung. a) Allgemeines.** Zwar sollen die Abs. 2, 3 ein Mindestmaß an finanzieller Leistungsfähigkeit zum Schutz der Gläubiger sichern (BT-Drs. 8/1347, 32). Eine Volleinzahlung sieht das Gesetz aber nur für die UG vor (§ 5a Abs. 2 S. 2; zu Besonderheiten bei Übergang zur GmbH → § 5a Rn. 28 f.), bei der das Stammkapital freilich nahezu beliebig bestimmt werden kann. Im Allgemeinen reicht hingegen eine **Anzahlung** aus, wobei die beiden Einzahlungsgrenzen nach Abs. 2 (anteilsbezogen und insgesamt) aber **kumulativ** eingehalten werden müssen (→ Rn. 10 f.). Es wird dennoch als zulässig angesehen, die Gründungskosten bis zu einer bestimmten Höhe der Gesellschaft aufzuerlegen (→ § 5 Rn. 28; s. auch OLG Celle 22.10.2014, NZG 2014, 1383). Die **Beweislast** für die Erfüllung seiner Einlagepflicht trägt naturgemäß der Gesellschafter (vgl. OLG Hamm 16.4.2013, ZIP 2013, 2258 = NZG 2013, 1101 – keine Beweislastumkehr zugunsten des Gesellschafters für frühere Einlageleistung).

10 **b) Mindesteinzahlung je Geschäftsanteil (Abs. 2 S. 1).** Nach **S. 1** müssen **Geldeinlagen** zu mindestens **25 % des Nennbetrags** schon im Zeitpunkt der Anmeldung eingezahlt sein (zu Sacheinlagen und Sachübernahmen s. Abs. 3 und → Rn. 23). Das gilt auch für den Geldanteil bei **gemischten Einlagen** (zuletzt OLG Celle 5.1.2016, ZIP 2016, 368 = NZG 2016, 300 mAnm *Sammet* in NZG 2016, 344; aA *Cavin* NZG 2016, 734, wenn Sacheinlageanteil 25 % des Nennbetrags deckt; → § 5 Rn. 15); die 25 % sind dann auf den um den Wert der Sacheinlage reduzierten Nennbetrag zu beziehen. Demgegenüber ist der Sacheinlageanteil gem. Abs. 3 voll zu erbringen (s. nur Lutter/Hommelhoff/*Bayer* Rn. 5). Die Mindesteinzahlungspflicht gilt für jeden **einzelnen Geschäftsanteil.** Die Nichterfüllung bei einem Anteil ist deshalb nicht durch Mehrzahlung bei anderen ausgleichbar. Hält ein Gesellschafter mehrere Geschäftsanteile (§ 5 Abs. 2 S. 2) kann er durch eine **Tilgungsbestimmung** iSd § 366 Abs. 1 BGB festlegen, auf welchen Geschäftsanteil er zahlt. Ohne eine solche Bestimmung findet § 366 Abs. 2 BGB Anwendung, sodass eine gleichmäßige Anrechnung erfolgt (OLG Hamm 24.3.2011, GmbHR 2011, 652 f.). Die **nachträgliche Umwidmung** einer Leistung ist schon aus Gründen des Gläubigerschutzes ausgeschlossen (BGH 11.6.2013, ZIP 2013, 1422 Rn. 15). Bei Erhöhung der Nennbeträge zwischen Anmeldung und Eintragung müssen entstandene Differenzbeträge nachentrichtet werden (Roth/Altmeppen/*Altmeppen* Rn. 18). Ein vereinbartes **Agio** (→ § 5 Rn. 8) ist, anders als im Aktienrecht (§ 36a Abs. 1 AktG), nicht in die Mindesteinlagepflicht einbezogen; seine Fälligkeit kann im Gesellschaftsvertrag beliebig geregelt werden (hM, vgl. HCL/*Ulmer/Casper* Rn. 26 mwN).

11 **c) Mindestgesamtleistung auf das Stammkapital (Abs. 2 S. 2).** Nach **S. 2** muss zusätzlich die Hälfte des **gesetzlich** vorgesehenen **Mindestkapitals** gem. § 5 Abs. 1 erreicht sein. Der Mindestgesamtbetrag beträgt folglich **stets 12.500 EUR,** abzüglich des Wertes etwaiger Sacheinlagen. Bei der reinen Bargründung und einem statutarischen Stammkapital iHd Mindestbetrags sind also insgesamt weitere 6.250 EUR aufzubringen, für die eine **Gesamtbetrachtung** erfolgt. Die zusätzliche Leistungspflicht kann daher bei Einvernehmen beliebig auf die Gründer verteilt werden. Im Zweifel schulden sie aber anteilig gem. § 19 Abs. 1 (HCL/*Ulmer/Casper* Rn. 29; Baumbach/Hueck/*Servatius* Rn. 6). Die früher in S. 3 aF enthaltenen Besonderheiten für **Einpersonengründungen** hat das MoMiG (→ Rn. 2) beseitigt. Die Notwendigkeit einer Sicherheitsleistung für den Differenzbetrag zwischen Mindesteinzahlung und Stammkapital ist daher entfallen.

12 **2. Mehrleistungen.** Die **Tilgungswirkung** von über den Mindestbetrag nach Abs. 2 hinausgehenden Mehrleistungen wurde früher nur angenommen, wenn der Mehrbetrag bei Eintragung noch unversehrt vorhanden war (Nachw. bei HCL/*Ulmer/Casper* Rn. 46). Das zielte auf die Absicherung des Vorbelastungsverbots und ist deshalb ebenso überholt wie das Verbot selbst (→ § 11 Rn. 29 f.). Stattdessen haften die Gesellschafter bei einvernehmlicher Geschäftsaufnahme nunmehr für alle Anlaufverluste und mithin auch für den Verlust von Mehrleistungen (ganz hM, BGH 24.10.1988, BGHZ 105, 300 = NJW 1989, 710; HCL/*Ulmer/Casper* Rn. 46; Baumbach/Hueck/*Servatius* Rn. 5a). Voraussetzung ist aber, dass **alle Gesellschafter** sowohl der Geschäftsaufnahme als auch der Mehrleistung **zugestimmt** haben (HCL/*Ulmer/Casper* Rn. 46; Baumbach/Hueck/*Servatius* Rn. 5a; Roth/Altmeppen/*Altmeppen* Rn. 20), wobei die Zustimmung zur Geschäftsaufnahme die Entgegennahme von Mehrleistungen regelmäßig mitumfasst (zutr. HCL/*Ulmer/Casper* Rn. 46). Fehlt es an der Zustimmung zur Geschäftsaufnahme und war die Mehrleistung auch nicht durch die Satzung vorgeschrieben, so tritt die Tilgungswirkung der (eigenmächtigen) Mehrleistung erst bei der Eintragung ein, soweit der Mehrbetrag wenigstens seinem Wert nach noch im Gesellschaftsvermögen vorhanden ist (HCL/*Ulmer/Casper* Rn. 47).

3. Zahlung zur endgültigen freien Verfügung. Zwar bezieht Abs. 3 das Gebot der Leistung zur endgültigen freien Verfügung der Geschäftsführer explizit nur auf Sacheinlagen; es gilt aber unstreitig auch für **Geldeinlagen** (= Bar- und Buchgeld in EUR), wie sich auch aus § 8 Abs. 2 S. 1 ergibt (BGH 18.2.1991, BGHZ 113, 335 (347) = NJW 1991, 1754; BayObLG 20.1.1994, GmbHR 1994, 329; HCL/*Ulmer/Casper* Rn. 52 f.). Der Inferent muss daher seine Verfügungsmacht über den Einlagebetrag endgültig zugunsten der Gesellschaft derart verloren haben, dass die Geschäftsführer tatsächlich und rechtlich in der Lage sind, über die Mittel uneingeschränkt, dauerhaft und vorbehaltlos für die Gesellschaft zu verfügen (BGH 18.2.1991, BGHZ 113, 335 (347) = NJW 1991, 1754; HCL/*Ulmer/Casper* Rn. 53). Im Gebot der endgültigen freien Verfügung manifestiert sich das Prinzip der realen Kapitalaufbringung; seine Beachtung ist eine zusätzliche **gesellschaftsrechtliche Erfüllungsvoraussetzung.** Ist der Geldbetrag der Gesellschaft nicht *endgültig* und *effektiv* zugeflossen, besteht die Einlagepflicht fort. Es reicht aber, wenn das eingezahlte Geld seinem **Wert** nach dem Gesellschaftsvermögen dauerhaft zufließt (*Ihrig,* Die endgültige freie Verfügung über die Einlage von Kapitalgesellschaften, 1991; HCL/*Ulmer/Casper* Rn. 55; zu Einschränkungen bei bestimmten Fallgestaltungen → Rn. 15 ff.). 13

Erfüllungssurrogate wie die Leistung **an Erfüllungs statt** sind für die Mindesteinlage **gänzlich ausgeschlossen;** die reale Kapitalaufbringung verlangt insofern auch, dass ausreichende Liquidität zur Verfügung steht. Dies gilt auch in den Fällen, in denen § 19 Abs. 2 S. 2 einer Aufrechnung nicht entgegensteht, also bei einvernehmlicher Verrechnung bzw. einer Aufrechnung durch die Gesellschaft (zutr. HCL/*Ulmer/Casper* Rn. 41). Allerdings ist § 19 Abs. 4 entsprechend anzuwenden (→ § 19 Rn. 12). Bei erfüllungshalber hingegebenen Gegenständen **(Schecks, Wechsel, Devisen)** tritt Erfüllung erst nach deren Umwandlung in Geld ein (OLG Dresden 26.8.1999, ZIP 1999, 1885; Baumbach/Hueck/*Servatius* Rn. 9). 14

Die Leistung mit Hilfe von **Fremdmitteln** oder **durch Dritte** (§ 267 BGB) ist möglich, naturgemäß aber nicht unter Zuhilfenahme des Gesellschaftsvermögens (BGH 22.3.2004, NZG 2004, 618; BGH 22.6.1992, NJW 1992, 2698). Auch durch Zahlung **an Dritte** gem. § 362 Abs. 2 BGB, § 185 BGB kann die Einlageforderung erfüllt werden, sofern der Geschäftsführer mit diesem abgekürzten Zahlungsweg einverstanden und die Forderung des Gläubigers vollwertig ist (BGH 25.11.1985, NJW 1986, 989 (990)). Für die **Mindesteinlage nach Abs. 2** lehnt die hM die Erfüllungswirkung allerdings sogar bei Anweisung durch den Geschäftsführer ab (BGH 18.3.2002, BGHZ 150, 197 (200) = NJW 2002, 1716; BGH 12.4.2011, ZIP 2011, 1101 Rn. 12; HCL/*Ulmer/Casper* Rn. 42; Scholz/*Veil* Rn. 33; Baumbach/Hueck/*Fastrich* § 19 Rn. 13). Dem ist nicht zuzustimmen. Der Grundsatz der realen Kapitalaufbringung ist hier nicht berührt, weil der Gesellschaft zweifelsfrei ein Wert iHd Schuldbefreiung dauerhaft zufließt (so auch *Bayer* GmbHR 2004, 445 (454) und Lutter/Hommelhoff/*Bayer* Rn. 16; *K. Schmidt* GesR § 37 II 2g). – Unzweifelhaft tritt aber **keine Erfüllung** ein, wenn der Geschäftsführer mit der abgekürzten Zahlung nicht einverstanden war; die Schuldbefreiung kann dann nur als Sacheinlage geleistet werden. 15

Verwendungsabreden zwischen Gesellschafter und Geschäftsführer schließen die endgültige freie Verfügung **nicht aus,** wenn die Mittel der Umsetzung geschäftspolitischer Zwecke dienen, die ohnehin der Weisung durch die Gesellschafter unterliegen. Führt die Verwendungsbindung aber **zum (indirekten) Rückfluss der Einlagemittel** an den einlegenden Gesellschafter, nahestehende Personen oder von ihm beherrschte Gesellschaften, tritt keine Erfüllung ein (unstr., vgl. BGH 18.2.1991, BGHZ 113, 335 (347); BGH 12.4.2011, ZIP 2011, 1101 Rn. 12; HCL/*Ulmer/Casper* Rn. 56 f.; Scholz/*Veil* Rn. 38; *Bayer* GmbHR 2004, 445 (449)). Soweit die Verwendungsabrede das Hin- und Herzahlen (→ Rn. 17) oder eine verdeckte Sacheinlage betrifft (→ Rn. 18), kann aber seit dem MoMiG unter den in **§ 19 Abs. 4 und 5** bestimmten Voraussetzungen dennoch im Ergebnis eine Erfüllungswirkung erreicht werden. 16

Beim **Hin- und Herzahlen** wird die Einlage zunächst erbracht, das Geld fließt aber – mit oder ohne Rechtsgrundlage – wieder an den Gesellschafter zurück; dieser Fall ist nunmehr in **§ 19 Abs. 5** geregelt (→ § 19 Rn. 72 ff.). Sofern die Gesellschaft zugleich eine bei Gründung schon bestehende Forderung des Gesellschafters erfüllt, liegt allerdings eine – speziellere – verdeckte Sacheinlage iSv **§ 19 Abs. 4** vor (→ Rn. 18 und → § 19 Rn. 34 ff.). Erfolgt die Rückzahlung der Mittel innerhalb eines halben Jahres nach Entstehen der Einlageschuld (oder umgekehrt, → § 19 Rn. 41 f.; HCL/*Casper* § 19 Rn. 207 f.), wird das Vorliegen einer – erfüllungsschädlichen – Verwendungsabrede iSv. § 19 Abs. 5 vermutet. Während die darlehensweise Rückzahlung der Einlage an den Gesellschafter früher generell keine Erfüllung der Einlagepflicht bewirkte (BGH 2.12.2002, BGHZ 153, 107 (110) = NJW 2003, 825; BGH 21.11.2005, BGHZ 165, 113 (116 f.) = NJW 2006, 509; BGH 22.3.2004, ZIP 2004, 1046), kommt es seit MoMiG auf Vollwertigkeit und Fälligkeit des Rückgewähranspruchs an (→ § 19 Rn. 81 ff.). Damit bleibt aber die Leistung ohne Erfüllungswirkung, wenn es sich um ein reguläres Darlehen handelt. Anderes gilt jedoch – entgegen der früheren Rspr. des BGH (BGH 16.1.2006, BGHZ 166, 8), sofern die eingelegten Mittel in einen (konzernweiten) **Cash-Pool** fließen, weil (und soweit) sie dort für die Gesellschaft jederzeit verfügbar bleiben (→ § 19 Rn. 84 f.). Allerdings soll die Erfüllungswirkung nach der Rspr. von einer Anzeige bei der Anmeldung (§ 19 Abs. 5 S. 2) abhängen (vgl. BGH 16.2.2009, ZIP 2009, 713 (715) und BGH 20.7.2009, ZIP 2009, 1561; HCL/*Casper* § 19 Rn. 216; *Pentz* GmbHR 2009, 505 (511); aA → § 19 Rn. 86 f.; Lutter/Hommelhoff/*Bayer* § 19 Rn. 122 f.). 17

18 Bei der **verdeckten Sacheinlage** (zum Begriff s. **§ 19 Abs. 4** und → § 19 Rn. 34 ff.) fließen die Einlagemittel ebenfalls wieder an den Inferenten zurück, hier aber zur Bezahlung eines bei Entstehung der Einlagepflicht schon vorhandenen und sacheinlagefähigen Gegenstands, was somit auch die Tilgung einer bereits bestehenden, sog. Alt-Forderung des Gesellschafters erfasst. Wird dies von vornherein verabredet, was innerhalb eines Zeitraums von sechs Monaten zu vermuten ist, blieb bis zum MoMiG (→ Rn. 2) nicht nur die Einlagepflicht unerfüllt; vielmehr waren auch sämtliche Geschäfte zur Durchführung der verdeckten Sacheinlage unwirksam. § 19 Abs. 4 nF belässt es zwar im Ansatz bei der Nichterfüllung, lässt aber eine Anrechnung Platz greifen und behandelt das Verkehrsgeschäft als wirksam (→ § 19 Rn. 57 ff.).

19 Zahlt der Inferent auf ein **debitorisches Bankkonto** der Gesellschaft, verlangt der BGH nicht nur, dass die Forderung der Bank besteht, sondern auch, dass diese den Geschäftsführern **gestattet, über den eingelegten Geldbetrag** zu verfügen, entweder iRe allgemeinen Kreditlinie oder aufgrund einer geduldeten Überziehung. Der weitere Kredit iHd geleisteten Einlage kann aber auch auf einem anderen Konto zur Verfügung gestellt werden (BGH 18.3.2002, BGHZ 150, 197 = NJW 2002, 1716). Ist die Bank mit der (weiteren) Überziehung nicht einverstanden, wird die endgültige freie Verfügung abgelehnt (BGH 18.3.2002, BGHZ 150, 197 = NJW 2002, 1716; BGH 8.11.2004, NZG 2005, 180; OLG Hamm 14.1.2004, ZIP 2004, 1427; Roth/Altmeppen/*Altmeppen* Rn. 29; Baumbach/Hueck/*Servatius* Rn. 11). **Anderes** muss aber für den noch nicht höchstrichterlich entschiedenen Fall gelten, dass der Inferent vom Geschäftsführer zur Zahlung auf das Konto **angewiesen** wurde; hier muss der Gesellschafter auch ohne erneute Verfügbarkeit des Einlagebetrages befreit werden (zutr. OLG Oldenburg 17.7.2008, ZIP 2009, 424; OLG Bamberg 17.10.2002, GmbHR 2003, 717; Lutter/Hommelhoff/*Bayer* Rn. 22). Hierfür reicht es aus, dass der Gesellschafter auf ein übliches und ihm bekanntes Geschäftskonto der GmbH überweist, sofern er dessen debitorischen Zustand nicht kennt (Lutter/Hommelhoff/*Bayer* Rn. 22). All dies trifft auch dann noch zu, wenn das **Kreditinstitut,** bei dem das Konto der Gesellschaft geführt ist, **selbst Inferent** ist (str., zutr. HCL/*Ulmer/Casper* Rn. 35).

20 **4. Zahlungsempfänger.** Die Zahlung ist an die **Vor-GmbH** (GmbH i. G.) zu richten (BGH 2.5.1966, BGHZ 45, 338; Scholz/*Veil* Rn. 27), sofern nicht unmittelbar an einen Dritten gezahlt wird (→ Rn. 15). Es ist aber unschädlich, wenn das Einzahlungskonto schon für die (künftige) GmbH oder „Gründungsgesellschaft" geführt wird oder für den Geschäftsführer persönlich, sofern er das Konto in seiner Organeigenschaft eröffnet hat (BGH 2.12.2002, BGHZ 153, 107 (112) = NJW 2003, 825; BGH 24.9.1990, GmbHR 1990, 554 (555); OLG Naumburg 13.5.1997, GmbHR 1998, 239; HCL/*Ulmer/Casper* Rn. 36; Baumbach/Hueck/*Servatius* Rn. 8).

21 Sämtliche **Zahlungen im Vorgründungsstadium,** die auf ein Konto der Vorgründungsgesellschaft (OLG Hamm 25.5.1992, GmbHR 1992, 750), des zukünftigen Geschäftsführers (OLG Düsseldorf 10.12.1993, GmbHR 1994, 398) oder ein für die zukünftige (Vor-)Gesellschaft errichtetes Konto (OLG Frankfurt a. M. 24.1.2005, NZG 2005, 556) geleistet werden, haben **keine Erfüllungswirkung.** Ist allerdings der Geldbetrag bei Übernahme des Vermögens der Vorgründungsgesellschaft durch die (Vor-)GmbH (zur fehlenden Gesamtrechtsnachfolge s. BGH 7.5.1984, BGHZ 91, 148 (151) = NJW 1984, 2164; BGH 9.3.1998, NJW 1998, 1645; HCL/*Ulmer/Löbbe* § 2 Rn. 59) noch unversehrt vorhanden, tritt die Erfüllungswirkung nachträglich ein (BGH 22.6.1992, NJW 1992, 2698 sowie die zitierten OLG-Urteile). In diesem Falle stellt die Übertragung der Vermögenswerte der Vorgründungsgesellschaft auf die Vor-GmbH keine Sachgründung dar (HCL/*Ulmer/Casper* Rn. 48).

22 Bei der **Einpersonen-GmbH** darf die Zahlung keineswegs auf ein Konto des Gesellschafters erfolgen (HCL/*Ulmer/Casper* Rn. 37). Es ist entweder auf ein Konto der Gesellschaft oder auf ein eigens errichtetes Treuhandkonto zu leisten (OLG Stuttgart 24.1.1985, WM 1985, 1066 (1067)). Bei **Barzahlung** muss der Betrag vollständig aus dem Privatvermögen des Gründungsgesellschafters (Geschäftsführers) ausgeschieden und in das Sondervermögen der zu gründenden GmbH gelangt sein (zur Einpersonen-Vor-GmbH → § 11 Rn. 41). Die Zugehörigkeit zum Vermögen der zu gründenden GmbH muss dabei auch für einen Außenstehenden objektiv erkennbar sein. Es reicht also nicht, das Geld dem anmeldenden Notar vorzuzeigen (OLG Oldenburg 26.7.2007, GmbHR 2007, 1043) oder es in einem auch privat genutzten Safe aufzubewahren (OLG Hamburg 16.3.2001, BB 2001, 2182 = GmbHR 2001, 972).

23 **5. Sacheinlagen (Abs. 3).** Sacheinlagen (zum Begriff → § 5 Rn. 12) müssen bereits **vor der Anmeldung vollständig** zur endgültigen freien Verfügung des Geschäftsführers geleistet werden. Das gilt auch für den Sachteil bei **Mischeinlagen** und **Sachübernahmen** (→ Rn. 10, → § 5 Rn. 15). Sämtliche Erfüllungsgeschäfte (insbesondere gem. §§ 398, 413; 854; 929 f. BGB) müssen bei Anmeldung erfolgt und erforderliche Unterlagen (zB gem. § 952 BGB) übergeben worden sein. Bei **Grundstücken** und anderen eintragungspflichtigen Rechten reicht es aber nach hM, wenn bindende Einigung, Eintragungsbewilligung (§§ 19, 20 GBO) und Eintragungsantrag (§§ 13, 17 GBO) vorhanden sind (HCL/*Ulmer/Casper* Rn. 51; Baumbach/Hueck/*Servatius* Rn. 14), nicht jedoch die Eintragung einer Vormerkung (Baumbach/Hueck/*Servatius* Rn. 14, str.). Die Auflassung an die (künftige) GmbH wird als schuldbefreiend anerkannt, obgleich richtigerweise die Vor-GmbH einzutragen und die Eintragung nach Ent-

stehung der GmbH entsprechend zu berichtigen ist. – Vom Sonderfall der Grundstücke abgesehen, ist der Gegenstand der Sacheinlage nur dann zur **endgültigen freien Verfügung** der Geschäftsführer geleistet, wenn der Erwerbstatbestand abgeschlossen und der Rechtserwerb ausreichend sicher gewährleistet ist. Die für die Bareinlage hierzu anerkannten Grundsätze (→ Rn. 13 ff.) gelten *mutatis mutandis.* **Zweifel an der Werthaltigkeit** sind für das Eintragungsverfahren jedenfalls dann unschädlich, wenn der Inferent neben der Sacheinlage das Stammkapital sicherheitshalber auch in bar aufbringt (OLG Naumburg 17.1.2018, GmbHR 2018, 1068 (1069), zustimmend *Wachter* EWiR 2018, 749).

Inhalt der Anmeldung

8 (1) **Der Anmeldung müssen beigefügt sein:**

1. der Gesellschaftsvertrag und im Fall des § 2 Abs. 2 die Vollmachten der Vertreter, welche den Gesellschaftsvertrag unterzeichnet haben, oder eine beglaubigte Abschrift dieser Urkunden,
2. die Legitimation der Geschäftsführer, sofern dieselben nicht im Gesellschaftsvertrag bestellt sind,
3. eine von den Anmeldenden unterschriebene Liste der Gesellschafter nach den Vorgaben des § 40,
4. im Fall des § 5 Abs. 4 die Verträge, die den Festsetzungen zugrunde liegen oder zu ihrer Ausführung geschlossen worden sind, und der Sachgründungsbericht,
5. wenn Sacheinlagen vereinbart sind, Unterlagen darüber, daß der Wert der Sacheinlagen den Nennbetrag der dafür übernommenen Geschäftsanteile erreicht.

(2) [1] **In der Anmeldung ist die Versicherung abzugeben, daß die in § 7 Abs. 2 und 3 bezeichneten Leistungen auf die Geschäftsanteile bewirkt sind und daß der Gegenstand der Leistungen sich endgültig in der freien Verfügung der Geschäftsführer befindet.** [2] **Das Gericht kann bei erheblichen Zweifeln an der Richtigkeit der Versicherung Nachweise (unter anderem Einzahlungsbelege) verlangen.**

(3) [1] **In der Anmeldung haben die Geschäftsführer zu versichern, daß keine Umstände vorliegen, die ihrer Bestellung nach § 6 Abs. 2 S. 2 Nr. 2 und 3 sowie Satz 3 entgegenstehen, und daß sie über ihre unbeschränkte Auskunftspflicht gegenüber dem Gericht belehrt worden sind.** [2] **Die Belehrung nach § 53 Abs. 2 des Bundeszentralregistergesetzes kann schriftlich vorgenommen werden; sie kann auch durch einen Notar oder einen im Ausland bestellten Notar, durch einen Vertreter eines vergleichbaren rechtsberatenden Berufs oder einen Konsularbeamten erfolgen.**

(4) **In der Anmeldung sind ferner anzugeben:**

1. eine inländische Geschäftsanschrift,
2. Art und Umfang der Vertretungsbefugnis der Geschäftsführer.

(5) **Für die Einreichung von Unterlagen nach diesem Gesetz gilt § 12 Abs. 2 des Handelsgesetzbuchs entsprechend.**

Übersicht

I. Allgemeines

1 § 8 knüpft an § 7 an und regelt katalogartig die **inhaltlichen Anforderungen** an die Anmeldung. Abs. 1 (Nr. 3 und 5) wurden durch das **MoMiG** redaktionell an die Nomenklatur des § 5 Abs. 2 angepasst (Geschäftsanteile statt Stammeinlage). Außerdem wurde die ehemals in Nr. 6 aF geregelte **Pflicht** zur Einreichung **staatlicher Genehmigungsurkunden gestrichen,** um beide Verfahren aus Beschleunigungsgründen zu entkoppeln (BegrRegE BT-Drs. 16/6140, 34; → § 1 Rn. 18) und eine Gleichbehandlung mit Einzelkaufleuten zu erreichen (vgl. § 7 HGB). Abs. 5 wurde durch das **EHUG** zum 1.1.2007 geändert, um die Anwendbarkeit des § 12 HGB klarzustellen: Demnach sind **sämtliche Unterlagen** gem. § 8 in elektronischer Form einzureichen. Zuletzt wurde Abs. 1 Nr. 3 durch das Gesetz zur Umsetzung der Vierten GeldwäscheRL v. 23.6.2017 geändert (BGBl. 2017 I 1822) (→ Rn. 4).

II. Anlagen zur Anmeldung (Abs. 1)

2 **1. Gesellschaftsvertrag und Vollmachten (Nr. 1).** Der Anmeldung muss eine Ausfertigung oder beglaubigte Abschrift des **Gesellschaftsvertrags** beigefügt sein, und zwar gem. Abs. 5 in **elektronischer Form** (§ 12 Abs. 2 HGB). Soweit die Gründungsgesellschafter gem. § 2 Abs. 2 vertreten worden sind, gilt Entsprechendes für die **Vollmachten** oder Genehmigungen (→ § 2 Rn. 20). Der Gesellschaftsvertrag muss vollständig in *einem* Schriftstück enthalten sein (vgl. § 54 Abs. 1 S. 2 für die Satzungsänderung sowie OLG Frankfurt a. M. 4.3.1981, DB 1981 (1183); HCL/*Ulmer/Casper* Rn. 4; Baumbach/Hueck/*Servatius* Rn. 4; Roth/Altmeppen/*Altmeppen* Rn. 3). Wird der Gesellschaftsvertrag während des Gründungsverfahrens **geändert,** so muss dem Registergericht eine vollständige, aktualisierte Fassung übermittelt werden; § 54 Abs. 1 S. 2 gilt entsprechend (KG 24.9.1996, DB 1997, 270; BayObLG 14.9.1988, DB 1988, 2354; Roth/Altmeppen/*Altmeppen* Rn. 3). Für die Zusammenstellung der aktuellen Fassung sind die Geschäftsführer zuständig. Eine förmliche Anmeldung der Satzungsänderung entsprechend § 54 Abs. 1 S. 1 ist vor Eintragung hingegen nicht erforderlich (OLG Zweibrücken 12.9.2000, GmbHR 2000, 1204; BayObLG 31.1.1978, DB 1978, 880; HCL/*Ulmer/Casper* Rn. 4; Baumbach/Hueck/*Servatius* Rn. 4). Keine Vollmacht iSd Nr. 1 ist die sog. Handelsregistervollmacht.

3 **2. Legitimation der Geschäftsführer (Nr. 2).** Ein besonderer Legitimationsnachweis ist nur dann erforderlich, wenn die Bestellung der Geschäftsführer nicht schon im Gesellschaftsvertrag (§ 6 Abs. 3) erfolgt ist. Dann reicht es aus, den **Bestellungsbeschluss** der Gesellschafterversammlung in Schriftform vorzulegen (HCL/*Ulmer/Casper* Rn. 7; Baumbach/Hueck/*Servatius* Rn. 6). Der Geschäftsführer ist mit Familiennamen, Vornamen, Geburtsdatum und Wohnort zu bezeichnen, diese Angaben werden gem. § 43 Nr. 4b HRV in das Handelsregister eingetragen. Zum Teil wird auch die Angabe der Privatanschrift gefordert (Roth/Altmeppen/*Altmeppen* Rn. 4. Wiederum ist der Nachweis elektronisch einzureichen (Abs. 5 iVm § 12 Abs. 2 HGB).

4 **3. Gesellschafterliste (Nr. 3).** Nach den Änderungen durch das MoMiG zur Gesellschafterliste (eingehende Bestandsaufnahme bei *Löbbe* GmbHR 2016, 141) wurde im Zuge der Umsetzung der Vierten GeldwäscheRL (→ Rn. 1) nunmehr eine einheitliche Regelung zur Gesellschafterliste für Gründung und Anteilsübertragung unter Erweiterung des notwendigen Inhalts in § 40 Abs. 1 GmbHG getroffen. Zugleich beschränkt sich die Nr. 3 jetzt auf einen schlichten Verweis auf § 40. Maßgeblicher Zeitpunkt für den Inhalt der Liste ist der Stand im **Zeitpunkt** der Anmeldung (HCL/*Ulmer/Casper* Rn. 9). Änderungen zwischen Anmeldung und Eintragung begründen aber die Pflicht zur Aktualisierung in der Form des Abs. 5 (HCL/*Ulmer/Casper* Rn. 9; Baumbach/Hueck/*Servatius* Rn. 7). Ansprüche der Gesellschafter auf Einreichung einer Gesellschafterliste bestimmten Inhalts bestehen nicht gegen den Geschäftsführer, sondern allenfalls gegen die Gesellschaft (OLG München 29.7.2010, GmbHR 2011, 429 = ZIP 2011, 570) und können nur klagweise und nicht im Wege einstweiliger Verfügung durchgesetzt werden (OLG München 17.7.2015, NZG 2015, 1272 = ZIP 2015, 2420). Die Liste ist von den Anmeldenden, dh sämtlichen Geschäftsführern (§ 78), zu unterschreiben.

5 Wegen der Einzelheiten zum **Inhalt** der Liste ist auf die Kommentierung zu → § 40 Rn. 3 ff. zu verweisen.

6 **4. Verträge über Sacheinlagen und Sachgründungsbericht (Nr. 4).** Elektronisch vorzulegen (Abs. 5) ist der von allen Gesellschaftern unterschriebene **Sachgründungsbericht** gem. § 5 Abs. 4 S. 2 (→ § 5 Rn. 27) sowie die **Verträge über Sacheinlagen.** Hiermit sind sowohl die Verpflichtungs- als auch die Verfügungsgeschäfte gemeint, soweit über letztere Schriftstücke vorliegen, namentlich also bei der formbedürftigen Übertragung von Grundstücken (§ 925 BGB) und GmbH-Anteilen (§ 15 Abs. 3). Nr. 4 begründet kein Schriftformerfordernis, sondern setzt es voraus (HCL/*Ulmer/Casper* Rn. 11; Lutter/Hommelhoff/*Bayer* Rn. 5). Bei der Übereignung beweglicher Sachen oder bei sonstigen nicht formbedürftigen Verfügungsgeschäften ist Nr. 4 somit wirkungslos. Die hM verlangt jedoch einen

Hinweis auf das Fehlen eines schriftlichen Vertrags (Baumbach/Hueck/*Servatius* Rn. 8; Roth/Altmeppen/*Altmeppen* Rn. 6; Lutter/Hommelhoff/*Bayer* Rn. 5).

5. Nachweise zum Wert der Sacheinlagen (Nr. 5). Angesichts praktischer Schwierigkeiten hat der Gesetzgeber von einer tatbestandlichen Konkretisierung der erforderlichen Unterlagen abgesehen (BegrRegE GmbH-Novelle 1980, BT-Drs. 8/1347, 34). Die **Art des Nachweises** richtet sich deshalb nach dem konkreten Gegenstand. Bei einfach zu bewertenden Gegenständen reichen Kurszettel, Preislisten oder Tarife aus, bei komplexeren Bewertungsvorgängen sind hingegen Sachverständigengutachten erforderlich (BegrRegE GmbH-Novelle 1980, BT-Drs. 8/1347, 34). Für die Frage der Nachprüfbarkeit und Nachvollziehbarkeit der Wertangaben ist auf den Horizont des Registergerichts abzustellen; denn die Angabepflicht zielt auf die gerichtliche Überprüfung nach § 9c Abs. 1 S. 2 (BegrRegE GmbH-Novelle 1980, BT-Drs. 8/1347, 33). Im Einzelnen bedeutet dies: 7

Der Wert handelsüblicher **Sachen** oder **Wertpapiere** kann durch Unterlagen über Markt- oder Börsenpreise belegt werden (Lutter/Hommelhoff/*Bayer* Rn. 6), ansonsten können individuelle Kaufpreise oder Herstellungskosten herangezogen werden (HCL/*Ulmer/Casper* Rn. 14; Lutter/Hommelhoff/*Bayer* Rn. 6). Bei **Grundstücken** müssen idR Sachverständigengutachten vorgelegt werden, sofern das Registergericht nicht ausnahmsweise anhand sonstiger Unterlagen den Mindestwert des Grundstücks ermitteln kann (BayObLG 2.11.1994, NJW 1995, 1971). Bei **Unternehmen** kann eine aktuelle, geprüfte Einbringungsbilanz vorgelegt werden, wenn die Einbringung zu Buchwerten erfolgen soll (LG Freiburg 20.2.2009, BB 2009, 892; Scholz/*Veil* Rn. 18; HCL/*Ulmer/Casper* Rn. 14; großzügiger Baumbach/Hueck/*Servatius* Rn. 9 (nur in schwierigen Fällen); s. dazu auch OLG Düsseldorf 29.3.1995, WM 1995, 1840). Ist die Bewertung mangels vorhandener Vergleichswerte oder sonst aufgrund der Art des Gegenstandes, insbesondere bei **Forderungen, immateriellen Werten, Patenten, sonstigen Rechten** mit Schwierigkeiten verbunden, so bleibt nur der Nachweis durch Sachverständigengutachten. 8

6. Weitere Anlagen. Hat die Gesellschaft einen Aufsichtsrat, so ist die Urkunde über seine Bestellung gem. § 52 Abs. 2, § 37 Abs. 4 Nr. 3 AktG einzureichen (hM, HCL/*Ulmer/Casper* Rn. 16). Die Vorlage einer Stellungnahme der IHK ist nicht erforderlich (vgl. § 23 HRV), aber uU zur Beschleunigung empfehlenswert (Roth/Altmeppen/*Altmeppen* Rn. 10 und Baumbach/Hueck/*Servatius* Rn. 10). 9

7. Folgen fehlerhafter Anmeldung. Fehlen der Anmeldung Unterlagen nach Nr. 1–5 oder weitere Anlagen (oder besteht ein sonstiges Eintragungshindernis), so kann das Registergericht im Wege einer (anfechtbaren) Zwischenverfügung eine Frist zur Behebung setzen (§ 382 Abs. 4 FamFG). Werden die Mängel nicht innerhalb der Frist behoben, wird der Eintragungsantrag abgelehnt. Weil aber keine Pflicht zur Eintragung besteht (→ § 7 Rn. 1, → § 7 Rn. 3), sind Ordnungsstrafen vor Eintragung unzulässig (Lutter/Hommelhoff/*Bayer* § 7 Rn. 1). 10

III. Abgabe der Versicherungen (Abs. 2, 3)

1. Verpflichtete. Zur Abgabe der in Abs. 2 und 3 genannten Versicherungen verpflichtet sind **sämtliche Geschäftsführer** sowie deren Stellvertreter. Wegen der daran geknüpften zivilrechtlichen Haftung (§ 9a Abs. 1) und strafrechtlichen Sanktion (§ 82) sind die Erklärungen **höchstpersönlicher Natur** (→ § 7 Rn. 5 sowie Scholz/*Veil* Rn. 25; Baumbach/Hueck/*Servatius* Rn. 11; Lutter/Hommelhoff/*Bayer* Rn. 10). Noch nicht endgültig geklärt ist, ob die Pflicht zur Abgabe der Versicherungen nach Abs. 2, 3 (entsprechend) auch für Geschäftsführer eines ausländischen GmbH-Äquivalents gilt, die in Deutschland eine Zweigniederlassung anmelden, oder ob sie gegen die europarechtliche Niederlassungsfreiheit verstößt (dazu BGH 14.5.2019, ZIP 2019, 1277 Rn. 41 ff.; Vorlage an EuGH betr. Ltd mit Sitz im Inland). Tritt zwischen Anmeldung und Eintragung ein **Geschäftsführerwechsel** ein, braucht allein aus diesem Grund keine erneute Erklärung nach Abs. 2 abgegeben zu werden. Wohl aber muss die Erklärung nach Abs. 3 hinsichtlich der Person des neuen Geschäftsführers ergänzt werden (§ 39 Abs. 3) (HCL/*Ulmer/Casper* Rn. 21; Lutter/Hommelhoff/*Bayer* Rn. 10; Roth/Altmeppen/*Altmeppen* Rn. 20). Bei jeder Änderung der ursprünglichen Anmeldung, an welcher der neue Geschäftsführer mitgewirkt hat, muss die Erklärung aber insgesamt erneut abgegeben werden. 11

2. Form. Die Form der Versicherung ergibt sich aus Abs. 5 iVm § 12 HGB. Die danach erforderliche **elektronische Abgabe** kann entweder in derselben (Anmeldungs-)Urkunde als auch mit separater Erklärung erfolgen (HCL/*Ulmer/Casper* Rn. 22). Wie die Erklärung bezeichnet wird („Versicherung" oder Ähnliches), ist irrelevant; maßgeblich ist allein ihr Inhalt (OLG Karlsruhe 20.4.2012, ZIP 2012, 1028 (1029)). 12

3. Zeitpunkt. Für die Beurteilung der Richtigkeit der Erklärung entscheidend ist der Eingang des Eintragungsantrags beim Registergericht (OLG Köln 18.3.1988, NJW-RR 1988, 875; LG Gießen 15.10.2002, GmbHR 2003, 543; HCL/*Ulmer/Casper* Rn. 22; Lutter/Hommelhoff/*Bayer* Rn. 9). Deshalb kann sie rechtsfehlerfrei **auch vor der Anmeldung,** namentlich bei Beurkundung des Gesellschaftsvertrags, abgegeben werden, wenn die Umstände, deren Vorliegen versichert wird, bis zum 13

Eingang der Anmeldung bei Gericht noch eintreten (vgl. *Bärwald* GmbHR 2003, 524; HCL/*Ulmer/Casper* Rn. 22; Lutter/Hommelhoff/*Bayer* Rn. 9; krit. Baumbach/Hueck/*Servatius* Rn. 11; für den Fall der Versicherung nach § 39 Abs. 3 S. 1 auch OLG Hamm 3.8.2010, ZIP 2010, 2144 (2145); **aA** OLG Düsseldorf 15.12.1999, GmbHR 2000, 232; Roth/Altmeppen/*Altmeppen* Rn. 21). Dass die Erklärung bis dahin unzutreffend ist, ist unschädlich und löst auch dann keine Haftung der Geschäftsführer aus, wenn der Notar die Anmeldung versehentlich zu früh an das Registergericht übermittelt (HCL/*Ulmer/Casper* Rn. 22). Kommt es aber wegen mangelhafter Anmeldung zu Verzögerungen bei der Eintragung, kann das Gericht eine Wiederholung der Versicherung verlangen (OLG Düsseldorf 3.12.1997, NJW-RR 1998, 898; LG Gießen 19.3.1985, GmbHR 1986, 162; HCL/*Ulmer/Casper* Rn. 22).

14 Welche Konsequenzen eine **nachträgliche Änderung der Tatsachenlage** zwischen Anmeldung und Eintragung hat, ist im Detail umstritten. Überwiegend wird eine Nachmeldepflicht verneint (HCL/*Ulmer/Casper* Rn. 27; Lutter/Hommelhoff/*Bayer* Rn. 10; Baumbach/Hueck/*Servatius* Rn. 14; Scholz/*Veil* Rn. 24; für Nachmeldepflicht bzw. Eintragungshindernis aber OLG Hamm 1.12.1992, NJW-RR 1993, 1381; Roth/Altmeppen/*Altmeppen* Rn. 22 ff.). Eindeutig ist jedoch, dass nachträglich eintretende oder bekannt werdende **Ausschlussgründe** iSv § 6 gemeldet werden müssen, die Versicherung nach **Abs. 3** also zu aktualisieren ist; denn gem. § 39 Abs. 1 gilt dies auch bei Änderungen nach der Eintragung (HCL/*Ulmer/Casper* Rn. 36; Baumbach/Hueck/*Servatius* Rn. 16).

15 **4. Inhalt der Versicherung. a) Über bewirkte Leistungen (Abs. 2).** Nach **Abs. 2** ist anzugeben, wie viel jeder Gesellschafter auf welchen Geschäftsanteil eingezahlt hat und ggf. welche Sacheinlagen erbracht wurden. Erforderlich sind **konkrete Angaben** über die eingezahlten Beträge für jeden Geschäftsanteil; nicht ausreichend sind also pauschalierende Bezeichnungen oder die bloße Angabe des Verhältnisses zur Gesamtsumme oder der Mindesteinzahlungen (unstr., vgl. nur BayObLG 20.12.1979, DB 1980, 438 u. 439; OLG Hamm 28.10.1986, WM 1987, 405; OLG Hamm, 24.3.2011, GmbHR 2011, 652 (653) mkritAnm *Wachter* EWiR 2011, 601; Baumbach/Hueck/*Servatius* Rn. 12 mwN). Dabei ist ausdrücklich zu versichern, dass die Einlagen zur **endgültigen freien Verfügung** der Geschäftsführer erbracht wurden (Lutter/Hommelhoff/*Bayer* Rn. 11), ohne dass dabei aber zwingend die Vokabel „versichern" verwendet werden müsste (OLG Karlsruhe 20.4.2012, NZG 2012, 598).

16 Aufgrund der Regelung in **§ 19 Abs. 5 S. 2** ist auch das erfüllungsunschädliche **Hin- und Herzahlen** offenzulegen, um dem Registergericht die Prüfung der Voraussetzungen des § 19 Abs. 5 zu ermöglichen (RegE MoMiG, BT-Drs. 16/9737, 56). Zur str. Frage, ob die Offenlegung Erfüllungsvoraussetzung ist, vgl. schon den Hinweis in → § 7 Rn. 17 und → § 19 Rn. 86. Bei der **verdeckten Sacheinlage** (§ 19 Abs. 4 nF) gilt nichts Entsprechendes. Wird sie offengelegt, darf nicht eingetragen werden (→ § 19 Rn. 54). Wird sie nicht offengelegt, ist die Versicherung der endgültigen Verfügung falsch – und der Geschäftsführer strafbar (*Ulmer* ZIP 2009, 293 (300 f.); *Goette* WPg 2008, 231 (234); *K. Schmidt* GmbHR 2008, 449).

17 Anzugeben ist weiter, ob das Gesellschaftsvermögen iHd statutarischen Stammkapitals seinem Wert nach noch vorhanden ist (unter Einrechnung offener Einlageforderungen) oder durch vorzeitige Geschäftsaufnahme bis zur Anmeldung durch **Vorbelastungen** geschmälert wurde (HCL/*Ulmer/Casper* Rn. 26; Baumbach/Hueck/*Servatius* Rn. 14 mwN). Nach verbreiteter Praxis soll darüber hinaus sogar jede **Unterbilanz noch vor der Eintragung** auszugleichen sein, anderenfalls bestehe ein Eintragungshindernis (OLG Hamm 1.12.1992, DB 1993, 86 f.; BayObLG 7.10.1998, BB 1998, 2439 f.; Roth/Altmeppen/*Altmeppen* Rn. 32). Demgegenüber verlangt die hL einen Ausgleich zu Recht nur dann, wenn die Ansprüche aus der Unterbilanzhaftung gegen die Gründer absehbar gefährdet sind (vgl. HCL/*Ulmer/Habersack* § 11 Rn. 114 f.; Lutter/Hommelhoff/*Bayer* § 9c Rn. 19 mwN). Ihrem Inhalt nach enthält zwar bereits die Versicherung endgültiger freier Verfügung von Rechts wegen die – haftungsbewehrte! – Erklärung, dass die Mindesteinlagen nicht durch schon entstandene Verluste ganz oder teilweise aufgezehrt sind (vgl. BGH 9.12.2002, BGHZ 153, 158 = NJW 2003, 893; KG 24.9.1996, GmbHR 1997, 412; HCL/*Ulmer/Casper* Rn. 26; Baumbach/Hueck/*Servatius* Rn. 14). Formal sollte aber, schon wegen der Hinweiswirkung, eine **besondere Erklärung** hierzu verlangt und abgegeben werden (idS etwa HCL/*Ulmer/Casper* Rn. 26; Scholz/*Veil* Rn. 27; Lutter/Hommelhoff/*Bayer* Rn. 12 – mit Formulierungsbeispiel). **Gründungsaufwand** begründet demgegenüber, sofern ordnungsgemäß im Gesellschaftsvertrag verlautbart, keine Ausgleichspflicht der Gesellschafter und folglich auch keine offenzulegende Unterbilanz (→ § 5 Rn. 29; HCL/*Ulmer/Casper* Rn. 26; Lutter/Hommelhoff/*Bayer* Rn. 12).

17a Im Falle der **wirtschaftlichen Neugründung** einer Vorrats- oder Mantelgesellschaft (→ § 3 Rn. 17 ff.; → § 11 Rn. 29) muss diese gegenüber dem Register offengelegt werden; § 8 Abs. 2 gilt entsprechend (stRspr., BGH 6.3.2012, BGHZ 192, 341 = NJW 2012, 1875 Rn. 17 ff., BGH 7.7.2003, BGHZ 155, 318 = NJW 2003, 3198; BGH 9.12.2002, BGHZ 153, 158 = NJW 2003, 892). Namentlich müssen die Geschäftsführer nach der Rspr. versichern, dass die Mindesteinlagen (ggf. auch die darüber hinaus geleisteten Einlagen) gem. § 7 Abs. 2, 3 erbracht sind und sich im Anmeldezeitpunkt ihrem Wert nach (immer) noch oder wieder zur endgültigen freien Verfügung der Geschäftsführer stehen, sowie dass die Sacheinlagen werthaltig sind (→ § 3 Rn. 17, 20). Das Registergericht überprüft sodann analog § 9c die Erbringung der Einlagen wie auch die Werthaltigkeit von Sacheinlagen. Wird die wirtschaftliche Neugründung nicht offengelegt, haften die Gesellschafter gleichwohl nur in Höhe der Unterbilanz zum Zeitpunkt, in dem die wirtschaftliche Neugründung erstmals nach außen in Erscheinung trat, allerdings mit der Maßgabe, dass die Gesellschafter den Vermögensstand zu diesem Zeitpunkt darlegen und ggf. beweisen müssen (BGH 6.3.2012, BGHZ 192, 341 = NJW 2012, 1875 Rn. 20, → § 3 Rn. 17, → § 11 Rn. 29).

Nach dem durch das MoMiG neu eingefügten **S. 2** sollen Nachweise (Einzahlungsbelege etc) nur bei erheblichen Zweifeln an der Richtigkeit der Versicherung gefordert werden. Der Gesetzgeber geht davon aus, dass schon die – strafbewehrte! (§ 82) – Erfüllungsversicherung als solche ausreicht (BegrRegE 16/6140, 35). Nach Entscheidung OLG München (OLG München 17.2.2011, GmbHR 2011, 422 (423)) soll diese Einschränkung der Prüfungspflicht aber nicht für den Fall des § 19 Abs. 5 gelten, weil das Anmeldeerfordernis auf die Herstellung von Rechtsklarheit gerichtet sei (krit. *Wachter* GmbHR 2011, 423 (425)). 18

b) Über Hinderungsgründe bei den Geschäftsführern (Abs. 3). Nach früherer Rspr. zu **Abs. 3** müssen die in Bezug genommenen Bestellungshindernisse des § 6 Abs. 2 **einzeln erwähnt** und ihr Nichtvorliegen versichert werden (BayObLG 10.12.1981, DB 1982, 273; BayObLG 30.8.1983, WM 1983, 1170; OLG Frankfurt a. M. 11.7.2011, ZIP 2012, 870 (872)). Nicht vom Verweis erfasst und daher von der Versicherung ausgenommen sind Angaben zu Geschäftsfähigkeit (§ 6 Abs. 2 S. 1) und Betreuung (§ 6 Abs. 2 S. 2 Nr. 1; so auch OLG Hamm 29.9.2010, ZIP 2010, 2293 (2294)). **Jeder Geschäftsführer** muss sich für seine Person einzeln erklären (OLG Frankfurt a. M. 4.2.2016, NZG 2016, 918 = ZIP 2016, 1629; OLG München 17.5.2018, GmbHR 2018, 807). 19

Die Versicherung entspricht einer **Selbstauskunft.** Sie muss das Gericht zur Überzeugung bringen, dass der zukünftige Geschäftsführer alle Bestellungshindernisse kennt und nach sorgfältiger Prüfung wahrheitsgemäße Angaben gemacht hat (LG Bremen 19.5.1998, GmbHR 1999, 865). Die **frühere Rspr.** hat hierbei die pauschale Versicherung, Ausschlussgründe nach § 6 lägen insgesamt nicht vor, nicht als ausreichend angesehen; vielmehr mussten die Ausschlussgründe im Text der Versicherung inhaltlich bezeichnet werden (OLG Karlsruhe 5.2.2010, NZG 2010, 557 (558); s. auch OLG Schleswig 3.6.2014, GmbHR 2014, 1095 (1097). Als nicht erforderlich wurde allerdings schon bisher angesehen, die Überschriften der einzelnen Straftatbestände aufzuführen (BGH 17.5.2010, ZIP 2010, 1337 (1338); OLG Hamm 14.4.2011, GmbHR 2011, 587; OLG Jena 6.9.1994, GmbHR 1995, 453; OLG Stuttgart 10.10.2012, GmbHR 2013, 91 mzustAnm *Oppenländer*). Demgegenüber hat die **neuere Rspr.** zu § 6 Abs. 2 Nr. 3 die **allgemeine Versicherung fehlender Verurteilung** im In- und Ausland ausreichen lassen (BGH 17.5.2010, GmbHR 2010, 812; OLG Frankfurt a. M. 9.4.2015, GmbHR 2015, 863; Lutter/Hommelhoff/*Bayer* Rn. 16). Die Versicherung ist auch dann unzutreffend (und bildet ein Eintragungshindernis), wenn die Verurteilung lediglich aus dem Bundeszentralregister gelöscht wurde (OLG Oldenburg 3.4.2018, ZIP 2019, 375). Es liegt nicht fern, auch für die Bestellungshindernisse des § 6 Abs. 2 Nr. 2 eine solche allgemeine Versicherung zu erlauben (so OLG Stuttgart 10.10.2012, GmbHR 2013, 91; zust. Baumbach/Hueck/*Servatius* Rn. 16). Hinsichtlich des Nichtbestehens eines Verbots nach **§ 6 Abs. 2 Nr. 2** ist zu erklären, dass dem Geschäftsführer zurzeit weder durch gerichtliches Urteil noch durch vollziehbare Entscheidung einer Verwaltungsbehörde die Ausübung eines Berufs, Berufszweiges, Gewerbes oder Gewerbezweiges untersagt ist. In Bezug auf **§ 6 Abs. 2 Nr. 3** darf sich die Versicherung nicht auf den Zeitpunkt der Verurteilung, sondern muss sich auf denjenigen der Rechtskraft beziehen (BGH 7.6.2011, GmbHR 2011, 864 Ls.). Die bloße Aussage, es bestehe kein Verbot „auf dem Gebiet der Gesellschaft", nimmt das Ergebnis der gerichtlichen Prüfung vorweg und ist deshalb unzureichend (OLG Düsseldorf 7.10.1996, BB 1997, 7; ebenso OLG Frankfurt a. M. 11.7.2011, GmbHR 2011, 1156 (1158) für die Versicherung, dass „der Unternehmensgegenstand (nicht) ganz oder teilweise mit dem Gegenstand des Verbots übereinstimmt" und OLG Frankfurt a. M. 23.3.2010, GmbHR 2010, 918 (919) sowie OLG Schleswig 3.6.2014, NZG 2015, 232 für die Versicherung, es bestehe kein Verbot eines Berufes etc „der ganz oder teilweise mit dem Unternehmensgegenstand übereinstimmt". (hierzu krit. *Wachter* EWiR 2011, 49)). **Auslandstaten** iSv Abs. 2 S. 3 sind keine Taten, die nach (einschlägigem) ausländischem Recht nur Ordnungswidrigkeiten darstellen (OLG München 18.6.2014, GmbHR 2014, 869 mzustAnm *Wachter*). 20

Ausdrücklich zu versichern ist auch, dass der Geschäftsführer über seine **unbeschränkte Auskunftspflicht** gegenüber dem Registergericht gem. § 53 Abs. 2 BZRG belehrt worden ist (Abs. 3 S. 1). Die Belehrung kann sowohl durch das **Gericht** als auch durch einen **Notar** oder **Rechtsanwalt** (BegrRegE BT-Drs. 16/6140, 35), nicht aber durch einen Patentanwalt (OLG Frankfurt a. M. 8.8.2017, ZIP 2018, 686 (692)) erfolgen. Die früher umstrittene Möglichkeit einer Belehrung im **Ausland** (vgl. HCL/*Ulmer*/*Casper* Rn. 37 mwN) wird seit dem MoMiG ausdrücklich in Abs. 3 S. 2 eröffnet. Die Belehrung eines Geschäftsführers im Ausland kann deshalb entweder **schriftlich durch einen inländischen Notar** oder (schriftlich/mündlich) durch einen **ausländischen Notar** oder **deutschen Konsularbeamten** erfolgen. Der Gesetzgeber will hierdurch dem Umstand Rechnung tragen, dass nach Änderung des § 4a Satzungs- und Verwaltungssitz auseinanderfallen können (BegrRegE BT-Drs. 16/6140, 35). 21

IV. Angabe der Geschäftsanschrift, Vertretungsbefugnis (Abs. 4)

22 Seit dem MoMiG verlangt Abs. 4 zwingend die Angabe einer zustellungsfähigen **inländischen Geschäftsanschrift,** um Zustellungsprobleme zu beheben (BegrRegE BT-Drs. 16/6140, 35). In der Regel handelt es sich um den Sitz der Hauptverwaltung oder eines maßgeblichen Betriebs. Die Angabe einer „c/o"-Adresse ist zulässig, wenn eine sichere und zuverlässige Zustellung an diese Adresse erfolgen kann (OLG Hamm 7.5.2015, NZG 2015, 833; OLG Hamm 13.1.2016, NZG 2016, 386; OLG Rostock 31.5.2010, GmbHR 2011, 30 (31); s. auch *Stenzel* NZG 2011, 851 (853)). Befinden sich Hauptverwaltung oder maßgeblicher Betrieb im Ausland, kann aber auch die inländische Wohnanschrift eines Geschäftsführers, Gesellschafters oder (sonstigen) Zustellungsbevollmächtigten (zB Steuerberater, Rechtsanwalt) angegeben werden (BegrRegE BT-Drs. 16/6140, 35). Die Anschrift wird ins Handelsregister eingetragen (§ 10 HGB) und kann zusätzlich über das Unternehmensregister (§ 8b Abs. 2 Nr. 1 HGB) eingesehen werden. Jede **Änderung** ist nach § 31 Abs. 1 HGB anmeldepflichtig; die Anmeldung bezieht sich auf ein Grundlagengeschäft und ist deshalb allein Sache der Geschäftsführer, kann also nicht durch einen Prokuristen erfolgen (so jetzt auch KG 4.5.2016, NZG 2016, 1031; zuvor bereits OLG Karlsruhe 7.8.2014, GmbHR 2014, 1046; aA noch KG 20.9.2013, GmbHR 2013, 1263: Adressänderung innerhalb Berlins sei keine Grundlagenentscheidung). Die Pflicht ist – ab Eintragung der GmbH – zwangsgeldbewehrt nach § 14 HGB (bis 5.000 EUR); ihre Verletzung ermöglicht eine öffentliche Zustellung nach § 15a HGB und § 185 Nr. 2 ZPO (BGH 31.10.2018, NZG 2019, 352). Für **Altgesellschaften** gilt die Angabepflicht, sofern diese noch gar keine Geschäftsanschrift mitgeteilt oder diese sich nach dem 1.11.2008 geändert hat. Anderenfalls ist sie bei Gelegenheit der nächsten Anmeldung (in beliebiger Angelegenheit) dem Registergericht mitzuteilen, § 3 Abs. 1 S. 2 EGGmbHG (vgl. dazu auch OLG München 28.1.2009, BB 2009, 572).

23 Weiter ist nach Abs. 4 die genaue **Art der Vertretungsbefugnis** (Einzel- oder Gesamtvertretungsmacht) auch dann ausdrücklich und konkret anzugeben, wenn der Gesellschaftsvertrag nicht von der gesetzlichen Regelung des § 35 Abs. 2 S. 1 abweicht (BGH 5.12.1974, BGHZ 63, 261 = NJW 1975, 213), zumal von Ausländern eine vollständige Kenntnis des deutschen GmbH-Rechts nicht erwartet werden kann. Erst recht ist die Bezugnahme auf die Satzung unzureichend. Ist die Vertretungsbefugnis für einzelne Geschäftsführer besonders geregelt, ist auch dies zu offenbaren (BayObLG 29.5.1979, GmbHR 1979, 207). Ferner ist die **Befreiung von § 181 BGB** angabe- und eintragungspflichtig (BGH 28.2.1983, BGHZ 87, 59 = NJW 1983, 1676; s. auch OLG Nürnberg 12.2.2015, NZG 2015, 886 = ZIP 2015, 522; OLG Düsseldorf 30.11.2009, NZG 2010, 314; OLG Hamm 22.12.2010, NZG 2011, 461). Eine Ermächtigung der Gesellschafterversammlung zur Befreiung von § 181 BGB (oder Abweichungen vom Gesellschaftsvertrag), von der kein Gebrauch gemacht wurde, braucht jedoch nicht angegeben zu werden (OLG Frankfurt a. M. 30.9.1983, DB 1984, 42; OLG Hamm 22.1.1993, GmbHR 1993, 500).

Überbewertung der Sacheinlagen

9 (1) [1] **Erreicht der Wert einer Sacheinlage im Zeitpunkt der Anmeldung der Gesellschaft zur Eintragung in das Handelsregister nicht den Nennbetrag des dafür übernommenen Geschäftsanteils, hat der Gesellschafter in Höhe des Fehlbetrags eine Einlage in Geld zu leisten.** [2] **Sonstige Ansprüche bleiben unberührt.**

(2) **Der Anspruch der Gesellschaft nach Absatz 1 Satz 1 verjährt in zehn Jahren seit der Eintragung der Gesellschaft in das Handelsregister.**

Übersicht

I. Allgemeines

1 § 9 regelt seit der GmbH-Novelle 1980 die **Differenzhaftung bei überbewerteten Sacheinlagen,** die aber praeter legem schon zuvor anerkannt war (BGH 14.3.1977, BGHZ 68, 195 f.; *K. Schmidt* GmbHR 1978, 5), zumal sie das Gebot der realen Kapitalaufbringung bei Sacheinlagen verwirklicht. Ihr **Zweck** ist mithin die Sicherung der Kapitalaufbringung, weshalb die Vorschrift **zwingendes Recht** enthält (unstr., s. nur Baumbach/Hueck/*Servatius* Rn. 1). Die vor 1980 in § 9 aF enthaltenen Haftungsregeln finden sich seither in §§ 9a, 9b. Das **MoMiG** hat Abs. 1 S. 2 eingefügt, der die Selbstverständlichkeit klarstellen soll, dass Ansprüche aus anderen Rechtsgründen unberührt bleiben; die Motive erwähnen ausdrücklich den (gesellschaftsvertraglichen) Anspruch auf ein durch den Wert der Sacheinlage nicht vollständig gedecktes Agio (BT-Drs. 16/6140, 36).

2 Gemäß § 56 Abs. 2 ist § 9 auch auf **Sachkapitalerhöhungen** anwendbar. Eine Differenzhaftung findet ferner beim **Formwechsel** (§ 197 S. 1 UmwG) und bei der Kapitalerhöhung zur Durchführung der **Verschmelzung** oder **Spaltung** (§ 36 Abs. 2 S. 1 UmwG, § 135 Abs. 2 UmwG) statt, bei denen das Kapitalerhaltungsrecht der GmbH entsprechend anwendbar ist. Hier muss die Gesellschafter des erlöschenden Rechtsträgers zutreffenderweise jeweils eine anteilige Differenzhaftung für einen Minderwert des Vermögens dieser Gesellschaft treffen (HCL/*Ulmer/Habersack* Rn. 6 mwN), wenngleich sich der BGH inzwischen gegen eine Differenzhaftung und lediglich für die Anwendung der Grundsätze zur Existenzvernichtungshaftung ausgesprochen hat (BGH 6.11.2018, NZG 2019, 187 Rn. 17 ff.; mit Recht krit. *Priester* ZIP 2019, 646; Baumbach/Hueck/*Servatius* Rn. 1). Jedenfalls **keine** (entsprechende) **Anwendung** findet § 9 nach der Rspr. des BGH bei Wertverlusten an einem Gegenstand, der einem Gesellschafter verbotswidrig von der Gesellschaft übertragen wurde; hier soll es bei der ausschließlichen Anwendung der §§ 30, 31 bleiben (BGH 17.3.2008, NJW 2008, 656; vgl. auch *Podewils* GmbHR 2008, 657 mwN). Gemäß § 254 Abs. 4 InsO ist die Differenzhaftung **ausgeschlossen,** sofern Forderungen durch einen gerichtlich festgestellten **Insolvenzplan** nach § 225a Abs. 2 InsO in Anteilsrechte umgewandelt werden; diese problematische Regelung (s. auch *Römermann* GmbHR 2013, 337 (343 f.)) ist im Falle vorsätzlicher (erheblicher) Fehlbewertung durch eine entsprechende Haftung der Einleger und Geschäftsführer gem. § 826 BGB zu flankieren (*Kanzler/Mader* GmbHR 2012, 992 (996 f.)).

II. Voraussetzungen der Differenzhaftung

3 **1. Rechtsnatur, Anwendungsbereich.** Der Anspruch aus § 9 ist als **Geldeinlageforderung** zu qualifizieren und unterliegt den für sie geltenden Regeln des § 19 (HCL/*Ulmer/Habersack* Rn. 4). Er verdeutlicht, dass *jede* Einlageforderung auf Geld gerichtet ist, bei wirksamer Festsetzung gem. § 5 Abs. 4 aber durch andere Gegenstände ersetzt werden darf, weshalb § 19 Abs. 2 S. 2 das Verbot der Leistung an Erfüllungs statt insoweit suspendiert. Die Haftung betrifft sowohl überbewertete Sacheinlagen (einschließlich des Sachteils bei gemischten Einlagen) als auch Sachübernahmen (zu den Begriffen → § 5 Rn. 12 f.). Sie bezieht sich aber nur auf die **offene Sacheinlage,** weshalb deren **wirksame Festsetzung** gem. § 5 Abs. 4 erforderlich ist (→ § 5 Rn. 16). Bei verdeckten Sacheinlagen gilt demgegenüber ggf. die Anrechnung nach § 19 Abs. 4 (→ § 19 Rn. 57 ff.). § 9 zeigt, dass die zutr. Bewertung keine Wirksamkeitsvoraussetzung einer (offenen) Sacheinlage ist. Umgekehrt heilt die Differenzhaftung keinesfalls etwaige Mängel der Sacheinlagevereinbarung (Roth/Altmeppen/*Altmeppen* Rn. 2).

4 Die Differenz zwischen Sachwert und Nennbetrag ist **für jeden Geschäftsanteil gesondert** zu ermitteln; insoweit findet also keine Gesamtbetrachtung derart statt, dass der Mehrwert bei dem auf einen Geschäftsanteil geleisteten Gegenstand den Minderwert eines auf einen anderen Geschäftsanteil geleisteten Gegenstands ausgleichen könnte (Roth/Altmeppen/*Altmeppen* Rn. 2). Anderes gilt naturgemäß, wenn für die Übernahme *eines* Geschäftsanteils mehrere Gegenstände einzubringen sind. Hier kommt es stets allein darauf an, dass die Summe ihrer Werte den Nennbetrag erreicht, selbst wenn getrennte Wertansätze festgelegt wurden (Roth/Altmeppen/*Altmeppen* Rn. 2; Scholz/*Veil* Rn. 15; vgl. auch OLG Düsseldorf 28.3.1991, NJW-RR 1992, 427). Ein **Agio** nimmt **nicht** am Schutz des § 9 teil; erreicht der Wert des Einlagegegenstands also zwar den Nennbetrag des Geschäftsanteils, nicht aber auch das Agio, bleibt nur der Anspruch aus dem Gesellschaftsvertrag (hM, vgl. HCL/*Ulmer/Habersack* Rn. 12; Lutter/Hommelhoff/*Bayer* Rn. 4). Im Falle eines **reinen Sach-Agios** (Einzahlung in die Kapitalrücklage) ist allerdings eine Differenzhaftung, jedenfalls aber die Unterbilanzhaftung dann zu befürworten, wenn der Gegenstand einen **negativen Wert** aufweist (vgl. *Heidinger/Berkefeld* in Heckschen/Heidinger GmbH-Gestaltungspraxis Kap. 11 Rn. 70; *Lubberich* DNotZ 2016, 164 (177); s. auch OLG Karlsruhe 7.5.2014, ZIP 2014, 1286 und → § 5a Rn. 19).

5 **Praktisch relevant** wird die Differenzhaftung vor allem bei **nachträglich** festgestellter Überbewertung, weil iÜ ein Eintragungshindernis gem. § 9c Abs. 1 S. 2 besteht, sofern der angegebene Wert nicht bloß unwesentlich verfehlt wird (→ § 9c Rn. 8). Der Sachgründungsbericht (§ 8) und das Ergebnis der Prüfung durch das Registergericht (§ 9c) sind für die Differenzhaftung nicht bindend, zumal diese auch unwesentliche Abweichungen betrifft (→ Rn. 6). Aus Mängeln des Sachgründungsberichts kann ande-

rerseits nicht automatisch die Überbewertung abgeleitet werden; sie haben allenfalls Indizwirkung für einen niedrigeren wahren Wert (BGH 12.10.1998, GmbHR 1999, 232).

6 **2. Bewertungsmaßstäbe.** Der in Geld auszugleichende Fehlbetrag errechnet sich als Differenz zwischen dem im Gesellschaftsvertrag festgelegten Wertansatz (= Nennbetrag des für die Sacheinlage übernommenen Geschäftsanteils – ohne Agio, → Rn. 4) und dem **tatsächlichen objektiven Wert** des Gegenstands unter Berücksichtigung seiner Zweckbestimmung für die Gesellschaft (HCL/*Ulmer/Habersack* Rn. 13). Dies ist bei Gegenständen des Umlaufvermögens regelmäßig der Zeitwert (OLG München 3.12.1993, GmbHR 1994, 712), bei Anlagegegenständen der Wiederbeschaffungswert (OLG Düsseldorf 28.3.1991, NJW-RR 1992, 426), bei Unternehmen deren Ertragswert, wie er sich aus den allgemeinen Bewertungsregeln ergibt (KG 26.10.2004, NZG 2005, 183; HCL/*Ulmer/Habersack* Rn. 13, § 5 Rn. 99 ff.). Nach hM besteht **kein Beurteilungsspielraum,** und der Anspruch aus § 9 entsteht demgemäß auch bei nur geringfügiger Überbewertung (HCL/*Ulmer/Habersack* Rn. 13; Baumbach/Hueck/*Servatius* Rn. 4; Roth/Altmeppen/*Altmeppen* Rn. 6). Eine ältere entgegengesetzte Entscheidung des BGH (14.3.1977, NJW 1977, 1196) ist überholt (Lutter/Hommelhoff/*Bayer* Rn. 4). Nach zutreffender hM kann der Anspruch den **Nennbetrag des Geschäftsanteils** auch **übersteigen,** wenn der Sacheinlage ein Negativwert zukommt (wie etwa bei Einbringung eines Unternehmens mit negativem Wert (Verbindlichkeiten über Bruttowert), s. HCL/*Ulmer/Habersack* Rn. 11; Lutter/Hommelhoff/*Bayer* Rn. 4).

7 Die Differenzhaftung wird nicht ausgelöst, wenn sich **prognostizierte Verwertungsmöglichkeiten** später nicht realisieren lassen (BGH 16.2.1959, NJW 1959, 934). Zu einer Differenzhaftung kommt es in solchen Fällen vielmehr nur, wenn die Prognose auf falschen Tatsachenangaben des Einlegers beruht (Baumbach/Hueck/*Servatius* Rn. 3). Auf ein **Verschulden** des Einlegers kommt es aber generell **nicht** an; es reicht, dass der Minderwert *objektiv* besteht, auch wenn er auf höherer Gewalt oder niederem Zufall beruht (HCL/*Ulmer/Habersack* Rn. 10).

8 Das Bestehen von **Gewährleistungsansprüchen** der Gesellschaft gegen den Inferenten (→ § 5 Rn. 25) lässt die Differenzhaftung nach § 9 nicht entfallen, zumal diese am schlichten Minderwert der Sache anknüpft, ohne dass es auf die Ursache hierfür ankommt. Ansprüche wegen Leistungsstörung sind für die Gesellschaft vor allem dann interessant, wenn der mangelbedingt verminderte Wert der Sache zwar noch den Nennbetrag, nicht aber ein vertraglich geschuldetes Agio abdeckt (s. HCL/*Ulmer/Casper* § 5 Rn. 113), doch hat die Gesellschaft allgemein die freie Wahl ihres Vorgehens. Demgemäß fließen Mängel der eingelegten Sache in die Bewertung auch dann ein, wenn diesbezüglich Gewährleistungsansprüche bestehen (s. nur Baumbach/Hueck/*Servatius* Rn. 4). Nur die der Gesellschaft *tatsächlich* auf anderer Grundlage (etwa aufgrund einer Garantie oder Versicherung) zufließenden Ausgleichszahlungen mindern die Differenz (Roth/Altmeppen/*Altmeppen* Rn. 7).

9 Die **Darlegungs- und Beweislast** für eine Wertdifferenz trägt nach dem Wortlaut grundsätzlich die GmbH, wenngleich der Wertnachweis im Eintragungsverfahren dem Gesellschafter obliegt (*Ulmer* ZIP 2008, 45 (51)). Deshalb kommen aber bei begründeten Zweifeln oder unzureichenden Wertnachweisen Beweiserleichterungen in Betracht, deren Reichweite im Detail unterschiedlich beurteilt wird (vgl. OLG Naumburg 23.1.1997, GmbHR 1998, 385; OLG Düsseldorf 28.3.1991, GmbHR 1992, 112 (113); OLG München 3.12.1993, GmbHR 1994, 712; OLG Düsseldorf 5.5.2011, AG 2011, 823 (824) (zur AG); LG Bonn 5.5.1999, GmbHR 1999, 1291; Lutter/Hommelhoff/*Bayer* Rn. 10; Roth/Altmeppen/*Altmeppen* Rn. 9; eingehend *Bayer/Illhardt* GmbHR 2011, 505 (512)).

10 **3. Bewertungszeitpunkt.** Maßgeblicher Zeitpunkt für die Wertermittlung ist der **Eingang der Anmeldung** beim Registergericht. Spätere Wertveränderungen gehen zulasten (oder zugunsten) der GmbH. Auf diese Weise soll das **Risiko einer Wertminderung** zwischen Vertragsschluss und der Eintragung zugunsten der Gläubiger möglichst begrenzt werden, zumal nur die Gesellschafter die Dauer dieser Zeitspanne beeinflussen können (BegrRegE GmbH-Novelle 1980, BT-Drs. 8/1347, 35; Baumbach/Hueck/*Servatius* Rn. 5). Daraus folgt, dass der Sacheinleger iHd vollen Nennbetrags zur Geldzahlung verpflichtet ist, wenn der Gegenstand vor der Anmeldung **untergeht,** sofern der Gesellschaft hierfür keine Ersatzleistung durch einen Dritten (Schädiger, Versicherung etc) zufließt. Das betrifft auch den von Geschäftsführern oder Mitgesellschaftern zu vertretenden Untergang (bzw. die Verschlechterung); denn der hierdurch entstehende Ersatzanspruch des Inferenten gegen den Schädiger ist als solcher mangels Festsetzung nicht einlagetauglich (HCL/*Ulmer/Habersack* Rn. 15). Diese von den allgemeinen Regeln (casum sentit dominus) abweichende Risikoverteilung ist nach Aufgabe des Vorbelastungsverbots und Einführung der Differenzhaftung allerdings nur noch schwer zu rechtfertigen, weil Gläubigerinteressen kaum berührt wären, wenn auch die Phase zwischen Einbringung und Anmeldung der gemeinsamen Gründerhaftung unterstellt würde (zutr. etwa Baumbach/Hueck/*Servatius* Rn. 5); die Gesetzesfassung ist allerdings eindeutig und eine teleologische Reduktion bislang nicht ernsthaft diskutiert. Richtigerweise ist die Differenzhaftung in solchen Fällen deshalb aber gegenüber der Vorbelastungshaftung aller Gründer als **subsidiär** anzusehen (→ Rn. 17).

11 Treten Wertminderungen **nach der Anmeldung** ein, sind diese ggf. iRd Verlustdeckungshaftung von allen Gesellschaftern gemeinsam, aber quotal zu tragen (→ § 11 Rn. 29 ff.). Eine spätere Wert-

erhöhung bleibt nach dem klaren Wortlaut außer Betracht, sodass die einmal entstandene Differenzhaftung hiervon unberührt bleibt (ganz hM, HCL/*Ulmer/Habersack* Rn. 16). Allerdings kann der Gesellschaftsvertrag allgemein vorsehen, dass dem Gesellschafter ein Ausgleich für spätere Wertzuwächse zu gewähren ist (Lutter/Hommelhoff/*Bayer* Rn. 5; Roth/Altmeppen/*Altmeppen* Rn. 8); in diesem Umfang kann dann auch eine Differenz verrechnet werden.

III. Inhalt des Anspruchs

1. Geldleistung. Der auf Geld gerichtete, naturgemäß **verschuldensunabhängige** Anspruch ist als Einlageanspruch grundsätzlich nach den Vorschriften über die Erbringung von Bareinlagen zu beurteilen (HCL/*Ulmer/Habersack* Rn. 4; Baumbach/Hueck/*Servatius* Rn. 7). Besonderheiten gelten lediglich für seine Fälligkeit und Durchsetzbarkeit (→ Rn. 13). Der Einforderung des Ergänzungsanspruchs nach § 46 Nr. 2 bedarf es deshalb ebenso wenig wie der Gesellschafter sich auf Gleichbehandlung gem. § 19 Abs. 1 berufen kann. Demgemäß gelten vor allem die **Erfüllungsregeln in § 19 Abs. 2–5,** für die Rechtsfolgen nicht rechtzeitiger Zahlung diejenigen der **§§ 20–24.** Die Mitgesellschafter haften subsidiär für die Aufbringung (HCL/*Ulmer/Habersack* Rn. 4). Bei Anteilsveräußerung gilt die Sonderregel des § 16 Abs. 2. 12

2. Fälligkeit. Nach zutreffender hM wird der Anspruch ohne Weiteres mit seinem Entstehen (§ 271 BGB) bei **Anmeldung** fällig (HCL/*Ulmer/Habersack* Rn. 9; Lutter/Hommelhoff/*Bayer* Rn. 7; Baumbach/Hueck/*Servatius* Rn. 8 [Entstehung allerdings bereits mit Einlagenerbringung]; abw. Roth/Altmeppen/*Altmeppen* Rn. 15 spätestens mit Eintragung, ggf. aber schon vor Anmeldung). Ein früherer Zeitpunkt wäre mit dem maßgeblichen Bewertungszeitpunkt (→ Rn. 10) nur schwer in Einklang zu bringen. Die Einforderung des Betrages ist für die Fälligkeit irrelevant, aber maßgeblich für den Eintritt des Verzuges (HCL/*Ulmer/Habersack* Rn. 9). 13

Im Falle einer **gemischten Sacheinlage** (→ § 5 Rn. 15: Gesellschafter erhält Vergütung für Nennbetrag übersteigenden Wert der Sache) kann eine Wertdifferenz zunächst durch Reduktion des noch offenen Vergütungsanspruchs ausgeglichen werden, sodass der Anspruch aus § 9 hier nur entsteht, sofern die Vergütung bereits bezahlt ist oder der offene Teil die Differenz nicht vollständig abdeckt (vgl. OLG Köln 2.12.1998, GmbHR 1999, 288; HCL/*Ulmer/Habersack* Rn. 11; MHLS/*Tebben* Rn. 14). Erreicht der Wert des Gegenstands zwar den Nennbetrag, nicht aber ein Agio, richtet sich auch die Fälligkeit des Differenzanspruchs nicht nach § 9 (→ Rn. 4), sondern ausschließlich nach dem Gesellschaftsvertrag (Roth/Altmeppen/*Altmeppen* Rn. 5). – Zum **Sachagio** auch → Rn. 4. 14

3. Verhältnis zu anderen Vorschriften (Abs. 1 S. 2). Das **Eintragungshindernis** nach § 9c Abs. 1 S. 2 wird durch den Einlageergänzungsanspruch als solchen nicht beseitigt. Es entfällt nur, wenn der Gesellschafter den Differenzbetrag vor der Eintragung gezahlt hat und dies von den Geschäftsführern dem Registergericht gegenüber versichert wird (§ 8 Abs. 2 analog, HCL/*Ulmer/Habersack* Rn. 19; Baumbach/Hueck/*Servatius* Rn. 7). 15

Seit dem MoMiG (→ Rn. 1) stellt **S. 2** ausdrücklich klar, dass wegen der Überbewertung weitere Ansprüche bestehen können, die von Abs. 1 nicht berührt werden. In Betracht kommen Ansprüche wegen **Mängeln des Einlagegegenstandes** und sonstiger Schlechtleistung (→ Rn. 8). Auch eine Garantiehaftung für die Vollwertigkeit bis zur Eintragung ist denkbar (vgl. auch BGH 23.11.1998, GmbHR 1999, 232, im konkreten Fall abgelehnt), ferner der **Schadensersatzanspruch aus § 9a,** der durch die Differenzhaftung nicht ausgeschlossen wird. Allerdings entfällt der Schaden (und damit der Anspruch aus § 9a), wenn der Gesellschafter den Differenzbetrag gezahlt hat und der Gesellschaft kein darüber hinausgehender Schaden entstanden ist (HCL/*Ulmer/Habersack* Rn. 20). Zwischen verschiedenen Personen, die zum einen nach § 9, zum anderen nach § 9a haften, besteht wegen Identität des Leistungsinteresses beider Ansprüche eine sog. „unechte" Gesamtschuld (→ § 9a Rn. 22 f.). 16

Demgegenüber ist die Differenzhaftung von der **Vorbelastungshaftung** zu unterscheiden. Während nämlich der Inferent – kraft Differenzhaftung – das Risiko einer Wertminderung bis zur Anmeldung trägt, stellt die – vom Einvernehmen aller Gesellschafter mit dem vorzeitigen Geschäftsbeginn abhängige – Vorbelastungshaftung auf den Zeitpunkt der Eintragung ab. Damit sind der Vorbelastungshaftung exklusiv Wertminderungen zwischen Anmeldung und Eintragung zugewiesen, während ein Überschneidungsbereich für Wertminderungen zwischen Einlageleistung und Anmeldung existiert (UHL/*Ulmer/Habersack* Rn. 22). Die wohl hM schreibt dem Anspruch aus § 9 den Vorrang zu (UHL/*Ulmer/Habersack* § 11 Rn. 110), sodass die Vorbelastungs- (bzw. Differenz-)Haftung um den Anspruch aus § 9 zu mindern ist. Doch erscheint dies angesichts der zweifelhaften Risikoverteilung zulasten des Inferenten (→ Rn. 10) nicht überzeugend. Das Verhältnis sollte deshalb umgekehrt bestimmt werden: Die Haftung aus § 9 sichert lediglich die Uneinbringlichkeit der Vorbelastungshaftung aller Gründer, soweit diese besteht. Die Differenzhaftung ist somit **subsidiär** gegenüber der Vorbelastungshaftung, was sich selbstverständlich nur auswirkt, sofern deren Voraussetzungen erfüllt sind, namentlich sämtliche Gesellschafter der Geschäftsaufnahme zugestimmt haben (vgl. auch HCL/*Ulmer/Habersack* Rn. 22). 17

IV. Verjährung (Abs. 2)

18 Die Verjährungsfrist wurde durch das Gesetz zur Anpassung der Verjährungsvorschriften vom 9.12.2004 (BGBl. 2004 I 3214) von fünf auf **zehn Jahre** seit Eintragung verlängert. Für bis dahin noch nicht verjährte Ansprüche ist es bei der fünfjährigen Frist geblieben (Art. 229 § 12 Abs. 1 EGBGB iVm Art. 229 § 6 Abs. 3 EGBGB). Die vertragliche Verlängerung der Frist ist möglich (§ 202 Abs. 2 BGB), selbstverständlich nicht aber ihre Verkürzung, der zwingende Gläubigerinteressen entgegenstehen (s. nur Scholz/*Veil* Rn. 25). Für konkurrierende Ansprüche gilt die Sonderverjährung nicht. Dass diese unter Umständen schneller verjähren als der Anspruch aus § 9 ist auch unbedenklich, weil der Gläubigerschutz ausreichend durch § 9 gewährleistet wird (Baumbach/Hueck/*Servatius* Rn. 13). Die Verjährungsfrist gilt **entsprechend für die Unterbilanzhaftung,** zB bei Reaktivierung eines leeren GmbH-Mantels (OLG Köln 2.12.2007, ZIP 2008, 973).

Ersatzansprüche der Gesellschaft

9a (1) **Werden zum Zweck der Errichtung der Gesellschaft falsche Angaben gemacht, so haben die Gesellschafter und Geschäftsführer der Gesellschaft als Gesamtschuldner fehlende Einzahlungen zu leisten, eine Vergütung, die nicht unter den Gründungsaufwand aufgenommen ist, zu ersetzen und für den sonst entstehenden Schaden Ersatz zu leisten.**

(2) **Wird die Gesellschaft von Gesellschaftern durch Einlagen oder Gründungsaufwand vorsätzlich oder aus grober Fahrlässigkeit geschädigt, so sind ihr alle Gesellschafter als Gesamtschuldner zum Ersatz verpflichtet.**

(3) **Von diesen Verpflichtungen ist ein Gesellschafter oder ein Geschäftsführer befreit, wenn er die die Ersatzpflicht begründenden Tatsachen weder kannte noch bei Anwendung der Sorgfalt eines ordentlichen Geschäftsmannes kennen mußte.**

(4) [1]**Neben den Gesellschaftern sind in gleicher Weise Personen verantwortlich, für deren Rechnung die Gesellschafter Geschäftsanteile übernommen haben.** [2]**Sie können sich auf ihre eigene Unkenntnis nicht wegen solcher Umstände berufen, die ein für ihre Rechnung handelnder Gesellschafter kannte oder bei Anwendung der Sorgfalt eines ordentlichen Geschäftsmannes kennen mußte.**

Übersicht

I. Allgemeines

1 Die Vorschrift regelt die **zivilrechtliche Gründungsverantwortlichkeit** von Geschäftsführern und Gesellschaftern. Man wird sie als spezifisch gesellschaftsrechtliche Haftung für die Verletzung von Organ- bzw. Mitgliedschaftspflichten einzuordnen haben (HCL/*Ulmer/Habersack* Rn. 11; Scholz/*Veil* Rn. 6; Baumbach/Hueck/*Servatius* Rn. 1). Sie ist zwar verschuldensabhängig (Abs. 3), deshalb aber nicht etwa deliktischer Natur (so jedoch die früher hM, vgl. OLG Düsseldorf 15.8.1991, DB 1992, 938). Die Vorschrift ist nach dem Vorbild der §§ 46 ff. AktG gestaltet und wurde durch die GmbH-Novelle 1980 eingeführt; bis dahin bestand lediglich eine Geschäftsführerhaftung. Ihr korrespondiert die **Strafsanktion** des § 82. Das **MoMiG** hat lediglich zu redaktionellen Änderungen in Abs. 4 geführt. Zwar hatte es zunächst so ausgesehen, als hätten die Änderungen von § 19 Abs. 4, 5 auch Auswirkungen auf die Geschäftsführerhaftung nach § 9a (vgl. *K. Schmidt* GmbHR 2008, 449 (451)). Schließlich ist es aber dabei geblieben, dass im Falle einer verdeckten Sacheinlage oder eines nicht offengelegten Hin-und-Herzahlens die endgültige freie Verfügung über die Geldeinlage fehlt und diese daher keine Erfüllungswirkung hat, weshalb eine anders lautende Versicherung nach § 8 Abs. 2 weiterhin unrichtig ist.

2 Die zivilrechtliche Haftung aller an der Gründung Beteiligten (Gesellschafter, Geschäftsführer und Hintermänner) dient dem **Gläubigerschutz** (s. nur HCL/*Ulmer/Habersack* Rn. 1, 4; Scholz/*Veil* Rn. 1) und ist deshalb **zwingend.** Auch nachträglich kann die Haftung nicht erlassen werden, sofern ihre Realisierung zum Schutz der Gläubiger erforderlich ist (§ 9b). Daneben gewährleistet sie aber auch die

Ordnungsmäßigkeit der Gründung und die reale Kapitalaufbringung zum **Schutz der Gesellschaft** als solche (Baumbach/Hueck/*Servatius* Rn. 1). Im Einzelnen schützt Abs. 1 vor Schäden durch falsche Angaben, Abs. 2 vor Schäden durch Einlagen oder Gründungsaufwand. Abs. 3 enthält die Verschuldensvermutung, und Abs. 4 erstreckt die Haftung auf Hintermänner, was Umgehungen verhindern soll (HCL/*Ulmer/Habersack* Rn. 1).

Eine Haftung der Geschäftsführer für falsche Angaben (Abs. 1, 3) besteht auch bei der **Kapitalerhöhung** (§ 57 Abs. 4), hier jedoch keine Gesellschafterhaftung. Sie greift ferner bei Entstehung der GmbH durch Umwandlung ein (§ 36 Abs. 2 S. 1 UmwG, § 135 Abs. 2 UmwG, § 197 S. 1 UmwG). § 9a gilt überdies bei der **Gründung einer Vorrats-GmbH,** sodass auch hier neben den Geschäftsführern die ursprünglichen Gründer, nicht allein die wirtschaftlichen Neugründer, für unwahre Angaben haften (BGH 12.7.2011, ZIP 2011, 1761 Rn. 13; OLG Oldenburg 26.7.2007, NZG 2008, 32). Offen ist aber noch, ob die Haftung auch dann eingreift, wenn die erforderliche Offenlegung ganz unterblieben ist (verneinend *Kuszlik* GmbHR 2012, 887). Der Umstand, dass Gesellschafter und Organmitglieder in diesem Falle schon aufgrund der Unterbilanzhaftung bzw. gem. § 11 Abs. 2 in Anspruch genommen werden können (zur Haftung der Gesellschafter in diesem Falle → § 3 Rn. 17), rechtfertigt allerdings noch keine Ausnahme; im Übrigen ist der Tatbestand der unvollständigen Angabe allemal dann erfüllt, wenn statt der wirtschaftlichen Neugründung als solcher lediglich Satzungsänderungen angemeldet werden. – Endlich wird der Rechtsgedanke des Abs. 4 in der Rspr. auch zur Begründung einer **Durchgriffshaftung gegenüber Strohmännern** bei Rechtsformmissbrauch herangezogen (KG 4.12.2007, NZG 2008, 344 (345)). 3

Anspruchsinhaberin ist die (eingetragene) **GmbH;** der Vor-GmbH steht der Anspruch also nicht zu (OLG Rostock 2.2.1995, GmbHR 1995, 658; Lutter/Hommelhoff/*Bayer* Rn. 1). Dass die Gesellschaft zum Zeitpunkt der schädigenden Handlung noch nicht als juristische Person bestand, ist belanglos (HCL/*Ulmer/Habersack* Rn. 7). Das bedeutet aber auch: Sofern die Eintragung abgelehnt oder der Antrag zurückgezogen wird, können falsche Angaben gegenüber dem Registergericht nur deliktische Ansprüche der Gläubiger der Vor-GmbH aus § 823 Abs. 2 BGB iVm § 82 Abs. 1 auslösen, die auch allgemein die einzige Grundlage für eine **unmittelbare Inanspruchnahme** der Schuldigen durch die **Gesellschaftsgläubiger** darstellen. Immerhin können die Gläubiger sich den Anspruch aus § 9a pfänden und überweisen lassen, ohne dass es dann noch eines Gesellschafterbeschlusses zur Geltendmachung bedürfte (HCL/*Ulmer/Habersack* Rn. 7). 4

Im Falle der **Insolvenz** fällt der Anspruch in die Insolvenzmasse; der Insolvenzverwalter entscheidet ohne Beteiligung der Gesellschafter über die Geltendmachung (BGH 14.7.2004, GmbHR 2004, 1279; HCL/*Ulmer/Habersack* Rn. 7; Lutter/Hommelhoff/*Bayer* Rn. 1). Außerhalb von Insolvenz (und Anspruchspfändung, → Rn. 4 aE) sowie außer in den Fällen des Abs. 4 (dazu etwa Scholz/*Veil* Rn. 5) entscheiden die Gesellschafter per Beschluss über die **Geltendmachung** (§ 46 Nr. 8); der betroffene Gesellschafter hat insofern kein Stimmrecht (§ 47 Abs. 4 S. 2). Sollen Ansprüche gegen amtierende Geschäftsführer gerichtlich durchgesetzt werden, muss der Beschluss auch Regelungen über die Vertretung der Gesellschaft im Prozess enthalten (HCL/*Ulmer/Habersack* Rn. 10). 5

II. Haftung für falsche Angaben (Abs. 1, 3)

1. Voraussetzungen der Haftung (Abs. 1). Sämtliche für die **Gründung erforderlichen Angaben,** insbesondere gem. § 8 Abs. 2–4, sind haftungsbewehrt, namentlich Falschangaben zu den Einlagen, zu Einlageleistung und freier Verfügbarkeit (zB OLG Oldenburg 26.7.2007, NZG 2008, 32), zu den Mindesteinlagen gem. § 7 Abs. 2, 3, zu Vorbelastungen, zum Wert von Sacheinlagen, ferner zur Versicherung eines Geschäftsführers, dass seiner Bestellung keine Hindernisse iSv § 6 Abs. 2 entgegenstehen (HCL/*Ulmer/Habersack* Rn. 15), oder die Falschbezeichnung des Unternehmensgegenstands. Wer versichert, die Bareinlagen seien zur endgültigen freien Verfügung geleistet, haftet, wenn in Wahrheit eine **verdeckte Sacheinlage** verabredet ist (vgl. OLG Köln 2.2.1999, GmbHR 1999, 663; HCL/*Ulmer/Habersack* Rn. 28 sowie → Rn. 1). Wer **Gründungsaufwand** verschweigt, haftet nur dann nicht, wenn dieser in der Satzung verankert ist. Ob die Angaben mündlich oder schriftlich gemacht werden, ist für ihre Haftungsrelevanz gleichgültig. Auch **freiwillige Angaben** sind erfasst (OLG Brandenburg 28.12.2017, GmbHR 2018, 474 (476); Roth/Altmeppen/*Altmeppen* Rn. 7), solange sie **während des (gesamten) Gründungsvorgangs** gemacht werden (Scholz/*Veil* Rn. 9; HCL/*Ulmer/Habersack* Rn. 12); es ist ausreichend, dass sie (objektiv) geeignet sind, das Registergericht zur Eintragung zu veranlassen (HCL/*Ulmer/Habersack* Rn. 12) bzw. – bei Angaben gegenüber Dritten (→ Rn. 7) – dass sie potentiell für die (Ordnungsmäßigkeit der) Gründung erheblich sind. 6

Nicht nur Angaben gegenüber dem Registergericht werden erfasst. Vielmehr ist es **unerheblich, wem gegenüber** die Angaben gemacht werden. Auch solche gegenüber Geschäftsführern, Mitgesellschaftern und Sachverständigen können die Haftung auslösen (unstr., vgl. nur HCL/*Ulmer/Habersack* Rn. 13; Baumbach/Hueck/*Servatius* Rn. 11). Geschäftsführer und Gesellschafter haften ferner nicht nur für die eigenen Angaben, sondern auch für diejenigen aller anderen, und zwar unabhängig von der Zuständigkeit nach den Gründungsvorschriften (Scholz/*Veil* Rn. 10). Die Grenze wird insoweit nur 7 durch das Verschuldenserfordernis gezogen. Die früher umstrittene Frage, ob Angaben gegenüber (sonstigen) **Behörden** für die Haftung relevant sind (vgl. HCL/*Ulmer/Habersack* Rn. 13), hat sich mit der Entkoppelung des öffentlich-rechtlichen Genehmigungsverfahrens vom Gründungsverfahren durch Aufhebung von § 8 Abs. 1 Nr. 6 erledigt (→ § 8 Rn. 1). Endlich kann die Haftung auch durch Angaben eines Dritten ausgelöst werden, sofern sie einem Gesellschafter oder Geschäftsführer zuzurechnen sind (wofür zumindest Kenntnis erforderlich ist).

8 **Falsch** ist eine Angabe, wenn sie **inhaltlich unrichtig** oder **unvollständig** ist, wenn sie also durch Verschweigen erheblicher Details insgesamt einen mit der Wirklichkeit nicht übereinstimmenden Sinn erhält, wie etwa beim Verschweigen wertmindernder Faktoren oder von Vorbelastungen (OLG Bremen 6.5.1997, GmbHR 1998, 40; OLG Köln 2.2.1999, GmbHR 1999, 663; HCL/*Ulmer/Habersack* Rn. 16; Roth/Altmeppen/*Altmeppen* Rn. 8; Baumbach/Hueck/*Servatius* Rn. 12; s. auch Bericht des Rechtsausschusses, BT-Drs. 8/3908, 71). Besteht eine gesetzliche Pflicht zur Erklärung über bestimmte Umstände, kann sogar das vollständige **Unterlassen** haftungsbegründend sein. Verbreitet werden auch falsche Werturteile als haftungsbegründend gesehen (Lutter/Hommelhoff/*Bayer* Rn. 4: „erstklassige Wohnlage"); doch dürfte es sich auch in diesen Fällen letztlich um einen unwahren Tatsachenkern handeln. Eindeutig ist jedenfalls, dass die Unrichtigkeit nach **objektiven Maßstäben,** nicht nach den Vorstellungen der Gesellschafter/Geschäftsführer zu beurteilen ist, die Frage erst des Verschuldens sind (HCL/*Ulmer/Habersack* Rn. 12). Andererseits scheidet eine Haftung auch bei objektiver Unrichtigkeit einzelner Angaben aus, wenn die Unrichtigkeit ohne Weiteres aus dem Gesamtzusammenhang der Angaben erkennbar ist (RG 28.1.1930, RGZ 127, 186 (193 f.); HCL/*Ulmer/Habersack* Rn. 16).

9 Maßgeblicher **Zeitpunkt** für die Beurteilung der Richtigkeit ist nach hM die **Abgabe** der Erklärung, regelmäßig also die Anmeldung bzw. bei elektronischer Übermittlung der Zeitpunkt der Absendung (OLG Brandenburg 28.12.2017, GmbHR 2018, 474 (476)); eine nachträgliche Berichtigung kann die Haftung wieder entfallen lassen, sofern sie rechtzeitig vor der Eintragung erfolgt, also vom Registergericht noch berücksichtigt werden kann (Lutter/Hommelhoff/*Bayer* Rn. 5; Baumbach/Hueck/*Servatius* Rn. 12). Umgekehrt soll nach hM aber keine allgemeine **Berichtigungspflicht** gelten, wenn sich die tatsächlichen Verhältnisse nach der Anmeldung ändern, ohne dass das Registergericht zusätzliche Angaben gefordert hätte (OLG Bremen 6.7.1997, GmbHR 1998, 40 (41 f.); HCL/*Ulmer/Habersack* Rn. 17; Baumbach/Hueck/*Servatius* Rn. 12; Lutter/Hommelhoff/*Bayer* Rn. 5). Dies wird zwar teilweise inkonsistent damit begründet, dass das Registergericht nachträgliche Änderungen nicht mehr zur Kenntnis nehme, und ist deshalb im Ergebnis auf Ablehnung gestoßen (OLG Rostock 2.2.1995, GmbHR 1995, 658 (659); Roth/Altmeppen/*Altmeppen* Rn. 12, die auf den Zeitpunkt der Eintragung abstellen). Doch werden die Gläubiger materiell durch die Vorbelastungshaftung geschützt, sodass es der Haftung nach § 9a hier nicht zwingend bedarf, zumal durch ständige Berichtigungen das Eintragungsverfahren unnötig in die Länge gezogen wird. Gleichwohl ist der Minderheitsmeinung aber insofern zuzustimmen, als eine Berichtigungspflicht zumindest **bei evident wesentlichen Änderungen** anzuerkennen ist. Unstreitig sind veränderte Umstände iÜ dann zu berücksichtigen, wenn vom Registergericht iRd Prüfungspflicht weitere Angaben gefordert werden, die selbstverständlich noch zum Erklärungszeitpunkt richtig sein müssen, einschließlich der in Bezug genommenen Angaben (HCL/*Ulmer/Habersack* Rn. 17).

10 Der Anspruch entsteht erst mit der **Eintragung** der Gesellschaft (→ Rn. 4). Denn der Zweck der Haftung, die Aufbringung des festgesetzten Stammkapitals zu gewährleisten, bezieht sich auf die GmbH als juristische Person (näher HCL/*Ulmer/Habersack* Rn. 9). Wegen des **Verschuldenserfordernisses** → Rn. 15.

11 **2. Haftpflichtige Personen. Geschäftsführer** haften für jede falsche Angabe im Zusammenhang mit der Gründung, einerlei, ob die Angaben von ihnen oder von Dritten stammen. Als Anmeldende (§ 78) sind sie nämlich verpflichtet, die Angaben der Gesellschafter oder Dritter sowie alle Unterlagen auf ihre Richtigkeit hin zu überprüfen (HCL/*Ulmer/Habersack* Rn. 32; Roth/Altmeppen/*Altmeppen* Rn. 15). Die Haftung wird deshalb bspw. auch durch falsche Angaben im Sachgründungsbericht oder unrichtige Feststellungen eines Sachverständigen in einem beigefügten Bewertungsgutachten ausgelöst. Das gilt unbeschadet des Umstands, dass das GmbHG (anders §§ 33 f. AktG) nicht ausdrücklich eine Pflicht zur inhaltlichen Prüfung des **Gründungsberichts** vorsieht, auch für diesen. Doch wird die Pflicht zur Überprüfung von Drittangaben regelmäßig nicht über eine **Plausibilitätskontrolle** hinausgehen (Lutter/Hommelhoff/*Bayer* Rn. 6; tendenziell auch HCL/*Ulmer/Habersack* Rn. 32). Die Haftung trifft auch einen **fehlerhaft bestellten Geschäftsführer,** solange dieser nur an der Anmeldung mitgewirkt hat (HCL/*Ulmer/Habersack* Rn. 32).

12 Auch **Gesellschafter** haften nicht nur für die Richtigkeit der eigenen Angaben. Weil sie aber nicht zur Anmeldung verpflichtet sind, trifft sie idR **keine Prüfungspflicht bei Angaben** der Geschäftsführer, anderer Gesellschafter oder Dritter (ähnlich HCL/*Ulmer/Habersack* Rn. 33 f., demgegenüber für volle Gleichbehandlung mit den Geschäftsführern etwa Scholz/*Veil* Rn. 10; Lutter/Hommelhoff/*Bayer* Rn. 6; Roth/Altmeppen/*Altmeppen* Rn. 15; differenzierend Baumbach/Hueck/*Servatius* Rn. 17). Bei Drittangaben haften die Gesellschafter deshalb im Wesentlichen nur bei positiver Kenntnis der Un-

richtigkeit sowie dann, wenn ihnen die Angaben des Dritten objektiv zuzurechnen sind, insbesondere weil sie sie kraft ihres Einflusses (als Mehrheitsgesellschafter oder Ähnlichem) veranlasst haben.

Vor der Eintragung wieder **ausgeschiedene Gesellschafter** haften nach hM nicht (Scholz/*Veil* Rn. 24; Lutter/Hommelhoff/*Bayer* Rn. 2), weil es für das Vorliegen sämtlicher Anspruchsvoraussetzungen auf den Zeitpunkt der Eintragung ankommt (→ Rn. 10). Überdies hat der Betroffene nach Ausscheiden keine Möglichkeit mehr, die Richtigkeit von Angaben der anderen Gesellschafter zu überprüfen oder eine Berichtigung herbeizuführen (zutr. HCL/*Ulmer/Habersack* Rn. 35). Ein **neu eintretender** Gesellschafter haftet demgegenüber – ohne Pflicht zur Überprüfung von Drittangaben! (→ Rn. 12) – ebenso wie der schon ursprünglich beteiligte (HCL/*Ulmer/Habersack* Rn. 35). 13

Nach Abs. 4 haften auch **Hintermänner,** und zwar nicht nur für eigenes Verschulden, sondern auch für dasjenige des Gesellschafters, auf dessen Rechnung sie handeln (Scholz/*Veil* Rn. 29). Die Haftung der Hintermänner für fehlerhafte Drittangaben ist in gleicher Weise beschränkt wie bei Gesellschaftern, setzt also insbesondere eine beherrschende Stellung voraus (→ Rn. 12; zutr. HCL/*Ulmer/Habersack* Rn. 36; zust. auch *K. Schmidt* NJW 1980, 1771; aA Lutter/Hommelhoff/*Bayer* Rn. 13; Baumbach/Hueck/*Servatius* Rn. 17; Scholz/*Veil* Rn. 29). 14

3. Verschulden (Abs. 3). Abs. 3 enthält eine **Verschuldensvermutung** bei objektiv falschen Angaben durch Geschäftsführer oder Gesellschafter (bzw. hinsichtlich der fahrlässigen Unkenntnis der nicht handelnden Gesellschafter bei Abs. 2, → Rn. 19). Normativer Sorgfaltsmaßstab ist der **ordentliche Kaufmann;** mangelnde Erfahrung oder fehlende Fachkenntnis sind daher unerheblich (Baumbach/Hueck/*Servatius*Rn. 17; Scholz/*Veil* Rn. 27). Auch die leichte Fahrlässigkeit bzw. leicht fahrlässige Unkenntnis von den Handlungen eines anderen können daher genügen. Nur ein Entlastungsbeweis durch den in Anspruch genommenen Gesellschafter kann diesen von seiner Haftung befreien (Scholz/*Veil* Rn. 28). Ein **Mitverschulden** des Geschäftsführers (§ 254 BGB) ist wegen des Gläubigerschutzzwecks nicht zulasten der Gesellschaft zu berücksichtigen (HCL/*Ulmer/Habersack* Rn. 45). 15

Den **Notar** trifft, wenn die Richtigkeit der Angaben zweifelhaft ist, eine **Hinweispflicht** auf die möglichen Haftungsfolgen (BGH 2.10.2007, BB 2007, 2540; in diese Richtung auch BGH 24.4.2008, MDR 2008, 888 (889)). Dem Ersatzpflichtigen kommt bei einem Verstoß des Notars gegen diese Hinweispflicht daher gegebenenfalls ein Amtshaftungsanspruch aus § 19 Abs. 1 BNotO iHd von ihm zu ersetzenden Schadens zu (BGH 16.11.1995, NJW 1996, 524). Seine Haftung aus § 9a der Gesellschaft gegenüber bleibt hiervon aber unberührt. 16

4. Anspruchsinhalt. Die Haftung ist gewissermaßen auf das **positive Interesse** der Gesellschaft an der Angabe gerichtet; diese ist daher so zu stellen, als wäre die Angabe richtig (zB hinsichtlich der Differenz zwischen wirklicher und behaupteter Einlage; vgl. OLG Brandenburg 28.12.2017, GmbHR 2018, 474 (476)). Dass die Gesellschaft ohne die Angabe gar nicht zur Entstehung gelangt wäre (und der Schaden deshalb niedriger ausgefallen oder ganz unterblieben wäre), ist somit ein unerheblicher Einwand (unstr., s. nur HCL/*Ulmer/Habersack* Rn. 41; Baumbach/Hueck/*Servatius* Rn. 13). Soweit die Einlageleistungen in Wahrheit nicht erfüllt sind, markiert die Differenz zum Nennbetrag den Mindestschaden, der ohne Rücksicht auf die fortbestehenden Einlageansprüche (oder Ansprüche gem. der Differenzhaftung nach § 9) zu berechnen ist. Es besteht ein **Gesamtschuldverhältnis** zwischen Einlage- und Haftungsschuld nach Abs. 1, das im Innenverhältnis allerdings allein zulasten des Einlageschuldners (oder Empfängers überhöhten Gründungsaufwands) aufzulösen ist (HCL/*Ulmer/Habersack* Rn. 43; → Rn. 22). Die Gesellschaft kann sich daher aussuchen, wen sie vorrangig in Anspruch nimmt. Werden etwa Vergütungen geleistet, die nicht als Gründungsaufwand in der Satzung ausgewiesen sind, greift die Haftung nach Abs. 1 unabhängig davon ein, ob zusätzlich vom Empfänger der Leistung Ersatz gefordert werden kann. Abgesehen vom Mindestschaden, sind auch sonstige **(Folge-)Schäden** zu ersetzen, zB entgangener Gewinn (s. nur Roth/Altmeppen/*Altmeppen* Rn. 17; Lutter/Hommelhoff/*Bayer* Rn. 8), insofern muss aber die Gesellschaft die – haftungsausfüllende – Kausalität nachweisen. Ein Mitverschulden ihres Geschäftsführers braucht sich die Gesellschaft nicht entgegenhalten zu lassen (→ Rn. 15). 17

III. Haftung für Schäden durch Einlagen und Gründungsaufwand (Abs. 2, 3)

Die Haftung für Schäden durch Einlagen oder Gründungsaufwand stellt einen **Auffangtatbestand** für gravierende Fälle dar, in denen ausnahmsweise keine falschen Angaben gemacht werden (s. nur Roth/Altmeppen/*Altmeppen* Rn. 20); hieraus ergibt sich zugleich die **Subsidiarität** gegenüber der Haftung aus Abs. 1 (KG 13.12.2010, GmbHR 2011, 821 (822); Scholz/*Veil* Rn. 35; Baumbach/Hueck/*Servatius* Rn. 18). Ihr **Anwendungsbereich** ist äußerst **gering,** der plausibelste Fall ist die Festsetzung eines überhöhten Gründungsaufwands in der Satzung (HCL/*Ulmer/Habersack* Rn. 47, 49). Denkbar ist auch eine unterbewertete Sacheinlage, deren Wert zwar den Nennbetrag, nicht aber ein vereinbartes Agio abdeckt. Im Allgemeinen ergibt sich bei verdeckten bzw. überbewerteten Sacheinlagen die Haftung aber schon aus Abs. 1. Die Haftung nach Abs. 2 trifft **nur Gesellschafter** (und Hintermänner, Abs. 4), nicht jedoch die Geschäftsführer, die aber ggf. nach § 43 haften. 18

19 Die Haftung setzt die **vorsätzliche oder grob fahrlässige Handlung eines Gesellschafters** voraus, welche nicht nach Abs. 3 vermutet wird, sondern von der Gesellschaft zu beweisen ist. Bei den **übrigen** Gesellschaftern genügt dann aber die einfach-fahrlässige Unkenntnis von der schädigenden Handlung, auf die **Abs. 3** anwendbar ist, sodass die Gesellschafter sich entlasten müssen. Auf das Verschulden des handelnden Gesellschafters braucht sich die fahrlässige Unkenntnis nicht zu beziehen. Bei Kenntnis des Hintermannes, auf dessen Rechnung ein Gesellschafter gehandelt hat, haftet auch dieser analog Abs. 4 (Scholz/*Veil* Rn. 37). Die Schädigungshandlung kann theoretisch auch nach der Eintragung erfolgen, wie § 9b Abs. 2 S. 2 zeigt (Roth/Altmeppen/*Altmeppen* Rn. 21f). Praktische Fälle sind aber nicht bekannt geworden.

20 Ihrem **Umfang** nach ist die Haftung auf Ersatz des gesamten durch Einlage oder Gründungsaufwand der Gesellschaft entstandenen Schadens gerichtet. Hierzu gehören neben den nicht erhaltenen Einlagen und einem zu hohen Gründungsaufwand auch etwaige Folgeschäden; nicht erfüllte Einlageleistungen stellen lediglich den ohne konkreten Schadensnachweis zu ersetzenden Mindestschaden dar (HCL/*Ulmer/Habersack* Rn. 52). Durch **fortbestehende Einlageansprüche** gegen den Inferenten wird die Haftung nicht ausgeschlossen, und zwar auch dann nicht, wenn der Erstattungsschuldner zahlungsfähig ist (Scholz/*Veil* Rn. 40). Auch insofern besteht zwischen Einlagepflicht und Haftung ein Gesamtschuldverhältnis (→ Rn. 17, → Rn. 22).

IV. Gesamtschuldnerische Haftung

21 Sind mehrere für den gleichen Schaden nach Abs. 1, 2 und 4 verantwortlich, so haften sie als Gesamtschuldner gem. § 426 BGB. Die Beteiligungsquote ist für die Haftungsquote grundsätzlich unerheblich. Vielmehr ergibt sich die interne Beteiligung aus § 254 BGB (analog), sodass auf den Verschuldensgrad und den Umfang der Mitverursachung abzustellen ist (s. nur Scholz/*Veil* Rn. 41). Dies kann auch zur völligen internen Freistellung einzelner Ersatzpflichtiger führen, wenn sie etwa durch Täuschung zur falschen Angabe veranlasst wurden oder nur leicht fahrlässig gehandelt haben (HCL/*Ulmer/Habersack* Rn. 53).

22 Ein – häufig als „unecht" bezeichnetes – **Gesamtschuldverhältnis** besteht überdies zwischen Haftpflichtigem und Einlageschuldner, wenn der Anspruch aus § 9a mit der Einlagepflicht eines Gesellschafters zusammentrifft (OLG Hamm 5.7.1993, GmbHR 1994, 399 (401); OLG Celle 15.3.2000, NZG 2000, 1178 (1179); HCL/*Ulmer/Habersack* Rn. 54). Denn beide Leistungen dienen demselben Ziel, die Gesellschaft so zu stellen, wie sie bei Richtigkeit der Angabe stünde. Für einen Schaden, der die Einlagepflicht übersteigt, ist allerdings besonders zu prüfen, ob der Einlageschuldner für diesen weiteren Schaden überhaupt haftet (HCL/*Ulmer/Habersack* Rn. 54). Entsprechendes gilt ferner, soweit Ansprüche nach § 9 und § 31 mit demjenigen aus § 9a konkurrieren.

23 Aus dem Gesamtschuldverhältnis ergibt sich naturgemäß (§ 422 Abs. 1 BGB), dass die Erfüllung durch einen Gesamtschuldner auch die übrigen befreit. Für den **Regress** im Innenverhältnis (§ 426 BGB) gilt indessen, dass der Einlageschuldner für sein Einlageversprechen primär haftet und den Schadensersatzpflichtigen deshalb in vollem Umfang freizustellen hat. Nach dessen Leistung kann dieser folglich den säumigen Inferenten iHd vollen Betrages in Regress nehmen, und der Einlageanspruch geht entsprechend gem. § 426 Abs. 2 BGB auf ihn über (Scholz/*Veil* Rn. 42). Ein Anspruch auf den Geschäftsanteil des säumigen Gesellschafters besteht jedoch schon deshalb nicht, weil § 9a das Verhältnis zwischen Gesellschaft und Gesellschafter nicht berührt (HCL/*Ulmer/Habersack* Rn. 55).

V. Konkurrierende Ansprüche

24 Neben § 9a kommen Ansprüche aus § 823 Abs. 1 und 2 BGB in Betracht, letzterer iVm § 82 Abs. 1. Zu denken ist ferner an Ansprüche wegen der Verletzung schuldrechtlicher Nebenabreden, die auf die Übernahme von Pflichten im Gründungsstadium gerichtet sind (§§ 280ff. BGB). Demgegenüber wird die allgemeine Geschäftsführerhaftung aus § 43 durch § 9a Abs. 1 als lex specialis verdrängt (HCL/*Ulmer/Habersack* Rn. 56; OLG Brandenburg 28.12.2017, GmbHR 2018, 474 (475)). Deliktische Ansprüche Dritter befreien den Ersatzpflichtigen nicht von seiner Verpflichtung gegenüber der Gesellschaft. Einer doppelten Inanspruchnahme kann der Ersatzpflichtige jedoch durch die Leistung an die Gesellschaft entgehen (HCL/*Ulmer/Habersack* Rn. 62).

Verzicht auf Ersatzansprüche

9b

(1) [1]**Ein Verzicht der Gesellschaft auf Ersatzansprüche nach § 9a oder ein Vergleich der Gesellschaft über diese Ansprüche ist unwirksam, soweit der Ersatz zur Befriedigung der Gläubiger der Gesellschaft erforderlich ist.** [2]**Dies gilt nicht, wenn der Ersatzpflichtige zahlungsunfähig ist und sich zur Abwendung des Insolvenzverfahrens mit seinen Gläubigern vergleicht oder wenn die Ersatzpflicht in einem Insolvenzplan geregelt wird.**

(2) [1]**Ersatzansprüche der Gesellschaft nach § 9a verjähren in fünf Jahren.** [2]**Die Verjährung beginnt mit der Eintragung der Gesellschaft in das Handelsregister oder, wenn die zum Ersatz verpflichtende Handlung später begangen worden ist, mit der Vornahme der Handlung.**

Übersicht

I. Allgemeines

Die Vorschrift statuiert zum einen ein **Verzichts- und Vergleichsverbot** in Bezug auf Ansprüche aus § 9a (Abs. 1) und regelt zum anderen deren **Verjährung** (Abs. 2). Sie ist funktional mit § 19 Abs. 2 vergleichbar und dient wie dieser dem **Gläubigerschutz,** nicht jedoch auch dem Schutz von Gesellschaft und Gesellschaftern (BegrRegE Novelle 1980, BT-Drs. 8/1347, 36; BGH 14.6.2018, NJW 2018, 2494 (2496) Rn. 26; Scholz/*Veil* Rn. 1). Abweichend von der hM zu §§ 50, 66 AktG (MüKoAktG/*Bayer* § 66 Rn. 99 mwN) soll die Vorschrift nach hA aber bei **Insolvenz der Gesellschaft** keine Anwendung auf den Insolvenzverwalter finden (BGH 14.6.2018, NJW 2018, 2494 Rn. 21 ff.; näher → § 64 Rn. 39), weil der insolvenzrechtliche Gläubigerschutz insofern Vorrang habe (krit. *Meul/Ritter* NZI 2017, 689). Explizit **ausgenommen** werden durch Abs. 1 S. 2 allerdings nur Vergleiche zur Abwendung eines **Insolvenzverfahrens des Ersatzpflichtigen** oder als Teil eines Insolvenzplans; die Vorschrift wurde durch Art. 48 EGInsO an die 1994 geänderte Insolvenzordnung angepasst. Im Übrigen verdankt sie ihre jetzige Form der GmbH-Novelle 1980, doch fand sich eine entsprechende Regelung bereits in § 9 aF. Das MoMiG hat sie unverändert gelassen. 1

§ 9b gilt entsprechend bei **Kapitalerhöhung** (§ 57 Abs. 4) und **Umwandlung** (§ 36 Abs. 2 S. 1 UmwG, § 135 Abs. 2 S. 1 UmwG, § 197 S. 1 UmwG), sowie bei Schadensersatzansprüchen gegen den Geschäftsführer gem. § 43 Abs. 3 S. 2, der sich aber nur auf Verstöße gegen das Auszahlungsverbot des § 30 bezieht (vgl. BGH 18.2.2008, ZIP 2008, 736). Auch § 64 S. 4 verweist indirekt (über § 43 Abs. 3) für die Geschäftsführerhaftung wegen Zahlungen nach Eintritt der Zahlungsunfähigkeit auf § 9b. Keine Anwendung findet die Vorschrift dagegen auf konkurrierende Ansprüche der Gesellschaft aus Anlass der Gründung (→ § 9a Rn. 24). 2

Die Unwirksamkeit eines Vergleichs kann sich auch aus anderen Vorschriften ergeben. So kann eine Vereinbarung wegen Verstoßes gegen § 30 unwirksam sein, wenn dadurch das Gesellschaftsvermögen unter den Betrag des Stammkapitals absinkt oder eine schon bestehende Unterbilanz erweitert wird (Scholz/*Veil* Rn. 3; HCL/*Ulmer/Habersack* Rn. 2). In Betracht kommt zudem die Anfechtung des Vergleichs nach **§§ 129 ff. InsO,** gelegentlich auch die Nichtigkeit nach § 138 BGB. 3

II. Verzicht und Vergleich (Abs. 1)

1. Erfasste Rechtsgeschäfte. Unter **Verzicht** versteht das Gesetz nicht nur die in **§ 397 BGB** geregelten Rechtsgeschäfte Erlass und negatives Schuldanerkenntnis (BGH 14.6.2018, NJW 2018, 2494 Rn. 20). Erfasst wird vielmehr auch der **Entlastungsbeschluss** nach § 46 Nr. 5 (BGH 21.4.1986, BGHZ 97, 382 (389) = NJW 1986, 2250) sowie Verträge, die dem Schuldner ein Leistungsverweigerungsrecht einräumen (Scholz/*Veil* Rn. 6). Dabei genügt es jeweils, dass ein Teilbetrag oder einer von mehreren Gesamtschuldnern betroffen ist. Beim ebenfalls erfassten **Prozessverzicht nach § 306 ZPO** ist zu beachten, dass dieser bei Vorliegen der Voraussetzungen des § 9b, mangels Dispositionsbefugnis der Parteien, unwirksam ist und ein Verzichtsurteil nicht erlassen werden darf. Dies gilt auch bei einem Anerkenntnis nach § 307 ZPO im Falle einer negativen Feststellungsklage des Haftpflichtigen (Scholz/*Veil* Rn. 6; HCL/*Ulmer/Habersack* Rn. 11). Die **Stundung** ist grundsätzlich **nicht** erfasst, es sei denn, die Fälligkeit wird längerfristig hinausgeschoben (RG 19.5.1931, RGZ 133, 33 (38)). 4

Mit dem **Vergleich** bezieht sich Abs. 1 auf § 779 BGB, der aufgrund seiner Doppelnatur auch den materiellen Teil des **Prozessvergleichs** beinhaltet und die Dispositionsbefugnis der Parteien über die betroffenen Rechte voraussetzt. Erforderlich ist nach § 779 BGB zudem ein gegenseitiges Nachgeben. Unwirksam sind alle Vergleiche, welche die Geltendmachung des vollen Ersatzanspruchs einschränken (Scholz/*Veil* Rn. 7). Für Stundungs- und Ratenzahlungsvergleich gilt dasselbe wie für die Stundung selbst: Sie sind nur erfasst, wenn sie die Fälligkeit längerfristig hinausschieben. 5

6 Nach seinem Schutzzweck ist § 9b Abs. 1 **entsprechend anwendbar** auf die **Abtretung** des Regressanspruchs (ohne hinreichende Gegenleistung) an einen Dritten, zumindest sofern ein Näheverhältnis zwischen Schuldner und Drittem besteht (HCL/*Ulmer/Habersack* Rn. 12), ferner auf die Annahme einer unzureichenden Leistung an Erfüllungs statt (OLG Hamm 13.6.2001, NZG 2001, 1144; Lutter/Hommelhoff/*Bayer* Rn. 1). Anders als beim Einlageanspruch (vgl. § 19 Abs. 2) sind somit **Erfüllungssurrogate** nicht per se ausgeschlossen (HCL/*Ulmer/Habersack* Rn. 12).

7 **2. Unwirksamkeit (nur) bei Gläubigerbeeinträchtigung (Abs. 1 S. 1).** § 9b ordnet die Unwirksamkeit der erfassten Rechtsgeschäfte (→ Rn. 4 ff.) nicht generell, sondern nur für den Fall an, dass die Durchsetzung des Anspruchs aus § 9a zur **Befriedigung der Gläubiger erforderlich** ist. Es bleibt also zunächst dabei, dass ein nach Bürgerlichem Recht wirksamer nachträglicher „Verzicht" oder Vergleich auch für die GmbH verbindlich ist, sofern er durch einen wirksamen Gesellschafterbeschluss gem. § 46 Nr. 8 gebilligt wird, bei dem der Schuldner nicht stimmberechtigt ist, § 47 Abs. 4 S. 2. Andererseits ergibt sich die von der Gesellschaft (bzw. einem pfändenden Gläubiger) nachzuweisende Erforderlichkeit zur Gläubigerbefriedigung nicht erst aus der Eröffnung eines Insolvenzverfahrens. Sie liegt vielmehr schon dann vor, wenn die Gesellschaft ohne den Ersatzbetrag **überschuldet** oder **zahlungsunfähig** ist, und somit bereits bei nicht kurzfristig zu behebenden Zahlungsschwierigkeiten (BGH 24.5.2005, GmbHR 2005, 1117; HCL/*Ulmer/Habersack* Rn. 13). Ein allgemeines Interesse der Gesellschaftsgläubiger an der Verfügbarkeit von Mitteln reicht hingegen nicht aus (Scholz/*Veil* Rn. 8).

8 Darauf, ob die Vertragsparteien bei Abschluss des Vergleichs etc die Gläubigerbeeinträchtigung vorhersehen konnten, kommt es nicht an. Es reicht, dass die Unwirksamkeitsvoraussetzungen (Zahlungsunfähigkeit/Überschuldung) **innerhalb der fünfjährigen Verjährungsfrist** eintreten und der Vergleich etc hierfür **mitursächlich** war, was regelmäßig der Fall ist (OLG Brandenburg 28.12.2017, GmbHR 2018, 474 (479); HCL/*Ulmer/Habersack* Rn. 13).

9 Sobald die in → Rn. 7 f. beschriebenen Voraussetzungen vorliegen, ist bzw. wird der Vergleich etc **unwirksam,** ohne dass hierfür (wie bei der Insolvenzanfechtung) eine Geltendmachung erforderlich wäre. Ein Vergleich steht somit stets unter der auflösenden gesetzlichen Bedingung ihres Eintritts (HCL/*Ulmer/Habersack* Rn. 15). Wird nicht der gesamte Ersatzbetrag benötigt, kommt Teilunwirksamkeit nach § 139 BGB in Betracht. Sofern der Unwirksamkeitsgrund nach der letzten mündlichen Verhandlung zu einem klageabweisenden Urteil eingetreten ist, steht dieses Urteil einer erneuten gerichtlichen Geltendmachung des Anspruchs nicht entgegen (Scholz/*Veil* Rn. 11). Das gilt erst recht, wenn der Unwirksamkeitsgrund nach Rechtskraft des abweisenden Urteils eingetreten ist. Ein **Versäumnisurteil** gegen die GmbH wird durch § 9b nicht ausgeschlossen. Der GmbH verbleiben dann aber Schadensersatzansprüche gegen Geschäftsführer bzw. Prozessbevollmächtigte wegen pflichtwidriger Prozessführung.

10 **3. Ausnahmen von der Unwirksamkeit (Abs. 1 S. 2). a) Insolvenz des Ersatzpflichtigen.** Im Interesse der **Gläubigergleichbehandlung** macht Abs. 1 S. 2 Ausnahmen von der Unwirksamkeit eines Vergleichs etc, sofern der Schuldner des Anspruchs aus § 9a insolvent ist. Um diesen Zweck zu erfüllen, müssen Vergleich bzw. Verzicht das Insolvenzverfahren abwenden (→ Rn. 11 f.). Voraussetzung hierfür ist zunächst die Insolvenz des Schuldners, regelmäßig also seine **Zahlungsunfähigkeit** (§ 17 Abs. 2 InsO), doch kommt bei Kapitalgesellschaften naturgemäß auch die – nicht explizit genannte – Überschuldung in Betracht (Scholz/*Veil* Rn. 13). Ein Insolvenzverfahren braucht also nicht eröffnet zu sein, und auch die Ablehnung mangels Masse steht der Ausnahmeregelung nicht entgegen.

11 **b) Abwendungsvergleich oder Regelung im Insolvenzplan.** Seit Wegfall des (insolvenzrechtlichen) Vergleichsverfahrens kommt nur ein **außergerichtlicher Vergleich** in Betracht, der mit allen am Insolvenzverfahren interessierten Gläubigern zur Abwendung der Insolvenz geschlossen wird. Dass möglicherweise einzelne Gläubiger übersehen werden, ist zwar nicht unproblematisch, doch wirkt der Vergleich naturgemäß dann auch nicht für sie. Solange der Schuldner sich derart mit seinen Gläubigern einigt, dass das Insolvenzverfahren hierdurch im Ergebnis vermieden wird, sind die Voraussetzungen des Abs. 1 S. 2 als erfüllt anzusehen (näher Scholz/*Veil* Rn. 14). Auch ein Vergleich, der **nach Eröffnung** des Insolvenzverfahrens mit der Zustimmung aller Gläubiger zu dessen Einstellung nach § 213 InsO geschlossen wird, fällt unter die Ausnahmeregel (HCL/*Ulmer/Habersack* Rn. 20).

12 Der Insolvenzplan gem. §§ 217 ff. InsO kann Regelungen zur Kürzung oder Stundung von Ansprüchen aus § 9a enthalten (§§ 221, 224 InsO). Sofern die insolvenzrechtlichen Voraussetzungen erfüllt sind, der Plan namentlich durch die Gläubiger mehrheitlich angenommen (§ 244 InsO) und gerichtlich bestätigt (§§ 248, 254 InsO) worden ist, steht § 9b Abs. 1 S. 1 seiner Wirkung nicht entgegen (Abs. 1 S. 2). Einer Zustimmung der GmbH bedarf es nicht (§ 254 Abs. 1 InsO).

III. Verjährung (Abs. 2)

13 Die **fünfjährige Sonderverjährung** nach Abs. 2 gilt nur für Ansprüche aus § 9a, nicht für sonstige Schadensersatzansprüche aus Anlass der Gründung. **Dauer und Beginn** der Frist sind **zwingend;** die

gem. § 202 BGB normalerweise zulässige Verkürzung scheitert ihrerseits am Erlassverbot des Abs. 1 S. 1 (HCL/*Ulmer*/*Habersack* Rn. 28). Im Übrigen gelten die allgemeinen Verjährungsvorschriften des BGB (§§ 203 ff. BGB), insbesondere in Bezug auf Hemmung und Unterbrechung (→ Rn. 14). Der für den **Fristbeginn** maßgebliche Zeitpunkt der Eintragung der Gesellschaft kann nach § 382 Abs. 2 FamFG der Eintragung selbst entnommen werden. Sofern die schädigende Handlung erst nach der Eintragung vorgenommen wurde, so etwa bei der wirtschaftlichen Neugründung, beginnt die Verjährung mit dem Zeitpunkt der Vornahme. Unerheblich sind in jedem Falle der Zeitpunkt des Schadeneintritts und die Kenntnis der für die Geltendmachung des Schadens zuständigen Personen (HCL/*Ulmer*/*Habersack* Rn. 25).

Ein nach Abs. 1 unwirksamer Vergleich etc führt nicht zur **Hemmung** oder **Unterbrechung** des Verjährungslaufs; das gilt auch für die Zeit bis zum Eintritt der Unwirksamkeitsbedingung des Abs. 1 (Scholz/*Veil* Rn. 18). Weder § 212 Abs. 1 Nr. 1 BGB noch §§ 203 f. BGB sind auf ihn anwendbar. Auch § 206 BGB ist nicht entsprechend auf juristische Personen anzuwenden, weshalb das Fehlen des gesetzlichen Vertreters kein Hemmungsgrund ist. Dass der Ersatzpflichtige Geschäftsführer ist, steht der Verjährung ebenfalls nicht entgegen und auch Treu und Glauben führen grundsätzlich nicht zu ihrer Unterbrechung (BGH 29.6.1961, GmbHR 1961, 144). Ist der Ersatzanspruch rechtskräftig festgestellt, verjährt er gem. § 197 Nr. 3 bzw. 4 BGB in 30 Jahren. Wegen der **Wirkung der Verjährung** ist auf § 214 BGB zu verweisen. 14

Ablehnung der Eintragung

9c (1) [1]**Ist die Gesellschaft nicht ordnungsgemäß errichtet und angemeldet, so hat das Gericht die Eintragung abzulehnen.** [2]**Dies gilt auch, wenn Sacheinlagen nicht unwesentlich überbewertet worden sind.**

(2) **Wegen einer mangelhaften, fehlenden oder nichtigen Bestimmung des Gesellschaftsvertrages darf das Gericht die Eintragung nach Absatz 1 nur ablehnen, soweit diese Bestimmung, ihr Fehlen oder ihre Nichtigkeit**

1. **Tatsachen oder Rechtsverhältnisse betrifft, die nach § 3 Abs. 1 oder auf Grund anderer zwingender gesetzlicher Vorschriften in dem Gesellschaftsvertrag bestimmt sein müssen oder die in das Handelsregister einzutragen oder von dem Gericht bekanntzumachen sind,**
2. **Vorschriften verletzt, die ausschließlich oder überwiegend zum Schutze der Gläubiger der Gesellschaft oder sonst im öffentlichen Interesse gegeben sind, oder**
3. **die Nichtigkeit des Gesellschaftsvertrages zur Folge hat.**

Übersicht

I. Allgemeines

§ 9c regelt **Prüfungsrecht und -pflicht des Registergerichts;** es handelt sich um die zentrale Vorschrift zur Absicherung des Normativsystems bei Gründung der GmbH. Sie will daher verhindern, dass nicht ordnungsgemäß errichtete und angemeldete Gesellschaften gleichwohl eingetragen werden (s. nur Baumbach/Hueck/*Servatius* Rn. 1). **Abs. 1** ist durch die GmbH-Novelle 1980 eingeführt worden, doch war die Prüfungspflicht des Registergerichts in Anlehnung an § 38 AktG schon zuvor in Rspr. und Lehre allgemein anerkannt. Das **MoMiG** hat die Ablehnungspflicht in S. 2 auf „nicht unwesentlich“ überbewertete Sacheinlagen beschränkt, um „unnötige Zeitverzögerungen bei der Sachgründung“ zu vermeiden (BegrRegE BT-Drs. 13/8444, 76). **Abs. 2** wurde durch die Handelsrechtsreform 1998 eingeführt, um die inhaltliche Prüfung auf die in Nr. 1–3 genannten Gegenstände zu konzentrieren und so das Eintragungsverfahren bei der Gründung zu beschleunigen (HCL/*Ulmer*/*Habersack* Rn. 5). Abs. 2 gilt **nicht für die Kapitalerhöhung** (s. § 57a, der nur auf Abs. 1 verweist), wohl aber für Umwandlungen gem. § 36 Abs. 2 S. 1 UmwG, § 135 Abs. 2 S. 1 UmwG, § 197 S. 1 UmwG. Die Vorschrift gilt bei der **wirtschaftlichen Neugründung** einer Vorrats- oder Mantelgesellschaft entsprechend (BGH 2.12.2002, ZIP 2003, 251; BGH 6.3.2012, BGHZ 192, 341 = NJW 2012, 1875 = ZIP 2012, 817 (819); 1

OLG Nürnberg 18.4.2011, GmbHR 2011, 582). Nicht abschließend geklärt ist, ob das **Registergericht** die Eintragung angemeldeter Satzungsänderungen oder Gesellschafter-/Geschäftsführerwechsel ablehnen darf, wenn eine damit einhergehende wirtschaftliche Neugründung **nicht offengelegt** wird (in Bezug auf Satzungsänderungen zu Recht bejahend *Ulmer* ZIP 2012, 1265 (1271 f.); HCL/*Ulmer*/*Löbbe* § 3 Rn. 158; Baumbach/Hueck/*Fastrich* § 3 Rn. 13b; Lutter/Hommelhoff/Bayer § 3 Rn. 88; aA *Heinze* GmbHR 2011, 965; offen BGH 6.3.2012, BGHZ 192, 341 = NJW 2012, 1875 Rn. 26, wo der Senat nur den Fall erwägt, dass keine Satzungsänderung und kein Gesellschafterwechsel angemeldet wird; weil in diesem Falle aber nichts angemeldet wird, stellt sich die Frage dort nicht).

II. Prüfung des Registergerichts

2 **1. Umfang der Prüfung.** Die Prüfung bezieht sich auf **sämtliche Formalien und eintragungsrelevante Tatsachen,** die durch die Anmeldung und die hierbei abgegebenen Erklärungen der Geschäftsführer sowie durch die Gesamtheit der zwingend vorgeschriebenen Gründungsvoraussetzungen näher bestimmt werden. Die Prüfung beschränkt sich dabei nicht auf die angabe- bzw. eintragungspflichtigen Umstände (Scholz/*Veil* Rn. 7), die andererseits in vollem Umfang – nicht lediglich als Auswahl – Prüfungsgegenstand sind (HCL/*Ulmer*/*Habersack* Rn. 9). Hinsichtlich der Firma in Zweifelsfällen nach § 23 S. 2 HRV eingeholte Gutachten der IHK sind ebenfalls in die Prüfung einzubeziehen.

3 Auch iÜ kann das Registergericht aufgrund des **Amtsermittlungsgrundsatzes** (§ 26 FamFG) in begründeten Zweifelsfällen weitere Nachforschungen anstellen, insbesondere Nachweise zu abgegebenen Versicherungen verlangen oder Sachverständigengutachten zum Wert eingebrachter Sacheinlagen einholen (Baumbach/Hueck/*Servatius* Rn. 2a). In der Regel muss das Gericht die Prüfung allerdings, um unnötige Verzögerungen zu vermeiden, auf die vorgeschriebenen Eintragungsunterlagen beschränken (BGH 18.2.1991, BGHZ 113, 335 (352); OLG Düsseldorf 29.3.1995, WM 1995, 1840; Baumbach/Hueck/*Servatius* Rn. 2a). **Unzulässig** ist insbesondere die routinemäßige Einforderung weiterer Nachweise (BGH 18.2.1991, BGHZ 113, 335 (352); KG 19.5.1998, BB 1998, 1548; HCL/*Ulmer*/*Habersack* Rn. 14; abw. Roth/Altmeppen/*Altmeppen* Rn. 9: Prüfungsrecht reicht weiter als Prüfungspflicht). Über die **Mittel** zur weiteren Sachverhaltsaufklärung entscheidet das Registergericht nach pflichtgemäßem Ermessen. Unnötige Zeitverzögerungen und Kostenbelastungen des Antragsstellers sollen dabei vermieden werden. Bei begründeten Zweifeln sind aber Sachverständigengutachten ebenso erforderlich wie eine umfassende Gründungsprüfung (BGH 18.2.1991, BGHZ 113, 335 (352); HCL/*Ulmer*/*Habersack* Rn. 14, 58). Bei **Satzungsänderungen** ist im Einzelnen umstritten, ob sich die Prüfung auch auf unveränderte Altregelungen bezieht, was die hM im Grundsatz ablehnt (vgl. etwa Roth/Altmeppen/*Altmeppen* § 54 Rn. 27; → § 54 Rn. 1 ff.).

4 **2. Formelle Prüfung.** Das Registergericht hat zunächst seine sachliche und örtliche **Zuständigkeit** zu überprüfen (→ § 7 Rn. 6), sodann die **notarielle Beurkundung** des Gesellschaftsvertrages bzw. Gründungsprotokolls, einschließlich der formgerechten Erteilung etwaiger Vollmachten (→ § 2 Rn. 20). Prüfungsgegenstand ist ferner die ordnungsgemäße **Anmeldung,** einschließlich der persönlichen Beteiligung aller Geschäftsführer sowie ihrer Stellvertreter, schließlich die Vollständigkeit der nach § 8 erforderlichen Unterlagen und Versicherungen (→ § 8 Rn. 2 ff.). Eventuelle **staatliche Genehmigungen** für die Unternehmenstätigkeit (Gewerbeerlaubnisse etc, → § 1 Rn. 18 ff.) sind nach Aufhebung von § 8 Abs. 1 Nr. 6 aF durch das MoMiG kein Prüfungsgegenstand mehr (→ § 8 Rn. 1).

5 **3. Materielle Prüfung. a) Allgemeines.** Selbstverständlich muss das Registergericht seine Prüfung auch auf die (materielle) **Ordnungsmäßigkeit der Gründung** beziehen, also auf die Einhaltung inhaltlicher Anforderungen. Zu prüfen ist daher insbesondere die Wirksamkeit von Gesellschaftsvertrag und Beitrittserklärungen sowie der Geschäftsführerbestellung, ferner Einlageleistungen und der Wert von Sacheinlagen (vgl. aus der Rspr. etwa BayObLG 19.9.1991, BB 1991, 2103 (2104); OLG Köln 1.7.1981, GmbHR 1982, 187; OLG Köln 12.5.1997, GmbHR 1997, 945). Vorbehaltlich von Abs. 2 (→ Rn. 10) hat die Prüfung umfassend zu erfolgen; auch solche Mängel dürfen nicht außer Betracht bleiben, die durch die Eintragung geheilt oder von salvatorischen Klauseln im Gesellschaftsvertrag erfasst werden (Scholz/*Veil* Rn. 9).

6 Hinsichtlich der Einlagen bezieht sich die Prüfung nur auf die Einbringung der **Mindesteinlagen,** und zwar auch dann, wenn nach der Satzung weitere Zahlungen auf die Geschäftsanteile schon vor der Anmeldung erfolgen müssen, ein Agio oder sonstige Nebenleistungspflichten vereinbart sind (OLG Stuttgart 13.7.2011, ZIP 2011, 1612; HCL/*Ulmer*/*Habersack* Rn. 35 f.). Hinsichtlich der **Kapitalaufbringung** ist grundsätzlich über die Eintragungsvoraussetzungen hinaus keine weitere Prüfung veranlasst, insbesondere gilt dies für die ausreichende materielle Kapitalisierung der Gesellschaft (Roth/Altmeppen/*Altmeppen* Rn. 6 f.). Bei schwerwiegenden Zweifeln – zB an der Solvenz eines Gründers oder bei seinem möglichen Ausfall – kann die Prüfung sich trotz der Ausfallhaftung aus § 24 aber auch auf diese Umstände beziehen (HCL/*Ulmer*/*Habersack* Rn. 33; Baumbach/Hueck/*Servatius* Rn. 2).

b) Sacheinlagen (Abs. 1 S. 2). Uneingeschränkt zu prüfen ist zunächst die ordnungsgemäße **Festsetzung** der Sacheinlagen (→ § 5 Rn. 16) und die Plausibilität des Sachgründungsberichts. Anhaltspunkten für eine verdeckte Sacheinlage ist dabei nachzugehen (Baumbach/Hueck/*Servatius* Rn. 5a), zumal diese unverändert unzulässig ist (§ 19 Abs. 4 S. 1, 4 nF). Bei der UG sind offene (§ 5a Abs. 2 S. 2) und verdeckte Sacheinlagen verboten, was das Prüfungsziel entsprechend verändert. 7

Demgegenüber hat das **MoMiG** (→ Rn. 1) die Kontrollpflicht hinsichtlich der **Bewertung** etwas zurückgenommen; das Registergericht hat sich nur noch um wesentliche Überbewertungen zu kümmern (Abs. 1 S. 2). Grundsätzlich ist die Bewertung anhand der eingereichten Unterlagen zu überprüfen. Wie bisher gilt aber, dass weitere Unterlagen dann anzufordern sind, wenn sich aus den bei der Anmeldung eingereichten Unterlagen begründete Hinweise auf eine (jetzt aber) nicht unwesentliche **Überbewertung** ergeben (RegE BR-Drs. 354/07, 82). Anhaltspunkte dafür, wann die Überbewertung wesentlich ist, enthalten auch die Gesetzesmotive allerdings nicht (krit. zum Nutzwert deshalb *Heckschen* DStR 2009, 166 (172), der auf den Anwendungsfall eines nicht aktuellen Wertgutachtens hinweist). Üblicherweise wird sich das Registergericht aber auf eine kursorische Grobprüfung beschränken und eine Eintragung nur dann ablehnen, wenn sich die Abweichung nicht innerhalb der Bandbreite üblicher Bewertungsdifferenzen bewegt (HCL/*Ulmer/Habersack* Rn. 37; Lutter/Hommelhoff/*Bayer* Rn. 17; Roth/Altmeppen/*Altmeppen* Rn. 11; vgl. auch LG Freiburg 20.2.2009, RPfleger 2009, 386 – mit Unsicherheiten behaftete Bewertungsmethode gibt als solche noch keine Hinweise auf eine wesentliche Überbewertung). Das Registergericht darf eine Eintragung jedenfalls dann nicht wegen Überbewertung ablehnen, wenn der Nennbetrag der Sacheinlage sicherheitshalber auch in bar aufgebracht wird (OLG Naumburg 17.1.2018, GmbHR 2018, 1068 (1069), zustimmend *Wachter* EWiR 2018, 749; → § 7 Rn. 23). Die **Unterbewertung** der Sacheinlagen ist iÜ per se unproblematisch, wie auch die „Aufbringung" eines Agios nicht zu überprüfen ist (s. nur LG Augsburg 8.1.1996, GmbHR 1996, 216; näher HCL/*Ulmer/Habersack* Rn. 36, auch zu Ausnahmen; → Rn. 6). 8

Der maßgebliche **Zeitpunkt** für die Beurteilung ist umstritten, während das Schrifttum heute wohl schon überwiegend auf den Zeitpunkt der Anmeldung abstellt (Scholz/*Veil* Rn. 33; Lutter/Hommelhoff/*Bayer* Rn. 16; Baumbach/Hueck/*Servatius* Rn. 8), bezieht sich die noch hM auf den Zeitpunkt der Eintragung (BGH 9.3.1981, BGHZ 80, 129 (136); HCL/*Ulmer/Habersack* Rn. 21, 41; Roth/Altmeppen/*Altmeppen* Rn. 15). Dem ist grundsätzlich zu folgen. Zwar trägt der Inferent nach § 9 das Risiko der Wertminderung nur bis zur Anmeldung (→ Rn. 10 f.), doch lösen danach eintretende Wertminderungen ggf. die Verlustdeckungshaftung aller Gründer aus (→ § 9 Rn. 11), die für die Prüfung ebenfalls relevant ist (→ Rn. 15), zumal die Gründer durch freiwilligen Ausgleich der Wertdifferenz die Eintragung in jedem Falle bewirken können (zutr. HCL/*Ulmer/Habersack* Rn. 21). 9

c) Inhaltliche Mängel des Gesellschaftsvertrags (Abs. 2). Wegen **inhaltlicher** Mängel des Gesellschaftsvertrages wird der Prüfungsumfang seit der Reform 1998 (→ Rn. 1) durch Abs. 2 zu Beschleunigungszwecken beschränkt. Es ist insbesondere nicht Sache des Registergerichts, die Satzung auf unklare oder widersprüchliche Bestimmungen hin zu durchforsten; es hat sich vielmehr auf die in Abs. 2 aufgezählten Mängel zu beschränken (→ Rn. 11 ff.). Die Vorschrift gilt aber nicht für Satzungsänderungen (s. § 57a und → Rn. 1). Unanwendbar ist Abs. 2 ferner auf das **Zustandekommen** des Gesellschaftsvertrages, das keine Frage des Inhalts ist. Es unterliegt daher ohne Einschränkung der Prüfung, die auch die Wirksamkeit der einzelnen Beitrittserklärungen umfasst, etwa in Bezug auf Willensmängel, Geschäftsfähigkeit und ausreichender Bevollmächtigung (näher HCL/*Ulmer/Habersack* Rn. 24 f.). 10

Nach **Nr. 1** ist der **Mindestinhalt** gem. § 3 Abs. 1 (Firma, Sitz, Gegenstand, Betrag des Stammkapitals, Nennbeträge der Geschäftsanteile und deren Übernehmer) einer vollen Inhaltskontrolle zu unterwerfen. Die einzelne Mindestabgabe ist also nicht nur darauf zu überprüfen, ob sie vorhanden, sondern auch ob sie wirksam ist (vgl. zB OLG Düsseldorf 6.10.2010, BB 2011, 272 in Bezug auf Unternehmensgegenstand). Die Eignung der Firma zur Irreführung ist nach § 18 Abs. 2 HGB allerdings nur dann erheblich, wenn diese (ohne weitere Ermittlungen) ersichtlich ist (→ § 4 Rn. 8). Zu prüfen ist ferner, ob der sonstige Eintragungsinhalt gem. **§ 10 Abs. 1, 2** wirksam ist, namentlich die Geschäftsführerbestellung, eine eventuelle Zeitdauer sowie die Regelung der Vertretungsbefugnis (Baumbach/Hueck/*Servatius* Rn. 5a). Auch der ordnungsgemäße Ausweis und die Angemessenheit eines der Gesellschaft in der Satzung auferlegten **Gründungsaufwands** sind zu überprüfen. Die Praxis gibt sich teilweise mit einem Gesamtbetrag zufrieden, verbunden mit der Befugnis des Registergerichts bei Zweifeln an der Angemessenheit eine genaue Aufstellung zu verlangen (LG Gießen 15.10.2002, GmbHR 2003, 543 (544); HCL/*Ulmer/Casper* § 5 Rn. 215; → § 5 Rn. 29). Das sollte genügen. Teilweise wird aber schon von vornherein die Aufstellung der Einzelkosten verlangt (BGH 29.9.1997, NJW 1998, 233; LG Essen 11.12.2002, GmbHR 2003, 471). 11

Gemäß **Nr. 2** sind auch mögliche Verstöße gegen Vorschriften zum **Gläubigerschutz** und zum Schutz (sonstiger) **öffentlicher Interessen** Prüfungsgegenstand. Orientierungsmarke hierfür ist § 241 Nr. 3 AktG. Bei den Normen zum Gläubigerschutz geht es um die Beachtung sämtlicher Regelungen zur Aufbringung und Erhaltung des Stammkapitals (Scholz/*Veil* Rn. 21; Baumbach/Hueck/*Servatius* Rn. 5b). Das öffentliche Interesse umfasst zwar alle Belange der Allgemeinheit; diese müssen aber für 12 die zwingende Geltung der betreffenden Norm von maßgeblicher Bedeutung sein, was etwa für bestimmte Strafvorschriften wie § 82 oder bestimmte öffentlich-rechtliche Normen wie § 1 GWB sowie die meisten Vorschriften zur Rechnungslegung und wesentliche Normen des MitbestG zutrifft (HCL/*Ulmer/Habersack* Rn. 54; Baumbach/Hueck/*Servatius* Rn. 5b; problematisch daher OLG München 10.10.2005, NZG 2006, 35 – unklare Satzungsbestimmung über Veröffentlichung).

13 Schließlich erfasst **Nr. 3** alle sonstigen Mängel, die zur **Gesamtnichtigkeit** des Gesellschaftsvertrages führen. Soweit der Mindestinhalt betroffen ist, liegt schon ein Fall von Nr. 1 vor, soweit Vorschriften zum öffentlichen Interesse verletzt sind, ein Fall von Nr. 2. Daher greift Nr. 3 nur ein, wenn **fakultativer Inhalt** mangelhaft ist *und* es deshalb gem. § 139 BGB zur Gesamtnichtigkeit kommt, wobei zu beachten ist, dass bei Gesellschaftsverträgen nach Geschäftsbeginn der (Vor-)Gesellschaft entgegen § 139 BGB im Zweifel von der Wirksamkeit des Restvertrages auszugehen ist (HCL/*Ulmer/Habersack* Rn. 56; → § 2 Rn. 68 f.). Für die Gesamtunwirksamkeit ist daher regelmäßig nur bei gravierenden Mängeln Raum, etwa bei grob unangemessener Ausgestaltung des Vertrages zulasten einzelner Gesellschafter (§ 138 BGB) oder bei Eingreifen von Verbotsgesetzen (HCL/*Ulmer/Habersack* Rn. 55). Unabhängig hiervon, hat aber das Registergericht wegen Nr. 2 regelmäßig den gesamten Gesellschaftsvertrag in den Blick zu nehmen, was dem Beschleunigungszweck abträglich ist (krit. deshalb etwa Lutter/Hommelhoff/*Bayer* Rn. 13).

14 Alle Mängel, die nicht Nr. 1–3 unterfallen, sind auch **nicht Prüfungsgegenstand** (vgl. nur Baumbach/Hueck/*Servatius* Rn. 5d). Hierzu gehören namentlich die (mögliche) Verletzung von Individual- oder Minderheitsrechten (OLG München 1.7.2010, ZIP 2010, 2348), Unklarheiten und Widersprüche innerhalb des Vertrages und – erst recht – seine Zweckmäßigkeit (BayObLG 29.10.1992, GmbHR 1993, 167; OLG Köln 1.7.1981, GmbHR 1982, 187; Roth/Altmeppen/*Altmeppen* Rn. 26), ferner die Auswirkungen künftiger ungewisser Entwicklungen (OLG Stuttgart 21.2.1989, GmbHR 1989, 418). Inhaltliche Unklarheiten sind allerdings dann Anlass zu weiterer Nachprüfung, wenn sie die Gefahr einer Irreführung Außenstehender über wichtige Umstände der Gesellschaft nahelegen (Scholz/*Veil* Rn. 10).

15 **d) Vorbelastungen.** Im Eintragungszeitpunkt nicht ausgeglichene Vorbelastungen aus der Zeit **vor der Anmeldung** stellen ein **Eintragungshindernis** dar (BGH 9.3.1981, BGHZ 80, 129 (143); BayObLG 7.10.1998, GmbHR 1998, 1225 (1226); HCL/*Ulmer/Habersack* Rn. 34). Dass die Gründer für die Vorbelastungen persönlich haften (→ § 11 Rn. 30 ff.), ist unerheblich, weil ersichtlich unsolide Gründungen ohne ausreichendes Haftkapital im Interesse der (künftigen) Gläubiger zu vermeiden sind (s. nur Baumbach/Hueck/*Servatius* Rn. 6a; zur Angabepflicht über Vorbelastungen → § 8 Rn. 17). Die Aktivierung von Ansprüchen aus der vor der Anmeldung entstandenen Vorbelastungshaftung ohne tatsächlichen Ausgleich genügt nach hM nicht, vielmehr müssen die Vorbelastungen auch tatsächlich ausgeglichen werden (BGH 9.3.1981, BGHZ 80, 129 (143); Baumbach/Hueck/*Servatius* Rn. 6a; Lutter/Hommelhoff/*Bayer* Rn. 19 iVm § 11 Rn. 51).

16 Für **nach der Anmeldung** entstandene Vorbelastungen kann ein tatsächlicher Ausgleich hingegen nur dann gefordert werden, wenn Zweifel an der Werthaltigkeit der Ansprüche gegen die Gründer bestehen (OLG Düsseldorf 3.12.1997, GmbHR 1998, 235 (236); HCL/*Ulmer/Habersack* Rn. 34; Lutter/Hommelhoff/*Bayer* Rn. 19; Baumbach/Hueck/*Servatius* Rn. 6b; → § 8 Rn. 17; **aA** aber OLG Frankfurt a. M. 27.5.1992, BB 1992, 1160 (1062); OLG Hamm 1.12.1992, DB 1993, 86 f.; OLG Düsseldorf 31.7.1996, ZIP 1996, 1705; BayObLG 7.10.1998, BB 1998, 2439 f.; Roth/Altmeppen/*Altmeppen* Rn. 15). Unabhängig von der Vorbelastungshaftung besteht ein Eintragungshindernis jedenfalls bei **Insolvenz** der (Vor-)Gesellschaft, also bei Eintritt ihrer Zahlungsunfähigkeit oder Überschuldung (Scholz/*Veil* Rn. 29).

17 **4. Verfahrensfragen.** Das **zuständige Amtsgericht** (§ 376 FamFG iVm § 23a GVG) am Sitz der Gesellschaft (§ 7 Abs. 1) hat über den Eintragungsantrag zu entscheiden, zunächst aber behebbare Mängel zu beanstanden und ggf. die Vorlage weiterer Nachweise und sonstiger Unterlagen durch eine (begründete) **Zwischenverfügung** gem. § 382 Abs. 4 FamFG anzuordnen (HCL/*Ulmer/Habersack* Rn. 58). Bei Streitigkeiten zwischen den Beteiligten ist zudem eine Aussetzung nach §§ 21, 381 FamFG möglich (HCL/*Ulmer/Habersack* Rn. 59). Bei nicht behebbaren Mängeln kommt idR zunächst die Anregung in Betracht, den Antrag zurückzunehmen. Die **Ablehnung** der Eintragung setzt voraus, dass den Beteiligten zunächst rechtliches Gehör gewährt wurde; sie ist zu begründen (§ 382 Abs. 3 FamFG, § 38 Abs. 2 FamFG) und muss sich auf den gesamten Eintragungsantrag beziehen (Scholz/*Veil* Rn. 39). Eine Eintragung kann auch dann abgelehnt werden, wenn der nach § 13 S. 1 GNotKG angeordnete **Kostenvorschuss** ausbleibt (KG 15.6.2017, GmbHR 2017, 1337 mAnm *Melchior* (Nichtzahlung als Eintragungshindernis); aA zuvor OLG Köln 5.8.2010, BeckRS 2013, 4027 (Ruhen des Verfahrens)).

18 Gegen die Ablehnung der Eintragung sowie gegen Zwischenverfügungen steht der (Vor-)Gesellschaft die **Beschwerde** zum LG nach § 58 FamFG zu (BGH 16.3.1992, BGHZ 117, 323 (325); BayObLG 22.6.1995, DB 1995, 1801 – Zwischenverfügung). Die Vorgesellschaft wird hierbei durch die Geschäftsführer vertreten (BGH 16.3.1992, BGHZ 117, 323 (329)). Die gegen die Beschwerdeentscheidung eröffnete weitere Beschwerde (jetzt Rechtsbeschwerde) kann nur auf Rechtsverletzungen gestützt werden und ist seit dem FamFG von der Zulassung abhängig (§§ 70 ff. FamFG).

Auch eine Eintragung unter Verstoß gegen die Prüfungspflicht nach § 9c lässt die GmbH als juristische Person entstehen. Rechtsmittel gegen die erfolgte Eintragung sind nicht statthaft (HCL/*Ulmer/Habersack* Rn. 63). **Formelle Mängel** werden iÜ durch die Eintragung geheilt. Bei **inhaltlichen Mängeln** kommt die Nichtigkeitsklage nach § 75 sowie die Amtslöschung gem. §§ 395, 399 FamFG in Betracht. Bei Überbewertung von Sacheinlagen kommen Ansprüche nach §§ 9, 9a in Betracht (→ § 9 Rn. 1 ff., → § 9a Rn. 1 ff.). Überdies ist an Amtshaftungsansprüche gegen den Registerrichter aus § 839 BGB zu denken, für den das Spruchrichterprivileg nicht gilt (näher HCL/*Ulmer/Habersack* § 10 Rn. 32 f.). 19

Inhalt der Eintragung

10 (1) [1]**Bei der Eintragung in das Handelsregister sind die Firma und der Sitz der Gesellschaft, eine inländische Geschäftsanschrift, der Gegenstand des Unternehmens, die Höhe des Stammkapitals, der Tag des Abschlusses des Gesellschaftsvertrags und die Personen der Geschäftsführer anzugeben.** [2]**Ferner ist einzutragen, welche Vertretungsbefugnis die Geschäftsführer haben.**

(2) [1]**Enthält der Gesellschaftsvertrag Bestimmungen über die Zeitdauer der Gesellschaft oder über das genehmigte Kapital, so sind auch diese Bestimmungen einzutragen.** [2]**Wenn eine Person, die für Willenserklärungen und Zustellungen an die Gesellschaft empfangsberechtigt ist, mit einer inländischen Anschrift zur Eintragung in das Handelsregister angemeldet wird, sind auch diese Angaben einzutragen; Dritten gegenüber gilt die Empfangsberechtigung als fortbestehend, bis sie im Handelsregister gelöscht und die Löschung bekannt gemacht worden ist, es sei denn, dass die fehlende Empfangsberechtigung dem Dritten bekannt war.**

Übersicht

I. Allgemeines

Die Vorschrift bestimmt **abschließend** die **einzutragenden Tatsachen** bei der GmbH-Gründung (Abs. 1, 2). Die früher in Abs. 3 enthaltene Regelung der Veröffentlichung ist durch das **EHUG** vom 10.11.2006 (BGBl. 2006 I 2553) zum 1.1.2007 gestrichen worden. Seit Einführung des elektronischen Handelsregisters (§§ 8, 8a HGB) erfolgt auch die **Veröffentlichung** einheitlich in elektronischer Form (§ 10 HGB) sowie im elektronischen Unternehmensregister (§ 8b HGB), das jedermann zur Einsicht offensteht. Wegen der Einzelheiten ist auf die einschlägigen HGB-Kommentierungen zu verweisen. Das **MoMiG** hat in Abs. 1 die inländische Geschäftsanschrift als eintragungspflichtige Tatsache hinzugefügt sowie die Eintragung einer fakultativen weiteren Zustellungsadresse in Abs. 2 S. 2 ermöglicht. 1

Die Eintragung bildet den **Abschluss** des Anmelde- wie auch des gesamten **Gründungsverfahrens** nach positiver Prüfung (§ 9c) durch das Registergericht. Das Gründungsverfahren richtet sich nach §§ 374 ff. FamFG (→ § 9c Rn. 17 f. zu Rechtsmitteln etc). Die Eintragung hat konstitutive Wirkung (§ 11 Abs. 1) für das Entstehen der GmbH als juristische Person und Formkaufmann (§ 13 Abs. 1, 3); außerdem werden die meisten formellen Verfahrensfehler geheilt (→ § 9c Rn. 19). Ferner setzt das Datum der Eintragung die Verjährungsfrist für Ansprüche gem. § 9 Abs. 2, § 9b Abs. 2 S. 2 in Lauf. 2

II. Eintragung der Gesellschaft

1. Notwendiger Inhalt (Abs. 1). Nach **S. 1** sind stets einzutragen die Mindestangaben nach § 3 Abs. 1, namentlich **Firma** (§ 4, → § 4 Rn. 1 ff.) und **Sitz** (§ 4a, → § 4a Rn. 1 ff.), ferner der **Unternehmensgegenstand** (→ § 3 Rn. 6 ff.), dessen Bezeichnung sich mit der in der Satzung gewählten Formulierung decken muss (OLG Köln 12.5.1981, WM 1981, 805 (806); HCL/*Ulmer/Habersack* Rn. 9). Die weiter einzutragende **Höhe des Stammkapitals** schließt nicht die Namen der Gesellschafter und die Nennbeträge der einzelnen Geschäftsanteile ein (vgl. §§ 8 Abs. 1 Nr. 3, 40; HCL/*Ulmer/Habersack* Rn. 8; Baumbach/Hueck/*Servatius* Rn. 2). Als **Tag des Vertragsabschlusses** ist regelmäßig das Datum der Vertragsbeurkundung anzugeben (→ § 2 Rn. 12), falls aber einzelne Beitrittserklärungen erst danach beurkundet werden, das Datum der letzten Beitrittserklärung (→ § 2 Rn. 13). Die **Personen der Geschäftsführer** (einschließlich ihrer Stellvertreter) sind umfassend anzugeben. Eine Bezeichnung als Stellvertreter ist allerdings ebenso wenig möglich (BGH 10.11.1997, NJW 1998, 3

1071 f.; BayObLG 4.3.1997, DB 1997, 818; HCL/*Ulmer/Habersack* Rn. 8) wie als „Sprecher der Geschäftsführung" (OLG München 5.3.2012, ZIP 2012, 672); die Eintragung erfolgt mit Vornamen, Familiennamen, Geburtsdatum und Wohnort (vgl. § 43 Nr. 4 lit. b HRV).

4 Die durch das **MoMiG** neu eingefügte Pflicht zur Angabe einer **inländischen Geschäftsadresse** (→ § 8 Rn. 22) soll „Firmenbestattungen" vorbeugen, indem sie die Zustellbarkeit prozessualer Mitteilungen auch dann sichert, wenn die Gesellschaft ihren Sitz im Ausland hat (näher *Steffek* BB 2007, 2077; *Mackenroth* NJ 2009, 1). Als eintragungspflichtige Tatsache (§ 31 Abs. 1 HGB iVm § 13 Abs. 3) ist die inländische Geschäftsanschrift **laufend zu aktualisieren** (*Steffek* BB 2007, 2077 (2078); anzumelden ist ein Adresswechsel vom Geschäftsführer, → § 8 Rn. 22). Es gehört zu den „klassischen" Missbrauchsszenarien, den Gläubigerzugriff durch Anteilsverkauf und/oder Sitzverlegung zu vereiteln oder doch wesentlich zu erschweren, zumal er typischerweise mit der Unerreichbarkeit der (neuen) Gesellschafter und Geschäftsführer einhergeht. Dem soll die Eintragung einer inländischen Geschäftsadresse immerhin entgegenwirken. Die Angabepflicht besteht **auch für Alt-Gesellschaften,** die bereits im Handelsregister eingetragen sind (§ 3 Abs. 1 EGGmbHG). Etwas anderes gilt nur für Gesellschaften, die dem Registergericht eine inländische Geschäftsadresse bereits vor dem 1.11.2008 nach § 24 Abs. 2 HRV mitgeteilt hatten und deren Anschrift sich nicht geändert hat (vgl. OLG München 28.1.2009, ZIP 2009, 366). War eine GmbH der Eintragungspflicht nicht bis zum 31.3.2009 nachgekommen, war die dem Gericht nach § 24 Abs. 2 HRV bekannte inländische Anschrift von Amts wegen einzutragen (vgl. BR-Drs. 354/07, 16).

5 Nach **S. 2** ist die **Vertretungsbefugnis** der Geschäftsführer einzutragen, und zwar auch dann, wenn sie nicht von der Regel des § 35 Abs. 2 S. 1 abweicht (grundlegend BGHZ 63, 261 im Anschluss an EuGH 12.11.1974, BB 1974, 1500; ferner OLG Nürnberg 12.2.2015, NZG 2015, 886 = ZIP 2015, 522; BayObLG 4.3.1997, DB 1997, 818; OLG Zweibrücken 25.6.2013, NZG 2013, 1069; HCL/*Ulmer/Habersack* Rn. 10; → § 8 Rn. 23). Die Eintragung muss so erfolgen, dass sich die Vertretungsbefugnis daraus zweifelsfrei ergibt, und zwar ohne Rückgriff auf außerhalb des Registers liegende Umstände (OLG Stuttgart 18.10.2007, DNotZ 2008, 303; HCL/*Ulmer/Habersack* Rn. 11; Roth/Altmeppen/*Altmeppen* Rn. 4). Das Registergericht hat die Vertretungsbefugnis der handelnden Organe stets zu prüfen und, um dies zu ermöglichen, einen Nachweis der Vertretungsberechtigung anzufordern (OLG Nürnberg, 26.1.2015, BeckRS 2015, 01707). Eintragungspflichtig ist auch die **Befreiung von § 181 BGB** (BGH 28.2.1983, BGHZ 87, 59 = NJW 1983, 1676; OLG Stuttgart 18.10.2007, DNotZ 2008, 303; OLG Hamm 22.12.2010, GmbHR 2011, 306 (307); HCL/*Ulmer/Habersack* Rn. 14; Roth/Altmeppen/*Altmeppen* § 8 Rn. 42; **aA** zuvor noch *Altmeppen* DNotZ 2008, 305).

6 **2. Fakultativer Inhalt (Abs. 2).** Nach **S. 1** ist eine eventuell vereinbarte **Zeitdauer der Gesellschaft** eintragungspflichtig, somit erfolgt keine besondere Eintragung, wenn die Gesellschaft auf unbestimmte Zeit bestehen soll. Ebenso wenig sind Regelungen des Gesellschaftsvertrags aufzunehmen, die den Gesellschaftern ein Kündigungsrecht gewähren (BayObLG 9.12.1974, BB 1975, 249 (250); HCL/*Ulmer/Habersack* Rn. 16; Baumbach/Hueck/*Servatius* Rn. 3), es sei denn die Gesellschaft wird mit dem Ausscheiden eines bestimmten Gesellschafters aufgelöst (OLG Hamm 13.11.1970, GmbHR 1971, 57 (59); HCL/*Ulmer/Habersack* Rn. 16; Lutter/Hommelhoff/*Bayer* Rn. 4; **aA** Scholz/*Veil* Rn. 14).

7 Seit dem MoMiG (→ Rn. 1) erlaubt **S. 2** die Eintragung einer **weiteren empfangsberechtigten Person** neben den Geschäftsführern; für die Durchführung gilt § 43 Nr. 2b HRV. Wird die Eintragung vorgenommen, ist sie ebenso wie die inländische Geschäftsanschrift (Rn. 4) laufend zu aktualisieren, anderenfalls fingiert Abs. 2 S. 2 Hs. 2 die Empfangsberechtigung (s. auch BR-Drs. 354/07, 81; zur eingeschränkten praktischen Bedeutung *Ehinger* BB 2006, 2701 (2705)). Die Gesellschaft erhält auf diese Weise eine zusätzliche Möglichkeit, eine öffentliche Zustellung (§ 185 Nr. 2 ZPO) abzuwenden (vgl. auch die Parallelnorm des § 15a S. 1 HGB). Letztlich bedarf es aber der Abwägung im Einzelfall, ob es für die Gesellschaft sinnvoll ist, von der Möglichkeit Gebrauch zu machen (dazu BR-Drs. 354/07, 83; *Peterhoff* DZWiR 2008, 359 (366); *Ehinger* BB 2006, 2701 (2703): nur bei Zweifeln an der dauerhaften Eignung der eingetragenen Geschäftsanschrift für Zustellungen empfehlenswert). Nicht geregelt ist der nachträgliche Austausch der Person; man wird insofern § 39 analog anzuwenden haben (*Steffek* BB 2007, 2077 (2081)).

8 Zur weiteren Empfangsperson können **Gesellschafter oder Dritte** bestellt werden, denen Vollmacht für die Entgegennahme von Zustellungen erteilt wurde (vgl. BR-Drs. 354/07, 81). Alle Personen, die Zustellungsadressat iSv § 170 Abs. 2 ZPO sein können, sind auch eintragungsfähig (Zöller/*Schultzky* ZPO § 170 Rn. 2 f.), somit insbesondere auch Rechtsanwälte, Mitglieder des Aufsichtsrats und Geschäftsleiter, sofern die Privatadresse angegeben wird (*Steffek* BB 2007, 2077 (2081); *Seibert* ZIP 2006, 1157 (1165)). Die Zustellungsberechtigung erstreckt sich ihrem **Umfang** nach **nur auf Zustellungen** (*Steffek* BB 2007, 2077 (2080)), nicht auch auf den Empfang von Willenserklärungen. § 10 Abs. 2 S. 2 trifft ebenso wie § 35 Abs. 2 S. 4 und § 15a HGB nur Regelungen zum *Zustellungsrecht.* Zwar kann nach § 35 Abs. 2 S. 4 auch die *Abgabe* einer Willenserklärung ggü. einer empfangsberechtigten Person erfolgen. Damit ist aber nicht gesagt, dass an sie der *Zugang* der Willenserklärung iSv § 130 BGB bewirkt werden könnte, der systematisch bei § 35 Abs. 1 und Abs. 2 S. 2, 3 verankert ist. Diese nur einge-

schränkte Vollmachtsfiktion wird auch der begrenzten Funktion der empfangsberechtigten Person in Bezug auf § 185 Nr. 2 ZPO nF im Unterschied zu gesetzlichen oder rechtsgeschäftlichen Vertretern gerecht (zutr. *Steffek* BB 2007, 2077 (2078 ff.)). Selbstverständlich kann aber auch die empfangsberechtigte Person durch besondere Vollmacht zum Empfang von Willenserklärungen ermächtigt werden. Man wird deshalb die Gleichstellung „einer für Willenserklärungen und Zustellungen empfangsberechtigten Person" in § 43 Nr. 2b HRV als Redaktionsversehen anzusehen haben (*Steffek* BB 2007, 2077; **aA** (auch Empfang von Willenserklärungen erfasst) Baumbach/Hueck/*Servatius* Rn. 4; Roth/Altmeppen/*Altmeppen* Rn. 9; Lutter/Hommelhoff/*Kleindiek* § 35 Rn. 49).

III. Wirkung der Eintragung

Die Eintragung bringt die GmbH als juristische Person zur Entstehung (§ 11 Abs. 1, → Rn. 2). Die Bekanntmachung ist hierfür nicht erforderlich, sie hat allein Bedeutung iRd Publizitätswirkung nach § 15 HGB (näher dazu HCL/*Ulmer/Habersack* Rn. 29 ff.). Entscheidend für die Entstehung ist daher allein der **Tag der Eintragung** (§ 382 FamFG, vgl. Scholz/*Veil* Rn. 19; Roth/Altmeppen/*Altmeppen* Rn. 16). 9

Hinsichtlich der **Eintragungsmängel** ist zu unterscheiden: Beim **Fehlen von Eintragungsvoraussetzungen** darf die Eintragung zwar nicht erfolgen; wird die Gesellschaft aber gleichwohl eingetragen, entsteht die GmbH aus Gründen der Rechtssicherheit und des Bestandsschutzes (→ § 2 Rn. 70 ff., ferner nur Scholz/*Veil* Rn. 24; HCL/*Ulmer/Habersack* Rn. 21). Nur schwerwiegende Fehler haben die Auflösbarkeit der Gesellschaft im Wege der Nichtigkeitsklage gem. § 75 zur Folge; daneben kommen Amtslöschung (§ 397 FamFG) bzw. Amtsauflösung gem. § 399 FamFG in Betracht (→ § 2 Rn. 71 sowie Erläuterungen zu § 75 → § 75 Rn. 1 ff.). 10

Ist die **Eintragung als solche fehlerhaft** oder unvollständig, so scheiden Amtslöschung oder Nichtigkeitsklage von vornherein aus. Offensichtliche formelle Fehler (Schreibfehler usw) werden vielmehr von Amts wegen (vgl. § 17 HRV; Baumbach/Hueck/*Servatius* Rn. 6), sonstige Fehler auf Antrag des Anmelders berichtigt. Nur ganz **ausnahmsweise** soll die fehlerhafte Eintragung die **Entstehung** der GmbH **verhindern,** nämlich wenn die GmbH anhand der Eintragung bei objektiver Auslegung überhaupt nicht mehr identifiziert werden kann (näher Scholz/*Veil* Rn. 21; HCL/*Ulmer/Habersack* Rn. 23), die nachträgliche Eintragung identitätsprägender Merkmale würde dann zur Entstehung zu diesem Eintragungsdatum führen (Roth/Altmeppen/*Altmeppen* Rn. 18). Es ist kaum überraschend, dass solche Fälle bislang nicht bekannt wurden. Die Berechtigung dieser hM mag daher dahinstehen. 11

Rechtszustand vor der Eintragung

11 (1) **Vor der Eintragung in das Handelsregister des Sitzes der Gesellschaft besteht die Gesellschaft mit beschränkter Haftung als solche nicht.**

(2) **Ist vor der Eintragung im Namen der Gesellschaft gehandelt worden, so haften die Handelnden persönlich und solidarisch.**

Übersicht

I. Allgemeines

1 **1. Normzweck.** § 11 regelt seit 1892/98 unverändert knapp die **Rechtsverhältnisse der (Vor-) Gesellschaft** in der Phase zwischen notariellem Vertragsschluss (§ 2, → § 2 Rn. 1 ff.) und Eintragung der GmbH im Handelsregister; sie geht zurück auf die aktienrechtliche Regelung des Art. 211 ADHGB. Darauf, dass schon vor der Eintragung eine Gesellschaft existiert, deutet nicht nur die auf die GmbH bezogene Formulierung „als solche" (also als Körperschaft) in **Abs. 1** hin. Vielmehr sprechen auch andere, auf die Phase vor Eintragung bezogene Vorschriften selbstverständlich von der „Gesellschaft", ohne dass hiermit schon die GmbH gemeint sein kann (insbesondere § 6 Abs. 1, 3; § 7 Abs. 1, 3). **Abs. 2** verfügt zur Sicherung der Gläubiger, richtigerweise aber auch um Druck auf die Anmeldepflichtigen auszuüben (→ Rn. 48) eine **Haftung der Handelnden,** dh der (faktischen) Organe. Eine solche Haftung wurde auch von **Art. 8 Publizitäts-RL** verlangt.

2 **2. Vorgründungsgesellschaft, Errichtung, Vorgesellschaft.** Die Rechtsverhältnisse vor der Eintragung sind aufgrund der spärlichen Gesetzeslage vor allem durch allgemeine Prinzipien und richterliche Rechtsfortbildung geprägt, das gilt insbesondere für die Bestimmung der Rechtsnatur der Vorgesellschaft (→ Rn. 13) und die Gründerhaftung (→ Rn. 29). Von der mit dem notariellen Vertragsschluss einsetzenden Gründungsphase zu unterscheiden ist die Vorgründungsphase, die ausschließlich nach personengesellschaftsrechtlichen Grundsätzen zu beurteilen ist; die **Vorgründungsgesellschaft** ist regelmäßig reine Innengesellschaft (→ § 2 Rn. 76), während die **Vorgesellschaft** eine rechtsfähige Personenvereinigung eigener Art darstellt, auf die teilweise schon GmbH-Recht zur Anwendung kommt.

3 Die Vorgesellschaft (Vor-GmbH) ist bei jeder Gründung **notwendiges Übergangsstadium** zwischen Errichtung und Eintragung; zwischen ihr und der mit Eintragung entstehenden GmbH besteht volle Kontinuität, zumal die Eintragung einen (gesetzlichen) **Formwechsel** bewirkt (→ Rn. 43). Demgegenüber stellt die **Vorgründungsgesellschaft keine Vorstufe** zur GmbH dar und ist auch nicht zwingender Teil des Gründungsvorgangs. Selbst wenn ausnahmsweise vor der Gründung (Vertragsschluss) schon gemeinschaftlich ein Unternehmen betrieben wird, kommt es weder zur gesetzlichen Universalsukzession auf die Vorgesellschaft (bzw. GmbH) noch wird dieser Zustand irgendwie bereits durch Normen des GmbH-Rechts gesteuert (→ § 2 Rn. 76 sowie → Rn. 4).

II. Vorgründungsgesellschaft

4 **1. Rechtsnatur.** Nach einer Formulierung des BGH hat die Vorgründungsgesellschaft mit der späteren GmbH „noch nichts zu tun" (BGH 7.5.1984, BGHZ 91, 148 = NJW 1984, 2164), sodass vor der notariellen Beurkundung **keinerlei Normen des GmbH-Rechts** auf die Gesellschaft zur Anwendung kommen. Diese entsteht daher nach den allgemeinen Prinzipien des Personengesellschaftsrechts durch (konkludenten) Vertragsschluss (§ 705 BGB), namentlich durch den auf Verfolgung eines gemeinsamen Zwecks gerichteten Zusammenschluss der Gründer. Die Vorgründungsgesellschaft ist **regelmäßig reine Innengesellschaft,** deren Zweck sich auf den Abschluss eines GmbH-Vertrages richtet. Soweit bereits vor dem Vertragsschluss gemeinsam ein Unternehmen betrieben wird, handelt es sich nach hM in Abhängigkeit vom betriebenen Unternehmen um eine Außen-GbR oder OHG (→ Rn. 6). Unstreitig besteht keine Kontinuität zwischen Vorgründungs- und Vorgesellschaft (→ Rn. 10).

5 **2. Vertragsschluss.** Da eine Vorgründungsgesellschaft kein notwendiges Übergangsstadium zur (Vor-) GmbH ist (und im Falle von **Einpersonengründungen** überhaupt ausscheidet), muss genau geprüft werden, ob die Gründer den über die bloße Verhandlungsführung hinausgehenden Willen haben, schon im Vorfeld der GmbH-Errichtung eine Gesellschaft zu gründen. Soll andererseits eine

echte Verpflichtung zum Abschluss des – nach § 2 formbedürftigen – Gesellschaftsvertrages begründet werden, so muss ein Vorgründungsvertrag geschlossen werden, und zwar seinerseits **in der Form des § 2** (→ § 2 Rn. 75; Baumbach/Hueck/*Fastrich* Rn. 35; Lutter/Hommelhoff/*Bayer* Rn. 4). Ohne Pflicht zum Vertragsschluss können gemeinsame Vorbereitungshandlungen (Innen-GbR) ebenso formlos – und damit auch konkludent – vereinbart werden wie der gemeinschaftliche Betrieb eines Unternehmens (dann als Außen-GbR bzw. OHG, → Rn. 6).

3. Zweck. Sofern sich der Zweck auf die Vorbereitung der GmbH-Gründung beschränkt, handelt es sich bei der Vorgründungsgesellschaft um eine reine **Innen-GbR** (BGH 7.5.1984, BGHZ 91, 148 = NJW 1984, 2164; HCL/*Ulmer/Löbbe* § 2 Rn. 55, 58; Baumbach/Hueck/*Fastrich* Rn. 36). Richtet sich der Zweck darüber hinaus aber bereits auf den gemeinsamen **Betrieb eines Unternehmens,** so handelt es sich nach hM – bei kaufmännischem Gewerbebetrieb – um eine **OHG,** bei sonstigen Unternehmen um eine **Außen-GbR** (→ § 2 Rn. 76 sowie BGH 20.6.1983, NJW 1983, 2822; BGH 9.3.1998, NJW 1998, 1645; HCL/*Ulmer/Löbbe* § 2 Rn. 60; Baumbach/Hueck/*Fastrich* Rn. 36; abw. *K. Schmidt* GmbHR 1982, 6; 1998, 614: Innengesellschaft tritt in diesem Falle neben unternehmenstragende Außengesellschaft). Die **Verfassung** der Vorgründungsgesellschaft sowie die Rechtsbeziehungen der Gesellschafter untereinander und zur Gesellschaft richten sich nach dem Gesellschaftsvertrag und dem einschlägigen Recht der OHG bzw. GbR entsprechend der durch ihren konkreten Zweck bestimmten Rechtsnatur der Vorgründungsgesellschaft. 6

4. Rechtsfähigkeit und Haftung. Die nach außen, namentlich als Unternehmensträgerin auftretende Vorgründungsgesellschaft ist als GbR bzw. OHG (→ Rn. 6) selbstverständlich **rechtsfähig.** Sie wird nach den Grundsätzen des **unternehmensbezogenen Geschäfts** auch dann verpflichtet, wenn im Namen der noch nicht existenten Vor-GmbH oder der GmbH gehandelt wird, sofern das Geschäft, wie im Zweifel, sofort wirksam werden soll (BGH 9.3.1998, NJW 1998, 1645; BGH 7.5.1984, BGHZ 91, 148 = NJW 1984, 2164). Handelt es sich um eine Einpersonengründung, wird der handelnde Gründer als Einzelkaufmann verpflichtet (Baumbach/Hueck/*Fastrich* Rn. 36). Nur wenn klar vereinbart wird, dass erst die später zu gründende (Vor-)GmbH verpflichtet werden soll, wird das Geschäft erst mit deren Entstehung wirksam; jede Unsicherheit geht insofern zulasten der Gesellschafter (BGH 7.5.1984, BGHZ 91, 148 = NJW 1984, 2164; BGH 8.2.1996, WM 1996, 722). 7

Die Gesellschafter haften nach bzw. analog **§ 128 HGB.** In der GbR kommt mangels analoger Anwendbarkeit des § 125 HGB auch ein Handeln ohne Vertretungsmacht in Betracht, das zur Haftung des **falsus procurator** nach § 179 BGB führt. Das gilt selbstverständlich auch dann, wenn für die noch nicht bestehende Vor-GmbH gehandelt wird, ohne dass die Vorgründungsgesellschaft bereits ein Unternehmen führt, in Wahrheit also bloße Innengesellschaft ist. Mit Rücksicht auf § 179 BGB ist eine zusätzliche **Handelndenhaftung** nach Abs. 2 nicht erforderlich; die analoge Anwendung der Vorschrift wird deshalb ganz überwiegend abgelehnt (BGH 7.5.1984, BGHZ 91, 148 = NJW 1984, 2164; HCL/*Ulmer/Habersack* Rn. 131 f., *Ulmer/Löbbe* § 2 Rn. 60; Baumbach/Hueck/*Fastrich* Rn. 37). 8

Keineswegs hat das Auftreten für die „GmbHG i. Gr." oder „GmbH" irgendeine Haftungsbeschränkung für die Gesellschafter der Vorgründungsgesellschaft zur Folge (BGH 9.3.1998, NJW 1998, 1645; Baumbach/Hueck/*Fastrich* Rn. 37). Vertragliche **Haftungsbeschränkungen** auf das Vermögen der Vorgründungsgesellschaft sind gem. § 128 S. 2 HGB nur durch individuelle (= nicht vorformulierte) Vereinbarung mit dem jeweiligen Vertragspartner möglich (BGH 27.9.1999, BGHZ 142, 315 = NJW 1999, 3483). Nur der aufschiebend auf die Eintragung der GmbH bedingte Vertrag führt im Ergebnis zum Ausschluss der persönlichen Gesellschafterhaftung, da die Vorgründungsgesellschaft in diesem Falle nicht verpflichtet wird (vgl. auch OLG Stuttgart 20.9.2000, GmbHR 2001, 200). Die Beweislast für jede Form des Haftungsausschlusses liegt beim Gesellschafter. Das Entstehen der Vorgesellschaft durch Vertragsschluss hat **keine** (automatische) **Haftungsbefreiung** zur Folge (aber → Rn. 10). 9

5. Diskontinuität zwischen Vorgründungs- und Vorgesellschaft. Die in der Vorgründungsgesellschaft begründeten Rechte und Verpflichtungen gehen bei Entstehen der Vorgesellschaft mit Vertragsschluss nicht von selbst auf diese über, sondern bestehen vorbehaltlich anderweitiger Vereinbarungen mit dem Vertragspartner als Verbindlichkeiten der Vorgründungsgesellschaft oder des Gründers bei Einpersonengründung fort. Zwischen Vorgründungs- und Vorgesellschaft besteht **keine Vermögenskontinuität** (BGH 7.5.1984, BGHZ 91, 148 = NJW 1984, 2164; BGH 9.3.1998, NJW 1998, 1645; BGH 25.10.2000, NJW 2001, 2635). Es bedarf daher stets einer besonderen Einzelrechtsübertragung gem. §§ 398, 413, 873, 929 BGB (BGH 7.5.1984, BGHZ 91, 151 = NJW 1984, 2164; HCL/*Ulmer/Löbbe* § 2 Rn. 59 mwN). 10

Schulden können somit nur im Wege der **Vertrags- oder Schuldübernahme** auf die Vor-GmbH übertragen werden, die allemal eine Mitwirkung des Gläubigers verlangt (§§ 414, 415 BGB). Eine stillschweigende Zustimmung des Gläubigers zur Schuldübernahme durch die GmbH kann nicht schon darin gesehen werden, dass dieser von Anfang an irrtümlich davon ausging, mit einer GmbH kontrahiert zu haben; denn nach den Grundsätzen des unternehmensbezogenen Geschäfts (→ Rn. 7) ist in Wahrheit die Vorgründungsgesellschaft verpflichtet, bei der die Gesellschafter unbeschränkt persönlich haften. Es 11 kann daher nicht ohne Weiteres unterstellt werden, dass die Gläubiger mit dem Verlust ihres Schuldners einverstanden seien (BGH 9.3.1998, NJW 1998, 1645).

12 **6. Beendigung.** Die Vorgründungsgesellschaft wird als **Innengesellschaft** durch Zweckerreichung, also mit Abschluss des GmbH-Gesellschaftsvertrages, beendet (§ 726 BGB; s. HCL/*Ulmer/Habersack* Rn. 30; Scholz/*K. Schmidt* Rn. 14, 25). Sofern Gesellschaftsvermögen gebildet wurde, also bei **Außen-GbR oder OHG,** ist diese zu liquidieren (HCL/*Ulmer/Habersack* Rn. 30; *Ulmer* ZHR 164 (2000), 76 (80 ff.); **aA** Scholz/*K. Schmidt* Rn. 25) und sind im Zuge der Auseinandersetzung die Vermögensgegenstände (einzeln) auf die Vor-GmbH zu übertragen (→ Rn. 10).

III. Vorgesellschaft

13 **1. Rechtsnatur und Wesen.** Im Gegensatz zur Vorgründungsgesellschaft ist die Vorgesellschaft ein notwendiges Durchgangsstadium zur GmbH, wie schon die Notwendigkeit einer Geschäftsführerbestellung (§ 6 Abs. 3) und der Einlageleistung (§ 7 Abs. 2, 3) vor Anmeldung erkennen lässt (→ Rn. 3 sowie nur BGH 9.3.1981, BGHZ 80, 139 (142); BGH 20.6.1983, NJW 1983, 2822; HCL/*Ulmer/Habersack* Rn. 6. Zu Besonderheiten bei der Einpersonengründung → Rn. 41). Die Vor-Gesellschaft ist eine **rechtsfähige Personengesellschaft (= Gesamthandsgesellschaft) eigener Art,** die mit Abschluss des Gesellschaftsvertrages gem. § 2 entsteht und auf die teilweise bereits GmbH-Recht zur Anwendung kommt, sofern dieses nicht die Eintragung zwingend voraussetzt (BGH 12.7.1956, BGHZ 21, 242 (246) = NJW 1956, 1435; BFH 12.12.2007, ZIP 2008, 1678 (1679); HCL/*Ulmer/Habersack* Rn. 11, Rn. 13 f.; **aA** Scholz/*K. Schmidt* Rn. 30: Körperschaft). Frühere Einordnungsversuche als GbR (RG 16.12.1913, RGZ 83, 370 (373)), OHG (BayObLG 28.9.1978, GmbHR 1979, 14 (15)) oder nichtrechtsfähiger Verein (*Flume* FS Geßler, 1971, 3 (27)) sind überholt. Wenn der Gesetzgeber in § 11 die Vorgesellschaft als Durchgangsstadium zur GmbH anerkannt hat, ist damit weder eine Einordnung in das Recht der Personengesellschaften bzw. des Vereins noch der Körperschaften sachgerecht, zumal der Zweck der Vorgesellschaft auf die Erlangung der Rechtspersönlichkeit durch Eintragung gerichtet ist (BGH 9.3.1981, BGHZ 80, 139; HCL/*Ulmer/Habersack* Rn. 11; **aA** Scholz/*K. Schmidt* Rn. 32).

14 Wie die übrigen Personengesellschaften ist auch die Vorgesellschaft **Handelsgesellschaft** nicht kraft Rechtsform, sondern **kraft Gewerbebetriebs;** es gelten die §§ 1 ff. HGB; § 13 Abs. 3 iVm § 6 Abs. 2 HGB dagegen erst mit der Eintragung (hM; BGH 18.1.2000, NJW 2000, 1193; Baumbach/Hueck/*Fastrich* Rn. 13; Lutter/Hommelhoff/*Bayer* Rn. 8, **aA** Roth/Altmeppen/*Altmeppen* Rn. 30).

15 Welche **Vorschriften des GmbHG** im Einzelnen auf die Vorgesellschaft anwendbar sind, hängt davon ab, ob die jeweilige Norm zwingend die Eintragung, mithin eine vollendete Kapitalgesellschaft, voraussetzt. Eindeutig ist, dass das **Gründungsrecht** des GmbHG (§§ 2 ff.) auf die Vor-GmbH zur Anwendung kommt, insbesondere das für die Mindesteinlagen geltende Kapitalaufbringungsrecht. Unanwendbar ist demgegenüber das sonstige Aufbringungs- und das Erhaltungsrecht der §§ 30 f. sowie das (Insolvenz-)Recht der Gesellschafterdarlehen (HCL/*Ulmer/Habersack* Rn. 13). Für den nach § 6 notwendig vor der Anmeldung zu bestellenden **Geschäftsführer** gelten grundsätzlich bereits die §§ 35 ff.; doch setzt die unbeschränkte Vertretungsmacht für nichtgründungsnotwendige Geschäfte das Einverständnis aller Gründer mit der Geschäftsaufnahme voraus (→ Rn. 20). Mit entsprechendem Gründungszusatz darf die Vor-GmbH bereits unter der für die GmbH vorgesehenen **Firma** auftreten (Scholz/*K. Schmidt* Rn. 38; Baumbach/Hueck/*Fastrich* Rn. 13; HCL/*Ulmer/Habersack* Rn. 61). Ist die Vorgesellschaft nicht Handelsgesellschaft, führt sie die als Firma vorgesehene Bezeichnung als Namen (BGH 16.3.1992, BGHZ 117, 323 (326)) und genießt hierdurch vollen Namensschutz (BGH 29.10.1992, BGHZ 120, 103 (106) = NJW 1993, 459). Die spätere GmbH kann sich für Prioritätsfragen ohne Weiteres auf den Namens- und Firmenschutz der Vor-GmbH berufen. Zum Innenrecht der Vor-GmbH → Rn. 17 ff.

16 Die **Rechtsfähigkeit** der Vorgesellschaft ist im Grundsatz heute anerkannt; sie ist eine rechtsfähige Außen-Personengesellschaft iSv § 14 Abs. 2 BGB. Insbesondere ist sie **„kontofähig“,** wie sich schon aus § 7 Abs. 2, 3 ergibt, der Zahlungen an die Vorgesellschaft verlangt (BGH 2.5.1966, BGHZ 45, 338 (347) = NJW 1966, 1311 (1313); HCL/*Ulmer/Habersack* Rn. 62). Auch ihre **Grundbuchfähigkeit** ist seit langem allgemein anerkannt (BGH 2.5.1966, BGHZ 45, 338 (347); BayObLG 6.11.1985, BB 1986, 549 (549); Scholz/*K. Schmidt* Rn. 41). Die Vorgesellschaft darf nur als solche mit ihrem Namen eingetragen werden (HCL/*Ulmer/Habersack* Rn. 62); nach der Entstehung der GmbH ist das Grundbuch dahin zu berichtigen, dass durch die Umwandlung nunmehr die GmbH anstelle der Vorgesellschaft ins Grundbuch eingetragen wird. Die Vorgesellschaft ist aktiv und passiv **wechselrechtsfähig** (BGH 16.3.1992, BGHZ 117, 323 (326); Baumbach/Hueck/*Fastrich* Rn. 15; Rowedder/Schmidt-Leithoff/*Schmidt-Leithoff* Rn. 80; anders noch BGH 15.3.1962, NJW 1962, 1008); aktiv und passiv **parteifähig** (hM, BGH 23.1.1981, BGHZ 79, 239 (241) = NJW 1981, 873 (passiv); BGH 28.11.1997, NJW 1998, 1079 (1080) (aktiv); HCL/*Ulmer/Habersack* Rn. 64). Die **Zwangsvollstreckung** erfolgt aufgrund eines Vollstreckungstitels gegen die Vorgesellschaft (§ 735 ZPO). Auch die **Insolvenzfähigkeit** der Vorgesellschaft ist inzwischen akzeptiert (BGH 10.3.2003, NZG 2003, 1167; Scholz/*K. Schmidt* Rn. 43;

Lutter/Hommelhoff/*Bayer* Rn. 9); sie ergibt sich aus der entsprechenden Anwendung des § 11 Abs. 2 Nr. 1 InsO (HCL/*Ulmer/Habersack* Rn. 64; für § 11 Abs. 1 InsO dagegen Baumbach/Hueck/*Fastrich* Rn. 17). Die Vorgesellschaft kann als **Komplementärin** einer KG in das Handelsregister (bei der KG) eingetragen werden (BGH 12.11.1984, NJW 1985, 736; BGH 9.3.1981, BGHZ 80, 129 = NJW 1981, 1373; Lutter/Hommelhoff/*Bayer* Rn. 8, 16), nicht jedoch als solche (hM, HCL/*Ulmer/Habersack* Rn. 160 ff., 160, 163; Roth/Altmeppen/*Altmeppen* Rn. 30, 36). Die Geschäftsführer haften gem. § 11 Abs. 2 auch den Gläubigern der KG unmittelbar (Baumbach/Hueck/*Fastrich* Rn. 70). Nach dem BFH (BFH 18.3.2010, GmbHR 2010, 764 (765)) unterliegt bereits die Vorgesellschaft der **Körperschaftssteuerpflicht,** diese entfällt aber, wenn die Gesellschaft nicht zur Eintragung gelangt (BFH 18.3.2010, GmbHR 2010, 764 (766)).

2. Innenverhältnis. a) Allgemeines. Dass das Recht der Vorgesellschaft insgesamt nur rudimentär geregelt ist, wirkt sich gerade auch auf das Innenverhältnis aus. Wenn nicht der nach § 2 geschlossene GmbH-Vertrag besondere Regelungen für die Vorgesellschaft enthält, ist im Ansatz auf die für das **Innenverhältnis der GmbH** geltenden Normen des GmbHG zurückzugreifen, hierbei aber im Einzelfall zu prüfen, ob die Anwendung der jeweiligen Norm nicht die Eintragung voraussetzt (BGH 23.3.1981, BGHZ 80, 212 (214) = NJW 1981, 2125 (2126)). Die **Auslegung** des Gesellschaftsvertrages erfolgt im Vorfeld der Eintragung noch nicht nach normativen Grundsätzen (→ § 2 Rn. 27; HCL/*Ulmer/Habersack* Rn. 32); es können daher auch (gemeinsame) subjektive Vorstellungen der Gründer bei der Auslegung berücksichtigt werden (abw. Scholz/*K. Schmidt* Rn. 47). 17

Die **Mitgliedschaft** in der Vorgesellschaft wird durch Abschluss des GmbH-Vertrages erlangt; nach hM kann sie noch nicht nach §§ 15 f. übertragen werden (BGH 23.10.2006, BGHZ 169, 270 (275); BGH 13.12.2004, GmbHR 2005, 354 (354); BGH 27.1.1997, GmbHR 1997, 405 (406); OLG Jena 9.10.2013, GmbHR 2013, 1258 (1260) mAnm *Wolfer* GWR 2014, 130; Lutter/Hommelhoff/*Bayer* Rn. 11 ff.; abw. *K. Schmidt* GmbHR 1997, 869 ff.: analog § 15 mit Zustimmung aller Gesellschafter übertragbar). Es besteht indessen kein Grund, die **Übertragbarkeit** nach personengesellschaftsrechtlichen Grundsätzen mit Zustimmung aller Gesellschafter auszuschließen, sodass im Ergebnis der von *K. Schmidt* vertretenen Auffassung beizutreten ist (→ § 2 Rn. 19; in diesem Sinne auch HCL/*Ulmer/Habersack* Rn. 48). Die **Vererblichkeit** ist ohnedies überwiegend anerkannt (Baumbach/Hueck/*Fastrich* § 2 Rn. 13; HCL/*Ulmer/Löbbe* § 2 Rn. 23); bei mehreren Erben geht der Anteil auf die **Erbengemeinschaft** über (HCL/*Ulmer/Löbbe* § 2 Rn. 94). 18

b) Verhältnis der Gesellschafter untereinander. Aus GmbH-Vertrag und Zweck der Vorgesellschaft ergeben sich die zentralen **Gründerpflichten zur Mitwirkung** an den erforderlichen Gründungshandlungen (BGH 23.10.2006, BGHZ 169, 270 (272) (für die Vorgesellschaft der AG); OLG Hamburg 28.1.1983, ZIP 1983, 573 (576); Scholz/*K. Schmidt* Rn. 52), hierzu zählen insbesondere die Bestellung des Geschäftsführers (§ 6 Abs. 3 S. 2, soweit noch nicht im Gesellschaftsvertrag erfolgt), die Aufbringung der Mindesteinlagen (§§ 5, 7) sowie die Mitwirkung an einem eventuell zu erstellenden Sachgründungsbericht, die Beibringung erforderlicher Unterlagen, die Erteilung von Auskünften etc. Allgemein ist jeder Gründer verpflichtet, an der **Beseitigung von Eintragungshindernissen** mitzuwirken, was auch die Zustimmung zu hierfür erforderlichen Vertragsanpassungen einschließt (HCL/*Ulmer/Habersack* Rn. 39; Baumbach/Hueck/*Fastrich* Rn. 8). Der Erfüllungsanspruch steht den übrigen Gründern zu (hM, Baumbach/Hueck/*Fastrich* Rn. 8) und kann von jedem Gründer ohne Beteiligung des Geschäftsführers geltend gemacht werden (str. HCL/*Ulmer/Habersack* Rn. 40). Im Übrigen haben die **Verwaltungs- bzw. Informationsrechte** grundsätzlich bereits denselben Inhalt wie in der künftigen GmbH (Scholz/*K. Schmidt* Rn. 53); das gilt auch für das Auskunftsrecht nach §§ 51a, b (HCL/*Ulmer/Habersack* Rn. 46). Zu Gesellschafterbeschlüssen → Rn. 22. 19

c) Geschäftsführung. Ohne Geschäftsführer keine Anmeldung (§ 78); sie sind daher notwendig bereits im Gründungsstadium zu bestellen, sei es im Gesellschaftsvertrag (→ § 2 Rn. 10), sei es durch Beschluss (§ 6 Abs. 3, → § 6 Rn. 1 ff.). Der **Umfang** der Geschäftsführungsbefugnis wird durch den auf die Eintragung einer GmbH gerichteten Zweck der Vorgesellschaft begrenzt und umfasst daher grundsätzlich nur die **gründungsnotwendigen** Geschäfte (BGH 9.3.1981, BGHZ 80, 129 (139) = NJW 1981, 1373). Ohne Ermächtigung im Gesellschaftsvertrag oder durch (formlosen) Ermächtigungsbeschluss aller Gesellschafter, sind die Geschäftsführer daher nicht befugt, hierüber hinausgehende Handlungen vorzunehmen (BGH 9.3.1981, BGHZ 80, 129 (139) = NJW 1981, 1373; HCL/*Ulmer/Habersack* Rn. 34; Lutter/Hommelhoff/*Bayer* Rn. 15, 17; Roth/Altmeppen/*Altmeppen* Rn. 47 ff., für das Innenverhältnis zustimmend Scholz/*K. Schmidt* Rn. 59, → Rn. 25). Dem korrespondiert nach hM eine entsprechende Beschränkung der Vertretungsmacht (→ Rn. 25). Überschreiten die Geschäftsführer ihre Befugnisse, haften sie bereits aus § 43 sowie nach § 9a (HCL/*Ulmer/Habersack* Rn. 43). 20

Demgemäß dürfen die Geschäftsführer bei **Bargründungen** ohne Weiteres nur für die Einziehung der Einlagen und die Vorbereitung der Registeranmeldung sorgen, während sie bei **Sachgründungen** auch zu allen Geschäften ermächtigt sind, die Bestand und Wert des Einlagegegenstands sichern. Dies umfasst auch „Verwaltung und Erhaltung" eines eingebrachten Unternehmens (hM, BGH 9.3.1981, 21

BGHZ 80,132 = NJW 1981, 1373; HCL/*Ulmer/Habersack* Rn. 37; Lutter/Hommelhoff/*Bayer* Rn. 15, 17; Baumbach/Hueck/*Fastrich* Rn. 10). Eine strikte Begrenzung auf gründungsnotwendige Geschäfte auch in diesen Fällen entspricht weder dem Willen der Gründer zur Erhaltung der Einlagegegenstände, noch ist sie nach Einführung der Unterbilanzhaftung (→ Rn. 32) zum Schutz der Gläubiger erforderlich.

22 **d) Gesellschafterbeschlüsse.** Für Gesellschafterbeschlüsse in Geschäftsführungsangelegenheiten gilt mangels abweichender Bestimmung im Gesellschaftsvertrag bereits das **Mehrheitsprinzip** des § 47 Abs. 1 (BGH 23.3.1981, BGHZ 80, 212 (214) = NJW 1981, 2125; HCL/*Ulmer/Habersack* Rn. 45; Baumbach/Hueck/*Fastrich* Rn. 9). Anwendbar sind ferner § 47 Abs. 2–4 über das **Stimmrecht** und §§ 48–51 über die **Gesellschafterversammlung** (HCL/*Ulmer/Habersack* Rn. 46). Richtigerweise umfasst dies aber nicht die (aktienrechtlichen) Regeln über die Beschlussanfechtung (§§ 241 ff. AktG); diese gelten erst für die (eingetragene) GmbH (BGH 23.3.1981, NJW 1981, 2125 (2126) (Heilungsfrist des § 242 Abs. 2 AktG gilt erst ab Eintragung; Gegenstand war Klage nach § 256 ZPO); **aA** HCL/*Ulmer/Habersack* Rn. 46; Scholz/*K. Schmidt* Rn. 55). Für **Vertragsänderungen** bedarf es – abweichend von § 53 – der Zustimmung sämtlicher Gesellschafter (→ § 2 Rn. 19); die Form des § 2 ist dabei einzuhalten. Zum Gesellschafterwechsel durch Anteilsübertragung → Rn. 18.

23 **e) Aufsichtsrat.** Wenn die Satzung einen Aufsichtsrat vorsieht, was grundsätzlich nicht erforderlich ist (§ 52, → § 52 Rn. 1 ff.), muss dieser zwingend *vor* der Eintragung eingerichtet werden, sofern durch ihn die Geschäftsführer bestellt werden sollen (Baumbach/Hueck/*Fastrich* Rn. 11); der Anmeldung ist dann zusätzlich eine (Namens-)Liste der Aufsichtsratsmitglieder beizufügen. Der obligatorische Aufsichtsrat in der mitbestimmten GmbH ist dagegen erst nach Eintragung zu bestellen.

24 **3. Außenverhältnis. a) Vertretung durch die Geschäftsführer.** Die – rechtsfähige (→ Rn. 16) – Vorgesellschaft wird entsprechend § 35 durch die Geschäftsführer gerichtlich (BGH 31.3.2008, NJW 2008, 2441) und außergerichtlich vertreten. Nach den Grundsätzen des unternehmensbezogenen Geschäfts (BGH 29.11.1989, ZIP 1990, 94) ist hierfür nicht einmal die korrekte Bezeichnung der Vor-GmbH erforderlich (→ Rn. 7). Sofern die Satzung keine Sonderregeln enthält, besteht bei mehreren Geschäftsführern **Gesamtvertretungsmacht** (§ 35 Abs. 2).

25 Für den **Umfang der Vertretungsmacht** gelten nach hM dieselben Beschränkungen wie für die Geschäftsführungsbefugnis (→ Rn. 20). Mit anderen Worten ist **§ 37 Abs. 1 nur dann** anwendbar, wenn **sämtliche Gründer** der Aufnahme der Geschäftstätigkeit vor Eintragung **zugestimmt** und damit den Zweck der Vorgesellschaft erweitert haben. Anderenfalls ist auch die Vertretungsmacht auf die **gründungsnotwendigen Geschäfte** beschränkt, was aber bei Sacheinlagen (insbesondere Unternehmen) auch deren „halten und verwalten" umfasst (hM, BGH 9.3.1981, BGHZ 80, 129 (139) = NJW 1981, 1373; HCL/*Ulmer/Habersack* Rn. 68 f.; Lutter/Hommelhoff/*Bayer* Rn. 17; Baumbach/Hueck/*Fastrich* Rn. 19; Roth/Altmeppen/*Altmeppen* Rn. 32 ff.). Die in der Lit. vertretene Gegenauffassung (Scholz/*K. Schmidt* Rn. 72 f.; BGH 23.3.1981, NJW 1981, 2125; *Weimar* GmbHR 1988, 289 (291 f.); *Beuthien* NJW 1997, 565 (566); *Kießling,* Vorgründungs- und Vorgesellschaft, 1999, 250) hält § 37 Abs. 2 demgegenüber zu Unrecht schon vor Eintragung für anwendbar. Indessen überwiegt in der Gründungsphase noch das Schutzbedürfnis der Gesellschafter, deren Belastung mit einer grundsätzlich unbeschränkten Haftung (→ Rn. 29) nur dann gerechtfertigt ist, wenn sie mit der Geschäftsaufnahme einverstanden sind und damit ihre grundsätzliche Bereitschaft zur Risikoübernahme dokumentiert haben. Dieses Prinzip gilt auch sonst bei der Gründung von Personengesellschaften, und liegt namentlich auch den § 123 Abs. 2 HGB, § 176 Abs. 1 HGB zugrunde (vgl. Staub/*Habersack* HGB § 123 Rn. 20). Dritte sind zudem durch die Handelndenhaftung nach § 11 Abs. 2 ausreichend geschützt (HCL/*Ulmer/Habersack* Rn. 71).

26 Der bei fehlender Ermächtigung zur Geschäftsaufnahme einzuhaltende Mindestumfang der Vertretungsmacht beschränkt sich auf die zur Entstehung der GmbH typischerweise **notwendigen Rechtshandlungen** (→ Rn. 20 f.). Dazu zählen bei **Bargründungen** der Empfang der Einlageleistungen (§ 7 Abs. 2, 3), einschließlich Kontoeinrichtung für die Gesellschaft, sowie die Aufgaben iRd Anmeldung (§ 7 Abs. 1, § 8). Bei Sachgründungen ist demgegenüber von einer **konkludenten,** schon im Gesellschaftsvertrag erteilten Ermächtigung auszugehen, den Einlagegegenstand zu erhalten; bei Einbringung eines Unternehmens umfasst dies auch dessen Fortführung (→ Rn. 21). Wird die Ermächtigung jedoch außerhalb des Gesellschaftsvertrags und damit ohne Beachtung der Form des § 2 erteilt, so müssen ihr zwingend alle Gesellschafter zustimmen (BGH 9.3.1981, BGHZ 80, 129 (139); OLG Hamm 14.12.1984, WM 1985, 658 (659); HCL/*Ulmer/Habersack* Rn. 68 f.).

27 Werden die Geschäftsführer zur vollumfänglichen Aufnahme der werbenden Tätigkeit ermächtigt, so führt dies zur Anwendbarkeit des § 37. Die **Ermächtigung** hat aus Verkehrsschutzgründen einen **typisierten Umfang** gem. → Rn. 25 und kann daher die Vertretungsmacht inhaltlich nicht mit Wirkung gegen Dritte beschränken. Eine Beschränkung der Befugnisse, die faktisch dem Umfang der Vertretungsmacht in § 37 Abs. 2 entspricht, kann demnach nur iRd Geschäftsführungsbefugnis erfolgen (näher HCL/*Ulmer/Habersack* Rn. 70; Lutter/Hommelhoff/*Bayer* Rn. 17). Bei **Einbringung eines**

Unternehmens hat die Vertretungsmacht daher den Umfang des § 37 Abs. 2 (BGH 9.3.1981, BGHZ 80, 129 (132) = NJW 1981, 1373).

b) Zurechnung schadensersatzbegründender Organhandlungen. Begehen **Organmitglieder** eine zum Schadensersatz verpflichtende Handlung (Vertragsverletzung, Delikt), so ist diese der Vorgesellschaft **analog § 31 BGB** zuzurechnen, sofern die Geschäftsführer in Ausübung ihrer Organfunktion gehandelt haben (OLG Stuttgart 2.11.1988, NJW-RR 1989, 637; Scholz/*K. Schmidt* Rn. 77; Lutter/Hommelhoff/*Bayer* Rn. 18). Die Anwendung des § 31 BGB setzt eine über die reine Innentätigkeit der Personenvereinigung hinausgehende Teilnahme am Rechtsverkehr voraus, welche die Gefahr einer Drittschädigung begründet und passt daher auch auf die Vorgesellschaft (HCL/*Ulmer/Habersack* Rn. 85). Für **Verrichtungsgehilfen** haftet die Vorgesellschaft iÜ gem. § 831 BGB, für **Erfüllungsgehilfen** iRv Sonderrechtsverhältnissen gem. § 278 BGB (Scholz/*K. Schmidt* Rn. 77). 28

4. Gründerhaftung. a) Grundsatz: Unbeschränkte Gründer-Innenhaftung. Da der Ausschluss der Gesellschafterhaftung gem. § 13 Abs. 2 erst mit Eintragung eingreift, ist im Ergebnis eindeutig, dass die Gesellschafter für die zuvor begründeten Verbindlichkeiten auch persönlich haften müssen. Allerdings ergibt ein Umkehrschluss aus § 13 Abs. 2 noch keine Anspruchsgrundlage (HCL/*Ulmer/Habersack* Rn. 75). § 11 Abs. 2 findet aufgrund des eindeutigen Wortlauts und aufgrund seines Normzwecks nach ganz hM ebenfalls keine Anwendung auf Gesellschafter, sondern beschränkt sich auf die Begründung einer Organhaftung (→ Rn. 52). Auf der Grundlage des durch BGHZ 80, 129 schließlich vollständig aufgegebenen **Vorbelastungsverbots** nahm die früher hM eine beschränkte persönliche Gesellschafterhaftung iHd noch nicht geleisteten Einlage nach dem Vorbild der § 171 Abs. 1 HGB, § 172 Abs. 4 HGB an (BGH 15.12.1975, BGHZ 65, 378 (383) = NJW 1976, 419; BGH 15.6.1978, BGHZ 72, 45 (49) = NJW 1978, 1978; näher dazu HCL/*Ulmer/Habersack* Rn. 78). Sie sollte daraus resultieren, dass der Rechtsverkehr bei Firmierung als „GmbH" oder „GmbH i. G." nicht mit einer vollen persönlichen Gesellschafterhaftung rechnen kann. Mit Aufgabe des Vorbelastungsverbots hat diese Haftung, ungeachtet ihrer sonstigen Schwächen, namentlich bei gesetzlichen Verbindlichkeiten, ihre Grundlage unstreitig verloren und ist daher überholt (zu weiteren Problemen vgl. *Lieb* FS Stimpel, 1985, 399 (411 ff.); *Stimpel* FS Fleck, 1988, 359 f.; *Kleindiek* ZGR 1997, 427 (431)). – Zur die Gründerhaftung ergänzenden **Handelndenhaftung** nach Abs. 2 → Rn. 48, 50; zur Unterbilanz- und Handelndenhaftung bei **wirtschaftlicher Neugründung von Vorratsgesellschaften** → § 3 Rn. 17 f. (sowie BGH 9.12.2002, BGHZ 153, 158 = NJW 2003, 892; BGH 7.7.2003, BGHZ 155, 318 (319) = NJW 2003, 3198; BGH 12.7.2011, ZIP 2011, 1761; wichtige Einschränkung durch BGH 6.3.2012, BGHZ 192, 341 = NJW 2012, 1875 = ZIP 2012, 817 (823): Trotz fehlender Offenlegung gegenüber dem Registergericht ist die Haftung auf den Zeitpunkt der wirtschaftlichen Neugründung begrenzt (→ § 3 Rn. 17); zur Beweislast in diesem Fall → Rn. 33a). 29

Im Anschluss an das Grundsatzurteil BGH 9.3.1981, BGHZ 80, 129 (144), welches das Vorbelastungsverbot durch eine Verlusthaftung ersetzt hat, nimmt die hM eine unbeschränkte **Innenhaftung** der Gründer für alle bis zur Eintragung der GmbH entstandenen Verluste an **(Verlustdeckungshaftung),** sofern die Gesellschafter der Geschäftsaufnahme ausdrücklich oder konkludent zugestimmt haben; der Senat hat diese Linie 1997 noch einmal ausdrücklich bestätigt und gegen die Vertreter einer unmittelbaren Außenhaftung (s. nur Scholz/*K. Schmidt* Rn. 91 ff.; Lutter/Hommelhoff/*Bayer* Rn. 22; *Kleindiek* ZGR 1997, 427 mwN) verteidigt (BGH 27.1.1997, BGHZ 134, 333 (342); ebenso auch BAG 27.5.1997, NJW 1998, 628 (629); BSG 8.12.1999, ZIP 2000, 494 (497); BFH 7.4.1998, NJW 1998, 2926 (2927); vgl. ferner insbesondere *Stimpel* FS Fleck, 1988, 345 (357 f.); HCL/*Ulmer/Habersack* Rn. 80 ff.). Der ursprünglich durch das Vorbelastungsverbot geschützte **Grundsatz der Unversehrtheit des Stammkapitals im Eintragungszeitpunkt** (genauer: des zur Abdeckung des Stammkapitals erforderlichen Vermögens) wird seither durch eine Verlustdeckungshaftung ersetzt. Zur Vermeidung eines Gläubigerwettlaufs (BGH 27.1.1997, BGHZ 134, 333 (340)) und zur Sicherung einer gleichmäßigen Befriedigung aller Gläubiger handelt es sich grundsätzlich um eine Innenhaftung, zumal auf diese Weise ein einheitliches Haftungskonzept für die Zeit vor und nach der Gründung erreicht werden kann (*Stimpel* FS Fleck, 1988, 345 (363 f.); HCL/*Ulmer/Habersack* Rn. 81 ff.). Dieses Konzept stellt sich wie folgt dar: 30

Kommt es **nicht zur Eintragung,** richtet sich diese auf den anteiligen (quotalen), im Ergebnis aber vollständigen Ausgleich **aller Verluste** (BGH 27.1.1997, BGHZ 134, 333 (339 ff.); BGH 10.12.2001, BGHZ 149, 273 (274); BFH 7.4.1998, NJW 1998, 2926 (2927), und zwar grundsätzlich gegenüber der Gesellschaft (zur ausnahmsweise eingreifenden Außenhaftung → Rn. 34; zur Anwendbarkeit von § 24 → Rn. 32). Das Stammkapital braucht also nicht wieder „aufgefüllt" zu werden, da es gerade dem Schutz der (zukünftigen) GmbH-Gläubiger dient, der beim Scheitern der Gründung entbehrlich ist. In der **Vorbelastungsbilanz** ist vom Verkehrswert des Unternehmens bei Eintragung auszugehen; hierbei sind insbesondere auch (grundsätzlich vorrangige) Ansprüche gegen die Gesellschafter bzw. Geschäftsführer aufgrund ihrer Einlageversprechen sowie aus der Differenzhaftung nach § 9 und der Schadensersatzhaftung nach §§ 9a, 43 anzusetzen (HCL/*Ulmer/Habersack* Rn. 110; Baumbach/Hueck/*Fastrich* Rn. 64). Keinen zur Haftung führenden Verlust stellt in der Satzung verlautbarter Gründungsaufwand 31 dar (Baumbach/Hueck/*Fastrich* Rn. 64). Soweit einzelne Gesellschafter der Geschäftsaufnahme **nicht zugestimmt** haben, sind sie von der Haftung befreit (BGH 27.1.1997, BGHZ 134, 333 (342); HCL/*Ulmer/Habersack* Rn. 102; MüKoGmbHG/*Merkt* Rn. 158; Lutter/Hommelhoff/*Bayer* Rn. 42; Baumbach/Hueck/*Fastrich* Rn. 25; **aA** Scholz/*K. Schmidt* Rn. 144; *Porzelt* GmbHR 2018, 663, 664; dazu näher → Rn. 25). Fehlt die Zustimmung ganz, bleibt nur die Handelndenhaftung aus Abs. 2. – Zum Erfordernis der Offenlegung und des Ausgleichs von Vorbelastungen im **Eintragungsverfahren** → § 9c Rn. 15 f.

32 Wird die Gesellschaft **eingetragen,** so ist über den Ausgleich der Anlaufverluste hinaus das Vermögen der Gesellschaft bis zum Betrag des Stammkapitals (wieder) aufzufüllen (**Unterbilanzhaftung;** dazu BGH 27.1.1997, BGHZ 134, 333 (338 ff.) = NJW 1997, 1507; BGH 12.7.2011, ZIP 2011, 1761 (1762); OLG Brandenburg 11.11.2009, GmbHR 2010, 200; BFH 7.4.1998, NJW 1998, 2926 (2927); BSG 8.12.1999, ZIP 2000, 494 (495 f.) und → Rn. 45 f.). Die der Geschäftsaufnahme zustimmenden Gründer müssen also die Wertdifferenz zwischen dem Stammkapitalbetrag und dem Ist-Wert des Gesellschaftsvermögens im Eintragungszeitpunkt ausgleichen (BGH 9.3.1981, BGHZ 80, 129 (141)); wiederum zwar vollständig, aber grundsätzlich nur iH ihres eigenen Geschäftsanteils (quotale Haftung). Die **Ausfallhaftung** nach § 24 ist anwendbar (BGH 9.3.1981, BGHZ 80, 129 (141); Baumbach/Hueck/*Fastrich* Rn. 25; HCL/*Ulmer/Habersack* Rn. 112). Jeder Gründer trägt daher das Risiko, im Ergebnis für sämtliche Verluste aufkommen zu müssen.

33 Der gegen die Gesellschafter auf Geldzahlung gerichtete **Anspruch** aus der Vorbelastungs- bzw. Unterbilanzhaftung entspricht **funktional dem Einlageanspruch** und wird vom BGH folgerichtig den hierfür geltenden Regeln unterworfen (BGH 16.1.2006, BGHZ 165, 391 = NJW 2006, 1594), namentlich § 19 für die Einzahlung, § 20 wegen der Zinsen sowie § 24 für die Ausfallhaftung (so schon BGH 9.3.1981, BGHZ 80, 129 (142)). Der Anspruch unterliegt allerdings nicht § 46 Nr. 2, sondern wird vom Geschäftsführer **eingefordert,** der hierzu verpflichtet ist. Seine **Verjährung** richtet sich entsprechend § 9 Abs. 2 (BGH 24.10.1988, BGHZ 105, 300 (304)). Hinsichtlich ihrer **Entstehung** unterscheiden sich die Ansprüche aus der **Verlustdeckungshaftung** und der Unterbilanzhaftung naturgemäß. Während für erstere richtigerweise auf das Eintreten der Verluste bei Geschäftsbeginn abzustellen ist (HCL/*Ulmer/Habersack* Rn. 121; *Kleindiek* ZGR 1997, 427 (443 f.); BGH 27.1.1997, BGHZ 134, 333 (341) = NJW 1997, 1507 scheint demgegenüber auf das Scheitern der Eintragung abstellen zu wollen; s. auch Baumbach/Hueck/*Fastrich* Rn. 26), entsteht der Anspruch aus der Vorbelastungs- bzw. **Unterbilanzhaftung** nach hM mit der Eintragung (→ Rn. 45). Der Anspruch aus der Verlustdeckungshaftung setzt sich somit nach der Eintragung in dem – höheren – Anspruch aus der Vorbelastungshaftung fort (BGH 27.1.1997, BGHZ 134, 333 (342) = NJW 1997, 1507; HCL/*Ulmer/Habersack* Rn. 121). Er erlischt iÜ auch dann nicht, wenn das Stammkapital anderweitig wieder aufgefüllt wird, es sei denn die Gesellschaft hätte die Verluste offen mit Gewinnen oder hierfür zur Verfügung stehenden Rücklagen verrechnet (BGH 16.1.2006, BGHZ 165, 391 (401) = NJW 2006, 1594; Baumbach/Hueck/*Fastrich* Rn. 64b; **aA** Lutter/Hommelhoff/*Bayer* Rn. 47 f.: automatisches Erlöschen des Anspruchs).

33a Die **Darlegungs- und Beweislast** hinsichtlich der Anspruchsvoraussetzungen liegt grundsätzlich bei der Gesellschaft (hM, BGH 6.3.2012, ZIP 2012, 817 (823); BGH 17.2.2003, GmbHR 2003, 466 (467); BGH 29.9.1997, NJW 1998, 233 (234); OLG Rostock 4.6.2014, GmbHR 2014, 1264; HCL/*Ulmer/Habersack* Rn. 117). Besteht aber eine Vorbelastungsbilanz für den Stichtag der Eintragung nicht oder fehlt es an geordneten Geschäftsaufzeichnungen der Gesellschaft, so haben die vom Insolvenzverwalter in Anspruch genommenen Gesellschafter darzulegen, dass eine Unterbilanz nicht bestand (sekundäre Behauptungslast; BGH 17.2.2003, GmbHR 2003, 466; OLG Rostock 4.6.2014, GmbHR 2014, 1264). Eine weitere Ausnahme nimmt der BGH jetzt für den Fall der **fehlenden Offenlegung einer wirtschaftlichen Neugründung** (→ § 3 Rn. 17) an; hier tragen die Gesellschafter die Darlegungs- und Beweislast dafür, dass zum Zeitpunkt, in dem die wirtschaftliche Neugründung nach außen in Erscheinung getreten ist, keine Unterbilanz besteht (**Beweislastumkehr,** BGH 6.3.2012, BGHZ 192, 341 = NJW 2012, 1875 = ZIP 2012, 817 (823) = ZIP 2012, 817 (823)).

34 **b) Ausnahme: Außenhaftung der Gründer im Wege des Durchgriffs.** Die unmittelbare Inanspruchnahme der Gesellschafter durch Gesellschaftsgläubiger scheidet nach dem Binnenhaftungskonzept zwar grundsätzlich aus (→ Rn. 30 f.). Doch hat die Rspr. mit Billigung der hL in folgenden Fällen Ausnahmen anerkannt: Ist die Vor-GmbH **vermögenslos,** wird namentlich die Eröffnung des Insolvenzverfahrens mangels Masse abgelehnt oder **mangels Geschäftsführers** gar nicht erst gestellt, so haftet der einzelne Gründer zwar weiterhin **anteilig, aber unmittelbar** gegenüber den Gläubigern (BGH 27.1.1997, BGHZ 134, 333 (341) = NJW 1997, 1507 (1507); BAG 25.1.2006, NZG 2006, 507 (509); BAG 22.1.1997, NJW 1997, 3331 (3332); BSG 8.12.1999, GmbHR 2000, 425; HCL/*Ulmer/Habersack* Rn. 83; Baumbach/Hueck/*Fastrich* Rn. 27. Etwas anderes soll jedoch bei vermögenslosem Zusammenbruch *nach* Eintragung der Gesellschaft gelten, vgl. BGH 24.10.2005, ZIP 2005, 2257 (2257); → Rn. 47). Verlustdeckungsansprüche gegen Gesellschafter sind bei der Beurteilung, ob die Gesellschaft vermögenslos ist, naturgemäß nicht zu berücksichtigen. Der Grund für diese Ausnahme liegt darin, dass

im Falle der Vermögenslosigkeit der Umweg über eine Klage gegen die Gesellschaft, falls überhaupt möglich, dem Gläubiger jedenfalls unzumutbar ist.

Der zweite Ausnahmefall betrifft die **Einpersonen-GmbH,** also die unmittelbare Außenhaftung des einzigen Gesellschafters. Sie beruht vor allem darauf, dass hier eine quotale Haftung iSv § 24 von vornherein ausscheidet (BGH 27.1.1997, BGHZ 134, 333 (341) = NJW 1997, 1507; HCL/*Ulmer*/*Habersack* Rn. 84). Ferner sind die Gläubiger wegen des höheren Schädigungsrisikos besonders schutzbedürftig. Entsprechendes gilt, drittens, für den Fall, dass die Gesellschaft im Wesentlichen **nur über einen Gläubiger** verfügt (OLG Dresden 17.12.1997, GmbHR 1998, 188; *Brandes* WM 1998, 1 (2)); hier bedarf es offensichtlich keiner Verhinderung eines Gläubiger-Wettlaufs, sodass die Innenhaftung den Gläubiger auf einen überflüssigen Umweg zwänge. Etwas anders gelagert ist der vierte Fall der **aufgegebenen Eintragungsabsicht** bei Fortführung der Geschäftstätigkeit; hier wandelt sich die Vor-GmbH in eine OHG oder GbR um, weshalb aus diesem Grund eine unbeschränkte Haftung eintritt (→ Rn. 38). 35

5. Beendigung der Vorgesellschaft. Die Vorgesellschaft ändert mit der Eintragung ihre Rechtsform, nämlich von der Personengesellschaft sui generis in die GmbH; Vor-Gesellschaft und GmbH sind **identische Rechtsträger** (vgl. Scholz/*K. Schmidt* Rn. 151). Traditionellerweise wird zwar von einer Universalsukzession zwischen Vor-GmbH und GmbH gesprochen (BGH 9.3.1981, BGHZ 80, 129 (140)). Seit aber das Umwandlungsrecht einen identitätswahrenden Formwechsel auch zwischen Gesamthandsgesellschaft und Körperschaft anerkennt (§§ 191, 202 Nr. 1 UmwG), besteht kein Grund mehr, Entsprechendes nicht auch für den gesetzlichen Formwechsel anzunehmen (HCL/*Ulmer*/*Habersack* Rn. 89; nunmehr auch Rowedder/Schmidt-Leithoff/*Schmidt-Leithoff* Rn. 134 ff.; Baumbach/Hueck/*Fastrich* Rn. 56: unveränderter Fortbestand des Gesellschaftsvermögens). Die Vorgesellschaft wird also durch die Eintragung zwar als solche beendet, besteht jedoch als GmbH fort. 36

Einen echten Auflösungsgrund stellt demgegenüber die endgültige **Ablehnung des Eintragungsantrags** dar (§ 726 BGB; Baumbach/Hueck/*Fastrich* Rn. 30); wird allerdings eine Betätigung als werbende Gesellschaft nach diesem Zeitpunkt fortgesetzt, wechselt die Vor-GmbH ihre Form in diejenige einer OHG bzw. GbR (→ Rn. 40). Weitere Auflösungsgründe sind keine Besonderheiten. So wird auch die – insolvenzfähige (→ Rn. 16) – Vor-GmbH durch **Eröffnung des Insolvenzverfahrens** aufgelöst, ferner durch Kündigung aus wichtigem Grund oder Beschluss. Keine Auflösungsgründe sind hingegen Tod oder Insolvenz eines Gesellschafters (HCL/*Ulmer*/*Habersack* Rn. 54; Baumbach/Hueck/*Fastrich* Rn. 30). Folge der Auflösung ist die Liquidation gem. §§ 60 ff. (Baumbach/Hueck/*Fastrich* Rn. 31). 37

6. Die unechte bzw. fehlgeschlagene Vorgesellschaft. Eine unechte Vorgesellschaft liegt vor, wenn zwar der Gesellschaftsvertrag von den Gründern unterzeichnet wurde, diese aber niemals beabsichtigt hatten, die Eintragung ins Handelsregister herbeizuführen (von vornherein **fehlende Eintragungsabsicht**). Hier mangelt es an jedem Grund für eine Haftungsprivilegierung; denn der Zweck der Vorgesellschaft ist in Wahrheit nicht auf Eintragung, sondern ausschließlich auf den Betrieb eines Handelsgewerbes gerichtet. Es handelt sich bei dem Unternehmensträger daher um eine GbR oder OHG, sodass die Gesellschafter unmittelbar und unbeschränkt im Außenverhältnis haften, und zwar für sämtliche Verbindlichkeiten der Vor-GmbH (OLG Koblenz 28.11.2000, WM 2002, 183 (183); Baumbach/Hueck/*Fastrich* Rn. 33; zur Rückwirkung der Haftung vgl. BGH 4.11.2002, BGHZ 152, 290 (294) = NJW 2003, 429). Dass die Vorgesellschaft werbend tätig wird, gibt allerdings, für sich gesehen, keinen hinreichenden Anhalt für eine fehlende Eintragungsabsicht, denn seit Aufgabe des Vorbelastungsverbots kann auch die Vor-GmbH zulässigerweise Geschäfte machen (→ Rn. 29; s. auch BayObLG 27.9.1965, NJW 1965, 2254 (2256)). 38

Eine unechte Vorgesellschaft mit gesamtschuldnerischer Gesellschafterhaftung liegt auch bei **nachträglicher Aufgabe der Eintragungsabsicht** vor (BGH 4.11.2002, BGHZ 152, 290 (294 f.) = NJW 2003, 429). Es kommt wiederum zur (rückwirkenden!) Anwendung des OHG- bzw. GbR-Rechts, wenn die Gesellschaft nach der Aufgabe des Eintragungswillens nicht unverzüglich abgewickelt wird (BGH 4.11.2002, BGHZ 152, 290; BGH 31.3.2008, WM 2008, 984). Als **Indiz** für einen aufgegebenen Eintragungswillen wertet es der BGH zu Recht, wenn binnen eines halben Jahres nicht einmal ein Eintragungsantrag gestellt bzw. wenn auf Zwischenverfügungen des Registergerichts nicht in angemessener Zeit reagiert wird, die Gründer namentlich keine Anstalten machen, die vom Registergericht aufgezeigten Eintragungshindernisse zu beseitigen (HCL/*Ulmer*/*Habersack* Rn. 27). Die Umwandlung in eine OHG bzw. GbR tritt ein, wenn die Gründer in einem solchen Fall die Vermutung nicht widerlegen können (HCL/*Ulmer*/*Habersack* Rn. 28). 39

Entsprechendes gilt schließlich auch, wenn die Anmeldung **endgültig gescheitert** ist, was zur Auflösung der Vorgesellschaft entspr. § 726 BGB führt (HCL/*Ulmer*/*Habersack* Rn. 52; Baumbach/Hueck/*Fastrich* Rn. 32). Wird die Gesellschaft gleichwohl nicht abgewickelt, sondern fortgeführt, kommt wiederum das Recht der GbR bzw. OHG rückwirkend zur Anwendung; die Gründer haften (analog) §§ 128, 130 HGB für sämtliche Verbindlichkeiten der fehlgeschlagenen Vor-GmbH. Wird hingegen binnen drei Monaten ernsthaft mit der Abwicklung begonnen, bleibt es bei der Verlust- 40 deckungshaftung der Gründer (BGH 27.1.1997, BGHZ 134, 333 (336 ff.); *Stimpel* FS Fleck, 1988, 345 (363); *Lieb* FS Stimpel, 1985, 399 (414)). Die Wiederauffüllung des Stammkapitals ist dann entbehrlich.

IV. Einpersonen-Gründung

41 **1. Rechtsnatur der Einpersonen-Vor-GmbH.** Eindeutig ist, dass das der Einpersonen-Gründungsorganisation zuzuordnende Vermögen, das wenigstens aus den geleisteten und noch ausstehenden Einlagen besteht, ein vom sonstigen Vermögen des Gründers streng zu trennendes **Sondervermögen** darstellt (HCL/*Ulmer/Habersack* Rn. 22 ff.; *Ulmer/Ihrig* GmbHR 1988, 376). Umstritten ist hingegen, ob es darüber hinaus schon **selbst rechtsfähig** ist (so *K. Schmidt* ZHR 145 (1981), 540 (556 ff.) und Scholz/*K. Schmidt* Rn. 167; Baumbach/Hueck/*Fastrich* Rn. 42; *Goette* DStR 2001, 1395 (1397)). Die Rspr. konnte die Frage bislang offen lassen (BGH 9.7.2001, NJW 2002, 747; vgl. immerhin OLG Dresden 19.12.1996, GmbHR 1997, 215 (217), das sich obiter für Rechtsfähigkeit ausgesprochen hat), und auch an dieser Stelle bedarf es keiner abschließenden Entscheidung, zumal in den wichtigen Punkten Einigkeit besteht. Fest steht namentlich, dass auch die Einpersonen-Vor-GmbH über einen Geschäftsführer verfügt, der mit dem Gründer identisch sein kann, und dass es für die Einlagenerbringung einer deutlichen Aussonderung der Einlagegegenstände aus dem sonstigen Vermögen des Gründers bedarf (BayObLG 20.1.1994, DB 1994, 524; → § 7 Rn. 22). Auch die Anwendbarkeit des Abs. 2 ist unstreitig (→ Rn. 42). Im Übrigen haben die Vertreter der Rechtsfähigkeitsthese gewisse Schwierigkeiten zu erklären, warum die Einpersonen-Vor-GmbH bei Aufgabe der Eintragungsabsicht, wie auch von ihnen angenommen, liquidationslos erlöschen soll (so BGH 25.1.1999, NZG 1999, 960 (961); dem folgend BFH 18.3.2010, GmbHR 2010, 764 (765); zweifelnd etwa Scholz/*K. Schmidt* Rn. 168; Baumbach/Hueck/*Fastrich* Rn. 43), während umgekehrt die Anhänger der Sondervermögensthese gewisse Mühe aufwenden müssen, um den auch von ihnen befürworteten gesetzlichen Vermögensübergang vom Gründer auf die GmbH im Zeitpunkt der Eintragung (HCL/*Ulmer/Habersack* Rn. 95) sowie das Bestehen von Einlageansprüchen etc des Gründers gegen sich selbst zu begründen.

42 **2. Haftung.** Einigkeit besteht auch bei den Vertretern des Innenhaftungskonzepts (→ Rn. 29 ff.) darin, dass der Einpersonen-Gründer ausnahmsweise einer **unmittelbaren Außenhaftung** unterliegt (→ Rn. 35 sowie BGH 27.1.1997, BGHZ 134, 333 (342); HCL/*Ulmer/Habersack* Rn. 84; Baumbach/Hueck/*Fastrich* Rn. 44). Eindeutig ist zudem das Eingreifen der **Handelndenhaftung nach Abs. 2** auch in der Einpersonen-Vor-GmbH (→ Rn. 48).

V. Eintragungswirkungen

43 **1. Entstehung der GmbH durch gesetzlichen Formwechsel.** Mit Eintragung entsteht die GmbH als Körperschaft gemäß § 11 Abs. 1, § 13 Abs. 1. Zu Zeiten des Vorbelastungsverbots (→ Rn. 29) nahm die hM einen Übergang der Rechtsverhältnisse der Vorgesellschaft auf die GmbH nur iRd gründungsnotwendigen Geschäfte an, iÜ sollte der Übergang von der Genehmigung der Gesellschafter (§ 177 BGB) abhängen. Mit der Aufgabe des Vorbelastungsverbots ist diese Betrachtung überholt; der vollständige Übergang aller Aktiva und Passiva der Vor-GmbH auf die GmbH ist seither anerkannt. Nachdem das UmwG 1994 den Formwechsel auch zwischen Gesamthandsgesellschaft und Körperschaft zugelassen hat, ist richtigerweise auch der gesetzliche Formwechsel kraft Eintragung dem **Identitätsprinzip** zuzuordnen (→ Rn. 36). Eine Ausnahme gilt lediglich für die Einpersonengründung, sofern man die Einpersonen-Vor-GmbH nicht ihrerseits als rechtsfähig behandelt (→ Rn. 41). Hier lässt sich der Vermögensübergang von der Einpersonen-Gründerorganisation auf die GmbH nur als Gesamtrechtsnachfolge deuten (HCL/*Ulmer/Habersack* Rn. 95).

44 Soweit die Verbindlichkeiten der Vorgesellschaft mit Eintragung der GmbH auf diese übergehen, **erlischt die Handelndenhaftung** gem. Abs. 2 (BGH 13.6.1977, BGHZ 69, 95 (103 f.); BGH 16.3.1981, BGHZ 80, 182 (183 f.); Baumbach/Hueck/*Fastrich* Rn. 53; HCL/*Ulmer/Habersack* Rn. 92); denn deren Sicherungs- und Druckfunktion haben sich hierdurch erledigt (→ Rn. 48). Ein Übergang tritt ohne Weiteres bei den gründungsnotwendigen Geschäften ein, mit Zustimmung der Gründer zur Geschäftsaufnahme aber auch bei allen weiteren Geschäften (→ Rn. 25). Überschreitet der Handelnde umgekehrt seine Vertretungsmacht oder wird die Gesellschaft nicht eingetragen, so bleibt die Handelndenhaftung bestehen (BGH 16.3.1981, BGHZ 80, 182 (183 f.); HCL/*Ulmer/Habersack* Rn. 147).

45 **2. Unversehrtheitsgrundsatz.** Wie schon dargestellt (→ Rn. 29 ff.), wird der Unversehrtheitsgrundsatz, also die Garantie eines Vermögens, das im Eintragungszeitpunkt wenigstens den Stammkapitalbetrag erreicht, seit Aufgabe des Vorbelastungsverbots durch eine in der Höhe unbeschränkte, aber anteilige **Gründer-Innenhaftung** verwirklicht. Sie wird **Vorbelastungs- bzw. Unterbilanzhaftung** genannt und unterscheidet sich von der bis zur Eintragung bestehenden Verlustdeckungshaftung nur dadurch, dass mit der Eintragung auch das Stammkapital „wiederaufzufüllen" ist, mithin der Gesellschaft so viel Vermögen zuzuführen ist, dass nicht nur sämtliche Anlaufverluste, sondern auch eine Unterbilanz ausgeglichen wird. Auf diese Weise werden also nicht nur die Gläubiger der Vor-GmbH, sondern – bis

zum Betrag des Stammkapitals – auch (neue) Gläubiger der GmbH geschützt. Im Übrigen findet die Verlustdeckungshaftung aber eine bruchlose Fortsetzung in der Vorbelastungshaftung (→ Rn. 33). Maßgeblicher **Zeitpunkt** für die Unversehrtheit ist nach hM die **Eintragung** (BGH 9.3.1981, BGHZ 80, 129 (141); BGH 27.1.1997, BGHZ 134, 333 (338); BGH 17.2.2003, ZIP 2003, 625 (627); HCL/*Ulmer/Habersack* Rn. 103 f., 112; **aA** Scholz/*K. Schmidt* Rn. 135; Lutter/Hommelhoff/*Bayer* Rn. 46: Anmeldung). Für die Vertreter des Außenhaftungs-Konzepts bewirkt die Eintragung hingegen das Erlöschen der Außenhaftung für die Anlaufverluste und die Entstehung einer Unterbilanz-Innenhaftung (Scholz/*K. Schmidt* Rn. 157).

Zur **Ausgestaltung** der Vorbelastungshaftung → Rn. 30, → Rn. 32. Sie setzt – abgesehen von der Haftung für eventuelle Verluste aus gründungsnotwendigen Geschäften – die **Zustimmung der Gründer zur vorzeitigen Geschäftsaufnahme** voraus (→ Rn. 31). Die Unterbilanz ist damit nur denjenigen Gründern zuzurechnen, die zugestimmt haben. Der **Höhe** nach ist der Anspruch **unbegrenzt.** Er umfasst den Ausgleich der gesamten Unterbilanz und kann folglich – bei Überschuldung – die Höhe des Stammkapitals deutlich überschreiten (BGH 24.10.1988, BGHZ 105, 300 (303) = NJW 1989, 710; Baumbach/Hueck/*Fastrich* Rn. 25; HCL/*Ulmer/Habersack* Rn. 105). Die Gesellschafter haften aber nicht als Gesamtschuldner, sondern entsprechend ihrer Kapitalbeteiligung (BGH 9.3.1981, BGHZ 80, 129 (141) = NJW 1981, 1373; Scholz/*K. Schmidt* Rn. 143; Baumbach/Hueck/*Fastrich* Rn. 25). Wertverluste, die nicht in Zusammenhang mit der vorzeitigen Geschäftsaufnahme eingetreten sind, können unter bestimmten engen Voraussetzungen unberücksichtigt bleiben (näher Scholz/*K. Schmidt* Rn. 146; **aA** HCL/*Ulmer/Habersack* Rn. 107; Lutter/Hommelhoff/*Bayer* Rn. 42). 46

Anders als bei der Verlustdeckungshaftung (→ Rn. 34) will der BGH bei **Vermögenslosigkeit der GmbH** keine Ausnahme von der Innenhaftung anerkennen (BGH 24.10.2005, ZIP 2005, 2257 f.). Diese nicht weiter begründete Abweichung erscheint indes zweifelhaft; denn auch bei vermögenslosem Zusammenbruch der GmbH ist die gleichmäßige Gläubigerbefriedigung nicht zu gewährleisten und daher von vornherein sinnlos. Auch hier ist deshalb aus Gründen der Prozessökonomie (vgl. HCL/*Ulmer/Habersack* Rn. 83) eine Durchgriffshaftung der Gründer wegen Vorbelastungen angezeigt, zumindest zugunsten der Gläubiger der ehemaligen Vor-GmbH (**aA** HCL/*Ulmer/Habersack* Rn. 101). Sie ist freilich auf die klar unterscheidbaren Fälle einer Ablehnung der Verfahrenseröffnung mangels ausreichender Insolvenzmasse und der Löschung wegen Vermögenslosigkeit (s. § 60 Abs. 1 Nr. 7, → § 60 Rn. 1 ff.) begrenzt. 47

VI. Handelndenhaftung (Abs. 2)

1. Bedeutung und Anwendungsbereich. Ursprünglich sicherte die Handelndenhaftung als strafähnliche Sanktion das Vorbelastungsverbot und erfasste auch die mitverantwortlichen Gründer: Wer trotz Verbot Geschäfte für die (Vor-)GmbH abschloss, haftete unbeschränkt persönlich. Mit Aufgabe des Vorbelastungsverbots musste sich die Funktion – und infolgedessen auch der Handelndenbegriff (→ Rn. 52 f.) – verändern. Seither sind **Sicherungs- und Druckfunktion** in den Vordergrund getreten: Der Rechtsverkehr soll zum einen davor geschützt werden, mit einer Gesellschaft zu kontrahieren, deren Gesellschafterbestand noch nicht publik ist und deren Gründungsvorgang noch nicht vom Registergericht geprüft wurde (BGH 16.3.1981, BGHZ 80, 182 (184) = NJW 1981, 1452 (1452); Scholz/*K. Schmidt* Rn. 103; Baumbach/Hueck/*Fastrich* Rn. 45). Zum anderen sollen die für die Anmeldung zuständigen Geschäftsführer (§ 78) angehalten werden, die Voraussetzungen für die Anmeldung so schnell wie möglich zu schaffen und die Anmeldung vorzunehmen (BGH 26.1.1967, BGHZ 47, 25 (28); HCL/*Ulmer/Habersack* Rn. 122, 124; Scholz/*K. Schmidt* Rn. 103). Zwar können die Geschäftsführer das weitere Eintragungsverfahren nicht immer beeinflussen (für beschränkte Bedeutung der **Druckfunktion** daher HCL/*Ulmer/Habersack* Rn. 124); regelmäßig hängt dessen Dauer aber wesentlich von den Geschäftsführern (und deren Reaktion auf Zwischenverfügungen etc) ab, sodass der Druckfunktion nach wie vor erhebliche Bedeutung zukommt. 48

Nicht zu folgen ist daher einem **obiter dictum des BGH** (BGH 14.6.2004, NJW 2004, 2519 (2520) (AG); zurückhaltender zur (Mantel-)GmbH dann BGH 12.7.2011, ZIP 2011, 1761 Rn. 12: „etwa weil die Geschäftsführer ihre Vertretungsmacht überschritten haben"), das die Druckfunktion völlig zurückdrängen und die Sicherungsfunktion zudem auf die Fälle vollmachtlosen Handelns der Organe beschränken will. Eine solche reine falsus-procurator-Haftung ist indessen neben § 179 BGB nicht nur sinnlos; sie vernachlässigt auch die Druckfunktion zu Unrecht, zumal sie plausibel erklären kann, warum die Haftung nach bisher ganz hM mit der Eintragung erlischt (BGH 16.3.1981, BGHZ 80, 182 (183 f.) = NJW 1981, 1452; HCL/*Ulmer/Habersack* Rn. 146 mwN, → Rn. 59). Zudem erscheint die Vereinbarkeit einer teleologischen Reduktion mit Art. 7 Abs. 2 RL (EU) 2017/1132 mehr als zweifelhaft. Demnach besteht eine generelle Handelndenhaftung immer dann, wenn die Gesellschaftsverbindlichkeiten der Vor-GmbH nicht auf die GmbH übergehen, mithin auch dann, wenn die GmbH mangels Eintragung gar nicht entsteht. Dass die Sicherungsfunktion aufgrund der Verlustdeckungshaftung der Gründer an Bedeutung verloren hat (HCL/*Ulmer/Habersack* Rn. 123), ist zwar zutreffend und erlaubt eine restriktive Interpretation des Handelndenbegriffs (→ Rn. 51), rechtfertigt 49 aber schon aus europarechtlichen Gründen keineswegs, die Haftung vollständig abzulösen oder in eine bloße falsus-procurator-Haftung umzufunktionieren (zust. HCL/*Ulmer/Habersack* Rn. 125). Es gilt daher allgemein: Solange die Gesellschaft nicht eingetragen ist, haften die Handelnden stets auch dann, wenn die Gesellschafter der Geschäftsaufnahme zugestimmt haben. Erst die **Eintragung** erledigt beide Funktionen und führt daher zum **Erlöschen der Haftung** (→ Rn. 59).

50 In dem von Abs. 2 – mitumfassten – Sonderfall, dass die **Geschäftsführer ohne Vertretungsmacht** handeln, verdrängt § 11 Abs. 2 nach hM die falsus-procurator-Haftung aus § 179 BGB (HCL/*Ulmer/Habersack* Rn. 128; **aA** Scholz/*K. Schmidt* Rn. 129). Nach hM ist § 11 Abs. 2 ferner im Fall der **Mantelgründung** bzw. **-verwertung** entsprechend anzuwenden (BGH 7.7.2003, BGHZ 155, 318 (327); BGH 12.7.2011, ZIP 2011, 1761; HCL/*Ulmer/Habersack* Rn. 130; Baumbach/Hueck/*Fastrich* Rn. 46; → Rn. 29 und → § 3 Rn. 16 ff.). Keine Anwendung findet die Vorschrift dagegen auf die Vorgründungsgesellschaft (→ Rn. 4; ferner BGH 7.5.1984, BGHZ 91, 148 = NJW 1984, 2164; BGH 14.6.2004, GmbHR 2004, 1151 (1152) = NJW 2004, 2519 (2520); Scholz/*K. Schmidt* Rn. 107). Bei vollmachtlosem Handeln des Geschäftsführers kommt dann aber selbstverständlich § 179 BGB zur Anwendung (BGH 7.5.1984, BGHZ 91, 148 (152)).

51 Die Haftung nach Abs. 2 ist **keine Rechtsscheinhaftung.** Der Vertragspartner muss also nicht annehmen, dass die Gesellschaft eingetragen ist, damit sie eingreift (Scholz/*K. Schmidt* Rn. 105, 121). Umgekehrt greift die Haftung nicht etwa deshalb ein, weil der Geschäftspartner fälschlicherweise davon ausging, die GmbH sei noch nicht eingetragen (Scholz/*K. Schmidt* Rn. 107).

52 **2. Handelndenbegriff.** Aufgrund der heute noch aktuellen, beschränkten Haftungsfunktionen (→ Rn. 48) steht fest, dass die Handelndenhaftung nach Abs. 2 eine **reine Organhaftung** ist (Scholz/*K. Schmidt* Rn. 112; HCL/*Ulmer/Habersack* Rn. 135, 138; *Beuthien* GmbHR 2013, 1): Die Druckfunktion betrifft allein die Geschäftsführer (§ 78), und die Gründer unterliegen der Verlustdeckungs- bzw. Vorbelastungshaftung (→ Rn. 30), sodass es insoweit keiner weiteren Absicherung der Gläubiger bedarf. Demgemäß kommt als Handelnder nur in Frage, wer die Geschäfte der künftigen GmbH persönlich führt oder für die konkrete Geschäftstätigkeit, aus der die Verbindlichkeit entstanden ist, (mit-)verantwortlich ist (BGH 7.5.1984, BGHZ 91, 148 (151); BGH 15.12.1975, BGHZ 65, 378 (381); OLG Düsseldorf 13.3.1992, GmbHR 1993, 104 (105); KG 7.1.1993, GmbHR 1993, 647). Die Haftung erfasst somit sowohl den wirksam **bestellten,** als auch den **faktischen Geschäftsführer** (Scholz/*K. Schmidt* Rn. 115). Richtigerweise haften die **Organmitglieder** nach dem auf die Gesellschaftsgläubiger bezogenen Normzweck **einander nicht** nach Abs. 2 – etwa auf rückständige Gehaltszahlungen (iE zutr., aber mit fehlerhafter Begründung (→ Rn. 49); BGH 14.6.2004, NJW 2004, 2519 (2520) – AG; → Rn. 56).

53 **Andere Personen,** die von Geschäftsführern **bevollmächtigt** wurden, haften aufgrund des Normzwecks nicht nach § 11 Abs. 2 (BGH 31.5.1976, BGHZ 66, 359 (360); BGH 29.5.1980, WM 1980, 955 (956); Scholz/*K. Schmidt* Rn. 114, 116). Vielmehr wird den (faktischen) Geschäftsführern das Tätigwerden der Bevollmächtigten über § 11 Abs. 2 zugerechnet (BGH 2.5.1974, NJW 1974, 1284 f.; BGH 17.1.1983, WM 1983, 230 (230)). Hierfür reicht aber rein passives Verhalten der Geschäftsführer nicht aus; es müssen vielmehr die Grundsätze der Duldungs- bzw. Anscheinsvollmacht erfüllt sein (OLG Hamburg 18.10.1985, NJW-RR 1986, 116). Anderenfalls haften den Gläubigern lediglich die vollmachtlosen Vertreter gem. § 179 BGB (HCL/*Ulmer/Habersack* Rn. 134).

54 **3. Handeln im Namen der Gesellschaft.** Nach ihrem Normzweck (→ Rn. 48) erfasst die Vorschrift sowohl ein Handeln namens der (noch nicht existenten) **GmbH** als auch namens der **Vor-GmbH** (unstr., s. nur HCL/*Ulmer/Habersack* Rn. 137). Nur wenn die Nichtexistenz der GmbH offengelegt wird, kann von einem aufschiebend auf die Eintragung bedingten Geschäft auszugehen sein (Beweislast beim Geschäftsführer; → Rn. 7 und RG 17.1.1893, RGZ 32, 97 (99)). Demgemäß ist eine exakte Bezeichnung der Vor-GmbH für eine Haftung gem. § 11 Abs. 2 nicht erforderlich; vielmehr reicht es nach den Grundsätzen des **unternehmensbezogenen Geschäfts** aus, dass der Handelnde deutlich macht, nicht für sich persönlich, sondern im Namen der von ihm vertretenen Gesellschaft handeln zu wollen (HCL/*Ulmer/Habersack* Rn. 137; Scholz/*K. Schmidt* Rn. 118).

55 Die Handelndenhaftung deckt **nur rechtsgeschäftliche Ansprüche** (BGH 14.6.2004, NJW 2004, 2519; OLG Karlsruhe 11.12.1997, GmbHR 1998, 239 (240); HCL/*Ulmer/Habersack* Rn. 136; Lutter/Hommelhoff/*Bayer* Rn. 32); es besteht also keine Haftung für gesetzliche Verbindlichkeiten (**aA** *Schwab* NZG 2012, 481 (483 ff.)), einschließlich der Altschulden gem. § 25 Abs. 1 HGB oder § 613a BGB (BAG 22.1.1997, NJW 1997, 3332; Scholz/*K. Schmidt* Rn. 117). Ob der (faktische) Geschäftsführer mit oder ohne Vertretungsmacht gehandelt hat, ist belanglos; die Haftung nach Abs. 2 trifft auch den vollmachtlosen Geschäftsführer (→ Rn. 50 sowie BGH 16.3.1981, BGHZ 80, 182 (186)).

56 **4. Geschützter Personenkreis.** Nur durch Vertrag mit **außenstehenden Dritten** kann die Haftung aus § 11 Abs. 2 begründet werden (BGH 17.3.1980, BGHZ 76, 320 (325) = NJW 1980, 1630 (1631); Scholz/*K. Schmidt* Rn. 120). Gesellschafter sind auch dann nicht in den geschützten Personenkreis einbezogen, wenn sie ein Drittgeschäft mit der Gesellschaft geschlossen haben (BGH 17.3.1980,

BGHZ 76, 320 (325) = NJW 1980, 1630; HCL/*Ulmer/Habersack* Rn. 140). Erst recht können sich (ihrerseits haftende) **Organmitglieder** nach dem auf die Gesellschaftsgläubiger bezogenen Normzweck nicht gegenseitig nach Abs. 2 in Anspruch nehmen (→ Rn. 49 mit Hinweis auf BGH 14.6.2004, NJW 2004, 2519 (2520); Lutter/Hommelhoff/*Bayer* Rn. 33). Die Handelndenhaftung tritt nicht ein, wenn dem Gläubiger der Mangel der Vertretungsmacht bekannt ist und er dennoch den Vertrag abschließt (HCL/*Ulmer/Habersack* Rn. 139).

5. Inhalt und Umfang der Haftung. Das handelnde Organmitglied haftet primär, unbeschränkt und gesamtschuldnerisch („solidarisch"), aber akzessorisch, sodass Einreden und Einwendungen der Gesellschaft geltend gemacht werden können (§ 129 HGB analog; HCL/*Ulmer/Habersack* Rn. 141, 144; Scholz/*K. Schmidt* Rn. 123 f.). Für Verbindlichkeiten aus Dauerschuldverhältnissen haftet der Handelnde nur bezüglich derjenigen Teilleistungen, die bis zum Zeitpunkt der Eintragung erbracht werden (BGH 19.12.1977, BGHZ 70, 132 (141) = NJW 1978, 636). 57

6. Haftungsausschluss. Die Haftung kann nur durch **(individuelle) Vereinbarung** mit dem Gläubiger ausgeschlossen werden (BGH 9.2.1970, BGHZ 53, 210 (213) = NJW 1970, 806 (807); Scholz/*K. Schmidt* Rn. 122). Es muss aber ein eindeutiger Wille festzustellen sein; ein konkludenter Haftungsausschluss wird allenfalls ausnahmsweise in Betracht kommen und ist jedenfalls nicht zu vermuten (HCL/*Ulmer/Habersack* Rn. 148). Kein echter Haftungsausschluss liegt vor, wenn der Vertrag erst die künftige GmbH verpflichten soll, also aufschiebend auf die Eintragung bedingt ist; auch dies ist aber im Zweifel nicht der Fall (→ Rn. 7, 54). 58

7. Erlöschen der Haftung. Die Haftung erlischt **mit der Eintragung** der Gesellschaft (BGH 13.6.1977, BGHZ 69, 95 (103 f.) = NJW 1977, 1683; BGH 16.3.1981, BGHZ 80, 182 (183 f.) = NJW 1981, 1452 (1453); HCL/*Ulmer/Habersack* Rn. 146; Scholz/*K. Schmidt* Rn. 130; Lutter/Hommelhoff/*Bayer* Rn. 36); denn nun haben sich die Haftungszwecke erledigt (→ Rn. 48 f.). Hat der Handelnde die Verbindlichkeit vor Eintragung erfüllt, geht der Anspruch des Gläubigers gegen die GmbH gem. § 774 Abs. 1 S. 1 BGB analog auf ihn über (HCL/*Ulmer/Habersack* Rn. 149). Bereits rechtskräftig titulierte (oder anerkannte) Ansprüche bleiben demgemäß bestehen; in laufenden Prozessen hat die Eintragung hingegen Erledigung der Hauptsache zur Folge iSv § 91a ZPO (HCL/*Ulmer/Habersack* Rn. 146). Trotz Eintragung erlischt die Haftung nicht, soweit die Vor-GmbH nicht wirksam verpflichtet wurde, weil der Geschäftsführer nicht vertretungsberechtigt war (BGH 16.3.1981, BGHZ 80, 182 (183 f.) = NJW 1981, 1452 (1453); HCL/*Ulmer/Habersack* Rn. 147; iE auch Scholz/*K. Schmidt* Rn. 132). 59

8. Befreiungsansprüche der haftenden Geschäftsführer. Hat der Geschäftsführer pflichtgemäß gehandelt, stehen ihm Regressansprüche **gegen die GmbH** aus dem Anstellungsvertrag gem. §§ 611, 675, 670 BGB zu (BGH 13.12.1982, BGHZ 86, 122 = NJW 1983, 876; Lutter/Hommelhoff/*Bayer* Rn. 37); daneben besteht ein Freistellungsanspruch gem. § 257 BGB (Lutter/Hommelhoff/*Bayer* Rn. 37). Hinzu kommen Ansprüche aus § 426 Abs. 1 BGB, die auf vollen Regress gerichtet sind, sowie bei Zahlung Ansprüche aus § 774 Abs. 1 S. 1 BGB analog (→ Rn. 59; HCL/*Ulmer/Habersack* Rn. 149). Weil die Gesellschaft – wegen Aufgabe des Vorbelastungsverbots – wirksam verpflichtet werden kann, muss sie konsequentermaßen auch Aufwendungen der (berechtigt) handelnden Geschäftsführer im Innenverhältnis ausgleichen. Fehlt umgekehrt eine Ermächtigung durch die Gründer, so steht den vollmachtlos handelnden Geschäftsführern iR ihrer Geschäftsführung ohne Auftrag ein Anspruch nach §§ 677, 683, 670 BGB nur dann zu, wenn die Voraussetzungen des § 679 BGB erfüllt sind; iÜ besteht ein Anspruch nur nach den strengeren Voraussetzungen der §§ 684 S. 1, 812 ff. BGB. 60

Gegen die Gründer bestehen keine unmittelbaren Regressansprüche; vielmehr umfasst die Verlustdeckungshaftung der Gründer auch die Regressansprüche der Geschäftsführer (*Stimpel* FS Fleck, 1988, 364; HCL/*Ulmer/Habersack* Rn. 151; anders die Vertreter der Außenhaftungsthese Scholz/*K. Schmidt* Rn. 127 f.; Lutter/Hommelhoff/*Bayer* Rn. 37; für anstellungsvertraglichen Regress bis zur Höhe der Einlagen noch BGH 13.12.1982, BGHZ 86, 122 (125)). Anderes gilt, soweit die Gründer ausnahmsweise eine Außenhaftung trifft (BGH 27.1.1997, BGHZ 134, 333 (341); → Rn. 34 f.). 61

Bekanntmachungen der Gesellschaft

12 **[1] Bestimmt das Gesetz oder der Gesellschaftsvertrag, dass von der Gesellschaft etwas bekannt zu machen ist, so erfolgt die Bekanntmachung im Bundesanzeiger (Gesellschaftsblatt). [2] Daneben kann der Gesellschaftsvertrag andere öffentliche Blätter oder elektronische Informationsmedien als Gesellschaftsblätter bezeichnen.**

I. Allgemeines

§ 12 bestimmt den Bundesanzeiger (www.bundesanzeiger.de) zum **gesetzlichen Publikationsorgan** für die **Pflichtbekanntmachungen** der Gesellschaft („Basis-Gesellschaftsblatt" BegrRegE BT-Drs. 15/4067, 56). Die Möglichkeit zur freiwilligen zusätzlichen Verwendung anderer Publikations- 1 organe (S. 2) ist erhalten geblieben. Die Einsichtnahme durch Zugriff auf die Internetseite des BAnz ist kostenfrei, die Einstellung von Daten hingegen kostenpflichtig.

2 Die **S. 1 und 2** sind nach Vorbild des § 25 AktG zum 1.4.2005 durch das Justizkommunikationsgesetz (JKomG, BGBl. 2005 I 837 (852)) eingefügt worden, das erstmals ein allgemeinverbindliches Veröffentlichungsmedium für die GmbH geschaffen hat. **S. 3** enthielt die Auslegungsregel, dass ein gesellschaftsvertraglicher Verweis auf den Bundesanzeiger als ausschließlicher Hinweis auf den eBundesanzeiger zu interpretieren war. Die Vorschrift wurde durch das G zur Änderung von Vorschriften über Verkündung und Bekanntmachungen etc vom 22.12.2011 (BGBl. 2011 I 3044 (3050)) mit Wirkung zum 1.4.2012 ersatzlos gestrichen, um im Zweifel nicht gewollte Doppelveröffentlichungen zu vermeiden. Denn nach § 12 G über die Verkündung von Rechtsverordnungen und Bekanntmachungen gibt es nurmehr den elektronischen Bundesanzeiger, der jetzt schlicht „Bundesanzeiger" heißt (www.bundesanzeiger.de). Eine früher strittige Auslegungsfrage hat sich damit erledigt (→ 2. Aufl. 2014, Rn. 10).

II. Bekanntmachungen (S. 1)

3 § 12 gilt nur für **Bekanntmachungen der Gesellschaft,** nicht etwa für solche des Registergerichts gem. § 10 HGB. Die **Pflicht** zur Bekanntmachung kann sich zunächst aus dem **Gesetz** ergeben; allerdings enthält das GmbHG nur wenige Pflichtbekanntmachungen, namentlich die Rückzahlung von Nachschüssen (§ 30 Abs. 2 S. 2), eine Herabsetzung des Stammkapitals (§ 58 Abs. 1 Nr. 1, Nr. 3), die Auflösung (§ 65 Abs. 2), die Verteilung des Vermögens in der Liquidation (§ 73 Abs. 1), die Erhebung einer Nichtigkeitsklage (§ 75 Abs. 2 iVm § 246 Abs. 4 S. 1 AktG). Hinzu kommt der Wechsel in einen obligatorischen Aufsichtsrat gem. § 19 MitbestG.

4 Die Veröffentlichungspflicht kann sich aber auch aus dem **Gesellschaftsvertrag** ergeben. Das mag sich für Gesellschaften mit großem Gesellschafterkreis empfehlen, um Benachrichtigungen zu erleichtern, insbesondere die Einberufung der Gesellschafterversammlung, die Benennung der Tagesordnungspunkte, etc (Scholz/*Veil* Rn. 6; HCL/*Ulmer/Habersack* Rn. 5). Hinzunehmen sind dann allerdings nicht nur die Kosten, sondern auch die durch jedermann mögliche Einsichtnahme, weshalb die Praxis sich reserviert zeigt (vgl. *Noack* DB 2005, 599: „Bedürfnis besteht nicht"). Soweit der Gesellschaftsvertrag die Bekanntmachung vorsieht, gilt hinsichtlich der Veröffentlichungspflicht im Bundesanzeiger nach dem klaren Wortlaut das Gleiche wie bei gesetzlichen Pflichtmitteilungen (Roth/Altmeppen/*Altmeppen* Rn. 5; Baumbach/Hueck/*Servatius* Rn. 5; aA *Wicke* Rn. 2). Die **Geschäftsführer** sind somit sowohl an die Veröffentlichungspflicht als auch das -organ **gebunden.**

5 Die Information gilt **bei Einstellung auf der Webseite** www.bundesanzeiger.de als bekannt gemacht (HCL/*Ulmer/Habersack* Rn. 3). Zur Erfüllung des Nachweiserfordernisses genügt die Angabe einer Internetfundstelle (Hüffer/Koch/*Koch* § 25 Rn. 3). Eine **Mindestdauer** für die Abrufbarkeit sieht das Gesetz nicht vor; sie ergibt sich aus den jeweiligen materiellen Bestimmungen und beträgt bei § 30 Abs. 2 etwa mindestens drei Monate. Bei Anfechtungs- und Nichtigkeitsklagen muss die Angabe mindestens bis zum Ende der Möglichkeit zur Nebenintervention abrufbar sein (Scholz/*Veil* Rn. 7; HCL/*Ulmer/Habersack* Rn. 7).

6 Im **Prozess** ist der Ausdruck des Bildschirminhalts aus dem BAnz nicht ausreichend (authentisch), falls die Gesellschaftsmitteilung nicht mehr abgerufen werden kann. Der Betroffene hat dann aber einen Auskunfts- bzw. Vorlageanspruch gegen die Bundesanzeiger-Verlagsgesellschaft mbH, Köln, als Betreiberin der Seite, und zwar analog § 810 BGB (*Noack* BB 2002, 2025). Die Betreibergesellschaft unterliegt hinsichtlich der Pflichtbekanntmachungen einem **Kontrahierungszwang** mit der Gesellschaft, doch trifft sie keine Pflicht (und hat auch kein Recht), die Bekanntmachung einer inhaltlichen Prüfung zu unterziehen (HCL/*Ulmer/Habersack* Rn. 3).

III. Weitere Gesellschaftsblätter (S. 2)

7 **Zusätzlich** zum BAnz kann der Gesellschaftsvertrag für die obligatorischen Veröffentlichungen noch **weitere Blätter** vorsehen, die eine Veröffentlichung im BAnz aber niemals ersetzen können. Wegen der damit zusätzlichen Kosten und Mühen kommt dieser Möglichkeit kaum praktische Bedeutung zu (Baumbach/Hueck/*Servatius* Rn. 7; *Struppi* GmbHR 2006, 139). Stattdessen wird häufig Verzicht empfohlen (*Spindler/Kramski* NZG 2005, 747; Scholz/*Veil* Rn. 8).

8 In Betracht kommen **Printmedien** (Tageszeitungen, Zeitschriften etc) und elektronische Medien, hier insbesondere der **Internetauftritt** der Gesellschaft (HCL/*Ulmer/Habersack* Rn. 8). Ein Erscheinungsort im Inland ist nicht zwingend; ebenso gut kommen ausländische Zeitungen und Veröffentlichungen in ausländischer Sprache in Frage (Roth/Altmeppen/*Altmeppen* Rn. 7).

9 Für die **Berechnung** gesetzlicher **Fristen,** die an die Veröffentlichung anknüpfen, ist bei Mehrfachveröffentlichungen die erste Veröffentlichung im zuletzt erschienenen Medium maßgeblich, sofern das Gesetz nicht allein die Veröffentlichung im BAnz für maßgeblich erklärt (Baumbach/Hueck/*Servatius* Rn. 8).

IV. Fehlerhafte Bekanntmachung

Die Bekanntmachung ist fehlerhaft oder unvollständig, wenn eine nach Gesetz oder Gesellschaftsvertrag bekanntmachungspflichtige Tatsache nicht in der gesetzlich oder gesellschaftsvertraglich vorgesehenen Weise bekannt gemacht worden ist, beispielsweise nur im eBAnz, obwohl der Gesellschaftsvertrag zweifelsfrei die Veröffentlichung in einem zusätzlichen Medium verlangt (OLG Stuttgart 12.11.2010, ZIP 2011, 84; Scholz/*Veil* Rn. 12). **Rechtsfolge** einer fehlerhaften Bekanntmachung ist deren Unwirksamkeit, sodass an sie geknüpfte Fristen (→ Rn. 9) nicht in Gang gesetzt werden (Baumbach/Hueck/*Servatius* Rn. 9; Scholz/*Veil* Rn. 12). 10

Abschnitt 2. Rechtsverhältnisse der Gesellschaft und der Gesellschafter

Juristische Person; Handelsgesellschaft

13 (1) **Die Gesellschaft mit beschränkter Haftung als solche hat selbständig ihre Rechte und Pflichten; sie kann Eigentum und andere dingliche Rechte an Grundstücken erwerben, vor Gericht klagen und verklagt werden.**

(2) **Für die Verbindlichkeiten der Gesellschaft haftet den Gläubigern derselben nur das Gesellschaftsvermögen.**

(3) **Die Gesellschaft gilt als Handelsgesellschaft im Sinne des Handelsgesetzbuchs.**

Übersicht

I. Allgemeines

1 Während der erste Abschnitt (§§ 1–12) des GmbHG die Errichtung der GmbH zum Gegenstand hat, widmet sich der zweite (§§ 13–34) den Rechtsverhältnissen der wirksam errichteten Gesellschaft und ihrer Gesellschafter. An der Spitze des zweiten Abschnitts stehend enthält § 13 **elementare Grundprinzipien des GmbH-Rechts.** Abs. 1 spricht der GmbH zunächst die **Rechtsfähigkeit** zu. Auch die Eigenschaft der GmbH als **juristische Person** wird vielfach aus Abs. 1 abgeleitet; sie ergibt sich seit dem MoMiG jedenfalls aus der amtlichen Überschrift. Abs. 2 normiert sodann das grundlegende Prinzip der **Haftungsbeschränkung,** das den Zugriff der Gesellschaftsgläubiger auf das persönliche Vermögen der Gesellschafter jedenfalls grundsätzlich verhindert. Gemeinsam ist Abs. 1 und 2 das **Trennungsprinzip** zu entnehmen, demzufolge GmbH und Gesellschafter nicht nur selbständige Rechtsträger sind, sondern auch über gesonderte Vermögensmassen verfügen, die unterschiedlichen Gläubigern haften. Abs. 3 schließlich ordnet an, dass die GmbH stets, dh allein kraft Rechtsform ohne Rücksicht auf den Gegenstand des Unternehmens, Handelsgesellschaft iSd § 6 Abs. 1 HGB ist **(Formkaufmann),** sodass die für Kaufleute geltenden Bestimmungen Anwendung finden. Sieht man von der durch das MoMiG eingeführten Überschrift ab, ist die Vorschrift seit 1892 unverändert.

II. Rechtsnatur und Rechtsfähigkeit (Abs. 1)

2 **1. Juristische Person, Körperschaft. a) Allgemeines.** Auch wenn es an einer expliziten Regelung wie in § 1 Abs. 1 AktG („mit eigener Rechtspersönlichkeit") fehlt, ist seit langem anerkannt, dass es sich bei der GmbH um eine **juristische Person** handelt (näher HCL/*Raiser* Rn. 2 ff.; MHLS/*Lieder* Rn. 1 ff.; offen lassend noch Stenogr. Berichte über die Verhandlungen des Reichstags, VIII/1 [1890/92], Nr. 660, 3737). Seit Inkrafttreten des MoMiG kommt dies auch in der amtlichen Überschrift zu § 13 zum Ausdruck. Die GmbH zählt zur Gruppe der (privatrechtlichen) **Körperschaften** und lässt sich wie AG und eG als besondere Erscheinungsform des eingetragenen bürgerlich-rechtlichen Vereins auffassen. Vorschriften des BGB-Vereinsrechts (§§ 21 ff. BGB) sind daher subsidiär anwendbar (Scholz/*Bitter* Rn. 4; allgM), zB §§ 31, 33 Abs. 1 S. 2 BGB, § 35 BGB, nicht aber § 31a BGB, auch nicht bei gemeinnütziger GmbH (MüKoBGB/*Leuschner* BGB § 31a Rn. 2; *Leuschner* NZG 2014, 281 (287); *Noack* GmbHR 2010, R 81; *E. Vetter* GmbHR 2012, 181 (187); → § 43 Rn. 13; näher Scholz/*Verse* § 43 Rn. 274 mit dem Hinweis, dass sich stattdessen die Frage nach einer entsprechenden Anwendung des neuen § 34 Abs. 2 S. 3 GenG stellt; aA – § 31a BGB generell auch auf GmbH anwendbar – *Piper* WM 2011, 2211 (2214)).

3 Wie andere Körperschaften ist auch die GmbH durch eine im Vergleich zu den Personengesellschaften weiter reichende Verselbständigung gegenüber den Mitgliedern gekennzeichnet. Die GmbH kann nicht nur durch ihre Gesellschafter handeln (Selbstorganschaft), sondern verfügt mit den Geschäftsführern, die gem. § 6 Abs. 3 S. 1 nicht aus dem Gesellschafterkreis stammen müssen (Dritt- oder Fremdorganschaft), über eine eigene Handlungsorganisation. Anders als eine Personengesellschaft ist sie nicht von der Anzahl ihrer Gesellschafter abhängig, sondern kann nach § 1 auch als **Einpersonen-Gesellschaft** existieren. Selbst der Fortfall aller Mitglieder **(„Keinmann-GmbH")** führt nicht zum sofortigen Erlöschen, sondern nur zur Auflösung (→ § 1 Rn. 32; → § 33 Rn. 24).

4 Der Verselbständigung der Körperschaft gegenüber ihren Mitgliedern entspricht es, dass die Mitgliedschaft in der GmbH in erster Linie nicht als ein Rechtsverhältnis zwischen den Gesellschaftern, sondern als ein Rechtsverhältnis zwischen Gesellschaftern und GmbH ausgestaltet ist. Das schließt es allerdings nicht aus, mitgliedschaftliche (Treue-)Pflichten auch im Verhältnis der Gesellschafter untereinander anzuerkennen (BGH 5.6.1975, BGHZ 65, 15 (18 f.) = NJW 1976, 191 – ITT; → § 14 Rn. 98). Generell sollten die strukturellen Unterschiede zwischen der GmbH als Körperschaft und den Personengesellschaften nicht überbetont werden. Trotz ihrer körperschaftlichen Struktur können die inneren Verhältnisse der GmbH wegen der insoweit geltenden Vertragsfreiheit (§ 45 im Gegensatz zu § 23 Abs. 5 AktG, § 18 S. 2 GenG) durch entsprechende Satzungsgestaltung **einer Personengesellschaft stark angenähert** werden, was auch oftmals geschieht (zB durch Vinkulierung der Anteile, [teilweise] Abbedingung des Mehrheitsprinzips, Besetzung der Geschäftsführung mit Gesellschaftern

etc). Zu Recht betont auch der BGH, dass die inneren Verhältnisse der GmbH häufig auf eine „deutliche Nähe zu den Personengesellschaften“ angelegt sind (BGH 5.6.1975, BGHZ 65, 15 (18 f.) = NJW 1976, 191).

b) Entstehung und Erlöschen. Die GmbH als juristische Person **entsteht** erst **mit ihrer Eintragung im Handelsregister** (§ 11 Abs. 1). In der Zeit zwischen Abschluss des Gesellschaftsvertrags und Eintragung besteht als Vorstufe aber bereits eine Vor-GmbH (→ § 11 Rn. 13 ff.). Das **Erlöschen** der Rechtspersönlichkeit der GmbH ist im Gesetz nicht geregelt. Aus §§ 66 ff. ergibt sich immerhin, dass allein die Auflösung (§§ 60 ff.) nicht zum Erlöschen führt, sondern die GmbH mit verändertem Zweck (Abwicklung) bestehen bleibt. Das endgültige Erlöschen der GmbH tritt vielmehr erst unter iE umstrittenen weiteren Voraussetzungen ein, nach zutreffender Ansicht erst nach Durchlaufen des Abwicklungsverfahrens *und* Löschung im Handelsregister (→ § 60 Rn. 4 ff.). 5

c) Rechtsschein-GmbH. Zweifelhaft ist, ob auch ohne Eintragung im Handelsregister allein durch Setzung eines Rechtsscheins die Wirkungen einer existenten GmbH erzeugt werden können (sog. **Rechtsschein-GmbH**). In diese Richtung geht eine ältere Entscheidung des OLG Nürnberg (OLG Nürnberg 7.6.1984, WM 1985, 259), der zufolge eine englische Limited, die ihren Verwaltungssitz nach Deutschland verlegt und damit nach der seinerzeit herrschenden traditionellen Sitztheorie ihre Rechts- und Parteifähigkeit verloren hatte, nach Rechtsscheingrundsätzen dennoch als juristische Person behandelt werden soll. Diese Fallgestaltung hat nach dem Übergang zur Gründungstheorie hinsichtlich Gesellschaften aus EU/EWR-Mitgliedstaaten (→ IntGesR Rn. 18, 20) ihre Bedeutung verloren. Aber auch unabhängig davon ist ein Bedürfnis für die Konstruktion einer Rechtsschein-GmbH nicht erkennbar, da sich derartige Fälle nach allgemeinen Regeln lösen lassen (vgl. Roth/Altmeppen/*Altmeppen* Rn. 8). Existiert der als GmbH bezeichnete Unternehmensträger, für den gehandelt wird, in Wahrheit nicht (auch nicht in anderer Rechtsform), haftet die handelnde Person entsprechend § 179 BGB (stRspr, BGH 12.11.2008, NJW 2009, 215; Palandt/*Ellenberger* BGB § 177 Rn. 3). Existiert der als GmbH bezeichnete Unternehmensträger dagegen in anderer Rechtsform, wird nach den Grundsätzen des unternehmensbezogenen Geschäfts im Zweifel der wahre Rechtsträger verpflichtet (vgl. BGH 18.1.1996, NJW 1996, 1053 (1054)). Neben der Haftung des wahren Rechtsträgers kommt in Ausnahmefällen eine Haftung analog § 179 BGB in Betracht, wenn der Anspruch gegen den wahren Rechtsträger wesentlich schwieriger durchsetzbar ist, als es nach dem gesetzten Rechtsschein den Anschein haben musste, zB wenn der Rechtsträger im Ausland ansässig ist, obwohl eine in Deutschland ansässige GmbH vorgespiegelt wurde (LG Karlsruhe 31.10.1995, ZIP 1995, 1818 (1819 f.); zust. Roth/Altmeppen/*Altmeppen* Rn. 11; Scholz/*Bitter* Rn. 15). 6

2. Rechts-, Handlungs- und Parteifähigkeit. a) Rechtsfähigkeit. Die Rechtsfähigkeit, die Abs. 1 der GmbH zuspricht, ist **umfassend.** Die GmbH kann Inhaberin aller Rechte und Pflichten sein, die nicht – wie zB Familienrechte – ausschließlich auf natürliche Personen zugeschnitten sind (vgl. Art. 53 schweiz. ZGB: alle Rechte und Pflichten, „die nicht die natürlichen Eigenschaften des Menschen, wie das Geschlecht, das Alter oder die Verwandtschaft, zur notwendigen Voraussetzung haben“). Sie kann also zB Verträge abschließen, Rechte erwerben, Besitz begründen, Mitglied anderer Gesellschaften oder Vereine werden, Erbe oder Vermächtnisnehmer sein und Verbindlichkeiten eingehen. Die Rechtsfähigkeit ist auch nicht durch den Unternehmensgegenstand (§ 3 Abs. 1 Nr. 2) der Gesellschaft begrenzt. Eine solche Beschränkung nach dem Vorbild der im anglo-amerikanischen Rechtskreis früher verbreiteten ultra-vires-Lehre wäre mit europäischem Recht unvereinbar (vgl. Art. 9 Abs. 1 GesR-RL, vormals Art. 10 Abs. 1 Publizitäts-RL; *Habersack/Verse* EurGesR § 5 Rn. 34). 7

Die Rechtsfähigkeit der GmbH erstreckt sich nicht nur auf Vermögens-, sondern auch auf **Persönlichkeitsrechte.** Für das Namens- bzw. Markenrecht an der Firma (§ 12 BGB und §§ 5, 15 MarkenG) ist das seit langem anerkannt (MüKoBGB/*Säcker* BGB § 12 Rn. 18 ff., 27 ff.). Die höchstrichterliche Rspr. sieht juristische Personen und damit auch die GmbH darüber hinaus auch als Träger des **allgemeinen Persönlichkeitsrechts** an, allerdings nur, soweit „sie aus ihrem Wesen als Zweckschöpfung des Rechts und ihren Funktionen dieses Rechtsschutzes bedürfen“ (BGH 3.6.1986, BGHZ 98, 94 (97) = NJW 1986, 2951; BGH 8.2.1994, NJW 1994, 1281 (1282)). Dies ist insbesondere der Fall, wenn sie in ihrem sozialen Geltungsbereich als Arbeitgeber oder als Wirtschaftsunternehmen betroffen werden. Daran soll es mangels Bezugs zu den Produkten des Unternehmens fehlen, wenn das Firmenemblem der BMW AG als Scherzartikel mit dem Aufdruck „Bums mal wieder“ vermarktet wird (BGH 3.6.1986, BGHZ 98, 94 (97) = NJW 1986, 2951; krit. *Larenz/Canaris* SchuldR BT II § 80 IV 1b). Dagegen soll das allgemeine Persönlichkeitsrecht einer Kapitalgesellschaft verletzt sein, wenn ein Wirtschaftswissenschaftler in Fortbildungsseminaren den veröffentlichten Jahresabschluss des Unternehmens in nicht anonymisierter Form als Fallstudie behandelt und dabei die Aufmerksamkeit gezielt auf tatsächliche oder vermeintliche Schwachstellen der finanziellen Lage des Unternehmens richtet (BGH 8.2.1994, NJW 1994, 1281 (1282); zu Recht abl. BeckOGK/*Spindler* BGB § 823 Rn. 234 mwN; distanziert auch BGH 24.1.2006, BGHZ 166, 84 (112) = NJW 2006, 830 (841)). Nach Ansicht des BVerfG können sich juristische Personen zudem auf ein aus dem allgemeinen Persönlichkeitsrecht 8 abgeleitetes **Recht am gesprochenen Wort** berufen (BVerfG 9.10.2002, NJW 2002, 3619 (3622) zum heimlichen Mithören eines Telefonats; krit. MüKoBGB/*Rixecker* BGB Anh. § 12 Rn. 32). Seine verfassungsrechtliche Grundlage findet das allgemeine Persönlichkeitsrecht juristischer Personen nicht in Art. 1 Abs. 1 GG, sondern allein in Art. 2 Abs. 1 GG iVm Art. 19 Abs. 3 GG (BVerfG 9.10.2002, NJW 2002, 3619 (3622)). Umfassend zum Problemkreis *Fellner,* Persönlichkeitsschutz juristischer Personen, 2007.

9 **b) Handlungsfähigkeit.** Handlungsfähig ist die GmbH als juristische Person durch ihre **Organe,** insbesondere die Geschäftsführer, welche die Gesellschaft nach außen vertreten (§ 35). Das Verhalten der Organe wird, sofern sie in „amtlicher" Eigenschaft handeln, der GmbH umfassend zugerechnet, sei es in Bezug auf Willenserklärungen iRd Vertretungsmacht (§§ 35–37, § 164 BGB), vertragliche oder außervertragliche Pflichtverletzungen (§ 31 BGB; → Rn. 14 ff.) oder die Ausübung der tatsächlichen Sachherrschaft (sog. Organbesitz; die Geschäftsführer selbst haben dagegen keine besitzrechtliche Stellung, BGH 31.3.1971, BGHZ 56, 73 (77), näher Westermann/Gursky/Eickmann/*Gursky,* Sachenrecht, 8. Aufl. 2011, § 19 II; *Brand,* Der Organbesitz, 2015; *Cohen,* Organbesitz und Organgewahrsam, 2016). Auch das Wissen der handelnden Organwalter wird der GmbH zugerechnet (→ § 35 Rn. 85 ff.). Eine derart weitreichende Verhaltens- und Wissenszurechnung geht über die Wirkungen einer gesetzlichen Vertretung hinaus. Die herrschende **Organtheorie** bringt dies (im Gegensatz zur Vertretertheorie) zum Ausdruck, indem sie das Verhalten der Organwalter als **eigenes Verhalten** der juristischen Person bezeichnet (*Wiedemann* GesR I § 4 II 3a; *Schürnbrand,* Organschaft im Recht der privaten Verbände, 2007, 17 ff., 21).

10 **c) Partei-, Prozess- und Insolvenzfähigkeit.** Da die GmbH rechtsfähig ist, ist sie gem. § 50 Abs. 1 ZPO auch **parteifähig** (vgl. auch § 13 Abs. 1 aE). Umstritten ist dagegen, ob juristische Personen wie die GmbH auch **prozessfähig** sind, dh selbst oder durch selbst bestellte Vertreter Prozesshandlungen vornehmen können. Die herkömmliche Ansicht verneint dies, da juristische Personen nur durch ihre Organe als „gesetzliche Vertreter" handeln könnten (Stein/Jonas/*Jacoby,* Kommentar zur ZPO, 23. Aufl. 2014, ZPO § 51 Rn. 13, 20 mN aus der – allerdings uneinheitlichen – Rspr. des BGH). In der Konsequenz der Organtheorie (→ Rn. 9) liegt es dagegen, die Prozessfähigkeit zu bejahen (HCL/*Raiser* Rn. 34; MüKoGmbHG/*Merkt* Rn. 46 mwN). Die Streitfrage hat letztlich keine praktische Bedeutung, da unstr. auch eine juristische Person wie eine prozessunfähige Person ordnungsgemäß vertreten sein muss und immer dort, wo die ZPO prozessuale Befugnisse und Pflichten für „gesetzliche Vertreter" prozessunfähiger Personen statuiert, die Regelung in entsprechender Anwendung auch für die organschaftlichen Vertreter juristischer Personen gilt (MüKoZPO/*Lindacher/Hau* ZPO §§ 51, 52 Rn. 23). Bei der GmbH erfolgt die Vertretung auch im Prozess idR durch die Geschäftsführer (→ § 35 Rn. 50). Da diese gesetzlichen Vertretern gleichgestellt werden, können sie (anders als nicht geschäftsführende Gesellschafter) im Prozess der GmbH nicht Zeuge sein, sondern entsprechend § 455 ZPO nur als Partei vernommen werden (allgM). Zur **Insolvenzfähigkeit** der GmbH s. § 60 Abs. 1 Nr. 4, § 11 Abs. 1 InsO.

III. Haftungsverfassung der GmbH (Abs. 2)

11 **1. Überblick.** Nach Abs. 2 haftet den Gläubigern der Gesellschaft grundsätzlich nur die GmbH selbst, nicht die Gesellschafter persönlich. Durch diese **Haftungsbeschränkung** soll den Gesellschaftern unternehmerische Tätigkeit mit begrenztem Kapitaleinsatz und entsprechend kalkulierbarem Risiko ermöglicht und damit zugleich der Gefahr entgegengewirkt werden, dass volkswirtschaftlich erwünschte Aktivitäten aus Furcht vor unbegrenzten persönlichen Haftungsrisiken unterbleiben (zur ökonomischen Analyse und Rechtfertigung der Haftungsbeschränkung etwa Scholz/*Bitter* Rn. 60 ff.; *Bitter* in Bachmann/Casper/Schäfer/Veil Steuerungsfunktionen 57 (60 ff.); *Grigoleit* Gesellschafterhaftung 31 ff.; *Fischinger,* Haftungsbeschränkung im Bürgerlichen Recht, 2015, 250 ff.). Eine persönliche Haftung des Gesellschafters unmittelbar gegenüber den Gläubigern **(Außenhaftung)** tritt nur dann ein, wenn in der Person des Gesellschafters ein selbständiger Verpflichtungsgrund (zB Bürgschaft, Schuldbeitritt, unerlaubte Handlung) gegeben ist oder einer der eng begrenzten Ausnahmefälle der Durchgriffshaftung vorliegt (→ Rn. 35 ff.). Im Interesse des Gläubigerschutzes haben die Gesellschafter zudem im Innenverhältnis zur GmbH die Verpflichtungen zu erfüllen, die sich aus den gesetzlichen Vorschriften der Kapitalaufbringung und -erhaltung einerseits sowie dem von der Rspr. entwickelten Verbot existenzvernichtender Eingriffe andererseits ergeben. Ein Verstoß gegen diese Vorgaben löst eine **Innenhaftung** gegenüber der Gesellschaft aus, die mittelbar den Gläubigern zugutekommt (→ Rn. 43 ff.).

12 Auch die **Geschäftsführer** haften den Gesellschaftsgläubigern nur, wenn in ihrer Person ein selbständiger Verpflichtungsgrund erfüllt ist. Hervorzuheben ist insbesondere die Insolvenzverschleppungshaftung nach § 15a InsO nF (früher § 64 Abs. 1) iVm § 823 Abs. 2 BGB. Die folgende Darstellung konzentriert sich auf die Haftung der GmbH und ihrer Gesellschafter. Hinsichtlich der Haftung der Geschäftsführer wird auf die Erl. zu §§ 43, 64 (→ § 43 Rn. 1 ff., → § 64 Rn. 1 ff.) verwiesen.

2. Haftung der GmbH. a) Allgemeines. Die Haftung der GmbH selbst richtet sich nach den **allgemeinen Regeln** und kann sich aus allen erdenklichen Rechtsgrundlagen (Vertrag, Delikt, ungerechtfertigte Bereicherung etc) ergeben. Die GmbH haftet aber nur für ihre eigenen Verbindlichkeiten. Ein **„umgekehrter Durchgriff"** idS, dass die Gesellschaft ohne besonderen Verpflichtungsgrund (Bürgschaft, Schuldbeitritt etc) auch für Verbindlichkeiten ihrer Gesellschafter haftet, wird allgemein abgelehnt, da das Gesellschaftsvermögen als Haftungssubstrat ausschließlich den Gläubigern der GmbH reserviert ist (*Wiedemann* GesR I § 4 III 1 aE; Scholz/*Bitter* Rn. 185). Dem entspricht es, dass auch eine Einpersonen-GmbH Drittwiderspruchsklage gem. § 771 ZPO gegen die Gläubiger ihres Alleingesellschafters erheben kann (BGH 16.10.2003, BGHZ 156, 310 (314 f.) = NJW 2004, 217; heute ganz hM). 13

b) Zurechnung des Verhaltens von Organwaltern und sonstigen Repräsentanten. Die Haftung der GmbH hängt davon ab, inwieweit ihr das Verhalten der für sie tätigen Personen zugerechnet werden kann. Das Handeln der **Organe** in „amtlicher" Eigenschaft, sei es die Abgabe und Entgegennahme von Willenserklärungen iRd Vertretungsmacht (§§ 35–37, § 164 BGB), die Ausübung tatsächlicher Sachherrschaft (Organbesitz) oder die Begehung von Pflichtverletzungen, aber auch die Kenntnisse der handelnden Organwalter werden der Gesellschaft umfassend zugerechnet (→ Rn. 9). Für die Zurechnung von zum Schadensersatz verpflichtenden Handlungen ist sowohl im vertraglichen als auch im außervertraglichen Bereich **§ 31 BGB** maßgeblich. Dieser Vorschrift gebührt auch iRv Sonderverbindungen der Vorzug vor § 278 BGB, da es in Anwendung der Organtheorie (→ Rn. 9) nicht um die Zurechnung fremden Verhaltens geht (hM, Palandt/*Grüneberg* BGB § 278 Rn. 6 mwN; str.). Praktische Bedeutung hat diese Streitfrage indes allenfalls mit Blick auf § 278 S. 2 BGB, dessen Anwendbarkeit aber zunehmend auch von der Gegenansicht verneint wird (*Kleindiek,* Deliktshaftung und juristische Person, 1997, 275 f. mwN). § 31 BGB gilt nicht nur für Geschäftsführer und Liquidatoren (§ 66), sondern für alle Organe, also auch die Gesellschafterversammlung und ggf. den Aufsichtsrat, sofern durch ihr Handeln Gesellschafter oder Dritte geschädigt werden (Staudinger/*Herbert Roth,* 2019, BGB § 31 Rn. 39 ff.). 14

Über seinen Wortlaut hinaus ist § 31 BGB nach stRspr (zB BGH 5.3.1998, NJW 1998, 1854 (1856)) auch auf sonstige Funktionsträger anzuwenden, „denen durch die allgemeine Betriebsregelung und Handhabung bedeutsame, wesensmäßige Funktionen der juristischen Person zur selbständigen, eigenverantwortlichen Erfüllung zugewiesen sind, sodass sie die juristische Person im Rechtsverkehr repräsentieren" **(Repräsentantenhaftung).** Anwendungsfälle aus der reichhaltigen Rspr. betreffen zB Chefärzte, Filial- und Abteilungsleiter (umfangreiche Kasuistik bei Palandt/*Ellenberger* BGB § 31 Rn. 9). Der erfasste Personenkreis dürfte im Wesentlichen mit dem Begriff des leitenden Angestellten im Arbeitsrecht übereinstimmen (Palandt/*Ellenberger* Rn. 6; vgl. auch BGH 5.3.1998, NJW 1998, 1854 (1856)). Der für die Organwalter befürwortete Vorzug des § 31 BGB gegenüber § 278 BGB (→ Rn. 14) ist allerdings nicht auf die sonstigen Repräsentanten iSd genannten Rspr. zu übertragen. In Bezug auf Letztere muss es vielmehr bei der Anwendbarkeit des § 278 S. 2 BGB bleiben (MüKoBGB/*Leuschner* BGB § 31 Rn. 29). 15

Die Anwendung des § 31 BGB setzt nicht notwendig voraus, dass der Organwalter oder sonstige Repräsentant auch seinerseits im Außenverhältnis zum Geschädigten haftet. Für die Haftung iRv Sonderverbindungen, die nur zwischen der juristischen Person und dem Geschädigten bestehen, versteht sich das von selbst. Nichts anderes gilt aber auch für die deliktische Haftung, was insbesondere bei der Verletzung von **Verkehrspflichten** Bedeutung erlangt, die nur die juristische Person treffen (str., aber hM; MüKoBGB/*Leuschner* BGB § 31 Rn. 21; Lutter/Hommelhoff/*Kleindiek* § 43 Rn. 84; Scholz/*Verse* § 43 Rn. 462 ff.; eingehend *Kleindiek,* Deliktshaftung und juristische Person, 1997; *Spindler,* Unternehmensorganisationspflichten, 2001, 857 ff.). 16

c) Zurechnung des Verhaltens sonstiger Hilfspersonen. Für die Zurechnung des Verhaltens **sonstiger Hilfspersonen** gelten die §§ 278, 831 BGB. Ergänzend ist die in der Rspr. anerkannte Lehre vom **Organisationsmangel** zu beachten. Danach ist die Gesellschaft verpflichtet, den Gesamtbereich ihrer Tätigkeit so zu organisieren, dass für alle wichtigen Aufgabengebiete ein Repräsentant iSd § 31 BGB bestellt wird. Unterbleibt dies, muss sie sich so behandeln lassen, als ob es sich bei den eingesetzten Personen um Repräsentanten iSd § 31 BGB handle (BGH 8.7.1980, NJW 1980, 2810; Palandt/*Ellenberger* BGB § 31 Rn. 7). 17

d) Umfang der Haftung. Für ihre Verbindlichkeiten haftet die GmbH **unbeschränkt** mit ihrem gesamten Gesellschaftsvermögen; der anderslautende Name der GmbH bezieht sich nur auf die Haftungsbeschränkung der Gesellschafter. Zum Gesellschaftsvermögen zählen auch die Ansprüche der GmbH gegen ihre Gesellschafter, etwa auf Einzahlung noch nicht vollständig geleisteter Einlagen, Rückzahlung zurückgewährter Einlagen oder Schadensersatz wegen existenzvernichtenden Eingriffs. Die Gläubiger können auf diese Ansprüche außerhalb des Insolvenzverfahrens nach §§ 829, 835 ZPO zugreifen (zur Frage eines darüber hinausgehenden Verfolgungsrechts der Gläubiger → Rn. 65). 18

3. Haftung der Gesellschafter im Außenverhältnis. Abgesehen von den Ausnahmefällen der Durchgriffshaftung (→ Rn. 35 ff.) haften die Gesellschafter wegen Abs. 2 nur bei Vorliegen eines 19 besonderen Verpflichtungsgrunds für die Verbindlichkeiten der Gesellschaft. Dieser gesonderte Verpflichtungsgrund kann sich aus einer vertraglichen oder vertragsähnlichen Mitverpflichtung (→ Rn. 20 ff.) oder aus deliktischen Anspruchsgrundlagen ergeben (→ Rn. 27 ff.).

20 **a) Außenhaftung aufgrund selbständigen Verpflichtungsgrunds – Vertragliche und vertragsähnliche Anspruchsgrundlagen. aa) Vertragliche Mitverpflichtung.** Ein besonderer Verpflichtungsgrund kann zunächst aus einer vertraglichen Mitverpflichtung des Gesellschafters gegenüber dem Gläubiger resultieren, etwa in Gestalt einer **Bürgschaft,** eines Schuldbeitritts, einer (harten) Patronatserklärung oder eines Garantieversprechens. Hinsichtlich des für die Bürgschaft geltenden Schriftformerfordernisses (§ 766 BGB) ist zu beachten, dass allein der Umstand, dass der Gesellschafter an einer GmbH beteiligt ist, nicht zur Kaufmannseigenschaft des Gesellschafters führt und daher nicht gem. § 350 HGB von der Beachtung des Formerfordernisses befreit. Die Kaufmannseigenschaft knüpft an den Unternehmensträger an; dies ist die GmbH selbst (vgl. Abs. 3 iVm § 6 Abs. 1 HGB), nicht ihre Gesellschafter oder Geschäftsführer. Nach der Rspr. des BGH soll sich an dieser Rechtslage selbst dann nichts ändern, wenn der sich verbürgende Gesellschafter alleiniger Gesellschafter und Geschäftsführer der GmbH ist (BGH 28.1.1993, BGHZ 121, 224 (228) = NJW 1993, 1126; BGH 8.11.2005, BGHZ 165, 43 = NJW 2006, 431 Rn. 15; aA MüKoBGB/*Habersack* BGB § 766 Rn. 3: § 350 HGB analog für den geschäftsführenden Allein- oder Mehrheitsgesellschafter; noch weitergehend *K. Schmidt* ZIP 1986, 1510 (1515 f.)). Unstreitig greift § 350 HGB aber dann ein, wenn der Gesellschafter unabhängig von seiner Stellung als Gesellschafter ein Handelsgewerbe betreibt, dem die Bürgschaft zuzurechnen ist. Eine Parallelproblematik stellt sich iRd Schuldbeitritts von Gesellschaftern zu Darlehensverträgen der GmbH mit gewerblichen Kreditgebern hinsichtlich der Formvorschrift des § 492 BGB, die nach stRspr (zB BGH 25.10.2011, NZG 2012, 478; BGH 8.11.2005, BGHZ 165, 43 = NJW 2006, 431; jeweils zu § 4 VerbrKrG) auch auf den Schuldbeitritt eines Verbrauchers Anwendung findet. Auch hier hält der BGH trotz krit. Stimmen im Schrifttum daran fest, dass die Stellung als geschäftsführender Alleingesellschafter die Verbrauchereigenschaft unberührt lässt (BGH 8.11.2005, BGHZ 165, 43 = NJW 2006, 431; krit. *Mülbert* FS Goette, 2011, 333).

21 Ist der Gesellschafter die Bürgschaft oder andere vertragliche Mitverpflichtung auf unbestimmte Zeit eingegangen, kann er diese gem. § 314 BGB aus wichtigem Grund mit Wirkung ex nunc **kündigen.** Das Ausscheiden des Gesellschafters aus der Gesellschaft kann einen wichtigen Grund darstellen, wenn die Gesellschafterstellung Anlass für die Übernahme der Mitverpflichtung war (BGH 10.6.1985, NJW 1986, 252 (253); BGH 17.12.1998, ZIP 1999, 877 (878); MüKoBGB/*Habersack* BGB § 765 Rn. 56). Der Gesellschafter muss bei der Kündigung allerdings eine angemessene Frist einhalten, damit der Gläubiger sich auf die veränderte Lage einstellen kann (BGH 10.6.1985, NJW 1986, 252 (253); BGH 17.12.1998, ZIP 1999, 877 (878)).

22 **bb) Rechtsscheinhaftung.** Eine persönliche Haftung des Gesellschafters kann sich ferner aus Rechtsscheingrundsätzen ergeben. Erweckt der Gesellschafter durch sein Auftreten zurechenbar den Eindruck persönlicher Haftung, muss er sich daran im Verhältnis zu gutgläubigen Dritten festhalten lassen. Die bedeutsamste Fallgestaltung dieser Art ist das Auftreten für die Gesellschaft ohne den nach § 4 vorgeschriebenen Rechtsformzusatz (dazu MüKoGmbHG/*Heinze* § 4 Rn. 146b ff.).

23 **cc) Eigenhaftung aus cic.** Denkbar ist auch eine Haftung des Gesellschafters aus culpa in contrahendo (§ 280 Abs. 1 BGB, § 241 Abs. 2 BGB, § 311 Abs. 2, 3 BGB), wenn er als Gesellschafter-Geschäftsführer für die GmbH Vertragsverhandlungen führt und dabei Aufklärungs- oder sonstige vorvertragliche Pflichten verletzt. Da die Pflichten aus dem vorvertraglichen Schuldverhältnis grundsätzlich nur den Vertretenen (die GmbH) treffen, kommt eine derartige Haftung jedoch nur unter den engen Voraussetzungen in Betracht, in denen der BGH ausnahmsweise eine Eigenhaftung des Vertreters aus cic bejaht. Neben dem Sonderfall der bürgerlich-rechtlichen Prospekthaftung (→ Rn. 26) erkennt der BGH eine Eigenhaftung aus cic seit langem in **zwei Fallgruppen** an (BGH 25.4.2006, NJW 2006, 2321 Rn. 12; stRspr): zum einen, wenn der Vertreter **in besonderem Maße persönliches Vertrauen** für sich (nicht nur für den von ihm Vertretenen) in Anspruch nimmt und dadurch die Vertragsverhandlungen oder den Vertragsschluss erheblich beeinflusst (diese Fallgruppe ist seit der Schuldrechtsreform 2002 in § 311 Abs. 3 S. 2 BGB geregelt), und zum anderen, wenn der Vertreter ein unmittelbares **eigenes wirtschaftliches Interesse** an dem Vertragsabschluss hat.

24 Die zuletzt genannte Fallgruppe hat ihre ehemals erhebliche Bedeutung im vorliegenden Kontext allerdings weitestgehend eingebüßt. Wegen des sonst drohenden Wertungswiderspruchs zum Haftungsprivileg des Abs. 2 geht die neuere Rspr. mit Recht davon aus, dass eine Eigenhaftung des Gesellschafter-Geschäftsführers unter dem Gesichtspunkt des wirtschaftlichen Eigeninteresses „in aller Regel" nicht in Betracht kommt (BGH 27.3.1995, NJW 1995, 1544). Der BGH hat insbesondere klargestellt, dass auch eine maßgebliche oder alleinige Beteiligung des handelnden Gesellschafter-Geschäftsführers an der GmbH nicht ausreicht, um eine Eigenhaftung aus cic zu begründen (BGH 6.6.1994, BGHZ 126, 181 (183 ff.) = NJW 1994, 2220 in Abkehr von der früheren, erheblich extensiveren Rspr.). Daran ändert sich auch dann nichts, wenn der Gesellschafter-Geschäftsführer zusätzlich für die Verbindlich-

keiten der GmbH Sicherheiten gestellt hat (BGH 6.6.1994, BGHZ 126, 181 (186 ff.) = NJW 1994, 2220) oder er ein gesteigertes Interesse an dem Vertragsabschluss hat, weil er sich die daraus resultierenden Forderungen von der GmbH hat abtreten lassen (BGH 27.3.1995, NJW 1995, 1544).

Aber auch in der ersten Fallgruppe (besonderes persönliches Vertrauen) stellt der BGH inzwischen **strenge Anforderungen** und betont, dass der Gesellschafter-Geschäftsführer nur der Eigenhaftung unterliegt, wenn er ausnahmsweise ein zusätzliches, von ihm selbst ausgehendes Vertrauen auf die Vollständigkeit und Richtigkeit seiner Erklärungen hervorgerufen hat. Damit werden nur noch Erklärungen **„im Vorfeld einer Garantiezusage"** erfasst (BGH 6 6.1994, BGHZ 126, 181 (189) = NJW 1994, 2220 (2222); zu Besonderheiten bei Erklärungen gegenüber Kapitalanlegern aber → Rn. 26). Allein der Umstand, dass der Gesellschafter-Geschäftsführer auf seine eigene Sachkunde hinweist, genügt nicht, um eine Eigenhaftung wegen besonderen persönlichen Vertrauens zu begründen (BGH 3.10.1989, NJW 1990, 389). Voraussetzung der Eigenhaftung ist zudem, dass der Gesellschafter-Geschäftsführer selbst an den Verhandlungen beteiligt war (OLG Hamm 6.11.1990, NJW-RR 1991, 747 (748)). 25

Neben die genannten allgemeinen Grundsätze der Eigenhaftung aus cic treten in Fällen, in denen Kapitalanleger durch unrichtige Informationen in einem Anlageprospekt angeworben worden sind, die besonderen Regeln der bürgerlich-rechtlichen **Prospekthaftung.** In diesen Fällen bejaht der BGH in stRspr auch ohne Inanspruchnahme persönlichen Vertrauens eine Haftung der für die Herausgabe des Anlageprospekts verantwortlichen Personen aufgrund des **typisierten Vertrauens,** das die Anleger dem Prospekt entgegenbringen (BGH 5.7.1993, BGHZ 123, 106 = NJW 1993, 2865 mwN aus der Rspr.; BGH 17.11.2011, BGHZ 191, 310 = NJW 2012, 758 mBespr *Klöhn* WM 2012, 99). Zu dem verantwortlichen Personenkreis können neben den Geschäftsführern auch Gesellschafter gehören, soweit sie den Prospekt (mit-)initiiert haben. Allerdings stellt sich seit dem 1.7.2005 die Frage nach dem Konkurrenzverhältnis zu der durch das Anlegerschutzverbesserungsgesetz (AnsVG) eingeführten spezialgesetzlichen Prospekthaftung (früher § 13 iVm § 8f VerkProspG, seit dem 1.6.2012 § 20 VermAnlG). Wegen der Einzelheiten muss auf die Spezialliteratur zur Prospekthaftung verwiesen werden (Überblick bei MüKoBGB/*Emmerich* BGB § 311 Rn. 141 ff.; *Mülbert/Steup* in Habersack/Mülbert/Schlitt, Unternehmensfinanzierung am Kapitalmarkt, 4. Aufl. 2019, Rz. 41.159 ff.; *Siol* in SBL BankR-HdB § 45 Rn. 26 ff.). In einer – allerdings zweifelhaften – Entscheidung hat der BGH die Haftung auch auf fehlerhafte Informationen ausgedehnt, die sich nicht aus dem Anlageprospekt selbst ergeben, sondern iRe Unternehmenspräsentation den angeworbenen Investoren **mündlich** mitgeteilt werden (BGH 2.6.2008, BGHZ 177, 25 = NZG 2008, 661 (662 f.) zu Vorstandsmitgliedern einer AG; mit Recht abl. *Klöhn* LMK 2008, 267718; *Mülbert/Leuschner* JZ 2009, 158). 26

b) Außenhaftung aufgrund selbständigen Verpflichtungsgrunds – Deliktische Anspruchsgrundlagen. aa) Allgemeines. Ein besonderer Verpflichtungsgrund, der zur Außenhaftung der Gesellschafter gegenüber den Gläubigern der GmbH führt, kann sich auch aus deliktischen Anspruchsgrundlagen ergeben. Erfüllt der Gesellschafter/Geschäftsführer alle Voraussetzungen einer unerlaubten Handlung iSd §§ 823 ff. BGB, haftet er dem Geschädigten auch, wenn er in amtlicher Eigenschaft gehandelt hat und wegen der Zurechnung nach § 31 BGB neben ihm die Gesellschaft haftet (§ 840 BGB). Praktische Bedeutung hat neben § 826 BGB (→ Rn. 28 ff.) insbesondere die **Insolvenzverschleppungshaftung** gem. § 823 Abs. 2 BGB iVm § 15a InsO. Sie trifft in erster Linie die Geschäftsführer, uU aber auch die nicht geschäftsführenden Gesellschafter, sei es als Teilnehmer (§ 830 Abs. 2 BGB), sei es als primär Verantwortliche im Fall der Führungslosigkeit (§ 15a Abs. 3 InsO). Näher zur Insolvenzverschleppungshaftung → § 43 Rn. 89, → § 64 Rn. 70 ff. 27

bb) Haftung aus § 826 BGB im Besonderen. Eine persönliche Haftung der Gesellschafter kann sich insbesondere auch aus vorsätzlicher sittenwidriger Schädigung (§ 826 BGB) ergeben. Dies gilt insbesondere, wenn das Haftungsprivileg missbräuchlich ausgenutzt wird, um Gläubiger zu schädigen (sittenwidrige **Gläubigerbenachteiligung**). Für die subjektive Tatseite genügt bedingter Vorsatz hinsichtlich der Gläubigerbenachteiligung; ein Bewusstsein der Sittenwidrigkeit muss nicht gegeben sein (Palandt/*Sprau* BGB § 826 Rn. 10 aE). Die einschlägigen Fälle haben enge Berührungspunkte mit den Fallgruppen, die auch im Zusammenhang mit der Durchgriffshaftung diskutiert werden (→ Rn. 35 ff.). Die neuere Rspr. weist aber die Tendenz auf, den Anwendungsbereich der Durchgriffshaftung zurückzudrängen und die Lösung stattdessen in § 826 BGB zu suchen (→ Rn. 30 zur materiellen Unterkapitalisierung; → Rn. 47 zur Existenzvernichtungshaftung). 28

(1) Aschenputtelgesellschaften; materielle Unterkapitalisierung. Die Rspr. hat eine Außenhaftung aus § 826 BGB unter dem Gesichtspunkt der sittenwidrigen Gläubigerbenachteiligung wiederholt anerkannt, wenn die Gesellschafter ihre GmbH so ausgestaltet haben, dass die Nachteile aus der Geschäftstätigkeit notwendig die Gläubiger der Gesellschaft treffen müssen. Zu denken ist dabei namentlich an sog. **Aschenputtelgesellschaften,** denen die Gesellschafter alle Risiken aus der Geschäftsführung auferlegen, die damit korrespondierenden Chancen aber vorenthalten. Eine solche Konstellation liegt zB vor, wenn eine GmbH von einem Bauträger allein zu dem Zweck gegründet wird, 29

Architekten und Bauhandwerker zu benachteiligen, indem Letztere vertragliche Vergütungsansprüche ausschließlich gegen die (stets vermögenslos gehaltene) GmbH erwerben, während die Verkaufserlöse aus den fertiggestellten Bauprojekten allein dem Bauträger persönlich zufließen und damit dem Zugriff der Gläubiger entzogen sind (BGH 25.4.1988, NJW-RR 1988, 1181; ähnlich auch BGH 30.11.1978, NJW 1979, 2104; BGH 16.3.1992, NJW-RR 1992, 1061; BAG 10.2.1999, NJW 1999, 2299; zuletzt BGH 28.4.2008, BGHZ 176, 204 = NJW 2008, 2437 Rn. 27).

30 Die soeben angeführten Fälle bilden einen Teilausschnitt der weiter gefassten, im Schrifttum viel diskutierten Fallgruppe der **materiellen Unterkapitalisierung.** Damit sind Fälle gemeint, in denen die GmbH mit einer Eigenkapitalausstattung (einschließlich Gesellschafterdarlehen) betrieben wird, die in keinem angemessenen Verhältnis zu den Risiken ihrer Geschäftstätigkeit steht. Das Schrifttum hat die Lösung dieser Fälle bisher vor allem darin gesucht, in besonders eklatanten („qualifizierten") Fällen der materiellen Unterkapitalisierung rechtsfortbildend eine Durchgriffshaftung zu entwickeln (Hachenburg/*Ulmer* Anh. § 30 Rn. 50 ff.; Lutter/Hommelhoff/*Bayer* Rn. 20 ff.; *Bitter* in Bachmann/Casper/Schäfer/Veil Steuerungsfunktionen 57 (81 ff.); für Schadensersatzhaftung im Innenverhältnis zur GmbH statt Durchgriffshaftung *Guntersblum,* Das Zusammenspiel von Mindeststammkapital und institutioneller Haftungsbeschränkung, 2016, 472 ff.). Die Haftung soll eingreifen, wenn die Unterkapitalisierung so eindeutig und klar erkennbar ist, dass sie einen Misserfolg der Gläubiger mit hoher, das gewöhnliche Geschäftsrisiko deutlich übersteigender Wahrscheinlichkeit erwarten lässt (Hachenburg/*Ulmer* Anh. § 30 Rn. 55). Der BGH hat dem jedoch unter Hinweis auf das Fehlen einer Gesetzeslücke und die Unbestimmtheit eines derartigen „Unterkapitalisierungstatbestands" eine Absage erteilt (BGH 28.4.2008, BGHZ 176, 204 = NJW 2008, 2437 Rn. 15 ff. – Gamma mzustAnm *Altmeppen* ZIP 2008, 1201; *Kleindiek* NZG 2008, 686 (688 f.); *Veil* NJW 2008, 3264; *Wackerbarth* JZ 2008, 1166; krit. Scholz/*Bitter* Rn. 145 ff.). Zugleich hat der BGH aber offengelassen, ob sich nicht iRd § 826 BGB eine besondere Fallgruppe der „Haftung wegen Unterkapitalisierung einer GmbH" bilden lässt (BGH 28.4.2008, BGHZ 176, 204 = NJW 2008, 2437 Rn. 25). Im konkreten Fall, der die Schädigung von Arbeitnehmern beim Wechsel in eine unterkapitalisierte Beschäftigungs- und Qualifizierungsgesellschaft (BQG) betraf, konnte dies offen bleiben, da der BGH stattdessen auf eine vorsätzliche Aufklärungspflichtverletzung des Gesellschafter-Geschäftsführers der BQG gegenüber den übernommenen Arbeitnehmern abstellen konnte (BGH 28.4.2008, BGHZ 176, 204 = NJW 2008, 2437 Rn. 28). Daher bleibt abzuwarten, ob die im Schrifttum entwickelten Ansätze zur Durchgriffshaftung nicht doch noch durch die Hintertür des § 826 BGB Anerkennung finden werden (davor warnend *Waclawik* DStR 2008, 1486 (1490 f.); *Wackerbarth* JZ 2008, 1166 (1167)). Angesichts der berechtigten Bedenken des BGH hinsichtlich der Bestimmbarkeit des Unterkapitalisierungstatbestands sowie der Tatsache, dass der Gesetzgeber die Existenz materiell unterkapitalisierter Gesellschaften bewusst in Kauf nimmt, wie nicht zuletzt die Einführung der Unternehmergesellschaft iSd § 5a zeigt, kann es dabei jedoch allenfalls um die Erfassung von **äußersten Ausnahmefällen** gehen (wie zB den genannten Aschenputtelgesellschaften).

31 Von der nach neuerer Rspr. ebenfalls in § 826 BGB zu verortenden Haftung für existenzvernichtende Eingriffe (→ Rn. 44 ff.) unterscheidet sich die mögliche Haftung aus § 826 BGB wegen Unterkapitalisierung dadurch, dass erstere einen insolvenzverursachenden oder -vertiefenden Eingriff in das Gesellschaftsvermögen voraussetzt, während bei letzterer der Vorwurf an das Unterlassen einer auch nur ansatzweise vertretbaren Kapitalausstattung anknüpft. Ein solches Unterlassen stellt nach der Rspr. des BGH keinen „Eingriff" iSd Existenzvernichtungshaftung dar (BGH 28.4.2008, BGHZ 176, 204 = NJW 2008, 2437 Rn. 12; → Rn. 54). Die Abgrenzung ist von erheblicher Bedeutung, da die Existenzvernichtungshaftung nach neuerer Rspr. nur noch zu einer Innenhaftung gegenüber der GmbH führt (→ Rn. 64), während die Haftung wegen Unterkapitalisierung weiterhin als **Außenhaftung** eingeordnet wird (vgl. BGH 28.4.2008, BGHZ 176, 204 = NJW 2008, 2437 Rn. 25 ff.; zust. *Altmeppen* ZIP 2008, 1201 (1206); *Möller* BB 2008, 1701 (1702); für Innenhaftung *Guntersblum,* Das Zusammenspiel von Mindeststammkapital und institutioneller Haftungsbeschränkung, 2016, 476). Der Grund für diese auf den ersten Blick überraschende Differenzierung dürfte darin liegen, dass bei der Existenzvernichtungshaftung durch den Eingriff in das Gesellschaftsvermögen unmittelbar die GmbH geschädigt wird und die Gläubiger nur reflexweise betroffen sind (daher Innenhaftung), während bei der materiellen Unterkapitalisierung mangels Eingriffs in das Gesellschaftsvermögen keine Schädigung der Gesellschaft, sondern eine unmittelbare Schädigung der Gläubiger eintritt (*Altmeppen* ZIP 2008, 1201 (1204 f., 1206); krit. zu dieser Differenzierung MüKoBGB/*Wagner* BGB § 826 Rn. 195).

32 **(2) Weitere Fallgruppen.** In der Rspr. ist eine Außenhaftung der Gesellschafter aus § 826 BGB wegen sittenwidriger Gläubigerbenachteiligung in einer Vielzahl weiterer Fälle angenommen worden (umfangreiche Kasuistik bei Staudinger/*Oechsler,* 2018, BGB § 826 Rn. 315 ff.). Dabei handelt es sich jedoch vielfach um Fälle, in denen der Gesellschaft zur Verhinderung des Gläubigerzugriffs Vermögen entzogen wurde und die Gesellschaft regelrecht ausgeplündert, dh auf kaltem Wege liquidiert, wurde (zB BGH 24.6.2002, BGHZ 151, 181 = NJW 2002, 3024 – KBV; BGH 20.9.2004, NJW 2005, 145 – Klinik). Solche Fälle gehören in die Fallgruppe der Existenzvernichtung und lösen damit nach dem jetzt erreichten Stand der Rspr. nur noch eine Innenhaftung aus § 826 BGB aus (→ Rn. 47, → Rn. 64).

Eine Außenhaftung aus § 826 BGB kommt dagegen auch weiterhin in Betracht, wenn ein Gesellschafter-Geschäftsführer trotz einer Offenbarungspflicht bei Verhandlungen die prekäre Vermögenslage der GmbH arglistig verschweigt (BGH 16.3.1992, BGH NJW-RR 1992, 1061 mwN) oder zum Schaden der Gläubiger den Insolvenzantrag bewusst verzögert (BGH 26.6.1989, BGHZ 108, 134 (142 ff.) = NJW 1989, 3277 (3278 f.)). Nach Ansicht des BGH können sich in letzterem Fall selbst dann Ansprüche aus § 826 BGB ergeben, wenn der Gläubiger nicht in den Schutzbereich der Insolvenzantragspflicht fällt und daher keinen Anspruch aus § 823 Abs. 2 BGB iVm § 15a InsO bzw. § 64 Abs. 1 aF erheben kann (so BGH 26.6.1989, BGHZ 108, 134 (142 ff.) = NJW 1989, 3277 (3278 f.) für Ansprüche der Bundesagentur für Arbeit wegen gezahlten Insolvenzausfallgelds; näher MüKoBGB/*Wagner* BGB § 826 Rn. 179). Bedeutung kann § 826 BGB auch erlangen, wenn ein Gesellschafter, der nicht (auch nicht faktischer) Geschäftsführer ist, um eigener Vorteile willen und trotz Kenntnis der Insolvenzreife den Geschäftsführer von der Insolvenzantragstellung abhält (BGH 24.10.1973, WM 1973, 1354 (1355)). Meist wird dann bereits eine Teilnehmerhaftung aus § 830 Abs. 2 BGB iVm § 823 Abs. 2 BGB, § 15a InsO) gegeben sein, doch mag es in einzelnen Fällen an der nach hM von § 830 Abs. 2 BGB vorausgesetzten vorsätzlichen Haupttat des Geschäftsführers fehlen. 33

In Betracht kommt eine persönliche (Außen-)Haftung aus § 826 BGB auch bei **Vermögensvermischung,** dh in Fällen, in denen die Abgrenzung zwischen Gesellschafts- und Privatvermögen durch undurchsichtige Buchführung oder auf andere Weise verschleiert wird, um den Zugriff der Gläubiger auf das Gesellschaftsvermögen zu verhindern. Der BGH löst diese Fälle allerdings über die Annahme einer Durchgriffshaftung (→ Rn. 38). Wenn die strengen Voraussetzungen vorliegen, unter denen eine Durchgriffshaftung wegen Vermögensvermischung bejaht wird, wird allerdings praktisch immer auch eine vorsätzliche sittenwidrige Schädigung gegeben sein. Es liegt daher nahe, auch die Fallgruppe der Vermögensvermischung mithilfe des § 826 BGB zu lösen (*Gehrlein* WM 2008, 761 (768); *Kölbl* BB 2009, 1194 (1200); *Schröder* GmbHR 2006, 429; *Thole,* Gläubigerschutz durch Insolvenzrecht, 2010, 756 f.; *Wagner* FS Canaris, 2007, 473 (496 f.); auch schon Hachenburg/*Mertens* Anh. § 13 Rn. 15). 34

c) Durchgriffshaftung. aa) Grundlagen und Überblick. Von den soeben behandelten Fällen, in denen der Gesellschafter aufgrund eines besonderen Verpflichtungsgrunds neben der GmbH haftet, ist die (echte) Durchgriffshaftung zu unterscheiden. Bei ihr geht es darum, den Gesellschafter für die Verbindlichkeiten der GmbH haftbar zu machen, ohne dass ein besonderer Verpflichtungsgrund in seiner Person vorliegt. Die Verbindlichkeit der Gesellschaft wird auf den Gesellschafter erstreckt; es handelt sich mithin um eine **echte Ausnahme vom Haftungsprivileg** des Abs. 2. 35

Schon mit Rücksicht darauf, dass es um eine Durchbrechung des Abs. 2 geht, versteht sich, dass eine Durchgriffshaftung sorgfältiger Begründung bedarf und allenfalls in seltenen Ausnahmefällen in Betracht kommen kann. Den methodischen Ansatzpunkt sieht man entweder in einem **Missbrauch** der Rechtsform der GmbH (aus neuerer Zeit etwa BGH 14.11.2005, BGHZ 165, 85 = NJW 2006, 1344 Rn. 17; zum eV BGH 10.12.2007, BGHZ 175, 12 = DStR 2008, 363 Rn. 15) oder in einer **teleologischen Reduktion des § 13 Abs. 2** (sog. Normzwecklehre, Lutter/Hommelhoff/*Bayer* Rn. 11; Scholz/*Bitter* Rn. 126 ff.; ausführliche Würdigung der verschiedenen Ansätze bei *Grigoleit* Gesellschafterhaftung 223 ff.). Ein missbräuchliches bzw. dem Zweck des Haftungsprivilegs widersprechendes Verhalten der Gesellschafter soll die Geltung des Haftungsprivilegs entfallen lassen; die Rechtsfolge wird dann in einer persönlichen Haftung der Gesellschafter **analog §§ 128 f. HGB** gesehen (BGH 14.11.2005, BGHZ 165, 85 = NJW 2006, 1344 Rn. 10; Scholz/*Bitter* Rn. 126 mwN; speziell zur Einrede der Verjährung analog § 129 Abs. 1 HGB *M. Schwab* GmbHR 2012, 1213 (mit Modifikationen im Fall der Löschung der GmbH)). 36

Nach dem aktuellen Stand der Rspr. bleibt für die Durchgriffshaftung nur ein **schmaler Anwendungsbereich.** Im Schrifttum wird zwar eine Reihe von möglichen Fallgruppen erörtert, in der Rspr. findet die Durchgriffshaftung jedoch nur noch hinsichtlich der Vermögensvermischung (→ Rn. 38) breitere Unterstützung. In den Fällen der Unterkapitalisierung und der Existenzvernichtung hat der BGH eine Durchgriffshaftung ausdrücklich abgelehnt und stattdessen auf § 826 BGB verwiesen (→ Rn. 30, → Rn. 47). Obsolet, da durch die Existenzvernichtungshaftung ersetzt, ist nach der Rspr. auch die frühere Durchgriffshaftung im qualifizierten faktischen Konzern (→ Anh. § 13 Rn. 46, → Rn. 57 f.). Im Schrifttum mehren sich die Stimmen, die eine Durchgriffshaftung generell ablehnen (*Ehricke* AcP 199 (1999), 258; *Grigoleit* Gesellschafterhaftung 221 ff.). Bei dem inzwischen erreichten Stand der Rspr. ist in der Tat zweifelhaft, warum ausgerechnet in der verbliebenen Fallgruppe der Vermögensvermischung Raum für eine Durchgriffshaftung bleiben soll, zumal auch hier der Weg über § 826 BGB gangbar wäre (→ Rn. 34). 37

bb) Vermögensvermischung. Dass Fälle der Vermögensvermischung eine Durchgriffshaftung auslösen können, hat der BGH wiederholt anerkannt (BGH 14.11.2005, BGHZ 165, 85 = NJW 2006, 1344 mwN aus der Rspr.; BGH 26.7.2007, BGHZ 173, 246 = NJW 2007, 2689 Rn. 27; ebenso die hL, Baumbach/Hueck/*Fastrich* Rn. 45; Scholz/*Bitter* Rn. 131 ff. mwN; aA die in → Rn. 37 Genannten). Die Durchgriffshaftung wegen Vermögensvermischung wird aber an **strenge Anforderungen** geknüpft. In der bisherigen Rspr. begegnet – soweit ersichtlich – keine Entscheidung, in der die Haftung 38 im konkreten Fall bejaht wurde. Der Tatbestand der Vermögensvermischung setzt nach stRspr voraus, dass die Abgrenzung zwischen Gesellschafts- und Privatvermögen durch undurchsichtige Buchführung oder auf andere Weise verschleiert worden ist und daher die Einhaltung der Kapitalerhaltungsvorschriften, die den unverzichtbaren Ausgleich für das Haftungsprivileg des § 13 Abs. 2 bildet, nicht mehr kontrolliert werden kann (BGH 14.11.2005, BGHZ 165, 85 = NJW 2006, 1344 Rn. 14; BGH 13.4.1994, BGHZ 125, 366 (368) = NJW 1994, 1801; BGH 16.9.1985, BGHZ 95, 330 (333 f.) = NJW 1986, 188). Entscheidend ist somit, ob die **Kapitalschutzvorschriften außer Funktion** gesetzt worden sind (*Stimpel* FS Goerdeler, 1987, 601 (605 f.)). Das kann insbesondere in Betracht kommen, wenn es an einer Buchführung überhaupt fehlt. Mängel in der Buchführung allein genügen aber nicht, solange sich die Vermögenszuflüsse und -abflüsse sowie die Trennung von Gesellschafts- und Privatvermögen der Gesellschafter aufgrund sonstiger vorhandener Unterlagen nachvollziehen lassen (BGH 14.11.2005, BGHZ 165, 85 = NJW 2006, 1344 Rn. 15). Nicht ausreichend ist auch, dass sich lediglich einzelne bei der GmbH befindliche Gegenstände nicht mehr zweifelsfrei dem Gesellschafts- oder Privatvermögen zuordnen lassen (Scholz/*Bitter* Rn. 135 mwN). In diesen Fällen wird der Kapitalschutz nicht außer Funktion gesetzt, da der Gesellschafter bei einer Vollstreckung in den fraglichen Gegenstand die Zugehörigkeit zu seinem Privatvermögen beweisen muss (§ 771 ZPO, § 47 InsO); ein etwa nachgewiesener Transfer kann dann an §§ 30 f. gemessen werden (*Grigoleit* Gesellschafterhaftung 229). Verlangt wird mithin eine über Zuordnungsschwierigkeiten hinsichtlich einzelner Gegenstände hinausgehende, breitflächige Vermögensvermischung (vgl. auch BGH 16.9.1985, BGHZ 95, 330 (333 f.) = NJW 1986, 188: Vermögensabgrenzung muss „allgemein" verschleiert werden). Bildhaft wird in diesen Fällen von einer **„Waschkorblage"** gesprochen.

39 **Adressat** der Durchgriffshaftung wegen Vermögensvermischung ist nicht jeder Gesellschafter, sondern nur derjenige, der auf Grund des von ihm wahrgenommenen Einflusses für den Vermögensvermischungstatbestand verantwortlich ist (BGH 14.11.2005, BGHZ 165, 85 = NJW 2006, 1344 Rn. 17). Es handelt sich also nicht um eine Zustands-, sondern eine **Verhaltenshaftung** (BGH 14.11.2005, BGHZ 165, 85 = NJW 2006, 1344 Rn. 17). Ob ein Verschuldenserfordernis besteht – was bei der Einordnung als Verhaltenshaftung nahe liegt –, hat der BGH unbeantwortet gelassen (verneinend Bork/Schäfer/*Weller/Discher* Rn. 36 aE). Die vom BGH verlangte aktive Einflussnahme auf die Vermögensvermischung dürfte aber ohne Vorsatz kaum denkbar sein (*Steffek* JZ 2009, 77 (80 f.)). IdR wird die Einflussnahme auf die Vermögensvermischung nur von Gesellschaftern ausgehen können, die auf die Gesellschaft einen beherrschenden Einfluss ausüben können. Dazu gehören Minderheitsgesellschafter nur, wenn sie aufgrund besonderer tatsächlicher oder rechtlicher Umstände die Geschicke der Gesellschaft bestimmen können (BGH 13.4.1994, BGHZ 125, 366 (368 f.) = NJW 1994, 1801; in der Entscheidung BGH 14.11.2005, BGHZ 165, 85 = NJW 2006, 1344 Rn. 17 ist nur verkürzt von Allein- oder Mehrheitsgesellschaftern die Rede). Auch „faktische" Gesellschafter, die formell nicht Gesellschafter sind, weil sie einen Dritten als Strohmann vorgeschoben haben, aber faktisch wie ein Mehrheitsgesellschafter bestimmenden Einfluss ausüben, können Adressat der Durchgriffshaftung sein (KG Berlin 4.12.2007, NZG 2008, 344). Dagegen ist ein Gesellschafter, der nicht selbst Einfluss nimmt, auch dann nicht verantwortlich, wenn er sich besser hätte informieren und dann hätte intervenieren können. Für einen derartigen Gesellschafter kommt aber eine Schadensersatzhaftung aus § 826 BGB in Betracht, wenn er sehenden Auges eine Gläubigerschädigung durch den Geschäftsführer geschehen lässt (BGH 14.11.2005, BGHZ 165, 85 = NJW 2006, 1344 Rn. 17; *Strohn* ZInsO 2008, 706 (712)).

40 Im Insolvenzverfahren obliegt die Geltendmachung der Durchgriffshaftung dem Insolvenzverwalter; § 93 InsO gilt entsprechend (BGH 14.11.2005, BGHZ 165, 85 = NJW 2006, 1344 Rn. 10; zust. *Empting* KTS 2007, 70 (79 f.)). Zu **konkurrierenden Ansprüchen** aus § 826 BGB → Rn. 34, zur umstrittenen Frage einer Haftung aus § 823 Abs. 2 BGB iVm einer Verletzung der Buchführungspflichten abl. BGH 11.12.2018, NZG 2019, 437 Rn. 30 ff.; dazu Scholz/*Verse* § 43 Rn. 473 mwN.

41 **cc) Sphärenvermischung.** Im Schrifttum wird eine Durchgriffshaftung zT auch befürwortet, wenn eine sog. Sphärenvermischung vorliegt (*Wiedemann* GesR I § 4 III 1a). Gedacht ist dabei an Fälle, in denen das von der Gesellschaft betriebene Unternehmen und ein rechtlich eigenständiges anderes Unternehmen des Gesellschafters im äußeren Erscheinungsbild als Einheit auftreten, zB weil ähnliche Firmen, gleiche Geschäftsräume oder gleiches Personal verwendet werden. Ansätze in diese Richtung finden sich auch in der älteren Rspr. (vgl. etwa BGH 26.11.1957, WM 1958, 460 (462)). Die neuere Rspr. (BGH 12.11.1984, NJW 1985, 740) und die heute ganz hL (Scholz/*Bitter* Rn. 136 f.; *Grigoleit* Gesellschafterhaftung 229 f.; Baumbach/Hueck/*Fastrich* Rn. 46; HCL/*Raiser* Rn. 129; *K. Schmidt* GesR § 9 IV 2b) verweisen demgegenüber zu Recht darauf, dass ein undeutliches äußeres Erscheinungsbild als Auslegungsproblem, als Frage der vertretungsrechtlichen Offenkundigkeit und ggf. der Rechtsscheinhaftung zu behandeln ist. Ein Bedürfnis, auf die Durchgriffshaftung zurückzugreifen, ist nicht erkennbar.

42 **dd) Weitere Fallgruppen.** Im Sinne eines Auffangtatbestands wird zT eine Durchgriffshaftung wegen **Institutsmissbrauchs** befürwortet (*Wiedemann* GesR I § 4 III 1d). Sie soll insbesondere gegeben sein, wenn die Gesellschafter ihre GmbH so ausgestalten, dass diese alle Risiken aus der Geschäftsführung trägt, aber nicht an den Ertragschancen teilhat (Aschenputtelgesellschaften). Fälle dieser Art löst der

BGH aber über § 826 BGB (→ Rn. 29; für Durchgriffshaftung indes OLG Naumburg 9.4.2008, DB 2008, 2300). Als weiterer Anwendungsfall der Durchgriffshaftung wegen Institutsmissbrauchs wird der in den USA viel diskutierte Fall einer „künstlichen Aufspaltung" eines einheitlichen Unternehmens in zahlreiche Gesellschaften genannt (vgl. *Mull v. Colt* 31 F. R. D. 154 [1962]: Fahrzeugflotte eines Taxiunternehmens wird in zahlreiche Gesellschaften aufgeteilt, die jeweils nur zwei Taxis halten; dazu *Wiedemann* GesR I § 4 III 1d). Problematisch ist eine derartige Aufspaltung jedoch erst, wenn sie mit einer Unterkapitalisierung der einzelnen Gesellschaften einhergeht. Sie sollte deshalb nach den für die materielle Unterkapitalisierung geltenden Regeln (→ Rn. 30) auf der Grundlage von § 826 BGB beurteilt werden. Im Ergebnis wird man daher das Bedürfnis nach Anerkennung weiterer Fallgruppen der Durchgriffshaftung bezweifeln müssen.

4. Haftung der Gesellschafter im Innenverhältnis (insbesondere Existenzvernichtungshaftung). a) Gesetzlicher Kapitalschutz (Weiterverweis). Nach der Konzeption des GmbHG steht die Haftungsbeschränkung gem. Abs. 2 in engem Zusammenhang mit den Vorschriften über die Aufbringung des Stammkapitals (insbesondere §§ 5, 9, 14, 19, 56a) und dessen Erhaltung (§§ 30 f.). Diese Vorschriften zielen darauf, eine gewisse Befriedigungsreserve für die Gläubiger zu schaffen und gegen Entnahmen zu schützen. Diese Befriedigungsreserve ist indes schon bei der „normalen" GmbH mit einem Mindeststammkapital von 25.000 EUR sehr gering bemessen. In der durch das MoMiG eingeführten Unternehmergesellschaft (§ 5a) mit einem Mindestkapital von nur 1 EUR wird der Gedanke der zwingenden Kapitalaufbringung im Ergebnis sogar ganz preisgegeben. Wegen der Einzelheiten ist auf die Erl. zu den genannten Vorschriften zu verweisen. An dieser Stelle ist lediglich zu betonen, dass der Gesetzgeber die Einlagepflichten und – bei Verstoß gegen die Kapitalerhaltung – Rückeinlagepflichten (§ 31) als Verpflichtungen des Gesellschafters im **Innenverhältnis** zu seiner GmbH ausgestaltet hat. Eine auf den Betrag der zu leistenden Einlage beschränkte Außenhaftung unmittelbar gegenüber den Gläubigern, wie sie § 171 HGB für den Kommanditisten einer KG vorsieht, hat der historische Gesetzgeber verworfen, da sie dem Charakter der GmbH als Kapitalgesellschaft widerspreche und die Entscheidung über den Zeitpunkt der Einforderung der Einlagen vorbehaltlich § 7 Abs. 2 dem Ermessen der Gesellschaft überlassen bleiben müsse (Stenogr. Berichte über die Verhandlungen des Reichstags VIII/1, 1890/92, Nr. 660, 3737). Die Gläubiger der Gesellschaft sind somit darauf angewiesen, dass sie die Einlage- und Rückeinlageansprüche der GmbH pfänden und sich überweisen lassen (§§ 829 ff., 835 ZPO) bzw. im Fall der Eröffnung eines Insolvenzverfahrens der Insolvenzverwalter die Ansprüche durchsetzt. 43

b) Existenzvernichtungshaftung – Grundlagen. aa) Ausgangspunkt. Die gesetzlichen **Kapitalerhaltungsregeln** (§§ 30 f.) schützen die Gesellschaft und ihre Gläubiger vor Vermögenszuwendungen an die Gesellschafter, die das satzungsmäßige Stammkapital der Gesellschaft angreifen. Dieser Schutz ist jedoch in mehrerlei Hinsicht **lückenhaft** (zum Folgenden *Röhricht* FS BGH, 2000, 83 (92 ff.)). Zum einen verbietet § 30 lediglich Kapitalentnahmen, soweit dadurch eine Unterbilanz entsteht oder vertieft wird. Der Abzug von Vermögenswerten bleibt daher ohne Sanktion, soweit nur im Zeitpunkt des Vermögensentzugs iSe „Momentaufnahme" das Stammkapital noch gedeckt ist. Dabei bleibt unberücksichtigt, dass der Abzug von wichtigen Arbeitskräften, Produktionsmitteln, Geschäftschancen oder Liquidität Folgen nach sich ziehen kann, welche die Fähigkeit des Gesellschaftsunternehmens zur Fortführung seines Geschäftsbetriebs nachhaltig beeinträchtigen. Zum anderen wird selbst dort, wo der Vermögensentzug von den §§ 30 f. erfasst wird, die Schädigung des Gesellschaftsvermögens häufig nur unzureichend sanktioniert. § 31 beschränkt die Rückgewähr auf den konkret entnommenen Geldwert, während der durch die Entnahme von dringend benötigten Produktionsmitteln oder Liquidität angerichtete **Kollateralschaden** (auch „Dominoschaden") in vielen Fällen weit über jenen Betrag hinausgeht. Allein die Rückerstattung nach § 31 ist deshalb oft nicht geeignet, die Insolvenz der Gesellschaft zu beseitigen. 44

In einer GmbH mit mehreren Gesellschaftern (mehrgliedrige GmbH) werden diese Schutzdefizite zwar dadurch relativiert, dass die Mitgesellschafter unter Berufung auf das aus der Treuepflicht abgeleitete Schädigungsverbot (→ Anh. § 13 Rn. 48 ff.; → § 14 Rn. 103 ff.) die Unterlassung schädigender Einflussnahmen und bei schuldhafter Zuwiderhandlung durch einen Gesellschafter von diesem Schadensersatz zugunsten der GmbH verlangen können. Mittelbar kommt dieser treuepflichtgestützte Schutz der Mitgesellschafter und der Gesellschaft auch den Gläubigern zugute. Ein verlässlicher Schutz erwächst den Gläubigern daraus aber nicht, da die Beachtung der Treuepflicht disponibel ist, die Mitgesellschafter darauf also verzichten können. Erst recht bietet die Treuepflicht keinen Schutz in der Einpersonengesellschaft, da den Alleingesellschafter nach hM keine Treuepflicht gegenüber seiner GmbH trifft (→ Anh. § 13 Rn. 44). 45

Die in Rn. 44 geschilderten Schutzlücken der gesetzlichen Kapitalerhaltungsregeln hat der BGH seit 2001 zum Anlass genommen, den Kapitalerhaltungsregeln ein Verbot existenzvernichtender (genauer: insolvenzverursachender oder -vertiefender) Eingriffe zur Seite zu stellen (erstmals und zunächst nur als obiter dictum BGH 17.9.2001, BGHZ 149, 10 (16 f.) = NJW 2001, 3622 – Bremer Vulkan; ausführlicher sodann BGH 24.6.2002, BGHZ 151, 181 (186 ff.) = NJW 2002, 3024 – KBV). Der Grund- 46 gedanke dieser Rspr. besteht darin, dass die Gesellschafter die **Zweckbindung des Gesellschaftsvermögens** zur vorrangigen Befriedigung der Gesellschaftsgläubiger zu respektieren haben und ihnen deshalb Zugriffe auf das Gesellschaftsvermögen verwehrt sein müssen, welche die aufgrund dieser Zweckbindung gebotene **angemessene Rücksichtnahme** auf die Erhaltung der Fähigkeit der Gesellschaft zur Bedienung ihrer Verbindlichkeiten vermissen lassen. Derselbe Grundgedanke eines Schutzes der GmbH vor bestandsvernichtenden Eingriffen lag auch schon der früheren „TBB"-Entscheidung zugrunde (BGH 29.3.1992, BGHZ 122, 123 (130) = NJW 1993, 1200 zum qualifizierten faktischen Konzern; → Anh. § 13 Rn. 46, → Anh. § 13 Rn. 57 f.). Während diese allerdings ausschließlich auf Konzernlagen beschränkt war, greift die Existenzvernichtungshaftung unabhängig davon ein, ob die GmbH gem. § 17 AktG von einem anderen Unternehmen im konzernrechtlichen Sinn abhängig ist oder nicht. Der Tatbestand der Existenzvernichtungshaftung ist durch mehrere höchstrichterliche Entscheidungen präzisiert worden. Den vorläufig letzten Meilenstein in der Entwicklung setzt die **„Trihotel"-Entscheidung,** in der der BGH noch einmal weitreichende Kurskorrekturen vorgenommen hat, namentlich in Bezug auf die Rechtsgrundlage der Haftung und ihre Rechtsfolgen (BGH 16.7.2007, BGHZ 173, 246 = NJW 2007, 2689; nochmals bestätigt und präzisiert durch BGH 28.4.2008, BGHZ 176, 204 = NJW 2008, 2437 – Gamma; BGH 9.2.2009, BGHZ 179, 344 = NJW 2009, 2127 – Sanitary; BGH 23.4.2012, NZG 2012, 667 Rn. 13 ff.; BGH 24.7.2012, NZG 2012, 1069; BGH 15.9.2014, BeckRS 2015, 8530; BGH 6.11.2018, BGHZ 220, 179 = NZG 2019, 187 Rn. 25 ff.).

47 **bb) Rechtsgrundlage.** Die Existenzvernichtungshaftung war zunächst als Durchgriffshaftung konzipiert, die mit einem Missbrauch der Rechtsform der GmbH und einem daraus resultierenden Verlust des Haftungsprivilegs aus § 13 Abs. 2 begründet wurde (BGH 24.6.2002, BGHZ 151, 181 (186 ff.) = NJW 2002, 3024 – KBV). Die Rechtsgrundlage wurde, allgemeinen Grundsätzen der Durchgriffshaftung entsprechend (→ Rn. 36), in einer analogen Anwendung der §§ 128 f. HGB gesehen (*Ulmer* JZ 2002, 1049 (1050)). Diese Haftung erwies sich jedoch als überschießend, da sie auch dann zu einem ungekürzten Anspruch gegen den Gesellschafter führte, wenn sich die GmbH – wie häufig – bereits vor dem Eingriff in einer finanziellen Schieflage befand und die Forderung des Gläubigers deshalb bereits im Zeitpunkt des Eingriffs nicht mehr vollwertig war. Der BGH reagierte hierauf zunächst mit einer Modifikation des Durchgriffskonzepts, indem er dem Gesellschafter gestattete, den Nachweis zu führen, dass dem Gläubiger im Vergleich zur Vermögenslage bei ordnungsgemäßem Verhalten nur ein begrenzter Nachteil entstanden sei; der Nachteil sollte dann nur in diesem Umfang auszugleichen sein (BGH 13.12.2004, NZG 2005, 177; BGH 13.12.2004, NZG 2005, 214 (215)). Damit war bereits der Übergang von einer Durchgriffshaftung zu einer Schadensersatzhaftung vorgezeichnet. Diesen Schritt hat der BGH in der „Trihotel"-Entscheidung vollzogen und die Existenzvernichtungshaftung in Abkehr von der bisherigen Rspr. als besondere Fallgruppe iRd allgemeinen deliktischen Haftung aus **§ 826 BGB** eingeordnet (BGH 16.7.2007, BGHZ 173, 246 = NJW 2007, 2689 Rn. 23). Bereits zuvor hatte der BGH neben oder anstelle der Durchgriffshaftung wiederholt § 826 BGB herangezogen (vgl. etwa BGH 24.6.2002, BGHZ 151, 181 (185) = NJW 2002, 3024; BGH 20.9.2004, NJW 2005, 145). Während in diesen Entscheidungen § 826 BGB allerdings noch als Außenhaftungstatbestand angesehen wurde, gestaltet die „Trihotel"-Entscheidung die Existenzvernichtungshaftung als Innenhaftung aus (→ Rn. 64). Der BGH sieht darin die folgerichtige **Verlängerung des** ebenfalls auf eine Innenhaftung ausgerichteten **Schutzsystems der §§ 30 f.** auf der Ebene des Deliktsrechts (BGH 16.7.2007, BGHZ 173, 246 = NJW 2007, 2689 Rn. 33).

48 Das überbordende **Schrifttum** zur Existenzvernichtungshaftung stimmt im Ausgangspunkt ganz überwiegend mit dem BGH überein, dass die gesetzlichen Kapitalerhaltungsregeln einer Ergänzung durch eine Gesellschafterhaftung für insolvenzverursachende Eingriffe bedürfen (grundlegend schon lange vor „Bremer Vulkan" *Ulmer* ZHR 148 (1984) 391 (416 ff.); *Winter* Treuebindungen 202 ff.; aus dem neueren Schrifttum Emmerich/Habersack/*Habersack* AktG Anh. § 318 Rn. 33 mwN; krit. *Wazlawik* NZI 2009, 291 (292)). In der Frage, auf welchem Weg dies geschehen sollte, gehen die Ansichten indes weit auseinander. Während Einzelne an dem ursprünglichen Konzept der Durchgriffshaftung festhalten wollen (Scholz/*Bitter* Rn. 129, 156, 164; MHLS/*Lieder* Rn. 434 ff.; *Lieder* FS Pannen, 2017, 439 (445 ff.)), trifft die Einordnung als Fallgruppe des § 826 BGB mehrheitlich auf Zustimmung (*Paefgen* DB 2007, 1907 (1912); *Weller* ZIP 2007, 1681 (1683); *Dauner-Lieb* ZGR 2008, 34; schon vor „Trihotel" *Wagner* FS Canaris, 2007, 473 (489 ff.)), wobei allerdings die Ausgestaltung als Innen- statt als Außenhaftung verbreitet auf Kritik stößt (→ Rn. 64 f.). Wieder andere wollen in den Fällen einer „kalten Liquidation" der Gesellschaft auf eine bereits bei Fahrlässigkeit eingreifende Außenhaftung aus § 823 Abs. 2 BGB iVm § 73 Abs. 1 analog zurückgreifen (*M. Schwab* ZIP 2008, 341 (345 ff.)). Den deliktsrechtlichen Begründungsansätzen steht eine starke Strömung im Schrifttum gegenüber, welche die Gesellschafterhaftung stattdessen aus der **mitgliedschaftlichen Sonderverbindung** zwischen Gesellschafter und GmbH ableitet. Zum Teil wird der Einfluss nehmende Gesellschafter als Quasi-Geschäftsführer qualifiziert und daraus eine Innenhaftung entsprechend § 43 hergeleitet, die allerdings analog § 93 Abs. 5 S. 2 und 3 AktG auf „gröbliche" Verletzungen der Pflicht zur Rücksichtnahme auf die Fähigkeit der Gesellschaft zur Gläubigerbefriedigung beschränkt sein soll (Roth/Altmeppen/*Altmeppen*

Rn. 123 ff.; im Ausgangspunkt ebenso *Wilhelm* NJW 2003, 175 (178 ff.)). Ohne den Umweg über die Geschäftsführerhaftung knüpfen andere direkt an die Verletzung einer aus der mitgliedschaftlichen Sonderverbindung abzuleitenden gläubigerschützenden Pflicht des Gesellschafters an, auf die Fähigkeit der GmbH zur Gläubigerbefriedigung Rücksicht zu nehmen (so mit Unterschieden iE *K. Schmidt* NJW 2001, 3577 (3579 f.); *Ulmer* ZIP 2001, 2021 (2026 ff.); *Zöllner* FS Konzen, 2006, 999 (1018 f.), 1021; *Habersack* ZGR 2008, 533 (558); unter Rückgriff auf die Zweckförderungspflicht des Gesellschafters und eine daraus resultierende gläubigerschützende Pflicht zu „dezentraler Gewinnverfolgung" *Grigoleit* Gesellschafterhaftung 317 ff.). Diese Stimmen gelangen zu einer Innenhaftung gegenüber der GmbH aus **§ 280 Abs. 1 BGB** und damit zu einer – durch den Ermessensspielraum bei unternehmerischen Entscheidungen abgemilderten (*Zöllner* FS Konzen, 2006, 999 (1019 f.); *Grigoleit* Gesellschafterhaftung 386 ff.) – Haftung für einfache Fahrlässigkeit (§ 280 Abs. 1 S. 2 BGB, § 276 BGB; für bloße Vorsatzhaftung auch auf Grundlage des § 280 Abs. 1 BGB aber *Osterloh-Konrad* ZHR 172 (2008), 274 (295)). Vereinzelt wird auch versucht, die Existenzvernichtungshaftung auf ein angebliches Sonderrechtsverhältnis zwischen Gesellschaftern und Gläubigern gem. § 311 Abs. 2 Nr. 3 BGB zu stützen und daraus eine Außenhaftung aus § 241 Abs. 2 BGB, § 280 Abs. 1 BGB für einfache Fahrlässigkeit abzuleiten (*Schober,* Die Haftung des GmbH-Gesellschafters für die Verursachung der Unternehmensinsolvenz, 2009, 131 ff.).

Offenbar war es gerade die Befürchtung, dass eine (wie auch immer konstruierte) Fahrlässigkeitshaftung zu weit führen würde, die den BGH veranlasst hat, auf § 826 BGB auszuweichen (idS *Goette* ZInsO 2007, 1177 (1183)). Jedenfalls kann nach der neueren Rspr. kein Zweifel bestehen, dass der BGH einer über § 826 BGB hinausgehenden Fahrlässigkeitshaftung ablehnend gegenübersteht (vgl. BGH 16.7.2007, BGHZ 173, 246 = NJW 2689 Rn. 15, 17: „ausschließlich", „allein in § 826 BGB"; ebenso BGH 7.1.2008, NJW-RR 2008, 629 Rn. 11; aA offenbar *Gehrlein* WM 2008, 761 (766 f.), der der „Trihotel"-Entscheidung keine Absage an eine weitergehende Fahrlässigkeitshaftung aus Sonderverbindung entnehmen will). Ist der Gesellschafter zugleich Geschäftsführer, wird die Beschränkung auf Vorsatz freilich durch die Haftung aus § 64 S. 3 nF und § 43 Abs. 2 unterlaufen, da diese bereits bei Fahrlässigkeit einsetzt. Bei Verstößen gegen § 64 S. 3 droht überdies auch den nicht geschäftsführenden Gesellschaftern eine verschuldensunabhängige Rückgewährpflicht analog § 31 (dafür *Strohn* ZHR 173 (2009), 589 (594 f.); abl. aber MüKoGmbHG/*Müller* § 64 Rn. 178). 49

Stellungnahme: Nach dem in „Trihotel" vollzogenen Übergang zu einer Innenhaftung spricht mehr denn je dafür, von einer gläubigerschützenden Pflicht aus der **mitgliedschaftlichen Sonderverbindung** auszugehen. Wenn der BGH an eine Rücksichtnahmepflicht des Gesellschafters gegenüber seiner GmbH anknüpft (BGH 16.7.2007, BGHZ 173, 246 = NJW 2007, 2689 Rn. 25, bezeichnenderweise unter Bezugnahme auf *Zöllner* FS Konzen, 2006, 999 (1021), der diese Pflicht aus der mitgliedschaftlichen Sonderverbindung ableitet), ist nicht einzusehen, warum der Gesellschafter mit einem existenzvernichtenden Eingriff nicht jedenfalls auch eine Pflicht aus der mitgliedschaftlichen Sonderverbindung verletzt (*Gehrlein* WM 2008, 761 (767 f.); *Osterloh-Konrad* ZHR 172 (2008), 274 (290 ff.); *K. Schmidt* ZGR 2011, 108 (119 f.); *Stöber* ZIP 2013, 2295 (2296 ff.); *J. Vetter* BB 2007, 1965; *Henzler,* Haftung der GmbH-Gesellschafter wegen Existenzvernichtung, 2009, 88 f.; *Kroh,* Der existenzvernichtende Eingriff, 2013, 56 ff.; *Fischinger,* Haftungsbeschränkung im Bürgerlichen Recht, 2015, 329 ff.). Die Beschränkung der Haftung auf Vorsatz ließe sich wohl auch auf diesem Weg begründen (*Osterloh-Konrad* ZHR 172 (2008), 274 (295); *Fischinger,* Haftungsbeschränkung im Bürgerlichen Recht, 2015, 337 f.; abl. MüKoBGB/*Wagner* BGB § 826 Rn. 190 aE), wenn man denn an dem Vorsatzerfordernis unbedingt festhalten will (dafür *Steffek* JZ 2009, 77 (83 f.); *Podewils* GmbHR 2009, 606 (608); dagegen aber *Habersack* ZGR 2008, 533 (558); UHL/*Casper* Anh. § 77 Rn. 145; jeweils unter Hinweis auf § 64 S. 3 nF; für entsprechende Anwendung des § 708 BGB *Stöber* ZIP 2013, 2295 (2299)). Die Anknüpfung an die Sonderverbindung schließt es iÜ nicht aus, kumulativ auf § 826 BGB zurückzugreifen, was insbesondere in Bezug auf die Anwendbarkeit der Existenzvernichtungshaftung auf **Auslandsgesellschaften** mit Verwaltungssitz in Deutschland von Bedeutung sein könnte (sofern man die Haftung auch kollisionsrechtlich dem Deliktsrecht zuordnet, was allerdings umstritten ist; näher dazu MüKoGmbHG/*Weller* Einl. Rn. 415 ff.; für gesellschaftsrechtliche Qualifikation → IntGesR Rn. 118). Trotz dieser Bedenken, die erwarten lassen, dass die Diskussion um die richtige Rechtsgrundlage der Existenzvernichtungshaftung auch in Zukunft anhalten wird, wird im Folgenden den Anforderungen der Praxis entsprechend das vom BGH entwickelte Haftungskonzept zugrunde gelegt. 50

cc) Anwendungsbereich. Der Anwendungsbereich der Existenzvernichtungshaftung erfasst nicht nur Eingriffe in das Gesellschaftsvermögen einer werbenden Gesellschaft, sondern **auch Eingriffe im Stadium der Liquidation** (BGH 9.2.2009, BGHZ 179, 344 = NJW 2009, 2127 mzustAnm *Weller* LMK 2009, 284304; BGH 23.4.2012, NZG 2012, 667 Rn. 13, 16 ff.). In diesem Fall kommt neben dem Anspruch aus Existenzvernichtungshaftung ein ebenfalls auf § 826 BGB gestützter Schadensersatzanspruch wegen sittenwidriger Verletzung der Liquidationsvorschriften (insbesondere § 73 Abs. 1) in Betracht (BGH 9.2.2009, BGHZ 179, 344 = NJW 2009, 2127 Rn. 35 ff.). Dieser Anspruch soll im Gegensatz zur Existenzvernichtung nicht von dem Kriterium der Insolvenzverursachung oder -ver- 51 tiefung (→ Rn. 58) abhängig sein (BGH 9.2.2009, BGHZ 179, 344 = NJW 2009, 2127 Rn. 35; krit. dazu *Rubner* DStR 2009, 1538 (1543 f.)).

52 **c) Objektiver Tatbestand der Existenzvernichtung. aa) Überblick.** Der objektive Tatbestand des existenzvernichtenden Eingriffs setzt dreierlei voraus: (1) einen Eingriff iSe Entzugs von Gesellschaftsvermögen, der (2) kompensationslos, dh ohne angemessenen Ausgleich erfolgt und (3) zur Insolvenz führt oder diese vertieft (BGH 16.7.2007, BGHZ 173, 246 = NJW 2007, 2689 Rn. 16; BGH 24.7.2012, ZIP 2012, 1804 Rn. 25). Da dieser objektive Tatbestand durch die „Trihotel"-Entscheidung nicht verändert worden ist, kann zur Konkretisierung auch auf die zuvor ergangene Rspr. zurückgegriffen werden. Einschränkend verlangt eine neuere Entscheidung des BGH, dass sich der Eingriff nicht in der bloßen Entgegennahme von Auszahlungen, die gegen § 30 verstoßen, erschöpfen darf (BGH 15.9.2014, BeckRS 2015, 08530; → Rn. 54a). Unerheblich ist, ob der Eingriff eine Einpersonen-GmbH (so zB BGH 17.9.2001, BGHZ 149, 10 = NJW 2001, 3622) oder eine mehrgliedrige GmbH (so zB BGH 24.6.2002, BGHZ 151, 181 = NJW 2002, 3024) betrifft. In letzterem Fall ist die Existenzvernichtungshaftung auch anwendbar, wenn nicht alle Gesellschafter einverständlich handeln. Der nicht mitwirkende Gesellschafter kann freilich nicht als Mittäter oder Gehilfe belangt werden (UHL/*Casper* Anh. § 77 Rn. 124).

53 **bb) Eingriff durch Entzug von Gesellschaftsvermögen.** Es muss zunächst ein Eingriff, dh ein Entzug von Gesellschaftsvermögen vorliegen (BGH 16.7.2007, BGHZ 173, 246 = NJW 2007, 2689 Rn. 16; BGH 24.7.2012, ZIP 2012, 1804 Rn. 25). Der Begriff des Gesellschaftsvermögens ist weit zu verstehen. Insbesondere sind **nicht nur bilanziell erfassbare Positionen** geschützt (allgM). Es geht darum, alles zu erfassen, was es der Gesellschaft ermöglicht, ihre wirtschaftliche Tätigkeit fortzusetzen und Umsatzerlöse zu generieren (*Strohn* ZInsO 2008, 706 (708)). Erfasst werden die Entnahme von Finanzmitteln (BGH 17.9.2001, BGHZ 149, 10 (16 f.) = NJW 2001, 3622: Entzug überlebensnotwendiger Liquidität iRe konzernweiten Cash Pooling; → Rn. 55) ebenso wie der Abzug sonstiger materieller oder auch personeller Ressourcen, ferner die Verlagerung von Geschäftschancen und Geschäftsfeldern auf andere Unternehmen desselben Gesellschafters. Bsp. aus der Rspr. bilden die Verlagerung von Warenbeständen, Forderungen, Personal oder Kundenstamm der GmbH auf den Gesellschafter bzw. eine von ihm beherrschte andere Gesellschaft (BGH 24.6.2002, BGHZ 151, 181 (186 ff.) = NJW 2002, 3024; BGH 13.12.2004, NZG 2005, 177; BGH 13.12.2004, NZG 2005, 214). Auch die Vereinnahmung von Forderungen der GmbH durch ihren Gesellschafter gehört hierher (BGH 7.1.2008, NJW-RR 2008, 629). In diesem Fall ist allerdings darauf zu achten, zu welchem Zweck der Gesellschafter die aus den eingezogenen Forderungen erlangten Mittel verwendet. Benutzt er sie dazu, Schulden der GmbH zu tilgen, liegt bei der gebotenen Gesamtbetrachtung kein Vermögensentzug und damit kein Eingriff vor (BGH 2.6.2008, DStR 2008, 1545). Ein Entzug von Gesellschaftsvermögen kann auch darin liegen, dass es als Sicherheit für einen vom Gesellschafter aufgenommenen Kredit eingesetzt wird (BGH 16.7.2007, BGHZ 173, 246 = NJW 2007, 2689 Rn. 48; *Kölbl* BB 2009, 1194 (1196)). Führt die Bestellung der Sicherheit oder deren spätere Verwertung zur Insolvenz der Gesellschaft, ist aber sorgfältig zu prüfen, ob dies auch von dem erforderlichen Schädigungsvorsatz getragen war (→ Rn. 61 f.). Dem Entzug von Aktivvermögen gleichzustellen ist die **Übertragung von Verbindlichkeiten** auf die GmbH (BGH 6.11.2018, BGHZ 220, 179 = NZG 2019, 187 Rn. 27 ff. mzustAnm *Kleindiek* GmbHR 2019, 179, 181; *Heckschen* NZG 2019, 561 (565); *Lieder/Bialluch* ZGR 2019, 760 (773)). Deshalb liegt auch in der Verschmelzung einer überschuldeten Gesellschaft auf die GmbH ein Eingriff, der bei Vorliegen der weiteren Anspruchsvoraussetzungen die Existenzvernichtungshaftung auslöst (BGH 6.11.2018, BGHZ 220, 179 = NZG 2019, 187 Rn. 27 ff.; zu der Frage, ob daneben auch eine Differenzhaftung der Gesellschafter des übertragenden Rechtsträgers nach §§ 9 Abs. 1, 56 Abs. 2 in Betracht kommt, einerseits – mit Recht ablehnend – BGH 6.11.2018, BGHZ 220, 179 = NZG 2019, 187 Rn. 9 ff.; BeckOGK UmwG/*v. Hinden* § 55 Rn. 36 ff. mwN; andererseits – befürwortend – *Lieder/Bialluch* ZGR 2019, 760 (763 ff.); *Priester* ZIP 2019, 646; *Neuberger* ZIP 2020, 153).

54 **Kein Eingriff** in dem beschriebenen Sinn liegt dagegen vor, wenn der Gesellschaft betriebsnotwendiges Vermögen lediglich passiv vorenthalten wird (BGH 28.4.2008, BGHZ 176, 204 = NJW 2008, 2437 Rn. 12 ff.; OLG Köln 18.12.2008, BeckRS 2009, 10826 (Unterlassen weiterer Darlehensgewährungen im Cash Pool)). Das **Unterlassen einer angemessenen Kapitalausstattung** kann allenfalls nach den gesonderten Grundsätzen der materiellen Unterkapitalisierung geahndet werden (→ Rn. 29 ff.). Nicht zur Existenzvernichtungshaftung gehören daher die sog. Aschenputtel-Fälle, in denen Risiken und Ertragschancen von Anfang an unterschiedlichen Gesellschaften zugeordnet werden. Der BGH behandelt diese Fallgruppe weiterhin außerhalb der Existenzvernichtung als möglichen Anwendungsfall einer *Außen*haftung nach § 826 BGB (→ Rn. 29). Auch sonst genügt bloße Untätigkeit, etwa die bloße Nichtwahrnehmung von Geschäftschancen oder das Unterlassen von Investitionen, nicht, um eine Haftung wegen Existenzvernichtung zu begründen (*Osterloh-Konrad* ZHR 172 (2008), 274 (284); vgl. auch *Goette* ZInsO 2007, 1177 (1183); zweifelnd *Waclawik* DStR 2008, 1486 (1488) für Unterlassungen, die den Gläubigern Vermögenssubstrat entziehen). Nach verbreiteter Ansicht soll auch die **Eingehung hochspekulativer Geschäfte** keinen Eingriff iSd Existenzvernichtungshaftung dar-

stellen, sondern allenfalls nach den (umstrittenen) Grundsätzen der materiellen Unterkapitalisierung (→ Rn. 29 ff.) zu erfassen sein (*J. Vetter* BB 2007, 1965 (1966); abw. MüKoGmbHG/*Liebscher* Anh. § 13 Rn. 556; jeweils mwN).

Das **bloße Zulassen von gegen § 30 verstoßenden Auszahlungen** (wie zB die bloße Entgegennahme solcher Zahlungen) begründet für sich allein nach der Rechtsprechung des BGH ebenfalls noch keinen Eingriff iSd Existenzvernichtungshaftung (BGH 15.9.2014, BeckRS 2015, 8530 = GmbHR 2015, 644 mkritAnm *Ulrich/Schlichting;* zust. MHLS/*Lieder* Rn. 469). Zwar liegt auch in einem solchen Fall fraglos ein Entzug von Gesellschaftsvermögen vor. Sofern aber die Vermögenseinbuße vollumfänglich von § 30 erfasst und durch den Rückgewähranspruch nach § 31 voll kompensiert wird, die beschriebenen Schutzlücken des Kapitalschutzrechts (→ Rn. 44) mithin gar nicht berührt sind, kommt der hinter der Rechtsfigur des existenzvernichtenden Eingriffs stehende Gedanke, Lücken im Kapitalschutzrecht zu schließen, nicht zum Tragen, sodass es bei der Anwendung der §§ 30 f. bewenden kann (BGH 15.9.2014, BeckRS 2015, 8530 Rn. 9). Da in diesem Fall somit nur § 31, nicht aber § 826 BGB eingreift, entfällt auch der Ansatzpunkt für eine Haftung möglicher Teilnehmer nach § 830 Abs. 2 BGB (vgl. BGH 15.9.2014, BeckRS 2015, 8530 Rn. 6). Sofern der Vermögensentzug dagegen von den §§ 30 f. zwar (mit-)erfasst, aber nicht vollständig kompensiert wird, bleibt es dabei, dass Ansprüche aus § 31 und § 826 BGB in Anspruchsgrundlagenkonkurrenz stehen können (→ Rn. 69). 54a

cc) Ohne angemessenen Ausgleich. Der Eingriff in das Gesellschaftsvermögen muss ferner kompensationslos, dh ohne angemessenen Ausgleich, erfolgt sein (BGH 16.7.2007, BGHZ 173, 246 = NJW 2007, 2689 Rn. 16; BGH 23.4.2012, NZG 2012, 667 Rn. 18; BGH 24.7.2012, ZIP 2012, 1804 Rn. 25; krit. *Röck* DZWIR 2012, 97 (99 ff.), die diese Voraussetzung neben derjenigen der Insolvenzverursachung oder -vertiefung für redundant hält). Der BGH nimmt lediglich eine eingeschränkte Prüfung daraufhin vor, ob ein Ausgleich ganz fehlt oder die Gegenleistung „unvertretbar niedrig“ war (BGH 16.7.2007, BGHZ 173, 246 = NJW 2007, 2689 Rn. 50; vgl. auch BGH 23.4.2012, NZG 2012, 667 Rn. 18: „betriebswirtschaftlich unvertretbar“). Sofern dies auf den Grundgedanken der Business Judgment Rule (§ 93 Abs. 1 S. 2 AktG) zurückgeführt wird (*Weller* ZIP 2007, 1681 (1685)), ist allerdings daran zu erinnern, dass die Business Judgment Rule das Nichtvorliegen eines Interessenkonflikts voraussetzt. An dieser negativen Voraussetzung fehlt es, wenn Maßnahmen zum eigenen Nutzen oder zum Nutzen nahestehender Personen getroffen werden. In den Konstellationen, die für die Existenzvernichtungshaftung in Frage kommen, wird dies häufig der Fall sein. Die Beschränkung der Prüfung auf Unvertretbarkeit ist daher allenfalls vor dem Hintergrund verständlich, dass eine auf § 826 BGB gestützte Existenzvernichtungshaftung nur solche Fälle erfassen kann, in denen der Gesellschafter die Rücksichtnahme auf die Solvenz der Gesellschaft in eklatanter Weise vermissen lässt. Besteht der Ausgleich darin, dass Forderungen des Gesellschafters gegen die Gesellschaft verrechnet werden sollen, kommt es auf die Werthaltigkeit dieser Forderungen an (vgl. BGH 24.7.2012, ZIP 2012, 1804 Rn. 26). In den viel diskutierten Fällen eines konzernweiten **Cash Pooling** liegt ein angemessener Ausgleich jedenfalls so lange vor, wie dem Liquiditätsabfluss ein iSd § 30 Abs. 1 S. 2 vollwertiger Rückzahlungsanspruch gegen die Muttergesellschaft zusteht (näher *Theiselmann* GmbHR 2007, 904 (905 f.); ferner *Heeg/Manthey* GmbHR 2008, 798). 55

dd) Verursachung oder Vertiefung der Insolvenz. Die Haftung wegen Existenzvernichtung setzt ferner voraus, dass der Eingriff zur Insolvenz der Gesellschaft führt oder diese vertieft (BGH 16.7.2007, BGHZ 173, 246 = NJW 2007, 2689 Rn. 16; BGH 24.7.2012, ZIP 2012, 1804 Rn. 25; zu Eingriffen im Liquidationsstadium beachte aber → Rn. 51). In diesem Erfordernis kommt der erfolgsbezogene Charakter der Haftung zum Ausdruck (Emmerich/Habersack/*Habersack* Anh. § 318 Rn. 43). Die Haftung knüpft an den gänzlichen oder teilweisen Ausfall der Gläubiger mit ihren gegen die GmbH gerichteten Forderungen und damit an die Zahlungsunfähigkeit (§ 17 InsO) oder Überschuldung (§ 19 InsO) der Gesellschaft an. Zwischen dem Eingriff und der Insolvenz bzw. deren Vertiefung muss ein Kausalzusammenhang bestehen. Da auch die Vertiefung der Insolvenz erfasst wird, besteht die Haftung auch, wenn die Insolvenz unabhängig von dem Eingriff eingetreten wäre, der Gläubigerausfall durch den Eingriff aber vergrößert worden ist (zum Haftungsumfang in diesen Fällen aber → Rn. 66). 56

d) Sittenwidrigkeit und Vorsatz. aa) Sittenwidrigkeit. Die Sittenwidrigkeit des existenzvernichtenden Eingriffs kann nach der Rechtsprechung des BGH nicht allein aus der bloßen (vorsätzlichen, → Rn. 59 ff.) Schädigung des Gesellschaftsvermögens abgeleitet werden. Stattdessen soll sie in der besonderen Fallgruppe der Existenzvernichtungshaftung nur aus solchen Umständen folgen können, die Ausdruck einer **Missachtung des Prinzips der Trennung des Gesellschaftsvermögens vom Gesellschaftervermögen** sind (BGH 6.11.2018, BGHZ 220, 179 = NZG 2019, 187 Rn. 36 ff.). Gemeint sind damit insbesondere Fälle der **„Selbstbedienung“**, in denen der Eingriff des Gesellschafters unmittelbar oder mittelbar **zum eigenen Vorteil erfolgt** (BGH 16.7.2007, BGHZ 173, 246 = NJW 2007, 2689 Rn. 28, 30; BGH 6.11.2018, BGHZ 220, 179 = NZG 2019, 187 Rn. 37). Darüber hinaus hat der BGH auch Eingriffe **zugunsten Dritter** als mögliche Fälle der Existenzvernichtungshaftung bezeichnet, ohne dies allerdings bisher näher zu präzisieren (BGH 16.7.2007, BGHZ 173, 246 57

= NJW 2007, 2689 Rn. 30; BGH 6.11.2018, BGHZ 220, 179 = NZG 2019, 187 Rn. 37 mit dem einschr. Hinweis, dass es in der Trihotel-Entscheidung vom 16.7.2007 um die Begünstigung einer vom Haftungsadressaten beherrschten Gesellschaft, also eines ihm nahestehenden Dritten ging). Eine zur Sittenwidrigkeit führende Missachtung des Prinzips der Vermögenstrennung hat der BGH auch angenommen, wenn ein Gesellschafter die GmbH dazu veranlasst, eine von ihm beherrschte insolvente Gesellschaft im Wege der Verschmelzung aufzunehmen und diese Gesellschaft dadurch dem Insolvenzverfahren zu entziehen (BGH 6.11.2018, BGHZ 220, 179 = NZG 2019, 187 Rz. 42 ff.). Dagegen soll bei einer bloßen Schädigung des Gesellschaftsvermögens allenfalls der allgemeine Tatbestand des § 826 BGB in Betracht kommen, aber nicht die besondere Fallgruppe des existenzvernichtenden Eingriffs (BGH 6.11.2018, BGHZ 220, 179 = NZG 2019, 187 Rn. 39; zust. *Wilhelmi* DZWiR 2019, 251 (257 f.); *Wittgens/Fischer* DB 2019, 829 (832 f.)).

58 Diese Rechtsprechung ist im Schrifttum nicht ohne Grund auf **Kritik** gestoßen (deutlich insbesondere *Lieder/Bialluch* ZGR 2019, 760 (774 f.)). Der Haftungsgrund für die Existenzvernichtungshaftung besteht wie dargelegt (→ Rn. 46) darin, dass die Gesellschafter die Zweckbindung des Gesellschaftsvermögens zur vorrangigen Befriedigung der Gesellschaftsgläubiger zu respektieren haben und ihnen deshalb Einwirkungen auf das Gesellschaftsvermögen verwehrt sein müssen, welche die aufgrund dieser Zweckbindung gebotene angemessene Rücksichtnahme auf die Erhaltung der Fähigkeit der Gesellschaft zur Bedienung ihrer Verbindlichkeiten vermissen lassen. An dieser angemessenen Rücksichtnahme fehlt es aber nicht nur, wenn Gesellschafter die Gesellschaft in eigennütziger Motivation ausplündern oder mit Verbindlichkeiten belasten, sondern auch sonst, wenn sie die Gesellschaft durch einen **betriebsfremden Zwecken** dienenden Eingriff vorsätzlich auf Kosten der Gläubiger schädigen. Die besseren Argumente sprechen daher nach wie vor für die Auffassung, dass es auf die Bereicherung eines Gesellschafters oder eines ihm nahestehenden Dritten oder eine sonstige eigennützige Motivation nicht entscheidend ankommt (*Lieder/Bialluch* ZGR 2019, 760 (774 f.); ferner *Strohn* ZInsO 2008, 706 (708 f.); UHL/*Casper* Anh. § 77 Rn. 132; MüKoGmbHG/*Liebscher* Anh. § 13 Rn. 546; *Wiedemann* FS Lüer, 2008, 337 (340); *Schreiber* Konzern 2014, 435 (439 f.) mwN).

59 **bb) Vorsatz.** Dem Vorsatzerfordernis des § 826 BGB genügt nach allgemeinen Grundsätzen ein Handeln mit bedingtem Vorsatz. Dieser ist gegeben, wenn „die faktische dauerhafte Beeinträchtigung der Erfüllung der Verbindlichkeiten die voraussehbare Folge des Eingriffs ist und der Gesellschafter diese Rechtsfolge in Erkenntnis ihres möglichen Eintritts billigend in Kauf genommen hat" (BGH 16.7.2007, BGHZ 173, 246 = NJW 2007, 2689 Rn. 30). Ein **Bewusstsein der Sittenwidrigkeit** ist **nicht erforderlich.** Es genügt, wenn dem Gesellschafter die Tatsachen bekannt sind, die den Eingriff sittenwidrig machen (BGH 16.7.2007, BGHZ 173, 246 = NJW 2007, 2689 Rn. 30; BGH 21.2.2013, NZG 2013, 827 Rn. 21).

60 Für die Abgrenzung zwischen **bedingtem Vorsatz** und Fahrlässigkeit gelten die auch sonst zu §§ 826, 276 BGB anerkannten Grundsätze. Das Wissenselement des bedingten Vorsatzes ist danach erfüllt, wenn der Handelnde die Insolvenzverursachung bzw. -vertiefung als mögliche und nicht ganz fernliegende Folge erkannt hat. Liegt dieses Wissenselement vor, muss weiter gefragt werden, ob der Handelnde diese Folge bewusst in Kauf genommen hat, oder ob er darauf vertraut hat, dass sie nicht eintreten werde (Staudinger/*Caspers,* 2019, BGB § 276 Rn. 23). Da eine solche innere Tatsache dem direkten Beweis nicht zugänglich ist, bleibt meist nur die Möglichkeit, von Leichtfertigkeit, dh besonders groben Verstößen gegen die Sorgfaltspflicht, auf die Kenntnis von der Wahrscheinlichkeit des Schadenseintritts zu schließen (zB BGH 5.3.1975, WM 1975, 559 (560); näher MüKoBGB/*Wagner* BGB § 826 Rn. 31 ff.). Der Vorsatznachweis wird daher idR nur gelingen, wenn sich dem Gesellschafter regelrecht aufdrängen musste, dass der Eingriff die Fähigkeit der Gesellschaft zur Erfüllung ihrer Verbindlichkeiten beeinträchtigen würde, und keine besonderen Anhaltspunkte dafür vorliegen, dass er dennoch auf das Ausbleiben des Erfolgs vertraute. Über diese allgemeinen Grundsätze hinausgehende Anforderungen wird man dagegen nicht stellen dürfen. Zu eng dürfte es daher sein, darauf abzustellen, ob die Insolvenzverursachung bzw. -vertiefung im Zeitpunkt des Eingriffs bereits „praktisch unausweichlich" war (so aber beiläufig BGH 16.7.2007, BGHZ 173, 246 = NJW 2007, 2689 Rn. 50; zust. *J. Vetter* BB 2007, 1965 (1967); ähnlich *Rubner* Konzern 2007, 635 (642); *Rubner* DStR 2009, 1538 (1542) (zur Sittenwidrigkeit, nicht zum Vorsatz): so wahrscheinlich, dass alternative Kausalverläufe nicht ernsthaft in Betracht kommen).

61 Das Vorsatzerfordernis führt dazu, dass die Haftungsrisiken namentlich im Bereich der Akquisitionsfinanzierung nicht so hoch sein dürften, wie dies vor „Trihotel" teilweise angenommen wurde. So löst die **Bestellung von Sicherheiten** aus dem Gesellschaftsvermögen für Verbindlichkeiten des Gesellschafters, wie sie nicht nur, aber auch iRv sog. Leveraged-Buyout (LBO)-Transaktionen eine große Rolle spielt, nicht schon deshalb eine Existenzvernichtungshaftung aus, weil es zur Verwertung der Sicherheit kommt und dadurch die Insolvenz der GmbH verursacht oder vertieft wird (*J. Vetter* BB 2007, 1965 (1967); Emmerich/Habersack/*Habersack* Anh. § 318 Rn. 41 mwN; zweifelnd *Link* ZIP 2007, 1397 (1400)). Vielmehr ist in Anwendung der nunmehr geltenden Rechtsprechungsgrundsätze zu fragen, ob der Gesellschafter diese Folge im Zeitpunkt der Bestellung der Sicherheit als möglich und

nicht nur fernliegend erkannt hat, was sich aus den genannten Gründen nur in mehr oder weniger evidenten Fällen, also bei konkreten Anhaltspunkten für eine fehlende Solvenz des Gesellschafters und eine deshalb notwendig werdende Verwertung der Sicherheit, nachweisen lassen wird (für ein Beispiel aus der Rspr. s. OLG Köln 18.10.2016, BeckRS 2016, 20545). Im Regelfall einer LBO-Transaktion, in der Investoren und Finanzierungspartner nach eingehender Prüfung von einer hohen Erfolgswahrscheinlichkeit ausgehen, werden die Haftungsvoraussetzungen daher nicht erfüllt sein (so noch zum alten Durchgriffskonzept *Seibt* ZHR 171 (2007), 282 (309) mwN; vgl. auch *Vetter* BB 2007, 1965 (1967); *Habersack* ZGR 2008, 533 (546)). Im Zweifel wird der Gesellschafter aber gut beraten sein, sich durch ein Gutachten eines unabhängigen Experten bestätigen zu lassen, dass die Inanspruchnahme der Sicherheiten im Zeitpunkt der Bestellung objektiv nicht wahrscheinlich ist (Bunnemann/Zirngibl/*Desch* GmbH in der Praxis § 7 Rn. 133; *Diem,* Akquisitionsfinanzierungen, 4. Aufl. 2019, § 47 Rn. 55). Zu den Anforderungen, die sich daneben aus § 30 ergeben, s. BGH 21.3.2017, NZG 2017, 658; *Verse* GmbHR 2018, 113; → § 30 Rn. 4, 23, 25 f.

Von der Konstellation, dass erst die bei der Bestellung noch ungewisse Verwertung der Sicherheiten die Insolvenz herbeiführt oder vertieft, zu unterscheiden sind Fälle, in denen ausnahmsweise bereits die Bestellung der Sicherheit für sich genommen (ohne Verwertung) die Insolvenz der Gesellschaft herbeiführt oder vertieft. Dies kommt etwa in Betracht, wenn die GmbH das Sicherungsgut nicht mehr selbst weiterbenutzen und ihren Betrieb daher nicht wie bisher fortführen kann, oder wenn die Kreditfähigkeit der GmbH beeinträchtigt wird, weil sie das Sicherungsgut selbst als Sicherheit zur Deckung ihres eigenen Kreditbedarfs benötigt (vgl. BGH 16.7.2007, BGHZ 173, 246 = NJW 2007, 2689 Rn. 48; *J. Vetter* BB 2007, 1965 (1967)). In diesen Fällen wird der Vorsatz idR leichter nachweisbar sein, da es nicht auf die Wahrscheinlichkeit des Verwertungsfalls ankommt. **61a**

e) Haftungsadressaten und Rechtsfolgen der Existenzvernichtung. aa) Haftungsadressaten. Da die Haftung an die Verletzung von aus dem Mitgliedschaftsverhältnis abgeleiteten Rücksichtnahmepflichten gegenüber der GmbH anknüpft (BGH 16.7.2007, BGHZ 173, 246 = NJW 2007, 2689 Rn. 25), handelt es sich – wenn man denn mit dem BGH überhaupt an der deliktsrechtlichen Einordnung festhalten will (→ Rn. 50) – nicht um ein „jedermann"-Delikt, sondern um ein **Sonderdelikt,** das nur von **Gesellschaftern** und diesen gleichgestellten Personen täterschaftlich begangen werden kann (Emmerich/Habersack/*Habersack* Anh. § 318 Rn. 39; *S. H. Schneider* FS U. H. Schneider, 2011, 1177 (1180 ff.); *Weller* ZIP 2007, 1681 (1687); *Witt* DNotZ 2008, 219 (225); weitergehend *Tröger/Dangelmayer* ZGR 2011, 559 (579 ff.), → Rn. 63a). Den unmittelbaren Gesellschaftern gleichgestellt werden mittelbare Gesellschafter, wenn sie einen beherrschenden Einfluss auf die geschädigte Gesellschaft ausüben können (BGH 16.7.2007, BGHZ 173, 246 = NJW 2007, 2689 Rn. 44; BGH 13.12.2004, NZG 2005, 177 (178); OLG Köln 18.10.2016, BeckRS 2016, 20545 Rn. 42; Emmerich/Habersack/*Habersack* Anh. § 318 Rn. 39; aA *Weller* ZIP 2007, 1681 (1687): allenfalls Teilnehmer iSd § 830 Abs. 2 BGB). Entscheidend ist nicht die formaljuristische Konstruktion, sondern die tatsächliche Einflussmöglichkeit. Daher werden auch „faktische" Gesellschafter erfasst, die über Treuhand- oder Strohmannkonstruktionen Einfluss nehmen und bei wirtschaftlicher Betrachtung einem Gesellschafter gleichstehen (BGH 16.7.2007, BGHZ 173, 246 = NJW 2007, 2689 Rn. 45 f.; aA – allenfalls Teilnehmer – *Witt* DNotZ 2008, 219 (225)). Die Haftung trifft nicht nur Allein- oder Mehrheitsgesellschafter, sondern auch sonstige an dem Eingriff mitwirkende Gesellschafter (BGH 24.6.2002, BGHZ 151, 181 (187 f.) = NJW 2002, 3024; BGH 25.2.2002, BGHZ 150, 61 = NJW 2002, 1803; *Paefgen* DB 2007, 1907 (1909): Mittäter iSd § 830 Abs. 1 BGB; näher MüKoGmbHG/*Liebscher* Anh. § 13 Rn. 588 ff.). **62**

Personen, die weder Gesellschafter sind noch diesen gleichgestellt werden, können nur, aber immerhin als **Teilnehmer** (Anstifter oder Gehilfen) nach § 830 Abs. 2 BGB belangt werden, sofern sie nicht zusätzlich aus anderen Rechtsgrundlagen – wie die an dem Eingriff mitwirkenden **Geschäftsführer** der Gesellschaft nach § 43 Abs. 2 und § 64 S. 3 (→ Rn. 49) – haftbar gemacht werden können. Als Adressaten der Teilnehmerhaftung kommen zB Banken, Anwälte oder sonstige Berater in Betracht, die den Eingriff angeregt oder gefördert haben (*Gehrlein* WM 2008, 761 (764); *Weller* ZIP 2007, 1681 (1687); aA *J. Vetter* BB 2007, 1965 (1969)). Das Erfordernis des doppelten Teilnehmervorsatzes (sowohl hinsichtlich der eigenen Unterstützungshandlung als auch der Haupttat des Gesellschafters) zieht der Haftung dieses Personenkreises jedoch enge Grenzen. Nach § 830 Abs. 2 BGB beantwortet sich auch die Frage, ob an dem Eingriff mitwirkende Schwestergesellschaften als Haftungsadressaten in Betracht kommen (MHLS/*Lieder* Rn. 463; *Gehrlein* WM 2008, 761 (764); *Kölbl* BB 2009, 1194 (1198); *Weller* ZIP 2007, 1681 (1687)). Gleiches gilt für die Frage der Haftung von früheren Gesellschaftern, die insbesondere iRv Leveraged Buyouts mit Blick auf den Verkäufer diskutiert wird (dazu *Link* ZIP 2007, 1397). **63**

Geht der existenzvernichtende Eingriff von einer Gesellschafterin aus, die ihrerseits als juristische Person oder Personengesellschaft organisiert ist (Muttergesellschaft), stellt sich die noch nicht hinreichend geklärte Frage, ob auch die **Geschäftsleiter der Muttergesellschaft** gegenüber der insolventen Gesellschaft bzw. deren Insolvenzverwalter haftbar sind. Eine Verantwortlichkeit als Täter und damit eine eigene Haftung nach § 826 BGB lässt sich mit dem Sonderdeliktscharakter der Existenzvernichtungshaftung (→ Rn. 62) schwerlich vereinbaren (abl. auch *S. H. Schneider* FS U. H. Schneider, 2011, **63a**

1177 (1180 ff.); *S. H. Schneider* GmbHR 2011, 685; befürwortend aber *Tröger/Dangelmayer* ZGR 2011, 558 (insbesondere 579 ff.); MüKoBGB/*Wagner* BGB § 826 Rn. 198). Dass sich eine Haftung der Geschäftsleiter der Muttergesellschaft in dem Umfang, in dem diese selbst nach § 826 BGB haftet, auf eine analoge Anwendung des § 317 Abs. 3 AktG stützen lässt (so Roth/Altmeppen/*Altmeppen* Rn. 105; MüKoBGB/*Wagner* BGB § 826 Rn. 198), erscheint ebenfalls zweifelhaft (abl. die überwA zur entsprechenden Frage iRd Treuepflichtverletzung; → Anh. § 13 Rn. 53). Gleiches gilt für eine Haftung als Teilnehmer am Delikt der Muttergesellschaft nach § 830 Abs. 2 BGB; gegen sie wird eingewandt, dass das Geschäftsleiterhandeln nur als Handeln der Muttergesellschaft anzusehen sei, nicht als eigener Gehilfenbeitrag des Organwalters (ausf. *S. H. Schneider* FS U. H. Schneider, 2011, 1177 (1185 ff.); iErg abl. auch *Tröger/Dangelmayer* ZGR 2011, 558 (580 f.)).

64 **bb) Rechtsfolgen.** Die Existenzvernichtungshaftung führt nach der neueren Rspr. des BGH nur noch zu einer **Innenhaftung** des eingreifenden Gesellschafters und der übrigen Haftungsadressaten (→ Rn. 62 ff.) gegenüber der GmbH. Diese Innenhaftung erklärt sich daraus, dass der tatbestandliche Entzug von Gesellschaftsvermögen unmittelbar die GmbH trifft, während die Gesellschaftsgläubiger nur mittelbar betroffen sind (BGH 16.7.2007, BGHZ 173, 246 = NJW 2007, 2689 Rn. 33). Die Innenhaftung passt auch zu dem Grundgedanken, die Existenzvernichtungshaftung als „Verlängerung" der ebenfalls auf eine Innenhaftung angelegten Kapitalerhaltungsregeln aufzufassen (BGH 16.7.2007, BGHZ 173, 246 = NJW 2007, 2689 Rn. 33; dem neuen Innenhaftungskonzept zust. auch *Altmeppen* ZIP 2008, 1201 (1204 f.); *Förster* AcP 209 (2009), 399 (426); *Habersack* ZGR 2008, 533 (547); *Wackerbarth* JZ 2008, 1166; krit. dagegen MüKoBGB/*Wagner* BGB § 826 Rn. 190; Scholz/*Bitter* Rn. 159; *Dauner-Lieb* ZGR 2008, 34 (41 ff.); *Hönn* WM 2008, 769 (771 ff.); *Thole,* Gläubigerschutz durch Insolvenzrecht, 2010, 746 ff.).

65 Die Durchsetzung des Anspruchs der GmbH obliegt, sofern ein Insolvenzverfahren eröffnet wird, dem **Insolvenzverwalter** (§ 80 Abs. 1 InsO). In Fällen **masseloser Insolvenz** verweist der BGH die Gesellschaftsgläubiger dagegen ebenso wie bei Ansprüchen aus § 31 auf den Umweg, den Anspruch der GmbH nach §§ 829, 835 ZPO zu pfänden und sich überweisen zu lassen (BGH 16.7.2007, BGHZ 173, 246 = NJW 2007, 2689 Rn. 36; BGH 9.2.2009, BGHZ 179, 344 = NJW 2009, 2127 Rn. 32). Letzteres ist allerdings verbreitet auf Kritik gestoßen. Erhebliche Teile des Schrifttums plädieren dafür, einen unmittelbaren Gläubigerzugriff zu ermöglichen, sei es in Anlehnung an die Rspr. zur Verlustdeckungshaftung in der Vor-GmbH (BGH 27.1.1997, BGHZ 134, 333 (341) = NJW 1997, 1507), sei es in Rechtsanalogie zu den § 62 Abs. 2 S. 1 AktG, § 93 Abs. 5 S. 1 AktG, § 117 Abs. 5 S. 1 AktG, § 309 Abs. 4 S. 3 AktG, § 317 Abs. 4 AktG (für Ersteres *Gehrlein* WM 2008, 761 (766); für Letzteres *Grigoleit* Gesellschafterhaftung 455; *Röck,* Die Rechtsfolgen der Existenzvernichtungshaftung, 2011, 56 ff.; *Geißler* DZWiR 2019, 301 (303) mwN; vgl. auch Emmerich/Habersack/*Habersack* Anh. § 318 Rn. 38). Der BGH deutet immerhin an, dass in besonderen Ausnahmefällen – zB wenn das Restvermögen der Gesellschaft gezielt zum Zweck der Schädigung eines einzigen verbliebenen Gesellschaftsgläubigers „beiseite geschafft" wird – ein unmittelbares Vorgehen der Gläubiger zulässig sein könnte (offengelassen von BGH 16.7.2007, BGHZ 173, 246 = NJW 2007, 2689 Rn. 33).

66 Die **Höhe** des zu leistenden Schadensersatzes bemisst sich nach dem durch den Eingriff adäquat-kausal verursachten Schaden der Gesellschaft. Dieser ist nach allgemeinen Regeln (§§ 249 ff. BGB) mithilfe der Differenzhypothese zu ermitteln, sodass der Zustand maßgeblich ist, der ohne den Eingriff bestehen würde. Der Anspruch beschränkt sich daher nicht auf den Betrag des entzogenen Vermögenswerts, sondern umfasst im Unterschied zu § 31 auch die durch den Eingriff eingetretenen Kollateralschäden einschließlich der Kosten des Insolvenzverfahrens, wenn die Insolvenz ohne den Eingriff nicht eingetreten wäre (BGH 24.7.2012, ZIP 2012, 1804 Rn. 29; BGH 16.7.2007, BGHZ 173, 246 = NJW 2007, 2689 Rn. 39, 57). Auch die Kosten des Prozessfinanzierers können ersatzfähig sein (BGH 16.7.2007, BGHZ 173, 246 = NJW 2007, 2689 Rn. 57). Dem Schutzzweck der Haftung entsprechend bildet aber der zur vollständigen Befriedigung der Gläubiger erforderliche Betrag die Obergrenze der Haftung (BGH 24.7.2012, ZIP 2012, 1804 Rn. 29; vgl. auch schon BGH 16.7.2007, BGHZ 173, 246 = NJW 2007, 2689 Rn. 55 f.; *Weller* ZIP 2007, 1681 (1686); aA *Fischinger,* Haftungsbeschränkung im Bürgerlichen Recht, 2015, 339 ff.). Diese Obergrenze wird in Anwendung der Differenzhypothese freilich nur ausgeschöpft, wenn ohne den existenzvernichtenden Eingriff alle Gläubiger vollständig hätten befriedigt werden können (BGH 24.7.2012, ZIP 2012, 1804 Rn. 29). Wären die Gläubiger auch ohne den Eingriff partiell ausgefallen, muss der Gesellschafter die Masse nur so weit auffüllen, dass die Gläubiger in demselben Umfang befriedigt werden können wie ohne den Eingriff (Scholz/*Bitter* Rn. 169; *Strohn* ZInsO 2008, 706 (710)).

67 Im Wege des existenzvernichtenden Eingriffs entzogene Geldbeträge sind gem. § 286 Abs. 1, Abs. 2 Nr. 4 BGB, § 288 BGB bereits ab dem Tag der Entziehung zu **verzinsen** (BGH 13.12.2007, NJW-RR 2008, 918 (919); zust. *Lieder* DZWiR 2008, 145 (149 f.); *Strohn* ZInsO 2008, 706 (710); krit. *Wilhelmi* EWiR 2008, 433; für Verzinsung nach § 849 BGB Roth/Altmeppen/*Altmeppen* Rn. 97; UHL/*Casper* Anh. § 77 Rn. 159).

68 **f) Beweislast.** Der **Insolvenzverwalter** bzw. bei masseloser Insolvenz der **Gläubiger,** der den Anspruch gepfändet hat, trägt nach allgemeinen Regeln grundsätzlich die Darlegungs- und Beweislast

für alle objektiven und subjektiven Tatbestandsmerkmale (BGH 16.7.2007, BGHZ 173, 246 = NJW 2007, 2689 Rn. 41; BGH 6.11.2018, BGHZ 220, 179 = NZG 2019, 187 Rn. 26). Dies gilt insbesondere auch für den Nachweis der Kausalität des Eingriffs für die Insolvenz bzw. deren Vertiefung. Einem Gläubiger, der den Anspruch gepfändet hat und nicht wie der Insolvenzverwalter Zugriff auf alle Unterlagen der GmbH hat, wird dieser Nachweis kaum überwindbare Schwierigkeiten bereiten. Dem sollte man durch eine **Erleichterung der Darlegungslast** Rechnung tragen, wie sie der BGH in seiner letzten Leitentscheidung zum qualifizierten faktischen Konzern anerkannt hat (BGH 29.3.1992, BGHZ 122, 123 (133) = NJW 1993, 1200 – TBB). Danach genügt der Gläubiger seiner Darlegungslast, wenn er Umstände darlegt und ggf. beweist, welche die Annahme eines existenzvernichtenden Eingriffs nahe legen. Es ist dann Aufgabe des beklagten Gesellschafters, nähere Angaben zu machen, wenn er im Gegensatz zum klagenden Gläubiger die maßgebenden Tatsachen kennt und ihm die Darlegung des Sachverhalts zumutbar ist. Kommt er dem nicht nach, gilt der Vortrag des klagenden Gläubigers gem. § 138 Abs. 3 ZPO als zugestanden (BGH 29.3.1992, BGHZ 122, 123 (133) = NJW 1993, 1200; für Übertragbarkeit der erleichterten Darlegungslast auf den existenzvernichtenden Eingriff auch UHL/*Casper* Anh. § 77 Rn. 152; Emmerich/Habersack/*Habersack* Anh. § 318 Rn. 47; ferner – beschränkt auf Konzernsachverhalte – *Paefgen* DB 2007, 1907 (1912); für weitergehende Beweiserleichterungen *Oechsler* FS U. H. Schneider, 2011, 913 (920 ff.)). Hinsichtlich der Höhe des Schadens kommt § 287 ZPO zur Anwendung. Einer Beweislastumkehr bedarf es daneben nicht, auch nicht hinsichtlich der Anspruchshöhe (*Gehrlein* WM 2008, 761 (766 f.); *Osterloh-Konrad* ZHR 172 (2008), 274 (287); aA Roth/Altmeppen/*Altmeppen* Rn. 102 f.; *Röck* DZWIR 2012, 97 (102 f.)).

g) Verjährung; Konkurrenzen. Ansprüche aus Existenzvernichtungshaftung **verjähren** nach §§ 195, 199 BGB (BGH 24.7.2012, NZG 2012, 1069 Rn. 14; Scholz/*Bitter* Rn. 176a). Maßgeblich für den Fristbeginn ist nach § 199 Abs. 1 Nr. 2 BGB der Schluss des Jahres, in dem der Gläubiger – bei Eröffnung eines Insolvenzverfahrens der Insolvenzverwalter der Gesellschaft (BGH 24.7.2012, NZG 2012, 1069 Rn. 15) – von den anspruchsbegründenden Umständen und der Person des Schuldners Kenntnis erlangt oder ohne grobe Fahrlässigkeit erlangen musste. Die Ansprüche aus existenzvernichtendem Eingriff können neben solchen aus § 31 geltend gemacht werden (**Anspruchsgrundlagenkonkurrenz;** BGH 24.7.2012, NZG 2012, 1069 Rn. 31; stRspr seit BGH 16.7.2007, BGHZ 173, 246 = NJW 2007, 2689 Rn. 38–40 unter Aufgabe der früheren Rspr., die von Subsidiarität der Existenzvernichtungshaftung ausging). Als weitere konkurrierende Anspruchsgrundlage kommt § 823 Abs. 2 BGB iVm § 266 StGB in Betracht (vgl. BGH 31.7.2009, NZG 2009, 1152 (1153 ff.); BGH 13.5.2004, BGHSt 49, 147 = NJW 2004, 2248; *Gehrlein* WM 2008, 761 (768); krit. *Weller* ZIP 2007, 1681 (1688)); dieser Anspruch reicht jedoch nicht weiter als der aus § 826 BGB. Im Liquidationsstadium ist ferner an Ansprüche aus § 826 BGB wegen sittenwidriger Verletzung der Liquidationsvorschriften zu denken (→ Rn. 51). Ergänzend sind die insolvenzrechtlichen Anfechtungsregeln zu beachten (dazu *Haas* ZIP 2006, 1373; *Eidenmüller/Engert* FS K. Schmidt, 2009, 305; *Thole,* Gläubigerschutz durch Insolvenzrecht, 2010, 737 ff.). Zu konkurrierenden Ansprüchen gegen die Geschäftsführer → Rn. 49, → Rn. 63. 69

IV. Handelsgesellschaft (Abs. 3)

Nach Abs. 3 ist jede GmbH allein kraft Rechtsform – dh auch dann, wenn sie kein Gewerbe betreibt, sondern zB ideelle Zwecke verfolgt – als **Handelsgesellschaft iSd § 6 Abs. 1 HGB** anzusehen. Die Vorschriften des 1., 3. und 4. Buchs des HGB finden daher auf die GmbH Anwendung. Wenngleich die Verweisung des Abs. 3 nur das HGB in Bezug nimmt, sind auch die Vorschriften außerhalb des HGB, denen der Kaufmannsbegriff direkt oder sinngemäß zugrunde liegt, auf die GmbH anzuwenden (Baumbach/Hueck/*Fastrich* Rn. 73). Die erwerbswirtschaftlich tätige GmbH ist zudem Unternehmer iSd § 14 BGB. Umstritten ist, ob Gleiches auch für die nicht-erwerbswirtschaftlich tätige GmbH gilt oder ob diese in Analogie zu dem eigentlich nur für natürliche Personen geltenden § 13 BGB als Verbraucher angesehen werden kann (näher dazu MüKoBGB/*Micklitz* BGB § 13 Rn. 13 ff.). – Keine Bedeutung hat Abs. 3 für die Gesellschafter und Geschäftsführer der GmbH. Sie sind nicht schon wegen ihrer Gesellschafter- oder Geschäftsführerstellung als Kaufleute anzusehen (→ Rn. 20; dort auch zur Verbrauchereigenschaft). 70

Anhang § 13: Konzernrecht der GmbH

Übersicht

I. Grundlagen

1. Begriff und Aufgaben des GmbH-Konzernrechts. Wenngleich das GmbHG vom Leitbild der unabhängigen GmbH ausgeht und anders als das AktG (nahezu) keine besonderen Regeln für konzernverbundene Gesellschaften aufstellt, ist die GmbH **rechtstatsächlich sehr häufig in Unternehmensverbindungen** eingebunden. Schätzungen gehen davon aus, dass etwa 50% oder noch mehr aller Gesellschaften mbH mit anderen Unternehmen in Unternehmensgruppen durch mitgliedschaftliche Beteiligung verbunden sind (MHdB GesR III/*Kiefner* § 67 Rn. 1). Prototyp einer solchen Unternehmensverbindung ist die Mehrheitsbeteiligung eines Unternehmens an einem anderen Unternehmen. Aus der Einbindung der GmbH in Unternehmensverbindungen, sei es als herrschendes, sei es als abhängiges Unternehmen, ergibt sich die Notwendigkeit gesellschaftsrechtlicher Regeln, die den aus der Unternehmensverbindung resultierenden Gefahren (→ Rn. 2) entgegenwirken und zugleich den organisationsrechtlichen Rahmen für die Leitung der Unternehmensgruppe abstecken. Die Gesamtheit dieser Regeln bezeichnet man als **„GmbH-Konzernrecht"**. Der Begriff ist allerdings unscharf, da sich das „Konzernrecht" nicht nur mit Konzernen iSd des § 18 AktG, sondern auch mit anderen verbundenen Unternehmen iSd § 15 AktG beschäftigt. Zudem sind viele der im GmbH-Konzernrecht behandelten Regeln nicht auf Unternehmen im konzernrechtlichen Sinn beschränkt (→ Rn. 14). 1

Die Hauptaufgabe des GmbH-Konzernrechts besteht wie im Aktienkonzernrecht darin, den spezifischen **Gefahren** zu begegnen, die mit Unternehmensverbindungen für die abhängige GmbH, ihre Gläubiger und außenstehenden Gesellschafter verbunden sind (Konzernrecht als **Schutzrecht;** *Emmerich/Habersack* KonzernR § 1 II 6; MüKoGmbHG/*Liebscher* Rn. 5, 172). Die Mehrheitsbeteiligung eines Gesellschafters begründet für die abhängige Gesellschaft das Risiko, dass die Gesellschaft den Partikularinteressen dieses Gesellschafters dienstbar gemacht wird. Diese Gefahr ist besonders groß, wenn der herrschende Gesellschafter auch noch außerhalb der GmbH unternehmerisch engagiert ist und deshalb außergesellschaftliche unternehmerische Interessen verfolgt, die mit den Belangen der abhängigen GmbH in Konflikt geraten können (sog. **Konzernkonflikt**). Die Rechtsform der GmbH ist gegenüber solchen Partikularinteressen noch weniger resistent als die AG, vor allem deshalb, weil die Geschäftsführer gem. § 37 Abs. 1 weisungsgebunden sind, sodass es dem Mehrheitsgesellschafter ein Leichtes ist, seinen Einfluss auf die Geschäftsführung unmittelbar geltend zu machen. Auch das Fehlen einer dem Aktienrecht vergleichbaren Satzungsstrenge (§ 23 Abs. 5 AktG) sowie die im Vergleich zur AG gelockerte Vermögensbindung in der GmbH tragen dazu bei, dass die GmbH Einflussnahmen des herrschenden Unternehmens in noch stärkerem Maße ausgesetzt ist als eine AG (Emmerich/Habersack/*Habersack* Anh. § 318 Rn. 4; UHL/*Casper* Anh. § 77 Rn. 1). Daher bedarf es effektiver Schutzvorkehrungen, die Einflussnahmen des herrschenden Unternehmens zum Nachteil der GmbH, der außenstehenden Gesellschafter und der Gesellschaftsgläubiger Grenzen ziehen. 2

Die Aufgabe des Konzernrechts erschöpft sich indes nicht in der soeben beschriebenen schutzrechtlichen Komponente. Vielmehr geht es dem Konzernrecht auch darum, Regeln für die Organisation der Unternehmensverbindung bereitzustellen (Konzernrecht als **Organisationsrecht;** *Emmerich/Habersack* KonzernR § 1 II 6; MüKoGmbHG/*Liebscher* Rn. 173). Besonders sinnfällig ist der organisationsrechtliche Gehalt beim Beherrschungsvertrag, der eine besonders intensive Form der Konzernleitung ermöglicht, indem er – um den Preis besonderer Schutzvorkehrungen für die abhängige Gesellschaft, ihre Gläubiger und außenstehenden Gesellschafter – die Verfolgung von Konzerninteressen selbst dann zulässt, wenn dies für die abhängige Gesellschaft nachteilig ist (§ 308 AktG analog). Der Beherrschungsvertrag hat allerdings im GmbH-Recht eine geringere Bedeutung als im Aktienkonzernrecht (→ Rn. 62 f.). 3

2. Rechtsquellen. a) Kein kodifiziertes GmbH-Konzernrecht; Reformbestrebungen. Anders als das AktG mit seiner detaillierten Regelung des Konzernrechts (§§ 15 ff., 291 ff. AktG) enthält das GmbHG nahezu **keine Vorschriften,** die speziell auf die GmbH als abhängiges oder herrschendes Unternehmen zugeschnitten sind. Dass eine GmbH mit anderen Unternehmen verbunden sein kann, findet im GmbHG nur vereinzelt Erwähnung (vgl. § 51a Abs. 2 zum Informationsrecht, § 42a Abs. 4 zur Rechnungslegung). Auf den GmbH-Konzern bezogene Regelungen finden sich iÜ nur verstreut außerhalb des Gesellschaftsrechts, namentlich im Mitbestimmungsrecht (§ 5 MitbestG, § 2 DrittelbG), im Bilanzrecht (§§ 290 ff. HGB) und im Steuerrecht (§ 17 iVm § 14 KStG; § 2 Abs. 2 GewStG; → Rn. 61). Pläne aus den frühen 1970er Jahren, iRe „großen" GmbH-Novelle eine an das aktienrechtliche Vorbild angelehnte Kodifikation des GmbH-Konzernrechts zu schaffen (RegE eines neuen GmbHG von 1973, BT-Drs. VI/3088 = VII/253), haben sich nicht durchgesetzt (zu den Gründen 4

HCL/*Ulmer/Habersack* Einl. Rn. A 57). Ungeachtet dessen ist anerkannt, dass sich eine Reihe von aktienrechtlichen Bestimmungen auf das GmbH-Konzernrecht übertragen lässt (→ Rn. 6 ff.). Eine **Kodifizierung** des GmbH-Konzernrechts ist auch **in absehbarer Zukunft nicht zu erwarten,** obwohl zumindest in Bezug auf den GmbH-Vertragskonzern mit seinen vielen ungeklärten Streitfragen (→ Rn. 60 ff.) durchaus Anlass für ein Tätigwerden des Gesetzgebers bestünde (*Stephan* Konzern 2014, 1 (27 f.)).

5 Abzuwarten bleibt, ob künftig das **Unionsrecht** Änderungen des bestehenden Rechtsrahmens bedingen wird. Der Vorschlag einer Richtlinie über Gesellschaften mit beschränkter Haftung mit einem einzigen Gesellschafter, den die Europäische Kommission 2014 vorgelegt hat (COM [2014] 212), ist im Herbst 2017 mangels politischer Unterstützung im Europäischen Parlament wieder zurückgezogen worden (COM [2017] 650 Anh. IV Ziff. 10), sodass sich daraus bis auf weiteres keine Änderungen ergeben werden. Der Vorschlag sah vor, dass die Mitgliedstaaten in ihrem nationalen GmbH-Recht eine als **SUP** (Societas Unius Personae) bezeichnete Einpersonen-GmbH anbieten müssen, die einem harmonisierten Gründungs- und Organisationsrecht untersteht (zu dem Kommissionsvorschlag etwa *Drygala* EuZW 2014, 491; *Teichmann* NJW 2014, 3561; *Wicke* ZIP 2014, 1414; zu der vom Rat beschlossenen Fassung *Bayer/J. Schmidt* BB 2015, 1731 (1733 ff.); *Habersack/Verse* EurGesR § 10 Rn. 23 ff.). Allerdings konzentrierte sich die in dem Vorschlag vorgesehene Rechtsangleichung vornehmlich auf das Gründungsverfahren (insbesondere Ermöglichung einer Online-Gründung); Fragen der Konzernleitung (Reichweite der Befugnisse des Alleingesellschafters) sparte der Entwurf weithin aus.

5a Noch offen ist dagegen die Realisierung eines anderen Projekts der Kommission. In ihrem Aktionsplan Europäisches Gesellschaftsrecht und Corporate Governance vom 12.12.2012 (COM [2012] 740) hat die Kommission – ähnlich wie bereits im Aktionsplan 2003 (KOM [2003] 284) – eine Initiative zur **„besseren Anerkennung des Gruppeninteresses"** angekündigt (dazu *Drygala* AG 2013, 198; *Hommelhoff* KSzW 2014, 63; *Mülbert* ZHR 179 (2015), 645 (657 ff.); *Teichmann* AG 2013, 184). Im Herbst 2016 hat eine von der Kommission eingesetzte Expertengruppe mehrere Optionen zur Diskussion gestellt, wie eine solche Initiative ausgestaltet werden könnte (*Informal Company Law Experts Group* (ICLEG), Report on the recognition of the interest of the group, 2016; dazu *J. Schmidt* Konzern 2017, 1 (7 f.)). Im Kern geht es dabei um eine Richtlinienbestimmung, die bei den Organpflichten des Tochtergeschäftsleiters ansetzt und diesem gestattet, das Eigeninteresse seiner Gesellschaft unter bestimmten Voraussetzungen (Gläubigerschutz, ggf. Schutz der Minderheitsgesellschafter) hinter das Konzerninteresse zurücktreten zu lassen. Während in Bezug auf den Gläubigerschutz die im Wesentlichen aus § 30 und § 64 S. 3 bekannten Bilanz- und Solvenztests in der Diskussion sind, kreist die internationale Diskussion zum Minderheitenschutz insbesondere darum, ob sich die in der französischen Rechtsprechung entwickelte *Rozenblum*-Doktrin als Vorbild für eine europäische Rechtsangleichung empfiehlt. Diese würde es den Geschäftsführern ermöglichen, das Interesse ihrer Gesellschaft zugunsten von Konzerninteressen zurückzustellen, solange die Vor- und Nachteile der Konzernzugehörigkeit insgesamt in einem ausgewogenen Verhältnis stehen (näher *Habersack/Verse* EurGesR § 4 Rn. 34 ff. mwN). Für die deutsche GmbH brächte eine derartige Regelung insofern eine nicht unwesentliche Änderung, als die Geschäftsführer einer Mehrpersonen-GmbH nach geltendem Recht nachteiligen Weisungen der Muttergesellschaft generell die Gefolgschaft versagen müssen, sofern nicht die außenstehenden Gesellschafter zustimmen (→ Rn. 47 ff.). Allerdings ist derzeit völlig offen, wann die Kommission konkrete Vorschläge vorzulegen gedenkt.

6 **b) Anwendung konzernrechtlicher Bestimmungen des AktG.** Trotz des Scheiterns einer aktienrechtsähnlichen Kodifizierung des GmbH-Konzernrechts besteht Einigkeit, dass eine Reihe von konzernrechtlichen Regelungen des AktG auch auf die GmbH anzuwenden ist. Dies gilt zunächst für die Definitionsnormen der **§§ 15–19 AktG** (→ Rn. 12 ff.), ferner für die Mitteilungspflichten gem. **§§ 20 f. AktG,** soweit es um eine Beteiligung der GmbH an einer AG (§ 20 AktG) oder umgekehrt um die Beteiligung einer AG an der GmbH geht (§ 21 AktG; → Rn. 40 f.). Von besonderer Bedeutung ist, dass auch die Vorschriften über Unternehmensverträge **(§§ 291–310 AktG),** insbesondere Beherrschungs- und Gewinnabführungsverträge, weitgehend auf die GmbH Anwendung finden. Sofern es um Unternehmensverträge geht, bei denen die beherrschte oder zur Erbringung der vertragstypischen Leistung verpflichtete Partei eine AG oder KGaA ist, sind die §§ 291 ff. AktG unmittelbar anwendbar. Aber auch dann, wenn die beherrschte oder zur vertragstypischen Leistung verpflichtete Partei eine GmbH ist, gelten die §§ 291 ff. AktG weitgehend entsprechend, wenngleich mit rechtsformspezifischen Modifikationen (→ Rn. 60 ff.).

7 Dagegen finden die außerhalb von Beherrschungsverträgen geltenden **§§ 311 ff. AktG** auf die GmbH nur Anwendung, soweit die GmbH herrschendes Unternehmen und eine AG oder KGaA abhängiges Unternehmen ist. Auf die **abhängige GmbH** sind die §§ 311 ff. AktG nach heute allgM **nicht übertragbar,** jedenfalls nicht in ihrer Gesamtheit (stRspr, BGH 16.9.1985, BGHZ 95, 330 (340) = NJW 1986, 188; BGH 17.9.2001, BGHZ 149, 10 (16) = NJW 2001, 3622; Emmerich/Habersack/*Habersack* Anh. § 318 Rn. 6). Stattdessen wird der Schutz der abhängigen GmbH durch allgemeine Prinzipien des Gesellschaftsrechts gewährleistet (→ Rn. 9, → Rn. 43 ff.). Die hM beruht auf der zutreffenden Über-

legung, dass das Schutzsystem der §§ 311 ff. AktG wesentlich auf dem Instrument des Abhängigkeitsberichts aufbaut, der von einem gem. § 76 AktG weisungsunabhängigen Vorstand erstellt und ua durch den Aufsichtsrat geprüft wird. In der GmbH fehlt es an diesen Voraussetzungen, da die GmbH-Geschäftsführer gem. § 37 Abs. 1 weisungsgebunden sind und ein Aufsichtsrat nicht notwendig besteht. Das schließt es allerdings nicht aus, einzelne Teilaspekte der §§ 311 ff. AktG, namentlich die Definition des Nachteilsbegriffs und die in § 317 Abs. 4 iVm § 309 Abs. 4 AktG vorgesehenen Regelungen, auf die GmbH zu übertragen (→ Rn. 50, → Rn. 55; Emmerich/Habersack/*Habersack* Anh. § 318 Rn. 6; MüKoGmbHG/*Liebscher* Rn. 372; ähnlich *Kropff* FS Semler, 1993, 517 (536 ff.)).

8 Nicht auf die GmbH anwendbar sind die aktienrechtlichen Vorschriften über die **Eingliederung** (§§ 319 ff. AktG) (ganz hM; Baumbach/Hueck/*Beurskens* Anh. Rn. 15; Emmerich/Habersack/*Habersack* Anh. § 318 Rn. 2; aA *Meyer,* Haftungsbeschränkung im Recht der Handelsgesellschaften, 2000, 789 f.). Auch die Bestimmungen über den Ausschluss von Minderheitsaktionären (**Squeeze-out,** §§ 327a ff. AktG) sind nicht auf die GmbH übertragbar (Emmerich/Habersack/*Habersack* Anh. § 318 Rn. 2 mwN). Im GmbH-Recht ist stattdessen die Ausschließung aus wichtigem Grund anerkannt (→ § 34 Rn. 24).

9 **c) Rückgriff auf allgemeine Prinzipien des Gesellschaftsrechts.** Die Lücke, die sich aus der grundsätzlichen Nichtanwendbarkeit der §§ 311 ff. AktG auf die abhängige GmbH ergibt, wird durch Rückgriff auf allgemeine Prinzipien des Gesellschaftsrechts geschlossen. In der mehrgliedrigen GmbH sind es vor allem die mitgliedschaftliche Treuepflicht und der Gleichbehandlungsgrundsatz, flankiert durch die actio pro socio, die den Minderheitsgesellschaftern Schutz vor nachteiligen Einflussnahmen des Mehrheitsgesellschafters gewähren (→ Rn. 47 ff.). Reflexweise werden dadurch auch die Gläubiger der GmbH vor nachteiligen Einflussnahmen geschützt. Dieser Schutz versagt freilich in der Einpersonen-GmbH sowie dann, wenn die Minderheitsgesellschafter auf die Einhaltung der Treuepflicht und des Gleichbehandlungsgebots verzichten. Für den nötigen Gläubigerschutz sollen in diesen Fällen die Kapitalerhaltungsregeln (§§ 30 f.) sowie das Verbot existenzvernichtender Eingriffe (→ § 13 Rn. 44 ff.) sorgen.

10 **3. Grundstrukturen. a) Vertragskonzern und faktischer Konzern.** Wie im Aktienkonzernrecht sind auch im GmbH-Konzernrecht verschiedene Konzernierungsstufen zu unterscheiden. Die **zentrale Unterscheidung** knüpft auch im GmbH-Konzernrecht daran an, ob zwischen dem herrschenden und dem abhängigen Unternehmen ein Unternehmensvertrag (§§ 291 f. AktG analog) abgeschlossen wurde **(Vertragskonzern)** oder nicht; letzterenfalls spricht man von einem **faktischen Konzern** oder, falls die Konzernvermutung des § 18 Abs. 1 S. 3 AktG ausnahmsweise widerlegt ist, von schlichter Abhängigkeit (§ 17 AktG). Die mit Abstand wichtigsten Unternehmensverträge sind der Gewinnabführungsvertrag (§ 291 Abs. 1 S. 1 Alt. 2 AktG), der vor allem aus steuerlicher Sicht bedeutsam ist, und der Beherrschungsvertrag (§ 291 Abs. 1 S. 1 Alt. 1 AktG), der eine besonders weitgehende Konzernintegration gestattet (was im GmbH-Recht indes nur in mehrgliedrigen Gesellschaften von Bedeutung ist; → Rn. 63). Diese Verträge unterliegen einem an das AktG angelehnten, konzernrechtsspezifischen Regelungsregime (→ Rn. 60 ff.), das erheblich von den allgemeinen gesellschaftsrechtlichen Grundsätzen abweicht und insbesondere die Kapitalbindung der GmbH außer Kraft setzt (§ 30 Abs. 1 S. 2 nF; vgl. auch § 57 Abs. 1 S. 3 AktG, § 291 Abs. 3 AktG). Fehlt es an einem Unternehmensvertrag, bewendet es dagegen bei den allgemeinen gesellschaftsrechtlichen Grundsätzen (→ Rn. 43 ff.).

11 **b) Konzernbildungs- und Konzernleitungskontrolle.** Eine zweite grundlegende Unterscheidung knüpft an die verschiedenen zeitlichen Phasen der Unternehmensverbindung an (Entstehung, Durchführung, Beendigung). Das Aktienkonzernrecht regelt zwar in §§ 291 ff. AktG detailliert den Abschluss, die Durchführung und die Beendigung von Unternehmensverträgen; an diesen Regelungen kann man sich mit den noch zu benennenden Modifikationen auch im GmbH-Recht orientieren. Außerhalb von Unternehmensverträgen finden sich dagegen selbst im detailliert geregelten Aktienkonzernrecht nur Regelungen über das Stadium des bereits bestehenden Konzern- bzw. Abhängigkeitsverhältnisses (§§ 311 ff. AktG). Daraus wird im Aktienrecht geschlossen, dass die außenstehenden Aktionäre die Begründung der Abhängigkeit und die einfache faktische Konzernierung der Gesellschaft grundsätzlich hinzunehmen haben (Emmerich/Habersack/*Habersack* Vor § 311 Rn. 1). Im GmbH-Recht finden sich dagegen verschiedene Ansätze, die auf einen Präventivschutz schon vor Begründung der Abhängigkeit hinauslaufen. Dieser als **„Konzernbildungskontrolle"** bezeichnete Präventivschutz ist darauf gerichtet, schon die Entstehung eines Abhängigkeitsverhältnisses gegen den Willen der Minderheitsgesellschafter nach Möglichkeit zu vermeiden (→ Rn. 22 ff.). Ist es dennoch zur Abhängigkeit oder faktischen Konzernierung der GmbH gekommen, greifen die sich aus den allgemeinen gesellschaftsrechtlichen Prinzipien ergebenden Schranken der Einflussnahme des herrschenden Gesellschafters ein **(Konzernleitungskontrolle).** Anders als im Aktienkonzernrecht kommt es im GmbH-Konzernrecht somit zu einer Kumulation von Konzernbildungs- und Konzernleitungskontrolle (Emmerich/Habersack/*Habersack* Anh. § 318 Rn. 7).

12 **4. Grundbegriffe.** Die aus §§ 15–19 AktG bekannten Definitionen der Grundbegriffe des Konzernrechts lassen sich auch auf das GmbH-Konzernrecht übertragen. Bei der Anwendung sind allerdings die Spezifika der GmbH zu beachten.

13 **a) Unternehmensbegriff.** Die Definition des konzernrechtlichen Unternehmensbegriffs unterscheidet sich nicht von der aus dem Aktienrecht geläufigen Definition. Aufseiten des herrschenden Unternehmens (anders beim abhängigen Unternehmen; → AktG § 15 Rn. 11) wird mithin auch im GmbH-Recht die Unternehmensqualität nach hM an die Voraussetzung geknüpft, dass eine **wirtschaftliche Interessenbindung** außerhalb der Gesellschaft gegeben sein muss, die stark genug ist, um die ernsthafte Besorgnis zu begründen, der Gesellschafter könne um ihretwillen seinen Einfluss zum Nachteil der Gesellschaft geltend machen (stRspr, zB BGH 16.2.1981, BGHZ 80, 69 (72) = NJW 1981, 1512; → AktG § 15 Rn. 3; zur Kritik im Schrifttum aber → Rn. 14 aE). Diese Definition beruht auf dem Grundgedanken, dass bei Vorliegen einer anderweitigen wirtschaftlichen Interessenbindung der eingangs genannte Interessenkonflikt (Konzernkonflikt, → Rn. 2) in besonderer Schärfe droht.

14 Der Unternehmensbegriff ist insofern von Bedeutung, als die §§ 16 ff. AktG die Unternehmenseigenschaft voraussetzen und nach traditioneller Ansicht nur Unternehmen Partei eines Unternehmensvertrags iSd §§ 291 ff. AktG sein können (→ Rn. 66, str.). Insgesamt ist die **Bedeutung** des konzernrechtlichen Unternehmensbegriffs im GmbH-Konzernrecht jedoch **wesentlich geringer** als im Aktienkonzernrecht (Scholz/*Emmerich* Rn. 14a). Während die §§ 311 ff. AktG entscheidend auf die Unternehmensqualität abstellen, ist diese für die Anwendung der allgemeinen gesellschaftsrechtlichen Prinzipien, die anstelle der §§ 311 ff. AktG auf die abhängige GmbH Anwendung finden (→ Rn. 43 ff.), ohne Belang. Insbesondere setzt auch die Haftung für existenzvernichtende Eingriffe keine Unternehmensqualität des eingreifenden Gesellschafters voraus. Darin unterscheidet sie sich von den früher geltenden Grundsätzen des qualifizierten faktischen Konzerns, die inzwischen durch die Existenzvernichtungshaftung ersetzt worden sind (→ Rn. 46, → Rn. 57 f.). Angesichts der auch im Aktienrecht spürbaren Tendenzen, den Unternehmensbegriff aufzuweichen (dazu *Verse* ZHR 172 (2008), 478 (483)), kann man insgesamt Zweifel haben, ob an dem traditionellen Unternehmensbegriff noch festgehalten werden sollte. Die Überzeugungskraft der Unterscheidung zwischen Unternehmens- und Privatgesellschaftern schwindet auch deshalb, weil der Gesetzgeber zuletzt weder im Bereich der §§ 327a ff. AktG noch im Kapitalmarktrecht (§§ 33 ff. WpHG, § 35 WpÜG) an der Unterscheidung zwischen Unternehmens- und Privatgesellschaftern festgehalten hat. Im neueren Schrifttum mehren sich denn auch aus gutem Grund Stimmen, die dem Erfordernis einer anderweitigen wirtschaftlichen Interessenbindung kritisch gegenüberstehen. So sollen nach vordringender Ansicht Gesellschaften allein aufgrund ihrer Eigenschaft als Formkaufmann (§ 6 HGB) und damit auch dann als Unternehmen einzustufen sein, wenn sie keine über das Halten der Beteiligung hinausgehenden Aktivitäten entfalten (K. Schmidt/Lutter/*J. Vetter* AktG § 15 Rn. 53 ff.; *Habersack* AG 2016, 691 (692); → AktG § 15 Rn. 5). Geht man diesen Schritt, stellt sich freilich die Frage, ob man bei natürlichen Personen nicht konsequenterweise ebenso entscheiden müsste und auch hier das Kriterium der anderweitigen Interessenbindung aufgeben sollte (in diese Richtung auch *Habersack* AG 2016, 691 (692); *J. Vetter* in Fleischer ua, 50 Jahre AktG, 2016, 231 (239 f.), allerdings jeweils nur de lege ferenda).

15 **b) Mehrheitsbeteiligung.** Eine Mehrheitsbeteiligung ist nach § 16 AktG gegeben, wenn ein Unternehmen eine **Anteils- oder Stimmenmehrheit** an der Gesellschaft hält (näher Erl. zu § 16 AktG → AktG § 16 Rn. 1 ff.). Wie im Aktienrecht liegt die Bedeutung dieser Definition auch im GmbH-Recht vornehmlich darin, dass sie als Anknüpfungspunkt für die Abhängigkeitsvermutung (§ 17 Abs. 2 AktG) und damit mittelbar auch für die Konzernvermutung (§ 18 Abs. 1 S. 3 AktG) dient. Neben einzelnen Vorschriften des AktG, die auf eine Mehrheitsbeteiligung Bezug nehmen (§§ 20 f., 56 Abs. 2 AktG, §§ 71d S. 2, 71e AktG), ist das Vorliegen einer Mehrheitsbeteiligung auch iRd § 33 (Erwerb eigener Anteile) von Bedeutung. Die ganz hM erstreckt diese Vorschrift auch auf den Fall, dass die Geschäftsanteile von einem von der GmbH abhängigen oder in ihrem Mehrheitsbesitz stehenden Unternehmen erworben bzw. in Pfand genommen werden (→ § 33 Rn. 11).

16 Bei der Berechnung der Stimmenmehrheit sind die Besonderheiten der GmbH zu beachten, insbesondere der Umstand, dass anders als im Aktienrecht (§ 12 Abs. 2 AktG) **Mehrstimmrechte** zulässig sind. Sind die Mehrstimmrechte nur für einzelne Beschlussgegenstände vorgesehen, ist darauf abzustellen, ob die mithilfe des Mehrstimmrechts erzielte Stimmenmehrheit für genügend gewichtige Beschlussgegenstände – vor allem die Bestellung der Geschäftsführer oder die Weisungserteilung an diese – gegeben ist (Rowedder/Schmidt-Leithoff/*Schnorbus* Anh. § 52 Rn. 11; Lutter/Hommelhoff/*Hommelhoff* Rn. 10).

17 **c) Abhängigkeit.** Abhängigkeit liegt gem. § 17 AktG vor, wenn ein anderes Unternehmen (das herrschende Unternehmen) einen **beherrschenden Einfluss** auf die Gesellschaft **ausüben kann.** Dass von dieser Möglichkeit auch Gebrauch gemacht wird, ist nicht erforderlich. Die zu § 17 AktG anerkannten Grundsätze, einschließlich derjenigen über die gemeinsame und mittelbare Beherrschung (→ AktG § 17 Rn. 2 ff.), sind auch auf die GmbH anzuwenden. Wichtigstes Beherrschungsmittel ist

auch im GmbH-Konzernrecht die Mehrheitsbeteiligung iSd § 16 AktG, deren Vorliegen die widerlegliche Abhängigkeitsvermutung des § 17 Abs. 2 AktG auslöst. Abweichend von der AG, in der die Satzungsstrenge (§ 23 Abs. 5 AktG) hierfür keinen Spielraum lässt, kann die Abhängigkeit einer GmbH auch durch satzungsmäßige **Sonderrechte** einzelner Gesellschafter begründet werden. Zu denken ist neben Mehrstimmrechten insbesondere an Sonderrechte, die in Bezug auf die Bestellung und Abberufung der Geschäftsführer oder das Weisungsrecht gegenüber diesen eingeräumt werden (Emmerich/Habersack/*Emmerich* § 17 Rn. 46; MüKoGmbHG/*Liebscher* Rn. 131).

Bedeutung hat der Abhängigkeitsbegriff auch im GmbH-Recht zunächst als Grundlage der **Konzernvermutung** nach § 18 Abs. 1 S. 3 AktG. Im Fall der Abhängigkeit von einer AG sind ferner die § 56 Abs. 2 AktG, §§ 71d, 71e, 100 Abs. 2 Nr. 2 AktG anwendbar. Zudem ergeben sich aus der Abhängigkeit Auswirkungen mit Blick auf § 33 (→ Rn. 15). Ferner ist anerkannt, dass iRd § 47 Abs. 4 auch diejenigen Stimmrechte vom Stimmverbot „infiziert" werden, die von einem abhängigen Unternehmen des vom Stimmrecht ausgeschlossenen Gesellschafters gehalten werden (→ § 47 Rn. 53 f.). Die im Aktienkonzernrecht zentrale Rechtsfolge der Abhängigkeit – die Anwendbarkeit der §§ 311 ff. AktG auf die abhängige, nicht durch Beherrschungsvertrag kontrollierte AG – findet in der abhängigen GmbH dagegen keine Entsprechung. 18

d) Konzern. Die auf das Merkmal der **einheitlichen Leitung** abhebende Definition des Konzerns in § 18 AktG ist ebenfalls ohne Abstriche auf die GmbH übertragbar. Der entscheidende Unterschied zwischen dem für den Konzern konstitutiven Merkmal der einheitlichen Leitung und der schlichten Abhängigkeit iSd § 17 AktG besteht darin, dass im Konzern das herrschende Unternehmen nicht nur die Möglichkeit hat, beherrschenden Einfluss auszuüben, sondern von diesem Einfluss auch tatsächlich Gebrauch macht (Einzelheiten in den Erl. zu § 18 AktG → AktG § 18 Rn. 1 ff.). Bei Bestehen eines Beherrschungsvertrags ist vom Vorliegen eines Unterordnungskonzerns ohne weiteres auszugehen (§ 18 Abs. 1 S. 2 AktG). Im Übrigen wird bei einer iSd § 17 AktG abhängigen Gesellschaft widerleglich **vermutet,** dass sie unter der einheitlichen Leitung des herrschenden Unternehmens steht (§ 18 Abs. 1 S. 3 AktG). 19

Als GmbH-spezifische Besonderheit ist zu bedenken, dass der Einfluss der Gesellschafter auf die Geschäftsleitung in der GmbH wegen der umfassenden Kompetenzen der Gesellschafterversammlung und der Weisungsgebundenheit der Geschäftsführer stärker ausgeprägt ist als in der AG. Daher wird eine **Widerlegung der Konzernvermutung** des § 18 Abs. 1 S. 3 AktG hier noch seltener in Betracht kommen als in der AG (Scholz/*Emmerich* Rn. 29a; MüKoGmbHG/*Liebscher* Rn. 138). Bedeutung hat der Konzernbegriff auch im GmbH-Recht mit Blick auf die **Konzernrechnungslegung** (§ 290 HGB) sowie die **Konzernmitbestimmung** (§ 5 MitbestG, § 2 DrittelbG). Das GmbHG selbst enthält dagegen keine Regelung, die an den Konzernbegriff anknüpft. 20

e) Wechselseitig beteiligte Unternehmen. Auch die Definition des wechselseitig beteiligten Unternehmens (§ 19 AktG) gilt rechtsformübergreifend und damit auch für die GmbH (Einzelheiten in den Erl. zu § 19 AktG → AktG § 19 Rn. 3 ff.). § 328 AktG findet auch auf wechselseitige Beteiligungen zwischen einer AG oder KGaA und einer GmbH Anwendung, nicht aber auf wechselseitige Beteiligungen allein zwischen Gesellschaften mbH (Emmerich/Habersack/*Emmerich* § 328 Rn. 8 f.). 21

II. Konzernbildungskontrolle

1. Allgemeines. Ist die GmbH erst einmal abhängig oder faktisch konzerniert, greifen zwar die allgemeinen gesellschaftsrechtlichen Schutzinstrumente ein (→ Rn. 43 ff.), die drohende Nachteile für die abhängige GmbH, die außenstehenden Gesellschafter und die Gesellschaftsgläubiger zu verhindern versuchen. Dieser Schutz kann allerdings nur funktionieren, wenn etwaige Nachteilszufügungen überhaupt aufgespürt und wieder ausgeglichen werden, was häufig mit Schwierigkeiten verbunden ist. Diese Schutzprobleme treten gar nicht erst auf, wenn durch einen **Präventivschutz** bereits die Entstehung des Abhängigkeitsverhältnisses gegen den Willen der außenstehenden Gesellschafter vermieden wird. Deshalb wird die Entstehung der Abhängigkeit häufig als der **„archimedische Punkt"** des Konzernrechts bezeichnet (*Wiedemann* ZGR 1978, 477 (487); *Lutter/Timm* NJW 1982, 409 (411)). 22

Für einen Präventivschutz können die Gesellschafter selbst sorgen, indem sie in der Satzung oder einer Gesellschaftervereinbarung Vorkehrungen zum Schutz der Unabhängigkeit der Gesellschaft treffen (→ Rn. 25 ff.). Umstritten und erst ansatzweise geklärt ist dagegen, inwieweit auch dann, wenn die Gesellschafter keine oder nur unzureichende Schutzvorkehrungen getroffen haben, im Wege der Rechtsfortbildung ein weitergehender Präventivschutz entwickelt werden kann (→ Rn. 28 ff.). Einigkeit besteht immerhin darin, dass in Fällen, in denen die GmbH bereits als abhängiges Unternehmen gegründet wurde, kein Bedürfnis für einen Präventivschutz besteht, da die Begründung der Abhängigkeit dann vom Konsens aller Gesellschafter getragen war (Emmerich/Habersack/*Habersack* Anh. § 318 Rn. 9; MüKoGmbHG/*Liebscher* Rn. 268). Die folgenden Ausführungen beschränken sich daher auf die **nachträgliche Begründung** der Abhängigkeit. 23

24 Als Oberbegriff für die mit dem Präventivschutz zusammenhängenden Fragen hat sich der Begriff **„Konzernbildungskontrolle"** eingebürgert. Diese Terminologie ist ungenau, da der Präventivschutz nach hM nicht an die Entstehung eines Konzerns, sondern an die Entstehung eines Abhängigkeitsverhältnisses iSd § 17 AktG anknüpft (Emmerich/Habersack/*Habersack* Anh. § 318 Rn. 8 mwN).

25 **2. Schutz durch Vorsorge der Gesellschafter. a) Schutzvorkehrungen in der Satzung.** In erster Linie ist es Aufgabe der Gesellschafter selbst, durch Regelungen in der Satzung Vorkehrungen gegen die Entstehung der Abhängigkeit zu schaffen. Zu denken ist insbesondere an Erschwerungen der Anteilsübertragung durch **Vinkulierungen** nach § 15 Abs. 5 oder statutarische **Vorerwerbsrechte.** Bei der Abfassung von Vinkulierungsklauseln ist zu bedenken, dass der veräußerungswillige Gesellschafter bei der Beschlussfassung über die Zustimmung zur Anteilsübertragung nach der Rspr. des BGH nicht gem. § 47 Abs. 4 vom Stimmrecht ausgeschlossen ist (BGH 29.5.1967, BGHZ 48, 163 (167) = NJW 1967, 1963; beiläufig auch BGH 31.5.2011, BGHZ 190, 45 = NZG 2011, 902 Rn. 15; → § 47 Rn. 73). Daher empfiehlt sich eine Satzungsregelung, die den veräußerungswilligen Gesellschafter vom Stimmrecht ausschließt oder die Übertragung des Geschäftsanteils an die Zustimmung aller Gesellschafter bindet (Emmerich/Habersack/*Habersack* Anh. § 318 Rn. 10; Baumbach/Hueck/*Beurskens* Anh. Rn. 33). Weitere Vorkehrungen zum Schutz der Unabhängigkeit der Gesellschaft bilden zB **Höchst- und Mehrstimmrechte** oder Stimmverbote, die den Einfluss eines anteilsstarken Gesellschafters begrenzen.

26 Ferner kann auch durch **statutarische Wettbewerbsverbote** Vorsorge getroffen werden, wenngleich sich damit nicht die Abhängigkeitsbegründung als solche verhindern lässt, sondern nur die Intensivierung der aus der Abhängigkeit resultierenden Gefahren. Ein Wettbewerbsverbot des herrschenden Unternehmens ergibt sich nach hM zwar auch ohne satzungsmäßige Regelung aus der Treuepflicht (→ Rn. 32 ff.). Eine ausdrückliche Regelung kann sich aber dennoch empfehlen, um Zweifel hinsichtlich der Reichweite des Wettbewerbsverbots zu beseitigen und die entsprechende Anwendung des § 112 Abs. 2 HGB auszuschalten (→ Rn. 37). § 1 GWB und Art. 101 AEUV stehen einem Wettbewerbsverbot des herrschenden Unternehmens während dessen Mitgliedschaft grundsätzlich nicht entgegen (→ § 14 Rn. 112). Einer Ausdehnung des Wettbewerbsverbots auf den Zeitraum nach Ausscheiden des herrschenden Unternehmens sind aber – wie beim Geschäftsführer (→ § 35 Rn. 24) – sowohl aus kartellrechtlichen Gründen als auch mit Blick auf § 138 Abs. 1 BGB iVm Art. 12 GG enge Grenzen gesetzt (→ § 14 Rn. 112). Ist eine **Befreiung** vom Wettbewerbsverbot in der Satzung nicht vorgesehen, bedarf es einer Satzungsänderung oder, soweit es um eine punktuelle Befreiung im Einzelfall geht, eines satzungsdurchbrechenden Beschlusses (Emmerich/Habersack/*Habersack* Anh. § 318 Rn. 11; HCL*Raiser* § 14 Rn. 111; näher *Röhricht* WPg 1992, 766 (781 f.); zur Satzungsdurchbrechung → § 53 Rn. 9 ff.). Sieht die Satzung dagegen eine Befreiungsmöglichkeit vor, genügt mangels abweichender Regelung ein Gesellschafterbeschluss mit einfacher Mehrheit (BGH 16.2.1981, NJW 1981, 1512 (1513) (insoweit in BGHZ 80, 69 nicht abgedruckt); Emmerich/Habersack/*Habersack* Anh. § 318 Rn. 11). Der zu befreiende Gesellschafter ist – anders als nach der Rspr. zur Anteilsvinkulierung – gem. § 47 Abs. 4 vom Stimmrecht ausgeschlossen (BGH 16.2.1981, NJW 1981, 1512 (1513)). Zur Inhaltskontrolle des Befreiungsbeschlusses → Rn. 29 ff.; zu den Rechtsfolgen von Verstößen gegen das Wettbewerbsverbot → Rn. 36 (soweit in der Satzung nicht abweichend geregelt).

27 **b) Schutzvorkehrungen in einer schuldrechtlichen Gesellschaftervereinbarung.** Ähnliche Schutzvorkehrungen können auch außerhalb des Gesellschaftsvertrags in einer schuldrechtlichen Gesellschaftervereinbarung geregelt werden. Diese Vorgehensweise bietet allerdings ein **geringeres Schutzniveau,** da derartige Abreden nur zwischen den Parteien wirken und deshalb einem dritten Erwerber nicht entgegengehalten werden können. Ferner können sie wie alle Dauerschuldverhältnisse aus wichtigem Grund gem. § 314 BGB gekündigt werden (MüKoGmbHG/*Liebscher* Rn. 289).

28 **3. Schutz bei fehlender Vorsorge der Gesellschafter. a) Überblick.** Wenn die Gesellschafter keine oder nur unzureichende Vorkehrungen zum Schutz der Unabhängigkeit der Gesellschaft getroffen haben, stellt sich die Frage, ob im Wege richterlicher **Rechtsfortbildung** ein ergänzender Präventivschutz entwickelt werden kann. Entsprechende Ansätze in der Rspr. betreffen die Inhaltskontrolle abhängigkeitsbegründender Beschlüsse (→ Rn. 29 ff.) sowie das ungeschriebene Wettbewerbsverbot des herrschenden Unternehmens (→ Rn. 32 ff.). Teile des Schrifttums gehen noch weit darüber hinaus (→ Rn. 38 f.). Ergänzt wird der Präventivschutz durch Mitteilungspflichten beim Eintritt in die Unternehmensverbindung (→ Rn. 40 f.).

29 **b) Inhaltskontrolle abhängigkeitsbegründender Beschlüsse.** Der Weg in die Abhängigkeit der GmbH wird nicht immer, aber häufig über einen Gesellschafterbeschluss führen, zB die Zustimmung zur Übertragung vinkulierter Anteile oder eine Kapitalerhöhung mit Bezugsrechtsausschluss. Auch die Befreiung von einem Wettbewerbsverbot, die dem bisher privaten Mehrheitsgesellschafter ein anderweitiges unternehmerisches Engagement ermöglicht und ihn so zum herrschenden Unternehmen iSd Konzernrechts aufsteigen lässt, gehört hierher. Nach hM sind abhängigkeitsbegründende Gesellschafterbeschlüsse wegen der weitreichenden Auswirkungen auf die Interessen der Minderheitsgesellschafter

einer **Inhaltskontrolle** (materiellen Beschlusskontrolle) zu unterwerfen, und zwar selbst dann, wenn der begünstigte Gesellschafter vom Stimmrecht ausgeschlossen war und deshalb nicht an der Beschlussfassung mitgewirkt hat (Emmerich/Habersack/*Habersack* Anh. § 318 Rn. 12 f.; MüKoGmbHG/*Liebscher* Rn. 321 mwN). Dieser Inhaltskontrolle hält der Beschluss nur Stand, wenn er durch **sachliche Gründe** im Interesse der Gesellschaft gerechtfertigt ist und die Abwägung dieser Gründe mit den Interessen der Minderheitsgesellschafter dem Grundsatz der **Verhältnismäßigkeit** genügt.

Die hM stützt sich dabei auf die zur Befreiung von einem Wettbewerbsverbot ergangene **„Süssen"-Entscheidung** (BGH 16.2.1981, BGHZ 80, 69 = NJW 1981, 1512), die trotz Stimmrechtsausschlusses des begünstigten Gesellschafters eine materielle Beschlusskontrolle vorgenommen hat. Allerdings betraf diese Entscheidung nicht den Fall, dass durch den Beschluss erstmals die Abhängigkeit der GmbH begründet wurde (zutr. *Binnewies,* Die Konzerneingangskontrolle in der abhängigen Gesellschaft, 1996, 235). Der BGH ging vielmehr davon aus, dass auch vor dem Beschluss bereits eine Abhängigkeit von einem Unternehmen im konzernrechtlichen Sinn bestand. Daher ging es im Fall „Süssen" nur noch um die Frage, ob dem herrschenden Unternehmen auch noch gestattet werden sollte, zum *Konkurrenz*-Unternehmen aufzusteigen (BGH 16.2.1981, BGHZ 80, 69 (72 ff.) = NJW 1981, 1512). Die besondere, eine materielle Beschlusskontrolle rechtfertigende Gefahr hat der BGH gerade in der Begründung der Abhängigkeit von einem *Konkurrenz*-Unternehmen gesehen (BGH 16.2.1981, BGHZ 80, 69 (73 f.) = NJW 1981, 1512; die Inhaltskontrolle auf derartige Fälle „qualifizierter Abhängigkeit" beschränkend *Binnewies,* Die Konzerneingangskontrolle in der abhängigen Gesellschaft, 1996, 232 ff.; dagegen jedoch die hL, Rowedder/Schmidt-Leithoff/*Schnorbus* Anh. § 52 Rn. 34). Eine gleichartige materielle Beschlusskontrolle nimmt der BGH bei Kapitalerhöhungen mit Bezugsrechtsausschluss vor, dort allerdings generell, dh ohne Rücksicht darauf, ob der Bezugsrechtsausschluss zur Abhängigkeit der Gesellschaft von einem Unternehmen oder Konkurrenzunternehmen führt (stRspr seit BGH 13.3.1978, BGHZ 71, 40 = NJW 1978, 1317 – Kali und Salz). 30

Ob ein Bedürfnis für eine derart weitreichende Inhaltskontrolle besteht, ist allerdings **zweifelhaft** (krit. auch Roth/Altmeppen/*Altmeppen* Rn. 132 f.). Nach zutreffender Ansicht (→ § 14 Rn. 109 mwN) ist sie nur geboten, wenn das Abstimmungsergebnis durch die Stimmen des begünstigten Gesellschafters oder (wie im Fall „Süssen") ihm nahe stehender Personen zu dessen Vorteil beeinflusst worden ist, was immer dann in Betracht kommt, wenn der begünstigte Gesellschafter und die ihm nahe stehenden Personen nicht schon nach § 47 Abs. 4 vom Stimmrecht ausgeschlossen sind. In diesem Fall ergibt sich die Notwendigkeit der Inhaltskontrolle richtigerweise bereits unabhängig von konzernrechtlichen Erwägungen aus dem **Gleichbehandlungsgrundsatz,** da eine Bevorzugung des begünstigten Gesellschafters vorliegt (aA aber BGH 16.2.1981, NJW 1981, 1512 (1513); insoweit in BGHZ 80, 69 nicht abgedruckt). Sofern der begünstigte Gesellschafter dagegen gem. § 47 Abs. 4 vom Stimmrecht ausgeschlossen ist und die Entscheidung auch nicht durch ihm nahestehende Personen beeinflusst worden ist, sondern eine von Sondervorteilen unbeeinflusste Entscheidung der übrigen Gesellschafter vorliegt, ist nicht einzusehen, warum es zusätzlich einer richterlichen Inhaltskontrolle bedürfen soll. Wenn die Abstimmung keinem der Abstimmenden einen Sondervorteil verschafft, sondern alle gleichmäßig betroffen sind, besteht kein Anlass, die Richtigkeitsgewähr des Mehrheitsbeschlusses in Zweifel zu ziehen (näher *Verse* Gleichbehandlungsgrundsatz 54 ff.; *Verse* in Bayer/Habersack 13. Kap. Rn. 30 ff.). 31

c) Wettbewerbsverbot des herrschenden Unternehmens. aa) Grundsätzliche Anerkennung. Keinen Präventivschutz gegen die Abhängigkeitsbegründung als solche, aber einen Präventivschutz gegen die Intensivierung der aus der Abhängigkeit resultierenden Gefahren bietet die Annahme eines satzungsunabhängigen Wettbewerbsverbots des herrschenden Unternehmens. Im Grundsatz ist anerkannt, dass auch ohne entsprechende Regelung im Gesellschaftsvertrag aus der mitgliedschaftlichen **Treuepflicht** ein Wettbewerbsverbot des herrschenden Unternehmens abgeleitet werden kann (BGH 5.12.1983, BGHZ 89, 162 (165 f.) = NJW 1984, 1351 – Heumann/Ogilvy, für den Fall einer Mehrheitsbeteiligung am Kommanditkapital und am Stammkapital der Komplementärin einer GmbH & Co. KG; ebenso zur GmbH Emmerich/Habersack/*Habersack* Anh. § 318 Rn. 16; MüKoGmbHG/*Liebscher* Rn. 298; Baumbach/Hueck/*Beurskens* Anh. Rn. 36). Zur Begründung lässt sich auf die besondere Gefährdungslage der abhängigen Gesellschaft verweisen, die sich aus der Interessenkollision des mit der Gesellschaft in Wettbewerb tretenden herrschenden Unternehmens und dessen weitreichenden Herrschaftsbefugnissen ergibt. Sie macht es erforderlich, dem lediglich repressiv wirkenden Schädigungsverbot (→ Rn. 48 ff.) ein präventiv wirkendes Schutzinstrument in Gestalt des Wettbewerbsverbots zur Seite zu stellen (statt vieler Emmerich/Habersack/*Habersack* Anh. § 318 Rn. 16). 32

bb) Reichweite. Die Reichweite des ungeschriebenen Wettbewerbsverbots ist noch nicht abschließend geklärt. In **sachlicher Hinsicht** werden nur Tätigkeiten im Tätigkeitsbereich der GmbH erfasst; maßgeblich ist dafür nach hM nicht nur der tatsächliche Tätigkeitsbereich, sondern auch der statutarische Unternehmensgegenstand (MHLS/*Lieder* § 13 Rn. 271 ff.; MüKoGmbHG/*Merkt* § 13 Rn. 249). Gleichgültig ist, ob der Gesellschafter die konkurrierende Tätigkeit unmittelbar selbst oder über eine von ihm beherrschte andere Gesellschaft ausübt (OLG Stuttgart 15.3.2017, GmbHR 2017, 913, (916) (zum Gesellschafter-Geschäftsführer); MHLS/*Lieder* § 13 Rn. 275). Eine rein kapitalistische Minder- 33 heitsbeteiligung an der Konkurrenzgesellschaft ohne Einfluss auf die Geschäftsführung, ohne Tätigkeit im Unternehmen und ohne Möglichkeit, Einfluss auf einzelne unternehmerische Entscheidungen zu nehmen, wird dagegen nicht erfasst, da insoweit der Schutzzweck des Wettbewerbsverbots nicht tangiert ist (OLG Stuttgart 15.3.2017, GmbHR 2017, 913 (916) mwN). Auch durch Regelung im Gesellschaftsvertrag kann das Wettbewerbsverbot nicht auf solche Minderheitsbeteiligungen an Konkurrenzunternehmen erstreckt werden (→ § 14 Rn. 112).

33a In **persönlicher Hinsicht** besteht weithin Einigkeit, dass das Wettbewerbsverbot **nicht** für den **Alleingesellschafter** gilt (BGH 7.1.2008, NJW-RR 2008, 629 Rn. 15; → Rn. 44). Offen ist dagegen, ob das ungeschriebene Wettbewerbsverbot des herrschenden Unternehmens nur für personalistisch strukturierte, auf enge persönliche Bindung und Zusammenarbeit angelegte Gesellschaften oder **auch für kapitalistisch strukturierte Gesellschaften** gilt (für Ersteres MüKoGmbHG/*Liebscher* Rn. 302; MHdB GesR III/*Böhm* § 34 Rn. 6; für Letzteres Emmerich/Habersack/*Habersack* Anh. § 318 Rn. 17; Roth/Altmeppen/*Altmeppen* Rn. 136; iErg auch diejenigen, die das Wettbewerbsverbot alternativ an das Vorliegen eines beherrschenden Einflusses oder an die personalistische Realstruktur knüpfen, zB Lutter/Hommelhoff/*Bayer* § 14 Rn. 39). Da die besondere Gefährdungslage, die der Begründung des Wettbewerbsverbots zugrunde liegt, in kapitalistisch strukturierten Gesellschaften nicht weniger besteht als in personalistisch strukturierten, spricht mehr für die zuletzt genannte Ansicht. Sie vermeidet auch die sonst drohenden Abgrenzungsschwierigkeiten zwischen personalistischer und kapitalistischer Realstruktur.

34 Umstritten ist, ob das Wettbewerbsverbot nur gilt, wenn das herrschende Unternehmen von seinem Einfluss auf die Gesellschaft auch Gebrauch macht (so Rowedder/Schmidt-Leithoff/*Schnorbus* § 52 Anh. Rn. 37; *Hüffer* FS Röhricht, 2005, 251 (264, 266 ff.): Einflussnahme iSe faktischen Übernahme der Geschäftsführung), oder – wohl vorzugswürdig – die **Möglichkeit beherrschenden Einflusses** iSd § 17 AktG ausreicht (so Emmerich/Habersack/*Habersack* Anh. § 318 Rn. 17; *Grigoleit* Gesellschafterhaftung 417 f.; *Henze* ZHR 175 (2011), 1 (3 ff.)). Der BGH hat die Frage offengelassen, da Ersteres zu vermuten sei (§ 18 Abs. 1 S. 3 AktG) und diese Vermutung im zu entscheidenden Fall nicht widerlegt war (BGH 5.12.1983, BGHZ 89, 162 (167) = NJW 1984, 1351 zur GmbH & Co. KG).

35 Die vorstehenden Zweifelsfragen erübrigen sich, wenn der herrschende Gesellschafter zugleich Geschäftsführer der GmbH ist. Der Geschäftsführer unterliegt anerkanntermaßen einem aus der organschaftlichen Treuepflicht abgeleiteten Wettbewerbsverbot, das nicht auf personalistisch strukturierte Gesellschaften beschränkt ist (→ § 35 Rn. 20; *Verse* in Krieger/Schneider Managerhaftung-HdB Rn. 26.1 ff.). Ein nachvertragliches Wettbewerbsverbot lässt sich dagegen weder aus der mitgliedschaftlichen noch aus der organschaftlichen Treuepflicht ableiten. Ein solches muss daher in der Satzung eigens vorgesehen werden, was aber nur in engen Grenzen zulässig ist (→ § 14 Rn. 112). Zur Frage, ob in personalistisch strukturierten Gesellschaften ein ungeschriebenes Wettbewerbsverbot auch für nicht herrschende Gesellschafter anzuerkennen ist, → § 14 Rn. 111.

36 **cc) Rechtsfolgen.** Für die Rechtsfolgen von Verstößen gegen das Wettbewerbsverbot gelten zunächst die allgemeinen Grundsätze, die auch sonst für Treuepflichtverletzungen gelten (→ § 14 Rn. 116 ff.). Zu denken ist primär an Unterlassungsansprüche und (verschuldensabhängige) Schadensersatzansprüche der GmbH (§ 280 Abs. 1 BGB). Alternativ kann die GmbH nach ihrer Wahl das **Eintrittsrecht** analog § 113 Abs. 1 HGB ausüben (BGH 5.12.1983, BGHZ 89, 162 (171) = NJW 1984, 1351 (zur GmbH & Co. KG); BGH 16.2.1981, BGHZ 80, 69 (76) = NJW 1981, 1512 (zum statutarischen Wettbewerbsverbot); Emmerich/Habersack/*Habersack* Anh. § 318 Rn. 19). Ebenso wie der Schadensersatz („stattdessen") setzt auch das Eintrittsrecht einen schuldhaften Verstoß voraus, wobei die Beweislast nach § 280 Abs. 1 S. 2 BGB beim herrschenden Unternehmen liegt. Die Ausübung des Eintrittsrechts hat wie im unmittelbaren Anwendungsbereich des § 113 HGB keine Außenwirkung, führt mithin nicht dazu, dass die GmbH selbst Partei der von dem herrschenden Unternehmen abgeschlossenen Konkurrenzgeschäfte wird. Die GmbH kann aber durch Ausübung des Eintrittsrechts den Gewinn aus der verbotenen Konkurrenztätigkeit an sich ziehen. Bei besonders massiven Verstößen kann ein Ausschluss aus wichtigem Grund in Betracht kommen (→ § 34 Rn. 24). Über die Geltendmachung der genannten Ansprüche entscheidet gem. § 46 Nr. 8 die Gesellschafterversammlung. Das herrschende Unternehmen ist gem. § 47 Abs. 4 S. 2 von der Beschlussfassung ausgeschlossen. Notfalls bleibt den Minderheitsgesellschaftern der Weg über die actio pro socio (→ § 14 Rn. 120 ff.).

37 **dd) Abdingbarkeit.** Da die Einhaltung der Treuepflicht disponibel ist, ist auch das ungeschriebene Wettbewerbsverbot **abdingbar** (Emmerich/Habersack/*Habersack* Anh. § 318 Rn. 18; MüKoGmbHG/*Liebscher* Rn. 303). Das Wettbewerbsverbot entfällt analog **§ 112 Abs. 2 HGB,** wenn die übrigen Gesellschafter bei Gründung oder nachträglichem Beteiligungserwerb von der Konkurrenztätigkeit des herrschenden Unternehmens Kenntnis hatten und sie sich nicht ausbedungen haben, dass diese Konkurrenztätigkeit eingestellt wird (BGH 5.12.1983, BGHZ 89, 162 (168) = NJW 1984, 1351; Emmerich/Habersack/*Habersack* Anh. § 318 Rn. 18). Ist das ungeschriebene Wettbewerbsverbot weder abbedungen noch gem. § 112 Abs. 2 HGB ausgeschlossen, bleibt die Möglichkeit einer **Befreiung** vom Wettbewerbsverbot. Sieht die Satzung keine andere Befreiungsmöglichkeit vor, bedarf es wie beim

geschriebenen Wettbewerbsverbot (→ Rn. 26) einer Satzungsänderung bzw. eines satzungsdurchbrechenden Beschlusses (Emmerich/Habersack/*Habersack* Anh. § 318 Rn. 18).

d) Ungeschriebener Zustimmungsvorbehalt für abhängigkeitsbegründende Maßnahmen; Austrittsrecht. Die vorstehenden Schutzmechanismen bei fehlender Vorsorge in der Satzung gewährleisten keinen umfassenden Präventivschutz. Das Wettbewerbsverbot gewährt keinen Schutz gegen die Abhängigkeitsbegründung als solche, und die Inhaltskontrolle abhängigkeitsbegründender Beschlüsse kann nur Schutz bieten, wenn überhaupt eine Zuständigkeit der Gesellschafterversammlung besteht. Vor diesem Hintergrund plädiert ein Teil des Schrifttums dafür, den Präventivschutz weiter auszubauen. So soll in Bezug auf **personalistisch** strukturierte Gesellschaften ein **ungeschriebener Zustimmungsvorbehalt** der Gesellschafterversammlung anzunehmen sein, der sich auf sämtliche abhängigkeitsbegründenden Maßnahmen erstreckt (*Wiedemann,* Die Unternehmensgruppe im Privatrecht, 1988, 64 f.; MHdB GesR III/*Kiefner* § 68 Rn. 8 ff.; MüKoGmbHG/*Liebscher* Rn. 261 ff.; ohne Beschränkung auf personalistische Gesellschaften, aber erst ab Konzernierung iSd § 18 AktG *Grauer,* Konzernbildungskontrolle im GmbH-Recht, 1991, 126). Die Einzelheiten des Zustimmungsbeschlusses – insbesondere Mehrheitserfordernis, Stimmrecht des (künftig) herrschenden Unternehmens, sachliche Rechtfertigung – sind innerhalb dieser Meinungsgruppe umstritten (ausf. MüKoGmbHG/*Liebscher* Rn. 304 ff.). Ferner wird zT ein **Austrittsrecht** der Minderheitsgesellschafter anlässlich der Abhängigkeitsbegründung bejaht (*Wiedemann,* Die Unternehmensgruppe im Privatrecht, 1988, 67 ff.; *Schindler,* Das Austrittsrecht in Kapitalgesellschaften, 1999, 191 ff.; für Austrittsrecht bei (einfacher) faktischer Konzernierung *Grauer,* Konzernbildungskontrolle im GmbH-Recht, 1991, 131; ferner *Hommelhoff* ZGR 2012, 535 (561, 563 f.) für den Fall, dass sich der Mehrheitsgesellschafter nicht auf minderheitsschützende Anpassungen des Gesellschaftsvertrags einlässt). 38

In der Rspr. hat bisher weder der ungeschriebene Zustimmungsvorbehalt (abl. OLG Stuttgart 12.5.1999, NZG 2000, 159 (163)) noch das Austrittsrecht (abl. OLG Saarbrücken 12.7.1979, AG 1980, 26 (28)) Anklang gefunden. Auch weite Teile des Schrifttums sind zurückhaltend (Emmerich/Habersack/*Habersack* Anh. § 318 Rn. 21 mwN). In der Tat ist **keine tragfähige methodische Begründung** für eine derart weitreichende Rechtsfortbildung ersichtlich. Für diese besteht auch kein dringendes praktisches Bedürfnis. Selbst wenn die Gesellschafter versäumen, Vorsorge in der Satzung zu treffen, sind sie dem Konzernkonflikt nicht schutzlos ausgeliefert, sondern durch das Wettbewerbsverbot des herrschenden Unternehmens und die noch zu behandelnden Schranken nachteiliger Einflussnahmen (→ Rn. 47 ff.) geschützt. Ein Recht zum Austritt aus wichtigem Grund besteht allerdings dann, wenn es zu „qualifizierten", dh dem Einzelausgleich nicht zugänglichen Nachteilszufügungen kommt (→ Rn. 57 ff.). 39

e) Mitteilungspflichten. Da nach § 16 Abs. 1 nF im Verhältnis zur GmbH nur als Gesellschafter gilt, wer in die Gesellschafterliste eingetragen ist, wird die GmbH häufig schon auf diesem Weg darüber informiert sein, dass einer der Gesellschafter eine beherrschenden Einfluss vermittelnde Beteiligung erlangt hat. Gesellschafter in der Rechtsform einer AG oder KGaA müssen der GmbH den Erwerb einer Mehrheitsbeteiligung zudem nach **§ 21 Abs. 2 AktG** mitteilen. Gleiches gilt für den Erwerb einer Sperrminorität durch eine AG oder KGaA (§ 21 Abs. 1 AktG). Für alle Gesellschafter, gleich welcher Rechtsform, lässt sich ferner aus der mitgliedschaftlichen **Treuepflicht** eine Verpflichtung ableiten, die GmbH über ihr unbekannte externe Umstände zu unterrichten, die den betreffenden Gesellschafter zum herrschenden Unternehmen machen, wie zB die Aufnahme eines anderweitigen unternehmerischen Engagements, das den privaten Mehrheitsgesellschafter zum herrschenden Unternehmen macht (UHL/*Casper* Anh. § 77 Rn. 65 f., 246; Emmerich/Habersack/*Habersack* Anh. § 318 Rn. 15). Im Unterschied zu den Mitteilungspflichten nach §§ 20 f. AktG und §§ 33 ff. WpHG begründet die Treuepflicht aber keine Mitteilungspflicht unterhalb der Schwelle der Abhängigkeitsbegründung (Emmerich/Habersack/*Habersack* Anh. § 318 Rn. 15). 40

Schuldhafte Verstöße gegen die treuepflichtgestützten Mitteilungspflichten verpflichten das herrschende Unternehmen wie andere Treuepflichtverletzungen zum **Schadensersatz.** Verstöße gegen die Mitteilungspflichten einer AG oder KGaA aus § 21 AktG lösen einen Rechtsverlust nach § 21 Abs. 4 AktG, § 20 Abs. 7 AktG aus. Für die treuepflichtgestützten Mitteilungspflichten gilt der Rechtsverlust dagegen nicht (Emmerich/Habersack/*Habersack* Anh. § 318 Rn. 15). 41

4. Konzernbildungskontrolle beim herrschenden Unternehmen. Der Eintritt in eine Unternehmensverbindung kann auch für das herrschende Unternehmen und seine Gesellschafter mit Gefahren verbunden sein. Dies gilt nicht erst für den Eintritt in den Vertragskonzern (→ Rn. 103 ff.), sondern auch für faktische Unternehmensverbindungen. So droht eine **Mediatisierung** des Einflusses der Gesellschafter, wenn unternehmerische Aktivitäten in Tochter- oder Enkelgesellschaften verlagert werden. Ferner kann eine Verkürzung des Gewinnbezugsrechts der Gesellschafter des herrschenden Unternehmens zu besorgen sein, wenn Gewinne der Tochter- oder Enkelgesellschaft thesauriert werden (näher MüKoGmbHG/*Liebscher* Rn. 23 ff.). Die Problematik ist vor allem aus dem Aktienrecht bekannt. Dort hat der BGH in engen Grenzen ungeschriebene Mitwirkungsbefugnisse der Aktionäre bei grund- 42 legenden konzernbildenden oder -umbildenden Maßnahmen anerkannt und sich dabei maßgeblich auf den eintretenden Mediatisierungseffekt gestützt (BGH 25.2.1982, BGHZ 83, 122 (136 ff.) = NJW 1982, 1703 – Holzmüller; BGH 26.4.2004, BGHZ 159, 30 = NJW 2004, 1860 – Gelatine; → AktG § 119 Rn. 12 ff.). Vergleichbare Fragen stellen sich auch im GmbH-Recht. Die Begründung entsprechender Mitwirkungsrechte der Gesellschafter des herrschenden Unternehmens bereitet hier allerdings weniger Schwierigkeiten als im Aktienrecht, da die Gesellschafter ohnehin sämtliche Maßnahmen der Geschäftsführung an sich ziehen können und die Geschäftsführer nach **§ 49 Abs. 2** verpflichtet sind, **ungewöhnliche Maßnahmen** von sich aus den Gesellschaftern zur Beschlussfassung vorzulegen. Bei konzernbildenden und -umbildenden Maßnahmen wird die Annahme eines ungewöhnlichen Geschäfts idR nahe liegen (MüKoGmbHG/*Liebscher* Rn. 1091 mwN). Dies gilt auch für Maßnahmen, die sich deutlich unterhalb der im Aktienrecht geltenden Schwelle der „Holzmüller/Gelatine"-Mitwirkungsbefugnisse bewegen (vgl. den Abgrenzungsvorschlag bei *U. H. Schneider* GmbHR 2014, 113 (115 f., 119): ungewöhnlich, wenn die konzern(um)bildende Maßnahme mehr als 10 % des Gesellschaftsvermögens betrifft). In diesem Fall beschließt die Gesellschafterversammlung mit einfacher Mehrheit, falls der Gesellschaftsvertrag keine abweichende Regelung trifft (MüKoGmbHG/*Liebscher* Rn. 1157 mwN; str.). Wird sogar die „Holzmüller/Gelatine"-Schwelle erreicht (zu den hierfür maßgeblichen Kriterien → AktG § 119 Rn. 12 ff.), ist dagegen wie im Aktienrecht wegen der Nähe zu einer Satzungsänderung davon auszugehen, dass der Beschluss zwingend einer 3/4-Mehrheit bedarf (UHL/*Casper* Anh. § 77 Rn. 70; Emmerich/Habersack/*Habersack* Anh. § 318 Rn. 51; *Reichert* AG 2005, 150 (159 f.); diff. *Ettinger/Reiff* GmbHR 2007, 617 (622 f.); strenger *U. H. Schneider* GmbHR 2014, 113 (117, 119) (schon wenn mehr als 50 % des Gesellschaftsvermögens betroffen ist)).

III. Faktischer Konzern und schlichte Abhängigkeit

43 Ist es trotz der vorgenannten Ansätze einer Konzernbildungskontrolle zur Begründung eines Abhängigkeits- oder faktischen Konzernverhältnisses gekommen, stellt sich die Frage, wie die abhängige GmbH, ihre Minderheitsgesellschafter und Gläubiger vor den daraus resultierenden Gefahren geschützt werden können. Da die §§ 311 ff. AktG auf die abhängige GmbH grundsätzlich nicht entsprechend anwendbar sind (→ Rn. 7), muss der Schutz durch allgemeine gesellschaftsrechtliche Grundsätze bewerkstelligt werden. Da diese nicht an konzernrechtliche Kategorien anknüpfen, kommt es für ihre Anwendung **nicht** darauf an, ob der herrschende Gesellschafter ein **Unternehmen** im konzernrechtlichen Sinne ist und ob es sich um ein bloßes Abhängigkeitsverhältnis iSd § 17 AktG oder einen faktischen Konzern iSd § 18 AktG handelt. IE ist zwischen der Rechtslage in der Einpersonen-GmbH und der mehrgliedrigen GmbH zu unterscheiden.

44 **1. Einpersonen-GmbH.** In der – rechtstatsächlich weit verbreiteten – Einpersonen-GmbH (nach einer Studie von *Wedemann,* Gesellschafterkonflikte in geschlossenen Kapitalgesellschaften, 2013, 13, über 60 % der neu gegründeten Gesellschaften mbH) stellt sich zwar nicht die Frage nach dem Schutz der Minderheitsgesellschafter, umso dringlicher aber die Frage des **Gläubigerschutzes.** Während nämlich in der mehrgliedrigen GmbH die den Minderheitsgesellschaftern zu Gebote stehenden Schutzinstrumente (namentlich das aus der Treuepflicht abgeleitete Verbot nachteiliger Einflussnahme) reflexartig auch dem Gläubigerschutz zugute kommen, ist dies in der Einpersonen-GmbH nicht der Fall. Vielmehr entspricht es stRspr und hL, dass die Treuepflicht grundsätzlich zur Disposition der Gesellschafter steht und sich deshalb **keine Bindung des Alleingesellschafters** an ein Wettbewerbsverbot oder ein generelles Verbot nachteiliger Einflussnahme begründen lässt (BGH 28.9.1992, BGHZ 119, 257 (262) = NJW 1993, 193; BGH 21.6.1999, BGHZ 142, 92 (95) = NJW 1999, 2817; zum Wettbewerbsverbot BGH 7.1.2008, NJW-RR 2008, 629 Rn. 15; aus dem Schrifttum zB Emmerich/Habersack/*Habersack* Anh. § 318 Rn. 33; MüKoGmbHG/*Merkt* § 13 Rn. 106 f.; Baumbach/Hueck/*Beurskens* Anh. Rn. 70; *Röhricht* FS BGH, 2000, 83 (104 ff.); aA vor allem *Grigoleit* Gesellschafterhaftung 317 ff., der aus der Zweckförderungspflicht der Gesellschafter ein gläubigerschützendes und damit auch den Alleingesellschafter bindendes Gebot ableitet, Störungen der künftigen Gewinnverfolgung der GmbH zu unterlassen und mit der Gesellschaft nicht in Wettbewerb zu treten; ähnlich *Burgard* ZIP 2002, 827; vermittelnd *Hommelhoff* ZGR 2012, 535 (548 f.): Gebot, die Gesellschaft nicht durch Eingriffe so zu schwächen, dass die Gesellschaftsgläubiger ihre Rechtsbeziehungen zur Gesellschaft aufkündigen können).

45 Nachteiligen Einflussnahmen des Alleingesellschafters auf die GmbH sind daher nach ganz hM nur äußerste Grenzen gezogen, die durch die **Kapitalerhaltungsregeln** einerseits (§§ 30 f.) und den Schutz vor **existenzvernichtenden Eingriffen** andererseits (→ § 13 Rn. 44 ff.) definiert sind. Hieraus ergibt sich auch in der Einpersonen-GmbH eine Pflicht des Gesellschafters zur Rücksichtnahme auf die Lebensfähigkeit der GmbH, die man zwar als eine Art „rudimentäre Treuepflicht" bezeichnen könnte (vgl. *Ulmer* JZ 2002, 1049 (1050); ferner *Stöber* ZIP 2013, 2295 (2297): „besondere Ausprägung der Treuepflicht"), die aber üblicherweise zur Unterscheidung von den wesentlich weiter reichenden Treuebindungen des Mehrheitsgesellschafters einer mehrgliedrigen GmbH nicht als Treuepflicht be-

zeichnet wird. Auch wird das Verbot existenzvernichtender Eingriffe vom BGH im Unterschied zur Treuepflicht nicht aus der mitgliedschaftlichen Sonderverbindung, sondern allein aus § 826 BGB hergeleitet (was allerdings zweifelhaft ist; → § 13 Rn. 50).

Konzernspezifische, dh an die Unternehmensqualität des Alleingesellschafters anknüpfende Besonderheiten bestehen insoweit nicht. Die frühere Rspr. zum **„qualifizierten faktischen Konzern"** hatte zwar eine an die Unternehmensqualität des herrschenden Gesellschafters gebundene Haftung für Fälle entwickelt, in denen der Gesellschafter seiner GmbH einen nicht durch Einzelausgleichsmaßnahmen kompensierbaren Nachteil zugefügt hatte (BGH 29.3.1993, BGHZ 122, 131 = NJW 1993, 1200; zur wechselvollen Entwicklung MüKoGmbHG/*Liebscher,* 1. Aufl. 2010, Rn. 475 ff.). Diese konzernspezifische Haftung, die bei Vermögenslosigkeit der GmbH auf eine Ausfallhaftung des herrschenden Unternehmens gegenüber den Gläubigern der GmbH analog §§ 302, 303 AktG gerichtet war, hat der BGH jedoch **aufgegeben** und durch die Existenzvernichtungshaftung ersetzt (BGH 17.9.2001, BGHZ 149, 10 LS 1 = NJW 2001, 3622; explizit auch BGH 25.2.2002, BGHZ 150, 61 (68) = NJW 2002, 1803; BGH 16.7.2007, BGHZ 173, 246 Rn. 18 = NJW 2007, 2689). Die Grundsätze des qualifizierten faktischen Konzerns haben daher jedenfalls in der Einpersonen-GmbH keine Bedeutung mehr (zur mehrgliedrigen GmbH → Rn. 57 ff.). 46

2. Mehrpersonen-GmbH. a) Ausgangspunkt. Auch in der mehrgliedrigen GmbH besteht zum Schutz der Gläubiger die Bindung an die Kapitalerhaltungsregeln und das Verbot existenzvernichtender Eingriffe. Den Interessen der Minderheitsgesellschafter einer mehrgliedrigen GmbH ist damit aber nur unzureichend Rechnung getragen, da sich die genannten Schutzvorkehrungen in einem Mindestschutz vor Eingriffen in das Stammkapital und die Solvenz der Gesellschaft erschöpfen. Ein auch nur annähernd umfassender Schutz gegen vom herrschenden Gesellschafter initiierte Schädigungen des Gesellschaftsvermögens und daraus resultierende Werteinbußen der Gesellschaftsanteile wird so nicht erreicht. Dem **Schutz der Minderheitsgesellschafter** ist daher durch weitere Vorkehrungen Rechnung zu tragen, von denen nach herkömmlicher und ganz überwA namentlich dem aus der Treuepflicht abgeleiteten Verbot nachteiliger Einflussnahmen zentrale Bedeutung zukommt (→ Rn. 48 ff.; abw. *Hommelhoff* ZGR 2012, 535 (562 ff.) mit dem Vorschlag, die Minderheit stattdessen durch einen Anspruch auf Nachverhandlung des Gesellschaftsvertrags zu schützen). Reflexartig kommen diese weiteren Schutzinstrumente auch den Gläubigern zugute. Dies ändert jedoch nichts daran, dass sie unmittelbar nur im Interesse der Minderheitsgesellschafter bestehen und diese daher von Fall zu Fall darauf **verzichten** können (→ Rn. 37 zum Wettbewerbsverbot; → § 14 Rn. 115 allgemein zur Treuepflicht). 47

b) Verbot nachteiliger Einflussnahme (Schädigungsverbot). aa) Rechtsgrundlage und Anwendungsbereich. Den herrschenden Gesellschafter einer mehrgliedrigen GmbH trifft nach ganz hM ein striktes Verbot nachteiliger Einflussnahme auf die abhängige GmbH („Schädigungsverbot"). Rechtsgrundlage dieses Verbots ist ebenso wie beim Wettbewerbsverbot (→ Rn. 32) die mitgliedschaftliche **Treuepflicht** (BGH 5.6.1975, BGHZ 65, 15 (18 f.) = NJW 1976, 191 – ITT; BGH 16 9.1985, BGHZ 95, 330 (340) = NJW 1986, 188; BGH 25.2.2002, BGHZ 150, 61 (68) = NJW 2002, 1803; aus dem Schrifttum statt vieler Emmerich/Habersack/*Habersack* Anh. § 318 Rn. 24; MüKoGmbHG/*Liebscher* Rn. 393 f. mwN; aA – für entsprechende Anwendung des § 43 – *Wilhelm,* Rechtsform und Haftung bei der juristischen Person, 1981, 352 ff.). Je nachdem, ob die nachteilige Einflussnahme – wie zumeist – die GmbH schädigt oder ausnahmsweise nur die Mitgesellschafter selbst einen Eigenschaden erleiden, ist die Treuepflicht zur GmbH oder diejenige zu den Mitgesellschaftern betroffen. 48

Anerkanntermaßen gilt das treuepflichtgestützte Verbot nachteiliger Einflussnahme unabhängig von der Realstruktur der GmbH als kapitalistisch oder personalistisch geprägte Gesellschaft. Es erstreckt sich auch auf **mehrstufige Abhängigkeitsverhältnisse,** gilt also zB auch im Verhältnis zwischen Mutter- und Enkelgesellschaft (BGH 5.6.1975, BGHZ 65, 15 (20) = NJW 1976, 191; BGH 5.12.1983, BGHZ 89, 162 (165) = NJW 1984, 1351; Emmerich/Habersack/*Habersack* Anh. § 318 Rn. 28; zur Begründung eingehend *Tröger,* Die Treuepflicht im Konzern, 2000, 52 ff.). Für nachteilige Einflussnahmen, die allein von der Tochtergesellschaft ausgehen und nicht auch von der Muttergesellschaft (mit-)veranlasst worden sind, ist der Enkelgesellschaft freilich nur die Tochtergesellschaft verantwortlich (Emmerich/Habersack/*Habersack* Anh. § 318 Rn. 28; MüKoGmbHG/*Liebscher* Rn. 414). 49

bb) Inhalt. Untersagt sind **nachteilige** Einflussnahmen. Hinsichtlich des Nachteilsbegriffs kann auf die zu § 311 AktG anerkannten Grundsätze zurückgegriffen werden (Emmerich/Habersack/*Habersack* Anh. § 318 Rn. 29; MüKoGmbHG/*Liebscher* Rn. 418). Es kommt somit auch im GmbH-Recht darauf an, ob ein ordentlicher und gewissenhafter Geschäftsleiter einer unabhängigen Gesellschaft die Maßnahme gleichfalls vorgenommen hätte. In welcher Form der herrschende Gesellschafter die nachteilige Maßnahme veranlasst hat, sei es durch Beschlussfassung in der Gesellschafterversammlung, sei es auf informellem Wege, ist ebenso wie iRd § 311 AktG unerheblich (Emmerich/Habersack/*Habersack* Anh. § 318 Rn. 29). Zur Frage, ob hinsichtlich der Veranlassung Beweiserleichterungen zu gewähren sind, → AktG § 311 Rn. 39). 50

51 Im Unterschied zu § 311 AktG kann eine Nachteilszufügung nicht durch einen zeitlich gestreckten Nachteilsausgleich legitimiert werden (ganz hM, Emmerich/Habersack/*Habersack* Anh. § 318 Rn. 6, 30; MüKoGmbHG/*Liebscher* Rn. 409, 466 f. mwN). Die **Privilegierungsfunktion** des § 311 AktG findet im GmbH-Recht also **keine Entsprechung.** Dieser Unterschied erklärt sich daraus, dass es im GmbH-Recht an den in der AG vorhandenen Sicherungsmechanismen für einen ordnungsgemäßen Nachteilsausgleich (Abhängigkeitsbericht, weisungsunabhängiger Vorstand und Aufsichtsrat) fehlt. Allerdings kann in einem geleisteten Nachteilsausgleich eine (Teil-)Erfüllung der aus der Treuepflichtverletzung resultierenden Schadensersatzpflicht liegen (MüKoGmbHG/*Liebscher* Rn. 467). Von der unzulässigen Nachteilszufügung mit späterem Nachteilsausgleich sorgfältig zu unterscheiden ist der häufige Fall, dass eine einheitliche Maßnahme für die abhängige Gesellschaft ambivalent ist, dh sowohl positive als auch negative Auswirkungen zeitigt (zu solchen Fällen MüKoGmbHG/*Liebscher* Rn. 407 f.). Hier fehlt es nach den genannten Grundsätzen schon an einem Nachteil, sofern ein ordentlicher Geschäftsleiter die Maßnahme ex ante als insgesamt positiv beurteilt und ihr deshalb zugestimmt hätte.

52 **cc) Rechtsfolgen. (1) Ansprüche der GmbH.** In Übereinstimmung mit den allgemeinen Regeln, die für Treuepflichtverletzungen gelten (→ § 14 Rn. 116 ff.), kann die GmbH bei Verstößen gegen das Verbot nachteiliger Einflussnahme (vorbeugende) **Unterlassungsansprüche** sowie Ansprüche auf **Schadensersatz** (§ 280 Abs. 1 BGB) gegen den herrschenden Gesellschafter (zur Einbeziehung mittelbarer Gesellschafter → Rn. 49) geltend machen. Der in Anspruch genommene Gesellschafter trägt iRd Schadensersatzanspruchs gem. § 280 Abs. 1 S. 2 BGB die Beweislast für fehlendes Verschulden (ebenso unter Rückgriff auf § 93 Abs. 2 S. 2 AktG bzw. § 317 Abs. 2 AktG Scholz/*Emmerich* Rn. 85; Rowedder/Schmidt-Leithoff/*Schnorbus* Anh. § 52 Rn. 61). Über die Geltendmachung der Ansprüche entscheidet gem. § 46 Nr. 8 die Gesellschafterversammlung (Emmerich/Habersack/*Habersack* Anh. § 318 Rn. 30). Das herrschende Unternehmen ist nach § 47 Abs. 4 S. 2 von der Beschlussfassung ausgeschlossen (allgM). Unterbleibt die Geltendmachung des Anspruchs durch die Geschäftsführer, können die Minderheitsgesellschafter den Anspruch der GmbH ggf. im Wege der **actio pro socio** geltend machen (→ § 14 Rn. 120 ff.).

53 Noch nicht abschließend geklärt ist, ob neben der Haftung des herrschenden Unternehmens eine gesamtschuldnerische Haftung der **Organwalter** des herrschenden Unternehmens analog § 317 Abs. 3 AktG anzunehmen ist (bejahend *Altmeppen,* Die Haftung des Managers im Konzern, 1998, 85 ff.; verneinend aber OLG Bremen 18.5.1998, NZG 1999, 724 (725); MüKoGmbHG/*Liebscher* Rn. 470; Emmerich/Habersack/*Habersack* Anh. § 318 Rn. 30 Fn. 89; Rowedder/Schmidt-Leithoff/*Schnorbus* Anh. § 52 Rn. 57 aE). Daneben kommt nach allgemeinen Regeln eine Haftung der Geschäftsführer der abhängigen GmbH nach § 43 in Betracht (Scholz/*Emmerich* Rn. 87a; MüKoGmbHG/*Liebscher* Rn. 473).

54 **(2) Rechte der Minderheitsgesellschafter.** Schadensersatzansprüche der Mitgesellschafter aus eigenem Recht können dagegen nach zutreffender Ansicht nur in dem seltenen Fall bestehen, dass die Mitgesellschafter durch die nachteilige Einflussnahme des herrschenden Gesellschafters einen unmittelbaren, dh über den Reflexschaden aus der Schmälerung des Gesellschaftsvermögens hinausgehenden **Eigenschaden** erleiden (arg. e § 117 Abs. 1 S. 2 AktG, § 317 Abs. 1 S. 2 AktG; → § 14 Rn. 118). Ferner können die Minderheitsgesellschafter aus eigenem Recht einen Unterlassungs- und Beseitigungsanspruch geltend machen, wenn die Einflussnahme durch den herrschenden Gesellschafter an der für Weisungen an die Geschäftsführung eigentlich zuständigen Gesellschafterversammlung vorbei, also unter Verstoß gegen das Recht der Minderheitsgesellschafter auf Entscheidungsteilhabe, erfolgt ist (Emmerich/Habersack/*Habersack* Anh. § 318 Rn. 31, Anh. § 317 Rn. 27 f.; MüKoGmbHG/*Liebscher* Rn. 502). Sofern die treupflichtwidrige Einflussnahme iRe Gesellschafterbeschlusses stattfindet, kann der Beschluss angefochten werden.

55 **(3) Rechte der Gläubiger.** Die Gläubiger der Gesellschaft können auf die Ansprüche der GmbH außerhalb des Insolvenzverfahrens nach §§ 829, 835 ZPO zugreifen. Das Erfordernis eines Beschlusses nach § 46 Nr. 8 besteht ihnen gegenüber nicht (Emmerich/Habersack/*Habersack* Anh. § 318 Rn. 32). Darüber hinaus ist den Gläubigern nach verbreiteter Ansicht **analog § 317 Abs. 4 AktG, § 309 Abs. 4 S. 3 AktG** auch gestattet, unmittelbar gegen den herrschenden Gesellschafter vorzugehen, wenn sie von der GmbH keine Befriedigung erlangen können (Emmerich/Habersack/*Habersack* Anh. § 318 Rn. 32; MüKoGmbHG/*Liebscher* Rn. 480; vgl. auch BGH 16.9.1985, BGHZ 95, 330 (340) = NJW 1986, 188: „spricht viel dafür"). Wird das Insolvenzverfahren über das Vermögen der GmbH eröffnet, ist der Insolvenzverwalter zur Geltendmachung des Ersatzanspruchs der GmbH befugt (§ 80 Abs. 1 InsO; vgl. auch § 317 Abs. 4 AktG, § 309 Abs. 4 S. 5 AktG).

56 **c) Sonstige Instrumente des Minderheitenschutzes.** Das Verbot nachteiliger Einflussnahme wird flankiert durch weitere Instrumente des allgemeinen Gesellschaftsrechts, die dem Minderheitenschutz Rechnung tragen. Bei Beschlussfassungen in der Gesellschafterversammlung ist zunächst das **Stimmverbot** nach § 47 Abs. 4 von großer Bedeutung, da es dazu führt, dass der Mehrheitsgesellschafter bei der Beschlussfassung über konzerninterne Rechtsgeschäfte nicht stimmberechtigt ist (→ § 47 Rn. 62 ff.). Die Abhaltung von Gesellschafterversammlungen kann nach Maßgabe des § 50 bzw. des Gesellschafts-

vertrags auch von einer Minderheit durchgesetzt werden. Zusätzlichen Schutz bietet den Minderheitsgesellschaftern das weit gefasste Informationsrecht nach § 51a sowie der gesellschaftsrechtliche **Gleichbehandlungsgrundsatz,** der auch im GmbH-Konzern uneingeschränkt gilt (Emmerich/Habersack/*Habersack* Anh. § 318 Rn. 25; *Verse* Gleichbehandlungsgrundsatz 340, 347 f.) und Ungleichbehandlungen der Gesellschafter nur gestattet, wenn eine im Gesellschaftsinteresse liegende sachliche Rechtfertigung gegeben ist (→ § 14 Rn. 69 ff.). Der Gleichbehandlungsgrundsatz bindet allerdings nur die GmbH, nicht das herrschende Unternehmen (→ § 14 Rn. 74).

d) Zusätzliche Schutzvorkehrungen bei qualifizierter Nachteilszufügung. Auf der Grundlage der früheren Rspr. zum **qualifizierten faktischen Konzern** (BGH 29.3.1992, BGHZ 122, 123 = NJW 1993, 1200) standen den außenstehenden Gesellschaftern weitere Schutzinstrumente für den Fall zu, dass sich die nachteiligen Einflussnahmen des herrschenden Unternehmens nicht im Wege des Einzelausgleichs, auch nicht durch Schadensersatz, ausgleichen ließen. Als Bsp. für derartige „qualifizierte Nachteilszufügungen" dienen vor allem Fälle, in denen sich die einzelnen nachteiligen Maßnahmen infolge der Dichte der Einflussnahme nicht mehr isolieren lassen (näher Emmerich/Habersack/*Habersack* Anh. § 317 Rn. 16 ff.). Der Grundgedanke der Lehre vom qualifizierten faktischen Konzern bestand darin, dass qualifizierte Nachteilszufügungen allenfalls auf der Grundlage eines Beherrschungsvertrags erfolgen dürfen und deshalb die für solche Verträge geltenden Haftungsfolgen entsprechend anzuwenden seien. Demgemäß erkannte der BGH bei qualifizierter Nachteilszufügung einen Anspruch der GmbH gegen das herrschende Unternehmen auf Verlustausgleich analog § 302 AktG an (BGH 29.3.1992, BGHZ 122, 123 = NJW 1993, 1200; BGH 20.2.1989, BGHZ 107, 7 (15 ff.) = NJW 1989, 1800). Dieser Anspruch kam jedenfalls theoretisch auch den Minderheitsgesellschaftern zugute. In der Entscheidungspraxis des BGH stand freilich der Gläubigerschutz, nicht der Minderheitenschutz, ganz im Vordergrund (vgl. die Rspr.-Übersicht bei Ulmer/*Goette,* Haftung im qualifizierten faktischen GmbH-Konzern, 2002, 11 (12 ff.); zur Ausfallhaftung gegenüber den Gläubigern entsprechend §§ 302, 303 AktG → Rn. 46). Ferner wurde den Minderheitsgesellschaftern von weiten Teilen des Schrifttums analog § 305 AktG das Recht zugesprochen, gegen vollwertige Abfindung aus der Gesellschaft auszuscheiden (Scholz/*Emmerich,* 9. Aufl. 2000, Anh. Konzernrecht Rn. 133 mwN). Diese Regeln sollten allerdings nur Anwendung finden, wenn der herrschende Gesellschafter als Unternehmen im konzernrechtlichen Sinn (→ Rn. 13) zu qualifizieren war. 57

Die vorstehenden Regeln gehören seit der **Aufgabe der Rspr.** zum qualifizierten faktischen Konzern (BGH 17.9.2001, BGHZ 149, 10 LS 1 = NJW 2001, 3622; ferner explizit BGH 25.2.2002, BGHZ 150, 61 (68) = NJW 2002, 1803; BGH 16.7.2007, BGHZ 173, 246 Rn. 18 = NJW 2007, 2689) auch in der mehrgliedrigen GmbH endgültig der Vergangenheit an (zur Einpersonengesellschaft → Rn. 46). Die Neuausrichtung der Rspr. hat sich zwar bisher auf die Frage des Gläubigerschutzes konzentriert, während die Auswirkungen auf den Minderheitenschutz nicht ausdrücklich behandelt wurden. Dennoch wird man nicht annehmen können, dass dem BGH ein zweigleisiges Modell vorschwebt, das lediglich die gläubigerschützende Komponente des qualifizierten faktischen Konzerns aufgibt, die minderheitenschützende Komponente aber beibehält. Vielmehr hat der BGH die Grundsätze des qualifizierten faktischen Konzerns ohne Einschränkung aufgegeben (wie hier UHL/*Casper* Anh. § 77 Rn. 174 ff.; MüKoGmbHG/*Liebscher* Rn. 615 mwN; krit. Emmerich/Habersack/*Habersack* Anh. § 318 Rn. 3; *Habersack* ZGR 2008, 533 (556 f.)). 58

Ob infolge dieser Neuorientierung Lücken im Minderheitenschutz entstehen, bleibt abzuwarten, ist aber bei Ausschöpfung der allgemeinen Regeln wohl nicht zu besorgen. Den Minderheitsgesellschaftern steht ein aus der Treuepflicht abgeleiteter Unterlassungsanspruch gegen nachteilige Einflussnahmen zu (→ Rn. 52), der sich erst recht auch gegen qualifizierte Nachteilszufügungen richtet. Ist die qualifizierte Nachteilszufügung bereits erfolgt, ist zudem ein **Austrittsrecht** der Minderheitsgesellschafter **aus wichtigem Grund** anzunehmen, da den Minderheitsgesellschaftern der Verbleib in der Gesellschaft nicht zugemutet werden kann, wenn sich die Nachteilszufügung nicht ausgleichen lässt (Emmerich/Habersack/*Habersack* Anh. § 318 Rn. 3; *Drygala* GmbHR 2003, 729 (739)). Erwägenswert ist, das Austrittsrecht sogar schon zu gewähren, wenn die qualifizierte Nachteilszufügung noch nicht erfolgt ist, aber unmittelbar bevorsteht (UHL/*Casper* Anh. § 77 Rn. 181). Allerdings richtet sich der Abfindungsanspruch beim Austritt aus –wichtigem Grund grundsätzlich gegen die GmbH und nicht direkt gegen den herrschenden Mitgesellschafter (→ § 34 Rn. 32). Dies ist unbefriedigend, da die Zahlung der Abfindung aus dem Gesellschaftsvermögen an § 33 Abs. 2, § 73 scheitern kann. Viel spricht dafür, den Minderheitsgesellschaftern in solchen Fällen doch wie in § 305 AktG ein unmittelbares Vorgehen gegen den herrschenden Gesellschafter zu eröffnen (ebenso UHL/*Casper* Anh. § 77 Rn. 182; vgl. auch BGH 24.1.2012, BGHZ 192, 236 = NZG 2012, 259, wonach ein im Wege der Anteilseinziehung ausgeschlossener Gesellschafter sich direkt an die Mitgesellschafter halten kann, sofern eine Abfindung aus dem Gesellschaftsvermögen an der Kapitalerhaltung scheitert). Als Rechtsgrundlage hierfür dürfte sich anstelle der spezifisch konzernrechtlichen und nach der Neuausrichtung der Rspr. überholten Analogie zu § 305 AktG am ehesten die zwischen den Gesellschaftern bestehende Treuepflicht anbieten (für § 826 BGB stattdessen UHL/*Casper* Anh. § 77 Rn. 182; für § 305 AktG analog weiterhin MHLS/*Servatius* Syst. Darst. 4 Rn. 421). 59

IV. Vertragskonzern

60 **1. Allgemeines.** Die Vorschriften der §§ 291 ff. AktG über Unternehmensverträge finden auf die GmbH unmittelbare Anwendung, soweit es um einen Vertrag mit einer AG oder KGaA als abhängigem oder zur Erbringung der vertragstypischen Leistung verpflichtetem Unternehmen geht. Nach ganz hM kann sich die GmbH aber auch darüber hinaus **auf beiden Seiten** an Unternehmensverträgen iSd §§ 291 f. AktG beteiligen (BGH 24.10.1988, BGHZ 105, 324 = NJW 1989, 295; BGH 30.1.1992, NJW 1992, 1452; Roth/Altmeppen/*Altmeppen* Rn. 17; MüKoGmbHG/*Liebscher* Rn. 634 mwN; vgl. auch § 30 Abs. 1 S. 2 nF, § 17 KStG; gegen die Zulässigkeit von Beherrschungsverträgen mit einer Einpersonen-GmbH aber *Bitter* ZIP 2001, 265). Die folgenden Ausführungen konzentrieren sich auf Unternehmensverträge mit einer **GmbH als abhängigem Unternehmen.** Auf derartige Verträge sind die §§ 291 ff. AktG zu weiten Teilen entsprechend anwendbar (ganz hM, MüKoGmbHG/*Liebscher* Rn. 638 mwN; aA *Schreiber,* Konzernrechtsfreie Kontrolle, 2017, 13 ff., 90). Aufgrund der strukturellen Unterschiede zwischen GmbH und AG kommt aber keine pauschale Analogie zu den §§ 291 ff. AktG in Betracht. Vielmehr ist für jede Vorschrift einzeln zu prüfen, ob **rechtsformspezifische Besonderheiten** einer entsprechenden Anwendung entgegenstehen.

61 Unternehmensverträge mit Gesellschaften mbH sind **in der Praxis weit verbreitet.** Den wichtigsten Beweggrund für den Abschluss eines Unternehmensvertrags mit einer abhängigen GmbH bildet idR die Herstellung einer körperschaft- und gewerbesteuerlichen **Organschaft.** Diese ermöglicht eine Verrechnung der Gewinne und Verluste innerhalb des Organkreises und setzt einen zivilrechtlich wirksamen **Gewinnabführungsvertrag** nach § 291 Abs. 1 S. 1 Alt. 2 AktG voraus (§§ 14, 17 KStG, § 2 Abs. 2 S. 2 GewStG; dazu *Boor* RNotZ 2017, 65 (68 f.)). Der Gewinnabführungsvertrag setzt zudem die Kapitalbindung der GmbH außer Kraft, und zwar nach neuem Recht nicht nur hinsichtlich der Gewinnabführung, sondern auch sonst (§ 30 Abs. 1 S. 2 nF; anders die frühere Rechtslage, → Rn. 102). Ferner erleichtert der Gewinnabführungsvertrag die schnellere Durchleitung von Gewinnen in mehrstufigen Konzernen und damit die schnellere Gewinnausschüttung auf der obersten Konzernstufe (*Stephan* Konzern 2014, 1 (6)); denn ohne ihn ist die phasengleiche Ausweisung des Gewinns der Untergesellschaft im Abschluss der Obergesellschaft nur unter einschränkenden Voraussetzungen zulässig (BGH 12.1.1998, NZG 1998, 314 im Anschluss an EuGH 27.6.1996, DStR 1996, 1093).

62 Die Absicherung der Konzernleitungsmacht durch einen **Beherrschungsvertrag** (§ 291 Abs. 1 S. 1 Alt. 1 AktG) spielt dagegen in der abhängigen GmbH eine wesentlich geringere Rolle als in der AG, da die Geschäftsführer der GmbH anders als die Vorstandsmitglieder der AG (§ 76 AktG) auch ohne Beherrschungsvertrag weisungsgebunden sind (§ 37 Abs. 1). Auch hat der (mit dem Gewinnabführungsvertrag kombinierte) Beherrschungsvertrag seine frühere Relevanz als Voraussetzung für eine körperschaft- und gewerbesteuerliche Organschaft verloren, da es hierfür seit dem 1.1.2001 allein auf den Gewinnabführungsvertrag ankommt. Deshalb finden sich im GmbH-Recht viel mehr **isolierte Gewinnabführungsverträge** als im Aktienrecht. In der GmbH-Praxis ist diese Gestaltung inzwischen sogar die Regel (statistische Erhebungen dazu bei *Lieder/Hoffmann* GmbHR 2019, 1261 (1263, 1264 f.)). Gegen den Abschluss eines Beherrschungsvertrags können aus Anteilseignersicht auch mitbestimmungsrechtliche Erwägungen sprechen (vgl. § 2 Abs. 2 DrittelbG).

63 Gleichwohl wird der Gewinnabführungsvertrag auch im GmbH-Recht nicht selten mit einem Beherrschungsvertrag **kombiniert.** Isolierte Beherrschungsverträge finden sich dagegen kaum (*Lieder/Hoffmann* GmbHR 2019, 1261 (1263, 1265 f.)). In mehrgliedrigen Gesellschaften bietet der Beherrschungsvertrag dem herrschenden Unternehmen den Vorteil, dass es anders als im faktischen Konzern Weisungen an der Gesellschafterversammlung vorbei erteilen kann, und zwar selbst dann, wenn diese für die abhängige GmbH nachteilig sind. In den meisten Fällen werden die außenstehenden Gesellschafter allerdings ihre Zustimmung zu einem Beherrschungs- und Gewinnabführungsvertrag davon abhängig machen, dass sie gegen Gewährung einer angemessenen Abfindung aus der Gesellschaft ausscheiden. In **Einpersonengesellschaften** ist der zusätzliche Abschluss eines Beherrschungsvertrags neben dem Gewinnabführungsvertrag – vorbehaltlich der genannten mitbestimmungsrechtlichen Auswirkung (→ Rn. 62 aE) – zwar unschädlich; umgekehrt bringt er aber zumindest in gesellschaftsrechtlicher Hinsicht keinen Mehrwert. Nachteilige Weisungen sind nämlich in der Einpersonen-GmbH nach der Rspr. auch ohne Beherrschungsvertrag zulässig (→ Rn. 44). Eine Grenze zieht lediglich das Verbot existenzvernichtender Eingriffe, das aber auch durch einen Beherrschungsvertrag nicht außer Kraft gesetzt werden kann (→ Rn. 98). Ferner werden die Kapitalerhaltungsregeln seit dem MoMiG bereits durch einen isolierten Gewinnabführungsvertrag suspendiert (§ 30 Abs. 1 S. 2 Alt. 1, → Rn. 102). Auch hierfür bedarf es also keines Beherrschungsvertrags. Allerdings mag der Beherrschungsvertrag im Einzelfall in steuerlicher Hinsicht von Vorteil sein. Anders als der Gewinnabführungsvertrag ist er zwar in ertragsteuerlicher Hinsicht irrelevant. Er führt aber immerhin zu einer organisatorischen Eingliederung iSd § 2 Abs. 2 Nr. 2 UStG, die Voraussetzung einer umsatzsteuerlichen Organschaft ist (BFH 10.5.2017, DStR 2017, 1653 Rn. 17 ff.; USt-Anwendungserlass Abschnitt 2.8 Abs. 10 S. 4; *Wagner/*

Marchal DStR 2017, 2150 (2154)). Da sich die organisatorische Eingliederung jedoch auch anderweitig darstellen lässt, ist der Beherrschungsvertrag auch unter diesem Gesichtspunkt nicht zwingend erforderlich (*Lieder/Hoffmann* GmbHR 2019, 1261 (1271)).

Es versteht sich, dass die diversen Vorteile, die der Abschluss von Gewinnabführungs- und ggf. auch Beherrschungsverträgen für das herrschende Unternehmen mit sich bringt, nur um den Preis **zusätzlicher Schutzvorkehrungen** zugunsten der GmbH, ihrer Gläubiger und – soweit vorhanden – der außenstehenden Gesellschafter zu haben sind. Im Mittelpunkt stehen dabei die Verlustausgleichspflicht des herrschenden Unternehmens analog § 302 AktG sowie die Pflicht zur Sicherheitsleistung bei Beendigung des Beherrschungs- und/oder Gewinnabführungsvertrags analog § 303 AktG (→ Rn. 103 ff.). Hinsichtlich des Schutzes der außenstehenden Gesellschafter stellt sich die Frage nach der analogen Anwendung der §§ 304 f. AktG (→ Rn. 107 f.). **64**

Auch die **anderen Unternehmensverträge** iSd § 292 AktG können mit einer GmbH abgeschlossen werden (→ Rn. 120 ff.). Ihre praktische Bedeutung reicht indes bei weitem nicht an diejenige von Beherrschungs- und Gewinnabführungsverträgen heran. **65**

2. Abschluss von Beherrschungs- und Gewinnabführungsverträgen. a) Vertragsparteien, Unternehmensqualität. Der andere Vertragsteil, dem die GmbH ihre Leitung unterstellt bzw. an den sie ihren Gewinn abführt, muss nach überkommener und wohl noch überwA ein **Unternehmen im konzernrechtlichen Sinne** sein, dh einer wesentlichen anderweitigen Interessenbindung (→ Rn. 13) unterliegen (MüKoAktG/*Altmeppen* AktG § 291 Rn. 6 ff.; Hüffer/Koch/*Koch* AktG § 291 Rn. 8; Kölner Komm AktG/*Koppensteiner* AktG § 291 Rn. 8 ff.; GroßkommAktG/*Mülbert* AktG § 291 Rn. 46 ff.; → AktG § 291 Rn. 6 mwN). Verstöße gegen dieses Erfordernis sollen zur Nichtigkeit des Vertrags führen (Kölner Komm AktG/*Koppensteiner* AktG § 291 Rn. 14); nach Invollzugsetzung des Vertrags wird diese Rechtsfolge allerdings durch die Grundsätze der fehlerhaften Gesellschaft eingeschränkt (→ Rn. 83). Die vordringende Gegenansicht will den Abschluss eines Beherrschungs- und Gewinnabführungsvertrags dagegen auch Parteien ermöglichen, die keiner anderweitigen Interessenbindung unterliegen (*K. Schmidt* FS Koppensteiner, 2001, 191; MHdB GesR IV/*Krieger* § 71 Rn. 9; Spindler/Stilz/*Schall* AktG § 15 Rn. 47; *Rubner* Konzern 2003, 735; *Kiefner/Schürnbrand* AG 2013, 789 (792); *Stephan* Konzern 2014, 1 (9 f.)). In der Tat ist kein überzeugender Grund ersichtlich, warum ausgerechnet diesen „ungefährlicheren" Vertragsparteien der Zugang zum Vertragskonzern verwehrt werden sollte. **66**

b) Ordnungsgemäße Vertretung, Schriftform. Beherrschungs- und Gewinnabführungsverträge werden von den vertretungsberechtigten Organen der beteiligten Gesellschaften abgeschlossen. Aufseiten der GmbH handeln somit die Geschäftsführer in vertretungsberechtigter Anzahl (§ 35). Unechte Gesamtvertretung (entspr § 125 Abs. 3 HGB, § 78 Abs. 3 AktG) genügt (*Boor* RNotZ 2017, 65 (70) mwN), nicht aber Vertretung nur durch Prokuristen, da es sich um ein von der Prokura nicht gedecktes Grundlagengeschäft handelt (*Boor* RNotZ 2017, 65 (69); *Hermanns* RNotZ 2015, 632). Der Vertrag bedarf analog § 293 Abs. 3 AktG der **Schriftform** iSd § 126 BGB (ganz hM; BGH 24.10.1988, BGHZ 105, 324 (342) = NJW 1989, 295; BGH 30.1.1992, NJW 1992, 1452; Baumbach/Hueck/*Beurskens* Anh. Rn. 102; Emmerich/Habersack/*Habersack* § 293 Rn. 41; aA – § 2 Abs. 1 analog – *Pache* GmbHR 1995, 90 (92)). Enthält der Vertrag allerdings ein Abfindungsangebot an die Minderheitsgesellschafter bezüglich der Geschäftsanteile, muss er nach § 15 Abs. 4 notariell beurkundet werden (allgM). Die bei Verstößen drohende Nichtigkeit des Vertrags gem. § 125 BGB wird durch die Grundsätze der fehlerhaften Gesellschaft eingeschränkt (→ Rn. 83). **67**

c) Gesellschafterbeschluss der abhängigen Gesellschaft. aa) Allgemeines. Beherrschungs- und/oder Gewinnabführungsverträge bedürfen zu ihrer Wirksamkeit ferner der Zustimmung der Gesellschafterversammlung der abhängigen GmbH in **notariell beurkundeter Form** (§ 53 Abs. 2 S. 1 analog; BGH 24.10.1988, BGHZ 105, 324 (331 f., 338 ff., 342) = NJW 1989, 295 – Supermarkt; BGH 30.1.1992, NJW 1992, 1452 (1453 f.); Emmerich/Habersack/*Habersack* § 293 Rn. 42). Dies beruht auf der Überlegung, dass Beherrschungs- und Gewinnabführungsverträge nicht nur schuldrechtlichen, sondern auch organisationsrechtlichen Charakter haben und so weitreichende Auswirkungen auf die Organisationsverfassung der abhängigen GmbH zeitigen, dass sie in ihrer Bedeutung einer Satzungsänderung gleichstehen (BGH 24.10.1988, BGHZ 105, 324 (338 ff.) = NJW 1989, 295; BGH 30.1.1992, NJW 1992, 1452 (1454)). Entgegen einzelnen krit. Stimmen (Nachw. bei BGH 30.1.1992, NJW 1992, 1452 (1454)) trifft diese Überlegung auch auf Einpersonengesellschaften zu, und zwar schon deshalb, weil die Kapitalbindung außer Kraft gesetzt wird (§ 30 Abs. 1 S. 2 Alt. 1). Der Vertrag ist der notariellen Urkunde beizufügen; unechte Bezugnahme genügt (*Mues* RNotZ 2005, 2 (16)). **68**

bb) Mehrheitserfordernis. Offengelassen hat der BGH (24.10.1988, BGHZ 105, 324 (332) = NJW 1989, 295) bisher die Frage, welcher Mehrheit der Zustimmungsbeschluss bedarf. Unstr. ist, dass eine Mehrheit unterhalb der satzungsändernden Mehrheit keinesfalls genügt. Nach wie vor ungeklärt und heftig umstritten ist aber, ob die **satzungsändernde Mehrheit** ausreicht oder es darüber hinaus der Zustimmung **aller Gesellschafter** bedarf (für Ersteres Lutter/Hommelhoff/*Hommelhoff* Rn. 65; Ro- **69**

wedder/Schmidt-Leithoff/*Schnorbus* § 52 Anh. Rn. 95; *Halm* NZG 2001, 728 (731 ff.); *Hegemann* GmbHR 2012, 315 (316 ff.); *Stephan* Konzern 2015, 349 (352 ff.); für Letzteres die wohl hL, UHL/*Casper* Anh. § 77 Rn. 204; Scholz/*Emmerich* Rn. 146; Baumbach/Hueck/*Beurskens* Anh. Rn. 106; diff. – Zustimmung aller Gesellschafter nur in der personalistisch strukturierten GmbH – MüKoGmbHG/*Liebscher* Rn. 740 ff.). Mit Rücksicht auf diese ungesicherte Rechtslage werden in der Praxis Beherrschungs- und Gewinnabführungsverträge in aller Regel nur bei Vorliegen einer allseitigen Zustimmung abgeschlossen. Auch unabhängig davon sollte an dem Erfordernis der allseitigen Zustimmung festgehalten werden. Die Gegenansicht ließe sich nur umsetzen, wenn die Minderheitsgesellschafter bei fehlender Einstimmigkeit durch eine analoge Anwendung der §§ 304 f. AktG geschützt würden und hinsichtlich der Angemessenheit von Abfindung und Ausgleich das Spruchverfahren eröffnet würde. Ob für eine so weitreichende Rechtsfortbildung ein dringendes praktisches Bedürfnis besteht, ist fraglich.

70 Folgt man somit der hL, bleibt allenfalls die Möglichkeit, das Erfordernis allseitiger Zustimmung in der Satzung **abzubedingen** und auf eine satzungsändernde Mehrheit abzusenken. Ob diese Möglichkeit besteht, ist ebenfalls umstritten; die Frage wird aber inzwischen überwiegend und mit Recht bejaht (Baumbach/Hueck/*Beurskens* Anh. Rn. 106; UHL/*Casper* Anh. § 77 Rn. 205; MüKoGmbHG/*Liebscher* Rn. 745). Die nachträgliche Einführung einer solchen Klausel setzt allerdings ihrerseits Einstimmigkeit voraus (UHL/*Casper* Anh. § 77 Rn. 205; MüKoGmbHG/*Liebscher* Rn. 745; Scholz/*Emmerich* Rn. 156 aE). Eine Absenkung des Mehrheitserfordernisses unter die satzungsändernde Mehrheit ist unstr. nicht möglich (UHL/*Casper* Anh. § 77 Rn. 205). Genügt nach der Satzung die satzungsändernde Mehrheit, stellt sich die Folgefrage, ob das herrschende Unternehmen einem **Stimmverbot** nach § 47 Abs. 4 unterliegt. Vorbehaltlich abweichender Satzungsregelung ist dies zu verneinen, da das Stimmverbot auch sonst nicht auf korporationsrechtliche Rechtsgeschäfte angewendet wird (MüKoGmbHG/*Liebscher* Rn. 747 f.; Scholz/*Emmerich* Rn. 143; zur Beschlussfassung über die Kündigung des Unternehmensvertrags auch BGH 31.5.2011, BGHZ 190, 45 = NZG 2011, 902 Rn. 13 ff. (→ Rn. 117); aA Roth/Altmeppen/*Altmeppen* Rn. 39). Eine materielle Beschlusskontrolle findet ebenfalls nicht statt (hM, Lutter/Hommelhoff/*Hommelhoff* Rn. 66; Rowedder/Schmidt-Leithoff/*Schnorbus* § 52 Anh. Rn. 96), und zwar auch nicht am Maßstab des Gleichbehandlungsgrundsatzes (*Verse* Gleichbehandlungsgrundsatz 332 f., 339 Fn. 35; die dort zur AG angestellten Erwägungen sind auf die GmbH übertragbar, sofern man die qualifizierte Mehrheit ausreichen lässt und die Satzung als Korrektiv Schutzbestimmungen zugunsten der Minderheit vorsieht).

71 **cc) Berichts- und Prüfungspflichten analog §§ 293a ff. AktG.** Nicht hinreichend geklärt ist bisher, ob im Vorfeld der Beschlussfassung in der abhängigen GmbH die Berichts- und Prüfungspflichten der §§ 293a ff. AktG analog anzuwenden sind. Auf der Grundlage der hL, die vom Erfordernis allseitiger Zustimmung ausgeht, ist die Frage **zu verneinen,** da die Minderheitsgesellschafter bereits dadurch hinreichend geschützt sind, dass sie ihre Zustimmung zu dem Vertrag von angemessenen Schutzvorkehrungen abhängig machen können (Scholz/*Emmerich* Rn. 136; UHL/*Casper* Anh. § 77 Rn. 206; *Bungert* DB 1995, 1449 (1453 f.)). Wenn man qualifizierte Mehrheitsbeschlüsse für zulässig hält, scheint dagegen auf den ersten Blick eine entsprechende Anwendung der §§ 293a ff. AktG nahe zu liegen, zumal auch bei Maßnahmen nach dem UmwG unter Beteiligung von Gesellschaften mbH ähnliche Prüfungs- und Berichtspflichten bestehen (vgl. §§ 47 ff. UmwG). Andererseits ist zu bedenken, dass die GmbH-Gesellschafter bereits durch das weitreichende Informationsrecht nach § 51a geschützt sind. Für eine umfassende Analogie zu den §§ 293a ff. AktG besteht daher jedenfalls dann kein Bedürfnis, wenn man sich iRd § 51a an dem Umfang der nach §§ 293a ff. AktG geschuldeten Information orientiert und insbesondere auch Informationen über das herrschende Unternehmen von § 51a mit umfasst sieht (idS MüKoGmbHG/*Liebscher* Rn. 766 mwN auch zur Gegenansicht). Geht man von der Zulässigkeit von Mehrheitsbeschlüssen aus, wird man ferner annehmen müssen, dass auf Verlangen eines außenstehenden Gesellschafters (vgl. § 48 S. 1 UmwG) entsprechend dem Grundgedanken der §§ 293b ff. AktG eine unabhängige sachverständige Prüfung des Beherrschungs- oder Gewinnabführungsvertrags durchgeführt werden muss, um insbesondere die Angemessenheit der Ausgleichs- bzw. Abfindungsregelung zu kontrollieren. In der Einpersonen-GmbH scheidet eine Prüfungspflicht dagegen unstreitig aus (vgl. § 293b Abs. 1 letzter Hs. AktG).

72 **dd) Beschlussmängel.** Für Beschlussmängel gelten die allgemeinen Regeln, dh Rechtsverletzungen sind grundsätzlich im Wege der Anfechtungsklage und ausnahmsweise im Wege der Nichtigkeitsklage geltend zu machen (→ Anh. § 47 Rn. 1 ff.). Das Freigabeverfahren nach § 246a AktG ist nach überwA nicht entsprechend anwendbar (KG Berlin 23.6.2011, NZG 2011, 1068; *Fleischer* DB 2011, 2132; *Fehrenbach,* Der fehlerhafte Gesellschafterbeschluss in der GmbH, 2011, 375 ff.; Hüffer/Koch/*Koch* AktG § 246a Rn. 3; *Meuer* GmbHR 2013, 729; *Sauerbruch* GmbHR 2007, 189; → AktG § 246a Rn. 3 mwN; aA unter Hinweis darauf, dass auch § 16 Abs. 3 UmwG, § 125 S. 1 UmwG, § 198 Abs. 3 UmwG die GmbH in das Freigabeverfahren einbeziehen, *Bayer/Lieder* NZG 2011, 1170 (1171 ff.); *Harbarth* GmbHR 2005, 966; MüKoGmbHG/*Liebscher* Rn. 776; zweifelnd *Raiser* FS Hüffer, 2010, 789 (798 ff.)). Zu den Folgen einer erfolgreichen Beschlussmängelklage → Rn. 85 f.

d) Gesellschafterbeschluss der herrschenden Gesellschaft. Eine weitere Wirksamkeitsvoraussetzung für den Abschluss von Beherrschungs- und Gewinnabführungsverträgen bildet die Zustimmung der Anteilseignerversammlung des anderen Vertragsteils. Dies gilt auch, wenn es sich bei diesem nicht um eine AG oder KGaA, sondern um eine GmbH handelt (**§ 293 Abs. 2 AktG analog;** BGH 24.10.1988, BGHZ 105, 324 (333 ff.); BGH 30.1.1992, NJW 1992, 1452 (1453); BFH 22.10.2008, AG 2009, 511 (512); ebenso die heute ganz hL, Baumbach/Hueck/*Beurskens* Anh. Rn. 110; UHL/*Casper* Anh. § 77 Rn. 207 mwN; aA Roth/Altmeppen/*Altmeppen* Rn. 44). Vorschläge des Schrifttums, Bagatellfälle vom Zustimmungsvorbehalt auszunehmen (*Priester* DB 1989, 1013 (1017); dagegen *Hoffmann-Becking* WiB 1994, 57 (60)), haben sich nicht durchsetzen können. Das Zustimmungserfordernis beruht auf der Erwägung, dass die mit dem Vertrag verbundene Verlustübernahmepflicht entsprechend § 302 AktG für die herrschende Gesellschaft von existenzieller Bedeutung sein kann. Wenig einleuchtend ist das Zustimmungserfordernis allerdings in Fällen, in denen selbst bei der noch weiter reichenden Verschmelzung Erleichterungen zugelassen werden. So ist bei der Verschmelzung die Zustimmung der Hauptversammlung der aufnehmenden AG entbehrlich, wenn diese mit mindestens 90 % am Kapital der übertragenden GmbH oder AG beteiligt ist (§ 62 UmwG). De lege ferenda sollte dies auch auf den Abschluss von Beherrschungs- und Gewinnabführungsverträgen übertragen werden (*Hoffmann-Becking* WiB 1994, 57 (60); *Stephan* Konzern 2014, 1 (13 Fn. 142); offenbar schon de lege lata MHdB GesR III/*Kiefner* § 70 Rn. 11). 73

Der Zustimmungsbeschluss setzt analog § 293 Abs. 2 S. 2 AktG eine **qualifizierte Mehrheit** von mindestens 3/4 der bei der Beschlussfassung abgegebenen Stimmen voraus (BGH 24.10.1988, BGHZ 105, 324 (336) = NJW 1989, 295). Eine Delegation der Entscheidung auf ein anderes Organ als die Anteilseignerversammlung (zB auf einen Gesellschafterausschuss) ist auch in der GmbH unzulässig (hM, HCL/*Hüffer/Schäfer* § 45 Rn. 25 mwN; aA *Groner* GmbHR 2009, 923 (925)). Der Beschluss bedarf, wenn es sich bei der herrschenden Gesellschaft um eine GmbH handelt, im Unterschied zum Zustimmungsbeschluss der Untergesellschaft keiner notariellen Beurkundung (BGH 24.10.1988, BGHZ 105, 324 (337) = NJW 1989, 295). Handelt es sich beim herrschenden Vertragsteil um eine AG, ist dagegen die **Beurkundungspflicht** nach § 130 Abs. 1 AktG einzuhalten (BGH 30.1.1992, NJW 1992, 1452; Emmerich/Habersack/*Emmerich* § 293 Rn. 46); andernfalls ist der Beschluss nach § 241 Nr. 2 AktG nichtig. Dem Beschlussprotokoll bzw. der notariellen Niederschrift ist analog § 293g Abs. 2 S. 2 AktG der Vertrag als Anlage beizufügen (BGH 30.1.1992, NJW 1992, 1452 zu § 293 Abs. 3 S. 6 AktG aF; Emmerich/Habersack/*Emmerich* § 293 Rn. 46). 74

Bei der Vorbereitung der Gesellschafterversammlung der Obergesellschaft stellt sich wiederum die Frage nach der Anwendbarkeit der **§§ 293a ff. AktG.** Sie wird für die AG oder KGaA als Obergesellschaft mit Recht überwiegend bejaht (Hüffer/Koch/*Koch* AktG § 293a Rn. 6; MHdB GesR IV/*Krieger* § 71 Rn. 25). Für eine GmbH als Obergesellschaft ist eine Analogie zu § 293a AktG dagegen fraglich und nach vorzugswürdiger Ansicht zu verneinen, da die GmbH-Gesellschafter durch das umfassende Informationsrecht nach § 51a geschützt sind (Rowedder/Schmidt-Leithoff/*Schnorbus* Anh. § 52 Rn. 103; Roth/Altmeppen/*Altmeppen* Rn. 48; → Rn. 71 zur Untergesellschaft; aA Emmerich/Habersack/*Emmerich* § 293a Rn. 13). Was die Erforderlichkeit einer Vertragsprüfung nach §§ 293b ff. AktG angeht, so liegt es auch hier wieder nahe, sich an § 48 UmwG zu orientieren, sofern eine Prüfung nicht bereits nach § 293b Abs. 1 letzter Hs. AktG entbehrlich ist (→ Rn. 71). 75

Besonderheiten sind zu beachten, wenn das herrschende Unternehmen eine **juristische Person des öffentlichen Rechts** ist. Ob § 293 Abs. 2 AktG auch in diesem Fall entsprechende Anwendung findet, ist umstritten; s. dazu (jeweils zu Beherrschungsverträgen mit einer Sparkasse/Anstalt des öffentlichen Rechts als anderem Vertragsteil) einerseits – bejahend – OLG Celle 16.5.2014, AG 2014, 909; andererseits –verneinend – OLG München 3.7.2014, NZG 2014, 1147; *Adenauer* NZG 2018, 164 (166 f.). Bei Gebietskörperschaften ist zudem zu prüfen, ob das Kommunalrecht ihnen überhaupt den Abschluss von Beherrschungsverträgen mit der damit einhergehenden Verpflichtung zum Verlustausgleich gestattet (dazu MüKoAktG/*Schürnbrand* Vor §§ 394–395 Rn. 52 f.). Ferner können hier zusätzlich öffentlich-rechtliche Genehmigungserfordernisse zu beachten sein (zur kommunalaufsichtsrechtlichen Genehmigung nach Art. 72 Abs. 2 BayGO OLG München 14.7.2009, NZG 2009, 1031). 76

e) Eintragung im Handelsregister. Beherrschungs- und Gewinnabführungsverträge werden erst mit Eintragung ihres Bestehens im Handelsregister **der abhängigen GmbH** wirksam (analog § 54 Abs. 3 AktG, § 294 Abs. 2 AktG; heute allgM, BGH 24.10.1988, BGHZ 105, 324 (338 ff.) = NJW 1989, 295; BGH 30.1.1992, NJW 1992, 1452 (1453 f.); MüKoGmbHG/*Liebscher* Rn. 771). Die Eintragung ist mithin **konstitutiv.** Der Anmeldung zum Handelsregister sind analog § 54 Abs. 1 S. 2 Hs. 2 AktG und § 294 Abs. 1 S. 2 AktG die Zustimmungsbeschlüsse beider Gesellschaften beizufügen, denen jeweils der Vertrag als Anlage beigefügt sein muss (BGH 24.10.1988, BGHZ 105, 324 (343) = NJW 1989, 295; BGH 30.1.1992, NJW 1992, 1452; näher *Boor* RNotZ 2017, 65 (77)). Das Registergericht hat nicht nur die Einhaltung der Formalia der Anmeldung, sondern auch die materielle Wirksamkeit des Vertrags zu prüfen (Emmerich/Habersack/*Emmerich* § 294 Rn. 19 f.). Bei negativem Ausgang der Prüfung ist die Eintragung abzulehnen. Ist eine Beschlussmängelklage gegen einen Zustimmungs- 77 beschluss anhängig, kann – nicht muss – die Eintragung nach §§ 21, 381 FamFG ausgesetzt werden. Die Aussetzung der Eintragung kann nach überwA nicht im Wege des Freigabeverfahrens analog § 246a AktG überwunden werden (→ Rn. 72). Bei positivem Ausgang der Prüfung erfolgt die Eintragung, die folgende Angaben umfasst: das Bestehen und die Art des Unternehmensvertrags (Beherrschungs- und/ oder Gewinnabführungsvertrag), den anderen Vertragsteil, das Datum des Vertragsschlusses sowie das Bestehen und das Datum des Zustimmungsbeschlusses der abhängigen Gesellschaft (BGH 24.10.1988, BGHZ 105, 324 (346) = NJW 1989, 295). Wegen des weitergehenden Vertrags- und Beschlussinhalts kann auf den Unternehmensvertrag und die Zustimmungsbeschlüsse, die zu den Handelsregisterakten eingereicht werden, Bezug genommen werden (BGH 24.10.1988, BGHZ 105, 324 (346) = NJW 1989, 295).

77a Eine Eintragung im Handelsregister des **anderen Vertragsteils** (der Obergesellschaft) ist dagegen ebenso wie im Aktienrecht (vgl. § 294 AktG) **nicht erforderlich** (ganz hM, AG Duisburg 18.11.1993, GmbHR 1994, 811; UHL/*Casper* Anh. § 77 Rn. 207; Lutter/Hommelhoff/*Hommelhoff* Rn. 63; BeckOK GmbHG/*Servatius* KonzernR Rn. 110; *Enders* NZG 2015, 623 (625 f.); *Boor* RNotZ 2017, 65 (77 f.); aA LG Bonn 27.4.1993, GmbHR 1993, 443 unter unzutr. Berufung auf BGH 30.1.1992, NJW 1992, 1452). Nach zutreffender Ansicht ist eine Eintragung im Register des anderen Vertragsteils auch nicht fakultativ möglich (str., für Eintragungsfähigkeit LG Düsseldorf 8.8.2000, RNotZ 2001, 171; Lutter/Hommelhoff/*Hommelhoff* Rn. 63; BeckOK GmbHG/*Servatius* KonzernR Rn. 110; *Enders* NZG 2015, 623 (625); *Priester* GmbHR 2015, 169 (171 f.).; wie hier dagegen AG Duisburg 18.11.1993, GmbHR 1994, 811; AG Erfurt 2.10.1996, AG 1997, 275; ausf. *E. Vetter* AG 1994, 110 ff.; ebenso die hM im Aktienrecht, GroßkommAktG/*Mülbert* AktG § 294 Rn. 12 mwN). Da das Gesetz eine derartige Eintragung nicht – auch nicht in entsprechender Anwendung – vorsieht, käme sie im Hinblick auf die strenge Formalisierung des Registerrechts nur in Betracht, wenn dadurch einem erheblichen Bedürfnis des Rechtsverkehrs entsprochen würde (BGH 10.11.1997, NJW 1998, 1071 mit dem Zusatz, dass hinsichtlich solcher ungeschriebenen Ausnahmen Zurückhaltung geboten ist; BGH 14.2.2012, NZG 2012, 385 Rn. 16 mwN). Ein derartiges Bedürfnis ist jedoch im GmbH-Recht ebenso wenig erkennbar wie im Aktienrecht (näher *E. Vetter* AG 1994, 110; GroßkommAktG/*Mülbert* AktG § 294 Rn. 12). Zur Frage der Amtslöschung (§ 395 FamFG) einer gleichwohl erfolgten Eintragung im Register des anderen Vertragsteils s. OLG Celle 4.6.2014, NZG 2015, 644 mBespr *Enders* NZG 2015, 623; *Priester* GmbHR 2015, 169.

78 **f) Fehlerhafte Verträge. aa) Anwendbarkeit der Grundsätze der fehlerhaften Gesellschaft.** Fehlt es an einer der vorgenannten Wirksamkeitsvoraussetzungen, kann der bereits in Vollzug gesetzte Beherrschungs- und/oder Gewinnabführungsvertrag gleichwohl nach den Regeln der fehlerhaften Gesellschaft (→ § 2 Rn. 68 ff.) für die Vergangenheit als wirksam zu behandeln sein. Trotz vieler umstrittener Einzelfragen ist die prinzipielle Anwendbarkeit der Grundsätze der fehlerhaften Gesellschaft auf fehlerhafte Unternehmensverträge heute weitestgehend **anerkannt** (stRspr, zB BGH 14.12.1987, BGHZ 103, 1 (4 f.) = NJW 1988, 1326; BGH NJW 2002, 822 (823); UHL/*Casper* Anh. § 77 Rn. 208 mwN; aA *Köhler* ZGR 1985, 307). Begründet wird dies zumeist mit dem organisationsrechtlichen Charakter der Unternehmensverträge sowie den Rückabwicklungsschwierigkeiten, die mit einer rückwirkenden Nichtigkeit eines bereits in Vollzug gesetzten Unternehmensvertrags verbunden sein können (BGH 14.12.1987, BGHZ 103, 1 (4 f.) = NJW 1988, 1326; UHL/*Casper* Anh. § 77 Rn. 208).

79 Für den isolierten Gewinnabführungsvertrag wird die Anwendbarkeit der Lehre von der fehlerhaften Gesellschaft teilweise in Zweifel gezogen, da allein die Gewinnabführung bzw. Verlustübernahme ohne große Schwierigkeiten rückabgewickelt werden könne (*C. Schäfer,* Die Lehre vom fehlerhaften Verband, 2002, 463 ff.). Gleichwohl geht der BGH auch für isolierte Gewinnabführungsverträge von den Grundsätzen der fehlerhaften Gesellschaft aus (BGH 11.11.1991, BGHZ 116, 37 (40 f.) = NJW 1992, 505; zuvor bereits BGH 14.12.1987, BGHZ 103, 1 Ls. a = NJW 1988, 1326: „Beherrschungs- *oder* Gewinnabführungsvertrag"; ebenso die ganz hL). Hierfür lässt sich der Schutz der Gläubiger anführen, die sich bei Eintragung des Gewinnabführungsvertrags auf das Eingreifen der Sicherungsmechanismen der §§ 302 f. AktG verlassen können müssen (*Krieger* ZHR 158 (1994), 35 (42)). Ferner ist zu bedenken, dass seit dem MoMiG auch ein isolierter Gewinnabführungsvertrag die Kapitalbindung flächendeckend außer Kraft setzt (§ 30 Abs. 1 S. 2) und sich nachträglich häufig nicht mehr feststellen lassen wird, welche einzelnen Maßnahmen bei Beachtung der Kapitalbindung rückgängig gemacht werden müssten.

80 **bb) Invollzugsetzung des Vertrags.** Grundvoraussetzung für die Anwendung der Grundsätze der fehlerhaften Gesellschaft ist, dass der Vertrag in Vollzug gesetzt worden ist. Dafür genügt es, dass die Obergesellschaft die Verluste der abhängigen Gesellschaft ausgeglichen hat (BGH 11.11.1991, BGHZ 116, 37 (40 f.) = NJW 1992, 505) oder der Gewinn an die Obergesellschaft abgeführt wurde. Alternativ reicht es für den Vollzug eines Beherrschungsvertrags aus, dass die Obergesellschaft von ihrem vertraglichen Weisungsrecht Gebrauch gemacht hat (vgl. BGH 11.11.1991, BGHZ 116, 37 (40 f.) = NJW 1992, 505). Ob darüber hinaus auch die bloße Eintragung des Vertrags genügt, ist ebenso wie im Aktienrecht bisher ungeklärt (bejahend *Krieger* ZHR 158 (1994), 35 (41) wegen des Vertrauensschutzes

der Gläubiger; verneinend UHL/*Casper* Anh. § 77 Rn. 209; MüKoGmbHG/*Liebscher* Rn. 711 wegen der fehlenden Rückabwicklungsschwierigkeiten).

Sehr umstritten ist auch die umgekehrte Frage, ob eine Invollzugsetzung des Vertrags voraussetzt, dass der Vertrag im Handelsregister eingetragen worden ist. Im Schrifttum wird dies aus guten Gründen bejaht, da ansonsten zu besorgen wäre, dass das Eintragungserfordernis leerläuft (UHL/*Casper* Anh. § 77 Rn. 209; MüKoGmbHG/*Liebscher* Rn. 712; *Schürnbrand* ZHR 169 (2005), 35 (49 ff.); *Kort* NZG 2009, 364 (367 f.)). Etwas anderes kann nach dieser Ansicht allenfalls für Altverträge gelten, die bereits vor 1989, also vor der Anerkennung des Eintragungserfordernisses durch den BGH (24.10.1988, BGHZ 105, 324 = NJW 1989, 295), abgeschlossen wurden. Der BGH hat dagegen wiederholt ausgesprochen, dass die **Eintragung keine zwingende Voraussetzung** für die Anwendung der Grundsätze der fehlerhaften Gesellschaft auf Beherrschungs- oder Gewinnabführungsverträge darstelle (BGH 11.11.1991, BGHZ 116, 37 (39) = NJW 1992, 505; BGH 5.11.2001, NJW 2002, 822 (823); ebenso *Hirte/Schall* Konzern 2006, 243 (246 ff.) mwN; anders für die Verschmelzung BGH 18.12.1995, NJW 1996, 659 (660)). Ungeachtet der Kritik des Schrifttums hat der BGH diese zunächst auf die GmbH begrenzte Rspr. auch noch auf die AG ausgedehnt (BGH 29.11.2004, NJW-RR 2005, 627 (628) für einen Teilgewinnabführungsvertrag; aA aber OLG München 24.6.2008, NZG 2008, 753 (755); OLG Schleswig 27.8.2008, NZG 2008, 868 (872 ff.), und die bisher ganz hL im Aktienrecht; Hüffer/Koch/*Koch* AktG § 291 Rn. 21; MHdb GesR IV/*Krieger* § 71 Rn. 19; *Stephan* Konzern 2014, 1 (20) mwN). 81

cc) Einzelne Mängel. Der BGH hat in seiner Rspr. zu fehlerhaften Unternehmensverträgen bisher nicht zwischen einzelnen Mängeln differenziert, sondern die Anwendbarkeit der Grundsätze der fehlerhaften Gesellschaft bei Fehlen der „gesellschaftsrechtlichen Anforderungen" generell bejaht (BGH 14.12.1987, BGHZ 103, 1 (4 f.) = NJW 1988, 1326). Eine Ausnahme für besonders schwerwiegende Vertragsmängel hat der BGH bislang nicht erwogen. Das Schrifttum geht dagegen vielfach davon aus, dass bei besonders schwerwiegenden Vertragsmängeln, bei denen selbst die vorläufige Bestandskraft des Vertrags nicht hingenommen werden kann, die Anwendung der Grundsätze der fehlerhaften Gesellschaft ausscheidet (MüKoGmbHG/*Liebscher* Rn. 713 mwN). Dies entspricht der auch sonst anerkannten Einschränkung, dass die Grundsätze der fehlerhaften Gesellschaft bei überwiegenden entgegenstehenden Interessen der Allgemeinheit oder Einzelner nicht zur Anwendung kommen (krit. aber GroßkommAktG/*Mülbert* AktG § 293 Rn. 151 mwN). 82

Einigkeit besteht jedenfalls, dass die Grundsätze der fehlerhaften Gesellschaft auf formelle Mängel des Vertrags wie zB die **fehlende Schriftform** (oder die fehlende Beurkundung, falls der Vertrag ausnahmsweise einer solchen bedarf) angewendet werden können (UHL/*Casper* Anh. § 77 Rn. 209). Wie dargelegt gilt nach der umstrittenen Rspr. des BGH Gleiches für die **fehlende Eintragung** des Vertrags im Handelsregister (→ Rn. 81). Auch der Abschluss des Vertrags mit einem **Nicht-Unternehmen** stellt selbst dann, wenn man entgegen der hier vertretenen Ansicht an dem Unternehmenserfordernis festhalten wollte (→ Rn. 66), jedenfalls keinen so schwerwiegenden Mangel dar, dass die Anwendung der Grundsätze der fehlerhaften Gesellschaft ausgeschlossen wäre (ebenso MüKoAktG/*Altmeppen* AktG § 291 Rn. 16; str.). 83

Weithin ungeklärt ist dagegen die Frage, wie bei **Mängeln des Zustimmungsbeschlusses** der Unter- bzw. Obergesellschaft zu verfahren ist. Fehlt es gänzlich an einem Zustimmungsbeschluss der Gesellschafter der abhängigen oder der herrschenden Gesellschaft, scheidet die Anwendung der Grundsätze der fehlerhaften Gesellschaft nach zutreffender hL aus (UHL/*Casper* Anh. § 77 Rn. 210; MüKoGmbHG/*Liebscher* Rn. 713; *Schürnbrand* ZHR 169 (2005), 35 (51 f.) mwN; aA *C. Schäfer,* Die Lehre vom fehlerhaften Verband, 2002, 364 ff.; *Ederle,* Verdeckte Beherrschungsverträge, 2010, 142 ff.; *Hirte/Schall* Konzern 2006, 243 (248 f.)). Hierfür spricht, dass der Geschäftsführer dann vergleichbar einem falsus procurator bei gänzlichem Fehlen der Vollmacht handelt; für diesen Fall ist anerkannt, dass die Lehre von der fehlerhaften Gesellschaft keine Anwendung findet, da es an einer dem Vertretenen zurechenbaren rechtsgeschäftlichen Grundlage fehlt (HCL/*Ulmer/Löbbe* § 2 Rn. 153 iVm Rn. 47). In der Rspr. des BGH findet die Einschränkung der Grundsätze der fehlerhaften Gesellschaft bei gänzlich fehlendem Zustimmungsbeschluss allerdings bisher keine Bestätigung. Andererseits ging es aber in den Entscheidungen des BGH – soweit ersichtlich – stets um Fallgestaltungen, in denen der Vertrag im Einvernehmen aller Beteiligter vollzogen wurde. 84

Dem völligen Fehlen eines Zustimmungsbeschlusses wird im Schrifttum überwiegend der Fall gleichgestellt, dass der Zustimmungsbeschluss an einem **besonders schwerwiegenden Mangel** leidet, der die Nichtigkeit iSd § 241 Nr. 1, Nr. 3 oder Nr. 4 AktG begründet (*Kort,* Bestandsschutz fehlerhafter Strukturänderungen im Kapitalgesellschaftsrecht, 1998, 174 f.; für alle Nichtigkeitsgründe Baumbach/Hueck/*Beurskens* Anh. Rn. 113; aA GroßkommAktG/*Mülbert* AktG § 293 Rn. 155 ff. mwN). Bloße Formmängel des Zustimmungsbeschlusses, namentlich die fehlende oder nicht ordnungsgemäße Beurkundung des Zustimmungsbeschlusses der abhängigen Gesellschaft, schließen dagegen die Anwendung der Grundsätze der fehlerhaften Gesellschaft nicht aus (*Kort,* Bestandsschutz fehlerhafter Strukturänderungen im Kapitalgesellschaftsrecht, 1998, 174; zum Vergleichsfall der Stellvertretung aufgrund formnichtiger Vollmacht HCL/*Ulmer/Löbbe* § 2 Rn. 153 iVm Rn. 46 mwN). Selbst eine nur konkludent 85 außerhalb eines förmlichen Beschlusses erteilte Zustimmung sollte als rechtsgeschäftliche Grundlage ausreichen.

86 Umstritten ist ferner, was zu gelten hat, wenn der Vertrag zunächst in das Handelsregister eingetragen wird, später aber eine **Anfechtungsklage** gegen einen der Zustimmungsbeschlüsse Erfolg hat. Die obergerichtliche Rspr. lehnt in diesem Fall die Anwendung der Grundsätze der fehlerhaften Gesellschaft ab (OLG Zweibrücken 2.3.2004, ZIP 2004, 559 (560 f.); OLG Koblenz 23.11.2000, ZIP 2001, 1095 (1097 f.) (jeweils zur AG); tendenziell auch OLG Schleswig 27.8.2008, NZG 2008, 868 (874) mzustAnm *Kort* NZG 2009, 364 (368)). Dieser Ansicht ist jedoch ebenso wenig wie im Aktienrecht zu folgen (MüKoGmbHG/*Liebscher* Rn. 714 ff.; UHL/*Casper* Anh. § 77 Rn. 211). Die Anwendung der Grundsätze der fehlerhaften Gesellschaft ist hier sogar noch dringlicher als im Aktienrecht, da nach überwA das Freigabeverfahren nach § 246a AktG mit dem in Abs. 4 vorgesehenen Bestandsschutz nicht auf die GmbH angewendet werden kann (→ Rn. 72).

87 **dd) Verdeckte Beherrschungsverträge im Besonderen.** Die vorgenannten Grundsätze gelten auch für verdeckte Beherrschungsverträge, also Verträge, die zwar nicht als Beherrschungsvertrag deklariert und auch nicht nach den hierfür geltenden Regeln abgeschlossen werden, aber so weitreichende Befugnisse zur Einflussnahme auf die Geschäftsleitung gewähren, dass dies einer Leitungsunterstellung iSd § 291 Abs. 1 AktG im Ergebnis gleichkommt (zu den in Betracht kommenden Fallkonstellationen MüKoGmbHG/*Liebscher* Rn. 672 ff.; *Schürnbrand* ZHR 169 (2005), 35 (41 ff.); *Silny,* Der Gläubiger- und Minderheitenschutz bei verdeckten Beherrschungsverträgen, 2009, 33 ff.; stark einschr. *Ederle,* Verdeckte Beherrschungsverträge, 2010, 119 ff., 182 ff.; *Ederle* AG 2010, 273). Zur Frage, ob hierunter auch die bei internationalen Unternehmenszusammenschlüssen üblichen „business combination agreements" fallen, s. (jeweils verneinend) OLG Schleswig 27.8.2008, NZG 2008, 868; LG München I 20.12.2018, AG 2019, 225 (229 ff.); *Decher* FS Hüffer, 2010, 145 (149 ff.); *Goslar* DB 2009, 800 (802 ff.); *Kiefner* ZHR 178 (2014), 547 (566 ff.) mwN; offenlassend OLG München 24.6.2008, NZG 2008, 753 (754); bejahend LG Nürnberg-Fürth 18.12.2008, AG 2010, 179 (180). Die Problematik wird vor allem für die AG diskutiert, stellt sich aber auch für die GmbH. Bei verdeckten Beherrschungsverträgen erfolgt keine Eintragung in das Handelsregister; Zustimmungsbeschlüsse der Gesellschafterversammlungen der beiden beteiligten Gesellschaften werden idR nicht eingeholt und Ausgleichsregelungen zugunsten der Minderheit typischerweise nicht getroffen. Folgt man den geschilderten Grundsätzen (→ Rn. 82 ff.), werden derartige Verträge daher regelmäßig an so schwerwiegenden Mängeln leiden, dass eine Anwendung der Grundsätze der fehlerhaften Gesellschaft ausscheidet und die Verträge als von Anfang an nichtig anzusehen sind (*Schürnbrand* ZHR 169 (2005), 35 (53); MüKoGmbHG/*Liebscher* Rn. 679; aA *Hirte/Schall* Konzern 2006, 243 (246 ff.)).

88 Dem Schutzbedürfnis der Gläubiger und etwaiger Minderheitsgesellschafter der beherrschten Gesellschaft ist in solchen Fällen nach **den allgemeinen Regeln** Rechnung zu tragen (MüKoGmbHG/*Liebscher* Rn. 679). Der Gläubigerschutz ist somit durch den Kapitalschutz sowie im Insolvenzfall durch die Existenzvernichtungshaftung zu gewährleisten. Dem Schutzbedürfnis der Minderheitsgesellschafter der abhängigen Gesellschafter ist in erster Linie durch die Abwehr- und Schadensersatzansprüche aus Treuepflichtverletzung (→ Rn. 52), ggf. auch durch das Austrittsrecht aus wichtigem Grund Rechnung zu tragen (→ Rn. 59). Für eine analoge Anwendung der §§ 302 f., 305 AktG ist daneben kein Raum (MüKoGmbHG/*Liebscher* Rn. 679; ebenso die heute hM zur AG, Hüffer/Koch/*Koch* AktG § 291 Rn. 14 f. mwN; abw. aber Emmerich/Habersack/*Emmerich* § 291 Rn. 24c; *Emmerich* FS Hüffer, 2010, 179 (185); *Hirte/Schall* Konzern 2006, 243 (253 ff.); zwischen AG und GmbH diff. *Schürnbrand* ZHR 169 (2005), 35 (58 f.)). Auch einer Ausdehnung der Lehre der fehlerhaften Gesellschaft bedarf es zum Schutz der Minderheit nicht (MüKoGmbHG/*Liebscher* Rn. 679; vgl. auch OLG München 24.6.2008, NZG 2008, 753 (755); aA *Hirte/Schall* Konzern 2006, 243 (246 ff., 255)). Sie hätte aus Sicht der Minderheitsgesellschafter iÜ den Nachteil, dass eine Rückabwicklung auch dann ausgeschlossen wäre, wenn ihnen daran ausnahmsweise eher gelegen ist als an einer Abfindung.

89 **ee) Rechtsfolgen.** Finden die Grundsätze der fehlerhaften Gesellschaft Anwendung, ist der Vertrag für die Vergangenheit als wirksam anzusehen. Er endet erst, wenn sich einer der Vertragspartner auf die Nichtigkeit beruft (BGH 14.12.1987, BGHZ 103, 1 (5) = NJW 1988, 1326). Hierzu bedarf es nach hM der Erklärung einer Kündigung, wobei die Fehlerhaftigkeit des Vertrags ohne weiteres einen wichtigen Kündigungsgrund darstellt (MüKoGmbHG/*Liebscher* Rn. 717 mwN; gegen das Kündigungserfordernis Scholz/*Emmerich* Rn. 168). Greifen die Grundsätze der fehlerhaften Gesellschaft nicht ein, bewendet es bei der Nichtigkeit des Vertrags von Anfang an. Die Nichtigkeit kann nicht in das Handelsregister eingetragen werden; stattdessen ist ein Amtslöschungsverfahren nach § 395 FamFG (früher § 142 FGG) einzuleiten (OLG Hamm 14.4.2009, NZG 2009, 1117).

90 **3. Inhalt und Rechtsfolgen von Beherrschungs- und Gewinnabführungsverträgen. a) Gewinnabführung.** Durch einen Gewinnabführungsvertrag verpflichtet sich die GmbH analog § 291 Abs. 1 S. 1 Alt. 2 AktG, ihren gesamten Gewinn an den anderen Vertragsteil abzuführen. Die Gewinnabführung erstreckt sich wie bei der AG grundsätzlich auf den gesamten Jahresüberschuss, wie er ohne

die Verpflichtung zur Gewinnabführung, also ohne die Berücksichtigung der Gewinnabführung als Aufwand, auszuweisen wäre **(fiktiver Jahresüberschuss).**

Als **Höchstgrenze** der Gewinnabführung ist auch in der GmbH die Vorschrift des **§ 301 AktG** zu beachten. Aus gesellschaftsrechtlicher Sicht wäre es zwar zulässig, auch eine weitergehende Gewinnabführung vorzusehen (UHL/*Casper* Anh. § 77 Rn. 224; str.). Die steuerliche Anerkennung des Gewinnabführungsvertrags setzt jedoch gem. § 17 S. 2 Nr. 1 KStG voraus, dass die Grenzen des § 301 AktG eingehalten werden (→ AktG § 301 Rn. 4 ff.). Allerdings ist die in § 301 S. 1 AktG vorgesehene Verminderung der Gewinnabführung um den Betrag, der nach § 300 AktG in die gesetzliche Rücklage einzustellen ist, in der GmbH gegenstandslos, da eine derartige Rücklage nicht zu bilden ist (UHL/*Casper* Anh. § 77 Rn. 223; allgM). Zu den Besonderheiten in der UG (haftungsbeschränkt) → § 5a Rn. 9. 91

Die steuerliche Anerkennung des Gewinnabführungsvertrags ist iÜ wie beim Gewinnabführungsvertrag mit einer AG an die Voraussetzungen des § 14 KStG, namentlich die mindestens fünfjährige Laufzeit des Vertrages, geknüpft (§ 17 S. 1 KStG; zur nachträglichen Verlängerung einer zunächst zu kurz bemessenen Vertragslaufzeit BFH 22.10.2008, AG 2009, 511). Wegen der Einzelheiten kann auf die Erl. zu § 291 AktG (→ AktG § 291 Rn. 30 ff.) verwiesen werden; ausf. zu den steuerrechtlichen Voraussetzungen auch *Boor* RNotZ 2017, 65 (70 ff.); *Mues* RNotZ 2005, 2; MüKoGmbHG/*Liebscher* Rn. 1349 ff. Zu dem aus § 17 S. 2 Nr. 2 KStG abgeleiteten Erfordernis, bei GmbH-Gewinnabführungsverträgen ausdrücklich den Verlustausgleich gem. § 302 AktG in Bezug zu nehmen, → Rn. 104. 92

b) Weisungsrecht. aa) Allgemeines. Durch einen **Beherrschungsvertrag,** der nicht selten mit dem Gewinnabführungsvertrag kombiniert wird, unterstellt sich die abhängige GmbH der Leitung durch den anderen Vertragsteil und räumt diesem damit das Recht ein, der Geschäftsführung der GmbH unmittelbar, dh ohne Einschaltung der Gesellschafterversammlung, Weisungen zu erteilen. In der Einpersonen-GmbH ist die Bedeutung des Beherrschungsvertrags allerdings aus den genannten Gründen gering (→ Rn. 63). Auf das beherrschungsvertragliche Weisungsrecht sind **§ 308 Abs. 1 und 2 AktG** und die hierzu entwickelten Grundsätze nach allgM entsprechend anzuwenden (OLG Nürnberg 9.6.1999, NJW-RR 2001, 104 (105); UHL/*Casper* Anh. § 77 Rn. 237; MüKoGmbHG/*Liebscher* Rn. 786; zu Abs. 3 → Rn. 103). Ergänzend zu den folgenden Ausführungen kann daher auf die Erl. zu § 308 AktG (→ AktG § 308 Rn. 2 ff.) verwiesen werden. Wie beim AG-Beherrschungsvertrag bezieht sich das Weisungsrecht auch in der GmbH grundsätzlich (zu den Grenzen → Rn. 97 ff.) auf **sämtliche Geschäftsführungsangelegenheiten** der abhängigen Gesellschaft, sofern der Beherrschungsvertrag nicht ausnahmsweise selbst Einschränkungen vorsieht. Adressatin des Weisungsrechts ist allein die Geschäftsführung der abhängigen GmbH, also nicht die Gesellschafterversammlung oder ein etwaiger Aufsichtsrat. 93

bb) Auswirkungen auf die Kompetenzordnung der GmbH. Das Weisungsrecht des herrschenden Unternehmens hat namentlich in mehrgliedrigen Gesellschaften erhebliche Auswirkungen auf die Zuständigkeitsordnung in der abhängigen GmbH. Im Zweifel, dh vorbehaltlich einer abweichenden Regelung im Beherrschungsvertrag, **verdrängt** das beherrschungsvertragliche Weisungsrecht während der Vertragsdauer die Weisungskompetenzen der Gesellschafterversammlung gem. § 37 Abs. 1 (*Zöllner* ZGR 1992, 173 (179 ff.); MüKoGmbHG/*Liebscher* Rn. 787 ff.; MHdB GesR III/*Kiefner* § 70 Rn. 19; einschr. *Habetha* ZIP 2017, 652 (658): Geschäftsführer sollen trotz Beherrschungsvertrags befugt sein, eine Geschäftsführungsmaßnahme der Gesellschafterversammlung anstelle des herrschenden Unternehmens zur Billigung vorzulegen). Dasselbe gilt für etwaige **Zustimmungsvorbehalte** zugunsten der Gesellschafterversammlung in Geschäftsführungsangelegenheiten, gleich ob sich der Zustimmungsvorbehalt aus einer dispositiven gesetzlichen Regelung (§ 49 Abs. 2), einer Bestimmung in der Satzung oder einem Gesellschafterbeschluss ergibt. Die Geschäftsführer haben daher die Weisungen des herrschenden Unternehmens unmittelbar zu befolgen; sie müssen und dürfen nicht erst die Angelegenheit der Gesellschafterversammlung zur Zustimmung vorlegen, bevor sie der Weisung nachkommen. 94

Die Kompetenzen, die kraft zwingenden Rechts einem anderen Gesellschaftsorgan zustehen, sind dagegen der Disposition der Vertragsparteien entzogen und bleiben deshalb unberührt. Die Gesellschafterversammlung bleibt daher zB für **Satzungsänderungen,** Kapitalmaßnahmen oder Maßnahmen nach dem UmwG zuständig, da ihr diese Zuständigkeiten von Gesetzes wegen zwingend zugewiesen sind (allgM, OLG Stuttgart 29.10.1997, NZG 1998, 601). Gleiches wird für Maßnahmen zu gelten haben, die zwar keine Satzungsänderung erfordern, aber in ihren Auswirkungen einer Satzungsänderung so nahe kommen, dass sie nach den im Aktienrecht entwickelten „Holzmüller/Gelatine"-Grundsätzen zwingend der Zustimmung der Gesellschafter mit qualifizierter Mehrheit bedürfen (MüKoGmbHG/*Liebscher* Rn. 804, 1153; *Reichert* AG 2005, 150 (159 f.); *Geißler* GmbHR 2015, 734 (737); aA Roth/Altmeppen/*Altmeppen* Rn. 51; zu Holzmüller/Gelatine → AktG § 119 Rn. 12 ff.). 95

Unberührt bleiben auch die kraft zwingenden Rechts bestehenden Kompetenzen eines **obligatorischen Aufsichtsrats,** insbesondere die Bestellung und Abberufung der Geschäftsführer nach § 31 MitbestG. Zweifelhaft ist dagegen, wie bei Geschäften zu verfahren ist, die der obligatorische Aufsichtsrat nach § 25 Abs. 1 Nr. 2 MitbestG iVm § 111 Abs. 4 S. 2 AktG unter Zustimmungsvorbehalt gestellt 96 hat. Zum Teil wird auch hier angenommen, dass der Zustimmungsvorbehalt außer Kraft gesetzt werde (MüKoGmbHG/*Liebscher* Rn. 807), während andere davon ausgehen, dass der obligatorische Aufsichtsrat zuständig bleibt (UHL/*Casper* Anh. § 77 Rn. 240; Scholz/*Emmerich* Rn. 173). Folgt man der zuletzt genannten Ansicht, kann das Votum des Aufsichtsrats aber durch Wiederholung der Weisung entsprechend § 308 Abs. 3 AktG überspielt werden (UHL/*Casper* Anh. § 77 Rn. 240; Scholz/*Emmerich* Rn. 173). Die Kompetenzen eines **fakultativen Aufsichtsrats** in Geschäftsführungsangelegenheiten werden dagegen anerkanntermaßen durch das beherrschungsvertragliche Weisungsrecht verdrängt (UHL/*Casper* Anh. § 77 Rn. 240; MüKoGmbHG/*Liebscher* Rn. 805).

97 **cc) Grenzen des Weisungsrechts.** Das beherrschungsvertragliche Weisungsrecht erstreckt sich zwar grundsätzlich auf alle Geschäftsführungsangelegenheiten. Wie in der AG sind dem Weisungsrecht allerdings auch in der GmbH bestimmte Schranken gesetzt. Unzulässig sind Weisungen, die mit zwingenden **gesetzlichen Vorschriften** unvereinbar sind (zB Weisung, den Verlustausgleich nach § 302 AktG nicht geltend zu machen) oder mit der **Satzung** nicht in Einklang stehen (zB Weisung zur Vornahme eines Geschäfts, das jenseits des Unternehmensgegenstands liegt). Nachteilige Weisungen sind zulässig, müssen aber die Voraussetzungen des § 308 Abs. 1 S. 2 AktG analog einhalten, also dem Konzerninteresse dienlich sein (vgl. aber auch § 308 Abs. 2 S. 2 AktG). Ferner gilt auch § 299 AktG entsprechend, sodass Weisungen zur Änderung, Aufrechterhaltung oder Beendigung eines Unternehmensvertrags unzulässig sind.

98 Wie in der AG sind zudem auch in der GmbH Weisungen unzulässig, deren Befolgung die Überlebensfähigkeit der Gesellschaft konkret gefährden würde (hM; vgl. OLG Düsseldorf 7.6.1990, AG 1990, 490 (492); UHL/*Casper* Anh. § 77 Rn. 237; Scholz/*Emmerich* Rn. 178 f.; MüKoGmbHG/*Liebscher* Rn. 830). Dass der Geschäftsführer solche **existenzgefährdenden Weisungen** nicht befolgen darf, wird nunmehr auch durch § 64 S. 3 nF bestätigt. Mit Blick auf die entsprechende Anwendung des § 302 AktG sind die Zulässigkeitsgrenzen des Weisungsrechts des herrschenden Unternehmens freilich erst überschritten, wenn auch die Verlustausgleichspflicht die Bedrohung der Lebensfähigkeit der Gesellschaft nicht zu verhindern vermag (UHL/*Casper* Anh. § 77 Rn. 237; Scholz/*Emmerich* Rn. 179; ausf. dazu *Seibt/Cziupka* AG 2015, 721 (726 ff.)). Dies kommt **während der Vertragsdauer** insbesondere dann in Betracht, wenn konkrete Zweifel an der Fähigkeit oder Bereitschaft des herrschenden Unternehmens bestehen, seiner Verlustausgleichspflicht nachzukommen. Ferner ist an Fälle zu denken, in denen der Verlustausgleich am Jahresende wegen Zahlungsunfähigkeit zu spät kommen würde (sofern man nicht annimmt, dass aus § 302 AktG auch eine Pflicht zu unterjährigen Zahlungen zur Abwendung der Zahlungsunfähigkeit folgt; zu dieser Streitfrage → AktG § 302 Rn. 15; Hüffer/Koch/*Koch* AktG § 302 Rn. 13 aE mwN).

99 Ungewiss ist dagegen, ob die Schranke der Existenzvernichtung auch Fälle erfasst, in denen nur die Lebensfähigkeit der Gesellschaft **nach Vertragsbeendigung** bedroht ist. Zu bedenken ist dabei, dass eine negative Fortführungsprognose zum Stichtag der Vertragsbeendigung dazu führt, dass der letzte Verlustausgleichsanspruch auf der Basis von Liquidationswerten zu berechnen ist und dementsprechend hoch ausfallen wird (Roth/Altmeppen/*Altmeppen* Rn. 63). Dadurch wird die Gesellschaft in die Lage versetzt, aus eigener Kraft ihre Verbindlichkeiten zu bedienen. Ergänzend sind die Gläubiger bei Vertragsbeendigung durch die eigens für diesen Fall vorgesehene Pflicht des herrschenden Unternehmens zur Sicherheitsleistung entsprechend § 303 AktG geschützt (→ Rn. 106). Vor diesem Hintergrund ist zweifelhaft, ob man über die gesetzliche Regelung noch hinausgehen und auch Weisungen beschränken sollte, die erst nach Vertragsbeendigung eine Bedrohung der Lebensfähigkeit der Gesellschaft darstellen können (verneinend Roth/Altmeppen/*Altmeppen* Rn. 62 ff.; *Burg/Hützen* Konzern 2010, 20; bejahend aber OLG Düsseldorf 7.6.1990, AG 1990, 490 (492); UHL/*Casper* Anh. § 77 Rn. 237; MüKoGmbHG/*Liebscher* Rn. 831 f.; MHdB GesR IV/*Krieger* § 71 Rn. 153, 231; für Lösung über § 826 BGB und § 64 S. 3 *Servatius* ZGR 2015, 754 (764 f.)). Selbst wenn man das bejaht, müssen solche Weisungen aber zumindest dann zulässig sein, wenn sich das herrschende Unternehmen zu „Wiederaufbauhilfen" verpflichtet, welche die Herstellung der Lebensfähigkeit der abhängigen Gesellschaft bei Vertragsbeendigung sicherstellen (MHdB GesR III/*Kiefner* § 70 Rn. 24; MüKoGmbHG/*Liebscher* Rn. 836).

100 **dd) Haftung bei unzulässigen Weisungen.** Auch im Hinblick auf die Verantwortlichkeit der Beteiligten für die Einhaltung der Grenzen des Weisungsrechts gelten dieselben Grundsätze wie im Aktienrecht. Wird die abhängige GmbH durch eine unzulässige Weisung geschädigt, haftet das herrschende Unternehmen aus **§ 280 Abs. 1 BGB** der GmbH auf **Schadensersatz** (OLG Düsseldorf 7.6.1990, AG 1990, 490 (492) (pVV); Scholz/*Emmerich* Rn. 184; MüKoGmbHG/*Liebscher* Rn. 838). Daneben haften der GmbH auch die organschaftlichen Vertreter des herrschenden Unternehmens **analog § 309 Abs. 2 AktG** als Gesamtschuldner (Scholz/*Emmerich* Rn. 184; MüKoGmbHG/*Liebscher* Rn. 838). Gleiches gilt für die Geschäftsführer der abhängigen GmbH, die eine unzulässige Weisung befolgt haben. Ihre Haftung ergibt sich aus § 43 Abs. 2 und **§ 310 AktG analog** (Scholz/*Emmerich* Rn. 184; MüKoGmbHG/*Liebscher* Rn. 844).

Die genannten Ansprüche der GmbH – auch der Anspruch gegen das herrschende Unternehmen – können analog § 309 Abs. 4 AktG, § 310 Abs. 4 AktG auch von etwaigen Minderheitsgesellschaftern der GmbH geltend gemacht werden (actio pro socio). Auch die Verfolgungsrechte der Gläubiger analog § 309 Abs. 4 S. 3 AktG, § 310 Abs. 4 AktG sollen nach verbreiteter Ansicht Anwendung finden (Roth/Altmeppen/*Altmeppen* Rn. 84; MüKoGmbHG/*Liebscher* Rn. 845 mwN). Ist über das Vermögen der GmbH das Insolvenzverfahren eröffnet worden, obliegt die Durchsetzung der Ansprüche dem Insolvenzverwalter (vgl. § 309 Abs. 4 S. 5 AktG, § 310 Abs. 4 AktG; § 80 Abs. 1 InsO). **101**

c) Aufhebung der Kapitalbindung. Sowohl ein isolierter Gewinnabführungsvertrag als auch ein Beherrschungsvertrag setzen nach § 30 Abs. 1 S. 2 idF seit dem MoMiG die Kapitalbindung der GmbH außer Kraft. Die frühere Streitfrage, ob § 291 Abs. 3 AktG analoge Anwendung findet, hat sich damit erledigt. Zudem sind anders als nach § 291 Abs. 3 AktG aF nicht mehr nur Leistungen „aufgrund" des Vertrags von der Kapitalbindung freigestellt. Vielmehr wird die Kapitalbindung nunmehr flächendeckend außer Kraft gesetzt. Dies ist insbesondere für isolierte Gewinnabführungsverträge von Bedeutung, bei denen nach früherem Recht nur die Abführung des Jahresgewinns selbst freigestellt war (*Drygala/Kremer* ZIP 2007, 1289 (1295 f.); Goette/Habersack/*J. Vetter* MoMiG Rn. 4.104). **102**

d) Schutz der abhängigen Gesellschaft und ihrer Gläubiger. aa) Verlustausgleichspflicht. An die Stelle der fehlenden Kapitalbindung tritt bei Bestehen eines Beherrschungs- oder Gewinnabführungsvertrags kraft Gesetzes die Verlustausgleichspflicht des herrschenden Unternehmens **analog § 302 AktG** (stRspr, zB BGH 11.10.1999, BGHZ 142, 382 (384); ebenso die ganz hL, Scholz/*Emmerich* Rn. 180 mwN; aA zum Beherrschungsvertrag *Schreiber* GmbHR 2018, 1003 (Verlustausgleich nach § 670 BGB); zum Gewinnabführungsvertrag *Koehler* GmbHR 2020, 185 (gar kein Verlustausgleich)). Die Ausgleichspflicht ist wie in der AG auf den Ausgleich des **gesamten Jahresfehlbetrags** gerichtet, und zwar auch dann, wenn die auszugleichenden Verluste das Stammkapital nicht tangieren, das Stammkapital am Bilanzstichtag also auch ohne den Verlustausgleich noch gedeckt wäre (BGH 10.7.2006, BGHZ 168, 285 Rn. 9 = NJW 2006, 3279). Zwar wäre es aus GmbH-rechtlicher Sicht zulässig, den Verlustausgleich in der Einpersonen-GmbH oder bei Einverständnis aller Gesellschafter auf die Wiederauffüllung des Stammkapitals zu beschränken (MüKoGmbHG/*Liebscher* Rn. 862 f.; UHL/*Casper* Anh. § 77 Rn. 225; aA *Wimmer-Leonhardt,* Konzernhaftungsrecht, 2004, 52 ff.). Hiervon wird jedoch in der Praxis kein Gebrauch gemacht, da das Steuerrecht für das Zustandekommen einer körperschaft- und gewerbesteuerlichen Organschaft verlangt, den Verlustausgleich in vollem, dh § 302 AktG entsprechendem Umfang zu vereinbaren (vgl. § 17 Abs. 1 S. 2 Nr. 2 KStG, § 2 Abs. 2 S. 2 GewStG). **103**

Für die **steuerliche Anerkennung** des Gewinnabführungsvertrags verlangt § 17 Abs. 1 S. 2 Nr. 2 KStG seit der sog. kleinen Organschaftsreform (Gesetz zur Änderung und Vereinfachung der Unternehmensbesteuerung und des steuerlichen Reisekostenrechts vom 20.2.2013, BGBl. 2013 I 285) ausdrücklich, dass der Vertrag auf § 302 AktG „in seiner jeweils gültigen Fassung" Bezug nehmen muss. Er muss mit anderen Worten eine **dynamische Verweisung** enthalten. In der zuvor geltenden Fassung (§ 17 S. 2 Nr. 2 KStG aF) fehlte dieser Zusatz. Die nF gilt nach der Übergangsregelung des § 17 Abs. 2 KStG iVm § 34 Abs. 10b S. 1 KStG aF für alle Gewinnabführungsverträge mit einer abhängigen GmbH, die nach dem Tag der Verkündung des Reformgesetzes (25.2.2013) abgeschlossen oder geändert werden. Solange früher abgeschlossene Verträge nicht geändert werden, bleibt es hingegen bei der Geltung des § 17 S. 2 Nr. 2 KStG aF. Auch unter Geltung dieser Vorschrift kann ein Gewinnabführungsvertrag aber nach der Rspr. des BFH nur steuerlich anerkannt werden, wenn er im Fall einer Änderung des § 302 AktG an die neue Rechtslage angepasst wird, sofern er nicht ohnehin eine dynamische Verweisung enthält (BFH 10.5.2017, BFHE 259, 49 = NZG 2018, 77 Rn. 26 ff.; dazu *Brühl/Weiss* BB 2018, 94 (96 ff.)). Das ist insofern bedeutsam, als § 302 AktG mit Wirkung zum 15.12.2004 um einen Abs. 4 (Verjährung) ergänzt worden ist und ältere Verträge daher mitunter nur auf § 302 Abs. 1 und Abs. 3 AktG verweisen (so auch im Fall des BFH 10.5.2017, BFHE 259, 49 = NZG 2018, 77). Für diejenigen Altverträge, die keine den Anforderungen des § 17 S. 2 Nr. 2 KStG aF genügende Vereinbarung der Verlustübernahme enthielten und deshalb steuerlich nicht anerkannt werden konnten, bestand bis zum Jahresende 2014 die Möglichkeit der rückwirkenden **Heilung** (§ 34 Abs. 10b S. 2–4 KStG aF, § 17 Abs. 2 KStG nF). Diese Heilung setzt voraus, dass (i) die Verlustübernahme nach § 302 AktG in der Vergangenheit trotz der unzureichenden Vereinbarung tatsächlich praktiziert wurde und (ii) bis zum Jahresende 2014 eine § 17 S. 2 Nr. 2 KStG nF genügende Vereinbarung der Verlustübernahme wirksam getroffen wurde. Letzteres war entbehrlich, sofern der Vertrag ohnehin vor dem 1.1.2015 endete (zu den Einzelheiten *Stangl/Brühl* Konzern 2013, 77 (94 ff.); DNotI-Report 2013, 89; *Brühl/Weiss* BB 2018, 94 (97)). **104**

Werden die genannten Vorgaben beachtet, stellt sich die im Schrifttum erörterte Frage, ob in der Einpersonen-GmbH entgegen § 302 Abs. 1 AktG auch vorvertragliche Gewinnrücklagen zum Verlustausgleich herangezogen werden können (dazu MüKoGmbHG/*Liebscher* Rn. 864), nicht mehr. Vielmehr kommen dieselben Grundsätze zur Anwendung, die im unmittelbaren Anwendungsbereich des § 302 AktG gelten. Wegen der Einzelheiten kann auf die Erl. zu § 302 AktG (→ AktG § 302 Rn. 4 ff.) verwiesen werden (dort auch zu der durch BGH 10.7.2006, BGHZ 168, 285 = NJW 2006, 3279 **104a** entschiedenen Frage, unter welchen Voraussetzungen das herrschende Unternehmen gegen den Verlustausgleichsanspruch der GmbH aufrechnen kann).

105 Für die **Geltendmachung** des Verlustausgleichs durch die Minderheitsgesellschafter gelten in der GmbH die allgemeinen Grundsätze der **actio pro socio** (→ § 14 Rn. 120 ff.). Die Gläubiger sind wie in der AG auf die Pfändung und Überweisung des Verlustausgleichsanspruchs verwiesen. Nach Eröffnung des Insolvenzverfahrens wird der Anspruch vom Insolvenzverwalter geltend gemacht (§ 80 Abs. 1 InsO).

106 **bb) Sicherheitsleistung bei Vertragsbeendigung.** Wie in der AG wird der Schutz der Gläubiger auch bei Beherrschungs- und/oder Gewinnabführungsverträgen mit einer GmbH dadurch ergänzt, dass das herrschende Unternehmen den Gläubigern der GmbH bei Beendigung des Unternehmensvertrags **analog § 303 AktG** Sicherheit zu leisten hat (stRspr, zB BGH 11.11.1991, BGHZ 116, 37 = NJW 1992, 505; Scholz/*Emmerich* Rn. 180). Im Fall der Vermögenslosigkeit der abhängigen GmbH wandelt sich der Anspruch in einen unmittelbaren Zahlungsanspruch gegen das herrschende Unternehmen um (stRspr, BGH 11.11.1991, BGHZ 116, 37 (42) = NJW 1992, 505). GmbH-spezifische Besonderheiten ergeben sich hinsichtlich § 303 AktG nicht; auf die Erl. zu § 303 AktG (→ AktG § 303 Rn. 3 ff.) kann daher Bezug genommen werden.

107 **e) Sicherung der außenstehenden Gesellschafter.** Die meisten Beherrschungs- und/oder Gewinnabführungsverträge betreffen Einpersonengesellschaften. Sollten doch einmal außenstehende Gesellschafter vorhanden sein, stellt sich die Frage, ob diese analog §§ 304 f. AktG durch Ausgleich und Abfindung zu schützen sind. Soweit man die Zustimmung aller Gesellschafter zum Abschluss des Vertrags verlangt, wie dies die hL grundsätzlich annimmt (→ Rn. 69 f.), ist die Anwendung der §§ 304 f. AktG **entbehrlich,** da es die Gesellschafter selbst in der Hand haben, ihre Zustimmung zu dem Vertrag von der Zusage geeigneter Schutzvorkehrungen abhängig zu machen (Scholz/*Emmerich* Rn. 158). Sofern man dagegen eine satzungsändernde Mehrheit ausreichen lässt – sei es generell, sei es mit der hL nur ausnahmsweise aufgrund einer entsprechenden Satzungsklausel – ist es konsequent und zum Schutz der Minderheitsgesellschafter erforderlich, die **§§ 304 f. AktG analog** anzuwenden (LG Dortmund 11.3.1998, GmbHR 1998, 941; Scholz/*Emmerich* Rn. 159; MüKoGmbHG/*Liebscher* Rn. 916; UHL/*Casper* Anh. § 77 Rn. 229 f.; *Hegemann* GmbHR 2012, 315 (319 f.); aA in Bezug auf § 304 AktG Hachenburg/*Ulmer* Anh. § 77 Rn. 213). Allerdings gilt dies nur für den Fall, dass die Minderheitsgesellschafter dem Unternehmensvertrag nicht selbst zugestimmt und damit auf Ausgleich und Abfindung verzichtet haben (LG Dortmund 11.3.1998, GmbHR 1998, 941; DNotI-Report 2017, 115 (116 f.)). Letztlich gelangt man also auf beiden Wegen dazu, dass Ausgleich und Abfindung im GmbH-Vertragskonzern mit Zustimmung der außenstehenden Gesellschafter verzichtbar sind. Hiervon geht ersichtlich auch der BGH aus (vgl. BGH 31.5.2011, BGHZ 190, 45 = NZG 2011, 902 Rn. 1, 21; zust. *Ulrich* GmbHR 2011, 925; einschr. aber *Peters/Hecker* DStR 2012, 86 (88)).

108 Hinsichtlich **Art und Höhe** von Ausgleich und Abfindung kann auf die Erl. zu §§ 304 f. AktG verwiesen werden. Was die Art der Abfindung betrifft, ist allerdings im GmbH-Vertragskonzern umstritten, ob stets nur eine Barabfindungspflicht besteht (so Rowedder/Schmidt-Leithoff/*Schnorbus* Anh. § 52 Rn. 99) oder uU auch eine Abfindungspflicht in Anteilen des herrschenden Unternehmens in Betracht kommt. Konsequent ist § 305 Abs. 2 AktG in vollem Umfang anzuwenden, also einschließlich Nr. 1 und Nr. 2, die indes nur Anwendung finden, wenn es sich bei dem anderen Vertragsteil um eine AG oder KGaA handelt (UHL/*Casper* Anh. § 77 Rn. 232; ferner *Hegemann* GmbHR 2012, 315 (319 f.), der jedoch stets zusätzlich ein Barabfindungsangebot für erforderlich hält). Fehlt eine Regelung über den Ausgleich in einem Vertrag, dem nicht alle Gesellschafter zugestimmt haben, ist der Vertrag zum Schutz der Minderheitsgesellschafter entsprechend § 304 Abs. 3 S. 1 AktG nichtig (LG Dortmund 11.3.1998, GmbHR 1998, 941; Scholz/*Emmerich* Rn. 162; aA – lediglich Anfechtbarkeit des Zustimmungsbeschlusses – MüKoGmbHG/*Liebscher* Rn. 949 f. mwN). Ist der im Vertrag vorgesehene Ausgleich nicht angemessen, wird man davon ausgehen müssen, dass den Minderheitsgesellschaftern anstelle der Anfechtungsklage entsprechend § 304 Abs. 3 S. 3 AktG das Spruchverfahren nach dem SpruchG offensteht; dasselbe muss bei fehlender oder unangemessener Abfindung analog § 305 Abs. 5 S. 2 AktG gelten (Scholz/*Emmerich* Rn. 162; UHL/*Casper* Anh. § 77 Rn. 231; *Hegemann* GmbHR 2012, 315 (320 f.); zweifelnd offenbar Roth/Altmeppen/*Altmeppen* Rn. 88).

109 **4. Beginn, Änderung und Beendigung von Beherrschungs- und Gewinnabführungsverträgen. a) Vertragsbeginn.** Der Beherrschungs- und/oder Gewinnabführungsvertrag wird wie im Aktienrecht mit der Eintragung im Handelsregister wirksam (§ 54 Abs. 3, § 294 Abs. 2 AktG analog). Das beherrschungsvertragliche Weisungsrecht kann ebenso wenig wie im Aktienrecht rückwirkend begründet werden. Beim Gewinnabführungsvertrag bestehen hingegen keine Bedenken gegen eine **Rückbeziehung der Gewinnabführungspflicht** auf den Beginn des im Eintragungszeitpunkt laufenden Geschäftsjahrs (→ AktG § 291 Rn. 31; dort auch zu den steuerrechtlichen Voraussetzungen einer Rückbeziehung).

b) Vertragsänderung. Die Änderung des Vertrags unterliegt entsprechend dem Rechtsgedanken des § 295 Abs. 1 AktG weitestgehend denselben Voraussetzungen wie der ursprüngliche Vertragsabschluss. Die Änderungsvereinbarung wird von den Vertretungsorganen, bei der GmbH also von den Geschäftsführern, abgeschlossen. Sie bedarf zu ihrer Wirksamkeit analog § 295 Abs. 1 S. 2 AktG, § 293 Abs. 3 AktG der Schriftform. Auf der Ebene der **abhängigen GmbH** sind ferner ein notariell beurkundeter Zustimmungsbeschluss und die Eintragung der Änderung im Handelsregister **analog §§ 53 f.** erforderlich. Dies gilt auch für nur geringfügige „redaktionelle" Änderungen (hM, LG Mannheim 23.10.1989, AG 1991, 26 (27) (zur AG); MüKoGmbHG/*Liebscher* Rn. 964). Ob der Beschluss der Zustimmung aller Gesellschafter bedarf oder eine satzungsändernde Mehrheit genügt, ist wie beim Vertragsabschluss umstritten und ebenso wie dort zu entscheiden (→ Rn. 69 f.). Zum Teil lassen aber auch diejenigen Stimmen, die beim Vertragsabschluss auf Einstimmigkeit bestehen, bei Vertragsänderungen die qualifizierte Mehrheit genügen (UHL/*Casper* Anh. § 77 Rn. 213 mwN). Lässt man die qualifizierte Mehrheit ausreichen, ist allerdings ggf. das Sonderbeschlusserfordernis analog § 295 Abs. 2 AktG zu beachten (UHL/*Casper* Anh. § 77 Rn. 213; MüKoGmbHG/*Liebscher* Rn. 971). 110

Auf der Ebene der **herrschenden Gesellschaft** bedarf es ebenfalls wie beim ursprünglichen Vertragsabschluss eines Zustimmungsbeschlusses mit 3/4-Mehrheit (§ 295 Abs. 1 AktG, § 293 Abs. 2 AktG analog). Dies gilt unabhängig davon, ob es sich bei dem herrschenden Unternehmen um eine AG oder KGaA oder eine andere Rechtsform handelt. Eine Ausnahme von dem Zustimmungserfordernis für solche Änderungen, die nicht zu einer Verstärkung, insbesondere nicht zu einer zeitlichen Ausdehnung des Haftungsverbunds führen, erkennt die hM nicht an (MüKoGmbHG/*Liebscher* Rn. 972; Scholz/*Emmerich* Rn. 188 mwN; aA *Hoffmann-Becking* WiB 1994, 57 (62); Hachenburg/*Ulmer* § 53 Rn. 156). Der Zustimmungsbeschluss ist in der GmbH ebenso wie beim ursprünglichen Vertragsabschluss (→ Rn. 74) nicht beurkundungsbedürftig, wohl aber in der AG (§ 130 Abs. 1 AktG). 111

c) Vertragsbeendigung. aa) Allgemeines. Der Beherrschungs- und/oder Gewinnabführungsvertrag kann wie im Aktienrecht auf unterschiedliche Arten beendet werden. Im Folgenden ist nur auf die im GmbH-Konzern geltenden Besonderheiten der Aufhebung, Kündigung und des Hinzutretens außenstehender Gesellschafter einzugehen. Hinsichtlich der übrigen Beendigungsgründe (insbesondere Zeitablauf, Umwandlungsmaßnahmen, Insolvenz, Beendigung eines fehlerhaften Unternehmensvertrags) kann auf die Erl. zu § 297 AktG (→ AktG § 297 Rn. 12 ff.) verwiesen werden. Mit der Vertragsbeendigung erlöschen die Rechte und Pflichten aus dem Unternehmensvertrag mit Wirkung ex nunc. Bestehen bleiben allerdings **nachvertragliche Treuepflichten.** Diese ziehen zB der Möglichkeit der Gesellschaft Grenzen, nachträglich ihre Jahresabschlüsse abzuändern, um vom anderen Vertragsteil noch Verlustausgleich nachfordern zu können (*Reichert* Liber amicorum M. Winter, 2011, 541 (551 ff.)). Ungeachtet dessen ist dem anderen Vertragsteil bei einer Beendigung des Unternehmensvertrags aus Anlass einer Veräußerung der Gesellschaft an einen Dritten zu empfehlen, im Anteilskaufvertrag vertragliche Vorsorge gegen derlei Nachforderungsrisiken zu treffen (näher dazu *Goldschmidt/Laeger* NZG 2012, 1201). 112

bb) Aufhebung. Wie im Aktienkonzern ist auch für Beherrschungs- und Gewinnabführungsverträge mit einer abhängigen GmbH anerkannt, dass sie von den Vertragsparteien einvernehmlich aufgehoben werden können. Nicht abschließend geklärt sind aber die einzelnen Voraussetzungen für eine wirksame Aufhebung. Unstreitig ist lediglich, dass die Aufhebungsvereinbarung analog § 296 Abs. 1 S. 3 AktG der **Schriftform** bedarf und von den Vertretungsorganen der beteiligten Gesellschaften (bei der GmbH den Geschäftsführern) abgeschlossen wird. 113

Umstritten ist dagegen, ob auch ein **Zustimmungsbeschluss** der Gesellschafterversammlung der Unter- und womöglich auch der Obergesellschaft erforderlich ist. Im Aktienkonzernrecht wird dies verneint, da § 296 AktG ein derartiges Erfordernis nicht aufstellt und nur in den Fällen des Abs. 2 einen Sonderbeschluss der Minderheitsgesellschafter der abhängigen Gesellschaft verlangt. Daran anknüpfend ist auch im GmbH-Recht vielfach die Auffassung vertreten worden, dass ein Zustimmungsbeschluss der Gesellschafter der **abhängigen Gesellschaft** keine Wirksamkeitsvoraussetzung der Aufhebung darstellt (OLG Frankfurt a. M. 11.11.1993, NJW-RR 1994, 296; OLG Karlsruhe 3.6.1994, NJW-RR 1994, 1062; MüKoGmbHG/*Liebscher* Rn 988 ff.; Roth/Altmeppen/*Altmeppen* Rn. 107; MHLS/*Servatius* Syst. Darst. 4 Rn. 206; *Krieger/Janott* DStR 1995, 1473 (1477); ebenso 1. Aufl. 2011). Die Vertragsaufhebung sei zwar häufig als außergewöhnliche Geschäftsführungsmaßnahme einzustufen, die nach § 49 Abs. 2, § 47 Abs. 1 den Gesellschaftern zur Beschlussfassung mit einfacher Mehrheit vorzulegen sei (*Krieger/Janott* DStR 1995, 1473 (1477); *Grüner,* Die Beendigung von Gewinnabführungs- und Beherrschungsverträgen, 2003, 75 ff.; abw. – keine außergewöhnliche Maßnahme – MüKoGmbHG/*Liebscher* Rn. 994). Ein Verstoß gegen dieses (oder ein statutarisches) Zustimmungserfordernis habe aber gem. § 37 Abs. 2 keine Auswirkung auf die Wirksamkeit der Vertragsaufhebung (*Krieger/Janott* DStR 1995, 1473 (1477)). Dem Schutz etwaiger Minderheitsgesellschafter soll nach dieser Ansicht durch ein Sonderbeschlusserfordernis analog § 296 Abs. 2 AktG Rechnung getragen werden (LG Essen 27.2.1998, NZG 1998, 860; *Krieger/Janott* DStR 1995, 1473 (1477); MüKoGmbHG/*Liebscher* Rn. 989, 993; *Grüner,* Die Beendigung von Gewinnabführungs- und Beherrschungsverträgen, 2003, 82 ff.). 114

114a Wiewohl nach wie vor gute Gründe für diese Ansicht sprechen, wird sich die Praxis darauf einstellen müssen, dass der BGH ihr nicht folgen wird. Für die (ordentliche) Kündigung des Unternehmensvertrags durch die abhängige GmbH und beiläufig auch für die hier interessierende Vertragsaufhebung hat der BGH nämlich betont, dass die Vertragsbeendigung einen Eingriff in die Organisationsstruktur der Gesellschaft bewirkt, der nicht schwächer sei als der Abschluss des Beherrschungs- und Gewinnabführungsvertrags. Dass das Aktienrecht die Vertragsbeendigung gleichwohl dem Vorstand als Geschäftsführungsmaßnahme zuweise, sei nicht auf das GmbH-Recht übertragbar, da ansonsten (wegen § 299 AktG) ein dem GmbH-Recht fremder weisungsfreier Bereich der Geschäftsführung entstünde oder die Vertragsbeendigung allein den Weisungen des Minderheitsgesellschafters unterworfen wäre. Die Beschlussfassung über die (ordentliche) Kündigung oder Aufhebung sei daher nicht als Geschäftsführungsmaßnahme, sondern als **innergesellschaftlicher Organisationsakt** der abhängigen GmbH anzusehen (BGH 31.5.2011, BGHZ 190, 45 = NZG 2011, 902 Rn. 18–20). Diese Erwägungen dienten in dem konkreten Fall zwar nur als Begründung dafür, dass es sich bei der Beschlussfassung über die Vertragsbeendigung um einen körperschaftlichen Sozialakt handelt und das herrschende Unternehmen daher keinem Stimmverbot nach § 47 Abs. 4 unterliegt (→ § 47 Rn. 62, → § 47 Rn. 76). In der Konsequenz der vom BGH gezogenen Parallele zwischen Vertragsabschluss und Vertragsbeendigung liegt aber die Annahme, dass ebenso wie beim Abschluss des Vertrags auch für dessen Aufhebung als actus contrarius die **Zustimmung der Gesellschafterversammlung als Wirksamkeitsvoraussetzung** verlangt wird (so denn auch AG Hamburg 4.2.2013, GmbHR 2013, 311; Rowedder/Schmidt-Leithoff/*Schnorbus* Anh. § 52 Rn. 125; DNotI-Report 2012, 42 (44); *Müller-Eising/Schmitt* NZG 2011, 1100 (1101); *Peters/Hecker* DStR 2012, 86 (88); *Veith/Schmid* DB 2012, 728 (731, 733); zweifelnd für Einpersonengesellschaften *Bungert/Th. Meyer* EWiR 2011, 563 (564)). Die vom BGH gezogene Parallele zum Vertragsabschluss spricht ferner dafür, dass der Beschluss zu seiner Wirksamkeit analog § 53 Abs. 2 S. 1 **notarieller Beurkundung** bedarf (AG Hamburg 4.2.2013, GmbHR 2013, 311; UHL/*Casper* Anh. § 77 Rn. 212; Rowedder/Schmidt-Leithoff/*Schnorbus* § 52 Anh. Rn. 125; DNotI-Report 2012, 42 (44 f.); *Müller-Eising/Schmitt* NZG 2011, 1100 (1101); *Peters/Hecker* DStR 2012, 86 (88); *Veith/Schmid* DB 2012, 728 (731, 733); *Boor* RNotZ 2017, 65 (81); auch schon OLG Oldenburg 23.3.2000, NZG 2000, 1138 (1139 f.); aA *Ulrich* GmbHR 2011, 925). Wie beim Abschluss des Vertrags ist umstritten, ob alle Gesellschafter zustimmen müssen (so MHdB GesR III/*Kiefner* § 70 Rn. 32; *Boor* RNotZ 2017, 65 (81)) oder entsprechend § 53 Abs. 2 eine 3/4-Mehrheit genügt (so UHL/*Casper* Anh. § 77 Rn. 212; *Peters/Hecker* DStR 2012, 86 (88 f.); diff. *Veith/Schmid* DB 2012, 728 (731, 733): 3/4- Mehrheit nur ausreichend, wenn durch die Vertragsbeendigung keine Ausgleichs- oder Abfindungsansprüche von Minderheitsgesellschaftern entfallen).

114b Aufseiten der **herrschenden Gesellschaft** zwingt die neue BGH-Rspr. (→ Rn. 114a) hingegen zu keiner Kurskorrektur, da sie sich nur auf die abhängige Gesellschaft bezieht. Daher bleibt es nach zutreffender Ansicht dabei, dass die Wirksamkeit der Aufhebung nicht von einer Zustimmung der Gesellschafterversammlung der herrschenden Gesellschaft abhängt (wie hier *Veith/Schmid* DB 2012, 728 (732, 733); UHL/*Casper* Anh. § 77 Rn. 214; Scholz/*Emmerich* Rn. 195; MüKoGmbHG/*Liebscher* Rn. 997 f.; zuvor bereits OLG Karlsruhe 3.6.1994, NJW-RR 1994, 1062 (1063); *Krieger/Janott* DStR 1995, 1473 (1477); aA LG Konstanz 26.11.1992, GmbHR 1993, 169 (170) (aufgehoben durch OLG Karlsruhe 3.6.1994, NJW-RR 1994, 1062 (1063)); *Priester* ZGR 1996, 189 (207 f.)). Eine Parallele zum Zustimmungserfordernis beim Abschluss des Vertrags (§ 293 Abs. 2 AktG analog) lässt sich insoweit nicht ziehen, da sich dieses Erfordernis aus der mit dem Vertragsabschluss einhergehenden Verlustübernahmepflicht entsprechend § 302 AktG erklärt (→ Rn. 73). Nach Lage des Einzelfalls kann die Vertragsbeendigung allerdings als außergewöhnliche Geschäftsführungsmaßnahme anzusehen sein (*Krieger/Janott* DStR 1995, 1473 (1477); *Grüner,* Die Beendigung von Gewinnabführungs- und Beherrschungsverträgen, 2003, 182 ff.; ferner *Wicke* GmbHR 2017, 686 (688): „vielfach" als außergewöhnliche Maßnahme einzustufen; aA MüKoGmbHG/*Liebscher* Rn. 997 f.). Das daraus in der GmbH folgende Erfordernis, die Gesellschafterversammlung einzuschalten (§ 49 Abs. 2), hat aber keine Auswirkungen auf die Wirksamkeit des Aufhebungsvertrags.

115 Die Aufhebung ist nach allgM in das **Handelsregister** einzutragen. Ob der Eintragung wie im Aktienrecht (§ 298 AktG) nur deklaratorische oder aber konstitutive Bedeutung zukommt, ist umstritten. Für die Vertragsbeendigung durch Kündigung seitens des anderen Vertragsteils hat der BGH schon vor längerem entschieden, dass der **Eintragung keine konstitutive Bedeutung** beizumessen ist (BGH 11.11.1991, BGHZ 116, 37 (43 f.) = NJW 1992, 505). Dem ist die bisher hM auch für die Aufhebung gefolgt (BayObLG 5.2.2003, NJW-RR 2003, 907; MüKoGmbHG/*Liebscher* Rn. 1056 mwN). Daran sollte ungeachtet der Tatsache, dass der BGH die Aufhebung inzwischen als Organisationsakt qualifiziert und im Anschluss daran nunmehr ein Gesellschafterbeschluss analog § 53 verlangt wird (→ Rn. 114a), auch künftig festgehalten werden; denn es besteht weiterhin kein Grund, hinsichtlich der Eintragung im GmbH-Recht strengere Anforderungen zu stellen als im Aktienrecht (ebenso *Müller-Eising/Schmitt,* NZG 2011, 1100 (1101); *Veith/Schmid* DB 2012, 728 (731, 733); *Beck* GmbHR 2014, 1075 (1080 f.); *Boor* RNotZ 2017, 65 (82); s. aber auch MüKoGmbHG/*Liebscher* Rn. 995: auf Grundlage von BGH 31.5.2011, BGHZ 190, 45 = NZG 2011, 902 sei für die Praxis von analoger Anwendung des § 54 Abs. 3 auszugehen).

In Bezug auf den **Aufhebungszeitpunkt** ist zu beachten, dass ein Beherrschungs- und/oder Gewinnabführungsvertrag entsprechend § 296 Abs. 1 S. 1 AktG nur zum Ende des Geschäftsjahrs oder des sonst vertraglich bestimmten Abrechnungszeitraums aufgehoben werden kann (BGH 16.6.2015, BGHZ 206, 74 = NZG 2015, 912 Rn. 13 ff. mzustBespr *Wittgens/Fischer* DB 2015, 2315; UHL/*Casper* Anh. § 77 Rn. 212; Scholz/*Emmerich* Rn. 196; MüKoGmbHG/*Liebscher* Rn. 985; jew. mwN; früher sehr str., aA Baumbach/Hueck/*Beurskens* Anh. Rn. 134; *Paschos/Goslar* Konzern 2006, 479 (482 ff.); *Priester* NZG 2012, 641 (643 f.); *Veith* DB 2014, 2156; zur Rechtslage bei anderen Unternehmensverträgen → Rn. 127). Die Praxis muss sich daher ggf. mit der Bildung eines Rumpfgeschäftsjahrs behelfen (BGH 16.6.2015, BGHZ 206, 74 = NZG 2015, 912 Rn. 17). Ferner ist analog § 296 Abs. 1 S. 2 AktG eine rückwirkende Aufhebung auch bei Zustimmung aller Gesellschafter unzulässig (BGH 5.11.2001, NJW 2002, 822 (823); BGH 16.6.2015, BGHZ 206, 74 = NZG 2015, 912 Rn. 14; abw. Baumbach/Hueck/*Beurskens* Anh. Rn. 134). Dies gilt auch, wenn der Vertrag nicht tatsächlich durchgeführt wurde (DNotI-Report 2016, 112 f.). Weitere – ungeschriebene – Wirksamkeitserfordernisse für die Aufhebung bestehen nicht. Insbesondere ist diese auch dann zulässig und wirksam, wenn im Aufhebungszeitpunkt nachteilige Weisungen fortwirken (*Hentzen* NZG 2008, 201 (203 f.); einschr. *Westermann* FS Hüffer, 2010, 1071 (1080 ff.); → Rn. 99 zu existenzgefährdenden Weisungen und möglichen Wiederaufbauhilfen). 115a

cc) Kündigung. Neben der einvernehmlichen Aufhebung kann der Vertrag auch entsprechend § 297 AktG durch einseitige Kündigung beendet werden (OLG Düsseldorf 19.8.1994, NJW-RR 1995, 233; OLG Oldenburg 23.3.2000, NZG 2000, 1138 (1140); OLG München 21.3.2011, NZG 2011, 1183; MüKoGmbHG/*Liebscher* Rn. 1000; allgM). Die Kündigung bedarf analog § 297 Abs. 3 AktG zu ihrer Wirksamkeit der **Schriftform** (Scholz/*Emmerich* Rn. 191, allgM). Hinsichtlich der Gründe für eine außerordentliche Kündigung, der Möglichkeit einer ordentlichen Kündigung sowie der Kündigungsfristen kann auf die Erl. zu § 297 AktG (→ AktG § 297 Rn. 2 ff.) verwiesen werden. Anders als bei der Aufhebung ist auch eine unterjährige Kündigung zulässig, gleich ob es sich um eine Kündigung aus wichtigem Grund oder eine ordentliche Kündigung handelt (BGH 16.6.2015, BGHZ 206, 74 = NZG 2015, 912 Rn. 16; zur AG auch schon BGH 5.4.1993, BGHZ 122, 211 (228) = NJW 1993, 1976; MüKoGmbHG/*Liebscher* Rn. 1012, 1032; *Boor* RNotZ 2017, 65 (83); *Veith/Schmid* DB 2012, 728 (732) mwN; aA zur ordentlichen Kündigung Kölner Komm AktG/*Koppensteiner* AktG § 297 Rn. 5; zur Kündigung aus wichtigem Grund UHL/*Casper* Anh. § 77 Rn. 217). Steuerlich wirkt die Kündigung dann auf den Beginn des Geschäftsjahres zurück (§ 14 S. 1 Nr. 3 S. 3 KStG), während sie gesellschaftsrechtlich nur für die Zukunft Wirkung entfaltet. 116

Wie für die Aufhebung ist im GmbH-Vertragskonzernrecht auch für die Kündigung umstritten, ob es bei den aktienrechtlichen Vorgaben bewendet oder entsprechend dem actus-contrarius-Gedanken dieselben oder zumindest ähnliche formelle Voraussetzungen einzuhalten sind wie beim Abschluss des Vertrages. Nach der oben angeführten Rspr. des BGH (BGH 31.5.2011, BGHZ 190, 45 = NZG 2011, 902 Rn. 18–20) ist davon auszugehen, dass die **Kündigung durch die abhängige GmbH** nunmehr ebenso wie die Aufhebung analog § 53 zu ihrer Wirksamkeit eines **notariell beurkundeten Zustimmungsbeschlusses** der Gesellschafterversammlung bedarf (→ Rn. 114a, die dort angeführten Nachweise beziehen sich nicht nur auf die Aufhebung, sondern auch auf die Kündigung). Auch wenn sich die BGH-Entscheidung nur auf die ordentliche Kündigung bezieht, gilt dies konsequenterweise auch für die außerordentliche Kündigung (BGH DNotI-Report 2012, 42 (45); *Müller-Eising/Schmitt* NZG 2011, 1100 (1101); *Veith/Schmid* DB 2012, 728 (732)). Auch in Bezug auf die erforderliche Beschlussmehrheit (3/4-Mehrheit oder Zustimmung aller) sowie die entsprechend § 298 AktG richtigerweise nur deklaratorische Handelsregistereintragung gilt dasselbe wie für die Aufhebung (→ Rn. 114a, → Rn. 115). 117

Auch im Fall der **Kündigung durch die herrschende Gesellschaft** gilt aufseiten dieser Gesellschaft das zur Aufhebung Gesagte (→ Rn. 113 ff.) entsprechend. Die Wirksamkeit der Kündigung setzt daher nach zutreffender Ansicht keinen Zustimmungsbeschluss der Anteilseignerversammlung der herrschenden Gesellschaft voraus (UHL/*Casper* Anh. § 77 Rn. 217; MüKoGmbHG/*Liebscher* Rn. 1008; → Rn. 114b; aA Scholz/*Emmerich* Rn. 191a; *Deilmann* NZG 2015, 460, 463). Nach bisher ganz hM war auch ein Zustimmungsbeschluss der Gesellschafterversammlung der abhängigen GmbH entbehrlich (*Krieger/Janott* DStR 1995, 1473 (1477); MüKoGmbHG/*Liebscher* Rn. 1009; *Mues* RNotZ 2005, 2 (27)). Mit Blick auf die vom BGH betonte strukturändernde Wirkung der Vertragsbeendigung wird allerdings teilweise auch ein Zustimmungsbeschluss der abhängigen GmbH verlangt (so grundsätzlich MHdB GesR III/*Decher/Kiefner,* 4. Aufl. 2012, § 70 Rn. 41; zweifelnd DNotI-Report 2012, 42 (46)). Dieser Ansicht ist jedoch nicht zu folgen, da sie auf nichts weniger als ein Verbot der Kündigung, dh der einseitigen (!) Vertragsbeendigung, durch die Obergesellschaft hinausliefe (zutr. *Deilmann* NZG 2015, 460 (463); jetzt auch MHdB GesR III/*Kiefner* § 70 Rn. 41). Die Möglichkeit einer außerordentlichen Kündigung ist aber gesetzlich vorgegeben (§ 297 Abs. 1 AktG entsprechend), und der Möglichkeit einer ordentlichen Kündigung durch die Obergesellschaft haben die Gesellschafter der abhängigen Gesellschaft bereits bei Vertragsabschluss zugestimmt (*Mues* RNotZ 2005, 2 (27)). 118

119 **dd) Hinzutreten außenstehender Gesellschafter.** Im Aktienkonzernrecht bestimmt § 307 AktG, dass der Beherrschungs- oder Gewinnabführungsvertrag mit einer 100%-Tochtergesellschaft mit Ablauf des Geschäftsjahrs endet, in dem ein außenstehender Gesellschafter in die abhängige Gesellschaft eintritt. Diese Vorschrift ist jedoch nach zutreffender und heute wohl überwA auf die GmbH nicht entsprechend anwendbar (*Katschinski* FS Reuter, 2010, 1043; *Mues* RNotZ 2005, 2 (29); *Priester* FS Peltzer, 2010, 327; aA MüKoGmbHG/*Liebscher* Rn. 1035; MHLS/*Servatius* Syst. Darst. 4 Rn. 250). § 307 AktG muss nämlich im Zusammenhang mit § 304 Abs. 3 S. 1 AktG gelesen werden, wonach ein Beherrschungs- oder Gewinnabführungsvertrag zwingend nichtig ist, wenn er keinen Ausgleich für die außenstehenden Aktionäre vorsieht. Im GmbH-Vertragskonzern ist dagegen anerkannt, dass mit Zustimmung der außenstehenden Gesellschafter auch auf jeglichen Ausgleich verzichtet werden kann (→ Rn. 107).

120 **5. Andere Unternehmensverträge. a) Allgemeines.** Neben Beherrschungs- oder Gewinnabführungsverträgen kann die GmbH auch an anderen Unternehmensverträgen iSd § 292 AktG beteiligt sein. Praktische Bedeutung haben insbesondere Teilgewinnabführungsverträge (§ 292 Abs. 1 Nr. 2 AktG), zu denen vor allem stille Beteiligungen zählen. Die übrigen Unternehmensverträge iSd § 292 AktG sind dagegen weit weniger verbreitet. Die Voraussetzungen für den Abschluss und die Beendigung solcher Verträge mit einer GmbH sind erst teilweise geklärt. Im Folgenden ist nur auf die GmbH-spezifischen Besonderheiten einzugehen; iÜ wird auf die Erl. zu § 292 AktG (→ AktG § 292 Rn. 1 ff.) verwiesen.

121 **b) Gewinngemeinschaft.** Was zunächst die Gewinngemeinschaft betrifft, so ist § 292 Abs. 1 Nr. 1 AktG bereits unmittelbar anwendbar, wenn das andere Unternehmen eine AG oder KGaA ist. Aber auch eine Gewinngemeinschaft zwischen zwei Gesellschaften mbH wird als zulässig angesehen (Scholz/*Emmerich* Rn. 210 ff.). Nach bisher hL soll der wirksame Abschluss solcher Verträge aber von der Einhaltung der für Satzungsänderungen geltenden Vorschriften, mithin von einem notariell beurkundeten Gesellschafterbeschluss und der Eintragung im Handelsregister, abhängig sein (§§ 53 f. analog; Scholz/*Emmerich* Rn. 211; UHL/*Casper* Anh. § 77 Rn. 219). Im Lichte der neueren BGH-Rechtsprechung zu Teilgewinnabführungsverträgen (→ Rn. 123) erscheint diese Auffassung indes überprüfungsbedürftig, da die Gewinngemeinschaft für sich genommen – nicht anders als der Teilgewinnabführungsvertrag – eine schuldrechtliche Vereinbarung ohne organisationsrechtlichen Charakter ist (*Lieder/Wernert* NZG 2020, 361 (367)).

122 **c) Teilgewinnabführungsvertrag.** Als Teilgewinnabführungsvertrag iSd § 292 Abs. 1 Nr. 2 AktG ist vorbehaltlich der in § 292 Abs. 2 genannten Ausnahmen jede Abrede zu qualifizieren, der zufolge der Unternehmensgewinn teilweise abzuführen ist (BGH 16.7.2019, BGHZ 223, 13 = NJW 2019, 3302 Rn. 15). Als Hauptanwendungsfall fallen darunter insbesondere **stille Beteiligungen** (BGH 8.5.2006, NJW-RR 2006, 1182 (1183); BGH 18.9.2012, NZG 2013, 53 Rn. 25 (jew. zur AG); → AktG § 292 Rn. 9).

123 Anders als Beherrschungs- und Gewinnabführungsverträge (→ Rn. 67 ff.) bedürfen Teilgewinnabführungsverträge mit einer abführungspflichtigen GmbH zu ihrer Wirksamkeit **keines notariell beurkundeten Zustimmungsbeschlusses** der Gesellschafterversammlung entsprechend § 53 Abs. 2 S. 1 und auch **keiner Eintragung im Handelsregister** entsprechend § 54 Abs. 3, wenn (und weil) diese Verträge keine satzungsüberlagernde Wirkung haben (BGH 16.7.2019, BGHZ 223, 13 = NJW 2019, 3302 Rn. 16 ff.; ebenso bereits → 4. Aufl. 2019, Rn. 122 mwN; *Habersack* Liber amicorum Happ, 2006, 49 (54 f.); dem BGH zust. auch *Lieder/Wernert* NZG 2020, 361 (364); *Pöschke* DB 2019, 2618 (2620 f.); *Wachter* GmbHR 2019, 1153 (1158 f.); aA *Priester* NZG 2020, 1 (3); vor der BGH-Entscheidung auch Scholz/*Emmerich* Rn. 214; MüKoGmbHG/*Liebscher* Rn. 779). Eine satzungsüberlagernde Wirkung kommt einem bloßen Teilgewinnabführungsvertrag nicht zu, da dieser nur schuldrechtliche Ansprüche begründet. Anders als bei Beherrschungs- und Gewinnabführungsverträgen wird weder der Kapitalschutz nach § 30 Abs. 1 S. 2 Alt. 1 suspendiert noch ein Weisungsrecht entsprechend § 308 AktG begründet. Es wird auch nicht in das Gewinnstammrecht der Gesellschafter nach § 29 eingegriffen, da es sich bei außerhalb des Mitgliedschaftsverhältnisses versprochenen ergebnisabhängigen Zahlungen um Geschäftsunkosten handelt, die – wie andere Verbindlichkeiten auch – den verteilungsfähigen Reingewinn der Gesellschaft mindern (BGH 16.7.2019, BGHZ 223, 13 = NJW 2019, 3302 Rn. 24). Im Einzelfall ist freilich stets zu prüfen, ob der Vertrag über eine bloße Teilgewinnabführung hinausgeht und deshalb ausnahmsweise doch **satzungsüberlagernde Wirkung** hat. Davon ist auszugehen, wenn die stille Beteiligung oder der sonstige Teilgewinnabführungsvertrag der Sache nach auf einen Beherrschungs- oder Gewinnabführungsvertrag hinausläuft, wenn also dem Vertragspartner Weisungsrechte in Geschäftsführungsangelegenheiten eingeräumt werden, die denen eines Beherrschungsvertrags gleichkommen, oder (nahezu) der gesamte Gewinn abgeführt werden soll (LG Darmstadt 24.8.2004, AG 2005, 488 (490); *Lieder/Wernert* NZG 2020, 361 (365) mit dem Vorschlag, die Grenze bei 90% Gewinnabführung zu ziehen; *Pöschke* DB 2019, 2618 (2621)). In einem derartigen Sonderfall sind doch wieder die Anforderungen analog §§ 53 f. einzuhalten. Offen gelassen hat der BGH, ob darüber hinaus auch dann besondere Schutzvorkehrungen geboten sind, wenn ein zumindest überwiegender Teil (also mehr als 50%) der Gewinne abzuführen ist (BGH 16.7.2019, BGHZ 223, 13 = NJW 2019, 3302

Rn. 27 ua unter Hinweis auf *Heckschen/Kreußlein* in Heckschen/Heidinger GmbH-Gestaltungspraxis Kap. 15 Rn. 142, die dies bei Abführung von über 50 % bejahen wollen; abl. dazu *Lieder/Wernert* NZG 2020, 361 (365); *Wachter* GmbHR 2019, 1153 (1159). Bloße Teilgewinnabführungsverträge mit einer Abführung bis zu 50 % sind von diesem Vorbehalt jedenfalls nicht erfasst (*Pöschke* DB 2019, 2618 (2621)).

Auch die **aktienrechtlichen Wirksamkeitserfordernisse** für Teilgewinnabführungsverträge, namentlich die Zustimmung der Anteilseignerversammlung (§ 293 Abs. 1 AktG), die Schriftform (§ 293 Abs. 3 AktG) und die Eintragung im Handelsregister (§ 294 Abs. 2 AktG), finden auf Verträge mit einer abführungspflichtigen GmbH **keine entsprechende Anwendung** (BGH 16.7.2019, BGHZ 223, 13 = NJW 2019, 3302 Rn. 16, 25; *Lieder/Wernert* NZG 2020, 361 (364); diff. – nur Schriftformerfordernis anwendbar – *Pöschke* DB 2019, 2618 (2620 f.); *Wachter* GmbHR 2019, 1153 (1157 ff.)). Für die Anwendung des § 293 Abs. 1 fehlt es an einer vergleichbaren Interessenlage, da die Gesellschafterversammlung der GmbH – anders als die Hauptversammlung der AG – ohnehin jede Maßnahme der Geschäftsführung an sich ziehen kann und die Geschäftsführer nach § 49 Abs. 2 vor jeder besonders bedeutsamen Maßnahme verpflichtet sind, von sich aus die Zustimmung der Gesellschafterversammlung einzuholen (BGH 16.7.2019, BGHZ 223, 13 = NJW 2019, 3302 Rn. 25). Scheidet die entsprechende Anwendung des § 293 Abs. 1 AktG somit aus, ist es konsequent, wenn der BGH auch die Schriftform nach § 293 Abs. 3 AktG als nicht analog anwendbar ansieht, da dieses Erfordernis in unmittelbarem Zusammenhang mit dem Zustimmungserfordernis nach § 293 Abs. 1 AktG steht (*Lieder/Wernert* NZG 2020, 361 (364); abw. insoweit *Pöschke* DB 2019, 2618 (2621); *Wachter* GmbHR 2019, 1153 (1157 f.)). Was schließlich § 294 AktG betrifft, so besteht in der GmbH nicht in gleicher Weise wie bei der AG das Bedürfnis, derartige Vereinbarungen der Registerpublizität zu unterstellen (BGH 16.7.2019, BGHZ 223, 13 = NJW 2019, 3302 Rn. 25 aE). Wandelt sich die teilgewinnabführungspflichtige GmbH allerdings nach wirksamem Vertragsschluss in eine AG um, so ist der Vertrag nunmehr nach § 294 Abs. 1 AktG zur Eintragung im Handelsregister anzumelden (BGH 16.7.2019, BGHZ 223, 13 = NJW 2019, 3302 Rn. 29). Die Eintragung ist in diesem Fall jedoch nicht nach § 294 Abs. 2 AktG konstitutiv, da der Vertrag schon wirksam zustande gekommen ist, als die Gesellschaft noch die Rechtsform der GmbH hatte (BGH 16.7.2019, BGHZ 223, 13 = NJW 2019, 3302 Rn. 31 mwN). 124

Die in Rn. 123 f. getroffenen Feststellungen ändern freilich nichts daran, dass der Teilgewinnabführungsvertrag nach allgemeinen Grundsätzen **gem. § 49 Abs. 2 der Gesellschafterversammlung vorzulegen** ist, wenn es sich dabei um eine besonders bedeutsame Maßnahme handelt (→ § 49 Rn. 9; näher *Lieder/Wernert* NZG 2020, 361 (366)). Eine Verletzung dieser Vorlagepflicht hat jedoch vorbehaltlich der Grundsätze des Missbrauchs der Vertretungsmacht keine Auswirkungen auf die Wirksamkeit des Vertrags. 125

d) Betriebspacht, Betriebsüberlassung, Betriebsführung. Auch Betriebspacht- und Betriebsüberlassungsverträge iSd § 292 Abs. 1 Nr. 3 AktG können mit einer GmbH abgeschlossen werden (LG Berlin 14.8.1991, AG 1992, 91; Scholz/*Emmerich* Rn. 216). Wegen des strukturändernden Charakters dieser Verträge, durch die die verpachtende bzw. überlassende Gesellschaft zur „Rentnergesellschaft" herabgestuft wird, sind hier aber die für Satzungsänderungen geltenden **Regeln der §§ 53 f. einzuhalten** (hM, LG Berlin 14.8.1991, AG 1992, 91; LG Darmstadt 24.8.2004, AG 2005, 488 (490); Scholz/*Emmerich* Rn. 218; MüKoGmbHG/*Liebscher* Rn. 701; *Lieder/Wernert* NZG 2020, 361 (367)). Ob für den Gesellschafterbeschluss eine 3/4-Mehrheit genügt oder alle Gesellschafter zustimmen müssen, ist noch ungeklärt (diff. Scholz/*Emmerich* Rn. 219). Verpachtet oder überlässt eine abhängige GmbH den Betrieb ihres Unternehmens dem herrschenden Unternehmen, so trifft das herrschende Unternehmen die Verlustübernahmepflicht analog § 302 Abs. 2 AktG, falls es keine angemessene Gegenleistung an die abhängige GmbH entrichtet. – Die zur Betriebspacht und -überlassung getroffenen Feststellungen lassen sich auch auf die gesetzlich nicht geregelten Betriebsführungsverträge übertragen (dazu MüKoGmbHG/*Liebscher* Rn. 702 f.). 126

e) Beendigung von anderen Unternehmensverträgen. Von einer GmbH abgeschlossene andere Unternehmensverträge iSd § 292 AktG können durch einvernehmliche Aufhebung (→ Rn. 128 ff.) oder einseitige Kündigung (→ Rn. 131) beendet werden. 127

aa) Aufhebung. Die Voraussetzungen einer wirksamen Aufhebung sind allerdings noch nicht abschließend geklärt. Was zunächst die Frage betrifft, ob es zur Wirksamkeit der Aufhebung eines notariell beurkundeten **Gesellschafterbeschlusses** analog § 53 Abs. 2 S. 1 bedarf, so ist zu unterscheiden. Bei rein schuldrechtlichen Verträgen wie Teilgewinnabführungsverträgen ist für ein derartiges Erfordernis angesichts der Tatsache, dass auch der Vertragsabschluss keinen solchen Beschluss erfordert (→ Rn. 123), kein Raum (*Lieder/Wernert* NZG 2020, 361 (368); *Wachter* GmbHR 2019, 1153 (1163), jeweils zur Kündigung). Nach Lage des Einzelfalls kann zwar die Vorlagepflicht nach § 49 Abs. 2 eingreifen, die aber auch hier wieder die Vertretungsmacht der Geschäftsführer nicht tangiert, sofern nicht ausnahmsweise die Grundsätze des Missbrauchs der Vertretungsmacht eingreifen. Bei strukturändernden Betriebspacht- und Betriebsüberlassungsverträgen wird man dagegen im Anschluss an die BGH-Rspr. zu 128

Beherrschungs- und Gewinnabführungsverträgen davon ausgehen müssen, dass die Aufhebung als Wirksamkeitsvoraussetzung einen Gesellschafterbeschluss analog § 53 Abs. 2 S. 1 voraussetzt (→ Rn. 114a).

129 **Umstritten** und zweifelhaft ist, ob die Aufhebung den **Beschränkungen des § 296 Abs. 1 AktG** unterliegt. Während für Beherrschungs- und Gewinnabführungsverträge die analoge Anwendung des § 296 Abs. 1 S. 1 und 2 AktG auf die GmbH höchstrichterlich geklärt ist (→ Rn. 115a) und auch § 296 Abs. 1 S. 3 AktG gemeinhin für anwendbar gehalten wird (→ Rn. 113), soll nach verbreiteter Ansicht für die anderen Unternehmensverträge iSd § 292 AktG abweichend zu entscheiden sein. Eine Aufhebung soll hier maW auch unterjährig und rückwirkend zulässig sein (OLG Zweibrücken 29.10.2013, NZG 2015, 319 (zu einem Betriebspachtvertrag, anders nur im Sonderfall des § 302 Abs. 2 AktG); zust. *Kürten/E. Westermann* GmbHR 2014, 852 (854 ff.); *Priester* GmbHR 2014, 254; für Teilgewinnabführungsverträge auch *Lieder/Wernert* NZG 2020, 361 (369); *Wachter* GmbHR 2019, 1153 (1162)). Auch die Schriftform nach § 296 Abs. 1 S. 3 AktG soll keine Anwendung finden (*Lieder/Wernert* NZG 2020, 361 (369); *Wachter* GmbHR 2019, 1153 (1162), jeweils für Teilgewinnabführungsverträge). Allerdings finden sich auch Gegenstimmen, die § 296 Abs. 1 AktG auch in der GmbH auf sämtliche Unternehmensverträge anwenden wollen (MHLS/*Servatius* Syst. Darst. 4 Rn. 389; zumindest für § 296 Abs. 1 S. 1 AktG ohne Differenzierung auch MüKoGmbHG/*Liebscher* Rn. 985). Auf Letzteres scheint auch eine Entscheidung des BGH hinzudeuten, die zwar zu einem Ergebnisabführungsvertrag ergangen ist, aber generell von Unternehmensverträgen spricht und die angeführte Entscheidung des OLG Zweibrücken als abweichende Ansicht zitiert (BGH 16.6.2015, BGHZ 206, 74 = NZG 2015, 912 Rn. 13 ff.).

130 Eine **Stellungnahme** zu dieser Frage fällt schwer. Für sich allein nicht tragfähig ist das gegen die Anwendung des § 296 Abs. 1 S. 1 und S. 2 AktG angeführte Argument, dass – abgesehen von dem Sonderfall des § 302 Abs. 2 AktG – im Rahmen von Unternehmensverträgen iSd § 292 AktG keine Ansprüche der Gesellschaft auf Verlustausgleich und auch keine Ansprüche der Minderheitsgesellschafter auf Ausgleich oder Abfindung bestehen und daher keine Abrechnungsschwierigkeiten zu befürchten seien, denen § 296 Abs. 1 S. 1 und S. 2 AktG begegnen sollen.. Wäre diese Überlegung entscheidend, müsste die Anwendung des § 296 Abs. 1 S. 1 und S. 2 AktG auf Unternehmensverträge iSd § 292 AktG auch im Aktienrecht auf den Sonderfall des § 302 Abs. 2 AktG beschränkt sein, was jedoch unstreitig nicht der Fall ist. Eher schon überzeugt das Argument, dass bei Teilgewinnabführungsverträgen die Qualifikation als rein schuldrechtlicher Vertrag in Verbindung mit der starken Rechtsposition der GmbH-Gesellschafter dafür spricht, an die Aufhebung keine besonderen Anforderungen zu stellen (*Lieder/Wernert* NZG 2020, 361 (369)). Da diese Verträge in der GmbH weder nach § 294 AktG noch nach § 54 Abs. 3 eintragungsbedürftig sind (→ Rn. 123 f.), droht bei rückwirkender Änderung – anders als im unmittelbaren Anwendungsbereich des § 296 Abs. 1 S. 2 AktG – auch nicht der Inhalt des Handelsregisters rückwirkend unrichtig zu werden. Zudem wäre es ungereimt, die Aufhebung des Teilgewinnabführungsvertrags dem Formzwang des § 296 Abs. 1 S. 3 AktG zu unterwerfen, obwohl der Abschluss des Vertrags mangels Anwendbarkeit des § 293 Abs. 3 AktG keiner Form bedarf (→ Rn. 124). Unter dem Strich dürfte daher in Bezug auf die rein schuldrechtlichen Teilgewinnabführungsverträge mehr gegen als für die entsprechende Anwendung des § 296 Abs. 1 AktG sprechen (abw. noch → 4. Aufl. 2019, Rn. 125). Auf die strukturändernden, eintragungsbedürftigen Betriebspacht- und Betriebsüberlassungsverträge (→ Rn. 126) lassen sich diese Erwägungen allerdings nicht übertragen, sodass insoweit Raum für die entsprechende Anwendung des § 296 Abs. 1 AktG sein dürfte. Insgesamt bedarf der Fragenkreis noch weiterer Diskussion.

131 **bb) Kündigung.** Andere Unternehmensverträge iSd § 292 AktG können darüber hinaus durch **Kündigung** beendet werden. Auch wenn der Vertrag kein ordentliches Kündigungsrecht vorsieht, kann er außerordentlich **aus wichtigem Grund** gekündigt werden (BGH 16.7.2019, BGHZ 223, 13 = NJW 2019, 3302 Rn. 25). Dies lässt sich aus § 297 Abs. 1 AktG analog ableiten (*Lieder/Wernert* NZG 2020, 361 (368)), folgt hilfsweise aber auch aus § 314 BGB. Die Wirksamkeit der Kündigung seitens der GmbH setzt bei den rein schuldrechtlichen Teilgewinnabführungsverträgen – anders als bei den strukturändernden Betriebspacht- und Betriebsüberlassungsverträgen – keinen notariell beurkundeten Gesellschafterbeschluss analog § 53 Abs. 2 S. 1 voraus (→ Rn. 128 zur Aufhebung, dort auch zur möglichen Vorlagepflicht nach § 49 Abs. 2). Auch die Schriftform nach § 297 Abs. 3 AktG muss bei der Kündigung eines nicht eintragungsbedürftigen Teilgewinnabführungsvertrags nicht beachtet werden (*Lieder/Wernert* NZG 2020, 361 (369); *Wachter* GmbHR 2019, 1153 (1163); vgl. auch → Rn. 124 zum Vertragsabschluss, → Rn. 130 zur Vertragsaufhebung).

Einlagepflicht

14 **[1] Auf jeden Geschäftsanteil ist eine Einlage zu leisten. [2] Die Höhe der zu leistenden Einlage richtet sich nach dem bei der Errichtung der Gesellschaft im Gesellschaftsvertrag festgesetzten Nennbetrag des Geschäftsanteils. [3] Im Fall der Kapitalerhöhung bestimmt sich die Höhe der zu leistenden Einlage nach dem in der Übernahmeerklärung festgesetzten Nennbetrag des Geschäftsanteils.**

Übersicht

I. Allgemeines

1 Die Vorschrift ist durch das MoMiG neu gefasst worden. Der neue S. 1 über die **Einlagepflicht** soll lediglich der Klarstellung dienen (Begr. RegE MoMiG BT-Drs. 16/6140, 37). Schon in § 3 Abs. 1 Nr. 4 kommt in Übereinstimmung mit dem alten Recht zum Ausdruck, dass der Gesellschafter bei der Errichtung der Gesellschaft für die Übernahme eines Geschäftsanteils eine Einlage auf das Stammkapital (Stammeinlage) zu übernehmen hat. Gleiches gilt iRd ordentlichen Kapitalerhöhung (§§ 55–57a). Die **Höhe der zu leistenden Einlage** richtet sich gem. S. 2 und 3 nach dem anlässlich der Gründung bzw. ordentlichen Kapitalerhöhung festgesetzten **Nennbetrag** des Geschäftsanteils (→ Rn. 6).

2 § 14 steht an der Spitze der Vorschriften über den **Geschäftsanteil** (§§ 14–18), der im GmbHG vielerorts verwendet, aber nirgends definiert wird. Das gibt Anlass, iRd Kommentierung auch auf den Geschäftsanteil und die damit verbundenen Mitgliedschaftsrechte und -pflichten einzugehen (→ Rn. 33 ff.).

II. Einlagepflicht

3 **1. Entstehung und Rechtsnatur.** Die Einlagepflicht wird **rechtsgeschäftlich begründet,** entweder anlässlich der Gründung im Gesellschaftsvertrag (§ 3 Abs. 1 Nr. 4) oder anlässlich einer ordentlichen Kapitalerhöhung im Übernahmevertrag (→ § 55 Rn. 12 ff.). Nach **S. 1** kann kein Geschäftsanteil ohne korrespondierende Einlageverpflichtung ausgegeben werden. Eine (offenbar versehentlich) nicht genannte Ausnahme gilt aber, wenn Geschäftsanteile iRe Kapitalerhöhung aus Gesellschaftsmitteln neu gebildet werden (§ 57h Abs. 1 S. 1 Alt. 1). In diesem Fall werden Kapital- oder Gewinnrücklagen in Stammkapital umgewandelt und daraus neue Geschäftsanteile gebildet, ohne dass eine Einlagepflicht des übernehmenden Gesellschafters für den neuen Geschäftsanteil begründet wird.

4 Die Entstehung der Einlagepflicht ist nicht davon abhängig, ob die Gesellschaft bzw. die Kapitalerhöhung bereits im Handelsregister eingetragen ist. Im Gegenteil hängt umgekehrt die Eintragung davon ab, dass vorher zumindest ein Teil der Einlagen geleistet worden ist und endgültig zur freien Verfügung der Geschäftsführer steht (§ 7 Abs. 2 und 3, § 8 Abs. 2, §§ 56a, 57 Abs. 2). Ist die GmbH als solche noch nicht zur Entstehung gelangt, steht der Einlageanspruch der Vor-GmbH zu.

5 Die Einlagepflicht ist eine **mitgliedschaftliche Pflicht,** die mit dem Geschäftsanteil untrennbar verknüpft ist. Erwerber des Geschäftsanteils treten daher ab dem Zeitpunkt, ab dem sie in die im Handelsregister aufgenommene Gesellschafterliste eingetragen sind (§ 16 Abs. 1), ipso iure in die Einlagepflicht ein, soweit diese noch nicht erfüllt wurde (§ 16 Abs. 2). Daneben haftet der Veräußerer als Gesamtschuldner (→ § 16 Rn. 47 ff.).

6 **2. Höhe der Einlagepflicht; Abgrenzung zum Agio. a) Höhe der Einlagepflicht. S. 2 und 3** stellen klar, dass die Höhe der zu leistenden Stammeinlage dem **Nennbetrag** des Geschäftsanteils entspricht. Ist eine Sacheinlage vereinbart, muss deren Wert den Nennbetrag des Geschäftsanteils erreichen (vgl. auch § 8 Abs. 1 Nr. 5, § 9). Die Festsetzung einer niedrigeren Einlage ist unzulässig (**Verbot der „Unterpari-Emission"**, allgM). Die Höhe der Einlagepflicht und der Nennbetrag des Geschäftsanteils können sich auseinanderentwickeln, wenn der Nennbetrag der Geschäftsanteile iRe Kapitalerhöhung aus Gesellschaftsmitteln erhöht wird (§ 57h Abs. 1 S. 1 Alt. 2) oder im Zuge der Einziehung eines Geschäftsanteils nach § 34 eine Aufstockung der Nennbeträge der verbliebenen Gesellschafter beschlossen wird. In diesen Fällen steigt der Nennbetrag, ohne dass sich auch die Einlageverpflichtung erhöht. Daher knüpfen S. 2 und 3 bewusst an den Nennbetrag an, der bei der Errichtung der Gesellschaft im Gesellschaftsvertrag (§ 3 Abs. 1 Nr. 4) bzw. bei der ordentlichen Kapitalerhöhung in der Übernahmeerklärung nach § 55 Abs. 1 festgesetzt wurde (Begr. RegE MoMiG BT-Drs. 16/6140, 37).

7 **b) Abgrenzung zum Agio.** Die Regelung der S. 2 und 3 schließt es nicht aus, im Gesellschaftsvertrag oder im Übernahmevertrag (→ § 55 Rn. 12) vorzusehen, dass der betreffende Gesellschafter über den Nennbetrag des übernommenen Geschäftsanteils hinaus eine Zuzahlung leisten oder einen höherwertigen Gegenstand einbringen soll **(„Überpari-Emission").** Ein solches **Agio** (Aufgeld) kann zum einen als mitgliedschaftliche („korporative") Nebenleistungspflicht iSd § 3 Abs. 2 in der Satzung verankert werden. Geschieht dies anlässlich einer Kapitalerhöhung, muss das Agio in den satzungsändernden Kapitalerhöhungsbeschluss und die Übernahmeerklärung aufgenommen werden (BGH 15.10.2007, NZG 2008, 73 Rn. 15). Zum anderen kann die Aufgeldvereinbarung aber auch als rein schuldrechtliche, dh nur den gegenwärtig betroffenen Gesellschafter bindende Vereinbarung ausgestaltet werden. Beide Varianten sind zulässig (BGH 15.10.2007, NZG 2008, 73 Rn. 13; krit. *Herchen* GmbHR 2008, 150). Die Aufnahme in die Satzung ist als (widerlegbares) Indiz anzusehen, dass die Parteien das Agio als korporative Nebenleistungspflicht ausgestalten wollen (*Herchen* GmbHR 2008, 150 mwN; → Rn. 46).

8 Auch bei Ausgestaltung als korporative Zahlungspflicht ist das Agio – anders als im Aktienrecht (vgl. § 54 Abs. 1 AktG; BGH 6.12.2011, BGHZ 191, 364 = NZG 2012, 69 Rn. 17) – **nicht Teil der**

gläubigerschützenden Einlagepflicht (BGH 15.10.2007, NZG 2008, 73 Rn. 13; *Priester* FS Lutter, 2000, 617 (633); *Verse* ZGR 2012, 875 (880); aA *Herchen,* Agio und verdecktes Agio im Recht der Kapitalgesellschaften, 2004, 139 ff.; *Herchen* GmbHR 2008, 150). Diese schon bisher hA wird seit dem MoMiG durch die nF des § 14 S. 2–3 bestätigt, welche die Einlagepflicht im Unterschied zu § 54 Abs. 1 AktG ausdrücklich auf den Nennbetrag beschränkt. In der Konsequenz dieser vom Aktienrecht abweichenden Weichenstellung liegt es, dass anders als in der AG das Agio in der GmbH nicht dem Erlass- und Aufrechnungsverbot nach § 19 Abs. 2 unterliegt (Baumbach/Hueck/*Fastrich* § 19 Rn. 5; *Priester* FS Lutter, 2000, 617 (633); *Lüssow,* Das Agio im Aktien- und GmbH-Recht, 2005, 222 f.; aA *Herchen,* Agio und verdecktes Agio im Recht der Kapitalgesellschaften, 2004, 148 ff.; *Herchen* GmbHR 2008, 150). Aus demselben Grund ist auch die gesetzliche Differenzhaftung bei Sacheinlagen auf die Deckung des Nennbetrags beschränkt (§ 9 Abs. 1; → § 9 Rn. 4; abw. zur AG BGH 6.12.2011, BGHZ 191, 364 = NZG 2012, 69 Rn. 17 ff. mBespr *Verse* ZGR 2012, 875). Der Bestandsschutz des Übernahmevertrags bei Willensmängeln (→ § 57 Rn. 30) erstreckt sich dagegen auch auf das (korporative) Agio (BGH 15.10.2007, NZG 2008, 73 Rn. 22). Bilanziell wird es – insoweit wie bei der AG – in der Kapitalrücklage nach § 272 Abs. 2 Nr. 1 HGB abgebildet. Dagegen ist für das schuldrechtliche Agio umstritten, ob es unter § 272 Abs. 2 Nr. 1 HGB oder – so die vorzugswürdige Ansicht – § 272 Abs. 2 Nr. 4 HGB fällt (für Letzteres etwa OLG München 27.9.2006, NJOZ 2007, 332; ausf. *Cahn* FS Baums, 2017, 169 (177 ff.); MüKoAktG/*Schürnbrand*/*Verse* AktG § 182 Rn. 64 mwN; für § 272 Abs. 2 Nr. 1 HGB *Baums* FS Hommelhoff, 2012, 61 (83 ff.)).

3. Fälligkeit. a) Gesetzliche Regelung. Die in § 7 Abs. 2 und 3, § 56a bezeichneten **Mindesteinlagen** – dh Bareinlagen zu 1/4, Sacheinlagen zur Gänze, beides zusammen mindestens im Wert von 12.500 EUR – sind zwingend **vor Anmeldung** der Gründung bzw. Kapitalerhöhung so zu leisten, dass sie endgültig zur freien Verfügung der Geschäftsführer stehen. Sofern in der Satzung nicht abweichend geregelt, können die Geschäftsführer diese Einlagen sofort und ohne weiteres – dh ohne Gesellschafterbeschluss nach § 46 Nr. 2 – anfordern (Baumbach/Hueck/*Fastrich* § 19 Rn. 6). 9

Für die über die Mindesteinlagen hinausgehenden **Resteinlagen** enthält das Gesetz hinsichtlich des Leistungszeitpunkts keine zwingenden Vorgaben, sodass die Gesellschafter diese Frage im Gesellschaftsvertrag selbst regeln können (→ Rn. 13 ff.). Der genauen Bestimmung des Fälligkeitseintritts kommt nicht zuletzt mit Blick auf § 20 (Verzinsung) und § 21 (Kaduzierung) erhebliche Bedeutung zu. Mangels abweichender Regelung werden die Resteinlageforderungen grundsätzlich (zu Ausnahmen → Rn. 11 f.) erst fällig, sobald die Gesellschafter die **Einforderung gem. § 46 Nr. 2** wirksam beschlossen (→ § 46 Rn. 11 ff.) und die Geschäftsführer daraufhin die Einlage beim Gesellschafter durch formlose, empfangsbedürftige Erklärung **angefordert** haben (statt aller BGH 19.5.2015, GmbHR 2015, 935 Rn. 10; MHLS/*Ebbing* § 20 Rn. 7 ff.). Für die Anforderung genügt eine Mitteilung des Einforderungsbeschlusses (Scholz/*K. Schmidt* § 46 Rn. 49), sofern sich daraus die Zahlungsmodalitäten hinreichend klar ergeben. Die Anforderung kann auch in einer Klageerhebung liegen. Eine Anforderung, der kein wirksamer Einforderungsbeschluss zugrunde liegt, ist unwirksam und damit nicht fälligkeitsbegründend (RG 18.10.1932, RGZ 138, 106 (111); Baumbach/Hueck/*Fastrich* § 19 Rn. 7; allgM). Die erfolgreiche Anfechtung des Einforderungsbeschlusses lässt die Fälligkeit daher rückwirkend entfallen. Wird dem Gesellschafter keine Zahlungsfrist eingeräumt, muss die Einzahlung sofort erfolgen (§ 271 BGB), dh so schnell wie objektiv möglich. Hierfür wird idR **ein Zeitraum von 2–3 Tagen** gewährt (OLG Oldenburg 26.7.2007, NZG 2008, 32 (35); OLG Brandenburg 17.1.2001, NZG 2001, 366 (367); Baumbach/Hueck/*Kersting* § 20 Rn. 5). Wird eine Zahlungsfrist eingeräumt, tritt die Fälligkeit mit deren Ablauf, nicht erst 2–3 Tage später ein (Baumbach/Hueck/*Kersting* § 20 Rn. 5). 10

Einer **Anforderung** durch die Geschäftsführer **bedarf es nicht** gegenüber Gesellschaftern, die bei der Beschlussfassung nach § 46 Nr. 2 anwesend waren, falls im Beschluss alle nötigen Angaben für die Zahlung festgelegt sind (OLG Dresden 14.12.1998, GmbHR 1999, 233; OLG Dresden 17.7.1996, GmbHR 1997, 946 (947); OLG Hamburg 23.8.1991, GmbHR 1991, 578; MüKoGmbHG/*Schwandtner* § 19 Rn. 18; auch BGH 5.5.2003, NZG 2003, 771; einschr. – nur bei Anwesenheit aller Gesellschafter – HCL/*Leuschner* § 20 Rn. 31; aA Baumbach/Hueck/*Fastrich* § 19 Rn. 7). Trotz Anwesenheit des betroffenen Gesellschafters bei der Beschlussfassung nach § 46 Nr. 2 bleibt eine Anforderung durch die Geschäftsführer erforderlich, wenn der Einforderungsbeschluss einzelne Zahlungsmodalitäten der Konkretisierung durch die Geschäftsführer überlässt. Die Zeitbestimmung „unverzüglich" im Einforderungsbeschluss ist aber nach zutreffender Ansicht hinreichend konkret, sodass es gegenüber einem bei der Beschlussfassung anwesenden Gesellschafter in diesem Fall keiner Anforderung durch die Geschäftsführer mehr bedarf (OLG Hamburg 23.8.1991, GmbHR 1991, 578; aA Roth/Altmeppen/*Altmeppen* § 20 Rn. 5). 11

Das **Erfordernis eines Gesellschafterbeschlusses** nach § 46 Nr. 2 **entfällt** mit Eröffnung des **Insolvenzverfahrens** über das Vermögen der GmbH (BGH 15.10.2007, NZG 2008, 73 Rn. 18; BGH 19.5.2015, GmbHR 2015, 935 Rn. 11). An die Stelle der Anforderung durch die Geschäftsführer tritt die durch den Insolvenzverwalter. Dieser kann somit selbst die Einlage durch formlose Anforderung fällig stellen. Die Fälligkeit tritt aber nicht schon mit Eröffnung des Insolvenzverfahrens ein (MHLS/ 12

Ebbing § 19 Rn. 16; vgl. auch BGH 15.10.2007, NZG 2008, 73 Rn. 20: fällig „auf Grund der vom Insolvenzverwalter ausgesprochenen Anforderung"; aA Scholz/*K. Schmidt* Nachtrag MoMiG § 46 Rn. 1; Scholz/*Veil* § 19 Rn. 30). Gleiches wie für den Insolvenzverwalter gilt für den **Liquidator** (OLG Celle 27.7.1994, GmbHR 1994, 801; HCL/Casper § 19 Rn. 35; MHLS/*Ebbing* § 19 Rn. 17) sowie den Gläubiger, der die **Pfändung** und Überweisung der Einlageforderung erwirkt hat (RG 12.11.1935, RGZ 149, 293 (301 f.); OLG Köln 13.10.1988, NJW-RR 1989, 354; HCL/*Casper* § 19 Rn. 112; MHLS/*Ebbing* § 19 Rn. 118). Allein der Umstand, dass die GmbH dringenden Kapitalbedarf hat, führt dagegen nicht dazu, dass der Einforderungsbeschluss nach § 46 Nr. 2 entbehrlich wird (ganz hM; MHLS/*Ebbing* § 19 Rn. 13; MüKoGmbHG/*Schwandtner* § 19 Rn. 21; Scholz/*Veil* § 19 Rn. 15; aA MHdB GesR III/*Gummert* § 50 Rn. 13). Auch in der Einpersonen-GmbH entfällt das Erfordernis eines Beschlusses nach § 46 Nr. 2 nicht (OLG Jena 8.6.2007, NZG 2007, 717 (718)). Die vorstehenden Grundsätze gelten auch für ein etwaiges (korporatives) **Agio** (BGH 15.10.2007, NZG 2008, 73 Rn. 17 ff.).

13 **b) Regelung in der Satzung.** Von den zwingenden Vorgaben für die Mindesteinlagen nach § 7 Abs. 2 und 3, § 56a abgesehen sind die Gesellschafter frei, für die Fälligkeit der Einlagen eine von den vorstehenden Grundsätzen abweichende Regelung zu treffen (HCL/*Casper* § 19 Rn. 13; MHLS/*Ebbing* § 19 Rn. 10; allgM). Die Satzung kann zB die Entscheidung über die Einforderung den Geschäftsführern überlassen, sodass der Einforderungsbeschluss nach § 46 Nr. 2 entbehrlich wird. Ferner kann sie bestimmte Zahlungstermine iSd § 286 Abs. 2 Nr. 1 BGB vorsehen; in diesem Fall ist neben dem Einforderungsbeschluss auch die Anforderung durch die Geschäftsführer entbehrlich (Roth/Altmeppen/*Altmeppen* § 20 Rn. 4). Gleiches gilt, wenn der Gesellschaftsvertrag **sofortige Zahlung** (dh so schnell wie objektiv möglich, idR innerhalb von 2–3 Tagen, → Rn. 10) vorsieht (OLG Oldenburg 26.7.2007, NZG 2008, 32 (35); aA Scholz/*Veil* § 20 Rn. 8), anders aber bei der Formulierung „sofort nach Eintragung", da die Gesellschafter hierdurch nicht hinreichend genau über den Zahlungszeitpunkt unterrichtet werden (Roth/Altmeppen/*Altmeppen* § 20 Rn. 4). Wegen der strengen Folgen der nicht rechtzeitigen Leistung der Einlage (Verzinsung gem. § 20; uU Kaduzierung gem. § 21) müssen die Abweichungen von der gesetzlichen Fälligkeitsregelung in der Satzung **deutlich,** dh in einer Zweifel ausschließenden Weise **bestimmt** sein (BGH 11.12.1995, DStR 1996, 111 Ls. 2 mAnm *Goette;* OLG Celle 12.5.1997, GmbHR 1987, 748 (749); Baumbach/Hueck/*Fastrich* § 19 Rn. 6). Deshalb genügt die Formulierung „Die Restbareinlage wird nach Aufforderung durch die Geschäftsführung zur Zahlung fällig" nicht, um den Gesellschafterbeschluss nach § 46 Nr. 2 für entbehrlich zu halten (BGH 11.12.1995, DStR 1996, 111 mAnm *Goette*). Schreibt die Satzung „Barzahlung" der Stammeinlagen vor, ist damit noch nicht gesagt, dass sie sofort zahlbar sind (BGH 29.6.1961, BB 1961, 953).

14 Auch wenn der Zahlungstermin im Gesellschaftsvertrag erst in ferner Zukunft angesetzt wird, liegt darin **kein Verstoß** gegen das aus § 19 Abs. 2 abzuleitende **Stundungsverbot,** wenn die Fälligkeit von vornherein für den festgesetzten Termin vorgesehen wird und der Fälligkeitstermin nicht wie bei der Stundung nachträglich aufgeschoben wird (HCL/*Casper* § 19 Rn. 72). Allerdings ist der **Insolvenzverwalter** nicht an den statutarischen Fälligkeitstermin gebunden (BGH 19.5.2015, GmbHR 2015, 935 Rn. 11; HCL/*Casper* § 19 Rn. 72; MHLS/*Ebbing* § 19 Rn. 16; allgM). Gleiches gilt auch hier wieder (→ Rn. 12) für **Liquidatoren** und **Pfändungsgläubiger** (MHLS/*Ebbing* § 19 Rn. 17 f., 118; aA für Pfändungsgläubiger MHdB GesR III/*Gummert* § 50 Rn. 14; Roth/Altmeppen/*Altmeppen* § 19 Rn. 13).

15 Ist die Fälligkeit im Gesellschaftsvertrag auf einen bestimmten Termin aufgeschoben, führt auch ein **dringender Kapitalbedarf** der Gesellschaft allein nicht zur Fälligkeit (→ Rn. 12). Vielmehr bedarf es einer Satzungsänderung, um den statutarischen Fälligkeitstermin vorzuverlegen (HCL/*Casper* § 19 Rn. 72 mwN; aA – einfacher Gesellschafterbeschluss ausreichend – Scholz/*U. H. Schneider/H. P. Westermann,* 10. Aufl. 2006, § 19 Rn. 11). In besonders gravierenden Ausnahmefällen können die Gesellschafter aufgrund ihrer Treuepflicht zur Mitwirkung an der Satzungsänderung verpflichtet sein (HCL/*Casper* § 19 Rn. 72).

16 **4. Erfüllung. a) Leistung zur endgültigen freien Verfügung.** Die in § 7 Abs. 2 und 3, § 56a bezeichneten **Mindesteinlagen** müssen zur **endgültigen freien Verfügung** der Geschäftsführer geleistet werden (arg. § 8 Abs. 2, § 57 Abs. 2). Wegen der einzelnen Voraussetzungen der Leistung zur endgültigen freien Verfügung kann auf die Erl. zu § 7 (→ § 7 Rn. 13 ff.) verwiesen werden (dort auch zur Frage der Zulässigkeit von Verwendungsabsprachen zwischen dem Einleger und der Gesellschaft). Zum Problem der Voreinzahlung auf künftige Einlageschulden → § 7 Rn. 21 und → § 56a Rn. 8, → § 56a Rn. 10.

17 Für die **Resteinlagen** soll das Erfordernis der Leistung zur endgültigen freien Verfügung dagegen nach hM **nicht** gelten (BGH 25.11.1985, NJW 1986, 989; BGH 21.2.1994, BGHZ 125, 141 (151) = NJW 1994, 1477; BGH 16.2.2009, NZG 2009, 463 Rn. 17; *Frey,* Einlagen in Kapitalgesellschaften, 1990, 187 f.; MüKoGmbHG/*Schwandtner* § 19 Rn. 29; HCL/*Casper* § 19 Rn. 15 mwN; Rowedder/Schmidt-Leithoff/*Pentz* § 19 Rn. 42). Selbst wenn man dem folgt und für die Resteinlage tendenziell weniger strenge Anforderungen stellt, besteht aber Einigkeit, dass auch hinsichtlich der Resteinlage ein

vollwertiger, unbeschränkter und definitiver Vermögenszufluss an die Gesellschaft gegeben sein muss (HCL/*Casper* § 19 Rn. 15; Roth/Altmeppen/*Altmeppen* § 19 Rn. 21). Zahlungen, die absprachegemäß alsbald wieder unmittelbar oder mittelbar – zB über ein mit dem Inferenten verbundenes Unternehmen – an den Inferenten zurückfließen, haben daher auch hinsichtlich der Resteinlagen grundsätzlich keine Erfüllungswirkung (BGH 10.12.2007, BGHZ 174, 370 = NJW-RR 2008, 480; BGH 2.12.2002, BGHZ 153, 107 = NJW 2003, 825). Etwas anderes gilt seit dem MoMiG aber, wenn der Gesellschaft ein vollwertiger, liquider Rückgewähranspruch eingeräumt wird und auch die übrigen Voraussetzungen des § 19 Abs. 5 nF gegeben sind (→ § 19 Rn. 79 ff.). Das Gesagte gilt auch für die Komplementärin einer GmbH & Co. KG. Einlageleistungen an die Komplementär-GmbH, die sogleich absprachegemäß an die von den Gesellschaftern der GmbH beherrschte KG (zB als Darlehen) weitergereicht werden, hatten daher nach altem Recht keine Erfüllungswirkung (BGH 10.12.2007, BGHZ 174, 370 = NJW-RR 2008, 480; zust. *Gummert* DStR 2008, 976 (979 f.); abl. *K. Schmidt* ZIP 2008, 481), können aber nach neuem Recht Erfüllungswirkung entfalten, sofern die Voraussetzungen des § 19 Abs. 5 erfüllt sind (→ § 19 Rn. 77).

Letztlich ergeben sich nur in Ausnahmefällen praktisch relevante Unterschiede zwischen dem Er- 18
fordernis der endgültigen freien Verfügung und den für Resteinlagen behaupteten weniger strengen Anforderungen. Liegen die Voraussetzungen einer Leistung zur endgültigen freien Verfügung vor, kann man die Frage, ob für die Resteinlagen tatsächlich weniger strenge Anforderungen zu stellen sind, offen lassen (exemplarisch OLG Dresden 26.8.1999, NJW-RR 2000, 112). Der – soweit ersichtlich – einzige Fall aus der Rspr., in dem sich bisher die Differenzierung zwischen den Anforderungen an die Leistung von Mindest- und Resteinlagen ausgewirkt hat, betrifft die Konstellation, dass der Gesellschafter nicht an die Gesellschaft, sondern **auf Veranlassung der Geschäftsführer an einen Gläubiger der Gesellschaft leistet,** um dessen Forderung gegen die Gesellschaft zu tilgen. Hinsichtlich der Resteinlage erkennt die hM an, dass eine solche Leistung gem. § 362 Abs. 2 BGB jedenfalls dann Erfüllungswirkung hat, wenn die Forderung des Gläubigers gegen die Gesellschaft im Zeitpunkt der Leistung vollwertig, fällig und liquide ist (BGH 25.11.1985, NJW 1986, 989; HCL/*Casper* § 19 Rn. 63; vgl. auch BGH 12.4.2011, NZG 2011, 667 Rn. 12; weitergehend aus guten Gründen MüKoGmbHG/*Schwandtner* § 19 Rn. 154 ff.; Roth/Altmeppen/*Altmeppen* § 19 Rn. 24; *Buddemeier* Verfügungen über Einlageforderungen in der Krise der Kapitalgesellschaft, 2017, 236 ff.: Erfüllung auch bei fehlender Vollwertigkeit). Dem für Mindesteinlagen geltenden Erfordernis der Leistung zur endgültigen freien Verfügung der Geschäftsführer soll diese Vorgehensweise dagegen nach hM nicht genügen; § 362 Abs. 2 BGB werde insoweit durch § 7 Abs. 2, § 8 Abs. 2 verdrängt (BGH 25.11.1985, NJW 1986, 989; HCL/*Ulmer/Casper* § 7 Rn. 42; aA *Bayer* GmbHR 2004, 445 (456); Lutter/Hommelhoff/*Bayer* § 19 Rn. 45; → § 7 Rn. 15).

Insgesamt bleibt die beschriebene **Differenzierung** zwischen Mindest- und Resteinlagen **fragwür-** 19
dig. In dem in → Rn. 18 genannten Fall sollte man entgegen der hM davon ausgehen, dass eine Leistung zur endgültigen freien Verfügung vorliegt (Lutter/Hommelhoff/*Bayer* § 19 Rn. 45; → § 7 Rn. 15). Folgt man dem, steht nichts im Wege, das Erfordernis einer Leistung zur endgültigen freien Verfügung auch auf die Resteinlagen zu übertragen.

b) Tilgungsbestimmung. Hat der Gesellschafter **mehrere Verbindlichkeiten** gegenüber der 20
Gesellschaft und genügt der gezahlte Betrag nicht, um alle Verbindlichkeiten abzudecken, beantwortet sich die Frage, auf welche Verbindlichkeit geleistet wurde, nach § 366 BGB. Die Tilgungsbestimmung nach § 366 Abs. 1 BGB kann der Gesellschafter bzw. im Fall einer gem. § 267 BGB zulässigen Drittzahlung der Dritte auch konkludent treffen. Maßgeblich ist der Empfängerhorizont der Gesellschaft, vertreten durch ihre Geschäftsführer (BGH 22.6.1992, NJW 1992, 2698 (2699); OLG Köln 17.5.2001, NZG 2001, 1042). Von einer konkludenten Tilgungsbestimmung ist ua auszugehen, wenn exakt der Einlagebetrag gezahlt wird und keine andere Verbindlichkeit genau auf diesen Betrag lautet (BGH 17.9.2001, NJW 2001, 3781 (3782)). Behält sich der Inferent bei der Zahlung das Recht vor, die Tilgungsbestimmung abweichend von § 366 Abs. 1 BGB („bei der Leistung") nachträglich zu treffen, kann auch eine nachträgliche Tilgungsbestimmung die Erfüllung der Einlageschuld bewirken, allerdings nur, solange der Geldbetrag der GmbH noch unverbraucht zur Verfügung steht (BGH 2.12.1968, BGHZ 51, 161 = NJW 1969, 840; Baumbach/Hueck/*Fastrich* § 19 Rn. 12). Die Erfüllung der Einlageschuld mit Mitteln, die zuvor unter Verstoß gegen § 30 entnommen wurden, ist ausgeschlossen. Eine auf Erfüllung der Einlage gerichtete Tilgungsbestimmung ist in diesem Fall unwirksam und so umzudeuten, dass der Einlageschuldner mit der Einzahlung seine Erstattungspflicht aus § 31 tilgt (BGH 26.1.2009, NJW 2009, 1418 = DStR 2009, 756 mAnm *Goette;* abw. noch BGH 27.10.2000, BGHZ 146, 105 (106) = NJW 2001, 830).

Besteht neben der Einlageschuld **keine andere Verbindlichkeit** des Gesellschafters oder deckt der 21
gezahlte Betrag sämtliche Verbindlichkeiten ab, tritt Erfüllung ohne weiteres mit Erbringung der geschuldeten Leistung ein. Einer Tilgungsbestimmung bedarf es nach der herrschenden Theorie der realen Leistungsbewirkung in diesen Fällen nicht, da sich die Zahlung auch so zuordnen lässt (BGH 3.12.1990, NJW 1991, 1294 (1295); BGH 22.6.1992, NJW 1992, 2698 (2699); OLG München 27.4.2006, GmbHR 2006, 935 (936)). Die Erfüllungswirkung bleibt aber aus, wenn der Gesellschafter

selbst eine anderweitige Zweckbestimmung trifft (BGH 3.12.1990, NJW 1991, 1294 (1295)). Allein der Umstand, dass eine nicht als Einlage bezeichnete Zahlung deutlich über den geschuldeten Einlagebetrag hinausgeht, genügt allerdings nicht, um auch in Bezug auf den geschuldeten Teilbetrag eine anderweitige Zweckbestimmung anzunehmen (OLG München 27.4.2006, GmbHR 2006, 935 (936)). Dagegen ist eine solche nach stRspr zu bejahen, wenn der Gesellschafter in der **irrigen Annahme, seine Einlagepflicht schon erfüllt zu haben,** der GmbH weitere Geldbeträge als Darlehen zur Verfügung stellt (RG 27.10.1922, RGZ 105, 299 (302); BGH 15.6.1992, NJW 1992, 2229 (2230); BGH 3.7.1995, DStR 1995, 1158 mAnm *Goette*). Anders verhält es sich nach einer Entscheidung des RG, wenn der Inferent in der irrigen Annahme, die Einlagepflicht bereits erfüllt zu haben, freiwillige Zuschüsse in das Eigenkapital der Gesellschaft leistet. In diesem Fall soll keine anderweitige Zweckbestimmung vorliegen, die Einlageschuld mithin durch die irrig als Zuschuss bezeichnete Leistung erfüllt sein (RG 27.10.1922, RGZ 105, 299 (301 f.)). Ob der BGH daran festhält, ist allerdings zweifelhaft (ohne Differenzierung zwischen Darlehen und freiwilligem Zuschuss BGH 3.7.1995, DStR 1995, 1158 mAnm *Goette;* die Vorinstanz OLG Hamburg 15.4.1994, BB 1994, 1240 (1241) war von einem Darlehen ausgegangen).

22 Hat der Gesellschafter eine anderweitige Zweckbestimmung getroffen, kann er diese **nicht mehr nachträglich ändern,** auch nicht, wenn er bei der Zahlung irrtümlich annahm, die Einlage bereits erbracht zu haben (BGH 15.6.1992, NJW 1992, 2229 (2230); BGH 16.10.1995, DStR 1995, 1763 mAnm *Goette;* BGH 3.7.1995, DStR 1995, 1158 mAnm *Goette;* Baumbach/Hueck/*Fastrich* § 19 Rn. 12). Die Tilgungsbestimmung kann zwar grundsätzlich als geschäftsähnliche Handlung analog §§ 119 ff. BGB angefochten werden (BGH 6.12.1988, NJW 1988, 1792; Palandt/*Grüneberg* BGB § 362 Rn. 7). Der Irrtum, die Einlage bereits erbracht zu haben, ist jedoch als bloßer Motivirrtum unbeachtlich.

23 **c) Beweislast.** Die Beweislast für die Erfüllung der Einlagepflicht liegt nach allgemeinen Grundsätzen beim **Gesellschafter** (stRspr, BGH 9.7.2007, NJW 2007, 3067; BGH 17.9.2013, ZIP 2014, 261 Rn. 3; HCL/*Casper* § 19 Rn. 17). Dies gilt auch bei Inanspruchnahme als Rechtsnachfolger iSd § 16 Abs. 2 (OLG Karlsruhe 18.11.2013, GmbHR 2014, 144 (144 f.)). Insbesondere bei lange zurückliegenden Vorgängen kann der Nachweis erhebliche Schwierigkeiten bereiten. Durch die Verkürzung der Verjährungsfrist von 30 auf zehn Jahre (§ 19 Abs. 6) ist die Problematik allerdings entschärft worden. Nach der Rspr. des BGH bleibt es auch bei sehr lange, im konkreten Fall mehr als 20 Jahre zurückliegenden Vorgängen bei der allgemeinen Beweislastverteilung (BGH 13.9.2004, DStR 2004, 2112 mAnm *Goette;* ferner BGH 9.7.2007, NJW 2007, 3067; BGH 17.9.2013, ZIP 2014, 261 Rn. 3; BGH 15.4.2014, BeckRS 2014, 12288; OLG Jena 14.8.2009, NZG 2010, 68 (17 Jahre)). Wie viele Umstände dargelegt und nachgewiesen werden müssen, ist eine Frage des vom Tatrichter zu bestimmenden Beweismaßes (BGH 13.9.2004, DStR 2004, 2112 mAnm *Goette*). Die Vorlage des testierten Jahresabschlusses, in dem die vollständige Einzahlung des Stammkapitals verzeichnet ist, genügt für sich allein jedoch nicht (BGH 13.9.2004, DStR 2004, 2112 mAnm *Goette;* OLG Brandenburg 5.4.2006, ZIP 2006, 1343 (1345); OLG Jena 14.8.2009, NZG 2010, 68; OLG Jena 9.4.2013, ZIP 2013, 1378 (1379); OLG Karlsruhe 18.11.2013, GmbHR 2014, 144 (145)). Vielmehr bedarf es zusätzlicher Indizien, zB der Aussage des den Jahresabschluss testierenden Steuerberaters, dass er die Einzahlung der Einlagen kontrolliert habe (BGH 13.9.2004, DStR 2004, 2112). Umgekehrt ist das Fehlen unmittelbarer Einzahlungsbelege jedenfalls nach Ablauf der Aufbewahrungsfrist (§ 257 Abs. 4 HGB) nicht als gegenläufiges Indiz zu werten (BGH 9.7.2007, NJW 2007, 3067 (3068); OLG Brandenburg 12.9.2006, NZG 2006, 948 (Vorinstanz); BFH 8.2.2011, NZG 2011, 1079 Rn. 22; krit. *Plathner/Sajogo* ZInsO 2010, 2218 (2221); eingehend zum Ganzen *Leitzen* RNotZ 2010, 254 (255 ff.)). Hinsichtlich der Mindesteinlagen dürfte die Versicherung nach § 8 Abs. 2 zumindest dann ein starkes **Indiz** für die Einlageleistung sein, wenn die Versicherung nicht allein von dem betr. Gesellschafter abgegeben wurde (für Beweiserleichterungen hinsichtlich der Mindesteinlagen auch KG Berlin 13.8.2004, NZG 2005, 46; ferner HCL/*Casper* § 19 Rn. 17, der einen Anscheinsbeweis annimmt). Bestreitet der den Einlageanspruch geltend machende Insolvenzverwalter die von dem Gesellschafter behauptete Einzahlung der Einlage, treffen ihn jedenfalls dann, wenn der Gesellschafter zu dem Einzahlungsvorgang nicht substantiiert vorträgt, keine weitergehenden Anforderungen nach den Regeln der sekundären Darlegungslast (OLG Karlsruhe 18.11.2013, GmbHR 2014, 144 (145)).

24 **Bei unstreitiger oder bewiesener Einzahlung** auf ein Konto der GmbH ist von der Erfüllung der Einlageschuld auszugehen, solange nicht von der GmbH bzw. dem Insolvenzverwalter konkrete Anhaltspunkte dafür dargetan sind, dass die Gesellschaft gehindert war, über den eingezahlten Betrag zu verfügen (BGH 17.9.2013, ZIP 2014, 262 Ls. 2, Rn. 3; BGH 15.4.2014, BeckRS 2014, 12288 Rn. 8). Der GmbH bzw. dem Insolvenzverwalter obliegt insoweit jedoch lediglich eine gesteigerte Vortragslast; die Beweislast bleibt beim Inferenten, wenn die GmbH oder der Insolvenzverwalter der gesteigerten Vortragslast nachgekommen ist (BGH 17.9.2013, ZIP 2014, 262 Ls. 2, Rn. 4; BGH 15.4.2014, BeckRS 2014, 12288 Rn. 8). Der Insolvenzverwalter muss also zB konkrete Anhaltspunkte darlegen, dass die Einzahlung eine reine Scheinzahlung war, weil sie mit der im Voraus getroffenen Abrede einer Rückzahlung verbunden war; sind solche Anhaltspunkte dargetan, muss der Inferent seinerseits darlegen und

beweisen, dass der eingezahlte Betrag im Vermögen der GmbH verblieben und nur für eigene Aufwendungen der GmbH verwendet worden ist (BGH 17.9.2013, ZIP 2014, 262 Rn. 5). Konkrete Anhaltspunkte idS sind etwa dann gegeben, wenn in engem zeitlichen Zusammenhang mit der Einzahlung Barauszahlungen vom Konto der GmbH vorgenommen wurden und es in der Buchhaltung der GmbH keine Belege gibt, wofür diese Mittel verwendet wurden (OLG Jena 19.4.2017, GmbHR 2017, 754 (757) mAnm *Kuna*).

5. Sonstige Einwendungen und Einreden. Die Tilgung der Einlageforderung durch **Erfüllungssurrogate** lässt das Gesetz im Interesse einer effektiven Kapitalaufbringung nur unter **einschränkenden Voraussetzungen** zu. Die Aufrechnung durch den Gesellschafter ist nach § 19 Abs. 2 S. 2 grundsätzlich unzulässig. Auch die Aufrechnung durch die Gesellschaft ist nur unter einschränkenden Voraussetzungen zulässig (→ § 19 Rn. 25 ff.). Sachleistungen an Erfüllungs statt (§ 364 Abs. 1 BGB) sind ebenfalls ausgeschlossen, sofern sie nicht gem. § 5 Abs. 4 im Gesellschaftsvertrag festgesetzt worden sind. Allerdings ist seit dem MoMiG die Anrechnung nach § 19 Abs. 4 zu beachten (→ § 19 Rn. 12). Zur Übergabe von Schecks und Wechseln zur Begleichung einer Bareinlagepflicht (Leistung erfüllungshalber, § 364 Abs. 2 BGB) → § 7 Rn. 14. Ein Erlass der Einlageforderung ist nicht möglich (§ 19 Abs. 2 S. 1). **Zurückbehaltungsrechte** sind ebenfalls weithin ausgeschlossen (§ 19 Abs. 2 S. 3). Die **Verjährung** der Einlageforderung richtet sich nach § 19 Abs. 6 (zehn Jahre). Wegen der Einzelheiten s. Erl. zu § 19 (→ § 19 Rn. 95 ff.). 25

6. Abtretung, Pfändung und Verpfändung. a) Abtretung. Die Einlageforderung (auch die Mindesteinlage vor Eintragung, Scholz/*Veil* § 19 Rn. 105) ist **abtretbar** (§§ 398 ff. BGB), allerdings nach jedenfalls bisher hM im Interesse effektiver Kapitalaufbringung grundsätzlich (zu Ausnahmen → Rn. 27) nur unter der Voraussetzung, dass der Gesellschaft eine **vollwertige Gegenleistung** zufließt (BGH 15.6.1992, NJW 1992, 2229, stRspr; ebenso zur Rechtslage nach dem MoMiG Lutter/Hommelhoff/*Bayer* § 19 Rn. 42; MHLS/*Ebbing* § 19 Rn. 125 f.; Baumbach/Hueck/*Fastrich* § 19 Rn. 42; Roth/Altmeppen/*Altmeppen* § 19 Rn. 16; Scholz/*Veil* § 19 Rn. 105; mit abw. Begr. MüKoGmbHG/*Schwandtner* § 19 Rn. 135, 138). Zur Begründung wird angeführt, dass andernfalls Umgehungen des Erlassverbots nach § 19 Abs. 2 S. 1 Tür und Tor geöffnet wäre (so bereits RG 14.6.1929, RGZ 124, 380 (383) zu § 221 HGB aF). Ob das Anliegen des Umgehungsschutzes tatsächlich das ungeschriebene Vollwertigkeitserfordernis in dieser Allgemeinheit zu rechtfertigen vermag, ist indes keineswegs zweifelsfrei (mit guten Gründen für Aufgabe des Vollwertigkeitspostulats etwa Rowedder/Schmidt-Leithoff/*Pentz* § 19 Rn. 256; *Schall* ZGR 2009, 126 (150); *Buddemeier* Verfügungen über Einlageforderungen in der Krise der Kapitalgesellschaft, 2017, 236 ff.). Auch wenn man diese Bedenken zurückstellt und im Ausgangspunkt vom Vollwertigkeitserfordernis ausgeht, erscheint aber zumindest eine wesentliche Einschränkung der Position der hM geboten. Zu erinnern ist nämlich daran, dass BGH und hL im Parallelfall der Abtretung einer Erstattungsforderung aus § 31 Abs. 1 keine vollwertige Gegenleistung verlangen, soweit die Erstattungsforderung zum Zweck der Befriedigung eines Fremdgläubigers der GmbH abgetreten wird. In diesem Fall kommt es nach der Rspr. des BGH nicht auf die Vollwertigkeit der Forderung des Gläubigers gegen die GmbH an, sondern nur darauf, dass diese besteht und fällig ist (BGH 29.9.1977, BGHZ 69, 274 (282 ff.) = NJW 1978, 160; BGH 7.11.1994, NJW 1995, 326 (330); ebenso die hL, HCL/*Habersack* § 31 Rn. 13; Scholz/*Verse* § 31 Rn. 29 mwN). Diese Einschränkung des Vollwertigkeitserfordernisses erklärt sich daraus, dass die GmbH die Erstattungsforderung auch zunächst einziehen und den eingezogenen Betrag dann zur Tilgung der Forderung des Gläubigers verwenden könnte, was wirtschaftlich für die GmbH auf dasselbe Ergebnis hinausläuft wie die Abtretung (BGH 29.9.1977, BGHZ 69, 274 (283) = NJW 1978, 160). Der Schutz der übrigen Gläubiger wird in diesem Fall durch die Anfechtung nach der InsO bzw. dem AnfG sowie mittelbar durch die Geschäftsführerhaftung nach § 43 Abs. 2, § 64 S. 1 besorgt (HCL/*Habersack* § 31 Rn. 13). Es ist kein Grund ersichtlich, warum diese für die Abtretung des Anspruchs aus § 31 Abs. 1 anerkannte Einschränkung des Vollwertigkeitserfordernisses nicht auch für die Abtretung der Einlageforderung gelten sollte (wenn man denn an diesem Erfordernis überhaupt festhalten will). 26

Als weitere Voraussetzung der Abtretung wird überwiegend verlangt, dass die Gegenleistung der GmbH in einer Form zufließen muss, wie sie auch für die Einzahlung auf die Stammeinlage zulässig wäre. In der Satzung nicht festgesetzte Sachleistungen sollen demnach ausgeschlossen sein (Roth/Altmeppen/*Altmeppen* § 19 Rn. 16; HCL/*Casper* § 19 Rn. 108; aA MüKoGmbHG/*Schwandtner* § 19 Rn. 139). Anstelle einer Geldzahlung kann die Gegenleistung aber auch darin bestehen, dass ein fälliger Zahlungsanspruch des Zessionars gegen die Gesellschaft getilgt wird (einschr. Roth/Altmeppen/*Altmeppen* § 19 Rn. 16; HCL/*Casper* § 19 Rn. 108: Zahlungsanspruch muss nicht nur fällig, sondern auch vollwertig und liquide sein; aber → Rn. 26). 26a

Die Einhaltung der vorstehenden Voraussetzungen (→ Rn. 26 f.) ist nach hM **Wirksamkeitsvoraussetzung** der Abtretung. Diese wird also erst wirksam, wenn auch die vollwertige Gegenleistung mit dinglicher Wirkung in das Vermögen der GmbH übergegangen ist (Lutter/Hommelhoff/*Bayer* § 19 Rn. 42; HCL/*Casper* § 19 Rn. 108). 26b

27 Eine **Ausnahme** von dem Vollwertigkeitsgebot lässt die Rspr. zu, wenn die Erhaltung der Kapitalgrundlage zugunsten der Gesellschaft und ihrer Gläubiger nicht mehr erforderlich ist. Dies ist der Fall, wenn die Gesellschaft ihren Geschäftsbetrieb eingestellt hat, ihr Vermögen sich in der Einlageforderung erschöpft und der Zessionar der einzige Gläubiger der Gesellschaft ist (BGH 18.11.1969, BGHZ 53, 71 (72 f.) = NJW 1970, 469). Gleiches gilt, wenn der Zessionar nicht der einzige Gläubiger ist, die übrigen Gläubiger aber ihre Ansprüche nicht weiterverfolgen und die masselose Gesellschaft die Mittel für einen Prozess gegen den Einlageschuldner weder besitzt noch von einem dieser Gläubiger vorgeschossen erhält (BGH 22.11.1962, NJW 1963, 102; BGH 18.11.1969, BGHZ 53, 71 (73); BGH 15.6.1992, NJW 1992, 2229 (jew. zur Pfändung)). Dahinter steht die Überlegung, dass eine konsequente Anwendung des Vollwertigkeitsgebots in derartigen Fällen dazu führen würde, dass der Einlageschuldner seine (Rest-)Einlage überhaupt nicht erbringen müsste.

28 Hinsichtlich der **Rechtsfolgen** einer wirksamen Abtretung ist zu bedenken, dass die Einlageforderung nach der Abtretung nicht mehr der Kapitalaufbringung der Gesellschaft dient. Daher sind die Sonderregelungen, die zum Schutz der Kapitalaufbringung bestehen, nach wirksamer Abtretung nicht mehr anwendbar. Aus diesem Grund ist der Zessionar nicht an das Befreiungsverbot des § 19 Abs. 2 S. 1 gebunden (HCL/*Casper* § 19 Rn. 109; MHLS/*Ebbing* § 19 Rn. 128). Ferner kann der Gesellschafter mit einer Gegenforderung gegen den Zessionar aufrechnen, ohne hieran durch § 19 Abs. 2 S. 2 gehindert zu sein (BGH 18.11.1969, BGHZ 53, 71 (76) = NJW 1970, 469; HCL/*Casper* § 19 Rn. 110). Mit einer gegen die Gesellschaft gerichteten Gegenforderung kann der Gesellschafter dagegen auch nach § 406 BGB nicht gegenüber dem Zessionar aufrechnen (BGH 18.11.1969, BGHZ 53, 71 (75 f.) = NJW 1970, 469; HCL/*Casper* § 19 Rn. 110). Zur Frage der Kaduzierung nach Abtretung der Einlageforderung → § 21 Rn. 15.

29 Nach hM kann der Gesellschafter gem. **§ 404 BGB** sämtliche Einwendungen und Einreden, die ihm im Innenverhältnis zur Gesellschaft zustanden, auch gegenüber dem Zessionar geltend machen, zB die fehlende Fälligkeit der Einlageforderung oder die Verletzung des Gleichbehandlungsgebots (BGH 29.9.1977, BGHZ 69, 274 (282) = NJW 1978, 160; HCL/*Casper* § 19 Rn. 110; Scholz/*Veil* § 19 Rn. 113 f.; zu Letzterem krit. *Verse* Gleichbehandlungsgrundsatz 190–192).

30 **b) Pfändung und Verpfändung.** Die **Verpfändung** der Einlageforderung folgt denselben Regeln wie die Abtretung (§ 1274 Abs. 1 S. 1 BGB). In der Konsequenz der hier zur Abtretung vertretenen Ansicht liegt es daher, dass die Wirksamkeit der Verpfändung jedenfalls an einen Fremdgläubiger der GmbH nicht davon abhängt, dass die Forderung des Gläubigers, von der die Gesellschaft im Fall der Verwertung der Einlageforderung befreit wird, vollwertig ist (→ Rn. 26; abw. – von ihrem Standpunkt zur Abtretung konsequent – die hM, Baumbach/Hueck/*Fastrich* § 19 Rn. 42; Roth/Altmeppen/*Altmeppen* § 19 Rn. 16; HCL/*Casper* § 19 Rn. 111). Auch iÜ gilt das zur Abtretung Gesagte (→ Rn. 26 ff.) entsprechend.

31 Die Wirksamkeitsvoraussetzungen der **Pfändung** der Einlageforderung entsprechen nach der Rspr. ebenfalls denjenigen der Abtretung. Der BGH besteht also auch hier vorbehaltlich der genannten Ausnahmen (→ Rn. 27) darauf, dass die Forderung des Gläubigers, deretwegen die Zwangsvollstreckung betrieben wird, vollwertig sein muss (BGH 15.6.1992, NJW 1992, 2229; aus dem Schrifttum Baumbach/Hueck/*Fastrich* § 19 Rn. 42; Roth/Altmeppen/*Altmeppen* § 19 Rn. 20; HCL/*Casper* § 19 Rn. 111). Indes stößt diese Rspr. zunehmend auf Kritik, und zwar auch von Autoren, die im Rahmen der Abtretung dem Vollwertigkeitsgebot aufgeschlossen gegenüberstehen (idS diff. etwa MHLS/*Ebbing* § 19 Rn. 116 f.; MüKoGmbHG/*Schwandtner* § 19 Rn. 135 f.). Nach der hier vertretenen Ansicht ist schon bei der Abtretung zumindest dann eine Einschränkung des Vollwertigkeitsgebots angezeigt, wenn diese der Befriedigung eines Fremdgläubigers dient (→ Rn. 26). Gleiches muss dann auch im Rahmen der Pfändung gelten.

31a Hinsichtlich der **Rechtsfolgen** einer wirksamen Pfändung der Einlageforderung besteht heute weitgehend Einigkeit, dass der Pfändungsgläubiger – anders als der Zessionar (→ Rn. 29) – nicht an das Gleichbehandlungsgebot nach § 19 Abs. 1 gebunden ist, da andernfalls der Gläubigerschutz unangemessen beeinträchtigt würde (BGH 29.5.1980, NJW 1980, 2253; HCL/*Casper* § 19 Rn. 35, 112; *Verse* Gleichbehandlungsgrundsatz 189 f.; abw. RG 12.11.1935, RGZ 149, 293 (300)). Auch hängt im Verhältnis zum Pfändungsgläubiger die Fälligkeit der Einlageforderung weder von einem Einforderungsbeschluss nach § 46 Nr. 2 noch von der Anforderung durch die Geschäftsführer ab (→ Rn. 12). Konsequenterweise sollte man davon ausgehen, dass der Pfändungsgläubiger auch nicht an satzungsmäßige Fälligkeitstermine gebunden ist (str., → Rn. 14).

32 Hat der **Einlageschuldner selbst** eine titulierte Gegenforderung gegen die Gesellschaft und betreibt er wegen dieser die Zwangsvollstreckung gegen die Gesellschaft, ist es ihm verwehrt, die gegen sich selbst gerichtete Einlageforderung zu pfänden und sich überweisen zu lassen, da dies einer nach § 19 Abs. 2 S. 2 verbotenen Aufrechnung seitens des Einlageschuldners gleichkäme (KG Berlin 2.7.1930, JW 1930, 3779; HCL/*Casper* § 19 Rn. 112; allgM). Das Vollstreckungsgericht hat daher einen entsprechenden Antrag des Inferenten auf Pfändung und Überweisung der Einlageforderung zurückzuweisen (zu

den iE umstrittenen Konsequenzen, wenn gleichwohl ein Pfändungs- und Überweisungebschluss erlassen wird, ausf. *Habersack/Weber* ZGR 2014, 509 (540 ff.)).

III. Geschäftsanteil; Mitgliedschaft

1. Begriff und Rechtsnatur. Der Begriff des **Geschäftsanteils** bezeichnet die „durch die Übernahme (der Einlage) begründete Rechtsposition" (Stenogr. Berichte über die Verhandlungen des Reichstags, VIII/1, 1890/92, Nr. 660, 3737). Er steht maW für die **Mitgliedschaft** in der GmbH, also den Inbegriff der mitgliedschaftlichen Rechte und Pflichten des Gesellschafters (MüKoGmbHG/*Reichert/Weller* Rn. 7; HCL/*Raiser* Rn. 1). Der Geschäftsanteil ist veräußerlich und vererblich (§ 15 Abs. 1; → § 15 Rn. 3 ff.), kann mit einem Nießbrauch (§ 1068 Abs. 1 BGB) oder Pfandrecht (§ 1274 BGB) belastet oder gepfändet (§ 857 ZPO) werden (→ § 15 Rn. 100 ff.). 33

Die Mitgliedschaft ist nicht nur Inbegriff der Rechte und Pflichten des jeweiligen Gesellschafters, sondern auch selbst Gegenstand eines **subjektiven Rechts** des Gesellschafters (hM; BGH 12.3.1990, BGHZ 110, 323 (327, 334); *Wiedemann,* Die Übertragung und Vererbung von Mitgliedschaftsrechten bei Handelsgesellschaften, 1965, 39 ff.; *Habersack* Mitgliedschaft 28 ff., 98 ff.; Scholz/*Seibt* Rn. 12; aA *Hadding* FS Kellermann, 1991, 91 (102 ff.); *M. Schwab* Prozessrecht 19 ff.). Dieses subjektive Recht ist nach hM ein **sonstiges Recht iSd § 823 Abs. 1 BGB** (str., Nachw. wie vor) und genießt daher deliktsrechtlichen Schutz gegen Eingriffe verbandsexterner Dritter (RG 26.11.1920, RGZ 100, 274 (Versteigerung eines Geschäftsanteils durch nichtberechtigten Pfandgläubiger)). Dieser Schutz kommt jedoch nur bei Beeinträchtigung der Mitgliedschaft als solcher in Betracht. Handlungen, die lediglich den Wert des Gesellschaftsvermögens mindern und damit reflexweise auch den Wert des Geschäftsanteils beeinträchtigen, führen unstr. nicht zu Ansprüchen des Gesellschafters aus § 823 Abs. 1 BGB (RG 21.9.1938, RGZ 158, 248 (255) (zur AG); Baumbach/Hueck/*Fastrich* Rn. 6). Zweifelhaft und heftig umstritten ist, ob sich der deliktische Schutz der Mitgliedschaft auch auf Eingriffe aus dem Verbandsinnenverhältnis, also Eingriffe seitens der Gesellschaft und ihrer Organe oder der Mitgesellschafter, erstreckt. Der BGH hat dies in einer bisher vereinzelt gebliebenen vereinsrechtlichen Entscheidung bejaht (BGH 12.3.1990, BGHZ 110, 323 (327 f., 334); grundsätzlich auch *Habersack* Mitgliedschaft 171 ff., krit. aber zu dem konkreten Fall *Habersack* Mitgliedschaft 272 f.; ferner MüKoGmbHG/*Reichert/Weller* Rn. 58). Die wohl hL steht dem mit Recht ablehnend gegenüber und verweist auf Ansprüche aus der mitgliedschaftlichen Sonderverbindung (MüKoBGB/*Wagner* BGB § 823 Rn. 353; MüKoBGB/*Leuschner* BGB § 38 Rn. 7; Scholz/*Verse* § 43 Rn. 488 mwN; ausf. *Helms,* Schadensersatzansprüche wegen Beeinträchtigung der Vereinsmitgliedschaft, 1998, 56 ff., 120 f.). 34

2. Entstehung und Erlöschen. Die Mitgliedschaft in der GmbH **entsteht** für die Gründungsgesellschafter mit Eintragung der GmbH im Handelsregister. Zuvor, nämlich mit wirksamem Abschluss des Gesellschaftsvertrags besteht eine Mitgliedschaft in der Vorgesellschaft (→ § 11 Rn. 13 ff.), die sich bei Eintragung der GmbH in das Handelsregister in der GmbH fortsetzt. Bei einer Kapitalerhöhung entstehen die neuen Mitgliedschaften nach § 54 Abs. 3 im Zeitpunkt der Eintragung der Kapitalerhöhung im Handelsregister. 35

Die Mitgliedschaft **erlischt** mit dem Erlöschen der GmbH (s. Erl. zu § 60 → § 60 Rn. 1 ff.) oder durch Einziehung des betr. Geschäftsanteils nach § 34. Auch iRe Kapitalherabsetzung können Geschäftsanteile beseitigt werden (Lutter/Hommelhoff/*Kleindiek* § 58 Rn. 14). Der Erwerb durch die GmbH (§ 33) führt dagegen nicht zum Erlöschen des Anteils; es ruhen lediglich die damit verbundenen Rechte und Pflichten (→ § 33 Rn. 22). Ebenso wenig erlischt der Geschäftsanteil durch Kaduzierung (→ § 21 Rn. 30), Preisgabe (→ § 27 Rn. 11) sowie Austritt und Ausschluss aus wichtigem Grund (→ § 34 Rn. 33), sofern letztere nicht mittels Einziehung durchgeführt werden. 36

3. Nennbetrag. Jedem Geschäftsanteil ist ein auf volle Euro lautender fester **Nennbetrag** zugeschrieben (§ 5 Abs. 2). Die Höhe der Nennbeträge der einzelnen Geschäftsanteile kann verschieden bestimmt werden (§ 5 Abs. 3 S. 1), was auch häufig geschieht. Bei der Gründung muss die Summe der Nennbeträge mit dem Stammkapital übereinstimmen (§ 5 Abs. 3 S. 2). Im weiteren Verlauf ist diese Übereinstimmung nicht mehr notwendig gewährleistet (insbesondere wenn ein Geschäftsanteil eingezogen wird; BGH 2.12.2014, NZG 2015, 429 mBespr *Kleindiek* NZG 2015, 489; → § 34 Rn. 23). 37

Der Nennbetrag hat keine Aussagekraft für den wirtschaftlichen Wert des Geschäftsanteils. Seine Funktion liegt neben der Festlegung der Höhe der Einlagepflicht (→ Rn. 6) darin, als **Beteiligungsmaßstab** zu dienen. Die Summe der Nennbeträge der von einem Gesellschafter gehaltenen Geschäftsanteile ist maßgebend für die von der Höhe der Beteiligung abhängigen Rechte des Gesellschafters wie Gewinnanspruch (§ 29 Abs. 3), Stimmrecht (§ 47 Abs. 2), Auseinandersetzungsguthaben (§ 72). Gleiches gilt für die von der Höhe der Beteiligung abhängigen Pflichten, zB Ausfallhaftung (§§ 24, 31 Abs. 3) oder Nachschusspflicht (§ 26 Abs. 2). Dieser Maßstab ist in einzelnen Fällen zwingend (§§ 24, 31 Abs. 3, aber auch § 50 Abs. 1, § 61 Abs. 2, § 66), in den übrigen genannten Fällen abdingbar. 38

39 **4. Verbriefung.** Eine Verbriefung der Geschäftsanteile durch **Anteilsscheine** ist im Gesetz nicht geregelt. Sie kann aber in der Satzung vorgesehen oder von den Gesellschaftern beschlossen werden, wovon allerdings nur selten Gebrauch gemacht wird. Der Anteilsschein ist kein Wertpapier, sondern eine **bloße Beweisurkunde,** deren Besitz zur Geltendmachung der mitgliedschaftlichen Rechte nicht erforderlich ist (Stenogr. Berichte über die Verhandlungen des Reichstags, VIII/1, 1890/92, Nr. 660, 3738; OLG Köln 15.4.1994, GmbHR 1995, 293; Scholz/*Seibt* Rn. 132; allgM). Da es an der Wertpapiereigenschaft fehlt, kann ein Anspruch auf Anteilsübertragung nicht im Urkundsprozess (§ 592 ZPO) geltend gemacht werden (OLG Köln 15.4.1994, GmbHR 1995, 293).

40 Die **Übertragung** oder Verpfändung des Geschäftsanteils richtet sich auch bei Ausgabe von Anteilsscheinen unverändert nach § 15 (iVm § 1274 BGB). Der Gesellschaftsvertrag kann aber als „weitere Voraussetzung" iSd § 15 Abs. 5 die Übertragung oder Verpfändung des Geschäftsanteils an die Übergabe des Anteilsscheins knüpfen (RG 26.3.1920, RGZ 98, 276 (277 f.); Scholz/*Seibt* Rn. 132). Für die Pfändung des Geschäftsanteils nach § 857 ZPO gilt dies jedoch nicht, da § 15 Abs. 5 nur Erschwerungen der freiwilligen Veräußerung zulässt (BGH 7.4.1960, BGHZ 32, 151 (155 f.) = NJW 1960, 1053; BGH 12.6.1975, BGHZ 65, 22 (24 f.) = NJW 1975, 1835). Die Pfändung des Geschäftsanteils hängt daher nicht von der Übergabe bzw. Wegnahme des Anteilsscheins ab (Baumbach/Hueck/*Fastrich* Rn. 9; MüKoGmbHG/*Reichert*/*Weller* Rn. 44). Der Erwerber des Geschäftsanteils wird analog § 952 BGB Eigentümer des Anteilsscheins und kann nach § 985 BGB bzw. §§ 413, 402 BGB dessen Aushändigung verlangen (allgM). Ein Anspruch auf Herausgabe des Anteilsscheins steht auch dem (Pfändungs-) Pfandgläubiger zu (§ 952 Abs. 1 S. 2 analog iVm §§ 985, 1227 BGB bzw. §§ 1275, 413, 402 BGB). IRd Pfändung des Geschäftsanteils kann nach §§ 857, 836 Abs. 3 ZPO auch die Herausgabe des Anteilsscheins durchgesetzt werden. Eine selbständige Pfändung der Anteilsscheine scheidet dagegen wegen ihres Charakters als bloße Beweisurkunden aus (MüKoGmbHG/*Reichert*/*Weller* § 15 Rn. 527).

41 Die Satzung kann nicht nur die Veräußerung des Anteils, sondern auch die **Ausübung von Mitgliedschaftsrechten,** zB die Ausübung des Stimmrechts oder die Auszahlung der Dividende, von der Vorlage des Anteilsscheins abhängig machen (HCL/*Raiser* Rn. 19; MHLS/*Ebbing* Rn. 38). Dies wird sich aber allenfalls bei Gesellschaften mit ungewöhnlich großem Gesellschafterkreis empfehlen.

42 Der Besitz des Anteilsscheins entfaltet keinen **Gutglaubensschutz.** § 16 Abs. 3 ermöglicht zwar den gutgläubigen Erwerb von GmbH-Anteilen; Rechtsscheinträger ist aber die Gesellschafterliste, nicht der Besitz des Anteilsscheins. § 405 BGB ist nicht anwendbar (allgM). Bei **Verlust des Anteilsscheins** ist das Aufgebotsverfahren nach §§ 433 ff. FamFG nicht statthaft. Jedenfalls sofern die Übertragung des Geschäftsanteils oder die Ausübung von Mitgliedschaftsrechten von der Übergabe bzw. Vorlage des Anteilsscheins abhängt, ist die Gesellschaft verpflichtet, einen neuen Anteilsschein auszustellen (Scholz/*Seibt* Rn. 133). Zu Dividendenscheinen → § 29 Rn. 56.

IV. Mitgliedschaftsrechte

43 **1. Grundlagen. a) Arten von Mitgliedschaftsrechten.** Die durch den Geschäftsanteil vermittelte Mitgliedschaft umfasst alle Rechte und Pflichten aus dem Gesellschaftsverhältnis. Rechtsgrundlage für diese **Mitgliedschaftsrechte und -pflichten** ist teils unmittelbar das Gesetz, teils die Satzung. Die Mitgliedschafts*rechte* (zu den -pflichten → Rn. 95 ff.) lassen sich dem Inhalt nach in **Verwaltungsrechte** (Herrschaftsrechte) und **Vermögensrechte** (Wertrechte) untergliedern. Zu den Verwaltungsrechten zählen insbesondere Teilnahme- und Rederecht in der Gesellschafterversammlung (§ 48), Stimmrecht (§ 47), Informationsrecht (§ 51a) und Anfechtungsrecht (→ § 47 Anh. Rn. 1 ff.). Zu den Vermögensrechten gehören etwa Gewinnbezugsrecht, Recht auf Teilhabe am Liquidationserlös und Bezugsrecht (→ § 55 Rn. 16). Daneben gibt es weitere Mitgliedschaftsrechte, die sich keiner der beiden genannten Gruppen zuordnen lassen (zB das Recht zum Austritt aus wichtigem Grund oder das Recht auf gleichmäßige Behandlung). Die Mitgliedschaftsrechte lassen sich ferner danach unterscheiden, ob sie allen Gesellschaftern gleichmäßig zustehen (**allgemeine Mitgliedschaftsrechte,** → Rn. 58 ff.) oder nur einzelnen von ihnen (**Sonderrechte,** → Rn. 50 ff.).

44 **b) Akzessorietät, Abspaltungsverbot.** Die Mitgliedschaftsrechte sind wie die -pflichten an den Geschäftsanteil gebunden und gehen mit dessen Übertragung auf den Erwerber über, sofern der Gesellschaftsvertrag nicht zulässigerweise das Erlöschen des Rechts vorsieht oder das Recht höchstpersönlicher Natur ist. Man spricht daher auch von der **Akzessorietät** der Mitgliedschaftsrechte (Rowedder/Schmidt-Leithoff/*Pentz* Rn. 15). Der Veräußerer verliert gleichzeitig seine Mitgliedschaftsrechte, haftet aber weiterhin für rückständige Mitgliedschaftspflichten (§ 16 Abs. 2).

45 Eine Abspaltung einzelner Mitgliedschaftsrechte von der Mitgliedschaft ist nicht zulässig (**Abspaltungsverbot,** BGH 25.2.1965, BGHZ 43, 261 (267) = NJW 1965, 1378; BGH 17.11.1986, NJW 1987, 780 (zur AG); ebenso ganz hL, HCL/*Raiser* Rn. 45 mwN; vgl. auch § 717 S. 1 BGB). Das Abspaltungsverbot dient dem Schutz der mitgliedschaftlichen Selbstbestimmung (*K. Schmidt* GesR § 19 III 4a; MüKoGmbHG/*Reichert*/*Weller* Rn. 119), zugleich aber auch Verkehrsinteressen (*Wiedemann* GesR I § 7 I 1 aE). Es erstreckt sich auf Verwaltungs-, Vermögens- und andere Mitgliedschaftsrechte

gleichermaßen. Der Gesellschafter kann daher zB sein Stimm- oder Gewinnbezugsrecht nicht isoliert an Mitgesellschafter oder Dritte übertragen. Unzulässig sind auch Umgehungen, etwa die auf eine Übertragung des Stimmrechts hinauslaufende Erteilung einer unwiderruflichen Stimmrechtsvollmacht unter gleichzeitigem Verzicht auf die eigene Wahrnehmung des Stimmrechts (BGH 10.11.1951, BGHZ 3, 354 = NJW 1952, 178 zur OHG). Davon zu unterscheiden ist die nicht dem Abspaltungsverbot unterliegende Übertragung sog. Gläubigerrechte, zB des Anspruchs auf Auszahlung einer beschlossenen Dividende (→ Rn. 47).

c) Abgrenzung zu schuldrechtlichen Ansprüchen. Von den an den Geschäftsanteil gebundenen Mitgliedschaftsrechten und -pflichten sind schuldrechtliche Rechte und Pflichten zu unterscheiden, die nach allgemeinen Regeln zwischen der Gesellschaft und den Gesellschaftern oder den Gesellschaftern untereinander begründet werden können. Dabei kann es sich um reine Drittgeschäfte handeln, wie sie die GmbH auch mit Außenstehenden abschließen könnte (Kauf, Miete etc), oder um speziell auf die Gesellschaft zugeschnittene schuldrechtliche Vereinbarungen (zB eine Gesellschaftervereinbarung). Die schuldrechtlichen Rechte und Pflichten sind leicht als solche zu erkennen, wenn sie – wie regelmäßig – außerhalb der Satzung begründet werden. Schwieriger ist die Abgrenzung, wenn schuldrechtliche Regelungen in die Satzung aufgenommen werden. Dann handelt es sich um eine **Auslegungsfrage,** ob eine mitgliedschaftliche oder rein schuldrechtliche Ausgestaltung gewollt ist. Die Aufnahme in die Satzung ist aber immerhin ein **Indiz** dafür, dass im Zweifel eine mitgliedschaftliche Regelung gewollt ist (hM; → § 3 Rn. 34). Die schuldrechtlichen Regelungen binden nur die daran Beteiligten. Die daraus resultierenden Rechte und Pflichten gehen daher bei Anteilsveräußerung nicht automatisch auf den Erwerber über, sondern nur bei Vorliegen eines gesonderten Übertragungsakts (zB §§ 398, 414 f. BGB). 46

Ebenfalls nicht zu den Mitgliedschaftsrechten gehören die sog. **Gläubigerrechte.** Dabei handelt es sich um Ansprüche, die ihren Ursprung in der Mitgliedschaft haben, aber gleichwohl schuldrechtlicher Natur sind. Hierher gehört zB der Ausschüttungsanspruch des Gesellschafters, der sich mit Feststellung des Jahresabschlusses und Fassung des Gewinnverwendungsbeschlusses gem. § 46 Nr. 1 von der Mitgliedschaft verselbständigt (BGH 14.9.1998, BGHZ 139, 299 (302 f.) = NJW 1998, 3646; Scholz/*Verse* § 29 Rn. 9), der Anspruch auf Auskehr des Liquidationserlöses (§ 72) nach durchgeführter Liquidation oder der Anspruch auf Auszahlung der Abfindung nach beschlossener Einziehung des Geschäftsanteils. Auch bereits entstandene Schadensersatzansprüche des Gesellschafters aus der Mitgliedschaft (zB wegen Verletzung der Treuepflicht) gehören hierher. Die Gläubigerrechte sind im Gegensatz zu dem zugrunde liegenden Stammrecht nicht an den Geschäftsanteil gebunden und können daher wie andere schuldrechtliche Ansprüche des Gesellschafters gesondert abgetreten, verpfändet und gepfändet werden (HCL/*Raiser* Rn. 44). 47

d) Verletzung von Mitgliedschaftsrechten. Greift ein Gesellschafterbeschluss rechtswidrig in ein Mitgliedschaftsrecht ein, ist der Beschluss – je nachdem, welche Rechtsverletzung vorliegt – anfechtbar, nichtig oder schwebend unwirksam. In vielen Fällen wird sich durch eine Beschlussmängelklage ein drohender Schaden des in seinem Mitgliedschaftsrecht verletzten Gesellschafters abwenden lassen. Soweit dies möglich ist, gebührt diesem Weg grundsätzlich der Vorrang gegenüber einer Duldung der Rechtsverletzung und einer anschließenden Geltendmachung von Schadensersatzansprüchen (**kein „dulde und liquidiere"**; → Rn. 117 aE). Ähnliches gilt für Eingriffe seitens der Verwaltungsorgane; auch sie sind nach Möglichkeit schon vorab abzuwehren (BGH 12.3.1990, BGHZ 110, 323 (329 ff.) = NJW 1990, 2877 zum e. V.). 48

Soweit sich der drohende Schaden nicht im Wege des Primärrechtsschutzes abwenden lässt, kommen **Schadensersatzansprüche** gegen die Gesellschaft **aus der mitgliedschaftlichen Sonderverbindung** (§ 280 Abs. 1 BGB) in Betracht. Die Rspr. hat solche Ansprüche für Verletzungen des Gleichbehandlungsgebots (RG 10.3.1938, JW 1938, 1329 zum eV) und der Treuepflicht der Gesellschaft (BGH 30.9.1991, NJW 1992, 368) ausdrücklich anerkannt (näher *Verse* Gleichbehandlungsgrundsatz 399 ff.). Schadensersatzansprüche gegen die Gesellschaft kann der Gesellschafter aber nur wegen sog. Eigenschäden erheben, also Schäden, die nicht allein in der Schmälerung des Gesellschaftsvermögens bestehen (BGH 30.9.1991, NJW 1992, 368 (369)). Zudem darf die Inanspruchnahme der Gesellschaft nicht dazu führen, dass das Stammkapital angetastet wird (BGH 30.9.1991, NJW 1992, 368; *Verse* Gleichbehandlungsgrundsatz 405 ff.; Scholz/*Verse* § 30 Rn. 32). Neben Ansprüchen gegen die Gesellschaft kommen uU auch Ansprüche gegen die Mitgesellschafter aus Treuepflichtverletzung in Betracht (→ Rn. 117 f.). Dagegen scheiden Ansprüche der Gesellschafter unmittelbar gegen die Geschäftsführer aus § 280 Abs. 1 BGB grundsätzlich aus, da allein die Organstellung keine Sonderverbindung zwischen Geschäftsführern und Gesellschaftern begründet (ganz hM, → § 43 Rn. 81; Scholz/*Verse* § 43 Rn. 453, 483 mwN). Zur Frage, ob im Verbandsinnenverhältnis auch deliktische Schadensersatzansprüche aus § 823 Abs. 1 BGB wegen Verletzung der Mitgliedschaftsrechte in Betracht kommen, → Rn. 34. 49

2. Sonderrechte. a) Begriff und Begründung. Die Gestaltungsfreiheit der GmbH-Gesellschafter erlaubt es in viel größerem Maße als in der AG, Sonderrechte für einzelne Gesellschafter in der Satzung vorzusehen. Unter Sonderrechten sind nach heute allgM solche Mitgliedschaftsrechte zu verstehen, die 50 im Unterschied zu den allgemeinen Mitgliedschaftsrechten nicht allen Gesellschaftern zustehen, sondern einzelnen von ihnen eine **Vorzugsstellung** gegenüber anderen gewähren (Vorrechte; statt aller Scholz/*Seibt* Rn. 27). Mit Sonderrechten ausgestattete Geschäftsanteile werden auch als **Vorzugsgeschäftsanteile** bezeichnet.

51 **Gegenstand** eines Sonderrechts können ganz unterschiedliche Befugnisse sein, zB Rechte auf Vorzugsdividende oder einen erhöhten Anteil am Liquidationserlös, Mehrstimmrechte, Vetorechte, Entsendungsrechte für einen etwaigen Aufsichtsrat oder – besonders verbreitet – Rechte, einen oder mehrere Geschäftsführer zu benennen oder selbst die Geschäftsführung zu übernehmen. Allein aus der in der Satzung vorgenommenen Bestellung zum Geschäftsführer (§ 6 Abs. 3) kann aber nicht geschlossen werden, dass dem betreffenden Gesellschafter ein Sonderrecht eingeräumt werden soll (BGH 16.2.1981, GmbHR 1982, 129 (130)).

52 Die **Begründung** eines Sonderrechts bedarf als Mitgliedschaftsrecht der Aufnahme in die Satzung, sei es anlässlich der Gründung oder nachträglich im Wege der Satzungsänderung. In letzterem Fall ist allerdings das Gleichbehandlungsgebot zu beachten, sodass entweder eine im Gesellschaftsinteresse liegende sachliche Rechtfertigung oder die Zustimmung der benachteiligten Gesellschafter erforderlich ist (→ Rn. 69 ff.).

53 Sonderrechte sind Mitgliedschaftsrechte und als solche von schuldrechtlichen Ansprüchen einzelner Gesellschafter zu unterscheiden (→ Rn. 46 f.). Wie andere Mitgliedschaftsrechte gehen auch Sonderrechte mit Übertragung des Geschäftsanteils **auf den Erwerber über.** Die Satzung kann aber vorsehen, dass sie mit dem Ausscheiden des Altgesellschafters erlöschen. Letzteres wird man im Zweifel bei einem Sonderrecht zur Geschäftsführung anzunehmen haben, sonst nur bei konkreten Anhaltspunkten in der Satzung (Scholz/*Seibt* Rn. 32).

54 **b) Entziehung. aa) Voraussetzungen.** Die Entziehung oder Einschränkung eines Sonderrechts setzt neben einer Satzungsänderung grundsätzlich die **Zustimmung** des Sonderrechtsinhabers nach § 35 BGB voraus (ganz hM, BGH 10.10.1988, NJW-RR 1989, 542 (543); MüKoGmbHG/*Reichert/Weller* Rn. 108 mwN; krit. *van Venrooy* GmbHR 2010, 841 (842 f.)). Die Zustimmung ist entbehrlich, wenn ein **wichtiger Grund** für die Entziehung oder Einschränkung vorliegt (OLG Düsseldorf 8.6.1989, NJW 1990, 1122; MüKoGmbHG/*Reichert/Weller* Rn. 110 f.; HCL/*Raiser* Rn. 34; Scholz/*Seibt* Rn. 35). Für das Sonderrecht der Bestellung zum Geschäftsführer ergibt sich dies bereits aus § 38 Abs. 2, wonach der Widerruf der Bestellung aus wichtigem Grund stets möglich bleiben muss. Aber auch iÜ entspricht die Entbehrlichkeit der Zustimmung bei wichtigem Grund der im GmbH-Recht ganz hM. Dies ist insofern bemerkenswert, als im Vereinsrecht der wichtige Grund nach verbreiteter Ansicht nur ausreichen soll, soweit sich das Sonderrecht auf eine Organstellung bezieht (Soergel/*Hadding* § 35 Rn. 18; BeckOGK/*Koenen* BGB § 35 Rn. 39; wie die hM im GmbH-Recht aber MüKoBGB/*Leuschner* BGB § 35 Rn. 13 mwN). Zur Begründung der hM wird mit Unterschieden iE auf die Vorschriften zum Widerruf der Organbestellung (§ 712 Abs. 1 BGB, § 117 HGB, § 38 Abs. 2), das Recht zur Ausschließung aus wichtigem Grund (→ § 34 Rn. 24) sowie den allgemeinen Grundsatz der Kündbarkeit von Dauerschuldverhältnissen bei Unzumutbarkeit (§ 314 BGB) verwiesen (UHL/*Raiser* Rn. 34; Scholz/*Seibt* Rn. 35).

55 Ein wichtiger Grund liegt vor, wenn bei Abwägung der Interessen aller Beteiligten das unveränderte Bestehen des Sonderrechts für die Gesellschaft auf Dauer **unzumutbar** ist (Scholz/*Seibt* Rn. 35; HCL/*Raiser* Rn. 35). IRd Abwägung ist insbesondere zu prüfen, ob statt einer Entziehung des Sonderrechts eine Einschränkung als milderes Mittel ausreicht. Auch eine Ausschließung gegen angemessene Abfindung kann im Einzelfall ein milderes Mittel sein, wenn diese dem Gesellschafter eher zuzumuten ist als ein Verbleib in der Gesellschaft nach Aufhebung des Sonderrechts. Liegt ein wichtiger Grund vor, ist nur die Zustimmung des Gesellschafters entbehrlich, nicht die Satzungsänderung (Scholz/*Seibt* Rn. 35). Der Berechtigte ist nach § 47 Abs. 4 vom Stimmrecht ausgeschlossen (Scholz/*Seibt* Rn. 35; HCL/*Raiser* Rn. 35).

56 Die Satzung kann vorsehen, dass einzelnen Gesellschaftern ein Vorrecht zusteht, das ohne deren Zustimmung und ohne wichtigen Grund wieder entzogen werden kann. In diesem Fall pflegt man allerdings nicht mehr von einem Sonderrecht zu sprechen (Rowedder/Schmidt-Leithoff/*Pentz* Rn. 32). Dabei handelt es sich aber um eine rein terminologische Frage; der Zulässigkeit derartiger Abreden steht nichts im Wege.

57 **bb) Rechtsfolgen von Verstößen.** Fehlt die Zustimmung des Sonderrechtsinhabers und liegt auch kein wichtiger Grund vor, ist die gleichwohl beschlossene Entziehung oder Einschränkung des Sonderrechts **unwirksam** (BGH 10.11.1954, BGHZ 15, 177 (181); BGH 30.11.1961, GmbHR 1962, 212 (213)). Eine Anfechtung ist nicht erforderlich. Der Gesellschafter kann gem. § 256 ZPO auf Feststellung der Unwirksamkeit gegen die Gesellschaft klagen (HCL/*Raiser* Rn. 36). Er kann die fehlende Zustimmung jedoch auch nachträglich erteilen (§ 184 BGB) und damit dem Beschluss zur Wirksamkeit verhelfen. Die Unwirksamkeit ist daher bis zur Genehmigung oder deren Verweigerung eine schwebende. Die Gesellschaft kann die Ungewissheit beenden, indem sie den Gesellschafter entsprechend § 108 Abs. 2 BGB, § 177 Abs. 2 BGB auffordert, sich zu erklären (HCL/*Raiser* Rn. 36). Stimmt der betroffe-

ne Gesellschafter in der Gesellschafterversammlung gegen den Beschluss oder verweigert er später die Genehmigung, ist der Beschluss nicht mehr heilbar, sondern endgültig unwirksam (HCL/*Raiser* Rn. 36). Zu möglichen Schadensersatzansprüchen bei Verletzung von Sonderrechten → Rn. 48 f.

3. Allgemeine Mitgliedschaftsrechte. a) Begriff und Begründung. Die allgemeinen Mitgliedschaftsrechte stehen im Unterschied zu den Sonderrechten allen Gesellschaftern gleichmäßig zu. Anders als die Sonderrechte, die sich immer nur aus dem Gesellschaftsvertrag ergeben können, ergeben sich viele allgemeine Mitgliedschaftsrechte bereits aus dem Gesetz (→ Rn. 43). Die gesetzlichen Regelungen sind allerdings weithin dispositiv (§ 45) und können in der Satzung um zusätzliche Mitgliedschaftsrechte erweitert oder – vorbehaltlich bestimmter Grenzen (→ Rn. 59 ff.) – eingeschränkt werden. 58

b) Entziehung. Einschränkungen der gesetzlich vorgesehenen Mitgliedschaftsrechte sind nur in Grenzen zulässig. Bestimmte Mitgliedschaftsrechte können entweder gar nicht (lit. aa) oder nur mit Zustimmung des Betroffenen (lit. bb) abbedungen werden. 59

aa) Absolut unentziehbare (unverzichtbare) Mitgliedschaftsrechte. Zu den zwingenden Mitgliedschaftsrechten, die auch mit Zustimmung des betroffenen Gesellschafters nicht abbedungen werden können, zählen zunächst das Informationsrecht (§ 51a Abs. 3) und das Recht zum Abandon (nach Maßgabe des § 27 Abs. 4). In diesen Fällen ergibt sich die Unverzichtbarkeit unmittelbar aus dem Gesetz. Daneben ist auch für einzelne weitere Mitgliedschaftsrechte anerkannt, dass sie selbst mit Zustimmung des Betroffenen nicht abdingbar sind. Die Begründung für diese Einschränkung der Gestaltungsfreiheit der Gesellschafter ergibt sich nach Ansicht des BGH daraus, dass eine zu weitgehende Entrechtung dem „Wesen der Gesellschaft" zuwiderlaufe (BGH 14.7.1954, BGHZ 14, 264 (269 ff.) = NJW 1954, 1563). Im Schrifttum wird teils auf § 138 BGB und den Gedanken der Knebelung verwiesen (MüKoBGB/*Schäfer* BGB § 705 Rn. 138); teils werden funktionale Überlegungen (Erhaltung der Selbstregulierungsmechanismen der Gesellschaft) in den Vordergrund gerückt (*Fastrich,* Funktionales Rechtsdenken am Beispiel des Gesellschaftsrechts, 2001, 13 ff., 44). 60

Als **unabdingbar** sind neben den gesetzlich geregelten Fällen (→ Rn. 60) **folgende Rechte** anerkannt (HCL/*Raiser* Rn. 38; Scholz/*Seibt* Rn. 40): Teilnahme- und Rederecht in der Gesellschafterversammlung (RG 24.4.1941, BGHZ 167, 65 (73); BGH 17.10.1988, NJW-RR 1989, 347: zulässig aber, dass jeder Gesellschafter nur einen selbst gewählten Vertreter entsenden darf); Recht auf Einberufung der Gesellschafterversammlung und Ergänzung der Tagesordnung nach § 50 Abs. 1 und 2; Vetorecht bei Leistungsvermehrungen (§ 53 Abs. 3); Recht zur Geltendmachung von Beschlussmängeln; Berechtigung zur Auflösungsklage nach § 61; Antragsrecht zur Bestellung und Abberufung von Liquidatoren nach § 66 Abs. 2 und 3; Austrittsrecht aus wichtigem Grund; ferner das Recht auf gleichmäßige Behandlung, sofern ein Generalverzicht in Rede steht (→ Rn. 88). 61

Grundsätzlich **abdingbar** sind dagegen das Stimmrecht, das Gewinnbezugsrecht und das Recht auf Teilhabe am Liquidationserlös (BGH 14.7.1954, BGHZ 14, 264 (269 ff.) = NJW 1954, 1563; Scholz/*Seibt* Rn. 40; zum Stimmrecht eingehend *C. Schäfer,* Der stimmrechtslose GmbH-Geschäftsanteil, 1997, 64 ff., 117 ff.). Ein kumulierter Ausschluss von Stimm- und Gewinnbezugsrecht ist ebenfalls zulässig, solange das Recht auf Beteiligung am Liquidationserlös erhalten bleibt (BGH 14.7.1954, BGHZ 14, 264 (273)). Der Ausschluss aller drei Rechte gleichzeitig soll dagegen generell unzulässig sein (BGH 14.7.1954, BGHZ 14, 264 (270, 273) = NJW 1954, 1563; Lutter/Hommelhoff/*Bayer* Rn. 17; aA mit guten Gründen Scholz/*Seibt* Rn. 41; *Fleischer* FS Köndgen, 2016, 201 (216 ff.); *C. Schäfer,* Der stimmrechtslose GmbH-Geschäftsanteil, 1997, 130 ff.;). Unzulässig ist ferner der Ausschluss des Stimmrechts für alle Gesellschafter (Scholz/*Seibt* Rn. 40). 62

Gesellschafterbeschlüsse, die ein unabdingbares Mitgliedschaftsrecht abzubedingen versuchen, sind entsprechend § 241 Nr. 3 (denkbar auch Nr. 4) AktG **nichtig** (Scholz/*Seibt* Rn. 42). Sind derartige Bestimmungen bereits im ursprünglichen Gesellschaftsvertrag enthalten, sind sie ebenfalls nichtig (Rowedder/Schmidt-Leithoff/*Pentz* Rn. 20). Die Frage der Heilung beantwortet sich in beiden Fällen nach § 242 Abs. 2 AktG, der im GmbH-Recht entsprechend anwendbar ist (BGH 19.6.2000, NJW 2000, 2819 (2820)). 63

bb) Relativ unentziehbare Mitgliedschaftsrechte. Von den unabdingbaren (absolut unentziehbaren) Mitgliedschaftsrechten sind die relativ unentziehbaren Mitgliedschaftsrechte zu unterscheiden, die **nur mit Zustimmung** aller betr. Gesellschafter entzogen werden können. Relativ unentziehbar ist zunächst die Mitgliedschaft selbst. Eine Zustimmung zur Entziehung der Mitgliedschaft ist nur in den Fällen der Kaduzierung (§ 21 Abs. 2), der fingierten Preisgabe (§ 27 Abs. 1 S. 2), der Ausschließung aus wichtigem Grund (→ § 34 Rn. 24) und der Verwirklichung eines statutarischen Einziehungstatbestands iSd § 34 Abs. 2 entbehrlich. Zustimmungsbedürftig sind ferner wie im Aktienrecht (§ 180 Abs. 2 AktG) nachträgliche Einschränkungen der Übertragbarkeit der Geschäftsanteile (→ § 15 Rn. 83). Ferner haben die Gesellschafter ein relativ unentziehbares Recht darauf, dass das Formalziel der Gesellschaft – im Normalfall der erwerbswirtschaftlich tätigen GmbH also die Gewinnerzielung – nicht abgeändert wird (§ 33 Abs. 1 S. 2 BGB). 64

65 Als weitere relativ unentziehbare Mitgliedschaftsrechte werden häufig die „Grundmitgliedsrechte“ Stimmrecht, Gewinnbezugsrecht und Recht auf den Liquidationsanteil angeführt (Rowedder/Schmidt-Leithoff/*Pentz* Rn. 21; MHdB GesR III/*Böhm* § 31 Rn. 43). Allerdings wäre es bedenklich, jede Verkürzung dieser Rechte einem ungeschriebenen Zustimmungsvorbehalt zu unterwerfen, zumal die Gesellschafter vor besonders bedrohlichen ungleichmäßigen Eingriffen bereits durch den Gleichbehandlungsgrundsatz (→ Rn. 69 ff.) geschützt sind. Daher wird vorgeschlagen, das Zustimmungserfordernis auf den völligen Ausschluss der genannten Rechte zu beschränken (so HCL/*Raiser* Rn. 39) oder nur **unmittelbare** Eingriffe in diese Rechte wie zB die Änderung des Gewinnverteilungsschlüssels oder die Änderung der Stimmverteilung zu erfassen (UHL/*Ulmer* § 53 Rn. 69; *M. Winter* Treuebindungen 138 f.).

66 Die **Satzung** kann darüber hinaus weitere Mitgliedschaftsrechte als relativ unentziehbar ausgestalten. So wird zB bei Vorerwerbsrechten angenommen, dass sie im Zweifel als relativ unentziehbar gewollt sind, auch wenn sie nicht nur einzelnen Gesellschaftern zustehen und damit kein Sonderrecht, sondern ein allgemeines Mitgliedschaftsrecht darstellen (BezG Dresden 14.12.1992, GmbHR 1994, 123 (124) mAnm *Goette* DStR 1993, 1566; *Reichert* BB 1985, 1496 (1501 f.)). Stellt die Satzung ein Einstimmigkeitserfordernis auf, ist idR anzunehmen, dass diese Regelung auch nur mit Zustimmung aller Gesellschafter aufgehoben oder eingeschränkt werden kann (HCL/*Raiser* Rn. 39 aE). Bestimmt die Satzung allerdings, dass das Einstimmigkeitserfordernis erst künftig bei Eintritt bestimmter, noch nicht eingetretener Umstände gelten soll, kann diese Regelung noch mit der gewöhnlichen satzungsändernden Mehrheit abgeändert werden, solange das Einstimmigkeitserfordernis noch nicht in Kraft getreten ist (KG Berlin 21.3.2011, ZIP 2011, 659 (661) (zur KG) mAnm *Ehmann* GWR 2011, 185).

67 Wie bei den Sonderrechten ist auch bei der Entziehung eines relativ unentziehbaren allgemeinen Mitgliedschaftsrechts die Zustimmung der Betroffenen bei Vorliegen eines **wichtigen Grundes** ausnahmsweise entbehrlich (Scholz/*Seibt* Rn. 47). Allerdings wird man nicht annehmen können, dass auch das Zustimmungserfordernis des § 33 Abs. 1 S. 2 BGB (Änderung des Verbandszwecks) durch einen wichtigen Grund überspielt werden kann. Fehlt es an der erforderlichen Zustimmung und ist diese auch nicht wegen eines wichtigen Grundes entbehrlich, ist ein gleichwohl gefasster Beschluss **unwirksam** (*Koch* ZHR 182 (2018), 378 (398 f.) mwN). Die Ausführungen zu → Rn. 57 (fehlende Zustimmung des Sonderrechtsinhabers) gelten entsprechend.

68 **cc) Sonstige Mitgliedschaftsrechte.** Sofern ein Mitgliedschaftsrecht nicht zu den absolut oder relativ unentziehbaren Rechten gehört, kann es im ursprünglichen Gesellschaftsvertrag oder mit qualifizierter Mehrheit durch nachträgliche Satzungsänderung abbedungen werden. Bei Satzungsänderungen, die nicht mit Zustimmung aller betroffenen Gesellschafter beschlossen werden, sind jedoch die Schranken zu beachten, die sich zum Schutz der Mitgliedschaftsrechte vor allem aus dem Gleichbehandlungsgebot und der Treuepflicht ergeben.

69 **4. Recht auf gleichmäßige Behandlung (Gleichbehandlungsgrundsatz). a) Grundlagen.** Der im gesamten Verbandsrecht anerkannte Gleichbehandlungsgrundsatz (synonym Gleichbehandlungsgebot, Grundsatz der gleichmäßigen Behandlung) wird häufig nicht den Mitgliedschafts*rechten* zugerechnet, sondern lediglich als Schranke der Verbandsmacht bezeichnet. Es spricht indes ebenso wenig wie im Verfassungsrecht (Art. 3 Abs. 1 GG) etwas dagegen, zugleich von einem subjektiven **„Recht auf gleichmäßige Behandlung“** zu sprechen (vgl. BGH 15.5.1972, WM 1972, 931 (Ls. 2 und 932 rSp); näher *Verse* Gleichbehandlungsgrundsatz 81 f.). Dieses Recht ist mit der Mitgliedschaft untrennbar verbunden und zählt zu den allgemeinen Mitgliedschaftsrechten.

70 Der gesellschaftsrechtliche Gleichbehandlungsgrundsatz ist nur im Aktienrecht gesetzlich verankert (§ 53a AktG, vgl. auch § 48 Abs. 1 Nr. 1 WpHG), gilt aber als allgemeines verbandsrechtliches Prinzip unstr. auch im GmbH-Recht (stRspr, zB BGH 15.5.1972, WM 1972, 931; BGH 16.12.1991, BGHZ 116, 359 (372 ff.) = NJW 1992, 892; HCL/*Raiser* Rn. 113; MüKoGmbHG/*Merkt* § 13 Rn. 285 mwN). Anders als im Aktienrecht (Art. 85 Gesellschaftsrechts-RL; Art. 17 Abs. 1 Transparenz-RL; Art. 4 Aktionärsrechte-RL) ist der Gleichbehandlungsgrundsatz im GmbH-Recht aber nicht unionsrechtlich vorgegeben. Er besagt, dass die Gesellschaft jeden Gesellschafter unter gleichen Voraussetzungen gleich behandeln muss. **Ungleichbehandlungen** sind nur zulässig, wenn sie sich im Gesellschaftsinteresse **sachlich rechtfertigen** lassen (→ Rn. 84 ff.) oder die benachteiligten Gesellschafter zustimmen (→ Rn. 87 f.). Eine besondere Ausprägung des Gleichbehandlungsgebots im GmbH-Recht ist das Gebot der gleichmäßigen Einforderung der Einlagen nach § 19 Abs. 1.

71 Von einer Gleich“behandlungs“pflicht kann nur die Rede sein, sofern die Gesellschaft in der Lage ist, auch gegen den Willen einzelner Gesellschafter Maßnahmen durchzusetzen (*Wiedemann* GesR I § 8 II 2a). Auszuklammern sind daher Entscheidungen, die der Zustimmung aller Gesellschafter bedürfen. Entscheidungen gegen den Willen eines Gesellschafters sind in diesem Fall *per se* rechtswidrig, ohne dass es auf eine Ungleichbehandlung ankommt. Die Frage nach dem Gleichbehandlungsgebot stellt sich somit nur bei **Mehrheitsentscheidungen der Gesellschafterversammlung** und **Maßnahmen der Verwaltungsorgane** (Geschäftsführer, ggf. Aufsichtsrat), denen die benachteiligten Gesellschafter nicht zugestimmt haben. Im ersten Fall (Mehrheitsbeschlüsse) bildet der Gleichbehandlungsgrundsatz ein

Instrument des **Minderheitenschutzes.** Auch im zweiten Fall (Handeln der Verwaltungsorgane) steht der Minderheitenschutz im Vordergrund. Da der Grundsatz aber auch in dem (seltenen) Fall eingreift, dass ein Mehrheitsgesellschafter durch die Verwaltung gegen seinen Willen benachteiligt wird, geht es generell um den Schutz der Mitgliedschaft vor diskriminierender Behandlung durch den Verband (Baumbach/Hueck/*Fastrich* § 13 Rn. 31; *Verse* Gleichbehandlungsgrundsatz 3 f.).

Der Gleichbehandlungsgrundsatz wird von der hM in Übereinstimmung mit anderen Gleichbehandlungsgeboten als Ausprägung der **verteilenden Gerechtigkeit** aufgefasst (HCL/*Raiser* Rn. 115). Nach neuerer Ansicht handelt es sich dagegen auch und sogar primär um ein Instrument zur Verwirklichung der **ausgleichenden Gerechtigkeit** gegenüber Eingriffen der Gesellschaft in die Mitgliedschaft des Gesellschafters (näher *Verse* Gleichbehandlungsgrundsatz 77 ff.; in diese Richtung auch schon *Canaris,* Die Bedeutung der iustitia distributiva im deutschen Vertragsrecht, 1997, 36; zust. *Bachmann* ZHR 171 (2007), 747 (748 f.); Grigoleit/*Grigoleit/Rachlitz* AktG § 53a Rn. 5). **72**

Aus rechtsökonomischer Sicht fungiert das Gleichbehandlungsgebot als **Lückenfüllungsregel,** die es den Parteien abnimmt, alle erdenklichen künftigen Konfliktlagen in der Satzung eigens zu regeln, und den unausgesprochenen Verhaltenserwartungen der Gesellschafter Rechnung trägt (*Ruffner,* Die ökonomischen Grundlagen eines Rechts der Publikumsgesellschaft, 2000, 258; K. Schmidt/Lutter/*Fleischer* AktG § 53a Rn. 13). Es wäre unverhältnismäßig kostspielig, ja unmöglich, auch nur annähernd alle Eventualitäten im Gesellschaftsvertrag zu fixieren; dieser ist insoweit notwendig unvollständig, er ist „nach vorne offen“ (*Lutter* AcP 180 (1980), 84 (91 f.)). Den Charakter als Lückenfüllungsregel teilt der Gleichbehandlungsgrundsatz mit der Treuepflicht. Mit dieser besteht auch iÜ eine enge Verwandtschaft. Nach zutreffender Ansicht stellt das Gleichbehandlungsgebot eine **spezielle Ausprägung der Treuepflicht** dar (OLG Stuttgart 12.5.1999, 229 (230); OLG Brandenburg, 31.3.2009, ZIP 2009, 1955 (1957); MHLS/*Lieder* § 13 Rn. 113; Rowedder/Schmidt-Leithoff/*Pentz* § 13 Rn. 96; Scholz/*Seibt* Rn. 52; *Verse* Gleichbehandlungsgrundsatz 87 ff.; aA HCL/*Raiser* Rn. 115 mit Fn. 261). Da der Gleichbehandlungsgrundsatz an die Gesellschaft adressiert ist, ist dabei nach zutreffender Ansicht nicht an die Treuepflicht der einzelnen Gesellschafter, sondern an die Treuepflicht der Gesellschaft anzuknüpfen (Rowedder/Schmidt-Leithoff/*Pentz* § 13 Rn. 96; *Verse* Gleichbehandlungsgrundsatz 87 ff.; aA *Wandrey,* Materielle Beschlusskontrolle im Aktienrecht, 2012, 138). **73**

b) Anwendungsbereich. aa) Persönlicher Anwendungsbereich. Adressat der Gleichbehandlungspflicht ist allein die Gesellschaft (Rowedder/Schmidt-Leithoff/*Pentz* § 13 Rn. 96; Baumbach/Hueck/*Fastrich* § 13 Rn. 34; MüKoGmbHG/*Merkt* § 13 Rn. 291; *Verse* Gleichbehandlungsgrundsatz 171 ff.). Innerhalb der Gesellschaft sind alle Organe (Geschäftsführer, Gesellschafterversammlung, ggf. Aufsichtsrat) an das Gleichbehandlungsgebot gebunden. Zum geschützten Personenkreis gehören ausschließlich die Gesellschafter. **74**

bb) Sachlicher Anwendungsbereich. Der Gleichbehandlungsgrundsatz findet nur Anwendung, wenn die bevorzugten und benachteiligten Personen gerade **in ihrer Eigenschaft als Gesellschafter** betroffen sind. Auf Angelegenheiten des schuldrechtlichen Individualrechtsverkehrs zwischen der GmbH und ihren Gesellschaftern erstreckt sich das Gleichbehandlungsgebot daher nur, wenn die Gesellschaftereigenschaft für den Abschluss oder den Inhalt des Geschäfts (mit-)bestimmend war (BGH (Kartellsenat) 14.1.1997, AG 1997, 414; OLG Hamm 25.3.1996, GmbHR 1996, 768 (769); Scholz/*Seibt* Rn. 53; *Verse* Gleichbehandlungsgrundsatz 193 ff.). Jedenfalls bei Gesellschaftern, die mit einer Sperrminorität oder gar mehrheitlich beteiligt sind, streitet aber ein Anscheinsbeweis dafür, dass die Gesellschaftereigenschaft kein zufälliger Begleitumstand war, sondern das Geschäft mitbeeinflusst hat (*Verse* Gleichbehandlungsgrundsatz 199 f.; ähnlich Kölner Komm AktG/*Drygala* AktG § 53a Rn. 23; krit. GroßkommAktG/*Henze/Notz* AktG § 53a Rn. 42). **75**

Beispiele aus der Rspr.: Kündigt eine GmbH, die Büroräume an ihre Gesellschafter zu verbilligten Konditionen vermietet hat, den Mietvertrag eines Gesellschafters, während die Mietverträge mit den übrigen Gesellschaftern bestehen bleiben, wird der Benachteiligte nicht nur in seiner Eigenschaft als Mieter, sondern auch als Gesellschafter berührt (BGH 15.5.1972, WM 1972, 931 (932)). Gleiches gilt, wenn die Geschäftsführervergütung eines Gesellschafter-Geschäftsführers durch Änderungskündigung herabgesetzt wird, während die Vergütung der übrigen Gesellschafter-Geschäftsführer unverändert bleibt (OLG Hamm 25.3.1996, GmbHR 1996, 768 (769); dazu *Verse* Gleichbehandlungsgrundsatz 204 ff.). **76**

Der Gleichbehandlungsgrundsatz schützt nur vor Ungleichbehandlungen **innerhalb des Kreises der Gesellschafter.** Er greift nicht ein, wenn sämtliche Gesellschafter zugunsten eines außenstehenden Dritten benachteiligt werden (allgM). Allerdings wird dann eine Haftung der Geschäftsführer nach § 43 in Betracht kommen. Sorgfältig zu prüfen ist aber, ob es sich bei dem begünstigten Dritten tatsächlich um einen Außenstehenden handelt oder ob der ihm gewährte Vorteil einem der Gesellschafter zugerechnet werden kann (zB bei Vorteilsgewährung an nahe Angehörige des Gesellschafters, BGH 21.7.2008, NZG 2008, 783, Rn. 18). Hinsichtlich der Zurechnung lässt sich an die Grundsätze anknüpfen, die zu dem Parallelproblem iRd Kapitalerhaltung (→ § 30 Rn. 15 ff.; Scholz/*Verse* § 30 Rn. 35 ff.) entwickelt worden sind (GroßkommAktG/*Henze/Notz* AktG § 53a Rn. 40; *Verse* Gleichbehandlungsgrundsatz 244 ff.). **77**

78 **cc) Zeitlicher Anwendungsbereich.** Das Gleichbehandlungsgebot gilt bereits im Stadium der Vorgesellschaft und auch noch im Liquidationsstadium (K. Schmidt/Lutter/*Fleischer* AktG § 53a Rn. 23). Zur bisher kaum diskutierten Frage der Vor- und Nachwirkung gegenüber künftigen bzw. ausgeschiedenen Gesellschaftern GroßkommAktG/*Henze/Notz* AktG § 53a Rn. 45; *Verse* Gleichbehandlungsgrundsatz 223 ff.

79 **c) Ungleichbehandlung. aa) Gleichbehandlungsmaßstab.** Für die Feststellung einer Ungleichbehandlung kommt es zunächst auf den zugrunde liegenden Gleichbehandlungsmaßstab an. Dieser richtet sich hinsichtlich der zahlenmäßig abstufbaren Rechte (Gewinnbeteiligung, Stimmrecht, Bezugsrecht, Beteiligung am Liquidationserlös etc) **nach dem Umfang der Kapitalbeteiligung,** sofern die Satzung nichts Abweichendes bestimmt (vgl. § 29 Abs. 3, § 47 Abs. 2, § 72). Für die zahlenmäßig nicht abstufbaren Rechte (Teilnahme- und Rederecht, Informationsrecht, Anfechtungsbefugnis) gilt dagegen der Maßstab der Gleichbehandlung **nach Köpfen** (allgM).

80 Der Gleichbehandlungsmaßstab kann vorbehaltlich der allgemeinen Schranken der Privatautonomie (§ 138 BGB; Unabdingbarkeit einzelner Mitgliedschaftsrechte, → Rn. 60 ff.) in der Satzung auf vielfältige Weise modifiziert werden, zB durch Einführung von Höchststimmrechten oder Sonderrechten aller Art. Geschieht dies bereits anlässlich der Gründung und damit im Konsens aller Gründer, steht dem der Gleichbehandlungsgrundsatz unter keinen Umständen entgegen. Der Gleichbehandlungsgrundsatz stellt **keine Schranke der Vertragsfreiheit** dar, sondern greift nur dort ein, wo das vertragliche Konsensprinzip außer Kraft gesetzt ist (Baumbach/Hueck/*Fastrich* § 13 Rn. 33; *K. Schmidt* GesR § 16 II 4b aa; *Verse* ZIP 2008, 1754 (1755)). Es gibt daher keinen Grundsatz des Inhalts, dass die Gesellschafter ungleiche Rechte und Pflichten im Gesellschaftsvertrag nur vereinbaren dürfen, wenn dafür eine hinreichende sachliche Rechtfertigung vorliegt (missverständlich insoweit BGH 16.12.1991, BGHZ 116, 359 (373) = NJW 1992, 892; dazu *Verse* Gleichbehandlungsgrundsatz 5 Fn. 24).

81 **bb) Ungleichbehandlung.** Ist der Gleichbehandlungsmaßstab ermittelt, ist zu prüfen, ob die Gesellschafter gemessen an diesem Maßstab ungleich behandelt werden. Leicht festzustellen sind **formale Ungleichbehandlungen,** die schon äußerlich eine Differenzierung enthalten, die unmittelbar an die Person eines Gesellschafters oder einzelne Anteile anknüpft. Bsp. aus der Rspr. bilden die Einforderung rückständiger Einlagen nur von einzelnen Gesellschaftern (OLG Hamm 27.10.1999, NJW-RR 2001, 1182), Vermögenszuwendungen an einzelne Gesellschafter (zB überhöhte Vergütung für Gesellschafter-Geschäftsführer, BGH 21.7.2008, NZG 2008, 783 Rn. 18; BGH 14.5.1990, BGHZ 111, 224 (227) = NJW 1990, 2625) oder die nachträgliche Einführung von Mehrstimmrechten (OLG Frankfurt a. M. 18.1.1989, GmbHR 1990, 79 (80)) oder Entsendungsrechten für einen Gesellschafter (BGH 8.6.2009, DStR 2009, 2547 (zur AG) mAnm *Goette;* Vorinstanz OLG Hamm 31.3.2008, NZG 2008, 914 mBespr *Verse* ZIP 2008, 1754). Eine formale Ungleichbehandlung ist zudem gegeben, wenn die Gesellschaft mit einem einzelnen Gesellschafter kontrahiert und die Gesellschaftereigenschaft für den Vertragsabschluss oder -inhalt (mit-)bestimmend war (→ Rn. 75).

82 Nach heute hM schützt der Gleichbehandlungsgrundsatz auch vor **materiellen Ungleichbehandlungen,** die trotz formaler Gleichheit einzelne Gesellschafter besonders benachteiligen (BezG Dresden 14.12.1992, GmbHR 1994, 123 (125); MüKoGmbHG/*Merkt* § 13 Rn. 295; Rowedder/Schmidt-Leithoff/*Pentz* § 13 Rn. 103; K. Schmidt/Lutter/*Fleischer* AktG § 53a Rn. 27, 29; s. auch OLG Brandenburg 31.3.2009, ZIP 2009, 1955 (1957 ff.), wo darauf abgestellt wird, dass die formal gleichmäßige Gewinnthesaurierung den Minderheitsgesellschafter besonders hart trifft; aA Grigoleit/*Grigoleit/Rachlitz* AktG § 53a Rn. 15 f.; *Wandrey,* Materielle Beschlusskontrolle im Aktienrecht, 2012, 126 ff.). Ein viel zitiertes Beispiel bildet die Kapitalherabsetzung im Verhältnis 10:1, bei der Gesellschafter mit einer Beteiligung im Nennbetrag von weniger als 10 EUR ihre Mitgliedschaft verlieren (K. Schmidt/Lutter/*Fleischer* AktG § 53a Rn. 29; krit. Spindler/Stilz/*Cahn/v. Spannenberg* AktG § 53a Rn. 25). Ein weiteres häufig angeführtes Bsp. betrifft die nachträgliche Einführung eines Höchststimmrechts, das formal gleichmäßig für alle Gesellschafter gilt, im Ergebnis aber denjenigen Gesellschafter besonders trifft, der die Höchstgrenze bereits überschritten hat (K. Schmidt/Lutter/*Fleischer* AktG § 53a Rn. 29; GroßkommAktG/*Henze/Notz* AktG § 53a Rn. 66; Spindler/Stilz/*Cahn/v. Spannenberg* AktG § 53a Rn. 26). In diesem Fall ist auch der BGH von einer Ungleichbehandlung ausgegangen (BGH 19.12.1977, BGHZ 70, 117 (121) = NJW 1978, 980 [zur AG]; *Verse* Gleichbehandlungsgrundsatz 33; abw. Deutung aber bei K. Schmidt/Lutter/*Fleischer* AktG § 53a Rn. 29 und GroßkommAktG/*Henze/Notz* AktG § 53a Rn. 66).

83 Allerdings vermag nicht jede unterschiedliche Auswirkung eine materielle Ungleichbehandlung zu begründen. Liegt der Grund dafür, dass die Maßnahme einzelne Gesellschafter schwerer trifft als andere, nicht in der Mitgliedschaft, sondern in **privaten Umständen** begründet, ist nach hM grundsätzlich keine Ungleichbehandlung gegeben (OLG Brandenburg 31.3.2009, ZIP 2009, 1955 (1957); *G. Hueck* Grundsatz der gleichmäßigen Behandlung 54 f., 190 f.; Scholz/*Seibt* Rn. 57). So liegt es zB, wenn ein Gesellschafter sein Bezugsrecht wegen finanzieller Schwierigkeiten nicht ausüben kann. Etwas anderes wird jedoch angenommen, wenn eine Maßnahme an Voraussetzungen geknüpft wird, bei denen von vornherein feststeht, dass sie nach den besonderen persönlichen Verhältnissen der Beteiligten nur von

einem oder einigen wenigen erfüllt werden (OLG Brandenburg 31.3.2009, ZIP 2009, 1955 (1957); *G. Hueck* Grundsatz der gleichmäßigen Behandlung 55 f., 191 f.; Scholz/*Seibt* Rn. 57; näher zur Präzisierung der materiellen Ungleichbehandlung *Verse* Gleichbehandlungsgrundsatz 232 ff.).

d) Sachliche Rechtfertigung. Ungleichbehandlungen sind nicht generell unzulässig, sondern mit dem Gleichbehandlungsgrundsatz vereinbar, wenn für die Differenzierung eine hinreichende sachliche Rechtfertigung besteht (BGH 16.12.1991, BGHZ 116, 359 (373) = NJW 1992, 892; allgM). Diese setzt voraus, dass die Ungleichbehandlung geeignet ist, dem **Gesellschaftsinteresse** zu dienen (Rowedder/Schmidt-Leithoff/*Pentz* § 13 Rn. 105; MüKoGmbHG/*Merkt* § 13 Rn. 299). Partikularinteressen einzelner Gesellschafter genügen als Rechtfertigung nicht. Gleiches gilt für Belange Dritter oder das Bestreben der Geschäftsführer, Gemeinwohlbelange zu fördern (K. Schmidt/Lutter/*Fleischer* AktG § 53a Rn. 35). Hinsichtlich der Frage, ob eine Maßnahme im Gesellschaftsinteresse liegt, ist den Gesellschaftsorganen unter den Voraussetzungen der Business Judgment Rule (§ 93 Abs. 1 S. 2 AktG) ein weiter Beurteilungsspielraum zuzuerkennen. Dies gilt nicht nur für Maßnahmen der Geschäftsführer, sondern sinngemäß auch für Beschlüsse der Gesellschafterversammlung (*Verse* Gleichbehandlungsgrundsatz 270 ff.; zum organübergreifenden Verständnis der Business Judgment Rule grdl. *Paefgen,* Unternehmerische Entscheidungen und Rechtsbindung der Organe in der AG, 2002, 171 ff.; ferner *Paefgen* ZIP 2016, 2293 (2296 f.); *Wandrey,* Materielle Beschlusskontrolle im Aktienrecht, 2012, 163 ff.). Dieser weite Beurteilungsspielraum besteht allerdings nur, wenn sich die handelnden Organwalter bzw. die den Beschluss tragenden Gesellschafter nicht in einem Interessenkonflikt befinden (→ AktG § 93 Rn. 24). 84

Wird in Mitgliedschaftsrechte eingegriffen, muss die Ungleichbehandlung nach zutreffender Ansicht zudem den Maßstäben der **Erforderlichkeit** und **Verhältnismäßigkeit ieS** genügen (Rowedder/Schmidt-Leithoff/*Pentz* § 13 Rn. 105; MüKoGmbHG/*Merkt* § 13 Rn. 299; *Verse* Gleichbehandlungsgrundsatz 283 ff.; ebenso hL zu § 53a AktG). In der Rspr. ist allerdings verbreitet noch von einem bloßen Willkürverbot die Rede (vgl. BGH 16.12.1991, BGHZ 116, 359 (373) = NJW 1992, 892; BGH 9.11.1992, BGHZ 120, 141 (150) = NJW 1993, 400 (zur AG)). 85

Beispiele aus der Rspr., in denen die sachliche Rechtfertigung bejaht wurde: Einführung einer Satzungsregelung, welche die Höhe der Abfindung beim Ausscheiden aus der Gesellschaft nach der Dauer der Gesellschaftszugehörigkeit abstuft (BGH 16.12.1991, BGHZ 116, 359 (373 f.) = NJW 1992, 892; zweifelhaft, da nicht dargelegt wird, ob diese Regelung neben dem Partikularinteresse der Altgesellschafter auch dem Gesellschaftsinteresse dient); Ausschluss der Minderheitsgesellschafter vom Bezugsrecht auf Genussrechte, wenn den betr. Gesellschaftern Ausgleichsansprüche aus einem Beherrschungsvertrag zustehen, die dem Genussrecht vorgehen (BGH 9.11.1992, BGHZ 120, 141 (151 f.) = NJW 1993, 400 (zur AG)); Anforderung der Einlagen, obwohl einer der Gesellschafter zahlungsunfähig ist (RG 12.11.1935, RGZ 149, 293 (300 f.); → § 19 Rn. 2). 86

e) Verzicht auf Gleichbehandlung. Einer sachlichen Rechtfertigung bedarf es nicht, wenn die benachteiligten Gesellschafter zustimmen und damit auf Gleichbehandlung **verzichten** (Baumbach/Hueck/*Fastrich* § 13 Rn. 33; allgM). Die Zustimmung muss vor, bei oder nach der Beschlussfassung gegenüber der Gesellschaft erklärt werden. Ein wirksamer Verzicht liegt insbesondere auch in der Zustimmung zu einem ungleichmäßigen Gesellschafterbeschluss (Rowedder/Schmidt-Leithoff/*Pentz* § 13 Rn. 106), allerdings nur, wenn die Ungleichbehandlung im Zeitpunkt der Abstimmung für den betr. Gesellschafter zumindest in Umrissen erkennbar war (*Verse* Gleichbehandlungsgrundsatz 322). Wird eine Gruppe von Gesellschaftern benachteiligt, stellt sich die bisher wenig diskutierte Frage, ob alle oder nur eine (qualifizierte) Mehrheit der benachteiligten Gesellschafter zustimmen müssen (für Ersteres *G. Hueck* Grundsatz der gleichmäßigen Behandlung 262; MHLS/*Lieder* § 13 Rn. 110; diff. *Verse* Gleichbehandlungsgrundsatz 323 ff.). 87

Der Gleichbehandlungsverzicht muss sich stets auf bestimmte, klar umrissene Rechtspositionen beziehen. Ein **pauschaler Verzicht** auf Gleichbehandlung ist **unwirksam,** da eine so weitreichende Unterwerfung unter willkürliche Akte der Gesellschaftsorgane als sittenwidrig (§ 138 Abs. 1 BGB) anzusehen ist (Baumbach/Hueck/*Fastrich* § 13 Rn. 33; allgM). 88

f) Rechtsfolgen von Verstößen. Gesellschafterbeschlüsse, die das Gleichbehandlungsgebot verletzen, sind entsprechend § 243 Abs. 1 AktG **anfechtbar** (BGH 16.12.1991, BGHZ 116, 359 (372) = NJW 1992, 892; MHLS/*Lieder* § 13 Rn. 128; MüKoGmbHG/*Merkt* § 13 Rn. 302). Ein Beschluss, der den Gleichbehandlungsgrundsatz pauschal abzubedingen versucht, wäre aus genannten Gründen (→ Rn. 88) sogar nichtig (§ 241 Nr. 4 AktG; für § 241 Nr. 3 AktG MüKoAktG/*Götze* AktG § 53a Rn. 30). 89

Bei gleichbehandlungswidrigen **Verwaltungsmaßnahmen** kommen verschiedene Rechtsfolgen in Betracht. Einseitige Rechtsgeschäfte oder rechtsgeschäftsähnliche Handlungen, die einen der Gesellschafter ungleichmäßig belasten, wie zB die ungleichmäßige Anforderung der Einlagen, sind (endgültig) **unwirksam** (Scholz/*Seibt* Rn. 62; *Verse* Gleichbehandlungsgrundsatz 362 ff., 366 f.; → § 19 Rn. 7; für Leistungsverweigerungsrecht MHLS/*Lieder* § 13 Rn. 130). Bei zwei- und mehrseitigen Rechtsgeschäften (zB Austauschverträgen, welche die Gesellschaft nur mit einzelnen Gesellschaftern abschließt), ist bei 90

Vorliegen eines Verstoßes von schwebender Unwirksamkeit auszugehen (*G. Hueck* Grundsatz der gleichmäßigen Behandlung 296 ff.; *Verse* Gleichbehandlungsgrundsatz 369 f.). Sind einzelnen Gesellschaftern unberechtigte Sondervorteile zugewandt worden, hat der benachteiligte Gesellschafter einen **Beseitigungsanspruch.** Dieser ist darauf gerichtet, dass die Gesellschaft entweder die gewährten Vorteile von den begünstigten Gesellschaftern zurückfordert oder dem benachteiligten Gesellschafter einen gleichartigen Vorteil **(aktive Gleichbehandlung)** gewährt. Das Wahlrecht zwischen beiden Varianten steht der Gesellschaft zu (MHLS/*Lieder* § 13 Rn. 129; Scholz/*Seibt* Rn. 62; MHdB GesR III/*Böhm* § 31 Rn. 26; *Verse* Gleichbehandlungsgrundsatz 393 ff.; aA HCL/*Raiser* Rn. 119). Wenn nach Lage des Einzelfalls nur eine der beiden Varianten gangbar ist, verdichtet sich der Anspruch des Gesellschafters auf diese. Daher kann ein Gesellschafter die Zustimmung zur Veräußerung vinkulierter Anteile verlangen, wenn anderen Gesellschaftern die Zustimmung stets erteilt worden ist, sofern nicht sachliche Gründe für eine Änderung der Zustimmungspraxis bestehen (LG Aachen 19.5.1992, AG 1992, 410 (412) (zur AG); Scholz/*Seibt* Rn. 62; MüKoGmbHG/*Merkt* § 13 Rn. 306; *H. P. Westermann* FS U. Huber, 2006, 996 (1005 f.)). Ferner hat der BGH einem Gesellschafter aktive Gleichbehandlung in Form einer Ausgleichszahlung gewährt, wenn alle übrigen Gesellschafter Vermögenszuwendungen erhalten haben und die Gesellschaft es abgelehnt hat, diese von den begünstigten Gesellschaftern zurückzufordern (BGH 15.5.1972, WM 1972, 931 (933); vgl. auch BGH 11.7.1960, NJW 1960, 2142 (2143)). Aktive Gleichbehandlung scheidet aber aus, wenn eine derartige Ausgleichszahlung mit den Kapitalerhaltungsregeln (§ 30) in Konflikt geriete. Gleiches gilt, wenn den begünstigten Gesellschaftern ein rechtswidriger Vorteil gewährt wurde (**keine Gleichbehandlung im Unrecht;** BGH 22.10.2007, NZG 2008, 149 Rn. 3 (zur AG)). Lehnt die Gesellschaft aus diesen oder anderen Gründen die Gewährung aktiver Gleichbehandlung ab, ist sie – soweit möglich – verpflichtet, den unberechtigten Sondervorteil von dem Begünstigten zurückzufordern. Wird darüber in der Gesellschafterversammlung abgestimmt, sind die Gesellschafter aufgrund ihrer Treuepflicht gehalten, für die Geltendmachung des Anspruchs gegen den Begünstigten zu stimmen (BGH 21.7.2008, NZG 2008, 783 Rn. 20). Lehnt die Gesellschafterversammlung einen Antrag des verletzten Gesellschafters ab, einen begangenen Gleichbehandlungsverstoß zu beseitigen, muss der Gesellschafter nicht anfechten, um sich seinen Anspruch zu erhalten (BGH 15.5.1972, WM 1972, 931 (933); *Verse* Gleichbehandlungsgrundsatz 376 f., 397).

91 Der Gleichbehandlungsgrundsatz ist kein Schutzgesetz iSd § 823 Abs. 2 BGB (hM; Scholz/*Seibt* Rn. 63; MüKoGmbHG/*Merkt* § 13 Rn. 307; *Verse* Gleichbehandlungsgrundsatz 425 ff. mwN auch zur Gegenansicht). In Betracht kommen aber **Schadensersatzansprüche** aus Sonderverbindung (MüKoGmbHG/*Merkt* § 13 Rn. 307; → Rn. 48 f.), was häufig übersehen wird.

92 **5. Rechte aus der Treuepflicht der GmbH.** Mitgliedschaftliche Rechte des Gesellschafters gegen die GmbH können sich auch aus der Treuepflicht der GmbH gegenüber ihren Gesellschaftern ergeben. Dass spiegelbildlich zur Treuepflicht der Gesellschafter (→ Rn. 98 ff.) auch die Gesellschaft Treuebindungen gegenüber ihren Gesellschaftern unterliegt, hat der BGH verschiedentlich anerkannt (BGH 30.9.1991, NJW 1992, 368 (369); vgl. auch BGH 15.5.1972, WM 1972, 931 (933): „beiderseitige Treuepflicht"; ferner BGH 19.9.1994, BGHZ 127, 107 (111) = NJW 1994, 3094 (zur AG)). Entscheidungen hierzu sind aber bislang selten. Auch im Schrifttum findet die Treuepflicht der Gesellschaft im Unterschied zu derjenigen der Gesellschafter vergleichsweise wenig Beachtung (s. aber GroßkommAktG/*Henze*/*Notz* AktG Anh. § 53a Rn. 27, 87 ff.). Hinsichtlich der dogmatischen Herleitung kann auf die Ausführungen zur Treuepflicht der Gesellschafter verwiesen werden (→ Rn. 98).

93 Inhaltlich ist die Treuepflicht der Gesellschaft darauf gerichtet, jedem Gesellschafter „eine ungehinderte und **sachgemäße Wahrnehmung seiner Mitgliedschaftsrechte** zu ermöglichen und alles zu unterlassen, was dieses Recht beeinträchtigen könnte" (BGH 19.9.1994, BGHZ 127, 107 (111) = NJW 1994, 3094). Für die AG hat der BGH daraus abgeleitet, dass die Gesellschaft einem Aktionär gegen Erstattung der Selbstkosten diejenigen Auszüge des angefertigten Wortlautprotokolls der Hauptversammlung überlassen muss, welche die eigenen Wortbeiträge des Aktionärs und die darauf gegebenen Antworten des Vorstands betreffen (BGH 19.9.1994, BGHZ 127, 107 (111 ff.) = NJW 1994, 3094). Für die GmbH hat der BGH ausgesprochen, dass sie ihre Treuepflicht verletzt, wenn sie einzelnen Gesellschaftern unter Übergehung der anderen verdeckte Vermögenszuwendungen gewährt (BGH 30.9.1991, NJW 1992, 368 (369)). In diesem Fall liegt zugleich ein Verstoß gegen das Gleichbehandlungsgebot vor, das nach hier vertretener Ansicht eine besondere Ausprägung der Treuepflicht der Gesellschaft darstellt (→ Rn. 73). Ein weiteres Bsp. bildet der aus der Treuepflicht abgeleitete Anspruch des Gesellschafters, dass sein Berater an der Gesellschafterversammlung teilnehmen darf, wenn schwerwiegende Entscheidungen zu treffen sind und dem Gesellschafter die erforderliche Sachkunde fehlt (BGH 27.4.2009, NJW 2009, 2300 Rn. 17; OLG Dresden 25.8.2016, NZG 2016, 1225 Rn. 16; dort allerdings jew. aus der Treuepflicht der Mitgesellschafter hergeleitet).

94 In der bisherigen Rspr. hat die Treuepflicht der Gesellschaft nur bei Maßnahmen der Verwaltungsorgane Bedeutung erlangt. In Bezug auf Gesellschafterbeschlüsse knüpft die hM nicht an die Treuepflicht der Gesellschaft, sondern an die Treuepflicht der beschlussfassenden Gesellschafter an (→ Rn. 104 ff.). Schuldhafte Verletzungen der Treuepflicht der Gesellschaft verpflichten diese zum

Schadensersatz (§ 280 Abs. 1 BGB), soweit der betr. Gesellschafter einen Eigenschaden erlitten hat und das geschützte Stammkapital durch die Inanspruchnahme der Gesellschaft unangetastet bleibt (BGH 30.9.1991, NJW 1992, 368; → Rn. 49; zu möglichen Unterlassungsansprüchen → Rn. 117).

V. Mitgliedschaftspflichten

95 **1. Allgemeine Mitgliedschaftspflichten und Sonderpflichten.** Die Mitgliedschaft umfasst nicht nur Rechte, sondern auch Pflichten. Wie die Mitgliedschaftsrechte gehen auch die -pflichten auf den Erwerber des Geschäftsanteils über **(Akzessorietät),** sofern der Gesellschaftsvertrag nicht zulässigerweise das Erlöschen der Pflicht vorsieht oder die Pflicht höchstpersönlicher Natur ist. Der Veräußerer wird gleichzeitig von den meisten seiner Mitgliedschaftspflichten frei; einzelne bedeutsame Pflichten wirken allerdings auch nach der Veräußerung fort (§ 16 Abs. 2, § 22). Ebenso wie die Mitgliedschaftsrechte (→ Rn. 45) lassen sich auch die -pflichten von der Mitgliedschaft nicht abspalten **(Abspaltungsverbot).** Eine befreiende Schuldübernahme ist daher für die mitgliedschaftlichen Pflichten unzulässig (Scholz/*Seibt* Rn. 22 aE). Die Möglichkeit, dass ein Dritter nach § 267 BGB Verpflichtungen des Gesellschafters (zB die Einlagepflicht) erfüllt, bleibt unberührt.

96 Die Mitgliedschaftspflichten lassen sich dem Inhalt nach in Vermögens- und Verhaltenspflichten aufteilen. Zu den **Vermögenspflichten** zählen zB die Einlage- und die Rückeinlagepflicht (§ 31), die Vorbelastungs- (→ § 11 Rn. 32 f.), Differenz- und Ausfallhaftung (§§ 9, 24, 31 Abs. 3). Diese Pflichten sind zwingend (vgl. § 19 Abs. 2, §§ 25, 31 Abs. 4). Zu den Vermögenspflichten gehört auch eine etwaige Nachschusspflicht nach §§ 26–28. **Verhaltenspflichten** können sich insbesondere aus der mitgliedschaftlichen Treuepflicht ergeben (→ Rn. 98 ff.). Zu den Verhaltenspflichten gehört auch die Insolvenzantragspflicht der Gesellschafter nach § 15a Abs. 3 InsO im Fall der Führungslosigkeit. Darüber hinaus kann die Satzung weitere Vermögens- und Verhaltenspflichten vorsehen (§ 3 Abs. 2). Auch hier stellt sich wieder die Abgrenzungsfrage zu rein schuldrechtlichen Regelungen (→ Rn. 46). Zusätzliche Mitgliedschaftspflichten können nur im allseitigen Einvernehmen eingeführt werden (§ 53 Abs. 3).

97 Die Mitgliedschaftspflichten lassen sich ferner danach unterscheiden, ob sie alle Gesellschafter gleichmäßig treffen **(allgemeine Mitgliedschaftspflichten)** oder nur einzelne von ihnen **(Sonderpflichten).** Der Gleichbehandlungsgrundsatz steht der einvernehmlichen Begründung von Sonderpflichten nicht entgegen (→ Rn. 80, → Rn. 87).

98 **2. Treuepflicht der Gesellschafter. a) Grundlagen.** Das Bestehen von Treuepflichten der Gesellschafter **gegenüber der Gesellschaft** ist seit langem anerkannt (RG 22.1.1935, RGZ 146, 385 (395) [zur AG]). Seit dem „ITT"-Urteil (BGH 5.6.1975, BGHZ 65, 15 (18 f.) = NJW 1976, 191) gilt Gleiches **auch im Verhältnis der Gesellschafter untereinander** (zust. die ganz hL; Baumbach/Hueck/*Fastrich* § 13 Rn. 20; HCL/*Raiser* Rn. 81; krit. *Flume* ZIP 1996, 161; *Wilhelm* FS U. Huber, 2006, 1019 (1026 ff.); zur historischen Entwicklung *Verse* in Bayer/Habersack AktR im Wandel 13. Kap. Rn. 18 ff.). Zur Begründung lässt sich auf die weitreichenden Möglichkeiten der Gesellschafter verweisen, auf die Belange der Gesellschaft und die mitgliedschaftsbezogenen Interessen der Mitgesellschafter einzuwirken. Diese Einwirkungsmacht bedarf als Korrektiv einer intensivierten Pflichtbindung (**Korrelation von Einfluss und Verantwortung;** vgl. BGH 5.6.1975, BGHZ 65, 15 (19) = NJW 1976, 191; *Zöllner* Schranken mitgliedschaftlicher Stimmrechtsmacht 342 f.; *Lutter* AcP 180 (1980), 84 (114 f.); *Wiedemann* GesR I § 8 II 3a). Diese Funktion erfüllt die mitgliedschaftliche Treuepflicht, indem sie die Gesellschafter dazu anhält, auf die Interessen der Gesellschaft und die mitgliedschaftsbezogenen Interessen der Mitgesellschafter **angemessen Rücksicht zu nehmen.** Wie das Gleichbehandlungsgebot dient auch die mitgliedschaftliche Treuepflicht als **Lückenfüllungsregel** für den „nach vorne offenen" und daher notwendig unvollständigen Gesellschaftsvertrag (*Fleischer* ZGR 2001, 1 (4 f.); → Rn. 73). Die Rechtsgrundlage hat die Rspr. bislang offengelassen. Für die praktische Anwendung ist es nicht entscheidend, ob man die Treuepflicht auf § 242 BGB, die Zweckförderungspflicht nach § 705 BGB oder – wohl zutreffend – richterliche Rechtsfortbildung stützt (GroßkommAktG/*Henze/Notz* AktG Anh. § 53a Rn. 13 ff., 19 mN zum Meinungsstand; ausf. zur dogmatischen Einordnung – mit Differenzierung zwischen der Treuepflicht gegenüber der Gesellschaft und derjenigen gegenüber den Mitgesellschaftern – Grigoleit/*Grigoleit* AktG § 1 Rn. 50 ff.).

99 Spiegelbildlich zur Treuepflicht der Gesellschafter zur GmbH hat der BGH Treuebindungen der GmbH gegenüber ihren Gesellschaftern anerkannt (→ Rn. 92 ff.). Scharf abzugrenzen sind die verschiedenen Wirkungsrichtungen der mitgliedschaftlichen Treuepflicht von der organschaftlichen Treuepflicht der Geschäftsführer (→ § 35 Rn. 17).

100 **b) Anwendungsbereich. aa) Persönlicher Anwendungsbereich.** Die mitgliedschaftliche Treuepflicht bindet (neben der GmbH) nur die Gesellschafter, nicht Dritte, die an dem Mitgliedschaftsverhältnis nicht beteiligt sind. Gesellschaftern stehen „faktische" Gesellschafter gleich, die zwar nicht formal, aber über einen Treuhänder oder einen Strohmann wirtschaftlich wie ein Gesellschafter an der GmbH beteiligt sind (Scholz/*Seibt* Rn. 73). Anerkannt sind auch Treuebindungen mittelbarer Gesellschafter, was in mehrstufigen Abhängigkeitsverhältnissen von Bedeutung ist (→ Anh. § 13 Rn. 49;

→ § 15 Rn. 86 ff. zur Problematik „mittelbarer" Vinkulierungen). Keine Treuepflicht trifft nach hM den Alleingesellschafter (→ Anh. § 13 Rn. 44 f.).

101 **bb) Sachlicher Anwendungsbereich.** Die Treuepflicht der Gesellschafter schützt die Interessen der Gesellschaft und die gesellschaftsbezogenen Interessen der Mitgesellschafter (BGH 5.6.1975, BGHZ 65, 15 (19) = NJW 1976, 191), erstreckt sich also grundsätzlich nur auf den mitgliedschaftlichen Bereich (BGH 22.6.1992, NJW 1992, 3167 (3171) (zur AG)). Eine Pflicht, ausnahmsweise auch private Belange zu berücksichtigen, kommt allenfalls bei personalistisch strukturierten Gesellschaften in Betracht, die iSe echten Mitarbeitergemeinschaft so stark vom gegenseitigen persönlichen Vertrauen geprägt sind, dass die vordergründig privaten Interessen in ein „Interesse der Zweckgemeinschaft an ungetrübter Zusammenarbeit" umschlagen (*Lutter* AcP 180 (1980), 84 (128 f.); *Zöllner* Schranken mitgliedschaftlicher Stimmrechtsmacht 349; offengelassen in BGH 22.6.1992, NJW 1992, 3167 (3171)).

102 **cc) Zeitlicher Anwendungsbereich.** Die Treuepflicht besteht bereits im Stadium der Vorgesellschaft und auch noch im Liquidationsstadium (K. Schmidt/Lutter/*Fleischer* AktG § 53a Rn. 53). Darüber hinaus sind nach Ausscheiden des Gesellschafters bestimmte Nachwirkungen der Treuepflicht anerkannt, zB in Bezug auf die Geheimhaltung von Interna der Gesellschaft (HCL/*Raiser* Rn. 85). Denkbar ist auch eine Treuepflichtverletzung des ausgeschiedenen Gesellschafters, der eine ihm während der Gesellschaftszugehörigkeit bekannt gewordene Geschäftschance der Gesellschaft nach seinem Ausscheiden an sich zieht (vgl. BGH 11.10.1976, DB 1977, 158; → Rn. 113). Ob umgekehrt bereits vor Eintritt in die Gesellschaft vormitgliedschaftliche Treuebindungen bestehen, ist noch nicht abschließend geklärt (bejahend *Weber,* Vormitgliedschaftliche Treuebindungen, 1999, 178 ff.; *K. Schmidt* GesR § 20 IV 1b; abl. K. Schmidt/Lutter/*Fleischer* AktG § 53a Rn. 53; *Wiedemann* GesR II § 2 II 1b). Gleiches gilt für die umstrittene Frage, ob die Treuebindungen auch in einem Insolvenz(plan)verfahren über das Vermögen der Gesellschaft Geltung beanspruchen (so LG Frankfurt a. M. 10.9.2013, NZG 2013, 1315; *C. Schäfer* ZIP 2013, 2237; grds. auch MHLS/*Lieder* § 13 Rn. 149) oder durch vorrangige insolvenzrechtliche Vorgaben eingeschränkt oder gar verdrängt werden (für Letzteres unter Hinweis auf das Obstruktionsverbot gem. § 245 InsO und den gesetzlichen Minderheitenschutz gem. § 251 InsO *Thole* ZIP 2013, 1937 (1939 ff.); *Meyer* DB 2015, 538 (539) mwN; gegen Zulässigkeit der Geltendmachung eines treuepflichtgestützten Anspruchs auf Unterlassung der Zustimmung zu einem Insolvenzplan wegen Vorrangs der insolvenzrechtlichen Rechtsbehelfe auch OLG Frankfurt a. M. 1.10.2013, NZG 2013, 1388; jew. zum Fall „Suhrkamp").

103 **c) Inhalt. aa) Allgemeines.** Welches Verhalten die Treuepflicht von den Gesellschaftern konkret fordert, lässt sich nur im Einzelfall unter Abwägung aller Umstände des Einzelfalls ermitteln. Gleichwohl lassen sich einige **verallgemeinerungsfähige Parameter** benennen. Der erste betrifft die **Realstruktur** der Gesellschaft. Die Treuebindung fällt in personalistisch strukturierten Gesellschaften (→ Anh. § 13 Rn. 48), die vom gegenseitigen persönlichen Vertrauen getragen sind, tendenziell stärker aus als bei kapitalistischer Struktur (*Lutter* AcP 180 (1980), 84 (105 ff.); *M. Winter* Treuebindungen 185 ff.; Baumbach/Hueck/*Fastrich* § 13 Rn. 22; MüKoGmbHG/*Merkt* § 13 Rn. 102; aA *Janke,* Gesellschaftsrechtliche Treuepflicht, 2003, 220 f.). Damit ist aber nicht gesagt, dass in kapitalistisch strukturierten Gesellschaften keine Treuepflichten bestünden; vielmehr sind sogar in der Publikums-AG Treuepflichten anerkannt. Die Intensität der Treuebindung hängt ferner vom **Ausmaß des Einflusses** des Gesellschafters ab (Baumbach/Hueck/*Fastrich* § 13 Rn. 22; MüKoGmbHG/*Merkt* § 13 Rn. 90). Das zeigt sich zB am Wettbewerbsverbot, das grundsätzlich nur den herrschenden Gesellschafter trifft (→ Rn. 111). Beeinflusst wird die Intensität der Treuepflicht zudem durch die **„Zweckverfolgungsnähe"**, die bei der Ausübung uneigennütziger (gesellschaftsbezogener) Mitgliedschaftsrechte stärker ausgeprägt ist als bei eigennützigen (→ Rn. 104 ff.).

104 **bb) Ausübung des Stimmrechts. (1) Bindung an das Gesellschaftsinteresse; Zurückstellen eigener Belange.** Aus der Treuepflicht der Gesellschafter zur GmbH ergibt sich, dass sie bei der Ausübung des Stimmrechts in der Gesellschafterversammlung das Gesellschaftsinteresse (Verbandsinteresse) berücksichtigen müssen, das sich aus dem Verbandszweck (idR Gewinnerzielung iRd Unternehmensgegenstands) ableiten lässt. Wie weit diese Bindung an das Gesellschaftsinteresse geht, hängt nach hL vom jeweiligen Beschlussgegenstand ab. Je näher der Beschlussgegenstand der gemeinsamen Zweckverfolgung steht, desto mehr muss das Gesellschaftsinteresse in den Vordergrund gerückt werden. Je mehr es dagegen um den Schutz der mitgliedschaftlichen Rechte des Einzelnen geht, desto weniger braucht der Gesellschafter seine eigenen Interessen hinter die der Gesellschaft zurückzustellen (grundlegend *Zöllner* Schranken mitgliedschaftlicher Stimmrechtsmacht 344 ff.; ferner *M. Winter,* Mitgliedschaftliche Treuebindungen im GmbH-Recht, 1988, 95 ff., 121 ff.; Baumbach/Hueck/*Fastrich* § 13 Rn. 22, 27; Rowedder/Schmidt-Leithoff/*Pentz* § 13 Rn. 55 ff.; Scholz/*Seibt* Rn. 79 ff.).

105 Bei der Entscheidung über **Geschäftsführungsangelegenheiten** müssen sich die Gesellschafter nach hL **ausschließlich am Gesellschaftsinteresse** orientieren (MHLS/*Lieder* § 132 Rn. 166; MüKoGmbHG/*Merkt* § 13 Rn. 123; Rowedder/Schmidt-Leithoff/*Pentz* § 13 Rn. 57; *M. Winter* Treuebindungen 95 ff.), sofern sie nicht in allseitigem Einvernehmen die Treuebindung im konkreten Einzel-

fall aufheben (→ Rn. 115). Im Rahmen der Einschätzung, ob die Geschäftsführungsmaßnahme im Gesellschaftsinteresse liegt, steht den Gesellschaftern bei unternehmerischen Entscheidungen aber ein **weiter Beurteilungsspielraum** zu (MHLS/*Lieder* § 13 Rn. 166; MüKoGmbHG/*Merkt* § 13 Rn. 124; Rowedder/Schmidt-Leithoff/*Pentz* § 13 Rn. 57; *Paefgen* ZIP 2016, 2294 (2296 ff.); → Rn. 84: organübergreifende Anwendung der Business Judgment Rule). In einer neueren Entscheidung hat der BGH (BGH 12.4.2016, NJW 2016, 2739 – Media-Saturn mzustAnm *Wicke* und mzustBespr *Paefgen* ZIP 2016, 2294) diesen Beurteilungsspielraum der Gesellschafter am Beispiel eines Falls, in dem ein Minderheitsgesellschafter die Zustimmung des Mehrheitsgesellschafters zu bestimmten Geschäftsführungsmaßnahmen erzwingen wollte, besonders betont. Die Treuepflicht gebiete den Gesellschaftern zwar, sich bei der Stimmabgabe „grundsätzlich" vom Interesse der Gesellschaft leiten zu lassen; wie das Gesellschaftsinteresse am besten gewahrt bleibt, hätten aber grundsätzlich die Gesellschafter zu beurteilen. Eine Pflicht zur Abstimmung in einem bestimmten Sinn bestehe daher nur, „wenn zur Verfolgung der Interessen der Gesellschaft keine andere Stimmabgabe denkbar ist, andernfalls nur schwere Nachteile entstehen und die eigenen Interessen dahinter zurückstehen müssen" (BGH 12.4.2016, NJW 2016, 2739 Rn. 16; vgl. auch BGH 12.4.2016, NJW 2016, 2739 Rn. 13: Zustimmungspflicht erst, wenn die zu Maßnahme „zur Vermeidung erheblicher Verluste … objektiv unabweisbar erforderlich ist und den Gesellschaftern unter Berücksichtigung ihrer eigenen schutzwürdigen Belange zumutbar ist, also wenn der Gesellschaftszweck und das Interesse der Gesellschaft gerade diese Maßnahme zwingend gebieten und der Gesellschafter seine Zustimmung ohne vertretbaren Grund verweigert"). Damit überträgt der BGH die hohen Anforderungen, welche die Rspr. an die Begründung von Zustimmungspflichten zu Satzungsänderungen stellt (→ Rn. 106), auf die Zustimmung zu Geschäftsführungsmaßnahmen. Daran ist richtig, dass den Gesellschaftern auch hier ein breiter Beurteilungsspielraum zuzugestehen ist, ob eine Maßnahme dem Gesellschaftsinteresse dient oder nicht. Wird dieser Spielraum aber überschritten, weil evident ist, dass das Abstimmungsverhalten dem Gesellschaftsinteresse zuwiderläuft, ist nicht recht einzusehen, warum dies bei der Abstimmung über eine Geschäftsführungsmaßnahme nicht für eine Verletzung der Treuepflicht genügen soll, sondern die drohenden Nachteile nach Ansicht des BGH auch noch besonders gravierend sein müssen („schwere Nachteile", „erhebliche Verluste"). Letztere Einschränkung ist verständlich, soweit es um die Zustimmung zu Satzungsänderungen geht, durch die der betreffende Gesellschafter eigene mitgliedschaftsbezogene Interessen opfern müsste (zB Zustimmung zu einer Kapitalerhöhung, durch die der Gesellschafter seine Sperrminorität verliert, → Rn. 106), nicht aber bei reinen Geschäftsführungsmaßnahmen.

Auch bei der **Bestellung und Abberufung von Organmitgliedern** haben sich die Gesellschafter vorrangig am Gesellschaftsinteresse zu orientieren (MüKoGmbHG/*Merkt* § 13 Rn. 132; Scholz/*Seibt* Rn. 80, 96). Freilich besteht auch hier wieder ein weiter Beurteilungsspielraum, wen die Gesellschafter als geeignet einschätzen (Scholz/*Seibt* Rn. 96; Rowedder/Schmidt-Leithoff/*Pentz* § 13 Rn. 58). Die Grenze zur Treuepflichtverletzung ist aber überschritten, wenn die Gesellschafter für die Bestellung einer Person stimmen, die das Mindestmaß an erforderlicher Qualifikation offensichtlich nicht besitzt oder aus anderen Gründen offenkundig ungeeignet ist (Scholz/*Seibt* Rn. 96). Aus der Treuepflicht kann sich zudem die Verpflichtung ergeben, der Abberufung eines Geschäftsführers aus wichtigem Grund zuzustimmen und die Wiederbestellung eines so abberufenen Geschäftsführers zu unterlassen (BGH 19.11.1990, NJW 1991, 846). Entsprechendes gilt für die **Wahl und Abwahl des Abschlussprüfers** (Scholz/*Seibt* Rn. 96). Der den Gesellschaftern auch hier zustehende Beurteilungsspielraum ist überschritten, wenn die Gesellschaftermehrheit den Abschlussprüfer nur deshalb abwählt, weil dieser es abgelehnt hat, einen nichtigen Jahresabschluss zu testieren (BGH 23.9.1991, GmbHR 1991, 568). Die Treuepflicht kann ferner gebieten, für die **Geltendmachung von Ansprüchen der Gesellschaft** zu stimmen. Sind zB einem Gesellschafter nicht unerhebliche verdeckte Sondervorteile gewährt worden, verlangt es die Treuepflicht, in der Gesellschafterversammlung für die Rückforderung des Sondervorteils zu stimmen (BGH 21.7.2008, NZG 2008, 783 Rn. 20), soweit nicht aktive Gleichbehandlung gewährt wird (→ Rn. 90). Umgekehrt bejaht der BGH eine Verpflichtung, eine zunächst ohne Zustimmung der Gesellschafterversammlung gewährte Geschäftsführervergütung zu genehmigen, wenn der Geschäftsführer Arbeitsleistungen erbracht hat, die nur gegen entsprechende Gegenleistung zu erwarten waren (BGH 11.12.2006, NJW 2007, 917 Rn. 11 mablAnm *Wackerbarth* GmbHR 2007, 262; BGH 21.7.2008, NZG 2008, 783 Rn. 10). 105a

Geht es dagegen um den Erhalt der **eigenen mitgliedschaftlichen Rechte,** muss der Gesellschafter seine eigenen Belange idR nicht zurückstellen. Auch wenn die angestrebte Maßnahme dem Gesellschaftsinteresse dient, besteht daher grundsätzlich keine Pflicht, einer Kapitalerhöhung, Umstrukturierung oder sonstigen die eigene Rechtsstellung beeinträchtigenden Satzungsänderung zuzustimmen oder diese durch Stimmenthaltung zu ermöglichen (vgl. BGH 9.6.1954, BGHZ 14, 25 (37 f.): keine Pflicht, an einer Satzungsänderung mitzuwirken, welche die eigene Sperrminorität beseitigt). Etwas anderes kommt nur **ausnahmsweise** in Betracht. Hinsichtlich dieser Ausnahmen kann an die Rspr. zum Personengesellschaftsrecht angeknüpft werden, die eine Zustimmungspflicht zu Änderungen des Gesellschaftsvertrags bejaht, wenn diese im Gesellschaftsinteresse **dringend geboten** und den Gesellschaftern unter Berücksichtigung ihrer eigenen schützenswerten Belange **zumutbar** sind (stRspr seit BGH 106

10.6.1965, BGHZ 44, 40 = NJW 1965, 1960; zuletzt BGH 9.6.2015, BeckRS 2015, 13759 Rn. 22 mwN). Diese Rspr. ist auf die Kapitalgesellschaften und damit auch auf die GmbH übertragbar (BGH 25.9.1986, BGHZ 98, 276 (279 f.) = NJW 1987, 189; BGH 12.4.2016, NJW 2016, 2739 Rn. 13). So hat der BGH eine Pflicht bejaht, an der durch die GmbH-Novelle 1980 notwendig gewordenen Kapitalerhöhung auf 50.000 DM mitzuwirken, soweit keine Nachteile für den zustimmungsunwilligen Gesellschafter eintreten (BGH 25.9.1986, BGHZ 98, 276 (279 f.) = NJW 1987, 189). Ferner verlangt die Treuepflicht, an der Heilung einer verdeckten Sacheinlage mitzuwirken, wenn sich alle Gesellschafter über die Einlage einig waren (BGH 7.7.2003, BGHZ 155, 329 = NJW 2003, 3127); nach neuem Recht hat die Heilung allerdings an Bedeutung verloren (→ § 19 Rn. 68). Aus der Treuepflicht folgt zudem, dass eine mehrheitlich angestrebte, wirtschaftlich sinnvolle **Sanierung nicht aus eigennützigen Gründen verhindert** werden darf (BGH 20.3.1995, BGHZ 129, 136 (152) = NJW 1995, 1739 – Girmes (zur AG); vgl. auch § 7 Abs. 7 WStBG). Dies gilt selbst dann, wenn die Sanierungsmaßnahme in einem Kapitalschnitt besteht und zur Folge hat, dass diejenigen Gesellschafter, die nicht an der anschließenden Kapitalerhöhung teilnehmen wollen oder können, aus der Gesellschaft ausscheiden müssen (BGH 19.10.2009, BGHZ 183, 1 = NJW 2010, 65 Rn. 23 ff. – „Sanieren oder Ausscheiden" (zu einer Publikums-OHG) mBespr *K. Schmidt* JZ 2010, 125; BGH 9.6.2015, BeckRS 2015, 13759 (zu einer Publikums-GbR); wie hier für Übertragbarkeit dieser Rspr. auf die GmbH MüKoGmbHG/*Merkt* § 13 Rn. 151; *Priester* ZIP 2010, 497 (499 ff.); krit. *Schöne* GmbHR 2015, 337 (340 ff.)). Zu prüfen ist dabei allerdings stets, ob der Gesellschaftsvertrag die Treuepflicht konkretisierende Regelungen enthält, welche die aus der Treuepflicht folgende Zustimmungspflicht für bestimmte Sachverhalte einschränken oder an besondere Voraussetzungen knüpfen (BGH 9.6.2015, BeckRS 2015, 13759 Rn. 23 f., im Anschluss an BGH 25.1.2011, NJW 2011, 1667 Rn. 21 ff.). Unter engen Voraussetzungen, namentlich dann, wenn die Erreichung des Gesellschaftszwecks offenkundig unmöglich geworden ist, kann sich aus der Treuepflicht auch eine Verpflichtung ergeben, der Auflösung der Gesellschaft zuzustimmen bzw. sie nicht durch Ablehnung zu verhindern (OLG München 15.1.2015, BeckRS 2016, 05420; Scholz/*K. Schmidt/Bitter* § 60 Rn. 16). – Äußerste Zurückhaltung ist aber angezeigt, soweit es um Zustimmungspflichten zur Begründung zusätzlicher Zahlungs- oder sonstiger Leistungspflichten der Gesellschafter geht, da damit das Grundprinzip der Haftungsbeschränkung unterlaufen wird.

107 **(2) Rücksichtnahme auf Interessen der Mitgesellschafter.** Die Treuepflicht hält die Gesellschafter dazu an, neben dem Gesellschaftsinteresse auch auf die mitgliedschaftsbezogenen Interessen der Mitgesellschafter Rücksicht zu nehmen (zur grundsätzlich nicht geschuldeten Rücksichtnahme auf private Belange → Rn. 101). Soweit ein Gesellschafterbeschluss in Rechte einzelner Gesellschafter eingreift, wird oft schon der Gleichbehandlungsgrundsatz Schutz bieten. Des Rückgriffs auf die Treuepflicht bedarf es daher nur, soweit ein gleichmäßiger Eingriff vorliegt, wie zB bei einer übermäßigen **Rücklagenbildung** mit dem Ziel, die Minderheitsgesellschafter „auszuhungern" (falls man nicht auch darin eine materielle Ungleichbehandlung erblicken will; so OLG Brandenburg 31.3.2009, ZIP 2009, 1955 (1957 ff.)). Rücklagen dürfen mit Blick auf die Treuepflicht nur gebildet werden, soweit sie bei einer Abwägung der Interessen der Gesellschaft und der Minderheit an Ausschüttungen nach verständiger kaufmännischer Beurteilung erforderlich sind. IR dieser Beurteilung steht der Mehrheit aber ein **weiter unternehmerischer Ermessensspielraum** zu (OLG Nürnberg 9.7.2007, DB 2008, 2415 (2418) mBespr *Hommelhoff* GmbHR 2010, 1328; OLG Hamm 3.7.1991, DStR 1992, 298; im Grundsatz auch OLG Brandenburg 31.3.2009, ZIP 2009, 1955 (1957 f.), das den Spielraum im konkreten Fall aber überschritten sieht; → § 29 Rn. 44; Scholz/*Verse* § 29 Rn. 53 ff.). Weitere **Einzelfälle:** An der gebotenen Rücksichtnahme auf die mitgliedschaftsbezogenen Interessen des Mitgesellschafters fehlt es, wenn der Mehrheitsgesellschafter die **Auflösung** der Gesellschaft beschließt, aber bereits Vorkehrungen getroffen hat, dass das Gesellschaftsunternehmen iRd Liquidation auf ihn übertragen wird (BGH 28.1.1980, BGHZ 76, 352 = NJW 1980, 1278; BGH 1.2.1988, BGHZ 103, 184 = NJW 1988, 1579 (zur AG)). Gleiches gilt, wenn der zu 51 % beteiligte Gesellschafter vergleichsweise geringfügige Vorfälle zum Anlass nimmt, den anderen zu 49 % beteiligten Gesellschafter als Geschäftsführer abzuberufen und damit um seine berufliche Lebensgrundlage zu bringen (BGH 29.11.1993, DStR 1994, 214 mAnm *Goette*). Treuepflichtwidrig ist ferner die Abhaltung einer Gesellschafterversammlung unter gezielter Ausnutzung des Umstands, dass einer der Gesellschafter wegen Verletzung einer Mitteilungspflicht temporär einem Rechtsverlust unterliegt (vgl. § 21 Abs. 4 AktG, § 20 Abs. 7 AktG), ohne dem Betroffenen Gelegenheit zur Nachholung der Mitteilung zu geben (BGH 20.4.2009, NJW 2009, 2458 (zur AG); krit. *Paudtke* NZG 2009, 939). Der gleiche Vorwurf trifft Gesellschafter, die für die Einziehung eines Geschäftsanteils stimmen, dem betroffenen Gesellschafter aber eine Abfindung unter Berufung auf die Kapitalbindung der GmbH verweigern. Der BGH stützt darauf eine (subsidiäre) anteilige Haftung der Gesellschafter für den Abfindungsanspruch (BGH 24.1.2012, BGHZ 192, 236 = NZG 2012, 259 Rn. 21; BGHZ 210, 186 = NZG 2016, 742; → § 34 Rn. 22). Die Treuepflicht gebietet ferner, auch bei der Beschlussfassung über die Zustimmung zur Übertragung vinkulierter Anteile die Interessen des veräußerungswilligen Gesellschafters angemessen zu berücksichtigen (→ § 15 Rn. 96).

Dieser einzelfallbezogenen treuepflichtgestützten Missbrauchskontrolle hat der BGH in anderen Fällen eine jedenfalls tendenziell engmaschigere **materielle Beschlusskontrolle** („Lehre vom sachlichen Grund") gegenübergestellt. So hat er für die Kapitalerhöhung mit Bezugsrechtsausschluss wegen des damit verbundenen schweren Eingriffs in die Mitgliedschaft entschieden, dass der **Bezugsrechtsausschluss** einer besonderen sachlichen Rechtfertigung im Interesse der Gesellschaft bedürfe, was eine Prüfung der Geeignetheit, Erforderlichkeit und Verhältnismäßigkeit von Mittel und Zweck einschließe (BGH 13.3.1978, BGHZ 71, 40 = NJW 1978, 1316 – Kali und Salz (zur AG)). An demselben Maßstab hat der BGH einen Beschluss gemessen, durch den das herrschende Unternehmen vom Wettbewerbsverbot befreit werden sollte (BGH 16.2.1981, BGHZ 80, 69 = NJW 1981, 1512 – Süssen; → Anh. § 13 Rn. 30 f.). Wiewohl der BGH die dogmatische Einordnung bisher offengelassen hat, wird die materielle Beschlusskontrolle ganz überwiegend als **institutionell verfestigte Ausprägung der Treuepflicht** zwischen den Gesellschaftern angesehen (Hüffer/Koch/*Koch* AktG § 53a Rn. 16, 21; GroßkommAktG/*Henze/Notz* AktG Anh. § 53a Rn. 23 mwN; für Anknüpfung an die Treuepflicht der Gesellschaft *Boese,* Die Anwendungsgrenzen des Erfordernisses sachlicher Rechtfertigung bei HV-Beschlüssen, 2004, 44 ff.). Eine Ausdehnung der materiellen Beschlusskontrolle auf andere Beschlussgegenstände hat die Rspr. bisher abgelehnt, so für die Auflösung der Gesellschaft (BGH 28.1.1980, BGHZ 76, 352 (353) = NJW 1980, 1278; BGH 1.2.1988, BGHZ 103, 184 (189 ff.) = NJW 1988, 1579 (zur AG)), die Kapitalherabsetzung (BGH 9.2.1998, BGHZ 138, 71 (75 ff.) = NJW 1998, 2054 (zur AG)), den Formwechsel (OLG Düsseldorf 16.1.2003, ZIP 2003, 1749 (1751 f.) (zur AG); nicht beanstandet durch BGH 9.5.2005, ZIP 2005, 1318) und die Verschmelzung (OLG Frankfurt a. M. 8.2.2006, ZIP 2006, 370 (372)). **108**

Im Schrifttum sieht sich die Lehre vom sachlichen Grund vielfältiger **Kritik** ausgesetzt (*Fastrich,* Funktionales Rechtsdenken am Beispiel des Gesellschaftsrechts, 2001, 15 ff., 24 ff., 48 ff.; *Verse* Gleichbehandlungsgrundsatz 54 ff. mwN; *Wandrey,* Materielle Beschlusskontrolle im Aktienrecht, 2012, 273 ff.; speziell zum Bezugsrechtsausschluss *Röhricht* ZGR 1999, 445 (469 ff.); *T. Bezzenberger* ZIP 2002, 1917 (1924 ff.); MüKoAktG/*Schürnbrand/Verse* AktG § 186 Rn. 97 ff.; gegen diese Einwände aber *Wiedemann* WM 2009, 1 (7 ff.)). Die Kritik zielt insbesondere darauf, dass der BGH die materielle Beschlusskontrolle auch zur Anwendung bringt, wenn die Interessengleichrichtung der Gesellschafter nicht gestört ist und daher kein Anlass besteht, an der Richtigkeitsgewähr des Beschlusses zu zweifeln (Bsp.: Bezugsrechtsausschluss zugunsten eines außenstehenden, mit keinem der Gesellschafter verbundenen Dritten). Dort, wo die Interessengleichrichtung gestört ist und deshalb Anlass für eine engmaschige Inhaltskontrolle besteht, wird diese bereits durch die sachgerechte Anwendung des Gleichbehandlungsgrundsatzes erreicht (*Verse* in Bayer/Habersack 13. Kap. Rn. 30–34). **109**

cc) Ausübung sonstiger Mitgliedschafts- und Gläubigerrechte. Soweit Mitgliedschaftsrechte dem Gesellschafter als eigennützige zugewiesen sind (zB Austritts-, Informations-, Anfechtungsrecht, Recht zur Erhebung der Auflösungsklage), darf der Gesellschafter **vorrangig seine eigenen Interessen** verfolgen (HCL/*Raiser* Rn. 87; *M. Winter* Treuebindungen 121 ff.). Auch bei der Ausübung solcher eigennütziger Rechte gebietet es aber die Treuepflicht, die Interessen der Gesellschaft und der Mitgesellschafter in der Weise zu berücksichtigen, dass Form und Ausmaß der Ausübung der Rechte vom Zweck ihrer Einräumung gedeckt sind und Gesellschaft und Mitgesellschafter nicht übermäßig belastet werden (MHdB GesR III/*Böhm* § 32 Rn. 25). Deshalb schließt die Treuepflicht zB die Anfechtung der Feststellung des Jahresabschlusses aus, wenn die Änderung des Jahresabschlusses zu Kosten und Belastungen der Gesellschaft und damit mittelbar auch der Gesellschafter führt, die außer Verhältnis zu dem den Gesellschaftern daraus erwachsenden Vorteil stehen (BGH 21.7.2008, NZG 2008, 783 Rn. 15). Auch das Informationsrecht nach § 51a darf nicht in einer die GmbH unnötig beeinträchtigenden Art und Weise ausgeübt werden (OLG Köln 18.2.1986, NJW-RR 1987, 99 (100)). Entsprechendes gilt für die Geltendmachung von Gläubigerrechten und Drittgläubigerrechten (→ Rn. 46 f.). Der Gesellschafter kann daher aufgrund der Treuepflicht **ausnahmsweise** gehalten sein, Ansprüche vorübergehend nicht geltend zu machen, wenn die Geltendmachung für die Gesellschaft mit schweren Nachteilen verbunden wäre und dem Gesellschafter die Stundung zumutbar ist (HCL/*Raiser* Rn. 87, 98; *M. Winter* Treuebindungen 127 ff.). Eine spezielle Ausprägung der so verstandenen Treuepflicht will der Gesetzgeber des MoMiG (BT-Drs. 16/9737, 106) auch in § 135 Abs. 3 InsO erblicken, der es dem Gesellschafter in der Insolvenz der Gesellschaft für eine Übergangszeit untersagt, die Aussonderung von für die Fortführung des Unternehmens besonders wichtigen Gegenständen zu verlangen. Diese Einordnung verträgt sich jedoch nicht mit dem Umstand, dass die Treuepflicht nach ganz hM (→ Anh. § 13 Rn. 44) zur Disposition der Gesellschafter steht, den Alleingesellschafter nicht bindet und folglich keine Grundlage für einen zwingenden Gläubigerschutz abgibt (*Bitter* ZIP 2010, 1 (7 f.)). Bei wesentlicher Verschlechterung der wirtschaftlichen Lage der Gesellschaft kann die Treuepflicht dem Gesellschafter-Geschäftsführer auch gebieten, einer **Herabsetzung seiner Geschäftsführerbezüge** zuzustimmen (BGH 15.6.1992, GmbHR 1992, 605 (607); OLG Düsseldorf 7.12.2011, GmbHR 2012, 332 (335) mAnm *Blöse*). Zur Begründung hat der BGH auf den Rechtsgedanken des § 87 Abs. 2 AktG aF verwiesen, was darauf schließen lässt, dass es ihm nur um die Korrektur einer „schweren Unbilligkeit" für die Gesellschaft und **110**

damit eine hohe Eingriffsschwelle ging. Seit dem VorstAG ist die Eingriffsschwelle des § 87 Abs. 2 AktG zwar erheblich abgesenkt worden (Verschlechterung statt wesentliche Verschlechterung, Unbilligkeit statt schwere Unbilligkeit); diese Änderung ist aber nach hM nicht auf die GmbH übertragbar (Scholz/*U. H. Schneider/S. H. Schneider* § 35 Rn. 392).

110a Da die Treuepflicht nicht nur im Verhältnis zur Gesellschaft, sondern auch im Verhältnis zu den Mitgesellschaftern besteht, kann sie uU auch der Geltendmachung von **Ansprüchen eines Gesellschafters gegen seine Mitgesellschafter** entgegenstehen. Hat etwa die GmbH unter Verstoß gegen § 30 Abs. 1 eine Forderung gegen einen Gesellschafter an einen anderen Gesellschafter abgetreten (mit der Folge, dass dieser die Forderung nach § 31 Abs. 1 an die GmbH zurückübertragen müsste), darf der Zessionar nicht aus der Forderung gegen den Schuldner/Mitgesellschafter vorgehen, weil er diesen sonst in treuepflichtwidriger Weise dem Risiko einer Doppelhaftung (Erfüllung der Forderung plus subsidiäre Haftung aus § 31 Abs. 3) aussetzen würde (OLG Düsseldorf 31.5.2012, NZG 2012, 1150 (1151) mAnm *K. Schmidt* JuS 2013, 740).

111 **dd) Wettbewerbsverbot, Geschäftschancenbindung.** Aus der Treuepflicht kann sich ferner ein Wettbewerbsverbot der Gesellschafter ergeben. **Geschäftsführende** Gesellschafter (mit Ausnahme des Alleingesellschafters) trifft bereits aufgrund ihrer organschaftlichen Treuepflicht ein Wettbewerbsverbot (→ § 35 Rn. 22 ff.). Für nicht geschäftsführende **herrschende Gesellschafter** wird das Wettbewerbsverbot aus der mitgliedschaftlichen Treuepflicht abgeleitet (→ Anh. § 13 Rn. 32 ff.). Die übrigen nicht geschäftsführenden Gesellschafter unterliegen dagegen keinem ungeschriebenen Wettbewerbsverbot, und zwar grundsätzlich auch nicht in personalistisch strukturierten Gesellschaften (OLG Karlsruhe 6.11.1998, GmbHR 1999, 539 (540); MHdB GesR III/*Böhm* § 34 Rn. 5; *Röhricht* WPg 1992, 766 (773); aA Lutter/Hommelhoff/*Bayer* Rn. 39; Scholz/*Seibt* Rn. 113). Etwas anderes kann aber in personalistisch strukturierten Gesellschaften in besonderen Ausnahmefällen in Betracht zu ziehen sein (vgl. *Röhricht* WPg 1992, 766 (773): nur dann, wenn die Konkurrenztätigkeit „angesichts der konkreten Struktur der Gesellschaft und der von dem betr. Gesellschafter in ihr eingegangenen Bindung im Einzelfall als Bruch des in ihn gesetzten Vertrauens und als treuwidriges Hintertreiben der gemeinschaftlichen Absichten und Bemühungen erscheinen muss").

112 Eine im Gesellschaftsvertrag vorgenommene **Ausdehnung** des Wettbewerbsverbots auf Gesellschafter, die nicht schon kraft Treuepflicht dem Wettbewerbsverbot unterliegen, ist nur in **engen Grenzen** zulässig. Mit dem Kartellverbot gem. Art. 101 AEUV bzw. § 1 GWB sind Wettbewerbsverbote nur vereinbar, wenn sie entweder nicht geeignet sind, die Marktverhältnisse spürbar zu beeinträchtigen (Immenga/Mestmäcker/*Zimmer,* Wettbewerbsrecht, Band 2/Teil 1 GWB, 6. Aufl. 2020, GWB § 1 Rn. 217.), oder zum Schutz der Funktionsfähigkeit der Gesellschaft objektiv notwendig sind (EuGH 15.12.1994, Slg. 1994, I-5641 Rn. 28 ff., 45; BGH 23.6.2009, NZG 2010, 76 Rn. 17, 20 mwN: Schutz vor „Aushöhlung" von innen). Letzteres ist (zumindest) dann der Fall, wenn der mit dem Wettbewerbsverbot belegte Gesellschafter einen maßgeblichen Einfluss auf die Geschäftsführung der Gesellschaft ausüben kann. Ein maßgeblicher Einfluss idS setzt nicht notwendig eine Mehrheitsbeteiligung voraus, sondern ist auch dann anzunehmen, wenn der Gesellschafter aufgrund satzungsmäßiger Sonderrechte – etwa des Rechts, einen von zwei Geschäftsführern zu bestellen und abzuberufen – bestimmenden Einfluss auf die Geschäftsführung nehmen kann (BGH 3.5.1988, BGHZ 104, 246 (252 f.) = NJW 1988, 2737) oder wenn er in der Lage ist, strategisch wichtige Entscheidungen zu blockieren (BGH 23.6.2009, NZG 2010, 76 Rn. 18 (zu einer GmbH mit drei gleichmäßig beteiligten Gesellschaftern und Einstimmigkeitserfordernis ua für die Bestellung der Geschäftsführer)). IE umstritten und nicht abschließend geklärt ist, ob und ggf. unter welchen Voraussetzungen ein Wettbewerbsverbot in kartellrechtlich zulässiger Weise auch für Gesellschafter unterhalb der Schwelle des maßgeblichen Einflusses begründet werden kann (dazu *Stöcker* GWR 2015, 181 mwN). Aus den genannten kartellrechtlichen Vorgaben, aber auch aus § 138 Abs. 1 BGB iVm Art. 12 Abs. 1 GG ergibt sich ferner, dass gesellschaftsvertragliche Wettbewerbsverbote immer nur zulässig sind, wenn sie nach Ort, Zeit und Gegenstand nicht über die schützenswerten Interessen des Begünstigten hinausgehen und den Verpflichteten nicht übermäßig beschränken (stRspr, BGH 30.11.2009, ZIP 2010, 324 Rn. 13 mwN). Daran fehlt es, wenn rein kapitalistische Minderheitsbeteiligungen an einer konkurrierenden Gesellschaft untersagt werden sollen, die keinen Einfluss auf deren Geschäftsführung gewähren (OLG Stuttgart 15.3.2017, GmbHR 2017, 913 (917)). Auch **nachmitgliedschaftliche Wettbewerbsverbote,** die das Verbot auf den Zeitraum nach Ausscheiden des Gesellschafters erstrecken, sind nach diesen Grundsätzen nur in engen Grenzen zulässig (idR max. zwei Jahre und räumlich-gegenständlich beschränkt; BGH 18.7.2005, NJW 2005, 3065 (zur GbR) mwN aus der Rspr.; ausf. *Krämer* FS Röhricht, 2005, 335; *Gresbrand* GmbHR 2013, 119; *Stöcker* GWR 2015, 181 (183 f.); → HGB § 112 Rn. 27 ff.; → § 35 Rn. 27). Ist das Wettbewerbsverbot in der Satzung nur für die Dauer der Mitgliedschaft vorgesehen, findet es keine Anwendung mehr, sobald über den Austritt des Gesellschafters Einigkeit besteht, mag auch der Austritt wegen der noch fehlenden Einigung über die Höhe der Abfindung noch nicht vollzogen sein (BGH 30.11.2009, ZIP 2010, 324). Zu Befreiungsmöglichkeiten und den Rechtsfolgen bei Verstößen gegen das Wettbewerbsverbot → Anh. § 13 Rn. 26, → Anh. § 13 Rn. 36.

Wenngleich nicht geschäftsführende und nicht herrschende Gesellschafter grundsätzlich keinem Wettbewerbsverbot unterliegen (→ Rn. 111), verlangt die Treuepflicht auch von ihnen, **Geschäftschancen** der Gesellschaft nicht für sich persönlich auszunutzen (MüKoGmbHG/*Merkt* § 13 Rn. 279; HCL/*Raiser* Rn. 109). Allerdings darf für diese Zwecke nicht schon jede Geschäftschance aus dem Tätigkeitsbereich der Gesellschaft dieser zugeordnet werden, da andernfalls die Grenze zu einem generellen Wettbewerbsverbot verwischt würde (*M. Winter* Treuebindungen 242). Eine Geschäftschance ist aber unzweifelhaft der GmbH zuzuordnen, wenn sie sich bereits zu einem Vertragsschluss verdichtet hat. Allen Gesellschaftern ist es daher untersagt, sich in bereits bestehende Verträge zwischen der GmbH und Dritten hineinzudrängen, insbesondere dadurch, dass sie die Geschäfte auf sich selbst überleiten oder den Dritten zur Nichteinhaltung des mit der GmbH geschlossenen Vertrags veranlassen (BGH 11.10.1976, DB 1977, 158 für ausgeschiedenen Gesellschafter-Geschäftsführer; MüKoGmbHG/*Merkt* § 13 Rn. 284; HCL/*Raiser* Rn. 109). Zudem ist eine Geschäftschance auch dann der GmbH zuzuordnen, wenn diese als erste mit dem Geschäft in Berührung gekommen ist und der Gesellschafter erst aufgrund seiner Gesellschaftereigenschaft die näheren Umstände erfahren hat, zB weil er von der Gesellschaft in die Vertragsverhandlungen über das Geschäft einbezogen worden ist (BGH 8.5.1989, NJW 1989, 2687 (2688) (zur KG) mwN aus der Rspr.; MüKoGmbHG/*Merkt* § 13 Rn. 284). Allgemein gefasst wird man formulieren können, dass den Gesellschaftern das Ansichziehen solcher Geschäftschancen verwehrt ist, deren Eigenwahrnehmung durch die Gesellschafterstellung entweder erst ermöglicht oder jedenfalls erleichtert wurde (*M. Winter* Treuebindungen 242). 113

ee) Informationspflichten. Aus der mitgliedschaftlichen Treuepflicht können Informationspflichten der Gesellschafter abgeleitet werden, sofern ein legitimes Informationsinteresse der GmbH besteht, das ein etwaiges Geheimhaltungsinteresse des Gesellschafters überwiegt (allg. dazu *Pöschke* ZGR 2015, 550 (568 ff.)). Anerkannt ist eine solche Informationspflicht namentlich in Bezug auf Tatsachen, welche die Abhängigkeit der Gesellschaft begründen (→ Anh. § 13 Rn. 40). Ferner muss die geplante Aufnahme einer kraft Treuepflicht oder statutarischer Regelung verbotenen Wettbewerbstätigkeit der GmbH mitgeteilt werden, damit diese über eine Befreiung entscheiden kann. Im Einzelfall können aufgrund eines engen Vertrauensverhältnisses gegenüber unerfahrenen Mitgesellschaftern Aufklärungspflichten hinsichtlich der Folgen einer geplanten Änderung des Gesellschaftsvertrags bestehen (BGH 7.10.1991, NJW 1992, 300 (302) (zur KG); einschr. MüKoGmbHG/*Merkt* § 13 Rn. 171). Zudem sind die Gesellschafter aufgrund ihrer Treuepflicht gehalten, ihre Mitgesellschafter über Vorgänge, die deren mitgliedschaftliche Vermögensinteressen berühren und ihnen nicht bekannt sein können, vollständig und zutreffend zu informieren (BGH 11.12.2006, NJW 2007, 917 Rn. 9). Dazu gehört auch die Offenlegung verdeckter Gewährungen von Sondervorteilen an einzelne Mitgesellschafter. Für die Auszahlung einer Geschäftsführervergütung, die hinter dem Rücken eines Mitgesellschafters und unter Verstoß gegen die Zuständigkeit der Gesellschafterversammlung (§ 46 Nr. 5) gewährt wurde, hat der BGH allerdings entschieden, dass der darin liegende Kompetenz- und Treuepflichtverstoß keine Schadensersatzpflicht nach sich zieht, sofern der Vergütung eine gleichwertige Gegenleistung des Geschäftsführers gegenüberstand (BGH 11.12.2006, NJW 2007, 917 Rn. 9–14 mablAnm *Wackerbarth* GmbHR 2007, 262). Die Treuepflicht kann ferner gebieten, Unterlagen und Informationen, die für Rechtsbeziehungen der Gesellschaft mit Dritten relevant sind, an diese herauszugeben (OLG Stuttgart 27.9.2006, ZIP 2007, 275 Rn. 48). 114

d) Abdingbarkeit. Die Gesellschafter können einzelne, konkret spezifizierte Ausprägungen der Treuepflicht im Gesellschaftsvertrag abbedingen (ausf. *Fleischer/Harzmeier* NZG 2015, 1289; zum Wettbewerbsverbot → Anh. § 13 Rn. 37). Sie können auch im konkreten Einzelfall auf treuepflichtgemäße Behandlung verzichten (allgM). Ein Pauschalverzicht, der sich nicht auf bestimmte, konkret umrissene Rechtspositionen beschränkt, ist dagegen wie beim Gleichbehandlungsgebot (→ Rn. 88) unwirksam (hM, *M. Winter,* Mitgliedschaftliche Treuebindungen im GmbH-Recht, 1988, 216; K. Schmidt/Lutter/*Fleischer* AktG § 53a Rn. 60; *Fleischer/Harzmeier* NZG 2015, 1289 (1295 f.); *Kampf,* Die Abdingbarkeit gesellschaftsrechtlicher Treuepflichten, 2016, 148 ff. mwN; abw. *Hellgardt* FS Hopt, 2010, 765 (784 ff.), sofern die Abbedingung nicht willkürlich erfolgt und ein hinreichender Ausgleich gewährt wird); ferner *Mann,* Abdingbarkeit und Gegenstand der gesellschaftsrechtlichen Treuepflicht, 2018, 105 ff., 199 ff.). 115

e) Rechtsfolgen von Verstößen. aa) Beschlussmängel. Treuepflichtwidrige Stimmen sind nach hM nichtig und daher bei der Feststellung des Beschlussergebnisses nicht zu berücksichtigen (BGH 19.11.1990, NJW 1991, 846; Baumbach/Hueck/*Fastrich* § 13 Rn. 30; Rowedder/Schmidt-Leithoff/*Pentz* § 13 Rn. 78; HCL/*Raiser* Rn. 99; aA MüKoGmbHG/*Merkt* § 13 Rn. 188 f.). Werden sie gleichwohl mitgezählt und sind sie für das vom Versammlungsleiter festgestellte Beschlussergebnis ausschlaggebend, ist der Gesellschafterbeschluss entsprechend § 243 Abs. 1 AktG **anfechtbar** (BGH 19.11.1990, NJW 1991, 846; allgM). Ist der treuepflichtwidrig abgelehnte Beschluss in Wahrheit (ohne Mitzählen der nichtigen Stimmen) zustande gekommen, kann die Anfechtungsklage mit einer positiven Beschlussfeststellungsklage verbunden werden. Dies gilt jedenfalls dann, wenn sichergestellt ist, dass die gegen den Beschluss stimmenden Gesellschafter unterrichtet wurden und sich als Nebenintervenienten am Prozess beteiligen können (BGH 26.10.1983, BGHZ 88, 320 (329 ff.) = NJW 1984, 489; MHdB GesR III/ 116

Böhm § 32 Rn. 39). Ist das Beschlussergebnis aufgrund von Meinungsverschiedenheiten über die Gültigkeit abgegebener Stimmen oder aus anderen Gründen nicht durch einen Versammlungsleiter festgestellt worden, sondern ungewiss geblieben, kann ein Gesellschafter den Inhalt des Beschlusses durch Feststellungsklage gegen die Gesellschaft klären lassen, ohne dass es daneben einer Anfechtung des Beschlusses bedarf (OLG Hamburg 28.6.1991, GmbHR 1992, 43 (47); OLG Stuttgart 8.10.1999, NZG 2000, 490 (492); Baumbach/Hueck/*Fastrich* § 13 Rn. 30; MHLS/*Lieder* § 13 Rn. 198; aA MüKoGmbHG/*Merkt* § 13 Rn. 188 f.: auch hier lediglich Anfechtbarkeit).

117 **bb) Sonstige Rechtsfolgen.** Verpflichtet die Treuepflicht zu einer konkreten Handlung oder Unterlassung, kann diese bei Vorliegen eines Rechtsschutzbedürfnisses im Wege der Leistungs- oder Unterlassungsklage durchgesetzt werden (näher *Weller* Liber amicorum M. Winter, 2011, 755; zur Unterlassungsklage vgl. auch *Verse* Gleichbehandlungsgrundsatz 412 ff.). Eine treuepflichtwidrige Rechtsausübung ist unbeachtlich (OLG Stuttgart 8.10.1999, NZG 2000, 490 (492); Baumbach/Hueck/*Fastrich* § 13 Rn. 30). Schuldhafte Verletzungen der Treuepflicht verpflichten den Gesellschafter gem. § 280 Abs. 1 BGB zum **Schadensersatz.** Der Verschuldensmaßstab richtet sich nach hM nicht nach §§ 708, 277 BGB, sondern nach § 276 BGB (MüKoGmbHG/*Merkt* § 13 Rn. 211 mwN; aA MHLS/*Lieder* § 13 Rn. 207). Zur Konkretisierung dieses allgemeinen Haftungsmaßstabs kann bei Einflussnahmen in Geschäftsführungsangelegenheiten auf den Maßstab des ordentlichen Geschäftsmanns (§ 43 Abs. 1) zurückgegriffen werden (MüKoGmbHG/*Merkt* § 13 Rn. 211; Scholz/*Seibt* Rn. 125; für Rückgriff auf § 43 Abs. 1 auch BGH 5.6.1975, NJW 1976, 191 (192) (insoweit in BGHZ 65, 15 nicht abgedruckt)). Die Anwendung des § 43 Abs. 1 sollte aber auf geschäftsführende oder unternehmerisch tätige Gesellschafter beschränkt werden (*M. Winter* Treuebindungen 110 f.; *Verse* Gleichbehandlungsgrundsatz 452 f.). Bei unternehmerischen Entscheidungen ist schon auf der Ebene der Pflichtverletzung der Haftungsfreiraum der Business Judgment Rule (§ 93 Abs. 1 S. 2 AktG analog) zu beachten (zur Anwendbarkeit der Business Judgment Rule im GmbH-Recht → § 43 Rn. 30; Scholz/*Verse* § 43 Rn. 71 ff. mwN; abw. *Jungmann* FS K. Schmidt, 2009, 831). Liegt der schadensbegründenden Treuepflichtverletzung ein Gesellschafterbeschluss zugrunde, besteht grundsätzlich kein Schadensersatzanspruch, wenn der Beschluss trotz Anfechtbarkeit bestandskräftig geworden ist (MüKoGmbHG/*Merkt* § 13 Rn. 209; Rowedder/Schmidt-Leithoff/*Pentz* § 13 Rn. 42; *M. Winter* Treuebindungen 320 ff.; offengelassen in BGH 20.3.1995, BGHZ 129, 136 (160 f.) = NJW 1995, 1739 (zur AG)). Etwas anderes kommt in Betracht, wenn die Forderung nach Erhebung einer vorherigen Anfechtungsklage nach den Umständen des Einzelfalls ein nicht gerechtfertigter Formalismus wäre (BGH 20.3.1995, BGHZ 129, 136 (160 f.) = NJW 1995, 1739).

118 Hat die Treuepflichtverletzung zu einem **Schaden der Gesellschaft** geführt, stellt sich die umstrittene Frage, ob der Schadensersatzanspruch allein der GmbH zusteht oder auch den Mitgesellschaftern (für Ersteres die heute hL, Emmerich/Habersack/*Habersack* Anh. § 318 Rn. 27; MüKoGmbHG/*Merkt* § 13 Rn. 203 f.; *M. Winter* Treuebindungen 85 ff.; *M. Schwab* Prozessrecht 46 ff., 55 ff.; für Letzteres *Lutter* ZHR 162 (1998), 164 (177 f., 180); HCL/*Raiser* Rn. 67 f.; im Ergebnis auch BGH 5.6.1975, BGHZ 65, 15 (18 ff., 21) = NJW 1976, 191; BGH 14.5.1990, NJW 1990, 2627 (2628)). Auch wenn man dem Gesellschafter einen eigenen Anspruch zubilligen wollte, ist dieser Anspruch jedenfalls nur auf Leistung an die geschädigte Gesellschaft gerichtet (HCL/*Raiser* Rn. 67). Richtigerweise sollte man indes ausschließlich von einem Anspruch der Gesellschaft ausgehen (arg. e. § 117 Abs. 1 S. 2 AktG, § 317 Abs. 1 S. 2 AktG). Über die Geltendmachung dieses Schadensersatzanspruchs entscheidet gem. § 46 Nr. 8 die Gesellschafterversammlung. Einzelne Gesellschafter können den Anspruch ggf. als Prozessstandschafter nach den Regeln der actio pro socio geltend machen (→ Rn. 120 ff.). Soweit die Gesellschafter einen über die Schmälerung des Gesellschaftsvermögens hinausgehenden **Eigenschaden** erlitten haben, steht ihnen unstr. ein eigener Schadensersatzanspruch zu.

119 Bei schuldhaften Verstößen gegen das Wettbewerbsverbot ist als zusätzliche Rechtsfolge das Eintrittsrecht analog § 113 HGB zu beachten (→ Anh. § 13 Rn. 36). Für Ansprüche aus Treuepflichtverletzung gilt die **Regelverjährung** (§§ 195, 199 BGB) (MüKoGmbHG/*Merkt* § 13 Rn. 213). Dabei bleibt es nach zutreffender Ansicht auch dann, wenn der Anspruch mit einem solchen aus § 43 konkurriert (Pflichtverletzung eines geschäftsführenden Gesellschafters). In diesem Fall verjährt der zuletzt genannte Anspruch nach § 43 Abs. 4, der Anspruch wegen Verletzung der mitgliedschaftlichen Treuepflicht dagegen weiterhin nach §§ 195, 199 BGB (BGH 28.6.1982, NJW 1982, 2869; BGH 14.9.1998, NJW 1999, 781 (jew. zu § 195 BGB aF); Rowedder/Schmidt-Leithoff/*Pentz* Rn. 85; aA – einheitliche Anwendung des § 43 Abs. 4 – Baumbach/Hueck/*Fastrich* § 13 Rn. 30a; HCL/*Raiser* Rn. 103).

VI. Durchsetzung der Mitgliedschaftspflichten (actio pro socio)

120 **1. Grundlagen.** Die Durchsetzung der Ansprüche der Gesellschaft gegen die Gesellschafter aus dem Mitgliedschaftsverhältnis (Sozialansprüche) obliegt in erster Linie den Gesellschaftsorganen. § 46 Nr. 2 und Nr. 8 lassen erkennen, dass es grundsätzlich nicht Sache einzelner Gesellschafter ist, diese Ansprüche geltend zu machen. Anderes gilt aber, wenn der Sozialanspruch von den Gesellschaftsorganen nicht

ordnungsgemäß verfolgt wird. Für diesen Fall ist heute unter iE umstrittenen Voraussetzungen anerkannt, dass auch einzelnen Gesellschaftern ein eigenes Klagerecht auf Leistung an die Gesellschaft (sog. **actio pro socio**) zusteht (BGH 4.2.1991, NJW 1991, 1884; BGH 16.3.1998, NZG 1998, 428 (429); BGH 29.11.2004, NZG 2005, 216; Baumbach/Hueck/*Fastrich* § 13 Rn. 36; MüKoGmbHG/*Merkt* § 13 Rn. 319). Die Ausübung dieser Klagebefugnis unterliegt wie die Ausübung anderer Mitgliedschaftsrechte der Bindung an die mitgliedschaftliche Treuepflicht (BGH 26.4.2010, NZG 2010, 783 zur GmbH & Co. KG).

Wenngleich es sich um ein eigenes Klagerecht des Gesellschafters handelt, macht der Gesellschafter materiellrechtlich nach zutreffender und heute herrschender Ansicht einen der GmbH zustehenden Anspruch im Wege der **Prozessstandschaft** geltend (Lutter/Hommelhoff/*Bayer* § 13 Rn. 54; Baumbach/Hueck/*Fastrich* § 13 Rn. 37; MüKoGmbHG/*Merkt* § 13 Rn. 323; Scholz/*K. Schmidt* § 46 Rn. 161; *M. Schwab* Prozessrecht 45 ff., 73 f.; *Verse* FS U. H. Schneider, 2011, 1325 (1330 ff.)). Die 2005 durch das UMAG eingeführte aktienrechtliche Regelung der actio pro socio (§ 148 AktG) bestätigt diese Ansicht (*Verse* FS U. H. Schneider, 2011, 1325 (1330 ff.); Lutter/Hommelhoff/*Bayer* § 13 Rn. 54; *Fleischer/Harzmeier* ZGR 2017, 239 (265) (zur Personengesellschaft); s. auch schon § 309 Abs. 4 AktG, § 317 Abs. 4 AktG, § 318 Abs. 4 AktG). Nach der Gegenansicht sollen die Sozialansprüche nicht nur der Gesellschaft, sondern auch den Gesellschaftern selbst zustehen (Klage aus eigenem Recht, HCL/*Raiser* Rn. 58; Roth/Altmeppen/*Altmeppen* § 13 Rn. 17; *Altmeppen* FS Musielak, 2004, 1 (10 ff.)). Die Rspr. ist uneinheitlich. Während die Mehrzahl der Entscheidungen insbesondere in neuerer Zeit von einem Anspruch der GmbH ausgeht (BGH 4.2.1991, NJW 1991, 1884; BGH 16.3.1998, NZG 1998, 428 (429); OLG Düsseldorf 28.10.1993, GmbHR 1994, 172 (174); OLG Braunschweig 9.9.2009, GmbHR 2009, 1276 (1277); OLG Jena 8.1.2014, NZG 2014, 391; zur GmbH & Co. KG offengelassen in BGH 26.4.2010, NZG 2010, 783), hat der BGH im Fall einer treuepflichtwidrigen Schädigung des Gesellschaftsvermögens einen eigenen Anspruch des Gesellschafters auf Leistung an die Gesellschaft bejaht (BGH 5.6.1975, BGHZ 65, 15 (21) = NJW 1976, 191 – ITT; BGH 14.5.1990, NJW 1990, 2627 (2628); → Rn. 118). Allerdings ist der BGH auch in diesem Fall davon ausgegangen, dass die Anspruchsverfolgung durch den Gesellschafter subsidiär ist und in erster Linie der GmbH obliegt (BGH 14.5.1990 NJW 1990, 2627 (2628); → Rn. 125). **121**

Bedeutung hat die actio pro socio vor allem für den **Minderheitenschutz.** Sie kann nach ganz hM im Gesellschaftsvertrag **nicht** – jedenfalls nicht generell – **abbedungen** werden (Baumbach/Hueck/*Fastrich* § 13 Rn. 37; Rowedder/Schmidt-Leithoff/*Pentz* § 13 Rn. 129; *M. Schwab* Prozessrecht 118; *Kumkar* NZG 2020, 1012 (1015); zur Personengesellschaft *Fleischer/Harzmeier* ZGR 2017, 239 (269 f.)). **Abzugrenzen** ist die actio pro socio von der Geltendmachung von Ansprüchen aus der Verletzung von Mitgliedspflichten, die allein einem Gesellschafter persönlich zustehen, wie zB im Fall einer Treuepflichtverletzung eines Mitgesellschafters, die einen über die Schmälerung des Gesellschaftsvermögens hinausgehenden Eigenschaden des Gesellschafters verursacht hat. Solche Ansprüche kann der betr. Gesellschafter unstr. aus eigenem Recht geltend machen. **122**

2. Anwendungsbereich. Der Anwendungsbereich der actio pro socio erstreckt sich auf alle **Sozialansprüche** (→ Rn. 120) gegen die **Gesellschafter,** also zB Ansprüche auf Einlagen oder Nachschüsse, Rückeinlageansprüche (§ 31), Ersatzansprüche wegen Treuepflichtverletzung, Ansprüche aus Verlustdeckungs- und Vorbelastungshaftung (Baumbach/Hueck/*Fastrich* § 13 Rn. 38). Die Rspr. bezieht auch schuldrechtliche Ansprüche der Gesellschaft gegen die Gesellschafter mit ein, die im Zusammenhang mit dem Mitgliedschaftsverhältnis stehen, zB Bereicherungsansprüche der Gesellschaft aus der Rückabwicklung einer nach früherem Recht unwirksamen verdeckten Sacheinlage (BGH 16.3.1998, NZG 1998, 428 (429)) oder Herausgabeansprüche (§ 667 BGB) aus einem Auftrag der Gesellschaft an einen Gesellschafter (BGH 4.2.1991, NJW 1991, 1884). Daneben kommt in engen Grenzen auch eine Ausdehnung auf Ansprüche gegen Personen in Betracht, die Gesellschaftern nahe stehen wie zB nahe Angehörige oder verbundene Unternehmen (Baumbach/Hueck/*Fastrich* § 13 Rn. 38; MHLS/*Ebbing* Rn. 101). Ansprüche gegen sonstige externe Dritte können dagegen nach hM nicht Gegenstand der actio pro socio sein (Baumbach/Hueck/*Fastrich* § 13 Rn. 38; MHLS/*Ebbing* Rn. 101; aA *Becker,* Verwaltungskontrolle durch Gesellschafterrechte, 1997, 595 ff.). Gleiches gilt für Ansprüche gegen Gesellschafter aus reinen Drittgeschäften, deren Abschluss oder Inhalt nicht durch die Gesellschaftereigenschaft (mit-)beeinflusst war (Baumbach/Hueck/*Fastrich* § 13 Rn. 38; MHLS/*Ebbing* Rn. 101). **123**

Ansprüche der Gesellschaft gegen die **Geschäftsführer** sollen nach herkömmlicher Ansicht nur erfasst werden, wenn der Geschäftsführer auch Gesellschafter und die verletzte Organpflicht zugleich eine mitgliedschaftliche Pflicht ist (Baumbach/Hueck/*Fastrich* § 13 Rn. 38; MüKoGmbHG/*Merkt* § 13 Rn. 327; Bork/Schäfer/*Weller/Discher* § 13 Rn. 23; *Lutz* NZG 2015, 424 (427); jew. unter Hinweis auf die Entscheidung BGH 28.6.1982, ZIP 1982, 1203, in der es allerdings um die Geltendmachung eines eigenen Anspruchs des Gesellschafters ging; zuletzt *Kumkar* NZG 2020, 1012 (1017)). Dabei ist aber zu bedenken, dass in einer Verletzung der Organpflichten durch einen Gesellschafter-Geschäftsführer häufig auch ein Verstoß gegen die mitgliedschaftliche Treuepflicht liegen wird (vgl. BGH 14.9.1998, **124**

NJW 1999, 871). Bei Ansprüchen der Gesellschaft gegen Fremdgeschäftsführer bleibt es dagegen nach der vorzitierten Ansicht dabei, dass sie nicht im Wege der actio pro socio verfolgt werden können (so zuletzt zur GmbH & Co KG auch BGH 19.12.2017, NZG 2018, 220 Rn. 14 ff. (mablBspr *Bochmann* GmbHR 2018, 289), allerdings mit dem auf die GmbH nicht übertragbaren Argument, dass die Kommanditisten bereits durch die Möglichkeit einer actio pro socio gegen die Komplementär-GmbH hinreichend geschützt seien). Im Schrifttum wird demgegenüber aus guten Gründen zunehmend vertreten, die actio pro socio auch unabhängig von der Verletzung mitgliedschaftlicher Pflichten auf Ansprüche gegen die Geschäftsführer, also auch Fremdgeschäftsführer, auszudehnen (*Wiedemann* GesR I § 8 IV 1c bb; Scholz/*K. Schmidt* § 46 Rn. 161; *Verse* FS U. H. Schneider, 2011, 1325 (1333 f.); *Werner* GmbHR 2017, 849 (853); BeckOK GmbHG/*Wilhelmi* § 13 Rn. 229; jetzt auch Lutter/Hommelhoff/*Bayer* § 13 Rn. 53; ebenso wohl *Grunewald* in Fleischer/Kalss/Vogt, Enforcement im Gesellschafts- und Kapitalmarktrecht, 2015, 209 (221)). Dafür spricht ua, dass nunmehr selbst im Aktienrecht eine actio pro socio gegen Organwalter zugelassen wird, wenn auch unter einschränkenden Voraussetzungen (§ 148 AktG). Auch die obergerichtliche Rspr. hat eine actio pro socio gegen Geschäftsführer verschiedentlich anerkannt (OLG Braunschweig 9.9.2009, GmbHR 2009, 1276 (Geltendmachung eines Unterlassungsanspruchs der GmbH gegen einen abberufenen Geschäftsführer im einstweiligen Rechtsschutz); iErg auch OLG Jena 8.1.2014, NZG 2014, 391; krit. *Lutz* NZG 2015, 424 (428)). Bezieht man Ansprüche gegen Geschäftsführer mit ein, wird dasselbe auch für Ansprüche gegen **Aufsichtsratsmitglieder** gelten müssen, sofern die GmbH einen Aufsichtsrat hat.

125 **3. Voraussetzungen.** Wie dargelegt (→ Rn. 120) obliegt die Verfolgung der Ansprüche der GmbH primär den Gesellschaftsorganen. Die innere Zuständigkeitsordnung der GmbH hat grundsätzlich den Vorrang (ganz hM, BGH 29.11.2004, NZG 2005, 216; OLG Koblenz 8.4.2010, NZG 2010, 1023 (1024); OLG München 20.6.2012, BeckRS 2012, 19388; OLG Düsseldorf 10.3.2016, GmbHR 2016, 542 (543); sog. **Subsidiarität** der actio pro socio). Für eine actio pro socio ist daher kein Raum, wenn die GmbH ihre Ansprüche selbst ordnungsgemäß verfolgt, auch nicht, wenn die actio pro socio gemeinsam mit der Klage der Gesellschaft erhoben wird (BGH v. 22.1.2019, NZG 2019, 702 (zur KG) mzustAnm *K. Schmidt* JuS 2019, 817). Ebenso verhält es sich, wenn das zuständige Gesellschaftsorgan aus überwiegenden Gründen des Gesellschaftsinteresses – also pflichtgemäß – von der Anspruchsverfolgung absieht. Sofern die Anspruchsverfolgung pflichtwidrig unterbleibt, muss der Gesellschafter idR (zu Ausnahmen → Rn. 126) zunächst versuchen, einen Gesellschafterbeschluss nach § 46 Nr. 2 bzw. Nr. 8 herbeizuführen, der das Vertretungsorgan (Geschäftsführer, Liquidator) zur Geltendmachung des Anspruchs anweist. Hinsichtlich der Einzelheiten liegt es nahe, an § 148 Abs. 1 S. 2 Nr. 2 AktG Maß zu nehmen (Aufforderung mit Fristsetzung; näher *Verse* FS U. H. Schneider, 2011, 1325 (1337 f.); zust. *Fleischer/Harzmeier* ZGR 2017, 239 (267 f.)). Gegen einen die Anspruchsverfolgung pflichtwidrig ablehnenden Beschluss soll der Gesellschafter darüber hinaus nach wohl hM im Wege der Anfechtungs- und positiven Beschlussfeststellungsklage vorgehen müssen (OLG Köln 5.11.1992, NJW-RR 1994, 616 mzustAnm *Goette* DStR 1993, 1111 (1112); *Drescher,* Die Haftung des GmbH-Geschäftsführers, 8. Aufl. 2019, Rn. 47; MüKoGmbHG/*Merkt* § 13 Rn. 330 f.; Baumbach/Hueck/*Fastrich* § 13 Rn. 39; *Kumkar* NZG 2020, 1012 (1019)). Die zunehmend vertretene und aus Gründen der Prozessökonomie vorzugswürdige Gegenansicht hält Letzteres dagegen grundsätzlich für entbehrlich. Nach ihr genügt es idR, wenn in dem Prozess über die actio pro socio inzident geprüft wird, ob die Anspruchsverfolgung mit Recht abgelehnt wurde (MHLS/*Ebbing* Rn. 104; HCL/*Hüffer/Schäfer* § 46 Rn. 114 f.; *M. Schwab* Prozessrecht 84 ff., 94 ff.; *Verse* FS U. H. Schneider, 2011, 1325 (1338 f.)). Einer Beschlussanfechtung bedarf es nach dieser Ansicht nur, wenn die Gesellschafterversammlung nicht nur die Anspruchsverfolgung abgelehnt, sondern darüber hinaus auch den Verzicht auf den Anspruch beschlossen hat; denn in diesem Fall muss erst die durch den Beschluss geschaffene Regelung beseitigt werden.

126 Die vorstehenden Grundsätze erleiden nach der Rspr. bestimmte **Ausnahmen.** Auf den Versuch, einen Gesellschafterbeschluss zu fassen und das Vertretungsorgan zur Anspruchsverfolgung anweisen zu lassen, kann verzichtet werden, wenn dies für den Gesellschafter unter Berücksichtigung aller Umstände des Einzelfalls ein **unzumutbarer Umweg** wäre (BGH 28.6.1982, ZIP 1982, 1203 (1204); OLG Düsseldorf 28.10.1993, GmbHR 1994, 172). So liegt es, wenn in einer GmbH von drei Brüdern der eine Gesellschafter einer „geschlossenen Front" der beiden anderen Brüder gegenübersteht, die bereits bei anderer Angelegenheit versucht haben, die Anspruchsverfolgung zu vereiteln (BGH 28.6.1982, ZIP 1982, 1203 (1204)). In der **Zweipersonen-GmbH** ist eine Beschlussfassung der Gesellschafterversammlung eine bloße Formalität und daher entbehrlich, wenn der andere Gesellschafter nach § 47 Abs. 4 vom Stimmrecht ausgeschlossen ist (BGH 4.2.1991, NJW 1991, 1884; OLG Düsseldorf 10.3.2016, GmbHR 2016, 542 (544)). Zu beachten bleibt allerdings auch in diesem Fall die Kompetenz des Vertretungsorgans. Diese steht einer Klage des Gesellschafters aber nicht entgegen, wenn die GmbH im Handelsregister bereits gelöscht wurde und ein Vertretungsorgan (Nachtragsliquidator) erst neu bestellt werden müsste (BGH 4.2.1991, NJW 1991, 1884) oder zwar ein Nachtragsliquidator vorhanden ist, die GmbH iL aber nicht die Mittel hat, den Prozess selbst zu führen (BGH 29.11.2004, NZG 2005, 216).

4. Verfahren, Wirkung. Mit der actio pro socio klagt der Gesellschafter im eigenen Namen auf Leistung an die Gesellschaft. Analog § 148 Abs. 2 S. 9 AktG ist die GmbH zu dem Verfahren **beizuladen** (*Verse* FS U. H. Schneider, 2011, 1321 (1338 f.); *Bayer* GmbHR 2016, 505 (510); *Fleischer/Harzmeier* ZGR 2017, 239 (266) (zur Personengesellschaft); zu den Modalitäten der „Beiladung" KK-AktG/*Rieckers/Vetter* AktG § 148 Rn. 417 ff., insbesondere 437 ff.). Die GmbH hat dann die Möglichkeit, sich als (streitgenössische) Nebenintervenientin an dem Verfahren zu beteiligen. Alternativ kann sie sich aber auch in diesem Stadium noch entscheiden, trotz Rechtshängigkeit der actio pro socio selbst Klage zu erheben. Der **Einwand der anderweitigen Rechtshängigkeit** (§ 261 Abs. 3 Nr. 1 ZPO) steht der Klage der GmbH nach zutreffender Ansicht **nicht** entgegen; dies folgt aus einer entsprechenden Anwendung des § 148 Abs. 3 AktG, der als Ausprägung der Subsidiarität der Gesellschafterklage auch auf die GmbH übertragbar ist (*Verse* FS U. H. Schneider, 2011, 1325 (1332, 1338); zust. *Bayer* GmbHR 2016, 505 (510); *Fleischer/Harzmeier* ZGR 2017, 239 (266) (zur Personengesellschaft); *Kumkar* NZG 2020, 1012 (1020); aA *Konzen* FS Hommelhoff, 2012, 565 (580); vor dem UMAG auch *M. Schwab* Prozessrecht 129 mwN). Macht die GmbH von dieser Möglichkeit Gebrauch, wird die Gesellschafterklage analog § 148 Abs. 3 S. 1 letzter Hs. AktG unzulässig, und die GmbH muss dem Gesellschafter analog § 148 Abs. 6 S. 4 AktG die bis zur Übernahme des Verfahrens entstandenen Verfahrenskosten erstatten (*Verse* FS U. H. Schneider, 2011, 1325 (1338); *Kumkar* NZG 2020, 1012 (1020)). 127

Belässt die GmbH es bei der Gesellschafterklage, stellt sich die umstrittene Frage, ob ein rechtskräftiges Urteil über diese auch für und vor allem gegen die Gesellschaft wirkt. Geht man davon aus, dass es sich um eine (ungeschriebene) gesetzliche und nicht um eine gewillkürte Prozessstandschaft handelt (so mit Recht die hM; MüKoBGB/*Schäfer* BGB § 705 Rn. 215; *Fleischer/Harzmeier* ZGR 2017, 239 (266 f.); *M. Schwab* Prozessrecht 118; *Verse* FS U. H. Schneider, 2011, 1325 (1333); aA *Grunewald,* Die Gesellschafterklage in der Personengesellschaft und in der GmbH, 1990, 14, 91) und wendet man die für die gesetzliche Prozessstandschaft in der Rspr. anerkannten Grundsätze auf die actio pro socio an, scheint man diese Frage auf den ersten Blick verneinen zu müssen (zur gesetzlichen Prozessstandschaft nach § 1011 BGB BGH 23.1.1981, BGHZ 79, 245 (248) = NJW 1981, 1097; ebenso zur actio pro socio MüKoBGB/*Schäfer* BGB § 705 Rn. 221). Mit Blick auf § 148 Abs. 5 AktG spricht gleichwohl deutlich mehr für eine **Rechtskrafterstreckung** (*Verse* FS U. H. Schneider, 2011, 1325 (1332); *Bayer* GmbHR 2016, 505, 510; *Fleischer/Harzmeier* ZGR 2017, 239 (266) (zur Personengesellschaft); im Erg. auch Baumbach/Hueck/*Fastrich* § 13 Rn. 39; MHLS/*Ebbing* Rn. 105; *M. Schwab* Prozessrecht 119 ff.; aA *Kumkar* NZG 2020, 1012 (1020 f.)). Die Interessen der GmbH werden dadurch nicht unangemessen beeinträchtigt, da die Gesellschafterklage erst nach vergeblicher Aufforderung der GmbH erhoben werden kann (→ Rn. 125), die GmbH als Beizuladende über die Erhebung der Gesellschafterklage informiert ist und auch nach deren Rechtshängigkeit noch berechtigt ist, selbst zu klagen und dadurch die Unzulässigkeit der Gesellschafterklage herbeizuführen (→ Rn. 127). 128

Das **Prozesskostenrisiko** der Gesellschafterklage trägt nach allgM der klagende Gesellschafter (Baumbach/Hueck/*Fastrich* § 13 Rn. 39; MHLS/*Ebbing* Rn. 105; *Kumkar* NZG 2020, 1012, 1019). In der Tat wird man die anderslautende Regelung des § 148 Abs. 6 S. 5 AktG nicht auf die GmbH anwenden können, da diese Regelung eng mit dem auf die GmbH nicht übertragbaren Klagezulassungsverfahren zusammenhängt (näher *Verse* FS U. H. Schneider, 2011, 1325 (1341 f.)). Zur entsprechenden Anwendung des § 148 Abs. 6 S. 4 AktG, wenn die GmbH das Klageverfahren übernimmt, s. aber → Rn. 127. 129

Scheidet der Kläger während der Rechtshängigkeit der actio pro socio aus der Gesellschaft aus, kann er den Prozess **entspr. § 265 Abs. 2 S. 1 ZPO** fortführen, wenn er daran – zB wegen der Auswirkungen auf eine ihm geschuldete Abfindung – ein rechtliches Interesse hat (OLG Düsseldorf 10.3.2016, GmbHR 2016, 542 (544) (obiter) mzustBespr *Bayer* GmbHR 2016, 505 (511 ff.); Lutter/Hommelhoff/*Bayer* § 13 Rn. 57; zu § 148 AktG auch Kölner Komm AktG/*Rieckers/Vetter* AktG § 148 Rn. 559; zur Anfechtungsklage BGH 9.10.2006, BGHZ 169, 221 = NJW 2007, 300; → § 246 AktG Rn. 48). 130

Übertragung von Geschäftsanteilen

15

(1) Die Geschäftsanteile sind veräußerlich und vererblich.

(2) **Erwirbt ein Gesellschafter zu seinem ursprünglichen Geschäftsanteil weitere Geschäftsanteile, so behalten dieselben ihre Selbständigkeit.**

(3) **Zur Abtretung von Geschäftsanteilen durch Gesellschafter bedarf es eines in notarieller Form geschlossenen Vertrages.**

(4) [1] **Der notariellen Form bedarf auch eine Vereinbarung, durch welche die Verpflichtung eines Gesellschafters zur Abtretung eines Geschäftsanteils begründet wird.** [2] **Eine ohne diese**

Form getroffene Vereinbarung wird jedoch durch den nach Maßgabe des vorigen Absatzes geschlossenen Abtretungsvertrag gültig.

(5) **Durch den Gesellschaftsvertrag kann die Abtretung der Geschäftsanteile an weitere Voraussetzungen geknüpft, insbesondere von der Genehmigung der Gesellschaft abhängig gemacht werden.**

Übersicht

I. Allgemeines

1 Die Vorschrift regelt die Übertragung der Geschäftsanteile. Abs. 1 stellt zunächst den **Grundsatz der freien Übertragbarkeit** der Geschäftsanteile auf, und zwar sowohl für Übertragungsvorgänge unter Lebenden (Veräußerlichkeit) als auch für Verfügungen von Todes wegen (Vererblichkeit). Abs. 2 betont die **Selbständigkeit der Geschäftsanteile** und stellt klar, dass sie nicht zu einem einzigen Anteil verschmelzen, sobald sie demselben Gesellschafter zustehen. Abs. 3 bis 5 enthalten sodann bedeutsame Einschränkungen des in Abs. 1 enthaltenen Grundsatzes der freien Übertragbarkeit unter Lebenden. Nach Abs. 3 bedarf die Abtretung von Geschäftsanteilen der „notariellen Form", womit die **notarielle Beurkundung** der Abtretungsvereinbarung gemeint ist. Abs. 4 unterwirft zudem das zugrunde liegende schuldrechtliche Kausalgeschäft dem notariellen Beurkundungszwang, ordnet aber zugleich an, dass Formmängel durch eine formgerechte Abtretung nach Abs. 3 geheilt werden. Der historische Gesetzgeber wollte mit dem Formerfordernis einerseits dem „spekulativen Handel" mit Gesellschaftsanteilen entgegenwirken, andererseits sollten Zweifel und Unklarheiten über die Tatsache der Übertragung ausgeschlossen werden (Begr. zum GmbHG, Stenogr. Berichte über die Verhandlungen des Reichstags, VIII/1 [1890/92], Nr. 660, 3729; → Rn. 38 f., → Rn. 62). Abs. 5 schließlich sieht die häufig genutzte Möglichkeit vor, die Abtretung der Geschäftsanteile durch weitere Voraussetzungen, zB die Zustimmung der Gesellschaft oder der Mitgesellschafter, zu erschweren **(Vinkulierung).**

2 Die Vorschrift besteht seit 1892 weitestgehend **unverändert.** Abs. 3 und 4 wurden durch das BeurkG von 1969 (BGBl. 1969 I 1513 (1520)) redaktionell angepasst, aber inhaltlich nicht verändert. Auch das MoMiG hat die Vorschrift trotz verschiedener Forderungen, das Formerfordernis (wie seit 2008 in der Schweiz) zu lockern, unverändert gelassen.

II. Veräußerlichkeit und Vererblichkeit (Abs. 1)

3 **1. Veräußerlichkeit. a) Grundlagen der Übertragung von Geschäftsanteilen. aa) Anwendungsbereich.** § 15 bezieht sich zunächst auf den Regelfall der Übertragung eines bereits bestehenden Geschäftsanteils. Die Vorschrift findet aber auch auf die Vorausabtretung **künftiger Geschäftsanteile** Anwendung (Scholz/*Seibt* Rn. 12, allgM; zur Formbedürftigkeit in diesen Fällen → Rn. 51, → Rn. 73, → Rn. 122). Bedeutung hat dies im Stadium vor Eintragung der GmbH bzw. vor Eintragung einer Kapitalerhöhung, da die Anteile an der GmbH erst mit der Eintragung im Handelsregister entstehen (→ § 14 Rn. 35; zur Streitfrage, ob die Vorausabtretung zu einem Durchgangs- oder Direkterwerb des Zessionars führt, s. *Fröhlich/Primaczenko* NZG 2016, 133 (135 f.)). Von der Vorausabtretung zu unterscheiden ist die Übertragung der Mitgliedschaft in der Vor-GmbH (→ § 11 Rn. 18). Im Zweifel ist Ersteres gewollt (KG Berlin 6.5.1968, OLGZ 1968, 477 (479); Baumbach/Hueck/*Servatius* Rn. 2; Scholz/*Seibt* Rn. 12; s. aber auch OLG Jena 9.10.2013, NZG 2014, 902 (903 f.) = GmbHR 2013, 1258 m. krit. Anm. *Heinze;* OLG Jena 5.12.2012, GmbHR 2013, 145 (146 f.) mAnm *Peetz*). Der Anwendungsbereich der Vorschrift erstreckt sich darüber hinaus auch auf die Anteilsübertragung **im Stadium der Liquidation** (KG Berlin 24.5.1996, GmbHR 1996, 921).

4 Die Übertragung der von der Mitgliedschaft verselbständigten und daher gesondert übertragbaren Gläubigerrechte wie zB eines bereits fälligen Ausschüttungsanspruchs (→ § 14 Rn. 47) fällt dagegen nach dem klaren Willen des historischen Gesetzgebers nicht unter § 15 (Begr. zum GmbHG, Stenogr. Berichte über die Verhandlungen des Reichstags, VIII/1 [1890/92] Nr. 660, 3738). Gleiches muss konsequenterweise auch für sonstige schuldrechtliche Rechte und Pflichten gelten, mögen sie auch in Zusammenhang mit dem Mitgliedschaftsverhältnis stehen wie zB Rechte und Pflichten aus einer Gesellschaftervereinbarung oder Schadensersatzpflichten aus einer begangenen Treuepflichtverletzung. Für die Übertragung schuldrechtlicher Rechte und Pflichten bedarf es daher auch dann nicht der Form des § 15 Abs. 3, wenn die Übertragung im Zusammenhang mit der Abtretung des Geschäftsanteils erfolgt (MüKoGmbHG/*Reichert/Weller* Rn. 70; aA ohne Begründung MHdB GesR III/*U. Jasper* § 24 Rn. 216).

5 **bb) Verfügungs- und Verpflichtungsgeschäft.** Die Übertragung des nach Abs. 1 veräußerlichen Geschäftsanteils erfolgt durch Abtretung, also durch Vertrag iSd §§ 413, 398 BGB, in der Form des Abs. 3. Das Verfügungsgeschäft der Abtretung ist von dem zugrunde liegenden, nach Abs. 4 ebenfalls formbedürftigen Verpflichtungsgeschäft zu unterscheiden, auch wenn beide häufig – nicht zuletzt aus Kostengründen (§ 94 Abs. 2 GNotKG, § 109 Abs. 1 S. 1–2 GNotKG) – in einer gemeinsamen notariellen Urkunde verbunden werden. Zu den Rechtsfolgen einer wirksamen Abtretung → Rn. 59, → Rn. 77 ff. Die Unwirksamkeit der Abtretung kann sich aus der Nichteinhaltung der Form des Abs. 3 (§ 125 S. 1 BGB, → Rn. 60) oder aus allgemeinen Regeln ergeben, zB nach § 138 Abs. 1 BGB bei Abtretung an einen sog. **Firmenbestatter,** um der ordnungsgemäßen Abwicklung der Gesellschaft zu entgehen (AG Memmingen 2.12.2003, Rpfleger 2004, 223 (224 f.)). Mängel des Verpflichtungsgeschäfts schlagen dagegen wegen des **Abstraktionsprinzips** selbst bei Beurkundung in derselben Urkunde nicht auf die Abtretung durch (BGH 23.2.1983, NJW 1983, 1843 (1844); BGH 29.1.1992, NJW-RR 1992, 991; OLG Frankfurt a. M. 21.2.2012, NZG 2012, 466 (467)), können aber nach §§ 346 ff. BGB oder §§ 812 ff. BGB zur Rückabwicklung der Abtretung führen. Die Rückabtretung ist ihrerseits nach Abs. 3 formbedürftig.

6 **cc) Bestimmtheitsgrundsatz.** Für die Abtretung nach Abs. 3, also das Verfügungs-, nicht das Verpflichtungsgeschäft, gilt der sachenrechtliche Bestimmtheitsgrundsatz (BGH 19.1.1987, NJW-RR 1987, 807 (808); BGH 19.4.2010, NZG 2010, 908; MüKoGmbHG/*Reichert/Weller* Rn. 26). Hält der Veräußerer mehrere Geschäftsanteile, muss sich aus dem Abtretungsvertrag hinreichend genau ergeben, welcher Anteil abgetreten wird. Andernfalls ist die Abtretung nichtig (BGH 19.4.2010, NZG 2010, 908; OLG Brandenburg 11.2.1998, NZG 1998, 951 (952); Baumbach/Hueck/*Servatius* Rn. 22). Eine unrichtige Bezeichnung der Geschäftsanteile (zB Angabe falscher Nennbeträge) führt jedoch nicht zu einem Verstoß gegen den Bestimmtheitsgrundsatz, wenn sich im Wege der Auslegung dennoch hinreichend klar ermitteln lässt, auf welche Geschäftsanteile sich die Abtretung bezieht (BGH 19.1.1987, NJW-RR 1987, 807 (808)). Die hinreichend bestimmte Bezeichnung des Geschäftsanteils wird seit dem MoMiG dadurch erleichtert, dass die Geschäftsanteile nunmehr zwingend eine laufende Nummer haben müssen (§ 8 Abs. 1 Nr. 3, § 40 Abs. 1 S. 1; BT-Drs. 16/6140, 34). Zu den Bestimmtheitsanforderungen bei Teilung von Geschäftsanteilen durch Veräußerung (Abtretung von Teilgeschäftsanteilen) → Rn. 9 ff.

7 **dd) Bedingte Anteilsabtretung.** Die Abtretung kann befristet oder unter eine aufschiebende oder auflösende Bedingung gestellt werden. Im Fall einer bedingten Abtretung entsteht ein Anwartschaftsrecht, das selbständig übertragbar (und damit auch pfändbar) und vererblich ist (BGH 21.3.1996, BGHZ 132, 218 (222) = NJW 1996, 1740). Zum Verzicht auf die Bedingung → Rn. 48, → Rn. 69. Verpflichtet der Veräußerer bei einer aufschiebend bedingten Abtretung seiner Anteile den Erwerber, einen

bestimmten Gesellschafterbeschluss zu fassen (zB den Geschäftsführer abzuberufen), so kann darin eine konkludente Stimmrechtsvollmacht für den Erwerber liegen, den Beschluss auch schon vor Bedingungseintritt im Namen des Veräußerers zu fassen (BGH 11.2.2008, NJW-RR 2008, 1066). Eine Beschlussfassung des Erwerbers im eigenen Namen kann unter diesen Umständen in eine solche im Namen des Veräußerers umzudeuten sein (BGH 11.2.2008, NJW-RR 2008, 1066).

Die bedingte Anteilsabtretung kann auch bereits in der Satzung selbst vorgesehen sein **(antizipierte Anteilsübertragung).** Sieht die Satzung etwa vor, dass ein kündigender Gesellschafter mit der Kündigung aus der GmbH ausscheidet und sein Geschäftsanteil den Mitgesellschaftern pro rata „anwächst", ist dies als durch die Kündigung aufschiebend bedingte Teilung und Abtretung des Geschäftsanteils auszulegen (BGH 30.6.2003, NJW-RR 2003, 1265 (1267)). Im Schrifttum ist versucht worden, in Erweiterung dieser Rspr. eine Satzungsklausel zu entwerfen, die bereits in der Satzung alle künftigen Anteilsübertragungen vorwegnehmen und so deren Beurkundung entbehrlich machen soll (s. dazu *Kleinert/Blöse/v. Xylander* GmbHR 2003, 1230 (1234); *Kleinert/Blöse/v. Xylander* GmbHR 2004, 630). Dieser Versuch ist aber ungeachtet weiterer Einwände schon deshalb untauglich, weil er auf eine offensichtliche Umgehung des § 15 Abs. 3 und Abs. 4 hinausläuft (*Barth* GmbHR 2004, 383 (385 ff.); *Heckschen* GmbHR 2007, 198 (199 f.); *Herrmann* GmbHR 2009, 625 (627)). 8

ee) Teilung von Geschäftsanteilen anlässlich der Veräußerung. Soll ein Geschäftsanteil anlässlich der Veräußerung geteilt werden, kann dies zum einen in der Weise geschehen, dass schon vor der Veräußerung die Teilung vorgenommen wird (durch Gesellschafterbeschluss nach § 46 Nr. 4, soweit der Gesellschaftsvertrag nichts Abweichendes bestimmt; → § 46 Rn. 16 ff.) und sodann einer oder mehrere der aus der Teilung hervorgehenden neuen Geschäftsanteile veräußert wird. Möglich ist zum anderen aber auch, dass die **Teilung durch Veräußerung von Teilgeschäftsanteilen mit Zustimmung der Gesellschafter** (§ 46 Nr. 4) vollzogen wird (BGH 17.12.2013, NZG 2014, 184 Rn. 25). Ohne Zustimmungsbeschluss sind die Teilung und damit auch die Veräußerung (schwebend) unwirksam (Lutter/Hommelhoff/*Bayer* § 46 Rn. 19). Da § 17 Abs. 2 aF aufgehoben wurde, bedarf der Zustimmungsbeschluss weder der Schriftform noch muss er die Person des Erwerbers und den Betrag des geteilten Geschäftsanteils bezeichnen (BGH 17.12.2013, NZG 2014, 184 Rn. 25). 9

Auch bei dem zuletzt genannten Vorgehen muss wie bei jeder Verfügung der sachenrechtliche **Bestimmtheitsgrundsatz** (→ Rn. 6) beachtet werden. Hierfür genügt es aber, wenn in dem Abtretungsvertrag der geteilte Geschäftsanteil, die neuen Geschäftsanteile und ihre Nennbeträge bestimmt bezeichnet sind. Der Zustimmungsbeschluss der Gesellschafter muss diese Angaben nicht nochmals ausdrücklich enthalten; es reicht aus, wenn er auf den Abtretungsvertrag Bezug nimmt (BGH 17.12.2013, NZG 2014, 184 Rn. 26; zust. *Lieder* NZG 2014, 329 (330)). Der Beschluss kann ferner auch schon vorab als Einwilligung gefasst werden. Dem Bestimmtheitserfordernis wird in diesem Fall genügt, wenn der geteilte und die neuen Geschäftsanteile sowie ihre Nennbeträge im Abtretungsvertrag bestimmt bezeichnet sind und die Teilabtretung von der Einwilligung der Gesellschafter erfasst wird (BGH 17.12.2013, NZG 2014, 184 Rn. 26). Nicht erforderlich ist nach der Rspr. des BGH, dass die Gesellschafter die Einwilligung für eine konkrete Teilung oder Teilveräußerung erklärt haben; sie können diese auch abstrakt für einen bestimmbaren Kreis von Teilungen erteilen (BGH 17.12.2013, NZG 2014, 184 Rn. 26; aA MüKoGmbHG/*Liebscher* § 46 Rn. 88). Diese Rspr. überzeugt, da es für die Klarheit der Rechtszuordnung ausreicht, wenn die zunächst nur abstrakte Einwilligung durch den Abtretungsvertrag konkretisiert wird. Noch nicht entschieden ist, ob auch eine Blankoeinwilligung zulässig wäre (abl. *Lieder* NZG 2014, 329 (330) (satzungswidrige Kompetenzverlagerung); für Zulässigkeit dagegen *Tröger* WuB II C. § 46 GmbHG 1.14; für den Fall der Widerruflichkeit der Blankoeinwilligung auch *Nodoushani* GmbHR 2015, 617 (620)). 9a

Wenn die Teilung durch Veräußerung von Teilgeschäftsanteilen zur Entstehung von zwei neuen Geschäftsanteilen mit identischem Nennbetrag führt, von denen nur einer übertragen wird (zB Abtretung eines Teilgeschäftsanteils im Nennbetrag von 12.500 EUR aus dem bisher bestehenden Geschäftsanteil im Nennbetrag von 25.000 EUR), stellt sich die Frage, ob es zur Wahrung des Bestimmtheitsgrundsatzes und damit für die Wirksamkeit der Veräußerung zwingend erforderlich ist, in den Abtretungsvertrag zusätzliche Angaben zur Unterscheidbarkeit des übertragenen von dem nicht übertragenen Geschäftsanteil aufzunehmen. Die Frage ist zu verneinen, da die Unterscheidbarkeit der Geschäftsanteile gerade erst durch die Veräußerung hergestellt wird (ausf. *Seelinger* GmbHR 2014, 119 (insbesondere 121 f.) (in Auseinandersetzung mit wohl nur vermeintlich anderslautenden Stimmen im Schrifttum)). 9b

Von der Übertragung eines Teilgeschäftsanteils zu unterscheiden sind die Übertragung eines Bruchteils an einem Geschäftsanteil (→ § 18 Rn. 5) sowie die isolierte Übertragung einzelner Mitgliedschaftsrechte. Letztere ist wegen des Abspaltungsverbots unzulässig (→ § 14 Rn. 45; dort auch zur Abgrenzung zu den isoliert abtretbaren Gläubigerrechten). 9c

b) Besonderheiten bei Freiberufler-GmbHs. Eine gesetzliche Einschränkung der freien Veräußerlichkeit der Geschäftsanteile ist bei GmbHs von **Freiberuflern** zu beachten. Bei ihnen kann die Veräußerung nur an bestimmte Berufsträger erfolgen, da nur diese als Gesellschafter zugelassen sind (§ 59e Abs. 1 BRAO, § 50a Abs. 1 Nr. 1, 3 StBerG, § 28 Abs. 4 S. 1 Nr. 1 WPO). Andernfalls ist die 10

Abtretung nach § 134 BGB unwirksam (hM; *Henssler* NJW 1999, 241 (243); MüKoGmbHG/*Reichert/Weller* Rn. 8 mwN; aA Roth/Altmeppen/*Altmeppen* Rn. 3).

11 **c) Besonderheiten bei Beteiligung von Minderjährigen. aa) Bestehen einer Genehmigungspflicht.** Eine familiengerichtliche Genehmigung ist für den Erwerb oder die Veräußerung von GmbH-Anteilen durch einen Minderjährigen **nur unter besonderen Umständen** erforderlich. Das für den Abschluss des Gesellschaftsvertrags geltende Genehmigungserfordernis nach § 1643 Abs. 1 BGB, § 1822 Nr. 3 Alt. 2 BGB findet keine entsprechende Anwendung, da die Gründung wegen der Gefahr der persönlichen Gründerhaftung für den Minderjährigen mit größeren Risiken verbunden ist als der Erwerb eines Anteils einer bereits bestehenden GmbH (heute ganz hM; BGH 20.2.1989, BGHZ 107, 23 (28 ff.) = NJW 1989, 1926; Baumbach/Hueck/*Servatius* Rn. 3; MüKoGmbHG/*Reichert/Weller* Rn. 501).

12 Eine Genehmigungspflicht kann aber nach § 1643 Abs. 1 iVm **§ 1822 Nr. 3 Alt. 1 BGB** (entgeltlicher Erwerb oder Veräußerung eines Erwerbsgeschäfts) bestehen, wenn die Beteiligung über eine bloße Kapitalbeteiligung hinausgeht und wirtschaftlich als Beteiligung an dem von der GmbH betriebenen Erwerbsgeschäft anzusehen ist. Diese Grenze ist nach der Rspr. erreicht, wenn die veräußerte Beteiligung des Minderjährigen 50 % übersteigt oder wenn nur Minderjährige an der GmbH beteiligt sind und sie alle Anteile und damit das Unternehmen der GmbH insgesamt veräußern (BGH 28.1.2003, ZEV 2003, 375; aA – Beschränkung auf Veräußerung bzw. Erwerb sämtlicher Anteile – Baumbach/Hueck/*Servatius* Rn. 4 mwN). Dieselbe Grenzziehung muss konsequenterweise auch für den Anteilserwerb gelten. Die schenkweise Übertragung eines Geschäftsanteils an den Minderjährigen fällt aber mangels Entgeltlichkeit unstreitig nicht unter § 1822 Nr. 3 Alt. 1 BGB (BGH 20.2.1989, BGHZ 107, 23 (28 f.) = NJW 1989, 1926; MüKoGmbHG/*Reichert/Weller* Rn. 502).

13 Eine Genehmigungspflicht kann sich darüber hinaus aus § 1643 Abs. 1 iVm **§ 1822 Nr. 10 BGB** ergeben, wenn der Minderjährige iRd Anteilserwerbs bzw. der Anteilsveräußerung eine fremde Verbindlichkeit übernimmt, für die im Innenverhältnis der Erstschuldner haftet und dem Minderjährigen regresspflichtig ist (BGH 20.2.1989, BGHZ 107, 23 (26 f.) = NJW 1989, 1926). Die Genehmigungspflicht soll davor schützen, dass fremde Verbindlichkeiten nur wegen der rechtlichen Möglichkeit des Rückgriffs und deshalb als vermeintlich risikolos übernommen werden (BGH 20.2.1989, BGHZ 107, 23 (26 f.) = NJW 1989, 1926). Im hier interessierenden Zusammenhang kommt die Genehmigungspflicht namentlich dann in Betracht, wenn in dem Zeitpunkt, in dem der Erwerb in die Gesellschafterliste eingetragen und die Liste im Handelsregister aufgenommen ist (§ 16 Abs. 1), der minderjährige Erwerber fälligen Ansprüchen aus § 16 Abs. 2, 24 oder § 31 Abs. 3 ausgesetzt ist oder konkrete Anhaltspunkte dafür bestehen, dass ihn eine derartige Haftung treffen wird (vgl. BGH 20.2.1989, BGHZ 107, 23 (25 ff.) = NJW 1989, 1926; Baumbach/Hueck/*Servatius* Rn. 5). Selbst in diesen Fällen besteht aber keine Genehmigungspflicht, wenn die (drohende) Haftung auf den Kaufpreis angerechnet worden ist und Regressansprüche deshalb ausgeschlossen sind (BGH 20.2.1989, BGHZ 107, 23 (25 ff.) = NJW 1989, 1926). Steht der Minderjährige gemeinsam mit anderen auf der Veräußererseite und wird in dem Anteilskaufvertrag eine **gesamtschuldnerische Haftung** aller verkaufenden Gesellschafter (zB für Gewährleistungsansprüche des Erwerbers) vereinbart, soll der Kaufvertrag ebenfalls der Genehmigung nach § 1822 Nr. 10 BGB bedürfen, da die Gesamtschuldner dem Erwerber in vollem Umfang haften und auf den Regress im Innenverhältnis nach § 426 BGB verwiesen sind (*Fortun* NJW 1999, 754 (756 f.); MüKoGmbHG/*Reichert/Weller* Rn. 503). Will man der Genehmigungspflicht entgehen, muss der Minderjährige daher von der gesamtschuldnerischen Haftung ausgenommen werden (zB indem stattdessen eine Teilschuld vereinbart wird).

14 Eine Genehmigungspflicht aus § 1643 Abs. 1 iVm **§ 1822 Nr. 1 BGB** (Verpflichtung zur Verfügung über das gesamte Vermögen) besteht dagegen bei der Veräußerung von Geschäftsanteilen selbst dann nicht, wenn diese nahezu das gesamte Vermögen des Minderjährigen ausmachen. § 1822 Nr. 1 BGB greift anders als § 1365 BGB und wie § 311b Abs. 2, 3 BGB nur ein, wenn sich das Geschäft auf das Vermögen des Minderjährigen im Ganzen und nicht nur auf Einzelgegenstände bezieht (hM; MüKoBGB/*Kroll-Ludwigs* BGB § 1822 Rn. 4).

15 **bb) Zuständigkeit.** Besteht eine Genehmigungspflicht, ist für die Erteilung der Genehmigung nach § 1643 Abs. 1 BGB das **Familiengericht** (§ 23b GVG) zuständig. Solange es an der Genehmigung fehlt, sind Kausal- und Verfügungsgeschäft schwebend unwirksam (§ 1643 Abs. 3 BGB, § 1829 BGB).

16 **d) Gewährleistung beim Anteilskauf.** Entsprechen die veräußerten Geschäftsanteile nicht den vertraglichen Abreden, stellt sich die Frage nach den anwendbaren Gewährleistungsregeln. Meistens werden diese detailliert vertraglich geregelt, sodass das gesetzliche Gewährleistungsregime nicht oder nur zT zur Anwendung kommt. Hinsichtlich der vielfältigen Einzelheiten der Vertragsgestaltung ist auf die einschlägige Spezialliteratur zu verweisen (zB *Knott,* Unternehmenskauf, 6. Aufl. 2019). Im Folgenden können nur die Grundzüge des gesetzlichen Gewährleistungsregimes dargestellt werden.

17 **aa) Anteilskauf unterhalb der Schwelle zum Unternehmenskauf.** Der Kauf von Geschäftsanteilen ist **Rechtskauf** iSd § 453 Abs. 1 Alt. 1 BGB. Sofern es nicht um den Verkauf (nahezu)

sämtlicher Anteile an der GmbH und damit im Ergebnis um einen Unternehmenskauf geht (→ Rn. 21), hat der Verkäufer daher nur für die Verschaffung des Rechts (§ 433 Abs. 1 S. 2 BGB) und Rechtsmängel des verkauften Geschäftsanteils iSd § 435 BGB einzustehen. Eine mangelhafte Beschaffenheit des von der GmbH betriebenen Unternehmens löst dagegen keine gesetzliche Mängelgewährleistung nach §§ 434 ff. BGB aus, da das Unternehmen nicht Kaufgegenstand ist und auch der Sonderfall des § 453 Abs. 3 BGB nicht einschlägig ist; entsprechende Gewährleistungsansprüche bestehen daher nur bei besonderer Vereinbarung (BGH 26.9.2018, BGHZ 220, 19 = NZG 2018, 1305 Rn. 30 ff.; BeckOK BGB/*Faust* BGB § 453 Rn. 22, 34; jeweils mwN auch zu abw. Ansichten in Teilen des Schrifttums).

Ein die Mängelrechte nach § 437 BGB auslösender **Rechtsmangel** liegt beim Kauf von Geschäftsanteilen vor, wenn die verkauften Anteile mit Rechten Dritter (Pfandrecht, Nießbrauch) belastet sind oder – etwa in Bezug auf Stimmrechte oder Gewinnansprüche – nicht der vereinbarten, vorausgesetzten oder üblichen Beschaffenheit entsprechen (BGH 26.9.2018, BGHZ 220, 19 = NZG 2018, 1305 Rn. 40).) Ein Rechtsmangel ist ferner anzunehmen, wenn der Anteil mit Einlagerückständen oder Nachschusspflichten belastet ist (BeckOK BGB/*Faust* BGB § 453 Rn. 11; *Wicke* Rn. 4; für den Fall, dass deshalb die Kaduzierung droht, auch Scholz/*Seibt* Rn. 145; aA *Grunewald* NZG 2003, 372 (373)). Hingegen soll sich nach der Rspr. des BGH ein Rechtsmangel des Geschäftsanteils nicht daraus ergeben, dass die Gesellschaft iSd §§ 17, 19 InsO **insolvenzreif** ist, sofern das Insolvenzverfahren noch nicht eröffnet ist. Die bloße Gefahr, dass die Rechtsstellung der Gesellschafter künftig durch Eröffnung des Insolvenzverfahrens beeinträchtigt werden könne, genüge nicht (BGH 26.9.2018, BGHZ 220, 19 = NZG 2018, 1305 Rn. 41; zust. Baumbach/Hueck/*Servatius* Rn. 6; *Schmitt* WM 2019, 1871 (1876 f.); ebenso bereits BGH 2.6.1980, NJW 1980, 2408 (2409) zu § 437 BGB aF; *Grunewald* NZG 2003, 372 (373); *Heusel/Sonder* ZJS 2009, 313 (316); mit Recht krit. zu dieser Rechtsprechung *Wachter* GmbHR 2018, 1269 (1271) mwN). Im Fall der Insolvenzreife sollen daher allenfalls Ansprüche wegen Störung der Geschäftsgrundlage nach § 313 BGB in Betracht kommen (BGH 26.9.2018, BGHZ 220, 19 = NZG 2018, 1305 Rn. 43 ff.). Andererseits hat aber auch die Rspr. anerkannt, dass ein Rechtsmangel vorliegt, wenn Anteile einer vermeintlich werbenden Gesellschaft verkauft werden, die sich in Liquidation befindet (RG LZ 1917, Sp. 1101; darauf Bezug nehmend BGH 2.6.1980, NJW 1980, 2408 (2409)). In Übereinstimmung damit ist anerkannt, dass auch der Umstand, dass das Insolvenzverfahren eröffnet wurde, einen Mangel der Anteile begründet (Roth/Altmeppen/*Altmeppen* Rn. 9; Baumbach/Hueck/*Servatius* Rn. 6; *Schmitt* WM 2019, 1871 (1876) mwN). 18

Existiert der Geschäftsanteil überhaupt nicht, ist er nicht übertragbar oder steht er einem Dritten zu, ohne dass die Voraussetzungen des gutgläubigen Erwerbs nach § 16 Abs. 3 vorliegen, liegt kein Rechtsmangel, sondern **Nichterfüllung** vor (hM, BeckOK BGB/*Faust* BGB § 453 Rn. 12; Scholz/*Seibt* Rn. 146–148). Gleichwohl gilt nach zutreffender Ansicht auch in diesem Fall für die Verjährung § 438 Abs. 1 Nr. 1 lit. a BGB entsprechend (BeckOK BGB/*Faust* BGB § 453 Rn. 12, BeckOK BGB/*Faust* BGB § 438 Rn. 18; aA *Grunewald* NZG 2003, 372 (374): §§ 195, 199 BGB). 19

Neben der Haftung wegen Nichterfüllung bzw. Rechtsmängeln kommt uU eine Haftung aus § 311 Abs. 2 BGB, § 241 Abs. 2 BGB, § 280 Abs. 1 BGB **(culpa in contrahendo)** wegen unrichtiger bzw. – bei Bestehen einer Aufklärungspflicht – unterlassener Angaben iRd Vertragsverhandlungen in Betracht (BGH 4.4.2001, NJW 2001, 2163; BGH 6.2.2002, NZG 2002, 644 (645): Aufklärungspflicht hinsichtlich drohender Zahlungsunfähigkeit oder Überschuldung). Bezieht sich die Informationspflichtverletzung auf einen Rechtsmangel des Geschäftsanteils, werden derartige Ansprüche jedoch nach hM durch die Mängelgewährleistung als vorrangige Sonderregelung verdrängt (BGH 27.3.2009, BGHZ 180, 205 = NJW 2009, 2120 Rn. 11 ff.; BGH 30.11.2012, NJW 2013, 1671 Rn. 22; aA BeckOK BGB/*Faust* BGB § 437 Rn. 199). Dies gilt jedoch nicht für vorsätzliche Verstöße (BGH 27.3.2009, BGHZ 180, 205 = NJW 2009, 2120 Rn. 11 ff.; BGH 30.11.2012, NJW 2013, 1671 Rn. 22). 20

bb) Kauf (nahezu) sämtlicher Anteile. Wenn sämtliche Anteile der GmbH verkauft werden, handelt es sich bei dem Anteilskauf nicht nur um einen reinen Rechtskauf, sondern faktisch auch um einen Kauf des gesamten Gesellschaftsvermögens **(Unternehmenskauf).** Dem wird der Fall gleichgestellt, dass „nahezu sämtliche Anteile" verkauft werden (BGH 4.4.2001, NJW 2001, 2163, 2164; BGH 26.9.2018, BGHZ 220, 19 = NZG 2018, 1305 Rn. 19 ff.; in BGH 27.2.1970, WM 1970, 819 (820 f.) bejaht bei Kauf von 99,75 %). Die genaue Grenzziehung hat der BGH bisher offengelassen, aber immerhin angedeutet, dass als Grenzwerte in erster Linie 75 % (wegen § 53 Abs. 2) oder 90 % (wegen § 50 Abs. 1) in Betracht kommen (BGH 12.11.1975, BGHZ 65, 246 (252) = NJW 1976, 236; ferner BGH 2.6.1980, NJW 1980, 2408 (2409): 60 % genügen nicht). Zwischen diesen beiden Werten bewegen sich auch die instanzgerichtliche Rspr. und das überwiegende Schrifttum (für 75 % OLG München 25.3.1998, NZG 1998, 593 (594); restriktiver BeckOK BGB/*Faust* BGB § 453 Rn. 34 mwN; ausf. BeckOGK/*Wilhelmi* BGB § 453 Rn. 304 ff.). Der Erwerb der einfachen Mehrheit genügt jedenfalls nicht (aA *Schröcker* ZGR 2005, 63 (68 f.)). Erst recht kann der Erwerb von 50 % der Anteile nicht genügen, auch dann nicht, wenn der Käufer bereits die übrigen 50 % hält (BGH 26.9.2018, BGHZ 220, 19 = NZG 2018, 1305 Rn. 13, 18 ff.). 21

22 Liegt ein Unternehmenskauf vor, besteht neben der Haftung iRd Rechtskaufs der Anteile (→ Rn. 17 ff.) auch eine **Mängelhaftung** für die **Beschaffenheit des Unternehmens** nach § 453 Abs. 1 Alt. 2 BGB, §§ 434, 437 BGB. Die „Beschaffenheit" iSd § 434 Abs. 1 BGB umfasst dabei nicht nur Merkmale, die dem Unternehmen auf gewisse Dauer anhaften, sondern sämtliche im Zeitpunkt des Gefahrübergangs gegebenen Umstände, die nicht gänzlich außerhalb des Unternehmens liegen (Scholz/*Seibt* Rn. 154–156). Gegenstand einer Beschaffenheitsvereinbarung können also zB auch gegenwärtige oder vergangenheitsbezogene Unternehmenskennzahlen sein (*Canaris* FS Georgiades, 2006, 71 (85 f.) mwN auch zur Gegenansicht; *Schröcker* ZGR 2005, 63 (78); einschr. für vergangenheitsbezogene Kennzahlen Scholz/*Seibt* Rn. 156 unter Verweis auf die Rspr. zur zusicherungsfähigen Eigenschaft iSd § 459 Abs. 2 BGB aF).

23 Fraglich ist, ob in Bezug auf die Mangelhaftigkeit allein beim **Gesamtunternehmen** oder auch beim **mangelhaften Einzelgegenstand** anzusetzen ist. Der BGH ist in einer Entscheidung zum alten Schuldrecht davon ausgegangen, dass der Mangel eines Einzelgegenstands sowohl Mängelrechte hinsichtlich des Einzelgegenstands als auch hinsichtlich des Gesamtunternehmens auslösen kann (BGH 7.1.1970, NJW 1970, 556; ebenso zum neuen Schuldrecht Erman/*Grunewald* § 434 Rn. 44). Richtigerweise wird man jedoch allein auf das Gesamtunternehmen abstellen müssen (OLG Köln 29.1.2009, ZIP 2009, 2063 (2064 f.) mzustAnm *Weller* EWiR 2010, 15; *Canaris* FS Georgiades, 2006, 71 (80, 87 ff.); BeckOK BGB/*Faust* BGB § 453 Rn. 29; *Weller* FS Maier-Reimer, 2010, 839 (844 f.) mwN; diff. BeckOGK/*Wilhelmi* BGB § 453 Rn. 616 ff.). Würde man auf den Einzelgegenstand abheben, würde jeder mangelhafte Bürostuhl, jede einzelne einredebehaftete Kundenforderung Ansprüche auf Nacherfüllung, Schadensersatz und Minderung begründen. Dies wäre weder praktikabel noch würde es dem Wesen des Unternehmenskaufs gerecht (BeckOK BGB/*Faust* BGB § 453 Rn. 29); denn Kaufobjekt sind nicht die Einzelgegenstände, sondern das Unternehmen als solches. Daher führen Mängel an Einzelgegenständen nur zu Gewährleistungsrechten, wenn sie so gravierend sind, dass sie **auf das Unternehmen als Ganzes „durchschlagen"** (OLG Köln 29.1.2009, ZIP 2009, 2063 (2065); näher *Canaris* FS Georgiades, 2006, 71 (88 ff.); Scholz/*Seibt* Rn. 158; *Schröcker* ZGR 2005, 63 (79)). Sofern freilich die Parteien die Soll-Beschaffenheit des Unternehmens durch eine Vereinbarung konkretisiert haben, die gerade auch die Mangelfreiheit des betr. Einzelgegenstands umfasst, führt ein Mangel dieses Gegenstands ohne weiteres auch zu einem Mangel des Unternehmens (*Canaris* FS Georgiades, 2006, 71 (90); vgl. auch *Picot* DB 2009, 2587 (2591 f.)). Hinsichtlich der Verjährung ist nach hM ebenfalls auf das Unternehmen und nicht auf den mangelhaften Einzelgegenstand als Kaufobjekt abzustellen. Auf dieser Grundlage gelangt man auch bei Mängeln am Betriebsgrundstück nicht zur fünfjährigen Verjährungsfrist gem. § 438 Abs. 1 Nr. 2 BGB, sondern zur zweijährigen Frist nach Nr. 3 (OLG Köln 29.1.2009, ZIP 2009, 2063 (2065) mzustAnm *Weller* EWiR 2010, 15 (16); Prütting/Wegen/Weinreich/*D. Schmidt* § 453 Rn. 36; *Weller* FS Maier-Reimer, 2010, 839 (847 ff.) mwN auch zur Gegenansicht; abw. MüKoBGB/*H. P. Westermann* BGB § 453 Rn. 51).

24 Ergänzend kommt auch beim Unternehmenskauf eine Haftung aus **culpa in contrahendo** wegen fehlerhafter oder unterlassener Angaben beim Vertragsschluss in Betracht (§ 311 Abs. 2 BGB, § 241 Abs. 2 BGB, § 280 Abs. 1 BGB). Soweit sich die Informationspflichtverletzung auf einen von § 434 BGB erfassten Mangel des Unternehmens bezieht, ist allerdings wiederum der von der hM angenommene Vorrang der §§ 434 ff. BGB zu beachten (OLG Köln 29.1.2009, ZIP 2009, 2063 (2065 f.); → Rn. 20).

25 **2. Vererblichkeit. a) Gesetzliche Regelung.** Die in § 15 Abs. 1 angeordnete Vererblichkeit des Geschäftsanteils bedeutet, dass sich das Schicksal des Geschäftsanteils beim Tod des Gesellschafters nach den erbrechtlichen Regelungen richtet. Der Anteil geht gem. § 1922 Abs. 1 BGB, § 1967 BGB auf den oder die Erben über, und zwar **mit allen damit verbundenen Rechten und Pflichten** einschließlich etwaiger Sonderrechte und -pflichten, sofern diese nicht als höchstpersönlich ausgestaltet worden sind (Baumbach/Hueck/*Servatius* Rn. 10). Handelt es sich um mehrere Erben, sind sie an dem Geschäftsanteil mitberechtigt iSd § 18 Abs. 1; eine Sonderrechtsnachfolge wie im Personengesellschaftsrecht findet nicht statt (allgM). Die Rechte aus dem Geschäftsanteil können die Miterben nur gemeinschaftlich ausüben (§ 18 Abs. 1; zum Formerfordernis bei der Auseinandersetzung unter den Miterben → Rn. 33, → Rn. 48). Ob die Rechte aus der Mitgliedschaft im Verhältnis zur GmbH gem. § 16 Abs. 1 nF erst nach Eintragung des Erben in die Gesellschafterliste geltend gemacht werden können, ist umstritten (→ § 16 Rn. 19). Für die vor dem Erbfall begründeten Verpflichtungen aus der Mitgliedschaft können die Erben ihre Haftung nach Maßgabe der §§ 1975 ff. BGB (Nachlassverwaltung, Nachlassinsolvenz) auf den Nachlass beschränken (ganz hM, MüKoGmbHG/*Reichert*/*Weller* Rn. 447 f.; HCL/*Löbbe* Rn. 21), allerdings nach wohl hM nicht mehr nach erfolgter Eintragung des Erben in die Gesellschafterliste (→ § 16 Rn. 20). Schlägt der Erbe die Erbschaft aus, ist er niemals Gesellschafter gewesen (§ 1953 Abs. 1 BGB), sodass ihn auch die Verpflichtungen aus der Mitgliedschaft nicht treffen (MüKoGmbHG/*Reichert*/*Weller* Rn. 446). Hat er sich allerdings schon in die Gesellschafterliste eintragen lassen, kann er die eingetretenen Rechtswirkungen nur noch mit Wirkung für die Zukunft beseitigen (→ § 16 Rn. 20).

b) Nachfolgeregelungen in der Satzung. aa) Kein Ausschluss der Vererblichkeit. Die Vererblichkeit des Geschäftsanteils gem. § 15 Abs. 1 kann im Unterschied zur Veräußerlichkeit nicht nach § 15 Abs. 5 ausgeschlossen werden. Die Vererblichkeit ist vielmehr – anders als im Personengesellschaftsrecht – **zwingend** (ganz hM; Baumbach/Hueck/*Servatius* Rn. 12; Scholz/*Seibt* Rn. 27 f.). Deshalb ist eine Satzungsbestimmung, welche die Unvererblichkeit der Geschäftsanteile anordnet oder die „automatische" Einziehung des Geschäftsanteils im Todesfall vorsieht, unwirksam (Baumbach/Hueck/*Servatius* Rn. 12; MüKoGmbHG/*Reichert/Weller* Rn. 441; *Perzborn* RNotZ 2017, 405 (419); offengelassen in BGH 20.12.1976, GmbHR 1977, 81). Sie kann aber uU in eine Ermächtigung zur Einziehung des Geschäftsanteils oder in eine Abtretungspflicht des Erben umgedeutet werden (→ Rn. 28 aE). Wegen § 2302 BGB (Schutz der Testierfreiheit) kann die Satzung auch keine Regelung treffen, die einen Gesellschafter dazu verpflichtet, über den Geschäftsanteil nur in einer bestimmten Weise, zB nur zugunsten bestimmter Personen, von Todes wegen zu verfügen. 26

bb) Einziehungs- und Abtretungsklauseln. Von der nicht abdingbaren Vererblichkeit des Anteils zu unterscheiden ist die Frage, ob die Erben auch auf Dauer Gesellschafter bleiben. Diese Frage kann statutarisch geregelt werden. Die Satzung kann zB die Gesellschaft zur **Einziehung des Geschäftsanteils** des Erben nach § 34 ermächtigen oder eine **Abtretungsverpflichtung** (Nebenleistungspflicht iSd § 3 Abs. 2) des Erben vorsehen, die auf Übertragung des Geschäftsanteils an die GmbH, einen Mitgesellschafter oder einen Dritten gerichtet ist. Auch eine Kombination beider Klauseln ist möglich und in der Praxis verbreitet (Formulierungsvorschläge bei *Ivo* ZEV 2006, 252 (255); *Perzborn* RNotZ 2017, 405 (418)). Die Erfüllung der Abtretungsverpflichtung kann zudem durch flankierende Regelungen von der Mitwirkung des Erben unabhängig gemacht werden, etwa indem die GmbH in der Satzung ermächtigt wird, den Geschäftsanteil beim Tod eines Gesellschafters an einen bestimmten Erwerber zu übertragen (sog. **Zwangsabtretung;** BGH 20.6.1983, NJW 1983, 2880 (2881); MüKoGmbHG/*Reichert/Weller* Rn. 456; Scholz/*Seibt* Rn. 32 aE). Eine derartige Verfügungsermächtigung soll allerdings nur als unechter (nicht korporativer) Satzungsbestandteil vorgesehen werden können und daher nicht gegen nachträglich hinzutretende Gesellschafter wirken (ausf. *Oppermann/Bechtold* ZIP 2017, 1929). Die Abtretung selbst muss der Form des Abs. 3 genügen. Ein nach Abs. 5 bestehendes Zustimmungserfordernis greift bei der Abtretung an den in der Satzung designierten Nachfolger dagegen nicht ein, da die Gesellschafter bereits vorab der Abtretung an diese Person zugestimmt haben (OLG Koblenz 19.1.1995, GmbHR 1995, 586 (587); MüKoGmbHG/*Reichert/Weller* Rn. 453). 27

Eine Abtretungspflicht kann sich auch durch **Auslegung** der Satzung ergeben. Sieht die Satzung etwa vor, dass eine bestimmte, mit dem Erben nicht identische Person Nachfolger des Verstorbenen werden soll, wird dies idR so auszulegen sein, dass der Erbe zur Abtretung an den designierten Nachfolger verpflichtet ist (HCL/*Löbbe* Rn. 14 f.; bei mehreren designierten Nachfolgern im Zweifel zu gleichen Teilen, OLG Koblenz 19.1.1995, GmbHR 1995, 586 (587)). Erbt den Anteil eine Erbengemeinschaft, der teils nachfolgeberechtigte und teils nicht nachfolgeberechtigte Erben angehören, sind erstere im Zweifel vorrangig berechtigt, den Geschäftsanteil durch Erbauseinandersetzung ganz zu übernehmen, bevor eine Abtretungspflicht ausgelöst wird (BGH 5.11.1984, BGHZ 92, 386 (392) = NJW 1985, 2592). Sieht die Satzung die „Unvererblichkeit" der Geschäftsanteile vor, wird man dies nach Lage des Einzelfalls in eine Ermächtigung zur Einziehung oder in eine Abtretungspflicht des Erben umdeuten können (HCL/*Löbbe* Rn. 13). 28

Einschränkend verlangt der BGH für Einziehungs- und Abtretungsklauseln, dass das Ausschließungsrecht **binnen kurzer Frist** ausgeübt werden muss (BGH 19.9.1988, BGHZ 105, 213 (218 f.) = NJW 1989, 834 (zur GmbH & Co. KG); *Goette/Goette* Die GmbH § 5 Rn. 7). Ein zeitlich unbegrenztes, freies (dh an keine weiteren Voraussetzungen geknüpftes) Ausschließungsrecht gegenüber den Erben hält der BGH dagegen im Einklang mit seiner Rspr. zu den sog. **Hinauskündigungsklauseln** grundsätzlich für sittenwidrig und unwirksam (näher zu dieser – umstrittenen – Rspr. → § 34 Rn. 27; *Verse* DStR 2007, 1822). In entsprechender Anwendung des § 139 BGB kann ein zeitlich unbegrenztes Ausschließungsrecht aber als zeitlich begrenztes aufrechterhalten werden (BGH 19.9.1988, BGHZ 105, 213 (220) = NJW 1989, 834). Die genaue Frist hat der BGH offengelassen; eine Ausübung des Ausschließungsrechts knapp zwei Monate nach dem Todesfall ist aber jedenfalls rechtzeitig (vgl. BGH 19.9.1988, BGHZ 105, 213 (222) = NJW 1989, 834). In der Praxis sind Fristen von 3–6 Monaten gebräuchlich (*Ivo* ZEV 2006, 252 (254); *Perzborn* RNotZ 2017, 405 (414)); auch eine Frist von einem Jahr wird noch als zulässig angesehen (Scholz/*Seibt* Rn. 30; *Perzborn* RNotZ 2017, 405 (414)). 29

Bei Vorliegen einer besonderen **sachlichen Rechtfertigung** erkennt der BGH aber auch ein zeitlich unbegrenztes, freies Ausschließungsrecht an (→ § 34 Rn. 27). Eine solche Rechtfertigung kann nach der Rspr. auch in der **Testierfreiheit** des Erblassers liegen. So hat es der BGH mit Rücksicht auf die Testierfreiheit für unbedenklich angesehen, wenn die Erben aufgrund einer testamentarischen Anordnung des Erblassers das vererbte einzelkaufmännische Unternehmen in eine neu gegründete Gesellschaft einbringen und entsprechend den Vorgaben des Erblassers den Gesellschaftsvertrag so ausgestalten, dass der eine Erbe ein zeitlich unbegrenztes, freies Hinauskündigungsrecht gegenüber dem anderen Erben erhält (BGH 19.3.2007, NJW-RR 2008, 913 = DStR 2007, 914 mAnm *Goette;* dazu *Verse* DStR 2007, 30

1822; krit. *Budzikiewicz* AcP 209 (2009), 354 (361 ff.)). Nichts anders kann gelten, wenn der Erblasser kein einzelkaufmännisches Unternehmen betrieben hat, sondern Alleingesellschafter einer GmbH war und den Erben eine entsprechende Gestaltung der GmbH-Satzung vorgegeben hat.

31 Enthält die Satzung keine Regelung über die Höhe der **Abfindung** oder des Entgelts für die Einziehung bzw. Abtretung, ist im Zweifel davon auszugehen, dass der volle Verkehrswert geschuldet wird und der Betrag sofort (§ 271 BGB) fällig ist (HCL/*Löbbe* Rn. 18). In der Satzung kann die Abfindung bzw. das Entgelt aber zulasten des Erben über die sonst (→ § 34 Rn. 19) geltenden Grenzen hinaus beschränkt werden. Auch ein **gänzlicher Ausschluss** der Abfindung bzw. des Entgelts ist **zulässig** (BGH 20.12.1976, GmbHR 1977, 81 (82 f.); MHLS/*Ebbing* Rn. 33; MHdB GesR III/*D. Jasper/Kötteritzsch* § 25 Rn. 39 f.). Soweit die Abfindung bzw. das Entgelt auf ein ersichtlich unter dem Verkehrswert liegendes Maß beschränkt oder ganz ausgeschlossen wird, ist darin eine (gemischte) Schenkung an die Mitgesellschafter bzw. an denjenigen, an den der Geschäftsanteil abgetreten wird, zu erblicken (MHdB GesR III/*D. Jasper/Kötteritzsch* § 25 Rn. 40; *Habersack* ZIP 1990, 625 (626 f., 631 f.); einschr. HCL/*Löbbe* Rn. 19 f.; Scholz/*Seibt* Rn. 31). Bedenken hinsichtlich der Wirksamkeit resultieren daraus nicht, da der notariell beurkundete Gesellschaftsvertrag sowohl der Form des § 518 Abs. 1 BGB als auch derjenigen des § 2301 Abs. 1 BGB genügt. Allerdings können erbrechtliche Ausgleichsansprüche nach §§ 2050 ff., 2325 ff. BGB gegeben sein (HCL/*Löbbe* Rn. 20).

32 **c) Erbrechtliche Gestaltungsmöglichkeiten.** Auf Grund der zwingenden Vererblichkeit kann der Gesellschafter über seinen Geschäftsanteil letztwillig frei verfügen. Mittelbar ergeben sich aus Einziehungs- und Abtretungsklauseln oder vergleichbaren Regelungen in der Satzung aber Grenzen für die dauerhafte Rechtsnachfolge in den Geschäftsanteil (→ Rn. 27 ff.). Letztwillige Verfügung und Satzung sind daher zweckmäßigerweise aufeinander abzustimmen.

33 **aa) Einsetzen des Nachfolgers zum (Mit-)Erben.** Keine Besonderheiten ergeben sich, wenn der verstorbene Gesellschafter den in Aussicht genommenen Nachfolger zum Alleinerben bestimmt hat. Wird der Nachfolger Miterbe und wendet ihm der Erblasser den Geschäftsanteil durch eine **Teilungsanordnung** (§ 2048 BGB) zu, muss der Geschäftsanteil im Wege der (Teil-)Erbauseinandersetzung von allen Miterben an den Nachfolger abgetreten werden. Diese Abtretung bedarf der Form des Abs. 3; die zugrunde liegende Teilungsanordnung ist dagegen nicht nach Abs. 4 formbedürftig (→ Rn. 70). Ob eine Vinkulierungsklausel nach Abs. 5 auch diesen Fall erfasst, ist ggf. durch Auslegung der Satzung zu ermitteln. Der Ausdruck „Veräußerung" in einer Vinkulierungsklausel erfasst auch ein derartiges Geschäft (OLG Düsseldorf 23.1.1987, NJW-RR 1987, 732 (733 f.); Scholz/*Seibt* Rn. 36 mwN). Wenn aber die Satzung keinerlei Einschränkungen für die erbrechtliche Nachfolge enthält, wird sie idR so auszulegen sein, dass auch die aufgrund einer Teilungsanordnung erfolgte Übertragung des Geschäftsanteils aus dem Gesamthandsvermögen der Miterben auf den in der Teilungsanordnung bezeichneten Miterben nicht unter die Vinkulierungsklausel fällt (OLG Düsseldorf 28.12.1989, NJW-RR 1991, 1056 (1057); Scholz/*Seibt* Rn. 36; *K. Schmidt* GmbHR 2011, 1289 (1294); *Blasche* RNotZ 2013, 515 (519); *Wachter,* GmbH-Geschäftsanteile im Erbfall, 2012, Rn. 160; *Perzborn* RNotZ 2017, 405 (409 f.) (mit Formulierungsvorschlag zur Vermeidung der Auslegungsschwierigkeiten)).

34 **bb) Einsetzen des Nachfolgers als Vermächtnisnehmer.** Wendet der Erblasser den Geschäftsanteil dem Nachfolger durch Vermächtnis zu, geht der Geschäftsanteil zunächst auf den Erben über. Gegen diesen hat der Vermächtnisnehmer einen schuldrechtlichen Anspruch auf Abtretung des Geschäftsanteils (§ 2174 BGB). Das Vermächtnis bedarf nicht der Form des Abs. 4 (→ Rn. 70). Die Abtretung des Geschäftsanteils zur Erfüllung des Vermächtnisses muss dagegen der Form des Abs. 3 genügen (allgM). Ob eine Vinkulierungsklausel nach Abs. 5 auch für diesen Fall gilt, ist entsprechend den zur Erbauseinandersetzung genannten Grundsätzen (→ Rn. 33) im Wege der Auslegung zu ermitteln (*Blasche* RNotZ 2013, 515 (520)). Greift die Vinkulierungsklausel ein, ist der Erbe verpflichtet, seinerseits die Zustimmung zu erteilen. Wird die Zustimmung der Mitgesellschafter verweigert, führt dies nicht zur Unwirksamkeit des Vermächtnisses nach § 2171 BGB, da diese Vorschrift nur die anfängliche objektive Unmöglichkeit der Erfüllung des Vermächtnisses betrifft. Auch eine nachträgliche Unmöglichkeit iSd § 275 BGB liegt nicht notwendig vor. Sofern der Erblasser dies nicht ausgeschlossen hat (§ 399 BGB), kann der Vermächtnisnehmer den Anspruch vielmehr an jemanden abtreten, dessen Erwerb der Zustimmung der Mitgesellschafter nicht bedarf oder der diese Zustimmung erhält (BGH 28.1.1960, BGHZ 32, 35 (41 f.) = NJW 1960, 864; Baumbach/Hueck/*Servatius* Rn. 15). Ist auch dieser Weg nicht gangbar und liegt daher mit Verweigerung der Zustimmung nachträgliche Unmöglichkeit vor, kann das Vermächtnis uU dahin ausgelegt werden, dass der Erbe dem Vermächtnisnehmer Wertersatz schuldet (im Zweifel nicht anzunehmen) oder verpflichtet ist, ihm die aus der Mitgliedschaft entstehenden Gläubigerrechte (Ansprüche auf Gewinn und Liquidationsguthaben) abzutreten (Scholz/*Seibt* Rn. 37).

35 **cc) Vor- und Nacherbschaft.** Ist Nacherbfolge angeordnet, unterliegt der Vorerbe auch bezüglich eines zum Nachlass gehörenden Geschäftsanteils den erbrechtlichen Beschränkungen, namentlich dem Verbot unentgeltlicher Verfügungen nach § 2113 Abs. 2 BGB. Die Nutzungen aus dem Geschäftsanteil,

insbesondere die auf den Geschäftsanteil entfallenden Gewinne (§ 99 Abs. 2 BGB, § 100 BGB), stehen für die Dauer der Vorerbschaft dem Vorerben zu (§ 2111 Abs. 1 S. 1 letzter Hs. BGB). Die Surrogate (zB Einziehungsentgelt) fallen dagegen in den Nachlass (§ 2111 Abs. 1 S. 1 BGB; näher *Perzborn* RNotZ 2017, 405 (421 f.)).

dd) Testamentsvollstreckung. Eine Testamentsvollstreckung am GmbH-Geschäftsanteil ist anerkanntermaßen zulässig (BGH 10.6.1959, NJW 1959, 1820; BayObLG 18.3.1991, GmbH 1991, 572 (574 f.)). Hat der Erblasser für den Nachlass oder auch nur für den in den Nachlass fallenden Geschäftsanteil die Testamentsvollstreckung angeordnet, steht der Geschäftsanteil unter der Verwaltung des Testamentsvollstreckers. Dieser ist berechtigt und gem. §§ 2205, 2216 BGB auch verpflichtet, die Rechte des Erben aus dem Geschäftsanteil wahrzunehmen (BGH 10.6.1959, NJW 1959, 1820 (1821)), sofern diese nicht höchstpersönlicher Natur sind (wie zB ein an die Person des Erben gebundenes Recht zur Geschäftsführung; Scholz/*Seibt* Rn. 251) und nicht gesetzliche Vorgaben entgegenstehen (wie iRd Stimmrechtsausübung ggf. ein Stimmverbot nach § 47 Abs. 4; BGH 13.5.2014, NZG 2014, 945 mBspr *Heckschen/Strnad* NZG 2014, 1201). Die Satzung kann aber die Ausübung von Verwaltungsrechten durch Außenstehende wie Testamentsvollstrecker ausschließen oder beschränken (hM, Baumbach/Hueck/*Servatius* Rn. 17; Scholz/*Seibt* Rn. 250 mwN). Statutarische Beschränkungen, die sich gegen die Wahrnehmung von Verwaltungsrechten durch Vertreter richten, gelten im Zweifel auch für Testamentsvollstrecker (Scholz/*Seibt* Rn. 250). Die Ausübung der Verwaltungsrechte steht in derartigen Fällen den Erben zu. Die Auslegung der letztwilligen Verfügung kann aber ergeben, dass zumindest die Vermögensrechte der Verwaltung des Testamentsvollstreckers unterliegen sollen (Baumbach/Hueck/*Servatius* Rn. 17). Zu Umfang und Grenzen der Rechtsmacht des Testamentsvollstreckers näher *J. Mayer* ZEV 2002, 209; *Wicke* ZGR 2015, 161 (163 ff.); zu der (vom BGH verneinten) Streitfrage der Eintragung in die Gesellschafterliste → § 16 Rn. 66; → § 40 Rn. 12. 36

III. Selbständigkeit der Geschäftsanteile (Abs. 2)

Stehen mehrere Geschäftsanteile ein- und demselben Gesellschafter zu, was nach Streichung des § 5 Abs. 2 aF heute häufiger der Fall ist als früher, bleibt die Selbständigkeit der Geschäftsanteile bestehen **(Abs. 2).** Die Anteile verschmelzen also nicht automatisch zu einem einzigen Geschäftsanteil. Dahinter steht die Überlegung des Gesetzgebers, dass bei noch nicht voll bezahlter Stammeinlage oder beschränkter Nachschusspflicht der Rückgriff auf etwaige Vormänner möglich bleiben soll. Dieser setzt aber die Fortexistenz der Geschäftsanteile voraus, da die Anteile nach § 22 Abs. 4, § 28 Abs. 1 den Vormännern zurückzugewähren sind (Stenogr. Berichte über die Verhandlungen des Reichstags, VIII/1 [1890/92], Nr. 660, 3738; MüKoGmbHG/*Reichert/Weller* Rn. 180). Die Gesellschafter können aber unter bestimmten Voraussetzungen nach § 46 Nr. 4 die **Zusammenlegung** der Anteile beschließen (→ § 46 Rn. 16 f.). 37

IV. Notarielle Form der Abtretung (Abs. 3)

1. Allgemeines; Normzweck. Das in Abs. 3 geregelte, nicht abdingbare notarielle Beurkundungserfordernis für die Abtretung von Geschäftsanteilen dient nach den Vorstellungen des historischen Gesetzgebers (Begr. zum GmbHG, Stenogr. Berichte über die Verhandlungen des Reichstags, VIII/1 [1890/92], Nr. 660, 3729) und der hM (stRspr; BGH 24.3.1954, BGHZ 13, 49 (51 f.); BGH 19.4.1999, BGHZ 141, 207 (211 f.) = NJW 1999, 2594; MüKoGmbHG/*Reichert/Weller* Rn. 16 f.; HCL/*Löbbe* Rn. 115) einem **doppelten Regelungszweck:** Zum einen soll der leichte und **spekulative Handel mit Geschäftsanteilen** unterbunden oder doch wesentlich erschwert werden. Die Anteile an einer GmbH sollen nicht zum Gegenstand des freien Handelsverkehrs werden und nicht wie Aktien in den Börsenverkehr geraten. Dies widerspräche der Struktur der GmbH, in der die Mitgliedschaft nach dem gesetzlichen Leitbild auf Dauer angelegt ist (Begr. zum GmbHG, Stenogr. Berichte über die Verhandlungen des Reichstags, VIII/1 [1890/92], Nr. 660, 3729 liSp) und häufig auf die individuellen Bedürfnisse der aktuellen Gesellschafter zugeschnitten ist (§ 45 Abs. 1 im Gegensatz zu § 23 Abs. 5 AktG). Aufgrund des direkten Einflusses der Gesellschafter auf die Geschäftsführung (§ 37 Abs. 1) würde ein ständiger Wechsel zudem die Kontinuität der Unternehmensführung beeinträchtigen (*Armbrüster* DNotZ 1997, 762 (769); HCL/*Löbbe* Rn. 43). Zum zweiten erfüllt das Formerfordernis nach Abs. 3 (zu Abs. 4 → Rn. 62) eine **Beweisfunktion.** Da die Mitgliedschaft in der GmbH idR nicht durch Anteilsscheine verbrieft ist, soll den Beteiligten mit der notariellen Urkunde über das Verfügungsgeschäft ein zuverlässiger Nachweis der Mitgliedschaft zur Verfügung gestellt werden. 38

Im Schrifttum werden dem Beurkundungserfordernis verschiedentlich noch weitere Formzwecke beigelegt, namentlich der Übereilungsschutz und die Beratung der Beteiligten (*Wicke* ZIP 2006, 977 (979 f.); *Zöllner* VGR Bd. 11, 2006, 175; *Walz/Fembacher* NZG 2003, 1134). Die notarielle Beurkundung entfaltet wegen § 17 BeurkG fraglos eine derartige schützende Wirkung; insbesondere wird der Erwerber über die Risiken des Anteilserwerbs (offene Einlagen, Ausfallhaftung etc) aufgeklärt. Mit Blick auf die Gesetzesmaterialien wird man darin jedoch in Übereinstimmung mit der Rspr. des BGH 39 lediglich einen Reflex des aus anderen Gründen angeordneten Formzwangs, aber keinen für die Auslegung der Vorschrift leitenden Gesichtspunkt erblicken können (BGH 27.2.1997, BB 1997, 1277; BGH 19.4.1999, BGHZ 141, 207 (211) = NJW 1999, 2594; MüKoGmbHG/*Reichert/Weller* Rn. 18; HCL/*Löbbe* Rn. 43; BeckOK GmbHG/*Wilhelmi* Rn. 87; *Loritz* DNotZ 2000, 90 (94 f.); *Lieder/Villegas* GmbHR 2018, 169 (171 f.); *Lieder,* Die rechtsgeschäftliche Sukzession, 2015, 353 f.; *Dyhr,* Das Formgebot bei der Übertragung von GmbH-Geschäftsanteilen, 1999, 32 ff.).

40 Die **rechtspolitische Berechtigung** des Beurkundungszwangs ist bereits seit langem umstritten (krit. schon *Lutter* in Probleme der GmbH-Reform, 1970, 63 (84–86): hat „höchstens die Tradition für sich"). International ist ein so strenges und mit uU beträchtlichen Kosten verbundenes Formerfordernis nicht die Regel (Überblick bei *Gesell/Flaßhoff/Krömker* in van Hulle/Gesell, European Corporate Law, 2006, 32; zur Abschaffung des Beurkundungszwangs durch die Schweizer GmbH-Reform *Ammann* RIW 2007, 735 (737 f.)). Anteile an Personengesellschaften können sogar ganz ohne Einhaltung einer Form übertragen werden. Forderungen nach einer Aufgabe oder Lockerung des Formerfordernisses (zB *Eidenmüller* ZGR 2007, 168 (203); *Herrmann* GmbHR 2009, 625 (630 f.); *Harbarth* ZGR 2016, 84 (109 f.); dagegen *Wicke* ZIP 2006, 977 (979 ff.); *Zöllner* VGR 11 (2006), 175; zwischen Abs. 3 und Abs. 4 diff. *Lieder,* Die rechtsgeschäftliche Sukzession, 2015, 354 ff., 359) hat der Gesetzgeber jedoch nicht aufgegriffen.

41 **2. Notarielle Form. a) Umfang und Modalitäten der Beurkundung.** Mit der „notariellen Form" meint Abs. 3 (wie Abs. 4 auch) die **notarielle Beurkundung.** Diese richtet sich bei Inlandsbeurkundungen nach §§ 6 ff. BeurkG (zu Auslandsbeurkundungen → Rn. 44 ff.). Der Formzwang erstreckt sich auf den **Abtretungsvertrag** (§§ 413, 398 BGB), also die Abgabe der Abtretungserklärung und ihre Annahme. Auch auf das dingliche Geschäft bezogene **Nebenabreden,** zB eine Bedingung oder Befristung der Abtretung, sind formbedürftig (allgM, etwa OLG Frankfurt a. M. 21.2.2012, NZG 2012, 466 (467); MüKoGmbHG/*Reichert/Weller* Rn. 56; → Rn. 48). Andernfalls sind die Nebenabreden nach § 125 S. 1 BGB nichtig; die Auswirkungen auf den Abtretungsvertrag richten sich dann nach § 139 BGB (Scholz/*Seibt* Rn. 89; MüKoGmbHG/*Reichert/Weller* Rn. 56). Von den Nebenabreden der Abtretung zu unterscheiden sind die das schuldrechtliche Verpflichtungsgeschäft betreffenden Abreden. Deren Unwirksamkeit schlägt selbst dann, wenn Verpflichtungs- und Verfügungsgeschäft in derselben Urkunde enthalten sind, nicht auf die Abtretung durch (→ Rn. 5, → Rn. 79).

42 Zumeist werden die Abtretungserklärung und ihre Annahme gemeinsam beurkundet. Nach §§ 128, 152 BGB genügt es aber auch, wenn Angebot und Annahme in gesonderten Terminen von demselben oder unterschiedlichen Notaren beurkundet werden **(Sukzessivbeurkundung).** Das Angebot wird in letzterem Fall wirksam, wenn dem Erklärungsempfänger eine Ausfertigung der Notarurkunde (§ 47 BeurkG) nach § 130 BGB zugeht oder nach § 132 BGB zugestellt wird (BGH 7.6.1995, BGHZ 130, 71 (73) = NJW 1995, 2217). Der Zugang einer beglaubigten Abschrift genügt nicht. Die Parteien können aber abweichende Zugangsvoraussetzungen vereinbaren und damit zB auch den Zugang einer beglaubigten Abschrift ausreichen lassen (BGH 7.6.1995, BGHZ 130, 71 (75) = NJW 1995, 2217). Die Annahme bedarf dagegen nach § 152 S. 1 BGB keines Zugangs, sofern das Angebot nichts anderes bestimmt. Eine solche andere Bestimmung kann in dem Angebot auch konkludent getroffen werden. Ist im Angebot eine Frist für die Annahme gesetzt worden, liegt häufig die Auslegung nahe, dass der Offerent innerhalb der Frist Klarheit haben will, sodass abweichend von § 152 S. 1 BGB der Zugang der Annahme erforderlich ist und innerhalb der Frist erfolgt sein muss (Palandt/*Ellenberger* BGB § 152 Rn. 2).

43 Bei einem **gerichtlichen Vergleich** wird die notarielle Beurkundung durch die Aufnahme der Vertragserklärungen in ein nach den Vorschriften der ZPO errichtetes Protokoll ersetzt (§ 127a BGB). In analoger Anwendung des § 127a BGB kann die notarielle Beurkundung auch durch einen **Beschlussvergleich** im schriftlichen Verfahren nach § 278 Abs. 6 ZPO ersetzt werden (BGH 1.2.2017, NJW 2017, 1946 Rn. 25 ff.; Palandt/*Ellenberger* BGB § 127a Rn. 2; BeckOGK/*Wollenschläger* BGB § 127a Rn. 42; aA *Falkner* MittBayNot 2014, 188 mwN). Der notariellen Beurkundung gleich steht ferner ein **Schiedsvergleich,** wenn die Vertragserklärungen in einen Schiedsspruch mit vereinbartem Wortlaut aufgenommen werden (§ 1053 Abs. 3 ZPO). Auch die **rechtskräftige Verurteilung** zur Abtretung (§ 894 ZPO) ersetzt die notarielle Beurkundung (Baumbach/Hueck/*Servatius* Rn. 22).

44 **b) Anteilsübertragung im Ausland.** Erfolgt die Anteilsübertragung im Ausland (in der Praxis insbesondere in der Schweiz), stellt sich zunächst die Frage nach dem anwendbaren Recht. Unstreitig richtet sich das für das **Verfügungsgeschäft** der Anteilsabtretung geltende Recht zwingend, dh ohne Möglichkeit der Rechtswahl nach Art. 3 Rom I-VO, nach dem **Gesellschaftsstatut** (MüKoGmbHG/*Reichert/Weller* Rn. 134; zum Verpflichtungsgeschäft dagegen → Rn. 66). Ob das Gesellschaftsstatut wie bisher nach der Sitztheorie oder seit dem MoMiG nach der Gründungstheorie zu bestimmen ist, wird unterschiedlich beurteilt. Der Gesetzgeber scheint in Bezug auf nach deutschem Recht gegründete Gesellschaften von Letzterem auszugehen, da er der GmbH mit Streichung des § 4a Abs. 2 aF eine Verwaltungssitzverlegung ins Ausland ohne Statutenwechsel ermöglichen wollte (BT-Drs. 16/6140, 29; für einen entsprechend kollisionsrechtlichen Gehalt des § 4a nF daher auch die heute hM, etwa Lutter/

Hommelhoff/*Bayer* § 4a Rn. 15; MHdB GesR VI/*Kieninger* § 52 Rn. 20; HCL/*Löbbe* Rn. 139; *Verse* ZEuP 2013, 458 (466 f.) mwN). Folgt man dem, richtet sich die GmbH-Anteilsabtretung aus Sicht der deutschen lex fori stets nach deutschem Recht (dh nach §§ 413, 398 BGB), selbst wenn die GmbH ihren Verwaltungssitz im Ausland hat (Lutter/Hommelhoff/*Bayer* Rn. 27; *Wicke* Rn. 20). Nach der Gegenansicht gelangt man nur dann zur Anwendbarkeit deutschen Rechts, wenn die GmbH ihren Verwaltungssitz in Deutschland hat oder in einem ausländischen Staat, welcher der Gründungstheorie folgt und damit auf deutsches Recht zurückverweist (Goette/Habersack/*Kindler* MoMiG Rn. 7.47–49; MüKoGmbHG/*Weller* Einl. Rn. 386).

Hiervon zu trennen ist die Frage, welches Recht hinsichtlich der **Form** der im Ausland vorgenommenen Abtretung zur Anwendung berufen ist. Es ist lebhaft umstritten, ob sich auch sie ausschließlich nach dem Gesellschaftsstatut beurteilt (Art. 11 Abs. 1 Alt. 1 EGBGB) oder ob gem. Art. 11 Abs. 1 Alt. 2 EGBGB auch die Einhaltung der uU weniger strengen **Ortsform** ausreicht, sofern das am Ort der Vornahme geltende ausländische Recht ein vergleichbares Rechtsgeschäft kennt. Für Ersteres werden insbesondere die über die klassischen Formzwecke hinausgehende Funktion des Abs. 3 sowie seit dem MoMiG die Bedeutung des Notars für die Richtigkeitsgewähr der Gesellschafterliste (§ 40 Abs. 2) angeführt (*Bayer* GmbHR 2013, 897 (904 ff.); MüKoBGB/*Kindler* IntGesR Rn. 535 ff.; *König/Götte/Bormann* NZG 2009, 881 (883 ff.); *Hermanns* RNotZ 2011, 224 (225 f.); Rowedder/Schmidt-Leithoff/*Görner* Rn. 58; *Wicke* Rn. 20; gegen die Ortsformanknüpfung auch schon RFH 18.3.1932, IPRspr. 1932 Nr. 17). Im Wortlaut des Art. 11 Abs. 1 Alt. 2 EGBGB findet eine solche Einschränkung indes keine Stütze. Auch die Materialien zur Neufassung des Art. 11 EGBGB durch das IPRG (BGBl. 1986 I 1142) legen eine Einschränkung der Vorschrift nur für Vorgänge nahe, die „sich auf die Verfassung von Gesellschaften und juristischen Personen beziehen" (BT-Drs. 10/504, 49), nicht für die Anteilsabtretung. Die jedenfalls bis zum MoMiG herrschende Ansicht ließ daher die Ortsformanknüpfung für die Anteilsabtretung zu (OLG Frankfurt a. M. 10.4.1981, DB 1981, 1456; OLG München 19.11.1997, NJW-RR 1998, 758 (obiter); *Goette* DStR 1996, 709 (711); *Reichert/Weller* DStR 2005, 250 (254); in der Tendenz auch BGH 16.2.1981, BGHZ 80, 76 (78) = NJW 1981, 1160 („spricht viel für die Richtigkeit" der Ortsformanknüpfung); vgl. ferner BGH 4.11.2004, NZG 2005, 41 (42) [zum umgekehrten Fall einer Inlandsübertragung ausländischer GmbH-Anteile]). Gute Gründe sprechen dafür, daran auch nach Inkrafttreten des MoMiG festzuhalten (MüKoGmbHG/*Reichert/Weller* Rn. 153 ff., 158; HCL/*Löbbe* Rn. 141 f.; Baumbach/Hueck/*Servatius* Rn. 22a; Scholz/*Seibt* Rn. 82; *Götze/Mörtel* NZG 2011, 727 (731 f.); *Landbrecht/Becker* BB 2013, 1290 (1292 f.); *Odenthal* RIW 2014, 189 (193 f.)). Die gesteigerte Bedeutung der Gesellschafterliste und das damit verbundene gewachsene Interesse an der materiellen Richtigkeit der Liste begründen keinen zwingenden Einwand gegen die Ortsform, da das Gesetz auch sonst nicht durchweg auf notarielle Listen besteht (§ 40 Abs. 1). Lässt man die Ortsformanknüpfung daher zu, können Geschäftsanteile an einer deutschen GmbH zB in der Schweiz durch einfachen schriftlichen Vertrag übertragen werden, da diese Form nach der am 1.1.2008 in Kraft getretenen Schweizer GmbH-Reform für Anteilsübertragungen einer schweizerischen GmbH ausreicht (Art. 785 Abs. 1 OR) und die schweizerische GmbH der deutschen im Wesentlichen vergleichbar ist (MüKoGmbHG/*Reichert/Weller* Rn. 155, 159; Baumbach/Hueck/*Servatius* Rn. 22a; *Götze/Mörtel* NZG 2011, 727 (731 f.); *Mankowski* NZG 2010, 201 (206 f.); *Saenger/Scheuch* BB 2008, 65 (68); zu Unrecht qualifiziert LG Frankfurt a. M. 7.10.2009, NZG 2009, 1353 auch das Zustimmungserfordernis der Gesellschafterversammlung nach Art. 786 OR als Formvorschrift, dagegen mit Recht *Bayer* DNotZ 2009, 887 (893)). 45

Will man der vorgenannten Streitfrage ausweichen und stellt man deshalb vorsorglich auf das Gesellschaftsstatut und damit die Anforderungen des § 15 Abs. 3 ab, stellt sich die Frage, ob in Anwendung der kollisionsrechtlichen Figur der Substitution die inländische Beurkundung durch eine **Beurkundung im Ausland** ersetzt werden kann. In Fortführung seiner früheren Rspr. (BGH 16.2.1981, BGHZ 80, 76 (78) = NJW 1981, 1160; BGH 22.5.1989, NJW-RR 1989, 1259 (1261)) hat der BGH auch für die Rechtslage nach dem MoMiG anerkannt, dass eine solche Substitution möglich ist, sofern die ausländische Beurkundung der deutschen **gleichwertig** ist (BGH 17.12.2013, BGHZ 199, 270 = NZG 2014, 219 Rn. 14 ff.). Dabei hat er insbesondere den Einwand zurückgewiesen, dass die Aufwertung der Gesellschafterliste durch das MoMiG, das infolgedessen gestiegene Interesse an der materiellen Richtigkeitsgewähr der Liste sowie die Einbindung der Notare in die Listenerstellung (§ 40 Abs. 2) eine Beschränkung auf deutsche Notare erzwingen würden (BGH 17.12.2013, BGHZ 199, 270 = NZG 2014, 219 Rn. 22; ebenso bereits OLG Düsseldorf 2.3.2011, NZG 2011, 388 (389 f.); 2. Aufl. 2014 Rn. 46 mwN; aA etwa MüKoBGB/*Kindler* IntGesR Rn. 541; *Süß* DNotZ 2011, 414 (418 ff.); tendenziell auch LG Frankfurt a. M. 7.10.2009, NZG 2009, 1353 (obiter)). 46

Auch hinsichtlich der Anforderungen an die **Gleichwertigkeit** knüpft der BGH unverändert an seine bisherige Rspr. an. Gleichwertigkeit ist danach gegeben, wenn (1.) die ausländische Urkundsperson nach Vorbildung und Stellung im Rechtsleben eine der Tätigkeit des deutschen Notars entsprechende Funktion ausübt und (2.) für die Errichtung der Urkunde ein Verfahrensrecht zu beachten hat, das den tragenden Grundsätzen des deutschen Beurkundungsrechts entspricht (BGH 17.12.2013, BGHZ 199, 270 = NZG 2014, 219 Rn. 14 f.; BGH 21.10.2014, NZG 2015, 18 Rn. 16; jew. im Anschluss an BGH 46a

16.2.1981, BGHZ 80, 76 (78) = NJW 1981, 1160). Dass der ausländische Notar uU keine genaue Kenntnis des deutschen Gesellschaftsrechts besitzt und damit der Prüfungs- und Belehrungsfunktion des § 17 Abs. 1 BeurkG nicht gerecht werden kann, steht der Gleichwertigkeit nach der Rspr. des BGH nicht entgegen (BGH 17.12.2013, BGHZ 199, 270 = NZG 2014, 219 Rn. 14 f.; BGH 16.2.1981, BGHZ 80, 76 (78 f.) = NJW 1981, 1160; krit. *Herrler* GmbHR 2014, 225 (229 f.); *Tebben* DB 2014, 585 (586); *Seebach* DNotZ 2014, 413 (420 f.)). Dem ist für die hier interessierende Anteilsabtretung schon deshalb beizutreten, weil der Normzweck des § 15 Abs. 3 nach zutreffender hM nicht auf Belehrung gerichtet ist (→ Rn. 39; ebenso *Lieder/Ritter* notar 2014, 187 (193); *Weller* ZGR 2014, 865 (879 f.)). Bejaht hat die Rspr. die Gleichwertigkeit bisher vor allem für Beurkundungen **in einzelnen Kantonen der Schweiz,** namentlich für Zürich-Altstadt (BGH 16.2.1981, BGHZ 80, 76 (78) = NJW 1981, 1160 (betr. Satzungsänderung)), Basel-Stadt (OLG Düsseldorf 2.3.2011, NZG 2011, 388; OLG Frankfurt a. M. 25.1.2005, GmbHR 2005, 764 (766 f.); OLG München 19.11.1997, NZG 1998, 156) und Bern (KG 24.1.2018, NZG 2018, 304 (betr. Gründung); pauschal für alle Schweizer Notare BGH 22.5.1989, NJW-RR 1989, 1259 (1261) (obiter ohne Begr.); mit Recht einschr. aber MüKoGmbHG/*Reichert*/*Weller* Rn. 149). Ob das Beurkundungsverfahren in Basel-Stadt auch weiterhin den Gleichwertigkeitsanforderungen genügt, musste der BGH in seiner neuesten einschlägigen Entscheidung (BGH 17.12.2013, BGHZ 199, 270 = NZG 2014, 219) nicht näher prüfen, da es in dem Rechtsstreit nur um die Befugnis des Baseler Notars zur Einreichung der Gesellschafterliste ging und das Handelsregister die von ihm eingereichte Liste allenfalls dann zurückweisen darf, wenn die Gleichwertigkeit evident fehlt (→ Rn. 46b). Die Entscheidung trägt daher nur die Aussage, dass die Beurkundung in Basel-Stadt nicht evident ungleichwertig ist. Ungeachtet dessen ist aber nach zutreffender Ansicht auch weiterhin von der Gleichwertigkeit auszugehen, da das baselstädtische Notariatsgesetz ganz ähnliche Vorgaben für das Beurkundungsverfahren enthält wie die §§ 8 ff. BeurkG (näher *Weller* ZGR 2014, 865 (878 ff.); ferner OLG Düsseldorf 2.3.2011, NZG 2011, 388; *H.-F. Müller* WuB II C. § 40 GmbHG 1.14). Diese Vorgaben sind darüber hinaus ähnlich wie in Deutschland (§ 19 BNotO) durch eine korrespondierende Haftungsnorm abgesichert (§ 58 NotariatsG Basel-Stadt). Die nach Baseler Recht bestehende Möglichkeit, abweichend von § 13 BeurkG auf die **Verlesung der Urkunde** durch den Notar zu verzichten, steht der Gleichwertigkeit nicht entgegen, sofern im konkreten Fall eine Verlesung stattfindet (*Weller* ZGR 2014, 865 (878 f.); *Stenzel* GmbHR 2014, 1024 (1027 f.); ferner *Bayer* GmbHR 2013, 897 (913) (mit der Einschränkung, dass die Verlesung in der Urkunde festgehalten werden muss); zur eingeschränkten Verlesungspflicht nach Berner Recht KG 24.1.2018, NZG 2018, 304 Rn. 33 (betr. Gründung); aA *Herrler* GmbHR 2014, 225 (231); *K. J. Müller* NJW 2014, 1994 (1999)). Teilweise wird als zusätzliche Gleichwertigkeitsvoraussetzung verlangt, dass der ausländische Notar sich zur Einreichung der aktualisierten Gesellschafterliste zum Handelsregister verpflichten und eine daran anknüpfende Haftung übernehmen müsse (*Lieder/Ritter* notar 2014, 187 (193); dagegen implizit *H.-F. Müller* WuB II C. § 40 GmbHG 1.14 (unter 3.)). Gegen diese Annahme spricht aber, dass die Listeneinreichung nicht mehr Teil des Beurkundungsverfahrens ist und daher dessen Gleichwertigkeit nicht beeinflussen kann (Scholz/*Seibt* Rn. 87d); iÜ ist die Einreichung der Liste bereits durch die Verpflichtung der Geschäftsführer (§ 40 Abs. 1) abgesichert.

46b Sofern die Auslandsbeurkundung gleichwertig und damit wirksam ist, ist der ausländische Notar nach der Rspr. des BGH auch berechtigt, die aktualisierte Gesellschafterliste zum Handelsregister einzureichen (BGH 17.12.2013, BGHZ 199, 270 = NZG 2014, 219 Rn. 12 f.; → § 40 Rn. 31; aA die früher hL). Die **Einreichungskompetenz des ausländischen Notars** ergibt sich als Annex aus seiner Beurkundungskompetenz (BGH 17.12.2013, BGHZ 199, 270 = NZG 2014, 219 Rn. 13; aA Scholz/*Seibt* Rn. 87c). Ungeachtet dessen bleibt es aber dabei, dass er wegen des Territorialitätsprinzips nicht gem. § 40 Abs. 2 zur Einreichung der Gesellschafterliste verpflichtet ist (ganz hL, → § 40 Rn. 31; offengelassen von BGH 17.12.2013, BGHZ 199, 270 = NZG 2014, 219 Rn. 12). Versäumt der ausländische Notar die Einreichung der aktualisierten Liste, sind die Geschäftsführer nach Maßgabe des § 40 Abs. 1 verpflichtet, die Liste einzureichen. Das Registergericht hat die Einreichungskompetenz des ausländischen Notars nicht umfassend zu überprüfen. Den Umstand, dass die Liste von einem ausländischen Notar eingereicht wird, darf es allenfalls dann zum Anlass nehmen, die Liste zurückzuweisen, wenn ohne Weiteres feststeht, dass es an der Gleichwertigkeit der Auslandsbeurkundung und infolgedessen an der Wirksamkeit der Anteilsabtretung fehlt (BGH 17.12.2013, BGHZ 199, 270 = NZG 2014, 219 Rn. 23, wo offen bleibt, ob selbst in diesem Fall eine Zurückweisung erfolgen darf; → § 16 Rn. 22, → § 40 Rn. 20). Zumindest bei Einreichung einer Liste durch einen ausländischen Notar „lateinischer Prägung" wird diese Voraussetzung für eine Zurückweisung kaum jemals erfüllt sein (*Herrler* GmbHR 2014, 225 (227)).

47 **c) Übertragung der Anteile einer ausländischen „GmbH" im Inland.** Die Frage, welches Formerfordernis Anwendung findet, stellt sich auch in dem umgekehrten Fall, in dem Anteile einer ausländischen Gesellschaft, die einer GmbH im Wesentlichen vergleichbar ist, im Inland übertragen werden. Auf der Grundlage der wohl hM (→ Rn. 45) ist auch diese Frage nach Art. 11 Abs. 1 EGBGB zu beantworten. Somit kommt neben der Form, die das ausländische Gesellschaftsstatut vorsieht, alternativ auch die deutsche Ortsform, also § 15 Abs. 3, zur Anwendung (MüKoGmbHG/*Reichert/Weller* Rn. 174; HCL/*Löbbe* Rn. 147; Scholz/*Seibt* Rn. 88; hierzu neigend auch BGH 4.11.2004, NZG 2005, 41 (42) (polnische Sp. z. o. o.); aA OLG München 5.3.1993, NJW-RR 1993, 998 (999); MüKoBGB/*Kindler* IntGesR Rn. 538; zweifelnd Lutter/Hommelhoff/*Bayer* Rn. 41). Zum Verpflichtungsgeschäft → Rn. 67.

3. Beurkundungspflichtige Rechtsgeschäfte. a) Abtretung; Abgrenzung zum Übergang kraft Gesetzes. aa) Rechtsgeschäftliche Einzelrechtsnachfolge. Der Formzwang des Abs. 3 betrifft alle Abtretungen von Geschäftsanteilen, also alle vertraglichen Übertragungen von Geschäftsanteilen im Wege der Einzelrechtsnachfolge (MüKoGmbHG/*Reichert/Weller* Rn. 29). Erfasst werden nicht nur Abtretungen an Dritte, sondern auch solche unter Mitgesellschaftern oder an die GmbH (zur Abtretung seitens der GmbH → Rn. 55). Die Form des Abs. 3 ist auch einzuhalten, wenn iRd Auseinandersetzung einer Gesamthandsgemeinschaft (zB Erbengemeinschaft) ein bisher gesamthänderisch gebundener Geschäftsanteil an einen der Beteiligten übertragen, in eine Bruchteilsgemeinschaft überführt oder in eine von den Erben gegründete OHG eingebracht wird (BGH 19.6.1995, DStR 1995, 1395 mAnm *Goette*). Auch die **Rückabtretung** des Geschäftsanteils im Zuge der Rückabwicklung des zugrunde liegenden Kausalgeschäfts unterliegt dem Formerfordernis. Die Aufhebung des Abtretungsvertrags ist ebenfalls beurkundungspflichtig (Baumbach/Hueck/*Servatius* Rn. 25; MüKoGmbHG/*Reichert/Weller* Rn. 29; zur Aufhebung des Verpflichtungsgeschäfts aber → Rn. 70). Gleiches gilt für Abtretungen, die unter einer aufschiebenden oder auflösenden **Bedingung** stehen (→ Rn. 41). Auf die Bedingung kann aber der Begünstigte, im Fall einer aufschiebenden Bedingung der Kaufpreiszahlung also der Veräußerer, einseitig **formlos verzichten** (BGH 21.9.1994, BGHZ 127, 133 = NJW 1994, 3227; näher *Stoppel* GmbHR 2012, 828 (829 ff.)). Die Abtretung wird dann mit Zugang der Verzichtserklärung bei der anderen Vertragspartei ex nunc wirksam (BGH 25.3.1998, BGHZ 138, 195 (202 f.) = NJW 1998, 2360; MüKoGmbHG/*Reichert/Weller* Rn. 32). Zur Anwendung des Abs. 3 iRv Treuhandverhältnissen (einschl. Sicherungsabtretung) → Rn. 118 ff.; zu Belastungen des Geschäftsanteils (Verpfändung, Nießbrauch) → Rn. 100, → Rn. 112. 48

bb) Abgrenzung zum Übergang kraft Gesetzes oder Hoheitsakts. Ohne Abtretung und mithin formfrei vollzieht sich der Übergang des Geschäftsanteils beim Übergang **kraft Gesetzes.** Dies betrifft etwa den Erwerb nach § 22 Abs. 4, die dingliche Surrogation (zB § 2019 Abs. 1 BGB, § 2111 Abs. 1 BGB) sowie Fälle der ehelichen Gütergemeinschaft, bei denen der bisher von einem Ehegatten gehaltene Anteil kraft Gesetzes (§ 1416 Abs. 1 BGB) gemeinschaftliches Eigentum beider Ehegatten wird. In den beiden zuletzt genannten Fällen sind allerdings gem. §§ 413, 412, 399 BGB etwaige Vinkulierungen nach Abs. 5 zu beachten (HCL/*Löbbe* Rn. 122). Ebenfalls formfrei ist der Erwerb **kraft Hoheitsakts** und damit der Erwerb des vom Gerichtsvollzieher versteigerten Geschäftsanteils iRd Zwangsvollstreckung (§ 857 Abs. 5 ZPO, §§ 844, 817 ZPO; → Rn. 131). 49

cc) Abgrenzung zur Gesamtrechtsnachfolge. Keiner Abtretung bedarf es auch in den Fällen der Gesamtrechtsnachfolge. Ein zum Nachlass gehörender Geschäftsanteil geht gem. § 1922 Abs. 1 BGB, § 1967 BGB auf den Erben über (→ Rn. 25). Auch bei Verschmelzung oder Spaltung nach dem UmwG unterfällt der auf den übernehmenden Rechtsträger übergehende Geschäftsanteil, der bisher zum Vermögen des übertragenden Rechtsträgers gehörte, nicht dem Abs. 3 (MüKoGmbHG/*Reichert/Weller* Rn. 35; HCL/*Löbbe* Rn. 123). Dasselbe gilt, wenn aus einer Personengesellschaft der „vorletzte" Gesellschafter ausscheidet und das Vermögen der Personengesellschaft im Wege der Gesamtrechtsnachfolge auf den „letzten" Gesellschafter übergeht (*Wertenbruch* NZG 2008, 454 (455)). 50

b) Geschäftsanteil als Abtretungsgegenstand. aa) Allgemeines. Das Formerfordernis nach Abs. 3 greift nur ein, wenn GmbH-Geschäftsanteile Gegenstand der Abtretung sind. Erfasst wird auch die Vorausabtretung **künftig entstehender Geschäftsanteile** (BGH 19.4.1999, BGHZ 141, 207 (212) = NJW 1999, 2594; Baumbach/Hueck/*Servatius* Rn. 24; HCL/*Löbbe* Rn. 127 mwN; zur Abgrenzung zum Gesellschafterwechsel in der Vor-GmbH → Rn. 3; zum Verpflichtungsgeschäft → Rn. 73). Der Beurkundungspflicht unterliegt ferner die nach § 747 S. 1 BGB zulässige Abtretung eines ideellen Bruchteils an einem Geschäftsanteil (MüKoGmbHG/*Reichert/Weller* Rn. 41). Nicht erfasst wird aber die Abtretung einzelner aus der Mitgliedschaft entstandener, isoliert abtretbarer Gläubigerrechte, wie zB die Abtretung eines Anspruchs auf Auszahlung der beschlossenen Dividende (→ § 14 Rn. 47). 51

bb) Abtretung des Abtretungsanspruchs. Über den Wortlaut des Abs. 3 hinaus erstreckt sich der Formzwang in entsprechender Anwendung der Vorschrift grundsätzlich auch auf die Abtretung eines schuldrechtlichen Anspruchs auf Übertragung eines Geschäftsanteils (heute hM; BGH 5.11.1979, BGHZ 75, 352 (353 ff.) = NJW 1980, 1278; Baumbach/Hueck/*Servatius* Rn. 26; MüKoGmbHG/*Reichert/Weller* Rn. 45; *Lieder,* Die rechtsgeschäftliche Sukzession, 2015, 360 ff.; aA – nur bei rechtsmissbräuchlicher Gestaltung – Scholz/*Seibt* Rn. 94). Dahinter steht die zutreffende Erwägung, dass über die formlose Abtretung von Übertragungsansprüchen ein Markt für den Umsatz von Geschäftsanteilen aufgebaut werden könnte, den § 15 Abs. 3 gerade zu verhindern sucht (BGH 5.11.1979, BGHZ 75, 52

352 (353 ff.) = NJW 1980, 1278). Der Formzwang greift aber nach hM ausnahmsweise nicht ein, wenn die Abtretung des Übertragungsanspruchs lediglich der Vorbereitung eines Treuhänderwechsels dient (→ Rn. 121). Zur Formbedürftigkeit einer vertraglichen Verpflichtung zur Abtretung des Abtretungsanspruchs → Rn. 73 aE.

53 **cc) „Mittelbare" Abtretung; Umgehungsfälle.** Befindet sich der GmbH-Geschäftsanteil im Vermögen einer anderen Gesellschaft und werden deren Anteile übertragen, liegt keine Abtretung eines GmbH-Geschäftsanteils und damit kein Fall des Abs. 3 vor. Dies gilt selbst dann, wenn das Gesellschaftsvermögen der anderen Gesellschaft (zB einer GbR) allein in dem GmbH-Geschäftsanteil besteht, solange keine **Umgehung** des Formzwangs vorliegt (BGH 10.3.2008, NJW-RR 2008, 773; LG Stuttgart 16.1.2014, ZIP 2014, 1330 (1335) (jew. zu Abs. 4)). Eine solche Umgehung ist nach der Rspr. des BGH nicht schon deshalb anzunehmen, weil sich der Zweck der GbR im Halten und Verwalten von GmbH-Geschäftsanteilen erschöpft (BGH 10.3.2008, NJW-RR 2008, 773 Rn. 12; zust. *Wertenbruch* NZG 2008, 454 (456); MüKoGmbHG/*Reichert/Weller* Rn. 49; aA HCL/*Löbbe* Rn. 56 (zu Abs. 4); *Berninger* GS Schindhelm, 2010, 115 (131)). Vielmehr bedarf es weiterer Anhaltspunkte, die für eine Umgehung sprechen. Eine Umgehung liegt nicht vor, wenn die GbR dem Ziel dient, die Mitarbeiter der GmbH für die Dauer ihrer Unternehmenszugehörigkeit am wirtschaftlichen Erfolg der GmbH teilhaben zu lassen und durch den Gesellschaftsvertrag der GbR sichergestellt ist, dass mit der mittelbaren Beteiligung an der GmbH kein unkontrollierter Handel getrieben werden kann (BGH 10.3.2008, NJW-RR 2008, 773 Rn. 16 ff.; insoweit zust. auch HCL/*Löbbe* Rn. 56).

54 Gleichfalls nicht anwendbar ist Abs. 3, wenn sich der Geschäftsanteil im Gesamthandsvermögen einer **Erbengemeinschaft** befindet und ein Miterbe seinen Erbteil nach § 2033 Abs. 1 S. 1 BGB abtritt (MüKoGmbHG/*Reichert/Weller* Rn. 49; zu Abs. 5 BGH 5.11.1984, BGHZ 92, 386 (393 f.) = NJW 1985, 2592). Auch hier ist Verfügungsgegenstand unmittelbar nur der Erbteil, nicht der Geschäftsanteil. Allerdings besteht für die Abtretung des Erbteils eine eigene Pflicht zur notariellen Beurkundung nach § 2033 Abs. 1 S. 2 BGB. Von der Abtretung des Erbteils zu unterscheiden ist die Abtretung des in den Nachlass fallenden Geschäftsanteils selbst. Auf Letztere ist Abs. 3 auch anwendbar, wenn der Geschäftsanteil im Zuge der Auseinandersetzung der Erbengemeinschaft an einen der Miterben abgetreten oder in eine Bruchteilsgemeinschaft oder Gesellschaft der Miterben überführt wird (→ Rn. 48).

55 **c) Abtretung „durch einen Gesellschafter".** § 15 Abs. 3 spricht von der Abtretung „durch einen Gesellschafter". Dies darf jedoch nicht zu eng verstanden werden. Auch ein nach Einführung des § 16 Abs. 3 nunmehr denkbarer gutgläubiger Erwerb vom **Nichtberechtigten** setzt selbstverständlich die Einhaltung des § 15 Abs. 3 voraus. Gleiches gilt für Abtretungen eines Nichtberechtigten, den der Gesellschafter – sei es vorab (§ 185 Abs. 1 BGB, § 183 BGB), sei es nachträglich (§ 185 Abs. 2 BGB, § 184 BGB) – zur Abtretung ermächtigt hat. Die Ermächtigung selbst bedarf gem. § 182 Abs. 2 BGB keiner Form (BGH 23.11.1988, NJW-RR 1988, 291 (293); MüKoGmbHG/*Reichert/Weller* Rn. 51). Auch Abtretungen seitens der **GmbH** sieht die heute hM als formbedürftig an (HCL/*Löbbe* Rn. 134; MüKoGmbHG/*Reichert/Weller* Rn. 50; aA aber Begr. zum GmbHG, Stenogr. Berichte über die Verhandlungen des Reichstags, VIII/1 [1890/92], Nr. 660, 3738). In den Fällen der §§ 23, 27 Abs. 2 gilt dies jedoch allenfalls bei freihändiger Veräußerung (→ § 23 Rn. 8, → § 27 Rn. 12), nicht bei öffentlicher Versteigerung (→ § 23 Rn. 6, → § 27 Rn. 12). Zum Formerfordernis bei Verwertung eines Pfandrechts an Geschäftsanteilen durch den **Pfandgläubiger** → Rn. 109 f. (Verpfändung), → Rn. 131 (Pfändung).

56 **d) Vollmacht.** Anders als iRd Gründung (§ 2 Abs. 2) ist für die Bevollmächtigung zur Anteilsübertragung keine besondere Formvorschrift vorgesehen. Es bleibt deshalb bei der allgemeinen Regel des **§ 167 Abs. 2 BGB** und damit der Formfreiheit der Vollmacht. Dies gilt auch bei Befreiung von § 181 BGB (BGH 24.3.1954, BGHZ 13, 49 (51 ff.); BGH 17.11.1955, BGHZ 17, 69 (72); Baumbach/Hueck/*Servatius* Rn. 23). Wegen des abweichenden Normzwecks (→ Rn. 38 f.) sind die Einschränkungen der Formfreiheit der Vollmacht, wie sie in der Rspr. zu § 311b BGB entwickelt wurden, nicht auf § 15 übertragbar (BGH 24.3.1954, BGHZ 13, 49 (52); *Goette/Goette* Die GmbH § 5 Rn. 21). Daher bedarf auch eine **unwiderrufliche Vollmacht,** die iRd § 311b BGB wegen des dort angestrebten Übereilungsschutzes als formbedürftig angesehen wird, iRd § 15 keiner notariellen Beurkundung (BGH 24.3.1954, BGHZ 13, 49 (52) in Abgrenzung zu BGH 11.7.1952, NJW 1952, 1210; Baumbach/Hueck/*Servatius* Rn. 23; MüKoGmbHG/*Reichert/Weller* Rn. 62; aA *Rösler* NJW 1999, 1150 (1153)).

57 Bedenken bestehen allerdings gegen die Erteilung einer **Blankovollmacht,** welche die Bezeichnung des Bevollmächtigten und des Erwerbers offen lässt. Solche Vollmachten können von Hand zu Hand weitergegeben werden und dadurch entgegen dem Normzweck des § 15 Abs. 3 (und Abs. 4) im Ergebnis die freie Übertragbarkeit von Geschäftsanteilen herbeiführen. Sie sind daher jedenfalls dann unwirksam, wenn sie formlos erteilt werden (BGH 24.3.1954, BGHZ 13, 49 (53); *Goette/Goette* Die GmbH § 5 Rn. 21), nach zutreffender Ansicht aber auch dann, wenn dies in notarieller Form geschehen ist (Baumbach/Hueck/*Servatius* Rn. 23; MüKoGmbHG/*Reichert/Weller* Rn. 63).

Bei unwirksamer Bevollmächtigung gelten die §§ 177 ff. BGB. Die Genehmigung iSd § 177 Abs. 1 BGB kann gem. § 182 Abs. 2 BGB formlos erteilt werden (BGH 25.9.1996, NJW 1996, 3338 (3339); MüKoGmbHG/*Reichert/Weller* Rn. 64). Erst recht formfrei ist die Begründung einer Verpflichtung, die Genehmigung zu erteilen (BGH 25.9.1996, NJW 1996, 3338 (3339)). 58

4. Rechtsfolgen. a) Folgen formgerechter Abtretung. Ist die Form des Abs. 3 gewahrt und leidet der Abtretungsvertrag auch nicht an anderen Wirksamkeitsmängeln, wird der Erwerber unmittelbar mit Vertragsabschluss bzw. mit Eintritt der letzten aufschiebenden Bedingung **Inhaber des Geschäftsanteils.** Mit dem Geschäftsanteil geht die Mitgliedschaft in der GmbH **mit allen Mitgliedschaftsrechten und -pflichten** auf den Erwerber über (→ § 14 Rn. 44). Damit die Übertragung des Geschäftsanteils auch im Verhältnis zur GmbH Wirkung entfaltet, muss der Erwerber allerdings noch in die **Gesellschafterliste** eingetragen und die Liste im Handelsregister aufgenommen werden (§ 16 Abs. 1). Der beurkundende Notar ist gem. § 40 Abs. 2 verpflichtet, eine aktualisierte Gesellschafterliste zum Handelsregister einzureichen (zum ausländischen Notar aber → Rn. 46b). Die formgerechte Abtretung des Geschäftsanteils nach Abs. 3 bewirkt zudem die **Heilung** des formnichtigen Verpflichtungsgeschäfts gem. Abs. 4 S. 2 (→ Rn. 77 ff.). – Eine **Rückwirkung** der Abtretung, also des dinglichen Übertragungsakts, können die Parteien nicht herbeiführen. Sie können aber (wie häufig) schuldrechtlich vereinbaren, einander so zu stellen, als wäre die Abtretung schon zu einem früheren Termin wirksam geworden (BGH 19.1.1987, NJW-RR 1987, 807 (808)). 59

b) Folgen fehlender Beurkundung. Verstöße gegen das Formerfordernis führen nach § 125 S. 1 BGB zur **Nichtigkeit** der Abtretung. Die Unwirksamkeit der Abtretung kann im Verhältnis zwischen Veräußerer und Erwerber ohne Einschränkung auch rückwirkend geltend gemacht werden. Die Grundsätze der fehlerhaften Gesellschaft (→ § 2 Rn. 68 ff.) finden keine Anwendung (BGH 22.1.1990, NJW 1990, 1915 (1916) (unter Aufgabe seiner früheren Rspr.); BGH 17.1.2007, NJW 2007, 1058 Rn. 19; Baumbach/Hueck/*Servatius* Rn. 29). Im Verhältnis zur GmbH ist der in die Gesellschafterliste eingetragene Erwerber dagegen nach § 16 Abs. 1 trotz Nichtigkeit des Anteilserwerbs für die Dauer seiner Eintragung als Gesellschafter anzusehen (→ § 16 Rn. 11, → Rn. 44 f.). 60

Die Berufung auf den Formmangel kann in **eng begrenzten Ausnahmefällen** nach § 242 BGB unbeachtlich sein, wenn das Scheitern des Geschäfts an der Formnichtigkeit zu einem **schlechthin untragbaren Ergebnis** führen würde, insbesondere bei Existenzgefährdung einer Partei oder bei besonders schwerer Treuepflichtverletzung der sich auf die Nichtigkeit berufenden Partei (BGH 12.12.2005, NJW-RR 2006, 1415 für den Fall einer nach § 15 Abs. 4 formnichtigen Treuhandabrede, die mehr als 20 Jahre praktiziert wurde; vgl. auch den – allerdings zweifelhaften – Fall LG Stuttgart ZIP 2014, 1330 (1336 f.)). Es gelten die aus dem allgemeinen Zivilrecht bekannten Grundsätze (Palandt/*Ellenberger* BGB § 125 Rn. 22 ff.). 61

V. Notarielle Form des Verpflichtungsgeschäfts (Abs. 4)

1. Allgemeines; Normzweck. § 15 Abs. 4 unterwirft auch das der Abtretung zugrunde liegende Verpflichtungsgeschäft dem Erfordernis notarieller Beurkundung. Wie Abs. 3 ist auch Abs. 4 **zwingend** (allgM), doch kann der Verstoß gegen Abs. 4 durch eine formgerechte Abtretung geheilt werden (Abs. 4 S. 2). Die hM misst der Beurkundungspflicht für das Verpflichtungsgeschäft denselben doppelten Normzweck bei wie iRd Abs. 3, stellt also einerseits auf die **Erschwerung des Anteilshandels** und andererseits auf die **Beweisfunktion** ab (stRspr, BGH 10.3.2008, NJW-RR 2008, 773 Rn. 14; BGH 14.12.2016, NZG 2017, 476 Rn. 19 mwN; MüKoGmbHG/*Reichert/Weller* Rn. 79). Nach zutreffender Ansicht bezieht sich die Beweisfunktion dagegen allein auf das Verfügungsgeschäft; denn für die vom Gesetzgeber angestrebte Klarheit, wer Mitglied ist, ist allein das Verfügungsgeschäft relevant (*Armbrüster* DNotZ 1997, 762 (773 f.); HCL/*Löbbe* Rn. 43; *Lieder/Villegas* GmbHR 2018, 169 (171); vgl. auch Begr. zum GmbHG, Stenogr. Berichte über die Verhandlungen des Reichstags, VIII/1 [1890/92], Nr. 660, 3729). Eine gravierende Abweichung vom Standpunkt der Rspr. ergibt sich daraus jedoch nicht, da auch die Rspr. die Erschwerung des Anteilshandels als vorrangigen Zweck des § 15 Abs. 4 AktG anerkennt (BGH 10.3.2008, NJW-RR 2008, 773 Rn. 14). Der Übereilungsschutz ist dagegen wie bei Abs. 3 auch iRd Abs. 4 nicht als ratio legis anzusehen (hM, BGH 25.9.1996, NJW 1996, 3338 (3339); *Armbrüster* DNotZ 1997, 762 (770 ff.); MüKoGmbHG/*Reichert/Weller* Rn. 79; str., → Rn. 39 zu Abs. 3). 62

2. Notarielle Form. a) Umfang und Modalitäten der Beurkundung. Mit notarieller Form ist wie iRd Abs. 3 die notarielle Beurkundung gemeint. Auch beim Verpflichtungsgeschäft besteht die Möglichkeit der Sukzessivbeurkundung nach §§ 128, 152 BGB (→ Rn. 42). Die Beurkundung kann durch Gerichts- oder Schiedsvergleich ersetzt werden (→ Rn. 43). 63

Die Beurkundungspflicht erstreckt sich auf die Erklärungen beider Vertragsparteien (BGH 8.5.2007, NJW 2007, 2117). Sie bezieht sich nach hM nicht nur auf die eigentliche Abtretungsverpflichtung, sondern auf **alle Nebenabreden,** die nach dem Willen der Parteien Bestandteil der Vereinbarung über 64 die Verpflichtung zur Abtretung sein sollen (**Vollständigkeitsgrundsatz;** stRspr, zB BGH 27.6.2001, NJW 2002, 142 (143); Baumbach/Hueck/*Servatius* Rn. 30). Einer – nach dem Normzweck eigentlich ausreichenden – Beurkundung nur der Vereinbarung über die Abtretungsverpflichtung hält die hM entgegen, dass eine Aufspaltung des Verpflichtungsgeschäfts in einen formbedürftigen und einen nicht formbedürftigen Teil nicht rechtssicher handhabbar sei (so zB Baumbach/Hueck/*Servatius* Rn. 30; *Walz/Fembacher* NZG 2003, 1134 (1142)). Ob diese Begründung trägt, ist allerdings zweifelhaft (gegen den Vollständigkeitsgrundsatz mit guten Gründen etwa *Hadding* ZIP 2003, 2133 (2137 ff.); MüKoGmbHG/*Reichert/Weller* Rn. 113 ff.; *Herrmann* GmbHR 2009, 625 (631)). Auch der Gesetzgeber des MoMiG räumt ein, dass der Vollständigkeitsgrundsatz nicht selten zum stundenlangen Verlesen von Unterlagen führt, was von den Beteiligten als leere Förmelei empfunden wird. Zu einer Korrektur hat sich der Gesetzgeber jedoch bisher nicht entschließen können; vielmehr verweist er auf künftige Änderungen des Beurkundungsrechts (BT-Drs. 16/6140, 25 f.).

65 Legt man den Vollständigkeitsgrundsatz zugrunde, ist grundsätzlich alles formbedürftig, was die Parteien als **wirtschaftlich notwendig zusammenhängend** betrachten (OLG Hamburg 26.1.2007, BB 2007, 398 (400)), zB Regelungen über die Gegenleistung (RG 22.12.1906, RGZ 65, 38 (39); BGH 23.11.1988, NJW-RR 1989, 291 (292); zur „Schwarzgeldabrede" → Rn. 79), die Modalitäten der Vertragserfüllung (BGH 25.9.1996, NJW 1996, 3338), aufschiebende oder auflösende Bedingungen (BGH 23.11.1988, NJW-RR 1989, 291 (293)), Zusicherungen über Eigenschaften des Geschäftsanteils, Freistellungsverpflichtungen (OLG Hamburg 26.1.2007, BB 2007, 398 (400)) oder Vertragsstrafen (OLG München 7.12.1994, BB 1995, 427 (428)). Bei einer GmbH & Co. KG wird nach dem Parteiwillen die Übertragung des Kommanditanteils häufig an die Verpflichtung zur GmbH-Anteilsabtretung gekoppelt und deshalb ebenfalls formbedürftig sein (vgl. BGH 14.4.1986, NJW 1986, 2642 (2643); BGH 20.10.2009, BGHZ 183, 28 = NZG 2010, 154 Rn. 18; Rowedder/Schmidt-Leithoff/*Görner* Rn. 42; abl. *Leyendecker/Mackensen* NZG 2012, 129 (131 f.); aber → Rn. 80 zur Heilung nach Abs. 4 S. 2). Das Formerfordernis bezieht sich aber nicht auf jeden einzelnen Rechnungsposten in einer dem notariellen Vertrag beigefügten Anlage (BGH 8.5.2000, DStR 2000, 1272). Nicht vom Formzwang erfasst werden auch **abtrennbare Abreden,** von denen anzunehmen ist, dass sie nach dem mutmaßlichen Parteiwillen auch ohne die Abtretungsverpflichtung abgeschlossen worden wären (BGH 14.4.1986, NJW 1986, 2642 (2643)). Enthält der beurkundete Vertrag eine Schiedsklausel, die auf eine **Schiedsgerichtsordnung** Bezug nimmt, muss diese nicht mit beurkundet werden (BGH 24.7.2014, BGHZ 202, 168 = NJW 2014, 3652 Rn. 13 ff. (Ls. 3) mzustAnm *v. Schlabrendorff* LMK 2014, 362567; aA *Kindler* NZG 2014, 961 (963 ff.)). Dies gilt unabhängig davon, ob es sich um eine dynamische Verweisung auf die jeweils geltende Fassung der Schiedsgerichtsordnung oder eine statische Verweisung auf eine bei Vertragsabschluss existierende Fassung handelt. Zudem bedarf auch die Schiedsvereinbarung selbst, gleich ob sie in einer gesonderten Schiedsabrede oder einer Klausel des iÜ beurkundungsbedürftigen Hauptvertrags enthalten ist, nicht der Form des § 15 Abs. 4, da sie gem. § 1040 Abs. 1 S. 2 ZPO als von den übrigen Vertragsbestimmungen unabhängige Vereinbarung anzusehen ist (BGH 24.7.2014, BGHZ 202, 168 = NJW 2014, 3652 Rn. 18; zust. *v. Schlabrendorff* LMK 2014, 362567; aA *Kindler* NZG 2014, 961; krit. auch *Wachter* GmbHR 2014, 1092 (1093 f.)). Zur Frage der Formbedürftigkeit sog. Verkäufervereinbarungen, die bei einer Mehrheit von Anteilsverkäufern das Innenverhältnis der Verkäufer zueinander regeln, s. *Ullrich/Schaper* GmbHR 2019, 1334 (1341 f.).

65a Noch nicht hinreichend geklärt ist, ob und inwiefern bei Zugrundelegung des Vollständigkeitsgrundsatzes auch **Vereinbarungen mit Dritten,** die in wirtschaftlichem Zusammenhang mit dem Verpflichtungsgeschäft nach Abs. 4 stehen, dem Formzwang unterliegen. Im Schrifttum wird teilweise danach differenziert, ob auch der Dritte die Wirksamkeit der mit ihm geschlossenen Vereinbarung mit derjenigen der Abtretungsverpflichtung verknüpfen will oder nicht (Scholz/*Seibt* Rn. 66a; Roth/Altmeppen/*Altmeppen* Rn. 82; *Erbacher/Klarmann* Corporate Finance Law 2011, 151 (154 f.)). Nach anderer Ansicht soll es darauf ankommen, ob die Leistung des Dritten Teil der Äquivalenzbeziehung des Anteilskaufvertrags ist, dh den Wert der Leistung oder Gegenleistung ausmacht (*Leyendecker/Mackensen* NZG 2012, 129 (132 ff.)). Eine dritte Auffassung stellt darauf ab, ob nach dem Willen der Parteien der Anteilskaufvertrag von dem Vertrag mit dem Dritten abhängen soll (Rowedder/Schmidt-Leithoff/*Görner* Rn. 41). Wieder andere wollen danach differenzieren, ob an der Vereinbarung mit dem Dritten beide Vertragsparteien oder nur eine von ihnen beteiligt ist (HCL/*Löbbe* Rn. 81). Die Frage stellt sich insbesondere im Zusammenhang mit **Finanzierungsverträgen** mit Kreditinstituten sowie Finanzierungszusagen von Muttergesellschaften des Anteilskäufers (zB Equity Commitment Letter eines Private Equity Fonds gegenüber dem Akquisitionsvehikel). Nach zutreffender Ansicht sollte man derartige Vereinbarungen nicht dem Formzwang des Abs. 4 unterwerfen (ebenso iErg *Herrmann* GmbHR 2009, 625 (628 ff.); *Leyendecker/Mackensen* NZG 2012, 129 (132 ff.); für Finanzierungszusagen, die der Dritte nur gegenüber einer Vertragspartei abgibt, auch HCL/*Löbbe* Rn. 81; abw. für Finanzierungszusagen konzernverbundener Dritter Scholz/*Seibt* Rn. 66a; *Erbacher/Klarmann* Corporate Finance Law 2011, 151 (154 f.)). Der beschränkte Normzweck des Abs. 4 erfordert die Formbedürftigkeit der Finanzierungsabreden mit Dritten nicht, solange diese keine eigene Verpflichtung zur Übernahme der Anteile eingehen (zu Letzterem OLG München 20.3.1996, BB 1996, 1296). Auch das sonst für den Vollständigkeitsgrundsatz angeführte Argument, das Verpflichtungsgeschäft lasse sich nicht rechtssicher in einen formbedürftigen und einen nicht-formbedürftigen Teil aufspalten (→ Rn. 64), trifft auf Finanzierungsabreden, die eine Vertragspartei mit Dritten vereinbart, ersichtlich nicht zu. Unberührt bleibt freilich ein etwaiges Formerfordernis aus anderen Gründen (zB nach § 1274 Abs. 1 S. 1 BGB iVm § 15 Abs. 3, wenn der Kreditvertrag zugleich eine Verpfändung der Anteile enthält, → Rn. 100 f.). Ganz ähnliche Erwägungen wie für Finanzierungsverträge gelten auch für die in der M&A-Praxis inzwischen weit verbreiteten **Gewährleistungsversicherungen** (warranty & indemnity-Versicherungen), die der Käufer als Versicherungsnehmer mit einem Versicherer abschließt. Auch sie unterliegen nach zutreffender Ansicht nicht der Form des Abs. 4 (näher *Rasner/Möllering* BB 2019, 2120).

b) Verpflichtungsgeschäft im Ausland. Das auf das Verpflichtungsgeschäft anwendbare Recht richtet sich (anders als beim Verfügungsgeschäft, → Rn. 45) nicht nach dem Gesellschaftsstatut, sondern nach Art. 3 f. Rom I-VO (für Verträge nach dem 17.12.2009) bzw. Art. 27 f. EGBGB (für Altverträge) und damit primär nach der Rechtswahl der Parteien (MüKoGmbHG/*Reichert/Weller* Rn. 164 f.). Davon zu unterscheiden ist wiederum (wie beim Verfügungsgeschäft) das für die Form maßgebliche Recht. Nach hM findet (für Verträge nach dem 17.12.2009) Art. 11 Abs. 1 Rom I-VO bzw. (für Altverträge) Art. 11 Abs. 1 EGBGB Anwendung, sodass eine Wahlmöglichkeit zwischen der Form des Schuldvertragsstatuts und der Ortsform besteht (MüKoGmbHG/*Reichert/Weller* Rn. 166 f.; *Horn* GmbHR 2016, 797 (798) mwN; aA – § 15 Abs. 4 als Teil des Gesellschaftsstatuts zwingend anzuwenden – MüKoBGB/*Kindler* IntGesR Rn. 536). Selbst wenn man dem nicht folgt und auf einer Anwendung des § 15 Abs. 4 besteht, genügt eine Beurkundung vor einem ausländischen Notar, sofern diese einer deutschen Beurkundung gleichwertig ist (→ Rn. 46 f.). 66

c) Verpflichtungsgeschäft über Anteile einer ausländischen „GmbH". Auch für Verpflichtungsgeschäfte über Anteile einer ausländischen Gesellschaft findet nach hM gem. Art. 11 Abs. 1 Rom I-VO bzw. (in Altfällen) Art. 11 Abs. 1 EGBGB alternativ die Form des Schuldvertragsstatuts oder die Ortsform Anwendung (MüKoGmbHG/*Reichert/Weller* Rn. 176 ff. mwN; vgl. auch BGH 4.11.2004, NZG 2005, 41 (42)). Wenn deutsches Recht als Schuldvertragsstatut zur Anwendung kommt oder das Geschäft in Deutschland abgeschlossen wird, ist daher Abs. 4 anwendbar, sofern die ausländische Gesellschaft einer deutschen GmbH vergleichbar ist. Ist das deutsche Recht sowohl Schuldvertrags- als auch Ortsstatut, kommt allein Abs. 4 zur Anwendung; ansonsten tritt daneben wahlweise die berufene ausländische Form (OLG Celle 20.11.1991, NJW-RR 1992, 1126 (für polnische Sp. z. o. o.); LG Oldenburg 22.5.2018, RNotZ 2018, 500 Rn. 32 ff.; MüKoGmbHG/*Reichert/Weller* Rn. 176 f.; aA – Abs. 4 nicht anwendbar – OLG München 5.3.1993, NJW-RR 1993, 998 (999); *Horn* GmbHR 2016, 797 (799 ff.); offen gelassen in BGH 4.11.2004, NZG 2005, 41 (43); näher zum Ganzen zuletzt *v. Werder/Scheder-Bieschin* BB 2019, 2632 (2634 ff.)). Zur Form des Verfügungsgeschäfts → Rn. 47. 67

3. Beurkundungspflichtige Rechtsgeschäfte. a) Vertragliche Verpflichtung zur Abtretung. 68
aa) Verpflichtungsverträge jeder Art. Beurkundungspflichtig sind nach Abs. 4 alle Vereinbarungen, die eine Verpflichtung zur Abtretung eines Geschäftsanteils begründen. Es muss sich also um **vertragliche** Verpflichtungen handeln (nicht einseitige Rechtsgeschäfte, → Rn. 70). Auf den Vertragstyp kommt es nicht an (zB Kauf, Schenkung, Tausch, Vergleich (zum Prozess- und Schiedsvergleich → Rn. 63), Gesellschaftsvertrag, der die Pflicht zur Einbringung eines Geschäftsanteils begründet, etc). Ebenso wenig kommt es darauf an, ob die Abtretung an den Vertragspartner oder einen Dritten erfolgen soll (RG 26.2.1935, RGZ 149, 385 (397); Baumbach/Hueck/*Servatius* Rn. 33). Gleichfalls unerheblich ist, ob die Vereinbarung unter einer Befristung oder Bedingung steht. Erfasst werden daher auch Vereinbarungen über **Vorerwerbsrechte** oder **Call-Optionen** (Baumbach/Hueck/*Servatius* Rn. 33; MüKoGmbHG/*Reichert/Weller* Rn. 95; zu **Put-Optionen** → Rn. 71). Die Ausübung des Vorkaufsrechts bzw. der Option durch Ausübungserklärung ist dagegen formfrei möglich (BGH 12.1.1998, DStR 1998, 539 mAnm *Goette;* MüKoGmbHG/*Reichert/Weller* Rn. 95; HCL/*Löbbe* Rn. 52). Ist die Option allerdings nicht in einem Vertrag vereinbart worden, sondern handelt es sich um ein einseitiges bindendes Verkaufsangebot, so bedarf die Annahme dieses Angebots der Form des Abs. 4 (MüKoGmbHG/*Reichert/Weller* Rn. 96). Ferner unterliegt der dingliche Vollzug der Optionsausübung in jedem Fall der Form des Abs. 3.

Auch ein **Vorvertrag,** der die Parteien zum Abschluss eines auf die Abtretung eines Geschäftsanteils gerichteten Vertrags verpflichtet, bedarf bereits der Form des Abs. 4 (HCL/*Löbbe* Rn. 79; MüKoGmbHG/*Reichert/Weller* Rn. 91). Formbedürftig sind nach hM auch spätere **Änderungen** des Vertrags, sofern sie nicht rein redaktioneller Natur sind (BGH 23.11.1988, NJW-RR 1989, 291 (293); Baumbach/Hueck/*Servatius* Rn. 30; *Le. Böttcher* NotBZ 2011, 118; aA *Liese* GmbHR 2010, 1256 (1258 ff.)). Deshalb bedarf zB die Aufhebung einer Bedingung im Verpflichtungsgeschäft der notariellen Beurkundung (BGH 23.11.1988, NJW-RR 1989, 291 (293); anders beim Verfügungsgeschäft, dort ist ein einseitiger formfreier Verzicht möglich, → Rn. 48). Der Formzwang erstreckt sich aber mit Blick auf den Formzweck nur auf Vertragsänderungen vor Erfüllung der Abtretungspflicht; danach sind nur noch Änderungen erfasst, die eine neue Abtretungsverpflichtung (zB zur Rück- oder Weiterüber- 69 tragung) begründen (Baumbach/Hueck/*Servatius* Rn. 30). Auch eine **Vertragsübernahme** ist nach Abs. 4 formbedürftig (MüKoGmbHG/*Reichert/Weller* Rn. 91; aA *Pohlmann* GmbHR 2002, 41 (46)). Erfolgt die Vertragsübernahme eines formbedürftigen Vertrags durch zweiseitigen Vertrag, ist aber die Zustimmung der dritten Partei formfrei (vgl. BGH 20.4.2005, NJW-RR 2005, 958 (959) (zu § 550 BGB); Palandt/*Grüneberg* BGB § 398 Rn. 43).

70 **bb) Nicht erfasste Rechtsgeschäfte.** Nach Wortlaut und Zweck nicht von § 15 Abs. 4 erfasst sind **Aufhebungsverträge,** durch die eine noch nicht erfüllte Abtretungspflicht wieder beseitigt wird (MüKoGmbHG/*Reichert/Weller* Rn. 104). War die Abtretung indes schon vollzogen, bedarf die Begründung einer vertraglichen Verpflichtung zur Rückübertragung der Form des Abs. 4. Da Abs. 4 nur für „Vereinbarungen" gilt, werden auch **einseitige Rechtsgeschäfte** nicht erfasst. Nicht unter Abs. 4 fallen daher die Auslobung (§ 657 BGB) oder testamentarische Anordnungen, zB Vermächtnis (§ 2174 BGB) oder Teilungsanordnung (§ 2048 BGB), auch nicht der Teilungsplan des Testamentsvollstreckers nach § 2204 Abs. 2 BGB (Baumbach/Hueck/*Servatius* Rn. 31).

70a Keine Anwendung findet Abs. 4 ferner auf Vereinbarungen, die lediglich die **Entschließungsfreiheit einer Partei** zum Abschluss eines Anteilskaufvertrags beeinträchtigen, wie zB ein Maklervertrag, der eine Vergütung auch bei Nichtzustandekommen des Anteilskaufvertrags vorsieht (BGH 27.2.1997, NJW-RR 1998, 1270), oder die Zusage in einem Letter of Intent, der anderen Partei bei Scheitern der Vertragsverhandlungen die angefallenen Due-Diligence-Kosten zu erstatten (OLG München 19.9.2012, NZG 2013, 257; dazu *Bergjan/Schwarz* GWR 2013, 4; *Wicke* MittBayNot 2014, 13 (15)). Wegen des nicht auf Übereilungsschutz gerichteten Normzwecks des Abs. 4 gilt dies nach zutreffender Ansicht auch dann, wenn nach den zu § 311b Abs. 1 BGB entwickelten Grundsätzen (MüKoBGB/*Ruhwinkel* BGB § 311b Rn. 34 f.) bereits eine Beurkundungspflicht anzunehmen wäre (BGH 27.2.1997, NJW-RR 1998, 1270 (1270 f.)). Daher sind auch Vereinbarungen über sog. **break-up fees,** die über eine Kostenerstattung hinausgehen, erst dann formbedürftig, wenn angesichts der Höhe des zu zahlenden Betrags faktisch ein Abschlusszwang ausgelöst wird (MHLS/*Ebbing* Rn. 60a; *Hilgard* BB 2008, 286 (289)), die Vereinbarung mithin im wirtschaftlichen Ergebnis einem formbedürftigen Vorvertrag (→ Rn. 69) gleichkommt.

71 **b) Vertragliche Verpflichtung zum Erwerb.** Wenngleich § 15 Abs. 4 nur von der Verpflichtung zur „Abtretung" eines Geschäftsanteils spricht, ist heute allgemein anerkannt, dass auch die vertragliche Verpflichtung zum **Erwerb** eines Geschäftsanteils formbedürftig ist (OLG München 7.12.1994, BB 1995, 427; OLG München 20.3.1996, GmbHR 1996, 607 (608); Baumbach/Hueck/*Servatius* Rn. 33; HCL/*Löbbe* Rn. 68; Scholz/*Seibt* Rn. 52). Dabei sind zwei Fallgruppen zu unterscheiden: Die erste Fallgruppe betrifft vertragliche Erwerbspflichten, deren Geltendmachung zu einer **korrespondierenden Abtretungspflicht** des Vertragspartners führt und daher ohne weiteres vom Wortlaut des Abs. 4 erfasst sind. Hierunter fallen vor allem **Put-Optionen** (Andienungsrechte) eines Gesellschafters, die mithin ebenso formbedürftig sind wie Call-Optionen (→ Rn. 68, dort auch zur – formfreien – Ausübung der Option). Gleiches gilt für **Rücknahmegarantien,** die darauf gerichtet sind, den zuvor veräußerten Geschäftsanteil bei Fehlen bestimmter Eigenschaften wieder zurückzunehmen (RG 26.5.1911, BGHZ 76, 306 (310); MüKoGmbHG/*Reichert/Weller* Rn. 100). Formbedürftig ist auch die Garantie einer Konzernmutter, dafür einzustehen, dass ihre Tochter ein Abtretungsangebot des Vertragspartners der Mutter annehmen wird (OLG München 20.3.1996, GmbHR 1996, 607 (608); HCL/*Löbbe* Rn. 68).

72 Die zweite Fallgruppe bilden Fälle, in denen die Erwerbspflicht gegenüber einem Dritten (Nichtgesellschafter) übernommen wird (vgl. OLG München 7.12.1994, BB 1995, 427: Eingehung der Erwerbspflicht gegenüber einer GmbH, die Anteile aller GmbH-Gesellschafter zu übernehmen). Hier besteht zwar keine der Erwerbspflicht korrespondierende Abtretungspflicht des Vertragspartners, sodass Abs. 4 nach seinem Wortlaut nicht berührt ist. Jedoch gebietet der Normzweck auch in solchen Fällen eine (analoge) Anwendung des Abs. 4, da auch durch die Vereinbarung einer **isolierten Erwerbspflicht** der spekulative Handel mit Geschäftsanteilen gefördert werden kann (OLG München 7.12.1994, BB 1995, 427; *Armbrüster* DNotZ 1997, 762 (777 f.); HCL/*Löbbe* Rn. 68; *Schulz* GmbHR 2001, 282 (284 f.); zur Erwerbstreuhand → Rn. 117, → Rn. 119, → Rn. 122).

73 **c) Geschäftsanteil als Gegenstand der Abtretungs- bzw. Erwerbspflicht.** Gegenstand der vertraglichen Verpflichtung muss die Abtretung (oder der Erwerb, → Rn. 71 f.) von Geschäftsanteilen sein. Formbedürftig kann auch schon die Verpflichtung zur Abtretung **künftig entstehender Geschäftsanteile** sein (BGH 19.4.1999, BGHZ 141, 207 (211 f.) = NJW 1999, 2594; HCL/*Löbbe* Rn. 60). Bedeutung hat dies für Verträge, die vor Eintragung der GmbH bzw. der Kapitalerhöhung geschlossen werden. Der Formzwang greift in diesen Fällen jedenfalls dann ein, wenn der Vertrag nach Beurkundung des Gesellschaftsvertrags bzw. der Kapitalerhöhung abgeschlossen wurde (BGH 19.4.1999, BGHZ 141, 207 (211 f.) = NJW 1999, 2594). Ob Gleiches auch für Vereinbarungen gilt, die im Vorgründungsstadium (dh vor Beurkundung des Gesellschaftsvertrags) bzw. vor Beurkundung des Kapitalerhöhungsbeschlusses abgeschlossen werden, wird unterschiedlich beurteilt. Für eine im Vor-

gründungsstadium abgeschlossene Erwerbstreuhandvereinbarung, die darauf gerichtet ist, dass sich der Treuhänder an der Gründung einer GmbH beteiligen und anschließend den Geschäftsanteil an dieser für den Treugeber halten soll, hat der BGH entschieden, dass die Form des Abs. 4 mangels eines auch nur im Entstehen begriffenen Geschäftsanteils nicht zur Anwendung kommt (BGH 19.4.1999, BGHZ 141, 207 (213) = NJW 1999, 2594; BGH 12.12.2005, NJW-RR 2006, 1415 Rn. 3 aE; ebenso die hL, → Rn. 122). Diese Einschränkung des Formzwangs erklärt sich aber nach richtiger Ansicht aus Besonderheiten der Erwerbstreuhand (→ Rn. 122 iVm → Rn. 119) und ist daher nicht dahin zu verallgemeinern, dass die Verpflichtung zur Übertragung künftiger Geschäftsanteile generell dem Formerfordernis entzogen wäre (HCL/*Löbbe* Rn. 60; iErg ebenso *Altmeppen* FS H. P. Westermann, 2008, 771 (778 ff.); Roth/Altmeppen/*Altmeppen* Rn. 81; aA Baumbach/Hueck/*Servatius* Rn. 35). – Der Formzwang des Abs. 4 erstreckt sich ferner auf Verträge, die zur Übertragung von ideellen Bruchteilen an Geschäftsanteilen verpflichten (HCL/*Löbbe* Rn. 61). Über den Wortlaut hinaus werden (in analoger Anwendung des Abs. 4) auch Vereinbarungen erfasst, die eine **Verpflichtung zur Abtretung eines Anspruchs auf Übertragung** eines Geschäftsanteils begründen (MüKoGmbHG/*Reichert/Weller* Rn. 91; *Lieder,* Die rechtsgeschäftliche Sukzession, 2015, 361). Zur Parallelfrage iRd Abs. 3 → Rn. 52.

Nicht nach § 15 Abs. 4 formbedürftig sind hingegen Verträge, die auf die Übertragung von Anteilen 74
an einer **anderen Gesellschaft** oder rechtlich unselbständigen Gesamthandsgemeinschaft (zB Erbengemeinschaft) gerichtet sind, in deren Vermögen sich ein GmbH-Geschäftsanteil befindet. Etwas anderes kann nur in Umgehungsfällen in Betracht kommen. Eine Umgehung darf jedoch nicht schon deshalb bejaht werden, weil sich der Zweck der anderen Gesellschaft in dem Halten und Verwalten von GmbH-Geschäftsanteilen erschöpft (BGH 10.3.2008, NJW-RR 2008, 773 Rn. 11 f.; → Rn. 53 f.).

d) Verpflichtung „eines Gesellschafters". Wie bei Abs. 3 ist auch der Wortlaut des Abs. 4 75
insoweit zu eng, als er nur von der Verpflichtung „eines Gesellschafters" spricht. Anerkanntermaßen erfasst die Vorschrift auch vertragliche Verpflichtungen zur Abtretung eines fremden Geschäftsanteils (RG 13.12.1935, RGZ 149, 385 (397); HCL/*Löbbe* Rn. 50). Erfasst wird nach hM ferner die vertragliche Verpflichtung der GmbH, eigene Geschäftsanteile abzutreten (Baumbach/Hueck/*Servatius* Rn. 33 aE), zB iRe freihändigen Verkaufs nach §§ 23 S. 2, 27 Abs. 2 S. 2 (→ § 23 Rn. 8, → § 27 Rn. 12; anders bei öffentlicher Versteigerung, → § 23 Rn. 6). Zum Formerfordernis bei Verwertung eines Pfandrechts an Geschäftsanteilen → Rn. 109 f. (Verpfändung), → Rn. 131 (Pfändung).

e) Vollmacht. Für die Vollmacht zum Abschluss des Verpflichtungsgeschäfts gilt das zu Abs. 3 76
Gesagte (→ Rn. 56 ff.) entsprechend. Die Vollmacht ist mithin formfrei (§ 167 Abs. 2 BGB), Blankovollmachten sind unzulässig. Ebenfalls formfrei ist nach § 182 Abs. 2 BGB die Genehmigung eines vollmachtlosen Vertretergeschäfts (→ Rn. 56 ff.).

4. Rechtsfolgen; Heilung (Abs. 4 S. 2). a) Allgemeines. Wird die Form des Abs. 4 nicht be- 77
achtet, ist das Verpflichtungsgeschäft nach § 125 S. 1 BGB **nichtig.** In seltenen Ausnahmefällen kann die Berufung auf den Formmangel nach § 242 BGB unzulässig sein (→ Rn. 61). Die Nichtigkeit wird aber nach Abs. 4 S. 2 durch formgerechte Abtretung **geheilt.** Hierdurch soll der Anteilserwerb im Interesse der Rechtssicherheit kondiktionsfest gemacht werden (vgl. Begr. zum GmbHG, Stenogr. Berichte über die Verhandlungen des Reichstags, VIII/1 [1890/92], Nr. 660, 3729; BGH 21.9.1994, BGHZ 127, 129 (136) = NJW 1994, 3227; *Pohlmann,* Die Heilung formnichtiger Verpflichtungsgeschäfte durch Erfüllung, 1992, 91 (93 f.)).

b) Voraussetzungen der Heilung. Die Heilung setzt neben einer formgerechten (und auch sonst 78
wirksamen) Abtretung nach Abs. 3 voraus, dass im Zeitpunkt des Abschlusses des Abtretungsvertrags die **Willensübereinstimmung** der Parteien hinsichtlich des Verpflichtungsgeschäfts fortbesteht (BGH 21.9.1994, BGHZ 127, 129 (135) = NJW 1994, 3227). Denn bis zu diesem Zeitpunkt sind die Parteien an das formunwirksame Verpflichtungsgeschäft nicht gebunden und können die tatsächlich getroffene Einigung widerrufen. Auch eine Partei des Verpflichtungsgeschäfts, die weder Zedent noch Zessionar des Geschäftsanteils ist (zB ein Garantiegeber) muss im Zeitpunkt der Abtretung weiterhin die Geltung des Verpflichtungsgeschäfts wollen (*Stoppel* GmbHR 2010, 225 (228 f.)). Wird die Abtretung aufschiebend bedingt vorgenommen, tritt die Heilung zwar erst ein, wenn die Bedingung eintritt oder auf sie wirksam verzichtet wird (→ Rn. 48). Für die fortbestehende Willensübereinstimmung hinsichtlich des Verpflichtungsgeschäfts kommt es hingegen nicht auf den Eintritt der Bedingung oder den Bedingungsverzicht an, sondern auf den Zeitpunkt, in dem die Bindung an das Verfügungsgeschäft eintritt, also den formgerechten Abschluss des Abtretungsvertrags (BGH 21.9.1994, BGHZ 127, 129 (135 ff.) = NJW 1994, 3227; HCL/*Löbbe* Rn. 103). Die Heilung setzt dagegen nicht voraus, dass die Parteien von der Formnichtigkeit des Verpflichtungsgeschäfts Kenntnis hatten (HCL/*Löbbe* Rn. 103).

Die Heilung formunwirksamer Verpflichtungen zur Anteilsübertragung kommt nicht nur in Betracht, 79
wenn die notarielle Form ganz fehlt, sondern auch dann, wenn das gewollte Verpflichtungsgeschäft nur unvollständig beurkundet wurde. Bedeutung hat dies zB für den Kauf mit **„Schwarzgeldabrede"**, bei dem die Parteien bewusst einen zu niedrigen Kaufpreis beurkunden lassen. Der notarielle Kaufvertrag ist gem. § 117 Abs. 1 BGB nichtig; der eigentlich gewollte Kaufvertrag zu dem höheren Kaufpreis, der

zunächst nach § 117 Abs. 2 BGB, § 125 S. 1 BGB ebenfalls nichtig war, wird dagegen durch die wirksame Abtretung geheilt (BGH 23.2.1983, NJW 1983, 1843; Baumbach/Hueck/*Servatius* Rn. 36). Dabei steht es der Heilung nicht entgegen, wenn Verpflichtungsgeschäft und Abtretung – wie häufig – in **derselben notariellen Urkunde** enthalten sind (BGH 21.9.1994, BGHZ 127, 129 (132) = NJW 1994, 3227; OLG Frankfurt a. M. 21.2.2012, NZG 2012, 466 (467); Baumbach/Hueck/*Servatius* Rn. 36; → Rn. 5). Voraussetzung ist freilich immer, dass die Abtretung ihrerseits formwirksam beurkundet wurde. Sind Verpflichtungsgeschäft und Abtretung in derselben Urkunde enthalten und bestimmte **Nebenabreden** bei der Beurkundung nicht mit verlesen worden, kommt es darauf an, ob sich diese Nebenabreden nur auf das Verpflichtungsgeschäft oder auf die Abtretung beziehen. Sofern sie sich nur auf das Verpflichtungsgeschäft beziehen, ist die Abtretung ihrerseits vollständig und damit wirksam beurkundet, sodass der Heilung des Verpflichtungsgeschäfts nichts im Wege steht (OLG Frankfurt a. M. 21.2.2012, NZG 2012, 466 mzustAnm *Winkler* MittBayNot 2012, 404).

80 **c) Wirkung der Heilung.** Die Heilungswirkung erstreckt sich bei Zugrundelegung des Vollständigkeitsgrundsatzes (→ Rn. 64 f.) auf das **gesamte Verpflichtungsgeschäft mit allen Nebenabreden,** die nach dem Vollständigkeitsgrundsatz formbedürftig sind (BGH 29.1.1992, NJW-RR 1992, 991; MüKoGmbHG/*Reichert/Weller* Rn. 126). Wird bei der Veräußerung von Anteilen an einer GmbH & Co. KG nur die Abtretung der Geschäftsanteile der Komplementär-GmbH beurkundet, wird daher auch die formlos vereinbarte Übertragung der Kommanditanteile geheilt (BGH 29.1.1992, NJW-RR 1992, 991; HCL/*Löbbe* Rn. 106; MüKoGmbHG/*Reichert/Weller* Rn. 118; *Verse* Corporate Finance Law 2012, 209 (212) mzN; aA *Heinze* GmbHR 2012, 515 (517)). Die Heilung beschränkt sich auf dasjenige Verpflichtungsgeschäft, in dessen Erfüllung die Abtretung erfolgt (BGH 27.6.2001, NJW 2002, 142 (143); problematisch uU bei Veräußerungsketten, dazu *Pohlmann* GmbHR 2002, 41 (44 f.)). Geheilt wird nur der Formmangel, nicht sonstige Wirksamkeitsmängel. Im formgültigen Abtretungsvertrag kann aber uU eine Bestätigung des unwirksamen Verpflichtungsgeschäfts gem. § 141 BGB zu sehen sein (MüKoGmbHG/*Reichert/Weller* Rn. 125; HCL/*Löbbe* Rn. 104).

81 Die Heilung tritt mit Wirksamwerden der Abtretung, bei aufschiebend bedingter Abtretung also erst mit Bedingungseintritt bzw. Verzicht auf die Bedingung ein (BGH 23.11.1988, NJW-RR 1989, 291 (292); BGH 25.3.1998, BGHZ 138, 195 (203) = NJW 1998, 2360; zum Bedingungsverzicht → Rn. 48). Die Heilung entfaltet nach dem klaren Wortlaut des Abs. 4 S. 2 („wird gültig") ihre Wirkung **ex nunc** (allgM); auch der Verzicht auf eine aufschiebende Bedingung wirkt nicht zurück (BGH 25.3.1998, BGHZ 138, 195 (202 f.) = NJW 1998, 2360). Wegen der ex-nunc-Wirkung wird zB eine Pfändung des Kaufpreisanspruchs, die vor Wirksamwerden der Abtretung erfolgt ist, durch die Abtretung nicht geheilt, sondern bleibt unwirksam (HCL/*Löbbe* Rn. 108). Im Verhältnis der Vertragsparteien untereinander ist dagegen analog § 141 Abs. 2 BGB im Zweifel anzunehmen, dass sie sich so zu stellen haben, als wäre der Vertrag von Anfang an wirksam gewesen (HCL/*Löbbe* Rn. 108; Baumbach/Hueck/*Servatius* Rn. 36).

VI. Erschwerung der Abtretbarkeit (Abs. 5)

82 **1. Zweck und rechtstatsächliche Verbreitung.** Nach Abs. 5 kann die Abtretung der Geschäftsanteile durch den Gesellschaftsvertrag an weitere Voraussetzungen geknüpft werden (sog. **Vinkulierung** der Geschäftsanteile). Es handelt sich dabei um eine Ausnahme zu § 137 S. 1 BGB (BGH 12.6.1975, BGHZ 65, 22 (24 f.) = NJW 1975, 1835; MüKoBGB/*Armbrüster* BGB § 137 Rn. 23), der dinglich wirkende rechtsgeschäftliche Verfügungsbeschränkungen grundsätzlich nicht zulässt. Abs. 5 nennt als in der Praxis mit Abstand wichtigstes Bsp. einer Vinkulierung, dass die Abtretung der Geschäftsanteile von der „Genehmigung" (gemeint ist Zustimmung iSd §§ 182 ff. BGB) der Gesellschaft abhängig gemacht wird. Häufig wird auch an die Zustimmung der Mitgesellschafter angeknüpft. Vinkulierungen dienen einerseits dem **Schutz vor dem Eindringen** nicht genehmer neuer Gesellschafter, andererseits je nach vertraglicher Gestaltung auch der **Verhinderung von Verschiebungen der Beteiligungsverhältnisse** innerhalb des vorhandenen Gesellschafterkreises (zB zur Verhinderung des Aufbaus einer Mehrheitsbeteiligung; zur Konzernbildungskontrolle → Anh. § 13 Rn. 25, 29 ff.). Nach empirischen Erhebungen in verschiedenen Gerichtsbezirken sieht die große Mehrzahl der Satzungen von Mehrpersonen-GmbHs Vinkulierungen vor (*Bayer/Hoffmann/J. Schmidt* GmbHR 2007, 953 (956) (97 %); *Wedemann,* Gesellschafterkonflikte in geschlossenen Kapitalgesellschaften, 2013, 20 (88 %)). Während das Gesetz vom Grundsatz der freien Übertragbarkeit (Abs. 1) als Regelfall ausgeht, verhält es sich in der Praxis also genau umgekehrt. Bei bestimmten Gesellschaften ist die Vinkulierung ausnahmsweise schon kraft Gesetzes angeordnet (§ 28 Abs. 5 S. 2 und 3 WPO, § 50 Abs. 5 S. 2 und 3 StBerG).

83 **2. Einführung und Abänderung von Vinkulierungen.** Abtretungsbeschränkungen können mit dinglicher Wirkung nur **in der Satzung** geregelt werden; außerhalb derselben getroffene Regelungen entfalten nur schuldrechtliche Wirkung. Abtretungsbeschränkungen können schon bei der Gründung oder nachträglich durch Satzungsänderung in der Satzung verankert werden. Wie im Aktienrecht (§ 180 Abs. 2 AktG) bedarf es bei der **nachträglichen Einführung** oder Verschärfung einer Vinkulierung der

Zustimmung aller Gesellschafter (hM, RG 4.4.1908, RGZ 68, 210 (211 f.); OLG Dresden 10.5.2004, GmbHR 2004, 1080; OLG München 23.1.2008, GmbHR 2008, 541; *Goette/Goette* Die GmbH § 5 Rn. 47; MüKoGmbHG/*Reichert/Weller* Rn. 395; aA *Frenzel* GmbHR 2008, 983). Die (verschärfte) Klausel gilt dann nach zutreffender Ansicht im Zweifel für alle noch nicht vollzogenen Anteilsübertragungen (Lutter/Hommelhoff/*Bayer* Rn. 73; MüKoGmbHG/*Reichert/Weller* Rn. 395; einschr. – keine Wirkung, sofern Geschäftsanteil bereits bindend angeboten wurde – OLG Brandenburg 24.3.1999, NZG 1999, 828 (830 f.) mablAnm *Michalski/de Vries;* Roth/Altmeppen/*Altmeppen* Rn. 98). Ob das Erfordernis allseitiger Zustimmung auch für die **nachträgliche Aufhebung** oder Lockerung der Vinkulierung gilt, hängt von der jeweiligen Ausgestaltung in der Satzung ab. Sofern die Vinkulierungsklausel einen Beschluss verlangt, für den eine höhere als die satzungsändernde Mehrheit erforderlich ist, wird die Satzung im Zweifel so auszulegen sein, dass dieses Mehrheitserfordernis auch für die Aufhebung oder Lockerung der Vinkulierung gelten soll (OLG Düsseldorf 27.2.1964, GmbHR 1964, 250; *Reichert* BB 1985, 1496 (1498); MüKoGmbHG/*Reichert/Weller* Rn. 396; HCL/*Löbbe* Rn. 229; *Heckschen/Weitbrecht* NZG 2019, 721 (736); vgl. auch OLG Stuttgart 12.5.1999, NZG 2000, 159 (165); aA aber OLG Hamm 30.8.2001, NZG 2002, 783 (784 f.); OLG Stuttgart 14.2.1974, GmbHR 1974, 257 (259) mablAnm *Konow* für den Fall, dass die Satzung auch bei Vererbung keine Schutzvorkehrungen gegen das Eindringen außenstehender Dritter vorsieht).

3. Inhaltliche Ausgestaltung von Vinkulierungen. a) Allgemeines, Geltungsbereich. Hinsichtlich der inhaltlichen Ausgestaltung der Vinkulierungsklausel besteht weitgehende Gestaltungsfreiheit. Die Abtretbarkeit kann sogar **ganz ausgeschlossen** werden (ganz hM; BayObLG 24.11.1984, NJW-RR 1989, 687 (688); Baumbach/Hueck/*Servatius* Rn. 38; *Asmus,* Die vinkulierte Mitgliedschaft, 2001, 78 ff.). Den Gesellschaftern bleibt aber das unabdingbare Austrittsrecht aus wichtigem Grund (→ § 34 Rn. 24). Die Satzung kann auf vielfältige Weise **differenzieren,** zB die Abtretungserschwerung nur für bestimmte Fälle (etwa Veräußerung an außenstehende Dritte) oder nur für bestimmte Gesellschafter vorsehen (bei nachträglicher Einführung in den Grenzen des Gleichbehandlungsgebots, → § 14 Rn. 69 ff.). Ferner können bei Zustimmungserfordernissen bestimmte Kriterien (zB Eigenschaften des Erwerbers) für die Erteilung bzw. Verweigerung der Zustimmung festgelegt werden. Neben oder anstelle von Zustimmungsvorbehalten können auch andere Abtretungserschwerungen vorgesehen werden, zB Vorerwerbsrechte der Gesellschaft oder der Mitgesellschafter (→ § 14 Rn. 66), verschärfte Formerfordernisse oder die Übergabe des Anteilsscheins (→ § 14 Rn. 39 ff.). In jedem Fall muss sich die Abtretungserschwerung der Satzung **klar und deutlich** entnehmen lassen. Bei Unklarheiten ist von den jeweils geringeren Anforderungen auszugehen (BGH 13.7.1967, BGHZ 48, 141 (144) = NJW 1967, 2159). 84

Vinkulierungen nach Abs. 5 gelten **nur für das Verfügungsgeschäft** der Abtretung von Geschäftsanteilen (oder Bruchteilen an Geschäftsanteilen iSd § 747 S. 1 BGB), nicht für das zugrunde liegende Verpflichtungsgeschäft (allgM). Nach § 1069 Abs. 1 BGB, § 1274 Abs. 1 BGB finden sie auch auf Belastungen des Geschäftsanteils mit einem Nießbrauch oder Pfandrecht Anwendung (→ Rn. 102, → Rn. 112). Der Übergang im Wege der **Erbfolge** kann dagegen **nicht** nach Abs. 5 eingeschränkt werden. Auch die Verfügung über einen Erbteil iSd § 2033 Abs. 1 fällt nicht unter Abs. 5, selbst wenn zum Nachlass ein GmbH-Anteil gehört (BGH 5.11.1984, BGHZ 92, 386 (393 f.) = NJW 1985, 2592; Scholz/*Seibt* § 18 Rn. 9). Dagegen ist Abs. 5 anwendbar, soweit es um die Abtretung von Geschäftsanteilen in Erfüllung einer Teilungsanordnung oder eines Vermächtnisses geht. Es ist dann eine Frage der Auslegung der jeweiligen Vinkulierungsklausel, ob auch diese Fälle erfasst werden sollen (→ Rn. 33 f.). 85

Keine Anwendung findet Abs. 5 auch in den Fällen der (partiellen) **Gesamtrechtsnachfolge nach dem UmwG.** Beteiligt sich ein Gesellschafter der GmbH als übertragender Rechtsträger an einer Verschmelzung, gehen seine Geschäftsanteile somit ungeachtet der Vinkulierung gem. § 20 Abs. 1 Nr. 1 UmwG auf den übernehmenden Rechtsträger über (Lutter/*Grunewald* UmwG § 20 Rn. 16 mwN). Dasselbe gilt gem. § 131 Abs. 1 Nr. 1 UmwG, wenn der GmbH-Gesellschafter als übertragender Rechtsträger im Wege der Spaltung einen Vermögensteil überträgt, zu dem ua vinkulierte Geschäftsanteile gehören (nach Aufhebung des § 132 UmwG aF heute ganz hM, OLG Hamm 16.4.2014, NZG 2014, 783 (784 f.) mzustAnm *Wachter* GmbHR 2014, 940; *Lieder/Scholz* ZIP 2015, 1705 (1707 f.); → UmwG § 131 Rn. 6 mwN; aA bzgl. Abspaltung und Ausgliederung *A. Teichmann* GmbHR 2014, 393). Besteht der im Wege der Spaltung zu übertragende Vermögensteil im Wesentlichen nur aus vinkulierten Anteilen, ist allerdings zu prüfen, ob die Spaltung rechtsmissbräuchlich zur Umgehung der Vinkulierung eingesetzt wird (näher BeckOGK/*Verse* UmwG § 123 Rn. 83 ff.). Davon zu unterscheiden ist die Frage, wie sich Vinkulierungsklauseln in der Satzung des übertragenden oder des übernehmenden Rechtsträgers auf Umwandlungsvorgänge auswirken; s. dazu § 13 Abs. 2 UmwG, § 125 S. 1 UmwG, § 193 Abs. 2 UmwG (übertragender Rechtsträger) und § 29 Abs. 1 S. 2 UmwG, § 125 S. 1 UmwG (übernehmender Rechtsträger); ausf. *Blasche* RNotZ 2013, 515 (532 ff.). 85a

Ebenso wenig finden Vinkulierungsklauseln Anwendung, wenn ihr Sinn und Zweck (→ Rn. 82) ersichtlich nicht betroffen ist. Eine solche einschränkende Auslegung ist namentlich in der **Einpersonen-GmbH** angezeigt (BGH 15.4.1991, NJW-RR 1991, 926 (927); MüKoGmbHG/*Reichert/Weller* 85b

Rn. 367). Ebenso verhält es sich in der Zweipersonen-GmbH, wenn der eine Gesellschafter seine Geschäftsanteile an den anderen überträgt (MüKoGmbHG/*Reichert/Weller* Rn. 367; Lutter/Hommelhoff/*Bayer* Rn. 70).

86 **b) „Mittelbare" Vinkulierungen.** Abs. 5 ermächtigt nur zu Vinkulierungen der Geschäftsanteile der GmbH und ermöglicht daher keine dinglich wirkenden Beschränkungen von Anteilsübertragungen, die im mittelbaren Gesellschafterkreis stattfinden. Hierdurch droht die Gefahr einer Umgehung der Vinkulierung, zB wenn ein Gesellschafter seinen Geschäftsanteil über eine Zwischenholding hält und die Anteile an der Zwischenholding an einen Dritten überträgt. In solchen Fällen ist zunächst im ersten Schritt durch **Auslegung** zu ermitteln, ob die Anteilsübertragung zwischen den mittelbaren Gesellschaftern nach dem Sinn und Zweck der Vinkulierungsklausel verboten sein soll. Auch ohne explizite Regelung in der Satzung wird dies namentlich in **zwei Fallgruppen** als naheliegend angesehen (OLG Naumburg 22.1.2004, NZG 2004, 775 (779); OLG Köln 7.12.1987, BeckRS 2005, 13618; Roth/Altmeppen/*Altmeppen* Rn. 116 f.; *Reichert* Liber amicorum Happ, 2006, 241 (242 ff.) (übereinstimmend MüKoGmbHG/*Reichert/Weller* Rn. 370 ff.); einschr. *Binz/Mayer* NZG 2012, 201 (208 f.); Scholz/*Seibt* Rn. 111a): (1.) wenn der Geschäftsanteil von einer reinen Zwischenholding gehalten wird, deren (nahezu) gesamtes Vermögen in dem Geschäftsanteil besteht und deren Anteile nunmehr ganz oder mehrheitlich übertragen werden; und (2.), wenn der Geschäftsanteil zunächst mit Zustimmung der Mitgesellschafter oder in Ausnutzung einer Klausel, die konzerninterne Übertragungsvorgänge von der Vinkulierung freistellt, an eine Tochtergesellschaft des Gesellschafters übertragen wird und die Anteile an der Tochter daraufhin ganz oder mehrheitlich an einen Dritten veräußert werden.

87 Ergibt die Auslegung, dass die fragliche Anteilsübertragung zwischen mittelbaren Gesellschaftern dem Vinkulierungszweck zuwiderläuft, stellt sich im zweiten Schritt die Frage nach den **Sanktionen.** Im Schrifttum ist umstritten, ob die Übertragung der Anteile an der Holding- bzw. Tochtergesellschaft in den beiden genannten Fallgruppen trotz Umgehung der Vinkulierungsklausel dinglich wirksam ist (grundsätzlich bejahend Roth/Altmeppen/*Altmeppen* Rn. 116 f.; Lutter/Hommelhoff/*Bayer* Rn. 95; *Reichert* Liber amicorum Happ, 2006, 241 (247 ff.); HCL/*Löbbe* Rn. 271; aA *Asmus,* Die vinkulierte Mitgliedschaft, 2001, 120 f.; *Liebscher* ZIP 2003, 825 (831 f.)). Richtigerweise wird man differenzieren müssen: Sofern wie in Fallgruppe 2 der Geschäftsanteil selbst „bewegt" wird (Übertragung des Anteils vom veräußerungswilligen Gesellschafter an seine Tochtergesellschaft), ist zunächst zu fragen, ob schon dieser Übertragungsakt wegen Verstoßes gegen Abs. 5 (schwebend) unwirksam ist. Dies kann nach Lage des Einzelfalls durchaus der Fall sein (aA *Blasche* RNotZ 2013, 515 (531)). Eine Vinkulierungsklausel, die konzerninterne Übertragungsvorgänge von dem Zustimmungserfordernis freistellt, wird man nämlich so auslegen müssen, dass die Notwendigkeit der Zustimmung nur entfällt, wenn nicht von vornherein beabsichtigt ist, die Konzerntochter im nächsten Schritt an einen außenstehenden Dritten zu veräußern (OLG Köln 7.12.1987, BeckRS 2005, 13618). Sofern dagegen wie in Fallgruppe 1 der **Geschäftsanteil selbst nicht „bewegt"** wird, sondern der Übertragungsvorgang ausschließlich auf der Ebene mittelbarer Gesellschafter stattfindet, stellt sich die Rechtslage anders dar. In diesem Fall ist die Übertragung trotz Umgehung der Vinkulierungsklausel nach zutreffender Ansicht **dinglich wirksam,** da Abs. 5 nur hinsichtlich der Geschäftsanteile der betroffenen GmbH eine Ausnahme von § 137 BGB zulässt (Roth/Altmeppen/*Altmeppen* Rn. 117; Lutter/Hommelhoff/*Bayer* Rn. 95; HCL/*Löbbe* Rn. 271; *Blasche* RNotZ 2013, 515 (531); *Reichert* Liber amicorum Happ, 2006, 241 (247 ff.); *Reichert* GmbHR 2012, 713 (722); *K. Schmidt* GmbHR 2011, 1289 (1292); *Transfeld* GmbHR 2010, 185 (188); aA *Asmus,* Die vinkulierte Mitgliedschaft, 2001, 120 f.; *Liebscher* ZIP 2003, 825 (831 f.)). Etwas anderes kommt nur ausnahmsweise in Betracht, wenn die Anteilsübertragung aufgrund besonderer Umstände als sittenwidrig (§ 138 Abs. 1 BGB) und damit nichtig anzusehen ist, so zB, wenn ein Wettbewerber unter bewusster Umgehung der Vinkulierungsklausel versucht, sich in kollusivem Zusammenwirken mit dem Veräußerer Zugang zu den Interna eines Konkurrenten zu verschaffen (HCL/*Löbbe* Rn. 271; *Reichert* Liber amicorum Happ, 2006, 241 (250)).

88 Im Regelfall bleiben daher, sofern der Geschäftsanteil selbst nicht bewegt wird, nur **schuldrechtliche Sanktionen.** Diese lassen sich auf die Verletzung der mitgliedschaftlichen Treuepflicht stützen, die auch den mittelbaren Gesellschafter trifft (→ Anh. § 13 Rn. 49) und ihn dazu verpflichtet, den Vinkulierungszweck zu respektieren (HCL/*Löbbe* Rn. 272; *Reichert* Liber amicorum Happ, 2006, 241 (247); *Liebscher* ZIP 2003, 825 (827 ff.); *Blasche* RNotZ 2013, 515 (531)). Die GmbH und ihre Gesellschafter können sich daher mit den auch sonst bei Treuepflichtverletzungen zur Verfügung stehenden Rechtsbehelfen, insbesondere Unterlassungs- und Schadensersatzansprüchen (→ § 14 Rn. 117), gegen Umgehungen von Vinkulierungen zur Wehr setzen (HCL/*Löbbe* Rn. 272; *Reichert* Liber amicorum Happ, 2006, 241 (247); *K. Schmidt* GmbHR 2011, 1289 (1292)). Der Gesellschaftsvertrag kann weitere Schutzinstrumente vorsehen, zB Einziehungs- oder Zwangsabtretungsklauseln (dazu *Blasche* RNotZ 2013, 515 (532); *Verse* in Röthel/K. Schmidt, Konfliktvermeidung in Familienunternehmen, 2014, 33 (40 f.) mwN). Zur Umgehung von Vinkulierungen mithilfe von Treuhandkonstruktionen → Rn. 123 f.; zur Frage der Umgehung durch Liquidation der den Anteil haltenden Gesellschaft *Reichert* Liber amicorum Happ, 2006, 241 (252 ff.); MüKoGmbHG/*Reichert/Weller* Rn. 387 ff.

4. Zustimmungserfordernis. a) Zuständigkeit. aa) Zustimmung der Gesellschaft. Den wichtigsten Anwendungsfall der Vinkulierung bilden Klauseln, welche die Abtretung von der Zustimmung der Gesellschaft oder der Mitgesellschafter abhängig machen. Wer für die Erteilung der Zustimmung zuständig ist, richtet sich nach der jeweiligen Satzungsbestimmung. Macht die Satzung die Abtretung von der „Zustimmung der Gesellschaft" abhängig, wird diese mangels abweichender Regelung durch die **Geschäftsführer** in vertretungsberechtigter Zahl (§ 35) erteilt (BGH 14.3.1998, NJW 1988, 2241 Ls. 1; Baumbach/Hueck/*Servatius* Rn. 42; aA *Immenga,* Die personalistische Kapitalgesellschaft, 1970, 80). Vorbehaltlich einer abweichenden Satzungsregelung ist im Innenverhältnis aber ein **Gesellschafterbeschluss** erforderlich (BGH 14.3.1988, NJW 1988, 2241 (2242); Baumbach/Hueck/*Servatius* Rn. 42). Für diesen genügt gem. § 47 Abs. 1 im Zweifel die einfache Mehrheit (MüKoGmbHG/*Reichert/Weller* Rn. 422). Das Stimmverbot des § 47 Abs. 4 findet nach der Rspr. auf den abtretungswilligen Gesellschafter keine Anwendung (BGH 29.5.1967, BGHZ 48, 163 (167) = NJW 1967, 1963; beiläufig auch BGH 31.5.2011, BGHZ 190, 45 = NZG 2011, 902 Rn. 15; → § 47 Rn. 73; aA Baumbach/Hueck/*Zöllner/Noack* § 47 Rn. 90). Folgt man dem, kann für das Stimmrecht des Erwerbers, falls er schon Gesellschafter ist, nichts anderes gelten. 89

Erteilen die Geschäftsführer die Zustimmung, obwohl der erforderliche Gesellschafterbeschluss fehlt, ist die Zustimmung nach hM wegen der unbeschränkten Vertretungsmacht der Geschäftsführer (§ 37 Abs. 2) grundsätzlich wirksam (RG 13.6.1922, RGZ 104, 413 (414 f.); HCL/*Löbbe* Rn. 244; MHLS/*Ebbing* Rn. 143; vgl. auch BGH 9.6.1954, BGHZ 14, 25 (31) = NJW 1954, 1401 (zu § 17 aF); aA Baumbach/Hueck/*Zöllner/Noack,* 21. Aufl. 2017, § 35 Rn. 92; offengelassen in BGH 14.3.1988, NJW 1988, 2241 (2242 f.)). Eine Einschränkung der Vertretungsmacht der Geschäftsführer ergibt sich aber aus den Grundsätzen des **Missbrauchs der Vertretungsmacht,** wenn der Erklärungsempfänger weiß oder sich ihm aufdrängen muss (Evidenz), dass die Geschäftsführer die Grenzen missachten, die ihrer Vertretungsbefugnis im Innenverhältnis gezogen sind (BGH 14.3.1988, NJW 1988, 2241 (2242 f.); HCL/*Löbbe* Rn. 244). Dies wird regelmäßig der Fall sein, wenn die Zustimmung gegenüber dem veräußernden Gesellschafter erklärt wird oder der Erwerber als Erklärungsempfänger bereits vor der Abtretung Gesellschafter war (HCL/*Löbbe* Rn. 244; MHLS/*Ebbing* Rn. 143). Der „Umweg" über den Missbrauch der Vertretungsmacht ist in den zuletzt genannten Fällen freilich entbehrlich, wenn man § 37 Abs. 2 im Verhältnis zu den Gesellschaftern von vornherein für unanwendbar hält (vgl. *Goette/Goette* Die GmbH § 5 Rn. 58; Roth/Altmeppen/*Altmeppen* Rn. 102; → § 37 Rn. 22). 90

bb) Zustimmung der Gesellschafterversammlung oder eines anderen Gesellschaftsorgans. 91
Anstatt an die Zustimmung der Gesellschaft kann die Abtretung auch an die Zustimmung der Gesellschafterversammlung geknüpft werden. Geschieht dies, ist durch Auslegung zu ermitteln, ob damit nur ein Erfordernis im Innenverhältnis (→ Rn. 89 f.) aufgestellt oder eine eigenständige Abtretungsvoraussetzung iSd § 15 Abs. 5 begründet werden soll. Im Zweifel ist nach heute (wohl) hM Letzteres anzunehmen. Der Gesellschafterbeschluss ist dann ein **auch im Außenverhältnis** zwingendes Wirksamkeitserfordernis. Die Zustimmung durch die Geschäftsführer genügt in diesem Fall also auch dann nicht, wenn kein evidenter Missbrauch der Vertretungsmacht vorliegt (OLG Koblenz 12.1.1989, NJW-RR 1989, 1057; Scholz/*Seibt* Rn. 125; HCL/*Löbbe* Rn. 246 f.; Lutter/Hommelhoff/*Bayer* Rn. 78; aA – wie bei Zustimmung der Gesellschaft (→ Rn. 90) – RG 13.6.1922, RGZ 104, 413 (414 f.); Roth/Altmeppen/*Altmeppen* Rn. 109 unter Hinweis auf die Parallele zu § 68 Abs. 2 AktG; dagegen aber mit Recht Lutter/Hommelhoff/*Bayer* Rn. 78). Für Mehrheitserfordernis und Stimmrecht in der Gesellschafterversammlung gilt das zu → Rn. 89 Gesagte. Auf der Grundlage der hM muss die Zustimmung vorbehaltlich einer abweichenden Satzungsregelung dem Erwerber oder Veräußerer **von der Gesellschafterversammlung** (nicht unbedingt auch den Geschäftsführern) erklärt werden. Ist der Erwerber oder der Veräußerer bei der Beschlussfassung anwesend, genügt dies, wenn kein Vorbehalt gemacht wird (Scholz/*Seibt* Rn. 125). Andernfalls muss die Gesellschafterversammlung als Zustimmungsberechtigte den Geschäftsführer oder eine andere Person zur Übermittlung der Entscheidung ermächtigen (Scholz/*Seibt* Rn. 125, 130; Baumbach/Hueck/*Servatius* Rn. 43). Entsprechendes (also Außenwirkung des Zustimmungserfordernisses; Erklärung durch den Zustimmungsberechtigten) gilt, wenn die Satzung die Zustimmung durch ein **anderes Gesellschaftsorgan** (zB Aufsichtsrat, Beirat) oder einen einzelnen Gesellschafter zur Abtretungsvoraussetzung macht.

cc) Zustimmung „der Gesellschafter". Verlangt die Satzung die Zustimmung „der Gesellschafter", ist durch Auslegung zu ermitteln, ob alle gemeint sind oder nur eine Beschlussmehrheit. Bei einer Gesellschaft, die auf eine Beteiligung einer großen Zahl von Gesellschaftern eingestellt ist, wird im Zweifel mehr für Letzteres sprechen, bei einer auf eine kleine Gesellschafterzahl ausgelegten Gesellschaft mit personalistischem Zuschnitt (Familiengesellschaft) mehr für Ersteres (RG 23.12.1938, RGZ 159, 272 (278 f.); Baumbach/Hueck/*Servatius* Rn. 44). Die Zustimmung ist von den Gesellschaftern selbst zu erklären (hM, → Rn. 91). 92

dd) Zustimmung gesellschaftsfremder Dritter. Nach zutreffender Ansicht kann die Abtretung auch von der Zustimmung eines gesellschaftsfremden Dritten abhängig gemacht werden (wohl hM, 93

MüKoGmbHG/*Reichert/Weller* Rn. 428 f.; Baumbach/Hueck/*Servatius* Rn. 38, 44 mwN; aA HCL/*Löbbe* Rn. 252; *Wiedemann,* Die Übertragung und Vererbung von Mitgliedschaftsrechten bei Handelsgesellschaften, 1965, 104). Ein legitimes praktisches Bedürfnis nach solchen Regelungen besteht zB dann, wenn ein inzwischen ausgeschiedener Gesellschafter die Kontrolle darüber behalten will, ob durch die Veräußerung von ihm eingebrachter Geschäftsanteile nachträglich zu seinen Lasten Steuern ausgelöst werden (vgl. § 22 Abs. 2 S. 1 UmwStG; *Leuering* NZG 2007, 178).

94 **b) Erteilung der Zustimmung. aa) Form.** Die Zustimmung kann nach § 182 Abs. 1 BGB entweder dem Veräußerer oder dem Erwerber erklärt werden. Sie bedarf bei Fehlen einer Satzungsregelung keiner Form (§ 182 Abs. 2 BGB) und kann daher auch **konkludent** erfolgen (BGH 10.5.2006, NJW-RR 2006, 1414; MüKoGmbHG/*Reichert/Weller* Rn. 402). Eine konkludente Zustimmung liegt zB vor, wenn der oder die Zustimmungsberechtigten an der Abtretung aktiv mitwirken (BGH 1.12.1954, BGHZ 15, 324, 329 = NJW 1955, 220; BayObLG 18.3.1991, NJW-RR 1991, 1252 (1253)), etwa indem alle Gesellschafter ihre Anteile an den Erwerber übertragen. Eine konkludente Zustimmung ist auch gegeben, wenn die Mehrheit der Gesellschafter erklärt, die Abtretung sei genehmigt, und die übrigen Zustimmungsberechtigten dem nicht widersprechen (BGH 29.10.1956, BGHZ 22, 101 (108) = NJW 1956, 1873). Gleiches gilt, wenn der Erwerber von allen Zustimmungsberechtigten als Gesellschafter behandelt wird (BGH 29.10.1956, BGHZ 22, 101 (108) = NJW 1956, 1873; BGH 10.5.2006, NJW-RR 2006, 1414). Kommt es auf die Zustimmung der Geschäftsführer an, kann diese uU auch darin erblickt werden, dass die Geschäftsführer eine die Anteilsübertragung berücksichtigende Gesellschafterliste zum Handelsregister einreichen (MüKoGmbHG/*Reichert/Weller* Rn. 402 mwN). Praktisch wird sich diese Frage aber nur selten stellen, da die Gesellschafterliste nach einer Anteilsabtretung grundsätzlich vom beurkundenden Notar zu erstellen ist (§ 40 Abs. 2; zum Sonderfall der Auslandsbeurkundung → Rn. 46b). Stellt die Satzung besondere Formerfordernisse auf, führt deren Nichteinhaltung nach § 125 S. 2 BGB im Zweifel zur Nichtigkeit der Zustimmung (Baumbach/Hueck/*Servatius* Rn. 45; offengelassen in BGH 1.12.1954, BGHZ 15, 324 (330)). Falls alle Gesellschafter der Abtretung zugestimmt haben, wird eine in der Satzung vorgesehene förmliche Ausfertigung der Genehmigungsurkunde durch den Geschäftsführer jedoch nicht als Wirksamkeitsvoraussetzung zu verstehen sein (BGH 1.12.1954, BGHZ 15, 324 (330) = NJW 1955, 220).

95 **bb) Zeitpunkt, Widerruf, Bedingung.** Die Zustimmung kann **vor, bei oder nach** der Abtretung erklärt werden (§§ 183 f. BGB). Auch wenn der Wortlaut der Satzung nur die „vorherige Zustimmung" (Einwilligung) zulässt, wird die Auslegung idR ergeben, dass auch eine nachträgliche Zustimmung (Genehmigung) ausreicht, da sie dem Zweck der Vinkulierung genauso gerecht wird (BGH 8.4.1965, NJW 1965, 1376; OLG Celle 8.7.1998, NZG 1999, 447 (448)). Die Einwilligung (nicht die Genehmigung) ist nach Maßgabe des § 183 BGB widerruflich, soweit sie nicht als unwiderruflich erteilt wurde (BGH 30.6.1980, BGHZ 77, 392 (396) (KG); MüKoGmbHG/*Reichert/Weller* Rn. 399; aA – auch Einwilligung unwiderruflich – Scholz/*Seibt* Rn. 132). Sie kann nicht nur für einen konkreten Übertragungsvorgang, sondern auch für einen bestimmbaren Kreis denkbarer Veräußerungen erteilt werden (HCL/*Löbbe* Rn. 239; obiter auch BGH 17.12.2013, NZG 2014, 184 Rn. 26 aE). Eine Blankozustimmung wird dagegen überwiegend für unwirksam gehalten, da sie den Vinkulierungszweck nicht zu erreichen vermag und deshalb gegen die Satzung verstößt (HCL/*Löbbe* Rn. 239; MüKoGmbHG/*Reichert/Weller* Rn. 397 mwN; ebenso die hM im Aktienrecht, RG 31.3.1931, RGZ 132, 149 (155); K. Schmidt/Lutter/*T. Bezzenberger* AktG § 68 Rn. 23a; aA *Nodoushani* ZGR 2014, 809: uU unzulässig, aber nicht unwirksam). Nicht abschließend geklärt ist, ob und inwieweit die Zustimmung unter einer **Bedingung** erteilt werden kann. Für die Einwilligung wird die Zulässigkeit einer Bedingung überwiegend bejaht (MHLS/*Ebbing* Rn. 142; MüKoGmbHG/*Reichert/Weller* Rn. 401; einschr. Lutter/Hommelhoff/*Bayer* Rn. 86: nur aufschiebende, nicht auflösende Bedingung). Die Genehmigung wird dagegen wegen ihrer Funktion, die schwebende Unwirksamkeit zu beseitigen und die Rechtslage damit zu klären, verbreitet als bedingungsfeindlich angesehen (Staudinger/*Klumpp,* 2019, BGB § 184 Rn. 15; MHLS/*Ebbing* Rn. 142; für Zulässigkeit aufschiebender Bedingungen dagegen Lutter/Hommelhoff/*Bayer* Rn. 86; *Blasche* RNotZ 2013, 515 (522); generell gegen Bedingungsfeindlichkeit Spindler/Stilz/*Cahn* AktG § 68 Rn. 62 zur Parallelfrage im Aktienrecht).

96 **cc) Entscheidung über die Zustimmung.** Mangels anderweitiger Vorgaben in der Satzung steht die Entscheidung über die Erteilung oder Verweigerung der Zustimmung grundsätzlich im **Ermessen** des Zustimmungsberechtigten. Die Ablehnung braucht daher nicht durch einen wichtigen Grund gerechtfertigt zu sein (Scholz/*Seibt* Rn. 127; HCL/*Löbbe* Rn. 254). IRd Ermessensausübung sind jedoch die bestehenden Treubindungen sowie der Gleichbehandlungsgrundsatz zu beachten (pflichtgemäßes Ermessen; vgl. auch BGH 1.12.1986, NJW 1987, 1019 (1020) (AG)). Aufgrund dieser Pflichtbindung kann das Ermessen im Einzelfall auf null reduziert sein (OLG Hamm 6.4.2000, NJW-RR 2001, 109 (111); Baumbach/Hueck/*Servatius* Rn. 46). So gebietet der **Gleichbehandlungsgrundsatz** die Erteilung der Zustimmung (aktive Gleichbehandlung), wenn anderen Gesellschaftern die Zustimmung stets erteilt worden ist und keine sachliche Rechtfertigung dafür besteht, von dieser Linie abzuweichen

(→ § 14 Rn. 90). Die **Treuepflicht** verlangt eine angemessene Rücksichtnahme auf das Veräußerungsinteresse des abtretungswilligen Gesellschafters. Daraus ergibt sich eine Pflicht zur Zustimmung, wenn kein nach dem Sinn der Vinkulierung beachtlicher Verweigerungsgrund ersichtlich ist (Scholz/*Seibt* Rn. 127) oder wenn die Verweigerung unverhältnismäßig in die Interessen des veräußerungswilligen Gesellschafters eingreifen würde. Letzteres ist zB denkbar, wenn der Gesellschafter zur Sicherung seiner Existenz auf die Veräußerung der Geschäftsanteile angewiesen und keiner der übrigen Gesellschafter bereit ist, die Anteile zu einem angemessenen Preis zu übernehmen (BGH 1.12.1986, NJW 1987, 1019 (1020) (AG); HCL/*Löbbe* Rn. 254; näher dazu *H. P. Westermann* FS U. Huber, 2006, 997 (1010 ff.)). Eine Zustimmungspflicht kann sich auch im Wege der Auslegung der Satzung ergeben. Wenn etwa nach der Satzung der Erbe eines Gesellschafters ungehindert in der Gesellschaft verbleiben kann, spricht dies dafür, dass die Mitgesellschafter auch einer Übertragung im Wege der vorweggenommenen Erbfolge zustimmen müssen (OLG Hamm 6.4.2000, NJW-RR 2001, 109 (111)).

Umgekehrt kann sich das Ermessen auch dahin reduzieren, dass die Erteilung der Zustimmung 97
unzulässig ist. Dies wird namentlich in Fällen diskutiert, in denen die Zustimmung dazu führen würde, dass die Gesellschaft in die Abhängigkeit des Erwerbers geriete (konzernrechtlicher Präventivschutz; → Anh. § 13 Rn. 29 ff.).

dd) Durchsetzung einer Zustimmungspflicht. Besteht eine Pflicht zur Zustimmung, können der 98
veräußerungswillige Gesellschafter und, falls er bereits Gesellschafter ist, auch der Erwerber (KG Berlin 2.1.2001, NZG 2001, 508) die Zustimmung im Wege der **Leistungsklage** einklagen, und zwar selbst dann, wenn die Frist für eine Anfechtungsklage gegen den ablehnenden Beschluss der Gesellschafterversammlung bereits verstrichen ist (OLG Koblenz 12.1.1989, NJW-RR 1989, 1057 (1058); MüKoGmbHG/*Reichert/Weller* Rn. 436; aA *Reichert/M. Winter* FS 100 Jahre GmbHG, 1992, 209 (227)). Passivlegitimiert ist die GmbH, sofern es um die Zustimmung der Gesellschaft geht, nach hM aber auch dann, wenn die Zustimmung eines Gesellschaftsorgans (zB der Gesellschafterversammlung) begehrt wird (OLG Koblenz 12.1.1989, NJW-RR 1989, 1057 (1058); BeckOK GmbHG/*Wilhelmi* Rn. 179; krit. MüKoGmbHG/*Reichert/Weller* Rn. 431). Auf die Beteiligung der Mitgesellschafter als Nebenintervenienten soll es dabei nicht ankommen (OLG Koblenz 12.1.1989, NJW-RR 1989, 1057 (1058)). Alternativ kommt eine Anfechtungsklage verbunden mit einer positiven Beschlussfeststellungsklage in Betracht (OLG Koblenz 12.1.1989, NJW-RR 1989, 1057; MüKoGmbHG/*Reichert/Weller* Rn. 436). Verlangt die Satzung dagegen die Zustimmung jedes einzelnen Gesellschafters, muss die Klage gegen die Gesellschafter selbst gerichtet werden (MüKoGmbHG/*Reichert/Weller* Rn. 431).

c) Wirkung. Wird der Abtretungsvertrag nach vorheriger Zustimmung (Einwilligung) abgeschlossen, 99
ist er ohne weiteres wirksam. Im Übrigen ist er bis zur Erteilung oder Verweigerung der Genehmigung **schwebend unwirksam** (BGH 28.4.1954, BGHZ 13, 179 (186) = NJW 1954, 1155 (KG); Baumbach/Hueck/*Servatius* Rn. 47). Dies gilt auch, wenn vor Abschluss des Abtretungsvertrags die Einwilligung verweigert wurde; die verweigerte Einwilligung führt mithin nicht zu endgültiger Unwirksamkeit (BGH 29.5.1967, BGHZ 48, 163 (166); allgM). Soweit nichts anderes bestimmt ist, wirkt die Genehmigung zurück (§ 184 Abs. 1 BGB). Im Verhältnis zur Gesellschaft ist allerdings § 16 Abs. 1 zu beachten. Auch § 184 Abs. 2 BGB, § 185 Abs. 2 BGB finden Anwendung (MüKoGmbHG/*Reichert/Weller* Rn. 404 f.). Wird die Genehmigung verweigert, wird der Abtretungsvertrag endgültig unwirksam (BGH 28.4.1954, BGHZ 13, 179 (187) = NJW 1954, 1155 (KG); BGH 29.5.1967, BGHZ 48, 163 (166); Baumbach/Hueck/*Servatius* Rn. 47). Eine später doch noch erteilte Genehmigung ändert daran nichts; es ist eine formgerechte Neuvornahme der Abtretung nötig (Scholz/*Seibt* Rn. 133; HCL/*Löbbe* Rn. 240, 259; aA *K. Schmidt* FS Beusch, 1993, 759 (779 f.)). Etwas anderes soll nach wohl hM aber gelten, wenn die Genehmigung rechtswidrig verweigert worden ist; in diesem Fall soll der Abtretungsvertrag in der Schwebe bleiben (Lutter/Hommelhoff/*Bayer* Rn. 89; MüKoGmbHG/*Reichert/Weller* Rn. 406; HCL/*Löbbe* Rn. 240; *K. Schmidt* FS Beusch, 1993, 759 (779 f.); vgl. auch BGH 29.9.1989, BGHZ 108, 380 (384 f.) = NJW 1990, 508 (für Grundstückskaufvertrag); aA – zwischen rechtswidriger und unwirksamer Verweigerung diff. – Spindler/Stilz/*Cahn* AktG § 68 Rn. 72 iVm Rn. 68). – Hat in einer Zweipersonen-GmbH der eine Gesellschafter seine Geschäftsanteile an einen Dritten abgetreten und war diese Abtretung nur aufgrund der fehlenden Zustimmung des anderen Gesellschafters schwebend unwirksam, wird die Abtretung in entsprechender Anwendung des § 185 Abs. 2 BGB wirksam, sobald der Dritte den Anteil des anderen Gesellschafters erwirbt (OLG Hamm 27.6.1983, GmbHR 1985, 22; MHLS/*Ebbing* Rn. 136; MüKoGmbHG/*Reichert/Weller* Rn. 367).

VII. Belastung des Geschäftsanteils, Treuhand und Unterbeteiligung

1. Verpfändung. a) Bestellung des Pfandrechts. aa) Allgemeines. Die Verpfändung von Ge- 100
schäftsanteilen hat in der Finanzierungspraxis erhebliche Bedeutung. Gegenüber der funktional vergleichbaren Sicherungsabtretung hat sie für den Sicherungsnehmer den Vorteil, dass er nicht Gesellschafter wird und daher grundsätzlich (→ Rn. 107) nicht in die Gesellschafterpflichten einrückt (*H. Roth* ZGR 2000, 187 (219)). Die Verpfändung richtet sich gem. § 1274 Abs. 1 S. 1 BGB nach den

für die Übertragung geltenden Vorschriften. Die dingliche Pfandrechtsbestellung an Geschäftsanteilen bedarf daher der **Form des § 15 Abs. 3** (allgM). Dagegen ist die zugrunde liegende Verpflichtung zur Verpfändung nicht nach Abs. 4 formbedürftig (ganz hM, RG 2.6.1904, RGZ 58, 223 (224); Soergel/*Habersack* BGB § 1274 Rn. 36; MüKoGmbHG/*Reichert/Weller* Rn. 285; Scholz/*Seibt* Rn. 176; *v. Rom* WM 2007, 2223 (2224 f.); *Verse* Corporate Finance Law 2012, 209 (210 f.); *Schlieter,* Verpfändung von GmbH-Geschäftsanteilen, 2008, 25 ff., 35; aA MüKoBGB/*Damrau* BGB § 1274 Rn. 57 unter Hinweis auf die angebliche Warnfunktion des Abs. 4, die diesem jedoch nach hM nicht zukommt, → Rn. 62).

101 Der **Umfang der Beurkundungspflicht** nach § 1274 Abs. 1 BGB iVm § 15 Abs. 3 erstreckt sich auf den verpfändeten Geschäftsanteil, die Bestellung und Ausgestaltung des Pfandrechts (zB Bedingung und Befristung des Pfandrechts, dinglich wirkende Abreden über die Pfandrechtsverwertung) sowie die gesicherte Forderung (*v. Rom* WM 2007, 2223 (2226 ff.); *Verse* Corporate Finance Law 2012, 209 (214 f.)). Die gesicherte Forderung muss aber nicht in allen Einzelheiten (Fälligkeit, Höhe etc) bezeichnet werden. Es genügt, dass sie anhand der beurkundeten Angaben hinreichend deutlich bestimmbar ist (*v. Rom* WM 2007, 2223 (2226 f.); *Heidenhain* GmbHR 1996, 275; *Schlieter,* Verpfändung von GmbH-Geschäftsanteilen, 2008, 18 ff.). Der die Forderung begründende Vertrag (zB Darlehensvertrag) muss daher nicht beurkundet werden. Falls in dem dinglichen Verpfändungsvertrag auf Vorschriften des die Forderung begründenden Vertrags verwiesen wird, werden allerdings teilweise die in Bezug genommenen Passagen für formbedürftig gehalten (*Siegert/Hasselbach* GmbHR 1999, 633 (634 f.)). Dies trifft jedoch nur zu, soweit die Verweisungen die eigentliche Verpfändung, dh die Ausgestaltung des dinglichen Rechts, und nicht nur schuldrechtliche Abreden zwischen den Parteien betreffen (zur Abgrenzung *v. Rom* WM 2007, 2223 (2226 ff.); *Verse* Corporate Finance Law 2012, 209 (214 f.)). Bei der Verpfändung von Anteilen an einer GmbH & Co. KG bedarf nach zutreffender Ansicht nur die Verpfändung der Anteile an der Komplementär-GmbH der Beurkundung, nicht die damit zusammenhängende Verpfändung der Kommanditanteile (*v. Rom* WM 2007, 2223 (2227 f.); Scholz/*Seibt* Rn. 174; *Verse* Corporate Finance Law 2012, 209 (211 ff.); *Werner* GmbHR 2008, 755 (757 f.); aA *Kupjetz* GmbHR 2004, 1006 (1007); Reichert/*Schlitt/Bortfeldt* GmbH & Co. KG § 38 Rn. 5).

102 Neben dem Formerfordernis ist iRd Pfandrechtsbestellung gem. § 1274 Abs. 1 S. 1 BGB grundsätzlich auch eine für Abtretungen vorgesehene **Vinkulierung** iSd § 15 Abs. 5 zu beachten (hM, OLG Karlsruhe 11.7.1901, OLGE 3, 263; Lutter/Hommelhoff/*Bayer* Rn. 111; Soergel/*Habersack* BGB § 1274 Rn. 36; MüKoGmbHG/*Reichert/Weller* Rn. 289; Scholz/*Seibt* Rn. 172 mwN; aA *Liebscher/Lübke* ZIP 2004, 241 (250 f.); Spindler/Stilz/*Cahn* AktG § 68 Rn. 34 (zur AG)). Die Satzung kann die Verpfändung aber gesondert regeln und im Vergleich zur Abtretung erschweren (auch ganz ausschließen) oder erleichtern (Baumbach/Hueck/*Servatius* Rn. 49; MüKoGmbHG/*Reichert/Weller* Rn. 289 mwN; zur Übergabe von Anteilsscheinen → § 14 Rn. 40). Allein der Umstand, dass die Vinkulierungsklausel nur die Abtretung erwähnt, zur Verpfändung aber schweigt, berechtigt aber ohne weitere Anhaltspunkte im Gesellschaftsvertrag noch nicht zu der Annahme, dass die Vinkulierung abweichend von § 1274 Abs. 1 S. 1 BGB nicht auch für die Verpfändung gelten soll (aA *Blasche* RNotZ 2013, 515 (516); *Nodoushani* ZGR 2014, 809 (831 f.)). Die Verpfändung bedarf zu ihrer Wirksamkeit **keiner Anzeige nach § 1280 BGB,** da es sich bei dem Geschäftsanteil nicht um eine Forderung handelt (RG 26.4.190, RGZ 57, 414 (415); MüKoGmbHG/*Reichert/Weller* Rn. 287; Scholz/*Seibt* Rn. 175; → Rn. 104). Dies gilt auch, wenn es sich um ein Nutzungspfand (§ 1273 Abs. 2 BGB, § 1213 Abs. 1 BGB) handelt (MüKoBGB/*Damrau* BGB § 1274 Rn. 57; aA *Pilger* GmbHR 2009, 193). Die Wirksamkeit der Verpfändung hängt auch nicht von der Eintragung des Pfandrechts in die Gesellschafterliste ab (allgM). Vereinzelt wird allerdings die Ansicht vertreten, dass entsprechend § 16 Abs. 1 die Rechte des Pfandgläubigers im Verhältnis zur Gesellschaft nur nach Eintragung des Pfandrechts in die Gesellschafterliste geltend gemacht werden könnten (*Reymann* GmbHR 2009, 343 (347)). Dem ist jedoch mit der ganz hM nicht zu folgen (*Hasselmann* NZG 2009, 449 (451); Baumbach/Hueck/*Fastrich* Rn. 49; HCL/*Löbbe* § 16 Rn. 37; Scholz/*Seibt* § 16 Rn. 20). Die Verpfändung ist schon **keine eintragungsfähige Tatsache,** da diese Angabe in § 8 Abs. 1 Nr. 3, § 40 Abs. 1 S. 1 nicht vorgesehen ist und das Gebot der Registerklarheit einer Ergänzung der Liste um weitere Angaben grundsätzlich entgegensteht (BGH 20.9.2011, BGHZ 191, 84 = NZG 2011, 1268 Rn. 10; BGH 24.2.2015 NJW 2015, 1303 Rn. 9 (jew. nicht speziell zur Verpfändung); Lutter/Hommelhoff/*Bayer* § 40 Rn. 41; HCL/*Löbbe* § 16 Rn. 13, 37 mwN; → § 40 Rn. 4; aA LG Aachen 6.4.2009, RNotZ 2009, 409 mzustAnm *Reymann; Heidinger* FS Stilz, 2014, 253 (256 ff.); *Rieg,* Erwerb vom Nichtberechtigten und Liste der Gesellschafter, 2012, 115 ff.; *Fell,* Die GmbH-Gesellschafterliste im Spannungsfeld zwischen Geheimhaltungs- und Veröffentlichungsinteressen, 2017, 385 ff.; bei entsprechender Satzungsregelung auch Scholz/*Seibt* § 16 Rn. 15 f.). Folglich muss es dem Pfandgläubiger möglich sein, seine Rechte gegenüber der Gesellschaft auch ohne Eintragung geltend zu machen, sofern er nur seine materielle Berechtigung der Gesellschaft mitgeteilt und nachgewiesen hat (entsprechend § 40 Abs. 1 S. 2; *Hasselmann* NZG 2009, 449 (451)). Solange das nicht geschehen ist, sind §§ 1275, 407 Abs. 1 BGB anzuwenden mit der Folge, dass die GmbH schuldbefreiend an den Gesellschafter leisten kann (Rischbieter/Gröning/*Schwichtenberg* 6. Kap. Rn. 7 aE; iErg auch HCL/*Löbbe* § 16 Rn. 37; Scholz/*Seibt* § 16 Rn. 20; *Wicke* Rn. 28). Letztlich

besteht damit kein gravierender Unterschied zur früheren Rechtslage, zu der eine Anmeldeobliegenheit entsprechend § 16 Abs. 1 aF angenommen wurde.

bb) Sonderfälle. Wird ein Geschäftsanteil nach § 46 Nr. 4 geteilt, richtet sich die Verpfändung der daraus entstandenen selbständigen Geschäftsanteile nach den allgemeinen Regeln. Zulässig ist nach hM aber auch die **Teilverpfändung** eines ungeteilten Geschäftsanteils, sofern die Zustimmung der Gesellschafterversammlung hierzu entsprechend § 46 Nr. 4 vorliegt (Scholz/*Seibt* Rn. 177; HCL/*Löbbe* Rn. 162; *Wicke* Rn. 28; aA Rowedder/Schmidt-Leithoff/*Görner* Rn. 104; zur früheren Rechtslage unter Geltung des § 17 aF *Leuschner* WM 2005, 2161). Sollen mehrere verpfändete Geschäftsanteile zu einem Geschäftsanteil **zusammengelegt** werden, so ist dies mit Zustimmung des Pfandgläubigers (entsprechend § 1276 Abs. 2 BGB) jedenfalls dann möglich, wenn die Pfandrechte zugunsten derselben Person bestellt sind; die Pfandrechte setzen sich dann analog § 1287 BGB an dem neuen Geschäftsanteil fort (ausf. *B. Schneider* GmbHR 2019, 1222). Auch ein **künftiger Geschäftsanteil** kann bereits verpfändet werden (Baumbach/Hueck/*Servatius* Rn. 48). Möglich ist ferner auch die Verpfändung von **eigenen Geschäftsanteilen** der GmbH (MüKoGmbHG/*Löwisch* § 33 Rn. 137; *Jordans* GmbHR 2013, R 246). 103

Von der Verpfändung des Geschäftsanteils bzw. eines Teils davon zu unterscheiden ist die **Verpfändung einzelner Rechte,** die aus der Mitgliedschaft erwachsen. Eine solche Verpfändung ist nicht möglich, soweit das **Abspaltungsverbot** (→ § 14 Rn. 45) einer gesonderten Übertragung des betreffenden Rechts entgegensteht. Geht es dagegen um von der Mitgliedschaft verselbständigte und damit nicht dem Abspaltungsverbot unterliegende Gläubigerrechte (zB **Gewinnauszahlungsansprüche,** die sich mit Fassung des Gewinnverwendungsbeschlusses vom Gewinnstammrecht lösen; → § 14 Rn. 47), ist eine Verpfändung zulässig. Sie richtet sich nach den Regeln über die Verpfändung von Forderungen (§§ 1273 ff., 1279 ff. BGB; Anzeige nach § 1280 BGB hier also erforderlich) und unterliegt nicht der Form des § 15 Abs. 3 (MüKoGmbHG/*Reichert/Weller* Rn. 309 ff.). 104

b) Wirkung des Pfandrechts. Durch die Verpfändung erhält der Pfandgläubiger grundsätzlich nur ein **Befriedigungsrecht** an dem Geschäftsanteil (§ 1273 Abs. 2 BGB, § 1204 BGB). Das **Gewinnbezugsrecht** geht dagegen nicht ohne weiteres auf den Pfandgläubiger über; § 1289 BGB ist nicht entsprechend anwendbar (hM, BGH 13.7.1992, BGHZ 119, 191 (194) = NJW 1992, 3035; BGH 14.1.2010, DB 2010, 330 (331) (GbR); MüKoGmbHG/*Reichert/Weller* Rn. 291; aA *H. Roth* ZGR 2000, 187 (219)). Abhilfe schafft aber die Vereinbarung eines Nutzungspfandrechts (§ 1273 Abs. 2 BGB, § 1213 Abs. 1 BGB), das den Pfandgläubiger unmittelbar zum Gewinnbezug gegenüber der GmbH berechtigt (beachte aber §§ 1275, 407 BGB; → Rn. 102). Alternativ kann sich der Pfandgläubiger auch die künftig entstehenden Gewinnauszahlungsansprüche und ggf. weitere Gläubigerrechte gesondert abtreten oder verpfänden lassen (→ Rn. 104). Bei Zwangsvollstreckung anderer Gläubiger ist der Pfandgläubiger durch § 805 ZPO geschützt, in der Insolvenz des Gesellschafters durch das Absonderungsrecht gem. § 50 InsO (zur Insolvenz → Rn. 133). 105

Die **Verwaltungsrechte** aus der Mitgliedschaft, namentlich das **Stimmrecht,** stehen weiter dem Verpfänder zu; das Pfandrecht vermittelt hierauf grundsätzlich keinen Einfluss (BGH 13.7.1992, BGHZ 119, 191 (194 f.) = NJW 1992, 3035; MüKoGmbHG/*Reichert/Weller* Rn. 292). Wenig geklärt ist allerdings, inwieweit Rechtsgeschäfte des Verpfänders **nach § 1276 BGB** der **Zustimmung des Pfandgläubigers** bedürfen, wenn sie zum Untergang des verpfändeten Geschäftsanteils führen oder das Pfandrecht beeinträchtigen. Ohne seine Zustimmung hinzunehmen hat der Pfandgläubiger jedenfalls solche den Anteil betreffende Änderungen, die von den übrigen Gesellschaftern ohne Mitwirkung des Verpfänders beschlossen werden können (zB Ausschluss aus wichtigem Grund; HCL/*Löbbe* Rn. 169). Ferner soll es dem Verpfänder nach hM möglich bleiben, unverzichtbare Mitgliedschaftsrechte ohne Zustimmungsvorbehalt auszuüben, da diese Rechte ihm auch durch die Verpfändung nicht genommen werden dürfen. Dies betrifft insbesondere den Abandon nach § 27, den Austritt aus wichtigem Grund und die Erhebung einer Auflösungsklage nach § 61 (MüKoGmbHG/*Reichert/Weller* Rn. 295; HCL/*Löbbe* Rn. 169; Soergel/*Habersack* BGB § 1274 Rn. 37; aA – uneingeschränkte Anwendung des § 1276 BGB – *H. Roth* ZGR 2000, 187 (216 f., 220); *B. Schneider* ZIP 2018, 1113 (1119 f.); abw. auch *Schlieter,* Verpfändung von GmbH-Geschäftsanteilen, 2008, 114 f.). Das Pfandrecht setzt sich in diesen Fällen entsprechend § 1287 S. 1 BGB an dem Erlösanteil, dem Abfindungsanspruch oder dem Anspruch auf das Auseinandersetzungsguthaben fort (Soergel/*Habersack* BGB § 1274 Rn. 37). Schließlich soll nach hM auch die Stimmrechtsausübung des Verpfänders in der Gesellschafterversammlung – selbst bei Grundlagenentscheidungen wie Satzungsänderungen – trotz ihrer uU sehr weitreichenden Auswirkung auf den Wert des Pfandrechts grundsätzlich nicht unter § 1276 BGB fallen, da die Stimmrechtsausübung als Mitwirkung an der organschaftlichen Willensbildung rein „sozialrechtlichen" Charakter habe und daher von dem Verhältnis zwischen Verpfänder und Dritten zu trennen sei (RG 17.1.1933, RGZ 139, 224 (228 ff.); MüKoGmbHG/*Reichert/Weller* Rn. 296; Scholz/*Priester* § 53 Rn. 99; *Schlieter,* Verpfändung von GmbH-Geschäftsanteilen, 2008, 113 f.; aA *H. Roth* ZGR 2000, 187 (216 f., 220); *B. Schneider* ZIP 2018, 1113 (1117, 1120); vgl. auch *Schön* ZHR 158 (1994), 229 (269) (zur Parallelfrage iRd § 1071 BGB)). Mit Unterschieden im Einzelnen werden im Schrifttum jedoch Ausnahmen von diesem Grund- 106 satz befürwortet, in denen § 1276 BGB doch auf die Stimmrechtsausübung des Verpfänders anwendbar sein soll. Diskutiert wird dies etwa für die Mitwirkung an Beschlüssen, die den Bestand des verpfändeten Geschäftsanteils unmittelbar in Frage stellen, wie zB Auflösungsbeschlüsse (*Siegert/Hasselbach* GmbHR 1999, 633 (637); dagegen jedoch MüKoGmbHG/*Reichert/Weller* Rn. 296 mwN) oder Beschlüsse über eine nicht-verhältniswahrende Spaltung (§ 128 UmwG), die dazu führt, dass sich das Pfandrecht an dem Geschäftsanteil nicht gem. § 131 Abs. 1 Nr. 3 S. 2 UmwG an Anteilen des übernehmenden Rechtsträgers fortsetzen kann (näher BeckOGK/*Verse* UmwG § 128 Rn. 32). Ferner wird dafür plädiert, solche Beschlüsse dem Zustimmungsvorbehalt des Pfandgläubigers zu unterwerfen, die zu einer Vermehrung der den Gesellschaftern obliegenden Leistungen (§ 53 Abs. 3) führen (MüKoGmbHG/*Reichert/Weller* Rn. 297 mwN; dagegen aber RG 17.1.1933, RGZ 139, 224 (228 ff.); Scholz/*Priester* § 53 Rn. 99; *Schlieter,* Verpfändung von GmbH-Geschäftsanteilen, 2008, 114). Zudem soll § 1276 BGB dann zur Anwendung kommen, wenn der Beschluss nicht die GmbH als Ganzes betrifft, sondern nur gegen den verpfändeten Geschäftsanteil gerichtet ist (vgl. MüKoGmbHG/*Reichert/Weller* Rn. 296 aE). Weithin anerkannt ist Letzteres namentlich für die Zustimmung des Gesellschafters zu einer freiwilligen Einziehung seines Geschäftsanteils nach § 34 (HCL/*Löbbe* Rn. 170; MüKoGmbHG/*Reichert/Weller* Rn. 297; Soergel/*Habersack* BGB § 1274 Rn. 37). Insgesamt bleibt die Reichweite des § 1276 BGB iRd Stimmrechtsausübung mit erheblichen Unsicherheiten behaftet. Auch soweit man § 1276 BGB für anwendbar hält, ist aber stets zu beachten, dass nur die Stimmabgabe des Verpfänders (nicht der Gesellschafterbeschluss insgesamt) unter dem Zustimmungsvorbehalt steht (HCL/*Löbbe* Rn. 169 aE; *Schön* ZHR 158 (1994), 229 (269)).

106a Ein Verstoß gegen § 1276 BGB führt gem. § 135 Abs. 1 BGB zur **relativen Unwirksamkeit** der betr. Maßnahme gegenüber dem Pfandgläubiger (BGH 26.10.1966, NJW 1967, 200 (201); MüKoBGB/*Damrau* BGB § 1276 Rn. 4; HCL/*Löbbe* Rn. 170; *Schlieter,* Verpfändung von GmbH-Geschäftsanteilen, 2008, 118 mwN; aA OLG Hamm 13.11.1970, GmbHR 1971, 57 (59 f.) zum Parallelproblem beim Nießbrauch: nur Schadensersatz). Voraussetzung für den Eintritt dieser Rechtsfolge ist allerdings auch nach neuem Recht, dass die Verpfändung der GmbH mitgeteilt wurde (Roth/Altmeppen/*Altmeppen* Rn. 59; Lutter/Hommelhoff/*Bayer* Rn. 111; MüKoGmbHG/*Reichert/Weller* Rn. 297; → Rn. 102 aE).

107 In der Vertragspraxis treffen Verpfänder und Pfandgläubiger meist weitergehende **schuldrechtliche Abreden,** die dem Interesse des Pfandgläubigers am Erhalt seiner Sicherheit Rechnung tragen sollen. Denkbar sind zB die Erteilung einer nur aus wichtigem Grund widerruflichen Stimmrechtsvollmacht für den Pfandgläubiger, Stimmbindungsabreden oder Regelungen über Auskunftsrechte des Pfandgläubigers (näher dazu *Kolkmann* MittRhNotK 1992, 1 (11 f.); MüKoGmbHG/*Reichert/Weller* Rn. 300 f.; HCL/*Löbbe* Rn. 171 ff.). Regelungen, die dem Pfandgläubiger weit reichende Befugnisse hinsichtlich der Ausübung der Mitgliedschaftsrechte (insbesondere der Stimm- und sonstigen Verwaltungsrechte) einräumen, bergen allerdings nach der Rspr. die Gefahr, dass er in eine gesellschafterähnliche Position einrückt und deshalb den Kapitalerhaltungsregeln, den Vorschriften über Gesellschafterdarlehen und dem Verbot existenzvernichtender Eingriffe unterworfen wird (vgl. BGH 13.7.1992, BGHZ 119, 191 (194 ff.) = NJW 1992, 3035 zu § 32a Abs. 3 aF; MüKoGmbHG/*Reichert/Weller* Rn. 301; einschr. Scholz/*Verse* § 30 Rn. 51 aE iVm Rn. 49; *Wilhelm,* Dritterstreckung im Gesellschaftsrecht, 2017, 58 ff.; 103 ff., 111 ff.: Gleichstellung des Pfandgläubigers mit einem Gesellschafter setzt voraus, dass ihm nicht nur gesellschafterähnliche Mitwirkungsrechte, sondern auch gesellschafterähnliche Vermögensrechte (Beteiligung an Vermögen oder Ertrag) zustehen).

108 **c) Übertragung und Erlöschen des Pfandrechts.** Die gesicherte Forderung ist **formlos abtretbar,** sofern nichts Abweichendes vereinbart wurde. Mit der Forderung geht nach § 1273 Abs. 2 BGB, § 1250 Abs. 1 BGB, § 401 BGB auch das akzessorische Pfandrecht auf den Zessionar über. Wird der Geschäftsanteil übertragen, wirkt das Pfandrecht als dingliche Belastung gegenüber dem Erwerber fort. Einen gutgläubigen lastenfreien Erwerb ermöglicht auch der neue § 16 Abs. 3 nicht (→ § 16 Rn. 93). Für die **Aufhebung** des Pfandrechts genügt eine einseitige formlose Erklärung des Pfandgläubigers gem. § 1273 Abs. 2 BGB, § 1255 BGB (MüKoGmbHG/*Reichert/Weller* Rn. 318; *Widder* GmbHR 2002, 898 (899 f.)). Auch sonst gelten für das Erlöschen des Pfandrechts die allgemeinen Regeln, insbesondere § 1273 Abs. 2 BGB, § 1252 BGB bei Erlöschen der Forderung.

109 **d) Verwertung des Pfandrechts.** Die Verwertung des Pfandrechts erfolgt **nach dem gesetzlichen Regelfall** im Wege der **Zwangsvollstreckung** (§ 1277 S. 1 BGB), mithin nach den Regeln der Rechtspfändung (§§ 857, 828 ff., 844 ZPO). Hierfür bedarf es zunächst eines vollstreckbaren Titels (zB einer Urkunde iSd § 794 Abs. 1 Nr. 5 ZPO), der auf Duldung der Zwangsvollstreckung in den verpfändeten Geschäftsanteil lautet (*Kolkmann* MittRhNotK 1992, 1 (12); MüKoBGB/*Damrau* BGB § 1274 Rn. 68). Aufgrund dieses Titels hat sodann eine Pfändung des Geschäftsanteils durch das Vollstreckungsgericht zu erfolgen. Ordnet das Gericht die Verwertung des Geschäftsanteils im Wege der öffentlichen Versteigerung durch einen Gerichtsvollzieher an, finden hinsichtlich der **Form** § 15 Abs. 3, 4 keine Anwendung, da der Geschäftsanteil **durch Hoheitsakt** übertragen wird (Scholz/*Seibt* Rn. 194; HCL/*Löbbe* Rn. 175; MüKoBGB/*Damrau* BGB § 1274 Rn. 68; *Schlieter,* Verpfändung von GmbH-

Geschäftsanteilen, 2008, 162). Dagegen sollen nach hM bei einer vom Vollstreckungsgericht angeordneten freihändigen Veräußerung durch den Gerichtsvollzieher § 15 Abs. 3, 4 anwendbar sein (RG 22.6.1940, RGZ 164, 162 (169 ff.); Scholz/*Seibt* Rn. 194; aA MüKoBGB/*Damrau* BGB § 1274 Rn. 68; *Schlieter,* Verpfändung von GmbH-Geschäftsanteilen, 2008, 162). § 15 Abs. 3, 4 sind ferner zu beachten, wenn das Vollstreckungsgericht die Versteigerung oder freihändige Veräußerung durch eine Privatperson angeordnet hat (*Schlieter,* Verpfändung von GmbH-Geschäftsanteilen, 2008, 162).

Um das gesetzlich vorgesehene Verfahren zu vereinfachen, werden häufig **abweichende Abreden** 110 getroffen, die auf die Voraussetzung eines vollstreckbaren Titels verzichten. Gemäß § 1277 S. 1 letzter Hs. BGB ist dies ohne weiteres zulässig (Soergel/*Habersack* BGB § 1277 Rn. 1; *Maier-Reimer/Webering* BB 2003, 1630). Die Verwertung kann auch in diesem Fall durch öffentliche Versteigerung (§ 1273 Abs. 2 BGB, § 1235 Abs. 1 BGB, § 383 Abs. 3 BGB; dazu *Bürger* NotBZ 2011, 8) oder freihändige Veräußerung erfolgen. Letzteres kann aber nach § 1277 S. 2 BGB, § 1245 Abs. 2 BGB, § 1235 Abs. 1 BGB erst ab Eintritt der Pfandreife vereinbart werden (RG 26.11.1920, RGZ 100, 274 (276); HCL/*Löbbe* Rn. 175; *Schlieter,* Verpfändung von GmbH-Geschäftsanteilen, 2008, 164). Gleiches gilt gem. § 1277 S. 2 BGB, § 1229 BGB für Verfallklauseln. Da bei Abbedingung des § 1277 S. 1 Hs. 1 BGB die Verwertung außerhalb der Zwangsvollstreckung nicht-hoheitlich erfolgt, muss die **Form** des § 15 Abs. 3, 4 beachtet werden, und zwar sowohl bei öffentlicher Versteigerung als auch bei freihändiger Veräußerung (*Maier-Reimer/Webering* BB 2003, 1630 (1634); einschr. – bei öffentlicher Versteigerung nur Abs. 3 – HCL/*Löbbe* Rn. 175; Scholz/*Seibt* Rn. 194).

Vinkulierungen nach Abs. 5 stehen nach überwA der Verwertung eines wirksam bestellten Pfand- 111 rechts nicht im Wege. Bei Übertragung iRd Zwangsvollstreckung (→ Rn. 109) ist die Anwendung des Abs. 5 nach hM schon aufgrund des hoheitlichen Charakters der Übertragung ausgeschlossen, jedenfalls soweit es um die öffentliche Versteigerung durch den Gerichtsvollzieher geht (Scholz/*Seibt* Rn. 194; HCL/*Löbbe* Rn. 175; weitergehend – auch bei gerichtlich angeordneter freihändiger Veräußerung durch Gerichtsvollzieher – MüKoBGB/*Damrau* BGB § 1274 Rn. 68; *Schlieter,* Verpfändung von GmbH-Geschäftsanteilen, 2008, 168 iVm 162; aA – Abs. 5 anwendbar – *Liebscher/Lübke* ZIP 2004, 241 (245 ff.); → Rn. 131 zur Pfändung). Bei Übertragung außerhalb der Zwangsvollstreckung (→ Rn. 110) lässt sich zwar nicht auf den hoheitlichen Charakter rekurrieren. Die hM geht aber davon aus, dass in der Zustimmung zur Verpfändung generell zugleich die Zustimmung zur Verwertung liegt (Lutter/Hommelhoff/*Bayer* Rn. 114; HCL/*Löbbe* Rn. 176 mwN; einschr. Scholz/*Seibt* Rn. 194; *Schlieter,* Verpfändung von GmbH-Geschäftsanteilen, 2008, 169 f.; aA *Liebscher/Lübke* ZIP 2004, 241 (245 ff.)).

2. Nießbrauch. a) Bestellung des Nießbrauchs. An GmbH-Geschäftsanteilen kann gem. § 1068 112 Abs. 1 BGB ein Nießbrauch bestellt werden. Die Praxis weicht allerdings häufig auf andere Gestaltungen, insbesondere Treuhandkonstruktionen und Unterbeteiligungen aus, wohl nicht zuletzt deshalb, weil einige Grundsatzfragen des Nießbrauchs an Geschäftsanteilen nicht mit hinreichender Sicherheit geklärt sind. Die **Bestellung** des Nießbrauchs erfolgt nach § 1069 Abs. 1 BGB wie die Übertragung des Geschäftsanteils. Die Ausführungen zur Bestellung des Pfandrechts (→ Rn. 100 ff.), namentlich zur Form des § 15 Abs. 3 und zur Anwendbarkeit von Vinkulierungen nach § 15 Abs. 5, gelten entsprechend. Die Verpflichtung zur Bestellung eines Nießbrauchs unterliegt nicht der Form des § 15 Abs. 4 (Baumbach/Hueck/*Servatius* Rn. 52). Wie die Verpfändung bedarf auch die Nießbrauchsbestellung zu ihrer Wirksamkeit keiner Anmeldung bei der Gesellschaft. Ebenso wenig bedarf es einer Eintragung des Nießbrauchs in die Gesellschafterliste, um die Rechte aus dem Nießbrauch gegenüber der Gesellschaft geltend zu machen (→ Rn. 102 zum Parallelproblem bei der Verpfändung; dort auch zu der Frage, ob Belastungen überhaupt eintragungsfähig sind). Ohne Anzeige gegenüber der GmbH kann diese aber nach § 1070 Abs. 1 BGB, § 407 Abs. 1 BGB schuldbefreiend an den Nießbrauchsbesteller leisten.

b) Wirkung des Nießbrauchs. Dem **Nießbraucher** stehen die **Nutzungen** des Geschäftsanteils zu 113 (§§ 1068, 1030 Abs. 1 BGB), namentlich die während der Dauer des Nießbrauchs auf den Geschäftsanteil entfallenden Ansprüche auf den zur Ausschüttung bestimmten Gewinn (§ 99 Abs. 2 BGB, § 100 BGB; näher *Barry* RNotZ 2014, 401 (408 f.)). Während des Bestehens des Nießbrauchs entsteht der mit dem jeweiligen Gewinnverwendungsbeschluss entstehende Gewinnauszahlungsanspruch unmittelbar in der Person des Nießbrauchers (MüKoGmbHG/*Reichert/Weller* Rn. 329); dieser kann daher von der GmbH Zahlung direkt an sich verlangen (beachte aber § 1070 Abs. 1 BGB, § 407 BGB). Soweit sich die Gewinnausschüttung auf Zeiträume vor Bestellung des Nießbrauchs bezieht, muss der Nießbraucher diese im Innenverhältnis zum Nießbrauchsbesteller im Zweifel pro rata temporis an diesen abführen (§ 101 Nr. 2 BGB; MüKoGmbHG/*Reichert/Weller* Rn. 332). Entsprechendes gilt umgekehrt bei Beendigung des Nießbrauchs. Nicht zu den Nutzungen zählen Liquidationsguthaben, Abfindungsansprüche, Einziehungsentgelte und vergleichbare Surrogate der Beteiligungssubstanz. Der Nießbrauch setzt sich aber analog § 1075 BGB automatisch an dem Surrogat fort (hM; HCL/*Löbbe* Rn. 183 mwN) mit der Folge, dass die Auszahlung entsprechend § 1077 BGB nur an Nießbraucher und Gesellschafter gemeinsam erfolgen kann und der Betrag entsprechend § 1079 BGB nach den Vorgaben des Nießbrauchers neu anzulegen ist. Bei Kapitalerhöhungen aus Gesellschaftsmitteln setzt sich der Nießbrauch ebenfalls automatisch an dem neuen Geschäftsanteil des Nießbrauchsbestellers fort (hM, HCL/*Löbbe* Rn. 185 mwN). Bei Kapitalerhöhungen gegen Einlagen erstreckt sich der Nießbrauch dagegen nicht automatisch auf den neuen Anteil. Wenn der neue Anteil unter dem inneren Wert ausgegeben wird, steht dem Nießbraucher aber ein schuldrechtlicher Anspruch auf anteilige Bestellung des Nießbrauchs an dem neuen Geschäftsanteil des Nießbrauchsbestellers zu (näher HCL/*Löbbe* Rn. 185). Zu den Auswirkungen von Umwandlungsmaßnahmen s. § 20 Abs. 1 Nr. 3 S. 2 UmwG, § 131 Abs. 1 Nr. 3 S. 2 UmwG, § 202 Abs. 1 Nr. 2 S. 2 UmwG sowie *Barry* RNotZ 2014, 401 (412 f., 414 f.).

114 **Gesellschafter** des belasteten Geschäftsanteils bleibt der **Nießbrauchsbesteller.** Er ist weiterhin Inhaber der Verwaltungsrechte und Adressat der Pflichten aus der Mitgliedschaft. Nach hM gilt dies auch für das **Stimmrecht** (OLG Koblenz 16.1.1992, NJW 1992, 2163 (2164); MüKoGmbHG/*Reichert/Weller* Rn. 337; *K. Schmidt* ZGR 1999, 601 (607 ff.); *Meyer,* Der Nießbrauch an GmbH-Geschäftsanteilen und Aktien, 2002, 179 ff., 233; *Barry* RNotZ 2014, 401 (409 f.); *Hauck,* Nießbrauch an Rechten, 2015, 382 ff., 393; aA – für gemeinschaftliche Ausübung des Stimmrechts – *Schön* ZHR 158 (1994), 229 (251 ff., 260 ff.); zwischen laufender Verwaltung und Grundlagenentscheidungen diff. MüKoBGB/*Schäfer* BGB § 705 Rn. 100; *Habersack* Mitgliedschaft 111 f.; für alleiniges Stimmrecht des Nießbrauchers *Wedemann* NZG 2013, 1281 (1284 ff.)). Der BGH hat die Frage bisher nur in Bezug auf Beschlüsse, welche die Grundlagen der Gesellschaft betreffen (dazu zählt der BGH die Feststellung des Jahresabschlusses), im Sinne der hM entschieden (BGH 9.11.1998, NJW 1999, 571 (572) zur GbR). Im Innenverhältnis zwischen Nießbraucher und Nießbrauchsbesteller werden häufig schuldrechtliche Abreden über die Stimmrechtsausübung getroffen (Stimmrechtsvollmacht, Stimmbindung etc; näher *Reichert/Schlitt/Düll* GmbHR 1998, 565 (573 f.); *Barry* RNotZ 2014, 401 (410 ff.); HCL/*Löbbe* Rn. 190). Auch soweit es daran fehlt, hat der Nießbrauchsbesteller bei Ausübung des Stimmrechts auf die Interessen des Nießbrauchers angemessen Rücksicht zu nehmen (Baumbach/Hueck/*Servatius* Rn. 53; MüKoGmbHG/*Reichert/Weller* Rn. 340 f.). Die Frage, welche Maßnahmen des Gesellschafters nach § 1071 BGB der Zustimmung des Nießbrauchers bedürfen und welche Folgen das Fehlen der Zustimmung hat, ist wie iRd Parallelvorschrift des § 1276 BGB umstritten und ebenso wie dort (→ Rn. 106 f.) zu beantworten (HCL/*Löbbe* Rn. 192 mwN).

115 **c) Übertragung und Erlöschen des Nießbrauchs.** Die Veräußerung des nießbrauchsbelasteten Geschäftsanteils hat auf den Bestand des Nießbrauchs als dinglichem Nutzungsrecht keine Auswirkungen. Auch der Erwerber des Geschäftsanteils muss folglich den Nießbrauch beachten. Der Nießbrauch selbst ist dagegen grundsätzlich **weder übertragbar** (§ 1068 Abs. 2 iVm § 1059 BGB; vgl. aber auch § 1059a BGB) **noch vererblich** (§ 1068 Abs. 2 BGB, § 1061 BGB). Für die **Aufhebung** des Nießbrauchs genügt eine einseitige formlose Erklärung des Nießbrauchers nach §§ 1072, 1064 BGB (MüKoGmbHG/*Reichert/Weller* Rn. 357).

116 **3. Treuhand. a) Allgemeines.** Typisches Kennzeichen einer (echten) Treuhand ist, dass der Treuhänder im Außenverhältnis Inhaber des Geschäftsanteils ist, im Innenverhältnis diese Beteiligung aber aufgrund einer entsprechenden Abrede für den Treugeber hält. Der Treuhänder ist daher nur bei rechtlicher, nicht bei wirtschaftlicher Betrachtung Gesellschafter. Motive und Ausgestaltung derartiger – im Gesetz nicht geregelter – Treuhandabreden sind vielfältig. Die Treuhand kann eigennützigen Interessen des Treuhänders dienen, wie dies zB bei der Sicherungsabtretung der Fall ist. Die Sicherungsabtretung hat allerdings bei GmbH-Geschäftsanteilen keine große Bedeutung, da die Praxis vornehmlich auf andere Sicherheiten zurückgreift (insbesondere Anteilsverpfändung, Sicherungsabtretung einzelner Gläubigerrechte). Zumeist dient die Treuhand der fremdnützigen Verwaltung des Anteils durch den Treuhänder für den Treugeber. Ihr liegt idR ein Auftragsverhältnis oder ein entgeltlicher Geschäftsbesorgungsvertrag zugrunde.

117 Den Parteien der Treuhandabrede stehen im Wesentlichen drei verschiedene Wege offen, wie der Geschäftsanteil zum Treugut gemacht werden kann. Bei der **Übertragungstreuhand** ist der Treugeber zunächst Inhaber des Geschäftsanteils und überträgt diesen dem Treuhänder. Die **Vereinbarungstreuhand** ist dadurch gekennzeichnet, dass der Gesellschafter mit einem Dritten (dem Treugeber) vereinbart, den Geschäftsanteil künftig treuhänderisch für diesen zu halten. Bei der **Erwerbstreuhand** schließlich erwirbt der Treuhänder den Geschäftsanteil im Auftrag des Treugebers von einem Dritten, sei es derivativ von einem Gesellschafter, sei es originär iRd Gründung oder Kapitalerhöhung der GmbH. In all diesen Fällen muss sich die Treuhand nicht unbedingt auf einen oder mehrere volle Geschäftsanteile beziehen. Zulässig sind vielmehr auch Treuhandabreden, die sich auf einen Teil eines ungeteilten Geschäftsanteils beschränken (sog. Quotentreuhand; dazu KG 22.12.2011, ZIP 2014, 1023 mAnm *Weipert*).

118 **b) Form. aa) Treuhandabreden über bereits bestehende Geschäftsanteile.** Hinsichtlich der Form ist zwischen Treuhandabreden über bereits bestehende Geschäftsanteile und solchen über künftige Geschäftsanteile zu unterscheiden (zu letzteren → Rn. 122). Was erstere betrifft, ist man sich für die **Vereinbarungstreuhand** weitestgehend einig, dass die Treuhandabrede der Form des § 15 Abs. 4 bedarf (BGH 19.4.1999, BGHZ 141, 207 (211 f.) = NJW 1999, 2594; BGH 12.12.2005, NJW-RR

2006, 1415; *Goette/Goette* Die GmbH § 5 Rn. 19; HCL/*Löbbe* Rn. 204; MüKoGmbHG/*Reichert/Weller* Rn. 215; *Lieder/Villegas* GmbHR 2018, 169 (174); für § 15 Abs. 3 analog Baumbach/Hueck/*Servatius* Rn. 57; aA – kein Formzwang – Hachenburg/*Zutt* Anh. § 15 Rn. 52). Mit Blick auf den Normzweck der Erschwerung des Anteilshandels kann es in der Tat keinen Unterschied machen, ob sich der bisherige Gesellschafter verpflichtet, den Geschäftsanteil sogleich zu übertragen, oder ob diese Verpflichtung zeitlich bis zur Beendigung des Treuhandverhältnisses aufgeschoben wird (*Armbrüster* DNotZ 1997, 762 (782)). Die Abtretung des Geschäftsanteils nach Beendigung der Vereinbarungstreuhand ist ihrerseits nach § 15 Abs. 3 formbedürftig (MüKoGmbHG/*Reichert/Weller* Rn. 215).

Nach heute hM gilt der Formzwang des § 15 Abs. 4 auch für die **Erwerbstreuhand** hinsichtlich bereits bestehender, aber noch zu erwerbender Geschäftsanteile (BGH 12.12.2005, NJW-RR 2006, 1415; MüKoGmbHG/*Reichert/Weller* Rn. 214; HCL/*Löbbe* Rn. 205; *Schulz* GmbHR 2001, 282 (284 f.); *Lieder/Villegas* GmbHR 2018, 169 (173); aA *Greitemann* GmbHR 2005, 577 (581)). Die Begründung fällt jedoch unterschiedlich aus. Der BGH scheint auf die spätere Abtretungsverpflichtung des Treuhänders abheben zu wollen (BGH 12.12.2005, NJW-RR 2006, 1415; ebenso *Kallmeyer* GmbHR 2006, 66 (67)). Die vorzugswürdige Gegenansicht stellt allein auf die Erwerbsverpflichtung des Treuhänders ab und hält die Abtretungsverpflichtung für formfrei. Bei einer Abtretungspflicht durch eine Person, die zu keinem Zeitpunkt wirtschaftlicher Inhaber der Beteiligung wird, geht es nämlich nicht darum, spekulativen Anteilshandel zu verhindern (teleologische Reduktion des Abs. 4; *Armbrüster* DNotZ 1997, 762 (774 f.); *Armbrüster* Treuhänderische Beteiligung 114 f. iVm 105–107; HCL/*Löbbe* Rn. 204; *Lieder/Villegas* GmbHR 2018, 169 (173 f.)). Nur wenn man letzterer Ansicht folgt, wird die formnichtige Treuhandabrede bereits mit formgerechtem Erwerb des Geschäftsanteils durch den Treuhänder geheilt. – Einigkeit besteht, dass die spätere Abtretung des erworbenen Geschäftsanteils an den Treugeber in jedem Fall der Form des § 15 Abs. 3 bedarf (MüKoGmbHG/*Reichert/Weller* Rn. 214). 119

Bei der **Übertragungstreuhand** unterliegen die Abtretung des Geschäftsanteils vom Treugeber an den Treuhänder sowie die Rückabtretung bei Beendigung des Treuhandverhältnisses unstreitig der Form des Abs. 3 (MüKoGmbHG/*Reichert/Weller* Rn. 211 f.; HCL/*Löbbe* Rn. 206). Eine Rückabtretung ist freilich entbehrlich, wenn die ursprüngliche Abtretung unter eine auflösende Bedingung gestellt wurde (Baumbach/Hueck/*Servatius* Rn. 57). Überw. wird auch die zugrunde liegende Treuhandabrede nach Abs. 4 für formbedürftig gehalten (BayObLG 18.3.1991, NJW-RR 1991, 1252 (1254); MüKoGmbHG/*Reichert/Weller* Rn. 211 mwN), allerdings nur wegen der Abtretungsverpflichtung des Treugebers, nicht wegen der Rückabtretungsverpflichtung des Treuhänders bei Beendigung des Treuhandvertrags, da sich diese bereits aus dem Gesetz (§ 667 BGB) ergebe (MüKoGmbHG/*Reichert/Weller* Rn. 212 mwN; gegen das Argument aus § 667 BGB aber mit Recht HCL/*Löbbe* Rn. 204 mit Fn. 672; *Lieder/Villegas* GmbHR 2018, 169 (171)). Die vorzugswürdige Gegenansicht spricht sich gegen die Formbedürftigkeit der Treuhandabrede und für eine teleologische Reduktion des Abs. 4 aus, weil die wirtschaftliche Inhaberschaft des Geschäftsanteils bei derselben Person (dem Treugeber) verbleibt und damit die Gefahr eines spekulativen Anteilshandels nicht gegeben ist (HCL/*Löbbe* Rn. 206; *Armbrüster* DNotZ 1997, 762 (779 ff.); *Armbrüster* Treuhänderische Beteiligung 104–107; *Lieder/Villegas* GmbHR 2018, 169 (172 f.); *Tebben*, Unterbeteiligung und Treuhand an Gesellschaftsanteilen, 2000, 231). 120

Bei einem Treugeberwechsel sind die Abtretung des Übertragungsanspruchs gegen den Treuhänder und die zugrunde liegende Verpflichtung nach Abs. 3 und 4 formbedürftig (HCL/*Löbbe* Rn. 206 aE; *Lieder/Villegas* GmbHR 2018, 169 (174 f.); → Rn. 52, → Rn. 73). Wird dagegen zum Zwecke eines Treuhänderwechsels der Übertragungsanspruch des Treugebers von diesem an den neuen Treuhänder abgetreten, damit Letzterer die Übertragung vom bisherigen Treuhänder verlangen und anschließend den Geschäftsanteil als neuer Treuhänder für denselben Treugeber halten kann, ist die Abtretung des Übertragungsanspruchs formfrei möglich, da in diesem Fall kein Handel mit dem Geschäftsanteil getrieben wird (BGH 17.11.1955, BGHZ 19, 69 (71 f.) = NJW 1956, 58; BGH 5.11.1979, BGHZ 75, 352 (353); HCL/*Löbbe* Rn. 206; *Lieder/Villegas* GmbHR 2018, 169 (175); krit. Roth/Altmeppen/*Altmeppen* Rn. 48). Die anschließende Übertragung des Geschäftsanteils vom bisherigen an den neuen Treuhänder muss aber der Form des Abs. 3 genügen (HCL/*Löbbe* Rn. 206). Was schließlich die Treuhandabrede zwischen dem neuen Treuhänder und dem Treugeber betrifft, so bedarf diese nach hier vertretener Ansicht nicht der Form des Abs. 4, da der wirtschaftliche Inhaber des Geschäftsanteils unverändert bleibt und deshalb eine teleologische Reduktion des Abs. 4 geboten ist (aA ohne Begr. BGH 22.9.2016, NZG 2016, 1312 Rn. 14; wie hier dagegen *Lieder/Villegas* GmbHR 2018, 169 (176)). Es handelt sich bei dieser Fallgestaltung um einen Sonderfall der Übertragungstreuhand (*Bayer/Selentin* WuB 2017, 138 (140 f.); *Regler* MittBayNot 2017, 522 Fn. 1), der sich vom Normalfall derselben nur dadurch unterscheidet, dass der Treugeber im Normalfall der Übertragungstreuhand zunächst auch rechtlicher Inhaber des Geschäftsanteils ist. Ebenso wie im Normalfall der Übertragungstreuhand (→ Rn. 120) ist auch hier entscheidend, dass die Gefahr eines spekulativen Anteilshandels ausgeschlossen, der Normzweck des Abs. 4 mithin nicht tangiert ist. 121

bb) Treuhandabreden über künftige Geschäftsanteile. Ist der Geschäftsanteil noch nicht entstanden, weil die GmbH noch nicht im Handelsregister eingetragen ist, ist zwischen Gründungs- und 122

Vorgründungsstadium zu differenzieren. Wird die Treuhandabrede nach Abschluss des notariellen Gesellschaftsvertrags (§ 2) abgeschlossen, gilt hinsichtlich der Formbedürftigkeit nichts anderes, als wenn der Geschäftsanteil bereits bestünde (BGH 19.4.1999, BGHZ 141, 207 (211 f.) = NJW 1999, 2594). Wird dagegen schon im Vorgründungsstadium eine Erwerbstreuhand über den künftigen Geschäftsanteil vereinbart, ist nach hM mangels eines auch nur im Entstehen befindlichen Geschäftsanteils kein Raum für den Formzwang aus § 15 Abs. 4 (hM, BGH 19.4.1999, BGHZ 141, 207 (213) = NJW 1999, 2594; BGH 12.12.2005, NJW-RR 2006, 1415 Rn. 3 aE, LSG Schleswig-Holstein 2.5.2017, DStR 2017, 2237 Rn. 21; HCL/*Löbbe* Rn. 205; MüKoGmbHG/*Reichert/Weller* Rn. 214; *Armbrüster* Treuhänderische Beteiligung 122 f.; *Greitemann* GmbHR 2005, 577 (579 f.); vgl. auch KG 12.6.2013, BeckRS 2013, 12949 mkritAnm *Sick* NJ 2014, 17 (19 f.)). Dem ist im Ergebnis beizutreten (krit. noch 2. Aufl. 2014), da sich die Formbedürftigkeit in Fällen der Erwerbstreuhand nach zutreffender Ansicht allenfalls aus der Erwerbspflicht des Treuhänders ergeben könnte (→ Rn. 119), dem Anteilserwerb des Treuhänders in der hier interessierenden Fallgruppe aber aufgrund seiner unmittelbaren Beteiligung am Gründungsvorgang kein Handel mit Geschäftsanteilen zugrunde liegt (HCL/*Löbbe* Rn. 205). Gleiches muss konsequenterweise auch für die Erwerbstreuhand bzgl. künftiger Geschäftsanteile aus einer noch nicht beurkundeten Kapitalerhöhung gelten (OLG Köln 22.3.2001, NZG 2001, 810; HCL/*Löbbe* Rn. 205).

123 **c) Vinkulierung.** Hinsichtlich der Anwendung des § 15 Abs. 5 auf Treuhandverhältnisse sind zwei Fragen auseinanderzuhalten: zum ersten die Zustimmung zur Anteilsabtretung, zum zweiten die Zustimmung zum schuldrechtlichen Treuhandvertrag. Hinsichtlich der ersten Frage besteht Einigkeit, dass Abs. 5 Anwendung findet, soweit anlässlich der Begründung oder Beendigung des Treuhandverhältnisses eine Anteilsabtretung erfolgt; es besteht dann wie sonst auch ein Zustimmungserfordernis hinsichtlich der **Abtretung** (allgM; HCL/*Löbbe* Rn. 208). Als Besonderheit ist lediglich zu bedenken, dass bei der Übertragungstreuhand in der Zustimmung zur Abtretung an den Treuhänder im Zweifel auch eine Zustimmung zur Rückabtretung an den Treugeber bei Beendigung des Treuhandvertrags liegt, sofern das Treuhandverhältnis dem oder den Zustimmungsberechtigten offengelegt war (BGH 30.6.1980, BGHZ 77, 392 (395) (KG); Baumbach/Hueck/*Servatius* Rn. 58). Entsprechendes gilt für die Erwerbstreuhand (MüKoGmbHG/*Reichert/Weller* Rn. 221).

124 Schwieriger zu beantworten ist die zweite Frage, ob auch die **schuldrechtliche Treuhandvereinbarung** als solche der Zustimmung bedarf und welche Rechtsfolgen bei fehlender Zustimmung eintreten. Diese Frage stellt sich in zwei Fallgruppen: (1.) bei der Vereinbarungstreuhand, da diese ohne Anteilsabtretung auskommt, und (2.) bei der Übertragungs- und der Erwerbstreuhand, wenn das Treuhandverhältnis den Zustimmungsberechtigten im Zeitpunkt der Erteilung der Zustimmung zur Anteilsabtretung nicht offengelegt war; denn dann lässt sich die Zustimmung nicht zugleich auf die Treuhandabrede beziehen. Einigkeit besteht, dass die Satzung ein Zustimmungserfordernis für den Abschluss oder die Beendigung von Treuhandverhältnissen ausdrücklich vorsehen kann. Aber auch ohne eine solche Regelung wird die Vinkulierungsklausel nach ihrem Sinn und Zweck idR so auszulegen sein, dass Treuhandabreden nicht ohne Zustimmung zulässig sein sollen (RG 23.12.1938, RGZ 159, 272 (280 ff.); Baumbach/Hueck/*Servatius* Rn. 58; HCL/*Löbbe* Rn. 209; *K. Schmidt* GmbHR 2011, 1289 (1291); *Blasche* RNotZ 2013, 515 (518); *Gebke* GmbHR 2014, 1128 (1132); aA *Armbrüster* Treuhänderische Beteiligung 117 ff.; für den Sonderfall, dass der Treugeber zugleich selbst Gesellschafter ist, auch OLG Hamm 28.9.1992, GmbHR 1993, 656 (658)). Damit bleibt nur noch die Frage, welche Rechtsfolgen bei fehlender Zustimmung eingreifen. Die hM geht von (schwebender) Unwirksamkeit der Treuhandvereinbarung aus (BGH 10.5.2006, NJW-RR 2006, 1414 Rn. 6; MüKoGmbHG/*Reichert/Weller* Rn. 219; HCL/*Löbbe* Rn. 209, 265; MüKoAktG/*Bayer* AktG § 68 Rn. 119 f.; aA mit guten Gründen *Tebben* GmbHR 2007, 63 (65 ff.); *Schmitz* FS Wiedemann, 2002, 1223 (1230 ff.); *Hermanns* notar 2014, 283 (286), die dem Zustimmungserfordernis nur schuldrechtliche Wirkung im Verhältnis zwischen Gesellschaft und Treuhänder beimessen). Zudem führt der Verstoß gegen das Zustimmungserfordernis dazu, dass der Treuhänder von seinem Stimmrecht keinen Gebrauch machen darf, da eine durch den Treugeber beeinflusste Stimmabgabe mit der mitgliedschaftlichen Treuepflicht des Treuhänders gegenüber der Gesellschaft unvereinbar ist. Die Stimmen des Treuhänders sind daher nicht mitzuzählen (OLG Köln 26.3.2008, NZG 2008, 839; MüKoGmbHG/*Reichert/Weller* Rn. 219; MüKoAktG/*Bayer* AktG § 68 Rn. 121).

125 Macht die Vinkulierungsklausel den Erwerb von bestimmten **persönlichen Eigenschaften** abhängig, müssen diese idR nicht nur beim Treuhänder, sondern auch beim Treugeber vorhanden sein (BayObLG 18.3.1991, NJW-RR 1991, 1252 (1254); Baumbach/Hueck/*Servatius* Rn. 58; aA MüKoGmbHG/*Reichert/Weller* Rn. 221 f.). Wird in einer GmbH, in der die Übertragbarkeit der Geschäftsanteile gem. § 15 Abs. 5 beschränkt ist, eine Beteiligung in verdeckter Treuhandschaft für einen Dritten gehalten, können die übrigen Gesellschafter vom Treuhänder **Auskunft** über die Person des Treugebers verlangen (OLG Hamburg 30.4.1993, NJW-RR 1993, 868).

126 **4. Unterbeteiligung.** Durch eine Unterbeteiligung wird eine weitere Person (der Unterbeteiligte) an der wirtschaftlichen Nutzung des Geschäftsanteils beteiligt. Zwischen dem Gesellschafter der GmbH und dem Unterbeteiligten besteht eine BGB-Innengesellschaft mit dem gemeinsamen Zweck des Haltens, Nutzens und Verwaltens des Geschäftsanteils (BGH 11.7.1968, BGHZ 50, 316 (320) = NJW

1968, 2003; MüKoGmbHG/*Reichert/Weller* Rn. 243; ganz hM). Der Unterbeteiligte wird nicht Gesellschafter der GmbH. Anders als der Treugeber hat der Unterbeteiligte auch wirtschaftlich nicht – jedenfalls nicht in vollem Umfang – die Stellung eines GmbH-Gesellschafters inne, sondern partizipiert nur zT an der wirtschaftlichen Nutzung des Geschäftsanteils (zur Abgrenzung BGH 13.6.1994, NJW 1994, 2886 (2887)). Für die Einräumung einer Unterbeteiligung gelten deshalb die **Formerfordernisse** des § 15 Abs. 3 und 4 grundsätzlich **nicht** (OLG Schleswig 23.5.2002, GmbHR 2002, 652 (654); MüKoGmbHG/*Reichert/Weller* Rn. 251; *Blaurock/Berninger* GmbHR 1990, 11 (13 f.)). Etwas anderes gilt aber, wenn – zB für den Fall der Beendigung der Unterbeteiligung – eine Pflicht zur Übertragung des Geschäftsanteils vereinbart wird oder wenn die als Unterbeteiligung bezeichnete Abrede in Wahrheit eine Vereinbarungstreuhand enthält (→ Rn. 117 f.).

Aus einer gewöhnlichen **Vinkulierungsklausel** iSd § 15 Abs. 5 lässt sich **nicht** ableiten, dass auch **127** Unterbeteiligungen zur Zustimmung vorgelegt werden müssen (OLG Frankfurt a. M. 7.9.1991, GmbHR 1991, 668; MüKoGmbHG/*Reichert/Weller* Rn. 253). Die Satzung kann aber auch für Unterbeteiligungen ein Zustimmungserfordernis aufstellen. Wird ein solches Erfordernis übergangen, ist die Unterbeteiligung gleichwohl wirksam. Es können jedoch Schadensersatzansprüche ausgelöst werden; in besonders gravierenden Fällen ist auch ein Ausschluss aus wichtigem Grund denkbar (MüKoGmbHG/*Reichert/Weller* Rn. 254). – Im Innenverhältnis zwischen Hauptgesellschafter und Unterbeteiligtem kann in Ermangelung ausdrücklicher Regelungen auf §§ 230 ff. HGB (analog) zurückgegriffen werden (BGH 10.10.1994, NJW-RR 1995, 165 zu § 233 HGB; Baumbach/Hueck/*Servatius* Rn. 59).

VIII. Der Geschäftsanteil in Zwangsvollstreckung und Insolvenz

1. Pfändung. a) Allgemeines. Die Zwangsvollstreckung in den Geschäftsanteil erfolgt im Wege der **128** **Rechtspfändung** gem. § 857 Abs. 1 ZPO, § 828 f. ZPO durch das Vollstreckungsgericht. Die Pfändung ist erst bewirkt, wenn der Pfändungsbeschluss der GmbH als Drittschuldnerin gem. § 829 Abs. 3 ZPO zugestellt wurde (heute hM; Baumbach/Hueck/*Servatius* Rn. 60). Sind Anteilsscheine ausgegeben worden, hängt die Wirksamkeit der Pfändung nicht von der Übergabe bzw. Wegnahme des Anteilsscheins ab (→ § 14 Rn. 40). Eine Eintragung der Pfändung in die Gesellschafterliste ist nicht erforderlich; schon die Eintragungsfähigkeit wird überwiegend verneint (→ Rn. 102). Umstritten ist, ob mit der Pfändung des Geschäftsanteils automatisch auch die künftigen **Gewinnansprüche** mitgepfändet sind (bejahend *H. Roth* ZGR 2000, 187 (213); *Wertenbruch* Haftung von Gesellschaften 638 f.; abl. MüKoGmbHG/*Reichert/Weller* Rn. 522). Es empfiehlt sich daher, sie ausdrücklich mitpfänden zu lassen. Die Pfändung des Geschäftsanteils erstreckt sich nicht auf die im Pfändungszeitpunkt bereits verselbständigten Gläubigerrechte (zB bereits fällige, aber noch nicht erfüllte Gewinnansprüche). Diese Ansprüche müssen also nach §§ 828 ff. ZPO im Wege der Forderungspfändung selbständig gepfändet werden (*Wertenbruch* Haftung von Gesellschaften 639 f.). Zulässig ist auch die Pfändung von Teilen eines Geschäftsanteils (MüKoGmbHG/*Reichert/Weller* Rn. 525; → Rn. 103 zur Verpfändung).

b) Schutzvorkehrungen in der Satzung. Die Satzung kann die Pfändung nicht ausschließen oder **129** erschweren. § 15 Abs. 5 gilt nicht, da die Vorschrift nur freiwillige Übertragungsvorgänge betrifft (BGH 12.6.1975, BGHZ 65, 22 (24 f.) = NJW 1975, 1835). Die Satzung kann aber – wie häufig – die **Einziehung** des Geschäftsanteils vorsehen. Das in der Satzung vorgesehene Einziehungsentgelt, an dem sich das Pfändungspfandrecht entsprechend § 1287 S. 1 BGB fortsetzt, muss nach heute hM nicht zwingend dem vollen Wert des Geschäftsanteils entsprechen. Wegen ihrer gläubigerbenachteiligenden Zielrichtung sind allerdings Abfindungsbeschränkungen, die nur für den Fall der Pfändung des Geschäftsanteils oder der Insolvenz seines Inhabers (und daneben allenfalls für theoretische Ausnahmefälle) vorgesehen sind, gem. § 138 Abs. 1 BGB nichtig (BGH 12.6.1975, BGHZ 65, 22 (26) = NJW 1975, 1835). Grundsätzlich zulässig ist dagegen eine das Einziehungsentgelt beschränkende Klausel, wenn dieselbe Regelung auch für den vergleichbaren Fall der Ausschließung aus wichtigem Grund vorgesehen ist (BGH 12.6.1975, BGHZ 65, 22 (26 ff.) = NJW 1975, 1835 (Nichtberücksichtigung des Firmenwerts); OLG Frankfurt a. M. 9.9.1977, NJW 1978, 328 (329); OLG Hamburg 23.9.1982, GmbHR 1983, 126; MüKoGmbHG/*Reichert/Weller* Rn. 549; aA – Einziehung nur gegen vollwertige Abfindung – *H. Roth* ZGR 2000, 187 (215)). Zu beachten sind aber die allgemeinen Schranken, die übermäßigen, dh zu einem groben Missverhältnis führenden Abfindungsbeschränkungen auch sonst gezogen sind (→ § 34 Rn. 19; *Habersack/Verse* ZGR 2005, 451 (473 ff.); bedenklich weitgehend daher OLG Celle 25.9.1985, NJW-RR 1986, 663 (664) (Abfindung zum Nennwert)). Entsprechendes gilt, wenn die Satzung statt der Einziehung vergleichbare Regelungen wie zB eine Abtretungspflicht des von der Pfändung betroffenen Gesellschafters oder Vorerwerbsrechte der Mitgesellschafter vorsieht.

c) Wirkungen der Pfändung. Mit der Pfändung sind dem Gesellschafter gem. § 857 iVm § 829 **130** Abs. 1 S. 2 ZPO Verfügungen untersagt, die das Recht des Gläubigers beeinträchtigen. Einer Veräußerung des Anteils steht gleichwohl nichts im Wege (ganz hM, Baumbach/Hueck/*Servatius* Rn. 62; *Wertenbruch* Haftung von Gesellschaften 648; aA *Heuer* ZIP 1998, 405 (408)), da § 16 Abs. 3 keinen gutgläubigen lastenfreien Erwerb ermöglicht (→ § 16 Rn. 93) und das Pfändungspfandrecht somit bestehen bleibt. Auch die Ausübung der Verwaltungsrechte obliegt weiterhin dem Gesellschafter (*Wertenbruch* Haftung von Gesellschaften 649 ff.). Eine Zustimmung des Pfändungsgläubigers ist nur ausnahmsweise erforderlich; insoweit gelten nach hM dieselben Grundsätze wie bei rechtsgeschäftlicher Verpfändung (→ Rn. 106) nach § 1276 BGB (MüKoGmbHG/*Reichert/Weller* Rn. 530, 533; HCL/*Löbbe* Rn. 318; abw. *Rieder/Ziegler* ZIP 2004, 481 (483 ff.)).

131 **d) Verwertung.** Die Verwertung erfolgt nach § 857 Abs. 1, Abs. 5 ZPO, § 844 ZPO auf Anordnung des Vollstreckungsgerichts entweder im Wege der **öffentlichen Versteigerung** durch den Gerichtsvollzieher (§ 814 ZPO) – so der Regelfall – oder durch **freihändige Veräußerung.** § 15 Abs. 3 und Abs. 4 finden iRd öffentlichen Versteigerung keine Anwendung, da der Geschäftsanteil durch Hoheitsakt übertragen wird (Scholz/*Seibt* Rn. 200). Bei freihändiger Veräußerung durch den Gerichtsvollzieher sind dagegen nach hM Abs. 3, 4 anwendbar (RG 22.6.1940, RGZ 164, 163 (169 ff.); OLG Hamburg 7.7.1959, NJW 1960, 870 (871); Scholz/*Seibt* Rn. 200; → Rn. 109). Vinkulierungsklauseln nach § 15 Abs. 5 stehen der Verwertung nach – allerdings zunehmend bestrittener – hM nicht entgegen (BGH 12.6.1975, BGHZ 65, 22 (24 f.) = NJW 1975, 1835; HCL/*Löbbe* Rn. 328 f.; MüKoGmbHG/*Reichert/Weller* Rn. 539; Scholz/*Seibt* Rn. 202; *K. Schmidt* GmbHR 2011, 1289 (1294 f.); *Wertenbruch* Haftung von Gesellschaften 658 f.; aA *Liebscher/Lübke* ZIP 2004, 241 (245 ff.); Lutter/Hommelhoff/*Bayer* Rn. 100; *Blasche* RNotZ 2013, 515 (520); *Werner* GmbHR 2020, 195; ferner die heute hL zu § 68 Abs. 2 AktG; vgl. MüKoAktG/*Bayer* AktG § 68 Rn. 112 f.).

132 **2. Insolvenz.** Wird über das Vermögen des Gesellschafters das Insolvenzverfahren eröffnet, fällt der Geschäftsanteil in die **Insolvenzmasse** (§§ 35, 36 Abs. 1 InsO). Der Insolvenzverwalter übt gem. § 80 InsO die Mitgliedschaftsrechte aus dem Geschäftsanteil aus, auch das Stimmrecht. Die Satzung kann aber die Einziehung des Geschäftsanteils vorsehen; hierfür gilt Gleiches wie bei der Pfändung (→ Rn. 129). Die Veräußerung des Geschäftsanteils durch den Insolvenzverwalter hat in der Form des Abs. 3 und 4 zu erfolgen (Baumbach/Hueck/*Servatius* Rn. 64; MüKoGmbHG/*Reichert/Weller* Rn. 558). Eine Vinkulierung nach Abs. 5 ist dabei nach – allerdings zunehmend bestrittener – hM unbeachtlich (BGH 7.4.1960, BGHZ 32, 151 (155); HCL/*Löbbe* Rn. 338; aA *Skauradszun* NZG 2012, 1244; *Heckschen/Weitbrecht* NZG 2019, 721 (731 ff.); ferner diejenigen, die auch iRd Einzelzwangsvollstreckung anders entscheiden, → Rn. 131 aE).

133 Ist mehr als einen Monat vor dem Insolvenzantrag (vgl. § 88 InsO) durch vertragliche Bestellung oder Pfändung ein **Pfandrecht** am Geschäftsanteil entstanden, steht dem Pfandgläubiger ein vorbehaltlich der Anfechtungsvorschriften (§§ 129 ff. InsO) insolvenzfestes **Absonderungsrecht** gem. § 50 InsO zu, das dem Verwertungsrecht des Insolvenzverwalters vorgeht (Rowedder/Schmidt-Leithoff/*Görner* Rn. 169). Sofern neben dem Geschäftsanteil auch die künftigen Gewinnansprüche verpfändet worden sind, führt dies wegen § 91 Abs. 1 InsO allerdings nicht dazu, dass der Pfandgläubiger auch an den erst nach Insolvenzeintritt entstehenden Gewinnansprüchen ein Pfandrecht erwirbt (BGH 14.1.2010, DB 2010, 330 (331 ff.) (zur GbR); HCL/*Löbbe* Rn. 339).

Rechtsstellung bei Wechsel der Gesellschafter oder Veränderung des Umfangs ihrer Beteiligung; Erwerb vom Nichtberechtigten

16 **(1) [1] Im Verhältnis zur Gesellschaft gilt im Fall einer Veränderung in den Personen der Gesellschafter oder des Umfangs ihrer Beteiligung als Inhaber eines Geschäftsanteils nur, wer als solcher in der im Handelsregister aufgenommenen Gesellschafterliste (§ 40) eingetragen ist. [2] Eine vom Erwerber in Bezug auf das Gesellschaftsverhältnis vorgenommene Rechtshandlung gilt als von Anfang an wirksam, wenn die Liste unverzüglich nach Vornahme der Rechtshandlung in das Handelsregister aufgenommen wird.**

(2) Für Einlageverpflichtungen, die in dem Zeitpunkt rückständig sind, ab dem der Erwerber gemäß Absatz 1 Satz 1 im Verhältnis zur Gesellschaft als Inhaber des Geschäftsanteils gilt, haftet der Erwerber neben dem Veräußerer.

(3) [1] Der Erwerber kann einen Geschäftsanteil oder ein Recht daran durch Rechtsgeschäft wirksam vom Nichtberechtigten erwerben, wenn der Veräußerer als Inhaber des Geschäftsanteils in der im Handelsregister aufgenommenen Gesellschafterliste eingetragen ist. [2] Dies gilt nicht, wenn die Liste zum Zeitpunkt des Erwerbs hinsichtlich des Geschäftsanteils weniger als drei Jahre unrichtig und die Unrichtigkeit dem Berechtigten nicht zuzurechnen ist. [3] Ein gutgläubiger Erwerb ist ferner nicht möglich, wenn dem Erwerber die mangelnde Berechtigung bekannt oder infolge grober Fahrlässigkeit unbekannt ist oder der Liste ein Widerspruch zugeordnet ist. [4] Die Zuordnung eines Widerspruchs erfolgt aufgrund einer einstweiligen Verfügung oder aufgrund einer Bewilligung desjenigen, gegen dessen Berechtigung sich der Widerspruch richtet. [5] Eine Gefährdung des Rechts des Widersprechenden muss nicht glaubhaft gemacht werden.

Übersicht

I. Allgemeines

1 Die Vorschrift ist durch das MoMiG in mehrfacher Hinsicht wesentlich verändert worden. In bewusster **Anlehnung an § 67 Abs. 2 AktG** (BT-Drs. 16/6140, 37) sieht **Abs. 1** nunmehr vor, dass im Verhältnis zur GmbH als Gesellschafter gilt, wer in die im Handelsregister aufgenommene Gesellschafterliste (§ 40) eingetragen ist. Für eine Ausübung der Mitgliedschaftsrechte schon vor Aufnahme im Handelsregister lässt Abs. 1 S. 2 nur in engen Grenzen Raum. Die bloße Anmeldung bei der GmbH genügt anders als nach früherem Recht nicht, um die Legitimationswirkung herbeizuführen. Ebenso wenig wie früher die Anmeldung ist aber auch die Eintragung Wirksamkeitsvoraussetzung für den Erwerb des Geschäftsanteils (→ Rn. 10). Mit der Regelung des Abs. 1 verfolgt der Gesetzgeber einen **doppelten Zweck:** Zum einen sollen im Interesse der **Rechtssicherheit** innerhalb der Gesellschaft klare Verhältnisse geschaffen werden, wer im Verhältnis zur Gesellschaft berechtigt und verpflichtet ist (BGH 20.11.2018, BGHZ 220, 207 = NZG 2019, 269 Rn. 35; Scholz/*Seibt* Rn. 4). Zum anderen soll durch die Eintragung in die im Handelsregister einsehbare Gesellschafterliste auch für Außenstehende die **Transparenz der Anteilseignerstrukturen** erhöht werden, was zugleich der Missbrauchsbekämpfung und der Verhinderung von Geldwäsche dienen soll (BT-Drs. 16/6140, 37). Zwar war auch schon nach früherem Recht eine Gesellschafterliste zum Handelsregister einzureichen (§ 40 Abs. 1 aF); die Eintragung in die Liste war aber praktisch bedeutungslos, sodass die Listen häufig veraltet oder unrichtig waren (*Harbarth* ZIP 2008, 57 (58); *Bednarz* BB 2008 (1854)). Nach heutigem Recht wird der Erwerber dagegen im eigenen Interesse darauf dringen, dass eine aktualisierte Gesellschafterliste zum Handelsregister eingereicht wird, da er nur so seine Mitgliedschaftsrechte ausüben kann. Überdies liefe er ohne Eintragung Gefahr, den Anteil nach Abs. 3 nF zu verlieren. Gemeinsam mit den Änderungen des § 40, der das Verfahren der Erstellung und Einreichung der Liste durch die Geschäftsführer bzw. den Notar regelt, verspricht sich der Gesetzgeber hiervon eine erhöhte Richtigkeitsgewähr der Gesellschafterliste (umfassende rechtspolitische Kritik aber bei *Thomale/Gutfried* ZGR 2017, 61).

2 **Abs. 2** stimmt im Wesentlichen mit Abs. 3 aF überein. Als Folgeänderung zu Abs. 1 wird allerdings auch hier nunmehr an die Aufnahme der aktualisierten Gesellschafterliste im Handelsregister angeknüpft. Die Regelung stellt sicher, dass sich ein Gesellschafter seiner Haftung für rückständige Einlageverpflichtungen nicht durch Anteilsveräußerung entziehen kann.

3 **Abs. 3** führt erstmals eine allgemeine Regelung für den **gutgläubigen Erwerb** von GmbH-Geschäftsanteilen ein. Nach altem Recht war der gutgläubige Erwerb nur vom Scheinerben nach § 2366 BGB möglich. Die jetzige Regelung soll – Forderungen der Praxis folgend – den an einer Anteilsabtretung beteiligten Parteien die Mühen, Kosten und Unsicherheiten ersparen, die sich nach früherem Recht daraus ergaben, dass zur Ermittlung der Berechtigung des Veräußerers sämtliche Übertragungsvorgänge bis hin zur Gründung der Gesellschaft zurückverfolgt werden mussten. Bezweckt ist vor allem „Rechtssicherheit über längere Zeiträume" (BT-Drs. 16/6140, 38; zu den Unzulänglichkeiten der Regelung aber → Rn. 50 aE).

II. Legitimationswirkung der Gesellschafterliste (Abs. 1)

4 **1. Anwendungsbereich. a) Änderungen der Beteiligungsverhältnisse jeglicher Art.** Das in Abs. 1 S. 1 aufgestellte Legitimationserfordernis gilt nach dem Gesetzeswortlaut für jede **„Veränderung"** in den Personen der Gesellschafter oder des Umfangs ihrer Beteiligung. Darin liegt eine deutliche Erweiterung des Anwendungsbereichs gegenüber dem Anmeldeerfordernis nach Abs. 1 aF, das auf den Fall der rechtsgeschäftlichen Anteilsübertragung („Veräußerung") beschränkt war. Erfasst werden nunmehr **alle Formen des Anteilserwerbs** (BT-Drs. 16/6140, 38), also zB auch der Erwerb im Wege der erb- oder umwandlungsrechtlichen Gesamtrechtsnachfolge (Verschmelzung, Spaltung) oder Veränderungen ohne Rechtsnachfolge wie die Übernahme eines neuen Geschäftsanteils iRe Kapitalerhöhung (Scholz/*Seibt* Rn. 18 f.). Unerheblich ist, ob der Erwerb von Dauer ist. Bei einer rasch aufeinanderfolgenden Kette von Übertragungsvorgängen gilt Abs. 1 daher auch für die Zwischenerwerber (LG München I 20.8.2009, GmbHR 2010, 151 mzustAnm *Wachter*). Gleichfalls erfasst werden Erwerb und Veräußerung eigener Anteile durch die GmbH (Baumbach/Hueck/*Servatius* Rn. 4; zu Verstößen gegen § 33 Abs. 1 → Rn. 33a).

4a Eine Veränderung iSd Abs. 1 S. 1 kann sich nach dem Wortlaut, aber auch nach Sinn und Zweck der Vorschrift (→ Rn. 1) auch aus der **Einziehung eines Geschäftsanteils** und dem damit einhergehenden Erlöschen des Anteils (→ § 34 Rn. 16) ergeben. Solange im Handelsregister keine neue, die Einziehung reflektierende Gesellschafterliste aufgenommen ist, muss die GmbH daher nach Abs. 1 S. 1

den in Wahrheit gar nicht mehr bestehenden Anteil noch als existent behandeln und dem betroffenen (Ex-)Gesellschafter die Mitgliedschaftsrechte aus dem Anteil zugestehen (BGH 20.11.2018, BGHZ 220, 207 = NZG 2019, 269 Rn. 25 ff.; zust. *Lieder/Becker* GmbHR 2019, 441 (445 f.); *Miller* NJW 2019, 998; *Wachter* GmbHR 2019, 342 (344); ebenso bereits zuvor die hL, Nachw. in BGH 20.11.2018, BGHZ 220, 207 = NZG 2019, 269 Rn. 27; abw. *Menkel* NZG 2018, 891 (893); *Pentz* FS Marsch-Barner, 2018, 431 (444 ff.)).

b) Kein Erfordernis einer tatsächlich erfolgten „Veränderung". Der auf eine „Veränderung" abhebende Wortlaut ist allerdings insofern missverständlich und irreführend, als eine **tatsächlich erfolgte, wirksame Veränderung** nach Sinn und Zweck des Abs. 1 **nicht erforderlich** ist (OLG Frankfurt a. M. 4.11.2016, GmbHR 2017, 868 (869 f.); *Kort* GmbHR 2009, 169 (173); *Horstkotte* ZInsO 2009, 209 (214); HCL/*Löbbe* Rn. 23; Scholz/*Seibt* Rn. 17). Wenn zB im Anschluss an eine Anteilsabtretung der Erwerber in die neue, im Handelsregister aufgenommene Gesellschafterliste eingetragen wird und sich die Abtretung später als von Anfang an unwirksam herausstellt, ist zwar tatsächlich keine Änderung der Anteilsverhältnisse eingetreten. Dennoch muss Abs. 1 auch hier anwendbar sein, da die Gesellschaft nach dem Gesetzeszweck (→ Rn. 1) gerade nicht mit der Unsicherheit belastet werden soll, ob die Abtretung unwirksam war oder nicht. 5

Da eine tatsächlich erfolgte Veränderung nicht erforderlich ist, findet Abs. 1 auch **auf die Gründer der Gesellschaft** uneingeschränkt Anwendung (MHLS/*Ebbing* Rn. 20, 102; MüKoGmbHG/*Heidinger* Rn. 30; HCL/*Löbbe* Rn. 24; *Noack* FS Hüffer, 2010, 723). Ist anstelle des Gründers eine andere Person eingetragen, muss sich der Gründer Abs. 1 entgegenhalten lassen, auch wenn er in Wahrheit seinen Geschäftsanteil nie verloren hat. Dasselbe muss gelten, wenn eine Gesellschafterliste ganz fehlt und dies bei der Gründung trotz § 8 Abs. 1 Nr. 3 unbemerkt geblieben ist. Die Gründer sind dann gehalten, erst auf die Einreichung einer Gesellschafterliste zum Handelsregister hinzuwirken, bevor sie ihre Mitgliedschaftsrechte ausüben können. 6

c) Personen der Gesellschafter und Umfang ihrer Beteiligung. Das Legitimationserfordernis nach Abs. 1 S. 1 bezieht sich zunächst auf die **„Personen der Gesellschafter"**. Wer nicht als Gesellschafter in die im Handelsregister aufgenommene Liste eingetragen ist, kann vorbehaltlich Abs. 1 S. 2 keine Mitgliedschaftsrechte ausüben und auch nicht aus Mitgliedschaftspflichten in Anspruch genommen werden. Im Schrifttum wird zT die Ansicht vertreten, dass auch bloße Änderungen des Namens, der Firma, der Rechtsform oder des Wohnorts bzw. Sitzes eines Gesellschafters unter Abs. 1 fallen (*Wachter* ZNotP 2008, 378 (380)). Falls damit gemeint sein sollte, dass die Legitimationswirkung des Eingetragenen entfällt, sobald eine der genannten Angaben unrichtig geworden ist, kann dem nicht gefolgt werden. Abs. 1 weist die Legitimation dem Eingetragenen zu, und das ist auch im Fall einer Namens-, Rechtsform-, Wohnort- oder Sitzänderung nach wie vor dieselbe Person. Dass einzelne Angaben zu dieser Person unzutreffend sind, lässt deren Legitimation nicht entfallen, solange nur identifizierbar ist, dass diese und keine andere Person gemeint ist (ebenso Lutter/Hommelhoff/*Bayer* Rn. 8; *Horstkotte* ZInsO 2009, 209 (214); *Link* RNotZ 2009, 193 (210 f.); MüKoGmbHG/*Heidinger* Rn. 59; HCL/*Löbbe* Rn. 29, 45; → Rn. 53 zu Abs. 3). Das Gesagte gilt insbesondere auch für den Formwechsel nach §§ 190 ff. UmwG, da sich hier nur die Rechtsform, nicht aber die Identität des Rechtsträgers ändert (Scholz/*Seibt* Rn. 18; BeckOK GmbHG/*Wilhelmi* Rn. 32; Bunnemann/Zirngibl/*Zirngibl* GmbH in der Praxis § 4 Rn. 6). Ungeachtet dessen sind die Gesellschafter aber verpflichtet, die genannten Änderungen der GmbH unverzüglich mitzuteilen und nachzuweisen (→ Rn. 37), damit eine berichtigte Liste eingereicht werden kann. Zudem kann das Registergericht eine Liste zurückweisen, wenn ein angegebener Name oder Wohnort offensichtlich falsch ist (→ Rn. 22). 7

Das Legitimationserfordernis bezieht sich ferner auf den **„Umfang der Beteiligung"**. Der Eingetragene gilt nur als Gesellschafter, soweit es dem eingetragenen Umfang seiner Beteiligung entspricht. Nach verbreiteter Ansicht soll eine Veränderung iSd Abs. 1 auch vorliegen, wenn sich lediglich die Stückelung der Anteile durch Teilung oder Zusammenlegung ändert (*Wachter* ZNotP 2008, 378 (380); Baumbach/Hueck/*Servatius* Rn. 6; Scholz/*Seibt* Rn. 19). Diese Aussage ist aber zumindest missverständlich. Richtig ist, dass im Anschluss an eine Teilung oder Zusammenlegung nach § 40 eine neue Liste zum Handelsregister einzureichen ist. Wenn dies versäumt wird, führt dies aber nicht dazu, dass dadurch die Legitimation nach Abs. 1 berührt wird (MüKoGmbHG/*Heidinger* Rn. 93; *Löbbe* GmbHR 2016, 141 (143 f.)). Der Gesellschafter, der trotz Teilung seines Geschäftsanteils weiter mit einem Anteil von 10.000 EUR anstatt mit zwei Anteilen von 5.000 EUR in der Liste eingetragen ist, ist unverändert im eingetragenen Umfang als Gesellschafter legitimiert. 8

Anders als Gesellschafter müssen Inhaber **dinglicher Rechte am Geschäftsanteil** (Pfandgläubiger, Nießbraucher) nicht in der Gesellschafterliste eingetragen sein, um ihre Rechte ausüben zu können (→ § 15 Rn. 102, → § 15 Rn. 112, → § 15 Rn. 128). Nach hM dürfen dingliche Belastungen schon gar nicht in die Liste eingetragen werden (→ § 15 Rn. 102). 9

2. Bedeutung der Legitimationswirkung. a) Keine Wirksamkeitsvoraussetzung für den Erwerb des Geschäftsanteils. Wie die Anmeldung nach Abs. 1 aF ist auch die Eintragung des Erwerbers 10 in die im Handelsregister aufgenommene Gesellschafterliste **keine Wirksamkeitsvoraussetzung für den Erwerb** des Geschäftsanteils (BT-Drs. 16/6140, 37; Baumbach/Hueck/*Servatius* Rn. 2; allgM), sofern die Satzung nicht ausnahmsweise anderes bestimmt (§ 15 Abs. 5) oder die Anteilsabtretung unter die aufschiebende Bedingung der Eintragung gestellt worden ist (was zulässig ist; HCL/*Löbbe* Rn. 16 f.; *Wicke* Rn. 1; BeckOK GmbHG/*Wilhelmi* Rn. 24; gegen diese Gestaltung aber MüKoGmbHG/*Heidinger* Rn. 159, 168; *Bayer* Liber amicorum M. Winter, 2011, 9 (26)). Die Eintragung bewirkt auch keine Heilung etwaiger Mängel der Anteilsübertragung (Baumbach/Hueck/*Servatius* Rn. 2; Scholz/*Seibt* Rn. 25). Die Übertragung des Geschäftsanteils richtet sich vielmehr allein nach §§ 413, 398 BGB iVm § 15 Abs. 3 bzw. den sonstigen Erwerbstatbeständen (Erbfolge etc). Mit der Übertragung gehört der Geschäftsanteil bereits zum Vermögen des Erwerbers. Nur er kann als Berechtigter über den Anteil verfügen, nur seine Gläubiger können den Anteil pfänden, und der Anteil gehört allein zu seiner Insolvenzmasse. „Nur" im Innenverhältnis der Gesellschaft (zur Abgrenzung → Rn. 12) gilt gem. Abs. 1 der Erwerber vor seiner Eintragung in die Liste und deren Aufnahme im Handelsregister noch nicht als Gesellschafter. Zu der steuerrechtlich bedeutsamen Frage, ob vor Eintragung des neuen Mehrheitsgesellschafters bereits eine an die Mehrheit der Stimmrechte anknüpfende finanzielle Eingliederung iSd § 14 Abs. 1 S. 1 Nr. 1 KStG vorliegen kann, eingehend *Stadler/Bindl* GmbHR 2010, 412 (bejahend wegen Abs. 1 S. 2).

11 **b) Unwiderlegliche Vermutung der Mitgliedschaft im eingetragenen Umfang. aa) Allgemeines.** Ist eine (formal) ordnungsgemäße (→ Rn. 29 ff.) Eintragung in die Gesellschafterliste erfolgt und diese im Handelsregister aufgenommen (→ Rn. 21), gilt der Eingetragene nach Abs. 1 S. 1 in dem aus der Liste ersichtlichen Umfang im Verhältnis zur GmbH als Gesellschafter, dh als zur Ausübung der Mitgliedschaftsrechte berechtigt und zur Erfüllung der Mitgliedschaftspflichten verpflichtet **(„aktive" und „passive" Legitimationswirkung).** Dies bedeutet, dass der in der Gesellschafterliste Eingetragene – und zwar nach dem klaren Gesetzeswortlaut „nur" er – die **Mitgliedschaftsrechte** (→ Rn. 13 f.) aus dem Geschäftsanteil ausüben kann, auch wenn er nicht der wahre Berechtigte sein sollte; die GmbH darf ihrerseits niemand anderen als Inhaber der Mitgliedschaftsrechte behandeln (OLG Düsseldorf 24.6.2016, NZG 2017, 264 Rn. 32; OLG Frankfurt a. M. 4.11.2016, GmbHR 2017, 868 (870); Lutter/Hommelhoff/*Bayer* Rn. 26, 36; Scholz/*Seibt* Rn. 34; allgM). Umgekehrt hat der Eingetragene, selbst wenn er nicht der wahre Gesellschafter ist, auch die mit dem Geschäftsanteil verbundenen **Mitgliedschaftspflichten** (→ Rn. 15) zu erfüllen. Nach überwiegender Ansicht ist die GmbH auch insoweit nicht nur berechtigt, sondern auch verpflichtet, nur den Eingetragenen als Gesellschafter zu behandeln; sie kann also **nicht wahlweise den wahren Gesellschafter** auf Erfüllung der Mitgliedschaftspflichten in Anspruch nehmen, solange dieser nicht in der im Handelsregister aufgenommenen Gesellschafterliste eingetragen ist (Lutter/Hommelhoff/*Bayer* Rn. 26, 36; *Bayer* Liber amicorum M. Winter, 2011, 9 (24 f.); HCL/*Löbbe* Rn. 19 f.; Scholz/*Seibt* Rn. 34; *Wiersch* ZGR 2015, 591 (601 ff.); *Miller* ZIP 2020, 62 (64); aA – GmbH kann wahlweise auch den wahren Gesellschafter in Anspruch nehmen – Roth/Altmeppen/*Altmeppen* Rn. 49; *Altmeppen* ZIP 2009, 345; *Bohrer* MittBayNot 2010, 17 (21); *Foerster* NZG 2019, 366 (371 f.); *Foerster* NZG 2020, 464 (465)).

11a Allerdings hat der BGH in einer neueren Entscheidung offengelassen, ob der nicht eingetragene wahre Gesellschafter – in Abweichung von der soeben angeführten hL – nicht doch aus Mitgliedschaftspflichten in Anspruch genommen werden kann (BGH 20.11.2018, BGHZ 220, 207 = NZG 2019, 269 Rn. 71). In der Entscheidung wird erwogen, dass Abs. 1 S. 1 seinem Wortlaut nach auch so verstanden werden könnte, dass er allein das Verhältnis des Gesellschafters zur GmbH (dh die Geltendmachung von Mitgliedschaftsrechten) regelt, nicht aber umgekehrt das Verhältnis der GmbH zum Gesellschafter (für ein solches Verständnis *Foerster* NZG 2019, 366 (371 f.)). Bei diesem Verständnis könnte sich die GmbH also nicht nur an den Eingetragenen halten, sondern auch den nicht eingetragenen wahren Gesellschafter aus Mitgliedschaftspflichten in Anspruch nehmen und bei Eingriffen in die Mitgliedschaft wie Kaduzierung oder Einziehung auch auf seine Person abheben (also zB auf einen Einziehungsgrund in seiner Person). Bei Licht besehen kann eine solche zwischen Mitgliedschaftsrechten und –pflichten differenzierende Auslegung jedoch nicht überzeugen (abl. auch *Lieder/Becker* GmbHR 2019, 441 (448 f.); *Miller* ZIP 2020, 62 (64)). Wenn die GmbH einen Nichteingetragenen für den wahren Gesellschafter hält, ist sie im Interesse der angestrebten Transparenz der Anteilseignerverhältnisse (→ Rn. 1) darauf verwiesen, eine Korrektur der Liste zu betreiben (→ Rn. 39 ff.). Im Übrigen entspricht es auch zur wortlautidentischen Parallelnorm des § 67 Abs. 2 AktG der ganz hM, dass auch hinsichtlich der Mitgliedschaftspflichten allein der im Aktienregister Eingetragene als Aktionär zu behandeln ist (MüKoAktG/*Bayer* § 67 Rn. 53 mwN). Zudem hat der BGH zu der ganz ähnlich formulierten aF des Abs. 1 („der Gesellschaft gegenüber") ebenfalls ausgesprochen, dass die GmbH nur den Angemeldeten als Gesellschafter behandeln darf, ohne dabei zwischen Mitgliedschaftsrechten und – pflichten zu unterscheiden (BGH 27.1.2015, NZG 2015, 478 Rn. 29 mwN aus der Rspr.). Richtigerweise sollte es daher auch in Bezug auf die Mitgliedschaftspflichten und Eingriffe in die Mitgliedschaft wie Kaduzierung oder Einziehung dabei bleiben, dass es allein auf den Eingetragenen ankommt. Mit Recht hat daher eine neuere obergerichtliche Entscheidung klargestellt, dass ein Einziehungsbeschluss, der sich gegen einen nicht eingetragenen Gesellschafter richtet, unwirksam ist (OLG Brandenburg 21.8.2019, BeckRS 2019, 19502 Rn. 36 ff.).

11b Ohne praktische Bedeutung ist die Frage, ob man die in Abs. 1 S. 1 angeordnete Behandlung des Eingetragenen als Gesellschafter dogmatisch als Fiktion oder – da die Eintragung zumindest idR richtig sein wird, mE treffender – als **unwiderlegliche Vermutung** bezeichnet (für Fiktion BGH 13.10.2008, NJW 2009, 229 Rn. 7 (zu Abs. 1 aF); Scholz/*Seibt* Rn. 6; für unwiderlegliche Vermutung OLG Düsseldorf 24.6.2016, NZG 2017, 264 Rn. 32; Lutter/Hommelhoff/*Bayer* Rn. 35; Baumbach/Hueck/*Servatius* Rn. 14; MüKoGmbHG/*Heidinger* Rn. 14; ebenso die hM zu § 67 Abs. 2 AktG, Hüffer/Koch/*Koch* AktG § 67 Rn. 13). Bedeutsamer ist die Feststellung, dass die Legitimationswirkung der Listeneintragung nach hM auch dann nicht ohne weiteres entfällt, wenn die GmbH von einer eingetretenen Veränderung oder einer von Anfang an bestehenden Unrichtigkeit der Liste Kenntnis erlangt (OLG Frankfurt a. M. 4.11.2016, GmbHR 2017, 868 (870); Lutter/Hommelhoff/*Bayer* Rn. 27; *Bayer* Liber amicorum M. Winter, 2011, 9 (26); Baumbach/Hueck/*Servatius* Rn. 14; MüKoGmbHG/*Heidinger* Rn. 140; zur AG OLG Jena 25.2.2004, AG 2004, 268 (269); K. Schmidt/Lutter/*T. Bezzenberger* AktG § 67 Rn. 27; aA *Ising* NZG 2010, 812 (815)). Sofern und sobald allerdings die Betroffenen in den Fällen des § 40 Abs. 1 (nach Mitteilung und Nachweis) oder im Fall einer von Anfang an unrichtigen Liste einen fälligen Anspruch auf Einreichung einer neuen Liste gegen die GmbH haben (→ Rn. 36, → Rn. 39) und die Geschäftsführer dennoch entgegen dem Verlangen eines Betroffenen die Einreichung einer neuen Liste bewusst verzögern, wird man annehmen müssen, dass die Berufung der Gesellschaft auf den bisherigen Listeninhalt rechtsmissbräuchlich ist (→ Rn. 34b).

12 Soweit sich aus der Gesellschafterstellung mitgliedschaftliche Rechte und Pflichten nicht nur gegenüber der GmbH, sondern auch gegenüber den Mitgesellschaftern ergeben, gilt Abs. 1 auch **im Verhältnis der Gesellschafter untereinander** (HCL/*Löbbe* Rn. 108; BeckOK GmbHG/*Wilhelmi* Rn. 27; relevant zB für § 24). Dagegen betrifft Abs. 1 nicht das Verhältnis zu außenstehenden Dritten (→ Rn. 10). Die Abgrenzung zwischen dem Innenverhältnis, für das Abs. 1 maßgeblich ist, und dem Außenverhältnis, für das es auf die materielle Rechtslage ankommt, ist allerdings nicht immer trennscharf möglich. Umstritten ist insbesondere, ob Abs. 1 auch iRd Regelungen zur Passivvertretung und Insolvenzantragspflicht bei **Führungslosigkeit** der Gesellschaft (§ 35 Abs. 1 S. 2; § 15 Abs. 1 S. 2 InsO, § 15a Abs. 3 InsO) zur Anwendung kommt. Da nur die Listengesellschafter die Führungslosigkeit durch Bestellung neuer Geschäftsführer beseitigen können, sollte zumindest für die Insolvenzantragspflicht allein auf die Eintragung nach Abs. 1 S. 1 abgestellt werden (hL, *Horstkotte* ZInsO 2009, 214 (214 f.); Lutter/Hommelhoff/*Bayer* Rn. 36; Scholz/*Seibt* Rn. 37; ausf. *Stein* FS Hoffmann-Becking, 2013, 1207 (1214 ff.) mwN; aA MüKoGmbHG/*Stephan*/*Tieves* § 35 Rn. 244: antragspflichtig allein der wahre Berechtigte). In Bezug auf die Passivvertretung wird dagegen aus Verkehrsschutzgründen überwiegend angenommen, dass sowohl die Listengesellschafter als auch die wahren Gesellschafter empfangszuständig seien (Bork/Schäfer/*Jacoby* § 35 Rn. 48; HCL/*Paefgen* § 35 Rn. 144 aE; *Stein* FS Hoffmann-Becking, 2013, 1207 (1214); MüKoGmbHG/*Stephan*/*Tieves* § 35 Rn. 244; jetzt auch Lutter/Hommelhoff/*Kleindiek* § 35 Rn. 43; aA – allein für Maßgeblichkeit des Abs. 1 – noch Goette/Habersack/*Kleindiek* MoMiG Rn. 8.44). Soweit es um Erklärungen des Geschäftsführers gegenüber der Gesellschafterversammlung als Bestellungsorgan geht (zB Erklärung der Amtsniederlegung, → § 38 Rn. 50), ist dagegen allein auf Abs. 1 abzustellen (Heckschen/Heidinger/*Heidinger*/*Knaier* GmbH-Gestaltungspraxis Kap. 6 Rn. 158; *Stenzel*/*Lühr* NZG 2015, 743 (745 ff., insbesondere 747)).

13 **bb) Mitgliedschaftsrechte.** Aufgrund der unwiderleglichen Vermutung des Abs. 1 S. 1 stehen dem Eingetragenen ab Aufnahme der Liste im Handelsregister sämtliche Mitgliedschaftsrechte (→ § 14 Rn. 43 ff.) aus dem Geschäftsanteil auch dann zu, wenn er nicht der wahre Inhaber des Geschäftsanteils sein sollte (BGH 20.11.2018, BGHZ 220, 207 = NZG 2019, 269 Rn. 23). Sofern **Gewinnausschüttungen** beschlossen werden, entstehen die daraus resultierenden Ausschüttungsansprüche unmittelbar in der Person des zu diesem Zeitpunkt Eingetragenen. Daher kann die GmbH die betreffenden Dividenden nur an diesen schuldbefreiend leisten. Der Innenausgleich zwischen dem wahren Berechtigten und dem Eingetragenen richtet sich nach allgemeinen Regeln, dh vorrangig nach einem zwischen diesen bestehenden Vertragsverhältnis und subsidiär nach §§ 677 ff. BGB, §§ 812 ff. BGB und ggf. §§ 823 ff. BGB (*Grigoleit*/*Rieder* GmbHR Rn. 151; GroßkommAktG/*Merkt* AktG § 67 Rn. 104). Wird im Anschluss an eine wirksame Anteilsübertragung an den inzwischen eingetragenen Erwerber ein Gewinn ausgeschüttet, der sich auf einen Zeitraum bezieht, in dem noch der Veräußerer der gem. Abs. 1 legitimierte Gesellschafter war, ist § 101 Nr. 2 Hs. 2 BGB zu beachten; mangels abweichender Abreden steht daher dem Veräußerer zeitanteilig ein Anspruch gegen den Erwerber auf Abführung des ausgezahlten Gewinns zu (BGH 8.12.1997, NJW 1998, 1314; *Goette*/*Goette* GmbH § 5 Rn. 40; MüKoGmbHG/*Heidinger* Rn. 176).

14 Aus demselben Grund (unwiderlegliche Vermutung) stehen auch das **Teilnahmerecht** an den Gesellschafterversammlungen sowie das **Stimmrecht** ab dem Zeitpunkt der Aufnahme der Liste im Handelsregister allein dem Eingetragenen zu, ohne dass es auf seine wahre Berechtigung ankommt. Der materiell berechtigte, aber nicht eingetragene Gesellschafter ist daher nicht teilnahme- und stimmberechtigt (OLG

Zweibrücken 15.12.2011, NZG 2012, 471). Umgekehrt sind Gesellschafterbeschlüsse, die mit den Stimmen eines eingetragenen Scheingesellschafters gefasst werden, nicht wegen dessen Mitwirkung anfechtbar (BGH 20.11.2018, BGHZ 220, 207 = NZG 2019, 269 Rn. 45; Scholz/*Seibt* Rn. 36). Eine erst nach Beschlussfassung erfolgende Korrektur der Liste ändert daran nichts (BGH 20.11.2018, BGHZ 220, 207 = NZG 2019, 269 Rn. 45), da die Korrektur nur ex nunc wirkt (→ Rn. 44). Diese Grundsätze gelten auch für Gesellschafterbeschlüsse über **Strukturmaßnahmen** (MüKoGmbHG/*Heidinger* Rn. 221; HCL/*Löbbe* Rn. 76; zu Abs. 1 aF *Schnorbus* ZGR 2004, 126 (133 ff.)). Übernimmt der eingetragene Scheingesellschafter iRe Kapitalerhöhung gegen Einlagen einen neuen Geschäftsanteil, erwirbt er diesen aufgrund des von ihm abgeschlossenen Übernahmevertrags als materiell vollberechtigter Inhaber (*Schnorbus* ZGR 2004, 126 (136); MüKoGmbHG/*Heidinger* Rn. 222; HCL/*Löbbe* Rn. 78; zur Kapitalerhöhung durch Aufstockung der Nennbeträge s. einerseits *Schnorbus* ZGR 2004, 126 (136 f.); andererseits *Schothöfer* GmbHR 2003, 1321 (1324 f.) und MüKoGmbHG/*Heidinger* Rn. 223). Bei Kapitalerhöhungen aus Gesellschaftsmitteln erwirbt dagegen der wahre Berechtigte den neuen Geschäftsanteil (MüKoGmbHG/*Heidinger* Rn. 222; HCL/*Löbbe* Rn. 78), und zwar auch, wenn der Kapitalerhöhungsbeschluss eine namentliche Zuweisung des neuen Geschäftsanteils an den Scheingesellschafter enthält (näher *Stein* FS Ulmer, 2003, 643 (648 f.); *Schnorbus* ZGR 2004, 126 (138 ff.)). Auch wenn der neue Geschäftsanteil materiell nicht dem Scheingesellschafter zusteht, greift aber wieder die Legitimationswirkung des Abs. 1 ein, sofern der Scheingesellschafter auch diesbezüglich in die Liste eingetragen wird (MüKoGmbHG/*Heidinger* Rn. 222). Zur Rechtslage bei der Verschmelzung s. HCL/*Löbbe* Rn. 78 mwN; näher DNotI-Report 2019, 45; *Grunewald* FS Seibert, 2019, 251; *Leyendecker-Langner* ZGR 2015, 516; *Schniepp/Hensel* NZG 2014, 857 (859 ff.); *B. Westermann/Hornung* GmbHR 2017, 626.

15 **cc) Mitgliedschaftspflichten.** Spiegelbildlich zu den Mitgliedschaftsrechten treffen den Eingetragenen ab Aufnahme der Liste im Handelsregister auch sämtliche mit dem Geschäftsanteil verbundene Mitgliedschaftspflichten (→ § 14 Rn. 95 ff.), selbst wenn der Anteilserwerb von Anfang an unwirksam war (→ Rn. 39–45). Unerheblich ist, ob der Eingetragene die Pflichten kannte oder kennen musste. Ebenso wenig kommt es darauf an, ob er den Geschäftsanteil nur als Treuhänder oder zur Sicherung erworben hat (Lutter/Hommelhoff/*Bayer* Rn. 36; MüKoGmbHG/*Heidinger* Rn. 87; zur aF OLG Hamm 27.6.1983, GmbHR 1985, 22 (23)). Da sich die Haftung des eingetragenen Anteilserwerbers für die mit der Mitgliedschaft verbundenen Pflichten bereits aus Abs. 1 ergibt, hat die Vorschrift des Abs. 2, welche die Haftung für **rückständige Einlageverpflichtungen** gesondert anspricht, in Bezug auf den Erwerber nur deklaratorische Bedeutung (HCL/*Löbbe* Rn. 94). Der eigentliche Regelungsgehalt des Abs. 2 liegt in der gesamtschuldnerischen Forthaftung des Veräußerers (→ Rn. 47 f.; dort auch zum Begriff „rückständig"). Schon deshalb kommt dem Umstand, dass Abs. 2 nur noch von „Einlageverpflichtungen" statt von „Leistungen" (§ 16 Abs. 3 aF) spricht, in Bezug auf den Erwerber keine Bedeutung zu. Davon abgesehen ergibt sich auch aus den Materialien (BT-Drs. 16/6140, 38), dass der Gesetzgeber mit der veränderten Wortwahl keine inhaltliche Änderung beabsichtigte (ebenso Lutter/Hommelhoff/*Bayer* Rn. 56; Baumbach/Hueck/*Servatius* Rn. 23; Scholz/*Seibt* Rn. 52; aA *Link* RNotZ 2009, 193 (214); Ring/Grziwotz/*Westphal* Rn. 10). Der eingetragene Erwerber tritt daher nicht nur in Einlagepflichten ieS ein; vielmehr treffen ihn auch die Differenzhaftung nach § 9 und die Unterbilanzhaftung (BGH 6.3.2012, BGHZ 192, 341 = NJW 2012, 1875 Rn. 31 ff. mzN; BGH 10.12.2013, NZG 2014, 264 Rn. 18 [jew. zu Abs. 3 aF]; aA *Krolop* ZIP 2011, 305 (311)), ferner die Einstandspflichten nach §§ 24, 31 Abs. 3, Nachschusspflichten (§ 26) und Nebenleistungspflichten nach § 3 Abs. 2 (MHLS/*Ebbing* Rn. 137; *Wicke* Rn. 12; HCL/*Löbbe* Rn. 98; aA zu §§ 24, 31 Abs. 3 Ring/Grziwotz/*Westphal* Rn. 10). Für eine vom Veräußerer nicht geleistete Sacheinlage haftet der eingetragene Erwerber nach hM in bar (HCL/*Löbbe* Rn. 99 mwN; aA *Limmer* ZIP 1993, 412 (414)). Die Haftung erstreckt sich nach überwA auch auf rückständige Zinsen iSd § 20 (MHLS/*Ebbing* § 20 Rn. 34; HCL/*Leuschner* § 20 Rn. 44; MüKoGmbHG/*Schwandtner* § 20 Rn. 14; aA HCL/*Löbbe* Rn. 103 und die hM im Aktienrecht, Hüffer/Koch/*Koch* AktG § 63 Rn. 3). Die Haftung des eingetragenen Erwerbers kann auch durch Vereinbarung mit der GmbH nicht abbedungen werden, soweit die Leistungspflicht des Veräußerers ihrerseits zwingend war (zB nach § 19 Abs. 2, § 25, § 31 Abs. 4).

16 **Nicht** an den Geschäftsanteil geknüpft, sondern als persönliche Verpflichtung anzusehen ist dagegen die **Haftung aus § 31 Abs. 1** bei verbotenen Auszahlungen; diese Haftung geht daher nach zutreffender Ansicht nicht auf den eingetragenen Erwerber über (hL, Roth/Altmeppen/*Altmeppen* Rn. 32 f.; Baumbach/Hueck/*Servatius* Rn. 23; HCL/*Habersack* § 31 Rn. 4, 9; Scholz/*Verse* § 31 Rn. 5; *Schindler/Buchwald* KSzW 2011, 369 (371 f.); *Battke* GmbHR 2014, 747 (750); → § 31 Rn. 9; ebenso die hL zu § 62 AktG, K. Schmidt/Lutter/*Fleischer* AktG § 62 Rn. 12; aA aber OLG Köln 31.3.2011, NZI 2011, 376 (377 f.); MHLS/*Heidinger* § 31 Rn. 17). Gleiches gilt für **Schadensersatzpflichten,** die an ein Verschulden des Veräußerers anknüpfen, wie zB bei Verletzungen der mitgliedschaftlichen Treuepflicht (MüKoGmbHG/*Heidinger* Rn. 191; HCL/*Löbbe* Rn. 103; zweifelnd *Geck* DStR 1996, 627 (629)) oder im Fall der Gründerhaftung nach § 9a (MüKoGmbHG/*Heidinger* Rn. 193; HCL/*Löbbe* Rn. 103; aA *Geck* DStR 1996, 627 (629)). Auch eine vom Veräußerer ausgelöste **Vertragsstrafe** trifft den eingetragenen Erwerber nicht (HCL/*Löbbe* Rn. 103).

dd) Sonstige Rechte und Pflichten. Nach dem Grundgedanken der §§ 413, 401 BGB tritt der eingetragene Erwerber auch in die Rechte und Pflichten des Veräußerers aus einem **Schiedsvertrag** über Streitigkeiten aus dem Gesellschaftsverhältnis ein, auch wenn dieser außerhalb der Satzung in einem getrennten Dokument abgeschlossen und in der Satzung lediglich in Bezug genommen wurde. Eines gesonderten Beitritts des Erwerbers zum Schiedsvertrag in der Form des § 1031 Abs. 1 ZPO bedarf es nicht (BGH 28.5.1979, NJW 1979, 2567 f.; BGH 2.10.1997, NJW 1998, 371). Dagegen gehen die im Zeitpunkt der Aufnahme der Liste im Handelsregister bereits von der Mitgliedschaft getrennten **Gläubigerrechte** und etwaige sonstige **schuldrechtliche Rechte und Pflichten** (→ § 14 Rn. 46 f.) des Veräußerers gegenüber der GmbH und den Mitgesellschaftern vorbehaltlich eines besonderen Übertragungstatbestands (zB Abtretung, Schuldübernahme) nicht auf den eingetragenen Erwerber über (Lutter/Hommelhoff/*Bayer* Rn. 39). 17

c) Rechtshandlungen des Rechtsvorgängers. In § 16 Abs. 2 aF war ausdrücklich geregelt, dass der Erwerber auch Rechtshandlungen gegen sich gelten lassen muss, welche die Gesellschaft gegenüber dem Veräußerer oder dieser gegenüber der Gesellschaft vorgenommen hat, bevor der Erwerber nach Abs. 1 legitimiert ist. Diese Regelung ist durch das MoMiG gestrichen worden, da sie sich schon aus Abs. 1 ableiten lässt (BT-Drs. 16/6140, 38). In der Tat ergibt sich bereits aus dem Vorstehenden (→ Rn. 11 ff.), dass der noch nicht eingetragene Erwerber Dividendenauszahlungen der GmbH an den noch eingetragenen Veräußerer ebenso gegen sich gelten lassen muss wie Gesellschafterbeschlüsse, die noch unter Mitwirkung des Veräußerers gefasst wurden. Selbst einen vom noch eingetragenen Veräußerer/Scheingesellschafter verursachten **Ausschluss aus wichtigem Grund** oder die **Einziehung** des Geschäftsanteils muss der nicht eingetragene Erwerber/materiell Berechtigte gegen sich gelten lassen (BGH 20.11.2018, BGHZ 220, 207 = NZG 2019, 269 Rn. 71 (zur Einziehung); Baumbach/Hueck/*Servatius* Rn. 17; Scholz/*Seibt* Rn. 39). Gleiches muss für die Kaduzierung gelten (→ § 21 Rn. 10). Allerdings wird verbreitet angenommen, dass die GmbH und ihre Gesellschafter die materielle Rechtsposition des noch nicht eingetragenen Rechtsnachfolgers nicht vereiteln oder wesentlich beeinträchtigen dürfen, sobald ihnen der Anteilsübergang mitgeteilt und nachgewiesen wurde (näher Scholz/*Seibt* Rn. 40; Lutter/Hommelhoff/*Bayer* Rn. 41; abl. MüKoGmbHG/*Heidinger* Rn. 135). 18

d) Besonderheiten bei Gesamtrechtsnachfolge. Verstirbt ein Gesellschafter, geht sein Geschäftsanteil mit den damit verknüpften Mitgliedschaftsrechten und -pflichten nach §§ 1922, 1967 BGB auf den oder die **Erben** über. Da Abs. 1 S. 1 nach dem klaren Willen des Gesetzgebers für alle Formen des Anteilserwerbs und damit auch für die Gesamtrechtsnachfolge gilt (BT-Drs. 16/6140, 38), kann der Erbe die **Mitgliedschaftsrechte** im Verhältnis zur GmbH jedoch vorbehaltlich Abs. 1 S. 2 erst ausüben, nachdem er in die Gesellschafterliste eingetragen und diese im Handelsregister aufgenommen wurde (OLG Naumburg 1.9.2016, MittBayNot 2017, 287 Rn. 28 ff.; Lutter/Hommelhoff/*Bayer* Rn. 43; Baumbach/Hueck/*Servatius* Rn. 20; MüKoGmbHG/*Heidinger* Rn. 146, 152; Scholz/*Seibt* Rn. 41; *Wiersch* NZG 2015, 1336 (1337 f.); aA Roth/Altmeppen/*Altmeppen* Rn. 22 f.; *Link* RNotZ 2009, 193 (213); *Ising* NZG 2010, 812 (815 f.); und die hM zur AG, OLG Jena 25.2.2004, AG 2004, 268 (270)). War der Erblasser zugleich alleiniger Geschäftsführer, muss zunächst ein neuer Geschäftsführer bestellt werden, der die neue Gesellschafterliste unterzeichnet und einreicht. Dies ist gem. Abs. 1 S. 2 möglich, der Bestellung eines Notgeschäftsführers analog § 29 BGB bedarf es daher nicht (*Wachter* DB 2009, 159 (161); ausf. *Wachter,* GmbH-Geschäftsanteile im Erbfall, 2012, Rn. 128 ff., 135; *Lange* GmbHR 2012, 986 (989); *H. Schmidt* NotBZ 2013, 13 (16); *Eickelberg/Ries* NZG 2015, 1103 (1104); Baumbach/Hueck/*Servatius* Rn. 20 aE; → Rn. 28; aA *D. Mayer* MittBayNot 2014, 114 (124); zweifelnd Lutter/Hommelhoff/*Bayer* Rn. 45). Ungeachtet dessen bleibt die Bestellung eines Notgeschäftsführers aber möglich (OLG Köln 27.6.2019, FGPrax 2019, 219; Lutter/Hommelhoff/*Bayer* Rn. 45; *Lange* GmbHR 2012, 986 (988); Baumbach/Hueck/*Servatius* Rn. 20 aE). Zwischen Erbfall und Eintragung des Erben entstandene Ausschüttungsansprüche verfallen nicht; der Erbe kann sie nach seiner Eintragung geltend machen (Baumbach/Hueck/*Servatius* Rn. 20; MüKoGmbHG/*Heidinger* Rn. 146; HCL/*Löbbe* Rn. 30 aE; *Wiersch* NZG 2015, 1336 (1339)). Wenn den Geschäftsführern nur der Tod des Gesellschafters bekannt ist, die Erben aber unbekannt sind, wird es sich empfehlen, die unbekannten Erben in die Gesellschafterliste aufzunehmen und, sofern kein über den Tod hinaus Bevollmächtigter vorhanden ist, eine Nachlasspflegschaft (§ 1960 BGB) zu beantragen (näher Lutter/Hommelhoff/*Bayer* § 51 Rn. 10; *D. Mayer* MittBayNot 2014, 114 (124 f.); *F.-H. Lange* NJW 2016, 1852 (1853 f.); *Heckschen* NotBZ 2017, 336 (337); *Werner* GmbHR 2017, 91 (92 f.)). Zu den Gesellschafterversammlungen ist dann der Bevollmächtigte bzw. Nachlasspfleger zu laden. 19

Für die Erfüllung der **Mitgliedschaftspflichten** haftet der Erbe hingegen gem. §§ 1922, 1967 BGB auch ohne Eintragung (Lutter/Hommelhoff/*Bayer* Rn. 44; Scholz/*Seibt* Rn. 41; *Wicke* Rn. 6; *Wiersch* NZG 2015, 1336 (1339 f.); aA *Lieder/Jena* DZWiR 2019, 401 (407 f.)), da es ihm nicht ermöglicht werden darf, durch Hinauszögern von Mitteilung und Nachweis den Mitgliedschaftspflichten auszuweichen. Der Erbe kann aber seine Haftung bis zur Eintragung gem. §§ 1975 ff. BGB beschränken. Danach haftet er nach Abs. 1, 2 unbeschränkt für rückständige Leistungen (Lutter/Hommelhoff/*Bayer* Rn. 44; Baumbach/Hueck/*Servatius* Rn. 19; Scholz/*Seibt* Rn. 41; zur AG Spindler/Stilz/*Cahn* AktG § 67 20

Rn. 47; aA Roth/Altmeppen/*Altmeppen* Rn. 24). Stellt sich nachträglich heraus, dass der Eingetragene nicht Erbe geworden ist, kann er die Rechtswirkungen der Eintragung nur für die Zukunft beseitigen (→ Rn. 44 f.). Dies gilt auch für die Ausschlagung der Erbschaft und den Vorerben beim Eintritt des Nacherbfalls (Lutter/Hommelhoff/*Bayer* Rn. 46; Baumbach/Hueck/*Servatius* Rn. 20; Scholz/*Seibt* Rn. 42). Für **andere Fälle der Gesamtrechtsnachfolge** wie Verschmelzungen oder Spaltungen nach dem UmwG soll das zum Erbfall Gesagte entsprechend gelten (*Wicke* Rn. 8; MüKoAktG/*Bayer* AktG § 67 Rn. 84). Für die Spaltung ist dem allerdings nur im Fall der Aufspaltung (§ 123 Abs. 1 UmwG) beizutreten, da nur hier der übertragende Rechtsträger erlischt. Bei Abspaltung und Ausgliederung eines Geschäftsanteils bleibt es dabei, dass bis zur Umschreibung der Liste der übertragende Rechtsträger nach Abs. 1 aktiv und passiv legitimiert ist (*Wiersch* NZG 2015, 1336 (1341 Fn. 55) zur Abspaltung).

21 **3. Maßgeblicher Zeitpunkt. a) Aufnahme im Handelsregister. aa) Begriff der Aufnahme.** Abs. 1 S. 1 knüpft den Eintritt der Legitimationswirkung an die **Aufnahme** der Gesellschafterliste **im Handelsregister.** Damit ist die Speicherung in dem für das entsprechende Registerblatt bestimmten, online einsehbaren Registerordner (§ 9 Abs. 1 HRV) bzw. die Aufnahme in den sog. Sonderband des Papierregisters (§ 8 Abs. 2 HRV aF) gemeint (BT-Drs. 16/6140, 37). Dabei sollte das Datum der Aufnahme in den Registerordner vermerkt werden, damit sich der Eintritt der Wirkungen des Abs. 1 und 2 sowie der Beginn der Dreijahresfrist des Abs. 3 S. 2 nachvollziehen lassen (*Hasselmann* NZG 2010, 207 (210); MüKoGmbHG/*Heidinger* Rn. 83). Bei Einreichung mehrerer Listen am gleichen Tag sind die Listen in chronologischer Reihenfolge einzustellen (OLG Düsseldorf 18.3.2019, FG Prax 2019, 173). Reicht der Notar gleichzeitig mehrere Listen ein, ist das Registergericht an die vom Notar vorgegebene Reihenfolge gebunden (OLG Düsseldorf aaO). Streng zu unterscheiden ist die Aufnahme der Gesellschafterliste von einer Eintragung der Gesellschafter ins Handelsregister; eine solche erfolgt nicht, daher findet auch § 15 HGB keine Anwendung (allgM).

22 **bb) Verfahren (Einreichung der Liste, Prüfung durch das Registergericht).** Unterschrieben und eingereicht wird die Liste gem. § 40 Abs. 1, 2 entweder von den **Geschäftsführern** oder, falls ein **Notar** an der Veränderung mitgewirkt hat, von diesem (Einzelheiten in den Erl. zu → § 40 Rn. 14, → § 40 Rn. 21 ff.). Das **Registergericht** ist berechtigt, vor der Aufnahme im Handelsregister zu prüfen, ob die Gesellschafterliste den formalen Anforderungen des § 40 entspricht, und darf die Aufnahme der Liste widrigenfalls verweigern (**formelles Prüfungsrecht;** BGH 20.9.2011, BGHZ 191, 84 = NZG 2011, 1268 Rn. 10; BGH 17.12.2013, BGHZ 199, 279 = NZG 2014, 219 Rn. 8; BGH 24.2.2015, NJW 2015, 1303 Rn. 7). Richtigerweise ist das Registergericht auch verpflichtet, diese formale Prüfung durchzuführen und die Liste bei negativem Ausgang der Prüfung zurückzuweisen (OLG München 15.11.2011, NZG 2012, 391; OLG Frankfurt a. M. 17.1.2011, GmbHR 2011, 823 (825 f.); OLG Bamberg 2.2.2010, MittBayNot 2010, 331). Ein zur Zurückweisung der Liste führender formaler Mangel liegt zB vor, wenn die Liste nicht unterschrieben ist (HCL/*Paefgen* § 40 Rn. 101) oder von einer **unbefugten Person** stammt. In Bezug auf Letzteres muss sich die Prüfung nach der Rspr. des BGH im Interesse einer zügigen Entscheidung über die Aufnahme der Liste darauf beschränken, ob es sich bei der einreichenden Person um eine der in § 40 Abs. 1 und Abs. 2 genannten Personen handelt, dh um einen Geschäftsführer der Gesellschaft oder einen Notar, der an der betreffenden Veränderung mitgewirkt hat (BGH 17.12.2013, BGHZ 199, 279 = NZG 2014, 219 Rn. 9 f. mBespr *Götze/Mörtel* NZG 2014, 369; zur Einreichung durch einen ausländischen Notar → § 15 Rn. 46b). Die Frage, ob im konkreten Fall der Geschäftsführer oder der Notar zuständig war, fällt dagegen bei Zweifeln, die sich nicht ohne Weiteres in kurzer Zeit klären lassen, nicht in die Prüfungskompetenz des Registergerichts (BGH aaO). Wenn jedoch für das Registergericht ohne Weiteres feststeht, dass im konkreten Fall anstelle des einreichenden Geschäftsführers der Notar zuständig war (oder umgekehrt), kann es die Aufnahme der Liste zurückweisen (OLG Rostock 25.1.2017, GmbHR 2017, 523 (524 f.) mzustAnm *Bayer;* KG Berlin 13.9.2018, NZG 2019, 1111 Rn. 15 ff.) und muss dies auch tun. Von der Prüfung der formalen Voraussetzungen umfasst ist ferner, ob die Liste die in § 40 Abs. 1 geforderten Angaben enthält (HCL/*Paefgen* § 40 Rn. 101) und den Listeninhalt nicht in unzulässiger Weise erweitert (BGH 20.9.2011, BGHZ 191, 84 = NZG 2011, 1268 Rn. 10: Eintragung einer aufschiebend bedingten Anteilsabtretung, → Rn. 64; BGH 24.2.2015, NJW 2015, 1303 Rn. 8: Testamentsvollstreckervermerk, → Rn. 66). Ebenso ist zu prüfen, ob der Liste eines Notars die Bescheinigung nach § 40 Abs. 2 S. 2 beigefügt ist (*Wachter* NZG 2009, 1001 (1002)). Nach obergerichtlicher Rspr. soll überdies zu prüfen sein, ob die eingereichte Liste an die aktuellste zuvor aufgenommene und nicht an eine ältere Liste anknüpft (OLG München 26.1.2012, NZG 2012, 588; HCL/*Paefgen* § 40 Rn. 101).

22a Im Interesse einer zügigen Aufnahme der Liste hat das Registergericht aber **keine inhaltliche Prüfpflicht** (BT-Drs. 16/6140, 44; BGH 17.12.2013, BGHZ 199, 279 = NZG 2014, 219 Rn. 7; ganz hM; abw. in Bezug auf vom Geschäftsführer eingereichte Listen *Omlor/Spies* MittBayNot 2011, 353 (356 f.)). Aus demselben Grund kann dem Registergericht auch kein umfassendes inhaltliches Prüfungsrecht zustehen (statt vieler OLG Hamburg 24.9.2014, NZG 2015, 72). Obergerichtliche Rspr. und hL sprechen dem Registergericht aber ein begrenztes inhaltliches Prüfungsrecht dahingehend zu, dass es die Aufnahme der Gesellschafterliste verweigern darf, wenn es sichere Kenntnis von ihrer inhaltlichen

Unrichtigkeit hat, wenn also die enthaltenen Angaben **offensichtlich falsch** sind (OLG München 27.5.2009, NZG 2009, 797 (798); OLG München 8.9.2009, NJW 2010, 305; OLG Jena 22.3.2010, NZG 2010, 591 (592); OLG Frankfurt a. M. 22.11.2010, GmbHR 2011, 198 (201); HCL/*Paefgen* § 40 Rn. 103 mwN; ausf. dazu DNotI-Report 2009, 190 mwN; offengelassen in BGH 1.3.2011, NZG 2011, 516 Rn. 12, und BGH 17.12.2013, BGHZ 199, 279 = NZG 2014, 219 Rn. 23).

b) Rückbeziehung der Legitimationswirkung (Abs. 1 S. 2). aa) Allgemeines. Der Grundsatz, dass der Anteilserwerber vor Aufnahme der aktualisierten Gesellschafterliste im Handelsregister noch keine Mitgliedschaftsrechte ausüben kann, wird durch **Abs. 1 S. 2** aufgelockert. Danach werden Rechtshandlungen des Erwerbers in Bezug auf das Gesellschaftsverhältnis nachträglich als von Anfang an wirksam anerkannt, wenn die aktualisierte Gesellschafterliste unverzüglich nach Vornahme der Rechtshandlung in das Handelsregister aufgenommen wird. Damit soll dem praktischen Bedürfnis des Erwerbers Rechnung getragen werden, schon unmittelbar nach Wirksamwerden des Anteilsübergangs Rechtshandlungen in Bezug auf das Gesellschaftsverhältnis vornehmen zu können, wie zB die Ausübung des Stimmrechts in der Gesellschafterversammlung, um notwendige Satzungsänderungen zu beschließen oder neue Geschäftsführer zu bestellen (BT-Drs. 16/6140, 37 f.). Nach Abs. 1 S. 2 sind derartige Rechtshandlungen zunächst **schwebend unwirksam.** Kommt es zu einer unverzüglichen Aufnahme der Liste in das Handelsregister, wird die Rechtshandlung rückwirkend wirksam; andernfalls ist sie endgültig unwirksam (BT-Drs. 16/6140, 38; Scholz/*Seibt* Rn. 45; zu den Rechtsfolgen → Rn. 26 ff.). 23

bb) Voraussetzungen. Der **Anwendungsbereich** des Abs. 1 S. 2 beschränkt sich nicht auf den rechtsgeschäftlichen Erwerb, sondern gilt ebenso wie S. 1 für **alle Arten des Anteilserwerbs,** also zB auch für Fälle der Gesamtrechtsnachfolge (*Hasselmann* NZG 2009, 409 (411); MüKoGmbHG/*Heidinger* Rn. 161; Scholz/*Seibt* Rn. 46). Voraussetzung ist stets, dass der Erwerbstatbestand bereits abgeschlossen ist. Steht der Erwerb noch unter einer aufschiebenden Bedingung und nimmt der Erwerber trotzdem schon eine Rechtshandlung vor, findet Abs. 1 S. 2 keine Anwendung (Baumbach/Hueck/*Servatius* Rn. 21b; MüKoGmbHG/*Heidinger* Rn. 164; Scholz/*Seibt* Rn. 48). Gleiches gilt, wenn der (vermeintliche) Erwerbsvorgang bereits abgeschlossen ist, aber an einem zunächst unerkannten Wirksamkeitsmangel leidet (MHLS/*Ebbing* Rn. 126 f.). Zudem betrifft Abs. 1 S. 2 **nur Rechtshandlungen des Erwerbers.** Für den umgekehrten Fall einer Rechtshandlung der GmbH gegenüber dem noch nicht eingetragenen Erwerber bleibt es bei Abs. 1 S. 1 (MüKoGmbHG/*Heidinger* Rn. 164; Scholz/*Seibt* Rn. 46; HCL/*Löbbe* Rn. 87). 24

Unverzüglich iSd Abs. 1 S. 2 ist die Aufnahme im Handelsregister, wenn sie gem. § 121 BGB ohne schuldhaftes Zögern erfolgt (ganz hM, etwa HCL/*Löbbe* Rn. 89; Scholz/*Seibt* Rn. 47; aA – nur objektive Kurzfristigkeit der Aufnahme entscheidend – *Grigoleit/Rieder* GmbHR Rn. 143; dazu neigend auch Baumbach/Hueck/*Servatius* Rn. 21b). Fraglich ist, ob es nur auf ein Verschulden des Erwerbers ankommt oder auch auf ein Verschulden der übrigen Personen, die mit der Einreichung und Aufnahme der Liste im Handelsregister befasst sind (Notar bzw. Geschäftsführer, Registergericht). Trotz des missverständlichen Wortlauts („unverzüglich *aufgenommen*") ist nach dem Rechtsgedanken des § 167 ZPO davon auszugehen, dass jedenfalls eine vom Registergericht zu vertretende Verzögerung der Rechtzeitigkeit nicht entgegensteht (wohl hM, Roth/Altmeppen/*Altmeppen* Rn. 10; Lutter/Hommelhoff/*Bayer* Rn. 49; Scholz/*Seibt* Rn. 47; *D. Mayer* MittBayNot 2014, 24 (29) mwN; aA *Hasselmann* NZG 2009, 409 (411); MHLS/*Ebbing* Rn. 130; MüKoGmbHG/*Heidinger* Rn. 163; Rowedder/Schmidt-Leithoff/*Pentz* Rn. 43). Zweifelhaft ist, ob daneben auch Verzögerungen von Seiten des Notars oder der Geschäftsführer unschädlich sind. Dem Zweck des Abs. 1 S. 2, den praktischen Bedürfnissen des Erwerbers entgegenzukommen, dürfte es am ehesten entsprechen, die Frage zu bejahen und allein auf das Verschulden des Erwerbers abzustellen (*Link* RNotZ 2009, 193 (212); *Nolting* GmbHR 2010, 584 (586); *Wachter* ZNotP 2008, 378 (381 f.); *Wicke* Rn. 11; ausf. *Fell,* Die GmbH-Gesellschafterliste zwischen Geheimhaltungs- und Veröffentlichungsinteressen, 2017, 534 ff.; aA Roth/Altmeppen/*Altmeppen* Rn. 10; Lutter/Hommelhoff/*Bayer* Rn. 49; *D. Mayer* ZIP 2009, 1037 (1041); Scholz/*Seibt* Rn. 47; ferner diejenigen, die auch registergerichtliche Verzögerungen für beachtlich halten). 25

Für die Anwendung des Abs. 1 S. 2 kommt es nach dem Wortlaut der Vorschrift nur darauf an, ob **nach Vornahme der Rechtshandlung** (zB der Stimmabgabe in der Gesellschafterversammlung) keine schuldhafte Verzögerung eintritt. Dagegen stellt Abs. 1 S. 2 nicht darauf ab, ob auch der Anteilserwerb unmittelbar zeitlich vorausgegangen ist. Ein Anlass, den Wortlaut insoweit durch einschränkende Auslegung oder teleologische Reduktion zu korrigieren, ist nicht ersichtlich (ebenso *D. Mayer* MittBayNot 2014, 24 (30)). Wenn also zB anlässlich der Abhaltung einer Gesellschafterversammlung festgestellt wird, dass anstelle des schon seit längerem Berechtigten B noch der frühere Gesellschafter A in der Gesellschafterliste eingetragen ist, ist die Stimmabgabe des B in der Gesellschafterversammlung nach Abs. 1 S. 2 als von Anfang an wirksam anzusehen, sofern die geänderte, den B als Gesellschafter ausweisende Liste unverzüglich nach der Beschlussfassung im Handelsregister aufgenommen wird. 25a

cc) Rechtsfolgen bei unverzüglicher Aufnahme. Ist mit den Stimmen des noch nicht gem. Abs. 1 S. 1 legitimierten Erwerbers ein Gesellschafterbeschluss gefasst worden und wird die aktualisierte Liste 26 unverzüglich im Handelsregister aufgenommen, hat dies zur Folge, dass die Rechtshandlung des Erwerbers – hier also die Stimmabgabe – gem. Abs. 1 S. 2 als **von Anfang an wirksam** anzusehen ist. Die Stimmen des Erwerbers sind daher bei der Beschlussfassung zu Recht mitgezählt worden, und der Gesellschafterbeschluss ist nicht (mehr) wegen der Mitwirkung des Erwerbers anfechtbar (*Nolting* GmbHR 2010, 584 (586)). Die vom Erwerber **neu bestellten Geschäftsführer** sind mithin als von Anfang an wirksam bestellt anzusehen. Haben sie bereits vor Aufnahme der Liste namens der GmbH Rechtsgeschäfte getätigt, ist dies folglich mit Vertretungsmacht geschehen (Roth/Altmeppen/*Altmeppen* Rn. 7; Lutter/Hommelhoff/*Bayer* Rn. 51; *Gasteyer/Goldschmidt* ZIP 2008, 1906 (1907 ff.); *Link* RNotZ 2009, 193 (212); *D. Mayer* ZIP 2009, 1037 (1042)). Auf einem anderen Blatt steht, ob auch die **Abberufung der alten Geschäftsführer** als rückwirkend wirksam anzusehen ist. Dies liegt auf den ersten Blick nahe, zumal gutgläubige Dritte durch § 15 Abs. 1 HGB geschützt wären. Dennoch spricht im Interesse der Rechtssicherheit viel dafür, die Rückwirkungsfiktion insoweit einzuschränken (Roth/Altmeppen/*Altmeppen* Rn. 8; Lutter/Hommelhoff/*Bayer* Rn. 52; Bork/Schäfer/*Brandes* Rn. 19; abw. Baumbach/Hueck/*Servatius* Rn. 21d: Abberufung von Anfang an wirksam (zunächst schwebend und nach unverzüglicher Aufnahme endgültig)). Andernfalls hätte die GmbH in der Schwebezeit bis zur Aufnahme der Liste keinen Geschäftsführer, dessen Vertretungsbefugnis zweifelsfrei feststeht. Gut beratene Parteien werden es freilich gar nicht erst auf solche Zweifelsfragen ankommen lassen, sondern vereinbaren, dass der noch legitimierte Veräußerer die Abberufung und Bestellung entweder selbst vornimmt oder den Erwerber hierzu bevollmächtigt (Formulierungsvorschlag bei *Wachter* ZNotP 2008, 378 (382)).

27 **dd) Rechtsfolgen bei verspäteter Aufnahme.** Erfolgt die Aufnahme im Handelsregister nicht unverzüglich, wird die zunächst schwebend unwirksame Stimmabgabe des Erwerbers **endgültig unwirksam** (nichtig, → Rn. 23 aE). Wenn der Erwerber den Beschluss allein gefasst hat (Einpersonengesellschaft), ist damit nach zutreffender Ansicht auch der Gesellschafterbeschluss nichtig (zust. MHLS/*Ebbing* Rn. 119 aE; Scholz/*Seibt* Rn. 45 aE; aA *Wolff* BB 2010, 454 (458 f.)). Angesichts der fehlenden Legitimation des Erwerbers kann dieser Fall nämlich nicht anders beurteilt werden, als wenn ein gänzlich Unbeteiligter den Beschluss gefasst hätte (zu derartigen Fällen Lutter/Hommelhoff/*Bayer* Anh. § 47 Rn. 7 mwN). Haben dagegen neben dem Erwerber auch bereits legitimierte Gesellschafter abgestimmt, wird der Beschluss mit dem festgestellten Ergebnis wirksam und ist lediglich nach Maßgabe der allgemeinen Regeln anfechtbar (MHLS/*Ebbing* Rn. 119 aE; Scholz/*Seibt* Rn. 45 aE; näher *Wolff* BB 2010, 454 (458 f.); *Nolting* GmbHR 2010, 584 (586 ff.)). Nach diesen Grundsätzen beurteilt sich auch die Wirksamkeit eines Beschlusses über die Abberufung und Bestellung der Geschäftsführer. Ist die Bestellung der neuen Geschäftsführer hiernach unwirksam, soll allerdings nach einer im Schrifttum vertretenen Ansicht gemäß den Grundsätzen der fehlerhaften Organstellung (dazu HCL/*Paefgen* § 35 Rn. 42; *Schürnbrand,* Organschaft im Recht der privaten Verbände, 2007, 267 ff.; → § 35 Rn. 10) bis zur Geltendmachung des Mangels von einer fehlerhaft-wirksamen Bestellung auszugehen sein (*Barthel* GmbHR 2009, 569; Scholz/*Seibt* Rn. 49; HCL/*Löbbe* Rn. 92; ausf. *Fell,* Die GmbH-Gesellschafterliste im Spannungsfeld zwischen Geheimhaltungs- und Veröffentlichungsinteressen, 2017, 566 ff.). Demgegenüber ist jedoch zu bedenken, dass die Regeln der fehlerhaften Organstellung einen der Gesellschaft **zurechenbaren** (wenn auch fehlerhaften) Bestellungsakt voraussetzen (*Schürnbrand,* Organschaft im Recht der privaten Verbände, 2007, 275 f.). Ob ein solcher vorliegt, wenn allein der noch nicht legitimierte Erwerber gehandelt hat, ist zweifelhaft. Verneint man daher eine fehlerhaft-wirksame Bestellung, gelangt man zu dem Ergebnis, dass der neue Geschäftsführer als Vertreter ohne Vertretungsmacht gehandelt hat, soweit nicht im konkreten Einzelfall § 15 Abs. 3 HGB oder die Grundsätze der Duldungs- oder Anscheinsvollmacht Anwendung finden (*Gasteyer/Goldschmidt* ZIP 2008, 1906; *Greitemann/Bergjan* FS Pöllath, 2008, 272 (274 f.)).

28 **ee) Prüfung durch das Registergericht.** Aus Sicht des Registergerichts, das die Liste in formeller Hinsicht überprüfen muss (→ Rn. 22), stellt sich iRd Abs. 1 S. 2 die Frage, ob es die Aufnahme einer Gesellschafterliste im Handelsregister verweigern kann oder sogar muss, wenn die Liste nur von den neuen Geschäftsführern unterzeichnet und eingereicht wird, die der noch nicht eingetragene Erwerber bestellt hat. Richtigerweise ist die Frage bei unverzüglicher Einreichung der Liste zu verneinen, obwohl die Stimmrechtsausübung des Erwerbers in diesem Zeitpunkt noch schwebend unwirksam ist. Andernfalls würde der Sinn und Zweck des Abs. 1 S. 2 verfehlt (HCL/*Löbbe* Rn. 93; Scholz/*Seibt* Rn. 49 aE; *Wicke* Rn. 11a; Baumbach/Hueck/*Servatius* Rn. 21c; aA *Link* RNotZ 2009, 193 (213 Fn. 174); *Ising* NZG 2010, 812 (815 f.)).

29 **4. Grenzen der Legitimationswirkung. a) Unwirksame Eintragung.** Der Wortlaut des § 16 Abs. 1 S. 1 stellt nur auf die Eintragung in die im Handelsregister aufgenommene Gesellschafterliste ab. In Anlehnung an die zu § 67 Abs. 2 AktG anerkannten Grundsätze besteht aber im Ausgangspunkt Einigkeit, dass die weitreichenden Wirkungen des Abs. 1 nur eintreten können, wenn bestimmte Mindestanforderungen an das Zustandekommen der Eintragung erfüllt sind. Weithin anerkannt ist zunächst, dass die Eintragung **nicht an wesentlichen Verfahrensmängeln** leiden darf (→ Rn. 30 f.).

Zudem verlangt die hL im Fall einer materiell unrichtigen Liste, dass die Eintragung demjenigen **zurechenbar** ist, zu dessen Lasten sie wirken soll (→ Rn. 32 ff.). Im Interesse der Rechtssicherheit sind diese ungeschriebenen Einschränkungen der Legitimationswirkung jedoch restriktiv zu handhaben (den Ausnahmecharakter betonend auch OLG Frankfurt a. M. 4.11.2016, GmbHR 2017, 868 (870)).

aa) Wesentliche Verfahrensfehler. Der Eintritt der Wirkung des Abs. 1 S. 1 ist nur gerechtfertigt, wenn die wesentlichen Eckpunkte des gesetzlichen Eintragungsverfahrens eingehalten worden sind, dh kein **schwerwiegender Verfahrensmangel** vorliegt (Lutter/Hommelhoff/*Bayer* Rn. 11; *Bayer* Liber amicorum M. Winter, 2011, 9 (27); *Grigoleit/Rieder* GmbHR Rn. 148; HCL/*Löbbe* Rn. 42; Scholz/*Seibt* Rn. 23; vgl. auch OLG Frankfurt a. M. 4.11.2016, GmbHR 2017, 868 (871); ebenso die hM zu § 67 Abs. 2 AktG, K. Schmidt/Lutter/*T. Bezzenberger* AktG § 67 Rn. 11 mwN). Andernfalls könnten die Verfahrensanforderungen weitgehend ausgehöhlt werden. Liegt ein schwerwiegender Verfahrensmangel vor, ist die Eintragung unabhängig von der materiellen Rechtslage unwirksam, entfaltet also nicht die Legitimationswirkung des Abs. 1 (Lutter/Hommelhoff/*Bayer* Rn. 11; *Bayer* Liber amicorum M. Winter, 2011, 9 (27); *Grigoleit/Rieder* GmbHR Rn. 150; HCL/*Löbbe* Rn. 44; zur AG GroßkommAktG/*Merkt* AktG § 67 Rn. 88; einschr. Spindler/Stilz/*Cahn* AktG § 67 Rn. 40 Fn. 160). Vielmehr ist die Eintragung als nicht geschrieben zu betrachten, sodass der Voreingetragene an die Stelle des Eingetragenen tritt (*Reymann* BB 2009, 506 (512); KK-AktG/*Lutter/Drygala* AktG § 67 Rn. 50 mwN; zweifelnd *Grigoleit/Rieder* GmbHR Rn. 150). An der Unwirksamkeit der Eintragung ändert sich nach zutreffender Ansicht auch dann nichts, wenn der Eingetragene der materiell Berechtigte ist und begonnen hat, seine mitgliedschaftlichen Rechte auszuüben (so aber *Bayer* Liber amicorum M. Winter, 2011, 9 (27) unter Berufung auf Literaturstimmen, die sich aber nur mit dem Fall der fehlenden Zurechenbarkeit (→ Rn. 33) befassen; wie hier ohne Einschränkung der Unwirksamkeitsfolge in dem hier interessierenden Fall *Grigoleit/Rieder* GmbHR Rn. 150; HCL/*Löbbe* Rn. 44). 30

Ein zur Unwirksamkeit der Eintragung führender schwerwiegender Verfahrensmangel liegt vor, wenn die Gesellschafterliste **trotz Kenntnis ihrer Unrichtigkeit** eingereicht wird (Lutter/Hommelhoff/*Bayer* Rn. 17, 34; Baumbach/Hueck/*Servatius* Rn. 16a; MüKoGmbHG/*Heidinger* Rn. 53; *Lieder/Becker* GmbHR 2019, 441 (444); aA Scholz/*Seibt* Rn. 24; *Kort* GmbHR 2009, 169 (171)). Ebenso verhält es sich, wenn die Gesellschafterliste durch eine hierzu generell **nicht zuständige Person** – also weder einen Notar noch die Geschäftsführer – unterzeichnet und zum Handelsregister eingereicht wird (MHLS/*Ebbing* Rn. 76; HCL/*Löbbe* Rn. 46; Scholz/*Seibt* Rn. 23; *Wicke* Rn. 9; aA *Hasselmann* NZG 2009, 449 (456); *Tebben* RNotZ 2008, 441 (454)). Dabei ist zu beachten, dass nach der Rspr. des BGH auch im Ausland ansässige Notare einreichungsbefugt sind, sofern die von ihnen vorgenommene Beurkundung derjenigen durch einen deutschen Notar gleichwertig ist (→ § 15 Rn. 46b). An der früher vertretenen Ansicht, dass von ausländischen Notaren unterschriebene und eingereichte Listen stets wirkungslos seien (2. Aufl. 2014, Rn. 33; MüKoGmbHG/*Heidinger* Rn. 73), kann auf Grundlage dieser Rspr. nicht festgehalten werden. Stattdessen wird man nun annehmen müssen, dass die Erstellung und Einreichung durch einen Auslandsnotar der Wirksamkeit der Liste nur entgegensteht, wenn es an der Gleichwertigkeit offenkundig fehlt. Wenn abw. von der in § 40 Abs. 1 und Abs. 2 vorgesehenen Zuständigkeitsabgrenzung irrtümlich die Geschäftsführer anstelle des eigentlich zuständigen Notars oder umgekehrt ein Notar anstelle der zuständigen Geschäftsführer die Liste unterzeichnet und eingereicht haben – was angesichts offener Zweifelsfragen hinsichtlich der Reichweite des § 40 Abs. 2 häufiger vorkommen mag –, liegt darin grundsätzlich kein so wesentlicher Verfahrensfehler, dass der Eintritt der Legitimationswirkung gehindert wäre (Lutter/Hommelhoff/*Bayer* Rn. 14; Scholz/*Seibt* Rn. 23; Gehrlein/Born/Simon/*Mi. Winter* Rn. 12; *Herrler* GmbHR 2013, 617 (626); *Löbbe* GmbHR 2016, 141 (148)). Etwas anderes kommt allenfalls bei **gezielter Zuständigkeitsverletzung** in Betracht (Lutter/Hommelhoff/*Bayer* Rn. 14; MHLS/*Ebbing* Rn. 78; HCL/*Löbbe* Rn. 50; *Herrler* GmbHR 2013, 617 (626); *Reymann* BB 2009, 506 (508)). Generell sind nur besonders massive Verfahrensverstöße geeignet, die Legitimationswirkung entfallen zu lassen. Das bloße Fehlen einer Notarbescheinigung iSd § 40 Abs. 2 S. 2 gehört nicht dazu (*Kort* GmbHR 2009, 169 (172); Lutter/Hommelhoff/*Bayer* Rn. 14; MüKoGmbHG/*Heidinger* Rn. 75; Scholz/*Seibt* Rn. 23). Ebenso wenig entfällt die Eintragungswirkung, wenn iRd § 40 Abs. 1 nicht alle Geschäftsführer gehandelt haben (was nach umstrittener Ansicht erforderlich sein soll, → § 40 Rn. 18), sondern nur eine vertretungsberechtigte Anzahl. Gleiches muss gelten, wenn die Geschäftsführer ihre Prüfungspflicht hinsichtlich der Mitteilung und des Nachweises iSd § 40 Abs. 1 S. 2 nur fahrlässig verletzt haben (vgl. auch HCL/*Löbbe* Rn. 59a: nicht jeder Pflichtverstoß der Geschäftsführer lässt Wirkung des Abs. 1 entfallen; weitergehend – auch wissentlicher Verstoß schadet nicht – *Kort* GmbHR 2009, 169 (171)). – Die **Beweislast** dafür, dass die Eintragung an schwerwiegenden Verfahrensmängeln leidet und deshalb ausnahmsweise unwirksam ist, trägt nach hier vertretener Ansicht derjenige, der sich auf die Unwirksamkeit beruft (aA Lutter/Hommelhoff/*Bayer* Rn. 12: Beweislast trägt stets die GmbH). 31

bb) Fehlende Zurechenbarkeit. Nach im Schrifttum ganz überwiegender, allerdings bisher nicht höchstrichterlich bestätigter Ansicht besteht eine weitere ungeschriebene Voraussetzung für den Eintritt der Legitimationswirkung des Abs. 1 S. 1 darin, dass die Eintragung in die im Handelsregister auf- 32 genommene Liste demjenigen, zu dessen Lasten sie wirkt, **zurechenbar** ist (Lutter/Hommelhoff/*Bayer* Rn. 11, 18 f.; *Bayer* Liber amicorum M. Winter, 2011, 9 (27, 31); Baumbach/Hueck/*Servatius* Rn. 16; Roth/Altmeppen/*Altmeppen* Rn. 12, 21; Bork/Schäfer/*Brandes* Rn. 28; MüKoGmbHG/*Heidinger* Rn. 51; Scholz/*Seibt* Rn. 24; ausf. *Fell,* Die GmbH-Gesellschafterliste im Spannungsfeld von Geheimhaltungs- und Veröffentlichungsinteressen, 2017, 701 ff.; vgl. auch OLG Frankfurt a. M. 4.11.2016, GmbHR 2017, 868 (872); aA *Ries* NZG 2009, 654 (655); *Omlor,* Verkehrsschutz im Kapitalgesellschaftsrecht, 2010, 41 f.). Dabei wird allerdings nicht immer hinreichend deutlich, ob es auf die Zurechenbarkeit nur ankommen soll, wenn der Eingetragene nicht der materiell Berechtigte ist (die Liste also inhaltlich unrichtig ist) oder ob die Zurechenbarkeit generell Voraussetzung der Legitimationswirkung sein soll. Soweit die Frage behandelt wird, gehen die Ansichten dazu ohne nähere Begründung auseinander (für Ersteres GroßkommAktG/*Merkt* AktG § 67 Rn. 89; KK-AktG/Lutter/*Drygala* AktG § 67 Rn. 59; implizit auch MHLS/*Ebbing* Rn. 72 ff., 86 ff.; für Letzteres insbesondere Lutter/Hommelhoff/*Bayer* Rn. 11, 20; *Bayer* Liber amicorum M. Winter, 2011, 9 (27, 31)). Mehr spricht mE für Ersteres; denn ein legitimes Schutzbedürfnis des Eingetragenen, die Wirkung des Abs. 1 S. 1 auch im Fall einer inhaltlich richtigen Eintragung durch das (ungeschriebene) Zurechenbarkeitskriterium einzuschränken, ist grundsätzlich nicht ersichtlich. Etwas anderes wird allerdings dann gelten müssen, wenn der Erbe eines Gesellschafters ohne seine Kenntnis in die Liste eingetragen wird; hier ist der Erbe schutzbedürftig, soweit ihm durch eine wirksame Eintragung die Möglichkeit der Haftungsbeschränkung gem. §§ 1975 ff. BGB genommen würde (→ Rn. 20). Fehlt es in den Fällen, in denen es nach dem Gesagten darauf ankommt, an der Zurechenbarkeit, entfaltet die Eintragung keine Wirkung. Beruht die Unwirksamkeit der Eintragung allerdings allein auf der fehlenden Zurechenbarkeit zum Eingetragenen, wird dieser Mangel **geheilt,** sobald der Eingetragene mitgliedschaftliche Rechte ausübt (Lutter/Hommelhoff/*Bayer* Rn. 11; MüKoGmbHG/*Heidinger* Rn. 65 mwN (dort allerdings jew. nur für den Fall, dass der Eingetragene auch materiell Berechtigter ist)). Sonstige Unwirksamkeitsgründe der Eintragung werden dagegen auf diese Weise nicht geheilt (→ Rn. 30 aE).

33 Die Eintragung muss denjenigen Personen zurechenbar sein, **zu deren Lasten** die Eintragung wirkt (Lutter/Hommelhoff/*Bayer* Rn. 11). Bei einer unwirksamen Anteilsübertragung, die zur Eintragung des (Schein-)Erwerbers anstelle des Veräußerers führt, muss mithin Zurechenbarkeit zu beiden Parteien bestehen (zust. *Fell,* Die GmbH-Gesellschafterliste im Spannungsfeld von Geheimhaltungs- und Veröffentlichungsinteressen 2017, 726 f.), da beide durch die Umschreibung (auch) nachteilig berührt werden: der gelöschte Veräußerer, weil er nicht mehr die Mitgliedschaftsrechte ausüben kann; der neu eingetragene (Schein-)Erwerber, weil er jetzt den Mitgliedschaftspflichten ausgesetzt ist. Wird dagegen ein durch Erbschein legitimierter Scheinerbe eingetragen, kommt es allein auf die Zurechenbarkeit zu diesem an. Ob die Eintragung auch vom wahren Erben zurechenbar veranlasst wurde, ist unerheblich, da dieser die Eintragung des Scheinerben gem. §§ 2366 f. BGB gegen sich gelten lassen muss (*Fell,* Die GmbH-Gesellschafterliste im Spannungsfeld von Geheimhaltungs- und Veröffentlichungsinteressen, 2017, 759 f.).

33a Wird die Liste wie im Hauptfall der Anteilsabtretung vom **Notar** eingereicht (§ 40 Abs. 2), fehlt es an der Zurechenbarkeit, wenn der Notar eine Liste einreicht, die inhaltlich gänzlich von dem beurkundeten Geschäft abweicht. So liegt es jedenfalls dann, wenn die eingereichte Liste zulasten einer Person geht, die an der Beurkundung gar nicht beteiligt war (Notar löscht versehentlich statt des Veräußerers A den Mitgesellschafter B; zu allgemein daher MüKoGmbHG/*Heidinger* Rn. 64; *Lieder/Becker* GmbHR 2019, 441 (444): Fehler des Notars hindern Legitimationswirkung nicht). Allein der Umstand, dass der Notar irrtümlich vom Eintritt einer aufschiebenden Bedingung ausgeht und daher die Liste verfrüht einreicht, hindert die Legitimationswirkung jedoch nicht (→ Rn. 38a). An der Zurechenbarkeit fehlt es ferner, wenn die beurkundete Anteilsübertragung an Wirksamkeitsmängeln leidet, welche die Zurechenbarkeit der Abtretung zu einer Vertragspartei ausschließen. So liegt es im Fall **mangelnder oder beschränkter Geschäftsfähigkeit,** bei Handeln eines **Vertreters ohne Vertretungsmacht** sowie dann, wenn die Mitwirkung einer Partei durch vis absoluta erzwungen wurde (HCL/*Löbbe* Rn. 54 iVm Rn. 82; MHLS/*Ebbing* Rn. 87–89; *Lieder/Becker* GmbHR 2019, 441 (444)). Gleichzustellen sind Fälle von vis compulsiva, die in ihrer Intensität vis absoluta im Ergebnis gleichkommen (Scholz/*Seibt* Rn. 24). Sonstige Wirksamkeitsmängel des Abtretungsvertrags lassen dagegen den Eintritt der Legitimationswirkung unberührt. Dies gilt insbesondere auch für Fälle arglistiger Täuschung (BGH 18.9.2018, BGHZ 219, 327 = NZG 2018, 1344 Rn. 37 f. (zu Abs. 1 aF)) sowie für Anteilsübertragungen, die gegen § 1 GWB oder § 41 GWB verstoßen (BGH 27.1.2015, NZG 2015, 478 Rn. 19 ff. zu § 1 GWB und § 16 Abs. 1 aF mzustBespr *K. Schmidt* GmbHR 2015, 505 (508 f.); Scholz/*Seibt* Rn. 26; MüKoGmbHG/*Heidinger* Rn. 57; aA OLG Frankfurt a. M. 2.4.1992, NJW-RR 1993, 546 zu § 1 GWB; einschr. Rowedder/Schmidt-Leithoff/*Pentz* Rn. 28). Nichts anderes gilt, wenn der Erwerb eigener Anteile durch die GmbH wegen Verstoßes gegen § 33 Abs. 1 nichtig ist (str., näher MüKoGmbHG/*Heidinger* Rn. 56; sympathisierend auch *Klein* NZG 2016, 1241 (1242 f.); aA HCL/*Löbbe* Rn. 82; Roth/Altmeppen/*Altmeppen* Rn. 21).

33b Nach den gleichen Grundsätzen bestimmt sich die Zurechenbarkeit, wenn die **Geschäftsführer** die Liste einreichen (§ 40 Abs. 1). An der Zurechenbarkeit fehlt es, wenn der Eintragung keine entsprechende Mitteilung der Betroffenen iSd § 40 Abs. 1 S. 2 zugrunde liegt, sei es, weil die Mitteilung einen gänzlich abw. Inhalt hatte, gefälscht war oder von einem Vertreter ohne Vertretungsmacht abgegeben wurde (Scholz/*Seibt* Rn. 24, 29; *Grigoleit/Rieder* GmbHR Rn. 148; HCL/*Löbbe* Rn. 57), sei es, weil die Mitteilung schon vor Einreichung der neuen Liste zurückgenommen wurde (zur Zulässigkeit der Rücknahme auch einer fehlerfreien Mitteilung Lutter/Hommelhoff/*Bayer* Rn. 24; dagegen Heckschen/Heidinger/*Heidinger* Kap. 13 Rn. 478; Scholz/*Seibt* Rn. 31). Gleiches gilt, wenn der Mitteilende nicht (voll) geschäftsfähig war (Scholz/*Seibt* Rn. 24; HCL/*Löbbe* Rn. 57) oder die Mitteilung dem Mitteilungsberechtigten durch vis absoluta oder dieser in ihrer Intensität gleichkommende vis compulsiva abgenötigt wurde (Scholz/*Seibt* Rn. 24). Sonstige Wirksamkeitsmängel der Mitteilung lassen die Zurechenbarkeit dagegen auch hier unberührt.

Schwierigkeiten bereitet das Kriterium der Zurechenbarkeit in Fällen, in denen nachträglich Zweifel **33c** an der materiellen Richtigkeit einer bereits erfolgten Eintragung in die im Handelsregister aufgenommene Liste entstehen und die Geschäftsführer daraufhin nach Anhörung der Betroffenen (eingetragener angeblich Nichtberechtigter, nichteingetragener angeblich Berechtigter) eine korrigierte Liste zum Handelsregister einreichen. Nach der Rspr. des BGH sind die Geschäftsführer zu einer solchen **Listenkorrektur** – anders als der Vorstand der AG im Parallelfall des § 67 Abs. 5 AktG – auch dann befugt, wenn einer der Betroffenen dieser Korrektur widersprochen hat; es genügt, dass die Geschäftsführer diesem vor der Korrektur Gelegenheit zur Stellungnahme gegeben haben (BGH 17.12.2013, NZG 2014, 184 Rn. 33 ff.; → Rn. 42, → Rn. 38). Auf die Frage der Zurechenbarkeit der korrigierten Eintragung zu der widersprechenden Partei ist der BGH dabei nicht eingegangen. Er geht aber ganz offensichtlich davon aus, dass die korrigierte Liste – gleich, ob sie inhaltlich zutrifft oder nicht – **trotz des Widerspruchs** die Wirkung des Abs. 1 entfalten kann (ebenso Lutter/Hommelhoff/*Bayer* Rn. 21; Roth/Altmeppen/*Altmeppen* Rn. 16). Im Ergebnis begegnet diese Annahme auch keinen Bedenken. Da der BGH immerhin die Gelegenheit zur Stellungnahme verlangt, ist gewährleistet, dass der Betroffene von der bevorstehenden Listenkorrektur Kenntnis erhält und so in die Lage versetzt wird, um einstweiligen Rechtsschutz gegen die Korrektur zu ersuchen (→ Rn. 35) oder sich wenigstens durch Zuordnung eines Widerspruchs zu der korrigierten Liste gem. § 16 Abs. 3 S. 3–5 vor dem Verlust des Geschäftsanteils durch gutgläubigen Erwerb eines Dritten zu schützen. Unzumutbare Schutzlücken drohen daher nicht; die Annahme der Unwirksamkeit der Eintragung wegen fehlender Zurechenbarkeit erscheint daher nicht veranlasst (zur Rechtslage, wenn vor der Korrektur nicht einmal Gelegenheit zur Stellungnahme gewährt wird, aber → Rn. 43). Auf derselben Linie liegt eine obergerichtliche Entscheidung, die es für die Zurechenbarkeit ausreichen lässt, wenn die Gesellschafterversammlung zwar gegen den Willen des Betroffenen, aber mit seiner Kenntnis die **Ausschließung eines Gesellschafters** beschließt und dieser anschließend aus der Liste ausgetragen wird (OLG Frankfurt a. M. 4.11.2016, GmbHR 2017, 868 (872): Zwangsabtretung „in Gegenwart" des Betroffenen).

Die **Beweislast** für die fehlende Zurechenbarkeit liegt nach allgemeinen Grundsätzen bei demjeni- **33d** gen, der sich auf die fehlende Zurechenbarkeit beruft (*Reymann* BB 2009, 506, (509); aA *Bayer* Liber amicorum M. Winter, 2011, 9, (27); Lutter/Hommelhoff/*Bayer* Rn. 12: Beweislast generell bei der Gesellschaft).

b) Weitere Grenzen der Legitimationswirkung. aa) Wahrung hinreichender Rechtsschutz- 34 möglichkeiten. Auch die Legitimationswirkung einer formal ordnungsgemäßen Eintragung ist nicht unbegrenzt. Sie ist jedenfalls dann einzuschränken, wenn sie verfassungsrechtlich gebotene Rechtsschutzmöglichkeiten auszuhöhlen droht. So steht dem Gesellschafter anerkanntermaßen auch dann die Anfechtungsbefugnis für eine Klage gegen seinen Ausschluss oder die Einziehung seines Geschäftsanteils zu, wenn er schon vor Erhebung der Anfechtungsklage aus der Gesellschafterliste gelöscht worden ist (BGH 29.1.2019, BeckRS 2019, 2668; BGH 2.7.2019, BGHZ 222, 323 = NZG 2019, 979 Rn. 41; *Miller* ZIP 2020, 62 (68)).

bb) Verstoß gegen Treu und Glauben, Rechtsmissbrauch. Zudem steht die Legitimations- **34a** wirkung des Abs. 1 S. 1 unter dem allgemeinen Vorbehalt von Treu und Glauben, § 242 BGB (BGH 2.7.2019, BGHZ 222, 323 = NZG 2019, 979 Rn. 34 ff.). Daraus folgt insbesondere, dass sich die Gesellschaft nicht auf die Legitimationswirkung berufen kann, wenn sie selbst durch **unredliches Verhalten** die Aufnahme der Gesellschafterliste im Handelsregister herbeigeführt hat. So liegt es etwa, wenn der GmbH nach Einziehung eines Geschäftsanteils **durch einstweilige Verfügung untersagt** worden ist, eine die Einziehung berücksichtigende Gesellschafterliste zum Handelsregister einzureichen, und die Geschäftsführer gleichwohl eine solche Liste einreichen oder den Notar nicht von der einstweiligen Verfügung unterrichten und dieser sodann eine der einstweiligen Verfügung widersprechende Liste zum Handelsregister einreicht (BGH 2.7.2019, BGHZ 222, 323 = NZG 2019, 979 Rn. 34 ff.; zust. *Bayer/Selentin* GmbHR 2020, 1 Rn. 27 f.; *Miller* ZIP 2020, 62 (66); Baumbach/Hueck/*Servatius* Rn. 16).

Die Gesellschaft kann sich nach Treu und Glauben auch dann nicht mehr auf die Eintragungswirkung **34b** berufen, wenn den von einer Änderung oder Korrektur Betroffenen ein fälliger Anspruch gegen die GmbH auf Einreichung einer neuen Liste zusteht und die **Geschäftsführer die Einreichung der**

neuen Liste entgegen dem Verlangen eines Betroffenen **bewusst verzögern** (zur AG KK-AktG/*Lutter/Drygala* AktG § 67 Rn. 62; GroßkommAktG/*Merkt* AktG § 67 Rn. 93). Ein Anspruch der Betroffenen gegen die GmbH auf Einreichung einer neuen Liste besteht allerdings im Fall einer eingetretenen Veränderung nur im Anwendungsbereich des § 40 Abs. 1 (im Fall des § 40 Abs. 2 trifft die Verpflichtung den Notar) und erst dann, wenn die Veränderung der Gesellschaft mitgeteilt und nachgewiesen worden ist (→ Rn. 36, → Rn. 38a). Darüber hinaus besteht ein Anspruch der Betroffenen gegen die GmbH auf Korrektur einer von Anfang an zu Unrecht erfolgten Eintragung (→ Rn. 39). Liegen die Voraussetzungen eines fälligen Anspruchs auf Einreichung einer neuen Liste vor und bleiben die Geschäftsführer in Kenntnis dessen und entgegen dem Verlangen eines Betroffenen gleichwohl untätig, wäre es rechtsmissbräuchlich, wenn sich die Gesellschaft noch auf den bisherigen Listeninhalt beriefe. Daher kann sich die GmbH ab dem Zeitpunkt, zu dem ohne die rechtsmissbräuchliche Verzögerung die neue Liste im Handelsregister aufgenommen worden wäre, nicht mehr auf Abs. 1 berufen. Bloß fahrlässige Verzögerungen, zB aufgrund Fehleinschätzung der Rechtslage, lassen die Wirkung des Abs. 1 dagegen nicht entfallen (zur AG KK-AktG/*Drygala* AktG § 67 Rn. 62). Entschiede man anders, würde die angestrebte Rechtssicherheit (→ Rn. 1) weithin verfehlt (weitergehend aber Roth/Altmeppen/*Altmeppen* Rn. 47 f.; *Altmeppen* ZIP 2009, 345 (351 f.); *Bayer* Liber amicorum M. Winter, 2011, 9 (31): Wegfall der Legitimationswirkung ab Fälligkeit des Anspruchs auf Einreichung einer neuen Liste [ohne Beschränkung auf Fälle von Rechtsmissbrauch]; iErg auch Baumbach/Hueck/*Servatius* Rn. 16a: Legitimationswirkung entfällt bei jeder pflichtwidrigen Verzögerung). Ganz generell gebietet es der Normzweck der Rechtssicherheit, die **Anforderungen an eine Einschränkung** der Legitimationswirkung nach Treu und Glauben **hoch anzusetzen** (*Lieder/Becker* GmbHR 2019, 441 (447)).

35 **c) Widerspruch, einstweiliger Rechtsschutz.** Ein Widerspruch nach Abs. 3 S. 3–5 genügt dagegen nach allgM **nicht,** um die Legitimationswirkung nach Abs. 1 zu beeinträchtigen (BT-Drs. 16/6140, 39; OLG Frankfurt a. M. 4.11.2016, GmbHR 2017, 868 (872); Baumbach/Hueck/*Servatius* Rn. 15 aE, 16 aE; *Reymann* BB 2009, 506 (510)). Der materiell Berechtigte kann sich stattdessen nur im Wege des **einstweiligen Rechtsschutzes** gegen bevorstehende Rechtshandlungen des eingetragenen Scheingesellschafters und gegen bevorstehende unberechtigte Änderungen oder „Korrekturen" der Liste zur Wehr setzen; ausf. dazu Lutter/Hommelhoff/*Bayer* § 40 Rn. 99 ff.; *Liebscher/Alles* ZIP 2015, 1 (7 ff.); *Lieder* GmbHR 2016, 189, 271; speziell im Kontext mit Einziehungs- und Ausschließungsbeschlüssen OLG Jena 24.8.2016, GmbHR 2017, 416 mAnm *B. Wagner; Kleindiek* GmbHR 2017, 815 (819 ff.); *Lieder/Becker* GmbHR 2019, 505; zu den Konsequenzen, wenn die GmbH eine entsprechende einstweilige Verfügung missachtet, → Rn. 34a.

36 **5. Aktualisierung der Gesellschafterliste nach Eintritt einer Veränderung.** Ist eine Veränderung in den Personen der Gesellschafter oder des Umfangs ihrer Beteiligung eingetreten, sind die Geschäftsführer bzw. der Notar nach § 40 Abs. 1 und 2 verpflichtet, unverzüglich eine aktualisierte Gesellschafterliste zum Handelsregister einzureichen. Im Fall des § 40 Abs. 1 haben die von der Veränderung Betroffenen (dh der bisher Eingetragene und der nunmehr Einzutragende) auf Mitteilung und Nachweis (§ 40 Abs. 1 S. 4) einen einklagbaren **Anspruch gegen die Gesellschaft** auf unverzügliche Einreichung der Liste (BT-Drs. 16/6140, 38; OLG München 29.7.2010, ZIP 2011, 570; OLG Hamm 16.4.2014, NZG 2014, 783 (784); OLG Jena 9.10.2013, NZG 2014, 902 (903); Baumbach/Hueck/*Servatius* Rn. 13; Bunnemann/Zirngibl/*Zirngibl* GmbH in der Praxis § 4 Rn. 59 ff.; zur AG K. Schmidt/Lutter/*T. Bezzenberger* AktG § 67 Rn. 41 mwN). Passivlegitimiert ist allein die Gesellschaft, **nicht der oder die Geschäftsführer persönlich** (hM, OLG München 29.7.2010, ZIP 2011, 570; OLG Hamm 16.4.2014, NZG 2014, 783 (784); KG Berlin 10.7.2019, NZG 2019, 913 Rn. 9 f.; Baumbach/Hueck/*Servatius* § 40 Rn. 30, 84; *Lieder* GmbHR 2016, 189 (191 f.) mwN; aA OLG Brandenburg 12.2.2013, GmbHR 2013, 309 (310) mablAnm *Peetz;* MüKoGmbHG/*Heidinger* § 40 Rn. 88147; *Preuß* ZGR 2008, 676 (679)). Wird der gegen die Gesellschaft gerichtete Anspruch nicht ordnungsgemäß erfüllt, haften aber die Geschäftsführer bei Verschulden nach § 40 Abs. 3 (→ § 40 Rn. 26 ff.). Daneben besteht auch ein Anspruch der betroffenen Gesellschafter gegen die Gesellschaft aus §§ 280 ff., 31 BGB (*Altgen,* Gutgläubiger Erwerb von GmbH-Geschäftsanteilen, 2009, 111 f.; Ring/Grziwotz/*Westphal* § 40 Rn. 22; aA *Hasselmann* NZG 2009, 486 f.). Die Ersatzpflicht der Gesellschaft ist freilich nur in den durch §§ 30 f. gezogenen Grenzen durchsetzbar (→ § 14 Rn. 49).

37 Der Anspruch gegen die GmbH auf Einreichung der neuen Liste besteht auch dann, wenn zwischen den von der Änderung betroffenen Parteien (zB Erwerber und Veräußerer) kein Einvernehmen besteht. Für die Mitteilung der Änderung iSd § 40 Abs. 1 S. 4 gilt **kein formelles Konsensprinzip,** da sich ein solches Erfordernis dem Gesetz nicht entnehmen lässt (KG Berlin 10.7.2019, NZG 2019, 913 Rn. 11 f.; BeckOK GmbHG/*Heilmeier* § 40 Rn. 135; *Lieder* GmbHR 2016, 189 (192 f.); aA OLG Frankfurt a. M. 19.3.2013, BeckRS 2013, 12870; OLG Hamm 13.2.2012, BeckRS 2012, 6504; Baumbach/Hueck/*Noack,* 21. Aufl. 2017, § 40 Rn. 20). Der Anspruch auf Listenumschreibung ist auch nicht gehemmt, solange bei den Geschäftsführern trotz Mitteilung und Nachweis Zweifel hinsichtlich der Rechtslage verbleiben. Die GmbH kann den Gesellschafter also **nicht** auf den prozessunökonomischen Umweg verweisen, **erst einen Prätendentenstreit** auszutragen (str. wie hier KG Berlin 10.7.2019, NZG 2019,

913 Rn. 12; OLG Brandenburg 9.7.2019, BWNotZ 2020, 56 Rn. 25 ff.; jew. im Anschluss an *Lieder* GmbHR 2016, 189 (192 f.); zust. *Bayer* GmbHR 2019, 939 (940); Lutter/Hommelhoff/*Bayer* § 40 Rn. 98; aA etwa Bork/Schäfer/*Brandes* Rn. 6; Baumbach/Hueck/*Servatius* Rn. 13; abw. auch noch 4. Aufl. 2018 Rn. 36).

Umgekehrt besteht nach zutreffender Ansicht im Fall des § 40 Abs. 1 eine **Verpflichtung der Gesellschafter** gegenüber der GmbH, umgehend relevante Veränderungen mitzuteilen und nachzuweisen, da nur so eine zeitnahe Aktualisierung der Liste und damit die angestrebte Transparenz (→ Rn. 1) erreicht werden können (*Bayer* Liber amicorum M. Winter, 2011, 9 (20); Goette/Habersack/*Reichert/Weller* MoMiG Rn. 3.33; *Reymann* BB 2009, 506 (509); Roth/Altmeppen/*Altmeppen* § 40 Rn. 22; HCL/*Löbbe* Rn. 8; aA MHLS/*Ebbing* Rn. 44; Baumbach/Hueck/*Servatius* Rn. 10; Bunnemann/Zirngibl/*Zirngibl* GmbH in der Praxis § 4 Rn. 33; → § 40 Rn. 22). Erhalten die Geschäftsführer **Hinweise auf eine von den Betroffenen nicht mitgeteilte Veränderung,** müssen sie diesen nachgehen und ggf. die von der Veränderung Betroffenen zur Klärung der Sach- und Rechtslage auffordern (*Bayer* Liber amicorum M. Winter, 2011, 9 (38); Roth/Altmeppen/*Altmeppen* § 40 Rn. 9). 38

Geht es um eine Veränderung, an der ein **Notar** mitgewirkt hat (§ 40 Abs. 2), so ist auch die Einreichung der aktualisierten Liste durch den Notar nicht vom Konsens aller Beteiligten abhängig. Auch der Notar ist vielmehr berechtigt (und verpflichtet), einen Streit um das Wirksamwerden der Anteilsübertragung (zB über den Eintritt einer aufschiebenden Bedingung) nach Anhörung der Betroffenen zu entscheiden und die aktualisierte Liste ggf. auch gegen den Widerspruch eines Betroffenen einzureichen (Lutter/Hommelhoff/*Bayer* Rn. 15). Die weitere Frage, ob in einem derartigen Fall statt des Notars auch die **Geschäftsführer** die neue Liste einreichen dürfen, wenn sie anders als der Notar vom Eintritt der Wirksamkeit ausgehen, ist dagegen nach zutreffender Ansicht zu verneinen (OLG Rostock 25.1.2017, GmbHR 2017, 523 (525) mzustAnm *Bayer; Fell,* Die GmbH-Gesellschafterliste im Spannungsfeld zwischen Geheimhaltungs- und Veröffentlichungsinteressen, 2017, 510; zweifelnd *Seebach* DNotZ 2014, 413 (416 f.); *Tebben* DB 2014, 585 (587); aA Roth/Altmeppen/*Altmeppen* Rn. 13). Für eine kumulative Zuständigkeit der Geschäftsführer neben dem Notar könnte man zwar anführen, dass die Geschäftsführer nach der Rspr. des BGH befugt sind, eine unrichtige Listeneintragung des Notars zu korrigieren (→ Rn. 41); daraus wiederum könnte man auf den ersten Blick folgern, dass sie dann auch befugt sein müssen, das Unterlassen der Listeneinreichung durch den Notar zu korrigieren. Anders als in dem gesetzlich nicht geregelten Fall der Korrektur einer falschen Liste (Rückkehr zum alten Listeninhalt) ergibt sich aber für den hier interessierenden Fall der Einreichung einer neuen, aktualisierten Liste unmissverständlich aus dem Wortlaut des § 40 Abs. 2, dass das Gesetz bei Mitwirkung eines Notars dessen alleinige Einreichungszuständigkeit anordnet („anstelle" der Geschäftsführer). Zu der Frage, ob das Registergericht eine gleichwohl von den Geschäftsführern eingereichte Liste zurückweisen darf, → Rn. 22. 38a

6. Korrektur zu Unrecht erfolgter Eintragungen. a) Verpflichtung zur Korrektur. Stellt sich heraus, dass eine **Eintragung von vornherein zu Unrecht erfolgt** ist, weil sie von Anfang an materiell unrichtig oder wegen schwerwiegender Verfahrensverstöße unwirksam war (→ Rn. 29 ff.), sind die Geschäftsführer verpflichtet, auf eine Korrektur der Liste hinzuwirken (Lutter/Hommelhoff/*Bayer* § 40 Rn. 54; Roth/Altmeppen/*Altmeppen* Rn. 51). Mit dieser Verpflichtung korrespondiert ein Anspruch der Betroffenen (eingetragener Scheingesellschafter, wahrer Berechtigter) auf Korrektur der nachweislich korrekturbedürftigen Liste, der sich allerdings wie im Fall einer eingetretenen Veränderung nicht gegen die Geschäftsführer persönlich, sondern gegen die GmbH richtet (→ Rn. 36). 39

b) Korrekturverfahren. Anders als das Aktienrecht (§ 67 Abs. 5 AktG) enthält das GmbHG keine Regelung dazu, in welchem Verfahren die Korrektur zu vollziehen ist. Im Anschluss an eine Entscheidung des BGH (BGH 17.12.2013, NZG 2014, 184 Rn. 31 ff.) sind die Eckpunkte des Korrekturverfahrens inzwischen aber für die Praxis weitgehend geklärt. 40

aa) Zuständigkeit. Zuständig für die Listenkorrektur sind, sofern es um die Berichtigung einer von den Geschäftsführern eingereichten Liste geht, unstreitig die **Geschäftsführer.** Nach der zutreffenden Rspr. des BGH sind Letztere darüber hinaus auch befugt, eine von einem Notar eingereichte Liste zu korrigieren (BGH 17.12.2013, NZG 2014, 184 Rn. 32 ff.; BGH 2.7.2019, BGHZ 222, 323 = NZG 2019, 979 Rn. 48; zust. Roth/Altmeppen/*Altmeppen* Rn. 56; *Wiersch* GWR 2014, 117 (118 f.); aA MüKoGmbHG/*Heidinger* § 40 Rn. 184 ff.; *Herrler* GmbHR 2013, 617 (620); krit. auch *Seebach* DNotZ 2014, 413 (415 f.); *Tebben* DB 2014, 585 (586 f.); diff. *D. Mayer* MittBayNot 2014, 114 (127)). Aus § 40 Abs. 2 S. 1 lässt sich nichts Gegenteiliges ableiten, da diese Vorschrift den Notar nur hinsichtlich der Einreichung der Liste nach einer eingetretenen Veränderung an die Stelle der Geschäftsführer setzt, aber nicht die Korrektur einer unrichtigen Liste regelt. Zudem deuten die Materialien darauf hin, dass der Gesetzgeber generell von einer Korrekturbefugnis der Geschäftsführer ausgegangen ist (vgl. BT-Drs. 16/6140, 44; dazu BGH 17.12.2013, NZG 2014, 184 Rn. 34; *Wiersch* GWR 2014, 117 (118)). 41

Noch nicht abschließend geklärt ist, ob neben den Geschäftsführern auch der **Notar** befugt ist, eine von ihm eingereichte Liste zu korrigieren. Da der BGH lediglich eine *ausschließliche* Korrekturzuständig- 41a keit des Notars verworfen hat (BGH 17.12.2013, NZG 2014, 184 Rn. 35) und auch iÜ keine zwingenden Einwände ersichtlich sind, spricht viel dafür, dem Notar als Annexkompetenz zu seiner Einreichungsbefugnis auch eine konkurrierende Korrekturzuständigkeit bzgl. der von ihm eingereichten Liste zuzuerkennen (so auch DNotI-Report 2014, 22 (23 f.); Lutter/Hommelhoff/*Bayer* § 40 Rn. 90; jedenfalls für die Korrektur offensichtlicher Unrichtigkeiten iSd § 44a Abs. 2 BeurkG auch OLG Nürnberg 28.12.2017, NZG 2018, 312 mBspr *Lieder/Cziupka* GmbHR 2018, 231 (235 ff.); diff. *Leitzen* ZNotP 2014, 42 (44); aA LG Düsseldorf 17.5.2018, NZG 2018, 782 Rn. 12). Auch der BGH scheint hiervon in einer neueren Entscheidung implizit auszugehen (BGH 2.7.2019, BGHZ 222, 323 = NZG 2019, 979 Rn. 48: Geschäftsführer hat eine unter Verstoß gegen eine einstweilige Verfügung eingereichte notarielle Liste zu korrigieren „bzw. vom Notar korrigieren zu lassen"). Haben die Geschäftsführer eine Liste des Notars korrigiert, die dieser weiterhin für richtig hält, wird man aber davon ausgehen müssen, dass der Notar die von den Geschäftsführern eingereichte Korrekturliste nicht seinerseits wieder zurückändern darf (zweifelnd DNotI-Report 2014, 22 (24)). Ansonsten wäre ein dauerndes Hin und Her zwischen Korrekturlisten des Notars und der Geschäftsführer zu besorgen.

42 **bb) Anhörung der Betroffenen.** Nach Inkrafttreten des MoMiG entsprach es zunächst verbreiteter Ansicht im Schrifttum, auf das Korrekturverfahren die aktienrechtliche Regelung des § 67 Abs. 5 AktG analog anzuwenden. In der Konsequenz dieser Auffassung lag es, eine eigenmächtige Korrektur durch die Geschäftsführer gegen den Widerspruch eines Betroffenen als unzulässig anzusehen (§ 67 Abs. 5 S. 2 AktG analog), solange der Widerspruch nicht durch ein rechtskräftiges, auf Rücknahme des Widerspruchs gerichtetes Urteil ausgeräumt ist (Lutter/Hommelhoff/*Bayer,* 18. Aufl. 2012, § 40 Rn. 22b; näher 2. Aufl. 2014, Rn. 39 ff. mwN). Der BGH ist dem jedoch nicht gefolgt. Er hält es für genügend, wenn die Geschäftsführer dem Betroffenen vor der Einreichung einer korrigierten Gesellschafterliste **Gelegenheit zur Stellungnahme** geben. Wenn der Betroffene der Korrektur widerspricht, ändert dies nach der Rspr. des BGH nichts an der Berechtigung der Geschäftsführer, die Liste zu berichtigen, solange nicht der Betroffene im Wege des einstweiligen Rechtsschutzes (→ Rn. 35) erreicht, dass den Geschäftsführern die Einreichung einer korrigierten Liste untersagt wird (BGH 17.12.2013, NZG 2014, 184 Rn. 36 = GmbHR 2014, 198 mAnm *Bayer;* zust. *Lieder* NZG 2014, 329 (331); *Wiersch* GWR 2014, 117 (119); zuvor bereits *Liebscher/C. Goette* DStR 2010, 2038 (2042 f.); abl. Roth/Altmeppen/*Altmeppen* Rn. 56; krit. auch *Tröger/Scheibenpflug* WuB II C. § 46 GmbHG 1.14). Diese Rspr. verdient – unter Aufgabe des in der 2. Aufl. 2014 vertretenen Standpunkts – Zustimmung. Die Gesetzesmaterialien erwähnen zwar das Verfahren nach § 67 Abs. 5 AktG, aber nur in dem Zusammenhang, dass dem Betroffenen die Möglichkeit zur Stellungnahme gewährt werden muss (BT-Drs. 16/6140, 44); von einer Sperrwirkung des Widerspruchs ist dort nicht die Rede. Zudem verweist der BGH mit guten Gründen darauf, dass es für eine Analogie zu § 67 Abs. 5 S. 2 AktG an einer vergleichbaren Interessenlage fehlt. Während in der AG bereits die Eintragung in das Aktienregister vom Vorstand kontrolliert wird (§ 67 Abs. 3 AktG), fehlt es in den Fällen des § 40 Abs. 2 (Einreichung durch den Notar) an einer Kontrolle durch die Geschäftsführer. Der GmbH kann somit anders als der AG gegen ihren Willen ein unerwünschter Scheingesellschafter aufgedrängt werden. Unter diesen Gegebenheiten wäre es misslich, wenn sie den Widerspruch dieses unerwünschten Scheingesellschafters erst auf dem Klageweg aus dem Weg räumen und ihm bis zum Ende dieses zeitaufwändigen Verfahrens die Gesellschafterrechte einräumen müsste (BGH 17.12.2013, NZG 2014, 184 Rn. 38).

42a Die Entscheidung des BGH ist zur Korrektur einer vom Notar eingereichten Liste ergangen. Ungeachtet dessen müssen dieselben Grundsätze (Gelegenheit zur Stellungnahme, keine Sperrwirkung des Widerspruchs) auch für die Korrektur von Listen gelten, welche die Geschäftsführer selbst eingereicht haben. Das Argument des der GmbH aufgedrängten Scheingesellschafters verfängt insoweit zwar nicht. Ein zweispuriges Korrekturverfahren, das an die Berichtigung der von den Geschäftsführern eingereichten Listen strengere Anforderungen stellen würde als an notarielle Listen, wäre aber ungereimt, da das Gesetz hinsichtlich der Wirkungen der Gesellschafterliste auch sonst nicht in dieser Weise differenziert. Der BGH verzichtet denn auch in dem betreffenden Leitsatz auf eine Unterscheidung zwischen notariellen und von den Geschäftsführern eingereichten Listen (BGH 17.12.2013, NZG 2014, 184 (Ls. 3)).

42b Wiewohl der BGH verkürzend davon spricht, dass **„dem" Betroffenen** Gelegenheit zur Stellungnahme einzuräumen ist (BGH 17.12.2013, NZG 2014, 184 Rn. 36 (Ls. 3)), sollte nicht zweifelhaft sein, dass die Geschäftsführer nicht nur dem derzeit eingetragenen (Schein-)Gesellschafter, sondern auch dem wieder einzutragenden (angeblich) Berechtigten Gelegenheit zur Stellungnahme geben müssen, da beide Parteien gleichermaßen von der Korrektur betroffen sind (*Wiersch* GWR 2014, 117 (119)). Für die Stellungnahme ist den Betroffenen eine **angemessene Frist** einzuräumen. Im Schrifttum wird eine Frist von mindestens einem Monat vorgeschlagen (*Lieder* NZG 2014, 329 (331)). Dies mag für den Regelfall als Orientierung dienen, kann aber eine Würdigung der Umstände des Einzelfalls nicht ersetzen (*Liebscher/Alles* ZIP 2015, 1 (7 Fn. 59): uU bei Abwägung der Interessen auch deutlich kürzere Frist). Ob die Anhörung der Betroffenen **im Einzelfall entbehrlich** sein kann, hat der BGH nicht entschieden, ist aber jedenfalls zu bejahen, soweit es um die Berichtigung einfacher Schreibfehler oder anderer offenbarer

Unrichtigkeiten iSd § 319 ZPO, § 44a Abs. 2 BeurkG geht (*Lieder/Cziupka* GmbHR 2018, 231 (235 f.); wohl noch weitergehend *Tebben* DB 2014, 585 (587)). Für diesen Fall ist selbst iRd strengeren aktienrechtlichen Regelung anerkannt, dass die Vorstandsmitglieder die Eintragung auch ohne Anhörung der Betroffenen korrigieren dürfen (MüKoAktG/*Bayer* AktG § 67 Rn. 132).

c) Wirkung der Korrektur. Die von den Geschäftsführern nach ordnungsgemäßer Anhörung der Betroffenen eingereichte Korrekturliste entfaltet auch dann die Wirkung des Abs. 1 S. 1, wenn sie gegen den Widerspruch eines Betroffenen eingereicht wurde, und zwar **unabhängig von ihrer materiellen Richtigkeit** (→ Rn. 33c). Ob die Korrektur darüber hinaus auch dann wirksam ist, wenn dem oder den Betroffenen nicht oder nicht mit ausreichender Frist Gelegenheit zur Stellungnahme gewährt wurde, ist dagegen noch nicht hinreichend geklärt. Zumindest dann, wenn die verfahrensfehlerhafte Korrektur auch inhaltlich unrichtig ist, wird man der geänderten Eintragung zum Schutz der Betroffenen die Wirksamkeit versagen müssen (so auch *Lieder* NZG 2014, 329 (331); aA wohl *Tebben* DB 2014, 585 (587)); den oder dem nicht ordnungsgemäß Angehörten ist die geänderte Eintragung nicht zurechenbar. Darüber hinaus könnte man erwägen, noch einen Schritt weiter zu gehen und die unterbliebene Anhörung als schwerwiegenden Verfahrensmangel einzustufen, der selbst bei inhaltlicher Richtigkeit der geänderten Liste deren Wirksamkeit ausschließt (→ Rn. 30). Für diese Position lässt sich immerhin anführen, dass auch die wohl überwA im Aktienrecht die verfahrensfehlerhafte Korrektur einer wirksamen Eintragung unabhängig von ihrer inhaltlichen Richtigkeit als unwirksam ansieht (MüKoAktG/*Bayer* AktG § 67 Rn. 153, 155; KK-AktG/*Lutter/Drygala* AktG § 67 Rn. 148, 151 f.; jew. mwN zum Meinungsstand). 43

Wie andere Gesellschafterlisten entfaltet auch die wirksame Korrekturliste ihre Wirkung erst ab dem Zeitpunkt der Aufnahme im Handelsregister (zum Ausnahmefall rechtsmissbräuchlicher Verzögerung aber → Rn. 34b). Sie wirkt somit **nur für die Zukunft** (Lutter/Hommelhoff/*Bayer* Rn. 23; Baumbach/Hueck/*Servatius* § 40 Rn. 22; Scholz/*Seibt* Rn. 27). Die zwischenzeitlich eingetretenen Rechtswirkungen einer materiell zu Unrecht erfolgten, aber wirksamen (→ Rn. 29 ff.) Eintragung lassen sich somit auch durch Aufnahme der berichtigten Liste im Handelsregister nicht rückwirkend beseitigen. Für den Sonderfall, dass eine für jedermann offensichtliche Unrichtigkeit iSd § 44a Abs. 2 BeurkG, § 319 ZPO korrigiert wird, wird im neueren Schrifttum allerdings vorgeschlagen, der Korrektur ex-tunc-Wirkung beizulegen (*Lieder/Cziupka* GmbHR 2018, 231 (237 f.)). 44

Da die Eintragungswirkung nur ex nunc entfällt, sind Gesellschafterbeschlüsse, die in der Zwischenzeit (dh bis zu dem in → Rn. 44 genannten Zeitpunkt) gefasst wurden, nicht wegen Mitwirkung des zu Unrecht Eingetragenen anfechtbar (Scholz/*Seibt* Rn. 36; *Lieder* GmbHR 2016, 189 (196 f.)). Leistungen, die von der GmbH an den zu Unrecht Eingetragenen oder umgekehrt von diesem an die GmbH erbracht wurden, sind mit Rechtsgrund geleistet (HCL/*Löbbe* Rn. 85; Scholz/*Seibt* Rn. 36; *Lieder* GmbHR 2016, 189 (195)). Umstritten ist dagegen, ob auch Leistungspflichten des Scheingesellschafters bestehen bleiben, die im Zeitraum seiner Eintragung bereits fällig waren, aber im Zeitpunkt der Listenkorrektur **noch nicht erfüllt** worden sind. Die (noch zu § 16 aF ergangene) Rspr. hat diese Frage in Fällen, in denen der Anteilserwerb erst nachträglich durch Anfechtung vernichtet wird, wiederholt bejaht. Der (Schein-)Gesellschafter soll sich dann nach dem Rechtsgedanken des Abs. 3 aF (Abs. 2 nF) den vor der Korrektur bereits fällig gewordenen Leistungspflichten nicht mehr entziehen können (BGH 10.5.1982, BGHZ 84, 47 (49 ff.) = NJW 1982, 2822; BGH 17.1.2007, NJW 2007, 1058 Rn. 20). Sofern der Anteilserwerb von Anfang an nichtig war, soll der Scheingesellschafter dagegen nach der Korrektur nicht mehr haften (OLG Frankfurt a. M. 17.6.2009, NZG 2009, 1113 (1114 f.); unergiebig insoweit BGH 19.4.2010, NZG 2010, 908 Rn. 5, da dort auch auf die Unwirksamkeit der Anmeldung abgestellt wird; strenger – generell für Weiterhaftung des Scheingesellschafters – MüKoGmbHG/*Heidinger* Rn. 226 ff.; MHLS/*Ebbing* Rn. 150 ff.). Nach zutreffender und im Schrifttum heute überwA ist demgegenüber in beiden Fallgruppen (Anfechtung des Anteilserwerbs und Nichtigkeit von Anfang an) eine Haftung des Scheingesellschafters für im Zeitpunkt der Listenkorrektur noch unerfüllte Gesellschafterpflichten abzulehnen (Roth/Altmeppen/*Altmeppen* Rn. 45 ff.; Lutter/Hommelhoff/*Bayer* Rn. 61; *Bayer* Liber amicorum M. Winter, 9 (39 f.); Bork/Schäfer/*Brandes* Rn. 35; HCL/*Löbbe* Rn. 116 ff.; ausf. *Wiersch* ZGR 2015, 591 (610 ff.); *Lieder* GmbHR 2016, 189 (195 ff.); aA *Fell,* Die GmbH-Gesellschafterliste zwischen Geheimhaltungs- und Veröffentlichungsinteressen, 2017, 589 f.). Die Weiterhaftung des Veräußerers nach Abs. 2 beruht auf der Erwägung, dass er sich nicht durch Anteilsübertragung seinen mitgliedschaftlichen Verpflichtungen entziehen können soll. Dieser Rechtsgedanke ist entgegen der Rspr. nicht auf die hier interessierende Konstellation übertragbar. Der Geschäftsanteil wird gerade nicht übertragen; vielmehr geht es dem eingetragenen Scheingesellschafter mit der Listenkorrektur nur darum, die wirksam angefochtene oder von Anfang an nichtige Anteilsübertragung vom Rechtsschein der Wirksamkeit zu befreien (HCL/*Löbbe* Rn. 117). – **Für die Zukunft** gilt die Eintragung **als nie erfolgt** (Lutter/Hommelhoff/*Bayer* Rn. 23; HCL/*Löbbe* Rn. 84; MüKoGmbHG/*Heidinger* Rn. 230; *Lieder/Cziupka* GmbHR 2018, 231 (238); aA Rowedder/Schmidt-Leithoff/*Pentz* Rn. 63). Daher haftet der nicht mehr eingetragene Scheinerwerber im Fall einer späteren Kaduzierung des Geschäftsanteils nicht als Rechtsvorgänger iSd § 22 (→ § 22 Rn. 8). 45

46 **7. (Keine) Übergangsregelung.** Anders als beim gutgläubigen Erwerb nach Abs. 3, für den § 3 Abs. 3 EGGmbHG eine sechsmonatige Übergangsfrist anordnet (→ Rn. 94), ist für Abs. 1 und Abs. 2 **keine Übergangsvorschrift** vorgesehen. Dies hat nach zutreffender Ansicht zur Folge, dass sich die Legitimation seit dem 1.11.2008 nur noch nach der im Handelsregister aufgenommenen Gesellschafterliste und nicht mehr nach der Anmeldung gem. Abs. 1 aF richtet (KG Berlin 20.8.2019, NZG 2020, 235 Rn. 12 ff.; DNotI-Report 2008, 185; Lutter/Hommelhoff/*Bayer* Rn. 107; MüKoGmbHG/*Heidinger* Rn. 108 ff., 129; *Heidinger* GmbHR 2017, 273; HCL/*Löbbe* Rn. 192 ff.; *Saenger/Sandhaus* DNotZ 2012, 346; ausf. *Fell,* Die GmbH-Gesellschafterliste im Spannungsfeld von Geheimhaltungs- und Veröffentlichungsinteressen, 2017, 282 ff.; offengelassen in BGH 18.9.2018, BGHZ 219, 327 = NZG 2018, 1344 Rn. 25 ff.). Die Gegenansicht, die alten, dh vor dem 1.11.2008 eingereichten Gesellschafterlisten keine Legitimationswirkung zuerkennt und stattdessen weiter auf die Anmeldung nach Abs. 1 aF bzw. die materielle Rechtslage abheben will (OLG Dresden 1.6.2016, GmbHR 2017, 306 mablBespr *Heidinger* GmbHR 2017, 273; LG München I 24.9.2009, GmbHR 2010, 149; MHLS/*Ebbing* Rn. 207 f.; Baumbach/Hueck/*Servatius* Rn. 49 f.; Bunnemann/Zirngibl/*Zirngibl* GmbH in der Praxis § 4 Rn. 20 f.; *D. Mayer* MittBayNot 2014, 24 (28 f.); *Punte/Stefanink* DB 2018, 364), überzeugt nicht. Sie würde dazu führen, dass bei unverändertem Gesellschafterkreis auch viele Jahre nach Inkrafttreten des MoMiG immer noch nicht an die Liste angeknüpft werden könnte. Mit dem Normzweck des Abs. 1, die Transparenz der Anteilseignerstrukturen zu erhöhen (→ Rn. 1), wäre dies unvereinbar. Selbstredend entfaltet aber auch eine alte Gesellschafterliste die Legitimationswirkung nur, soweit die Eintragung dem Betroffenen zurechenbar ist (Lutter/Hommelhoff/*Bayer* Rn. 108; Scholz/*Seibt* Rn. 108; sehr restriktiv insoweit *Reymann* BB 2009, 506 (512)). Daran fehlt es, wenn der Anteilsveräußerer noch in der Liste eingetragen ist, obwohl bereits vor Inkrafttreten des MoMiG die Anteilsübertragung auf den Erwerber gem. Abs. 1 aF angemeldet wurde (Lutter/Hommelhoff/*Bayer* Rn. 108; Scholz/*Seibt* Rn. 108; zweifelnd MüKoGmbHG/*Heidinger* Rn. 131, 133). Den nach altem Recht korrekt abgemeldeten Anteilsveräußerern drohen daher auch nach der hier vertretenen Position keine Haftungsrisiken. Die von der Gegenansicht mit Blick auf das Rückwirkungsverbot erhobenen verfassungsrechtlichen Bedenken (OLG Dresden 1.6.2016, GmbHR 2017, 306 (309 f.)) sind daher nicht begründet. Zur Vermeidung von Zweifelsfragen ist unabhängig von seit dem 1.11.2008 erfolgten Veränderungen im Gesellschafterkreis den Beteiligten dringend anzuraten, die alte Gesellschafterliste zu überprüfen und ggf. eine aktualisierte Liste zum Handelsregister einreichen zu lassen.

III. Haftung für rückständige Einlageverpflichtungen (Abs. 2)

47 **1. Veräußerer.** Mit Aufnahme der aktualisierten, nunmehr den Erwerber ausweisenden Gesellschafterliste im Handelsregister verliert der Veräußerer seine Mitgliedschaftsrechte aus dem Geschäftsanteil auch im Verhältnis zur GmbH. Dagegen bleibt nach Abs. 2 die **Haftung des Veräußerers** für Einlageverpflichtungen bestehen, die im Zeitpunkt der Aufnahme der aktualisierten Liste im Handelsregister rückständig sind. Eine Haftung für in diesem Zeitpunkt noch nicht rückständige Verpflichtungen besteht dagegen grundsätzlich nicht; sie kommt nur nach Maßgabe des § 22 in Betracht, dh nur, wenn der Geschäftsanteil beim Erwerber oder einem späteren Rechtsnachfolger kaduziert wird (→ § 22 Rn. 2). **Rückständig** sind Verpflichtungen, die fällig, aber noch nicht bewirkt sind (BGH 9.1.2006, NJW 2006, 906 Rn. 7; MHLS/*Ebbing* Rn. 142; zur Fälligkeit der Einlageforderung → § 14 Rn. 9 ff.; zum Sonderfall einer unteilbaren Leistung, deren Erbringung sich über mehrere Monate erstreckt, RG 23.1.1914, RGZ 84, 75). Der Begriff der **„Einlageverpflichtungen"** iSd Abs. 2 unterscheidet sich zwar von der Formulierung in Abs. 3 aF („auf den Geschäftsanteil rückständige Leistungen"). Eine sachliche Änderung ist damit aber nicht beabsichtigt (vgl. BT-Drs. 16/6140, 38), sodass an die zum früheren Recht anerkannten Grundsätze angeknüpft werden kann (BGH 18.9.2018, BGHZ 219, 327 = NZG 2018, 1344 Rn. 36; Roth/Altmeppen/*Altmeppen* Rn. 31; Lutter/Hommelhoff/*Bayer* Rn. 56; Scholz/*Seibt* Rn. 52). Erfasst werden mithin neben der eigentlichen Einlagepflicht auch die übrigen in → Rn. 15 genannten Leistungspflichten, die auf dem Geschäftsanteil ruhen. Zudem bleibt unabhängig von Abs. 2 die Haftung des Veräußerers aus schuldrechtlichen Verpflichtungen gegenüber der GmbH oder den Mitgesellschaftern bestehen, zB aus begangenen Treuepflichtverletzungen (→ Rn. 16 f.).

48 Die Haftung des Veräußerers aus Abs. 2 besteht als **gesamtschuldnerische Haftung** gleichrangig neben derjenigen des Erwerbers (BGH 4.3.1996, BGHZ 132, 133 (137) = NJW 1996, 1286; BGH 14.3.1977, BGHZ 68, 191 (197 f.); Baumbach/Hueck/*Servatius* Rn. 23). Sie ist mithin nicht von einer vorausgehenden erfolglosen Inanspruchnahme des Erwerbers abhängig (Stenogr. Berichte über die Verhandlungen des Reichstags, VIII/1, 1890/92, Nr. 660, 3739). Wer im **Innenverhältnis** zwischen Erwerber und Veräußerer verantwortlich ist, richtet sich nach § 426 BGB und der vertraglichen Regelung. Bei unentgeltlicher Übertragung des Geschäftsanteils kann die Auslegung des zugrunde liegenden Kausalgeschäfts ergeben, dass der Erwerber den Veräußerer von seiner Haftung freistellen muss (OLG Hamm 28.6.1978, GmbHR 1979, 18; Baumbach/Hueck/*Servatius* Rn. 25).

2. Erwerber. Für den in die Gesellschafterliste eingetragenen Erwerber hat Abs. 2 nur deklaratorische Bedeutung, da er schon nach Abs. 1 S. 1 für die Erfüllung der Mitgliedschaftspflichten verantwortlich ist (→ Rn. 15). Dies gilt auch, wenn der Erwerber den Geschäftsanteil nicht wirksam erworben hat, sofern nur die Eintragung wirksam (→ Rn. 29 ff.) erfolgt ist. 49

IV. Gutgläubiger Erwerb (Abs. 3)

1. Allgemeines. Mit Abs. 3 idF des MoMiG ist zur Erleichterung der Transaktionspraxis (→ Rn. 3) erstmals die generelle Möglichkeit eines gutgläubigen Erwerbs von Geschäftsanteilen oder Rechten daran geschaffen worden. Nach altem Recht bestand diese Möglichkeit nur beim Erwerb vom Scheinerben nach § 2366 BGB, der nun neben Abs. 3 anwendbar ist (Lutter/Hommelhoff/*Bayer* Rn. 65). Die Neuregelung ist **teilweise an § 892 BGB angelehnt** (BT-Drs. 16/6140, 38), wobei anstelle der Grundbucheintragung die im Handelsregister aufgenommene Gesellschafterliste als Rechtsscheinträger dient. Ähnlich wie im Grundbuchrecht (§ 892 Abs. 1 BGB, § 899 BGB) kann der Liste ein Widerspruch zugeordnet und der gutgläubige Erwerb dadurch vereitelt werden (Abs. 3 S. 3–5). Die **im Vergleich zum Grundbuch erheblich geringere Richtigkeitsgewähr** der Gesellschafterliste, die vom Registergericht grundsätzlich nicht inhaltlich überprüft wird (→ Rn. 22), soll dadurch kompensiert werden, dass ein gutgläubiger Erwerb nur möglich ist, wenn die Unrichtigkeit dem materiell Berechtigten zuzurechnen ist oder schon seit drei Jahren andauert (Abs. 3 S. 2). Die Regelung lehnt sich aber nicht nur an § 892 BGB an, sondern enthält auch aus den §§ 932 ff. BGB bekannte Regelungselemente, insbesondere hinsichtlich der schon erwähnten Zurechenbarkeit des Rechtsscheins (vgl. § 935 Abs. 1 BGB) und des Maßstabs der Bösgläubigkeit, der nach Abs. 3 S. 3 auch grobe Fahrlässigkeit einschließt (wie § 932 Abs. 2 BGB). – Bedenken gegen die **Vereinbarkeit** des Abs. 3 **mit der Eigentumsgarantie (Art. 14 GG)** bestehen nach zutreffender Ansicht nicht, da der wahre Berechtigte durch das Erfordernis der Zurechenbarkeit bzw. die Dreijahresfrist hinreichend geschützt wird (Bork/Schäfer/*Brandes* Rn. 48; Scholz/*Seibt* Rn. 62; *Wiersch,* Der gutgläubige Erwerb von GmbH-Anteilen, 2009, 48 ff.; zweifelnd *Wegen* FS Lüer, 2008, 321 (327 f.); abw. *Omlor,* Verkehrsschutz im Kapitalgesellschaftsrecht, 2010, 335 ff.). Daher ist es auch nicht angängig, im Wege verfassungskonformer Auslegung zusätzliche, im Gesetz nicht angelegte Vorkehrungen zum Schutz der Richtigkeitsgewähr der Gesellschafterliste zu konstruieren (so aber *Omlor,* Verkehrsschutz im Kapitalgesellschaftsrecht, 2010, 348 ff.: öffentliche Beglaubigung der Unterschrift der Geschäftsführer; inhaltliche Prüfungspflicht des Registergerichts). Auf einem anderen Blatt steht die **rechtspolitische Beurteilung** des Abs. 3. Sie muss kritisch ausfallen, da der Gutglaubensschutz nach dieser Vorschrift zahlreichen Einschränkungen (→ Rn. 63 ff., 93) und Unwägbarkeiten (insbesondere → Rn. 67 ff.) unterliegt, sodass sich der Anteilserwerber entgegen dem Normzweck letztlich doch zu einer aufwändigen Prüfung der Anteilshistorie veranlasst sehen wird (krit. auch *Thomale/Gutfried* ZGR 2017, 61 (75 ff.) mit umfassenden Reformvorschlägen und mwN; → Rn. 93). 50

2. Gesellschafterliste als Rechtsscheinträger. Der gutgläubige Erwerb setzt zunächst voraus, dass der materiell nicht berechtigte Veräußerer als Inhaber des Geschäftsanteils in der im Handelsregister aufgenommenen (→ Rn. 21) Gesellschafterliste eingetragen ist. Unerheblich ist, ob es sich um eine vom Notar oder den Geschäftsführern erstellte Liste handelt. Wie bei § 892 BGB kommt es auch nicht darauf an, ob der Erwerber die Liste eingesehen hat (Lutter/Hommelhoff/*Bayer* Rn. 64; *Wachter* in Römermann/Wachter GmbHR-Sonderheft MoMiG 51 (59); *Omlor,* Verkehrsschutz im Kapitalgesellschaftsrecht, 2010, 497 ff.; *Lieder,* Jahrbuch Junger Zivilrechtswissenschaftler, 2010, 121 (146 f.)). 51

Noch nicht iE geklärt ist, inwieweit **Mängel des Eintragungsverfahrens** die Eignung der Liste als Rechtsscheinträger beeinträchtigen. Die Frage lässt sich nicht einfach unter Hinweis auf die für Abs. 1 geltenden Grundsätze (→ Rn. 29 ff.) beantworten. Während iRd Abs. 1 die Eintragungswirkung zulasten des materiell Berechtigten grundsätzlich nur eintreten kann, wenn ihm die fehlende Eintragung zuzurechnen ist (→ Rn. 32), lässt die mangelnde Zurechenbarkeit die Tauglichkeit der Liste als Rechtsscheinträger für den gutgläubigen Erwerb nicht entfallen. Gem. Abs. 3 S. 2 ist gutgläubiger Erwerb vielmehr auch ohne Zurechenbarkeit zum materiell Berechtigten möglich, wenngleich erst nach Ablauf der Dreijahresfrist. Umstritten ist dagegen, ob iRd Abs. 3 auch eine Zurechenbarkeit zur Gesellschaft entbehrlich ist, ob also zB auch eine **gefälschte Gesellschafterliste** einen tauglichen Rechtsscheinträger darstellt, sofern sie nur dem äußeren Anschein nach den Mindestanforderungen des § 40 Abs. 1, Abs. 2 S. 1 entspricht (dh den Eindruck erweckt, als sei sie von den Geschäftsführern oder einem Notar erstellt worden). Nach zutreffender Ansicht ist dies zu bejahen, da andernfalls der beabsichtigte Verkehrsschutz erheblich beeinträchtigt würde und der materiell Berechtigte durch die Dreijahresfrist des Abs. 3 S. 2 geschützt ist (*Gehrlein* Konzern 2007, 771 (793); Lutter/Hommelhoff/*Bayer* Rn. 68; Bork/Schäfer/*Brandes* Rn. 47 f.; MüKoGmbHG/*Heidinger* Rn. 255 ff.; HCL/*Löbbe* Rn. 150 ff.; Scholz/*Seibt* Rn. 83a; aA Roth/Altmeppen/*Altmeppen* Rn. 63; HK-GmbHG/*Pfisterer* Rn. 32; *Wicke* Rn. 14; *Lieder* AcP 210 (2010), 857 (901 ff.)). Der Gesetzgeber hat das Fälschungsrisiko bewusst in Kauf 52 genommen, indem er die Anregung des Bundesrats, zusätzliche Schutzmechanismen vorzusehen, nicht aufgegriffen hat (vgl. BT-Drs. 16/6140, 66 f., 76).

53 Da sogar eine gefälschte Gesellschafterliste als Rechtsscheinträger fungieren kann, versteht sich, dass auch bloße Verfahrensfehler bei der Erstellung der Liste die Anwendung des Abs. 3 nicht ausschließen, sofern die Liste nur unterschrieben ist und nicht so offensichtliche Mängel aufweist, dass der gute Glaube des Erwerbers zerstört wird (eingehend MüKoGmbHG/*Heidinger* Rn. 247 ff.). Insbesondere stellt das **Fehlen der Notarbescheinigung** nach § 40 Abs. 2 S. 2 die Tauglichkeit der Liste als Rechtsscheinträger nicht in Frage (*Kort* GmbHR 2009, 169 (172); *Link* RNotZ 2009, 193 (216); *Gottschalk* DZWiR 2009, 45 (50); Lutter/Hommelhoff/*Bayer* Rn. 67; MüKoGmbHG/*Heidinger* Rn. 261; aA *Bohrer* DStR 2007, 995 (998)). Das Fehlen oder die **Unrichtigkeit weiterer Listenangaben** (zB hinsichtlich der Nummerierung des Anteils, Geburtsdatum, Name/Firma, Wohnort/Sitz) schließen den gutgläubigen Erwerb ebenfalls nicht aus, sofern nur der Veräußerer als vermeintlicher Inhaber des Geschäftsanteils zweifelsfrei identifiziert werden kann (*Link* RNotZ 2009, 193 (216); Lutter/Hommelhoff/*Bayer* Rn. 69; Scholz/*Seibt* Rn. 82).

54 Den **maßgeblichen Zeitpunkt** für die Eintragung des Veräußerers in die Gesellschafterliste präzisiert das Gesetz nicht. Die Frage des Zeitpunkts wird meist nur im Zusammenhang mit der Gutgläubigkeit erörtert. Sie sollte für die Eintragung ebenso wie dort beantwortet werden (→ Rn. 81 f.; ebenso MüKoGmbHG/*Heidinger* Rn. 269; Scholz/*Seibt* Rn. 83; *Wiersch,* Der gutgläubige Erwerb von GmbH-Anteilen, 2009, 77 ff.).

55 **3. Erwerb eines Geschäftsanteils oder eines Rechts daran. a) Erwerb eines (bestehenden) Geschäftsanteils.** Ein gutgläubiger Erwerb ist nur möglich, wenn der Geschäftsanteil wirksam besteht. Bei **nicht existenten Geschäftsanteilen** kommt nach dem klaren Willen des Gesetzgebers **kein** gutgläubiger Erwerb in Betracht (BT-Drs. 16/6140, 39; Baumbach/Hueck/*Servatius* Rn. 28 mwN; ganz hM; abw. *Altgen,* Gutgläubiger Erwerb von GmbH-Geschäftsanteilen, 2009, 175 ff., 214 f.; *Omlor* WM 2009, 2105 (2110 f.)). Zu beachten ist allerdings, dass selbst bei fehlerhaften Kapitalerhöhungen nach den Regeln der fehlerhaften Gesellschaft wirksame Geschäftsanteile entstehen können.

56 Fraglich ist hingegen, ob auch ein gutgläubiger Erwerb von **in anderer Stückelung** bestehenden, also „nicht so bestehenden" Geschäftsanteilen möglich ist. Die Frage stellt sich sowohl beim Erwerb vom Nichtberechtigten als auch beim Erwerb vom Berechtigten, der die Geschäftsanteile in einer anderen Stückelung als der eingetragenen hält (Nicht-so-Berechtigter). Nach verbreiteter, aber umstrittener Ansicht ist die Möglichkeit eines gutgläubigen Erwerbs entsprechend der eingetragenen Stückelung jedenfalls im Grundsatz (zu einer Ausnahme → Rn. 57 aE) zu bejahen (*Böttcher/Blasche* NZG 2007, 565 (566 ff.); *Gehrlein* Der Konzern 2007, 771 (791 f.); Bork/Schäfer/*Brandes* Rn. 37; Baumbach/Hueck/*Servatius* Rn. 28; HCL/*Löbbe* Rn. 128 ff.; Scholz/*Seibt* Rn. 71 f.; aA Lutter/Hommelhoff/*Bayer* Rn. 73; Bunnemann/Zirngibl/*Desch* GmbH in der Praxis § 7 Rn. 22 ff.; MüKoGmbHG/*Heidinger* Rn. 324 ff.; Rowedder/Schmidt-Leithoff/*Pentz* Rn. 74; *Wiersch,* Der gutgläubige Erwerb von GmbH-Anteilen, 2009, 134 ff.). Im Ergebnis führt diese Ansicht zu einer Zusammenlegung bzw. Teilung von Geschäftsanteilen, auch wenn der nach § 46 Nr. 4 (vorbehaltlich abw. Satzungsbestimmung) erforderliche Gesellschafterbeschluss nicht gefasst wurde. Es wird danach zB ein Anteil à 500 EUR erworben, obwohl in Wahrheit zwei Anteile à 250 EUR bestanden, und umgekehrt. Die Bedeutung der Frage sollte allerdings nicht überschätzt werden. Unabhängig von der Frage des gutgläubigen Erwerbs wird man häufig die Abtretung der unrichtig bezeichneten Geschäftsanteile so auslegen können, dass eine Abtretung der Geschäftsanteile in ihrer wahren Stückelung vorliegt (*falsa demonstratio non nocet;* Bunnemann/Zirngibl/*Desch* GmbH in der Praxis § 7 Rn. 24 f., 37 f.; Lutter/Hommelhoff/*Bayer* Rn. 73; s. dazu auch BGH 19.1.1987, NJW-RR 1987, 807 (808)). Allerdings lässt sich nicht immer auf diese Weise Abhilfe schaffen (zB nicht, wenn von zwei eingetragenen Anteilen à 250 EUR nur einer abgetreten wird und in Wahrheit nur ein Anteil à 500 EUR besteht).

57 Die besseren Argumente sprechen dafür, einen gutgläubigen Erwerb entsprechend der eingetragenen Stückelung in der Tat zuzulassen. Hierfür spricht neben den Verkehrsschutzinteressen insbesondere die Anlehnung an § 892 BGB. Anerkanntermaßen ist ein gutgläubiger Erwerb eines Teilgrundstücks möglich, wenn das Grundbuch zwei Teilgrundstücke ausweist, obwohl das Grundstück in Wahrheit nicht wirksam geteilt wurde (Staudinger/*Picker,* 2019, BGB § 892 Rn. 33 mwN; vgl. auch *Böttcher/Blasche* NZG 2007, 565 (569)). Dem entspricht iRd Abs. 3 der gutgläubige Erwerb entsprechend der eingetragenen Stückelung. Kein gutgläubiger Erwerb kommt aber in Betracht, soweit in der Gesellschafterliste insgesamt ein höherer als der wahre Nennbetrag eingetragen ist (zB 600 EUR statt 500 EUR), da der gutgläubige Erwerb nicht dazu führen darf, dass die Summe der Nennbeträge aller Geschäftsanteile das Stammkapital der Gesellschaft übersteigt (ganz hM, *Böttcher/Blasche* NZG 2007, 565 (567); Baumbach/Hueck/*Servatius* Rn. 28; *Löbbe* GmbHR 2016, 141 (143); Scholz/*Seibt* Rn. 72 aE).

58 **b) Erwerb eines Rechts an einem Geschäftsanteil.** Abs. 3 S. 1 ermöglicht auch den gutgläubigen Erwerb eines Rechts an einem Geschäftsanteil, was für die **rechtsgeschäftliche Verpfändung** (BT-Drs. 16/6140, 38) und die **Bestellung eines Nießbrauchs** von Bedeutung ist. In Verallgemeinerung des Rechtsgedankens der § 893 Alt. 2 BGB, § 2366 Alt. 2 BGB ist auch für Folgeverfügungen wie die

Aufhebung oder Inhaltsänderung des Pfandrechts bzw. Nießbrauchs Abs. 3 analog anzuwenden (*Reymann* WM 2008, 2095 (2098)). Ein gutgläubiger Zweiterwerb des Pfandrechts durch Abtretung einer nur vermeintlich pfandgesicherten Forderung scheidet dagegen schon deshalb aus, weil das Pfandrecht nach hM (→ § 15 Rn. 102) nicht in die Gesellschafterliste eingetragen werden darf (Lutter/Hommelhoff/*Bayer* Rn. 71; aA *Rieg,* Erwerb vom Nichtberechtigten und Liste der Gesellschafter, 2012, 307 ff., der jedoch abw. von der hM von der Eintragungsfähigkeit ausgeht).

Die Einräumung einer Unterbeteiligung oder die Übertragung der „Treugeberstellung" aus einer Vereinbarungstreuhand (→ § 15 Rn. 117) durch einen Nichtberechtigten fällt dagegen nicht unter Abs. 3, da es sich nicht um den Erwerb dinglicher Rechte am Geschäftsanteil handelt (*D. Mayer* DNotZ 2008, 403 (419); Scholz/*Seibt* Rn. 68). Ebenfalls nicht erfasst wird die Übertragung der von der Mitgliedschaft abgespaltenen Gläubigerrechte wie zB des Anspruchs auf den zur Verteilung beschlossenen Gewinn (*D. Mayer* DNotZ 2008, 403 (419)). 59

4. Erwerb durch Rechtsgeschäft. a) Rechtsgeschäftlicher Erwerb. Wie andere Gutglaubenstatbestände handelt auch Abs. 3 nur vom **rechtsgeschäftlichen Erwerb.** Das betreffende Rechtsgeschäft muss **unmittelbar auf den Erwerb des Geschäftsanteils** bzw. eines Rechts daran gerichtet sein. Der Erwerb im Wege der Erbfolge (§§ 1922, 1967 BGB) wird daher von Abs. 3 unstreitig selbst dann nicht erfasst, wenn die Erbfolge auf einem Rechtsgeschäft (Erbvertrag, Testament) beruht (MüKoGmbHG/*Heidinger* Rn. 343; vgl. auch Staudinger/*Picker,* 2019, BGB § 892 Rn. 82). Der Erbfolge ist nach hM der Fall gleichzustellen, dass die Erbfolge durch Rechtsgeschäft unter Lebenden vorweggenommen wird (Lutter/Hommelhoff/*Bayer* Rn. 86; Staudinger/*Picker,* 2019, BGB § 892 Rn. 87). Ebenso wenig kommt gutgläubiger Erwerb im Fall der rechtsgeschäftlichen Gesamtrechtsnachfolge durch Verschmelzung nach dem UmwG in Betracht (Lutter/Hommelhoff/*Bayer* Rn. 86; MüKoGmbHG/*Heidinger* Rn. 343). Gleiches gilt nach überwA auch für die Spaltung, selbst wenn der Geschäftsanteil im Spaltungsvertrag gesondert bezeichnet wird (MüKoGmbHG/*Heidinger* Rn. 343 mwN; zweifelnd BeckOGK/*Wiersch* UmwG § 131 Rn. 23 f. mit näherer Diskussion). Auch im Fall des § 22 Abs. 4 scheidet gutgläubiger Erwerb aus, da sich der Erwerb des kaduzierten Anteils durch den zahlenden Rechtsvorgänger kraft Gesetzes vollzieht (Baumbach/Hueck/*Kersting* § 21 Rn. 17; Scholz/*Seibt* Rn. 66; anders dagegen bei Versteigerungen nach § 23, → § 23 Rn. 14). Mangels rechtsgeschäftlicher Grundlage ist auch der gutgläubige Erwerb eines Pfändungspfandrechts an einem dem Vollstreckungsschuldner nicht gehörenden Geschäftsanteil ausgeschlossen (MüKoGmbHG/*Heidinger* Rn. 345; *D. Mayer* DNotZ 2008, 403 (420); *Leeser,* Gutgläubiger Erwerb von GmbH-Geschäftsanteilen nach dem RegE des MoMiG, 2008, 161 f.); schon die Verstrickung geht ins Leere. Infolgedessen kann auch die Verwertung des schuldnerfremden Geschäftsanteils in der Zwangsvollstreckung nicht dazu führen, dass der Ersteher den Geschäftsanteil erwirbt (*Leeser,* Gutgläubiger Erwerb von GmbH-Geschäftsanteilen nach dem RegE des MoMiG, 2008, 164 f.; *Gehrlein* Der Konzern 2007, 771 (791); Baumbach/Hueck/*Servatius* Rn. 29). Dagegen ist gutgläubiger Erwerb möglich, wenn eine der beiden Willenserklärungen der Anteilsabtretung im Klageweg erzwungen und gem. § 894 ZPO fingiert wird; § 898 ZPO verweist auch auf § 16 Abs. 3 (*Wiersch,* Der gutgläubige Erwerb von GmbH-Anteilen, 2009, 75 f.). 60

Wird ein Geschäftsanteil **unwirksam eingezogen** und beschließen die übrigen Gesellschafter gutgläubig die Aufstockung ihrer Geschäftsanteile, kommt kein gutgläubiger Erwerb in Betracht (Roth/Altmeppen/*Altmeppen* Rn. 77; Lutter/Hommelhoff/*Bayer* Rn. 86; MüKoGmbHG/*Heidinger* Rn. 344; Scholz/*Seibt* Rn. 66; *Vossius* DB 2007, 2299 (2300); aA *Wicke* Rn. 18). Zwar sind auch Gesellschafterbeschlüsse Rechtsgeschäfte (unrichtig insoweit *Vossius* DB 2007, 2299 (2300)), doch fehlt es an einem rechtsgeschäftlichen Übertragungsakt des „Veräußerers". Zu beachten ist aber, dass die Einziehung nicht schon deshalb unwirksam ist, weil statt des wahren Berechtigten der wirksam (→ Rn. 29 ff.) eingetragene Scheingesellschafter der Einziehung zugestimmt hat; denn nach Abs. 1 ist der Scheingesellschafter auch insoweit als legitimiert anzusehen (→ Rn. 18). 61

b) Verkehrsgeschäft. Der Normzweck des Abs. 3 (Verkehrsschutz) ist wie bei §§ 892, 932 ff. BGB nur berührt, wenn es sich bei dem Rechtsgeschäft um ein **Verkehrsgeschäft** handelt (Scholz/*Seibt* Rn. 64 f.; allgM). Auf der Erwerberseite muss mithin mindestens eine Person beteiligt sein, die nicht auch der Veräußererseite zuzurechnen ist (näher Palandt/*Herrler* BGB § 892 Rn. 5 ff.; BeckOK GmbHG/*Wilhelmi* Rn. 82–82.3). 62

5. Wirksamkeit des Rechtsgeschäfts; Verfügungsbeschränkungen. Das Verfügungsgeschäft, das auf den Erwerb des Geschäftsanteils bzw. des Rechts daran gerichtet ist, muss mit Ausnahme der Rechtsinhaberschaft (bzw. in bestimmten Fällen der Verfügungsbefugnis, → Rn. 64 ff.) des Veräußerers **alle Wirksamkeitserfordernisse** erfüllen, die auch für den Erwerb vom Berechtigten gelten (Lutter/Hommelhoff/*Bayer* Rn. 85; unrichtig insoweit *Vossius* DB 2007, 2299 (2300)). Abs. 3 schützt mithin nicht vor Wirksamkeitsmängeln wie Formnichtigkeit der Abtretung, unwirksamer Stellvertretung, Geschäftsunfähigkeit des Veräußerers etc (allgM). Auch die fehlende Zustimmung iSd § 15 Abs. 5 kann nicht überwunden werden (BGH 20.9.2011, BGHZ 191, 84 = NZG 2011, 1268 Rn. 19 mzN; Scholz/*Seibt* Rn. 76; allgM). Soweit es nach § 15 Abs. 5 auf die Zustimmung der Mitgesellschafter ankommt, 63 ist aber Abs. 1 zu beachten. Dass ein materiell nicht berechtigter, aber wirksam Eingetragener die Zustimmung erteilt, steht dem Erwerb daher nicht im Wege (ähnlich *Link* RNotZ 2009, 193 (221), allerdings unter Berufung auf Abs. 3 statt Abs. 1). Nach zutreffender Ansicht ist auch ein gutgläubiger Erwerb von einem ohne Zustimmung der Eltern handelnden beschränkt Geschäftsfähigen nicht möglich (MüKoBGB/*Oechsler* BGB § 932 Rn. 11; aA MüKoBGB/*Spickhoff* BGB § 107 Rn. 55 (neutrales Geschäft)). Ob das zugrunde liegende Verpflichtungsgeschäft wirksam ist, ist dagegen unerheblich (Staudinger/*Picker,* 2019, BGB § 892 Rn. 79).

64 Umstritten ist, ob neben der fehlenden Rechtsinhaberschaft des Veräußerers auch bestimmte **Verfügungsbeschränkungen** durch den guten Glauben des Erwerbers überwunden werden können. Die Frage ist vor allem für die in der Praxis häufigen (aufschiebend) bedingten Anteilsabtretungen intensiv erörtert worden. Hier stellt sich die Frage, ob die sich aus § 161 Abs. 1 BGB ergebende Verfügungsbeschränkung gem. **§ 161 Abs. 3 BGB** iVm § 16 Abs. 3 zugunsten eines gutgläubigen Zweiterwerbers überwunden werden kann. Der BGH hat diese Frage entgegen der zuvor hL im verneinenden Sinne entschieden (BGH 20.9.2011, BGHZ 191, 84 = NZG 2011, 1268 Rn. 9 ff., insbesondere 14 ff. mzN zum Streitstand; zust. Baumbach/Hueck/*Servatius* Rn. 32; *Noack* LMK 2012, 326790; *Kort* DB 2011, 2897; iErg auch *Walek* JZ 2012, 608 (612 ff.); zuvor bereits *D. Mayer/Färber* GmbHR 2011, 785 mwN). Nach Ansicht des BGH darf die aufschiebend bedingte Verfügung nicht in der Gesellschafterliste vermerkt werden, da § 40 Abs. 1 S. 1 diese Möglichkeit nicht vorsieht und der Grundsatz der Registerklarheit einer Ergänzung der Liste um Zusatzangaben entgegenstehe. Die Gesellschafterliste sei daher im Unterschied zum Grundbuch (§ 892 Abs. 1 S. 2 BGB) als Rechtsscheinträger für das Fehlen von Verfügungsbeschränkungen ebenso ungeeignet wie hinsichtlich dinglicher Belastungen. Ein gutgläubiger „Wegerwerb" der Verfügungsbeschränkung sei infolgedessen ebenso wenig möglich wie ein gutgläubiger lastenfreier Erwerb (→ Rn. 93).

65 Im Schrifttum wird die Entscheidung des BGH vielfach **kritisch** gesehen (abl. etwa Roth/Altmeppen/*Altmeppen* Rn. 74; *Altmeppen* Liber amicorum Schurig, 2012, 1 (7 ff.); Lutter/Hommelhoff/*Bayer* Rn. 84; *Bayer* GmbHR 2011, 1254 (1257 f.); *Brandes* GmbHR 2012, 545 (549 f.); *Herrler* NZG 2011, 1321 (1325 f.); *Omlor* DNotZ 2012, 179; Scholz/*Seibt* Rn. 80 ff.; *Wicke* VGR Bd. 17 (2011), 145 (153 f.); Gehrlein/Born/Simon/*M. Winter* Rn. 38). In der Tat sprechen weiterhin die besseren Gründe dafür, den gutgläubigen Erwerb zuzulassen, und zwar nicht nur wegen des Wortlauts des § 161 Abs. 3 BGB, sondern vor allem deshalb, weil es wertungswidersprüchlich ist, den Zweiterwerber beim Erwerb vom (auflösend) Berechtigten weniger zu schützen, als wenn er von einem gänzlich Nichtberechtigten erwirbt (Lutter/Hommelhoff/*Bayer* Rn. 80). Selbstverständlich muss man dem Ersterwerber dann auch die Möglichkeit geben, sich vor dem gutgläubigen Zweiterwerb zu schützen, sei es dadurch, dass man über den Wortlaut des § 40 Abs. 1 hinaus auch die Aufnahme eines Vermerks über die bedingte Abtretung in die Gesellschafterliste zulässt, sei es dadurch, dass man den Erwerber durch Eintragung eines Widerspruchs schützt (→ 1. Aufl. 2011, Rn. 64 f.). Für die Praxis ist die Frage aber bis auf weiteres im gegenteiligen Sinn entschieden. Der Gesetzgeber ist gefordert, den genannten Widerspruch wenigstens de lege ferenda aufzulösen und den Gutglaubensschutz so auszubauen, dass die angestrebte Erleichterung für die Transaktionspraxis tatsächlich erreicht werden kann (näher *Bayer* GmbHR 2011, 1254 (1258); *Herrler* NZG 2011, 1321 (1326); → Rn. 93).

66 Entsprechendes gilt für **sonstige Verfügungsbeschränkungen,** die ähnlich wie § 161 Abs. 3 BGB auf die Gutglaubensvorschriften Bezug nehmen, wie dies namentlich bei der Nacherbenbindung (§ 2113 Abs. 3 BGB) und der Testamentsvollstreckung (§ 2211 Abs. 2 BGB) der Fall ist. Auch hier spräche eigentlich viel für eine entsprechende Anwendung des Abs. 3 (Roth/Altmeppen/*Altmeppen* Rn. 76 mwN). In der Konsequenz der für die Praxis maßgeblichen BGH-Rspr. (→ Rn. 64) liegt es aber, dass auch diese Verfügungsbeschränkungen nicht in die Gesellschafterliste eingetragen werden dürfen und deshalb mangels eines Rechtsscheinträgers nicht durch den guten Glauben des Erwerbers überwunden werden können (so denn auch zur Testamentsvollstreckung BGH 25.2.2015, NJW 2015, 1303; zust. *Bayer* GmbHR 2015, 529; aA Scholz/*Seibt* Rn. 77a; *Beutel* NZG 2014, 646). Gleiches gilt im Ergebnis auch für die **Insolvenz** des Anteilsveräußerers (§ 81 Abs. 1 InsO). In diesem Fall ergibt sich die Unmöglichkeit eines redlichen Erwerbs auch unabhängig vom Ansatz des BGH bereits daraus, dass § 81 Abs. 1 S. 2 InsO nur auf § 892 BGB (vgl. auch § 32 InsO) und ausgewählte weitere Gutglaubensvorschriften verweist, nicht aber auf Abs. 3 (Roth/Altmeppen/*Altmeppen* Rn. 79; Scholz/*Seibt* Rn. 77; HCL/*Löbbe* Rn. 135; *Wiersch,* Der gutgläubige Erwerb von GmbH-Anteilen, 2009, 241 ff.; zweifelnd MüKoGmbHG/*Heidinger* Rn. 321; aA – § 81 Abs. 1 S. 2 InsO analog – *Vossius* DB 2007, 2299 (2301)).

67 **6. Zurechenbarkeit oder Ablauf der Dreijahresfrist. a) Zurechenbarkeit. aa) Allgemeines.** Der gutgläubige Erwerb ist nach Abs. 3 S. 2 ausgeschlossen, wenn die Gesellschafterliste zum Zeitpunkt des Erwerbs hinsichtlich des betreffenden Geschäftsanteils weniger als drei Jahre unrichtig und die Unrichtigkeit dem Berechtigten nicht zuzurechnen ist. Vor Ablauf der Dreijahresfrist kommt es somit ähnlich wie bei den §§ 932 ff., 935 Abs. 1 BGB auf die willentliche Setzung des Rechtsscheins an **(Veranlassungsprinzip),** während nach Ablauf der Frist (insoweit wie bei § 892 BGB) das **reine**

Rechtsscheinprinzip gilt (Lutter/Hommelhoff/*Bayer* Rn. 102 mwN; krit. *Altgen,* Gutgläubiger Erwerb von GmbH-Geschäftsanteilen, 2009, 256 ff.).

Die amtliche Begründung enthält sich einer Definition der Zurechenbarkeit, nennt aber als wohl wichtigsten Anwendungsfall, dass sich der Berechtigte nach Erwerb seines Geschäftsanteils nicht darum gekümmert hat, dass die Gesellschafterliste geändert wird und seine Rechtsstellung richtig wiedergibt (BT-Drs. 16/6140, 39). Als Beispiel wird angeführt, dass der Scheinerbe des früheren Gesellschafters in die Liste eingetragen wird und der wahre Erbe es unterlässt, die Geschäftsführer zur Einreichung einer korrigierten Liste zu veranlassen (dieses Bsp. trifft allerdings nur zu, wenn der Erbe überhaupt von seinem Erbrecht wissen konnte, → Rn. 70). Als Gegenbeispiel fehlender Zurechenbarkeit wird der Fall genannt, dass die Geschäftsführer ohne Wissen des Gesellschafters eine falsche Liste einreichen, die diesen nicht mehr als Berechtigten ausweist (BT-Drs. 16/6140, 39). Im Einzelnen wird man danach unterscheiden müssen, ob die Zurechnung auf ein aktives Tun (→ Rn. 69) oder bloßes Unterlassen (→ Rn. 70 ff.) des Berechtigten gestützt werden soll. Wie sich aus der negativen Formulierung des Abs. 3 S. 2 ergibt, liegt die **Beweislast** für die fehlende Zurechenbarkeit in beiden Fällen bei demjenigen, der den gutgläubigen Erwerb bestreitet, dh beim Berechtigten (MüKoGmbHG/*Heidinger* Rn. 270). 68

bb) Zurechnung bei (Mit-)Verursachung der Unrichtigkeit. Hat der Berechtigte die Unrichtigkeit der Liste durch **aktives Tun** (mit-)verursacht, ist nicht erforderlich, dass er die Unrichtigkeit kannte oder kennen musste. Auf ein Verschulden kommt es in diesem Fall ebenso wenig an wie iRd §§ 932 ff. BGB (*Götze/Bressler* NZG 2007, 894 (897); Scholz/*Seibt* Rn. 105 aE; *Wiersch,* Der gutgläubige Erwerb von GmbH-Anteilen, 2009, 91 ff.; aA *Altgen,* Gutgläubiger Erwerb von GmbH-Geschäftsanteilen, 2009, 262 ff.). Eine (Mit-)Verursachung der Unrichtigkeit der Gesellschafterliste durch aktives Tun kommt namentlich in Betracht, wenn der Veräußerer **freiwillig den Geschäftsanteil abtritt** und daraufhin der Erwerber in die Liste eingetragen wird, die Abtretung sich aber schließlich als unwirksam herausstellt. In diesem Fall ist die Unrichtigkeit der neuen Liste dem weiterhin berechtigten (Schein-)Veräußerer allein aufgrund seiner freiwilligen Mitwirkung an der Abtretung zuzurechnen (MüKoGmbHG/*Heidinger* Rn. 275; *D. Mayer* DNotZ 2008, 403 (421)). Die Zurechnung wird – wie bei § 935 Abs. 1 BGB (Palandt/*Herrler* BGB § 935 Rn. 5) – auch nicht dadurch ausgeschlossen, dass der Berechtigte arglistig getäuscht wurde (Baumbach/Hueck/*Servatius* Rn. 38; Scholz/*Seibt* Rn. 106 aE; aA *Apfelbaum* BB 2008, 2470 (2476); *Grigoleit/Rieder* GmbHR Rn. 161; *Vossius* DB 2007, 2299 (2302)). Dagegen fehlt es – **entsprechend den zu Abs. 1 geltenden Grundsätzen** – an der Zurechenbarkeit, wenn das Verhalten des Berechtigten durch vis absoluta oder ihr in ihrer Intensität gleichstehende vis compulsiva erzwungen wurde (→ Rn. 33a; ebenso zu § 935 BGB BGH 11.6.1953, NJW 1953, 1506 (1507): nur bei unwiderstehlicher Gewalt gleichstehendem seelischem Zwang; für Erheblichkeit jeder Drohung Palandt/*Herrler* BGB § 935 Rn. 5). Zur fehlenden Geschäftsfähigkeit → Rn. 73. 69

cc) Zurechnung bei unterlassener Korrektur. Hat der Berechtigte die Unrichtigkeit nicht durch aktives Tun (mit-)verursacht, sondern es lediglich unterlassen, auf eine Korrektur der Liste hinzuwirken, kann ihm die Unrichtigkeit nur zugerechnet werden, wenn er diese kannte oder kennen musste (MüKoGmbHG/*Heidinger* Rn. 273 aE; Scholz/*Seibt* Rn. 106; *Wiersch,* Der gutgläubige Erwerb von GmbH-Anteilen, 2009, 86; enger – nur bei Kenntnis – *Grigoleit/Rieder* GmbHR Rn. 161 aE; MHLS/*Ebbing* Rn. 214; Baumbach/Hueck/*Servatius* Rn. 39; vermittelnd *Fuchs,* GS Schindhelm, 2009, 245 (256): Kenntnis oder grob fahrlässige Unkenntnis). Diese Voraussetzung ist erfüllt, wenn er einen Anlass hatte, die Richtigkeit der Gesellschafterliste zu überprüfen, und dem nicht nachgegangen ist. Dagegen besteht keine Obliegenheit zu regelmäßiger, „anlassloser" Prüfung der Liste (*Grigoleit/Rieder* GmbHR Rn. 160; HCL/*Löbbe* Rn. 161); das Unterlassen einer solchen Regelabfrage führt daher nicht zur Zurechnung. Ein Anlass zur Prüfung ist (vorbehaltlich → Rn. 71) **vor allem nach Erwerb eines Geschäftsanteils** gegeben, da mit jedem Erwerbsvorgang die alte Liste unrichtig wird. Da die Liste online einsehbar ist, ist die Überprüfung ohne großen Aufwand möglich. Voraussetzung für die Zurechnung ist freilich, dass der Erwerber von seinem Erwerb Kenntnis hatte oder haben musste. Daran fehlt es zB in Erbfällen, wenn das den Berechtigten begünstigende Testament erst später aufgefunden wird (Scholz/*Seibt* Rn. 106). 70

Fraglich ist, ob der Berechtigte im Anschluss an seinen Erwerb auch dann Anlass zur Überprüfung der Gesellschafterliste hat, wenn der Erwerb wie im Fall der Anteilsabtretung **vor einem Notar** stattgefunden hat und dieser nach § 40 Abs. 2 die Liste einreichen muss. Wegen der größeren Richtigkeitsgewähr bei Erstellung und Einreichung der Liste durch einen Notar wird mit guten Gründen angenommen, dass der Erwerber sich auf den Notar verlassen kann und daher ohne besondere Anhaltspunkte kein Anlass zur Nachprüfung besteht, ob die neue Liste im Handelsregister aufgenommen ist (*Gehrlein* Der Konzern 2007, 771 (792), *Link* RNotZ 2009, 193 (217); Roth/Altmeppen/*Altmeppen* Rn. 80; HK-GmbHG/*Pfisterer* Rn. 41, *Wicke* Rn. 22; aA *Fuchs* GS Schindhelm, 2009, 245 (256); *Rousseau* GmbHR 2009, R 49 f.; *Wiersch,* Der gutgläubige Erwerb von GmbH-Anteilen, 2009, 87 mit Fn. 268). Die Zurechenbarkeit ist aber zu bejahen, wenn es der Erwerber bei einer aufschiebend bedingten Abtretung trotz Kenntnis oder Kennenmüssens des Bedingungseintritts versäumt, dem Notar den 71

Bedingungseintritt nachzuweisen, und die Eintragung deshalb unterbleibt (*Götze/Bressler* NZG 2007, 894 (898); *Apfelbaum* BB 2008, 2470 (2473, 2475); *Link* RNotZ 2009, 193 (217); MüKoGmbHG/*Heidinger* Rn. 275). Ebenso liegt es, wenn eine notariell beurkundete Anteilsabtretung unter einer auflösenden Bedingung vorgenommen wird und der Veräußerer nicht auf eine Berichtigung der von dem Notar eingereichten Liste hinwirkt, obwohl ihm der Bedingungseintritt bekannt sein muss (*Apfelbaum* BB 2008, 2470 (2473, 2475)).

72 Ein Anlass, die Gesellschafterliste einzusehen, kann sich nicht nur anlässlich von Erwerbsvorgängen, sondern auch aus sonstigen besonderen Umständen des Einzelfalls ergeben, etwa daraus, dass der Berechtigte **Hinweise auf die Unrichtigkeit** der Gesellschafterliste erhält. Geht der Berechtigte den Hinweisen nicht nach, ist ihm die Unrichtigkeit der Liste ab dem Zeitpunkt zuzurechnen, in dem eine korrigierte Liste zum Handelsregister aufgenommen worden wäre, wenn der Berechtigte unverzüglich eine Korrektur veranlasst hätte. Hat der Berechtigte alles seinerseits Erforderliche getan, um auf die Aktualisierung der Liste hinzuwirken, können ihm etwaige **Verzögerungen** bei der Aktualisierung der Gesellschafterliste, die vom Register, den Geschäftsführern oder dem Notar zu vertreten sind, nicht zugerechnet werden (MüKoGmbHG/*Heidinger* Rn. 275; HCL/*Löbbe* Rn. 162; *D. Mayer* DNotZ 2008, 403 (421)).

73 **dd) Zurechnungsfähigkeit.** Sowohl bei (Mit-)Verursachung der Unrichtigkeit durch aktives Tun als auch bei unterlassener Korrektur muss eine Zurechnung ausscheiden, wenn der Berechtigte nicht zurechnungsfähig ist. Hierunter fallen **Geschäftsunfähige,** während bei beschränkt Geschäftsfähigen nach der Einsichtsfähigkeit differenziert werden soll (HCL/*Löbbe* Rn. 162; Scholz/*Seibt* Rn. 105; *Wiersch,* Der gutgläubige Erwerb von GmbH-Anteilen, 2009, 100 ff.; ebenso die wohl hM zu § 935 Abs. 1 BGB). Auf die Zurechnungsfähigkeit kann – allgemeinen Rechtsscheinsgrundsätzen entsprechend – auch nicht verzichtet werden, wenn die Abtretung eines nicht (voll) Geschäftsfähigen von einem Notar beurkundet wird, der den Mangel der Geschäftsfähigkeit nicht erkennt (wie hier Lutter/Hommelhoff/*Bayer* Rn. 105; wohl auch Rowedder/Schmidt-Leithoff/*Pentz* Rn. 94 Fn. 169; aA Scholz/*Seibt* Rn. 105; *Wiersch,* Der gutgläubige Erwerb von GmbH-Anteilen, 2009, 98 ff.). Der nicht oder nicht voll Geschäftsfähige muss sich aber das Verhalten seines gesetzlichen Vertreters zurechnen lassen (zum Fehlen eines gesetzlichen Vertreters → Rn. 75 aE).

74 **b) Dreijahresfrist bei fehlender Zurechenbarkeit.** Ist die Gesellschafterliste bereits drei Jahre unrichtig, kommt es nach Abs. 3 S. 2 nicht mehr auf die Zurechenbarkeit an. Die Frist von drei Jahren **soll dem Berechtigten hinreichend Zeit geben,** um die Zuordnung eines Widerspruchs zu erwirken oder die Korrektur der Liste zu veranlassen und auf diese Weise einen gutgläubigen Erwerb auszuschließen (BT-Drs. 16/6140, 39).

75 Die Dreijahresfrist **beginnt** mit Aufnahme (→ Rn. 21) der Liste im Handelsregister, wenn die Liste bereits in diesem Zeitpunkt unrichtig ist. Tritt die Unrichtigkeit erst nachträglich ein, ist dieser spätere Zeitpunkt maßgeblich (Lutter/Hommelhoff/*Bayer* Rn. 104; allgM). Beruht die Unrichtigkeit auf einer gem. § 142 Abs. 1 BGB rückwirkenden Anfechtung der Anteilsabtretung, soll Unrichtigkeit von Anfang an anzunehmen sein (*Vossius* DB 2007, 2299 (2302)). Dem ist indes mit Blick auf den Zweck der Frist zu widersprechen, da erst mit Zugang der Anfechtungserklärung Anlass besteht, auf eine Korrektur der Liste hinzuwirken (Roth/Altmeppen/*Altmeppen* Rn. 83; Baumbach/Hueck/*Servatius* Rn. 40 aE; HCL/*Löbbe* Rn. 158). Für die Fristberechnung gelten die §§ 187 Abs. 1, 188 Abs. 2 BGB, nicht aber § 193 BGB (Scholz/*Seibt* Rn. 102). Bei nicht voll Geschäftsfähigen ohne gesetzlichen Vertreter ist die Ablaufhemmung gem. § 210 BGB entsprechend anwendbar (*Reymann* BB 2009, 506 (510); abw. – überhaupt kein gutgläubiger Erwerb zulasten eines nicht voll geschäftsfähigen Berechtigten – MHLS/*Ebbing* Rn. 199).

76 Sämtliche im Handelsregister aufgenommene Gesellschafterlisten werden als eine fortgeschriebene Liste behandelt (BT-Drs. 16/6140, 39; OLG München 8.9.2009, NJW 2010, 305 (306)). Die Liste muss in dem gesamten Zeitraum der letzten drei Jahre vor dem Erwerb **durchgehend unrichtig** gewesen sein (BT-Drs. 16/6140, 39). Ist der Veräußerer schon seit vielen Jahren in der Liste eingetragen, die Liste aber erst seit zwei Jahren unrichtig, ist die Dreijahresfrist mithin nicht verstrichen. Nach ihrem Sinn und Zweck beginnt die Dreijahresfrist **mit jedem wirksamen Erwerb** des Geschäftsanteils **neu zu laufen;** denn jeder Erwerber, der aus ihm nicht zuzurechnenden Gründen (noch) nicht eingetragen wurde, soll drei Jahre Zeit haben, gegen die Unrichtigkeit vorzugehen. Wenn zB seit vier Jahren statt des ursprünglich Berechtigten A der Nichtberechtigte B eingetragen ist und dieser den Anteil an den gutgläubigen C überträgt, beginnt die Dreijahresfrist in Bezug auf den nunmehr berechtigten C neu zu laufen. Ein gutgläubiger Erwerb des D von dem weiterhin eingetragenen B ist somit erst nach Ablauf weiterer drei Jahre möglich, sofern die Eintragung des C aus diesem nicht zuzurechnenden Gründen unterbleibt (*Wiersch,* Der gutgläubige Erwerb von GmbH-Anteilen, 2009, 107 ff.).

77 Der neue Fristlauf wird aber nur durch einen **wirksamen** Erwerb des Geschäftsanteils ausgelöst. Finden mehrere unwirksame Erwerbsvorgänge statt, beginnt keine neue Frist zu laufen, auch nicht, wenn mehrere unrichtige Gesellschafterlisten im Handelsregister aufgenommen werden, die den Anteil unterschiedlichen Personen zuweisen (BT-Drs. 16/6140, 39; *Götze/Bressler* NZG 2007, 894 (897);

MüKoGmbHG/*Heidinger* Rn. 267; Scholz/*Seibt* Rn. 100). Wenn im Jahr 2016 der Berechtigte A den Anteil unwirksam an B abtritt, B im Jahr 2018 den Anteil unwirksam an C weiterabtritt und B und C jeweils in die Gesellschafterliste eingetragen werden, kann im Jahr 2020 D den Anteil von C gutgläubig erwerben, obwohl C weniger als drei Jahre eingetragen war. Entscheidend ist, dass der Berechtigte A drei Jahre Zeit hatte, auf die Korrektur der Liste hinzuwirken (*Götze/Bressler* NZG 2007, 894 (897); *Vossius* DB 2007, 2299 (2303); *Omlor,* Verkehrsschutz im Kapitalgesellschaftsrecht, 2010, 448). Gleiches gilt, wenn in dem Bsp. C als Erbe des Nichtberechtigten B in die Gesellschafterliste eingetragen wird (*Heckschen* ZErb 2008, 246 (253)).

Die Dreijahresfrist muss **„zum Zeitpunkt des Erwerbs" abgelaufen** sein. Dabei ist auf denselben Zeitpunkt abzustellen, der auch für die Gutgläubigkeit und die übrigen Voraussetzungen des Abs. 3 maßgeblich ist (Lutter/Hommelhoff/*Bayer* Rn. 104; → Rn. 81 f.). Findet der Erwerbsvorgang vor Ablauf der Dreijahresfrist statt, erfolgt (bei fehlender Zurechenbarkeit) zunächst kein gutgläubiger Erwerb. Im Schrifttum wird aber zT angenommen, dass der zunächst fehlgeschlagene Erwerb doch noch wirksam wird, wenn später die Dreijahresfrist abläuft und auch zu diesem Zeitpunkt noch die Voraussetzungen des Abs. 3, insbesondere die Gutgläubigkeit des Erwerbers und das Fehlen eines Widerspruchs, gegeben sind (*Preuß* ZGR 2008, 676 (690); *Altgen,* Gutgläubiger Erwerb von GmbH-Geschäftsanteilen, 2009, 278 ff.; *Schüßler,* Der gutgläubige Erwerb von GmbH-Geschäftsanteilen, 2011, 146 ff.). Vom Gesetzeswortlaut, der auf den Fristablauf „zum Zeitpunkt des Erwerbs" abstellt, ist diese Auslegung indes nicht mehr gedeckt (Lutter/Hommelhoff/*Bayer* Rn. 104; *Wiersch,* Der gutgläubige Erwerb von GmbH-Anteilen, 2009, 159 f.; aA *Preuß* ZGR 2008, 676 (690); *Altgen,* Gutgläubiger Erwerb von GmbH-Geschäftsanteilen, 2009, 279), sodass allenfalls eine analoge Anwendung in Betracht käme (abl. Lutter/Hommelhoff/*Bayer* Rn. 104; *Wiersch,* Der gutgläubige Erwerb von GmbH-Anteilen, 2009, 160 ff.). 78

7. Gutgläubigkeit des Erwerbers. a) Voraussetzungen. Ein gutgläubiger Erwerb ist ferner nach Abs. 3 S. 3 Alt. 1 ausgeschlossen, wenn dem Erwerber die mangelnde Rechtsinhaberschaft des Veräußerers **bekannt** oder aufgrund **grober Fahrlässigkeit unbekannt** ist. Für die Kenntnis kommt es nicht nur auf die Tatsachen an, aus denen sich die fehlende Berechtigung ergibt; der Erwerber muss auch die rechtliche Schlussfolgerung der fehlenden Berechtigung gezogen haben (MHLS/*Ebbing* Rn. 221; Scholz/*Seibt* Rn. 85; MüKoBGB/*Oechsler* BGB § 932 Rn. 39). Wertet der Erwerber die Tatsachen aufgrund eines Rechtsirrtums falsch, kann allenfalls grobe Fahrlässigkeit vorliegen. Diese setzt voraus, dass der Erwerber die im Verkehr erforderliche Sorgfalt in ungewöhnlich hohem Maße verletzt und dasjenige unbeachtet lässt, was im gegebenen Fall jedem hätte einleuchten müssen (stRspr, etwa BGH 9.2.2005, NJW 2005, 1365 (1366)). Eine Nachforschungsobliegenheit besteht wie iRd § 932 Abs. 2 BGB (Soergel/*Henssler* BGB § 932 Rn. 23) nur, wenn konkrete Verdachtsmomente bestehen, die an der Rechtsinhaberschaft des Veräußerers zweifeln lassen. Ohne derartige Verdachtsmomente bedeutet daher der Verzicht auf eine Prüfung der Anteilshistorie iRe **Due Diligence** keine grobe Fahrlässigkeit (*Götze/Bressler* NZG 2007, 894 (898); MüKoGmbHG/*Heidinger* Rn. 277; Baumbach/Hueck/*Servatius* Rn. 35; Scholz/*Seibt* Rn. 86; *Paefgen/Wallisch* NZG 2016, 801 (806); *Heilemann,* Der gutgläubige Erwerb von Geschäftsanteilen einer GmbH, 2014, 224 ff.). Es ist gerade das Anliegen des Abs. 3, solchen Prüfungsaufwand entbehrlich zu machen (→ Rn. 3). Zum Teil wird allerdings einschränkend verlangt, dass sich der Erwerber auch ohne konkrete Verdachtsmomente zumindest die Dokumente vorlegen lassen muss, die den Erwerb des Geschäftsanteils durch den Veräußerer belegen (*Rodewald* GmbHR 2009, 196 (198); dagegen HCL/*Löbbe* Rn. 169 aE). Ein weiteres Zurückgehen in der Abtretungshistorie ist aber auch nach dieser Ansicht entbehrlich (*Rodewald* GmbHR 2009, 196 (198)). 79

Für die **Wissens- und Verschuldenszurechnung** gelten die allgemeinen Regeln, also insbesondere § 166 BGB und die hierzu anerkannten Grundsätze einschließlich der vom BGH entwickelten Wissensorganisationspflichten (BGH 2.2.1996, BGHZ 132, 30 = NJW 1996, 1339; Palandt/*Ellenberger* BGB § 166 Rn. 8). Ob für eingeschaltete Due Diligence-Berater großzügigere Regeln gelten, ist zweifelhaft (bejahend aber *Grigoleit/Rieder* GmbHR Rn. 164, da andernfalls Erwerber privilegiert würden, die ganz auf eine Due Diligence verzichten). – Wie bei §§ 892, 932 Abs. 2 BGB trifft die **Beweislast** denjenigen, der die Gutgläubigkeit bestreitet, dh den wahren Berechtigten (Lutter/Hommelhoff/*Bayer* Rn. 88; MüKoGmbHG/*Heidinger* Rn. 276). 80

b) Maßgeblicher Zeitpunkt. Abs. 3 S. 3 enthält keine Regelung über den maßgeblichen Zeitpunkt, in dem der gute Glaube vorliegen muss. In Anlehnung an die zu §§ 892, 932 BGB anerkannten Grundsätze ist grundsätzlich auf die **Vollendung des Rechtserwerbs** abzustellen (BGH 13.10.2000, NJW 2001, 359 (360) zu § 892 BGB; Soergel/*Henssler* BGB § 932 Rn. 37), dh auf den Zeitpunkt, in dem die Abtretung des Geschäftsanteils bzw. die Bestellung eines Rechts daran bei einem Erwerb vom Berechtigten wirksam werden würde (Lutter/Hommelhoff/*Bayer* Rn. 89; Scholz/*Seibt* Rn. 87). Dies gilt nach hM zu §§ 892, 932 BGB auch, wenn das Verfügungsgeschäft bereits vorgenommen wurde und für die Wirksamkeit der Verfügung nur noch eine **private oder behördliche Genehmigung** fehlt, zB die Genehmigung des Vertretenen bei Auftreten eines vollmachtlosen Vertreters oder eine fusionskon- 81 trollrechtliche Freigabe. In diesem Fall ist somit der Zeitpunkt der Erteilung der Genehmigung maßgeblich (Staudinger/*Picker,* 2019, BGB § 892 Rn. 211; Palandt/*Herrler* BGB § 892 Rn. 25, Palandt/*Herrler* BGB § 932 Rn. 14; aA Soergel/*Stürner* BGB § 892 Rn. 38). Es besteht kein Anlass, bei Abs. 3 anders zu entscheiden (Baumbach/Hueck/*Servatius* Rn. 35; Scholz/*Seibt* Rn. 87; *Wiersch,* Der gutgläubige Erwerb von GmbH-Anteilen, 2009, 81 ff.; aA *Götze/Bressler* NZG 2007, 894 (899); *D. Mayer* DNotZ 2008, 403 (422)).

82 Eine Vorverlagerung des maßgeblichen Zeitpunkts ist allerdings wie iRd §§ 892, 932 BGB **bei aufschiebend bedingten oder befristeten Verfügungen** anzuerkennen. Für die Gutgläubigkeit ist hier nicht der Bedingungseintritt oder der Termin, sondern die Vornahme des Verfügungsgeschäfts (dh die Beurkundung der Abtretung, Verpfändung oder Nießbrauchsbestellung) entscheidend, sofern in diesem Zeitpunkt nur noch der Bedingungseintritt bzw. der Termin aussteht (Lutter/Hommelhoff/*Bayer* Rn. 89 f.; HCL/*Löbbe* Rn. 176; Scholz/*Seibt* Rn. 87; *Wiersch,* Der gutgläubige Erwerb von GmbH-Anteilen, 2009, 78 ff.; ganz hM zu §§ 892, 932 BGB, Staudinger/*Picker,* 2019, BGB § 892 Rn. 212; Soergel/*Henssler* BGB § 932 Rn. 37). Fehlt neben dem Bedingungseintritt bzw. Termin noch eine weitere Erwerbsvoraussetzung (zB eine private oder behördliche Genehmigung, → Rn. 81), ist auf den Eintritt der letzten Erwerbsvoraussetzung vor dem Bedingungseintritt abzustellen (Staudinger/*Picker,* 2019, BGB § 892 Rn. 212). Die Vorverlagerung des maßgeblichen Zeitpunkts bei aufschiebend bedingten Abtretungen gilt auch, wenn der Bedingungseintritt – wie zB die Zahlung des Kaufpreises – in den Händen der Parteien liegt (Roth/Altmeppen/*Altmeppen* Rn. 80; Lutter/Hommelhoff/*Bayer* Rn. 90; HCL/*Löbbe* Rn. 177; *Maier-Reimer* FS v. Westphalen, 2010, 489 (504 f.); *Altgen,* Gutgläubiger Erwerb von GmbH-Geschäftsanteilen, 2009, 247 ff.; ebenso die ganz hM zu § 932 BGB, vgl. BGH 21.5.1953, BGHZ 10, 69 (72 ff.); BGH 21.9.1959, BGHZ 30, 374 (377); Soergel/*Henssler* BGB § 932 Rn. 37). Die in ersten Stellungnahmen zu Abs. 3 vertretene Gegenansicht (*Götze/Bressler* NZG 2007, 894 (899); zust. MHLS/*Ebbing* Rn. 224; MüKoGmbHG/*Heidinger* Rn. 278; *D. Mayer* DNotZ 2008, 403 (422)), die bei der aufschiebenden Bedingung der Kaufpreiszahlung auf den Bedingungseintritt abstellen möchte, beruht auf einem Missverständnis. Sie beruft sich auf Ausführungen zu § 892 BGB, die sich aber nur auf reine Wollensbedingungen beziehen (Staudinger/*Picker,* 2019, BGB § 892 Rn. 212). Zu diesen gehört aber die Bedingung der Kaufpreiszahlung anerkanntermaßen nicht (zutr. *Wiersch,* Der gutgläubige Erwerb von GmbH-Anteilen, 2009, 79 Fn. 243; zum Begriff der Wollensbedingung MüKoBGB/*H. P. Westermann* BGB § 158 Rn. 21).

83 **8. Widerspruch. a) Allgemeines.** Ein gutgläubiger Erwerb vom Nichtberechtigten scheidet auch aus, wenn der Gesellschafterliste ein Widerspruch zugeordnet ist (Abs. 3 S. 3 Alt. 2). Diese Wirkung entfaltet der Widerspruch freilich nur in Bezug auf die im Widerspruch konkret bezeichneten Geschäftsanteile; ein gutgläubiger Erwerb der übrigen Anteile bleibt weiterhin möglich (*Hasselmann* NZG 2010, 207 (208 f.); allgM). Der Widerspruch ist ferner nur wirksam, wenn er **zugunsten des wahren Berechtigten** erfolgt. Ein Widerspruch, der zwar berechtigterweise gegen die Rechtsinhaberschaft des Eingetragenen protestiert, den Geschäftsanteil aber nicht für den wahren Berechtigten, sondern einen anderen Nichtberechtigten reklamiert, schließt den gutgläubigen Erwerb nicht aus (*Oppermann* DB 2009, 2306 (2308); ebenso die allgM zu § 892 Abs. 1 BGB; vgl. nur Staudinger/*Picker,* 2019, BGB § 892 Rn. 132 mwN). – Außerhalb des Abs. 3 hat der Widerspruch keine Bedeutung. Er beeinträchtigt weder die Rechtswirkungen der Eintragung nach Abs. 1 (→ Rn. 35) noch die Möglichkeit des Erwerbs vom Berechtigten (BT-Drs. 16/6140, 39; Scholz/*Seibt* Rn. 88; allgM). Die Zuordnung (→ Rn. 87) eines Widerspruchs erfolgt gem. Abs. 3 S. 4, der sich an § 899 Abs. 2 BGB anlehnt, entweder aufgrund einer einstweiligen Verfügung oder aufgrund einer Bewilligung des Eingetragenen.

84 **b) Einstweilige Verfügung.** Der Antrag auf **einstweilige Verfügung** ist gegen denjenigen eingetragenen (Schein-)Gesellschafter zu richten, gegen dessen angeblich unrichtige Eintragung sich der Widerspruch richtet (OLG Jena 5.12.2012, GmbHR 2013, 145 (146); OLG Celle 3.5.2017, NZG 2017, 1030 Rn. 3; Handelsrechtsausschuss DAV NZG 2007, 735 (739); Scholz/*Seibt* Rn. 93). Die gerichtliche **Zuständigkeit** bestimmt sich nach den allgemeinen Vorschriften; gem. § 937 Abs. 1 ZPO, § 943 Abs. 1 ZPO ist mithin das Prozessgericht der Hauptsache zuständig. Umstritten ist aber, was als Hauptsache in diesem Sinne anzusehen ist, insbesondere ob damit ein Verfahren gegen den Listengesellschafter oder gegen die GmbH gemeint ist (für Ersteres OLG Brandenburg 10.9.2012, BeckRS 2012, 24312; OLG Brandenburg 6.11.2012, BeckRS 2012, 24313; OLG Celle 3.5.2017, NZG 2017, 1030; KG Berlin 13.8.2019, NZG 2019, 1179 Rn. 9; für Letzteres *Bernauer/Bernauer* GmbHR 2016, 621 (623), da ein Anspruch auf Listenkorrektur nur gegen die GmbH besteht; implizit auch Lutter/Hommelhoff/*Bayer* Rn. 98). Je nachdem, wie man diese Frage entscheidet, ist der allgemeine Gerichtsstand des Listengesellschafters (§§ 12, 13, 17 ZPO) oder derjenige der GmbH (§§ 12, 17 ZPO) eröffnet. Selbst wenn man von Ersterem ausgeht, ist aber jedenfalls auch der Gerichtsstand der Mitgliedschaft (§ 22 ZPO) am Sitz der GmbH gegeben (Lutter/Hommelhoff/*Bayer* Rn. 98; *Bernauer/Bernauer* GmbHR 2016, 621 (623)).

84a Der Antrag hat Erfolg, wenn der Antragsteller einen Anspruch auf Einreichung einer korrigierten Liste iSd §§ 936, 920 Abs. 2 ZPO, § 294 ZPO glaubhaft macht (BT-Drs. 16/6140, 39; Scholz/*Seibt*

Rn. 93). Ein solcher **Verfügungsanspruch** steht jedem Gesellschafter zu, der nicht korrekt in die Liste eingetragen ist. Ein **Verfügungsgrund,** namentlich die Gefährdung des Rechts des Widersprechenden, muss **nicht** glaubhaft gemacht werden (Abs. 3 S. 5). Ebenso wenig muss der Verfügungsgrund durch Sachvortrag zur konkreten Gefahr eines gutgläubigen Erwerbs dargelegt werden, auch nicht vor Ablauf der Dreijahresfrist des Abs. 3 S. 2 (so aber OLG Nürnberg 19.8.2014, NJW-RR 2014, 1452; zust. *Seebach* notar 2015, 16; *Werner* GmbHR 2014, 1155). Vielmehr ergibt sich aus Abs. 3 S. 5 eine gesetzliche Vermutung des Verfügungsgrunds (Dringlichkeitsvermutung), die nicht danach differenziert, ob die Dreijahresfrist bereits abgelaufen ist oder demnächst abläuft oder der Fristablauf noch in weiter Ferne liegt (KG 1.4.2010, BeckRS 2010, 13125 = ZIP 2010, 2047 (2051); KG 9.3.2020, NZG 2020, 460 Rn. 16; OLG Düsseldorf 19.4.2018, NJW-RR 2018, 936 Rn. 25; Lutter/Hommelhoff/*Bayer* Rn. 97; Scholz/*Seibt* Rn. 93; *Dittert* NZG 2015, 221 (222 f.); *Liebscher/Alles* ZIP 2015, 1 (6); *Wettich* GWR 2014, 434; *Lieder* GmbHR 2016, 271 (276 f.)). Diese Vermutung ist auch nicht durch den Einwand widerlegbar, dass die behauptete Unrichtigkeit der Liste dem Widersprechenden nicht zugerechnet werden kann und die Gefahr eines gutgläubigen Wegerwerbs daher vor Ablauf der Dreijahresfrist (noch) nicht besteht. Die Gesetzesmaterialien gehen nämlich davon aus, dass auch der Berechtigte, dem die Unrichtigkeit der Liste nicht zuzurechnen ist, drei Jahre lang Zeit hat, der Gesellschafterliste einen Widerspruch zuordnen zu lassen (BT-Drs. 16/6140, 39 liSp). Er muss somit nach dem Willen des Gesetzgebers auch dann, wenn aktuell kein gutgläubiger Wegerwerb droht, nicht bis zum Ablauf der Dreijahresfrist (oder einem Zeitpunkt kurz davor) zuwarten, bis er der Liste durch einstweilige Verfügung einen Widerspruch zuordnen lassen kann (zutr. KG Berlin 1.4.2010, BeckRS 2010, 13125 = ZIP 2010, 2047 (2051)). Diese Regelung ist auch sinnvoll, da ein legitimes Interesse des Berechtigten besteht, es nicht auf die häufig zweifelhafte Frage der Zurechenbarkeit ankommen zu lassen. Ob angesichts dessen überhaupt Raum für eine Widerlegung der Vermutung bleibt, wie sie iRd Parallelvorschriften der § 885 Abs. 1 S. 2 BGB, § 899 Abs. 2 S. 2 BGB verbreitet als möglich angesehen wird (OLG Düsseldorf 5.2.2013, NJW-RR 2013, 798; MüKoZPO/*Drescher* ZPO § 935 Rn. 23; abl. aber Staudinger/*Kesseler,* 2020, BGB § 885 Rn. 44, Staudinger/*Picker,* 2019, BGB § 899 Rn. 60 mwN), erscheint zweifelhaft (offen gelassen von KG Berlin 1.4.2010, ZIP 2010, 2047 (2050)). Wenn überhaupt, dürfte eine Widerlegung allenfalls in sehr eng begrenzten Ausnahmefällen in Betracht zu ziehen sein (nach *Dittert* NZG 2015, 221 (223) nur dann, wenn die von dem Widersprechenden gewünschte Korrektur der Liste ohnehin schon konkret bevorsteht). – Wird die beantragte einstweilige Verfügung angeordnet und erweist sich diese Anordnung später als von Anfang an ungerechtfertigt, greift die Schadensersatzpflicht gem. § 945 ZPO ein, falls dem Berechtigten aus der Vollziehung der einstweiligen Verfügung ein Schaden entstanden sein sollte (MüKoGmbHG/*Heidinger* Rn. 293; Scholz/*Seibt* Rn. 98).

Verbreitet werden auch die **Geschäftsführer** als widerspruchsbefugt (dh aktivlegitimiert für den Verfügungsanspruch) angesehen, da bei unklaren Beteiligungsverhältnissen nicht die Möglichkeit bestehe, einfach gem. § 40 Abs. 1 eine korrigierte Liste einzureichen (Roth/Altmeppen/*Altmeppen* Rn. 89; MüKoGmbHG/*Heidinger* Rn. 290; *Kort* GmbHR 2009, 169 (175); *D. Mayer* DNotZ 2008, 403 (422); *Bernauer/Bernauer* GmbHR 2016, 621 (622 f.)). Dem ist jedoch nicht zu folgen (wie hier Handelsrechtsausschuss DAV NZG 2007, 735 (739); Lutter/Hommelhoff/*Bayer* Rn. 99; Baumbach/Hueck/*Servatius* Rn. 42; Scholz/*Seibt* Rn. 94; *Lieder* GmbHR 2016, 271 (278); *Wiersch,* Der gutgläubige Erwerb von GmbH-Anteilen, 2009, 124 f.). Nach der amtlichen Begründung wird eine einstweilige Verfügung nur erlassen, wenn ein Anspruch auf Einreichung einer korrigierten Liste glaubhaft gemacht wird (BT-Drs. 16/6140, 39). Ein solcher Anspruch steht dem materiell Berechtigten, nicht aber den Geschäftsführern zu. Es besteht auch kein dringendes Bedürfnis für eine Widerspruchsbefugnis der Geschäftsführer, da der materiell Berechtigte selbst einen Widerspruch anbringen kann. Ebenso wenig ist eine Widerspruchsbefugnis nicht selbst betroffener **Mitgesellschafter** anzuerkennen (Lutter/Hommelhoff/*Bayer* Rn. 99; *Harbarth* ZIP 2008, 57 (61); HCL/*Löbbe* Rn. 185; *Lieder* GmbHR 2016, 271 (278); aA MHLS/*Ebbing* Rn. 228). Im Schrifttum wird allerdings mit bedenkenswerten Gründen gefordert, einen Mitgesellschafter immerhin dann als widerspruchsbefugt anzusehen, wenn er die Unwirksamkeit einer Anteilsabtretung darauf stützt, dass gegen ein ihm zustehendes statutarisches Vorerwerbsrecht verstoßen wurde (*Liebscher/Alles* ZIP 2015, 1 (7)). Nicht widerspruchsbefugt ist nach geltendem Recht der Notar (Lutter/Hommelhoff/*Bayer* Rn. 99; de lege ferenda für einen Amtswiderspruch nach dem Vorbild des § 53 GBO aber *Link* RNotZ 2009, 193 (219); *Lieder* GmbHR 2016, 271 (279)). 85

c) Bewilligung. Anstelle einer einstweiligen Verfügung genügt nach Abs. 3 S. 4 Alt. 2 auch eine Bewilligung desjenigen, gegen dessen Eintragung sich der Widerspruch richtet. Die Bewilligung ist eine einseitige, empfangsbedürftige Willenserklärung, die das Einverständnis mit der Eintragung des Widerspruchs zum Ausdruck bringt (Staudinger/*Picker,* 2019, BGB § 899 Rn. 49). Um dem Registergericht die Prüfung zu ermöglichen, ob die Bewilligung tatsächlich von dem Listenberechtigten stammt, ist die Bewilligung entsprechend § 29 GBO und § 12 Abs. 1 HGB **in öffentlich beglaubigter Form** einzureichen (MüKoGmbHG/*Heidinger* Rn. 292; Scholz/*Seibt* Rn. 95; HCL/*Löbbe* Rn. 182; *Wälzholz* MittBayNot 2008, 425 (436); aA Rowedder/Schmidt-Leithoff/*Pentz* Rn. 101). 86

87 **d) Zuordnungsverfahren.** Der Widerspruch muss unter Beifügung der einstweiligen Verfügung bzw. der (öffentlich beglaubigten, → Rn. 86) Bewilligung elektronisch zum Handelsregister eingereicht werden (§ 12 Abs. 2 HGB). Er hat den (angeblich) Berechtigten, zu dessen Gunsten der Widerspruch erfolgt, zu bezeichnen und anzugeben, gegen welche Eintragung (Geschäftsanteil, Listenberechtigter) sich der Widerspruch richtet (Scholz/*Seibt* Rn. 89 f.; *Hasselmann* NZG 2010, 207 (208 f.); *Link* RNotZ 2009, 193 (218); näher *Bernauer/Bernauer* GmbHR 2016, 621 (624 f.)). Das **Registergericht** hat allein die vorgenannten **formalen Voraussetzungen** zu prüfen. Liegen diese vor, hat es die Zuordnung des Widerspruchs umgehend vorzunehmen, andernfalls hat es sie abzulehnen (Lutter/Hommelhoff/*Bayer* Rn. 96; *Hasselmann* NZG 2010, 207 (209)). Eine inhaltliche Prüfung, ob die mit dem Widerspruch belegte Eintragung tatsächlich unrichtig ist, obliegt dem Registergericht dagegen nicht (MüKoGmbHG/*Heidinger* Rn. 282; *Herrler* BB 2013, 1748). – **Zuordnung** bedeutet, dass der Widerspruch mit dem Dokument der Gesellschafterliste im Registerordner nach § 9 HRV so verbunden wird, dass es nicht ohne Hinweis auf den Widerspruch abrufbar ist (Scholz/*Seibt* Rn. 91). Nach § 9 Abs. 1 S. 3 HRV müssen die Registergerichte dafür sorgen, dass der Widerspruch besonders hervorgehoben wird (zur Umsetzung dieser Vorgabe *Hasselmann* NZG 2010, 207 (209); MüKoGmbHG/*Heidinger* Rn. 284).

88 **e) Aufnahme neuer Gesellschafterlisten nach Zuordnung des Widerspruchs.** Wird nach Zuordnung des Widerspruchs eine neue Gesellschafterliste im Handelsregister aufgenommen, muss das Registergericht sicherstellen, dass der bestehende Widerspruch **auch der neuen Liste** in derselben Weise wie der ursprünglichen Liste **zugeordnet** wird (Lutter/Hommelhoff/*Bayer* Rn. 91; *Hasselmann* NZG 2010, 207 (210); *Link* RNotZ 2009, 193 (218); *Altgen,* Gutgläubiger Erwerb von GmbH-Geschäftsanteilen, 2009, 126). In der Registerpraxis wird das aber offenbar nicht immer hinreichend beachtet (MüKoGmbHG/*Heidinger* Rn. 288). Unterlässt das Registergericht pflichtwidrig die Zuordnung des Widerspruchs zu der neuen Liste, spricht viel dafür, dass der Widerspruch gegenüber dieser **keine Wirkung mehr** entfalten kann (Scholz/*Seibt* Rn. 96; *Wiersch,* Der gutgläubige Erwerb von GmbH-Anteilen, 2009, 128 ff.; aA MüKoGmbHG/*Heidinger* Rn. 287). In diesem Fall wird aber zum Schutz des Widersprechenden die Dreijahresfrist des Abs. 3 S. 2 mit Einreichung der neuen Liste erneut in Gang gesetzt, sofern diese dem Widersprechenden nicht zuzurechnen ist (Scholz/*Seibt* Rn. 96; *Wiersch,* Der gutgläubige Erwerb von GmbH-Anteilen, 2009, 130 ff.).

89 **f) Löschung des Widerspruchs.** Eine Löschung des Widerspruchs von Amts wegen in Fällen, in denen sich der Widerspruch als unberechtigt erwiesen oder durch Korrektur der Liste erledigt hat, ist anders als im Grundbuchrecht (§§ 25, 84 ff. GBO) nicht vorgesehen. Die Löschung erfolgt stattdessen aufgrund einer **Bewilligung** des Widersprechenden oder durch **Aufhebung der einstweiligen Verfügung** (Lutter/Hommelhoff/*Bayer* Rn. 100; *Hasselmann* NZG 2010, 207 (209); zur Bewilligung auch KG 17.5.2013, NJW 2013, 2291; weitergehend *Wicke* NotBZ 2009, 1 (15 f.): auch bei Nachweis der Zweckerreichung). Der Widersprechende ist verpflichtet, die Löschungsbewilligung zu erteilen, wenn und sobald die mit dem Widerspruch belegte Eintragung richtig ist (Baumbach/Hueck/*Servatius* Rn. 43). Ebenso wie die Bewilligung des Widerspruchs (→ Rn. 86) ist auch die Bewilligung der Löschung analog § 29 GBO, § 12 Abs. 1 HGB in öffentlich-beglaubigter Form einzureichen (*Herrler* BB 2013, 1748). Schwierigkeiten bereitet die praktische Umsetzung der Löschung. Verbreitet wird in der Praxis offenbar so verfahren, dass das Widerspruchsdokument und der Hinweis darauf gänzlich aus dem Registerportal entfernt werden; der Nutzer des Portals findet dann keinen Hinweis mehr darauf, dass der Liste einmal ein Widerspruch zugeordnet war (*Hasselmann* NZG 2010, 207 (209 f.)). Dieses Vorgehen ist aber problematisch, da die Löschung eines begründeten Widerspruchs ebenso wie im Grundstücksrecht nach zutreffender Ansicht grundsätzlich nur ex nunc wirkt (näher Staudinger/*Picker,* 2019, BGB § 899 Rn. 95 ff. mwN auch zur Gegenansicht; aA MHLS/*Ebbing* Rn. 235). Bei völliger Entfernung aus dem Registerportal wäre damit für den Rechtsverkehr nicht mehr feststellbar, in welchem Zeitraum der Widerspruch ggf. einen gutgläubigen Anteilserwerb verhindert hat. Vorzugswürdig erscheint es daher, auch nach der Löschung den Existenzzeitraum des Widerspruchs in geeigneter Form kenntlich zu machen, etwa dadurch, dass dieser der Liste sowie etwaigen Folgelisten weiterhin samt eines Löschungsvermerks zugeordnet bleibt (*Herrler* BB 2013, 1748; weiterer Vorschlag bei MüKoGmbHG/*Heidinger* Rn. 295).

90 **g) Maßgeblicher Zeitpunkt.** Der für den Widerspruch maßgebliche Zeitpunkt bestimmt sich nach zutreffender Ansicht nach **denselben Grundsätzen wie bei der Gutgläubigkeit.** Bei aufschiebend bedingten Verfügungen ist mithin nicht erst der Bedingungseintritt maßgeblich, sondern bereits die Beurkundung des Verfügungsgeschäfts bzw., falls außer dem Bedingungseintritt noch eine weitere Erwerbsvoraussetzung fehlt, der Eintritt der letzten Erwerbsvoraussetzung vor dem Bedingungseintritt (→ Rn. 81; wie hier Roth/Altmeppen/*Altmeppen* Rn. 86; Lutter/Hommelhoff/*Bayer* Rn. 94; *Wiersch,* Der gutgläubige Erwerb von GmbH-Anteilen, 2009, 79; *Greitemann/Bergjan* FS Pöllath, 2008, 275 (286); aA – stets Vollendung des Rechtserwerbs maßgeblich – Baumbach/Hueck/*Servatius* Rn. 41; *Götze/Bressler* NZG 2007, 894 (899); *Maier-Reimer* FS v. Westphalen, 2010, 489 (503)). Dass man im Grundstücksrecht beim Widerspruch stets auf die Vollendung des Rechtserwerbs abstellt (Staudinger/

Picker, 2019, BGB § 892 Rn. 188ff.), steht dem nicht entgegen, da die Ausgangslage dort eine andere ist. Zum einen ist die Auflassung bedingungsfeindlich (§ 925 Abs. 2 BGB), sodass sich die hier interessierende Frage jedenfalls bei der Eigentumsübertragung im Liegenschaftsrecht nicht stellt. Zum anderen kann sich der Erwerber im Grundstücksrecht vor einem der Einigung nachfolgenden Widerspruch schützen, indem er sich eine Vormerkung bestellen lässt.

9. Rechtsfolgen. a) Vollwertige Gesellschafterstellung. Der gutgläubige Erwerb nach Abs. 3 führt dazu, dass der Geschäftsanteil wie beim Erwerb vom Berechtigten auf den Erwerber übergeht. Dieser erhält somit eine **vollwertige Gesellschafterstellung** mit allen mit dem Anteil verbundenen Mitgliedschaftsrechten und -pflichten. Letztere (zB rückständige Einlageverpflichtungen) treffen den Erwerber auch, wenn er sie nicht kannte oder kennen musste; insoweit wird sein guter Glaube nicht geschützt (Scholz/*Seibt* Rn. 75; allgM). Der gutgläubige Erwerb ist wie bei §§ 892, 932ff. BGB kondiktionsfest, sofern man von der Ausnahme des unentgeltlichen Erwerbs iSd § 816 Abs. 1 S. 2 BGB absieht (zum Problem der gemischten Schenkung MüKoBGB/*Schwab* BGB § 816 Rn. 70). Der bisher Berechtigte wird auf Ausgleichsansprüche gegen den Veräußerer aus § 816 Abs. 1 S. 1 BGB verwiesen. Daneben stehen ihm bei Fahrlässigkeit oder gar Vorsatz des Veräußerers Ansprüche aus §§ 823ff. BGB (Mitgliedschaft als sonstiges Recht, → § 14 Rn. 34) und ggf. § 687 Abs. 2 BGB zu. 91

Überträgt der gutgläubige Erwerber den Geschäftsanteil weiter, handelt es sich um die Verfügung eines Berechtigten, sodass es iR dieser weiteren Übertragung auf Gut- oder Bösgläubigkeit nicht ankommt. Dies gilt nach zutreffender Ansicht auch, wenn der gutgläubige Erwerber den Geschäftsanteil an den nichtberechtigten Veräußerer zurücküberträgt (**Rückerwerb des Nichtberechtigten;** str., zum Parallelproblem iRd §§ 892, 932ff. BGB BGH 21.10.2002, NJW-RR 2003, 170 (171); Palandt/*Herrler* BGB § 932 Rn. 17). 92

b) Kein lastenfreier Erwerb. Der gutgläubige Erwerb führt dagegen nicht dazu, dass die auf dem Geschäftsanteil ruhenden dinglichen Belastungen (Pfandrechte, Nießbrauch) erlöschen. Einen **gutgläubigen lastenfreien Erwerb,** wie er in § 892 BGB und § 936 BGB geregelt ist, sieht § 16 Abs. 3 **nicht** vor. Die Ermöglichung eines lastenfreien Erwerbs ist im Zuge der Gesetzesberatungen intensiv diskutiert worden; der Gesetzgeber hat aber die zahlreichen Forderungen nach einer Einführung des gutgläubigen lastenfreien Erwerbs nicht aufgegriffen. Vor diesem Hintergrund lässt sich **keine planwidrige Regelungslücke** annehmen, sodass auch eine analoge Anwendung des Abs. 3 ausscheidet (ganz hM, BGH 20.9.2011, BGHZ 191, 84 = NZG 2011, 1268 Rn. 19, 22 (obiter); Roth/Altmeppen/*Altmeppen* Rn. 64; Baumbach/Hueck/*Servatius* Rn. 26; Scholz/*Seibt* Rn. 73; aA *Reymann* WM 2008, 2095 (2100ff.); zweifelnd MüKoGmbHG/*Heidinger* Rn. 314ff.). Rechtspolitisch ist die Entscheidung, den lastenfreien Erwerb auszuklammern, indes alles andere als überzeugend (krit. schon *Eidenmüller* ZGR 2007, 168 (202); *Zöllner* VGR 11 (2006), 175 (182 Fn. 17): „halbe Sache"; ferner Lutter/Hommelhoff/*Bayer* Rn. 74; *Bayer* GmbHR 2011, 1254 (1255)). Die Einführung eines gutgläubigen lastenfreien Erwerbs würde zwar die Eintragung von Belastungen in die Gesellschafterliste mit sich bringen und damit Geheimhaltungsinteressen berühren (Handelsrechtsausschuss DAV NZG 2007, 211 (215)). Dem ließe sich aber dadurch Rechnung tragen, dass der die Belastungen betreffende Teil der Gesellschafterliste nur im Fall eines berechtigten Interesses einsehbar wäre (*Harbarth* ZIP 2008, 57 (64); Lutter/Hommelhoff/*Bayer* Rn. 74; Scholz/*Seibt* Rn. 74). 93

10. Übergangsregelung. Bei Gesellschaften, die vor dem 1.11.2008 gegründet worden sind, findet Abs. 3 nF für den Fall, dass die Gesellschafterliste **bereits vor dem 1.11.2008 unrichtig** war, erst nach Ablauf einer Übergangsfrist Anwendung (§ 3 Abs. 3 EGGmbHG). Dies soll den Altgesellschaften ein allmähliches Hineinwachsen in die Neuregelung ermöglichen, ohne unangemessene Härten aufgrund nachlässiger Führung der Gesellschafterliste in der Vergangenheit eintreten zu lassen (BT-Drs. 16/6140, 48). Hinsichtlich der Länge der Übergangszeit differenziert § 3 Abs. 3 EGGmbHG danach, ob die Unrichtigkeit dem Berechtigten zuzurechnen ist. Ist dies der Fall, ist gutgläubiger Erwerb frühestens bei Rechtsgeschäften ab dem 2.5.2009 möglich („nach" dem 1.5.2009; Scholz/*Seibt* Rn. 109; MHLS/*Ebbing* Rn. 203). Unter „Rechtsgeschäft" ist dabei das Verfügungsgeschäft zu verstehen, da Abs. 3 die Übertragung des Anteils und nicht das zugrunde liegende Kausalgeschäft regelt (zust. MüKoGmbHG/*Heidinger* Rn. 363; aA *Rodewald* GmbHR 2009, 196 (199); Scholz/*Seibt* Rn. 109 aE). Ist die Unrichtigkeit dem Berechtigten nicht zuzurechnen, kommt gutgläubiger Erwerb stattdessen erst ab dem 2.11.2011 in Betracht (§ 3 Abs. 3 S. 2 EGGmbHG). 94

V. Abdingbarkeit

Abs. 1 und Abs. 2 sind **zwingend** (MüKoGmbHG/*Heidinger* Rn. 103; Scholz/*Seibt* Rn. 13, 51). Allerdings sind Satzungsbestimmungen zulässig, die Form- und Fristanforderungen an die Mitteilung und den Nachweis iSd § 40 Abs. 1 S. 4 konkretisieren (Lutter/Hommelhoff/*Bayer* Rn. 2; Scholz/*Seibt* Rn. 13; MüKoGmbHG/*Heidinger* Rn. 103). Auch Abs. 3 wird mit Rücksicht auf die Interessen des Verkehrsschutzes als zwingend angesehen (Scholz/*Seibt* Rn. 14; *Altgen,* Gutgläubiger Erwerb von 95

GmbH-Geschäftsanteilen, 2009, 285 ff.). Die Satzung soll aber vorsehen können, dass der gutgläubige Erwerber den Anteil wieder an den wahren Berechtigten zurückübertragen muss (*Altgen,* Gutgläubiger Erwerb von GmbH-Geschäftsanteilen, 2009, 292 f.).

(aufgehoben)

17

1 Die Vorschrift des § 17, die Einschränkungen für die Teilung von Geschäftsanteilen und die Veräußerung von Teilgeschäftsanteilen enthielt, wurde durch das MoMiG mit Wirkung zum 1.11.2008 aufgehoben (Art. 25 MoMiG). Zur Teilung von Geschäftsanteilen nach neuem Recht → § 15 Rn. 9 ff. und → § 46 Rn. 16 ff. Soweit ältere Satzungen noch die Bestimmung enthalten, dass § 17 unberührt bleibe, führt dies nicht dazu, dass die Einschränkungen des § 17 auch nach Ablauf des 30.10.2008 weiter gelten (Scholz/*Seibt* § 17 aF Rn. 3; *Wälzholz* MittBayNot 2008, 425 (429); *Witte/Rousseau* GmbHR 2010, R 65 (66)). Für Teilungsvorgänge vor diesem Zeitpunkt bleibt es dagegen bei § 17 aF.

Mitberechtigung am Geschäftsanteil

18

(1) **Steht ein Geschäftsanteil mehreren Mitberechtigten ungeteilt zu, so können sie die Rechte aus demselben nur gemeinschaftlich ausüben.**

(2) **Für die auf den Geschäftsanteil zu bewirkenden Leistungen haften sie der Gesellschaft solidarisch.**

(3) [1]**Rechtshandlungen, welche die Gesellschaft gegenüber dem Inhaber des Anteils vorzunehmen hat, sind, sofern nicht ein gemeinsamer Vertreter der Mitberechtigten vorhanden ist, wirksam, wenn sie auch nur gegenüber einem Mitberechtigten vorgenommen werden.** [2]**Gegenüber mehreren Erben eines Gesellschafters findet diese Bestimmung nur in bezug auf Rechtshandlungen Anwendung, welche nach Ablauf eines Monats seit dem Anfall der Erbschaft vorgenommen werden.**

Übersicht

I. Allgemeines

1 Die Vorschrift dient dem **Schutz der Gesellschaft.** Sie betrifft den Fall, dass ein Geschäftsanteil mehreren Mitberechtigten (zB Miterben) gleichzeitig zusteht, und will dafür sorgen, dass die Rechtsstellung der Gesellschaft hierdurch nicht erschwert wird (Stenogr. Berichte über die Verhandlungen des Reichstags, VIII/1, 1890/92, Nr. 660, 3740). Die Vorschrift ist seit 1892 unverändert und entspricht mit wenigen Abweichungen der Parallelvorschrift des § 69 AktG.

II. Mitberechtigung iSd § 18

2 **1. Anwendungsbereich.** Eine Mitberechtigung iSd § 18 ist gegeben, wenn mehrere Rechtsträger Inhaber desselben Geschäftsanteils sind. Hierunter fallen zunächst alle **Bruchteilsgemeinschaften** (§§ 741 ff. BGB) an Geschäftsanteilen (HCL/*Löbbe* Rn. 4; allgM). Bei den **Gesamthandsgemeinschaften** ist dagegen zu differenzieren. Erben- und Gütergemeinschaften (§§ 2038 ff., 1415 ff. BGB) fallen unstreitig unter § 18, da in diesen Fällen die Gesamthänder (also mehrere Rechtsträger) an dem Geschäftsanteil dinglich berechtigt sind. Anders liegt es bei denjenigen Gesamthandsgemeinschaften, die gegenüber ihren Mitgliedern rechtlich so verselbständigt sind, dass nicht die einzelnen Gesamthänder, sondern die Gesamthand selbst alleinige Inhaberin des Geschäftsanteils ist. **Nicht unter § 18** fallen daher

Geschäftsanteile, die allein von einer **Personenhandelsgesellschaft,** Partnerschaftsgesellschaft oder EWIV gehalten werden (Baumbach/Hueck/*Servatius* Rn. 2; MüKoGmbHG/*Reichert/Weller* Rn. 20 ff.). Dasselbe gilt auf der Grundlage der neueren Rspr. (seit BGH 29.1.2001, BGHZ 146, 341 = NJW 2001, 1056) auch für die rechtsfähige **(Außen-)GbR** (Roth/Altmeppen/*Altmeppen* Rn. 6; Baumbach/Hueck/*Servatius* Rn. 2; Lutter/Hommelhoff/*Bayer* Rn. 3; zum Ausweis der GbR in der Gesellschafterliste s. DNotI-Report 2011, 73; → § 40 Rn. 10).

Keine Mitberechtigung iSd § 18 liegt vor, wenn der Geschäftsanteil von einer **juristischen Person** 3
gehalten wird, da er dann allein der juristischen Person und nicht deren Mitgliedern zugeordnet ist. Gleiches gilt für die Vorgesellschaft (Vor-GmbH, Vor-AG; Baumbach/Hueck/*Servatius* Rn. 2). Spätestens seit dem Wandel der Rspr. zur GbR kann auch für den nichtrechtsfähigen Verein nichts anderes gelten (Baumbach/Hueck/*Servatius* Rn. 2; MüKoGmbHG/*Reichert/Weller* Rn. 41; Lutter/Hommelhoff/*Bayer* Rn. 3). Keine Anwendung findet § 18 auch, wenn der Gesellschafter einem Dritten lediglich eine **Unterbeteiligung** (→ § 15 Rn. 126) oder ein **Nießbrauchs- oder Pfandrecht** eingeräumt hat (MüKoGmbHG/*Reichert/Weller* Rn. 10; allgM).

2. Gesellschaftereigenschaft der Mitberechtigten. Jeder Mitberechtigte ist selbst Gesellschafter der 4
GmbH (ganz hM, MüKoGmbHG/*Reichert/Weller* Rn. 42; Scholz/*Seibt* Rn. 12). Dies folgt bereits daraus, dass die Bruchteilsgemeinschaften und die unter § 18 fallenden Gesamthandsgemeinschaften mangels rechtlicher Verselbständigung als Zuordnungssubjekt der Gesellschafterstellung ausscheiden. Demgemäß ist jeder Mitberechtigte nach § 16 Abs. 1, § 40 in die Gesellschafterliste einzutragen (Scholz/*Seibt* Rn. 12 aE), wobei die Mitberechtigung kenntlich zu machen ist. Von Bedeutung kann die Gesellschaftereigenschaft der Mitberechtigten auch im Zusammenhang mit Vinkulierungsklauseln sein, die Anteilsübertragungen an Mitgesellschafter privilegieren (Auslegungsfrage, näher HCL/*Löbbe* Rn. 10).

3. Übertragung und Beendigung der Mitberechtigung. Für die **Übertragung** von Bruchteilen 5
nach § 747 S. 1 BGB gelten dieselben Regeln wie für die Übertragung des Geschäftsanteils selbst. §§ 15 f. sind in vollem Umfang anwendbar (Scholz/*Seibt* Rn. 5). Davon zu unterscheiden ist die Verfügung über Anteile an einer Gesamthandsgemeinschaft, zu deren Vermögen ein GmbH-Geschäftsanteil gehört. Verfügungsgegenstand ist dann nur der Anteil an der Gesamthandsgemeinschaft (zB der Erbteil), nicht der Geschäftsanteil, sodass § 15 keine Anwendung findet (BGH 5.11.1984, BGHZ 92, 386 (393 f.) = NJW 1985, 2592 zu § 15 Abs. 5; Scholz/*Seibt* Rn. 7a, 9; zu § 15 Abs. 3 und 4 → § 15 Rn. 53 f., → § 15 Rn. 74). Bei der Abtretung von Erbteilen ist aber anstelle des § 15 Abs. 3 die Form des § 2033 Abs. 1 BGB zu beachten.

Die Mitberechtigung iSd § 18 **endet,** wenn alle Bruchteile bzw. alle Anteile an der Gesamthands- 6
gemeinschaft auf dieselbe Person übertragen werden. Die Mitberechtigung kann ferner dadurch enden, dass die Mitberechtigten gemeinschaftlich nach § 747 S. 2 BGB bzw. § 2040 Abs. 1 BGB über den gesamten Geschäftsanteil verfügen und diesen auf eine einzelne Person übertragen. Schließlich können gem. § 46 Nr. 4 auch reale Teile des Geschäftsanteils gebildet und diese anschließend gem. § 15 einzeln übertragen werden (MüKoGmbHG/*Reichert/Weller* Rn. 48; zur Auseinandersetzung von Erbengemeinschaften → § 15 Rn. 33, → § 15 Rn. 48).

III. Gemeinschaftliche Rechtsausübung (Abs. 1)

1. Rechtsausübung durch die Mitberechtigten selbst. Sämtliche Mitgliedschaftsrechte aus dem 7
gemeinsam gehaltenen Geschäftsanteil können nach Abs. 1 **nur gemeinschaftlich** ausgeübt werden. Die gemeinschaftliche Rechtsausübung kann zum einen durch einen gemeinsamen Vertreter erfolgen (→ Rn. 9), zum anderen aber – insoweit anders als nach § 69 Abs. 1 AktG – auch durch die Mitberechtigten selbst.

Das Erfordernis „gemeinschaftlicher" Rechtsausübung ist nach heute ganz hM so zu verstehen, dass 8
die Rechtsausübung aus dem Geschäftsanteil zwar einerseits **einheitlich** erfolgen muss (insbesondere auch in Bezug auf das Stimmrecht, MüKoGmbHG/*Reichert/Weller* Rn. 50), andererseits aber **nicht unbedingt sämtliche Mitberechtigte** an der Rechtsausübung einvernehmlich mitwirken müssen. Ob Letzteres erforderlich ist, richtet sich nach Rspr. und hL vielmehr nach den allgemeinen Regeln der jeweiligen Rechtsgemeinschaft (§§ 741 ff., 2038 ff., 1415 ff. BGB). Sofern diese Regeln vorsehen, dass eine Mehrheit der Mitberechtigten oder auch nur ein einzelner von ihnen berechtigt ist, für alle Mitberechtigten zu handeln, soll Abs. 1 daran nichts ändern. Die Vorschrift soll maW „nur verhindern, dass Mitberechtigte ein Recht in unterschiedlicher Weise ausüben, aber nicht die Rechte aus einem mehreren gemeinsam zustehenden Geschäftsanteil lahmlegen, falls eine Einigung über die Bestellung eines gemeinsamen Vertreters nicht zu erzielen ist" (BGH 14.12.1967, BGHZ 49, 183 (191) = NJW 1968, 743; ferner BGH 12.6.1989, BGHZ 108, 21 (31) = NJW 1989, 2694; MüKoGmbHG/*Reichert/Weller* Rn. 57 ff.; *Lange* GmbHR 2013, 113 (114 f.); *J. Schmidt* NZG 2015, 1049 (1051); *Schürnbrand* NZG 2016, 241 (242) mwN). Nicht zu verkennen ist freilich, dass dieses herrschende Verständnis des Abs. 1 im Einzelfall zu Unsicherheiten darüber führen kann, ob tatsächlich wirksam für alle Mit-

berechtigten gehandelt wurde (abl. daher Scholz/*Seibt* Rn. 20; MHLS/*Ebbing* Rn. 44: stets Mitwirkung sämtlicher Mitberechtigter erforderlich, sofern kein gemeinsamer Vertreter bestellt wird).

8a Folgt man der Rspr. und hL, kommt es für die wirksame Rechtsausübung wie dargelegt auf die **allgemeinen Regeln der §§ 741 ff., 2038 ff., 1415 ff. BGB** an. Sofern diese Einstimmigkeit unter den Mitberechtigten verlangen, kann das gemeinschaftliche Recht aus dem Geschäftsanteil nur wirksam ausgeübt werden, wenn sich alle Mitberechtigten auf eine einheitliche Rechtsausübung einigen. Anders liegt es, wenn die genannten Vorschriften Mehrheits- oder Alleinentscheidungsbefugnisse vorsehen wie zB § 744 Abs. 2 BGB, § 2038 Abs. 1 S. 2 Hs. 2 BGB (Individualrecht auf Vornahme von Erhaltungsmaßnahmen), § 745 Abs. 1 BGB, § 2038 Abs. 2 S. 1 BGB (Mehrheitsbefugnis bei Maßnahmen zur ordnungsgemäßen Verwaltung des gemeinschaftlichen Rechts; dazu *J. Schmidt* NZG 2015, 1049 (1052 f.); *Schürnbrand* NZG 2016, 241 (243 ff.); *Raue* GmbHR 2015, 121; *Bettecken,* Die Gesellschafterstellung von Miterben an GmbH-Geschäftsanteilen, 2016, 97 ff.) oder §§ 1421 f., 1454 f. BGB (Einzelhandlungsbefugnisse bei ehelicher Gütergemeinschaft). Sofern danach die Mehrheit oder der Einzelne befugt ist, auch im Außenverhältnis für die Gemeinschaft zu handeln, kann die Mehrheit bzw. der Einzelne auch die Rechte aus dem gemeinschaftlichen Geschäftsanteil für alle Mitberechtigten ausüben. Darin liegt dann eine einheitliche, „gemeinschaftliche" Rechtsausübung iSd Abs. 1. Für Beispiele aus der Rspr. s. BGH 12.6.1989, BGHZ 108, 21 (30 f.) = NJW 1989, 2694: (Anfechtungsklageerhebung durch einzelnen Miterben nach § 2038 Abs. 1 S. 2 Hs. 2 BGB); OLG Karlsruhe 16.12.2013, ZEV 2014, 208 (Auskunftsverlangen nach § 51a durch Mehrheit der Miterben gem. § 2038 Abs. 2 S. 1 BGB, § 745 Abs. 1 BGB); OLG Stuttgart 9.9.2014, ZIP 2015, 873 (874) (Stimmrechtsausübung zur Abberufung eines Geschäftsführers durch Mehrheit der Miterben gem. § 2038 Abs. 2 BGB, § 745 Abs. 1 BGB).

9 **2. Rechtsausübung durch gemeinsamen Vertreter.** Anstatt ihre Mitgliedschaftsrechte unmittelbar selbst auszuüben, **können** die Mitberechtigten auch einen gemeinsamen Vertreter bestellen (allgM, etwa BGH 14.12.1967, BGHZ 49, 183 (191) = NJW 1968, 743; OLG Stuttgart 9.9.2014, ZIP 2015, 873 (874)). Abs. 3 S. 1 setzt diese Möglichkeit als selbstverständlich voraus. Ein gesetzlicher Zwang zur Bestellung eines gemeinsamen Vertreters besteht jedoch nicht (anders § 69 Abs. 1 AktG). Allerdings kann die Satzung ein solches Erfordernis aufstellen (→ Rn. 17). Fehlt eine statutarische Regelung, kann die Gesellschaft die Rechtsausübung nicht von der Bestellung eines gemeinsamen Vertreters abhängig machen. Ausnahmen sind nur in engen Grenzen unter dem Gesichtspunkt der Treuepflicht denkbar, zB wenn die Teilnahme aller Mitberechtigten an der Gesellschafterversammlung für die GmbH ausnahmsweise unzumutbar wäre (MüKoGmbHG/*Reichert/Weller* Rn. 69 f.).

10 Die **Bestellung** des gemeinsamen Vertreters bedarf keiner Form, es sei denn, der Vertreter soll auch zur Ausübung des Stimmrechts befugt sein. Letzterenfalls ist gem. § 47 Abs. 3 die Textform (§ 126b BGB) zu wahren. Unabhängig davon wird mit Blick auf das Zurückweisungsrecht nach § 174 BGB idR die Ausstellung einer schriftlichen Vollmachtsurkunde zweckmäßig sein. Die Bestellung richtet sich nach den für die jeweilige Rechtsgemeinschaft maßgebenden Bestimmungen (→ Rn. 8). Bei einer Erbengemeinschaft genügt mithin eine Mehrheitsentscheidung nach § 2038 Abs. 2 S. 1 BGB, § 745 Abs. 1 BGB, soweit sich die Vertretung auf eine Maßnahme der ordnungsgemäßen (laufenden) Verwaltung des Nachlasses bezieht (BGH 14.12.1967, BGHZ 49, 183 (191 f.) = NJW 1968, 743; OLG Nürnberg 16.7.2014, ZIP 2014, 2081 (2083); *Raue* GmbHR 2015, 121 (127)). Für Maßnahmen, die als außergewöhnliche Verwaltung anzusehen sind, fehlt dem lediglich durch Mehrheitsbeschluss der Miterben eingesetzten Vertreter dagegen die Vertretungsmacht (*Raue* GmbHR 2015, 121 (128)). Einer besonderen Anzeige der Vertreterbestellung gegenüber der GmbH bedarf es nicht, da die Gesellschaft bereits durch § 174 BGB hinreichend geschützt ist (Roth/Altmeppen/*Altmeppen* Rn. 15; *Wicke* Rn. 6; MüKoGmbHG/*Reichert/Weller* Rn. 78; HCL/*Löbbe* Rn. 26; *J. Schmidt* NZG 2015, 1049 (1055); aA MHLS/*Ebbing* Rn. 51; Scholz/*Seibt* Rn. 21). In der inhaltlichen Ausgestaltung der Vertretungsmacht sind die Mitberechtigten frei. Eine Generalvollmacht ist ebenso zulässig wie eine zeitlich oder gegenständlich beschränkte Vollmacht. Es kann auch Gesamtvertretungsmacht für mehrere Vertreter erteilt werden (Lutter/Hommelhoff/*Bayer* Rn. 10; MüKoGmbHG/*Reichert/Weller* Rn. 81). Die Bestellung eines oder mehrerer gemeinsamer Vertreter hat keine verdrängende Wirkung, schließt also vorbehaltlich abw. Satzungsregelung (→ Rn. 17) eine Rechtsausübung durch die Mitberechtigten selbst nicht aus (OLG Jena 25.4.2012, GmbHR 2013, 149 (151); Lutter/Hommelhoff/*Bayer* Rn. 12). Für den Widerruf der Vollmacht des gemeinsamen Vertreters gelten die allgemeinen Regeln (§§ 168 ff. BGB).

11 Ist Testamentsvollstreckung, Nachlassverwaltung oder die Eröffnung des Nachlassinsolvenzverfahrens angeordnet worden, übt der **Testamentsvollstrecker, Nachlassverwalter** bzw. **Nachlassinsolvenzverwalter** die Rechte der Miterben des Geschäftsanteils aus (§§ 2205, 1985 BGB, § 80 InsO). Die Miterben selbst sind von der Rechtsausübung ausgeschlossen (§§ 2211, 1984 BGB, § 81 InsO) und können daher auch keinen anderen Vertreter bestellen.

IV. Haftung der Mitberechtigten (Abs. 2)

12 Die Mitberechtigten haften der GmbH gem. Abs. 2 solidarisch, dh **gesamtschuldnerisch** iSd § 421 BGB für die auf den Geschäftsanteil zu bewirkenden Leistungen. Hierunter fallen alle mit dem

Geschäftsanteil verbundenen Mitgliedschaftspflichten (→ § 14 Rn. 95 ff.). Die gesamtschuldnerische Haftung nach Abs. 2 geht als Spezialregelung den allgemeinen Haftungsregeln der jeweiligen Gemeinschaft vor. Daher haftet entgegen § 1437 BGB auch der das Gesamtgut nicht verwaltende Ehegatte als Gesamtschuldner (Scholz/*Seibt* Rn. 30; MHLS/*Ebbing* Rn. 67; aA *Apfelbaum* MittBayNot 2006, 185 (190 f.); HCL/*Ulmer*/*Löbbe* § 2 Rn. 95; MüKoGmbHG/*Reichert*/*Weller* Rn. 96). Ferner kann in der Erbengemeinschaft keine anteilsmäßige Haftung nach §§ 2060 f. BGB eintreten (allgM). Die Möglichkeit, die Haftung nach § 2059 Abs. 1 BGB auf den Nachlass zu beschränken, bleibt bestehen (Baumbach/Hueck/*Servatius* Rn. 8; MüKoGmbHG/*Reichert*/*Weller* Rn. 89 ff.; Scholz/*Seibt* Rn. 27), aber nach wohl hM nur bis zur Eintragung in die zum Handelsregister aufgenommene Gesellschafterliste (→ § 16 Rn. 20). Keine Auswirkung hat § 18 Abs. 2 auf die Lastenverteilung im Innenverhältnis der Mitberechtigten.

V. Rechtshandlungen der GmbH (Abs. 3)

13 **1. Allgemeines.** Einem allgemeinen Rechtsgrundsatz folgend (vgl. § 26 Abs. 2 S. 2 BGB, § 125 Abs. 2 S. 3 HGB, § 35 Abs. 2 S. 2, § 78 Abs. 2 S. 2 AktG) bestimmt Abs. 3, dass Rechtshandlungen der GmbH grundsätzlich (zu Ausnahmen → Rn. 14 f.) schon dann gegenüber allen Mitberechtigten wirksam sind, wenn sie nur gegenüber einem von ihnen vorgenommen werden **(Einzelvornahme mit Gesamtwirkung).** Dies gilt auch, wenn die Mitberechtigten – wie im Fall einer Erbengemeinschaft nach einem Alleingesellschafter – die einzigen Gesellschafter sind (hM, MüKoGmbHG/*Reichert*/*Weller* Rn. 120 mwN; aA *Wiedemann* GmbHR 1969, 247 (252 f.)). **Rechtshandlungen** iSd Abs. 3 sind alle empfangsbedürftigen Willenserklärungen und rechtsgeschäftsähnlichen Handlungen, welche die GmbH gegenüber den Mitberechtigten in ihrer Eigenschaft als Gesellschafter vornimmt, also zB Einforderung der Einlagen, Kaduzierung, Einladung zur Gesellschafterversammlung. Die in § 425 BGB angeordnete Einzelwirkung wird insoweit verdrängt. Wie bei den genannten Parallelvorschriften (§ 26 Abs. 2 S. 2 BGB etc) erstreckt sich die Gesamtwirkung auch auf den Zugang von Vertragsangeboten und -annahmen (MüKoGmbHG/*Reichert*/*Weller* Rn. 111; HCL/*Löbbe* Rn. 34; aA Baumbach/Hueck/*Servatius* Rn. 9; MHLS/*Ebbing* Rn. 76). In entspr. Anwendung des Abs. 3 wird auch der Kenntnis bzw. dem Kennenmüssen eines Mitberechtigten Gesamtwirkung für alle Mitberechtigten beigemessen (HCL/*Löbbe* Rn. 37; relevant zB iRd §§ 31 Abs. 2, 32). **Nicht von Abs. 3 erfasst** werden dagegen Zahlungen der Gesellschaft. Diese muss die GmbH gem. § 432 BGB an alle Gesellschafter gemeinsam leisten (MüKoGmbHG/*Reichert*/*Weller* Rn. 109; allgM).

14 Hält ein Mitberechtigter noch einen weiteren Geschäftsanteil, erstreckt sich die Wirkung des Abs. 3 nicht auf diesen. Umgekehrt fällt die Vornahme einer Rechtshandlung gegenüber einem Gesellschafter, der auch noch eine Mitberechtigung an einem anderen Geschäftsanteil hält, nur dann unter Abs. 3, wenn der Gesellschafter gerade (auch) in seiner Eigenschaft als Mitberechtigter angesprochen wurde (BGH 14.12.1967, BGHZ 49, 183 (189) = NJW 1968, 743 für Einladung zur Gesellschafterversammlung; MüKoGmbHG/*Reichert*/*Weller* Rn. 108).

15 **2. Besonderheiten bei Bestellung eines gemeinsamen Vertreters.** Keine Anwendung findet Abs. 3 S. 1, falls ein gemeinsamer Vertreter der Mitberechtigten „vorhanden" ist. Das ist der Fall, sobald die Gesellschaft in einer Weise von der Bestellung des Vertreters Kenntnis erhalten hat, dass sie ihm gegenüber Rechtshandlungen vornehmen kann. Eine Anmeldung des Vertreters unter Nachweis seiner Vertretungsmacht ist hierfür nicht erforderlich (→ Rn. 10). Sobald ein gemeinsamer Vertreter vorhanden ist, ist eine Einzelvornahme mit Gesamtwirkung nur noch gegenüber diesem möglich, nicht mehr gegenüber einzelnen Mitberechtigten. Der Gesellschaft bleibt es aber unbenommen, die Rechtshandlung gegenüber allen Mitberechtigten vorzunehmen (Baumbach/Hueck/*Servatius* Rn. 10; MüKoGmbHG/*Reichert*/*Weller* Rn. 114). Letzteres scheidet allerdings aus, wenn die Empfangszuständigkeit nach den Vorschriften der jeweiligen Gemeinschaft nicht bei den Mitberechtigten, sondern ausschließlich bei einem Verwalter liegt, wie zB dem Testamentsvollstrecker, Nachlassverwalter, Nachlassinsolvenzverwalter oder dem zur Verwaltung des Gesamtguts einer Gütergemeinschaft bestimmten Ehegatten (MüKoGmbHG/*Reichert*/*Weller* Rn. 115).

16 **3. Besonderheiten beim Erbfall.** In Bezug auf Miterben gilt die Regelung des Abs. 3 S. 1 nur für Rechtshandlungen, die nach Ablauf einer **einmonatigen Schonfrist** nach Anfall der Erbschaft vorgenommen werden (Abs. 3 S. 2). Damit soll den Miterben eine zumindest idR ausreichende Zeitspanne gewährt werden, um die Bestellung eines gemeinsamen Vertreters zu ermöglichen (Stenogr. Berichte über die Verhandlungen des Reichstags, VIII/1, 1890/92, Nr. 660, 3740). Die Monatsfrist beginnt unabhängig von der Kenntnis der Erben mit dem Tod des Gesellschafters, beim Eintritt der Nacherbfolge mit Eintritt des Nacherbfalls. Eine Ausschlagung der Erbschaft löst keine neue Frist aus (Baumbach/Hueck/*Servatius* Rn. 11 aE; HCL/*Löbbe* Rn. 39). Haben die Miterben schon vor Ablauf der Monatsfrist einen gemeinsamen Vertreter bestellt, können die Rechtshandlungen ihm gegenüber vorgenommen werden.

VI. Abdingbarkeit

17 **Abs. 1 und Abs. 3** können in der Satzung **abbedungen** werden (Baumbach/Hueck/*Servatius* Rn. 1 aE; allgM). Die Satzung kann zB die Bestellung eines gemeinsamen Vertreters zwingend vorschreiben (BGH 17.10.1988, NJW-RR 1989, 347 (348); HCL/*Löbbe* Rn. 20) oder bestimmte Anforderungen an die Person des gemeinsamen Vertreters stellen, zB nur einen Mitberechtigten als gemeinsamen Vertreter zulassen. Enthält die Satzung eine solche Regelung, kann ein Testamentsvollstrecker, der nicht Mitberechtigter ist, die Rechte aus dem Geschäftsanteil nicht selbst ausüben. Er kann aber einen der Mitberechtigten bevollmächtigen, der dann im Innenverhältnis den Weisungen des Testamentsvollstreckers untersteht (HCL/*Löbbe* Rn. 20). Ferner kann die Satzung nach zutreffender Ansicht festlegen, dass aus einem Geschäftsanteil auch uneinheitlich abgestimmt werden kann (LG München I 23.6.2006, GmbHR 2006, 431 mzustAnm *Schüppen/Gahn;* HCL/*Löbbe* Rn. 20; aA → § 47 Rn. 30). Die Satzung kann aber nicht in die Willensbildung in der Gemeinschaft eingreifen. Eine Satzungsbestimmung, welche die Stimmrechtsausübung von einer einstimmigen Beschlussfassung der Mitberechtigten abhängig macht, wäre daher unwirksam (*Wiedemann* GmbHR 1969, 247 (250); HCL/*Löbbe* Rn. 20).

18 **Abs. 2** ist **zwingend,** soweit er die gesamtschuldnerische Haftung für die Erfüllung von Mitgliedschaftspflichten anordnet, die ihrerseits – wie die Pflichten zur Aufbringung und Erhaltung des Stammkapitals – im Interesse des Gläubigerschutzes nicht disponibel sind (MüKoGmbHG/*Reichert/Weller* Rn. 85; vgl. auch BGH 3.11.1980, BGHZ 78, 311 (316 f.) = NJW 1981, 682; OLG Hamm 18.12.1995, NJW-RR 1996, 482 (483)). In Bezug auf sonstige Haftungstatbestände kann die Satzung dagegen von der gesamtschuldnerischen Haftung dispensieren (MüKoGmbHG/*Reichert/Weller* Rn. 85; MHLS/*Ebbing* Rn. 63).

Leistung der Einlagen

19 (1) **Die Einzahlungen auf die Geschäftsanteile sind nach dem Verhältnis der Geldeinlagen zu leisten.**

(2) **1 Von der Verpflichtung zur Leistung der Einlagen können die Gesellschafter nicht befreit werden. 2 Gegen den Anspruch der Gesellschaft ist die Aufrechnung nur zulässig mit einer Forderung aus der Überlassung von Vermögensgegenständen, deren Anrechnung auf die Einlageverpflichtung nach § 5 Abs. 4 Satz 1 vereinbart worden ist. 3 An dem Gegenstand einer Sacheinlage kann wegen Forderungen, welche sich nicht auf den Gegenstand beziehen, kein Zurückbehaltungsrecht geltend gemacht werden.**

(3) **Durch eine Kapitalherabsetzung können die Gesellschafter von der Verpflichtung zur Leistung von Einlagen höchstens in Höhe des Betrags befreit werden, um den das Stammkapital herabgesetzt worden ist.**

(4) **1 Ist eine Geldeinlage eines Gesellschafters bei wirtschaftlicher Betrachtung und aufgrund einer im Zusammenhang mit der Übernahme der Geldeinlage getroffenen Abrede vollständig oder teilweise als Sacheinlage zu bewerten (verdeckte Sacheinlage), so befreit dies den Gesellschafter nicht von seiner Einlageverpflichtung. 2 Jedoch sind die Verträge über die Sacheinlage und die Rechtshandlungen zu ihrer Ausführung nicht unwirksam. 3 Auf die fortbestehende Geldeinlagepflicht des Gesellschafters wird der Wert des Vermögensgegenstandes im Zeitpunkt der Anmeldung der Gesellschaft zur Eintragung in das Handelsregister oder im Zeitpunkt seiner Überlassung an die Gesellschaft, falls diese später erfolgt, angerechnet. 4 Die Anrechnung erfolgt nicht vor Eintragung der Gesellschaft in das Handelsregister. 5 Die Beweislast für die Werthaltigkeit des Vermögensgegenstandes trägt der Gesellschafter.**

(5) **1 Ist vor der Einlage eine Leistung an den Gesellschafter vereinbart worden, die wirtschaftlich einer Rückzahlung der Einlage entspricht und die nicht als verdeckte Sacheinlage im Sinne von Absatz 4 zu beurteilen ist, so befreit dies den Gesellschafter von seiner Einlageverpflichtung nur dann, wenn die Leistung durch einen vollwertigen Rückgewähranspruch gedeckt ist, der jederzeit fällig ist oder durch fristlose Kündigung durch die Gesellschaft fällig werden kann. 2 Eine solche Leistung oder die Vereinbarung einer solchen Leistung ist in der Anmeldung nach § 8 anzugeben.**

(6) **1 Der Anspruch der Gesellschaft auf Leistung der Einlagen verjährt in zehn Jahren von seiner Entstehung an. 2 Wird das Insolvenzverfahren über das Vermögen der Gesellschaft eröffnet, so tritt die Verjährung nicht vor Ablauf von sechs Monaten ab dem Zeitpunkt der Eröffnung ein.**

Übersicht

I. Allgemeines

1 § 19 regelt bedeutsame Modalitäten der bereits in § 14 angesprochenen Einlagepflicht der Gesellschafter. Nach **Abs. 1,** der durch das MoMiG nur redaktionell verändert wurde, darf die GmbH bei der Einforderung der (Bar-)Einlagen nicht einzelne Gesellschafter herausgreifen und andere verschonen (Stenogr. Berichte über die Verhandlungen des Reichstags, VIII/1 [1890/92], Nr. 660, 3740), sondern muss darauf achten, dass die Gesellschafter im Verhältnis zu ihrer Beteiligung gleichmäßig belastet werden. Es handelt sich um eine besondere Ausprägung des **Gleichbehandlungsgrundsatzes** (→ § 14 Rn. 69 ff.) und damit um eine Regelung, die allein das Innenverhältnis der Gesellschaft betrifft und folglich disponibel ist (→ Rn. 4). Dagegen dienen **Abs. 2–6** im Interesse des Gläubigerschutzes der vollständigen **Aufbringung des Stammkapitals.** Dabei handelt es sich um zwingende Vorgaben, die Abweichungen zu Ungunsten der Gläubiger ausschließen (Baumbach/Hueck/*Fastrich* Rn. 1 aE, allgM). Nach Abs. 2 können die Gesellschafter von ihrer Einlagepflicht nicht befreit werden (**Befreiungsverbot,** Erlassverbot), soweit keine Kapitalherabsetzung erfolgt und die Ausnahme des Abs. 3 eingreift. Von einzelnen Ausnahmen abgesehen ist auch die Aufrechnung und Geltendmachung von Zurückbehaltungsrechten gegen Einlageforderungen ausgeschlossen (Abs. 2 S. 2–3). Durch das MoMiG völlig neu gefasst wurden Abs. 4 und 5, welche die viel diskutierten Fälle der **verdeckten Sacheinlage** und des **Hin- und Herzahlens** regeln und die in der früheren Rspr. hierzu entwickelten Rechtsfolgen zT erheblich abmildern. Die früher streitige Frage der Verjährung der Einlageforderung klärt schließlich Abs. 6, der durch das Gesetz zur Anpassung von Verjährungsvorschriften an die Schuldrechtsmodernisierung (BGBl. 2004 I 3214) eingeführt wurde.

II. Gleichmäßige Einforderung der Einlagen (Abs. 1)

2 **1. Allgemeines; Gleichbehandlung.** Gemäß Abs. 1 sind Einzahlungen auf die Geschäftsanteile entsprechend dem Verhältnis der Geldeinlagen zu leisten. Damit ist gemeint, dass mangels abweichender Vereinbarung (→ Rn. 4) die Einforderung der Einlagen bei den einzelnen Gesellschaftern auf einen **prozentual gleichen Anteil** der übernommenen Einlage lauten und **zum gleichen Zeitpunkt** erfolgen muss (RG 15.5.1931, RGZ 132, 392 (396); MHLS/*Ebbing* Rn. 20; HCL/*Casper* Rn. 23). Auch hinsichtlich der sonstigen Modalitäten des Einzahlungsverfahrens ist Gleichbehandlung zu wahren (Scholz/*Veil* Rn. 20). Die in Anspruch genommenen Gesellschafter können gem. § 51a **Auskunft** darüber verlangen, ob auch die Mitgesellschafter gleichmäßig zur Zahlung aufgefordert wurden. Solange die verlangte Auskunft nicht erteilt ist, kann die Leistung der Einlage verweigert werden, ohne dass dadurch eine Verzögerung iSd §§ 20 f. eintritt (RG 10.4.1907, RGZ 65, 432 (435); RG 18.9.1908, Recht 1908 Nr. 3181; MHLS/*Ebbing* Rn. 23, MHLS/*Ebbing* § 21 Rn. 44). Dagegen können sich die Gesellschafter nicht auf die Zahlungsunfähigkeit oder -unwilligkeit ihrer Mitgesellschafter berufen (RG 12.11.1935, RGZ 149, 293 (300 f.); Lutter/Hommelhoff/*Bayer* Rn. 5; allgM). Dies gilt im Fall der Zahlungsunfähigkeit auch, wenn der betreffende Mitgesellschafter gar nicht erst zur Leistung aufgefordert wurde (RG 12.11.1935, RGZ 149, 293 (300 f.); Baumbach/Hueck/*Fastrich* Rn. 11; aA MHLS/*Ebbing* Rn. 26). Auf Abs. 1 können sich nicht nur die aktuellen Gesellschafter berufen, sondern auch **ausgeschiedene Gesellschafter,** die nach § 16 Abs. 2 für rückständige Einlagen haften (OLG Hamm 27.10.1999, NJW-RR 2001, 1182; MüKoGmbHG/*Schwandtner* Rn. 37).

3 **Adressatin** der Gleichbehandlungspflicht ist wie iRd allgemeinen Gleichbehandlungsgebots (→ § 14 Rn. 74) die Gesellschaft. Auch Insolvenzverwalter und Liquidatoren sind bei Anforderung der Einlagen an Abs. 1 gebunden (HCL/*Casper* Rn. 35). Zur Frage, ob Abs. 1 auch dem Zessionar, Pfand- bzw. Pfändungsgläubiger der Einlageforderung entgegengehalten werden kann, → § 14 Rn. 29 ff. Die neben Abs. 1 zu beachtenden weiteren Voraussetzungen der Einforderung von Einlagen sind in § 19 nicht geregelt; → § 14 Rn. 9 ff. (Fälligstellung von Einlageforderungen) und → § 14 Rn. 16 ff. (Erfüllungsmodalitäten).

4 Ebenso wie die Beachtung des allgemeinen Gleichbehandlungsgrundsatzes (→ § 14 Rn. 80, → § 14 Rn. 87 f.) ist auch die Einhaltung des Abs. 1 **disponibel** (Baumbach/Hueck/*Fastrich* Rn. 1; allgM). Zum einen können in der Satzung im allseitigen Einverständnis abw. Regelungen (zB unterschiedliche Zahlungstermine) vereinbart werden. Zum anderen kann auch ohne Satzungsgrundlage von Abs. 1 abgewichen werden, sofern die benachteiligten Gesellschafter der Ungleichbehandlung zustimmen (HCL/*Casper* Rn. 43). Eine Grenze findet die Privatautonomie der Gesellschafter allerdings im Stundungsverbot des Abs. 2 S. 1. Ein in der Satzung fixierter Zahlungstermin darf nicht nachträglich aufgeschoben werden (→ Rn. 13).

2. Anwendungsbereich. a) Bareinlagen und gleichgestellte Verpflichtungen. Abs. 1 gilt nach seinem Wortlaut („Einzahlungen", „Geldeinlagen") und dem eindeutigen Willen des Gesetzgebers (BT-Drs. 8/1347, 37 f.) nur für **Bareinlagen** (zu Sacheinlagen → Rn. 6). Bei den Bareinlagen werden sowohl die Mindesteinlagen (§ 7 Abs. 2, § 56a) als auch die Resteinlagen erfasst (OLG Hamm 27.10.1999, NJW-RR 2001, 1182; Scholz/*Veil* Rn. 17). Wird eine Kapitalerhöhung durchgeführt, bevor die bereits bestehenden Einlageverpflichtungen erfüllt worden sind, gilt Abs. 1 auch im Verhältnis der alten zu den neuen Einlageverpflichtungen (heute ganz hM, Baumbach/Hueck/*Fastrich* Rn. 9; MüKoGmbHG/*Schwandtner* Rn. 36; aA *Feine,* Die GmbH, 1929, 296). Da die Vorschrift Ausdruck des allgemeinen Gleichbehandlungsgebots ist, lässt sie sich auch auf **sonstige Zahlungspflichten** ausdehnen, welche die Gesellschafter gleichmäßig treffen sollen. Dies betrifft namentlich Ausfall- (§ 21 Abs. 3, §§ 22, 24), Vorbelastungs- und Verlustdeckungshaftung (HCL/*Casper* Rn. 28), Aufgeldzahlungen (HCL/*Casper* Rn. 29; Lutter/Hommelhoff/*Bayer* Rn. 2; Roth/Altmeppen/*Altmeppen* Rn. 1) und generell Nebenleistungspflichten iSd § 3 Abs. 2, die allen Gesellschaftern gleichmäßig auferlegt sind (HCL/*Casper* Rn. 29; Scholz/*Veil* Rn. 19 aE; aA Lutter/Hommelhoff/*Bayer* Rn. 2). Für Nachschusspflichten findet sich eine Parallelvorschrift in § 26 Abs. 2. 5

b) Sacheinlagen. Auf Sacheinlagen findet Abs. 1 nach der bewussten Entscheidung des Gesetzgebers **keine Anwendung** (→ Rn. 5). Sacheinlagen sind nach § 7 Abs. 3, § 56a stets vor der Anmeldung der Gründung bzw. Kapitalerhöhung zum Handelsregister in voller Höhe zu leisten. Das Gesetz sieht insoweit selbst eine Ungleichbehandlung gegenüber Bareinlagen vor, die vorbehaltlich abw. Satzungsregelung nur iHd Mindesteinlagen nach § 7 Abs. 2, § 56a sogleich einzuzahlen sind. Aus dieser im Gesetz angelegten Ungleichbehandlung können die Sacheinleger kein Leistungsverweigerungsrecht ableiten (HCL/*Casper* Rn. 31; allgM). Dasselbe muss auch für die Differenzhaftung nach § 9 Abs. 1 und die bei Leistungsstörungen an die Stelle der Sacheinlagepflicht tretende Geldeinlagepflicht gelten, da nicht einzusehen ist, warum der Sacheinleger in diesen Fällen von seiner Vorleistungspflicht befreit werden soll (HCL/*Casper* Rn. 28; aA Scholz/*Veil* Rn. 18 f.). 6

3. Rechtsfolgen. Ein gegen Abs. 1 verstoßender **Gesellschafterbeschluss** nach § 46 Nr. 2 ist, sofern das Beschlussergebnis festgestellt wurde (→ Anh. § 47 Rn. 4), vorläufig wirksam, aber **anfechtbar** (Baumbach/Hueck/*Fastrich* Rn. 11; allgM). Unterbleibt eine fristgerechte Anfechtung, wird der Beschluss für alle Gesellschafter endgültig verbindlich. Eine dem Beschluss entspr. Anforderung der Einlagen durch die Geschäftsführer kann dann nicht mehr beanstandet werden (OLG Köln 25.3.1987, NJW-RR 1988, 356 (357); Baumbach/Hueck/*Fastrich* Rn. 11; *Verse,* Der Gleichbehandlungsgrundsatz im Recht der Kapitalgesellschaften, 2006, 376). Ist das Beschlussergebnis nicht festgestellt worden, entfaltet der Beschluss dagegen keine vorläufige Wirksamkeit und muss nicht angefochten werden (Rowedder/Schmidt-Leithoff/*Pentz* Rn. 19; → Anh. § 47 Rn. 4). Haftet nicht schon dem Gesellschafterbeschluss der Verstoß an oder war ein solcher Beschluss entbehrlich (zB in der Insolvenz der Gesellschaft oder aufgrund Satzungsbestimmung, → § 14 Rn. 12 f.), ist eine gegen Abs. 1 verstoßende **Anforderung** der Einlagen durch die Geschäftsführer bzw. den Insolvenzverwalter **unwirksam** und damit nicht fälligkeits- oder verzugsbegründend (Baumbach/Hueck/*Fastrich* Rn. 11; *Verse,* Der Gleichbehandlungsgrundsatz im Recht der Kapitalgesellschaften, 2006, 366 f.; → § 14 Rn. 90; zur drohenden Präklusion dieses Einwands aber → § 21 Rn. 14 aE). – Zum Bestehen eines Leistungsverweigerungsrechts, solange dem Gesellschafter nicht auf Verlangen mitgeteilt worden ist, ob auch die anderen Mitgesellschafter in Anspruch genommen wurden, → Rn. 2. 7

Ist dem Gesellschafter die Unverhältnismäßigkeit der Einlageeinforderung nicht bewusst und zahlt er deshalb im Vergleich zu seinen Mitgesellschaftern überobligationsmäßig viel **(Mehrleistung),** kann er das Gezahlte nach hM **nicht zurückfordern,** da es sich lediglich um eine Vorauszahlung auf eine betagte Verbindlichkeit iSd § 813 Abs. 2 BGB handelt. Der Mehrleistende hat aber Anspruch darauf, dass seine Vorleistung bei späteren Einforderungen angerechnet und der Gleichbehandlungsverstoß auf diese Weise beseitigt wird (Scholz/*Veil* Rn. 27; HCL/*Casper* Rn. 42). Gleiches soll für freiwillige Mehrleistungen gelten (Scholz/*Veil* Rn. 27; HCL/*Casper* Rn. 42). 8

III. Befreiungsverbot (Abs. 2 S. 1)

1. Anwendungsbereich. a) Erfasste Forderungen. Nach Abs. 2 S. 1 ist jede Befreiung von der Verpflichtung zur Leistung einer Einlage **zwingend** (→ Rn. 1) unzulässig. Erfasst werden **Einlageforderungen aller Art,** gleich ob sie sich auf Bar- oder Sacheinlagen beziehen oder ob sie iRd Gründung oder einer Kapitalerhöhung begründet wurden. Parallelvorschriften enthalten § 25 für Ansprüche aus §§ 21–24 und § 31 Abs. 4 für Ansprüche aus § 31. Darüber hinaus gilt das Befreiungsverbot auch für andere Ansprüche, die ergänzend zur Einlageforderung den Zweck haben, das ausgewiesene Stammkapital aufzubringen (MHLS/*Ebbing* Rn. 49; allgM). Dazu zählen Ansprüche aus Differenzhaftung bei überbewerteten Sacheinlagen (§ 9), Vorbelastungshaftung (BGH 16.1.2006, BGHZ 165, 391 Rn. 24 = NJW 2006, 1594 (zu Abs. 2 S. 2)) und Verlustdeckungshaftung bei Abbruch des Eintragungsverfahrens. Gleiches gilt für Ansprüche aus § 43a S. 2 (analog § 31 Abs. 4; HCL/*Paefgen* § 43a Rn. 47 9 mwN; str. nur für Abs. 2 S. 2 und 3, → Rn. 21). Ob auch Zinsansprüche aus § 20 hierher gehören, ist dagegen umstritten (→ § 20 Rn. 9).

10 **Nicht unter Abs. 2** fallen Ansprüche der Gesellschaft, die nicht auf die Aufbringung des satzungsmäßigen Stammkapitals zielen, sondern darüber hinausgehen. Nicht erfasst sind daher ein vereinbartes Aufgeld (hM, → § 14 Rn. 8) sowie sonstige Nebenleistungen iSd § 3 Abs. 2 und Nachschusspflichten gem. §§ 26 ff. (HCL/*Casper* Rn. 47; Baumbach/Hueck/*Fastrich* Rn. 5; → § 26 Rn. 2). Eine Befreiung von diesen Verbindlichkeiten ist daher grundsätzlich zulässig; freilich müssen die aus anderen Vorschriften (insbesondere § 30, Gleichbehandlungsgebot) resultierenden Grenzen beachtet werden. Ebenfalls nicht unter Abs. 2 fällt die Befreiung von Ersatzansprüchen bei Gründungsmängeln aus § 9a, da § 9b Abs. 1 hierfür eine Sonderregelung vorsieht. Zu der streitigen Frage, ob Abs. 2 auch auf den Rückgewähranspruch iRe zulässigen Hin- und Herzahlens nach Abs. 5 Anwendung findet, → Rn. 91.

11 **b) Verbotene Rechtsgeschäfte.** Abs. 2 S. 1 verbietet **jede rechtsgeschäftliche Befreiung** von der Einlageverpflichtung oder Teilen hiervon, die nicht auf Erfüllung iSd § 362 BGB beruht (HCL/*Casper* Rn. 54; MHLS/*Ebbing* Rn. 46, 57). Unzulässig ist somit zunächst jede Form des Erlasses, sei es durch Erlassvertrag (§ 397 Abs. 1 BGB), negatives Schuldanerkenntnis (§ 397 Abs. 2 BGB) oder vergleichbare Rechtsgeschäfte. Dies gilt auch, wenn gleichzeitig mit dem (Teil-)Erlass die Einlagepflicht eines anderen Gesellschafters um den gleichen Betrag erhöht wird (RG 30.9.1930, RGZ 130, 39 (43); MHLS/*Ebbing* Rn. 65). Ein Verstoß gegen Abs. 2 S. 1 liegt auch vor, wenn dem Gesellschafter für die Leistung der Einlage Vorteile aus dem Gesellschaftsvermögen zugewandt werden, zB eine andere Forderung erlassen wird (OLG Hamburg 18.10.1985, NJW-RR 1986, 116 (117 f.); MHLS/*Ebbing* Rn. 58) oder die Gesellschaft dem Inferenten durch Stellung von Sicherheiten die Aufnahme eines Kredits zur Finanzierung der Einlage erleichtert (MüKoGmbHG/*Schwandtner* Rn. 67).

12 Wie nach altem Recht (Abs. 5 Alt. 1 aF; HCL/*Casper* Rn. 57) fällt auch die Annahme einer anderen als der geschuldeten **Leistung an Erfüllungs statt** (§ 364 Abs. 1 BGB) weiterhin unter das Befreiungsverbot (Baumbach/Hueck/*Fastrich* Rn. 28; MüKoGmbHG/*Schwandtner* Rn. 63; HCL/*Casper* Rn. 58). Jedoch ist nach neuem Recht **Abs. 4 entsprechend** anzuwenden, sodass der Wert des ersatzweise geleisteten Gegenstands auf die Einlageforderung anzurechnen ist (Lutter/Hommelhoff/*Bayer* Rn. 70; Baumbach/Hueck/*Fastrich* Rn. 53; MüKoGmbHG/*Schwandtner* Rn. 63, 220; HCL/*Casper* Rn. 61; Scholz/*Veil* Rn. 102; zT abw. *Benz,* Verdeckte Sacheinlage und Einlagenrückzahlung im reformierten GmbH-Recht (MoMiG), 2010, 260 f., 263 ff.). Keine Leistung an Erfüllungs statt liegt allerdings vor, wenn der Gesellschafter seine (Rest-)Einlage auf Weisung der Gesellschaft an einen Gesellschaftsgläubiger zahlt und dessen Forderung gegen die Gesellschaft im Zeitpunkt der Leistung vollwertig, fällig und liquide ist. In diesem Fall ist vielmehr eine wirksame Erfüllung nach § 362 Abs. 2 BGB anzunehmen (BGH 25.11.1985, NJW 1986, 989; HCL/*Casper* Rn. 63; → § 14 Rn. 18 f., dort auch zu der streitigen Frage, ob dasselbe auch für die vor Anmeldung zu leistenden Mindesteinlagen iSd § 7 Abs. 2 und 3, § 56a gilt).

13 Verboten ist nicht nur jede betragsmäßige Reduzierung, sondern auch **jede sonstige Abschwächung der Einlageforderung.** Daher ist es grundsätzlich unzulässig, die Einlageforderung im Wege der Novation durch einen anderen, nicht durch §§ 19, 21 ff. geschützten Anspruch (zB einen schuldrechtlichen Darlehensanspruch) zu ersetzen (Baumbach/Hueck/*Fastrich* Rn. 19; HCL/*Casper* Rn. 55). Diese Ausprägung des Befreiungsverbots erleidet allerdings durch Abs. 5 eine Ausnahme (→ Rn. 72 ff.). Unter Abs. 2 S. 1 fällt ferner die **Stundung** der Einlageforderung, also jedes rechtsgeschäftliche Hinausschieben der geschuldeten Leistung, sei es durch Änderung der Satzung, sei es durch Zugeständnisse der Geschäftsführer (allgM, Baumbach/Hueck/*Fastrich* Rn. 21; HCL/*Casper* Rn. 70 f.). Dies gilt auch, wenn es sich um ein Moratorium für einen zahlungsunfähigen Gesellschafter handelt (HCL/*Casper* Rn. 70). Abs. 2 hindert die Gesellschafter aber nicht, schon bei Begründung der Einlageverpflichtungen großzügig bemessene Zahlungsfristen vorzusehen, an die allerdings weder der Insolvenzverwalter noch die Vollstreckungsgläubiger gebunden sind (→ § 14 Rn. 14). Unzulässig ist mithin nur das *nachträgliche* Aufschieben der Fälligkeit. Wenn diese von einem Einforderungsbeschluss der Gesellschafter nach § 46 Nr. 2 abhängt (→ § 14 Rn. 10), lässt sich aus Abs. 2 S. 1 kein Gebot ableiten, den Beschluss möglichst bald zu fassen; das bloße Unterlassen des Einforderungsbeschlusses verstößt nicht gegen das Befreiungsverbot (Baumbach/Hueck/*Fastrich* Rn. 21; HCL/*Casper* Rn. 73). Eine bedenkliche Beeinträchtigung der Gläubigerinteressen liegt darin nicht, da der Insolvenzverwalter bzw. die Vollstreckungsgläubiger auf die Einlageforderung zugreifen können, ohne den Beschluss abwarten zu müssen (→ § 14 Rn. 12).

14 Umstritten ist, welche Vorgaben aus Abs. 2 S. 1 für die Zulässigkeit eines gerichtlichen oder außergerichtlichen **Vergleichs** über die Einlageforderung abzuleiten sind. Nach zutreffender hM schließt Abs. 2 S. 1 einen Vergleich nicht generell aus. Voraussetzung ist aber, dass der Vergleich wegen tatsächlicher oder rechtlicher Ungewissheit über den Bestand oder Umfang des Einlageanspruchs geschlossen wird und sich dahinter nicht nur eine Befreiung in der Form eines Vergleichs versteckt, sondern auch der Sache nach ein echter Vergleich iSd § 779 BGB vorliegt (zur AG BGH 6.12.2011, BGHZ 191, 364 = NZG 2012, 69 Rn. 22 mBspr *Verse* ZGR 2012, 875 (885 ff.); *Fleischer* AG 2015, 133 (141 f.); zur GmbH RG 23.4.1912, RGZ 79, 271 (274); OLG Hamm 16.11.1987, GmbHR 1988, 308; MHLS/

Ebbing Rn. 71 ff.; jetzt auch HCL/*Casper* Rn. 66; einschr. MüKoGmbHG/*Schwandtner* Rn. 70 f.). Zudem bedarf der Vergleich der Zustimmung der Gesellschafterversammlung, was teils aus § 46 Nr. 2 analog und teils aus der Außergewöhnlichkeit des Rechtsgeschäfts abgeleitet wird (HCL/*Casper* Rn. 67; Rowedder/Schmidt-Leithoff/*Pentz* Rn. 63). § 53 Abs. 3 ist dagegen nicht anwendbar (Lutter/Hommelhoff/*Bayer* Rn. 20). Fehlt die Zustimmung, ist der von den Geschäftsführern namens der Gesellschaft abgeschlossene Vergleich unwirksam, da der Grundsatz der unbeschränkten Vertretungsmacht (§ 37 Abs. 2) bei Rechtsgeschäften mit Gesellschaftern nicht gilt (Rowedder/Schmidt-Leithoff/*Pentz* Rn. 63; → § 37 Rn. 22). Kein hinreichender Grund für einen Vergleich ist die bloße Zahlungsunfähigkeit des Gesellschafters (BayObLG 30.10.1984, ZIP 1985, 33 (34); HCL/*Casper* Rn. 68; Scholz/*Veil* Rn. 66; ganz hM; aA *Prager/Geßler/Heidrich* NZI 2000, 63). Die GmbH bzw. ihr Insolvenzverwalter (→ Rn. 17) ist gehalten, stattdessen nach §§ 21 ff. vorzugehen und ggf. die Mitgesellschafter in Anspruch zu nehmen (HCL/*Casper* Rn. 68; Baumbach/Hueck/*Fastrich* Rn. 20). Aus demselben Grund ist in der Insolvenz des Einlageschuldners auch in einem Insolvenzplan (§§ 217 ff. InsO) keine vergleichende Regelung möglich (MüKoGmbHG/*Schwandtner* Rn. 72; Scholz/*Veil* Rn. 67).

Abs. 2 schließt es nicht aus, die Entscheidung über Bestand und Inhalt der Einlageforderung auf ein **Schiedsgericht** zu übertragen. Dies hat der BGH zu § 1025 Abs. 1 ZPO aF anerkannt (BGH 19.7.2004, BGHZ 160, 127 (132 ff.) = NJW 2004, 2898) und gilt erst recht unter Geltung des § 1030 Abs. 1 ZPO nF (Lutter/Hommelhoff/*Bayer* Rn. 22; MüKoGmbHG/*Schwandtner* Rn. 75; *Habersack* SchiedsVZ 2004, 261 (262)). 15

c) Zeitlicher Anwendungsbereich. Da die Einlageforderungen bereits mit wirksamem Vertragsschluss (§ 2) und nicht erst mit Eintragung der GmbH entstehen, stellt sich die Frage, ob das Befreiungsverbot auch schon im **Stadium der Vorgesellschaft** gilt. Einigkeit besteht, dass die Gesellschafter nicht gehindert sind, den Gesellschaftsvertrag vor Eintragung der GmbH einstimmig abzuändern und das Stammkapital sowie die Stammeinlagen abw. von der ursprünglichen Vereinbarung festzusetzen (Baumbach/Hueck/*Fastrich* Rn. 17). Davon abgesehen verbleibt es aber auch im Gründungsstadium bei der Geltung des Abs. 2 S. 1 (HCL/*Casper* Rn. 50; MHLS/*Ebbing* Rn. 52 f.; unklar BGH 9.3.1981, BGHZ 80, 129 (132 f.) = NJW 1981, 1373: §§ 19, 30 ff. „nicht uneingeschränkt" übertragbar). – Auch bei einer **Kapitalerhöhung** entstehen die Einlageverpflichtungen nicht erst mit Eintragung der Kapitalerhöhung, sondern bereits mit Abschluss des Übernahmevertrags (→ § 55 Rn. 13). Die Zahlung der Mindesteinlagen kann deshalb schon vor der Eintragung gerichtlich durchgesetzt werden (UHL/*Ulmer* § 55 Rn. 88; missverständlich insoweit HCL/*Casper* Rn. 49). Da die Kapitalerhöhung aber erst mit Eintragung wirksam wird, steht es den Gesellschaftern bis zu diesem Zeitpunkt frei, den Kapitalerhöhungsbeschluss wieder aufzuheben (zu Form- und Mehrheitserfordernissen UHL/*Ulmer* § 53 Rn. 84) und damit der Einlagepflicht ihre Grundlage zu entziehen (HCL/*Casper* Rn. 49). 16

Das Befreiungsverbot ist auch im **Insolvenzverfahren** (BayObLG 30.10.1984, ZIP 1985, 33 (34); HCL/*Casper* Rn. 50) sowie gem. § 69 Abs. 1 in der **Liquidation** zu beachten. Sind allerdings sämtliche Gläubiger der Gesellschaft befriedigt und können neue Gesellschaftsverbindlichkeiten nicht mehr entstehen, ist der Normzweck des Befreiungsverbots hinfällig. Folglich entfällt in diesem Fall die Bindung an Abs. 2 (RG 12.11.1935, RGZ 149, 293 (298); BGH 30.11.1967, DB 1968, 165 (166); BGH 21.9.1978, NJW 1979, 216; Baumbach/Hueck/*Fastrich* Rn. 17). 17

2. Rechtsfolgen. Ein Gesellschafterbeschluss, der gegen Abs. 2 S. 1 verstößt, ist entsprechend § 241 Nr. 3 AktG nicht nur anfechtbar, sondern **nichtig** (Baumbach/Hueck/*Fastrich* Rn. 17; allgM). Gleiches gilt gem. § 134 BGB für sonstige Rechtsgeschäfte, die gegen Abs. 2 S. 1 verstoßen (Baumbach/Hueck/*Fastrich* Rn. 17; allgM). Die Einlageforderung bleibt daher unverändert bestehen. 18

3. Besonderheiten bei Kapitalherabsetzung (Abs. 3). Als Ausnahme vom Befreiungsverbot sieht Abs. 3 vor, dass durch eine Kapitalherabsetzung nach § 58 (nicht § 58a, MüKoGmbHG/*Schwandtner* Rn. 161) eine Befreiung von den bestehenden Einlageverpflichtungen erreicht werden kann, allerdings nur im Umfang des Herabsetzungsbetrags. Allein das Wirksamwerden der Kapitalherabsetzung bewirkt die Reduzierung der Einlagen allerdings noch nicht. Vielmehr bedarf es hierfür zusätzlicher Erlassverträge (heute ganz hM; UHL/*Casper* § 58 Rn. 62 mwN). Sollte die Kapitalherabsetzung gerade dem Erlass von Einlagen dienen, liegt aber in der Zustimmung der Gesellschafter zu dem Kapitalherabsetzungsbeschluss regelmäßig das Angebot zum Abschluss eines durch Eintragung des Beschlusses aufschiebend bedingten Erlassvertrags, das von den Geschäftsführern konkludent angenommen wird (UHL/*Casper* § 58 Rn. 62; MüKoGmbHG/*Schwandtner* Rn. 160). 19

IV. Aufrechnungsverbot (Abs. 2 S. 2)

1. Aufrechnung durch Gesellschafter. a) Allgemeines. Abs. 2 S. 2 schließt die einseitige **Aufrechnung durch Gesellschafter** gegen die Einlageforderung grundsätzlich aus. Eine Ausnahme lässt das Gesetz nur bei formgerechter Festsetzung in der Satzung zu (→ Rn. 22). Die Vorschrift lehnt sich an das aktienrechtliche Vorbild (Art. 184c S. 1 ADHGB idF der Aktienrechtsnovelle 1884, heute § 66 20

Abs. 1 S. 2 AktG) an und will sicherstellen, dass die geschuldete Einlageleistung der Gesellschaft unverkürzt und in der vorgesehenen Form zufließt (HCL/*Casper* Rn. 76; vgl. auch Begr. Aktienrechtsnovelle 1884, abgedr. bei *Schubert/Hommelhoff,* Hundert Jahre modernes Aktienrecht, 1985, 430). Würde man dem Gesellschafter die Aufrechnungsbefugnis gewähren, hätte dies zur Konsequenz, dass die Einlageforderung gewissermaßen für die Befriedigung der Forderung des Gesellschafters reserviert wäre, was dem Eigenkapitalcharakter der Einlage widerspräche (ausf. zu dieser ratio legis *Buddemeier* Verfügungen über Einlageforderungen in der Krise der Kapitalgesellschaft, 2017, 66 ff.). Zu diesem Zweck schließt Abs. 2 S. 2 sogar die Aufrechnung des Gesellschafters mit einer vollwertigen, fälligen und liquiden Gegenforderung aus. Auf welchem Rechtsgrund die Gegenforderung des Gesellschafters beruht, ist unerheblich.

21 **b) Anwendungsbereich.** Das Aufrechnungsverbot des Abs. 2 S. 2 erstreckt sich wie S. 1 auf **Einlageforderungen aller Art** (→ Rn. 9). Erfasst sind somit auch Ansprüche aus § 31 Abs. 1 und Abs. 3; ein Umkehrschluss aus § 31 Abs. 4 ist nicht veranlasst (BGH 27.11.2000, BGHZ 146, 105 (107 f.) = NJW 2001, 830; BGH 10.7.2006, NZG 2006, 664 Rn. 9; HCL/*Casper* Rn. 77; *Buddemeier,* Verfügungen über Einlageforderungen in der Krise der Kapitalgesellschaft, 2017, 142 f.). Gleiches gilt nach zutreffender Ansicht auch für Ansprüche aus § 43a S. 2 (HCL/*Paefgen* § 43a Rn. 51; aA OLG Naumburg 19.5.1998, ZIP 1999, 118 (119 f.)). Erfasst werden auch Ansprüche der Gesellschaft aus §§ 21 ff. (Baumbach/Hueck/*Fastrich* Rn. 30 (zu § 24)). Zur Aufrechnung gegen Verlustausgleichsansprüche im Vertragskonzern (§ 302 AktG analog) → AktG § 302 Rn. 16. In zeitlicher Hinsicht ist Abs. 2 S. 2 vom Gründungsstadium bis ins Liquidations- und Insolvenzstadium durchgehend zu beachten (Lutter/Hommelhoff/*Bayer* Rn. 52; HCL/*Casper* Rn. 78). Entsprechend den Ausführungen zum Befreiungsverbot kann die Bindung an Abs. 2 S. 2 im Liquidations- oder Insolvenzverfahren ausnahmsweise entfallen, wenn sämtliche Gläubiger befriedigt sind und mit dem Entstehen neuer Schulden nicht zu rechnen ist (→ Rn. 17).

22 **c) Ausnahme bei formgerechter Festsetzung in der Satzung.** Die Aufrechnung durch den Gesellschafter ist gem. Abs. 2 S. 2 ausnahmsweise zulässig, wenn mit einer Forderung aus der Überlassung von Vermögensgegenständen aufgerechnet wird, deren Anrechnung auf die Einlageverpflichtung nach § 5 Abs. 4 S. 1 in der Satzung bzw. im Kapitalerhöhungsbeschluss (§ 56) festgelegt worden ist. Erfasst wird (wie früher in Abs. 5 aF) der Fall einer ordnungsgemäß vereinbarten und damit auch der Prüfung durch das Registergericht unterworfenen **Sachübernahme,** bei der vereinbart wird, dass die Gesellschaft einen Vermögensgegenstand übernimmt und die Vergütung mit der Einlagepflicht des Gesellschafters verrechnet werden soll (BT-Drs. 16/6140, 39). Die Sachübernahme und die Aufrechnung der Entgeltforderung mit der Einlageforderung müssen nach § 7 Abs. 3 (ggf. iVm § 56a) **vor Anmeldung** der Gesellschaft zum Handelsregister vollzogen sein (→ § 7 Rn. 23). Bleibt der Wert der Sachübernahmeleistung bzw. der daraus resultierenden Forderung hinter dem Nennbetrag der Einlage zurück, ohne dass das Registergericht dies beanstandet, greift die Differenzhaftung nach § 9 ein. Die Aufrechnung selbst ist in diesem Fall unabhängig von der Vollwertigkeit der Gesellschafterforderung wirksam (HCL/*Casper* Rn. 80).

23 **d) Rechtsfolgen.** Bei Verstoß gegen das Aufrechnungsverbot ist die Aufrechnung **unwirksam,** die Einlageforderung bleibt unverändert bestehen (Baumbach/Hueck/*Fastrich* Rn. 32; HCL/*Casper* Rn. 83; MüKoGmbHG/*Schwandtner* Rn. 86; für Möglichkeit der Genehmigung seitens der GmbH analog § 185 Abs. 2 S. 1 Var. 1 BGB aber *Buddemeier,* Verfügungen über Einlageforderungen in der Krise der Kapitalgesellschaft, 2017, 148 f.). Eine Anrechnung entspr. Abs. 4 scheidet wegen der ausdrücklichen Regelung in Abs. 2 S. 2 und dem damit verbundenen Fehlen einer Regelungslücke grundsätzlich aus (im Ausgangspunkt ganz hM; Lutter/Hommelhoff/*Bayer* Rn. 25; HCL/*Casper* Rn. 83 mwN; zweifelnd *Bormann* in BKO GmbHR-HdB Kap. 4 Rn. 96). Abs. 4 ist allerdings dann (zumindest entsprechend) anwendbar, wenn die vom Inferenten erklärte Aufrechnung anlässlich der Übernahme der Einlage mit der Gesellschaft vorabgesprochen war (Scholz/*Veil* Rn. 85; HCL/*Casper* Rn. 83; *Wicke* Rn. 12). Da die GmbH in diesem Fall bereits vorab ihre Zustimmung zu der Aufrechnung des Inferenten erklärt hat, steht dieser Fall der einvernehmlichen Verrechnung durch Aufrechnungsvertrag gleich; diese wiederum ist bei entspr. Vorabsprache zweifelsfrei als verdeckte Sacheinlage zu bewerten (→ Rn. 24 f.). Weitergehend soll nach einer Ansicht im Schrifttum Abs. 4 auch immer dann (entspr.) anwendbar sein, wenn die Geschäftsführer der GmbH die Einlage nach der vom Inferenten erklärten Aufrechnung als wirksam erbracht ansehen (*Habersack/Weber* ZGR 2014, 509 (524 ff.)).

24 **2. Aufrechnung durch die GmbH und Aufrechnungsvertrag. a) Allgemeines.** Abs. 2 S. 2 regelt nur die einseitige Aufrechnung durch den Gesellschafter (Aufrechnung „gegen den Anspruch der Gesellschaft"). Gleichwohl besteht weitgehend Einigkeit, dass im Interesse der Kapitalaufbringung auch die Gesellschaft nicht einschränkungslos aufrechnen kann. Dasselbe gilt für die einvernehmliche Verrechnung durch Aufrechnungsvertrag (Scholz/*Veil* Rn. 93). Dabei sind zwei Fallgruppen zu unterscheiden: zum einen Fälle, in denen die Verrechnung auf eine verdeckte Sacheinlage iSd Abs. 4 nF hinausläuft, und zum anderen Fälle, in denen keine verdeckte Sacheinlage vorliegt.

b) Verrechnungsabrede bei Übernahme der Bareinlage (verdeckte Sacheinlage). Haben die Beteiligten bereits bei Begründung der Einlageforderung, dh bei Abschluss des Gesellschaftsvertrags bzw. des Übernahmevertrags iRd Kapitalerhöhung, eine Abrede darüber getroffen, dass die Einlageforderung mit einer Forderung des Gesellschafters verrechnet wird, liegt darin wie nach altem Recht eine verbotene **verdeckte Sacheinlage** (Baumbach/Hueck/*Fastrich* Rn. 51 f.). Eine derartige Abrede wird vermutet, wenn ein enger zeitlicher und sachlicher Zusammenhang zwischen der Verrechnung und dem Kapitalaufbringungsvorgang besteht (→ Rn. 41). Die Rechtsfolgen bestimmen sich nunmehr nach Abs. 4, der die früher geltenden Rechtsfolgen erheblich abmildert und im Ergebnis nur noch eine Differenzhaftung vorsieht, soweit der wahre Wert der verdeckt eingebrachten Forderung hinter dem Betrag der Bareinlage zurückbleibt. 25

c) Sonstige Fälle der Aufrechnung durch die Gesellschaft. aa) Aufrechnung gegen Neuforderungen. Keine verdeckte Sacheinlage liegt dagegen vor, wenn die Gesellschaft mit der Bareinlageforderung gegen eine Forderung des Gesellschafters aufrechnet oder mit diesem einen Aufrechnungsvertrag schließt, ohne dass hierüber bereits bei Übernahme der Bareinlage eine Abrede iSd Abs. 4 getroffen wurde. Angesprochen ist damit vor allem die nicht vorabgesprochene Aufrechnung gegen sog. **Neuforderungen** des Inferenten, die erst nach Begründung der Einlagepflicht entstanden sind (zu Altforderungen → Rn. 28a). Auch in diesem Fall darf die Gesellschaft nach hM im Interesse effektiver Kapitalaufbringung nicht uneingeschränkt aufrechnen oder einen Aufrechnungsvertrag schließen. Vielmehr wird grundsätzlich (zu Ausnahmen → Rn. 28) verlangt, dass die Forderung des Gesellschafters im Zeitpunkt der Aufrechnungserklärung **vollwertig, fällig und liquide** sein muss, da sonst entgegen Abs. 2 S. 1 der Sache nach eine Teilbefreiung des Inferenten einträte (zur Rechtslage vor dem MoMiG stRspr, BGH 16 9.2002, BGHZ 152, 37 (42 ff.) = NJW 2002, 3774; zuletzt BGH 6.12.2011, BGHZ 191, 364 = NZG 2012, 69 Rn. 36 (zur AG) mBespr *Verse* ZGR 2012, 875 (890 ff.); für Beibehaltung der Rspr. auch nach neuem Recht OLG Karlsruhe 18.11.2013, GmbHR 2014, 144 (146); Baumbach/Hueck/*Fastrich* Rn. 37; Lutter/Hommelhoff/*Bayer* Rn. 28; HCL/*Casper* Rn. 89; Roth/Altmeppen/*Altmeppen* Rn. 44; aA wegen Befreiung der Gesellschaft iHd Nominalwerts Spindler/Stilz/*Cahn* AktG § 66 Rn. 30 ff.; MüKoGmbHG/*Schwandtner* Rn. 98; tief dringende und bedenkenswerte Kritik an der hM zuletzt bei *Buddemeier,* Verfügungen über Einlageforderungen in der Krise der Kapitalgesellschaft, 2017, 95 ff., 138 ff.; abw. auch *Habersack/Weber* ZGR 2014, 509 (521 f.): Aufrechnung der GmbH gegen Neuforderungen ohne Einschränkung zulässig und wirksam, bei fehlender Werthaltigkeit der Gesellschafterforderung aber Differenzhaftung analog § 9). 26

Vollwertigkeit setzt bei unbesicherten Forderungen voraus, dass das Gesellschaftsvermögen nach Höhe und Liquidität zur Befriedigung sämtlicher Gesellschaftsschulden einschließlich der Forderung des Gesellschafters ausreicht (BGH 2.12.2002, BGHZ 153, 107 (113) = NJW 2003, 825; MüKoGmbHG/*Lieder* § 56 Rn. 105 mwN). Die Gesellschaft darf also weder überschuldet (§ 19 Abs. 2 InsO) noch zahlungsunfähig (§ 17 Abs. 2 InsO) sein (Baumbach/Hueck/*Fastrich* Rn. 37). Nach verbreiteter, aber zweifelhafter Ansicht soll die Vollwertigkeit auch bei nachhaltigen Zahlungsschwierigkeiten vor Insolvenzreife entfallen (Lutter/Hommelhoff/*Bayer* Rn. 31 mwN; zur Kritik daran *Verse* ZGR 2012, 875 (892)). Allein das Vorliegen einer Unterbilanz schadet aber nicht (BGH 19.1.2016, DStR 2016, 923 Rn. 34 (zur Werthaltigkeit iRd § 19 Abs. 4 S. 3)). Besicherte Forderungen sind schon dann vollwertig, wenn die Sicherheit in voller Höhe werthaltig ist (Lutter/Hommelhoff/*Bayer* Rn. 31). Ein bloßes Zurückbehaltungsrecht verschafft dem Gesellschafter aber keine hinreichende Sicherheit idS (BGH 6.12.2011, BGHZ 191, 364 = NZG 2012, 69 Rn. 37). Die **Fälligkeit** bestimmt sich nach allgemeinen Regeln (§ 271 BGB). **Liquide** ist die Gegenforderung nur, wenn sie „so gut wie Bargeld", dh weder einredebehaftet noch streitig ist; bloßes Nichtbestreiten soll nicht genügen (Lutter/Hommelhoff/*Bayer* Rn. 28, 33 f.; Baumbach/Hueck/*Fastrich* Rn. 37). Daran fehlt es bei Forderungen, die zum Aufrechnungszeitpunkt einer Durchsetzungssperre nach altem Kapitalersatzrecht unterlegen haben (näher MüKoGmbHG/*Schwandtner* Rn. 106 f.). Maßstab für die Beurteilung der genannten Voraussetzungen ist die Sicht eines objektiven Betrachters. Dass die Geschäftsführer aus ihrer subjektiven Sicht (wenn auch schuldlos) vom Vorliegen der Voraussetzungen ausgehen, genügt nicht (Lutter/Hommelhoff/*Bayer* Rn. 34). Die Darlegungs- und **Beweislast** hinsichtlich dieser Aufrechnungsvoraussetzungen liegt beim Inferenten (Lutter/Hommelhoff/*Bayer* Rn. 37; HCL/*Casper* Rn. 101 mwN). 26a

Bei Verstoß gegen diese Vorgaben war die Aufrechnung nach der zum alten Recht hM in vollem Umfang unwirksam (dh keine anteilige Tilgung bei fehlender Vollwertigkeit, UHW/*Ulmer,* 1. Aufl. 2005, Rn. 72 mwN). Nach neuem Recht ist daran nicht mehr uneingeschränkt festzuhalten. Wenn sogar die anlässlich der Übernahme der Bareinlage getroffene Vorabsprache der Beteiligten trotz Umgehung der Sacheinlagevorschriften kein Hindernis darstellt, den tatsächlichen Wert der Gesellschafterforderung auf die Bareinlagepflicht anzurechnen (verdeckte Sacheinlage), wäre es wertungswidersprüchlich, wenn man diese Anrechnung nicht auch zulassen wollte, wenn die Aufrechnung später ohne eine derartige Vorabsprache erfolgt. Daher ist die von der GmbH erklärte Aufrechnung zwar auf Grundlage der hM weiterhin nicht geeignet, nach § 389 BGB die wechselseitigen Forderungen rückwirkend zum Erlöschen zu bringen; **entsprechend Abs. 4 S. 3** ist aber der Wert der Gesellschafterforderung auf die 27

Einlageschuld anzurechnen (HCL/*Casper* Rn. 97; Rowedder/Schmidt-Leithoff/*Pentz* Rn. 81; Roth/Altmeppen/*Altmeppen* Rn. 48; Scholz/*Veil* Rn. 81 f.; *Goette* ZHR 177 (2013), 740 (753 f.); zu den Modalitäten der Anrechnung → Rn. 65a). Einschränkend wird zT vertreten, dass diese Anrechnung analog Abs. 4 S. 3 nur stattfinde, wenn die GmbH im Einvernehmen mit dem Gesellschafter aufrechnet, da die GmbH sonst dem Gesellschafter einseitig dessen Forderung unter Nominalwert entziehen könnte (Lutter/Hommelhoff/*Bayer* Rn. 36; ferner MüKoGmbHG/*Lieder* § 56 Rn. 108 (zu Altforderungen); dagegen jedoch mit Recht *Habersack/Weber* ZGR 2014, 509 (518 ff.)). In der Konsequenz der hM liegt es, die Beweislast hinsichtlich der Werthaltigkeit der Gesellschafterforderung auch iRd Wertanrechnung analog Abs. 4 S. 3 dem Inferenten zuzuweisen. Darin und in der fehlenden Rückwirkung gem. § 389 BGB liegt im Ergebnis der wesentliche Unterschied der hM zu dem im neueren Schrifttum entwickelten Alternativkonzept, das die Aufrechnung der GmbH gegen Neuforderungen des Inferenten abweichend von der bisherigen Rspr. des BGH (→ Rn. 26) für uneingeschränkt zulässig hält und bei fehlender Werthaltigkeit der Gesellschafterforderung eine Differenzhaftung analog § 9 annehmen will (*Habersack/Weber* ZGR 2014, 509 (522)).

28 Die Gesellschaft darf **ausnahmsweise** auch gegen eine nicht vollwertige, fällige, liquide Forderung des Gesellschafters aufrechnen, wenn die Einlageforderung auch unter Berücksichtigung der Möglichkeit der Kaduzierung nach §§ 21 ff. nicht anders durchgesetzt werden kann und das Unterlassen der Aufrechnung die Gesellschaft schädigen würde (BGH 13.10.1954, BGHZ 15, 52 (57 ff.) = NJW 1954, 1842; HCL/*Casper* Rn. 95). In diesem Ausnahmefall handeln die Geschäftsführer, die trotz fehlender Vollwertigkeit etc die Aufrechnung erklären, nicht pflichtwidrig; die Aufrechnung ist voll wirksam. Ferner kann die GmbH auch dann wirksam aufrechnen, wenn ausnahmsweise nach Abs. 2 S. 2 auch eine Aufrechnung durch den Gesellschafter zulässig wäre, dh bei ordnungsgemäßer Festsetzung einer Sachübernahme in der Satzung bzw. im Kapitalerhöhungsbeschluss (Baumbach/Hueck/*Fastrich* Rn. 33b). Insoweit gilt das zur Aufrechnung durch den Gesellschafter Gesagte (→ Rn. 22).

28a **bb) Aufrechnung gegen Altforderungen.** Die Aufrechnung gegen **Altforderungen** des Inferenten, mithin solche, die schon vor dem Entstehen der Einlageschuld entstanden sind, soll nach bisher hM generell unzulässig sein, also auch dann, wenn sie nicht vorabgesprochen wurde (dh keine verdeckte Sacheinlage vorliegt) und die betreffende Forderung vollwertig, fällig und liquide ist (Lutter/Hommelhoff/*Bayer* Rn. 28; HCL/*Casper* Rn. 98). Begründet wird dies mit dem Hinweis, dass die Altforderung im Wege der offenen Sacheinlage einzubringen gewesen wäre. Eine gesetzliche Grundlage für ein derart generelles Aufrechnungsverbot ist indes nicht ersichtlich, wenn mangels Vorabsprache keine verdeckte Sacheinlage nach Abs. 4 vorliegt (zutr. MüKoGmbHG/*Schwandtner* Rn. 113). Daher spricht viel dafür, die nicht vorabgesprochene Aufrechnung gegen eine vollwertige, fällige und liquide Altforderung des Inferenten genauso als zulässig und wirksam (§ 389 BGB) anzusehen wie im Fall einer Neuforderung (→ Rn. 26, → Rn. 28). Fehlt es an diesen Voraussetzungen, bleibt die Aufrechnung auf Grundlage der hM unzulässig und entfaltet nicht die (Rück-)Wirkung des § 389 BGB. In diesem Fall ist aber wiederum (wie bei Neuforderungen, → Rn. 27) der Wert der Gesellschafterforderung entsprechend Abs. 4 S. 3 auf die Einlageschuld anzurechnen (HCL/*Casper* Rn. 98; für Altforderungen auch *Habersack/Weber* ZGR 2014, 509 (520 f.); einschr. – nur bei einvernehmlicher Aufrechnung – Lutter/Hommelhoff/*Bayer* Rn. 36; MüKoGmbHG/*Lieder* § 56 Rn. 108).

29 **d) Kompetenz der Geschäftsführer.** Die Erklärung der Aufrechnung bzw. der Abschluss des Aufrechnungsvertrags erfolgt durch die Geschäftsführer, die hierfür vorbehaltlich abweichender Satzungsregelung grundsätzlich keiner Zustimmung der Gesellschafterversammlung bedürfen (Baumbach/Hueck/*Fastrich* Rn. 40; HCL/*Casper* Rn. 100). Eine Aufrechnung seitens des Gesellschafter-Geschäftsführers gegenüber sich selbst ist nach der Rspr. des BGH möglich, sofern eine Befreiung von § 181 BGB vorliegt (BGH 16.9.2002, BGHZ 152, 37 (44) = NJW 2002, 3774; MüKoGmbHG/*Schwandtner* Rn. 118 f.; aA Baumbach/Hueck/*Fastrich* Rn. 40; HCL/*Casper* Rn. 100).

V. Zurückbehaltungsverbot (Abs. 2 S. 3)

30 Nach Abs. 2 S. 3 kann der Gesellschafter ein Zurückbehaltungsrecht gegenüber **Sacheinlageverpflichtungen** nur wegen Forderungen geltend machen, die sich unmittelbar auf den Gegenstand der Sacheinlage beziehen. Damit sind Zurückbehaltungsrechte wegen Verwendungen auf den Gegenstand der Sacheinlage gemeint (§ 273 Abs. 2 BGB, § 1000 BGB). Mit dieser Ausnahme sind alle Zurückbehaltungsrechte (zB aus § 273 Abs. 1 BGB, § 369 HGB) ausgeschlossen, auch solche, die ihren Rechtsgrund im Gesellschaftsvertrag haben (HCL/*Casper* Rn. 104). **Bareinlageverpflichtungen** werden in Abs. 2 S. 3 nicht erwähnt. Aus dem Aufrechnungsverbot des Abs. 2 S. 2 wird aber allgemein abgeleitet, dass dem Gesellschafter auch die aus wirtschaftlicher Sicht vergleichbare Berufung auf ein Zurückbehaltungsrecht gegenüber der Bareinlagepflicht verwehrt ist (RG 7.11.1913, RGZ 83, 266 (268); BGH 4.8.2020, NZG 2020, 1067 Rn. 29; Baumbach/Hueck/*Fastrich* Rn. 41). Unberührt bleibt allerdings das Leistungsverweigerungsrecht wegen nicht erteilter Auskunft, ob auch die Mitgesellschafter gleichmäßig in Anspruch genommen wurden (→ Rn. 2).

VI. Verdeckte Sacheinlage (Abs. 4)

1. Allgemeines. Abs. 4 enthält seit dem MoMiG erstmals eine gesetzliche Regelung der **verdeckten Sacheinlage,** welche die in der Rspr. zum alten Recht entwickelten Grundsätze auf der Rechtsfolgenseite von Grund auf reformiert. Die Vorschrift zielt auf Fälle, in denen die Vorschriften über Sacheinlagen, insbesondere die registergerichtliche Werthaltigkeitskontrolle, umgangen werden, indem der Gesellschaftsvertrag eine Bareinlage vorsieht und formal auch eine Bareinlage geleistet wird, im wirtschaftlichen Ergebnis der Gesellschaft aber ein Sachwert zugewandt wird. Typische Bsp. bilden die Einzahlung eines Barbetrags, den die Gesellschaft wenig später absprachegemäß für den Kauf eines Gegenstands des Gesellschafters verwendet, oder die vorabgesprochene Verrechnung von Forderungen des Gesellschafters mit der Bareinlagepflicht. Bei wirtschaftlicher Betrachtung wird in diesen Fällen keine Bareinlage, sondern der betreffende Gegenstand eingebracht. Nach der **Rspr.** und **hL zum alten Recht** waren die Rechtsfolgen einer solchen verdeckten Sacheinlage **überaus einschneidend** (statt vieler UHW/*Ulmer,* 1. Aufl. 2005, Rn. 132 ff.): Die Bareinlage galt unabhängig von der Werthaltigkeit des verdeckt eingebrachten Gegenstands als nicht erbracht und bestand somit ungeschmälert fort. Zudem waren sowohl das schuldrechtliche als auch das dingliche Rechtsgeschäft über den verdeckt eingebrachten Gegenstand („Verkehrsgeschäft“) analog § 27 Abs. 3 S. 1 AktG aF unwirksam (BGH 7.7.2003, BGHZ 155, 329 (338) = NJW 2003, 3127). Nach Verrechnung der jeweiligen Bereicherungsansprüche (Anspruch der Gesellschaft auf Rückzahlung des Kaufpreises und Zweckverfehlungskondiktion des Gesellschafters auf Rückzahlung des eingezahlten Barbetrags) standen sich somit der fortbestehende Bareinlageanspruch der Gesellschaft und der Anspruch des Gesellschafters auf Rückgewähr bzw. Wertersatz des verdeckt eingebrachten Gegenstands gegenüber In der Insolvenz der Gesellschaft war der Anspruch des Gesellschafters nahezu wertlos, sofern nicht der Gegenstand noch in natura vorhanden war und ein Aussonderungsrecht nach § 47 InsO bestand. Im Ergebnis war es daher häufig so, dass der Inferent seine Einlage bei wirtschaftlicher Betrachtung zweimal erbringen musste. 31

Mit der Regelung des Abs. 4 verfolgt der Gesetzgeber das Anliegen, diese drastischen, im Schrifttum vielfach als überzogen kritisierten **Rechtsfolgen zu entschärfen.** Dabei hat er sich auch von der Überlegung leiten lassen, dass das Vorliegen einer verdeckten Sacheinlage uU schwierig festzustellen ist und an den gesellschaftsrechtlichen Kenntnisstand der Beteiligten gerade im Bereich kleinerer und mittelständischer Unternehmen keine überhöhten Erwartungen gestellt werden dürfen (BT-Drs. 16/6140, 40). Abs. 4 sieht deshalb eine **Anrechnungslösung** vor, die im Gegensatz zum alten Recht den Wert des verdeckt eingebrachten Gegenstands auf die Einlageforderung anrechnet und damit im Ergebnis nur noch zu einer **Differenzhaftung** führt, soweit der tatsächliche Wert der verdeckten Sacheinlage hinter dem Betrag der Bareinlage zurückbleibt. Das zum 1.9.2009 in Kraft getretene ARUG hat diese Lösung auch auf die AG übertragen (§ 27 Abs. 3 AktG). 32

Der **Anwendungsbereich** des Abs. 4 erstreckt sich nicht nur auf die Gründung, sondern gem. § 56 Abs. 2 auch auf Kapitalerhöhungen. Er findet zudem unabhängig davon Anwendung, ob die Gesellschaft im normalen oder im vereinfachten Verfahren nach § 2 Abs. 1a mithilfe des nur Bareinlagen vorsehenden **Musterprotokolls** gegründet worden ist (*Herrler* DB 2008, 2347 (2349 f.); *Witt* ZIP 2009, 1102 (1105 f.); Lutter/Hommelhoff/*Bayer* Rn. 68; ganz hM; aA *Bormann/Urlichs* in Römermann/Wachter, GmbHR-Sonderheft MoMiG, 37 (42)). Zu der Streitfrage, ob Abs. 4 trotz § 5a Abs. 2 S. 2 auch auf die **Unternehmergesellschaft** anwendbar ist oder insoweit die alten Regeln fortgelten, → § 5a Rn. 19. 33

2. Tatbestand. a) Kontinuität zum früheren Recht. Abs. 4 S. 1 definiert den Tatbestand der verdeckten Sacheinlage als eine Bareinlage, die bei wirtschaftlicher Betrachtung aufgrund einer im Zusammenhang mit der Übernahme der Bareinlage getroffenen Abrede ganz oder teilweise als Sacheinlage zu bewerten ist. Eine **inhaltliche Änderung** gegenüber der früheren Rspr. ist mit dieser Legaldefinition **nicht bezweckt.** Zur Konkretisierung kann daher auf die vor Inkrafttreten des MoMiG ergangene Rspr. zurückgegriffen werden (BT-Drs. 16/6140, 40 f.; stRspr, etwa BGH 20.7.2009, BGHZ 182, 103 = NJW 2009, 3091 Rn. 12: „lediglich die Rechtsfolgen neu geregelt“; BGH 19.1.2016, DStR 2016, 923 Rn. 28 mwN; abw. *Schall* ZGR 2009, 126 (147 ff.)). Tatbestandsvoraussetzungen sind somit nach wie vor die wirtschaftliche Entsprechung des Vorgangs mit einer Sacheinlage (→ Rn. 35 ff.) sowie eine darauf gerichtete Abrede der Beteiligten (→ Rn. 40 ff.). Die **Beweislast** hinsichtlich dieser Voraussetzungen trägt wie nach alter Rechtslage grundsätzlich derjenige, der sich darauf beruft, idR also die GmbH bzw. ihr Insolvenzverwalter (*Bormann* in BKO GmbHR-HdB Kap. 4 Rn. 230; *Bayer/Illhardt* GmbHR 2011, 505 (511)). Allerdings wird die zweite Voraussetzung – die Abrede der Beteiligten – unter bestimmten Umständen vermutet (→ Rn. 41 f.). 34

b) Wirtschaftliche Entsprechung. aa) Verdeckte Einbringung eines sacheinlagefähigen Gegenstands. Die verdeckte Sacheinlage setzt zunächst voraus, dass der Gesellschaft vom Einlageschuldner anstelle der vereinbarten Bareinlage im wirtschaftlichen Ergebnis andere Vermögensgegenstände ohne Offenlegung im Gesellschaftsvertrag bzw. im Kapitalerhöhungsbeschluss zufließen. Die verdeckte Ein- 35 bringung eines anderen Gegenstands muss ganz oder teilweise (→ Rn. 45) an die Stelle der vereinbarten Bareinlage treten. Wird die Bareinlage vollständig erbracht und lediglich aus den geleisteten Zuzahlungen in die Kapitalrücklage ein Gegenstand des Gesellschafters erworben oder eine Forderung des Gesellschafters beglichen, liegt keine verdeckte Sacheinlage vor (BGH 15.10.2007, NJW-RR 2008, 423 mzustAnm *Haberstock* NZG 2008, 220; MüKoGmbHG/*Schwandtner* Rn. 189; *Rezori* RNotZ 2011, 125 (139); *Szalai/Kreußlein* notar 2019, 283 (290); abw. *v. Schnurbein* GmbHR 2010, 568 (570 f.)).

36 Bei dem verdeckt eingebrachten Gegenstand muss es sich um einen **sacheinlagefähigen Gegenstand** handeln, da nur dann eine Umgehung der Sacheinlagevorschriften droht (BGH 16.2.2009, BGHZ 180, 38 = NJW 2009, 2375 Rn. 9 ff. – Qivive mwN aus der Rspr.; BGH 1.2.2010, BGHZ 184, 158 = NJW 2010, 1747 Rn. 14 ff. – Eurobike (zur AG); *Benecke* ZIP 2010, 105 (107 f.); *Habersack* FS Priester, 2007, 157 (161 ff.); *Habersack* GWR 2009, 129; Lutter/Hommelhoff/*Bayer* Rn. 59; MüKoGmbHG/*Schwandtner* Rn. 191). Bedeutung hat dies insbesondere, wenn im Zusammenhang mit der Übernahme der Bareinlage verabredet wird, dass der Inferent der Gesellschaft entgeltliche **Dienstleistungen** erbringen soll, da Ansprüche auf Dienstleistungen analog § 27 Abs. 2 Hs. 2 AktG nicht sacheinlagefähig sind (→ § 5 Rn. 21). In diesem Fall ist Abs. 4 somit jedenfalls nicht unmittelbar anwendbar. Auch eine analoge Anwendung wird von der hM nicht in Betracht gezogen (vgl. BGH 16.2.2009, BGHZ 180, 38 = NJW 2009, 2375 Rn. 9 ff.; BGH 1.2.2010, BGHZ 184, 158 = NJW 2010, 1747 Rn. 14 ff.; Lutter/Hommelhoff/*Bayer* Rn. 59; Scholz/*Veil* Rn. 126; aA mit bedenkenswerten Gründen *Kersting* FS Hopt, 2010, 919 (922 ff.); zweifelnd Rowedder/Schmidt-Leithoff/*Pentz* Rn. 212; krit. auch *Cavin,* Kapitalaufbringung in GmbH und AG, 2012, 223 ff., 521 ff.; zur Anwendbarkeit des Abs. 5 und zur Beweislastverteilung analog Abs. 4 S. 5 aber → Rn. 78). Gleiches gilt, wenn die Einbringung noch ungewisser künftiger oder aufschiebend bedingter Ansprüche in Rede steht, die ebenfalls nicht sacheinlagefähig sind (→ Rn. 48).

37 **bb) Besonderheiten bei Einschaltung Dritter.** Wird der Kapitalaufbringungsvorgang unter Einschaltung Dritter vollzogen, stellt sich die Frage, ob und unter welchen Voraussetzungen dies einer verdeckten Sacheinlage des Inferenten gleichkommt. Im Ausgangspunkt besteht Einigkeit, dass das verdeckte Geschäft nicht mit dem Einlageschuldner persönlich abgeschlossen werden muss. Es genügt, wenn der **Inferent in (nahezu) gleicher Weise begünstigt** wird, wie wenn er selbst das Veräußerungsgeschäft getätigt bzw. die Gegenforderung eingebracht oder die Einlagemittel empfangen hätte (BGH 20.7.2009, BGHZ 182, 103 = NJW 2009, 3091 Rn. 32; BGH 1.2.2010, BGHZ 184, 158 = NJW 2010, 1747 Rn. 13; stRspr; HCL/*Casper* Rn. 130). Das ist insbesondere der Fall, wenn ein **vom Inferenten abhängiges Unternehmen** in den Kapitalaufbringungsvorgang und die damit verbundenen Leistungshin- und -rückflüsse eingebunden wird (BGH 20.7.2009, BGHZ 182, 103 = NJW 2009, 3091 Rn. 32; BGH 1.2.2010, BB 2010, 658 Rn. 13; MüKoGmbHG/*Schwandtner* Rn. 243; aber → Rn. 38 zur abhängigen AG). Dabei genügt es, wenn das Unternehmen vom Inferenten und einer anderen Person gemeinsam beherrscht wird (BGH 16.1.2006, BGHZ 166, 8 Rn. 19 = NJW 2006, 1736). Gleiches gilt, wenn ein Treuhänder oder eine sonstige für Rechnung des Inferenten handelnde Person eingeschaltet wird (Rowedder/Schmidt-Leithoff/*Pentz* Rn. 223; HCL/*Casper* Rn. 147). Auch bei Einschaltung eines **nahen Angehörigen** kann nach Lage des Einzelfalls eine Zurechnung an den Inferenten in Betracht kommen. So liegt in der Tilgung eines vom Ehegatten des Inferenten gewährten Darlehens mit der Bareinlage eine verdeckte Sacheinlage (verdeckte Einbringung des Rückzahlungsanspruchs), wenn das Darlehen wirtschaftlich vom Inferenten gewährt wurde oder die Einlage mit Mitteln bewirkt wird, die dem Inferenten vom Ehegatten zur Verfügung gestellt worden sind (BGH 18.2.1991, BGHZ 113, 335 (345) = NJW 1991, 1574; BGH 12.4.2011, NZG 2011, 667 Rn. 15). Eine pauschale Gleichstellung naher Angehöriger mit dem Inferenten ist jedoch nicht angebracht; allein das Näheverhältnis zum Inferenten begründet keine Zurechnung (BGH 12.4.2011, NZG 2011, 667 Rn. 15 mzustAnm *Podewils* GmbHR 2011, 708 (709); näher MüKoGmbHG/*Schwandtner* Rn. 239 f.; *Gruschinske* GmbHR 2012, 551 (553 f.)).

38 Einem Mittelrückfluss an den Inferenten steht es ferner gleich, wenn die eingezahlten Barmittel nicht unmittelbar oder mittelbar an diesen zurückfließen, sondern an einen Dritten, für dessen Rechnung der Inferent treuhänderisch tätig wird (BGH 15.1.1990, BGHZ 110, 47 (66 ff.) = NJW 1990, 982; MüKoGmbHG/*Schwandtner* Rn. 237). Dasselbe wird in Teilen des Schrifttums angenommen, wenn die Barmittel direkt an ein **Mutterunternehmen des Inferenten** zurückfließen (MüKoGmbHG/*Schwandtner* Rn. 245 ff.; aA KK-AktG/*Ekkenga* AktG § 183 Rn. 131). Allein der Umstand, dass sich der Rückfluss der Einlage unter demselben Konzerndach abspielt, reicht nach der Rspr. jedoch nicht aus. So soll es für die Annahme einer verdeckten Sacheinlage nicht genügen, wenn der eingezahlte Betrag an eine **Schwestergesellschaft** des Inferenten zurückfließt, jedenfalls soweit es sich bei dieser um eine nicht vertraglich konzernierte, mithin **weisungsunabhängige AG** handelt und diese auch nicht für Rechnung der Konzernmutter handelt (BGH 12.2.2007, BGHZ 171, 113 Rn. 7 ff. = NJW 2007, 3285; zust. *Bork* NZG 2007, 375; ähnlich zum Kapitalersatzrecht BGH 5.5.2008, NZG 2008, 507; krit. *Bormann* GmbHR 2007, 435 (436 f.)). Die angeführte Rspr. des BGH lässt sich wohl sogar dahin verstehen, dass in Einschränkung der in → Rn. 37 geschilderten Grundsätze die Weisungsunabhängig-

keit des AG-Vorstands (§ 76 Abs. 1 AktG) einer Zurechnung zum Inferenten selbst dann entgegensteht, wenn die AG keine Schwester-, sondern eine Tochtergesellschaft des Inferenten ist (idS jedenfalls BGH 5.5.2008, NZG 2008, 507 Rn. 13 zum Parallelproblem im Kapitalersatzrecht; zust. *Gehle* DB 2010, 1051; abl. *Blöse* DB 2010, 1053; zum Kapitalerhaltungsrecht BGH 31.5.2011, BGHZ 190, 7 = NZG 2011, 829 Rn. 42 f.; Scholz/*Verse* § 30 Rn. 43 f.). Verneint man mit dem BGH einen Mittelrückfluss an den Inferenten, kann konsequenterweise auch kein Hin- und Herzahlen iSd Abs. 5 vorliegen (so aber *v. Schnurbein* GmbHR 2010, 568 (574 f.)).

Schwierige und bisher nicht hinreichend geklärte Fragen stellen sich ferner, wenn nicht aufseiten des Inferenten, sondern **aufseiten der Gesellschaft** ein anderes Konzernunternehmen in den Kapitalaufbringungsvorgang eingeschaltet wird. Zu denken ist dabei insbesondere an den Fall, dass das Verkehrsgeschäft zwischen einem **Tochterunternehmen der Gesellschaft** und dem Inferenten (oder einem diesem gleichstehenden Dritten) abgeschlossen wird. Auch in diesem Fall soll nach hM bei Vorliegen einer entsprechenden Abrede (→ Rn. 40 ff.) eine verdeckte Sacheinlage vorliegen, wenn die Gesellschaft die eingezahlten Barmittel an das Tochterunternehmen weiterleitet (sei es als Darlehen, Bareinlage oder Zahlung in die Kapitalrücklage) und diese die Vergütung aus dem Verkehrsgeschäft an den Inferenten zahlt (BGH 7.7.2003, BGHZ 155, 329 (335 f.) = NJW 2003, 3127; *Lutter* FS Stiefel, 1987, 505 (518 ff.); KK-AktG/*Ekkenga* AktG § 183 Rn. 130; mit abw. Begr. auch MüKoGmbHG/*Schwandtner* Rn. 250 f.; ihm folgend HCL/*Casper* Rn. 151; krit. *Maier-Reimer* FS Nirk, 1992, 639 (643 ff.)). Allerdings wird man sich vor vorschnellen Verallgemeinerungen hüten und anhand aller Umstände des Einzelfalls prüfen müssen, ob tatsächlich ein Umgehungssachverhalt vorliegt. Der einer verdeckten Sacheinlage inhärente Umgehungsvorwurf kann nur erhoben werden, wenn die Parteien den Weg der offenen Sacheinlage in zumutbarer Weise beschreiten können (vgl. BGH 20.7.2009, BGHZ 182, 103 = NJW 2009, 3091 Rn. 11). Genau dies bereitet in der genannten Konstellation aber nicht selten Schwierigkeiten. Eine Einbringung des Sachwerts in die Gesellschaft mit anschließender Weiterübertragung an das Tochterunternehmen ist wegen der erforderlichen zweifachen Übertragung umständlich und uU mit erheblichen Mehrkosten verbunden (MüKoGmbHG/*Schwandtner* Rn. 254 aE; *Maier-Reimer* FS Nirk, 1992, 639 (643 f.)). Als Alternative wird vorgeschlagen, den Sachwert unentgeltlich an das Tochterunternehmen zu übertragen und auf der Ebene der Gesellschaft eine Sachkapitalerhöhung durchzuführen, deren Gegenstand in der Erhöhung des Werts am Tochterunternehmen liegt (MüKoGmbHG/*Schwandtner* Rn. 255; abl. KK-AktG/*Ekkenga* AktG § 183 Rn. 130). Dieser recht konstruierte Weg kann jedoch allenfalls dann in Betracht kommen, wenn die Gesellschaft zu 100 % an dem Tochterunternehmen beteiligt ist; denn andernfalls ist schwerlich einzusehen, warum der Inferent durch die unentgeltliche Übertragung an das Tochterunternehmen auch deren außenstehende Gesellschafter begünstigen sollte (zust. MüKoGmbHG/*Schwandtner* Rn. 255). 39

Die sog. **Kaskadengründung** (Stafettengründung), bei der die Bareinzahlung von der GmbH absprachegemäß dazu verwendet wird, eine Tochtergesellschaft zu gründen, ist jedenfalls für sich allein (dh ohne Kombination mit einem Verkehrsgeschäft der Tochter mit dem Inferent) kein Fall der verdeckten Sacheinlage (Spindler/Stilz/*Katzenstein* AktG § 27 Rn. 161; DNotI-Report 2015, 73 (74 f.); *Wälzholz/Bachner* NZG 2006, 361 (364); *Priester* DStR 2016, 1555 (1557 f.); vgl. auch BGH 22.6.1992, NJW 1992, 2698 (2700); BGH 12.2.2007, BGHZ 171, 113 Rn. 10 = NJW 2007, 3285; aA *Salzig* NotBZ 2005, 422 (426 f.)). Die mit den Einlagemitteln erworbene Beteiligung bleibt im Vermögen der GmbH; es fehlt an einem Mittelrückfluss an den Inferenten (Spindler/Stilz/*Katzenstein* AktG § 27 Rn. 161; *Wälzholz/Bachner* NZG 2006, 361 (364); *Priester* DStR 2016, 1555 (1558)). 39a

c) Abrede. Die zweite Voraussetzung der verdeckten Sacheinlage bildet wie bisher eine – wenn auch rechtlich unverbindliche – **Abrede, die den wirtschaftlichen Erfolg einer Sacheinlage umfasst** (BGH 20.7.2009, BGHZ 182, 103 = NJW 2009, 3091 Rn. 10 – Cash Pool II; stRspr seit BGH 4.3.1996, BGHZ 132, 133 (139) = NJW 1996, 1286; Baumbach/Hueck/*Fastrich* Rn. 49a). Nicht genügend ist die einseitige Erwartung eines von mehreren Gesellschaftern, die Gesellschaft werde mit den eingelegten Mitteln einen Gegenstand von ihm erwerben (Rowedder/Schmidt-Leithoff/*Pentz* Rn. 111; aber → Rn. 43 zur Einpersonen-GmbH). Andererseits ist eine Umgehungsabsicht der Beteiligten nicht erforderlich (BGH 15 1.1990, BGHZ 110, 47 (63) = NJW 1990, 982; Lutter/Hommelhoff/*Bayer* Rn. 61; allgM). Die Abrede muss der Inferent entweder mit den Mitgesellschaftern oder der Gesellschaft, vertreten durch die Geschäftsführer, getroffen haben (Lutter/Hommelhoff/*Bayer* Rn. 62; *Bormann* in BKO GmbHR-HdB Kap. 4 Rn. 193; Baumbach/Hueck/*Fastrich* Rn. 49a; wohl auch BGH 4.3.1996, BGHZ 132, 133 (139) = NJW 1996, 1286; enger *Witt* GmbHR 2008, 486: Abrede mit Geschäftsführern entscheidend; Rowedder/Schmidt-Leithoff/*Pentz* Rn. 114: Abrede nur zwischen Gesellschaftern, anders nur iFd § 55a). 40

Nach Abs. 4 S. 1 muss die Abrede „im Zusammenhang mit der Übernahme der Geldeinlage" getroffen worden sein. Was das genau für den **Zeitpunkt** bedeutet, an dem die Abrede spätestens vorliegen muss, ist noch nicht abschließend geklärt. Nach überwA kommt es auf den Zeitpunkt der **Begründung der Bareinlagepflicht** an, also auf den Abschluss des Gesellschaftsvertrags bzw. bei der Kapitalerhöhung auf den Abschluss des Übernahmevertrags (*Bormann* in BKO GmbHR-HdB Kap. 4 40a

Rn. 194; MüKoGmbHG/*Lieder* § 56 Rn. 64; Rowedder/Schmidt-Leithoff/*Pentz* Rn. 112 f.; MüKoGmbHG/*Schwandtner* Rn. 225; *Benz,* Verdeckte Sacheinlage und Einlagenrückzahlung im reformierten GmbH-Recht (MoMiG), 2010, 75 ff.; ähnlich BGH 1.2.2010, BGHZ 184, 158 = NJW 2010, 1747 Rn. 21: Fassung des Kapitalerhöhungsbeschlusses). Etwas weitergehend vertreten andere, dass es auf den Zeitpunkt der Eintragung der Gründung bzw. Kapitalerhöhung (HCL/*Casper* Rn. 140 f.; Roth/Altmeppen/*Altmeppen* Rn. 86) oder die ihr vorausgehende Anmeldung (so wohl Baumbach/Hueck/*Fastrich* Rn. 49a aE) ankomme. Nach dieser Ansicht wird also auch der – angesichts der geltenden Vermutungsregeln (→ Rn. 41) eher theoretische – Fall erfasst, dass das Verkehrsgeschäft mit dem Inferenten zwar noch nicht bei Begründung der Bareinlagepflicht, aber immerhin schon vor Anmeldung bzw. vor Eintragung verabredet war (so jedenfalls HCL/*Casper* Rn. 141). Schließlich wird vereinzelt noch vertreten, dass der Zeitpunkt der Zahlung der Bareinlage maßgeblich sei (*Theiselmann* Der Konzern 2009, 460 (462)). Nach dieser Ansicht wäre eine verdeckte Sacheinlage somit auch anzunehmen, wenn erst nach Eintragung, aber vor Zahlung der (Rest-)Einlage eine verdeckte Sachleistung verabredet wird.

40b Dem Wortlaut des Abs. 4 S. 1 entspricht mE nur das Verständnis der überwA, die auf die Begründung der Bareinlagepflicht abstellt. Die praktischen Auswirkungen des Meinungsstreits halten sich jedoch in engen Grenzen. Auch wenn man auf die Begründung der Bareinlagepflicht abhebt, ändert dies nämlich nichts daran, dass auch eine **nachträgliche Abrede,** die erst zu einem uU viel späteren Zeitpunkt (auch erst nach Eintragung), aber noch vor Einzahlung der (Rest-)Einlage getroffen wird, immerhin die entsprechende Anwendung des Abs. 4 zur Folge hat (MüKoGmbHG/*Lieder* § 56 Rn. 64; Rowedder/Schmidt-Leithoff/*Pentz* Rn. 113, 213; Spindler/Stilz/*Katzenstein* AktG § 27 Rn. 169; abw. MüKoGmbHG/*Schwandtner* Rn. 226); denn eine solche Abrede läuft auf die Annahme einer Sachleistung an Erfüllungs statt hinaus, auf die Abs. 4 analog angewendet wird (→ Rn. 12). Zweifelhaft ist hingegen, ob man auch in dem o. g. (theoretischen) Fall, in dem das Verkehrsgeschäft mit dem Inferenten nachweislich erst nach Begründung der Bareinlagepflicht und nach Leistung der Bareinlage, aber noch vor Anmeldung bzw. Eintragung verabredet wird, eine analoge Anwendung des Abs. 4 begründen kann. Dagegen spricht, dass die Einzahlung der Bareinlage die Einlageschuld mangels vorabgesprochenen Mittelrückflusses nach § 362 BGB wirksam getilgt hat und das Wiederaufleben einer bereits erloschenen Forderung in Abs. 4 nicht angelegt ist. Für eine analoge Anwendung des Abs. 4 besteht in diesem Fall auch kein dringendes Bedürfnis, da dem Gläubigerschutz durch andere Instrumente angemessen Rechnung getragen ist, namentlich durch die Verlustdeckungs- und Vorbelastungshaftung im Rahmen der Gründung und bei Kapitalerhöhungen durch die Grundsätze der Kapitalerhaltung (iErg gegen Abs. 4 analog auch Lutter/Hommelhoff/*Bayer* Rn. 65; MüKoGmbHG/*Lieder* § 56 Rn 65; dafür aber HCL/*Casper* Rn. 141).

41 Für eine Abrede iSd Abs. 4 S. 1 spricht eine die Beweislast auf den Inferenten verlagernde tatsächliche **Vermutung,** wenn zwischen der Bareinlage und dem Rechtsgeschäft, das den wirtschaftlichen Erfolg einer Sacheinlage herbeiführt, ein **enger zeitlicher und sachlicher Zusammenhang** besteht (stRspr, etwa BGH 21.2.1994, BGHZ 125, 141 (143 f.) = NJW 1994, 1477; BGH 10.7.2012, NJW 2012, 3035 Rn. 16; BGH 19.1.2016, DStR 2016, 923 Rn. 31; MüKoGmbHG/*Lieder* § 56 Rn. 67; MüKoGmbHG/*Schwandtner* Rn. 227 ff.; krit. *Heinemann,* Verdeckte Sacheinlagen im Recht der Kapitalgesellschaften, 2014, 97 ff. (Anscheinsbeweis)). Für den zeitlichen Zusammenhang kommt es auf die zeitliche Nähe zwischen dem Verkehrsgeschäft und der Begründung der Bareinlagepflicht bzw. – bei nachträglichen Abreden im Rahmen der entspr. Anwendung des Abs. 4 (→ Rn. 40b) – auf die zeitliche Nähe zwischen dem Verkehrsgeschäft und der Leistung der (Rest-)Einlage an (MüKoGmbHG/*Lieder* § 56 Rn. 67). Ein enger zeitlicher Zusammenhang wird idR bei einem Abstand von bis zu **sechs Monaten** bejaht (OLG Köln 2.2.1999, NZG 1999, 459 (460); Baumbach/Hueck/*Fastrich* Rn. 49a; vgl. auch BGH 4.3.1996, BGHZ 132, 133 (138 f.) = NJW 1996, 1286; offen gelassen in BGH 16.9.2002, BGHZ 152, 37 (45)). Bei mehr als acht Monaten hat der BGH einen die Vermutung auslösenden zeitlichen Zusammenhang verneint (BGH 16.9.2002, BGHZ 152, 37 (45 f.) = NJW 2002, 3774). Der Gesetzgeber hat bewusst darauf verzichtet, eine bestimmte Frist festzulegen, da diese leicht zu unterlaufen wäre. Die Rspr. soll aber frei sein, wie bisher Beweisregeln mit Zeitfaktoren zu verbinden (BT-Drs. 16/6140, 41). Bedeutung hat der Zeitablauf aber nur für die Vermutung. Sofern eine Abrede nachgewiesen ist, liegt eine verdeckte Sacheinlage auch vor, wenn kein enger zeitlicher Zusammenhang besteht (BGH 20.11 2006, BGHZ 170, 47 Rn. 26 = NJW 2007, 765).

42 Ein hinreichender sachlicher Zusammenhang wird regelmäßig schon dann angenommen, wenn der betreffende Vermögensgegenstand bereits bei Begründung der Einlagepflicht hätte eingebracht werden können (MüKoGmbHG/*Schwandtner* Rn. 228; Scholz/*Veil* Rn. 129). Eine Ausnahme gilt allerdings nach zutreffender und wohl hM für **gewöhnliche Umsatzgeschäfte iRd laufenden Geschäftsverkehrs** der Gesellschaft; für sie gilt die Vermutung nicht (HCL/*Casper* Rn. 143; Rowedder/Schmidt-Leithoff/*Pentz* Rn. 116; Spindler/Stilz/*Katzenstein* AktG § 27 Rn. 160, 173; jew. mwN; aufgeschlossen auch BGH 20.11.2006, BGHZ 170, 47 Rn. 24 f. = NJW 2007, 765, wo die Frage aber letztlich offen bleibt; aA BeckOK GmbHG/*Ziemons* Rn. 156; *Cavin,* Kapitalaufbringung in GmbH und AG, 2012, 547 f.). Maßgebend für ein gewöhnliches Umsatzgeschäft ist insbesondere, ob die Gesellschaft den empfangenen Gegenstand für ihren Unternehmenszweck benötigt, vergleichbare Rechtsgeschäfte auch mit Dritten vornimmt oder sinnvollerweise vornehmen könnte, und ob es sich um vertretbare Sachen oder sonstige Standardgüter handelt, welche die Gesellschaft auch von anderen Anbietern beziehen kann (*T. Bezzenberger* JZ 2007, 946 (949)). Zudem kommt es darauf an, ob sich Geschäfte der gleichen Art aufseiten der Gesellschaft laufend wiederholen (*T. Bezzenberger* JZ 2007, 946 (949); *Lutter* DStR 2007, 543: „Tagesgeschäft"; vgl. zur Abgrenzung auch § 52 Abs. 9 AktG). Die Ausnahme bezieht sich jedoch nur auf die Vermutung. Ist eine Abrede nachgewiesen, liegt eine verdeckte Sacheinlage auch vor, wenn das Veräußerungsgeschäft ein normales Umsatzgeschäft iRd laufenden Geschäftsverkehrs darstellt. Eine vollständige Ausklammerung derartiger Geschäfte aus dem Tatbestand der verdeckten Sacheinlage hat der BGH abgelehnt (BGH 11.2.2008, NZG 2008, 311 Rn. 13; ebenso BGH 20.11.2006, BGHZ 170, 47 Rn. 21 ff. = NJW 2007, 765 (zur AG); krit. *T. Bezzenberger* JZ 2007, 946 (948 f.); *Hentzen/Schwandtner* ZGR 2009, 1007 (1014)).

Bei der Gründung oder Kapitalerhöhung einer **Einpersonengesellschaft** ist eine „Abrede" iSd Abs. 4 S. 1 zwischen den Gesellschaftern naturgemäß nicht möglich. In diesen Fällen genügt stattdessen ein entspr. „Vorhaben" des alleinigen Gesellschafters (BGH 11.2.2008, NZG 2008, 311 Rn. 12; BGH 22.3.2010, BGHZ 185, 44 = NJW 2010, 1948 Rn. 11; Scholz/*Veil* Rn. 130). Ob dies auch gilt, wenn ein Fremdgeschäftsführer bestellt ist, mit dem eine Abrede möglich wäre, hat der BGH nicht entschieden. Die Frage dürfte aber zu bejahen sein, da auch sonst keine Abrede mit den Geschäftsführern vorausgesetzt wird, sondern eine Abrede zwischen den Gesellschaftern genügt (→ Rn. 40). 43

d) Typische Fallgruppen. aa) Barleistung und Verkehrsgeschäft. Das Paradebeispiel einer verdeckten Sacheinlage liegt vor, wenn bei Begründung der Bareinlagepflicht verabredet wird, dass die Gesellschaft den eingezahlten Barbetrag dazu verwenden soll, einen Gegenstand vom Gesellschafter oder einem gleichzustellenden Dritten (→ Rn. 37 f.) zu erwerben (BGH 20.11.2006, BGHZ 170, 47 = NJW 2007, 765; BGH 11.2.2008, NZG 2008, 311). Die **Reihenfolge der Zahlungsflüsse** (erst Bareinzahlung, dann Kaufpreiszahlung oder umgekehrt) ist dabei **unerheblich** (BGH 20.11 2006, BGHZ 170, 47 Rn. 11 = NJW 2007, 765; zu weiteren Nachw. aus der Rspr. → Rn. 47; MüKoGmbHG/*Schwandtner* Rn. 187). Ebenso wenig kommt es auf eine gegenständliche Identität der ein- und zurückgezahlten Einlagemittel an. Die verdeckte Sacheinlage setzt mithin nicht voraus, dass der Kaufpreis aus demselben Konto bezahlt wurde, auf das die Einlage eingezahlt wurde (BGH 18.2.2008, BGHZ 175, 265 Rn. 13 = NZG 2008, 425; BGH 11.5.2009, NZG 2009, 747 Rn. 11 (jew. zur AG); MüKoGmbHG/*Schwandtner* Rn. 188). 44

An der Einordnung als verdeckte Sacheinlage ändert sich auch nichts, wenn die von der Gesellschaft zu erbringende Gegenleistung für den Gegenstand des Verkehrsgeschäfts den Betrag der Bareinlage (deutlich) übersteigt. In diesem Fall liegt – als Gegenbegriff zur offenen gemischten Sacheinlage (zu ihr → § 5 Rn. 15; *Verse* ZGR 2012, 875 (895 ff.)) – eine **verdeckte gemischte Sacheinlage** vor (BGH 16.3.1998, NJW 1998, 1951 (1952); BGH 22.3.2010, BGHZ 185, 44 = NJW 2010, 1948 Rn. 11 ff. mBespr *Kleindiek* ZGR 2011, 334 (337 f.); Rowedder/Schmidt-Leithoff/*Pentz* Rn. 108; zur AG BGH 20.11.2006, BGHZ 170, 47 = NZG 2007, 144 Rn. 16 ff.; BGH 9.7.2007, BGHZ 173, 145 Rn. 15 = NJW 2007, 3425; BGH 18.2.2008, BGHZ 175, 265 Rn. 14 = NZG 2008, 425; zur Wertanrechnung in diesen Fällen → Rn. 61). Dies gilt auch, wenn der Betrag der Gegenleistung um ein Vielfaches höher ist als die geleistete Bareinlage (BGH 18.2.2008, BGHZ 175, 265 Rn. 14 = NZG 2008, 425; einschr. *Maier-Reimer* FS Hoffmann-Becking, 2013, 755 (775 f.)). Abs. 4 ist darüber hinaus auch auf den umgekehrten Fall anwendbar, in dem die von der Gesellschaft zu erbringende Gegenleistung aus dem Verkehrsgeschäft hinter dem Betrag der Bareinlage zurückbleibt, also nur ein Teil der eingezahlten Bareinlage an den Inferenten zurückfließt. Es liegt dann eine **„teilweise verdeckte Sacheinlage"** vor, die nach dem Wortlaut der Vorschrift („ganz oder teilweise") ebenfalls erfasst wird. In diesem Fall beschränken sich die Folgen der verdeckten Sacheinlage auf den Betrag, der als Kaufpreis an den Inferenten zurückfließt (→ Rn. 62). 45

Wenn bei einer gemischten Sacheinlage nur die Sacheinlagekomponente nach § 5 Abs. 4, § 56 Abs. 1 aufgedeckt wird, nicht aber die über die Gewährung neuer Anteile hinausgehende Vergütung, liegt keine verdeckte Sacheinlage vor. Dennoch plädieren namhafte Stimmen im Schrifttum auch in diesem Fall einer **nicht ordnungsgemäß offengelegten gemischten Sacheinlage** für eine analoge Anwendung des Abs. 4 (HCL/*Casper* Rn. 119, 180; *Habersack* GWR 2010, 107 (108 f.); *Stiller/Redeker* ZIP 2010, 865 (868 f.); *Benz,* Verdeckte Sacheinlage und Einlagenrückzahlung im reformierten GmbH-Recht (MoMiG), 2010, 193 f.). Folgt man dem, ist die Abrede über die zusätzliche Vergütung nicht wegen fehlender Offenlegung unwirksam (Abs. 4 S. 2 analog). Stattdessen entsteht nach dieser Ansicht eine Bareinlagepflicht iHd Summe aus Nennbetrag des neuen Geschäftsanteils und zusätzlicher Vergütung, auf die analog Abs. 4 S. 3 der Wert der Sacheinlage angerechnet wird (*Habersack* GWR 2010, 107 (108 f.)). Die Gegenansicht hält demgegenüber Abs. 4 für unanwendbar und die Abrede über die zusätzliche Vergütung infolge des Publizitätsverstoßes für nichtig. Soweit die Vergütung bereits gewährt worden ist, könne sie daher nach § 812 Abs. 1 S. 1 Alt. 1 BGB (bei Leistung aus dem gebundenen Vermögen auch nach § 31 Abs. 1) zurückgefordert werden (*J. Koch* ZHR 175 (2011), 55 (74 ff.), 80; 46

Hüffer/Koch/*Koch* AktG § 27 Rn. 42; *Pentz* Liber amicorum M. Winter, 2011, 499; *Maier-Reimer* FS Hoffmann-Becking, 2013, 755 (766 ff.); BeckOK GmbHG/*Ziemons* Rn. 184a; *Gerlach,* Die gemischte Sacheinlage, 2016, 181 ff.). Die Auswirkungen dieses Meinungsstreits sind erheblich. Wenn etwa eine Sacheinlage im Wert von 150 erbracht wurde und die Gesellschaft dafür einen neuen Geschäftsanteil im Nennbetrag von 100 sowie eine nicht offengelegte Vergütung von 50 gewährt hat, bestehen nach der ersten Ansicht keine Ansprüche mehr, da der Wert der Sacheinlage die Summe aus Nennbetrag und Vergütung abdeckt. Nach der zweiten Ansicht ist dagegen die gewährte Vergütung an die GmbH zurückzuzahlen. Für diese mE zutreffende Lösung spricht insbesondere, dass nur sie die GmbH vermögensmäßig so stellt, wie dies der publizierten Rechtslage entspricht, während die erste Ansicht den unzutreffenden Eindruck, die Gesellschaft habe für die Sacheinlage keine weitere Vergütung gezahlt, nicht zu korrigieren vermag (*J. Koch* ZHR 175 (2011), 55 (79); *Pentz* Liber amicorum M. Winter, 2011, 499 (515)).

47 **bb) Verdeckte Forderungseinbringung.** Die zweite zentrale Fallgruppe der verdeckten Sacheinlage betrifft die verdeckte Einbringung von Forderungen, insbesondere von Forderungen gegen die GmbH selbst. Sie kann sich dadurch vollziehen, dass Bareinlage- und Inferentenforderung einvernehmlich verrechnet werden oder die Bareinlage zwar eingezahlt wird, dann aber abredegemäß für die Tilgung der Forderung des Inferenten gegen die GmbH verwendet wird (zu derartigen Fällen BGH 15.1.1990, BGHZ 110, 47 (60 ff.) = NJW 1990, 982; BGH 18.2.1991, BGHZ 113, 335 (339 f.) = NJW 1991, 1754; BGH 16.1.2006, BGHZ 166, 8 Rn. 12 = NJW 2006, 1736). Auch hier kommt es auf die Reihenfolge der Zahlungen nicht an (BGH 13.4.1992, BGHZ 118, 83 (93 f.) = NJW 1992, 2222; BGH 16.3.1998, NJW 1998, 1951 (1952); BGH 19.1.2016, DStR 2016, 923 Rn. 30; Rowedder/Schmidt-Leithoff/*Pentz* Rn. 218). Vorschlägen des Schrifttums, die Begleichung von Forderungen des Inferenten nach neuem Recht aus dem Bereich der verdeckten Sacheinlage auszunehmen (*Schall* ZGR 2009, 126 (147 ff.)), ist nach geltendem Recht nicht zu folgen, da sie der insoweit auf Kontinuität angelegten Intention des Gesetzgebers widersprechen (→ Rn. 34).

48 Die Regeln der verdeckten Sacheinlage erfassen nach hM nicht nur die verdeckte Einbringung von **Altforderungen** des Inferenten, die bereits im Zeitpunkt der Begründung der Einlageschuld bestehen. Sie können sich vielmehr auch auf später entstehende **Neuforderungen** erstrecken, sofern bereits bei Begründung der Einlageschuld verabredet wird, dass die Einlagemittel für die Begleichung der Neuforderung verwendet oder mit dieser verrechnet werden (BGH 16.9.2002, BGHZ 152, 37 (43) = NJW 2002, 3774; BGH 1.2.2010, BGHZ 184, 158 = NJW 2010, 1747 Rn. 21; Lutter/Hommelhoff/*Bayer* Rn. 66; MüKoGmbHG/*Schwandtner* Rn. 205). Dabei ist allerdings einschränkend zu bedenken, dass künftige und aufschiebend bedingte Forderungen nach hM nicht sacheinlagefähig sind, wenn ihre Entstehung noch ungewiss ist (BGH 12.4.2011, NZG 2011, 667 Rn. 14 (durch Ausfall des Hauptschuldners bedingte Regressforderung des Bürgen) mkritAnm *Tröger* WuB II C. § 19 GmbHG 1.11; KK-AktG/*A. Arnold* AktG § 27 Rn. 52, 58; HCL/*Ulmer/Casper* § 5 Rn. 67; vgl. auch BGH 16.2.2009, BGHZ 180, 38 = NJW 2009, 2375 Rn. 11; BGH 1.2.2010, BGHZ 184, 158 = NJW 2010, 1747 Rn. 21). Nur soweit ausnahmsweise die Sacheinlagefähigkeit zu bejahen ist (wie bei aufschiebend befristeten Forderungen; KK-AktG/*A. Arnold* AktG § 27 Rn. 52, 58), kann daher eine verdeckte Sacheinlage vorliegen (→ Rn. 36). Bei fehlender Sacheinlagefähigkeit kann Abs. 4 dagegen auf dem Boden der hM ebenso wenig zur Anwendung kommen wie bei Dienstleistungen (Nachweise in → Rn. 36; aA Rowedder/Schmidt-Leithoff/*Pentz* Rn. 220: Abs. 4 analog).

49 Unerheblich ist, aus welchem Rechtsgrund sich die verdeckt eingebrachte Forderung ergibt. Typische Bsp. bilden Fälle der verdeckten Einbringung von bestehenden Darlehens- oder Entgeltforderungen des Inferenten aus dem Geschäftsverkehr mit der Gesellschaft (zu Forderungen aus gewöhnlichen Umsatzgeschäften aber → Rn. 42). Eine verdeckte Forderungseinbringung kann sich aber zB auch daraus ergeben, dass eine **Voreinzahlung auf eine noch zu beschließende Kapitalerhöhung** geleistet wird, diese jedoch nach den Anforderungen der Rspr. (BGH 26.6.2006, BGHZ 168, 201 = NJW 2007, 515; krit. → § 56a Rn. 8) keine Tilgungswirkung hat und deshalb vom Inferenten wegen Zweckverfehlung (§ 812 Abs. 1 S. 2 Alt. 2 BGB) kondiziert werden kann. Leistet der Inferent in einem solchen Fall den Bareinlagebetrag ein zweites Mal und überweist die GmbH daraufhin abredegemäß den Betrag zurück, um den Bereicherungsanspruch des Inferenten zu tilgen, liegt eine verdeckte Einlage dieses Anspruchs vor (BGH 10.7.2012, NJW 2012, 3035 Rn. 15 ff.; BGH 19.1.2016, DStR 2016, 923 Rn. 26 f.). Eine verdeckte Sacheinlage kommt ferner in Betracht, wenn die Gesellschafter bereits entstandene Gewinnausschüttungsansprüche für eine Kapitalerhöhung einsetzen, indem sie sich die Gewinne auszahlen lassen und diese sogleich wieder als Bareinlage einzahlen (**Schütt-aus-Hol-zurück-Verfahren;** → § 29 Rn. 60). Bei wirtschaftlicher Betrachtung wird hier der bereits bei Begründung der Bareinlagepflicht bestehende Gewinnausschüttungsanspruch eingebracht (BGH 18.2.1991, BGHZ 113, 335 (342 ff.) = NJW 1991, 1754). Allerdings sind die Gesellschafter in diesen Fällen nicht zwangsläufig auf die Einhaltung der Sacheinlagevorschriften verwiesen, wenn sie eine verdeckte Sacheinlage vermeiden wollen. Wegen der Ähnlichkeit zur Kapitalerhöhung aus Gesellschaftsmitteln genügt es, wenn der Vorgang gegenüber dem Registergericht offengelegt wird, entsprechend § 57i Abs. 2 eine

höchstens acht Monate alte Bilanz der Anmeldung beigefügt und eine § 57i Abs. 1 S. 2 entsprechende Erklärung abgegeben wird, dass nach Kenntnis der Anmeldenden seit dem Stichtag der Bilanz keine Vermögensminderung eingetreten ist, die der Kapitalerhöhung entgegenstünde, wenn sie am Tag der Anmeldung beschlossen worden wäre (BGH 26.5.1997, BGHZ 135, 381 (384 ff.) = NJW 1997, 2516). Diese Vorgehensweise steht den Gesellschaftern auch nach neuem Recht weiterhin offen (MüKoGmbHG/*Schwandtner* Rn. 208).

cc) Cash Pool. Das zur verdeckten Forderungseinbringung Gesagte (→ Rn. 47) gilt auch, wenn die eingezahlte Bareinlage in ein konzernweites Cash-Pool-System einbezogen wird, bei dem zum Zweck des besseren Liquiditätsmanagements täglich sämtliche Haben- und Sollstände der angeschlossenen Konzerngesellschaften zugunsten und zulasten eines zentralen Kontos der Betreibergesellschaft des Cash Pools „auf Null gestellt" werden. Werden die eingezahlten Bareinlagemittel an das zentrale Konto weitergeleitet, liegt darin ein Mittelrückfluss an den Inferenten, wenn die Betreibergesellschaft vom Inferenten beherrscht wird (→ Rn. 37). Soweit die GmbH in diesem Zeitpunkt eine Darlehensverbindlichkeit aus der Cash-Pool-Vereinbarung hatte **(Soll-Saldo),** erlangt sie durch die Abführung der Bareinlagemittel eine Befreiung von dieser Verbindlichkeit. Bei wirtschaftlicher Betrachtung hat der Inferent damit eine Darlehensforderung gegen die GmbH eingebracht. Liegt dem eine bereits bei Begründung der Bareinlagepflicht getroffene Abrede zugrunde, ist daher eine verdeckte Sacheinlage iSd Abs. 4 gegeben (BGH 20.7.2009, BGHZ 182, 103 = NJW 2009, 3091 Rn. 10 – Cash Pool II mzustAnm *Lieder* GmbHR 2009, 1177; *Priester* DNotZ 2010, 946; *Theiselmann* Konzern 2009, 460; ebenso bereits BGH 16 1.2006, BGHZ 166, 8 Rn. 12 = NJW 2006, 1736 – Cash Pool I; aA – durchgehend für Anwendung des Abs. 5 – HCL/*Casper* Rn. 227; ebenso *Gärtner,* Die rechtlichen Grenzen des Cash Pooling, 2011, 608 ff., 719 ff., für den Fall, dass zwischen den Pool-Teilnehmern und der Betreibergesellschaft eine Kontokorrentabrede besteht; krit. auch *Ekkenga* ZIP 2010, 2469 (2472 f.)). Eine entsprechende Abrede liegt bereits in der Vereinbarung der Zahlung auf ein in den Cash Pool einbezogenes Konto; denn der Inferent nimmt es in Kauf, dass im Zeitpunkt der Weiterleitung an das Zentralkonto ein Soll-Saldo bestehen kann und es dann zu einer verbotenen Verrechnung kommt (BGH 20.7.2009, BGHZ 182, 103 = NJW 2009, 3091 Rn. 10 – Cash Pool II). 50

Keine verdeckte Sacheinlage liegt dagegen vor, wenn die GmbH bei Weiterleitung der Bareinlagemittel an das Zentralkonto keine Darlehensverbindlichkeiten aus der Cash-Pool-Vereinbarung hatte **(Null- oder Haben-Saldo).** In diesem Fall erlangt die GmbH keine Schuldbefreiung; es handelt sich um keinen Fall des Abs. 4, sondern ein Hin- und Herzahlen iSv Abs. 5 (BGH 20.7.2009, BGHZ 182, 103 = NJW 2009, 3091 Rn. 11 – Cash Pool II; Lutter/Hommelhoff/*Bayer* Rn. 131; zur Anwendung des Abs. 5 auf den Cash Pool → Rn. 93). Dabei bleibt es auch dann, wenn Inferent und Betreibergesellschaft des Cash Pools nicht identisch sind, Letztere aber von Ersterem beherrscht wird (hM, → Rn. 74 iVm → Rn. 37; aA MüKoGmbHG/*Schwandtner* Rn. 212, 338). Sofern zwar ein Soll-Saldo bestand, die Einlagezahlung diesen aber übersteigt, ist der Vorgang zT als verdeckte Sacheinlage und zT als Hin- und Herzahlen zu beurteilen (BGH 20.7.2009, BGHZ 182, 103 = NJW 2009, 3091 Rn. 15 – Cash Pool II; Lutter/Hommelhoff/*Bayer* Rn. 132; *Bormann/Urlichs* DStR 2009, 641 (645)). Falls ein Soll-Saldo bestand und sich nicht zuordnen lässt, ob dieser durch die Einlagezahlung des Betreibers des Cash Pools oder durch andere am selben Tag erfolgte Zahlungen von Dritten getilgt wurde, ist die Einlagezahlung im Zweifel entsprechend ihrem Anteil an den Gesamteinnahmen des Tages auf den Soll-Saldo zu verteilen und in dieser Höhe als verdeckte Sacheinlage, iÜ als Hin- und Herzahlen zu behandeln (BGH 20.7.2009, BGHZ 182, 103 = NJW 2009, 3091 Rn. 37 – Cash Pool II; *Strohn* DB 2010, 37 (38)). 51

Schwierigkeiten ergeben sich bei der Anwendung der vorstehenden Grundsätze vor allem insoweit, als der Saldo zwischen Inferent (bzw. der von ihm beherrschten Cash-Pool-Betreiberin) und GmbH laufend wechselt, also ggf. im täglichen Wechsel die eine oder die andere Konstellation vorliegt. Zur Vermeidung dieser Schwierigkeiten wird verbreitet empfohlen, die Einlage auf ein **nicht in den Cash Pool einbezogenes Konto** zu leisten (*Habersack* GWR 2009, 129 (130); *Klein* ZIP 2017, 258 (263 f.); *Komo* BB 2011, 2307 (2313); *Priester* DNotZ 2009, 946 (948); *Theusinger* NZG 2009, 1017 (1018 f.); Scholz/*Veil* Rn. 165; zum alten Recht bereits *Goette* DStR 2006, 764 (767); Bedenken allerdings bei *Strohn* DB 2014, 1535 (1538); einschr. auch *Wirsch,* Kapitalaufbringung und Cash Pooling in der GmbH, 2009, 210 ff.; zweifelnd *Bormann/Urlichs* DStR 2009, 641 (644)). Alternativ wird vorgeschlagen, die Cash-Pool-Vereinbarung so zu modifizieren, dass vom Konto der GmbH dauerhaft nur noch Guthabenbeträge an das Zentralkonto des Cash Pools abgeführt werden, die den Bareinlagebetrag übersteigen („Target Balancing", *Strohn* DB 2014, 1535 (1538)), oder stattdessen auf eine Kapitalerhöhung im Cash Pool ganz zu verzichten und den Barbetrag nicht als Einlage, sondern in die Kapitalrücklage nach § 272 Abs. 2 Nr. 4 HGB einzuzahlen (dazu und zu weiteren Lösungsansätzen *J. Vetter/Lauterbach* in Lutter/Bayer Holding-HdB Rn. 11.129 ff.). An diesen Behelfskonstruktionen wird deutlich, dass der Gesetzgeber sein insbesondere mit Abs. 5 nF verfolgtes Ziel, das Cash Pooling zu erleichtern (→ Rn. 73), weitestgehend verfehlt hat (ebenso Lutter/Hommelhoff/*Bayer* Rn. 133; Scholz/*Veil* Rn. 168; pointiert *Ekkenga* ZIP 2010, 2469: „dramatisches Versagen der Legislative"). – Die genannten Grundsätze gelten allein für das in der Praxis übliche physische Cash Pooling, bei dem 52 tatsächlich Darlehen zwischen den Konzerngesellschaften ausgereicht werden, nicht für das **fiktive** („notional") **Cash Pooling,** das durch eine rein rechnerische Zusammenfassung der Kontensalden aller teilnehmenden Konzerngesellschaften durch die Bank gekennzeichnet ist (näher zum Notional Cash Pooling *Seidel* DStR 2004, 1130 (1134 ff.)). Zu der Frage, wie sich das (physische) Cash Pooling zur Neuregelung des Rechts der Gesellschafterdarlehen verhält, → § 30 Rn. 10; ferner Lutter/Hommelhoff/*Bayer* Rn. 135; Scholz/*Bitter* Anh. § 64 Rn. 121 ff.; *Hömme,* Die Kapitalerhaltung nach dem MoMiG unter besonderer Berücksichtigung des Cash Poolings, 2015, 246 ff., 262 ff.

53 **3. Rechtsfolgen. a) Überblick.** Nach Abs. 4 S. 1 befreit eine verdeckte Sacheinlage den Inferenten nicht von seiner Bareinlageverpflichtung. Da der Inferent eine andere als die geschuldete Leistung erbracht hat, kommt eine Erfüllung iSd § 362 BGB nicht in Betracht; das Kapital ist – insoweit wie nach altem Recht – nicht ordnungsgemäß aufgebracht. Jedoch wird im Unterschied zur Rechtslage vor dem MoMiG (→ Rn. 31) der tatsächliche Wert des verdeckt eingebrachten Gegenstands auf die Bareinlagepflicht **angerechnet** (Abs. 4 S. 3). Der Unterschied zwischen Erfüllung (wie noch im RegE-MoMiG vorgesehen, sog. Erfüllungslösung) und Anrechnung besteht darin, dass die Anrechnung nach Abs. 4 S. 4 erst **nach Eintragung** der Gesellschaft bzw. der Kapitalerhöhung (§ 56 Abs. 2) im Handelsregister wirkt. Dieser zeitliche Aufschub der Anrechnung soll dem Schutz vor einer Umgehung der Sacheinlagevorschriften dienen. Er hat nämlich zur Folge, dass der Geschäftsführer bei der Anmeldung zum Handelsregister die Versicherung der ordnungsgemäßen Leistung der Einlagen (§ 8 Abs. 2, § 57 Abs. 2) auch dann nicht abgeben darf und das Registergericht die Eintragung auch dann ablehnen muss (§ 9c Abs. 1, § 57a), wenn der Gegenstand der verdeckten Sacheinlage voll werthaltig ist. Erst wenn der Geschäftsführer die Versicherung dennoch abgegeben hat (bei Verschulden mit empfindlichen haftungsrechtlichen Konsequenzen, → Rn. 66) und daraufhin die Eintragung erfolgt ist, findet die Anrechnung statt. Diese mildert die Rechtsfolgen der verdeckten Sacheinlage im Ergebnis auf eine **Differenzhaftung** ab. Anders als bei der Differenzhaftung für offene Sacheinlagen nach § 9 liegt jedoch gem. Abs. 4 S. 5 die Beweislast für die Werthaltigkeit des verdeckt eingebrachten Gegenstands beim Inferenten. Die Anrechnung setzt voraus, dass anders als nach früherem Recht die Verträge über die verdeckte Einbringung nicht wegen Umgehung der Sacheinlagevorschriften unwirksam sind, was Abs. 4 S. 2 denn auch ausdrücklich anordnet.

54 **b) Keine Erfüllung (Abs. 4 S. 1); Eintragungshindernis.** Da nach Abs. 4 S. 1 der Inferent trotz erfolgter Einzahlung nicht befreit wird und die Anrechnung nicht vor Eintragung der Gesellschaft im Handelsregister wirkt (S. 4), darf der Geschäftsführer bei der Anmeldung der Gründung (§ 8) bzw. Kapitalerhöhung (§ 57 Abs. 2) **nicht versichern,** dass die Mindesteinzahlung auf die Bareinlage bewirkt sei, wenn es sich in Wahrheit um eine verdeckte Sacheinlage handelt (BT-Drs. 16/9737, 97; Baumbach/Hueck/*Fastrich* Rn. 54; MüKoGmbHG/*Schwandtner* Rn. 264; ganz hM; aA *Altmeppen* ZIP 2009, 1545 (1549); Roth/Altmeppen/*Altmeppen* § 82 Rn. 15 f.: Versicherung allenfalls unrichtig, wenn im Zeitpunkt der Anmeldung Bareinlage bereits wieder an den Inferenten zurückgeflossen ist, nicht dagegen, wenn das Verkehrsgeschäft erst später abgeschlossen wird). Der Geschäftsführer darf die Versicherung auch dann nicht abgeben, wenn der Gegenstand der verdeckten Sacheinlage vollwertig ist. Hierdurch und durch die an eine falsche Versicherung anknüpfenden Sanktionen (→ Rn. 66) soll eine systematische Umgehung der Sacheinlagevorschriften auch im neuen Recht verhindert werden. Legt der Geschäftsführer dem Registergericht den wahren Sachverhalt offen, **muss** das Gericht die Eintragung nach § 9c Abs. 1 S. 1, § 57a wegen Nichteinhaltung der Sacheinlagevorschriften **ablehnen** (Roth/Altmeppen/*Altmeppen* Rn. 96; missverständlich BT-Drs. 16/9737, 97: „kann" ablehnen). An dieser Beurteilung ändert sich nach zutreffender Ansicht auch nichts, wenn nur auf die Resteinlageschuld eine verdeckte Sacheinlage erbracht werden soll. Zwar ist dann die Mindesteinzahlung iSd § 7 Abs. 2 ordnungsgemäß erfolgt; es bleibt aber dabei, dass ein Verstoß gegen § 5 Abs. 4 verabredet ist, der die Eintragung hindert und bei unterbliebener Offenlegung die Anmeldung unvollständig und damit falsch werden lässt (Roth/Altmeppen/*Roth,* 8. Aufl. 2015, Rn. 85; aA wohl Baumbach/Hueck/*Fastrich* Rn. 54 aE).

55 Sobald allerdings die Parteien von dem ursprünglich beabsichtigten Verkehrsgeschäft **Abstand nehmen,** entfällt der Tatbestand der verdeckten Sacheinlage und damit auch die Anwendbarkeit des Abs. 4 S. 1. Dies hat zur Folge, dass die zunächst nicht befreiende Einzahlung doch noch zu einer wirksamen Tilgung der Bareinlageschuld führt (*Maier-Reimer/Wenzel* ZIP 2009, 1185 (1193); *Riegger/Gayk* FS Maier-Reimer, 2010, 557 (578); *Ulmer* ZIP 2009, 293 (299); Baumbach/Hueck/*Fastrich* Rn. 55). Falls das Verkehrsgeschäft bereits durchgeführt wurde, dann aber rückabgewickelt wird, gilt dasselbe, sobald die von der Gesellschaft erbrachte Gegenleistung wieder an diese zurückgeflossen ist (näher *H.-F. Müller* NZG 2011, 761 (765); HCL/*Casper* Rn. 188).

56 Da vor Wirksamwerden der Anrechnung die Bareinlageforderung gem. Abs. 4 S. 1 ungeschmälert fortbesteht, hat die Einzahlung des Inferenten ihren Zweck (zunächst) verfehlt. Daher besteht in diesem Stadium wie nach altem Recht (BGH 16.3.1998, NZG 1998, 428 (430)) ein **Bereicherungsanspruch** des Inferenten gegen die Gesellschaft auf Rückgewähr der Bareinzahlung (Rowedder/Schmidt-Leithoff/*Pentz* Rn. 124; Scholz/*Veil* Rn. 138; *Veil/Werner* GmbHR 2009, 729 (731 f.); *Maier-Reimer/*

Wenzel ZIP 2009, 1185 (1189 f.); *Kersting* VGR 14 (2008), 101 (118 ff.); abw. HCL/*Casper* Rn. 158 ff.; HK-GmbHG/*Saenger* Rn. 74). Freilich wird der Inferent diesen Anspruch idR erst geltend machen, nachdem die Eintragung endgültig gescheitert ist (für Beschränkung der Kondiktion auf diesen Fall Lutter/Hommelhoff/*Bayer* Rn. 83).

c) Anrechnung (Abs. 4 S. 3–5). aa) Allgemeines. Die in Abs. 4 S. 3 vorgesehene Anrechnung des Wertes des verdeckt eingebrachten Gegenstands auf die Bareinlage erfolgt gem. S. 4 „nicht vor der Eintragung" der GmbH bzw. der Kapitalerhöhung (§ 56 Abs. 2). Präziser formuliert tritt die Anrechnung im **Zeitpunkt der Eintragung** oder, falls der verdeckt eingebrachte Gegenstand der Gesellschaft erst später überlassen wird, in diesem späteren Zeitpunkt ein (Baumbach/Hueck/*Fastrich* Rn. 59; zum Zweck dieser Regelung → Rn. 53). Die Anrechnung erfolgt **kraft Gesetzes,** ohne dass eine Willenserklärung einer Partei erforderlich wäre (BT-Drs. 16/9737, 97). Sie findet selbst dann statt, wenn die Sacheinlagevorschriften vorsätzlich umgangen wurden (BT-Drs. 16/6140, 40; Baumbach/Hueck/*Fastrich* Rn. 57) oder die Mitgesellschafter nicht mit der verdeckten Sacheinlage einverstanden waren (*Markwardt* BB 2008, 2414 (2416 f.); zu den Rechtsschutzmöglichkeiten der Mitgesellschafter → Rn. 67). Die Anrechnung tritt allerdings nur ein, wenn das Verkehrsgeschäft wirksam ist (HCL/*Casper* Rn. 187; *Maier-Reimer/Wenzel* ZIP 2009, 1185 (1194); *Ulmer* ZIP 2009, 293 (299); *Veil/Werner* GmbHR 2009, 729 (733)), was aber wegen Abs. 4 S. 2 idR der Fall ist (→ Rn. 65). 57

Die der Anrechnung zugrunde liegende dogmatische Konstruktion ist umstritten (eingehend *Maier-Reimer/Wenzel* ZIP 2009, 1185; Rowedder/Schmidt-Leithoff/*Pentz* Rn. 133 ff.; *Riegger/Gayk* FS Maier-Reimer, 2010, 557; *Sernetz* ZIP 2010, 2173; *Benz,* Verdeckte Sacheinlage und Einlagenrückzahlung im reformierten GmbH-Recht (MoMiG), 2010, 111 ff.; *Cavin,* Kapitalaufbringung in GmbH und AG, 2012, 584 ff.; *Fastrich* FS Köhler, 2014, 107). Die praktische Bedeutung dieses Streits ist indes begrenzt, da über die Ergebnisse (→ Rn. 58a ff.) im Wesentlichen Einigkeit besteht. Der gesetzgeberischen Konzeption dürfte es am ehesten entsprechen, den Vorgang **wie eine Sacheinlage** zu bewerten (vgl. Abs. 4 S. 1) und die hin- und hergeflossenen Barleistungen zu saldieren (*Maier-Reimer/Wenzel* ZIP 2009, 1185 (1189)). Im Modellfall der verdeckten Sacheinlage, in dem sich Bareinzahlung und Kaufpreis entsprechen, bedeutet dies, dass sich die Zahlungen gegenseitig aufheben. In einem zweiten Schritt wird sodann der Wert des verdeckt eingebrachten Gegenstands wie bei einer Sacheinlage auf die offene Einlageverpflichtung angerechnet. Sollte der Kaufpreis die Bareinzahlung übersteigen, ist der eingebrachte Sachwert entsprechend geringer anzusetzen (→ Rn. 58a). Die so verstandene Anrechnung entzieht sich einer Zuordnung zu einem der herkömmlichen Erfüllungssurrogate; es handelt sich um ein **Erfüllungssurrogat eigener Art** (Scholz/*Veil* Rn. 119; *Veil/Werner* GmbHR 2009, 729 (730); *H.-F. Müller* NZG 2011, 761 (762) mwN; insoweit abw. *Maier-Reimer/Wenzel* ZIP 2008, 1449 (1452); *Maier-Reimer/Wenzel* ZIP 2009, 1185 (1190 f.): Leistung an Erfüllungs statt). 58

bb) Bezugspunkt und Wirkung der Anrechnung. Erreicht oder übersteigt der Wert des verdeckt eingebrachten Gegenstands den Betrag der Bareinlage, erlischt damit die Bareinlagepflicht. Bleibt der Wert hinter dem Betrag der Bareinlage zurück, bleibt die Bareinlagepflicht iHd Differenz bestehen. Maßgeblicher Bezugspunkt ist dabei aufseiten der Bareinlagepflicht nach zutreffender Ansicht der **Nennbetrag** des übernommenen Geschäftsanteils, nicht auch ein etwaiges Agio (*J. Koch* ZHR 175 (2011), 55 (62 f.); BeckOK GmbHG/*Ziemons* Rn. 180; aA HCL/*Casper* Rn. 155, 167; Rowedder/Schmidt-Leithoff/*Pentz* Rn. 130; *Maier-Reimer/Wenzel* ZIP 2008, 1449 (1451); *Riegger/Gayk* FS Maier-Reimer, 2010, 557 (570, 575)). Das Agio ist im GmbH-Recht (anders als in der AG) nicht Teil der gläubigerschützenden Einlagepflicht, wie sich aus § 14 S. 2, 3 ergibt (→ § 14 Rn. 8). Dem entspricht es, dass in der GmbH auch die Differenzhaftung für offene Sacheinlagen nach § 9 Abs. 1 auf die Deckung des Nennbetrags beschränkt ist (→ § 9 Rn. 4). Vor diesem Hintergrund kann auch iRd Abs. 4 nur der Nennbetrag den zutreffenden Bezugspunkt für die Anrechnung bilden. Hat der Inferent **mehrere Geschäftsanteile** gleichzeitig übernommen, erfolgt die Anrechnung proportional auf alle Anteile (Scholz/*Veil* Rn. 134; näher HCL/*Casper* Rn. 169). 58a

cc) Umfang der Anrechnung. Für die Anrechnung ist wie bei der Differenzhaftung nach § 9 der **objektive Wert** (Nettowert ohne USt) des Gegenstands entscheidend (Lutter/Hommelhoff/*Bayer* Rn. 78). Mängel des Gegenstands mindern dessen Wert auch dann, wenn der Gesellschaft Mängelansprüche zustehen. Erst eine bereits erfolgte Nachbesserung oder Ersatzlieferung ist werterhöhend zu berücksichtigen (Baumbach/Hueck/*Fastrich* Rn. 64; HK-GmbHG/*Saenger* Rn. 77; näher zum Verhältnis von Mängelrechten und Anrechnung *H. F. Müller* NZG 2011, 761 (765); *Riegger/Gayk* FS Maier-Reimer, 2010, 577 (579 f.); *Veil/Werner* GmbHR 2009, 729 (734 f.)). Handelt es sich bei dem verdeckt eingebrachten Gegenstand um eine Forderung gegen die GmbH, ist nach hM nicht anders als bei Forderungen gegen Dritte ebenfalls der objektive (reale) Wert maßgeblich, nicht der Nennwert (BGH 20.7.2009, BGHZ 182, 103 = NJW 2009, 3091 Rn. 38 – Cash Pool II (implizit); Lutter/Hommelhoff/*Bayer* Rn. 84; HCL/*Casper* Rn. 166; *Priester* DB 2010, 1445 mwN; aA – Forderung gegen die GmbH zum Nennwert anzurechnen, wenn sie bei dieser (wie idR) zum Nennwert passiviert war – MüKoGmbHG/*Schwandtner* Rn. 284 iVm MüKoGmbHG/*Schwandtner* § 5 Rn. 127 ff. im An- 59 schluss an *Cahn/Simon/Theiselmann* CFL 2010, 238; *Cahn/Simon/Theiselmann* DB 2010, 1629; *Cahn/Simon/Theiselmann* DB 2012, 501). Hat der verdeckt eingebrachte Gegenstand sogar einen **negativen Wert** (wie zB bei Einbringung eines überschuldeten Unternehmens), tritt neben die unverändert fortbestehende Bareinlagepflicht eine ergänzende Differenzhaftung analog § 9 Abs. 1, da der Inferent sonst besser stünde als bei Offenlegung der Sacheinlage (HCL/*Casper* Rn. 179; *H.-F. Müller* NZG 2011, 761 (763); *Riegger/Gayk* FS Maier-Reimer, 2010, 557 (570); für Ableitung dieser Haftung unmittelbar aus Abs. 4 S. 3 *Szalai/Kreußlein* notar 2019, 283 (295)). Zu weiteren Einzelheiten der Bewertung → § 9 Rn. 6.

60 Der **für die Wertberechnung maßgebliche Zeitpunkt** ist nach Abs. 4 S. 3 die **Anmeldung** der Gründung bzw. Kapitalerhöhung zur Eintragung im Handelsregister oder die **Überlassung des Gegenstands** an die Gesellschaft, falls diese später erfolgt. Nach diesem Zeitpunkt eingetretene Werterhöhungen oder erzielte Mehrerlöse aus einer von der GmbH vorgenommenen Veräußerung bleiben außer Betracht (Lutter/Hommelhoff/*Bayer* Rn. 78). Umgekehrt sind auch nachträgliche Wertminderungen unerheblich, selbst wenn sie noch vor Eintragung (aber nach Anmeldung und Überlassung) eintreten (Baumbach/Hueck/*Fastrich* Rn. 59; HCL/*Casper* Rn. 164). Unter Überlassung iSd S. 3 ist die dingliche Übertragung des Gegenstands zu verstehen, bei Sachen also die Verschaffung von Eigentum (*Bormann* in BKO GmbHR-HdB Kap. 4 Rn. 226; *Benz,* Verdeckte Sacheinlage und Einlagenrückzahlung im reformierten GmbH-Recht (MoMiG), 2010, 142 ff.); zT wird zusätzlich auch Besitzverschaffung verlangt (Baumbach/Hueck/*Fastrich* Rn. 64; HCL/*Casper* Rn. 164). Bei der Verrechnung von Forderungen ist die Vornahme der Verrechnung maßgeblich (*Heinze* GmbHR 2008, 1065 (1067); MüKoGmbHG/*Schwandtner* Rn. 282).

61 Bei der **verdeckten gemischten Sacheinlage** (→ Rn. 45) ist der anzurechnende Wert des verdeckt eingebrachten Gegenstands um den Betrag zu kürzen **(„Anrechnungssperre")**, um den die von der Gesellschaft gezahlte Vergütung die Bareinzahlung übersteigt (BGH 22.3.2010, BGHZ 185, 44 = NJW 2010, 1948 Rn. 57 mwN; Lutter/Hommelhoff/*Bayer* Rn. 91; HCL/*Casper* Rn. 176; *Kleindiek* ZGR 2011, 334 (344 ff.); *J. Koch* ZHR 175 (2011), 55 (66 f., 71 f.); Rowedder/Schmidt-Leithoff/*Pentz* Rn. 142; *Stiller/Redeker* ZIP 2010, 865 (867 f.); aA – Lösung über §§ 30 f. – *Priester* FS Maier-Reimer, 2010, 525 (533 ff.)). Wenn also eine Bareinlage von 30 vollständig eingezahlt wurde, der Kaufpreis des Verkehrsgeschäfts 80 und der wahre Wert des verdeckt eingebrachten Gegenstands 70 beträgt, erfolgt eine Anrechnung nur im Betrag von 20 (70–(80-30)), sodass die Bareinlagepflicht iHv 10 fortbesteht. Wenn die Werteinbuße der Gesellschaft aus dem Verkehrsgeschäft den Betrag der Bareinlagepflicht erreicht oder übersteigt, bleibt Letztere sogar vollumfänglich bestehen. Beträgt etwa in dem Bsp. der wahre Wert des für 80 erworbenen Gegenstands nur 35 (Werteinbuße von 45), besteht die Bareinlagepflicht in voller Höhe von 30 fort, da eine Anrechnung nach dem Gesagten ausscheidet (35–(80-30) <0). Fraglich ist, unter welchen Voraussetzungen der Inferent neben der fortbestehenden Bareinlagepflicht (30) auch noch den verbleibenden Differenzbetrag (15) aufbringen muss, um die Werteinbuße aus dem Verkehrsgeschäft (45) voll auszugleichen. Der BGH will hierfür auf § 31 Abs. 1 zurückgreifen, was zur Folge hat, dass der Inferent den Differenzbetrag nur erstatten muss, soweit ein Verstoß gegen § 30 – Herbeiführung oder Vertiefung einer Unterbilanz – vorliegt (BGH 22.3.2010, BGHZ 185, 44 = NJW 2010, 1948 Rn. 58 ff.; zust. *Ekkenga* ZIP 2013, 541 (549 f.); Rowedder/Schmidt-Leithoff/*Pentz* Rn. 147; *Pentz* FS Bergmann, 2018, 541 (557 ff.); MüKoGmbHG/*Schwandtner* Rn. 287; *Heinemann,* Verdeckte Sacheinlagen im Recht der Kapitalgesellschaften, 2014, 155 f.; *Wolf,* Die verdeckte Sacheinlage in GmbH und AG, 2013, 198 ff.). Da es sich um eine Frage der Kapitalaufbringung und nicht erst der -erhaltung handelt, liegt allerdings eine Differenzhaftung analog § 9 Abs. 1 näher (Lutter/Hommelhoff/*Bayer* Rn. 92; HCL/*Casper* Rn. 178; Baumbach/Hueck/*Fastrich* Rn. 58; *Kleindiek* ZGR 2011, 334 (347 ff.); *J. Koch* ZHR 175 (2011), 55 (70 ff.); *H.-F. Müller* NZG 2011, 761 (763 f.); *Benz,* Verdeckte Sacheinlage und Einlagenrückzahlung im reformierten GmbH-Recht (MoMiG), 2010, 183 ff., 192; *Gerlach,* Die gemischte Sacheinlage, 2016, 168 ff.). Das vom Gesetzgeber angestrebte Sanktionsgefälle (→ Rn. 63) zwischen offener und verdeckter Sacheinlage spricht zudem dafür, die angesprochene Differenzhaftung analog § 9 Abs. 1 in Fällen der verdeckten gemischten Sacheinlage mit einer Beweislastumkehr analog Abs. 4 S. 5 zu verbinden (ebenso *J. Koch* ZHR 175 (2011), 55 (73)). Zur Behandlung einer nicht ordnungsgemäß offengelegten gemischten Sacheinlage (verschleierte Vergütung) → Rn. 46.

62 Bei der **teilweise verdeckten Sacheinlage** (→ Rn. 45) ist der Wert des verdeckten Gegenstands auf den Teilbetrag der Bareinlage anzurechnen, der als Kaufpreis an den Inferenten zurückgeflossen ist. Der restliche Betrag der Einlageforderung ist durch Erfüllung erloschen, da Abs. 4 nur für den zurückgezahlten Teilbetrag gilt (*Maier-Reimer/Wenzel* ZIP 2009, 1185 (1192 f.); Lutter/Hommelhoff/*Bayer* Rn. 93; HCL/*Casper* Rn. 181 f.; Baumbach/Hueck/*Fastrich* Rn. 54; *Benz,* Verdeckte Sacheinlage und Einlagenrückzahlung im reformierten GmbH-Recht (MoMiG), 2010, 173 ff.; Scholz/*Veil* Rn. 153; aA noch *Veil/Werner* GmbHR 2009, 729 (735 f.); ferner KK-AktG/*A. Arnold* AktG § 27 Rn. 116). Ist eine Bareinlage in **mehreren Raten** fällig, ist die fehlende Werthaltigkeit des verdeckt eingebrachten Gegenstands bereits bei dem fälligen Teil der Einlageschuld und nicht erst bei den späteren Raten zu berücksichtigen (Lutter/Hommelhoff/*Bayer* Rn. 89; MüKoGmbHG/*Schwandtner* Rn. 289; *H.-F. Müller* NZG

2011, 761 (764)). Dabei gelten die zur verdeckten gemischten Sacheinlage entwickelten Grundsätze (→ Rn. 61) entsprechend (*H.-F. Müller* NZG 2011, 761 (764)). Wenn also der Inferent von einer Bareinlage iHv 25 zunächst den fälligen Teilbetrag von 15 einzahlt und die GmbH für den verdeckt eingebrachten Gegenstand im Wert von 15 einen Kaufpreis von 25 entrichtet, führt die Werteinbuße aus dem Verkehrsgeschäft (10) dazu, dass der fällige Teil der Einlageschuld in dieser Höhe bestehen bleibt. Soweit die Werteinbuße aus dem Verkehrsgeschäft den fälligen Teil der Einlageschuld sogar übersteigt, tritt neben den fälligen Teil der Einlageschuld wie bei der verdeckten gemischten Sacheinlage die Differenzhaftung analog § 9 Abs. 1 (*H.-F. Müller* NZG 2011, 761 (764 f.)). In dem umgekehrten Fall, dass der verdeckt eingebrachte Gegenstand einen überschießenden Wert hat, wird die Mehrleistung auf die verbleibenden Raten nur angerechnet, wenn dies so vereinbart wurde (Scholz/*Veil* Rn. 157; *Veil/Werner* GmbHR 2009, 729 (736); *Heinze* GmbHR 2008, 1065 (1067); *Riegger/Gayk* FS Maier-Reimer, 2010, 557 (576 f.); gegen Anrechnung auch Rowedder/Schmidt-Leithoff/*Pentz* Rn. 159 aE; aA noch *Pentz* FS K. Schmidt, 2009, 1265 (1279 f.)).

dd) Beweislast. Die Beweislast hinsichtlich der Werthaltigkeit des verdeckt eingebrachten Gegenstands liegt beim Inferenten (Abs. 4 S. 5). Dieser steht insoweit schlechter als bei einer offenen Sacheinlage, da dort iRd Differenzhaftung nach § 9 die Gesellschaft bzw. der Insolvenzverwalter beweispflichtig ist (→ § 9 Rn. 9). Auch unter diesem Gesichtspunkt (→ Rn. 53, → Rn. 66 f.) bleibt somit ein **Sanktionsgefälle** zwischen verdeckter und offener Sacheinlage erhalten (BT-Drs. 16/6140, 40). Ob sich der Inferent vor Beweisschwierigkeiten schützen kann, indem er anlässlich der Einbringung ein Wertgutachten einholt, um dieses im Fall seiner Inanspruchnahme vorlegen zu können **(„Schubladengutachten“),** ist zweifelhaft, da ein solches Vorgehen vor Gericht berechtigte Zweifel auslösen wird und den Schluss auf eine vorsätzliche und damit strafbare (→ Rn. 66 f.) Umgehung der Sacheinlagevorschriften nahe legt (*Maier-Reimer/Wenzel* ZIP 2008, 1449 (1450 f.); Lutter/Hommelhoff/*Bayer* Rn. 79; vgl. aber auch *Goette,* Einführung in das neue GmbH-Recht, 2008, Rn. 32; Scholz/*Veil* Rn. 141). Zur Erleichterung der Beweisführung des Inferenten wird man aber die durch das ARUG in § 33a AktG eingeführten Erleichterungen analog heranziehen können (*Bormann* in BKO GmbHR-HdB Kap. 4 Rn. 234; HCL/*Casper* Rn. 190; Baumbach/Hueck/*Fastrich* Rn. 65). Bemerkt der Inferent erst nach Bewirkung der verdeckten Sacheinlage, dass es sich um eine solche handelt, wird es ratsam sein, die Werthaltigkeitsprüfung alsbald nachzuholen, um spätere Beweisnot zu verhindern. Verweigert die GmbH ihre Mitwirkung, kann der Inferent Feststellungsklage erheben (Handelsrechtsausschuss DAV NZG 2007, 735 Rn. 54; *Gehrlein* Konzern 2007, 771 (784)). Gegebenenfalls wird sich auch eine Heilung der verdeckten Sacheinlage empfehlen (→ Rn. 68 ff.). 63

ee) Bereicherungsanspruch des Inferenten. Sofern sich die verdeckte Sacheinlage als nicht voll werthaltig erweist und die Bareinlagepflicht mithin iHd Differenz fortbesteht, stellt sich die Frage, ob dem Inferenten in dieser Höhe ein Bereicherungsanspruch zusteht, weil die ursprüngliche Bareinlagezahlung den Zweck der Tilgung der Einlageschuld insoweit verfehlt hat (vgl. zum alten Recht BGH 16.3.1998, NZG 1998, 428 (430)). Im Ergebnis besteht (entgegen dem bei *Riegger/Gayk* FS Maier-Reimer, 2010, 557 (562 ff.) vermittelten Eindruck) mit Recht Einigkeit, dass ein solcher Kondiktionsanspruch nach dem für die Anrechnung maßgeblichen Zeitpunkt nicht mehr in Betracht kommen kann, da er die vom Gesetzgeber angestrebte Haftung des Inferenten für den Differenzbetrag konterkarieren würde (statt vieler *Ulmer* ZIP 2009, 293 (298) (Abs. 4 S. 3 als das Bereicherungsrecht verdrängende lex specialis); Bork/Schäfer/*Bartels* Rn. 20 ff., 24; MHdB GesR III/*Freitag* § 9 Rn. 76; MüKoGmbHG/*Schwandtner* Rn. 290 iVm 276; *H.-F. Müller* NZG 2011, 761 (762 f.); *Wolf,* Die verdeckte Sacheinlage in GmbH und AG, 2013, 173 ff.; zur Rechtslage vor Anrechnung aber → Rn. 56). 64

d) Wirksamkeit des Verkehrsgeschäfts (Abs. 4 S. 2). Nach Abs. 4 S. 2 sind – abw. von der Rspr. zum alten Recht – die Verträge über die Sacheinlage (Verpflichtungsgeschäft) und die Rechtshandlungen zu ihrer Ausführung (Verfügungsgeschäft) **nicht wegen Umgehung der Sacheinlagevorschriften unwirksam.** Die Übereignung des Gegenstands und der zugrunde liegende Kaufvertrag sind mithin grundsätzlich wirksam, in den Fällen der verdeckten Forderungseinbringung wird die Forderung des Inferenten grundsätzlich wirksam getilgt (aber → Rn. 65a). Anderes gilt freilich, wenn das Verkehrsgeschäft **an sonstigen Unwirksamkeitsgründen** (Geschäftsunfähigkeit, Formmangel etc) leidet. In diesem Fall ist auch für eine Anrechnung nach Abs. 4 S. 3 kein Raum (→ Rn. 57). Hatte der Inferent die Bareinlage bereits erbracht und wird sodann in Rückabwicklung des nichtigen Verkehrsgeschäfts der an den Inferenten zurückgeflossene Kaufpreis der Gesellschaft zurückerstattet, ist damit die Bareinlage als erfüllt anzusehen (vgl. *Ulmer* ZIP 2009, 293 (299); → Rn. 54). Da Abs. 4 S. 2 insoweit nicht differenziert, ist das Verkehrsgeschäft **auch schon vor der Anrechnung** wirksam (*Veil/Werner* GmbHR 2009, 729 (732); *Kersting* VGR 14 (2008), 101 (118)). Scheitert die Eintragung der GmbH bzw. der Kapitalerhöhung, wird darin aber idR ein Wegfall der Geschäftsgrundlage (§ 313 BGB) des Verkehrsgeschäfts liegen (HCL/*Casper* Rn. 189; einschr. *Ulmer* ZIP 2009, 293 (299)). 65

Einer **Einschränkung** bedarf Abs. 4 S. 2 in den Fällen der **verdeckten Forderungseinbringung** 65a
(→ Rn. 47), soweit es um die Wirksamkeit einer vorabgesprochenen Aufrechnung der Einlageforderung

gegen die Forderung des Inferenten geht. Hier kann die Aufrechnung nicht gem. Abs. 4 S. 2 von Anfang an wirksam sein (mit der Folge, dass die wechselseitigen Forderungen gem. § 389 BGB rückwirkend erlöschen), da sonst Abs. 4 S. 1 und S. 4 unterlaufen würden (Baumbach/Hueck/*Fastrich* Rn. 52; MüKoGmbHG/*Schwandtner* Rn. 95, 268; Rowedder/Schmidt-Leithoff/*Pentz* Rn. 126). Vielmehr kann die Verrechnung nach Abs. 4 S. 4 nicht vor Eintragung und auch nur ex nunc Wirkung entfalten.

66 **e) Haftung der Geschäftsführer.** Meldet der Geschäftsführer im Fall einer verdeckten Sacheinlage die Gesellschaft oder die Kapitalerhöhung als Bargründung bzw. Barkapitalerhöhung zum Handelsregister an, gibt er eine **falsche Versicherung** iSd § 8 Abs. 2 S. 1, § 57 Abs. 2 S. 1 ab (→ Rn. 53). Geschieht dies **vorsätzlich,** macht er sich auch bei Vollwertigkeit des verdeckt eingelegten Gegenstands nach § 82 Abs. 1 Nr. 1 bzw. Nr. 3 **strafbar** (ganz hM; Lutter/Hommelhoff/*Bayer* Rn. 85; Baumbach/Hueck/*Fastrich* Rn. 47; Goette/Habersack/*M. Winter* Rn. 2.39; aA Roth/Altmeppen/*Altmeppen* § 82 Rn. 15 f.; *Altmeppen* NZG 2010, 441 (442); überholt BT-Drs. 16/6140, 40 zum RegE, der noch auf der Erfüllungs- statt der Anrechnungslösung beruhte). Bei der Anwendung der Straftatbestände ist allerdings zu bedenken, dass die zivilrechtlich anerkannte Vermutung einer Abrede zur verdeckten Sacheinlage bei engem sachlichen und zeitlichen Zusammenhang zwischen Übernahme der Bareinlage und Verkehrsgeschäft (→ Rn. 40 f.) nicht in das Strafrecht übertragen werden kann (MüKoGmbHG/*Altenhain* § 82 Rn. 60 aE). Eine rechtskräftige strafrechtliche Verurteilung hat nach § 6 Abs. 2 Nr. 3 lit. c ein fünfjähriges Bestellungshindernis als Geschäftsführer zur Folge. Daneben drohen dem Geschäftsführer bei Vorsatz oder Fahrlässigkeit **Schadensersatzansprüche** der Gesellschaft aus § 9a Abs. 1, 3 (ggf. iVm § 57 Abs. 4; Baumbach/Hueck/*Fastrich* Rn. 59; *Bormann* in BKO GmbHR-HdB Kap. 4 Rn. 243). Die Haftung aus § 43 Abs. 2 tritt nach hM hinter den spezielleren Tatbestand des § 9a Abs. 1 zurück (Lutter/Hommelhoff/*Bayer* § 9a Rn. 15; → § 9a Rn. 24), wird zT aber auch konkurrierend zugelassen (Baumbach/Hueck/*Fastrich* Rn. 59; *Grigoleit/Rieder* GmbHR Rn. 178). Die Geschäftsführer können sich zu ihrer Entlastung nicht auf Gesellschafterweisungen berufen, jedenfalls dann nicht, wenn die Haftung zur Gläubigerbefriedigung erforderlich ist (*Grigoleit/Rieder* GmbHR Rn. 178: Rechtsgedanke des § 43 Abs. 3 S. 3; generell gegen Enthaftung Handelsrechtsausschuss DAV NZG 2007, 735 Rn. 51; aA zu § 43 *Herrler* DB 2008, 2347 (2350)). Bei Vorsatz kommen zudem Schadensersatzansprüche Dritter aus § 823 Abs. 2 BGB iVm § 82 in Betracht (HCL/*Casper* Rn. 192; *Strohn* ZInsO 2009, 1417 (1418)). Bei Werthaltigkeit der verdeckten Sacheinlage wird es allerdings idR am Schaden fehlen (HCL/*Casper* Rn. 192; *Herrler* DB 2008, 2347 (2350)). Bei fehlender Werthaltigkeit richtet sich der Schadensersatzanspruch auf die nach Anrechnung verbleibende Wertdifferenz, falls dieser Betrag nicht vom Einlageschuldner beigetrieben werden kann, ggf. zuzüglich Kosten der Rechtsverfolgung (HCL/*Casper* Rn. 192; Handelsrechtsausschuss DAV NZG 2007, 735 Rn. 51).

67 **f) Haftung der Gesellschafter.** Auch Gesellschaftern droht die **Strafbarkeit,** wenn sie an einer Straftat des Geschäftsführers nach § 82 (→ Rn. 66) vorsätzlich als Anstifter oder Gehilfe teilnehmen. Im Fall des § 82 Abs. 1 Nr. 1 kann auch eine Strafbarkeit als Täter in Betracht kommen (*Benz,* Verdeckte Sacheinlage und Einlagenrückzahlung im reformierten GmbH-Recht (MoMiG), 2010, 230 ff.). Zudem kann neben der Differenzhaftung des Inferenten nach Abs. 4 S. 3 eine **Schadensersatzpflicht** der Gesellschafter nach § 9a Abs. 1, 3 bestehen (*Benz,* Verdeckte Sacheinlage und Einlagenrückzahlung im reformierten GmbH-Recht (MoMiG), 2010, 232 ff.; für Anwendung des Abs. 2 Baumbach/Hueck/*Fastrich* Rn. 59). Dies soll allerdings nur iRd Gründung gelten, nicht für Kapitalerhöhungen, da § 57 Abs. 4 nur hinsichtlich der Geschäftsführer auf § 9a verweist (*Herrler* DB 2008, 2347 (2351)). Gegebenenfalls ist auch an Ansprüche aus § 830 Abs. 2 BGB, § 823 Abs. 2 BGB iVm § 82 zu denken. Darüber hinaus steht den Mitgesellschaftern, die der verdeckten Sacheinlage nicht zugestimmt haben, ein aus dem Mitgliedschaftsverhältnis abzuleitender Anspruch gegen die GmbH und den Inferenten auf **Unterlassung** des Verkehrsgeschäfts zu (*Markwardt* BB 2008, 2414 (2417); Baumbach/Hueck/*Fastrich* Rn. 60; HCL/*Casper* Rn. 194; BeckOK GmbHG/*Ziemons* Rn. 198; *Körber,* Neuausrichtung der Kapitalaufbringung in der GmbH, 2015, 212 ff., 221 ff.; aA *Heinze* GmbHR 2008, 1065 (1069)). Ist das verdeckte Geschäft schon vollzogen worden, kommt ein Anspruch der Mitgesellschafter auf **Rückabwicklung** der verdeckten Sacheinlage in Betracht (*Grigoleit/Rieder* GmbHR Rn. 180: auf Naturalrestitution gerichteter Schadensersatzanspruch; ebenso *Markwardt* BB 2008, 2414 (2417); aA nach erfolgter Anrechnung HCL/*Casper* Rn. 194). Zum Regress des Gesellschafters gegen seinen Rechtsberater, der ihm zu einer verdeckten Sacheinlage geraten hat, s. BGH 19.5.2009, NZG 2009, 866 mBespr *Merkner/Schmidt-Bendun* NZG 2009, 1054.

68 **4. Heilung. a) Allgemeines.** Die nach altem Recht anerkannte **Möglichkeit der Heilung** einer verdeckten Sacheinlage soll nach dem Willen des Gesetzgebers auch im neuen Recht uneingeschränkt fortbestehen (MoMiG BT-Drs. 16/6140, 40). Allerdings sind Verpflichtungs- und Verfügungsgeschäft nach neuem Recht grundsätzlich wirksam (Abs. 4 S. 2), sodass die „Heilung" im Wesentlichen nur noch den Zweck verfolgen kann, die Beweislastumkehr des Abs. 4 S. 5 entfallen zu lassen (→ Rn. 71). Die Bedeutung der Heilung, wenn man sie denn trotz Wirksamkeit des Verkehrsgeschäfts weiterhin so

bezeichnen will (abl. BeckOK GmbHG/*Ziemons* Rn. 214 f.), ist daher im neuen Recht stark gesunken (HCL/*Casper* Rn. 195). Mit Blick auf das geringe praktische Bedürfnis und Schwierigkeiten der dogmatischen Konstruktion wird die Heilung nach neuem Recht bisweilen sogar als unzulässig angesehen (*Heidinger/Knaier* GmbHR 2015, 1 (4 f.); krit. auch Baumbach/Hueck/*Fastrich* Rn. 68), was aber dem genannten Willen des Gesetzgebers widerspricht (für Möglichkeit der Heilung auch nach neuem Recht daher die hL, etwa HCL/*Casper* Rn. 195; Scholz/*Veil* Rn. 162). Wie nach früherer Rechtslage sind die Mitgesellschafter idR aufgrund ihrer Treuepflicht gehalten, an der Heilung mitzuwirken, wenn sie sich zunächst über die Einlage einig waren (*Bormann* in BKO GmbHR-HdB Kap. 4 Rn. 260, 268; HK-GmbHG/*Saenger* Rn. 94; zum alten Recht BGH 7.7.2003, BGHZ 155, 329 = NJW 2003, 3127). Nach Eröffnung des **Insolvenzverfahrens** können die Gesellschafter allerdings **keine Heilung** mehr vornehmen, da gem. §§ 80 f. InsO nur noch der Insolvenzverwalter über die Einlageforderung verfügen kann (HCL/*Casper* Rn. 195; *Gehrlein* Der Konzern 2007, 771 (784); *Wirsch* GmbHR 2007, 736 (737)).

b) Voraussetzungen. Die Heilung erfolgt – von einzelnen Modifikationen abgesehen – nach denselben tatbestandlichen Voraussetzungen wie nach früherem Recht (dazu BGH 4.3.1996, BGHZ 132, 141 (148 ff., 154 f.) = NJW 1996, 1473 mBespr *D. Mayer* MittBayNot 1996, 164 und *Priester* ZIP 1996, 1025; BGH 7.7.2003, BGHZ 155, 329 = NJW 2003, 3127; UHW/*Ulmer,* 1. Aufl. 2005, Rn. 138 f.). Die Gesellschafter müssen also einen **Beschluss mit satzungsändernder Mehrheit** fassen, der festlegt, dass die im Einzelnen aufzuführenden Gesellschafter die von ihnen übernommenen Einlagen statt in Geld durch Einbringung konkret zu bezeichnender anderer Gegenstände leisten. Eine Zustimmung sämtlicher Gesellschafter ist nicht erforderlich (HCL/*Casper* Rn. 196). Einer Neuvornahme der Einbringung der Sacheinlage bedarf es anders als nach altem Recht nicht, da diese nach Abs. 4 S. 2 wirksam ist (Goette/Habersack/*M. Winter* Rn. 2.40). Zu erstatten ist ferner ein **Bericht über die Änderung der Einlagendeckung** von der Bar- zur Sacheinlage. Dieser Bericht muss von allen Geschäftsführern und den von der Änderung betroffenen Gesellschaftern erstattet und unterzeichnet werden. Die Vollwertigkeit des Gegenstands ist im Fall der Einlage einer Gesellschafterforderung durch eine vom Wirtschaftsprüfer testierte Bilanz nachzuweisen (BGH 4.3.1996, BGHZ 132, 141 (154 f.) = NJW 1996, 1473), bei anderen Gegenständen durch andere geeignete Unterlagen. Abw. vom alten Recht kommt es für die Werthaltigkeit nicht mehr auf den Zeitpunkt der Anmeldung der Satzungsänderung zum Handelsregister an, sondern auf den **nach Abs. 4 S. 3 maßgeblichen Zeitpunkt** (Lutter/Hommelhoff/*Bayer* Rn. 98; HCL/*Casper* Rn. 197; MüKoGmbHG/*Schwandtner* Rn. 299; Scholz/*Veil* Rn. 163; Goette/Habersack/*M. Winter* Rn. 2.40 f.; aA Roth/Altmeppen/*Roth,* 8. Aufl. 2015, Rn. 93). Andernfalls stünde derjenige, der sich um eine Heilung bemüht, schlechter als derjenige, der die Heilung unterlässt; denn der Wert des eingebrachten Gegenstands nimmt typischerweise im Lauf der Zeit ab. 69

Der Gesellschafterbeschluss über die Heilung ist unter Vorlage des Berichts der Geschäftsführer und Gesellschafter, des Werthaltigkeitsnachweises und der Verträge, die dem eingebrachten Gegenstand zugrunde liegen, zur **Eintragung** in das Handelsregister anzumelden. In der Anmeldung haben die Geschäftsführer die Werthaltigkeit und den Empfang der Sacheinlage zu versichern (BGH 4.3.1996, BGHZ 132, 141 (155) = NJW 1996, 1473). Das Eintragungserfordernis ergibt sich bei der Gründung daraus, dass mit der Umwidmung in eine Sachgründung wegen § 5 Abs. 4 zwingend eine Satzungsänderung verbunden ist. Der BGH verlangt eine Eintragung der Umwidmung aber auch bei der Kapitalerhöhung, obwohl hier der Satzungstext nicht geändert werden muss, da die Festsetzungen zur Sacheinlage nach § 56 Abs. 1 nur im Kapitalerhöhungsbeschluss und in der Übernahmeerklärung, nicht aber in der Satzung enthalten sein müssen (BGH 4.3.1996, BGHZ 132, 141 (155) = NJW 1996, 1473: „zur *Eintragung* anzumelden"; zum Inhalt der Eintragung *D. Mayer* MittBayNot 1996, 164 (167)). Mit Eintragung in das Handelsregister wird die Heilung ex nunc wirksam (Lutter/Hommelhoff/*Bayer* Rn. 99; HCL/*Casper* Rn. 198). 70

c) Rechtsfolgen. Die Rechtsfolge der Heilung besteht zunächst darin, dass die Beweislastumkehr des Abs. 4 S. 5 entfällt (Lutter/Hommelhoff/*Bayer* Rn. 95). Bei fehlender Werthaltigkeit der nunmehr offenen Sacheinlage greift die Differenzhaftung nach § 9 ein (HCL/*Casper* Rn. 199), bei der die Gesellschaft bzw. der Insolvenzverwalter beweispflichtig ist (→ § 9 Rn. 9). Ferner entfällt ggf. die Grundlage für Schadensersatzansprüche aus § 9a und § 43 (näher HCL/*Casper* Rn. 198). Eine rechtmäßig vorgenommene Heilung entzieht zudem Ansprüchen der Mitgesellschafter auf Unterlassung oder Rückabwicklung (→ Rn. 67) die Grundlage. Die Strafbarkeit des Geschäftsführers nach § 82 bleibt hingegen unberührt (Lutter/Hommelhoff/*Bayer* Rn. 95). 71

VII. Hin- und Herzahlen (Abs. 5)

1. Allgemeines. Abs. 5 regelt seit dem MoMiG Fälle des **Hin- und Herzahlens,** in denen eine geleistete Bareinlage aufgrund einer vorherigen Absprache wieder an den Gesellschafter – idR als Darlehen – zurückfließt (BT-Drs. 16/6140, 34). Nach der Rspr. zum **alten Recht** waren diese Fälle unter dem Aspekt der Kapitalaufbringung stets so zu beurteilen, als ob nichts geschehen sei. Die 72

Bareinlagepflicht galt mangels Leistung zur **endgültigen freien Verfügung** (§ 8 Abs. 2, § 57 Abs. 2) bzw. mangels definitiven Vermögenszuflusses (→ § 14 Rn. 16 f.) als nicht erfüllt, da die Barmittel abredegemäß wieder an den Gesellschafter zurückgeflossen waren. Zahlte der Gesellschafter später das vermeintliche Darlehen zurück, wertete der BGH dies aber als erfüllungstaugliche Leistung auf die Bareinlagepflicht, sofern sich die Zahlung objektiv der Einlageschuld zuordnen ließ (stRspr, zB BGH 21.11.2005, BGHZ 165, 113 = NJW 2006, 509; BGH 9.1.2006, BGHZ 165, 352 = NJW 2006, 906; BGH 15.10.2007, NZG 2008, 511). Diese Grundsätze galten auch für die Kapitalaufbringung in konzernweiten Cash-Pool-Systemen.

73 Mit dem **neuen Abs. 5** will der Gesetzgeber Erleichterungen für die Praxis schaffen, indem unter eng begrenzten Voraussetzungen (vollwertiger, jederzeit fälliger Rückgewähranspruch; Offenlegung) ausnahmsweise schon die erstmalige Einzahlung der alsbald wieder abfließenden Bareinlage **Erfüllungswirkung** haben soll. Die Neuregelung zielt insbesondere auf das vom Gesetzgeber ausdrücklich als „ökonomisch sinnvoll" anerkannte Cash Pooling (BT-Drs. 16/6140, 34, 40; → Rn. 50 ff.), ist hierauf aber nicht beschränkt (Baumbach/Hueck/*Fastrich* Rn. 70; Goette/Habersack/*Goette* Rn. 9.8 aE). Wie im Bereich der Kapitalerhaltung liegt dem neuen Recht zumindest partiell eine bilanzielle Betrachtungsweise zugrunde (BT-Drs. 16/6140, 35), die es abw. vom alten Recht und als Ausnahme zu Abs. 2 S. 1 ermöglicht, den Einlageanspruch durch einen zwar bilanziell vollwertigen, aber nur schuldrechtlichen und damit im Vergleich zur Einlageforderung schwächeren (→ Rn. 91) Anspruch gegen den Einlageschuldner zu ersetzen. Die neue Vorschrift gilt gem. § 56a nicht nur für die **Gründung,** sondern auch für **Kapitalerhöhungen.** Sie findet auch auf im vereinfachten Verfahren nach § 2 Abs. 1a gegründete Gesellschaften sowie auf **Unternehmergesellschaften** iSd § 5a Anwendung (Lutter/Hommelhoff/*Bayer* Rn. 120; MüKoGmbHG/*Rieder* § 5a Rn. 24 mwN; krit. zur Anwendung auf die UG *Wicke* § 5a Rn. 7: Spannungsverhältnis mit § 5a Abs. 2 S. 1 (Volleinzahlungsgebot)). Seit Inkrafttreten des ARUG am 1.9.2009 findet sich eine Parallelregelung in § 27 Abs. 4 AktG.

74 **2. Anwendungsbereich. a) Rückzahlung der Einlage; Abgrenzung zur verdeckten Sacheinlage.** Wie Abs. 4 (verdeckte Sacheinlage) betrifft auch Abs. 5 Fälle, in denen die eingezahlten Einlagemittel an den Inferenten oder einen gleichzustellenden Dritten (HCL/*Casper* Rn. 211; Rowedder/Schmidt-Leithoff/*Pentz* Rn. 235; → Rn. 37 f.) zurückfließen. Der Unterschied zur verdeckten Sacheinlage bestand schon nach früherem Recht darin, dass beim bloßen Hin- und Herzahlen **kein einlagefähiger Gegenstand** geleistet wird. Im Modellfall des Hin- und Herzahlens werden die Bareinlagemittel darlehenshalber an den Inferenten zurückgewährt, sodass die Gesellschaft einen schuldrechtlichen Rückzahlungsanspruch gegen den Inferenten erwirbt. Bloße schuldrechtliche Ansprüche gegen den Inferenten sind auch nach Inkrafttreten des MoMiG nicht einlagefähig (BGH 16.2.2009, BGHZ 180, 38 = NJW 2009, 2375 Rn. 10; → § 5 Rn. 21 mwN; zum alten Recht BGH 21.11.2005, BGHZ 165, 113 Rn. 8 = NJW 2006, 509; aA *Cahn* ZHR 166 (2002), 278 (289 ff.)); die Abgrenzung zwischen verdeckter Sacheinlage und Hin- und Herzahlen kann daher auch nach neuem Recht anhand der Einlagefähigkeit erfolgen. Sie ist von erheblicher praktischer Bedeutung, da beim Hin- und Herzahlen die Bareinlagepflicht in vollem Umfang fortbesteht, wenn eine der Voraussetzungen des Abs. 5 fehlt („alles oder nichts"; → Rn. 92), während bei verdeckten Sacheinlagen die Anrechnung nach Abs. 4 eingreift. Im Fall des Cash Pooling kommt es darauf an, ob die GmbH im Zeitpunkt der Weiterleitung der Einlagemittel an das Zentralkonto ein Haben-Saldo (dann Abs. 5) oder ein Soll-Saldo (dann Abs. 4) aus der Cash-Pool-Vereinbarung hatte (→ Rn. 49 f.).

75 Auf die **Reihenfolge der Zahlungen** kommt es trotz des insoweit zu eng geratenen Wortlauts ebenso wenig an wie nach altem Recht (dazu BGH 12.6.2006, NJW-RR 2006, 1630; BGH 8.1.2007, DStR 2007, 731), da nichts darauf hindeutet, dass der Gesetzgeber hiervon abweichen wollte, und die Interessenlage identisch ist. Erfasst ist somit nicht nur die Rückzahlung der Einlage an den Inferenten, sondern in zumindest entspr. Anwendung auch der umgekehrte Fall, in dem die Gesellschaft dem Inferenten zunächst die Mittel überlässt, aus denen dieser sodann die Einlage einzahlt (**Her- und Hinzahlen;** BGH 1.2.2010, BGHZ 184, 158 = NJW 2010, 1747 Rn. 24; Lutter/Hommelhoff/*Bayer* Rn. 128; HCL/*Casper* Rn. 210; Rowedder/Schmidt-Leithoff/*Pentz* Rn. 237; Roth/Altmeppen/*Altmeppen* Rn. 131; *Rezori* RNotZ 2011, 125 (130 f.); MüKoGmbHG/*Schwandtner* Rn. 327; Scholz/*Veil* Rn. 178; zweifelnd *Bormann/Urlichs* in Römermann/Wachter, GmbHR-Sonderheft MoMiG, 37 (43); aA MüKoGmbHG/*Märtens,* 1. Aufl. 2010, Rn. 289; krit. auch Baumbach/Hueck/*Fastrich* Rn. 75). Ebenso wenig kommt es darauf an, ob es sich bei der Einlagepflicht um eine Bar- oder eine Sacheinlage handelt. Trotz des engen Wortlauts („Rückzahlung") sollen die Grundsätze des Hin- und Herzahlens nach einer im Schrifttum vertretenen Ansicht auch auf die – praktisch freilich seltene – Rückgewähr von Sacheinlagen anzuwenden sein (ausführlich *Benz,* Verdeckte Sacheinlage und Einlagenrückzahlung im reformierten GmbH-Recht (MoMiG), 2010, 319 ff.; abl. aber Roth/Altmeppen/*Altmeppen* Rn. 126; MüKoGmbHG/*Schwandtner* Rn. 325; *Illhardt,* Die Einlagenrückzahlung nach § 27 Abs. 4 AktG, 2013, 82 f. mwN).

76 **b) Vorabsprache.** Abs. 5 setzt eine – nicht notwendig rechtsverbindliche (*Benz,* Verdeckte Sacheinlage und Einlagenrückzahlung im reformierten GmbH-Recht (MoMiG), 2010, 285 ff.) – **Verein-**

barung über das Hin- und Herzahlen voraus. Für die Parteien der Vereinbarung gilt dasselbe wie zu Abs. 4 (→ Rn. 40, → Rn. 43); diese kann also entweder zwischen den Gesellschaftern oder zwischen der GmbH, vertreten durch die Geschäftsführer, und dem Inferenten getroffen werden (*Bormann/Urlichs* in Römermann/Wachter, GmbHR-Sonderheft MoMiG, 37 (43); Lutter/Hommelhoff/*Bayer* Rn. 106). In der Einpersonen-GmbH genügt, ebenfalls wie iRd Abs. 4 (→ Rn. 43), ein entsprechendes Vorhaben des Alleingesellschafters (OLG Koblenz 17.3.2011, MittBayNot 2011, 330; Scholz/*Veil* Rn. 180). Die Vereinbarung muss bereits **„vor der Einlage"** getroffen worden sein. Maßgeblich ist damit im Gegensatz zu Abs. 4 (→ Rn. 40a) nicht der Zeitpunkt der Übernahme der Einlagepflicht, sondern derjenige der Einlageleistung, dh des „Hinzahlens" (MüKoGmbHG/*Schwandtner* Rn. 332). Nach Sinn und Zweck des Abs. 5 ist dem der (freilich eher theoretische) Fall gleichzustellen, dass Abrede und Einlageleistung zeitgleich zusammentreffen (HCL/*Casper* Rn. 208; Rowedder/Schmidt-Leithoff/*Pentz* Rn. 239; *Herrler* DStR 2011, 2255 Fn. 6; aA *Illhardt,* Die Einlagenrückzahlung nach § 27 Abs. 4 AktG, 2013, 78). Nach überwA muss darüber hinaus die Vereinbarung **spätestens im Anmeldezeitpunkt** vorliegen, da Abs. 5 S. 2 die Offenlegung für diesen Zeitpunkt vorschreibt (MüKoGmbHG/*Schwandtner* Rn. 332; Rowedder/Schmidt-Leithoff/*Pentz* Rn. 239; Baumbach/Hueck/*Fastrich* Rn. 73; für Maßgeblichkeit des Eintragungszeitpunkts Roth/Altmeppen/*Altmeppen* Rn. 127; aA *Benz,* Verdeckte Sacheinlage und Einlagenrückzahlung im reformierten GmbH-Recht (MoMiG), 2010, 291, 296 f., 405; *Bayer/Scholz* GmbHR 2016, 89 (94 f.)). Das Vorliegen einer Vorabsprache wird in Anlehnung an die zu Abs. 4 anerkannten Grundsätze (→ Rn. 41 f.) bei einem engen zeitlichen und sachlichen Zusammenhang von Einlageleistung und Mittelrückfluss **vermutet,** soweit der Mittelrückfluss nicht auf einem gewöhnlichen Umsatzgeschäft iRd laufenden Geschäftsverkehrs beruht (Lutter/Hommelhoff/*Bayer* Rn. 108; vgl. auch BGH 15.10.2007, NZG 2008, 511 Rn. 4).

Ist die Vereinbarung über das „Herzahlen" (die Darlehensgewährung) nachweislich erst nach der **76a** Einlageleistung getroffen worden, ist die Einlageschuld mit der ersten Einzahlung als getilgt anzusehen (Rowedder/Schmidt-Leithoff/*Pentz* Rn. 239; Lutter/Hommelhoff/*Bayer* Rn. 110; *Körber,* Neuausrichtung der Kapitalaufbringung in der GmbH, 2015, 350; aA *Wälzholz* MittBayNot 2008, 425 (432): keine Tilgung; abw. auch *Joost* FS Hüffer, 2010, 405 (409 ff.): Abs. 5 auch auf nachträgliche Vereinbarungen anwendbar). Bei diesem Ergebnis bleibt es nach zutr. Ansicht auch dann, wenn die Vereinbarung nach der Einlageleistung, aber noch vor der Anmeldung getroffen wurde (Rowedder/Schmidt-Leithoff/*Pentz* Rn. 239; *Illhardt,* Die Einlagenrückzahlung nach § 27 Abs. 4 AktG, 2013, 76 ff.; vgl. auch → Rn. 40b zur vergleichbaren Frage iRd Abs. 4; aA – (analoge) Anwendung des Abs. 5 – HCL/*Casper* Rn 208; Spindler/Stilz/*Servatius* § 188 Rn. 86; ferner Roth/Altmeppen/*Altmeppen* Rn. 127, der sogar sämtliche Abreden bis zur Eintragung von Abs. 5 erfasst sieht). Das nicht vorabgesprochene Herzahlen ist stattdessen an den Regeln der Kapitalerhaltung (§§ 30 f.) bzw., falls es schon vor Eintragung der Gesellschaft erfolgte, an den Grundsätzen der Verlustdeckungs- und Vorbelastungshaftung zu messen.

c) Typische Fallgruppen. Der Modellfall des Hin- und Herzahlens iSd Abs. 5 besteht wie dargelegt **77** darin, dass der eingezahlte Barbetrag aufgrund einer Vorabsprache dem Inferenten oder einem ihm gleichgestellten Dritten (→ Rn. 74 iVm → Rn. 37 f.) als **Darlehen** zurückgezahlt wird, zB iRe **Cash Pools** bei bestehendem Haben-Saldo (→ Rn. 51) oder anlässlich der Gründung einer Vorratsgesellschaft, bei der die Einlage umgehend an die Gründer zurückgewährt wird. Da es dem Herzahlen an den Inferenten gleichsteht, wenn die Einlageleistung an eine vom Inferenten beherrschte Gesellschaft weitergeleitet wird (→ Rn. 74 iVm → Rn. 37), erfasst Abs. 5 auch den (häufigen) Fall, dass die Komplementärin einer **GmbH & Co. KG** die ihr zugeflossenen Einlagen absprachegemäß als Darlehen an die von den Gesellschaftern der GmbH beherrschte KG weiterreicht (OLG Koblenz 17.3.2011, MittBayNot 2011, 330; OLG Schleswig 9.5.2012, GmbHR 2012, 908 (910 f.); Goette/Habersack/*Goette* MoMiG Rn. 9.12; Scholz/*Veil* Rn. 178; → § 14 Rn. 17).

Schwierigkeiten bereitet die zutreffende Erfassung von Fällen, in denen die Gesellschaft die Bar- **78** einlagemittel absprachegemäß dazu verwendet, um noch zu erbringende entgeltliche **Dienstleistungen** des Inferenten zu beziehen. Diese Fallgruppe fällt nicht unter die Regelung des Abs. 4 zur verdeckten Sacheinlage, da die Verpflichtung zur Erbringung von Dienstleistungen nicht einlagefähig ist (→ Rn. 36). Aber auch ein schuldbefreiendes Hin- und Herzahlen gem. Abs. 5 kommt in derartigen Fällen nicht in Betracht, da die GmbH durch die Bezahlung der Dienstleistungen keinen Rückgewähranspruch iS dieser Vorschrift erwirbt (*Illhardt,* Die Einlagenrückzahlung nach § 27 Abs. 4 AktG, 2013, 61 f.). Dies bedeutet jedoch nicht, dass die Einlageschuld in solchen Fällen zwangsläufig noch offen wäre. Im Gegenteil hat der BGH entschieden, dass die vorabgesprochene Bezahlung noch zu erbringender Dienstleistungen des Inferenten der Erfüllungswirkung der Einzahlung der Bareinlage nicht entgegensteht, wenn zwei Voraussetzungen erfüllt sind. Erstens darf die GmbH nach Ansicht des BGH wegen des Gebots der Einlageleistung zur endgültigen freien Verfügung nicht in der Verwendung der Einlagemittel derart gebunden sein, dass sie diese nicht in ihren Geldkreislauf einspeisen darf, sondern für den Inferenten zu **„reservieren"** und nur für die Begleichung von dessen Forderungen einzusetzen hat (BGH 16.2.2009, BGHZ 180, 38 = NJW 2009, 2375 Rn. 17 ff. – Qivive; BGH 1.2.2010, BGHZ 184, 158 = NJW 2010, 1747 Rn. 23 – Eurobike; näher zum Merkmal der „Reservierung" *Habersack*

GWR 2009, 129 (130); *Priester* DNotZ 2010, 462 (464); mit Recht krit. zu diesem Kriterium Lutter/Hommelhoff/*Bayer* Rn. 111; Spindler/Stilz/*Herrler* AktG § 27 Rn. 236; *Herrler* NZG 2010, 407 (408 f.)). Zweitens verlangt der BGH, dass die Vergütung der Dienstleistung einem **Drittvergleich** standhalten muss und die objektiv werthaltige Leistung aus Sicht der Gesellschaft für diese nicht unbrauchbar sein darf (BGH 1.2.2010, BGHZ 184, 158 = NJW 2010, 1747 Rn. 24 – Eurobike). Wie der Sachverhalt der Eurobike-Entscheidung zeigt (Dienstleistungen im Wert von 2,7 Mio. EUR), ist dabei nicht entscheidend, ob es sich um ein gewöhnliches Geschäft des laufenden Geschäftsverkehrs handelt (Spindler/Stilz/*Herrler* AktG § 27 Rn. 235; anders noch *Bayer/Lieder* NZG 2010, 86 (88 f.)). Noch nicht hinreichend geklärt ist, welche Rechtsfolgen eintreten, wenn es zwar an einer (nach Ansicht des BGH erfüllungsschädlichen) „Reservierung" fehlt, die GmbH aber eine dem Drittvergleich nicht standhaltende überhöhte Vergütung für die Dienstleistungen bezahlt. Nach zutreffender Ansicht bleibt in diesem Fall wegen des vorabgesprochenen Mittelrückflusses an den Inferenten die Einlagepflicht zwar nicht in voller Höhe, aber doch iHd Differenz zwischen gezahlter und angemessener Vergütung bestehen (Spindler/Stilz/*Herrler* AktG § 27 Rn. 239; *Herrler* NZG 2010, 407 (409); stattdessen für Lösung über §§ 30 f. *Priester* DNotZ 2010, 462 (463 ff.); *Illhardt,* Die Einlagenrückzahlung nach § 27 Abs. 4 AktG, 2013, 63 f.; von BGH 1.2.2010, BGHZ 184, 158 = NJW 2010, 1747 nicht entschieden). Die Beweislast für die Angemessenheit der Vergütung der Dienstleistung liegt analog Abs. 4 S. 5 beim Inferenten (Lutter/Hommelhoff/*Bayer* Rn. 59 f.; *Bayer/Fiebelkorn* LMK 2010, 304619; unklar insoweit BGH 1.2.2010, BGHZ 184, 158 = NJW 2010, 1747 Rn. 24).

79 **3. Voraussetzungen für die Befreiungswirkung nach Abs. 5.** Abw. vom früheren Recht (→ Rn. 72) schließen Vereinbarungen über ein Hin- und Herzahlen die Erfüllungswirkung der Einlageleistung nicht mehr generell aus. Vielmehr tritt die Erfüllungswirkung ein, wenn die Einlage eingezahlt worden ist (→ Rn. 80), die Rückzahlung durch einen iSd Abs. 5 S. 1 vollwertigen und liquiden Rückgewähranspruch gedeckt ist (→ Rn. 81 ff.) und – so jedenfalls die Rspr. des BGH – der Vorgang nach Abs. 5 S. 2 in der Handelsregisteranmeldung offengelegt wird (→ Rn. 86 f.).

80 **a) Einzahlung der Einlage.** Die Einlage muss zunächst ordnungsgemäß (von der Vorabsprache abgesehen) an die Gesellschaft geleistet worden sein (Baumbach/Hueck/*Fastrich* Rn. 74; Lutter/Hommelhoff/*Bayer* Rn. 106). Ob in Abkürzung des Hin- und Herzahlens auch das bloße Einbuchen der (Rückgewähr-)Forderung gegen den Gesellschafter genügt, ist strittig, aber wegen der Identität der Interessenlage richtigerweise zu bejahen (Spindler/Stilz/*Herrler* AktG § 27 Rn. 230 ff.; *Herrler* DStR 2011, 2255 (2260); *Benz,* Verdeckte Sacheinlage und Einlagenrückzahlung im reformierten GmbH-Recht (MoMiG), 2010, 308 f.; aA Lutter/Hommelhoff/*Bayer* Rn. 107; *Bormann/Urlichs* in Römermann/Wachter, GmbHR-Sonderheft MoMiG, 37 (43); HK-GmbHG/*Saenger* Rn. 106; BeckOK GmbHG/*Ziemons* Rn. 235; *Illhardt,* Die Einlagenrückzahlung nach § 27 Abs. 4 AktG, 2013, 85 f.), und zwar ungeachtet der Tatsache, dass Forderungen gegen den Inferenten auch nach neuem Recht nicht sacheinlagefähig sind (→ § 5 Rn. 21).

81 **b) Vollwertiger Rückgewähranspruch; Deckungsgebot.** Die Rückzahlung der Einlage an den Inferenten muss durch einen **vollwertigen** Rückgewähranspruch der Gesellschaft gedeckt sein. Hinsichtlich der Vollwertigkeit ist nach dem Willen des Gesetzgebers ebenso wie iRd § 30 Abs. 1 S. 2 Alt. 2 eine **„bilanzielle Betrachtungsweise"** zugrunde zu legen (BT-Drs. 16/6140, 35). Die Forderung ist mithin vollwertig, wenn sie iRd Bilanzierung nach § 253 HGB zu 100 % angesetzt werden darf, dh kein bilanzieller Abwertungsbedarf besteht (ganz hM, OLG Schleswig 9.5.2012, GmbHR 2012, 908 (911); HCL/*Casper* Rn. 212; MüKoGmbHG/*Schwandtner* Rn. 342 f.; Scholz/*Veil* Rn. 182; Rowedder/Schmidt-Leithoff/*Pentz* Rn. 242; zu § 30 Abs. 1 S. 2 Alt. 2 Scholz/*Verse* § 30 Rn. 85 ff.; *Verse* GmbHR 2018, 113 (117 f.)). Maßgeblich soll dabei allerdings – insoweit abw. von den iRd Bilanzrechts anerkannten Grundsätzen – nicht die (uU beschränkte) Erkenntnismöglichkeit der Geschäftsführer, sondern die Sicht eines objektiven, über die Vermögenssituation des Inferenten informierten Betrachters sein (*Bormann* in BKO GmbHR-HdB Kap. 4 Rn. 44 f.; Baumbach/Hueck/*Fastrich* Rn. 76a; Rowedder/Schmidt-Leithoff/*Pentz* Rn. 242). Zur Konkretisierung der bilanziellen Betrachtung lässt sich an die Maßstäbe anknüpfen, die der BGH in der „MPS"-Entscheidung entwickelt hat (BGH 1.12.2008, BGHZ 179, 71 = NJW 2009, 850 zu § 311 AktG, aber auch mit Bezugnahme auf § 57 Abs. 1 S. 3 Alt. 2 AktG). Eine an Sicherheit grenzende Wahrscheinlichkeit der Darlehensrückzahlung wird danach nicht verlangt (BGH 1.12.2008, BGHZ 179, 71 Rn. 13 = NJW 2009, 850). Das jeder Forderung immanente abstrakte Ausfallrisiko steht der Vollwertigkeit mit anderen Worten nicht entgegen. Wenn jedoch ein **konkretes Ausfallrisiko** besteht, dh konkrete Zweifel an der Einbringlichkeit der Forderung bestehen, fehlt es an der Vollwertigkeit (BGH 1.12.2008, BGHZ 179, 71 Rn. 13 = NJW 2009, 850; MüKoGmbHG/*Schwandtner* Rn. 343; Scholz/*Veil* Rn. 182; *Markwardt* BB 2008, 2414 (2420); zur Präzisierung des „konkreten Ausfallrisikos" s. den Vorschlag von *Cahn* Der Konzern 2009, 67 (72 ff.): idR nicht bei Investment Grade Rating des Schuldners). Die amtliche Begründung nennt als Bsp. eine Forderung gegen eine mit geringen Mitteln ausgestattete Erwerbsgesellschaft, bei der die Durchsetzbarkeit „absehbar in Frage gestellt" ist (BT-Drs. 16/6140, 41). Die Vollwertigkeitsprüfung ist damit

weniger streng als nach der früheren Rspr. zu § 30, die für Darlehen an Gesellschafter jedenfalls im Stadium der Unterbilanz der Gesellschaft deutlich höhere Anforderungen stellte (Kreditwürdigkeit „bei Anlegung strengster Maßstäbe außerhalb jedes vernünftigen Zweifels"; BGH 24.11.2003, BGHZ 157, 72 (76) = NJW 2004, 1111; auch für Altfälle aufgegeben durch BGH 1.12.2008, BGHZ 179, 71 Rn. 12 = NJW 2009, 850).

Da keine an Sicherheit grenzende Wahrscheinlichkeit der Rückzahlung verlangt wird, ist die **Gewährung von Sicherheiten keine notwendige Voraussetzung** der Vollwertigkeit (Lutter/Hommelhoff/*Bayer* Rn. 115; Baumbach/Hueck/*Fastrich* Rn. 77; MüKoGmbHG/*Schwandtner* Rn. 344; Goette/Habersack/*M. Winter* MoMiG Rn. 2.49; vgl. auch BGH 1.12.2008, BGHZ 179, 71 Rn. 13 = NJW 2009, 850 zu § 311 AktG). Umgekehrt kann allerdings die Stellung einer werthaltigen Sicherheit dazu führen, dass eine Forderung gegen einen Schuldner von zweifelhafter Solvenz als vollwertig anzusehen ist. In diesem Fall ist freilich darauf zu achten, dass auch die Sicherheit selbst den weiteren Anforderungen des Abs. 5 genügen, dh insbesondere liquide sein muss (näher *Herrler* DStR 2011, 2255 (2259)). **81a**

Maßgeblicher Zeitpunkt für die Beurteilung der Vollwertigkeit ist nach zutreffender Ansicht derjenige des Eingangs der Anmeldung bei Gericht oder, sollte die Leistung der Gesellschaft an den Inferenten danach erfolgen, dieser spätere Zeitpunkt (MüKoGmbHG/*Schwandtner* Rn. 348; Scholz/*Veil* Rn. 183; *Herrler* DStR 2011, 2255 (2259 f.); *Markwardt* BB 2008, 2414 (2420); *Benz,* Verdeckte Sacheinlage und Einlagenrückzahlung im reformierten GmbH-Recht (MoMiG), 2010, 350; stets für Maßgeblichkeit des Anmeldezeitpunkts Rowedder/Schmidt-Leithoff/*Pentz* Rn. 243). Die häufig vertretene Gegenansicht, die stets auf den Zeitpunkt der Leistung der Gesellschaft abstellt (*Bormann/Urlichs* in Römermann/Wachter, GmbHR-Sonderheft MoMiG, 37 (43); Lutter/Hommelhoff/*Bayer* Rn. 115; Baumbach/Hueck/*Fastrich* Rn. 79; GBS GmbHG/*Sirchich v. Kis-Sira* Rn. 66) führt zu unangemessenen Ergebnissen, wenn die Vollwertigkeit nach Rückzahlung der Einlage an den Inferenten, aber vor Anmeldung entfällt. Soll die Darlehensvergabe an den Inferenten erst nach der Anmeldung erfolgen, hat das Registergericht bereits anlässlich der Anmeldung aus der ex-ante-Perspektive zu prüfen, ob der Rückgewähranspruch im Zeitpunkt der Ausreichung des Darlehens voraussichtlich vollwertig sein wird (OLG Schleswig 9.5.2012, GmbHR 2012, 908 (911 f.); Baumbach/Hueck/*Fastrich* Rn. 79; → Rn. 87 aE). Zu nachteiligen Veränderungen nach dem maßgeblichen Zeitpunkt → Rn. 90. **82**

Umstritten ist, welche Bedeutung einer angemessenen **Verzinsung** des Rückgewähranspruchs zukommt. Nach bilanziellen Grundsätzen sind unverzinsliche Forderungen grundsätzlich auf ihren Barwert abzuzinsen, dh mit einem niedrigeren Wert als ihrem Nominalwert in der Bilanz anzusetzen. Eine Ausnahme gilt aus Vereinfachungsgründen bei kurzfristigen Ausleihungen; in diesem Fall kann auch eine unverzinsliche Forderung zum Nominalwert angesetzt werden (EBJS/*Böcking/Gros/Wirth* HGB § 253 Rn. 113: bei Laufzeit von weniger als einem Jahr). Daran anknüpfend wird im Schrifttum verbreitet angenommen, dass iRe Cash Pools mit jederzeit kündbarer Darlehensausgabe eine fehlende Verzinsung die Vollwertigkeit der Darlehensforderung nicht beeinträchtige und eine Verzinsung daher für Zwecke des Abs. 5 entbehrlich sei (so etwa *Grigoleit/Rieder* GmbHR Rn. 200; Roth/Altmeppen/*Altmeppen* Rn. 133; iErg auch Rowedder/Schmidt-Leithoff/*Pentz* Rn. 245; ebenso zu § 30 Abs. 1 S. 2 *Drygala/Kremer* ZIP 2007, 1289 (1293); *Brocker/Rockstroh* BB 2009, 730 (732)). Demgegenüber hält die wohl hL nur angemessen (marktüblich) verzinste Darlehen für vollwertig iSd Abs. 5, weil die bilanzielle Vereinfachung nicht zulasten des Kapitalschutzes gehen dürfe (Lutter/Hommelhoff/*Bayer* Rn. 115; *Herrler* DStR 2011, 2255 (2259); *Lieder* GmbHR 2009, 1177 (1182); MüKoGmbHG/*Schwandtner* Rn. 345; *Wicke* Rn. 32a; *Wirsch* Der Konzern 2009, 443 (449)). Diese Ansicht trifft im Ergebnis das Richtige. Nach zutreffender Ansicht ist die Verzinsung allerdings keine Frage der Vollwertigkeit, da es andernfalls möglich sein müsste, ein konkretes Ausfallrisiko durch einen erhöhten Zins auszugleichen, was aber der Intention des Gesetzgebers ersichtlich nicht entspräche. Mit der Vollwertigkeit ist vielmehr ebenso wie iRd § 30 Abs. 1 S. 2 allein die Einbringlichkeit der Forderung angesprochen (Baumbach/Hueck/*Fastrich* Rn. 77; zu § 30 HCL/*Habersack* § 30 Rn. 104; Scholz/*Verse* § 30 Rn. 94 mzN). Wie iRd § 30 Abs. 1 S. 2 wird das Vollwertigkeitserfordernis aber durch das **Deckungsgebot** ergänzt, wenngleich dieses im Gesetzeswortlaut nur andeutungsweise zum Ausdruck kommt („gedeckt"). Es besagt, dass bei einem Austauschvertrag der Zahlungsanspruch gegen den Gesellschafter nicht nur (bilanziell) vollwertig sein muss, sondern auch wertmäßig nach Marktwerten den geleisteten Gegenstand decken muss (BT-Drs. 16/6140, 41 zu § 30). Während also das Tatbestandsmerkmal der Vollwertigkeit das Erfordernis der Einbringlichkeit des Rückerstattungsanspruchs zum Ausdruck bringt, stellt das Deckungsgebot sicher, dass die Gesellschaft eine angemessene Gegenleistung erhält (*Cahn* Der Konzern 2009, 67 (71)). Im Fall der Darlehensvergabe ergibt sich daraus das Gebot einer angemessenen, dh einem Drittvergleich standhaltenden, Verzinsung (wie hier BeckOK GmbHG/*Ziemons* Rn. 243). Bei der Ermittlung des angemessenen Zinssatzes ist den Parteien allerdings ein gewisser Beurteilungsspielraum zuzugestehen (näher Scholz/*Verse* § 30 Rn. 95; ferner *Wirsch* Der Konzern 2009, 443 (448 f.) mit dem Vorschlag, Abweichungen von bis zu 1 % absolut als unschädlich anzusehen; zust. *Herrler* DStR 2011, 2255 (2259); *Illhardt,* Die Einlagenrückzahlung nach § 27 Abs. 4 AktG, 2013, 113 f.). **83**

84 **c) Fälliger und liquider Rückgewähranspruch.** Der Rückgewähranspruch gegen den Gesellschafter muss fällig sein oder **jederzeit,** dh ohne weitere Voraussetzungen, durch einseitige fristlose Kündigungserklärung der Gesellschaft **fällig** gestellt werden können (*Herrler* DB 2008, 2347 (2348); Baumbach/Hueck/*Fastrich* Rn. 78; unpräzise der Gesetzeswortlaut „jederzeit fällig"). Der Gesetzgeber hat damit einen Vorschlag des Schrifttums (*Ulmer* ZIP 2008, 45 (54)) aufgegriffen und dem Umstand Rechnung getragen, dass nur unter dieser Voraussetzung von einer Leistung zur freien Verfügung iSd § 8 Abs. 2, § 57 Abs. 2 die Rede sein kann. Zugleich sollen Bewertungsschwierigkeiten vermieden werden, die sich iRd Werthaltigkeitsprüfung bei erst nach längerer Zeit kündbaren Darlehen gestellt hätten (BT-Drs. 16/9737, 97 f.). Nach Sinn und Zweck des Erfordernisses muss sichergestellt sein, dass die Geschäftsführer stets auf den geschuldeten Betrag zugreifen können, dieser also „so gut wie Bargeld oder Kontoguthaben" ist (*Ulmer* ZIP 2008, 45 (54)). Daher wird man neben der jederzeit herstellbaren Fälligkeit zusätzlich verlangen müssen, dass die Forderung auch iÜ **liquide,** dh nach Grund und Höhe unstreitig, ist (→ Rn. 26 f. zur Aufrechnung der Gesellschaft; wie hier Lutter/Hommelhoff/*Bayer* Rn. 116; *Herrler* DStR 2011, 2255 (2259); *Illhardt,* Die Einlagenrückzahlung nach § 27 Abs. 4 AktG, 2013, 123 f.; Ring/Grziwotz/*Lichtenwimmer* Rn. 65; aA Ring/Grziwotz/*Hecht* § 7 Rn. 23 Fn. 64).

85 IRd **Cash Pooling** ist zu beachten, dass die Gesellschaft einen positiven Saldo idR nicht ohne Kündigung des Cash-Pool-Vertrags realisieren kann, da eine Rückzahlung des Darlehensbetrags auf das Konto der Gesellschaft umgehend wieder auf das Zentralkonto abfließen würde. Daher muss der Cash-Pool-Vertrag vorsehen, dass die Gesellschaft ihn jederzeit ohne Einschränkung fristlos kündigen kann (BGH 20.7.2009, BGHZ 182, 103 = NJW 2009, 3091 Rn. 26 ff. – Cash Pool II; *Theiselmann* Der Konzern 2009, 460 (464); Formulierungsvorschlag bei *Weitzel/Socher* ZIP 2010, 1069 (1070)).

86 **d) Offenlegung in der Anmeldung.** Gemäß Abs. 5 S. 2 muss die Leistung an den Gesellschafter (idR also die Darlehensgewährung) oder die Vereinbarung dieser Leistung in der Anmeldung zum Handelsregister nach §§ 8, 57 offengelegt werden (Formulierungsvorschläge bei *Grigoleit/Rieder* GmbHR Rn. 195; *Wicke* NotBZ 2009, 1 (3)). Damit soll dem Registergericht die Prüfung ermöglicht werden, ob die Voraussetzungen der Erfüllungswirkung nach Abs. 5 gegeben sind (BT-Drs. 16/9737, 98). Nach der Rspr. des BGH soll die Offenlegung als **konstitutive Voraussetzung** für den Eintritt der Erfüllungswirkung anzusehen sein (BGH 16.2.2009, BGHZ 180, 38 = NJW 2009, 2375 Rn. 16 – Qivive; BGH 20.7.2009, BGHZ 182, 103 = NJW 2009, 3091 Rn. 25 – Cash Pool II; ebenso HCL/*Casper* Rn. 216; Scholz/*Veil* Rn. 175, 187, 191; BeckOK GmbHG/*Ziemons* Rn. 248). Gegen diese Ansicht spricht indes der Gesetzeswortlaut, der die Offenlegungspflicht nicht in S. 1 als Befreiungsvoraussetzung anführt. Nimmt man hinzu, dass Verstöße gegen die Offenlegungspflicht bereits anderweitig sanktionsbewehrt sind (→ Rn. 94) und auch iRd Abs. 4 die Offenlegung keine Voraussetzung für die Anrechnung ist, sieht sich die Rspr. durchgreifenden Zweifeln ausgesetzt (abl. auch Baumbach/Hueck/*Fastrich* Rn. 80; MüKoGmbHG/*Schwandtner* Rn. 355; *Altmeppen* NZG 2010, 441 (445); *Avvento* BB 2010, 202; *Herrler* DStR 2011, 2255 (2257 f.); *G. H. Roth* NJW 2009, 3397 (3398 f.); *Illhardt,* Die Einlagenrückzahlung nach § 27 Abs. 4 AktG, 2013, 144 ff.; *Körber,* Neuausrichtung der Kapitalaufbringung in der GmbH, 2015, 361 ff.; vgl. auch BT-Drs. 16/13 098, 55 zur Parallelvorschrift des § 27 Abs. 4 AktG: „Liegen die Voraussetzungen des § 27 Abs. 4 S. 1 AktG-E nicht vor, verbleibt es bei der bisherigen Rechtslage."). Zur Möglichkeit der **Nachholung** der Offenlegung → Rn. 93a.

87 Zum Nachweis der Einhaltung der Voraussetzungen des Abs. 5 sind der Anmeldung **geeignete Belege** beizufügen. Die einschr. Vorschrift des § 8 Abs. 2 S. 2, der zufolge das Registergericht die Vorlage von Nachweisen nur bei erheblichen Zweifeln an der Richtigkeit der Versicherung der Geschäftsführer verlangen kann, findet iRd Abs. 5 keine Anwendung, da nur so die von Abs. 5 S. 2 angestrebte Prüfung durch das Registergericht ermöglicht wird (OLG München 17.2.2011, MittBayNot 2011, 331 (332); OLG Schleswig 9.5.2012, GmbHR 2012, 908 (910) mzustAnm *Illhardt;* HCL/*Casper* Rn. 218; *Grigoleit/Rieder* GmbHR Rn. 196; Scholz/*Veil* Rn. 188; aA GBS GmbHG/*Sirchich v. Kis-Sira* Rn. 71 f.; *Wachter* GmbHR 2011, 423 (424 f.)). IE sind die schuldrechtliche Vereinbarung, idR also der Darlehensvertrag, sowie Belege für die Vollwertigkeit vorzulegen (OLG München 17.2.2011, MittBayNot 2011, 331 (332)). Als geeigneter Beleg der Vollwertigkeit kommen zB ein Bonitätsnachweis einer anerkannten Ratingagentur (OLG München 17.2.2011, MittBayNot 2011, 331 (332)), die Bescheinigung eines Sachverständigen (Steuerberater, Wirtschaftsprüfer etc) oder Nachweise werthaltiger Sicherheiten in Betracht (*Herrler* DStR 2011, 2255 (2260 f.); beachte aber → Rn. 81a aE). Ist das Darlehen noch nicht ausgereicht, genügt allein die Vertragsbestimmung, dass das Darlehen nur unter der Voraussetzung der Vollwertigkeit des Rückzahlungsanspruchs abgefordert werden darf, nicht zum Nachweis der Vollwertigkeit (OLG Schleswig 9.5.2012, GmbHR 2012, 908 (912)).

88 **e) Beweislast.** Die Beweislast für die Leistung der Bareinlage liegt nach allgemeinen Grundsätzen beim Inferenten. Ist die Einzahlung unstreitig oder bewiesen, liegt es nach der Rspr. des BGH an dem Insolvenzverwalter der GmbH, konkrete Anhaltspunkte dafür darzulegen, dass die Gesellschaft gehindert war, über den eingezahlten Betrag frei zu verfügen; ist er dieser Darlegungslast nachgekommen, bleibt die Beweislast aber beim Inferenten (BGH 17.9.2013, ZIP 2014, 262 (Ls. 2), Rn. 3; BGH 15.4.2014, BeckRS 2014, 12288 Rn. 8; → § 14 Rn. 24). Folgt man dieser Rspr., muss Gleiches konsequenterweise

auch gelten, wenn das Herzahlen an den Inferenten streitig ist (abw. Baumbach/Hueck/*Fastrich* Rn. 81: Beweislast für erfüllungshindernden Rückfluss bei GmbH). Hinsichtlich der Voraussetzungen für eine trotz Mittelrückfluss eintretende Befreiung nach Abs. 5 trägt ebenfalls der **Inferent** die Beweislast (Lutter/Hommelhoff/*Bayer* Rn. 117; Baumbach/Hueck/*Fastrich* Rn. 81; MüKoGmbHG/*Schwandtner* Rn. 361; *Strohn* DB 2010, 37 (38); zweifelnd *Büchel* GmbHR 2007, 1065 (1068) unter Hinweis auf § 363 BGB).

4. Rechtsfolgen. a) Befreiungswirkung. Sobald sämtliche Voraussetzungen des Abs. 5 (nach der Rspr. einschließlich der Offenlegung, → Rn. 86) gegeben sind, ist das Kapital ordnungsgemäß aufgebracht, dh die **Einlageforderung** erlischt trotz des Hin- und Herzahlens **durch Erfüllung.** Die Erfüllungswirkung erstreckt sich nicht nur auf die Resteinlage (so aber *Heinze* GmbHR 2008, 1065 (1071 f.)), sondern auch auf die Mindesteinlage iSd § 7 Abs. 2, da Abs. 5 insoweit nicht differenziert und nur so die vom Gesetzgeber angestrebte praktische Erleichterung eintritt (*Bormann* GmbHR 2009, 930 (931); Baumbach/Hueck/*Fastrich* Rn. 70; HK-GmbHG/*Saenger* Rn. 98). 89

Die einmal eingetretene Erfüllungswirkung wird auch nicht dadurch in Frage gestellt, dass **nach dem maßgeblichen Zeitpunkt** (→ Rn. 82) die Durchsetzbarkeit des Rückgewähranspruchs – zB durch Vermögensverfall des Inferenten – beeinträchtigt wird (allgM, OLG Schleswig 9.5.2012, GmbHR 2012, 908 (911); Scholz/*Veil* Rn. 183; ebenso BT-Drs. 16/6140, 41 zu § 30). Allerdings sind die Geschäftsführer verpflichtet, **laufend das Kreditrisiko zu überwachen** und bei Verschlechterung der Lage des Schuldners den Rückgewähranspruch unverzüglich geltend zu machen (BGH 1.12.2008, BGHZ 179, 71 = NJW 2009, 850 Rn. 14 – MPS zu § 311 AktG und § 57 Abs. 1 S. 3 Alt. 2 AktG; BGH 21.3.2017, NZG 2017, 658 Rn. 22 zu § 30 Abs. 1 S. 2 Alt. 2; Lutter/Hommelhoff/*Bayer* Rn. 119; Scholz/*Veil* Rn. 183; vgl. auch BT-Drs. 16/6140, 41). Diese Prüfungspflicht der Geschäftsführer kann bei Cash-Management-Systemen und vergleichbaren Gestaltungen die Einrichtung eines geeigneten Informations- oder „Frühwarnsystems" erforderlich machen (BGH 1.12.2008, BGHZ 179, 71 = NJW 2009, 850 Rn. 14 zu § 57 Abs. 1 S. 3 AktG, § 311 AktG; *Grigoleit/Rieder* GmbHR Rn. 202; näher Scholz/*Verse* § 30 Rn. 90; Formulierungsvorschlag zur Verankerung von Informationsrechten und -pflichten im Cash-Pool-Vertrag bei *Weitzel/Socher* ZIP 2010, 1069 (1070); zur Annahme einer ungeschriebenen Informationspflicht des Inferenten kraft mitgliedschaftlicher Treuepflicht *Lieder* GmbHR 2009, 1177 (1184); *Schickerling/Blunk* GmbHR 2009, 1294 (1299)). Verletzen die Geschäftsführer schuldhaft die genannten Prüfungs- und Geltendmachungspflichten, machen sie sich der Gesellschaft nach § 43 Abs. 2 haftbar. Fraglich ist, ob sich daran etwas ändert, wenn die Geschäftsführer durch Gesellschafterbeschluss dazu angewiesen worden sind, den Rückgewähranspruch vorerst nicht geltend zu machen. Das ist nach zutr. Ansicht jedenfalls dann zu verneinen, wenn sich die Gesellschaft im Stadium der Unterbilanz (§ 30) befindet, da die Weisung, den Anspruch trotz Vermögensverfalls des Gesellschafters nicht geltend zu machen, dann wegen Verstoßes gegen § 30 nicht vollziehbar ist (*Altmeppen* ZIP 2009, 49 (54 f.); Scholz/*Verse* § 30 Rn. 89, 119 mwN). Gleiches muss gelten, wenn das Absehen von der Anspruchsdurchsetzung existenzgefährdend ist. Jenseits dieser Fälle wird man der Gesellschafterweisung dagegen ihre Verbindlichkeit nur absprechen können, wenn man den Rückgewähranspruch dem besonderen Schutz des § 19 Abs. 2 unterstellt, was aber nach hier vertretener Ansicht zu verneinen ist (→ Rn. 91). 90

Im Ergebnis wird bei Eintritt der Befreiungswirkung nach Abs. 5 die Einlageforderung **durch den schuldrechtlichen Rückgewähranspruch ausgewechselt.** Dies impliziert, dass die dem Rückgewähranspruch zugrunde liegende Vereinbarung, idR also der **Darlehensvertrag,** anders als nach früherem Recht **wirksam** ist (Baumbach/Hueck/*Fastrich* Rn. 74; anders aber bei Nichtvorliegen der Befreiungsvoraussetzungen, → Rn. 92). Aus dem Blickwinkel des Gläubigerschutzes ist die Forderungsauswechslung bedenklich, da schuldrechtliche Ansprüche nicht denselben Sicherungen unterliegen, die für Einlageforderungen gelten (vgl. § 16 Abs. 2, § 19 Abs. 2, §§ 20 ff.). Da der Gesetzgeber dies bewusst in Kauf genommen hat (BT-Drs. 16/6140, 35: „schwächere schuldrechtliche Forderung"), wird man die § 16 Abs. 2, § 19 Abs. 2, §§ 20 ff. aber auch nicht entsprechend auf den Rückgewähranspruch anwenden können (*Gehrlein* Der Konzern 2007, 771 (782); Lutter/Hommelhoff/*Bayer* Rn. 121; Rowedder/Schmidt-Leithoff/*Pentz* Rn. 251; MüKoGmbHG/*Schwandtner* Rn. 358; *Benz,* Verdeckte Sacheinlage und Einlagenrückzahlung im reformierten GmbH-Recht (MoMiG), 2010, 377 ff.; vgl. auch *Goette* ZHR 177 (2013), 740 (749 f.): „schlichter schuldrechtlicher Anspruch"; aA *Wicke* Rn. 37; diff. – nur für analoge Anwendung des § 19 Abs. 2 – HCL/*Casper* Rn. 221; *Heinze* GmbHR 2008, 1065 (1071); Roth/Altmeppen/*Altmeppen* Rn. 139; Scholz/*Veil* Rn. 193). Willigt der Geschäftsführer in den Erlass oder eine anderweitige Schmälerung des Rückgewähranspruchs ein, kann dies aber wie bei verspäteter Rückforderung trotz gefährdeter Vollwertigkeit (→ Rn. 90) zur Haftung des Geschäftsführers nach § 43 Abs. 2 führen (Baumbach/Hueck/*Fastrich* Rn. 83). Ferner sind die Schranken der Kapitalerhaltung (§ 30) und des § 64 S. 3 zu beachten. 91

b) Fehlen der Voraussetzungen des Abs. 5. aa) Keine Befreiungswirkung, Unwirksamkeit des Darlehens. Liegen nicht alle Voraussetzungen einer Befreiung nach Abs. 5 vor, bewendet es bei den schon nach altem Recht anerkannten Rechtsfolgen des Hin- und Herzahlens. Der Registerrichter hat die Eintragung abzulehnen, und zwar auch bei nur geringfügigen Abweichungen von der Voll- 92 wertigkeit, da die Privilegierung des § 9c Abs. 1 S. 2 (iVm § 57a) keine Anwendung findet (*Grigoleit/Rieder* GmbHR Rn. 196; *Herrler* DB 2008, 2347 (2349); *Illhardt,* Die Einlagenrückzahlung nach § 27 Abs. 4 AktG, 2013, 164 ff.). Die Einlageforderung bleibt wie nach altem Recht (→ Rn. 72) **in vollem Umfang** bestehen (Lutter/Hommelhoff/*Bayer* Rn. 124 f.: Alles-oder-nichts-Prinzip). Für eine anteilige Tilgung durch Anrechnung des Werts des Rückzahlungsanspruchs ist kein Raum, da der dahin zielende Vorschlag des Bundesrats sich im Gesetzgebungsverfahren nicht durchgesetzt hat (BT-Drs. 16/6140, 66, 76). Der Rechtsgrund für die Rückgewähr der Einlagemittel, idR also der **Darlehensvertrag,** ist wegen Verstoßes gegen die Kapitalaufbringungsvorschriften **unwirksam** (BGH 21.11.2005, BGHZ 165, 113 Rn. 7 = NJW 2006, 509; BT-Drs. 16/13 098, 55 zu § 27 Abs. 4 AktG; HCL/*Casper* Rn. 207, 222; Baumbach/Hueck/*Fastrich* Rn. 84).

93 **bb) Rückzahlung des Darlehens, Heilung.** Die **spätere Rückzahlung** des vermeintlichen Darlehens durch den Inferenten führt aber ebenso wie nach altem Recht (→ Rn. 72) mit Wirkung ex nunc zur Erfüllung der Einlageforderung (BT-Drs. 16/6140, 34 f.; Lutter/Hommelhoff/*Bayer* Rn. 126; HCL/*Casper* Rn. 223). Voraussetzung hierfür ist allerdings, dass sich die Zahlung eindeutig der Einlageschuld **objektiv zuordnen** lässt (BGH 15.10.2007, NZG 2008, 511 Rn. 6). Bei Zahlungen, die in einem **Cash Pool** für Rechnung der Gesellschaft erfolgen (zB Zahlungen an Gläubiger der Gesellschaft mit Pool-Mitteln), ist eine derartige Zuordnung jedenfalls dann ausgeschlossen, wenn in den Cash Pool neben der Einzahlung des Inferenten auch noch weitere Leistungen an die Gesellschaft geflossen und zur Rechnungsregulierung verwendet worden sind wie zB Einlagen anderer Gesellschafter oder Bankdarlehen (BGH 20.7.2009, BGHZ 182, 103 = NJW 2009, 3091 Rn. 22 – Cash Pool II; BGH 16.1.2006, BGHZ 166, 8 Rn. 25 = NJW 2006, 1736 – Cash Pool I).

93a Noch nicht abschließend geklärt ist die Frage, ob eine nachträgliche **Heilung** der zunächst fehlgeschlagenen Befreiung **auch auf andere Weise als durch Rückzahlung** des vermeintlichen Darlehens möglich ist. Die Frage ist jedenfalls im Zeitraum vor Verfügung der Eintragung der Gesellschaft bzw. Kapitalerhöhung durch den Registerrichter ohne weiteres zu bejahen, da die eingereichte Anmeldung nach allgemeinen Grundsätzen bis zu diesem Zeitpunkt geändert oder ergänzt werden kann (Spindler/Stilz/*Herrler* AktG § 27 Rn. 267; *Herrler* DStR 2011, 2300 (2301 f.); vgl. auch OLG Stuttgart 6.9.2011, NZG 2012, 231). Für die Vollwertigkeit und Liquidität des Rückgewähranspruchs kommt es in diesem Fall auf den Zeitpunkt des Eingangs der geänderten Anmeldung bei Gericht an (Spindler/Stilz/*Herrler* AktG § 27 Rn. 267; *Herrler* DStR 2011, 2300 (2302); → Rn. 82). Nach zutreffender, wenngleich bestrittener Ansicht ist darüber hinaus in Anlehnung an die Grundsätze zur Heilung einer verdeckten Sacheinlage (→ Rn. 68 ff.) auch eine Heilung nach Eintragung zuzulassen (ausführlich Spindler/Stilz/*Herrler* AktG § 27 Rn. 271 ff.; *Herrler* GmbHR 2010, 785 (789 ff.); *Herrler* DStR 2011, 2300 (2302 ff.); zust. Lutter/Hommelhoff/*Bayer* Rn. 127; aA UHL/*Casper* Rn. 224; *G. H. Roth* NJW 2009, 3397 (3399); BeckOK GmbHG/*Ziemons* Rn. 232; *Illhardt,* Die Einlagenrückzahlung nach § 27 Abs. 4 AktG, 2013, 186 ff.). Voraussetzung hierfür ist eine **erneute Registeranmeldung** mit neuerlicher Versicherung der Geschäftsführer und Offenlegung des Hin- und Herzahlens; ferner müssen Vollwertigkeit und Liquidität des Rückgewähranspruchs in dem Zeitpunkt gegeben sein, in dem die neuerliche Anmeldung bei Gericht eingeht (näher *Herrler* DStR 2011, 2300 (2306 f.); speziell zum Erfordernis einer erneuten Anmeldung auch OLG Stuttgart 6.9.2011, NZG 2012, 231 (232) = BB 2011, 2897 mAnm *Herrler*). Werden diese Voraussetzungen beachtet, ist dem Kapitalschutz nicht weniger Rechnung getragen als bei anfänglicher Beachtung des Abs. 5, sodass gegen die Zulässigkeit der Heilung nichts zu erinnern ist. Fraglich ist, ob die erfolgte Heilung im Handelsregister zu verlautbaren ist (abl. OLG München 17.10.2012, DStR 2012, 2450; s. aber auch *Herrler* DStR 2011, 2300 (2307)).

94 **cc) Haftung der Geschäftsführer und Gesellschafter.** Unterlässt der **Geschäftsführer** vorsätzlich die Offenlegung nach Abs. 5 S. 2 oder macht er vorsätzlich falsche Angaben hinsichtlich der Vollwertigkeit, Deckung oder Fälligkeit des Rückgewähranspruchs, macht er sich gem. § 82 Abs. 1 Nr. 1 bzw. Nr. 3 **strafbar** (*Bormann* in BKO GmbHR-HdB Kap. 4 Rn. 74; Lutter/Hommelhoff/*Kleindiek* § 82 Rn. 12 aE; aA Roth/Altmeppen/*Altmeppen* § 82 Rn. 15 f.; *Altmeppen* ZIP 2009, 1545 (1550)). Daneben kommt bei Vorsatz oder Fahrlässigkeit ähnlich wie bei der verdeckten Sacheinlage (→ Rn. 66) eine **Schadensersatzhaftung** gegenüber der Gesellschaft aus § 9a (iVm § 57 Abs. 2) in Betracht, bei Vorsatz auch gegenüber Dritten gem. § 823 Abs. 2 BGB iVm § 82. Auch hinsichtlich einer möglichen Strafbarkeit und Schadensersatzhaftung der an dem Vorgang mitwirkenden **Gesellschafter** kann an die zur verdeckten Sacheinlage getroffenen Feststellungen angeknüpft werden (→ Rn. 67).

VIII. Verjährung (Abs. 6)

95 Der Einlageanspruch (Bar- und Sacheinlagen) verjährt nach Abs. 6 S. 1 in **zehn Jahren** von seiner Entstehung an. Mit Entstehung ist in diesem Zusammenhang Fälligkeit (→ § 14 Rn. 9 ff.) gemeint, da erst von diesem Zeitpunkt an die Möglichkeit besteht, gegen den Schuldner vorzugehen (vgl. BT-Drs. 15/3653, 25; Baumbach/Hueck/*Fastrich* Rn. 86; allgM). In Fällen des Abs. 4 wird zT erwogen, die Verjährung nicht vor Überlassung des verdeckt eingelegten Gegenstands beginnen zu lassen (*Bormann* in

BKO GmbHR-HdB Kap. 4 Rn. 241). Dagegen spricht jedoch, dass die dahin lautende Regelung des Abs. 4 S. 4 RegE gerade nicht Gesetz geworden ist (abl. auch Baumbach/Hueck/*Fastrich* Rn. 86). Die Eröffnung des Insolvenzverfahrens (§ 27 InsO) über das Vermögen der Gesellschaft bewirkt gem. Abs. 6 S. 2 eine **Ablaufhemmung** von sechs Monaten, wenn die Zehnjahresfrist zu diesem Zeitpunkt noch nicht abgelaufen ist (HCL/*Casper* Rn. 20; *Thiessen* ZHR 168 (2004), 503 (521); vgl. auch § 211 BGB). Auf Ansprüche wegen Nebenleistungen oder Aufgeldzahlungen ist Abs. 6 nicht übertragbar; für diese bewendet es bei §§ 195, 199 BGB (Baumbach/Hueck/*Fastrich* Rn. 86). Die Verjährungsfrist gem. Abs. 6 kann **vertraglich nicht verkürzt** werden (→ Rn. 1); dagegen ist eine Verlängerung in den Grenzen des § 202 Abs. 2 BGB zulässig (MüKoGmbHG/*Schwandtner* Rn. 3, 374).

Schwierigkeiten bei der Berechnung der Verjährungsfrist ergeben sich daraus, dass die Frist in den letzten Jahren gleich zweimal geändert wurde. Die nunmehr geltende zehnjährige Verjährungsfrist nach Abs. 6 gilt erst seit dem 15.12.2004 (eingeführt durch das Verjährungsanpassungsgesetz, BGBl. 2004 I 3214). Bis zum Inkrafttreten der Schuldrechtsreform am 1.1.2002 betrug die Verjährungsfrist noch 30 Jahre (§ 195 BGB aF), in der Zwischenzeit bis zum 15.12.2004 fand die dreijährige Regelverjährung nach §§ 195, 199 BGB nF Anwendung (BGH 11.2.2008, NZG 2008, 311 Rn. 20). Nach der **Übergangsregelung** des Art. 229 § 12 Abs. 2 S. 2 EGBGB wird bei Einlageforderungen, die vor dem 15.12.2004 fällig wurden und bis zum 15.12.2004 noch nicht verjährt waren, der vor dem 15.12.2004 verstrichene Zeitraum auf die zehnjährige Verjährungsfrist angerechnet. Die Anrechnung beschränkt sich aber auf den seit dem 1.1.2002 verstrichenen Zeitraum (BGH 11.2.2008, NZG 2008, 311 Rn. 25 ff. mzustAnm *Witt* GmbHR 2008, 486; OLG Jena 14.8.2009, NZG 2010, 68 (70)). Ist der Einlageanspruch zB im Jahr 1989 fällig geworden, ist die Verjährung erst mit Ablauf des 31.12.2011 eingetreten, da die Anrechnung nur bis zum 1.1.2002 zurückreicht (BGH 11.2.2008, NZG 2008, 311 Rn. 25 ff.). Forderungen, die vor dem 31.12.1981 fällig geworden sind, sind dagegen nicht erst mit Ablauf des 31.12.2011 verjährt, sondern gem. §§ 195, 198 BGB aF mit Ablauf von 30 Jahren, da die Übergangsregelung keine Verlängerung der ursprünglichen 30-Jahres-Frist bewirken sollte (HCL/*Ulmer* Rn. 21; *Herrler* ZIP 2008, 1568; *Stenzel* BB 2008, 1077 (1080)). 96

IX. Übergangsregelung zu Abs. 4 und 5

Die durch das MoMiG eingeführten Regeln über die verdeckte Sacheinlage und das Hin- und Herzahlen nach Abs. 4 und 5 sollen nach § 3 Abs. 4 S. 1 EGGmbHG **rückwirkend** auch für Einlageleistungen gelten, die vor Inkrafttreten des MoMiG am 1.11.2008 bewirkt worden sind, soweit sie nach der alten Rechtslage keine Erfüllungswirkung bewirkt haben. Eine Ausnahme ist nur vorgesehen, soweit über die aus der Unwirksamkeit folgenden Ansprüche zwischen der Gesellschaft und dem Gesellschafter bereits vor dem 1.11.2008 ein rechtskräftiges Urteil ergangen oder eine wirksame Vereinbarung zwischen Gesellschaft und Gesellschafter getroffen worden ist (§ 3 Abs. 4 S. 2 EGGmbHG). Eine inhaltlich übereinstimmende Übergangsregelung hat der Gesetzgeber auch für § 27 Abs. 3, 4 AktG getroffen (§ 20 Abs. 7 EGAktG). 97

In Bezug auf Abs. 5 dürfte die Rückwirkung allerdings nach dem aktuellen Stand der Rspr. keine praktische Bedeutung erlangen. Da nach Ansicht des BGH die Offenlegung in der Handelsregisteranmeldung konstitutive Voraussetzung für die Befreiungswirkung des Abs. 5 sein soll (→ Rn. 86), kann die Befreiung in Altfällen nicht rückwirkend eintreten, da die Offenlegung unter Geltung des alten Rechts stets unterblieben ist (andernfalls wäre die Eintragung abgelehnt worden). Der verschiedentlich vertretenen Ansicht, zur Vermeidung eines Leerlaufens der Rückwirkung in Altfällen auf die Offenlegung zu verzichten (LG Erfurt 15.7.2010, DZWIR 2010, 525; *Bormann/Urlichs* in Römermann/Wachter, GmbHR-Sonderheft MoMiG, 37 (44); HCL/*Casper* Rn. 217, 241; *Heckschen* GWR 2011, 51; MüKoGmbHG/*Schwandtner* Rn. 364), hat der BGH eine Absage erteilt (implizit BGH 20.7.2009, BGHZ 182, 103 = NJW 2009, 3091 Rn. 24 ff. – Cash Pool II; ebenso explizit OLG Koblenz 13.7.2010, MittBayNot 2011, 330 (331); OLG Stuttgart 6.9.2011, NZG 2012, 231 (232 f.); zuvor auch schon Goette/Habersack/*Goette* MoMiG Rn. 9.49). Folgt man dem, bewendet es in Altfällen bei der fehlenden Erfüllungswirkung und der schon nach altem Recht bestehenden Möglichkeit, die Tilgung der Einlage durch Rückzahlung des „Darlehens" herbeizuführen. Nach bestrittener, aber zutreffender Ansicht besteht darüber hinaus bei weiterhin gegebener Vollwertigkeit des Rückzahlungsanspruchs die Möglichkeit, das Hin- und Herzahlen durch neuerliche Anmeldung der Gründung bzw. Kapitalerhöhung zu heilen und so wenigstens ex nunc eine Befreiungswirkung herbeizuführen (→ Rn. 93a). 98

Einschneidende Bedeutung hat dagegen die **Rückwirkung des Abs. 4.** Sie führt auch in Altfällen zu einer Anrechnung des eingebrachten Sachwerts und zur Wirksamkeit der schuldrechtlichen und dinglichen Verträge über die verdeckte Sacheinlage mit Wirkung ex tunc (BGH 22.3.2010, BGHZ 185, 44 = NJW 2010, 1948 Rn. 28 f.; Baumbach/Hueck/*Fastrich* Rn. 90; MüKoGmbHG/*Schwandtner* Rn. 307). Dabei handelt es sich um eine **verfassungsrechtlich unbedenkliche** unechte Rückwirkung, da der Kapitalaufbringungsvorgang in den von § 3 Abs. 4 EGGmbHG erfassten Fällen wegen der nach altem Recht fehlenden Erfüllungswirkung der einzelnen Geschäfte bis zum Inkrafttreten des MoMiG noch nicht abgeschlossen war und die Neuregelung letztlich nur dem zur Wirksamkeit verhilft, 99 was Inferent und Gesellschaft ursprünglich wollten (BGH 22.3.2010, BGHZ 185, 44 = NJW 2010, 1948 Rn. 20 ff., insbesondere Rn. 36 ff.; HCL/*Casper* Rn. 239; *Kleindiek* ZGR 2011, 334 (339 ff.); aA *Badenhop* ZInsO 2009, 793; *Heinze* GmbHR 2008, 1065 (1073)). Noch nicht abschließend geklärt ist aber, ob in eng begrenzten Ausnahmefällen schutzwürdige Belange Dritter eine Einschränkung der Rückwirkung gebieten können (näher dazu HCL/*Casper* Rn. 240; *I. Fuchs* BB 2009, 170 (175); *Pentz* GmbHR 2010, 673 (677); Rowedder/Schmidt-Leithoff/*Pentz* Rn. 204).

100 Handwerklich missglückt ist die Übergangsregelung, soweit sie in § 3 Abs. 4 S. 2 GmbHG auf die **Rechtskraft des Urteils** (statt die letzte mündliche Verhandlung) abstellt. Zu den daraus resultierenden prozessualen Fragen eingehend *Pentz* GmbHR 2009, 126 (130 f.); zur Parallelnorm des § 20 Abs. 7 EGAktG vgl. auch OLG Koblenz 16.6.2009, NZG 2010, 29 mAnm *Krauss* GWR 2009, 419.

Verzugszinsen

20 **Ein Gesellschafter, welcher den auf die Stammeinlage eingeforderten Betrag nicht zur rechten Zeit einzahlt, ist zur Entrichtung von Verzugszinsen von Rechts wegen verpflichtet.**

Übersicht

I. Allgemeines

1 § 20 regelt gemeinsam mit §§ 21–25 (Kaduzierung) die Rechtsfolgen, die eintreten, wenn ein Gesellschafter seine Einlageverpflichtung nicht rechtzeitig erfüllt. Die in § 20 vorgesehene Zinszahlungspflicht dient der **Sicherstellung einer ordnungsgemäßen Kapitalaufbringung.** Sie soll die Gesellschafter präventiv dazu anhalten, die Einlagen rechtzeitig einzuzahlen, und der Gesellschaft einen Ausgleich für den Nachteil gewähren, der ihr aus der Säumnis typischerweise entsteht (MHLS/*Ebbing* Rn. 1; MüKoGmbHG/*Schwandtner* Rn. 1). Die Formulierung „Verzugszinsen" ist irreführend, da es in Wahrheit um **Fälligkeitszinsen** geht (→ Rn. 4). Wegen des Zusammenhangs mit der Kapitalaufbringung ist die Vorschrift nach zutreffender Ansicht zwingend (→ Rn. 9). Weitergehende Ansprüche aus Verzug (§§ 286, 288 BGB) werden nicht verdrängt (→ Rn. 10 f.).

II. Anspruchsvoraussetzungen

2 **1. Bareinlagepflicht oder gleichgestellte Verpflichtung.** § 20 gilt für rückständige **Bareinlagen** (sowohl Mindest- als auch Resteinlagen), nicht für Sacheinlagen (→ Rn. 3). Unerheblich ist, ob sich die Bareinlageverpflichtung aus der Gründung oder einer Kapitalerhöhung ergibt (HCL/*Leuschner* Rn. 7). Neben Bareinlagen werden auch Ansprüche aus Differenzhaftung (§ 9), Verlustdeckungshaftung (→ § 11 Rn. 30 f.) und Vorbelastungshaftung (→ § 11 Rn. 32 f.) erfasst (Baumbach/Hueck/*Kersting* Rn. 2; BeckOK GmbHG/*Jaeger* Rn. 2). **Nicht** erfasst werden dagegen Ansprüche, die nicht auf die Aufbringung des satzungsmäßigen Stammkapitals zielen, sondern darüber hinausgehen, wie zB Agio, Nebenpflichten iSd § 3 Abs. 2 oder Nachschüsse iSd §§ 26 ff. Zudem gilt § 20 nicht für die Haftung des Rechtsvorgängers (§ 22) und die Ausfallhaftung nach § 24 (Baumbach/Hueck/*Kersting* Rn. 2; MüKoGmbHG/*Schwandtner* Rn. 5). In diesen Fällen bewendet es bei der allgemeinen Verzugsregelung des BGB. Zur Haftung aus § 16 Abs. 2 → Rn. 8.

3 **Sacheinlagen** fallen schon nach dem Wortlaut („eingezahlt") nicht unter § 20 (allgM). Sie sind nach § 7 Abs. 3, § 56a bereits vor der Handelsregisteranmeldung vollständig zu leisten; bei Verzug gelten die allgemeinen Vorschriften des BGB. Von § 20 erfasst werden aber Bareinlageansprüche, die infolge von Leistungsstörungen an die Stelle fehlgeschlagener Sacheinlagen getreten sind (HCL/*Leuschner* Rn. 8; zur Bareinlagepflicht in derartigen Fällen → § 5 Rn. 24; HCL/*Ulmer*/*Casper* § 5 Rn. 114 ff.; zur Differenzhaftung gem. § 9 → Rn. 2). Bei einer verdeckten Sacheinlage iSd § 19 Abs. 4 bleibt die im Gesellschaftsvertrag festgelegte Bareinlagepflicht bestehen, soweit der Wert des verdeckt eingebrachten Gegenstands hinter dem Betrag der Bareinlage zurückbleibt. Auf diesen Differenzbetrag ist § 20 anwendbar

(MüKoGmbHG/*Schwandtner* Rn. 4). Bei Mischeinlagen aus Bar- und Sachwerten gilt § 20 nur für den Geldanteil.

4 **2. Keine rechtzeitige Zahlung.** Die Zinszahlungspflicht nach § 20 setzt voraus, dass der Gesellschafter nicht rechtzeitig zahlt, dh trotz eingetretener **Fälligkeit** die Bareinlage- oder ihr gleichgestellte Verpflichtung (→ Rn. 2 f.) nicht erfüllt. Zum Eintritt der Fälligkeit → § 14 Rn. 9 ff. Eine **schuldhafte Verzögerung** ist anders als nach § 286 Abs. 4 BGB **nicht erforderlich** (ganz hM, OLG Brandenburg 17.1.2001, NZG 2001, 366 (367); MüKoGmbHG/*Schwandtner* Rn. 11 mwN; aA Rowedder/Schmidt-Leithoff/*Pentz* Rn. 19). Insoweit ist der aus dem Jahr 1892 stammende, noch nicht auf die Terminologie des BGB abgestimmte Begriff „Verzugszinsen" (statt Fälligkeitszinsen) irreführend. Auch eine Mahnung ist entbehrlich (OLG Brandenburg 17.1.2001, NZG 2001, 366 (367); Baumbach/Hueck*Kersting* Rn. 5). Zu der Frage, wie sich Verstöße gegen das Gebot der gleichmäßigen Einforderung der Einlagen (§ 19 Abs. 1) auf die Fälligkeitsbegründung auswirken, → § 19 Rn. 7.

5 Nach dem Gesetzeswortlaut muss der zu verzinsende Betrag **„eingefordert"** worden sein. Diese Formulierung ist dem Umstand geschuldet, dass die Fälligkeit der (Rest-)Einlagen nach der gesetzlichen Regelung grundsätzlich eine Einforderung der Einlagen – genauer: einen Einforderungsbeschluss der Gesellschafter (§ 46 Nr. 2) und eine den Beschluss umsetzende Anforderung durch die Geschäftsführer – voraussetzt (→ § 14 Rn. 10). In besonderen Fällen kann aber die Ein- oder Anforderung kraft Gesetzes entbehrlich sein (→ § 14 Rn. 11 f.); zudem kann der Gesellschaftsvertrag durch Bestimmung sofortiger Zahlung oder von Zahlungsterminen vom Erfordernis der Ein- und Anforderung dispensieren (→ § 14 Rn. 13). Soweit dies der Fall ist, setzt auch die Verzinsung nach § 20 keine Ein- und Anforderung der Einlagen voraus (OLG Oldenburg 26.7.2007, NZG 2008, 32 (35); MHLS/*Ebbing* Rn. 7; MüKoGmbHG/*Schwandtner* Rn. 8).

III. Rechtsfolgen

6 **1. Zinssatz.** Der nach § 20 geschuldete Zins beläuft sich nach ganz hM gem. **§ 246 BGB** auf **4 %** (BGH 20.7.2009, BGHZ 182, 103 = NJW 2009, 3091 Rn. 41; OLG Oldenburg 26.7.2007, NZG 2008, 32 (35); Baumbach/Hueck/*Kersting* Rn. 6; Roth/Altmeppen/*Altmeppen* Rn. 10). Der Vorschlag, gegenüber Kaufleuten auf § 352 Abs. 1 HGB (5 %) abzustellen (so HCL/*Leuschner* Rn. 42 für den Fall, dass für alle Gesellschafter ein Handelsgeschäft vorliegt; vgl. auch Scholz/*Veil* Rn. 17), hat sich nicht durchgesetzt, da seitens der GmbH kein Handelsgeschäft vorliegen soll (OLG Köln 14.12.1994, NJW-RR 1995, 552 (553); Baumbach/Hueck/*Kersting* Rn. 6; MüKoGmbHG/*Schwandtner* Rn. 12). Dem ist im Ergebnis zuzustimmen, da andernfalls je nach Kaufmannseigenschaft der Gesellschafter unterschiedliche Zinssätze zur Anwendung kämen (diese Möglichkeit besteht selbst dann, wenn anfänglich alle Kaufleute sind, da die Anteile später uU auf Nichtkaufleute übertragen werden). Eine derartige Differenzierung widerspräche dem Prinzip der Gleichberechtigung der Gesellschafter (vgl. *Verse* Gleichbehandlungsgrundsatz 7–9).

7 Die Formulierung „Verzugszins" darf **nicht** als Verweisung auf **§ 288 Abs. 1 S. 2 BGB** missverstanden werden (so aber Rowedder/Schmidt-Leithoff/*Pentz* Rn. 19; wie hier MüKoGmbHG/*Schwandtner* Rn. 13 sowie die Nachw. in → Rn. 6), da die Terminologie aus historischen Gründen nicht auf diejenige des BGB abgestimmt ist und in Wahrheit **Fälligkeitszinsen** gemeint sind (→ Rn. 4). Auch nach der aktienrechtlichen Parallelnorm des § 63 Abs. 2 AktG werden nur Fälligkeitszinsen geschuldet (dort allerdings 5 %). Sofern freilich – wie häufig – nicht nur die Voraussetzungen des § 20, sondern auch die Verzugsvoraussetzungen des § 286 BGB gegeben sind, kommt eine Verzinsung nach § 288 BGB sowie die Geltendmachung eines weiteren Schadens durchaus in Betracht (→ Rn. 10 f.).

8 **2. Schuldner.** Die Zinszahlungspflicht trifft den **säumigen Gesellschafter.** Wird der Geschäftsanteil veräußert, haftet der Veräußerer für die bis zur Aufnahme der korrigierten Gesellschafterliste im Handelsregister aufgelaufenen Zinsen gem. § 16 Abs. 2 gesamtschuldnerisch neben dem **Erwerber.** Die danach auflaufenden Zinsen treffen allein den Erwerber (MHLS/*Ebbing* Rn. 34). Rechtsvorgänger (§ 22) und Mitgesellschafter (§ 24) haften dagegen nicht für den Zinsanspruch gegen den säumigen Gesellschafter bzw. dessen Rechtsnachfolger (→ Rn. 2).

IV. Abdingbarkeit, Erlass

9 Da § 20 der Kapitalaufbringung dient, ist er insoweit **zwingend,** als die Satzung die Zinszahlungspflicht nur verschärfen, nicht aber einschränken oder abbedingen kann (Roth/Altmeppen/*Altmeppen* Rn. 11; Lutter/Hommelhoff/*Bayer* Rn. 5; MHLS/*Ebbing* Rn. 1; HCL/*Leuschner* Rn. 6; MüKoGmbHG/*Schwandtner* Rn. 21; aA UHL/*W. Müller* Rn. 6). Dass § 25 nur die §§ 21–24 für zwingend erklärt, steht nicht entgegen, da dem offenbar ein Redaktionsversehen zugrunde liegt. Die Gesetzesbegründung von 1892 erstreckt den zwingenden Charakter auch auf Ansprüche aus § 20 (Stenogr. Berichte über die Verhandlungen des Reichstags, VIII/1, 1890/92, Nr. 660, 3742). Auch der dem Gläubigerschutz dienende Normzweck der Zinspflicht, den Inferenten zur Einlageleistung anzuhalten

(→ Rn. 1), spricht für den zwingenden Charakter. Wegen dieser „Druckfunktion" der Zinspflicht kann die Gesellschaft dem Inferenten etwaige Zinsansprüche auch nicht erlassen, bevor die Einlage vollständig erbracht wurde (MüKoGmbHG/*Schwandtner* Rn. 22; HCL/*Leuschner* Rn. 45). Nach vollständiger Einlageleistung ist ein **Erlass** dagegen nach zutreffender Ansicht in den durch § 30 gezogenen Grenzen zulässig, da sich dann die „Druckfunktion" erledigt hat und das Befreiungsverbot des § 19 Abs. 2 nur für die Einlagepflicht selbst gilt (näher MüKoGmbHG/*Schwandtner* Rn. 23; zust. auch Baumbach/Hueck/*Kersting* Rn. 1; aA – § 19 Abs. 2 entspr. – MHLS/*Ebbing* Rn. 38; Lutter/Hommelhoff/*Bayer* Rn. 5; HK-GmbHG/*Saenger* Rn. 5). Die Aufrechnung gegen und mit Zinsansprüchen ist nach wohl überwA uneingeschränkt zulässig (Roth/Altmeppen/*Altmeppen* Rn. 11; MüKoGmbHG/*Schwandtner* Rn. 25; Scholz/*Veil* Rn. 20; ebenso zur AG BGH 11.5.2009, NJW 2009, 2886 Rn. 15; aA MHLS/*Ebbing* Rn. 38; Lutter/Hommelhoff/*Bayer* Rn. 5: § 19 gilt uneingeschränkt).

V. Konkurrierende Ansprüche

10 **1. Verzugsansprüche nach BGB.** Die **allgemeinen Verzugsregeln** des BGB werden durch § 20 **nicht verdrängt** (Baumbach/Hueck/*Kersting* Rn. 8; allgM). Wenn die (engeren) Voraussetzungen des § 286 BGB vorliegen, kann die Gesellschaft somit den höheren Verzugszins nach § 288 Abs. 1 S. 2 BGB iHv fünf Prozentpunkten über dem Basiszinssatz (§ 247 BGB) verlangen. Nach Ansicht des BGH soll offenbar sogar der höhere Zinssatz des § 288 Abs. 2 BGB (neun Prozentpunkte über dem Basiszinssatz) zur Anwendung kommen können (BGH 20.7.2009, BGHZ 182, 103 = NJW 2009, 3091 Rn. 41 ohne Begründung; dagegen aber mit Recht Roth/Altmeppen/*Altmeppen* Rn. 9; Baumbach/Hueck/*Kersting* Rn. 8; MüKoGmbHG/*Schwandtner* Rn. 27: keine „Entgeltforderung"). Auch die Geltendmachung von Ansprüchen aus § 280 Abs. 1, 2 BGB, §§ 286, 288 Abs. 4 BGB wegen eines weiteren Schadens (zB Kreditkosten) ist möglich.

11 Die für den Verzugseintritt grundsätzlich erforderliche **Mahnung** soll nach hM nicht schon in der fälligkeitsbegründenden Ein- und Anforderung der Einlage (→ § 14 Rn. 10) erblickt werden können (Scholz/*Veil* Rn. 21; HCL/*Leuschner* Rn. 49). Das ist allerdings in Fällen, in denen die Einlage sofort fällig gestellt wird, nicht zweifelsfrei, da nach allgemeinen Grundsätzen die Mahnung mit der fälligkeitsbegründenden Handlung verbunden werden kann (BGH 14.7.1970, WM 1970, 1141; Palandt/*Grüneberg* BGB § 286 Rn. 16), sofern der Schuldner verpflichtet ist, sofort zu leisten (*U. Huber,* Leistungsstörungen I, 1999, 428). Die Mahnung ist entbehrlich, wenn im Gesellschaftsvertrag eine kalendermäßige Zeitbestimmung iSd § 286 Abs. 2 Nr. 1 oder Nr. 2 BGB getroffen wurde. Eine solche Zeitbestimmung kann auch im Gesellschafterbeschluss über die Einforderung und in der anschließenden Anforderung durch die Geschäftsführer getroffen werden (zB „Zahlung spätestens am 5.12." oder „Zahlung innerhalb von vier Wochen seit Zugang dieses Schreibens"). § 286 Abs. 3 BGB findet nach zutreffender Ansicht keine Anwendung (→ Rn. 10 zu § 288 Abs. 2 BGB; aA GroßkommAktG/*Gehrlein* § 63 Rn. 40). Anders als § 20 setzt der Verzug **Verschulden** voraus (§ 280 Abs. 1 S. 2 BGB, § 286 Abs. 4 BGB), doch hat der Gesellschafter seine fehlende finanzielle Leistungsfähigkeit stets zu vertreten (Scholz/*Veil* Rn. 21). – Ab **Rechtshängigkeit** der Einlageschuld sind unabhängig von den Verzugsvoraussetzungen Prozesszinsen nach §§ 291, 288 Abs. 1 S. 2, Abs. 2, Abs. 3 BGB zu zahlen.

12 **2. Weitergehende Satzungsbestimmungen; Vertragsstrafe.** Die Satzung kann weitere Regelungen treffen, zB den nach § 20 geschuldeten Zinssatz erhöhen (nicht reduzieren, → Rn. 9) oder für den Fall der Säumnis eine **Vertragsstrafe** vorsehen (allgM; vgl. § 63 Abs. 3 AktG). Die nachträgliche Aufnahme einer Vertragsstrafe in die Satzung bedarf gem. § 53 Abs. 3 der Zustimmung aller potenziell betroffenen Gesellschafter (HCL/*Leuschner* Rn. 51). Die §§ 339 ff. BGB und damit auch das Verzugserfordernis nach § 339 S. 1 BGB finden Anwendung. Die Satzung kann Erleichterungen vorsehen, zB die für den Verzug erforderliche Mahnung oder das Verschulden für entbehrlich erklären (Scholz/*Veil* Rn. 24; zum Verschulden BGH 18.12.1981, BGHZ 82, 398 (402) = NJW 1982, 759). Nicht anwendbar ist aber § 340 Abs. 1 BGB, da sonst ein nach § 19 Abs. 2 unzulässiger Verzicht auf die Einlage ermöglicht würde (Baumbach/Hueck/*Kersting* Rn. 9; HCL/*Leuschner* Rn. 55). Die Vertragsstrafe kann gem. § 342 BGB auch eine andere Sanktion als Geldzahlungen vorsehen, zB das Ruhen der Mitgliedschaftsrechte des säumigen Gesellschafters (HCL/*Leuschner* Rn. 54). Das richterliche Ermäßigungsrecht (§ 343 BGB) findet ebenfalls Anwendung, und zwar abw. von § 348 HGB auch, wenn der säumige Gesellschafter die Strafe als Kaufmann im Betrieb seines Handelsgeschäfts zugesagt hat (Roth/Altmeppen/*Altmeppen* Rn. 13; MüKoGmbHG/*Schwandtner* Rn. 42 mit zutr. Hinweis auf die Gleichberechtigung der Gesellschafter; → Rn. 6; aA – § 348 HGB anwendbar – Baumbach/Hueck/*Kersting* Rn. 9; HCL/*Leuschner* Rn. 50, 56). Das AGB-rechtliche Verbot von Vertragsstrafeklauseln (§ 309 Nr. 6 BGB) findet gem. § 310 Abs. 4 S. 1 BGB keine Anwendung. Ob die nach § 20 geschuldeten Zinsen auf die Vertragsstrafe anzurechnen sind, ist eine Frage der Auslegung der Satzung (Roth/Altmeppen/*Altmeppen* Rn. 12; Lutter/Hommelhoff/*Bayer* Rn. 7).

Kaduzierung

21 (1) [1]**Im Fall verzögerter Einzahlung kann an den säumigen Gesellschafter eine erneute Aufforderung zur Zahlung binnen einer zu bestimmenden Nachfrist unter Androhung seines Ausschlusses mit dem Geschäftsanteil, auf welchen die Zahlung zu erfolgen hat, erlassen werden.** [2]**Die Aufforderung erfolgt mittels eingeschriebenen Briefes.** [3]**Die Nachfrist muß mindestens einen Monat betragen.**

(2) [1]**Nach fruchtlosem Ablauf der Frist ist der säumige Gesellschafter seines Geschäftsanteils und der geleisteten Teilzahlungen zugunsten der Gesellschaft verlustig zu erklären.** [2]**Die Erklärung erfolgt mittels eingeschriebenen Briefes.**

(3) **Wegen des Ausfalls, welchen die Gesellschaft an dem rückständigen Betrag oder den später auf den Geschäftsanteil eingeforderten Beträgen der Stammeinlage erleidet, bleibt ihr der ausgeschlossene Gesellschafter verhaftet.**

Übersicht

I. Allgemeines

Die Vorschrift ermöglicht den Ausschluss von Gesellschaftern, die ihre (Bar-)Einlagepflicht nicht rechtzeitig erfüllen. Das Ausschlussverfahren nach § 21 wird – seit dem MoMiG auch in der amtlichen Überschrift – als **Kaduzierung** (= Verfall) bezeichnet (zur Terminologie *Melber,* Die Kaduzierung in der GmbH, 1993, 4 f.). Die Androhung dieser scharfen Sanktion soll als zusätzliches **Druckmittel** dienen, um den säumigen Gesellschafter zur Einzahlung zu veranlassen. Die Vorschrift dient mithin wie die §§ 22–25, mit denen sie in engem Zusammenhang steht, dem Ziel der ordnungsgemäßen **Kapitalaufbringung.** Mit Ausnahme der durch das MoMiG eingefügten Überschrift ist der Wortlaut seit 1892 unverändert. Historisches Vorbild für die Einführung der §§ 21–23 waren die aktienrechtlichen Bestimmungen des ADHGB (Amtl. Begr. zu §§ 20–23, Stenogr. Berichte über die Verhandlungen des Reichstags, VIII/1, 1890/92, Nr. 660, 3740 f.), die sich inzwischen in §§ 64 f. AktG finden. 1

Nach wirksamer Kaduzierung ist der ausgeschlossene Gesellschafter nicht mehr der ursprünglichen (Bar-)Einlageforderung ausgesetzt. Er unterliegt aber noch der **Ausfallhaftung nach Abs. 3.** Diese greift ein, wenn weder § 22 (Haftung der Rechtsvorgänger) noch § 23 (Verkauf des Geschäftsanteils) zur Deckung führen. Lässt sich auch die Haftung nach § 21 Abs. 3 nicht durchsetzen, werden subsidiär die Mitgesellschafter gem. § 24 in Anspruch genommen. Im Unterschied zu anderen Arten des Ausschlusses von Gesellschaftern (Einziehung nach § 34; Ausschluss aus wichtigem Grund, → § 34 Rn. 24 ff.), die grundsätzlich eine Abfindung erfordern, erfolgt die Kaduzierung **ohne Entschädigung** (→ Rn. 27). 2

II. Voraussetzungen der Kaduzierung

3 Eine wirksame Kaduzierung setzt gem. Abs. 1 und 2 voraus, dass (1) der Gesellschafter eine Bareinlage- oder gleichgestellte Verpflichtung nicht rechtzeitig erfüllt („verzögerte Einzahlung"), (2) die Gesellschaft formgerecht eine erneute Zahlungsaufforderung mit Nachfristsetzung und Ausschlussandrohung erlässt, (3) die Nachfrist fruchtlos verstreicht und (4) die Kaduzierung formgerecht erklärt wird.

4 **1. Verzögerte Einzahlung von Einlagen. a) Bareinlagen und gleichgestellte Verpflichtungen.** § 21 findet Anwendung, soweit **Bareinlage-** oder **gleichgestellte Verpflichtungen,** namentlich aus Differenzhaftung (§ 9) oder Vorbelastungshaftung (→ § 11 Rn. 32 f.), nicht rechtzeitig erfüllt werden (Baumbach/Hueck/*Kersting* Rn. 3 mwN; speziell zur Vorbelastungshaftung OLG Düsseldorf 20.7.2012, ZIP 2012, 2011 (2013); krit. *Melber* GmbHR 1991, 563 (566 ff.)). Ob sich die Verpflichtung aus der Gründung oder einer Kapitalerhöhung ergibt, ist unerheblich. Über § 28 Abs. 1 werden auch beschränkte Nachschusspflichten erfasst. **Nicht** anwendbar ist § 21 dagegen auf sonstige Pflichten, zB zur Zahlung eines Agios, Nebenpflichten iSd § 3 Abs. 2, Zinspflichten gem. § 20, Ausfallhaftung nach § 24 (BGH 19.5.2015, GmbHR 2015, 935 Rn. 14; allgM), unbeschränkte Nachschusspflicht iSd § 27 sowie Verpflichtungen nach § 31 Abs. 1 und Abs. 3 (MHLS/*Ebbing* Rn. 25; Scholz/*Emmerich* Rn. 5b). Die Satzung kann jedoch vorsehen, dass eine Kaduzierung auch bei Verletzung dieser Pflichten zulässig ist (BGH 26.6.1983, NJW 1983, 2880 (2881) (obiter); näher MHLS/*Ebbing* Rn. 26 ff.; *Melber,* Die Kaduzierung der GmbH, 1993, 257 ff.).

5 **Sacheinlagen** sind nach dem Wortlaut („Einzahlung") ebenfalls **nicht** erfasst. Sie sind gem. § 7 Abs. 3, § 56a bereits vor Handelsregisteranmeldung zu bewirken; bei Beachtung dieser Vorgaben kann der Fall einer rückständigen Sacheinlage nicht eintreten. Eine analoge Anwendung für den Fall, dass die Sacheinlage ausnahmsweise doch nicht geleistet wurde, wird mit Blick auf die gravierenden Folgen überwiegend abgelehnt (RG 22.2.1908, RGZ 68, 271 (273); MHLS/*Ebbing* Rn. 15 f. mwN), obwohl sie nach dem Normzweck nahe läge (für Analogie daher Rowedder/Schmidt-Leithoff/*Pentz* Rn. 26; *Melber,* Die Kaduzierung der GmbH, 1993, 247 ff.). Folgt man der hM, greift § 21 auch bei **Mischeinlagen** aus Bar- und Sachwerten nur ein, sofern der in bar zu erbringende Teil der Einlage nicht rechtzeitig erbracht wird (MHLS/*Ebbing* Rn. 19). Die Frage hat aber keine allzu große Bedeutung, da § 21 jedenfalls dann anwendbar ist, wenn bei Leistungsstörungen eine Bareinlagepflicht an die Stelle der ursprünglich vereinbarten Sacheinlagepflicht tritt (heute ganz hM; MHLS/*Ebbing* Rn. 17 mwN; aA RG 22.2.1908, RGZ 68, 271 (273); zur Bareinlagepflicht in derartigen Fällen → § 5 Rn. 24; HCL/*Ulmer*/*Casper* § 5 Rn. 109 ff.; zur Differenzhaftung nach § 9 → Rn. 4). Bei einer nicht voll werthaltigen verdeckten Sacheinlage (§ 19 Abs. 4) bleibt die im Gesellschaftsvertrag festgelegte Bareinlagepflicht in Höhe des Differenzbetrags bestehen. Folglich findet auch insoweit § 21 Anwendung.

6 **b) Verzögerte Einzahlung.** Die Formulierung **„verzögerte Einzahlung"** ist gleichbedeutend mit „nicht zur rechten Zeit eingezahlt" iSd § 20 (HCL/*Leuschner* Rn. 14). Auf die Kommentierung in → § 20 Rn. 4 einschließlich der dort in Bezug genommenen Ausführungen zur Fälligkeit (→ § 14 Rn. 9 ff., → § 19 Rn. 7) kann daher verwiesen werden. Die Höhe des Rückstands ist grundsätzlich unerheblich, nur bei ganz geringfügigen Rückständen kann die Kaduzierung rechtsmissbräuchlich sein (MHLS/*Ebbing* Rn. 31).

7 **2. Erneute Zahlungsaufforderung mit Nachfristsetzung und Ausschlussandrohung. a) Rechtsnatur.** Die Zahlungsaufforderung iSd Abs. 1 ist eine empfangsbedürftige Erklärung, die an den säumigen Gesellschafter (→ Rn. 10) zu richten ist. Wie bei der Mahnung iSd § 286 Abs. 1 BGB handelt es sich um eine **geschäftsähnliche Handlung** (*Lieder/Bialluch* NZG 2017, 9 (10 f.); Rowedder/Schmidt-Leithoff/*Pentz* Rn. 17; aA Baumbach/Hueck/*Kersting* Rn. 8: Willenserklärung; offen gelassen von BGH 27.9.2016, BGHZ 212, 104 = NZG 2016, 1417 Rn. 19). Die Vorschriften über Willenserklärungen sind aber entsprechend anwendbar.

8 **b) Zeitpunkt; Verhältnis zur ersten Zahlungsaufforderung.** Die Zahlungsaufforderung iSd Abs. 1 setzt eine verzögerte Einzahlung voraus; sie muss mithin **nach Eintritt der Fälligkeit** erfolgen (Baumbach/Hueck/*Kersting* Rn. 4; allgM). Wenn das Gesetz von einer **„erneuten"** Aufforderung spricht, geht es davon aus, dass idR bereits eine erste Zahlungsaufforderung vorausgegangen sein muss. Mit der ersten Aufforderung ist die Anforderung der Einlage durch die Geschäftsführer in Durchführung des Einforderungsbeschlusses der Gesellschafter nach § 46 Nr. 2 gemeint, die nach dem gesetzlichen Regelfall die Fälligkeit der Einlage begründet (→ § 14 Rn. 10). Aus dem Erfordernis einer „erneuten" Aufforderung ergibt sich, dass die Zahlungsaufforderung iSd Abs. 1 (anders als die Mahnung nach § 286 Abs. 1 BGB) nicht mit der fälligkeitsbegründenden ersten Aufforderung verbunden werden kann, sondern dieser nachfolgen muss (Scholz/*Emmerich* Rn. 15; *Goette/Goette* GmbH § 2 Rn. 73). Sofern abw. vom gesetzlichen Regelfall keine erste Zahlungsaufforderung erforderlich ist, um die Fälligkeit herbeizuführen (→ § 14 Rn. 11–13, zB bei in der Satzung bestimmten Zahlungsterminen), ist sie auch iRd § 21 entbehrlich (OLG Dresden 17.7.1996, GmbHR 1997, 946 (947); OLG Hamburg 2.7.1993,

NJW-RR 1994, 1528 (1529); MHLS/*Ebbing* Rn. 37; *Goette/Goette* GmbH § 2 Rn. 73; abw. OLG München 1.2.1984, GmbHR 1985, 56). „Erneute" Zahlungsaufforderung bedeutet mithin nur, dass nach Eintritt der Fälligkeit Zahlung verlangt werden muss, gleich ob die Fälligkeit durch eine erste Aufforderung oder anderweitig eingetreten ist.

Einen **zeitlichen Mindestabstand** zwischen Fälligkeitseintritt und (erneuter) Zahlungsaufforderung iSd Abs. 1 sieht das Gesetz nicht vor. Der Abstand kann daher kurz bemessen sein; dem Gesellschafter muss aber nach hM eine „angemessene Zeit" zur Prüfung und Zahlung verbleiben (Baumbach/Hueck/*Kersting* Rn. 4 aE; MHLS/*Ebbing* Rn. 83). Dieses Erfordernis sollte aber nicht überspannt werden, da jedenfalls die Nachfrist nach Abs. 1 S. 3 dem Gesellschafter hinreichend Zeit belässt. Anders als die fälligkeitsbegründende erste Aufforderung kann die erneute Zahlungsaufforderung nach hM erst nach Eintragung der GmbH ins Handelsregister erfolgen, also **nicht im Stadium der Vor-GmbH** (RG 20.4.1904, RGZ 58, 55 (57); Baumbach/Hueck/*Kersting* Rn. 4; MHLS/*Ebbing* Rn. 54; krit. *Melber,* Die Kaduzierung der GmbH, 1993, 88). 9

c) Adressat. Die erneute Zahlungsaufforderung ist an den **säumigen Gesellschafter** zu richten. Wer als Gesellschafter anzusehen ist, richtet sich nach § 16 Abs. 1 (Lutter/Hommelhoff/*Bayer* Rn. 2; MüKoGmbHG/*Schütz* Rn. 40). Der nach § 16 Abs. 1 Legitimierte ist auch dann der richtige Adressat, wenn er nicht der wahre Inhaber des Geschäftsanteils sein sollte. Die Kaduzierung kann also nicht nur gegen den wahren Berechtigten wirksam betrieben werden, obwohl sie im Ergebnis dazu führt, dass dieser den Geschäftsanteil verliert (zutr. *Wiersch* ZGR 2015, 591 (605 f.); zur AG GroßkommAktG/*Merkt* AktG § 67 Rn. 102 aE; aA Scholz/*Emmerich* Rn. 32a; Baumbach/Hueck/*Kersting* Rn. 7; HCL/*Leuschner* Rn. 73; MüKoGmbHG/*Schütz* Rn. 135). Es verhält sich insoweit nicht anders als bei der Einziehung, für die der BGH bereits entschieden hat, dass sie auf einen vom eingetragenen Scheingesellschafter gesetzten Einziehungsgrund gestützt werden kann (BGH 20.11.2018, BGHZ 220, 207 = NZG 2019, 269 Rn. 71; → § 16 Rn. 18). Dabei sind aber nach allgemeinen Regeln die Grenzen der Legitimationswirkung des § 16 Abs. 1 zu beachten, namentlich das Kriterium der Zurechenbarkeit der Unrichtigkeit der Liste (→ § 16 Rn. 29 ff.). Bei mehreren Mitberechtigten an einem Geschäftsanteil genügt die Aufforderung an einen von ihnen (§ 18 Abs. 3). Bei einem Gesellschafterwechsel nach Zugang der Zahlungsaufforderung wirkt diese auch gegen den (nach § 16 Abs. 1 legitimierten) Erwerber; die weiteren Schritte des Kaduzierungsverfahrens sind gegen diesen zu richten (Baumbach/Hueck/*Kersting* Rn. 7). **Erben** des säumigen Gesellschafters können auch zur Zahlung aufgefordert werden, wenn sie noch nicht als dessen Gesamtrechtsnachfolger in der Gesellschafterliste eingetragen sind (*Wiersch* NZG 2015, 1336 (1340); GBS GmbHG/*Kuntz* Rn. 8; str., → § 16 Rn. 20). Auch die aufschiebenden Erben-Einreden gem. §§ 2014 f. BGB stehen der Einleitung des Kaduzierungsverfahrens nicht entgegen (HCL/*Leuschner* Rn. 17; aA *Däubler,* Die Vererbung des Geschäftsanteils bei der GmbH, 1965, 16). Die Eröffnung des Insolvenzverfahrens über das Vermögen des säumigen Gesellschafters hindert die Kaduzierung ebenfalls nicht (RG 3.4.1912, RGZ 79, 174 (178); Baumbach/Hueck/*Kersting* Rn. 7, 10). Die Zahlungsaufforderung ist in diesem Fall an den **Insolvenzverwalter** zu richten. Dieser kann die Kaduzierung nur abwenden, wenn er die rückständige Einlage vollständig einzahlt, nicht nur iHd Insolvenzquote (allgM). 10

Denkbar ist auch die Einleitung eines Kaduzierungsverfahrens gegen den Gesellschafter einer **Einpersonen-GmbH** (dazu *Michalski/Schulenburg* NZG 1999, 431 (432 f.); österr. OGH 7.10.1998, NZG 1999, 444; → Rn. 30). Ist der Einlageschuldner eine bereits im Handelsregister **gelöschte GmbH,** kann die Aufforderung an den Verwahrer der Bücher und Schriften (§ 74 Abs. 2) gerichtet werden. Die Bestellung eines Nachtragsliquidators ist somit entbehrlich (OLG Jena 8.6.2007, NZG 2007, 717 Ls. 3 (719) („spricht viel dafür") mzustAnm *Höpfner* EWiR 2008, 15; zweifelnd Baumbach/Hueck/*Kersting* Rn. 7 aE). 11

d) Zuständigkeit und Verfahren. Die erneute Zahlungsaufforderung muss **von der Gesellschaft** erklärt werden. Zuständig sind die **Geschäftsführer** in vertretungsberechtigter Zahl (§ 35), im Insolvenzverfahren der Insolvenzverwalter gem. § 80 Abs. 1 InsO (OLG Jena 8.6.2007, NZG 2007, 717; MüKoGmbHG/*Schütz* Rn. 54). Dies gilt auch, soweit es um eine Aufforderung an sich selbst geht (zB weil der Insolvenzverwalter zugleich Verwalter über das Vermögen eines säumigen Gesellschafters ist); § 181 BGB steht nicht entgegen (LG Ulm 23.11.1999, EWiR 2000, 29 mAnm *Kowalski;* HCL/*Leuschner* Rn. 23). Eines ermächtigenden Gesellschafterbeschlusses bedarf es nicht (OLG Dresden 17.7.1996, GmbHR 1997, 946 (948); Baumbach/Hueck/*Kersting* Rn. 6; allgM). 12

Ob die Geschäftsführer die erneute Zahlungsaufforderung vornehmen und damit das Kaduzierungsverfahren einleiten, steht in ihrem **pflichtgemäßen Ermessen** („kann"). Es steht ihnen frei, stattdessen auf andere Weise – zB im Klageweg – zu versuchen, die Einlageforderung durchzusetzen (Baumbach/Hueck/*Kersting* Rn. 1; HCL/*Leuschner* Rn. 3). Auch in der Insolvenz des säumigen Gesellschafters müssen die Geschäftsführer nicht zunächst die Kaduzierung betreiben, bevor sie die Einlageforderung zur Tabelle anmelden (*Bartholomäus,* Der GmbH-Gesellschafter in der Insolvenz, 2008, 58 f.). Kein Ermessen besteht aber, wenn die Geschäftsführer durch Gesellschafterbeschluss zur Einleitung oder Einstellung des Kaduzierungsverfahrens angewiesen worden sind, was nach allgemeinen Grundsätzen 13

(§ 37 Abs. 1) zulässig ist (OLG Düsseldorf 15.3.1962, GmbHR 1962, 158 (159); Scholz/*Emmerich* Rn. 10; *Goette/Goette* GmbH § 2 Rn. 75; einschr. MHLS/*Ebbing* Rn. 59, 92).

14 Sind mehrere Gesellschafter säumig, ist der **Gleichbehandlungsgrundsatz** zu beachten, der aber keine schematische Gleichbehandlung verlangt, sondern sachlich gerechtfertigte Ungleichbehandlungen zulässt (→ § 14 Rn. 69 ff.; speziell zur Kaduzierung OLG Köln 25.3.1987, NJW-RR 1988, 356 (357 f.)). So können zB unterschiedliche Erfolgsaussichten ein differenziertes Vorgehen rechtfertigen (Scholz/*Emmerich* Rn. 14). Ein Gleichbehandlungsverstoß hat die Unwirksamkeit der Aufforderung zur Folge (→ § 14 Rn. 90). Allerdings wird von dem benachteiligten Gesellschafter erwartet, dass er den Einwand der Ungleichbehandlung vor Abschluss des Kaduzierungsverfahrens vorbringt. Nach zunächst unbeanstandet durchgeführter Kaduzierung soll er sich nicht mehr auf die Ungleichbehandlung berufen können (OLG Köln 25.3.1987, NJW-RR 1988, 356 (357); MüKoGmbHG/*Schütz* Rn. 35).

15 Hat die Gesellschaft die Einlageforderung gegen vollwertige Gegenleistung (→ § 14 Rn. 26 f.) **abgetreten,** dient die Einlageforderung nicht mehr der Kapitalaufbringung. Eine Kaduzierung (§ 21) kann daher nach ihrem Sinn und Zweck nach Abtretung der Einlageforderung nicht mehr betrieben werden (HCL/*Casper* § 19 Rn. 109; MHLS/*Ebbing* § 19 Rn. 128; aA *K. Müller* GmbHR 1970, 57 (60 ff.)). Anderes gilt im Fall der **Pfändung** oder **Verpfändung** der Einlageforderung. Da die Gesellschaft in diesem Fall die Einlageforderung erst realisiert, wenn der Gesellschafter an den Pfandgläubiger gezahlt hat, kann die Gesellschaft bis zu diesem Zeitpunkt das Kaduzierungsverfahren weiter betreiben (OLG Celle 27.7.1994, GmbHR 1994, 801 (802); Scholz/*Emmerich* Rn. 12; HCL/*Leuschner* Rn. 20; Roth/Altmeppen/*Altmeppen* Rn. 4). Die Befugnis der Gesellschaft zur Kaduzierung kann von den Gläubigern nicht mit gepfändet werden (*Michalski/Schulenburg* NZG 1999, 431 (433 f.); MHLS/*Ebbing* Rn. 63; vgl. auch RG 11.6.1915, RGZ 86, 419 (421) aE; aA österr. OGH 7.10.1998, NZG 1999, 444).

16 **e) Inhalt.** In der erneuten Zahlungsaufforderung muss der säumige Gesellschafter **eindeutig** (wie bei § 286 Abs. 1 BGB) und unter **genauer Bezifferung des Betrags,** den er zur Abwendung der Kaduzierung leisten muss, zur Leistung der Einlage aufgefordert werden (Baumbach/Hueck/*Kersting* Rn. 5). Hat ein Gesellschafter mehrere Anteile, muss klar sein, auf welchen Anteil sich die Aufforderung bezieht (LG Hildesheim 30.9.1997, NJW-RR 1998, 248 (249); Baumbach/Hueck/*Kersting* Rn. 7). Verlangt die Gesellschaft **zu wenig,** ist die Zahlungsaufforderung dennoch wirksam (allgM). Der Gesellschafter kann aber die Kaduzierung schon durch Zahlung des verlangten niedrigeren Betrags abwenden (Scholz/*Emmerich* Rn. 16). Verlangt die Gesellschaft **zuviel,** soll die Aufforderung nach hM ebenfalls wirksam sein (OLG Hamburg 2.7.1993, NJW-RR 1994, 1528 (1529); Baumbach/Hueck/*Kersting* Rn. 5; MüKoGmbHG/*Schütz* Rn. 57). Indes besteht kein Anlass, großzügiger zu verfahren als in den Fällen der Zuvielmahnung iRd § 286 Abs. 1 BGB (zutr. Rowedder/Schmidt-Leithoff/*Pentz* Rn. 15). Nach den dazu anerkannten Grundsätzen ist unter Berücksichtigung aller Umstände des Einzelfalls zu prüfen, ob der Schuldner die Erklärung trotz der Zuvielforderung als Aufforderung zur Bewirkung der tatsächlich geschuldeten Leistung verstehen muss und der Gläubiger auch zur Annahme der gegenüber seinen Vorstellungen geringeren Leistung bereit ist (BGH 5.10.2006, NJW 2006, 769 Rn. 24 mwN; Palandt/*Grüneberg* BGB § 286 Rn. 20).

17 Die erneute Zahlungsaufforderung muss eine **Nachfristsetzung** enthalten, die **mindestens einen Monat** betragen muss (Abs. 1 S. 3). Für die Fristberechnung gelten §§ 187 ff. BGB. Fristbeginn ist der **Zugang** der erneuten Zahlungsaufforderung (HCL/*Leuschner* Rn. 36; heute ganz hM; aA RG 6.5.1905, JW 1905, 443; RG 18.9.1908, Recht 1908 Nr. 3181: Aufgabe zur Post maßgeblich). Die Aufforderung, „unverzüglich" oder „prompt" zu zahlen, enthält keine wirksame Fristsetzung (allgM). Eine **zu kurze Frist** macht die Zahlungsaufforderung unwirksam, setzt also nicht wie bei §§ 281 Abs. 1, 323 Abs. 1 BGB die gesetzliche Mindestfrist in Lauf (OLG Jena 8.6.2007, NZG 2007, 717 (719); OLG Hamm 26.1.2011, GmbHR 2011, 588, 590; Baumbach/Hueck/*Kersting* Rn. 5a; aA MHLS/*Ebbing* Rn. 71). Das Fristsetzungserfordernis besteht auch für den Insolvenzverwalter (OLG Jena 8.6.2007, NZG 2007, 717 (719)).

18 Schließlich muss die Zahlungsaufforderung eine **Androhung des Ausschlusses** hinsichtlich des Geschäftsanteils enthalten, auf den die Zahlung zu erfolgen hat. Ein bestimmter Wortlaut ist für die Androhung nicht vorgeschrieben. Sie muss aber dem Gesellschafter **hinreichend deutlich** machen, dass er im Fall der Nichtzahlung seinen Geschäftsanteil verliert (OLG Hamm 16 9.1992, GmbHR 1992, 360 (361)). Dass die Gesellschaft „unter Wahrung aller Rechte" zur Zahlung auffordert, genügt nicht (MHLS/*Ebbing* Rn. 74). Der Hinweis, dass der Gesellschafter im Fall der Kaduzierung die geleisteten Teilzahlungen nicht zurückerhält, muss aber nicht in die Androhung aufgenommen werden (Baumbach/Hueck/*Kersting* Rn. 5b; MHLS/*Ebbing* Rn. 74; offenbar auch OLG Hamm 16.9.1992, GmbHR 1993, 360 (361)).

19 **f) Form und Zugang.** Gemäß Abs. 1 S. 2 muss die erneute Zahlungsaufforderung durch **eingeschriebenen Brief** erfolgen. Das Formerfordernis soll der Zugangssicherung und der Sicherung der Beweisführung dienen (BGH 27.9.2016, BGHZ 212, 104 = NZG 2016, 1417 Rn. 18, 21, 31; vgl. auch Stenogr. Berichte über die Verhandlungen des Reichstags, VIII/1, 1890/92, Nr. 660, 3741: „zur Vermeidung späterer Zweifel und Streitigkeiten"). Zugleich soll dem Gesellschafter der „Ernst der Lage"

vor Augen geführt werden (BGH 27.9.2016, BGHZ 212, 104 = NZG 2016, 1417 Rn. 21; *Goette/Goette* GmbH § 2 Rn. 74; *Wicke* Rn. 4). Diesen Normzwecken genügt nach der Rspr. des BGH nicht nur das herkömmliche **Übergabeeinschreiben,** sondern auch das (erst seit 1997 praktizierte) **Einwurfeinschreiben,** bei dem anstelle der Übergabe der Einwurf in den Hausbriefkasten oder das Postfach des Empfängers vom Postzusteller dokumentiert wird (BGH 27.9.2016, BGHZ 212, 104 = NZG 2016, 1417 Rn. 20 ff.; zust. *Bayer* GmbHR 2017, 33 (34); *Lieder/Bialluch* NZG 2017, 9 (11 f.); *Teichmann/Pfleger* WuB 2017, 202; abw. die früher hL, → 3. Aufl. 2016 mN). Nicht genügend ist aber eine Aufforderung durch einfachen Brief, Fax oder E-Mail, selbst wenn der Zugang nachgewiesen wird (HCL/*Leuschner* Rn. 40; Scholz/*Emmerich* Rn. 19b; aA Rowedder/Schmidt-Leithoff/*Pentz* Rn. 18). Fehlende Beachtung der Form führt entsprechend § 125 S. 1 BGB zur Unwirksamkeit der Aufforderung.

20 Nach ihrem Sinn und Zweck handelt es sich bei der vorgeschriebenen Form um ein **Mindesterfordernis** (MHLS/*Ebbing* Rn. 76; Baumbach/Hueck/*Kersting* Rn. 8). Daher kann auch eine andere Form gewählt werden, sofern sie mindestens die gleiche Gewissheit des Zugangs bietet und eine vergleichbare Warnfunktion wie das Einschreiben entfaltet, zB die Zustellung durch den Gerichtsvollzieher gem. § 132 Abs. 1 BGB (OLG Hamm 14.6.1995, GmbHR 1995, 663 (664)). Auch die öffentliche Zustellung gem. § 132 Abs. 2 BGB reicht aus, nicht aber die Bekanntmachung in den Gesellschaftsblättern (Baumbach/Hueck/*Kersting* Rn. 8; anders § 64 Abs. 2 AktG). Die mündliche Erklärung zu Protokoll des Gerichts genügt allenfalls dann, wenn das Sitzungsprotokoll dem Gesellschafter oder seinem Bevollmächtigten förmlich (zB mittels Empfangsbekenntnis) zugestellt wird (OLG Rostock 15.1.1997, GmbHR 1997, 449 (450)). Das Formerfordernis kann in der Satzung nicht abbedungen werden. Auch eine strengere Form kann nicht in der Satzung verankert werden, da damit das Kaduzierungsverfahren entgegen § 25 erschwert würde (Bork/Schäfer/*Bartels* Rn. 8; Baumbach/Hueck/*Fastrich* Rn. 8; GBS GmbHG/*Kuntz* Rn. 7a; HCL/*Leuschner* Rn. 40; aA Scholz/*Emmerich* Rn. 19b).

21 Die Aufforderung wird entspr. § 130 Abs. 1 BGB mit ihrem **Zugang** wirksam. Im Fall der Zugangsvereitelung gelten die allgemeinen Regeln (dazu Palandt/*Ellenberger* BGB § 130 Rn. 16 ff.). Die **Beweislast** für den Zugang trägt derjenige, der sich auf den Zugang beruft, idR also die Gesellschaft. Der Beweis des Zugangs kann mithilfe des Einlieferungsbelegs zusammen mit der Reproduktion des von der Post elektronisch archivierten (eingescannten) Auslieferungsbelegs geführt werden. Bei Vorlage beider Belege streitet ein Anscheinsbeweis dafür, dass der Zugang erfolgt ist (BGH 27.9.2016, BGHZ 212, 104 = NZG 2016, 1417 Rn. 31, 33). Nicht ausreichend ist dagegen, dass die Gesellschaft lediglich den Nachweis der Absendung durch Vorlage des Einlieferungsscheins erbringt (BGH 27.9.2016, BGHZ 212, 104 = NZG 2016, 1417 Rn. 32; zust. *Bayer* GmbHR 2017, 33 (35); *Lieder/Bialluch* NZG 2017, 9 (13 f.); Baumbach/Hueck/*Kersting* Rn. 8; abw. noch *Bayer/Illhardt* GmbHR 2011, 505 (513)).

22 **3. Fruchtloser Fristablauf.** Eine wirksame Kaduzierung setzt nach Abs. 2 S. 1 weiter voraus, dass die wirksam gesetzte Nachfrist fruchtlos abgelaufen ist. Dies ist der Fall, wenn die Einlage oder – im Fall der Zuwenigforderung – der eingeforderte niedrigere Betrag im Zeitpunkt des Fristablaufs **nicht oder nicht vollständig** zur endgültigen freien Verfügung (→ § 7 Rn. 13 ff.) eingezahlt ist. Ob auch Nebenforderungen (Zinsen, Vertragsstrafen etc) mit erfüllt worden sind, ist unerheblich. Zur Berechnung der Frist → Rn. 17. Der Gesellschafter oder ein für ihn einzahlender Dritter (§ 267 Abs. 1 BGB) kann die Kaduzierung aber auch nach Fristablauf noch **bis zum Zugang der Ausschlusserklärung** (spätestens gleichzeitig) durch vollständige Einzahlung abwenden; die Ausschlusserklärung geht dann ins Leere (Baumbach/Hueck/*Kersting* Rn. 9; allgM). Für die Rechtzeitigkeit der Einzahlung ist nicht die Vornahme der Leistungshandlung entscheidend, sondern der Eingang der Zahlung bei der Gesellschaft (Baumbach/Hueck/*Kersting* Rn. 9; MHLS/*Ebbing* Rn. 85; aA BeckOK GmbHG/*Jaeger* Rn. 29). Bei Übersendung eines Verrechnungsschecks liegt Zahlungseingang erst mit Gutschrift auf dem Konto der Gesellschaft vor (Scholz/*Emmerich* Rn. 20a). Die **Beweislast** für die rechtzeitige Zahlung trägt der Gesellschafter (OLG Hamm 19.9.1983, GmbHR 1984, 317 (318); LG Hildesheim 30.9.1997, NJW-RR 1998, 248 (249); MüKoGmbHG/*Schütz* Rn. 72).

23 **4. Ausschlusserklärung. a) Rechtsnatur.** Letzte Voraussetzung einer wirksamen Kaduzierung ist die **Ausschlusserklärung** (Kaduzierungserklärung, Verfallserklärung) nach Abs. 2 S. 1. Dabei handelt es sich um eine einseitige, empfangsbedürftige Willenserklärung der Gesellschaft gegenüber dem säumigen Gesellschafter (genauer: demjenigen, der nach § 16 Abs. 1 als Gesellschafter gilt; → Rn. 10). Mit ihr wird ein **Gestaltungsrecht** ausgeübt (Scholz/*Emmerich* Rn. 21); daher ist die Ausschlusserklärung bedingungsfeindlich (vgl. Palandt/*Ellenberger* BGB Überbl. Vor § 104 Rn. 17).

24 **b) Zeitpunkt.** Die Ausschlusserklärung darf dem Gesellschafter erst **nach fruchtlosem Fristablauf** (→ Rn. 22) zugehen (Roth/Altmeppen/*Altmeppen* Rn. 16; Lutter/Hommelhoff/*Bayer* Rn. 12; BeckOK GmbHG/*Jaeger* Rn. 34; aA – auch Abgabe muss nach Fristlauf erfolgen – MHLS/*Ebbing* Rn. 99; Baumbach/Hueck/*Kersting* Rn. 9; MüKoGmbHG/*Schütz* Rn. 82). Eine verfrühte Erklärung ist unwirksam und wird auch nicht dadurch wirksam, dass die Frist später fruchtlos abläuft. Die Erklärung kann aber nach Fristablauf nachgeholt werden. – Das Gesetz sieht nicht vor, dass die Ausschlusserklärung

unverzüglich oder innerhalb eines bestimmten Zeitraums nach Fristablauf erfolgen muss. Allerdings kann nach allgemeinen Grundsätzen (§ 242 BGB) **Verwirkung** eintreten (dazu OLG Hamburg 2.7.1993, NJW-RR 1994, 1528 (1529): Recht zur Kaduzierung auch nach mehr als sechs Monaten nicht verwirkt, wenn die Gesellschaft in der Zwischenzeit zu erkennen gegeben hat, dass sie an der Option des Ausschlusses festhalten will).

25 **c) Adressat, Zuständigkeit und Verfahren.** Hinsichtlich des **Adressaten** der Ausschlusserklärung gilt dasselbe wie für die Zahlungsaufforderung (→ Rn. 10 f.). **Zuständig** für die Abgabe der Ausschlusserklärung sind auch hier die Geschäftsführer in vertretungsberechtigter Zahl, nach Eröffnung des Insolvenzverfahrens der Insolvenzverwalter. Ein Gesellschafterbeschluss ist nach hM entbehrlich (OLG Dresden 17.7.1996, GmbHR 1997, 946 (948); MüKoGmbHG/*Schütz* Rn. 76; mit Blick auf § 49 Abs. 2 in dieser Allgemeinheit nicht zweifelsfrei). Wird er dennoch gefasst, ist er für die Geschäftsführer bindend (→ Rn. 13). Eine trotz gegenteiligen Gesellschafterbeschlusses abgegebene Ausschlusserklärung ist unwirksam. § 37 Abs. 2 ändert daran nichts, da diese Vorschrift auf gesellschaftsinterne Maßnahmen keine Anwendung findet (OLG Düsseldorf 15.3.1962, GmbHR 1962, 158; → § 37 Rn. 19). Ohne Gesellschafterbeschluss steht die Abgabe der Ausschlusserklärung trotz des Wortlauts („ist zu erklären") im pflichtgemäßen **Ermessen der Geschäftsführer** (RG 7.6.1902, RGZ 51, 416 (417); Baumbach/Hueck/*Kersting* Rn. 10; *Goette/Goette* GmbH § 2 Rn. 75; allgM). Der Gleichbehandlungsgrundsatz (→ Rn. 14) ist auch hier zu beachten. Zum Verfahren bei Abtretung, Pfändung oder Verpfändung der Einlageforderung → Rn. 15.

26 **d) Inhalt, Form und Zugang.** Aus der Erklärung muss **deutlich** hervorgehen, dass der Gesellschafter ausgeschlossen wird. Nach hM muss die Erklärung auch den Verlust der bereits geleisteten Teilleistungen deutlich zum Ausdruck bringen (Baumbach/Hueck/*Kersting* Rn. 10; Rowedder/Schmidt-Leithoff/*Pentz* Rn. 35; anders bei der Androhung, → Rn. 18). Die Verwendung der Formulierung des Gesetzes ist zweckmäßig, aber nicht zwingend. Ein pauschaler Hinweis auf „die gesetzlichen Folgen" genügt jedoch nicht (HCL/*Leuschner* Rn. 56). – Für die **Form** (eingeschriebener Brief, Abs. 2 S. 2) und den Nachweis des Zugangs gilt das zur Aufforderung Gesagte entspr. (→ Rn. 19 ff.). Mit Zugang der Erklärung wird die Kaduzierung wirksam, und zwar unwiderruflich (Baumbach/Hueck/*Kersting* Rn. 10; HCL/*Leuschner* Rn. 57).

III. Rechtsfolgen der Kaduzierung

27 **1. Mitgliedschaftsrechte und geleistete Teilzahlungen.** Mit Zugang der Ausschlusserklärung (Wirksamwerden der Kaduzierung) **verliert** der Gesellschafter mit Wirkung ex nunc den betreffenden Geschäftsanteil einschließlich aller damit verbundenen Mitgliedschaftsrechte (allgM). Verloren sind auch die bereits **erbrachten Teilleistungen** auf die Einlagepflicht, was Abs. 2 S. 1 ausdrücklich klarstellt. Dies gilt bei gemischten Einlagen auch für den Sacheinlageteil, ferner für bereits geleistete Nachschüsse und erbrachte Nebenleistungen iSd § 3 Abs. 2 (MüKoGmbHG/*Schütz* Rn. 91). Indem das Gesetz den Verfall der Teilleistungen anordnet, lässt es zugleich erkennen, dass der Ausgeschlossene **keine Abfindung** für den Geschäftsanteil verlangen kann (ganz hM; Baumbach/Hueck/*Kersting* Rn. 11; Lutter/Hommelhoff/*Bayer* Rn. 14; aA *Melber,* Die Kaduzierung der GmbH, 1993, passim, insbesondere 208 ff.).

28 **Unberührt** bleiben schuldrechtliche Ansprüche des ausgeschlossenen Gesellschafters einschließlich der im Zeitpunkt der Kaduzierung von der Mitgliedschaft verselbständigten **Gläubigerrechte** (→ § 14 Rn. 46 f.), zB der Anspruch auf eine bereits beschlossene Dividende (Baumbach/Hueck/*Kersting* Rn. 11; allgM). Wird dagegen erst nach Wirksamwerden der Kaduzierung über die Gewinnverwendung eines zurückliegenden Geschäftsjahrs beschlossen, in dem der Ausgeschlossene noch Gesellschafter war, kann dem bereits Ausgeschlossenen daraus nach herrschender und zutreffender Ansicht kein **Dividendenauszahlungsanspruch** gegen die GmbH mehr erwachsen, da der Auszahlungsanspruch erst mit Fassung des Verwendungsbeschlusses entsteht (HCL/*Leuschner* Rn. 58; Rowedder/Schmidt-Leithoff/*Pentz* Rn. 38; MüKoGmbHG/*Schütz* Rn. 95; aA OLG Hamm 6.7.1988, NJW-RR 1989, 550 mablAnm *Ebenroth* EWiR 1989, 267 f.). Daneben soll ihm auch kein **Ausgleichsanspruch aus § 101 Nr. 2 Hs. 2 BGB** zustehen (MüKoGmbHG/*Schütz* Rn. 95 unter Hinweis auf die zu § 33 ergangene Entscheidung BGH 30.1.1995, NJW 1995, 1027). Ein Ausgleichsanspruch gegen die GmbH kommt in der Tat nicht in Betracht, weil diese selbst nicht gewinnberechtigt ist. Nicht unmittelbar einsichtig ist dagegen, warum die während der Mitgliedschaft des Ausgeschlossenen erwirtschafteten Gewinne stattdessen ohne Ausgleich den anderen Gesellschaftern oder dem späteren Erwerber des Anteils zugutekommen sollen. Die Rspr. des BGH, die bei Veräußerung von Geschäftsanteilen an die GmbH iRd § 33 Ausgleichsansprüche aus § 101 BGB ablehnt (BGH 30.1.1995, NJW 1995, 1027 (1028 f.)), stützt sich maßgeblich darauf, dass der Veräußerer iRd § 33 an der Übertragung an die GmbH mitwirken muss und es daher in der Hand hat, seine Rechte hinsichtlich noch nicht beschlossener Dividenden durch vertragliche Regelung zu wahren. Diese Argumentation lässt sich nicht auf den erzwungenen Ausschluss durch Kaduzierung übertragen. Es bedürfte also einer anderweitigen Begründung, warum

der Ausgleichsanspruch nicht zum Zuge kommen soll. Denken könnte man dabei an die Verallgemeinerung des Rechtsgedankens des Abs. 2 (Verlust geleisteter Teilzahlungen); da dieser das Verhältnis zur GmbH betrifft, folgt daraus aber wohl nichts Zwingendes für das Verhältnis zu den Gesellschaftern. Nach alledem sprechen gute Gründe dafür, dem Ausgeschlossenen einen Ausgleichsanspruch aus § 101 Nr. 2 Hs. 2 BGB zuzuerkennen. Erkennt man diesen Anspruch an, so richtet er sich gegen die übrigen Gesellschafter, wenn diese in der Zwischenzeit zwischen dem Wirksamwerden der Kaduzierung und dem Erwerb des Anteils durch den Rechtsvorgänger des Ausgeschlossenen (§ 22 Abs. 4) oder einen Dritten (§ 23) über die Gewinnverwendung beschließen (→ Rn. 32). Wird die Gewinnverwendung erst nach dem Erwerb beschlossen, richtet sich der Ausgleichsanspruch gegen den von der Auszahlung profitierenden Erwerber des Anteils (→ § 22 Rn. 20, → § 23 Rn. 12).

2. Mitgliedschaftspflichten. Die Kaduzierung bewirkt, dass der Gesellschaft gegen den ausgeschlossenen Gesellschafter kein Primäranspruch auf die Einzahlung der Bareinlage mehr zusteht. Eine anhängige Zahlungsklage wird daher unbegründet (HCL/*Leuschner* Rn. 3). Der Ausgeschlossene ist aber der Ausfallhaftung nach Abs. 3 ausgesetzt (→ Rn. 35 ff.). Die übrigen Mitgliedschaftspflichten des Ausgeschlossenen erlöschen. Dies gilt jedoch nur mit Wirkung ex nunc (allgM), sodass bereits fällig gewordene Ansprüche der Gesellschaft bestehen bleiben, zB auf rückständige Zinsen oder Nebenleistungen iSd § 3 Abs. 2 (MüKoGmbHG/*Schütz* Rn. 98). 29

3. Übergang des Geschäftsanteils auf die Gesellschaft. Der Geschäftsanteil geht mit der Kaduzierung bis zur Verwertung nach §§ 22 f. **auf die Gesellschaft über** („zugunsten der Gesellschaft"; heute ganz hM, Scholz/*Emmerich* Rn. 29; Baumbach/Hueck/*Kersting* Rn. 12; HCL/*Leuschner* Rn. 64; HK-GmbHG/*Saenger* Rn. 24; obiter auch KG Berlin 25.9.2018, BeckRS 2018, 46454 Rn. 10; aA beiläufig BGH 13.7.1964, BGHZ 42, 89 (92) = NJW 1964, 1954: rechtsträgerloser Anteil; dazu aber *Goette/Goette* GmbH § 2 Rn. 78). Dies gilt nach zutreffender Ansicht auch dann, wenn der nach § 16 Abs. 1 legitimierte Listengesellschafter, gegen den die Kaduzierung betrieben wurde, nicht der wahre Berechtigte ist (→ Rn. 10). § 33 Abs. 1 steht dem Übergang des Geschäftsanteils auf die Gesellschaft nicht entgegen, da § 21 als lex specialis vorgeht. Die Gesellschaft kann über den Anteil aber nur nach Maßgabe der §§ 22 f. verfügen und ist insoweit in ihrer Verfügungsmacht beschränkt. Bei Kaduzierung in der Einpersonen-GmbH (→ Rn. 11) entsteht eine „Keinmann-GmbH" (→ § 1 Rn. 32; → § 33 Rn. 24). 30

Obwohl die Gesellschaft den Geschäftsanteil erwirbt, haftet sie nach Sinn und Zweck des Kaduzierungsverfahrens weder als Rechtsnachfolger des Ausgeschlossenen (§ 16 Abs. 2) noch als Rechtsvorgänger (§ 22) eines späteren Erwerbers (allgM). Um § 40 Abs. 1 zu genügen, die Legitimation des Ausgeschlossenen (§ 16 Abs. 1) zu beseitigen und das Risiko eines gutgläubigen Erwerbs durch Dritte (§ 16 Abs. 3) auszuschließen, sollte die Gesellschaft unverzüglich in die **Gesellschafterliste** eingetragen und die geänderte Liste zum Handelsregister eingereicht werden (Baumbach/Hueck/*Kersting* Rn. 12). Dabei wird es sich anbieten, in der Veränderungsspalte (§ 2 GesLV) einen Vermerk über die Kaduzierung einzutragen (KG Berlin 25.9.2018, BeckRS 2018, 46454 Rn. 10). In der **Bilanz** muss die Gesellschaft seit dem BilMoG den Nennbetrag des Anteils vom Posten gezeichnetes Kapital absetzen (§ 272 Abs. 1a HGB; HCL/*Leuschner* Rn. 65; *Wicke* Rn. 12; einschr. – erst nach erfolgloser Verwertung – Baumbach/Hueck/*Fastrich* 21. Aufl. 2017 Rn. 12; MüKoGmbHG/*Schütz* § 23 Rn. 97; zu den Auswirkungen auf den Kapitalschutz *Verse* VGR Bd. 15, 2010, 67 (80 ff.); *Kessler/Suchan* FS Hommelhoff, 2012, 509). Eine Vollstreckung in den Anteil durch Gläubiger der Gesellschaft ist unzulässig (MHLS/*Ebbing* Rn. 117; HCL/*Leuschner* Rn. 65); zulässig ist aber die Pfändung der Ansprüche aus §§ 22 f., 21 Abs. 3, § 24. 31

Wie auch sonst bei eigenen Anteilen (→ § 33 Rn. 22) **ruhen die Mitgliedschaftsrechte,** solange die Gesellschaft den Geschäftsanteil hält. Dies gilt auch für das Gewinnbezugsrecht. Sofern in diesem Zeitraum Gewinnverwendungsbeschlüsse gefasst werden, nimmt der von der GmbH gehaltene Geschäftsanteil nicht an der Gewinnverteilung teil, sodass sich die Gewinnanteile der übrigen Gesellschafter entsprechend erhöhen. Die betreffenden Gewinne sind maW nicht dem Geschäftsanteil zuzuschreiben; der zukünftige Erwerber (§ 22 Abs. 4, § 23) kann sie nicht für sich beanspruchen (Roth/Altmeppen/*Altmeppen* Rn. 20; Lutter/Hommelhoff/*Bayer* Rn. 15; MHLS/*Ebbing* Rn. 118; HCL/*Leuschner* Rn. 67, § 22 Rn. 61; Baumbach/Hueck/*Kersting* Rn. 12; aA Baumbach/Hueck/*Fastrich,* 21. Aufl. 2017, Rn. 12). Nach hier vertretener Ansicht kommt aber zeitanteilig für die Zeiträume, in denen der Ausgeschlossene noch Gesellschafter war, ein Ausgleichsanspruch des Ausgeschlossenen gegen die von der erhöhten Ausschüttung profitierenden Gesellschafter aus § 101 Nr. 2 Hs. 2 BGB in Betracht (→ Rn. 28). 32

4. Rechte Dritter. Rechte Dritter **am Geschäftsanteil** (Pfandrecht, Nießbrauch) erlöschen mit der Kaduzierung (hM, Baumbach/Hueck/*Kersting* Rn. 13; HCL/*Leuschner* Rn. 62; aA *Melber,* Die Kaduzierung in der GmbH, 1993, 178 ff.: Drittrechte bleiben nachrangig zu Rechten der Gesellschaft am Erlös bestehen). Der Dritte kann den Rechtsverlust daher nur abwenden, indem er den eingeforderten Betrag vor der Kaduzierungserklärung an die Gesellschaft zahlt. (Pfändungs-)Pfandrechte **an der Ein-** 33

lageforderung setzen sich gem. § 1287 BGB an den aus der Verwertung resultierenden Ansprüchen der Gesellschaft nach §§ 22 f., 21 Abs. 3, § 24 fort (HCL/*Leuschner* Rn. 63).

34 **5. Fehlerhafte Kaduzierung.** Sind die in → Rn. 3 ff. genannten Voraussetzungen nicht erfüllt, ist die Kaduzierung **unwirksam** (MüKoGmbHG/*Schütz* Rn. 139 f.). Der betreffende Gesellschafter bleibt Inhaber des Geschäftsanteils und damit vollberechtigtes Mitglied. Wird er allerdings aus der im Handelsregister aufgenommenen Gesellschafterliste gelöscht, steht § 16 Abs. 1 der Ausübung seiner Mitgliedschaftsrechte im Wege (→ § 16 Rn. 11 ff.; zum einstweiligen Rechtsschutz gegen die Änderung der Gesellschafterliste → § 16 Rn. 35). Da der Anteil bei unwirksamer Kaduzierung nicht auf die Gesellschaft übergeht, kann ein von dieser in Anspruch genommener Rechtsvorgänger den Anteil nicht nach § 22 Abs. 4 erwerben; **gutgläubiger Erwerb** nach § 16 Abs. 3 scheidet auch dann aus, wenn die GmbH als Inhaberin des Anteils in der Gesellschafterliste eingetragen war, da kein rechtsgeschäftlicher Erwerb vorliegt (→ § 16 Rn. 60). Dagegen ist bei Verwertung des Anteils nach § 23 gutgläubiger Erwerb möglich (str., → § 23 Rn. 14). Der vermeintlich Ausgeschlossene kann sich hiervor durch Widerspruch nach § 16 Abs. 3 S. 3–5 schützen.

IV. Ausfallhaftung (Abs. 3)

35 **1. Voraussetzungen.** Die Ausfallhaftung nach Abs. 3 setzt voraus, dass die Gesellschaft an dem rückständigen Betrag oder den später (nach der Kaduzierung) auf den Geschäftsanteil eingeforderten Beträgen der Stammeinlage einen **Ausfall** erleidet. Darin kommt die **Subsidiarität** der Haftung gegenüber einem Vorgehen nach §§ 22 f. (nicht § 24) zum Ausdruck (allgM). Die Gesellschaft muss zunächst versuchen, die Einlage durch Rückgriff auf die Rechtsvorgänger nach § 22 aufzubringen. Ist die Zahlung von den Rechtsvorgängern nicht zu erlangen, muss sich die Gesellschaft um eine Verwertung des Geschäftsanteils nach § 23 bemühen, sofern dieser Versuch nicht von vornherein aussichtslos ist (→ § 23 Rn. 10). Nur wenn sich kein Käufer findet oder die rückständige Einlage durch den Verkaufserlös (abzüglich Verwertungskosten) nicht vollständig gedeckt werden kann, greift wegen des nicht gedeckten Betrags die Haftung nach Abs. 3 ein. Etwaige Rechtsverstöße iRd Versteigerung nach § 23 (zB Auftreten der Gesellschaft als Bieterin entgegen § 33 Abs. 1), ändern an der Ausfallhaftung nichts, soweit dem ausgeschlossenen Gesellschafter daraus kein Nachteil erwachsen ist (RG 26.3.1920, RGZ 98, 276 (279); HCL/*Leuschner* Rn. 84 aE). Ist der Anteil gem. § 23 wirksam verwertet worden, weil die Gesellschaft gem. § 22 Abs. 2 Hs. 2 von der Zahlungsunfähigkeit der Rechtsvorgänger ausgehen konnte (→ § 23 Rn. 15 aE), kann der ausgeschlossene Gesellschafter nicht nachträglich die Zahlungsfähigkeit der Rechtsvorgänger einwenden, da deren Haftung mit der wirksamen Verwertung nach § 23 erlischt (*Bayer/Illhardt* GmbHR 2011, 505 (514); MüKoGmbHG/*Schütz* Rn. 131; → § 22 Rn. 15).

36 Für **später** (dh nach Kaduzierung) **eingeforderte Beträge** haftet der Ausgeschlossene erst, wenn der nunmehr vom Erwerber gehaltene Geschäftsanteil erneut kaduziert wurde (näher dazu MHLS/*Ebbing* Rn. 146 f. mwN; aA *Schuler* GmbHR 1961, 98 (103)).

37 **2. Umfang der Haftung.** Die Haftung nach Abs. 3 umfasst den nicht nach §§ 22 f. gedeckten Ausfall an der rückständigen Einlage und den später fällig werdenden Beträgen. Die **Kosten der Verwertung** nach §§ 22 f. sind im Interesse der Kapitalaufbringung dem Ausfall hinzuzurechnen (hM, MHLS/*Ebbing* Rn. 149; Baumbach/Hueck/*Kersting* Rn. 14; aA MMN GmbH/*Miller* Rn. 15). Zu weiteren fortbestehenden Pflichten des Ausgeschlossenen → Rn. 29.

38 Da die Haftung nach Abs. 3 wie die ursprüngliche Einlageforderung der Kapitalaufbringung dient, ist **§ 19 Abs. 2** entsprechend anzuwenden (RG 26.3.1920, RGZ 98, 276 (277); Baumbach/Hueck/*Kersting* Rn. 14). Zahlt der Ausgeschlossene den nach § 21 Abs. 3 geschuldeten Betrag, hat dies nicht zur Folge, dass er den Geschäftsanteil zurückerwirbt (auch nicht, wenn der Betrag die gesamte Einlageforderung erreicht). Die Gesellschaft kann den Anteil dem Ausgeschlossenen aber wie jedem Dritten nach § 23 S. 2 zum Kauf anbieten, anstatt ihn nach § 21 Abs. 3 in Anspruch zu nehmen. Sie ist hierzu jedoch nicht verpflichtet (MHLS/*Ebbing* Rn. 153).

39 **3. Verjährung, Prozessuales, Beweislast.** In Bezug auf die **Verjährung** ist umstritten, ob § 19 Abs. 6 entsprechend gilt oder die Regelverjährung gem. §§ 195, 199 Abs. 1 BGB eingreift (für Letzteres Lutter/Hommelhoff/*Bayer* Rn. 17; Scholz/*Emmerich* Rn. 36b; *Thiessen* ZHR 168 (2004), 503 (522 f.); für Ersteres – aber nur in Bezug auf die rückständige Einlage, nicht die Verfahrenskosten – Roth/Altmeppen/*Altmeppen* Rn. 28; HCL/*Leuschner* Rn. 86; MüKoGmbHG/*Schütz* Rn. 125 f.). In Übereinstimmung mit der hM zu § 22 (→ § 22 Rn. 16) und der BGH-Rspr. zu § 24 (→ § 24 Rn. 11a) ist diese Streitfrage auch für § 21 Abs. 3 im Sinne der Regelverjährung zu entscheiden. Schon die für eine analoge Anwendung des § 19 Abs. 6 erforderliche planwidrige Regelungslücke ist nicht ersichtlich. In den Gesetzesmaterialien zur Änderung des § 19 Abs. 6 wird die Kaduzierung als zusätzliches Schutzinstrument eigens erwähnt (Begr. RegE BT-Drs. 15/3653, 12 iVm 25). Etwaige Ansprüche in Folge der Kaduzierung wurden bei der Neuregelung also durchaus gesehen, ohne dass man dies zum Anlass genommen hat, auch hierfür auf die Verjährungsregelung der Einlageforderung

zu verweisen (BGH 18.9.2018, BGHZ 219, 327 = NZG 2018, 1344 Rn. 63 (zu § 24)). IÜ wurde die Frage auch schon im Vorfeld der Einführung des § 19 Abs. 6 diskutiert (*Thiessen* ZHR 168 (2004), 503 (522 f.)).

Da es sich um einen Anspruch aus dem Mitgliedschaftsverhältnis handelt, ist der **Gerichtsstand** des § 22 ZPO gegeben. Die **Beweislast** dafür, dass die Deckungsversuche nach §§ 22 f. erfolg- oder aussichtslos waren, trägt grundsätzlich die Gesellschaft. Allerdings kommt ihr die widerlegliche Vermutung des § 22 Abs. 2 Hs. 2 zugute. Nach wirksamer Verwertung gem. § 23 kann die Vermutung nicht mehr widerlegt werden (→ Rn. 35 aE). Ist die Gesellschaft insolvent, bestehen zudem Beweiserleichterungen hinsichtlich der Aussichtslosigkeit einer Verwertung nach § 23 (→ § 23 Rn. 10). **39a**

V. Abdingbarkeit

Die Vorschrift ist zum Schutz der Kapitalaufbringung **zwingend** (§ 25). Die Kaduzierung kann daher durch Regelungen in der Satzung nicht erschwert werden (zur Form → Rn. 20). Verschärfungen zum Nachteil des Gesellschafters sind aber zulässig (HCL/*Leuschner* Rn. 4; allgM). **40**

Haftung der Rechtsvorgänger

22 (1) **Für eine von dem ausgeschlossenen Gesellschafter nicht erfüllte Einlageverpflichtung haftet der Gesellschaft auch der letzte und jeder frühere Rechtsvorgänger des Ausgeschlossenen, der im Verhältnis zu ihr als Inhaber des Geschäftsanteils gilt.**

(2) **Ein früherer Rechtsvorgänger haftet nur, soweit die Zahlung von dessen Rechtsnachfolger nicht zu erlangen ist; dies ist bis zum Beweis des Gegenteils anzunehmen, wenn der letztere die Zahlung nicht bis zum Ablauf eines Monats geleistet hat, nachdem an ihn die Zahlungsaufforderung und an den Rechtsvorgänger die Benachrichtigung von derselben erfolgt ist.**

(3) [1]**Die Haftung des Rechtsvorgängers ist auf die innerhalb der Frist von fünf Jahren auf die Einlageverpflichtung eingeforderten Leistungen beschränkt.** [2]**Die Frist beginnt mit dem Tag, ab welchem der Rechtsnachfolger im Verhältnis zur Gesellschaft als Inhaber des Geschäftsanteils gilt.**

(4) **Der Rechtsvorgänger erwirbt gegen Zahlung des rückständigen Betrages den Geschäftsanteil des ausgeschlossenen Gesellschafters.**

Übersicht

I. Allgemeines, Verhältnis zu § 16 Abs. 2

Im Interesse der **Kapitalaufbringung** ermöglicht § 22 der Gesellschaft den Zugriff auf die Rechtsvorgänger (Vormänner) eines Gesellschafters, der im Wege der Kaduzierung nach § 21 wegen Nichterfüllung seiner (Bar-)Einlagepflicht aus der Gesellschaft ausgeschlossen wurde. Abs. 1 und Abs. 3 enthalten die allgemeinen Haftungsvoraussetzungen, während Abs. 2 zusätzliche Voraussetzungen für die Inanspruchnahme früherer Rechtsvorgänger aufstellt. Abs. 4 schließlich sieht vor, dass der zahlende Rechtsvorgänger kraft Gesetzes den kaduzierten Geschäftsanteil erwirbt. Die Vorschrift ist seit 1892 im Kern unverändert (zur Entstehung → § 21 Rn. 1). Das MoMiG hat allerdings Abs. 1 und Abs. 3 sprachlich neu gefasst und an § 16 Abs. 1 nF angepasst (Begr. RegE MoMiG BT-Drs. 16/6140, 41). **1**

Unberührt von § 22 bleibt eine mögliche Haftung des Rechtsvorgängers (Veräußerers) aus **§ 16 Abs. 2** (OLG Oldenburg 26.7.2007, NZG 2008, 32 (35); OLG Düsseldorf 20.7.2012, ZIP 2012, 2011 (2014); Baumbach/Hueck/*Kersting* Rn. 2; allgM). Diese ist einerseits weiter als § 22, da sie neben (Bar-) **2**

Einlageverpflichtungen auch sonstige mitgliedschaftliche Pflichten erfasst (→ § 16 Rn. 47), andererseits enger, da sie sich nur auf Beträge bezieht, die bereits im Zeitpunkt der Veräußerung rückständig waren. § 22 erfasst dagegen auch Einlageverpflichtungen, die erst später fällig geworden sind. Soweit sich die Ansprüche überschneiden, soll die Gesellschaft nach bisher hM ein Wahlrecht haben, ob sie nach § 22 oder § 16 Abs. 2 vorgeht. Wählt die Gesellschaft das Vorgehen nach § 16 Abs. 2, soll die Zahlung des Rechtsvorgängers demnach nicht zu einem Anteilserwerb des Zahlenden nach § 22 Abs. 4 führen, da diese Rechtsfolge nur im Rahmen des § 22, aber nicht im Rahmen des § 16 Abs. 2 vorgesehen ist (Lutter/Hommelhoff/*Bayer* Rn. 19; MHLS/*Ebbing* Rn. 101 f.; Scholz/*Emmerich* Rn. 5; MüKoGmbHG/*Schütz* Rn. 12 ff.; so auch noch 4. Aufl. 2018). Überzeugender erscheint indes die Annahme, dass eine Zahlung, die ausreicht, um die beiden konkurrierenden Ansprüche zu befriedigen, auch beide Ansprüche nach § 362 Abs. 1 BGB zum Erlöschen bringt – mit der Folge, dass dann auch der Anteilsübergang nach § 22 Abs. 4 stattfindet (ausf. *Kersting* FS Seibert, 2019, 435 (440 ff., insbesondere 444 f.); Baumbach/Hueck/*Kersting* Rn. 2; für Wahlrecht des Zahlenden dagegen Baumbach/Hueck/*Fastrich*, 21. Aufl. 2017, Rn. 2).

II. Allgemeine Haftungsvoraussetzungen (Abs. 1, Abs. 3)

3 **1. Wirksame Kaduzierung.** Abs. 1 knüpft an den Ausschluss nach § 21 an, setzt mithin eine **wirksame Kaduzierung** voraus. Auf das Durchlaufen des Kaduzierungsverfahrens kann auch nicht verzichtet werden, wenn eine erneute Zahlungsaufforderung iSd § 21 wegen Zahlungsunfähigkeit des säumigen Gesellschafters aussichtslos ist (MHLS/*Ebbing* Rn. 8). Umgekehrt ist die Zahlungsunfähigkeit des Gesellschafters, dessen Anteil kaduziert wurde, keine Voraussetzung für Ansprüche aus § 22 (OLG Dresden 6.7.1998, NZG 1998, 884 (885); Baumbach/Hueck/*Kersting* Rn. 5; übersehen von OLG Köln 23.1.1987, WM 1987, 537 (538) mablAnm *G. H. Roth* EWiR 1987, 689).

4 **2. Nicht erfüllte Einlageverpflichtung.** Die Haftung nach § 22 setzt ferner voraus, dass die Einlageverpflichtung des ausgeschlossenen Gesellschafters noch nicht vollständig erfüllt wurde, und zwar weder von dem Ausgeschlossenen noch von einem Dritten (Wortlaut insoweit missverständlich). Gemeint sind nach dem Wortlaut („Zahlung") wie bei § 21 nur **Bareinlage-** und diesen gleichgestellte Verpflichtungen (hM, Baumbach/Hueck/*Kersting* Rn. 3; → § 21 Rn. 4). Zu den gleichgestellten Verpflichtungen zählen gem. § 28 auch beschränkte Nachschusspflichten, wenn sie Anlass für die Kaduzierung waren (HCL/*Leuschner* Rn. 15). Erfasst werden auch Bareinlage- und gleichgestellte Verpflichtungen, die erst nach der Kaduzierung fällig geworden sind (arg. Abs. 3, HCL/*Leuschner* Rn. 11; MüKoGmbHG/*Schütz* Rn. 18). Für sonstige Mitgliedschaftspflichten kann der Rechtsvorgänger nur nach § 16 Abs. 2 haftbar sein.

5 An ein **rechtskräftiges Urteil,** das gegen den später ausgeschlossenen Gesellschafter erstritten wurde und dessen Zahlungspflicht feststellt, ist der Rechtsvorgänger nicht gebunden. Er kann daher geltend machen, dass der angeblich säumige Gesellschafter in Wahrheit seine Einlage doch eingezahlt hat (HCL/*Leuschner* Rn. 36; zur Parallelfrage iRd § 24 BGH 8.11.2004, NZG 2005, 180; OLG Hamm 26.1.2011, GmbHR 2011, 588 (589)). Zur Beweislast → Rn. 23.

6 **3. Rechtsvorgänger.** Zum Kreis der möglichen Haftungsadressaten zählen nach Abs. 1 der letzte und jeder frühere **Rechtsvorgänger** des Ausgeschlossenen, der im Verhältnis zur Gesellschaft als (früherer) Inhaber des kaduzierten Geschäftsanteils gilt. Damit wird auf § 16 Abs. 1 Bezug genommen, der seit dem MoMiG auf die (wirksame, → § 16 Rn. 29 ff.) **Eintragung in die im Handelsregister aufgenommene Gesellschafterliste** abstellt (zu Altfällen → Rn. 9). Ein nicht eingetragener Zwischenerwerber haftet daher grundsätzlich nicht (Baumbach/Hueck/*Kersting* Rn. 4). Etwas anderes muss jedoch entsprechend der ganz hM zum alten Recht (Scholz/*Emmerich* Rn. 6c mwN) für solche Zwischenerwerber gelten, die – wie im Fall der Gesamtrechtsnachfolge (→ § 16 Rn. 20) – ausnahmsweise auch ohne Eintragung Adressat der Mitgliedschaftspflichten sein können. Wenn also der Erbe den geerbten Geschäftsanteil weiterveräußert, ohne sich vorher eintragen zu lassen, ist er nach der hier vertretenen Ansicht Rechtsvorgänger iSd § 22 (Roth/Altmeppen/*Altmeppen* Rn. 4; Scholz/*Emmerich* Rn. 6c; aA Lutter/Hommelhoff/*Bayer* Rn. 4a; GBS GmbHG/*Kuntz* Rn. 6; MüKoGmbHG/*Schütz* Rn. 40 f.; HK-GmbHG/*Saenger* Rn. 4). Hält der von der Kaduzierung betroffene Gesellschafter mehrere Geschäftsanteile und wird nur einer von ihnen kaduziert, fallen nur die Rechtsvorgänger an dem kaduzierten Geschäftsanteil unter § 22, nicht die Rechtsvorgänger an den anderen Geschäftsanteilen (BGH 19.5.2015, GmbHR 2015, 935 Rn. 7; allgM).

7 **Grund und Dauer** der eingetragenen Mitgliedschaft sind **unerheblich** (MHLS/*Ebbing* § 22 Rn. 13 f.). Daher genügt auch eine Beteiligung als Treuhänder (OLG Dresden 6.7.1998, NZG 1998, 852 (853); LG Ulm 23.11.1999, GmbHR 2000, 241; Baumbach/Hueck/*Kersting* Rn. 4) oder eine nur kurzfristige Mitgliedschaft, sofern sie nur in die im Handelsregister aufgenommene Gesellschafterliste eingetragen wurde. Der nach § 21 ausgeschlossene Gesellschafter kann auch selbst Rechtsvorgänger sein, wenn er früher schon einmal in die Gesellschafterliste eingetragen war. Waren mehrere Personen als Mitberechtigte eines Anteils in die Gesellschafterliste eingetragen, haften sie gesamtschuldnerisch (§ 18

Abs. 2). Kein Rechtsvorgänger ist, wer bereits im Gründungsstadium aus der Gesellschaft ausgeschieden ist (näher MHLS/*Ebbing* Rn. 17). **Fehlt es an einem Rechtsvorgänger** wie bei der Kaduzierung von Anteilen eines Gründungsgesellschafters oder eines Erwerbers nach § 23 (→ § 23 Rn. 9 aE), ist die Gesellschaft darauf verwiesen, direkt nach § 23 vorzugehen.

War jemand in der Gesellschafterliste eingetragen, der in Wahrheit den Anteil nie erworben hat **(Scheinrechtsvorgänger)** und deshalb wieder aus der Liste gelöscht worden ist, haftet dieser bei einer späteren Kaduzierung des Anteils nicht nach § 22. Der zu Unrecht Eingetragene gilt gem. § 16 Abs. 1 nur bis zur Löschung seiner Eintragung als Gesellschafter; für den Zeitraum danach gilt seine Eintragung als nie erfolgt (hM, → § 16 Rn. 45). 8

Sofern es um die Gesellschafterstellung **vor Inkrafttreten des MoMiG** am 1.11.2008 geht, ist anstelle der Eintragung weiter auf die seinerzeit maßgebliche Anmeldung bei der Gesellschaft nach § 16 Abs. 1, § 22 Abs. 1 aF abzustellen (MHLS/*Ebbing* Rn. 22; Scholz/*Emmerich* Rn. 6; HCL/*Leuschner* Rn. 32; vgl. auch BGH 18.9.2018, BGHZ 219, 327 = NZG 2018, 1344 Rn. 19 ff. (zu § 24)). 9

4. Haftungszeitraum (Abs. 3). Die Haftung des jeweiligen Rechtsvorgängers beschränkt sich gem. Abs. 3 S. 1 auf (Bar-)Einlagen (→ Rn. 4), die innerhalb einer Frist von **fünf Jahren** eingefordert werden. Es handelt sich um eine haftungsbegründende Voraussetzung, keine Verjährungsfrist (MHLS/*Ebbing* Rn. 49; zur Verjährung → Rn. 16). Mit der Einforderung ist diejenige beim primären Einlageschuldner gemeint, nicht bei dem nach § 22 verantwortlichen Rechtsvorgänger. Eingefordert ist die Einlage grundsätzlich dann, wenn sie auf der Grundlage eines Einforderungsbeschlusses der Gesellschafter nach § 46 Nr. 2 von den Geschäftsführern beim Gesellschafter angefordert wird. Sofern der Beschluss und/oder die Anforderung für die Fälligstellung der Einlage entbehrlich sind (zB bei in der Satzung festgelegten Zahlungsterminen; → § 14 Rn. 10–15), gilt dies aber auch für § 22 Abs. 3 (Baumbach/Hueck/*Kersting* Rn. 9; HCL/*Leuschner* Rn. 17). Im Ergebnis muss somit nur die Fälligkeit der Einlage innerhalb der Fünfjahresfrist eingetreten sein. 10

Die **Frist beginnt** gem. Abs. 3 S. 2 mit dem Tag, ab dem der Rechtsnachfolger im Verhältnis zur Gesellschaft als Inhaber des Geschäftsanteils gilt. Damit wird wiederum auf § 16 Abs. 1 Bezug genommen, sodass die Eintragung in die im Handelsregister aufgenommene Gesellschafterliste maßgeblich ist. Für die Zeit vor Inkrafttreten des MoMiG am 1.11.2008 ist auf § 16 Abs. 1 aF, also auf die Anmeldung bei der Gesellschaft, abzustellen (→ Rn. 9). – Für die Fristberechnung gelten §§ 187 ff. BGB. Der Tag der Aufnahme der Gesellschafterliste im Handelsregister ist gem. § 187 Abs. 2 S. 1 BGB mitzuzählen (MHLS/*Ebbing* Rn. 55; MüKoGmbHG/*Schütz* Rn. 27; aA Lutter/Hommelhoff/*Bayer* Rn. 8: § 187 Abs. 1 BGB). 11

III. Besondere Haftungsvoraussetzungen für frühere Rechtsvorgänger (Abs. 2)

Gemäß Abs. 2 haften die Rechtsvorgänger in umgekehrter Reihenfolge ihres Erwerbs (sog. Staffelregress). Zunächst haftet der unmittelbare Rechtsvorgänger des Ausgeschlossenen; bei ihm bewendet es bei den allgemeinen Haftungsvoraussetzungen nach Abs. 1 und Abs. 3. **Frühere Rechtsvorgänger** haften dagegen nur **subsidiär,** dh nur soweit die rückständige Zahlung von keinem ihrer Rechtsnachfolger (bis hin zum unmittelbaren Rechtsvorgänger des Ausgeschlossenen) zu erlangen ist. Die **Zahlungsunfähigkeit** der Rechtsnachfolger ist grundsätzlich von der Gesellschaft zu beweisen. Diese kann den Beweis in jeder beliebigen Weise erbringen (zB durch den Nachweis, dass erfolglos die Vollstreckung versucht wurde). Stattdessen kann sie aber auch nach Abs. 2 Hs. 2 vorgehen. Danach wird die Zahlungsunfähigkeit eines Rechtsnachfolgers **widerleglich vermutet,** wenn er die Zahlung nicht (oder nicht vollständig) innerhalb eines Monats leistet, nachdem er zur Zahlung aufgefordert und sein unmittelbarer Rechtsvorgänger von dieser Aufforderung benachrichtigt wurde. Ein Formerfordernis besteht weder für die Aufforderung noch für die Benachrichtigung. Maßgeblich für den Fristbeginn ist der Zugang der letzten dieser beiden Erklärungen (Baumbach/Hueck/*Kersting* Rn. 6). Für die Fristberechnung gelten §§ 187 ff. BGB. Der fruchtlose Ablauf der Monatsfrist bindet die Gesellschaft nicht. Sie kann daher weiter gegen den vergeblich Aufgeforderten vorgehen, wenn ihr dies tunlich erscheint (Baumbach/Hueck/*Kersting* Rn. 7). Erweist sich dieser nun doch als zahlungsfähig, muss die Gesellschaft zwischenzeitlich erhaltene Teilzahlungen eines früheren Rechtsvorgängers nach Bereicherungsrecht zurückerstatten, da der frühere Rechtsvorgänger bei Zahlungsfähigkeit des Nachmanns nicht zur Zahlung verpflichtet war und daher ohne Rechtsgrund geleistet hat (Roth/Altmeppen/*Altmeppen* Rn. 17; Scholz/*Emmerich* Rn. 18a; GBS GmbHG/*Kuntz* Rn. 22; HCL/*Leuschner* Rn. 57; aA MHLS/*Ebbing* Rn. 107; MüKoGmbHG/*Schütz* Rn. 79). Hat dagegen umgekehrt der Nachmann nur eine Teilzahlung erbracht und zahlt der frühere Rechtsvorgänger, der von der erfolgten Teilzahlung nichts weiß, nunmehr den gesamten Einlagebetrag, steht dem Nachmann wegen der erbrachten Teilleistung kein Bereicherungsanspruch gegen die GmbH zu, da er die Teilzahlung mit Rechtsgrund geleistet hat (MHLS/*Ebbing* Rn. 104, 106; Gehrlein/Born/Simon/*Kuntz* Rn. 22; aA Lutter/Hommelhoff/*Bayer* Rn. 18). Vielmehr hat der frühere Rechtsvorgänger iHd Überzahlung einen Bereicherungsanspruch (§ 812 Abs. 1 S. 1 Alt. 1 BGB) gegen die GmbH, weil er insoweit wegen der bereits erfolgten 12

Teilzahlung seines Nachfolgers nicht verpflichtet war (MHLS/*Ebbing* Rn. 104; Scholz/*Emmerich* Rn. 12c; GBS GmbHG/*Kuntz* Rn. 22).

13 Die Vermutung des Abs. 2 Hs. 2 gilt auch für die Zahlungsunfähigkeit des frühesten Rechtsvorgängers **(Gründungsgesellschafters),** obwohl eine Benachrichtigung von dessen Vormann naturgemäß ausscheidet. Der Lauf der Monatsfrist wird dann schon mit Zugang der Aufforderung in Gang gesetzt (MHLS/*Ebbing* Rn. 48). In diesem Fall eröffnet der Ablauf der Monatsfrist den Weg zur Verwertung nach § 23.

IV. Umfang der Haftung; Einwendungen und Einreden

14 Der **Umfang der Haftung** aus § 22 beschränkt sich auf den rückständigen Betrag aus der innerhalb der Frist des Abs. 3 eingeforderten Bareinlage oder gleichgestellten Verpflichtung (→ Rn. 4). Nach allgemeinen Regeln können Nebenforderungen hinzutreten, insbesondere Verzugszinsen (§ 288 BGB) wegen verspäteter Erfüllung des Anspruchs aus § 22, aber keine Fälligkeitszinsen nach § 20 (→ § 20 Rn. 2).

15 Neben dem Wegfall der Haftungsvoraussetzungen, zB durch vollständige Tilgung der Einlageschuld, führt auch die wirksame Veräußerung des Anteils nach § 23 zum **Erlöschen der Haftung** aus § 22, da der in Abs. 4 vorgesehene Erwerb des Anteils durch den Rechtsvorgänger nach wirksamer Veräußerung nicht mehr möglich ist (BGH 13.7.1974, BGHZ 42, 89 (92) = NJW 1964, 1954; RG 10.7.1914, RGZ 85, 237 (241); allgM). Dabei ist allerdings zu bedenken, dass die Veräußerung nach § 23 unwirksam ist, wenn nicht zuvor versucht wurde, nach § 22 vorzugehen (→ § 23 Rn. 15).

16 Da es um die Beitreibung der Stammeinlage geht, gilt für die Befreiung von der Haftung **§ 19 Abs. 2** (Baumbach/Hueck/*Kersting* Rn. 8; vgl. auch OLG Köln 23.1.1987, WM 1987, 537 (538)). Die **Verjährung** des Anspruchs aus § 22 richtet sich nach zutr. hM aber nicht nach § 19 Abs. 6 (analog), sondern nach §§ 195, 199 Abs. 1 BGB (Lutter/Hommelhoff/*Bayer* Rn. 9; Scholz/*Emmerich* Rn. 16; HCL/*Leuschner* Rn. 21; MüKoGmbHG/*Schütz* Rn. 30; *Thiessen* ZHR 168 (2004), 503, 522 f.; ebenso die hM im Aktienrecht, LG München I 30.8.2012, ZIP 2012, 2152 (2156); K. Schmidt/Lutter/*Fleischer* § 65 Rn. 25 mwN; aA Baumbach/Hueck/*Kersting* Rn. 9 iVm § 19 Rn. 85). Ebenso wie im Rahmen des § 21 Abs. 3 (→ § 21 Rn. 39) und des § 24 (BGH 18.9.2018, BGHZ 219, 327 = NZG 2018, 1344 Rn. 56 ff., → § 24 Rn. 11a) fehlt es für die analoge Anwendung des § 19 Abs. 6 bereits an einer planwidrigen Regelungslücke. Die dreijährige Verjährungsfrist gem. § 199 Abs. 1 BGB beginnt für den unmittelbaren Rechtsvorgänger mit dem Ende des Jahres, in dem die Gesellschaft den Geschäftsanteil kaduziert hat, weil in diesem Zeitpunkt automatisch der Anspruch aus § 22 entsteht. Für die früheren Rechtsvorgänger beginnt die Verjährungsfrist am Ende des Jahres, in dem die Voraussetzungen nach Abs. 2 eintreten (HCL/*Leuschner* Rn. 21).

V. Erwerb des Geschäftsanteils (Abs. 4)

17 **1. Erwerbsvoraussetzungen.** Nach Abs. 4 erwirbt der Rechtsvorgänger, der den rückständigen Betrag auf die Bareinlage oder gleichgestellte Verpflichtung (→ Rn. 4) zahlt, kraft Gesetzes den kaduzierten Geschäftsanteil. Voraussetzung für den Anteilsübergang ist, dass der Geschäftsanteil **wirksam kaduziert** wurde (andernfalls auch kein gutgläubiger Erwerb, → § 16 Rn. 60; stattdessen Rückabwicklung der Zahlung nach Bereicherungsrecht). Ferner muss der rückständige Betrag in der für Einlageleistungen erforderlichen Weise (→ § 14 Rn. 16 ff.) **vollständig eingezahlt** worden sein. Dies gilt im Interesse der Kapitalaufbringung auch, wenn der Rechtsvorgänger nach Abs. 3 nur für einen Teil des rückständigen Betrags haftet (Baumbach/Hueck/*Kersting* Rn. 10; Scholz/*Emmerich* Rn. 18). Auf die Begleichung etwaiger Nebenforderungen (zB Verzugszinsen) kommt es dagegen nicht an (Baumbach/Hueck/*Kersting* Rn. 10). Teilleistungen bewirken keinen Anteilsübergang nach Abs. 4, führen aber in der jeweiligen Höhe zur Befreiung der früheren Rechtsvorgänger (MHLS/*Ebbing* Rn. 106; → Rn. 12 aE). Der Anteil kann nach Abs. 4 nur auf den **im Zahlungszeitpunkt haftenden Rechtsvorgänger** übergehen. Ein entfernterer (früherer) Rechtsvorgänger kann den Anteil daher nicht zum Nachteil des näher Haftenden erwerben, solange nicht dessen Zahlungsunfähigkeit feststeht oder nach Abs. 2 zu vermuten ist (Baumbach/Hueck/*Kersting* Rn. 10; HCL/*Leuschner* Rn. 59). Hat ein Rechtsvorgänger aufgrund der Vermutung des Abs. 2 gezahlt, ist der Erwerb nach Abs. 4 unwiderruflich, wird also durch eine spätere Widerlegung der Vermutung nicht mehr in Frage gestellt (Roth/Altmeppen/*Altmeppen* Rn. 15).

18 IdR wird die Zahlung durch den gem. § 22 haftenden Rechtsvorgänger selbst geleistet werden. Sie kann aber nach zutreffender Ansicht **gem. § 267 BGB** auch durch Dritte erfolgen, insbesondere auch durch Vormänner des nach § 22 Haftenden. Die Folge ist, dass nicht der Zahlende, sondern der nach § 22 Haftende den Anteil erwirbt. Allerdings darf die in § 22 als zwingend ausgestaltete Regresskette nicht manipuliert werden. Ist in der Regresskette ein Rechtsvorgänger zahlungsunfähig und trifft die Haftung daher nunmehr dessen Vormann, kann dieser daher nicht für den Zahlungsunfähigen zahlen, um den uU belastenden (→ Rn. 20) Anteilsübergang auf sich selbst abzuwehren. Eine Drittzahlung ist

mithin nur zulässig, wenn derjenige, für den gezahlt wird, zahlungsfähig ist (str., wie hier Lutter/Hommelhoff/*Bayer* Rn. 13; zur AG Spindler/Stilz/*Cahn* § 65 Rn. 30 mwN; ohne diese Einschränkung Baumbach/Hueck/*Kersting* Rn. 10; HCL/*Leuschner* Rn. 59; ganz abl. Roth/Altmeppen/*Altmeppen* Rn. 20: § 267 BGB unanwendbar). Zum Teil wird auch noch die Zustimmung des aktuell Haftenden zu der Drittzahlung verlangt (MHLS/*Ebbing* Rn. 84; MüKoGmbHG/*Schütz* Rn. 68; GBS GmbHG/*Kuntz* Rn. 19). Für diese Abweichung von § 267 BGB ist jedoch kein zwingendes Bedürfnis erkennbar.

2. Übergang des Geschäftsanteils. Der Erwerb des Geschäftsanteils nach Abs. 4 erfolgt **kraft Gesetzes.** Ein entgegenstehender Wille des Erwerbers ist unbeachtlich. Daher ist es unerheblich, ob der Erwerber freiwillig zahlt oder seine Zahlungsverpflichtung im Wege der Zwangsvollstreckung durchgesetzt wird. Ebenso unbeachtlich ist der Wille der Gesellschaft; sie muss sogar den Anteilsübergang auf einen Rechtsvorgänger hinnehmen, der zuvor aus wichtigem Grund ausgeschlossen wurde (MHLS/*Ebbing* Rn. 90 mwN; aA *Soufleros,* Ausschließung und Abfindung eines GmbH-Gesellschafters, 1983, 116). Sofern die Voraussetzungen vorliegen, ist aber ein erneuter Ausschluss möglich (einschr. Rowedder/Schmidt-Leithoff/*Pentz* Rn. 34: nur aufgrund neuer Vorfälle). Da es sich nicht um eine rechtsgeschäftliche Übertragung handelt, entfalten Vinkulierungsklauseln iSd § 15 Abs. 5 keine Wirkung (Baumbach/Hueck/*Kersting* Rn. 11; allgM). Aus demselben Grund ist kein gutgläubiger Erwerb nach § 16 Abs. 3 möglich (→ § 16 Rn. 60). Für die Legitimation des Erwerbers gegenüber der Gesellschaft gilt § 16 Abs. 1 (Baumbach/Hueck/*Kersting* Rn. 11). Die Zahlung nach Abs. 4 genügt als Mitteilung und Nachweis iSd § 40 Abs. 1 S. 4, um die Gesellschafterliste zu ändern. 19

Der Anteil geht **mit Wirkung ex nunc** auf den Erwerber über. Satzungsänderungen, die zwischen seinem früheren Ausscheiden und dem Erwerb nach Abs. 4 wirksam geworden sind, muss er gegen sich gelten lassen (allgM). Mit dem Geschäftsanteil erwirbt der Erwerber auch die damit verbundenen Mitgliedschaftsrechte und -pflichten. Insbesondere schuldet er später fällig werdende Bareinlagebeträge (Baumbach/Hueck/*Kersting* Rn. 12). Nebenleistungspflichten iSd § 3 Abs. 2 und Zinsverpflichtungen gem. § 20, die bereits vor dem Anteilsübergang fällig geworden sind, gehen jedoch nicht mit über (Baumbach/Hueck/*Kersting* Rn. 12; HCL/*Leuschner* Rn. 62; MHLS/*Ebbing* Rn. 94; BeckOK GmbHG/*Jaeger* Rn. 31). Für die betreffenden Beträge haftet aber der Ausgeschlossene (→ § 21 Rn. 29). In schuldrechtliche Verpflichtungen (→ § 16 Rn. 17) des Ausgeschlossenen rückt der Erwerber nicht ein. Umgekehrt erwirbt er keine schuldrechtlichen Ansprüche des Ausgeschlossenen und damit auch keine vor Anteilsübergang von der Mitgliedschaft verselbständigten Gläubigerrechte (→ § 14 Rn. 47). Sind vor dem Erwerb nach § 22 Abs. 4 Gewinnverwendungsbeschlüsse gefasst worden, kann der Erwerber daraus keine Rechte herleiten, auch dann nicht, wenn der Verwendungsbeschluss erst nach der Kaduzierung gefasst wurde (→ § 21 Rn. 32). Nicht abschließend geklärt ist dagegen die Rechtslage, wenn nach dem (gem. § 16 Abs. 1 in der Gesellschafterliste registrierten) Erwerb ein Gewinnverwendungsbeschluss gefasst wird, der sich ganz oder teilweise auf einen Zeitraum vor dem Erwerb bezieht. Die Frage wird meist nur zu § 23 diskutiert, stellt sich aber auch iRd § 22 Abs. 4. Zu § 23 wird teilweise vertreten, dass der Erwerber im Geschäftsjahr seines Erwerbs nur zeitanteilig (pro rata temporis) gewinnberechtigt sei (MüKoGmbHG/*Schütz* § 23 Rn. 58; MHLS/*Ebbing* § 23 Rn. 54). Nach der Gegenansicht ist der Erwerber für das Geschäftsjahr des Erwerbs und ggf. auch für vorhergehende Geschäftsjahre, für die noch kein Verwendungsbeschluss gefasst wurde, in vollem Umfang gewinnberechtigt (Rowedder/Schmidt-Leithoff/*Pentz* § 23 Rn. 29). Letzterer Ansicht ist beizutreten. Auch in anderen Fällen des Erwerbs eines bestehenden Geschäftsanteils, sei es von einem anderen Gesellschafter, sei es von der GmbH, ist anerkannt, dass der Erwerber voll gewinnberechtigt ist, sofern der Verwendungsbeschluss erst nach dem Erwerbszeitpunkt gefasst wird (zum Erwerb von einem Gesellschafter → § 29 Rn. 53; Scholz/*Verse* § 29 Rn. 82; zum Erwerb von der GmbH HCL/*Paura* § 33 Rn. 95 mwN). Allerdings ist der Erwerber nach hier vertretener Ansicht für die Zeiträume, in denen der Ausgeschlossene noch Gesellschafter war, diesem nach § 101 Nr. 2 Hs. 2 BGB zum Ausgleich verpflichtet (→ § 21 Rn. 28). Da der Erwerber idR seinerseits wegen der Resteinlagezahlung einen Regressanspruch gegen den ausgeschlossenen Gesellschafter hat (→ Rn. 22a), ist insoweit aber eine Aufrechnung möglich. Für den Zeitraum, in dem die GmbH den Anteil hielt, kann diese dagegen keinen Ausgleich nach § 101 Nr. 2 Hs. 2 BGB verlangen (→ § 29 Rn. 53; Rowedder/Schmidt-Leithoff/*Pentz* § 29 Rn. 21). – **Rechte Dritter** an dem Geschäftsanteil sind mit der Kaduzierung erloschen (→ § 21 Rn. 33) und leben auch nicht wieder auf, wenn sie der Erwerber selbst begründet hatte (Baumbach/Hueck/*Kersting* Rn. 12; MHLS/*Ebbing* Rn. 95). 20

Gerät der Erwerber mit später eingeforderten Bareinlagen in Rückstand, kann gegen ihn ein neues Kaduzierungsverfahren nach § 21 eingeleitet werden. Kommt es erneut zur Kaduzierung **(Zweitkaduzierung),** ist zu bedenken, dass der Erwerber/Zweitkaduzierte den Geschäftsanteil nach Abs. 4 von der Gesellschaft und diese ihn vom Erstkaduzierten erworben hat. Folglich gehören der Erstkaduzierte und alle seine Rechtsvorgänger iRd Zweitkaduzierung zu den Rechtsvorgängern iSd § 22 (heute ganz hM, Lutter/Hommelhoff/*Bayer* Rn. 15; Baumbach/Hueck/*Kersting* Rn. 12; MüKoGmbHG/*Schütz* Rn. 73; HCL/*Leuschner* Rn. 63; ebenso die hM zu § 65 Abs. 1 AktG, MüKoAktG/*Bayer* AktG § 65 Rn. 38 ff. mwN). Nach der Gegenansicht sollen demgegenüber nur diejenigen, die schon im Erstkaduzierungs- 21 verfahren Rechtsvorgänger des Erwerbers/Zweitkaduzierten waren, nach § 22 verantwortlich sein, da der Erwerber nach Abs. 4 wieder an seinen ursprünglichen Platz in der Veräußerungskette einrücke (HK-GmbHG/*Saenger* Rn. 20). Dadurch wird die Regresskette jedoch ohne Not entgegen dem Schutzzweck der Kapitalaufbringung verkürzt (zum Parallelproblem iRd § 23 → § 23 Rn. 9).

22 **3. Pfändung des Erwerbsanspruchs.** Der Anspruch des Rechtsvorgängers, den Geschäftsanteil gegen Zahlung nach Abs. 4 zu erwerben, kann von seinen Gläubigern gem. § 851 ZPO **gepfändet** werden. Das Pfändungspfandrecht setzt sich entsprechend § 1287 BGB an dem nach Abs. 4 erworbenen Geschäftsanteil fort (MHLS/*Ebbing* Rn. 96; Scholz/*Emmerich* Rn. 19b).

VI. Erstattungsansprüche des zahlenden Rechtsvorgängers

22a Besteht ein Vertragsverhältnis zwischen dem zahlenden Rechtsvorgänger und seinem unmittelbaren Nachfolger (sei es der ausgeschlossene Gesellschafter, sei es ein vor dem Zahlenden gem. § 22 haftender Nachmann), wird idR ein **vertraglicher Schadensersatzanspruch** des Zahlenden gegen den Nachfolger bestehen. Ein Kaufvertrag über einen noch nicht voll eingezahlten Geschäftsanteil wird nämlich vorbehaltlich abweichender Abreden regelmäßig so auszulegen sein, dass der Käufer den Verkäufer von der noch offenen Einlageforderung freizustellen hat (Lutter/Hommelhoff/*Bayer* Rn. 17; MüKoAktG/*Bayer* AktG § 65 Rn. 64 mzN; MHLS/*Ebbing* Rn. 111; zurückhaltender – nur im Ausnahmefall – Rowedder/Schmidt-Leithoff/*Pentz* Rn. 24). Der Ersatzanspruch ist in diesem Fall (sofern im Vertrag nicht anders geregelt) auf Erstattung des gezahlten Einlagebetrags gerichtet, allerdings nur Zug um Zug gegen Übertragung des Geschäftsanteils, wenn die Zahlung zum Erwerb nach Abs. 4 geführt hat (Scholz/*Emmerich* Rn. 12a: § 255 BGB analog). Ob auch **gesetzliche Ausgleichsansprüche** des Zahlenden gegen seine Nachmänner in Betracht kommen, ist umstritten, wird aber insbesondere zu der Parallelfrage im Aktienrecht mit Recht überwiegend bejaht. Dort werden mit Unterschieden im Einzelnen Ansprüche aus Geschäftsführung ohne Auftrag, Bereicherungsrecht oder § 426 BGB (analog) befürwortet (KK-AktG/*Drygala* AktG § 65 Rn. 42 f.; Spindler/Stilz/*Cahn* AktG § 65 Rn. 38 ff.; abl. aber Rowedder/Schmidt-Leithoff/*Pentz* Rn. 24; MüKoGmbHG/*Schütz* Rn. 78). Erwogen wird zudem ein Regress analog § 774 Abs. 1 BGB (Lutter/Hommelhoff/*Bayer* Rn. 17). Sofern man nicht schon eine Analogie zu § 426 BGB oder (was näher liegt) § 774 Abs. 1 BGB für möglich hält, muss man in der Tat wenigstens eine Rückgriffskondiktion zuerkennen, da der zahlende Rechtsvorgänger seinen Nachfolger von einer Verbindlichkeit befreit. Dabei macht es im Ergebnis keinen Unterschied, ob man die Rückgriffskondiktion über die Figur des auch-fremden Geschäfts aus §§ 684, 818 BGB oder unmittelbar aus § 812 Abs. 1 S. 1 Alt. 2 BGB ableitet. Ein Anspruch aus §§ 683, 670 BGB muss dagegen wegen des entgegenstehenden Willens des die Zahlung verweigernden Nachmanns ausscheiden.

VII. Prozessuales, Beweislast

23 Für Klagen aus § 22 ist der **Gerichtsstand** der Gesellschaft gem. § 22 ZPO eröffnet. Die Darlegungs- und **Beweislast** hinsichtlich der Haftungsvoraussetzungen trägt nach allgemeinen Regeln grundsätzlich die Gesellschaft. Eine Ausnahme gilt, soweit die Beweislastumkehr nach Abs. 2 Hs. 2 eingreift (→ Rn. 12 f.). Ferner trägt der in Anspruch genommene Rechtsvorgänger die Darlegungs- und Beweislast dafür, dass die Einlageverpflichtung erfüllt wurde (so in Abgrenzung zur abw. Rechtslage iRd § 24 (→ § 24 Rn. 12) OLG Brandenburg 8.6.2005, ZInsO 2005, 1217 (1219); zust. *Bayer/Illhardt* GmbHR 2011, 505 (513); *Naraschewski* EWiR 2005, 729 (730)). In der **Insolvenz** der Gesellschaft wird der Anspruch vom Insolvenzverwalter geltend gemacht, ohne dass es dazu eines Gesellschafterbeschlusses bedarf (OLG Hamburg 16.3.2001, BB 2001, 2182).

VIII. Abdingbarkeit

24 Wegen des Bezugs zur Kapitalaufbringung ist die Regelung **zwingend** (§ 25). Die Satzung kann die Haftung daher nicht abschwächen, wohl aber verschärfen, zB durch eine Verkürzung der Frist des Abs. 2 oder eine Verlängerung der Frist des Abs. 3 (allgM).

Versteigerung des Geschäftsanteils

23 **[1]Ist die Zahlung des rückständigen Betrages von Rechtsvorgängern nicht zu erlangen, so kann die Gesellschaft den Geschäftsanteil im Wege öffentlicher Versteigerung verkaufen lassen. [2]Eine andere Art des Verkaufs ist nur mit Zustimmung des ausgeschlossenen Gesellschafters zulässig.**

Übersicht

I. Allgemeines

Die Vorschrift ermöglicht der Gesellschaft, zum Zwecke der **Aufbringung des Stammkapitals** 1 einen nach § 21 kaduzierten Geschäftsanteil versteigern zu lassen oder anderweitig zu veräußern. Zum Schutz des ausgeschlossenen Gesellschafters, der bei erfolgloser Verwertung für den Ausfall einstehen muss (§ 21 Abs. 3), sieht S. 2 vor, dass die anderweitige Veräußerung nur mit seiner Zustimmung zulässig ist. Die Verwertung nach § 23 ist nachrangig zur Haftung der Rechtsvorgänger aus § 22 und kann daher erst erfolgen, wenn sich diese nicht durchsetzen lässt. Kann auch nach § 23 die ausstehende Stammeinlage nicht aufgebracht werden, haften der Ausgeschlossene (§ 21 Abs. 3) und nach ihm die Mitgesellschafter (§ 24) für den Ausfall. Die Vorschrift ist seit 1892 unverändert; zur Entstehung → § 21 Rn. 1.

II. Veräußerung

1. Voraussetzungen. Voraussetzung für die Verwertung nach § 23 ist, dass der Geschäftsanteil 2 **wirksam kaduziert** wurde (§ 21) und der **rückständige Betrag von den Rechtsvorgängern** (§ 22) des Ausgeschlossenen **nicht zu erlangen** ist (OLG Hamm 12.10.1987, GmbHR 1988, 266; Baumbach/Hueck/*Kersting* Rn. 2; allgM). Andernfalls ist die Veräußerung grundsätzlich unwirksam (→ Rn. 14 f.). Mit dem „rückständigen Betrag" ist die gesamte ausstehende Bareinlage (einschließlich gleichgestellter Verpflichtungen, → § 22 Rn. 4) gemeint, für die die Rechtsvorgänger nach § 22 haften. Den Nachweis, dass der Betrag von den Rechtsvorgängern nicht zu erlangen ist, erleichtert auch iRd § 23 die widerlegliche Vermutung des § 22 Abs. 2 Hs. 2.

2. Pflicht zur Veräußerung. Liegen die genannten Voraussetzungen vor, sind die Geschäftsführer 3 trotz des missverständlichen Wortlauts („kann") im Interesse der Kapitalaufbringung verpflichtet, die Verwertung des Geschäftsanteils zu betreiben (MüKoGmbHG/*Schütz* Rn. 16; HCL/*Leuschner* Rn. 14), sofern dies nicht offensichtlich aussichtslos ist (→ Rn. 10). Allerdings steht es im pflichtgemäßen Ermessen der Geschäftsführer, wann sie den Verkauf nach § 23 vornehmen. Sie müssen daher nicht sofort verkaufen, sondern können einen günstigen Zeitpunkt abwarten (MüKoGmbHG/*Schütz* Rn. 16). Auch die Entscheidung, ob der Geschäftsanteil öffentlich versteigert (S. 1) oder mit Zustimmung des ausgeschlossenen Gesellschafters anderweitig veräußert wird (S. 2), liegt – sofern die Zustimmung erteilt wird – im pflichtgemäßen Ermessen der Geschäftsführer (MHLS/*Ebbing* Rn. 40). Ein Gesellschafterbeschluss ist nicht erforderlich. Wurde er dennoch gefasst, ist er für die Geschäftsführer verbindlich (§ 37 Abs. 1). Sofern allerdings der Beschluss erkennbar nur darauf abzielt, die Inanspruchnahme der Gesellschafter gem. § 24 zu verzögern, dürfen ihn die Geschäftsführer nicht befolgen (MHLS/*Ebbing* Rn. 18). Im Insolvenzverfahren erfolgt der Verkauf durch den Insolvenzverwalter.

Lassen die Geschäftsführer schuldhaft eine günstige Veräußerungsmöglichkeit verstreichen, droht 4 ihnen die **Haftung** gem. § 43 Abs. 2. Werden infolge des Versäumnisses der ausgeschlossene Gesellschafter oder die Mitgesellschafter nach § 21 Abs. 3 bzw. § 24 in Anspruch genommen, sind ihnen die Geschäftsführer analog § 31 Abs. 6 zur Erstattung verpflichtet (→ § 24 Rn. 13).

3. Öffentliche Versteigerung (S. 1). Die Veräußerung findet nach S. 1 idR im Wege der **öffent-** 5 **lichen Versteigerung** (§§ 383 Abs. 3, 156 BGB) statt (eingehend *Polzius* DGVZ 1987, 17 (19 ff.); *Bürger* NotBZ 2011, 8 (10 ff.)). Diese erfolgt auf Antrag und im Namen der Gesellschaft durch den Gerichtsvollzieher (§ 189 Abs. 8 GVGA) oder eine andere **befugte Person** iSd § 383 Abs. 3 BGB (Notar, § 20 Abs. 3 BNotO; öffentlich bestellter Versteigerer, § 34b Abs. 5 GewO). Sie kann an jedem geeigneten Ort stattfinden, nicht nur am Sitz der Gesellschaft (MHLS/*Ebbing* Rn. 26; ganz hM). Zeit und Ort sind vom Versteigerer **öffentlich bekanntzumachen** (§ 383 Abs. 3 S. 2 BGB). Eine gesonderte Benachrichtigung an den ausgeschlossenen und die übrigen Gesellschafter ist sinnvoll, aber nach überwA nicht zwingend erforderlich (MHLS/*Ebbing* Rn. 25; GBS GmbHG/*Kuntz* Rn. 4; aA Lutter/Hommelhoff/*Bayer* Rn. 4: § 384 Abs. 2 BGB, § 65 Abs. 3 S. 4 AktG entspr.). Mit Ausnahme der

Gesellschaft (wegen § 33 Abs. 1; RG 26.3.1920, RGZ 98, 276 (279)) dürfen alle mitbieten, auch der Ausgeschlossene. Zu den Folgen von Verfahrensmängeln → Rn. 16.

6 Mit dem Zuschlag kommt der Kaufvertrag zwischen der Gesellschaft und dem Bieter zustande (§ 156 S. 1 BGB). Der Kaufpreis muss nach hM im Termin sofort in bar bezahlt werden (§ 1238 Abs. 1 BGB entspr.; Baumbach/Hueck/*Kersting* Rn. 4; MüKoGmbHG/*Schütz* Rn. 39 mwN; aA Lutter/Hommelhoff/*Bayer* Rn. 4). Die Übertragung des Geschäftsanteils erfolgt anschließend durch Abtretung gem. §§ 413, 398 BGB (MHLS/*Ebbing* Rn. 28; Scholz/*Emmerich* Rn. 19; aA *Polzius* DGVZ 1987, 17 (22); *Wicke* Rn. 3: Übertragung unmittelbar durch Zuschlag). IdR wird der Versteigerer als bevollmächtigt anzusehen sein, den Geschäftsanteil Zug-um-Zug gegen Zahlung des Kaufpreises zu übertragen, sofern sich die Gesellschaft nicht die Genehmigung des Zuschlags vorbehalten hat (MHLS/*Ebbing* Rn. 28). Die Formvorschriften des **§ 15 Abs. 3, Abs. 4** sind nach ihrer ratio legis **nicht anwendbar,** da die Gefahr eines spekulativen Anteilshandels nicht besteht und durch die Formalia der Versteigerung auch der Beweisfunktion Rechnung getragen ist (allgM, Baumbach/Hueck/*Kersting* Rn. 4; MHLS/*Ebbing* Rn. 30; *Bürger* NotBZ 2011, 8 (13)). Auch **Vinkulierungen** nach § 15 Abs. 5 **wirken nicht** (Baumbach/Hueck/*Kersting* Rn. 4). Die Gesellschaft soll aber nach überwA ein der Vinkulierung ähnliches Ergebnis erreichen können, indem sie den Zuschlag unter Genehmigungsvorbehalt stellt (MHLS/*Ebbing* Rn. 32; Scholz/*Emmerich* Rn. 11; MüKoGmbHG/*Schütz* Rn. 35; aA – nur mit Zustimmung nach S. 2 – HCL/*Leuschner* Rn. 24; ebenso Baumbach/Hueck/*Kersting* Rn. 4, sofern der Genehmigungsvorbehalt nicht nur der Wahrung gesetzlicher (zB wettbewerbsrechtlicher) Vorgaben dient). Für die Legitimation des Erwerbers gegenüber der Gesellschaft gilt § 16 Abs. 1; es bedarf somit einer Eintragung in die im Handelsregister aufgenommene Gesellschafterliste (Baumbach/Hueck/*Kersting* Rn. 4; *Wicke* Rn. 3).

7 **4. Anderweitige Veräußerung (S. 2).** Anstelle der öffentlichen Versteigerung ist nach S. 2 mit Zustimmung des ausgeschlossenen Gesellschafters auch eine andere Art der Veräußerung zulässig, insbesondere ein freihändiger Verkauf oder eine Versteigerung unter Beschränkung des Bieterkreises (zB nur Gesellschafter als Bieter zugelassen). Die erforderliche **Zustimmung** (§§ 182 ff. BGB) des ausgeschlossenen Gesellschafters ist eine formlos gültige, empfangsbedürftige Willenserklärung, die der Gesellschaft gegenüber abzugeben ist. Eine Pflicht zur Erteilung der Zustimmung besteht grundsätzlich nicht; sie kann sich allenfalls in besonderen Ausnahmefällen aus der (nachwirkenden) Treuepflicht ergeben (Scholz/*Emmerich* Rn. 14). Die Zustimmung kann auch nachträglich erteilt werden (§ 184 BGB). Ist eine Versteigerung unter Verstoß gegen die Anforderungen des § 383 Abs. 3 BGB durchgeführt worden, kann die nachträgliche Zustimmung dazu führen, dass eine wirksame Veräußerung nach S. 2 vorliegt (Baumbach/Hueck/*Kersting* Rn. 5; zur Form aber → Rn. 8). Die Zustimmung kann ferner bereits in der Satzung erklärt werden. Die nachträgliche Einführung einer solchen Satzungsbestimmung ist aber gem. § 53 Abs. 3 nur mit allseitiger Zustimmung möglich (Baumbach/Hueck/*Kersting* Rn. 5). Wegen § 25 ist es nach zutreffender Ansicht nicht möglich, die öffentliche Versteigerung in der Satzung ganz auszuschließen und nur eine anderweitige Veräußerung vorzusehen (MHLS/*Ebbing* Rn. 44; Scholz/*Emmerich* Rn. 15; HCL/*Leuschner* Rn. 4; MüKoGmbHG/*Schütz* Rn. 4, 47; aA Baumbach/Hueck/*Kersting* Rn. 5).

8 Die Veräußerung nach S. 2 soll nach hM der **Form des § 15 Abs. 3, Abs. 4** bedürfen (Baumbach/Hueck/*Kersting* Rn. 5; MHLS/*Ebbing* Rn. 47; HCL/*Leuschner* Rn. 28; zweifelnd RG 6.5.1907, JW 1907, 370 (371); Roth/Altmeppen/*Altmeppen* Rn. 11; abl. Bork/Schäfer/*Bartels* Rn. 5). Diese Ansicht widerspricht aber dem Willen des historischen Gesetzgebers (Stenogr. Berichte über die Verhandlungen des Reichstags, VIII/1, 1890/92, Nr. 660, 3738). Sie ist auch nach Sinn und Zweck des Formerfordernisses zweifelhaft, da die Gefahr eines spekulativen Anteilshandels im Kaduzierungsverfahren nicht besteht. Allenfalls die Beweisfunktion, die nach hier vertretener Ansicht allerdings nur § 15 Abs. 3 und nicht Abs. 4 zukommt (→ § 15 Rn. 38, → § 15 Rn. 62), mag man für die hM anführen können. – **Vinkulierungen** nach § 15 Abs. 5 wirken nach zutreffender Ansicht ebenso wenig wie bei öffentlicher Versteigerung, da dies eine gem. § 25 unzulässige Einschränkung des Kaduzierungsverfahrens bedeuten würde (MHLS/*Ebbing* Rn. 48; MüKoGmbHG/*Schütz* Rn. 53). Die Gegenansicht wendet § 15 Abs. 5 an und erblickt im Verkauf des Anteils die Zustimmung der Gesellschaft, nicht aber eine etwa erforderliche Zustimmung der Gesellschafterversammlung (Baumbach/Hueck/*Kersting* Rn. 5 mwN). Für die Legitimation des Erwerbers gegenüber der Gesellschaft bedarf es auch hier der Eintragung in die im Handelsregister aufgenommene Gesellschafterliste (§ 16 Abs. 1).

9 Da die Kaufpreisforderung funktional an die Stelle der Bareinlageforderung tritt, ist **§ 19 Abs. 2 anwendbar** (BGH 13.7.1964, BGHZ 42, 89 (93) = NJW 1964, 1954; Baumbach/Hueck/*Kersting* Rn. 8; allgM). Eine Stundung ist daher nicht möglich (Scholz/*Emmerich* Rn. 18; Gehrlein/Born/Simon/*Kuntz* Rn. 5; HCL/*Leuschner* Rn. 34; MüKoGmbHG/*Schütz* Rn. 54; aA UHL/*W. Müller,* 2. Aufl. 2013, Rn. 35). Gerät der Erwerber mit der Zahlung des Kaufpreises in Rückstand, kann der Anteil **erneut kaduziert** werden (BGH 13.7.1964, BGHZ 42, 89 (93) = NJW 1964, 1954). Gleiches gilt, wenn der Erwerber mit später eingeforderten Bareinlagen in Rückstand gerät (→ Rn. 12). In diesem Fall sind nach vordringender und zutreffender Ansicht der Erstkaduzierte sowie dessen Rechtsvorgänger als Rechtsvorgänger des Erwerbers iSd § 22 anzusehen, da der Erwerber den Anteil von der

Gesellschaft und diese ihn vom Erstkaduzierten erworben hat (Roth/Altmeppen/*Altmeppen* Rn. 17; HCL/*Leuschner* Rn. 36; ebenso zu § 65 Abs. 3 AktG MüKoAktG/*Bayer* AktG § 65 Rn. 39f.; zur Parallelfrage iRd § 22 Abs. 4 auch → § 22 Rn. 21; aA – allerdings noch auf Grundlage der von der heute hM (→ § 21 Rn. 30) aufgegebenen Prämisse, der Geschäftsanteil sei zwischen Kaduzierung und Erwerb nach § 23 rechtsträgerlos – BGH 13.7.1964, BGHZ 42, 89 (92) = NJW 1964, 1954; dem folgend HK-GmbHG/*Saenger* Rn. 11, 16; auch MüKoGmbHG/*Schütz* Rn. 60).

5. Unverkäuflichkeit des Anteils. Entbehrlich sind Veräußerungsversuche, wenn sie **von vornherein aussichtslos** sind, wenn also feststeht, dass sie keinen die Veräußerungskosten übersteigenden Erlös einbringen werden (BGH 18.9.2018, BGHZ 219, 327 = NZG 2018, 1344 Rn. 46; OLG Köln 23.6.1993, NJW-RR 1994, 1192 (1194); OLG Hamm 16.9.1992, NJW-RR 1994, 611; OLG Hamm 26.1.2011, GmbHR 2011, 588 (590); MHLS/*Ebbing* Rn. 69; allgM). In einem Rechtsstreit über die Haftung nach § 21 Abs. 3 oder § 24 liegt die Beweislast für diese Ausnahme bei der Gesellschaft (*Bayer/Illhardt* GmbHR 2011, 505 (513f.)). Allerdings ist bei **Insolvenz** der Gesellschaft nach der Lebenserfahrung von der Aussichtslosigkeit der Verwertung auszugehen (BGH 18.9.2018, BGHZ 219, 327 = NZG 2018, 1344 Rn. 46; OLG Hamm 26.1.2011, GmbHR 2011, 588 (590)). In diesem Fall müsste der Ausfallschuldner also konkrete Tatsachen vortragen, aus denen sich ergibt, dass ein Veräußerungsversuch ausnahmsweise doch aussichtsreich wäre (*Goette* DStR 1993, 1528 (1529)). 10

Ist der Veräußerungsversuch aussichtslos, kann die Gesellschaft ohne den Umweg über § 23 gegen den Ausgeschlossenen (§ 21 Abs. 3) und subsidiär gegen die übrigen Gesellschafter (§ 24) vorgehen. Da keine Veräußerung stattgefunden hat, ist aber auch der Rückgriff auf die Rechtsvorgänger (§ 22) noch nicht abgeschnitten (Roth/Altmeppen/*Altmeppen* Rn. 19; allgM). Sollte sich also einer der Rechtsvorgänger doch noch als zahlungsfähig erweisen, ist dieser vor den nach § 21 Abs. 3, § 24 Haftenden in Anspruch zu nehmen. 11

III. Rechtsfolgen der Veräußerung

1. Rechtsstellung des Erwerbers. Der Erwerber erwirbt den Geschäftsanteil **mit allen Mitgliedschaftsrechten und -pflichten** (→ § 16 Rn. 13ff.). Eine Ausnahme gilt jedoch für die im Zeitpunkt des Erwerbs rückständigen Bareinlagebeträge (→ Rn. 2). Diese Beträge schuldet der Erwerber nicht (RG 19.2.1937, JW 1937, 2284 (2285); Baumbach/Hueck/*Kersting* Rn. 7; HCL/*Leuschner* Rn. 33), da an ihre Stelle der Kaufpreis tritt, und zwar auch, wenn dieser nicht zur Deckung des Rückstands ausreichen sollte. Der Erwerber haftet insoweit auch nicht nach § 24 (ganz hM, RG 19.2.1937, JW 1937, 2284 (2285); Lutter/Hommelhoff/*Bayer* Rn. 8 mwN; aA *Foerster* NZG 2019, 366 (370f.)). Dagegen schuldet er Bareinlagebeträge, die erst später fällig werden (Baumbach/Hueck/*Kersting* Rn. 7). Im Fall der Säumnis ist eine neuerliche Kaduzierung nach §§ 21ff. möglich (→ Rn. 9). Für die **Gewinnberechtigung** des Erwerbers gelten die Ausführungen zu § 22 Abs. 4 entsprechend. Der Erwerber ist somit im Rahmen einer Gewinnverteilung, die nach seinem Eintritt beschlossen wird, nach hier vertretener Ansicht voll gewinnberechtigt, sofern anlässlich des Erwerbs keine abweichende Regelung vereinbart wurde. Soweit es um die Ausschüttung von Gewinnen aus Perioden geht, in denen der durch die Kaduzierung Ausgeschlossene noch Gesellschafter war, kann dieser jedoch einen zeitanteiligen Ausgleich nach § 101 Nr. 2 Hs. 2 BGB beanspruchen (str., → § 22 Rn. 20). **Rechte Dritter** am Geschäftsanteil sind mit der Kaduzierung erloschen (→ § 21 Rn. 33), sodass der Erwerb frei von solchen Belastungen erfolgt. 12

2. Erlös und Ausfallhaftung. Erreicht oder übersteigt der an die Gesellschaft ausgekehrte Nettoerlös (gezahlter Kaufpreis abzüglich Kosten des Verwertungsverfahrens, zB der Gerichtsvollzieherkosten bei öffentlicher Versteigerung) den rückständigen Bareinlagebetrag, so ist dieser damit getilgt (Doppelnatur der Zahlung als Erfüllung von Kaufpreis- und Bareinlageforderung; Scholz/*Emmerich* Rn. 13; MüKoGmbHG/*Schütz* Rn. 40). Ein **Mehrerlös** verbleibt der Gesellschaft und ist wie ein Agio in der Kapitalrücklage gem. § 272 Abs. 2 Nr. 1 HGB auszuweisen. Eine Anrechnung auf später fällig werdende Einlageverpflichtungen des Erwerbers erfolgt nicht (ganz hM, Roth/Altmeppen/*Altmeppen* Rn. 16; Baumbach/Hueck/*Kersting* Rn. 8; MHLS/*Ebbing* Rn. 60; aA *Melber,* Die Kaduzierung in der GmbH, 1993, 184f.; vgl. auch § 68 Abs. 5 S. 1 österr. GmbHG). Allerdings wird aus Billigkeitserwägungen vielfach angenommen, dass der Mehrerlös immerhin auf die Ausfallhaftung des Ausgeschlossenen nach § 21 Abs. 3 für später fällig werdende Einlagebeträge angerechnet werden kann (Roth/Altmeppen/*Altmeppen* Rn. 16; MHLS/*Ebbing* Rn. 61; Scholz/*Emmerich* Rn. 26; HCL/*Leuschner* Rn. 38; MüKoGmbHG/*Schütz* Rn. 69; einschr. Baumbach/Hueck/*Kersting* Rn. 8 (soweit Kapitalrücklage bei späterer Fälligkeit der Ausfallhaftung noch vorhanden); abl. Rowedder/Schmidt-Leithoff/*Pentz* Rn. 32). Bleibt der Nettoerlös hinter dem rückständigen Betrag zurück **(Mindererlös)** oder konnte die Veräußerung wegen Aussichtslosigkeit unterbleiben (→ Rn. 10), haften der Ausgeschlossene gem. § 21 Abs. 3 und nach ihm die Mitgesellschafter gem. § 24 für den Ausfall (nicht aber der Erwerber, → Rn. 12). Eine Ausfallhaftung der Rechtsvorgänger des Ausgeschlossenen scheidet dagegen nach wirksamer Anteilsübertragung an den Erwerber aus (→ § 22 Rn. 15). 13

14 **3. Fehlerhafte Veräußerung.** War die **Kaduzierung unwirksam,** verfügt die Gesellschaft als Nichtberechtigte. Die Abtretung ist daher grundsätzlich unwirksam; durch Nachholung der Kaduzierung tritt aber Heilung gem. § 185 Abs. 2 BGB ein (hM, Baumbach/Hueck/*Kersting* Rn. 10; HK-GmbHG/*Saenger* Rn. 17; aA Lutter/Hommelhoff/*Bayer* Rn. 10). Da es sich um einen rechtsgeschäftlichen Erwerb handelt, kommt ein gutgläubiger Erwerb nach § 16 Abs. 3 in Betracht, falls die Gesellschaft als Inhaberin des Geschäftsanteils in die im Handelsregister aufgenommene Gesellschafterliste eingetragen war (Lutter/Hommelhoff/*Bayer* Rn. 10; Baumbach/Hueck/*Kersting* Rn. 10; Scholz/*Seibt* § 16 Rn. 66 aE; MüKoGmbHG/*Schütz* Rn. 10, 85). Der unwirksam Ausgeschlossene kann sich durch Zuordnung eines Widerspruchs schützen (§ 16 Abs. 3 S. 3–5).

15 Wenn **kein ordnungsgemäßer Regress** nach § 22 stattgefunden hat, ist die Abtretung unwirksam, da der Gesellschaft die Verfügungsbefugnis fehlt (OLG Hamm 12.10.1987, GmbHR 1988, 266; heute ganz hM). Daran ändert sich nach überwiegender und mit Blick auf das mögliche Erwerbsinteresse des Vormanns (§ 22 Abs. 4) zutr. Ansicht auch nichts, wenn der erzielte Veräußerungserlös den rückständigen Betrag vollständig einbringt (HCL/*Leuschner* Rn. 42; Rowedder/Schmidt-Leithoff/*Pentz* Rn. 39 mwN; aA Roth/Altmeppen/*Altmeppen* Rn. 4). Ein Gutglaubensschutz besteht insoweit nicht, da § 16 Abs. 3 zwar über die fehlende Rechtsinhaberschaft, aber nicht generell über Verfügungsbeschränkungen hinweghilft (→ § 16 Rn. 63 ff.; zust. HCL/*Leuschner* Rn. 42 aE; aA Baumbach/Hueck/*Kersting* Rn. 10; MüKoGmbHG/*Schütz* Rn. 12). Zu beachten ist aber, dass der Rückgriff nach § 22 unterbleiben kann, wenn er von vornherein aussichtslos ist, insbesondere wenn die Zahlungsunfähigkeit der Rechtsvorgänger feststeht oder gem. § 22 Abs. 2 Hs. 2 vermutet wird und diese Vermutung nicht bis zur Veräußerung nach § 23 widerlegt worden ist (Rowedder/Schmidt-Leithoff/*Pentz* Rn. 40).

16 Genügt die öffentliche Versteigerung nicht den Anforderungen des § 383 Abs. 3 BGB (zB Versteigerung durch unbefugte Person, fehlende Bekanntmachung), liegt eine – nach hM formbedürftige (→ Rn. 8) – Veräußerung nach S. 2 vor (MHLS/*Ebbing* Rn. 89; einschr. Lutter/Hommelhoff/*Bayer* Rn. 11). **Ohne Zustimmung des ausgeschlossenen Gesellschafters** nach S. 2 ist die Abtretung (schwebend) unwirksam, Gutglaubensschutz nach § 16 Abs. 3 besteht nicht (Baumbach/Hueck/*Kersting* Rn. 11). – Unberührt von der Unwirksamkeit der Abtretung bleibt die **Haftung der Gesellschaft** gegenüber dem Erwerber aus dem Kaufvertrag (Baumbach/Hueck/*Kersting* Rn. 12).

IV. Abdingbarkeit

17 Die Vorschrift ist gem. § 25 **zwingend.** Daher kann die Satzung die Verwertung nur erleichtern, nicht aber erschweren, insbesondere nicht die öffentliche Versteigerung ausschließen (→ Rn. 7).

Aufbringung von Fehlbeträgen

24 **[1]Soweit eine Stammeinlage weder von den Zahlungspflichtigen eingezogen, noch durch Verkauf des Geschäftsanteils gedeckt werden kann, haben die übrigen Gesellschafter den Fehlbetrag nach Verhältnis ihrer Geschäftsanteile aufzubringen. [2]Beiträge, welche von einzelnen Gesellschaftern nicht zu erlangen sind, werden nach dem bezeichneten Verhältnis auf die übrigen verteilt.**

Übersicht

I. Allgemeines

1 Im Interesse der **Aufbringung des Stammkapitals** statuiert § 24 eine subsidiäre Ausfallhaftung der Gesellschafter für Einlagebeträge, die nach §§ 21–23 uneinbringlich sind. Im Extremfall bedeutet dies, dass ein uU nur geringfügig beteiligter Gesellschafter das gesamte rückständige Stammkapital der Gesell-

schaft aufbringen muss, wenn er der einzige solvente Gesellschafter ist. Die Regelung enthält eine Besonderheit der GmbH, die anders als die §§ 21–23 im Aktienrecht keine Entsprechung findet. Sie ist Ausdruck des personenbezogenen Charakters der GmbH und soll einen Ausgleich für die im Vergleich zur AG geringeren Gründungssicherungen schaffen (Stenogr. Berichte über die Verhandlungen des Reichstags, VIII/1, 1890/92, Nr. 660, 3730). Die Vorschrift ist seit 1892 unverändert. Eine Parallelvorschrift für die Kapitalerhaltung findet sich in § 31 Abs. 3.

§ 24 sieht sich erheblicher **rechtspolitischer Kritik** ausgesetzt, namentlich wegen des Regelungsgefälles zur Einpersonengesellschaft (krit. insbesondere *Bayer/Scholz* GmbHR 2016, 89 (97 ff.); zurückhaltender *Lieder* ZGR 2016, 760 (775 ff.)). In der Tat ist nicht zu übersehen, dass der Kapitalaufbringungsschutz von Ein- und Mehrpersonengesellschaften nunmehr in unstimmiger Weise divergiert, seitdem das MoMiG § 7 Abs. 2 S. 3 aF, § 19 Abs. 4 aF aufgehoben hat, die in der Einpersonengesellschaft anstelle der Ausfallhaftung der Mitgesellschafter eine Pflicht zur Sicherheitsleistung des Alleingesellschafters vorsahen. 1a

II. Haftungsvoraussetzungen und -adressaten

1. Rückständige Bareinlage oder gleichgestellte Verpflichtung. Die Ausfallhaftung erstreckt sich auf rückständige **Bareinlagen und gleichgestellte Verpflichtungen** iSd §§ 21–23 (insbesondere Vorbelastungs- und Differenzhaftung; → § 21 Rn. 4 f.). Anders als bei §§ 21–23 werden allerdings beschränkte Nachschusspflichten nicht erfasst (vgl. § 28 Abs. 1). Die Ausfallhaftung bezieht sich auch auf Einlagebeträge, die erst nach der Kaduzierung, aber vor Veräußerung nach § 23 fällig geworden sind (Baumbach/Hueck/*Kersting* Rn. 2). An ein **rechtskräftiges Urteil,** das gegen den später ausgeschlossenen Gesellschafter erstritten wurde und dessen Zahlungspflicht feststellt, ist der nach § 24 in Anspruch genommene Mitgesellschafter nicht gebunden (BGH 8.11.2004, NZG 2005, 180; OLG Hamm 26.1.2011, GmbHR 2011, 588 (589); → § 22 Rn. 5). 2

2. Ausfall, Subsidiarität zu §§ 21–23. Die subsidiäre Ausfallhaftung nach § 24 greift nur ein, wenn die rückständige (Bar-)Einlage nach §§ 21–23 uneinbringlich ist. Dies bedeutet erstens, dass der Geschäftsanteil des primären Einlageschuldners **gem. § 21 wirksam kaduziert** worden sein muss (RG 11.6.1915, RGZ 86, 419 (420); allgM). Zweitens muss die Gesellschaft erfolglos versucht haben, den rückständigen Betrag vollständig von den **Rechtsvorgängern gem. § 22** zu erlangen. Auf den Versuch kann verzichtet werden, wenn er von vornherein aussichtslos ist, insbesondere wenn die Zahlungsunfähigkeit der Rechtsvorgänger feststeht oder gem. § 22 Abs. 2 Hs. 2 vermutet wird und diese Vermutung nicht bis zur Veräußerung nach § 23 widerlegt worden ist (→ § 23 Rn. 15). Drittens darf auch die **Verwertung nach § 23** nicht zur vollständigen Deckung des Rückstands geführt haben; dem steht es gleich, wenn die Verwertung wegen Aussichtslosigkeit (→ § 23 Rn. 10) unterbleiben konnte. 3

Viertens und letztens muss auch die **Inanspruchnahme des ausgeschlossenen Gesellschafters nach § 21 Abs. 3** erfolg- oder aussichtslos gewesen sein. Die Vermutung des § 22 Abs. 2 Hs. 2 gilt hierfür nicht (Baumbach/Hueck/*Kersting* Rn. 3). Im Regelfall ist daher ein erfolgloser Zwangsvollstreckungsversuch erforderlich. Hiervon kann allerdings abgesehen werden, wenn eine Inanspruchnahme des Ausgeschlossenen nach den Umständen von vornherein offensichtlich aussichtslos ist, etwa weil er die eidesstattliche Versicherung abgegeben hat oder insolvent ist (BGH 18.9.2018, BGHZ 219, 327 = NZG 2018, 1344 Rn. 48). Nicht erforderlich sind auch Beitreibungsmaßnahmen, die nach den konkreten Umständen im Hinblick auf den Zweck des Kaduzierungsverfahrens, eine effektive und zügige Kapitalaufbringung der Gesellschaft sicherzustellen, nicht mehr zumutbar sind (BGH 18.9.2018, BGHZ 219, 327 = NZG 2018, 1344 Rn. 49). In einem solchen Fall haben die Interessen der nach § 24 haftenden Gesellschafter zurückzutreten, zumal sie ihrerseits bei dem Ausgeschlossenen Regress nehmen können (→ Rn. 13). Dies kann etwa der Fall sein, wenn die Beitreibung bei dem ausgeschlossenen Gesellschafter zwar nicht völlig aussichtslos, er aber zahlungsunfähig iSv § 17 Abs. 2 S. 1 InsO ist und die Beitreibung wegen seines geringen pfändbaren Einkommens nur in geringen Raten über einen unverhältnismäßig langen Zeitraum möglich wäre (BGH 18.9.2018, BGHZ 219, 327 = NZG 2018, 1344 Rn. 49 unter Bezugnahme auf OLG Köln 19.8.2004, BeckRS 2008, 12778; MHLS/*Ebbing* Rn. 18; MüKoGmbHG/*Schütz* Rn. 22). Ebenso wenig ist die Gesellschaft gehalten, wegen anfechtbarer Rechtshandlungen des ausgeschlossenen Gesellschafters im Ausland einen Anfechtungsprozess gegen Dritte zu führen und dort ggf. aus einem obsiegenden Urteil mit unsicherer Aussicht auf Erfolg zu vollstrecken (BGH 18.9.2018, BGHZ 219, 327 = NZG 2018, 1344 Rn. 49; OLG Hamm 16.9.1992, NJW-RR 1994, 611 (612) mAnm *Goette* DStR 1993, 1528 (1529); Scholz/*Emmerich* Rn. 7). Allerdings ist nicht jede Auslandsvollstreckung von vornherein als unzumutbar anzusehen; vielmehr bedarf es einer Abwägung anhand der Umstände des Einzelfalls, bei der insbesondere die Dauer und die Kosten der Auslandsvollstreckung zu berücksichtigen und im Verhältnis zur Höhe der Forderung und der Aussicht, hiervon noch einen nennenswerten Teil beizutreiben, zu bewerten sind (BGH 18.9.2018, BGHZ 219, 327 = NZG 2018, 1344 Rn. 53). 3a

4 **3. Haftungsadressaten.** Die Ausfallhaftung nach § 24 richtet sich gegen die **„übrigen Gesellschafter"**, dh grundsätzlich (zu Ausnahmen → Rn. 5) gegen alle Mitgesellschafter des ausgeschlossenen Gesellschafters. Als Mitgesellschafter gelten gem. § 16 Abs. 1 grundsätzlich nur die in die Gesellschafterliste aufgenommenen Personen (ganz hM, Lutter/Hommelhoff/*Bayer* Rn. 9; Baumbach/Hueck/*Kersting* Rn. 4; vgl. auch BGH 18.9.2018, BGHZ 219, 327 = NZG 2018, 1344 Rn. 19 ff. (zu § 16 Abs. 1 aF); zu Ausnahmen bei Gesamtrechtsnachfolge → § 16 Rn. 20; aA – auch nicht eingetragene Gesellschafter – *Foerster* NZG 2019, 366 (371 f.), dagegen → § 16 Rn. 11a). Für Zeiträume vor dem 1.11.2008 kommt es auf die Anmeldung bei der Gesellschaft nach § 16 Abs. 1 aF an (BGH 18.9.2018, BGHZ 219, 327 = NZG 2018, 1344 Rn. 19 ff.; → § 22 Rn. 9). Ob der Erwerb der Gesellschafterstellung freiwillig oder unfreiwillig (wie im Fall des § 22 Abs. 4) erfolgt ist, ist unerheblich (Scholz/*Emmerich* Rn. 12; DNotI-Report 2012, 28 (29)). Für die Auslösung der Haftung genügt es nach zutreffender hM, dass die Gesellschaftereigenschaft **bei Eintritt der Fälligkeit der Einlageforderung** (→ § 14 Rn. 9 ff.), deretwegen die Kaduzierung betrieben wurde, vorlag, da die Ausfallhaftung nach § 24 bereits in diesem Zeitpunkt aufschiebend bedingt entsteht und andernfalls die Gefahr drohen würde, dass sich Gesellschafter der Haftung durch Veräußerung ihres Anteils entziehen (BGH 13.5.1996, BGHZ 132, 390 (393 f.) = NJW 1996, 2306 (2307); BGH 19.5.2015, GmbHR 2015, 935 Rn. 9, 17; BGH 18.9.2018, BGHZ 219, 327 = NZG 2018, 1344 Rn. 14; Lutter/Hommelhoff/*Bayer* Rn. 9; Baumbach/Hueck/*Kersting* Rn. 6; HCL/*Leuschner* Rn. 26; *Bayer/Scholz* NZG 2015, 1089 (1092 ff.); *Lieder* ZGR 2016, 760 (765 ff.); aA – Eintritt der Voraussetzungen des § 24 entscheidend – MHLS/*Ebbing* Rn. 30 f.; *Foerster* NZG 2019, 366 (369 f.)). Folgt man der hM, ist es nur konsequent, dass die Haftung aus § 24 neben denjenigen, die bei Eintritt der Fälligkeit der Einlageforderung gem. § 16 Abs. 1 als Gesellschafter galten, nach § 16 Abs. 1, Abs. 2 auch deren **Rechtsnachfolger** trifft; eben dies hat der BGH in einer neueren Entscheidung mit Recht anerkannt (BGH 18.9.2018, BGHZ 219, 327 = NZG 2018, 1344 Rn. 15; zust. HCL/*Leuschner* Rn. 26; zuvor bereits *Lieder* ZGR 2016, 760 (767) mwN). Gleiches muss konsequenterweise auch für bloße **„Zwischenerwerber"** gelten, also Personen, die erst nach Fälligkeitseintritt der fraglichen Einlageschuld Gesellschafter wurden und vor Eintritt der Voraussetzungen des § 24 wieder ausgeschieden sind (so denn auch BGH 18.9.2018, BGHZ 219, 327 = NZG 2018, 1344 Rn. 32 f. im Anschluss an → 3. Aufl. 2016; *Bayer/Scholz* NZG 2015, 1089 (1096 f.); *Bayer/Scholz* GmbHR 2016, 89 (92); *Lieder* ZGR 2016, 760 (769); abw. noch OLG Celle 27.7.1994, NJW-RR 1995, 1065 und die früher hL, etwa Baumbach/Hueck/*Fastrich,* 21. Aufl. 2017, Rn. 6).

4a Ehemalige Gesellschafter, die bei Eintritt der Fälligkeit der betreffenden Einlageforderung bereits aus der im Handelsregister aufgenommenen Gesellschafterliste ausgetragen waren, sind dagegen nach allgM **nicht Adressat der Ausfallhaftung** nach § 24. Sofern sie Inhaber des kaduzierten Geschäftsanteils waren, unterliegen sie aber schon der vorrangigen Haftung nach § 22. Sofern sie Inhaber eines anderen als des kaduzierten Geschäftsanteils waren, haften sie dagegen weder nach § 22 (diese Vorschrift erfasst nur Rechtsvorgänger bzgl. des kaduzierten Anteils) noch nach § 24. Dies gilt auch dann, wenn sie den Anteil gerade an denjenigen Mitgesellschafter veräußert haben, der später mit seinem anderen Anteil kaduziert wurde (BGH 19.5.2015, GmbHR 2015, 935 Rn. 15 ff.; zust. Scholz/*Emmerich* Rn. 15a; *Bayer/Scholz* NZG 2015, 1089 (1095); *Lieder* ZGR 2016, 760 (769 ff.); aA OLG Köln 23.6.1993, NJW-RR 1994, 1192 (1195)). Etwas anderes kann allenfalls dann in Betracht kommen, wenn die Veräußerung in rechtsmissbräuchlicher Weise gerade darauf angelegt war, den Veräußerer einer erwarteten Ausfallhaftung zu entziehen (offen gelassen von BGH 19.5.2015, GmbHR 2015, 935 Rn. 20; weiterführend *Bayer/Scholz* NZG 2015, 1089 (1095 ff.); *Lieder* ZGR 2016, 760 (772 ff.)).

5 **Kein Haftungsadressat** des § 24 ist ferner der **Ausgeschlossene** in seiner Eigenschaft als (früherer) Inhaber des kaduzierten Geschäftsanteils; er haftet bereits nach § 21 Abs. 3. Hält der Ausgeschlossene allerdings noch einen weiteren, nicht kaduzierten Anteil, trifft ihn zusätzlich zu der Haftung aus § 21 Abs. 3 auch diejenige aus § 24 (BGH 19.5.2015, GmbHR 2015, 935 Rn. 13; MHLS/*Ebbing* Rn. 36; MüKoGmbHG/*Schütz* Rn. 36). Da die Haftung nach § 21 Abs. 3 vorrangig ist, wird es aber idR auf die zusätzliche Verpflichtung nach § 24 nicht ankommen (MHLS/*Ebbing* Rn. 36). Anders liegt es jedoch, wenn der Ausgeschlossene nach Eintritt der Fälligkeit der Einlageforderung, auf die sich die Ausfallhaftung nach § 24 bezieht, den anderen, nicht kaduzierten Anteil auf einen Dritten überträgt. Dann rückt dieser nach § 16 Abs. 2 mit in die Ausfallhaftung ein (→ Rn. 4). Kein Haftungsadressat ist ferner der **Erwerber nach § 23** in seiner Eigenschaft als Inhaber des kaduzierten Anteils (allgM, → § 23 Rn. 12). Soweit er allerdings noch andere Anteile hält, greift § 24 wieder ein. Auch die **Gesellschaft** scheidet nach Sinn und Zweck als Haftungsschuldnerin aus, selbst wenn sie eigene Anteile hält (Scholz/*Emmerich* Rn. 14; heute allgM). Keine Haftung trifft ferner den Gesellschafter der Vorgesellschaft, der noch vor Eintragung der Gesellschaft ausgeschieden ist (Baumbach/Hueck/*Kersting* Rn. 4). Nach zutreffender, aber vom BGH jedenfalls bisher nicht geteilter Ansicht kann auch ein **Treugeber,** der selbst weder als Gesellschafter eingetragen ist noch war, nicht nach § 24 belangt werden (MHLS/*Ebbing* Rn. 45; grundsätzlich auch MüKoGmbHG/*Schütz* Rn. 50; HCL/*Leuschner* Rn. 29; *Lieder/Jena* DZWiR 2019, 401 (407) (jew. mit Vorbehalt für Missbrauchsfälle); aA BGH 13.4.1992, BGHZ 118, 107 (111 ff.) = NJW 1992, 2023 (2024 f.); BGH 14.12.1959, BGHZ 31, 258 (266 f.) = NJW 1960, 285 (286 f.); Rowedder/Schmidt-Leithoff/*Pentz* Rn. 18; mittels Konstruktion eines Vertrags mit Schutz-

wirkung auch *Köhl* GmbHR 1998, 119 (125)). Für die Gegenansicht des BGH, der § 24 über den Wortlaut hinaus ausdehnen will, besteht kein zwingendes Bedürfnis, da der Treuhänder idR Freistellungsansprüche gegen den Treugeber haben wird und die Gläubiger hierauf zugreifen können.

Bei **Kapitalerhöhungen** haften nach ganz hM alte und neue Gesellschafter ohne Unterschied, da dem Gesetz keine Differenzierung zu entnehmen ist. Altgesellschafter haften demnach auch für Einlagerückstände aus Kapitalerhöhungen, an denen sie sich nicht beteiligt haben (RG 11.7.1918, RGZ 93, 251 (252 f.); LG Mönchengladbach 23.10.1985, NJW-RR 1986, 837 (838); Baumbach/Hueck/*Kersting* Rn. 5; Scholz/*Emmerich* Rn. 16). Umgekehrt haften die Neugesellschafter auch für Rückstände am alten Stammkapital (RG 1.4.1913, RGZ 82, 116 (118 ff.); RG 15.5.1931, RGZ 132, 392 (394 ff.); Scholz/*Emmerich* Rn. 16). Altgesellschafter, die der Kapitalerhöhung widersprochen haben und das ihnen aufgedrängte zusätzliche Haftungsrisiko vermeiden wollen, verweist die hM auf das Austrittsrecht aus wichtigem Grund (→ § 34 Rn. 24), das allerdings nur unverzüglich nach dem Kapitalerhöhungsbeschluss ausgeübt werden kann (LG Mönchengladbach 23.10.1985, NJW-RR 1986, 837 (838); Baumbach/Hueck/*Kersting* Rn. 5; aA Rowedder/Schmidt-Leithoff/*Pentz* Rn. 31: kein Austrittsrecht, aber uU Anfechtung des Kapitalerhöhungsbeschlusses wegen Treuepflichtverletzung). Tragfähig ist diese Lösung indes nur, wenn man entgegen der sonst von der hM angewendeten Regel (→ Rn. 4) davon ausgeht, dass der Austritt die Haftung gem. § 24 auch entfallen lässt, wenn er erst nach Fälligkeit der neuen Stammeinlagen vollzogen wird. Teile des Schrifttums befürworten stattdessen eine Analogie zu § 39 Abs. 5 InsO (§ 32a Abs. 3 S. 2 aF), aus der sich ergeben soll, dass mit max. 10 % beteiligte, nicht geschäftsführende Gesellschafter nicht für die neuen Stammeinlagen haften, wenn sie gegen die Kapitalerhöhung gestimmt und keine neue Stammeinlage übernommen haben (*Gaiser* GmbHR 1999, 210 (213 f.); *Grunewald* FS Lutter, 2000, 413 (418 f.); dagegen aber zu Recht *Bayer* FS Röhricht, 2005, 23 (42 ff.); HCL/*Leuschner* Rn. 34). Bei **Verschmelzungen** auf eine GmbH mit nicht voll eingezahlten Geschäftsanteilen trifft die Ausfallhaftung auch die Anteilseigner der übertragenden Gesellschaft, die im Zuge der Verschmelzung Gesellschafter der aufnehmenden GmbH werden (Roth/Altmeppen/*Altmeppen* Rn. 13; Lutter/Hommelhoff/*Bayer* Rn. 12). Zu ihrem Schutz ordnet § 51 Abs. 1 S. 1 UmwG daher an, dass der Verschmelzungsbeschluss der Übertragerin nur einstimmig gefasst werden kann. Zum umgekehrten Fall (übertragende GmbH hat nicht voll eingezahlte Anteile) s. § 51 Abs. 1 S. 3 UmwG und dazu BeckOGK UmwG/*v. Hinden* § 51 Rn. 27 ff. 6

III. Umfang der Haftung

1. Fehlbetrag. Die Gesellschafter haften für den „Fehlbetrag", dh den rückständigen Betrag, der zur Kaduzierung geführt hat, und ggf. weitere rückständige Einlagebeträge (→ Rn. 2), die nach der Kaduzierung auf den kaduzierten Anteil fällig geworden sind (MHLS/*Ebbing* Rn. 57). Etwaige (Teil-)Leistungen, die der Gesellschaft nach §§ 22, 23, 21 Abs. 3 zugeflossen sind, verringern den Rückstand und damit den Umfang der Ausfallhaftung. 7

Sehr strittig ist die Frage, ob für die Ausfallhaftung ähnlich wie iRd § 31 Abs. 3 eine betragsmäßige Höchstgrenze anzuerkennen ist. Die Frage stellt sich insbesondere bei Einbringung einer Sacheinlage mit negativem Wert (zB eines überschuldeten Unternehmens), die nach hM zu einer entsprechend erhöhten, den Betrag der übernommenen Stammeinlage uU um ein Vielfaches übersteigenden Differenzhaftung des Einlageschuldners führt (→ § 9 Rn. 6). Um die Mitgesellschafter vor dem vom historischen Gesetzgeber in dieser Form nicht erkannten Risiko einer unbegrenzten Ausfallhaftung zu schützen, wird man in diesem Fall die ohnehin schon sehr strenge Haftung gem. § 24 beschränken müssen. Nach zutreffender Ansicht bildet der **Betrag der Stammeinlage** des ausgeschlossenen Gesellschafters die **Obergrenze** der Ausfallhaftung (mit eingehender Begründung *K. Schmidt* BB 1985, 154; *K. Schmidt* FS Raiser, 2005, 311 (317 ff.); zust. Baumbach/Hueck/*Kersting* Rn. 7; Gehrlein/Born/Simon/*Kuntz* Rn. 6; für unbeschränkte Haftung aber *Bayer* FS Röhricht, 2005, 25 (32 f.); *Bayer/Scholz* GmbHR 2016, 89 (93); *Gätsch* BB 1999, 701 (703 f.); *Görner/Kling* GmbHR 2004, 714 (719); HCL/*Leuschner* Rn. 44; *Lieder/Jena* DZWiR 2019, 401 (403); MüKoGmbHG/*Schütz* Rn. 71; für Beschränkung auf den Betrag des Stammkapitals der Gesellschaft die Rspr. zu § 31 Abs. 3, BGH 25.2.2002, BGHZ 150, 61 (65 f.) = NJW 2002, 1803; BGH 22.9.2003, NJW 2003, 3629 (3632), allerdings explizit in Abgrenzung zu § 24). 8

2. Anteilige Haftung. Die Gesellschafter haften **anteilig** nach dem Verhältnis ihrer Geschäftsanteile (Nennbeträge), nicht gesamtschuldnerisch. Bei der Berechnung der Haftungsquote sind der kaduzierte sowie sonstige von der Gesellschaft selbst gehaltene Geschäftsanteile außer Betracht zu lassen (Baumbach/Hueck/*Kersting* Rn. 7). Veräußert ein Gesellschafter seinen Geschäftsanteil, nachdem die Einlageforderung auf den später kaduzierten Anteil des Mitgesellschafters fällig geworden ist, trifft die Ausfallhaftung wie dargelegt sowohl den Veräußerer als auch den Erwerber (→ Rn. 4). Beide haften dann für den auf diesen Geschäftsanteil entfallenden Ausfallhaftungsbetrag **gesamtschuldnerisch** gem. § 16 Abs. 2 (→ Rn. 4). Dies gilt unabhängig davon, ob im Zeitpunkt der Veräußerung neben der Einlageforderung auch schon die Ausfallhaftung nach § 24 selbst fällig war (wie hier implizit BGHZ 219, 327 = 9

NZG 2019, 1344 Rn. 15; deutlich *Lieder* ZGR 2016, 760 (767 f.)); *Lieder/Jena* DZWiR 2019, 401 (404); nunmehr auch Lutter/Hommelhoff/*Bayer* Rn. 10; anders noch Lutter/Hommelhoff/*Bayer*, 19. Aufl. 2016, Rn. 10 und *Bayer/Scholz* GmbHR 2016, 89 (92 f.), die bei Anteilsveräußerung nach Fälligkeit der Einlageschuld, aber vor Fälligkeit der Ausfallhaftung nur eine subsidiäre Haftung des Veräußerers nach dem Erwerber analog § 22 Abs. 2 annehmen wollten).

10 Ist von einem der haftenden Gesellschafter keine Zahlung zu erlangen, erhöht sich nach **S. 2** die Haftungsquote der übrigen, und zwar wiederum nach dem Verhältnis ihrer Geschäftsanteile. Die Vermutung des § 22 Abs. 2 Hs. 2 gilt hierfür nicht (Baumbach/Hueck/*Kersting* Rn. 8), sodass die Beweislast bei der Gesellschaft liegt. Gegen einen Mitgesellschafter, der der Zahlungspflicht aus § 24 nicht nachkommt, kann keine Kaduzierung betrieben werden (→ § 21 Rn. 4). Die Gesellschaft kann aber seinen Anteil pfänden, soweit nicht § 33 entgegensteht.

IV. Durchsetzung

11 **1. Geltendmachung des Anspruchs.** Mit Eintritt der in → Rn. 3 f. genannten Voraussetzungen wird der Anspruch sofort fällig (§ 271 Abs. 1 BGB; BGH 18.9.2018, BGHZ 219, 327 = NZG 2018, 1344 Rn. 67). Die Geltendmachung des Anspruchs obliegt den **Geschäftsführern.** Da die Ausfallhaftung nach § 24 das letzte Mittel zur Aufbringung des Stammkapitals darstellt, **müssen** die Geschäftsführer hiervon Gebrauch machen. Ein Ermessen steht ihnen insoweit nicht zu (MHLS/*Ebbing* Rn. 100; Scholz/*Emmerich* Rn. 20). Ein Gesellschafterbeschluss ist nicht erforderlich; die Gesellschafter können die Geschäftsführer auch nicht dazu anweisen, die Durchsetzung des Anspruchs zu unterlassen. Im Insolvenzverfahren macht der **Insolvenzverwalter** den Anspruch geltend, freilich nur, soweit dies zur Befriedigung der Gläubiger nötig ist (OLG Hamm 15.11.2005, NJOZ 2006, 920 (921)). Gleiches gilt bei Geltendmachung durch den Liquidator (Baumbach/Hueck/*Kersting* Rn. 9). Da der Anspruch der Aufbringung des Stammkapitals dient, findet zu seinem Schutz **§ 19 Abs. 2** entspr. Anwendung (allgM). Der Anspruch ist unter denselben Voraussetzungen wie die Einlageforderung abtretbar und (ver-)pfändbar (→ § 14 Rn. 26 ff.).

11a Umstritten war bisher, ob für die **Verjährung** § 19 Abs. 6 analog oder die Regelverjährung gem. §§ 195, 199 Abs. 1 BGB anzuwenden ist. Der BGH hat die Streitfrage nunmehr zutreffend in letzterem Sinn entschieden (BGH 18.9.2018, BGHZ 219, 327 = NZG 2018, 1344 Rn. 56 ff.; ebenso bereits → 3. Aufl. 2016, Rn. 11; *Thiessen* ZHR 168 (2004), 503 (522 f.); zust. HCL/*Leuschner* Rn. 55; *Lieder/Jena* DZWiR 2019, 401 (408 f.); *Foerster* NZG 2019, 366 (372); abw. die früher hL, etwa Scholz/*Emmerich* Rn. 19). Schon die für eine Analogie erforderliche planwidrige Regelungslücke ist nicht ersichtlich (BGH 18.9.2018, BGHZ 219, 327 = NZG 2018, 1344 Rn. 63; näher bereits → § 21 Rn. 39, → § 22 Rn. 11 zur gleichen Frage iRd § 21 Abs. 3, § 22). Zudem hat der BGH mit Recht darauf verwiesen, dass es an einer hinreichend vergleichbaren Interessenlage fehlt und der Schutzzweck der Kapitalaufbringung es nicht gebietet, an die Zehnjahresfrist für die Beitreibung der Einlageforderung auch noch eine weitere Zehnjahresfrist zur Durchsetzung der Ansprüche aus der Kaduzierung anzuschließen (BGH 18.9.2018, BGHZ 219, 327 = NZG 2018, 1344 Rn. 60 ff.).

12 **2. Prozessuales, Beweislast.** Die Klage kann gem. § 22 ZPO im allgemeinen Gerichtsstand der Gesellschaft erfolgen. Die Darlegungs- und **Beweislast** für das Vorliegen der Haftungsvoraussetzungen (→ Rn. 2 ff.) liegt bei der Gesellschaft bzw. beim Insolvenzverwalter (BGH 13.5.1996, BGHZ 132, 390 (394) = NJW 1996, 2306 (2307); BGH 18.9.2018, BGHZ 219, 327 = NZG 2018, 1344 Rn. 43; HCL/*Leuschner* Rn. 50). Dies gilt auch für den Nachweis der Voraussetzungen einer wirksamen Kaduzierung und damit insbesondere auch für den Nachweis, dass der ausgeschlossene Gesellschafter die Einlage nicht vollständig erbracht hat (BGH 13.5.1996, BGHZ 132, 390 (394) = NJW 1996, 2306 (2307); OLG Köln 29.1.2009, DB 2009, 838; ferner OLG Hamm 26.1.2011, GmbHR 2011, 588 (589); *Bayer/Illhardt* GmbHR 2011, 505 (514); *Pießkalla* ZInsO 2014, 1371 (1373)). Den Nachweis der Zahlungsunfähigkeit der Rechtsvorgänger erleichtert die Vermutung des § 22 Abs. 2 Hs. 2. Ist zwischenzeitlich eine wirksame Veräußerung nach § 23 erfolgt (beachte aber → § 23 Rn. 15), kann die Vermutung nicht mehr nachträglich widerlegt werden (Rowedder/Schmidt-Leithoff/*Pentz* Rn. 13). Auf den Nachweis der Zahlungsunfähigkeit des ausgeschlossenen Gesellschafters (§ 21 Abs. 3) und des Mitgesellschafters im Fall des S. 2 findet die Vermutung des § 22 Abs. 2 Hs. 2 keine entsprechende Anwendung (→ Rn. 3, 10).

13 **3. Rechtsfolgen der Zahlung.** Mit der Zahlung nach § 24 werden die rückständigen Einlagen auf den kaduzierten Geschäftsanteil erbracht. Der oder die zahlenden Gesellschafter erwerben anders als nach § 22 Abs. 4 keine Rechte am Geschäftsanteil; dieser gehört weiter der Gesellschaft (Stenogr. Berichte über die Verhandlungen des Reichstags, VIII/1, 1890/92, Nr. 660, 3742; RG 11.6.1915, RGZ 86, 419 (420); Baumbach/Hueck/*Kersting* Rn. 9, 10). Den Zahlenden steht aber nach allgM ein **Regressanspruch** gegen den ausgeschlossenen Gesellschafter zu; umstritten ist lediglich die dogmatische Begründung des Anspruchs (für § 426 BGB analog Scholz/*Emmerich* Rn. 24; für § 774 Abs. 1 BGB analog GBS GmbHG/*Kuntz* Rn. 17; für Anspruch unmittelbar aus dem Gesellschaftsverhältnis *Ballerstedt,* Kapital, Gewinn und Ausschüttung bei Kapitalgesellschaften, 1949, 182 ff.). Ebenso besteht

im Fall des S. 2 ein Regressanspruch gegen den säumigen Mitgesellschafter (Stenogr. Berichte aaO; HCL/*Leuschner* Rn. 59). Dagegen ist ein Rückgriff auf die Rechtsvorgänger des Kaduzierten und den Erwerber nach § 23 nicht möglich (HCL/*Leuschner* Rn. 60; HK-GmbHG/*Saenger* Rn. 17). Sind die Gesellschafter nach § 24 nur deshalb in Anspruch genommen worden, weil die Geschäftsführer es schuldhaft versäumt haben, die Einlage von den vorrangig Verantwortlichen einzufordern oder eine sich bietende Verwertungsmöglichkeit nach § 23 zu nutzen, sind die Geschäftsführer den Gesellschaftern entsprechend § 31 Abs. 6 direkt verantwortlich (ganz hM, Lutter/Hommelhoff/*Bayer* Rn. 16; Baumbach/Hueck/*Kersting* Rn. 10; HCL/*Leuschner* Rn. 61; MüKoGmbHG/*Schütz* Rn. 93 (einschr. aber MüKoGmbHG/*Schütz* § 23 Rn. 23); aA noch Baumbach/Hueck/*Fastrich,* 21. Aufl. 2017, Rn. 10: nur falls unerlaubte Handlung, insbesondere § 826 BGB).

V. Abdingbarkeit

Die Ausfallhaftung nach § 24 ist **zwingend** (§ 25), Haftungserleichterungen sind daher unwirksam. **14**
Zulässig sind dagegen Haftungsverschärfungen, zB gesamtschuldnerische statt anteilige Haftung oder Ausdehnung auf Nebenleistungs- und Nachschusspflichten (HCL/*Leuschner* Rn. 11).

Zwingende Vorschriften

25 Von den in den §§ 21 bis 24 bezeichneten Rechtsfolgen können die Gesellschafter nicht befreit werden.

Die seit 1892 unveränderte Vorschrift erklärt die §§ 21–24 zum Schutz der Kapitalaufbringung für **1**
zwingend. Haftungserleichterungen sind daher nichtig (MHLS/*Ebbing* Rn. 6). Dagegen steht die Vorschrift nach ihrem Sinn und Zweck Haftungsverschärfungen nicht entgegen (allgM, s. iE die jeweils letzte Rn. in den Erläuterungen zu §§ 21–24). Zur Übertragbarkeit auf Zinsansprüche aus § 20 → § 20 Rn. 9.

Nachschusspflicht

26 (1) **Im Gesellschaftsvertrag kann bestimmt werden, daß die Gesellschafter über die Nennbeträge der Geschäftsanteile hinaus die Einforderung von weiteren Einzahlungen (Nachschüssen) beschließen können.**

(2) **Die Einzahlung der Nachschüsse hat nach Verhältnis der Geschäftsanteile zu erfolgen.**

(3) **Die Nachschußpflicht kann im Gesellschaftsvertrag auf einen bestimmten, nach Verhältnis der Geschäftsanteile festzusetzenden Betrag beschränkt werden.**

Übersicht

I. Allgemeines

Grundsätzlich sind die Gesellschafter nicht verpflichtet, über Stammeinlagen und ggf. Nebenleistungs- **1**
pflichten iSd § 3 Abs. 2 hinaus weitere Einzahlungen (Nachschüsse) zu leisten. Gemäß § 26 Abs. 1 kann die Satzung aber vorsehen, dass die Gesellschafter die Einforderung von Nachschüssen beschließen können. Diese Möglichkeit wird in Abs. 2, 3 sowie §§ 27 f. näher ausgestaltet. Mit dem Instrument der Nachschusspflicht soll der Gesellschaft eine **flexible Anpassung an wechselnde Kapitalbedürfnisse** ermöglicht werden (*Hommelhoff/Kleindiek* FS 100 Jahre GmbHG, 1992, 421 (422 f.); HCL/*Leuschner* Rn. 3, 15). Im Vergleich zur Kapitalerhöhung erleichtert die Nachschusspflicht die Kapitalbeschaffung dadurch, dass die Einforderung der Nachschüsse – wenn die Ermächtigung erst einmal in der Satzung

verankert ist – ohne Satzungsänderung und nur mit einfacher Mehrheit möglich ist (allerdings hat das MoMiG auch Kapitalerhöhungen erleichtert, § 55a). Ferner erhöhen eingezahlte Nachschüsse nicht das Stammkapital und damit nicht die Ausschüttungssperre des § 30, was die Rückzahlung nicht mehr benötigter Nachschüsse erleichtert (s. aber § 30 Abs. 2 S. 2–3, § 46 Nr. 3). Die praktische Bedeutung der §§ 26 ff. ist gleichwohl gering, da andere, noch flexiblere Finanzierungsinstrumente zur Verfügung stehen (insbesondere Gesellschafterdarlehen, → Rn. 4 f.).

2 Die Nachschusspflicht dient unmittelbar nur dem Interesse der Gesellschaft, **nicht dem Gläubigerschutz** (Stenogr. Berichte über die Verhandlungen des Reichstags, VIII/1, 1890/92, Nr. 660, 3730; HCL/*Leuschner* Rn. 14). Daraus erklärt sich, dass § 19 Abs. 2 keine Anwendung findet (Stenogr. Berichte über die Verhandlungen des Reichstags, VIII/1, 1890/92, Nr. 660, 3743; RG 29.11.1925, RGZ 133, 297 (298); Baumbach/Hueck/*Kersting* Rn. 2; bisher allgM; krit. aber Bork/Schäfer/*Bartels* Rn. 9) und dass weder der Insolvenzverwalter noch die Gläubiger den Einforderungsbeschluss nach § 26 Abs. 1 erzwingen können (Stenogr. Berichte über die Verhandlungen des Reichstags, VIII/1, 1890/92, Nr. 660, 3743; Baumbach/Hueck/*Kersting* Rn. 8). – Die §§ 26 ff. sind seit 1892 praktisch unverändert. Das MoMiG hat lediglich eine sprachliche Modernisierung mit sich gebracht (Geschäftsanteile statt Stammeinlagen in § 26 Abs. 1). Anders als das GmbHG kennt das AktG keine Nachschusspflicht; für die Genossenschaft s. aber § 6 Nr. 3 GenG.

II. Begriff und Abgrenzung

3 **Nachschüsse** sind auf Geldleistungen („Einzahlungen") gerichtete Gesellschafterbeiträge mit Eigenkapitalcharakter, die über die Stammeinlagen hinaus zu erbringen sind und bei denen keine Anrechnung auf das Stammkapital erfolgt. Sie verändern nicht die Beteiligungsquoten in der Gesellschaft. Der Eigenkapitalcharakter zeigt sich in der Bilanzierung in der Kapitalrücklage (§ 42 Abs. 2) und darin, dass das Nachschusskapital in der Insolvenz der Gesellschaft nicht wie eine Fremdforderung angemeldet werden kann (HCL/*Leuschner* Rn. 17). Als mitgliedschaftliche Pflicht ist die Nachschusspflicht an den Geschäftsanteil geknüpft und geht mit dessen Übertragung auf den Erwerber über (→ Rn. 19).

4 Abzugrenzen sind Nachschusspflichten von mitgliedschaftlichen **Nebenleistungspflichten iSd § 3 Abs. 2** (→ § 3 Rn. 24 ff.), zu denen auch und insbesondere das (korporative) Agio zählt (→ § 14 Rn. 7 f.). Diese Nebenleistungen können ebenfalls auf zusätzliche Geldleistungen gerichtet sein. Zudem bedürfen sie wie Nachschusspflichten einer – hinreichend bestimmten (BGH 22.10.2007, NZG 2008, 148) – Regelung in der Satzung (andernfalls kommt nur eine schuldrechtliche Nebenleistungspflicht in Betracht). Von Nachschusspflichten unterscheiden sie sich dadurch, dass ihre Einforderung nicht notwendig einen Gesellschafterbeschluss voraussetzt und sie auch auf andere als Geldleistungen gerichtet sein können (Scholz/*Emmerich* Rn. 6a). Zudem unterliegt die Rückzahlung von Nebenleistungen iSd § 3 Abs. 2 nicht den für die Rückzahlung von Nachschüssen geltenden Restriktionen des § 30 Abs. 2 S. 2 und 3 (Scholz/*Verse* § 30 Rn. 138).

5 Zu unterscheiden sind Nachschusspflichten ferner von rein **schuldrechtlichen Zahlungspflichten** der Gesellschafter, die auch außerhalb der Satzung **formfrei** vereinbart werden können (BGH 8.2.1993, NJW-RR 1993, 607 mAnm *Goette* DStR 1993, 613; KG Berlin 20.12.1999, NZG 2000, 688 (689); OLG Hamm 2.2.1977, GmbHR 1978, 271; zur Abgrenzung zu formbedürftigen Schenkungsversprechen iSd § 518 Abs. 1 BGB *Grunewald* FS Hüffer, 2010, 237). Im Gegensatz zu mitgliedschaftlichen Pflichten wie der Nachschusspflicht oder Nebenleistungspflichten iSd § 3 Abs. 2 sind schuldrechtliche Verpflichtungen nicht mit dem Geschäftsanteil verbunden und gehen daher bei einer Anteilsveräußerung nicht automatisch auf den Erwerber über (→ § 14 Rn. 46). Zu der Auslegungsfrage, ob eine Regelung als mitgliedschaftliche oder schuldrechtliche gewollt ist, → § 3 Rn. 34. Unter den Voraussetzungen des § 140 BGB kann eine formnichtige mitgliedschaftliche Nachschuss- oder Nebenleistungspflicht in eine formfreie schuldrechtliche Zahlungspflicht umgedeutet werden (*Bork* EWiR 2000, 631; zurückhaltend aber KG Berlin 20.12.1999, NZG 2000, 688 (689); HK-GmbHG/*Saenger* Rn. 2: „regelmäßig" ausgeschlossen; ganz abl. OLG München 24.1.2000, GmbHR 2000, 981; Baumbach/Hueck/*Kersting* Rn. 7 mwN). Daneben können die Gesellschafter selbstverständlich auch **freiwillige Zuschüsse** in das Eigenkapital leisten oder **Gesellschafterdarlehen** gewähren; auch dabei handelt es sich nicht um Nachschüsse iSd §§ 26–28. Macht ein Gesellschafter geltend, den Zuschuss nur vorübergehend als Darlehen gewährt zu haben, trifft ihn hierfür die Beweislast (Scholz/*Emmerich* Rn. 8).

III. Voraussetzungen

6 **1. Regelung im Gesellschaftsvertrag. a) Aufnahme der Ermächtigung in den Gesellschaftsvertrag.** Die Entstehung der Nachschusspflicht setzt gem. Abs. 1 zwingend eine **Regelung im Gesellschaftsvertrag** voraus, dass die Gesellschafter die Einforderung von Nachschüssen beschließen können. Die Formulierung „die Einforderung von Nachschüssen ist zulässig" genügt (RG 23.2.1909, RGZ 70, 326 (330 f.)). Eine ausdrückliche Bezeichnung als Nachschusspflicht ist nicht notwendig (Baumbach/Hueck/*Kersting* Rn. 3). War die Nachschussregelung nicht in der Gründungssatzung enthalten, kann sie

nachträglich durch Satzungsänderung (§§ 53 f.) nur mit **Zustimmung aller betroffenen Gesellschafter** (§ 53 Abs. 3) eingeführt werden (Stenogr. Berichte über die Verhandlungen des Reichstags, VIII/1, 1890/92, Nr. 660, 3742; KG Berlin 20.12.1999, NZG 2000, 688 (689); zu den Folgen eines Verstoßes → § 53 Rn. 36). Gleiches gilt für Veränderungen der Nachschusspflicht, die zu einer neuen oder größeren Belastung der Gesellschafter führen können. Hierzu zählt ua der Übergang von beschränkter zu unbeschränkter Nachschusspflicht, aber auch der umgekehrte Fall, da bei beschränkter Nachschusspflicht das Preisgaberecht nach § 27 entfällt (HCL/*Leuschner* Rn. 30). Der Zustimmung von Nießbrauchern und Pfandgläubigern am Geschäftsanteil bedarf es nicht; §§ 1071, 1276 BGB finden keine Anwendung (Baumbach/Hueck/*Kersting* § 27 Rn. 10; heute ganz hM).

Wenn die Gesellschafter einstimmig die Einforderung von Nachschüssen beschließen, ohne dass eine 7
Ermächtigung in der Satzung vorliegt und ohne dass die für Satzungsänderungen vorgeschriebene notarielle Form eingehalten ist, wird keine mitgliedschaftliche Nachschusspflicht begründet. Ein solcher Beschluss kann aber uU als Vereinbarung einer formfreien schuldrechtlichen Zahlungspflicht ausgelegt oder in eine solche umgedeutet werden (→ Rn. 5; abw. KG Berlin 20.12.1999, NZG 2000, 688 (689) für den Fall, dass der Gesellschafterbeschluss die Zahlungspflicht explizit als Nachschuss bezeichnet). Nicht anders zu behandeln ist der Fall, dass zwar die notarielle Form eingehalten ist, aber keine Handelsregistereintragung nach § 54 erfolgt ist (aA – wirksame Satzungsdurchbrechung – RG 18.2.1913, RGZ 81, 368 (370 ff.); Baumbach/Hueck/*Kersting* Rn. 8).

b) Unbeschränkte und beschränkte Nachschusspflicht (Abs. 3). Sieht die Satzung keine Ein- 8
schränkungen vor, handelt es sich um den gesetzlichen Regelfall der **unbeschränkten Nachschusspflicht.** Diese wird durch das Preisgaberecht nach § 27 abgemildert. Gemäß Abs. 3 kann die Satzung aber auch eine auf einen bestimmten Betrag **beschränkte Nachschusspflicht** vorsehen. In diesem Fall besteht kein Preisgaberecht. Gerät ein Gesellschafter mit beschränkten Nachschüssen in Rückstand, kann die Gesellschaft das Kaduzierungsverfahren einleiten (§ 28 Abs. 1). Wie sich aus § 27 Abs. 4 ergibt, ist auch eine Kombination aus unbeschränkter und beschränkter Nachschusspflicht zulässig.

Eine beschränkte Nachschusspflicht iSd **Abs. 3** liegt nur vor, wenn die Gesellschafter die maximale 9
Höhe möglicher Nachschüsse von vornherein anhand der Satzungsangaben ermitteln können (Baumbach/Hueck/*Kersting* Rn. 4; Scholz/*Emmerich* Rn. 11). Daran fehlt es, wenn die Satzung nur jährliche Höchstbeträge nennt, die Jahr für Jahr immer wieder ausgeschöpft werden können (HCL/*Leuschner* Rn. 32). Keine Beschränkung iSd Abs. 3 liegt auch vor, wenn die Nachschusspflicht auf die Höhe eines bestimmten Prozentsatzes des ausgeschütteten Gewinns begrenzt wird, da die Höhe der künftig ausgeschütteten Gewinne nicht absehbar ist (Roth/Altmeppen/*Altmeppen* Rn. 16; HCL/*Leuschner* Rn. 32; aA *Esch* NJW 1978, 2529 (2532); MHLS/*Mock* Rn. 48). Von einer unbeschränkten Nachschusspflicht ist auch auszugehen, wenn die Höchstgrenze des Nachschusses so hoch angesetzt wird, dass sie praktisch nie erreicht werden kann (Lutter/Hommelhoff/*Bayer* § 28 Rn. 5; aA MHLS/*Mock* § 28 Rn. 50). Gleiches soll gelten, wenn die Höchstgrenze zum Stammkapital völlig außer Verhältnis steht (MüKoGmbHG/*Schütz* § 27 Rn. 14; aA MHLS/*Mock* § 27 Rn. 6). Dagegen genügt die Begrenzung auf einen bestimmten Prozentsatz des Stammkapitals oder der Stammeinlagen als Beschränkung iSd Abs. 3 (RG 18.2.1913, RGZ 81, 368 (372); Roth/Altmeppen/*Altmeppen* Rn. 16; Scholz/*Emmerich* Rn. 11; einschr. HCL/*Leuschner* Rn. 33). Allerdings ist dann bei Kapitalerhöhungen § 53 Abs. 3 zu beachten, soweit die Gesellschafter – wie bei Kapitalerhöhungen aus Gesellschaftsmitteln – keine Möglichkeit haben, der Anhebung der Nachschusspflicht durch Nichtteilnahme an der Kapitalerhöhung zu entgehen (HCL/*Leuschner* Rn. 34, 52).

c) Gleichmäßigkeit (Abs. 2, 3) und weitere Erfordernisse. Sowohl für die unbeschränkte 10
(Abs. 2) als auch die beschränkte (Abs. 3) Nachschusspflicht sieht das Gesetz die **gleichmäßige,** dh dem Verhältnis der Geschäftsanteile (Nennbeträge) entspr. Inanspruchnahme der Gesellschafter vor. Mit Zustimmung aller benachteiligten Gesellschafter (anlässlich der Gründung oder nach § 53 Abs. 3) kann jedoch ein anderer Verteilungsmaßstab festgelegt werden (HCL/*Leuschner* Rn. 55; heute allgM; abw. noch Stenogr. Berichte über die Verhandlungen des Reichstags, VIII/1, 1890/92, Nr. 660, 3742). Die Satzung kann darüber hinaus weitere Modalitäten der Nachschusspflicht regeln und diese – neben dem Einforderungsbeschluss der Gesellschafter – von **weiteren Voraussetzungen** abhängig machen, zB auf bestimmte Fälle beschränken oder an die Zustimmung weiterer Organe binden (Scholz/*Emmerich* Rn. 10; allgM).

2. Einforderungsbeschluss. a) Zwingendes Erfordernis. Die Pflicht zur Leistung von Nach- 11
schüssen entsteht nicht bereits mit Aufnahme der Nachschussregelung in die Satzung, sondern erst mit dem **Einforderungsbeschluss** der Gesellschafter gem. Abs. 1 (Stenogr. Berichte über die Verhandlungen des Reichstags, VIII/1, 1890/92, Nr. 660, 3742; RG 23.2.1909, RGZ 70, 326 (330)). Vorher besteht somit noch kein Anspruch der Gesellschaft, der übertragen oder gepfändet werden könnte (Baumbach/Hueck/*Kersting* Rn. 8).

Der Einforderungsbeschluss ist zwingend, die Kompetenz der Gesellschafterversammlung kann **nicht** 12
auf andere Organe übertragen werden (RG 23.2.1909, RGZ 70, 326 (330); Baumbach/Hueck/

Kersting Rn. 8; *Goette* DStR 1994, 1129; allgM). Eine abw. Satzungsregelung ist nichtig (§ 134 BGB); die Nichtigkeit erfasst nicht nur die Kompetenzzuweisung an das andere Organ, sondern die gesamte Regelung (RG 23.2.1909, RGZ 70, 326 (328 ff.); Scholz/*Emmerich* Rn. 14a; abw. UHL/*W. Müller* 2. Aufl. 2013 Rn. 41: Nachschusspflicht wirksam, nur Kompetenzverlagerung nichtig). Zu prüfen bleibt aber, ob tatsächlich eine Nachschusspflicht gewollt war oder eine Nebenleistungspflicht iSd § 3 Abs. 2 begründet werden sollte (Scholz/*Emmerich* Rn. 6a, 14a; HCL/*Leuschner* Rn. 41). Zulässig ist es, die Einforderung der Nachschüsse kumulativ von der Zustimmung weiterer Organe abhängig zu machen (→ Rn. 10). Der Einforderungsbeschluss der Gesellschafter ist auch in der **Insolvenz** der Gesellschaft unentbehrlich (BGH 6.6.1994, DStR 1994, 1129 mAnm *Goette*). Gleiches gilt in der Liquidation. Der Beschluss kann vom Insolvenzverwalter oder von Gläubigern nicht erzwungen werden (→ Rn. 2).

13 **b) Verfahren und Voraussetzungen der Beschlussfassung.** Das **Mehrheitserfordernis** für den Beschluss richtet sich nach § 47 Abs. 1 (einfache Stimmenmehrheit), sofern die Satzung keine höhere Mehrheit vorsieht (MüKoGmbHG/*Schütz* Rn. 63). Der Beschluss bedarf keiner besonderen Form. Eine Pflicht der Gesellschafter, dem Beschluss zuzustimmen und dadurch ihre eigene Nachschusspflicht zur Entstehung zu bringen, besteht auch dann nicht, wenn die Überlebensfähigkeit der Gesellschaft gefährdet ist. Eine solche Pflicht lässt sich auch nicht aus der Treuepflicht ableiten (MHLS/*Mock* Rn. 30; MüKoGmbHG/*Schütz* Rn. 61; → § 14 Rn. 106).

14 Aus § 28 Abs. 2 folgt im Umkehrschluss, dass die Einforderung grundsätzlich erst erfolgen darf, wenn die **Stammeinlagen vollständig eingefordert** worden sind (allgM). Gemeint ist damit die Fälligstellung der Einlagen (→ § 14 Rn. 9 ff.). Ob diese bereits vollständig eingezahlt wurden, ist dagegen unerheblich (RG 19.10.1915, RGZ 87, 179 (180 ff.); Baumbach/Hueck/*Kersting* Rn. 8). Die Einforderung der Einlagen und Nachschüsse kann aber gleichzeitig erfolgen (Baumbach/Hueck/*Kersting* Rn. 8). Bei beschränkter Nachschusspflicht kann die Satzung gem. § 28 Abs. 2 eine frühere Einforderung zulassen (→ § 28 Rn. 3).

15 Keine Voraussetzung der Beschlussfassung ist vorbehaltlich abw. Satzungsgestaltung das Vorliegen eines dringenden Finanzbedarfs der Gesellschaft. Die Treuepflicht verbietet es aber, den Beschluss allein zu dem Zweck zu fassen, einen nicht zahlungskräftigen Gesellschafter aus der Gesellschaft hinauszudrängen (HCL/*Leuschner* Rn. 40).

16 **c) Inhalt des Beschlusses.** Der Beschluss muss zumindest die **Gesamtsumme** der eingeforderten Nachschüsse erkennen lassen (MHLS/*Mock* Rn. 28). Lässt der Beschluss die Aufteilung der Summe auf die Gesellschafter offen, bestimmt sich diese nach dem Verhältnis der Geschäftsanteile (Abs. 2) oder dem in der Satzung festgelegten anderen Verteilungsmaßstab. Sieht der Beschluss einen hiervon abweichenden Verteilungsmaßstab vor, ist er mit dem Gleichbehandlungsgrundsatz (→ § 14 Rn. 69 ff.) grundsätzlich unvereinbar, sofern nicht die benachteiligten Gesellschafter zustimmen (Baumbach/Hueck/*Kersting* Rn. 9; GBS GmbHG/*Kuntz* Rn. 9). Hinsichtlich der Rechtsfolgen eines Verstoßes kann auf das zur ungleichmäßigen Einforderung von Einlagen Gesagte verwiesen werden (→ § 19 Rn. 7 f.). Auch hinsichtlich der übrigen Modalitäten der Einforderung (zB Fälligkeitstermin) ist der Gleichbehandlungsgrundsatz zu beachten (→ § 19 Rn. 2, dort auch zur Zahlungsunfähigkeit eines Gesellschafters).

17 **3. Anforderung durch die Geschäftsführer.** Wie der Beschluss über die Einforderung von Einlagen bedarf auch der Einforderungsbeschluss grundsätzlich einer **Ausführung durch die Geschäftsführer.** Diese müssen die Nachschüsse – wie Einlagen (→ § 14 Rn. 10) – durch formlos gültige, empfangsbedürftige Erklärung bei den Gesellschaftern anfordern (Baumbach/Hueck/*Kersting* Rn. 9; allgM). Hält man mit der hM die Anforderung von Einlagen gegenüber Gesellschaftern für entbehrlich, wenn diese bei der Beschlussfassung anwesend waren und im Beschluss alle nötigen Angaben für die Zahlung festgelegt sind (→ § 14 Rn. 11), ist es konsequent, für Nachschüsse ebenso zu entscheiden (abl. Baumbach/Hueck/*Kersting* Rn. 9, der aber auch hinsichtlich der Einlagen von der hM abweicht). Mit Zugang der Anforderung (bei deren Entbehrlichkeit: mit Fassung des Einforderungsbeschlusses) wird die Nachschusspflicht sofort **fällig,** soweit nichts anderes bestimmt wurde (§ 271 Abs. 1 BGB; HCL/*Leuschner* Rn. 59). Auch iRd Anforderung ist auf das Gleichbehandlungsgebot zu achten (zu Folgen von Verstößen → § 19 Rn. 7 f.). – An die Stelle der Geschäftsführer treten in Insolvenz und Liquidation der **Insolvenzverwalter** (§ 80 Abs. 1 InsO) bzw. die **Liquidatoren** (§§ 66, 70). Auch sie können die Nachschüsse nur aufgrund eines Einforderungsbeschlusses der Gesellschafter anfordern (→ Rn. 12).

18 **4. Verpflichtete.** Zum Nachschuss verpflichtet sind die jeweiligen Personen, die im Zeitpunkt der **Fälligkeit** (→ Rn. 17) gem. § 16 Abs. 1 im Verhältnis zur GmbH als Gesellschafter anzusehen waren (Roth/Altmeppen/*Altmeppen* Rn. 13; HCL/*Leuschner* Rn. 49; MüKoGmbHG/*Schütz* Rn. 70; ganz hM; aA – Zeitpunkt der Anspruchsentstehung maßgeblich – Gehrlein/Born/Simon/*Kuntz* Rn. 12). Wird nach Fälligkeit des Nachschusses ein Geschäftsanteil übertragen und der Erwerber in die im Handelsregister aufgenommene Gesellschafterliste eingetragen, haften nach § 16 Abs. 2 Veräußerer und Erwerber gesamtschuldnerisch für den auf den Geschäftsanteil entfallenden Nachschuss (zur Anwendbarkeit des § 16 Abs. 2 → § 16 Rn. 47 iVm → § 16 Rn. 15). Ist der Erwerber des Geschäftsanteils dagegen zwar nach Entstehung des Anspruchs (→ Rn. 11), aber vor dessen Fälligkeit in die Gesell-

schafterliste eingetragen und diese im Handelsregister aufgenommen worden, haftet der Gesellschaft nur der Erwerber, da der Veräußerer nach § 16 Abs. 2 nur für rückständige, dh vor seiner Austragung aus der Gesellschafterliste fällig gewordene mitgliedschaftliche Verpflichtungen verantwortlich ist.

IV. Inhalt und Durchsetzung der Nachschusspflicht

Die Gesellschafter (→ Rn. 18) haften vorbehaltlich abw. Satzungsregelung **anteilig,** nicht gesamt- 19
schuldnerisch, für den eingeforderten Betrag. Für die Verzinsung gilt das Verzugsrecht des BGB, nicht § 20 (→ § 20 Rn. 2). Die Gesellschaft kann anstelle des eingeforderten Geldbetrags eine andere Leistung an Erfüllungs statt annehmen, da § 19 Abs. 2 nicht gilt (→ Rn. 2); allerdings ist der Gleichbehandlungsgrundsatz (→ § 14 Rn. 69 ff.) zu beachten. Hält oder erwirbt die Gesellschaft **eigene Anteile,** ruht die auf diesen Anteilen lastende Nachschusspflicht. Dennoch zählen die eigenen Anteile bei der Aufteilung der Nachschüsse mit, damit die verbliebenen Gesellschafter durch den Erwerb der Anteile seitens der GmbH nicht schlechter gestellt werden (Baumbach/Hueck/*Kersting* Rn. 10; Scholz/*H. P. Westermann* § 33 Rn. 36). Werden die eigenen Anteile weiterveräußert, trifft den Erwerber zumindest dann die Nachschusspflicht, wenn der Einforderungsbeschluss erst nach Eintragung des Erwerbers in die Gesellschafterliste (§ 16 Abs. 1) gefasst wird. Wurde der Beschluss noch vor diesem Zeitpunkt (dh während der Anteilsinhaberschaft der GmbH) gefasst, soll die betreffende Nachschussverpflichtung dagegen durch Konfusion endgültig erloschen sein, selbst wenn noch keine Fälligkeit eingetreten war (HCL/*Leuschner* Rn. 49; MHLS/*Mock* Rn. 38; einschr. MüKoGmbHG/*Schütz* Rn. 72; Baumbach/Hueck/*Kersting* Rn. 10: endgültiges Erlöschen nur, wenn der Nachschuss während der Anteilsinhaberschaft der GmbH nicht nur beschlossen, sondern durch Anforderung der Geschäftsführer auch fällig gestellt wurde).

Der in Anspruch genommene Gesellschafter kann sich im Fall einer unbeschränkten Nachschuss- 20
pflicht mittels Preisgabe der Nachschusspflicht entziehen (§ 27). Im Übrigen kann er, da § 19 Abs. 2 keine Anwendung findet (→ Rn. 2), ggf. **Erlass, Stundung und Aufrechnung** einwenden. Diese Rechtsgeschäfte bedürfen aber (mit Ausnahme der einseitigen Aufrechnung durch den Gesellschafter) der Zustimmung der Gesellschafterversammlung (Rowedder/Schmidt-Leithoff/*Pentz* Rn. 37) und können nur vorgenommen werden, soweit § 30 nicht entgegensteht. In Insolvenz und Liquidation kann der Gesellschafter ferner einwenden, dass die eingeforderten Nachschüsse zur Befriedigung der Gläubiger nicht erforderlich sind (MHLS/*Mock* Rn. 32). Für die **Verjährung** gelten §§ 195, 199 BGB (Baumbach/Hueck/*Kersting* Rn. 11 aE; MüKoGmbHG/*Schütz* Rn. 90 f.).

Der Anspruch kann im Gerichtsstand des § 22 ZPO geltend gemacht werden. Für die Darlegungs- 21
und **Beweislast** gelten keine Besonderheiten. Hinsichtlich der anspruchsbegründenden Tatsachen liegt sie bei der Gesellschaft, hinsichtlich der Tatsachen, die Einwendungen und Einreden begründen, bei dem in Anspruch genommenen Gesellschafter.

V. Abdingbarkeit

Sieht man von dem zwingenden Einforderungsbeschluss ab (→ Rn. 11 f.), sind die Gesellschafter frei, 22
wie sie die Nachschusspflicht in der Satzung ausgestalten. Insbesondere kann die in Abs. 2, 3 vorgesehene Aufteilung nach Verhältnis der Geschäftsanteile abbedungen werden (→ Rn. 10).

Unbeschränkte Nachschusspflicht

27 **(1) [1]Ist die Nachschußpflicht nicht auf einen bestimmten Betrag beschränkt, so hat jeder Gesellschafter, falls er die Stammeinlage vollständig eingezahlt hat, das Recht, sich von der Zahlung des auf den Geschäftsanteil eingeforderten Nachschusses dadurch zu befreien, daß er innerhalb eines Monats nach der Aufforderung zur Einzahlung den Geschäftsanteil der Gesellschaft zur Befriedigung aus demselben zur Verfügung stellt. [2]Ebenso kann die Gesellschaft, wenn der Gesellschafter binnen der angegebenen Frist weder von der bezeichneten Befugnis Gebrauch macht, noch die Einzahlung leistet, demselben mittels eingeschriebenen Briefes erklären, daß sie den Geschäftsanteil als zur Verfügung gestellt betrachte.**

(2) [1]Die Gesellschaft hat den Geschäftsanteil innerhalb eines Monats nach der Erklärung des Gesellschafters oder der Gesellschaft im Wege öffentlicher Versteigerung verkaufen zu lassen. [2]Eine andere Art des Verkaufs ist nur mit Zustimmung des Gesellschafters zulässig. [3]Ein nach Deckung der Verkaufskosten und des rückständigen Nachschusses verbleibender Überschuß gebührt dem Gesellschafter.

(3) [1]Ist die Befriedigung der Gesellschaft durch den Verkauf nicht zu erlangen, so fällt der Geschäftsanteil der Gesellschaft zu. [2]Dieselbe ist befugt, den Anteil für eigene Rechnung zu veräußern.

(4) **Im Gesellschaftsvertrag kann die Anwendung der vorstehenden Bestimmungen auf den Fall beschränkt werden, daß die auf den Geschäftsanteil eingeforderten Nachschüsse einen bestimmten Betrag überschreiten.**

Übersicht

I. Allgemeines

1 Zum **Schutz vor unbeschränkter persönlicher Haftung** gewährt § 27 Abs. 1 S. 1 dem Gesellschafter bei unbeschränkten Nachschusspflichten das Recht, sich von der Zahlung zu befreien, indem er seinen Geschäftsanteil innerhalb einer Monatsfrist nach Zahlungsaufforderung zur Verfügung stellt (**Preisgabe,** Abandon). Umgekehrt kann nach Abs. 1 S. 2 auch die Gesellschaft die Preisgabe des Anteils erreichen, wenn der Gesellschafter innerhalb der Monatsfrist weder selbst die Preisgabe erklärt noch den Nachschuss einzahlt. Damit soll der Gesellschaft die Möglichkeit verschafft werden, sich auf dem kürzesten Wege aus dem Anteil zu befriedigen (Stenogr. Berichte über die Verhandlungen des Reichstags, VIII/1, 1890/92, Nr. 660, 3743). Die Verwertung des preisgegebenen Anteils richtet sich nach Abs. 2, bei Unverwertbarkeit fällt der Anteil der Gesellschaft anheim (Abs. 3). Die (nur partielle) Abdingbarkeit regelt Abs. 4. Von einer redaktionellen Anpassung im Jahr 1898 abgesehen ist die Vorschrift seit Inkrafttreten des GmbHG unverändert.

II. Voraussetzungen der Preisgabe (Abs. 1)

2 **1. Unbeschränkte Nachschusspflicht.** § 27 knüpft an eine – gem. § 26 wirksam in der Satzung verankerte – **unbeschränkte Nachschusspflicht** an (→ § 26 Rn. 8 f.). Der Grundgedanke der Vorschrift, den Gesellschafter vor unabsehbaren Verpflichtungen zu schützen, lässt sich aber auch auf Nebenleistungspflichten iSd § 3 Abs. 2 übertragen, die so gravierend sind, dass sie in der Sache ebenfalls auf eine unbeschränkte Haftung hinauslaufen können. Daher kommt nach hM auch bei diesen eine Preisgabe analog § 27 in Betracht (RG 7.2.1930, RGZ 128, 1 (16 f.); MüKoGmbHG/*Schütz* Rn. 17; aA Scholz/*Emmerich* Rn. 2a).

3 **2. Einforderungsbeschluss und Zahlungsaufforderung.** Der Nachschuss muss durch wirksamen **Beschluss der Gesellschafter nach § 26 Abs. 1** eingefordert worden sein. Ferner bedarf es in Ausführung des Gesellschafterbeschlusses einer **Zahlungsaufforderung.** Damit ist die (formlose) Anforderung des Nachschusses durch die Geschäftsführer, den Insolvenzverwalter bzw. die Liquidatoren gemeint (→ § 26 Rn. 17). Wegen der weitreichenden Folgen der Preisgabe, die anders als die Kaduzierung keine erneute Zahlungsaufforderung voraussetzt, wird man auf der Anforderung selbst dann bestehen müssen, wenn man es für möglich hält, dass die Fälligkeit der Nachschusspflicht uU auch ohne sie eintreten kann (→ § 26 Rn. 17). Wie hoch der angeforderte Betrag ist, ist unerheblich. Eine Ausnahme gilt nur im Fall des Abs. 4; in diesem Fall muss der angeforderte Betrag den in der Satzung genannten übersteigen. Die Zahlungsaufforderung muss grundsätzlich keinen Hinweis auf die Preisgabe oder die Frist nach Abs. 1 S. 1 enthalten (Rowedder/Schmidt-Leithoff/*Pentz* Rn. 12: ggf. aber Hinweispflicht kraft Treuepflicht).

4 **3. Vollständige Einzahlung der Stammeinlage.** Im Interesse der Kapitalaufbringung setzt die Preisgabe voraus, dass die **Stammeinlage vollständig eingezahlt** ist. Der Gesellschafter kann diese Voraussetzung auch noch nachträglich bis zum Ablauf der Monatsfrist nach Abs. 1 S. 1 herbeiführen (Roth/Altmeppen/*Altmeppen* Rn. 5; Scholz/*Emmerich* Rn. 7a). Neben den Einlageforderungen müssen bei Sacheinlagen auch Ansprüche aus Differenzhaftung (§ 9) erfüllt sein (Baumbach/Hueck/*Kersting*

Rn. 4; MHLS/*Mock* Rn. 9; HCL/*Leuschner* Rn. 17; aA MüKoGmbHG/*Schütz* Rn. 38). Gleiches gilt nach zutreffender Ansicht für Ansprüche aus Vorbelastungshaftung, da auch sie der Kapitalaufbringung dienen (Baumbach/Hueck/*Kersting* Rn. 4; aA MHLS/*Mock* Rn. 10; HCL/*Leuschner* Rn. 17; MüKoGmbHG/*Schütz* Rn. 38). Sonstige unerfüllte Verpflichtungen des Gesellschafters, zB rückständige Zinsen oder Nebenleistungen iSd § 3 Abs. 2, stehen der Preisgabe nicht entgegen (allgM).

4. Zahlungsrückstand hinsichtlich des Nachschusses. Die Preisgabe kommt nur in Betracht, wenn die Nachschusspflicht nicht vollumfänglich erfüllt wurde (uU auch erst nachträglich, → Rn. 11) oder anderweitig erloschen ist. **Teilzahlungen** stehen der Preisgabe nicht im Wege; sie können bei wirksamer Preisgabe gem. § 812 Abs. 1 S. 2 Alt. 1 BGB zurückgefordert werden (Scholz/*Emmerich* Rn. 10), allerdings erst, wenn die Veräußerung nach Abs. 2 oder der Heimfall nach Abs. 3 S. 1 stattgefunden hat, da erst dann die Nachschusspflicht erlischt (→ Rn. 11). 5

5. Preisgabeerklärung bzw. Fiktion der Preisgabe. a) Preisgabeerklärung des Gesellschafters (Abs. 1 S. 1). Liegen die genannten Voraussetzungen vor, kann der nach § 16 Abs. 1 legitimierte Gesellschafter die Preisgabe erklären. In seiner Entscheidung ist er frei und nicht an die Interessen der Gesellschaft gebunden (HCL/*Leuschner* Rn. 21). Fehlende Leistungsfähigkeit des Gesellschafters ist keine Voraussetzung (RG 7.2.1930, RGZ 128, 1 (17); Baumbach/Hueck/*Kersting* Rn. 5 aE). Eine vorausgehende Zustimmung zur Einforderung der Nachschüsse verwirkt das Preisgaberecht nicht notwendigerweise; im Einzelfall zu prüfen ist aber, ob ein Rechtsmissbrauch vorliegt (vgl. UHL/*W. Müller,* 2. Aufl. 2013, Rn. 20; MüKoGmbHG/*Schütz* Rn. 52). Das Preisgaberecht wird durch **formlos** gültige Willenserklärung ausgeübt. Diese ist an die Gesellschaft, vertreten durch die Geschäftsführer (§ 35), zu richten und muss dieser gem. Abs. 1 S. 1 **innerhalb eines Monats** nach Zugang der Zahlungsaufforderung **zugehen** (§ 130 Abs. 1 S. 1 BGB; Roth/Altmeppen/*Altmeppen* Rn. 7; MHLS/*Mock* Rn. 19; *Wicke* Rn. 2; aA Scholz/*Emmerich* Rn. 12: Abgabe genügt; abw. auch Rowedder/Schmidt-Leithoff/*Pentz* Rn. 17: Eingang bis 24 Uhr genügt, nicht notwendig Zugang). Für die Fristberechnung gelten § 187 Abs. 1 BGB, § 188 Abs. 2 BGB. Die Frist kann durch die Satzung, den Einforderungsbeschluss oder die Zahlungsaufforderung verlängert, aber nicht verkürzt werden (Scholz/*Emmerich* Rn. 12). Der Gesellschaft steht es frei, eine verspätete Preisgabeerklärung als wirksam zu akzeptieren (ganz hM; Scholz/*Emmerich* Rn. 12 mwN). 6

Die Preisgabeerklärung ist nur bis zum Zugang einseitig widerruflich (§ 130 Abs. 1 S. 2 BGB), danach nur noch nach allgemeinen Regeln (§§ 119 ff. BGB) anfechtbar (Scholz/*Emmerich* Rn. 15; HK-GmbHG/*Saenger* Rn. 6). Durch nachträgliche Begleichung der Nachschusspflicht kann die Wirkung der Preisgabe aber noch beseitigt werden, solange weder eine Veräußerung nach Abs. 2 noch ein Anteilsübergang nach Abs. 3 S. 1 stattgefunden hat (→ Rn. 11). Bis zu diesem Zeitpunkt kann die Erklärung auch noch einvernehmlich rückgängig gemacht werden (Roth/Altmeppen/*Altmeppen* Rn. 13). Streitig ist, ob die Preisgabe bereits im Zeitraum nach Einforderungsbeschluss und **vor Zahlungsaufforderung** erklärt werden kann (bejahend Rowedder/Schmidt-Leithoff/*Pentz* Rn. 16; abl. HCL/*Leuschner* Rn. 12; MHLS/*Mock* Rn. 19). Bedenken gegen die Abgabe der Erklärung in diesem Stadium bestehen jedenfalls dann nicht, wenn man ihr erst mit Zugang der Zahlungsaufforderung Wirksamkeit zuerkennt (Baumbach/Hueck/*Kersting* Rn. 3). 7

Hält der Gesellschafter **mehrere Anteile,** kann er das Recht für jeden Anteil getrennt ausüben (Stenogr. Berichte über die Verhandlungen des Reichstags, VIII/1 [1890/92], Nr. 660, 3743; Scholz/*Emmerich* Rn. 4, 13). Inhaber von **Rechten am Geschäftsanteil** (Nießbraucher, Pfandgläubiger) sind nicht befugt, das Preisgaberecht auszuüben (näher MHLS/*Mock* Rn. 23; aber → Rn. 12 zu Abs. 2 S. 2). 8

b) Fingierte Preisgabe (Abs. 1 S. 2). Wenn der Gesellschafter innerhalb der Monatsfrist nach Abs. 1 S. 1 weder die Nachschussverpflichtung vollständig erfüllt noch die Preisgabe erklärt, kann die Gesellschaft nach Abs. 1 S. 2 selbst die Preisgabe fingieren, indem sie dem Gesellschafter erklärt, dass sie den Anteil als zur Verfügung gestellt betrachte. Diese Erklärung muss (mindestens) durch **eingeschriebenen Brief** erfolgen. Im Lichte der Rspr. zu § 21 Abs. 1 S. 2 (BGH 27.9.2016, BGHZ 212, 104 = NZG 2016, 1417; → § 21 Rn. 19) muss es sich auch hier nicht unbedingt um ein Übergabeeinschreiben handeln; ein Einwurfeinschreiben genügt (*Lieder/Bialluch* NZG 2017, 9 (14 f.); Scholz/*Emmerich* Rn. 17 mit Fn. 35; HCL/*Leuschner* Rn. 43; abw. noch UHL/*W. Müller,* 2. Aufl. 2013, Rn. 43). Wie in § 21 ist auch eine strengere Form, zB Zustellung durch Gerichtsvollzieher, zulässig (Baumbach/Hueck/*Kersting* Rn. 6; MüKoGmbHG/*Schütz* Rn. 59; → § 21 Rn. 20). Ein einfacher Brief genügt hingegen auch bei nachgewiesenem Zugang nicht; vielmehr ist die Erklärung dann gem. § 125 S. 1 BGB nichtig (aA Michalski/*Zeidler,* 2. Aufl. 2010, Rn. 34). 9

Es liegt im pflichtgemäßen **Ermessen** der Gesellschaft, ob sie die Fiktion herbeiführt. Sie ist bei ihrer Entscheidung an den Gleichbehandlungsgrundsatz gebunden. Die Abgabe der Erklärung ist Sache der Geschäftsführer (§ 35), eines Gesellschafterbeschlusses bedarf es nach hM nicht (Baumbach/Hueck/*Kersting* Rn. 6; HCL/*Leuschner* Rn. 39; mit Blick auf § 49 Abs. 2 in dieser Allgemeinheit nicht zweifelsfrei). Eine feste zeitliche Grenze besteht nicht, doch sind die allgemeinen Grundsätze der Verwirkung (§ 242 BGB) zu beachten. 10

III. Rechtsfolgen der Preisgabe

11 **1. Rechtsstellung des Gesellschafters bis zur Verwertung.** Mit der Erklärung nach Abs. 1 S. 1 oder S. 2 wird die Preisgabe wirksam. Auch nach diesem Zeitpunkt bleibt der **Gesellschafter bis zur Veräußerung** nach Abs. 2 bzw. dem Heimfall nach Abs. 3 S. 1 **Inhaber des Geschäftsanteils** (Stenogr. Berichte über die Verhandlungen des Reichstags, VIII/1 [1890/92], Nr. 660, 3743; allgM). Allerdings ist der Geschäftsanteil nunmehr mit dem Verwertungsrecht der Gesellschaft nach Abs. 2 belastet. Verfügungen des Gesellschafters über den Geschäftsanteil (zB Verpfändungen) sind zwar weiterhin möglich, berühren aber das vorrangige Verwertungsrecht der Gesellschaft nicht (Scholz/*Emmerich* Rn. 21; MHLS/*Mock* Rn. 35; zu den Folgen → Rn. 14, 16). Aus demselben Grund bleibt eine Pfändung des Anteils durch Gläubiger des Gesellschafters möglich (Scholz/*Emmerich* Rn. 21). Solange er noch Inhaber des Anteils ist, verbleiben dem Gesellschafter sämtliche Mitgliedschaftsrechte (Stimmrecht, Gewinnbezugsrecht etc; Rowedder/Schmidt-Leithoff/*Pentz* Rn. 47; HCL/*Leuschner* Rn. 45). Er behält in diesem Zeitraum auch das Recht, die Nachschusspflicht **nachträglich zu erfüllen** und so die Wirkungen der Preisgabe zu beseitigen (HCL/*Leuschner* Rn. 45; Baumbach/Hueck/*Kersting* Rn. 7). Umgekehrt treffen ihn auch alle Mitgliedschaftspflichten, insbesondere besteht die Nachschusspflicht bis zum Anteilsübergang nach Abs. 2 bzw. Abs. 3 fort. Die **Haftung für die Nachschusspflicht beschränkt** sich nun aber auf den Geschäftsanteil. Die Haftung für andere Ansprüche der Gesellschaft (Nebenleistungen, Zinsen, frühere Nachschüsse etc) bleibt dagegen unberührt (Baumbach/Hueck/*Kersting* Rn. 7).

12 **2. Verwertung (Abs. 2). a) Verfahren.** Mit der Preisgabe entsteht ein Verwertungsrecht der Gesellschaft an dem Geschäftsanteil nach Maßgabe des Abs. 2. Die Gesellschaft muss den Anteil innerhalb eines Monats nach der Erklärung nach Abs. 1 S. 1 oder S. 2 im Wege **öffentlicher Versteigerung** (§ 383 Abs. 3 BGB) verkaufen lassen. Eine **andere Art der Verwertung** (zB freihändiger Verkauf) ist nach Abs. 2 S. 2 nur mit Zustimmung des Gesellschafters zulässig, bei (vor der Preisgabe erfolgter) Belastung des Anteils auch des Nießbrauchers bzw. Pfandgläubigers (§§ 1071, 1276 BGB; HCL/*Leuschner* Rn. 57). Eine Überschreitung der Monatsfrist lässt das Verwertungsrecht der Gesellschaft nicht entfallen, kann aber bei fehlender Zustimmung des Gesellschafters eine Schadensersatzpflicht ihm gegenüber auslösen (Stenogr. Berichte über die Verhandlungen des Reichstags, VIII/1 [1890/92], Nr. 660, 3743; HCL/*Leuschner* Rn. 53). Obwohl der Gesellschaft der Anteil nicht gehört, verkauft und veräußert sie ihn **im eigenen Namen;** die Gesellschaft wird somit Partei des Kaufvertrags (HCL/*Leuschner* Rn. 54; HK-GmbHG/*Saenger* Rn. 11). Hinsichtlich der Einzelheiten der Versteigerung bzw. der anderweitigen Veräußerung kann auf → § 23 Rn. 5 ff. verwiesen werden (dort auch zur Anwendbarkeit des § 15 Abs. 3–5). Anders als im Fall des § 23 kann iRd § 27 allerdings auch die Gesellschaft mitbieten, da die Preisgabe voraussetzt, dass der Anteil voll eingezahlt ist und § 33 Abs. 1 daher nicht entgegensteht.

13 Die Gesellschaft kann auch zu einem Preis verkaufen, der den Nachschussbetrag und die Verkaufskosten nicht deckt (heute hM; HCL/*Leuschner* Rn. 51 mwN). Sie kann in diesem Fall aber auch den Zuschlag verweigern mit der Folge, dass Abs. 3 eingreift. Dasselbe soll auch bei hinreichendem Erlös möglich sein, wenn der Erwerber für die Gesellschaft nicht akzeptabel ist, insbesondere weil es sich um einen Konkurrenten handelt (Scholz/*Emmerich* Rn. 23).

14 **b) Folgen der Veräußerung.** Durch die Übertragung des wirksam preisgegebenen Anteils verliert der **bisherige Gesellschafter** seine Mitgliedschaft. Von der Nachschusspflicht wird er frei, selbst wenn der Erlös nicht ausreichend war (HCL/*Leuschner* Rn 56). Für sonstige rückständige Mitgliedschaftspflichten haftet er fort (§ 16 Abs. 2). Ein nach Abdeckung des Nachschusses und der Verkaufskosten verbleibender Überschuss ist ihm nach Abs. 2 S. 3 auszukehren. Der **Erwerber** übernimmt den Anteil nach Maßgabe des § 16 Abs. 1, 2 mit allen (auch rückständigen) Mitgliedschaftsrechten und -pflichten (Stenogr. Berichte über die Verhandlungen des Reichstags, VIII/1 [1890/92], Nr. 660, 3744; HCL/*Leuschner* Rn. 55; zweifelnd Roth/Altmeppen/*Altmeppen* Rn. 17), allerdings mit Ausnahme der Nachschussverpflichtung, wegen der die Preisgabe erfolgt ist (allgM). Künftige Nachschusseinforderungen treffen ihn wie jeden anderen Gesellschafter. **Rechte Dritter** an dem Anteil (Pfandrecht, Nießbrauch) erlöschen entspr. § 1242 Abs. 2 BGB. Sie setzen sich entsprechend §§ 1273, 1247 BGB am Erlös fort, aber nur, soweit er nach Abs. 2 S. 3 dem Gesellschafter gebührt (MHLS/*Mock* Rn. 46; idS auch schon Stenogr. Berichte über die Verhandlungen des Reichstags, VIII/1 [1890/92], Nr. 660, 3743). Dies gilt auch, wenn das Recht des Dritten schon bestand, bevor die Nachschusspflicht in die Satzung aufgenommen wurde (HCL/*Leuschner* Rn. 57).

15 **c) Fehlerhafte Veräußerung.** Ist die Preisgabe wegen Nichteinhaltung der in → Rn. 2 ff. genannten Voraussetzungen unwirksam, fehlt der Gesellschaft die Verfügungsbefugnis, sodass der Erwerber den Geschäftsanteil nicht erwirbt (MHLS/*Mock* Rn. 47; aA HCL/*Leuschner* Rn. 18 zur fehlenden Volleinzahlung der Stammeinlage). Auch § 16 Abs. 3 hilft schon deshalb nicht über die fehlende Verfügungsbefugnis hinweg, weil die Gesellschaft nicht in der Gesellschafterliste eingetragen sein wird

(MüKoGmbHG/*Schütz* Rn. 39). Gleiches gilt, wenn die Preisgabe wirksam ist, aber die Zustimmung für eine anderweitige Verwertung nach Abs. 2 S. 2 fehlt (→ § 23 Rn. 16).

3. Unverwertbarkeit (Abs. 3). Erweist sich der Anteil als unverwertbar, geht der Geschäftsanteil nach Abs. 3 S. 1 **kraft Gesetzes** auf die Gesellschaft über. Unverwertbarkeit ist gegeben, wenn ein nach Abs. 2 durchgeführter Veräußerungsversuch keinen Erfolg hatte, sei es, weil sich kein Bieter gefunden hat, sei es, weil die Gesellschaft die Veräußerung aus berechtigten Gründen (nicht hinreichender Erlös, inakzeptabler Bieter) abgelehnt hat (→ Rn. 13). Unverwertbarkeit liegt ferner vor, wenn auf einen Veräußerungsversuch verzichtet wurde, was entspr. Abs. 2 S. 2 nur mit Zustimmung des Gesellschafters (und an dem Anteil dinglich Berechtigter) möglich ist (Scholz/*Emmerich* Rn. 24). Bei evidenter Aussichtslosigkeit ist der Gesellschafter aufgrund seiner Treuepflicht gehalten, die Zustimmung zu erteilen (HCL/*Leuschner* Rn. 60). Der Anteilsübergang erfolgt, sobald der erfolglose Verwertungsversuch abgeschlossen ist (Schluss der Versteigerung) oder der Gesellschafter seine Zustimmung erteilt, von einem Verwertungsversuch abzusehen (HCL/*Leuschner* Rn. 62). Mit dem Anteilsübergang erlöschen **Rechte Dritter** am Geschäftsanteil; diese setzen sich auch nicht an einem später erzielten Erlös nach Abs. 3 S. 2 fort (HCL/*Leuschner* Rn. 66). Handelt es sich um den Anteil des Alleingesellschafters, entsteht mit dem Heimfall eine Keinmann-GmbH (→ § 1 Rn. 32; → § 33 Rn. 24). 16

Nach dem Erwerb kann die Gesellschaft frei und auf eigene Rechnung nach § 15 über den Anteil verfügen (Abs. 3 S. 2). Der Erlös aus einer Veräußerung gebührt ihr abw. von Abs. 2 S. 3 in voller Höhe (Scholz/*Emmerich* Rn. 30; Baumbach/Hueck/*Kersting* Rn. 9). Der Erwerber haftet nach hM anders als im Fall des Abs. 2 nicht für rückständige Mitgliedschaftspflichten, da er Rechtsnachfolger der Gesellschaft und nicht des ausgeschiedenen Gesellschafters ist (Scholz/*Emmerich* Rn. 30; Baumbach/Hueck/*Kersting* Rn. 9). 17

IV. Abdingbarkeit (Abs. 4)

Die Satzung kann die Anwendung des § 27 auf den Fall beschränken, dass die auf den Geschäftsanteil eingeforderten Nachschüsse einen bestimmten Betrag überschreiten (Abs. 4, sog. gemischte Nachschusspflicht). Unterhalb dieser Grenze gilt dann § 28 Abs. 1 S. 2. Im Übrigen ist das Preisgaberecht **zum Schutz des Gesellschafters zwingend,** kann mithin in der Satzung weder ausgeschlossen noch erschwert werden (RG 7.2.1930, RGZ 128, 1 (16); MHLS/*Mock* Rn. 7). Nach hM soll das Preisgaberecht des Gesellschafters auch nicht durch Aufrechnung seitens der Gesellschaft vereitelt werden können (Baumbach/Hueck/*Kersting* Rn. 2 mwN; aA MHLS/*Mock* Rn. 17). Zulässig sind dagegen Erweiterungen des Preisgaberechts (allgM), zB durch Verlängerung der Frist nach Abs. 1 S. 1 (→ Rn. 6 aE) oder Ausdehnung auf beschränkte Nachschusspflichten und Nebenleistungen iSd § 3 Abs. 2. Im Interesse der Kapitalaufbringung muss aber stets die volle Einzahlung der Stammeinlage gewährleistet sein. 18

Beschränkte Nachschusspflicht

28 (1) [1] **Ist die Nachschußpflicht auf einen bestimmten Betrag beschränkt, so finden, wenn im Gesellschaftsvertrag nicht ein anderes festgesetzt ist, im Fall verzögerter Einzahlung von Nachschüssen die auf die Einzahlung der Stammeinlagen bezüglichen Vorschriften der §§ 21 bis 23 entsprechende Anwendung.** [2] **Das gleiche gilt im Fall des § 27 Abs. 4 auch bei unbeschränkter Nachschußpflicht, soweit die Nachschüsse den im Gesellschaftsvertrag festgesetzten Betrag nicht überschreiten.**

(2) **Im Gesellschaftsvertrag kann bestimmt werden, daß die Einforderung von Nachschüssen, auf deren Zahlung die Vorschriften der §§ 21 bis 23 Anwendung finden, schon vor vollständiger Einforderung der Stammeinlagen zulässig ist.**

I. Allgemeines

Bei beschränkten Nachschusspflichten (§ 26 Abs. 3) sowie gemischten Nachschusspflichten unterhalb des festgelegten Betrags (§ 27 Abs. 4) gewährt das Gesetz kein Preisgaberecht nach § 27. Es handelt sich mithin um unbedingt erzwingbare Ansprüche der Gesellschaft. Als (neben dem Klageweg) **zusätzliches Druckmittel** für die Durchsetzung dieser Ansprüche sieht § 28 dispositiv (→ Rn. 7) die entspr. Anwendung des Kaduzierungsverfahrens nach §§ 21–23 vor. Dagegen wird auf die Ausfallhaftung nach § 24 bewusst kein Bezug genommen, da diese allein in der Bedeutung der Aufbringung des Stammkapitals für die Gläubiger ihren Grund hat (Stenogr. Berichte über die Verhandlungen des Reichstags, VIII/1, 1890/92, Nr. 660, 3744) und sich daher vorbehaltlich abw. Satzungsregelung nicht auf das Nachschusskapital übertragen lässt. Die Vorschrift ist seit 1892 unverändert. 1

II. Kaduzierung

2 **1. Voraussetzungen.** Der **Anwendungsbereich** des Abs. 1 erstreckt sich auf beschränkte Nachschusspflichten iSd § 26 Abs. 3 (→ § 26 Rn. 8 f.) sowie auf gemischte Nachschusspflichten unterhalb des in der Satzung bestimmten Betrags (§ 27 Abs. 4). Bei Letzteren kommt es darauf an, ob die Summe aus früher und aktuell eingeforderten (nicht: gezahlten) Nachschüssen den genannten Betrag überschreitet (Lutter/Hommelhoff/*Bayer* Rn. 5; MHLS/*Mock* Rn. 7); bejahendenfalls gilt § 27 anstatt § 28. Zwischenzeitlich zurückgezahlte Nachschüsse sind nicht mitzuzählen (§ 30 Abs. 2 S. 4).

3 Der Nachschuss iSd Abs. 1 muss rückständig sein **(„verzögerte Einzahlung").** Das ist der Fall, wenn trotz wirksamer und fälliger Nachschusspflicht (zu diesen Voraussetzungen → § 26 Rn. 6–18) nicht vollständig erfüllt worden ist (→ § 21 Rn. 6, → § 20 Rn. 4). Dabei ist zu beachten, dass die Einforderung des Nachschusses grundsätzlich erst nach vollständiger Einforderung der Stammeinlagen möglich ist (→ § 26 Rn. 14). Die Satzung kann hiervon gem. **Abs. 2** abweichen, aber nur, wenn sie die Anwendung der §§ 21–23 nicht einschränkt (Scholz/*Emmerich* Rn. 12; zum Hintergrund Stenogr. Berichte über die Verhandlungen des Reichstags, VIII/1, 1890/92, Nr. 660, 3744).

4 Ist der Nachschuss rückständig, **kann** (nicht: muss) die Gesellschaft das Kaduzierungsverfahren einleiten (→ § 21 Rn. 13). Hinsichtlich der einzelnen Verfahrensschritte (erneute Zahlungsaufforderung, Ablauf der Nachfrist, Kaduzierungserklärung) → § 21 Rn. 7 ff.

5 **2. Rechtsfolgen.** Die Kaduzierung bewirkt, dass der Gesellschafter seinen **Geschäftsanteil und darauf erbrachte Teilleistungen verliert,** für rückständige Verbindlichkeiten aber weiter haftet (→ § 21 Rn. 27–29). Die Gesellschaft wird Inhaberin des Geschäftsanteils (→ § 21 Rn. 30 ff.). Wegen des rückständigen Nachschussbetrags kann sie die Rechtsvorgänger des ausgeschlossenen Gesellschafters entsprechend **§ 22** in Anspruch nehmen. Die Rechtsvorgänger haften für die Nachschusspflicht aber nur bis zu der satzungsmäßigen Höchstgrenze, die galt, als sie noch Gesellschafter waren. Spätere Satzungsänderungen, die diese Grenze erhöhen oder eine Nachschusspflicht überhaupt erst einführen, gehen nicht zulasten der Rechtsvorgänger (Rechtsgedanke des § 53 Abs. 3, *Feine* in Ehrenberg HandelsR-HdB 326 f.; Scholz/*Emmerich* Rn. 7; vgl. auch § 73 Abs. 2 österr. GmbHG). Bleibt das Vorgehen gegen die Rechtsvorgänger erfolglos, kann die Gesellschaft den Anteil entspr. **§ 23** verwerten. Für den verbleibenden Ausfall haftet der ausgeschlossene Gesellschafter nach Maßgabe des **§ 21 Abs. 3.** Diese Haftung erstreckt sich aber nur auf Nachschusspflichten, die im Zeitpunkt der Kaduzierung fällig oder durch Fassung des Einforderungsbeschlusses zumindest schon entstanden waren (heute ganz hM, Baumbach/Hueck/*Kersting* Rn. 5 mwN; zur Entstehung der Nachschusspflicht → § 26 Rn. 11). Auf die Ansprüche der Gesellschaft entsprechend §§ 22, 21 Abs. 3 findet § 19 Abs. 2 keine Anwendung, da die Nachschusspflichten nicht im Gläubigerinteresse gebunden sind (Scholz/*Emmerich* Rn. 11; → § 26 Rn. 2). Eine Ausfallhaftung der Mitgesellschafter nach § 24 besteht vorbehaltlich abw. Satzungsbestimmung nicht (→ Rn. 1).

6 **3. Konkurrenz zu rückständigen Stammeinlagen.** Sind im Fall des Abs. 2 neben dem Nachschuss auch Leistungen des Gesellschafters auf die Stammeinlage rückständig, kann die Gesellschaft nicht allein wegen des rückständigen Nachschusses kaduzieren, da ihr ansonsten hinsichtlich der Einlage die unabdingbaren Rechte aus §§ 21–24 entgehen würden. In solchen Fällen kann die Gesellschaft daher im Interesse der Kapitalaufbringung nur aus beiden Gründen zugleich oder nur wegen der rückständigen Einlage kaduzieren (Baumbach/Hueck/*Kersting* Rn. 8; Scholz/*Emmerich* Rn. 6). Wird aus beiden Gründen gleichzeitig kaduziert, bezieht sich die Haftung der Rechtsvorgänger nach § 22 und die des ausgeschlossenen Gesellschafters nach § 21 Abs. 3 auf beide rückständige Beträge, die Ausfallhaftung nach § 24 dagegen nur auf den Einlagerückstand (Lutter/Hommelhoff/*Bayer* Rn. 3).

III. Abdingbarkeit

7 § 28 ist dispositiv (allgM), da Nachschusspflichten keinen Gläubigerschutz bezwecken und deshalb nicht den strengen Vorschriften zur Aufbringung des Stammkapitals unterliegen (→ § 26 Rn. 2). Das Kaduzierungsverfahren für rückständige Nachschüsse kann daher in der Satzung abbedungen, abgemildert oder verschärft werden, zB durch Einführung einer Ausfallhaftung entspr. § 24. Ferner kann auch bei beschränkten Nachschusspflichten ein Preisgaberecht nach § 27 eingeführt werden (→ § 27 Rn. 18).

Ergebnisverwendung

29 (1) [1]**Die Gesellschafter haben Anspruch auf den Jahresüberschuß zuzüglich eines Gewinnvortrags und abzüglich eines Verlustvortrags, soweit der sich ergebende Betrag nicht nach Gesetz oder Gesellschaftsvertrag, durch Beschluß nach Absatz 2 oder als zusätzlicher Aufwand auf Grund des Beschlusses über die Verwendung des Ergebnisses von der**

Verteilung unter die Gesellschafter ausgeschlossen ist. [2]Wird die Bilanz unter Berücksichtigung der teilweisen Ergebnisverwendung aufgestellt oder werden Rücklagen aufgelöst, so haben die Gesellschafter abweichend von Satz 1 Anspruch auf den Bilanzgewinn.

(2) **Im Beschluß über die Verwendung des Ergebnisses können die Gesellschafter, wenn der Gesellschaftsvertrag nichts anderes bestimmt, Beträge in Gewinnrücklagen einstellen oder als Gewinn vortragen.**

(3) **[1]Die Verteilung erfolgt nach Verhältnis der Geschäftsanteile. [2]Im Gesellschaftsvertrag kann ein anderer Maßstab der Verteilung festgesetzt werden.**

(4) **[1]Unbeschadet der Absätze 1 und 2 und abweichender Gewinnverteilungsabreden nach Absatz 3 Satz 2 können die Geschäftsführer mit Zustimmung des Aufsichtsrats oder der Gesellschafter den Eigenkapitalanteil von Wertaufholungen bei Vermögensgegenständen des Anlage- und Umlaufvermögens in andere Gewinnrücklagen einstellen. [2]Der Betrag dieser Rücklagen ist in der Bilanz gesondert auszuweisen; er kann auch im Anhang angegeben werden.**

Übersicht

I. Allgemeines

1 **1. Bedeutung der Norm.** Die in § 29 geregelte Gewinnverwendung stellt einen Schnittpunkt zwischen der Gesellschaftssphäre und der Gesellschaftersphäre dar. Es geht um die Frage, welche Mittel im Vermögen der Gesellschaft verbleiben und welche an die Gesellschafter ausgeschüttet werden, also um das Spannungsverhältnis zwischen **Eigenfinanzierung** der Gesellschaft und **Renditeerwartung** der Gesellschafter. Wegen der Verselbstständigung des Gesellschaftsvermögens im Recht der GmbH kommt dem Gesellschafter eine Verstärkung der Eigenfinanzierung der Gesellschaft nur mittelbar zugute, nämlich in Form der Wertsteigerung seines Geschäftsanteils. Da aber der Geschäftsanteil einer GmbH – anders als die Aktie einer börsennotierten AG – häufig nur schwer zu veräußern ist, bleibt ihm als reale Rendite seines in Form von Eigenkapital eingebrachten Vermögens meist nur der ausgeschüttete Gewinn. Daraus ergeben sich zahlreiche Konflikte, etwa zwischen dem Mehrheitsgesellschafter, der zugleich Geschäftsführer ist und über seine Geschäftsführervergütung an dem Erfolg des Gesellschaftsunternehmens teilhaben kann, und dem Minderheitsgesellschafter, dem diese Möglichkeit versagt ist. Das Gesetz bietet dafür keine Lösung. Die Regelung des § 29 stellt die Ergebnisverwendung vielmehr zur Disposition der **Gesellschaftermehrheit.** Sie wendet sich damit von dem früher im GmbH-Recht geltenden Gebot der Vollausschüttung ab. In seiner jetzigen Fassung ist § 29 durch das BiRiLiG vom 19.12.1985 geschaffen worden (BGBl. 1985 I 2355). Die weitergehenden Möglichkeiten einer Gewinnthesaurierung durch offene Rücklagen und Gewinnvorträge sollten ein Ausgleich sein für die Beschränkung der Bildung stiller Reserven durch das BiRiLiG (BegrRegE, BT-Drs. 10/317, 109).

2 Das Recht des Gesellschafters auf Teilhabe an dem Vermögenszuwachs der Gesellschaft, das **Gewinnstammrecht** oder Gewinnbezugsrecht, ist Teil seines unentziehbaren Mitgliedschaftsrechts. Dieses Gewinnstammrecht wird in § 29 Abs. 1 konkretisiert (Lutter/Hommelhoff/*Hommelhoff* Rn. 3). Die Abs. 2 und 3 befassen sich mit dem daraus folgenden **Gewinnanspruch** (BGH 8.12.1997, NJW 1998, 1314 = ZIP 1998, 384; → Rn. 51). Dabei sind drei Bereiche auseinander zu halten: Die **Ergebnisermittlung,** die **Ergebnisverwendung** und die **Ergebnisverteilung.** Die Ergebnisermittlung geschieht durch den Jahresabschluss, bei dem wiederum zwischen der Aufstellung und der Feststellung zu unterscheiden ist (→ Rn. 9). Steht danach fest, was ausgeschüttet werden kann, ist durch den Ergebnisverwendungsbeschluss darüber zu entscheiden, ob und ggf. in welchem Umfang eine Ausschüttung erfolgen soll (→ Rn. 32 ff.). Teilweise kann über die Ergebnisverwendung auch schon im Jahresabschluss entschieden werden (→ Rn. 24). Zuletzt ist die Frage zu klären, wie die Ausschüttung zwischen den Gesellschaftern verteilt werden soll (→ Rn. 47 ff.). Durch § 29 sind die beiden letzten Bereiche geregelt, die Ergebnisverwendung und die Ergebnisverteilung. Die Norm ist dispositiv (UHL/*Müller* Rn. 7) und lässt damit Raum für abweichende oder ergänzende Regelungen im Gesellschaftsvertrag wie auch für abweichende einstimmige Gesellschafterbeschlüsse.

3 **2. Systematik.** Nach § 29 Abs. 1 S. 1 haben die Gesellschafter Anspruch auf das **Jahresergebnis.** Dieses besteht aus dem **Jahresüberschuss** iSd § 266 Abs. 3 A V HGB zuzüglich eines Gewinnvortrags bzw. abzüglich eines Verlustvortrags. Davon sind weiter abzuziehen die Beträge, die kraft Gesetzes oder Gesellschaftsvertrags oder als zusätzlicher Aufwand von der Ausschüttung ausgeschlossen sind. Für den Fall, dass die Bilanz unter Berücksichtigung der teilweise Ergebnisverwendung aufgestellt – etwa Rücklagen gebildet – oder Rücklagen aufgelöst worden sind, ordnet Abs. 1 S. 2 an, dass an die Stelle des Jahresüberschusses – einschließlich Gewinn- bzw. Verlustvortrag – der **Bilanzgewinn** iSd § 268 Abs. 1 HGB tritt. Der für die Ermittlung des Jahresergebnisses maßgebliche **Jahresabschluss** wird nach § 42a von den Geschäftsführern **aufgestellt** und von den Gesellschaftern **festgestellt,** vorbehaltlich einer abweichenden Regelung im Gesellschaftsvertrag. Gegebenenfalls kommt eine Prüfung durch den Abschlussprüfer und den Aufsichtsrat hinzu. Davon zu unterscheiden ist der **Ergebnisverwendungsbeschluss** nach Abs. 2, den ebenfalls die Gesellschafter fassen, sofern im Gesellschaftsvertrag nichts anderes bestimmt ist. Darin können sie den auszuschüttenden Teil des Jahresergebnisses noch vermindern um **Gewinnrücklagen** oder einen **Gewinnvortrag.** Die **Verteilung** der so ermittelten Ergebnisausschüttung auf die einzelnen Gesellschafter richtet sich nach Abs. 3. Danach ist der Betrag – vorbehaltlich wieder einer anderweitigen Regelung im Gesellschaftsvertrag, aber auch eines mit Zustim-

mung der davon betroffenen Gesellschafter gefassten abweichenden Beschlusses – nach dem **Verhältnis der Geschäftsanteile** zu verteilen.

3. Verlustbeteiligung. Aus dem Wesen der GmbH als juristischer Person folgt, dass die Gesellschafter nicht verpflichtet sind, einen Verlust der Gesellschaft auszugleichen. Ein Verlust wirkt sich nur mittelbar auf die Gesellschafter aus. So wird durch den **Verlustvortrag** ein etwaiges positives Ergebnis des folgenden Geschäftsjahres verringert. Auch kann der Wert des Geschäftsanteils sinken, was sich etwa bei einer Veräußerung auswirkt. 4

Die Gesellschafter können sich aber verpflichten, die Verluste der Gesellschaft zu übernehmen. Das kann im Gesellschaftsvertrag geregelt werden in Form von **Nebenpflichten** iSd § 3 Abs. 2, **Nachschusspflichten** iSd §§ 26 ff. (→ die jeweilige Kommentierung dort) oder **schuldrechtlichen Vereinbarungen** (*Lotz* GmbHR 2020, 245). Eine Verlustübernahmepflicht kann auch durch Vertrag zwischen der Gesellschaft und einem Gesellschafter begründet werden. Klassischer Fall ist der **Gewinnabführungsvertrag** iSd § 291 oder der Teilgewinnabführungsvertrag nach § 292 Abs. 1 Nr. 2 AktG (BGH 16.7.2019, NZG 2019, 1149 Rn. 16 ff.). Auch ein Nicht-Gesellschafter kann sich vertraglich zur Verlustübernahme verpflichten. Eine Verlustübernahmevereinbarung, an der die Gesellschaft nicht beteiligt ist, kann als **Vertrag zugunsten Dritter** iSd § 328 BGB auszulegen sein und so zu eigenen Zahlungsansprüchen der Gesellschaft führen (OLG Hamm 2.2.1977, GmbHR 1978, 271 (272); aA OLG Nürnberg 4.6.1981, BB 1981, 1293). 5

4. Zeitliche Geltung. Die Abs. 1 und 2 des § 29 idF des BiRiLiG vom 19.12.1985 (BGBl. 1985 I 2355) sind auf GmbHs anwendbar, die nach dem **1.1.1986** in das Handelsregister eingetragen worden sind. Die Abs. 3 – inhaltsgleich mit § 29 Abs. 2 aF – und 4 gelten dagegen ab dem 1.1.1986 für alle GmbHs. Für **„Altgesellschaften"**, die am 1.1.1986 schon im Handelsregister eingetragen waren, stellte sich die Rechtslage zunächst wie folgt dar: Es galt anstelle der Abs. 1 und 2 eine mit § 29 Abs. 1 aF im Wesentlichen inhaltsgleiche Regelung in Art. 12 § 7 Abs. 1 BiRiLiG. Danach hatten die Gesellschafter einen Anspruch auf **Vollausschüttung** des Jahresergebnisses, der nicht – wie nach § 29 Abs. 2 nF – zur Disposition der Gesellschaftermehrheit stand. Aufgrund einer **Handelsregistersperre** nach § 7 Abs. 2 der Übergangsregelung durften Satzungsänderungen nur dann in das Handelsregister eingetragen werden, wenn die Gewinnverwendung zugleich – entsprechend oder abweichend von der Neufassung des § 29 – geregelt wurde. Dazu reichte ein Beschluss mit einfacher Mehrheit aus. Das galt aber nur dann, wenn die Gewinnverwendung in der Satzung noch nicht geregelt war (BGH 26.9.1988, BGHZ 105, 206 = NJW 1989, 459; OLG Nürnberg 9.7.2008, DB 2008, 2415 (2416 f.); zu den Einzelheiten s. UHL/*Müller* Rn. 183 ff.). Durch Art. 43 des Gesetzes über die weitere Bereinigung von Bundesrecht vom 8.12.2010 (BGBl. 2010 I 1864) ist **Art. 12 § 7 BiRiLiG** mit Wirkung ab dem 15.12.2010 **aufgehoben** worden. Daher ist nicht nur die Registersperre weggefallen, sondern es gilt auch – seit dem 15.12.2010 – § 29 für alle GmbHs. 6

II. Gewinnstammrecht

Das Recht des Gesellschafters auf Teilhabe an der laufenden Wertschöpfung der Gesellschaft ist mit der Mitgliedschaft untrennbar verbunden. Es ist – neben dem Recht auf das endgültige Abfindungs- bzw. Auseinandersetzungsguthaben – das bedeutsamste **Vermögensrecht** des Gesellschafters (*Wiedemann* GesR I § 7 II). Freiwillig kann er auf dieses **Gewinnstamm- oder -bezugsrecht** verzichten (BGH 14.7.1954, BGHZ 14, 264 (271 ff.); BayObLG 17.9.1987, NJW 1988, 426 (427)). Es kann ihm aber nicht gegen seinen Willen entzogen werden. Modifizierungen durch Gesetz, Gesellschaftsvertrag oder Gesellschafterbeschluss sind dagegen möglich UHL/*Raiser* § 14 Rn. 39). Die Regelung des § 29 stellt den Rahmen für diese Einschränkungen dar. In jedem Einzelfall muss aber der **Wesensgehalt** des Gewinnstammrechts beachtet werden. Dieses ist mit der Abschaffung des Vollausschüttungsprinzips durch das BiRiLiG nicht aufgehoben, sondern lediglich eingeschränkt worden (Baumbach/Hueck/*Kersting* Rn. 48). Es hat damit nach wie vor Bedeutung für die Auslegung der einschlägigen Bestimmungen und für den Ergebnisverwendungsbeschluss nach § 29 Abs. 2. In diesem Beschluss muss die Gesellschaftermehrheit das berechtigte Ausschüttungsinteresse des einzelnen Gesellschafters mit dem Interesse der Gesellschaft an einer Verstärkung der Eigenkapitalbasis zu einem angemessenen Ausgleich bringen. Ansatzpunkte für eine eventuelle Korrektur sind die Grundsätze der Gleichbehandlung und der gesellschaftsrechtlichen Treuepflicht (→ Rn. 16, → Rn. 44). Von dem Gewinnstammrecht zu unterscheiden ist der **Dividenden- oder Gewinnanspruch.** Er ist ein Zahlungsanspruch, der aus dem Gewinnstammrecht folgt und mit dem Wirksamwerden des Ergebnisverwendungsbeschlusses entsteht (→ Rn. 51). 7

Das Gewinnstammrecht kann – anders als der Gewinnanspruch (→ Rn. 51) – **nicht** selbstständig **abgetreten** oder verpfändet werden. Es ist vielmehr Teil der Mitgliedschaft und mit ihr untrennbar verbunden (→ § 14 Rn. 43 ff.). Bei einer Übertragung des Geschäftsanteils geht daher das Gewinnstammrecht mit über. Im Innenverhältnis ist der Gewinn nach § 101 Nr. 2 Hs. 2 BGB aufzuteilen (→ Rn. 53). Bei einer Erhöhung des Stammkapitals nehmen die **neuen Geschäftsanteile** gem. § 57n 8

Abs. 1 am Gewinn des ganzen Geschäftsjahres teil, in dem die Erhöhung beschlossen worden ist, unter den Voraussetzungen des § 57n Abs. 2 auch am Gewinn des Vorjahres.

III. Gegenstand der Ergebnisverwendung (Abs. 1)

9 **1. Jahresabschluss. a) Allgemeines.** Grundlage der Gewinnverwendung ist der Jahresabschluss. Das ergibt sich mittelbar aus § 29 Abs. 1, in dem von Jahresüberschuss und Bilanzgewinn die Rede ist. Damit wird auf das **Bilanzrecht** Bezug genommen, nämlich auf § 266 Abs. 3 A V HGB und § 268 Abs. 1 HGB. Voraussetzung für den Ergebnisverwendungsbeschluss sind gem. §§ 242, 264 Abs. 1 HGB die Bilanz, die GuV, der Anhang und der – nicht zum Jahresabschluss gehörende und bei kleinen GmbH nicht erforderliche – Lagebericht (BGH 26.11.2007, NJW-RR 2008, 907 Rn. 10, für die AG). Maßgebend ist der **festgestellte Jahresabschluss** (BGH 14.9.1998, BGHZ 139, 299 (302 f.) = NJW 1998, 3646; BGH 30.6.2004, NJW-RR 2004, 1343 (1344) = ZIP 2004, 1551; BGH 2.3.2009, NZG 2009, 659 Rn. 15 = ZIP 2009, 1111). Dem Feststellungsbeschluss nach § 42a Abs. 2, § 46 Nr. 1 geht die **Aufstellung** des Jahresabschlusses nach § 264 Abs. 1 S. 1 HGB und § 42a Abs. 1 S. 1 voraus, bei nach § 316 Abs. 1 S. 1 HGB, § 267 HGB prüfungspflichtigen Gesellschaften auch die **Prüfung** durch den Abschlussprüfer und bei Gesellschaften, die einen Aufsichtsrat haben, auch dessen Prüfung. Ein ohne erforderliches Testat des Abschlussprüfers festgestellter Jahresabschluss ist analog § 256 Abs. 1 Nr. 2 AktG nichtig, ein ohne erforderliche Prüfung durch den Aufsichtsrat festgestellter Abschluss anfechtbar, es sei denn, alle Gesellschafter haben zugestimmt (UHL/*Müller* Rn. 29 f.). Werden die Fristen der § 264 Abs. 1 HGB, § 42a Abs. 2 für die Aufstellung oder Feststellung versäumt, hat das keine unmittelbaren Folgen (Scholz/*Crezelius* § 42a Rn. 43). Der Jahresabschluss ist auch dann Grundlage der Gewinnverwendung, wenn er **verspätet** aufgestellt oder vorgelegt worden ist. Jeder Gesellschafter kann die Geschäftsführer nach Ablauf der Fristen aus § 264 HGB, § 42a durch eine Verpflichtungsklage dazu anhalten, den Jahresabschluss aufzustellen (*Bork/Oepen* ZGR 2002, 241 (289); aA *Gutbrod* GmbHR 1995, 551 (555): nur im Wege der actio pro socio). Daneben kommt eine Abberufung der säumigen Geschäftsführer oder die Geltendmachung von Schadensersatzansprüchen in Betracht. Eine **Weisung** des Mehrheitsgesellschafters, den Jahresabschluss nicht aufzustellen, ist für die Geschäftsführer unverbindlich. Der Mehrheitsgesellschafter haftet aber seinen Mitgesellschaftern wegen Verletzung der gesellschaftsrechtlichen Treuepflicht auf Schadensersatz, wenn die Geschäftsführer eine derartige Weisung befolgen (Rowedder/Schmidt-Leithoff/*Pentz* Rn. 63). Wird der Feststellungsbeschluss nachträglich **geändert,** darf dadurch nicht in einen bereits entstandenen Gewinnanspruch des Gesellschafters eingegriffen werden, es sei denn, er stimmt der Änderung zu (→ Rn. 51).

10 **b) Geschäftsjahr.** Maßgeblich für den Jahresabschluss und damit die Gewinnverwendung ist das Geschäftsjahr. Seine Dauer darf nach § 240 Abs. 2 S. 2 HGB **zwölf Monate** nicht überschreiten. Der Streit, ob das Geschäftsjahr generell oder nur in Ausnahmefällen, etwa im Jahr der Eröffnung, kürzer sein darf (für Letzteres die hM, s. UHL/*Müller* Rn. 18; Baumbach/Hopt/*Merkt* HGB § 240 Rn. 6), hat wenig Praxisrelevanz. Für die steuerliche Gewinnermittlung ist jedenfalls das Kalenderjahr zugrunde zu legen (§ 4a Abs. 2 Nr. 2 EStG, § 7 Abs. 3, 4 S. 2 KStG). Danach gilt, wenn das Geschäftsjahr (steuerrechtlich: Wirtschaftsjahr) vom Kalenderjahr abweicht, der Gewinn als in dem Kalenderjahr bezogen, in dem das Geschäftsjahr endet. Die **Umstellung** des Geschäftsjahres ist – nach hM auch dann, wenn die Satzung dazu schweigt – eine Satzungsänderung iSd § 53 (Scholz/*Priester* § 53 Rn. 139; anders, wenn der Insolvenzverwalter im Falle des § 155 InsO das alte Geschäftsjahr wieder in Kraft setzen will, BGH 14.10.2014, NZG 2015, 157 Rn. 12 = ZIP 2015, 88). Soll das Geschäftsjahr auf einen von dem Kalenderjahr abweichenden Zeitraum umgestellt werden, bedarf es der Zustimmung des Finanzamts (§ 4a Abs. 1 S. 2 Nr. 2 S. 2 EStG, § 7 Abs. 4 S. 3 KStG). Ob das Geschäftsjahr rückwirkend umgestellt werden kann, ist streitig (Scholz/*Verse* § 29 Rn. 11).

11 **c) Stille Reserven, Rückstellungen.** Das Gesetz unterscheidet in §§ 29, 42a Abs. 2 zwischen der Ermittlung des Jahresergebnisses – in Form der Feststellung des Jahresabschlusses – und der Entscheidung über die Verwendung dieses Ergebnisses – in Form eines gesonderten Gesellschafterbeschlusses. Tatsächlich ist diese Grenze aber **fließend.** Bei der Feststellung des Jahresabschlusses werden schon Entscheidungen getroffen, die materiell die Ergebnisverwendung betreffen. Durch das BilMoG vom 25.5.2009 (BGBl. 2009 I 1102) sind diese Möglichkeiten eingeschränkt, aber nicht gänzlich beseitigt worden (s. etwa Baumbach/Hopt/*Merkt* HGB Einl. § 238 Rn. 25 ff.; *Hennrichs* Der Konzern 2008, 478 (481 ff.)). Das ist bedeutsam für Gesellschaften, bei denen die beiden Beschlüsse nach dem Gesellschaftsvertrag von unterschiedlichen Organen zu fassen sind. Ist etwa die Feststellung des Jahresabschlusses dem Aufsichtsrat übertragen, während über die Gewinnverwendung die Gesellschafterversammlung entscheidet, kann die Art der Bilanzierung zu einer Einschränkung der Entscheidungsmöglichkeiten der Gesellschafter führen (zur Zuständigkeit → Rn. 33).

12 **d) IFRS-Abschluss.** Jede GmbH hat ihren (Einzel-)Jahresabschluss nach den Regeln der §§ 242 ff. HGB, § 42 aufzustellen. Daneben kann sie freiwillig nach den internationalen Rechnungslegungsgrund-

sätzen IFRS bilanzieren. Da § 29 dispositiv ist, kann im Gesellschaftsvertrag bestimmt werden, dass für die Gewinnausschüttung von dem nach IFRS ermittelten Jahresergebnis auszugehen ist (UHL/*Müller* Rn. 28; zu den Unterschieden s. etwa *v. der Laage/Reusch* NZG 2009, 245 (247)). Auch dann ist aber stets die HGB-Bilanz mit zu berücksichtigen. Die Gewinnausschüttung darf nämlich gem. § 30 Abs. 1 in keinem Fall zulasten des zur Erhaltung des Stammkapitals erforderlichen Vermögens gehen (→ Rn. 54), und dieses ergibt sich ausschließlich aus der HGB-Bilanz.

e) Minderheitenschutz. aa) Erzwingbarkeit der Abschlussfeststellung. Probleme entstehen, wenn der Beschluss über die Feststellung des Jahresabschlusses wegen einer **Patt-Situation** nicht zustande kommt oder wenn er von der Gesellschaftermehrheit **blockiert** wird. Nach § 325 Abs. 1, 2 HGB ist allein der aufgestellte Jahresabschluss im Bundesanzeiger offen zu legen und bekannt zu machen (nur bei erfolgter Feststellung auch dessen Datum, § 328 Abs. 1a S. 1 HGB). Aus **§ 50** ergibt sich das Recht einer Minderheit von mindestens 10 %, eine **Gesellschafterversammlung** mit dem Tagesordnungspunkt Feststellung des Jahresabschlusses einberufen zu lassen bzw. selbst einzuberufen. Es gehört zu den mitgliedschaftlichen Pflichten eines jeden Gesellschafters, an der Beschlussfassung über die Feststellung des Jahresabschlusses teilzunehmen (BGH 14.9.1998, BGHZ 139, 299 (303) = NJW 1998, 3646). Deshalb kann die Minderheit, wenn sie nicht das Quorum des § 50 erreicht, die Gesellschaft klageweise zur Einberufung einer Gesellschafterversammlung zwecks Feststellung des Jahresabschlusses zwingen (UHL/*Hüffer/Schürnbrand* § 46 Rn. 16 f.). Daraus ergibt sich aber noch keine Lösung für die Frage, wie der einzelne Gesellschafter seinen Gewinnanspruch zur Entstehung bringen kann, wenn ein Teil der Gesellschafter mit einer Stimmenmacht von zusammen mindestens 50 % – oder der nach dem Gesellschaftsvertrag sonst erforderlichen Sperrminorität – gegen den Antrag auf Feststellung des Jahresabschlusses stimmt. Grundsätzlich sind die Gesellschafter **nicht verpflichtet,** einen bestimmten Jahresabschluss festzustellen (UHL/*Hüffer/Schürnbrand* § 46 Rn. 18). Aus der gesellschaftsrechtlichen Treuepflicht kann sich eine solche Pflicht nur dann ergeben, wenn aufgrund der Satzungslage allein eine einzige Entscheidung als zulässig erscheint. Das wird bei der Feststellung des Jahresabschlusses, anders als bei dem Beschluss über die Gewinnverwendung, praktisch nicht vorkommen. 13

Zur **Lösung dieser Blockade** werden unterschiedliche Meinungen vertreten. Die früher hM nimmt an, weil es keinen Anspruch auf Feststellung eines bestimmten Jahresabschlusses gebe, bestehe auch keine Möglichkeit, gegen die Gesellschaft oder die Mitgesellschafter auf positive Feststellung des Jahresabschlusses zu klagen; möglich sei in dieser Situation nur, die **Auflösung** der handlungsunfähig gewordenen Gesellschaft zu betreiben (RG 28.10.1901, RGZ 49, 141 (145 f.); UHW/*Hüffer,* 1. Aufl. 2008, § 46 Rn. 16 f.; → § 46 Rn. 3). Nach der Gegenmeinung soll der einzelne Gesellschafter berechtigt sein, die Gesellschaft auf Vornahme der Feststellung des Jahresabschlusses zu verklagen, wobei das Gericht – mit teilweise vertretenen Differenzierungen – analog **§ 315 Abs. 3 S. 2 BGB** nach billigem Ermessen den Inhalt zu bestimmen habe; das Urteil soll gem. § 894 ZPO den Beschluss ersetzen (→ § 42a Rn. 26; *Zöllner* ZGR 1988, 392 (416 f.); *Heusel/Goette* GmbHR 2017, 385 (388 ff.); Rowedder/Schmidt-Leithoff/*Pentz* Rn. 67 f.; UHL/*Hüffer/Schürnbrand* Rn. 19). Nach einer weiteren Meinung soll das Gericht nicht nach § 315 BGB entscheiden, sondern den von den Geschäftsführern **aufgestellten Jahresabschluss** feststellen (*Bork/Oepen* ZGR 2002, 241 (283 f.); Scholz/*Verse* Rn. 20; MüKoGmbHG/*Ekkenga* Rn. 45 ff.). Schließlich wird vertreten, der Jahresabschluss gelte so, wie von den Geschäftsführern aufgestellt, **als festgestellt,** wenn in der Gesellschafterversammlung ohne sachlichen Grund ein Feststellungsbeschluss nicht gefasst werde (*Gutbrod* GmbHR 1995, 551 (556 f.)). 14

Als **zutreffend** erscheint die analoge Anwendung des **§ 315 BGB.** Geht man davon aus, dass der einzelne Gesellschafter zwar nicht verpflichtet ist, der Feststellung eines bestimmten Jahresabschlusses zuzustimmen, die Gesellschafter insgesamt aber einen gesetzlich und gesellschaftsvertraglich zulässigen sowie wirtschaftlich vernünftigen Jahresabschluss festzustellen haben und jeder einzelne Gesellschafter darauf einen Anspruch hat, spricht viel dafür, bei Scheitern einer entsprechenden Beschlussfassung aus der gesellschaftsrechtlichen Treuepflicht heraus eine Pflicht aller Gesellschafter zur Feststellung eines den genannten Anforderungen gerecht werdenden Jahresabschlusses anzunehmen. Die Klage ist gegen die Gesellschaft – als **Gestaltungsklage** – oder gegen die widersprechenden Mitgesellschafter – als **Leistungsklage** auf Abgabe der entsprechenden Stimme in der Gesellschafterversammlung – zu richten. Der Inhalt des begehrten Feststellungsbeschlusses, dh der festzustellende Jahresabschluss, ist – wenn nicht als Teil des Klageantrags, so doch in der Begründung – vorzutragen (vgl. BGH 4.10.2000, NJW 2001, 445 (447)). Das Gericht entscheidet dann, ob der vom Kläger vorgegebene Jahresabschluss zulässig und kaufmännisch vernünftig ist. Bei einer Klage gegen die Gesellschaft wirkt das Urteil analog § 248 AktG für und gegen alle Gesellschafter. Sie sind dementsprechend als Streithelfer zuzulassen (Rowedder/Schmidt-Leithoff/*Pentz* Rn. 68). Bei der Klage gegen die Mitgesellschafter ersetzt das Urteil nach § 894 ZPO die Stimmen der widersprechenden Gesellschafter in der Gesellschafterversammlung. Wird während des Verfahrens der Beschluss über die Feststellung des Jahresabschlusses gefasst, ist der Rechtsstreits in der Hauptsache für erledigt zu erklären mit der Kostenfolge des § 91a ZPO. Zur Erzwingung eines Gewinnverwendungsbeschlusses → Rn. 43. 15

16 **bb) Gewinnthesaurierung.** Die Minderheitsgesellschafter sind weiter schutzbedürftig im Hinblick auf die bilanzpolitischen Spielräume bei der Feststellung des Jahresabschlusses und die Wirkung dieser Entscheidung auf die Ergebnisverwendung (→ Rn. 11). Der Mehrheitsgesellschafter ist häufig in Form eines Geschäftsführergehalts an dem Ergebnis des Gesellschaftsunternehmens beteiligt. Der Minderheitsgesellschafter kann dagegen eine laufende Rendite regelmäßig nur durch die Gewinnausschüttung realisieren. Werden im Jahresabschluss aber in einem Umfang **stille Reserven** gebildet (→ Rn. 11), dass kein Jahresüberschuss mehr auszuweisen ist, kommt es erst gar nicht zu einer Beschlussfassung über eine Gewinnausschüttung. Der BGH hat in älteren Urteilen angenommen, dass bei der Feststellung des Jahresabschlusses von bilanzpolitischen Spielräumen im Grundsatz unbeschränkt Gebrauch gemacht werden dürfe. Die Grenze soll erst bei einer sittenwidrigen Bilanzmanipulation erreicht sein (BGH 25.5.1970, WM 1970, 1165; BGH 14.2.1974, WM 1974, 392 (393)). Seitdem aber die Rspr. gesellschaftsrechtliche **Treuepflichten** auch im Verhältnis der Gesellschafter untereinander anerkennt (BGH 5.6.1975, BGHZ 65, 15 (18 f.) = NJW 1976, 191 – ITT; → § 14 Rn. 98 ff.), geht die hM weiter. So wird verlangt, dass die Gesellschaftermehrheit nicht nur das Interesse der Gesellschaft an einer Verstärkung der Eigenkapitalbasis berücksichtigt, sondern ebenso auch das Interesse der Minderheit an einer Gewinnausschüttung (UHL/*Müller* Rn. 42 ff.; Scholz/*Verse* Rn. 13; ebenso für das Personengesellschaftsrecht BGH 29.3.1996, BGHZ 132, 263 (276 f.) = NJW 1996, 1678). Dieses Interesse ist gewahrt, wenn die einzelnen Bilanzansätze vernünftigen kaufmännischen Erwägungen entsprechen, was nachvollziehbar von der Gesellschaft begründet werden muss OLG Brandenburg 31.3.2009, ZIP 2009, 1955 (1948)). Daraus ergibt sich eine besondere Informationspflicht der Geschäftsführer (UHL/*Müller* Rn. 46). Eine Verletzung dieser Pflichten berechtigen den Minderheitsgesellschafter analog § 257 Abs. 1 S. 1 AktG zur Anfechtung des Feststellungsbeschlusses (Scholz/*Verse* Rn. 25). Im Rahmen der Anfechtungsklage obliegt die Darlegungs- und **Beweislast** dafür, dass die Gesellschaft aus den von ihr vorgetragenen Umständen kein Thesaurierungsinteresse herleiten kann, dem klagenden Gesellschafter (*Fleischer/Trinks* NZG 2015, 289 (292)). Zur Treuepflicht bei dem Ergebnisverwendungsbeschluss → Rn. 44.

17 **cc) Besonderheiten im Konzern.** Im Konzern und in einfachen Abhängigkeitsverhältnissen können die Geschäftsführer der Muttergesellschaft **Gewinne der Tochtergesellschaften** bei diesen thesaurieren, indem sie als Vertreter der Muttergesellschaft in den Gesellschafterversammlungen der Töchter eine entsprechende Rücklagenbildung beschließen. Auf diese Weise können sie die Gesellschafter der Muttergesellschaft **„aushungern".** Das ist unproblematisch, wenn lediglich Scheingewinne aus konzerninternen Geschäften thesauriert werden. Die Geschäftsführer haben aber auch darüber hinaus ein weites **Ermessen,** aus kaufmännischen Gründen die Eigenkapitalbasis der Tochtergesellschaften zu stärken (*Henssler* FS Zöllner, 1998, 203 (218 ff.)). Selbst wenn sie diese Ermessensgrenze überschreiten und aus sachfremden Gründen Gewinne bei den Töchtern thesaurieren, ist der Jahresabschluss der Muttergesellschaft deshalb nicht fehlerhaft. Denn darin dürfen keine Gewinnansprüche gegen Tochtergesellschaften ausgewiesen werden, wenn in den Tochtergesellschaften beschlossen wird, keine (oder nur geringere) Gewinne auszuschütten (BGH 15.1.2007, BGHZ 170, 283 Rn. 26 f. = NJW 2007, 1685 – Otto). Da die Muttergesellschaft durch die Gewinnthesaurierung bei den Töchtern keinen Schaden erleidet, haften die Geschäftsführer auch nicht aus § 43 Abs. 2 auf Schadensersatz. Die (Minderheits-) Gesellschafter der Muttergesellschaft können eine missbräuchliche Gewinnthesaurierung bei den Tochtergesellschaften nur dadurch verhindern, dass sie die Gesellschafterversammlung veranlassen, den Geschäftsführern durch Beschluss mit einfacher Mehrheit die **Weisung** zu erteilen, in den Gesellschafterversammlungen der Tochtergesellschaften für eine Gewinnausschüttung zu stimmen (UHL/*Müller* Rn. 98). Der Mehrheitsgesellschafter kann aufgrund der gesellschaftsrechtlichen Treuepflicht gehalten sein, einem solchen Verlangen zuzustimmen (→ § 14 Rn. 104 ff.).

18 Die Gesellschafter der Muttergesellschaft können auch dann in ihrer Dividendenerwartung enttäuscht werden, wenn der Gewinn der Tochtergesellschaft zwar ausgeschüttet, aber erst zeitversetzt im Jahresabschluss der Muttergesellschaft ausgewiesen wird. Dieses Problem entsteht hauptsächlich dann, wenn die Geschäftsjahre beider Gesellschaften deckungsgleich sind. Da der Gewinnanspruch der Muttergesellschaft einen Gewinnverwendungsbeschluss bei der Tochtergesellschaft voraussetzt (→ Rn. 51), kann er an sich erst in dem Jahresabschluss des Folgejahres aktiviert werden. Dann aber kann dieser Gewinn auch erst im Folgejahr an die Gesellschafter der Muttergesellschaft ausgeschüttet werden. Der BGH nimmt an, dass bei deckungsgleichen Geschäftsjahren eine **„phasengleiche" Aktivierung** des Gewinnanspruchs der Muttergesellschaft nicht nur zulässig, sondern grundsätzlich auch geboten ist, wenn die Gesellschafterversammlung der abhängigen Gesellschaft den Gewinnverwendungsbeschluss gefasst hat, bevor die Prüfung des Jahresabschlusses der Muttergesellschaft abgeschlossen ist (BGH 12.1.1998, BGHZ 137, 378 (380 ff.) = NJW 1998, 1559 – Tomberger; bei einer abhängigen AG genügt ein Gewinnverwendungsvorschlag für ein Aktivierungswahlrecht – BGH 3.11.1975, BGHZ 65, 230 (234 ff.) –, wohl aber auch für eine Aktivierungspflicht; anders für das Steuerrecht BFH 7.8.2000, NJW 2000, 3804; BFH 7.2.2007, DStR 2007, 1342; zur Rechtslage nach dem durch das BilRUG v. 17.7.2015 eingefügten § 272 Abs. 5 HGB s. *Zwirner* BB-Beil. Heft 6/2015, 10 f.). Damit ist für den

Schutz der (Minderheits-)Gesellschafter der Muttergesellschaft jedoch wenig gewonnen. Denn die Geschäftsführer haben im Regelfall die Möglichkeit, die Beschlussfassung bei der Tochtergesellschaft so lange hinauszuzögern, bis die Abschlussprüfung bei der Muttergesellschaft abgeschlossen ist. Eine befriedigende Lösung dieses und des Problems der Gewinnthesaurierung bei den Tochtergesellschaften (→ Rn. 17) ließe sich erreichen, wenn man bei der Gewinnausschüttung auf den Konzernabschluss abstellen würde, der den Vermögensstand des Gesamtkonzerns abbildet (*Henssler* FS Zöllner, 1998, 203 (229 ff.); UHL/*Müller* Rn. 90).

2. Ausschüttungsfähiger Gewinn. a) Einfluss der Bilanzierung. Aus dem festgestellten Jahresabschluss ergibt sich das ausschüttungsfähige Ergebnis der Unternehmenstätigkeit des abgelaufenen Geschäftsjahres. Dabei unterscheidet § 29 Abs. 1 zwischen dem Jahresüberschuss (S. 1) und dem Bilanzgewinn (S. 2). Welche der beiden Alternativen zur Anwendung kommt, hängt von der Art der Bilanzierung ab. Wird die Bilanz unter Berücksichtigung der teilweisen Ergebnisverwendung aufgestellt oder werden Rücklagen aufgelöst, ist der Bilanzgewinn maßgebend, ansonsten der Jahresüberschuss. Anders als bei der AG nach § 158 AktG wird der Jahresabschluss bei der GmbH im gesetzlichen Regelfall ohne (neue) Gewinn- oder Verlustvorträge und ohne Veränderung der Rücklagen auf- und festgestellt. Deshalb gibt es in diesen Fällen auch keinen Bilanzgewinn (s. § 275 HGB). Durch Gesellschaftsvertrag kann etwas anderes vereinbart werden. Auf die Einzahlung des Stammkapitals kommt es für die Gewinnverteilung grundsätzlich nicht an (Baumbach/Hueck/*Kersting* Rn. 51). Ein Jahresüberschuss oder Bilanzgewinn kann auch entstehen, wenn das Stammkapital noch nicht vollständig eingezahlt ist (zur UG → Rn. 21). 19

b) Jahresüberschuss (Abs. 1 S. 1). aa) Gewinn-/Verlustvortrag. Der im Jahresabschluss ausgewiesene Jahresüberschuss ist gem. § 29 Abs. 1 S. 1 zu ergänzen um einen etwaigen Gewinnvortrag und zu vermindern um einen etwaigen Verlustvortrag. Damit setzt sich das Ergebnis der vorangegangenen Geschäftsjahre in das abzurechnende Geschäftsjahr fort. Ein Gewinnvortrag ist nicht zwingend auszuschütten. Er kann vielmehr weiter vorgetragen werden und hat dann die Funktion einer Rücklage (→ Rn. 38). 20

bb) Rücklagen und Ausschüttungsbeschränkungen. Von dem so errechneten Jahresergebnis sind die nach **Gesetz** von der Verteilung unter die Gesellschafter ausgeschlossenen Beträge abzuziehen. Davon werden gesetzliche Rücklagen und Ausschüttungsverbote oder -begrenzungen erfasst. Anders als im Aktienrecht – dort § 150 AktG – gibt es im GmbH-Recht nur wenige solcher Beschränkungen. Eine **gesetzliche Rücklage** ist für Anteile an einem herrschenden oder mit Mehrheit beteiligten Unternehmen nach § 272 Abs. 4 HGB und bei der UG (haftungsbeschränkt) nach § 5a Abs. 3 zu bilden (→ § 5a Rn. 1 ff.). Eine weitere Ausschüttungsbeschränkung besteht nach **§ 268 Abs. 8 HGB** bei selbst geschaffenen immateriellen Vermögensgegenständen, bei aktiven latenten Steuern, sofern sie die angesetzten passiven latenten Steuern übersteigen, sowie bei bestimmten Überschüssen aus der Verbuchung von Vermögensgegenständen, die der Erfüllung von Altersversorgungspflichten dienen, soweit diese Vermögensgegenstände jeweils in der Bilanz ausgewiesenen sind. Insoweit ordnet § 268 Abs. 8 HGB die Sperrung vorhandener Rücklagen bzw. die Bildung einer neuen Zwangsrücklage an, um die durch das BilMoG erweiterte Informationsfunktion des Jahresabschlusses mit dem bei der Gewinnausschüttung geltenden Vorsichtsprinzip in Einklang zu bringen(zum Ganzen s. *Mylich* ZHR 181 (2017), 87). 21

Weiter sind von dem Jahresergebnis nach § 29 Abs. 1 S. 1 die nach dem **Gesellschaftsvertrag** von der Verteilung ausgeschlossenen Beträge abzuziehen. Das spielte vor Inkrafttreten des BiRiLiG zum 1.1.1986 in der Praxis eine größere Rolle. Da nach § 29 aF ein Anspruch auf Vollausschüttung bestand, der nicht – wie nach § 29 nF – mit einfacher Mehrheit der Gesellschafter zu Fall gebracht werden konnte (→ Rn. 6), bestand ein Bedürfnis nach einer satzungsmäßigen Einschränkung dieses Rechts. Nach Inkrafttreten des BiRiLiG besteht eher das umgekehrte Bedürfnis, die Thesaurierungsmöglichkeiten der Mehrheit durch Satzungsregelungen zu beschränken (*K. Schmidt* FS Doralt, 2004, 597 (600 ff.)). Aber auch heute haben Satzungsklauseln, durch die eine bestimmte Thesaurierung vorgeschrieben wird, noch ihren guten Sinn (Bsp. bei *Hommelhoff/Hartmann/Hillers* DNotZ 1986, 323 (326 ff.)). 22

cc) Zusätzlicher Aufwand/Ertrag. Schließlich ist nach § 29 Abs. 1 S. 1 noch der **zusätzliche Aufwand** aufgrund des Beschlusses über die Ergebnisverwendung von dem Jahresergebnis abzuziehen. Ein solcher zusätzlicher Aufwand entsteht, wenn von der Höhe des ausgeschütteten Gewinns Verbindlichkeiten der Gesellschaft abhängen und die Gesellschafterversammlung beschließt, mehr auszuschütten, als in dem Jahresabschluss bei der Berechnung dieser Verbindlichkeiten veranschlagt ist. Dann kommt es zwangsläufig zu einer zu niedrigen Ausweisung der Verbindlichkeiten im Jahresabschluss, sodass der ausgewiesene Jahresüberschuss für die Ergebnisverwendung entsprechend zu korrigieren ist. Klassisches Bsp. ist eine den Geschäftsführern geschuldete **Tantieme,** die sich nicht am Bilanzergebnis, sondern an der Höhe des ausgeschütteten Gewinns orientiert. Dem zusätzlichen Aufwand entspricht ein **zusätzlicher Ertrag,** der entstehen kann, wenn die Gewinnausschüttung hinter der Annahme des Jahresabschlusses zurückbleibt. Er ist zu dem Jahresergebnis hinzuzurechnen. 23

24 **c) Bilanzgewinn (Abs. 1 S. 2). aa) Berücksichtigung der Ergebnisverwendung.** Wird der Jahresabschluss unter Berücksichtigung der **teilweisen Ergebnisverwendung** aufgestellt, ist gem. § 29 Abs. 1 S. 2 der Bilanzgewinn – an Stelle des Jahresüberschusses – die Grundlage für den Ergebnisverwendungsbeschluss. Das ist eine zwingende Folge der bilanzrechtlichen Regelung in **§ 268 Abs. 1 HGB.** Danach tritt in der Bilanz an die Stelle des Jahresüberschusses/Jahresfehlbetrags und des Gewinnvortrags/Verlustvortrags der Bilanzgewinn/Bilanzverlust. Die GuV ist gem. § 270 Abs. 2 HGB, § 275 Abs. 4 HGB nach dem erweiterten Schema des § 158 Abs. 1 AktG aufzustellen. Danach sind nach dem Jahresüberschuss/Jahresfehlbetrag und dem Gewinnvortrag/Verlustvortrag die Einstellungen in Gewinnrücklagen (§ 272 Abs. 3 HGB) in der GuV oder im Anhang auszuweisen. Das Ergebnis dieses Zahlenwerks ist der Bilanzgewinn/Bilanzverlust. **Einstellungen in Kapitalrücklagen** und in die Rücklage für Anteile am herrschenden oder mit Mehrheit beteiligten Unternehmen nach **§ 272 Abs. 4 HGB** gehören nicht zur Ergebnisverwendung. Da aber gem. § 275 Abs. 4 HGB jede Veränderung der Kapital- oder Gewinnrücklagen erst nach dem Posten Jahresüberschuss/Jahresfehlbetrag ausgewiesen werden darf, führen sie ebenfalls dazu, dass nach § 29 Abs. 1 S. 2 für den Gewinnverwendungsbeschluss der Bilanzgewinn maßgeblich ist (Baumbach/Hueck/*Schulze-Osterloh,* 18. Aufl. 2006, § 42 Rn. 224). Zu den Entnahmen aus Rücklagen → Rn. 26.

25 Nach hM ändert § 29 Abs. 1 S. 2 nichts an der Zuständigkeit der **Gesellschafterversammlung** für die Entscheidung über die Feststellung des Jahresabschlusses und die Ergebnisverwendung nach § 46 Nr. 1 (MüKoGmbHG/*Ekkenga* Rn. 35). Der von den Geschäftsführern aufgestellte Jahresabschluss ist lediglich ein Entwurf. Er wird erst verbindlich mit der Feststellung durch die Gesellschafter oder das nach der Satzung sonst zuständige Organ. Folglich **verschiebt** sich nur ein Teil der Entscheidung über die Ergebnisverwendung von dem Ergebnisverwendungsbeschluss auf den Abschlussfeststellungsbeschluss. Das ist dann bedeutsam, wenn nach der Satzung ein anderes Organ als die Gesellschafterversammlung für die Feststellung des Jahresabschlusses zuständig ist. Auf jeden Fall sind bei der Entscheidung über die – teilweise oder volle – Ergebnisverwendung die aus der gesellschaftsrechtlichen **Treuepflicht** folgenden Grenzen für eine Gewinnthesaurierung zu beachten (→ Rn. 16). Im Übrigen hat die Gesellschafterversammlung das Recht, einen Teil des Bilanzgewinns zusätzlich in die Gewinnrücklage einzustellen.

26 **bb) Auflösung von Rücklagen.** Die Entnahme aus einer Rücklage ist keine Ergebnisverwendung. Sie kann aber gem. § 270 Abs. 2 HGB, § 275 Abs. 4 HGB dazu führen, dass im Jahresabschluss ein Bilanzgewinn auszuweisen ist. Deshalb ordnet § 29 Abs. 1 S. 2 auch für diesen Fall an, dass an Stelle des Jahresüberschusses und des Gewinnvortrags/Verlustvortrags der Bilanzgewinn tritt. Zuständig für die Entscheidung über die Auflösung von Rücklagen ist wiederum – vorbehaltlich entgegenstehender Satzungsbestimmungen – die Gesellschafterversammlung (MüKoGmbHG/*Ekkenga* Rn. 35). Die Geschäftsführer können bei der Aufstellung des Jahresabschlusses nur Vorschläge machen. Im Gesellschaftsvertrag kann etwas anderes vereinbart sein. Ist danach für die Abschlussfeststellung ein anderes Organ zuständig als für die Entscheidung über die Ergebnisverwendung, stellt sich die Frage, welches Organ über die Auflösung von Rücklagen zu entscheiden hat. Nach der Systematik des § 29 Abs. 1 spricht mehr für eine Zuständigkeit iRd Abschlussfeststellung (Baumbach/Hueck/*Kersting* Rn. 9; aA *Crezelius* FS 100 Jahre GmbHG, 1992, 315 (329 f.)). Das für die Entscheidung über die Ergebnisverwendung zuständige Organ kann aber sogleich wieder eine neue Rücklage bilden.

27 **d) Wertaufholungen (Abs. 4). aa) Bedeutung.** Nach Abs. 4 – inhaltsgleich mit § 58 Abs. 2a AktG – kann der Eigenkapitalanteil von bestimmten Wertaufholungen und steuerrechtlich begründeten Passivposten in andere Gewinnrücklagen eingestellt werden. Die Bedeutung dieser Norm liegt darin, dass sie einerseits für **Altgesellschaften** (→ Rn. 6) eine Ausnahme von dem Vollausschüttungsgebot nach § 29 aF begründet und andererseits für Neugesellschaften, die in ihrer Satzung eine **Vollausschüttung** vorsehen, davon eine Abweichung zulässt. Für den Regelfall einer Neugesellschaft, die sich an dem Grundsatz der Mehrheitsentscheidung über die Gewinnverwendung iSd § 29 nF orientiert, ist sie ohne Bedeutung (Scholz/*Verse* Rn. 98, 100). Die Norm ist **dispositiv.** Eine allgemeine Gewinnverwendungsabrede genügt aber noch nicht, um sie abzubedingen (Baumbach/Hueck/*Kersting* Rn. 18). Ist in der Satzung vorgesehen, dass ein bestimmter Betrag oder Prozentsatz des Jahresergebnisses in die Rücklage einzustellen ist, wird die Rücklage nach Abs. 4 darauf nicht angerechnet (*Hommelhoff* ZGR 1986, 418 (437)).

28 **bb) Wertaufholungen.** Wertaufholungen iSv § 29 Abs. 4, **§ 253 Abs. 5 S. 1 HGB** entstehen, wenn Vermögensgegenstände des Anlage- oder Umlaufvermögens außerplanmäßig abgeschrieben worden sind und ihr Wert in einer nachfolgenden Rechnungsperiode wieder steigt. Dann muss diese Werterhöhung bis zur Grenze der Anschaffungs- oder Herstellungskosten abzüglich der planmäßigen Abschreibungen wieder zugeschrieben werden (Baumbach/Hopt/*Merkt* HGB § 253 Rn. 31 f.). Dadurch entstehen sonstige betriebliche Erträge iSd § 275 Abs. 2 Nr. 4, Abs. 3 Nr. 6 HGB (BeBiKo/*Winkeljohann/Taetzner* HGB § 253 Rn. 649 ff.), die das Jahresergebnis erhöhen und damit an sich zur Gewinnverwendung bereitstehen. Im Interesse der Eigenkapitalstärkung der Gesellschaft darf der Eigenkapitalanteil der Wert-

aufholung jedoch unbeschadet der sonst geltenden Gewinnverwendungsregeln in eine andere Gewinnrücklage iSd § 272 Abs. 3 S. 2 HGB eingestellt werden. Eigenkapitalanteil ist dabei die Differenz zwischen dem Gesamtwert der Wertaufholung und der darin enthaltenen Steuerbelastung. Zur Rechtslage bei einem Jahresfehlbetrag → Rn. 31.

cc) Steuerrechtliche Passivposten. Daneben betrifft Abs. 4 nach § 6 GmbH-EG v. 17.7.2015 für die bis 31.12.2015 beginnenden Geschäftsjahre die bei der steuerrechtlichen Gewinnermittlung gebildeten Passivposten, die in der Handelsbilanz nicht ausgewiesen werden dürfen, etwa die steuerliche Rücklage nach § 6b Abs. 3 EStG bei Veräußerungsgewinnen (UHL/*Müller* Rn. 176). Nach § 247 Abs. 3 HGB aF, § 273 HGB aF waren davon nur die Fälle erfasst, in denen das Steuerrecht die Anerkennung des Wertansatzes nicht davon abhängig machte, dass der Sonderposten in der Handelsbilanz gebildet worden war. Nach Aufhebung der § 247 Abs. 3 HGB, § 273 HGB und des Grundsatzes der umgekehrten Maßgeblichkeit der Steuerbilanz durch das BilMoG hatte Abs. 4 einen größeren Anwendungsbereich. Die Vorschrift ist durch das BilRUG aufgehoben worden. 29

dd) Zuständigkeit und Grenzen. Trotz der missverständlichen Formulierung des Abs. 4 ist die grundsätzliche Zuständigkeitsordnung für die Aufstellung und Feststellung des Jahresabschlusses und die Entscheidung über die Gewinnverwendung auch in diesem Fall nicht aufgehoben. Es bleibt dabei, dass die Geschäftsführer den Jahresabschluss lediglich aufstellen, also einen unverbindlichen Vorschlag machen, und die Gesellschafterversammlung – oder das sonst in der Satzung dafür vorgesehene Organ – über die Feststellung des Jahresabschlusses und die Gewinnverwendung entscheidet (*Hommelhoff* ZGR 1986, 419 (434 ff.)). Auch sind die Geschäftsführer bei der Aufstellung des Jahresabschlusses an die Weisungen der Gesellschafter gebunden (zu den Ausnahmen → Rn. 9). Ist ein Aufsichtsrat vorhanden, muss er gehört werden. Aber auch insoweit bleibt es bei der Letztentscheidung der Gesellschafterversammlung. 30

Umstritten ist, ob die Rücklage nach Abs. 4 nur dann gebildet werden darf, wenn ein ausreichender Jahresüberschuss vorhanden ist. Die – jedenfalls noch – hM nimmt das an, lässt aber – überwiegend – eine nachgeholte Rücklagenbildung in einem späteren Jahr mit positivem Ergebnis zu (Scholz/*Emmerich,* 10. Aufl. 2006, Rn. 48a). Vorzuziehen ist die Gegenmeinung, nach der die Rücklage auch in einem Verlustjahr gebildet werden darf (Scholz/*Verse* Rn. 102; UHL/*Müller* Rn. 178). Es sprechen keine überzeugenden Gründe dagegen. Deshalb ist die Hilfskonstruktion der nachgeholten Rücklage in einem Jahr, in dem der entsprechende Aktivposten gar nicht entstanden ist, unnötig. Nach der hier vertretenen Meinung entsteht ggf. ein Verlustvortrag, der – im Ergebnis wie nach der Gegenmeinung – zu einem entsprechend geringeren Gewinn in den Folgejahren führt. 31

IV. Beschluss über Ergebnisverwendung (Abs. 2)

1. Bedeutung. Nach § 29 Abs. 2, § 42a Abs. 2 S. 1, § 46 Nr. 1 ist neben der Feststellung des Jahresabschlusses gesondert über die Verwendung des sich daraus ergebenden Jahresergebnisses zu beschließen. Während die Abschlussfeststellung im Grundsatz eine Maßnahme der Rechnungslegung ist, also das abgelaufene Geschäftsjahr betrifft, geht es bei dem Verwendungsbeschluss um die in die Zukunft gerichtete Entscheidung, welcher Teil des Jahresergebnisses der Gesellschaft zur Stärkung ihrer **Eigenkapitalbasis** verbleiben soll und welcher Teil an die Gesellschafter ausgeschüttet werden soll. Freilich ist diese Grenze fließend, weil auch schon bei der Feststellung des Jahresabschlusses Entscheidungen über die Ergebnisverwendung getroffen werden können (→ Rn. 11). Wird dabei der **gesamte Jahresüberschuss** zuzüglich des etwaigen Gewinnvortrags **in Rücklagen** eingestellt, bedarf es keines Ergebnisverwendungsbeschlusses mehr. Das Gleiche gilt, wenn ein Jahresfehlbetrag erwirtschaftet worden ist. Ansonsten ist der Ergebnisverwendungsbeschluss Voraussetzung für die **Entstehung der Gewinnansprüche** der Gesellschafter (BGH 12.1.1998, BGHZ 137, 378 (381) = NJW 1998, 1559 – Tomberger; BGH 14.9.1998, BGHZ 139, 299 (302 f.) = NJW 1998, 3646; BGH 30.6.2004, NJW-RR 2004, 1343 (1344) = ZIP 2004, 1551; OLG Koblenz 15.10.2013, NZG 2014, 998 = ZIP 2013, 2325; UHL/*Müller* Rn. 74; → Rn. 51), und zwar auch dann, wenn im Gesellschaftsvertrag eine Vollausschüttung vorgeschrieben ist (Scholz/*Verse* Rn. 38; aA Lutter/Hommelhoff/*Hommelhoff* Rn. 18). Nach der Gegenmeinung soll der Gewinnanspruch schon mit der Feststellung des Jahresabschlusses entstehen und bei pflichtwidriger Verzögerung oder Verweigerung des Ergebnisverwendungsbeschlusses automatisch fällig werden (*Hommelhoff* FS Rowedder, 1994, 171 (176 ff.); MHdB GesR III/*Priester* § 57 Rn. 20 ff.; dagegen *Bork/Oepen* ZGR 2002, 241 (259 f.); *Arnold,* Der Gewinnauszahlungsanspruch des GmbH-Minderheitsgesellschafters, 2001, 69 ff., 87 ff.). Dieser Auffassung ist nicht zu folgen. Sie würde zu dem unangemessenen Ergebnis führen, dass die Gesellschafterversammlung gehindert wäre, nach Ablauf der in § 42a Abs. 2 genannten Fristen noch einen Ergebnisverwendungsbeschluss zu fassen (→ Rn. 34). Der Ergebnisverwendungsbeschluss kann – wenn alle Gesellschafter einverstanden sind – auch mit dem Abschlussfeststellungsbeschluss verbunden werden (Scholz/*Verse* Rn. 38). Häufig werden die beiden Beschlüsse zumindest zeitgleich gefasst. Erst wenn über die Ergebnisverwendung entschieden ist, können die Gewinnansprüche der Gesellschafter in deren ggf. zu erstellender Bilanz **aktiviert** werden. Umge- 32 kehrt sind diese Ansprüche dann in der Buchführung der Gesellschaft zu **passivieren,** mindern also das Eigenkapital (zum Sonderfall der phasengleichen Bilanzierung im Konzern → Rn. 18). Die durch den Ergebnisverwendungsbeschluss entstandenen Gewinnansprüche der Gesellschafter können – auch durch Satzungsänderung – **nicht** mehr **entzogen** werden (UHL/*Müller* Rn. 114).

33 **2. Wirksamkeitsvoraussetzungen. Zuständig** für die Fassung des Beschlusses über die **Ergebnisverwendung** sind nach § 46 Nr. 1 die **Gesellschafter.** Dabei kommt es darauf an, wer zum Zeitpunkt der Beschlussfassung gem. § 16 Abs. 1 der Gesellschaft gegenüber als Gesellschafter gilt. Ob der Gewinn diesem Gesellschafter auch zusteht – oder etwa einem Nießbraucher, einem Zessionar (→ Rn. 52) oder dem Veräußerer des Geschäftsanteils nach § 101 Nr. 2 BGB (→ Rn. 53) –, ist unerheblich. Ebenso ist ein Gesellschafter stimmberechtigt, der gänzlich vom Gewinnbezug ausgeschlossen ist (Rowedder/Schmidt-Leithoff/*Pentz* Rn. 104). Im **Gesellschaftsvertrag** kann die Zuständigkeit einem anderen Organ zugewiesen werden, etwa dem Aufsichtsrat, einem Beirat oder einem Gesellschafterausschuss. Einem gesellschaftsfremden Dritten kann diese Kompetenz dagegen nur in sehr engen Grenzen übertragen werden, da sie den Kern der Gesellschafterrechte betrifft (*Hommelhoff/Priester* ZGR 1986, 463 (499 ff.)). Allerdings kann bei Uneinigkeit der Gesellschafter eine **Schiedsstelle** mit der Entscheidung über die Ergebnisverwendung betraut werden. Gegen deren Spruch ist wie bei einem Gesellschafterbeschluss die Anfechtungs- und Nichtigkeitsklage möglich (BGH 25.2.1965, BGHZ 43, 261 = NJW 1965, 1378). Zu weiteren Einzelheiten s. die Kommentierung zu § 47 (→ § 47 Rn. 1 ff.). Ist nur die Kompetenz für die Feststellung des Jahresabschlusses, nicht aber auch die für die Entscheidung über die Ergebnisverwendung auf ein anderes Organ übertragen, dürfen bei der Abschlussfeststellung keine Rücklagen gebildet werden. Ein dagegen verstoßender Beschluss ist analog § 256 Abs. 1 Nr. 4, Abs. 6 AktG nichtig (UHL/*Müller* Rn. 68).

34 Der Beschluss über die Ergebnisverwendung bedarf – falls in der Satzung nicht anders geregelt – gem. § 47 Abs. 1 lediglich der **einfachen Mehrheit** der abgegebenen Stimmen. Er ist innerhalb der **Fristen** aus § 42a Abs. 2 S. 1 zu fassen. Bei Fristversäumung kann er aber nachgeholt werden (Scholz/*Verse* Rn. 39). Zu den Möglichkeiten, einen Verwendungsbeschluss zu erzwingen, → Rn. 43.

35 Eine Gewinnausschüttung kann auch dann beschlossen werden, wenn die Gesellschaft nicht ausreichend liquide ist und deshalb für die Auszahlungen einen Kredit aufnehmen muss (MHdB GesR III/*Priester* § 57 Rn. 56). Das Gleiche gilt, wenn durch die beschlossene Gewinnausschüttung im Zeitpunkt der Beschlussfassung die Stammkapitalziffer unterschritten würde und daher **§ 30 Abs. 1** verletzt wäre (BGH 23.6.1997, BGHZ 136, 125 (129 f.) = NJW 1997, 2599; BFH 7.11.2001, DStRE 2002, 380 (381) = GmbHR 2002, 337). Das kann passieren, wenn sich die Vermögenslage der Gesellschaft in der Zeit zwischen dem Ablauf des Geschäftsjahres und dem Beschluss über die **Ergebnisverwendung** verschlechtert hat. Dann darf die beschlossene **Gewinnausschüttung** erst vollzogen werden, wenn wieder genügend freies Vermögen vorhanden ist (→ Rn. 54, auch zu dem Fall, dass die Unterbilanz erst nach dem **Gewinnverwendungsbeschluss** entsteht). Beruht der Verstoß gegen § 30 dagegen auf einem Fehler im Jahresabschluss, ist dieser analog § 256 AktG nichtig (MüKoAktG/*Koch* AktG § 256 Rn. 83), was auch die Nichtigkeit des Verwendungsbeschlusses zur Folge hat (→ Rn. 45).

36 Der Verwendungsbeschluss muss grundsätzlich das **gesamte Jahresergebnis** umfassen. Wird nur über die Verwendung eines Teils des Ergebnisses beschlossen, kann im Wege der Auslegung anzunehmen sein, dass der Rest als Gewinn vorgetragen werden soll. Andernfalls ist der Beschluss anfechtbar (Scholz/*Verse* Rn. 43). Beschließt die Gesellschafterversammlung dagegen, **mehr** als das Jahresergebnis auszuschütten, ist das grundsätzlich unbedenklich. Bei der Auszahlung ist aber die Sperre des § 30 zu beachten (BGH 29.8.2008, NJW 2009, 68 Rn. 8; hinsichtlich der Wirksamkeit des Beschlusses offen gelassen von BFH 29.4.2009, NZG 2009, 1039).

37 **3. Möglichkeiten der Ergebnisverwendung. a) Gewinnrücklagen.** Nach § 29 Abs. 2, § 46 Nr. 1 können die Gesellschafter das Jahresergebnis ganz oder teilweise. in Gewinnrücklagen einstellen. Sie müssen es, soweit die Rücklagen durch Gesetz oder Satzung vorgeschrieben sind (→ Rn. 21). Im Übrigen handelt es sich um andere – freiwillige – Gewinnrücklagen gem. § 266 Abs. 3 A III 4 HGB. Sind bei der Feststellung des Jahresabschlusses allerdings Kapitalrücklagen iSd § 266 Abs. 3 A II HGB aufgelöst worden, sind diese Beträge ggf. wieder in Kapitalrücklagen einzustellen (UHL/*Müller* Rn. 65). Das Jahresergebnis kann auch dann in – zusätzliche – freiwillige Rücklagen eingestellt werden, wenn schon bei der **Abschlussfeststellung** solche Rücklagen gebildet worden sind. Die Gesellschafter sind grundsätzlich frei in ihrer Entscheidung über die Rücklagenbildung. Grenzen können sich nur aus dem Gesichtspunkt des **Minderheitenschutzes** ergeben (→ Rn. 16, → Rn. 44). Um die damit verbundenen Schwierigkeiten zu vermeiden, empfiehlt es sich, im Gesellschaftsvertrag Regelungen über die Gewinnverwendung zu treffen (→ Rn. 41 f.).

38 **b) Gewinnvortrag.** Gewinn, der nicht in Rücklagen eingestellt wird, kann als Gewinnvortrag in das folgende Geschäftsjahr übertragen werden. Der Unterschied besteht darin, dass zur Auflösung einer Rücklage ein Beschluss iRd Abschlussfeststellung erforderlich ist, während über das Schicksal des Gewinnvortrags iRd nächstjährigen Ergebnisverwendung zu beschließen ist (BGH 10.11.2009, NZG

2009, 1438 Rn. 4; OLG Nürnberg 9.7.2008, DB 2008, 2415 (2420 f.); OLG Koblenz 5.10.2013, NZG 2014, 998 (999)) mit allerdings zw. Ausführungen zur Verjährung). Das kann bedeutsam werden, wenn nach dem Gesellschaftsvertrag unterschiedliche Organe für die beiden Entscheidungen zuständig sind oder das Quorum unterschiedlich geregelt ist. Über den Gewinnvortrag kann dann **leichter verfügt** werden als über die in Rücklagen eingestellten Beträge. Deshalb bietet sich der Gewinnvortrag vor allem dann an, wenn damit zu rechnen ist, dass der Betrag im folgenden Geschäftsjahr ausgeschüttet werden soll. Ein Gewinnvortrag kann jedoch auch mehrfach vorgetragen werden. Für den Minderheitenschutz gilt das Gleiche wie bei den Rücklagen (→ Rn. 37), da in beiden Fällen Gewinn thesauriert wird.

c) Gewinnausschüttung. Schließlich kann – und muss – das Jahresergebnis an die Gesellschafter 39 ausgeschüttet werden, wenn und soweit es nicht in Rücklagen eingestellt oder als Gewinn vorgetragen wird. Dieser Wert ist nur noch zu korrigieren um den **zusätzlichen Aufwand oder Ertrag,** der entsteht, wenn andere Ansprüche – etwa Tantiemen – von dem Umfang des ausgeschütteten Gewinns abhängen und dieser Umfang bei der Bilanzierung der Ansprüche anders veranschlagt worden ist, als er sich aus dem nachfolgenden Ergebnisverwendungsbeschluss ergibt. Deshalb empfiehlt es sich, in derartigen Fällen schon bei der Feststellung des Jahresabschlusses festzulegen, welcher Teil des Jahresergebnisses ausgeschüttet werden soll.

d) Verrechnung mit Gesellschafterschulden. Ein Sonderfall der Gewinnausschüttung ist die Ver- 40 rechnung mit Schulden der Gesellschafter gegenüber der Gesellschaft. Besteht etwa für die Gesellschafter eine **Unterbilanzhaftung** (→ § 11 Rn. 32), können sie das Jahresergebnis damit verrechnen (BGH 16.1.2006, BGHZ 165, 391 (401 f.) = NJW 2006, 1594). Wirtschaftlich führt das zum gleichen Ergebnis wie eine Gewinnausschüttung mit anschließender Wiedereinzahlung zum Zwecke der Tilgung der Verbindlichkeit. Gemäß Abs. 3 sind dabei alle Gesellschafter **gleich zu behandeln.** Hat also ein Gesellschafter seine Vorbelastungsschuld schon getilgt, muss an ihn ein entsprechender Gewinn ausgeschüttet werden, wenn zugunsten der anderen Gesellschafter deren Vorbelastungsschuld erfüllt werden soll. Im Prinzip das Gleiche gilt bei einer Haftung aus §§ **31 Abs. 1, 3,** §§ **24, 26** oder aus einem sonstigen Rechtsgrund.

4. Abweichende Satzungsregeln. Da § 29 dispositiv ist, kann der Gesellschaftsvertrag abweichende 41 Regeln für die Ergebnisverwendung vorsehen. Das kann die **Zuständigkeit** betreffen (→ Rn. 33) und das **Quorum,** aber auch den Umfang des auszuschüttenden oder einzubehaltenden Gewinns. So kann im Gesellschaftsvertrag ein Anspruch auf **Vollausschüttung** verankert werden – wie nach § 29 in der Fassung vor Geltung des BiRiLiG. Dann ist eine Eigenfinanzierung der Gesellschaft nicht möglich. Das kann aber zu Fallkonstellationen führen, in denen die Gesellschafter aufgrund ihrer Treuepflicht gehalten sind, dennoch Gewinne einzubehalten (UHL/*Müller* Rn. 81). Möglich ist auch der **Ausschluss** jedes Gewinnanspruchs (aA KG 24.3.2014, NZG 2014, 668 (670)). Das ist bei gemeinnützigen Gesellschaften nach § 55 Abs. 1 Nr. 1 S. 2 AO, § 60 AO Voraussetzung für die steuerrechtliche Anerkennung. Zum Ausschluss einzelner Gesellschafter von der Gewinnverteilung → Rn. 48. In der Satzung kann auf einen gesonderten Ergebnisverwendungsbeschluss nach § 29 Abs. 2 auch verzichtet werden. Dann wird über die Gewinnverteilung bei Feststellung des Jahresabschlusses entschieden (Lutter/Hommelhoff/*Hommelhoff* Rn. 18).

Verbreitet – und sinnvoll – sind Regelungen über den **Umfang** einerseits der Rücklagen und 42 andererseits der auszuschüttenden Gewinnanteile. So kann vorgeschrieben werden, dass ein bestimmter Prozentsatz vom Jahresergebnis – ggf. bis zu einer bestimmten absoluten Höhe – in Rücklagen einzustellen ist. Dazu kann eine Mindestdividende festgelegt werden, etwa nach dem Vorbild des § 60 Abs. 2 AktG – Vorabausschüttung iHv 4 % der geleisteten Einlagen. Je nach dem Grad der Rücklagenbildung können auch unterschiedliche Mehrheitserfordernisse festgelegt werden (Bsp. bei *Hommelhoff/Hartmann/Hillers* DNotZ 1986, 323 (326 ff.); *K. Schmidt* FS Doralt, 2004, 597 (602 f.); Roth/Altmeppen/*Altmeppen* Rn. 19 ff.). Weicht der Gewinnverwendungsbeschluss davon ab, soll er unwirksam sein (OLG Dresden 9.11.2011, NZG 2012, 507 f.; aA – nur anfechtbar – Baumbach/Hueck/*Zöllner/Noack* § 53 Rn. 42 ff.; → § 53 Rn. 11).

5. Minderheitenschutz. a) Erzwingbarkeit des Gewinnverwendungsbeschlusses. Ebenso wie 43 der Beschluss über die Feststellung des Jahresabschlusses kann auch der Beschluss über die Ergebnisverwendung durch eine Sperrminorität in der Gesellschafterversammlung **verzögert** oder gar **verhindert** werden. Bei der Abschlussfeststellung steht dem einzelnen Gesellschafter dagegen – abgesehen von dem Anspruch auf Einberufung einer Gesellschafterversammlung – eine auf § 315 BGB gestützte Klage zu (str., → Rn. 13 ff.). Diese Lösung wird auch für den Verwendungsbeschluss vertreten (*Zöllner* ZGR 1988, 392 (416 f.); aA OLG Düsseldorf 29.6.2001, NZG 2001, 1085: Klage auf Fassung eines inhaltlich nicht bestimmten Beschlusses; ebenso für das Aktienrecht BGH 15.11.1993, BGHZ 124, 111 (123); MüKoAktG/*Bayer* AktG § 58 Rn. 99). Sie ist hier aber nicht erforderlich, weil den Minderheitsgesellschaftern auch auf einfachere Weise geholfen werden kann. Sie haben, wenn nicht etwas anderes beschlossen wird, einen Anspruch auf **Vollausschüttung.** Denn dieses Recht ist mit der Neufassung des § 29 durch das BiRiLiG nicht abgeschafft, sondern lediglich modifiziert worden (→ Rn. 7). Ist also die acht- bzw. elfmonatige Frist für die Fassung des Verwendungsbeschlusses aus § 42a Abs. 2 S. 1 abgelaufen, kann jeder Gesellschafter gegen die Gesellschaft im Wege der **Gestaltungsklage** oder gegen die Mitgesellschafter im Wege der **Leistungsklage** auf Fassung eines Beschlusses mit dem Inhalt einer Ausschüttung des gesamten festgestellten Jahresüberschusses bzw. Bilanzgewinns klagen (für Klage gegen Gesellschaft ebenso *Arnold,* Der Gewinnauszahlungsanspruch des GmbH-Minderheitsgesellschafters, 2001, 143 ff., 150 ff.; *G. Hueck* FS Steindorff, 1990, 45 (54 f.); aA MüKoGmbHG/*Ekkenga* Rn. 52). Hat sich die Gesellschafterversammlung dagegen mit Mehrheit dafür ausgesprochen, einen bestimmten Teil des Jahresergebnisses zu thesaurieren und besteht nur Streit über den Rest, kann auch nur auf Ausschüttung dieses Restes geklagt werden (insoweit aA *Bork/Oepen* ZGR 2002, 241 (265 ff.); *Arnold,* Der Gewinnauszahlungsanspruch des GmbH-Minderheitsgesellschafters, 2001, 147 f.; UHL/*Müller* Rn. 76). Zum Rechtsschutz gegen eine übermäßige Thesaurierung → Rn. 44. Mit der Klage gegen die Gesellschaft kann eine **Klage auf Auszahlung** des sich aus der Entscheidung über die Ergebnisverwendung für den Kläger ergebenden Betrages verbunden werden (Scholz/*Verse* Rn. 62 – aber einheitliche Klage). Die übrigen Gesellschafter haben die Möglichkeit, bis zum rechtskräftigen Abschluss des Verfahrens einen Beschluss über die Ergebnisverwendung **nachzuholen.** Dann erledigt sich das Verfahren in der Hauptsache, und nach § 91a ZPO sind die Kosten der Gesellschaft bzw. den Gesellschaftern aufzuerlegen.

44 **b) Überprüfbarkeit der Gewinnthesaurierung.** Angesichts der Möglichkeit der Gesellschaftermehrheit, nach freiem Ermessen über die Ergebnisverwendung zu entscheiden, können weitere Konflikte mit den Interessen der Gesellschafterminderheit entstehen. Besonders nahe liegt die Gefahr, dass die Minderheit durch übermäßige Gewinnthesaurierung **„ausgehungert"** wird. Aber auch umgekehrt kann die Mehrheit hohe Gewinnentnahmen beschließen und dadurch entgegen dem Interesse der Minderheit eine erforderliche **Eigenfinanzierung** der Gesellschaft verhindern. Wie schon bei der Feststellung des Jahresabschlusses (→ Rn. 16) müssen daher auch bei der Ergebnisverwendung die Minderheitsinteressen angemessen geschützt werden. Darüber besteht weitgehend Einigkeit. Unklar sind die Maßstäbe für diesen Schutz. *Hommelhoff* vertritt die Auffassung, in Anlehnung an § 58 Abs. 2 AktG könnten 60 % des Jahresergebnisses – bis zur Höhe des Stammkapitals – frei thesauriert werden, während der Rest grundsätzlich auszuschütten sei, außer eine weitergehende Eigenkapitalzuführung sei zwingend erforderlich (*Hommelhoff* ZGR 1986, 418 (427 ff.)). Diese Meinung hat sich zu Recht nicht durchgesetzt, weil sie den unterschiedlichen Zuschnitten der Gesellschaften nicht gerecht wird. Überwiegend wird nach den allgemeinen Grundsätzen der **gesellschaftsrechtlichen Treuepflicht** und der Wertung des **§ 254 AktG** darauf abgestellt, welche Entscheidung im Einzelfall unter Berücksichtigung auch der Interessen der Minderheit kaufmännisch vernünftig ist. Eine Gewinnthesaurierung ist danach unzulässig, wenn sie bei **vernünftiger kaufmännischer Beurteilung** nicht notwendig ist, um die Lebens- und Widerstandsfähigkeit der Gesellschaft für einen überschaubaren Zeitraum zu sichern (OLG Brandenburg 31.3.2009, ZIP 2009, 1955, dazu BGH 21.6.2010, DStR 2010, 1899; OLG Nürnberg 9.7.2008, DB 2008, 2415 (2418); Scholz/*K. Schmidt* § 46 Rn. 31; ähnlich OLG Hamm 3.7.1991, GmbHR 1992, 458; UHL/*Müller* Rn. 84 ff.; MHdB GesR III/*Priester* § 57 Rn. 37; krit. *Einhaus/Selter* GmbHR 2016, 1177; ebenso für die Personengesellschaft BGH 29.3.1996, BGHZ 132, 263 (274) = NJW 1996, 1678). Das weitere Merkmal des § 254 AktG, dass wegen der Thesaurierung nicht mindestens 4 % des Grundkapitals ausgeschüttet werden können, ist auf die GmbH dagegen nicht zu übertragen (Rowedder/Schmidt-Leithoff/*Pentz* Rn. 86, Roth/Altmeppen/*Altmeppen* Rn. 33; aA für kapitalistische GmbH Baumbach/Hueck/*Kersting* Rn. 31). Die Gesellschaftermehrheit hat einen weiten **Beurteilungsspielraum** (OLG Nürnberg 9.7.2008, DB 2008, 2415 (2417 ff., 2420)). Dabei ist einerseits zu berücksichtigen, dass die Unternehmenstätigkeit der Gesellschaft kein Selbstzweck ist, sondern letztlich der Gewinnerzielung der Gesellschafter dient. Andererseits entspricht es im Regelfall dem wohlverstandenen Interesse der Gesellschafter – wie auch dem Interesse der gesamten Volkswirtschaft –, das Gesellschaftsunternehmen so auszustatten, dass es sich dauerhaft am Markt behaupten kann. Ist dafür eine Verstärkung der Eigenkapitalbasis erforderlich, kann in der entsprechenden Beschlussfassung grundsätzlich kein Verstoß gegen die Treuepflicht liegen. Dafür spricht auch die dem § 29 nF zugrunde liegende gesetzgeberische Wertung, eine Rücklagenbildung weitergehend zuzulassen als nach altem Recht (→ Rn. 1). Auf besondere persönliche Bedürfnisse einzelner Gesellschafter muss dagegen grundsätzlich keine Rücksicht genommen werden (Baumbach/Hueck/*Kersting* Rn. 33; aA *Einhaus/Selter* GmbHR 2016, 1177 (1184)). Neben der gesellschaftsrechtlichen Treuepflicht ist nach Abs. 3 auch der **Gleichbehandlungsgrundsatz** zu beachten (→ § 14 Rn. 69 ff.). Zum Minderheitenschutz im Konzern → Rn. 17. Wird der Gesellschafter wiederholt gezwungen, sich gegen eine rechtswidrige Thesaurierungspolitik der Gesellschaftermehrheit zu wehren, kann er ein **Austrittsrecht** haben. In besonders krassen Fällen kann ein Austritt auch bei rechtmäßiger Thesaurierung zulässig sein (MüKoGmbHG/*Strohn* § 34 Rn. 187).

45 **6. Beschlussmängel.** Bei Beschlussmängeln gelten die **allgemeinen Vorschriften** (OLG München 28.11.2007, NZG 2008, 339; s. die Kommentierung zu §§ 241 ff. AktG (→ AktG § 241 Rn. 1 ff.) und § 47 Anh. (→ Anh. § 47 Rn. 1 ff.)). Ist der Beschluss über die Feststellung des Jahresabschlusses nichtig,

gilt das analog **§ 253 AktG** auch für den Beschluss über die Ergebnisverwendung (BGH 21.7.2008, NZG 2008, 783 Rn. 23 = ZIP 2008, 1818). Dasselbe gilt, wenn ein Feststellungsbeschluss nicht gefasst worden ist, es sei denn, der Verwendungsbeschluss enthält konkludent die Feststellung. Verstößt der Verwendungsbeschluss gegen gesetzliche oder satzungsmäßige Verfahrensregeln oder Gewinnverwendungsvorgaben, ist er **anfechtbar,** bei besonders schweren Verstößen nichtig (Scholz/*Verse* Rn. 64 ff.). Anfechtbar ist der Beschluss auch dann, wenn ein erforderlicher Lagebericht nicht erstellt worden ist (BGH 26.11.2007, NJW-RR 2008, 907 Rn. 10, für die AG). Eine unzulässige hohe Gewinnthesaurierung oder ein sonstiger Verstoß gegen Minderheitenrechte führt ebenfalls zur Anfechtbarkeit (BGH 21.6.2010, DStR 2010, 1899; UHL/*Müller* Rn. 91). Die **Darlegungs- und Beweislast** für die Unangemessenheit der beschlossenen Gewinnverwendung hat dabei der klagende Gesellschafter – wie auch sonst für die Nichtigkeits- und Anfechtungsgründe (OLG Nürnberg 9.7.2008, DB 2008, 2415 (2418)). Die Gründe, aus denen eine Thesaurierung angemessen erscheint, muss aber die Gesellschaft vortragen (OLG Brandenburg 31.3.2009, ZIP 2009, 1955 (1958); *Fleischer/Trinks* NZG 2015, 289 (292)). Anfechtbar ist auch ein Beschluss, von dem nur ein Teil des Jahresergebnisses erfasst wird (→ Rn. 36). Schüttet die Gesellschaft dagegen **mehr** aus, als nach dem Jahresabschluss zur Verfügung steht, ist das kein Anfechtungsgrund. Denn GmbH-Gesellschafter können – im Gegensatz zu Aktionären (§ 57 Abs. 3 AktG) – auch mehr als das erwirtschaftete Ergebnis entnehmen (→ Rn. 36). Dabei ist allerdings die Grenze des **§ 30** zu beachten. Verstößt der Ergebnisverwendungsbeschluss gegen § 30, ist er wirksam, aber in seinem Vollzug gehemmt (→ Rn. 54; aA bei zusätzlichen, das Jahresergebnis überschreitenden Ausschüttungen – dann Nichtigkeit – Baumbach/Hueck/*Kersting* Rn. 45).

Rechtsfolge der – anfänglichen oder aufgrund eines Urteils in einem Anfechtungsprozess entstandenen – Nichtigkeit ist die Pflicht der Gesellschafter, die bezogenen Gewinnanteile nach **§ 812 BGB** zurückzuzahlen (OLG Stuttgart 11.2.2004, NZG 2004, 675 = ZIP 2004, 909), ggf. auch nach § 31 Abs. 1. Deshalb haben die Geschäftsführer, wenn noch nicht ausgezahlt worden ist, während des Prozesses ein Leistungsverweigerungsrecht (MHdB GesR III/*Priester* § 57 Rn. 56). Wird dagegen der Ergebnisverwendungsbeschluss mit dem Ziel angefochten, eine **höhere Gewinnausschüttung** zu erhalten, muss dieser Anspruch mit der positiven Beschlussfeststellungsklage oder der gegen die Mitgesellschafter gerichteten Leistungsklage geltend gemacht werden (OLG Nürnberg 9.7.2008, DB 2008, 2415 (2420); *Fleischer/Trinks* NZG 2015, 289 (294)). Nach der hier vertretenen Meinung zur Untätigkeit der Gesellschafterversammlung (→ Rn. 43: dann Anspruch auf Vollausschüttung) sind diese Klagen ohne Weiteres begründet. 46

V. Verteilungsmaßstab (Abs. 3)

1. Grundsatz. Nach Abs. 3 erfolgt die Verteilung des Jahresergebnisses nach dem Verhältnis der Geschäftsanteile. Die Vorschrift ist eine Ausprägung des allgemeinen **Gleichbehandlungsgrundsatzes** (→ § 14 Rn. 69 ff.). Dabei kommt es aber nicht darauf an, ob die auf den Geschäftsanteil entfallende Einlage geleistet ist (Baumbach/Hueck/*Kersting* Rn. 51). Die Gewinnverteilung richtet sich vielmehr – im Gegensatz zum Aktienrecht, s. § 60 Abs. 2 AktG – allein nach der **nominalen Höhe** des Geschäftsanteils. Das ergibt sich aus dem Wortlaut der §§ 14 und 29 Abs. 3 und trägt dem Umstand Rechnung, dass es in der GmbH – anders als in der AG – gute Gründe geben kann, die den gesetzlichen Mindestbetrag übersteigende Einlageschuld von den einzelnen Gesellschaftern in unterschiedlicher Höhe einzufordern. Ein **Agio** ist für die Gewinnverteilung ohne Bedeutung. 47

2. Abweichende Vereinbarungen. Im Gesellschaftsvertrag kann von der dispositiven Regel des Abs. 3 abgewichen werden. So kann etwa vereinbart werden, dass für die Gewinnverteilung die Höhe der gezahlten Einlagen maßgeblich sein soll oder dass **vorweg** ein bestimmter Prozentsatz auf die gezahlten Einlagen ausgeschüttet und nur der Restgewinn nach dem Verhältnis der Geschäftsanteile verteilt werden soll. Der Verteilungsmaßstab kann auch völlig von dem Geschäftsanteil oder der geleisteten Einlage gelöst werden (sog. inkongruente Gewinnausschüttung, BFH 4.12.2014, GmbHR 2015, 274; FG Münster 12.4.2011, EFG 2012, 94; BMF-Schreiben vom 17.12.2013, BStBl. I 2014 63; MHLS/*Mock* Rn. 54, 209 ff.; *Kamchen/Kling* NWB 2015, 819 ff.; zu sog. Erlöspräferenzen, also Besserstellungen später beigetretener Investoren, s. *Harbarth/Zeyher/Brechtel* AG 2016, 801). So kann einzelnen Gesellschaftern eine feste Summe oder ein fester, ihren Geschäftsanteil übersteigender Prozentsatz zugesagt werden. Auf diese Weise können verschiedene **Kategorien** von Gesellschaftern gebildet werden, uU gekoppelt mit einer unterschiedlichen Gewichtung ihrer Stimmrechte (Rowedder/Schmidt-Leithoff/*Pentz* Rn. 108). Auch kann die Gewinnverteilung an das Ergebnis einzelner in die Zuständigkeit der betreffenden Gesellschafter fallender Unternehmenssparten (tracking units) geknüpft werden (UHL/*Müller* Rn. 7a, 95). Von der Gewinnverteilung können alle oder nur einzelne Gesellschafter auch völlig **ausgeschlossen** werden (→ Rn. 41; *Erhart/Riedel* BB 2008, 2266; MüKoGmbHG/*Ekkenga* Rn. 68 ff.). Durch eine Öffnungsklausel in der Satzung kann bestimmt werden, dass jeweils im Einzelfall von dem Maßstab des Abs. 3 abgewichen werden darf (BayObLG 23.5.2001, NJW-RR 2002, 248; OLG München 18.5.2011, MittBayNot 2011, 416). 48

49 Der **Gleichbehandlungsgrundsatz** wird durch solche Regelungen nicht verletzt, wenn sie in dem ursprünglichen Gesellschaftsvertrag enthalten sind. Sie können auch nachträglich durch **Satzungsänderung** eingeführt werden, bedürfen dann aber der Zustimmung der dadurch benachteiligten Gesellschafter (MHLS/*Mock* Rn. 34). Fehlt diese Zustimmung, ist der Beschluss wegen Verstoßes gegen den Gleichbehandlungsgrundsatz anfechtbar (→ § 14 Rn. 89).

50 **3. Eigene Geschäftsanteile, Einziehung.** Eigene, nach § 33 erworbene Geschäftsanteile sind von der Gewinnverteilung ausgeschlossen. Die Gesellschafter sind dann berechtigt, den gesamten Gewinn unter sich zu verteilen (BGH 30.1.1995, NJW 1995, 1027 (1028) = ZIP 1995, 374; BGH 8.12.1997, NJW 1998, 1314 = ZIP 1998, 384). Sie können aber auch den auf den eigenen Anteil rechnerisch entfallenden Gewinnanteil in eine Gewinnrücklage einstellen oder vortragen. Dasselbe gilt nach wohl hM für die gem. § 21 Abs. 2 kaduzierten Geschäftsanteile (Rowedder/Schmidt-Leithoff/*Pentz* § 21 Rn. 46; aA – Rückstand zugunsten späteren Erwerbers – Baumbach/Hueck/*Kersting* § 21 Rn. 12). Nach § 34 eingezogene Geschäftsanteile gehen dagegen unter, sodass für sie schon deshalb kein Gewinnbezugsrecht bestehen kann (MüKoGmbHG/*Strohn* § 34 Rn. 59). Bereits zuvor entstandene Gewinnansprüche bleiben aber bestehen (BGH 14.9.1998, BGHZ 139, 299 (302) = NJW 1998, 3646). Zur Wirkung von Ausschließung und Austritt → § 34 Rn. 32 und MüKoGmbHG/*Strohn* § 34 Rn. 117 f., 169 ff., 199.

VI. Zahlungsanspruch des Gesellschafters

51 **1. Allgemeines.** Mit dem Ergebnisverwendungsbeschluss entsteht der **Gewinn- oder Dividendenanspruch** des einzelnen Gesellschafters (→ Rn. 32). Der Gesellschafter hat einen sofort fälligen Anspruch auf Auszahlung des nach dem Beschluss auszuschüttenden Gewinns. Für die Besteuerung des Gewinnanspruchs kommt es auf das Jahr an, in dem der Ergebnisverwendungsbeschluss gefasst worden ist, selbst wenn die Fälligkeit hinausgeschoben wird (BFH 4.12.2014, GmbHR 2015, 274 (276); BFH 2.12.2014, DStR 2015, 402 (403)). Der Verteilungsmaßstab ergibt sich aus dem Gesellschaftsvertrag, falls dieser schweigt, aus Abs. 3. Der aus dem **Gewinnstammrecht** hervorgehende, aber verselbstständigte Anspruch unterliegt nicht mehr der Disposition der Gesellschaftsorgane (→ Rn. 32). Er kann gegen den Willen des Gesellschafters weder eingeschränkt noch gar entzogen werden (Scholz/*Verse* Rn. 78). Er ist grundsätzlich gerichtet auf Auszahlung **in Geld.** Der Gesellschaftsvertrag kann jedoch eine Sachdividende vorsehen (UHL/*Müller* Rn. 122 f.). Möglich ist auch die freiwillige Annahme einer Sachleistung an Erfüllungs statt gem. § 364 BGB. Wird der Geschäftsanteil eingezogen, bleiben zuvor entstandene Gewinnansprüche unberührt (→ Rn. 50). Die Geschäftsführer haben die Leistung zu veranlassen. Ist eine Nichtigkeits- oder Anfechtungsklage anhängig, steht ihnen ein **Leistungsverweigerungsrecht** zu (→ Rn. 46). Auf die Liquidität der Gesellschaft kommt es dagegen nicht an. Die Gewinnansprüche sind auch dann zu erfüllen, wenn dazu ein Kredit aufgenommen werden muss (MHdB GesR III/*Priester* § 57 Rn. 56). Allerdings kann sich aus der gesellschaftsrechtlichen Treuepflicht etwas anderes ergeben (UHL/*Müller* Rn. 128). Zur Sperre des § 30 → Rn. 54.

52 **2. Aktivlegitimation, Abtretung.** Der Gewinnanspruch steht demjenigen zu, der zum Zeitpunkt der Beschlussfassung über die Gewinnverwendung gem. **§ 16** als Gesellschafter gilt. Anders als das Gewinnstammrecht kann der Gewinnanspruch **abgetreten** und **verpfändet** werden, sofern der Gesellschaftsvertrag keine gegenteilige Regelung enthält. Möglich ist auch die Vorausabtretung des **künftigen Gewinnanspruchs.** Nach hM entsteht dieser mit Fassung des Gewinnverwendungsbeschlusses unmittelbar in der Person des Zessionars (BFH 13.9.2017, NZG 2018, 356 Rn. 19; Baumbach/Hueck/*Kersting* Rn. 58). Er steht unter dem Vorbehalt, dass die Gesellschafterversammlung eine Gewinnausschüttung beschließt. An dieser Entscheidung ist der Zessionar nicht beteiligt. Er hat auch kein Auskunftsrecht nach § 51a und kein Anfechtungsrecht (RG 16.4.1920, RGZ 98, 318 (320)). Der abtretende Gesellschafter ist dem Zessionar gegenüber allerdings idR aus dem der Abtretung zugrunde liegenden Vertragsverhältnis verpflichtet, darauf hinzuwirken, dass der Jahresgewinn ausgeschüttet wird. Von seinem Ermessen nach § 29 Abs. 2, den Gewinn zu thesaurieren, darf er dann keinen Gebrauch machen. Andernfalls ist er dem Zessionar gem. § 280 Abs. 1 BGB zum Schadensersatz verpflichtet (BGH 30.6.2004, NJW-RR 2004, 1343 (1344) = ZIP 2004, 1551). Die Abtretung des künftigen Gewinnanspruchs wird gegenstandslos, wenn der Zedent seinen Geschäftsanteil vor dem Entstehen des Gewinnanspruchs verliert, etwa durch Einziehung oder Abtretung des Anteils (UHL/*Müller* Rn. 9 f., 15; ebenso BGH 14.7.1997, NJW 1997, 3370 = ZIP 1997, 1589 für den vergleichbaren Anspruch auf das Auseinandersetzungsguthaben). Besteht an dem Geschäftsanteil ein **Nießbrauch,** entsteht der Gewinnanspruch mit dem Ergebnisverwendungsbeschluss in der Person des Nießbrauchers (→ § 15 Rn. 113; *Fricke* GmbHR 2008, 739 (742)). Das Gleiche gilt, wenn der – künftige – Gewinnanspruch mit einem Nießbrauch belastet oder **gepfändet** ist. Gerade bei der Pfändung wirkt sich aber nachteilig aus, dass die Gesellschafter nicht verpflichtet sind, bei der Entscheidung über die Ergebnisausschüttung die Interessen des Pfändungsgläubigers zu berücksichtigen.

Bei einer **Übertragung des Geschäftsanteils** kommt es für die Zuordnung des Gewinnanspruchs auf den Zeitpunkt der Beschlussfassung über die Ergebnisverwendung an. Wird dieser Beschluss nach dem Wirksamwerden der Anteilsübertragung gem. § 16 gefasst, steht der Gewinnanspruch dem Erwerber zu, andernfalls dem Veräußerer (BGH 8.12.1997, NJW 1998, 1314 = ZIP 1998, 384; BFH 21.5.1986, BFHE 147, 44 (48 f.) = GmbHR 1986, 329; zum Ganzen *Loritz* DStR 1986, 84 ff.). Wollen die Parteien des Anteilsübertragungsvertrages davon abweichen, müssen sie je nach Fallgestaltung den bereits entstandenen Gewinnanspruch mit **abtreten** oder den künftigen Gewinnanspruch im Voraus **rückabtreten** (FG Köln 1.9.2009, EFG 2010, 354 Rn. 49). Bei einer Rückabtretung hat der Erwerber darauf hinzuwirken, dass der entstandene Gewinn auch ausgeschüttet wird (→ Rn. 52). Fehlt es dagegen an einer Vereinbarung über den Gewinnbezug, richtet sich im Verhältnis zwischen Veräußerer und Erwerber die Verteilung des ausgeschütteten Gewinns nach **§ 101 Nr. 2 Hs. 2 BGB.** Danach gebührt den Parteien jeweils der auf die Dauer ihrer Berechtigung entfallende Teil (BGH 30.1.1995, NJW 1995, 1027 (1028) = ZIP 1995, 374; FG Hamburg 21.2.2013, BeckRS 2013, 95130). Der Veräußerer hat also ggf. einen Anspruch gegen den Erwerber auf Zahlung des an den Erwerber ausgeschütteten, im Innenverhältnis aber dem Veräußerer zustehenden Gewinnanteils. Ist Erwerber des Geschäftsanteils die Gesellschaft selbst, kommt § 101 BGB dagegen nicht zur Anwendung. Hat die Gesellschaft den Anteil wieder veräußert, steht dem Erwerber der danach entstehende Gewinnanspruch zu, ohne dass § 101 BGB anwendbar ist (Rowedder/Schmidt-Leithoff/*Pentz* Rn. 21). 53

3. Schranke des § 30. Die Gewinnausschüttung darf nach § 30 Abs. 1 nicht zulasten des Stammkapitals gehen. Deshalb ist ein Ergebnisverwendungsbeschluss, der gegen diesen Grundsatz verstößt, nichtig bzw. nicht vollziehbar, je nachdem, ob im Jahresabschluss zu Unrecht ein Gewinn ausgewiesen ist oder ob erst nach Abschluss des Geschäftsjahres, aber vor Fassung des Verwendungsbeschlusses eine Unterbilanz entstanden ist (→ Rn. 35). Nach – jedenfalls bis zum Inkrafttreten des MoMiG – hM soll die Erfüllung des ordnungsgemäß entstandenen Gewinnanspruchs auch dann an § 30 scheitern, wenn erst **nach** dem Verwendungsbeschluss eine **Unterbilanz** entsteht (*Wiedemann* GesR I § 10 IV 2b). Die Gegenmeinung behandelt den Gewinnanspruch wie einen schuldrechtlichen Drittanspruch, unterstellte ihn aber – vor Inkrafttreten des MoMiG – dem Recht der eigenkapitalersetzenden Gesellschafterleistungen. Danach war er nicht durchsetzbar, wenn er in der Krise der Gesellschaft „stehen gelassen" wurde (Rowedder/Schmidt-Leithoff/*Pentz* Rn. 37). Die richtige Lösung ergibt sich aus **§ 30 Abs. 1 S. 3** idF des MoMiG: Lässt der Gesellschafter den Gewinn bewusst stehen, wird er häufig mit der Gesellschaft einen Darlehensvertrag schließen. Der Anspruch wird dann auf einem Darlehenskonto verbucht. Er kann nach § 30 Abs. 1 S. 3 unabhängig von einer Unterbilanz erfüllt werden, unterliegt aber den allgemeinen Regeln über Gesellschafterdarlehen (§ 39 Abs. 1 Nr. 5 InsO, § 135 InsO). Wird eine solche Vereinbarung nicht getroffen, dürfte nichts anderes gelten (ebenso für den Alleingesellschafter/-geschäftsführer OLG Koblenz 15.10.2013, NZG 2014, 998 (999) = ZIP 2013, 2325). Zwar hat der Gewinnanspruch seine Grundlage in dem Gesellschaftsverhältnis. Entscheidend ist aber, dass der Gewinnanspruch mit Fassung des Gewinnverwendungsbeschlusses bei der Gesellschaft zu passivieren ist (→ Rn. 32) und dass bei der durch § 30 Abs. 1 S. 3 vorgegebenen bilanziellen Betrachtungsweise die Erfüllung eines passivierten Anspruchs nicht gegen § 30 Abs. 1 S. 1 verstößt (Scholz/*Verse* Rn. 91 f.; aA UHL/*Müller* Rn. 125; MüKoGmbHG/*Ekkenga* Rn. 112). 54

4. Insolvenz, Liquidation. Auch wenn der Gewinnanspruch nicht in ein Darlehen umgewandelt worden ist, dürfte er in der Insolvenz **analog § 39 Abs. 1 Nr. 5 InsO** nur nachrangig zu berücksichtigen sein (Rowedder/Schmidt-Leithoff/*Pentz* Rn. 28) – außer wenn die Voraussetzungen des § 39 Abs. 4 und 5 InsO vorliegen. Ferner ist die Erfüllung des Gewinnanspruchs analog § 135 InsO anfechtbar. In der **Liquidation** kann ein Gewinnanspruch, der vor der Auflösung entstanden ist, ohne Rücksicht auf das Sperrjahr des § 73 erfüllt werden und unterliegt wegen der durch § 30 Abs. 1 S. 3 vorgegebenen bilanziellen Betrachtungsweise nicht der Eigenkapitalbindung nach § 30 (Baumbach/Hueck/*Hass* § 69 Rn. 6). Wohl dürfte die Auszahlung analog § 6 AnfG anfechtbar sein. Neue Gewinnverwendungsbeschlüsse dürfen in der Liquidation nicht gefasst werden. Ebenso wenig dürfen Gewinnvorauszahlungen geleistet werden (BGH 2.3.2009, NZG 2009, 659 Rn. 19 = ZIP 2009, 1111). 55

5. Verbriefung. Die Satzung kann vorsehen, dass der Gewinnanspruch zu verbriefen ist. Derartige Gewinnanteil- oder **Dividendenscheine** können bloße Beweisurkunden sein, sind idR aber **Inhaberschuldverschreibungen** iSd §§ 793 ff. BGB oder Orderpapiere iSd § 363 HGB. Sie dienen im Wesentlichen dazu, die Veräußerbarkeit des Gewinnanspruchs zu erleichtern. Zur Verjährung → Rn. 57. Das Gewinnstammrecht (→ Rn. 7 f.) oder sonstige Mitgliedsrechte werden davon nicht erfasst, anders als bei den Anteilsscheinen (→ § 14 Rn. 39). Deshalb bedarf die Übertragung der Urkunden nicht der Form des § 15 Abs. 3. 56

6. Verjährung. Der Gewinnanspruch verjährt gemäß § 195 BGB in **drei Jahren.** Die Frist beginnt gem. § 199 Abs. 1 BGB mit Ablauf des Jahres, in dem der Gewinnverwendungsbeschluss gefasst worden ist. Der Gesellschaftsvertrag kann nach § 202 BGB eine kürzere oder längere Verjährungsfrist vorsehen. Sind **Dividendenscheine** als Inhaberschuldverschreibungen ausgegeben worden (→ Rn. 56), beträgt 57 die Verjährungsfrist gem. § 801 Abs. 1 S. 2 BGB zwei Jahre, beginnt aber erst mit dem Ablauf der vierjährigen Vorlegungsfrist des § 801 Abs. 2 BGB.

VII. Abweichende Zahlungsformen

58 **1. Vorschuss.** Den Gesellschaftern kann ein Vorschuss auf den künftigen Gewinnanspruch gezahlt werden (Vorabausschüttung, Gewinnvorschuss, Abschlagszahlung, Dividendenvorschuss). Die Beschränkungen des § 59 AktG gelten im GmbH-Recht nicht (RG 12.5.1914, RGZ 85, 43 (44)). Es bedarf keiner Ermächtigung im Gesellschaftsvertrag, sondern nur eines Beschlusses der gem. § 46 Nr. 1 zuständigen **Gesellschafterversammlung.** Im Gesellschaftsvertrag kann vorgesehen werden, dass die Geschäftsführer über die Vorschusszahlung zu entscheiden haben. In jedem Fall ist ein Vorschuss nur zulässig, wenn mit einem Gewinn zu rechnen ist (BFH 2.12.2014, DStR 2015, 402 (403); Lutter/Hommelhoff/*Hommelhoff* Rn. 45; ebenso für die Personengesellschaft BGH 7.11.1977, NJW 1978, 425; aA UHL/*Müller* Rn. 140). Die Gewinnerwartung muss nicht notwendig durch eine Zwischenbilanz ermittelt werden. Bei der Auszahlung ist **§ 30** zu beachten. Ein Vorschuss darf danach – unabhängig von der Regelung in der Satzung – nur gezahlt werden, wenn dadurch das Stammkapital nicht angegriffen wird. Im Übrigen ist die Zahlungssperre des § 64 S. 3 zu beachten (BGH 9.10.2012, DB 2012, 2739). Bei der Bemessung der Vorschüsse ist der für die Gewinnverteilung geltende Maßstab des **§ 29 Abs. 3** zugrunde zu legen. Der Vorschuss ist mit dem Gewinnanspruch zu verrechnen. Bleibt dieser hinter dem Vorschuss zurück, hat die Gesellschaft einen **Rückzahlungsanspruch** aus Vertrag (BGH 2.3.2009, NZG 2009, 659 Rn. 21) oder ungerechtfertigter Bereicherung (für § 812 Abs. 1 S. 2 BGB: BFH 27.1.1977, GmbHR 1977, 160; für § 812 Abs. 1 S. 2 Alt. 1 BGB: UHL/*Müller* Rn. 145; für § 812 Abs. 1 S. 2 Alt. 2 BGB: RG 12.5.1914, RGZ 85, 43 (45)). Der Vorschuss muss sich nicht zwingend auf das laufende Geschäftsjahr beziehen. Er kann auch für das abgelaufene Geschäftsjahr gezahlt werden, sofern der Jahresabschluss noch nicht bestandskräftig festgestellt ist (aA OLG Hamm 5.2.1992, GmbHR 1992, 456 (457)). Der Vorschussanspruch ist selbstständig abtretbar, steht aber unter der auflösenden Bedingung eines entsprechenden Gewinnanspruchs (zum Ganzen *G. Hueck* ZGR 1975, 133).

59 **2. Ergebnisunabhängige Ausschüttung.** Anders als im Aktienrecht – § 57 Abs. 2, 3 AktG – besteht im GmbH-Recht grundsätzlich keine über § 30 hinausgehende Vermögensbindung (zum Sonderfall des existenzvernichtenden Eingriffs s. BGH 16.7.2007, BGHZ 173, 246 = NJW 2007, 2689 – Trihotel → § 13 Rn. 43 ff.). Die Gesellschafter können vielmehr nicht nur Gewinne, sondern auch das übrige Vermögen der Gesellschaft in den Grenzen des § 30 entnehmen. Dazu reicht ein mit einfacher Mehrheit gefasster Gesellschafterbeschluss aus. Bei einer Ungleichbehandlung müssen die benachteiligten Gesellschafter zustimmen (Baumbach/Hueck/*Kersting* Rn. 64; aA – immer Einstimmigkeit – BGH 12.12.1983, NJW 1984, 1037; aber wohl überholt durch BGH 21.10.2014, NZG 2014, 1296 Rn. 9 ff. = ZIP 2014, 2231). Deshalb bestehen keine Bedenken gegen Satzungsregelungen, nach denen die eingezahlte – oder geschuldete – Stammeinlage zu einem bestimmten Prozentsatz zu verzinsen ist (zu den sog. Bauzinsen s. UHL/*Müller* Rn. 152 ff.). Immer ist aber im Wege der Auslegung der Satzung oder des Gesellschafterbeschlusses zu ermitteln, ob die Entnahme wirklich ergebnisunabhängig sein soll oder ob sie mit dem Jahresgewinn verrechnet werden soll. Zur verdeckten Vermögenszuwendung → Rn. 61 ff.

VIII. Gewinnrückführung

60 Nach dem KStG 1976 wurden einbehaltene Gewinne zu 40 %, ausgeschüttete dagegen nur zu 30 % besteuert. Daher machte es Sinn, den gesamten Gewinn auszuschütten und ihn dann – je nach den Finanzierungserfordernissen der Gesellschaft – wieder in die Gesellschaft zurückzuführen. Rechtliche Grundlage für dieses „Schütt-aus-Hol-zurück-Verfahren" waren schuldrechtliche Abreden, Kapitalerhöhungen oder Festlegungen von Nebenleistungs- oder Nachschusspflichten im Gesellschaftsvertrag (BGH 18.2.1991, BGHZ 113, 335 (342) = NJW 1991, 1754; Baumbach/Hueck/*Kersting* Rn. 66 f.). Mit der Unternehmenssteuerreform 2000 ist die Gewinnthesaurierung steuerlich bevorzugt worden. Das hat sich durch die Unternehmenssteuerreform 2008 noch verstärkt (*Ortmann-Babel/Zipfel* BB 2007, 1869). Für eine Vollausschüttung mit Rückführung besteht daher kein Grund mehr (*Priester* DStR 2001, 795 (798)). Soweit Gesellschaftsverträge noch derartige Klauseln enthalten, müssen sie aufgehoben werden, worauf idR nach den Grundsätzen des Wegfalls der Geschäftsgrundlage ein Anspruch besteht.

IX. Verdeckte Vermögenszuwendung

61 **1. Voraussetzungen.** Aus dem Steuerrecht bekannt ist der Begriff „verdeckte Gewinnausschüttung". Regelungsgegenstand ist dabei die Ermittlung des zu versteuernden Einkommens der Gesellschaft. Im Gesellschaftsrecht hat der Begriff eine andere Bedeutung. Es geht dort um die Frage, wie Vermögenszuwendungen von der Gesellschaft an alle oder einzelne Gesellschafter, die außerhalb der „offenen" Ergebnisverwendung nach § 29 und außerhalb von normalen Austauschgeschäften erfolgen, gesell-

schaftsrechtlich zu behandeln sind. Das betrifft nicht nur den Gewinn. Deshalb sollte man besser von verdeckten Sondervorteilen (BGH 11.12.2006, NJW 2007, 917 Rn. 9f. = ZIP 2007, 268) oder verdeckten Vermögenszuwendungen (Rowedder/Schmidt-Leithoff/*Pentz* Rn. 160) sprechen. Eine verdeckte Vermögenszuwendung idS ist eine Leistung der Gesellschaft an einen Gesellschafter außerhalb der förmlichen Gewinnverteilung, der **keine gleichwertige Gegenleistung** gegenübersteht (BGH 21.7.2008, NZG 2008, 783 Rn. 18 = ZIP 2008, 1818; BGH 13.11.1995, NJW 1996, 589 = ZIP 1996, 68). Weiter muss die Leistung durch das Gesellschaftsverhältnis – **causa societatis** – veranlasst sein (UHL/*Müller* Rn. 167). Das ist bei Leistungen im Austauschverhältnis immer anzunehmen, wenn ihnen keine gleichwertigen Gegenleistungen entsprechen. Eigenständige Bedeutung hat die gesellschaftliche Veranlassung dagegen bei Vorgängen, die sich einem Marktvergleich entziehen, wie in Konzernverhältnissen (BGH 1.3.1999, BGHZ 141, 79 (83 ff.) = NJW 1999, 1706; Rowedder/Schmidt-Leithoff/*Pentz* Rn. 161).

Bei der für die verdeckte Vermögenszuwendung maßgeblichen Abgrenzung zum normalen, betrieblich bedingten Austauschgeschäft ist entscheidend, ob ein gewissenhafter, **nach kaufmännischen Grundsätzen** handelnder Geschäftsführer unter sonst gleichen Umständen das Geschäft zu gleichen Bedingungen auch mit einem **gesellschaftsfremden Dritten** abgeschlossen hätte. Dabei hat der Geschäftsführer einen unternehmerischen **Beurteilungsspielraum.** Abgesehen davon kommt es auf subjektive Elemente – wie die Auffassung der Beteiligten, das Preis-Leistungsverhältnis sei ausgeglichen – nicht an (BGH 1.12.1986, NJW 1987, 1194 (1195); BGH 14.5.1990, BGHZ 111, 224 (227 ff.) = NJW 1990, 2625; BGH 13.11.1995, NJW 1996, 589f. = ZIP 1996, 68; Baumbach/Hueck/*Kersting* Rn. 70; zur subjektiven Voraussetzung aA *Flume* ZHR 144 (1980), 18 (21)). Immer muss eine **Vermögensminderung** bei der Gesellschaft eintreten. Ob sich der Vorgang in der Bilanz niederschlägt, ist dagegen unerheblich (*Wiedemann* GesR I § 8 III 1a). So kann es reichen, dass die Gesellschaft dem Gesellschafter eine Geschäftschance überlässt. Der entsprechende Vermögensvorteil des Gesellschafters muss dagegen nicht unmittelbar eintreten. Er kann später entstehen – wie etwa bei einer überhöhten Pensionszusage (UHL/*Müller* Rn. 166). Auch die **Leistung eines Dritten** kann eine verdeckte Vermögenszuwendung sein, wenn sie auf Rechnung der Gesellschaft erfolgt. Ebenso muss die Leistung nicht an den Gesellschafter persönlich gerichtet sein. Es reicht aus, wenn **an einen** ihm **nahe stehenden Dritten** geleistet wird, etwa an einen nahen Verwandten (BGH 21.7.2008, NZG 2008, 783 Rn. 18 = ZIP 2008, 1818; BFH 13.9.2017, NZG 2018, 356 Rn. 17 ff.) oder ein mit ihm verbundenes Unternehmen. Zur Abgrenzung dieses Personenkreises → § 30 Rn. 16f. 62

Eine verdeckte Vermögenszuwendung verbirgt sich häufig in einem unangemessen hohen **Geschäftsführergehalt** für den Gesellschafter-Geschäftsführer. Die Vergütung darf nicht in einem Missverhältnis zu der geschuldeten Leistung und damit zu dem Entgelt stehen, das einem Fremdgeschäftsführer gezahlt würde. Dabei sind alle für die Bemessung der Vergütung maßgeblichen Umstände zu würdigen (BGH 21.7.2008, NZG 2008, 783 Rn. 18 = ZIP 2008, 1818; BGH, 14.5.1990, BGHZ 111, 224 (227 ff.) = NJW 1990, 2625; BGH, 11.12.2006, NJW 2007, 917 Rn. 10f. = ZIP 2007, 268). Das gleiche gilt für Pensionszusagen zugunsten des Gesellschafter-Geschäftsführers (OLG Karlsruhe 29.6.1999, NZG 1999, 1231 (1233)). Weitere Bsp. für verdeckte Vermögenszuwendungen sind **Warenlieferungen** oder sonstige Leistungen der Gesellschaft unter Marktpreis (BGH 1.12.1986, NJW 1987, 1194 (1195); 13.11.1995, NJW 1996, 589f. = ZIP 1996, 68) oder solche des Gesellschafters über Marktpreis (OLG Celle 18.8.1992, NJW 1993, 739), die Nichtgeltendmachung von Ansprüchen gegen den Gesellschafter und eine **Konzernumlage,** der keine gleichwertige Gegenleistung entspricht (BGH 5.6.1975, BGHZ 65, 15 (17f.) = NJW 1976, 191 – ITT; 1.3.1999, BGHZ 141, 79 (83 ff.) = NJW 1999, 1706). Zu weiteren Fällen → § 30 Rn. 4f. 63

2. Zulässigkeit. Anders als im Aktienrecht, wo gem. § 57 AktG nur der Bilanzgewinn an die Aktionäre verteilt werden darf, gilt im GmbH-Recht keine so strikte Vermögensbindung. Verdeckte Vermögenszuwendungen verstoßen daher nicht zwingend gegen das Kapitalschutzsystem. Sie dürfen aber die Grenze des **§ 30** nicht verletzen. Danach darf kein Vermögen auf die Gesellschafter übertragen werden, wenn dadurch das Gesellschaftsvermögen unter die Stammkapitalziffer sinkt oder eine schon bestehende Unterbilanz vertieft wird (→ § 30 Rn. 19 ff.). Bei der **Unternehmergesellschaft** nach § 5a besteht eine weitere Sperre in § 5a Abs. 3. Danach darf das in die gesetzliche Rücklage einzustellende Vermögen nur zu einer Kapitalerhöhung aus Gesellschaftsmitteln verwendet werden. Auch diese Bindung darf durch verdeckte Vermögenszuwendungen nicht unterlaufen werden (*Freitag/Riemenschneider* ZIP 2007, 1485 (1488)). 64

Obwohl bei einer verdeckten Vermögenszuwendung nicht immer nur das erwirtschaftete Jahresergebnis ausgeschüttet wird, gilt dafür – aufgrund eines Erst-Recht-Schlusses – ebenfalls die im Gesellschaftsvertrag und in § 46 Nr. 1 für die Gewinnverwendung vorgesehene **innergesellschaftliche Kompetenzordnung.** Eine verdeckte Vermögenszuwendung ist deshalb unzulässig, wenn darüber nicht das für die Feststellung des Jahresabschlusses und die Ergebnisverwendung zuständige Organ entschieden hat (OLG Brandenburg 18.2.1996, GmbHR 1997, 750; aA Rowedder/Schmidt-Leithoff/*Pentz* Rn. 164). Das ist wegen des Weisungsrechts der Gesellschafter gegenüber den Geschäftsführern 65 nur dann anders, wenn die Entscheidung dem Willen aller Gesellschafter – bzw. des Alleingesellschafters – entspricht (BGH 21.6.1999, BGHZ 142, 92 (95) = NJW 1999, 2817). Das Gleiche gilt, wenn die Gesellschafter aufgrund der gesellschaftsrechtlichen Treuepflicht gehalten sind, der Vermögenszuwendung nachträglich zuzustimmen (BGH 11.12.2006, NJW 2007, 917 Rn. 10 f. = ZIP 2007, 268).

66 Die materiell-rechtliche Grenze der verdeckten Vermögenszuwendung ist der **Gleichbehandlungsgrundsatz** (BGH 21.7.2008, NZG 2008, 783 Rn. 18 = ZIP 2008, 1818). Gewährt die Gesellschaft einem Gesellschafter – meist dem Mehrheitsgesellschafter – einen Vermögensvorteil, verletzt sie damit das Recht der anderen Gesellschafter auf gleichmäßige Behandlung (→ § 14 Rn. 69 ff.). Deshalb ist eine verdeckte Vermögenszuwendung immer dann unzulässig, wenn davon nicht alle Gesellschafter entsprechend dem satzungsmäßigen oder gesetzlichen (§ 29 Abs. 3) Gewinnverteilungsschlüssel profitieren, es sei denn, diejenigen Gesellschafter, die von der Zuwendung ausgeschlossen sein sollen, haben dieser Benachteiligung zugestimmt (*Winter* ZHR 148 (1984), 579 (583); *Wiedemann* GesR I § 8 III 1a, S. 441). Im Gesellschaftsvertrag können freilich Sonderrechte für einzelne Gesellschafter vereinbart werden.

67 Eine verdeckte Vermögenszuwendung kann auch wegen Verstoßes gegen die **gesellschaftsrechtliche Treuepflicht** unzulässig sein (Baumbach/Hueck/*Kersting* Rn. 74; zur Treuepflicht allgemein → § 14 Rn. 98 ff.). Dabei handelt es sich in aller Regel nur um einen zusätzlichen Unwirksamkeitsgrund, der allein im Hinblick auf die Rechtsfolgen von Bedeutung sein kann (→ Rn. 68 ff.). In Betracht kommt lediglich die Treuepflicht gegenüber den Mitgesellschaftern. Gegenüber der Gesellschaft selbst haben die Gesellschafter dagegen grundsätzlich das Recht, Vermögen zu entziehen, das nicht zur Deckung der Stammkapitalziffer erforderlich ist (BGH 21.6.1999, BGHZ 142, 92 (95) = NJW 1999, 2817). Die Grenze bildet § 826 BGB in der Fallgruppe des **existenzvernichtenden Eingriffs** (BGH 16.7.2007, BGHZ 173, 246 = NJW 2007, 2689 – Trihotel → § 13 Rn. 43 ff.).

68 **3. Rechtsfolgen.** Die Rechtsfolge einer unzulässigen verdeckten Vermögenszuwendung ist eine Rückgewährpflicht des begünstigten Gesellschafters. Das ergibt sich bei einem Verstoß gegen § 30 aus § 31 Abs. 1. Im Übrigen wird eine analoge Anwendung des § 31 Abs. 1 vorgeschlagen (Lutter/Hommelhoff/*Hommelhoff* Rn. 54). Dessen bedarf es aber nicht, wenn die Vermögenszuwendung durch ein Rechtsgeschäft bewirkt worden ist. Dann ergibt sich der Rückgewähranspruch aus **§ 812 Abs. 1 S. 1 Alt. 1 BGB** und aus **§ 985 BGB** oder §§ 987 ff. BGB. Mit dem gegen die innergesellschaftliche Kompetenzordnung oder den Gleichbehandlungsgrundsatz verstoßenden Geschäft überschreiten die Geschäftsführer ihre Geschäftsführungsbefugnis. Daraus folgt zugleich eine **Beschränkung** ihrer **Vertretungsmacht.** Da § 37 Abs. 2 auf das Verhältnis der Geschäftsführer zu den Gesellschaftern nicht anwendbar ist (str., → § 37 Rn. 19), sind die zur Durchführung der verdeckten Vermögenszuwendung geschlossenen Verträge gem. § 177 Abs. 1 BGB schwebend unwirksam (Scholz/*Verse* Rn. 125; *K. Schmidt* GesR § 37 III 2d; enger – nur bei Missbrauch der Vertretungsmacht – BGH 13.11.1995, NJW 1996, 589 f. = ZIP 1996, 68; aA bezüglich Erfüllungsgeschäft Baumbach/Hueck/*Fastrich* Rn. 76; aA – nur Schadensersatzanspruch – UHL/*Müller* Rn. 169 f.). Sie brauchen nicht erfüllt zu werden und lösen bei einer dennoch erfolgten Erfüllung Bereicherungs- und Vindikationsansprüche aus. Das ist kein Widerspruch zur Rechtslage bei § 30 (so aber *Winter* ZHR 148 (1984), 579 (588 f.)). Dort nimmt die hM an, ein Rechtsgeschäft sei nicht deshalb nichtig, weil es gegen § 30 verstoße (→ § 30 Rn. 32). Begründet wird das aber mit einer Spezialität des § 31 gegenüber § 134 BGB. Außerhalb dieses Bereichs gibt es dagegen bei verdeckten Vermögenszuwendungen keine speziellen, die allgemeinen Regeln verdrängende Normen.

69 Hat die Gesellschaftermehrheit eine verdeckte Vermögenszuwendung unter Verstoß gegen den Gleichbehandlungsgrundsatz beschlossen, ist dieser **Beschluss anfechtbar** (Scholz/*Verse* Rn. 122). Die Darlegungs- und **Beweislast** hat grundsätzlich der Anfechtungskläger. Ist der Vermögensvorteil allerdings schon gewährt worden und dient der Gesellschafterbeschluss nur dazu, diesen Vorgang nachträglich gutzuheißen, muss die Gesellschaft in einem Anfechtungsprozess beweisen, dass die Voraussetzungen einer verdeckten Vermögenszuwendung nicht erfüllt sind (BGH 21.7.2008, NZG 2008, 783 Rn. 19 = ZIP 2008, 1818; BGH 11.12.2006, NJW 2007, 917 Rn. 12 = ZIP 2007, 268). Wird die Anfechtungsklage nicht rechtzeitig erhoben, bleibt der Beschluss wirksam und ist durchzuführen. Während des Anfechtungsprozesses hat die Gesellschaft ein Leistungsverweigerungsrecht.

70 Neben dem Bereicherungs- und Vindikationsanspruch hat die Gesellschaft bei einer unzulässigen verdeckten Vermögenszuwendung auch einen **Schadensersatzanspruch,** wenn der Gesellschafter durch die Annahme der Zuwendung gegen seine gesellschaftsrechtliche Treuepflicht oder den Gleichbehandlungsgrundsatz verstoßen hat (UHL/*Müller* Rn. 169a). Das setzt allerdings Verschulden voraus.

71 Teilweise wird angenommen, der begünstigte Gesellschafter könne den Rückgewähr- und Schadensersatzansprüchen dadurch entgehen, dass er die **Wertdifferenz** zwischen der Leistung der Gesellschaft und seiner geringeren Gegenleistung **ausgleicht** (Rowedder/Schmidt-Leithoff/*Pentz* Rn. 170; Lutter/Hommelhoff/*Hommelhoff* Rn. 53; aA Scholz/*Verse* Rn. 128). Ist das die verdeckte Vermögenszuwendung bewirkende Geschäft jedoch nichtig, kommt schon nach allgemeinen Grundsätzen nur eine Neuvornahme zu marktgerechten Bedingungen in Betracht (Baumbach/Hueck/*Fastrich* Rn. 72, 76). Darauf dürfte der Gesellschafter jedoch nur in Ausnahmefällen einen Anspruch haben. Andererseits kann die

Gesellschaft den Verstoß gegen den Gleichbehandlungsgrundsatz dadurch beseitigen, dass sie den übrigen Gesellschaftern – mit deren Zustimmung – entsprechende Vermögensvorteile einräumt. Unter engen Voraussetzungen wird man diesen Gesellschaftern aus dem Gesichtspunkt der gesellschaftsrechtlichen Treuepflicht auch einen Anspruch auf eine solche Ausgleichsleistung zubilligen können (BGH 15.5.1972, WM 1972, 931 (933); Scholz/*Verse* Rn. 130). Eigene **Schadensersatzansprüche** gegen den begünstigten Gesellschafter haben die **Mitgesellschafter** dagegen allenfalls dann, wenn sie einen eigenen, über den Nachteil der Gesellschaft hinausgehenden Schaden erlitten oder den Schaden der Gesellschaft ausgeglichen haben (ebenso für das Aktienrecht BGH 10.11.1986, NJW 1987, 1077 = ZIP 1987, 29). Immer haben sie dagegen einen Anspruch sowohl gegen die Gesellschaft als auch gegen den begünstigten Gesellschafter auf Unterlassung der verdeckten Vermögenszuwendung. Auch können sie die Rückgewähr- und Schadensersatzansprüche der Gesellschaft unter den Voraussetzungen einer **actio pro socio** geltend machen (→ § 14 Rn. 120 ff.). Ist die verdeckte Vermögenszuwendung an einen gesellschaftsfremden, aber einem Gesellschafter nahe stehenden Dritten geflossen (→ Rn. 62), gelten die zu § 30 aufgestellten Grundsätze (→ § 30 Rn. 16 f.).

X. Gewinnbeteiligung Dritter

1. Allgemeines. Auch außerhalb des mitgliedschaftlichen Verhältnisses zu den Gesellschaftern kann 72
die GmbH gewinnabhängige Zahlungen zusagen. So können die Arbeitnehmer am Gewinn der Gesellschaft beteiligt werden, oder es werden gewinnabhängige Vergütungen **(Tantiemen)** an Geschäftsführer oder Aufsichtsratsmitglieder gezahlt (→ § 35 Rn. 89 ff.). Auch iRv **stillen Gesellschaften** werden die stillen Gesellschafter am Gewinn beteiligt, weshalb stille Gesellschaftsverträge, soweit sie mit GmbH oder AG geschlossen werden, als Teilgewinnabführungsverträge iSd § 292 Abs. 1 Nr. 2 AktG den dafür geltenden Formerfordernissen unterliegen (BGH 21.7.2003, BGHZ 156, 38 (43) = NJW 2003, 3412; BGH 19.2.2012, NZG 2013, 53 = ZIP 2013, 19 Rn. 25; aA KG 24.3.2014, NZG 2014, 668 (670)). Weitere Beispiele für Gewinnbeteiligungen Dritter sind partiarische Darlehen, **Genussrechte** (Mezzanine-Finanzierung) und Besserungsscheine.

All diesen Erscheinungsformen ist gemein, dass sich die Zahlungen zwar nach dem Jahresüberschuss, 73
dem Bilanzgewinn oder anderen ergebnisabhängigen Größen (zB Umsatz, Spartengewinn) richten, dass sie aber **keine Gewinnverteilung** iSd § 29 sind, sondern den – unter den Gesellschaftern zu verteilenden – Gewinn mindern. Bilanziell handelt es sich um Verbindlichkeiten, steuerrechtlich um Betriebsausgaben. Rechtsgrund ist nicht das Gesellschaftsverhältnis, sondern ein **schuldrechtlicher Vertrag.** Auch ein Gesellschafter kann Partner eines solchen Vertrages sein, etwa der Gesellschafter-Geschäftsführer bei der Vereinbarung einer Tantieme (BGH 29.9.1955, BGHZ 18, 202 (208 ff.)). Übersteigt die Leistung in diesem Fall den Wert der Gegenleistung des Gesellschafters, liegt eine verdeckte Vermögenszuwendung vor, die nur unter den dafür geltenden Voraussetzungen zulässig ist (→ Rn. 64 ff.). Grundsätzlich entscheiden die Geschäftsführer über die Gewährung ergebnisabhängiger Leistungen, außer es handelt sich um eine Tantieme für sie selbst – dann sind die Gesellschafter nach § 46 Nr. 5 zuständig (→ § 46 Rn. 23 f.). Häufig behalten sich die Gesellschafter aber auch iÜ die Entscheidung über ergebnisabhängige Zahlungen vor. Der Anspruch entsteht mit der Feststellung des Jahresabschlusses und nicht erst mit der Entscheidung über die Gewinnverwendung – es sei denn, Berechnungsgrundlage ist der ausgeschüttete Gewinn. Eine Sonderstellung nimmt der **Gewinnabführungsvertrag** iSd § 291 Abs. 1 AktG ein. S. die Kommentierung der §§ 291 ff. AktG (→ AktG § 291 Rn. 1 ff.) und → Anh. § 13 Rn. 60 ff., → § 179 Rn. 6.

2. Berechnungsgrundlage. In der Bilanz sind ergebnisabhängige Leistungen als **Rückstellungen** 74
bzw. Verbindlichkeiten zu verbuchen. Sie mindern also den ausgewiesenen Jahresüberschuss bzw. Bilanzgewinn. Wie sie im Einzelnen zu berechnen sind, ist durch Auslegung der zugrunde liegenden Vereinbarung zu ermitteln. Im Zweifel werden die Tantiemen der Geschäftsführer und der Mitglieder des Aufsichtsrats oder Beirats nach dem Jahresüberschuss/Bilanzgewinn zuzüglich dieser Tantiemen berechnet. Die Tantiemen mindern also aufgrund ihrer Verbuchung als Rückstellung den Jahresüberschuss bzw. Bilanzgewinn, ihre Höhe ergibt sich aber aus der Summe dieser Rückstellung und des ausgewiesenen Jahresüberschusses/Bilanzgewinns (BGH 3.12.1962, NJW 1963, 536; RG 11.1.1918, RGZ 91, 316 (319 ff.)). Ob bei der Berechnung der Geschäftsführer-Tantieme auch Rückstellungen für sonstige ergebnisabhängige Leistungen, etwa die Gewinnbeteiligung der Arbeitnehmer oder der stillen Gesellschafter, dem Jahresüberschuss bzw. Bilanzgewinn hinzuzurechnen sind, ist Auslegungsfrage (UHL/*Müller* Rn. 105). Im Regelfall mindern die nach Gesetz oder Satzung zu bildenden Rücklagen und der Gewinnvortrag aus dem Vorjahr die gewinnabhängige Leistung, nicht aber die frei gebildeten Rücklagen oder der neue Gewinnvortrag (Scholz/*Verse* Rn. 137; teilw. aA RG 11.1.1918, RGZ 91, 316 (318 f.)). Zu empfehlen sind klare Vereinbarungen über die Berechnung. Richtet sich die gewinnabhängige Leistung nach dem ausgeschütteten Gewinn, kann je nach dem Inhalt des Gewinnverwendungsbeschlusses ein zusätzlicher Aufwand oder Ertrag entstehen, um den das Jahresergebnis dann zu korrigieren ist (→ Rn. 23).

XI. Genussrechte

75 Auf schuldrechtlicher Grundlage können den Gesellschaftern, aber auch gesellschaftsfremden Dritten Rechte eingeräumt werden, die typischerweise nur Gesellschaftern aufgrund des Gesellschaftsverhältnisses zustehen, sog. Genussrechte (BGH 5.10.1992, BGHZ 119, 305 = NJW 1993, 57). Das können auch Gewinnbezugsrechte sein. Es gelten die gleichen Grundsätze wie für die Genussrechte bei der AG (→ AktG § 221 Rn. 8).

Kapitalerhaltung

30 **(1) [1]Das zur Erhaltung des Stammkapitals erforderliche Vermögen der Gesellschaft darf an die Gesellschafter nicht ausgezahlt werden. [2]Satz 1 gilt nicht bei Leistungen, die bei Bestehen eines Beherrschungs- oder Gewinnabführungsvertrags (§ 291 des Aktiengesetzes) erfolgen oder durch einen vollwertigen Gegenleistungs- oder Rückgewähranspruch gegen den Gesellschafter gedeckt sind. [3]Satz 1 ist zudem nicht anzuwenden auf die Rückgewähr eines Gesellschafterdarlehens und Leistungen auf Forderungen aus Rechtshandlungen, die einem Gesellschafterdarlehen wirtschaftlich entsprechen.**

(2) [1]Eingezahlte Nachschüsse können, soweit sie nicht zur Deckung eines Verlustes am Stammkapital erforderlich sind, an die Gesellschafter zurückgezahlt werden. [2]Die Zurückzahlung darf nicht vor Ablauf von drei Monaten erfolgen, nachdem der Rückzahlungsbeschluß nach § 12 bekanntgemacht ist. [3]Im Fall des § 28 Abs. 2 ist die Zurückzahlung von Nachschüssen vor der Volleinzahlung des Stammkapitals unzulässig. [4]Zurückgezahlte Nachschüsse gelten als nicht eingezogen.

Übersicht

I. Allgemeines

1 Die nicht abdingbare (UHL/*Habersack* Rn. 7) Vorschrift ist die zentrale Norm zur Durchsetzung des Grundsatzes der **Kapitalerhaltung.** Das Stammkapital soll dem Zugriff der Gesellschafter entzogen werden, damit der Gesellschaft ein ihren Bestand schützendes **Mindestvermögen** und ihren Gläubigern eine **Befriedigungsreserve** gesichert ist (BGH 24.11.2003, BGHZ 157, 72 (75) = NJW 2004, 1111). Dass die Gesellschaft über das satzungsmäßige Stammkapital hinaus über ein angemessenes Eigenkapital verfügt, vermag § 30 ebenso wenig zu gewährleisten wie einen Schutz vor solchen existenzvernichtenden Eingriffen, die das Stammkapital nicht antasten. Diese können zu Schadensersatzansprüchen der Gesellschaft aus § 826 BGB führen, die selbstständig neben den Regelungen der §§ 30, 31 stehen (→ § 13 Rn. 44 ff.). Daneben begründet § 64 S. 3 eine Schadensersatzpflicht des Geschäftsführers für Zahlungen an Gesellschafter, die zur Zahlungsunfähigkeit der Gesellschaft führen mussten (→ § 64 Rn. 42 ff.).

II. Praktische Bedeutung

Die Vorschrift ist bei allen Leistungen der Gesellschaft, die unmittelbar oder mittelbar einem Gesellschafter zugute kommen, zu beachten und damit insbesondere für den **Geschäftsführer** von erheblicher Relevanz. In der **gerichtlichen Praxis** ist § 30 im Regelfall erst von Bedeutung, wenn gem. § 31 die Rückgewähr an einen Gesellschafter erbrachter Leistungen verlangt wird. Nachdem die Vorschrift, deren Anwendungsbereich durch die Rspr. im Lauf der Zeit mehr und mehr ausgeweitet worden war (vgl. Baumbach/Hueck/*Fastrich* Rn. 7), in der seit 1.11.2008 geltenden Fassung die Rückzahlung kapitalersetzender Gesellschafterdarlehen (→ Rn. 9 ff.) sowie Zahlungen bei Bestehen eines Beherrschungs- oder Gewinnabführungsvertrags (→ Rn. 8) nicht mehr erfasst, hat ihre praktische Bedeutung abgenommen, besteht aber weiterhin insbesondere für Fälle der verdeckten Gewinnausschüttung (Lutter/Hommelhoff/*Hommelhoff* Rn. 5). 2

III. Das Auszahlungsverbot des Abs. 1

Abs. 1 verbietet Auszahlungen der Gesellschaft (→ Rn. 4 ff.) an ihre Gesellschafter (→ Rn. 12 ff.), wenn und soweit durch sie das zur Erhaltung des Stammkapitals erforderliche Vermögen angetastet wird (→ Rn. 19 ff.). 3

1. Auszahlungen. a) Leistungen aller Art. Über ihren Wortlaut hinaus erfasst die Vorschrift nicht nur Zahlungen, sondern alle Leistungen, die wirtschaftlich das Gesellschaftsvermögen verringern (allgM, vgl. BGH 21.3.2017, BGHZ 214, 258 Rn. 14 = NZG 2017, 658; Baumbach/Hueck/*Fastrich* Rn. 33). Neben der **Geldzahlung** kommen etwa eine **Dienstleistung** (Rowedder/Schmidt-Leithoff/*Pentz* Rn. 11), die **Übereignung** einer Sache (Lutter/Hommelhoff/*Hommelhoff* Rn. 8) oder ihre Überlassung zur **Nutzung** (UHL/*Habersack* Rn. 51), die **Abtretung** einer Forderung (BGH 12.12.1983, NJW 1984, 1037), die **Erfüllung einer Verbindlichkeit** des Gesellschafters (BGH 28.9.1981, BGHZ 81, 365 (368) = NJW 1982, 386), der **Verzicht** auf eine Forderung gegen den Gesellschafter, ihr **„prozessuales Fallenlassen"** im Wege der Säumnis (BGH 9.2.2009, BGHZ 179, 344 Rn. 42 = NJW 2009, 2127) oder auch nur das faktische Unterlassen ihrer Durchsetzung (BGH 31.1.2000, NJW 2000, 1571; BGH 10.5.1993, BGHZ 122, 333 (338) = NJW 1993, 1922; UHL/*Habersack* Rn. 54) sowie ihre **Stundung** (BGH 21.9.1981, BGHZ 81, 311 (321) = NJW 1982, 383) oder **Befristung** (Rowedder/Schmidt-Leithoff/*Pentz* Rn. 42) und die **Auf- oder Verrechnung** einer Forderung gegen den Gesellschafter oder gegen ein ihm wirtschaftlich gehörendes Unternehmen mit einer Gegenforderung (BGH 10.5.1993, BGHZ 122, 333 (338) = NJW 1993, 1922) in Betracht. Die **Bestellung einer dinglichen Sicherheit** für eine Verbindlichkeit des Gesellschafters gegenüber einem Dritten stellt ebenfalls eine Leistung der Gesellschaft an den Gesellschafter dar (BGH 21.3.2017, BGHZ 214, 258 Rn. 14 = NZG 2017, 658; BGH 10.1.2017, BGHZ 213, 224 Rn. 15 = NZG 2017, 344; Scholz/*Verse* Rn. 97). Die Gesellschaft schmälert ihre **Verfügungsmöglichkeiten** über ihr Eigentum; sie kann den Gegenstand weder zu ihren eigenen Gunsten belasten noch unbelastet veräußern, ihre Gläubiger haben im Umfang der Sicherheit keinen Zugriff mehr auf ihr Vermögen. Für eine sonstige Sicherheit, zB die Übernahme einer Bürgschaft, gilt Letzteres zwar nicht. Sie begründet aber eine potentielle Eintrittspflicht der Gesellschaft, auf deren späteres Entstehen diese keinen Einfluss hat, und ist daher von ihrer Bestellung an als das Vermögen der Gesellschaft mindernde Leistung anzusehen (Scholz/*Verse* Rn. 97; Lutter/Hommelhoff/*Hommelhoff* Rn. 34; Roth/Altmeppen/*Altmeppen* Rn. 128; Baumbach/Hueck/*Fastrich* Rn. 61; Rowedder/Schmidt-Leithoff/*Pentz* Rn. 40; aA MüKoGmbHG/*Ekkenga* Rn. 140). Ob die Gewährung der Sicherheit eine verbotene Auszahlung darstellt, hängt von der Werthaltigkeit des Befreiungs-, Rückgriffs- oder Sicherungsanspruchs gegen den Gesellschafter ab (→ Rn. 25 f.). Dass der dem Gesellschafter zugewandte Vermögenswert in der Bilanz nicht (zB bei einer Dienstleistung oder Nutzungsüberlassung) oder lediglich mit einem Erinnerungswert (zB bei abgeschriebenen Gegenständen) erfasst ist, steht der Annahme einer Leistung nicht entgegen (BGH 21.3.2017, BGHZ 214, 258 Rn. 16 = NZG 2017, 658; Scholz/*Verse* Rn. 18a; UHL/*Habersack* Rn. 48 ff.; Rowedder/Schmidt-Leithoff/*Pentz* Rn. 11; Baumbach/Hueck/*Fastrich* Rn. 33; zur Bewertung derartiger Leistungen → Rn. 22). Es kommt auch nicht darauf an, ob die Leistung mit oder ohne Rechtsgrund erbracht wird, wenn sie jedenfalls durch die Gesellschaft veranlasst worden ist (UHL/*Habersack* Rn. 47). Schuldhaftes Handeln ist nicht erforderlich (MHLS/*Heidinger* Rn. 72; UHL/*Habersack* Rn. 45; Rowedder/Schmidt-Leithoff/*Pentz* Rn. 46). Lediglich der Verlust von Vermögenswerten ohne oder gegen den Willen der Gesellschaft, etwa durch einen Diebstahl oder eine Unterschlagung eines Gesellschafters, der nicht Geschäftsführer ist, kann nicht mehr unter den Begriff der Auszahlung iSv Abs. 1 subsumiert werden (OLG Hamm 13.3.2017, NZG 2017, 741 Rn. 29; UHL/*Habersack* Rn. 56; Rowedder/Schmidt-Leithoff/*Pentz* Rn. 30). Zu einer fortbestehenden Bereicherung auf Seiten des Gesellschafters muss die Leistung nicht führen (BGH 29.5.2000, NJW 2000, 2577 (2580) – insoweit in BGHZ 144, 336 nicht abgedruckt; UHL/*Habersack* Rn. 57; aA MüKoGmbHG/*Ekkenga* Rn. 194). 4

5 Eine Leistung, die eine **GmbH & Co. KG** an einen Gesellschafter ihrer Komplementär-GmbH oder an einen ihrer Kommanditisten erbringt, kann zugleich das Vermögen der GmbH mindern und damit eine an Abs. 1 zu messende Leistung auch der GmbH darstellen. Voraussetzung ist, dass durch die Minderung des Vermögens der KG der Wert der von der GmbH an ihr gehaltenen Beteiligung sinkt oder dass sich das Risiko einer Inanspruchnahme der GmbH für Verbindlichkeiten der KG gem. § 161 Abs. 2 HGB, § 128 HGB erhöht (→ HGB Anh. Rn. 134 ff.; BGH 28.1.2020, NZG 2020, 384 Rn. 38 f.; BGH 21.3.2017, BGHZ 214, 258 Rn. 12 = NZG 2017, 658; BGH 9.12.2014, NZG 2015, 225 Rn. 8; Lutter/Hommelhoff/*Hommelhoff* Rn. 60 ff.; Baumbach/Hueck/*Fastrich* Rn. 68 ff.).

6 **b) Ausnahmen.** Bestimmte Leistungen der Gesellschaft an ihre Gesellschafter sind grundsätzlich vom Anwendungsbereich der Vorschrift ausgenommen.

7 **aa) Auf gesetzlichen Ansprüchen beruhende Leistungen.** Ungeschriebenes Tatbestandsmerkmal des Abs. 1 war nach früher allgM (vgl. Baumbach/Hueck/*Fastrich* Rn. 29; Rowedder/Schmidt-Leithoff/*Pentz* Rn. 31 f.), dass die Leistung der Gesellschaft gerade auf der Gesellschafterstellung des Empfängers beruht. Bedeutung hat dies nur noch für den Ausschluss von Leistungen aufgrund gesetzlicher Ansprüche etwa aus unerlaubter Handlung, Vertragsverletzung oder Geschäftsführung ohne Auftrag vom Anwendungsbereich des Abs. 1 (Rowedder/Schmidt-Leithoff/*Pentz* Rn. 32; Baumbach/Hueck/*Fastrich* Rn. 31). Dass marktübliche Leistungen aufgrund gegenseitiger Verträge, etwa Kaufpreis- oder Mietzahlungen oder die Vergütung des Gesellschafter-Geschäftsführers, durch Abs. 1 nicht erfasst werden, ist bereits durch den in Abs. 1 S. 2 Alt. 2 vorgesehenen Ausschluss solcher Leistungen, denen ein gleichwertiger Gegenleistungs- oder Rückgewähranspruch gegenüber steht (→ Rn. 25), gewährleistet (MHLS/*Heidinger* Rn. 71; *Eusani* GmbHR 2009, 512 (516 f.); *Rothley/Weinberger* NZG 2010, 1001 (1004); aA Baumbach/Hueck/*Fastrich* Rn. 29; Scholz/*Verse* Rn. 30).

8 **bb) Leistungen im Konzern (S. 2 Alt. 1).** Die Ausnahme soll es den Gesellschaften erleichtern, innerhalb des Konzerns alltägliche und wirtschaftlich sinnvolle Leistungsbeziehungen zu unterhalten und abzuwickeln (Begr. zum RegE, BT-Drs. 16/1640, 94). Praktische Bedeutung hat dies vor allem für Darlehen und andere Zuwendungen mit Kreditcharakter (aufsteigende Finanzierungshilfen, **Upstream Loans,** *Blasche/König* GmbHR 2009, 897 (901 f.)) einschließlich der Bestellung von Sicherheiten („Upstream-Sicherheiten", *Kiefner/Bochum* NZG 2017, 1292; *Tillmann* NZG 2008, 401), insbesondere im Rahmen des national und international weit verbreiteten, mit erheblichen ökonomischen Vorteilen verbundenen **Cash-Pooling** (eingehend Lutter/Hommelhoff/*Hommelhoff* Rn. 37 ff.; Scholz/*Verse* Rn. 77 f.). Voraussetzung der Ausnahme ist, dass die leistende GmbH Untergesellschaft (→ AktG § 291 Rn. 5) eines **Beherrschungs- oder Gewinnabführungsvertrages iSv § 291 AktG** ist. Bei anderen Unternehmensverträgen (§ 292 AktG) oder sonstiger enger Verbundenheit **(faktischer Konzern)** greift S. 2 Alt. 1 nicht ein (MüKoGmbHG/*Ekkenga* Rn. 268); in diesen Fällen wird der Leistung aber häufig ein vollwertiger Gegenleistungs- oder Rückgewähranspruch gegenüber stehen, sodass die Voraussetzungen des S. 2 Alt. 2 (→ Rn. 24 ff.) erfüllt sind. Empfänger der Leistung muss nicht das herrschende Unternehmen sein; erfasst sind auch von diesem veranlasste Leistungen an Dritte, beispielsweise an andere Konzernunternehmen oder an Unternehmen, die mit dem herrschenden Unternehmen oder anderen Konzernunternehmen in Geschäftsverbindung stehen (Roth/Altmeppen/*Altmeppen* Rn. 94). Liegen die Voraussetzungen des S. 2 Alt. 1 vor, sind Leistungen aller Art von den Beschränkungen des Abs. 1 gänzlich freigestellt. Dass dies nur bei Vollwertigkeit des Verlustausgleichsanspruchs gegen das herrschende Unternehmen aus § 302 Abs. 1 AktG gälte (dafür Baumbach/Hueck/*Fastrich* Rn. 45; Roth/Altmeppen/*Altmeppen* Rn. 99 ff.; Scholz/*Verse* Rn. 75; *Wicke* Rn. 14), lässt sich der Vorschrift nicht entnehmen; das Gebot der Rechtssicherheit steht einer derartigen Auslegung entgegen (MüKoGmbHG/*Ekkenga* Rn. 270; Lutter/Hommelhoff/*Hommelhoff* Rn. 48; offenbar auch OLG Frankfurt a. M. NZI 2014, 363 (365) – obiter dictum).

9 **cc) Rückgewähr eines Gesellschafterdarlehens (S. 3).** Die seit 1.11.2008 geltende Vorschrift schließt Leistungen, die der Rückgewähr eines der Gesellschaft von einem Gesellschafter gewährten Darlehens dienen, generell vom Anwendungsbereich des Abs. 1 aus. Damit ist im Zusammenwirken mit der Aufhebung der §§ 32a, 32b und der Änderung insolvenz- und anfechtungsrechtlicher Vorschriften die Rechtsfigur des eigenkapitalersetzenden Gesellschafterdarlehens aufgegeben worden (→ InsO § 39 Rn. 4).

10 Voraussetzung der Ausnahme ist, dass die Leistung der Rückzahlung eines der Gesellschaft von einem Gesellschafter gewährten **Darlehens** dient, dem ihm **wirtschaftlich entsprechende Rechtshandlungen** gleichgestellt sind. Ob ein Darlehen oder eine seiner Gewährung wirtschaftlich entsprechende Rechtshandlung vorliegt, ist nach denselben Grundsätzen zu beurteilen wie bei der Anwendung des § 39 Abs. 1 Nr. 5 InsO (→ InsO § 39 Rn. 13 ff.). Von Bedeutung ist neben Geld- und Sachdarlehen, Stundungen und sonstigen Fälligkeitsabreden aller Art auch die Bestellung von Sicherheiten für Forderungen Dritter gegen die Gesellschaft. Erstattet die Gesellschaft dem Gesellschafter den aufgrund der übernommenen Sicherheit geleisteten Betrag, erbringt sie für einen ihr zunächst unentgeltlich überlassenen Gegenstand das übliche Nutzungsentgelt oder zahlt sie die vorübergehend nicht eingeforderte

Vergütung des Gesellschafter-Geschäftsführers nach, handelt es sich um Vorgänge, die nach S. 3 nicht an Abs. 1 zu messen sind, sondern lediglich im Fall der Insolvenz der Gesellschaft oder im Rahmen einer Gläubigeranfechtung von Bedeutung sein können (→ InsO § 39 Rn. 9 ff.). Dasselbe kann für Zahlungen im Zusammenhang mit einem **Cash-Pooling** zwischen Unternehmen gelten, die nicht durch einen Beherrschungs- oder Gewinnabführungsvertrag iSv § 291 AktG verbunden sind; wenn die Gesellschaft zuvor Leistungen aus dem Pool in Anspruch genommen hat, können Einzahlungen in den Pool wirtschaftlich Darlehensrückzahlungen entsprechen (UHL/*Habersack* Anh. § 30 Rn. 50), sodass sie zwar nicht durch die Ausnahme des S. 2 Alt. 1, aber durch S. 3 privilegiert sind.

Die Ausnahme entzieht aber nur die Rückzahlung der Darlehensvaluta bzw. die Rückgewähr des darlehensgleich überlassenen Vermögenswerts selbst der Prüfung nach den Maßstäben des Abs. 1. Für ein etwaiges **Entgelt,** insbesondere für die zu zahlenden Zinsen, gilt sie nach ihrem Sinn und Zweck nicht. Soweit der bei Geschäften zwischen Gesellschaft und Gesellschafter anzustellende Drittvergleich (→ Rn. 25) ergibt, dass die Zinsen oder sonstigen Entgelte die Sätze übersteigen, die mit einem gesellschaftsfremden Dritten vereinbart worden wären, liegt eine an Abs. 1 zu messende Leistung vor, auch wenn das Darlehen selbst dieser Vorschrift nach S. 3 nicht unterfällt. 11

2. Gesellschafter als Empfänger. § 30 beschränkt die Befugnis der Gesellschaft, Leistungen an Dritte zu erbringen, grundsätzlich nicht, sondern betrifft Leistungen an Gesellschafter. Zum Schutz vor Umgehungen ist aber eine weite Auslegung geboten, die zur Folge hat, dass Leistungen an bestimmte Dritte solchen an Gesellschafter gleichzustellen sind. 12

a) Gesellschafter der GmbH. Maßgeblich ist der Zeitpunkt der **Begründung der Leistungspflicht** der Gesellschaft (BGH 28.1.2020, NZG 2020, 384 Rn. 43; BGH 8.12.1986, NJW 1987, 779; BGH 13.7.1981, BGHZ 81, 252 (258) = NJW 1981, 2570; UHL/*Habersack* Rn. 68; Scholz/*Verse* Rn. 34). Leistungen an einen Empfänger, der bei Begründung der Leistungspflicht Gesellschafter war, sind ausnahmslos an den Anforderungen des § 30 zu messen, ohne dass es darauf ankommt, ob die Gesellschafterstellung zum Zeitpunkt der Leistungsbewirkung noch besteht. Erfasst sind also auch und gerade Leistungen, die im Hinblick auf das bevorstehende Ausscheiden eines Gesellschafters versprochen werden, wobei es genügt, wenn sie vor seinem Ausscheiden konkret vorgesehen waren (BGH 24.3.1954, BGHZ 13, 49 (54); Baumbach/Hueck/*Fastrich* Rn. 23). Umgekehrt reicht es aus, wenn der Leistungsempfänger zum Zeitpunkt des Leistungsversprechens noch nicht Gesellschafter war, die Leistung aber gerade im Hinblick auf den bevorstehenden Eintritt in die Gesellschaft erbracht wird (UHL/*Habersack* Rn. 69; Scholz/*Verse* Rn. 33; Lutter/Hommelhoff/*Hommelhoff* Rn. 19; Roth/Altmeppen/*Altmeppen* Rn. 26). Von besonderer Bedeutung ist dies bei Zahlungsvorgängen im Zusammenhang mit Anteilsveräußerungen **(Leveraged Buyout),** etwa wenn der Kaufpreis aus Mitteln der Gesellschaft gezahlt wird oder die Gesellschaft dem veräußernden Gesellschafter eine Sicherheit für den Kaufpreis bestellt (vgl. dazu Scholz/*Verse* Rn. 87); in diesen Fällen ist sowohl der Veräußerer als auch der Erwerber Empfänger der Leistung (BGH 18.6.2007, BGHZ 173, 1 Rn. 12 = NJW-RR 2008, 51). 13

b) Treuhänder, Nießbraucher, stiller Gesellschafter. Wenn ein Gesellschafter seinen Anteil treuhänderisch oder als „Strohmann" für einen Dritten hält, stellen sowohl Leistungen an den Treuhänder als auch solche an den Treugeber Leistungen an einen Gesellschafter dar (BGH 24.11.2003, BGHZ 157, 72 (74) = NJW 2004, 1111; Roth/Altmeppen/*Altmeppen* Rn. 34 f.). Auch Leistungen an einen Nießbraucher stehen Leistungen an einen Gesellschafter gleich (BGH 5.4.2011, NJW-RR 2011, 1061 Rn. 3 f.; Baumbach/Hueck/*Fastrich* Rn. 28; aA Roth/Altmeppen/*Altmeppen* Rn. 67; diff. MüKoGmbHG/*Ekkenga* Rn. 163). Auf einen stillen Gesellschafter bezieht § 30 sich zwar grundsätzlich nicht; Leistungen an ihn sind aber dann wie Leistungen an einen GmbH-Gesellschafter zu behandeln, wenn er die Geschicke der Gesellschaft wesentlich mit beeinflussen kann und an Vermögen und Ertrag beteiligt ist, was jeweils in tatrichterlicher Würdigung des Einzelfalles festgestellt werden muss (BGH 24.9.2013, NJW-RR 2014, 147 Rn. 20; BGH 13.2.2006, NJW-RR 2006, 760 Rn. 24 f.; BGH 7.11.1988, BGHZ 106, 7 (9) = NJW 1989, 982; Baumbach/Hueck/*Fastrich* Rn. 28). 14

c) Dritter. Wird auf **Anweisung** eines Gesellschafters an einen Dritten geleistet, liegt eine Leistung nicht an diesen, sondern an den Gesellschafter vor. Dasselbe gilt, wenn die Gesellschaft eine **Verbindlichkeit des Gesellschafters** bei einem Dritten erfüllt (BGH 28.9.1981, BGHZ 81, 365 (368) = NJW 1982, 386) oder aufgrund einer Abrede mit dem Gesellschafter mittels Gutschrift auf einem Verrechnungskonto die Verbindlichkeiten des Dritten ihr gegenüber mindert (BGH 29.5.2000, NJW 2000, 2577 (2580) – insoweit in BGHZ 144, 336 nicht abgedruckt). In der Bestellung einer **Sicherheit** für die Forderung eines Dritten gegen einen Gesellschafter (→ Rn. 4) liegt eine Leistung nicht nur an den Dritten, sondern auch an den Gesellschafter. Wenn ein Dritter eine Schuld der Gesellschaft gegenüber einem Gesellschafter übernommen hat und die Gesellschaft zum Ausgleich eine Verpflichtung gegenüber dem Dritten eingegangen ist (zB durch die Abgabe eines Schuldanerkenntnisses), sind die Leistungen der Gesellschaft an den Dritten ebenso wie Leistungen an den Gesellschafter an § 30 zu messen (BGH 11.1.2011, NJW 2011, 844 Rn. 24). 15

16 Die Zuwendung eines Vermögensvorteils an einen Dritten ist auch dann als Leistung an einen Gesellschafter zu qualifizieren, wenn zwischen dem Dritten und dem Gesellschafter ein besonderes persönliches oder wirtschaftliches **Näheverhältnis** besteht. Hauptanwendungsfälle sind Leistungen an nahe **Angehörige** wie Ehegatten und Kinder des Gesellschafters (BGH 28.9.1981, BGHZ 81, 365 (368 ff.) = NJW 1982, 386; Lutter/Hommelhoff/*Hommelhoff* Rn. 22; einschränkend Baumbach/Hueck/*Fastrich* Rn. 26; aA MüKoGmbHG/*Ekkenga* Rn. 159, 162; Rowedder/Schmidt-Leithoff/*Pentz* Rn. 25) sowie Leistungen an **Gesellschaften,** deren Allein- oder Mehrheitsgesellschafter der Gesellschafter oder eine ihm nahestehende Person ist oder mit denen er sonst **wirtschaftlich eng verbunden** ist (BGH 21.9.1981, BGHZ 81, 311 (315 ff.) = NJW 1982, 383), soweit nicht die Ausnahme des Abs. 1 S. 2 Alt. 1 eingreift (→ Rn. 8). Weil § 30 eine Bereicherung des Leistungsempfängers nicht voraussetzt (→ Rn. 4), ist es unerheblich, ob die Leistung dem Gesellschafter tatsächlich vermögensmäßig zugute kommt (BGH 29.5.2000, NJW 2000, 2577 (2580) – insoweit in BGHZ 144, 336 nicht abgedruckt).

17 Bei Leistungen der **GmbH & Co KG,** die zu einer Unterbilanz der Komplementär-GmbH führen (→ Rn. 5), genügt es für die Anwendung des Abs. 1, wenn der Empfänger zwar nicht Gesellschafter der GmbH, aber **Kommanditist** der GmbH & Co. KG ist; das gilt jedenfalls, wenn keine natürliche Person als Komplementärin unbeschränkt haftet (→ HGB Anh. Rn. 138; BGH 9.12.2014, NZG 2015, 225 Rn. 10; BGH 19.2.1990, BGHZ 110, 342 (358) = NJW 1990, 1725).

18 Allein daraus, dass bestimmte Leistungen an einen Dritten wie Leistungen an einen Gesellschafter zu behandeln sind, folgt nicht, dass den Dritten auch die **Rechtsfolgen** eines Verstoßes gegen § 30 treffen. Es ist gesondert zu prüfen, ob der Gesellschaft ihm gegenüber ein Leistungsverweigerungsrecht zusteht (→ Rn. 31) und ob er – neben dem Gesellschafter oder an seiner Stelle – zur Rückgewähr des Empfangenen bzw. zur Erstattung seines Werts verpflichtet ist (→ § 31 Rn. 10 ff.).

19 **3. Herbeiführung einer Unterbilanz.** Leistungen an Gesellschafter sind gem. Abs. 1 untersagt, wenn und soweit sie das zur Erhaltung des Stammkapitals erforderliche Vermögen der Gesellschaft antasten. Abs. 1 schützt nicht den Bestand, die Substanz oder die Zusammensetzung des Gesellschaftsvermögens, sondern will allein verhindern, dass die Differenz von Aktiva und „echten" Passiva geringer ist als der Betrag des satzungsmäßigen Stammkapitals (BGH 24.11.2003, BGHZ 157, 72 (75) = NJW 2004, 1111; BGH 24.3.1980, BGHZ 76, 326 (333) = NJW 1980, 1524; UHL/*Habersack* Rn. 25).

20 Das ist jedenfalls dann anzunehmen, wenn die Gesellschaft sich bereits im Stadium der **Überschuldung** iSv § 19 Abs. 2 InsO (→ InsO § 19 Rn. 2 ff.) befindet oder die Leistung zu deren Eintritt führt. In dieser Situation ist die weitere Prüfung der Höhe des Vermögens der Gesellschaft und des Werts der dem Gesellschafter erbrachten Leistung entbehrlich. Leistungen an Gesellschafter im Stadium der Überschuldung sind durch Abs. 1 durchweg untersagt; der Rechnungsposten „Stammkapital" ist auch und gerade dann geschützt, wenn das Aktivvermögen der Gesellschaft nicht nur den rechnerischen Betrag des Stammkapitals, sondern auch die vorhandenen Verbindlichkeiten nicht mehr deckt (BGH 25.2.2002, BGHZ 150, 61 (64) = NJW 2002, 1803; BGH 5.2.1990, NJW 1990, 1730 (1731); UHL/*Habersack* Rn. 43; Baumbach/Hueck/*Fastrich* Rn. 20). Etwas anderes gilt lediglich für die generell vom Anwendungsbereich des § 30 ausgenommenen Leistungen (→ Rn. 6 ff.), deren Zulässigkeit und deren Bestand sich allein nach anderen Vorschriften (insbesondere § 64 sowie § 135 InsO bzw. § 6 AnfG) richten.

21 Steht eine Überschuldung nicht fest, ist zu prüfen, ob die Leistung das zur Erhaltung des Stammkapitals erforderliche Vermögen antastet. Zu diesem Zweck muss der wahre Wert der Leistung (→ Rn. 22 f.) unter Berücksichtigung einer etwaigen Gegenleistung (→ Rn. 24 ff.) ermittelt und der sich bei einer bilanziellen Betrachtungsweise ergebenden **Differenz zwischen Aktivvermögen und Verbindlichkeiten** der Gesellschaft (→ Rn. 27 ff.) gegenüber gestellt werden. Maßgeblicher **Zeitpunkt** für diesen Vergleich ist nicht derjenige der Begründung der Leistungsverpflichtung – auf den es für die Prüfung der Gesellschafterstellung des Empfängers ankommt (→ Rn. 13) –, sondern derjenige der Bewirkung der Leistung (BGH 28.1.2020, NZG 2020, 384 Rn. 40; BGH 1.12.1986, NJW 1987, 1194 (1195); Scholz/*Verse* Rn. 53; Baumbach/Hueck/*Fastrich* Rn. 22).

22 **a) Bewertung der Leistung. aa) Feststellung des wahren wirtschaftlichen Werts.** Zunächst ist der Wert der von der Gesellschaft erbrachten Leistung festzustellen, wobei stets der wahre wirtschaftliche Wert anzusetzen ist (Rowedder/Schmidt-Leithoff/*Pentz* Rn. 11; Baumbach/Hueck/*Fastrich* Rn. 37, 40; UHL/*Habersack* Rn. 48; *Wicke* Rn. 13; aA MüKoGmbHG/*Ekkenga* Rn. 200 ff; Lutter/Hommelhoff/*Hommelhoff* Rn. 32: nur bei bereits bestehender Unterbilanz); Abs. 1 will auch und gerade die Zuwendung von Gesellschaftsvermögen an Gesellschafter zum – häufig nur geringen – Buchwert erfassen (BGH 10.1.2017, BGHZ 213, 224 Rn. 16 = NZG 2017, 344). Es muss also festgestellt werden, wie der Wert einer Sache oder ihrer vorübergehenden Nutzung, einer erbrachten Dienstleistung, aber auch einer gewährten Stundung oder sonstigen Zahlungserleichterung im Geschäftsverkehr bemessen wird, was im Rechtsstreit häufig nicht ohne sachverständige Begutachtung möglich ist.

23 Soweit bereits die **Bestellung einer Sicherheit** eine Leistung der Gesellschaft an den Gesellschafter darstellt (→ Rn. 4), ist für die Bewertung zu unterstellen, dass die Sicherheit im Zeitpunkt ihrer Bestellung verwertet wird (BGH 21.3.2017, BGHZ 214, 258 Rn. 20 = NZG 2017, 658). Wird die

Gesellschaft zu einem späteren Zeitpunkt tatsächlich aus der Sicherheit in Anspruch genommen, ist das für die Bewertung ohne Bedeutung.

24 **bb) Bewertung des Gegenleistungs- oder Rückgewähranspruchs.** Abs. 1 S. 2 Alt. 2 stellt klar, dass bei der Prüfung, ob durch die Leistung eine Minderung des Vermögens der Gesellschaft eintritt, der Wert eines etwaigen Gegenleistungs- oder Rückgewähranspruchs der Gesellschaft zu berücksichtigen ist; der wegen der Gefahr nachteiliger Änderungen in der Struktur des Gesellschaftsvermögens vertretenen abweichenden Auffassung (BGH 24.11.2003, BGHZ 157, 72 (75 ff.) = NJW 2004, 1111; aufgegeben in BGH 1.12.2008, BGHZ 179, 71 Rn. 10, 12 = NJW 2009, 850) hat der Gesetzgeber sich nicht angeschlossen.

25 Wenn eine **Gegenleistung** erbracht oder vereinbart worden ist, muss anhand eines **Drittvergleichs** festgestellt werden, ob sie der Leistung gleichwertig ist, wobei es nicht auf den bilanziellen, sondern auf den **wirklichen Wert** ankommt (Scholz/*Verse* Rn. 81; Lutter/Hommelhoff/*Hommelhoff* Rn. 32). Zu prüfen ist, ob ein gewissenhaft nach kaufmännischen Grundsätzen handelnder Geschäftsführer das Geschäft unter sonst gleichen Umständen zu gleichen Bedingungen auch mit einem Nichtgesellschafter abgeschlossen hätte (BGH 1.12.1986, NJW 1987, 1194 (1195); Rowedder/Schmidt-Leithoff/*Pentz* Rn. 32). Daran fehlt es etwa bei einer unangemessen hohen Geschäftsführervergütung (→ § 35 Rn. 114), einem überhöhten Preis für einen von dem Gesellschafter erworbenen Gegenstand oder bei der Gewährung unüblicher Vorschüsse auf noch nicht fällige Leistungen (Scholz/*Verse* Rn. 22). Auch überhöhte Zinsen für ein Darlehen, das der Gesellschafter der Gesellschaft gewährt hat, können Abs. 1 unterfallen (*Wicke* Rn. 8); die Ausnahme in S. 3 steht dem nicht entgegen (→ Rn. 11). Wird eine der Gesellschaft gehörende Sache zum Selbstkostenpreis an einen Gesellschafter veräußert, hält das dem Drittvergleich idR nicht stand; etwas anderes kann gelten, wenn es sich um eine am Markt nicht oder jedenfalls nicht über dem Selbstkostenpreis verkäufliche Sache handelt (*Wicke* Rn. 13; Roth/Altmeppen/*Altmeppen* Rn. 77). Zu beachtende **Rückgewähransprüche** der Gesellschaft bestehen insbesondere im Fall der Gewährung eines Darlehens oder einer sonstigen Finanzierungshilfe an einen Gesellschafter. Die Gewährung eines zinslosen Darlehens und die zinslose Stundung einer Forderung entsprechen, soweit der Rahmen eines geringfügigen, vorübergehenden Entgegenkommens überschritten ist, nicht den Gepflogenheiten des Marktes (Rowedder/Schmidt-Leithoff/*Pentz* Rn. 37; Roth/Altmeppen/*Altmeppen* Rn. 120, auch zu Ausnahmen im Bereich des Cash-Pooling). Der Anspruch der Gesellschaft auf Rückgewähr eines unverzinslichen oder marktunüblich niedrig verzinslichen Darlehens ist daher lediglich mit dem abgezinsten Barwert zu berücksichtigen (MüKoGmbHG/*Ekkenga* Rn. 246; aA UHL/*Habersack* Rn. 106). Wenn die Gesellschaft eine Sicherheit für eine Verbindlichkeit des Gesellschafters übernommen hat, steht ihr idR ein gem. Abs. 1 S. 2 Alt. 2 zu berücksichtigender **Freistellungsanpruch** bzw., wenn sie bereits aus der Sicherheit in Anspruch genommen worden ist, ein **Rückgriffsanspruch** gegen den Gesellschafter zu (BGH 21.3.2017, BGHZ 214, 258 Rn. 18 = NZG 2017, 658). Nicht zu berücksichtigen ist ein etwa aus der betreffenden Leistung selbst resultierender Rückgewähranspruch der Gesellschaft gegen den Gesellschafter aus § 31 Abs. 1 (Begr. zum RegE BT-Drs. 16/1640, 94 f.).

26 Wenn ein der Leistung nominell gleichwertiger Gegenleistungs- oder Rückgewähranspruch der Gesellschaft gegen den Gesellschafter besteht, kommt es darauf an, ob dieser **wirtschaftlich vollwertig** ist. Das hängt insbesondere von seiner **Einbringlichkeit** ab, für die die Vermögensverhältnisse des Gesellschafters, seine Kreditwürdigkeit, aber auch das Vorhandensein von Sicherheiten für die Forderung der Gesellschaft von Bedeutung sind (Scholz/*Verse* Rn. 85 ff.). Forderungen gegen eine mit geringen Mitteln ausgestattete Erwerbsgesellschaft können regelmäßig nicht als vollwertig angesehen werden (Baumbach/Hueck/*Fastrich* Rn. 42). Bei der Bewertung des Freistellungs- oder Rückgriffsanspruchs gegen einen Gesellschafter, für dessen Verbindlichkeit die Gesellschaft eine Sicherheit gestellt hat, kommt es darauf an, ob der Gesellschafter aus der ex-ante-Perspektive zur Erfüllung der gesicherten Verbindlichkeit in der Lage sein wird (BGH 21.3.2017, BGHZ 214, 258 Rn. 18 f. = NZG 2017, 658; BGH 10.1.2017, BGHZ 213, 224 Rn. 19 = NZG 2017, 344; zu den Kriterien Lutter/Hommelhoff/*Hommelhoff* Rn. 35 ff; *Kiefner/Bochum* NZG 2017, 1292 (1299 ff.). Maßgeblicher **Zeitpunkt** für die Bewertung des Gegenleistungs- oder Rückgewähranspruchs ist derjenige der Leistung der Gesellschaft, sodass spätere nicht vorhersehbare negative Entwicklungen nicht nachträglich zu einer verbotenen Auszahlung führen (BGH 21.3.2017, BGHZ 214, 258 Rn. 20 f. = NZG 2017, 658; BGH 1.12.2008, BGHZ 179, 71 Rn. 13 = NJW 2009, 850; Baumbach/Hueck/*Fastrich* Rn. 43).

27 **b) Feststellung des Vermögens der Gesellschaft.** Das Vermögen der Gesellschaft wird nicht mit dem wahren Wert, sondern anhand der **Bilanz** bemessen. Der letzte Jahresabschluss ist ausgehend von den bei seiner Aufstellung ausgeübten Bewertungs- und Abschreibungswahlrechten, die beibehalten werden müssen (BGH 11.12.1989, BGHZ 109, 334 (339) = NJW 1990, 1109), auf den Zeitpunkt der Leistung fortzuschreiben. Anders als bei der Aufstellung der Überschuldungsbilanz gem. § 19 Abs. 2 InsO (→ InsO § 19 Rn. 3) findet **keine Auflösung stiller Reserven** statt (BGH 26.6.2018, NJW-RR 2018, 1054 Rn. 15; BGH 5.4.2011, NJW 2011, 2294 Rn. 17; BGH 11.12.1989, BGHZ 109, 334 (338)

= NJW 1990, 1109; Baumbach/Hueck/*Fastrich* Rn. 17), es sei denn, diese entspräche ordnungsmäßiger Bilanzierung (BGH 7.11.1988, BGHZ 106, 7 (12) = NJW 1989, 982).

28 **aa) Aktivposten.** Alle gem. § 266 Abs. 2 HGB anzusetzenden Aktivposten werden berücksichtigt. Dazu zählen auch **Forderungen gegen Gesellschafter** einschließlich eingeforderter Einlagen, soweit sie unter Berücksichtigung des Vorsichtsprinzips (§ 252 Abs. 1 Nr. 4 HGB) werthaltig sind; zu hohe Bewertungen müssen korrigiert werden (BGH 29.5.2000, NJW 2000, 2577 (2578 f.) – insoweit in BGHZ 144, 336 nicht abgedruckt; MüKoGmbHG/*Ekkenga* Rn. 98). Nicht eingeforderte Einlagen gehören zwar gem. § 272 Abs. 1 HGB nicht zu den Aktiva; bei der Prüfung der Voraussetzungen des Abs. 1 müssen sie aber aktiviert werden (MüKoGmbHG/*Ekkenga* Rn. 99; Scholz/*Verse* Rn. 63; Lutter/Hommelhoff/*Hommelhoff* Rn. 13; Baumbach/Hueck/*Fastrich* Rn. 15; *Wicke* Rn. 5). Ebenso wie der etwa aus der Leistung resultierende Rückgewähranspruch der Gesellschaft aus § 31 Abs. 1 (→ Rn. 24) bleiben nach Sinn und Zweck des Abs. 1 auch Ansprüche aus § 31 auf Rückgewähr früherer gegen § 30 verstoßender Leistungen außer Betracht (UHL/*Habersack* Rn. 38; Baumbach/Hueck/*Fastrich* Rn. 18; aA MüKoGmbHG/*Ekkenga* Rn. 102). Eigene Anteile sind gem. § 272 Abs. 1a HGB nicht anzusetzen (MüKoGmbHG/*Ekkenga* Rn. 103; Roth/Altmeppen/*Altmeppen* Rn. 15). Nach § 248 Abs. 2 HGB aktivierte selbst geschaffene immaterielle Vermögensgegenstände einschließlich des Geschäfts- oder Firmenwerts sind im Hinblick auf das Ausschüttungsverbot des § 268 Abs. 8 HGB ebenso wie die übrigen dort genannten Positionen nicht zu berücksichtigen (UHL/*Habersack* Rn. 38; *Wicke* Rn. 5; Roth/Altmeppen/*Altmeppen* Rn. 13). **Rechnungsabgrenzungsposten** sind einzubeziehen (UHL/*Habersack* Rn. 36; Rowedder/Schmidt-Leithoff/*Pentz* Rn. 10; Scholz/*Verse* Rn. 66; aA MüKoGmbHG/*Ekkenga* Rn. 108; Lutter/Hommelhoff/*Hommelhoff* Rn. 16).

29 **bb) Passivposten.** Es werden lediglich die sogenannten „echten" Passiva angesetzt. Zu ihnen gehören sämtliche **Verbindlichkeiten** der Gesellschaft; das gilt ungeachtet ihrer Nachrangigkeit im Insolvenzfall gem. § 39 Abs. 1 Nr. 5 InsO (→ InsO § 39 Rn. 34 f.) und ihrer eingeschränkten Berücksichtigung bei der Feststellung der Überschuldung gem. § 19 Abs. 2 S. 3 InsO auch für alle **Gesellschafterdarlehen,** unabhängig davon, ob der Gesellschafter eine Rangrücktrittserklärung abgegeben hat (BGH 29.9.2008, NJW 2009, 68 Rn. 11; UHL/*Habersack* Rn. 40; Baumbach/Hueck/*Fastrich* Rn. 16; Rowedder/Schmidt-Leithoff/*Pentz* Rn. 10). **Rückstellungen** werden ausnahmslos mitgerechnet, und zwar sowohl diejenigen, die zum Zeitpunkt der Leistung bestehen, als auch diejenigen, die gem. § 249 Abs. 1 HGB hätten gebildet werden müssen (BGH 22.9.2003, NJW 2003, 3629 (3630 f.)) bzw. nicht vor der Leistung an den Gesellschafter hätten aufgelöst werden dürfen (Scholz/*Verse* Rn. 60). Ob die gebildeten Rückstellungen nach der Leistung aufgelöst werden, insbesondere ob sich das in ihnen abgebildete Risiko realisiert, ist unerheblich (BGH 22.9.2003, NJW 2003, 3629 (3631)). Dagegen bleiben **Rücklagen, Gewinnvorträge** und vergleichbare **Reserveposten** außer Betracht, weil § 30 nicht sie, sondern allein das Stammkapital schützt (Scholz/*Verse* Rn. 68). Auch bei Verlusten verbietet die Vorschrift Leistungen an Gesellschafter nicht, wenn diese, ohne das Stammkapital anzutasten, aus Rücklagen oder aus einem Gewinnvortrag erbracht werden können, selbst wenn angesichts eines zu niedrigen Stammkapitals ein dringender zusätzlicher Kapitalbedarf besteht (BGH 24.3.1980, BGHZ 76, 326 (333) = NJW 1980, 1524; Baumbach/Hueck/*Fastrich* Rn. 6; Roth/Altmeppen/*Altmeppen* Rn. 16). Etwas anderes gilt nur für die gem. § 5a Abs. 3 von der **Unternehmergesellschaft** zu bildende **gesetzliche Rücklage,** die ausschließlich für die in § 5a Abs. 3 S. 2 genannten Zwecke verwandt, durch Leistungen an Gesellschafter also nicht geschmälert werden darf und demgemäß in die zur Feststellung der Unterbilanz durchzuführende Berechnung einbezogen werden muss (→ § 5a Rn. 24; UHL/*Habersack* Rn. 17A; Baumbach/Hueck/*Fastrich* Rn. 16; Roth/Altmeppen/*Altmeppen* § 5a Rn. 29; § 30 Rn. 11; *Wicke* § 5a Rn. 12; BeckOK GmbHG/*Miras* § 5a Rn. 80 f.; BeckOK GmbHG/*Schmolke* Rn. 56; Scholz/*Verse* Rn. 11; aA Scholz/*Westermann* § 5a Rn. 28; Rowedder/Schmidt-Leithoff/*Baukelmann/Schmidt-Leithoff* § 5a Rn. 38 f.). Für Nachschusskapital trifft Abs. 2 eine Sonderregelung (→ Rn. 33).

30 Die Differenz aus den Aktivposten (→ Rn. 28) und den Passivposten (→ Rn. 29) darf nach Abzug des unter Berücksichtigung der Gegenleistung ermittelten Werts der Leistung (→ Rn. 22 ff.) nicht geringer als die **Stammkapitalziffer** sein. Maßgeblich ist grundsätzlich der im **Handelsregister** eingetragene Betrag, auch wenn bereits eine Erhöhung oder eine Herabsetzung des Stammkapitals beschlossen worden ist (Baumbach/Hueck/*Fastrich* Rn. 14).

31 **4. Rechtsfolgen von Verstößen.** Wenn die Gesellschaft sich zu einer Leistung verpflichtet hat, die zum Zeitpunkt ihrer Bewirkung gegen § 30 verstoßen würde, steht ihr ein **Leistungsverweigerungsrecht** zu (BGH 15.2.1996, NJW 1996, 1341 (1342)), zu dessen Ausübung sie verpflichtet (Baumbach/Hueck/*Fastrich* Rn. 67; Lutter/Hommelhoff/*Hommelhoff* Rn. 52) und das im Rechtsstreit von Amts wegen zu berücksichtigen ist (UHL/*Habersack* Rn. 115; Roth/Altmeppen/*Altmeppen* Rn. 154). Soweit nach der seit dem 1.11.2008 geltenden Rechtslage bestimmte Leistungen der Gesellschaft, insbesondere solche zur Rückzahlung kapitalersetzender Gesellschafterdarlehen, nicht mehr von § 30 erfasst werden (→ Rn. 8 ff.), ist die **Durchsetzungssperre** für sie entfallen, auch wenn sie vor dem Inkrafttreten der

Neuregelung gewährt worden sind (→ InsO § 39 Rn. 12). Das Leistungsverweigerungsrecht besteht nur **gegenüber dem Gesellschafter,** der Empfänger der Leistung ist, sowie gegenüber ihm wegen besonderer Einflussmöglichkeiten auf die Gesellschaft (→ Rn. 14) oder wegen eines Näheverhältnisses (→ Rn. 16) gleichzustellenden Dritten. Verpflichtungen, die die Gesellschaft gegenüber sonstigen Dritten (zB Gläubigern des Gesellschafters) eingegangen ist, muss sie erfüllen, auch wenn im Verhältnis zu dem Gesellschafter eine gegen § 30 Abs. 1 verstoßende Leistung vorliegt (Lutter/Hommelhoff/*Hommelhoff* Rn. 53).

32 Wenn die Gesellschaft eine gegen § 30 verstoßende Leistung erbracht hat, steht ihr ein **Rückgewähranspruch gem. § 31** zu, neben den ein **Schadensersatzanspruch gegen den Geschäftsführer aus § 43 Abs. 3** (→ § 43 Rn. 65 ff.) treten kann. Daraus folgt im Umkehrschluss, dass § 134 BGB nicht eingreift, sondern die Leistung sowohl schuldrechtlich als auch sachenrechtlich wirksam ist (BGH 12.3.2013, BGHZ 196, 312 Rn. 12 ff. = NJW 2013, 1742 für § 57 AktG; BGH 23.6.1997, BGHZ 136, 125 (129 f.) = NJW 1997, 2599). Ebenso ist § 30 kein Schutzgesetz iSv § 823 Abs. 2 BGB (Baumbach/Hueck/*Fastrich* Rn. 1; Lutter/Hommelhoff/*Hommelhoff* Rn. 1). Auch andere Rechtsvorschriften ermöglichen es Dritten, insbesondere den Gesellschaftsgläubigern, nicht, aus einem Verstoß gegen Abs. 1 unmittelbar Ansprüche herzuleiten. Ihnen bleibt allein die Möglichkeit der Pfändung des Rückgewähranspruchs der Gesellschaft aufgrund eines gegen diese erwirkten Titels.

IV. Rückzahlung von Nachschüssen (Abs. 2)

33 Nachschüsse gehören nicht zu dem durch Abs. 1 geschützten Stammkapital, sondern sind wie Rücklagen grundsätzlich **frei verfügbar** (→ Rn. 29). S. 1 stellt dies ebenso klar wie die Tatsache, dass ihre Rückzahlung – wie jede andere Leistung an einen Gesellschafter – gem. Abs. 1 ausgeschlossen ist, wenn die Gesellschaft überschuldet ist oder durch die Rückzahlung eine Unterbilanz herbeigeführt würde. In diesem Fall darf ein Gesellschafterbeschluss, der die Rückzahlung von Nachschüssen vorsieht, nicht ausgeführt werden, auch wenn zum Zeitpunkt der Beschlussfassung eine Rückzahlung noch ohne Verstoß gegen Abs. 1 möglich gewesen wäre (→ Rn. 31).

34 Zum Schutz der Gläubiger der GmbH ordnet S. 2 die **Bekanntmachung** des Rückzahlungsbeschlusses und eine **Wartezeit** von drei Monaten an. S. 3 untersagt die Rückzahlung von Nachschüssen, die gem. § 28 Abs. 2 vor der Volleinzahlung der Stammeinlage eingefordert worden sind, solange die vollständige Einzahlung nicht erfolgt ist. Diese Beschränkungen betreffen nur Einzahlungen, die die Gesellschafter in Erfüllung einer Nachschusspflicht gem. §§ 26 ff. geleistet haben, nicht sonstige (freiwillige) Einzahlungen (Scholz/*Verse* Rn. 138).

V. Darlegungs- und Beweislast

35 Das Vorliegen der Voraussetzungen des § 30 ist nach allgemeinen Regeln von der **Gesellschaft** bzw. dem ihre Ansprüche geltend machenden Insolvenzverwalter oder Pfändungsgläubiger darzulegen und zu beweisen. Das gilt für die vermögensmindernde Leistung und ihren Wert ebenso wie für die Tatsache, dass und ggf. in welcher Höhe durch sie das zur Erhaltung des Stammkapitals erforderliche Vermögen angetastet worden ist. Trägt die Gesellschaft bzw. der Insolvenzverwalter oder Pfändungsgläubiger konkret und detailliert das Vorliegen einer Unterbilanz vor, kann der in Anspruch genommene Gesellschafter sich nicht auf allgemeines Bestreiten beschränken, sondern muss vortragen, in welchen Punkten die Bilanz unrichtig sein soll (BGH 29.5.2000, NJW 2000, 2577 (2579) – insoweit in BGHZ 144, 336 nicht abgedruckt). Für das Vorliegen einer Unterbilanz zum Zeitpunkt der Auszahlung kann ein **Anscheinsbeweis** sprechen, wenn sowohl zu Beginn als auch am Ende des betreffenden Geschäftsjahres eine Unterbilanz vorlag (KG 3.4.2000, NZG 2000, 1224 (1225); UHL/*Habersack* Rn 46; Roth/Altmeppen/*Altmeppen* Rn. 18).

36 Die tatsächlichen Voraussetzungen der **Ausnahmen** in Abs. 1 S. 2 und 3, also den Bestand, die Höhe und die Werthaltigkeit des Gegenanspruchs (BGH 24.11.2003, BGHZ 157, 72 (77) = NJW 2004, 1111; Baumbach/Hueck/*Fastrich* Rn. 65), die Leistung auf eine wirksam bestehende Darlehensforderung des Gesellschafters oder das Bestehen eines Beherrschungs- oder Gewinnabführungsvertrags, muss der in Anspruch genommene Gesellschafter beweisen.

Erstattung verbotener Rückzahlungen

31 (1) **Zahlungen, welche den Vorschriften des § 30 zuwider geleistet sind, müssen der Gesellschaft erstattet werden.**

(2) **War der Empfänger in gutem Glauben, so kann die Erstattung nur insoweit verlangt werden, als sie zur Befriedigung der Gesellschaftsgläubiger erforderlich ist.**

(3) [1] **Ist die Erstattung von dem Empfänger nicht zu erlangen, so haften für den zu erstattenden Betrag, soweit er zur Befriedigung der Gesellschaftsgläubiger erforderlich ist, die übrigen Gesellschafter nach Verhältnis ihrer Geschäftsanteile.** [2] **Beiträge, welche von einzel-**

nen Gesellschaftern nicht zu erlangen sind, werden nach dem bezeichneten Verhältnis auf die übrigen verteilt.

(4) **Zahlungen, welche auf Grund der vorstehenden Bestimmungen zu leisten sind, können den Verpflichteten nicht erlassen werden.**

(5) [1] **Die Ansprüche der Gesellschaft verjähren in den Fällen des Absatzes 1 in zehn Jahren sowie in den Fällen des Absatzes 3 in fünf Jahren.** [2] **Die Verjährung beginnt mit dem Ablauf des Tages, an welchem die Zahlung, deren Erstattung beansprucht wird, geleistet ist.** [3] **In den Fällen des Absatzes 1 findet § 19 Abs. 6 Satz 2 entsprechende Anwendung.**

(6) [1] **Für die in den Fällen des Absatzes 3 geleistete Erstattung einer Zahlung sind den Gesellschaftern die Geschäftsführer, welchen in betreff der geleisteten Zahlung ein Verschulden zur Last fällt, solidarisch zum Ersatz verpflichtet.** [2] **Die Bestimmungen in § 43 Abs. 1 und 4 finden entsprechende Anwendung.**

Übersicht

I. Allgemeines

1 Die nicht abdingbare (UHL/*Habersack* Rn. 3) Vorschrift dient der Umsetzung des in § 30 normierten Auszahlungsverbots und damit dem Grundsatz der **Kapitalerhaltung.** Sie ist funktional mit dem Einlageanspruch der Gesellschaft vergleichbar (BGH 29.5.2000, BGHZ 144, 336 (341) = NJW 2000, 2577; Baumbach/Hueck/*Fastrich* Rn. 3) und unterliegt ähnlich strengen Regeln, ohne dass die für die Kapitalaufbringung geltenden Vorschriften generell auf die durch sie begründeten Ansprüche übertragbar wären (UHL/*Habersack* Rn. 4). Diese sind eigenständiger, **gesellschaftsrechtlicher Natur,** keine Bereicherungsansprüche (BGH 14.12.1959, BGHZ 31, 258 (265) = NJW 1960, 285). Wenn die Leistung ohne Rechtsgrund erfolgt ist, was sich nicht schon aus einem Verstoß gegen § 30 ergibt (→ § 30 Rn. 32), aber etwa auf der Nichtigkeit eines Ausschüttungsbeschlusses oder eines der Leistung zugrunde liegenden Vertrages beruhen kann, steht der daraus resultierende Bereicherungsanspruch selbstständig neben den Rückgewähransprüchen aus § 31 (BGH 22.9.2003, NJW 2003, 3629 (3631)). Liegt der Leistung eine unerlaubte Handlung zugrunde – was auch bei einem existenzvernichtenden Eingriff der Fall ist (→ § 13 Rn. 47) – kommen Ansprüche aus §§ 823, 826 BGB in Betracht. Darüber hinaus besteht häufig die Möglichkeit der Anfechtung gem. §§ 129 ff. InsO bzw. gem. §§ 3 ff. AnfG, und zwar sowohl hinsichtlich der gegen § 30 verstoßenden Leistung als auch hinsichtlich der Nichtgeltendmachung des Erstattungsanspruchs aus § 31 (UHL/*Habersack* Rn. 10; *Wicke* Rn. 1). Eine Haf-

tung des Geschäftsführers kann sich insbesondere aus § 43 Abs. 2, 3 sowie aus § 64 S. 1, 3 ergeben. Alle diese Ansprüche sind unabhängig von denjenigen aus § 31 und bestehen neben ihnen (Rowedder/Schmidt-Leithoff/*Pentz* Rn. 12; Baumbach/Hueck/*Fastrich* Rn. 4).

II. Praktische Bedeutung

In der gerichtlichen Praxis war die Vorschrift früher von erheblicher Bedeutung. Die Rückgewähr an einen Gesellschafter erbrachter Leistungen wurde gelegentlich nach einem Wechsel in der Geschäftsführung etwa im Zuge einer Sanierung (*Bork* ZGR 2007, 250 (264)), meist aber nach **Eröffnung des Insolvenzverfahrens** durch den Insolvenzverwalter oder nach einer **Pfändung** der Rückgewähransprüche der Gesellschaft durch einen ihrer Gläubiger verlangt (Beispiel für Letzteres: BGH 23.6.1997, BGHZ 136, 125 = NJW 1997, 2599). Meist lagen Fallgestaltungen zugrunde, in denen die Leistung der Gesellschaft in der Rückzahlung eines kapitalersetzenden Gesellschafterdarlehens oder einer vergleichbaren Finanzierungshilfe bestand. Nachdem derartige Leistungen durch § 30 nicht mehr erfasst werden (→ § 30 Rn. 9 ff.), hat die praktische Bedeutung der Ansprüche aus § 31 abgenommen, besteht aber weiterhin insbesondere für Fälle der verdeckten Gewinnausschüttung (Lutter/Hommelhoff/*Hommelhoff* Rn. 5). 2

III. Der Erstattungsanspruch gem. Abs. 1, 2

1. Voraussetzungen. a) Gegen § 30 verstoßenden Auszahlung. Einzige Voraussetzung des Erstattungsanspruchs aus Abs. 1 ist, dass die Gesellschaft unter Verstoß gegen § 30 eine Leistung erbracht hat (BGH 18.6.2007, BGHZ 173, 1 Rn. 16 = NJW-RR 2008, 51; BGH 29.5.2000, BGHZ 144, 336 (341) = NJW 2000, 2577). Es reicht aus, wenn die in § 30 Abs. 2 normierten formellen Voraussetzungen der Rückzahlung von Nachschüssen nicht erfüllt waren (Rowedder/Schmidt-Leithoff/*Pentz* Rn. 7; Baumbach/Hueck/*Fastrich* Rn. 5). Ob die Leistung offen oder verdeckt erfolgte, ist unerheblich (BGH 23.6.1997, BGHZ 136, 125 (127) = NJW 1997, 2599). Auch auf ein Verschulden der Beteiligten kommt es nicht an (UHL/*Habersack* Rn. 1). Ob der Leistungsempfänger den Verstoß gegen § 30 kannte oder ihn hätte kennen müssen, ist nicht für das Entstehen des Anspruchs, sondern allein für das Eingreifen der Haftungsbeschränkung gem. Abs. 2 (→ Rn. 21 ff.) von Bedeutung (BGH 23.6.1997, BGHZ 136, 125 (130) = NJW 1997, 2599). 3

b) Unerheblichkeit späterer Entwicklungen. Der einmal entstandene Anspruch aus Abs. 1 entfällt nicht dadurch, dass das Gesellschaftskapital später bis zur Höhe der Stammkapitalziffer nachhaltig wieder hergestellt wird (BGH 22.9.2003, NJW 2003, 3629 (3631); UHL/*Habersack* Rn. 28 f.). Das gilt selbst dann, wenn der Leistung ein Anspruch des Gesellschafters zugrunde gelegen hat, dessen Erfüllung die Gesellschaft wegen der Verbesserung ihrer wirtschaftlichen Lage nun nicht mehr unter Berufung auf § 30 verweigern könnte; gegenüber dem Anspruch der Gesellschaft aus Abs. 1 ist dem Gesellschafter die Erhebung des dolo-petit-Einwandes in gleicher Weise verwehrt wie die Aufrechnung (BGH 29.5.2000, BGHZ 144, 336 (342) = NJW 2000, 2577; UHL/*Habersack* Rn. 30). Lediglich für die Haftungsbeschränkung gem. Abs. 2 (→ Rn. 21 ff.) und die Ausfallhaftung der Gesellschafter gem. Abs. 3 (→ Rn. 29 ff.), für die es auf die aktuellen Möglichkeiten der Gesellschaft ankommt, ihre Gläubiger zu befriedigen (→ Rn. 26 f., → Rn. 32), können spätere Veränderungen der Vermögenslage der Gesellschaft von Bedeutung sein. Dass bestimmte Leistungen der Gesellschaft, insbesondere solche zur Rückzahlung kapitalersetzender Gesellschafterdarlehen, nach dem seit 1.11.2008 geltenden Recht nicht mehr von § 30 erfasst werden (→ § 30 Rn. 9), führt nicht dazu, dass vor diesem Zeitpunkt entstandene Ansprüche auf Erstattung solcher Leistungen nachträglich entfielen (→ InsO § 39 Rn. 12). 4

2. Anspruchsberechtigte. Inhaberin des Anspruchs ist die **Gesellschaft.** Der Geschäftsführer ist zu seiner Geltendmachung berechtigt und verpflichtet, ohne dass es eines vorherigen Beschlusses der Gesellschafter gem. § 46 Nr. 2 bedürfte (BGH 8.12.1986, NJW 1987, 779; Baumbach/Hueck/*Fastrich* Rn. 5). Ein einzelner Gesellschafter kann nach den Grundsätzen der **actio pro societate** die Zahlung an die Gesellschaft verlangen (UHL/*Habersack* Rn. 11; Lutter/Hommelhoff/*Hommelhoff* Rn. 5). Ist das Insolvenzverfahren über das Vermögen der Gesellschaft eröffnet worden, obliegt die Geltendmachung des Anspruchs dem **Insolvenzverwalter,** was den praktisch häufigsten Anwendungsfall der Vorschrift darstellt (→ Rn. 2). 5

Soweit eine Leistung der **GmbH & Co. KG** gegen § 30 Abs. 1 verstößt (→ § 30 Rn. 5), ist Inhaberin des Erstattungsanspruchs nicht die GmbH, sondern die KG (BGH 9.12.2014, NZG 2015, 225 Rn. 12; BGH 19.2.1990, BGHZ 110, 342 (346) = NJW 1990, 1725), für die allerdings idR die GmbH als Komplementärin handeln wird. Diese ist auch berechtigt, in eigenem Namen Leistung an die KG zu verlangen (UHL/*Habersack* Rn. 6; Scholz/*Verse* Rn. 91; Baumbach/Hueck/*Fastrich* Rn. 7). 6

Die Möglichkeiten der Gesellschaft, einen ihr zustehenden Erstattungsanspruch aus § 31 abzutreten, sind begrenzt, weil die Abtretung den Zweck der Vorschrift, nach einer gegen § 30 verstoßenden Leistung die unverzügliche Wiederauffüllung des Gesellschaftsvermögens herbeizuführen, vereiteln 7 kann. Das gilt insbesondere für die **Abtretung an einen Gesellschafter,** die, wenn die Vermögenslage der Gesellschaft sich nicht zwischenzeitlich nachhaltig gebessert hat, zu einem erneuten Verstoß gegen § 30 führen kann. Sie ist deshalb nur zulässig, wenn der Gesellschaft eine vollwertige Gegenleistung zufließt (BGH 18.11.1969, BGHZ 53, 71 (74) = NJW 1970, 469; UHL/*Habersack* Rn. 13; Scholz/*Verse* Rn. 29). Für die **Abtretung an Dritte** ist es ausreichend, aber auch erforderlich, dass der Abtretungsempfänger Inhaber eines gegen die Gesellschaft gerichteten, bestehenden und fälligen Anspruchs ist, der durch die Abtretung erfüllt wird (BGH 29.5.2000, BGHZ 144, 336 (340) = NJW 2000, 2577; BGH 28.9.1977, BGHZ 69, 274 (282 f.) = NJW 1978, 160; Lutter/Hommelhoff/*Hommelhoff* Rn. 4; UHL/*Habersack* Rn. 13).

8 Die **Pfändung** des Anspruchs unterliegt keinen Einschränkungen (UHL/*Habersack* Rn. 12). Sie stellt für Gläubiger der Gesellschaft, die aus einem Verstoß gegen § 30 unmittelbar keine Rechte geltend machen können (→ § 30 Rn. 32), eine praktisch bedeutsame Möglichkeit dar, wegen titulierter Forderungen gegen die Gesellschaft einen Gesellschafter persönlich in Anspruch zu nehmen (→ Rn. 2).

9 **3. Anspruchsverpflichteter. a) Empfangender Gesellschafter.** Schuldner des Anspruchs ist der Gesellschafter – auch der stille Gesellschafter, soweit er ausnahmsweise einem Gesellschafter gleichsteht (→ § 30 Rn. 14) –, der als Empfänger der gegen § 30 verstoßenden Leistung anzusehen ist, unabhängig davon, ob sie unmittelbar an ihn oder auf ihm zurechenbare Weise an eine dritte Person erbracht wird (→ § 30 Rn. 15 f.). Entscheidend ist, dass der Empfänger der Leistung zum **Zeitpunkt der Begründung der Leistungsverpflichtung** Gesellschafter war (→ § 30 Rn. 13). Veräußert er später – sei es vor, sei es nach dem Empfang der Leistung (UHL/*Habersack* Rn. 15) – seinen Geschäftsanteil an einen Dritten, hat das auf seine Rückzahlungspflicht aus Abs. 1, 2 keinen Einfluss. Sie ist an die Person des Leistungsempfängers, nicht an den Geschäftsanteil gebunden, sodass sie nicht auf den Erwerber übergeht; § 16 Abs. 2 ist nicht anwendbar (UHL/*Habersack* Rn. 9; Lutter/Hommelhoff/*Hommelhoff* Rn. 7). Ist allerdings neben dem **Veräußerer** auch der **Erwerber** als Leistungsempfänger anzusehen, weil ihm die Leistung gerade im Hinblick auf den Erwerb zugesagt wird (insbesondere im Fall des Leveraged Buyout, → § 30 Rn. 13), haften Veräußerer und Erwerber als Gesamtschuldner, wobei es – von krassen Missbrauchsfällen abgesehen – im Belieben der Gesellschaft steht, wen sie auf Erstattung in Anspruch nimmt (BGH 18.6.2007, BGHZ 173, 1 Rn. 12 ff. = NJW-RR 2008, 51; Scholz/*Verse* Rn. 11). Den Erwerber kann darüber hinaus die Haftung nach Abs. 3 treffen, wenn von dem Veräußerer die Erstattung nicht zu erlangen ist (→ Rn. 29 ff.). Steht ein Geschäftsanteil mehreren zu, haften sie nicht als Gesamtschuldner, sondern nur, soweit sie selbst eine Leistung empfangen haben; § 18 Abs. 2 ist nicht anwendbar (UHL/*Habersack* Rn. 17; Baumbach/Hueck/*Fastrich* Rn. 8).

10 **b) Zessionar, Pfändungsgläubiger, Nießbraucher.** Hatte der Gesellschafter den Anspruch, der der gegen § 30 verstoßenden Leistung zugrunde lag, an einen Dritten abgetreten oder war dieser Anspruch durch einen Dritten gepfändet worden, trifft diesen die Rückzahlungspflicht, da er den Anspruch mit ihr belastet erworben hat; auf seine Gut- oder Bösgläubigkeit kommt es, wie stets bei dem Erwerb von Forderungen, für das Entstehen der Haftung nicht an (Lutter/Hommelhoff/*Hommelhoff* Rn. 6; Rowedder/Schmidt-Leithoff/*Pentz* Rn. 8). Dasselbe gilt, wenn ein Dritter die Schuld der Gesellschaft gegenüber dem Gesellschafter übernommen hat und die Gesellschaft zum Ausgleich eine Verpflichtung ihm gegenüber eingegangen ist (BGH 11.1.2011, NJW 2011, 844 Rn. 24). Der Gesellschafter ist nicht aus Abs. 1, 2 zur Erstattung einer nach der Abtretung, Pfändung oder Schuldübernahme erbrachten Leistung verpflichtet, wenn er – wie es dem Regelfall entspricht – dem Dritten aus dem zugrundeliegenden Rechtsverhältnis verpflichtet bleibt (UHL/*Habersack* Rn. 18; Baumbach/Hueck/*Fastrich* Rn. 11; Rowedder/Schmidt-Leithoff/*Pentz* Rn. 8); ihn kann aber die Ausfallhaftung gem. Abs. 3 treffen (→ Rn. 33). Für die Rückgewähr einer Leistung an den Nießbraucher haftet dieser und, soweit er selbst mittelbar oder unmittelbar Leistungen erhält, auch der Gesellschafter (UHL/*Habersack* § 30 Rn. 73).

11 **c) Dritter Empfänger.** Neben dem Gesellschafter ist ein Dritter nur **ausnahmsweise** aus Abs. 1, 2 zur Rückzahlung verpflichtet. Wenn die Gesellschaft eine ihm gegenüber bestehende Verbindlichkeit eines Gesellschafters erfüllt oder ihm für eine Verbindlichkeit des Gesellschafters Sicherheit geleistet hat, ist allein der Gesellschafter, nicht der Dritte Leistungsempfänger und Schuldner des Anspruchs aus Abs. 1, 2 (BGH 28.9.1981, BGHZ 81, 365 (368) = NJW 1982, 386).

12 Hält ein Gesellschafter seinen Geschäftsanteil treuhänderisch für einen Dritten, ist zu unterscheiden: Den **Treuhänder** trifft in jedem Fall eine auf seiner Gesellschafterstellung beruhende Erstattungspflicht für gegen § 30 verstoßende Leistungen, die ihm selbst zugeflossen sind, ohne dass er sich darauf berufen könnte, lediglich als Treuhänder fungiert und/oder das Erhaltene an den Treugeber weitergeleitet zu haben. Leistet die Gesellschaft unmittelbar an den Treugeber, ist der Treuhänder nur zur Erstattung verpflichtet, wenn er die Leistung veranlasst hat oder zumindest mit ihr einverstanden war (UHL/*Habersack* § 30 Rn. 72; Baumbach/Hueck/*Fastrich* Rn. 12), wofür eine Vermutung sprechen kann (Roth/Altmeppen/*Altmeppen* § 30 Rn. 36; zust. UHL/*Habersack* § 30 Rn. 72 Fn. 218). Der **Treugeber** ist stets zur Erstattung solcher gegen § 30 verstoßender Leistungen verpflichtet, die unmittelbar

an ihn geflossen sind (BGH 24.11.2003, BGHZ 157, 72 (74) = NJW 2004, 1111). Für die Rückgewähr von Leistungen an den Treuhänder haftet der Treugeber nur, wenn das Erhaltene an ihn weitergeleitet worden ist (UHL/*Habersack* § 30 Rn. 72) oder wenn er die Leistung an den Treuhänder veranlasst hat (Scholz/*Verse* § 30 Rn. 39; Baumbach/Hueck/*Fastrich* Rn. 12). Soweit sie nebeneinander verpflichtet sind, haften Treuhänder und Treugeber als **Gesamtschuldner** (UHL/*Habersack* Rn. 20). Wenn die geschuldete Erstattung von dem Treugeber nicht zu erlangen ist, trifft den Treuhänder unabhängig von einer etwaigen eigenen Erstattungspflicht jedenfalls die **Ausfallhaftung gem. Abs. 3** (→ Rn. 29 ff.). Das Innenverhältnis von Treuhänder und Treugeber richtet sich nach den zwischen ihnen getroffenen Vereinbarungen; im Regelfall wird der Treugeber den Treuhänder gem. § 670 BGB von seinen Erstattungspflichten freizustellen haben.

Wird die Leistung an einen **Dritten** wegen eines besonderen Näheverhältnisses zu dem Gesellschafter 13
wie eine Leistung an diesen behandelt (→ § 30 Rn. 16), trifft die Erstattungspflicht sowohl den Gesellschafter als auch den Dritten. Das gilt für von dem Gesellschafter rechtlich oder wirtschaftlich **beherrschte Unternehmen** ebenso wie für seine nahen **Angehörigen.** Letztere haften aber nur dann neben dem Gesellschafter, wenn sie – bzw. bei Minderjährigen ihr gesetzlicher Vertreter, bei dem es sich häufig gerade um den Gesellschafter handeln wird – den Verstoß der Auszahlung gegen § 30 kannten oder kennen mussten (Rowedder/Schmidt-Leithoff/*Pentz* Rn. 10; Baumbach/Hueck/*Fastrich* Rn. 13; offengelassen von BGH 28.9.1981, BGHZ 81, 365 (368) = NJW 1982, 386; aA MüKoGmbHG/*Ekkenga* Rn. 28; Roth/Altmeppen/*Altmeppen* § 30 Rn. 51 f.: nur bei kollusivem Zusammenwirken; für kenntnisunabhängige Haftung BeckOK GmbHG/*Schmolke* Rn. 23).

4. Anspruchsinhalt. a) Gegenstand des Anspruchs. Der Anspruch richtet sich primär auf die 14
Rückgewähr des Empfangenen **in Natur** (UHL/*Habersack* Rn. 23; Rowedder/Schmidt-Leithoff/*Pentz* Rn. 14 f.). Der Verpflichtete muss einen erhaltenen Geldbetrag zurückzahlen, eine zu Eigentum erworbene Sache der Gesellschaft zurückübereignen (Lutter/Hommelhoff/*Hommelhoff* Rn. 8), ein zu seinen Gunsten begründetes dingliches Recht an im Eigentum der Gesellschaft stehenden Sachen ebenso wie eine ihm gegen die Gesellschaft zustehende Forderung aufheben (UHL/*Habersack* Rn. 23), eine aufgehobene Forderung der Gesellschaft gegen ihn wieder begründen (BGH 8.7.1985, BGHZ 95, 188 (193) = NJW 1985, 2947), eine ihm bestellte Sicherheit freigeben und die Gesellschaft von gegenüber Dritten begründeten Verbindlichkeiten oder zugunsten Dritter bestellten Sicherheiten befreien (UHL/*Habersack* Rn. 23; Scholz/*Verse* Rn. 16).

Soweit eine Rückgabe in Natur nicht möglich ist, etwa bei Nutzungsüberlassungen oder Dienst- 15
leistungen, ist der Anspruch auf **Wertersatz** gerichtet (UHL/*Habersack* Rn. 24.) Das gilt auch, wenn eine Rückgewähr in Natur nachträglich unmöglich geworden ist (Baumbach/Hueck/*Fastrich* Rn. 16). Hat der zurückzugewährende Gegenstand seinen Wert ganz oder teilweise verloren, was auch auf der zwischenzeitlich eingetretenen Uneinbringlichkeit einer Forderung beruhen kann, ist zusätzlich zu der Rückgewähr die Differenz zu dem ursprünglichen Wert zu ersetzen. Es kommt nicht darauf an, ob der Gesellschafter die Unmöglichkeit bzw. den Wertverlust zu vertreten hat (BGH 17.3.2008, BGHZ 176, 62 Rn. 10 = NJW 2008, 2118; BGH 10.5.1993, BGHZ 122, 333 (339) = NJW 1993, 1922; UHL/*Habersack* Rn. 24). Der Ersatzanspruch entfällt nur, wenn zweifelsfrei fest steht, dass der Gegenstand seinen Wert auch dann ganz oder teilweise verloren hätte, wenn er im Vermögen der Gesellschaft geblieben wäre (BGH 17.3.2008, BGHZ 176, 62 Rn. 11 = NJW 2008, 2118; Scholz/*Verse* Rn. 19; UHL/*Habersack* Rn. 24). Da die Regeln des Bereicherungsrechts nicht anwendbar sind (→ Rn. 1), ist dem Verpflichteten der Einwand der Entreicherung gem. § 818 Abs. 3 BGB verwehrt.

Eine Befugnis des Verpflichteten, **nach seiner Wahl** auch in sonstigen Fällen anstelle der Rückgabe 16
der Leistung deren Wert zu ersetzen, besteht nicht (Scholz/*Verse* Rn. 17; aA für leicht wiederbeschaffbare Gegenstände Lutter/Hommelhoff/*Hommelhoff* Rn. 8). Wenn der Verstoß gegen § 30 Abs. 1 darin besteht, dass bei einem Austauschgeschäft die erbrachte Gegenleistung nicht gleichwertig war (→ § 30 Rn. 25), braucht aber nicht das gesamte Geschäft rückabgewickelt zu werden; in diesem Fall reicht es aus, die Wertdifferenz zwischen Leistung und Gegenleistung zu ersetzen (UHL/*Habersack* Rn. 25; Baumbach/Hueck/*Fastrich* Rn. 16).

Der Anspruch richtet sich auf die Rückgewähr bzw. den Ersatz des Wertes der **gesamten Leistung,** 17
soweit sie gegen § 30 verstoßen hat. Er kann also den Betrag des Stammkapitals übersteigen (BGH 29.3.1973, BGHZ 60, 324 (331 f.) = NJW 1973, 1036; UHL/*Habersack* Rn. 22; Lutter/Hommelhoff/*Hommelhoff* Rn. 9), insbesondere dann, wenn die Gesellschaft zum Zeitpunkt der Leistung überschuldet war oder bereits eine Unterbilanz bestand bzw. lediglich Vermögen in Höhe der Stammkapitalziffer vorhanden war.

b) Fälligkeit, Verzinsung. Der Erstattungsanspruch der Gesellschaft wird mit der Erbringung der 18
Leistung fällig (BGH 8.12.1986, NJW 1987, 779; Baumbach/Hueck/*Fastrich* Rn. 5). Er ist nicht – auch nicht gegenüber einem inzwischen ausgeschiedenen Gesellschafter – von einer vorherigen Gesamtabrechnung abhängig (BGH 24.3.1980, NJW 1980, 1524 (1526) – insoweit in BGHZ 76, 326 nicht abgedruckt; UHL/*Habersack* Rn. 15; Baumbach/Hueck/*Fastrich* Rn. 8). Eine **Stundung** ist unzulässig

(Baumbach/Hueck/*Fastrich* Rn. 17). Gleichwohl sind **Zinsen** nur nach Verzugsgrundsätzen zu zahlen, § 20 ist nicht entsprechend anwendbar (Baumbach/Hueck/*Fastrich* Rn. 3; UHL/*Habersack* Rn. 26).

19 Zur **Erfüllung** und **Verjährung** des Anspruchs aus Abs. 1 treffen Abs. 4 und Abs. 5 Sonderregelungen (→ Rn. 38 ff.).

20 **5. Darlegungs- und Beweislast.** Sämtliche Voraussetzungen des Anspruchs aus Abs. 1 sind von der **Gesellschaft** darzulegen und zu beweisen, der hinsichtlich der Voraussetzungen eines Verstoßes gegen § 30 aber Erleichterungen zugute kommen können (→ § 30 Rn. 35). Dass ein zurückzugewährender Vermögensvorteil auch dann untergegangen wäre oder seinen Wert verloren hätte, wenn er im Vermögen der Gesellschaft geblieben wäre (→ Rn. 15), muss der in Anspruch genommene Gesellschafter darlegen und beweisen (BGH 17.3.2008, BGHZ 176, 62 Rn. 11 = NJW 2008, 2118).

21 **6. Einschränkungen bei Gutgläubigkeit (Abs. 2).** Abs. 2 beschränkt den Anspruch gegenüber gutgläubigen Leistungsempfängern auf die Rückerstattung desjenigen, was zur Gläubigerbefriedigung erforderlich ist. Die praktische Bedeutung der Vorschrift ist gering (Scholz/*Verse* Rn. 36): Solange sie alle gegen sie gerichteten Ansprüche Dritter befriedigen kann, wird die Gesellschaft ihre Gesellschafter selten auf Erstattung empfangener Leistungen in Anspruch nehmen. Wird der Anspruch aus Abs. 1 durch den Insolvenzverwalter geltend gemacht, folgt schon aus der Tatsache der Insolvenzeröffnung, dass ausreichende Mittel zur Gläubigerbefriedigung nicht vorhanden sind. Lässt die Gesellschaft es dazu kommen, dass einer ihrer Gläubiger ihren Erstattungsanspruch gegen einen Gesellschafter pfändet, befindet sie sich in aller Regel ebenfalls in einer derartigen Lage.

22 **a) Guter Glaube des Empfängers.** Die Definition des guten Glaubens entspricht derjenigen des § 932 Abs. 2 BGB. Gutgläubig ist also der Leistungsempfänger, dem die Tatsachen, die den Verstoß gegen § 30 begründen, weder bekannt noch aufgrund grober Fahrlässigkeit unbekannt sind (Baumbach/Hueck/*Fastrich* Rn. 18a; Lutter/Hommelhoff/*Hommelhoff* Rn. 17). Bei einer Verletzung des § 30 Abs. 1 muss der gute Glaube sich auf die Nichtherbeiführung einer Unterbilanz – also sowohl auf die Vermögenslage der Gesellschaft als auch auf den Wert der empfangenen Leistung, dh bei gegenseitigen Verträgen auf die Ausgewogenheit von Leistung und Gegenleistung (UHL/*Habersack* Rn. 35) – beziehen. Auf die Kenntnis oder Unkenntnis der Vorschrift des § 30 Abs. 1 und die zutreffende rechtliche Bewertung der Tatsachen kommt es nicht an (Rowedder/Schmidt-Leithoff/*Pentz* Rn. 21). Beruht die Haftung auf einer Verletzung des § 30 Abs. 2, kann der Gesellschafter sich aber auch darauf berufen, ihm seien die dort normierten besonderen Formerfordernisse ohne grobe Fahrlässigkeit nicht bekannt gewesen (Baumbach/Hueck/*Fastrich* Rn. 18a).

23 Ob die Unkenntnis von dem Bestehen oder der Herbeiführung der Unterbilanz grob fahrlässig war, ist unter Berücksichtigung der **Umstände des Einzelfalles,** insbesondere der Stellung des Leistungsempfängers in der Gesellschaft, zu beurteilen. Während von einem Gesellschafter, der zugleich Geschäftsführer ist oder jedenfalls das Handeln der Gesellschaft in maßgeblicher Position beeinflusst, erwartet werden kann, dass er die Vermögensverhältnisse der Gesellschaft kennt bzw. sich ihm fehlende Informationen aus allen zugänglichen Quellen beschafft (UHL/*Habersack* Rn. 34), darf bei einem nicht in die laufenden Geschäfte eingeschalteten Gesellschafter kein zu strenger Maßstab angelegt werden. Er kann grundsätzlich auf die Richtigkeit der Bücher und der Auskünfte des Geschäftsführers vertrauen; eine allgemeine Prüfungs- und Informationspflicht trifft ihn nicht (UHL/*Habersack* Rn. 34). Sind ihm allerdings wirtschaftliche Schwierigkeiten der Gesellschaft bekannt oder hat er aufgrund sonstiger konkreter Verdachtsmomente Anlass zu Zweifeln, muss er diesen nachgehen, bevor er eine Leistung der Gesellschaft entgegennimmt (Rowedder/Schmidt-Leithoff/*Pentz* Rn. 22).

24 Maßgeblicher **Zeitpunkt** für die Beurteilung der Gutgläubigkeit ist derjenige des Empfangs der Leistung; eine spätere Änderung des Kenntnisstandes des Gesellschafters führt nicht zum Entfallen der Haftungsbeschränkung (UHL/*Habersack* Rn. 38; Baumbach/Hueck/*Fastrich* Rn. 18a).

25 Stellen **Zuwendungen an Dritte** Leistungen an einen Gesellschafter dar (→ § 30 Rn. 15 ff.), kommt es für die Anwendung des Abs. 2 grundsätzlich allein auf die Gutgläubigkeit des Gesellschafters an, den die Erstattungspflicht gem. Abs. 1 trifft (UHL/*Habersack* Rn. 37). Soweit ausnahmsweise auch der Dritte zur Erstattung verpflichtet ist (→ Rn. 11 ff.), kann er sich nur auf die Haftungsbeschränkung berufen, wenn sowohl er als auch der Gesellschafter gutgläubig waren (Lutter/Hommelhoff/*Hommelhoff* Rn. 18; Rowedder/Schmidt-Leithoff/*Pentz* Rn. 25). Das gilt insbesondere für den auf Erstattung in Anspruch genommenen Treugeber oder sonstigen „Hintermann" (Baumbach/Hueck/*Fastrich* Rn. 18a). Bei nahen Angehörigen ist zu beachten, dass sie nach verbreiteter Ansicht ohnehin nur unter der Voraussetzung erstattungspflichtig sind, dass sie bzw. ihr gesetzlicher Vertreter bösgläubig waren (→ Rn. 13).

26 **b) Erforderlichkeit zur Befriedigung der Gesellschaftsgläubiger.** Daraus, dass die Leistung eine Unterbilanz herbeigeführt hat, folgt nicht notwendig, dass ihre Rückgewähr zur Befriedigung der Gesellschaftsgläubiger erforderlich ist. Die Gesellschaft kann über – bei der Feststellung der Unterbilanz nicht berücksichtigungsfähige (→ § 30 Rn. 27) – stille Reserven oder bereits aufgenommene und noch vorhandene Fremdmittel verfügen (UHL/*Habersack* Rn. 40). Für die beschränkte Haftung gem. Abs. 2 kann es – anders als für die Haftung gem. Abs. 1 (→ Rn. 4) – auch von Bedeutung sein, dass sich die

Vermögenslage der Gesellschaft bis zur Geltendmachung des Erstattungsanspruchs nachhaltig gebessert hat. Andererseits ist die Erstattung nicht nur dann zur Gläubigerbefriedigung erforderlich, wenn die Gesellschaft **überschuldet** und/oder im insolvenzrechtlichen Sinn **zahlungsunfähig** ist oder wenn gegen sie bereits **Zwangsvollstreckungsmaßnahmen** eingeleitet sind (UHL/*Habersack* Rn. 43). Nicht nur kurzfristige **Zahlungsschwierigkeiten, Zahlungsstockungen** und **Verzögerungen** reichen aus (Rowedder/Schmidt-Leithoff/*Pentz* Rn. 27; UHL/*Habersack* Rn. 40; Lutter/Hommelhoff/*Hommelhoff* Rn. 19).

Maßgeblicher **Zeitpunkt** ist derjenige der Rückforderung bzw. bei gerichtlicher Geltendmachung der Tag der letzten mündlichen Verhandlung (BGH 22.9.2003, NJW 2003, 3629 (3631); UHL/*Habersack* Rn. 41; Scholz/*Verse* Rn. 44; aA Rowedder/Schmidt-Leithoff/*Pentz* Rn. 28; krit. auch Baumbach/Hueck/*Fastrich* Rn. 19). Ist die Klage der Gesellschaft abgewiesen worden, weil die Erstattung zur Gläubigerbefriedigung nicht erforderlich war, steht das einer späteren erneuten Geltendmachung des Anspruchs nicht entgegen, wenn die wirtschaftliche Lage der Gesellschaft sich nachträglich verschlechtert hat (UHL/*Habersack* Rn. 41; Rowedder/Schmidt-Leithoff/*Pentz* Rn. 29, 31). 27

c) Darlegungs- und Beweislast. Die Darlegungs- und Beweislast für seine **Gutgläubigkeit** trifft den **Gesellschafter** oder sonstigen Verpflichteten, der sich auf die Haftungsbeschränkung des Abs. 2 beruft (BGH 22.9.2003, NJW 2003, 3629 (3631); Roth/Altmeppen/*Altmeppen* Rn. 22). Die Darlegungs- und Beweislast dafür, dass die Erstattung **zur Befriedigung der Gesellschaftsgläubiger erforderlich** ist, trifft die **Gesellschaft,** wobei die Anforderungen nicht überspannt werden dürfen (UHL/*Habersack* Rn. 43). 28

IV. Haftung der übrigen Gesellschafter (Abs. 3)

Die in Abs. 3 normierte **Ausfallhaftung** der Mitgesellschafter beruht auf der Erwägung, dass sie der GmbH und ihren wirtschaftlichen Risiken objektiv näher stehen als die Gläubiger (BGH 25.2.2002, BGHZ 150, 61 (65) = NJW 2002, 1803). Auf ihre Kenntnis oder grob fahrlässige Unkenntnis von dem Verstoß gegen § 30 kommt es daher ebenso wenig an wie auf ein Verschulden (Rowedder/Schmidt-Leithoff/*Pentz* Rn. 32). Schuldhaftes Handeln führt auch nicht zu einer Erweiterung der Haftung aus § 31 (Baumbach/Hueck/*Fastrich* Rn. 25), sondern kann lediglich unabhängig davon bestehende Ansprüche insbesondere aus unerlaubter Handlung – zu denen auch derjenige wegen eines existenzvernichtenden Eingriffs gehört (→ Rn. 1) – auslösen. 29

1. Voraussetzungen. a) Anspruch der Gesellschaft aus Abs. 1, 2. Die Haftung aus Abs. 3 setzt das Bestehen eines Anspruchs der Gesellschaft aus Abs. 1, 2 voraus, der sich nicht gegen den im Wege der Ausfallhaftung in Anspruch Genommenen, sondern gegen einen **Mitgesellschafter** oder ausnahmsweise (→ Rn. 11 ff.) gegen einen Dritten richtet. Sie greift auch dann ein, wenn ausschließlich der Dritte haftet, wie es bei dem Zessionar und dem Pfändungsgläubiger (→ Rn. 10) sowie bei dem Treugeber der Fall sein kann, wenn er unmittelbar eine durch den Gesellschafter nicht veranlasste Leistung empfangen hat (→ Rn. 12). 30

b) Uneinbringlichkeit. Weitere Voraussetzung ist, dass die Erstattung von dem Primärschuldner nicht zu erlangen ist. Das erfordert keine dauernde Unmöglichkeit der Beitreibung; es genügt, wenn der Anspruch aus Abs. 1, 2 nicht mit zumutbaren Mitteln in angemessener Zeit realisiert werden kann (UHL/*Habersack* Rn. 53), was aufgrund einer Würdigung aller Umstände des Einzelfalles festzustellen ist. Ausreichende, aber nicht erforderliche Indizien liegen beispielsweise darin, dass über das Vermögen des Schuldners das Insolvenzverfahren eröffnet oder die Eröffnung des Insolvenzverfahrens mangels Masse abgelehnt worden ist, dass Vollstreckungsversuche fruchtlos verlaufen sind, der Schuldner die eidesstattliche Versicherung abgegeben hat oder unbekannten Aufenthalts ist (Baumbach/Hueck/*Fastrich* Rn. 22; Lutter/Hommelhoff/*Hommelhoff* Rn. 20). 31

c) Erforderlichkeit zur Gläubigerbefriedigung. Die Anforderungen an die Erfüllung dieser Voraussetzung entsprechen denjenigen des gleichlautenden Merkmals des **Abs. 2** (→ Rn. 26 f.). 32

d) Gesellschafterstellung. Der Ausfallhaftung aus Abs. 3 unterliegt jeder, der **zum Zeitpunkt der Erbringung** der gegen § 30 verstoßenden Leistung (Scholz/*Verse* Rn. 56; Baumbach/Hueck/*Fastrich* Rn. 21) Gesellschafter war, was sich nach § 16 Abs. 1 richtet. Eine **Veräußerung** des Geschäftsanteils nach der Leistungserbringung führt nicht zum Entfallen der Haftung des Veräußerers, begründet aber von der Eintragung in die Gesellschafterliste an eine Mithaftung des Erwerbers gem. § 16 Abs. 2 (Baumbach/Hueck/*Fastrich* Rn. 21; Roth/Altmeppen/*Altmeppen* Rn. 24; einschränkend Rowedder/Schmidt-Leithoff/*Pentz* Rn. 33). Soweit Leistungen der **GmbH & Co. KG** Ansprüche aus Abs. 1, 2 begründen (→ Rn. 6), trifft die Ausfallhaftung gem. Abs. 3 die übrigen Kommanditisten einschließlich der Nur-Kommanditisten (BGH 27.3.1995, NJW 1995, 1960 (1962); Lutter/Hommelhoff/*Hommelhoff* Rn. 25). 33

34 **2. Anspruchsinhalt. a) Volle Haftung bis zur Stammkapitalziffer.** Der Umfang der Haftung entspricht grundsätzlich dem der Primärschuld des Leistungsempfängers, richtet sich aber stets auf die Zahlung eines Geldbetrages (Scholz/*Verse* Rn. 65; Baumbach/Hueck/*Fastrich* Rn. 23). Anders als bei dem Leistungsempfänger (→ Rn. 17) ist die Haftung auf den Betrag der Stammkapitalziffer begrenzt; eine unbeschränkte Haftung für den gesamten nicht durch Eigenkapital gedeckten Fehlbetrag wäre mit der besonderen Haftungsstruktur in der GmbH und mit dem Fehlen einer gesetzlichen Nachschuss- und Übernahmepflicht der Gesellschafter unvereinbar (BGH 25.2.2002, BGHZ 150, 61 (65 f.) = NJW 2002, 1803; UHL/*Habersack* Rn. 55; Rowedder/Schmidt-Leithoff/*Pentz* Rn. 38; Roth/Altmeppen/*Altmeppen* Rn. 23). Die Begrenzung gilt aber nur für den jeweiligen Haftungsfall; wird ein Mitgesellschafter mehrfach gem. Abs. 3 wegen gegen § 30 verstoßender Leistungen in Anspruch genommen, haftet er jeweils bis zur Höhe der Stammkapitalziffer (UHL/*Habersack* Rn. 55). Der Nennbetrag des Geschäftsanteils des Primärschuldners begrenzt die Ausfallhaftung nach Abs. 3 nicht (Baumbach/Hueck/*Fastrich* Rn. 24); sie beschränkt sich auch nicht auf den Teil, um den der zu ersetzende Betrag den Nennbetrag seines Geschäftsanteils übersteigt (BGH 22.9.2003, NJW 2003, 3629 (3632); Baumbach/Hueck/*Fastrich* Rn. 24; aA Lutter/Hommelhoff/*Hommelhoff* Rn. 22).

35 **b) Anteilige Haftung.** Die nach Abs. 3 verpflichteten Mitgesellschafter haften nicht als Gesamtschuldner, sondern mit der Quote, die auf ihren **Geschäftsanteil** entfällt. Steht ein Geschäftsanteil mehreren zu, haften sie für den auf diesen entfallenden Anteil gesamtschuldnerisch (UHL/*Habersack* Rn. 47). Der Haftungsanteil erhöht sich nach **Abs. 3 S. 2** weiter, wenn von einem Mitgesellschafter der auf ihn entfallende Anteil nicht zu erlangen ist (→ Rn. 31).

36 **c) Regressansprüche.** Der Erstattungsanspruch der Gesellschaft gegen den Leistungsempfänger aus Abs. 1, 2 geht analog § 774 Abs. 1 S. 1 BGB auf den nach Abs. 3 in Anspruch genommenen Mitgesellschafter über, der darüber hinaus einen Regressanspruch aus § 683 S. 1 BGB, § 670 BGB hat (UHL/*Habersack* Rn. 58). Gegenüber dem Mitgesellschafter, für den er nach S. 2 eintreten musste, gilt dasselbe. Darüber hinaus besteht ein verschuldensabhängiger Regressanspruch gegen den Geschäftsführer nach Abs. 6 (→ Rn. 43 f.).

37 **3. Prozessuales, Beweislast.** Die Voraussetzungen des Abs. 3, zu denen neben dem Bestehen eines Anspruchs nach Abs. 1 insbesondere die Uneinbringlichkeit des Primäranspruchs gehört, sind von der **Gesellschaft** darzulegen und zu beweisen (Rowedder/Schmidt-Leithoff/*Pentz* Rn. 40). Sie kann bereits im Zusammenhang mit der Geltendmachung des Primäranspruchs zulässigerweise gegen die Mitgesellschafter auf **Feststellung der Ausfallhaftung** klagen, auch wenn das festzustellende Rechtsverhältnis unter der doppelten Bedingung sowohl des Bestehens der Ansprüche aus Abs. 1 gegenüber dem Mitgesellschafter als auch der Uneinbringlichkeit dieses Anspruchs steht (BGH 2.9.2003, NJW 2003, 3629 (3632)). In Betracht kommt auch eine Streitverkündung gem. § 72 ZPO in dem Rechtsstreit gegen den Empfänger der Leistung.

V. Erfüllung, Aufrechnung, Erlass der Ansprüche (Abs. 4)

38 Die Ansprüche aus Abs. 1–3 sind durch die **Bewirkung der Leistung** an die Gesellschaft gem. § 362 BGB zu erfüllen. Der Gesellschaft ist nicht nur ihr Erlass durch Abs. 4 ausdrücklich untersagt. Sie darf sich auch nicht mit Leistungen an Erfüllungs Statt begnügen (UHL/*Habersack* Rn. 61). Der Verpflichtete kann sich nicht im Wege der Aufrechnung von seiner Schuld befreien; § 19 Abs. 2 S. 2 ist in erweiternder Auslegung auf den Anspruch aus § 31 Abs. 1 zu erstrecken (BGH 27.11.2000, BGHZ 146, 105 (107) = NJW 2001, 830; Lutter/Hommelhoff/*Hommelhoff* Rn. 27), sodass lediglich eine Aufrechnung durch die Gesellschaft in Betracht kommt, wenn dem Gesellschafter ein vollwertiger, fälliger und liquider Gegenanspruch zusteht (Baumbach/Hueck/*Fastrich* Rn. 17; UHL/*Habersack* Rn. 64; → § 19 Rn. 20 ff.).

VI. Verjährung (Abs. 5)

39 Abs. 5 trifft für die Verjährung der in Abs. 1–3 normierten Ansprüche **Sonderregelungen** hinsichtlich der Dauer und des Beginns der Verjährungsfristen sowie ihrer Hemmung im Fall der Insolvenzeröffnung. Im Übrigen, insbesondere hinsichtlich sonstiger Hemmungstatbestände und des Neubeginns der Verjährung, bleibt es bei den Vorschriften der §§ 195 ff. BGB. Für etwaige neben den Ansprüchen aus Abs. 1–3 bestehende Schadensersatz- oder Bereicherungsansprüche gilt Abs. 5 nicht (Scholz/*Verse* Rn. 78).

40 Die **Verjährungsfristen** belaufen sich nach S. 1 auf zehn Jahre für den Anspruch aus Abs. 1 und fünf Jahre für den Anspruch aus Abs. 3. Eine gem. §§ 203, 204 BGB verjährungshemmende Geltendmachung des Anspruchs aus Abs. 1 gegenüber dem Leistungsempfänger hemmt nicht zugleich die Verjährung der Ansprüche gegen seine Mitgesellschafter aus Abs. 3 (Rowedder/Schmidt-Leithoff/*Pentz* Rn. 52). Im Fall der Insolvenzeröffnung tritt nach S. 3 iVm § 19 Abs. 6 S. 2 eine Ablaufhemmung von

sechs Monaten ein, damit der Insolvenzverwalter das Bestehen von Ansprüchen prüfen und ggf. verjährungshemmende Maßnahmen ergreifen kann.

Verjährungsbeginn ist nach S. 2 stets der Ablauf des Tages der unzulässigen **Leistung,** ohne dass es auf die Kenntnis des Anspruchsberechtigten von den anspruchsbegründenden Umständen ankäme (UHL/*Habersack* Rn. 67). Liegt die Leistung der Gesellschaft in der Bestellung einer Sicherheit (→ § 30 Rn. 4), ist dieser Zeitpunkt maßgeblich; die Verjährung des Anspruchs gegen den Gesellschafter beginnt nicht erst mit der Verwertung der Sicherheit (BGH 21.3.2017, BGHZ 214, 258 Rn. 27 = NZG 2017, 658; Scholz/*Verse* Rn. 77 iVm § 30 Rn. 103)). 41

VII. Die Haftung des Geschäftsführers (Abs. 6)

Die Vorschrift normiert eine Haftung des Geschäftsführers gegenüber den Gesellschaftern, die im Wege der **Ausfallhaftung nach Abs. 3** in Anspruch genommen worden sind. Der Anspruch richtet sich gegen denjenigen, der Geschäftsführer zum Zeitpunkt der gegen § 30 verstoßenden Leistung war (Baumbach/Hueck/*Fastrich* Rn. 30), und setzt voraus, dass diesen hinsichtlich der Auszahlung ein **Verschulden** trifft. Der Sorgfaltsmaßstab entspricht demjenigen des § 43 Abs. 1 (→ § 43 Rn. 15 ff.). Der Anspruch richtet sich auf Ersatz des von dem Gesellschafter im Wege der Ausfallhaftung gem. Abs. 3 gezahlten Betrages, vor der Zahlung auf Freistellung (Lutter/Hommelhoff/*Hommelhoff* Rn. 34; UHL/*Habersack* Rn. 74). Die **Verjährungsfrist** beträgt gem. S. 2 iVm § 43 Abs. 4 fünf Jahre. 42

Dagegen steht dem nach **Abs. 1, 2** in Anspruch genommenen Leistungsempfänger kein Regressanspruch gegen den Geschäftsführer zu, vielmehr ist er seinerseits dem nach Abs. 6 in Anspruch genommenen Geschäftsführer ersatzpflichtig (Lutter/Hommelhoff/*Hommelhoff* Rn. 34). Die Haftung des Geschäftsführers gegenüber der **Gesellschaft** ist nicht in § 31 Abs. 6, sondern in § 43 Abs. 3 geregelt. 43

Rückzahlung von Gewinn

32 Liegt die in § 31 Abs. 1 bezeichnete Voraussetzung nicht vor, so sind die Gesellschafter in keinem Fall verpflichtet, Beträge, welche sie in gutem Glauben als Gewinnanteile bezogen haben, zurückzuzahlen.

I. Allgemeines

§ 32 ist keine Anspruchsgrundlage, sondern gewährt einem gutgläubigen Gesellschafter eine dauernde **Einwendung** (UHL/*Habersack* Rn. 1) gegen einen von der Gesellschaft geltend gemachten Anspruch auf Rückzahlung zu Unrecht erhaltener Gewinnanteile, soweit dieser nicht auf § 31 Abs. 1 beruht. 1

II. Voraussetzungen der Einwendung

1. Gewinnbezug eines Gesellschafters. Die Vorschrift bezieht sich auf alle Leistungen, die Gesellschaftern in **Vollzug des § 29** als Gewinnanteile zugeflossen sind, sei es auf der Grundlage eines Gewinnverwendungsbeschlusses gem. § 46 Nr. 1 (Lutter/Hommelhoff/*Hommelhoff* Rn. 2), sei es aufgrund eines Gewinnabführungsvertrags (UHL/*Habersack* Rn. 4). Sie gilt also nicht für Gewinnvorschüsse, die stets unter dem Vorbehalt eines ausreichenden Jahresergebnisses stehen, und erfasst auch nicht Leistungen wie Zinsen, Tantiemen oder Vergütungen, selbst wenn sie gewinnabhängig sind (UHL/*Habersack* Rn. 5). Verdeckte Vermögenszuwendungen (→ § 29 Rn. 61 ff.) sind keine Gewinnanteile nach § 29 und daher nicht Gegenstand der Regelung des § 32 (allgM, vgl. Baumbach/Hueck/*Fastrich* Rn. 3). 2

2. Rückgewähranspruch der Gesellschaft. Die Einwendung besteht gegenüber bestimmten von der Gesellschaft geltend gemachten Ansprüchen auf Rückgewähr des als Gewinnanteil Erhaltenen. 3

a) Kein Anspruch aus § 31 Abs. 1. § 32 ist nicht anwendbar, wenn durch die Auszahlung des Gewinnanteils das gem. § 30 gebundene Kapital angetastet worden ist und daher ein Erstattungsanspruch der Gesellschaft gem. § 31 Abs. 1 besteht. § 32 räumt dem Grundsatz der Kapitalerhaltung den Vorrang vor dem Gutglaubensschutz ein. Ein Gesellschafter, der gutgläubig eine gegen § 30 verstoßende Leistung entgegen genommen hat, ist ausschließlich durch die Spezialvorschrift des § 31 Abs. 2 geschützt (→ § 31 Rn. 21 ff.). 4

b) Anspruchsgrundlage. Grundlage eines Rückgewähranspruchs der Gesellschaft außerhalb des Anwendungsbereichs des § 31 Abs. 1 ist in aller Regel **§ 812 BGB.** Hat die Gesellschaft Gewinnanteile ausgezahlt, ohne dass die Voraussetzungen des § 29 vorlagen, ist der Empfänger der Leistung ungerechtfertigt bereichert und hat das Erlangte nach den Regeln der §§ 812 ff. BGB zurückzugeben. 5

c) Voraussetzungen. Hauptgrund dafür, dass ein Gesellschafter einen Gewinnanteil ohne Rechtsgrund bezogen hat, ist das Fehlen eines wirksamen Gewinnverwendungsbeschlusses. Seine Nichtigkeit kann sich daraus ergeben, dass der Beschluss über die Feststellung des Jahresabschlusses entsprechend 6

§ 256 AktG nichtig oder dass er erfolgreich angefochten ist, aber auch auf zur Nichtigkeit führenden Mängeln des Verwendungsbeschlusses selbst beruhen (UHL/*Habersack* Rn. 7). Ist dieser nicht nichtig, sondern lediglich anfechtbar, bildet er einen Rechtsgrund für die Zahlung und das Behaltendürfen des Gewinnanteils, wenn und solange er nicht auf eine Anfechtungsklage hin rechtskräftig für unwirksam erklärt worden ist (Baumbach/Hueck/*Fastrich* Rn. 5).

7 **d) Ausnahmen.** Keinen Gutglaubensschutz gewährt § 32 gegenüber Bereicherungsansprüchen der Gesellschaft, die nicht auf Mängeln des Gewinnverteilungsverfahrens gem. § 29, sondern auf sonstigen Gründen beruhen. Hauptanwendungsfälle sind Versehen bei der Zahlungsabwicklung, etwa die irrtümliche Überweisung eines zu hohen Betrages, eine Doppelzahlung oder eine Verwechslung der Zahlungsempfänger (Baumbach/Hueck/*Fastrich* Rn. 3).

8 **3. Anspruch gegen einen Gesellschafter.** § 32 schützt ausschließlich gewinnberechtigte Gesellschafter, nicht sonstige Empfänger gewinnabhängiger Leistungen (→ Rn. 2) wie Fremdgeschäftsführer, Aufsichtsratsmitglieder, leitende Mitarbeiter, stille Gesellschafter oder Darlehensgeber (UHL/*Habersack* Rn. 5, 9). Hat der Gesellschafter seinen Gewinnanspruch abgetreten, kann sich auch der **Zessionar** auf § 32 berufen, wobei es aber nicht auf seine Gut- oder Bösgläubigkeit, sondern auf diejenige des Gesellschafters ankommt (Lutter/Hommelhoff/*Hommelhoff* Rn. 5; Baumbach/Hueck/*Fastrich* Rn. 4). Dasselbe gilt, wenn ein **Nießbrauch** an dem Geschäftsanteil besteht (Baumbach/Hueck/*Fastrich* Rn. 6; diff. UHL/*Habersack* Rn. 9, 12; Rowedder/Schmidt-Leithoff/*Pentz* Rn. 17).

9 **4. Gutgläubigkeit.** In gutem Glauben ist der Gesellschafter nach der auf § 32 entsprechend anwendbaren Definition des § 932 Abs. 2 BGB, wenn ihm weder bekannt noch infolge grober Fahrlässigkeit unbekannt ist, dass die Voraussetzungen des Gewinnbezugs nicht vorliegen (allgM, vgl. Baumbach/Hueck/*Fastrich* Rn. 6). Der gute Glaube muss sich auf das gesamte **Verfahren der Gewinnverteilung** beziehen, also auf die Ordnungsmäßigkeit der Abschlussfeststellung ebenso wie auf diejenige der Gewinnverwendung (Lutter/Hommelhoff/*Hommelhoff* Rn. 4). Maßgeblicher **Zeitpunkt** ist derjenige des Empfangs des Gewinnanteils (UHL/*Habersack* Rn. 12; Baumbach/Hueck/*Fastrich* Rn. 6).

III. Verjährung, Beweislast

10 Der Bereicherungsanspruch der Gesellschaft verjährt nach § 195 BGB in drei Jahren, beginnend mit dem Schluss des Jahres, in dem der Anspruch entstanden ist und die Gesellschaft von seinen Voraussetzungen Kenntnis erlangt hat oder ohne grobe Fahrlässigkeit hätte erlangen müssen (§ 199 Abs. 1 BGB). Nach allgemeinen Grundsätzen trifft die Gesellschaft die Beweislast für die Rechtsgrundlosigkeit der Leistung, während der Gesellschafter das Vorliegen der Voraussetzungen des ihn begünstigenden § 32, also insbesondere seine Gutgläubigkeit, beweisen muss (UHL/*Habersack* Rn. 14; Baumbach/Hueck/*Fastrich* Rn. 6; Lutter/Hommelhoff/*Hommelhoff* Rn. 8; Scholz/*Verse* Rn. 17).

(weggefallen)

32a, 32b

Erwerb eigener Geschäftsanteile

33

(1) **Die Gesellschaft kann eigene Geschäftsanteile, auf welche die Einlagen noch nicht vollständig geleistet sind, nicht erwerben oder als Pfand nehmen.**

(2) [1]**Eigene Geschäftsanteile, auf welche die Einlage vollständig geleistet ist, darf sie nur erwerben, sofern sie im Zeitpunkt des Erwerbs eine Rücklage in Höhe der Aufwendungen für den Erwerb bilden könnte, ohne das Stammkapital oder eine nach dem Gesellschaftsvertrag zu bildende Rücklage zu mindern, die nicht zur Zahlung an die Gesellschafter verwandt werden darf.** [2]**Als Pfand nehmen darf sie solche Geschäftsanteile nur, soweit der Gesamtbetrag der durch Inpfandnahme eigener Geschäftsanteile gesicherten Forderungen oder, wenn der Wert der als Pfand genommenen Geschäftsanteile niedriger ist, dieser Betrag nicht höher ist als das über das Stammkapital hinaus vorhandene Vermögen.** [3]**Ein Verstoß gegen die Sätze 1 und 2 macht den Erwerb oder die Inpfandnahme der Geschäftsanteile nicht unwirksam; jedoch ist das schuldrechtliche Geschäft über einen verbotswidrigen Erwerb oder eine verbotswidrige Inpfandnahme nichtig.**

(3) **Der Erwerb eigener Geschäftsanteile ist ferner zulässig zur Abfindung von Gesellschaftern nach § 29 Abs. 1, § 122i Abs. 1 Satz 2, § 125 Satz 1 in Verbindung mit § 29 Abs. 1 und § 207 Abs. 1 des Umwandlungsgesetzes, sofern der Erwerb binnen sechs Monaten nach dem Wirksamwerden der Umwandlung oder nach der Rechtskraft der gerichtlichen Entscheidung**

erfolgt und die Gesellschaft im Zeitpunkt des Erwerbs eine Rücklage in Höhe der Aufwendungen für den Erwerb bilden könnte, ohne das Stammkapital oder eine nach dem Gesellschaftsvertrag zu bildende Rücklage zu mindern, die nicht zur Zahlung an die Gesellschafter verwandt werden darf.

Übersicht

I. Allgemeines

1 Anders als das AktG, das der AG den Erwerb eigener Aktien grundsätzlich untersagt und ihn lediglich in den in § 71 AktG normierten Ausnahmefällen gestattet, geht das GmbHG in § 33 von der **grundsätzlichen Zulässigkeit** des Erwerbs und der Inpfandnahme eigener Geschäftsanteile durch die GmbH aus, knüpft sie aber zur Durchsetzung der Grundsätze der realen **Kapitalaufbringung** (Abs. 1) und der **Kapitalerhaltung** (Abs. 2) an bestimmte Voraussetzungen, die für Erwerbsvorgänge in Umwandlungsfällen teilweise gelockert werden (Abs. 3). Die Vorschrift ist zwingend; durch die Satzung kann der Erwerb eigener Anteile weiter erschwert oder völlig untersagt, aber nicht erleichtert werden (Scholz/*Westermann* Rn. 4; Baumbach/Hueck/*Kersting* Rn. 1).

II. Praktische Bedeutung

2 Der Grundkonzeption der körperschaftlich verfassten GmbH entspricht es nicht, dass sie Inhaberin ihrer eigenen Anteile ist; sie kann nicht Gesellschafterin ihrer selbst sein (BGH 22.9.2003, NJW 2004, 365 (366)). Der Erwerb eigener Geschäftsanteile ist aber als **Gestaltungsmittel** im Zusammenhang mit angestrebten Veränderungen in der Zusammensetzung und/oder Inhaberschaft der Anteile von Bedeutung. Ist der Erwerb auf Dauer angelegt, kommt er in seinen wirtschaftlichen Auswirkungen einer **Kapitalherabsetzung** gleich (UHL/*Paura* Rn. 10). Das **vorübergehende** Halten eigener Anteile kann zB sinnvoll sein, wenn ein Gesellschafter kurzfristig seinen Anteil zu veräußern oder aus der Gesellschaft auszutreten wünscht, ein Erwerber aber vorerst nicht zur Verfügung steht und die Einziehung des Geschäftsanteils wegen Fehlens einer satzungsmäßigen Grundlage nicht möglich ist. Steuerlich kann der Erwerb eigener Anteile als **„Ausschüttungsalternative"** in Betracht kommen (UHL/*Paura* Rn. 133 unter Hinweis auf das steuerrechtliche Schrifttum).

III. Kein Erwerb nicht voll eingezahlter Geschäftsanteile (Abs. 1)

3 Abs. 1 betrifft **jeden Erwerb** eigener Geschäftsanteile, auf die die Einlage nicht vollständig geleistet ist, mit Ausnahme des in § 21 Abs. 2, § 27 Abs. 3 speziell geregelten Erwerbs im Zusammenhang mit einer Kaduzierung oder einem Abandon (Scholz/*Westermann* Rn. 3).

4 **1. Nicht vollständig geleistete Einlage.** Das Erwerbsverbot erfasst alle Fälle, in denen die Einlage auf den betreffenden Geschäftsanteil ganz oder teilweise nicht eingezahlt ist. Das gilt auch, wenn ein gem. § 9 zu zahlender Differenzbetrag aussteht (Baumbach/Hueck/*Kersting* Rn. 2; Scholz/*Westermann* Rn. 6). Lediglich etwa geschuldete Nebenleistungen wie Zinsen oder ein Agio sind nicht erfasst. Ob Teile der Einlage noch nicht eingefordert oder aus sonstigen Gründen, beispielsweise wegen bestimmter im Gesellschaftsvertrag genannter Zahlungstermine, noch nicht fällig sind, ist ohne Bedeutung (Lutter/Hommelhoff/*Hommelhoff* Rn. 8).

5 Die **Anforderungen** an eine wirksame Leistung der Einlage ergeben sich aus § 19. Vorgänge, die nach dieser Vorschrift nicht als Erfüllung der Einlageverpflichtung gelten (→ § 19 Rn. 11 ff., → 19 Rn. 20 ff.), zB eine gem. § 19 Abs. 2 S. 2 unzulässige Aufrechnung, führen nicht zum Erlöschen des Erwerbsverbots. Dagegen erfasst Abs. 1 nicht den Fall, dass die Einlage wirksam erbracht, aber später unter Verstoß gegen § 30 **zurückgezahlt** worden ist (UHL/*Paura* Rn. 29; Baumbach/Hueck/*Kersting* Rn. 2; Roth/Altmeppen/*Altmeppen* Rn. 9; aA Scholz/*Westermann* Rn. 5; MüKoGmbHG/*Löwisch* Rn. 46; Lutter/Hommelhoff/*Hommelhoff* Rn. 8). Das folgt aus dem Wortlaut („ … *noch* nicht vollständig geleistet …") des Abs. 1, aber auch aus seinem Sinn und Zweck, die Aufbringung des Kapitals zu sichern. Der Erhaltung des einmal eingezahlten Kapitals dienen die von Abs. 2 aufgestellten Erwerbsvoraussetzungen sowie der aus der verbotenen Rückzahlung resultierende Erstattungsanspruch der Gesellschaft aus § 31, der im Fall des Erwerbs des Geschäftsanteils nicht durch Konfusion erlischt, weil er nicht mit dem Geschäftsanteil verbunden ist, sondern sich stets, auch im Fall der Anteilsübertragung, gegen denjenigen persönlich richtet, der die gegen § 30 verstoßende Auszahlung empfangen hat (→ § 31 Rn. 9; Baumbach/Hueck/*Fastrich* § 31 Rn. 8; Lutter/Hommelhoff/*Hommelhoff* § 31 Rn. 6 f.).

6 Das Erwerbsverbot kann nicht dadurch umgangen werden, dass das von der Gesellschaft für den Erwerb zu zahlende Entgelt mit der offenen Einlageschuld des Anteilsinhabers **verrechnet** wird. Auch in diesem Fall würde die Einlage im Ergebnis aus eigenen Mitteln der Gesellschaft geleistet und damit der Grundsatz der realen Kapitalaufbringung verletzt (Baumbach/Hueck/*Kersting* Rn. 7; Lutter/Hommelhoff/*Hommelhoff* Rn. 13). Nicht gegen Abs. 1 verstößt dagegen eine Vertragsgestaltung, nach der sowohl der schuldrechtliche Vertrag über den Erwerb als auch die dingliche Übertragung des Geschäftsanteils unter der **aufschiebenden Bedingung** der vollständigen Einzahlung der Einlage stehen, also erst mit dieser wirksam werden (UHL/*Paura* Rn. 35; Roth/Altmeppen/*Altmeppen* Rn. 11; Lutter/Hommelhoff/*Hommelhoff* Rn. 11).

7 **2. Erwerb des Geschäftsanteils.** Abgesehen von den Fällen der Kaduzierung und des Abandons sind **alle Arten des Erwerbs** nicht voll eingezahlter Geschäftsanteile einschließlich ihrer Inpfandnahme untersagt; auch der Erwerb durch Dritte auf Rechnung der Gesellschaft und Erwerbsvorgänge im Rahmen von Unternehmensverbindungen unterliegen Beschränkungen.

8 **a) Erwerb durch die Gesellschaft.** Rechtsgrund und Art des Erwerbs durch die Gesellschaft sind ohne Bedeutung. Neben dem **rechtsgeschäftlichen Erwerb** ist auch derjenige durch Zuschlag in der **Versteigerung** im Zuge der Zwangsvollstreckung erfasst (UHL/*Paura* Rn. 13; Scholz/*Westermann* Rn. 9). Auf die Entgeltlichkeit kommt es nicht an, sodass Abs. 1 auch für eine **Schenkung,** ein **Vermächtnis** sowie den Erwerb als Erbin im Wege der **Gesamtrechtsnachfolge** gilt (Scholz/*Westermann* Rn. 6, 9; UHL/*Paura* Rn. 11; Baumbach/Hueck/*Kersting* Rn. 3; aA MüKoGmbHG/*Löwisch* Rn. 55; Lutter/Hommelhoff/*Hommelhoff* Rn. 10: bei Gesamtrechtsnachfolge analoge Anwendung des § 71 Abs. 1 Nr. 5 AktG).

9 **b) Inpfandnahme durch die Gesellschaft.** Die Gleichstellung der Inpfandnahme mit dem Erwerb soll Umgehungen des Erwerbsverbots verhindern. Nach verbreiteter Ansicht ist damit nur der **rechtsgeschäftliche** Pfandrechtserwerb untersagt (Baumbach/Hueck/*Kersting* Rn. 5; Roth/Altmeppen/*Altmeppen* Rn. 38; Lutter/Hommelhoff/*Hommelhoff* Rn. 29). Sinn und Zweck der Vorschrift sprechen aber für die – nach dem Wortlaut nicht ausgeschlossene – weitergehende Auffassung, nach der das Verbot sich auf den Pfandrechtserwerb **kraft Gesetzes** (§§ 401, 1250 BGB) sowie im Wege der **Pfändung** erstreckt (UHL/*Paura* Rn. 15 ff.; Scholz/*Westermann* Rn. 8; MüKoGmbHG/*Löwisch* Rn. 56). Die Bestellung eines Nießbrauchs an dem Geschäftsanteil wird von Abs. 1 nicht erfasst (Baumbach/Hueck/*Kersting* Rn. 5).

10 **c) Erwerb durch Dritte.** Wenn nicht die Gesellschaft, sondern ein Gesellschafter oder ein Dritter den Geschäftsanteil auf eigene Rechnung erwirbt, greift Abs. 1 auch dann nicht ein, wenn die Gesellschaft den Verkauf vermittelt (UHL/*Paura* Rn. 19) oder anderweitig an ihm mitwirkt (Baumbach/Hueck/*Kersting* Rn. 4). Erwirbt ein Gesellschafter oder ein Dritter den Anteil **für Rechnung der Gesellschaft,** wird zwar nicht der Erwerb selbst (missverständlich LG Saarbrücken 24.7.1990, GmbHR 1991, 581 (582)), aber die ihm zugrunde liegende Vereinbarung zwischen dem Erwerber und der Gesellschaft von dem Verbot des Abs. 1 erfasst (Scholz/*Westermann* Rn. 12; Baumbach/Hueck/*Kersting* Rn. 3; einschränkend UHL/*Paura* Rn. 18: nur bei Erwerbspflicht der Gesellschaft bei Ablauf des Treuhandverhältnisses).

11 **d) Erwerbsvorgänge im Rahmen von Unternehmensverbindungen.** Der Erwerb von Geschäftsanteilen durch verbundene Unternehmen kann in seinen rechtlichen und wirtschaftlichen Auswirkungen dem Erwerb eigener Geschäftsanteile nahe kommen. Das gilt insbesondere, wenn die Erwerberin im **Mehrheitsbesitz** der GmbH steht, deren Anteile sie erwirbt. Dieser Vorgang ist daher, auch wenn eine § 71d S. 2 AktG vergleichbare Regelung im Recht der GmbH fehlt, wie ein Erwerb des eigenen Geschäftsanteils durch die GmbH selbst zu behandeln (Scholz/*Westermann* Rn. 13; Baumbach/Hueck/*Kersting* Rn. 21; Lutter/Hommelhoff/*Hommelhoff* Rn. 40; aA für die Anwendung des

Abs. 1 UHL/*Paura* Rn. 116; Roth/Altmeppen/*Altmeppen* Rn. 42). Eine – über § 71d S. 2 AktG hinausgehende – Gleichstellung bereits bei einer **Beteiligung von 25 %** (dafür Lutter/Hommelhoff/*Hommelhoff* Rn. 41; Scholz/*Westermann* Rn. 13, Fn. 4; MüKoGmbHG/*Löwisch* Rn. 163) überschreitet dagegen unabhängig davon, ob sie rechtspolitisch wünschenswert ist oder nicht, die Grenzen zulässiger Auslegung, zumal der Gesetzgeber auch die umfassende Reform des GmbH-Rechts durch das MoMiG nicht zum Anlass einer Ergänzung des § 33 genommen hat (skeptisch gegenüber Erweiterungen des Anwendungsbereichs auch Baumbach/Hueck/*Kersting* Rn. 21). Wenn die **GmbH & Co. KG** Anteile an ihrer Komplementär-GmbH erwirbt, kann das im Hinblick darauf, dass die GmbH gem. § 161 Abs. 2 HGB, § 128 HGB für die Einlageverbindlichkeit der KG haftet, einem Erwerb eigener Anteile durch die GmbH gleichgestellt werden (Scholz/*Westermann* Rn. 14; Baumbach/Hueck/*Kersting* Rn. 20; Lutter/Hommelhoff/*Hommelhoff* Rn. 41; aA UHL/*Paura* Rn. 123; MüKoGmbHG/*Löwisch* Rn. 165 ff.; Roth/Altmeppen/*Altmeppen* Rn. 48). Auf den Erwerb eines Anteils an der **beherrschten GmbH** durch die herrschende Gesellschaft ist Abs. 1 nicht anwendbar (UHL/*Paura* Rn. 115; Scholz/*Westermann* Rn. 13; Roth/Altmeppen/*Altmeppen* Rn. 46).

3. Rechtsfolgen von Verstößen. Werden eigene Geschäftsanteile unter Verstoß gegen Abs. 1 **12** erworben, sind das **Verpflichtungsgeschäft** und das **Verfügungsgeschäft** gem. § 134 BGB **nichtig.** Eine Heilung ist nicht möglich, auch nicht durch die nachträgliche Einzahlung der Einlage (Baumbach/Hueck/*Kersting* Rn. 6; Lutter/Hommelhoff/*Hommelhoff* Rn. 11). Erbrachte Leistungen sind nach §§ 812 ff. BGB zurück zu gewähren. Daneben besteht ein Ersatzanspruch gegen den Geschäftsführer gem. § 43 Abs. 3 (→ § 43 Rn. 71 f.).

Wenn die Gesellschaft den unter Verstoß gegen Abs. 1 erworbenen Anteil weiter veräußert, ist das **13** dingliche Übertragungsgeschäft mangels Verfügungsbefugnis der Gesellschaft unwirksam. Ein **gutgläubiger Erwerb** ist nur unter den Voraussetzungen des § 16 Abs. 3 möglich. Die Übertragung kann aber dadurch wirksam werden, dass der Gesellschafter, der gem. Abs. 1 Inhaber des Anteils geblieben ist, die Verfügung der nicht berechtigten Gesellschaft gem. § 185 Abs. 2 BGB **genehmigt** (Roth/Altmeppen/*Altmeppen* Rn. 12).

IV. Voraussetzungen des Erwerbs voll eingezahlter Geschäftsanteile (Abs. 2)

1. Erwerb aus ungebundenem Vermögen (S. 1). Die Gesellschaft darf voll eingezahlte eigene **14** Geschäftsanteile nur erwerben, wenn sie eine Rücklage in Höhe der Aufwendungen für den Erwerb bilden könnte, ohne das Stammkapital oder eine nach dem Gesellschaftsvertrag zu bildende Rücklage zu mindern. Die Rücklage muss also aus „freien" Passivpositionen (Jahresüberschuss, Gewinnvortrag, freie Gewinnrücklagen), nicht zu Lasten des Stammkapitals oder einer gebundenen Rücklage, gebildet werden können. Ob dies möglich ist, ist auf dieselbe Weise festzustellen wie bei der Prüfung der Voraussetzungen des § 30 Abs. 1 (→ § 30 Rn. 19 ff.), also ausgehend von den fortgeschriebenen Buchwerten ohne Berücksichtigung nicht aufgelöster stiller Reserven (Baumbach/Hueck/*Kersting* Rn. 10; BGH 30.9.1996, NJW 1997, 196 (197)).

Das Erfordernis des S. 1 muss jedenfalls zum **Zeitpunkt der Zahlung des Entgelts** erfüllt sein **15** (BGH 29.6.1998, BGHZ 139, 132 (136) = NJW 1998, 3121). Offen gelassen hat der BGH, ob kumulativ auch auf den Zeitpunkt der Übertragung des Geschäftsanteils oder des Abschlusses der schuldrechtlichen Vereinbarung abzustellen ist. Dem Schutzzweck der Vorschrift ist genügt, wenn es ebenso wie bei der Prüfung der Voraussetzungen des § 30 (→ § 30 Rn. 21) allein auf die Auszahlung ankommt. Wenn sie ohne Inanspruchnahme gebundenen Vermögens möglich ist, erfordert der Grundsatz der Kapitalerhaltung eine Nichtigkeit der schuldrechtlichen Vereinbarung auch dann nicht, wenn zum Zeitpunkt ihres Abschlusses ein Erwerb aus freien Mitteln nicht gesichert war (UHL/*Paura* Rn. 52; MHLS/*Sosnitza* Rn. 27; Lutter/Hommelhoff/*Hommelhoff* Rn. 24; BeckOK GmbHG/*Schindler* Rn. 53 ff.; iErg auch Roth/Altmeppen/*Altmeppen* Rn. 20; Scholz/*Westermann* Rn. 26; aA OLG Rostock 30.1.2013, NZG 2013, 543 (545); Baumbach/Hueck/*Kersting* Rn. 11 f.).

2. Besonderheiten bei der Inpfandnahme durch die Gesellschaft (S. 2). Wie Abs. 1 (→ Rn. 9) **16** stellt auch Abs. 2 die Inpfandnahme dem Erwerb gleich und ordnet an, dass der **Gesamtbetrag der Forderungen,** zu deren Sicherung eigene Geschäftsanteile als Pfand genommen werden, das freie Vermögen nicht übersteigen darf. Dadurch wird eine Umgehung des Erwerbsverbots durch Darlehensgeschäfte zwischen dem veräußerungswilligen Gesellschafter und der Gesellschaft unter Inpfandnahme eigener Geschäftsanteile verhindert (UHL/*Paura* Rn. 44). S. 2 gilt auch, wenn Schuldner der durch den verpfändeten Geschäftsanteil zu sichernden Forderung der Gesellschaft nicht der Anteilsinhaber, sondern ein anderer Gesellschafter oder ein Dritter ist (Baumbach/Hueck/*Kersting* Rn. 13).

3. Erwerb durch Dritte und im Rahmen von Unternehmensverbindungen. Die Anforderun- **17** gen des Abs. 2 gelten auch beim Erwerb durch Dritte für Rechnung der Gesellschaft und beim Erwerb durch verbundene Unternehmen, soweit diese Vorgänge einem Erwerb durch die Gesellschaft gleich stehen (→ Rn. 10 f.). Die Gesellschaft darf und muss also dem Dritten die Aufwendungen für den

Erwerb nur dann gem. § 670 BGB ersetzen, wenn sie die erforderliche Rücklage aus freiem Vermögen bilden könnte (UHL/*Paura* Rn. 18; Lutter/Hommelhoff/*Hommelhoff* Rn. 25). Wenn ein Geschäftsanteil der GmbH durch ein in ihrem Mehrheitsbesitz stehendes Unternehmen erworben wird, muss dieses gem. § 272 Abs. 4 S. 1 HGB eine Rücklage für eigene Anteile bilden (Lutter/Hommelhoff/*Hommelhoff* Rn 47).

18 **4. Rechtsfolgen von Verstößen (S. 3).** Während ein Erwerb unter Verstoß gegen Abs. 1 insgesamt, also sowohl hinsichtlich des Verpflichtungs- als auch hinsichtlich des Verfügungsgeschäfts, gem. § 134 BGB nichtig ist (→ Rn. 12), bestimmt S. 3, dass im Fall eines Verstoßes gegen Abs. 2 das Verfügungsgeschäft wirksam, aber das **Verpflichtungsgeschäft nichtig** ist. Auch das geht über die Rechtsfolgen sonstiger Verletzungen des Kapitalerhaltungsgebots des § 30 Abs. 1 hinaus, die die Wirksamkeit des Geschäfts unberührt lassen und lediglich ein Leistungsverweigerungsrecht bzw. einen Rückgewähranspruch der Gesellschaft gem. § 31 begründen (→ § 30 Rn. 31 f.). Folgt man der Auffassung, dass es für die Prüfung der Voraussetzungen des Abs. 2 ausschließlich auf den **Zeitpunkt der Zahlung des Entgelts** ankommt (→ Rn. 15), reicht es für die Nichtigkeit nicht aus, wenn zum Zeitpunkt des Abschlusses des Erwerbsgeschäfts die gem. S. 1 erforderliche Rücklage nicht gebildet werden könnte. Dies führt lediglich dazu, dass die schuldrechtliche Vereinbarung nicht erfüllt werden darf (BGH 29.6.1998, BGHZ 139, 132 (137) = NJW 1998, 3121). Die Nichtigkeitsfolge des Abs. 2 S. 1 tritt nur und erst ein, wenn fest steht, dass die Gesellschaft den Anforderungen des Abs. 2 auch zum Zeitpunkt der Fälligkeit des Entgelts nicht genügen kann (UHL/*Paura* Rn. 58; Lutter/Hommelhoff/*Hommelhoff* Rn. 24). Lässt sich dies bei Abschluss des schuldrechtlichen Geschäfts nicht absehen, tritt ein Zustand ein, der als „schwebende Wirksamkeit" (UHL/*Paura* Rn. 58; MHLS/*Sosnitza* Rn. 27) bezeichnet werden kann.

19 Wenn der Erwerb unter Verstoß gegen Abs. 2 stattgefunden hat, ist die Gesellschaft Inhaberin des Geschäftsanteils geworden, allerdings wegen der Nichtigkeit der Kausalvereinbarung nach Bereicherungsgrundsätzen zur **Rückabtretung an den Veräußerer** verpflichtet, der seinerseits die erhaltene Gegenleistung zu erstatten hat. Ist diese zu Lasten des Stammkapitals gezahlt worden, liegt auch ein Verstoß gegen § 30 Abs. 1 vor, sodass zugleich ein Rückgewähranspruch der Gesellschaft aus § 31 besteht, neben dem überdies ein Schadensersatzanspruch gegen den Geschäftsführer gem. § 43 Abs. 3 gegeben sein kann.

V. Sonderregelung für Umwandlungsfälle (Abs. 3)

20 Abs. 3 erleichtert zur Förderung von Strukturmaßnahmen den Erwerb eigener Anteile im Zusammenhang mit der Abfindung widersprechender Anteilsinhaber in den Fällen der **Verschmelzung durch Aufnahme oder Neugründung** gem. § 29 Abs. 1 UmwG, § 36 Abs. 1 UmwG, der **grenzüberschreitenden Verschmelzung** gem. §§ 122a ff. UmwG, der **Spaltung durch Ab- oder Aufspaltung** gem. § 125 S. 1 UmwG iVm § 29 Abs. 1 UmwG und des **Formwechsels** in die Rechtsform der GmbH gem. § 207 Abs. 1 S. 1 UmwG. In diesen Fällen ist entgegen Abs. 1 der Erwerb eigener Anteile möglich, auf die die Einlage noch nicht vollständig geleistet ist. Zur Bildung der gem. Abs. 2 S. 1 erforderlichen Rücklage für eigene Anteile muss die Gesellschaft aber in der Lage sein (Baumbach/Hueck/*Kersting* Rn. 16; Lutter/Hommelhoff/*Hommelhoff* Rn. 30). Abs. 3 gestattet die teilweise Durchbrechung des Kapitalschutzes nur innerhalb einer **Ausschlussfrist** (Scholz/*Westermann* Rn. 47) von sechs Monaten.

VI. Der zulässige Erwerb eigener Anteile

21 **1. Durchführung.** Bei dem Erwerb eigener Anteile wird die Gesellschaft durch den **Geschäftsführer** vertreten (UHL/*Paura* Rn. 45). Angesichts der rechtlich und wirtschaftlich erheblichen Auswirkungen des Geschäfts ist, auch wenn die Satzung dies nicht vorschreibt, ein vorheriger **Gesellschafterbeschluss** erforderlich (UHL/*Paura* Rn. 45; Roth/Altmeppen/*Altmeppen* Rn. 27; aA Scholz/*Westermann* Rn. 27; Lutter/Hommelhoff/*Hommelhoff* Rn. 34: rechtzeitige Information der Gesellschafter genügt; offengelassen von BGH 28.1.2014, NZG 2014, 389 Rn. 13), für den – ebenso wie für die Einziehung des Anteils (→ § 34 Rn. 8) – die einfache Mehrheit der Stimmen ausreicht (Roth/Altmeppen/*Altmeppen* Rn. 27; aA UHL/*Paura* Rn. 45: Dreiviertelmehrheit). Fehlt es an einem solchen Beschluss, hat das zwar gem. § 37 Abs. 2 grundsätzlich auf die Wirksamkeit der Vertretung im **Außenverhältnis** keinen Einfluss. Der Veräußerer der Geschäftsanteile wird aber als Gesellschafter idR Kenntnis von einem dem Erwerb entgegenstehenden Willen der Mehrheit der Gesellschaft haben und sich daher auf die unbeschränkte Vertretungsmacht des Geschäftsführers nicht berufen können (Roth/Altmeppen/*Altmeppen* Rn. 27; Lutter/Hommelhoff/*Hommelhoff* Rn. 37).

22 **2. Rechtsstellung der Gesellschaft als Anteilsinhaberin.** Der wirksame Erwerb durch die Gesellschaft führt dazu, dass sie Inhaberin des fortbestehenden Geschäftsanteils wird. In der Bilanz ist er nach § 272 Abs. 1a HGB nicht als Aktivvermögen auszuweisen, sondern auf der Passivseite von dem Posten

„Gezeichnetes Kapital“ abzusetzen. Die **Rechte** (Stimmrecht, Bezugsrecht, Gewinnanteil) und **Pflichten** (Haftung nach § 24 und § 31 Abs. 3) aus dem Anteil ruhen (BGH 30.1.1995, NJW 1995, 1027 (1028); MüKoGmbHG/*Löwisch* Rn. 119; *Wicke* Rn. 9). Er wird weder bei der Ermittlung der **Stimmenmehrheit** (Baumbach/Hueck/*Kersting* Rn. 24) noch bei der **Gewinnverteilung** (Lutter/Hommelhoff/*Hommelhoff* Rn. 39) mitgezählt. Der auf ihn rechnerisch entfallende Gewinn ist nicht in eine Rücklage einzustellen, sondern kann sofort an die übrigen Gesellschafter ausgeschüttet werden (BGH 30.1.1995, NJW 1995, 1027 (1028); Scholz/*Westermann* Rn 33; Baumbach/Hueck/*Kersting* Rn. 25). Wenn nicht vor der Veräußerung ein Gewinnverwendungsbeschluss gefasst worden ist, hat der veräußernde Gesellschafter keinen Anspruch auf den während seiner Zugehörigkeit zu der Gesellschaft angefallenen bzw. noch anfallenden Gewinn aus § 101 Nr. 2 Hs. 2 BGB (BGH 30.1.1995, NJW 1995, 1027 (1028 f.)).

3. Veräußerung durch die Gesellschaft. Die Gesellschaft ist unter denselben Voraussetzungen wie die übrigen Anteilsinhaber zur Veräußerung des eigenen Anteils befugt. Erforderlich dazu ist ein **Gesellschafterbeschluss** (Baumbach/Hueck/*Kersting* Rn. 28; Lutter/Hommelhoff/*Hommelhoff* Rn. 34; aA Roth/Altmeppen/*Altmeppen* Rn. 55; offengelassen von BGH 22.9.2003, NJW 2004, 365 (366)). Die Veräußerung des eigenen Anteils führt zum Wiederaufleben der ruhenden Rechte und Pflichten (Baumbach/Hueck/*Kersting* Rn. 28) und gem. § 272 Abs. 1b HGB zur Rückgängigmachung der Absetzung von dem Bilanzposten „Gezeichnetes Kapital“ (Roth/Altmeppen/*Altmeppen* Rn. 56). 23

4. „Keinmanngesellschaft“. Wenn die Gesellschaft, was auch rechtsgeschäftlich wirksam möglich ist (MüKoGmbHG/*Löwisch* Rn. 33; UHL/*Paura* Rn. 128; BeckOK GmbHG/*Schindler* Rn. 80), ihren einzigen – bzw. den letzten nicht bereits von ihr gehaltenen – Geschäftsanteil erwirbt, verfügt sie, da sie nicht Gesellschafterin ihrer selbst sein kann (→ Rn. 2), nicht mehr über Gesellschafter („Keinmanngesellschaft“). Das widerspricht der körperschaftlichen Struktur der GmbH und hat die praktische Auswirkung, dass eine Willensbildung in der Gesellschafterversammlung nicht mehr stattfinden kann. Der Erwerb aller Anteile durch die Gesellschaft stellt daher einen weiteren, in § 60 nicht geregelten Sachverhalt dar, der zur **Auflösung der Gesellschaft** führt (→ § 60 Rn. 56; Baumbach/Hueck/*Kersting* Rn. 19; Lutter/Hommelhoff/*Kleindiek* § 60 Rn. 24; Roth/Altmeppen/*Altmeppen* Rn. 29). Dass sie für eine Übergangszeit gesellschafterlos – oder mit einem analog § 29 BGB bestellten „Notgesellschafter“ (dahin tendierend Scholz/*Westermann* Rn. 44) – weiter bestehen könnte, damit sie Gelegenheit hat, sich durch die Veräußerung eines Anteils wieder mindestens einen Gesellschafter zu beschaffen (MüKoGmbHG/*Löwisch* Rn. 37), wird zu Recht aus Gründen der Rechtssicherheit abgelehnt, zumal eine Fortsetzung der aufgelösten Gesellschaft durch den einen Geschäftsanteil erwerbenden Dritten nicht ausgeschlossen ist (Lutter/Hommelhoff/*Kleindiek* § 60 Rn. 24; Baumbach/Hueck/*Kersting* Rn. 19). 24

Einziehung von Geschäftsanteilen

34 (1) **Die Einziehung (Amortisation) von Geschäftsanteilen darf nur erfolgen, soweit sie im Gesellschaftsvertrag zugelassen ist.**

(2) **Ohne die Zustimmung des Anteilsberechtigten findet die Einziehung nur statt, wenn die Voraussetzungen derselben vor dem Zeitpunkt, in welchem der Berechtigte den Geschäftsanteil erworben hat, im Gesellschaftsvertrag festgesetzt waren.**

(3) **Die Bestimmung in § 30 Abs. 1 bleibt unberührt.**

Übersicht

I. Allgemeines

1 Die Einziehung ist gesetzlich nicht definiert. Sie bedeutet nach allgM die **Vernichtung eines Geschäftsanteils** mit allen Rechten und Pflichten ohne gleichzeitige Veränderung des Stammkapitals (BGH 19.9.1977, NJW 1977, 2316). Die seit Inkrafttreten des GmbHG unveränderte Vorschrift normiert einzelne Voraussetzungen der Einziehung mit Zustimmung **(freiwillige Einziehung)** und ohne Zustimmung **(Zwangseinziehung)** des Anteilsinhabers. Die übrigen Voraussetzungen, das Verfahren – von § 46 Nr. 4 abgesehen – und die Wirkungen der Einziehung sind gesetzlich nicht geregelt.

2 **Andere Möglichkeiten** der Gesellschaft und der Gesellschafter, auf die Zusammensetzung und Inhaberschaft der Geschäftsanteile Einfluss zu nehmen, sind die **Kapitalerhöhung** gem. §§ 55 ff. und die **Kapitalherabsetzung** gem. §§ 58 ff. sowie die **Übertragung von Geschäftsanteilen** im Wege der Veräußerung oder Vererbung gem. §§ 15 ff., 33. Dagegen wirken Veränderungen im Kreis der Gesellschafter, insbesondere der **Ausschluss** von Gesellschaftern und der **Austritt** aus der Gesellschaft (→ Rn. 24 ff.), nicht unmittelbar auf die Geschäftsanteile des Ausscheidenden ein; sie treffen aber häufig mit ihrer Einziehung zusammen (zur Unterscheidung BGH 19.9.1977, NJW 1977, 2316).

II. Praktische Bedeutung

3 Die **freiwillige Einziehung** wird in der Praxis nicht, wie es den Vorstellungen des historischen Gesetzgebers entsprach, in erster Linie zur Kapitalherabsetzung genutzt, sondern eingesetzt, wenn ein Gesellschafter sich von seinem Anteil trennen möchte, eine Veräußerung aber aus rechtlichen oder tatsächlichen Gründen nicht möglich oder nicht erwünscht ist. Praktisch im Vordergrund steht die **Zwangseinziehung** (Scholz/*Westermann* Rn. 3; Rowedder/Schmidt-Leithoff/*Görner* Rn. 29), zum einen im Zusammenhang mit dem Ausschluss von Gesellschaftern, zum anderen als Instrument, um insbesondere im Fall der Vererbung oder Pfändung eines Geschäftsanteils den Eintritt unerwünschter Dritter in die Gesellschaft zu verhindern.

III. Voraussetzungen der Einziehung

4 **1. Zulassung in der Satzung (Abs. 1, 2).** Nach Abs. 1 setzt jede Einziehung ihre Zulassung in der Satzung voraus. Das gilt nach dem eindeutigen Wortlaut sowie nach Sinn und Zweck der Vorschrift auch für die freiwillige Einziehung (Scholz/*Westermann* Rn. 7; MüKoGmbHG/*Strohn* Rn. 8), die sich nicht nur auf die Rechtsstellung des betroffenen zustimmenden Anteilsberechtigten, sondern auch auf die Rechte und Pflichten der übrigen Gesellschafter auswirkt (→ Rn. 23), sowie für die Einziehung nach einer Ausschließung oder einem Austritt aus wichtigem Grund ohne satzungsgemäße Grundlage (BGH 20.9.1999, NJW 1999, 3779; aA Baumbach/Hueck/*Kersting* Anh. § 34 Rn. 10, 26; für den Fall des Austritts OLG München 28.7.2011, DStR 2011, 1673).

5 **a) Inhalt. aa) Zulassung der Einziehung.** Als Grundlage einer **freiwilligen Einziehung** genügt die allgemeine Bestimmung in der Satzung, dass die Einziehung zulässig ist. Es reicht aus, wenn dies nicht ausdrücklich formuliert ist, sondern sich erst im Wege der Auslegung aus der Satzung ergibt. Allein daraus, dass sie die Zwangseinziehung regelt, folgt aber nicht, dass sie auch die freiwillige Einziehung zuließe (Baumbach/Hueck/*Kersting* Rn. 4; diff. MüKoGmbHG/*Strohn* Rn. 11). Wenn sie den Gesellschaftern ein Recht zur Kündigung oder zum Austritt einräumt, kann dem zumindest dann die Zulassung der freiwilligen Einziehung entnommen werden, wenn andere Folgen des Austritts nicht vorgesehen sind (Baumbach/Hueck/*Kersting* Rn. 4). An eine Satzungsregelung, die Grundlage einer **Zwangseinziehung** sein soll, sind höhere Anforderungen zu stellen. Voraussetzungen und Rechtsfolgen der Einziehung müssen so deutlich erkennbar sein, dass sich jeder Gesellschafter auf sie einstellen kann und eine gerichtliche Überprüfung möglich ist (BGH 19.9.1977, NJW 1977, 2316 (2317); Baumbach/Hueck/*Kersting* Rn. 7; Rowedder/Schmidt-Leithoff/*Görner* Rn. 29). Wenn die Satzung bestimmt, dass die Gesellschaft einen Gesellschafter durch Beschluss ausschließen und von ihm wahl-

weise verlangen kann, seinen Geschäftsanteil abzutreten oder „die Einziehung des Anteils zu dulden“, liegt allein darin keine Ermächtigungsgrundlage für eine Zwangseinziehung (BGH 17.9.2001, DStR 2001, 1898; aA Lutter/Hommelhoff/*Kleindiek* Rn. 42; zweifelnd Baumbach/Hueck/*Kersting* Rn. 7 Fn. 19).

bb) Bestimmung der Einziehungsgründe. Die Zwangseinziehung ist nur möglich, wenn die Satzung festlegt, welche Sachverhalte sie rechtfertigen sollen. Zulässige satzungsmäßige Einziehungsgründe können in der **Person des Inhabers** liegen und beispielsweise an das Erreichen eines bestimmten Alters oder den Wegfall bestimmter persönlicher Eigenschaften wie der Anwaltszulassung anknüpfen (Baumbach/Hueck/*Kersting* Rn. 10; Lutter/Hommelhoff/*Kleindiek* Rn. 45). Ausreichend, insbesondere hinreichend bestimmt, ist aber auch eine Satzungsbestimmung, die die Zwangseinziehung eines Geschäftsanteils allgemein für den Fall gestattet, dass in der Person seines Inhabers ein **wichtiger Grund** vorliegt (BGH 19.9.1977, NJW 1977, 2316 (2317); MüKoGmbHG/*Strohn* Rn. 47; Lutter/Hommelhoff/*Kleindiek* Rn. 46; Rowedder/Schmidt-Leithoff/*Görner* Rn. 30). Ein solcher setzt voraus, dass ein Gesellschafter durch seine Person oder sein Verhalten die Fortsetzung des Gesellschaftsverhältnisses unzumutbar macht, die erfolgreiche Fortführung der Gesellschaft also unmöglich oder zumindest ernstlich gefährdet wird, und ein milderes Mittel als die Einziehung – in Betracht kommt beispielsweise die Abberufung als Geschäftsführer (KG 1.4.2010, ZIP 2010, 2047 Rn. 26) – nicht zur Verfügung steht (→ BGB § 737 Rn. 5 ff.; → HGB § 140 Rn. 9 ff.). Das ist idR bei schweren Verletzungen von Gesellschafterpflichten, aber auch bei einer Vielzahl kleinerer Pflichtverstöße, bei zumindest überwiegender Verursachung eines tiefgreifenden Zerwürfnisses unter den Gesellschaftern (BGH 24.9.2013, NZG 2013, 1344 Rn. 17 mAnm *Böttcher* NZG 2014, 177), bei Einstellung der Mitarbeit in einer personalistisch ausgelegten Gesellschaft (OLG München 5.10.2016, DStR 2017, 113 Rn. 20) oder bei treuwidriger Tätigkeit für Konkurrenzunternehmen der Fall (weitere Beispiele bei Baumbach/Hueck/*Kersting* Rn. 10; Rowedder/Schmidt-Leithoff/*Görner* Rn. 30). Stets ist eine **Gesamtabwägung unter Berücksichtigung aller Umstände des Einzelfalles** erforderlich, zu denen auch das Verhalten der Mitgesellschafter und – wenngleich schuldhaftes Handeln keine zwingende Voraussetzung des Ausschlusses ist (BGH 1.4.1953, BGHZ 9, 157 (164) = NJW 1953, 780) – der Grad eines etwaigen Verschuldens gehören. Je mehr die Gesellschaft auf die persönliche Mitarbeit der Gesellschafter angelegt ist, desto eher können die zu § 140 HGB entwickelten Grundsätze (→ HGB § 140 Rn. 9 ff.) übernommen werden (UHL/*Ulmer/Habersack* Anh. § 34 Rn. 14). Wichtige Gründe in der Person dessen, für den der Gesellschafter den Geschäftsanteil treuhänderisch hält, kann die Satzung Gründen in der Person des Gesellschafters gleichstellen (UHL/*Ulmer/Habersack* Rn. 40a). Weitere praktisch bedeutsame satzungsmäßige Einziehungsgründe sind die **Pfändung** des Geschäftsanteils (BGH 7.7.1997, DStR 1997, 1257 (1259); BGH 12.6.1975, BGHZ 65, 22 (25)) – die im Zeitpunkt der Beschlussfassung fortbestehen muss (MüKoGmbHG/*Strohn* Rn. 54; Baumbach/Hueck/*Kersting* Rn. 10; Roth/Altmeppen/*Altmeppen* Rn. 47) – und die **Eröffnung des Insolvenzverfahrens** über das Vermögen des Anteilsinhabers (UHL/*Ulmer/Habersack* Rn. 45; Lutter/Hommelhoff/*Kleindiek* Rn. 45). Auch den **Tod des Anteilsinhabers** kann die Satzung generell oder unter zusätzlichen Voraussetzungen, etwa bei Beerbung durch bestimmte Personen – zB solche, die nicht der Familie angehören oder die bestimmte Qualifikationen nicht aufweisen –, als Einziehungsgrund vorsehen (BGH 20.12.1976, WM 1977, 192 (193); Scholz/*Westermann* Rn. 3; → § 15 Rn. 27). Eine Bestimmung, die die Einziehung nicht von dem Vorliegen eines sachlichen Grundes abhängig macht, sondern in das freie Belieben der Mehrheit stellt, ist im Regelfall gem. § 138 Abs. 1 BGB nichtig; das für Personengesellschaften entwickelte **Verbot des „Hinauskündigens“** (→ BGB § 737 Rn. 14 f.) gilt ebenso wie seine eng begrenzten Ausnahmen nicht nur für den Ausschluss von Gesellschaftern aus der GmbH (→ Rn. 27), sondern auch für die Einziehung von GmbH-Geschäftsanteilen (BGH 9.7.1990, BGHZ 112, 103 (107 f.) = NJW 1990, 2622; OLG München 5.10.2016, DStR 2017, 113 Rn. 20; UHL/*Ulmer/Habersack* Rn. 42; Scholz/*Westermann* Rn. 17 ff.; MüKoGmbHG/*Strohn* Rn. 57; Baumbach/Hueck/*Kersting* Rn. 9a; aA *Wicke* Rn. 18). Klauseln, die gegen das Gebot der **Gleichbehandlung** verstoßen, sind unzulässig. Ist die die **Abfindung** des Anteilsinhabers betreffende Bestimmung unwirksam (→ Rn. 19), führt das nicht zur Nichtigkeit der gesamten Einziehungsregelung, weil an die Stelle der unwirksamen Abfindungsklausel der Anspruch auf Abfindung nach dem vollen Verkehrswert tritt (→ Rn. 20). 6

b) Nachträgliche Zulassung. Dass die Einziehung auch nachträglich im Wege der Satzungsänderung zugelassen werden kann, ist allgemein anerkannt und folgt im Umkehrschluss aus Abs. 2. Im Hinblick auf die Auswirkungen der Einziehung auf die verbleibenden Geschäftsanteile (→ Rn. 23) ist für die Satzungsänderung **Einstimmigkeit** gem. § 53 Abs. 3 erforderlich (BGH 15.12.1975, WM 1976, 204 (206); Lutter/Hommelhoff/*Kleindiek* Rn. 30, 43; aA UHL/*Ulmer/Habersack* Rn. 34; MüKoGmbHG/*Strohn* Rn. 15; diff. Baumbach/Hueck/*Kersting* Rn. 5, 8). Dass ihr der von einer späteren Einziehung betroffene Anteilsinhaber zugestimmt hat, reicht nicht aus. Entgegen dem Wortlaut des Abs. 2 ist bei Zustimmung aller Gesellschafter auch die nachträgliche Zulassung der Zwangseinziehung bereits bestehender Geschäftsanteile möglich (BGH 19.9.1977, NJW 1977, 2316; Scholz/*Westermann* Rn. 21). 7

8 **2. Gesellschafterbeschluss.** Die Einziehung bedarf gem. § 46 Nr. 4 eines Beschlusses der Gesellschafter. Es ist zulässig, in der Satzung die Entscheidungskompetenz einem anderen von der Gesellschaft gebildeten Gremium, nicht aber gesellschaftsfremden Dritten, zu übertragen (MüKoGmbHG/*Strohn* Rn. 24 ff.; Lutter/Hommelhoff/*Kleindiek* Rn. 32 f.). Unzulässig ist eine Regelung, die vorsieht, dass ein Geschäftsanteil bei Vorliegen bestimmter Voraussetzungen ohne Beschlussfassung von selbst untergeht (Lutter/Hommelhoff/*Kleindiek* Rn. 33; *Wicke* Rn. 12; für eine Zulässigkeit unter bestimmten Voraussetzungen MüKoGmbHG/*Strohn* Rn. 28). Dem Beschluss müssen sich der von der Einziehung betroffene Geschäftsanteil und, soweit es sich um eine Einziehung ohne Zustimmung des Anteilsinhabers handelt, der Einziehungsgrund entnehmen lassen (UHL/*Ulmer/Habersack* Rn. 50). Die **einfache Mehrheit** der Stimmen reicht aus, sofern die Satzung keine abweichende Regelung trifft (Baumbach/Hueck/*Kersting* Rn. 14). Wenn die Satzung das **Stimmrecht des betroffenen Anteilsinhabers** nicht regelt, darf er an dem Beschluss über die Einziehung seines Geschäftsanteils nicht mitwirken. Für den Fall, dass die Einziehung auf einen in seiner Person liegenden wichtigen Grund gestützt werden soll, ist dies überwiegend anerkannt (BGH 2.12.2014, BGHZ 203, 303 Rn. 16 = NJW 2015, 1385; MüKoGmbHG/*Strohn* Rn. 20; Baumbach/Hueck/*Kersting* Rn. 14; Lutter/Hommelhoff/*Kleindiek* Rn. 59; aA für den Fall, dass die Behauptung des wichtigen Grundes streitig ist, Roth/Altmeppen/*Altmeppen* Rn. 72). Mit dem Wesen einer zwangsweisen Einziehung ist es aber auch sonst nicht vereinbar, dass der Inhaber des Geschäftsanteils mit entscheidet; das ergibt sich nicht nur aus § 47 Abs. 4 S. 2, sondern bereits daraus, dass die Satzung überhaupt die Einziehung gegen den Willen des Anteilsinhabers zulässt (UHL/*Ulmer/Habersack* Rn. 52; differenzierend MHLS/*Sosnitza* Rn. 109). Die freiwillige Einziehung stellt im Hinblick darauf, dass sie idR einen Anspruch gegen die Gesellschaft auf Zahlung einer Abfindung begründet (→ Rn. 17), ebenfalls ein zum Stimmrechtsausschluss gem. § 47 Abs. 4 S. 2 führendes Rechtsgeschäft dar (UHL/*Ulmer/Habersack* Rn. 51; MHLS/*Sosnitza* Rn. 108; aA die hM: BGH 31.5.2011, NJW-RR 2011, 1117 Rn. 15; MüKoGmbHG/*Strohn* Rn. 19; Scholz/*Westermann* Rn. 43). Ein Recht zur Teilnahme an der Versammlung und zur Stellungnahme vor der Beschlussfassung steht dem von der Einziehung betroffenen Anteilsinhaber in jedem Fall zu; seine Verletzung führt zur Anfechtbarkeit des Beschlusses (BGH 7.7.1997, DStR 1997, 1257 (1259); Roth/Altmeppen/*Altmeppen* Rn. 73).

9 Der Beschluss muss **innerhalb angemessener Zeit** nach Eintritt der Einziehungsvoraussetzungen gefasst werden, weil anderenfalls eine Schwebelage eintritt, die der Situation bei Zulassung der freien „Hinauskündigung“ vergleichbar sein kann (Baumbach/Hueck/*Kersting* Rn. 10; vgl. auch BGH 19.9.1988, BGHZ 105, 213 (218) = NJW 1989, 834). Feste zeitliche Schranken bestehen nicht, wenn die Satzung keine bestimmten Fristen normiert. Entscheidend sind die Umstände des Einzelfalles, die insbesondere durch die Art des Einziehungsgrundes bestimmt werden. Eine analoge Anwendung des § 626 Abs. 2 BGB kommt auch bei einer Einziehung aus in der Person des Anteilsinhabers liegendem wichtigem Grund nicht in Betracht (OLG Frankfurt a. M. 27.3.1998, NZG 1998, 595 (596); UHL/*Ulmer/Habersack* Rn. 53). Das Abwarten von zwei Gesellschafterversammlungen erscheint in jedem Fall unangemessen, auch wenn es dazu dienen soll, nach der Vererbung eines Geschäftsanteils zunächst die Kooperationsfähigkeit des Erben zu „testen“ (aA für eine derartige Fallgestaltung OLG München 6.7.1984, ZIP 1984, 1349 (1350)).

10 Die **Wirksamkeit** des Beschlusses richtet sich nach den allgemeinen, in Anlehnung an §§ 241 ff. AktG entwickelten Regeln (→ Anh. § 47 Rn. 1 ff.). Mängel des Einziehungsbeschlusses, die nicht zu seiner Nichtigkeit führen, müssen rechtzeitig im Wege der **Anfechtungsklage** analog § 246 AktG geltend gemacht werden. Das gilt für behauptete Verstöße gegen den Gleichbehandlungsgrundsatz (BGH 19.9.2005, NJW 2005, 3644 (3645); MüKoGmbHG/*Strohn* Rn. 21), insbesondere aber für die Rüge, der nach der Satzung zur Einziehung berechtigende Sachverhalt liege in Wahrheit nicht vor oder sei unrichtig bewertet worden. Auf eine zulässige Anfechtungsklage prüft das Gericht dies in vollem Umfang (BGH 19.9.1977, NJW 1977, 2316).

11 **3. Zustimmung des Betroffenen.** Die freiwillige Einziehung erfordert die Zustimmung des betroffenen Anteilsinhabers. Im Fall des § 18 müssen sämtliche Mitberechtigten zustimmen. Auch die Zustimmung der Inhaber dinglicher Rechte an dem Geschäftsanteil, zB eines Pfandrechts oder eines Nießbrauchs, ist erforderlich (MüKoGmbHG/*Strohn* Rn. 39). Die Zustimmung ist gegenüber der Gesellschaft zu erklären. Sie ist an keine Form gebunden und auch konkludent möglich, insbesondere indem der betroffene Gesellschafter – wozu er nach hier vertretener Ansicht (→ Rn. 8) bei Fehlen einer entsprechenden Satzungsbestimmung allerdings nicht berechtigt ist – an dem Einziehungsbeschluss mitwirkt und für ihn stimmt (MüKoGmbHG/*Strohn* Rn. 38).

12 **4. Erhaltung des Stammkapitals (Abs. 3).** Die Einziehung ist nicht zulässig, wenn sie die Grundsätze der Kapitalaufbringung oder der Kapitalerhaltung verletzt. Sie setzt daher die **volle, den Anforderungen des § 19 genügende Einzahlung** der auf den Geschäftsanteil entfallenden Einlage voraus, weil sie sich anderenfalls als den Grundsatz der realen Kapitalaufbringung gem. § 19 Abs. 2 S. 1 verletzender Erlass der Einlageforderung darstellte (BGH 4.8.2020, NZG 2020, 1067 Rn. 18). Lediglich eigene Geschäftsanteile, die die Gesellschaft gem. § 33 Abs. 3 im Zusammenhang mit einer Fusion, Spaltung

oder Umwandlung erworben hat (→ § 33 Rn. 20), können auch ohne vorherige vollständige Leistung der Einlage eingezogen werden, wenn nicht bereits eine Unterbilanz (→ § 30 Rn. 19 ff.) besteht (Baumbach/Hueck/*Kersting* Rn. 13; Lutter/Hommelhoff/*Kleindiek* Rn. 28; aA Roth/Altmeppen/*Altmeppen* Rn. 12).

Darüber hinaus darf die Einziehung, wie Abs. 3 ausdrücklich anordnet, § 30 Abs. 1 nicht verletzen. 13
Zu einer nach dieser Vorschrift unzulässigen **Kapitalrückzahlung** kommt es, wenn für die Zahlung der dem Anteilsberechtigten zustehenden Abfindung (→ Rn. 17 ff.) das zur Erhaltung des Stammkapitals erforderliche Vermögen der Gesellschaft in Anspruch genommen werden muss (→ § 30 Rn. 19 ff.). Steht dies bereits bei Fassung des Einziehungsbeschlusses fest, ist dieser nichtig (BGH 26.6.2018, NJW-RR 2018, 1054 Rn. 13; BGH 24.1.2012, BGHZ 192, 236 Rn. 7 = NZG 2012, 259; BGH 5.4.2011, NJW 2011, 2294 Rn. 13; BGH 8.12.2008, NJW-RR 2009, 464 Rn. 7); Scholz/*Westermann* Rn. 55; MüKoGmbHG/*Strohn* Rn. 31, 73; aA Roth/Altmeppen/*Altmeppen* Rn. 31; Lutter/Hommelhoff/*Kleindiek* Rn. 87; zweifelnd Baumbach/Hueck/*Kersting* Rn. 40a). Ergibt sich erst später, insbesondere bei Fälligkeit der Abfindung, dass sie nicht ohne Verstoß gegen § 30 gezahlt werden kann, berührt das die Gültigkeit des Einziehungsbeschlusses nicht. Die Gesellschaft darf und muss zwar die Leistung der Abfindung verweigern, solange freie Mittel nicht zur Verfügung stehen (→ § 30 Rn. 31), auch wenn diese Situation erst mehr als ein Jahr nach dem Ausscheiden des Gesellschafters eintritt (keine entsprechende Anwendung des § 135 Abs. 1 Nr. 2 InsO, BGH 28.1.2020, NZG 2020, 384 Rn. 53 ff.). Dies hindert entgegen der früher hM (vgl. Baumbach/Hueck/*Kersting* Rn. 42) den Eintritt der Wirkungen der Einziehung aber nicht. Dieser ist vielmehr, wie der BGH (BGH 24.1.2012, BGHZ 192, 236 Rn. 8 ff. = NZG 2012, 259) für die Praxis klargestellt hat, von der Zahlung der Abfindung unabhängig, wenn die Satzung keine abweichenden Regelungen enthält (zust. MüKoGmbHG/*Strohn* Rn. 76; kritisch UHL/*Ulmer/Habersack* Rn. 62; Rowedder/Schmidt-Leithoff/*Görner* Rn. 64; BeckOK GmbHG/*Schindler* Rn. 57).

5. Erklärung gegenüber dem Anteilsinhaber. Die Einziehung muss dem betroffenen Anteils- 14
inhaber gegenüber erklärt werden. Umstritten ist, ob dies durch die **Gesellschafterversammlung** (UHL/*Ulmer/Habersack* Rn. 55; MüKoGmbHG/*Strohn* Rn. 34) oder durch die **Geschäftsführer** in vertretungsberechtigter Zahl (Lutter/Hommelhoff/*Kleindiek* Rn. 36) zu geschehen hat. Die praktischen Konsequenzen des Meinungsstreits sind gering, weil die Geschäftsführer jedenfalls als im Zweifel zu der Erklärung ermächtigt gelten (UHL/*Ulmer/Habersack* Rn. 55; Baumbach/Hueck/*Kersting* Rn. 16) und eine besondere Einziehungserklärung nicht erforderlich ist, wenn der betroffene Gesellschafter bei der Beschlussfassung anwesend war (BGH 10.5.2016, BGHZ 210, 186 Rn. 18 = NJW-RR 2016, 801; diff. MüKoGmbHG/*Strohn* Rn. 36).

6. Folgen von Verstößen. Wenn die zwingenden Voraussetzungen (→ Rn. 4 bis → Rn. 14) nicht 15
erfüllt sind, ist eine Einziehung nicht zustande gekommen. Das gilt insbesondere, wenn eine die Einziehung zulassende Satzungsregelung völlig fehlt (BGH 20.9.1999, NJW 1999, 3779; Baumbach/Hueck/*Kersting* Rn. 15; aA UHL/*Ulmer/Habersack* Rn. 30: bloße Anfechtbarkeit des Beschlusses; ebenso MüKoGmbHG/*Strohn* Rn. 83 für die freiwillige Einziehung) oder nichtig ist (→ Rn. 5 ff.), wenn kein wirksamer Gesellschafterbeschluss (→ Rn. 8 ff.) oder – bei der freiwilligen Einziehung – keine wirksame Zustimmung des Anteilsinhabers (→ Rn. 11) vorliegt oder wenn die Einziehung das Gebot der Kapitalerhaltung verletzt (→ Rn. 12 f.). Ob ein Geschäftsanteil wirksam eingezogen ist, kann im Streitfall gerichtlich im Wege der **Feststellungsklage** geklärt werden. Mängel des Einziehungsbeschlusses, die nicht zu seiner Nichtigkeit führen, können in diesem Verfahren nur berücksichtigt werden, wenn sie erfolgreich im Wege der **Anfechtungsklage** analog § 246 AktG geltend gemacht worden sind (→ Rn. 10). Eine Satzungsregelung, die den Rechtsweg ausschließt, ist unwirksam (UHL/*Ulmer/Habersack* Rn. 46), eine Schiedsklausel aber möglich (BGH 6.4.2009, BGHZ 180, 221 Rn. 10 = NJW 2009, 1962; Baumbach/Hueck/*Kersting* Rn. 10; Scholz/*Westermann* Rn. 20).

IV. Folgen der wirksamen Einziehung

1. Untergang des eingezogenen Geschäftsanteils. Mit dem Wirksamwerden der Einziehung geht 16
der eingezogene Geschäftsanteil einschließlich etwa an ihm bestehender Rechte Dritter (zB Nießbrauchs- oder Pfandrechte) unter (BGH 4.8.2020, NZG 2020, 1067 Rn. 19). Wenn sein Inhaber nicht über weitere Geschäftsanteile verfügt, verliert er zugleich seine Gesellschafterstellung und damit alle Mitgliedschaftsrechte einschließlich des Anspruchs auf den Gewinnanteil für abgeschlossene Geschäftsjahre (MüKoGmbHG/*Strohn* Rn. 59). Lediglich der Anspruch auf bereits zur Ausschüttung beschlossene, aber noch nicht ausgezahlte Gewinnanteile bleibt bestehen (BGH 14.9.1998, BGHZ 139, 299 (302 f.) = NJW 1998, 3646). Rechte an dem Geschäftsanteil, zB Pfandrechte, setzen sich an dem Anspruch auf Abfindung fort (BGH 16.5.1988, BGHZ 104, 351 (354) = NJW 1989, 458; Scholz/*Westermann* Rn. 38, 69; *Wicke* Rn. 2). Solange keine die Einziehung des Geschäftsanteils ausweisende aktualisierte Gesellschafterliste zum Handelsregister eingereicht ist, greift gegenüber der Gesellschaft die Legitimationswirkung des § 16 Abs. 1 S. 1 (BGH NJW 2019, 993 Rn. 25 ff.).

17 **2. Anspruch auf Abfindung. a) Grundsatz.** Der von der Einziehung betroffene Anteilsinhaber hat nach dem in § 738 Abs. 1 S. 2 BGB zum Ausdruck kommenden allgemeinen Rechtsgrundsatz einen vorbehaltlich abweichender Satzungsbestimmungen gem. § 271 Abs. 1 BGB sofort fällig werdenden (BGH 24.1.2012, BGHZ 192, 236 Rn. 16 = NZG 2012, 259; Baumbach/Hueck/*Kersting* Rn. 24) Anspruch auf eine Abfindung in **Höhe des Verkehrswerts** des betroffenen Geschäftsanteils (→ BGB § 738 Rn. 8 ff.), der unter Berücksichtigung der stillen Reserven und des Geschäftswerts des Unternehmens festzustellen ist (BGH 16.12.1991, BGHZ 116, 359 (370) = NJW 1992, 892). Dies erfordert idR eine sachverständige Unternehmensbewertung anhand der **Ertragswertmethode.** Andere Bewertungsmethoden sind nicht von vornherein ausgeschlossen; bei überdurchschnittlich hohem Anteil des nicht betriebsnotwendigen Vermögens kann dem Substanzwert eine erhöhte Bedeutung zukommen (BGH 24.5.1993, NJW 1993, 2101 (2103)). Das zur Berechnung des Vermögenssteuerwertes entwickelte „Stuttgarter Verfahren" ist zur Ermittlung des der Abfindung zugrunde liegenden Verkehrswertes ungeeignet (OLG Köln 19.12.1997, NZG 1998, 779 (780); Lutter/Hommelhoff/*Kleindiek* Rn. 162).

18 **b) Abweichende Satzungsbestimmungen.** Regelungen zu den Voraussetzungen und der Höhe der Abfindung sind zulässig und zweckmäßig. Verbreitet sind **Bewertungsvorschriften** (Buchwertklauseln, Nennwertklauseln, Substanzwertklauseln), aber auch Bestimmungen über die **Fälligkeit** und die Zahlungsmodalitäten (Ratenzahlung). Wird der Abfindungsanspruch nachträglich im Wege der Satzungsänderung eingeschränkt, stellt das eine Erweiterung der Einziehungsmöglichkeiten dar, die jedenfalls bei der Zwangseinziehung gem. § 53 Abs. 3 der Zustimmung aller Gesellschafter bedarf (BGH 16.12.1991, BGHZ 116, 359 (363) = NJW 1992, 892).

19 **Beschränkungen des Abfindungsanspruchs** sind nicht unbegrenzt zulässig. Eine Reduzierung der Abfindung auf einen Betrag, der außer Verhältnis zu dem Wert des eingezogenen Anteils steht, ist gem. § 138 Abs. 1 BGB sittenwidrig und nichtig. Erforderlich ist eine Abwägung im Einzelfall, für die das Interesse des ausscheidenden Gesellschafters an der angemessenen wirtschaftlichen Verwertung seiner Beteiligung dem Interesse der verbleibenden Gesellschafter an der Sicherung des Fortbestands der Gesellschaft und der Fortführung des Unternehmens gegenüber zu stellen ist (BGH 19.9.2005, NJW 2005, 3644 (3646); BGH 16.12.1991, BGHZ 116, 359 (366) = NJW 1992, 892). Quotenmäßige Grenzen können nicht festgelegt werden (BGH 24.5.1993, NJW 1993, 2101 (2102)). Der vollständige **Ausschluss der Abfindung** ist idR unwirksam (UHL/*Ulmer/Habersack* Rn. 100). Das gilt auch, wenn der Geschäftsanteil wegen schuldhaften Verstoßes gegen Gesellschafterpflichten zwangsweise eingezogen wird (BGH 29.4.2014, BGHZ 201, 65 Rn. 15 = NZG 2014, 820; Baumbach/Hueck/*Kersting* Rn. 34a; aA UHL/*Ulmer/Habersack* Rn. 104) oder wenn er zuvor im Wege der Schenkung erworben worden ist (BGH 19.9.2005, NJW 2005, 3644 (3646)). **Ausnahmefälle,** in denen ein vollständiger Abfindungsausschluss zulässig ist, liegen beispielsweise vor, wenn die Gesellschaft ideelle Zwecke verfolgt (BGH 2.6.1997, BGHZ 135, 387 (390 f.) = NJW 1997, 2592), aber auch dann, wenn die Einziehung an den Tod eines Gesellschafters anknüpft und sich damit als eine nur die Erben treffende vorweggenommene unentgeltliche Verfügung über den Anteilswert darstellt (BGH 20.12.1976, WM 1977, 192 (193); UHL/*Ulmer/Habersack* Rn. 101 f.; Baumbach/Hueck/*Kersting* Rn. 34a; zu den erbrechtlichen Konsequenzen *Hölscher* ErbR 2016, 478). Differenzierungen zwischen den Abfindungsansprüchen einzelner Gesellschafter sind nur bei Vorliegen sachlicher Gründe zulässig, beispielsweise kann die Höhe der Abfindung von der Dauer der Gesellschaftszugehörigkeit abhängig gemacht werden (BGH 16.12.1991, BGHZ 116, 359 (373 f.) = NJW 1992, 892). Unzulässig ist eine Beschränkung der Abfindung ausschließlich zum Nachteil von Pfändungs- und Insolvenzgläubigern, die sich daraus ergeben kann, dass eine einschränkende Regelung nur sie betrifft (BGH 19.6.2000, BGHZ 144, 365 (367) = NJW 2000, 2819).

20 Ist die satzungsmäßige Abfindungsklausel nichtig, tritt an ihre Stelle der Anspruch auf **Abfindung nach dem vollen Verkehrswert.** Die Wirksamkeit der Einziehungsregelung selbst wird durch die Nichtigkeit der Abfindungsklausel nicht berührt (BGH 20.6.1983, NJW 1983, 2880 (2881); UHL/*Ulmer/Habersack* Rn. 31). Die Nichtigkeit kann analog **§ 242 Abs. 2 S. 1 AktG** nach Ablauf von drei Jahren seit der Eintragung der Gesellschaft bzw. der geänderten Satzungsregelung nicht mehr geltend gemacht werden (BGH 19.9.2005, NJW 2005, 3644 (3645); BGH 19.6.2000, BGHZ 144, 365 (367 f.) = NJW 2000, 2819); ob dies auch zu Lasten von Gläubigern des betroffenen Gesellschafters gilt, wird zu Recht in Zweifel gezogen (Baumbach/Hueck/*Kersting* Rn. 32; *Wicke* Anh. § 34 Rn. 18).

21 Wenn sich die in der Satzung vorgesehene, ursprünglich nicht unangemessene Abfindung im Laufe der Zeit immer mehr von dem wirklichen Anteilswert entfernt, was bei wirtschaftlich erfolgreichen Unternehmen insbesondere bei der Bemessung der Abfindung nach Buchwerten der Fall sein kann, führt das nicht zur Nichtigkeit der Satzungsregelung – die eine Abfindung nach dem Verkehrswert zur Folge hätte –, sondern zu ihrer **Anpassung im Wege der ergänzenden Vertragsauslegung** unter Berücksichtigung des wirklichen oder mutmaßlichen Willens der Parteien des Gesellschaftsvertrags (BGH 24.5.1993, NJW 1993, 2101; Lutter/Hommelhoff/*Kleindiek* Rn. 172 ff.).

22 **c) Schuldner der Abfindung.** Die Abfindung ist von der Gesellschaft zu zahlen. Ist diese dazu bei Fälligkeit nicht ohne Verstoß gegen § 30 Abs. 1 in der Lage (→ Rn. 13), trifft die Zahlungspflicht

sowohl bei der freiwilligen Einziehung als auch bei der Zwangseinziehung anteilig die zum Zeitpunkt des Wirksamwerdens der Einziehung verbleibenden Gesellschafter (BGH 28.1.2020, NZG 2020 Rn. 56; BGH 10.5.2016, BGHZ 210, 186 Rn. 22 = NJW-RR 2016, 801; BGH 24.1.2012, BGHZ 192, 236 Rn. 13 (21 f.) = NZG 2012, 259; MüKoGmbHG/*Strohn* Rn. 77; UHL/*Ulmer/Habersack* Rn. 64a; Lutter/Hommelhoff/*Kleindiek* Rn. 75 ff.). Die persönliche Haftung entsteht aber nur und erst dann, wenn die Gesellschafter nicht durch die Auflösung von stillen Reserven oder eine Herabsetzung des Stammkapitals für einen Ausgleich der Unterdeckung sorgen oder die Gesellschaft auflösen, sodass ihre Fortsetzung als treuwidrig anzusehen ist (BGH 10.5.2016, BGHZ 210, 186 Rn. 23 = NJW-RR 2016, 801; BeckOK GmbHG/*Schindler* Rn. 56.2; kritisch Baumbach/Hueck/*Kersting* Rn. 49 f.; Roth/Altmeppen/*Altmeppen* Rn. 24 ff.). Daraus folgt, dass die Haftung auch die Gesellschafter trifft, die dem Einziehungsbeschluss nicht zugestimmt haben (Lutter/Hommelhoff/*Kleindiek* Rn. 84; BeckOK GmbHG/*Schindler* Rn. 56.1, 63; aA *Schockenhoff* NZG 2012, 449 (451 f.); *Gubitz/Nikoleyczik* NZG 2013, 727). Ob und in welchem Umfang die Satzung die persönliche Haftung der Gesellschafter beschränken kann, ist ungeklärt (vgl. Lutter/Hommelhoff/*Kleindiek* Rn. 90; BeckOK GmbHG/*Schindler* Rn. 56.3). Einem vollständigen Ausschluss der Haftung ohne eine anderweitige Absicherung des Anspruchs auf Abfindung steht jedenfalls die grundsätzliche Unentziehbarkeit des Abfindungsanspruchs (→ Rn. 19) entgegen.

3. Auswirkungen auf die verbleibenden Geschäftsanteile. Durch den ersatzlosen Untergang des eingezogenen Geschäftsanteils verändern sich die **Stimm- und Beteiligungsquoten** sowie der Umfang der die Gesellschafter anteilig treffenden **Haftung gem. §§ 24, 31 Abs. 3** nach dem Verhältnis der verbleibenden Geschäftsanteile zueinander. Auf deren Nennwerte hat die Einziehung keinen Einfluss; es kommt weder zu einer Anwachsung gem. § 738 Abs. 1 S. 1 BGB noch zu einer „automatischen" Erhöhung (BGH 2.12.2014, BGHZ 203, 303 Rn. 29 = NJW 2015, 1385; aA Roth/Altmeppen/*Altmeppen* Rn. 93 ff.). Zugleich mit der Einziehung kann mit einfacher Mehrheit (BGH 6.6.1988, NJW 1989, 168 (169)) ohne Änderung der Satzung und ohne Eintragung in das Handelsregister die Aufstockung der verbleibenden Geschäftsanteile beschlossen oder mit qualifizierter Mehrheit ein eigener Anteil der Gesellschaft an Stelle des eingezogenen gebildet werden (UHL/*Ulmer/Habersack* Rn. 70). Geschieht dies nicht und erfolgt auch keine Kapitalherabsetzung gem. §§ 58 ff., ist die Summe der Geschäftsanteile nach der Einziehung geringer als das Stammkapital. Das ist zwar unabhängig von der die Gründung der Gesellschaft betreffenden Vorschrift des § 5 Abs. 3 S. 2 auf Dauer nicht wünschenswert, führt aber nicht zur Nichtigkeit oder Anfechtbarkeit des Einziehungsbeschlusses (BGH 2.12.2014, BGHZ 203, 303 Rn. 29 ff. = NJW 2015, 1385; UHL/*Ulmer/Habersack* Rn. 65A; MüKoGmbHG/*Strohn* Rn. 6). 23

V. Ausschluss und Austritt von Gesellschaftern

1. Zulässigkeit. a) Grundsatz. Von den Sonderfällen der §§ 21, 27, 28 abgesehen, regelt das GmbHG den Ausschluss von Gesellschaftern und ihren Austritt aus der Gesellschaft nicht. Die Einziehung ist gem. § 34 Abs. 1, 2 nur auf der Grundlage einer satzungsgemäßen Ermächtigung möglich. Eine solche fehlt in der Praxis häufig; auch das Musterprotokoll gem. § 2 Abs. 1a sieht sie nicht vor. Nach der Konzeption des Gesetzes kommt dann für den Fall, dass einer Aufrechterhaltung der gesellschaftsrechtlichen Bindung wichtige Gründe entgegen stehen, lediglich die **Auflösung der Gesellschaft** gem. § 61 Abs. 1 Alt. 2 in Betracht, die zur Zerschlagung der geschaffenen wirtschaftlichen Werte führt. Angesichts dessen ist allgemein anerkannt, dass auch ohne eine gesetzliche oder satzungsmäßige Regelung entsprechend dem allgemeinen Rechtsgrundsatz, dass Dauerrechtsverbindungen aus wichtigem Grund lösbar sein müssen, sowie im Hinblick auf den Gedanken der Treuepflicht bei Vorliegen eines wichtigen Grundes sowohl der **Ausschluss** eines Gesellschafters (grundlegend BGH 1.4.1953, BGHZ 9, 157 (159 ff.) = NJW 1953, 780) als auch sein **Austritt** (BGH 18.2.2014, NZG 2014, 541 Rn. 12; BGH 16.12.1991, BGHZ 116, 359 (369) = NJW 1992, 892) zulässig sind (Baumbach/Hueck/*Kersting* Anh. § 34 Rn. 1), und zwar auch in der **Zweipersonen-GmbH** (BGH 23.2.1981, BGHZ 80, 346 (351) = NJW 1981, 2302; MüKoGmbHG/*Strohn* Rn. 131) und auch, wenn der Mehrheitsgesellschafter betroffen ist (BGH 1.4.1953, BGHZ 9, 157 (178) = NJW 1953, 780). Ein **Recht zur ordentlichen Kündigung** besteht dagegen, wenn nicht die Satzung zulässigerweise anderes regelt (→ Rn. 27), weder für die Gesellschaft noch für einzelne Gesellschafter. Allerdings kann ein Gesellschafter unabhängig vom Vorliegen eines wichtigen Grundes wirksam aus der Gesellschaft austreten, wenn diese den Austritt annimmt, was wegen der weitreichenden Folgen mit hinreichender Deutlichkeit zum Ausdruck gebracht werden muss (BGH 18.2.2014, NZG 2014, 541 Rn. 14; Lutter/Hommelhoff/*Kleindiek* Rn. 150). 24

aa) Ausschlussgründe. Ein den **Ausschluss** rechtfertigender **wichtiger Grund** liegt vor, wenn ein Gesellschafter durch seine Person oder sein Verhalten die Fortsetzung des Gesellschaftsverhältnisses unzumutbar macht, die erfolgreiche Fortführung der Gesellschaft also unmöglich oder zumindest ernstlich gefährdet wird, und ein milderes Mittel als der Ausschluss nicht zur Verfügung steht. Die Maßstäbe 25 entsprechen denjenigen für eine Einziehung aus wichtigem Grund (→ Rn. 6; → BGB § 737 Rn. 5 ff.; → HGB § 140 Rn. 9 ff.).

26 **bb) Austrittsgründe.** Auch die Frage, ob ein **wichtiger Grund** für einen **Austritt** vorliegt, kann nur aufgrund einer Gesamtabwägung unter Berücksichtigung aller Umstände des Einzelfalles entschieden werden. In Betracht kommt zB, dass die Satzung die Abtretung des Geschäftsanteils ausschließt (OLG Karlsruhe 25.4.1984, BB 1984, 2015 (2016)) oder die Mehrheit wiederholt eine nach der Satzung iVm § 15 Abs. 5 erforderliche Genehmigung der Abtretung verweigert hat (Lutter/Hommelhoff/*Kleindiek* Rn. 146). Das Misslingen der Veräußerung des Geschäftsanteils aus tatsächlichen Gründen genügt für sich allein aber nicht (OLG Hamm 28.9.1992, GmbHR 1993, 656 (657)). Ob ein dringender, anderweitig nicht zu deckender Geldbedarf des Gesellschafters seinen Austritt rechtfertigt (dafür UHL/*Ulmer/Habersack* Anh. § 34 Rn. 52; aA Baumbach/Hueck/*Kersting* Anh. § 34 Rn. 20), wird nur im Einzelfall entschieden werden können. Wichtige Gründe in der Sphäre der Gesellschaft oder der Mitgesellschafter können grundlegende Änderungen in der Geschäftstätigkeit oder den rechtlichen und wirtschaftlichen Verhältnissen (Lutter/Hommelhoff/*Kleindiek* Rn. 147), aber auch der wiederholte Missbrauch der Mehrheitsmacht sein.

27 **b) Abweichende Satzungsbestimmungen.** Der Ausschluss und der Austritt aus wichtigem Grund können durch die Satzung **nicht wirksam ausgeschlossen** werden (Baumbach/Hueck/*Kersting* Anh. § 34 Rn. 1); auch mittelbare Beschränkungen des Austrittsrechts etwa durch einen Ausschluss oder eine erhebliche Einschränkung des Abfindungsanspruchs im Fall des Austritts sind unzulässig (BGH 16.12.1991, BGHZ 116, 359 (369) = NJW 1992, 892). Andererseits darf ein Ausschluss nach freiem Belieben der Mehrheit grundsätzlich nicht gestattet werden; das für Personengesellschaften entwickelte **Verbot des „Hinauskündigens"** (→ BGB § 737 Rn. 14 f.) gilt auch für den Ausschluss von Gesellschaftern aus der GmbH (BGH 9.7.1990, BGHZ 112, 103 (107 f.) = NJW 1990, 2622; Baumbach/Hueck/*Kersting* Anh. § 34 Rn. 16). Allerdings hat die Rspr. mehrfach **Ausnahmen** mit der Begründung zugelassen, die „Hinauskündigung" sei wegen besonderer Umstände sachlich gerechtfertigt, etwa bei treuhänderisch gehaltenen Geschäftsanteilen (BGH 9.7.1990, BGHZ 112, 103 (108) = NJW 1990, 2622), bei Bestehen eines Kooperationsvertrages (BGH 14.3.2005, WM 2005, 802 (804) = GmbHR 2005, 620), bei einer an die Tätigkeit im Unternehmen geknüpften Beteiligung im Rahmen eines Manager- (BGH 19.9.2005, BGHZ 164, 98 (102) = NJW 2005, 3641; eingehend *Schockenhoff* NZG 2018, 201) oder Mitarbeitermodells (BGH 19.9.2005, BGHZ 164, 107 (112) = NJW 2005, 3644, 3645) sowie im Zusammenhang mit dem Erwerb von Geschäftsanteilen durch Verfügung von Todes wegen (für eine GmbH & Co. KG BGH 19.9.1988, BGHZ 105, 213 (218) = NJW 1989, 834; für eine KG BGH 19.3.2007, NJW-RR 2007, 913 Rn. 10 ff.). Liegen solche besonderen Umstände vor, beruht der Ausschluss in Wahrheit gerade nicht auf dem freien Ermessen der übrigen Gesellschafter, sondern auf einem sachlichen Grund (Scholz/*Westermann* Rn. 17), sodass lediglich das Erfordernis seiner satzungsmäßigen Bestimmung gelockert worden ist. Soweit der Ausschluss weder völlig untersagt noch in das freie Belieben der Mehrheit gestellt wird, kann die Satzung ihn – etwa durch die Ausgestaltung der Anforderungen an das Vorliegen eines wichtigen Grundes – sowohl erschweren als auch erleichtern (UHL/*Ulmer/Habersack* Anh. § 34 Rn. 19; Vorschläge für Satzungsregelungen bei *Battke* GmbHR 2008, 850 (856 f.)). Der **Austritt** kann anders als der Ausschluss auch ohne besondere Voraussetzungen gestattet werden, indem eine **ordentliche Kündigung der Mitgliedschaft** mit einer bestimmten Frist vorgesehen wird (Baumbach/Hueck/*Kersting* Anh. § 34 Rn. 27; Lutter/Hommelhoff/*Kleindiek* Rn. 144).

28 **2. Verfahren. a) Austrittsverfahren.** Für den Austritt genügt eine formfreie empfangsbedürftige **Erklärung** des betroffenen Gesellschafters, die gegenüber der Gesellschaft abzugeben ist (Lutter/Hommelhoff/*Kleindiek* Rn. 151).

29 **b) Ausschlussverfahren.** Der Ausschluss aus wichtigem Grund kann – anders als die Zwangseinziehung – nicht allein durch einen Gesellschafterbeschluss herbeigeführt werden, sondern erfordert die Erhebung einer **Ausschließungsklage** analog § 140 HGB (BGH 20.9.1999, NJW 1999, 3779). Die **Satzung** kann zulässigerweise bestimmen, dass ein Gesellschafterbeschluss für den Ausschluss genügt (BGH 10.6.1991, NJW-RR 1991, 1249; OLG Stuttgart 23.3.1989, WM 1989, 1252 (1253); Formulierungsvorschlag bei *Battke* GmbHR 2008, 850 (857)).

30 Eingeleitet wird das Ausschlussverfahren durch einen **Gesellschafterbeschluss,** der einer **Dreiviertelmehrheit** bedarf (BGH 13.1.2003, BGHZ 153, 285 (288 f.) = NJW 2003, 2314; MüKoGmbHG/*Strohn* Rn. 150). Wie bei der Zwangseinziehung (→ Rn. 8) hat der Betroffene kein Stimmrecht, muss aber Gelegenheit zur Stellungnahme erhalten (OLG Stuttgart 23.3.1989, WM 1989, 1252 (1253 f.); MüKoGmbHG/*Strohn* Rn. 152 f.). In der Zweipersonen-GmbH ist ein förmlicher Beschluss – den der den Ausschluss betreibende Gesellschafter allein treffen müsste – jedenfalls dann entbehrlich, wenn das Erfordernis der Ausschließungsklage nicht durch die Satzung abbedungen ist; der Gesellschafter dokumentiert seinen Willen, den Ausschluss herbeizuführen, dann durch die Erhebung der Klage (BGH 20.9.1999, NJW 1999, 3779 (3780)). Der Beschluss über die Ausschließung ist nach den allgemeinen, in

Anlehnung an §§ 243 ff. AktG entwickelten Regeln (→ Anh. § 47 Rn. 1 ff.) anfechtbar. Ob ein wichtiger Grund für die Ausschließung vorliegt, wird im **Anfechtungsprozess** aber nur geprüft, wenn nach der Satzung die Erhebung einer Ausschließungsklage nicht erforderlich ist; in diesem Fall muss das Fehlen eines wichtigen Grundes – wie bei der Zwangseinziehung (→ Rn. 10) – rechtzeitig im Wege der Anfechtungsklage geltend gemacht werden. Anderenfalls bleibt die Prüfung, ob ein die Ausschließung vorliegender wichtiger Grund vorliegt, dem sich anschließenden Rechtsstreit über die Ausschließungsklage vorbehalten (BGH 13.1.2003, BGHZ 153, 285 (287) = NJW 2003, 2314), sodass im Wege der Anfechtungsklage lediglich sonstige Beschlussmängel geltend gemacht werden können.

Die **Ausschließungsklage** wird durch die Gesellschaft, vertreten durch den Geschäftsführer, erhoben 31 und richtet sich gegen den auszuschließenden Gesellschafter; in der Zweipersonen-GmbH kann auch der verbleibende Gesellschafter klagen (Lutter/Hommelhoff/*Kleindiek* Rn. 124). Das Gericht prüft, ob ein Ausschließungsgrund vorliegt, nicht aber, ob der Gesellschafterbeschluss sonstige – zB formelle – Mängel aufweist; dies ist im Wege der rechtzeitigen Beschlussanfechtung geltend zu machen (BGH 13.1.2003, BGHZ 153, 285 (287) = NJW 2003, 2314). Hält das Gericht die Ausschließung für gerechtfertigt, spricht es sie durch **Gestaltungsurteil** aus. Abweichend von der früheren Praxis besteht keine Veranlassung mehr, die Ausschließung von der aufschiebenden Bedingung der Zahlung einer durch das Gericht festgesetzten Abfindung abhängig zu machen. Die Rspr. des BGH, nach der entgegen der früher hM die Wirkungen der Einziehung nicht erst mit der Zahlung der geschuldeten Abfindung eintreten (→ Rn. 13), sollte auf den Fall der Ausschließung übertragen werden (offen gelassen von BGH 24.1.2012, BGHZ 192, 236 Rn. 16 = NZG 2012, 259; für eine „Abkopplung" der Ausschließung von der Abfindung MüKoGmbHG/*Strohn* Rn. 174; Lutter/Hommelhoff/*Kleindiek* Rn. 132; Roth/Altmeppen/*Altmeppen* § 60 Rn. 93, 99; MHLS/*Sosnitza* Anh. § 34 Rn. 31; für die Festsetzung einer „vorläufigen Abfindung", deren Nichtzahlung auflösende Bedingung der Ausschließung sei, UHL/*Ulmer/Habersack* Anh. § 34 Rn. 37).

3. Folgen. a) Abfindung. Der Anspruch des Ausgeschlossenen bzw. Austretenden auf eine Abfin- 32 dung richtet sich nach denselben Grundsätzen, die für die Einziehung gelten (→ Rn. 17 ff.). Das betrifft insbesondere die Möglichkeiten der Beschränkung oder des Ausschlusses des Abfindungsanspruchs (→ Rn. 19). Wird mit der Ausschließung zugleich die Einziehung der Geschäftsanteile beschlossen, ist nicht nur der Einziehungs- (→ Rn. 13), sondern auch der Ausschließungsbeschluss nichtig, wenn bereits bei Beschlussfassung fest steht, dass die geschuldete Abfindung nicht aus freiem Vermögen gezahlt werden kann (BGH 4.8.2020, NZG 2020, 1067 Rn. 31; BGH 5.4.2011, NJW 2011, 2294 Rn. 19 ff.; MüKoGmbHG/*Strohn* Rn. 146). Stellt sich später heraus, dass die Gesellschaft eine geschuldete Abfindung nicht ohne Verstoß gegen § 30 Abs. 1 zahlen kann, haften ebenso wie bei der Einziehung (→ Rn. 22) die verbleibenden Gesellschafter persönlich (MüKoGmbHG/*Strohn* Rn. 174; Lutter/Hommelhoff/*Kleindiek* Rn. 133), wenn sie nicht durch die Auflösung von stillen Reserven oder eine Herabsetzung des Stammkapitals für einen Ausgleich der Unterdeckung sorgen, die Gesellschaft durch Gesellschafterbeschluss gem. § 60 Abs. 1 Nr. 2 auflösen oder Auflösungsklage gem. § 61 erheben.

b) Einziehung oder Abtretung. Der Ausschluss oder der Austritt wirken sich, wenn nicht die 33 Satzung etwas anderes regelt (zu in Betracht kommenden Gestaltungen *Göz/Kowalewski* NZG 2018, 1369), nicht unmittelbar auf den Geschäftsanteil des ausscheidenden Gesellschafters aus (BGH 4.8.2020, NZG 2020, 1067 Rn. 23). Erforderlich sind nach Wahl der Gesellschaft seine Einziehung – die allerdings auch im Fall eines Ausschlusses oder eines Austritts aus wichtigem Grund der Zulassung in der Satzung bedarf (→ Rn. 4 f.) – oder seine Übertragung auf die Gesellschaft, einen oder mehrere Mitgesellschafter oder auf Dritte (BGH 1.4.1953, BGHZ 9, 157 (169 f.) = NJW 1953, 780; Lutter/Hommelhoff/*Kleindiek* Rn. 137), wobei die Einziehung (→ Rn. 12 f.) und der Erwerb durch die Gesellschaft (§ 33 Abs. 1, 2) nur in Betracht kommen, wenn die auf den Geschäftsanteil entfallende Einlage vollständig eingezahlt ist. Solange eine Einziehung, ein Erwerb durch die Gesellschaft oder eine Veräußerung nicht zustande gekommen sind, besteht der Geschäftsanteil trägerlos fort (MüKoGmbHG/*Strohn* Rn. 117; UHL/*Ulmer/Habersack* Rn. 39; aA Baumbach/Hueck/*Kersting* Anh. § 34 Rn. 10, 15b: Gesellschaftsanteil fällt „automatisch" anteilig den übrigen Gesellschaftern zu; offengelassen von BGH 30.6.2003, NJW-RR 2003, 1265 (1267)).

Abschnitt 3. Vertretung und Geschäftsführung

Vertretung der Gesellschaft

35 (1) [1]**Die Gesellschaft wird durch die Geschäftsführer gerichtlich und außergerichtlich vertreten.** [2]**Hat eine Gesellschaft keinen Geschäftsführer (Führungslosigkeit), wird die Gesellschaft für den Fall, dass ihr gegenüber Willenserklärungen abgegeben oder Schriftstücke zugestellt werden, durch die Gesellschafter vertreten.**

(2) [1] Sind mehrere Geschäftsführer bestellt, sind sie alle nur gemeinschaftlich zur Vertretung der Gesellschaft befugt, es sei denn, dass der Gesellschaftsvertrag etwas anderes bestimmt. [2] Ist der Gesellschaft gegenüber eine Willenserklärung abzugeben, genügt die Abgabe gegenüber einem Vertreter der Gesellschaft nach Absatz 1. [3] An die Vertreter der Gesellschaft nach Absatz 1 können unter der im Handelsregister eingetragenen Geschäftsanschrift Willenserklärungen abgegeben und Schriftstücke für die Gesellschaft zugestellt werden. [4] Unabhängig hiervon können die Abgabe und die Zustellung auch unter der eingetragenen Anschrift der empfangsberechtigten Person nach § 10 Abs. 2 Satz 2 erfolgen.

(3) [1] Befinden sich alle Geschäftsanteile der Gesellschaft in der Hand eines Gesellschafters oder daneben in der Hand der Gesellschaft und ist er zugleich deren alleiniger Geschäftsführer, so ist auf seine Rechtsgeschäfte mit der Gesellschaft § 181 des Bürgerlichen Gesetzbuchs anzuwenden. [2] Rechtsgeschäfte zwischen ihm und der von ihm vertretenen Gesellschaft sind, auch wenn er nicht alleiniger Geschäftsführer ist, unverzüglich nach ihrer Vornahme in eine Niederschrift aufzunehmen.

Übersicht

I. Allgemeines

1 Mit § 35 leitet das Gesetz den 3. Abschnitt ein und regelt in diesem die Vertretung sowie die Geschäftsführung der Gesellschaft. Diese hat in der mitbestimmungsfreien GmbH zwingend zwei Organe: die **Gesellschafterversammlung** als Gesamtheit der Gesellschafter sowie die **Geschäftsführer.** Zur Zahl der Geschäftsführer → § 6 Rn. 7 ff. Den **Aufsichtsrat** sieht das Gesetz grundsätzlich lediglich als fakultatives Organ vor (§ 52), fällt die Gesellschaft jedoch in den Anwendungsbereich eines Gesetzes zur Unternehmensmitbestimmung, ist ein Aufsichtsrat zwingend auch bei der GmbH zu bilden (s. § 1 Abs. 1 Nr. 3 DrittelbG, § 6 Abs. 1 MitbestG, § 3 MontanMitbestG, § 3 Abs. 1 S. 2 MitbestErgG).

2 Hinsichtlich der **Verteilung der Kompetenzen** ist die Gesellschafterversammlung das oberste Willensbildungsorgan der Gesellschaft, das nicht nur in Grundlagenentscheidungen der Gesellschaft (§ 46) zuständig ist, sondern nach Belieben alle Geschäftsführungsangelegenheiten an sich ziehen kann (Hachenburg/*Mertens* Rn. 1; MHLS/*Lenz* Rn. 2; Roth/Altmeppen/*Altmeppen* Rn. 2). Im Unterschied zur AG leitet der Geschäftsführer die GmbH nicht eigenverantwortlich, sondern in dem durch die Gesellschafterversammlung und den von ihr gefassten Beschlüssen abgesteckten Rahmen (s. BGH 18.1.2019, NZG 2019, 505 Rn. 33 f., 37; s. auch BGH 19.7.2019, NZG 2019, 1149 Rn. 25). Die gesetzliche Kompetenzverteilung steht jedoch – wie § 45 zeigt – weitgehend zur Disposition der Gesellschafter, die durch den Gesellschaftsvertrag abweichende Regelungen treffen können. Vor allem eröffnet das Gesetz den Gesellschaftern die Möglichkeit, zusätzliche Organe (zB Beiräte) in dem Gesellschaftsvertrag zu kreieren und mit Kompetenzen auszustatten.

3 Die §§ 35–44 fassen die Regelungen zu den Geschäftsführern zusammen, werden allerdings durch § 6 ergänzt, der insbesondere Bestimmungen zur Bestellung und zur Amtsfähigkeit trifft; demgegenüber ist der actus contrarius zur Bestellung, die Abberufung, in § 38 geregelt. Während § 43 die Ersatzpflichten des Geschäftsführers ausgestaltet, widmen sich die §§ 35 und 37 der Vertretung der Gesellschaft im Außenverhältnis (§ 35) sowie der Geschäftsführung (§ 37). Die zentrale Vorschrift zur Vertretung der Gesellschaft durch die Geschäftsführer (§ 35) wurde wiederholt geändert, zuletzt durch das MoMiG vom 23.10.2008 (BGBl. 2008 I 2026), das insbesondere Abs. 1 um die Regelung in S. 2 zur Führungslosigkeit der Gesellschaft ergänzte und die Bestimmung in Abs. 2 neu fasste. Infolge der Aufhebung des früheren Abs. 3 ist der bisherige Abs. 4 an dessen Stelle getreten, blieb jedoch inhaltlich unverändert.

4 Die §§ 35 und 37 betreffen ausschließlich die **organschaftliche Stellung** des Geschäftsführers. Das hiervon abzugrenzende (schuldrechtliche) **Anstellungsverhältnis** (→ Rn. 6) hat demgegenüber keine gesonderte Regelung im GmbHG erfahren (→ Rn. 90 ff.). Im Wesentlichen bestimmt sich dieses nach dem Dienstvertragsrecht, sofern nicht insbesondere beim Fremdgeschäftsführer einzelne arbeitsrechtliche Vorschriften (ggf. analog) zur Anwendung gelangen (→ Rn. 107 ff.).

5 Die gesetzliche Kompetenzverteilung gilt auch, wenn die Gesellschaft in einer KG die Stellung einer Komplementärin hat **(GmbH & Co. KG).** In dieser Konstellation nehmen die Organe der GmbH ihre Aufgaben in der KG wahr, insbesondere vertreten die Geschäftsführer der Komplementärgesellschaft nicht nur diese, sondern auch die KG nach außen, bewegen sich dabei aber in dem durch § 161 Abs. 2 HGB iVm den §§ 125, 170 HGB gezogenen Rahmen. Als Geschäftsführer der Komplementärgesellschaft kommt auch ein Kommanditist der KG in Betracht. Insbesondere in dieser Konstellation wird der Anstellungsvertrag des Geschäftsführers oftmals nicht mit der Komplementärgesellschaft, sondern mit der KG abgeschlossen (→ Rn. 91).

II. Geschäftsführer als Organ der Gesellschaft

6 **1. Organstellung und Anstellungsverhältnis.** Bei den Rechtsbeziehungen zwischen dem Geschäftsführer und der Gesellschaft sind nach hM zwei Rechtskreise zu unterscheiden (**Trennungs-**

theorie; s. statt aller BGH 26.6.1995, NJW 1995, 2850; BGH 11.10.2010, NJW 2011, 920; BAG 25.10.2007, NZG 2008, 193 (194); Baumbach/Hueck/*Beurskens* § 6 Rn. 53; Scholz/*Hohenstatt* Rn. 251 f. mwN). Durch die Bestellung zum Geschäftsführer wird zunächst ein körperschaftsrechtliches Rechtsverhältnis begründet, dessen Inhalt vor allem durch die übertragene Aufgabe – die Geschäftsführung – konkretisiert wird (→ Rn. 14 ff.). Davon abzugrenzen ist das Anstellungsverhältnis, das die schuldrechtlichen Beziehungen zwischen dem Geschäftsführer und der Gesellschaft im Einzelnen ausgestaltet (→ Rn. 90 ff.). In § 84 Abs. 1 AktG hat der Gesetzgeber diese grundsätzliche Konzeption ausdrücklich anerkannt, da § 84 Abs. 1 S. 5 AktG den Anstellungsvertrag gesondert neben dem durch die Bestellung begründeten organschaftlichen Rechtsverhältnis anspricht. Die dortige Trennung der Rechtskreise kann nicht auf die AG beschränkt bleiben, da § 31 MitbestG und § 12 MontanMitbestG die Vorschrift des § 84 Abs. 1 S. 5 AktG auch auf die nach den vorgenannten Gesetzen mitbestimmte GmbH erstreckt (s. BGH 14.11.1983, BGHZ 89, 48 (51 f.) zu § 31 Abs. 1 MitbestG).

7 Beide Rechtsverhältnisse ergänzen sich, obwohl sich deren Inhalte teilweise überschneiden. So ist die Pflicht zur Geschäftsführung sowohl Inhalt des körperschaftsrechtlichen Rechtsverhältnisses als auch die vom Geschäftsführer aufgrund des Anstellungsvertrags geschuldete Dienstleistung. Gleichwohl stehen die Rechtsverhältnisse im dogmatischen Ausgangspunkt unabhängig nebeneinander, können jedoch iRd Bestellung miteinander verknüpft werden (→ § 6 Rn. 48). So kann das organschaftliche Rechtsverhältnis unter der aufschiebenden Bedingung bzw. Befristung begründet werden, dass es zum Abschluss eines Anstellungsvertrags kommt. Fehlen hierfür ausreichende Anhaltspunkte, ist die Bestellung bei fehlendem Anstellungsvertrag zwar nicht unwirksam, der Geschäftsführer kann das Organschaftsverhältnis aber im Wege der Amtsniederlegung beenden. Entsprechende vertragliche Verknüpfungen können auch im Hinblick auf die Beendigung des Anstellungsverhältnisses durch sog. Kopplungsklauseln vereinbart werden (→ Rn. 153 ff.).

8 **2. Begründung und Beendigung der Organstellung. a) Begründung.** Die Begründung der Organstellung erfolgt durch die Bestellung idR entweder bereits bei Errichtung der Gesellschaft iRd Gesellschaftsvertrags oder (insbesondere nach der Gründung) durch Beschluss der Gesellschafterversammlung (§ 46 Nr. 5). Aufgrund zwingender Regelungen in den Gesetzen zur Unternehmensmitbestimmung ist die Bestellungskompetenz teilweise dem obligatorisch einzurichtenden Aufsichtsrat übertragen (→ § 6 Rn. 60); sieht die Satzung fakultativ die Bildung eines Aufsichtsrats vor, steht diesem die Bestellungskompetenz nur zu, wenn die Satzung ihm diese Kompetenz ausdrücklich zuweist (→ § 6 Rn. 61). Wegen der Dispositivität des § 46 (s. § 45) kann der Gesellschaftsvertrag die Bestellungskompetenz auch auf andere Gesellschaftsorgane übertragen oder zugunsten einzelner Gesellschafter ein Entsendungsrecht begründen. Zur Bestellungskompetenz zugunsten Dritter → § 6 Rn. 63. Da der Geschäftsführer notwendiges Organ der Gesellschaft ist (→ Rn. 1, → Rn. 37), kommt auch eine Bestellung als Notgeschäftsführer durch das Registergericht analog § 29 BGB in Betracht (→ § 6 Rn. 64 ff.).

9 Rechtswirksam wird der körperschaftsrechtliche Akt der Bestellung erst mit der ausdrücklichen oder konkludenten **Annahme durch den Bestellten,** die er auch bereits vor der Bestellung (antizipiert) erklären kann (→ § 6 Rn. 47). Bei der Notgeschäftsführung bedarf es ebenfalls einer Annahme durch den vom Gericht Bestellten (→ § 6 Rn. 66). Mit der wirksamen Organbestellung entstehen die organschaftlichen Rechte und Pflichten, insbesondere im Hinblick auf die Geschäftsführung (→ Rn. 14 ff.), sowie die Vertretungsmacht der Geschäftsführer (→ Rn. 32 ff.). Die Eintragung des Geschäftsführers im **Handelsregister** ist zwar zwingend vorgeschrieben, hat aber für die Rechtswirksamkeit der Bestellung keine Bedeutung (→ § 6 Rn. 47).

10 Ist der **Bestellungsakt nichtig oder unwirksam,** dann ist der Bestellte bis zur Geltendmachung des Bestellungsmangels so zu behandeln, als ob die Bestellung wirksam war (→ § 6 Rn. 39). Das gilt für die gesamte Rechts- und Pflichtenstellung (s. BGH 6.4.1964, BGHZ 41, 282 (287) für Vorstandsmitglieder einer AG sowie allg. *Bayer/Lieder* NZG 2012, 1 (5); **aA** Baumbach/Hueck/*Beurskens* § 6 Rn. 71). Bei Eintragung des Geschäftsführers im Handelsregister gilt der Rechtsschein des Registers auch für den fehlerhaft Bestellten (Baumbach/Hueck/*Beurskens* § 6 Rn. 71). Zum fehlerhaften Anstellungsverhältnis → Rn. 102.

11 Von dem fehlerhaft bestellten Geschäftsführer ist der **faktische Geschäftsführer** zu unterscheiden, bei dem es selbst an einem unwirksamen Bestellungsakt fehlt. Erforderlich ist für den faktischen Geschäftsführer jedoch, dass er tatsächlich Geschäftsführerkompetenzen ausübt, indem sein Handeln üblicherweise der Geschäftsführungstätigkeit zuzurechnen und nach außen erkennbar ist (BGH 25.2.2002, BGHZ 150, 61 (69 f.) = NJW 2002, 1803; OLG München 8.9.2010, ZIP 2010, 2295 (2296); s. näher *Fleischer* GmbHR 2011, 337 (340 ff.); *Strohn* DB 2011, 158 (160 ff.)). Im Gegensatz zum fehlerhaft bestellten Geschäftsführer (→ Rn. 10) ist das Organhandeln des faktischen Geschäftsführers auch für die Vergangenheit rechtsunwirksam (Baumbach/Hueck/*Beurskens* § 6 Rn. 75; s. ferner OGH 15.9.2011, wbl. 2011, 104 (105 f.)). Durch rechtsgeschäftliches Handeln des faktischen Geschäftsführers kann die Gesellschaft jedoch nach den Grundsätzen der Anscheins- oder Duldungsvollmacht berechtigt bzw. verpflichtet sein (Baumbach/Hueck/*Beurskens* § 6 Rn. 76; MHLS/*Lenz* Rn. 28; *Strohn* DB 2011, 158 (164) sowie OGH 15.9.2011, wbl. 2011, 104 (106)).

12 **b) Beendigung.** Das durch eine rechtswirksame Bestellung begründete organschaftliche Rechtsverhältnis endet unter anderem durch die Abberufung, für die idR das Bestellungsorgan zuständig ist (→ § 38 Rn. 42 ff.). Darüber hinaus kann das organschaftliche Rechtsverhältnis durch Amtsniederlegung des Geschäftsführers enden (→ § 38 Rn. 73 ff.). Zu weiteren Beendigungstatbeständen → § 38 Rn. 80 ff.

13 **3. Rechte und Pflichten aufgrund der Organstellung. a) Allgemeines.** Die wirksame Bestellung zum Geschäftsführer begründet für diesen die spezifischen Rechte und Pflichten aus der Organstellung, die das GmbHG jedoch nur rudimentär ausgestaltet. Sowohl aus der Bezeichnung „Geschäftsführer" als auch aus § 37 erschließt sich aber, dass der Geschäftsführer zur Geschäftsführung berechtigt und verpflichtet ist (→ Rn. 14 ff. und → § 37 Rn. 2 ff.); ferner begründet die wirksame Bestellung die Vertretungsmacht des Geschäftsführers (→ Rn. 37 f.). Das organschaftliche Verhältnis zwischen Geschäftsführer und Gesellschaft kann in der Satzung der Gesellschaft ausgestaltet werden. Derartige Bestimmungen sind nicht nur für den Gesellschafter-Geschäftsführer, sondern auch für den Fremdgeschäftsführer verbindlich. Fehlen statutarische Bestimmungen, richten sich die Rechte und Pflichten des Geschäftsführers vor allem nach dem separat bestehenden schuldrechtlichen Anstellungsverhältnis (→ Rn. 126).

14 **b) Geschäftsführung.** Die Geschäftsführung bezieht sich auf die Verfolgung des Gesellschaftszwecks und hängt in ihrer konkreten Ausprägung von Größe und Struktur der Gesellschaft ab. Mit zunehmender Größe des Unternehmens wird die Geschäftsführung vor allem Leitungsaufgaben umfassen, während deren Umsetzung idR delegiert wird. Da sich die Geschäftsführung auf den Gesellschaftszweck bezieht, findet diese idR eine Schranke in dem in der Satzung festgelegten Gegenstand des Unternehmens. Untergeordnete Geschäfte außerhalb des Unternehmensgegenstands sind jedoch ausnahmsweise von der Befugnis zur Geschäftsführung umfasst (Baumbach/Hueck/*Beurskens* § 37 Rn. 27). Neben dem Gegenstand des Unternehmens wird die Befugnis zur Geschäftsführung vor allem durch von der Gesellschafterversammlung gefasste Beschlüsse beschränkt, da sich die Gesellschafter durch die Bestellung eines Geschäftsführers nicht ihrer eigenen Geschäftsführungsbefugnis begeben. Den Fortbestand der Geschäftsführungsbefugnis der Gesellschafterversammlung bestätigt die amtliche Überschrift des 3. Abschnitts („Vertretung und Geschäftsführung), da dieser die Bestimmungen zum Geschäftsführer und diejenigen zur Gesellschafterversammlung als systematische Einheit bewertet.

15 Die Organbestellung begründet nicht nur ein Recht zur Geschäftsführung, sondern zugleich eine hiermit korrespondierende **Pflicht zur Geschäftsführung.** Da die Geschäftsführung auf die Verfolgung des Unternehmensgegenstands ausgerichtet ist (→ Rn. 14), sind die Geschäftsführer sowohl allg. als auch bei einer Ressortaufteilung untereinander zur **Kooperation** verpflichtet (BGH 14.7.1966, WM 1966, 968; HCL/*Paefgen* Rn. 186).

16 Vor allem trifft sie eine Pflicht zur **Überwachung** sowohl im Hinblick auf die eigenen Sachzuständigkeiten als auch bezüglich fremder Ressorts (→ § 43 Rn. 22). Die letztgenannte Überwachungspflicht besteht insbesondere in finanziellen Krisensituationen sowie bei Anhaltspunkten für eine nicht ordnungsgemäße Geschäftsführung durch die anderen Geschäftsführer. Zu den Organisationspflichten der Geschäftsführer zählt es unter anderem, analog § 91 Abs. 2 AktG ein **Überwachungssystem** zu installieren, um Entwicklungen rechtzeitig zu erkennen, die den Fortbestand der Gesellschaft gefährden (s. BGH 19.6.2012, NJW-RR 2012, 1162 Rn. 11; OLG Jena 12.8.2009, NZG 2009, 226 (227 f.); Baumbach/Hueck/*Beurskens* § 37 Rn. 4; → § 43 Rn. 23 sowie → AktG § 91 Rn. 6 ff.).

17 **c) Treuepflicht. aa) Allgemeines.** Aufgrund der Organbestellung unterliegen Geschäftsführer gegenüber der Gesellschaft einer Treuepflicht (Baumbach/Hueck/*Beurskens* § 37 Rn. 44, 78; *Fleischer* WM 2003, 1045 (1046); MüKoGmbHG/*Stephan/Tieves* Rn. 86). Diese resultiert aus den weitreichenden Befugnissen, die mit der Geschäftsführung verbunden sind, sowie aus dem **fremdnützigen Charakter** der Tätigkeit (Baumbach/Hueck/*Beurskens* § 37 Rn. 78). Aus der Treuepflicht folgen vor allem **Schutz- und Rücksichtnahmepflichten.** Diese beinhalten nicht nur Unterlassungspflichten, sondern auch Pflichten zur aktiven Förderung der Gesellschaft (Bork/Schäfer/*Klöhn* § 43 Rn. 43). Insbesondere verwehrt es die Treuepflicht den Geschäftsführern, Ressourcen der Gesellschaft für eigene Zwecke zu verwenden (OLG Naumburg 30.11.1998, NZG 1999, 353; OLG Naumburg 23.1.2014, GmbHR 2014, 985 (988); Baumbach/Hueck/*Beurskens* § 37 Rn. 79; Bork/Schäfer/*Klöhn* § 43 Rn. 45; *Fleischer* WM 2003, 1045 (1049); MüKoGmbHG/*Stephan/Tieves* Rn. 86; ferner allg. BGH 4.12.2012, NZG 2013, 216 Rn. 20 ff. sowie → Rn. 24).

18 Die Treuepflicht besteht nicht nur im Verhältnis des Geschäftsführers zur Gesellschaft, sondern auch umgekehrt und pragt damit beiderseitig das organschaftliche Rechtsverhältnis zwischen Geschäftsführer und GmbH. Auch die Gesellschaft ist deshalb gegenüber dem Geschäftsführer verpflichtet, auf dessen Interessen Rücksicht zu nehmen (Baumbach/Hueck/*Beurskens* § 37 Rn. 78, 140). Dazu zählt insbesondere, den Geschäftsführer unter **Fortzahlung etwaiger Bezüge** für einen angemessenen Zeitraum zu **Erholungszwecken** von der Tätigkeit freizustellen (BGH 21.4.1975, WM 1975, 761 (763); Baumbach/Hueck/*Beurskens* § 37 Rn. 37, 140; GBS GmbHG/*Buck-Heeb* Anh. § 6 Rn. 89; HCL/*Paefgen*

Rn. 478; Rowedder/Schmidt-Leithoff/*Baukelmann* Rn. 105; Scholz/*Hohenstatt* Rn. 401; → Rn. 118, 148 ff.); als Orientierung für die Dauer kann § 3 BUrlG (jährlich 24 Werktage) herangezogen werden (Roth/Altmeppen/*Altmeppen* § 6 Rn. 121). Ebenso verwehrt die Treuepflicht der Gesellschaft, die Zahlung von Bezügen allein deshalb einzustellen, weil der Geschäftsführer infolge **Krankheit** an einer Tätigkeit gehindert ist (→ Rn. 107). Ferner hat die Gesellschaft gegenüber Dritten die Pflicht, über **persönliche Belange** des Geschäftsführers **Verschwiegenheit** zu wahren.

19 **bb) Verschwiegenheitspflicht.** Die Treuepflicht umfasst insbesondere eine Pflicht zur Verschwiegenheit bezüglich der **Betriebs- und Geschäftsgeheimnisse** der Gesellschaft (Baumbach/Hueck/*Beurskens* § 37 Rn. 93); § 85 stellt deren unbefugte Offenbarung durch den Geschäftsführer ausdrücklich unter Strafe (s. ferner § 23 GeschGehG). Erforderlich ist nach tradiertem Verständnis stets ein objektiv zu beurteilendes Interesse der Gesellschaft an der Geheimhaltung (BGH 5.6.1975, BGHZ 64, 325 (329) = NJW 1975, 1412; Bork/Schäfer/*Klöhn* § 43 Rn. 58). Eine Pflicht zum Stillschweigen besteht nur gegenüber Dritten, nicht hingegen gegenüber Mitgeschäftsführern sowie anderen Organen der Gesellschaft (Aufsichtsrat, Gesellschafterversammlung; s. BGH 6.3.1997, BGHZ 135, 48 (56) = NJW 1997, 1985) und deren Mitgliedern (Baumbach/Hueck/*Beurskens* § 37 Rn. 93). Ausnahmen von der Verschwiegenheitspflicht kommen nur in Betracht, wenn zB die Mitteilung an Dritte Schaden von der Gesellschaft abwenden soll (BGH 5.6.1975, BGHZ 64, 325 (331)). Die Pflicht zur Verschwiegenheit besteht **nach Beendigung der Organstellung** fort (BGH 26.3.1984, BGHZ 91, 1 (6) = NJW 1984, 234; OLG Hamm 7.11.1984, GmbHR 1985, 157; Baumbach/Hueck/*Beurskens* § 37 Rn. 93; Bork/Schäfer/*Klöhn* § 43 Rn. 57; *Thüsing* NZG 2004, 9 (15)).

20 Aufgrund des Zwecks der Treuepflicht ist die hieraus abgeleitete Verschwiegenheitspflicht nicht auf Betriebs- und Geschäftsgeheimnisse begrenzt, sondern begründet auch zugunsten **vertraulicher Angaben** einen Schutz vor einer unbefugten Offenbarung (ebenso Bork/Schäfer/*Klöhn* § 43 Rn. 58). Die ausdrückliche Erweiterung der aktienrechtlichen Verschwiegenheitspflicht in § 93 Abs. 1 S. 3 AktG auf vertrauliche Angaben rechtfertigt keine gegenteilige Schlussfolgerung, da auch die aktienrechtliche Verschiegenheitspflicht in ihrer Gesamtheit seine Wurzeln in der Treuepflicht des Vorstandsmitglieds gegenüber der Gesellschaft findet, sodass deren Verankerung in § 93 Abs. 1 S. 3 AktG lediglich von deklaratorischer Bedeutung ist.

21 Ergänzt wird die aus der Treuepflicht folgende Verschwiegenheitspflicht in Bezug auf die Betriebs- und Geschäftsgeheimnisse durch den Geheimnisschutz, den **§ 4 GeschGehG** normiert. Ein zwingender Rückschluss der dort durch § 2 Nr. 1 GeschGehG umschriebenen sachlichen Reichweite des Geheimnisschutzes auf die durch die Treuepflicht vermittelte Verschwiegenheitspflicht, ist nicht anzuerkennen (*Fleischer/Pendl* ZIP 2020, 1321 (1326); **aA** wohl Lutter/Hommelhoff/*Kleindiek* § 43 Rn. 20). Bestätigt wird dies durch § 85, der die Betriebs- und Geschäftsgeheimnisse als Unterfall eines „Geheimnisses der Gesellschaft" bewertet („namentlich") und damit über den engeren Bereich der Betriebs- und Geschäftsgeheimnisse hinausgeht. Selbst wenn angemessene Geheimhaltungsmaßnahme (s. § 2 Nr. 1 lit. b GeschGehG) unterblieben sind, kommt deshalb ein Schutz des Geheimnisses durch die organschaftliche Treuepflicht in Betracht (näher *Oetker* FS Hopt, 2020, 901 (904, 915 ff.); iErg auch *Fleischer/Pendl* ZIP 2020, 1321 (1326)); entsprechendes gilt für eine Strafbarkeit nach § 85. Ist die Offenbarung eines Geschäftsgeheimnisses iSd § 2 Nr. 1 GeschGehG wegen **§ 5 GeschGehG** nicht von dem Offenbarungsverbot in § 4 GeschGehG erfasst, dann steht 5 GeschGehG auch einer Verletzung der organschaftlichenTreuepflicht entgegen, da andernfalls dessen privilegierende Wirkung unterlaufen würde (näher *Oetker* FS Hopt, 2020, 901 (919 f.)). Bei geheimzuhaltenden Informationen, die § 2 Nr. 1 GeschGehG nicht erfasst, ist § 5 GeschGehG im Hinblick auf den Verstoß gegen die aus der Treuepflicht abzuleitende Verschwiegenheitspflicht hingegen ohne Bedeutung (s. *Oetker* FS Hopt, 2020, 901 (921)).

22 **cc) Wettbewerbsverbot und Geschäftschancenlehre.** Aus der fremdnützigen Tätigkeit der Geschäftsführer folgt für diese ein allg. Wettbewerbsverbot (OLG Oldenburg 17.2.2000, NZG 2000, 1038; OLG Stuttgart 15.3.2017, BeckRS 2017, 105546; Baumbach/Hueck/*Beurskens* § 37 Rn. 83, 115; BeckOK GmbHG/*Wisskirchen/Kuhn* § 6 Rn. 89; Roth/Altmeppen/*Altmeppen* § 6 Rn. 90); **§ 88 AktG** bringt insofern einen allg. Rechtsgedanken zum Ausdruck, der für den GmbH-Geschäftsführer entsprechend gilt (BGH 16.3.2017, NJW 2017, 1749 Rn. 20; OLG Rostock 2.6.2020, ZInsO 2020, 1993; mit abw. Begr. MüKoGmbHG/*Jaeger/Steinbrück* Rn. 360: § 60 HGB). Er gilt sowohl für den Fremdgeschäftsführer als auch für den Gesellschafter-Geschäftsführer, selbst, wenn es sich bei diesem um einen Minderheitsgesellschafter handelt (OLG Stuttgart 15.3.2017, BeckRS 2017, 105546). Das Wettbewerbsverbot untersagt nicht nur die Übernahme von Geschäftsführungstätigkeiten bei konkurrierenden Handelsgesellschaften (BeckOK GmbHG/*Wisskirchen/Kuhn* § 6 Rn. 91), sondern auch eine Beteiligung an konkurrierenden Kapitalgesellschaften, wenn diese einen beherrschenden Einfluss auf das Konkurrenzunternehmen vermittelt (OLG Stuttgart 15.3.2017, BeckRS 2017, 105546; Baumbach/Hueck/*Beurskens* § 37 Rn. 85; BeckOK GmbHG/*Wisskirchen/Kuhn* § 6 Rn. 91).

23 Der Verstoß gegen das Wettbewerbsverbot begründet einen **Unterlassungsanspruch** der Gesellschaft. Analog § 88 Abs. 2 AktG kommt ferner ein Anspruch auf **Schadensersatz** sowie ein **Eintritts-**

recht in Betracht (OLG Köln 10.1.2008, NZG 2009, 306 (307); Baumbach/Hueck/*Beurskens* § 37 Rn. 87; Bork/Schäfer/*Klöhn* § 43 Rn. 50; → AktG § 88 Rn. 8 ff.). Ein aufgrund des Anstellungsvertrags bestehender **Vergütungsanspruch** bleibt von einem Verstoß gegen das Wettbewerbsverbot grundsätzlich unberührt (OLG München 26.3.2016, BeckRS 2016, 06453). Bezüglich der **Verjährung** gebietet die vergleichbare Interessenlage die entsprechende Anwendung von § 88 Abs. 3 AktG (→ AktG § 88 Rn. 13; **aA** BeckOK GmbHG/*Wisskirchen/Kuhn* § 6 Rn. 92: § 113 Abs. 3 HGB), der die allg. Bestimmung in § 43 Abs. 4 verdrängt (OLG Köln 10.1.2008, NZG 2009, 306 (308); Baumbach/Hueck/*Beurskens* § 37 Rn. 87; Lutter/Hommelhoff/*Kleindiek* Anh. § 6 Rn. 24 mwN).

Unabhängig von den Schranken durch § 88 AktG analog verbietet die Treuepflicht, die Organstellung für eigene Zwecke auszunutzen (→ Rn. 17). Aus den **Chancen,** die sich **der Gesellschaft im geschäftlichen Verkehr** bieten, darf der Geschäftsführer deshalb weder für sich noch für Dritte Vorteile ziehen (s. BGH 23.10.1985, NJW 1986, 586 (587); BGH 4.12.2012, NJW-RR 2013, 363 Rn. 21; KG 16.3.2010, GmbHR 2010, 869 (870); Baumbach/Hueck/*Beurskens* § 37 Rn. 86; Bork/Schäfer/*Klöhn* § 43 Rn. 52). Dementsprechend ist es ihm verwehrt, der Gesellschaft sich bietende Geschäftschancen für eigene Zwecke zu ergreifen und diese hierdurch der Gesellschaft zu entziehen. Aus der Treuepflicht folgt auch insoweit ein Anspruch der Gesellschaft auf Unterlassung sowie Ersatz eines ggf. entstandenen Schadens (s. BGH, 4.12.2012, NJW-RR 2013, 363 Rn. 21, 33; KG 16.3.2010, GmbHR 2010, 869 (870)). 24

Einschränkungen des Wettbewerbsverbots sowie der Bindung der Geschäftschancen an die Gesellschaft können in der Satzung festgelegt werden. Abgesehen von dort abstrakt formulierten Begrenzungen kann auch im **Einzelfall** ein **Dispens** erklärt werden, entweder durch auch formfrei mögliche Zustimmung aller Gesellschafter oder mittels Mehrheitsbeschlusses der Gesellschafterversammlung (Baumbach/Hueck/*Beurskens* § 37 Rn. 90). Dieser ist jedoch nur rechtswirksam, wenn die Einschränkung des Wettbewerbsverbots im Interesse der Gesellschaft liegt und etwaige Nachteile der Gesellschaft ausgeglichen werden (s. BGH 16.2.1981, BGHZ 80, 69 (74 f.) = NJW 1981, 1512; Baumbach/Hueck/*Beurskens* § 37 Rn. 90; *Timm* GmbHR 1981, 177 (182 ff.)). Bei Abstimmungen in der Gesellschafterversammlung ist ein Gesellschafter-Geschäftsführer gem. § 47 Abs. 4 S. 1 ausgeschlossen; die Beschränkungen durch die Treuepflicht sind als Verbindlichkeit iSd genannten Vorschrift zu bewerten (Baumbach/Hueck/*Beurskens* § 37 Rn. 90; MüKoGmbHG/*Jaeger/Steinbrück* Rn. 366; s. auch BGH 16.2.1981, BGHZ 80, 69 (71) = NJW 1981, 1512). 25

Umgekehrt kann das Wettbewerbsverbot über den in → Rn. 22 beschriebenen Rahmen hinaus erweitert werden. In Betracht kommt dies vor allem, wenn dem Geschäftsführer ein Wettbewerb auch im Verhältnis zu den Gesellschaftern oder anderen Gesellschaften (zB Konzerntöchtern) untersagt werden soll. Entsprechende Regelungen in der Satzung müssen jedoch von einem schutzwürdigen Interesse getragen sein und sich iRd Angemessenen bewegen (s. OLG Stuttgart 15.3.2017, BeckRS 2017, 105546). 26

Das aus der Organstellung folgende Wettbewerbsverbot gilt bis zur Beendigung des Amts (OLG Rostock 2.6.2020, ZInsO 2020, 1993; OLG Stuttgart 15.3.2017, BeckRS 2017, 105546; Baumbach/Hueck/*Beurskens* § 37 Rn. 83; BeckOK GmbHG/*Wisskirchen/Kuhn* § 6 Rn. 89), auch, wenn dieses vorzeitig infolge einer Abberufung aus wichtigem Grund endet. Für ein **nachträgliches Wettbewerbsverbot** bedarf es deshalb einer gesonderten schuldrechtlichen Vereinbarung (BGH 11.10.1976, GmbHR 1977, 43 (44); BGH 16.10.1989, NJW-RR 1990, 226 (227); BeckOK GmbHG/*Wisskirchen/Kuhn* § 6 Rn. 94; Roth/Altmeppen/*Altmeppen* § 6 Rn. 91), die idR in den Anstellungsvertrag aufgenommen wird (s. Baumbach/Hueck/*Beurskens* § 37 Rn. 92; *Menke* NJW 2009, 636 ff.). Die Vereinbarung eines **nachträglichen Wettbewerbsverbots** ist jedoch nur rechtswirksam, wenn dieses in zeitlicher, örtlicher und gegenständlicher Hinsicht auf das notwendige Maß beschränkt bleibt (OLG Hamm 8.8.2016, BeckRS 2016, 20914; Baumbach/Hueck/*Beurskens* § 37 Rn. 118; BeckOK GmbHG/*Wisskirchen/Kuhn* § 6 Rn. 98 ff.; Roth/Altmeppen/*Altmeppen* § 6 Rn. 92 mwN). Die Untersagung einer Tätigkeit in einem Konkurrenzunternehmen „in jeglicher Weise" geht hierüber hinaus und ist nach § 138 Abs. 1 BGB nichtig (OLG München 2.8.2018, NZA-RR 2019, 82 (83); s. auch Roth/Altmeppen/*Altmeppen* § 6 Rn. 93). 27

Darüber hinaus müssen die mit einem nachträglichen Wettbewerbsverbot verbundenen Beschränkungen für die berufliche Tätigkeit angemessen kompensiert werden. Hierfür sind nach einer Minderansicht die §§ 74 ff. HGB entsprechend anzuwenden (so zB *Kamanabrou* ZGR 2002, 898 (907 ff.); nachfolgend *Lembke* NZA-RR 2019, 65 (68 f.); *Stöhr* GmbHR 2020, 411 (417)), jedenfalls sind aber mit der hM deren Rechtsgedanken bei der Inhaltskontrolle am Maßstab des § 138 Abs. 1 BGB bzw. § 307 Abs. 1 S. 1 BGB zu berücksichtigen (so BGH 26.3.1984, BGHZ 91, 1 (5) = NJW 1984, 234; BGH 7.7.2008, NZG 2008, 753; Baumbach/Hueck/*Beurskens* § 37 Rn. 116; HCL/*Paefgen* Rn. 492; Roth/Altmeppen/*Altmeppen* § 6 Rn. 92; ferner *Kielkowski* NZG 2015, 900 ff.; *Krahforst,* Nachvertragliche Wettbewerbsverbote für GmbH-Geschäftsführer, 2012; MüKoGmbHG/*Jaeger/Steinbrück* Rn. 373 ff.; *Müller* GmbHR 2014, 964 ff.). Die Vereinbarung einer Karenzentschädigung ist jedoch keine Wirksamkeitsvoraussetzung (BGH 4.3.2002, NJW 2002, 1873 (1876); BGH 7.7.2008, NZG 2008, 753; OLG München 2.8.2018, NZA-RR 2019, 82 (83); HCL/*Paefgen* Rn. 503); ihr Fehlen führt aber zur 28

Unverbindlichkeit des Wettbewerbsverbots (BeckOK GmbHG/*Wisskirchen/Kuhn* § 6 Rn. 104). Im Rahmen der Vertragsfreiheit können die Parteien auch eine § 110 GewO nachgebildete Regelung in den Anstellungsvertrag aufnehmen und hierdurch die §§ 74 ff. HGB zum Vertragsinhalt erheben (BeckOK GmbHG/*Wisskirchen/Kuhn* § 6 Rn. 97; GBS GmbHG/*Buck-Heeb* Anh. § 6 Rn. 43; HCL/*Paefgen* Rn. 511).

29 Selbst ohne Vereinbarung eines nachträglichen Wettbewerbsverbots führt die Beendigung der Organstellung nicht vollständig zur Beendigung der Rücksichtnahmepflichten gegenüber der Gesellschaft, die insoweit eine Nachwirkung entfalten (GBS GmbHG/*Buck-Heeb* Anh. § 6 Rn. 43; Roth/Altmeppen/*Altmeppen* § 6 Rn. 99). Das betrifft insbesondere die Pflicht zur Verschwiegenheit über Betriebs- und Geschäftsgeheimnisse der Gesellschaft, die auch nach Beendigung der Organstellung bestehen bleibt (Baumbach/Hueck/*Beurskens* § 37 Rn. 93; → Rn. 19).

30 **dd) Herausgabe von Vorteilen.** Der Geschäftsführer hat wegen der Treuepflicht alle Vorteile an die Gesellschaft herauszugeben, die er aufgrund der Tätigkeit als Geschäftsführer für die Gesellschaft erlangt hat. Eine ausdrückliche normative Verankerung findet diese Verpflichtung in § 667 BGB, der auf geschäftsführende Organe auch ohne ausdrückliche gesetzliche Anordnung (s. zB § 27 Abs. 3 BGB) bei allen Körperschaften entsprechend anzuwenden ist. Zu den der Gesellschaft herauszugebenden Vorteilen zählen insbesondere vom Geschäftsführer vereinnahmte Provisionen (s. BGH 16.4.1975, NJW 1975, 1215 (1217); BGH 8.10.1975, GmbHR 1976, 12 (13)) sowie uU auch Schmiergelder (Baumbach/Hueck/*Beurskens* § 37 Rn. 79).

31 **ee) Umfang der geschuldeten Tätigkeit.** Die Treuepflicht prägt auch den Maßstab für die von dem Geschäftsführer zu leistende Tätigkeit für die Gesellschaft. Als Organwalter schuldet er nicht nur ein bestimmtes zeitlich bemessenes Quantum an Tätigkeit, sondern hat sich in vollem Umfang für die Geschäftsführung der Gesellschaft einzusetzen. Dementsprechend muss er aufgrund seiner Organstellung, seine gesamte Arbeitskraft für die GmbH einsetzen (Baumbach/Hueck/*Beurskens* § 37 Rn. 79; *Fleischer* NJW 2006, 3239 (3241)). Bei einer im Anstellungsvertrag festgelegten Arbeitszeit (→ Rn. 127) verpflichtet die organschaftliche Treuepflicht deshalb zur Leistung von Überstunden sowie zur Absage oder zum Verschieben eines geplanten Urlaubs (Baumbach/Hueck/*Beurskens* § 37 Rn. 79; *Fleischer* NJW 2006, 3239 (3241)). Da die Treuepflicht beiderseits besteht und auch die Gesellschaft zur Rücksichtnahme auf die Belange des Geschäftsführers verpflichtet ist (→ Rn. 18), trifft ihn die vorgenannte Pflicht jedoch nur in außergewöhnlichen Situationen.

32 **d) Weitere Pflichten.** Aufgrund ihrer Bestellung zum Organ der Gesellschaft treffen die Geschäftsführer diejenigen Pflichten, die das Gesetz den Geschäftsführern auferlegt. Hierzu zählen neben der Pflicht zur ordnungsgemäßen **Buchführung** sowie zur **Aufstellung des Jahresabschlusses** (§ 41 Abs. 1) die Pflicht zur **Stellung eines Insolvenzantrags,** wenn die Gesellschaft überschuldet oder zahlungsunfähig ist (§ 15a InsO) sowie die Festlegung einer **Zielgröße zum Frauenanteil** auf den beiden obersten Führungsebenen (§ 36). Analog § 666 BGB sind die Geschäftsführer der Gesellschaft zur **Auskunft** verpflichtet und haben analog § 667 BGB die während der Tätigkeit erhaltenen **Geschäftsunterlagen** nach Beendigung der Organstellung **herauszugeben** (s. BAG 14.12.2011, NZA 2012, 501 Rn. 17 ff.). Daneben besteht eine **Auskunftspflicht** gegenüber den Gesellschaftern (§ 51a). Ferner haben die Geschäftsführer die **Gesellschafterversammlung** einzuberufen (§ 49) sowie die nach dem GmbHG vorgesehenen **Anmeldungen** vorzunehmen (§ 78). Geregelt sind derartige Pflichten ua in § 7 Abs. 1 (Anmeldung der Gesellschaft), § 39 Abs. 1 (Änderungen in der Person der Geschäftsführer), § 54 Abs. 1 S. 1 (Änderungen des Gesellschaftsvertrages), § 57 Abs. 1 (Erhöhung des Stammkapitals) sowie § 58 Abs. 1 (Herabsetzung des Stammkapitals). Hinzu kommen besondere **Einreichungspflichten,** wie zB im Hinblick auf die Gesellschafterliste (§ 40) und den Jahresabschluss (§ 325 Abs. 1 HGB). Hat die Gesellschaft einen obligatorischen (mitbestimmten) Aufsichtsrat, haben die Geschäftsführer die Liste der Aufsichtsratsmitglieder zum Handelsregister einzureichen (§ 106 AktG iVm § 6 Abs. 2 MitbestG, § 1 Abs. 1 Nr. 3 DrittelbG). Darüber hinaus haben sie nach § 97 Abs. 1 AktG iVm § 27 EGAktG, § 6 Abs. 2 MitbestG, § 1 Abs. 1 Nr. 3 DrittelbG das **Statusverfahren** durch eine Bekanntmachung zur ordnungsgemäßen Zusammensetzung eines obligatorischen Aufsichtrats einzuleiten.

33 **e) Aufwendungsersatz und Vergütung. aa) Aufwendungsersatz.** Wegen der Fremdnützigkeit der Tätigkeit des Geschäftsführers hat dieser einen Anspruch auf Ersatz seiner Aufwendungen. Die in § 27 Abs. 3 BGB, § 713 BGB und § 110 HGB angeordnete entsprechende Anwendung des § 670 BGB bringt einen allg. Rechtsgedanken zum Ausdruck, der für den Geschäftsführer einer GmbH ebenfalls gilt (Baumbach/Hueck/*Beurskens* Rn. 96; GBS GmbHG/*Buck-Heeb* Anh. § 6 Rn. 85; HCL/*Paefgen* Rn. 471; Rowedder/Schmidt-Leithoff/*Baukelmann* Rn. 105; Scholz/*Hohenstatt* Rn. 396; iErg auch Roth/Altmeppen/*Altmeppen* § 6 Rn. 117; **aA** wohl MüKoGmbHG/*Stephan/Tieves* Rn. 87, die auf den Anstellungsvertrag verweisen).

34 Zu den Aufwendungen kann auch die **Verwendung der eigenen Arbeitskraft** zählen, wenn die entsprechende Tätigkeit nicht bereits aufgrund der Organstellung zu erbringen ist (BGH 7.3.1989,

NJW-RR 1989, 970). Erhält der Geschäftsführer für seine Tätigkeit eine gesonderte **Vergütung** (→ Rn. 36, → Rn. 129 ff.), ist durch Auslegung zu ermitteln, ob Aufwendungen des Geschäftsführers hierdurch abgegolten sind. **Geldstrafen** oder **Geldbußen** sind keine Aufwendungen iSd § 670 BGB und deshalb nicht zu erstatten (Baumbach/Hueck/*Beurskens* § 37 Rn. 96; BeckOK GmbHG/*Wisskirchen/Kuhn* § 6 Rn. 134; GBS GmbHG/*Buck-Heeb* Anh. § 6 Rn. 87; HCL/*Paefgen* Rn. 473; Scholz/*Hohenstatt* Rn. 398). Kein Anspruch auf Ersatz besteht ebenfalls hinsichtlich der **Beiträge für eine D&O-Versicherung** (Baumbach/Hueck/*Beurskens* § 37 Rn. 98).

35 Im Hinblick auf zu erwartende Aufwendungen kann der Geschäftsführer analog § 669 BGB einen **Vorschuss** beanspruchen bzw. hat gegen die Gesellschaft einen entsprechenden **Anspruch auf Freistellung** (§ 257 BGB). Soll er darüber hinaus im Hinblick auf andere Ansprüche Dritter von einer Inanspruchnahme freigestellt werden, dann bedarf es hierfür einer gesonderten Vereinbarung. Abreden, die den Geschäftsführer jedoch von **Ersatzansprüchen nach § 43** oder von **Bußgeldern** für vorsätzlich begangene Ordnungswidrigkeiten freistellen, sind unwirksam (Baumbach/Hueck/*Beurskens* § 37 Rn. 97; BeckOK GmbHG/*Wisskirchen/Kuhn* § 6 Rn. 134; Scholz/*Hohenstatt* Rn. 399). Bezüglich der **Beiträge für eine D&O-Versicherung** kann eine Übernahme durch die Gesellschaft vereinbart werden; ein **Selbstbehalt des Geschäftsführers** muss nicht vorgesehen werden, § 93 Abs. 2 S. 3 AktG findet keine sinngemäße Anwendung.

36 **bb) Vergütung.** Allein die Organstellung vermittelt dem Geschäftsführer grundsätzlich keinen Anspruch auf Vergütung für die der Gesellschaft erbrachte Tätigkeit (Baumbach/Hueck/*Beurskens* § 6 Rn. 53, § 37 Rn. 94). Eine unentgeltliche Tätigkeit des Geschäftsführers kommt insbesondere bei gemeinnützigen Gesellschaften sowie bei Gesellschafter-Geschäftsführern in Betracht, wenn deren Tätigkeit durch das Gewinnbezugsrecht abgegolten sein soll. Deshalb ist ein Vergütungsanspruch nur auf einer **separaten schuldrechtlichen Grundlage** anzuerkennen und ist idR Bestandteil des Anstellungsvertrags (→ Rn. 129 ff.). Besteht insbesondere beim **Fremdgeschäftsführer** Einvernehmen über die Entgeltlichkeit der Tätigkeit, so gilt bei fehlender Einigung zur Vergütungshöhe die übliche Vergütung als geschuldet (§ 612 BGB; → Rn. 129). Kommt es beim Fremdgeschäftsführer nicht zum Abschluss eines Anstellungsvertrags, so kann für die erbrachte Tätigkeit ein Bereicherungsanspruch zugunsten des Geschäftsführers bestehen (Baumbach/Hueck/*Beurskens* § 37 Rn. 94).

37 **4. Vertretung der Gesellschaft. a) Organschaftliche Vertretung. aa) Vertretung durch Geschäftsführer.** Ohne Vertreter wäre die GmbH als juristische Person nicht handlungsfähig. Deshalb wird diese im Rechtsverkehr durch die **Geschäftsführer** vertreten, die ein **notwendiges Handlungsorgan** der Gesellschaft sind (Hachenburg/*Mertens* Rn. 7). Diese handeln als Organ der Gesellschaft, sodass deren Vertretungsmacht rechtsdogmatisch zwischen der rechtsgeschäftlich und der gesetzlich begründeten Vertretungsmacht steht (MüKoBGB/*Schubert* § 164 Rn. 11 ff.). Ob bei Handlungen der Geschäftsführer ein Eigenhandeln vorliegt, das als Organhandeln der juristischen Person zugerechnet wird (hierfür vor allem *Flume* BGB AT I 2 377 ff.; ferner BeckOK GmbHG/*Wisskirchen/Kuhn* Rn. 4; Hachenburg/*Mertens* Rn. 42; Roth/Altmeppen/*Altmeppen* Rn. 7), ist umstritten. Die gegenteilige Ansicht bewertet die Organtätigkeit hingegen als Eigenhandeln der Gesellschaft (so Baumbach/Hueck/*Beurskens* Rn. 3; *Beuthien* NJW 1999, 1142 (1144); Bork/Schäfer/*Jacoby* Rn. 2; HCL/*Paefgen* Rn. 19; MüKoGmbHG/*Stephan/Tieves* Rn. 91).

38 Unabhängig von der dogmatischen Einordnung ist eine Delegation der organschaftlichen Vertretungsmacht auf Dritte rechtlich ausgeschlossen (Baumbach/Hueck/*Beurskens* Rn. 2; BeckOK GmbHG/*Wisskirchen/Kuhn* Rn. 5; Hachenburg/*Mertens* Rn. 7; HCL/*Paefgen* Rn. 20; MHLS/*Lenz* Rn. 10; MüKoGmbHG/*Stephan/Tieves* Rn. 92), der Geschäftsführer kann Dritten jedoch stets rechtsgeschäftliche Vertretungsmacht erteilen, die aber den Umfang der organschaftlichen Vertretungsmacht nicht erreichen darf (→ Rn. 47).

39 **bb) Vertretung durch Gesellschafter.** Den Gesellschaftern steht grundsätzlich keine organschaftliche Vertretungsmacht zu. Dies führt zu Friktionen, wenn die Gesellschaft keinen Geschäftsführer mehr hat, weil dieser zB abberufen wurde oder sein Amt niedergelegt hat und die Gesellschafterversammlung keinen neuen Geschäftsführer bestellt hat. Zwar verbleibt in dieser Konstellation die Möglichkeit, analog § 29 BGB einen Notgeschäftsführer zu bestellen (→ § 6 Rn. 64 ff.), bis zur ggf. gerichtlichen Bestellung eines neuen Geschäftsführers ist die Gesellschaft aber wegen des Fehlens eines Geschäftsführers führungslos. In dieser Phase könnten ihr gegenüber an sich keine Willenserklärungen abgegeben werden oder Schriftstücke zugestellt werden. Ausschließlich zur Beseitigung dieses Mankos begründet Abs. 1 S. 2 eine Empfangszuständigkeit der Gesellschafter, die hierfür die Gesellschaft vertreten (s. Begr. RegE, BT-Drs. 16/6140, 42; Baumbach/Hueck/*Beurskens* Rn. 32). Die durch das MoMiG (→ Rn. 3) in das Gesetz aufgenommene Regelung ist allerdings problematisch, da die Führungslosigkeit der Gesellschaft für Außenstehende uU nicht erkennbar ist, wenn die Begründung bzw. Beendigung der Organstellung rechtsunwirksam ist.

40 Für die **Aktivvertretung** bewirkt Abs. 1 S. 2 keine Änderung der früheren Rechtslage (s. BGH 25.10.2010, NZG 2011, 26; BFH 28.8.2012, BStBl. II 2003, 189 Rn. 12; OLG Karlsruhe 31.7.2013,

NZG 2013, 1177; BeckOK GmbHG/*Wisskirchen/Kuhn* Rn. 42; HCL/*Paefgen* Rn. 140; HK-GmbHG/*Lücke/Simon* Rn. 42; MüKoGmbHG/*Stephan/Tieves* Rn. 246; Roth/Altmeppen/*Altmeppen* Rn. 30; Scholz/*U. H. Schneider/S. H. Schneider* Rn. 77); im Fall der Führungslosigkeit ist die Gesellschaft erst mit der Bestellung eines neuen Geschäftsführers oder eines Notgeschäftsführers organschaftlich vertreten (BGH 25.10.2010, NZG 2011, 26 (27); Baumbach/Hueck/*Beurskens* Rn. 32; BeckOK GmbHG/*Wisskirchen/Kuhn* Rn. 42; MüKoGmbHG/*Stephan/Tieves* Rn. 246). Aufgegriffen wird Abs. 2 S. 1 in der InsO; mit Eintritt der Führungslosigkeit ist jeder Gesellschafter zur Stellung des Insolvenzantrags berechtigt (§ 15 Abs. 1 InsO) bzw. verpflichtet (§ 15 Abs. 3 InsO).

41 Voraussetzung für die Empfangszuständigkeit der Gesellschafter ist die **Führungslosigkeit der Gesellschaft,** die nach der Legaldefinition in Abs. 1 S. 2 ausschließlich dann vorliegt, wenn die Gesellschaft nicht durch einen rechtswirksam bestellten Geschäftsführer vertreten wird. Dies ist – wie sich aus § 69 Abs. 1 ergibt – nicht bereits der Fall, wenn für die Gesellschaft ein Liquidator bestellt wird (Baumbach/Hueck/*Beurskens* Rn. 29; HCL/*Paefgen* Rn. 131; Lutter/Hommelhoff/*Kleindiek* Rn. 44; Scholz/*U. H. Schneider/S. H. Schneider* Rn. 75). Da die Führungslosigkeit der Gesellschaft an die Existenz eines organschaftlichen Vertreters anknüpft, genügt es nicht, wenn ein rechtswirksam bestellter Geschäftsführer handlungsunfähig (zB Auslandsaufenthalt, Krankheit) oder handlungsunwillig ist (Baumbach/Hueck/*Beurskens* Rn. 29; BeckOK GmbHG/*Wisskirchen/Kuhn* Rn. 41; Bork/Schäfer/*Jacoby* Rn. 44 f.; HCL/*Paefgen* Rn. 134; Lutter/Hommelhoff/*Kleindiek* Rn. 44; MüKoGmbHG/*Stephan/Tieves* Rn. 240; Roth/Altmeppen/*Altmeppen* Rn. 10; Scholz/*U. H. Schneider/S. H. Schneider* Rn. 74; **aA** *Passarge* GmbHR 2010, 295 (297 ff.), der es ausreichen lässt, wenn der Geschäftsführer handlungsunwillig oder unerreichbar ist; idS auch HK-GmbHG/*Lücke/Simon* Rn. 42).

42 Der **Grund für die Führungslosigkeit** ist unerheblich, diese kann insbesondere nachträglich zB infolge Abberufung, Amtsniederlegung oder Tod entstanden sein (MüKoGmbHG/*Stephan/Tieves* Rn. 240; Roth/Altmeppen/*Altmeppen* Rn. 10; Scholz/*U. H. Schneider/S. H. Schneider* Rn. 73). Führungslosigkeit liegt aber auch vor, wenn bereits eine rechtswirksame Bestellung fehlt, mag auch eine Person faktisch als Geschäftsführer tätig geworden sein (Baumbach/Hueck/*Beurskens* Rn. 29; BeckOK GmbHG/*Wisskirchen/Kuhn* Rn. 41; Lutter/Hommelhoff/*Kleindiek* Rn. 44; MüKoGmbHG/*Stephan/Tieves* Rn. 240; Roth/Altmeppen/*Altmeppen* Rn. 10; Scholz/*U. H. Schneider/S. H. Schneider* Rn. 75). Ob die Gesellschafter von der Führungslosigkeit der Gesellschaft **Kenntnis** haben, ist wegen des Zwecks der Norm für die Anwendung von Abs. 1 S. 2 unerheblich (Begr. RegE, BT-Drs. 16/6140, 42; Baumbach/Hueck/*Beurskens* Rn. 29 aE; BeckOK GmbHG/*Wisskirchen/Kuhn* Rn. 41; HCL/*Paefgen* Rn. 139; Roth/Altmeppen/*Altmeppen* Rn. 11; Scholz/*U. H. Schneider/S. H. Schneider* Rn. 76). Ebenso können die Gesellschafter die gesetzliche Empfangszuständigkeit **nicht** abweichend von Abs. 2 S. 1 **auf Dritte delegieren** (Roth/Altmeppen/*Altmeppen* Rn. 11). Insofern gelten keine anderen Grundsätze als für die organschaftliche Vertretungsmacht der Geschäftsführer (→ Rn. 38).

43 Liegen die Voraussetzungen für die Anwendung von Abs. 1 S. 2 vor, begründet die Vorschrift eine **Empfangszuständigkeit** der Gesellschafter. Damit ist **jeder einzelne Gesellschafter** zum Empfang von Willenserklärungen und zur Entgegennahme von Schriftstücken zuständig (HCL/*Paefgen* Rn. 147; Lutter/Hommelhoff/*Kleindiek* Rn. 45; MüKoGmbHG/*Stephan/Tieves* Rn. 242; Roth/Altmeppen/*Altmeppen* Rn. 30). Die Zustellung muss nicht an alle Gesellschafter erfolgen, sondern der für den Empfang in Aussicht genommene Gesellschafter kann beliebig ausgewählt werden (Baumbach/Hueck/*Beurskens* Rn. 52; BeckOK GmbHG/*Wisskirchen/Kuhn* Rn. 41). Das ergibt sich aus Abs. 2 S. 2, der – im Unterschied zu § 35 Abs. 2 S. 3 aF – nicht auf den Geschäftsführer, sondern auf den „Vertreter der Gesellschaft nach Abs. 1" abstellt (→ Rn. 72). **Gesellschafter** iSd Vorschrift sind zunächst diejenigen, die tatsächlich Inhaber eines Geschäftsanteils sind, selbst wenn sie (noch) nicht in der Gesellschafterliste (§ 40) genannt sind (Baumbach/Hueck/*Beurskens* Rn. 30; Bork/Schäfer/*Jacoby* Rn. 48; HCL/*Paefgen* Rn. 144; MüKoGmbHG/*Stephan/Tieves* Rn. 244; Scholz/*U. H. Schneider/S. H. Schneider* Rn. 79). Darüber hinaus sind aufgrund des Zwecks der Gesellschafterliste diejenigen Personen Gesellschaftern gleichzustellen, die in der Gesellschafterliste genannt sind, denen jedoch materiellrechtlich diese Rechtsstellung fehlt (Bork/Schäfer/*Jacoby* Rn. 48; HCL/*Paefgen* Rn. 144; MüKoGmbHG/*Stephan/Tieves* Rn. 244; Scholz/*U. H. Schneider/S. H. Schneider* Rn. 79).

44 Abgesehen von dem Sonderfall in Abs. 1 S. 2 vertreten die Gesellschafter die Gesellschaft zudem bei Rechtshandlungen, die – vorbehaltlich abweichender Regelung im Gesellschaftsvertrag – in § 46 aufgezählt sind. Hierzu zählt insbesondere die Bestellung der Geschäftsführer (§ 46 Nr. 5) sowie die Geltendmachung von Ersatzansprüchen gegen den Geschäftsführer und die Vertretung der Gesellschaft in Prozessen mit dem Geschäftsführer (§ 46 Nr. 8). Fasst die Gesellschafterversammlung hierüber einen Beschluss, kann die Gesellschafterversammlung einen Gesellschafter mit der Ausführung (Kundgabe) des Beschlusses beauftragen; dieser handelt nicht als Vertreter im Willen, sondern als Vertreter in der Erklärung (allg. MüKoBGB/*Schubert* § 164 Rn. 68).

45 **cc) Vertretung durch andere Organe.** Andere Organe der Gesellschaft sind nur dann vertretungsberechtigt, wenn das Gesetz dies vorsieht. Das gilt insbesondere für einen fakultativ oder obligatorisch gebildeten Aufsichtsrat, der die Gesellschaft nach § 52 Abs. 1 iVm § 112 AktG gegenüber den Ge-

schäftsführern vertritt. Bei einem fakultativen Aufsichtsrat kann der Gesellschaftsvertrag jedoch eine von § 112 AktG abweichende Regelung treffen (§ 52 Abs. 1 S. 2) und es zB bei der Vertretungszuständigkeit der Gesellschafterversammlung (§ 46 Nr. 8) belassen.

b) Rechtsgeschäftliche Vertretung. Für die Vertretung im Rechtsverkehr ist die Gesellschaft durch die organschaftliche Vertretung nicht in ihrer Fähigkeit beschränkt, Dritten mittels Rechtsgeschäfts Vertretungsmacht zu erteilen. Das gilt – wie § 46 Nr. 7 zeigt – insbesondere für die **Prokura** (§§ 48 ff. HGB) sowie die **Handlungsvollmacht** (§ 54 HGB). Zur Begründung einer rechtsgeschäftlichen Vertretungsmacht ist stets der Geschäftsführer nach § 35 Abs. 1 S. 1 berechtigt (Baumbach/Hueck/*Beurskens* Rn. 7, 26; BeckOK GmbHG/*Wisskirchen/Kuhn* Rn. 9; Hachenburg/*Mertens* Rn. 45; Lutter/Hommelhoff/*Kleindiek* Rn. 10; MüKoGmbHG/*Stephan/Tieves* Rn. 104), die Zuständigkeit der Gesellschafterversammlung nach § 46 Nr. 7 betrifft ausschließlich das Innenverhältnis (OLG Düsseldorf 25.2.1998, NJW-RR 1999, 107 (108); Baumbach/Hueck/*Beurskens* Rn. 26; Lutter/Hommelhoff/*Kleindiek* Rn. 10; MüKoGmbHG/*Stephan/Tieves* Rn. 104; Roth/Altmeppen/*Altmeppen* Rn. 14 sowie → § 46 Rn. 34). 46

Grundsätzlich kann Dritten auch eine **rechtsgeschäftliche Vollmacht** erteilt werden, sofern diese – wie bei der **Generalvollmacht** – dem Bevollmächtigten keine dem Geschäftsführer vergleichbare Vertretungsmacht verschaffen soll (BGH 18.7.2002, NZG 2002, 813 (814); BeckOK GmbHG/*Wisskirchen/Kuhn* Rn. 8; Hachenburg/*Mertens* Rn. 103; Lutter/Hommelhoff/*Kleindiek* Rn. 2; MüKoGmbHG/*Stephan/Tieves* Rn. 237; Roth/Altmeppen/*Altmeppen* Rn. 15; Rowedder/Schmidt-Leithoff/*Baukelmann* Rn. 9; Scholz/*U. H. Schneider/S. H. Schneider* Rn. 18 f.; **aA** Baumbach/Hueck/*Beurskens* Rn. 26; *Hübner* ZHR 143 (1979), 1 ff.; krit. auch *Wandt/Herold* NZG 2020, 201 (205 ff.)). Allerdings ist eine derartige Vollmacht idR in eine Prokura oder Handlungsvollmacht umzudeuten (s. BGH 18.7.2002, NZG 2002, 813 (814)). Eine rechtsgeschäftliche Vertretungsmacht kann jedoch solchen Personen nicht eingeräumt werden, die bereits organschaftlicher Vertreter der Gesellschaft sind (allgM, s. Baumbach/Hueck/*Beurskens* Rn. 3; HCL/*Paefgen* Rn. 44; Scholz/*U. H. Schneider/S. H. Schneider* Rn. 17). 47

c) Umfang der Vertretungsmacht. Die Vertretungsmacht der Geschäftsführer umfasst die gerichtliche und außergerichtliche Vertretung der Gesellschaft, um ihr die für die Verfolgung des Gesellschaftszwecks notwendige Handlungsfähigkeit zu verleihen. Deshalb erstreckt sich die Vertretungsmacht der Geschäftsführer grundsätzlich auf alle Rechtshandlungen, bei denen eine Vertretung rechtlich zulässig ist und durch die die Geschäfte der Gesellschaft geführt werden. Die aktive und passive Vertretung der Gesellschaft umfasst nicht nur Willenserklärungen, sondern gilt auch für geschäftsähnliche Handlungen (Baumbach/Hueck/*Beurskens* Rn. 5; HCL/*Paefgen* Rn. 45; Lutter/Hommelhoff/*Kleindiek* Rn. 9; MüKoGmbHG/*Stephan/Tieves* Rn. 95). 48

Unerheblich ist, ob die Rechtshandlung inhaltlich der **tatsächlichen Geschäftstätigkeit** oder dem im Gesellschaftsvertrag festgelegten **Gegenstand des Unternehmens** (§ 3 Abs. 1 Nr. 2) zuzuordnen ist (Hachenburg/*Mertens* Rn. 47; Lutter/Hommelhoff/*Kleindiek* Rn. 9). Aus Gründen des Verkehrsschutzes hat das Gesetz bewusst von einer derartigen Einschränkung iSe *ultra vires*-Doktrin abgesehen. Ebenfalls zum Schutz des Rechtsverkehrs erklärt § 37 Abs. 2 S. 1 Beschränkungen der Vertretungsmacht, die im Innenverhältnis zwischen Gesellschaft und Geschäftsführer getroffen werden, Dritten gegenüber für unverbindlich (→ § 37 Rn. 20 ff.). Damit reicht die Vertretungsmacht der Geschäftsführer weiter als bei der Prokura und erst recht bei der Handlungsvollmacht, die jeweils auf Rechtsgeschäfte iR eines Handelsgewerbes (Prokura) bzw. des konkreten Handelsgewerbes (Handlungsvollmacht) beschränkt ist. Wie bei der Prokura und der Handlungsvollmacht findet auch die Vertretungsmacht der Geschäftsführer ihre Schranke in den allgemeinen Grundsätzen zum **Missbrauch der Vertretungsmacht** (→ § 37 Rn. 23 ff.). 49

Die Vertretungsmacht der Geschäftsführer umfasst auch die **prozessuale Vertretung der Gesellschaft.** Das ergibt sich unmittelbar aus Abs. 1 S. 1, der die gerichtliche Vertretung der Gesellschaft ausdrücklich benennt. Damit ist der Geschäftsführer im Prozess stets **Partei** und als solche im Prozessrecht zu behandeln (Baumbach/Hueck/*Beurskens* Rn. 14; BeckOK GmbHG/*Wisskirchen/Kuhn* Rn. 34; MüKoZPO/*Lindacher* ZPO §§ 51, 52 Rn. 31), insbesondere kann er abgesehen von § 455 Abs. 2 ZPO nicht als Zeuge vernommen, sondern nur als Partei angehört werden (Hachenburg/*Mertens* Rn. 69; Lutter/Hommelhoff/*Kleindiek* Rn. 15; MüKoGmbHG/*Stephan/Tieves* Rn. 114; Scholz/*U. H. Schneider/S. H. Schneider* Rn. 212). Ebenso trifft ihn die Anordnung des **persönlichen Erscheinens** (§ 141 ZPO; MüKoZPO/*Lindacher* ZPO §§ 51, 52 Rn. 31; Scholz/*U. H. Schneider/S. H. Schneider* Rn. 211); ein **Ordnungsgeld** wegen unentschuldigten Fernbleibens ist jedoch nicht gegen den Geschäftsführer, sondern gegen die GmbH zu verhängen (LAG Schleswig-Holstein 18.2.2015, BeckRS 2015, 67272 mwN; Scholz/*U. H. Schneider/S. H. Schneider* Rn. 211; **aA** Baumbach/Hueck/*Beurskens* Rn. 14). Eine Ausnahme gilt lediglich, wenn die Gesellschaft im Prozess durch ein anderes Organ vertreten wird (s. § 46 Nr. 8 sowie § 52 Abs. 1 S. 1 iVm § 112 AktG). Mit dieser Einschränkung ist der Geschäftsführer im Zwangsvollstreckungsverfahren Adressat etwaiger Ordnungsmittel (§§ 888, 890 ZPO), sodass eine angedrohte Zwangs- oder Ordnungshaft an ihm zu vollstrecken ist (Baumbach/Hueck/*Beurskens* 50

Rn. 16; BeckOK GmbHG/*Wisskirchen/Kuhn* Rn. 35; MHLS/*Lenz* Rn. 41). Wegen Abs. 1 S. 1 sind die Geschäftsführer ferner als **„gesetzlicher Vertreter"** iSd ZPO zu behandeln (MüKoZPO/*Lindacher* ZPO §§ 51, 52 Rn. 23); **Zustellungen** haben an sie zu erfolgen (§ 170 Abs. 1 ZPO; Baumbach/Hueck/*Beurskens* Rn. 13), müssen aber wegen § 177 ZPO nicht zwingend am Sitz der Gesellschaft oder am Ort ihrer Geschäftsräume erfolgen. Eine Zustellung am Wohnsitz des Geschäftsführers genügt. **Eidesstattliche Versicherungen** für die Gesellschaft sind durch die Geschäftsführer abzugeben (OLG Hamm 8.5.1984, GmbHR 1984, 318 (319); Hachenburg/*Mertens* Rn. 72; Lutter/Hommelhoff/*Kleindiek* Rn. 14; MHLS/*Lenz* Rn. 41; MüKoGmbHG/*Stephan/Tieves* Rn. 116; Roth/Altmeppen/*Altmeppen* Rn. 28; Scholz/*U. H. Schneider/S. H. Schneider* Rn. 211).

51 Wie bei der Prokura erfordert der Zweck der Vertretungsmacht deren teleologische Reduktion bezüglich solcher Rechtshandlungen, die die **Grundlagen** und die **Organisation der Gesellschaft** betreffen (zB Änderungen des Gesellschaftsvertrags, Aufnahme neuer Gesellschafter). Diese beziehen sich ausschließlich auf das Innenverhältnis der Gesellschaft, sodass das Außenverhältnis der Gesellschaft, auf das Abs. 1 S. 1 abzielt, nicht betroffen ist (im Grundsatz allgM, s. Baumbach/Hueck/*Beurskens* Rn. 18; BeckOK GmbHG/*Wisskirchen/Kuhn* Rn. 12; MHLS/*Lenz* Rn. 37 f.; MüKoGmbHG/*Stephan/Tieves* Rn. 98). Diese Einschränkung gilt nicht für Rechtsgeschäfte, die die GmbH mit einzelnen Gesellschaftern abschließt. In dieser Konstellation tritt die Gesellschaft diesen wie jedem Dritten gegenüber, sodass die Vertretungsmacht der Geschäftsführer sinnvoll und notwendig ist (Baumbach/Hueck/*Beurskens* Rn. 18; Lutter/Hommelhoff/*Kleindiek* Rn. 10; MüKoGmbHG/*Stephan/Tieves* Rn. 97). Allerdings haben Beschränkungen im Innenverhältnis in derartigen Fällen über die Lehre vom Missbrauch der Vertretungsmacht eine stärkere Bedeutung, da den Beteiligten das Überschreiten der im Innenverhältnis gesetzten Schranken bekannt ist (→ § 37 Rn. 23 ff.).

52 Die Außenbeziehungen der Gesellschaft sind auch betroffen, wenn für die Gesellschaft **Beteiligungen an anderen Gesellschaften** erworben oder veräußert werden bzw. Rechte aus derartigen Beteiligungen geltend gemacht werden; in diesen Fällen vertreten die Geschäftsführer die Gesellschaft nach Abs. 1 S. 1 (Baumbach/Hueck/*Beurskens* Rn. 9; BeckOK GmbHG/*Wisskirchen/Kuhn* Rn. 20; Lutter/Hommelhoff/*Kleindiek* Rn. 10; MHLS/*Lenz* Rn. 39; MüKoGmbHG/*Stephan/Tieves* Rn. 110; Roth/Altmeppen/*Altmeppen* Rn. 22 f.). Entsprechendes gilt für die Errichtung bzw. Auflösung einer stillen Gesellschaft die mit der GmbH gebildet wird (s. BGH 26.10.1978, DB 1979, 644) sowie den Abschluss von **Unternehmensverträgen** (Baumbach/Hueck/*Beurskens* Rn. 11; MüKoGmbHG/*Stephan/Tieves* Rn. 106), selbst wenn deren Rechtswirksamkeit einen zustimmenden Beschluss der Gesellschafterversammlung erfordert (so BGH 24.10.1988, BGHZ 105, 324 (332) = NJW 1989, 295; BGH 19.7.2019, NZG 2019, 1149 Rn. 17 sowie → Anh. § 13 Rn. 68 ff.).

53 Darüber hinaus fehlt den Geschäftsführern die Vertretungsmacht, wenn die Vornahme des Rechtsgeschäfts in den **Kompetenzbereich eines anderen Organs** der Gesellschaft fällt (Hachenburg/*Mertens* Rn. 48). Dies ist zB bezüglich des Anstellungsvertrags zwischen der Gesellschaft und dem Geschäftsführer der Fall, da dieser als Annex zu dem organschaftlichen Bestellungs- bzw. Abberufungsakt in die Kompetenz der Gesellschafterversammlung (§ 46 Nr. 5; → Rn. 98) bzw. des Aufsichtsrats (§ 52 Abs. 1 S. 1) fällt.

54 Bei **führungslosen Gesellschaften** (→ Rn. 41) bewirkt die durch Abs. 1 S. 2 begründete Vertretungsmacht für die Gesellschafter keine mit Abs. 1 S. 1 vergleichbare Vertretungsmacht, sondern lediglich eine Empfangszuständigkeit (OLG Dresden 29.5.2020, BeckRS 2020, 13961; → Rn. 43). Rechtsgeschäftliche Erklärungen können der Gesellschaft deshalb über den Gesellschafter zugehen. Ebenso sind die Gesellschafter für den Empfang prozessualer Schriftstücke zuständig. Zustellungen haben im Fall der Führungslosigkeit an die Gesellschafter zu erfolgen, die insoweit Einzelvertretungsmacht haben (→ Rn. 43). Für alle anderen gerichtlichen und außergerichtlichen Rechtshandlungen haben die Gesellschafter jedoch einen neuen Geschäftsführer zu berufen bzw. analog § 29 BGB einen Notgeschäftsführer zu bestellen (BGH 25.10.2010, NZG 2011, 26 (27); Baumbach/Hueck/*Beurskens* Rn. 33; BeckOK GmbHG/*Wisskirchen/Kuhn* Rn. 42; HCL/*Paefgen* Rn. 137; Roth/Altmeppen/*Altmeppen* Rn. 30). Steht die Gesellschaft in einem Prozess auf der Passivseite, kommt auch die Bestellung eines Prozesspflegers (§ 57 ZPO) in Betracht (OLG Dresden 29.5.2020, BeckRS 2020, 13961; Baumbach/Hueck/*Beurskens* Rn. 33; HCL/*Paefgen* Rn. 138; MüKoGmbHG/*Stephan/Tieves* Rn. 247), da die Gesellschafter wegen der fehlenden Aktivvertretung (→ Rn. 40) keine gesetzlichen Vertreter iSd § 51 ZPO sind (BGH 25.10.2010, NZG 2011, 26 (27); OLG Karlsruhe 31.7.2013, NZG 2013, 1177; HCL/*Paefgen* Rn. 138; HK-GmbHG/*Lücke/Simon* Rn. 42; Roth/Altmeppen/*Altmeppen* Rn. 30).

55 **d) Auftreten für die Gesellschaft.** Ungeachtet der Besonderheiten einer organschaftlichen Vertretungsmacht (→ Rn. 34) gelangen auf das Handeln der Geschäftsführer die **allgemeinen Grundsätze der Stellvertretung,** insbesondere § 164 BGB, zur Anwendung. Auch der Geschäftsführer der GmbH muss bei Erklärungen gegenüber Dritten zu erkennen geben, ob er diese im eigenen Namen oder namens der Gesellschaft abgibt. Das **Offenkundigkeitsprinzip** gilt wegen § 164 BGB auch für die organschaftliche Vertretung durch die Geschäftsführer (Baumbach/Hueck/*Beurskens* Rn. 20; BeckOK GmbHG/*Wisskirchen/Kuhn* Rn. 43; Hachenburg/*Mertens* Rn. 44; HCL/*Paefgen* Rn. 50; Lutter/

Hommelhoff/*Kleindiek* Rn. 5, 7; Roth/Altmeppen/*Altmeppen* Rn. 31; Scholz/*U. H. Schneider/S. H. Schneider* Rn. 24a). Dies brachten § 35 Abs. 2 S. 1 und Abs. 3 aF sowie § 36 aF noch *expressis verbis* zum Ausdruck. Infolge der Aufhebung der vorgenannten Vorschriften durch das MoMiG (→ Rn. 3) richten sich die Anforderungen an die Offenkundigkeit des Vertreterhandelns seitdem ausschließlich nach den allgemeinen bürgerlich-rechtlichen Vorschriften (§§ 164 ff. BGB; Begr. RegE, BT-Drs. 16/6140, 43).

Die Gesellschaft wird durch das Handeln des Geschäftsführers deshalb nur berechtigt und verpflichtet, 56 wenn sein Wille für die GmbH zu handeln ggf. aus den Umständen erkennbar wird (OLG Karlsruhe 25.9.2018, NJW-RR 2018, 1308). Insofern gelten keine anderen Grundsätze als zu § 36 aF (s. Lutter/Hommelhoff/*Kleindiek* Rn. 5). Aus diesem Grunde können die Geschäftsführer ihren Willen zur Vertretung der Gesellschaft unverändert dadurch zum Ausdruck bringen, dass sie mit der **Firma** und der **Namensunterschrift** zeichnen (Roth/Altmeppen/*Altmeppen* Rn. 30). Auf die exakte Bezeichnung des Wortlauts der Firma kommt es nicht an, solange für den Erklärungsempfänger hinreichend erkennbar ist, dass der Geschäftsführer nicht im eigenen Namen, sondern für die von ihm vertretene GmbH handelt (BeckOK GmbHG/*Wisskirchen/Kuhn* Rn. 46; Lutter/Hommelhoff/*Kleindiek* Rn. 7). Deshalb ist es für ein Handeln im fremden Namen auch nicht erforderlich, dass der Rechtsformzusatz korrekt angegeben wird; ggf. kommt jedoch eine Haftung nach Rechtsscheingrundsätzen in Betracht (→ HGB § 19 Rn. 8). Die alleinige Namensunterschrift ohne Vertretungszusatz reicht nur dann aus, wenn weitere Umstände hinzutreten, aus denen für den Dritten ersichtlich ist, dass das Geschäft mit der Gesellschaft abgeschlossen wird, wie zB bei einem für betriebliche Zwecke der GmbH bestimmten Darlehen (OLG Karlsruhe 25.9.2018, NJW-RR 2018, 1308). Bei Erklärungen, die der **Schriftform** bedürfen, muss der Wille zur Vertretung jedoch in der Urkunde selbst einen Anklang gefunden haben (Andeutungstheorie). Deshalb reicht die alleinige Namensunterschrift unter einem Wechsel oder Scheck nicht aus, um eine Verbindlichkeit der GmbH entstehen zu lassen (BGH 13.6.1977, NJW 1977, 1633 (1633 f.); OLG Brandenburg 11.2.1998, NJW-RR 1999, 417 (418)).

Vertritt der Erklärende **mehrere Gesellschaften als Geschäftsführer,** ist die Rechtslage zweifel- 57 haft, wenn er nicht hinreichend deutlich zu erkennen gibt, für welche Gesellschaft er handelt. Solange für den Erklärungsempfänger ausreichend ersichtlich ist, dass der Geschäftsführer die Erklärung nicht im eigenen Namen, sondern für einen Dritten abgibt, ist die Annahme eines Eigengeschäfts verfehlt, da auch der Dritte erkennen kann, dass die Rechtswirkungen nicht in der Person des Erklärenden eintreten sollen. Die besseren Gründe sprechen deshalb dafür, die Rechtswirkungen der Erklärung in derartigen Konstellationen bei den vom Geschäftsführer vertretenen Gesellschaften eintreten zu lassen (Hachenburg/*Mertens* Rn. 44; Roth/Altmeppen/*Altmeppen* Rn. 33; abw. Baumbach/Hueck/*Beurskens* Rn. 23).

Die allgemeinen bürgerlich-rechtlichen Grundsätze gelangen auch zur Anwendung, wenn der Erklä- 58 rende zwar für die Gesellschaft auftritt, ihm hierzu aber die notwendige (organschaftliche) **Vertretungsmacht fehlt** (Roth/Altmeppen/*Altmeppen* Rn. 37). In diesem Fall haftet der Erklärende nach § 179 BGB, sofern die Gesellschaft nicht das Handeln des als Geschäftsführer Agierenden genehmigt (§ 177 BGB), ggf. kann der Erklärende die Genehmigung auch selbst erteilen, wenn er zu einem späteren Zeitpunkt rechtswirksam zum Geschäftsführer bestellt worden ist (Roth/Altmeppen/*Altmeppen* Rn. 42). Das gilt ebenfalls, wenn die Bestellung zum Geschäftsführer rechtsunwirksam war, der fehlerhaft Bestellte gleichwohl im Rechtsverkehr als Geschäftsführer der Gesellschaft auftrat. In derartigen Fällen kommt eine Inanspruchnahme der Gesellschaft jedoch nach den Grundsätzen der Anscheins- oder Duldungsvollmacht in Betracht.

e) Gesamtvertretung (Abs. 2). aa) Gesetzliches Grundmodell. Solange für die Gesellschaft 59 lediglich ein Geschäftsführer bestellt ist, hat dieser Einzelvertretungsmacht. Anders ist dies, wenn zwei oder mehr Personen Geschäftsführer sind. Für diesen Fall legt Abs. 2 S. 1 die Gesamtvertretungsmacht aller Geschäftsführer fest, sofern der Gesellschaftsvertrag keine abweichende Regelung trifft. Zur **Einzelvertretungsmacht** kommt es in diesem Fall nur, wenn nachfolgend alle Geschäftsführer bis auf einen zB infolge Tod oder Abberufung wegfallen (BGH 4.5.2007, NZG 2007, 595; Baumbach/Hueck/*Beurskens* Rn. 35; BeckOK GmbHG/*Wisskirchen/Kuhn* Rn. 49; Lutter/Hommelhoff/*Kleindiek* Rn. 26; MHLS/*Lenz* Rn. 50; Roth/Altmeppen/*Altmeppen* Rn. 43). Entsprechendes gilt bei einem späteren Wegfall der unbeschränkten Geschäftsfähigkeit (MHLS/*Lenz* Rn. 51; Roth/Altmeppen/*Altmeppen* Rn. 44; s. näher *Blasche* GmbHR 2017, 123 (124 ff.)), da der Geschäftsführer hierdurch seine Amtsstellung *ipso iure* verliert (→ § 6 Rn. 38). Die bloße Verhinderung eines der Geschäftsführer genügt hierfür jedoch nicht, die Gesamtvertretung bleibt in diesem Fall bestehen (BGH 12.12.1960, BGHZ 34, 27 (29); Baumbach/Hueck/*Beurskens* Rn. 35; BeckOK GmbHG/*Wisskirchen/Kuhn* Rn. 49; Lutter/Hommelhoff/*Kleindiek* Rn. 26; Roth/Altmeppen/*Altmeppen* Rn. 44). Wollen die Gesellschafter das Entstehen einer Einzelvertretungsmacht verhindern, so bedarf dies einer Bestimmung im Gesellschaftsvertrag (→ Rn. 60).

bb) Gesellschaftsvertrag. Abweichungen von dem Grundsatz der Gesamtvertretung lässt Abs. 2 S. 1 60 ausdrücklich zu, verlangt hierfür jedoch eine Regelung im Gesellschaftsvertrag, die stets Vorrang gegenüber dem gesetzlichen Regelfall der Gesamtvertretung hat. Da Abs. 2 S. 1 ausdrücklich eine Festlegung im Gesellschaftsvertrag verlangt, reicht weder ein Beschluss der Gesellschafterversammlung noch ein solcher der Geschäftsführer aus (s. OLG München 25.7.2017, NZG 2017, 1428).

61 Eine von Abs. 2 S. 1 abweichende Regelung liegt allerdings schon dann vor, wenn der Gesellschaftsvertrag ein anderes Organ der Gesellschaft (Gesellschafterversammlung, Aufsichtsrat) zur Vertretung ermächtigt (BGH 19.6.1975, NJW 1975, 1741; Baumbach/Hueck/*Beurskens* Rn. 44; HCL/*Paefgen* Rn. 97; Roth/Altmeppen/*Altmeppen* Rn. 46). Umstritten ist hingegen, ob hierzu auch die Geschäftsführer ermächtigt werden können (hierfür zB Hachenburg/*Mertens* Rn. 242; MHLS/*Lenz* Rn. 53; Scholz/*U. H. Schneider/S. H. Schneider* Rn. 106; **aA** Baumbach/Hueck/*Beurskens* Rn. 44; Lutter/Hommelhoff/*Kleindiek* Rn. 37; Roth/Altmeppen/*Altmeppen* Rn. 46).

62 Legt der Gesellschaftsvertrag eine **bestimmte Anzahl von Geschäftsführern** fest, dann gelten die Grundsätze in → Rn. 59. Wird die nach dem Gesellschaftsvertrag notwendige Zahl der Geschäftsführer (→ § 6 Rn. 7 ff.) nicht erreicht, verbleibt es bei der Gesamtvertretung. Ausschließlich in dem Fall, in dem lediglich ein Geschäftsführer bestellt worden ist, besteht für ihn Einzelvertretungsmacht (BGH 4.5.2007, NZG 2007, 595; HCL/*Paefgen* Rn. 106; Roth/Altmeppen/*Altmeppen* Rn. 43; **aA** Scholz/*U. H. Schneider/S. H. Schneider* Rn. 119). Etwas Anderes gilt nur, wenn der Gesellschaftsvertrag nicht nur mehrere Geschäftsführer vorsieht, sondern für diese auch die Gesamtvertretung verbindlich festlegt. Indirekt liegt hierin ein Ausschluss der Einzelvertretungsmacht, sodass die Gesellschaft beim Vorhandensein lediglich eines Geschäftsführers ohne organschaftliche Vertretung ist (Lutter/Hommelhoff/*Kleindiek* Rn. 38; MHLS/*Lenz* Rn. 56; Roth/Altmeppen/*Altmeppen* Rn. 48; Scholz/*U. H. Schneider/S. H. Schneider* Rn. 119; **aA** HCL/*Paefgen* Rn. 106: stets Einzelvertretungsmacht) und ggf. ein Prozesspfleger (§ 57 ZPO) zu bestellen ist.

63 Im Übrigen kann der Gesellschaftsvertrag vorsehen, dass jeder Geschäftsführer einzeln zur Vertretung berechtigt ist **(Einzelvertretungsmacht);** die verbreitete Kennzeichnung als „Alleinvertretungsbefugnis" ist zwar missverständlich, gleichwohl aber eintragungsfähig (BGH 19.3.2007, NJW 2007, 3287 (3288); ferner OLG Zweibrücken 20.3.2013, NZG 2013, 1069 f.). Zulässig sind darüber hinaus **Kombinationen von Einzelvertretung und Gesamtvertretung.** So kann zB einem von mehreren Geschäftsführern Einzelvertretungsmacht eingeräumt werden, während es für die anderen Geschäftsführer bei der Gesamtvertretung bleibt (s. Baumbach/Hueck/*Beurskens* Rn. 47; Hachenburg/*Mertens* Rn. 79; Lutter/Hommelhoff/*Kleindiek* Rn. 36; MHLS/*Lenz* Rn. 58).

64 Mit § 37 Abs. 2 S. 1 sind jedoch Gestaltungen unvereinbar, die Kombinationen von Einzel- und Gesamtvertretung mit dem Gegenstand des jeweiligen Rechtsgeschäfts verknüpfen (Lutter/Hommelhoff/*Kleindiek* Rn. 36). Nicht von Abs. 2 S. 1 sind wegen § 37 Abs. 2 S. 1 ferner Regelungen im Gesellschaftsvertrag gedeckt, die für einzelne Geschäftsführer sachlich-gegenständliche Beschränkungen festlegen oder diese von der Vertretung der Gesellschaft generell ausnehmen (Baumbach/Hueck/*Beurskens* Rn. 45; HCL/*Paefgen* Rn. 102; Roth/Altmeppen/*Altmeppen* Rn. 51).

65 Analog § 78 Abs. 3 AktG sowie § 125 Abs. 3 HGB kann der Gesellschaftsvertrag vorsehen, dass ein Geschäftsführer die Gesellschaft nur gemeinsam mit einem Prokuristen vertreten kann (**unechte Gesamtvertretung;** Baumbach/Hueck/*Beurskens* Rn. 48; Hachenburg/*Mertens* Rn. 79; Lutter/Hommelhoff/*Kleindiek* Rn. 39; Roth/Altmeppen/*Altmeppen* Rn. 70 sowie → AktG § 78 Rn. 15 und → HGB § 125 Rn. 51 ff.). Hierdurch werden die Möglichkeiten einer Gesamtvertretung erweitert, da der Prokurist an die Stelle des anderen (gesamtvertretungsberechtigten) Geschäftsführers tritt. Mit dieser Funktion wäre es unvereinbar, wenn eine Gesamtvertretung allein durch die Geschäftsführer generell ausgeschlossen würde, was jedoch der Fall wäre, wenn stets ein Prokurist bei der Vertretung durch einen Geschäftsführer mitwirken müsste (Baumbach/Hueck/*Beurskens* Rn. 49; Hachenburg/*Mertens* Rn. 86; Lutter/Hommelhoff/*Kleindiek* Rn. 39; MHLS/*Lenz* Rn. 61), weil die Gesellschaft nur einen Geschäftsführer hat (OLG München 25.7.2017, BeckRS 2017, 118271). Da § 78 Abs. 3 AktG und § 125 Abs. 3 HGB die unechte Gesamtvertretung auf Prokuristen beschränken, gilt dies bei einer entsprechenden Anwendung auch bei der GmbH; eine unechte Gesamtvertretung durch Mitwirkung eines Handlungsbevollmächtigten (§ 54 HGB) ist deshalb nicht möglich (Lutter/Hommelhoff/*Kleindiek* Rn. 40; MHLS/*Lenz* Rn. 60; Roth/Altmeppen/*Altmeppen* Rn. 76).

66 Abzugrenzen von der unechten Gesamtvertretung ist die **unechte Gesamtprokura.** Durch diese wird ein Prokurist an die Mitwirkung durch einen Geschäftsführer gebunden. Die Einzel- oder Gesamtvertretungsmacht des Geschäftsführers und damit dessen organschaftliche Vertretungsmacht bleibt hiervon unberührt (Baumbach/Hueck/*Beurskens* Rn. 51; MHLS/*Lenz* Rn. 63; Roth/Altmeppen/*Altmeppen* Rn. 74).

67 **cc) Ausübung der Gesamtvertretung.** Die Ausübung der Gesamtvertretung durch gemeinsame Willenserklärung der Vertreter ist nicht die einzige Form, in der die Gesamtvertretung praktiziert werden kann; ausreichend sind getrennte, inhaltlich jedoch übereinstimmende und in Bezug aufeinander abgegebene Teilerklärungen der jeweiligen gesamtvertretungsberechtigten Geschäftsführer (Baumbach/Hueck/*Beurskens* Rn. 37; Hachenburg/*Mertens* Rn. 88; Lutter/Hommelhoff/*Kleindiek* Rn. 30; MHLS/*Lenz* Rn. 46; Roth/Altmeppen/*Altmeppen* Rn. 54). Ist die Erklärung eines Gesamtvertreters unwirksam, so führt dies nicht zur Anwendung von § 139 BGB, da die Erklärungen der anderen Gesamtvertreter für sich allein keine Rechtswirkungen erzeugen können (BGH 12.12.1960, BGHZ 53, 210 (214 f.) = NJW 1970, 806; Hachenburg/*Mertens* Rn. 89; einschr. Roth/Altmeppen/*Altmeppen* Rn. 55 f.). Ist die Erklärung eines Gesamtvertreters wegen eines Formmangels nichtig, soll nach hM gleichwohl eine Heilung durch formgerechte Nachholung der Erklärung möglich sein (HCL/*Paefgen* Rn. 115; MHLS/*Lenz* Rn. 71).

Handeln die Gesamtvertreter **nicht in der notwendigen Anzahl,** fehlt ihnen die erforderliche Vertretungsmacht und das Geschäft ist nach den §§ 177 f. BGB **schwebend unwirksam** (Hachenburg/*Mertens* Rn. 93; Roth/Altmeppen/*Altmeppen* Rn. 58). Durch **Genehmigung** der Erklärung seitens der fehlenden Gesamtvertreter kann das Geschäft jedoch rückwirkend (§ 184 Abs. 1 BGB) wirksam werden (§ 177 BGB; Baumbach/Hueck/*Beurskens* Rn. 38; *Blasche/König* NZG 2013, 1412 (1416, 1418); Lutter/Hommelhoff/*Kleindiek* Rn. 31; MHLS/*Lenz* Rn. 66; Roth/Altmeppen/*Altmeppen* Rn. 58; Scholz/*U. H. Schneider/S. H. Schneider* Rn. 97). Ein eventuell für das Rechtsgeschäft bestehendes Formerfordernis gilt nicht für die Genehmigung (§ 182 Abs. 2 BGB; ebenso Baumbach/Hueck/*Beurskens* Rn. 38; Hachenburg/*Mertens* Rn. 92; MHLS/*Lenz* Rn. 66). Trotz Anwendung der §§ 177 f. BGB ist nur der Kontrahent bei fehlender Kenntnis des Vertretungsmangels zum **Widerruf** seiner Erklärung berechtigt (Roth/Altmeppen/*Altmeppen* Rn. 58). Den handelnden Gesamtvertretern steht dieses Recht nicht zu (Baumbach/Hueck/*Beurskens* Rn. 38 aE; HCL/*Paefgen* Rn. 117; MHLS/*Lenz* Rn. 66; Roth/Altmeppen/*Altmeppen* Rn. 58; Rowedder/Schmidt-Leithoff/*Baukelmann* Rn. 42; Scholz/*U. H. Schneider/S. H. Schneider* Rn. 102). Wird die Genehmigung durch die anderen Gesamtvertreter verweigert, haften die handelnden Gesamtvertreter wegen § 179 Abs. 3 BGB grundsätzlich nicht, da ein Kontrahent wissen muss, dass Gesamtvertreter nicht allein zur Vertretung berechtigt sind (MHLS/*Lenz* Rn. 66; Roth/Altmeppen/*Altmeppen* Rn. 60). 68

Die in § 78 Abs. 4 S. 1 AktG und § 125 Abs. 2 S. 2 HGB eröffnete Möglichkeit, dass die mit Gesamtvertretungsmacht ausgestatteten Organmitglieder einzelne von ihnen zur Vornahme bestimmter Arten von Geschäften **ermächtigen** können (→ AktG § 78 Rn. 17 ff.; → HGB § 125 Rn. 57), gilt entsprechend auch für die Geschäftsführer einer GmbH (OLG München 19.9.2013, NZG 2013, 1225; Baumbach/Hueck/*Beurskens* Rn. 39; *Blasche/König* NZG 2013, 1412 (1413); Hachenburg/*Mertens* Rn. 88, 96; MHLS/*Lenz* Rn. 68; Roth/Altmeppen/*Altmeppen* Rn. 61 zu § 25 Abs. 3 S. 1 GenG OLG Bamberg 2.4.2020, BeckRS 2020, 8126). Hierbei handelt es sich nicht um eine Vertretungsregelung, die in das Handelsregister einzutragen ist (Hachenburg/*Mertens* Rn. 98; Roth/Altmeppen/*Altmeppen* Rn. 61). 69

Die Ermächtigung kann ausdrücklich oder konkludent erteilt werden (OLG München 19.9.2013, NZG 2013, 1225; Baumbach/Hueck/*Beurskens* Rn. 40), **Formvorschriften** sind ohne Bedeutung (§ 167 Abs. 2 BGB; BeckOK GmbHG/*Wisskirchen/Kuhn* Rn. 61; Lutter/Hommelhoff/*Kleindiek* Rn. 32; Roth/Altmeppen/*Altmeppen* Rn. 61). Allerdings kann allein aus der Verhinderung des Gesamtvertreters nicht auf eine Ermächtigung zugunsten der anderen Gesamtvertreter geschlossen werden (BGH 6.3.1975, NJW 1975, 1117 (1119); BGH 8.10.1991, NJW 1992, 618). Die einem einzelnen Geschäftsführer erteilte Ermächtigung ist jederzeit **frei widerruflich** (§ 168 S. 2 BGB; OLG München 19.9.2013, NZG 2013, 1225; Baumbach/Hueck/*Beurskens* Rn. 41; BeckOK GmbHG/*Wisskirchen/Kuhn* Rn. 64); hierfür genügt der Widerruf durch einen Gesamtvertreter (Hachenburg/*Mertens* Rn. 101; HCL/*Paefgen* Rn. 125; Lutter/Hommelhoff/*Kleindiek* Rn. 35; Roth/Altmeppen/*Altmeppen* Rn. 63; Scholz/*U. H. Schneider/S. H. Schneider* Rn. 94). 70

Der ermächtigte Gesamtvertreter handelt als **Organ der Gesellschaft** und nicht aufgrund einer Handlungsvollmacht (OLG München 19.9.2013, NZG 2013, 1225). Die Vermutung des § 54 Abs. 2 HGB findet deshalb auf die inhaltliche Reichweite der Ermächtigung keine Anwendung (Baumbach/Hueck/*Beurskens* Rn. 39; Roth/Altmeppen/*Altmeppen* Rn. 64; **aA** Hachenburg/*Mertens* Rn. 100; HCL/*Paefgen* Rn. 120). Die Ermächtigung darf allerdings nicht zur Umgehung von § 35 Abs. 2 S. 1 führen, insbesondere inhaltlich nicht so weit reichen, dass der ermächtigte Gesamtvertreter faktisch zum einzelvertretungsberechtigten Geschäftsführer wird (BGH 15.12.1960, BGHZ 34, 47 (49); BGH 25.11.1985, NJW-RR 1986, 778 (779); OLG München 19.9.2013, NZG 2013, 1225 (1226); Baumbach/Hueck/*Beurskens* Rn. 39; Lutter/Hommelhoff/*Kleindiek* Rn. 33). Eine derartige Bestimmung zur Vertretungsmacht ist ausschließlich den Gesellschaftern durch Regelung im Gesellschaftsvertrag vorbehalten (→ Rn. 60). Rechtlich unbedenklich ist jedoch eine Ermächtigung für alle mit der Wahrnehmung einer Ressortaufgabe verbundenen Rechtsgeschäfte (MHLS/*Lenz* Rn. 69; Roth/Altmeppen/*Altmeppen* Rn. 64; **aA** Lutter/Hommelhoff/*Kleindiek* Rn. 33; offen OLG München 19.9.2013, NZG 2013, 1225). 71

f) Passivvertretung und Zustellung. aa) Passivvertretung. Wie § 78 Abs. 2 S. 2 AktG legt § 35 Abs. 2 S. 1 im Hinblick auf den Zugang von Erklärungen fest, dass dieser im Fall einer Gesamtvertretung nicht bei allen Geschäftsführern eintreten muss. Es genügt die Abgabe der Erklärung gegenüber einem Geschäftsführer. Im Unterschied zu § 35 Abs. 2 S. 2 aF lässt Abs. 2 S. 2 nach der Änderung durch das MoMiG (→ Rn. 3) die Abgabe gegenüber einem „Vertreter nach Abs. 1" ausreichen. Deshalb gilt die Einzelvertretungsmacht im Hinblick auf die Passivvertretung auch, wenn die Erklärung nach Abs. 1 S. 2 gegenüber den Gesellschaftern abgegeben werden kann (ebenso Bork/Schäfer/*Jacoby* 72

Rn. 47; MüKoGmbHG/*Stephan/Tieves* Rn. 243; Roth/Altmeppen/*Altmeppen* Rn. 65). Entsprechende Anwendung findet Abs. 2 S. 2 ferner in anderen Fällen, in denen Erklärungen gegenüber der Gesamtheit der Gesellschafter abzugeben sind (BGH 17.9.2001, NZG 2002, 43 (44); Baumbach/Hueck/*Beurskens* Rn. 52; Roth/Altmeppen/*Altmeppen* Rn. 65). Im Unterschied zu Abs. 2 S. 1, der für abw. Regelungen im Gesellschaftsvertrag offen ist, fehlt in Abs. 2 S. 2 eine vergleichbare Öffnung. Hieraus sowie aus dem Zweck der Vorschrift folgt der zwingende Charakter von Abs. 2 S. 2 (Baumbach/Hueck/*Beurskens* Rn. 52; BeckOK GmbHG/*Wisskirchen/Kuhn* Rn. 51; HCL/*Paefgen* Rn. 96, 129, 148; Lutter/Hommelhoff/*Kleindiek* Rn. 36 aE; MHLS/*Lenz* Rn. 73; Roth/Altmeppen/*Altmeppen* Rn. 65).

73 **bb) Zustellung an Geschäftsanschrift (Abs. 2 S. 3).** Nach § 8 Abs. 4 Nr. 1 ist bei der Anmeldung der Gesellschaft ua auch deren Geschäftsanschrift anzugeben. Ergänzend legt § 35 Abs. 2 S. 3 fest, dass die Geschäftsführer sowie ggf. der Gesellschafter stets unter der aus dem Handelsregister ersichtlichen Geschäftsanschrift (s. § 10 Abs. 1 S. 1) erreichbar sind. Insofern begründet Abs. 2 S. 3 bezüglich der Geschäftsanschrift eine unwiderlegbare Vermutung (ebenso Baumbach/Hueck/*Beurskens* Rn. 53; Bork/Schäfer/*Jacoby* Rn. 33; HCL/*Paefgen* Rn. 153; Lutter/Hommelhoff/*Kleindiek* Rn. 47; Roth/Altmeppen/*Altmeppen* Rn. 67), sodass bei einer Zustellung unter der Geschäftsanschrift das Gesetz auch den Zugang vermutet, andernfalls würde die Vorschrift ihren Zweck verfehlen (Roth/Altmeppen/*Altmeppen* Rn. 67). Deshalb kommt es bei einer Zustellung unter der Geschäftsanschrift für den Zugang einer Willenserklärung nicht darauf an, ob für den „Vertreter nach Abs. 1" die Möglichkeit einer tatsächlichen Kenntnisnahme bestand (Roth/Altmeppen/*Altmeppen* Rn. 67). Selbst die positive Kenntnis, dass die Erklärung den Vertreter nicht erreichen kann, steht dem Zugang einer Willenserklärung nicht entgegen (Begr. RegE, BT-Drs. 16/6140, 42 f.; Baumbach/Hueck/*Beurskens* Rn. 53; Bork/Schäfer/*Jacoby* Rn. 34; Roth/Altmeppen/*Altmeppen* Rn. 67).

74 Die durch Abs. 2 S. 3 begründete Vermutung erstreckt sich lediglich auf den Zugang der Erklärung (bzw. des Schriftstücks) bei dem Vertreter, nicht aber zugleich auch darauf, dass die Erklärung unter der Geschäftsanschrift in den Machtbereich der Gesellschaft gelangt ist (Baumbach/Hueck/*Beurskens* Rn. 53; *Bayer/Illhardt* GmbHR 2011, 751 (751); HCL/*Paefgen* Rn. 154; MüKoGmbHG/*Stephan/Tieves* Rn. 171; Roth/Altmeppen/*Altmeppen* Rn. 67;). Dies ist von dem Erklärenden ggf. zu beweisen (Baumbach/Hueck/*Beurskens* Rn. 53; *Bayer/Illhardt* GmbHR 2011, 751 (751); Roth/Altmeppen/*Altmeppen* Rn. 67). Nach dem Wortlaut von Abs. 2 S. 3 gilt die Vermutungswirkung für alle Willenserklärungen, die gegenüber der Gesellschaft abzugeben sind. Der Normzweck erfordert zudem eine entsprechende Anwendung auf geschäftsähnliche Handlungen (Baumbach/Hueck/*Beurskens* Rn. 53; HCL/*Paefgen* Rn. 156).

75 **cc) Zustellung an Empfangsberechtigte (Abs. 2 S. 4).** Nach § 10 Abs. 2 S. 2 kann die Gesellschaft einen weiteren Zustellungsempfänger benennen. Hierauf bezieht sich § 35 Abs. 2 S. 4, wonach die in Abs. 2 S. 3 festgelegten Rechtswirkungen auch bei der Zustellung an den in § 10 Abs. 2 benannten Zustellungsempfänger eintreten. Auch in diesem Fall gilt die Erklärung mit Zustellung an den Zustellungsempfänger als bei der Gesellschaft zugegangen. Damit erweitert das Gesetz die Möglichkeiten, den Zugang einer Erklärung zu bewirken, die insbesondere dann in Betracht kommt, wenn eine Zustellung unter der Geschäftsanschrift scheitert. Zwischen der Zustellung nach Abs. 2 S. 3 und derjenigen nach Abs. 2 S. 4 besteht jedoch kein Rangverhältnis, insbesondere gilt die Zustellung nach Abs. 2 S. 4 nicht subsidiär (HCL/*Paefgen* Rn. 163). Dritte, die den Zugang einer Erklärung bewirken wollen, können frei zwischen den verschiedenen Möglichkeiten wählen (Roth/Altmeppen/*Altmeppen* Rn. 68). Eine erleichterte öffentliche Zustellung nach § 15a HGB kommt jedoch erst in Betracht, wenn eine nach Abs. 2 S. 4 mögliche Zustellung gescheitert ist (Begr. RegE, BT-Drs. 16/6140, 43; MüKoGmbHG/*Stephan/Tieves* Rn. 173; Roth/Altmeppen/*Altmeppen* Rn. 68).

76 **g) Verbot des Selbstkontrahierens (Abs. 3). aa) Allgemeines.** Für den Geschäftsführer gelten die allg. Regelungen des Selbstkontrahierens bzw. der Mehrfachvertretung in § 181 BGB, selbst dann, wenn zwei Gesellschaften denselben Geschäftsführer haben und er beide Gesellschaften vertritt. In dieser Konstellation gilt § 181 BGB sowohl für Geschäfte zwischen den Gesellschaften als auch für Geschäfte des Geschäftsführers mit den von ihm vertretenen Gesellschaften. Von dem allgemeinen Verbot des Selbstkontrahierens besteht jedoch eine Ausnahme, wenn der Geschäftsführer eine Verbindlichkeit der Gesellschaft erfüllt oder das Geschäft für die Gesellschaft lediglich rechtlich vorteilhaft ist.

77 Bezüglich der Gestattung des Selbstkontrahierens ist zwischen der Gestattung für konkrete Einzelfälle und einer allg. Gestattung des Selbstkontrahierens zu unterscheiden. Während für die konkrete Gestattung ein Beschluss der Gesellschafterversammlung genügt, wird für eine **allg. Gestattung** verbreitet eine **Satzungsregelung** gefordert (so BayObLG 7.5.1984, BayObLGZ 1984, 109; OLG Celle 16.8.2000, NZG 2000, 1034; OLG Hamm 14.1.2011, NJW-RR 2011, 541 (542); KG 21.2.2006, NZG 2006, 718; OLG Köln 2.10.1992, NJW 1993, 1018; **aA** KG 23.8.2001, BeckRS 2001, 30201128; OLG Nürnberg 12.2.2015, NZG 2015, 886 (887); *Bacher/v. Blumenthal* GmbHR 2015, 457 (459); Baum-

bach/Hueck/*Beurskens* Rn. 57; *Fleck* WM 1985, 677; *Tiedke* GmbHR 1993, 385 (388)). Ohne diese ist eine allg. Gestattung durch das Bestellungsorgan nach dieser Auffassung unwirksam. Ob in den Gesellschaftsvertrag eine Gestattung des Selbstkontrahierens aufgenommen wird, entscheiden die Gesellschafter grundsätzlich nach freiem Ermessen; lediglich für eine **vereinfachte Gründung** mittels des Musterprotokolls (§ 2 Abs. 1a), wird die Befreiung von dem Verbot des § 181 BGB bereits festgelegt, ohne dass hiervon iR einer vereinfachten Gründung abgesehen werden kann (OLG Nürnberg 15.7.2015, NZG 2016, 153; Lutter/Hommelhoff/*Kleindiek* Rn. 52).

Eine allgemeine Gestattung ist nach hM **eintragungspflichtig** iSd § 10 Abs. 1 S. 2 (s. BGH 28.2.1983, BGHZ 87, 59 (61) = NJW 1983, 1676; BGH 8.4.1991, BGHZ 114, 167 (170 ff.) = NJW 1991, 1731; OLG Nürnberg 12.2.2015, NZG 2015, 886 (887); Baumbach/Hueck/*Beurskens* Rn. 57; Hachenburg/*Mertens* Rn. 59; Rowedder/Schmidt-Leithoff/*Baukelmann* Rn. 31; **aA** *Altmeppen* DNotZ 2008, 303 (305); *Kanzleiter* DNotZ 1996, 816 (819); Roth/Altmeppen/*Altmeppen* Rn. 80 ff.). 78

bb) Ein-Personen-Gesellschaft. Die Grundsätze in → Rn. 76 ff. gelten auch bei einer **Ein-Personen-Gesellschaft,** wenn der Alleingesellschafter zugleich alleiniger Geschäftsführer ist. Für diesen Sonderfall ordnet Abs. 3 S. 1 die Geltung von § 181 BGB ausdrücklich an, was nur vor dem Hintergrund der früheren Rspr. verständlich ist, die in dieser Konstellation eine teleologische Reduktion des § 181 BGB befürwortet hatte (s. BGH 19.4.1971, BGHZ 56, 97 (101); BGH 19.11.1979, BGHZ 75, 358 (361) = NJW 1980, 932). Über den Wortlaut der Norm hinaus gilt diese auch, wenn der Alleingesellschafter einer von mehreren Geschäftsführern ist (Baumbach/Hueck/*Beurskens* Rn. 56; Lutter/Hommelhoff/*Kleindiek* Rn. 56; Scholz/*U. H. Schneider/S. H. Schneider* Rn. 153; **aA** Hachenburg/*Mertens* Rn. 61; HCL/*Paefgen* Rn. 71; Rowedder/Schmidt-Leithoff/*Baukelmann* Rn. 28). 79

Die Vorschrift gilt nur für **Rechtsgeschäfte** zwischen dem Alleingeschäftsführer und der Gesellschaft, nicht hingegen für **organisationsrechtliche Akte,** wie die Bestellung (Baumbach/Hueck/*Beurskens* Rn. 55; Roth/Altmeppen/*Altmeppen* Rn. 99). Hiervon ist nach hM der Abschluss des Anstellungsvertrags jedoch nicht berührt, sodass § 181 BGB zur Anwendung gelangt (so BGH 15.4.2014, NZG 2014, 780 Rn. 12, 14; HCL/*Paefgen* Rn. 72; Scholz/*U. H. Schneider/S. H. Schneider* Rn. 121 ff.; **aA** Baumbach/Hueck/*Beurskens* Rn. 55; → Rn. 98). 80

Von § 35 Abs. 3 S. 1 kann wie nach den allg. Grundsätzen (s. § 181 BGB) eine Befreiung durch eine **Gestattung des Selbstkontrahierens** erteilt werden. Obwohl § 35 Abs. 3 S. 1 dies nicht ausdrücklich verlangt, erfordert die Gestattung zugunsten des Alleingesellschafters eine Satzungsregelung sowie eine Eintragung im Handelsregister (BGH 28.2.1983, BGHZ 87, 59 (60) = NJW 1983, 1676; Baumbach/Hueck/*Beurskens* Rn. 57; HCL/*Paefgen* Rn. 80; *K. Schmidt* NJW 1980, 1769 (1775); **aA** *Altmeppen* NZG 2013, 401 ff.; Roth/Altmeppen/*Altmeppen* Rn. 80 ff.). Durch alleinigen Gesellschafterbeschluss kommt eine Gestattung nur dann in Betracht, wenn der Gesellschaftsvertrag einen entsprechenden Beschluss ausdrücklich vorsieht und eine Eintragung der konkreten Gestattung im Handelsregister hinzutritt (s. BGH 18.11.1999, NJW 2000, 664 (665 f.); Hachenburg/*Mertens* Rn. 64; krit. Baumbach/Hueck/*Beurskens* Rn. 57; *Blasche/König* NZG 2012, 812 (814 f.)). 81

cc) Protokollierungspflicht (Abs. 3 S. 2). Rechtsgeschäfte, die ein Alleingesellschafter als Geschäftsführer mit der Gesellschaft abschließt, sind nach deren Vornahme unverzüglich in einer Niederschrift aufzunehmen. Die Beachtung der Dokumentationspflicht ist jedoch **keine Wirksamkeitsvoraussetzung** für das Rechtsgeschäft (Baumbach/Hueck/*Beurskens* Rn. 61; Hachenburg/*Mertens* Rn. 67; Lutter/Hommelhoff/*Kleindiek* Rn. 57; Roth/Altmeppen/*Altmeppen* Rn. 107), sondern ein Verstoß gegen die Protokollierungspflicht wirkt sich aufgrund ihres Zwecks lediglich nachteilig bei der Verteilung der Beweislast aus (Baumbach/Hueck/*Beurskens* Rn. 61; *Bayer/Illhardt* GmbHR 2011, 751 (752); s. exemplarisch OLG Rostock 27.8.2015, NZG 2016, 382 (383)). 82

Abs. 3 S. 2 gilt sowohl für den Alleingesellschafter, der alleiniger Geschäftsführer ist, als auch für den Fall, dass dieser gemeinsam mit einem Fremdgeschäftsführer die Gesellschaft vertritt (Baumbach/Hueck/*Beurskens* Rn. 59; Hachenburg/*Mertens* Rn. 67; Lutter/Hommelhoff/*Kleindiek* Rn. 57). In den Anwendungsbereich der Vorschrift sind nicht nur Verträge, sondern auch einseitige Rechtsgeschäfte (zB Kündigung, Rücktritt) einbezogen (Baumbach/Hueck/*Beurskens* Rn. 59; Hachenburg/*Mertens* Rn. 67), nicht jedoch Beschlüsse der Gesellschafterversammlung, da für diese § 48 Abs. 3 als *lex specialis* gilt (Baumbach/Hueck/*Beurskens* Rn. 59). 83

h) Anderweitige Zurechnungen. aa) Willensmängel. Die organschaftliche Vertretungsmacht betrifft lediglich das gerichtliche und außergerichtliche Handeln des Geschäftsführers und dessen Rechtswirkungen für und gegen die Gesellschaft. Davon zu unterscheiden ist die Zurechnung von Willensmängeln, insbesondere eines Irrtums bei Vertragsschluss. Diese richtet sich nach § 166 Abs. 1 BGB (Baumbach/Hueck/*Beurskens* Rn. 62). Besonderheiten sind zu beachten, wenn Gesamtvertretungsmacht besteht (→ Rn. 59 ff.). Handeln die Gesamtvertreter gemeinsam, genügt der Willensmangel bei einem einzigen Vertreter (RG 19.2.1912, RGZ 78, 347 (354)). Bei einer Ermächtigung (→ Rn. 69 ff.) ist grundsätzlich die Person des Ermächtigten maßgebend; ein Willensmangel, der auf die 84

Person des Ermächtigenden beschränkt bleibt, berechtigt deshalb nicht zur Anfechtung (Baumbach/Hueck/*Beurskens* Rn. 62).

85 **bb) Wissenszurechnung.** Soweit Rechtsvorschriften auf die Kenntnis oder das Kennenmüssen bestimmter Umstände abstellen (zB § 932 Abs. 2 BGB, § 15 Abs. 2 HGB) ist im Grundsatz ebenfalls § 166 Abs. 1 und 2 BGB und damit das Wissen in der Person des Vertreters maßgebend (s. Baumbach/Hueck/*Beurskens* Rn. 63). Bei einer Gesamtvertretung genügt deshalb die Kenntnis eines Gesamtvertreters.

86 Schwierigkeiten bereitet die Wissenszurechnung bei einer **Einzelvertretung,** wenn die Kenntnis nicht bei dem Handelnden, sondern bei dem unbeteiligten Geschäftsführer vorliegt. Die unmodifizierte Anwendung des § 166 Abs. 2 BGB würde den Vertragspartner der Gesellschaft jedoch schlechter stellen, als wenn er mit einer natürlichen Person, also der von § 166 Abs. 1 BGB zugrunde gelegten Normalsituation, den Vertrag abgeschlossen hätte. Um diese Konsequenz zu vermeiden, war lange Zeit die **Organtheorie** vorherrschend, durch die die Kenntnis eines Organmitglieds der juristischen Person stets zugerechnet wurde (so noch BGH 6.4.1964, BGHZ 41, 282 (287) = NJW 1964, 1367; BGH 8.12.1989, BGHZ 109, 327 (331) = NJW 1990, 975). Teilweise wurde die Zurechnung auch auf sog. Wissensvertreter ausgedehnt (s. BGH 24.1.1992, BGHZ 117, 104 (106 f.) = NJW 1992, 1099). Hiervon weicht eine neuere Auffassung ab, die die unternehmensinterne Informationsverarbeitung in das Zentrum rückt. Danach erfolgt die Zurechnung, wenn die zumutbare Möglichkeit besteht, auf die Informationen zuzugreifen (BGH 14.7.1993, BGHZ 123, 224 (229) = NJW 1993, 2807; HCL/*Paefgen* Rn. 213; Scholz/*U. H. Schneider/S. H. Schneider* Rn. 124 ff.; iErg auch Baumbach/Hueck/*Beurskens* Rn. 67).

87 Liegt die Kenntnis lediglich in der **Person des Gesellschafters** vor, so ist diese grundsätzlich nicht der Gesellschaft zuzurechnen. Eine Ausnahme ist analog § 166 Abs. 2 BGB anzuerkennen, wenn der Gesellschafter auf Weisung eines Organs der Gesellschaft gehandelt hat, wobei es sich nicht notwendig um eine bindende Weisung handeln muss (s. BGH 21.6.1968, BGHZ 50, 365 (368)).

88 **cc) Haftung.** Für die Haftung der Gesellschaft wird ihr das Handeln der Organe nach **§ 31 BGB** zugerechnet. Das gilt sowohl für die vertragliche als auch für die außervertragliche Haftung, setzt jedoch voraus, dass der Geschäftsführer in Ausführung der ihm zustehenden Verrichtungen gehandelt hat. Insbesondere ist dies bei einem Handeln im Pflichtenbereich des Geschäftsführers zu bejahen (s. Baumbach/Hueck/*Beurskens* Rn. 69; HCL/*Paefgen* Rn. 223). Eine Exkulpation der Gesellschaft – wie bei § 831 Abs. 1 BGB – sieht § 31 BGB nicht vor; eine entsprechende Anwendung des § 831 Abs. 1 S. 2 BGB kommt nicht in Betracht, da Aufgaben und Kompetenzen der Gesellschaftsorgane nicht mit denen eines Verrichtungsgehilfen vergleichbar sind (Baumbach/Hueck/*Beurskens* Rn. 69; HCL/*Paefgen* Rn. 230).

89 Ob sich die Gesellschaft das Verschulden ihrer Organe darüber hinaus nach **§ 278 BGB** zurechnen lassen muss, hängt von der grundsätzlichen Frage ab, ob die Vorschrift auch für Organe juristischer Personen gilt. Hiergegen spricht, dass Organmitglieder im Verhältnis zur Gesellschaft nicht wie Erfüllungsgehilfen Dritte, sondern deren notwendiges Handlungsorgan sind (HCL/*Paefgen* Rn. 231 sowie allg. MüKoBGB/*Grundmann* § 278 Rn. 10).

III. Anstellungsverhältnis

90 **1. Begründung.** IdR wird der dem Anstellungsverhältnis zugrundeliegende Vertrag zwischen dem Geschäftsführer und der GmbH abgeschlossen, bei der er als Geschäftsführer tätig wird. Rechtlich zwingend ist dies nicht (*Goette* FS Wiedemann, 2002, 873 (875); HCL/*Paefgen* Rn. 328).

91 Grundsätzlich ist auch eine **Drittanstellung** zulässig, bei der der Anstellungsvertrag mit einer anderen Person besteht (Lutter/Hommelhoff/*Kleindiek* Anh. § 6 Rn. 9; Scholz/*U. H. Schneider/Hohenstatt* Rn. 308). In Betracht kommt dies insbesondere, wenn die GmbH abhängiges Unternehmen ist und der Anstellungsvertrag mit dem **herrschenden Unternehmen** abgeschlossen wird (BAG 25.10.2007, NZG 2008, 193 (194); MüKoGmbHG/*Jaeger/Steinbrück* Rn. 253; näher *Deilmann/Dornbusch* NZG 2016, 201 ff.). Ferner kommt eine Drittanstellung bei einer **KG** in Betracht, wenn der Geschäftsführer der Komplementär-GmbH ausschließlich oder hauptsächlich für diese die Geschäfte der KG führt (GmbH & Co. KG; s. BGH 15.4.2014, NZG 2014, 780 Rn. 15; BGH 15.3.2016, NZG 2016, 823 Rn. 22; *Hoffmann-Becking* FS Seibert, 2019, 359 (363 f.)).

92 Wegen des mit der Drittanstellung verbundenen Einflusses auf die GmbH bedarf deren Zulässigkeit nach verbreiteter Auffassung einer **Grundlage in der Satzung** oder einer Zustimmung durch das für den Abschluss des Anstellungsvertrags an sich zuständige Organ der Gesellschaft (so Baumbach/Hueck/*Beurskens* § 6 Rn. 65; GBS GmbHG/*Buck-Heeb* Anh. § 6 Rn. 20; Lutter/Hommelhoff/*Kleindiek* Anh. § 6 Rn. 9; MHLS/*Lenz* Rn. 125; MüKoGmbHG/*Jaeger/Steinbrück* Rn. 252; Rowedder/Schmidt-Leithoff/*Baukelmann* Rn. 80; Scholz/*Hohenstatt* Rn. 326; **aA** HCL/*Paefgen* Rn. 330; *Hoffmann-Becking* FS Seibert, 2019, 359 (363 f.); MHLS/*Tebben* § 6 Rn. 146; offen noch BGH 15.3.2016, NZG 2016, 823 Rn. 29; BGH 19.4.2016, NZG 2016, 826 Rn. 31). Dem hat sich der BGH jedenfalls

im Hinblick auf die Geschäftsführervergütung angeschlossen, wenn diese von einem Dritten übernommen werden soll (BGH 14.5.2019, NZG 2019, 861 Rn. 18 f., 23 f.). Die Notwendigkeit einer vorherigen Zustimmung durch die Gesellschafterversammlung gilt allerdings nicht, wenn der Anstellungsvertrag unter Beibehaltung der übrigen Vertragsbedingungen lediglich verlängert wird und dieser die Möglichkeit einer Vertragsverlängerung bereits vorsah (BGH 19.4.2016, NZG 2016, 826 Rn. 32).

Eine Drittanstellung liegt nicht nur vor, wenn der Anstellungsvertrag eigenständig mit einem Dritten **93** abgeschlossen wird, sondern auch, wenn die Übernahme der Geschäftsführung auf einer anderweitigen organschaftlichen oder vertraglichen Pflicht beruht. In Betracht kommt dies insbesondere bei konzernabhängigen Gesellschaften, wenn Organmitglieder des herrschenden Unternehmens die Geschäftsführung bei abhängigen Unternehmen (mit)wahrnehmen (s. Scholz/*Hohenstatt* Rn. 297 ff.; zum Vergütungsanspruch in dieser Konstellation → Rn. 129). Entsprechendes ist iR eines mit einer Konzernobergesellschaft bestehenden Arbeitsverhältnisses möglich, wenn die Übernahme von Organfunktionen in abhängigen Konzernunternehmen zu den gegenüber der Konzernobergesellschaft geschuldeten arbeitsvertraglichen Pflichten zählt (s. BAG 25.10.2007, NZG 2008, 193 (194); ferner auch BAG 4.2.2013, NZG 2013, 351 Rn. 11).

Für den **Vertragsschluss** gelten die allgemeinen Grundsätze (§§ 145 ff. BGB). Gesetzliche **Formerfordernisse** bestehen für den Anstellungsvertrag nicht (BGH 12.3.1993, NJW-RR 1994, 357 (358); BGH 27.1.1997, NJW-RR 1997, 669 (670)); auch das NachwG findet keine Anwendung (s. § 1 NachwG; Baumbach/Hueck/*Beurskens* § 6 Rn. 55; BeckOK GmbHG/*Wisskirchen*/*Kuhn* § 6 Rn. 87; HCL/*Paefgen* Rn. 343; Roth/Altmeppen/*Altmeppen* § 6 Rn. 82; Scholz/*Hohenstatt* Rn. 338; → Rn. 115). **Schriftform** kann in der Satzung festgelegt sein, ist aber idR nicht konstitutiv. **94**

Der Abschluss des Anstellungsvertrags ist auch **konkludent** möglich (zB durch Tätigkeitsaufnahme **95** und Vergütung), liegt aber nicht bereits in der vom Geschäftsführer akzeptierten Bestellung (BAG 25.10.1997, NZG 2008, 168; Baumbach/Hueck/*Beurskens* § 6 Rn. 56; HK-GmbHG/*Lücke*/*Simon* Rn. 48). IdR kommt der konkludente Abschluss eines Anstellungsvertrags vor allem als Verlängerung bei wiederholter Bestellung in Betracht. IÜ ist Schriftlichkeit vor allem aus steuerrechtlichen Gründen zweckmäßig, um die Anerkennung der Vergütung als Betriebsausgabe sicherzustellen (s. MüKoGmbHG/*Jaeger*/*Steinbrück* Rn. 262; sowie → Rn. 137).

Für das **vorvertragliche Schuldverhältnis** gelten neben § 311 Abs. 2 BGB wegen § 6 Abs. 3 AGG **96** die Vorgaben des AGG, sofern der Geschäftsführer diesen nicht bereits wegen einer unionsrechtskonformen Auslegung des Arbeitnehmerbegriffs in § 6 Abs. 1 S. 1 Nr. 1 AGG unterliegt (→ Rn. 116). Unabhängig davon gilt auch in Bezug auf Geschäftsführer jedenfalls wegen § 6 Abs. 3 AGG insbesondere das **Verbot in § 11 AGG,** bei **Ausschreibungen** Personen mittels in § 1 AGG aufgezählter Merkmale aus dem Kreis Derjenigen auszuschließen, die für die zu besetzende Stelle in Betracht kommen (OLG Karlsruhe 13.9.2011, NZA-RR 2011, 632 (633 f.)). Dem steht ua die alleinige Verwendung des Begriffs „Geschäftsführer" ohne weitere Zusätze (zB „m/w/div.") in einer Stellenausschreibung entgegen (OLG Karlsruhe 13.9.2011, NZA-RR 2011, 632 (633 f.); krit. Baumbach/Hueck/*Beurskens* § 37 Rn. 108). Bei einem auf den **Verstoß gegen § 11 AGG** gestützten Ersatzanspruch nach § 15 Abs. 1 und 2 AGG findet die **Ausschlussfrist in § 61b Abs. 1 ArbGG** keine Anwendung, da der Anspruch mangels Arbeitnehmereigenschaft iSd § 5 Abs. 1 S. 1 ArbGG (s. BAG 21.1.2019, NZA 2019, 490 Rn. 14 ff.; → Rn. 216) nicht vor den Arbeitsgerichten, sondern vor den ordentlichen Gerichten geltend zu machen ist (MHdB ArbR/*Oetker* § 17 Rn. 82; zust. MüKoGmbHG/*Jaeger*/*Steinbrück* Rn. 272 Fn. 639). Die **Ausschlussfrist in § 15 Abs. 4 AGG** bleibt hiervon jedoch unberührt.

Die Begründung des Anstellungsverhältnisses betrifft den Zugang zu einer Erwerbstätigkeit, sodass der **97** **Abschluss des Anstellungsvertrags** wegen § 6 Abs. 3 AGG nicht aus den in **§ 1 AGG** aufgezählten Gründen verweigert werden darf (BGH 23.4.2012, NZG 2012, 777 Rn. 24 ff.; näher *Oetker* FS Otto, 2008, 361 (372 ff.); s. auch MüKoGmbHG/*Jaeger*/*Steinbrück* Rn. 263, 264 ff.). Das gilt nicht nur bei dessen erstmaliger Begründung, sondern auch bei einer Verlängerung des Anstellungsverhältnisses. Insbesondere aus Gründen des Alters darf ein erneuter Abschluss des Anstellungsvertrags nicht verweigert werden, sofern nicht eine Rechtfertigung nach § 10 AGG eingreift (BGH 23.4.2012, NZG 2012, 777 Rn. 44 ff. sowie zuvor als Vorinstanz OLG Köln 29.7.2010, NZG 2011, 187; näher dazu *Mohr* ZHR 178 (2014), 326 (344 ff.); Scholz/*Hohenstatt* Rn. 351 ff.; *Thüsing*/*Stiebert* NZA 2011, 641 ff.). Ggf. ist ein Verstoß gegen das Diskriminierungsverbot nach **§ 22 AGG** zu vermuten (BGH 23.4.2012, NZG 2012, 777 Rn. 26 f.; HCL/*Paefgen* Rn. 270; *Hoefs*/*Rentsch* DB 2012, 2733 (2735 f.); MüKoGmbHG/*Jaeger*/*Steinbrück* Rn. 266; Scholz/*Hohenstatt* Rn. 361 f.). Er führt jedoch nicht zur Begründung eines Anstellungsverhältnisses (§ 15 Abs. 6 AGG), sondern verpflichtet die Gesellschaft zum **Ersatz des materiellen und immateriellen Schadens** (§ 15 Abs. 1 und 2 AGG; näher dazu MHdB ArbR/*Oetker* § 17 Rn. 56 ff. mwN).

Auf Seiten der Gesellschaft ist für den Abschluss des Anstellungsvertrags im Zweifel das **Bestellungs-** **98** **organ** zuständig (→ § 6 Rn 47 ff.); zwischen Bestellung und Anstellung besteht wegen des Sachzusammenhangs idR ein Gleichlauf. Deshalb bedarf es für eine von der Kompetenz zur Bestellung abweichende Zuständigkeit einer ausdrücklichen Satzungsregelung (s. BGH 26.11.2007, NJW-RR 2008, 484), sofern dieser nicht zwingendes Recht entgegensteht. Vorbehaltlich abweichender Satzungsbestimmung

(§ 45; s. HCL/*Paefgen* Rn. 334; MüKoGmbHG/*Jaeger/Steinbrück* Rn. 254; Scholz/*Hohenstatt* Rn. 333) folgt aus der Bestellungskompetenz der **Gesellschafterversammlung** (§ 46 Nr. 5) auch deren Kompetenz zum Abschluss des Anstellungsvertrags (BGH 3.7.2000, NJW 2000, 2983; BGH 3.7.2018, NZG 2018, 1073 Rn. 10; BGH 14.5.2019, NZG 2019, 861 Rn. 23 f.; OLG München 22.10.2015, BeckRS 2015, 18376; Baumbach/Hueck/*Beurskens* § 6 Rn. 62; BeckOK GmbHG/*Wisskirchen/Kuhn* § 6 Rn. 83; HCL/*Paefgen* Rn. 331; Lutter/Hommelhoff/*Kleindiek* Rn. 6; Scholz/*Hohenstatt* Rn. 328). Bei der **Ein-Personen-GmbH** kann der Gesellschafter-Geschäftsführer den Anstellungsvertrag jedoch nur dann mit sich selbst abschließen, wenn die Satzung abweichend von § 35 Abs. 3 Befreiung von § 181 BGB erteilt (BGH 15.4.2014, NZG 2014, 780 Rn. 12, 14; HCL/*Paefgen* Rn. 80; Lutter/Hommelhoff/*Kleindiek* Anh. § 6 Rn. 7; MHLS/*Lenz* Rn. 124; *von der Höh* GmbHR 2018, 241 (242 ff.); **aA** Baumbach/Hueck/*Beurskens* § 6 Rn. 63; GBS GmbHG/*Buck-Heeb* Anh. § 6 Rn. 22: § 35 Abs. 3 S. 1 nicht anwendbar; → Rn. 80).

99 Der Aufsichtsrat ist zwingend zuständig, wenn die Bestellung nach § 31 MitbestG, § 12 Montan-MitbestG dem **Aufsichtsrat** vorbehalten ist (s. BGH 14.11.1983, BGHZ 89, 48 (51 f.)). Gilt für die Gesellschaft das DrittelbG, bleibt die Gesellschafterversammlung für die Bestellung und damit auch für den Anstellungsvertrag zuständig (→ § 6 Rn. 60); die Satzung kann jedoch eine abweichende Zuständigkeit begründen (BGH 20.8.2019, NZG 2019, 1154 Rn. 21). Entsprechendes gilt für den fakultativen Aufsichtsrat (→ § 6 Rn. 59).

100 Der Abschluss des Anstellungsvertrags durch ein **unzuständiges Organ** führt zum fehlerhaften Anstellungsverhältnis (→ Rn. 102), es sei denn, das zuständige Organ überwindet die fehlende Vertretungsmacht durch Genehmigung (§ 178 BGB). Entsprechendes gilt, wenn der für das Organ Handelnde sich nicht auf einen Organbeschluss stützen kann (BGH 20.9.2019, NZG 2019, 1154 Rn. 22).

101 Die vorstehenden Grundsätze gelten auch für **Änderungen des Anstellungsvertrags** (Baumbach/Hueck/*Beurskens* § 6 Rn. 59; HCL/*Paefgen* Rn. 331; Lutter/Hommelhoff/*Kleindiek* Anh. § 6 Rn. 8; MHLS/*Tebben* § 6 Rn. 151; s. auch BGH 15.4.2014, NZG 2014, 780 Rn. 15). Besonderheiten sind jedoch für dessen **Beendigung** durch Abschluss eines Aufhebungsvertrags oder mittels einer ordentlichen bzw. außerordentlichen Kündigung zu beachten (→ Rn. 157, → Rn. 163 ff.).

102 Ist der Vertragsabschluss fehlerhaft, dann gelten die Grundsätze zum fehlerhaften Arbeitsverhältnis für das Anstellungsverhältnis entsprechend. Nach Aufnahme der Tätigkeit kann das **fehlerhafte Anstellungsverhältnis** zwar jederzeit, aber nur für die Zukunft, aufgelöst werden (BGH 6.4.1964, BGHZ 41, 282 (286 ff.) = NJW 1964, 1367; BGH 16.1.1995, NJW 1995, 1158 (1159); BGH 3.7.2000, NJW 2000, 2983; BGH 20.8.2019, NZG 2019, 1154 Rn. 27; Baumbach/Hueck/*Beurskens* § 6 Rn. 58; BeckOK GmbHG/*Wisskirchen/Kuhn* § 6 Rn. 142; HCL/*Paefgen* Rn. 349; Lutter/Hommelhoff/*Kleindiek* Anh. § 6 Rn. 74; MüKoGmbHG/*Jaeger/Steinbrück* Rn. 277; Roth/Altmeppen/*Altmeppen* § 6 Rn. 88; Scholz/*Hohenstatt* Rn. 364). Das kommt insbesondere in Betracht, wenn der Anstellungsvertrag von einem unzuständigen Gesellschaftsorgan abgeschlossen und nicht durch das zuständige Organ genehmigt worden ist (→ Rn. 100). Bis zur Auflösung des Anstellungsverhältnisses ist der Anstellungsvertrag für die Dauer der tatsächlichen Geschäftsführertätigkeit so zu behandeln, als ob dieser rechtswirksam abgeschlossen worden ist (BGH 3.7.2000, NJW 2000, 2893; BGH 15.4.2014, NZG 2014, 780 Rn. 15; BGH 20.8.2019, NZG 2019, 1154 Rn. 26; BeckOK GmbHG/*Wisskirchen/Kuhn* § 6 Rn. 142; HCL/*Paefgen* Rn. 349; Lutter/Hommelhoff/*Kleindiek* Anh. § 6 Rn. 73; MHLS/*Lenz* Rn. 130; MüKoGmbHG/*Jaeger/Steinbrück* Rn. 277; Roth/Altmeppen/*Altmeppen* § 6 Rn. 88; Rowedder/Schmidt-Leithoff/*Baukelmann* Rn. 108; Scholz/*Hohenstatt* Rn. 364).

103 **2. Rechtsnatur. a) Vertragstyp.** Der Anstellungsvertrag ist ein **Geschäftsbesorgungsvertrag** (BGH 10.5.2010, NZG 2010, 827; BAG 21.1.2019, NZA 2019, 490 Rn. 24; Baumbach/Hueck/*Beurskens* § 6 Rn. 54; HCL/*Paefgen* Rn. 236; Lutter/Hommelhoff/*Kleindiek* Anh. § 6 Rn. 3; MHLS/*Lenz* Rn. 120; MHLS/*Tebben* § 6 Rn. 122; Rowedder/Schmidt-Leithoff/*Baukelmann* Rn. 78). Bei unentgeltlicher Tätigkeit (s. aber § 612 BGB) findet das **Auftragsrecht** (§§ 662 ff. BGB) Anwendung (OLG Hamburg 18.1.2000, NZG 2000, 698; Baumbach/Hueck/*Beurskens* § 6 Rn. 54; BeckOK GmbHG/*Wisskirchen/Kuhn* § 6 Rn. 68; HCL/*Paefgen* Rn. 236; Lutter/Hommelhoff/*Kleindiek* Anh. § 6 Rn. 2; Rowedder/Schmidt-Leithoff/*Baukelmann* Rn. 78; Scholz/*Hohenstatt* Rn. 260). Dessen Vorschriften gelten wegen § 675 Abs. 1 BGB auch, wenn eine Vergütungsabrede getroffen wurde. Im Übrigen handelt es sich idR um einen **Dienstvertrag** iSd §§ 611 ff. BGB (BGH 10.5.2010, NZG 2010, 827; BAG 21.1.2019, NZA 2019, 490 Rn. 24; LAG Hamm 13.3.2019, NZA-RR 2019, 443 (444)).

104 Das gilt beim **Gesellschafter-Geschäftsführer** stets, zumeist auch beim **Fremdgeschäftsführer** (**aA** Scholz/*Hohenstatt* Rn. 264 f.). Allein das Weisungsrecht der Gesellschafterversammlung (→ § 37 Rn. 13 ff.) begründet nicht die für die **Arbeitnehmereigenschaft** nach Maßgabe des nationalen Arbeitsrechts (§ 611a Abs. 1 BGB; dazu MHdB ArbR/*Schneider* § 18 Rn. 12 ff.) notwendige persönliche Abhängigkeit (BAG 21.1.2019, NZA 2019, 490 Rn. 24; LAG Hamm 23.5.2018, BeckRS 2018, 11518; LAG Köln 13.12.2019, NZA-RR 2020, 319 (320); ArbG Stuttgart 21.12.2016, NZA-RR 2017, 69 (74); iErg auch BGH 26.3.2019, NZA 2019, 706 Rn. 27; ferner MHdB ArbR/*Richter* § 22 Rn. 10 f.). Allenfalls in atypischen Konstellationen kommt bei Fremdgeschäftsführern eine Abhängigkeit hinsichtlich Inhalt, Ort und Zeit der Tätigkeit (s. § 611a Abs. 1 S. 2 BGB) in Betracht, die der eines Arbeitnehmers gleicht (s. BAG 26.5.1999, NJW 1999, 3731 (3732); BAG 21.1.2019, NZA 2019, 490 Rn. 24; BAG 11.6.2020, NZA 2020, 1179 Rn. 25; BGH 24.11.2005, NJW 2006, 1899 (1900); BGH 4.2.2013, NZG 2013, 351 Rn 9; OLG München 27.10.2014, NZG 2014, 1420; LAG Berlin-Brandenburg 12.6.2019, BeckRS 2019, 23147; LAG Hamm 13.3.2019, NZA-RR 2019, 443 (444); LAG Hamm 23.5.2018, BeckRS 2018, 11518; ArbG Stuttgart 21.12.2016, NZA-RR 2017, 69 (74); **aA** gegen jegliche Ausnahmen Lutter/Hommelhoff/*Kleindiek* Anh. § 6 Rn. 3a).

Wird ein **Arbeitnehmer zum Geschäftsführer bestellt,** führt dies nicht *ipso iure* zur **Beendigung des Arbeitsverhältnisses** (s. dazu *Moll* GmbHR 2008, 1024 ff.). Hierfür bedarf es wegen § 623 BGB stets einer schriftlichen Abrede. Allein aus diesem Grunde ist ein formlos abgeschlossener Anstellungsvertrag auch konkludent nicht in der Lage, ein zwischen denselben Parteien zuvor begründetes Arbeitsverhältnis zu beenden (BGH 23.8.2011, GmbHR 2011, 1200 (1202); BGH 4.2.2013, NZG 2013, 351 Rn. 9; BAG 15.3.2011, NJW 2011, 2684 (2685); BAG 15.11.2013, GmbHR 2014, 137 Rn. 18 = BeckRS 2014, 73465). Ein der Schriftform genügender Anstellungsvertrag kann jedoch dahin auszulegen sein, dass während dessen Bestand die Rechte und Pflichten aus dem Arbeitsverhältnis ruhen sollen (BAG 19.7.2007, NJW 2007, 3228 (3230); BGH 24.10.2013, NZA 2014, 540 Rn. 44; → Rn. 106); mit der Beendigung des Anstellungsverhältnisses (idR nach einer Beendigung der Organstellung) leben die Rechte und Pflichten aus dem Arbeitsverhältnis in diesem Fall wieder auf, sofern die Parteien des Arbeitsvertrags nicht vereinbart haben, dass das ruhende Arbeitsverhältnis mit der Beendigung des Anstellungsvertrags ebenfalls endet (s. BAG 12.6.2019, NZA 2019, 1423 Rn. 15 ff.). 105

Bei Abschluss eines **schriftlichen Anstellungsvertrags** liegt eine Aufhebung des Arbeitsverhältnisses nicht nur bei einer ausdrücklichen Abrede vor, vielmehr kann der **Arbeitsvertrag** auch **konkludent aufgehoben** werden (Lutter/Hommelhoff/*Kleindiek* Anh. § 6 Rn. 4). Von einem derartigen Willen beider Parteien ist idR auszugehen (BGH 15.3.2011, NJW 2011, 2684 (2685); BGH 23.8.2011, GmbHR 2011, 1200 (1202); BGH 24.10.2013, NZA 2014, 540 Rn. 24; BAG 5.6.2008, NJW 2008, 3514 (3515); BAG 20.10.2012, NZA 2013, 54 Rn. 18). Er wird bekräftigt, wenn sich der Inhalt des Anstellungsvertrags insbesondere bezüglich der Vergütung wesentlich von den bisherigen Arbeitsbedingungen unterscheidet. Stets ist jedoch erforderlich, dass die **Parteien** des Arbeitsvertrags und des der Form des § 623 BGB genügenden Anstellungsvertrags identisch sind (BAG 24.10.2013, NZA 2014, 540 Rn. 25). Eine abweichende und zum parallelen Fortbestand des Arbeitsverhältnisses führende Auslegung des Parteiwillens kommt in Betracht, wenn Tätigkeit und Vergütung weitgehend unverändert bleiben oder die Organstellung nur kurzzeitig übernommen wird (BAG 14.6.2006, NJW 2007, 396 (398); → Rn. 105). Dies entbindet jedoch nicht von der Notwendigkeit, Abweichungen von der vorstehenden Vermutung klar und eindeutig zu vereinbaren (BAG 19.7.2007, NJW 2007, 3228 (3229)). 106

b) Anwendung des Arbeitsrechts. Auch wenn die Tätigkeit des GmbH-Geschäftsführers idR einer Arbeitnehmereigenschaft entgegensteht, kann eine mit einem Arbeitnehmer vergleichbare soziale Schutzbedürftigkeit anzuerkennen sein und – wie bei arbeitnehmerähnlichen Personen – die Anwendung arbeitsrechtlicher Vorschriften nahelegen. Das kommt allerdings nur beim Fremdgeschäftsführer sowie beim Gesellschafter-Geschäftsführer mit untergeordneter Beteiligung in Betracht. Arbeitsrechtliche Vorschriften finden auch auf sie grundsätzlich nur Anwendung, wenn der Gesetzgeber dies **ausdrücklich angeordnet** hat (s. § 17 Abs. 1 S. 2 BetrAVG, § 6 Abs. 3 AGG). Vereinzelt hat der Gesetzgeber die fehlende Arbeitnehmereigenschaft des Geschäftsführers sogar ausdrücklich klargestellt (so § 5 Abs. 1 S. 3 ArbGG, § 5 Abs. 2 Nr. 1 BetrVG, § 14 Abs. 1 Nr. 1 KSchG), ohne dass die insoweit singulären Bestimmungen einen Umkehrschluss rechtfertigen (Rowedder/Schmidt-Leithoff/*Baukelmann* Rn. 78). Im Gegenteil kann aus der Fiktion des § 14 Abs. 1 Nr. 1 KSchG abgeleitet werden, dass die Tätigkeit als Organmitglied auch aufgrund eines Arbeitsverhältnisses ausgeübt werden kann (BAG 21.9.2017, NZA 2018, 358 Rn. 18 f.). 107

Dementsprechend gilt **§ 613a BGB** weder unmittelbar noch entsprechend (BAG 13.2.2003, NJW 2003, 2473 (2474); → Rn. 115). Auch die Grundsätze zur eingeschränkten **Arbeitnehmerhaftung** bei betrieblichen Tätigkeiten finden iRv § 43 Abs. 1 keine Anwendung (Baumbach/Hueck/*Beurskens* § 37 Rn. 110; BeckOK GmbHG/*Wisskirchen/Kuhn* § 6 Rn. 70; HCL/*Paefgen* Rn. 260; *G. Hueck* ZfA 1985, 25 (33) sowie → § 43 Rn. 11). 108

Bezüglich des **arbeitsrechtlichen Gleichbehandlungsgrundsatzes** ist zu differenzieren: Während der Geschäftsführer eine Gleichbehandlung mit anderen Arbeitnehmern grundsätzlich nicht beanspruchen kann, kommt die Anwendung des arbeitsrechtlichen Gleichbehandlungsgrundsatzes im Verhältnis der Geschäftsführer untereinander in Betracht. Allerdings gilt auch dies (mittels einer entsprechenden Anwendung) nur für Fremdgeschäftsführer sowie Gesellschafter-Geschäftsführer mit untergeordneter Beteiligung an der Gesellschaft (s. BGH 14.5.1990, NJW-RR 1990, 1313 (1314); im Grundsatz auch HCL/*Paefgen* Rn. 261; MHLS/*Lenz* Rn. 122; MüKoGmbHG/*Jaeger/Steinbrück* Rn. 306; krit. *Nebendahl* NZA 1992, 289 ff.; → Rn. 144; **aA** idR für Vertretungsorgane von Kapitalgesellschaften jetzt BGH 24.9.2019, NJW 2020, 679 Rn. 37). 109

110 Die Einbeziehung in die **arbeitsrechtlichen Diskriminierungsverbote des AGG** ordnet § 6 Abs. 3 AGG ausschließlich für den Zugang zur Erwerbstätigkeit an (s. BGH 26.3.2019, NZA 2019, 706 Rn. 19 f.; *Oetker* FS Otto, 2008, 361 (372 ff.) sowie → Rn. 96 f.), betrifft damit jedoch den Abschluss des Anstellungsvertrags sowie ggf. die Verlängerung eines befristet abgeschlossenen Anstellungsvertrags (s. BGH 23.4.2012, NZG 2012, 777 Rn. 20 ff. sowie zuvor OLG Köln 29.7.2010, NZG 2011, 187; s. aber *Preis/Sagan* ZGR 2013, 26 (63 ff.)); Diskriminierungen aus den in § 1 AGG genannten personenbezogenen Merkmalen verstoßen idR zudem gegen die guten Sitten (§ 138 Abs. 1 BGB). Allerdings bezieht § 6 Abs. 1 S. 1 AGG nicht nur Arbeitnehmer im arbeitsrechtlichen Sinne in den Beschäftigtenbegriff des AGG ein (→ Rn. 116), sondern dehnt diesen auf **arbeitnehmerähnliche Personen** aus (s. § 6 Abs. 1 S. 1 Nr. 3 AGG sowie → Rn. 120). Einen Rückgriff auf den Beschäftigtenbegriff des AGG bei GmbH-Geschäftsführern schließt § 6 Abs. 3 AGG nicht iS einer *lex specialis* aus (BGH 26.3.2019, NZA 2019, 706 Rn. 35; *Christiansen,* Die Anwendbarkeit des Allgemeinen Gleichbehandlungsgesetzes auf GmbH-Geschäftsführer, 2020, 174 ff.; → Rn. 116).

111 Die tradierte Ausklammerung des GmbH-Geschäftsführers aus den arbeitsrechtlichen Vorschriften ist durch die **Rspr. des EuGH** zum **Arbeitnehmerbegriff iRd Unionsrechts** in Frage gestellt (s. MHdB ArbR/*Richter* § 22 Rn. 13 ff.; ferner allg. MHdB ArbR/*Schneider* § 18 Rn. 50 ff.; *Sagan* ZESAR 2020, 3 ff.). Zu der Mutterschutzrichtlinie 92/85/EG hat der EuGH in der **Rs. *Danosa*** ausdrücklich die teilweise Einbeziehung von Mitgliedern der Unternehmensleitung in den Arbeitnehmerbegriff befürwortet, wenn sie ihre Tätigkeit für eine bestimmte Zeit nach der Weisung oder unter der Aufsicht eines anderen Organs der Gesellschaft ausüben (EuGH 11.11.2010, NZA 2011, 143 Rn. 45 ff.; s. *Benecke* EuZA 2018, 3 (9 f.); *Boemke* RdA 2018, 1 (5 ff.); *Christiansen,* Die Anwendbarkeit des Allgemeinen Gleichbehandlungsgesetzes auf GmbH-Geschäftsführer, 2020, 63 ff.; *Commandeur/Kleinebrink* NZA-RR 2017, 449 (450 ff.); *Kort* NZG 2013, 601 (602 ff.); *Preis/Sagan* ZGR 2013, 26 (40 ff.); *Schubert* ZESAR 2013, 5 (7 ff.); ausf. *Hildebrand,* Arbeitnehmerschutz von geschäftsführenden Organmitgliedern, 2014, 48 ff.; krit. *Mohr* ZHR 178 (2014), 326 (340 ff.); *Mohr/Bourazeri* NZA 2019, 595 (600 f.); *Siefer,* Der Schutz von Geschäftsführern und Vorstandsmitgliedern gegen Diskriminierungen, 2016, 32 ff.). In der **Rs. *Balkaya*** hat der EuGH dies im Hinblick auf die Massenentlassungsrichtlinie 98/59/EG ausdrücklich für den Fremdgeschäftsführer wiederholt (EuGH 9.7.2015, NJW 2015, 2481 Rn. 34 ff.; dazu auch *Lunk* NZA 2015, 917 ff.) und in der **Rs. *Holtermann Ferho Exploitatie*** für die VO (EG) Nr. 44/2001 (EuGVVO) auch auf Gesellschafter-Geschäftsführer mit nur unerheblichem Einfluss auf das Verwaltungsorgan ausgedehnt (EuGH 10.9.2015, NZA 2016, 183 Rn. 45 ff.; ebenso *Boemke* RdA 2018, 1 (6); *Siefer,* Der Schutz von Geschäftsführern und Vorstandsmitgliedern gegen Diskriminierungen, 2016, 74 ff.; s. in Abgrenzung dazu EuGH 11.4.2019, EuZW 2019, 799 Rn. 25 f., 30 ff. – *Bosworth und Hurley*). Die Einbeziehung in den unionsrechtlichen Arbeitnehmerbegriff kommt nicht nur bei **Fremdgeschäftsführern,** sondern auch bei **Gesellschafter-Geschäftsführern** in Betracht (s. MHdB ArbR/*Richter* § 22 Rn. 17), wobei bezüglich der Letztgenannten offen ist, welche Höhe der prozentualen Beteiligung der Arbeitnehmereigenschaft entgegensteht. Eine Übernahme des Schwellenwerts aus dem Betriebsrentenrecht (10 % → Rn. 210) ist nicht zwingend geboten, da auch eine höhere Beteiligung nicht ausschließt, dass der Geschäftsführer den Weisungen der Gesellschafterversammlung unterliegt (s. BAG 17.1.2017, NZA 2017, 630 Rn. 25). Stets ist für die Arbeitnehmereigenschaft jedoch erforderlich, dass die **Abberufung jederzeit ohne Einschränkungen** erfolgen kann, was immer dann zu verneinen ist, wenn die Abberufung kraft Satzung (→ § 38 Rn. 21) oder Gesetzes (§ 31 Abs. 1 MitbestG iVm § 84 Abs. 3 AktG) nur aus wichtigem Grund erfolgen kann (s. auch *Forst* GmbHR 2012, 821 (825 f.); *Preis/Sagan* ZGR 2013, 26 (45); *Schubert* ZESAR 2013, 5 (9); *Siefer,* Der Schutz von Geschäftsführern und Vorstandsmitgliedern gegen Diskriminierungen, 2016, 65 ff., 71 f.; **aA** *Christiansen,* Die Anwendbarkeit des Allgemeinen Gleichbehandlungsgesetzes auf GmbH-Geschäftsführer, 2020, 114 ff.; *Hildebrand,* Arbeitnehmerschutz von geschäftsführenden Organmitgliedern, 2014, 74 ff.).

112 Konsequenzen hatte die Rspr. des EuGH in der Rs. *Danosa* insbesondere für den personellen Anwendungsbereich des **MuSchG aF.** Unter der Geltung von § 1 MuSchG aF war der dortige Arbeitnehmerbegriff unionsrechtskonform auszulegen (s. *Boemke* RdA 2018, 1 (18); *Hepp,* Mutterschutz für GmbH-Geschäftsführerinnen, 2016, 385 ff.; *Hildebrand,* Arbeitnehmerschutz von geschäftsführenden Organmitgliedern, 2014, 127 ff.; EuArbRK/*Risak* RL 92/85/EWG Art. 2 Rn. 3c; *Oberthür* NZA 2011, 253 (255 ff.); *Preis/Sagan* ZGR 2013, 26, 53 ff.; *Reinhard/Bitsch* ArbRB 2011, 241 (243); *Reiserer* DB 2011, 2262 (2266); *Schubert* ZESAR 2013, 5 (10 f.); *Siefer,* Der Schutz von Geschäftsführern und Vorstandsmitgliedern gegen Diskriminierungen, 2016, 133; **aA** *Lunk/Rodenbusch* GmbHR 2012, 188 (191); *Schubert* EuZA 2011, 362 (369); → § 38 Rn. 7 ff. sowie → Rn. 165), sodass Fremdgeschäftsführerinnen und Gesellschafter-Geschäftsführerinnen mit untergeordneter Beteiligung in den Anwendungsbereich des MuSchG aF einzubeziehen waren, sofern sie jederzeit ohne Einschränkungen abberufen werden konnten (→ Rn. 111). In diesem gilt Umfang gilt das auch nach der Umstellung der maßgeblichen Anknüfung an das sozialversicherungsrechtliche Beschäftigungsverhältnis in § 1 Abs. 2 S. 1 MuSchG (→ Rn. 121 f.), da bei dessen Konkretisierung ebenfalls der unionsrechtliche Arbeitnehmerbegriff zu beachten ist (ErfK/*Schlachter* MuSchG § 1 Rn. 7; s. auch BWV/*Latterner/Weth* MuSchG § 1 Rn. 23 ff.).

Für andere arbeitsrechtliche Gesetze besteht ein mit dem MuSchG vergleichbarer Zwang zur unionsrechtskonformen Auslegung nur, wenn und soweit diese Vorgaben des Unionsrechts umsetzen und die entsprechenden Rechtsakte der Union einen eigenständigen (autonomen) Arbeitnehmerbegriff enthalten, sodass der Begriff des Arbeitnehmers nicht je nach nationalem Recht unterschiedlich auszulegen ist. In Betracht kommt dies neben dem MuSchG für das **ArbSchG** wegen der eigenständigen Definition des Arbeitnehmerbegriffs in Art. 3 RL 89/391/EWG (ebenso *Boemke* RdA 2018, 1 (11); *Reinhard/Bitsch* ArbRB 2011, 241 (244); Scholz/*Hohenstatt* Rn. 277; *Schubert* ZESAR 2013, 5 (13); s. auch EuArbRK/*Klindt/Schucht* RL 89/391/EWG Art. 2 Rn. 11; **aA** *Hildebrand,* Arbeitnehmerschutz von geschäftsführenden Organmitgliedern, 2014, 266 ff.) sowie für den **Erholungsurlaub (BUrlG)** wegen der RL 2003/88/EG (BeckOK GmbHG/*Wisskirchen/Kuhn* § 6 Rn. 70, 135; *Boemke* RdA 2018, 1 (10); *Commandeut/Kleinebrink* NZA-RR 2017, 449 (461); EuArbRK/*Gallner* RL 2003/88/EG Art. 1 Rn. 39c; *Forst* GmbHR 2012, 821 ff.; *Henssler/Lunk* NZA 2016, 1425 (1429); *Hildebrand,* Arbeitnehmerschutz von geschäftsführenden Organmitgliedern, 2014, 255 ff.; *Lunk* FS Moll, 2019, 451 (461); *Preis/Sagan* ZGR 2013, 26 (57); Scholz/*Hohenstatt* Rn. 293) und die **Elternzeit (BEEG)** aufgrund des in § 1 Abs. 2 RL 2010/18/EU (Rahmenvereinbarung) definierten Anwendungsbereichs („Beschäftigungsverhältnis“; so auch *Oberthür* NZA 2011, 253 (258); *Reinhard/Bitsch* ArbRB 2011, 241 (244); **aA** (nationaler Arbeitnehmerbegriff) BeckOK GmbHG/*Wisskirchen/Kuhn* § 6 Rn. 165; Scholz/*Hohenstatt* Rn. 284; *Schubert* ZESAR 2013, 5 (13 f.) sowie *Hildebrand,* Arbeitnehmerschutz von geschäftsführenden Organmitgliedern, 2014, 298 ff.; ebenso auch EuArbRK/*Risak* RL 2010/18/EU Anh. § 1 Rn. 7). In vergleichbarer Weise bezieht auch Art. 3 Abs. 1 lit. c RL 2008/104/EG **Leiharbeitnehmer** iR eines Beschäftigungsverhältnisses in den Anwendungsbereich ein („Arbeitsvertrag oder Beschäftigungsverhältnis“), was auch auf das **AÜG** ausstrahlt (BAG 17.1.2017, NZG 2017, 630 Rn. 23 ff.; s. ferner *Boemke* RdA 2018, 1 (13 f.); EuArbRK/*Rebhahn/Schörghofer/Kolbe* RL 2008/104/EG Art. 3 Rn. 9 f.; Scholz/*Hohenstatt* Rn. 282 ff.). 113

Demgegenüber ist der Arbeitnehmerbegriff des **SGB IX** trotz der UN-Behindertenrechtskonvention (s. zu deren Anwendungsbereich EuArbRK/*Denecke* UN-BRK Art. 27 Rn. 4 f.) nicht unionsrechtlich überlagert (**aA** Scholz/*Hohenstatt* Rn. 530). Soweit das SGB IX jedoch **positive Maßnahmen zum Schutz von schwerbehinderten Arbeitnehmern** ergreift, verbietet das Unionsrecht, hiervon einzelne Personengruppen, die von dem Arbeitnehmerbegriff der RL 2000/78/EG erfasst werden (→ Rn. 116), unter Verstoß gegen den Gleichbehandlungsgrundsatz hiervon auszuklammern (EuGH 9.3.2017, NZA 2017, 439 Rn. 45 ff. – Rs. *Milkova*). Relevant ist dies für den **Sonderkündigungsschutz** durch die §§ 168 ff. SGB IX, der infolge der Rspr. des EuGH in der Rs. ***Milkova*** (EuGH 9.3.2017, NZA 2017, 439 ff.) jedenfalls bei den von § 6 Abs. 1 S. 1 Nr. 1 AGG erfassten GmbH-Geschäftsführern (→ Rn. 116) analog anzuwenden ist (ebenso ErfK/*Rolfs* SGB IX § 168 Rn. 3; *Haase* GmbHR 2019, 980 (985 ff.); KR/*Gallner* SGB IX Vor §§ 168–175 Rn. 21; *Lunk* ArbRB 2020, 90 (91); *Porsche* ZESAR 2017, 451 (455); wohl auch EuArbRK/*Denecke* UN-BRK Art. 27 Rn. 35; iErg jedoch unter verfehltem Rückgriff auf den unionsrechtlichen Arbeitnehmerbegriff Scholz/*Hohenstatt* Rn. 530 offen aber Rn. 294; → Rn. 167). Keine Bedeutung hat der unionsrechtliche Arbeitnehmerbegriff wegen fehlender unionsrechtlicher Überlagerung für den Arbeitnehmerbegriff in **§ 5 Abs. 1 S. 1 ArbGG** (BAG 21.1.2019, NZA 2019, 490 Rn. 14; LAG Hamm 23.5.2018, BeckRS 2018, 11518; iErg auch LAG Hamburg 10.7.2017, BeckRS 2017, 126021; LAG Köln 5.7.2017, BeckRS 2017, 119153). 114

Verweist der jeweilige Rechtsakt des Unionsrechts für den Arbeitnehmerbegriff hingegen auf das Recht der Mitgliedstaaten, ist eine Korrektur der tradierten Ablehnung der Arbeitnehmereigenschaft (→ Rn. 103 f.) jedenfalls nicht aus Sicht des Unionsrechts geboten. Das gilt sowohl für **§ 613a BGB** (*Commandeur/Kleinebrink* NZA-RR 2017, 449 (460); MHdB ArbR/*Richter* § 22 Rn. 18; Scholz/*Hohenstatt* Rn. 280; → Rn. 108) als auch für das **NachwG** (→ Rn. 94; iErg ebenso *Hildebrand,* Arbeitnehmerschutz von geschäftsführenden Organmitgliedern, 2014, 276 ff.; offener wohl nunmehr Art. 1 Abs. 2 RL [EU] 2019/1152, der zwar auf den nationalen Arbeitnehmerbegriff verweist, zugleich aber die Berücksichtigung der Rspr. des EuGH einfordert [dazu EuArbRK/*Kolbe* RL [EU] 2019/1152 Art. 1 Rn. 3 f.; *Maul-Sartori* NZA 2019, 1161, 1163]) sowie das **TzBfG** (s. *Reinhard/Bitsch* ArbRB 2011, 241 (243); *Reiserer* DB 2011, 2262 (2266); Scholz/*Hohenstatt* Rn. 285; **aA** *Lunk/Rodenbusch* GmbHR 2012, 188 (193)). Bezüglich der für die Anwendung der **§§ 17 ff. KSchG** maßgeblichen RL 98/59/EG sprechen zwar gute Gründe gegen eine autonome Auslegung, sodass der Arbeitnehmerbegriff der Mitgliedstaaten maßgeblich bliebe (hierfür *Hildebrand,* Arbeitnehmerschutz von geschäftsführenden Organmitgliedern, 2014, 282 ff.; *Lunk/Rodenbusch* GmbHR 2012, 188 (190); *Pottschmidt,* Arbeitnehmerähnliche Personen in Europa, 2005, 373 ff.; *Vielmeier* NJW 2014, 2678 (2680 f.); *Wank* EuZA 2008, 172 (184)), in der Rs. ***Balkaya*** hat sich der EuGH aber ausdrücklich für einen autonomen Arbeitnehmerbegriff bei der Anwendung der Schwellenwerte in Art. 1 Abs. 1 RL 98/59/EG entschieden, um diese einer Disposition durch die Mitgliedstaaten zu entziehen (EuGH 9.7.2015, NJW 2015, 2481 Rn. 13; krit. *Lunk/Hildebrand* NZA 2016, 129 (130 f.); abl. EuArbRK/*Spelge* RL 98/59/EG Art. 1 Rn. 47). Bei der Berechnung der Schwellenwerte in § 17 Abs. 1 S. 1 KSchG sind deshalb grundsätzlich zumindest auch Fremdgeschäftsführer zu berücksichtigen. 115

116 Für das **AGG** scheint die Anwendung der arbeitsrechtlichen Vorschriften (§§ 7 ff. AGG) auf GmbH-Geschäftsführer abschließend durch § 6 Abs. 3 AGG beantwortet zu sein. Die dortige Beschränkung auf den Zugang zur Erwerbstätigkeit sowie den beruflichen Aufstieg harmoniert jedoch nur dann mit dem Unionsrecht, wenn die Richtlinie 2000/78/EG und die Richtlinie 2000/43/EG auf den Arbeitnehmerbegriff der Mitgliedstaaten verweisen würden. Da sie hiervon absehen, sprechen die besseren Gründe dafür, GmbH-Geschäftsführer jedenfalls dann den Arbeitnehmern iSd § 6 Abs. 1 S. 1 Nr. 1 AGG zuzuordnen, wenn sie nach Maßgabe der Kriterien des EuGH in der Rs. *Danosa* und der Rs. *Balkaya* (→ Rn. 111) in den unionsrechtlichen Arbeitnehmerbegriff einzubeziehen sind (ebenso BGH 26.3.2019, NZA 2019, 706 Rn. 24 ff., 30 ff.; *Boemke* RdA 2018, 1 (8); *Christiansen,* Die Anwendbarkeit des Allgemeinen Gleichbehandlungsgesetzes auf GmbH-Geschäftsführer, 2020, 82 ff.; ErfK/*Schlachter* AGG § 6 Rn. 5; *Hildebrand,* Arbeitnehmerschutz von geschäftsführenden Organmitgliedern, 2014, 187 f.; *Kort* WM 2013, 1049 (1057); *Kort* NZG 2013, 601 (607); *Lunk/Rodenbusch* GmbHR 2012, 188 (193); *Preis/Sagan* ZGR 2013, 26 (48 f., 60 f.); *Reufels/Molle* NZA-RR 2011, 281 (282 f.); Scholz/*Hohenstatt* Rn. 343; *Schubert* ZESAR 2013, 5 (12); *Siefer,* Der Schutz von Geschäftsführern und Vorstandsmitgliedern gegen Diskriminierungen, 2016, 189 f.; offen noch BGH 23.4.2012, NZG 2012, 777 Rn. 17; OLG Hamm 19.6.2017, NZG 2017, 1065 (1066); zurückhaltend *Mohr* ZHR 178 (2014), 326 (340 ff.); s. auch *Wank* FS Hüffer, 2010, 1051 (1066 ff.); **aA** MüKoGmbHG/*Jaeger/Steinbrück* Rn. 263c).

117 Die Anwendung arbeitsrechtlicher Vorschriften kann unabhängig von den Ausführungen in → Rn. 107 bis → Rn. 116 im **Anstellungsvertrag vereinbart** werden (ArbG Stuttgart 21.12.2016, NZA-RR 2017, 69 (75); *Reinfelder* RdA 2016, 87 (91)). In Betracht kommt dies für den Erholungsurlaub **(BUrlG)** sowie die Fortzahlung der Vergütung im Krankheitsfall **(EFZG),** ggf. auch für die Anwendung des **KSchG** (→ Rn. 169 f.). Die im Vertrag in Bezug genommenen Gesetzesbestimmungen gelten jedoch als Vertragsbestimmungen und haben deshalb insbesondere keinen zwingenden Charakter, sodass von ihnen jederzeit einvernehmlich und mangels entgegenstehender Formbedürftigkeit (→ Rn. 94) ggf. auch konkludent abgewichen werden kann. Zum MuSchG s. *Lunk* FS Bauer, 2010, 705 ff. Gravierende Auslegungszweifel bestehen, wenn der Anstellungsvertrag nicht pauschal auf die vorgenannten Gesetze Bezug nimmt, sondern eigenständige Regelungen trifft, deren Dichte hinter den arbeitsrechtlichen Kodifikationen zurückbleibt. So folgt aus der vertraglichen Abrede, dass dem Geschäftsführer das Entgelt im Krankheitsfall für einen bestimmten Zeitraum fortzuzahlen ist, nicht zugleich, dass auch die weiteren Bestimmungen des EFZG (zB Wiederholungserkrankungen, Anzeige- und Nachweispflichten, Forderungsübergang) ebenfalls zur Anwendung kommen.

118 Entsprechendes gilt bei einer Abrede, die dem Geschäftsführer für eine bestimmte Dauer einen Anspruch auf bezahlten **Erholungsurlaub** zuspricht. Allein hieraus folgt weder eine auf das Kalenderjahr bezogene Befristung des Urlaubsanspruchs, noch eine zeitliche begrenzte Übertragung auf das nachfolgende Kalenderjahr oder eine Abgeltung nicht in Anspruch genommenen Urlaubs (→ Rn. 151). Ungeachtet dessen vertritt der BGH in Übereinstimmung mit dem BFH die Auffassung, dass dem Geschäftsführer ein Anspruch auf **Abgeltung** nicht in Anspruch genommenen Urlaubs zusteht, wenn dieser nicht gewährt wurde oder wegen des Umfangs der geleisteten Tätigkeit nicht genommen werden konnte. Bei der „bezahlten Freistellung" handele es sich lediglich um eine anders geartete Vergütung, die selbst dann zu einem Abgeltungsanspruch führt, wenn der Anstellungsvertrag keine Abgeltungsklausel enthält (s. grdl. BGH 3.12.1962, NJW 1963, 535; ferner BFH 28.1.2004, GmbHR 2004, 345; BFH 6.10.2016, GmbHR 2007, 104; ebenso OLG Hamm 19.7.2018, NZG 2018, 1145 (1147); OLG München 24.3.2016, BeckRS 2016, 06453; BeckOK GmbHG/*Wisskirchen/Kuhn* § 6 Rn. 137; Roth/Altmeppen /*Altmeppen* § 6 Rn. 122). Zudem ist ein Rückgriff auf das BUrlG bei unvollständiger Urlaubsregelung in dem Anstellungsvertrag stets dann zwingend erforderlich, wenn auf das Anstellungsverhältnis ungeachtet der ohnehin nach § 2 S. 2 BUrlG gegebenen Erweiterung auf arbeitnehmerähnliche Personen das BUrlG jedenfalls aufgrund einer unionsrechtskonformen Auslegung auf GmbH-Geschäftsführer anzuwenden ist (→ Rn. 113, 148). Wegen § 13 Abs. 1 BUrlG kann dies allerdings auch dazu führen, dass eine vertragliche Klausel nichtig ist, wenn diese eine Abgeltung des Urlaubsanspruchs nicht nur bei einer Beendigung des Anstellungsverhältnissses vorsieht, da § 7 Abs. 4 BUrlG in Übereinstimmung mit Art. 7 RL 2003/88/EG (s. EuArbRK/*Gallner* RL 2003/88/EG Art. 7 Rn. 36) eine Abgeltung nur in dieser Konstellation gestattet (→ Rn. 150).

119 Unabhängig von der Anwendung arbeitsrechtlicher Vorschriften eröffnen die **Bestimmungen des Dienstvertragsrechts** sowie die zivilrechtlichen Generalklauseln Spielräume, um der Schutzbedürftigkeit insbesondere von Fremdgeschäftsführern Rechnung zu tragen (treffend Roth/Altmeppen/*Altmeppen* § 6 Rn. 81). So wird der dispositive **§ 616 BGB** verbreitet dahin ausgelegt, dass auch eine mehrwöchige **Erkrankung** als noch verhältnismäßige Dienstverhinderung zu bewerten ist und deshalb die nach dem Dienstvertrag geschuldete Vergütung aufrechterhalten bleibt (s. näher BeckOK GmbHG/*Wisskirchen/Kuhn* § 6 Rn. 120; HCL/*Paefgen* Rn. 394; Lutter/Hommelhoff/*Kleindiek* Anh. § 6 Rn. 41; MüKoGmbHG/*Jaeger/Steinbrück* Rn. 326; Roth/Altmeppen/*Altmeppen* § 6 Rn. 123; Scholz/*Hohenstatt* Rn. 435). Ferner folgt aus der allg. Interessenwahrungspflicht (§ 241 Abs. 2 BGB) ein Anspruch auf **Freistellung zu Erholungszwecken** (s. BeckOK GmbHG/*Wisskirchen/Kuhn* § 6 Rn. 135; MüKoGmbHG/*Jaeger/Steinbrück* Rn. 327; Roth/Altmeppen/*Altmeppen* § 6 Rn. 121; Rowedder/Schmidt-

Leithoff/*Baukelmann* Rn. 105), ohne dass es hierfür eines Rückgriffs auf die Treuepflicht (→ Rn. 31) bedarf. Keineswegs zwingend ist indes, dass die Interessenwahrungspflicht stets zu einer Fortzahlung der Vergütung während der Freistellung führt. Dies wird jedoch zu bejahen sein, wenn die Höhe der Vergütung idR keinen Spielraum für die Bildung eigenständiger Rücklagen gewährleistet, sodass nur eine bezahlte Freistellung der Interessenwahrungspflicht ausreichend Rechnung trägt. Bei **vorformulierten Anstellungsverträgen** schützt zudem **§ 307 Abs. 1 BGB** den Geschäftsführer vor einer unangemessenen Benachteiligung (→ Rn. 124 f.).

Schließlich ist bei Fremdgeschäftsführern sowie Gesellschafter-Geschäftsführern mit untergeordneter **120** Beteiligung die Anwendung der **Vorschriften für arbeitnehmerähnliche Personen** zu erwägen (s. zB § 2 S. 2 BUrlG, § 3 Abs. 2 Nr. 3 ArbSchG, § 6 Abs. 1 S. 1 Nr. 3 AGG, § 7 Abs. 1 Nr. 3 PflegeZG; *Boemke* RdA 2018, 1 (3 ff.); *Lunk* FS Moll, 2019, 451 (452 ff.); **aA** für § 2 S. 2 BUrlG *Schiefer/Worzalla* ZfA 2013, 41 (61 f.); zu § 5 Abs. 1 S. 2 ArbGG im konkreten Fall LAG Hamm 23.5.2018, BeckRS 2018, 11518). Dem hat indes das BAG in allg. Diktion widersprochen; es liege zwar jedenfalls bei Fremdgeschäftsführern eine wirtschaftliche Abhängigkeit vor, es fehle bei ihnen aber die mit einem Arbeitnehmer vergleichbare soziale Schutzbedürftigkeit (BAG 21.1.2019, NZA 2019, 490 Rn. 32 ff.; ebenso nachfolgend BAG 11.6.2020, NZA 2020, 1179 Rn. 29; LAG Berlin-Brandenburg 12.6.2019, BeckRS 2019, 23147). Diese Aussage kann im Hinblick auf den Normzweck des § 5 Abs. 1 S. 2 ArbGG überzeugen (→ Rn. 216), erweist sich jedoch nicht als verallgemeinerungsfähig (krit. auch *Lunk* FS Moll, 2019, 451 (457 ff.); *Stöhr* GmbHR 2020, 411 (412 f.); **aA** jedoch BAG 11.6.2020, NZA 2020, 1179 Rn. 29). Vielmehr ist zu differenzieren: Soll die entsprechende Vorschrift Schutz vor einseitigen Bestimmungen des Arbeitgebers bieten (zB § 3 Abs. 2 Nr. 3 ArbSchG), ist die Bewertung als arbeitnehmerähnliche Person verfehlt, da der Fremdgeschäftsführer die Aufgaben des Arbeitgebers wahrnimmt. In diesem Fall ist es auch berechtigt, ihn als eine „arbeitgeberähnliche Person" zu bewerten. Anders muss die Beurteilung hingegen ausfallen, wenn die soziale Schutzbedürftigkeit der arbeitnehmerähnlichen Person im Vordergrund steht, wie zB bei § 2 S. 2 BUrlG und § 7 Abs. 1 Nr. 3 PflegeZG (weitergehend *Lunk* FS Moll, 2019, 451 (457 ff.), der auf das Merkmal der sozialen Schutzbedürftigkeit bei GmbH-Geschäftsführern verzichtet).

c) Sozialversicherung. Aus der idR fehlenden Arbeitnehmereigenschaft des Geschäftsführers folgt **121** nicht zugleich dessen Ausschluss aus der gesetzlichen Sozialversicherung, da für diese nicht der arbeitsrechtliche Arbeitnehmerbegriff, sondern das Vorliegen nichtselbständiger Arbeit maßgebend ist (§ 7 Abs. 1 S. 1 SGB IV). Die Einbeziehung in die gesetzliche Sozialversicherung entfällt deshalb erst, wenn der Geschäftsführer eine selbstbestimmte Tätigkeit ausübt, entweder wegen einer mit maßgeblichem Einfluss verbundenen Kapitalbeteiligung oder aufgrund anderer Umstände (BSG 5.2.1998, GmbHR 1998, 1127 (1128); BSG, 10.12.2019, BeckRS 2019, 43494 Rn. 12 f.; LSG Bayern 16.7.2014, DStR 2015, 241; LSG Hessen 15.5.2014, ZIP 2014, 1913). Bei **Gesellschafter-Geschäftsführern** mit **mehr als 50 % Beteiligung** ist dies grundsätzlich zu bejahen (BSG 30.1.1997, GmbHR 1997, 696 (697); BSG 23.6.1994, GmbHR 1995, 224 (226); BSG 14.3.2018, BeckRS 2018, 5025 Rn. 16; BSG 14.3.2018, BeckRS 2018, 5024 Rn. 21; BSG 10.12.2019, BeckRS 2019, 43494 Rn. 13; MHdB ArbR/*Richter* § 22 Rn. 35). Nur ausnahmsweise ist – wie bei einer treuhänderisch gehaltenen Mehrheitsbeteiligung – eine gegenteilige Würdigung gerechtfertigt (BSG 30.1.1997, GmbHR 1997, 696 (698)). Gesellschaftsrechtliche Gestaltungen (zB Stimmbindungsverträge) entfalten hierbei keine entscheidende Indizfunktion (BSG 11.11.2015, GmbHR 2016, 528 Rn. 24 f.; BSG 14.3.2018, BeckRS 2018, 5025 Rn. 17; BSG 14.3.2018, BeckRS 2018, 5024 Rn. 22; BSG, 10.12.2019, BeckRS 2019, 43494 Rn. 19) und präjudizieren nicht den erforderlichen Abwägungsvorgang (BSG 11.11.2015, GmbHR 2016, 528 Rn. 23).

Demgegenüber wird eine nichtselbständige Tätigkeit idR vom **Fremdgeschäftsführer** sowie vom **122** **Gesellschafter-Geschäftsführer** ausgeübt, der über **keine umfassende Sperrminorität** verfügt (BSG 6.3.2003, GmbHR 2004, 494 (496); BSG 29.8.2012, NZA-RR 2013, 252 Rn. 23 ff.; BSG 5.4.2018, BeckRS 2018, 6371 Rn. 5; BSG 14.3.2018, BeckRS 2018, 5025 Rn. 15 f.; BSG 14.3.2018, BeckRS 2018, 5024 Rn. 20 f.; BSG, 10.12.2019, BeckRS 2019, 43494 Rn. 13; näher LSG Baden-Württemberg 30.4.2020, DStR 2020, 1691 ff.; LSG Stuttgart 19.7.2019, ZIP 2020 28 (31 f.); SG Karlsruhe 12.3.2014, NZG 2015, 1314; *Diepenbrock* NZS 2016, 127 ff.; *Kaufmann/Kleemann* BB 2014, 821 ff.; *Klose* GmbHR 2012, 1098 ff.; *Lau* NZS 2019, 452 ff.; *Legde* SGb 2017, 25 ff.; MHdB ArbR/*Richter* § 22 Rn. 36; *Reiserer/Skupin* BB 2019, 505 ff.). Diese Einschränkung setzt jedoch voraus, dass der Gesellschafter-Geschäftsführer mit der Rechtsmacht ausgestattet ist, ihm nicht genehme Weisungen jederzeit abzuwenden (BSG 11.11.2015, GmbHR 2016, 533 Rn. 24; BSG 11.11.2015, GmbHR 2016, 537 Rn. 28, 41; BSG 14.3.2018, BeckRS 2018, 5025 Rn. 16; BSG 14.3.2018, BeckRS 2018, 5024 Rn. 21; BSG 10.12.2019, BeckRS 2019, 43494 Rn. 13; LSG Baden-Württemberg 30.4.2020, DStR 2020, 1691 ff.; LSG Sachsen-Anhalt 29.6.2016, BeckRS 2016, 108791; s. auch Scholz/*Hohenstatt* Rn. 546). Ein im Anstellungsverhältnis eingeräumtes Vetorecht reicht insoweit nicht aus, da dieses wegen seiner Abhängigkeit vom Bestand des Anstellungsverhältnisses keine mit einer gesellschaftsrechtlich vermittelten Sperrminorität vergleichbare Rechtsposition verleiht (BSG 11.11.2015, GmbHR 2016, 533

Rn. 26 ff.; s. ferner BSG 14.3.2018, BeckRS 2018, 5025 Rn. 17; BSG 14.3.2018, BeckRS 2018, 5024 Rn. 22; BSG 10.12.2019, BeckRS 2019, 43494 Rn. 15). Auch die Möglichkeit, aus (familiärer) Rücksichtnahme, von dem Gesellschafter-Geschäftsführer nicht genehmen Weisungen abzusehen, verleiht ihm keine mit einer Sperrminorität vergleichbare Rechtsmacht (BSG 11.11.2015, GmbHR 2016, 537 Rn. 41). Durch ein Statusfeststellungsverfahren bei der Deutschen Rentenversicherung Bund (§ 7a SGB IV) können die Beteiligten hinsichtlich der Einbeziehung in die gesetzliche Sozialversicherung Rechtssicherheit erlangen (s. *Grimm* DB 2012, 175 (177)).

123 Wegen der in den Zweigen der gesetzlichen Sozialversicherung unterschiedlich hohen Beitragsbemessungsgrenzen ist die Sozialversicherungspflicht vor allem in der Rentenversicherung bedeutsam. Diese beschränkt sich nicht nur auf abhängig Beschäftigte iSd § 7 Abs. 1 S. 1 SGB IV, sondern bezieht auch Selbständige in die Versicherungspflicht ein (§ 2 S. 1 Nr. 9 SGB VI), wenn sie keinen versicherungspflichtigen Arbeitnehmer beschäftigen (BeckOK GmbHG/*Wisskirchen/Kuhn* § 6 Rn. 80). Bei Gesellschafter-Geschäftsführern, die Alleingesellschafter sind, ist nicht auf den Gesellschafter, sondern auf die Gesellschaft abzustellen (§ 2 S. 4 Nr. 3 SGB VI).

124 **3. Inhaltskontrolle.** Ist der Anstellungsvertrag von dem zuständigen Gesellschaftsorgan **vorformuliert** (zB Übernahme von Musterverträgen, von Dritten erarbeitete Entwürfe oder bei anderen Geschäftsführern verwendete Verträge; s. *Bauer* FS Wank, 2014, 1 (2); *Oetker* FS Buchner, 2009, 691 (700 ff.)), unterliegt dieser der **AGB-Kontrolle** (s. BAG 19.5.2010, NZA 2010, 939 (941 f.); OLG Karlsruhe 25.10.2016, NZG 2017, 226 (227); ausf. *Mirza Khanian,* Die Inhaltskontrolle von Organanstellungsverträgen am Beispiel des GmbH-Geschäftsführervertrages, 2008; *Stagat* NZA-RR 2011, 617 (620 ff.); krit. *Schiefer/Worzalla* ZfA 2013, 41 (58)). Die **gesellschaftsrechtliche Bereichsausnahme** in § 310 Abs. 4 S. 1 BGB greift insoweit nicht ein (OLG Karlsruhe 25.10.2016, NZG 2017, 226 (227); *Oetker* FS Buchner, 2009, 691 (693 f.) mwN; Scholz/*Hohenstatt* Rn. 340; diff. *Mülbert* FS Goette, 2011, 333 (342 ff.)). Für die AGB-Kontrolle ist jedenfalls der Fremdgeschäftsführer **Verbraucher iSd § 13 BGB** (BAG 19.5.2010, NZA 2010, 939 (940 f.); *Boemke* RdA 2018, 1 (12 f.); *Oetker* FS Buchner, 2009, 691 (697 f.); **aA** *Mülbert* FS Goette, 2011, 333 (337 ff.); krit. MüKoBGB/*Basedow* § 310 Rn. 55; zurückhaltend Baumbach/Hueck/*Beurskens* Rn. 57), sodass bei diesen **§ 310 Abs. 3 BGB** zur Anwendung gelangt. Entsprechendes gilt für Gesellschafter-Geschäftsführer, die keine zur Sperrminorität führende gesellschaftsrechtliche Beteiligung halten (OLG Karsruhe 25.10.2016, NZG 2017, 226 (227 f.); MüKoGmbHG/*Jaeger/Steinbrück* Rn. 273).

125 Durch die AGB-Kontrolle sind insbesondere Klauseln rechtsunwirksam, die den Geschäftsführer unangemessen benachteiligen (§ 307 Abs. 1 S. 1 BGB); ebenso sind vorformulierte Bestandteile eines Anstellungsvertrags bei nicht durch Auslegung behebbaren Zweifeln zugunsten des Geschäftsführers auszulegen (§ 305c Abs. 2 BGB; BAG 19.5.2010, NZA 2010, 939 (942)) und unterliegen den **Anforderungen des Transparenzgebots** (§ 307 Abs. 1 S. 2 BGB). Sind einzelne Klauseln hiernach rechtsunwirksam (§ 306 Abs. 1 BGB), können diese wegen des **Verbots der geltungserhaltenden Reduktion** nicht auf einen wirksamen Restbestand zurückgeführt werden (OLG Karlsruhe 25.10.2016, NZG 2017, 226 (227)). Zu vergütungsbezogenen **Änderungsvorbehalten** s. *Oetker* ZHR 175 (2011), 527 (551 ff.) sowie → Rn. 143. Der **Vorbehalt in § 310 Abs. 4 S. 2 BGB,** bei der Klauselkontrolle von Arbeitsverträgen die Besonderheiten des Arbeitsrechts angemessen zu berücksichtigen, findet auf vorformulierte Anstellungsverträge, die keine Arbeitsverträge sind (→ Rn. 104), keine entsprechende Anwendung (s. *Boemke* RdA 2018, 1 (15); *Oetker* FS Buchner, 2009, 691 (702 f.); **aA** *Bauer* FS Wank, 2014, 1 (1 f.); *Bauer/Arnold* ZIP 2006, 2337 (2338); Scholz/*Hohenstatt* Rn. 342; ebenso für Anstellungsverträge von Vorstandsmitgliedern einer AG *Habersack* FS Coester-Waltjen, 2015, 1097 (1102 f.); *Kort* FS K. Schmidt Bd. I, 2019, 715 (722); *Kort* NZG 2020, 121 (123)). Selbst die gegenteilige Ansicht rechtfertigt nur eine „entsprechende" Anwendung, sodass nicht die Besonderheiten des Arbeitsrechts (so wohl Scholz/*Hohenstatt* Rn. 342 zwecks Vermeidung von Wertungswidersprüchen), sondern lediglich diejenigen, die aus der Organstellung des GmbH-Geschäftsführers folgen, Modifikationen der AGB-Kontrolle legitimieren (zutreffend insoweit *Kort* NZG 2020, 121 (123)).

126 **4. Pflichten des Geschäftsführers.** Zu den Pflichten des Geschäftsführers aufgrund des Anstellungsvertrags gehört es, die aus der Organstellung folgende Aufgabe der Geschäftsführung wahrzunehmen (→ Rn. 14 f.). In der Verletzung der organschaftlichen Pflichten liegt deshalb zugleich eine Verletzung der Pflichten aus dem **Anstellungsverhältnis.** Seine Leistung hat der Geschäftsführer **höchstpersönlich** zu erbringen (§ 613 BGB; GBS GmbHG/*Buck-Heeb* Anh. § 6 Rn. 39). Der Anstellungsvertrag kann den Umfang der Pflicht zur Geschäftsführung konkretisieren. Das betrifft nicht nur Aufgaben und Kompetenzen, sondern auch den zeitlichen **Umfang der Tätigkeit** (→ Rn. 31).

127 **5. Arbeitszeit.** Der Anstellungsvertrag kann eine bestimmte regelmäßige tägliche und/oder wöchentliche **Arbeitszeit** vorsehen. Die Beschränkungen des **ArbZG** greifen bei Geschäftsführern nicht ein (*Hildebrand,* Arbeitnehmerschutz von geschäftsführenden Organmitgliedern, 2014, 251 ff.). Das ArbZG enthält zwar keine explizite Ausnahme für Organmitglieder juristischer Personen, es klammert aber in § 18 Abs. 1 Nr. 1 ArbZG leitende Angestellte iSd § 5 Abs. 3 BetrVG aus seinem Anwendungsbereich aus. Hieraus folgt *per argumentum a minore ad maius,* dass dies erst recht für Geschäftsführer einer GmbH gilt, da diese noch wesentlich intensiver als leitende Angestellte den Arbeitgeber repräsentieren. Die **rechtsfortbildende Erstreckung des § 18 Abs. 1 Nr. 1 ArbZG** auf GmbH-Geschäftsführer erweist sich als notwendig, weil § 18 Abs. 1 ArbZG nach bisherigem Verständnis auf dem nationalen und in § 611a Abs. 1 BGB konkretisierten **Arbeitnehmerbegriff in § 2 Abs. 2 ArbZG** aufbaut, sodass es in § 18 Abs. 1 ArbZG vor dem Hintergrund des § 611a Abs. 1 BGB keiner Regelung für GmbH-Geschäftsführer bedurfte. Infolge der unionsrechtlichen Überlagerung durch die RL 2003/88/EG ist für den Arbeitnehmerbegriff des ArbZG jedoch das unionsrechtliche Verständnis maßgebend (s. ErfK/*Wank* ArbzG § 2 Rn. 3; → Rn. 113), sodass jedenfalls GmbH-Fremdgeschäftsführer zu den Arbeitnehmern iSd ArbZG zählen (ErfK/*Wank* ArbZG § 2 Rn. 3; **aA** noch MHdB ArbR/*Koberski* § 182 Rn. 52). Hieraus folgt wiederum die Notwendigkeit, § 18 Abs. 1 Nr. 1 ArbZG fortzubilden, um einen andernfalls eintretenden unüberbrückbaren Wertungswiderspruch abzuwenden, wenn leitende Angestellte iSd § 5 Abs. 3 BetrVG aus dem ArbZG ausgeklammtert werden, die im Hinblick auf die Arbeitzeit im Wesentlichen weisungsfrei agierenden GmbH-Geschäftsführer aufgrund der unionsrechtlichen Vorgaben hingegen den Normen des ArbZG unterworfen würden.

Die Vereinbarkeit des Ausschlusses aus dem ArbZG durch § 18 Abs. 1 Nr. 1 ArbZG mit der RL 2003/88/EG ist allerdings wegen des für die Richtlinie autonom zu bestimmenden Arbeitnehmerbegriffs (→ Rn. 113) in Frage gestellt. Entsprechende Bedenken lassen sich jedoch durch **Art. 17 Abs. 1 RL 2003/88/EG** ausräumen, da Geschäftsführer die Arbeitszeit typischerweise selbst festlegen (ebenso *Hildebrand,* Arbeitnehmerschutz von geschäftsführenden Organmitgliedern, 2014, 252 f.; Scholz/*Hohenstatt* Rn. 292; krit. jedoch EuArbRK/*Gallner* RL 2003/88/EG Art. 17 Rn. 5). Mit § 18 Abs. 1 Nr. 1 ArbZG nimmt der Gesetzgeber die Option in Art. 17 Abs. 1 RL 2003/88/EG in Anspruch, sodass in den durch § 18 Abs. 1 ArbZG gezogenen Grenzen die Art. 3 und 6 RL 2003/88/EG in Deutschland keine Bedeutung entfalten. Deshalb hat auch die Entscheidung des EuGH in der Rs. ***CCOO*** zur **Erfassung der täglichen Arbeitszeit** (EuGH 14.5.2019, NZA 2019, 683 ff.) keine Relevanz für die von § 18 Abs. 1 ArbZG erfassten Arbeitnehmer. Eine Pflicht zur Erfassung der täglichen Arbeitszeit kommt nur in Betracht, wenn für das Arbeitsverhältnis Art. 3 und 6 RL 2003/88/EG zur Anwendung gelangen, was bei Geschäftsführern jedoch wegen Art. 17 Abs. 1 RL 2003/88/EG und der konkreten Reichweite des § 18 Abs. 1 ArbZG (→ Rn. 127) nicht der Fall ist. **128**

6. Vergütung des Geschäftsführers. a) Allgemeines. Ein **Anspruch auf Vergütung** steht dem Geschäftsführer nur bei entsprechender Abrede im **Anstellungsvertrag** zu (UHL/*Paefgen* Rn. 346); fehlt eine Einigung über die konkrete Höhe, liegt aber zumindest ein Einvernehmen zur Entgeltlichkeit der Tätigkeit vor, dann gilt § 612 BGB (GBS GmbHG/*Buck-Heeb* Anh. § 6 Rn. 62; MHLS/*Lenz* Rn. 150; Roth/Altmeppen/*Altmeppen* § 6 Rn. 100; Rowedder/Schmidt-Leithoff/*Baukelmann* Rn. 78, 86). Insbesondere beim **Fremdgeschäftsführer** ist eine Aufnahme der Tätigkeit grundsätzlich von der Gewährung einer Vergütung abhängig (OLG Celle 8.7.1997, NZG 1999, 78 (79); HCL/*Paefgen* Rn. 354); Abweichendes kommt jedoch zB in Betracht, wenn die Geschäftsführertätigkeit bei abhängigen Gesellschaften in Wahrnehmung der Organfunktion bei einer herrschenden Gesellschaft erfolgt (→ Rn. 93), da in diesem Fall die von der herrschenden Gesellschaft gezahlte Vergütung idR auch die Geschäftsführertätigkeit bei den abängigen Gesellschaften abgelten soll. Ebenso ist bei einem **Gesellschafter-Geschäftsführer** nicht steht die Erwartung gerechtfertigt, er übe die Tätigkeit nur gegen ein Entgelt aus (treffend BeckOK GmbHG/*Wisskirchen/Kuhn* § 6 Rn. 108; Lutter/Hommelhoff/*Kleindiek* Anh. § 6 Rn. 31; Roth/Altmeppen/*Altmeppen* § 6 Rn. 100 mwN). Für den **Notgeschäftsführer** folgt dessen Anspruch auf eine Vergütung aus einer analogen Anwendung des § 85 Abs. 3 S. 1 AktG (Hachenburg/*Stein* Rn. 197; HCL/*Paefgen* § 6 Rn. 3102; iErg auch Rowedder/Schmidt-Leithoff/*Baukelmann* Rn. 86 sowie → AktG § 85 Rn. 6). **129**

Bezüglich der **Bestandteile** und der **Höhe** der Vergütung gilt grundsätzlich die Vertragsfreiheit. Insbesondere können die Parteien neben einer idR monatlich bemessenen Grundvergütung eine **Beteiligung am Gewinn** (Tantieme) der Gesellschaft vereinbaren. Der Vertragsfreiheit unterliegen auch die Festlegung der Bemessungsgrundlage sowie die Höhe. Fehlt eine Regelung zur Höhe der Tantieme, so gilt für diese § 315 BGB (Baumbach/Hueck/*Beurskens* § 37 Rn. 124; BeckOK GmbHG/*Wisskirchen/Kuhn* § 6 Rn. 114; MHLS/*Tebben* § 6 Rn. 168; Scholz/*Hohenstatt* Rn. 382). Entsprechendes gilt für die Bemessungsgrundlage (BGH 9.5.1994, NJW-RR 1994, 1055 (1056); Roth/Altmeppen/*Altmeppen* Rn. 105), die ggf. in einer Zielvereinbarung konkretisiert werden kann. Darüber hinaus können **Gratifikationen** aus bestimmten Anlässen zugesagt werden (zB Urlaubsgeld, Weihnachtsgeld). Fehlt diesbezüglich eine ausdrückliche Abrede, kann der wiederholten vorbehaltlosen Gewährung aus der Sicht des Leistungsempfängers konkludent die Erklärung entnommen werden, dass die Leistung auch zukünftig erbracht werden soll (iErg auch Baumbach/Hueck/*Beurskens* § 37 Rn. 125; MHLS/*Tebben* § 6 Rn. 172; Rowedder/Schmidt-Leithoff/*Baukelmann* Rn. 91; Scholz/*Hohenstatt* Rn. 385). Die **Überlassung eines Pkw** zur privaten Nutzung bedarf einer ausdrücklichen Abrede, da der Vorteil der privaten Nutzung das zu versteuernde Einkommen erhöht (s. BAG 24.1.2009, NZA 2009, 861 (862); BAG 23.4.2009, NJW-RR 2009, 1410; BAG 11.2.2010, NJW 2010, 1488; BAG 19.5.2010, NZA **130**

2010, 939 (940); BAG 14.12.2010, NJW 2011, 1469 (1470); BAG 21.3.2013, NJW 2013, 3053 Rn. 11; BAG 6.2.2014, NZG 2014, 1439 Rn. 13; BFH 23.1.2008, NJW 2008, 2207 (2208)). Entsprechendes gilt bei der Übernahme der **Beiträge für die Mitgliedschaft** in Sport-, Geselligkeits- oder Freizeitvereinen (zB Golfclub; BFH 21.3.2013, NJW 2013, 3053 Rn. 32 f.). Vereinbart wird häufig auch ein im Anschluss an die Beendigung der Tätigkeit zu zahlendes **Übergangsgeld** sowie eine **Versorgungszusage,** wenn der Geschäftsführer infolge der Tätigkeit keine Ansprüche gegen den Träger der gesetzlichen Rentenversicherung erwirbt (→ Rn. 204 ff.). Zur Einbeziehung in die gesetzliche Rentenversicherung → Rn. 121 ff.

131 Hinsichtlich der **Höhe der Vergütung** ist nicht abschließend geklärt, ob die **aktienrechtlichen Schranken** (→ AktG § 87 Rn. 13 ff.) zur Anwendung gelangen. Gegen eine allenfalls in Betracht zu ziehende entsprechende Anwendung des **§ 87 Abs. 1 AktG** spricht die fehlende teleologische Vergleichbarkeit, da die Bedingungen des Anstellungsvertrags oftmals von der Gesellschafterversammlung gebilligt werden (iErg auch Baumbach/Hueck/*Beurskens* § 37 Rn. 128; HCL/*Paefgen* Rn. 358; *Koch* ZIP 2020, 1155 (1156); Lutter/Hommelhoff/*Kleindiek* Anh. § 6 Rn. 31; MHLS/*Lenz* Rn. 150; MHLS/*Tebben* § 6 Rn. 157; MüKoGmbHG/*Jaeger/Steinbrück* Rn. 304; Rowedder/Schmidt-Leithoff/*Baukelmann* Rn. 98; Scholz/*Hohenstatt* Rn. 372; idS ebenfalls BGH 27.10.2015, NZG 2016, 264 Rn. 25). Allerdings verpflichtet die organschaftliche Treuepflicht (→ Rn. 17) auch im Hinblick auf die Höhe der Vergütung zur Rücksichtnahme auf die Belange der Gesellschaft (Baumbach/Hueck/*Beurskens* § 37 Rn. 128; HCL/*Paefgen* Rn. 357). Dies gebietet idR, dass sich die Vergütungshöhe in einem angemessenen Verhältnis zu der wirtschaftlichen Lage der Gesellschaft bewegen muss (Rowedder/Schmidt-Leithoff/*Baukelmann* Rn. 98); in diesem Rahmen wird § 87 Abs. 1 AktG teilweise die Wirkung einer Leitlinie zugebilligt (so Roth/Altmeppen/*Altmeppen* § 6 Rn. 113; iErg auch Scholz/*Hohenstatt* Rn. 373). Ein Verstoß hiergegen kann zum Schadensersatz an die Gesellschaft verpflichten (HCL/*Paefgen* Rn. 357, 368; Rowedder/Schmidt-Leithoff/*Baukelmann* Rn. 98; s. aber auch zu § 87 Abs. 1 AktG BGH 24.9.2019, NJW 2020, 679 Rn. 33: kein unmittelbarer Einfluss auf die Rechtswirksamkeit zivilrechtlicher Vergütungsabreden).

132 Die Sonderregelung in **§ 87 Abs. 1 S. 2 AktG** für börsennotierte AG (→ AktG § 87 Rn. 22 ff.) gelangt auch über die organschaftliche Treuepflicht bei der GmbH nicht zur Anwendung (HCL/*Paefgen* Rn. 359), da bereits der Gesetzgeber diese nicht auf alle AG ausgedehnt hat. Gegen eine im Verhältnis zu der Tätigkeit zu niedrige Vergütung bietet nur **§ 138 Abs. 1 BGB** einen Schutz (s. KG 12.3.1996, GmbHR 1996, 613; LG Heidelberg 19.12.1955, GmbHR 1957, 60; MHLS/*Lenz* Rn. 150; Scholz/*Hohenstatt* Rn. 371).

133 Eine **entsprechende Anwendung** der Vorschriften in **§ 87 Abs. 1 AktG** kommt lediglich in Betracht, wenn die **Entscheidungszuständigkeit** über die Vergütung zwingend auf den **Aufsichtsrat** verlagert ist, die Gesellschaft also der **Mitbestimmung** nach dem MitbestG oder dem MontanMitbestG unterliegt (hierfür auch Habersack/Henssler/*Habersack* MitbestG § 31 Rn. 40; wohl ebenso *Baeck/Götze/Arnold* NZG 2009, 1121 (1123); **aA** *Feddersen/v. Cube* NJW 2010, 576 (577 f.); GBS GmbHG/*Buck-Heeb* Anh. § 6 Rn. 68; *Greven* BB 2009, 2154 (2158 f.); HCL/*Paefgen* Rn. 358 aE, 367; *Koch* ZIP 2020, 1155 (1156); MüKoGmbHG/*Jaeger/Steinbrück* Rn. 305; Scholz/*Hohenstatt* Rn. 372; wie hier zum MontanMitbestG *Boldt,* Mitbestimmungsgesetz, 1952, § 3 Anm. 3b; *Müller/Lehmann,* Mitbestimmungsgesetz, 1952, § 3 Rn. 41; *Spieker,* Der Aufsichtsrat der mitbestimmten Montan-GmbH, 1960, 86 ff. sowie *Schönemann,* Die Vergütung der Geschäftsleiter von Kapitalgesellschaften, 2012, 96 ff.; → § 52 Rn. 40). In dieser Konstellation ist eine Begrenzung des Entscheidungsspielraums des Aufsichtsrats zum Schutz der Gesellschafter jedenfalls in demselben Ausmaß wie bei nicht börsennotierten AG geboten. Zur Anwendbarkeit des **Plenarvorbehalts** in § 107 Abs. 3 S. 2 AktG → § 52 Rn. 40.

134 Bei **mehreren Geschäftsführern** kann die Vergütung grundsätzlich unterschiedlich bemessen werden. Allerdings verbietet § 138 Abs. 1 BGB eine **Diskriminierung** beim Entgelt (aber auch → Rn. 116). Das gilt sowohl für den Fremdgeschäftsführer als auch für den Gesellschafter-Geschäftsführer. Die Anwendung des **arbeitsrechtlichen Gleichbehandlungsgrundsatzes** ist jedenfalls für den **Fremdgeschäftsführer** im Verhältnis zu Mitgeschäftsführern in Betracht zu ziehen (→ Rn. 109) und steht einer sachlich nicht gerechtfertigten unterschiedlichen Behandlung entgegen (HCL/*Paefgen* Rn. 370; MüKoGmbHG/*Jaeger/Steinbrück* Rn. 306; **aA** für den Regelfall BGH 24.9.2019, NJW 2020, 679 Rn. 37 f., der aber für Vorstandsmitglieder uU eine abgeschwächte Gleichbehandlungspflicht aus Treu und Glauben ableitet). Für **Gesellschafter-Geschäftsführer** gilt dies allenfalls bei einer untergeordneten gesellschaftsrechtlichen Beteiligung.

135 **b) Verdeckte Gewinnausschüttung.** Beschränkungen zur Vergütungshöhe durch die Treuepflicht sind vor allem für **Fremdgeschäftsführer** bedeutsam. Bei **Gesellschafter-Geschäftsführern** sind diese hingegen von geringerer praktischer Bedeutung, da die an den Geschäftsführer gezahlte Vergütung nicht stets als Betriebsausgabe anerkannt wird. Vielmehr kann es sich bei Zahlungen der Gesellschaft an den Gesellschafter-Geschäftsführer um eine verdeckte Gewinnausschüttung handeln. Hierfür muss der Vermögensvorteil nicht zwingend dem Gesellschafter zufließen; es genügt, wenn dieser einer dem Gesellschafter nahestehenden Person zu Gute kommt (BFH 22.10.2015, NZG 2016, 390 Rn. 25).

136 Eine verdeckte Gewinnausschüttung liegt vor, wenn die vereinbarte Vergütung entweder dem Grund oder der Höhe nach als durch das Gesellschaftsverhältnis veranlasst anzusehen ist (→ § 29 Rn. 61 ff.). Bejahendenfalls liegt eine verdeckte Gewinnausschüttung vor, wenn die Bezüge überhöht sind (sog. **Drei-Stufen-Prüfung;** s. MüKoGmbHG/*Jaeger/Steinbrück* Rn. 309 ff.; Scholz/*Hohenstatt* Rn. 376). Als Maßstab ist hierfür ein im Wege der Schätzung zu ermittelnder **Fremdvergleich** heranzuziehen (→ § 29 Rn. 62). Entscheidend ist danach, ob auch ein ordentlicher und gewissenhafter Geschäftsleiter die Gesamtvergütung unter vergleichbaren Umständen einem Fremdgeschäftsführer gewährt hätte (BFH 28.6.2006, GmbHR 2006, 1339 (1340); BFH 18.9.2007, BB 2008, 875 (876); BFH 20.1.2015, BeckRS 2015, 94567 Rn. 17; BFH 22.10.2015, NZG 2016, 390 Rn. 24; BFH 27.7.2016, NZG 2017, 557 Rn. 7; FG Sachsen 14.4.2010, GmbHR 2010, 1114 (1116 f.); BGH 1.12.2015, NJW 2016, 1747 Rn. 11; BGH 9.12.2015, NZG 2016, 475 Rn. 11; OLG Hamm 9.9.2019, NZG 2019, 1261 (1264 f.); ferner → § 29 Rn. 63). Hierbei sind insbesondere Unternehmensgröße, Ertragslage, Wirtschaftszweig und Qualifikation des Geschäftsführers zu berücksichtigen.

137 Aus der umfangreichen **Judikatur der Finanzgerichte** (s. zB *Kohlhepp* DB 2008, 1523 (1527 ff.)) sind folgende Grundsätze hervorzuheben: Bei Sondervergütungen an beherrschende Gesellschafter-Geschäftsführer liegt eine verdeckte Gewinnausschüttung stets dann vor, wenn diese nicht im Voraus vertraglich festgelegt wurde (BFH 9.7.2003, NZG 2004, 974 (975); BFH 5.10.2004, GmbHR 2005, 176 (177); BFH 20.1.2015, BeckRS 2015, 94567 Rn. 18; s. auch BGH 9.12.2015, NZG 2016, 475 Rn. 13). Vertraglich vereinbarte Sonderzahlungen zB zur Abgeltung nicht in Anspruch genommenen Urlaubs oder für Sonn- und Feiertagsarbeit bedürfen einer Rechtfertigung durch betriebliche Gründe (s. BFH 28.1.2004, GmbHR 2004, 671 (672) (Urlaubsabgeltung); BFH 14.7.2004, NJW-RR 2004, 1685 (Feiertagsvergütung)). Eine verdeckte Gewinnausschüttung liegt demgegenüber zB vor, wenn die Gesellschaft dem Geschäftsführer Zuschläge für Sonntags-, Feiertags- und Nachtarbeit gewährt (FG Düsseldorf 12.4.2019, BeckRS 2019, 25757; FG München 14.5.2018, BeckRS 2018, 31688), Wertguthaben im Rahmen eines Zeitwertkontos ansammelt (FG Münster 5.9.2018, BeckRS 2018, 24582), Kosten für die Geburtstagsveranstaltung des Gesellschafter-Geschäftsführers übernimmt (BFH 14.7.2004, GmbHR 2004, 1350 (1351)), zinslose oder sehr gering verzinste Darlehen ausreicht (BFH 14.7.2004, GmbHR 2004, 1402 (1403)), Pensionszahlungen ohne Anrechnung gewährt (FG München 19.7.2010, GmbHR 2010, 1113 (1114 f.)) oder betriebliche Wirtschaftsgüter, insbesondere Fahrzeuge, ohne angemessene Gegenleistung zur privaten Nutzung überlässt (BGH 1.12.2015, NJW 2016, 1747 Rn. 12; BGH 9.12.2015, NZG 2016, 475 Rn. 12; ferner BFH 22.12.2010, GmbHR 2011, 601: unentgeltliche Nutzung eines betrieblichen Flugzeugs (dazu auch FG München 22.5.2018, BeckRS 2018, 31704); BFH 27.7.2016, NZG 2017, 557 Rn. 10 ff.: Überlassung eines Einfamilienhauses). Entsprechendes kommt bei einem Gesellschafter-Geschäftsführer in Betracht, wenn es die Gesellschafterversammlung unterlässt, trotz einer wirtschaftlichen Notlage der Gesellschaft auf eine Herabsetzung der Vergütung zu drängen (s. Roth/Altmeppen/*Altmeppen* § 6 Rn. 102; → Rn. 142).

138 An den Gesellschafter-Geschäftsführer gezahlte **Tantiemen** sind nicht generell eine verdeckte Gewinnausschüttung. Etwas Anderes gilt, wenn es sich um umsatzabhängige Tantiemen handelt, die in der maßgeblichen Branche unüblich sind (BFH 11.8.2004, GmbHR 2005, 111 (112)). Entsprechendes gilt unabhängig von der konkreten Branche für umsatzabhängige Provisionen, die weder zeitlich noch der Höhe nach beschränkt sind (BFH 28.6.2006, GmbHR 2006, 1339 (1340)). Auch ein im Zusammenhang mit Tantiemen erfolgter Verzicht kann als verdeckte Gewinnausschüttung zu bewerten sein. Das gilt nicht nur für einen Verzicht auf rückständige Tantiemezahlungen (Baumbach/Hueck/*Beurskens* Rn. 135), sondern auch für die Nichtberücksichtigung eines Verlusts bei der Bemessung einer gewinnabhängigen Tantieme, wenn der Gesellschafter-Geschäftsführer für den Verlust mitverantwortlich ist (BFH 17.12.2003, NZG 2004, 735 (736)), selbst dann, wenn der Verlust durch Gewinnvorträge aus den Vorjahren ausgeglichen wurde (BFH 18.9.2007, BB 2008, 875 (876)). Bei der privaten Nutzung eines Dienstwagens liegt eine verdeckte Gewinnausschüttung vor, wenn die Nutzung vertragswidrig erfolgte (BFH 23.1.2008, NJW 2008, 2207 (2208); BFH 23.4.2009, NJW-RR 2009, 1410; s. auch BFH 11.2.2010, NJW 2010, 1488).

139 Die Angemessenheitsprüfung ist nicht auf einzelne Vergütungsbestandteile zu beschränken, sondern maßgeblich ist stets die **Gesamtausstattung** im Zeitpunkt der Zusage (sog. Bandbreitenbetrachtung; BGH 27.2.2003, NJW-RR 2003, 1477 (1479); BFH 4.6.2003, NZG 2003, 1077 (1078 f.); s. auch Scholz/*Hohenstatt* Rn. 376). Diese Gesamtbetrachtung wird nicht bereits durch eine bestimmte Aufteilung zwischen fixen und variablen Gehaltsbestandteilen entbehrlich. Deshalb führt auch ein Verhältnis zwischen fixen und variablen Gehaltsteilen von 75/25 nicht zwingend zur Angemessenheit der Gesamtvergütung, sondern liefert hierfür allenfalls ein Indiz (BFH 27.2.2003, NJW-RR 2003, 1477; BFH 4.6.2003, NZG 2003, 1077 (1079); s. auch Roth/Altmeppen/*Altmeppen* § 6 Rn. 115).

140 Wenn und soweit es sich bei den Leistungen der Gesellschaft an einen Gesellschafter-Geschäftsführer um eine verdeckte Gewinnausschüttung handelt, hat dies aus steuerrechtlicher Sicht zur Folge, dass diese nicht als Betriebsausgaben der Gesellschaft anzuerkennen sind. Zu den weiteren Rechtsfolgen einer verdeckten Gewinnausschüttung → § 29 Rn. 68 ff.

141 **c) Anpassung der Vergütung.** Eine Anpassung der Vergütung kann einvernehmlich jederzeit durch **Änderung des Anstellungsvertrags** erfolgen. Ebenso können die Parteien in diesem die Modalitäten für eine Anpassung der Vergütung bzw. den relevanten Bezugsmaßstab festlegen (zB Tariflohnentwicklung, Gehaltsentwicklung bei den aktiven Geschäftsführern, Lebenshaltungskostenindex; s. MüKoGmbHG/*Jaeger/Steinbrück* Rn. 322). In Ausnahmefällen kann für beide Seiten wegen der aus dem organschaftlichen Verhältnis folgenden **Treuepflicht** eine Verpflichtung entstehen, dem **Anpassungsbegehren** der anderen Seite zuzustimmen. Für eine Anwendung von § 313 BGB bleibt daneben praktisch kein Raum.

142 Relevant ist eine **Anpassungsverpflichtung** ua, wenn sich die Gesellschaft in einer **wirtschaftlichen Krise** befindet und die an den Geschäftsführer gezahlten Bezüge für das wirtschaftliche Überleben der Gesellschaft notwendig sind (OLG Düsseldorf 2.12.2011, NZG 2012, 103 (Ls.); OLG Naumburg 16.4.2003, GmbHR 2004, 423 (424); Baumbach/Hueck/*Beurskens* § 37 Rn. 130; GBS GmbHG/*Buck-Heeb* Anh. § 6 Rn. 73; Lutter/Hommelhoff/*Kleindiek* Anh. § 6 Rn. 34a; MüKoGmbHG/*Jaeger/Steinbrück* Rn. 324a; Rowedder/Schmidt-Leithoff/*Baukelmann* Rn. 100; Scholz/*Hohenstatt* Rn. 392). Die Anpassungsverpflichtung, die **§ 87 Abs. 2 AktG** vorsieht (dazu BGH 27.10.2015, NZG 2016, 264 Rn. 36 ff.; → AktG § 87 Rn. 35 ff.), beruht auf einem vergleichbaren Rechtsgedanken und kann, wenn auch nicht analog (hierfür aber OLG Köln 6.11.2007, NZG 2008, 637; MHLS/*Tebben* § 6 Rn. 165; *Raiser/Veil* KapGesR § 32 Rn. 50; *Schnitzler* GmbHR 2016, 1026 (1029 ff.); **aA** *Gaul/Janz* GmbHR 2009, 959 (961); *Greven* BB 2009, 2143 (2147); HK-GmbHG/*Lücke/Simon* Rn. 95; MüKoGmbHG/*Jaeger/Steinbrück* Rn. 324; Roth/Altmeppen/*Altmeppen* § 6 Rn. 102; Scholz/*Hohenstatt* Rn. 392; *Schönemann,* Die Vergütung der Geschäftsleiter von Kapitalgesellschaften, 2012, 105 ff.), so doch zur Konkretisierung der Treuepflicht herangezogen werden (so auch BeckOK GmbHG/*Wisskirchen/Kuhn* § 6 Rn. 112; HCL/*Paefgen* Rn. 378 f.; MHLS/*Lenz* Rn. 151 aE; *Oetker* ZHR 175 (2011), 527 (533 f.); Rowedder/Schmidt-Leithoff/*Baukelmann* Rn. 100; ähnlich *Wübbelsmann* GmbHR 2009, 988 (990 f.); zurückhaltend jedoch *Geißler* GmbHR 2017, 1195 (1197 ff.); *Greven* BB 2009, 2154 (2157); *Schönemann,* Die Vergütung der Geschäftsleiter von Kapitalgesellschaften, 2012, 115 ff.). Die Voraussetzungen für eine Verpflichtung des Geschäftsführers, einer Herabsetzung seiner Vergütung zuzustimmen, sind von der Gesellschaft darzulegen und zu beweisen (OLG Naumburg 16.4.2003, GmbHR 2004, 423 (424)). Ein darüber hinausgehendes Recht zur **einseitigen Herabsetzung** der Vergütung aufgrund einer analogen Anwendung von § 87 Abs. 2 AktG kommt ausschließlich in Betracht, wenn der Aufsichtsrat aufgrund des MitbestG oder des MontanMitbestG über die Vergütung des Geschäftsführers entscheidet (*Oetker* ZHR 175 (2011), 527 (535 f.); ebenso in der Tendenz *Baeck/Götze/Arnold* NZG 2009, 1121 (1123); **aA** *Gaul/Janz* GmbHR 2009, 959 (961); *Geißler* GmbHR 2017, 1195 (1196); *Greven* BB 2009, 2154 (2159); *Habersack* ZHR 174 (2010), 2 (6 ff.); *Lunk/Stolz* NZA 2010, 121 (123); *Mohr* GmbHR 2011, 402 (403); Scholz/*Hohenstatt* Rn. 392; ferner → Rn. 116 sowie → § 52 Rn. 40).

143 Soweit von der Gesellschaft **vorformulierte** Anstellungsverträge **Änderungsvorbehalte** enthalten, die die Gesellschaft insbesondere zu einer einseitigen Absenkung der Vergütung berechtigen, müssen diese im Rahmen einer AGB-rechtlichen Inhaltskontrolle (→ Rn. 124 f.) den durch **§ 308 Nr. 4 BGB** gesetzten Maßstäben genügen. Die hierzu in der arbeitsgerichtlichen Judikatur entwickelten Grundsätze, die den widerruflichen Teil der Vergütung auf 25 % der Gesamtvergütung begrenzen (s. BAG 12.1.2005, AP BGB § 308 Nr. 1; BAG 11.10.2006, AP BGB § 308 Nr. 6), sind auf das Anstellungsverhältnis nicht übertragbar, da spezifisch arbeitsrechtliche Schutzerwägungen die Judikatur des BAG prägen (s. näher *Oetker* ZHR 175 (2011), 527 (554); zurückhaltend auch *Schmidt-Rolfes* FS Hromadka, 2008, 393 (406)). Die Vorgaben an eine **transparente Klauselgestaltung** bleiben hiervon unberührt, wobei dahingestellt bleiben kann, ob diese aus § 307 Abs. 1 S. 2 BGB oder aus dem Zumutbarkeitserfordernis in § 308 Nr. 4 BGB abgeleitet werden (näher *Mirza Khanian,* Die Inhaltskontrolle von Organanstellungsverträgen am Beispiel des GmbH-Geschäftsführervertrages, 2008, 234 ff.; *Oetker* ZHR 175 (2011), 527 (555 f.); *Schmidt-Rolfes* FS Hromadka, 2008, 393 (399)).

144 Wegen der beiderseits bestehenden Treuepflicht (→ Rn. 17) kann für die Gesellschaft die Pflicht bestehen, einer **Erhöhung der Vergütung** zuzustimmen, wenn diese aufgrund veränderter Verhältnisse evident unangemessen niedrig geworden ist (Baumbach/Hueck/*Beurskens* § 37 Rn. 129; BeckOK GmbHG/*Wisskirchen/Kuhn* § 6 Rn. 113; GBS GmbHG/*Buck-Heeb* Anh. § 6 Rn. 73; Lutter/Hommelhoff/*Kleindiek* Anh. § 6 Rn. 34; Scholz/*Hohenstatt* Rn. 390; ähnlich HCL/*Paefgen* Rn. 385; MüKoGmbHG/*Jaeger/Steinbrück* Rn. 323; Rowedder/Schmidt-Leithoff/*Baukelmann* Rn. 100). Das gilt insbesondere für den Fremdgeschäftsführer, wenn das Anstellungsverhältnis nicht alsbald gelöst werden kann oder ein unveränderter Anstellungsvertrag für diesen unzumutbar ist. In Betracht kommt eine Verpflichtung der Gesellschaft, der Anpassung der Vergütung nach oben zuzustimmen auch dann, wenn der Geschäftsführer seine Tätigkeit in der Aufbauphase oder in einer wirtschaftlichen Krise angenommen hat und für den Fall einer nachfolgenden Konsolidierung oder Besserung der wirtschaftlichen Lage der Gesellschaft auf eine Anpassung der Vergütung vertrauen darf (s. BGH 8.12.1997, NZG 1998, 226 (227); Baumbach/Hueck/*Beurskens* § 37 Rn. 129). Ferner ist eine Erhöhung der Vergütung bei Fremdgeschäftsführern sowie Gesellschafter-Geschäftsführern mit nicht nennenswerter Beteiligung in Betracht zu ziehen, wenn Mitgeschäftsführern eine Gehaltsanpassung gewährt wurde. In dieser Konstellation

bejaht der BGH die Anwendung des arbeitsrechtlichen Gleichbehandlungsgrundsatzes, sodass ein einzelner Geschäftsführer nur bei einer sachlichen Rechtfertigung von der Gehaltsanpassung ausgenommen werden darf (s. BGH 14.5.1990, NJW-RR 1990, 1313 (1314); HCL/*Paefgen* Rn. 388; krit. *Nebendahl* NZA 1992, 289 ff.; → Rn. 109; **aA** im Hinblick auf die Gewährung von Sonderzahlungen BGH 24.9.2019, NJW 2020, 679 Rn. 37 f.).

d) Verjährung. Bezüglich der Verjährung der Vergütungsansprüche gilt die allg. Frist von drei Jahren (§ 195 BGB; Baumbach/Hueck/*Beurskens* § 37 Rn. 127; HCL/*Paefgen* Rn. 375; MHLS/*Tebben* § 6 Rn. 178; MüKoGmbHG/*Jaeger/Steinbrück* Rn. 333; Scholz/*Hohenstatt* Rn. 395). 145

e) Insolvenzverfahren. Mit Eröffnung des Insolvenzverfahrens sind rückständige Vergütungsansprüche des Geschäftsführers **einfache Insolvenzforderungen** (§ 38 InsO). Ansprüche, die nach der Eröffnung entstanden sind, sind **Masseverbindlichkeiten** (§ 55 Abs. 1 Nr. 2 InsO). Von ihnen kann sich der Insolvenzverwalter durch eine **Kündigung** nach § 113 InsO für die Zukunft befreien (→ Rn. 196 f.). Das Recht zur **außerordentlichen Kündigung** (§ 626 BGB) bleibt hiervon unberührt; die Eröffnung des Insolvenzverfahrens ist aber für sich alleine kein wichtiger Grund iSd § 626 Abs. 1 BGB (OLG Düsseldorf 14.4.2000, NZG 2000, 1044; OLG Naumburg 16.4.2003, BeckRS 2003, 30316054; Scholz/*Hohenstatt* Rn. 549; → Rn. 196). Weitergehend wird teilweise erwogen, dem Insolvenzverwalter bei Gesellschafter-Geschäftsführern mit Mehrheitsbeteiligung das **Wahlrecht in § 103 InsO** zuzubilligen (hierfür Baumbach/Hueck/*Beurskens* § 38 Rn. 142; Rowedder/Schmidt-Leithoff/*Baukelmann* § 38 Rn. 53; **aA** HCL/*Paefgen* § 38 Rn. 267; Roth/Altmeppen/*Altmeppen* § 6 Rn. 136). Die vorstehenden Grundsätze gelten nicht im Falle einer **Eigenverwaltung,** bei dieser bleibt es bei den allgemeinen Regeln zur Beendigung des Anstellungsverhältnisses (Baumbach/Hueck/*Beurskens* § 37 Rn. 138; *Uhlenbruck* BB 2003, 1185 (1188); **aA** *Henssler* ZInsO 1999, 121). Sofern der Geschäftsführer in die gesetzliche Sozialversicherung einbezogen ist (→ Rn. 121 f.), kann er **Insolvenzgeld** nach § 165 SGB III beanspruchen (Baumbach/Hueck/*Beurskens* § 37 Rn. 139; BeckOK GmbHG/*Wisskirchen/Kuhn* § 6 Rn. 125; GBS GmbHG/*Buck-Heeb* Anh. § 6 Rn. 79; HCL/*Paefgen* Rn. 324; Roth/Altmeppen/*Altmeppen* § 6 Rn. 120; Scholz/*Hohenstatt* Rn. 557). 146

f) Pfändungsschutz. Bei der Tätigkeit des Geschäftsführers handelt es sich um eine Erwerbstätigkeit, die diesen idR vollständig in Anspruch nimmt (→ Rn. 31). Deshalb ist die ihm gewährte Vergütung **Arbeitseinkommen** iSd § 850 Abs. 2 ZPO und unterliegt dem **Pfändungsschutz durch die §§ 850a ff. ZPO** (BGH 17.11.1997, DStR 1998, 576 (577); BGH 16.11.2016, NZG 2017, 224 Rn. 14; zust. Baumbach/Hueck/*Beurskens* § 37 Rn. 136; HCL/*Paefgen* Rn. 319; MüKoGmbHG/*Jaeger/Steinbrück* Rn. 332; Roth/Altmeppen/*Altmeppen* § 6 Rn. 120; Rowedder/Schmidt-Leithoff/*Baukelmann* Rn. 103). Das gilt nicht nur für den **Fremdgeschäftsführer,** sondern auch für den **Gesellschafter-Geschäftsführer** (BGH 16.11.2016, NZG 2017, 224 Rn. 17; Baumbach/Hueck/*Beurskens* § 37 Rn. 136; HCL/*Paefgen* Rn. 319; MHLS/*Lenz* Rn. 162; Rowedder/Schmidt-Leithoff/*Baukelmann* Rn. 103; Scholz/*Hohenstatt* Rn. 394; **aA** *Fleck* WM-Sonderbeilage 3/1968, 1 sowie noch BGH 6.4.1964, BGHZ 41, 282 (288) = NJW 1964, 1367 für Vorstandsmitglieder einer AG), selbst dann, wenn es sich bei diesem um den **Mehrheitsgesellschafter** handelt (BGH 16.11.2016, NZG 2017, 224 Rn. 17 f.; ebenso Baumbach/Hueck/*Beurskens* § 37 Rn. 136: Gesellschafter-Geschäftsführer mit signifikanter Machtstellung; BeckOK GmbHG/*Wisskirchen/Kuhn* § 6 Rn. 123; GBS GmbHG/*Buck-Heeb* Anh. § 6 Rn. 80; Lutter/Hommelhoff/*Kleindiek* Anh. § 6 Rn. 35 aE; Scholz/*Hohenstatt* Rn. 394). 147

7. Erholungsurlaub. Bereits aufgrund der Treuepflicht kann der Geschäftsführer von der Gesellschaft bezahlte Freistellung von der Tätigkeit beanspruchen (→ Rn. 18). Entsprechendes folgt auch aus der allg. Interessenwahrungspflicht des Anstellungsvertrags (§ 241 Abs. 2 BGB; → Rn. 119). Unabhängig davon ist wegen der unionsrechtlichen Überlagerung des **BUrlG** durch die RL 2003/88/EG jedenfalls der Fremdgeschäftsführer aufgrund des für § 2 S. 1 BUrlG maßgeblichen unionsrechtlichen Arbeitnehmerbegriffs (→ Rn. 113) zudem in den **persönlichen Anwendungsbereich des BUrlG** einbezogen, ohne dass es hierfür eines Rückgriffs auf § 2 S. 2 BUrlG bedarf (BeckOK GmbHG/*Wisskirchen/Kuhn* § 6 Rn. 70, 135; *Boemke* RdA 2018, 1 (10); *Commandeut/Kleinebrink* NZA-RR 2017, 449 (461); EuArbRK/*Gallner* RL 2003/88/EG Art. 1 Rn. 39c; *Forst* GmbHR 2012, 821 ff.; *Henssler/Lunk* NZA 2016, 1425 (1429); *Hildebrand,* Arbeitnehmerschutz von geschäftsführenden Organmitgliedern, 2014, 255 ff.; *Lunk* FS Moll, 2019, 451 (461); *Preis/Sagan* ZGR 2013, 26 (57); Scholz/*Hohenstatt* Rn. 293). 148

Verbleibt es bei dem durch das BUrlG begründeten gesetzlichen Anspruch, dann ist der Urlaubsanspruch **auf das Urlaubsjahr befristet** (§ 7 Abs. 3 S. 1 BUrlG) und nur eingeschränkt auf das Folgejahr übertragbar (§ 7 Abs 3 S. 2 BUrlG). Auf die gesetzliche Befristung kann sich die Gesellschaft jedoch nur berufen, wenn dem Geschäftsführer frühzeitig die Tragweite einer nicht rechtzeitigen Geltendmachung des Urlaubsanspruchs verdeutlicht wurde (s. BAG 19.2.2019, NZA 2019, 977 Rn. 21 ff.). Während diese Obliegenheit im Normalfall des BUrlG den Arbeitgeber trifft, muss beim GmbH-Geschäftsführer die Gesellschafterversammlung als dessen vertraglicher Gegenspieler dieser Obliegenheit nachkommen. Einen **Anspruch auf Abgeltung** sieht das Gesetz nicht bereits mit Ablauf des 149

Urlaubsjahrs, sondern in Übereinstimmung mit Art. 7 Abs. 2 RL 2003/88/EG nur bei einer Beendigung des Anstellungsverhältnisses vor (§ 7 Abs. 4 BUrlG).

150 Das BUrlG steht **Regelungen im Anstellungsvertrag** entgegen, wenn diese zuungunsten des Geschäftsführers von dem Gesetz abweichen (§ 13 Abs. 1 S. 3 BUrlG). Deshalb kann nicht nur eine **längere Dauer des Erholungsurlaubs** vereinbart werden, auch die **gesetzliche Befristung** des Urlaubsanspruchs in § 7 Abs. 3 BUrlG kann durch Vereinbarung aufgehoben oder verlängert werden. Eine **Abgeltung des Urlaubsanspruchs** kann hingegen nicht unabhängig von der Beendigung des Anstellungsverhältnisses vereinbart werden, da Art. 7 Abs. 2 RL 2003/88/EG nur in diesem Fall eine Abgeltung des Urlaubsanspruchs zulässt und im Übrigen eine Gewährung des Erholungsurlaubs in Natur vorsieht (s. EuArbRK/*Gallner* RL 2003/88/EG Art. 7 Rn. 36; → Rn. 118).

151 Trifft der Anstellungsvertrag lediglich eine Abrede zur Dauer des Erholungsurlaubs, bleibt offen, ob hinsichtlich **nicht ausdrücklich geregelter Aspekte** (zB Übertragung, Abgeltung) ergänzend auf das BUrlG zurückgegriffen werden kann. Geboten ist dies jedenfalls dann, wenn der Geschäftsführer in den persönlichen Anwendungsbereich des BUrlG einbezogen ist (→ Rn. 148). In den übrigen Sachverhalten bedarf es einer **Auslegung des Anstellungsvertrags** (→ Rn. 118), bei der auch die bisherige Praxis zwischen den Vertragsparteien zu berücksichtigen ist, da sie Anhaltspunkte für das von den Parteien Gewollte vermittelt. Verfehlt wäre es deshalb, wenn stets lückenschließend auf die Bestimmungen des BUrlG zurückgegriffen würde, da hierdurch **contra legem** der persönliche Anwendungsbereich des BUrlG ausgedehnt würde. Auch ein entsprechender Wille beider Parteien des Anstellungsvertrags kann nicht *per se* unterstellt werden.

152 **8. Beendigung. a) Allgemeines.** Wegen der Trennungstheorie (→ Rn. 6) führt die Beendigung der Organstellung, insbesondere durch Abberufung, nicht *ispo iure* zur Beendigung des Anstellungsverhältnisses (BGH 10.1.2000, NJW 2000, 1864 (1865); BGH 11.10.2010, NJW 2011, 920; BAG 13.2.2003, NJW 2003, 2473 (2475); BAG 26.8.2009, ZIP 2009, 2073 (2076); BAG 21.9.2017, NZA 2018, 358 Rn. 30; OLG München 18.4.2012, GmbHR 2012, 852 (853 f.); OLG Saarbrücken 8.5.2013, NZG 2013, 784 (785)). Das gilt sowohl beim Gesellschafter-Geschäftsführer als auch beim Fremdgeschäftsführer (→ § 38 Rn. 60).

153 Die rechtliche Trennung kann bei der Gestaltung des Anstellungsvertrags durch eine **Kopplungsklausel** überwunden werden. So kann zB vereinbart werden, dass mit der Abberufung das Anstellungsverhältnis als ordentlich oder außerordentlich gekündigt gelten soll (Scholz/*Hohenstatt* Rn. 462). Denkbar ist auch, die Beendigung der Organstellung als **auflösende Bedingung** für den Anstellungsvertrag vorzusehen (BGH 21.6.1999, NJW 1999, 3263 (3264); BGH 24.10.2005, NJW-RR 2006, 182 (183); BGH 20.8.2019, NZG 2019, 1154 Rn. 32; OLG München 24.3.2016, BeckRS 2016, 06453; OLG Saarbrücken 8.5.2013, NZG 2013, 784 (785); Baumbach/Hueck/*Beurskens* § 38 Rn. 96; s. auch *Bauer* FS Wank, 2014, 1 (3); *Graf v. Westphalen* BB 2015, 834 ff.; *Koehler* NZG 2019, 1406 ff.; MüKoGmbHG/*Jaeger/Steinbrück* Rn. 394; Roth/Altmeppen/*Altmeppen* § 6 Rn. 127; Scholz/*Hohenstatt* Rn. 463; *Werner* NZA 2015, 1234 ff.; *Willemsen* FS Buchner, 2009, 971 ff.).

154 Kopplungsklauseln stehen jedoch in einem Spannungsverhältnis zu der zwingenden Regelung in § 622 Abs. 1 BGB, der nach bislang hM auch bei Anstellungsverträgen von Geschäftsführern zur Anwendung kommt (→ Rn. 178 f.). Bei dieser Sichtweise endet das Anstellungsverhältnis selbst bei Aufnahme einer Kopplungsklausel erst mit Ablauf der Kündigungsfrist in § 622 Abs. 1 BGB bzw. § 622 Abs. 2 BGB, da die letztgenannten Vorschriften zwingend sind (§ 622 Abs. 5 BGB; → Rn. 179 aE; BGH 9.7.1990, BGHZ 112, 103 (115) = NJW 1990, 2622; BGH 20.8.2019, NZG 2019, 1154 Rn. 34; Lutter/Hommelhoff/*Kleindiek* Anh. § 6 Rn. 44; MüKoGmbHG/*Jaeger/Steinbrück* Rn. 394b; Roth/Altmeppen/*Altmeppen* § 6 Rn. 150; **aA** Baumbach/Hueck/*Beurskens* Rn. 96). Das gilt jedoch nur, wenn die Kopplungsklausel keine Allgemeine Geschäftsbedingung ist, da in diesem Fall das Verbot einer geltungserhaltenden Reduktion (→ Rn. 125) einer gesetzeskonformen Aufrechterhaltung der Kopplungsklausel entgegensteht (treffend Scholz/*Hohenstatt* Rn. 463). Ferner muss bei befristeten Verträgen das Recht zur ordentlichen Kündigung vereinbart worden sein, da die Kopplungsklausel andernfalls zur Beendigung des Anstellungsverhältnisses führen würde, ohne dass ein wichtiger Grund iSd § 626 Abs. 1 BGB vorliegt (s. BGH 21.6.1999, NJW 1999, 3263 (3264); ferner HK-GmbHG/*Lücke/Simon* Rn. 122; MüKoGmbHG/*Jaeger/Steinbrück* Rn. 394; Scholz/*Hohenstatt* Rn. 463; → Rn. 176). Die bisherige Bewertung von Kopplungsklauseln im Lichte des § 622 Abs. 1 und 2 BGB ist allerdings durch die aktuelle Rspr. des BAG in Frage gestellt, da diese eine analoge Anwendung des § 622 BGB auf GmbH-Fremdgeschäftsführer ablehnt (BAG 11.6.2020, NZA 2020, 1179; → Rn. 179 f.), so dass für eine Verknüpfung mit dem Ablauf der zwingenden Kündigungsfrist in § 622 Abs. 1 BGB bzw. § 622 Abs. 2 BGB die normative Grundlage entfallen ist. Der vom BAG befürwortete Rückgriff auf die Kündigungsfristen in § 621 BGB ist mangels zwingender Wirkung der Vorschrift nicht in gleicher Weise geeignet, privatautonom geschaffenen Kopplungsklauseln rechtliche Grenzen zu ziehen.

155 In **Allgemeinen Geschäftsbedingungen** aufgenommene Kopplungsklauseln, die das Anstellungsverhältnis unter die auflösende Bedingung einer Abberufung stellen, sind zumindest dann im Hinblick auf die gebotene **Transparenz** (§ 305c BGB, § 307 Abs. 1 S. 2 BGB) problematisch, wenn der

Anstellungsvertrag lang bemessene Kündigungsfristen enthält (so MüKoGmbHG/*Jaeger/Steinbrück* Rn. 394d; **aA** Baumbach/Hueck/*Beurskens* § 38 Rn. 96; s. ferner auch *Bauer* FS Wank, 2014, 1 (4 ff.); *Graf v. Westphalen* BB 2015, 834 ff.; *Graf v. Westphalen* NZG 2020, 321 ff.; Scholz/*Hohenstatt* Rn. 464; *Werner* NZA 2015, 1234 (1237 f.)). Darüber hinaus sind sie unwirksam, wenn sie die sofortige Beendigung des Anstellungsverhältnisses ohne den Vorbehalt der ordentlichen Kündigungsfrist in § 622 Abs. 1 und 2 BGB vorsehen (OLG Karlsruhe 25.10.2016, NZG 2017, 226 (226 f.); iErg auch HK-GmbHG/*Lücke/Simon* § 38 Rn. 15; abl. Roth/Altmeppen/*Altmeppen* § 6 Rn. 150 aE). Andernfalls ist die Kopplungsklausel wegen Verstoßes gegen zwingendes Gesetzesrecht (→ Rn. 176) insgesamt nichtig und kann wegen des im AGB-Recht geltenden Verbots einer geltungserhaltenden Reduktion (→ Rn. 125) auch nicht mit dem Inhalt aufrechterhalten werden, dass das Anstellungsverhältnis erst nach Ablauf der nach § 622 Abs. 1 und 2 BGB zu bemessenden Kündigungsfrist endet (Scholz/*Hohenstatt* Rn. 463).

Aufgrund der Trennungstheorie (→ Rn. 6) strahlen die für die Beendigung der Organstellung maß- **156** gebenden **Gründe** nicht zwingend auf die Beendigung des Anstellungsverhältnisses aus. Das betrifft insbesondere die **Abberufung aus wichtigem Grund.** Ein hierfür ausreichender Sachverhalt muss nicht stets auch eine außerordentliche Kündigung des **Anstellungsverhältnisses** nach § 626 Abs. 1 BGB rechtfertigen (BGH 28.5.1990, NJW-RR 1990, 1123 (1124); OLG Stuttgart 13.5.2013, GmbHR 2013, 803 (807 f.); HCL/*Paefgen* Rn. 35; MHLS/*Tebben* § 6 Rn. 228; Rowedder/Schmidt-Leithoff/*Baukelmann* § 38 Rn. 46, 50). Der für die Abberufung herangezogene Grund ist vielmehr eigenständig iRv § 626 Abs. 1 BGB zu würdigen (Lutter/Hommelhoff/*Kleindiek* Anh. § 6 Rn. 45). So kann ein Sachverhalt uU eine Abberufung aus wichtigem Grund, wegen Versäumung der Kündigungserklärungsfrist (§ 626 Abs. 2 S. 1 BGB) nicht aber auch eine außerordentliche Kündigung des Anstellungsverhältnisses rechtfertigen. Erst recht ist die Abberufung als solche für die Gesellschaft kein wichtiger Grund iSd § 626 Abs. 1 BGB, um das Anstellungsverhältnis außerordentlich zu kündigen (MHLS/*Lenz* Rn. 172).

b) Aufhebungsvertrag. Das Anstellungsverhältnis kann jederzeit einvernehmlich durch Abschluss **157** eines Aufhebungsvertrags beendet werden, der **nicht** dem **Schriftformerfordernis** des § 623 BGB unterliegt (LAG Schleswig-Holstein 10.4.2018, BeckRS 2018, 17624; Baumbach/Hueck/*Beurskens* § 38 Rn. 146; → Rn. 168). Auf Seiten der Gesellschaft soll für den Abschluss des Aufhebungsvertrags nach verbreiteter Auffassung das **Bestellungsorgan** zuständig sein (so HCL/*Paefgen* Rn. 331; MHLS/*Tebben* § 6 Rn. 212; Scholz/*U. H. Schneider/Hohenstatt* Rn. 426; krit. *Weingarth* GmbHR 2016, 571 (573 ff.)), idR also die Gesellschafterversammlung (→ § 6 Rn. 55 ff.). Überzeugender ist wegen der Beendigungswirkung jedoch – ebenso wie bei der ordentlichen oder außerordentlichen Kündigung (→ Rn. 171) – die Anknüpfung an die **Kompetenz zur Abberufung** (HCL/*Paefgen* § 38 Rn. 144; iErg auch Baumbach/Hueck/*Beurskens* § 38 Rn. 146; → § 38 Rn. 42 ff.). Bedeutsam ist dies bei einem fehlenden Gleichlauf von Bestellungs- und Abberufungskompetenz aufgrund entsprechender Satzungsbestimmungen. IdR folgt die Kompetenz zur Abberufung jedoch der Bestellungskompetenz (→ § 38 Rn. 44), sodass die Gesellschafterversammlung für den Abschluss des Aufhebungsvertrags zuständig ist. Die Zuständigkeit für die Formulierung von **Ausgleichsklauseln** folgt der Kompetenz zum Abschluss des Aufhebungsvertrags (s. auch Baumbach/Hueck/*Beurskens* § 38 Rn. 147), idR muss die Gesellschafterversammlung deshalb auch einer im Aufhebungsvertrag vereinbarten **Generalbereinigung** zustimmen (s. BGH 8.12.1997, NJW 1998, 1315 (1316); → § 43 Rn. 56).

Bezüglich des Inhalts des Aufhebungsvertrags besteht grundsätzlich Vertragsfreiheit. Insbesondere **158** können die Vertragsparteien eine **Abfindung** zugunsten des Geschäftsführers vereinbaren. Fehlt eine ausdrückliche Abrede zur Höhe der Abfindung, waren sich die Parteien jedoch grundsätzlich über die Zubilligung einer Abfindung einig, ist die Höhe der Abfindung nach § 612 Abs. 2 BGB zu bestimmen und orientiert sich deshalb an der ursprünglichen Vertragslaufzeit bzw. dem Zeitpunkt der nächstmöglichen regulären Beendigung (OLG Düsseldorf 25.4.2019, BeckRS 2019, 8857; s. auch MüKoGmbHG/*Jaeger/Steinbrück* Rn. 446). Eine Halbierung unter Heranziehung des Rechtsgedankens in § 1a Abs. 2 KSchG kommt schon deshalb nicht in Betracht, weil der Normzweck der Vorschrift nicht übertragbar ist (iErg auch OLG Düsseldorf 25.4.2019, BeckRS 2019, 8857). Wurde der Aufhebungsvertrag von der Gesellschaft vorformuliert, unterliegt dieser der Inhaltskontrolle nach den §§ 307 ff. BGB; ohne Abfindung als Gegenleistung für die einvernehmliche Vertragsbeendigung liegt idR eine unangemessene Benachteiligung iSd § 307 Abs. 1 S. 1 BGB vor.

c) Bedingung und Befristung. Das Anstellungsverhältnis endet mit Eintritt einer **auflösenden** **159** **Bedingung,** die in den Anstellungsvertrag aufgenommen sein muss. Das gilt auch, wenn die Beendigung der Organstellung automatisch die Beendigung des Anstellungsverhältnisses zur Folge haben soll (→ Rn. 132). Eine sachliche Rechtfertigung ist für die Vereinbarung einer auflösenden Bedingung nicht erforderlich, § 21 TzBfG findet keine (analoge) Anwendung (→ Rn. 115), sofern der Geschäftsführer nicht ausnahmsweise die Anforderungen des arbeitsrechtlichen Arbeitnehmerbegriffs in § 611a Abs. 1 BGB erfüllt, was allenfalls bei einem Fremdgeschäftsführer in Betracht kommt (→ Rn. 104).

Ist das Anstellungsverhältnis **befristet** abgeschlossen (zB im zeitlichen Gleichlauf mit der Bestellung), **160** endet das Anstellungsverhältnis mit Ablauf der vertraglich festgelegten Zeit (§ 620 Abs. 1 BGB). Eine sachliche Rechtfertigung ist für die Befristung des Anstellungsverhältnisses nicht erforderlich, insbesondere findet § 14 TzBfG keine Anwendung (Baumbach/Hueck/*Beurskens* § 38 Rn. 144; BeckOK GmbHG/*Wisskirchen/Kuhn* § 6 Rn. 175; HK-GmbHG/*Lücke/Simon* Rn. 115; Lutter/Hommelhoff/*Kleindiek* Anh. § 6 Rn. 46; Scholz/*Hohenstatt* Rn. 467; teilweise **aA** *Busch/Schönhoff* DB 2007, 2650 (2652); → Rn. 115). Der Gefahr einer Umgehung zwingender Kündigungsschutzbestimmungen ist bei einer Befristung des Anstellungsverhältnisses nicht zu begegnen (Baumbach/Hueck/*Beurskens* § 38 Rn. 144). Die wiederholte Verlängerung des Anstellungsvertrags bedarf ebenfalls keines sachlichen Grunds. Nur wenn dessen Verlängerung wegen des Alters verweigert wird, dann muss wegen § 6 Abs. 3 AGG eine sachliche Rechtfertigung am Maßstab von § 10 AGG vorliegen (BGH 23.4.2012, NZG 2012, 777 Rn. 44 ff.; OLG Köln 29.7.2010, NZG 2011, 187 sowie → Rn. 97, → Rn. 162).

161 Unterliegt die Gesellschaft dem **MitbestG** oder dem **MontanMitbestG,** darf die Befristung nicht die **Höchstdauer** von **fünf Jahren** (§ 84 Abs. 1 S. 5 AktG) überschreiten (§ 31 Abs. 1 MitbestG, § 12 MontanMitbestG). Hiermit ist ein unbefristeter Anstellungsvertrag unvereinbar (Scholz/*Hohenstatt* Rn. 470; HCL/*Paefgen* § 38 Rn. 73), sodass dieser stets befristet abgeschlossen werden muss und damit eine ordentliche Kündigung grundsätzlich ausgeschlossen ist (→ Rn. 176). Die Höchstdauer von fünf Jahren darf nicht dadurch umgangen werden, dass bereits im Anstellungsvertrag die Weiterführung des Anstellungsverhältnisses nach Fristablauf als Arbeitsverhältnis vereinbart wird (BAG 26.8.2009, AP AktG § 84 Nr. 1). Ist bei der Gesellschaft das **DrittelbG** anzuwenden oder ist diese **mitbestimmungsfrei,** gilt die vorstehende Höchstgrenze nicht (BeckOK GmbHG/*Wisskirchen/Kuhn* § 6 Rn. 175; MHLS/*Lenz* Rn. 128; MüKoGmbHG/*Jaeger/Steinbrück* Rn. 400). Das gilt auch, wenn ein fakultativer Aufsichtsrat besteht, da § 52 Abs. 1 S. 1 nicht auf § 84 AktG verweist. Bei einer fünf Jahre übersteigenden Befristung steht dem Geschäftsführer jedoch das **Sonderkündigungsrecht** nach § 624 BGB zu (→ Rn. 177).

162 Die Beendigung des Anstellungsverhältnisses mit Erreichen eines bestimmten **Lebensalters** ist grundsätzlich keine nach dem AGG untersagte Diskriminierung wegen des Alters. Auf Organmitglieder finden die Diskriminierungsverbote des AGG nach § 6 Abs. 3 AGG nur hinsichtlich der Begründung des Anstellungsverhältnisses Anwendung, nicht aber im Hinblick auf dessen Beendigung (BGH 26.3.2019, NZA 2019, 706 Rn. 19 f.; OLG Hamm 19.6.2017, NZG 2017, 1065 (1066); *Oetker* FS Otto, 2008, 361 (376 f.); teilweise abw. *Lutter* BB 2007, 725 (728 f.); → Rn. 110 sowie *Thüsing/Stiebert* NZA 2011, 641 ff.). Ungeachtet dessen sollen Altersgrenzen iRv § 10 S. 3 Nr. 5 AGG gestattet sein, wenn mit dem Erreichen der Altersgrenze eine anderweitige Versorgung (zB durch Pensionszusagen; → Rn. 204 ff.) gesichert ist (OLG Hamm 19.6.2017, NZG 2017, 1065 (1067); s. näher *Kort* WM 2013, 1049 (1052 ff.); ferner *Arnold/Romero* NZG 2019, 930 (933); Lutter/Hommelhoff/*Kleindiek* Anh. § 6 Rn. 46 f.; *Kliemt* RdA 2015, 232 ff.), einer hierauf gestützten Rechtfertigung steht aber entgegen, dass ein mit der Altersgrenze erkennbares sozialpolitisches Anliegen, das mit dieser verfolgt wird, nicht ersichtlich ist (s. auch BGH 26.3.2019, NZA 2019, 706 Rn. 40 ff., 48). Das gilt auch bei einer Altersgrenze unterhalb des gesetzlichen Renteneintrittsalters (*Stiefer,* Der Schutz von Geschäftsführern und Vorstandsmitgliedern gegen Diskriminierungen, 2016, 274 ff.; **aA** OLG Hamm 19.6.2017, NZG 2017, 1065 (1067); Lutter/Hommelhoff/*Kleindiek* Anh. § 6 Rn. 46a). Diese Grundsätze gelten ebenfalls, wenn der Geschäftsführer Beschäftigter iSv § 6 Abs. 1 S. 1 AGG ist (BGH 26.3.2019, NZA 2019, 706 Rn. 37 ff.; → Rn. 110). Zwar gilt in diesem Fall das Verbot der Altersdiskriminierung uneingeschränkt auch für die Beendigung (s. § 2 Abs. 1 Nr. 2 AGG; → Rn. 110), es steht aber erneut der Rechtfertigungstatbestand des § 10 S. 3 Nr. 5 AGG in Frage.

163 **d) Kündigung. aa) Allgemeines.** Das Anstellungsverhältnis kann als Dienstvertrag durch ordentliche oder außerordentliche Kündigung beendet werden. Wegen der Trennungstheorie (→ Rn. 6) ist hierfür eine von der Abberufung zu trennende **Kündigungserklärung** erforderlich, sofern nicht aufgrund vertraglicher Regelung die Abberufung zugleich als Kündigung gelten soll (→ Rn. 153). Weder in der Beschlussfassung über die Kündigung des Anstellungsverhältnisses (→ Rn. 171) noch in der Unterzeichnung des Protokolls der Gesellschafterversammlung ist bereits die notwendige Kundgabe der Kündigungserklärung gegenüber dem Geschäftsführer zu sehen (OLG München 24.3.2016, BeckRS 2016, 06453). Ggf. kann der Abberufungserklärung mittels Auslegung zu entnehmen sein, dass mit dieser zugleich das Anstellungsverhältnis enden soll (zu weitgehend Rowedder/Schmidt-Leithoff/*Baukelmann* Rn. 44; ebenso MHLS/*Tebben* § 6 Rn. 208: Abberufung enthält idR konkludent Kündigung). Auch in diesem Fall muss für den Erklärungsempfänger jedoch ohne weiteres ersichtlich sein, ob das Anstellungsverhältnis ordentlich oder außerordentlich gekündigt sein soll.

164 Der **arbeitsrechtliche Sonderkündigungsschutz** findet nach tradierter Auffassung für beide Kündigungsarten keine Anwendung, sofern das Anstellungsverhältnis nicht ausnahmsweise (→ Rn. 104) ein Arbeitsverhältnis ist. Das gilt sowohl für die **§§ 168 ff. SGB XI** (bis 1.1.2018: §§ 85 ff. SGB IX) (OLG Düsseldorf 18.10.2012, BeckRS 2013, 06762; OLG Hamm 26.4.2007, GmbHR 2007, 820 (821); Baumbach/Hueck/*Beurskens* § 38 Rn. 108; BeckOK GmbHG/*Wisskirchen/Kuhn* § 6 Rn. 165; *Boemke* RdA 2018, 1 (19 f.); Lutter/Hommelhoff/*Kleindiek* Anh. § 6 Rn. 47a; sowie zu §§ 12 ff. SchwbG BGH 9.2.1978, NJW 1978, 1435 (1437); **aA** Scholz/*Hohenstatt* Rn. 530) als auch für **§ 17 MuSchG** (Lutter/Hommelhoff/*Kleindiek* Anh. § 6 Rn. 47; s. aber *Lunk* FS Bauer, 2010, 705 ff.) und **§ 18 BEEG.**

Für den Sonderkündigungsschutz durch **§ 17 MuSchG** war die früher überwiegende Auffassung bereits zu § 9 MuSchG aF infolge der Judikatur des EuGH in der Rs. *Danosa* überwunden, da für den Arbeitnehmerbegriff des MuSchG das unionsrechtliche Verständnis maßgebend war und zur Anwendung von § 9 MuSchG zwang (→ Rn. 112). Im Rahmen der Novellierung des MuSchG im Jahre 2017 hat der Gesetzgeber hieraus die Konsequenz gezogen (s. Begr. RegE, BT-Drs. 18/8963, 49) und definiert den persönlichen Anwendungsbereich des Gesetzes nicht mehr nach dem tradierten Arbeitnehmerbegriff, sondern knüpft an das Vorliegen eines sozialversicherungsrechtlichen Beschäftigungsverhältnisses iSd § 7 Abs. 1 SGB IV an (§ 1 Abs. 2 S. 1 MuSchG). Hierdurch sind nicht nur Fremdgeschäftsführer, sondern auch Gesellschafter-Geschäftsführer mit untergeordneter Beteiligung (→ Rn 121 f.) in den Schutz durch das MuSchG einbezogen und partizipieren an dem Sonderkündigungsschutz durch § 17 MuSchG (BWV/*Volk* MuSchG § 17 Rn. 10). Wegen dieser veränderten Gesetzeslage ist die Notwendigkeit eines Rückgriffs auf den unionsrechtlichen Arbeitnehmerbegriff entfallen. Die Anknüpfung an das Beschäftigungsverhältnis iSd § 7 Abs. 1 SGB IV geht im Hinblick auf GmbH-Geschäftsführer partiell sogar über den unionsrechtlichen Arbeitnehmerbegriff hinaus, da die von diesem geforderte Möglichkeit einer jederzeitigen Abberufung (→ Rn. 111) iRv § 7 Abs. 1 SGB IV ohne Bedeutung ist. Die Einbeziehung in den Schutz durch § 17 MuSchG führt nicht zu einem absoluten Kündigungsverbot, vielmehr kann die Kündigung von der zuständigen Behörde für zulässig erklärt werden (§ 17 Abs. 2 S. 1 MuSchG). 165

Die Notwendigkeit einer unionsrechtlich gebotenen richtlinienkonformen Anwendung besteht unverändert für den Schutz durch das BEEG und den Sonderkündigungsschutz in **§ 18 BEEG,** da der dortige Arbeitnehmerbegriff unionsrechtlich durch die RL 2010/18/EU und die Rahmenvereinbarung überlagert ist. Da § 1 Abs. 2 RL 2010/18/EU (Rahmenvereinbarung) für den Anwendungsbereich neben dem „Arbeitsvertrag" auch auf das „Beschäftigungsverhältnis" zurückgreift, ist für die Richtlinie der unionsrechtliche Arbeitnehmerbegriff maßgebend (→ Rn. 113; so auch *Oberthür* NZA 2011, 253 (258); *Reinhard/Bitsch* ArbRB 2011, 241 (244); **aA** (nationaler Arbeitnehmerbegriff) BeckOK GmbHG/*Wisskirchen/Kuhn* § 6 Rn. 165; Scholz/*Hohenstatt* Rn. 284; *Schubert* ZESAR 2013, 5 (13 f.) sowie *Hildebrand,* Arbeitnehmerschutz von geschäftsführenden Organmitgliedern, 2014, 298 ff.; ebenso auch EuArbRK/*Risak* RL 2010/18/EU Anh. § 1 Rn. 7). Hieraus folgt wiederum das Gebot einer unionsrechtskonformen Auslegung des Arbeitnehmerbegriffs in § 18 BEEG und zwingt zur Einbeziehung des Fremdgeschäftsführers sowie partiell auch des Gesellschafter-Geschäftsführers, soweit dies durch den unionsrechtlichen Arbeitnehmerbegriff gefordert ist (idR auch ErfK/*Gallner* BEEG § 18 Rn. 3). Die Möglichkeit einer behördlichen Zulässigkeitserklärung besteht auch im Rahmen von § 18 BEEG (s. § 18 Abs. 1 S. 4 BEEG). 166

Infolge der Rspr. des EuGH in der Rs. ***Milkova*** (EuGH 9.3.2017, NZA 2017, 439) findet der Sonderkündigungsschutz durch die **§§ 168 ff. SGB IX** entgegen der bislang hM (→ Rn. 164) auf die Kündigung des Anstellungsverhältnisses Anwendung, wenn der GmbH-Geschäftsführer in den unionsrechtlichen Arbeitnehmerbegriff der RL 2000/78/EG einbezogen ist (→ Rn. 116). Der EuGH bewertet den Sonderkündigungsschutz zugunsten schwerbehinderter Arbeitnehmer als positive Maßnahme iSd Art. 7 RL 2000/78/EG (EuGH 9.3.2017, NZA 2017, 439 Rn. 45 ff.). Zwar ist der nationale Gesetzgeber bei der Bestimmung der personellen Reichweite einer positiven Maßnahme „Sonderkündigungsschutz" grundsätzlich frei. Billigt er diesen jedoch einer von der RL 2000/78/EG erfassten Personengruppe zu, dann kann die Ausklammerung anderer und gleichfalls in die Richtlinie einbezogener Personen als Verstoß gegen den Gleichbehandlungsgrundsatz zu bewerten sein. Aus diesem Blickwinkel ist die Vorenthaltung des Sonderkündigungsschutzes nicht nur im Hinblick auf die in der Rs. *Milkova* beurteilte Gruppe der Beamten, sondern auch bezüglich der von der RL 2000/78/EG erfassten GmbH-Geschäftsführer als unionsrechtswidrige Ungleichbehandlung zu bewerten. Wegen der Pflicht zur Einhaltung des Unionsrecht ist der Anwendungsbereich der nationalen und an die Arbeitnehmereigenschaft iSd § 611a Abs. 1 BGB anknüpfenden Vorschriften auf die gleichheitswidrig ausgeklammterte Personengruppe auszuweiten (EuGH 9.3.2017, NZA 2017, 439 Rn. 69), was vor dem Hintergrund des den §§ 168 ff. SGB IX zugrundeliegenden nationalen Arbeitnehmerbegriffs methodisch einen Analogieschluss erfordert (iErg auch ErfK/*Rolfs* SGB IX § 168 Rn. 3; *Haase* GmbHR 2019, 980 (985 ff.); KR/*Gallner* SGB IX Vor §§ 168–175 Rn. 21; *Lunk* ArbRB 2020, 90 (91); **aA** Scholz/*Hohenstatt* Rn. 530 für unmittelbare Anwendung unter Rückgriff auf den unionsrechtlichen Arbeitnehmerbegriff [dazu → Rn. 114]). Dies führt insbesondere zu der Notwendigkeit, vor einer Kündigung des Anstellungsverhältnisses die **Zustimmung des Integrationsamts** einzuholen (§ 168 SGB IX). Zur Abberufung → § 38 Rn. 12. 167

Das **Schriftformerfordernis** des **§ 623 BGB** gilt ausdrücklich nur für Arbeitsverhältnisse und damit nicht für das Anstellungsverhältnis des Geschäftsführers (OLG Düsseldorf 10.10.2003, NZG 2004, 478 (480); LAG Schleswig-Holstein 10.4.2018, BeckRS 2018, 17624; *Bauer/Krieger* ZIP 2004, 1247 (1250); GBS GmbHG/*Buck-Heeb* Anh. § 6 Rn. 100; Lutter/Hommelhoff/*Kleindiek* Anh. § 6 Rn. 47a; MüKoGmbHG/*Jaeger/Steinbrück* Rn. 414; Roth/Altmeppen/*Altmeppen* § 6 Rn. 129, 142; Scholz/*Hohenstatt* Rn. 461). Die Satzung oder der Anstellungsvertrag kann aber die Schriftform auch mit konstitutiver Wirkung festlegen (MüKoGmbHG/*Jaeger/Steinbrück* Rn. 414). 168

169 Ebenso kann im Anstellungsvertrag die **Anwendung des KSchG** vereinbart werden (BGH 10.5.2010, NZG 2010, 827 (828 f.); Baumbach/Hueck/*Beurskens* § 38 Rn. 107; HCL/*Paefgen* Rn. 255; MüKoGmbHG/*Jaeger/Steinbrück* Rn. 405; Scholz/*Hohenstatt* Rn. 484; **aA** *Bauer/Arnold* ZIP 2010, 709 ff.; → Rn. 117). In Betracht kommt dies insbesondere bei Fremdgeschäftsführern, die vor ihrer Bestellung in einem Arbeitsverhältnis zur Gesellschaft standen. Ohne ausdrückliche Abrede findet das KSchG jedoch keine Anwendung (BGH 10.5.2010, NZG 2010, 827 (828); OLG Hamm 26.4.2007, BeckRS 2007, 12445; LAG Berlin-Brandenburg 12.6.2019, BeckRS 2019, 23147; Baumbach/Hueck/*Beurskens* § 38 Rn. 107; Scholz/*Hohenstatt* Rn. 476 mwN). Das gilt grundsätzlich auch für **Fremdgeschäftsführer,** sofern diese nicht ausnahmsweise (→ Rn. 104) als Arbeitnehmer zu qualifizieren sind (weitergehend MHLS/*Lenz* Rn. 167: generelle Anwendung beim Fremdgeschäftsführer).

170 Soll für das Anstellungsverhältnis aufgrund vertraglicher Regelung das KSchG maßgebend sein, dann sind für die soziale Rechtfertigung einer ordentlichen Kündigung grundsätzlich die hierzu seitens der Rspr. des BAG entwickelten Kriterien heranzuziehen (s. MüKoGmbHG/*Jaeger/Steinbrück* Rn. 406; abw. *C. Picker* GmbHR 2011, 629 (635)). Ist danach eine Interessenabwägung vorzunehmen, muss in diese jedoch auch die besondere Stellung des Geschäftsführers einfließen. Im Wege der Auslegung ist zudem zu ermitteln, ob durch die vertragliche Bezugnahme auf das KSchG lediglich die materiellen Voraussetzungen einer ordentlichen Kündigung oder auch die Gestaltungsoptionen in den §§ 9, 10 KSchG für das Anstellungsverhältnis gelten sollen (s. BGH 10.5.2010, NZG 2010, 827 (829); Lutter/Hommelhoff/*Kleindiek* Anh. § 6 Rn. 47; MüKoGmbHG/*Jaeger/Steinbrück* Rn. 407; Scholz/*Hohenstatt* Rn. 485). Entsprechendes gilt für die Anwendung der §§ 4–7 KSchG.

171 Will die **Gesellschaft** das Anstellungsverhältnis durch eine ordentliche oder außerordentliche Kündigung beenden, dann folgt aus der **Kompetenz** zur Beendigung der Organbestellung grundsätzlich auch die Kompetenz zur Beendigung des Anstellungsverhältnisses (→ Rn. 157; OLG Hamm 19.6.2017, NZG 2017, 1065 (1068); OLG München 24.3.2016, BeckRS 2016, 06453; Baumbach/Hueck/*Beurskens* § 38 Rn. 129; **aA** LAG Berlin-Brandenburg 12.6.2019, BeckRS 2019, 23147; Lutter/Hommelhoff/*Kleindiek* Anh. § 6 Rn. 5; MüKoGmbHG/*Jaeger/Steinbrück* Rn. 415; Scholz/*Hohenstatt* Rn. 457: Abschlusskompetenz). In der Regel ist deshalb die Gesellschafterversammlung das zuständige Organ für die Beendigung (s. BGH 8.1.2007, NZG 2007, 590 (591); BGH 3.7.2018, NZG 2018, 1073 Rn. 10; BAG 23.2.2017, NJW 2017, 2698 Rn. 41 sowie → § 38 Rn. 42), sofern diese ihre Kompetenz nicht durch Satzungsregelung oder einfachen Gesellschafterbeschluss auf ein anderes Organ übertragen hat (BGH 26.3.1984, BGHZ 91, 217 (219) = NJW 1984, 2528). Bei einer Drittanstellung (→ Rn. 91 f.) fällt die Kompetenz jedoch auseinander, sodass vorbehaltlich abweichender vertraglicher Regelung ausschließlich der Dritte die Beendigung herbeiführen kann (Rowedder/Schmidt-Leithoff/*Baukelmann* § 38 Rn. 43; ferner BGH 9.4.2013, NJW 2013, 2425 Rn. 13). Die Erklärung eines unzuständigen Organs kann nach hM nicht durch Genehmigung geheilt werden (BGH 4.11.1968, NJW 1969, 131; OLG München 24.3.2016, BeckRS 2016, 06453; GBS GmbHG/*Buck-Heeb* Anh. § 6 Rn. 97; MüKoGmbHG/*Jaeger/Steinbrück* Rn. 415; Scholz/*Hohenstatt* Rn. 458; **aA** Lutter/Hommelhoff/*Kleindiek* Anh. § 6 Rn. 52; *Stein* AG 1999, 28 (42)). Bei der Abstimmung in der Gesellschafterversammlung über die Kündigung des Anstellungsverhältnisses mit einem Gesellschafter-Geschäftsführer ist dieser bei einer ordentlichen Kündigung nicht von der Abstimmung ausgeschlossen (BGH 4.4.2017, NZG 2017, 700 Rn. 10). Anders ist für die Abstimmung über die außerordentliche Kündigung zu entscheiden: In diesem Fall ist der selbstbetroffene Gesellschafter-Geschäftsführer von der Abstimmung über die außerordentliche Kündigung von der Abstimmung ausgeschlossen (BGH 4.4.2017, NZG 2017, 700 Rn. 10 aE).

172 Für die **Abgabe der Kündigungserklärung** wird die **Gesellschaft** durch die Gesellschafter vertreten. Diese können aber auch einen einzelnen Gesellschafter, einen anderen Geschäftsführer oder einen Dritten zur Erklärung der Kündigung ermächtigen (BGH 20.10.2008, NZG 2009, 30 (31); OLG Frankfurt 16.12.2005, GmbHR 2006, 650 (651); OLG Hamm 19.6.2017, NZG 2017, 1065 (1068); Lutter/Hommelhoff/*Kleindiek* Anh. § 6 Rn. 52). Für die Rechtswirksamkeit nach außen ist stets erforderlich, dass die Erklärung auf einem Beschluss des zuständigen Organs beruht (OLG München 24.3.2016, BeckRS 2016, 06453; OLG Nürnberg 22.10.2000, NZG 2001, 810 (811); LAG Berlin-Brandenburg 12.6.2019, BeckRS 2019, 23147; *Lunk* ZIP 1999, 1777 f.; Scholz/*Hohenstatt* Rn. 458), der im Hinblick auf § 174 BGB der Kündigungserklärung beizufügen ist (MHdB ArbR/*Richter* § 22 Rn. 23; MüKoGmbHG/*Jaeger/Steinbrück* Rn. 415). Wegen der rechtlichen Trennung zwischen Organschafts- und Anstellungsverhältnisses (→ Rn. 6) bedarf es für die Kündigung eines eigenständigen Beschlusses, dieser ist nicht bereits konkludent in dem Beschluss über die Abberufung enthalten (OLG München 24.3.2016, BeckRS 2016, 06453; zur Kündigungserklärung → Rn. 163). Fehlt die Beschlussfassung des zuständigen Organs, kann die Erklärung des vollmachtslosen Vertreters nur unter den Voraussetzungen des § 180 BGB genehmigt werden; allein die nachträgliche Beschlussfassung des für die Kündigung zuständigen Organs genügt nicht (s. näher *Kühn* BB 2011, 954 ff.; → Rn. 171).

173 Der **Geschäftsführer** kann die **Kündigungserklärung** an jede Person richten, die für die Gesellschaft passiv vertretungsberechtigt ist, wegen § 35 Abs. 2 S. 2 auch an einen Mitgeschäftsführer (BGH 18.1.1961, NJW 1961, 507; Lutter/Hommelhoff/*Kleindiek* Anh. § 6 Rn. 52; MHLS/*Tebben* § 6

Rn. 214). Im Innenverhältnis ist ein empfangsberechtigter Geschäftsführer verpflichtet, die Kündigungserklärung an das zuständige Gesellschaftsorgan weiterzuleiten. Der Geschäftsführer kann die Erklärung aber auch alternativ gegenüber dem für die Beendigung des Anstellungsverhältnisses zuständigen Organ abgeben. Analog § 35 Abs. 2 S. 2 genügt die Erklärung gegenüber einem der Gesellschafter (BGH 17.9.2001, NZG 2002, 43 (44) für die Amtsniederlegung; → Rn. 72).

bb) Ordentliche Kündigung. Die ordentliche Kündigung des Anstellungsverhältnisses kann von beiden Seiten erklärt werden, ohne dass diese einer **materiellen Rechtfertigung** bedarf (s. BGH 3.11.2003, NJW-RR 2004, 540; Baumbach/Hueck/*Beurskens* § 38 Rn. 106; BeckOK GmbHG/*Wisskirchen/Kuhn* § 6 Rn. 169; Roth/Altmeppen/*Altmeppen* § 6 Rn. 129). Auch ein **Kündigungsgrund** ist nicht erforderlich, ebenso bedarf die ordentliche Kündigung wegen § 14 Abs. 1 Nr. 1 KSchG keiner sozialen Rechtfertigung iSd § 1 KSchG (s. BGH 8.1.2007, NJW-RR 2007, 1632 (1633); BAG 25.10.2007, NZG 2008, 192 (195); LAG Berlin-Brandenburg 12.6.2019, BeckRS 2019, 23147), sofern keine abweichende Vereinbarung getroffen wurde (→ Rn. 169). 174

Die Unwirksamkeit einer ordentlichen Kündigung kann aus den **allg. zivilrechtlichen Schranken** 175 (§ 138 Abs. 1 BGB, § 242 BGB) folgen (zB Rachsucht, Vergeltung; s. OLG Hamburg 22.3.2013, GmbHR 2013, 580 (583) iErg jedoch ablehnend). Durch deren Anwendung ist zugleich ein wegen der grundrechtlichen Schutzpflicht (Art. 12 Abs. 1 GG) gebotener Mindestschutz vor willkürlichen Kündigungen zu gewährleisten (s. ErfK/*Schmidt* GG Art. 12 Rn. 40; MüKoGmbHG/*Jaeger/Steinbrück* Rn. 403). IRd allgemeinen zivilrechtlichen Schranken ist auch den in § 1 AGG aufgezählten **Diskriminierungsverboten** Rechnung zu tragen, wenn der Geschäftsführer nicht in den Anwendungsbereich dieser Richtlinien einbezogen ist (→ Rn. 116), da die Beschränkung in § 6 Abs. 3 AGG auf den Zugang zur Erwerbstätigkeit sowie den beruflichen Aufstieg nicht ausschließt, die Wertung des § 1 AGG über die zivilrechtlichen Generalklauseln zu berücksichtigen (*Mohr/Bourazeri* NZA 2019, 870 (872); *Schubert* ZESAR 2013, 5 (12); **aA** wohl OLG Düsseldorf 18.10.2012, BB 2013, 1403 (1404 f.)). Ungeachtet dessen kann eine gegen das Diskriminierungsverbot verstoßende Kündigung nach § 7 Abs. 1 AGG nichtig sein, wenn der Geschäftsführer dem für § 6 Abs. 1 S. 1 Nr. 1 AGG maßgebenden unionsrechtlichen Arbeitnehmerbegriff (→ Rn. 116) unterliegt. Dem steht § 2 Abs. 4 AGG nicht entgegen (ebenso *Christiansen,* Die Anwendbarkeit des Allgemeinen Gleichbehandlungsgesetzes auf GmbH-Geschäftsführer, 2020, 187 ff.), da der durch das KSchG gebildete „allgemeine Kündigungschutz" (s. MHdB ArbR/*Oetker* § 16 Rn. 59 f.) für den GmbH-Geschäftsführer keine Anwendung findet (→ Rn. 169).

Unwirksam ist die ordentliche Kündigung ferner, wenn sie **vertraglich ausgeschlossen** ist. Hiervon 176 ist im Zweifel auszugehen, wenn der Anstellungsvertrag befristet abgeschlossen wurde (BGH 21.6.1999, NJW 1999, 3263 (3264); HCL/*Paefgen* § 38 Rn. 73; Lutter/Hommelhoff/*Kleindiek* Anh. § 6 Rn. 51; MHdB ArbR/*Richter* § 22 Rn. 22; MHLS/*Tebben* § 6 Rn. 216; MüKoGmbHG/*Jaeger/Steinbrück* Rn. 402; Rowedder/Schmidt-Leithoff/*Baukelmann* § 38 Rn. 41; Scholz/*Hohenstatt* Rn. 468). Bei entsprechender Vereinbarung ist die ordentliche Kündigung jedoch auch bei befristeten Anstellungsverträgen zulässig (BGH 26.1.1998, NJW 1998, 1481 f.; BeckOK GmbHG/*Wisskirchen/Kuhn* § 6 Rn. 145, 169; HCL/*Paefgen* § 38 Rn. 73; Roth/Altmeppen/*Altmeppen* § 6 Rn. 129 jeweils mwN).

Das Sonderkündigungsrecht des Geschäftsführers nach **§ 624 BGB** bei Verträgen auf Lebenszeit oder 177 eine längere Dauer als fünf Jahre (aber → Rn. 161) bleibt von einem vertraglichen Ausschluss der ordentlichen Kündigung unberührt (Baumbach/Hueck/*Beurskens* § 38 Rn. 105; GBS GmbHG/*Buck-Heeb* Anh. § 6 Rn. 102; HCL/*Paefgen* § 38 Rn. 86; Lutter/Hommelhoff/*Kleindiek* Anh. § 6 Rn. 56; MHLS/*Tebben* § 6 Rn. 216; Scholz/*Hohenstatt* Rn. 474). Die Vorschrift findet auch Anwendung, wenn der Anstellungsvertrag auf die Dauer des Bestehens der Gesellschaft abgeschlossen wurde (Baumbach/Hueck/*Beurskens* § 38 Rn. 105).

Obwohl das Anstellungsverhältnis nach nationalem Verständnis (§ 611a Abs. 1 BGB) idR kein 178 Arbeitsverhältnis ist (→ Rn. 104), richtet sich die **Kündigungsfrist** nicht nach § 621 BGB (hierfür aber jüngst generell BAG 11.6.2020, NZA 2020, 1179 Rn. 41 ff. sowie als Vorinstanz LAG Berlin-Brandenburg 12.6.2019, BeckRS 2019, 23147), sondern wegen der wirtschaftlichen Abhängigkeit und des Dispositionsschutzes zugunsten des Geschäftsführers nach § 622 BGB. Wegen der personellen Beschränkung dieser Vorschrift auf Arbeitsverhältnisse handelt es sich hierbei – wie auch das BAG treffend erkannt hat (BAG 11.6.2020, NZA 2020, 1179 Rn. 41) – stets um eine entsprechende Gesetzesanwendung (BGH 26.3.1984, BGHZ 91, 217 (220) = NJW 1984, 2528; Lutter/Hommelhoff/*Kleindiek* Anh. § 6 Rn. 53; Roth/Altmeppen/*Altmeppen* § 6 Rn. 132; Rowedder/Schmidt-Leithoff/*Baukelmann* § 38 Rn. 42; **aA** *Boemke* RdA 2018, 1 (21) sowie zuvor *Uffmann* ZGR 2013, 273 (298 ff.)). Diese erstreckt sich nicht nur auf die Grundkündigungsfrist in § 622 Abs. 1 BGB (vier Wochen zum 15. oder zum Ende eines Kalendermonats), sondern auch auf die in Abhängigkeit von der Beschäftigungsdauer gestaffelten verlängerten Kündigungsfristen in § 622 Abs. 2 BGB (BGH 20.8.2019, NZG 2019, 1154 Rn. 34; Lutter/Hommelhoff/*Kleindiek* Anh. § 6 Rn. 54; MüKoGmbHG/*Jaeger/Steinbrück* Rn. 410; einschr. für § 622 BGB Baumbach/Hueck/*Beurskens* § 38 Rn. 138: dispositiv; iErg ebenso MHdB ArbR/*Richter* § 22 Rn. 22).

179 Die analoge Anwendung des § 622 BGB war bislang weitgehend unstreitig für den **Fremdgeschäftsführer** (**aA** jüngst jedoch BAG 11.6.2020, NZA 2020, 1179 Rn. 41 ff. sowie als Vorinstanz LAG Berlin-Brandenburg 12.6.2019, BeckRS 2019, 23147 wegen fehlender planwidriger Regelungslücke; → Rn. 179a) sowie den **Gesellschafter-Geschäftsführer** mit **untergeordneter Beteiligung** an der Gesellschaft. Verbreitet wurde diese auch für den Gesellschafter-Geschäftsführer mit **maßgeblicher Beteiligung** befürwortet (s. BGH 26.3.1984, BGHZ 91, 217 (221) = NJW 1984, 2528; Roth/Altmeppen/*Altmeppen* § 6 Rn. 133; **aA** zB HCL/*Paefgen* § 38 Rn. 81; *Löwisch* FS Kraft, 1998, 375 (379); *Lunk* ZIP 1999, 1777 (1780); Lutter/Hommelhoff/*Kleindiek* Anh. § 6 Rn. 54; MHLS/*Tebben* § 6 Rn. 220; MüKoGmbHG/*Jaeger/Steinbrück* Rn. 411; Rowedder/Schmidt-Leithoff/*Baukelmann* § 38 Rn. 42). Gegen den in diesem Fall als Alternative anzuwendenden § 621 BGB sprach, dass der Gesellschafter-Geschäftsführer erst bei einem beherrschenden Einfluss seine Kündigung verhindern kann. Nur bei diesen bestimmte sich die Kündigungsfrist deshalb nach § 621 BGB (BGH 9.3.1987, NJW 1987, 2073 (2074); MHdB ArbR/*Richter* § 22 Rn. 22; im Ansatz auch BGH 26.3.1984, BGHZ 91, 217 (220 f.) = NJW 1984, 2528; einschr. Roth/Altmeppen/*Altmeppen* § 6 Rn. 133, sofern der beherrschende Gesellschafter-Geschäftsführer seinen beherrschenden Einfluss ausüben kann). In dem durch § 622 Abs. 5 BGB gezogenen Rahmen wurden die Kündigungsfristen in § 622 Abs. 1 und 2 BGB zudem als **zwingend** betrachtet (BGH 9.7.1990, BGHZ 112, 103 (115) = NJW 1990, 2622; BGH 20.8.2019, NZG 2019, 1154 Rn. 34; Lutter/Hommelhoff/*Kleindiek* Anh. § 6 Rn. 53; MüKoGmbHG/*Jaeger/Steinbrück* Rn. 410; Scholz/*Hohenstatt* Rn. 473 aE; **aA** Baumbach/Hueck/*Beurskens* § 38 Rn. 138; MHdB ArbR/*Richter* § 22 Rn. 22: sofern keine abweichende Vereinbarung vorliegt).

179a Von der in → Rn. 178 f. aufgezeigten Entwicklung ist nunmehr das BAG abgerückt, da es eine analoge Anwendung von § 622 Abs. 1 und 2 BGB generell und insb. auch für GmbH-Fremdgeschäftsführer wegen des Fehlens einer planwidrigen Regelungslücke ablehnt und uneingeschränkt zur Anwendung der (dispositiven) Kündigungsfristen in § 621 BGB gelangt (BAG 11.6.2020, NZA 2020, 1179 Rn. 41 ff. sowie zuvor LAG Berlin-Brandenburg 12.6.2019, BeckRS 2019, 23147). Die für das Fehlen einer planwidrigen Regelungslücke (so bereits *Uffmann* ZGR 2013, 277 (299 f.)) angeführte Neufassung des § 622 BGB durch das KündFG v. 7.10.1993 (BGBl. 1993 I 1668) überzeugt nicht, da das KündFG in Vollziehung eines Gesetzgebungsauftrags des BVerfG (s. BVerfG 30.5.1990, BVerfGE 82, 126 = NJW 1990, 2246) ausschließlich darauf abzielte, die Fristen bei der ordentlichen Kündigung für Arbeiter und Angestellte sowie die Rechtslage in den alten und den neuen Bundesländern zu vereinheitlichen (Begr. RegE, BT-Drs. 12/4902, 6). Eine bewusste Wertentscheidung des Gesetzgebers, den persönlichen Anwendungsbereich des § 622 BGB ausschließlich auf Arbeitsverhältnisse zu beschränken, ist angesichts dieser legislativen Regelungsintention nicht erkennbar. Zudem steht die vom BAG verneinte Vorlagepflicht nach § 2 RsprEinhG im Widerspruch zu dem Umstand, dass der BGH die analoge Anwendung nicht nur zu § 622 BGB aF bejaht hat, sondern auch nach der Neufassung von § 622 BGB durch das KündFG für die rechtlichen Grenzen von Kopplungsklauseln von der Anwendung der zwingenden Vorschrift bei der ordentlichen Kündigung von GmbH-Fremdgeschäftsführern ausgeht (s. zuletzt BGH 20.8.2019, NZG 2019, 1154 Rn. 34; → Rn. 154).

180 **cc) Außerordentliche Kündigung.** Als Dienstvertrag unterliegt das Anstellungsverhältnis dem Recht zur außerordentlichen Kündigung nach § 626 BGB. Der Anstellungsvertrag darf dieses nicht einschränken oder erschweren (Baumbach/Hueck/*Beurskens* § 38 Rn. 109).

181 **Klauseln,** die **bestimmte wichtige Gründe** benennen, sind wegen des zwingenden Charakters von § 626 BGB nicht in der Lage, eine außerordentliche Kündigung aus anderen, nicht benannten Gründen auszuschließen (MüKoGmbHG/*Jaeger/Steinbrück* Rn. 424). Auch bei den benannten Gründen handelt es sich nicht um absolute Kündigungsgründe; die vertragliche Abrede liefert jedoch ein gewichtiges Indiz dafür, welche Bedeutung die Parteien dem Kündigungsgrund für die Durchführung des Vertragsverhältnisses beimessen (MHLS/*Lenz* Rn. 168; s. auch HK-GmbHG/*Lücke/Simon* Rn. 130; weitergehend wohl Rowedder/Schmidt-Leithoff/*Baukelmann* § 38 Rn. 47; **aA** BeckOK GmbHG/*Wisskirchen/Kuhn* § 6 Rn. 154; HCL/*Paefgen* § 38 Rn. 105; MüKoGmbHG/*Jaeger/Steinbrück* Rn. 423; Roth/Altmeppen/*Altmeppen* § 6 Rn. 140; Scholz/*Hohenstatt* Rn. 515: keine Interessenabwägung mehr erforderlich). Unmittelbare Beschränkungen des Rechts zur außerordentlichen Kündigung durch bestimmte **Beschlussquoren** in der Gesellschafterversammlung, die über die einfache Mehrheit hinausgehen (zB Einstimmigkeit), sind wegen des zwingenden Charakters von § 626 BGB unwirksam (*Fleck* WM 1985, 677 (680); Lutter/Hommelhoff/*Kleindiek* Anh. § 6 Rn. 57). Entsprechendes gilt für **mittelbare Beschränkungen,** wie zB Abfindungszahlungen oder Übergangsgelder (BGH 17.3.2008, NZG 2008, 471 (472); Baumbach/Hueck/*Beurskens* § 38 Rn. 109; MüKoGmbHG/*Jaeger/Steinbrück* Rn. 445; **aA** HCL/*Paefgen* § 38 Rn. 104: Umdeutung in Klausel, die nur für die ordentliche Kündigung gilt).

182 Als wichtiger Grund für eine außerordentliche Kündigung kommt **für den Geschäftsführer** insbesondere der Widerruf der Bestellung (BGH 28.10.2002, NJW 2003, 351; zust. Rowedder/Schmidt-Leithoff/*Baukelmann* § 38 Rn. 51) sowie ein anderweitiger Verlust der Organstellung (zB infolge Umwandlung) in Betracht, ferner zB unberechtigte Einschränkungen der Organbefugnisse (Geschäftsführung, Vertretungsmacht; s. OLG Karlsruhe 23.3.2011, NZG 2011, 987 (988); offen BGH 6.3.2012,

DB 2012, 973 (975)), Weisungen der Gesellschafter zu gesetzeswidrigen Maßnahmen (BGH 28.4.1954, BGHZ 13, 188 (194)) oder zu solchen, die im Widerspruch zum Anstellungsvertrag stehen (OLG Karlsruhe 23.3.2011, NZG 2011, 987 (989); ferner ArbG Stuttgart 21.12.2016, NZA-RR 2017, 69 (74)). Den **Schadensersatzanspruch** nach **§ 628 Abs. 2 BGB** löst ein wichtiger Grund jedoch nur aus, wenn sich die Gesellschaft vertragswidrig verhalten hat. Dies ist bei einem Widerruf der Bestellung grundsätzlich nicht der Fall (BGH 28.10.2002, NJW 2003, 351; BGH 6.3.2012, DB 2012, 973 (974); OLG Karlsruhe 23.3.2011, NZG 2011, 987 (989); Baumbach/Hueck/*Beurskens* § 38 Rn. 153; HCL/*Paefgen* § 38 Rn. 140; Lutter/Hommelhoff/*Kleindiek* Anh. § 6 Rn. 58; **aA** BAG 8.8.2002, NZA 2002, 1323 (1325, 1326)).

Für die Gesellschaft liegt ein wichtiger Grund zu einer außerordentlichen Kündigung insbesondere 183 bei **Pflichtverletzungen des Geschäftsführers** vor. Hierzu kann auch die Verletzung organschaftlicher Pflichten zählen. Diese sind idR zugleich als Verletzung der dienstvertraglichen Pflichten zu bewerten, da die dienstvertragliche Pflicht zur Geschäftsführung auch dann verletzt wird, wenn der Geschäftsführer hierbei die aus dem organschaftlichen Rechtsverhältnis resultieren Pflichten nicht beachtet (BGH 20.8.2019, NZG 2019, 1154 Rn. 37 bei Verstoß gegen Gesellschafterweisungen). In Betracht kommen hierfür zB (s. auch *Tschöpe/Wortmann* NZG 2009, 161 (162 ff.)) Verweigerung der Amtsausübung durch unberechtigte Amtsniederlegung (BGH 29.1.1976, WM 1976, 379 (380)), beharrlicher Widerspruch gegen Weisungen der Gesellschafter (BGH 20.8.2019, NZG 2019, 1154 Rn. 37; OLG Düsseldorf 15.11.1984, ZIP 1984, 1476 (1478); OLG München 22.6.2017, BeckRS 2017, 114314), wiederholte Kompetenzüberschreitungen (BGH 10.9.2001, NZG 2002, 46 (47); BGH 10.12.2007, NJW-RR 2008, 774 (775); BGH 9.4.2013, NJW 2013, 2425 Rn. 22; OLG Hamm 25.11.2009, GmbHR 2010, 477 (479); OLG München 22.6.2017, BeckRS 2017, 114314), Zerwürfnis zwischen Geschäftsführern (OLG Koblenz 23.4.1986, NJW-RR 1986, 1089 f.), unkorrekte Spesenabrechnungen (BGH 2.7.2019, NZG 2019, 1023 Rn. 25), private Verwendung von Gesellschaftsvermögen (BGH 23.4.2007, DStR 2007, 1358; OLG Koblenz 11.7.2013, GmbHR 2014, 599 (600)), Fälschung von Buchungsunterlagen (OLG Hamm 7.6.1984, GmbHR 1985, 119), Nichteinreichung der Jahresabschlüsse beim Finanzamt (BGH 12.1.2009, NJW-RR 2009, 618 (619)), Verletzung der internen Kontroll- und Überwachungspflichten (OLG Jena 12.8.2009, NZG 2010, 226 (227 f.)), Verstoß gegen das Wettbewerbsverbot und missbräuchliche Ausnutzung von Geschäftschancen der Gesellschaft (BGH 13.2.1995, NJW 1995, 1358 (1359)), Annahme von Schmiergeldern (Baumbach/Hueck/*Beurskens* § 38 Rn. 115), Herunterladen von Hackersoftware auf Dienst-Laptop (OLG Celle 27.1.2010, NZG 2010, 673 (674)), sexuelle Belästigungen von Angestellten uU auch durch Unterlassen bei Belästigungen durch Mitgeschäftsführer (OLG Frankfurt a. M. 27.5.2008, GmbHR 2009, 488 (489); OLG Hamm 1.3.2007, GmbHR 2007, 823), Verletzung der Verschwiegenheitspflicht (OLG Hamm 7.11.1984, GmbHR 1985, 157 (158)), Weiterleitung von Interna an die Medien (OLG München 18.4.2012, GmbHR 2012, 852 (854)) sowie schuldhafte Insolvenzverschleppung (BGH 20.6.2005, NZG 2005, 714 (716)).

Die Pflichtverletzung des Geschäftsführers muss nicht stets sicher feststehen, uU kann auch der 184 **Verdacht** einer schwerwiegenden Verfehlung eine außerordentliche Kündigung rechtfertigen, wenn hierdurch eine vertrauensvolle Zusammenarbeit nachhaltig gestört ist (BGH 17.2.1997, NJW 1997, 2055 (2056); OLG Celle 5.3.2003, NZG 2003, 820 (821); Baumbach/Hueck/*Beurskens* § 38 Rn. 115; BeckOK GmbHG/*Wisskirchen/Kuhn* § 6 Rn. 157; HCL/*Paefgen* § 38 Rn. 92; Lutter/Hommelhoff/*Kleindiek* Anh. § 6 Rn. 59; Roth/Altmeppen/*Altmeppen* § 6 Rn. 147; Scholz/*Hohenstatt* Rn. 504). Der Grund, der zur Unzumutbarkeit einer weiteren Fortführung des Anstellungsverhältnisses führt, muss nicht pflichtwidrig oder schuldhaft sein (OLG Karlsruhe 23.3.2011, NZG 2011, 987 (988); OLG München 22.6.2017, BeckRS 2017, 114314). Deshalb kann auch die **individuelle Unfähigkeit zur Amtsführung** (BGH 29.1.1976, WM 1976, 379 (380)) oder eine lang andauernde **Krankheit** des Geschäftsführers ein wichtiger Grund iSd § 626 Abs. 1 BGB sein (s. zur krankheitsbedingten Amtsunfähigkeit *C. Picker* GmbHR 2011, 629 (630 ff.); gegenläufig MüKoGmbHG/*Jaeger/Steinbrück* Rn. 420). Entscheidend ist stets, ob die weitere Fortsetzung des Vertragsverhältnisses für die Gesellschaft unzumutbar ist.

Wegen der Durchbrechung des Grundsatzes *pacta sunt servanda* kommt eine außerordentliche Kündi- 185 gung des Anstellungsverhältnisses nur in Betracht, wenn ein Abwarten bis zum Ablauf einer Befristung oder der Frist für eine ordentliche Kündigung für den Kündigungsberechtigten **unzumutbar** ist (BGH 4.4.2017, NZG 2017, 700 Rn. 17; Baumbach/Hueck/*Beurskens* § 38 Rn. 111). Dies setzt voraus, dass keine gleichermaßen **geeigneten milderen Mittel** vorhanden sind, die eine störungsfreie Fortsetzung des Anstellungsverhältnisses gewährleisten. Kann der Kündigungsgrund für die Zukunft durch eine Änderung der Aufgaben und/oder Kompetenzen beseitigt werden, muss sich der Kündigungsberechtigte hierauf beschränken (s. BGH 24.11.1975, NJW 1976, 797).

Eine **Abmahnung** soll nach der Rspr. des BGH bei einem pflichtwidrigen Verhalten des Geschäfts- 186 führers idR nicht erforderlich sein (BGH 14.2.2000, NJW 2000, 1638 (1639); BGH 10.9.2001, NZG 2002, 46 (47); BGH 2.7.2007, NZG 2007, 674; zust. OLG Hamm 25.11.2009, 477 (481); OLG Jena 12.8.2009, NZG 2010, 226 (228); OLG Koblenz 11.7.2013, GmbHR 2014, 599 (601); ebenso Baumbach/Hueck/*Beurskens* § 38 Rn. 114; *Goette* FS Wiedemann, 2002, 873 (880 ff.); HCL/*Paefgen*

§ 38 Rn. 95; Lutter/Hommelhoff/*Kleindiek* Anh. § 6 Rn. 61a; MHLS/*Lenz* Rn. 168; MHLS/*Tebben* § 6 Rn. 227; MüKoGmbHG/*Jaeger/Steinbrück* Rn. 427; Roth/Altmeppen/*Altmeppen* § 6 Rn. 143; Scholz/*Hohenstatt* Rn. 487; krit. HK-GmbHG/*Lücke/Simon* Rn. 143; *Koch* ZIP 2005, 1621 (1623 ff.); *U. H. Schneider* GmbHR 2003, 1 (4)).

187 Im Ergebnis ist dem zuzustimmen, da schwerwiegende Pflichtverletzungen des Geschäftsführers idR zugleich das **Vertrauensverhältnis** zu den Gesellschaftern beeinträchtigen und dieses wegen der herausgehobenen Aufgaben und Kompetenzen des Geschäftsführers für das Anstellungsverhältnis von besonderem Gewicht ist. Deshalb ist eine Abmahnung idR nicht geeignet, eine ungestörte Fortführung des Anstellungsverhältnisses zu gewährleisten. Auf die allg. Vorschrift in § 314 Abs. 2 S. 1 BGB lässt sich kein gegenteiliges Ergebnis stützen, da bei den vorstehenden Sachverhalten „besondere Umstände" iSv § 323 Abs. 2 Nr. 3 BGB vorliegen und bei diesen wegen der Verweisung in § 314 Abs. 3 S. 2 BGB das Erfordernis einer vorherigen Abmahnung entfällt (treffend BeckOK GmbHG/*Wisskirchen/Kuhn* § 6 Rn. 166; Lutter/Hommelhoff/*Kleindiek* Anh. § 6 Rn. 61a; MHLS/*Tebben* § 6 Rn. 227; MüKoGmbHG/*Jaeger/Steinbrück* Rn. 427; Scholz/*Hohenstatt* Rn. 487; iErg auch Roth/Altmeppen/*Altmeppen* § 6 Rn. 143). Ausnahmen kommen bei einmaligen leichteren Pflichtverletzungen in Betracht (s. BGH 9.11.1992, NJW 1993, 463 (464); OLG München 29.7.2015, BeckRS 2015, 14222; Baumbach/Hueck/*Beurskens* § 38 Rn. 114; BeckOK GmbHG/*Wisskirchen/Kuhn* § 6 Rn. 166) oder wenn der Geschäftsführer Anlass zu der Annahme hatte, die Gesellschafter würden sein Verhalten nicht als pflichtwidrig ansehen (s. MüKoGmbHG/*Jaeger/Steinbrück* Rn. 428).

188 Unzumutbarkeit erfordert zudem eine **umfassende Interessenabwägung** (Verhältnismäßigkeit ieS), bei der die Besonderheiten des Einzelfalls und die widerstreitenden Interessen zu berücksichtigen sind (BGH 2.6.1997, GmbHR 1997, 998; BGH 9.4.2013, NJW 2013, 2425 Rn. 24; BGH 20.8.2019, NZG 2019, 1154 Rn. 41; *Goette* GmbHR 1998, 1137 (1140 f.); HCL/*Paefgen* § 38 Rn. 90; Lutter/Hommelhoff/*Kleindiek* Anh. § 6 Rn. 57; MHdB ArbR/*Richter* § 22 Rn. 23; MüKoGmbHG/*Jaeger/Steinbrück* Rn. 425; Scholz/*Hohenstatt* Rn. 516). Hierbei ist auch die Länge der Frist für eine ordentliche Kündigung zu berücksichtigen; je kürzer diese ist, desto eher ist deren Einhaltung für die Gesellschaft zumutbar (OLG München 29.7.2015, BeckRS 2015, 14222; Baumbach/Hueck/*Beurskens* § 38 Rn. 111; BeckOK GmbHG/*Wisskirchen/Kuhn* § 6 Rn. 152).

189 Eine vorherige **Anhörung des betroffenen Geschäftsführers** ist grundsätzlich keine Voraussetzung für die Rechtswirksamkeit einer außerordentlichen Kündigung (BGH 18.6.1984, NJW 1984, 2689; HCL/*Paefgen* Rn. 94; Lutter/Hommelhoff/*Kleindiek* Anh. § 6 Rn. 61). Allenfalls bei einer auf den **Verdacht** einer schwerwiegenden Verfehlung gestützten außerordentlichen Kündigung ist eine andere Würdigung geboten (BGH 2.7.1984, GmbHR 1985, 112; HCL/*Paefgen* § 38 Rn. 94; MüKoGmbHG/*Jaeger/Steinbrück* Rn. 426; Roth/Altmeppen/*Altmeppen* § 6 Rn. 147; Scholz/*Hohenstatt* Rn. 504; zur vorherigen Anhörung als Wirksamkeitsvoraussetzung einer außerordentlichen Verdachtskündigung s. BAG 20.3.2014, NJW 2014, 3389 Rn. 23 ff. mwN; BAG 25.4.2018, NZA 2018, 1405 Rn. 31; BAG 31.1.2019, NZA 2019, 893 Rn. 28).

190 Die **Kündigungserklärungsfrist** des § 626 Abs. 2 S. 1 BGB gilt für die außerordentliche Kündigung des Anstellungsverhältnisses ohne Einschränkungen (s. BGH 17.3.1980, NJW 1980, 2411 (2412); BGH 9.4.2013, NJW 2013, 2425 Rn. 12). Eine **Verlängerung der Frist** ist weder durch Probleme bei einer Nachfolge (BGH 19.6.1975, NJW 1975, 1698 (1699); HCL/*Paefgen* § 38 Rn. 107; Lutter/Hommelhoff/*Kleindiek* Anh. § 6 Rn. 67; **aA** Baumbach/Hueck/*Beurskens* § 38 Rn. 126; s. auch *Arnold/Schansker* NZG 2013, 1172 (1175 f.)) noch durch Schwierigkeiten gefordert, die die Anwendung der Vorschrift bei der außerordentlichen Kündigung durch die Gesellschaft bereitet, weil die Norm nicht auf die besondere Situation zugeschnitten ist, dass ein **mehrgliedriges Organ,** wie idR die Gesellschafterversammlung (→ Rn. 171), **kündigungsberechtigt** ist.

191 Sofern die Kompetenz zur außerordentlichen Kündigung bei der **Gesellschafterversammlung** liegt, kommt es für den Fristbeginn nicht auf die Kenntnis des einzelnen oder ggf. aller Gesellschafter an (s. Baumbach/Hueck/*Beurskens* § 38 Rn. 122 f.; *Goette* DStR 1998, 1103 (1104); HCL/*Paefgen* § 38 Rn. 108, 112; MHdB ArbR/*Richter* § 22 Rn. 23; MüKoGmbHG/*Jaeger/Steinbrück* Rn. 432), sondern maßgebend ist der Zeitpunkt, in dem die Gesellschafterversammlung als Organ Kenntnis hat und damit über die Erklärung einer außerordentlichen Kündigung befinden kann (s. BGH 9.4.2013, NJW 2013, 2425 Rn. 12; BGH 2.7.2019, NZG 2019, 1023 Rn. 29; OLG Koblenz 11.7.2013, GmbHR 2014, 599 (601); näher *Stein* ZGR 1999, 264 ff.). Die Kündigungserklärungsfrist beginnt deshalb erst mit Zusammentritt der Gesellschafterversammlung (BGH 29.2.1988, NJW 1988, 3274 (3275); BGH 10.1.2000, NJW 2000, 1864 (1866); OLG Hamm 25.11.2009, GmbHR 2010, 477 (481); OLG München 25.3.2009, GmbHR 2009, 937; zust. Baumbach/Hueck/*Beurskens* § 38 Rn. 123; BeckOK GmbHG/*Wisskirchen/Kuhn* § 6 Rn. 162; HCL/*Paefgen* § 38 Rn. 108, 112; Roth/Altmeppen/*Altmeppen* § 6 Rn. 152; Rowedder/Schmidt-Leithoff/*Baukelmann* § 38 Rn. 48; Scholz/*Hohenstatt* Rn. 521), sofern nicht noch zusätzliche Ermittlungen durchgeführt werden müssen, um umfassende und sichere Kenntnis über die für die Kündigung maßgeblichen Tatsachen zu erlangen (BGH 2.7.2019, NZG 2019, 1023 Rn. 30; ferner Scholz/*Hohenstatt* Rn. 520). Kennenmüssen oder grob fahrlässige Unkenntnis reicht nicht aus, um den Beginn der Kündigungserklärungsfrist auszulösen (BGH 2.7.2019, NZG 2019,

1023 Rn. 30). Einzuberufen ist die Gesellschafterversammlung von einem Mitgeschäftsführer (§ 49 Abs. 1) oder ggf. einem Gesellschafter (§ 50 Abs. 3).

Sobald ein zur Einberufung der Gesellschafterversammlung Berechtigter Kenntnis von dem Kündigungsgrund erlangt, darf dieser die Einberufung einer ggf. außerordentlichen Gesellschafterversammlung (Scholz/*Hohenstatt* Rn. 522) nicht unangemessen (mehr als drei Wochen) verzögern (BGH 29.2.1988, NJW 1988, 3274 (3275); BGH 12.2.2007, NZG 2007, 396 (397); BGH 9.4.2013, NJW 2013, 2425 Rn. 14; enger MüKoGmbHG/*Jaeger/Steinbrück* Rn. 433: zwei Wochen). Andernfalls muss sich die Gesellschaft entsprechend dem Rechtsgedanken des § 162 BGB so behandeln lassen, als wäre die Gesellschafterversammlung ohne Verzögerung einberufen worden (BGH 29.2.1988, NJW 1988, 3274 (3275); BGH 9.4.2013, NJW 2013, 2425 Rn. 14; BGH 2.7.2019, NZG 2019, 1023 Rn. 33; OLG München 25.3.2009, GmbHR 2009, 937; OLG Stuttgart 25.3.2014, AG 2015, 281). Die Kündigungserklärungsfrist berechnet sich in diesem Fall fiktiv (Lutter/Hommelhoff/*Kleindiek* Anh. § 6 Rn. 65; iErg auch HCL/*Paefgen* § 38 Rn. 114; MüKoGmbHG/*Jaeger/Steinbrück* Rn. 433; Roth/Altmeppen/*Altmeppen* § 6 Rn. 152; Rowedder/Schmidt-Leithoff/*Baukelmann* § 38 Rn. 48; Scholz/*Hohenstatt* Rn. 522). 192

Liegt die Kündigungskompetenz nicht bei der Gesellschafterversammlung, sondern bei einem **anderen Kollegialorgan** (Aufsichtsrat, Beirat) gelten die vorstehenden Grundsätze entsprechend (BGH 21.6.1999, NJW 1999, 3263 (3264); BGH 10.9.2001, NZG 2002, 46 (48); Baumbach/Hueck/*Beurskens* § 38 Rn. 125; BeckOK GmbHG/*Wisskirchen/Kuhn* § 6 Rn. 164; HCL/*Paefgen* § 38 Rn. 120; Lutter/Hommelhoff/*Kleindiek* Anh. § 6 Rn. 66), nicht hingegen bei der **Ein-Personen-Gesellschaft,** da es bei dieser auf die Kenntnis des **Alleingesellschafters** ankommt (BGH 9.4.2013, NJW 2013, 2425 Rn. 12; OLG Koblenz 11.7.2013, GmbHR 2014, 599 (601); Baumbach/Hueck/*Beurskens* § 38 Rn. 123; Roth/Altmeppen/*Altmeppen* § 6 Rn. 152). 193

Die **Kündigungsgründe** sind dem betroffenen Geschäftsführer auf Verlangen **mitzuteilen** (§ 626 Abs. 2 S. 3 BGB). Hierbei handelt es sich nicht um eine selbständige Wirksamkeitsvoraussetzung (s. BGH 16.1.1995, NJW-RR 1995, 416 (417); BGH 1.12.2003, BGHZ 157, 151), sondern eine Nebenpflicht, deren Verletzung nach § 280 Abs. 1 BGB zum Schadensersatz verpflichten kann (BGH 18.6.1984, NJW 1984, 2689 (2690); Lutter/Hommelhoff/*Kleindiek* Anh. § 6 Rn. 61). 194

Ist die außerordentliche Kündigung wegen nicht hinreichender Gewichtigkeit des Kündigungsgrunds oder Versäumung der Kündigungserklärungsfrist rechtsunwirksam, dann ist diese gem. **§ 140 BGB** in eine **ordentliche Kündigung** umzudeuten, wenn der Wille des Kündigungsberechtigten erkennbar darauf gerichtet war, das Anstellungsverhältnis auf jeden Fall zu beenden (BGH 14.2.2000, NJW-RR 2000, 987 (988); Baumbach/Hueck/*Beurskens* § 38 Rn. 135; HCL/*Paefgen* § 38 Rn. 75; Lutter/Hommelhoff/*Kleindiek* Anh. § 6 Rn. 60; Roth/Altmeppen/*Altmeppen* § 6 Rn. 155; Scholz/*Hohenstatt* Rn. 529). Bei einer außerordentlichen Kündigung durch die Gesellschaft ist hiervon idR auszugehen (s. BGH 8.9.1997, NJW 1998, 76; Baumbach/Hueck/*Beurskens* § 38 Rn. 135; BeckOK GmbHG/*Wisskirchen/Kuhn* § 6 Rn. 167; MüKoGmbHG/*Jaeger/Steinbrück* Rn. 408). Zur Beendigung des Anstellungsverhältnisses führt die ordentliche Kündigung in diesem Fall jedoch nur, wenn alle Voraussetzungen für deren Rechtswirksamkeit erfüllt sind; sie darf zB nicht ausdrücklich oder konkludent ausgeschlossen sein (→ Rn. 176), ferner müssen etwaige besondere Voraussetzungen des Gesellschaftsvertrags (zB erhöhtes Beschlussquorum) erfüllt sein (BGH 14.2.2000, NJW-RR 2000, 987 (988); Baumbach/Hueck/*Beurskens* § 38 Rn. 135; Scholz/*Hohenstatt* Rn. 529). Beim **Gesellschafter-Geschäftsführer** kommt eine Umdeutung idR nicht in Betracht, da dieser nach hM nur im Hinblick auf eine außerordentliche Kündigung von der Abstimmung ausgeschlossen ist, sodass zumeist kein wirksamer Beschluss der Gesellschafterversammlung über eine ordentliche Kündigung vorliegt (s. BeckOK GmbHG/*Wisskirchen/Kuhn* § 6 Rn. 167; *Goette* DStR 2000, 525 (526); HCL/*Paefgen* § 38 Rn. 76; MüKoGmbHG/*Jaeger/Steinbrück* Rn. 408; Roth/Altmeppen/*Altmeppen* § 6 Rn. 156 sowie → § 47 Rn. 68). Dieses Problem kann nicht dadurch überwunden werden, dass mit der außerordentlichen Kündigung hilfsweise eine ordentliche Kündigung erklärt wird. 195

dd) Insolvenz. Mit Eröffnung des Insolvenzverfahrens geht die Kompetenz zur Beendigung des Anstellungsverhältnisses auf den Insolvenzverwalter über. Dieser kann das Anstellungsverhältnis stets außerordentlich nach **§ 626 BGB** kündigen, jedoch ist die Eröffnung des Insolvenzverfahrens wegen § 113 InsO für sich alleine kein wichtiger Grund iSd § 626 Abs. 1 BGB (OLG Düsseldorf 14.4.2000, NZG 2000, 1044; OLG Naumburg 16.4.2003, GmbHR 2004, 423; Baumbach/Hueck/*Beurskens* § 38 Rn. 143; HCL/*Paefgen* § 38 Rn. 266; MüKoGmbHG/*Jaeger/Steinbrück* Rn. 420; Scholz/*Hohenstatt* Rn. 549; → Rn. 129). Wohl aber können Handlungen oder Unterlassungen des Geschäftsführers im Vorfeld der Insolvenz einen wichtigen Grund begründen. In Betracht kommt dies insbesondere bei einer Verletzung der Pflicht zur Stellung eines Insolvenzantrags (§ 15a Abs. 1 InsO) oder betrügerischen Handlungen des Geschäftsführers durch Vorspiegelung der Zahlungsfähigkeit (s. auch BGH 20.6.2005, NZG 2005, 714 (716); ferner → Rn. 146). 196

Das Kündigungsrecht des **§ 113 InsO** gilt für alle Dienstverhältnisse und damit auch für das Anstellungsverhältnis des Geschäftsführers. Der Insolvenzverwalter kann das Anstellungsverhältnis stets mit einer Frist von drei Monaten (§ 113 S. 2 InsO) kündigen, sofern der Anstellungsvertrag für die 197 ordentliche Kündigung keine kürzere Kündigungsfrist vorsieht. Vertraglich vereinbarte längere Kündigungsfristen werden durch § 113 InsO verdrängt (BAG 16.6.1999, NJW 2000, 972). Das gilt auch für einen Ausschluss der ordentlichen Kündigung (Baumbach/Hueck/*Beurskens* Rn. 142; Roth/Altmeppen/*Altmeppen* § 6 Rn. 135; Scholz/*Hohenstatt* Rn. 548), unabhängig davon, ob dieser auf einer ausdrücklichen Regelung im Anstellungsvertrag beruht oder konkludent durch eine Befristung des Anstellungsverhältnisses vereinbart wurde (→ Rn. 176). Bei einer **Eigenverwaltung** findet § 113 InsO jedoch keine Anwendung, es bleibt insoweit bei der Anwendung der allgemeinen Vorschriften. Zu § 103 InsO → Rn. 146.

198 **e) Rechtsfolgen der Beendigung.** Mit der Beendigung des Anstellungsverhältnisses enden die beiderseitigen Hauptpflichten, insbesondere entstehen zugunsten des Geschäftsführers keine neuen **Vergütungsansprüche** (UHL/*Paefgen* § 38 Rn. 135). Umgekehrt unterliegt er nicht mehr dem **Wettbewerbsverbot,** sofern nicht kraft besonderer Abrede ein nachvertragliches Wettbewerbsverbot vereinbart wurde (→ Rn. 27). Gegenüber der Gesellschaft hat der Geschäftsführer **Rechnung zu legen** und sämtliche **Geschäftsunterlagen** herauszugeben (§§ 675, 666 f., 259 BGB; Baumbach/Hueck/*Beurskens* § 38 Rn. 151; HCL/*Paefgen* § 38 Rn. 135; Lutter/Hommelhoff/*Kleindiek* Anh. § 6 Rn. 48; MHLS/*Tebben* § 6 Rn. 250; Rowedder/Schmidt-Leithoff/*Baukelmann* § 38 Rn. 45; Scholz/*Hohenstatt* Rn. 537; s. auch BAG 14.12.2011, NZA 2012, 501 Rn. 17 ff.). Zu den nachvertraglichen Pflichten zählt ferner die **Einarbeitung eines Nachfolgers** (näher *U. H. Schneider* FS Hommelhoff, 2012, 1023 ff.).

199 Die **Herausgabepflicht** erstreckt sich auch auf einen zur Verfügung gestellten **Dienstwagen** (OLG Düsseldorf 23.12.1999, NZG 2000, 377; Baumbach/Hueck/*Beurskens* § 38 Rn. 151). Für dessen Weiternutzung bzw. Übernahme bedarf es einer ggf. bereits in den Anstellungsvertrag aufzunehmende Vereinbarung (s. *Bayer/Rempp* GmbHR 1999, 551 ff.). Sofern der Dienstwagen auch zur privaten Nutzung überlassen wurde, hat dieser jedoch Entgeltcharakter (→ Rn. 130), sodass er bis zur Beendigung des Anstellungsverhältnisses zu belassen ist, ggf. also auch noch während einer Kündigungsfrist.

200 Mit Beendigung des Anstellungsverhältnisses kann der Geschäftsführer ein einfaches oder qualifiziertes **Zeugnis** beanspruchen (§ 630 BGB; BGH 20.5.1985, BGHZ 94, 324 (326) = NJW 1986, 129; OLG München 18.4.2012, GmbHR 2012, 852 (855 f.); Baumbach/Hueck/*Beurskens* § 38 Rn. 151). Das gilt unabhängig von dem Umfang seiner Beteiligung auch für den **Gesellschafter-Geschäftsführer** (Lutter/Hommelhoff/*Kleindiek* Anh. § 6 Rn. 29; Scholz/*Hohenstatt* Rn. 538). Zuständig ist hierfür das für die Beendigung des Anstellungsverhältnisses zuständige Organ (→ Rn. 157, → Rn. 171), idR also die Gesellschafterversammlung (Baumbach/Hueck/*Beurskens* § 38 Rn. 151; Lutter/Hommelhoff/*Kleindiek* Anh. § 6 Rn. 29; Rowedder/Schmidt-Leithoff/*Baukelmann* Rn. 105; Scholz/*Hohenstatt* Rn. 538).

201 Eine anschließende **Beschäftigung** in einer nachgeordneten Position kann der Geschäftsführer grundsätzlich nicht beanspruchen. Eine Ausnahme gilt, wenn er **vor der Organbestellung** in einem **Arbeitsverhältnis** zu der Gesellschaft stand und dieses iRd Organbestellung nicht beendet wurde, sondern diese lediglich dazu führte, dass die Rechte und Pflichten aus dem Arbeitsverhältnis ruhen (→ Rn. 105). Mit Beendigung der Organtätigkeit (und des Anstellungsvertrags) lebt dieses zu den früheren Bedingungen wieder auf (Baumbach/Hueck/*Beurskens* § 38 Rn. 156). Soll ein trotz der Organbestellung fortbestehendes Arbeitsverhältnis beendet werden, bedarf es hierfür einer gesonderten Kündigung, die dann jedoch uneingeschränkt den arbeitsrechtlichen Schutzbestimmungen unterliegt. Ist nur die Organstellung, nicht aber das Anstellungsverhältnis beendet (exemplarisch BGH 8.1.2007, NJW-RR 2007, 1632 (1633)), ist der ehemalige Geschäftsführer verpflichtet, eine zumutbare Tätigkeit unterhalb der Geschäftsführerebene zu übernehmen, er kann dies wegen des Inhalts des Anstellungsvertrags jedoch nicht beanspruchen (BGH 11.10.2010, NJW 2011, 920 (921)).

202 Bestreitet der Geschäftsführer die Rechtswirksamkeit der Beendigung, kann er dies mittels einer **Feststellungsklage** (§ 256 ZPO) geltend machen (BGH 20.6.2005, NZG 2005, 714). Die dreiwöchige **Klagefrist des § 4 S. 1 KSchG** findet wegen § 14 Abs. 1 Nr. 1 KSchG keine Anwendung, wohl aber kommt bei einem längeren Zögern mit der Klageerhebung eine **Verwirkung** in Betracht (Baumbach/Hueck/*Beurskens* § 38 Rn. 141).

203 Darüber hinaus kann der Geschäftsführer eine **Leistungsklage** erheben, bei der als vorgreifliche Rechtsfrage über die Rechtswirksamkeit der Beendigung zu befinden ist. In **Annahmeverzug** (§ 615 BGB) gerät die Gesellschaft nur, wenn der Geschäftsführer die Fortführung seiner Tätigkeit angeboten hat; idR liegt ein entsprechendes Angebot in der Erhebung der Feststellungsklage (s. BGH 28.10.1996, NJW-RR 1997, 537 (538); OLG Düsseldorf 22.10.1998, GmbHR 1999, 543 (549); OLG Düsseldorf 11.12.2013, AG 2015, 285 (288); s. auch *Lunk* FS Kreutz, 2010, 733 (734 ff.)). Entbehrlich ist diese jedoch, wenn die Gesellschafter erkennen lassen, dass sie unter keinen Umständen zu einer Fortsetzung der Zusammenarbeit bereit sind (BGH 9.10.2000, NJW 2001, 287 (288); zust. Lutter/Hommelhoff/*Kleindiek* Anh. § 6 Rn. 50; Roth/Altmeppen/*Altmeppen* § 6 Rn. 151), wie zB bei bereits erfolgter Berufung eines neuen Geschäftsführers, kann dies auch konkludent geschehen (HCL/*Paefgen* § 38 Rn. 136).

f) Ruhegehalt. Ruhegehalt und Hinterbliebenenversorgung sind typische Inhalte des Anstellungsvertrags; ggf. kann hierüber auch eine gesonderte Vereinbarung abgeschlossen werden. Formbedürftig ist die **Ruhegehaltszusage** nicht (BGH 20.12.1993, NJW-RR 1994, 357 (358); aber → Rn. 206). Ohne **ausdrückliche Abrede** besteht grundsätzlich kein Anspruch auf ein Ruhegehalt (HCL/*Paefgen* Rn. 428; MHLS/*Lenz* Rn. 159; MüKoGmbHG/*Jaeger/Steinbrück* Rn. 339; Rowedder/Schmidt-Leithoff/*Baukelmann* Rn. 93; Scholz/*Hohenstatt* Rn. 403). Das gilt idR auch, wenn eine Ruhegehaltszusage zugunsten der Geschäftsführer in der Gesellschaft üblich ist (HCL/*Paefgen* Rn. 431; Scholz/*Hohenstatt* Rn. 403; **aA** Baumbach/Hueck/*Beurskens* § 37 Rn. 142). Eine Ausnahme kommt für Fremdgeschäftsführer und Gesellschafter-Geschäftsführer mit untergeordneter Beteiligung in Betracht, da für sie der **arbeitsrechtliche Gleichbehandlungsgrundsatz** (entsprechend) anzuwenden ist (→ Rn. 109). Ihnen darf ohne sachlichen Grund eine Ruhegehaltszusage nicht verwehrt werden, wenn anderen Mitgeschäftsführern diese eingeräumt worden ist (Scholz/*Hohenstatt* Rn. 403). Die Zusage eines Ruhegehalts an andere Angestellte reicht hierfür jedoch nicht aus (BGH 17.2.1969, WM 1969, 686 (687); Baumbach/Hueck/*Beurskens* § 37 Rn. 142; MHLS/*Lenz* Rn. 160). Ist der Geschäftsführer in den Anwendungsbereich des BetrAVG einbezogen (→ Rn. 209), gilt für ihn zwar auch der Anspruch in § 1a Abs. 1 S. 1 BetrAVG auf eine **betriebliche Altersversorgung durch Entgeltumwandlung** (HCL/*Paefgen* Rn. 428; Scholz/*Hohenstatt* Rn. 402), wegen § 17 Abs. 1 S. 3 BetrVG besteht der Anspruch aber nur, wenn er in der gesetzlichen Rentenversicherung pflichtversichert ist (→ Rn. 123). 204

Inhalt und Höhe der Ruhegehaltszusage unterliegen – vorbehaltlich der Anwendung des BetrAVG (→ Rn. 209) – der **freien Vereinbarung.** Vor dem Hintergrund des BetrAVG sollte diese insbesondere festlegen, ab welchem Zeitraum die erworbenen Anwartschaften unverfallbar sind. Fehlt eine derartige Bestimmung, dann sprechen vor dem Hintergrund des BetrAVG gute Gründe für eine Regelungslücke, die durch die dort niedergelegten Voraussetzungen geschlossen werden kann (iErg ebenso Hachenburg/*Stein* Rn. 275; Rowedder/Schmidt-Leithoff/*Baukelmann* Rn. 96). Hinsichtlich der Höhe des Ruhegehalts kann die Vereinbarung einen bestimmten Prozentsatz des zuletzt bezogenen Durchschnittseinkommens festlegen oder auf Beamtenpensionen Bezug nehmen. 205

Eingeschränkt ist der **Gestaltungsspielraum** bei Ruhegehaltszusagen an Gesellschafter-Geschäftsführer, wenn nicht die Abzugsfähigkeit der Aufwendungen als **Betriebsausgaben** (§ 8 Abs. 3 S. 2 KStG) oder die Bildung einer **Rückstellung** (§ 6a EStG) in Frage gestellt sein soll. Um beides sicherzustellen ist stets eine schriftliche Vereinbarung erforderlich (s. § 6a Abs. 1 Nr. 3 EStG). Zudem darf die Ruhegehaltszusage gegenüber Gesellschafter-Geschäftsführern nicht als **verdeckte Gewinnausschüttung** zu bewerten sein, muss also insbesondere hinsichtlich der Höhe des Ruhegehalts einem am Maßstab des ordentlichen und gewissenhaften Geschäftsleiters ausgerichteten **Fremdvergleich** standhalten (s. *Uckermann* NZA 2013, 186 ff.; *Uckermann/Heilck* NZA 2014, 1187 ff.; ferner *Wellisch/Siebert* StB 2012, 190 ff.; → Rn. 136). Das gilt insbesondere, wenn die Ruhegeldzusage einem beherrschenden Gesellschafter-Geschäftsführer gewährt wird (s. dazu im Hinblick auf die neuere Rspr. des BFH *Briese* DB 2014, 2160 ff.; *Otto* GmbHR 2014, 617 ff. sowie das Schreiben des BMF v. 6.4.2005, BStBl. I 2005, 619). Neben der Höhe des Ruhegehalts können auch andere Gestaltungen der Zusage (zB Bezugsalter, Widerrufsvorbehalte, Abfindungsklauseln, Anwartschaftszeit) zur Bewertung als verdeckte Gewinnausschüttung führen (s. UHL/*Paefgen* Rn. 464) bzw. die Bildung einer Pensionsrückstellung in Frage stellen. 206

Die Ruhegehaltszusage kann grundsätzlich mit einem **Widerrufsvorbehalt** versehen werden. Ist die Zusage jedoch in den Schutz des **BetrAVG** einbezogen (→ Rn. 209), kommt ein Widerrufsvorbehalt nicht in Betracht, soweit bereits eine unverfallbare Anwartschaft (§ 1b BetrAVG) erworben wurde (§ 19 Abs. 3 BetrAVG). Bei von der Gesellschaft vorformulierten Ruhegehaltszusagen muss ein Widerrufsvorbehalt zudem den Anforderungen in **§ 308 Nr. 4 BGB** genügen (→ Rn. 143). Wegen des Entgeltcharakters des Ruhegehalts ist ein Widerrufsvorbehalt allenfalls dann zumutbar, wenn der Berufung auf die Versorgungszusage der Einwand des Rechtsmissbrauchs (§ 242 BGB) entgegensteht (BAG 17.6.2014, AP BetrAVG § 1 Treuebruch Nr. 16 Rn. 38). Das Vorliegen eines wichtigen Grunds iSv § 626 Abs. 1 BGB reicht hierfür nicht aus (→ Rn. 213). Ein über diese Grenzen hinausgehender Widerrufsvorbehalt schließt die Bildung einer **Rückstellung** (s. § 6a Abs. 1 Nr. 2 EStG) und den Abzug der Beiträge als **Betriebsausgabe** (§ 8 Abs. 3 S. 2 KStG) aus (→ Rn. 206). 207

Präzise Regelungen sind hinsichtlich **späterer Anpassungen** erforderlich. Das gilt sowohl für die Anpassungszeiträume als auch im Hinblick auf den Maßstab für **Erhöhungen.** Vor allem bei (dynamischen) Bezugnahmen auf externe Umstände (zB Beamtenpensionen, Gehaltsentwicklungen im Unternehmen) sind Vorkehrungen für unerwartete Entwicklungen (Gesetzesänderungen, Veränderungen des Gehaltsniveaus im Unternehmen) zu verabreden. Ohne entsprechende Vereinbarungen zur Anpassung des Ruhegehalts kommt eine Verpflichtung zur Erhöhung erst in Betracht, wenn infolge der Geldentwertung ein krasses Missverhältnis eingetreten ist (BGH 28.5.1973, BGHZ 61, 31 (35 ff.) = NJW 1973, 1599; Roth/Altmeppen/*Altmeppen* § 6 Rn. 111). Eine auf den arbeitsrechtlichen Gleichbehandlungsgrundsatz gestützte Erhöhung kommt nur in Ausnahmefällen in Betracht (→ Rn. 109). Umgekehrt ist eine **Herabsetzung** des Ruhegehalts erst bei einer Notlage der Gesellschaft in Betracht 208 zu ziehen (BGH 5.10.1978, WM 1978, 1402 (1403); OLG Köln 27.5.1999, NZG 1999, 1008; MüKoGmbHG/*Jaeger/Steinbrück* Rn. 356; Roth/Altmeppen/*Altmeppen* § 6 Rn. 110; *Wiedemann* FS Stimpel, 1985, 955 (968 ff.); → Rn. 142). Aufzunehmen ist auch eine Regelung zum **Beginn** des Ruhegehalts sowie ggf. zur **Anrechnung** anderweitigen Einkommens während des Bezugs des Ruhegehalts (Rowedder/Schmidt-Leithoff/*Baukelmann* Rn. 96).

209 Die Ruhegehaltszusage kann wegen § 17 Abs. 1 S. 2 BetrAVG in den **Schutz des Betriebsrentenrechts** einbezogen sein. Für Geschäftsführer gilt dies, wenn sie ihre Tätigkeit „für" das Unternehmen erbringen, also nicht selbst als Unternehmer anzusehen sind (s. BAG 15.4.2014, NZG 2014, 869 Rn. 26 mwN; ferner auch BGH 1.10.2019, NZG 2019, 1348 Rn. 21). Bei **Fremdgeschäftsführern** ist diese Voraussetzung stets erfüllt (unstr. BAG 15.4.2014, NZG 2014, 869 Rn. 27; MüKoGmbHG/*Jaeger/Steinbrück* Rn. 343). Bei **Gesellschafter-Geschäftsführern** hängt die Einbeziehung in das BetrAVG von dem Umfang ihrer gesellschaftsrechtlichen Beteiligung an der Gesellschaft ab und ob diese dem Geschäftsführer einen maßgeblichen Einfluss auf die Entscheidungsprozesse in der Gesellschaft und damit auch auf Inhalt und Höhe der Ruhegehaltszusage vermittelt (HCL/*Paefgen* Rn. 279 ff.; Rowedder/Schmidt-Leithoff/*Baukelmann* Rn. 94). Eine Beteiligung von mehr als 50 % erfüllt diese Voraussetzung stets (BGH 24.6.2015, NJW-RR 2015, 1445 Rn. 29; BGH 1.10.2019, NZG 2019, 1348 Rn. 13; BAG 28.4.1980, AP BetrAVG § 17 Nr. 1; LG Aachen 12.2.2016, NZA-RR 2016, 322 (324)), während eine Beteiligung unter 10 % nach verbreiteter Sichtweise kein ausreichendes Einflusspotential begründet (BGH 2.6.1997, AP BetrAVG § 17 Nr. 26; 1.10.2019, NZG 2019, 1348 Rn. 31; ErfK/*Steinmeyer* BetrAVG § 17 Rn. 11).

210 Bei einer Beteiligung von 10 % und mehr sind Gesellschafter-Geschäftsführer auch dann aus dem Anwendungsbereich von § 17 Abs. 1 S. 2 BetrAVG herauszunehmen, wenn sie gemeinsam mit anderen Gesellschafter-Geschäftsführern in der Gesellschaft die Mehrheit der Stimmrechte haben (BGH 2.6.1997, AP BetrAVG § 17 Rn. 26; BGH 24.7.2003, ZIP 2003, 1662 (1663); BGH 1.10.2019, NZG 2019, 1348 Rn. 15 ff.; abl. *Meissner,* Geltung und Abdingbarkeit des Betriebsrentengesetzes bei Versorgungszusagen von Organmitgliedern, 2019, 52 ff.). Diese Herausnahme hat der BGH nunmehr auch auf solche Sachverhalte ausgedehnt, in denen der Gesellschafter-Geschäftsführer gemeinsam mit anderen Geschäftsführern genau 50 % der Stimmrechte hat, da dies ausreicht, um in der Gesellschafterversammlung eine Beschlussfassung zu blockieren (BGH 1.10.2019, NZG 2019, 1348 Rn. 20 ff.).

211 Die Anwendbarkeit des BetrAVG hat zur Folge, dass die Anwartschaft unter den dort geregelten Voraussetzungen unverfallbar ist (§ 2 BetrAVG) sowie eine Pflicht zur Anpassung des Ruhegehalts (§ 16 BetrAVG) und ein besonderer Insolvenzschutz besteht (§ 7 BetrAVG). Soweit das Betriebsrentenrecht tarifdispositiv ist (s. § 19 Abs. 1 und 2 BetrAVG), gilt dies auch für Abreden zwischen der Gesellschaft und dem Organmitglied (BAG 21.4.2009, AP BetrAVG § 1 Nr. 20 Beamtenversorgung; dazu auch *Diller/Arnold/Kern* GmbHR 2010, 281 ff.; HCL/*Paefgen* Rn. 434; *Meissner,* Geltung und Abdingbarkeit des Betriebsrentengesetzes bei Versorgungszusagen von Organmitgliedern, 2019, 95 ff.; MüKoGmbHG/*Jaeger/Steinbrück* Rn. 344; Scholz/*Hohenstatt* Rn. 412; **aA** BGH 16.3.2009, NZA 2009, 613 (614)). Zum über § 30a BetrAVG aF bestehenden Anspruch auf vorgezogene Betriebsrente ab dem 60. Lebensjahr s. BAG 15.4.2014, NZG 2014, 869 Rn. 28 ff.

212 Unterliegt die Ruhegehaltszusage an einen Gesellschafter-Geschäftsführer nach den Grundsätzen in → Rn. 209 f. nicht dem Schutz des BetrAVG, so kann dieser durch eine **freiwillige Zusage** seitens der Gesellschaft herbeigeführt werden (BGH 15.10.2007, NZG 2008, 148 (149)). Dies gilt allerdings nicht für die Insolvenzsicherung (§§ 7 ff. BetrAVG), da eine Beitragspflicht nur für die von § 17 Abs. 1 S. 2 BetrAVG erfassten Geschäftsführer besteht und für eine freiwillige Beitragsleistung an den PSV eine Rechtsgrundlage fehlt (iErg auch MüKoGmbHG/*Jaeger/Steinbrück* Rn. 354; Rowedder/Schmidt-Leithoff/*Baukelmann* Rn. 96;). Die Parteien des Anstellungsvertrags können dem jedoch durch die Ausgestaltung der Ruhegehaltszusage Rechnung tragen (zB Direktversicherung; zum Verpfändungsmodell HCL/*Paefgen* Rn. 446; MüKoGmbHG/*Jaeger/Steinbrück* Rn. 354; Roth/Altmeppen/*Altmeppen* § 6 Rn. 109;).

213 Die Ruhegehaltszusage ist von der Gesellschaft grundsätzlich selbst dann zu erfüllen, wenn das Anstellungsverhältnis wegen einer **Pflichtverletzung des Geschäftsführers** ordentlich oder außerordentlich gekündigt wurde. Auch außerhalb des durch das BetrAVG vermittelten Schutzes (→ Rn. 209 ff.) ist die Gesellschaft wegen des Entgeltcharakters der Ruhegeldzusage nicht berechtigt, diese einseitig zu widerrufen. In extrem gelagerten Ausnahmefällen ist die Berufung auf die Ruhegehaltszusage jedoch **rechtsmissbräuchlich** (§ 242 BGB; BGH 18.6.2007, NJW-RR 2007, 1563 Rn. 18; BGH 2.7.2019, NZG 2019, 1020 Rn. 21; BAG 13.11.2012, NZA 2013, 1279 Rn. 30 ff.; BAG 12.11.2013, NZA 2014, 780 Rn. 26; BAG 17.6.2014, AP BetrAVG § 1 Treuebruch Nr. 16 Rn. 38; schwächer jedoch MüKoGmbHG/*Jaeger/Steinbrück* Rn. 358). Hierfür reicht es aber nicht aus, dass das Anstellungsverhältnis aus einem in der Person des Geschäftsführers liegenden wichtigen Grund iSv § 626 BGB beendet wurde (BGH 25.11.1996, NJW-RR 1997, 348 Rn. 17; BGH 2.7.2019, NZG 2019, 1020 Rn. 22; HCL/*Paefgen* Rn. 458).

214 Der Einwand einer rechtsmissbräuchlichen Berufung auf die Ruhegehaltszusage kommt erst in Betracht, wenn infolge einer **besonders schwerwiegenden Pflichtverletzung** des Geschäftsführers bei der Gesellschaft ein nicht behebbarer, insbesondere durch Schadensersatzleistungen **nicht wiedergutzumachender Schaden** eingetreten ist, der die **Existenz der Gesellschaft** gefährdet (BGH 2.7.2019, NZG 2019, 1020 Rn. 22; BAG 13.11.2012, NZA 2013, 1279 Rn. 35; BAG 12.11.2013, NZA 2014, 780 Rn. 27; BAG 17.6.2014, AP BetrAVG § 1 Treuebruch Nr. 16 Rn. 42; ferner BGH 25.11.1996, NJW-RR 1997, 348 (349); BGH 17.12.2001, NZA 2002, 511 (512)). Solange der durch die Pflichtverletzung des Geschäftsführers verursachte Schaden nicht zu einer Gefährdung für die wirtschaftlichen Grundlagen der Gesellschaft geführt hat, scheidet der Einwand des Rechtsmissbrauchs aus (BAG 13.11.2012, NZA 2013, 1279 Rn. 36; BeckOK GmbHG/*Wisskirchen/Kuhn* § 6 Rn. 127; weitergehend *Aldenhoff/Hilderink* NZA-RR 2004, 281 (285); Scholz/*Hohenstatt* Rn. 424, die bei besonders schwerwiegenden Pflichtverletzungen auf die Voraussetzung eines existenzbedrohenden Schadens bei der Gesellschaft verzichten wollen; offen insoweit noch BGH 17.12.2001, NZA 2002, 511 (512); BGH 11.3.2002, NZG 2002, 635 (636); BGH 18.6.2007, NJW-RR 2007, 1563 Rn. 18; BGH 2.7.2019, NZG 2019, 1020 Rn. 22 f.), da die Möglichkeit der Gesellschaft, den Geschäftsführer auf Schadensersatz in Anspruch zu nehmen, idR ausreicht, um die Interessen der Gesellschaft zu wahren (s. zuletzt BGH 2.7.2019, NZG 2019, 1020 Rn. 21; BAG 17.6.2014, AP BetrAVG § 1 Treuebruch Nr. 16 Rn. 42 mwN). Eine Ausnahme kommt in Betracht, wenn der Geschäftsführer die Voraussetzungen für die Unverfallbarkeit erschlichen hat (BAG 17.6.2014, AP BetrAVG § 1 Treuebruch Nr. 16 Rn. 41).

9. Streitigkeiten. Als Mitglied des zur Vertretung der GmbH berufenen Organs sind Geschäftsführer **keine Arbeitnehmer iSd ArbGG** (§ 5 Abs. 1 S. 3 ArbGG). Für Streitigkeiten aus dem Anstellungsvertrag ist der Rechtsweg zu den Arbeitsgerichten nicht eröffnet, vielmehr sind Streitigkeiten aus dem Anstellungsverhältnis durch die **Zivilgerichtsbarkeit** zu entscheiden (BAG 26.10.2012, NZA 2013, 54 Rn. 16; BAG 4.2.2013, NZG 2013, 351 Rn. 9; MüKoGmbHG/*JaegerSteinbrück* Rn. 296; näher *Boemke* RdA 2018, 1 (21 ff.); *Mohr/Bourazeri* NZA 2019, 595 (596 ff.); *Schreiber* GmbHR 2012, 929 ff.; *Vielmeier* NZA 2016, 1241 ff.). Das gilt auch, wenn ein Geschäftsführer ausnahmsweise als Arbeitnehmer zu qualifizieren ist (BAG 26.10.2012, NZA 2013, 54 Rn. 16; BAG 4.2.2013, NZG 2013, 351 Rn. 9; BAG 15.11.2013, BeckRS 2014, 73465 Rn. 16; LAG Rheinland-Pfalz 28.6.2012, NZG 2012, 1227 (1228); LAG Rheinland-Pfalz 21.10.2014, GmbHR 2014, 1259 (1260); LAG Rheinland-Pfalz 3.12.2014, NZA 2015, 180 Rn. 15; Baumbach/Hueck/*Beurskens* § 37 Rn. 103; Roth/Altmeppen/*Altmeppen* § 6 Rn. 163; → Rn. 104). 215

Mangels unionsrechtlicher Überlagerung von § 5 ArbGG gilt ausschließlich der durch § 611a Abs. 1 BGB geprägte **nationale Arbeitnehmerbegriff** (BAG 21.1.2019, NZA 2019, 490 Rn. 14; LAG Hamm 23.5.2018, BeckRS 2018, 11518; LAG Köln 13.12.2019, NZA-RR 2020, 319 (319 f.); iErg auch LAG Hamburg 10.7.2017, BeckRS 2017, 126021; LAG Köln 5.7.2017, BeckRS 2017, 119153). Für Fremdgeschäftsführer und Gesellschafter-Geschäftsführer mit untergeordneter Beteiligung gilt dies ebenfalls; § 5 Abs. 1 S. 3 ArbGG ist zudem *lex specialis* gegenüber § 5 Abs. 1 S. 2 ArbGG (BAG 20.8.2003, NJW 2003, 3290 (3291); BAG 6.5.1999, NJW 1999, 3069; zust. *Lunk* FS Moll, 2019, 451 (462)). Selbst wenn § 5 Abs. 1 S. 3 ArbGG nicht eingreift, scheidet der Rückgriff auf § 5 Abs. 1 S. 2 ArbGG auch dann aus, wenn die Voraussetzungen des nach § 611a Abs. 1 BGB definierten Arbeitnehmerbegriffs nicht erfüllt sind; insbesondere Fremdgeschäftsführer sollen trotz ihrer wirtschaftlichen Abhängigkeit keine arbeitnehmerähnliche Person sein, da ihnen die mit einem Arbeitnehmer vergleichbare soziale Schutzbedürftigkeit fehlt (BAG 21.1.2019, NZA 2019, 490 Rn. 30 ff.; LAG Köln 13.12.2019, NZA-RR 2020, 319 (321); zust. *Mohr/Bourazeri* NZA 2019, 595 (601 f.); abl. insofern *Lunk* NJW 2019, 1565 (1566 f.); *Lunk* FS Moll, 2019, 451 (457 ff.); **aA** als Vorinstanz LAG Baden-Württemberg 15.5.2018, NZA-RR 2018, 624 (625 f.)). Wegen seiner gesetzlichen Vertretungsbefugnis (§ 35 Abs. 1) handelt es sich bei ihnen nach Ansicht des BAG um eine arbeit*geber*ähnliche Person (BAG 21.1.2019, NZA 2019, 490 Rn. 39). Jedenfalls für § 5 Abs. 1 S. 2 ArbGG ist dies im Ergebnis überzeugend, da die Arbeitsgerichte nicht über Rechtsstreitigkeiten innerhalb des Arbeitgeberlagers befinden sollen und zu diesem nicht nur GmbH-Geschäftsführer (§ 22 Abs. 2 Nr. 1 ArbGG), sondern auch Geschäftsführer sowie Betriebs- oder Personalleiter (§ 22 Abs. 2 Nr. 2 ArbGG) zählen (ferner → Rn. 120, → Rn. 219). 216

Den Rechtsweg zu den Arbeitsgerichten können die Parteien des Anstellungsverhältnisses durch **Vereinbarung** begründen (§ 2 Abs. 4 ArbGG). Das gilt auch für Gesellschafter-Geschäftsführer mit maßgeblicher Beteiligung an der Gesellschaft. Die durch Vereinbarung eröffnete Zuständigkeit der Arbeitsgerichte gilt jedoch ausschließlich für Streitigkeiten aus dem Anstellungsverhältnis. Die Formerfordernisse des § 38 Abs. 2 ZPO müssen nicht erfüllt sein; § 2 Abs. 4 ArbGG verzichtet auf die Vorgabe einer bestimmten Form und ist im Verhältnis zu § 38 Abs. 2 ZPO *lex specialis* (ErfK/*Koch* ArbGG § 2 Rn. 40; GK-ArbGG/*Schütz* ArbGG § 2 Rn. 221; GMP/*Schlewing* ArbGG § 2 Rn. 135). Durch **rügelose Einlassung** kann der Rechtsweg zu den Arbeitsgerichten nicht eröffnet werden, da § 39 ZPO nur für die örtliche und/oder sachliche Zuständigkeit, nicht aber für die Eröffnung des Rechtswegs gilt (ErfK/*Koch* ArbGG § 2 Rn. 40; GK-ArbGG/*Schütz* ArbGG § 2 Rn. 222; GMP/*Schlewing* ArbGG § 2 Rn. 135; MüKoGmbHG/*Jaeger/Steinbrück* Rn. 297 mit Fn. 710; **aA** Baumbach/Hueck/*Beurskens* § 37 Rn. 106). 217

218 Der **Rechtsweg zu den Arbeitsgerichten** ist jedoch eröffnet, wenn ein früheres Arbeitsverhältnis nach Beendigung der Organstellung wiederauflebt (→ Rn. 201) und der ehemalige Geschäftsführer das (fort-)bestehende Arbeitsverhältnis geltend macht (BAG 6.5.1999, NJW 1999, 1369 (1370); BAG 4.2.2013, NZG 2013, 351 Rn. 10; BAG 15.11.2013, BeckRS 2014, 73465 Rn. 17; BAG 3.12.2014, NZA 2015, 180 Rn. 21; *Dimsic/Link* DB 2015, 3063 (3064 ff.); MüKoGmbHG/*Jaeger/Steinbrück* Rn. 296; Scholz/*Hohenstatt* Rn. 564). Entsprechendes gilt, wenn ein Arbeitnehmer aufgrund formloser Abrede zum Geschäftsführer bestellt wurde und die Fiktion des § 5 Abs. 1 S. 3 ArbGG wegen des Endes der Organstellung nicht mehr eingreift (BAG 26.10.2012, NZA 2013, 54 Rn. 17; BAG 4.2.2013, NZG 2013, 351 Rn. 11; BAG 15.11.2013, BeckRS 2014, 73465 Rn. 18; OLG München 27.10.2014, NZG 2014, 1420; LAG Rheinland-Pfalz 28.6.2012, NZG 2012, 1227 (1228); LAG Rheinland-Pfalz 21.10.2014, GmbHR 2014, 1259 (1261); s. ferner *Stagat* NZA 2015, 193 ff.). Hierfür ist nicht die Eintragung der Abberufung im Handelsregister, sondern die Kundgabe des Abberufungsbeschlusses gegenüber dem Geschäftsführer maßgebend, da er bereits in diesem Zeitpunkt die Organstellung verliert (BAG 6.5.1999, NJW 1999, 1369 (1370) sowie auch BAG 22.10.2014, NZA 2015, 60 Rn. 30; ferner → § 38 Rn. 58). Die Rechtswirkungen der Abberufung können zudem zu einem späteren Zeitpunkt eintreten, wenn diese zB mit dem Ablauf einer für das Anstellungsverhältnis geltenden Kündigungsfrist synchronisiert wurden (LAG Hamm 13.3.2019, NZA-RR 2019, 443 (443 f.)).

219 Nach neuerer Rspr. genügt es für die Eröffnung des Rechtswegs zu den Arbeitsgerichten auch, wenn die Fiktion des § 5 Abs. 1 S. 3 ArbGG nach Klageerhebung zB durch Amtsniederlegung endet (BAG 22.10.2014, NZA 2015, 60 Rn. 26 ff.; BAG 3.12.2014, NZG 2015, 159 Rn. 21; LAG Hamm 13.3.2019, NZA-RR 2019, 443 (443); Scholz/*Hohenstatt* Rn. 563; abl. *Mohr/Bourazeri* NZA 2019, 595 (598 f.)). Bei einem vor den Arbeitsgerichten eingeleiteten Rechtsstreit aus dem Anstellungsverhältnis kommt es mit Beendigung der Organstellung wegen der hierdurch erfolgten Aufhebung der durch § 5 Abs. 1 S. 3 ArbGG errichteten Sperre für den Rechtsweg zu der Arbeitsgerichtsbarkeit darauf an, ob der GmbH-Geschäftsführer jedenfalls zum Kreis der arbeitnehmerähnlichen Personen iSd § 5 Abs. 1 S. 2 ArbGG zählt, was die neuere Rspr. des BAG verneint (BAG 21.1.2019, NZA 2019, 490 Rn. 30 ff.; zust. *Mohr/Bourazeri* NZA 2019, 595 (601 f.); abl. insofern *Lunk* NJW 2019, 1565 (1566 f.); *Lunk* FS Moll, 2019, 451 (457 ff.); **aA** als Vorinstanz LAG Baden-Württemberg 15.5.2018, NZA-RR 2018, 624 (625 f.); → Rn. 216).

220 Entscheidet die **ordentliche Gerichtsbarkeit** über Rechtsstreitigkeiten aus dem Anstellungsverhältnis, sind hierfür nach § 95 Abs. 1 Nr. 4a GVG die bei den Landgerichten gebildeten **Kammern für Handelssachen** zuständig (Scholz/*Hohenstatt* Rn. 562). Die Parteien können bezüglich etwaiger Streitigkeiten aus dem Anstellungsverhältnis eine **Schiedsvereinbarung** treffen (§ 1029 Abs. 1 ZPO; HCL/*Paefgen* Rn. 528). Sofern der Geschäftsführer im Verhältnis zur Gesellschaft Verbraucher iSd § 13 BGB ist (s. BAG 19.5.2010, NZA 2010, 939 (940 f.) sowie *Oetker* FS Buchner, 2009, 691 (697 f.); → Rn. 124), reicht eine Schiedsklausel im Anstellungsvertrag wegen § 1031 Abs. 5 S. 3 ZPO nicht aus; eine aus diesem Grund separat vom Anstellungsvertrag getroffene Schiedsabrede muss zudem die Formerfordernisse in § 1031 Abs. 5 S. 1 ZPO erfüllen (s. ferner *Bauer/Arnold/Kramer* AG 2014, 677 ff.).

Angaben auf Geschäftsbriefen

35a (1) [1] **Auf allen Geschäftsbriefen gleichviel welcher Form, die an einen bestimmten Empfänger gerichtet werden, müssen die Rechtsform und der Sitz der Gesellschaft, das Registergericht des Sitzes der Gesellschaft und die Nummer, unter der die Gesellschaft in das Handelsregister eingetragen ist, sowie alle Geschäftsführer und, sofern die Gesellschaft einen Aufsichtsrat gebildet und dieser einen Vorsitzenden hat, der Vorsitzende des Aufsichtsrats mit dem Familiennamen und mindestens einem ausgeschriebenen Vornamen angegeben werden.** [2] **Werden Angaben über das Kapital der Gesellschaft gemacht, so müssen in jedem Falle das Stammkapital sowie, wenn nicht alle in Geld zu leistenden Einlagen eingezahlt sind, der Gesamtbetrag der ausstehenden Einlagen angegeben werden.**

(2) **Der Angaben nach Absatz 1 Satz 1 bedarf es nicht bei Mitteilungen oder Berichten, die im Rahmen einer bestehenden Geschäftsverbindung ergehen und für die üblicherweise Vordrucke verwendet werden, in denen lediglich die im Einzelfall erforderlichen besonderen Angaben eingefügt zu werden brauchen.**

(3) [1] **Bestellscheine gelten als Geschäftsbriefe im Sinne des Absatzes 1.** [2] **Absatz 2 ist auf sie nicht anzuwenden.**

(4) [1] **Auf allen Geschäftsbriefen und Bestellscheinen, die von einer Zweigniederlassung einer Gesellschaft mit beschränkter Haftung mit Sitz im Ausland verwendet werden, müssen das Register, bei dem die Zweigniederlassung geführt wird, und die Nummer des Registereintrags angegeben werden; im übrigen gelten die Vorschriften der Absätze 1 bis 3 für die**

Angaben bezüglich der Haupt- und der Zweigniederlassung, soweit nicht das ausländische Recht Abweichungen nötig macht. [2]Befindet sich die ausländische Gesellschaft in Liquidation, so sind auch diese Tatsache sowie alle Liquidatoren anzugeben.

Übersicht

I. Allgemeines

1 § 35a wurde zwecks Umsetzung von Art. 4 Publizitäts-RL 1968 (RL 68/151/EWG, ABl. 1968 L 65, 8; zuletzt geändert durch RL 2006/99/EG, ABl. 2006 L 363, 137; insoweit unverändert übernommen in RL 2009/101/EG, ABl. 2009 L 258, 11 und fortgeführt in Art. 26 der konsolidierten RL (EU) 2017/1132, ABl. 2017 L 169, 46; dazu Scholz/*U. H. Schneider/S. H. Schneider* Rn. 1) in das Gesetz aufgenommen und letztmalig durch das MoMiG geändert. Über die Pflichtangaben auf Geschäftsbriefen sollen insbesondere Gläubiger der Gesellschaft Informationen erhalten, die im Hinblick auf ihren Geschäftspartner von Bedeutung sind. Darüber hinaus sollen die notwendigen Informationen vermittelt werden, um den Zugang zu den Unterlagen der Gesellschaft zu erleichtern, die bei dem zuständigen Registergericht geführt werden (zum Vorstehenden HCL/*Paefgen* Rn. 8; Roth/Altmeppen/*Altmeppen* Rn. 1; Rowedder/Schmidt-Leithoff/*Baukelmann* Rn. 2). Ergänzt wird die Vorschrift durch § 71 Abs. 5, wenn sich die Gesellschaft in Liquidation befindet (→ § 71 Rn. 17).

2 Die Regelung in § 35a stimmt mit § 80 AktG überein und findet eine Entsprechung in der allgemeinen Bestimmung in § 37a HGB, die auf die entsprechende Vorschrift für die OHG (§ 125a HGB) zurückgeht. Diese gilt über § 161 Abs. 2 HGB auch für die KG; ist bei dieser keine natürliche Person persönlich haftender Gesellschafter gilt ergänzend § 177a HGB. Parallele Bestimmungen gelten ferner für die Genossenschaft (§ 25a GenG), die Partnerschaft (§ 7 Abs. 5 PartG) sowie die Europäische Aktiengesellschaft (§ 43 SEAG).

3 Angaben zur Gesellschaft, die andere Gesetze vorschreiben, werden durch § 35a nicht berührt, mögen diese zT auch ähnliche Ziele verfolgen. Hinzuweisen ist insoweit auf § 43a Abs. 1 S. 1 Nr. 1 TKG, § 5 Abs. 1 S. 1 Nr. 1 TMG sowie auf § 312a Abs. 2 S. 1 BGB iVm Art. 246 § 1 Abs. 1 Nr. 2 EGBGB (ferner auch Art. 246a § 1 Abs. 1 S. 1 Nr. 2 EGBGB, Art. 246b § 1 Abs. 1 Nr. 1, 3 und 4 EGBGB. Unwahre Angaben zur Gesellschaft können zudem als irreführende geschäftliche Handlungen nach § 5 Abs. 1 S. 1 Nr. 3 UWG unlauter sein und Beseitigungs- bzw. Ersatzansprüche (§§ 8, 9 UWG) begründen (→ Rn. 26).

4 Die Vorschrift gilt für jede GmbH mit Verwaltungssitz im Inland und zwar unabhängig davon, wer Adressat des Geschäftsbriefs ist; insbesondere gelten die Pflichtangaben auch im **Geschäftsverkehr mit dem Ausland** (Hachenburg/*Mertens* Rn. 3; Roth/Altmeppen/*Altmeppen* Rn. 1; Rowedder/Schmidt-Leithoff/*Baukelmann* Rn. 4). Für **ausländische Gesellschaften** gilt die Vorschrift jedenfalls dann, wenn diese über im Inland gelegene Zweigstellen oder sonstige Betriebsstätten handeln (*Bärwald/Schambacher* AG 1996, 461; Roth/Altmeppen/*Altmeppen* Rn. 1; Rowedder/Schmidt-Leithoff/*Baukelmann* Rn. 4; **aA** *Kreplin* BB 1969, 1112 (1112 f.)). Bei Zweigniederlassungen ist nach Abs. 4 jedoch eine GmbH-ähnliche Kapitalgesellschaft ausländischen Rechts erforderlich. Zu den Pflichtangaben zählen in diesem Fall nicht nur die Registerangaben zur Zweigniederlassung, sondern auch die entsprechenden Angaben der ausländischen Niederlassung (s. Abs. 4 S. 1). Wegen der in Abs. 4 S. 1 angeordneten entsprechenden Anwendung von Abs. 1–3 ist auch die Rechtsform der Auslandsgesellschaft und deren (Satzungs-)Sitz anzugeben (Baumbach/Hueck/*Beurskens* Rn. 26). Bei der **GmbH & Co. KG** gilt § 35a ausschließlich für die Komplementärgesellschaft und nicht für die von der KG eingesetzten Geschäftsbriefe. Für diese gilt – sofern nicht bereits § 125a HGB über § 161 Abs. 2 HGB eingreift – die Verweisung in § 177a HGB auf § 125a HGB.

II. Notwendige Angaben (Abs. 1)

5 **1. Mindestangaben (Abs. 1 S. 1).** Die in Geschäftsbriefe zwingend aufzunehmenden Mindestangaben zur Gesellschaft zählt § 35a Abs. 1 S. 1 abschließend auf (Scholz/*U. H. Schneider/S. H. Schneider*

Rn. 20), ohne jedoch zusätzliche Angaben auszuschließen (Roth/Altmeppen/*Altmeppen* Rn. 4; Scholz/*U. H. Schneider/S. H. Schneider* Rn. 20).

6 **a) Rechtsform.** Aufzunehmen ist in Geschäftsbriefe stets eine Angabe zu der Rechtsform. Diese muss nicht ausgeschrieben werden, eine „allgemein verständliche Abkürzung" genügt (§ 4), die idR „GmbH" lautet (allgM Baumbach/Hueck/*Beurskens* Rn. 11; Hachenburg/*Mertens* Rn. 9; Rowedder/Schmidt-Leithoff/*Baukelmann* Rn. 8; Scholz/*U. H. Schneider/S. H. Schneider* Rn. 12), ohne dass diese jedoch zwingend geboten ist. Vielmehr reicht jede Abkürzung, aus der der Geschäftsverkehr schließen kann, es handele sich bei dem Geschäftspartner um eine Gesellschaft, die rechtlich verselbständigt ist, und bei der kein Gesellschafter mit seinem Privatvermögen haftet. Entsprechendes gilt für die Unternehmergesellschaft, bei der zwingend der Zusatz „haftungsbeschränkt" aufzunehmen ist (→ § 5a Rn. 13; ferner BGH 12.6.2012, NZG 2012, 989 Rn. 15 ff.).

7 Der Rechtsformzusatz ist zwar nach vorherrschendem Verständnis (als Zusatz) Bestandteil der **Firma,** im Unterschied zu § 37a Abs. 1 HGB ist die Firma aber kein notwendiger Inhalt der Geschäftsbriefe einer GmbH; teilweise wird die Pflicht zur Angabe der Firma jedoch aus dem als Auffangnorm neben § 35a anwendbaren § 37a Abs. 1 HGB abgeleitet (so zB Baumbach/Hueck/*Beurskens* Rn. 17; BeckOK GmbHG/*Schindler* Rn. 22; MüKoGmbHG/*Stephan/Tieves* Rn. 18 mwN). Fehler in der Firmenbezeichnung sind deshalb – solange die Rechtsform zutreffend angegeben wird – iRv § 35a Abs. 1 S. 1 ohne Bedeutung. Teilweise wird darüber hinaus gefordert, auf den Geschäftsbriefen auch die **Eröffnung des Insolvenzverfahrens** mitzuteilen (so Baumbach/Hueck/*Beurskens* Rn. 11; BeckOK GmbHG/*Schindler* Rn. 22; GBS GmbHG/*Buck-Heeb* Rn. 4; HCL/*Paefgen* Rn. 33; Scholz/*U. H. Schneider/S. H. Schneider* Rn. 12; **aA** MüKoGmbHG/*Stephan/Tieves* Rn. 32). Auf § 35a Abs. 1 S. 1 lässt sich diese Anforderung nicht stützen. Zum Insolvenzverwalter → Rn. 10. Befindet sich die Gesellschaft in Liquidation, ist dies jedoch (ggf. in abgekürzter Form: i. L.) auf den Geschäftsbriefen anzugeben (§ 71 Abs. 5 S. 1).

8 **b) Sitz.** Anzugeben ist in Geschäftsbriefen der Sitz der Gesellschaft, da sich nach diesem der allg. Gerichtsstand der Gesellschaft bestimmt (§ 17 ZPO). Hierbei handelt es sich um den Sitz der Gesellschaft, der im **Gesellschaftsvertrag** genannt ist (§ 4a). Ein hiervon abweichender tatsächlicher Sitz der Verwaltung, ist nicht anzugeben (BeckOK GmbHG/*Schindler* Rn. 23). Bei **ausländischen Gesellschaften** entfällt die Notwendigkeit, den Sitz der Gesellschaft anzugeben, die Pflichtangaben beschränken sich auf die Zweigniederlassung, bezüglich der Abs. 4 eine Sonderregelung trifft. Auf den Geschäftsbriefen der Zweigniederlassung ist jedoch der Sitz der Auslandsgesellschaft anzugeben. Im Übrigen ist der Sitz der Gesellschaft eindeutig anzugeben, sodass Missverständnisse ausgeschlossen sind. Deshalb genügt die alleinige Angabe des **Absendeorts** nicht den gesetzlichen Anforderungen (Baumbach/Hueck/*Beurskens* Rn. 12; HCL/*Paefgen* Rn. 34; MüKoGmbHG/*Stephan/Tieves* Rn. 19; Rowedder/Schmidt-Leithoff/*Baukelmann* Rn. 8; Scholz/*U. H. Schneider/S. H. Schneider* Rn. 13).

9 **c) Registergericht und Nummer.** Um die im Handelsregister über die Gesellschaft vorgehaltenen Informationen unschwer einsehen zu können, sind ferner das für den Sitz der Gesellschaft zuständige Registergericht sowie die Nummer anzugeben, unter der die Gesellschaft dort geführt wird. Solange die Verständlichkeit darunter nicht leidet, sind **Abkürzungen** (zB Amtsgericht X HRB 7) unschädlich (Baumbach/Hueck/*Beurskens* Rn. 13; BeckOK GmbHG/*Schindler* Rn. 24; HCL/*Paefgen* Rn. 36; Rowedder/Schmidt-Leithoff/*Baukelmann* Rn. 8; Scholz/*U. H. Schneider/S. H. Schneider* Rn. 14).

10 **d) Geschäftsführer.** Im Hinblick auf die Vertretungsverhältnisse der Gesellschaft schreibt § 35a Abs. 1 S. 1 ferner die Angabe aller Geschäftsführer vor. Hierzu zählen auch deren **Stellvertreter** (Baumbach/Hueck/*Beurskens* Rn. 14; HCL/*Paefgen* Rn. 38; Lutter/Hommelhoff/*Kleindiek* Rn. 4; Roth/Altmeppen/*Altmeppen* Rn. 2; Rowedder/Schmidt-Leithoff/*Baukelmann* Rn. 8; Scholz/*U. H. Schneider/S. H. Schneider* Rn. 15), ohne dass sich aus § 35a Abs. 1 S. 1 ein Zwang ableiten lässt, die Eigenschaft als „Stellvertreter" aufzudecken (BeckOK GmbHG/*Schindler* Rn. 25; Roth/Altmeppen/*Altmeppen* Rn. 2; Scholz/*U. H. Schneider/S. H. Schneider* Rn. 15). Der Begriff „Geschäftsführer" ist nicht im formellen Sinne zu verstehen, sondern erfasst werden sollen nach dem Zweck der Vorschrift alle Personen, die die Gesellschaft nach außen als Organ vertreten. Deshalb ist auch die Angabe eines **Notgeschäftsführers** erforderlich (Baumbach/Hueck/*Beurskens* Rn. 14; HCL/*Paefgen* Rn. 39; Rowedder/Schmidt-Leithoff/*Baukelmann* Rn. 8; Scholz/*U. H. Schneider/S. H. Schneider* Rn. 15). Befindet sich die Gesellschaft in Liquidation, sind wegen § 71 Abs. 5 die **Liquidatoren** anzugeben, sofern diese an die Stelle der Geschäftsführer getreten sind (HCL/*Paefgen* Rn. 41; MüKoGmbHG/*Stephan/Tieves* Rn. 33). Wurde über das Vermögen der Gesellschaft das Insolvenzverfahren eröffnet, ist die Angabe des **Insolvenzverwalters** erforderlich (Baumbach/Hueck/*Beurskens* Rn. 14; BeckOK GmbHG/*Schindler* Rn. 25; HCL/*Paefgen* Rn. 42; **aA** MüKoGmbHG/*Stephan/Tieves* Rn. 32). Angaben zu den vom Geschäftsführer wahrgenommenen Aufgaben in einer mehrgliedrigen Geschäftsführung sind nicht notwendig. Das gilt auch für einen nach Maßgabe von § 33 MitbestG bzw. § 13 MontanMitbestG bestellten **Arbeitsdirektor** (Baumbach/Hueck/*Beurskens* Rn. 14; HCL/*Paefgen* Rn. 40; MüKoGmbHG/*Stephan/Tieves* Rn. 23; Scholz/*U. H. Schneider/S. H. Schneider* Rn. 15).

11 Zwecks Identifizierung verlangt § 35a Abs. 1 S. 1 neben der Angabe des **Familiennamens** die Hinzufügung des **Vornamens,** der grundsätzlich auszuschreiben ist. Eine Ausnahme gilt bei mehreren Vornamen; in diesem Fall genügt es, wenn zumindest einer der Vornamen ausgeschrieben ist. Der Familienname iSd § 35a Abs. 1 S. 1 ist nicht zwingend mit dem Ehenamen (§ 1355 Abs. 1 S. 1 BGB) identisch. Entscheidend ist die Angabe des Nachnamens, unter dem der Geschäftsführer im Geschäftsverkehr für die Gesellschaft auftritt. Deshalb ist bei einem **Doppelnamen** die Angabe des Ehenamens unschädlich, sofern der Geschäftsführer unter diesem im Geschäftsverkehr auftritt (HCL/*Paefgen* Rn. 37; MüKoGmbHG/*Stephan/Tieves* Rn. 22).

12 **e) Aufsichtsrat.** Besteht bei der GmbH ein Aufsichtsrat, ist auch dessen Vorsitzender auf den Geschäftsbriefen anzugeben. Im Hinblick auf seinen Namen gelten dieselben Anforderungen wie für Geschäftsführer (→ Rn. 11). Da § 35a Abs. 1 S. 1 nicht zwischen den verschiedenen Rechtsgrundlagen für die Errichtung des Aufsichtsrats differenziert, ist der Vorsitzende nicht nur bei einem **obligatorischen** Aufsichtsrat, sondern auch bei einem **fakultativen** Aufsichtsrat anzugeben (Baumbach/Hueck/*Beurskens* Rn. 15; HCL/*Paefgen* Rn. 43; MHLS/*Lenz* Rn. 2; Roth/Altmeppen/*Altmeppen* Rn. 3; Scholz/*U. H. Schneider/S. H. Schneider* Rn. 16).

13 Das Gesetz beschränkt sich ausdrücklich auf den Aufsichtsrat als Organ. Bestehen in der Gesellschaft **weitere Organe** (zB Beirat), sind diese nicht anzugeben. Eine Ausnahme gilt nur, wenn sie Aufgaben wahrnehmen, die mit denen eines Aufsichtsrats vergleichbar sind (allgM Baumbach/Hueck/*Beurskens* Rn. 15; Bork/Schäfer/*Jacoby* Rn. 5; Hachenburg/*Mertens* Rn. 9; HCL/*Paefgen* Rn. 44; Roth/Altmeppen/*Altmeppen* Rn. 3; Rowedder/Schmidt-Leithoff/*Baukelmann* Rn. 8; Scholz/*U. H. Schneider/S. H. Schneider* Rn. 16). In Betracht kommt dies aber lediglich, wenn die Errichtung eines Aufsichtsrats fakultativ ist und das Organ an dessen Stelle tritt. Im Hinblick auf den Zweck der Vorschrift bedeutet es in derartigen Konstellationen keinen Unterschied, ob ein ausdrücklich so benanntes Gremium oder der Sache nach ein anderes Gremium Funktionen wahrnimmt, die § 52 dem Aufsichtsrat zuweist.

14 **2. Kapital der Gesellschaft.** Die Angaben zum Kapital der Gesellschaft sind keine zwingende Mindestangabe; § 35a Abs. 1 S. 2 verlangt die dort genannten Angaben erst und ausschließlich dann, wenn auf Geschäftsbriefen Angaben zum Kapital der Gesellschaft vermerkt sind. Deshalb handelt es sich um **bedingt erforderliche Angaben.** Entschließt sich die Gesellschaft dazu, Angaben zum Kapital der Gesellschaft aufzunehmen, so legt § 35a Abs. 1 S. 2 verbindlich fest, dass einerseits das **Stammkapital** (§ 5 Abs. 1) sowie andererseits der Gesamtbetrag der uU noch **ausstehenden Geldeinlagen** (§ 7 Abs. 2) anzugeben sind. Wegen des Gesetzeswortlauts ist eine Ausdehnung auf noch **ausstehende Sacheinlagen** nicht angezeigt (Bork/Schäfer/*Jacoby* Rn. 6; HCL/*Paefgen* Rn. 46; MüKoGmbHG/*Stephan/Tieves* Rn. 25; **aA** Baumbach/Hueck/*Beurskens* Rn. 16; BeckOK GmbHG/*Schindler* Rn. 28; GBS GmbHG/*Buck-Heeb* Rn. 6; MHLS/*Lenz* Rn. 3; Scholz/*U. H. Schneider/S. H. Schneider* Rn. 18). Ausgelöst wird die vorstehende Verpflichtung stets, wenn auf den Geschäftsbriefen Angaben zum Kapital der Gesellschaft mitgeteilt werden (Baumbach/Hueck/*Beurskens* Rn. 16). Hierunter sind alle Daten zu verstehen, die Auskunft über die wirtschaftlichen Verhältnisse der Gesellschaft geben, wie zB die Bilanzsumme oder die Höhe des Eigenkapitals.

III. Geschäftsbriefe und Bestellscheine

15 Die in § 35a Abs. 1 S. 1 und 2 genannten Angaben verlangt das Gesetz nur für Geschäftsbriefe der Gesellschaft. Wegen des mit der Norm bezweckten Schutzes des Geschäftsverkehrs sind diese weit zu verstehen (HCL/*Paefgen* Rn. 9; MHLS/*Lenz* Rn. 4; Rowedder/Schmidt-Leithoff/*Baukelmann* Rn. 6), sodass die Bestimmung alle **verkörperten Mitteilungen** erfasst, die zur dauerhaften Wiedergabe von Schriftzeichen geeignet sind. Entscheidend ist, dass zwischen der Mitteilung und der geschäftlichen Tätigkeit der Gesellschaft ein Zusammenhang besteht (s. auch *Bredol* NZG 2017, 611 (612 f.)). Insofern ist der Begriff des Geschäftsbriefs weiter als derjenige des **Handelsbriefs** in § 257 Abs. 2 HGB, der lediglich solche Schriftstücke umfasst, die ein Handelsgeschäft betreffen (Baumbach/Hueck/*Beurskens* Rn. 3). Darüber hinaus stellt § 35a Abs. 3 S. 1 **Bestellscheine** den Geschäftsbriefen gleich; auf diesen müssen ebenfalls die in Abs. 1 genannten Angaben enthalten sein. Zu den Bestellscheinen zählen insbesondere Vordrucke der Gesellschaft, die die Inanspruchnahme von Leistungen der Gesellschaft erleichtern sollen. Umgekehrt werden Briefe und ähnliche Mitteilungen mit **privatem Charakter,** die keinen Bezug zur Geschäftstätigkeit der Gesellschaft aufweisen (zB Glückwunschschreiben), nicht von der Vorschrift erfasst (BeckOK GmbHG/*Schindler* Rn. 5; Bork/Schäfer/*Jacoby* Rn. 2; HCL/*Paefgen* Rn. 18; MüKoGmbHG/*Stephan/Tieves* Rn. 10; Scholz/*U. H. Schneider/S. H. Schneider* Rn. 5).

16 Hinsichtlich der **Form der Mitteilung** enthält das Gesetz keine Vorgaben. Weder bedürfen diese der Schriftform iSd § 126 Abs. 1 BGB (UHL/*Paefgen* Rn. 14) noch ist zwingend die Textform iSd § 126b BGB notwendig (GBS GmbHG/*Buck-Heeb* Rn. 2; MüKoGmbHG/*Stephan/Tieves* Rn. 8). Im Hinblick auf den Zweck der Mindestangaben will die Vorschrift jedes Medium erfassen, dass dauerhaft zur Wiedergabe von Schriftzeichen geeignet ist. Dieses weite Verständnis des Geschäftsbriefs entsprach schon früher der vorherrschenden Ansicht, wurde jedoch durch die mit dem EHUG eingefügte Ergän-

zung („gleichviel welcher Form") ausdrücklich klargestellt. Als Geschäftsbrief iSd § 35a kommen deshalb nicht nur **Telefax** (HCL/*Paefgen* Rn. 14; MHLS/*Lenz* Rn. 8; Rowedder/Schmidt-Leithoff/*Baukelmann* Rn. 6; Scholz/*U. H. Schneider/S. H. Schneider* Rn. 4) und **Fernschreiben** (HCL/*Paefgen* Rn. 14; **aA** BeckOK GmbHG/*Schindler* Rn. 6; Rowedder/Schmidt-Leithoff/*Baukelmann* Rn. 6; Scholz/*U. H. Schneider/S. H. Schneider* Rn. 5), sondern auch **E-Mails** in Betracht (Baumbach/Hueck/*Beurskens* Rn. 7; *Bredol* NZG 2017, 611 (611); HCL/*Paefgen* Rn. 14; Lutter/Hommelhoff/*Kleindiek* Rn. 2; MHLS/*Lenz* Rn. 8; Roth/Altmeppen/*Altmeppen* Rn. 5; Rowedder/Schmidt-Leithoff/*Baukelmann* Rn. 6; Scholz/*U. H. Schneider/S. H. Schneider* Rn. 7), unabhängig davon, ob sie der elektronischen Form (§ 126a BGB) genügen (Baumbach/Hueck/*Beurskens* Rn. 7; HCL/*Paefgen* Rn. 15; Roth/Altmeppen/*Altmeppen* Rn. 5).

17 Nach dem Wortlaut der Norm genügt es, wenn die Mitteilung an einen **Empfänger** gerichtet ist. Der auf den Geschäftsverkehr bezogene Zweck der Pflichtangaben erfordert jedoch eine Konkretisierung, die solche Empfänger ausklammert, die nicht im geschäftlichen Verkehr der GmbH in Erscheinung treten. Mitteilungen, die lediglich das **Innenverhältnis der Gesellschaft** betreffen, müssen nach dem Zweck der Norm nicht die in § 35a Abs. 1 S. 1 und 2 genannten Angaben enthalten. Hiervon sind nicht nur Schriftwechsel innerhalb der Gesellschaft (zB zwischen einzelnen Abteilungen, Filialen etc) (BGH 27.1.1997, NJW-RR 1997, 669 (670); Baumbach/Hueck/*Beurskens* Rn. 6; HCL/*Paefgen* Rn. 19; Rowedder/Schmidt-Leithoff/*Baukelmann* Rn. 6), sondern auch Mitteilungen zwischen **Gesellschaft und Gesellschaftern** (zB Ladung zur Gesellschafterversammlung) (Baumbach/Hueck/*Beurskens* Rn. 6; BeckOK GmbHG/*Schindler* Rn. 11; HCL/*Paefgen* Rn. 11; Lutter/Hommelhoff/*Kleindiek* Rn. 2; Scholz/*U. H. Schneider/S. H. Schneider* Rn. 5, 10;) sowie zwischen **Gesellschaft und Geschäftsführern** (BGH 27.1.1997, NJW-RR 1997, 669 (670); GBS GmbHG/*Buck-Heeb* Rn. 3; HCL/*Paefgen* Rn. 12; Lutter/Hommelhoff/*Kleindiek* Rn. 1) erfasst.

18 Ein Bezug zu dem Geschäftsverkehr fehlt ferner bei Mitteilungen an **betriebsverfassungsrechtliche Organe** (Baumbach/Hueck/*Beurskens* Rn. 6; HCL/*Paefgen* Rn. 17; MüKoGmbHG/*Stephan/Tieves* Rn. 12; Scholz/*U. H. Schneider/S. H. Schneider* Rn. 10). Nach verbreiteter Auffassung liegt der notwendige Bezug zum Geschäftsverkehr jedoch bei **Arbeitsverhältnissen** mit der GmbH vor (Bork/Schäfer/*Jacoby* Rn. 1; HCL/*Paefgen* Rn. 12; Lutter/Hommelhoff/*Kleindiek* Rn. 2; MüKoGmbHG/*Stephan/Tieves* Rn. 12; Scholz/*U. H. Schneider/S. H. Schneider* Rn. 5; **aA** Baumbach/Hueck/*Beurskens* Rn. 6; BeckOK GmbHG/*Schindler* Rn. 14; GBS GmbHG/*Buck-Heeb* Rn. 3; MHLS/*Lenz* Rn. 5). Dem ist jedenfalls dann zuzustimmen, wenn der Inhalt der „Mitteilung" den Bestand des Arbeitsverhältnisses oder den Inhalt des Arbeitsvertrags betrifft (ähnlich Baumbach/Hueck/*Beurskens* Rn. 6: statusrelevante Mitteilungen).

19 Der dem **Geschäftsverkehr** mit der GmbH zuzurechnende **Empfängerkreis** ist iwS zu verstehen und umfasst jede Person, die mit der Gesellschaft in geschäftlichen Beziehungen steht. Einbezogen werden deshalb auch geschäftliche Mitteilungen an **verbundene Unternehmen** (LG Heidelberg 31.5.1996, GmbHR 1997, 446 (447); Baumbach/Hueck/*Beurskens* Rn. 6 aE; BeckOK GmbHG/*Schindler* Rn. 12; HCL/*Paefgen* Rn. 10; Lutter/Hommelhoff/*Kleindiek* Rn. 2; Scholz/*U. H. Schneider/S. H. Schneider* Rn. 10; im Grundsatz auch MüKoGmbHG/*Stephan/Tieves* Rn. 13; **aA** MHLS/*Lenz* Rn. 5; wohl ebenso Rowedder/Schmidt-Leithoff/*Baukelmann* Rn. 6). Voraussetzung ist jedoch stets, dass sich die Mitteilung an einen bestimmten namentlich bezeichneten Empfänger richtet. Nicht erfasst werden daher sämtliche Mitteilungen, die zwar dem geschäftlichen Verkehr der Gesellschaft zuzurechnen sind, sich aber an einen **unbestimmten Adressatenkreis** wenden, wie zB Werbeinserate, Postwurfsendungen, Internetseiten (Baumbach/Hueck/*Beurskens* Rn. 5; BeckOK GmbHG/*Schindler* Rn. 7; Bork/Schäfer/*Jacoby* Rn. 6; HCL/*Paefgen* Rn. 21; Lutter/Hommelhoff/*Kleindiek* Rn. 3; MHLS/*Lenz* Rn. 6; Rowedder/Schmidt-Leithoff/*Baukelmann* Rn. 7; Scholz/*U. H. Schneider/S. H. Schneider* Rn. 9). Unerheblich ist indes, ob der Inhalt der Mitteilung **individuell zugeschnitten** ist (LG Heidelberg 31.5.1996, GmbHR 1997, 446 (446 f.); Baumbach/Hopt/*Beurskens* Rn. 5; BeckOK GmbHG/*Schindler* Rn. 8; HCL/*Paefgen* Rn. 21; Roth/Altmeppen/*Altmeppen* Rn. 5; Rowedder/Schmidt-Leithoff/*Baukelmann* Rn. 7; Scholz/*U. H. Schneider/S. H. Schneider* Rn. 5).

20 **Ausgenommen** von der Pflicht zur Aufnahme der in § 35a Abs. 1 S. 1 genannten Angaben sind bestimmte **Mitteilungen und Berichte** iRe bereits **bestehenden Geschäftsverbindung** (§ 35a Abs. 2). **Bestellscheine** sind in den Ausnahmetatbestand nicht einbezogen (§ 35a Abs. 3 S. 2). Da sich die Ausnahme in § 35a Abs. 2 auf die nach Abs. 1 S. 1 erforderlichen Angaben bezieht, muss es sich bei den Mitteilungen und Berichten um Geschäftsbriefe iSd Abs. 1 S. 1 handeln. Umgekehrt erfasst der Ausnahmetatbestand nicht alle verkörperten Mitteilungen, die Geschäftsbriefe iSd § 35a Abs. 1 S. 1 sind. Ferner befreit § 35a Abs. 2 nicht von allen Angaben, sondern nur von denjenigen, die nach Abs. 1 S. 1 in Geschäftsbriefe aufzunehmen sind. Keine Ausnahme begründet die Vorschrift hingegen von den nach Abs. 1 S. 2 (bedingt) erforderlichen Angaben.

21 Die Ausnahme in § 35a Abs. 2 beruht auf dem Umstand, dass die nach § 35a Abs. 1 S. 1 anzugebenden Informationen dem Empfänger iRd bestehenden Geschäftsverbindung bereits bekannt sind, sodass deren stete Wiederholung einen sinnentleerten Formalismus bedeuten würde. Dementsprechend liegt eine bestehende Geschäftsverbindung iSd § 35a Abs. 2 nur vor, wenn die notwendigen Angaben bereits bei Begründung der Geschäftsverbindung gemacht wurden (Baumbach/Hueck/*Beurskens*

Rn. 20; HCL/*Paefgen* Rn. 26; Rowedder/Schmidt-Leithoff/*Baukelmann* Rn. 13; Scholz/*U. H. Schneider/S. H. Schneider* Rn. 23). Eine längere Dauer der Geschäftsverbindung ist nicht erforderlich (BeckOK GmbHG/*Schindler* Rn. 18; Scholz/*U. H. Schneider/S. H. Schneider* Rn. 23).

Von den nach Abs. 1 S. 1 notwendigen Angaben befreit § 35a Abs. 2 nicht jegliche Mitteilungen und Berichte, sondern nur solche, für die üblicherweise Vordrucke verwendet werden. Die **Üblichkeit** ist nicht allg., sondern nach den jeweiligen **Usancen der Branche** zu bestimmen, in der die Gesellschaft tätig ist (HCL/*Paefgen* Rn. 28; MHLS/*Lenz* Rn. 10; Rowedder/Schmidt-Leithoff/*Baukelmann* Rn. 12). Ferner muss der Vordruck so gestaltet sein, dass in diesen lediglich spezifische Angaben eintragen werden, wie das zB bei Auftragsbestätigungen, Lieferscheinen, Rechnungen, Benachrichtigungen etc der Fall ist (Baumbach/Hueck/*Beurskens* Rn. 21; Hachenburg/*Mertens* Rn. 7; HCL/*Paefgen* Rn. 28; Scholz/*U. H. Schneider/S. H. Schneider* Rn. 22). 22

IV. Verstoß gegen § 35a

Die Einhaltung der Vorgaben in § 35a Abs. 1 kann mit Hilfe des **Registerzwangs** durchgesetzt werden. Das Registergericht wird hierzu in § 79 Abs. 1 S. 1 ausdrücklich ermächtigt; den Betrag von 5.000 EUR darf das einzelne Zwangsgeld nicht überschreiten. Die Vorlage eines aktuellen Geschäftsbriefbogens kann hierüber jedoch nicht durchgesetzt werden (OLG Frankfurt a. M. 14.7.2015, BeckRS 2016, 02601). 23

Auf die **zivilrechtliche Wirksamkeit** von Rechtsgeschäften hat der Verstoß gegen § 35a Abs. 1 keine Auswirkungen (Baumbach/Hueck/*Beurskens* Rn. 29; HCL/*Paefgen* Rn. 59; Lutter/Hommelhoff/*Kleindiek* Rn. 6; Roth/Altmeppen/*Altmeppen* Rn. 7; Rowedder/Schmidt-Leithoff/*Baukelmann* Rn. 10; Scholz/*U. H. Schneider/S. H. Schneider* Rn. 32). Auch ist die Aufnahme des Namens auf die Geschäftsbriefe keine konstitutive Wirksamkeitsvoraussetzung für dessen Bestellung zum Geschäftsführer (LAG Köln 18.1.2018, BeckRS 2018, 2690). 24

Allerdings kann die Verletzung der Publizitätspflichten **Schadensersatzansprüche** auslösen, die ihre Grundlage in **§ 280 Abs. 1 BGB, § 311 Abs. 1 Nr. 1 BGB** oder ggf. auch in den Grundsätzen einer **Rechtsscheinhaftung** (hierfür LG Frankfurt a. M. 26.4.2001, NJW-RR 2001, 1423 (1425); dazu auch BGH 12.6.2012, NZG 2012, 989 Rn. 23 ff.) finden können (s. auch Baumbach/Hueck/*Beurskens* Rn. 31; HCL/*Paefgen* Rn. 60; Lutter/Hommelhoff/*Kleindiek* Rn. 6; MHLS/*Lenz* Rn. 13; Roth/Altmeppen/*Altmeppen* Rn. 8; Scholz/*U. H. Schneider/S. H. Schneider* Rn. 33). Darüber hinaus ist § 35a Abs. 1 **Schutzgesetz iSd § 823 Abs. 2 BGB** (LG Detmold 20.10.1989, NJW-RR 1990, 995; Baumbach/Hueck/*Beurskens* Rn. 31; HCL/*Paefgen* Rn. 65; Lutter/Hommelhoff/*Kleindiek* Rn. 6; MHLS/*Lenz* Rn. 12; Roth/Altmeppen/*Altmeppen* Rn. 8; Scholz/*U. H. Schneider/S. H. Schneider* Rn. 33; **aA** Hachenburg/*Mertens* Rn. 12). Stets muss jedoch ein Vermögensschaden eingetreten sein und zwischen diesem und den unterlassenen bzw. eventuell fehlerhaften Angaben auf den Geschäftsbriefen ein ursächlicher Zusammenhang bestehen. Praktisch relevant kann dies wohl nur bei unterbliebenen oder fehlerhaften Angaben zu den Geschäftsführern der Gesellschaft werden. 25

Der Verstoß gegen § 35a ist darüber hinaus ein **Wettbewerbsverstoß** und unlauter iSd **§ 3a UWG,** da § 35a eine ausreichende Grundlage im Unionsrecht hat (→ Rn. 1; ferner KG 21.9.2012, GRUR-RR 2013, 123). Der Zweck des § 35a ist auf den Schutz des Geschäftspartners gerichtet und weist damit die erforderliche Wettbewerbsrelevanz auf (wie hier OLG Hamburg 12.9.2007, OLGR 2008, 76; Baumbach/Hueck/*Beurskens* Rn. 33; KBF/*Köhler* UWG § 3a Rn. 1.304; MüKoGmbHG/*Stephan/Tieves* Rn. 58; Scholz/*U. H. Schneider/S. H. Schneider* Rn. 35; **aA** MHLS/*Lenz* Rn. 12; wohl auch Roth/Altmeppen/*Altmeppen* Rn. 9: neutrale Ordnungsvorschrift). Bei geringen Verstößen gegen die Pflichtangaben (zB fehlerhafte Schreibweise des Vornamens) ist jedoch die Geringfügigkeitsschwelle (§ 3 UWG) idR nicht überschritten (in dieser Richtung auch OLG Brandenburg 10.7.2007, NJW-RR 2008, 714 (715); OLG Hamburg 12.9.2007, BeckRS 2008, 02754; Baumbach/Hueck/*Beurskens* Rn. 33; BeckOK GmbHG/*Schindler* Rn. 37; Bork/Schäfer/*Jacoby* Rn. 8; KBF/*Köhler* UWG § 3a Rn. 1.304; MüKoGmbHG/*Stephan/Tieves* Rn. 57; Roth/Altmeppen/*Altmeppen* Rn. 9; Scholz/*U. H. Schneider/S. H. Schneider* Rn. 35). In Betracht kommt auch ein unlauteres Handeln iSv **§ 5 Abs. 1 S. 2 Nr. 3 UWG,** jedoch ist die notwendige Relevanz für die Entscheidung zum Geschäftsabschluss allenfalls in Ausnahmefällen zu bejahen (s. auch KG 21.9.2012, GRUR-RR 2013, 123 (124) sowie Roth/Altmeppen/*Altmeppen* Rn. 9; Scholz/*U. H. Schneider/S. H. Schneider* Rn. 36 f.). Ferner kann der Verzicht auf die von § 35a geforderten Angaben als ein unlauteres Handeln nach **§ 5a Abs. 3 Nr. 2, Abs. 4 UWG** zu bewerten sein (KBF/*Köhler* § 5a Rn. 4.31 ff.; ebenso für § 5a Abs. 4 UWG MüKoGmbHG/*Stephan/Tieves* Rn. 58). 26

Zielgrößen und Fristen zur gleichberechtigten Teilhabe von Frauen und Männern

36 **[1]Die Geschäftsführer einer Gesellschaft, die der Mitbestimmung unterliegt, legen für den Frauenanteil in den beiden Führungsebenen unterhalb der Geschäftsführer Zielgrößen fest. [2]Liegt der Frauenanteil bei Festlegung der Zielgrößen unter 30 Prozent, so**

dürfen die Zielgrößen den jeweils erreichten Anteil nicht mehr unterschreiten. [3]**Gleichzeitig sind Fristen zur Erreichung der Zielgrößen festzulegen.** [4]**Die Fristen dürfen jeweils nicht länger als fünf Jahre sein.**

1 Die Vorschrift, die durch Art. 15 des Gesetzes für die gleichberechtigte Teilhabe von Frauen und Männern an Führungspositionen in der Privatwirtschaft und im öffentlichen Dienst vom 24.4.2015 (BGBl. 2015 I 642) in das GmbHG eingefügt wurde, stimmt mit der gleichfalls in das AktG neu aufgenommenen Bestimmung in **§ 76 Abs. 4 AktG** überein. Wegen des vom Gesetzgeber angestrebten Gleichlaufs mit dieser Bestimmung (s. Begr. RegE, BT-Drs. 18/3784, 134) ist wegen der Einzelheiten zum Inhalt der Norm auf die Erläuterungen zu § 76 Abs. 4 AktG zu verweisen (→ AktG § 76 Rn. 19 ff.). Die Übergangsregelung in § 5 EGGmbHG, nach der die Festlegungen erstmals bis spätestens zum 30.9.2015 zu erfolgen hatten, wobei die erstmals nach § 36 S. 3 festzulegende Frist nicht länger als bis zum 30.6.2017 dauern durfte, ist infolge Zeitablaufs überholt.

2 Ergänzt wird die von § 36 geforderte Festlegung durch § 289f Abs. 4 S. 1 HGB. Danach sind die Zielgrößen und Fristen als gesonderter Abschnitt der Erklärung zur Unternehmensführung (EzU) in den **Lagebericht der Gesellschaft** aufzunehmen; ferner sind nach § 289f Abs. 4 S. 1 HGB iVm § 289f Abs. 2 Nr. 4 HGB dort die Gründe anzugeben, wenn Zielgrößen nicht fristgerecht erreicht werden (s. *Müller-Bonanni/Forst* GmbHR 2015, 621 (625 f.); ferner HCL/*Paefgen* Rn. 48 ff.; Lutter/Hommelhoff/*Hommelhoff* Rn. 16 ff.; Roth/Altmeppen/*Altmeppen* Rn. 14 f.; Scholz/*U. H. Schneider/S. H. Schneider* Rn. 25 ff.). Bei **kleinen Kapitalgesellschaften** (§ 267 Abs. 1 HGB) beschränkt sich die Verpflichtung auf eine Erklärung, die die Angaben nach § 289f Abs. 2 Nr. 4 HGB enthält (§ 289f Abs. 4 S. 2 HGB).

3 Die Pflicht zur Festlegung von Zielgrößen und Frist gilt nicht für jede GmbH, sondern nur für solche die der Mitbestimmung unterliegen. Unter „Mitbestimmung" ist ausschließlich die **Unternehmensmitbestimmung** durch Arbeitnehmervertreter im Aufsichtsrat zu verstehen. Nur so ergibt die Eingrenzung einen Sinn, da mehrere Führungsebenen nur in Unternehmen mit einer größeren Arbeitnehmerzahl existieren. Eine durch das BetrVG vermittelte **betriebliche „Mitbestimmung"** löst für sich allein deshalb trotz des offenen Gesetzeswortlauts nicht die Pflicht zur Festlegung von Zielgrößen aus (Baumbach/Hueck/*Noack* Rn. 3; GBS GmbHG/*Buck-Heeb* Rn. 3; HCL/*Paefgen* Rn. 11; HK-GmbHG/*Lücke/Simon* Rn. 4; MHLS/*Giedinghagen* Rn. 3; MüKoGmbHG/*Fleischer* Rn. 2; Rowedder/Schmidt-Leithoff/*Baukelmann* Rn. 3; *Wicke* Rn. 3). IdS zählt die Gesetzesbegründung auch ausschießlich Gesetze zur Unternehmensmitbestimmung auf (s. Begr. RegE, BT-Drs. 18/3784, 134). Ferner muss die Gesellschaft dem GmbHG unterfallen, sodass eine **Gesellschaft ausländischer Rechtsform** § 36 selbst dann nicht unterliegt, wenn bei ihr nach Maßgabe der auf sie anzuwendenden Rechtsordnung eine Unternehmensmitbestimmung besteht (Baumbach/Hueck/*Noack* Rn. 4; HCL/*Paefgen* Rn. 14; MüKoGmbHG/*Fleischer* Rn. 2; Roth/Altmeppen/*Altmeppen* Rn. 1; Scholz/*U. H. Schneider/S. H. Schneider* Rn. 6).

4 Der Mitbestimung unterliegt die Gesellschaft nur, wenn bei ihr ein Aufsichtsrat besteht und diesem Arbeitnehmervertreter angehören **(Ist-Zustand).** Allein der Umstand, dass die Gesellschaft kraft Gesetzes verpflichtet ist, einen mitbestimmten Aufsichtsrat zu bilden, führt noch nicht dazu, dass die Gesellschaft der Mitbestimmung „unterliegt". Dieser Zustand tritt erst ein, wenn iR eines abgeschlossenen Statusverfahrens festgestellt wurde, dass ein mit Arbeitnehmervertretern zusammengesetzter Aufsichtsrats zu bilden ist. Wurde **entgegen den Mitbestimmungsgesetzen** kein mitbestimmter Aufsichtsrat gebildet, findet § 36 deshalb keine Anwendung (Baumbach/Hueck/*Noack* Rn. 3; *Bayer/Hoffmann* GmbHR 2017, 441 (443 f.); *Fromholzer/Simons* AG 2015, 457 (458); HCL/*Paefgen* Rn. 9; MüKoGmbHG/*Fleischer* Rn. 2; **aA** (Soll-Zustand) Bork/Schäfer/*Rieble* Rn. 6; Lutter/Hommelhoff/*Hommelhoff* Rn. 2; Scholz/*U. H. Schneider/S. H. Schneider* Rn. 6). Zweifelhaft ist in diesem Fall allenfalls, ob sich die Geschäftsführer hierauf im Hinblick auf einen Verstoß gegen § 36 berufen können, da sie entgegen ihrer Pflichten in § 97 Abs. 1 AktG die Einleitung eines Statusverfahrens unterlassen haben (s. auch § 27 EGAktG, § 6 Abs. 2 S. 1 MitbestG; § 1 Abs. 1 S. 1 Nr. 3 S. 1 DrittelbG).

5 Da die Gesetzesbegründung auf die Mitbestimmungs*gesetze* Bezug nimmt (s. Begr. RegE, BT-Drs. 18/3784, 134), reicht die **freiwillige Besetzung des Aufsichtsrats** mit Arbeitnehmervertretern nicht aus (Baumbach/Hueck/*Noack* Rn. 3; Bork/Schäfer/*Rieble* Rn. 3; MüKoGmbHG/*Fleischer* Rn. 2; Rowedder/Schmidt-Leithoff/*Baukelmann* Rn. 3; Scholz/*U. H. Schneider/S. H. Schneider* Rn. 6). Sie werden in diesem Fall nicht von den Arbeitnehmern gewählt, sondern von der Gesellschafterversammlung bestellt und sind damit im Rechtssinne keine Arbeitnehmervertreter. Keine Pflicht zur Festlegung einer Zielgröße besteht deshalb nicht nur in Gesellschaften, deren Arbeitnehmerzahl den nach § 1 Abs. 1 Nr. 3 DrittelbG notwendigen Schwellwert (idR mehr als 500 Arbeitnehmer) nicht erreicht, sondern auch dann, wenn diese wegen des Tendenzschutzes (§ 1 Abs. 2 S. 1 DrittelbG, § 1 Abs. 4 S. 1 MitbestG) nicht der Unternehmensmitbestimmung unterliegen.

6 Andererseits unterliegt die Gesellschaft auch dann der Mitbestimmung, wenn deren **Anwendungsvoraussetzung** nachträglich **entfallen** (zB Herabsinken der notwendigen Arbeitnehmerzahl), ohne dass ein Statusverfahren nach den §§ 97 ff. AktG (zu dessen Anwendung bei der GmbH § 27 EGAktG, § 6

Abs. 2 MitbestG, § 1 Abs. 1 Nr. 3 S. 1 DrittelbG) durchgeführt worden ist (**aA** Bork/Schäfer/*Rieble* Rn. 5; HCL/*Paefgen* Rn. 13; Lutter/Hommelhoff/*Hommelhoff* Rn. 2; Rowedder/Schmidt-Leithoff/*Baukelmann* Rn. 4; Scholz/*U. H. Schneider/S. H. Schneider* Rn. 6). Auch nach dessen Abschluss entfällt die Bindung an zuvor festgelegte Zielgrößen nicht *ipso iure,* sondern erst aufgrund eines eigenständigen Akts seitens der Geschäftsführer (Bork/Schäfer/*Rieble* Rn. 5; Roth/Altmeppen/*Altmeppen* Rn. 1; Rowedder/Schmidt-Leithoff/*Baukelmann* Rn. 4; **aA** iErg Scholz/*U. H. Schneider/S. H. Schneider* Rn. 6).

Der Gesetzeswortlaut verlangt nicht, dass die Gesellschaft aufgrund einer gesetzlichen Regelung der Mitbestimmung unterliegt, sondern ist hinsichtlich der Rechtsgrundlage der Mitbestimmung offen formuliert („der Mitbestimmung unterliegt"). Eine Mitbestimmung im Aufsichtsrat einer GmbH nach Maßgabe einer auf der Grundlage des **MgVG** abgeschlossenen **Mitbestimmungsvereinbarung** wird in der Gesetzesbegründung zwar nicht genannt. Auch in diesem Fall unterliegt die GmbH aber der Mitbestimmung, da die vereinbarte Mitbestimmung das nach § 4 MgVG maßgebende (gesetzliche) Mitbestimmungsstatut substituiert und auf einem Mitbestimmungsgesetz beruht (**aA** Baumbach/Hueck/*Noack* Rn. 3; Bork/Schäfer/*Rieble* Rn. 3; HCL/*Paefgen* Rn. 10; *Müller-Bonanni/Forst* GmbHR 2015, 621 (622); Scholz/*U. H. Schneider/S. H. Schneider* Rn. 6). 7

Die Festlegungspflicht adressiert § 36 an die **Geschäftsführer der Gesellschaft** und erhebt die Festlegung der Zielgröße damit in den Rang einer Geschäftsführungsmaßnahme (HCL/*Paefgen* Rn. 15; MHLS/*Giedinghagen* Rn. 9; Roth/Altmeppen/Altmeppen Rn. 6; **aA** wohl Lutter/Hommelhoff/*Hommelhoff* Rn. 7: ungewöhniche Maßnahme). Aufgrund des Normzwecks ist dies zwingend, sodass die Festlegung der Zielgröße weder kraft Satzung noch aufgrund Beschlusses einer mehrgliedrigen Geschäftsführung auf andere Stellen in der Gesellschaft (Aufsichtsrat, einzelne Gesellschafter) delegiert werden darf (BeckOK GmbHG/*Wisskirchen/Kuhn* Rn. 6; Lutter/Hommelhoff/*Hommelhoff* Rn. 5; Scholz/*U. H. Schneider/S. H. Schneider* Rn. 8; iErg auch Baumbach/Hueck/*Noack* Rn. 5). Da § 36 von einer Gesamtaufgabe der Geschäftsführung ausgeht, steht dies auch einem Beschluss der Geschäftsführer entgegen, der die Festlegung der Zielgröße einem einzelnen Geschäftsführer (zB Arbeitsdirektor) zuweist (Lutter/Hommelhoff/*Hommelhoff* Rn. 5; Scholz/*U. H. Schneider/S. H. Schneider* Rn. 8). Einer Beauftragung zur Vorbereitung der von den Geschäftsführern zu treffenden Entscheidung steht der zwingende Charakter des § 36 hingegen nicht entgegen (Baumbach/Hueck/*Noack* Rn. 5; BeckOK GmbHG/*Wisskirchen/Kuhn* Rn. 6; Lutter/Hommelhoff/*Hommelhoff* Rn. 5; Scholz/*U. H. Schneider/S. H. Schneider* Rn. 8). 8

Besteht bei einer mehrgliedrigen Geschäftsführung **Gesamtgeschäftsführung,** ist für die Festlegung der Zielgröße vorbehaltlich abweichender Regelung in der Satzung oder der Geschäftsordnung ein **einstimmiger Beschluss** der Geschäftsführer erforderlich (Bork/Schäfer/*Rieble* Rn. 8; GBS GmbHG/*Buck-Heeb* Rn. 9; HCL/*Paefgen* Rn. 15; MHLS/*Giedinghagen* Rn. 9; Roth/Altmeppen/*Altmeppen* Rn. 6; *Wicke* Rn. 4; **aA** BeckOK GmbHG/*Wisskirchen/Kuhn* Rn. 6: Mehrheitsentscheidung). Legt die Satzung bei einer mehrgliedrigen Geschäftsführung für jeden Geschäftsführer **Einzelgeschäftsführungsbefugnis** fest, soll dies auch für die Festlegung der Zielgröße maßgebend sein (so Bork/Schäfer/*Rieble* Rn. 8; idS wohl auch HCL/*Paefgen* Rn. 15). 9

Die Rechtsstellung der **Gesellschafterversammlung** lässt § 36 unberührt. Deshalb besteht das **Weisungsrecht** der Gesellschafterversammlung (→ § 37 Rn. 13 ff.) auch im Hinblick auf die Festlegung der Zielgröße (Baumbach/Hueck/*Noack* Rn. 5; BeckOK GmbHG/*Wisskirchen/Kuhn* Rn. 6; Bork/Schäfer/*Rieble* Rn. 10; GBS GmbHG/*Buck-Heeb* Rn. 9; HCL/*Paefgen* Rn. 17; HK-GmbHG/*Lücke/Simon* Rn. 5 aE; Lutter/Hommelhoff/*Hommelhoff* Rn. 6; MüKoGmbHG/*Fleischer* Rn. 6; Roth/Altmeppen/*Altmeppen* Rn. 10; Rowedder/Schmidt-Leithoff/*Baukelmann* Rn. 7; Scholz/*U. H. Schneider/S. H. Schneider* Rn. 11; *Wicke* Rn. 4). Die Weisung muss sich jedoch darauf beschränken, den durch § 36 eröffneten Spielraum auszugestalten (Bork/Schäfer/*Rieble* Rn. 10; GBS GmbHG/*Buck-Heeb* Rn. 9; Lutter/Hommelhoff/Hommelhoff Rn. 6; Rowedder/Schmidt-Leithoff/*Baukelmann* Rn. 7; Scholz/*U. H. Schneider/S. H. Schneider* Rn. 11). Eine Weisung an die Geschäftsführer, entgegen § 36 keine Zielgrößen festzulegen, ist deshalb nichtig (Lutter/Hommelhoff/*Hommelhoff* Rn. 6; Rowedder/Schmidt-Leithoff/*Baukelmann* Rn. 7; iErg auch Bork/Schäfer/*Rieble* Rn. 10; HCL/*Paefgen* Rn. 17). 10

Hiervon zu trennen ist die Frage, ob die Geschäftsführer ihrerseits nach § 49 Abs. 2 verpflichtet sind, vor Festlegung der Zielgröße eine **Entscheidung der Gesellschafterversammlung** herbeizuführen (so BeckOK GmbHG/*Wisskirchen/Kuhn* Rn. 6; HCL/*Paefgen* Rn. 16; Lutter/Hommelhoff/*Hommelhoff* Rn. 7; Roth/Altmeppen/*Altmeppen* Rn. 10; Scholz/*U. H. Schneider/S. H. Schneider* Rn. 10; bei erstmaliger Festlegung auch *Wicke* Rn. 3; **aA** MHLS/*Giedinghagen* Rn. 3; MüKoGmbHG/*Fleischer* Rn. 2). Hierfür spricht zumindest die Wertentscheidung in § 289f Abs. 4 HGB, dass die festgelegte Zielgröße bzw. deren Nichterreichung und deren Publizität iRd Erklärung zur Unternehmensführung von wesentlicher Bedeutung für die Öffentlichkeit sind (im Ansatz auch Lutter/Hommelhoff/*Hommelhoff* Rn. 7; Roth/Altmeppen/*Altmeppen* Rn. 10). Unabhängig davon kann die Satzung den Zuständigkeitskatalog in § 46 um die Festlegung der Zielgröße erweitern und hierdurch die Entscheidung der Geschäftsführung unter den Vorbehalt eines zustimmenden Gesellschafterbeschlusses stellen (HK-GmbHG/*Lücke/Simon* Rn. 5; MHLS/*Giedinghagen* Rn. 9). 11

Beschränkungen der Vertretungsbefugnis

37 (1) **Die Geschäftsführer sind der Gesellschaft gegenüber verpflichtet, die Beschränkungen einzuhalten, welche für den Umfang ihrer Befugnis, die Gesellschaft zu vertreten, durch den Gesellschaftsvertrag oder, soweit dieser nicht ein anderes bestimmt, durch die Beschlüsse der Gesellschafter festgesetzt sind.**

(2) [1] **Gegen dritte Personen hat eine Beschränkung der Befugnis der Geschäftsführer, die Gesellschaft zu vertreten, keine rechtliche Wirkung.** [2] **Dies gilt insbesondere für den Fall, daß die Vertretung sich nur auf gewisse Geschäfte oder Arten von Geschäften erstrecken oder nur unter gewissen Umständen oder für eine gewisse Zeit oder an einzelnen Orten stattfinden soll, oder daß die Zustimmung der Gesellschafter oder eines Organs der Gesellschaft für einzelne Geschäfte erfordert ist.**

Übersicht

I. Allgemeines

1 Aus § 37 Abs. 1 erschließt sich indirekt, dass die Vorschrift nicht das Außenverhältnis, sondern das Innenverhältnis zwischen Geschäftsführer und Gesellschaft und damit die Geschäftsführungsbefugnis betrifft (HCL/*Paefgen* Rn. 1; Lutter/Hommelhoff/*Kleindiek* Rn. 1). Zugleich weist die Norm die Geschäftsführungsbefugnis den Geschäftsführern und nicht den Gesellschaftern bzw. der Gesellschafterversammlung zu (Rowedder/Schmidt-Leithoff/*Baukelmann* Rn. 2). Im Unterschied zur AG, bei der der Vorstand die Gesellschaft eigenverantwortlich leitet (§ 76 Abs. 1 AktG, → AktG § 76 Rn. 8 f.), unterliegt der Geschäftsführer der GmbH in der Geschäftsführung nicht nur den Beschränkungen durch die Satzung, sondern auch den Beschlüssen der Gesellschafterversammlung (BGH 8.1.2019, NZG 2019, 505 Rn. 33, 37). Demgegenüber regelt § 37 Abs. 2 die Rechtswirkungen derartiger Beschränkungen im Innenverhältnis für die Vertretungsmacht (HCL/*Paefgen* Rn. 2) und bestimmt im Interesse des Geschäftsverkehrs, dass diese die Vertretungsmacht gegenüber Dritten nicht begrenzen (BGH 18.10.2017, NZG 2018, 221 Rn. 21). Das gilt auch im Hinblick auf die durch den Unternehmensgegenstand eingeschränkte Geschäftsführungsbefugnis (→ Rn. 2).

II. Umfang der Geschäftsführungsbefugnis

2 **1. Reichweite.** Die Befugnis zur Geschäftsführung umfasst alle Maßnahmen und Entscheidungen, die zur Verfolgung des **Gesellschaftszwecks** erforderlich sind. Dabei wird der Gesellschaftszweck nicht vom Geschäftsführer autonom definiert, sondern durch den Gesellschaftsvertrag vorgegeben. Alles was über den Gesellschaftsvertrag und den dort definierten **Unternehmensgegenstand** hinausgeht, ist deshalb nicht mehr von der Geschäftsführungsbefugnis umfasst (HCL/*Paefgen* Rn. 8; MüKoGmbHG/*Stephan/Tieves* Rn. 53; Roth/Altmeppen/*Altmeppen* Rn. 26; Rowedder/Schmidt-Leithoff/*Baukelmann* Rn. 7).

3 Damit ist grundsätzlich der gesamte **Bereich der körperschaftsrechtlichen Beziehungen** kein Bestandteil der Geschäftsführung (s. Baumbach/Hueck/*Beurskens* Rn. 56), sofern nicht das Gesetz oder die Satzung eine gegenteilige Entscheidung trifft, wie zB für die Einladung zur Gesellschafterversammlung (§ 49 Abs. 1). Darüber hinaus ist die Befugnis der Geschäftsführer iRd § 46 durch die **Alleinzuständigkeit der Gesellschafterversammlung** eingeschränkt (Lutter/Hommelhoff/*Kleindiek* Rn. 7). Wegen der Satzungsdispositivität des § 46 (vgl. § 45) kann die Satzung jedoch von dem gesetzlichen Modell der Alleinzuständigkeit der Gesellschafterversammlung abweichen und auch eine Zuständigkeit der Geschäftsführer begründen (→ Rn. 19).

4 Entsprechend § 35 Abs. 2 S. 1 besteht bei der Bestellung mehrerer Geschäftsführer **Gesamtgeschäftsführung** (RG 3.2.1920, RGZ 98, 98 (100); Baumbach/Hueck/*Beurskens* Rn. 12; Lutter/Hommelhoff/*Kleindiek* Rn. 28; MüKoGmbHG/*Stephan/Tieves* Rn. 78; Roth/Altmeppen/*Altmeppen*

Rn. 33; Rowedder/Schmidt-Leithoff/*Baukelmann* Rn. 16). Dies entzieht jedoch den Gesellschaftern nicht die Möglichkeit, in der Satzung eine **Ressortverteilung** vorzusehen (Roth/Altmeppen/*Altmeppen* Rn. 33; dazu näher BGH 6.11.2018, NZG 2019, 225 Rn. 17 ff; ferner → § 43 Rn. 22). Ebenso können sie durch Beschluss der Gesellschafterversammlung eine **Geschäftsordnung** aufstellen und darin Einzel- und/oder Gesamtgeschäftsführung ggf. einschließlich etwaiger Abstufungen regeln (Lutter/Hommelhoff/*Kleindiek* Rn. 33; Roth/Altmeppen/*Altmeppen* Rn. 33; Rowedder/Schmidt-Leithoff/*Baukelmann* Rn. 38; MüKoGmbHG/*Stephan/Tieves* Rn. 98). Vorbehaltlich entgegenstehender Bestimmungen in der Satzung oder eines Beschlusses der Gesellschafterversammlung steht auch den Geschäftsführern diese Befugnis zu (Lutter/Hommelhoff/*Kleindiek* Rn. 29; MüKoGmbHG/*Stephan/Tieves* Rn. 100; Roth/Altmeppen/*Altmeppen* Rn. 34; Rowedder/Schmidt-Leithoff/*Baukelmann* Rn. 42; iErg auch BGH 6.11.2018, NZG 2019, 225 Rn. 21). Im Hinblick auf § 77 Abs. 2 S. 3 AktG, dessen Rechtsgedanke auch für die GmbH gilt, erfordert ein derartiger Beschluss der Geschäftsführer jedoch Einstimmigkeit (BGH 6.11.2018, NZG 2019, 225 Rn. 21; Baumbach/Hueck/*Beurskens* Rn. 16; Lutter/Hommelhoff/*Kleindiek* Rn. 29; MüKoGmbHG/*Stephan/Tieves* Rn. 101; Roth/Altmeppen/*Altmeppen* Rn. 35; Rowedder/Schmidt-Leithoff/*Baukelmann* Rn. 42; Scholz/*U. H. Schneider/S. H. Schneider* Rn. 116).

Wollen die Geschäftsführer für die Geschäftsführung eine Ressortaufteilung festlegen, müssen sie hierfür eine klare und eindeutige, nicht notwendig schriftliche Verteilung der Geschäftsführungsaufgaben vornehmen, die zudem sicherstellt, dass fachlich und persönlich geeignete Personen die jeweiligen Geschäftsführungsaufgaben wahrnehmen (BGH 6.11.2018, NZG 2019, 225 Rn. 17 ff.; dazu auch *Schockenhoff* GmbHR 2019, 514 ff.). Auch eine Ressortaufteilung entbindet die Geschäftsführer nicht von ihrer **Gesamtverantwortung,** die zu einer beobachtenden Kontrolle der anderen Geschäftsführer verpflichtet (BGH 6.11.2018, NZG 2019, 225 Rn. 15, 19; Bork/Schäfer/*Jacoby* Rn. 6: Lutter/Hommelhoff/*Kleindiek* Rn. 29, 30; Roth/Altmeppen/*Altmeppen* Rn. 34; Rowedder/Schmidt-Leithoff/*Baukelmann* Rn. 45; → § 43 Rn. 22). 5

In der **mitbestimmten GmbH** gelten die vorstehenden Grundsätze ebenfalls, sofern der Geschäftsführung nicht ein nach § 33 MitbestG, § 13 MontanMitbestG bestellter Arbeitsdirektor angehört. Ihm muss die Zuständigkeit in Personal- und Sozialangelegenheiten zustehen, ohne dass hieraus indes eine Alleinzuständigkeit folgt. Mehrheitsentscheidungen der gesamten Geschäftsführung muss sich der Arbeitsdirektor auch in Personal- und Sozialangelegenheiten beugen (Roth/Altmeppen/*Altmeppen* Rn. 36; ferner ErfK/*Oetker* MitbestG § 33 Rn. 13 mwN). 6

Bezüglich des Umfangs der Geschäftsführung ist jenseits der Schranken in → Rn. 4 ff. zwischen der laufenden Geschäftsführung sowie den ungewöhnlichen bzw. außergewöhnlichen Geschäften zu unterscheiden. Die **laufende (gewöhnliche) Geschäftsführung** zählt zu dem originären Zuständigkeitsbereich der Geschäftsführer (GBS GmbHG/*Buck-Heeb* Rn. 2; Rowedder/Schmidt-Leithoff/*Baukelmann* Rn. 6). In diesen kann die Gesellschafterversammlung zwar durch Weisungen eingreifen (→ Rn. 13), iÜ verbleibt es aber bei der Zuständigkeit der Geschäftsführer, die vor der Durchführung derartiger Geschäftsführungsmaßnahmen nicht die Gesellschafterversammlung befragen müssen. 7

Anders ist die Rechtslage nach hM bei **ungewöhnlichen bzw. außergewöhnlichen Geschäften.** Bei diesen sollen die Geschäftsführer verpflichtet sein, vor entsprechenden Maßnahmen die Entscheidung der Gesellschafter einzuholen; es besteht zugunsten der Gesellschafter eine **Vorlagepflicht** (hierfür *Hommelhoff* ZGR 1978, 119 (124); *Hommelhoff* ZIP 1983, 383 (385); Lutter/Hommelhoff/*Kleindiek* Rn. 10; Roth/Altmeppen/*Altmeppen* Rn. 22 f.; Rowedder/Schmidt-Leithoff/*Baukelmann* Rn. 10 ff.; Scholz/*U. H. Schneider/S. H. Schneider* Rn. 34 ff.). Insoweit wird für das Recht der GmbH eine Differenzierung aufgegriffen und verallgemeinert, die ihre Grundlage im Personengesellschaftsrecht hat (s. § 116 Abs. 1 und 2 HGB, § 164 HGB). Außergewöhnlich sind danach solche Geschäfte, die nach Gegenstand, Umfang oder Dauer aus dem Rahmen fallen. Eine hiervon abw. Auffassung erkennt diese Adaption nicht an und erstreckt die Geschäftsführungsbefugnis auch auf außergewöhnliche Geschäfte (so Baumbach/Hueck/*Beurskens* Rn. 47; HCL/*Paefgen* Rn. 21). Gleichwohl negiert auch diese Ansicht nicht gänzlich eine Vorlagepflicht an die Gesellschafter. Hierzu seien die Geschäftsführer insbesondere dann verpflichtet, wenn Maßnahmen den von den Gesellschaftern per Beschluss festgelegten Grundsätzen der Geschäftspolitik widersprechen oder bei Entscheidungen mit einem Widerspruch der Gesellschafter zu rechnen wäre (Baumbach/Hueck/*Beurskens* Rn. 47; HCL/*Paefgen* Rn. 22 ff.; ebenso iErg MüKoGmbHG/*Stephan/Tieves* Rn. 132, 134). 8

Eine Vorlagepflicht besteht ferner, wenn die Einberufung der Gesellschafterversammlung nach § 49 Abs. 2 im Interesse der Gesellschaft erforderlich ist (HCL/*Paefgen* Rn. 19). Das hierfür maßgebliche Interesse der Gesellschaft ist insbesondere bei grundlegenden Maßnahmen und Entscheidungen zu bejahen (BGH 5.12.1983, NJW 1984, 1461 (1462); BGH 8.1.2019, NZG 2019, 505 Rn. 37; BAG 11.3.1998, GmbHR 1998, 931 (932 f.); HCL/*Paefgen* Rn. 19). Dies ist nach vorherrschender Ansicht nicht nur dann zu bejahen, wenn der Vorstand einer AG die Zustimmung der Hauptversammlung einholen müsste (→ AktG § 119 Rn. 8), sondern bereits in solchen Fällen notwendig, in denen sich dem Geschäftsführer Zweifel aufdrängen müssen, ob die Gesellschafter ihm das Geschäft zur eigenverantwortlichen Entscheidung überlassen wollten (BGH 8.1.2019, NZG 2019, 505 Rn. 37; HCL/*Paefgen* Rn. 22; → § 49 Rn. 9). Eine Vorlagepflicht wird deshalb idR bei einer Veräußerung des Unternehmens 9 bzw. wesentlicher Teile desselben bestehen. Entsprechendes gilt bei einer Ausgliederung wesentlicher Unternehmensteile, was nach verbreiteter Ansicht wegen des Weisungsrechts jedoch dann nicht gelten soll, wenn Teile des Unternehmens auf eine 100%-ige Tochter-GmbH ausgegliedert werden (BGH 18.5.1982, BGHZ 84, 118 (122) = NJW 1982, 2319; HCL/*Paefgen* Rn. 23; einschr. Lutter/Hommelhoff/*Kleindiek* Rn. 11, wenn bei der Tochter-GmbH ein mitbestimmter Aufsichtsrat besteht).

10 **2. Beschränkungen. a) Satzungsregelung.** Beschränkungen der Geschäftsführungsbefugnis können sich insbesondere aus der Satzung der Gesellschaft ergeben. So kann diese ua vorsehen, dass für bestimmte Geschäfte die **Zustimmung der Gesellschafterversammlung** erforderlich ist. Neben sachlich-gegenständlichen Umschreibungen der zustimmungsbedürftigen Geschäfte kann ein Zustimmungsvorbehalt auch für Geschäfte vorgesehen werden, die einen bestimmten wirtschaftlichen Schwellenwert überschreiten. Gravierende Auslegungsschwierigkeiten wirft allerdings ein Zustimmungsvorbehalt zugunsten der Gesellschafterversammlung für alle „außergewöhnlichen Geschäfte" auf.

11 Im Rahmen der Satzungsautonomie kann die Zustimmung auch **anderen Organen** (Aufsichtsrat, Beirat) vorbehalten werden. Ausgeschlossen ist es allerdings, die **Durchführung von Geschäftsführungsmaßnahmen** auf andere Gremien zu übertragen. Ferner kann die Satzung den Geschäftsführern nicht diejenigen Kompetenzen entziehen, die das Gesetz den Geschäftsführern vorbehält (GBS GmbHG/*Buck-Heeb* Rn. 8; Roth/Altmeppen/*Altmeppen* Rn. 6; HCL/*Paefgen* Rn. 26). Hierzu zählen neben der Vertretung der Gesellschaft nach außen alle Kompetenzen, die sie zur Wahrung ihrer Pflichten im Hinblick auf die Erhaltung des Stammkapitals benötigen, sowie diejenigen zur Erfüllung der Pflichten bezüglich des Handelsregisters und solchen gegenüber der Öffentlichkeit (zB Buchführungspflicht, Insolvenzantragspflicht).

12 Nach teilweise vertretener Auffassung ist eine Satzungsgestaltung unwirksam, die eine eigenständige Geschäftsführungsbefugnis der Geschäftsführer vollständig beseitigt und sie zu bloßen „Vertretungsmarionetten" bzw. einem reinen Exekutivorgan denaturiert (so Baumbach/Hueck/*Beurskens* Rn. 32). Einem hierdurch gewährleisteten **Kernbereich autonomer Geschäftsführungsbefugnisse** widerspricht die überwA im Hinblick auf die Organisationsautonomie der Gesellschafter (so OLG Nürnberg 9.6.1999, NZG 2000, 154 f.; Bork/Schäfer/*Jacoby* Rn. 8; GBS GmbHG/*Buck-Heeb* Rn. 9; *Goette* DStR 1998, 937 (942); HCL/*Paefgen* Rn. 29; MüKoGmbHG/*Stephan/Tieves* Rn. 68; Roth/Altmeppen/*Altmeppen* Rn. 5; Scholz/*U. H. Schneider/S. H. Schneider* Rn. 85 f.; s. auch BGH 6.3.2012, DB 2012, 973 (974)). Diese lässt es auch zu, die Geschäftsführer in der Satzung zu einem reinen Exekutivorgan herabzustufen (*Hommelhoff* ZGR 1978, 119 (127); Lutter/Hommelhoff/*Kleindiek* Rn. 12).

13 **b) Weisungsrecht.** Neben der Satzung kann eine Beschränkung der Geschäftsführungsbefugnis aus Beschlüssen folgen, die die Gesellschafter fassen. Aus diesem Vorbehalt in § 37 Abs. 1 folgt ein umfassendes **Weisungsrecht der Gesellschafterversammlung** als oberstem Organ der Gesellschaft (für die allgA Baumbach/Hueck/*Beurskens* Rn. 35; Lutter/Hommelhoff/*Kleindiek* Rn. 17; Roth/Altmeppen/*Altmeppen* Rn. 3 Scholz/*U. H. Schneider/S. H. Schneider* Rn. 75). Dieses Weisungsrecht kann sowohl allg. Ge- oder Verbote umfassen, sich aber auch auf einzelne Maßnahmen erstrecken (Lutter/Hommelhoff/*Kleindiek* Rn. 17; Rowedder/Schmidt-Leithoff/*Baukelmann* Rn. 26; auch → Rn. 12 sowie *Geßler* GmbHR 2009, 1071 (1074 f.)). Eine Ermächtigung in der Satzung ist für das Weisungsrecht nicht erforderlich, da § 37 Abs. 1 Gesellschafterbeschlüsse einer Satzungsbestimmung gleichstellt (OLG Karlsruhe 23.3.2011, NZG 2011, 987 (989); MüKoGmbHG/*Stephan/Tieves* Rn. 117; Roth/Altmeppen/*Altmeppen* Rn. 6, 14; Rowedder/Schmidt-Leithoff/*Baukelmann* Rn. 21; HCL/*Paefgen* Rn. 47; **aA** *Hommelhoff* ZGR 1978, 119 (127 ff.); Lutter/Hommelhoff/*Kleindiek* Rn. 14 und 18a).

14 Umgekehrt ist der Geschäftsführer verpflichtet, **Weisungen** der Gesellschafterversammlung zu **befolgen** (BGH 14.12.1959, BGHZ 31, 258 (278); BGH 8.1.2019, NZG 2019, 505 Rn. 33, 37; GBS GmbHG/*Buck-Heeb* Rn. 11; HCL/*Paefgen* Rn. 58; Lutter/Hommelhoff/*Kleindiek* Rn. 17; Rowedder/Schmidt-Leithoff/*Baukelmann* Rn. 26). Das gilt selbst dann, wenn diese nach seiner Auffassung für die Gesellschaft wirtschaftlich nachteilig sind (Bork/Schäfer/*Jacoby* Rn. 17; HCL/*Paefgen* Rn. 59; Lutter/*Hommelhoff/Kleindiek* Rn. 18;). In **mitbestimmten Gesellschaften** gelten diese Grundsätze ebenfalls (Baumbach/Hueck/*Beurskens* Rn. 35; HCL/*Paefgen* Rn. 48; *Oetker* ZIP 2015, 1461 (1463 f.); Roth/Altmeppen/*Altmeppen* Rn. 31), selbst wenn Weisungen Belange der Arbeitnehmer beeinträchtigen (HCL/*Paefgen* Rn. 49; Roth/Altmeppen/*Altmeppen* Rn. 32; **aA** Rowedder/Schmidt-Leithoff/*Baukelmann* Rn. 29).

15 Das Weisungsrecht der Gesellschafterversammlung ist stets auf die **Geschäftsführung** beschränkt; Eingriffe in die Organisationsverfassung, zB durch die Schaffung weisungsbefugter fakultativer Gesellschaftsorgane, sind der Satzung vorbehalten (HCL/*Paefgen* Rn. 50; Lutter/Hommelhoff/*Kleindiek* Rn. 19; Roth/Altmeppen/*Altmeppen* Rn. 28). Es steht zudem unter dem Vorbehalt einer abweichenden Satzungsbestimmung (*Oetker* ZIP 2015, 1461 (1465); Rowedder/Schmidt-Leithoff/*Baukelmann* Rn. 27; Scholz/*U. H. Schneider/S. H. Schneider* Rn. 98). Weisungsverbote im Anstellungsvertrag sollen hingegen lediglich schuldrechtlich wirken, nicht aber die gesellschaftsrechtliche Pflicht zur Befolgung von Weisungen begrenzen. Diese soll der Geschäftsführer auch bei einem Widerspruch zum Anstellungsvertrag befolgen müssen (OLG Karlsruhe 23.3.2011, NZG 2011, 987 (989); Bork/Schäfer/*Jacoby*

Rn. 17; *Eisenhardt* FS Pfeiffer, 1988, 839 (846); Rowedder/Schmidt-Leithoff/*Baukelmann* Rn. 28). Selbst wenn der Anstellungsvertrag auf einem Beschluss der Gesellschafterversammlung beruht, ist dem zuzustimmen, da die Gesellschafterversammlung gesellschaftsrechtlich nicht gehindert ist, eine ursprüngliche Begrenzung des Weisungsrechts zu revidieren. Dem Anstellungsvertrag zuwider erteilte Weisungen stellen jedoch eine Vertragsverletzung dar und berechtigen den Geschäftsführer uU zur außerordentlichen Kündigung des Anstellungsvertrags (OLG Karlsruhe 23.3.2011, NZG 2011, 987 (989) sowie → § 35 Rn. 182).

In der **GmbH & Co. KG** steht das Weisungsrecht ausschließlich der Gesellschafterversammlung der Komplementärgesellschaft zu (Roth/Altmeppen/*Altmeppen* Rn. 13). Allerdings erstreckt sich deren Weisungsrecht auch auf die Geschäfte der KG, die der Geschäftsführer in Wahrnehmung seiner Funktion als Organ der Komplementärgesellschaft vornimmt (Lutter/Hommelhoff/*Kleindiek* Rn. 17). Den Kommanditisten steht demgegenüber kein Weisungsrecht zu (§ 164 HGB). Erst aufgrund und iRe abweichenden Regelung im Gesellschaftsvertrag können sie auf die Geschäftsführung der KG Einfluss nehmen (→ HGB § 164 Rn. 16). 16

Die **Ausübung des Weisungsrechts** kann – wie § 37 Abs. 2 dies ausdrücklich vorsieht – durch ausdrücklichen Beschluss der Gesellschafterversammlung erfolgen. Zwingend ist dies aber nicht (**aA** wohl Scholz/*U. H. Schneider/S. H. Schneider* Rn. 78). Das gilt nicht nur bei dem Alleingesellschafter, sondern auch bei einem ggf. konkludenten Einverständnis aller Gesellschafter. Die Weisung durch einen Mehrheitsgesellschafter genügt indessen nicht, da hierdurch die Beteiligungsrechte des Minderheitsgesellschafters ausgeschlossen würden (s. auch BGH 25.2.1991, NJW 1991, 1681 (1682); Roth/Altmeppen/*Altmeppen* Rn. 25). Darüber hinaus können die Gesellschafter das Weisungsrecht durch einfachen Mehrheitsbeschluss auf einen einzelnen Gesellschafter übertragen (Bork/Schäfer/*Jacoby* Rn. 10; Lutter/Hommelhoff/*Kleindiek* Rn. 21; Rowedder/Schmidt-Leithoff/*Baukelmann* Rn. 30). 17

Kommt der Geschäftsführer einer Weisung nicht nach, können die Gesellschafter die Handlung mangels Vertretungsbefugnis nicht selbst vornehmen (Baumbach/Hueck/*Beurskens* Rn. 35; HCL/*Paefgen* Rn. 65). Vielmehr muss die Gesellschaft den Geschäftsführer auf Vollzug der Weisung verklagen (HCL/*Paefgen* Rn. 66; Lutter/Hommelhoff/*Kleindiek* Rn. 40; **aA** Roth/Altmeppen/*Altmeppen* Rn. 29). IdR erweist sich dieser Weg jedoch als nicht sinnvoll, da die Gesellschafterversammlung mit der Abberufung des Geschäftsführers (→ § 38 Rn. 19) und der Einsetzung eines neuen Geschäftsführers ihr Ziel wesentlich schneller erreichen kann. 18

3. Erweiterung der Geschäftsführungsbefugnis. Die Befugnisse zur Führung der Geschäfte können durch Satzung oder Gesellschafterbeschluss nicht nur eingeschränkt, sondern auch erweitert werden. So kann zB die Rechtsstellung des Geschäftsführers durch eine entsprechende Gestaltung der Satzung derjenigen eines Vorstands bei der AG (§ 76 Abs. 1 AktG) angenähert werden (HCL/*Paefgen* Rn. 53; Lutter/Hommelhoff/*Kleindiek* Rn. 25; MüKoGmbHG/*Stephan/Tieves* Rn. 77). Dies folgt aus dem Satzungsvorbehalt in § 45, der grundsätzlich auch das Recht der Gesellschafterversammlung umfasst, die in § 46 aufgezählten Beschlussgegenstände auf die Geschäftsführer zu übertragen (Rowedder/Schmidt-Leithoff/*Baukelmann* Rn. 35). Die Gesellschafterversammlung begibt sich hierdurch allerdings nicht der Rechtsmacht, die Befugnisse des Geschäftsführers durch Satzungsänderung wieder an sich zu ziehen. Die vorstehend umschriebene Berechtigung, die Geschäftsführungsbefugnisse zu erweitern, gilt nach vorherrschender Ansicht auch für Regelungen durch einen mehrheitlich gefassten Gesellschafterbeschluss (HCL/*Paefgen* Rn. 57; MüKoGmbHG/*Stephan/Tieves* Rn. 77; Rowedder/Schmidt-Leithoff/*Baukelmann* Rn. 36; **aA** Lutter/Hommelhoff/*Kleindiek* Rn. 26). 19

III. Geschäftsführungsbefugnis und Außenverhältnis (Abs. 2)

1. Allgemeines. Wegen § 37 Abs. 2 S. 1 haben die Beschränkungen der Geschäftsführungsbefugnis nur für das **Innenverhältnis** Bedeutung; im **Außenverhältnis** entfalten weder entsprechende Satzungsregelungen noch ausdrückliche Weisungen der Gesellschafterversammlung Rechtswirkungen. Wegen der Unbeschränkbarkeit der Vertretungsmacht kann sich der Rechtsverkehr über die ggf. eingeschränkten Befugnisse im Innenverhältnis hinwegsetzen (BGH 18.10.2017, NZG 2018, 221 Rn. 21). Unberührt bleiben hiervon jedoch Vertretungsbefugnisse, die anderen Organen kraft zwingenden Gesetzesrechts zugewiesen sind, wie zB in mitbestimmten Gesellschaften dem Aufsichtsrat (s. § 25 Abs. 1 S. 1 Nr. 2 MitbestG, § 1 Abs. 1 Nr. 3 DrittelbG jeweils iVm § 112 AktG). Die Unbeschränkbarkeit der Vertretungsmacht gilt nicht nur für den Rechtsgeschäftsverkehr, sondern auch für Gerichts- und Verwaltungsverfahren (RG 3.2.1917, RGZ 89, 367 (369); Baumbach/Hueck/*Beurskens* Rn. 51; HCL/*Paefgen* Rn. 102; MüKoGmbHG/*Stephan/Tieves* Rn. 170; **aA** Rowedder/Schmidt-Leithoff/*Baukelmann* Rn. 53). 20

2. Persönlicher Anwendungsbereich. In persönlicher Hinsicht gilt § 37 Abs. 2 S. 1 auch für den **faktischen Geschäftsführer** (UHL/*Paefgen* Rn. 77). Ebenso ist § 37 Abs. 2 auf den **stellvertretenden Geschäftsführer** anwendbar; er hat ebenfalls eine unbeschränkbare Vertretungsmacht, die nicht auf den Fall einer Verhinderung der ordentlichen Geschäftsführer beschränkt werden kann (KG 22.2.1934, JW 21

1934, 988; HCL/*Paefgen* Rn. 77 sowie → § 44 Rn. 3). Auch für den **Notgeschäftsführer** gilt § 37 Abs. 2 (BayObLG 6.12.1985, NJW-RR 1986, 523; BayObLG 12.8.1998, NJW-RR 1999, 1259 (1260); *Drecktrah* NJW 2000, 409 (410); HCL/*Paefgen* Rn. 78; Roth/Altmeppen/*Altmeppen* Rn. 37).

22 **3. Gesellschaftsinterne Maßnahmen.** Der Zweck des § 37 Abs. 2 besteht in dem Schutz des Rechtsverkehrs, der sich auf die gesetzliche Vertretungsmacht des Geschäftsführers verlassen können soll. Dieser Zweck entfällt jedoch bei gesellschaftsinternen Maßnahmen; durch eine teleologische Reduktion der Vorschrift ist dem Rechnung zu tragen (Baumbach/Hueck/*Beurskens* Rn. 56; Rowedder/Schmidt-Leithoff/*Baukelmann* Rn. 53). Praktisch bedeutsam ist dies ua bei Rechtsgeschäften zwischen dem Geschäftsführer und der Gesellschaft (s. zB BGH 23.6.1997, NJW 1997, 2678; OLG Nürnberg 22.12.2000, NZG 2001, 810 (811); HCL/*Paefgen* Rn. 74; Rowedder/Schmidt-Leithoff/*Baukelmann* Rn. 53; **aA** OLG Zweibrücken 13.3.2001, NZG 2001, 763; Baumbach/Hueck/*Beurskens* Rn. 56; Roth/Altmeppen/*Altmeppen* Rn. 48) oder den Gesellschaftern (OLG Stuttgart 14.1.2013, GmbHR 2013, 535 (541)). Zu ähnlichen Ergebnissen gelangt regelmäßig auch die abweichende Auffassung, die für Verkehrsgeschäfte mit Gesellschaftern und Organmitgliedern an § 37 Abs. 2 festhält, als Korrektiv jedoch die Grundsätze zum Missbrauch der Vertretungsmacht (→ Rn. 23 ff.) heranzieht oder nach vergleichbaren Maßstäben eine Durchbrechung des § 37 Abs. 2 wegen fehlender Schutzwürdigkeit bejaht (so Roth/Altmeppen/*Altmeppen* Rn. 48).

23 **4. Missbrauch der Vertretungsmacht.** Eine weitere Einschränkung erfährt § 37 Abs. 2 durch die auf Treu und Glauben (§ 242 BGB) gestützten Grundsätze zum **Missbrauch der Vertretungsmacht** (BGH 8.1.2019, NZG 2019, 505 Rn. 39 ff.; **aA** für den Allein- oder Mehrheitsgesellschafter-Geschäftsführer *Scholz* ZHR 182 (2019), 656 (673 ff.)). Dabei ist der Missbrauch nicht bereits in dem Überschreiten der im Innenverhältnis gesetzten Schranken durch den Geschäftsführer zu sehen, sondern der Widerspruch zu den Geboten von Treu und Glauben liegt darin, dass sich der Dritte auf die Unbeschränktheit der Vertretungsmacht beruft (Baumbach/Hueck/*Beurskens* Rn. 70; HCL/*Paefgen* Rn. 84; s. auch BGH 8.1.2019, NZG 2019, 505 Rn. 40). Ein Rückgriff auf die Grundsätze zum Missbrauch der Vertretungsmacht kommt zudem nur in Betracht, wenn das vom Geschäftsführer im Namen der Gesellschaft abgeschlossene Geschäft rechtswirksam ist. Hieran fehlt es insbesondere, wenn der Geschäftsführer mit dem Dritten bewusst zum Nachteil der Gesellschaft zusammenwirkt (Kollusion; BGH 5.11.2003, NZG 2004, 139 (140); Rowedder/Schmidt-Leithoff/*Baukelmann* Rn. 54) oder dem Dritten bekannt war, dass der Geschäftsführer bewusst zum Nachteil der Gesellschaft handelte (Roth/Altmeppen/*Altmeppen* Rn. 39). In derartigen Fällen ist bereits das vom Geschäftsführer abgeschlossene Rechtsgeschäft nach § 138 Abs. 1 BGB nichtig, sodass es auf einen Missbrauch der Vertretungsmacht nicht mehr ankommt.

24 Voraussetzung für einen Missbrauch der Vertretungsmacht ist, dass der Geschäftsführer die ihm durch Gesetz, Satzung, Weisung oder Anstellungsvertrag gesetzten Grenzen überschreitet (BGH 5.12.1983, NJW 1984, 1461 (1462); BGH 26.11.1987, NJW 1988, 2241 (2243); HCL/*Paefgen* Rn. 85; Lutter/Hommelhoff/*Kleindiek* § 35 Rn. 23; Roth/Altmeppen/*Altmeppen* Rn. 40). Wegen der dem Dritten vorgeworfenen missbräuchlichen Berufung auf die Unbeschränktheit der Vertretungsmacht genügt die objektive Pflichtwidrigkeit des Geschäftsführerhandelns; auch ein aus der Kompetenzüberschreitung folgender Schaden der Gesellschaft ist nicht erforderlich (BGH 10.4.2006, NZG 2006, 626 f.; HCL/*Paefgen* Rn. 90; Roth/Altmeppen/*Altmeppen* Rn. 43). In den letztgenannten Sachverhalten ist bereits die Rechtswirksamkeit des vom Geschäftsführer vorgenommenen Rechtsgeschäfts nach § 138 Abs. 1 BGB in Frage gestellt (→ Rn. 23). Eine Ausnahme ist für ein Insichgeschäft iSd § 181 BGB anzuerkennen; in diesem Fall muss das Geschäft für den Vertretenen nachteilig sein (BGH 18.10.2017, NZG 2018, 221 Rn. 25).

25 Auf Seiten des Dritten ist die Berufung auf die Unbeschränktheit der Vertretungsmacht stets dann, aber auch erst dann rechtsmissbräuchlich, wenn für ihn das Überschreiten der im Innenverhältnis bestehenden Schranken **evident** ist (BGH 5.12.1983, NJW 1984, 1461 (1462); BGH 31.1.1991, BGHZ 113, 315 (320) = NJW 1991, 1812; BGH 19.4.1994, NJW 1994, 2082 (2082 f.); BGH 8.1.2019, NZG 2019, 505 Rn. 40; OLG Stuttgart 16.12.2008, DB 2009, 445 (446); HCL/*Paefgen* Rn. 91; Roth/Altmeppen/*Altmeppen* Rn. 43; Rowedder/Schmidt-Leithoff/*Baukelmann* Rn. 55; *Steinbeck* WM 1999, 885 (890 f.)). Ob der Dritte vorsätzlich handelte oder ihn im Hinblick auf die Verletzung der Innenschranken durch den Geschäftsführer ein Fahrlässigkeitsvorwurf trifft, ist hingegen unerheblich. Insbesondere liegt ein Missbrauch der Vertretungsmacht nicht bereits dann vor, wenn der Dritte hätte erkennen können, dass der Geschäftsführer seine im Innenverhältnis gesetzten Grenzen überschreitet. Dem steht der mit § 37 Abs. 2 bezweckte Verkehrsschutz entgegen, da der Dritte zu Nachforschungen über die Schranken im Innenverhältnis angehalten würde. IdR wird die für den Vorwurf missbräuchlichen Verhaltens notwendige Evidenz jedoch bei grober Fahrlässigkeit zu bejahen sein.

26 Hinsichtlich der **Rechtsfolgen** sind die Regeln über die Vertretung ohne Vertretungsmacht (§§ 177 ff. BGB) anzuwenden (OLG Stuttgart 2.6.1999, NZG 1999, 1009 (1009 f.); Baumbach/Hueck/*Beurskens* Rn. 72; HCL/*Paefgen* Rn. 95; Roth/Altmeppen/*Altmeppen* Rn. 45 f.; s. auch BGH 8.1.2019, NZG 2019, 505 Rn. 40: unwirksam). Dies belässt der Gesellschaft die Möglichkeit, das Rechtsgeschäft

nachträglich zu genehmigen (§ 178 BGB). Fehlt dies, so scheidet eine Inanspruchnahme des ohne Vertretungsmacht handelnden Geschäftsführers nach § 179 Abs. 1 BGB regelmäßig wegen § 179 Abs. 3 Alt. 1 BGB aus. Die auf Seiten des Dritten für einen Missbrauch der Vertretungsmacht erforderliche Evidenz führt zudem idR dazu, dass eine Inanspruchnahme der Gesellschaft über § 311 Abs. 2 BGB (§ 278 BGB) wegen § 254 BGB ausgeschlossen ist (treffend Roth/Altmeppen/*Altmeppen* Rn. 46).

Widerruf der Bestellung

38 **(1) Die Bestellung der Geschäftsführer ist zu jeder Zeit widerruflich, unbeschadet der Entschädigungsansprüche aus bestehenden Verträgen.**

(2) [1] **Im Gesellschaftsvertrag kann die Zulässigkeit des Widerrufs auf den Fall beschränkt werden, daß wichtige Gründe denselben notwendig machen.** [2] **Als solche Gründe sind insbesondere grobe Pflichtverletzung oder Unfähigkeit zur ordnungsmäßigen Geschäftsführung anzusehen.**

Übersicht

I. Allgemeines

Mit dem Widerruf der Bestellung umschreibt das Gesetz den *actus contrarius* zur Bestellung, die die Organstellung begründet. Die **Terminologie** des Gesetzes ist allerdings missverständlich, da nicht der rechtsbegründende Akt der Organbestellung „widerrufen“ wird, sondern dessen Rechtswirkungen werden für die Zukunft *(ex nunc)* durch einen neuen rechtsgestaltenden Akt beendet (s. Hachenburg/*Stein* Rn. 4; MüKoGmbHG/*Stephan*/*Tieves* Rn. 6; Scholz/*U. H. Schneider*/*S. H. Schneider* Rn. 14). Um dies präziser zum Ausdruck zu bringen, hat sich für diesen die Bezeichnung „Abberufung“ heute durchgesetzt. Im Gegensatz zu § 84 Abs. 3 AktG, der die Abberufung nur aus wichtigem Grund ermöglicht, ist das Recht der GmbH aufgrund der engeren Verbindung von Gesellschafter und Geschäftsführer von dem Grundsatz der **freien Widerrufbarkeit** geprägt (§ 38 Abs. 1; → Rn. 4). Den Gesellschaftern steht es jedoch frei, durch entsprechende Bestimmung im Gesellschaftsvertrag die Rechtslage der Gesellschaft den Verhältnissen bei der AG anzupassen (§ 38 Abs. 2; → Rn. 20 f.) und die Abberufung auf eine solche aus wichtigem Grund zu beschränken. Auf das **Amt des Notgeschäftsführers** ist § 38 nicht anwendbar (OLG München 30.6.1993, BeckRS 1993, 09763; Baumbach/Hueck/*Beurskens* Rn. 91; MHLS/*Terlau* Rn. 93; Rowedder/Schmidt-Leithoff/*Baukelmann* Rn. 1 sowie → Rn. 43; → § 6 Rn. 67). Ebenfalls keiner Abberufung bedarf es bei einem **fehlerhaft bestellten Geschäftsführer** (Hachenburg/*Stein* Rn. 134; → § 6 Rn. 37); eine Beendigung der Organstellung setzt denknotwendig voraus, dass diese zuvor rechtswirksam begründet wurde. 1

2 Die Abberufung des Geschäftsführers betrifft – wie die Bestellung – ausschließlich die **Organstellung** und damit die körperschaftsrechtliche Ebene. Davon zu trennen ist die schuldrechtliche Ebene, die durch den **Anstellungsvertrag** begründet wird (→ § 35 Rn. 6). Beide Ebenen sind in formaler Hinsicht rechtlich getrennt, sodass die Abberufung nicht *ipso iure* zur Beendigung des Anstellungsverhältnisses führt (→ Rn. 60). Hierfür bedarf es – nicht anders als bei der Begründung des Anstellungsverhältnisses – eines eigenständigen Rechtsakts, idR die Kündigung des entsprechenden Dienstvertrags. Das **Trennungsprinzip** ist jedoch nicht rechtlich zwingend und steht deshalb zur Disposition der Vertragsparteien, die durch Gestaltung des Anstellungsvertrags dessen Fortbestand mit der Organstellung durch Kopplungsklauseln verknüpfen können (→ § 35 Rn. 153 ff.).

3 Die Abberufung ist nicht der einzige Tatbestand, der zur Beendigung der Organstellung führen kann. Vielmehr hat sich das Gesetz darauf beschränkt, lediglich den mit der Bestellung korrespondierenden Rechtsakt zu normieren, der einseitig durch die Gesellschaft herbeigeführt werden kann. Darüber hinaus kann die Organstellung durch einseitige Erklärung des Geschäftsführers (**Amtsniederlegung;** → Rn. 73) oder Eintritt eines Sachverhalts enden, der nach § 6 Abs. 2 zur **Amtsunfähigkeit** führt (Baumbach/Hueck/*Beurskens* Rn. 82 ff.; Scholz/*U. H. Schneider/S. H. Schneider* Rn. 8 f.; → § 6 Rn. 37). Des Weiteren kommen neben dem Tod des Geschäftsführers mit dem Bestellungsakt bereits verbundene Beendigungstatbestände, wie die **Befristung** oder die auflösende **Bedingung** in Betracht (→ § 6 Rn. 50). Enden kann die Organstellung ferner durch **gesellschaftsrechtliche Vorgänge,** insbesondere solche, die die Existenz der Gesellschaft als juristische Person und damit die Grundlage der Organbestellung betreffen, wie zB die Verschmelzung (BGH 27.1.2015, NZG 2015, 438 Rn. 9; BAG 21.2.1994, AP ArbGG 1979 § 5 Nr. 17) oder eine formwechselnde Umwandlung (Baumbach/Hueck/*Beurskens* Rn. 87; Rowedder/Schmidt-Leithoff/*Baukelmann* Rn. 39; Scholz/*U. H. Schneider/S. H. Schneider* Rn. 10; → Rn. 82). Nicht zur Beendigung der Amtsstellung führen hingegen die **Eröffnung des Insolvenzverfahrens** (Baumbach/Hueck/*Beurskens* Rn. 90; Rowedder/Schmidt-Leithoff/*Baukelmann* Rn. 39 sowie → Rn 83), die **Auflösung der Gesellschaft nach § 60** (→ Rn. 82), die **Bestellung eines Notgeschäftsführers** (OLG München 3.11.1993, GmbHR 1994, 406 (408)) sowie die **Beendigung des Anstellungsverhältnisses** (Scholz/*U. H. Schneider/S. H. Schneider* Rn. 6).

II. Freie Abberufbarkeit (Abs. 1)

4 Im Unterschied zu den Vorstandsmitgliedern einer AG, deren Abberufung von dem Vorliegen eines wichtigen Grunds abhängt (→ AktG § 84 Rn. 38 f.), kann die Organstellung des GmbH-Geschäftsführers jederzeit durch eine Abberufung enden. Während eine vergleichbare Regelung für die AG wegen der eigenverantwortlichen Leitung durch den Vorstand nicht in Betracht kommt, ist die freie Abberufbarkeit des GmbH-Geschäftsführers Ausdruck seiner im Verhältnis zu den Gesellschaftern untergeordneten Stellung (→ § 35 Rn. 2), die vor allem in dem Weisungsrecht der Gesellschafterversammlung (→ § 37 Rn. 13 ff.) zum Ausdruck kommt (Bork/Schäfer/*Jacoby* Rn. 19; HK-GmbHG/*Lücke/Simon* Rn. 5 f.; Roth/Altmeppen/*Altmeppen* Rn. 2; Rowedder/Schmidt-Leithoff/*Baukelmann* Rn. 2; Scholz/*U. H. Schneider/S. H. Schneider* Rn. 12).

5 Der Grundsatz der **freien Abberufbarkeit** bedeutet, dass die Abberufung nicht an das Vorliegen eines rechtfertigenden Grunds gebunden ist; iRv § 38 Abs. 1 ist insbesondere kein sachlicher Grund für die Abberufung erforderlich (BGH 2.7.2019, NZG 2019, 979 Rn. 75; BeckOK GmbHG/*Heilmeier* Rn. 4; GBS GmbHG/*Buck-Heeb* Rn. 2; HCL/*Paefgen* Rn. 10; MüKoGmbHG/*Stephan/Tieves* Rn. 7; Roth/Altmeppen/*Altmeppen* Rn. 4; Rowedder/Schmidt-Leithoff/*Baukelmann* Rn. 3; Scholz/*U. H. Schneider/S. H. Schneider* Rn. 16). Als rechtsgestaltender Akt unterliegt dieser jedoch den **allgemeinen Schranken der Privatrechtsordnung,** darf insbesondere nicht gegen **Verbotsgesetze** (§ 134 BGB) oder die **guten Sitten** (§ 138 Abs. 1 BGB) verstoßen. Hierüber können insbesondere Abberufungen nichtig sein, die auf Merkmale gestützt werden, wegen derer eine Person keine Rechtsnachteile erleiden darf (Art. 3 Abs. 3 GG). Darüber hinaus kann eine Abberufung wegen eines Verstoßes gegen das **Schikaneverbot** (§ 226 BGB) rechtsunwirksam sein (Baumbach/Hueck/*Beurskens* Rn. 2). Nur iRd vorstehenden allg. Schranken ist eine Abberufung aus offenbar unsachlichen Gründen ausgeschlossen.

6 In Ausnahmefällen kann die Abberufung eines Geschäftsführers gegen die die Gesellschafter treffende **Treuepflicht** verstoßen. Zwar besteht diese nicht im Verhältnis zwischen den Gesellschaftern und dem Geschäftsführer, wohl aber kann die Abberufung im Widerspruch zu der Treuepflicht im Verhältnis zu den Mitgesellschaftern oder zur Gesellschaft stehen (→ Rn. 22 f.). Aus diesem Grunde kann eine Verletzung der Treuepflicht nicht auf Eigeninteressen des Geschäftsführers gestützt werden (s. Baumbach/Hueck/*Beurskens* Rn. 25). Darüber hinaus kann sich auf eine Verletzung der Treuepflicht nur derjenige berufen, zu dessen Gunsten diese besteht. Als Schranke für die Abberufung wirkt diese nur zugunsten des Gesellschafter-Geschäftsführers, nicht hingegen zugunsten des Fremdgeschäftsführers (BGH 2.7.2019, NZG 2019, 979 Rn. 75)

7 Die freie Abberufbarkeit kann aus Gründen des **Unionsrechts** eingeschränkt sein, wenn dieses einer Beendigung der Tätigkeit durch ein „Kündigungsverbot" entgegensteht und die Geschäftsführertätigkeit von dem jeweiligen Rechtsakt der Union erfasst wird, wie dies der EuGH in der Rs. *Danosa* im

Hinblick auf die **Mutterschutz-RL** (RL 92/85/EWG) judiziert hat (EuGH 11.11.2010, NZA 2011, 143 ff.). Das Urteil betrifft insbesondere **Fremdgeschäftsführerinnen,** wenn sie ihre Tätigkeit nach Weisung oder unter Aufsicht eines anderen Gesellschaftsorgans ausüben und von diesem jederzeit ohne Einschränkungen von ihrem Amt abberufen werden können (→ § 35 Rn. 111). Unter dieser Voraussetzung spreche ein erster Anschein dafür, dass die Geschäftsführerin insbesondere von dem Kündigungsverbot in Art. 10 Mutterschutz-RL erfasst wird (EuGH 11.11.2010, NZA 2011, 143 Rn. 51). Dieses steht einer Abberufung aus Gründen, die mit der Schwangerschaft nichts zu tun haben, jedoch nicht entgegen, sofern die Gründe schriftlich mitgeteilt werden (EuGH 11.11.2010, NZA 2011, 143 Rn. 63).

Die Vorgaben des EuGH in der Rs. ***Danosa*** richten sich abw. von der im deutschen Recht anerkannten Trennungstheorie (→ Rn. 2 sowie → § 35 Rn. 6) auch gegen den **Abberufungsbeschluss** des zuständigen Gesellschaftsorgans, da der EuGH der formalen Qualifizierung des Beschäftigungsverhältnisses nach innerstaatlichem Recht keine Bedeutung beimisst (EuGH 11.11.2010, NZA 2011, 143 Rn. 69; *Kruse/Stenslik* NZA 2013, 596 (597 f.); *Reiserer* DB 2011, 2262 (2267); s. näher *Commandeur/Kleinebrink* NZA-RR 2017, 449 (452 ff.); *Siefer,* Der Schutz von Geschäftsführern und Vorstandmitgliedern gegen Diskrimnierungen, 2016, 145 ff.; krit. insoweit *Reinhard/Bitsch* ArbRB 2011, 241 (244); abl. Baumbach/Hueck/*Beurskens* Rn. 26; BWV/*Volk* MuSchG § 17 Rn 151; *Christiansen,* Die Anwendbakeit des Allgemeinen Gleichbehandlungsgesetzes auf GmbH-Geschäftsführer, 2020, 161 ff.; *Hildebrand,* Arbeitnehmerschutz von geschäftsführenden Organmitgliedern, 2014, 139 ff.; *Preis/Sagan* ZGR 2013, 26 (36 ff.); Roth/Altmeppen/*Altmeppen* Rn. 32; *Schiefer/Worzalla* ZfA 2013, 41 (44 ff.); Scholz/*Hohenstatt* § 35 Rn. 509; diff. *Schubert* ZESAR 2013, 5 (9 f.)). Dies spricht dafür, dass die Abberufung einer schwangeren Fremdgeschäftsführerin aufgrund einer unionsrechtskonformen Auslegung nur unter den Voraussetzungen in **§ 17 MuSchG** rechtswirksam ist (ebenso im Ansatz *Oberthür* NZA 2011, 253 (256 f.); **aA** BWV/*Volk* MuSchG § 17 Rn. 151; *Hepp,* Mutterschutz für GmbH-Geschäftsführerinnen, 2016, 288 ff.; *Lunk* FS Bauer, 2010, 705 (715 f.); *Schubert* ZIP 2013, 289 (298)). Wegen seines Wortlauts („Kündigung“) bedarf dieser jedoch einer unionsrechtlich geforderten erweiternden Auslegung (**aA** *Siefer,* Der Schutz von Geschäftsführern und Vorstandsmitgliedern gegen Diskriminierungen, 2016, 149 ff.). Hieraus folgt jedoch kein generelles Abberufungsverbot (**aA** *Oberthür* NZA 2011, 253 (256 f.); ebenso *Siefer,* Der Schutz von Geschäftsführern und Vorstandsmitgliedern gegen Diskriminierungen, 2016, 160 ff., der sich lediglich für ein relatives Abberufungsverbot ausspricht, wenn der Abberfungsgrund in einem Zusammenhang mit der Schwangerschaft steht), sondern die zuständige **oberste Landesbehörde** kann die Abberufung für zulässig erklären (§ 17 Abs. 2 S. 1 MuSchG). Erfolgt die Abberufung ohne behördliche Zulässigkeitserklärung, ist der Beschluss der Gesellschafterversammlung wegen des Verstoßes gegen ein Verbotsgesetz nach § 134 BGB nichtig. 8

Die Notwendigkeit einer unionsrechtlich determinierten erweiternden Auslegung des § 17 MuSchG besteht allerdings nicht, wenn die Abberufung kraft Gesetzes (zB § 31 Abs. 1 MitbestG iVm § 84 Abs. 3 AktG; → Rn. 20 f.) oder Satzung auf eine solche aus wichtigem Grund beschränkt ist, da der EuGH die Arbeitnehmereigenschaft iSd Mutterschutz-RL untrennbar mit der jederzeitigen und einschränkungslosen Abberufbarkeit verknüpft hat (→ § 35 Rn. 111). Fehlt diese, dann zwingt das Unionsrecht nicht, die Geschäftsführerin in den Anwendungsbereich der Mutterschutz-RL einzubeziehen, sodass auch für einen unionsrechtlichen Zwang zu einer unionsrechtskonformen Auslegung von § 17 MuSchG die methodische Basis entfällt. Diese Beschränkung kann auch nicht unter Hinweis auf den durch § 1 Abs. 2 S. 1 MuSchG erweiterten Anwendungsbereich des Sonderkündigungsschutzes in § 17 MuSchG (→ § 35 Rn. 165) überwunden werden, da sich der sachliche Anwendungsbereich des § 17 MuSchG auf „Kündigungen“ beschränkt und nur soweit zu korrigieren ist, wie dies durch das Unionsrecht zwingend geboten ist. 9

Nicht geäußert hat sich der EuGH zu der Rechtslage bei **Gesellschafter-Geschäftsführerinnen,** die Diktion des Gerichtshofs deutet jedoch darauf hin, auch diese in den Schutz der Mutterschutz-RL einzubeziehen, sofern der Abberufungsbeschluss jederzeit gegen deren Willen gefasst werden kann und eine Widerlegung des hierdurch vermittelten ersten Anscheins nicht gelingt. Diese Voraussetzung ist nicht nur bei Gesellschafter-Geschäftsführerinnen mit unmaßgeblicher Beteiligung (10 %) gegeben, sondern auch bei einer Beteiligung von über 25 %, sofern die Schwelle von 50 % nicht erreicht wird. Etwas anderes gilt nur, wenn die Satzung für den Abberufungsbeschluss ein bestimmtes Quorum festlegt und die Gesellschafter-Geschäftsführerin aufgrund des Umfangs ihrer Beteiligung eine Beschlussfassung über ihre Abberufung verhindern kann. 10

Die aus der *Danosa*-Rspr. des EuGH (→ Rn. 7) erkennbare Tendenz kann den Grundsatz der freien Abberufbarkeit auch im Hinblick auf **Diskriminierungen iSv § 1 AGG** begrenzen. Zwar bezieht § 6 Abs. 3 AGG Organmitglieder nicht im Hinblick auf die Beendigung der Erwerbstätigkeit in den Diskriminierungsschutz ein, den entsprechenden Richtlinien 2000/43/EG und 2000/78/EG liegt jedoch ebenfalls ein autonom zu bestimmender Arbeitnehmerbegriff zugrunde. Werden über diesen insbesondere Fremdgeschäfsführer in den Diskriminierungsschutz der genannten Richtlinien einbezogen (→ § 35 Rn. 116), dann erstreckt sich dieser wegen § 2 Abs. 1 Nr. 2 AGG auch auf die Beendigung der Erwerbstätigkeit, die im Lichte der *Danosa*-Rspr. ebenfalls die Abberufung umfasst (treffend insoweit 11 auch *Siefer,* Der Schutz von Geschäftsführern und Vorstandsmitgliedern gegen Diskriminierungen, 2016, 290). Einer uneingeschränkten Anwendung des Diskriminierungsverbots in § 7 Abs. 1 AGG (hierfür *Siefer,* Der Schutz von Geschäftsführern und Vorstandsmitgliedern gegen Diskriminierungen, 2016, 290 ff.) steht § 2 Abs. 4 AGG nicht entgegen. Dessen Zweck würde zwar auch für die Beendigung der Organtätigkeit zutreffen (**aA** *Schubert* ZIP 2013, 289 (293)), im Hinblick auf die Beendigung der Tätigkeit von GmbH-Geschäftsführern kennt die Rechtsordnung aber keinen allgemeinen Kündigungsschutz. Bei einem gegenteiligen Verständnis müsste der durch das AGG gewährleistete Diskriminierungsschutz jedenfalls mittels unionsrechtskonformer Auslegung über § 138 Abs. 1 BGB gewährleistet werden (so *Schubert* EuZA 2011, 362 (369 f.); *Schubert* ZIP 2013, 289 (293 f.) sowie → § 35 Rn. 175; s. aber auch *Schubert* ZESAR 2013, 5 (12 f.); **aA** *Mohr* ZHR 178 (2014), 326 (347 f.); *Preis/Sagan* ZGR 2013, 26 (62 f.)).

12 Eine mit § 17 MuSchG (→ Rn. 8) vergleichbare Problematik besteht im Hinblick auf die nach **§ 168 SGB IX** erforderliche **Zustimmung des Integrationsamts,** sofern der dortige Kündigungsschutz aufgrund einer unionsrechtlich geforderten entsprechenden Anwendung des § 168 SGB IX auf GmbH-Geschäftsführer ausgedehnt wird (dazu → § 35 Rn. 167). Wird § 17 MuSchG – wie hier befürwortet (→ Rn. 8) – auf den Abberufungsbeschluss erstreckt und im Lichte der Rspr. des EuGH in der Rs. ***Milkova*** in dem Kündigungschutz durch § 168 SGB IX eine positive Maßnahme iSv Art. 7 RL 2000/78/EG (= § 5 AGG) gesehen (s. EuGH 9.3.2017, NZA 2017, 439 Rn. 45 ff), dann folgt hieraus wegen des Gleichbehandlungsgrundsatzes in der Konsequenz auch die Notwendigkeit, den mittels analoger Anwendung von § 168 SGB IX begründeten Kündigungsschutz auf die Abberufung auszudehnen (**aA** *Lunk* ArbRB 2020, 90 (91)). Vor der Abberufung des GmbH-Geschäftsführers ist eine nach § 168 SGB IX erforderliche Zustimmung des Integrationsamts jedenfalls dann einzuholen, wenn der GmbH-Geschäftsführer die Anforderungen des unionsrechtlich determinierten Arbeitnehmerbegriffs in § 6 Abs. 1 S. 1 Nr. 1 AGG (→ § 35 Rn. 111) erfüllt.

13 Zu den **formellen Anforderungen** an die Abberufung → Rn. 42 ff. Eine **Anhörung** des Geschäftsführers ist vor der Abberufung nicht erforderlich, insbesondere ist diese keine Wirksamkeitsvoraussetzung (allgM OLG Jena 8.1.2014, NZG 2014, 391; HK-GmbHG/*Lücke/Simon* Rn. 20; Roth/Altmeppen/*Altmeppen* Rn. 4; Rowedder/Schmidt-Leithoff/*Baukelmann* Rn. 3; Scholz/*U. H. Schneider/S. H. Schneider* Rn. 15a; zum Sonderfall der Verdachtsabberufung → Rn. 32). Da die Abberufung „zu jeder Zeit" erfolgen kann, ist auch keine **Frist** zu wahren, zu der nach Zugang der Abberufung die Organstellung enden soll. Dies schließt jedoch nicht aus, die Abberufung mit einer Frist zu verbinden, zu der diese ihre Rechtswirkungen entfaltet. Sinnvoll kann dies uU sein, wenn die Abberufung nicht aufgrund entsprechender Gestaltung des Anstellungsvertrags zu dessen gleichzeitiger Beendigung führt, sondern für die Kündigung des Anstellungsverhältnisses eine Kündigungsfrist zu wahren ist. Die Verknüpfung der Abberufung mit einer **aufschiebenden Bedingung** wird verbreitet als unzulässig angesehen (so im Grundansatz Roth/Altmeppen/*Altmeppen* Rn. 22). Dies stimmt mit dem allgemeinen Grundsatz überein, dass rechtsgestaltende Willenserklärungen grundsätzlich bedingungsfeindlich sind. Eine Ausnahme ist jedoch anzuerkennen, wenn die Belange des Verkehrsschutzes durch die konkrete Bedingung nicht nachteilig betroffen sind, wie zB bei einer Verknüpfung des Endes der Organstellung mit der Eintragung im Handelsregister (→ § 39 Rn. 11).

III. Einschränkungen der freien Abberufbarkeit

14 **1. Unternehmensmitbestimmung.** Einschränkungen des Grundsatzes der freien Abberufbarkeit in § 38 Abs. 1 können sich – unabhängig von Regelungen in der Satzung (§ 38 Abs. 2) – aus den Gesetzen zur Unternehmensmitbestimmung ergeben. Bei der GmbH ist jedoch zwischen den verschiedenen Rechtsgrundlagen für die Unternehmensmitbestimmung zu unterscheiden.

15 Keine Einschränkungen gelten, wenn die GmbH dem **DrittelbG** unterliegt. In diesem Fall ist zwar obligatorisch ein Aufsichtsrat zu bilden (§ 1 Abs. 1 Nr. 3 DrittelbG), für Bestellung und Abberufung der Geschäftsführer verbleibt es jedoch bei der Zuständigkeit der Gesellschaftsversammlung und den maßgeblichen Bestimmungen des GmbH-Rechts (ErfK/*Oetker* DrittelbG § 1 Rn. 17; Habersack/Henssler/*Habersack* DrittelbG § 1 Rn. 34; WKS/*Kleinsorge* DrittelbG § 1 Rn. 30). Das gilt auch für die Abberufung (→ § 52 Rn. 40), ohne dass diese mit dem Vorliegen eines wichtigen oder sachlichen Grunds verknüpft ist; der Grundsatz der freien Abberufbarkeit gilt uneingeschränkt.

16 Anders ist die Rechtslage, wenn die GmbH dem **MitbestG** oder dem **MontanMitbestG** unterliegt. In diesem Fall ist bei der GmbH nicht nur obligatorisch ein Aufsichtsrat zu bilden, sondern diesem steht auch die Kompetenz zur Bestellung und Abberufung zu, da § 31 Abs. 1 MitbestG und § 12 MontanMitbestG ohne Einschränkungen – und damit auch für die GmbH – auf § 84 AktG verweisen. Diese Verweisungen erstrecken sich auf die gesamte Vorschrift und damit ebenfalls auf die Einschränkung der Abberufung in § 84 Abs. 3 AktG auf eine solche, für die ein wichtiger Grund vorliegen muss (statt aller Bork/Schäfer/*Jacoby* Rn. 25; HCL/*Paefgen* Rn. 10, 28; MHLS/*Terlau* Rn. 12; Roth/Altmeppen/*Altmeppen* Rn. 15; WKS/*Schubert* MitbestG § 31 Rn. 58).

17 Der Grundsatz der freien Abberufbarkeit gilt im Anwendungsbereich des **MitbestG** nur in dem Sonderfall, dass das Gesetz **erstmals** auf die GmbH **anwendbar** ist, insbesondere wenn diese aufgrund der Zahl der regelmäßig beschäftigten Arbeitnehmer in das MitbestG hineinwächst. Für diesen Fall ordnet § 37 Abs. 3 S. 5 MitbestG die entsprechende Anwendung von § 37 Abs. 3 S. 1 MitbestG an, sodass auch das **jederzeitige Recht zur Abberufung** nach Ablauf von fünf Jahren eingreift, sofern die Amtszeit des Geschäftsführers nicht bereits zu einem früheren Zeitpunkt endet. Die Regelung ist zwingend (MHLS/*Terlau* Rn. 13), insbesondere Bestimmungen im Gesellschaftsvertrag, die die Abberufung auf eine solche aus wichtigem Grund beschränken (§ 38 Abs. 2), stehen der freien Abberufbarkeit in diesem Fall nicht entgegen. Umstritten ist der **Beginn der Fünf-Jahres-Frist.** Während teilweise auf die Unanfechtbarkeit der Bekanntmachung (§ 97 AktG) bzw. die Rechtskraft einer Entscheidung im Statusverfahren (§ 98 AktG) abgestellt wird (so Baumbach/Hueck/*Beurskens* Rn. 23; GK-AktG/*Oetker* MitbestG § 37 Rn. 13; Habersack/Henssler/*Habersack* MitbestG § 37 Rn. 29; MHLS/*Terlau* Rn. 13; WKS/*Schubert* MitbestG § 37 Rn. 29), sehen andere Autoren den Zeitpunkt als maßgeblich an, in dem die materiellen Voraussetzungen für die Anwendung des MitbestG erstmals vorlagen (hierfür RVJ/*Raiser* MitbestG § 37 Rn. 12; WWKK/*Koberski* MitbestG § 37 Rn. 27). Der letztgenannten Ansicht steht jedoch entgegen, dass § 37 Abs. 3 S. 5 MitbestG nicht auf die Anwendbarkeit des MitbestG, sondern auf die Verpflichtung abstellt, das Gesetz auf das Unternehmen anzuwenden („anzuwenden ist"). Hierfür bedarf es zwingend der vorherigen Bekanntmachung nach § 97 Abs. 1 AktG bzw. des rechtskräftigen Abschlusses des Statusverfahrens nach § 98 AktG. Erst dann „ist" der neue Aufsichtsrat nach den in der Bekanntmachung bzw. der gerichtlichen Entscheidung angegebenen gesetzlichen Vorschriften zusammenzusetzen (§ 97 Abs. 2 S. 1 AktG, § 98 Abs. 4 S. 1 AktG). Zuvor ist das Gesetz noch nicht auf das Unternehmen „anzuwenden".

18 **2. Regelungen im Gesellschaftsvertrag. a) Geschäftsführerstellung als Mitgliedschaftsrecht.** Der Grundsatz der freien Abberufbarkeit ist – ungeachtet von § 38 Abs. 2 – eingeschränkt, wenn der Gesellschaftsvertrag die Organstellung als Geschäftsführer als Mitgliedschaftsrecht ausgestaltet (→ § 6 Rn. 52). In diesem Fall ist die Abberufung grundsätzlich nur mit Zustimmung des begünstigten Gesellschafters möglich (BGH 16.2.1981, GmbHR 1982, 129 (131); Baumbach/Hueck/*Beurskens* Rn. 3 aE, 20; BeckOK GmbHG/*Heilmeier* Rn. 17; Bork/Schäfer/*Jacoby* Rn. 22; Hachenburg/*Stein* Rn. 24; HCL/*Paefgen* Rn. 15). Lediglich bei einer Abberufung aus wichtigem Grund entfällt das Zustimmungserfordernis (Baumbach/Hueck/*Beurskens* Rn. 20; BeckOK GmbHG/*Heilmeier* Rn. 17; GBS GmbHG/*Buck-Heeb* Rn. 20; *Pentz* GmbHR 2017, 801 (807); Scholz/*U. H. Schneider/S. H. Schneider* Rn. 41). Entfällt der wichtige Grund nach der Abberufung, kann der Gesellschafter aufgrund des Gesellschaftsvertrags seine Wiederbestellung zum Geschäftsführer verlangen (Baumbach/Hueck/*Beurskens* Rn. 20; BeckOK GmbHG/*Heilmeier* Rn. 18; Roth/Altmeppen/*Altmeppen* Rn. 67).

19 Allerdings lässt sich das Bestehen einer derartigen mit der Mitgliedschaft verbundenen Geschäftsführerstellung dem Gesellschaftsvertrag idR erst durch dessen Auslegung entnehmen (BGH 4.11.1968, WM 1968, 1350 f.; BGH 16.2.1981, GmbHR 1982, 129 (130); Hachenburg/*Stein* Rn. 25; HCL/*Paefgen* Rn. 17). Anerkannt ist insoweit, dass die alleinige Bestimmung eines Gesellschafters in dem Gesellschaftsvertrag zum Geschäftsführer nicht ausreicht (BGH 4.11.1968, LM BGB § 35 Nr. 4; OLG Hamm 24.4.1981, GmbHR 1992, 380; OLG München 8.6.1994, DB 1994, 1972 (1973); Hachenburg/*Stein* Rn. 25; Scholz/*U. H. Schneider/S. H. Schneider* § 6 Rn. 45; → § 6 Rn. 51). Entsprechendes gilt, wenn der Gesellschaftsvertrag für die Abberufung ein erhöhtes Beschlussquorum festlegt (s. BGH 17.10.1983, WM 1984, 29; Hachenburg/*Stein* Rn. 25; HCL/*Paefgen* Rn. 17 mwN). Für die Annahme eines Mitgliedschaftsrechts bedarf es deshalb besonderer Anhaltspunkte. Diese können auch darin bestehen, dass zu der Bestellung eine zeitliche Absicherung hinzutritt (zB Bestellung auf Lebenszeit, auf Dauer der Gesellschafterstellung, auf Dauer der Gesellschaft) (zB BGH 16.2.1981, GmbHR 1982, 129 (130)).

20 **b) Einschränkungen der freien Abberufbarkeit.** Das Recht zur freien (jederzeitigen) Abberufbarkeit kann in dem Gesellschaftsvertrag in unterschiedlicher Weise eingeschränkt werden. Das gilt auch für Fremdgeschäftsführer (BGH 17.10.1983, BeckRS 1983, 05639; OLG Köln 16.3.1988, ZIP 1988, 1122 (1123); MHLS/*Terlau* Rn. 31; Roth/Altmeppen/*Altmeppen* Rn. 29). Neben besonderen **Beschlussquoren,** die von dem Mehrheitsprinzip (§ 47 Abs. 1) abweichen (OLG Düsseldorf 11.2.1993, GmbHR 1994, 245 (246)), kann eine **Frist** festgelegt werden, zu der die Abberufung ihre Rechtswirkungen entfaltet (HCL/*Paefgen* Rn. 12). Das Recht zu einer sofort wirksam werdenden **Abberufung aus wichtigem Grund** kann hierdurch indes nicht ausgeschlossen werden (BGH 21.4.1969, NJW 1969, 1483; Baumbach/Hueck/*Beurskens* Rn. 3, 5; Bork/Schäfer/*Jacoby* Rn. 21; Hachenburg/*Stein* Rn. 26; HCL/*Paefgen* Rn. 12, 20; Lutter/Hommelhoff/*Kleindiek* Rn. 7; MHLS/*Terlau* Rn. 30; Roth/Altmeppen/*Altmeppen* Rn. 29).

21 Der Gesellschaftsvertrag kann festlegen, dass eine Abberufung nur **aus bestimmten Gründen** erfolgen darf. Hierfür können auch solche Sachverhalte herangezogen werden, die nicht das Gewicht eines „wichtigen Grunds" haben (Lutter/Hommelhoff/*Kleindiek* Rn. 7; Rowedder/Schmidt-Leithoff/*Baukelmann* Rn. 9). So kann zB der Gesellschaftsvertrag bestimmen, dass das Verfehlen wirtschaftlicher

Kennzahlen die Gesellschaft zur Abberufung berechtigt. Der Gesellschaftsvertrag kann sich indes auch auf eine an § 38 Abs. 2 S. 1 angelehnte Regelung beschränken, nach der der Geschäftsführer nur aus **„wichtigem Grund"** abberufen werden darf. Dies kann entweder durch eine Generalklausel oder mittels einer Aufzählung wichtiger Gründe geschehen. Indirekt erfolgt eine Beschränkung der Abberufung auf wichtige Gründe ferner durch **Bestellungs- und Vorschlagsrechte** zugunsten einzelner Gesellschafter, da andernfalls deren Recht durch eine freie Abberufbarkeit leerlaufen würde (OLG München 18.8.2011, GmbHR 2011, 1102 (1103); Baumbach/Hueck/*Beurskens* Rn. 21; HCL/*Paefgen* Rn. 14; Roth/Altmeppen/*Altmeppen* Rn. 19). Eine Ausnahme gilt nur, wenn der berechtigte Gesellschafter die Abberufung beantragt oder dieser zustimmt. Eine **Beschränkung der Abberufung** auf bestimmte wichtige Gründe ist jedoch nicht möglich (BGH 21.4.1969, NJW 1969, 1483; Baumbach/Hueck/*Beurskens* Rn. 3; Hachenburg/*Stein* Rn. 26; HCL/*Paefgen* Rn. 19; Lutter/Hommelhoff/*Kleindiek* Rn. 7; Rowedder/Schmidt-Leithoff/*Baukelmann* Rn. 9; Scholz/*U. H. Schneider/S. H. Schneider* Rn. 39), es bleibt deshalb trotz gegenteiliger gesellschaftsvertraglicher Regelung stets möglich, die Abberufung auch auf andere, nicht in der Satzung benannte wichtige Gründe zu stützen (→ Rn. 26).

22 **3. Treubindungen.** Beschränkungen der freien Abberufbarkeit können sich in Ausnahmefällen auch aus der Treuepflicht der Gesellschafter ergeben (im Grundsatz unstr., s. BGH 29.11.1993, DStR 1994, 214 (215 f.); Baumbach/Hueck/*Beurskens* Rn. 25; *Pentz* GmbHR 2017, 801 (812 f.) jeweils mwN). In Betracht kommt dies jedoch nicht bei Fremdgeschäftsführern, sondern nur bei Gesellschafter-Geschäftsführern (BGH 2.7.2019, NZG 2019, 979 Rn. 75; s. auch → Rn. 63; **aA** HCL/*Paefgen* Rn. 27), vor allem in (personalistischen) Zwei-Personen-Gesellschaften und beide Gesellschafter zugleich als Geschäftsführer agieren. Bei annähernd gleicher Beteiligung kann der Mehrheitsgesellschafter im Hinblick auf die Abberufung nicht mehr völlig frei agieren, sondern ist zur Rücksichtnahme auf die Belange des Mitgesellschafters (und Gesellschafter-Geschäftsführers) verpflichtet (Baumbach/Hueck/*Beurskens* Rn. 25). Ein Verstoß gegen die Treuebindungen des Mehrheitsgesellschafters ist jedoch zu verneinen, wenn der für die Abberufung herangezogene Sachverhalt auch einen verständigen Entscheidungsträger zu einer Abberufung veranlasst hätte (OLG Karlsruhe 23.12.1965, GmbHR 1967, 214 (215); OLG Zweibrücken 5.6.2003, NJW-RR 2003, 1398 (1399); Baumbach/Hueck/*Beurskens* Rn. 25; Hachenburg/*Stein* Rn. 30; Rowedder/Schmidt-Leithoff/*Baukelmann* Rn. 3; **aA** HCL/*Paefgen* Rn. 25, der die Schranken mittels der *„business judgement rule"* bestimmt).

23 Ungeachtet dessen ist die bewusste Entscheidung des Gesetzgebers zugunsten einer freien Abberufung in § 38 Abs. 1 zu respektieren, und nicht durch einen generellen Rückgriff auf die Treuepflicht als Schranke für die Abberufung zu unterlaufen (Hachenburg/*Stein* Rn. 30; HCL/*Paefgen* Rn. 25; MHLS/*Terlau* Rn. 37; Scholz/*U. H. Schneider/S. H. Schneider* Rn. 18). Die Treuepflichten der Gesellschafter reichen insbesondere nicht so weit, um ein generelles Erfordernis eines sachlichen Grunds für eine Abberufung aufzustellen (OLG Brandenburg 30.1.2008, BeckRS 2008, 06648; GBS GmbHG/*Buck-Heeb* Rn. 17; Scholz/*U. H. Schneider/S. H. Schneider* Rn. 18; **aA** Baumbach/Hueck/*Beurskens* Rn. 25, wonach stets „irgendein sachlicher, objektiv nachvollziehbarer Grund vorliegen" muss). Dies schließt es aber nicht aus, die Abberufung eines Gesellschafter-Geschäftsführers in Einzelfällen als Verstoß gegen die Treuepflicht zu bewerten, der zum Schadensersatz gegenüber der Gesellschaft verpflichtet, ohne dass hierdurch die Rechtswirksamkeit der Abberufung als solche in Frage gestellt ist. Gegen die Treuepflicht verstößt die Abberufung auch dann, wenn der Alleingesellschafter zugleich Alleingeschäftsführer ist und der Alleingesellschafter eine Abberufung beschließt, ohne zugleich einen neuen Geschäftsführer zu bestellen (ebenso iErg OLG Düsseldorf 17.12.2010, BeckRS 2011, 05605; OLG München 16.3.2011, NJW-RR 2011, 773 (774); GBS GmbHG/*Buck-Heeb* Rn. 18, die jedoch nicht auf die Treuepflicht abstellen, sondern die Abberufung als rechtsmissbräuchlich bewerten; s. auch OLG Jena 8.1.2014, NZG 2014, 391; einschr. OLG Dresden 18.12.2014, NZG 2015, 391). In einer derartigen Konstellation gelten keine anderen Grundsätze als bei einer Amtsniederlegung (→ Rn. 75).

24 **4. Schuldrechtliche Abreden.** Aus § 38 Abs. 2 ergibt sich, dass Einschränkungen des Rechts zur Abberufung ausschließlich in dem Gesellschaftsvertrag getroffen werden können. Nur bei einer derartigen Regelung führt ein Verstoß gegen die einschr. Bestimmung unmittelbar dazu, dass die Abberufung als solche unwirksam ist. Abreden außerhalb des Gesellschaftsvertrags, die zwischen der Gesellschaft und dem Geschäftsführer zB im Anstellungsvertrag getroffen werden, können diese Rechtswirkung nicht entfalten (BGH 4.11.1968, DB 1968, 2166; OLG Stuttgart 30.3.1994, GmbHR 1995, 229; Baumbach/Hueck/*Beurskens* Rn. 27; *Fleck* ZGR 1988, 104 (123); Hachenburg/*Stein* Rn. 28; HCL/*Paefgen* Rn. 22; Lutter/Hommelhoff/*Kleindiek* Rn. 13; Rowedder/Schmidt-Leithoff/*Baukelmann* Rn. 4; Scholz/*U. H. Schneider/S. H. Schneider* Rn. 55; **aA** *Fleck* GmbHR 1970, 221 (222)). Unwirksam sind diese gleichwohl nicht, binden jedoch nicht die Gesellschaft, sondern lediglich die **Gesellschafter** (BGH 7.2.1983, ZIP 1983, 432 (432 f.); BGH 27.10.1986, GmbHR 1987, 94 (96)).

25 Beschließen die Gesellschafter entgegen einer schuldrechtlichen Absprache die Abberufung des Geschäftsführers, kann hieraus eine **Schadensersatzpflicht** der Gesellschafter erwachsen (§ 280 Abs. 1 BGB; BAG 8.8.2002, AP BGB § 628 Nr. 14; OLG Köln 16.3.1988, GmbHR 1989, 76 (78); Baumbach/Hueck/*Beurskens* Rn. 27). Die danach bestehende Verpflichtung zur Naturalrestitution (§ 249

Abs. 1 BGB) ist primär auf **Wiederbestellung zum Geschäftsführer** gerichtet und gegenüber den Gesellschaftern durchzusetzen (BAG 8.8.2002, AP BGB § 628 Nr. 14; OLG Köln 16.3.1988, GmbHR 1989, 76 (78); Baumbach/Hueck/*Beurskens* Rn. 28; Bork/Schäfer/*Jacoby* Rn. 23; Hachenburg/*Stein* Rn. 29; Lutter/Hommelhoff/*Kleindiek* Rn. 15; **aA** Rowedder/Schmidt-Leithoff/*Baukelmann* Rn. 4). Schuldrechtliche Bindungen im Hinblick auf die Abberufung kann nach vorherrschendem Verständnis auch die **Gesellschaft** durch das zur Abberufung **zuständige Organ** eingehen (BAG 8.8.2002, AP BGB § 628 Nr. 14; Scholz/*U. H. Schneider/S. H. Schneider* Rn. 55).

IV. Abberufung aus wichtigem Grund

1. Grundsatz. Stets möglich ist die Abberufung aus wichtigem Grund. Dieses Recht kann nicht 26 durch Regelungen im Gesellschaftsvertrag ausgeschlossen werden, auch nicht partiell durch eine Auflistung bestimmter wichtiger Gründe (BGH 21.4.1969, NJW 1969, 1483; Baumbach/Hueck/*Beurskens* Rn. 5; GBS GmbHG/*Buck-Heeb* Rn. 22; Lutter/Hommelhoff/*Kleindiek* Rn. 7; Roth/Altmeppen/*Altmeppen* Rn. 36; Rowedder/Schmidt-Leithoff/*Baukelmann* Rn. 9). Diese liefern zwar ein Indiz für die Bewertung bestimmter Sachverhalte durch die Gesellschafter, sind aber nicht in der Lage, die zur sofortigen Abberufung führenden wichtigen Gründe abschließend festzulegen (→ Rn. 21). Umgekehrt kann die Abberufung auf eine solche aus wichtigem Grund beschränkt sein. Dies ist kraft Gesetzes der Fall, wenn die Gesellschaft dem MitbestG, dem MontanMitbestG oder dem MitbestErgG unterliegt, da sich die Abberufung des Geschäftsführers in diesem Fall nach § 84 AktG richtet (→ Rn. 16). Ferner beschränkt sich die Abberufung auf eine solche aus wichtigem Grund, wenn der Gesellschaftsvertrag das Amt als Geschäftsführer als mitgliedschaftliches Sonderrecht begründet hat (→ Rn. 18).

2. „Wichtiger Grund". Zur Konkretisierung zählt § 38 Abs. 2 S. 2 zwei Sachverhalte auf, die 27 insbesondere als wichtige Gründe zur sofort wirkenden Abberufung des Geschäftsführers berechtigen (grobe Pflichtverletzung, Unfähigkeit zur ordnungsgemäßen Geschäftsführung). Die Benennung der wichtigen Gründe in § 38 Abs. 2 S. 2 ist nicht abschließend („insbesondere"), sie liefern jedoch einen Maßstab dafür, wann das Gesetz einen Grund für die Abberufung als „wichtig" ansieht. Unabhängig von der umfänglichen Kasuistik zum „wichtigen Grund" iSd § 38 Abs. 2 S. 1 ist in Anlehnung an die allg. Regelung in § 314 Abs. 1 BGB, die § 626 Abs. 1 BGB und § 89a Abs. 1 HGB für das Dienstvertragsrecht konkretisieren, zu fordern, dass der Umstand so gewichtig sein muss, dass ein Verbleiben des Geschäftsführers in seiner Organstellung für die Gesellschaft unzumutbar ist (BGH 28.1.1985, GmbHR 1985, 255 (256); BGH 19.10.1987, NJW-RR 1988, 352 f.; OLG Stuttgart 30.3.1994, NJW-RR 1995, 295 f.; OLG Zweibrücken 8.6.1999, NZG 1999, 1011; Baumbach/Hueck/*Beurskens* Rn. 6; BeckOK GmbHG/*Heilmeier* Rn. 21; GBS GmbHG/*Buck-Heeb* Rn. 24; Roth/Altmeppen/*Altmeppen* Rn. 34). Hierfür kann die Gesellschaft grundsätzlich nur solche Gründe heranziehen, die nach der Bestellung des Geschäftsführers entstanden sind. Lagen die entsprechenden Umstände bereits vor der Bestellung vor, kommen diese nur dann als wichtiger Grund in Betracht, wenn das Bestellungsorgan von diesen keine Kenntnis hatte. Umgekehrt sind solche Gründe unbeachtlich, von denen das Bestellungsorgan im Zeitpunkt der Bestellung Kenntnis hatte, auf die es die Abberufung jedoch nicht gestützt hat (BGH 28.4.1954, BGHZ 13, 188 (194); BGH 12.7.1993, WM 1993, 1593 (1595); BeckOK GmbHG/*Heilmeier* Rn. 27; Rowedder/Schmidt-Leithoff/*Baukelmann* Rn. 16). In diesem Fall steht das Verbot widersprüchlichen Verhaltens (§ 242 BGB) einer Abberufung entgegen (Baumbach/Hueck/*Beurskens* Rn. 19).

Wird der Beschluss zur Abberufung aus wichtigem Grund gerichtlich überprüft, hat das Gericht 28 ausschließlich diejenigen Umstände zur Prüfung heranzuziehen, die dem Abberufungsbeschluss zugrunde lagen (BGH 28.1.1985, GmbHR 1985, 256 (259); Baumbach/Hueck/*Beurskens* Rn. 17; Lutter/Hommelhoff/*Kleindiek* Rn. 21). Das schließt ein **Nachschieben weiterer Gründe** im Prozess jedoch nicht generell aus, sofern diese vor der Beschlussfassung entstanden sind (BeckOK GmbHG/*Heilmeier* Rn. 33; GBS GmbHG/*Buck-Heeb* Rn. 38; HK-GmbHG/*Lücke/Simon* Rn. 26; Roth/Altmeppen/*Altmeppen* Rn. 44; Scholz/*U. H. Schneider/S. H. Schneider* Rn. 46a). Erforderlich ist für ein Nachschieben aber stets ein vorheriger zusätzlicher Beschluss der Gesellschafterversammlung (BGH 14.10.1991, WM 1991, 2140 (2143); BeckOK GmbHG/*Heilmeier* Rn. 33; HK-GmbHG/*Lücke/Simon* Rn. 26; Lutter/Hommelhoff/*Kleindiek* Rn. 22; MüKoGmbHG/*Stephan/Tieves* Rn. 174; Roth/Altmeppen/*Altmeppen* Rn. 44; Rowedder/Schmidt-Leithoff/*Baukelmann* Rn. 18; Scholz/*U. H. Schneider/S. H. Schneider* Rn. 46a), sofern nicht der Sonderfall einer Zwei-Personen-GmbH vorliegt (s. BGH 14.10.1991, WM 1991, 2140 (2143), BeckOK GmbHG/*Heilmeier* Rn. 33; Scholz/*U. H. Schneider/S. H. Schneider* Rn. 46a). Umstände nach der Beschlussfassung können allenfalls im Rahmen der Gesamtwürdigung bei der Prüfung berücksichtigt werden, ob ein Sachverhalt die Schwelle der Unzumutbarkeit erreicht (OLG Stuttgart 30.3.1994, NJW-RR 1995, 295 f.; Baumbach/Hueck/*Beurskens* Rn. 17; BeckOK GmbHG/*Heilmeier* Rn. 33; GBS GmbHG/*Buck-Heeb* Rn. 38). Ansonsten sind nach der Beschlussfassung entstandene Gründe bei der rechtlichen Überprüfung eines Abberufungsbeschlusses unbeachtlich; auf sie kann lediglich ein erneuter Abberufungsbeschluss gestützt werden.

29 Als wichtiger Grund iSd § 38 Abs. 2 kommen insbesondere Handlungen in Betracht, durch die der Geschäftsführer die Interessen der Gesellschaft beeinträchtigt und hierdurch seine **Pflichten als Geschäftsführer** verletzt. Aus der Rspr. sind exemplarisch folgende Sachverhalte zu nennen: Fälschung von Buchungsunterlagen (BayObLG 13.5.1955, NJW 1955, 1678 (1679); OLG Hamm 7.5.1984, GmbHR 1985, 119), langjährige Bilanzmanipulationen und Steuerhinterziehung (OLG Düsseldorf 15.2.1991, WM 1992, 14 (19 f.)), Annahme von Schmiergeldern (Bestechlichkeit) (BGH 8.5.1967, WM 1967, 679), geschäftsschädigendes Verhalten gegenüber Dritten (OLG Naumburg 25.1.1996, GmbHR 1996, 934 (937)), Verletzung von Wettbewerbsverboten (OLG Düsseldorf 24.2.2000, GmbHR 2000, 1050 (1054)), Überschreitung der durch Satzung oder Geschäftsordnung festgelegten Kompetenzen (KG 26.8.2014, BeckRS 2014, 16706; OLG Köln 1.6.2010, NZG 2011, 307 (308); OLG München 22.7.2010, DB 2011, 2162 (2163); OLG München 29.3.2012, BeckRS 2012, 07661). Ferner Sachverhalte im **Verhältnis zu Mitgeschäftsführern,** wie zB Tätlichkeiten (OLG Stuttgart 30.3.1994, GmbHR 1995, 229 (230)) oder ein persönliches Zerwürfnis der Geschäftsführer untereinander (BGH 12.1.2009, NZG 2009, 386 ff.; OLG Brandenburg 19.11.2008, NZG 2009, 269 (270); OLG Brandenburg 19.12.2018, BeckRS 2018, 35278; OLG Düsseldorf 30.6.1988, NJW 1989, 172 (172 f.); OLG Düsseldorf 7.1.1994, GmbHR 1994, 884 (885); OLG Düsseldorf 1.7.2011, GmbHR 2012, 1363 (1364); OLG München 22.7.2010, DB 2010, 2162 (2164); OLG Naumburg 25.1.1996, GmbHR 1996, 934 (937); OLG Stuttgart 19.12.2012, NZG 2013, 498 (Ls.); OLG Stuttgart 9.9.2014, GmbHR 2015, 192 (195)) unabhängig davon, ob es sich um Fremd- oder Gesellschafter-Geschäftsführer handelt (OLG Brandenburg 19.12.2018, BeckRS 2018, 35278).

30 Als wichtiger Grund iSd § 38 Abs. 2 kommen schließlich Sachverhalte im **Verhältnis zwischen Geschäftsführer und den Gesellschaftern** in Betracht, wie zB nachdrückliche und andauernde Weigerung zur Befolgung von Weisungen der Gesellschafterversammlung, der Abschluss von Verträgen ohne die gesellschaftsvertraglich vorgesehene Zustimmung der Gesellschafter (LG Berlin 10.12.2012, NZG 2013, 500 (501 f.)) sowie das Ausnutzen des Amts zu eigenen Zwecken (BGH 14.10.1991, WM 1991, 2140 (2143 f.); KG 26.8.2014, BeckRS 2014, 16706), wie zB Eigenmächtigkeiten zu Lasten der Gesellschafter (OLG Naumburg 25.1.1996, GmbHR 1996, 934 (937)) oder die Beeinflussung der Machtverhältnisse in der Gesellschaft im eigenen Interesse (OLG Nürnberg 25.8.1999, NZG 2000, 700 (703)). Entsprechendes gilt bei einem tiefgreifenden Zerwürfnis zwischen einem Geschäftsführer und einzelnen Gesellschaftern (OLG Köln 1.6.2010, NZG 2011, 307 (308 f.); OLG Saarbrücken 10.10.2006, GmbHR 2007, 143 (147); s. auch BGH 24.10.1994, BeckRS 9998, 87737: Tätlichkeiten gegen Mitgesellschafter; OLG Karlsruhe 10.8.2006, BeckRS 2006, 12239: nachhaltige Ehrverletzung eines Mitgesellschafters; OLG Hamm 25.7.2016, BeckRS 2016, 13167: Beeinflussung eines Gesellschafterstreits zugunsten einer Seite durch vorsätzliche Falschaussage). **Außerdienstliches Verhalten** des Geschäftsführers, insbesondere strafbare Handlungen, kommen ausschließlich dann als wichtiger Grund in Betracht, wenn diese auf die Tätigkeit des Geschäftsführers ausstrahlen, insbesondere die notwendige Vertrauensgrundlage zwischen ihm und den Gesellschaftern beeinträchtigen (GBS GmbHG/*Buck-Heeb* Rn. 27; Rowedder/Schmidt-Leithoff/*Baukelmann* Rn. 11; Scholz/*U. H. Schneider/S. H. Schneider* Rn. 49). Die vorstehend aufgezählten wichtigen Gründe sind keine absoluten Abberufungsgründe. Die Notwendigkeit einer umfassenden Abwägung (→ Rn. 35) führt vielmehr dazu, dass die Besonderheiten des Einzelfalls stets ausschlaggebende Bedeutung entfalten.

31 Während der alleinige **Vertrauensentzug** durch die Gesellschafter bei der AG eine Abberufung aus wichtigem Grund rechtfertigen kann (§ 84 Abs. 3 S. 2 AktG), ist dies bei der GmbH anerkanntermaßen nicht der Fall (OLG Hamm 2.11.1988, GmbHR 1989, 257 (258 f.); OLG Hamm 25.7.2016, BeckRS 2016, 13167; OLG Köln 16.3.1988, GmbHR 1989, 76 (79); OLG Stuttgart 13.5.2013, GmbHR 2013, 803 (804); Baumbach/Hueck/*Beurskens* Rn. 12; GBS GmbHG/*Buck-Heeb* Rn. 31; HK-GmbHG/*Lücke/Simon* Rn. 23; Lutter/Hommelhoff/*Kleindiek* Rn. 22; Roth/Altmeppen/*Altmeppen* Rn. 40; Rowedder/Schmidt-Leithoff/*Baukelmann* Rn. 13, 15; *Säcker* FS G. Müller, 1981, 745 (746 ff.)). Dies ist schon deshalb überzeugend, weil eine gesellschaftsvertragliche Beschränkung der Abberufung auf einen „wichtigen Grund" nur so einen Sinn entfaltet (Baumbach/Hueck/*Beurskens* Rn. 12). Andernfalls hätte es der Gesellschaftsvertrag bei der Grundregel des § 38 Abs. 1 belassen können. Der Vertrauensentzug durch die Gesellschafter stellt deshalb nur dann einen wichtigen Grund dar, wenn die hierfür maßgeblichen Umstände (zB Pflichtverletzung des Geschäftsführers) für sich genommen als wichtiger Grund iSd § 38 Abs. 2 zu bewerten sind, weil diese das Verbleiben des Geschäftsführers als unzumutbar erscheinen lassen (BeckOK GmbHG/*Heilmeier* Rn. 26; Bork/Schäfer/*Jacoby* Rn. 35; Lutter/Hommelhoff/*Kleindiek* Rn. 22; MüKoGmbHG/*Stephan/Tieves* Rn. 92; Rowedder/Schmidt-Leithoff/*Baukelmann* Rn. 13). Entsprechendes gilt, wenn geltend gemacht wird, das Vertrauensverhältnis zwischen einem Gesellschafter und einem Geschäftsführer sei zerrüttet (OLG Hamm 25.7.2016, BeckRS 2016, 13167).

32 Wie bei der außerordentlichen Kündigung des Anstellungsvertrags kann auch die außerordentliche Abberufung darauf gestützt werden, dass ein Fehlverhalten des Geschäftsführers zwar nicht sicher feststeht, aber diesbezüglich ein **nicht auszuräumender Verdacht** besteht (zur außerordentlichen Kündigung → § 35 Rn. 184). Im Grundsatz ist die Eignung des Verdachts als wichtiger Grund anerkannt

(Baumbach/Hueck/*Beurskens* Rn. 10; Roth/Altmeppen/*Altmeppen* Rn. 74; *U. H. Schneider* FS E. Vetter, 2019, 727 (730 ff.); Scholz/*U. H. Schneider/S. H. Schneider* Rn. 44, 50a; ausf. zu § 84 AktG *Schmolke* AG 2014, 377 (382 ff.)), nicht abschließend geklärt sind die Voraussetzungen im Einzelnen. In Betracht kommt eine außerordentliche „Verdachtsabberufung" nur, wenn der Verdacht auf objektiv nachprüfbare und beweisbare Tatsachen gestützt werden kann, die eine hohe Wahrscheinlichkeit für das Vorliegen einer Pflichtverletzung begründen (*Schmolke* AG 2014, 377 (384 f.)). Zudem muss der Umstand, bezüglich dem der Verdacht besteht, so gewichtig sein, dass er bei seinem Vorliegen eine Abberufung aus wichtigem Grund rechtfertigen würde (*U. H. Schneider* FS E. Vetter, 2019, 727 (731 f.); Scholz/*U. H. Schneider/S. H. Schneider* Rn. 50a). Schließlich muss hinzutreten, dass die Fortsetzung des Organverhältnisses für die Gesellschaft wegen des nicht ausgeräumten Verdachts die Schwelle der Unzumutbarkeit überschreitet (*U. H. Schneider* FS E. Vetter, 2019, 727 (732)). Darüber hinaus gebietet die organschaftliche Treuepflicht, eine auf den Verdacht gestützte Abberufung aus wichtigem Grund nur dann zuzulassen, wenn dem Geschäftsführer analog den arbeitsrechtlichen Grundsätzen zur außerordentlichen Verdachtskündigung (s. zuletzt BAG 25.4.2018, NZA 2018, 1405 Rn. 31; BAG 31.1.2019, NZA 2019, 893 Rn. 28) durch vorherige **Anhörung** die Möglichkeit eröffnet wurde, den gegen ihn erhobenen Verdacht auszuräumen (ebenso *Schmolke* AG 2014, 377 (385)). Nur unter dieser Voraussetzung ist im Rahmen der Abwägung die Wertung gerechtfertigt, das Interesse der Gesellschaft an der sofortigen Beendigung der Organstellung sei überwiegend. Ob dem Geschäftsführer ein Anspruch auf **Wiederbestellung** zusteht, wenn sich der Verdacht im Nachhinein als unbegründet herausstellt, ist umstritten (hierfür Roth/Altmeppen/*Altmeppen* Rn. 74; **aA** *U. H. Schneider* FS E. Vetter, 2019, 727 (734 f.) sowie für die AG *Schmolke* AG 2014, 377 (386)). Zwar berührt dies nicht die Rechtswirksamkeit der Abberufung und es fehlt an einem pflichtwidrigen Verhalten der Gesellschaft, es bleibt aber zu erwägen, ob die Gesellschafter aufgrund einer nachwirkenden Treuepflicht des Organschaftsverhältnisses (so im Ansatz auch *Schmolke* AG 2014, 377 (386)) verpflichtet sind, den objektiv zu Unrecht abberufenen Geschäftsführer erneut zu bestellen (s. auch → Rn. 25, 68). In Betracht kommt dies jedoch allenfalls, wenn eine derartige Wiederbestellung für die Gesellschaft zumutbar ist, was idR zu verneinen ist, wenn die vakante Geschäftsführerposition zwischenzeitlich wiederbesetzt wurde.

Die **Unfähigkeit zur ordnungsgemäßen Geschäftsführung,** die § 38 Abs. 2 exemplarisch als **33** wichtigen Grund benennt, ist vor allem durch Gründe in der Person des Geschäftsführers bedingt. Hierzu können Ausbildungsdefizite aber auch Umstände zählen, die einer ordnungsgemäßen Amtsausübung entgegenstehen, wie zB lang andauernde Krankheit oder übermäßige Belastungen durch anderweitige Tätigkeit außerhalb der Gesellschaft (BGH 6.5.1965, BGHZ 43, 384 (386 f.) = NJW 1965, 1958: Übernahme eines Bundestagsmandats). Die Unfähigkeit zur ordnungsgemäßen Geschäftsführung kann auch in einem mangelnden Arbeitseinsatz zum Ausdruck kommen (Rowedder/Schmidt-Leithoff/*Baukelmann* Rn. 12), nicht ausreichend ist hingegen die bloße Erfolglosigkeit der Geschäftsführung (Hachenburg/*Stein* Rn. 50; HCL/*Paefgen* Rn. 61; Roth/Altmeppen/*Altmeppen* Rn. 39; Rowedder/Schmidt-Leithoff/*Baukelmann* Rn. 13; Scholz/*U. H. Schneider/S. H. Schneider* Rn. 51; **aA** MHLS/*Terlau* Rn. 47).

Ein wichtiger Grund zur Abberufung kann ferner dadurch entstehen, dass sich die **für die Gesellschaft maßgebenden Verhältnisse** ändern und dazu führen, dass die bisherige Geschäftsführerposition **34** überflüssig wird (BeckOK GmbHG/*Heilmann* Rn. 25; Hachenburg/*Stein* Rn. 49; Rowedder/Schmidt-Leithoff/*Baukelmann* Rn. 13). In Betracht kommt dies zB bei einer Verringerung der Zahl der Geschäftsführer infolge eines geringeren Geschäftsumfangs oder des Eintritts der Gesellschaft in einen Konzernverbund, aufgrund dessen ein Organmitglied des herrschenden Unternehmens die Aufgaben des Geschäftsführers in der nunmehr abhängigen Gesellschaft (mit)übernimmt. Bei der Verschmelzung der Gesellschaft auf einen anderen Rechtsträger bedarf es keiner Abberufung, wenn der verschmolzene Rechtsträger untergeht und damit auch das Amt des Geschäftsführers kraft Gesetzes endet (→ Rn. 82). Das gilt entsprechend bei der Verschmelzung zur Neugründung. Anders ist zu entscheiden, wenn die Gesellschaft die Stellung des aufnehmenden Rechtsträgers einnimmt. In diesem Fall kommt eine Abberufung aus wichtigem Grund in Betracht, wenn die geänderten Verhältnisse mit einer Neuorganisation der Geschäftsführung einhergehen.

3. Verhältnismäßigkeit. Zur Abberufung berechtigt der hierfür herangezogene Grund nur, wenn **35** infolge seines Gewichts die Abberufung „notwendig" ist. Hierin kommt zum Ausdruck, dass der Geschäftsführer seine Organstellung erst nach einer **Abwägung der Interessen** verlieren soll (BGH 12.1.2009, NZG 2009, 386 (387): Gesamtwürdigung; BGH 4.4.2017, NZG 2017, 700 Rn. 17: Abwägung der betroffenen Interessen aufgrund aller Umstände des Einzelfalls; OLG Stuttgart 13.5.2013, GmbHR 2013, 803 (803 f.)). Diese ist integraler Teil einer umfassenden Verhältnismäßigkeitsprüfung.

Im Rahmen der Interessenabwägung sind ua auch die **bisherige Dauer der Geschäftsführertätigkeit** und ein ggf. bislang einwandfreies Verhalten des Geschäftsführers zu seinen Gunsten zu berücksichtigen (BGH 14.10.1968, LM GmbHG § 38 Nr. 4; OLG Stuttgart 13.5.2013, GmbHR 2013, 803 (804); Baumbach/Hueck/*Beurskens* Rn. 6; Rowedder/Schmidt-Leithoff/*Baukelmann* Rn. 10). Darüber hinaus fließt die **personelle Struktur der Gesellschaft** in die Abwägung ein (Baumbach/Hueck/*Beurskens* Rn. 7; BeckOK GmbHG/*Heilmeier* Rn. 28). Insbesondere bei wenigen Gesellschaftern hat **36** die Notwendigkeit einer vertrauensvollen Zusammenarbeit zwischen Geschäftsführer und Gesellschaftern ein höheres Gewicht als in einer Publikumsgesellschaft. Entsprechendes gilt, wenn andere Gesellschafter ebenfalls die Stellung eines Geschäftsführers in der Gesellschaft einnehmen. Andererseits genügt der Vertrauensverlust eines Minderheitsgesellschafters nicht, um den Geschäftsführer gegen den Willen des Mehrheitsgesellschafters bei einfachen Pflichtverstößen aus wichtigem Grund abzuberufen (KG 26.8.2014, BeckRS 2014, 16706; GBS GmbHG/*Buck-Heeb* Rn. 32).

37 Bei Pflichtverletzungen ist in die Abwägung einzubeziehen, ob den Geschäftsführer ein **Verschuldensvorwurf** trifft (Baumbach/Hueck/*Beurskens* Rn. 6; BeckOK GmbHG/*Heilmeier* Rn. 22; Bork/Schäfer/*Jacoby* Rn. 26; GBS GmbHG/*Buck-Heeb* Rn. 25; HCL/*Paefgen* Rn. 36; MüKoGmbHG/*Stephan/Tieves* Rn. 89). Der für die Abberufung erforderliche „wichtige Grund" liegt zwar im Hinblick auf das Unzumutbarkeitskriterium unabhängig davon vor, ob der Geschäftsführer schuldhaft gehandelt hat, dies schließt es aber nicht aus, das Verschulden iRd Abwägung zu berücksichtigen (Roth/Altmeppen/*Altmeppen* Rn. 37). Bei einer befristeten Bestellung ist zudem die **verbleibende Dauer der Organstellung** zu berücksichtigen (BGH 7.6.1962, WM 1962, 811 (812); Rowedder/Schmidt-Leithoff/*Baukelmann* Rn. 10).

38 „Notwendig" ist die Abberufung wegen der in dem Verhältnismäßigkeitsgrundsatz enthaltenen **Prüfung der Erforderlichkeit** erst, wenn die Abberufung nicht durch gleichermaßen geeignete mildere Mittel vermieden werden kann (Bork/Schäfer/*Jacoby* Rn. 27; Lutter/Hommelhoff/*Kleindiek* Rn. 23; Roth/Altmeppen/*Altmeppen* Rn. 67; **aA** MHLS/*Terlau* Rn. 53). Ebenso wie die Kündigung ist auch die Abberufung keine Sanktion, sondern ein Instrument, um für die Zukunft eine ordnungsgemäße Geschäftsführung der Gesellschaft sicherzustellen. Ist dies auch durch mildere Maßnahmen möglich, dann sind diese aufgrund des Verhältnismäßigkeitsgrundsatzes vorrangig zu ergreifen. In Betracht kommen hierfür ua die Anordnung der Gesamtgeschäftsführung und Gesamtvertretung sowie eine geänderte Aufgabenverteilung innerhalb der Geschäftsführung.

39 **4. Zeitablauf.** Von einer § 626 Abs. 2 BGB entsprechenden Erklärungsfrist hat das Gesetz abgesehen. Damit entspricht § 38 Abs. 2 S 1 vergleichbaren Regelungen im Personengesellschaftsrecht (§ 723 Abs. 1 S. 2 BGB) sowie im Handelsvertreterrecht (§ 89a Abs. 1 HGB). Deshalb muss die Abberufung nicht innerhalb der Zwei-Wochen-Frist des § 626 Abs. 2 S. 1 BGB erklärt werden (OLG Düsseldorf 24.2.2000, GmbHR 2000, 1050 (1055); OLG München 31.7.2014, GmbHR 2015, 35 (37); OLG Naumburg 23.2.1999, NZG 2000, 44 (47); Baumbach/Hueck/*Beurskens* Rn. 18; Hachenburg/*Stein* Rn. 63; HK-GmbHG/*Lücke/Simon* Rn. 27; Lutter/Hommelhoff/*Kleindiek* Rn. 18; MüKoGmbHG/*Stephan/Tieves* Rn. 106; Roth/Altmeppen/*Altmeppen* Rn. 43).

40 Die zwischen Kenntniserlangung und Abberufung verstrichene Zeit ist gleichwohl nicht bedeutungslos. So ist anerkannt, dass auch das Recht zur Abberufung aus wichtigem Grund der **Verwirkung** (§ 242 BGB) unterliegt (BGH 14.10.1991, GmbHR 1992, 38 (38 f.); BGH 12.7.1993, NJW-RR 1993, 1253 f.; Baumbach/Hueck/*Beurskens* Rn. 18; GBS GmbHG/*Buck-Heeb* Rn. 36; Hachenburg/*Stein* Rn. 63; *Lunk* ZIP 1999, 1777 (1784); Lutter/Hommelhoff/*Kleindiek* Rn. 19; MüKoGmbHG/*Stephan/Tieves* Rn. 106; Roth/Altmeppen/*Altmeppen* Rn. 43; Rowedder/Schmidt-Leithoff/*Baukelmann* Rn. 16; Scholz/*U. H. Schneider/S. H. Schneider* Rn. 46b). Neben dem **Zeitablauf** ab Kenntnis der maßgebenden Umstände ist hierfür jedoch zusätzlich als **Umstandsmoment** erforderlich, dass der Geschäftsführer nach den gesamten Umständen annehmen konnte, dass die Gesellschaft den Sachverhalt nicht mehr heranziehen wird, um auf diesen eine Abberufung aus wichtigem Grund zu stützen (s. OLG München 31.7.2014, GmbHR 2015, 35 (37); Baumbach/Hueck/*Beurskens* Rn. 18; BeckOK GmbHG/*Heilmeier* Rn. 32; HCL/*Paefgen* Rn. 69; Lutter/Hommelhoff/*Kleindiek* Rn. 19).

41 Ungeachtet der allg. Schranke einer Verwirkung bleibt zu erwägen, die allg. Bestimmung in **§ 314 Abs. 3 BGB,** die die Wahrung einer **„angemessenen Frist"** vorschreibt, als Problemlösung nicht nur bei Dauerschuldverhältnissen, sondern auch bei der Abberufung aus wichtigem Grund heranzuziehen (hierfür auch Lutter/Hommelhoff/*Kleindiek* Rn. 18; MHLS/*Terlau* Rn. 54; offen Roth/Altmeppen/*Altmeppen* Rn. 43). Bei diesem Ansatz führt – im Unterschied zur Verwirkung – bereits der alleinige Zeitablauf dazu, dass die Gesellschaft ihr Recht verliert, einen bestimmten Umstand als wichtigen Grund für die Abberufung heranzuziehen. Das Angemessenheitspostulat in § 314 Abs. 3 BGB ist hinreichend flexibel, um sowohl den Besonderheiten des Einzelfalls als auch den strukturellen Eigenheiten der Gesellschaft Rechnung zu tragen. Zu einem vergleichbaren Ergebnis führt ein Rückgriff auf die Rspr. des BGH, der vor der Schaffung von § 314 Abs. 3 BGB sowohl im Personengesellschaftsrecht als auch im Handelsvertreterrecht bereits den alleinigen Zeitablauf ausreichen ließ, da der Kündigungssachverhalt mit zunehmendem Zeitablauf seine Kraft verliert, eine Kündigung aus „wichtigem Grund" zu rechtfertigen (s. näher *Oetker,* Das Dauerschuldverhältnis und seine Beendigung, 1994, 297 ff. mwN).

V. Abberufungsverfahren

42 **1. Zuständigkeit.** Für die Abberufung ist idR die **Gesellschafterversammlung** zuständig (§ 46 Nr. 5). Das gilt auch, wenn über das Vermögen der Gesellschaft das **Insolvenzverfahren** eröffnet ist

(BGH 11.1.2007, NZG 2007, 384 (386); Baumbach/Hueck/*Beurskens* Rn. 32). Insbesondere geht das Abberufungsrecht nicht auf den Insolvenzverwalter über; dieser ist ausschließlich für die Beendigung des Anstellungsvertrags zuständig (KG 1.10.1915, KGJ 48, 134 (136); Baumbach/Hueck/*Beurskens* Rn. 32; MüKoGmbHG/*Stephan/Tieves* Rn. 33; → Rn. 1). Bezüglich des **Notgeschäftsführers** fehlt der Gesellschafterversammlung die Zuständigkeit zur Abberufung, diese kann ausschließlich durch das Gericht (ggf. auf Antrag der Gesellschafter) erfolgen (OLG München 30.6.1993, GmbHR 1994, 259 (260); Baumbach/Hueck/*Beurskens* Rn. 92; BeckOK GmbHG/*Heilmeier* Rn. 50; MüKoGmbHG/*Stephan/Tieves* Rn. 37).

Die Satzung kann (§ 45 Abs. 2) eine von § 46 Nr. 5 **abweichende Zuständigkeit** begründen (aber 43 → Rn. 45). Dies umfasst auch die Möglichkeit, die Abberufung einem Organ zuzuweisen, das nicht zugleich für die Bestellung zuständig ist. Die Einräumung des Abberufungsrechts an Dritte wird hingegen verbreitet als unzulässig angesehen (so Bork/Schäfer/*Jacoby* Rn. 11; Hachenburg/*Stein* Rn. 84; Lutter/Hommelhoff/*Kleindiek* Rn. 3; Scholz/*U. H. Schneider/S. H. Schneider* Rn. 25; **aA** HCL/*Paefgen* Rn. 149; MüKoGmbHG/*Stephan/Tieves* Rn. 29; Roth/Altmeppen/*Altmeppen* Rn. 12). Dementsprechend kann den Kommanditisten einer **GmbH & Co. KG** nicht das Recht eingeräumt werden, den Geschäftsführer der Komplementär-GmbH abzuberufen; auch auf eine Analogie zu § 117 HGB, § 127 HGB lässt sich eine derartige Rechtsposition nicht stützen (BGH 1.12.1969, DB 1970, 389 (390); Baumbach/Hueck/*Beurskens* Rn. 31; BeckOK GmbHG/*Heilmeier* Rn. 45; Bork/Schäfer/*Jacoby* Rn. 14; *Heller* GmbHR 2002, 1227 (1229); Roth/Altmeppen/*Altmeppen* Rn. 17; Rowedder/Schmidt-Leithoff/*Baukelmann* Rn. 40; **aA** HCL/*Paefgen* Rn. 149; *Hopt* ZGR 1979, 1 (16); *Hüffer* ZGR 1981, 348, 357 (359); *Raiser/Veil* KapGesR § 44 Rn. 13).

Fehlt eine ausdrückliche Regelung zur Abberufungskompetenz, dann ist mit dem Recht zur Bestel- 44 lung im Zweifel auch das Recht zur Abberufung verbunden; ein Gleichlauf von Bestellungs- und Abberufungskompetenz entspricht idR dem Willen der Gesellschafter (OLG Düsseldorf 8.6.1989, WM 1990, 265 (267); Baumbach/Hueck/*Beurskens* Rn. 29; BeckOK GmbHG/*Heilmeier* Rn. 42; Hachenburg/*Stein* Rn. 84; Lutter/Hommelhoff/*Kleindiek* Rn. 3; MüKoGmbHG/*Stephan/Tieves* Rn. 27; Roth/Altmeppen/*Altmeppen* Rn. 12). Rechtlich zwingend ist ein derartiger Gleichlauf indes nicht (treffend Rowedder/Schmidt-Leithoff/*Baukelmann* Rn. 6), sodass die Zuständigkeiten aufgrund gesellschaftsvertraglicher Regelung auseinanderfallen können (→ Rn. 43).

Die Befugnis, für die Abberufung eine von § 46 Nr. 5 abweichende Zuständigkeit festzulegen, gilt 45 nicht unbeschränkt. So muss das Recht zur Abberufung aus wichtigem Grund stets bei einem Gesellschaftsorgan verbleiben (GBS GmbHG/*Buck-Heeb* Rn. 5; Roth/Altmeppen/*Altmeppen* Rn. 13; Rowedder/Schmidt-Leithoff/*Baukelmann* Rn. 17), bei dem es sich jedoch wegen § 45 Abs. 2 nicht zwingend um die Gesellschafterversammlung handeln muss (**aA** Baumach/Hueck/*Beurskens* Rn. 29). Das gilt insbesondere, wenn das Abberufungsrecht aufgrund des Gesellschaftsvertrags einem Gesellschafter oder einer Gesellschaftergruppe als Mitgliedschaftsrecht zugewiesen wird. Fehlt bezüglich des für die Abberufung aus wichtigem Grund zuständigen Organs eine ausdrückliche Regelung, dann ist die Gesellschafterversammlung zuständig (Baumbach/Hueck/*Beurskens* Rn. 29; Scholz/*U. H. Schneider/S. H. Schneider* Rn. 23).

Unterliegt die Gesellschaft den Gesetzen zur **Unternehmensmitbestimmung,** ist zu differenzieren: 46 Gilt für sie das **MitbestG** oder das **MontanMitbestG** bzw. das **MitbestErgG,** dann ist der dort zwingend zu bildende Aufsichtsrat nicht nur für die Bestellung, sondern auch für die Abberufung zuständig (→ Rn. 16); abweichende Satzungsbestimmungen sind unwirksam (§ 25 Abs. 2 MitbestG, § 2 MontanMitbestG). Unterliegt die Gesellschaft nach § 1 Abs. 1 Nr. 3 DrittelbG dem **DrittelbG,** bleibt es bei der Zuständigkeit der Gesellschafterversammlung für die Abberufung (→ Rn. 15). Da das DrittelbG bezüglich der Bestellung und Abberufung der Geschäftsführer keine Regelung trifft, steht dem Satzungsorgan auch die Befugnis zu einer abweichenden Regelung (§ 45 Abs. 2) zu.

2. Abberufungsbeschluss. a) Mehrheitserfordernis. Für den Beschluss über die Abberufung gilt 47 nach § 47 Abs. 1 das Erfordernis einer **einfachen Mehrheit.** Die Satzung kann **abweichende Mehrheitserfordernisse** aufstellen, so zB bestimmte Voraussetzungen an die Beschlussfähigkeit oder ein von § 47 Abs. 1 abweichendes Mehrheitsquorum. Legt die Satzung allg. Voraussetzungen für die Beschlussfassung fest, gelten diese auch für die Abberufung (Baumbach/Hueck/*Beurskens* Rn. 34). Dies wird teilweise auch für eine solche aus wichtigem Grund bejaht (so OLG München 14.6.1956, BB 1956, 938; Baumbach/Hueck/*Beurskens* Rn. 35; *Baums,* Der Geschäftsleitervertrag, 1987, 318; *Grunewald* FS Zöllner, 1998, 177 (179); *U. H. Schneider* ZGR 1983, 535 (540)), jedoch steht vor allem die Rspr. des BGH auf dem gegenteiligen Standpunkt und verlangt, dass die **Abberufung aus wichtigem Grund** stets mit einfacher Mehrheit möglich sein muss (BGH 10.12.1982, BGHZ 86, 177 (179); BGH 17.10.1983, WM 1984, 29; BGH 9.11.1987, WM 1988, 23 (25); OLG Düsseldorf 11.2.1993, GmbHR 1994, 245 (246); ebenso im Schrifttum zB *Fleck* WM 1985, 677 (680); Hachenburg/*Stein* Rn. 91; HCL/*Paefgen* Rn. 20 f., 181; Lutter/Hommelhoff/*Kleindiek* Rn. 16; *Pentz* GmbHR 2017, 801 (805 f.); Roth/Altmeppen/*Altmeppen* Rn. 18; Rowedder/Schmidt-Leithoff/*Baukelmann* Rn. 19). Dem ist zuzustimmen, da der Mehrheit der Gesellschafter andernfalls ein Geschäftsführer aufgenötigt werden könnte, obwohl die Fortdauer der Organstellung unzumutbar ist. Allerdings verbleibt stets die Möglichkeit, einen Gesellschafter auf Zustimmung zur Abberufung zu verklagen, wenn diese auf einen wichtigen Grund gestützt wird (s. OLG Köln 1.6.2010, NZG 2011, 307 (308 f.); Baumbach/Hueck/*Beurskens* Rn. 36; BeckOK GmbHG/*Heilmeier* Rn. 53).

48 **b) Tagesordnung.** Für einen ordnungsgemäßen Beschluss der Gesellschafterversammlung über die Abberufung des Geschäftsführers muss dieser Gegenstand in der **Tagesordnung** mitgeteilt worden sein (§ 51 Abs. 4; → § 51 Rn. 18). Die allg. Ankündigung „Abberufung des Geschäftsführers" reicht aus und berechtigt auch dazu, eine Abberufung aus wichtigem Grund zu beschließen (OLG Hamm 1.2.1995, GmbHR 1995, 736 (738); Baumbach/Hueck/*Beurskens* Rn. 33; BeckOK GmbHG/*Heilmeier* Rn. 52; HCL/*Paefgen* Rn. 175; Roth/Altmeppen/*Altmeppen* Rn. 45; iErg auch OLG Jena 8.1.2014, NZG 2014, 391).

49 Anders ist die Rechtslage, wenn die Tagesordnung die Art der Abberufung konkretisiert hat. So schließt die Ankündigung einer „Abberufung aus wichtigem Grund" eine Abberufung ohne wichtigen Grund aus (BGH 28.1.1985, WM 1985, 567 (570); GBS GmbHG/*Buck-Heeb* Rn. 8; HCL/*Paefgen* Rn. 175; **aA** OLG Jena 8.1.2014, NZG 2014, 391: Angabe umfasst auch die freie Abberufung, sofern der Anlass derselbe bleibt). Umgekehrt ist eine Abberufung aus wichtigem Grund unzulässig, wenn in der Tagesordnung eine „Abberufung gem. § 38 Abs. 1 GmbHG" angekündigt worden ist. Anzugeben ist in der Tagesordnung stets nur der Gegenstand der Beschlussfassung, nicht auch die jeweilige Begründung. Deshalb müssen die Gründe für die Abberufung in der Tagesordnung nicht mitgeteilt werden (BGH 29.5.2000, NZG 2000, 945 (946); Baumbach/Hueck/*Beurskens* Rn. 33; HCL/*Paefgen* Rn. 175).

50 **c) Beschlussfassung.** Bei der Beschlussfassung über die Abberufung eines Gesellschafter-Geschäftsführers ist der betroffene Gesellschafter grundsätzlich **nicht** von der Abstimmung **ausgeschlossen** (allgM BGH 29.9.1955, BGHZ 18, 205 (210); BGH 4.4.2017, NZG 2017, 700 Rn. 10; OLG Düsseldorf 24.2.2000, GmbHR 2000, 1050 (1053); Baumbach/Hueck/*Beurskens* Rn. 37; Hachenburg/*Stein* Rn. 93; HCL/*Paefgen* Rn. 187; Lutter/Hommelhoff/*Kleindiek* Rn. 6; Rowedder/Schmidt-Leithoff/*Baukelmann* Rn. 5; *K. Schmidt* GmbHR 2017, 670 (671); Scholz/*U. H. Schneider/S. H. Schneider* Rn. 20; *Winkler* GmbHR 2017, 334 (338)). Die Gesellschafter sind in ihrer Stimmabgabe über den Abberufungsantrag grundsätzlich frei. Eine Ausnahme gilt, wenn eine **Abberufung aus wichtigem Grund** beantragt wird. In diesem Fall zwingt die gesellschafterliche **Treuepflicht** jedenfalls dann zu einer dem Antrag zustimmenden Stimmabgabe, wenn der wichtige Grund tatsächlich vorliegt; andernfalls ist die abgegebene Stimme treuepflichtwidrig und deshalb nichtig und beeinflusst nicht das Beschlussergebnis (BGH 9.11.1987, BGHZ 102, 372 (379); OLG Hamm 25.7.2016, BeckRS 2016, 13167; Baumbach/Hueck/*Beurskens* Rn. 36; Lutter/Hommelhoff/*Kleindiek* Rn. 18; Roth/Altmeppen/*Altmeppen* Rn. 46; Rowedder/Schmidt-Leithoff/*Baukelmann* Rn. 18; → Rn. 22 f.).

51 Eine weitere Ausnahme gilt, wenn ein **Gesellschafter-Geschäftsführer** aus **wichtigem Grund** abberufen werden soll (Verbot des Richtens in eigener Sache; allgM BGH 20.12.1982, BGHZ 86, 177 (178) = NJW 1983, 938; BGH 24.2.1992, ZIP 1992, 760 (760 f.); BGH 4.4.2017, NZG 2017, 700 Rn. 10; Baumbach/Hueck/*Beurskens* Rn. 38; *Grunewald* FS Zöllner, 1998, 177 (183); Hachenburg/*Stein* Rn. 93; Lutter/Hommelhoff/*Kleindiek* Rn. 6, 17; Rowedder/Schmidt-Leithoff/*Baukelmann* Rn. 18; Scholz/*U. H. Schneider/S. H. Schneider* Rn. 20). Er ist in diesem Fall von der Abstimmung ausgeschlossen. Entsprechendes gilt für den **Fremdgeschäftsführer,** wenn über seine Abberufung aus wichtigem Grund beschlossen werden soll und er als Vertreter eines Gesellschafters an der Versammlung teilnimmt. Analog § 47 Abs. 4 S. 1 beschränkt sich der Ausschluss auf den Abstimmungsvorgang, das Recht auf **Teilnahme** an der Gesellschafterversammlung einschließlich des **Rederechts** in der Beratung bleibt hiervon unberührt (OLG Hamm 2.11.1992, GmbHR 1993, 815; Baumbach/Hueck/*Beurskens* Rn. 38; BeckOK GmbHG/*Heilmeier* Rn. 62; Bork/Schäfer/*Jacoby* Rn. 15; GBS GmbHG/*Buck-Heeb* Rn. 9; *Goette* DStR 1998, 938 (940); HCL/*Paefgen* Rn. 186; Lutter/Hommelhoff/*Kleindiek* Rn. 17; Roth/Altmeppen/*Altmeppen* Rn. 46;).

52 Nach teilweise vertretener Auffassung soll ein **Stimmrechtsausschluss** des Gesellschafter-Geschäftsführers davon abhängen, dass ein wichtiger Grund zur Abberufung tatsächlich vorliegt (hierfür OLG Düsseldorf 23.2.2012 – 6 U 135/10, juris; OLG Stuttgart 13.4.1994, GmbHR 1995, 228 (228 f.); *Bayer* GmbHR 2017, 665 (669); Baumbach/Hueck/*Beurskens* Rn. 38; *Ensenbach* GmbHR 2016, 8 (11 ff.); *Fischer* BB 2013, 2819 (2820); HCL/*Paefgen* Rn. 191; *Werner* GmbHR 2015, 1185 (1187)). Dem ist mit der überwA nicht zuzustimmen, da der Ausschluss von der Abstimmung gerade eine Mitbeurteilung verhindern soll, ob der für die Abberufung herangezogene Sachverhalt bereits die Schwelle eines „wichtigen Grunds" überschreitet. Deshalb reicht es für einen Stimmrechtsausschluss aus, wenn ein als wichtiger Grund qualifizierbarer Sachverhalt zur Abstimmung gestellt wird (hierfür auch OLG Brandenburg 17.1.1996, GmbHR 1996, 539 (542); Bork/Schäfer/*Jacoby* Rn. 15; GBS GmbHG/*Buck-Heeb* Rn. 9, 35; *Grunewald* FS Zöllner, 1998, 177 (183); Lutter/Hommelhoff/*Kleindiek* Rn. 17; MüKoGmbHG/*Stephan/Tieves* Rn. 78 f.; *U. H. Schneider* ZGR 1983, 541; Scholz/*K. Schmidt* § 46 Rn. 76; *K. Schmidt* GmbHR 2017, 670 (673)). Problematisch ist dies jedoch, wenn die Satzung die Abberufung

nicht nach § 38 Abs. 2 auf eine solche aus wichtigem Grund beschränkt hat und deshalb eine „freie Abberufung" (§ 38 Abs. 1) möglich ist. Da in diesem Fall eine sofort wirksam werdende Abberufung auch ohne wichtigen Grund eröffnet ist, streitet jedenfalls dann eine Vermutung dafür, dass die Abberufung nur deshalb auf einen wichtigen Grund gestützt wurde, um einen Stimmrechtsausschluss des betroffenen Gesellschafter-Geschäftsführers herbeizuführen, wenn sich Abberufung aus wichtigem Grund gegen den Mehrheitsgesellschafter-Geschäftsführer richtet (s. auch GBS GmbHG/*Buck-Heeb* Rn. 35).

In seiner Grundsatzentscheidung vom 4.4.2017 hat der BGH von einer Entscheidung des Meinungsstreits in → Rn. 52 ausdrücklich abgesehen (BGH 4.4.2017, NZG 2017, 700 Rn. 14). Jedenfalls bei der gerichtlichen Überprüfung des Gesellschafterbeschlusses über die Abberufung sei darauf abzustellen, ob im Zeitpunkt der Beschlussfassung tatsächlich ein wichtiger Grund für die Abberufung vorlag (BGH 4.4.2017, NZG 2017, 700 Rn. 14 f.). Sei dies zu bejahen, dann stehe damit zugleich fest, dass die Stimmen des selbstbetroffenen Gesellschafter-Geschäftsführers nicht mitgezählt werden durften. In der umgekehrten Konstellation hätte er an der Abstimmung selbst dann teilnehmen können, wenn das Vorliegen eines wichtigen Grunds lediglich behauptet wurde. Im Hinblick auf den Rechtsschutz des Gesellschafter-Geschäftsführers kommt deshalb der Feststellungskompetenz des Versammlungsleiters überragende Bedeutung zu. Hierdurch ist letztlich sichergestellt, dass sich die Mehrheit in der Gesellschafterversammlung selbst dann durchsetzt, wenn der Gesellschafter-Geschäftsführer die Mehrheit der Stimmanteile hält und zugleich die Funktion des Versammlungsleiters wahrnimmt (s. *Altmeppen* NJW 2016, 2833 (2837)). Selbst wenn dessen Abberufung aus wichtigem Grund von dem Minderheitsgesellschafter beantragt wird, ist die Beschlussfeststellung durch den Mehrheitsgesellschafter nicht in Frage gestellt. Es obliegt dem Minderheitsgesellschafter, den festgestellten (ablehnenden) Beschluss gerichtlich mit der Begründung anzufechten, dieser sei wegen des Vorliegens eines „wichtigen Grunds" rechtswidrig. 53

d) Kundgabe des Beschlussergebnisses. Der Beschluss über die Abberufung des Geschäftsführers ist zwar ein Rechtsgeschäft, auf das aber nach vorherrschendem Verständnis die allg. zivilrechtlichen Bestimmungen über Willenserklärungen weder unmittelbar noch entsprechend anwendbar sind (→ § 47 Rn. 3). Das gilt auch im Hinblick auf die Vorschriften über den Zugang von Willenserklärungen (§ 130 Abs. 1 BGB; **aA** BAG 23.2.2017, NJW 2017, 2698 Rn. 41). Gleichwohl ist allg. anerkannt, dass die Abberufung erst mit der **Kundgabe des Beschlussergebnisses** gegenüber dem Geschäftsführer wirksam wird (Baumbach/Hueck/*Beurskens* Rn. 42; GBS GmbHG/*Buck-Heeb* Rn. 12; Lutter/Hommelhoff/*Kleindiek* Rn. 6; Roth/Altmeppen/*Altmeppen* Rn. 22; Rowedder/Schmidt-Leithoff/*Baukelmann* Rn. 21; Scholz/*U. H. Schneider/S. H. Schneider* Rn. 30). 54

Unproblematisch ist dies, wenn der Abzuberufende bei der Beschlussfassung **anwesend** ist und das die Abberufung bejahende Beschlussergebnis vom Leiter der Versammlung festgestellt wurde oder angesichts der Mehrheitsverhältnisse kein Zweifel am Ergebnis bestehen kann. In dieser Konstellation wird die Abberufung sofort wirksam (BGH 1.2.1968, BB 1968, 560; OLG Schleswig 5.7.2007, SchlHAnz. 2008, 88; Baumbach/Hueck/*Beurskens* Rn. 43; BeckOK GmbHG/*Heilmeier* Rn. 69; HCL/*Paefgen* Rn. 155; Lutter/Hommelhoff/*Kleindiek* Rn. 6; Roth/Altmeppen/*Altmeppen* Rn. 22; MüKoGmbHG/*Stephan/Tieves* Rn. 45; *Pentz* GmbHR 2017, 801 (803)). 55

Bei **Abwesenheit** des Abzuberufenden muss ihm das die Abberufung bejahende Ergebnis der Beschlussfassung von dem zuständigen Organ bekannt gegeben worden sein. Mit der Kundgabe kann die Gesellschafterversammlung einen (anderen) Geschäftsführer oder einen Dritten beauftragen (BAG 23.2.2017, NJW 2017, 2698 Rn. 41; OLG Düsseldorf 17.11.2003, NZG 2004, 141 (142); Baumbach/Hueck/*Beurskens* Rn. 44; BeckOK GmbHG/*Heilmeier* Rn. 70; Lutter/Hommelhoff/*Kleindiek* Rn. 6; Roth/Altmeppen/*Altmeppen* Rn. 22). Wird für diesen Fall § 174 BGB für anwendbar erachtet (so Baumbach/Hueck/*Beurskens* Rn. 44; BeckOK GmbHG/*Heilmeier* Rn. 70; MüKoGmbHG/*Stephan/Tieves* Rn. 47; Scholz/*U. H. Schneider/S. H. Schneider* Rn. 30), ist der Kundgabe der Abberufung das Protokoll der Beschlussfassung beizufügen (OLG Düsseldorf 17.11.2003, NZG 2004, 141 (142)). Eine anderweitig erlangte Kenntnis der Abberufung durch Personen, die hiermit nicht von der Gesellschafterversammlung beauftragt worden sind, entfaltet nicht die Rechtswirkungen einer Abberufung (s. BAG 23.2.2017, NJW 2017, 2698 Rn. 43). 56

3. Vorläufige Amtsenthebung. Insbesondere bei dem Verdacht eines pflichtwidrigen Verhaltens des Geschäftsführers kann es notwendig sein, dass der Geschäftsführer bis zu einer endgültigen Entscheidung seine Befugnisse aus dem Amt nicht wahrnimmt. Während im Hinblick auf das schuldrechtliche Anstellungsverhältnis eine einseitige Suspendierung der Pflicht zur Dienstleistung in Betracht kommt, ist eine damit vergleichbare vorläufige Amtsenthebung nicht möglich, da hierfür eine Rechtsgrundlage fehlt (OLG Köln 18.9.1996, GmbHR 1997, 30 (31); HCL/*Paefgen* Rn. 264; Roth/Altmeppen/*Altmeppen* Rn. 72; Rowedder/Schmidt-Leithoff/*Baukelmann* Rn. 32; in dieser Richtung auch BGH 27.10.1986, WM 1987, 71 (72)). Ein praktisches Bedürfnis ist hierfür ohnehin nicht erkennbar, da die Gesellschafterversammlung dem Geschäftsführer die Weisung erteilen kann, sich jeder Tätigkeit für 57 die Gesellschaft zu enthalten (Hachenburg/*Stein* Rn. 130; Roth/Altmeppen/*Altmeppen* Rn. 73; Rowedder/Schmidt-Leithoff/*Baukelmann* Rn. 32; Scholz/*U. H. Schneider/S. H. Schneider* Rn. 95).

VI. Rechtsfolgen der Abberufung

58 Mit der (wirksamen) Abberufung endet die **Organstellung** als Geschäftsführer. Damit büßt er zugleich alle Rechte aus der Organstellung, insbesondere die Vertretungsbefugnis ein (Baumbach/Hueck/*Beurskens* Rn. 93; Bork/Schäfer/*Jacoby* Rn. 38; Roth/Altmeppen/*Altmeppen* Rn. 24; Rowedder/Schmidt-Leithoff/*Baukelmann* Rn. 31). Ebenso endet seine Befugnis zur Geschäftsführung (OLG Karlsruhe 25.8.1995, GmbHR 1996, 208 (209)). Das gilt ebenfalls für alle aus der Organstellung folgenden **Pflichten des Geschäftsführers,** wie zB die Pflicht zur Einberufung der Gesellschafterversammlung (Baumbach/Hueck/*Beurskens* Rn. 93) oder zur Stellung eines Insolvenzantrags (Baumbach/Hueck/*Beurskens* Rn. 93). Ihn treffen insbesondere nicht mehr die aus der Geschäftsführung folgenden Pflichten. Dies schließt allerdings nicht aus, dass er **nachwirkenden Pflichten** unterliegt, wie zB Verschwiegenheitspflichten (BGH 26.3.1984, BGHZ 91, 1 (6) = NJW 1984, 2366; OLG Hamm 7.11.1984, GmbHR 1985, 157; Baumbach/Hueck/*Beurskens* Rn. 94; → § 35 Rn. 29; näher allg. *U. H. Schneider* FS Hommelhoff, 2012, 1023 ff.).

59 Zur **Anmeldung** der Abberufung → § 39 Rn. 2; die Eintragung im Handelsregister ist keine Wirksamkeitsvoraussetzung für die Abberufung (BGH 14.5.2019, NZG 2019, 861 Rn. 34; BAG 22.10.2014, NZA 2015, 60 Rn. 30; Baumbach/Hueck/*Beurskens* Rn. 45; Roth/Altmeppen/*Altmeppen* Rn. 23; → § 39 Rn. 17). Solange die Beendigung der Organstellung nicht eingetragen und bekanntgemacht worden ist, bewirkt **§ 15 HGB** den **Schutz Dritter** (BGH 14.5.2019, NZG 2019, 861 Rn. 34; OLG Oldenburg 4.2.2010, NZG 2011, 230 (231); Baumbach/Hueck/*Beurskens* Rn. 45; Roth/Altmeppen/*Altmeppen* Rn. 23). Mit der Abberufung des einzigen Geschäftsführers verliert die Gesellschaft ihre Prozessfähigkeit iSd § 52 ZPO (s. BGH 25.10.2010, NZG 2011, 26). Insoweit kann sich die Gesellschaft nicht auf § 15 Abs. 1 HGB berufen, wenn die Abberufung noch nicht im Handelsregister eingetragen ist (BGH 14.5.2019, NZG 2019, 861 Rn. 32). Für die gerichtliche Vertretung ist in diesem Fall entweder ein Prozesspfleger (§ 57 ZPO) oder ein Notgeschäftsführer (§ 29 BGB) zu bestellen.

60 Von dem körperschaftsrechtlichen Akt der Abberufung ist grundsätzlich das schuldrechtliche **Anstellungsverhältnis** zu trennen, das nach der Trennungstheorie (→ Rn. 2, → § 35 Rn. 6) von der Abberufung an sich unberührt bleibt (BGH 14.7.1966, WM 1966, 968 f.; BGH 8.12.1977, AG 1978, 162 (163); BGH 11.10.2010, NJW 2011, 920; BAG 21.2.1994, AP ArbGG 1979 § 5 Nr. 17; BAG 26.8.2009, ZIP 2009, 2073 (2076); OLG Frankfurt a. M. 18.2.1994, GmbHR 1994, 549 (550); Rowedder/Schmidt-Leithoff/*Baukelmann* Rn. 31), die entsprechende Erklärung kann jedoch zugleich als Kündigung des Anstellungsverhältnisses auszulegen sein (OLG Rostock 14.10.1998, NZG 1999, 216 (216 f.); Roth/Altmeppen/*Altmeppen* Rn. 5; Rowedder/Schmidt-Leithoff/*Baukelmann* Rn. 31), muss dann jedoch eigenständig den Voraussetzungen für die Kündigung des Anstellungsverhältnisses genügen (→ § 35 Rn. 163).

61 Sofern und solange das Anstellungsverhältnis trotz der Abberufung fortbesteht, hat der Geschäftsführer weder einen Anspruch auf eine Tätigkeit als Geschäftsführer noch steht ihm ein Anspruch auf **Zuweisung einer anderweitigen leitenden Tätigkeit** zu (BGH 11.10.2010, NJW 2011, 920 (921); BGH 6.3.2012, DB 2012, 973 (974); OLG München 24.3.2016, BeckRS 2016, 06453), da aufgrund des Anstellungsvertrags ausschließlich eine Tätigkeit als Geschäftsführer geschuldet ist. Abweichendes kommt nur bei ausdrücklicher Regelung im Anstellungsvertrag in Betracht (BGH 11.10.2010, NJW 2011, 920 (921)). Wird dem abberufenen Geschäftsführer bei fortbestehendem Anstellungsvertrag keine anderweitige Tätigkeit zugewiesen (→ § 35 Rn. 201), bleibt die Gesellschaft zur **Fortzahlung der Vergütung** nach § 615 BGB verpflichtet (BGH 11.10.2010, NJW 2011, 920 (921); BGH 6.3.2012, DB 2012, 973 (974); OLG München 24.3.2016, BeckRS 2016, 06453; Baumbach/Hueck/*Beurskens* Rn. 97 f.; Roth/Altmeppen/*Altmeppen* Rn. 6 s. auch *Lunk/Rodenbusch* NZA 2011, 497 (499 f.); *v. Steinau-Steinrück/Jöris* FS E. Vetter, 2019, 785 ff.; *Werner* NZA-RR 2020, 235 ff.). Mit der Abberufung tritt im Hinblick auf die Tätigkeit als Geschäftsführer Unmöglichkeit iSd § 275 Abs. 1 BGB ein (**aA** Baumbach/Hueck/*Beurskens* Rn. 99) mit der Folge, dass die Gegenleistungspflicht an sich nach § 326 Abs. 1 BGB erlischt. Durch § 615 S. 1 BGB bleibt der Vergütungsanspruch jedoch aufrechterhalten (OLG München 24.3.2016, BeckRS 2016, 06453; ferner *Werner* NZA-RR 2020, 235 (235 ff.) mwN).

VII. Rechtsschutz

62 Bezüglich des Rechtsschutzes ist zwischen dem Gesellschafter-Geschäftsführer und dem Fremdgeschäftsführer zu unterscheiden.

63 **1. Gesellschafter-Geschäftsführer.** Ist dem **Gesellschafter-Geschäftsführer** die Geschäftsführerstellung in der Satzung als **Mitgliedschaftsrecht** eingeräumt, hängt der Rechtsschutz gegenüber einer Abberufung und fehlendem Einverständnis des Geschäftsführers mit dieser davon ab, ob der Leiter der Gesellschafterversammlung das Abstimmungsergebnis verbindlich festgestellt hat. Ist dies der Fall, so

kann der Geschäftsführer den Beschluss entweder mit der Anfechtungsklage oder mittels einer auf Unwirksamkeit des Beschlusses gerichteten Feststellungsklage angreifen. Wegen seiner mitgliedschaftlich geschützten Stellung kann er das Amt jedoch einstweilen ausüben, sofern ihm dies eine einstweilige Verfügung nicht untersagt (Baumbach/Hueck/*Beurskens* Rn. 52; MHLS/*Terlau* Rn. 69).

Für eine analoge Anwendung von **§ 84 Abs. 3 S. 4 AktG** in dieser Konstellation fehlen wegen der mitgliedschaftlich geschützten Rechtsstellung die methodischen Voraussetzungen (Baumbach/Hueck/*Beurskens* Rn. 46; HCL/*Paefgen* Rn. 210; Lutter/Hommelhoff/*Kleindiek* Rn. 31; **aA** *Scholz* ZIP 2019, 2338 (2340 ff.): Lehre von der fehlerhaften Abberufung). In Betracht kommt diese ohnehin nur dann, wenn die Abberufung aus wichtigem Grund erfolgte (treffend BGH 14.5.2019, NZG 2019, 861 Rn. 39 f.; krit. *Scholz* ZIP 2019, 2338 (2340)). Auch im Übrigen ist eine analoge Anwendung allenfalls dann zu erwägen, wenn die Abberufung kraft Satzung oder Gesetzes einem Aufsichtsrat übertragen worden ist (offen BGH 14.5.2019, NZG 2019, 861 Rn. 38 f.). 64

Wurde das Beschlussergebnis nicht positiv festgestellt, dann muss eine gesellschaftsrechtliche Beschlussfeststellungklage erhoben werden (Baumbach/Hueck/*Beurskens* Rn. 57). Gegen einen die Abberufung abl. Antrag ist seitens der Gesellschafter eine Anfechtungsklage oder eine Feststellungsklage statthaft, die das Beschlussergebnis positiv feststellt (Baumbach/Hueck/*Beurskens* Rn. 59). 65

Ist über den Beschluss zur Abberufung des Geschäftsführers ein Rechtsstreit anhängig, so kann das Registergericht nach § 21 FamFG die **Aussetzung des Eintragungsverfahrens** beschließen (→ § 39 Rn. 19). 66

Beruht die Geschäftsführerstellung eines Gesellschafters **nicht auf einem Mitgliedschaftsrecht,** dann ist für dessen Rechtsschutz nach dem Gewicht seiner Stimmen zu differenzieren. Handelt es sich bei dem abberufenen Gesellschafter-Geschäftsführer um den Mehrheitsgesellschafter, dann kann er das Beschlussergebnis, das sich ohne seine Stimmen ergibt, angreifen. Reichen seine Stimmen hingegen nicht aus, um einen Mehrheitsbeschluss zu verhindern, ist die statutarische Forderung eines wichtigen Grundes nur mittels einer Anfechtungsklage durchsetzbar (Baumbach/Hueck/*Beurskens* Rn. 53; s. auch OLG München 18.8.2011, GmbHR 2011, 1102 (1104); OLG Stuttgart 25.10.2011, NZG 2011, 1301). 67

2. Fremdgeschäftsführer. Ein **Fremdgeschäftsführer** kann bei verbindlicher Feststellung des Beschlussergebnisses die Wirksamkeit der Abberufung nur in Frage stellen, wenn die rechtlichen Mängel der Beschlussfassung derart schwerwiegend sind, dass diese die Nichtigkeit des Beschlusses zur Folge haben (BGH 2.7.2019, NZG 2019, 979 Rn. 58; BGH 11.2.2008, ZIP 2008, 757 (759)). Eine Befugnis zur Anfechtung des Beschlusses steht dem Fremdgeschäftsführer wegen seiner fehlenden Gesellschafterstellung nicht zu (BGH 2.7.2019, NZG 2019, 979 Rn. 58; KG 9.11.2017, NZG 2018, 660 (663); Baumbach/Hueck/*Beurskens* Rn. 54; Hachenburg/*Stein* Rn. 97; HCL/*Paefgen* Rn. 199; Scholz/*U. H. Schneider/S. H. Schneider* Rn. 58b; **aA** *Raiser/Veil* KapGesR § 32 Rn. 60 f.). Wird diese nicht von einem Gesellschafter erhoben, bleibt die Abberufung selbst dann rechtswirksam, wenn der Abberufungsbeschluss an einem rechtlichen Mangel leidet, sofern dieser nicht zur Nichtigkeit führt (Baumbach/Hueck/*Beurskens* Rn. 54; Hachenburg/*Stein* Rn. 97; HCL/*Paefgen* Rn. 194; MHLS/*Terlau* Rn. 71). Diese muss der Fremdgeschäftsführer mittels Feststellungsklage iSd § 256 ZPO geltend machen (BGH 2.7.2019, NZG 2019, 979 Rn. 58; KG 9.11.2017, NZG 2018, 660 (663)). UU kann der Fremdgeschäftsführer jedoch seine Wiederbestellung zum Geschäftsführer mittels einer Leistungsklage erzwingen (Baumbach/Hueck/*Beurskens* Rn. 54; *Fleck* ZGR 1988, 104 (129); HCL/*Paefgen* Rn. 199; Lutter/Hommelhoff/*Kleindiek* Rn. 14). Ein derartiger Anspruch kann ihm wegen eines in der Satzung festgelegten Rechts zur Geschäftsführung oder aufgrund einer in dem Anstellungsvertrag bzw. in der Satzung enthaltenen Beschränkung der Abberufung auf eine solche aus wichtigem Grund zustehen (Lutter/Hommelhoff/*Kleindiek* Rn. 14; → Rn. 25, 32). 68

3. Vorläufige Maßnahmen. Bei Abberufungskonflikten besteht die Möglichkeit eines **einstweiligen Rechtsschutzes** in Form einer Regelungsverfügung (§ 840 ZPO) (BGH 20.12.1982, BGHZ 86, 177 (183); OLG Brandenburg 19.12.2018, BeckRS 2018, 35278; OLG Jena 21.10.1998, NZG 1998, 992; OLG Jena 8.1.2014, GmbHR 2014, 706 (707); OLG Jena 9.9.2015, GmbHR 2015, 1267 (1268 f.); KG 11.8.2011, GmbHR 2011, 1272 (1273); Rowedder/Schmidt-Leithoff/*Baukelmann* Rn. 27 mwN). Dies kommt uU bereits im Vorfeld der Gesellschafterversammlung in Betracht (OLG Brandenburg 19.12.2018, BeckRS 2018, 35278; LG München I 2.12.1994, ZIP 1994, 1858 (1859); MHLS/*Terlau* Rn. 79; s. aber OLG Jena 4.12.2001, NZG 2002, 89 (89 f.)). Der Fremdgeschäftsführer hat allerdings keine Möglichkeit, auf diese Weise in die Willensbildung der Gesellschafterversammlung einzugreifen (OLG Hamm 17.9.2001, GmbHR 2002, 327 (328)). Liegt eine Schiedsgerichtsvereinbarung vor, kann auch das Schiedsgericht eine einstweilige Verfügung erlassen (§ 1041 ZPO; Baumbach/Hueck/*Beurskens* Rn. 68; *Lindacher* ZGR 1979, 201 (213 f.); *Trittmann* ZGR 1999, 340 (360)). Der Verfügungsanspruch hängt von der Wahrscheinlichkeit des wichtigen Grunds ab (Baumbach/Hueck/*Beurskens* Rn. 63; Roth/Altmeppen/*Altmeppen* Rn. 72 f.). 69

Neben der Abberufung als solcher kann die einstweilige Verfügung auch **Tätigkeits-, Zutritts- und Einsichtsverbote** umfassen (OLG Düsseldorf 30.6.1988, NJW 1989, 172; OLG Frankfurt a. M. 19.9.1998, GmbHR 1998, 1126; OLG Jena 21.10.1998, NZG 1998, 992 (993); OLG Jena 8.1.2014, 70

GmbHR 2014, 706 (707); OLG Jena 9.9.2015, GmbHR 2015, 1267 (1268 f.); KG 11.8.2011 GmbHR 2011, 1272 (1273); OLG München 10.12.2012, NZG 2013, 947 (948); OLG Naumburg 21.11.2013, GmbHR 2014, 714 (715); Baumbach/Hueck/*Beurskens* Rn. 66; HCL/*Paefgen* Rn. 224; Roth/Altmeppen/*Altmeppen* Rn. 70). Beantragt der abberufene Geschäftsführer den Erlass einer einstweiligen Verfügung, dann richtet sich diese auf die volle oder eingeschränkte **Fortführung der Amtsausübung** (OLG Celle 1.4.1981, GmbHR 1981, 264; Baumbach/Hueck/*Beurskens* Rn. 66; einschr. unter entsprechender Anwendung von § 84 Abs. 3 Nr. 4 AktG OLG Hamm 17.9.2001, NZG 2002, 50 f.) und umfasst insbesondere den Zugang zu den Geschäftsräumen, die Nutzung der Arbeitsmittel (Computer, Mobiltelefon) sowie die Einsicht in Geschäftsunterlagen (Roth/Altmeppen/*Altmeppen* Rn. 71).

71 **4. Vertretung der Gesellschaft.** Die **Vertretung der Gesellschaft** in Abberufungsstreitigkeiten hängt davon ab, wer im Hinblick auf den Abberufungsbeschluss Rechtsschutz begehrt. Sind dies die **Gesellschafter,** dann vertritt der Geschäftsführer die Gesellschaft (s. Baumbach/Hueck/*Beurskens* Rn. 64; HCL/*Paefgen* Rn. 204). Ist er zugleich Gesellschafter, so ist er bei Beschlussfassungen der Gesellschafterversammlung von der Abstimmung ausgeschlossen (§ 47 Abs. 4).

72 Begehrt der **Geschäftsführer** Rechtsschutz, wird die Gesellschaft durch den **Aufsichtsrat** unabhängig davon vertreten, ob es sich um einen fakultativen Aufsichtsrat (s. BGH 21.6.1999, ZIP 1999, 1669 (1670); BGH 24.11.2003, NZG 2004, 327) oder um einen solchen handelt, der nach den Mitbestimmungsgesetzen zu bilden ist (s. BGH 13.2.1989, NJW 1989, 2055 (2057)). Für den fakultativen Aufsichtsrat folgt dies aus § 52 Abs. 1 iVm § 112 AktG; für den mitbestimmten Aufsichtsrat ergibt sich dies aus den Verweisungen auf das Recht der Aktiengesellschaft in § 1 Abs. 1 Nr. 3 DrittelbG und § 25 Abs. 1 S. 1 Nr. 2 MitbestG. Hat die Gesellschaft keinen Aufsichtsrat, wird sie durch die **Gesellschafterversammlung** vertreten (§ 46 Nr. 8; OLG Karlsruhe 4.12.1992, GmbHR 1993, 154 (155); HCL/*Paefgen* Rn. 203; Rowedder/Schmidt-Leithoff/*Baukelmann* Rn. 28;). Eine Vertretung der Gesellschaft durch den Geschäftsführer kommt in dieser Konstellation nicht in Betracht; für die Vertretung im Prozess gilt die Abberufung als wirksam (OLG Köln 17.2.2003, NZG 2003, 395). Eine abweichende Würdigung kommt in Betracht, wenn die Gesellschaft inzwischen durch einen neuen Geschäftsführer vertreten wird (s. OLG Zweibrücken 29.7.2015, GmbHR 2015, 1047 (1048 f.)).

VIII. Amtsniederlegung

73 Mit der Abberufung erfasst § 38 nur einen der möglichen Tatbestände, die zur Beendigung der Amtsstellung führen. Neben der bereits in den Gesellschaftsvertrag oder die Bestellung aufgenommenen Befristung oder einer auflösenden Bedingung sowie dem Eintritt eines gesetzlichen oder statutarischen Bestellungshindernisses (→ Rn. 80 ff.), kann das Amt des Geschäftsführers auch durch die von ihm erklärte **Amtsniederlegung** enden. Für diese ist im Grundsatz anerkannt, dass der Geschäftsführer die Amtsniederlegung **jederzeit** und **fristlos** erklären kann, ohne dass hierfür ein wichtiger Grund objektiv vorliegen (BGH 14.7.1980, BGHZ 78, 82 (92) = NJW 1980, 2415; BFH 28.8.2012, BeckRS 2012, 96514 Rn. 16; BAG 3.12.2014, NZA 2015, 180 Rn. 25; OLG Bamberg 17.7.2017, BeckRS 2017, 119854; OLG Düsseldorf 10.6.2015, BeckRS 2015, 15205; OLG Düsseldorf 12.11.2018, NZG 2019, 546; OLG München 30.3.2009, NJW-RR 2009, 1122 (1124); OLG Naumburg 28.2.2001, GmbHR 2001, 569; Hachenburg/*Stein* Rn. 135; HCL/*Paefgen* Rn. 270; Lutter/Hommelhoff/*Kleindiek* Rn. 41; MüKoGmbHG/*Stephan/Tieves* Rn. 54; Roth/Altmeppen/*Altmeppen* Rn. 77) oder ein solcher von dem Geschäftsführer mitgeteilt werden muss (BGH 8.2.1993, BGHZ 121, 257 (262); Lutter/Hommelhoff/*Kleindiek* Rn. 41).

74 Umgekehrt ist eine sofort wirksam werdende Amtsniederlegung stets dann möglich, wenn für diese ein wichtiger Grund vorliegt (BGH 9.2.1978, DB 1978, 878 (879); BGH 14.7.1980, NJW 1980, 2415; BayObLG 6.8.1981, DB 1981, 2219; Rowedder/Schmidt-Leithoff/*Baukelmann* Rn. 33; Scholz/*U. H. Schneider/S. H. Schneider* Rn. 85). Dies ist insbesondere dann von Bedeutung, wenn die Amtsniederlegung nicht *ipso iure* zur **Beendigung des Anstellungsvertrags** führt. Da an diesen auch der Geschäftsführer gebunden ist und zur Wahrnehmung der Geschäftsführungsaufgaben verpflichtet, ist die Amtsniederlegung ggf. eine zum Schadensersatz (§ 280 Abs. 1 BGB) führende Pflichtverletzung (Rowedder/Schmidt-Leithoff/*Baukelmann* Rn. 34; Scholz/*U. H. Schneider/S. H. Schneider* Rn. 89).

75 Eine Schranke erfährt das Recht zur jederzeitigen Amtsniederlegung in der allg. **Grenze des Rechtsmissbrauchs** (§ 242 BGB; OLG Bamberg 17.7.2017, BeckRS 2017, 119854; BayObLG 15.6.1999, NZG 1999, 1003; OLG München 16.3.2011, NJW-RR 2011, 773 (774); HCL/*Paefgen* Rn. 273; MHLS/*Terlau* Rn. 84; Rowedder/Schmidt-Leithoff/*Baukelmann* Rn. 35; Scholz/*U. H. Schneider/S. H. Schneider* Rn. 90; **aA** Baumbach/Hueck/*Beurskens* Rn. 77; Hachenburg/*Stein* Rn. 137). Ein derartiger Rechtsmissbrauch wird verbreitet angenommen, wenn der Geschäftsführer Alleingeschäftsführer und Alleingesellschafter der GmbH ist und keinen neuen Geschäftsführer bestellt (so OLG Bamberg 17.7.2017, BeckRS 2017, 119854; BayObLG 15.6.1999, NZG 1999, 1003; OLG Düsseldorf 6.12.2000, GmbHR 2001, 144 (145); OLG Düsseldorf 10.6.2015, BeckRS 2015, 15205; OLG Frankfurt 11.11.2014, ZIP 2015, 478; OLG Köln 1.2.2008, NZG 2008, 340 (341); OLG München 16.3.2011,

NJW-RR 2011, 773 (774); OLG München 29.5.2012, NZG 2012, 739 f.; ebenso BFH 28.8.2012, BeckRS 2012, 96514 Rn. 18; HCL/*Paefgen* Rn. 273; Lutter/Hommelhoff/*Kleindiek* Rn. 42 f.; Rowedder/Schmidt-Leithoff/*Baukelmann* Rn. 35; Scholz/*U. H. Schneider/S. H. Schneider* Rn. 90a). Entsprechendes soll in einer Zwei-Personen-Gesellschaft gelten, wenn beide Gesellschafter ihr Amt als Geschäftsführer niederlegen (KG 1.11.2000, GmbHR 2001, 147; Lutter/Hommelhoff/*Kleindiek* Rn. 43). Gegen die hM spricht die ausdrückliche Regelung in § 35 Abs. 1 S. 2 zur führungslosen GmbH (so Baumbach/Hueck/*Beurskens* Rn. 77; MüKoGmbHG/*Stephan/Tieves* Rn. 61; Roth/Altmeppen/*Altmeppen* Rn. 82; **aA** OLG Frankfurt a. M. 11.11.2014, ZIP 2015, 478; HCL/*Paefgen* Rn. 273 f.; Lutter/Hommelhoff/*Kleindiek* Rn. 42; Scholz/*U. H. Schneider/S. H. Schneider* Rn. 90a), der jedoch gegenübersteht, dass sich deren Rechtsfolge auf die Passivvertretung beschränkt (→ § 35 Rn. 35, → § 35 Rn. 65). Ungeachtet dessen ist auch vom Standpunkt der hM der Einwand des Rechtsmissbrauchs ausgeschlossen, wenn die Amtsniederlegung eines **Fremdgeschäftsführers** zu beurteilen ist, da die Gesellschafter jederzeit sich selbst oder einen Dritten zum Geschäftsführer bestellen können (OLG Bamberg 17.7.2017, BeckRS 2017, 119854).

Darüber hinaus wird verbreitet die **Amtsniederlegung zur Unzeit** als unwirksam erachtet (so BayObLG 15.6.1999, NZG 1999, 1003; OLG Düsseldorf 6.12.2000, GmbHR 2001, 144 (145); Lutter/Hommelhoff/*Kleindiek* Rn. 42; Roth/Altmeppen/*Altmeppen* Rn. 80; Scholz/*U. H. Schneider/S. H. Schneider* Rn. 90). Dem ist insoweit zuzustimmen, als eine Amtsniederlegung zur Unzeit in Fortsetzung des Rechtsgedankens in den § 627 Abs. 2 BGB, § 671 Abs. 2 BGB unzulässig ist. Eine derartige „unzeitige" Amtniederlegung wird idR vorliegen, wenn die Amtsniederlegung dazu führt, dass die Gesellschaft handlungsunfähig wird (OLG Koblenz 26.5.1994, GmbHR 1995, 730 (731)). Dies kann jedoch selbst in einer Krise der Gesellschaft nicht uneingeschränkt gelten. Insbesondere bei schwerwiegenden Differenzen über die zur Bewältigung der Krise zu ergreifenden Sanierungsmaßnahmen muss dem Geschäftsführer die Möglichkeit einer Amtsniederlegung eröffnet bleiben (Lutter/Hommelhoff/*Kleindiek* Rn. 44). Nicht frei von Bedenken ist die verbreitet postulierte Unwirksamkeit als Rechtsfolge einer zur Unzeit erklärten Amtsniederlegung, da auch die Kündigung zur Unzeit nicht deren Unwirksamkeit, sondern lediglich Schadensersatzansprüche zur Folge hat (s. näher *Oetker,* Das Dauerschuldverhältnis und seine Beendigung, 1994, 314 ff.). IdS wird mit guten Gründen auch die Amtniederlegung zur Unzeit als wirksam angesehen und die Gesellschaft auf Ersatzansprüche gegen den pflichtwidrig sein Amt zur Unzeit niederlegenden Geschäftsführer verwiesen (so OLG Bamberg 17.7.2017, BeckRS 2017, 119854; *Hohlfeld* GmbHR 2001, 145 (146 f.); *Wachter* GmbHR 2001, 1129 (1133)). 76

Die Amtsniederlegung ist eine **einseitige, empfangsbedürftige Willenserklärung** (BGH 21.6.2011, NJW-RR 2011, 1184 f.; BAG 3.12.2014, NZA 2015, 180 Rn. 25; OLG Düsseldorf 10.6.2015, BeckRS 2015, 15205; OLG Hamburg 6.5.2010, NZG 2010, 1235 (1236); OLG Jena 29.7.2010, NJW-RR 2011, 42 (43); Lutter/Hommelhoff/*Kleindiek* Rn. 41; MHLS/*Terlau* Rn. 85; Rowedder/Schmidt-Leithoff/*Baukelmann* Rn. 36), für die keine gesetzlichen Formerfordernisse gelten (BAG 3.12.2014, NZA 2015, 180 Rn. 25; Baumbach/Hueck/*Beurskens* Rn. 76; Scholz/*U. H. Schneider/S. H. Schneider* Rn. 91). Abweichende Anforderungen im Hinblick auf die Form der Erklärung kann jedoch der Gesellschaftsvertrag festlegen (BGH 21.6.2011, NJW-RR 2011, 1184). Fehlen diese, dann kann die Amtsniederlegung auch mündlich erklärt werden (BGH 8.2.1993, BGHZ 121, 257 (262); BGH 17.9.2001, BGHZ 149, 28 (30); OLG Düsseldorf 10.6.2015, BeckRS 2015, 15205; HCL/*Paefgen* Rn. 276 mwN). 77

Adressat der Niederlegungserklärung ist iSe Annexkompetenz das **Bestellungsorgan,** also idR die Gesellschafterversammlung (OLG Düsseldorf 17.6.1999, NZG 1999, 1066; OLG Düsseldorf 10.6.2015, BeckRS 2015, 15205; OLG Hamburg 6.5.2010, NZG 2010, 1235 (1236); OLG Hamm 10.8.2010, NJW-RR 2011, 42; OLG Jena 29.7.2010, NJW-RR 2011, 42 (43); KG 5.1.2012, GmbHR 2012, 517 (518); Baumbach/Hueck/*Beurskens* Rn. 75; HCL/*Paefgen* Rn. 277; Lutter/Hommelhoff/*Kleindiek* Rn. 47; Rowedder/Schmidt-Leithoff/*Baukelmann* Rn. 36; Scholz/*U. H. Schneider/S. H. Schneider* Rn. 91), keinesfalls jedoch ein anderer Geschäftsführer, da dieser zwar die Gesellschaft, nicht aber das Bestellungsorgan vertritt (Scholz/*U. H. Schneider/S. H. Schneider* Rn. 91; einschr. bei Gesellschafter-Geschäftsführer OLG Hamm 10.8.2010, NJW-RR 2011, 42). Ausreichend ist stets die Übersendung der Niederlegungserklärung an alle Gesellschafter (BGH 8.2.1993, BGHZ 121, 257 (260) = NJW 1993, 1198); analog § 35 Abs. 2 S. 2 genügt es aber auch, wenn die Erklärung einem der Gesellschafter zugeht (BAG 3.12.2014, NZA 2015, 180 Rn. 25; OLG Düsseldorf 10.6.2015, BeckRS 2015, 15205; OLG Düsseldorf 12.11.2018, NZG 2019, 546; Lutter/Hommelhoff/*Kleindiek* Rn. 47). Deshalb kann die Erklärung auch gegenüber einem gesamtvertretungsberechtigten Gesellschafter erklärt werden (BGH 17.9.2001, GmbHR 2002, 26 (27); BGH 21.6.2011, NJW-RR 2011, 1184). 78

Für den **Zugang** der Erklärung gelten die allg. Regelungen über den Zugang von Willenserklärungen (BGH 26.6.2011, NJW-RR 2011, 1184 f.; HCL/*Paefgen* Rn. 277). Die Rechtswirkungen der Amtsniederlegung entsprechen denen der Abberufung (→ Rn. 58 ff.); zu den Auswirkungen für die Anmeldung → § 39 Rn. 12. Wie bei der Abberufung (→ Rn. 59) ist auch bei der Amtsniederlegung die Eintragung in das Handelsregister keine konstitutive Voraussetzung, sodass die fehlende Eintragung die Rechtswirksamkeit der Amtsniederlegung unberührt lässt (BGH 17.2.2003, NJW-RR 2003, 756; BAG 79

3.12.2014, NZA 2015, 180 Rn. 25; Baumbach/Hueck/*Beurskens* Rn. 75; Scholz/*U. H. Schneider/S. H. Schneider* Rn. 91).

IX. Weitere Beendigungstatbestände

80 Neben der Abberufung sowie der Amtsniederlegung kann die Stellung des Geschäftsführers als Organ der Gesellschaft aus weiteren Gründen enden. So führt der **Tod** des Geschäftsführers stets zur Beendigung der Organstellung (Baumbach/Hueck/*Beurskens* Rn. 84; HCL/*Paefgen* Rn. 289; MHLS/*Terlau* Rn. 80). Praktisch bedeutsam ist vor allem die **Befristung** der Geschäftsführerstellung, die entweder bereits in der Satzung oder durch das Berufungsorgan mit dem Bestellungsbeschluss festgelegt worden sein kann (Baumbach/Hueck/*Beurskens* Rn. 80). Für die Befristung der Organstellung bedarf es auch im Hinblick auf die **Dauer** keiner sachlichen Rechtfertigung (Baumbach/Hueck/*Beurskens* Rn. 80; Rowedder/Schmidt-Leithoff/*Baukelmann* Rn. 39). Eine **zeitliche Obergrenze** kennt das GmbH-Recht nicht. Nur bei Gesellschaften, die dem MitbestG unterliegen, gilt die Fünf-Jahres-Grenze des § 84 Abs. 1 S. 1 AktG (§ 31 Abs. 1 S. 1 MitbestG, ebenso § 12 MontanMitbestG). Mit Ablauf der Frist endet die Organstellung, ohne dass es weiterer Rechtshandlungen seitens der Gesellschaft oder der Gesellschafter bedarf (MüKoGmbHG/*Stephan/Tieves* Rn. 68).

81 Zur sofortigen Beendigung der Organstellung führt ferner der nachträgliche Eintritt eines Grunds, der nach § 6 Abs. 2 die **Amtsunfähigkeit** bewirkt (→ § 6 Rn. 38). Das sofortige Ende der Organstellung tritt ferner mit Eintritt einer **auflösenden Bedingung** ein (zur Zulässigkeit einer auflösenden Bedingung BGH 24.10.2005, NZG 2006, 64; OLG Stuttgart 11.2.2004, NZG 2004, 472 (472 ff.); Baumbach/Hueck/*Beurskens* Rn. 81; HCL/*Paefgen* Rn. 286; Rowedder/Schmidt-Leithoff/*Baukelmann* Rn. 39 jeweils mwN).

82 Bei der **Verschmelzung** zur Aufnahme endet die Organstellung in der aufgenommenen Gesellschaft, bei der Verschmelzung zur Neubildung ist dies bezüglich beider Gesellschaften der Fall (s. statt aller HCL/*Paefgen* Rn. 292; MHLS/*Terlau* Rn. 90; → Rn. 34). Entsprechendes gilt bei einer **formwechselnden Umwandlung** (Baumbach/Hueck/*Beurskens* Rn. 87; HCL/*Paefgen* Rn. 292; MHLS/*Terlau* Rn. 90; Rowedder/Schmidt-Leithoff/*Baukelmann* Rn. 39). Die **Auflösung** der Gesellschaft nach § 60 bewirkt idR, dass sich das Amt als Geschäftsführer in das eines Liquidators umwandelt (§ 66 Abs. 1; Baumbach/Hueck/*Beurskens* Rn. 89; Hachenburg/*Stein* Rn. 155; HCL/*Paefgen* Rn. 294; Rowedder/Schmidt-Leithoff/*Baukelmann* Rn. 39); etwas anderes gilt nur, wenn die Satzung andere Personen als Liquidatoren bestimmt (MHLS/*Terlau*/Rn. 91; wohl auch Baumbach/Hueck/*Beurskens* Rn. 89).

83 Die **Insolvenz** führt nicht *ispo iure* zur Beendigung der Geschäftsführerstellung, allerdings werden die Befugnisse des Geschäftsführers durch diejenigen des (vorläufigen) Insolvenzverwalters erheblich eingeschränkt (BAG 4.2.2013, NZG 2013, 351 Rn. 14; OLG Hamm 9.2014, BeckRS 2014, 18313; KG 26.4.2012, BeckRS 2012, 11641; Baumbach/Hueck/*Beurskens* Rn. 90; HCL/*Paefgen* Rn. 266; MHLS/*Terlau* Rn. 97; Rowedder/Schmidt-Leithoff/*Baukelmann* Rn. 39). Die **Beendigung des Anstellungsvertrags** beendet ebenfalls nicht *ipso iure* die Organstellung (Baumbach/Hueck/*Beurskens* Rn. 95; → Rn. 60). Nicht auszuschließen ist allerdings, dass die Kündigungserklärung zugleich als Widerruf der Bestellung auszulegen ist. Hierfür bedarf es jedoch deutlicher Anhaltspunkte, da die Kündigung des Anstellungsvertrags auch erklärt werden kann, um eine Änderung der Anstellungsbedingungen herbeizuführen (Baumbach/Hueck/*Beurskens* Rn. 95).

Anmeldung der Geschäftsführer

39 (1) **Jede Änderung in den Personen der Geschäftsführer sowie die Beendigung der Vertretungsbefugnis eines Geschäftsführers ist zur Eintragung in das Handelsregister anzumelden.**

(2) **Der Anmeldung sind die Urkunden über die Bestellung der Geschäftsführer oder über die Beendigung der Vertretungsbefugnis in Urschrift oder öffentlich beglaubigter Abschrift beizufügen.**

(3) [1] **Die neuen Geschäftsführer haben in der Anmeldung zu versichern, daß keine Umstände vorliegen, die ihrer Bestellung nach § 6 Abs. 2 Satz 2 Nr. 2 und 3 sowie Satz 3 entgegenstehen und daß sie über ihre unbeschränkte Auskunftspflicht gegenüber dem Gericht belehrt worden sind.** [2] **§ 8 Abs. 3 Satz 2 ist anzuwenden.**

Übersicht

I. Allgemeines

1 Für die Funktionsfähigkeit des Geschäftsverkehrs ist die Befugnis, für die Gesellschaft im Außenverhältnis auftreten zu können, von erheblicher Bedeutung. Schon bei der Errichtung der Gesellschaft misst das GmbH-Recht dem besonderen Gewicht bei. So ist der Anmeldung die Legitimation der Geschäftsführer beizufügen, wenn diese nicht bereits im Gesellschaftsvertrag bestellt worden sind (§ 8 Abs. 1 Nr. 2); ferner sind Art und Umfang der Vertretungsbefugnis der Geschäftsführer mitzuteilen (§ 8 Abs. 4 Nr. 2). In dem Handelsregister spiegeln sich diese Angaben wieder. Dort sind nicht nur die Personen der Geschäftsführer (§ 10 Abs. 1 S. 1), sondern auch deren Vertretungsbefugnis (§ 10 Abs. 1 S. 2) einzutragen. Angesichts dessen soll die Anmeldepflicht in § 39 gewährleisten, dass spätere Änderungen zur Person der Geschäftsführer sowie zu deren Vertretungsbefugnis im Handelsregister publiziert werden, um dessen Aktualität und Verlässlichkeit sicherzustellen (allgM Baumbach/Hueck/*Beurskens* Rn. 1; Hachenburg/*Mertens* Rn. 1; HCL/*Paefgen* Rn. 1; Lutter/Hommelhoff/*Kleindiek* Rn. 1; MHLS/*Terlau* Rn. 1; Roth/Altmeppen/*Altmeppen* Rn. 1; Rowedder/Schmidt-Leithoff/*Görner* Rn. 1; Scholz/*U. H. Schneider/S. H. Schneider* Rn. 1). Mit dieser Zielsetzung steht die Vorschrift in einem engen Zusammenhang mit § 40 (→ § 40 Rn. 1).

II. Gegenstand der Anmeldepflicht

2 **1. Person des Geschäftsführers.** Bezüglich der Personen, die als Geschäftsführer der Gesellschaft bestellt worden sind, ist jede Änderung anmeldepflichtig. Das betrifft die **Neubestellung** eines Geschäftsführers, aber auch die **Beendigung** der Organbestellung, selbst wenn die ursprüngliche Bestellung nicht eingetragen wurde (so KG 23.12.2011, GmbHR 2012, 518 (519); OLG Köln 3.6.2015, BeckRS 2015, 14621; Baumbach/Hueck/*Beurskens* Rn. 4; BeckOK GmbHG/*Heilmeier* Rn. 6; Bork/Schäfer/*Jacoby* Rn. 2; Lutter/Hommelhoff/*Kleindiek* Rn. 2; Rowedder/Schmidt-Leithoff/*Görner* Rn. 3; Scholz/*U. H. Schneider/S. H. Schneider* Rn. 3). Der **Grund für die Beendigung** ist ohne Bedeutung. Anmeldepflichtig ist deshalb nicht nur die Abberufung und die Beendigung infolge Zeitablaufs, sondern auch der Eintritt eines Tatbestands, der nach § 6 Abs. 2 dazu führt, dass eine Person nicht Geschäftsführer sein kann (Geschäftsunfähigkeit, Betreuung, strafrechtliche Verurteilung; → § 6 Rn. 18 ff.). In dem vorstehenden Umfang besteht die Anmeldepflicht auch bezüglich der **Stellvertreter** von Geschäftsführern (Bork/Schäfer/*Jacoby* Rn. 2; HCL/*Paefgen* Rn. 11; MHLS/*Terlau* Rn. 3; Rowedder/Schmidt-Leithoff/*Görner* Rn. 3; Scholz/*U. H. Schneider/S. H. Schneider* Rn. 2), ferner im Hinblick auf gerichtlich bestellte **Notgeschäftsführer** (HCL/*Paefgen* Rn. 12; Lutter/Hommelhoff/*Kleindiek* Rn. 2; MHLS/*Terlau* Rn. 3; Scholz/*U. H. Schneider/S. H. Schneider* Rn. 2).

3 Erfolgte die Bestellung befristet, liegt in der anschließenden Verlängerung **(Wiederbestellung)** keine Änderung in der Person des Geschäftsführers, da auch im Hinblick auf den Zweck der Anmeldepflicht in dessen Person Kontinuität besteht, sodass eine Anmeldung nicht erforderlich ist (Baumbach/Hueck/*Beurskens* Rn. 3; Bork/Schäfer/*Jacoby* Rn. 2; HCL/*Paefgen* Rn. 13; Lutter/Hommelhoff/*Kleindiek* Rn. 2; MHLS/*Terlau* Rn 3; Scholz/*U. H. Schneider/S. H. Schneider* Rn. 2). Der Tag der Bestellung bzw. Abberufung ist in der Anmeldung nicht anzugeben (Baumbach/Hueck/*Beurskens* Rn. 3); etwas anderes gilt wegen des Zwecks der Registerpublizität, wenn der **Amtsbeginn hinausgeschoben** werden soll (Baumbach/Hueck/*Beurskens* Rn. 3; MHLS/*Terlau* Rn. 3; Scholz/*U. H. Schneider/S. H. Schneider* Rn. 2). Andernfalls würde dem Rechtsverkehr der Eindruck vermittelt, der als Geschäftsführer Eingetragene übe die Organstellung bereits zu einem früheren Zeitpunkt aus. Über die im Geschäftsverkehr relevanten rechtlichen Verhältnisse soll das Handelsregister jedoch verlässlich und aktuell Auskunft geben. Die Anmeldung einer in der Zukunft liegenden Bestellung ist hingegen unwirksam (OLG Düsseldorf 15.12.1999, NZG 2000, 262 (264); HCL/*Paefgen* Rn. 15; Scholz/*U. H. Schneider/S. H. Schneider* Rn. 2; s. auch OLG Hamm 4.8.2010, NZG 2010, 1156 (1157)).

4 Änderungen in der Person des Geschäftsführers sind darüber hinaus anmeldepflichtig, wenn diese unverzichtbar sind, um die **Person zu identifizieren.** Deshalb ist nicht nur der Name des Geschäftsführers bei der Errichtung der GmbH anzugeben und einzutragen, sondern ebenso bedürfen **Namensänderungen** der Anmeldung nach § 39. Das betrifft nicht nur den **Nachnamen** (zB infolge Eheschließung oder Scheidung), sondern auch **Titel,** sofern diese Namensbestandteil sind (ebenso Baumbach/Hueck/*Beurskens* Rn. 5; Hachenburg/*Mertens* Rn. 6, HCL/*Paefgen* Rn. 29; Lutter/Hommelhoff/*Kleindiek* Rn. 3; MHLS/*Terlau* Rn. 5; Roth/Altmeppen/*Altmeppen* Rn. 2; Rowedder/Schmidt-Leithoff/*Görner* Rn. 4; Scholz/*U. H. Schneider/S. H. Schneider* Rn. 4; **aA** MüKoGmbHG/*Stephan/Tieves* Rn. 6). Ebenso ist eine **Änderung des Vornamens** anmeldepflichtig (s. statt aller BGH 3.2.2015, NZG 2015, 685 Rn. 16; HCL/*Paefgen* Rn. 29), auch wenn diese aufgrund einer Geschlechtsangleichung nach dem TSG eintritt, ohne dass aus § 5 TSG ein Anspruch auf Änderung der bisherigen Registereintragung folgt (BGH 3.2.2015, NZG 2015, 685 Rn. 12; OLG Schleswig 17.4.2014, NZG

2014, 831; BeckOK GmbHG/*Heilmeier* Rn. 16; Scholz/*U. H. Schneider/S. H. Schneider* Rn. 4). Hinsichtlich **weiterer Angaben** zur Person (zB Berufsbezeichnungen, Wohnort) besteht keine Anmeldepflicht (BeckOK GmbHG/*Heilmeier* Rn. 16; HCL/*Paefgen* Rn. 29; Lutter/Hommelhoff/*Kleindiek* Rn. 3; MHLS/*Terlau* Rn. 5; MüKoGmbHG/*Stephan/Tieves* Rn. 5; Rowedder/Schmidt-Leithoff/*Görner* Rn. 5; Scholz/*U. H. Schneider/S. H. Schneider* Rn. 4).

5 **2. Vertretungsbefugnis.** Bezüglich der Vertretungsbefugnis sieht der Wortlaut des Abs. 1 die Anmeldepflicht nur für die **Beendigung** vor. Mit Recht bewertet die allgM dies als zu eng, sodass darüber hinaus **jede Änderung** in der Vertretungsbefugnis einzubeziehen ist (Baumbach/Hueck/*Beurskens* Rn. 6; Hachenburg/*Mertens* Rn. 7; HCL/*Paefgen* Rn. 30; Lutter/Hommelhoff/*Kleindiek* Rn. 4; MüKoGmbHG/*Stephan/Tieves* Rn. 10; Roth/Altmeppen/*Altmeppen* Rn. 5; Rowedder/Schmidt-Leithoff/*Görner* Rn. 6; Scholz/*U. H. Schneider/S. H. Schneider* Rn. 1). Vertretungsbefugnis iSd Abs. 1 ist auch eine von § 35 Abs. 3 abw. Gestattung des Selbstkontrahierens (BGH 28.2.1983, BGHZ 87, 59 (61 f.); BGH 8.4.1991, BGHZ 114, 167 (170 ff.); Baumbach/Hueck/*Beurskens* Rn. 7 sowie → § 35 Rn. 77 f.).

6 Der **Grund für die Änderung** der Vertretungsbefugnis ist für die Anmeldepflicht nach Abs. 1 ohne Bedeutung (OLG Schleswig 15.12.2010, GmbHR 2011, 253 (255); BeckOK GmbHG/*Heilmeier* Rn. 17). Zu den **anmeldepflichtigen Änderungen** gehört insbesondere der Übergang von der **Einzelvertretung zur Gesamtvertretung** und umgekehrt, ferner **innerhalb der Gesamtvertretung,** unabhängig davon, ob diese für alle Geschäftsführer oder nur für einzelne von ihnen besteht (Baumbach/Hueck/*Beurskens* Rn. 7; BeckOK GmbHG/*Heilmeier* Rn. 18). Entsprechendes gilt, wenn ein Geschäftsführer alleine zur Vertretung befugt sein soll, die **Alleinvertretung zu einer Einzelvertretung** (zum Unterschied → § 35 Rn. 59) oder eine Einzelvertretung zur unechten Gesamtvertretung (→ § 35 Rn. 65) geändert wird. Das gilt auch, wenn im Hinblick auf das **Verbot des Selbstkontrahierens** (§ 35 Abs. 3), sei es in Gestalt einer Gestattung, sei es durch deren Widerruf, eine Änderung eintritt. Keine Anmeldepflicht besteht hingegen, wenn ein Geschäftsführer von gesamtvertretungsbefugten Geschäftsführern zur **Einzelvertretung ermächtigt** wird (Baumbach/Hueck/*Beurskens* Rn. 9; BeckOK GmbHG/*Heilmeier* Rn. 21; HCL/*Paefgen* Rn. 36; Lutter/Hommelhoff/*Kleindiek* Rn. 4; MHLS/*Terlau* Rn. 6; Rowedder/Schmidt-Leithoff/*Görner* Rn. 7; Scholz/*U. H. Schneider/S. H. Schneider* Rn. 9; **aA** *Servatius* NZG 2002, 456 (459)).

III. Anmeldepflichtige Personen

7 Die Pflicht zur Anmeldung richtet sich an die Gesellschaft und ist von den **Geschäftsführern** zu erfüllen (§ 78). Allerdings trifft nicht sämtliche Geschäftsführer diese Pflicht (arg. e § 78 Hs. 2; BayObLG 17.9.2003, ZIP 2003, 2361 (2362); Lutter/Hommelhoff/*Kleindiek* Rn. 6; MüKoGmbHG/*Stephan/Tieves* Rn. 21; Roth/Altmeppen/*Altmeppen* Rn. 6; Rowedder/Schmidt-Leithoff/*Görner* Rn. 8; Scholz/*U. H. Schneider/S. H. Schneider* Rn. 11). Sie müssen diese grundsätzlich nicht höchstpersönlich erfüllen (OLG Düsseldorf 8.12.2017, BeckRS 2017, 142653); eine Ausnahme gilt jedoch wegen § 39 Abs. 3 (→ Rn. 13, 16), wenn ein neu bestellter Fremdgeschäftsführer die Anmeldung vornimmt (Scholz/*U. H. Schneider/S. H. Schneider* Rn. 12). Die Zahl der Geschäftsführer, die bei der Anmeldung mitwirken müssen, richtet sich nach der jeweiligen Vertretungsbefugnis (HCL/*Paefgen* Rn. 40; Lutter/Hommelhoff/*Kleindiek* Rn. 5; Scholz/*U. H. Schneider/S. H. Schneider* Rn. 11). Besteht für einzelne Geschäftsführer Gesamtvertretung, müssen diese gemeinsam die Anmeldung vornehmen.

8 Die Verpflichtung zur Anmeldung wird durch die **Eröffnung des Insolvenzverfahrens** über das Vermögen der Gesellschaft nicht berührt, insbesondere geht die Verpflichtung zur Anmeldung nach § 39 Abs. 1 **nicht** auf den **Insolvenzverwalter** über (OLG Hamm 9.3.2017, NZG 2017, 747; OLG Köln 11.7.2001, GmbHR 2001, 923 (924 f.); OLG Rostock 17.12.2002, Rpfleger 2003, 444 (445); Baumbach/Hueck/*Beurskens* Rn. 11; BeckOK GmbHG/*Heilmeier* Rn. 27; HCL/*Paefgen* Rn. 42; Lutter/Hommelhoff/*Kleindiek* Rn. 7; Rowedder/Schmidt-Leithoff/*Görner* Rn. 9; Scholz/*U. H. Schneider/S. H. Schneider* Rn. 16; **aA** LG Baden-Baden 2.7.1996, ZIP 1996, 1352; AG Berlin-Charlottenburg 3.11.1996, ZIP 1996, 683 (684); Roth/Altmeppen/*Altmeppen* Rn. 6). Eine Ausnahme kommt nur dann in Betracht, wenn alle Geschäftsführer bereits aus dem Amt ausgeschieden sind (Lutter/Hommelhoff/*Kleindiek* Rn. 7; → Rn. 10).

9 **Prokuristen** und **Handlungsbevollmächtigte** können die Anmeldung nur aufgrund öffentlich beglaubigter Sondervollmacht vornehmen (BayObLG 14.4.1982, WM 1982, 647 (649); OLG Düsseldorf 16.3.2012, NZG 2012, 1223; KG 21.4.1932, JW 1932, 2626; Baumbach/Hueck/*Beurskens* Rn. 11; BeckOK GmbHG/*Heilmeier* Rn. 29a; MüKoGmbHG/*Stephan/Tieves* Rn. 24). Bei **Notgeschäftsführern** erfolgt die Eintragung von Amts wegen (Baumbach/Hueck/*Beurskens* Rn. 13; HCL/*Paefgen* Rn. 12; *Kögel* NZG 2000, 20 (22); MüKoGmbHG/*Stephan/Tieves* Rn. 4). Eine gesonderte Pflicht zur Anmeldung entfällt ferner, wenn die nach § 39 anmeldepflichtige Tatsache auf einer **Änderung des Gesellschaftsvertrags** beruht und hieraus die neuen Rechtsverhältnisse ohne weiteres ersichtlich sind,

da insoweit bereits die Anmeldepflicht nach § 54 Abs. 1 S. 1 eingreift (HCL/*Paefgen* Rn. 49; Lutter/Hommelhoff/*Kleindiek* Rn. 4; MHLS/*Terlau* Rn. 8; Scholz/*U. H. Schneider/S. H. Schneider* Rn. 9).

10 Den **ausgeschiedenen Geschäftsführer** trifft keine Pflicht zur Anmeldung. Mit seinem Ausscheiden verliert er die Rechtsmacht, die Gesellschaft gerichtlich zu vertreten, sodass er sein Ausscheiden aus der Organstellung nicht selbst anmelden kann (BayObLG 12.7.1981, GmbHR 1982, 214; KG 7.4.1927, JW 1927, 1703; OLG Zweibrücken 30.6.1998, BeckRS 1998, 31343509; Baumbach/Hueck/*Beurskens* Rn. 11; HCL/*Paefgen* Rn. 44; MHLS/*Terlau* Rn. 11; MüKoGmbHG/*Stephan/Tieves* Rn. 26; Scholz/*U. H. Schneider/S. H. Schneider* Rn. 13). Teilweise wird jedoch bei einer Amtsniederlegung durch den einzigen Geschäftsführer ein unmittelbarer zeitlicher Zusammenhang zwischen dieser und der Anmeldung als ausreichend erachtet (so LG Berlin 22.7.1992, GmbHR 1993, 291; LG Köln 14.8.1997, GmbHR 1998, 183; Lutter/Hommelhoff/*Kleindiek* Rn. 7; Roth/Altmeppen/*Altmeppen* Rn. 9; Scholz/*U. H. Schneider/S. H. Schneider* Rn. 14; **aA** HCL/*Paefgen* Rn. 45).

11 Ausgeschiedenen Geschäftsführern steht ungeachtet dessen jedoch ein **Anspruch gegen die Gesellschaft** zu, dass diese (durch die verbliebenen Geschäftsführer) das Ausscheiden des Geschäftsführers aus dem Amt unverzüglich bei dem Registergericht anmeldet (HCL/*Paefgen* Rn. 45; Lutter/Hommelhoff/*Kleindiek* Rn. 2; Roth/Altmeppen/*Altmeppen* Rn. 7; Rowedder/Schmidt-Leithoff/*Görner* Rn. 3; krit. Scholz/*U. H. Schneider/S. H. Schneider* Rn. 14: lebensfremd). Unterlässt sie dies, kommt eine **Schadensersatzpflicht** der Gesellschaft nach § 280 Abs. 1 BGB in Betracht (BeckOK GmbHG/*Heilmeier* Rn. 37; MHLS/*Terlau* Rn. 11). Die vorstehenden Konsequenzen lassen sich nur vermeiden, indem der Beschluss über das Ausscheiden des Geschäftsführers unter der **aufschiebenden Bedingung** der späteren Eintragung im Handelsregister gefasst wird (BeckOK GmbHG/*Heilmeier* Rn. 34; Lutter/Hommelhoff/*Kleindiek* Rn. 7; MHLS/*Terlau* Rn. 11; Roth/Altmeppen/*Altmeppen* Rn. 8; Rowedder/Schmidt-Leithoff/*Görner* Rn. 9; HCL/*Paefgen* Rn. 45). In diesem Fall endet seine Vertretungsmacht erst mit der Eintragung im Handelsregister, sodass er die Beendigung seiner Organstellung noch selbst anmelden kann (OLG Frankfurt 31.5.1983, BB 1983, 1561; OLG Hamm 21.6.1988, GmbHR 1989, 35 (36); OLG Zweibrücken 30.6.1998, BeckRS 1998, 31343509).

12 Die Grundsätze in → Rn. 10 f. gelten auch bei einer **Amtsniederlegung** durch den Geschäftsführer. Mit Zugang der entsprechenden Erklärung endet seine Organstellung und damit auch die Rechtsmacht, für die Gesellschaft gegenüber dem Registergericht Erklärungen abzugeben (OLG Bamberg 26.6.2012, NZG 2012, 1106; BayObLG 10.2.1981, GmbHR 1982, 214; OLG Düsseldorf 12.11.2018, NZG 2019, 546; OLG Frankfurt 31.5.1983, WM 1983, 1025; OLG Hamm 21.6.1988, GmbHR 1989, 35 (36); OLG Zweibrücken 30.6.1998, BeckRS 1998, 31343509; Scholz/*U. H. Schneider/S. H. Schneider* Rn. 14). Ebenso treffen ihn mit der Amtsniederlegung nicht mehr die Pflichten in § 78 zur Anmeldung. Diese Rechtsfolgen lassen sich – wie bei der Abberufung (→ Rn. 11) – nur vermeiden, indem die Amtsniederlegung unter der aufschiebenden Bedingung erklärt wird, dass die Beendigung des Amts im Handelsregister eingetragen ist (BGH 21.6.2011, NJW-RR 2011, 1184; OLG Bamberg 26.6.2012, NZG 2012, 1106; OLG Düsseldorf 16.3.2012, NZG 2012, 1223 (1224); OLG Düsseldorf 12.11.2018, NZG 2019, 546; OLG Frankfurt 16.6.1993, WM 1994, 2250; OLG Zweibrücken 30.6.1998, BeckRS 1998, 31343509; Scholz/*U. H. Schneider/S. H. Schneider* Rn. 14).

13 **Neu bestellte Geschäftsführer** sind bereits mit ihrer Bestellung berechtigt, die Eintragung zum Handelsregister anzumelden (HCL/*Paefgen* Rn. 43; MHLS/*Terlau* Rn. 10; Rowedder/Schmidt-Leithoff/*Görner* Rn. 8; Scholz/*U. H. Schneider/S. H. Schneider* Rn. 13). Ihre Vertretungsmacht hängt nicht von der Eintragung im Handelsregister ab, da diese keine konstitutive Wirkung hat (→ Rn. 22, → § 6 Rn. 47). Ungeachtet dessen muss der neu bestellte Geschäftsführer seine Befugnis zur Anmeldung gegenüber dem Registergericht jedoch nachweisen (Baumbach/Hueck/*Beurskens* Rn. 11; HCL/*Paefgen* Rn. 41; MHLS/*Terlau* Rn. 10; Scholz/*U. H. Schneider/S. H. Schneider* Rn. 13), zB durch einen Auszug aus dem Protokoll der Gesellschafterversammlung.

IV. Anmeldeverfahren

14 Mit dem zur Anmeldung gestellten Antrag auf Eintragung der von § 39 Abs. 1 erfassten Änderungen wird das Eintragungsverfahren eröffnet (Baumbach/Hueck/*Beurskens* Rn. 11). Hierfür muss der Antrag hinreichend deutlich zum Ausdruck bringen, was eingetragen werden soll, ohne dass der spätere Inhalt der Eintragung vorweggenommen werden muss. Besondere Sorgfalt ist bei Änderungen der Vertretungsbefugnis aufzuwenden, so vor allem bei der Abgrenzung von Alleinvertretung und Einzelvertretung. Lässt sich der Inhalt der gewollten Eintragung auch auf Nachfrage nicht aufklären, kann das Registergericht die Eintragung ablehnen.

15 Die Anmeldung ist **elektronisch** in **öffentlich beglaubigter Form** einzureichen (§ 12 Abs. 1 S. 1 HGB). Ihr sind die in § 39 Abs. 2 genannten Unterlagen beizufügen, die die Bestellung zum Geschäftsführer bzw. dessen Amtsbeendigung dokumentieren und nachweisen. Hierzu zählt bei der Amtsniederlegung auch der Zugang der Niederlegungserklärung (OLG Düsseldorf 10.8.2004, NZG 2004, 1068; OLG Frankfurt 19.7.2006, ZIP 2006, 1769 (1770); OLG Hamm 10.8.2010, NJW-RR 2011, 42; OLG Jena 29.7.2010, NJW-RR 2011, 42 (43); KG 1.2.2012, BeckRS 2012, 08687; OLG Naumburg

28.2.2001, NJW-RR 2001, 1183; offen BGH 21.6.2011, NJW-RR 2011, 1184 (1185); s. auch OLG Hamburg 6.5.2010, NZG 2010, 1235 (1236); KG 5.9.2018, NZG 2018, 1263; **aA** MüKoGmbHG/*Stephan/Tieves* Rn. 43); für die Anmeldung der Abberufung gilt dies jedoch nicht (OLG Hamm 26.9.2002, NZG 2003, 131). Entsprechendes gilt für Veränderungen hinsichtlich der Vertretungsbefugnis. Die Anmeldung geschieht idR durch einen Auszug aus dem Protokoll über die Beschlussfassung der zuständigen Gremien (Gesellschafterversammlung) (OLG Jena 30.9.2002, BeckRS 2002, 30285588). Beizufügen sind die Unterlagen der Anmeldung in Urschrift oder in öffentlich beglaubigter Form (§ 129 BGB).

16 Bei der Neubestellung eines Geschäftsführers ist der Anmeldung dessen **Versicherung** beizufügen, dass in seiner Person kein Grund vorliegt, der nach § 6 Abs. 2 S. 2 Nr. 2 und S. 3 seiner Bestellung zum Geschäftsführer entgegensteht. Die entsprechende Pflicht begründet § 39 Abs. 3 und führt die inhaltlich übereinstimmende Verpflichtung in § 8 Abs. 3 fort (→ § 8 Rn. 19, 20). Gleiches gilt für die Belehrung über die Auskunftspflicht gegenüber dem Registergericht (→ § 8 Rn. 21).

17 Die Anmeldung ist bei dem **Registergericht** einzureichen, das am Sitz der Gesellschaft zuständig ist (Baumbach/Hueck/*Beurskens* Rn. 14). Es prüft die Ordnungsmäßigkeit der Anmeldung, insbesondere im Hinblick auf die zu wahrende Form sowie daraufhin, ob die mit der Anmeldung vorgelegten Urkunden die begehrte Eintragung tragen, dh, ob sich in ihnen die beantragte Eintragung widerspiegelt (OLG Hamm 10.9.2010, NZG 2011, 311; OLG Jena 29.7.2010, NJW-RR 2011, 42 (43); KG 22.8.2011, GmbHR 2012, 400 (401); KG 16.4.2012, BeckRS 2012, 11642; OLG München 29.3.2012, NZG 2012, 739 (740); BeckOK GmbHG/*Heilmeier* Rn. 54; HCL/*Paefgen* Rn. 62; Lutter/Hommelhoff/*Kleindiek* Rn. 10; Rowedder/Schmidt-Leithoff/*Görner* Rn. 14).

18 Nicht abschließend geklärt ist die Befugnis der Registergerichte, iRd Eintragungsverfahrens auch die **Rechtswirksamkeit** der jeweils maßgebenden **Gremienbeschlüsse** zu überprüfen. Unstreitig ist dies für die **Zuständigkeit** des beschließenden Gremiums (OLG Hamm 10.7.2001, GmbHR 2001, 920 (922); Baumbach/Hueck/*Beurskens* Rn. 16; HCL/*Paefgen* Rn. 67; MHLS/*Terlau* Rn. 17; Scholz/*U. H. Schneider/S. H. Schneider* Rn. 23); verbreitet wird eine Prüfungspflicht auch bezüglich des **ordnungsgemäßen Zustandekommens** des Gesellschafterbeschlusses (zB Ladung der Gesellschafter) bejaht (OLG Hamm 10.9.2012, NZG 2011, 311; KG 16.4.2012, GmbHR 2012, 907 (908); KG 3.6.2016, NZG 2016, 836). IÜ ist das Registergericht jedoch grundsätzlich nicht berechtigt, eine umfassende Prüfung des Gremienbeschlusses in tatsächlicher und/oder rechtlicher Hinsicht vorzunehmen (BGH 21.6.2010, NJW-RR 2011, 1184; BayObLG 19.6.1973, Rpfleger 1973, 308 (309); OLG München 29.5.2012, NZG 2012, 739 (740); Baumbach/Hueck/*Beurskens* Rn. 16; BeckOK GmbHG/*Heilmeier* Rn. 61; Hachenburg/*Mertens* Rn. 14; HCL/*Paefgen* Rn. 65; MHLS/*Terlau* Rn. 17; Roth/Altmeppen/*Altmeppen* Rn. 16; Scholz/*U. H. Schneider/S. H. Schneider* Rn. 22). Solange die Fehlerhaftigkeit des Beschlusses lediglich zu dessen Anfechtbarkeit führt, ohne dass dies gerichtlich geltend gemacht worden ist, hat das Registergericht den Beschluss als rechtswirksam zu behandeln (OLG Stuttgart 25.10.2011, NZG 2011, 1301 (1302); Baumbach/Hueck/*Beurskens* Rn. 16; BeckOK GmbHG/*Heilmeier* Rn. 57). Anders ist bei Mängeln zu entscheiden, die zur Nichtigkeit bzw. Rechtunwirksamkeit des Beschlusses führen und sich hierfür aus den eingereichten Unterlagen Anhaltspunkte ergeben (BayObLG 18.7.1991, GmbHR 1992, 304 (306); KG 16.4.2012, GmbHR 2012, 907 (908); OLG München 22.2.2010, NZG 2010, 474 (475); OLG München 18.8.2011, GmbHR 2011, 1102 (1103); Baumbach/Hueck/*Beurskens* Rn. 16; Lutter/Hommelhoff/*Kleindiek* Rn. 10; MHLS/*Terlau* Rn. 17; ähnlich BGH 21.6.2010, NJW-RR 2011, 1184). Teilweise wird indes eine weitergehende Prüfungspflicht des Registergerichts befürwortet, insbesondere dann, wenn der Mangel offensichtlich ist (in dieser Richtung zB Bork/Schäfer/*Jacoby* Rn. 12; HCL/*Paefgen* Rn. 61; Rowedder/Schmidt-Leithoff/*Görner* Rn. 16; Scholz/*U. H. Schneider/S. H. Schneider* Rn. 23; tendenziell auch OLG München 30.3.2009, NJW-RR 2009, 1122 (1123); Baumbach/Hueck/*Beurskens* Rn. 16; BeckOK GmbHG/*Heilmeier* Rn. 56).

19 Ist über die Bestellung oder die Abberufung des Geschäftsführers ein Rechtsstreit anhängig, weil zB der Beschluss der Gesellschafterversammlung über die Abberufung gerichtlich angegriffen wird, kann das Registergericht nach § 21 FamFG die **Aussetzung des Eintragungsverfahrens** anordnen (so im Hinblick auf die Abberufung OLG Frankfurt a. M. 15.3.2016, BeckRS 2016, 122796; OLG Karlsruhe 28.4.2016, NZG 2016, 946 (947 f.); KG 7.7.2015, BeckRS 2016, 14073; OLG München 18.8.2011, BeckRS 2011, 21350; ebenso für die Bestellung OLG Zweibrücken 10.10.2011, BeckRS 2012, 06145; OLG Zweibrücken 30.8.2012, NZG 2013, 107; zurückhaltend *Hübner* NZG 2016, 933 (935 ff.) sowie für die Amtsniederlegung KG 5.9.2018, NZG 2018, 1263). IR pflichtgemäß auszuübenden Ermessens hat das Registergericht insbesondere die Folgen einer trotz des Rechtsstreits vorgenommenen Registereintragung mit dem Fortbestand der bisherigen Eintragung abzuwägen (Baumbach/Hueck/*Beurskens* Rn. 17).

20 Bei der **Bestellung** ist wegen der Rechtsstellung des Geschäftsführers idR eine Aussetzung des Eintragungsverfahrens geboten (treffend OLG Zweibrücken 10.10.2011, BeckRS 2012, 06145; OLG Zweibrücken 30.8.2012, NZG 2013, 107; s. aber auch für die Bestellung eines Vorstandsmitglieds durch den Aufsichtsrat bei angefochtenem Aufsichtsratsbeschluss KG 13.12.2016, NZG 2017, 583). Ist der **Abberufungsbeschluss** gerichtlich angegriffen, kommt eine Aussetzung idR in Betracht, wenn die

Rechtsverfolgung in der Hauptsache nicht offensichtlich aussichtslos erscheint (idS auch OLG Frankfurt 15.3.2016, BeckRS 2016, 122796; KG 7.7.2015, BeckRS 2016, 14073; OLG München 18.8.2011, BeckRS 2011, 21350). Der durch § 15 Abs. 1 HGB vermittelte Gutglaubensschutz in die bisherige Registereintragung steht dem nicht zwingend entgegen, da die Gesellschaft mit Hilfe des einstweiligen Rechtsschutzes eine weitere Tätigkeit des abberufenen Geschäftsführers unterbinden kann (OLG Karlsruhe 28.4.2016, NZG 2016, 946 (948); → § 38 Rn. 69).

Kommt die Gesellschaft durch die Geschäftsführer ihrer Pflicht zur Anmeldung nicht nach, kann das Registergericht diese mittels des **Registerzwangs** (§ 14 HGB) herbeiführen (Baumbach/Hueck/*Beurskens* Rn. 19; BeckOK GmbHG/*Heilmann* Rn. 64; MüKoGmbHG/*Stephan/Tieves* Rn. 49). Gegen die Ablehnung der Eintragung ist die **Beschwerde** (§ 58 Abs. 1 FamFG) statthaft; zur Beschwerdeberechtigung s. § 59 Abs. 1 FamFG. 21

V. Rechtswirkungen der Eintragung

Die Eintragung der in § 39 Abs. 1 genannten Veränderungen ist keine Voraussetzung für die Wirksamkeit der Bestellung zum Geschäftsführer bzw. für die Beendigung seines Amts sowie im Hinblick auf die Veränderungen der Vertretungsmacht; die Eintragung im Handelsregister hat diesbezüglich **keine konstitutive Wirkung** (allgM BGH 14.5.2019, NZG 2019, 861 Rn. 34; BGH 2.7.2019, NZG 2019, 979 Rn. 49; BAG 22.10.2014, NZA 2015, 60 Rn. 30; BFH 23.11.2010, BFH/NV 2011, 612; OLG Frankfurt 16.6.1993, GmbHR 1995, 301; OLG Hamburg 18.1.2000, NZG 2000, 698; OLG Hamm 6.3.2006, BeckRS 2006, 06421; OLG Hamm 10.9.2011, NZG 2011, 311; KG 23.12.2011, GmbHR 2012, 518 (519); OLG Köln 6.11.1992, BB 1993, 89; OLG Köln 3.6.2015, BeckRS 2015, 14621; LAG Köln 18.1.2018, BeckRS 2018, 2690; Baumbach/Hueck/*Beurskens* Rn. 25; Bork/Schäfer/*Jacoby* Rn. 1; MHLS/*Terlau* Rn. 1, 22; MüKoGmbHG/*Stephan/Tieves* Rn. 51; Roth/Altmeppen/*Altmeppen* Rn. 6; Rowedder-Schmidt-Leithoff/*Görner* Rn. 1, 11; Scholz/*U. H. Schneider/S. H. Schneider* Rn. 25; HCL/*Paefgen* Rn. 76). Insbesondere die Vertretungsmacht des Geschäftsführers besteht unabhängig von der Eintragung im Handelsregister. 22

Von Bedeutung ist die Pflicht zur Anmeldung im Hinblick auf den Schutz der Registerpublizität durch § 15 HGB, so ua bei der Beendigung der Geschäftsführerbestellung. Solange die entsprechende Veränderung nicht in das Handelsregister eingetragen ist, kann die Gesellschaft die fehlende Vertretungsmacht des (ehemaligen) Geschäftsführers wegen § 15 Abs. 1 HGB Dritten grundsätzlich nicht entgegenhalten (s. OLG Köln 3.6.2015, BeckRS 2015, 14621; OLG Oldenburg 4.2.2010, NZG 2011, 230 (231); Baumbach/Hueck/*Beurskens* Rn. 26; BeckOK GmbHG/*Heilmann* Rn. 63; HCL/*Paefgen* Rn. 77; Rowedder/Schmidt-Leithoff/*Görner* Rn. 1). Allerdings hindert § 15 Abs. 1 HGB nicht, das Fehlen der Prozessfähigkeit (§ 56 ZPO) festzustellen (BGH 14.5.2019, NZG 2019, 861 Rn. 34). 23

Liste der Gesellschafter, Verordnungsermächtigung

40 (1) [1]**Die Geschäftsführer haben unverzüglich nach Wirksamwerden jeder Veränderung in den Personen der Gesellschafter oder des Umfangs ihrer Beteiligung eine von ihnen unterschriebene Liste der Gesellschafter zum Handelsregister einzureichen, aus welcher Name, Vorname, Geburtsdatum und Wohnort derselben sowie die Nennbeträge und die laufenden Nummern der von einem jeden derselben übernommenen Geschäftsanteile sowie die durch den jeweiligen Nennbetrag eines Geschäftsanteils vermittelte jeweilige prozentuale Beteiligung am Stammkapital zu entnehmen sind.** [2]**Ist ein Gesellschafter selbst eine Gesellschaft, so sind bei eingetragenen Gesellschaften in die Liste deren Firma, Satzungssitz, zuständiges Register und Registernummer aufzunehmen, bei nicht eingetragenen Gesellschaften deren jeweilige Gesellschafter unter einer zusammenfassenden Bezeichnung mit Name, Vorname, Geburtsdatum und Wohnort.** [3]**Hält ein Gesellschafter mehr als einen Geschäftsanteil, ist in der Liste der Gesellschafter zudem der Gesamtumfang der Beteiligung am Stammkapital als Prozentsatz gesondert anzugeben.** [4]**Die Änderung der Liste durch die Geschäftsführer erfolgt auf Mitteilung und Nachweis.**

(2) [1]**Hat ein Notar an Veränderungen nach Absatz 1 Satz 1 mitgewirkt, hat er unverzüglich nach deren Wirksamwerden ohne Rücksicht auf etwaige später eintretende Unwirksamkeitsgründe die Liste anstelle der Geschäftsführer zu unterschreiben, zum Handelsregister einzureichen und eine Abschrift der geänderten Liste an die Gesellschaft zu übermitteln.** [2]**Die Liste muss mit der Bescheinigung des Notars versehen sein, dass die geänderten Eintragungen den Veränderungen entsprechen, an denen er mitgewirkt hat, und die übrigen Eintragungen mit dem Inhalt der zuletzt im Handelsregister aufgenommenen Liste übereinstimmen.**

(3) **Geschäftsführer, welche die ihnen nach Absatz 1 obliegende Pflicht verletzen, haften denjenigen, deren Beteiligung sich geändert hat, und den Gläubigern der Gesellschaft für den daraus entstandenen Schaden als Gesamtschuldner.**

(4) **Das Bundesministerium der Justiz und für Verbraucherschutz wird ermächtigt, durch Rechtsverordnung mit Zustimmung des Bundesrates nähere Bestimmungen über die Ausgestaltung der Gesellschafterliste zu treffen.**

(5) [1]**Landesregierungen werden ermächtigt, durch Rechtsverordnung zu bestimmen, dass bestimmte in der Liste der Gesellschafter enthaltenen Angaben in strukturierter maschinenlesbarer Form an das Handelsregister zu übermitteln sind, soweit nicht durch das Bundesministerium der Justiz und für Verbraucherschutz nach § 387 Absatz 2 des Gesetzes über das Verfahren in Familiensachen und in den Angelegenheiten der freiwilligen Gerichtsbarkeit entsprechende Vorschriften erlassen werden.** [2]**Die Landesregierungen können die Ermächtigung durch Rechtsverordnung auf die Landesjustizverwaltungen übertragen.**

Übersicht

I. Allgemeines

1 Bei der Gründung der Gesellschaft ist der Anmeldung ua eine Liste der Gesellschafter beizufügen (§ 8 Abs. 1 Nr. 3). Aus dieser müssen ua Name, Vorname, Geburtsdatum, Wohnort des Gesellschafters und der Betrag der jeweils übernommenen Stammeinlage ersichtlich sein. Durch die mit dem MoMiG erfolgte Aufwertung der Gesellschafterliste für die Möglichkeit eines gutgläubigen Erwerbs sowie die Legitimationswirkung im Innenverhältnis (s. § 16) hat sich deren Bedeutung erhöht (s. zur Legitimationswirkung jüngst BGH 2.7.2019, NJW 2019, 3155 Rn. 35 ff.); zur früheren Rechtsentwicklung zB HCL/*Paefgen* Rn. 17 ff. Deshalb ist es konsequent, dass der durch das MoMiG fast vollständig neu gefasste § 40 auch nach der Anmeldung eintretende Änderungen im Kreise der Gesellschafter einbezieht und damit insbesondere dem Schutz der aktuellen und zukünftigen Gesellschaftsgläubiger dient (OLG Köln 19.7.2013, NZG 2013, 1431 (1432); HCL/*Paefgen* Rn. 13, 25 ff.; Lutter/Hommelhoff/*Bayer* Rn. 3; MüKoGmbHG/*Heidinger* Rn. 3 f.; Roth/Altmeppen/*Altmeppen* Rn. 1).

2 Durch Art. 14 des Gesetzes v. 23.6.2017 (BGBl. 2017 I 1822 (1864)) wurde Abs. 1 neu gefasst (dazu zB *Melchior/Böhringer* GmbHR 2017, 1074 ff.; *Schaub* GmbHR 2017, 727 ff.; *Wachter* GmbHR 2017, 1194 ff.; *Wicke* DB 2017, 2528 ff.). Dieser fügte dem bisherigen S. 1 die Angabe zur prozentualen Beteiligung am Stammkapital hinzu, ergänzte Abs. 1 mit S. 2 um Sonderregelungen, wenn als Gesellschafter eine Gesellschaft aufzunehmen ist und nahm zudem in S. 3 eine Bestimmung auf, wenn ein Gesellschafter mehr als einen Geschäftsanteil hält. Hierdurch soll die Transparenz im Hinblick auf die Gesellschafterstruktur der GmbH erhöht und Geldwäsche verhindert werden (Begr. RegE, BT-Drs. 18/11555, 172). Vor dem 27.6.2017 eingereichte Gesellschafterlisten bleiben von den geänderten inhaltlichen Anforderungen unberührt; erst wenn nach dem Stichtag infolge einer Veränderung (s. zur Notwendigkeit einer „Veränderung" für die Einreichung einer neuen Gesellschafterliste OLG Düsseldorf 17.4.2020, NZG 2020, 790 (791); OLG Düsseldorf 30.4.2020, ZIP 2020, 1413; OLG Düsseldorf 15.5.2020, NZG 2020, 872) eine neue Gesellschafterliste eingereicht wird, muss diese den seitdem geltenden inhaltlichen Anforderungen entsprechen (§ 8 EGGmbHG; zur zeitlichen Abgrenzung BGH 26.6.2018, NJW 2018, 2794 Rn. 15 ff.) und ist insgesamt an diese anzupassen (Begr. RegE, BT-Drs. 18/11555, 175; OLG Nürnberg 23.11.2017, NZG 2018, 61 (62); OLG Nürnberg 28.12.2017, NZG 2018, 312 (313)). Ferner fügte das Gesetz der Vorschrift Ermächtigungsnormen an, die die Ausgestaltung der Gesellschafterliste (Abs. 4) und deren Übermittelung an das Registergericht (Abs. 5) betreffen. Bezüglich der Ausgestaltung der Gesellschafterliste wurde die Verordnung über die Ausgestaltung der Gesellschafterliste (Gesellschafterlistenverordnung-GesLV) v. 20.6.2018 (BGBl. 2018 I 870 → Rn. 39)

erlassen (zur Begr. BR-Drs. 105/18, 4 ff. sowie näher dazu *Lieder/Becker* NotBZ 2018, 321 ff.; *Miller* NJW 2018, 2518 ff.).

II. Einreichungspflicht der Geschäftsführer (Abs. 1 und 3)

1. Mitteilungspflichtige Veränderungen. Die mitzuteilenden Veränderungen beziehen sich auf 3 den Geschäftsanteil und betreffen entweder den Umfang der Beteiligung oder Änderungen in der Person des Inhabers sowie bei nicht eingetragenen Gesellschaften als Inhaber eines Geschäftsanteils auch Änderungen im Kreise der Gesellschafter (→ Rn. 6 aE).

Zu den **Veränderungen des Umfangs** zählen insbesondere der Hinzuerwerb eines neuen Ge- 4 schäftsanteils, die Aufstockung oder Herabsetzung eines Geschäftsanteils sowie dessen Teilung oder Zusammenlegung (OLG Köln 19.7.2013, NZG 2013, 1431 (1432); Baumbach/Hueck/*Servatius* Rn. 5), ebenso auch eine Kapitalerhöhung (OLG München 7.7.2010, GmbHR 2010, 921 (922)). Beim Hinzuerwerb eines Geschäftsanteils bleiben die verschiedenen Geschäftsanteile jedoch gesondert anzupassen (KG 23.2.2012, NZG 2012, 587 (588)). Die **Belastung von Geschäftsanteilen** (zB durch Verpfändung) betrifft nicht deren Umfang, sodass diesbezügliche Veränderungen nicht mitzuteilen sind (*Bayer* GmbHR 2012, 1 (5 f.); Baumbach/Hueck/*Servatius* Rn. 7; HCL/*Paefgen* Rn. 75; Lutter/Hommelhoff/*Bayer* Rn. 41; zur freiwilligen Aufnahme in die Gesellschafterliste abl. *Hasselmann* NZG 2009, 449 (451); **aA** jedoch MüKoGmbHG/*Heidinger* Rn. 60).

Veränderungen in der **Person des Gesellschafters** betreffen vor allem den Wechsel in der **Gesell-** 5 **schafterstellung,** zB durch Veräußerung (§ 15), Kaduzierung (§ 21) oder Rechtsnachfolge (ua Erbfolge, Verschmelzung). Auch der Erwerb eigener Anteile (§ 27 Abs. 3) wird von § 40 Abs. 1 erfasst (Roth/Altmeppen/*Altmeppen* Rn. 6). Da die Norm lückenlosen Aufschluss über die Veränderungen im Kreise der Gesellschafter sicherstellen soll, dürfen zeitlich aufeinander folgende Veränderungen nicht in einer Liste zusammengefasst werden (OLG Köln 19.7.2013, NZG 2013, 1431 (1432); HCL/*Paefgen* Rn. 34; Roth/Altmeppen/*Altmeppen* Rn. 8 sowie → Rn. 13).

Eine Veränderung in der Person liegt ferner vor, wenn sich die in Abs. 1 S. 1 aufgezählten Angaben 6 zur Person des Gesellschafters ändern. Das gilt für den **Namen** auch bei einer zur Namensänderung führenden Eheschließung (Baumbach/Hueck/*Servatius* Rn. 6; Lutter/Hommelhoff/*Bayer* Rn. 33; MHLS/*Terlau* Rn. 19) oder bei einer Änderung des Vornamens nach den §§ 1 ff. TSG, ohne dass das Offenbarungsverbot (§ 5 TSG) entgegensteht (s. für das Grundbuch BGH 7.3.2019, NJW 2019, 2541 Rn. 7 ff.). Der Wortlaut der Norm ist zwar auf natürliche Personen zugeschnitten (treffend insoweit Scholz/*Seibt* Rn. 13), die Vorschrift ist aber in gleicher Weise anwendbar, wenn eingetragene Gesellschaften die Stellung eines Gesellschafters einnehmen. An die Stelle des Namens tritt nach Abs. 2 Hs. 1 in diesem Fall wegen § 17 HGB die Firma und als Wohnort ist der Ort des Sitzes bzw. der gewerblichen Niederlassung anzugeben (Lutter/Hommelhoff/*Bayer* Rn. 33); die Angabe des Gründungsdatums als Ersatz für das Geburtsdatum ist entbehrlich. Bei eingetragenen Gesellschaften (Personenhandelsgesellschaften und juristischen Personen) sind Änderungen im Gesellschafterbestand auch nach der Einfügung von S. 2 in Abs. 1 nicht anzugeben (→ Rn. 9). Anderes gilt bei der Außen-GbR, da bei ihr sämtliche Gesellschafter wegen Abs. 2 2. Hs. in der Liste anzugeben sind (Begr. RegE, BT-Drs. 18/11555, 173; Baumbach/Hueck/*Servatius* Rn. 6; Lutter/Hommelhoff/*Bayer* Rn. 37; *Wachter* GmbHR 2017, 1177 (1185); *Wicke* DB 2017, 2528 (2530); **aA** *Windeknecht/Junginger* DZWIR 2017, 551 (557); → Rn. 10). **Adressenänderungen** sind nur dann nicht mitzuteilen, wenn der Ort unverändert bleibt (Baumbach/Hueck/*Servatius* Rn. 6; MHLS/*Terlau* Rn. 19). Mitzuteilen sind bei **eingetragenen Gesellschaften** auch Veränderungen hinsichtlich der Firma (einschließlich Rechtsformzusatz), des Satzungssitzes oder der Registereintragung. Entsprechendes gilt für den **Firmenzusatz „e. K.“,** wenn der Geschäftsanteil zwecks Vorbereitung einer Ausgliederung (§§ 152 ff. UmwG) nicht mehr dem Privatvermögen des Kaufmanns, sondern seinem Handelsgewerbe zugeordnet wird.

Den **Inhalt der Liste** legt das Gesetz ausschließlich in § 40 Abs. 1 fest, da § 8 Abs. 1 Nr. 3 infolge 7 der Änderung durch das Gesetz v. 23.6.2017 (→ Rn. 2) nunmehr auf § 40 verweist (→ § 8 Rn. 4); weitere Einzelheiten sind der nach Abs. 4 erlassenen Gesellschafterlistenverordnung (→ Rn. 2 aE, → Rn. 39) zu entnehmen. Name, Vorname sind bei **natürlichen Personen** so präzise anzugeben, dass eine Identifizierung des Gesellschafters ohne Schwierigkeiten möglich ist. Bei der Angabe des Wohnorts kann idR von weiteren Konkretisierungen (zB Stadtteil, Straße) abgesehen werden, nicht aber auf die Angabe des Landes, wenn sich der Wohnort im Ausland befindet (Baumbach/Hueck/*Servatius* Rn. 11). Ferner sind die von jedem Gesellschafter übernommenen Geschäftsanteile unter einer laufenden Nummer in die Liste aufzunehmen (s. HCL/*Paefgen* Rn. 61 ff.).

Zusätzlich ist infolge der Änderung von Abs. 1 durch das Gesetz v. 23.6.2017 (→ Rn. 2) die durch 8 jeden Stammanteil vermittelte **prozentuale Beteiligung** am Stammkapital in der Liste zu verzeichnen, damit ohne Schwierigkeiten erkennbar ist, ob der Inhaber des Geschäftsanteils wirtschaftlicher Berechtigter iSd § 3 Abs. 2 S. 1 GwG ist. Nur auf dieser Grundlage ist es gerechtfertigt, mit der Einreichung der Gesellschafterliste zugleich die Anforderungen des Geldwäschegesetzes im Hinblick auf die Mitteilung in das Transparenzregister als erfüllt anzusehen (s. § 20 Abs. 2 GwG iVm § 19 Abs 1 Nr. 4

GwG; ferner Begr. RegE, BT-Drs. 18/11555, 173 f.; *Lieder/Cziupka* GmbHR 2018, 231 ff.; *Schaub* GmbHR 2017, 727 (727 f., 729)). Aus diesem Grund verpflichtet Abs. 1 S. 3 ferner zur Angabe des prozentualen Gesamtumfangs der Beteiligung, wenn ein Gesellschafter mehrere Geschäftsanteile hält, damit unschwer erkennbar ist, ob der von § 3 Abs. 2 S. 1 GwG geforderte Schwellenwert (mehr als 25 %) überschritten ist (s. Begr. RegE, BT-Drs. 18/11555, 174; *Windeknecht/Junginger* DZWIR 2017, 551 (557)). Maßgebend für die prozentuale Beteiligung ist die jeweilige Gesellschafterstellung. Das gilt auch bei nicht eingetragenen Gesellschaften als Gesellschafter; bei ihnen ist der Anteil ausschließlich auf die nicht eingetragene Gesellschaft zu beziehen, nicht hingegen auf deren Gesellschafter (Baumbach/Hueck/*Servatius* Rn. 13; *Wachter* GmbHR 2017, 1177 (1190 f.)). Die Beteiligungsquote ist für jeden Geschäftsanteil unabhängig von seiner Größe anzugeben; eine teleologische Reduktion der Norm, durch die Kleinstbeteiligungen von unter 1 % ausgeklammert werden, ist methodisch nicht haltbar (OLG München 12.10.2017, NZG 2018, 63). Eine **Rundung** zwecks Vermeidung einer unendlichen Vielzahl von Nachkommastellen steht jedenfalls dann nicht im Widerspruch zu dem Gesetzeszweck, wenn eindeutig erkennbar bleibt, ob die jeweiligen Schwellenwerte des Geldwäschegesetzes erreicht werden (HCL/*Paefgen* Rn. 56; Rowedder/Schmidt-Leithoff/*Görner* Rn. 5a; im Grundsatz auch *Melchior/Böhringer* GmbHR 2017, 1074 (1075 f.); *Wachter* GmbHR 2017, 1177 (1190); *Wicke* DB 2017, 2528 (2529)). Nach § 4 Abs. 1 GesLV (→ Rn. 39) ist eine kaufmännische Rundung bis auf eine Dezimalstelle nach dem Komma nicht zu beanstanden, ausgenommen jedoch eine Abrundung auf 0,0 %, 25,0 % oder 50,0 % (§ 4 Abs. 1 S. 2 GesLV). Die Angabe „<1 %" bei **Kleinstanteilen** sollte der gesetzlichen Vorgabe einer prozentualen Angabe widersprechen (so OLG Nürnberg 23.11.2017, NZG 2018, 61 (62 f.); zust. *Engel* NZG 2018, 175 ff.), was durch den Normzweck indes nicht zwingend geboten war (**aA** deshalb *Wicke* DB 2017, 2528 (2529); s. auch HCL/*Paefgen* Rn. 55; Lutter/Hommelhoff/*Bayer* Rn. 23). Nach § 4 Abs. 4 GesLV ist die Angabe „<1 %" bei Kleinstanteilen zulässig (s. BR-Drs. 105/18, 13).

9 Die auf natürliche Personen zugeschnittene Fassung von § 40 Abs. 1 S. 1 aF führte zu erheblichen Schwierigkeiten, wenn der Geschäftsanteil von einer **Gesellschaft** gehalten wird. Dem trägt nunmehr Abs. 1 S. 2 Rechnung, der für **eingetragene Gesellschaften** klarstellend festlegt, dass auch das zuständige Register und die Registernummer in der Liste anzugeben sind (s. Begr. RegE, BT-Drs. 18/11555, 172). Die Angabe der Firma und des Satzungssitzes ist zwingend vorgeben, was der bisherigen Praxis entspricht. Keine Bedeutung für die Gesellschafterliste hat der Verwaltungssitz der Gesellschaft. Ebenso ist das Gründungsdatum der Gesellschaft nicht in die Liste aufzunehmen (Begr. RegE, BT-Drs. 18/11555, 173) Da S. 2 Hs. 1 für die vorstehenden Angaben ausschließlich an die Registereintragung der Gesellschaft anknüpft, gilt dies nicht nur für juristische Personen, sondern auch für Personenhandelsgesellschaften (Begr. RegE, BT-Drs. 18/11555, 172). Bei Gesellschaften in ausländischer Rechtsform sind die Angaben in S. 2 1. Hs. ebenfalls zwingend anzugeben (Begr. RegE, BT-Drs. 18/11555, 173; Baumbach/Hueck/*Servatius* Rn. 12; HCL/*Paefgen* Rn. 42; *Wachter* GmbHR 2017, 1177 (1181 f.)), sofern die jeweilige Gesellschaft in einem funktional vergleichbaren Register eingetragen ist.

10 Mit den in S. 2 Hs. 2 genannten **nicht eingetragenen Gesellschaften** trägt § 40 Abs. 1 solchen Personenzusammenschlüssen Rechnung, die trotz fehlender Registereintragung als rechtsfähig angesehen werden und deshalb Inhaber eines Geschäftsanteils sein können. Dies betrifft insbesondere die Außen-GbR (Begr. RegE, BT-Drs. 18/11555, 173). Eine Bezeichnung dieser Gesellschaft genügt für die Gesellschafterliste nicht, sondern im Interesse der Transparenz sind (Vor-)Name, Geburtstag und Wohnort aller Gesellschafter anzugeben (Begr. RegE, BT-Drs. 18/11555, 173; Baumbach/Hueck/*Servatius* Rn. 12; zur früheren Rechtslage OLG Hamm 24.5.2016, NZG 2016, 1147 f.; Lutter/Hommelhoff/*Bayer* Rn. 16; *Schaub* GmbHR 2017, 727 (728); offen BGH 26.6.2018, NJW 2018, 2794 Rn. 22), selbst dann, wenn es sich bei der nicht eingetragenen Gesellschaft um eine Publikumsgesellschaft handelt (Begr. RegE, BT-Drs. 18/11555, 173; HCL/*Paefgen* Rn. 43; Lutter/Hommelhoff/*Bayer* Rn. 16). Gehören der nicht eingetragenen Gesellschaft als Mitglieder eingetragene Gesellschaften an, genügen nach dem Normzweck für diese die Angaben in Abs. 1 S. 2 Hs. 1 (*Wachter* GmbHR 2017, 1177 (1184)). Die Angabe einer zusammenfassenden Bezeichnung für die Gesellschafter ist nach dem Gesetzeswortlaut unverzichtbar. Verwendet die Gesellschaft im Rechtsverkehr keine derartige Bezeichnung, ist diese für die Aufnahme in die Gesellschafterliste zu bilden (Rowedder/Schmidt-Leithoff/*Görner* Rn. 4a; **aA** wohl *Wachter* GmbHR 2017, 1177 (1184)). Für **andere Gesamthandsgemeinschaften** (zB Erbengemeinschaften) bleibt es bei der bisherigen Rechtslage, nach der mangels eigener Rechtsfähigkeit stets die von § 40 Abs. 1 S. 1 geforderten Informationen für alle Mitglieder in die Liste aufzunehmen sind (Begr. RegE, BT-Drs. 18/11555, 173; Lutter/Hommelhoff/*Bayer* Rn. 14; *Wicke* DB 2017, 2528 (2531)). Das gilt auch für eine (Innen-)GbR, die mangels Rechtsfähigkeit nicht Inhaber eines Geschäftsanteils sein kann (Begr. RegE, BT-Drs. 18/11555, 173; HCL/*Paefgen* Rn. 48).

11 Offen ist die Rechtslage für Rechtsträger eines Geschäftsanteils, die **keine Gesellschaften** iSv Abs. 1 S. 2 und keine natürlichen Personen sind (zB eingetragene Vereine, rechtsfähige Stiftungen, Körperschaften des öffentlichen Rechts; Gebietskörperschaften). Jedenfalls bei solchen Rechtsträgern, die wie die von Abs. 1 S. 2 Hs. 1 erfassten Gesellschaften in einem Register eingetragen sind, drängt sich eine analoge Anwendung der Vorschrift auf (hierfür *Wachter* GmbHR 2017, 1177 (1181); iErg ebenso Baumbach/Hueck/*Servatius* Rn. 12; HCL/*Paefgen* Rn. 41; *Wicke* DB 2017, 2528 (2531)). Fehlt für das

Rechtssubjekt ein Register, liegt es nahe, an die Rechtslage unter § 40 Abs. 1 S. 1 aF anzuknüpfen und in entsprechender Anwendung von Abs. 1 S. 1 den Namen des Rechtsträgers sowie seines Sitzes ausreichen zu lassen (zB bei Körperschaften des öffentlichen Rechts) (so auch iErg *Wicke* DB 2017, 2528 (2531)). Dieser Weg ist ebenfalls vorzugswürdig, wenn eine Vor-GmbH oder Vor-AG Inhaber eines Geschäftsanteils ist (s. auch *Wicke* DB 2017, 2528 (2531), der zusätzlich die Angabe des zuständigen Registers vorschlägt).

Im Interesse der Übersichtlichkeit der Liste sind Angaben zum Grund der Änderung ebenso ausgeschlossen wie weitere Angaben zur Person des Gesellschafters (*Kort* DB 2011, 2897 (2898 f.); **aA** Baumbach/Hueck/*Servatius* Rn. 15c; MüKoGmbHG/*Heidinger* Rn. 27 f.). Insbesondere steht es nicht im Belieben der Geschäftsführer, den Inhalt der Liste abweichend von den gesetzlichen Anforderungen um weitere Bestandteile zu ergänzen, wie zB die Ankündigung einer Veränderung in der Person der Gesellschafter oder des Umfangs ihrer Beteiligung (BGH 20.9.2011, NZG 2011, 1268 Rn. 10 f.; krit. *Jeep* NJW 2012, 658 (660)) sowie die Aufnahme eines Testamentsvollstreckervermerks (BGH 24.2.2015, NZG 2015, 519 Rn. 8 ff.; OLG Köln 21.7.2014, GmbHR 2014, 1206 (1207 f.); OLG München 15.11.2011, NZG 2012, 391 f.; **aA** zB *Beutel* NZG 2014, 646 ff.; *Herrler* GmbHR 2013, 617 (619 f.)). Eine Ausnahme hiervon begründet § 2 GesLV durch die Vorgabe einer Veränderungsspalte, die sich jedoch ausschließlich auf von § 40 Abs. 1 S. 1 erfasste Veränderungen in der Person des Gesellschafters oder dem Umfang seiner Beteiligung beziehen darf. **12**

Änderungen, die hinsichtlich der Person des Gesellschafters oder bezüglich des Umfangs der Beteiligung eintreten, sind nicht durch Streichung oder Einfügungen in der Liste zu vermerken. Vielmehr sind diese stets im Anschluss an jede Veränderung neu mit den aktuellen Angaben zu erstellen (LG München I 20.8.2009, GmbHR 2010, 151 (152); Baumbach/Hueck/*Servatius* Rn. 16). Deshalb sind auch bei einer versäumten Einreichung nicht die Veränderungen gesammelt nachzuholen, sondern es ist für jede Veränderung eine gesonderte Liste einzureichen (OLG Düsseldorf 18.3.2019, NZG 2019, 821 (823); KG 21.3.2019, NZG 2019, 661 (662); MHLS/*Terlau* Rn. 11 mwN). Maßgebend ist dabei stets die zuletzt zum Handelsregister eingereichte Gesellschafterliste. Das gilt auch dann, wenn eine später eingereichte Liste einen früheren Stand der Veränderung angibt. In diesem Fall ist die spätere Liste in geänderter Fassung erneut einzureichen. Bestätigt wird dies durch die nach Abs. 2 S. 2 zu erteilende Bescheinigung, die sich ausdrücklich auf die „zuletzt aufgenommene Liste" beziehen muss. Beim Einreichen mehrerer Listen am selben Tag kann der Notar die Reihenfolge vorgeben, in der die Listen in das Register aufzunehmen sind (OLG Düsseldorf 18.3.2019, NZG 2019, 821 (823)). Hervorhebung von Änderungen in der neuen Liste ist gestattet, aber nicht notwendig (OLG Jena 22.3.2010, NZG 2010, 519 (592)). Ebenso ist eine Umnummerierung der abgetretenen Geschäftsanteile unter Kennzeichnung ihrer Herkunft zulässig (BGH 1.3.2011, NJW 2011, 1809 Rn. 13; BGH 20.9.2011, NZG 2011, 1268 Rn. 10, **aA** noch OLG Bamberg 2.2.2010, NZG 2010, 675 [Vorinstanz zu BGH 1.3.2011]). Keine Angaben sind zum Grund der Veränderung erforderlich (Baumbach/Hueck/*Servatius* Rn. 8; Lutter/Hommelhoff/*Bayer* Rn. 8), sofern hiervon nicht die Angaben betroffen sind, die nach § 2 GesLV in die Veränderungsspalte aufzunehmen sind. **13**

2. Adressat der Einreichungspflicht. Systematisch stellt § 40 die Einreichung der veränderten Gesellschafterliste durch die Geschäftsführer an den Anfang, obwohl sie die Einreichungspflicht nur subsidiär trifft, wenn eine Mitwirkung des Notars an der Veränderung nicht zu erfolgen hat (→ Rn. 30 ff.). Muss der Notar an Veränderungen iSv Abs. 1 mitwirken, so hat er nach Abs. 2 S. 1 die Pflicht zur Einreichung der veränderten Gesellschafterliste (OLG München 27.5.2009, DB 2009, 1395). Die Geschäftsführer erfüllen mit der Einreichung der aktualisierten Liste keine Verpflichtung der Gesellschaft, sondern eine ihnen kraft Gesetzes persönlich auferlegte Verpflichtung, was die Ersatzpflicht nach Abs. 3 indirekt bestätigt (OLG Brandenburg 12.2.2013, NZG 2013, 507 (508); OLG Jena 5.7.2011, NZG 2011, 909 (910); KG 30.6.2016, GmbHR 2016, 1157 (1158); ebenso *Hasselmann* NZG 2009, 486 (487) mwN; **aA** Lutter/Hommelhoff/*Bayer* Rn. 72: Pflicht der Gesellschaft). Dies spricht dagegen, dass den Gesellschaftern im Hinblick auf eine Einreichung der (ggf. korrigierten) Gesellschafterliste ein auf § 37 Abs. 1 zu stützendes Weisungsrecht zusteht (ebenso Lutter/Hommelhoff/*Bayer* Rn. 72, 102; MüKoGmbHG/*Heidinger* Rn. 120; offen BGH 7.2.2017, BeckRS 2017, 104221 Rn. 16; **aA** Baumbach/Hueck/*Servatius* Rn. 13). **14**

Die Eröffnung eines **Insolvenzverfahrens** entbindet die Geschäftsführer nicht davon, der Pflicht aus Abs. 1 S. 1 nachzukommen (Baumbach/Hueck/*Servatius* Rn. 29; MüKoGmbHG/*Heidinger* Rn. 87; Scholz/*Seibt* Rn. 32); diesbezüglich tritt nicht der Insolvenzverwalter an die Stelle der Geschäftsführer (Lutter/Hommelhoff/*Bayer* Rn. 72; Roth/Altmeppen/*Altmeppen* Rn. 10). **15**

Unabhängig von der Schadensersatzpflicht nach Abs. 3 (→ Rn. 26 ff.) kann der Gesellschafter, dessen Anteil von der Änderung betroffen ist, die Pflicht zur Einreichung der aktualisierten Gesellschafterliste gerichtlich mittels einer Leistungsklage durchsetzen (**primärer Erfüllungsanspruch,** s. OLG Brandenburg 12.2.2013, NZG 2013, 507 (508); OLG Hamm 16.4.2014, BeckRS 2014, 09536; KG 10.7.2019, NZG 2019, 913 (913); KG 13.8.2019, BeckRS 2019, 18142; LG Neuruppin 10.8.2012, BeckRS 2012, 19330; Baumbach/Hueck/*Servatius* Rn. 30; *Hasselmann* NZG 2009, 486 (489); HCL/*Paefgen* Rn. 152; **16**

Lutter/Hommelhoff/*Bayer* Rn. 58; MüKoGmbHG/*Heidinger* Rn. 73; Roth/Altmeppen/*Altmeppen* Rn. 12). Die Legitimationswirkung der beim Handelsregister eingereichten (materiell unrichtigen) Gesellschafterliste (§ 16 Abs. 1; dazu BGH 2.7.2019, NJW 2019, 3155 Rn. 35 ff.) steht dem nicht entgegen; die Norm bedarf einer teleologischen Reduktion, da dem Berechtigten andernfalls verwehrt würde, eine Korrektur der fehlerhaften Liste gerichtlich durchzusetzen (iErg auch *Maier-Reimer,* FS Marsch-Barner, 2019, 335 (340 f.)). Der Anspruch besteht ausschließlich gegenüber der Gesellschaft, nicht jedoch gegenüber den Geschäftsführern (OLG Hamm 16.4.2014, BeckRS 2014, 09536; OLG Jena 9.10.2013, NZG 2014, 902 (903); KG 10.7.2019, NZG 2019, 913; OLG München 29.7.2010, GmbHR 2011, 429 f.; Baumbach/Hueck/*Servatius* Rn. 30; *Bayer* FS Marsch-Barner, 2019, 35 (40 f.); HCL/*Paefgen* Rn. 152, 154; Lutter/Hommelhoff/*Bayer* Rn. 58; Roth/Altmeppen/*Altmeppen* Rn. 12; **aA** OLG Brandenburg 12.2.2013, NZG 2013, 507 (508)). Änderungen an einer bereits eingereichten Gesellschafterliste können hierdurch nicht durchgesetzt werden (OLG München 17.7.2015, NZG 2015, 1272). Verbreitet wird es für möglich erachtet, den Erfüllungsanspruch auch mittels einstweiliger Verfügung durchzusetzen (OLG Jena 29.8.2018 – 2 U 94/18, mwN; *Bayer* FS Marsch-Barner, 2019, 35 (42 ff.); *Fischer* GmbHR 2018, 1257 (1259); Lutter/Hommelhoff/*Bayer* Rn. 100 ff.; offen OLG München 17.7.2015, NZG 2015, 1272). Spiegelbildlich umfasst der Erfüllungsanspruch auch einen Anspruch des Gesellschafters gegen die Gesellschaft, die **Einreichung einer materiell unrichtigen Liste zu unterlassen;** dieser kann ebenfalls mittels einstweiliger Verfügung durchgesetzt werden (BGH 2.7.2019, NJW 2019, 3155 Rn. 39 (dazu *Bayer* GmbHR 2020, 1, 4 ff.); OLG Jena 29.8.2018 – 2 U 94/18). Unabhängig davon, wird dem materiell berechtigten Gesellschafter auch ein **Berichtigungsanspruch** gegen den zu Unrecht eingetragenen **Scheingesellschafter** zugebilligt (KG 13.8.2019, BeckRS 2019, 18142).

17 **3. Einreichung der aktualisierten Liste.** Die Einreichung der aktualisierten Liste hat **ohne schuldhaftes Zögern** (§ 121 BGB) nach hinreichend sicherer Kenntnis vom Eintritt der Veränderung zu erfolgen. Hängt die Veränderung vom Eintritt einer Bedingung ab, besteht die Pflicht zur Einreichung einer aktualisierten Gesellschafterliste erst mit Eintritt der Bedingung (BGH 20.9.2011, NZG 2011, 1268 Rn. 11). Inhaltlich muss diese auch bei einer verspäteten Übermittlung dem Stand am Tag der Übermittlung an das Registergericht entsprechen (Baumbach/Hueck/*Servatius* Rn. 33; Lutter/Hommelhoff/*Bayer* Rn. 63; Roth/Altmeppen/*Altmeppen* Rn. 9).

18 Die **Unterzeichnung** der aktualisierten Liste hat durch **alle Geschäftsführer** zu erfolgen, da sie keine Pflicht der Gesellschaft, sondern eine eigene in Abs. 1 begründete Verpflichtung erfüllen (*Hasselmann* NZG 2009, 486 (487)). Obwohl § 78 deshalb an sich nicht eingreift, reicht eine Unterzeichnung in vertretungsberechtigter Zahl nach hM jedoch aus (so OLG Jena 5.7.2011, NZG 2011, 909 (910); Baumbach/Hueck/*Servatius* Rn. 35; HCL/*Paefgen* Rn. 111; Lutter/Hommelhoff/*Bayer* Rn. 60; MHLS/*Terlau* Rn. 21). Auch nach dieser Auffassung genügt die Unterzeichnung durch einen Geschäftsführer mit einem Prokuristen iRe unechten Gesamtvertretung jedoch nicht (OLG Jena 5.7.2011, NZG 2011, 909 (910); Baumbach/Hueck/*Servatius* Rn. 35).

19 Die Anforderungen an die **Unterschrift** bestimmen sich grundsätzlich nach § 126 BGB, elektronische Form (§ 126a BGB) ist jedoch nicht ausgeschlossen (HCL/*Paefgen* Rn. 86; Lutter/Hommelhoff/*Bayer* Rn. 60; Roth/Altmeppen/*Altmeppen* Rn. 13). Textform (§ 126b BGB) genügt hingegen nicht (Baumbach/Hueck/*Servatius* Rn. 35). Die **Einreichung bei dem Registergericht** geschieht durch Übermittlung einer qualifiziert elektronisch signierten Datei oder elektronischen Aufzeichnung (§ 12 Abs. 2 S. 2 HGB; OLG Jena 25.5.2010, NJW-RR 2010, 1190; HCL/*Paefgen* Rn. 90; Lutter/Hommelhoff/*Bayer* Rn. 60; MüKoGmbHG/*Heidinger* Rn. 118). Einzelheiten zur elektronischen Einreichung können die Landesregierungen durch Rechtsverordnung festlegen (Abs. 5; s. Begr. RegE, BT-Drs. 18/11555, 174 f.).

20 Eine umfassende **rechtliche Überprüfung** der mitgeteilten Veränderung **durch das Registergericht** erfolgt nicht, es hat die eingereichte Liste lediglich **in formeller Hinsicht,** insbesondere den nahtlosen Anschluss an die letzte Liste zu prüfen (BGH 20.9.2011, NZG 2011, 1268 Rn. 10; BGH 17.12.2013, NJW 2014, 2026 Rn. 9; BGH 24.2.2015, NZG 2015, 519 Rn. 7; BGH 26.6.2018, NJW 2018, 2794 Rn. 9; OLG Hamburg 2.2.2010, GmbHR 2010, 594 (595); OLG Jena 22.3.2010, NZG 2010, 591 (592); KG 30.6.2016, NZG 2016, 987 (988); KG 13.9.2018, NZG 2019, 1111 (1112); KG 25.9.2018, BeckRS 2018, 46454; KG 18.12.2019, NZG 2020, 907; OLG Köln 19.7.2013, NZG 2013, 1431 (1432); OLG Köln 21.7.2014, GmbHR 2014, 1206 (1207); OLG München 8.9.2009, NZG 2009, 1192 (1193); OLG München 15.11.2011, NZG 2012, 391; OLG Nürnberg 23.11.2017, NZG 2018, 61 (61 f.); OLG Nürnberg 28.12.2017, NZG 2018, 312 (313); OLG Rostock 25.1.2017, GmbHR 2017, 523 (524); HCL/*Paefgen* Rn. 101; Lutter/Hommelhoff/*Bayer* Rn. 68; MHLS/*Terlau* Rn. 22, 41; Roth/Altmeppen/*Altmeppen* Rn. 14; Rowedder/Schmidt-Leithoff/*Görner* Rn. 44; offen noch BGH 1.3.2011, NJW 2011, 1809 Rn. 12; s. ferner *Herrler* GmbHR 2013, 617 (622 ff.)). Dies umfasst auch die Kompetenz, die in der Gesellschafterliste aufgenommene Prozentangabe (→ Rn. 8) zu überprüfen (OLG München 12.10.2017, NZG 2018, 63; OLG Nürnberg 23.11.2017, NZG 2018, 61 (62); dazu auch *Cramer* NZG 2018, 721 ff.; krit. *Lieder/Cziupka* GmbHR 2018, 231 (233)), was die

rechnerische Richtigkeit einschließt (HCL/*Paefgen* Rn. 101). Ebenso ist das Registergericht zu der Prüfung berechtigt, ob der aus dem Register ersichtliche Geschäftsführer die Liste erstellt und unterschrieben hat (KG 12.6.2018, NZG 2019, 314) oder Veränderungen in der Person eines Gesellschafters oder des Umfangs der Beteiligung tatsächlich eingetreten sind (KG 13.9.2018, NZG 2019, 1111 (1112)). Anders ist im Hinblick auf die **inhaltliche Richtigkeit** der eingereichten Liste zu entscheiden. Insoweit kommt eine zusätzliche Nachweispflicht der Geschäftsführer allenfalls dann in Betracht, wenn sich Zweifel aufdrängen (s. OLG Köln 19.7.2013, NZG 2013, 1431 (1432); OLG München 8.9.2009, NZG 2009, 1192 (1193) sowie Baumbach/Hueck/*Servatius* Rn. 75; HCL/*Paefgen* Rn. 100, 103; Lutter/Hommelhoff/*Bayer* Rn. 70 jeweils mwN; offen BGH 17.12.2013, NJW 2014, 2026 Rn. 23; KG 30.6.2016, NZG 2016, 987 (989); KG 12.6.2018, NZG 2019, 314 (315); OLG Nürnberg 28.12.2017, NZG 2018, 312 (313)). Ist über die mitzuteilende Veränderung ein Rechtsstreit anhängig, kann das Registergericht die Aufnahme der Liste in das Register nach § 21 FamFG aussetzen (OLG Hamburg 24.9.2014, NZG 2015, 72; OLG Köln 26.6.2014, BeckRS 2016, 05802; **aA** Lutter/Hommelhoff/*Bayer* Rn. 70).

4. Auslösung der Einreichungspflicht. Zur Änderung der Gesellschafterliste sind die Geschäftsführer erst nach erfolgter **Mitteilung der Änderung** befugt. Eine Mitwirkung des bisher Eingetragenen ist bei einer Veränderung der Gesellschafterliste nicht erforderlich; es gilt kein formelles Konsensprinzip (KG 10.7.2019, NZG 2019, 913 (914)). Grundsätzlich sind die Geschäftsführer nicht berechtigt oder verpflichtet, eine von ihnen für unrichtig gehaltene Gesellschafterliste zu ändern (treffend HCL/*Paefgen* Rn. 119; Lutter/Hommelhoff/*Bayer* Rn. 73; **aA** Baumbach/Hueck/*Servatius* Rn. 39; *Hasselmann* NZG 2009, 486 (489); Roth/Altmeppen/*Altmeppen* Rn. 7). Eine Ausnahme kommt nur bei einer Mitwirkung des Geschäftsführers bei der Änderung und bei der Korrektur technischer Defizite oder bloßen Textberichtigungen (OLG München 30.1.2012, NZG 2012, 349 (350); Baumbach/Hueck/*Servatius* Rn. 40; HCL/*Paefgen* Rn. 120; Lutter/Hommelhoff/*Bayer* Rn. 73; Rowedder/Schmidt-Leithoff/*Görner* Rn. 32) sowie bei der Korrektur einer vom Notar erstellten Gesellschafterliste in Betracht (BGH 17.12.2013, NZG 2014, 184 Rn. 33 ff.; ferner *Lieder* NZG 2016, 271 (273 ff.) → Rn. 34). 21

Die **Person des Mitteilenden** konkretisiert Abs. 1 S. 4 nicht. Gemeint ist der betroffene Gesellschafter, dessen Gesellschaftsanteil durch die Veränderung betroffen ist (Baumbach/Hueck/*Servatius* Rn. 19). Die alleinige Mitteilung durch den Erwerber eines Geschäftsanteils reicht deshalb nicht aus, vielmehr muss auch der Veräußerer der Mitteilung zustimmen. Die Mitteilung ist an die Geschäftsführer zu richten, bedarf jedoch keiner **Form,** sofern der Gesellschaftsvertrag diese nicht vorschreibt (Baumbach/Hueck/*Servatius* Rn. 23; HCL/*Paefgen* Rn. 124; Lutter/Hommelhoff/*Bayer* Rn. 74). Im Übrigen ist die Mitteilung nicht auf die Herbeiführung einer Rechtsfolge gerichtet und deshalb eine **geschäftsähnliche Handlung** (ebenso Baumbach/Hueck/*Servatius* Rn. 22; HCL/*Paefgen* Rn. 122; Lutter/Hommelhoff/*Bayer* Rn. 74; Roth/Altmeppen/*Altmeppen* Rn. 10; Rowedder/Schmidt-Leithoff/*Görner* Rn. 32), auf die die Bestimmungen über Willenserklärungen jedoch entsprechend anzuwenden sind. Eine Pflicht des Gesellschafters zur Mitteilung kennt das Gesetz ebenso wenig wie einen Anspruch auf Mitteilung der Veränderung an die Geschäftsführer (Baumbach/Hueck/*Servatius* Rn. 24; wohl auch Rowedder/Schmidt-Leithoff/*Görner* Rn. 32; **aA** Lutter/Hommelhoff/*Bayer* Rn. 79; Roth/Altmeppen/*Altmeppen* Rn. 10: Pflicht der Gesellschafter zur Mitteilung an die Gesellschaft). 22

5. Nachweis der Veränderung. Der in Abs. 1 S. 4 angesprochene **Nachweis** dient dazu, den Geschäftsführern eine überzeugende Unterrichtung über die Veränderung zu verschaffen. Indirekt gibt das Gesetz damit zu erkennen, dass die Geschäftsführer eine Prüfungsobliegenheit trifft (s. Begr. RegE, BT-Drs. 16/6140, 44; HCL/*Paefgen* Rn. 132; Lutter/Hommelhoff/*Bayer* Rn. 75; MüKoGmbHG/*Heidinger* Rn. 103; Roth/Altmeppen/*Altmeppen* Rn. 11). 23

Die **Form** des Nachweises hängt von der Art der Veränderung sowie den Umständen des Einzelfalls ab. War der Geschäftsführer an der Veränderung beteiligt, kann auf einen förmlichen Nachweis verzichtet werden (BGH 13.10.2008, DB 2008, 2587 (2588)). Im Übrigen kann die Veränderung durch Vorlage der Abtretungsurkunde, des Erbscheins, ggf. aber auch mittels mündlicher Bekundungen der Beteiligten (zB beim Wohnortwechsel) geschehen (s. Baumbach/Hueck/*Servatius* Rn. 26; HCL/*Paefgen* Rn. 135 ff.; MüKoGmbHG/*Heidinger* Rn. 105; Rowedder/Schmidt-Leithoff/*Görner* Rn. 43). Hängt die Wirksamkeit der Veränderung von der Einhaltung einer Form ab (zB Anteilsabtretung), kann von dem Nachweis, dass die Form gewahrt wurde, nicht abgesehen werden, mag auch eine übereinstimmende Mitteilung der Beteiligten eine Vermutung für den Rechtsübergang begründen (Baumbach/Hueck/*Servatius* Rn. 25; HCL/*Paefgen* Rn. 142; Lutter/Hommelhoff/*Bayer* Rn. 77). 24

6. Pflichtverletzung. a) Registerzwang. Kommen die Geschäftsführer ihrer Pflicht zur Einreichung nicht nach, dann kann das Registergericht diese mit Hilfe des Registerzwangs (§ 14 HGB) durchsetzen (OLG Brandenburg 12.2.2013, NZG 2013, 507 (508); Lutter/Hommelhoff/*Bayer* Rn. 57; Rowedder/Schmidt-Leithoff/*Görner* Rn. 47). Mangels entsprechender Kenntnis läuft dieses Instrument 25 der Rechtsdurchsetzung jedoch regelmäßig leer. Eine Löschung der zum Handelsregister eingereichten fehlerhaften Gesellschafterliste kommt weder nach § 395 FamFG noch entsprechend § 395 FamFG in Betracht (KG 5.7.2016, NZG 2016, 987 (988)). Abgesehen von der Möglichkeit, einer fehlerhaften Gesellschafterliste einen Widerspruch zuzuordnen, kann diese nur mit Wirkung für die Zukunft durch eine geänderte neue Gesellschafterliste korrigiert werden (KG 5.7.2016, NZG 2016, 987 (988); zur Durchsetzung mittels einstweiliger Verfügung s. *Fischer* GmbHR 2018, 1257 (1259 ff.); *Lieder* NZG 2016, 271 ff. mwN).

26 **b) Ersatzanspruch.** Wegen der Defizite des Registerzwangs versucht das Gesetz die Durchsetzung der Verpflichtung nach Abs. 1 mittels einer gesamtschuldnerischen Haftung sicherzustellen, wenn die Geschäftsführer ihrer Einreichungspflicht nicht nachkommen (zum primären Erfüllungsanspruch → Rn. 16). Die Haftung nach Abs. 3 tritt nicht nur ein, wenn der Geschäftsführer die Einreichung der Gesellschafterliste gänzlich unterlässt, sondern auch, wenn die Einreichung verspätet oder unvollständig erfolgt (Baumbach/Hueck/*Servatius* Rn. 42; HCL/*Paefgen* Rn. 234; Lutter/Hommelhoff/*Bayer* Rn. 107; MHLS/*Terlau* Rn. 44;).

27 Neben der Pflichtverletzung setzt der Haftungstatbestand Verschulden voraus (Begr. RegE, BT-Drs. 16/6140, 43; Baumbach/Hueck/*Servatius* Rn. 43; HCL/*Paefgen* Rn. 236; *Kanzleiter* FS G. H. Roth, 2011, 355 (363); Lutter/Hommelhoff/*Bayer* Rn. 107; Roth/Altmeppen/*Altmeppen* Rn. 27; Scholz/*Seibt* Rn. 96), dass jedoch wie iRv § 43 (→ § 43 Rn. 57) zu vermuten ist (Baumbach/Hueck/*Servatius* Rn. 43; HCL/*Paefgen* Rn. 249; Lutter/Hommelhoff/*Bayer* Rn. 107; Roth/Altmeppen/*Altmeppen* Rn. 27; Rowedder/Schmidt-Leithoff/*Görner* Rn. 49). Voraussetzung für die Haftung ist ferner, dass die Pflichtverletzung der Geschäftsführer für den eingetretenen Schaden kausal geworden ist (Baumbach/Hueck/*Servatius* Rn. 42; HCL/*Paefgen* Rn. 248; Lutter/Hommelhoff/*Bayer* Rn. 107; Roth/Altmeppen/*Altmeppen* Rn. 27; Scholz/*Seibt* Rn. 101).

28 Die Ersatzpflicht besteht sowohl gegenüber den Gläubigern der Gesellschaft als auch gegenüber den Gesellschaftern. Ein **Ersatzanspruch der Gläubiger** kommt in Betracht, wenn diese auf einen gegenwärtigen oder früheren Gesellschafter hätten zugreifen können, wenn ihnen die Veränderung bekannt gewesen wäre. Stets muss es sich jedoch um Gläubiger der Gesellschaft handeln. Privatgläubiger der Gesellschafter bezieht Abs. 3 nach dem ausdrücklichen Wortlaut der Norm nicht ein (Baumbach/Hueck/*Servatius* Rn. 46; Rowedder/Schmidt-Leithoff/*Görner* Rn. 49). Als ersatzfähiger Schaden kommen insbesondere die für die Ermittlung des richtigen Gesellschafters sowie die durch die Inanspruchnahme eines falschen Gesellschafters entstehenden Kosten, ggf. auch ein Forderungsausfall infolge verspäteter Geltendmachung in Betracht (HCL/*Paefgen* Rn. 244 ff.; Lutter/Hommelhoff/*Bayer* Rn. 107; MHLS/*Terlau* Rn. 44; Roth/Altmeppen/*Altmeppen* Rn. 27; Rowedder/Schmidt-Leithoff/*Görner* Rn. 49).

29 Darüber hinaus bezieht Abs. 3 auch die **Gesellschafter** in den Kreis der Ersatzberechtigten ein, beschränkt sich allerdings auf diejenigen, deren Beteiligung sich geändert hat. Deshalb besteht keine Ersatzpflicht der Geschäftsführer, wenn die Einreichungspflicht wegen Veränderungen in den Angaben zur Person der Gesellschafter verletzt wurde (Baumbach/Hueck/*Servatius* Rn. 48). In Betracht kommt eine Ersatzpflicht wegen einer Veränderung der Beteiligung zB, wenn ein neuer Gesellschafter wegen fehlender Eintragung in der Gesellschafterliste seine Gesellschafterrechte nicht ausüben kann oder ein früherer Gesellschafter wegen unterbliebener Änderung der Gesellschafterliste von Gläubigern der Gesellschaft in Anspruch genommen wird (Baumbach/Hueck/*Servatius* Rn. 47; Lutter/Hommelhoff/*Bayer* Rn. 107).

III. Einreichungspflicht des Notars (Abs. 2)

30 **1. Allgemeines.** Die Einreichungspflicht des Notars trägt der Aufwertung der Gesellschafterliste durch § 16 Rechnung. Sie liegt vor allem in verfahrensökonomischen Erwägungen begründet, ohne dass die Beteiligung des Notars eine erhöhte Richtigkeitsgewähr der von ihm erstellten Gesellschafterliste rechtfertigt (BGH 17.12.2013, NZG 2014, 184 Rn. 35). Die Einreichung der Gesellschafterliste ist sowohl **Vollzugstätigkeit,** da der Notar an die Stelle der Geschäftsführer tritt, als auch eine **öffentlich-rechtliche Aufgabe** kraft Amtsstellung (BGH 1.3.2011, NJW 2011, 1809 Rn. 10; OLG München 6.2.2013, NZG 2013, 340 (341); Baumbach/Hueck/*Servatius* Rn. 49; Lutter/Hommelhoff/*Bayer* Rn. 80; Scholz/*Seibt* Rn. 55).

31 Deshalb trifft **ausländische Notare,** die an der Veränderung mitwirken oder die Beurkundung ausschließlich durchführen, nicht die Pflicht zur Einreichung einer aktualisierten Gesellschafterliste (OLG München 6.2.2013, NZG 2013, 340; Baumbach/Hueck/*Servatius* Rn. 69; *Hasselmann* NZG 2009, 449 (453); HCL/*Paefgen* Rn. 157; Lutter/Hommelhoff/*Bayer* Rn. 51; *Mayer* ZIP 2009, 1037 (1046); Roth/Altmeppen/*Altmeppen* Rn. 20; Scholz/*Seibt* Rn. 89), ohne dass hieraus jedoch die Unzulässigkeit einer Auslandsbeurkundung folgt (so OLG Düsseldorf 2.3.2011, NZG 2011, 388 (389); krit. *Wicke* DB 2011, 1037 (1041)). Wird die Beurkundung im Ausland durchgeführt, bleibt deshalb die Einreichungspflicht der Geschäftsführer nach Abs. 1 bestehen (OLG Düsseldorf 2.3.2011, NZG 2011,

388 (390); HCL/*Paefgen* Rn. 157; *Löbbe* GmbHR 2012, 7 (13); Lutter/Hommelhoff/*Bayer* Rn. 51; MüKoGmbHG/*Heidinger* Rn. 262; Roth/Altmeppen/*Altmeppen* Rn. 20). Ungeachtet dessen ist auch der ausländische Notar zur Einreichung der von ihm beurkundeten Liste berechtigt, wenn das deutsche Recht die Beurkundung als eine solche anerkennt, die einer Beurkundung durch einen deutschen Notar gleichwertig ist (BGH 17.12.2013, NJW 2014, 2026 Rn. 11 ff. (dazu *Böcker* DZWIR 2014, 234 ff. und *Götze/Mörtel* NZG 2014, 369 ff.); OLG Düsseldorf 2.3.2011, NZG 2011, 388 (390); *Kanzleiter* FS G. H. Roth, 2011, 355 (357); **aA** OLG München 6.2.2013, NZG 2013, 340 f. [Vorinstanz zu BGH 17.12.2013]; *Kindler* RIW 2011, 257 (261); *Löbbe* GmbHR 2012, 7 (14); Lutter/Hommelhoff/*Bayer* Rn. 52; MüKoGmbHG/*Heidinger* Rn. 260; Roth/Altmeppen/*Altmeppen* Rn. 20; Scholz/*Seibt* Rn. 90). Vom gegenteiligen Standpunkt aus kommt allerdings in Betracht, dass der ausländische Notar als Bote der Geschäftsführer die Liste einreicht (so Lutter/Hommelhoff/*Bayer* Rn. 51; Roth/Altmeppen/*Altmeppen* Rn. 21; im Grundsatz auch Baumbach/Hueck/*Servatius* Rn. 71).

2. Auslösung der Einreichungspflicht. Die Einreichungspflicht knüpft an die Mitwirkung an, 32
erfasst bei einer Beteiligung mehrerer Notare jedoch nicht jegliche notarielle Tätigkeit. Ohne Mitwirkung an einer verändernden Beurkundung, besteht keine Einreichungspflicht, auch § 15 BNotO erweitert diese nicht (LG Düsseldorf 17.5.2018, NJW-RR 2018, 938 (940)). Die Einreichungspflicht soll lediglich denjenigen treffen, der den beurkundungspflichtigen Vorgang insgesamt überblickt (Baumbach/Hueck/*Servatius* Rn. 51; s. auch OLG Hamm 2.11.2011, NZG 2011, 1395 (1396); OLG Hamm 25.9.2013, NZG 2014, 585). Dies trifft zB zu, wenn die Abtretung eines Geschäftsanteils beurkundet wird (Baumbach/Hueck/*Servatius* Rn. 53; Lutter/Hommelhoff/*Bayer* Rn. 80), selbst wenn dies lediglich das Angebot der Abtretung betrifft (OLG München 24.10.2012, NZG 2013, 822 f.). Bei Beschlüssen über Kapitalmaßnahmen kommt es hingegen idR nicht auf den die Eintragung in das Handelsregister bewirkenden Notar an, da der alleinige Anmeldevorgang nicht ausreicht, um den Gesamtvorgang der Kapitalmaßnahme zu übersehen. IdR trifft deshalb denjenigen die Pflicht zur Einreichung, der den Gesellschafterbeschluss beurkundet (Baumbach/Hueck/*Servatius* Rn. 54; s. zur mittelbaren Mitwirkung OLG Hamm 1.12.2009, NJW-RR 2010, 390 f.; OLG Hamm 25.9.2013, NZG 2014, 585; *Heilmeier* NZG 2012, 217 ff.; *Löbbe* GmbHR 2012, 7 (10 ff.)). Die Beurkundung der Firmenänderung hinsichtlich eines GmbH-Gesellschafters reicht deshalb nicht aus, um die Pflicht zur Einreichung einer geänderten Gesellschafterliste auszulösen (OLG Hamm 2.11.2011, NZG 2011, 1395 (1396)).

Die Einreichungspflicht des mitwirkenden Notars tritt an die Stelle der Pflicht der Geschäftsführer 33
nach Abs. 1. Er vertritt nicht die Geschäftsführer, sondern kommt mit der Einreichung einer originären Pflicht nach (s. auch BGH 1.3.2011, NJW 2011, 1809 Rn. 10; KG 30.6.2016, GmbHR 2016, 1157 (1158); OLG Köln 7.5.2010, NZG 2011, 556 f.; OLG München 27.5.2009, DB 2009, 1395; OLG München 6.2.2013, NZG 2013, 340; OLG Nürnberg 28.12.2017, NZG 2018, 312 (313)), die unter der Voraussetzung des § 40 Abs. 2 die Pflicht des Geschäftsführers verdrängt, die Gesellschafterliste einzureichen (KG 6.8.2018, NJW 2019, 1111 (1112)). Gleichwohl stehen die Pflichten nach Abs. 1 und Abs. 2 nicht unverbunden nebeneinander. Bedeutsam ist dies, wenn der Notar seine Pflicht nach Abs. 2 nicht erfüllt. Im Hinblick auf den Zweck der Norm bleiben die Geschäftsführer zur Einreichung nach Abs. 1 verpflichtet, wenn sie die entsprechenden Mitteilungen erhalten. Der Pflicht nach Abs. 1 entfällt deshalb nur, wenn der Notar tatsächlich seiner Pflicht nach Abs. 2 nachkommt (Baumbach/Hueck/*Servatius* Rn. 57; **aA** HCL/*Paefgen* Rn. 155; Roth/Altmeppen/*Altmeppen* Rn. 16: Verpflichtung der Geschäftsführer entfällt generell). Darüber hinaus verbleibt dem Geschäftsführer eine Korrekturzuständigkeit, wenn er der Auffassung ist, dass die vom Notar erstellte Gesellschafterliste fehlerhaft ist (BGH 17.12.2013, NZG 2014, 184 Rn. 33 ff.; OLG Rostock 25.1.2017, GmbHR 2017, 523 (525); Baumbach/Hueck/*Servatius* Rn. 38; Lutter/Hommelhoff/*Bayer* Rn. 54 ff. → Rn. 35).

Zur Einreichung der aktualisierten Gesellschafterliste ist der Notar erst verpflichtet, wenn die Ver- 34
änderung wirksam geworden ist (zB durch Bedingungseintritt) und er hiervon Kenntnis hat (s. BGH 20.9.2011, NZG 2011, 1268 Rn. 11; BGH 2.7.2019, NZG 2019, 979 Rn. 46; OLG Hamburg 12.7.2010, NZG 2010, 1157 (1158); OLG München 8.9.2009, NZG 2009, 1192 (1193); OLG Rostock 25.1.2017, GmbHR 2017, 523 (524); **aA** wohl LG Neuruppin 10.8.2012, BeckRS 2012, 19330, das eine „Mitwirkung" jedenfalls dann verneint, wenn der Notar an dem Eintritt der Bedingung nicht beteiligt ist). Insbesondere bei Veränderungen, die unter einer aufschiebenden Bedingung stehen, ist der Notar nicht von Amts wegen verpflichtet, über deren Eintritt Nachforschungen anzustellen (OLG Brandenburg 12.2.2013, GmbHR 2013, 309 (310); OLG Hamm 25.9.2013, NZG 2014, 585; Baumbach/Hueck/*Servatius* Rn. 58; HCL/*Paefgen* Rn. 196; Lutter/Hommelhoff/*Bayer* Rn. 87; *Mayer* DNotZ 2008, 403 (409) Rowedder/Schmidt-Leithoff/*Görner* Rn. 37). Den Eintritt etwaiger Bedingungen hat sich der Notar ggf. nachweisen zu lassen (Baumbach/Hueck/*Servatius* Rn. 59; *Hasselmann* NZG 2009, 486 (491); HCL/*Paefgen* Rn. 195; Lutter/Hommelhoff/*Bayer* Rn. 87; *Mayer* ZIP 2009, 1037 (1047); Rowedder/Schmidt-Leithoff/*Görner* Rn. 38; s. auch OLG Düsseldorf 2.3.2011, NZG 2011, 388 (389); OLG München 8.9.2009, NZG 2009, 1192 (1193)). Umgekehrt besteht eine Pflicht zur

Einreichung der die Änderung ausweisenden Gesellschafterliste nicht, wenn Zweifel an der Rechtswirksamkeit der Veränderung bestehen; erst wenn die Zweifel ausgeräumt sind, besteht die Pflicht zur Einreichung (BGH 2.7.2019, NZG 2019, 979 Rn. 46).

35 **3. Umfang der Pflicht.** Da der Notar die aktualisierte Gesellschafterliste an Stelle der Geschäftsführer einreicht, hat er die Liste ebenso wie der Geschäftsführer iRv Abs. 1 neu und in aktualisierter Fassung vollständig zu erstellen (Baumbach/Hueck/*Servatius* Rn. 66). Im Übrigen gelten die Grundsätze zur Einreichung der aktualisierten Gesellschafterliste in → Rn. 7 für Notare entsprechend. Das gilt auch für die Prüfung der eingereichten Liste durch das Registergericht (s. OLG München 27.5.2009, NJW-RR 2009, 972; → Rn. 20). Zu unterschreiben ist die aktualisierte Gesellschafterliste jedoch stets von dem Notar (OLG München 27.5.2009, NJW-RR 2009, 972; s. auch KG 20.6.2011, NZG 2012, 315 (316)), eine Mitunterzeichnung durch den Geschäftsführer ist aber unschädlich (OLG München 16.2.2010, DB 2010, 1170 f.). Zur Berichtigung einer eingereichten Liste wegen offensichtlicher Unrichtigkeit s. OLG Nürnberg 28.12.2017, NZG 2018, 312 (314); Baumbach/Hueck/*Servatius* Rn. 67; abl. *Lieder/Cziupka* GmbHR 2018, 231 (235 ff.)). Die aktualisierte Liste ist auch an die durch die Geschäftsführer vertretene Gesellschaft zu übermitteln, ohne dass hierbei eine bestimmte Form zu wahren ist (Rowedder/Schmidt-Leithoff/*Görner* Rn. 43). Die Übermittlung beschränkt das Gesetz auf die Gesellschaft; an die Gesellschafter ist die aktualisierte Liste nicht zu übermitteln (Baumbach/Hueck/*Servatius* Rn. 68; *Hasselmann* NZG 2009, 486 (492); HCL/*Paefgen* Rn. 223). Die Übermittlung der Abschrift an die von dem Geschäftsführer vertretene Gesellschaft hat vor allem den Zweck, ihm eine Überprüfung der geänderten Liste zu ermöglichen (BGH 17.12.2013, NZG 2014, 184 Rn. 33; **aA** noch *Herrler* GmbHR 2013, 617 (620 f.)). Hieraus folgt zugleich die Berechtigung des Geschäftsführers, nach Einholung einer Stellungnahme des Betroffenen eine Korrektur der Gesellschafterliste bei dem Registergericht einzureichen (s. BGH 17.12.2013, NZG 2014, 184 Rn. 34 ff.; näher *Lieder* NZG 2016, 271 (273 ff.)). Die Zuständigkeit des Notars zur Einreichung der Liste steht dem nicht entgegen, da diese die Zuständigkeit des Geschäftsführers nicht verdrängen soll (BGH 17.12.2013, NZG 2014, 184 Rn. 34 f.). Anhaltspunkte für eine exklusive Notarzuständigkeit lassen sich aus § 40 Abs. 2 nicht ableiten (**aA** *Herrler* GmbHR 2013, 617 (620 f.)).

36 **4. Bescheinigung des Notars.** Im Unterschied zu Abs. 1 verpflichtet Abs. 2 S. 2 den mitwirkenden Notar dazu, der bei dem Registergericht einzureichenden aktualisierten Liste eine Bescheinigung beizufügen, dass die eingereichte Liste ohne die Veränderungen mit dem Inhalt der zuletzt eingereichten Gesellschafterliste übereinstimmt. Im Hinblick auf den Zweck der Norm ist damit jedoch stets die aktuellste Liste gemeint, sodass die zuletzt in den Registerordner aufgenommene Liste dann nicht maßgeblich ist, wenn diese zeitlich gesehen nicht die aktuellste ist (OLG München 26.1.2012, NZG 2012, 588 (589)). Eine gesonderte Unterzeichnung der Bescheinigung durch den Notar ist nicht erforderlich (OLG München 27.5.2009, DB 2009, 1395). Sie hat jedoch der Form des § 39a BeurkG zu genügen (OLG Jena 25.5.2010, NJW-RR 2010, 1190; HCL/*Paefgen* Rn. 211; Lutter/Hommelhoff/*Bayer* Rn. 93; MüKoGmbHG/*Heidinger* Rn. 222).

37 Die Richtigkeit der bereits bei dem Registergericht befindlichen Gesellschafterliste wird von dem Notar nicht bescheinigt (Baumbach/Hueck/*Servatius* Rn. 65; HCL/*Paefgen* Rn. 206). Seine Bescheinigung beschränkt sich ausschließlich auf die Bekundung, dass im Hinblick auf die Liste keine weiteren Änderungen eingetreten sind, an denen er mitgewirkt hat (*Hasselmann* NZG 2009, 486 (492)). Deshalb ist die Bescheinigung selbst kein Rechtsscheinträger (OLG Stuttgart 7.4.2011, NZG 2011, 752 (753); HCL/*Paefgen* Rn. 206; *Lieder* AcP 210 (2010), 857 (903); MüKoGmbHG/*Heidinger* Rn. 239; Roth/Altmeppen/*Altmeppen* Rn. 16).

38 **5. Pflichtverletzung.** Verletzt der Notar seine Einreichungspflicht, so trifft ihn ausschließlich die berufsrechtliche Haftung nach § 19 BNotO (Baumbach/Hueck/*Servatius* Rn. 72; *Hasselmann* NZG 2009, 486 (493); HCL/*Paefgen* Rn. 250; Lutter/Hommelhoff/*Bayer* Rn. 108; MHLS/*Terlau* Rn. 45; Roth/Altmeppen/*Altmeppen* Rn. 28; Rowedder/Schmidt-Leithoff/*Görner* Rn. 50; Scholz/*Seibt* Rn. 102). Die Haftung nach Abs. 3 erfasst nur die Geschäftsführer der Gesellschaft; als Schutzgesetz iSv § 823 Abs. 2 BGB ist § 40 Abs. 2 nicht zu qualifizieren (Baumbach/Hueck/*Servatius* Rn. 72; Lutter/Hommelhoff/*Bayer* Rn. 108; MüKoGmbHG/*Heidinger* Rn. 241; Roth/Altmeppen/*Altmeppen* Rn. 28). Ebenso kommt die Verhängung eines Zwangsgelds gegen den Notar nicht in Betracht (BayObLG 27.5.2009, NZG 2009, 797; **aA** OLG Köln 19.7.2013, NZG 2013, 1431 (1433)).

IV. Verordnung über die Ausgestaltung der Gesellschafterliste (Gesellschafterlistenverordnung – GesLV)

39 **Eingangsformel**

Auf Grund des § 40 Absatz 4 des Gesetzes betreffend die Gesellschaften mit beschränkter Haftung, der durch Artikel 14 Nummer 3 Buchstabe c des Gesetzes vom 23. Juni 2017 (BGBl. I S. 1822) eingefügt worden ist, verordnet das Bundesministerium der Justiz und für Verbraucherschutz:

§ 1 Nummerierung von Geschäftsanteilen

(1) [1] In der Gesellschafterliste sind die Geschäftsanteile fortlaufend und in eindeutiger Zuordnung zu den Gesellschaftern mit ganzen arabischen Zahlen (Einzelnummern) oder, in den durch diese Verordnung bestimmten Fällen, mit ganzen arabischen Zahlen in dezimaler Gliederung (Abschnittsnummern) zu nummerieren (Nummern). [2] Die numerische Zuordnung von Geschäftsanteilen kann für jeden Gesellschafter zusammengefasst werden. [3] Die Gesellschafterliste kann sowohl nach Geschäftsanteilen als auch nach Gesellschaftern sortiert werden.

(2) [1] Eine für einen Geschäftsanteil einmal vergebene Nummer darf nicht für einen anderen Geschäftsanteil verwendet werden (Nummerierungskontinuität). [2] Eine Änderung der Nummern ist nur in den durch diese Verordnung bestimmten Fällen zulässig.

(3) [1] Neue Einzelnummern sind zu vergeben, wenn neue Geschäftsanteile geschaffen, Geschäftsanteile zusammengelegt oder Geschäftsanteile geteilt werden. [2] Es muss jeweils die nächste freie ganze arabische Zahl vergeben werden. [3] Werden neue Geschäftsanteile geschaffen oder Geschäftsanteile geteilt, können die neu entstandenen Geschäftsanteile auch durch Abschnittsnummern gekennzeichnet werden; Satz 2 gilt entsprechend.

(4) Wenn die Gesellschafterliste aufgrund der bisherigen Nummerierung unübersichtlich würde oder geworden ist, dürfen die Geschäftsanteile in einer Bereinigungsliste abweichend von Absatz 2 Satz 1 nummeriert werden.

§ 2 Veränderungsspalte

(1) Veränderungen nach § 40 Absatz 1 Satz 1 des Gesetzes betreffend die Gesellschaften mit beschränkter Haftung im Vergleich mit der zuletzt im Handelsregister aufgenommenen Liste werden nach Maßgabe der Absätze 2 bis 4 in eine Veränderungsspalte eingetragen, die in diesen Fällen der Gesellschafterliste beigefügt wird.

(2) Die Erstellung einer Bereinigungsliste und die bisherige Nummerierung sind in den Fällen des § 1 Absatz 4 in die Veränderungsspalte einzutragen.

(3) In die Veränderungsspalte sollte eingetragen werden:

1. die Teilung von Geschäftsanteilen,
2. die Zusammenlegung von Geschäftsanteilen,
3. die Einziehung von Geschäftsanteilen,
4. die Kapitalerhöhung mit Ausgabe neuer Geschäftsanteile,
5. die Kapitalerhöhung mit Aufstockung der Geschäftsanteile,
6. die Kapitalherabsetzung,
7 der Anteilsübergang.

(4) Weitere Veränderungen nach Absatz 1 können in die Veränderungsspalte eingetragen werden.

§ 3 Wegfallen der Altangaben

Liegt eine Veränderung nach § 2 Absatz 1 vor, die zur Vergabe einer neuen Nummer nach § 1 führt, so fallen die bisherige Nummer und die bisherigen Angaben, die in der Gesellschafterliste in Verbindung mit der bisherigen Nummer eingetragen waren, weg.

§ 4 Prozentangaben

(1) [1] Die nach § 40 Absatz 1 Satz 1 des Gesetzes betreffend die Gesellschaften mit beschränkter Haftung erforderlichen Angaben zur prozentualen Beteiligung am Stammkapital dürfen nach dem kaufmännischen Prinzip bis auf eine Dezimalstelle gerundet werden. [2] Eine Abrundung auf 0,0 Prozent, 25,0 Prozent oder 50,0 Prozent ist nicht zulässig. [3] Alternativ können die Angaben ohne Rundung durch das Weglassen der Nachkommastellen bis auf eine Dezimalstelle dargestellt werden; Satz 2 gilt entsprechend.

(2) [1] Der Gesamtumfang der prozentualen Beteiligung eines Gesellschafters am Stammkapital nach § 40 Absatz 1 Satz 3 des Gesetzes betreffend die Gesellschaften mit beschränkter Haftung ist vor der Rundung (Absatz 1 Satz 1) oder dem Weglassen von Nachkommastellen (Absatz 1 Satz 3) der Einzelbeteiligungen zu errechnen. [2] Für die Angabe des Gesamtumfangs gilt Absatz 1 entsprechend.

(3) Die Summe der Prozentangaben nach den Absätzen 1 und 2 braucht nicht 100 Prozent zu ergeben.

(4) [1] Beträgt der Anteil des Nennbetrags eines einzelnen Geschäftsanteils weniger als 1 Prozent vom Stammkapital, genügt diese Angabe. [2] Entsprechendes gilt, wenn die addierten Nennbeträge der Geschäftsanteile eines Gesellschafters weniger als 1 Prozent vom Stammkapital betragen.

(5) [1] Die Prozentangaben nach § 40 Absatz 1 Satz 1 des Gesetzes betreffend die Gesellschaften mit beschränkter Haftung sind in separaten Spalten aufzuführen. [2] Die Prozentangaben nach § 40 Absatz 1 Satz 3 des Gesetzes betreffend die Gesellschaften mit beschränkter Haftung sind in weiteren separaten Spalten oder in an die Gesellschafterliste anschließenden separaten Zeilen aufzuführen.

§ 5 Übergangsvorschriften

Diese Verordnung findet auf vor dem Zeitpunkt des Inkrafttretens dieser Verordnung gegründete Gesellschaften mit beschränkter Haftung mit der Maßgabe Anwendung, dass die in dieser Verordnung bestimmten Anforderungen erst zu beachten sind, wenn aufgrund einer Veränderung nach § 40 Absatz 1 Satz 1 des Gesetzes betreffend die Gesellschaften mit beschränkter Haftung eine Gesellschafterliste einzureichen ist.

§ 6 Inkrafttreten

Diese Verordnung tritt am 1. Juli 2018 in Kraft.

Schlussformel

Der Bundesrat hat zugestimmt.

Buchführung

41 Die Geschäftsführer sind verpflichtet, für die ordnungsmäßige Buchführung der Gesellschaft zu sorgen.

Übersicht

I. Allgemeines

1 Durch § 41 wird die Geschäftsführung verpflichtet, dafür zu sorgen, dass die der GmbH als Formkaufmann obliegenden Buchführungspflichten eingehalten werden. § 41 statuiert nur die Verpflichtung der Geschäftsführer, bestimmt jedoch nicht den Umfang der Buchführungspflichten. Deren Inhalt wird seit dem Bilanzrichtliniengesetz vom 19.12.1985 (BGBl. 1985 I 2355) im HGB geregelt (§ 13 Abs. 3, § 6 Abs. 1 HGB, § 238 Abs. 1 HGB, §§ 242, 264 HGB). Vier **Unterlagen** stehen bei der GmbH dabei im Vordergrund (§ 264 HGB): die Bilanz (§ 266 HGB, § 42), die Gewinn- und Verlustrechnung (abgekürzt: GuV, § 275 HGB), der Anhang (§ 284 HGB) und der Lagebericht (§ 289 HGB, § 42a Abs. 1). Die Bilanz (→ § 42 Rn. 6) und die Gewinn- und Verlustrechnung bilden den Jahresabschluss (§ 242 Abs. 3 HGB). Kleine Kapitalgesellschaften brauchen den Lagebericht nicht aufzustellen (§ 264 Abs. 1 S. 3 HGB), es sei denn, die Satzung schreibt dies vor (BGH 26.11.2007, ZIP 2008, 70). Ob eine kleine, mittelgroße oder große Kapitalgesellschaft vorliegt, richtet sich nach den Merkmalen Bilanzsumme, Umsatzerlöse und Arbeitnehmeranzahl (§ 267 HGB).

2 Der Jahresabschluss muss von mittelgroßen und großen GmbHs innerhalb der ersten drei Monate des Geschäftsjahrs für das vorangegangene Geschäftsjahr aufgestellt werden (§ 264 Abs. 1 S. 2 HGB). Für kleine Kapitalgesellschaften (§ 267 Abs. 1 HGB) kommt ein späterer Zeitpunkt in Betracht, sofern dies einem ordnungsgemäßen Geschäftsgang entspricht, spätestens aber sechs Monate nach Ende des Geschäftsjahres (§ 264 Abs. 1 S. 3 HGB). Die vor dem Inkrafttreten des Bilanzrichtliniengesetzes mögliche Verlängerung der Aufstellungsfrist in der Satzung (§ 41 Abs. 3 aF) wurde ersatzlos gestrichen. Die handelsrechtlich bestehenden und unter bestimmten Voraussetzungen strafbewehrten (§ 283b StGB) **Aufstellungsfristen** verlängern sich nicht durch erreichte Fristverlängerungen zur Vorlage von Jahresabschlüssen an die Finanzbehörden.

3 Die sich aus § 41 ergebende Buchführungsverpflichtung besteht im **öffentlichen Interesse** und ist zwingendes Recht (MüKoGmbHG/*Fleischer* Rn. 4). Sie steht daher nicht zur Disposition durch die Gesellschafterversammlung und kann daher nach allgM nicht durch die Satzung oder einen Dienstvertrag eingeschränkt werden (→ Rn. 19).

II. Einzelerläuterung

4 **1. Adressatenkreis. a) Geschäftsführer.** Nach § 41 haben die Geschäftsführer dafür zu sorgen, dass die sich aus den allgemeinen Vorschriften der §§ 6, 238 ff., 242 ff. HGB und §§ 41–42a ergebende Buchführungspflicht erfüllt wird. Sind mehrere Geschäftsführer bestellt, ist grundsätzlich jeder verpflichtet. Der Geschäftsführer muss nicht selbst in der Lage sein, die Bücher zu führen (Scholz/*Meyer* Rn. 12). Er kann mit dieser Aufgabe Dritte beauftragen (Baumbach/Hueck/*Haas*/*Kersting* Rn. 4). Er muss jedoch sicherstellen, dass diese Person oder das Unternehmen in der Lage ist, die Aufgabe ordnungsgemäß und fristgerecht fertig zu stellen (Scholz/*Meyer* Rn. 17; MHdB GesR III/*Hüttche* § 56 Rn. 22. Nach allgM sind diese Hilfspersonen keine Erfüllungsgehilfen iSd § 278 BGB, weil eine Zurechnung fremden Verschuldens nach § 278 BGB eine Delegation de facto unmöglich machen

würde (Scholz/*Meyer* Rn. 16). Ein Verschulden des Geschäftsführers liegt vielmehr dann vor, wenn ihn (wie im Deliktsrecht) ein **Organisations-** oder **Überwachungsverschulden** trifft. Ein Organisationsverschulden liegt vor, wenn nicht durch entsprechende organisatorische Vorkehrungen gewährleistet wird, dass die Geschäftsführung jederzeit die wirtschaftliche Lage des Unternehmens beurteilen kann (BGH 20.2.1995, NJW-RR 1995, 669, bestätigt BGH 6.11.2018 DStR 2019, 455 Rn. 14). Ein Überwachungsverschulden liegt vor, wenn der Geschäftsführer seine Pflichten grob fahrlässig dadurch verletzt, dass er für die Buchhaltung herangezogene Personen mangelhaft überwacht (FG Nürnberg 12.6.2007, BeckRS 2007, 26024140 zu §§ 34, 68 AO).

Auch wenn **mehrere** Geschäftsführer vorhanden sind, bleibt jeder zur ordnungsgemäßen Buch- 5
führung verpflichtet. Dies gemeinsame Verantwortung folgt auch aus Art. 33 Abs. 1 der europäischen Rechnungslegungsrichtlinie 2013/34/EU (MüKoGmbHG/*Fleischer* § 41 Rn. 16; HCL/*Paefgen* Rn. 23). Eine Ressortaufteilung zwischen Geschäftsführern ist aber möglich und in größeren Unternehmen praktisch unumgänglich. Tätigkeiten in einem anderen Ressort muss der Geschäftsführer dann aber noch kontinuierlich und angemessen überwachen (BGH 6.11.2018, NJW 2019, 225). Nur wer prüft, ob die Buchhaltung ordnungsgemäß ist, kann darauf aufbauend verantwortungsvolle Entscheidungen für die Gesellschaft treffen. Für die Ressortaufteilung wird teilweise eine Regelung in der Satzung, im Geschäftsverteilungsplan oder durch Gesellschafterbeschluss gefordert (OLG Koblenz 9.6.1998, NZG 1998, 953). Ausreichend ist es aber, wenn das Organ Geschäftsführung selbst die Aufteilung vorgenommen hat (BGH 6.11.2018, NJW 2019, 225; MüKoGmbHG/*Fleischer* Rn. 13). Die Abgrenzung der Aufgaben muss klar und eindeutig, nicht notwendigerweise aber schriftlich erfolgen und die Übertragung – soweit delegierbar – muss auf eine fachlich und persönlich geeignete Person geschehen (BGH 6.11.2018, NJW 2019, 225). Der „buchführende" Geschäftsführer ist verpflichtet, die Mitgeschäftsführer über die Buchführung auf Nachfrage zu informieren (OLG Koblenz 22.11.2007, NJW-Spezial 2008, 113). Bestehen Zweifel an einer ordnungsgemäßen Buchführung, müssen die Mitgeschäftsführer für Abhilfe sorgen. Ist ihnen dieses nicht möglich, sind sie berechtigt, ihr Amt niederzulegen und ihren Dienstvertrag außerordentlich zu kündigen (BGH 26.6.1995, NJW 1995, 2850).

b) Faktischer Geschäftsführer. Ist der Bestellungsakt unwirksam, entsteht die Verpflichtung nicht, 6
es sei denn, der unwirksam Bestellte übernimmt faktisch die Geschäftsführungsfunktion. Dies nimmt man an, wenn der Betreffende „in maßgeblichem Umfang" (BGH 21.3.1988, NJW 1988, 1789 (1790)), mit einem „Übergewicht" (BGH 17.4.1984, StV 1984, 461 (461 f.)) bzw. mit einer „überragende(n) Stellung" (BayObLG 20.2.97, NJW 1997, 1936 unter Verweis auf BGH 22.9.1982, BGHSt 31, 118 (120) = NJW 1983, 240; *Dierlamm* NStZ 1996, 153 (157)) tätig geworden ist. Geprüft wird dies vom BayObLG/BGH anhand von acht Kriterien, von denen mindestens sechs erfüllt sein müssen (Bestimmung der Unternehmenspolitik, die Unternehmensorganisation, das Einstellen von Mitarbeitern, Bestimmung der Höhe der Gehälter, Gestaltung der Geschäftsbeziehungen zu Vertragspartnern, Verhandlungen mit Kreditgebern, Treffen von Entscheidungen in Steuerangelegenheiten und Steuerung der Buchhaltung). Dies wird immer mit einem entsprechenden Außenauftritt verbunden sein, zwingend ist dies im Bereich des § 41 aber nicht, weil die Buchhaltung nur eine im Innenverhältnis zu erfüllende Pflicht ist (→ Rn. 15, 16; Baumbach/Hueck/*Haas/Kersting* Rn. 6). Es wäre widersprüchlich, den faktischen Geschäftsführer, der zumindest gegenüber den Gesellschaftern faktisch die Geschäftsführung übernommen hat, von der Sorge für eine ordnungsgemäße Buchführung freizustellen (Scholz/*Crezelius* 11. Auflage Rn. 4; zweifelnd Scholz/*Meyer* Rn. 13). Entsprechendes gilt, wenn kein fehlerhafter Bestellungsakt vorliegt, eine Person aber mit Zustimmung des für die Bestellung zuständigen Gesellschaftsorgans die Funktion des Geschäftsführers ausübt (zweifelnd Scholz/*Meyer* Rn. 13; MHLS/*Sigloch* Rn. 10; zur Inanspruchnahme des Gesellschafters wegen einer zurechenbaren Verschleierung der Vermögensverhältnisse vgl. BGH 13.4.1994, BGHZ 125, 366 (368) = NJW 1994, 1801).

c) Liquidation und Insolvenz. Während einer Liquidation ist die Buchführungsverpflichtung von 7
dem oder den Liquidator(en) zu erfüllen (§ 71 Abs. 4). Dieser hat zunächst eine Eröffnungsbilanz aufzustellen (§ 71 Abs. 1 S. 1). Im Insolvenzverfahren hat der Insolvenzverwalter die Geschäftsunterlagen in Besitz zu nehmen (§ 36 Abs. 2 Nr. 1, § 148 Abs. 1 InsO) und die Bücher (§ 155 Abs. 1 S. InsO) zu führen (KG 3.6.1997, NJW-RR 1998, 472). Da der Insolvenzverwalter im Besitz der Unterlagen ist und das Verfahren eine Ordnungsfunktion hat, geht die hM davon aus, dass dies auch für den Zeitraum vor Verfahrenseröffnung gilt (LG Frankfurt a. M. 4.9.2006, NZI 2007, 294) und auch dann, wenn die Insolvenzmasse nicht ausreichend ist einen Dritten als Erfüllungsgehilfen hierfür einzusetzen (BFH 23.8.1994, BStBl. 1995 II 194). Bei einer Freigabe durch den Insolvenzverwalter erlangt der Liquidator die Verfügungsbefugnis zurück. Eine Freigabe des Geschäftsbetriebes kommt nur bei Einzelpersonen in Betracht (§ 35 Abs. 2 S. 1 InsO). Im Zusammenhang mit freigegebenen Gegenständen, bspw. einem Mietshaus, kann es zu einer eigenen Geschäftstätigkeit des Liquidators und damit zu einem „Wiederaufleben" einer eigenen Buchführungsverpflichtung (nach §§ 238 ff. HGB, nicht nach §§ 264 ff. HGB) kommen.

8 **2. Ordnungsgemäße Buchführung.** Welche **inhaltlichen Vorgaben** an eine „ordnungsgemäße Buchführung" bestehen, regelt § 41 nicht. Nach allgM sind die §§ 238 ff. HGB und die hierzu von der Praxis und Wirtschaftswissenschaft entwickelten Grundsätze heranzuziehen (Roth/Altmeppen/*Altmeppen* Rn. 8). Im Vordergrund steht die Verpflichtung, „vollständig(e), richtig(e), zeitgerecht(e) und geordnet(e)" Aufzeichnungen zu führen (§ 239 Abs. 2 HGB), die einem „sachverständigen Dritten innerhalb angemessener Zeit einen Überblick" (§ 238 Abs. 1 S. 2 HGB) über die „Handelsgeschäfte und die Lage" (§ 238 Abs. 1 S. 1 HGB) des Unternehmens ermöglichen. Hierzu gehören die Inventarisierung des Bestandes (§§ 240 f. HGB) und das Anfertigen von Abschriften der Korrespondenz (§ 238 Abs. 2 HGB, § 257 HGB). Mit Ausnahme der grundsätzlich täglich zu erfassenden baren Ein- und Ausgaben (vgl. § 146 Abs. 1 S. 2 AO) müssen die sonstigen Geschäftsvorfälle grundsätzlich nur periodengerecht erfasst werden (Grundsätze zur ordnungsmäßigen Führung und Aufbewahrung (GoBD, BStBl. I 1450).Eine elektronische Datenverarbeitung kann erfolgen (§ 239 Abs. 4 HGB und BMF 7.11.1995, BStBl. 1995 I 738, bis VZ 2014 und BMF 14.11.2014, BStBl. 2014 I 1450). Hinsichtlich der Einzelheiten vgl. unter §§ 238 ff. HGB. Da der Geschäftsführer für die Buchhaltungsunterlagen selbst verantwortlich ist, kann er sich nicht darauf berufen, dass Ihm Unterlagen fehlen (OLG Koblenz 31.3.2011, ZInsO 2011, 1067 Rn. 34; → Rn. 15).

9 Bei der GmbH ist (nach hM unabhängig vom Umfang der Buchhaltung) eine **doppelte Buchführung** notwendig (Roth/Altmeppen/*Altmeppen* Rn. 8; Scholz/*Meyer* Rn. 8). Dies wird zu Recht aus der in § 242 Abs. 2 HGB geforderten „Gegenüberstellung" und der nur so sinnvoll zu erstellenden Gewinn- und Verlustrechnung gem. § 275 HGB abgeleitet. Eine doppelte Buchführung ist daher auch für die Unternehmergesellschaft (§ 5a) zu fordern. Für die doppelte Buchführung werden mehrere Konten eingerichtet und jeder Vorgang wird auf zweien dieser Konten gebucht. Abgebildet werden so das Vermögen und die Erträge und Aufwendungen der Gesellschaft. Zum Abschlussstichtag werden die Salden der Aufwands- und Ertragskonten über die GuV, die übrigen Salden unmittelbar (Bestandskonten ggf. berichtigt) in die Bilanz übertragen. Geschäftsvorfälle werden damit nicht nur in einer zeitlichen, sondern auch sachlichen Ordnung festgehalten. Im Unterschied dazu werden bei der **einfachen** Buchführung die Zu- und Abgänge nur in chronologischer Reihenfolge erfasst.

10 **3. Dauer.** Nach fast einhelliger Auffassung beginnt die Buchführungsverpflichtung mit dem ersten buchungspflichtigen **Geschäftsvorfall** der Vor-GmbH und nicht erst mit der Eintragung im Handelsregister (Baumbach/Hueck/*Haas/Kersting* Rn. 7 mwN). Dieses sind im Regelfall der mit Unterzeichnung der notariellen Satzung entstehende Anspruch auf Einlageleistung und (sofern dieses wie üblich so geregelt wurde) die entstehende Verpflichtung zur Zahlung der Notarkosten (BeBiKo/*Störk/Lewe* HGB § 238 Rn. 72). Dies gilt nach hM unabhängig von der kaufmännischen Qualifikation der Vorgesellschaft, also auch dann, wenn diese nur Kannkaufmann iSv § 2 HGB ist und sie damit grundsätzlich erst mit Eintragung „Formkaufmann" (§ 13 Abs. 3, § 6 HGB) wird (Lutter/Hommelhoff/*Kleindiek* Rn. 7 mwN; aA Roth/Altmeppen/*Altmeppen* Rn. 7). Dies folgt nicht aus der Insolvenzfähigkeit der Vorgesellschaft (BGH 9.10.2003, NJW-RR 2004, 258), da auch die GbR insolvenzfähig (§ 11 Abs. 2 Nr. 1 InsO), aber nicht buchführungspflichtig ist (Roth/Altmeppen/*Altmeppen* Rn. 7). Die nicht zwischen Vorgründungsgesellschaft und Vor-GmbH, jedoch zwischen Vor-GmbH und GmbH bestehende Kontinuität verlangt aber eine einheitliche Buchführung unabhängig davon, ob bereits die Vor-GmbH „Istkaufmann" ist (Baumbach/Hueck/*Haas/Kersting* Rn. 7; Lutter/Hommelhoff/*Kleindiek* Rn. 7; HCL/*Paefgen* Rn. 13; aA Roth/Altmeppen/*Altmeppen* Rn. 7). Nur so kann auch eine Vorbelastungs- bzw. Unterbilanzhaftung geprüft werden (HCL/*Paefgen* Rn. 13; → § 11 Rn. 30 ff.).

11 Die Buchführungspflicht **endet** mit dem mit dem Schluss der Liquidation, da es danach zu keinen Buchhaltungsfällen mehr kommt und nicht erst mit der Löschung der Gesellschaft im Handelsregister (HCL/*Paefen* Rn. 14; MüKoGmbHG/*Fleischer* Rn. 20; Rowedder/Schmidt-Leithoff/*Tiedchen* Rn. 44; → § 74 Rn. 2 ff.). Zur Buchhaltung gehört auch die **Aufbewahrung** der Unterlagen. Die in § 257 Abs. 1 Nr. 1 und 4 HGB näher bezeichneten Unterlagen (Handelsbücher, Abschlüsse, Belege …) müssen zehn Jahre, die sonstigen Buchhaltungsunterlagen sechs Jahre vom Geschäftsführer für die Gesellschaft aufbewahrt werden. Kann die Vorlage von Unterlagen (aufgrund „Überschwemmung" etc) nicht erfolgen, liegt objektiv ein Pflichtverstoß vor. Der Geschäftsführer muss daher darlegen und nachweisen, dass ihn hieran kein Verschulden trifft (→ § 43 Rn. 56, 57).

12 **4. Verletzung der Buchführungspflicht. a) Bundesanzeiger/Bundesamt der Justiz.** Der von den Gesellschaftern festgestellte Jahresabschluss (→ § 42a Rn. 3) muss gem. § 325 Abs. 1 Nr. 1 HGB mit dem ggf. notwendigen Lagebericht (vgl. § 264 Abs. 1 S. 3 HGB) und dem Bestätigungsvermerk beim Betreiber des elektronischen Bundesanzeigers eingereicht werden. Geschieht dies nicht spätestens ein Jahr nach dem Abschlussstichtag, kann gegen den Geschäftsführer (oder die GmbH selbst, § 335 Abs. 1 S. 2 HGB) ein Ordnungsgeldverfahren eingeleitet werden, das zu einem Ordnungsgeld zwischen 2.500,– und 25.000,– EUR (§ 335 Abs. 1 S. 4 HGB) führen kann, um die Offenlegung zu erzwingen. Entsprechendes gilt für Konzernabschlüsse und Konzernlageberichte und offen zu legende Rechnungsunterlagen von inländischen Zweigniederlassungen von Auslandsgesellschaften (vgl. näher §§ 335, 325a HGB). Bei Verstößen des Geschäftsführers gegen die Vorschriften zur inhaltlichen Aufstellung des

Jahresabschlusses und ggf. des (Konzern-)Lageberichtes, der Offenlegung, der Veröffentlichung oder Vervielfältigung droht vom Bundesamt der Justiz ein Ordnungsgeld gem. § 334 Abs. 3 HGB. In der Insolvenz der Gesellschaft sind die Organe jedoch nicht verpflichtet, mit ihrem Privatvermögen die handelsrechtliche Rechnungslegung zu finanzieren (LG Bonn 16.9.2009, NZI 2009, 781).

b) Strafrechtliche Risiken. Während § 334 HGB eine Ordnungswidrigkeit regelt, droht gem. § 331 HGB, § 82 bei falschen Angaben zu den Verhältnissen der Gesellschaft insbes. in der Eröffnungsbilanz, dem Jahresabschluss oder dem Lagebericht eine Strafbarkeit. Kommt es zur Eröffnung eines Insolvenzverfahrens bzw. dessen Ablehnung mangels Masse (objektive Strafbarkeitsbedingung gem. § 283 Abs. 4 StGB, § 283b Abs. 3 StGB), kann der Verstoß gegen Buchführungs- und Bilanzierungspflichten zusätzlich nach § 283 Abs. 1 Nr. 5–7 StGB, §§ 283a, 283b, 14 Abs. 1 Nr. 1 StGB strafbar sein. Da nichts Unmögliches verlangt werden kann, besteht nach der Rspr. keine strafrechtliche Verantwortung gem. § 283 Nr. 5–7 StGB, §§ 283b, 14 Abs. 1 S. 1 StGB, wenn der Geschäftsführer mangels eigener Kenntnisse und wegen fehlender finanzieller Mittel die Buchführungspflicht nicht erfüllen kann (BGH 5.11.1997, NJW 1998, 2836). Eigene finanzielle Mittel muss der Geschäftsführer zur Erfüllung der Buchführungsverpflichtung nicht einsetzen, da auch für die Gesellschafter grundsätzlich keine Nachschusspflicht besteht. Die fehlenden Mittel sind jedoch ein Indiz für eine Unternehmenskrise und eine ggf. bestehende Insolvenzantragspflicht. Führen falsche Angaben der Rechnungslegung zu einer Steuerverkürzung, kann gem. §§ 369, 370 AO eine Steuerstraftat oder gem. §§ 377, 378 AO eine Steuerordnungswidrigkeit vorliegen. 13

c) Insolvenz. Bei der Inanspruchnahme des Geschäftsführers wegen Insolvenzverschleppung aufgrund eingetretener Zahlungsunfähigkeit gilt diese nach den Grundsätzen der Beweisvereitelung als dargelegt, wenn der Geschäftsführer die Buchführungspflicht verletzt hat und dem Gesellschaftsgläubiger deshalb die Darlegung näherer Einzelheiten nicht möglich ist (BGH 24.1.2012, NZG 2012, 464). Bei einem anhand der Buchhaltung aufgestellten Liquiditätsstatus kann der Geschäftsführer zur Abwehr ihm gegenüber geltend gemachter Ansprüche gem. § 64 GmbHG nicht pauschal bestreiten, die Buchhaltung sei nicht ordnungsgemäß geführt (BGH 19.12.2017, BeckRS 2017, 140127). Bei der Inanspruchnahme eines Geschäftsführers wegen Insolvenzverschleppung aufgrund eingetretener insolvenzrechtlicher Überschuldung kann diese auch mittels einer Handelsbilanz dargelegt werden, wenn diese einen nicht durch Eigenkapital gedeckten Fehlbetrag ausweist und der Anspruchsteller darlegt, ob und in welchem Umfang stille Reserven oder sonstige, aus der Handelsbilanz nicht ersichtliche Vermögenswerte vorhanden sind (BGH 27.4.2009, NZG 2009, 750; vgl. dazu *Büteröwe* GWR 2009, 170). Der Gerichtsstand für die Klage des Insolvenzverwalters gegen den Geschäftsführer gem. § 64 GmbHG bestimmt sich nach dem Sitz der Gesellschaft, § 29 ZPO (OLG München 18.5.2017, NZG 2017, 749). Übersehen wird häufig, dass eine Verurteilung wegen Verletzung der Buchführungspflicht gem. § 283b StGB im Fall der Insolvenz des Geschäftsführers einen Versagungsgrund für seine Restschuldbefreiung darstellen kann (§ 290 Abs. 1 Nr. 1 InsO). 14

d) Innenhaftung. Eine Verletzung der Kassen- und Buchführungspflicht kann Schadensersatzansprüche der Gesellschaft gegen den Geschäftsführer gem. § 43 Abs. 2 begründen. Ansprüche auf Ausgleich eines Kassenfehlbetrages bestehen dann, wenn von der Gesellschaft dargelegt werden kann, dass der tatsächliche Bestand nicht dem Buchbestand entspricht. Vom Geschäftsführer ist dann darzulegen, dass der Grund hierfür in buchhalterisch noch nicht erfassten Geschäftsvorfällen liegt (OLG Stuttgart 30.5.2000, GmbHR 2000, 1048 (1050)). Ist ihm dieses nicht möglich, haftet er iHd Kassenfehlbestandes, sofern er nicht darlegt und erforderlichenfalls beweist, dass er die für einen ordentlichen Geschäftsführer gebotene Sorgfalt angewandt hat, um die missbräuchliche Verwendung von Firmengeldern zu verhindern, der Fehlbestand auch bei Anwendung dieser Sorgfalt entstanden wäre oder ihm die Einhaltung des Sorgfaltsgebots unverschuldet unmöglich war (BGH 8.7.1985, NJW 1986, 54; BGH 9.5.1974, NJW 1974, 1468). Diese Darlegungs- und Beweislastverteilung gelten jedoch nicht, wenn die Falschbuchungen mit Einverständnis aller Gesellschafter erfolgten (BGH 12.11.1970, WM 1971, 125 (126)). 15

e) Außenhaftung. Erst durch eine ordnungsgemäße Buchführung kann die finanzielle Situation und die Ertragskraft des Unternehmens erkannt und ggf. Änderungen in der Geschäftstätigkeit oder sogar die Liquidation erwogen oder eine Insolvenzantragsverpflichtung geprüft werden. Diesen Zweck kann die Buchhaltung nicht erfüllen, wenn sie unter Verstoß gegen § 283b StGB geführt wird. Die der Selbstinformation dienende Buchführung hat damit auch gläubigerschützende Wirkung (BGH 13.4.1994, BGHZ 125, 366 = NJW 1994, 1801). Da sich das geschützte Gläubigerinteresse jedoch insbes. hinsichtlich der Person, der Verletzungshandlung, des Schadens und des Rechtswidrigkeitszusammenhanges nicht konkret definieren lässt (Roth/Altmeppen/*Altmeppen* Rn. 12), ist § 41 kein Schutzgesetz iSv § 823 Abs. 2 BGB (hM: BGH 13.4.1994, BGHZ 125, 366 = NJW 1994, 1801; OLG Düsseldorf 3.12.1993, NJW-RR 1994, 424; *Scholz/Meyer* Rn. 28; Lutter/Hommelhoff/*Kleindiek* Rn. 4; aA zum Meinungsstand MüKoGmbHG/*Fleischer* Rn. 28 ff. mwN). 16

Wird eine fehlerhafte Buchhaltung (vorsätzlich) zur Erlangung eines Kredites in Anspruch genommen, kommen Ansprüche wegen Kreditbetrugs gem. § 823 Abs. 2 BGB iVm § 263 StGB, vorsätzli- 17 cher Schädigung (§ 826 BGB) oder § 311 Abs. 2 BGB in Betracht (Roth/Altmeppen/*Altmeppen* Rn. 12; offengelassen BGH 13.4.1994, NJW 1994, 1801 (1804)). Kein Schutzgesetze iSv § 823 Abs. 2 BGB sind aufgrund der Erwägungen unter → Rn. 16 § 283 Abs. 1 Nr. 5–7 StGB (OLG Hamm 10.2.2014, BeckRS 2014, 06531) und § 283b Abs. 1 Nr. 3 lit. a StGB (BGH 11.12.2018, NZI 2019, 351: offengelassen noch in BGH 13.4.1994, NJW 1994, 1801; BGH 12.11.1984, NJW 1985, 740). § 331 Nr. 1 und 2 HGB ist ein anerkanntes Schutzgesetz für aktuelle und potenzielle Anleger, wenn der Täter die Falschdarstellung in der Eröffnungsbilanz, dem Jahresabschluss, dem Lagebericht, dem Konzernabschluss oder dem Konzernlagebericht für möglich hält und billigend in Kauf nimmt (MüKoGmbHG/*Fleischer* Rn. 27 mwN; MüKoHGB/*Quedenfeld* HGB § 331 Rn. 2; Baumbach/Hopt/*Merkt* HGB § 331 Rn. 1). Ein Schutzgesetz ist auch § 334 HGB (MüKoHGB/*Quedenfeld* HGB § 334 Rn. 11). § 245 HGB ist kein Schutzgesetz (MüKoGmbHG/*Fleischer* Rn. 27). Eine persönliche Haftung des Geschäftsführers im Wege der **Durchgriffshaftung** kommt in Betracht, wenn eine Abgrenzung zwischen Gesellschafts- und Privatvermögen durch eine undurchsichtige Buchführung oder auf andere Weise verschleiert wurde (BGH 13.4.1994, NJW 1994, 1801; BGH 14.11.2005, NJW 2006, 1344; KG 4.12.2007, ZIP 2008, 1535) oder eine Buchhaltung überhaupt fehlt (MüKoGmbHG/*Fleischer* Rn. 33).

18 **f) Steuerrecht.** Bei der GmbH sind gem. § 140 AO die Bücher nach den gesetzlichen Vorgaben auch für die ordnungsgemäße Besteuerung zu führen. Die handelsrechtlichen Grundsätze sind gem. § 5 Abs. 1 EStG grundsätzlich maßgeblich für die Erstellung der Jahresabschlüsse. Eine Verletzung der Buchhaltungspflicht kann zu einer Haftung der Geschäftsführer für Steuerschulden der GmbH nach §§ 69, 34 AO führen., wenn hierdurch die steuerlichen Pflichten der GmbH nicht ordnungsgemäß erfüllt werden können.

III. Satzung

19 Bleibt der Regelungsinhalt von Vorschriften zur Buchführung in der Satzung hinter den Verpflichtungen gem. § 41 zurück, sind sie rechtswidrig und unbeachtlich. Gehen sie darüber hinaus, kommt eine Haftung des Geschäftsführers nach § 43 in Betracht (Roth/Altmeppen/*Altmeppen* Rn. 14). Die Buchführungsverpflichtung kann nicht auf andere Organe verlagert werden (Scholz/*Meyer* Rn. 10, 16), sondern nur im engen Rahmen durch die Satzung ergänzt werden (BGH 14.2.1974, WM 1974, 392 (393)). So können bspw. das Buchführungssystem vorgegeben oder bestimmte Rechenschaftsberichte (Financial Reportings) vorgeschrieben werden (MüKoGmbHG/*Fleischer* Rn. 10; HCL/*Paefgen* Rn. 8). Nicht vorgeschrieben werden kann hingegen, dass „nur nach Steuerrecht" bilanziert wird, also zwingend nur eine Steuerbilanz aufgestellt wird, obwohl handelsrechtliche Vorschriften eine abweichende Bilanzierung erfordern (BayObLG 5.11.1987, NJW 1988, 916). Zulässig ist eine Satzungsreglung, nach welcher die Bilanz als handels- und steuerrechtliche Einheitsbilanz unter Beachtung der zwingenden Vorschriften des Handelsrechtes aufgestellt wird (Lutter/Hommelhoff/*Kleindiek* § 42 Rn. 25).

IV. Internes Risikomanagement- und Überwachungssystem

20 Im Aktienrecht hat der Vorstand gem. § 91 Abs. 1 AktG nicht nur die Verpflichtung, die Bücher zu führen, sondern er muss gem. § 91 Abs. 2 AktG ein Risikomanagement- und Überwachungssystems einrichten. Auch wenn diese ausdrückliche Verpflichtung im GmbH-Rechtfehlt, so entspricht es doch der allgemeinen Ansicht, dass § 92 Abs. 2 AktG nur eine Kontroll- und Überwachungspflicht konkretisiert, welche jeder Geschäftsleiter einer Kapitalgesellschaft aufgrund seiner Organstellung hat (Roth/Altmeppen/*Altmeppen* Rn. 15; *Heim/Kless* DStR 1999, 387 (389); *Weber/Weisenberger/Liekweg* DStR 1999, 1710; Rowedder/Schmidt-Leithoff/*Tiedchen* Rn. 185).

V. Andere Gesellschaften

21 Bilanzrechtlich einer GmbH gleichgestellt werden über § 264a HGB offene Handelsgesellschaften und Kommanditgesellschaften, bei denen keine natürliche Person unbeschränkt haftet. Die §§ 264 ff. HGB gelten damit insbesondere auch für die GmbH & Co. KG. Über § 335b HGB gelten für diese Gesellschaften auch die Bußgeld-, Zwangs- und Ordnungsgeldandrohungen der §§ 331 ff. HGB.

VI. Abweichende Rechnungslegungsvorschriften

22 Nach der EU-Verordnung „IAS-VO" (ABl. 2002 L 243, 1; abgedruckt in NZG 2002, 1095) sind ab 2005 Unternehmen, die in einem organisierten Kapitalmarkt notiert sind, verpflichtet, ihre Konzernabschlüsse nach einem internationalen Rechnungsstandard aufzustellen. Nach Art. 2 IAS-VO sind dieses die International Accounting Standards (IAS), die International Financial Reporting Standards (IFRS) und die damit verbundenen Auslegungen (SIC/FRIC-Interpretationen) mit ihren jeweiligen Änderungen, herausgegeben vom International Accounting Standards Board (IASB). Durch mehrere VO der EU sind die IAS, IFRS und SIC/FRIC-Interpretationen in europäisches Recht übernommen worden (vgl.

näher Rowedder/Schmidt-Leithoff/*Kessler* Anh. I § 42a Rn. 10 ff.). Die IAS-VO überlässt es den Mitgliedsstaaten, die Anforderungen an die Konzernabschüsse der übrigen, nicht an einem organisierten Kapitalmarkt auftretenden Unternehmen und die Einzelabschlüsse zu regeln. Der deutsche Gesetzgeber hat hierzu § 315a HGB in das Gesetz aufgenommen.

Bilanz

42 (1) **In der Bilanz des nach den §§ 242, 264 des Handelsgesetzbuchs aufzustellenden Jahresabschlusses ist das Stammkapital als gezeichnetes Kapital auszuweisen.**

(2) [1]**Das Recht der Gesellschaft zur Einziehung von Nachschüssen der Gesellschafter ist in der Bilanz insoweit zu aktivieren, als die Einziehung bereits beschlossen ist und den Gesellschaftern ein Recht, durch Verweisung auf den Geschäftsanteil sich von der Zahlung der Nachschüsse zu befreien, nicht zusteht.** [2]**Der nachzuschießende Betrag ist auf der Aktivseite unter den Forderungen gesondert unter der Bezeichnung „Eingeforderte Nachschüsse" auszuweisen, soweit mit der Zahlung gerechnet werden kann.** [3]**Ein dem Aktivposten entsprechender Betrag ist auf der Passivseite in dem Posten „Kapitalrücklage" gesondert auszuweisen.**

(3) **Ausleihungen, Forderungen und Verbindlichkeiten gegenüber Gesellschaftern sind in der Regel als solche jeweils gesondert auszuweisen oder im Anhang anzugeben; werden sie unter anderen Posten ausgewiesen, so muß diese Eigenschaft vermerkt werden.**

Übersicht

I. Allgemeines

§ 42 enthält für die nach den allgemeinen Vorschriften aufzustellende Bilanz (→ § 41 Rn. 8) Sonderregelungen für die Bilanzpositionen Stammkapital und Nachschüsse, sowie für Ausleihungen, Forderungen und Verbindlichkeiten gegenüber Gesellschaftern. **1**

Die Vorschrift wurde zusammen mit dem § 42a durch das Bilanzrichtlinien-Gesetz **(BiRiLiG)** vom 19.12.1985 (BGBl. 1985 I 2355) neu gefasst. Das Gesetz zur Kontrolle und Transparenz im Unternehmensbereich **(KonTraG)** vom 27.4.1998 (BGBl. 1998 I 786) hat zu Auswirkungen auf die Abschlussprüfung und die Feststellung des Jahresabschlusses bei der GmbH geführt. **2**

Durch das Kapitalaufnahmeerleichterungsgesetz **(KapAEG)** vom 20.4.1998 (BGBl. 1998 I 707) wurde das deutsche Bilanzrecht an internationale Standards angepasst (vgl. *Böcking/Orth* DB 1998, 1241, 1873). Durch das Kapitalgesellschaften- und Co-Richtlinie-Gesetz **(KapCoRiLiG)** vom 24.2.2000 (BGBl. 2000 I 154) wurde die OHG und KG, bei der auch mittelbar keine natürliche Person unbeschränkt haftet, bei der Rechnungslegung gem. §§ 264 ff. HGB einer Kapitalgesellschaft gleichgestellt. Durch dies Gesetz wurden auch die Sanktionen bei einer Verletzung der Publikationspflichten gem. §§ 325 ff. HGB verschärft und die Schwellenwerte für die Größenklassen nach iSv § 267 HGB angehoben. **3**

Das Transparenz- und Publizitätsgesetz **(TransPuG)** vom 19.7.2002 (BGBl. 2002 I 2681) setzt Empfehlungen der Regierungskommission Corporate Governance um. Neben Auswirkungen auf das Aktienrecht hat es zu Änderungen der Vorschriften über den Konzernabschluss (§§ 290 ff. HGB), die Abschlussprüfung (§§ 316 ff. HGB) und zu einer Neufassung des § 42a Abs. 4 geführt (vgl. *Gaul/Otto* GmbHR 2003, 6). Das Bilanzrechtsreformgesetz **(BilReG)** vom 4.12.2004 (BGBl. 2004 I 3166) hat drei Verordnungen zur Anwendung internationaler Rechnungslegungsstandards in nationales Recht umgesetzt (→ § 41 Rn. 22). **4**

5 Durch das Gesetz zur Modernisierung des Bilanzrechts **(Bilanzrechtsmodernisierungsgesetz – BilMoG)** vom 25.5.2009 soll gewährleistet werden, dass das HGB eine vollwertige Alternative zu den internationalen Rechnungslegungsvorschriften IFRS (→ § 41 Rn. 22) ist. Hierdurch wurde das Aktivierungsverbot für selbst geschaffene Wirtschaftsgüter teilweise aufgehoben (§ 248 Abs. 2 HGB), „kleinere" Einzelkaufleute von der Buchführungs- und Bilanzierungspflicht befreit (§ 241a HGB), die Schwellenwerte für die Einordnung der Gesellschaften in die Größenklassen erneut angehoben (§ 267 HGB) und der Ausweis eigener GmbH-Anteile geändert (§ 33 Abs. 2, § 272 Abs. 4 HGB aF). Ebenfalls wurde das Wahlrecht bezüglich des Ausweises nicht geleisteter Einlagen abgeschafft (§ 272 Abs. 1 S. 3 HGB) und Änderungen bei der Abschlussprüfung vorgenommen. Bei kapitalmarktorientierten Gesellschaften (§ 264d HGB) muss nun mindestens ein Aufsichtsratsmitglied unabhängig sein und über Sachverstand auf den Gebieten der Rechnungslegung oder Abschlussprüfung verfügen (§ 100 Abs. 5 AktG; vgl. zu Mitgliedern eines Prüfungsausschusses auch § 107 Abs. 3 S. 2, Abs. 4 AktG und zu mitbestimmten Gesellschaften § 6 Abs. 2 S. 1 MitbestG, § 25 Abs. 1 S. 1 Nr. 2 MitbestG, § 3 Abs. 2 MontanMitbestG, § 1 Abs. 1 Nr. 3 DrittelbG, § 6 Abs. 2 S. 1, 2 InvG). Übergangsvorschriften befinden sich in dem Art. 66 EGHGB. Durch das Gesetz zur Erleichterung für Kleinstkapitalgesellschaften **(MicroBilG)** vom 28.11.2012 (BGBl. 2012 I 2751) wurden Erleichterungen bei der Rechnungslegung geschaffen, wenn an zwei aufeinanderfolgenden Abschlussstichtagen zwei der drei folgenden Merkmale nicht überschritten wurden: Umsatzerlöse bis 700.000,– EUR, Bilanzsumme bis 350.000,– EUR sowie durchschnittlich zehn beschäftigte Arbeitnehmer. In diesen Fällen können auf einen Anhang verzichtet, ein vereinfachtes Gliederungsschema sowie eine Hinterlegung statt der Veröffentlichung der Bilanz gewählt werden. Durch das Bilanzrichtlinie-Umsetzungsgesetz **(BilRUG)** vom 17.7.2015 (BGBl. 2015 I 1245) erfolgten Änderungen zur Buchhaltung im HGB, AktG und GmbHG.

II. Einzelerläuterung

6 **1. Stammkapital (Abs. 1). a) Bilanz.** In Abs. 1 verweist § 42 auf die gesetzliche Aufstellungsfrist für die **Bilanz.** Der Aufbau der Bilanz richtet sich nach § 266 HGB. Mit dem Begriff Bilanz wird die Gegenüberstellung der Aktiva und Passiva zu einem bestimmten (Bilanz)Stichtag bezeichnet. Auf der Aktivseite werden die in bestimmte Gruppen eingeteilten Vermögenswerte, beispielsweise Grundstücke, Maschinen, Beteiligungen, Forderungen und Kontoguthaben dargestellt, auf der Passivseite das Eigenkapital, Rückstellungen und Verbindlichkeiten. Für die periodengerechte Abgrenzung sind sowohl auf der Aktiv- wie auf der Passivseite ggf. Rechnungsabgrenzungsposten zu bilden (§ 250 HGB). Eine Bilanz zeigt damit grundsätzlich auf der Aktivseite die vorhandenen Vermögenswerte und auf der Passivseite, wie diese – mit Eigen- oder Fremdkapital – finanziert werden. Unberücksichtigt bleiben hierbei die stillen Reserven, die beispielsweise dadurch entstehen, dass der Verkehrswert eines Vermögenswertes höher als sein (durch Anschaffungs-/Herstellungskosten und ggf. Abschreibung gebildeter) Buchwert ist. Ist das Stammkapital nicht nur verbraucht, sondern darüber hinaus ein Verlust entstanden, muss dieser bei einer GmbH am Schluss der Bilanz auf der Aktivseite gesondert unter der Bezeichnung „Nicht durch Eigenkapital gedeckter Fehlbetrag" ausgewiesen werden (§ 268 Abs. 3 HGB), bei einer GmbH & Co. KG als „Nicht durch Vermögenseinlagen gedeckter Verlustanteil persönlich haftender Gesellschafter" (§ 264c Abs. 2 S. 5 HGB).

7 **b) Gezeichnetes Kapital.** Nach § 42 ist das Stammkapital der GmbH (§ 5) in der Bilanz als **„gezeichnetes Kapital"** auszuweisen. Gemäß § 272 HGB ist das Kapital mit dem Nennbetrag anzusetzen. Die in § 272 Abs. 1 S. 1 HGB aF enthaltene Definition des gezeichneten Kapitals („Kapital, auf das die Haftung des Gesellschafter für die Verbindlichkeiten der Kapitalgesellschaft gegenüber den Gläubigern beschränkt ist") wurde im Rahmen der Aktienrechtsnovelle 2016 (BGBl. 2015 I 2565) gestrichen. Die frühere Ungenauigkeit, resultierend daraus, dass bei Kapitalgesellschaften die Gesellschafter regelmäßig nicht selbst für die Verbindlichkeiten der Gesellschaft haften, wurde dadurch ausgeräumt (näher BT-Drs. 18/6681; Scholz/*Meyer* Rn. 4). Insoweit hat § 42 Abs. 1 die klarstellende Funktion, dass in der Gliederung nach § 266 HGB unter Passiva/Eigenkapital/Gezeichnetes Kapital das Stammkapital anzugeben ist.

8 Keinen Einfluss auf die Höhe des gezeichneten Kapitals hat eine Kaduzierung nach § 21 oder die (aus der Kapitalrücklage gem. § 272 Abs. 4 HGB auszugleichende) Zahlung für die Einziehung eines Geschäftsanteils nach § 34 (Scholz/*Meyer* Rn. 7). Auch eigenkapitalersetzende Darlehen gem. §§ 32a, 32b vor Inkrafttreten des MoMiG oder anfechtbare Gesellschafterdarlehen gem. § 135 Nr. 2 InsO nach dessen Inkrafttreten erhöhen dieses nicht. Nicht zum gezeichneten Kapital gehört auch das Genussrechtskapital, die Einlagen stiller Gesellschafter oder Forderungen, für die ein Rangrücktritt erklärt wurde (MüKoGmbHG/*Fleischer* Rn. 12; Baumbach/Hueck/*Haas/Kersting* Rn. 4).

9 Anzugeben ist der (addierte) **Nennbetrag** (§ 3 Abs. 1 Nr. 4) der Einlagen unabhängig davon, ob diese schon in voller Höhe erbracht sind. Gesellschaften, deren Stammkapital bislang auf DM lautete, können dieses materiell-rechtlich grundsätzlich beibehalten (§ 86 Abs. 1 S. 1 aF, jetzt § 1 Abs. 1 S. 1

EGGmbHG). Für die Buchführung erfolgt jedoch eine Umrechnung in **Euro** für die nach dem 31.12.2001 endenden Geschäftsjahre (§§ 244, 298 Abs. 1 HGB). Soweit es hierbei zu **Rundungsdifferenzen** kommt, gilt zunächst die kaufmännische Rundungsmethode, dh bei einer dritten Dezimalstelle von 1–4 wird auf volle Cent abgerundet, ansonsten wird aufgerundet. Zur Wahrung der Übersichtlichkeit kommt in Abhängigkeit von der Unternehmensgröße auch eine Rundung auf volle EUR, T EUR oder Mio. EUR in Betracht (BeBiKo/*Schmidt/Ries* HGB § 244 Rn. 6).

10 Anzugeben ist das Stammkapital, das am **Bilanzstichtag** im Handelsregister eingetragen war, weil eine Erhöhung oder Herabsetzung des Stammkapitals eine Satzungsänderung darstellt, die erst mit der Eintragung wirksam wird, §§ 53, 54 Abs. 3, 55 ff., 58 ff. (BeBiKo/*Störk/Kliem/Meyer* HGB § 272 Rn. 25).

11 **c) Offene Einlagen.** Für den Ausweis noch nicht eingeforderter Einlagen gab es in der Vergangenheit ein Wahlrecht. Diese konnten entweder vor dem Aktivvermögen (sog. Bruttoausweis, § 272 Abs. 1 S. 2 HGB aF) oder offen abgesetzt vor dem Posten „Gezeichnetes Kapital" auf der Passivseite (sog. Nettoausweis, § 272 Abs. 1 S. 3 HGB aF) bilanziert werden. Eingeforderte Einlagen waren immer auch auf der Aktivseite zu erfassen (§ 266 Abs. 2 B II HGB, § 272 Abs. 1 S. 3 Hs. 2 HGB aF). Durch das BilMoG wurde dieses Wahlrecht abgeschafft und der „Nettoausweis" zwingend vorgeschrieben. Rechnerisch konnte daher in der Vergangenheit das „Eigenkapital" je nach Ausweismethode unterschiedlich schnell aufgezehrt sein (vgl. Roth/Altmeppen/*Altmeppen,* 6. Aufl. 2009, Rn. 44 mwN). Die Prüfung einer Überschuldung im insolvenzrechtlichen Sinne erfolgt nicht anhand der Handelsbilanz (vgl. aber → § 41 Rn. 4), sondern anhand eines Überschuldungsstatus. Offene Einlageforderungen sind im Überschuldungsstatus zu berücksichtigen, soweit sie werthaltig sind. Die Position „Eigenkapital" wird auf der Passivseite im Überschuldungsstatus nicht gebildet.

12 **d) Kapitalerhöhung und -herabsetzung.** Wurde vor dem Bilanzstichtag eine **Kapitalerhöhung** beschlossen und erfolgte die Eintragung erst nach dem Bilanzstichtag, ist zu differenzieren. Erfolgte noch keine Leistung durch den Übernehmer des neuen Anteils, erfolgt (aufgrund des „schwebenden" Geschäftes) keine Buchung, jedoch eine Erwähnung im Anhang (BeBiKo/*Störk/Kliem/Meyer* HGB § 272 Rn. 53). Ist eine Leistung durch den Übernehmer erfolgt, wird diese auf der Passivseite unter der nach den Rücklagen (§ 266 Abs. 3 A HGB) einzufügenden Position „Zur Durchführung der beschlossenen Kapitalerhöhung geleistete Einlagen" gebucht (ADS HGB § 272 Rn. 19; BeBiKo/*Störk/Kliem/Meyer* HGB § 272 Rn. 54). Dieses wird damit begründet, dass vor Eintragung der Leistende im Insolvenzfall wie ein Drittgläubiger den Gegenwert der Einlage geltend machen kann (Scholz/*Meyer* Rn. 8). Dieser gesonderte Ausweis hat auch noch zu erfolgen, wenn die Eintragung zwar nicht am Bilanzstichtag, aber bei Aufstellung der Bilanz gegeben war. Denn zum Bilanzstichtag (§ 252 Abs. 1 Nr. 3 HGB) bestand nur eine Schuld, über die Umwandlung in Eigenkapital ist im Anhang zu berichten (BeBiKo/*Störk/Kliem/Meyer* HGB § 272 Rn. 55; Küting/Weber Rechnungslegungs-HdB/*Reuter* HGB § 272 Rn. 15). Anzumerken ist, dass Voreinzahlungen vor der Beschlussfassung nur unter bestimmten Voraussetzungen gesellschaftsrechtlich zulässig sind (BGH 26.6.2006, NZG 2007, 23).

13 Bei einer ordentlichen **Kapitalherabsetzung** darf erst nach Ablauf des Sperrjahres der Herabsetzungsbeschluss zur Eintragung ins Handelsregister angemeldet werden (§ 58 Abs. 1 Nr. 3). Sie wird mit Eintragung im Handelsregister wirksam (§ 54 Abs. 3). Ist zuvor entgegen § 31 eine Auszahlung an den Gesellschafter erfolgt, so ist der Rückforderungsanspruch zu aktivieren (ADS HGB § 272 Rn. 39; BeBiKo/*Störk/Kliem/Meyer* HGB § 272 Rn. 77). Zur vereinfachten Kapitalherabsetzung zur Buchsanierung gem. §§ 58a, 58b → § 58 Rn. 3.

14 **2. Nachschusspflicht (Abs. 2). a) Überblick.** Bei einer entsprechenden Ermächtigung in der Satzung können die Gesellschafter die Einzahlung von Nachschüssen in das Gesellschaftsvermögen beschließen (§ 26). Unter Beachtung der Grenzen in § 30 Abs. 2 können diese Beträge an die Gesellschafter wieder zurückgezahlt werden (Scholz/*Meyer* Rn. 18). Ohne Gesellschafterbeschluss kann auch der Insolvenzverwalter keine Zahlungsansprüche geltend machen (BGH 6.6.1994, DStR 1994, 1129).

15 **b) Beschränkte und unbeschränkte Nachschusspflicht.** Bei einer betragsmäßig **beschränkten** Nachschusspflicht (§ 26 Abs. 3) ist der Nachschussanspruch nach der Beschlussfassung zu bilanzieren, soweit dieser nicht aufgrund Zahlungsunfähigkeit des Verpflichteten uneinbringlich ist. Die Bilanzierung erfolgt nach § 42 Abs. 2 S. 2 als „eingeforderte Nachschüsse" unter den Forderungen, dort sinnvollerweise zwischen den „Forderungen gegen Unternehmen, mit denen ein Beteiligungsverhältnis besteht" (§ 266 Abs. 2 B II Nr. 3 HGB), und den „sonstigen Vermögensgegenständen" (§ 266 Abs. 2 B II Nr. 4 HGB) (vgl. Rowedder/Schmidt-Leithoff/*Tiedchen* Rn. 14). Auf der Passivseite erfolgt eine Verbuchung als eigener Unterposten bei der Kapitalrücklage gem. § 42 Abs. 2 S. 3, § 266 Abs. 3 A II HGB, zB als „Kapitalrücklage aus Nachschüssen"; „Nachschusskapital" oder mit einem „Davon-Vermerk" (Rowedder/Schmidt-Leithoff/*Tiedchen* Rn. 15).

16 Bei einer **unbeschränkten** Nachschussverpflichtung nach der Satzung erfolgt eine Bilanzierung nach Beschlussfassung, wenn der Gesellschafter sein Preisgaberecht nach § 27 Abs. 1 S. 1 binnen Monatsfrist

nicht ausgeübt hat. Wurde der Beschluss vor dem Bilanzstichtag gefasst, ist jedoch die Monatsfrist noch nicht abgelaufen, kommt mit der hM eine Aktivierung in Betracht, wenn der Ablauf der Monatsfrist werterhellend bei Bilanzerstellung bekannt ist (so: ADS Rn. 18; Rowedder/Schmidt-Leithoff/*Tiedchen* Rn. 14; Scholz/*Meyer* Rn. 14. Die Gegenansicht lehnt das mit dem Wortlautargument ab: Roth/Altmeppen/*Altmeppen* Rn. 40).

17 Wird der Nachschussanspruch **erfüllt,** erfolgt auf der Aktivseite eine Umbuchung in andere Vermögensgegenstände, beispielsweise „Kasse“. Der Passivposten bleibt bestehen, um zu verhindern, dass das Nachschusskapital Teil des verteilungsfähigen Gewinns wird (Rowedder/Schmidt-Leithoff/*Tiedchen* Rn. 16). Es erfolgt auch keine Umbuchung auf den Posten „Andere Zuzahlungen der Gesellschafter in das Eigenkapital“ nach § 272 Abs. 2 Nr. 4 HGB (so Lutter/Hommelhoff/*Kleindiek* Rn. 56), weil die Möglichkeit der Verwendung des Nachschusskapitals gem. § 30 Abs. 2 bestimmbar bleiben muss (Rowedder/Schmidt-Leithoff/*Tiedchen* Rn. 16; Baumbach/Hueck/*Haas/Kersting* Rn. 10; BeBiKo/*Störk/Kliem/Meyer* HGB § 272 Rn. 217). Die Position darf nur durch die Gesellschafterversammlung aufgelöst werden zur Deckung eines Verlustvortrages, Jahresfehlbetrages oder Bilanzverlustes (auch bevor das Stammkapital angegriffen worden ist), zur Rückzahlung an die Gesellschafter gem. § 30 Abs. 2 und zur Kapitalerhöhung aus Gesellschaftsmitteln gem. § 57c (Rowedder/Schmidt-Leithoff/*Tiedchen* Rn. 16; BeBiKo/*Störk/Kliem/Meyer* HGB § 272 Rn. 217; ADS Rn. 26).

18 Eine Aktivierung des Zahlungsanspruchs erfolgt (teilweise) nicht, wenn nach allgemeinen Regeln die (Teil-)Forderung **uneinbringlich** ist, weil der Verpflichtete sie nicht ausgleichen kann. Ob er hingegen **zahlungswillig** ist, ist hierbei – wie auch sonst – kein zu berücksichtigender Umstand (so auch Baumbach/Hueck/*Schulze-Osterloh,* 18. Aufl. 2006, Rn. 419; Rowedder/Schmidt-Leithoff/*Tiedchen* Rn. 14; MüKoGmbHG/*Fleischer* Rn. 15; aA Scholz/*Meyer* Rn. 15; Roth/Altmeppen/*Altmeppen* Rn. 43).

19 **c) Freiwillige Zuschüsse. Freiwillige Zuschüsse** werden von § 30 Abs. 2, § 42 Abs. 2 nicht erfasst. Diese sind gem. § 272 Abs. 2 Nr. 4 HGB als Kapitalrücklage zu verbuchen. Für diese gilt nur das Rückzahlungsverbot gem. § 30 Abs. 1 (vgl. Scholz/*Meyer* Rn. 18).

20 **3. Rechtsverhältnisse mit Gesellschaftern (Abs. 3). a) Grundgedanke.** Durch die Ergänzung des Gliederungsschemas der Bilanz gem. § 266 HGB durch § 42 Abs. 3 sollen schuldrechtliche Beziehungen zwischen Gesellschaft und Gesellschafter erkennbar werden (vgl. auch IAS 24; § 285 S. 1 Nr. 21 HGB, § 314 Abs. 1 Nr. 13 HGB). Neben einer Vereinfachung der Überprüfung von Besteuerungsgrundlagen (zB Verrechnungspreise, verdeckte Gewinnausschüttungen) können Ansprüche gegenüber den Gesellschaftern leichter ermittelt werden (vgl. § 135 InsO).

21 **b) Gesellschafterbegriff.** Erfasst wird jeder Gesellschafter unabhängig von der Höhe seiner Beteiligung. Auch das Kleinbeteiligungsprivileg des früheren § 32a Abs. 3 S. 2, seit dem MoMiG § 39 Abs. 5 InsO, wird nach allgM nicht analog angewandt (Roth/Altmeppen/*Altmeppen* Rn. 46; Baumbach/Hueck/*Haas/Kersting* Rn. 13; Rowedder/Schmidt-Leithoff/*Tiedchen* Rn. 18). Zwar gilt nach der Neufassung des § 16 Abs. 1 im Verhältnis zur Gesellschaft nur der als Gesellschafter, der in die Gesellschafterliste aufgenommen wurde. Aufgrund der Informationsinteressen der Rechnungslegungsadressaten ist die Befreiung von der Informationsverpflichtung gem. Abs. 3 jedoch dann nicht gerechtfertigt, wenn die Geschäftsführung anderweitig Kenntnis vom Gesellschafterwechsel erlangt hat (so die bisherige hM zur bisher notwendigen Anmeldung: Lutter/Hommelhoff/*Kleindiek* Rn. 58; Rowedder/Schmidt-Leithoff/*Tiedchen* Rn. 18; Roth/Altmeppen/*Altmeppen* Rn. 45). Auch die ungeteilte Mitberechtigung am Gesellschaftsanteil nach § 18 begründet die Gesellschafterstellung iSd § 42 (MüKoGmbH/*Fleischer* Rn. 19; Rowedder/Schmidt-Leithoff/*Tiedchen* Rn. 18). Da durch die Regelung Transparenz hinsichtlich der Rechtsverhältnisse zu den Anteilseignern geschaffen werden soll, ist bei treuhänderisch gehaltenen Geschäftsanteilen der Treugeber als Gesellschafter iSd Abs. 3 anzusehen (MüKoGmbHG/*Fleischer* Rn. 19; Rowedder/Schmidt-Leithoff/*Tiedchen* Rn. 18).

22 **c) Erfasste Bilanzpositionen.** Nach dem Wortlaut sollen auf der Aktivseite Ausleihungen (dh langfristige Darlehen, vgl. § 266 Abs. 2 A III HGB) und Forderungen (insbes. für Leistungen oder Warenlieferungen) und auf der Passivseite Verbindlichkeiten gesondert ausgewiesen werden. Darlehen mit einer Laufzeit ab vier Jahren (vgl. § 151 Abs. 1 II B 3 AktG aF) werden dabei idR als **Ausleihung,** ansonsten als (Darlehens-)Forderung auszuweisen sein (Scholz/*Meyer* Rn. 21). Maßgebend ist die ursprüngliche Laufzeit, nicht die Restlaufzeit (MüKoGmbH/*Fleischer* Rn. 20; Lutter/Hommelhoff/*Kleindiek* Rn. 59). Bei Laufzeiten zwischen einem und vier Jahren wird vertreten darauf abzustellen, ob die Absicht besteht, die Finanzanlage als Daueranlage zu halten (Baumbach/Hueck/*Haas/Kersting* Rn. 12; Scholz/*Meyer* Rn. 21). Notleidend gewordene Kredite werden von der Regelung nicht erfasst (MüKoGmbHG/*Fleischer* Rn. 20). Haben die (Darlehens-)Forderungen eine Laufzeit von mehr als einem Jahr, ist dieses bei der Position gesondert zu vermerken (§ 268 Abs. 4 HGB). Auch bei den Verbindlichkeiten besteht eine entsprechende Hinweispflicht nach § 268 Abs. 5 HGB. Erfasst werden alle Ansprüche und Verbindlichkeiten. Die Bilanzierung von Rückzahlungsansprüchen für zurückzuerstattende

Tantiemen setzt zunächst eine Beschlussfassung nach § 46 Nr. 8 voraus (OLG München 20.11.2012, NZG 2013, 618).

Eigenkapitalersetzende Gesellschafterdarlehen bestehen seit Inkrafttreten des MoMiG nicht mehr, da §§ 32a, 32 sowie die Rechtsprechungsregel (§§ 30, 31 analog) aufgehoben wurden. Die streitige Frage (→ 1. Aufl. 2011, Rn. 23), wie diese Verbindlichkeiten in der Bilanz abzubilden sind, hat sich damit erledigt. 23

Die Passivierungsverpflichtung (in der Handelsbilanz) entfällt nicht dadurch, dass für diese zwischen der Gesellschaft und dem Gesellschafter (oder einem Dritten) eine **Rangrücktrittsvereinbarung** als Schuldänderungsvertrag iSd § 311 BGB abgeschlossen wurde (Roth/Altmeppen/*Altmeppen* Rn. 51). Durch einen Rangrücktritt soll auf die Verbindlichkeit nicht verzichtet werden. Es soll lediglich erreicht werden, dass die Verbindlichkeit in der Überschuldungsbilanz nicht mehr berücksichtigt werden muss. Durch den Rangrücktritt kommt es (stillschweigend) auch zu einer Stundung (pactum de non petendo), sodass auch keine bei der Prüfung der Zahlungsfähigkeit noch zu berücksichtigende fällige Verbindlichkeit vorliegt. Denn andernfalls wäre nicht gewährleistet, dass die zum Zeitpunkt des Rücktritts vorhandene Vermögensmasse der Befriedigung der zu diesem Zeitpunkt nicht zurückgetretenen Gläubigern dient. Vor dem Inkrafttreten des MoMiG und der Einführung des § 19 Abs. 2 S. 3 InsO wurde dabei zwischen dem einfachen Rangrücktritt, bei dem der Gläubiger erklärt, mit seiner Forderung hinter alle anderen Gläubiger zurückzutreten, und dem qualifizierter Rangrücktritt, bei welchem er sich zusätzlich bereit erklärt, nur einen Ausgleich in gleicher Weise wie die Einlagerückgewähransprüche der Mitgesellschafter zu erhalten, unterschieden (grundlegend: BGH 8.1.2001, NJW 2001, 1280). Nach der Einführung des § 19 Abs. 2 S. 3 InsO ist es ausreichend zu vereinbaren, „im Insolvenzverfahren" hinter die in § 39 Abs. 1 Nr. 1–5 InsO genannten Verbindlichkeiten zurückzutreten. Da die Überschuldung bereits bei Unterzeichnung und nicht erst „im Insolvenzverfahren" verhindert werden soll, ist es sinnvoll, klarstellend insoweit in der Rangrücktrittserklärung eine Ergänzung vorzunehmen (Formulierungsbeispiele bei *Günter/Kahlert* DStR 2010, 227). Auch ist es sinnvoll, klarstellend den Stundungscharakter der Rangrücktrittserklärung festzuhalten. Trotzdem erfolgte Auszahlungen sind als inkongruente Leistungen gem. §§ 133, 131 InsO (und bei qualifizierten Rangrücktritten wohl auch nach § 135 InsO) anfechtbar. Liegt ein Rangrücktritt gem. § 19 Abs. 2 InsO, § 39 InsO oder ein qualifizierter Rangrücktritt vor, ist diese Situation gem. § 42 Abs. 3 bereits in der Bilanz selbst, bspw. durch einen „Davon-Vermerk" deutlich zu machen, weil eine entsprechende Kennzeichnung durch § 264 Abs. 2 HGB geboten ist (vgl. BeBiKo/*Schubert* HGB § 266 Rn. 255). Auf sonstige Rangrücktrittserklärungen kann im Anhang oder Lagebericht aufmerksam gemacht werden. 24

In der **Steuerbilanz** sind Verpflichtungen, die nur zu erfüllen sind, soweit zukünftig Einnahmen oder Gewinne anfallen erst dann zu passivieren, wenn die Einnahmen oder Gewinne angefallen sind (§ 5 Abs. 2a EStG). Besteht auch keine Tilgungsmöglichkeit aus einem Liquidationsüberschuss oder sonstigem freien Vermögen (bspw. aus einer Einzahlung in die Kapitalrücklage), sind diese Verbindlichkeiten in der Steuerbilanz erfolgswirksam auszubuchen (BFH 30.11.2011, DStR 2012, 450). Das mit einem Rangrücktritt versehene Darlehen darf danach nur passiviert werden, wenn der Rangrücktritt vorsieht, dass der Gläubiger die Rückzahlung nicht nur aus künftigen Gewinnen, sondern auch aus Liquidationsüberschüssen und anderem freien Vermögen der Gesellschaft verlangen kann. Es muss also ein sog. qualifizierter Rangrücktritt vorliegen. Fehlt der Hinweis auf eine Tilgung nur aus einem Liquidationsüberschuss und anderem freien Vermögen, führt dies jedoch allein noch nicht zur Anwendung des § 5 Abs. 2a EStG (BFH 10.11.2005, NZG 2006, 197 (199)). 25

Rückstellungen gegenüber Gesellschaftern sind nach § 42 nicht gesondert ausweispflichtig, da das HGB strikt zwischen Verbindlichkeit und Rückstellung trennt (Scholz/*Meyer* Rn. 23). Rückstellungen gegenüber Gesellschaftern sollten aber mit einem Davon-Vermerk versehen werden (Rowedder/Schmidt-Leithoff/*Tiedchen* Rn. 16). Ausweispflichtig sind aber **Haftungsverhältnisse,** da sowohl § 251 HGB als auch § 42 Abs. 3 Verbindlichkeiten regeln (BeBiKo/*Brottel* HGB § 285 Rn. 58; Roth/Altmeppen/*Altmeppen* Rn. 48). Ein getrennter Ausweis des einzelnen Gesellschafters ist nicht erforderlich (Roth/Altmeppen/*Altmeppen* Rn. 48). Erträge und Aufwendungen aus Beziehungen zu den Gesellschaftern müssen in der **GuV** nicht gesondert angegeben werden. 26

d) Bilanzdarstellung. Das Gesetz nennt drei Ausweisalternativen. „In der Regel" sind Ausleihungen, Forderungen und Verbindlichkeiten in der Bilanz gesondert auszuweisen oder im Anhang anzugeben; andernfalls ist ein Vermerk beim jeweiligen (Bilanz-)Posten vorgeschrieben. Während § 42 Abs. 3 von einem Wahlrecht zwischen den ersten beiden Möglichkeiten ausgeht, ergibt sich aus § 243 Abs. 2 HGB, § 264 Abs. 2 S. 2 HGB, dass die Vermögensverhältnisse vorrangig im Jahresabschluss abzubilden sind. Der von der Regel abweichende Ausweis unter einer anderen Position gem. § 42 Abs. 3 aE bedarf einer sachlichen Rechtfertigung (Scholz/*Meyer* Rn. 26). Eine solche kann sich aus dem Grundsatz der Klarheit und Übersichtlichkeit gem. § 243 Abs. 2HGB ergeben (ADS Rn. 48). Die Kriterien für den jeweiligen Ausweis ergeben sich aus den allgemeinen Bilanzierungsgrundsätzen, insbes. den § 243 Abs. 2 HGB, § 264 Abs. 2 HGB (ADS Rn. 48). 27

Vorlage des Jahresabschlusses und des Lageberichts

42a (1) [1]**Die Geschäftsführer haben den Jahresabschluß und den Lagebericht unverzüglich nach der Aufstellung den Gesellschaftern zum Zwecke der Feststellung des Jahresabschlusses vorzulegen.** [2]**Ist der Jahresabschluß durch einen Abschlußprüfer zu prüfen, so haben die Geschäftsführer ihn zusammen mit dem Lagebericht und dem Prüfungsbericht des Abschlußprüfers unverzüglich nach Eingang des Prüfungsberichts vorzulegen.** [3]**Hat die Gesellschaft einen Aufsichtsrat, so ist dessen Bericht über das Ergebnis seiner Prüfung ebenfalls unverzüglich vorzulegen.**

(2) [1]**Die Gesellschafter haben spätestens bis zum Ablauf der ersten acht Monate oder, wenn es sich um eine kleine Gesellschaft handelt (§ 267 Abs. 1 des Handelsgesetzbuchs), bis zum Ablauf der ersten elf Monate des Geschäftsjahrs über die Feststellung des Jahresabschlusses und über die Ergebnisverwendung zu beschließen.** [2]**Der Gesellschaftsvertrag kann die Frist nicht verlängern.** [3]**Auf den Jahresabschluß sind bei der Feststellung die für seine Aufstellung geltenden Vorschriften anzuwenden.**

(3) **Hat ein Abschlußprüfer den Jahresabschluß geprüft, so hat er auf Verlangen eines Gesellschafters an den Verhandlungen über die Feststellung des Jahresabschlusses teilzunehmen.**

(4) [1]**Ist die Gesellschaft zur Aufstellung eines Konzernabschlusses und eines Konzernlageberichts verpflichtet, so sind die Absätze 1 bis 3 entsprechend anzuwenden.** [2]**Das Gleiche gilt hinsichtlich eines Einzelabschlusses nach § 325 Abs. 2a des Handelsgesetzbuchs, wenn die Gesellschafter die Offenlegung eines solchen beschlossen haben.**

Übersicht

I. Allgemeines

1 Während §§ 41, 42 die Aufstellung der Buchhaltung regeln, bestimmt § 42a das Verfahren in inhaltlicher und zeitlicher Hinsicht (Abs. 3), bis wann der Jahresabschluss rechtsverbindlich werden soll. Hierzu regeln Abs. 1 und 4, welche Unterlagen dem zuständigen Organ vorzulegen sind. Zusätzliche Erfordernisse bestehen, wenn ein Aufsichtsrat und/oder eine Prüfungspflicht besteht (§ 42a Abs. 1 S. 2 und 3).

2 Die Vorschrift wurde neu gefasst durch das BiRiLiG 1985. § 42a Abs. 4 wurde durch das TransPuG 2002 und das das BilReG 2004 geändert (→ § 42 Rn. 1 ff.).

II. Einzelerläuterung

3 **1. Vorlage des Jahresabschlusses (Abs. 1 S. 1). a) Aufstellung und Feststellung.** Von der **Aufstellung** des Jahresabschlusses ist seine Feststellung zu trennen. Mit dem Begriff der Aufstellung ist der inhaltliche Abschluss der Buchführungsaufgaben gemeint. Dieser muss innerhalb der gesetzlichen (und strafbewehrten, § 283b StGB) Aufstellungsfristen geschehen (→ § 41 Rn. 2 und § 267 HGB). Zur Vermeidung eines Strafbarkeitsrisikos kann es für die Geschäftsführung sinnvoll sein, diesen Abschluss zu dokumentieren. Die Frist ist gewahrt, wenn Jahresabschluss und ggf. Lagebericht in einer Form erstellt sind, die einen weiteren Fortgang ermöglicht, dh entweder die Vorlage an das zur Feststellung berufene Organ erfolgen kann, an den Abschlussprüfer oder ggf. an den Aufsichtsrat gem. § 170 Abs. 1 AktG iVm § 52 (Roth/Altmeppen/*Altmeppen* Rn. 9). Die **Feststellung** des Jahresabschlusses ist die rechtsverbindliche Festlegung auf dessen Inhalt durch das zuständige Organ (→ Rn. 16).

b) Zuständigkeit. Das zur Feststellung berufene **Organ** ist nach dem Gesetz die Gesellschafterversammlung (§ 46 Nr. 1). Das gilt auch, wenn ein Aufsichtsrat besteht (anders bei der AG, § 172 AktG). Dieser hat bei der GmbH nur Kontrollfunktion (§ 52 Abs. 1 iVm § 171 AktG). Durch die Satzung (§ 45) kann die Feststellung (und die Ergebnisverwendung, dazu unten) dem Aufsichtsrat (Baumbach/Hueck/*Haas/Kersting* Rn. 16), der Geschäftsführung (Rowedder/Schmidt-Leithoff/*Tiedchen* Rn. 64; Scholz/*Meyer* Rn. 25; aA *Hartmann,* Das neue Bilanzrecht, 1986, 165 f.), Geschäftsführern und Aufsichtsrat gemeinsam, einem gesonderten Organ („Schiedsgericht", BGH 25.2.1965, BGHZ 43, 261 (263)) oder einem Dritten zum Stichentscheid bei Stimmengleichheit in der Gesellschafterversammlung (RG 28.10.1901, RGZ 49, 141 (147); Baumbach/Hueck/*Haas/Kersting* Rn. 16) zugewiesen werden. Die rechtsgeschäftliche Verbindlichkeit des Abschlusses für die Gesellschafter untereinander entfällt aber, wenn diese nicht selbst den Abschluss feststellen (vgl. HCL/*Hüffer/Schaefer* § 46 Rn. 26). 4

c) Vorlage. Verpflichtet zur Aufstellung sind alle Geschäftsführer unabhängig von einer internen Aufgabenverteilung (Roth/Altmeppen/*Altmeppen* Rn. 6). Es ist ausreichend, wenn ein Geschäftsführer für das Organ „Geschäftsführung" tätig wird, nicht jeder Geschäftsführer muss persönlich handeln (Lutter/Hommelhoff/*Kleindiek* Rn. 12; Rowedder/Schmidt-Leithoff/*Tiedchen* Rn. 7). Der Jahresabschluss ist von allen Geschäftsführern spätestens nach dessen Feststellung und vor dessen Einreichung zum Handelsregister zu unterzeichnen (vgl. unter § 245 HGB). Die Unterschrift hat unter dem Jahresabschluss, dh nach dessen Bestandteilen Bilanz, Gewinn- und Verlustrechnung und Anhang (Reihenfolge freigestellt) zu erfolgen. Liegt keine körperliche Verbindung dergestalt vor, dass Änderungen sichtbar würden, muss jede Seite unterzeichnet werden. 5

Die **vorzulegenden Unterlagen** sind der Jahresabschluss, dh Bilanz und Gewinn- und Verlustrechnung (§ 242 Abs. 3 HGB), sowie der Lagebericht, sofern keine kleine Kapitalgesellschaft vorliegt (§ 264 Abs. 1 S. 3 HGB). Teil des Jahresabschlusses ist als integrativer Bestandteil der Anhang (§ 284 HGB). Für kleine und mittelgroße Gesellschaften gelten Erleichterungen gem. § 266 Abs. 1 S. 3 HGB, §§ 274a, 276, 288 HGB, soweit der Gesellschaftsvertrag nichts anderes vorschreibt. Da die Eröffnungsbilanz nicht festgestellt werden muss, ist diese nach allgM mit dem ersten Jahresabschluss dem zuständigen Organ vorzulegen (ADS Rn. 6; MüKoGmbHG/*Fleischer* § 42a Rn. 4; HCL/*Paefgen* Rn. 10). 6

Besteht ein **Aufsichtsrat,** sind Jahresabschluss und ggf. Lagebericht zunächst dem Aufsichtsrat vorzulegen (§ 52 iVm § 170 AktG). Zu den vorzulegenden Unterlagen gehört dann auch dessen Prüfbericht (§ 171 Abs. 2 AktG, §§ 1, 4 DrittelbG, § 25 Abs. 1 Nr. 2 MitbestG). 7

Teilweise wird verlangt, dass der Geschäftsführer immer einen **Ergebnisverwendungsvorschlag** zu unterbreiten hat (Roth/Altmeppen/*Altmeppen* Rn. 33; Lutter/Hommelhoff/*Kleindiek* Rn. 6). Dies verlangt das GmbH-Recht anders als § 170 Abs. 2 AktG für den Vorstand aber nicht (Baumbach/Hueck/*Haas/Kersting* Rn. 3; ADS Rn. 15; MüKoGmbHG/*Fleischer Rn. 8; Gutbrod* GmbHR 1995, 551 (553)). Durch Satzung oder Gesellschafterbeschluss kann dies von der Geschäftsführung aber verlangt werden. Unabhängig hiervon ist seit dem 31.12.2015 (Art. 75 Abs. 1 EGHGB, eingeführt durch das BilRUG (→ § 42 Rn. 5) ein Vorschlag über die Gewinnverwendung oder der Gewinnverwendungsbeschluss im Anhang aufzunehmen (§ 285 Nr. 34 HGB). Kleine Kapitalgesellschaften sind von dieser Angabepflicht gem. § 288 Abs. 1 Nr. 1 HGB befreit. Ob eine Stellungnahme zur **Bilanzpolitik** bereits mit der Vorlage des Jahresabschlusses zu erfolgen hat, ist streitig und mangels gesetzlicher Grundlage nur bei einer entsprechender Satzungsregelung oder Gesellschafterweisung zu bejahen (so auch Hachenburg/*Mertens* Rn. 4; Rowedder/Schmidt-Leithoff/*Tiedchen* Rn. 2; HCL/*Paefgen* Rn. 17; aA Bork/Schäfer/*Witt* Rn. 6; Lutter/Hommelhoff/*Kleindiek* Rn. 7 und 29; offengelassen Baumbach/Hueck/*Haas/Kersting* Rn. 3). Der Geschäftsführer hat aber die bilanzrechtlichen Zusammenhänge mit der Beschlussvorlage analog § 176 Abs. 1 S. 2 AktG zu erläutern (Baumbach/Hueck/*Haas/Kersting* Rn. 3; Lutter/Hommelhoff/*Kleindiek* Rn. 33; HCL/*Paefgen* Rn. 14; MüKoGmbHG/*Fleischer* Rn. 7). 8

Neben der Verpflichtung zur **fristgerechten** Erstellung der Buchhaltung (→ § 41 Rn. 2) besteht für die Geschäftsführung die Verpflichtung zu deren „unverzüglicher" Vorlage gem. § 42a Abs. 1 S. 1 an das zuständige Organ. Für das Zusammenstellen der Unterlagen und das Vervielfältigen wird ein Zeitraum zwischen einer Woche (§ 51 Abs. 1 S. 2) und einem Monat als angemessen angesehen, wobei hier mit der überwA eine Frist von ein bis zwei Wochen je nach dem Umfang der Unterlagen für ausreichend angesehen wird (Baumbach/Hueck/*Haas/Kersting* Rn. 7; Lutter/Hommelhoff/*Kleindiek* Rn. 13; HCL/*Paefgen* Rn. 29). Wird die **Vorlagepflicht** (trotz des entstehenden Abberufungsgrundes, vgl. KG 11.8.2011, GmbHR 2011, 1272) missachtet, kann ein Gesellschafter Leistungsklage auf Vorlage an das zuständige Organ („actio pro socio") gegen die GmbH (weil ein Organhandeln begehrt wird, Roth/Altmeppen/*Altmeppen* Rn. 18) erheben (HCL/*Paefgen* Rn. 30). Nach aA kommt eine gerichtliche Entscheidung gem. § 51b entsprechend in Betracht (Lutter/Hommelhoff/*Kleindiek* Rn. 27; str. Scholz/*Meyer* Rn. 16). Das setzt voraus, dass auch ein Individualrecht auf Vorlage bejaht wird (→ Rn. 11). 9

Der Jahresabschluss, der Lagebericht und ggf. der Prüfbericht sind nach § 42a Abs. 1 „vorzulegen". Überwiegend wird das Angebot zur Einsichtnahme verbunden mit der Möglichkeit, sich Kopien anzufertigen, als ausreichend angesehen, die Übersendung von Unterlagen nur nach Aufforderung 10

(Roth/Altmeppen/*Altmeppen* § 46 Rn. 14; Bork/Schäfer/*Witt* Rn. 7; Lutter/Hommelhoff/*Kleindiek* Rn. 8; MüKoGmbHG/*Fleischer* Rn. 15). Aufgrund der Komplexität und Bedeutung des Abschlusses als Mittel der Planung und Kontrolle der Geschäftsführung ist jedoch grundsätzlich die **Übersendung** von Jahresabschlusses, Lagebericht und ggf. Prüfbericht zu fordern, wenn das zuständige Organ hierauf nicht verzichtet hat (OLG Frankfurt a. M. 10.6.1977, BB 1977, 1016; so auch Rowedder/Schmidt-Leithoff/*Koppensteiner* § 42a Rn. 11). Davon zu trennen sind die Buchhaltungsunterlagen, die Grundlage für den Abschluss waren. Diese sind zur Einsicht im Original mindestens für einen Monat bereitzustellen (vgl. zur Bedeutung von Originalen ADS Rn. 13). Bei der Publikumsgesellschaft in der Rechtsform der GmbH & Co KG muss der Prüfbericht nicht mit der Einladung zur Gesellschafterversammlung übersandt werden (BGH 3.2.2015, BeckRS 2015, 06123).

11 Ob dies auch gilt, wenn eine **gesellschaftswidrige Verwendung** der Unterlagen droht, ist streitig; ein § 51a Abs. 2 entsprechender Entwurf in § 42d Abs. 2 ist nicht Gesetz geworden (Roth/Altmeppen/*Altmeppen* Rn. 17). Teilweise wird eine analoge Anwendung von § 51a befürwortet (Scholz/*Meyer* Rn. 12–15; Lutter/Hommelhoff/*Kleindiek* Rn. 23). Nach wohl überwiegender Ansicht ist dieses für Jahresabschluss und Lagebericht nicht möglich (Hachenburg/*Hüffer* § 46 Rn. 14; Rowedder/Schmidt-Leithoff/*Tiedchen* Rn. 12; HCL/Paefgen Rn. 34; MüKoGmbHG/*Fleischer* Rn. 17; Baumbach/Hueck/*Haas/Kersting* Rn. 12). Durch Gesellschafterbeschluss, bei welchem dem betroffenen Gesellschafter gem. § 47 Abs. 4 kein Stimmrecht zusteht, kann die Vorlage des Prüfberichtes des Abschlussprüfers aber verweigert werden, weil dieser gem. § 46 Nr. 1 kein Beschlussgegenstand ist (und er auch nicht nach §§ 325 ff. HGB veröffentlicht wird), aber geheimhaltungsbedürftige Angaben enthalten kann. Eine weitere Einschränkung ist nicht möglich (MüKoGmbHG/*Fleischer* Rn. 17; Baumbach/Hueck/*Haas/Kersting* Rn. 12; HCL/*Paefgen* Rn. 34). Mit dem Einziehungsbeschluss für den Geschäftsanteil geht das Vorlagerecht aber völlig verloren (BGH 30.6.2003, NJW-RR 2003, 1265 (1266)).

12 **2. Abschlussprüfung (Abs. 1 S. 2, Abs. 3).** Prüfungsbedürftige Jahresabschlüsse sind von der Geschäftsführung zunächst unverzüglich den Abschlussprüfern vorzulegen (§ 42a Abs. 1 S. 2, § 320 HGB). Ohne die Prüfung kann der Jahresabschluss nicht festgestellt werden (§ 316 Abs. 1 S. 2 HGB). **Prüfungspflichtig** sind gem. § 316 Abs. 1 S. 1 HGB große und mittelgroße GmbHs iSv § 267 HGB und Gesellschaften, deren Satzung eine freiwillige Prüfung vorschreibt. § 316 Abs. 1 S. 2 HGB gilt für diese nicht (Roth/Altmeppen/*Altmeppen* Rn. 24).

13 Vor der Prüfung muss hierfür zunächst ein **Prüfungsauftrag** erteilt werden. Diesen erteilt der Geschäftsführer, wenn kein Aufsichtsrat besteht. Besteht ein Aufsichtsrat, wird der Prüfungsauftrag von diesem erteilt (§ 111 Abs. 2 S. 3 AktG, § 318 Abs. 1 S. 4 HGB iVm § 52 oder § 25 Abs. 1 Nr. 2 MitbestG bzw. § 1 Abs. 1 Nr. 3 S. 2 DrittelbG). Zu beauftragen ist der grundsätzlich von der Gesellschafterversammlung ggf. nach Maßgabe der Satzung zuvor gewählte Abschlussprüfer (§ 318 Abs. 1 S. 2 HGB). Zu den Einzelheiten der Prüfung vgl. unter §§ 317 ff. HGB. Die Prüfung endet mit dem **Prüfungsbericht** nebst Bestätigungsvermerk oder dessen Versagung (§§ 321, 322 HGB).

14 Ist ein **Aufsichtsrat** vorhanden, wird diesem der Bericht zur Prüfung zugeleitet (§ 321 Abs. 5 S. 2 HGB). Bei der Beratung über den Jahresabschluss und den Bericht kann der Aufsichtsrat die Teilnahme des Abschlussprüfers verlangen (§ 171 Abs. 1 S. 2 AktG iVm § 52 oder § 25 Abs. 1 Nr. 2 MitbestG bzw. § 1 Abs. 1 Nr. 3 S. 2 DrittelbG).

15 Von der Geschäftsführung sind der Prüfungsbericht und der Bericht des Aufsichtsrates gem. § 42a Abs. 2 S. 2, 3 dem zuständigen Organ vorzulegen. Der Abschlussprüfer hat gem. § 42a Abs. 3 auf Verlangen eines Gesellschafters bzw. aufgrund des Gesetzeszwecks ggf. eines anderen Mitglieds des zuständigen Organs (→ Rn. 3) bei dem Tagesordnungspunkt „Feststellung des Jahresabschlusses" **anwesend** zu sein (Scholz/*Meyer* Rn. 36). Bei beauftragten Gesellschaften ist dies der verantwortliche Prüfungsleiter (Baumbach/Hueck/*Haas/Kersting* Rn. 44). Ein Hinweis hierauf ist in der Einladung nicht erforderlich. Die Anwesenheit kann bei Bedarf auch noch in der Versammlung verlangt werden, sodass ggf. zu vertagen ist (Lutter/Hommelhoff/*Kleindiek* Rn. 39; Bork/Schäfer/*Witt* Rn. 19). Während teilweise auch ein unmittelbares Teilnahmeverlangen des Gesellschafters gegenüber dem Abschlussprüfer bejaht wird (Scholz/*Meyer* Rn. 35), hat nach der überwA die Aufforderung durch die Geschäftsführung zu erfolgen, um ein überraschendes Erscheinen zu vermeiden (Lutter/Hommelhoff/*Kleindiek* Rn. 39; Baumbach/Hueck/*Haas/Kersting* Rn. 43; ADS Rn. 57; Rowedder/Schmidt-Leithoff/*Tiedchen* Rn. 101). Den Gesellschaftern in der Gesellschafterversammlung bzw. den Mitgliedern des berufenen Beschlussorgans (→ Rn. 4) steht ein Fragerecht zu, der Prüfer hat eine Erläuterungspflicht bezüglich des Inhaltes des Prüfungsberichtes (Roth/Altmeppen/*Altmeppen* Rn. 28).

16 **3. Beschlussfassung (Abs. 2). a) Feststellung.** Nach § 42a Abs. 2 haben die Gesellschafter über den Jahresabschluss (einschließlich der Gewinn- und Verlustrechnung sowie des Anhangs) und die Ergebnisverwendung zu beschließen. Dadurch wird die Richtigkeit und **Rechtsverbindlichkeit** für die Gesellschaft und deren Gesellschafter begründet. Die Feststellung kann ein deklaratorisches oder auch abstraktes Schuldanerkenntnis beinhalten (BGH 2.3.2009, NZG 2009, 659 Fn. 15; OLG Stuttgart 20.11.2012, NZG 2013, 618; LG Landshut 7.10.2016, LSK 2016, 108690; Rowedder/Schmidt-Leithoff/*Tiedchen* Rn. 55). Von einem Gesellschafter können gegenüber einem anderen Gesellschafter daher

solche Umstände nicht mehr geltend gemacht werden, die ihm bei der Feststellung des Jahresabschlusses bekannt waren oder mit denen er rechnen musste (OLG Düsseldorf 26.11.1993, NJW-RR 1994, 1455). Im Falle einer Mehrheitsentscheidung sind nur die Zustimmenden gebunden (Roth/Altmeppen/*Altmeppen* Rn. 30). Der Lagebericht des Geschäftsführers ist nicht festzustellen. Dies folgt aus dem Wortlaut des § 42a und der Organisationsstruktur der GmbH (Scholz/*Meyer* Rn. 24; Roth/Altmeppen/*Altmeppen* Rn. 34; aA Rowedder/Schmidt-Leithoff/*Koppensteiner* § 46 Rn. 3). Die Gesellschafterversammlung kann Änderungen jedoch anweisen, wenn sich diese iRd für Lageberichte geltenden Regeln halten (Baumbach/Hueck/*Haas/Kersting* Rn. 18; Scholz/*K. Schmidt* § 46 Rn. 7). Die **Steuerbilanz** wird im eigentlichen Sinne nicht festgestellt. Aufgrund der Maßgeblichkeit der Handelsbilanz für die Steuerbilanz (§ 5 Abs. 1 EStG) und trotz des Entfallens der umgekehrten Maßgeblichkeit der Steuerbilanz für die Handelsbilanz durch das BilMoG in 2009, sind diese Bilanzen eng miteinander verbunden. Zu den Abweichungen zwischen Handels- und Steuerbilanz seit dem BilMoG vgl. *Ertel/Rosnitschek/Schanz* DStR 2017, 2068. Der Geschäftsführer muss daher auch die Steuerbilanz mit der Handelsbilanz zunächst den Gesellschaftern vorlegen, bevor er die öffentlich-rechtliche Verpflichtung zur Vorlage der Steuerbilanz an das Finanzamt als Geschäftsführungsmaßnahme erfüllt (vgl. Baumbach/Hueck/*Zöllner/Noack* § 46 Rn. 85). Ohne vorangehende Feststellung der Handelsbilanz gibt der geschäftsführende Gesellschafter mit dessen Einreichung zum Finanzamt zu erkennen, dass nach seiner Ansicht deren Inhalt richtig ist.

In der **Ladung** muss eindeutig auf die Feststellung des Jahresabschlusses als Tagungspunkt hingewie- 17
sen werden (OLG Karlsruhe 15.7.1988, DB 1988, 1845). Vorgesehene Weisungen zur Abfassung des Lageberichtes sind ein gesonderter Tagesordnungspunkt (Scholz/*K. Schmidt* § 46 Rn. 7).

Damit eine Feststellung erfolgen kann, muss der Jahresabschluss aufgestellt sein und bei mittelgroßen 18
und großen Gesellschaften die Abschlussprüfung abgeschlossen sein (§ 321 Abs. 5 HGB). Die Geschäftsführung kann den Prüfbericht nicht zurückhalten unter Hinweis darauf, sie müssten diesen erst selbst prüfen (Scholz/*Crezelius* Rn. 24). Auch wenn der Bestätigungsvermerk versagt wird (§ 322 HGB), kann eine Feststellung erfolgen (Baumbach/Hopt/*Hopt/Merkt* HGB § 322 Rn. 1).

An den vorgelegten Jahresabschluss ist das zuständige Organ **nicht gebunden** (BGH 21.7.2018, 19
NZG 2008, 783 Rn. 24; Scholz/*Meyer* § 46 Rn. 14; Lutter/Hommelhoff/*Kleindiek* Rn. 44). Fehlerhafte Bilanzansätze können berichtigt und Ansatz- und Bewertungswahlrechte, anders als von der Geschäftsführung vorgelegt, ausgeübt werden. Bei großen und mittelgroßen Gesellschaften ist dann eine Nachtragsprüfung erforderlich (§ 316 Abs. 3 HGB).

b) Ergebnisverwendung. Ohne die vorhergehende Feststellung des Jahresabschlusses kann nicht 20
über die **Ergebnisverwendung** beschlossen werden. Ändert das zuständige Organ (→ Rn. 4) daher aus eigenem Recht den aufgestellten Abschluss, müsste zunächst erneut bei prüfungspflichtigen Gesellschaften eine Nachprüfung erfolgen (§ 316 Abs. 3 HGB). Bei der AG ermöglicht insoweit § 173 Abs. 3 S. 1 AktG ein vereinfachtes Verfahren, indem die Nachprüfung nach der durch diese aufschiebend bedingten Feststellung erfolgen kann. § 173 Abs. 3 S. 1 AktG ist nach hM für die GmbH analog anzuwenden (Baumbach/Hopt/*Hopt/Merkt* HGB § 316 Rn. 4). Der Bestätigungsvermerk muss jedoch lediglich in einer angemessenen Frist vorliegen, die unter drei Monate zu bemessen ist und nicht innerhalb von zwei Wochen seit Beschlussfassung, wie dies § 173 Abs. 3 S. 2 AktG für die AG vorschreibt (FG Düsseldorf 8.3.2005, EFG 2005, 1380).

Über die Ergebnisverwendung ist nach den Vorgaben der Satzung, hilfsweise gem. § 29 nach Maß- 21
gabe der §§ 47 ff. zu beschließen. Für die **Ergebnisverwendung** bestehen alternativ oder kumulativ folgende Möglichkeiten: Gewinnausschüttung an Gesellschafter oder Dritte (BFH 7.11.2007, DStR 2008, 346), Thesaurierung in die Gewinnrücklagen (§ 266 Abs. 3 A III 4 HGB, → § 29 Rn. 37), Gewinnvortrag (§ 266 Abs. 3 A IV HGB, → § 29 Rn. 38) oder Tilgung des Anspruchs der Gesellschaft aus der Vorbelastungshaftung der Gesellschafter (→ § 29 Rn. 40). Zum Verstoß gegen die Treuepflicht bei übermäßiger Gewinnthesaurierung vgl. OLG Nürnberg 9.7.2008, DB 2008, 2415 und → § 29 Rn. 16. Zur Änderung des Jahresabschlusses bei abweichendem Ergebnisverwendungsbeschluss vgl. § 278 S. 2 HGB.

Der Ergebnisverwendungsbeschluss kann mit dem Feststellungsbeschluss **zusammenfallen,** wenn 22
bereits der aufgestellte Abschluss die Verwendung regelt (vgl. § 268 Abs. 1 HGB). Kommt es durch eine Rücklagenauflösung zur Erhöhung des Bilanzgewinns (§ 29 Abs. 1 S. 2), ist streitig, ob das Teil der Aufstellung oder Teil der Feststellung des Abschlusses ist (vgl. BFH 26.3.1984, BStBl. II 1984 717, 719). Über eine **Vorabausschüttung** kann ohne festgestellten Jahresabschluss beschlossenen werden. Der Beschluss steht aber unter dem Vorbehalt der Feststellung des Jahresabschlusses mit einem ausreichenden Jahresergebnis (→ § 29 Rn. 58).

c) Zustandekommen. Für die Beschlüsse ist grundsätzlich die einfache **Mehrheit** gem. § 47 Abs. 1 23
ausreichend, wenn die Satzung keine qualifizierte Mehrheit vorsieht. Für den geschäftsführenden Gesellschafter besteht kein Stimmrechtsausschluss (Roth/Altmeppen/*Altmeppen* § 46 Rn. 6). Sind alle Gesellschafter auch Geschäftsführer, kann ein Beschluss auch formlos durch allseitige Unterzeichnung gem. § 245 erfolgen (Rowedder/Schmidt-Leithoff/*Tiedchen* Rn. 58 und § 46 Rn. 5). In der Satzung kann

auf einen förmlichen Beschluss verzichtet werden; so kann vorgesehen werden, dass der Jahresabschluss als festgestellt gilt, wenn keiner oder die Mehrheit der Gesellschafter nicht innerhalb einer bestimmten Frist nach der Aufstellung dem Abschluss widerspricht (Scholz/*Meyer* Rn. 22).

24 **d) Änderung.** Der Feststellungsbeschluss kann **aufgehoben** und durch einen neuen Beschluss ersetzt werden (Scholz/*Meyer* Rn. 27). Dabei wird zwischen der **Berichtigung** eines objektiv falschen Bilanzansatzes (i) und der nachträglichen **Änderung** eines zulässigen Bilanzansatzes (ii) unterschieden. (i) Jahresabschlüsse sind richtig aufzustellen. Abschlüsse mit „erheblichen" Fehlern müssen daher berichtigt werden, andere Fehler können in laufender Rechnung korrigiert werden (Baumbach/Hueck/*Haas/Kersting* Rn. 22). Ein erheblicher Fehler liegt insbesondere dann vor, wenn aufgrund der unrichtigen Bilanz eine Gewinnausschüttung unter Verstoß gegen §§ 30, 31 erfolgte. Die Treuepflicht gebietet hier jedem Gesellschafter die Mitwirkung an der Berichtigung (Scholz/*K. Schmidt* § 46 Rn. 24). Liegen die Voraussetzungen des § 31 nicht vor, muss gem. § 32 ein Gesellschafter nicht an einer Berichtigung mitwirken die zu einem Entfallen seines Gewinnbezugsrechtes führt, wenn ihm weder bekannt noch aufgrund grober Fahrlässigkeit unbekannt war, dass die Voraussetzungen des Gewinnbezugsrechts nicht vorliegen (→ § 32 Rn. 9). Gewinnbezugsrechte sind aber unbeachtlich, wenn wegen einer Nichtigkeit gem. § 256 Abs. 1 Nr. 1, 4, Abs. 4, 5 AktG analog schon kein wirksamer Abschluss vorliegt. (ii) Bei der Änderung sollen Ansatz- und Wahlrechte anders als zuvor ausgeübt werden. Dies ist nur möglich, wenn wichtige wirtschaftliche Gründe dies erforderlich machen (Rowedder/Schmidt-Leithoff/*Tiedchen* Rn. 74; Scholz/*K. Schmidt* § 46 Rn. 25). Im Anhang muss diese Änderung gem. § 284 Abs. 2 Nr. 3 HGB angegeben werden. Wird durch die Änderung in das Gewinnbezugsrecht eines Gesellschafters eingegriffen, kann die Änderung nur mit seiner Zustimmung erfolgen (Scholz/*Crezelius* Rn. 39; Scholz/*K. Schmidt* § 46 Rn. 25). Ggf. kann eine Nachtragsprüfung gem. § 316 Abs. 3 HGB erforderlich werden.

25 **e) Fristen.** Die Feststellung muss bei kleinen Gesellschaften innerhalb von elf, bei mittelgroßen und großen Gesellschaften innerhalb von acht Monaten erfolgen (§ 42a Abs. 2 S. 1). Die **Fristen** können nur durch die Satzung verkürzt, nicht aber verlängert werden (§ 42a Abs. 2 S. 2).

26 **f) Verstöße.** Werden die Beschlüsse nicht gefasst, droht ein **Ordnungsgeld** gem. §§ 325, 335 HGB. Streitig ist, ob eine **Klage** erhoben werden kann, wenn ein Feststellungsbeschluss nicht gefasst wird (dafür Baumbach/Hueck/*Haas/Kersting* Rn. 20; Lutter/Hommelhoff/*Bayer* § 46 Rn. 7 f.; dagegen *Mollenkopf* → § 46 Rn. 3 [ggf. Auflösungklage]; näher MüKoGmbHG/*Ekkenga* § 29 Rn. 45, 46 und MüKoGmbHG/*Ekkenga* § 29 Rn. 13 ff.). Da nur mit der Feststellung der Gewinnauszahlungsanspruch gem. § 29 realisiert werden kann ist dies zu bejahen. Ansatz- und Bewertungswahlrechte sind hierbei vom Gericht gem. §§ 315 ff. BGB nach billigem Ermessen auszuüben (Baumbach/Hueck/*Haas/Kersting* Rn. 20). Hierfür kann zum einen eine Klage gegen die Gesellschaft auf Feststellung eines bestimmten Abschlusses erhoben werden. Die Gesellschafter können als Nebenintervenienten auftreten (*Zöllner* ZGR 1988, 392 (420). Eine dahingehende Obliegenheit besteht nicht (BGH 20.1.1986, NJW 1986, 2051). Alternativ besteht die Möglichkeit, Klage gegen einen Mitgesellschafter auf Mitwirkung zur Feststellung unter dem Gesichtspunkt der Treuepflicht zu führen (Baumbach/Hueck/*Haas/Kersting* Rn. 20).

27 Kommt es bei der Beschlussfassung zu **Rechts- und Satzungsverstößen,** gelten die allgemeinen Regeln über die Nichtigkeit und Anfechtbarkeit von Gesellschafterbeschlüssen (→ Anh. § 47 Rn. 1 ff.). Die Nichtigkeit des Jahresabschlusses führt analog § 253 Abs. 1 AktG zur Nichtigkeit des Ergebnisverwendungsbeschlusses (Roth/Altmeppen/*Altmeppen* Rn. 37). Grundsätzlich ist § 256 AktG entsprechend anzuwenden (Lutter/Hommelhoff/*Bayer* Anh. § 47 Rn. 24; Scholz/*K. Schmidt* § 46 Rn. 36). Entsprechende Vorschriften für das GmbHG (§ 42g E-GmbHG 1982 [Nichtigkeit des Jahresabschlusses] und § 42h E-GmbHG 1982 [Schutz der Minderheitsgesellschafter bei Ergebnisverwendung] sind bisher nicht Gesetz geworden (Scholz/*Schmidt* § 46 Rn. 36).

28 Zu den Nichtigkeits- und Anfechtungsgründen → Anh. § 47 Rn. 1 ff. und unter § 256 AktG. Die Nichtigkeit kann unter anderem durch **Nichtigkeitsklage** analog § 249 Abs. 1 S. 1 (vgl. auch S. 2) AktG durch jedermann (*Wimmer* DStR 1997, 1931) geltend gemacht werden (→ Anh. § 47 Rn. 2). Eine Heilung analog § 256 Abs. 6 AktG ist möglich (Rowedder/Schmidt-Leithoff/*Tiedchen* Rn. 86). Keine entsprechende Anwendung findet § 257 Abs. 1 S. 2 AktG (KG 17.4.2001, NZG 2001, 845; Rowedder/Schmidt-Leithoff/*Tiedchen* Rn. 82).

29 Die Anfechtung erfolgt durch **Anfechtungsklage** entsprechend § 246 Abs. 2 AktG gegen die Gesellschaft. Sofern die Anfechtungsfrist nicht durch die Satzung geregelt wird, muss diese innerhalb angemessener Frist eingereicht werden. Die Monatsfrist des § 246 Abs. 1 AktG gilt hierfür als Maßstab (→ § 47 Rn. 5). Eine Anfechtungsklage (bspw. gegen eine Gewinnverrechnung mit dem negativen Kapitalkonto) muss ggf. mit einer positiven Beschlussfeststellungsklage (bspw. auf Gewinnauszahlung) verbunden werden (OLG München 28.11.2007, NZG 2008, 339). Im Personengesellschaftsrecht, also insbes. bei der **GmbH &Co KG,** ist die **Feststellungsklage** die richtige Klageart (vgl. OLG Stuttgart 27.2.2014, BeckRS 2015, 02095), wenn nicht ausnahmsweise das „kapitalgesellschaftsrechtliche System"

übernommen wurde, was ggf. durch Auslegung zu ermitteln ist und sich nicht allein aus dem Wort „Anfechtungsfrist" oder „-klage" in der Satzung ergibt (→ HGB § 119 Rn. 59 f. und BGH 1.3.2011, NJW 2011, 2578; BGH 11.12.1989, NJW-RR 1990, 474; BGH 30.6.1966, WM 1966, 1036; BGH 24.3.2003, NJW-RR 2003, 820).

Klagebefugt für die Anfechtungsklage ist jeder Gesellschafter, sofern er dem Beschluss nicht zugestimmt hat. Zum Anfechtungsrecht von Geschäftsführern → Anh. § 47 Rn. 10. Dritten steht eine Klagebefugnis zu, soweit deren Ansprüche berührt sind. Hierzu gehört bspw. der stille Gesellschafter, dessen Auszahlungsanspruch an das Jahresergebnis gebunden ist (§ 232 Abs. 1 HGB). 30

4. Konzernabschluss (Abs. 4). Sofern Gesellschaften nach §§ 290–293 HGB einen Konzernabschlusses und Konzernlageberichts aufzustellen haben, gelten für diese gem. § 42a Abs. 4 die Vorschriften in § 42a Abs. 1–3 entsprechend. Nach § 42a Abs. 4 S. 2 gilt das ebenfalls, wenn die Offenlegung gem. § 325 Abs. 2a HGB nach internationalen Rechnungslegungsstandards (=IFRS) beschlossen wird. Terminologisch wird vorgeschlagen, in diesem Zusammenhang nur von einer **Billigung** des Konzernabschlusses (vgl. § 171 Abs. 2 S. 5, 4 HGB, § 173 Abs. 1 S. 2 HGB) und nicht von dessen Feststellung zu sprechen, weil der Konzernabschluss nur Informationszwecken dient und nicht Grundlage einer Ergebnisverwendung ist (Lutter/Hommelhoff/*Kleindiek* Rn. 48; HCL/*Paefgen* Rn. 62). 31

Sofern die Satzung keine abweichende Regelung trifft, wird der **Konzernprüfer** gem. § 318 Abs. 1 HGB von den Gesellschaftern der Muttergesellschaft gewählt. Erfolgt keine Wahl, gilt der Prüfer der Muttergesellschaft zugleich als Konzernprüfer (§ 318 Abs. 2 HGB). Den Prüfungsauftrag erteilt die Geschäftsführung, bei Bestehen eines Aufsichtsrates dieser (§ 111 Abs. 2 S. 3 HGB iVm § 52). 32

Die Gesellschafterversammlung der „Mutter"-GmbH (vgl. § 46 Nr. 1 lit. b) kann den von der Geschäftsführung vorgelegten Konzernabschluss billigen, ihn ablehnen oder einen **abweichenden** Konzernabschluss billigen (BegrRegE TransPuG BT-Drs. 14/8769, 30; Lutter/Hommelhoff/*Kleindiek* Rn. 48). Er muss jedoch in einer Form vorliegen, bei der die materiellen Regeln des Konzernabschlusses eingehalten wurden (Scholz/*Crezelius* Rn. 57). Kommt es zu einer Änderung durch die Gesellschafterversammlung, muss eine Nachtragsprüfung durch den Abschlussprüfer erfolgen (§ 316 Abs. 3 HGB). 33

Haftung der Geschäftsführer

43

(1) **Die Geschäftsführer haben in den Angelegenheiten der Gesellschaft die Sorgfalt eines ordentlichen Geschäftsmannes anzuwenden.**

(2) **Geschäftsführer, welche ihre Obliegenheiten verletzen, haften der Gesellschaft solidarisch für den entstandenen Schaden.**

(3) [1] **Insbesondere sind sie zum Ersatze verpflichtet, wenn den Bestimmungen des § 30 zuwider Zahlungen aus dem zur Erhaltung des Stammkapitals erforderlichen Vermögen der Gesellschaft gemacht oder den Bestimmungen des § 33 zuwider eigene Geschäftsanteile der Gesellschaft erworben worden sind.** [2] **Auf den Ersatzanspruch finden die Bestimmungen in § 9b Abs. 1 entsprechende Anwendung.** [3] **Soweit der Ersatz zur Befriedigung der Gläubiger der Gesellschaft erforderlich ist, wird die Verpflichtung der Geschäftsführer dadurch nicht aufgehoben, daß dieselben in Befolgung eines Beschlusses der Gesellschafter gehandelt haben.**

(4) **Die Ansprüche auf Grund der vorstehenden Bestimmungen verjähren in fünf Jahren.**

Übersicht

I. Allgemeines

1 **1. Regelungsinhalt und Normzweck.** Die Vorschrift bildet die zentrale Haftungsgrundlage gegenüber dem Geschäftsführer, wenn dieser seine Pflichten aus dem Organverhältnis verletzt. Im Zentrum steht Abs. 2 als Anspruchsgrundlage und begründet eine solidarische Haftung der Geschäftsführer. Diese regelt deren Haftung nicht abschließend, sondern ausschließlich im Verhältnis zur Gesellschaft. Verletzt der Geschäftsführer seine Organpflichten und verursacht er hierdurch bei Dritten einen Schaden, so haftet hierfür die Gesellschaft nach § 31 BGB. **Ansprüche Dritter** gegen den Geschäftsführer, die wegen einer Verletzung der ihn treffenden Organpflichten geltend gemacht werden, können nicht auf § 43 Abs. 2 gestützt werden, sondern bedürfen einer anderweitigen Rechtsgrundlage (s. BGH 10.7.2012, NJW 2012, 3439 Rn. 23 f.; BGH 26.4.2018, NJW 2018, 2125 Rn. 31; BGH 7.5.2019, NZG 2019, 939 Rn. 10; BAG 23.2.2010, NZA 2010, 1418 (1420); BAG 23.2.2016, NZA 2016, 2204 Rn. 19; KG 13.11.2012, NZG 2013, 586 (587) sowie → Rn. 85 ff.). Diese Systematik schließt es jedoch nicht aus, dass Dritte wegen eines etwaigen Ersatzanspruchs gegen die Gesellschaft über die §§ 829, 835 ZPO in einen Haftungsanspruch der Gesellschaft aus § 43 Abs. 2 vollstrecken und auf diesem Wege den Geschäftsführer in Anspruch nehmen.

2 Die Haftung nach § 43 Abs. 2 bildet einen allgemeinen **Auffangtatbestand,** der von speziellen GmbH-rechtlichen Haftungsnormen verdrängt wird, die auf besondere Pflichtverstöße des Geschäftsführers reagieren (§ 9a Abs. 1, § 57 Abs. 4; OLG Celle 15.3.2000, NZG 2000, 1178 (1179); OLG Rostock 2.2.1995, GmbHR 1995, 658 (660 f.); s. auch HCL/*Paefgen* Rn. 5 f.). In diesem Zusammenhang steht auch § 43 Abs. 3, der spezialgesetzlich die Haftung des Geschäftsführers wegen der Verletzung der dort genannten Vorschriften zur Kapitalerhaltung regelt (Bork/Schäfer/*Klöhn* Rn. 1; HCL/*Paefgen* Rn. 255 f.; → Rn. 65 ff.). Bezüglich der Haftung des Geschäftsführers aus § 64 S. 1 wird hingegen verbreitet eine Anspruchskonkurrenz befürwortet (s. HCL/*Paefgen* Rn. 5; Lutter/Hommelhoff/*Kleindiek* Rn. 6 sowie → § 64 Rn. 53).

3 Da § 43 Abs. 2 ausschließlich an das Handeln als Geschäftsführer anknüpft und die §§ 35 ff. dessen Organstellung ausgestalten, bleibt offen, ob der Geschäftsführer neben § 43 auch wegen einer Verletzung der Pflichten aus dem **Anstellungsvertrag** über § 280 Abs. 1 BGB ersatzpflichtig ist. Dies ist grundsätzlich zu verneinen, da § 43 Abs. 2 im Hinblick auf die Pflichten aus seinen Aufgaben als Organ der Gesellschaft *lex specialis* ist (BGH 26.11.2007, NZG 2008, 104 und zuvor BGH 12.6.1989, NJW-RR 1989, 1255 (1256); BGH 9.12.1996, ZIP 1997, 199 (200); ebenso Bork/Schäfer/*Klöhn* Rn. 6; MüKoGmbHG/*Fleischer* Rn. 8; Roth/Altmeppen/*Altmeppen* Rn. 2; **aA** MHLS/*Ziemons* Rn. 13; Scholz/*U. H. Schneider* Rn. 18). Eine auf den Anstellungsvertrag zu stützende Haftung des Geschäftsführers kommt jedoch in Betracht, wenn er sonstige Vertragspflichten verletzt, die § 43 Abs. 2 nicht erfasst (Bork/Schäfer/*Klöhn* Rn. 6; MHLS/*Ziemons* Rn. 14; MüKoGmbHG/*Fleischer* Rn. 8), oder der Anstellungsvertrag nicht mit der Gesellschaft, sondern einem Dritten abgeschlossen worden ist und bei diesem infolge der Pflichtverletzung ein Schaden eingetreten ist (HCL/*Paefgen* Rn. 2; MHLS/*Ziemons* Rn. 12; MüKoGmbHG/*Fleischer* Rn. 8).

4 Die Vorschrift in Abs. 1 konkretisiert den für Geschäftsführer maßgeblichen Sorgfaltsmaßstab und ergänzt damit insbesondere § 276 Abs. 2 BGB (→ Rn. 15). Hierfür übernimmt das GmbH-Recht der Sache nach den Maßstab des § 93 Abs. 1 S. 1 AktG mit geringen sprachlichen Modifikationen (→ Rn. 16) und ähnelt § 347 Abs. 1 HGB, der die Sorgfalt eines ordentlichen Kaufmannes für maßgeblich erklärt. Soweit die Haftung des Geschäftsführers auf § 43 Abs. 2 oder 3 gestützt wird, trifft Abs. 4 eine von § 195 BGB abweichende Sonderregelung zur Verjährung und verlängert die Frist – wie im Aktienrecht (s. § 93 Abs. 6 AktG) – von drei auf fünf Jahre (→ Rn. 75 ff.).

5 Die Haftungsnormen in § 43 setzen ein Konzept der **Innenhaftung** um, das die Gläubiger der Gesellschaft grundsätzlich auf ihre Ansprüche gegenüber der Gesellschaft beschränkt (s. BGH 10.7.2012, NJW 2012, 3439 Rn. 23; BAG 23.2.2016, NZA 2016, 2204 Rn. 19; dazu auch *Haas* WM 2006, 1417 (1419); HCL/*Paefgen* Rn. 298) und damit zugleich den Geschäftsführer bei Pflichtverletzungen vor Ansprüchen der Gesellschaftsgläubiger abschirmt (→ Rn. 1 aE). Damit schützt § 43 nicht nur das Vermögen der Gesellschaft, sondern mittelbar ebenfalls das Vermögen der Gesellschafter (Baumbach/Hueck/*Beurskens* Rn. 1). Indem die Haftungsnorm ein Instrument zur Auffüllung des Gesellschaftsvermögens schafft, dient diese zudem indirekt dem Schutz der Gläubiger bei der Realisierung etwaiger Ersatzansprüche gegenüber der Gesellschaft, die auf einer Pflichtverletzung des Geschäftsführers beruhen (treffend Baumbach/Hueck/*Beurskens* Rn. 1; Roth/Altmeppen/*Altmeppen* Rn. 57).

6 **2. Personeller Anwendungsbereich.** Die Vorschrift erfasst alle Geschäftsführer einer GmbH unabhängig von ihrer Funktion in der Gesellschaft, und ist ohne Einschränkungen auch in Gesellschaften anwendbar, die der **Unternehmensmitbestimmung** unterliegen. In gleicher Weise gilt sie bei Pflichtverletzungen des **Notgeschäftsführers** und wegen § 44 bei solchen eines **stellvertretenden Geschäftsführers** (s. Baumbach/Hueck/*Beurskens* Rn. 2; Bork/Schäfer/*Klöhn* Rn. 9; HCL/*Paefgen* Rn. 17; MHLS/*Ziemons* Rn. 15; MüKoGmbHG/*Fleischer* Rn. 215; Roth/Altmeppen/*Altmeppen* Rn. 100), nicht hingegen bei Pflichtverletzungen von **Mitgliedern des Aufsichtsrats.** Für die Letztgenannten richtet sich die Haftung wegen § 52 Abs. 1 nach § 93 Abs. 2 und 3 AktG (ebenso in der mitbestimmten GmbH über die Verweisung in § 116 S. 1 AktG, s. § 1 Abs. 1 Nr. 3 DrittelbG, § 25 Abs. 1 S. 1 Nr. 2 MitbestG). Die Haftung greift unabhängig von der Existenz eines Anstellungsvertrags und dessen Rechtswirksamkeit ein (BGH 21.4.1994, NJW 1994, 2027; Baumbach/Hueck/*Beurskens* Rn. 2; MüKoGmbHG/*Fleischer* Rn. 216; Scholz/*U. H. Schneider* Rn. 21), insbesondere auch, wenn der Anstellungsvertrag nicht mit der Gesellschaft, sondern mit einem Dritten abgeschlossen worden ist (HCL/*Paefgen* Rn. 2; Scholz/*U. H. Schneider* Rn. 21).

7 Die Haftung setzt mit der **Begründung der Organstellung** ein, also dem Wirksamwerden der Bestellung (BGH 21.4.1994, NJW 1994, 2027) und hängt damit nicht von der Eintragung der Bestellung im Handelsregister ab, da diese im Hinblick auf die Organstellung lediglich deklaratorische Bedeutung hat (Bork/Schäfer/*Klöhn* Rn. 8; HCL/*Paefgen* Rn. 34; Lutter/Hommelhoff/*Kleindiek* Rn. 2; MüKoGmbHG/*Fleischer* Rn. 216; Rowedder/Schmidt-Leithoff/*Schnorbus* Rn. 3; Scholz/*U. H. Schneider* Rn. 17). Zudem entfaltet die Vorschrift eine **Vorwirkung,** wenn die Organtätigkeit bereits vor den korporationsrechtlich notwendigen Akten aufgenommen wurde (BGH 20.3.1986, NJW-RR 1986, 1293; OLG München 24.1.2000, GmbHR 2000, 732 (733)). Umgekehrt endet die Haftung grundsätzlich mit **Beendigung der Organstellung,** also idR mit der Abberufung oder einer Amtsniederlegung (BGH 17.2.2003, NZG 2003, 394 (395)). Durch vorherige Pflichtverletzungen begründete Ansprüche der Gesellschaft bleiben hiervon jedoch unberührt (Roth/Altmeppen/*Altmeppen* Rn. 100). Trotz wirksamer Beendigung der Organstellung besteht die Haftung zudem fort, wenn der Geschäftsführer seine Organtätigkeit *de facto* fortsetzt (BGH 24.10.2005, NZG 2006, 62 (64); HCL/*Paefgen* Rn. 35; Lutter/Hommelhoff/*Kleindiek* Rn. 2; MüKoGmbHG/*Fleischer* Rn. 217). Sofern ihn auch nach der Beendigung der Organstellung Organpflichten treffen (zB Auskunftspflichten, Verschwiegenheitspflichten), handelt es sich unverändert um Pflichten aus der Organstellung, sodass bei deren Verletzung § 43 zur Anwendung gelangt (Baumbach/Hueck/*Beurskens* Rn. 2; Bork/Schäfer/*Klöhn* Rn. 8; MüKoGmbHG/*Fleischer* Rn. 217; MHLS/*Ziemons* Rn. 37).

8 Im Interesse des Normzwecks greift die Haftung unabhängig davon ein, ob die Bestellung rechtswirksam ist. Insbesondere ein Übergehen der **Bestellungshindernisse** in § 6 Abs. 2 S. 2 Nr. 2 und 3 steht einer Haftung ebenso wenig entgegen wie Fehler bei dem korporationsrechtlichen Bestellungsakt (s. BGH 20.2.1995, BGHZ 129, 30 (32) = NJW 1995, 1290; Bork/Schäfer/*Klöhn* Rn. 7; HCL/*Paefgen* Rn. 19; MüKoGmbHG/*Fleischer* Rn. 219; Scholz/*U. H. Schneider* Rn. 17, 22). Das gilt allerdings nicht, wenn eine wirksame Bestellung wegen fehlender Amtsfähigkeit (s. § 6 Abs. 2 S. 1 und S. 2 Nr. 1) scheitert (so Baumbach/Hueck/*Beurskens* Rn. 4; Bork/Schäfer/*Klöhn* Rn. 7; GBS GmbHG/*Buck-Heeb* Rn. 6; HCL/*Paefgen* Rn. 19; Lutter/Hommelhoff/*Kleindiek* Rn. 2). Der in diesem Fall gleichwohl als Geschäftsführer tätig Gewordene haftet dann jedoch als sog. faktischer Geschäftsführer (Scholz/*U. H. Schneider* Rn. 22; → Rn. 9).

9 Fehlt bereits ein Bestellungsakt, nimmt eine Person jedoch gleichwohl Leitungsfunktionen eines Geschäftsführers wahr **(faktischer Geschäftsführer),** dann ist § 43 entsprechend anzuwenden (s. BGH 11.7.2005, NZG 2005, 816; OLG Celle 6.5.2015, BeckRS 2016, 20000; OLG München 22.6.2017, BeckRS 2017, 113989; OLG München 23.1.2019, BeckRS 2019, 552; Baumbach/Hueck/*Beurskens* Rn. 5; MHLS/*Ziemons* Rn. 22; Rowedder/Schmidt-Leithoff/*Schnorbus* Rn. 5; *Strohn* DB 2011, 158 (165); für eine teleologische Extension hingegen MüKoGmbHG/*Fleischer* Rn. 226). Unsicherheiten bestehen im Hinblick auf Art und Intensität der Leitungsaufgaben, die wahrgenommen werden müssen, um als faktischer Geschäftsführer der speziellen Haftungsnorm zu unterliegen (s. dazu auch zB *Fleischer* GmbHR 2011, 337 (340 ff.); HCL/*Paefgen* Rn. 20 ff.; Lutter/Hommelhoff/*Kleindiek* Rn. 3; MHLS/*Ziemons* Rn. 25 ff.; MüKoGmbHG/*Fleischer* Rn. 228 ff.; *Strohn* DB 2011, 158 (160 f.) jeweils mwN).

Hierfür genügt weder die bloße Einflussnahme auf bestellte Geschäftsführer (Baumbach/Hueck/*Beurskens* Rn. 5; Lutter/Hommelhoff/*Kleindiek* Rn. 3; s. auch *Strohn* DB 2011, 158 (161 f.)), noch die gelegentliche Wahrnehmung kleinerer Geschäftsführungsaufgaben (Scholz/*U. H. Schneider* Rn. 28b). Maßgebend ist vielmehr stets, ob der Betreffende nach außen wie ein Geschäftsführer auftritt und die Geschicke der Gesellschaft maßgeblich prägt (BGH 11.2.2008, NZG 2008, 468 (469); s. auch OLG München 8.9.2010, ZIP 2010, 2295 (2296); OLG München 23.1.2019, BeckRS 2019, 552; OLG München 17.7.2019, NJW-RR 2019, 1326 (1328); Baumbach/Hueck/*Beurskens* Rn. 5; Scholz/*U. H. Schneider* Rn. 22, 28b; für die Notwendigkeit eines Handelns mit Außenwirkung auch Rowedder/Schmidt-Leithoff/*Schnorbus* Rn. 5). Eine überragende Stellung muss der Betreffende hierbei nicht einnehmen (HCL/*Paefgen* Rn. 23).

10 **3. Dispositivität.** Die Haftung des Geschäftsführers nach Abs. 2 und 3 steht grundsätzlich nicht zur Disposition. Das gilt sowohl für die Satzung und einen Beschluss der Gesellschafterversammlung als auch für den Anstellungsvertrag. In Betracht kommt allenfalls eine Abmilderung des Haftungsmaßstabs, den Abs. 1 vorgibt. Ausgeschlossen ist insoweit aber wegen § 276 Abs. 3 BGB eine Freizeichnung von der Haftung für vorsätzliche Pflichtverletzungen sowie eine Disposition über den Ersatzanspruch, soweit § 43 Abs. 3 S. 2 einen Verzicht oder Vergleich für rechtsunwirksam erklärt (→ Rn. 57 f., → Rn. 73). Im Übrigen ist das Meinungsspektrum vielschichtig. Verbreitet wird sogar ein Haftungsausschluss für grob fahrlässige Pflichtverletzungen als rechtswirksam erachtet (so *Janert* BB 2013, 3016 (3019); HCL/*Paefgen* Rn. 13; Scholz/*U. H. Schneider* Rn. 261; **aA** Baumbach/Hueck/*Beurskens* Rn. 41). Zweifelhaft sind Milderungen des Haftungsmaßstabs jedoch, wenn diese die Haftung wegen der Verletzung solcher Pflichten herabsetzt oder ausschließt, die im Interesse der Gesellschaftsgläubiger oder der Allgemeinheit bestehen (abl. insoweit Baumbach/Hueck/*Beurskens* Rn. 40; Lutter/Hommelhoff/*Kleindiek* Rn. 65; weitergehend MHLS/*Ziemons* Rn. 433 ff. wegen einer angenommenen gläubigerschützenden Funktion des § 43 Abs. 2). Die Verjährungsfrist in Abs. 4 ist in dem durch § 202 BGB abgesteckten Rahmen dispositiv (→ Rn. 78).

11 **4. Haftungsmilderungen.** Die Haftung des Geschäftsführers nach § 43 beruht auf der spezifischen Organstellung und unterliegt wegen ihres Zwecks grundsätzlich nicht den **arbeitsrechtlichen Einschränkungen** der Arbeitnehmerhaftung (s. BGH 25.6.2001, BGHZ 148, 167 (172); Baumbach/Hueck/*Beurskens* Rn. 43; Bork/Schäfer/*Klöhn* Rn. 64; *Joussen* GmbHR 2005, 441 (442 ff.); Lutter/Hommelhoff/*Kleindiek* Rn. 39; MHLS/*Ziemons* Rn. 419 ff.; MüKoGmbHG/*Fleischer* Rn. 256; Roth/Altmeppen/*Altmeppen* Rn. 5; **aA** *Wilhelmi* NZG 2017, 681 (684 ff.)). Das gilt nicht nur für Gesellschafter-Geschäftsführer, sondern grundsätzlich auch für Fremdgeschäftsführer, wegen des Zwecks der Haftungsnorm selbst dann, wenn diese als arbeitnehmerähnlich zu gelten haben (Baumbach/Hueck/*Beurskens* Rn. 43; HCL/*Paefgen* Rn. 42; MHLS/*Ziemons* Rn. 420; → § 35 Rn. 120). Im Einzelfall kann die Geltendmachung eines Ersatzanspruchs gegen einen Geschäftsführer jedoch gegen Treu und Glauben (§ 242 BGB) verstoßen, wenn er auf Weisung der Gesellschafter gehandelt hat (weitergehend *Bayer* GmbHR 2014, 897 (906 f.): treuepflichtbasierte Haftungsbegrenzung bei leicht fahrlässigen Pflichtverstößen); idR entfällt in dieser Konstellation aber bereits der Vorwurf pflichtwidrigen Verhaltens und damit die Grundlage für eine Haftung des Geschäftsführers (→ Rn. 33). Darüber hinaus kann dessen Haftung nach allg. Grundsätzen des Schadensersatzrechts gemindert sein, so zB bei einem Mitverschulden der Gesellschaft (→ Rn. 48).

12 Eine generelle Haftungsmilderung zugunsten des Geschäftsführers kommt allenfalls in Betracht, wenn sich der Haftungsmaßstab aufgrund einer teleologischen Reduktion nicht nach § 43 Abs. 1, sondern nach **§ 276 Abs. 2 BGB** richtet (→ Rn. 18). Ob allerdings auch in derartigen Fällen eine Adaption arbeitsrechtlicher Grundsätze zu befürworten ist (hierfür MHdB ArbR/*Reichold* § 51 Rn. 66; Scholz/*U. H. Schneider* Rn. 257; wohl auch Bork/Schäfer/*Klöhn* Rn. 64), bleibt zweifelhaft, solange der Geschäftsführer eigenverantwortlich über die Ausführung seiner Organtätigkeit entscheidet (abl. zB HCL/*Paefgen* Rn. 42; *Joussen* GmbHR 2005, 441 (445 f.); Lutter/Hommelhoff/*Kleindiek* Rn. 31).

13 Eine Beschränkung der Haftung des Geschäftsführers auf vorsätzliche und grob fahrlässige Pflichtverletzungen greift auch dann nicht ein, wenn die Tätigkeit **unentgeltlich** oder gegen eine **geringe Vergütung** erbracht wird. Die diesbezügliche Haftungsbeschränkung in **§ 31a BGB** für Vorstandsmitglieder eines Vereins bzw. einer Stiftung (§ 86 S. 1 BGB) findet bei der GmbH **keine entsprechende Anwendung** (ebenso Baumbach/Hueck/*Beurskens* Rn. 42; Bork/Schäfer/*Klöhn* Rn. 64; *Burgard* ZIP 2010, 358 (362); HCL/*Paefgen* Rn. 44; *Leuschner* NZG 2014, 281 (287); Lutter/Hommelhoff/*Kleindiek* Rn. 39; MHLS/*Ziemons* Rn. 424; MüKoBGB/*Leuschner* BGB § 31a Rn. 2; MüKoGmbHG/*Fleischer* Rn. 256b; Roth/Altmeppen/*Altmeppen* Rn. 3; Scholz/*U. H. Schneider* Rn. 257a; **aA** *Piper* WM 2011, 2211 (2214)). Hierfür fehlt eine planwidrige Unvollständigkeit des GmbH-Rechts. Das zur Einfügung des § 31a BGB führende Gesetz zur Begrenzung der Haftung von ehrenamtlich tätigen Vereinsvorständen v. 28.9.2009 (BGBl. 2009 I 3161) griff zwar das durchaus verallgemeinerungsfähige und ggf. auch bei einer als gemeinnützig anerkannten GmbH (gGmbH) auftretende Problem einer fehlenden Äquivalenz von Haftungsrisiko und Gegenleistung für die Tätigkeit auf, der Gesetzgeber wollte mit § 31a BGB aber lediglich die spezifisch vereinsrechtlich geprägte Streitfrage „klarstellen", ob

die Haftung ehrenamtlicher Vorstände eines Vereins entsprechend den arbeitsrechtlichen Grundsätzen zum innerbetrieblichen Schadensausgleich gemildert ist (s. Begr. BR, BT-Drs. 16/10120, 7). Ein vergleichbarer Klärungsbedarf ist für das Recht des GmbH-Geschäftsführers nicht erkennbar (→ Rn. 17 aE), da die hM die Heranziehung der arbeitsrechtlichen Haftungsbeschränkung für den GmbH-Geschäftsführer seit jeher ablehnt (→ Rn. 11).

Ungeachtet der methodischen Einwände gegen eine entsprechende Anwendung des § 31a BGB ist nicht zu verkennen, dass die neuere Gesetzgebung von dem Ziel geleitet ist, ehrenamtliche Tätigkeit durch haftungsrechtliche Begrenzungen zu privilegieren. Hierfür wurde nicht nur § 31a BGB, sondern auch **§ 34 Abs. 2 S. 3 GenG** geschaffen, der vorgibt, die Unentgeltlichkeit der Tätigkeit bei dem Sorgfaltsmaßstab zugunsten des Organmitglieds zu berücksichtigen. Der Rechtsgedanke der letztgenannten Vorschrift (s. Begr. RegE, BT-Drs. 18/11506, 28) bringt eine verallgemeinerungsfähige Wertentscheidung des Gesetzgebers zum Ausdruck und liefert einen geeigneten flexiblen Anhaltspunkt zur Konkretisierung des Sorgfaltsmaßstabs in § 43 Abs. 2, ohne dass es hierfür zwingend einer Rechtsfortbildung mittels Analogieschlusses bedarf. Zwingende Sachgründe, die eine Differenzierung zwischen unentgeltlich tätigen Vorstandsmitgliedern einer Genossenschaft und unentgeltlich agierenden Geschäftsführern einer ggf. gemeinnützigen GmbH rechtfertigen könnten, sind nicht ersichtlich. 14

II. Sorgfaltsmaßstab (Abs. 1)

Die Vorschrift in Abs. 1 beschränkt sich auf die **Festlegung eines Sorgfaltsmaßstabs** und präzisiert damit iSe *lex specialis* die allgemeine Regel in § 276 Abs. 2 BGB (statt aller Roth/Altmeppen/*Altmeppen* Rn. 3). Für ein fahrlässiges Verhalten des Geschäftsführers ist deshalb nicht die „im Verkehr erforderliche Sorgfalt“, sondern die „Sorgfalt eines ordentlichen Geschäftsmannes“ maßgebend. Lässt der Geschäftsführer diese außer Acht, handelt er fahrlässig iSd § 276 Abs. 1 BGB. Wegen dieser Funktion des § 43 Abs. 1 ist die Vorschrift **keine eigenständige Quelle für Pflichten** des Geschäftsführers (treffend Baumbach/Hueck/*Beurskens* Rn. 7; **aA** Bork/Schäfer/*Klöhn* Rn. 1; HCL/*Paefgen* Rn. 166; MüKoGmbHG/*Fleischer* Rn. 10; Rowedder/Schmidt-Leithoff/*Schnorbus* Rn. 14; diff. Lutter/Hommelhoff/*Kleindiek* Rn. 11; MHLS/*Ziemons* Rn. 54). Diese resultieren ausschließlich aus den allg. und speziellen Pflichten als Organmitglied (→ § 35 Rn. 13 ff.). 15

Wegen des systematischen Zusammenhangs mit § 276 Abs. 2 BGB legt § 43 Abs. 1 vergleichbar mit § 347 HGB (s. aber MHLS/*Ziemons* Rn. 409) den Verschuldensmaßstab fest. Von § 93 Abs. 1 S. 1 AktG weicht § 43 Abs. 1 zwar in sprachlicher Hinsicht ab, der dortige Maßstab des „ordentlichen und gewissenhaften Geschäftsleiters“ legt aber keinen von Abs. 1 abweichenden Standard fest (OLG Naumburg 23.1.2014, GmbHR 2014, 985 (986); Baumbach/Hueck/*Beurskens* Rn. 8; GBS GmbHG/*Buck-Heeb* Rn. 14; MHLS/*Ziemons* Rn. 408; Roth/Altmeppen/*Altmeppen* Rn. 3; Rowedder/Schmidt-Leithoff/*Schnorbus* Rn. 13). Die von einem ordentlichen Geschäftsmann zu wahrende Sorgfalt wird durch die Aufgabe des Geschäftsführers geprägt, fremde Vermögensinteressen in leitender Position wahrzunehmen (s. HCL/*Paefgen* Rn. 36; Lutter/Hommelhoff/*Kleindiek* Rn. 10; MHLS/*Ziemons* Rn. 55; Roth/Altmeppen/*Altmeppen* Rn. 3; Rowedder/Schmidt-Leithoff/*Schnorbus* Rn. 13 jeweils mwN; ferner → § 35 Rn. 17). Diese sehr allg. Umschreibung wird konkretisiert durch Art und Größe des Unternehmens sowie dessen wirtschaftliche Lage. Ferner werden die im Einzelfall zu beachtenden Sorgfaltsanforderungen von der Bedeutung einer Geschäftsführungsmaßnahme für das Unternehmen beeinflusst (Baumbach/Hueck/*Beurskens* Rn. 8; Bork/Schäfer/*Klöhn* Rn. 24; Rowedder/Schmidt-Leithoff/*Schnorbus* Rn. 13). 16

Eigenschaften in der Person des Geschäftsführers (zB Alter) bleiben bei der Konkretisierung der Sorgfaltsanforderungen unberücksichtigt (Baumbach/Hueck/*Beurskens* Rn. 9; GBS GmbHG/*Buck-Heeb* Rn. 15; Lutter/Hommelhoff/*Kleindiek* Rn. 10; MüKoGmbHG/*Fleischer* Rn. 255; Roth/Altmeppen/*Altmeppen* Rn. 4). Auch besondere individuelle Umstände wie zB Arbeitsüberlastung oder -überforderung führen nicht zu gemilderten Sorgfaltsanforderungen (BGH 28.10.1971, WM 1971, 1548 (1549); BGH 14.3.1983, NJW 1983, 1856 (1856 f.); Bork/Schäfer/*Klöhn* Rn. 65). Entsprechendes gilt nach tradiertem Verständnis für die Wahrnehmung der Geschäftsführeraufgaben als ehren- oder nebenamtliche Tätigkeit (Baumbach/Hueck/*Beurskens* Rn. 43; Bork/Schäfer/*Klöhn* Rn. 65; HCL/*Paefgen* Rn. 40; MHLS/*Ziemons* Rn. 424; Roth/Altmeppen/*Altmeppen* Rn. 3; s. aber → Rn. 14) oder den ideellen Zweck der Gesellschaft (Baumbach/Hueck/*Beurskens* Rn. 42; HCL/*Paefgen* Rn. 40; MHLS/*Ziemons* Rn. 424). Die für Vorstandsmitglieder eines Vereins geltende Haftungsbeschränkung (§ 31a BGB) findet für GmbH-Geschäftsführer keine entsprechende Anwendung (→ Rn. 13), wohl aber kann zur Konkretisierung des Sorgfaltsmaßstabs auf die verallgemeinerungsfähige Wertung in § 34 Abs. 2 S. 3 GenG zurückgegriffen werden (→ Rn. 14). 17

Der in § 43 Abs. 1 umschriebene Sorgfaltsmaßstab ist auf die „Obliegenheiten“ des Geschäftsführers zugeschnitten, die ihn in seiner besonderen Funktion als Organ der Gesellschaft treffen. Das folgt bereits aus dem Wortlaut von Abs. 1, der sich ausschließlich auf die „Angelegenheiten der Gesellschaft“ bezieht. Bei Schädigungen der Gesellschaft **außerhalb der Geschäftsführertätigkeit** gilt deshalb nicht der strenge Sorgfaltsmaßstab des § 43 Abs. 1; für diese Konstellation bedarf er einer teleologischen Reduk- 18 tion, sodass der allg. Sorgfaltsmaßstab des § 276 Abs. 2 BGB eingreift (Baumbach/Hueck/*Beurskens* Rn. 6; MHLS/*Ziemons* Rn. 56 f.; → Rn. 12). Das gilt auch für Schädigungen der Gesellschaft **bei Gelegenheit der Geschäftsführertätigkeit,** die mit den besonderen Pflichten aus der Organstellung in keinem Zusammenhang stehen (zB Teilnahme am Straßenverkehr). Auch insoweit erfordert der Zweck des Abs. 1 dessen teleologische Reduktion (ebenso MHLS/*Ziemons* Rn. 56 f.; MüKoGmbHG/*Fleischer* Rn. 256).

19 Der in Abs. 1 konkretisierte Sorgfaltsmaßstab bezieht sich auf das Verschulden hinsichtlich der Pflichtverletzung, nicht hingegen auf den infolgedessen bei der Gesellschaft eingetretenen Schaden (Baumbach/Hueck/*Beurskens* Rn. 7; HCL/*Paefgen* Rn. 167). Bezüglich des Letztgenannten gelangen die allg. Grundsätze zur Anwendung (→ Rn. 45). Entsprechendes gilt für die Relevanz eines Rechtsirrtums; dieser schließt das Verschulden nur aus, wenn er unvermeidbar war (HCL/*Paefgen* Rn. 171; ferner → Rn. 32).

III. Haftung des Geschäftsführers nach Abs. 2

20 **1. Haftungsbegründender Tatbestand. a) Allgemeines.** Der allgemeine Tatbestand in Abs. 2 führt zur Haftung des Geschäftsführers, wenn ihn der Vorwurf einer Pflichtverletzung trifft und zwischen dieser und einem bei der Gesellschaft eingetretenen Schaden ein ursächlicher Zusammenhang besteht. Ferner ergibt sich aus Abs. 1 des § 43, dass den Geschäftsführer bezüglich der Pflichtverletzung zumindest ein Verstoß gegen die Sorgfaltspflicht vorzuwerfen sein muss. Erst Recht hat dieser für einen Schaden der Gesellschaft einzustehen, wenn ihn bezüglich der Pflichtverletzung Vorsatz zur Last fällt. Die Haftung des Geschäftsführers nach § 43 Abs. 2 ist – obwohl sich dies aus dem Wortlaut der Norm nicht ausdrücklich ergibt – **verschuldensabhängig** (MHLS/*Ziemons* Rn. 407; Rowedder/Schmidt-Leithoff/*Schnorbus* Rn. 77; Scholz/*U. H. Schneider* Rn. 15, 231; s. auch HCL/*Paefgen* Rn. 167).

21 **b) Pflichtenverstoß. aa) Allgemeines.** Im Gegensatz zu § 93 Abs. 2 S. 1 AktG, der dogmatisch korrekt die Ersatzpflicht an die Pflichtverletzung des Organmitglieds knüpft, verwendet § 43 Abs. 2 den Terminus „Obliegenheit", ohne dass mit der abweichenden Terminologie eine sachliche Abweichung verbunden ist; auch für die Haftung nach § 43 Abs. 2 ist allein maßgebend, ob der Geschäftsführer seine Pflichten als Organmitglied verletzt hat (für die allgA Baumbach/Hueck/*Beurskens* Rn. 45).

22 Haftungsbegründend sind nur eigene Pflichtverstöße; **Pflichtverstöße Dritter** können eine Haftung des Geschäftsführers nur begründen, wenn ihm bezüglich dieser Personen eine Verletzung seiner **Überwachungspflicht** zur Last gelegt werden kann (Baumbach/Hueck/*Beurskens* Rn. 48; HCL/*Paefgen* Rn. 30 f.; MüKoGmbHG/*Fleischer* Rn. 257; Scholz/*U. H. Schneider* Rn. 31). Das gilt sowohl für Pflichtverletzungen durch Mitgeschäftsführer als auch für solche von Angestellten der Gesellschaft. Die **Aufteilung der Zuständigkeiten** iRe mehrgliedrigen Geschäftsführung (s. auch *Peitsmeyer/Klesse* NZG 2019, 501 ff.; *Schockenhoff* GmbHR 2019, 514 ff.) führt deshalb nicht per se zu einer Haftungsbefreiung zugunsten des unzuständigen Geschäftsführers, sondern es verbleibt eine Überwachungspflicht, die bei erkennbaren Zweifeln an einer ordnungsgemäßen Aufgabenerfüllung die **Gesamtverantwortung** aller Geschäftsführer aufleben lässt (s. BGH 18.12.2012, NZG 2013, 301 Rn. 1 ff.; BGH 6.11.2018, NZG 2019, 225 Rn. 15; OLG Düsseldorf 16.9.2014, WM 2015, 1205 (1206); OLG Jena 12.8.2009, NZG 2010, 226 (228); OLG München 22.10.2015, BeckRS 2015, 18376; Bork/Schäfer/*Klöhn* Rn. 27; MHLS/*Ziemons* Rn. 343 ff.; Scholz/*U. H. Schneider* Rn. 39; *Strohn* ZInsO 2009, 1417 (1421)). Zudem führt eine Aufteilung der Zuständigkeiten nur dann zu einer Haftungsbefreiung, wenn die Geschäftsverteilung eine klare und eindeutige Abgrenzung der Geschäftsführungsaufgaben gewährleistet und die Erledigung aller Geschäftsführungsaufgaben durch hierfür fachlich und persönlich geeignete Personen sichergestellt ist (BGH 6.11.2018, NZG 2019, 225 Rn. 17, 19). Dies erfordert zwar keine schriftliche Fixierung der Aufgabenverteilung (BGH 6.11.2018, NZG 2019, 225 Rn. 22 ff.), die Geschäftsverteilung muss aber von allen Geschäftsführern einvernehmlich getragen sein (BGH 6.11.2018, NZG 2019, 225 Rn. 21).

23 Zu den Organpflichten des Geschäftsführers iE → § 35 Rn. 13 ff. Danach ist der Geschäftsführer insbesondere verpflichtet, den Gesellschaftszweck bei seinen Handlungen zu wahren (s. BGH 15.1.2013, NZG 2013, 293 Rn. 16) sowie diesen effektiv zu verfolgen. Dem widersprechen Vertragsabschlüsse außerhalb des gesellschaftsvertraglich festgelegten Gegenstands der Gesellschaft sowie nachteilige Geschäftsabschlüsse (zB solche ohne angemessene oder gar fehlende Gegenleistung, aber auch das Versprechen einer unangemessen hohen Vergütung) bzw. das Unterlassen zur Gewinnerzielung geeigneter Geschäfte. Ferner trifft den Geschäftsführer die Pflicht, die Organisation des Unternehmens im Hinblick auf die vorgenannten allg. Pflichten möglichst optimal zu gestalten, was ein System zur Risikoüberwachung einschließt (Lutter/Hommelhoff/*Kleindiek* Rn. 31; Roth/Altmeppen/*Altmeppen* Rn. 17 jeweils mwN).

24 Bei der Erfüllung der Organpflichten ist dem Geschäftsführer wegen der verschiedenen Handlungsoptionen allerdings idR ein Ermessensspielraum zuzubilligen, sodass erst die Überschreitung der für das Ermessen gezogenen Grenzen den Vorwurf eines Pflichtenverstoßes rechtfertigt (→ Rn. 30). Nicht jedes

Geschäft, dass sich *ex post* als nachteilig für die Gesellschaft erweist, ist deshalb pflichtwidrig, sondern vielmehr ist auf den Zeitpunkt der Entscheidung abzustellen und ob der Geschäftsführer zu diesem die Grenzen seines Beurteilungs- und Prognosespielraums überschritten hat (OLG Koblenz 23.12.2014, WM 2015, 340 (342)). Ggf. können für den Geschäftsführer jedoch auch nach der getroffenen Entscheidung Handlungspflichten entstehen, wenn sich ein Geschäft wider Erwarten für die Gesellschaft nachteilig entwickelt (s. zB *Strohn* ZInsO 2009, 1417 (1420)). Unterlässt er in diesem Fall notwendige und ihm mögliche Maßnahmen zur Schadensabwendung, dann liegt hierin der uU zur Haftung führende Pflichtenverstoß (s. auch OLG München 22.10.2015, BeckRS 2015, 18376). Die Notwendigkeit einer Überwachung trifft den Geschäftsführer insbesondere bei riskanten Geschäften, sodass er verpflichtet ist, ein von den Umständen des Einzelfalls abhängiges Risikoüberwachungssystem einzurichten (→ Rn. 23).

bb) Legalitätspflicht. Zu den allg. Pflichten des Geschäftsführers zählt auch, seine Geschäftsführungstätigkeit im Einklang mit der Rechtsordnung auszuüben (sog. Legalitätspflicht; BGH 10.7.2012, NJW 2012, 3439 Rn. 23; BGH 18.6.2014, NZG 2014, 991 Rn. 23; BGH 26.4.2018, NJW 2018, 2125 Rn. 31; BAG 23.2.2016, NZA 2016, 2204 Rn. 19; KG 13.11.2012, NZG 2013, 586 (587); LAG Düsseldorf 20.1.2015, VersR 2015, 629 (631)). Das gilt unabhängig davon, ob der Gesetzgeber die Pflichten im Interesse der Gesellschaft, der Gesellschaftsgläubiger oder der Allgemeinheit begründet hat. Insbesondere stellt die Nützlichkeit einer Pflichtverletzung für die Gesellschaft (zB Schmiergeldzahlungen; Kartellabsprachen) die Pflichtwidrigkeit des Handelns nicht in Frage (BGH 27.8.2010, NJW 2010, 3458 (3460); OLG Karlsruhe 31.7.2013, NZG 2013, 1177 (1178 f.); LAG Düsseldorf 20.1.2015, VersR 2015, 629 (631); Baumbach/Hueck/*Beurskens* Rn. 12; *Fleischer* ZIP 2005, 141 (145); *Fleischer* GmbHR 2010, 1307 (1311 f.); HCL/*Paefgen* Rn. 66; *Lutter* ZIP 2007, 841 (843 f.); Lutter/Hommelhoff/*Kleindiek* Rn. 15; MüKoGmbHG/*Fleischer* Rn. 43; Roth/Altmeppen/*Altmeppen* Rn. 6; *Wiedemann* ZGR 2011, 183 (198); im Grundsatz auch Rowedder/Schmidt-Leithoff/*Schnorbus* Rn. 37; zur AG s. BGH 13.9.2010, NJW 2011, 88 (92) sowie → AktG § 93 Rn. 7a). 25

Die Legalitätspflicht des Geschäftsführers umfasst nicht nur die ihm unmittelbar als Organ auferlegten Pflichten, sondern auch diejenigen, die an die Gesellschaft als Rechtssubjekt adressiert sind und die der Geschäftsführer iR seiner Geschäftsführungstätigkeit für die Gesellschaft zu erfüllen hat. Pflichten, die der Gesetzgeber der GmbH auferlegt, sind deshalb indirekt auch Pflichten des Geschäftsführers gegenüber der Gesellschaft (BGH 10.7.2012, NJW 2012, 3439 Rn. 22; BGH 7.5.2019, NZG 2019, 939 Rn. 10; KG 13.11.2012, NZG 2013, 586 (587); Baumbach/Hueck/*Beurskens* Rn. 10; *Fleischer* ZIP 2005, 141 (144); HCL/*Paefgen* Rn. 65; Lutter/Hommelhoff/*Kleindiek* Rn. 12). 26

Zur Legalitätspflicht zählt auch die Pflicht, ein gesetzeskonformes Auftreten der Gesellschaft nach außen durch organisatorische Maßnahmen intern sicherzustellen (s. zur AG LG München I 10.12.2013, AG 2014, 332 (333)). Ob hierzu die Errichtung einer präventiv wirkenden **Compliance-Organisation** gehört, hängt von den Umständen des Einzelfalls ab, die maßgeblich von den Verhältnissen des konkreten Unternehmens geprägt werden (Baumbach/Hueck/*Beurskens* Rn. 11; Bork/Schäfer/*Klöhn* Rn. 33; HCL/*Paefgen* Rn. 56; MüKoGmbHG/*Fleischer* Rn. 145; Rowedder/Schmidt-Leithoff/*Schnorbus* Rn. 41; weitergehend MHLS/*Ziemons* Rn. 174: generelle Notwendigkeit eines Compliancemanagement). 27

Neben Art und Größe des Unternehmens werden diese insbesondere von in der Vergangenheit aufgetretenen Unregelmäßigkeiten beeinflusst. Hinsichtlich des „Ob" und des „Wie" einer Compliance-Organisation ist dem Geschäftsführer zudem ein Entscheidungs- und Beurteilungsspielraum zuzubilligen (Baumbach/Hueck/*Beurskens* Rn. 11; MüKoGmbHG/*Fleischer* Rn. 148; einschr. Bork/Schäfer/*Klöhn* Rn. 34 hinsichtlich des „ob"; s. auch *Goette* ZHR 175 (2011), 388 (392 f.); *Kort* GmbHR 2013, 566 (568 ff.); MHLS/*Ziemons* Rn. 174; *Wiedemann* ZGR 2011, 183 (198)). 28

Schließlich muss der Geschäftsführer wegen seiner Legalitätspflicht gegenüber der Gesellschaft Vorgaben beachten, die ihm die Satzung oder Beschlüsse übergeordneter Gremien auferlegen. Insbesondere trifft ihn die Pflicht, Weisungen der Gesellschafterversammlung sowie die innergesellschaftliche Kompetenzverteilung zu beachten und mit den Mitgeschäftsführern sowie den anderen Organen der Gesellschaft (Gesellschafterversammlung, Aufsichtsrat, Beirat) vertrauensvoll und loyal zusammenzuarbeiten (s. BGH 27.8.2010, NJW 2010, 3458 (3460); Baumbach/Hueck/*Beurskens* Rn. 26; HCL/*Paefgen* Rn. 58; Lutter/Hommelhoff/*Kleindiek* Rn. 10; MHLS/*Ziemons* Rn. 84; Rowedder/Schmidt-Leithoff/*Schnorbus* Rn. 48; Scholz/*U. H. Schneider* Rn. 142). Dazu zählt insbesondere deren vollständige und zutr. Unterrichtung, damit diese ihre Aufgaben als Organ der Gesellschaft wahrnehmen können (BGH 27.8.2010, NJW 2010, 3458 (3460); HCL/*Paefgen* Rn. 59; MHLS/*Ziemons* Rn. 86 f.; Rowedder/Schmidt-Leithoff/*Schnorbus* Rn. 48; Scholz/*U. H. Schneider* Rn. 143). 29

cc) Unternehmerische Entscheidungen. Abgesehen von konkreten Verhaltenspflichten, die dem Geschäftsführer zB kraft Gesetzes oder Satzung auferlegt sind, steht ihm bei geschäftlichen und unternehmerischen Entscheidungen idR ein weiter Handlungsspielraum zu (→ Rn. 24). Soweit der Geschäftsführer das bei dessen Ausfüllung bestehende Ermessen fehlerfrei ausgeübt hat, liegt ein pflichtgemäßes Handeln vor, sodass etwaige Vermögenseinbußen der Gesellschaft nicht zu seiner Haftung nach 30

§ 43 Abs. 2 führen (BGH 21.4.1997, BGHZ 135, 244 (253) = NJW 1997, 1926; BGH 4.11.2002, BGHZ 152, 280 (287) = NJW 2003, 358). Dies hat der Gesetzgeber in **§ 93 Abs. 1 S. 2 AktG** ausdrücklich anerkannt und konkretisiert sowie in **§ 34 Abs. 1 S. 2 GenG** für die Genossenschaft adaptiert. Für die GmbH gelten die insbesondere zu § 93 Abs. 1 S. 2 AktG entwickelten Grundsätze der ***business judgement rule*** entsprechend (ebenso BGH 4.11.2002, NJW 2003, 358 (359); BGH 14.7.2008, NJW 2008, 3361 f.; BGH 18.6.2013, NZG 2013, 1021 Rn. 30; OLG Koblenz 23.12.2014, WM 2015, 340 (342); OLG Naumburg 23.1.2014, GmbHR 2014, 985 (988); *Bayer* GmbHR 2014, 897 (898 f.); Baumbach/Hueck/*Beurskens* Rn. 34; Bork/Schäfer/*Klöhn* Rn. 36; *Fleischer* NZG 2011, 521 (524); GBS GmbHG/*Buck-Heeb* Rn. 24; *Hauschka* GmbHR 2007, 11 (12); HCL/*Paefgen* Rn. 111, 146; MHLS/*Ziemons* Rn. 134; MüKoGmbHG/*Fleischer* Rn. 71; Roth/Altmeppen/*Altmeppen* Rn. 9; Rowedder/Schmidt-Leithoff/*Schnorbus* Rn. 16; Scholz/*U. H. Schneider* Rn. 54 ff.; *Strohn/Simon* GmbHR 2010, 1181 (1185); ferner *Bachmann* NZG 2013, 1121 (1123 ff.) sowie iE → AktG § 93 Rn. 17 ff.). Deshalb ist für die Beurteilung pflichtgemäßen Verhaltens des Geschäftsführers stets eine *ex ante*-Perspektive maßgebend und ein Pflichtverstoß erst in Betracht zu ziehen, wenn das Handeln des Geschäftsführers hinsichtlich der informationellen Entscheidungsgrundlage sowie des Wohls der Gesellschaft unvertretbar ist, weil er die für unternehmerische Entscheidungen gezogenen Grenzen deutlich überschritten hat (BGH 21.4.1997, BGHZ 135, 244 (253) = NJW 1997, 1926; OLG Koblenz 23.12.2014, WM 2015, 340 (342); OLG München 8.2.2018, BeckRS 2018, 1152).

31 Wegen des in → Rn. 30 skizzierten Handlungs- und Entscheidungsspielraums beschränkt sich die gerichtliche Überprüfung geschäftlicher und unternehmerischer Entscheidungen des Geschäftsführers darauf, ob ihm ein Ermessensspielraum zustand und er diesen pflichtgemäß ausgefüllt hat (Baumbach/Hueck/*Beurskens* Rn. 33; Scholz/*U. H. Schneider* Rn. 61). Eingeschränkt wird der Ermessungsspielraum des Geschäftsführers neben den Vorgaben durch Gesetz und Satzung durch rechtmäßige Weisungen der Gesellschafter (→ Rn. 33 ff.) sowie die Vorlagepflicht nach § 49 Abs. 2 (s. näher *Fleischer* NZG 2011, 521 (524 f.)). Haftungsausschließend wirkt der Handlungs- und Entscheidungsspielraum deshalb nur bei gesetzeskonformen Entscheidungen, die sich wegen der Bindung an die Satzung zudem innerhalb des Unternehmensgegenstands bewegen müssen (OLG Düsseldorf 15.1.2015, BeckRS 2015, 16131). Damit ist die gerichtliche Kontrolle auf eine (unternehmerische) Vertretbarkeitsprüfung (*Strohn/Simon* GmbHR 2010, 1181 (1185); krit. HCL/*Paefgen* Rn. 120) aus der *ex ante*-Perspektive des handelnden Geschäftsführers reduziert. Nachträglich gewonnene Erkenntnisse haben hierbei außer Betracht zu bleiben (OLG Koblenz 23.12.2014, WM 2015, 340 (342 f.); HCL/*Paefgen* Rn. 121; Rowedder/Schmidt-Leithoff/*Schnorbus* Rn. 17).

32 Eine mit der *business judgement rule* korrespondierende ***legal judgement rule,*** die auf Bewertungsschwierigkeiten bei komplizierten oder ungeklärten Rechtsfragen reagiert und ebenso wie die *business judgement rule* bereits die Pflichtwidrigkeit des Handelns entfallen lässt, ist entgegen einer verbreiteten Auffassung im Schrifttum (s. mit unterschiedlichen Begründungen *Bürkle* VersR 2013, 792 (793 ff.); *Cahn* Der Konzern 2015, 105 ff.; *Hasselbach/Ebbinghausen* AG 2014, 873 ff.; *Nietsch* ZGR 2015, 631 (648 ff.); *Thole* ZHR 173 (2009), 504 (521 ff.); iErg auch HCL/*Paefgen* Rn. 68; MüKoGmbHG/*Fleischer* Rn. 39 aE), der im Ausgangspunkt auch der BGH widersprochen hat (s. BGH 28.4.2015, NZG 2015, 792 Rn. 28 sowie zuvor BGH 20.9.2011, NZG 2011, 1271 Rn. 16 ff.), nicht anzuerkennen (abl. auch *Buck-Heeb* BB 2013, 2247 ff.; *Harnos,* Geschäftsleiterhaftung bei unklarer Rechtslage, 2013, 127 ff., 149 ff., 253 ff.; *Koch* FS Bergmann, 2019, 413 ff.; Roth/Altmeppen/*Altmeppen* Rn. 11 mwN). Dem sachlich zutreffenden Anliegen, für den Rechtsirrtum des Geschäftsführers eine sachgerechte Problemlösung zur Verfügung zu stellen, bildet die Verschuldensprüfung einen dogmatisch überzeugenden und mit dem allgemeinen Haftungsrecht korrespondierenden Weg, um in den Sachverhalten eines unvermeidbaren Rechtsirrtums zu einer Enthaftung des Geschäftsführers zu gelangen (treffend *Koch* FS Bergmann, 2019, 413 (420 f.); **aA** MüKoGmbHG/*Fleischer* Rn. 39 aE: Verneinung der Pflichtverletzung), ungeachtet der bislang nicht abschließend geklärten Voraussetzungen, unter denen ein Verschuldensvorwurf entfällt (für einen Wertungstransfer aus dem Straf- und Ordnungswidrigkeitenrecht zB *Koch* FS Bergmann, 2019, 413 (426 ff.) im Anschluss an *Verse* ZGR 2017, 174 (181 ff.)).

33 **dd) Weisungsgemäßes Verhalten.** Die Pflichtwidrigkeit des Handelns entfällt, wenn der Geschäftsführer eine für ihn **bindende Weisung der Gesellschafter** befolgt hat und infolge dessen eine Minderung des Gesellschaftsvermögens eintritt (BGH 21.6.1999, BGHZ 142, 92 (95 f.); BGH 31.1.2000, NJW 2000, 1571; BGH 26.10.2009, NJW 2010, 64; OLG Koblenz 23.12.2014, WM 2015, 340 (345); Baumbach/Hueck/*Beurskens* Rn. 16; Rowedder/Schmidt-Leithoff/*Schnorbus* Rn. 48, 89 jeweils mwN). Diesen allgemeinen Grundsatz erkennt § 43 Abs. 3 S. 3 indirekt an, da die Norm auf der Verbindlichkeit von Weisungen in den nicht von § 43 Abs. 3 S. 1 erfassten Sachverhalten aufbaut und den allg. Grundsatz durchbricht. Nur bei diesem Verständnis entfaltet die Norm einen nachvollziehbaren Sinn. Zur **Billigung des Geschäftsführerhandelns** → Rn. 56.

34 Weisungen einzelner Gesellschafter an den Geschäftsführer reichen für sich alleine nicht aus, um ein pflichtwidriges Handeln des Geschäftsführers auszuschließen, sondern diese müssen auf einer ordnungsgemäßen **Beschlussfassung der Gesellschafterversammlung** beruhen. Das gilt auch für Weisungen eines Mehrheitsgesellschafters (Baumbach/Hueck/*Beurskens* Rn. 17; HCL/*Paefgen* Rn. 215; Lutter/Hommelhoff/*Kleindiek* Rn. 40; MHLS/*Ziemons* Rn. 97); nur bei dem **Alleingesellschafter** ist eine gesonderte Beschlussfassung entbehrlich (BGH 28.9.1992, WM 1992, 2053 (2054); OLG Brandenburg 27.1.2015, BeckRS 2015, 02328; Baumbach/Hueck/*Beurskens* Rn. 17; HCL/*Paefgen* Rn. 220; Lutter/Hommelhoff/*Kleindiek* Rn. 40; **aA** MHLS/*Ziemons* Rn. 97). Darüber hinaus muss der Inhalt des Beschlusses den Geschäftsführer zu einem bestimmten Handeln (oder Unterlassen) verpflichten und ihm damit andere Optionen verschließen (s. MHLS/*Ziemons* Rn. 59).

35 Die Pflicht zur Befolgung von Weisungen entfällt, wenn der Geschäftsführer den Beschluss der **Gesellschafterversammlung nicht ordnungsgemäß vorbereitet** hat, insbesondere dieser die für eine Entscheidung notwendigen Informationen vorenthalten hat (OLG Jena 1.9.1998, NZG 1999, 121 (122); Baumbach/Hueck/*Beurskens* Rn. 23; Lutter/Hommelhoff/*Kleindiek* Rn. 40; Rowedder/Schmidt-Leithoff/*Schnorbus* Rn. 91; s. auch BGH 27.8.2010, NJW 2010, 3458 (3460); Scholz/*U. H. Schneider* Rn. 142). Darüber hinaus befreit eine Weisung bzw. Zustimmung den Geschäftsführer nicht von der Haftung nach Abs. 3 S. 1 (Abs. 3 S. 3), was entsprechend auch bei Zahlungen entgegen § 64 S. 1 und 3 und einer nach § 43a untersagten Kreditgewährung (BGH 24.11.2003, NJW 2004, 1111 (1112); s. auch BGH 26.10.2009, NJW 2010, 64) sowie Weisungen zu existenzvernichtenden Eingriffen in das Gesellschaftsvermögen gilt (OLG Jena 12.1.2011, BeckRS 2011, 15232; Baumbach/Hueck/*Beurskens* Rn. 20; MHLS/*Ziemons* Rn. 102; Scholz/*U. H. Schneider* Rn. 124; *Strohn/Simon* GmbHR 2010, 1181 (1185)).

36 Ist der **Beschluss der Gesellschafterversammlung nichtig,** begründet dieser für den Geschäftsführer keine Pflicht, diesen zu befolgen und ist damit nicht in der Lage, den Vorwurf pflichtwidrigen Handelns bzw. Unterlassens zu beseitigen (BGH 18.3.1974, NJW 1974, 1088 (1089); Lutter/Hommelhoff/*Kleindiek* Rn. 44; MHLS/*Ziemons* Rn. 101; Roth/Altmeppen/*Altmeppen* Rn. 124; Rowedder/Schmidt-Leithoff/*Schnorbus* Rn. 92; Scholz/*U. H. Schneider* Rn. 127). Das gilt unabhängig davon, ob der Beschluss aus inhaltlichen oder verfahrensrechtlichen Mängeln nichtig ist (Baumbach/Hueck/*Beurskens* Rn. 18; Bork/Schäfer/*Klöhn* Rn. 53; Rowedder/Schmidt-Leithoff/*Schnorbus* Rn. 92; **aA** bei verfahrensrechtlichen Gründen Scholz/*U. H. Schneider* Rn. 127). War die Nichtigkeit des Beschlusses für den Geschäftsführer nicht erkennbar, so berührt dies nicht die Unverbindlichkeit der Weisung, sondern stellt allenfalls sein Verschulden in Frage (Baumbach/Hueck/*Beurskens* Rn. 18; HCL/*Paefgen* Rn. 239; Roth/Altmeppen/*Altmeppen* Rn. 124; Scholz/*U. H. Schneider* Rn. 133; iErg auch Lutter/Hommelhoff/*Kleindiek* Rn. 44).

37 Ist der die Weisung beinhaltende Beschluss lediglich **anfechtbar,** lässt der entsprechende Mangel spätestens mit Eintritt der Unanfechtbarkeit nicht die Pflicht des Geschäftsführers entfallen, diesen Beschluss zu befolgen und steht dem Vorwurf pflichtwidrigen Verhaltens entgegen (Baumbach/Hueck/*Beurskens* Rn. 19; HCL/*Paefgen* Rn. 240; MHLS/*Ziemons* Rn. 105, 109; Roth/Altmeppen/*Altmeppen* Rn. 125; Rowedder/Schmidt-Leithoff/*Schnorbus* Rn. 93; Scholz/*U. H. Schneider* Rn. 130 f.). Vor der Unanfechtbarkeit verbleibt für den Geschäftsführer bei Ausführung eines anfechtbaren Beschlusses hingegen das Risiko, dass bei einer erfolgreichen Anfechtungsklage die privilegierende Wirkung des Beschlusses entfällt. Es kann aber bei der Ausführung des anfechtbaren Beschlusses am Verschulden des Geschäftsführers fehlen, wenn er ohne Sorgfaltsverstoß annehmen konnte, eine Anfechtbarkeit sei zu verneinen (Baumbach/Hueck/*Beurskens* Rn. 19; Rowedder/Schmidt-Leithoff/*Schnorbus* Rn. 93; wohl auch Scholz/*U. H. Schneider* Rn. 133, s. ferner Lutter/Hommelhoff/*Kleindiek* Rn. 44).

38 **c) Schaden.** Aufgrund des pflichtwidrigen Verhaltens (oder Unterlassens) des Geschäftsführers muss der Gesellschaft ein Schaden entstanden sein (BGH 18.6.2013, NZG 2013, 1021 Rn. 44, Baumbach/Hueck/*Beurskens* Rn. 49). Das gilt auch, wenn das pflichtwidrige Handeln des Geschäftsführers in einem Kompetenzverstoß begründet liegt (BGH 18.6.2013, NZG 2013, 1021 Rn. 44). Tritt infolge eines pflichtwidrigen bzw. gesetzeswidrigen Verhaltens des Geschäftsführers der Schaden nicht bei der Gesellschaft, sondern bei Dritten ein, dann greift § 43 Abs. 2 gegenüber dem Geschäftsführer nicht ein (treffend Roth/Altmeppen/*Altmeppen* Rn. 106). Zu einem Schaden der Gesellschaft kommt es jedoch auch in derartigen Sachverhalten, wenn die Gesellschaft für das drittschädigende Verhalten des Geschäftsführers nach § 31 BGB einzustehen hat, da in der Belastung mit einer Verbindlichkeit ein Vermögensschaden der Gesellschaft liegt (s. allg. MüKoBGB/*Oetker* BGB § 249 Rn. 29).

39 Auch die **Verhängung einer Geldbuße** gegen die Gesellschaft, die auf einem pflichtwidrigen Verhalten des Geschäftsführers beruht, kann einen vom Geschäftsführer auszugleichenden Schaden begründen (Rowedder/Schmidt-Leithoff/*Schnorbus* Rn. 71). Etwas Anderes gilt nur, wenn sich aus dem Zweck der Geldbuße ergibt, dass der Vermögensnachteil bei der Gesellschaft verbleiben soll, weil die Geldbuße zB einen bei der Gesellschaft eingetretenen Gewinn abschöpfen soll (s. LAG Düsseldorf 20.1.2015, VersR 2015, 629 (632 f.), für eine nach § 81 GWB gegen das Unternehmen verhängte Geldbuße; iErg zust. Baumbach/Hueck/*Beurskens* Rn. 50; Roth/Altmeppen/*Altmeppen* Rn. 104; **aA** MHLS/*Ziemons* Rn. 456; krit. auch *Koch* VersR 2015, 655 ff.).

40 Das Vorliegen eines Schadens beurteilt sich nach den **allgemeinen Grundsätzen des Schadensersatzrechts** (OLG Frankfurt a.M. 25.10.2011, BeckRS 2011, 27373). Erforderlich ist deshalb eine

Vermögensminderung auf Seiten der Gesellschaft, die nach Maßgabe der **Differenzhypothese** zu ermitteln ist (BGH 18.2.2008, NZG 2008, 314 (315); LAG Düsseldorf 20.1.2015, VersR 2015, 629 (631); Baumbach/Hueck/*Beurskens* Rn. 49; Lutter/Hommelhoff/*Kleindiek* Rn. 46; MHLS/*Ziemons* Rn. 450; Rowedder/Schmidt-Leithoff/*Schnorbus* Rn. 70 mwN). Etwaige Vermögensvorteile, die die Gesellschaft infolge der Pflichtverletzung erhalten hat, sind im Wege der **Vorteilsausgleichung** zu berücksichtigen, sofern der Zweck der verletzten Pflicht dem nicht entgegensteht (Baumbach/Hueck/*Beurskens* Rn. 51; *Lohse* FS Hüffer, 2010, 581 ff.; MHLS/*Ziemons* Rn. 465; MüKoGmbHG/*Fleischer* Rn. 45 ff.; Rowedder/Schmidt-Leithoff/*Schnorbus* Rn. 70; s. allg. MüKoBGB/*Oetker* BGB § 249 Rn. 236 f.).

41 Sofern teilweise zusätzlich verlangt wird, dass die bei der Gesellschaft eingetretene Vermögensminderung dem **Zweck der Gesellschaft** widersprechen muss (so zB OLG Naumburg 30.11.1998, NZG 1999, 353 (355); Hachenburg/*Mertens* Rn. 57), ist dem nicht zu folgen (abl. auch HCL/*Paefgen* Rn. 179 f.; MHLS/*Ziemons* Rn. 447 f.; MüKoGmbHG/*Fleischer* Rn. 262; Rowedder/Schmidt-Leithoff/*Schnorbus* Rn. 70; Scholz/*U. H. Schneider* Rn. 225). Für dieses Kriterium gibt der Gesetzeswortlaut keinen Anhalt. Dieser lässt es ausreichen, dass das pflichtwidrige Verhalten des Geschäftsführers bei der Gesellschaft zu einem Schaden geführt hat. Zudem folgt bereits aus der Pflichtwidrigkeit, dass die Vermögensminderung dem Gesellschaftszweck widerspricht, sodass dessen nochmalige Berücksichtigung iRd Schadens zu einer überflüssigen Verdoppelung der Prüfung führen würde.

42 **d) Ursächlicher Zusammenhang.** Zwischen dem bei der Gesellschaft eingetretenen Schaden und dem pflichtwidrigen Verhalten (oder Unterlassen) des Geschäftsführers muss ein **ursächlicher Zusammenhang** bestehen, es also bei pflichtgemäßem Verhalten des Geschäftsführers nicht zu dem Schaden der Gesellschaft gekommen wäre (BGH 4.11.2002, BGHZ 152, 280 (284) = NJW 2003, 358; Baumbach/Hueck/*Beurskens* Rn. 55; HCL/*Paefgen* Rn. 193). Hierfür genügt es, dass der Schaden **adäquate Folge** der Pflichtverletzung ist (Baumbach/Hueck/*Beurskens* Rn. 55; MüKoGmbHG/*Fleischer* Rn. 265; Roth/Altmeppen/*Altmeppen* Rn. 103).

43 Bei **Kollegialentscheidungen** eines Geschäftsführungsgremiums entfällt die Haftung eines Geschäftsführers jedoch nicht bereits deshalb, weil der pflichtwidrige Beschluss auch bei pflichtgemäßem Abstimmungsverhalten gefasst worden wäre (Baumbach/Hueck/*Beurskens* Rn. 55; HCL/*Paefgen* Rn. 196; Lutter/Hommelhoff/*Kleindiek* Rn. 53; MüKoGmbHG/*Fleischer* Rn. 268).

44 Der Geschäftsführer kann seine Haftung durch den **Einwand pflichtgemäßen Alternativverhaltens** abwenden (BGH 4.11.2002, BGHZ 152, 280 (281); BGH 18.6.2013, NZG 2013, 1021 Rn. 32; Baumbach/Hueck/*Beurskens* Rn. 56; Bork/Schäfer/*Klöhn* Rn. 58; MHLS/*Ziemons* Rn. 443 f.; MüKoGmbHG/*Fleischer* Rn. 266; Roth/Altmeppen/*Altmeppen* Rn. 105; Rowedder/Schmidt-Leithoff/*Schnorbus* Rn. 76 ff.). Hierfür muss er nachweisen, dass der Gesellschaft der Schaden auch dann entstanden wäre, wenn er sich pflichtgemäß verhalten hätte (BGH 18.6.2013, NZG 2013, 1021 Rn. 32; Baumbach/Hueck/*Beurskens* Rn. 56; HCL/*Paefgen* Rn. 194; MHLS/*Ziemons* Rn. 443). UU kann der Schutzzweck der verletzten Organpflicht der Berufung auf ein pflichtgemäßes Alternativverhalten entgegenstehen (Baumbach/Hueck/*Beurskens* Rn. 57; MHLS/*Ziemons* Rn. 444; HCL/*Paefgen* Rn. 195 sowie allg. MüKoBGB/*Oetker* BGB § 249 Rn. 221). Dies soll nach verbreiteter Auffassung auch bei der Verletzung gesellschaftsinterner Kompetenz-, Organisations- und Verhaltensnormen der Fall sein (hierfür zB HCL/*Paefgen* Rn. 195; MHLS/*Ziemons* Rn. 444; **aA** jedoch *Altmeppen* FS K. Schmidt, 2009, 23 ff.; Baumbach/Hueck/*Beurskens* Rn. 57; Roth/Altmeppen/*Altmeppen* Rn. 105 ff.; Rowedder/Schmidt-Leithoff/*Schnorbus* Rn. 74 sowie allg. MüKoBGB/*Oetker* BGB § 249 Rn. 223, 227 mwN). Dem hat der BGH jüngst ausdrücklich für die AG mit Recht widersprochen (BGH 19.7.2018, NZG 2018, 1189 Rn. 40 ff.; zust. *Grobecker/Wagner* ZIP 2019, 694 (696 ff.); dazu auch *Geißler* GmbHR 2020, 293 ff.; *Habersack* FS E. Vetter, 2019, 185 ff.; HCL/*Paefgen* Rn. 195; *Krieger* FS Seibert, 2019, 511 ff.). Selbst wenn bei derartigen Pflichtverletzungen auch bei der GmbH der Einwand pflichtgemäßen Alternativverhaltens zugelassen wird, bereitet der Nachweis eines Schadenseintritts bei Beachtung der vorgenannten Bestimmungen idR erhebliche Schwierigkeiten (treffend Baumbach/Hueck/*Beurskens* Rn. 57; s. auch MüKoGmbHG/*Fleischer* Rn. 266).

45 **2. Haftungsausfüllender Tatbestand. a) Grundsatz.** Die Bemessung des Schadensersatzes richtet sich nach den **§§ 249 ff. BGB** (LAG Düsseldorf 20.1.2015, VersR 2015, 629 (631); Baumbach/Hueck/*Beurskens* Rn. 51; HCL/*Paefgen* Rn. 181; MHLS/*Ziemons* Rn. 449; MüKoGmbHG/*Fleischer* Rn. 261; Rowedder/Schmidt-Leithoff/*Schnorbus* Rn. 70; Scholz/*U. H. Schneider* Rn. 227). Zu berücksichtigen sind gem. **§ 252 BGB** auch entgangene Vorteile, die der Gesellschaft bei pflichtgemäßem Verhalten zugeflossen wären (s. zB BGH 22.6.2009, NJW 2009, 2598; OLG Hamm 20.5.1999, NJW-RR 1999, 1715 (1715 f.) sowie allg. Baumbach/Hueck/*Beurskens* Rn. 51; HCL/*Paefgen* Rn. 181; MHLS/*Ziemons* Rn. 449; MüKoGmbHG/*Fleischer* Rn. 263; Roth/Altmeppen/*Altmeppen* Rn. 103; Rowedder/Schmidt-Leithoff/*Schnorbus* Rn. 71).

46 Als ersatzfähiger Schaden kommt auch die Belastung des Gesellschaftsvermögens ohne gleichwertige Gegenleistung (OLG Naumburg 30.11.1998, NZG 1999, 353 (355)) sowie die Haftung der Gesellschaft gegenüber Dritten, die auf ein Fehlverhalten des Geschäftsführers gestützt wird (HCL/*Paefgen* Rn. 185;

Rowedder/Schmidt-Leithoff/*Schnorbus* Rn. 71), in Betracht. Das gilt ebenfalls, wenn eine vom Geschäftsführer veranlasste verdeckte Gewinnausschüttung bei der Gesellschaft zu einer zusätzlichen steuerlichen Belastung geführt hat (BGH 24.9.2001, BeckRS 2001, 09441). Stets ist jedoch erforderlich, dass das für den Schadenseintritt ursächliche Verhalten des Geschäftsführers pflichtwidrig war.

b) Mitverschuldenseinwand (§ 254 BGB). Gegenüber einer Inanspruchnahme durch die Gesellschaft steht dem Geschäftsführer grundsätzlich der Einwand des Mitverschuldens (§ 254 BGB) offen. Das gilt jedoch nur, wenn dieser auf ein Verhalten der Gesellschafterversammlung oder eines anderen weisungsberechtigten Organs gestützt wird (Roth/Altmeppen/*Altmeppen* Rn. 116; **aA** BGH 14.3.1983, NJW 1983, 1856 f.). 47

48 In Betracht kommt der Einwand des Mitverschuldens, wenn die Haftung des Geschäftsführers auf die Ausführung eines für die Gesellschaft nachteiligen Geschäfts gestützt wird, das der Geschäftsführer aufgrund einer Weisung der Gesellschafterversammlung vorgenommen hat (s. *Bayer/Scholz* GmbHR 2016, 841 (848 ff.)), sofern aus diesem Grunde nicht bereits der Vorwurf pflichtwidrigen Verhaltens entfällt (→ Rn. 33). Ferner kommt ein Mitverschulden der Gesellschafterversammlung in Betracht, wenn diese schuldhaft einen ungeeigneten Mitgeschäftsführer bestellt hat und die Gesellschaft einen anderen Mitgeschäftsführer wegen eines Überwachungsverschuldens in Anspruch nimmt (Baumbach/Hueck/*Beurskens* Rn. 65; HCL/*Paefgen* Rn. 174; Lutter/Hommelhoff/*Kleindiek* Rn. 47; Roth/Altmeppen/*Altmeppen* Rn. 116; Scholz/*U. H. Schneider* Rn. 245). Ein auf die Person des von der Gesellschaft in Anspruch genommenen Geschäftsführers bezogenes Überwachungsverschulden der Gesellschafterversammlung kann dieser jedoch nicht einwenden (s. BGH 1.12.2003, NJW-RR 2004, 900 (902); BGH 14.3.1983, NJW 1983, 1856 f.; OLG Düsseldorf 6.11.2014, AG 2015, 434 (438); Lutter/Hommelhoff/*Kleindiek* Rn. 47; Rowedder/Schmidt-Leithoff/*Schnorbus* Rn. 82). Ebenso soll sich ein mit Qualifikationsmängeln behafteter Geschäftsführer nicht auf ein Mitverschulden des Bestellungsorgans berufen können (so BGH 14.3.1983, NJW 1983, 1856; Bork/Schäfer/*Klöhn* Rn. 59; HCL/*Paefgen* Rn. 175; MHLS/*Ziemons* Rn. 469; Scholz/*U. H. Schneider* Rn. 246; **aA** Baumbach/Hueck/*Beurskens* Rn. 65; *Bayer/Scholz* GmbHR 2016, 841 (850); Rowedder/Schmidt-Leithoff/*Schnorbus* Rn. 83; in der Tendenz auch MüKoGmbHG/*Fleischer* Rn. 260).

49 Ausgeschlossen ist der Mitverschuldenseinwand, wenn dieser auf das **Verhalten eines Mitgeschäftsführers** gestützt wird. Dessen Berücksichtigung stünde im Widerspruch zu der gesamtschuldnerischen Haftung der beteiligten Geschäftsführer, sodass der Verursachungsbeitrag eines Mitgeschäftsführers lediglich beim (Innen-)Ausgleich der Geschäftsführer untereinander zu berücksichtigen ist (BGH 14.3.1983, NJW 1983, 1856; BGH 26.11.2007, NZG 2008, 104 (105); Baumbach/Hueck/*Beurskens* Rn. 64; *Bayer/Scholz* GmbHR 2016, 841 (842); Lutter/Hommelhoff/*Kleindiek* Rn. 47; MHLS/*Ziemons* Rn. 466; MüKoGmbHG/*Fleischer* Rn. 260; Roth/Altmeppen/*Altmeppen* Rn. 116; Rowedder/Schmidt-Leithoff/*Schnorbus* Rn. 82; Scholz/*U. H. Schneider* Rn. 245, 249). Entsprechendes gilt für das Mitverschulden eines **Angestellten der Gesellschaft,** das sich diese nach § 278 BGB zurechnen lassen muss (OLG Köln 11.7.2000, GmbHR 2000, 942; Baumbach/Hueck/*Beurskens* Rn. 64; HCL/*Paefgen* Rn. 176; Lutter/Hommelhoff/*Kleindiek* Rn. 47; MHLS/*Ziemons* Rn. 466; Roth/Altmeppen/*Altmeppen* Rn. 116; Scholz/*U. H. Schneider* Rn. 245).

50 **3. Gesamtschuldnerische Haftung.** Die in Abs. 2 festgelegte „solidarische" Haftung führt zu einer Gesamtschuld der haftenden Geschäftsführer. Diese trifft jedoch nur diejenigen Geschäftsführer, die gegenüber der Gesellschaft wegen desselben Schadens haften (statt aller Roth/Altmeppen/*Altmeppen* Rn. 115; Rowedder/Schmidt-Leithoff/*Schnorbus* Rn. 94). Umgekehrt haften Geschäftsführer, die bezüglich des entstandenen Schadens nicht der Vorwurf pflichtwidrigen Handelns oder Unterlassens trifft, nicht als Gesamtschuldner für den eingetretenen Schaden (Scholz/*U. H. Schneider* Rn. 248). Eine gesamtschuldnerische Haftung kann nicht nur durch gemeinsames (pflichtwidriges) Handeln oder Unterlassen begründet sein, sondern bei einer Ressortaufteilung auch eingreifen, wenn der an sich unzuständige Geschäftsführer seine Überwachungs- bzw. Organisationspflichten verletzt hat (BGH 15.10.1996, BGHZ 133, 370 (377 ff.); BGH 24.11.2003, NJW 2004, 1111 (1112); MüKoGmbHG/*Fleischer* Rn. 318; Roth/Altmeppen/*Altmeppen* Rn. 115; Scholz/*U. H. Schneider* Rn. 248). Die §§ 278, 831 BGB führen nicht zu einer Mithaftung; Geschäftsführer sind untereinander weder Erfüllungs- noch Verrichtungsgehilfen (HCL/*Paefgen* Rn. 176; MHLS/*Ziemons* Rn. 372 f.; Scholz/*U. H. Schneider* Rn. 31).

51 Haften Geschäftsführer gesamtschuldnerisch für einen Schaden der Gesellschaft, richten sich die weiteren Einzelheiten ihrer Haftung nach den §§ 421 ff. BGB. Die Gesellschaft kann deshalb wahlweise jeden Geschäftsführer in voller Höhe zum Ersatz des Schadens heranziehen. Unterschiedliche Verursachungs- oder Verschuldensbeiträge berühren nicht die Haftung der Geschäftsführer gegenüber der Gesellschaft, sondern wirken sich ausschließlich beim **Ausgleich der Geschäftsführer untereinander** aus (s. *Freund* GmbHR 2013, 785 (787 ff.); MüKoGmbHG/*Fleischer* Rn. 319; Scholz/*U. H. Schneider* Rn. 249). Eine Abweichung von dem Grundsatz eines Ausgleichs zu gleichen Anteilen (§ 426 Abs. 1 BGB) kann sich analog § 254 BGB insbesondere aus dem unterschiedlichen Maß der Verantwortung für den eingetretenen Schaden ergeben. Die Haftung eines Geschäftsführers wegen der Verletzung seiner

Überwachungspflicht tritt dabei gegenüber der Haftung desjenigen Geschäftsführers idR vollständig zurück, der unmittelbar aufgrund seines Handelns oder Unterlassens zum Ersatz verpflichtet ist (Baumbach/Hueck/*Beurskens* Rn. 62; Bork/Schäfer/*Klöhn* Rn. 75; HCL/*Paefgen* Rn. 200; MHLS/*Ziemons* Rn. 380; MüKoGmbHG/*Fleischer* Rn. 319; Scholz/*U. H. Schneider* Rn. 252). Den Regress können mithaftende Geschäftsführer nicht nur auf § 426 Abs. 1 BGB, sondern auch auf § 426 Abs. 2 BGB iVm § 43 Abs. 2 stützen (HCL/*Paefgen* Rn. 199; MHLS/*Ziemons* Rn. 378).

52 **4. Geltendmachung des Ersatzanspruchs.** Materielle Voraussetzung für die Geltendmachung des Ersatzanspruchs gegenüber einem Geschäftsführer ist ein **Beschluss der Gesellschafter** (§ 46 Nr. 8). Das gilt auch für Ersatzansprüche gegenüber einem ehemaligen Geschäftsführer (BGH 26.11.2007, NZG 2008, 104 (105); BGH 26.10.2009, NJW 2010, 64; Baumbach/Hueck/*Beurskens* Rn. 70) und nicht nur für eine Inanspruchnahme des Geschäftsführers nach § 43 Abs. 2, sondern auch für Ansprüche, die auf einer anderen Rechtsgrundlage (zB Delikt) beruhen (BGH 14.7.2004, NZG 2004, 962 (964); Baumbach/Hueck/*Beurskens* Rn. 70; HCL/*Paefgen* Rn. 308 sowie → § 46 Rn. 47). Auf das Erfordernis einer gesonderten Beschlussfassung der Gesellschafterversammlung ist lediglich zu verzichten, wenn der Alleingesellschafter Ersatzansprüche gegen den Geschäftsführer geltend macht (BGH 26.10.2009, NJW 2010, 64; OLG München 8.2.2018, BeckRS 2018, 1157; Bork/Schäfer/*Klöhn* Rn. 80; HCL/*Paefgen* Rn. 309).

53 Das **Erfordernis** eines Gesellschafterbeschlusses **entfällt** zudem, wenn nicht die Gesellschaft selbst, sondern ein Dritter den Ersatzanspruch der Gesellschaft aus § 43 Abs. 2 gegenüber dem Geschäftsführer geltend macht. Das gilt nicht nur, wenn der **Insolvenzverwalter** der Gesellschaft Ersatzansprüche gegen den Geschäftsführer durchsetzen will (BGH 14.7.2004, NZG 2004, 962 (964); Baumbach/Hueck/*Beurskens* Rn. 72; HCL/*Paefgen* Rn. 309; Lutter/Hommelhoff/*Kleindiek* Rn. 51; MüKoGmbHG/*Fleischer* Rn. 328; Roth/Altmeppen/*Altmeppen* Rn. 93), sondern auch, wenn die Gesellschaft den Ersatzanspruch an einen Dritten abgetreten hat (BGH 10.2.1992, GmbHR 1992, 303 f.) oder dieser im Wege der Zwangsvollstreckung gegen die Gesellschaft vorgeht und sich deren Ersatzanspruch gegen den Geschäftsführer nach § 829 ZPO und § 835 ZPO pfänden und zur Einziehung überweisen lässt (Baumbach/Hueck/*Beurskens* Rn. 71; HCL/*Paefgen* Rn. 309; Lutter/Hommelhoff/*Kleindiek* Rn. 51; Scholz/*U. H. Schneider* Rn. 291).

54 Eine mit § 93 Abs. 5 AktG vergleichbare Norm, die eine unmittelbare Geltendmachung des Ersatzanspruchs durch **Gläubiger der Gesellschaft** ermöglicht, kennt das GmbH-Recht nicht. Eine analoge Anwendung der Vorschrift kommt allenfalls in Betracht, wenn andernfalls die Durchsetzung des Anspruchs gegen den Geschäftsführer scheitern würde (s. Baumbach/Hueck/*Beurskens* Rn. 73; MüKoGmbHG/*Fleischer* Rn. 327; ferner GBS GmbHG/*Buck-Heeb* Rn. 131; HCL/*Paefgen* Rn. 313; **aA** für generelle analoge Anwendung Lutter/Hommelhoff/*Kleindiek* Rn. 51; weitergehend Roth/Altmeppen/*Altmeppen* Rn. 95, der § 93 Abs. 5 S. 2 und 3 AktG bei „gröblichen" Verstößen gegen die Sorgfaltspflicht entsprechend anwenden will).

55 Verweigert die Mehrheit der Gesellschafter den nach § 46 Nr. 8 notwendigen Beschluss, dann kommt eine Geltendmachung des Ersatzanspruchs durch **einzelne Gesellschafter** in Prozessstandschaft für die Gesellschaft grundsätzlich nicht in Betracht (s. HCL/*Paefgen* Rn. 310 ff.; Lutter/Hommelhoff/*Kleindiek* Rn. 50; **aA** Roth/Altmeppen/*Altmeppen* Rn. 94; iErg auch Bork/Schäfer/*Klöhn* Rn. 81 unter Rückgriff auf die personengesellschaftsrechtlichen Grundsätze der *actio pro socio*). Lehnt die Mehrheit der Gesellschafter die Geltendmachung des Ersatzanspruchs ohne sachlichen Grund ab, so handelt diese jedoch treuwidrig, sodass die Minderheit die Bestellung eines besonderen Vertreters (§ 46 Nr. 8) erzwingen kann. Ggf. ist die Mehrheit der Gesellschafter auch zum Schadensersatz verpflichtet, wenn diese treuwidrig die Geltendmachung von Ersatzansprüchen unterlassen oder verhindern (s. BGH 5.6.1975, BGHZ 65, 15 (18 ff.); Baumbach/Hueck/*Beurskens* Rn. 74).

56 Ausgeschlossen ist die Geltendmachung des Ersatzanspruchs, wenn die Gesellschafterversammlung in Kenntnis der Anspruchsvoraussetzungen die **Entlastung** des Geschäftsführers (§ 46 Nr. 5) beschlossen hat (OLG München 27.2.2013, GmbHR 2013, 813 (815); OLG München 22.10.2015, BeckRS 2015, 18376; *Holthausen* GmbHR 2019, 634 (636 ff.); Roth/Altmeppen/*Altmeppen* Rn. 123). Entsprechendes gilt für den Fall einer sog. **Generalbereinigung** (exemplarisch *Dicke* GmbHR 2019, 572 ff.; *Holthausen* GmbHR 2019, 634 (638 f.); *Vath* GmbHR 2013, 1137 ff.). Die für den Verzicht bzw. Vergleich geltenden Schranken (→ Rn. 57 ff.) können indes weder durch eine Entlastung noch durch eine Generalbereinigung überwunden werden. Eine mit der Entlastung vergleichbare Rechtswirkung tritt ein, wenn das weisungsberechtigte Organ (idR die Gesellschafterversammlung, → Rn. 52) das pflichtwidrige Verhalten des Geschäftsführers **kennt und billigt** (s. HCL/*Paefgen* Rn. 218 mwN sowie BGH 18.6.2013, NZG 2013, 1021 Rn. 33; BGH 9.12.2014, NZG 2015, 225 Rn. 15). Wie bei der verbindlichen Weisung bringt das weisungsberechtigte Organ hiermit zum Ausdruck, dass es die Verantwortung für das Handeln des Geschäftsführers übernimmt. Erforderlich ist jedoch stets ein über die bloße Kenntnisnahme hinausgehendes Einverständnis des zuständigen Organs, das einem Beschluss ggf. im Wege der Auslegung zu entnehmen sein muss (s. HCL/*Paefgen* Rn. 218).

5. Verzicht und Vergleich. Bezüglich der Zulässigkeit eines Verzichts bzw. eines Vergleichs ist zu differenzieren. Wird die Haftung des Geschäftsführers auf § 43 Abs. 3 gestützt, ist ein Verzicht bzw. Vergleich wegen der Verweisung in S. 2 auf § 9b Abs. 1 relativ unwirksam. Daraus folgt im Umkehrschluss, dass in den übrigen Fällen des § 43 Abs. 3, der Ersatz also nicht zur Befriedigung der Gesellschaftsgläubiger benötigt wird, ein Verzicht auf entsprechende Ersatzansprüche rechtswirksam ist. 57

Wegen der ausdrücklichen Anordnung einer entsprechenden Anwendung des § 9b Abs. 1 in § 43 Abs. 3 S. 2 bestehen gegen die Rechtswirksamkeit eines Verzichts bzw. Vergleichs auch dann keine Bedenken, wenn die Haftung des Geschäftsführers auf den Grundtatbestand in § 43 Abs. 2 gestützt wird (*Strohn* ZInsO 2009, 1417 (1421) mwN). Die in Abs. 3 zum Ausdruck gelangte Systematik des § 43 steht einer planwidrigen Regelungslücke zwingend entgegen. Mit § 43 Abs. 3 S. 2 hat der Gesetzgeber hinreichend deutlich zu erkennen gegeben, dass ein Verzicht bzw. Vergleich nur bezüglich der in § 43 Abs. 3 S. 1 genannten Pflichten zur Kapitalerhaltung und unter den dort genannten Voraussetzungen beschränkt sein soll (BGH 18.2.2008, NZG 2008, 314 (315)). Aus diesem Grund fehlen auch für eine entsprechende Anwendung des § 93 Abs. 5 S. 2 und 3 AktG die methodischen Voraussetzungen (ebenso *Hasselbach* DB 2010, 2037 (2039); MüKoGmbHG/*Fleischer* Rn. 281; Scholz/*U. H. Schneider* Rn. 264; **aA** Roth/Altmeppen/*Altmeppen* Rn. 132 ff.). 58

Da § 46 Nr. 8 für die Geltendmachung eines Ersatzanspruchs einen Beschluss der Gesellschafterversammlung fordert (→ Rn. 52), gilt dies in entsprechender Anwendung auch für die gegenläufige Entscheidung, von der Geltendmachung eines Ersatzanspruchs abzusehen (BGH 16.11.1967, WM 1968, 114 (115); BGH 8.12.1997, NZG 1998, 226; Baumbach/Hueck/*Beurskens* Rn. 68; HCL/*Paefgen* Rn. 246; MüKoGmbHG/*Fleischer* Rn. 282; Scholz/*U. H. Schneider* Rn. 267 sowie → § 46 Rn. 42). Allerdings kann ein derartiger Beschluss uU gegen die Treuepflicht der Gesellschafter verstoßen (→ Rn. 55). 59

Bei der Formulierung eines Verzichts bzw. Vergleichs ist besondere Sorgfalt aufzuwenden, um spätere Auslegungszweifel zu vermeiden. Das gilt insbesondere, wenn mehrere Geschäftsführer zum Ersatz verpflichtet sind (s. § 423 BGB sowie MüKoGmbHG/*Fleischer* Rn. 283). In diesem Fall ist ausdrücklich festzulegen, ob sich der Verzicht bzw. Vergleich auf alle oder nur auf einzelne von ihnen erstreckt. Entsprechendes gilt für den Rechtsgrund der Haftung (BGH 18.9.2000, NJW 2001, 223). Ebenso ist klarzustellen, ob der Verzicht bzw. Vergleich lediglich die Haftung gegenüber der Gesellschaft erfasst, oder der Geschäftsführer darüber hinaus von Ansprüchen Dritter freigestellt sein soll. 60

6. Darlegungs- und Beweislast. Hinsichtlich der Darlegungs- und Beweislast gilt für die Haftung nach § 43 Abs. 2 im Ausgangspunkt der allg. Grundsatz, dass die anspruchsbegründenden Tatsachen von demjenigen darzulegen und ggf. zu beweisen sind, der den Geschäftsführer auf Schadensersatz in Anspruch nimmt. Deshalb trägt die Gesellschaft die Darlegungs- und Beweislast für die **Geschäftsführereigenschaft** des in Anspruch Genommenen im Zeitpunkt des schädigenden Ereignisses (Baumbach/Hueck/*Beurskens* Rn. 76; HCL/*Paefgen* Rn. 203; MHLS/*Ziemons* Rn. 249) sowie den der Gesellschaft entstandenen **Schaden** und die **Ursächlichkeit** des Verhaltens (oder Unterlassens) des Geschäftsführers für den bei ihr eingetretenen Schaden (BGH 4.11.2002, BGHZ 152, 280 (284); BGH 18.2.2008, NZG 2008, 814 (815); BGH 22.6.2009, NJW 2009, 2598; OLG Brandenburg 23.1.2019, BeckRS 2019, 483; OLG München 8.7.2015, BeckRS 2015, 16492; OLG München 22.10.2015, BeckRS 2015, 18376; OLG München 9.8.2018, BeckRS 2018, 20350; OLG München 23.1.2019, BeckRS 2019, 552). Das gilt auch, wenn ein ausgeschiedener Geschäftsführer in Anspruch genommen wird (BGH 4.11.2002, BGHZ 152, 280 (285); Lutter/Hommelhoff/*Kleindiek* Rn. 55; MüKoGmbHG/*Fleischer* Rn. 274). Zur **Pflichtwidrigkeit** → Rn. 64. 61

Bezüglich der **Sorgfaltswidrigkeit** des Geschäftsführerverhaltens ist demgegenüber **§ 93 Abs. 2 S. 2 AktG analog** anzuwenden (s. statt aller BGH 18.2.2008, NZG 2008, 314; OLG Koblenz 23.12.2014, WM 2015, 340 (342); OLG München 27.2.2013, GmbHR 2013, 813 (814); OLG München 17.12.2014, BeckRS 2014, 23757; OLG München 9.8.2018, BeckRS 20350; OLG München 23.1.2019, BeckRS 2019, 552; HCL/*Paefgen* Rn. 205; MHLS/*Ziemons* Rn. 484; MüKoGmbHG/*Fleischer* Rn. 270; Roth/Altmeppen/*Altmeppen* Rn. 112; Rowedder/Schmidt-Leithoff/*Schnorbus* Rn. 84; *Strohn* ZInsO 2009, 1417 (1421); iErg auch Baumbach/Hueck/*Beurskens* Rn. 81), sodass den Geschäftsführer die Beweislast trifft, wenn er seine Haftung durch den Einwand sorgfaltsgemäßen Verhaltens abwenden will (BGH 18.6.2013, NZG 2013, 1021 Rn. 22; OLG Koblenz 23.12.2014, WM 2015, 340 (342); OLG München 27.2.2013, GmbHR 2013, 813 (814); Baumbach/Hueck/*Beurskens* Rn. 81; *Bayer/Illhardt* GmbHR 2011, 751 (753); Lutter/Hommelhoff/*Kleindiek* Rn. 52; MüKoGmbHG/*Fleischer* Rn. 270, 272; zu etwaigen Informationsansprüchen des Geschäftsführers *Werner* GmbHR 2013, 68 ff.). Entsprechendes gilt, wenn er sich gegenüber einer Haftung darauf beruft, dass der Schaden auch bei **pflichtgemäßem (Alternativ-)Verhalten** eingetreten wäre (BGH 18.6.2013, NZG 2013, 1021 Rn. 22, 32; BGH 19.7.2018, NZG 2018, 1189 Rn. 42; OLG Brandenburg 16.1.2019, BeckRS 2019, 483; OLG Koblenz 23.12.2014, WM 2015, 340 (342); OLG München 27.2.2013, GmbHR 2013, 813 (814); OLG München 9.8.2018, BeckRS 2018, 20350; Baumbach/Hueck/*Beurskens* Rn. 81; *Bayer/Illhardt* GmbHR 2011, 751 (754); HCL/*Paefgen* Rn. 203; Lutter/ 62

Hommelhoff/*Kleindiek* Rn. 52; MHLS/*Ziemons* Rn. 490) oder er sich zur Entlastung auf eine bindende **Weisung der Gesellschafterversammlung** beruft (BGH 28.4.2008, NJW 2008, 2437 (2441); Baumbach/Hueck/*Beurskens* Rn. 81; *Bayer/Illhardt* GmbHR 2011, 751 (754); HCL/*Paefgen* Rn. 204; Lutter/Hommelhoff/*Kleindiek* Rn. 54; MHLS/*Ziemons* Rn. 481; Roth/Altmeppen/*Altmeppen* Rn. 113).

63 Neben den vorstehenden Grundsätzen gelangen hinsichtlich des Anspruchs aus § 43 Abs. 2 die allg. Instrumentarien zur Erleichterung der Darlegungs- und Beweislast zur Anwendung. Das betrifft nicht nur die Erleichterungen durch **§ 287 ZPO** (s. BGH 18.2.2008, NZG 2008, 314 (315); BGH 18.6.2013, NZG 2013, 1021 Rn. 22; OLG Brandenburg 16.1.2019, BeckRS 2019, 483; OLG Koblenz 23.12.2014, WM 2015, 340 (342); OLG München 9.8.2018, BeckRS 2018, 20350; Baumbach/Hueck/*Beurskens* Rn. 79; Lutter/Hommelhoff/*Kleindiek* Rn. 54; MHLS/*Ziemons* Rn. 485 f.; MüKoGmbHG/*Fleischer* Rn. 271), sondern ebenfalls den **Beweis des ersten Anscheins.** Dieser greift unter anderem auch ein, wenn ein Schaden der Gesellschaft zu beweisen ist (s. BGH 26.3.1962, WM 1962, 578 (579); BGH 8.7.1985, DB 1985, 2291 f.; BGH 26.11.1990, NJW-RR 1991, 485 f.; HCL/*Paefgen* Rn. 210). So spricht der Beweis des ersten Anscheins für einen Schaden der Gesellschaft, wenn der Geschäftsführer pflichtwidrig das Nachweis- und Kontrollsystem hinsichtlich der eingenommenen Geldmittel unzureichend organisiert hat und der Verbleib der Gelder daraufhin nicht mehr geklärt werden kann (s. BGH 26.11.1990, NJW-RR 1991, 485 f.; Baumbach/Hueck/*Beurskens* Rn. 77; ähnlich Roth/Altmeppen/*Altmeppen* Rn. 114: Kausalitätsvermutung). Ebenso genügt die Gesellschaft ihrer Darlegungslast, wenn Leistungen aus dem Gesellschaftsvermögen an Dritte geflossen sind, ohne dass die Berechtigung der Gegenforderung geklärt ist (BGH 16.7.2007, DStR 2007, 1641 (1642)).

64 Schwierigkeiten bereitet die Darlegung der Tatsachen, aus denen sich die **Pflichtwidrigkeit** des Geschäftsführerhandelns ergeben soll, da eine exakte Trennung zwischen Pflichtwidrigkeit und Sorgfaltsverstoß idR nicht möglich ist. Dies rechtfertigt es indes nicht, die Gesellschaft vollständig von der Darlegungs- und Beweislast bezüglich der Pflichtwidrigkeit zu befreien. Vielmehr muss die Gesellschaft Tatsachen vortragen und ggf. Beweise vorlegen, aufgrund derer sich das Verhalten des Geschäftsführers möglicherweise als pflichtwidrig darstellt (BGH 4.11.2002, BGHZ 152, 280 (284 f.); BGH 18.2.2008, NZG 2008, 314 (315); BGH 22.6.2009, NJW 2009, 2598; BGH 18.6.2013, NZG 2013, 1021 Rn. 22; OLG Brandenburg 16.1.2019, BeckRS 2019, 483; OLG Koblenz 23.12.2014, WM 2015, 340 (342); OLG München 8.7.2015, BeckRS 2015, 16492; OLG München 22.10.2015, BeckRS 2015, 18376; OLG München 23.1.2019, BeckRS 2019, 552; Baumbach/Hueck/*Beurskens* Rn. 76; HCL/*Paefgen* Rn. 208; MHLS/*Ziemons* Rn. 477 ff.). Hierfür spricht ein Beweis des ersten Anscheins, wenn das zum Schaden führende Verhalten des Geschäftsführers in seinen Pflichtenkreis fällt (BGH 4.11.2002, BGHZ 152, 280 (284); BGH 26.11.2007, NZG 2008, 104 (105)). Ist dies zu bejahen, dann obliegt es dem Geschäftsführer, Umstände vorzutragen, dass er seinen Sorgfaltspflichten hinreichend nachgekommen ist (BGH 22.6.2009, NJW 2009, 2598; OLG Brandenburg 16.1.2019, BeckRS 2019, 483; OLG Koblenz 23.12.2014, WM 2015, 340 (342); OLG München 22.10.2015, BeckRS 2015, 18376; OLG München 9.8.2018, BeckRS 2018, 20350; OLG München 23.1.2019, BeckRS 2019, 552; Baumbach/Hueck/*Beurskens* Rn. 81). Entsprechendes gilt, wenn die Ersatzpflicht auf eine unternehmerische Fehlentscheidung gestützt wird. In diesem Fall obliegt es dem Geschäftsführer darzulegen und ggf. zu beweisen, dass er sein unternehmerisches Ermessen fehlerfrei ausgeübt hat (BGH 4.11.2002, BGHZ 152, 280 (284); BGH 18.6.2013, NZG 2013, 1021 Rn. 28; *Bayer/Illhardt* GmbHR 2011, 751 (754); Lutter/Hommelhoff/*Kleindiek* Rn. 54; MüKoGmbHG/*Fleischer* Rn. 272; einschr. HCL/*Paefgen* Rn. 209). Dies entbindet die Gesellschaft indes nicht davon, Umstände für eine angebliche Sorgfaltspflichtverletzung des Geschäftsführers vorzutragen und erforderlichenfalls unter Beweis zu stellen.

IV. Haftung des Geschäftsführers nach Abs. 3

65 **1. Allgemeines.** Einen haftungsrechtlichen Sondertatbestand schafft Abs. 3, der die Bestimmungen zur Kapitalerhaltung in den §§ 30 und 33 flankiert und hierdurch indirekt die Geschäftsführer in die Pflicht nimmt, für die Beachtung der vorgenannten Vorschriften zur Kapitalerhaltung Sorge zu tragen. Ob der Verstoß gegen die §§ 30, 33 bei der Gesellschaft zu einem Schaden geführt hat, bedarf iRd Haftung nach Abs. 3 – im Gegensatz zu der Haftung nach Abs. 2 – keiner gesonderten Feststellung (BGH 29.9.2008, NJW 2009, 68 (70)). Gleichwohl begründet Abs. 3 **keine Garantiehaftung;** die allgemeine Voraussetzung eines sorgfaltswidrigen Verhaltens (oder Unterlassens), die Abs. 1 aufstellt, gilt in gleicher Weise sowohl für die Haftung nach Abs. 2 als auch für den speziellen Haftungstatbestand in Abs. 3 (BGH 22.9.2003, NJW 2003, 3629 (3632); BGH 29.9.2008, NJW 2009, 68 (70); Baumbach/Hueck/*Beurskens* Rn. 82; HCL/*Paefgen* Rn. 256; MHLS/*Ziemons* Rn. 493 f.; MüKoGmbHG/*Fleischer* Rn. 292; Rowedder/Schmidt-Leithoff/*Schnorbus* Rn. 99; Scholz/*U. H. Schneider* Rn. 274). Darüber hinaus verschärft Abs. 3 die Haftung des Geschäftsführers durch ein relatives Verzichts- und Vergleichsverbot (Abs. 3 S. 2 iVm § 9b Abs. 1) und hebt die privilegierende Wirkung von Beschlüssen der Gesellschafterversammlung (→ Rn. 74) auf (Abs. 3 S. 3).

66 Die zur Haftung des Geschäftsführers führenden Verstöße gegen Vorschriften zur Kapitalerhaltung zählt Abs. 3 S. 1 in einem abschließenden Sinne auf (idS auch BGH 18.2.2008, NZG 2008, 314 (315)).

Ungeachtet dessen soll Abs. 3 nach verbreiteter Auffassung entsprechende Anwendung finden, wenn eine Kreditgewährung nach § 43a unzulässig ist (hierfür Baumbach/Hueck/*Beurskens* Rn. 98; MHLS/*Ziemons* Rn. 515). Teilweise wird darüber hinaus für **Abs. 3 S. 2 und 3** sehr weitgehend eine entsprechende Anwendung befürwortet, wobei unterschiedliche Auffassungen zur Reichweite der Analogie formuliert werden. Sowohl für Ersatzansprüche wegen der Verletzung von Pflichten, die im Interesse der Allgemeinheit oder der Gesellschaftsgläubiger bestehen, als auch bei gröblichen Verletzungen der Sorgfaltspflichten widerspricht eine entsprechende Anwendung von Abs. 3 S. 2 und 3 der Gesetzessystematik, da sich die vorgenannten Bestimmungen ausschließlich auf einen nach Abs. 3 S. 1 begründeten Ersatzanspruch beziehen. Der Gesetzgeber hat im Unterschied zu dem Sorgfaltsmaßstab in Abs. 1 bewusst davon abgesehen, die in Abs. 3 S. 2 und 3 normierten Durchbrechungen des allg. Grundsatzes ganz oder teilweise auf den in § 43 Abs. 2 begründeten Ersatzanspruch auszudehnen. Dies entzieht einer entsprechenden Anwendung von Abs. 3 S. 2 und 3 die methodische Grundlage (ebenso Baumbach/Hueck/*Beurskens* Rn. 100).

2. Zahlungen an Gesellschafter entgegen § 30. Der Haftungstatbestand in Abs. 3 S. 1 greift nicht generell bei gesetzeswidrigen Zahlungen an Gesellschafter ein. Neben § 43 Abs. 3 kommt eine Haftung des Geschäftsführers nach § 64 S. 3 sowie nach § 43 Abs. 2 in Betracht. Darüber hinaus lässt Abs. 3 S. 1 die Haftung der Zahlungsempfänger (§ 31 Abs. 1 und 2) sowie der übrigen Gesellschafter (§ 31 Abs. 3) unberührt. Die Haftung des Geschäftsführers nach § 43 Abs. 3 wird nicht nur durch eigenhändige Zahlungen ausgelöst, sondern besteht in gleicher Weise bei Auszahlungen durch Mitgeschäftsführer, wenn der Geschäftsführer hierbei gegen seine Überwachungspflicht verstoßen hat (BGH 25.6.2001, BGHZ 148, 167 (170 f.); Baumbach/Hueck/*Beurskens* Rn. 86; Lutter/Hommelhoff/*Kleindiek* Rn. 56; Roth/Altmeppen/*Altmeppen* Rn. 120; Rowedder/Schmidt-Leithoff/*Schnorbus* Rn. 100). **67**

Hinsichtlich der Einzelheiten zu den von § 30 untersagten Zahlungen → § 30 Rn. 3 ff. An einem Verstoß gegen das Auszahlungsverbot fehlt es insbesondere, wenn der Gesellschaft ein vollwertiger Gegenleistungsanspruch zusteht (§ 30 Abs. 1 S. 2). Ebenso sind Tilgungsleistungen auf Forderungen eines Gesellschafters nach § 30 Abs. 1 S. 2 nicht (mehr) unzulässig, ohne indes eine etwaige Haftung des Geschäftsführers aus § 64 S. 3 in Frage zu stellen. Verstößt die Zahlung an einen Gesellschafter gegen § 30, dann bedarf es für eine Ersatzpflicht des Geschäftsführers nach Abs. 3 S. 1 nicht mehr der zusätzlichen Prüfung, ob der Gesellschaft hierdurch und in Höhe des ausgezahlten Betrags ein Schaden entstanden ist (BGH 29.9.2008, NJW 2009, 68 (70); HCL/*Paefgen* Rn. 270; MHLS/*Ziemons* Rn. 510; Scholz/*U. H. Schneider* Rn. 228, 276). Insbesondere steht einer Haftung des Geschäftsführers nach Abs. 3 S. 1 nicht entgegen, dass auch der die Zahlung erhaltende Gesellschafter nach § 31 Abs. 1 ausgleichspflichtig ist (BGH 29.9.2008, NJW 2009, 68 (70); Baumbach/Hueck/*Beurskens* Rn. 91 mwN sowie *Fleischer* DStR 2009, 1204 (1206); *Strohn* ZInsO 2009, 1417 (1419)). Eine Inanspruchnahme entfällt erst, wenn der Gesellschafter die gegen § 30 verstoßende Auszahlung der Gesellschaft erstattet hat (BGH 29.9.2008, NJW 2009, 68 (70); Baumbach/Hueck/*Beurskens* Rn. 90; *Fleischer* ZIP 2005, 141 (151); HCL/*Paefgen* Rn. 270; Lutter/Hommelhoff/*Kleindiek* Rn. 58; MHLS/*Ziemons* Rn. 506; Rowedder/Schmidt-Leithoff/*Schnorbus* Rn. 100; Scholz/*U. H. Schneider* Rn. 228, 276). **68**

Entsprechend dem allgemeinen Haftungstatbestand in Abs. 2 trifft den Geschäftsführer die Haftung nach Abs. 3 S. 1 nur, wenn ihm ein Sorgfaltsverstoß nach Maßgabe des Maßstabes in Abs. 1 zur Last fällt (→ Rn. 65). Deshalb hat er vor Auszahlungen an einen Gesellschafter zu prüfen, ob die Auszahlung gegen § 30 verstößt. Dies umfasst auch die Frage, ob der Auszahlung ein vollwertiger Gegenleistungs- oder Rückgewähranspruch gegenübersteht. Wie iRv Abs. 2 ist bei dieser Prüfung eine *ex ante*-Perspektive maßgebend (Baumbach/Hueck/*Beurskens* Rn. 88; zu Abs. 2 → Rn. 24). Aus dem späteren Forderungsausfall der Gesellschaft kann nicht der Rückschluss gezogen werden, der Geschäftsführer habe bereits durch die Zahlung an den Gesellschafter seine Sorgfaltspflicht verletzt. Zudem ist ihm ein auf den Zeitpunkt der Auszahlung bezogener Beurteilungsspielraum bezüglich der Vollwertigkeit des Gegenleistungs- bzw. Rückzahlungsanspruchs zuzubilligen (Baumbach/Hueck/*Beurskens* Rn. 87; *Drygala/Kremer* ZIP 2007, 1289 (1293)). **69**

Soweit neben dem Geschäftsführer der Zahlungsempfänger nach § 31 Abs. 1 und 2 haftet, besteht zwischen beiden nach verbreiteter Auffassung Gesamtschuldnerschaft (so Baumbach/Hueck/*Beurskens* Rn. 91; *Geißler* GmbHR 2003, 394 (400); MHLS/*Ziemons* Rn. 508; Roth/Altmeppen/*Altmeppen* Rn. 120). Wird hingegen als Voraussetzung für eine Gesamtschuldnerschaft an der Gleichstufigkeit der Haftung festgehalten (s. zB BGH 28.10.1997, BGHZ 137, 76 (82) sowie näher MüKoBGB/*Heinemeyer* BGB § 421 Rn. 12 ff. mwN), sprechen gute Gründe dafür, im Hinblick auf die Haftung des Geschäftsführers § 255 BGB analog anzuwenden (ebenso HCL/*Paefgen* Rn. 274; MHLS/*Ziemons* Rn. 508; MüKoGmbHG/*Fleischer* Rn. 290; Rowedder/Schmidt-Leithoff/*Schnorbus* Rn. 100; *Strohn* ZInsO 2009, 1417 (1419)), sodass die Haftung letztlich den Zahlungsempfänger trifft. Zu diesem Ergebnis gelangen iRd Innenausgleichs auch die Befürworter einer Gesamtschuld, da diese den Geschäftsführer zum vollen Regress bei dem Zahlungsempfänger als berechtigt ansehen (so zB Baumbach/Hueck/*Beurskens* Rn. 91). **70**

71 **3. Erwerb eigener Geschäftsanteile entgegen § 33.** Die persönliche Haftung des Geschäftsführers ordnet Abs. 3 S. 1 darüber hinaus an, wenn die Gesellschaft eigene Geschäftsanteile von einem Gesellschafter erwirbt, obwohl dies § 33 widerspricht (→ § 33 Rn. 12). Der Schaden der Gesellschaft besteht in dieser Konstellation grundsätzlich in dem unzulässig gezahlten Erwerbspreis (Baumbach/Hueck/*Beurskens* Rn. 95; HCL/*Paefgen* Rn. 270; Lutter/Hommelhoff/*Kleindiek* Rn. 58; MüKoGmbHG/*Fleischer* Rn. 293; Scholz/*U. H. Schneider* Rn. 228, 276). Der Geschäftsführer kann seiner Haftung jedoch etwaige Rückzahlungen des Kaufpreises entgegenhalten (Baumbach/Hueck/*Beurskens* Rn. 95; Lutter/Hommelhoff/*Kleindiek* Rn. 58; Rowedder/Schmidt-Leithoff/*Schnorbus* Rn. 101), trägt hierfür aber die Darlegungs- und Beweislast.

72 Neben dem Geschäftsführer schuldet der Veräußerer des Geschäftsanteils die Rückzahlung des Kaufpreises nach § 812 BGB (Rowedder/Schmidt-Leithoff/*Schnorbus* Rn. 101; → § 33 Rn. 12). Zwischen ihm und dem nach § 43 Abs. 3 S. 1 haftenden Geschäftsführer besteht nach verbreiteter Auffassung ein Gesamtschuldverhältnis (so Baumbach/Hueck/*Beurskens* Rn. 96), wobei der Geschäftsführer den Veräußerer in voller Höhe in Regress nehmen können soll (s. Baumbach/Hueck/*Beurskens* Rn. 96; *Geißler* GmbHR 2003, 394 (400)). Wie bei der Haftung des Geschäftsführers wegen einer von § 30 Abs. 1 untersagten Auszahlung (→ Rn. 70) sprechen jedoch die besseren Gründe für eine analoge Anwendung des § 255 BGB (ebenso HCL/*Paefgen* Rn. 274; MüKoGmbHG/*Fleischer* Rn. 291; Rowedder/Schmidt-Leithoff/*Schnorbus* Rn. 101).

73 **4. Verzicht und Vergleich.** Abweichend von dem allgemeinen Grundsatz (→ Rn. 57) ordnet Abs. 3 S. 2 mittels der Verweisung auf § 9b Abs. 1 an, dass sowohl ein Verzicht als auch ein Vergleich bezüglich des nach Abs. 3 S. 1 begründeten Ersatzanspruchs unwirksam sind. Das gilt allerdings nicht, wenn über das Gesellschaftsvermögen ein Insolvenzverfahren eröffnet worden ist und der Insolvenzverwalter auf den Anspruch verzichtet bzw. sich über diesen vergleicht (MüKoGmbHG/*Fleischer* Rn. 295). Soweit Abs. 3 S. 2 einen Vergleich bzw. Verzicht bezüglich des Ersatzanspruchs ausschließt, erstreckt sich dies auch auf die Abkürzung der Verjährungsfrist (BGH 15.11.1999, NJW 2000, 576; Baumbach/Hueck/*Beurskens* Rn. 107).

74 **5. Beschlüsse der Gesellschafterversammlung.** Soweit der nach Abs. 3 S. 1 begründete Ersatzanspruch nicht zur Disposition steht, entzieht Abs. 3 S. 2 konsequenterweise auch Gesellschafterbeschlüssen die ansonsten geltende privilegierende Wirkung (→ Rn. 33 ff.) für eine Haftung des Geschäftsführers (MüKoGmbHG/*Fleischer* Rn. 296; Scholz/*U. H. Schneider* Rn. 271). Die für den Geschäftsführer bindende Wirkung des Beschlusses der Gesellschafterversammlung entfällt allerdings nur, soweit der von dem Geschäftsführer zu leistende Ersatz für die Befriedigung der Gesellschaftsgläubiger erforderlich ist.

V. Verjährung (Abs. 4)

75 Bezüglich der Verjährung der Ersatzansprüche nach Abs. 2 bzw. 3 (s. BGH 29.9.2008, NJW 2009, 68 (70)) trifft Abs. 4 des § 43 eine von der Regelverjährung des § 195 BGB abw., aber mit § 93 Abs. 6 AktG übereinstimmende Sonderregelung und legt die Frist für den Eintritt der Verjährung auf fünf Jahre fest.

76 Abs. 4 bezieht die besondere Verjährungsbestimmung nach dem Wortlaut lediglich auf „Ansprüche aufgrund der vorgenannten Bestimmungen". Die Vorschrift findet jedoch ungeachtet dessen entsprechende Anwendung, wenn die Ersatzpflicht zusätzlich auf ein neben der Organstellung bestehendes Anstellungsverhältnis gestützt wird (BGH 12.6.1989, NJW-RR 1989, 1255 f.; Baumbach/Hueck/*Beurskens* Rn. 101; HCL/*Paefgen* Rn. 276; Lutter/Hommelhoff/*Kleindiek* Rn. 67; MHLS/*Ziemons* Rn. 521; Roth/Altmeppen/*Altmeppen* Rn. 146; Rowedder/Schmidt-Leithoff/*Schnorbus* Rn. 103). Sie gilt indes nicht für Ansprüche gegen den Geschäftsführer aus Delikt oder Bereicherungsrecht (BGH 17.3.1987, BGHZ 100, 190 (199 ff.); BGH 12.6.1989, NJW-RR 1989, 1255 (1258); Baumbach/Hueck/*Beurskens* Rn. 101; Lutter/Hommelhoff/*Kleindiek* Rn. 68; MüKoGmbHG/*Fleischer* Rn. 332; Roth/Altmeppen/*Altmeppen* Rn. 146; Scholz/*U. H. Schneider* Rn. 279), insbesondere solche aus § 823 Abs. 2 BGB iVm § 266 StGB (BGH 17.3.1987, BGHZ 100, 190 (199 ff.); BGH 21.2.2005, DStR 2005, 659 (660)). Entsprechendes gilt für Ansprüche gegen den Gesellschafter-Geschäftsführer, die auf eine Verletzung seiner Treuepflicht als Gesellschafter gestützt werden (BGH 16.11.1998, NJW 1999, 781; BGH 29.9.2008, NJW 2009, 68 (70); Baumbach/Hueck/*Beurskens* Rn. 101). Analog anwendbar ist Abs. 4 jedoch bei der Verletzung GmbH-rechtlicher Vorschriften, die auch als Schutzgesetz iSd § 823 Abs. 2 BGB zu qualifizieren sind (Lutter/Hommelhoff/*Kleindiek* Rn. 68; MHLS/*Ziemons* Rn. 523; **aA** BGH 15.3.2011, NZG 2011, 624). Ferner gilt Abs. 4 analog bei Ansprüchen, die auf § 31 Abs. 6 S. 1 oder § 64 S. 1 und 3 gestützt werden (Baumbach/Hueck/*Beurskens* Rn. 102).

77 Die Verjährungsfrist von fünf Jahren **beginnt** mit der Entstehung des Anspruchs, also zu dem Zeitpunkt zu laufen, in dem dem Grunde nach ein Schaden entstanden ist (BGH 29.9.2008, NJW 2009, 68 (70); Baumbach/Hueck/*Beurskens* Rn. 103; HCL/*Paefgen* Rn. 288; MHLS/*Ziemons* Rn. 531; Rowedder/Schmidt-Leithoff/*Schnorbus* Rn. 104). Der Höhe nach muss der Schaden noch nicht feststehen;

es genügt, dass die Gesellschaft zunächst Feststellungsklage erheben kann (BGH 29.9.2008, NJW 2009, 68 (70); Baumbach/Hueck/*Beurskens* Rn. 104; HCL/*Paefgen* Rn. 290; Lutter/Hommelhoff/*Kleindiek* Rn. 67; MHLS/*Ziemons* Rn. 531; Roth/Altmeppen/*Altmeppen* Rn. 146; Rowedder/Schmidt-Leithoff/*Schnorbus* Rn. 104). Die Kenntnis oder grob fahrlässige Unkenntnis hinsichtlich der anspruchsbegründenden Umstände ist im Gegensatz zu § 199 BGB für den Beginn der Verjährungsfrist wegen § 200 S. 1 BGB ohne Bedeutung (BGH 29.9.2008, NJW 2009, 68 (70); OLG München 9.8.2018, BeckRS 2018, 20350; Baumbach/Hueck/*Beurskens* Rn. 103; HCL/*Paefgen* Rn. 288; Lutter/Hommelhoff/*Kleindiek* Rn. 67; MHLS/*Ziemons* Rn. 532; MüKoGmbHG/*Fleischer* Rn. 330; Scholz/*U. H. Schneider* Rn. 282; *Strohn* ZInsO 2009, 1417 (1419)).

Beschränkt durch die Vorgabe in § 202 Abs. 2 BGB (max. 30 Jahre) kann die Verjährungsfrist **verlängert** werden (Baumbach/Hueck/*Beurskens* Rn. 106; HCL/*Paefgen* Rn. 295; Lutter/Hommelhoff/*Kleindiek* Rn. 60; Roth/Altmeppen/*Altmeppen* Rn. 147). Bezüglich einer **Verkürzung** der Verjährung gilt grundsätzlich § 202 Abs. 1 BGB. Ist danach eine Abkürzung der Verjährungsfrist möglich, folgt eine weitere Einschränkung ggf. aus einem Verbot, auf entsprechende Ersatzansprüche zu verzichten (Roth/Altmeppen/*Altmeppen* Rn. 147). Soweit dies § 43 Abs. 3 S. 2 iVm § 9b Abs. 1 ausschließt, widerspräche eine Verkürzung der Verjährungsfrist dem Zweck des Verzichtsverbots (BGH 16.9.2002, NZG 2002, 1170 (1171 f.)). Insbesondere hinsichtlich eines auf § 43 Abs. 2 gestützten Anspruchs ist eine Abkürzung der Verjährungsfrist auch iRe vor der Anspruchsentstehung getroffenen Abrede in der durch § 202 Abs. 1 BGB gezogenen Schranke rechtswirksam. Unter dieser Voraussetzung gilt dies ebenfalls für die Statuierung einer **Ausschlussfrist** (BGH 18.2.2008, NZG 2008, 314 (315 f.) sowie BGH 16.9.2002, NZG 2002, 1170; Baumbach/Hueck/*Beurskens* Rn. 107; Lutter/Hommelhoff/*Kleindiek* Rn. 60; MHLS/*Ziemons* Rn. 533; Roth/Altmeppen/*Altmeppen* Rn. 149). Ebenso wie der Verzicht oder ein Vergleich bedarf eine Abkürzung der Verjährungsfrist bzw. eine die Frist in Abs. 4 unterschreitende Ausschlussfrist der Bewilligung durch die Gesellschafterversammlung. Eine allein mit dem Aufsichtsrat (zB im Anstellungsvertrag) getroffene Abrede reicht deshalb nicht aus (Baumbach/Hueck/*Beurskens* Rn. 107; HCL/*Paefgen* Rn. 296; Roth/Altmeppen/*Altmeppen* Rn. 149; **aA** OLG Brandenburg 6.10.1998, NZG 1999, 210). 78

Für die **Hemmung** der Verjährung gilt die allg. Vorschrift des § 204 BGB, unabhängig davon, ob der nach § 46 Nr. 8 erforderliche Beschluss vor Eintritt des zur Hemmung führenden Ereignisses gefasst wurde (BGH 3.5.1999, NZG 1999, 722 f.; Baumbach/Hueck/*Beurskens* Rn. 108; HCL/*Paefgen* Rn. 294; Lutter/Hommelhoff/*Kleindiek* Rn. 70; Roth/Altmeppen/*Altmeppen* Rn. 150; Scholz/*U. H. Schneider* Rn. 283). 79

Die Berufung auf die Verjährung unterliegt auch bei einem auf § 43 Abs. 2 oder 3 gestützten Ersatzanspruch den allg. Schranken von **Treu und Glauben** (§ 242 BGB). Deshalb kann im Einzelfall gegenüber der Einrede der Verjährung der Arglisteinwand erhoben werden (Baumbach/Hueck/*Beurskens* Rn. 109; Scholz/*U. H. Schneider* Rn. 282). 80

VI. Haftung des Geschäftsführers gegenüber Gesellschaftern

Die Anspruchsgrundlagen in § 43 Abs. 2 und 3 begründen ausschließlich Ansprüche der Gesellschaft gegen den Geschäftsführer. Pflichtverletzungen des Geschäftsführers führen deshalb idR nicht zu Ersatzansprüchen der Gesellschafter gegen den Geschäftsführer. Insbesondere besteht zwischen dem Geschäftsführer und den Gesellschaftern kein haftungsbegründendes Sonderrechtsverhältnis (HCL/*Paefgen* Rn. 316; MüKoGmbHG/*Fleischer* Rn. 335; **aA** UHL/*Raiser* § 14 Rn. 60 sowie MHLS/*Ziemons* Rn. 574). Auch der Anstellungsvertrag des Geschäftsführers entfaltet grundsätzlich keine Schutzwirkungen zugunsten der Gesellschafter (Baumbach/Hueck/*Beurskens* Rn. 116; MHLS/*Ziemons* Rn. 569; MüKoGmbHG/*Fleischer* Rn. 335; Roth/Altmeppen/*Altmeppen* Rn. 50; → Rn. 83). 81

Für eine unmittelbare Haftung des Geschäftsführers gegenüber den Gesellschaftern bedarf es vielmehr einer gesonderten Rechtsgrundlage, wie zB § 31 Abs. 6. Darüber hinaus kann sich diese aus dem bürgerlichen Recht ergeben. Neben § 826 BGB kommt insbesondere § 823 Abs. 2 BGB als Anspruchsgrundlage in Betracht. IdR begründen die uU verletzten Rechtsvorschriften jedoch keine Schutzgesetze zugunsten der Gesellschafter. Das gilt nicht nur für § 266 StGB (s. Baumbach/Hueck/*Beurskens* Rn. 118; Rowedder/Schmidt-Leithoff/*Schnorbus* Rn. 108; im Hinblick auf Aktionäre einer AG LG Wiesbaden 13.8.2015, NZG 2016, 832), sondern auch für § 43 sowie § 15a Abs. 1 InsO. Der Vermögensschutz der Gesellschafter im Hinblick auf den Wert ihrer Beteiligung an der Gesellschaft erfolgt vielmehr nach der in § 43 zum Ausdruck gelangten Konzeption über die Gesellschaft, die den Schaden von dem Geschäftsführer zu liquidieren hat (s. Bork/Schäfer/*Klöhn* Rn. 87; Lutter/Hommelhoff/*Kleindiek* Rn. 48; MHLS/*Ziemons* Rn. 567; Rowedder/Schmidt-Leithoff/*Schnorbus* Rn. 108). 82

VII. Haftung des Geschäftsführers gegenüber Dritten

1. GmbH & Co. KG. Im Verhältnis zu Dritten besteht eine haftungsrechtliche Sondersituation bei der GmbH & Co. KG, wenn die alleinige oder wesentliche Aufgabe der Komplementär-GmbH darin 83 besteht, die Geschäfte der KG zu führen. In diesem Fall ist es gerechtfertigt, dem Organverhältnis zwischen Geschäftsführer und GmbH bzw. dem Anstellungsvertrag **drittschützende Wirkung** beizumessen (BGH 25.2.2002, NZG 2002, 568 (569); BGH 18.6.2013, NZG 2013, 1021 Rn. 16 ff.; BGH 26.4.2018, NJW 2018, 2125 Rn. 43; KG 24.2.2011, NZG 2011, 429 (430); OLG Karlsruhe 31.7.2013, NZG 2013, 1177 (1178); weitergehend Scholz/*U. H. Schneider* Rn. 434; **aA** *Nietsch* GmbHR 2014, 348 (352 f.): Drittschadensliquidation), da die Pflicht zu einer sorgfältigen Geschäftsführung primär im Interesse der KG besteht (BGH 26.4.2018, NJW 2018, 2125 Rn. 43; Baumbach/Hueck/*Beurskens* Rn. 119; HCL/*Paefgen* Rn. 303). In dieser Konstellation folgt jedenfalls aus dem Anstellungsvertrag zwischen Geschäftsführer und Komplementär-GmbH aufgrund seiner drittschützenden Wirkung ein unmittelbarer Ersatzanspruch der KG gegenüber dem Geschäftsführer (BGH 25.2.2002, NZG 2002, 568 (569); Lutter/Hommelhoff/*Kleindiek* Rn. 48; MHLS/*Ziemons* Rn. 571; iErg auch Roth/Altmeppen/*Altmeppen* Rn. 50; krit. Rowedder/Schmidt-Leithoff/*Schnorbus* Rn. 138). Dieser Anspruch steht der KG zu und kann selbst bei Untätigkeit ihrer Geschäftsführer nicht von den Kommanditisten der KG im Wege einer *actio pro socio* geltend gemacht werden (BGH 19.12.2017, NZG 2018, 220; abl. *Hoffmann-Becking* FS Seibert, 2019, 359 (368); *Mock* ZGR 2018, 796 (802 ff.); krit. auch HCL/*Paefgen* Rn. 306 aE).

84 Trotz des für die KG geltenden abweichenden **Haftungsmaßstabs** der eigenüblichen Sorgfalt (§ 708 BGB), ergeben sich die Sorgfaltsanforderungen in der Sonderkonstellation der GmbH & Co. KG für den Geschäftsführer idR aus § 43 Abs. 1 (so zB Lutter/Hommelhoff/*Kleindiek* Rn. 48; Roth/Altmeppen/*Altmeppen* Rn. 99; Scholz/*U. H. Schneider* Rn. 433 mwN). Ebenso bestimmt sich die Verjährung des Ersatzanspruchs nach § 43 Abs. 4 (BGH 17.3.1987, BGHZ 100, 190 (195 ff.); HCL/*Paefgen* Rn. 277, 304; Rowedder/Schmidt-Leithoff/*Schnorbus* Rn. 139; Scholz/*U. H. Schneider* Rn. 432). Eines Beschlusses der Gesellschafter nach § 46 Nr. 8 (→ Rn. 52) bedarf es für eine Inanspruchnahme des Geschäftsführers der Komplementär-GmbH durch die KG jedoch nicht (BGH 24.3.1980, BGHZ 76, 326 (327); BGH 10.2.1992, NJW-RR 1992, 800 (801); BGH 18.6.2013, NZG 2013, 1021 Rn. 20; OLG Karlsruhe 31.7.2013, NZG 2013, 1177 (1178); HCL/*Paefgen* Rn. 304; Rowedder/Schmidt-Leithoff/*Schnorbus* Rn. 139; Scholz/*U. H. Schneider* Rn. 432).

85 **2. Gesellschaftsgläubiger.** Bezüglich der Haftung des Geschäftsführers gegenüber Gläubigern der Gesellschaft gilt zunächst der in § 43 zum Ausdruck gelangte Grundsatz, dass der Geschäftsführer ausschließlich gegenüber der Gesellschaft ersatzpflichtig ist (→ Rn. 1, → Rn. 5). Kann diese Ansprüche von Gesellschaftsgläubigern nicht erfüllen und machen diese einen Schaden infolge pflichtwidrigen Verhaltens des Geschäftsführers geltend, dann verbleibt ihnen grundsätzlich nur die Möglichkeit, sich einen etwaigen Ersatzanspruch der Gesellschaft gegenüber dem Geschäftsführer aus § 43 Abs. 2 abtreten zu lassen oder in diesen nach § 829 ZPO, § 835 ZPO zu vollstrecken. Eine davon unabhängige unmittelbare Inanspruchnahme des Geschäftsführers durch Gläubiger der Gesellschaft ist nur bei einer gesonderten Rechtsgrundlage möglich.

86 Ein „Durchgriff" der Gesellschaftsgläubiger kommt in Betracht, wenn der Geschäftsführer auf **gesonderter vertraglicher Grundlage** eine Einstandspflicht für Verbindlichkeiten der Gesellschaft übernommen hat (Schuldbeitritt, Schuldanerkenntnis, Bürgschaft). Dabei sind jedoch zugunsten des Geschäftsführers die Schutzbestimmungen in den §§ 491 ff. BGB zu beachten, wenn dieser einen **Schuldbeitritt** zu einer Kreditverbindlichkeit der Gesellschaft erklärt (s. für die stRspr BGH 8.11.2005, BGHZ 165, 43 (46 ff.); abl. Lutter/Hommelhoff/*Kleindiek* Rn. 72). Das gilt indes nicht für eine von dem Geschäftsführer übernommene **Bürgschaft** (BGH 21.4.1998, NJW 1998, 1939 (1940)); auch die für Bürgschaften durch nahestehende Personen entwickelte Judikatur zum Schutz des Bürgen findet keine Anwendung (BGH 24.9.1996, NJW 1996, 3205; BGH 16.12.1999, NJW 2000, 1179 (1180)).

87 Verletzt der Geschäftsführer bei seinem Auftreten für die Gesellschaft vorvertragliche Schutzpflichten, insbesondere ab Eintritt der Überschuldung oder Zahlungsunfähigkeit bestehende Warnpflichten (s. Lutter/Hommelhoff/*Kleindiek* Rn. 73), so kommt eine **Eigenhaftung des Geschäftsführers nach § 311 Abs. 3 BGB** zwar grundsätzlich in Betracht (s. BAG 23.2.2010, NZA 2010, 1418 (1420); ferner BGH 7.5.2019, NZG 2019, 939 Rn. 12; BAG 20.3.2014, NZG 2014, 1022 Rn. 22), Voraussetzung ist aber die Inanspruchnahme eines **besonderen persönlichen Vertrauens.** Hierfür muss der Geschäftsführer eine von ihm persönlich ausgehende Gewähr für die Seriosität und Erfüllung des Geschäfts übernehmen (BGH 13.6.2002, NJW-RR 2002, 1309 (1310); Baumbach/Hueck/*Beurskens* Rn. 127; HCL/*Paefgen* Rn. 345; MHLS/*Ziemons* Rn. 599 ff.; MüKoGmbHG/*Fleischer* Rn. 344; Rowedder/Schmidt-Leithoff/*Schnorbus* Rn. 113; weitergehend *Freitag/Korch* GmbHR 2013, 1184 (1188 ff.)). Ein **wirtschaftliches Eigeninteresse** des Geschäftsführers an einem Vertragsabschluss kann zwar ebenfalls eine auf § 311 Abs. 3 BGB zu stützende Eigenhaftung des Geschäftsführers begründen (abl. jedoch Scholz/*U. H. Schneider* Rn. 320). Die gesellschaftsrechtliche Beteiligung des Geschäftsführers genügt für sich allein aber selbst dann nicht, wenn er Alleingesellschafter ist (BGH 6.6.1994, BGHZ 126, 181 (184); Baumbach/Hueck/*Beurskens* Rn. 127; Lutter/Hommelhoff/*Kleindiek* Rn. 76; MHLS/*Ziemons* Rn. 597; MüKoGmbHG/*Fleischer* Rn. 343; Roth/Altmeppen/*Altmeppen* Rn. 52). Auch Provisionsansprüche oder eine Umsatzbeteiligung im Hinblick auf den Geschäftsabschluss sollen nicht ausreichen

(so BGH 16.3.1992, NJW-RR 1992, 1061 (1062)). Eine andere Würdigung kommt jedoch in Betracht, wenn die Leistung des Gesellschaftsgläubigers direkt an den Geschäftsführer zu erfolgen hat (BGH 23.10.1985, NJW 1986, 586 (588); zurückhaltend Lutter/Hommelhoff/*Kleindiek* Rn. 76). Die vorstehenden Grundsätze gelten ebenfalls, wenn bezüglich der Gesellschaft die Insolvenzreife eingetreten ist und der Geschäftsführer dies wusste oder hätte wissen müssen. Selbst wenn in diesem Fall eine besondere Aufklärungspflicht gegenüber zukünftigen Vertragspartnern anerkannt wird, begründet deren Verletzung nur unter den Voraussetzungen in § 311 Abs. 3 BGB eine Eigenhaftung des Geschäftsführers (BAG 12.4.2011, NZG 2011, 1422 Rn. 46; **aA** *Freitag/Korch* GmbHR 2013, 1184 (1188 ff.); → Rn. 89). Eine darüber hinaus gehende generelle **Repräsentantenhaftung** ist nicht anzuerkennen (BGH 6.6.1994, BGHZ 126, 181 (189 f.); HCL/*Paefgen* Rn. 348 f.; Roth/Altmeppen/*Altmeppen* Rn. 53; Scholz/*U. H. Schneider* Rn. 314; *Ulmer* ZIP 1994, 337 (338); **aA** *K. Schmidt* ZIP 1988, 1497 (1503)). Eine Haftung des Geschäftsführers aus Delikt ist hierdurch jedoch nicht ausgeschlossen (→ Rn. 88 f.).

Eine deliktsrechtliche Haftung des Geschäftsführers kann sich aus **§ 823 Abs. 1 BGB** ergeben, wenn dieser durch sein Verhalten absolute Rechte eines Dritten verletzt, zB dessen Eigentum oder gewerbliche Schutzrechte (s. *Werner* GRUR 2009, 820 ff.). In Betracht kommen soll ein derartiger Anspruch auch, wenn der Geschäftsführer **Verkehrs- und Organisationspflichten** verletzt, die zugunsten Dritter bestehen (s. BGH 5.12.1989, BGHZ 109, 297 (299 ff.); ferner BGH 18.6.2014, NZG 2014, 991 Rn. 18 ff., 21 ff.; OLG Karlsruhe 7.11.2012, GmbHR 2013, 267 (268); KG 13.11.2012, NZG 2013, 586 (588); OLG Schleswig 29.6.2011, NZG 2012, 104 (105 f.); näher und durchweg krit. dazu Baumbach/Hueck/*Beurskens* Rn. 136 ff.; HCL/*Paefgen* Rn. 357 ff.; Lutter/Hommelhoff/*Kleindiek* Rn. 82 ff.; MüKoGmbHG/*Fleischer* Rn. 350 f.; Roth/Altmeppen/*Altmeppen* Rn. 61; Rowedder/Schmidt-Leithoff/*Schnorbus* Rn. 115). In Ausnahmefällen („Schwindelunternehmen") kommt auch eine Haftung nach **§ 826 BGB** in Betracht (BGH 14.7.2015, BeckRS 2015, 17498 Rn. 24; Rowedder/Schmidt-Leithoff/*Schnorbus* Rn. 117; ferner auch BGH 7.5.2019, NZG 2019, 939 Rn. 7 ff. (dazu *Brammsen* BB 2019, 2958 ff.)). **88**

Vor allem kommt eine deliktsrechtliche Haftung des Geschäftsführers aus **§ 823 Abs. 2 BGB** in Betracht, wenn dieser ein zugunsten Dritter bestehendes Schutzgesetz verletzt hat. Bezüglich der speziellen GmbH-rechtlichen Pflichten des Geschäftsführers ist die Eigenschaft als Schutzgesetz zugunsten der Gesellschaftsgläubiger jedoch idR zu verneinen, so jedenfalls für die §§ 30, 33, 43 und 43a, während diese für § 35a Abs. 1 S. 1 überwiegend bejaht wird (s. BGH 10.7.2012, NJW 2012, 3439 Rn. 23; BGH 26.4.2018, NJW 2018, 2125 Rn. 31). Bedeutsam ist jedoch vor allem die über § 823 Abs. 2 BGB iVm **§ 15a Abs. 1 InsO** zu begründende Haftung des Geschäftsführers wegen einer **Insolvenzverschleppung** (s. BGH 20.10.2008, NZG 2009, 280; BGH 27.4.2009, NZG 2009, 750 f.; BGH 19.6.2012, NJW-RR 2012, 1122 Rn. 8 ff.; BGH 21.10.2014, NZG 2015, 227 Rn. 13 f.; ferner BAG 20.3.2014, NZG 2014, 1022 Rn. 27 ff.). Das gilt vor allem für **Neugläubiger,** also solche Gläubiger der Gesellschaft, die ihre Forderungen nach dem Zeitpunkt erworben haben, in dem der Antrag auf Eröffnung des Insolvenzverfahrens hätte gestellt werden müssen (s. BGH 6.6.1994, BGHZ 126, 181 ff. sowie → § 64 Rn. 74, → § 64 Rn. 77 ff.; **aA** Roth/Altmeppen/*Altmeppen* Rn. 62, § 64 Rn. 35 ff., der die Qualifizierung des § 15a Abs. 1 InsO als Schutzgesetz iSd § 823 Abs. 2 BGB ablehnt). Deren auf § 823 Abs. 2 BGB iVm § 15a Abs. 1 InsO zu stützender Ersatzanspruch ist **nicht** – wie bei **Altgläubigern** – auf den **Quotenschaden** begrenzt, **sondern** umfasst den gesamten **Kontrahierungsschaden** (s. dazu BGH 27.4.2009, NZG 2009, 750; BGH 21.10.2014, NZG 2015, 227 Rn. 13 f.; → § 64 Rn. 80 ff.). Daneben kommt in vergleichbaren Situationen eine Ersatzpflicht des Geschäftsführers nach § 823 Abs. 2 BGB iVm § 263 StGB bzw. § 265a StGB in Betracht (näher zur Zurechnung über § 14 Abs. 1 StGB BGH 15.5.2012, NZG 2012, 836 Rn. 12 ff. [Aufgabe der Interessentheorie]), wenn er nach Eintritt der Insolvenzreife nicht auf die Zahlungsunfähigkeit der Gesellschaft hinweist und für diese gleichwohl Geschäfte abschließt. Mit Abschluss des Vertrags spiegelt der Geschäftsführer idR zugleich die Fähigkeit der Gesellschaft vor, die Verbindlichkeiten aus dem Vertrag erfüllen zu können (Baumbach/Hueck/*Beurskens* Rn. 132; UHL/*Paefgen* Rn. 365). **89**

3. Fiskus. Eine spezielle Haftungsgrundlage gegenüber dem Geschäftsführer schaffen § 69 S. 1 AO, § 34 Abs. 1 AO, wenn er die Pflichten der Gesellschaft aus dem Steuerverhältnis iSd § 37 AO nicht oder nicht rechtzeitig erfüllt und infolge dessen bei dem Fiskus ein Steuerausfall eintritt. In Betracht kommt dies insbesondere, wenn der Geschäftsführer Steuererklärungen nicht rechtzeitig abgibt oder Steuern nicht abführt. Voraussetzung für eine Haftung ist allerdings, dass der Steuerausfall bei pflichtgemäßem Verhalten des Geschäftsführers nicht eingetreten wäre. Die Haftung entfällt jedoch nicht bereits, wenn im Fälligkeitszeitpunkt keine hinreichenden Mittel im Gesellschaftsvermögen vorhanden waren. Vielmehr befürwortet die Rspr. bezüglich künftig fällig werdender Steuerschulden eine Pflicht des Geschäftsführers zur **Mittelvorsorge.** Diese verwehrt es ihm, sich durch vorzeitige Befriedigung anderer Gesellschaftsgläubiger außerstande zu setzen, bereits entstandene oder absehbar entstehende Steuerforderungen bei Fälligkeit zu erfüllen. Fehlen der Gesellschaft im Fälligkeitszeitpunkt die notwendigen Mittel zur Begleichung aller (!) Verbindlichkeiten der Gesellschaft, dann trifft den Geschäftsführer nach **90**

der Rspr. idR die Pflicht, die Steuerschulden anteilig zu tilgen (BFH 28.6.2006, GmbHR 2006, 1062 (1063); BFH 4.12.2007, GmbHR 2008, 386; ebenso MHLS/*Ziemons* Rn. 649 ff.; Rowedder/Schmidt-Leithoff/*Schnorbus* Rn. 121; **aA** HCL/*Paefgen* Rn. 386).

91 Haftungsrechtlich kann der Geschäftsführer für Verbindlichkeiten gegenüber dem Fiskus nur herangezogen werden, wenn er **vorsätzlich** oder **grob fahrlässig** gehandelt hat (§ 69 S. 1 AO). Das Fehlen eigener (steuerrechtlicher) Kenntnisse entschuldigt ihn jedoch nicht (BFH 31.3.2000, GmbHR 2000, 1211 (1212)). Vielmehr handelt er auch dann schuldhaft, wenn er es unterlässt, fehlende eigene Fachkenntnis durch Hinzuziehung Fachkundiger auszugleichen (BFH 30.8.1994, BB 1995, 238 (239)). Soweit ihn diesbezüglich kein Auswahl- oder Überwachungsverschulden trifft und er auch keinen Anlass hat, an den Erklärungen des Fachkundigen zu zweifeln, scheidet ein zur Haftung führendes grob fahrlässiges Verhalten indes aus (BFH 4.5.2004, GmbHR 2004, 1244 (1245)).

92 Die Grundsätze in → Rn. 91 sind auch bei einer **mehrgliedrigen Geschäftsführung** und damit einhergehender **Ressortaufteilung** maßgebend. Sofern eine eindeutige schriftliche Kompetenzaufteilung vorliegt, kommt eine Haftung des unzuständigen Geschäftsführers erst in Betracht, wenn Zweifel bestehen, ob der zuständige Geschäftsführer seine Aufgaben ordnungsgemäß erfüllt (BFH 23.6.1998, NJW 1998, 3374 (3375); BFH 31.10.2005, GmbHR 2006, 274 (275); → Rn. 22). Diese können vor allem bei einer Krise der Gesellschaft auftreten, wenn die laufende Erfüllung aller Verbindlichkeiten der Gesellschaft nicht mehr gewährleistet ist (s. BFH 26.4.1984, ZIP 1984, 1345 (1346 f.)). In diesem Fall kann sich der unzuständige Geschäftsführer zur Entlastung nicht mehr auf die getroffene Ressortaufteilung stützen.

93 Sofern die Voraussetzungen für eine Haftung des Geschäftsführers nach § 69 S. 1 AO iVm § 34 Abs. 1 AO vorliegen, kann der Fiskus den Haftungsanspruch mittels eines **Haftungsbescheids** (§ 191 Abs. 1 AO) geltend machen. Der entsprechende Haftungsanspruch unterliegt der **Festsetzungsverjährung** nach § 191 Abs. 3 AO (grundsätzlich vier Jahre).

94 **4. Sozialversicherungsträger. a) Allgemeines.** Bezüglich der von der GmbH als Arbeitgeberin an den zuständigen Sozialversicherungsträger abzuführenden Beiträge ist im Hinblick auf die unmittelbare Haftung des Geschäftsführers zu unterscheiden, ob es sich um Beiträge der Arbeitnehmer zur Sozialversicherung oder um den auf den Arbeitgeber entfallenden Anteil handelt. Eine unmittelbare Haftung des Geschäftsführers kommt zwar jeweils über **§ 823 Abs. 2 BGB** in Betracht, das einschlägige Schutzgesetz **(§ 266a StGB)** unterscheidet jedoch im Hinblick auf die tatbestandlichen Voraussetzungen für die Strafbarkeit zwischen den Beiträgen der Arbeitnehmer (Abs. 1) und dem Anteil des Arbeitgebers (Abs. 2). Ungeachtet dessen scheitert der Schutzgesetzcharakter des § 266a StGB nicht an der dort vorausgesetzten Arbeitgebereigenschaft. Diese Voraussetzung wird zwar nur von der GmbH erfüllt, die strafrechtliche Verantwortlichkeit trifft aber wegen § 14 Abs. 1 Nr. 1 StGB den Geschäftsführer (BGH 15.10.1996, BGHZ 133, 370 (374); BGH 14.7.2008, NZG 2008, 867 (868); **aA** HCL/*Paefgen* Rn. 397; Rowedder/Schmidt-Leithoff/*Schnorbus* Rn. 126). Die vorgenannten Strafbestimmungen beziehen sich ausschließlich auf die an die Einzugsstelle abzuführenden Beiträge, nicht hingegen auf die bei einer **Säumnis** nach § 24 Abs. 1 SGB IV fällig werdenden **Zuschläge** (BGH 14.7.2008, NZG 2008, 867 (868)).

95 Wegen der Verknüpfung der zivilrechtlichen Haftung mit der **Organstellung** beginnt die Haftung des Geschäftsführers erst mit seiner rechtswirksamen Bestellung. Seine Haftung ist jedoch nicht auf die seit Übernahme der Organtätigkeit fällig gewordenen Beiträge beschränkt. Auch für frühere (rückständige) Beiträge haftet der Geschäftsführer, wenn er diese nach seiner Bestellung weiterhin iSd § 266a Abs. 1 StGB vorenthält (OLG Naumburg 7.3.2000, NJW-RR 2000, 1280; Baumbach/Hueck/*Beurskens* Rn. 154; HCL/*Paefgen* Rn. 400). Über § 14 Abs. 3 StGB trifft die strafrechtliche Verantwortlichkeit auch den **fehlerhaft bestellten Geschäftsführer** (BGH 15.11.2012, NJW 2013, 1892 Rn. 24; Baumbach/Hueck/*Beurskens* Rn. 153; MHLS/*Ziemons* Rn. 675; Rowedder/Schmidt-Leithoff/*Schnorbus* Rn. 127). Der BGH dehnt den Anwendungsbereich des § 14 Abs. 3 StGB darüber hinaus auf den **faktischen Geschäftsführer** aus (s. BGH 15.11.2012, NJW 2013, 1892 Rn. 22; BGH 11.6.2013, NJW 2013, 3303 Rn. 23; BGH 28.5.2002, NZG 2002, 721 (724)), sieht sich mit dieser Auffassung jedoch dem Vorwurf eines Verstoßes gegen das strafrechtliche Analogieverbot ausgesetzt, da bei dem faktischen Geschäftsführer ein tatsächlicher Bestellungsakt fehlt und § 14 Abs. 3 StGB nicht auf die rein tatsächliche Ausübung der Geschäftsführerposition ausgedehnt werden könne (s. Baumbach/Hueck/*Beurskens* Rn. 153 mwN; abl. ferner Rowedder/Schmidt-Leithoff/*Schnorbus* Rn. 127; s. auch Schönke/Schröder/*Perron* StGB § 14 Rn. 42/43). Zur Delegation iRe **mehrgliedrigen Geschäftsführung** → Rn. 92.

96 Die **Haftung** des Geschäftsführers **endet** mit der wirksamen Amtsniederlegung oder Abberufung, unabhängig davon, ob diese in das Handelsregister eingetragen worden ist (OLG Düsseldorf 20.12.2002, GmbHR 2003, 420 f.; HCL/*Paefgen* Rn. 399; Rowedder/Schmidt-Leithoff/*Schnorbus* Rn. 127). Dies betrifft jedoch lediglich diejenigen Beiträge, die nach Rechtswirksamkeit des korporationsrechtlichen Aktes fällig geworden sind. Da die Handelsregistereintragung hierfür ohne Bedeutung ist (→ § 38 Rn. 59), gilt dies auch für den Zeitpunkt, in dem die Haftung des Geschäftsführers endet.

b) Beiträge der Arbeitnehmer. Tatbestandlich setzt § 266a Abs. 1 StGB voraus, dass die GmbH die Arbeitnehmerbeiträge zur Sozialversicherung trotz bestehender Beitragspflicht und Fälligkeit nicht zum Zeitpunkt der Fälligkeit an die zuständige Einzugsstelle abgeführt hat (BGH 16.5.2000, BGHZ 144, 311 (314)). Dies setzt indes voraus, dass dem Geschäftsführer die Abführung der fälligen Beiträge aus dem Gesellschaftsvermögen sowohl rechtlich als auch tatsächlich möglich war. 97

Rechtlich ist dem Geschäftsführer die Zahlung der Beiträge **unmöglich,** wenn ihm die Verfügungsbefugnis über das Gesellschaftsvermögen wegen der Eröffnung des Insolvenzverfahrens (§ 80 Abs. 1 InsO) oder der Verhängung eines allg. Verfügungsverbots (§ 22 Abs. 1 InsO) fehlt (BGH 18.11.1997, NJW 1998, 1306). Die **tatsächliche Möglichkeit** der Zahlung ist in Frage gestellt, wenn die Gesellschaft im Zeitpunkt der Fälligkeit der Beiträge zahlungsunfähig ist. Bezüglich der Annahme einer zur tatsächlichen Unmöglichkeit führenden Zahlungsunfähigkeit ist die Rspr. des BGH jedoch äußerst restriktiv. Danach besteht die Zahlungsfähigkeit der Gesellschaft noch solange, wie sie zur Abführung der konkreten Beiträge in der Lage ist (BGH 11.12.2001, NJW 2002, 1123 (1125); ebenso OLG Düsseldorf 16.9.2014, WM 2015, 1205 (1207)). Gegenüber anderen fälligen Verbindlichkeiten der Gesellschaft bedeutet dies für den Geschäftsführer eine **Pflicht zur vorrangigen Abführung der Arbeitnehmerbeiträge,** wenn er seine persönliche Haftung aus § 823 Abs. 2 BGB iVm § 266a Abs. 1 StGB abwenden will (s. BGH 21.1.1997, BGHZ 134, 304 (310 ff.); **aA** Baumbach/Hueck/*Beurskens* Rn. 157; *Cahn* ZGR 1998, 367 (373 ff.); *Rönnau* wistra 2007, 81 (82 ff.)). Selbst wenn neben diesen eingeschränkten Voraussetzungen bei Fälligkeit der Beiträge eine Zahlungsunfähigkeit vorliegt, haftet der Geschäftsführer nach der Rspr. des BGH iSd *omissio libera in causa* gleichwohl, wenn er die Zahlungsunfähigkeit durch ein bedingt vorsätzliches und pflichtwidriges Verhalten herbeigeführt hat (BGH 21.1.1997, BGHZ 134, 304 (307 ff.)). Dies verpflichtet ihn zur Abwendung seiner persönlichen Haftung zusätzlich, ihm mögliche Maßnahmen zu ergreifen, um einen bei Fälligkeit der Beiträge auftretenden Engpass an liquiden Mitteln abzuwenden (s. BGH 28.5.2002, NZG 2002, 721 (722 f.)). Hierzu soll der Geschäftsführer zur Erstellung eines Liquiditätsplans und zur Bildung von Rücklagen für die Begleichung der Arbeitnehmerbeiträge verpflichtet sein, wenn Zweifel an der Zahlungsfähigkeit im Zeitpunkt der Fälligkeit bestehen (BGH 21.1.1997, BGHZ 134, 304 (309); BGH 25.9.2006, NZG 2006, 904; OLG Koblenz 4.12.2009, GmbHR 2010, 650 (652)). 98

Von besonderer praktischer Bedeutung ist in Krisensituationen die **Tilgungsbestimmung,** wenn der Geschäftsführer Zahlungen an die Einzugsstelle leistet, da die haftungsrechtlich relevanten tatbestandlichen Voraussetzungen in § 266a Abs. 1 und 2 StGB danach unterscheiden, ob Beiträge der Arbeitnehmer oder der Arbeitgeberanteil vorenthalten werden. Unterbleibt eine Tilgungsbestimmung, so erfolgt eine hälftige Verrechnung auf die Beitragsschuld (§ 4 Beitragsverfahrensordnung; BGH 13.1.1998, NJW 1998, 1485; BGH 14.11.2000, NJW 2001, 967 (968); **aA** BayObLG 16.11.1998, NStZ-RR 1999, 142; Schönke/Schröder/*Perron* StGB § 266a Rn. 10a: generell für eine vorrangige Verrechnung auf die Arbeitnehmerbeiträge). Da die Voraussetzungen bezüglich einer Haftung für vorenthaltene Arbeitgeberanteile (s. § 266a Abs. 2 StGB) im Vergleich zu den Beiträgen der Arbeitnehmer (s. § 266a Abs. 1 StGB) deutlich restriktiver sind (→ Rn. 101), sollte der Geschäftsführer vorrangig die fälligen Beitragsforderungen bezüglich der Beiträge der Arbeitnehmer tilgen. Das gilt insbesondere, wenn die strengen Anforderungen des § 266a Abs. 2 StGB nicht erfüllt werden. 99

In subjektiver Hinsicht ist **bedingter Vorsatz** erforderlich (BGH 21.1.1997, BGHZ 134, 304 (314 f.); BGH 3.5.2016, NZG 2016, 783 Rn. 14; BGH 24.9.2019, NJW 2019, 3532 Rn. 17). Hierfür genügt es, wenn der Geschäftsführer die für möglich erachtete Vorenthaltung der Beiträge billigt und es unterlässt, auf die Erfüllung der Ansprüche hinzuwirken (BGH 18.12.2012, NZG 2013, 301 Rn. 16; BGH 3.5.2016, NZG 2016, 783 Rn. 23; ferner BGH 24.9.2019, NJW 2019, 3532 Rn. 18; OLG Frankfurt a. M. 29.1.2020, BeckRS 2020, 3388). Überlässt er anderen Personen im Unternehmen die Abführung der Sozialversicherungsbeiträge, trifft ihn eine Überwachungspflicht, die ihn zum Tätigwerden zwingt, wenn Anhaltspunkte dafür bestehen, dass die Erfüllung der Abführungspflicht durch die damit betrauten Personen nicht mehr gewährleistet ist (BGH 3.5.2016, NZG 2016, 783 Rn. 24). Ein **Irrtum** über die sozialversicherungsrechtliche Pflicht zur Abführung der Beiträge war nach bisheriger Rspr. des BGH idR wegen dessen Vermeidbarkeit (s. § 17 StGB) nicht beachtlich (so noch BGH 4.9.2013, NStZ 2014, 321 Rn. 16), sodass er einer Haftung des Geschäftsführers nicht entgegenstand (Baumbach/Hueck/*Beurskens* Rn. 159 aE). Das betraf insbesondere Sachverhalte, in denen der Täter zwar die tatsächlichen Verhältnisse kannte, diese aber im Hinblick auf die sozialversicherungsrechtlichen Pflichten fehlerhaft einordnete (zB Irrtum über Arbeitgeber- bzw. Arbeitnehmereigenschaft). Diese Judikatur hat der BGH nunmehr korrigiert und bezieht den Vorsatz auch auf die Stellung als Arbeitgeber und die hieraus resultierende sozialversicherungsrechtliche Pflicht zur Beitragsabführung, deren Verletzung der Täter zumindest für möglich gehalten und deren Verletzung billigend in Kauf genommen haben muss. Eine Fehlvorstellung hierüber ist bei diesem Ansatz als Tatbestandsirrtum iSd § 16 Abs. 1 S. 1 StGB zu bewerten (BGH 24.9.2019, NJW 2019, 3532 Rn. 20 ff.; nachfolgend OLG Frankfurt a. M. 29.1.2020, BeckRS 2020, 3388). Da hierdurch der Vorsatz entfällt, scheidet zugleich eine deliktische Haftung nach § 823 Abs. 2 BGB aus. 100

101 **c) Arbeitgeberanteil.** Im Unterschied zu § 266a Abs. 1 StGB genügt für die vom Arbeitgeber zu tragenden Beiträge nicht bereits das Vorenthalten der Beiträge gegenüber der Einzugsstelle. Für die Strafbarkeit muss vielmehr hinzukommen, dass die Vorenthaltung der Beiträge auf unrichtigen bzw. unvollständigen Tatsachen beruht oder die in § 266a Abs. 2 StGB genannten Tatsachen der Einzugsstelle pflichtwidrig vorenthalten werden.

102 **5. Kollision mit § 64.** Die durch § 69 AO bzw. § 823 Abs. 2 BGB iVm § 266a StGB begründete Zahlungspflicht kann in eine nur schwer auflösbare Kollisionslage mit der in § 64 S. 1 normierten Pflicht des Geschäftsführers treten, nach Eintritt der Insolvenzreife Zahlungen aus dem Vermögen der Gesellschaft zu unterlassen. Handelt der Geschäftsführer dieser Pflicht zuwider, so hat er die von ihm erbrachten Zahlungen der Gesellschaft zu erstatten (→ § 64 Rn. 33 ff.).

103 Nach der Rspr. des BGH ist die in → Rn. 102 skizzierte Kollisionslage differenziert aufzulösen (s. auch *Hoyer* FS Reuter, 2010, 541 ff.). Erfolgt die Zahlung der Steuern bzw. Beiträge zwar nach Eintritt der Insolvenzreife, aber noch innerhalb der Frist des § 15a Abs. 1 S. 1 InsO von höchstens drei Wochen, soll das Handeln des Geschäftsführers mit der Sorgfalt eines ordentlichen und gewissenhaften Geschäftsleiters vereinbar sein, sodass eine Ersatzpflicht des Geschäftsführers in diesem Zeitraum entfällt (BGH 14.5.2007, NJW 2007, 2118 (2120); BGH 29.9.2008, NZG 2009, 32 (33); s. auch BGH 18.1.2010, NZG 2010, 305 f.). Anders entscheidet die Rspr. für den Zeitraum nach Ablauf der Insolvenzantragsfrist. In diesem soll sich der Geschäftsführer, der trotz Ablaufs der Antragsfrist keinen Insolvenzantrag stellt, nicht auf die Pflicht zur Massesicherung berufen können, da es ihm durch Stellung des Insolvenzantrags ohne weiteres möglich gewesen wäre, die Kollisionslage zu vermeiden. Deshalb ist der Geschäftsführer nach Ablauf der Antragsfrist zur Vermeidung seiner persönlichen Haftung verpflichtet, die noch verfügbaren Mittel primär für die Begleichung der Arbeitnehmerbeiträge zur Sozialversicherung einzusetzen (BGH 30.7.2003, NJW 2003, 3787 (3788 f.); BGH 29.9.2008, NZG 2009, 32 (33)).

Kreditgewährung aus Gesellschaftsvermögen

43a **[1]Den Geschäftsführern, anderen gesetzlichen Vertretern, Prokuristen oder zum gesamten Geschäftsbetrieb ermächtigten Handlungsbevollmächtigten darf Kredit nicht aus dem zur Erhaltung des Stammkapitals erforderlichen Vermögen der Gesellschaft gewährt werden. [2]Ein entgegen Satz 1 gewährter Kredit ist ohne Rücksicht auf entgegenstehende Vereinbarungen sofort zurückzugewähren.**

Übersicht

I. Normzweck

1 Die Vorschrift verbietet Kreditgewährungen an den in S. 1 umschriebenen Personenkreis nicht generell (OLG Köln 18.10.2016, BeckRS 2016, 20545), sondern ausschließlich, wenn der Kredit aus dem Vermögen der Gesellschaft gewährt werden soll, das zur **Erhaltung des Stammkapitals** erforderlich ist. Aus dieser im Vergleich zu den parallelen Normen in den §§ 89, 115 AktG restriktiveren Fassung folgt ein abweichendes Normfundament (zu § 89 AktG → AktG § 89 Rn. 1, 4 ff. sowie Scholz/*U. H. Schneider* Rn. 5). Die Vorschrift dient – nicht anders als § 30 – der Erhaltung des Stammkapitals (BeckOK GmbHG/*Heidinger* Rn. 1; Rowedder/Schmidt-Leithoff/*Schnorbus* Rn. 1), schützt dieses jedoch bereits vor einer **abstrakten Gefährdung** (Baumbach/Hueck/*Beurskens* Rn. 1; HCL/*Paefgen* Rn. 5; MHLS/*Lieder* Rn. 2; MüKoGmbHG/*Löwisch* Rn. 9; näher BGH 23.4.2012, NZG 2012, 667 Rn. 41). Eine konkrete Beeinträchtigung des Stammkapitals ist – wie ein Vergleich mit § 30 Abs. 1 S. 2 zeigt – nicht erforderlich (Bork/Schäfer/*Klöhn* Rn. 1; HCL/*Paefgen* Rn. 5 sowie → Rn. 10). Für die Anwendung des Kreditgewährungsverbots ist es deshalb ohne Bedeutung, ob der Gesellschaft ein vollwertiger Rückzahlungsanspruch zusteht (BGH 24.11.2003, NJW 2004, 1111; Baumbach/Hueck/*Beurskens* Rn. 13; HCL/*Paefgen* Rn. 27; Lutter/Hommelhoff/*Kleindiek* Rn. 1; MüKoGmbHG/*Löwisch* Rn. 10; Roth/Altmeppen/*Altmeppen* Rn. 1). Wegen des mit der Norm bezweckten Gläubigerschutzes steht die Vorschrift nicht zur Disposition (HCL/*Paefgen* Rn. 4; MHLS/*Lieder* Rn. 4; MüKoGmbHG/*Löwisch* Rn. 82; Roth/Altmeppen/*Altmeppen* Rn. 1; Rowedder/Schmidt-Leithoff/*Schnorbus* Rn. 1; Scholz/*U. H. Schneider* Rn. 15a), kann aber ggf. in dem Gesellschaftsvertrag durch Obergrenzen für Kreditgewährungen aus dem ungebundenen Gesellschaftsvermögen verschärft werden (HCL/*Paefgen*

Rn. 4; Lutter/Hommelhoff/*Kleindiek* Rn. 1; MHLS/*Lieder* Rn. 4; MüKoGmbHG/*Löwisch* Rn. 82; Rowedder/Schmidt-Leithoff/*Schnorbus* Rn. 1; Scholz/*U. H. Schneider* Rn. 15a).

Aufgrund des Normzwecks bleiben **sonstige Schranken** für die Kreditgewährung an Geschäftsführer von § 43a unberührt. Die Norm betrifft ausschließlich das Verhältnis der Kreditgewährung zu dem für die Erhaltung des Stammkapitals erforderlichen Vermögen. Auch unabhängig von § 43a kann die Kreditgewährung wegen der konkreten Ausgestaltung (zB unangemessen niedrige Zinsen) pflichtwidrig sein (Lutter/Hommelhoff/*Kleindiek* Rn. 3; Roth/Altmeppen/*Altmeppen* Rn. 14; Scholz/*U. H. Schneider* Rn. 28). Bei Gesellschafter-Geschäftsführern sind zudem die Schranken des § 30 zu beachten (→ Rn. 3). Zur **Zuständigkeit** für Kreditgewährungen → Rn. 9. 2

II. Erfasster Personenkreis

Die Aufzählung der in das Kreditgewährungsverbot einbezogenen Personengruppen ist **abschließend** (Baumbach/Hueck/*Beurskens* Rn. 5; Lutter/Hommelhoff/*Kleindiek* Rn. 4; Roth/Altmeppen/*Altmeppen* Rn. 6; Rowedder/Schmidt-Leithoff/*Schnorbus* Rn. 2). Geschäftsführer iSd § 43a sind sowohl **Fremd-** als auch **Gesellschafter-Geschäftsführer** (BGH 24.11.2003, BGHZ 157, 72 (73 f.); BGH 23.4.2012, NZG 2012, 667 Rn. 35; Baumbach/Hueck/*Beurskens* Rn. 5; HCL/*Paefgen* Rn. 9; Lutter/Hommelhoff/*Kleindiek* Rn. 4; MHLS/*Lieder* Rn. 16; Scholz/*U. H. Schneider* Rn. 29); bei den Letztgenannten gilt neben § 43a auch das Rückzahlungsverbot in § 30 (Baumbach/Hueck/*Beurskens* Rn. 5; Bork/Schäfer/*Klöhn* Rn. 2; Scholz/*U. H. Schneider* Rn. 6). Wegen § 44 gilt § 43a auch für **stellvertretende Geschäftsführer** (Baumbach/Hueck/*Beurskens* Rn. 5; Lutter/Hommelhoff/*Kleindiek* Rn. 4, Rowedder/Schmidt-Leithoff/*Schnorbus* Rn. 2). Darüber hinaus unterliegen **Notgeschäftsführer** sowie **fehlerhaft bestellte** und **faktische Geschäftsführer** dem Kreditgewährungsverbot (Baumbach/Hueck/*Beurskens* Rn. 5 f.; BeckOK GmbHG/*Heidinger* Rn. 12; Bork/Schäfer/*Klöhn* Rn. 2; HCL/*Paefgen* Rn. 8; Rowedder-Schmidt-Leithoff/*Schnorbus* Rn. 2). Zu den „anderen gesetzlichen Vertretern" zählen die **Liquidatoren** der Gesellschaft (s. § 70 S. 1; Baumbach/Hueck/*Beurskens* Rn. 6; HCL/*Paefgen* Rn. 10; Lutter/Hommelhoff/*Kleindiek* Rn. 4; MHLS/*Lieder* Rn. 17; Rowedder/Schmidt-Leithoff/*Schnorbus* Rn. 2). Teilweise wird die Anwendung des § 43a auch auf **ehemalige Geschäftsführer** befürwortet (so Baumbach/Hueck/*Beurskens* Rn. 5 aE; Lutter/Hommelhoff/*Kleindiek* Rn. 5; **aA** HCL/*Paefgen* Rn. 11; im Grundsatz auch MHLS/*Lieder* Rn. 16), jedenfalls dann, wenn die Kreditgewährung im Zusammenhang mit der Beendigung der Organstellung steht (Baumbach/Hueck/*Beurskens* Rn. 5 aE). 3

Ferner erfasst § 43a Personen mit herausgehobenen Vertretungsbefugnissen. Neben **Prokuristen** (§ 48 HGB) zählen hierzu **Handlungsbevollmächtigte** iSd § 54 HGB, die aber nicht generell, sondern nur dann einbezogen sind, wenn sich die Handlungsvollmacht auf den gesamten Geschäftsbetrieb erstreckt (ebenso § 89 Abs. 2 S. 1 AktG). Gleichzustellen sind Personen, denen keine Handlungsvollmacht, sondern eine vergleichbar weit formulierte bürgerlich-rechtliche Vollmacht **(Generalvollmacht)** erteilt wurde (Baumbach/Hueck/*Beurskens* Rn. 7; BeckOK GmbHG/*Heidinger* Rn. 14; MHLS/*Lieder* Rn. 19; MüKoGmbHG/*Löwisch* Rn. 42; Roth/Altmeppen/*Altmeppen* Rn. 6). 4

Da § 43a die Vertretungsmacht zum maßgeblichen Kriterium für die personelle Reichweite des Kreditgewährungsverbots erhebt, scheidet eine analoge Anwendung auf andere Personen im Unternehmen, wie zB **leitende Angestellte,** aus (Baumbach/Hueck/*Beurskens* Rn. 7; HCL/*Paefgen* Rn. 16; Lutter/Hommelhoff/*Kleindiek* Rn. 4; MüKoGmbHG/*Löwisch* Rn. 43, 50). Auch auf **Mitglieder des Aufsichtsrats** ist § 43a nicht analog anzuwenden (Baumbach/Hueck/*Beurskens* Rn. 8; HCL/*Paefgen* Rn. 17; Lutter/Hommelhoff/*Kleindiek* Rn. 4; MHLS/*Lieder* Rn. 18; MüKoGmbHG/*Löwisch* Rn. 43, 49; Roth/Altmeppen/*Altmeppen* Rn. 6; Rowedder/Schmidt-Leithoff/*Schnorbus* Rn. 3; **aA** Scholz/*U. H. Schneider* Rn. 30); sie unterliegen bei Kreditgewährungen ggf. den Restriktionen in § **115 AktG,** der jedoch nur bei dem nach dem MitbestG und dem MontanMitbestG zu bildenden Aufsichtsrat kraft Gesetzes anzuwenden ist (s. § 25 Abs. 1 S. 1 Nr. 2 MitbestG, § 3 Abs. 2 MontanMitbestG). Unterliegt die Gesellschaft dem DrittelbG, findet § 115 AktG keine Anwendung, da § 1 Abs. 1 Nr. 3 DrittelbG die Norm ausdrücklich aus der Verweisungsnorm ausklammert. Entsprechendes gilt angesichts der Aufzählung der anzuwendenden aktienrechtlichen Vorschriften in § 52 Abs. 1 für die Mitglieder eines fakultativen Aufsichtsrats. In der **Satzung** der Gesellschaft kann § 115 AktG jedoch für anwendbar erklärt werden (→ § 52 Rn. 10). 5

Wegen der Anknüpfung an die Vertretungsmacht für die Gesellschaft kann die Norm selbst dann nicht auf andere Personen im Wege der Analogie ausgedehnt werden, wenn diese die Willensbildung der Gesellschaft maßgebend prägen bzw. beherrschen. Dies schließt eine entsprechende Anwendung des § 43a auf Kreditgewährungen an **verbundene Unternehmen und deren Organmitglieder** aus (BGH 24.11.2003, NJW 2004, 1111; Baumbach/Hueck/*Beurskens* Rn. 8; HCL/*Paefgen* Rn. 18; MHLS/*Lieder* Rn. 21; MüKoGmbHG/*Löwisch* Rn. 52 f.; Roth/Altmeppen/*Altmeppen* Rn. 9 f.; **aA** *Bayer/Lieder* ZGR 2005, 133 (135); Scholz/*U. H. Schneider* Rn. 58 f., 61 ff.; offen Lutter/Hommelhoff/*Kleindiek* Rn. 4). Um eine Umgehung des Kreditgewährungsverbots zu verhindern, ist dieses – dem Rechtsgedanken der § 89 Abs. 3 S. 1 AktG, § 115 Abs. 2 AktG folgend – analog anzuwenden, wenn 6 der Kredit den in § 43a aufgezählten Personen **mittelbar** zugutekommt. Das Verbot der Kreditgewährung erstreckt sich deshalb auch auf **Ehegatten, Lebenspartner** und **Kinder** (Baumbach/Hueck/*Beurskens* Rn. 8; HCL/*Paefgen* Rn. 19; MüKoGmbHG/*Löwisch* Rn. 46; Roth/Altmeppen/*Altmeppen* Rn. 6; Rowedder/Schmidt-Leithoff/*Schnorbus* Rn. 4; Scholz/*U. H. Schneider* Rn. 34; iErg auch Lutter/Hommelhoff/*Kleindiek* Rn. 4; enger MHLS/*Lieder* Rn. 23, nur wenn ein nachweislicher Zusammenhang mit der Kreditgewährung besteht), sodass ein Gleichlauf mit der Parallelnorm in § 89 Abs. 3 S. 1 AktG besteht (→ § 89 Rn. 7).

7 **Maßgeblicher Zeitpunkt** für die nach § 43a notwendige Vertretungsmacht ist nicht der Zeitpunkt des Vertragsschlusses, sondern die tatsächliche Auszahlung des Kredits. Das Gesetz untersagt nicht den Vertragsschluss, sondern die Gewährung des Kredits, da erst hierdurch das für die Erhaltung des Stammkapitals erforderliche Vermögen angegriffen wird (wie hier Baumbach/Hueck/*Beurskens* Rn. 4; BeckOK GmbHG/*Heidinger* Rn. 18; Bork/Schäfer/*Klöhn* Rn. 3; HCL/*Paefgen* Rn. 33; Lutter/Hommelhoff/*Kleindiek* Rn. 7, 8; MHLS/*Lieder* Rn. 25; MüKoGmbHG/*Löwisch* Rn. 57).

III. Kreditgewährung

8 **1. Kredit.** Im Hinblick auf den Normzweck, den Gläubigern der Gesellschaft das Stammkapital zu erhalten (→ Rn. 1), ist der **Begriff „Kredit"** in § 43a weit zu verstehen und umfasst nicht nur Darlehen iSd § 488 BGB. Wie § 30 gilt § 43a auch für Warenkredite, Bürgschaften, Stundungen oder sonstige Sicherungen für Forderungen (OLG Bremen 15.2.2001, NZG 2001, 897; OLG Köln 18.10.2016, BeckRS 2016, 20545; Baumbach/Hueck/*Beurskens* Rn. 2; BeckOK GmbHG/*Heidinger* Rn. 9; HCL/*Paefgen* Rn. 23; Lutter/Hommelhoff/*Kleindiek* Rn. 6; MHLS/*Lieder* Rn. 29; Roth/Altmeppen/*Altmeppen* Rn. 2 f.; Rowedder/Schmidt-Leithoff/*Schnorbus* Rn. 6; Scholz/*U. H. Schneider* Rn. 36; zu § 30 → § 30 Rn. 2, → § 30 Rn. 4), unabhängig davon, ob ein Dritter für den Kredit Sicherheiten gewährt hat (HCL/*Paefgen* Rn. 30; Lutter/Hommelhoff/*Kleindiek* Rn. 6; MHLS/*Lieder* Rn. 34; MüKoGmbHG/*Löwisch* Rn. 34; Roth/Altmeppen/*Altmeppen* Rn. 5; Rowedder/Schmidt-Leithoff/*Schnorbus* Rn. 6; **aA** Scholz/*U. H. Schneider* Rn. 40 f.).

9 **2. Zuständigkeit.** Im Unterschied zu den §§ 89, 115 AktG kennt das GmbH-Recht keine besonderen Vorschriften für die Zuständigkeit zur Kreditgewährung. Sofern der Kredit nicht im Zusammenhang mit dem Anstellungsvertrag gewährt wird (zur Zuständigkeit der Gesellschafterversammlung in diesem Fall MHLS/*Lieder* Rn, 28; Scholz/*U. H. Schneider* Rn. 20), bleibt es grundsätzlich bei der Zuständigkeit der Geschäftsführer (Baumbach/Hueck/*Beurskens* Rn. 20; MHLS/*Lieder* Rn. 28; Scholz/*U. H. Schneider* Rn. 24). Das gilt nach hM auch bei Gesellschaften mit einem nach dem MitbestG zusammengesetzten Aufsichtsrat, da § 25 Abs. 1 S. 1 Nr. 2 MitbestG die Vorschrift des § 89 AktG nicht in die Verweisungskette aufgenommen hat (Baumbach/Hueck/*Beurskens* Rn. 20; Lutter/Hommelhoff/*Kleindiek* Rn. 2; MHLS/*Lieder* Rn. 28; *Rittner* DB 1979, 973 (975); Scholz/*U. H. Schneider* Rn. 27; **aA** Habersack/Henssler/*Habersack* MitbestG § 31 Rn. 40). Die Satzung der Gesellschaft kann die Zuständigkeit für Kreditgewährungen jedoch abweichend regeln und diese für die Gesellschafterversammlung oder einen ggf. errichteten Aufsichtsrat begründen.

10 **3. Erhaltung des Stammkapitals.** Die Vorschrift untersagt die Kreditgewährung nicht generell, sondern nur, wenn diese ganz oder teilweise aus dem für die Erhaltung des Stammkapitals notwendigen Vermögen erfolgt (OLG Köln 18.10.2016, BeckRS 2016, 20545). Aus einem Umkehrschluss zu § 30 Abs. 1 S. 2 folgt, dass ein Rückzahlungsanspruch gegenüber dem Kreditnehmer hierbei unberücksichtigt bleibt (Baumbach/Hueck/*Beurskens* Rn. 13; BeckOK GmbHG/*Heidinger* Rn. 22; Lutter/Hommelhoff/*Kleindiek* Rn. 8; MHLS/*Lieder* Rn, 35; Rowedder/Schmidt-Leithoff/*Schnorbus* Rn. 7 sowie → Rn. 1). Entsprechendes gilt für die Konditionen der Kreditgewährung (HCL/*Paefgen* Rn. 31; Rowedder/Schmidt-Leithoff/*Schnorbus* Rn. 6). Im Gegensatz zu § 30 untersagt § 43a die Kreditgewährung somit auch dann, wenn die Gegenleistung „angemessen" ist.

11 Die Vorschrift will die Gewährung des Kredits untersagen, sodass für den Verstoß gegen § 43a nicht der **Zeitpunkt** des Vertragsabschlusses maßgebend ist (Baumbach/Hueck/*Beurskens* Rn. 4; BeckOK GmbHG/*Heidinger* Rn. 24; Bork/Schäfer/*Klöhn* Rn. 5; HCL/*Paefgen* Rn. 35; Lutter/Hommelhoff/*Kleindiek* Rn. 8; Scholz/*U. H. Schneider* Rn. 42, 50). Wird das für die Erhaltung des Stammkapitals notwendige Vermögen erst nach der Gewährung des Kredits betroffen, greift § 43a grundsätzlich nicht ein (BGH 23.4.2012, NZG 2012, 667 Rn. 39 ff.; Baumbach/Hueck/*Beurskens* Rn. 14; HCL/*Paefgen* Rn. 41 f.; Lutter/Hommelhoff/*Kleindiek* Rn. 10; MHLS/*Lieder* Rn. 37; MüKoGmbHG/*Löwisch* Rn. 30; Roth/Altmeppen/*Altmeppen* Rn. 4; Rowedder/Schmidt-Leithoff/*Schnorbus* Rn. 8; **aA** Scholz/*U. H. Schneider* Rn. 43). Eine andere Beurteilung kommt jedoch in Betracht, wenn es später zu einer Kreditverlängerung kommt, und in diesem Zeitpunkt das zur Erhaltung des Stammkapitals notwendige Vermögen betroffen ist (HCL/*Paefgen* Rn. 37; Lutter/Hommelhoff/*Kleindiek* Rn. 8; MHLS/*Lieder* Rn. 38; Rowedder/Schmidt-Leithoff/*Schnorbus* Rn. 8).

12 Für die **Berechnung** sind im Ausgangspunkt die Grundsätze zu § 30 maßgebend (HCL/*Paefgen* Rn. 33; Lutter/Hommelhoff/*Kleindiek* Rn. 9; Rowedder/Schmidt-Leithoff/*Schnorbus* Rn. 7). Um dem

Normzweck des § 43a Rechnung zu tragen, muss ein etwaiger Rückzahlungsanspruch jedoch außer Betracht bleiben (Baumbach/Hueck/*Beurskens* Rn 13; BeckOK GmbHG/*Heidinger* Rn. 22; HCL/*Paefgen* Rn. 27; Lutter/Hommelhoff/*Kleindiek* Rn. 9; MHLS/*Lieder* Rn. 35; MüKoGmbHG/*Löwisch* Rn. 28; Rowedder/Schmidt-Leithoff/*Schnorbus* Rn. 7). Dessen Wertlosigkeit wird vom Gesetz fingiert (HCL/*Paefgen* Rn. 33; Lutter/Hommelhoff/*Kleindiek* Rn. 9).

IV. Rechtsfolgen

Der Verstoß gegen § 43a S. 1 lässt die **Wirksamkeit der Kreditgewährung** als solche unberührt. 13
Das folgt indirekt aus der speziellen Rechtsfolge in § 43a S. 2. Der dortige eigenständige Rückgewähranspruch setzt denknotwendig voraus, dass die Kreditgewährung sowohl im Hinblick auf das Verpflichtungs- als auch bezüglich des Erfüllungsgeschäfts rechtswirksam ist (Baumbach/Hueck/*Beurskens* Rn. 18; BeckOK GmbHG/*Heidinger* Rn. 25; HCL/*Paefgen* Rn. 46; Lutter/Hommelhoff/*Kleindiek* Rn. 12; MHLS/*Lieder* Rn. 42; MüKoGmbHG/*Löwisch* Rn. 61; Roth/Altmeppen/*Altmeppen* Rn. 11; Rowedder/Schmidt-Leithoff/*Schnorbus* Rn. 9; Scholz/*U. H. Schneider* Rn. 49 f.). Eine etwaige **Gegenleistung für die Kreditgewährung** (zB Zinsen) bleibt durch § 43a unberührt und bis zur Erfüllung des Rückzahlungsanspruchs nach § 43a S. 2 geschuldet (Baumbach/Hueck/*Beurskens* Rn. 18; Lutter/Hommelhoff/*Kleindiek* Rn. 12; MHLS/*Lieder* Rn. 43; MüKoGmbHG/*Löwisch* Rn. 62; Roth/Altmeppen/*Altmeppen* Rn. 11; Rowedder/Schmidt-Leithoff/*Schnorbus* Rn. 8; Scholz/*U. H. Schneider* Rn. 56).

Bei einem Verstoß der Kreditgewährung gegen § 43a S. 1 begründet **§ 43a S. 2** eine eigenständige 14
Anspruchsgrundlage, die in ihrer Höhe jedoch auf den Betrag begrenzt ist, der zur Erhaltung des Stammkapitals erforderlich ist (Baumbach/Hueck/*Beurskens* Rn. 16; BeckOK GmbHG/*Heidinger* Rn. 27; Bork/Schäfer/*Klöhn* Rn. 7; Scholz/*U. H. Schneider* Rn. 53; **aA** MüKoGmbHG/*Löwisch* Rn. 73). Die **Gutgläubigkeit des Empfängers** ist unerheblich (MHLS/*Lieder* Rn. 41; Scholz/*U. H. Schneider* Rn. 44, 54); eine mit § 31 Abs. 2 vergleichbare Vorschrift kehrt in § 43a nicht wieder und gelangt auch nicht entsprechend zur Anwendung (Baumbach/Hueck/*Beurskens* Rn. 15; HCL/*Paefgen* Rn. 49; MüKoGmbHG/*Löwisch* Rn. 78; **aA** Scholz/*U. H. Schneider* Rn. 54). Vor der Auszahlung des Kredits begründet ein etwaiger Rückzahlungsanspruch ein **Leistungsverweigerungsrecht** (Baumbach/Hueck/*Beurskens* Rn. 15; BeckOK GmbHG/*Heidinger* Rn. 26; Lutter/Hommelhoff/*Kleindiek* Rn. 12; MHLS/*Lieder* Rn, 42; Rowedder/Schmidt-Leithoff/*Schnorbus* Rn. 9; Scholz/*U. H. Schneider* Rn. 52; weitergehend HCL/*Paefgen* Rn. 45; MüKoGmbHG/*Löwisch* Rn. 63; Roth/Altmeppen/*Altmeppen* Rn. 4, 11: von Amts wegen).

Ein **Erlass** der Rückzahlungsverpflichtung steht im Widerspruch zum Zweck des § 43a S. 1 und ist 15
deshalb unwirksam; § 31 Abs. 4 kann daher entsprechend angewendet werden (Baumbach/Hueck/*Beurskens* Rn. 15; Bork/Schäfer/*Klöhn* Rn. 7; HCL/*Paefgen* Rn. 50; MHLS/*Lieder* Rn, 46; Roth/Altmeppen/*Altmeppen* Rn. 14; **aA** MüKoGmbHG/*Löwisch* Rn. 78: entbehrlich). Im Hinblick auf § 19 Abs. 2 S. 2 gilt dies ebenfalls für eine **Aufrechnung** durch den Kreditnehmer (Baumbach/Hueck/*Beurskens* Rn. 15; Bork/Schäfer/*Klöhn* Rn. 7; HCL/*Paefgen* Rn. 51; Lutter/Hommelhoff/*Kleindiek* Rn. 14; MHLS/*Lieder* Rn. 47; **aA** OLG Naumburg 19.5.1998, GmbHR 1998, 1180 (1181); mit Einschränkungen auch Roth/Altmeppen/*Altmeppen* Rn. 12). Auch ein die Kreditgewährung befürwortender **Beschluss der Gesellschafterversammlung** steht einem Rückzahlungsanspruch nicht entgegen, § 43 Abs. 3 S. 3 findet insoweit entsprechende Anwendung (Baumbach/Hueck/*Beurskens* Rn. 17; HCL/*Paefgen* Rn. 56). Bezüglich der **Verjährung** ist ebenfalls § 31 Abs. 5 analog anzuwenden (Baumbach/Hueck/*Beurskens* Rn. 15; HCL/*Paefgen* Rn. 50; MHLS/*Lieder* Rn. 46; Roth/Altmeppen/*Altmeppen* Rn. 14; Scholz/*U. H. Schneider* Rn. 57; **aA** MüKoGmbHG/*Löwisch* Rn. 47; Rowedder/Schmidt-Leithoff/*Schnorbus* Rn. 10: § 43 Abs. 4 analog).

Ist der Gesellschaft durch die von § 43a S. 1 untersagte Kreditgewährung ein Schaden entstanden, so 16
kommt eine **Haftung der Geschäftsführer** nach § 43 Abs. 2 in Betracht. Das gilt sowohl für den Geschäftsführer als Begünstigten der Kreditgewährung als auch für den für die Kreditgewährung verantwortlichen Geschäftsführer (BGH 24.11.2003, NJW 2004, 1111; HCL/*Paefgen* Rn. 54; MHLS/*Lieder* Rn. 7; Roth/Altmeppen/*Altmeppen* Rn. 14; Rowedder/Schmidt-Leithoff/*Schnorbus* Rn. 12; *Saenger/Koch* NZG 2004, 272 (274); Scholz/*U. H. Schneider* Rn. 57).

Stellvertreter von Geschäftsführern

44 Die für die Geschäftsführer gegebenen Vorschriften gelten auch für Stellvertreter von Geschäftsführern.

I. Normzweck

Die Vorschrift, die mit gleichem Inhalt das Aktienrecht für den Vorstand enthält (s. § 94 AktG; 1
ebenso für die Genossenschaft § 35 GenG), kommt praktischen Bedürfnissen größerer Gesellschaften entgegen, die einzelnen Geschäftsführern im Innenverhältnis eine subsidiäre Stellung zuweisen wollen

(HCL/*Paefgen* Rn. 2; Rowedder/Schmidt-Leithoff/*Ganzer* Rn. 1; Scholz/*U. H. Schneider* Rn. 1; abw. *van Venrooy* GmbHR 2010, 169 ff.). In diesem Fall gilt es an sich stets die Frage zu beantworten, ob die für Geschäftsführer geltenden Vorschriften auch für stellvertretende Geschäftsführer gelten. Die Antwort hierauf gibt § 44 und erklärt die für Geschäftsführer **geltenden Vorschriften** ohne Einschränkungen auch auf stellvertretende Geschäftsführer für anwendbar (Scholz/*U. H. Schneider* Rn. 1). Die Bezugnahme in § 44 auf die „gegebenen Vorschriften" umfasst jedenfalls die gesetzlichen Bestimmungen; im Hinblick auf den Normzweck sprechen gute Gründe dafür, Regelungen in der **Satzung** den „Vorschriften" gleichzustellen (**aA** Baumbach/Hueck/*Beurskens* Rn. 17: nur GmbHG), jedoch kann die Satzung insoweit abweichendes bestimmen und stellvertretende Geschäftsführer ausklammern, was ggf. durch Auslegung zu ermitteln ist. Fehlen hinreichende Anhaltspunkte, ist jedoch im Zweifel von einer § 44 entsprechenden Gleichstellung auszugehen.

II. Gleichstellung der stellvertretenden Geschäftsführer

2 Durch die in § 44 angeordnete Gleichstellung der stellvertretenden Geschäftsführer gelten für deren **Bestellung** die Vorgaben für ordentliche Geschäftsführer in § 6 (Baumbach/Hueck/*Beurskens* Rn. 17; HCL/*Paefgen* Rn. 3; MüKoGmbHG/*Goette* Rn. 6). Entsprechendes gilt für die Zuständigkeit zur Bestellung (MüKoGmbHG/*Goette* Rn. 5; Scholz/*U. H. Schneider* Rn. 2). Ob stellvertretende Geschäftsführer bei der **Zahl** der in der Satzung festgelegten Geschäftsführer mitzuzählen sind, ergibt sich nicht zwingend aus § 44, im Zweifel ist die Satzung aber idS auszulegen (Baumbach/Hueck/*Beurskens* Rn. 17; Rowedder/Schmidt-Leithoff/*Ganzer* Rn. 1; Scholz/*U. H. Schneider* Rn. 2). Dementsprechend findet die Stellvertretereigenschaft keinen Niederschlag im **Handelsregister;** diese ist nicht eintragungsfähig (BGH 10.11.1997, NJW 1998, 1071 (1072); zust. Baumbach/Hueck/*Beurskens* Rn. 3; HCL/*Paefgen* Rn. 25; Lutter/Hommelhoff/*Kleindiek* Rn. 1; MHLS/*Lieder* Rn. 12; MüKoGmbHG/*Goette* Rn. 22; Rowedder/Schmidt-Leithoff/*Ganzer* Rn. 6; Roth/Altmeppen/*Altmeppen* Rn. 3; Scholz/*U. H. Schneider* Rn. 14; **aA** noch OLG Düsseldorf 28.2.1969, NJW 1969, 1259), da diese lediglich das Innenverhältnis zwischen den Geschäftsführern, nicht aber das Außenverhältnis betrifft.

3 Ihre Hauptbedeutung hat die Gleichstellung in § 44 für die **Vertretungsmacht** der stellvertretenden Geschäftsführer. Selbst wenn die Stellvertretereigenschaft die Geschäftsführungsbefugnis des stellvertretenden Geschäftsführers im Innenverhältnis beschränkt, hat dies wegen § 44 keine Auswirkungen auf das Außenverhältnis. Auch stellvertretende Geschäftsführer vertreten die Gesellschaft uneingeschränkt nach außen (§ 35 Abs. 1; Baumbach/Hueck/*Beurskens* Rn. 4; BeckOK GmbHG/*Ziemons* Rn. 5; Bork/Schäfer/*Klöhn* Rn. 2; HCL/*Paefgen* Rn. 9 f.; Rowedder/Schmidt-Leithoff/*Ganzer* Rn. 2; Scholz/*U. H. Schneider* Rn. 7). Bei **Einzelvertretungsmacht** gilt diese auch für stellvertretende Geschäftsführer (Baumbach/Hueck/*Beurskens* Rn. 4; HCL/*Paefgen* Rn. 13; MüKoGmbHG/*Goette* Rn. 15; Rowedder/Schmidt-Leithoff/*Ganzer* Rn. 2; Scholz/*U. H. Schneider* Rn. 7). Entsprechendes gilt für die **Gesamtvertretungsmacht,** bei ihr kann der stellvertretende Geschäftsführer gleichberechtigt mitwirken (Baumbach/Hueck/*Beurskens* Rn. 4; HCL/*Paefgen* Rn. 15; MHLS/*Lieder* Rn. 6). Besteht Gesamtvertretung durch sämtliche Geschäftsführer, müssen auch stellvertretende Geschäftsführer mitwirken (Baumbach/Hueck/*Beurskens* Rn. 8; BeckOK GmbHG/*Ziemons* Rn. 5; HCL/*Paefgen* Rn. 15; Scholz/*U. H. Schneider* Rn. 7). Wegen § 37 Abs. 2 S. 1 können stellvertretende Geschäftsführer hiervon nicht ausgenommen werden (BGH 10.11.1997, GmbHR 1998, 181 (182); Baumbach/Hueck/*Beurskens* Rn. 4; HCL/*Paefgen* Rn. 14; MüKoGmbHG/*Goette* Rn. 12).

4 Wegen der Gleichstellung in § 44 sind stellvertretende Geschäftsführer ebenfalls **passiv vertretungsberechtigt.** Es reicht deshalb bei gegenüber der Gesellschaft abzugebenden Willenserklärungen aus, wenn diese einem stellvertretenden Geschäftsführer zugehen (Baumbach/Hueck/*Beurskens* Rn. 5; BeckOK GmbHG/*Ziemons* Rn. 7; HCL/*Paefgen* Rn. 13; MHLS/*Lieder* Rn, 7; MüKoGmbHG/*Goette* Rn. 14; Rowedder/Schmidt-Leithoff/*Ganzer* Rn. 2; Scholz/*U. H. Schneider* Rn. 7).

5 Die Grundsätze für die Vertretungsmacht gelten auch bei **Anmeldungen zum Handelsregister.** Sind diese durch sämtliche Geschäftsführer vorzunehmen (s. § 78), müssen auch die stellvertretenden Geschäftsführer mitwirken (Baumbach/Hueck/*Beurskens* Rn. 6; Lutter/Hommelhoff/*Kleindiek* Rn. 1).

6 Die Gleichstellung der stellvertretenden Geschäftsführer erstreckt sich grundsätzlich auch auf deren **Haftung;** für sie gilt kein von § 43 Abs. 1 abweichender (milderer) Sorgfaltsmaßstab, wenn sie gesetzliche oder vertragliche Aufgaben wahrnehmen (Baumbach/Hueck/*Beurskens* Rn. 14; BeckOK GmbHG/*Ziemons* Rn. 13; HCL/*Paefgen* Rn. 19; MHLS/*Lieder* Rn. 9; Rowedder/Schmidt-Leithoff/*Ganzer* Rn. 4; Scholz/*U. H. Schneider* Rn. 13). Verletzen sie ihre Pflichten, so haften sie gegenüber der Gesellschaft als Gesamtschuldner (§ 43 Abs. 2). Im Unterschied zu ordentlichen Geschäftsführern trifft stellvertretende Geschäftsführer jedoch keine allgemeine **Aufsichtspflicht.** Wegen ihrer im Innenverhältnis eingeschränkten Stellung gilt diese für sie nur, sofern sie Funktionen eines ordentlichen Geschäftsführers wahrnehmen (ebenso Baumbach/Hueck/*Beurskens* Rn. 15; HCL/*Paefgen* Rn. 18; MHLS/*Lieder* Rn. 9; Scholz/*U. H. Schneider* Rn. 13; weitergehend Roth/Altmeppen/*Altmeppen* Rn. 4; MüKoGmbHG/*Goette* Rn. 21). Eine Ausnahme gilt aufgrund des Normzwecks bei den in § 43 Abs. 3 genannten Angelegenheiten (MüKoGmbHG/*Goette* Rn. 21; Lutter/Hommelhoff/*Kleindiek* Rn. 2).

III. Innenverhältnis

Die Stellvertretereigenschaft entfaltet ihre Wirkungen ausschließlich im Innenverhältnis; in diesem ist der stellvertretende Geschäftsführer den ordentlichen Geschäftsführern untergeordnet oder lediglich subsidiär berechtigt, die Geschäfte der Gesellschaft zu führen. Im Einzelnen obliegt die Ausgestaltung der Geschäftsführungsbefugnisse des stellvertretenden Geschäftsführers dem **Gesellschaftsvertrag** sowie der **Gesellschafterversammlung** durch Beschluss (HCL/*Paefgen* Rn. 7; Scholz/*U. H. Schneider* Rn. 9). Fehlen dort konkrete Festlegungen, ist die Bestellung zum stellvertretenden Geschäftsführer im Zweifel dahin auszulegen, dass dieser seine Geschäftsführerkompetenzen im Innenverhältnis lediglich bei einer **Verhinderung der ordentlichen Geschäftsführer** ausüben darf (Baumbach/Hueck/*Beurskens* Rn. 9; MüKoGmbHG/*Goette* Rn. 18; Rowedder/Schmidt-Leithoff/*Ganzer* Rn. 3; Scholz/*U. H. Schneider* Rn. 8; **aA** BeckOK GmbHG/*Ziemons* Rn. 8; Bork/Schäfer/*Klöhn* Rn. 3; HCL/*Paefgen* Rn. 7; Lutter/Hommelhoff/*Kleindiek* Rn. 2; offen Roth/Altmeppen/*Altmeppen* Rn. 4). Andernfalls würde es sich um eine rechtlich unbeachtliche Titularabstufung handeln (s. Baumbach/Hueck/*Beurskens* Rn. 10; HCL/*Paefgen* Rn. 8), von der im Zweifel nicht auszugehen ist. Abweichend gilt für den **Arbeitsdirektor,** der nach § 33 MitbestG, § 13 MontanMitbestG eine gleichberechtigte Stellung innerhalb des Vertretungsorgans einnehmen muss. Damit wäre es unvereinbar, wenn er nur bei einer Verhinderung zur Geschäftsführung berufen ist (Baumbach/Hueck/*Beurskens* Rn. 11; BeckOK GmbHG/*Ziemons* Rn. 10; HCL/*Paefgen* Rn. 22; Lutter/Hommelhoff/*Kleindiek* Rn. 3; MHLS/*Lieder* Rn. 11; MüKoGmbHG/*Goette* Rn. 9; teilw. **aA** Scholz/*U. H. Schneider* Rn. 6). 7

Rechte der Gesellschafter

45 (1) **Die Rechte, welche den Gesellschaftern in den Angelegenheiten der Gesellschaft, insbesondere in bezug auf die Führung der Geschäfte zustehen, sowie die Ausübung derselben bestimmen sich, soweit nicht gesetzliche Vorschriften entgegenstehen, nach dem Gesellschaftsvertrag.**

(2) **In Ermangelung besonderer Bestimmungen des Gesellschaftsvertrages finden die Vorschriften der §§ 46 bis 51 Anwendung.**

Übersicht

I. Bedeutung der Norm und Systematik

1. Allgemeines. Die §§ 45–51 regeln das Verfahren der Willensbildung der Gesellschafter durch die **Gesellschafterversammlung** als oberstes Organ der Gesellschaft (vgl. BGH 7.2.1972, BGHZ 58, 115 (120); BGH 6.3.1997, BGHZ 135, 48 (53) = NJW 1997, 1985 (1986); Baumbach/Hueck/*Zöllner/Noack* Rn. 4; aA etwa Scholz/*K. Schmidt* Rn. 1, 5: Gesamtheit der Gesellschafter als oberstes Organ; im praktischen Ergebnis ergeben sich allerdings keine Unterschiede; so zutr. MHLS/*Römermann* Rn. 12). Demgegenüber stellen die **Geschäftsführer** grundsätzlich das **Leitungs- und Vertretungsorgan** der Gesellschaft (§ 35 Abs. 1 S. 1) dar (Scholz/*K. Schmidt* Rn. 6; s. jedoch § 35 Abs. 1 S. 2 und § 15a Abs. 3 InsO). Die Vorschrift des § 45 im Besonderen ist von ihrem Wortlaut her seit 1892 unverändert geblieben (vgl. nur MHLS/*Römermann* Rn. 5) und hat auch durch das MoMiG keine Abänderung 1 erfahren. Die Norm ist Ausdruck der **Satzungsautonomie** der Gesellschafter, welche die „Kompetenz-Kompetenz" hinsichtlich der organisationsbezogenen Mitgliedschaftsrechte (→ Rn. 3) beinhaltet (vgl. Rowedder/Schmidt-Leithoff/*Ganzer* Rn. 1).

2 **2. Allzuständigkeit der Gesellschafterversammlung.** Außerhalb ihrer in § 46 aufgeführten Primärzuständigkeiten (→ § 46 Rn. 1) kann die **allzuständige** Gesellschafterversammlung grundsätzlich weitere Angelegenheiten an sich ziehen, für welche primär andere Organe zuständig sind (vgl. UHL/*Hüffer/Schürnbrand* § 46 Rn. 134). Dies kann durch entsprechende Satzungsbestimmungen erfolgen (Baumbach/Hueck/*Zöllner/Noack* § 46 Rn. 92); in Angelegenheiten der Geschäftsführung manifestiert sich dies in der Weisungskompetenz nach § 37 Abs. 1 (vgl. hierzu ArbG Stuttgart 21.12.2016, NZA-RR 2017, 69 (75); *Geißler* GmbHR 2009, 1071 ff.). Grenzen bilden zwingende Kompetenzen etwa des Aufsichtsrats (vgl. Baumbach/Hueck/*Zöllner/Noack* § 52 Rn. 25 ff. und 160 f.) oder der Geschäftsführer. So kann die Gesellschafterversammlung zB – mit Ausnahme der Passivvertretung bei Führungslosigkeit (§ 35 Abs. 1 S. 2) – nicht die Außenvertretung der Gesellschaft übernehmen, welche den Geschäftsführern – in Sonderfällen nach den Mitbestimmungsgesetzen dem Aufsichtsrat – zugewiesen ist (Baumbach/Hueck/*Zöllner/Noack* § 46 Rn. 5, 89). Auch muss sie einen **Kernbestand** an Geschäftsführungsaufgaben bei den Geschäftsführern belassen (Baumbach/Hueck/*Zöllner/Noack* § 46 Rn. 5, 89, 93 iVm Baumbach/Hueck/*Zöllner/Noack* § 37 Rn. 18). Dieser besteht im Hinblick auf Handlungen, die der gewöhnliche Betrieb des Handelsgewerbes der Gesellschaft mit sich bringt (vgl. § 116 Abs. 1 HGB). Auch insoweit ist allerdings – auch ohne Grundlage in der Satzung – eine **Vorlagepflicht** der Geschäftsführer an die Gesellschafterversammlung gegeben, wenn anstehende Entscheidungen die Grundsätze der Unternehmenspolitik oder nach Art und/oder Umfang ungewöhnliche Maßnahmen betreffen (vgl. BGH 25.2.1991, NJW 1991, 1681 f.; weniger restriktiv hingegen *Kort* ZIP 1991, 1274 (1275 ff.)).

II. Rechte iSv Abs. 1

3 Hierunter zu verstehen sind **Verwaltungs- oder Herrschaftsrechte,** die dem Gesellschafter aus seiner Mitgliedschaft erwachsen, zB das Recht der Teilnahme an der Gesellschafterversammlung und das Stimmrecht (vgl. nur MüKoGmbHG/*Liebscher* Rn. 12 ff.; UHL/*Hüffer/Schürnbrand* Rn. 8). Nicht hierunter fallen die Vermögensrechte der einzelnen Gesellschafter – etwa das Gewinnbezugsrecht aus § 29 (MHLS/*Römermann* Rn. 7).

III. Vorrang der Satzung

4 **1. Allgemeines.** § 45 Abs. 1 statuiert, dass der Gesellschaftsvertrag – iRd zwingenden Rechts (vgl. etwa § 51a Abs. 3 sowie das Mitbestimmungsrecht) – Vorrang vor einer Anwendung insbesondere der – durch ihn weitgehend abdingbaren (vgl. § 45 Abs. 2) – Vorschriften der §§ 46–51 hat. Der Vorrang des Vertrags gilt insbesondere auch für die **Auslegung von Satzungsbestimmungen körperschaftsrechtlicher Natur;** außerhalb der Satzung liegende Sachzusammenhänge können lediglich uU dann berücksichtigt werden, wenn deren Kenntnis bei den Mitgliedern und Organen allgemein vorausgesetzt werden kann (vgl. BGH 11.10.1993, BGHZ 123, 347 (350 f.) = NJW 1994, 51 (52); UHL/*Hüffer/Schürnbrand* Rn. 12; abw. *K. Schmidt* GesR § 5 I 4b; *Grunewald* ZGR 1995, 68 (85 ff.)). Im Falle einer **Regelungslücke** ist gleichermaßen vom Prinzip des Vorrangs ergänzender Satzungsauslegung gegenüber der Anwendung dispositiven Gesetzesrechts auszugehen (s. iE BGH 20.9.1993, BGHZ 123, 281 (285 f.) = NJW 1993, 3193 (3194); UHL/*Hüffer/Schürnbrand* Rn. 13).

5 **2. Zuständigkeitsübertragung. a) Grundsätze.** Die Satzung kann – soweit dies der Erreichung des Gesellschaftszwecks dient und soweit nicht gesetzlich zwingende ausschließliche Befugnisse eines anderen Organs der GmbH tangiert werden (*Lieder/Hoffmann* GmbHR 2017, 1233 (1242); → Rn. 8 ff.) – Zuständigkeiten von einem Organ der Gesellschaft auf andere, ggf. eigens hierfür geschaffene **Organe** (RG 11.10.1932, RGZ 137, 305 (308 f.); s. iE Scholz/*K. Schmidt* Rn. 2, 8, 10, 13) oder gar an gesellschaftsfremde **Dritte** (*Blasche* GmbHR 2013, 176 ff.; *Hammen* WM 1994, 765 (775); enger *Ulmer* FS Werner, 1984, 911 (930 f.); abl. MüKoGmbHG/*Liebscher* Rn. 48) übertragen. Letzteres ist jedoch nur insoweit zulässig, als hierbei die Selbstbestimmung der Gesellschaft durch die Gesellschafter gewahrt bleibt (s. Baumbach/Hueck/*Zöllner/Noack* § 46 Rn. 97 sowie ausführlich *Weber,* Privatautonomie und Ausseneinfluss im Gesellschaftsrecht, 2000, 129 ff.). Die Möglichkeit der Zuständigkeitsübertragung gilt insbesondere auch für die in § 46 iE aufgeführten Primärzuständigkeiten (vgl. Baumbach/Hueck/*Zöllner/Noack* § 46 Rn. 94). Eine zuständigkeitsübertragende Regelung kann außer durch Satzungsbestimmung auch durch satzungsbegleitende Nebenabrede der Gesellschafter getroffen werden (Scholz/*K. Schmidt* Rn. 12). Die Kompetenzverlagerung muss keine verdrängende, sondern kann auch eine **konkurrierende** sein, bei der die zusätzliche Zuständigkeit des anderen Organs begründet wird. Letztere ist aber nur dann möglich, wenn für den Fall divergierender Entscheidungen die Entscheidungsprärogative eines Organs vorgesehen wird (Baumbach/Hueck/*Zöllner/Noack* § 46 Rn. 92). Eine generelle Delegation einzelner Zuständigkeiten für die Zukunft bedarf der Satzungsänderung, eine Ver-

lagerung nur für den Einzelfall eines einstimmigen Gesellschafterbeschlusses (Baumbach/Hueck/*Zöllner/Noack* § 46 Rn. 2; weniger restriktiv Rowedder/Schmidt-Leithoff/*Ganzer* Rn. 9).

b) Organe. Soweit kein obligatorischer **Aufsichtsrat** einzurichten ist (vgl. § 1 Abs. 1 iVm §§ 6 ff. 6
MitbestG 1976, § 1 Abs. 1 iVm §§ 4 ff. DrittelbG, § 3 Abs. 1 MontanMitbestG, §§ 1 ff. MontanMitbestErgG), kann in der Satzung die Bildung eines sog. fakultativen Aufsichtsrats vorgesehen werden (vgl. § 52; zu den unternehmerischen und rechtlichen Implikationen zur Einrichtung eines fakultativen Aufsichtsrats s. *Geißler* DZWIR 2020, 1 ff.; *Birkhold,* Die Grenzen der Gestaltungsfreiheit bei der Errichtung eines fakultativen Aufsichtsrats, 2020, 1 ff.). Als im Gesetz nicht ausdrücklich bereitgestellte Organe kennt die Praxis den **Gesellschafterausschuss,** den **Beirat** (s. hierzu *Sanders* NZG 2017, 961 ff.; *Uffmann* NZG 2015, 169 ff.; *Bea/Schreuer/Gutwein* DB 1996, 1193 ff.) und den **Verwaltungsrat** (vgl. Baumbach/Hueck/*Zöllner/Noack* Rn. 18). Soweit hinsichtlich deren Kompetenzen ausdrückliche Regelungen in der Satzung fehlen, müssen die erforderlichen Normen durch Auslegung und Ergänzung des Gesellschaftsvertrages gewonnen werden (Baumbach/Hueck/*Zöllner/Noack* Rn. 19; MüKoshy;GmbHG/*Liebscher* Rn. 53 ff.; → Rn. 4). Auch eine durch die Satzung vorgesehene **Schieds-, Schlichtungs- oder Spruchstelle** kann als zusätzliches fakultatives Gesellschaftsorgan anzusehen sein, wenn sie die Aufgabe hat, bei Streitigkeiten zwischen Gesellschaftsorganen oder Organmitgliedern zu entscheiden; die Stelle ist jedoch kein Schiedsgericht iSd §§ 1025 ff. ZPO (vgl. BGH 25.2.1965, BGHZ 43, 261 (263 ff.); UHL/*Hüffer/Schürnbrand* Rn. 28). Ob und wie die Entscheidung angreifbar ist, bestimmt sich nach den Regeln, die für die Beschlüsse oder sonstigen Maßnahmen gelten, die durch die Entscheidung der Stelle ersetzt werden (BGH 25.2.1965, BGHZ 43, 261 (263 ff.); UHL/*Hüffer/Schürnbrand* Rn. 29). Zur Frage der Schiedsfähigkeit von Beschlussmängelstreitigkeiten bei der GmbH s. BGH 6.4.2009, BGHZ 180, 221 Rn. 10 ff. = NJW 2009, 1962 Rn. 10 ff.

c) Rückfallkompetenz. Selbst wenn in der Satzung eine verdrängende Zuständigkeitsregelung 7
zugunsten eines anderen Organs vorgesehen ist, kommt es für die Dauer der Funktions- bzw. Handlungsunfähigkeit jenes Organs zum Rückfall der Zuständigkeit an die Gesellschafterversammlung (vgl. BGH 24.2.1954, BGHZ 12, 337 (340); MüKoGmbHG/*Liebscher* Rn. 112; einschr. *Wessing/Max* FS Werner, 1984, 975 (980 ff.)). Im Einzelfall kann die Gesellschafterversammlung auch ohne förmliche Satzungsänderung durch einen sog. satzungsdurchbrechenden Beschluss (s. hierzu BGH 7.6.1993, BGHZ 123, 15 (19) = NJW 1993, 2246 (2247)) eine Entscheidung an sich ziehen, wenn sich die Wirkung des Beschlusses in der betreffenden Maßnahme erschöpft (so Scholz/*K. Schmidt* Rn. 9, 34; aA UHL/*Hüffer/Schürnbrand* Rn. 24).

IV. Schranken der Satzungsautonomie in Bezug auf den Gesellschaftern zustehende Rechte iSv Abs. 1 (Abs. 1 Fall 1)

1. Zwingende Gesetzesnormen. Grenzen der Satzungsautonomie ergeben sich zum einen aus vom 8
Gesetz selbst als zwingend bezeichneten Vorschriften (vgl. MüKoGmbHG/*Liebscher* Rn. 57 ff.). Dies gilt etwa für § 51a Abs. 3; auch ist in der den Mitbestimmungsgesetzen unterliegenden GmbH nach dem insoweit zwingend anzuwendenden § 111 Abs. 4 S. 1 AktG die Übertragung der Weisungsbefugnis in Geschäftsführungsangelegenheiten auf den obligatorischen Aufsichtsrat nicht zulässig (Scholz/*K. Schmidt* § 45 Rn. 12; → § 52 Rn. 162). Abgesehen davon ergeben sich Grenzen der Satzungsautonomie aus Normen, die Ausdruck unverzichtbarer körperschaftsrechtlicher Prinzipien sind (zB § 47 Abs. 4; vgl. Baumbach/Hueck/*Zöllner/Noack* Rn. 7). Auch können Vorschriften, welche erkennbar dem Schutz öffentlicher Interessen dienen (zB § 49 Abs. 3), nur verschärft, nicht aber abgeschwächt werden (Baumbach/Hueck/*Zöllner/Noack* Rn. 7). Nicht anwendbar sind hingegen die **AGB-Regelungen des BGB** (§ 310 Abs. 4 S. 1 BGB), soweit Rechtsverhältnisse unmittelbar auf der Satzung beruhen, mitgliedschaftlicher Natur sind und der Verwirklichung des Gesellschaftszwecks dienen (vgl. BGH 11.11.1991, NJW-RR 1992, 379 mwN). Eine – auf § 242 BGB gestützte – richterliche **Inhaltskontrolle** der Satzung mit dem Ziel, inhaltlich unangemessene Klauseln außer Geltung zu setzen, ist nur dann zulässig, wenn die Funktionsbedingungen der Privat- oder Satzungsautonomie nicht gewahrt sind (UHL/*Hüffer/Schürnbrand* Rn. 37; weitergehend *Martens* DB 1973, 413 (419)).

2. Ungeschriebene Prinzipien des GmbH-Rechts. Die Verfassung der GmbH muss ein ausgewo- 9
genes Ganzes bilden, damit die Funktionsfähigkeit der Gesellschaft gewährleistet bleibt (Baumbach/Hueck/*Zöllner/Noack* Rn. 7). Zudem resultiert aus dem zwingenden Prinzip der **Verbandssouveränität,** dass die Entwicklung der Gesellschaft maßgeblich von den Gesellschaftern zu bestimmen ist (UHL/*Hüffer/Schürnbrand* Rn. 14; Scholz/*K. Schmidt* Rn. 9); die Stellung der Gesellschafterversammlung als oberstes Gesellschaftsorgan darf in ihrem Kern oder auf Dauer nicht in Frage gestellt werden (LSG NRW 9.11.2015, NZS 2016, 271 Rn. 21; Lutter/Hommelhoff/*Bayer* Rn. 11). Folgender zentraler Kompetenzen kann sich die Gesellschafterversammlung daher **nicht** durch verdrängende Zuständigkeitsübertragung begeben (vgl. nur UHL/*Hüffer/Schürnbrand* Rn. 25): Satzungsänderungen einschließlich Kapitalerhöhung und -herabsetzung (dazu OLG Stuttgart 29.10.1997, NZG 1998, 601 (602);

→ § 46 Rn. 49), Verschmelzung (§ 13 Abs. 1 UmwG), Spaltung (§ 125 S. 1 UmwG) und Formwechsel (§ 193 Abs. 1 UmwG), Zustimmung zum Abschluss von Unternehmensverträgen (→ § 46 Rn. 51), Auflösung sowie Fortsetzung der Gesellschaft (→ § 46 Rn. 52), Bestellung und Abberufung von Liquidatoren (→ § 46 Rn. 53) sowie Einforderung von Nachschüssen (vgl. hierzu RG 23.2.1909, RGZ 70, 326 (329 f.); Baumbach/Hueck/*Zöllner/Noack* § 46 Rn. 82; → § 46 Rn. 55). Wegen des Primats der Gesellschafterversammlung können die Zuständigkeiten nach § 46 Nr. 5 und 6 wie auch die Geltendmachung von Ersatzansprüchen gegen Gesellschafter und Geschäftsführer (§ 46 Nr. 8) nicht wirksam auf die Geschäftsführer übertragen werden (vgl. Baumbach/Hueck/*Zöllner/Noack* § 46 Rn. 93; in den Einzelheiten str.). Auch für die Abberufung von Geschäftsführern aus wichtigem Grund bei der nicht den Mitbestimmungsgesetzen unterliegenden GmbH ist die Gesellschafterversammlung zumindest neben dem kompetenzaufnehmenden Organ konkurrierend zuständig (→ § 46 Rn. 20). Auf den oder die Geschäftsführer können von der Natur der Sache her weder Überwachungsaufgaben betreffend die Geschäftsführung (Scholz/*K. Schmidt* Rn. 12; → § 46 Rn. 33) noch die eigene Entlastung oder Abberufung (BGH 25.2.1965, BGHZ 43, 261 (264); → § 46 Rn. 30) übertragen werden.

10 **3. Unentziehbare Mitgliedsrechte.** Schließlich dürfen Satzungsregelungen einzelne Gesellschafter auch nicht in sittenwidriger Weise rechtlos stellen (Baumbach/Hueck/*Zöllner/Noack* Rn. 7). Aus diesem Grunde unentziehbare Mitgliedsrechte stellen das Recht zur Teilnahme an der Gesellschafterversammlung (*Bochmann* GmbHR 2017, 558 (561)), das Einberufungsrecht gem. § 50 (Rowedder/Schmidt-Leithoff/*Pentz* § 14 Rn. 18 mwN; aA RG 4.4.1908, RGZ 68, 210 (212 f.); diff. OLG Stuttgart 14.2.1974, NJW 1974, 1566 (1568)), das Informationsrecht (§ 51a; s. hierzu *B. Schneider* GmbHR 2008, 638 (639 ff.)), die Anfechtungsbefugnis sowie das Recht zur Gesellschafterklage dar (UHL/*Hüffer/Schürnbrand* Rn. 32). Unverzichtbar ist außerdem das Austrittsrecht aus wichtigem Grund (Rowedder/Schmidt-Leithoff/*Pentz* § 14 Rn. 18). **Relativ unentziehbar** ist hingegen das Stimmrecht, da es dem Gesellschafter zwar nicht ohne seine Zustimmung, wohl aber mit ihr, genommen werden kann (UHL/*Hüffer/Schürnbrand* Rn. 32). Abdingbar sind auch das Gewinnbeteiligungsrecht (Rowedder/Schmidt-Leithoff/*Pentz* § 14 Rn. 19) und das Recht auf Beteiligung am Liquidationserlös, letzteres allerdings nur mit der Maßgabe, dass nicht gleichzeitig auch das Gewinn- und Stimmrecht ausgeschlossen wird (vgl. BGH 14.7.1954, BGHZ 14, 264 (273)). **Sonderrechte** können regelmäßig nur bei Vorliegen eines wichtigen Grundes gegen den Willen ihres Inhabers entzogen werden (Rowedder/Schmidt-Leithoff/*Pentz* § 14 Rn. 36; vgl. auch BGH 10.10.1988, NJW-RR 1989, 542 (543)).

11 **4. Abspaltungsverbot.** Abgesehen davon unterliegen sämtliche Verwaltungsrechte dem satzungsfesten Abspaltungsverbot, können also nicht von der Mitgliedschaft getrennt und auf einen anderen – Gesellschafter oder Nichtgesellschafter – übertragen werden (vgl. MüKoGmbHG/*Liebscher* Rn. 132; UHL/*Hüffer/Schürnbrand* Rn. 33).

V. Schranken der Ausübung der den Gesellschaftern zustehenden Rechte iSv Abs. 1 (Abs. 1 Fall 2)

12 **1. Treuepflicht.** Schranken der Rechtsausübung resultieren zum einen aus der mitgliedschaftlichen Treuepflicht (näher hierzu OLG Düsseldorf 8.3.2001, NZG 2001, 991 (994 f.); MüKoGmbHG/*Liebscher* Rn. 136; UHL/*Hüffer/Schürnbrand* Rn. 36). Außerhalb der Gefährdung von Gläubigerinteressen ist allerdings ein von der Gesamtheit der Gesellschafterinteressen unabhängiges Gesellschafterinteresse, dem eine Treuepflicht des Gesellschafters gegenüber der Gesellschaft Rechnung zu tragen hätte, grundsätzlich nicht anzuerkennen (BGH 28.9.1992, BGHZ 119, 257 (262) = NJW 1993, 193 (194)).

13 **2. Gleichbehandlungsgrundsatz.** Zum anderen ergeben sich Grenzen der Rechtsausübung aus dem Gleichbehandlungsgrundsatz (hierzu UHL/*Hüffer/Schürnbrand* Rn. 36). Ein Verstoß hiergegen muss jedoch uU hingenommen werden, wenn dem benachteiligten Gesellschafter ein kompensierender Vorteil gewährt wird (vgl. BGH 15.5.1972, GmbHR 1972, 224 (225 f.)). Der Gleichbehandlungsgrundsatz findet keine Anwendung, soweit kraft Satzung Sonderrechte oder -pflichten begründet werden (Rowedder/Schmidt-Leithoff/*Pentz* § 13 Rn. 98).

VI. Subsidiarität der §§ 46–51 (Abs. 2)

14 In Abs. 2 kommt nach hM die grundsätzliche Dispositivität der §§ 46–51 zum Ausdruck (vgl. etwa Lutter/Hommelhoff/*Bayer* Rn. 5), während richtigerweise von einer Subsidiarität jener Vorschriften auszugehen ist, da nicht alles in den §§ 46–51 Niedergelegte beliebig disponibel ist (Baumbach/Hueck/*Zöllner/Noack* Rn. 9). Bei Vorliegen einer Regelungslücke der Satzung ist vor Anwendung der §§ 46–51 zu prüfen, ob die Lücke durch ergänzende Auslegung der Satzung geschlossen werden kann (UHL/*Hüffer/Schürnbrand* Rn. 39; → Rn. 4).

Aufgabenkreis der Gesellschafter

46 Der Bestimmung der Gesellschafter unterliegen:

1. die Feststellung des Jahresabschlusses und die Verwendung des Ergebnisses;
1a. die Entscheidung über die Offenlegung eines Einzelabschlusses nach internationalen Rechnungslegungsstandards (§ 325 Abs. 2a des Handelsgesetzbuchs) und über die Billigung des von den Geschäftsführern aufgestellten Abschlusses;
1b. die Billigung eines von den Geschäftsführern aufgestellten Konzernabschlusses;
2. die Einforderung der Einlagen;
3. die Rückzahlung von Nachschüssen;
4. die Teilung, die Zusammenlegung sowie die Einziehung von Geschäftsanteilen;
5. die Bestellung und die Abberufung von Geschäftsführern sowie die Entlastung derselben;
6. die Maßregeln zur Prüfung und Überwachung der Geschäftsführung;
7. die Bestellung von Prokuristen und von Handlungsbevollmächtigten zum gesamten Geschäftsbetrieb;
8. die Geltendmachung von Ersatzansprüchen, welche der Gesellschaft aus der Gründung oder Geschäftsführung gegen Geschäftsführer oder Gesellschafter zustehen, sowie die Vertretung der Gesellschaft in Prozessen, welche sie gegen die Geschäftsführer zu führen hat.

Übersicht

I. Bedeutung der Norm und Systematik

1 **1. Primärzuständigkeiten der Gesellschafterversammlung.** Die Vorschrift, welche durch das MoMiG lediglich in ihren Nr. 2 und 4 Abänderungen erfuhr (→ Rn. 9 und → Rn. 16), enthält eine Aufstellung wesentlicher Primärzuständigkeiten der Gesellschafter (bzw. der Gesellschafterversammlung, arg. e. § 47 Abs. 1, § 48 Abs. 1; UHL/*Hüffer/Schürnbrand* Rn. 1). Diese ist allerdings nicht vollständig, da sich aus dem GmbHG und anderen Normen weitere Primärzuständigkeiten ergeben (MüKoGmbHG/*Liebscher* Rn. 5; → Rn. 48 ff.). Das Wesen jener Primärzuständigkeiten liegt darin, dass andere Organe der Gesellschaft hierunter fallende Angelegenheiten nur dann entscheiden können, wenn insoweit zuvor eine förmliche Kompetenzverlagerung (→ § 45 Rn. 5 ff.) stattgefunden hat, deren grundsätzliche Zulässigkeit sich aus § 45 Abs. 2 ergibt (MHLS/*Römermann* Rn. 8; zur Frage der Auswirkung der Eröffnung des **Insolvenzverfahrens** auf die Kompetenzen der Gesellschafterversammlung s. *Blöse* BBP 2020, 004 ff.).

2 **2. „Bestimmung" der in § 46 enumerierten Angelegenheiten.** Diese erfolgt seitens der Gesellschafter grundsätzlich durch Beschlussfassung nach der Mehrheit der abgegebenen Stimmen (§ 47 Abs. 1) in einer Versammlung (§ 48 Abs. 1) oder aber im schriftlichen Verfahren nach § 48 Abs. 2. Vorstehendes gilt auch für Angelegenheiten, welche die Gesellschafterversammlung kraft Allzuständigkeit an sich zieht oder die ihr zur Entscheidung vorgelegt werden (→ § 45 Rn. 2), wobei der Ein-Personen-Gesellschafter den Geschäftsführern ohne Einhaltung förmlicher Verfahren entsprechende Weisungen erteilen kann (Baumbach/Hueck/*Zöllner/Noack* Rn. 91; zum Zustimmungsvorbehalt für Geschäftsführungsmaßnahmen in der Satzungsgestaltung s. *Bracher/v. Blumenthal* GmbHR 2016, 514 ff.).

II. Die einzelnen Zuständigkeiten nach § 46

3 **1. Feststellung des Jahresabschlusses (Nr. 1 Fall 1). a) Grundsätze.** Damit ist die verbindliche Festlegung des Inhalts des Jahresabschlusses gemeint, wie sie in § 42a iE geregelt ist (vgl. MHLS/*Römermann* Rn. 26 ff.). Der Feststellung durch die Gesellschafterversammlung bedürfen die **Jahresbilanz** und die **Gewinn- und Verlustrechnung** (§ 242 Abs. 3 HGB) sowie der **Anhang** (§ 264 Abs. 1 S. 1 HGB), nicht hingegen der Lagebericht (§ 289 HGB; ganz hM; vgl. UHL/*Hüffer/Schürnbrand* Rn. 7 mwN; zu sonstigen Bilanzen → Rn. 58). Die Gesellschafterversammlung ist bei der Feststellung

nicht an die von den Geschäftsführern aufgestellte Fassung des Jahresabschlusses (vgl. § 264 Abs. 1 S. 2 HGB) gebunden (BGH 21.7.2008, NZG 2008, 783 Rn. 24; Baumbach/Hueck/*Zöllner/Noack* Rn. 9). Die Feststellung kann durch einstimmigen Gesellschafterbeschluss rückwirkend **geändert** werden, solange der Jahresabschluss noch nicht offen gelegt ist; danach ist dies nur dann möglich, wenn die neue Feststellung für die Gläubiger nicht ungünstiger ist oder wenn deren Einverständnis vorliegt (MHLS/*Römermann* Rn. 55 f. mwN). Ein klagbarer Anspruch auf zustimmende Beteiligung am Bilanzfeststellungsbeschluss existiert grundsätzlich nicht. Denn ansonsten würde durch gerichtliche Entscheidung zu weit in die interne Willensbildung der Gesellschafter eingegriffen, welcher bei der Feststellung des Jahresabschlusses die Ausübung eigenen gestalterischen Ermessens zukommt (vgl. RG 28.10.1901, RGZ 49, 141 (145 f.); UHL/*Hüffer/Schürnbrand* Rn. 18 f.). Ein entsprechender Anspruch kann allenfalls in den seltenen Ausnahmefällen gegeben sein, in denen dieses Ermessen auf die Feststellung eines ganz bestimmten Jahresabschlusses reduziert ist (aA Rowedder/Schmidt-Leithoff/*Ganzer* Rn. 7 mwN zum Spektrum der vertretenen Gegenauffassungen).Als ultima ratio verbleibt ansonsten nur die Auflösungsklage nach §§ 60 Abs. 1 Nr. 3, 61 (Rowedder/Schmidt-Leithoff/*Koppensteiner,* 5. Aufl. 2013, Rn. 7). In der Liquidation findet § 71 Abs. 2 als die speziellere Vorschrift Anwendung.

b) Zuständigkeitsübertragung. Eine solche ist in der Satzung auf andere Organe der Gesellschaft – insbesondere auch auf die Geschäftsführer – möglich (ganz hM; vgl. Baumbach/Hueck/*Zöllner/Noack* Rn. 16 mwN), ebenso auf einen außenstehenden Dritten zum Stichentscheid bei Stimmengleichheit in der Gesellschafterversammlung (vgl. RG 28.10.1901, RGZ 49, 141 (147); Baumbach/Hueck/*Zöllner/Noack* Rn. 16; *Blasche* GmbHR 2013, 176 ff.). 4

2. Ergebnisverwendung (Nr. 1 Fall 2). Hierunter zu verstehen ist im Regelfall die Verwendung des Jahresüberschusses zuzüglich eines Gewinnvortrags und abzüglich eines Verlustvortrags (vgl. § 29 Abs. 1 S. 1), unter den Voraussetzungen des § 29 Abs. 1 S. 2 die Verwendung des Bilanzgewinns (→ § 29 Rn. 1 ff.). Eine Kompetenzübertragung – etwa auf einen Gesellschafterausschuss – ist im gleichen Umfang wie hinsichtlich der Feststellung des Jahresabschlusses zulässig (ganz hM; vgl. Baumbach/Hueck/*Zöllner/Noack* Rn. 21 mwN). 5

3. Entscheidung über die Offenlegung eines Einzelabschlusses nach internationalen Rechnungslegungsstandards (Nr. 1a Fall 1). Dieser Kompetenz kommt Bedeutung nur für große und mittelgroße GmbHs (vgl. § 267 Abs. 2 und 3 HGB) zu. Denn nur diesen ist durch § 325 Abs. 2a HGB die Möglichkeit der Offenlegung eines nach internationalen Rechnungslegungsstandards aufgestellten Einzelabschlusses statt des – gleichwohl aufzustellenden – Jahresabschlusses nach HGB-Regeln eröffnet (Baumbach/Hueck/*Zöllner/Noack* Rn. 22). 6

4. Entscheidung über die Billigung eines von den Geschäftsführern nach internationalen Rechnungslegungsstandards aufgestellten Einzelabschlusses (Nr. 1a Fall 2). Hinsichtlich des Verfahrens der Billigung – dh der Bekundung inhaltlichen Einverständnisses (vgl. UHL/*Hüffer/Schürnbrand* Rn. 31mwN) – finden über § 42a Abs. 4 S. 2 die Vorschriften des § 42a Abs. 1–3 entsprechende Anwendung (→ § 42a Rn. 1 ff.). 7

5. Billigung eines von den Geschäftsführern aufgestellten Konzernabschlusses (Nr. 1b). Auch insoweit (→ Rn. 15) finden gem. § 42a Abs. 4 S. 1 die Vorschriften des § 42a Abs. 1–3 analoge Anwendung (vgl. MüKoGmbHG/*Liebscher* Rn. 45 f.). 8

6. Einforderung der Einlagen (Nr. 2). a) Neufassung durch das MoMiG. Der Wortlaut ging zuvor auf „Einforderung von Einzahlungen auf die Stammeinlagen". Der Gesetzgeber nahm die Formulierung in § 28 Abs. 2 nunmehr zum Anlass, die Formulierung von § 46 Nr. 2 entsprechend zu „vereinfachen", da der Gesellschafter einen Geschäftsanteil gegen die Verpflichtung übernehme, hierauf eine Einlage zu entrichten (vgl. BegrRegE, BT-Drs. 16/6140, 45). 9

b) Bedeutung. Die Norm hat nur für Bareinlagen und gemischte Einlagen Bedeutung, da Sacheinlagen vor der Anmeldung vollständig geleistet sein müssen (§ 7 Abs. 3, § 57 Abs. 2; UHL/*Hüffer/Schürnbrand* Rn. 32). Die zugrunde liegende Einlageverpflichtung des Gesellschafters resultiert aus dem Gesellschaftsvertrag bzw. im Falle der Kapitalerhöhung aus dem Übernahmevertrag und erstreckt sich auf den Nennbetrag zusätzlich einem eventuellen Agio (BGH 15.10.2007, NZG 2008, 73 Rn. 17; Baumbach/Hueck/*Zöllner/Noack* Rn. 25). Die Vorschrift gilt nicht für die Rückforderung verbotswidriger Stammkapitalrückzahlungen (BGH 8.12.1986, WM 1987, 208) oder für Ansprüche aus Differenzhaftung nach § 9 (hM; vgl. MüKoGmbHG/*Liebscher* Rn. 65; MHLS/*Römermann* Rn. 104 ff.). 10

c) Grundsätzliche Erforderlichkeit eines Gesellschafterbeschlusses. Ein solcher ist Voraussetzung für die Geltendmachung der Einlageforderung gegenüber dem jeweiligen Gesellschafter durch die Geschäftsführer (BGH 17.10.1988, DB 1989, 221 (222); MüKoGmbHG/*Liebscher* Rn. 70; insoweit besteht kein Stimmrechtsausschluss des betroffenen Gesellschafters; vgl. BGH 9.7.1990, NJW 1991, 172 (173 f.)). Die Einlageforderungen werden grundsätzlich mit der Beschlussfassung fällig (§ 271 BGB; BGH 29.6.1961, BB 1961, 953). Der Mitteilung des Beschlusses kommt nur Informationscharakter zu 11

(Baumbach/Hueck/*Zöllner/Noack* Rn. 25); die Beschlussfassung ist für den Verjährungsbeginn maßgebend (BGH 8.12.1986, WM 1987, 208 (209)). Ein klagbarer Anspruch einzelner Gesellschafter auf Beschlussfassung über die Einforderung offen stehender Einlagen ist jedoch abzulehnen (Scholz/*K. Schmidt* Rn. 55; aA MHLS/*Römermann* Rn. 140, welcher Ausnahmen zulassen will).

12 **d) Ausnahmen von der Erforderlichkeit.** Eine **Satzungsregelung** über Zahlungstermine macht einen Einforderungsbeschluss entbehrlich (ganz hM; OLG Oldenburg 26.7.2007, NZG 2008, 32 (33); Baumbach/Hueck/*Zöllner/Noack* Rn. 26 mwN). Die Fälligstellungsregelung „nach Anforderung durch die Geschäftsführung" reicht hierfür allerdings im Hinblick auf die Formstrenge des Kaduzierungsverfahrens nicht aus (BGH 11.12.1995, DStR 1996, 111 (112)). Nicht erforderlich ist ein Einforderungsbeschluss auch im Falle der **Pfändung** von Stammeinlageforderungen durch einen Gläubiger der Gesellschaft und Überweisung an ihn (RG 12.11.1935, RGZ 149, 293 (301 f.); UHL/*Hüffer/Schürnbrand* Rn. 34mwN). Hingegen kann im Falle der Abtretung entsprechender Forderungen durch die Gesellschaft der Zessionar diese nur auf der Grundlage eines Gesellschafterbeschlusses geltend machen (Baumbach/Hueck/*Zöllner/Noack* Rn. 27; MHLS/*Römermann* Rn. 119). Mit der Eröffnung des **Insolvenzverfahrens** über das Vermögen der Gesellschaft entfällt für den Insolvenzverwalter die Erforderlichkeit der Einholung eines Einforderungsbeschlusses der Gesellschafter (BGH 15.10.2007, NZG 2008, 73 Rn. 18 mwN; vgl. auch *Berbuer/Kaiser* GmbHR 2017, 732 f.). Während der Liquidation der Gesellschaft setzt der Einforderungsbeschluss der Gesellschafterversammlung einen Fortsetzungsbeschluss voraus, soweit die Einziehung über den Liquidationszweck hinausgehen soll (Baumbach/Hueck/*Haas* § 69 Rn. 18 mwN).

13 **e) Aufhebung des Einforderungsbeschlusses.** Eine solche ist im Hinblick auf den Gleichbehandlungsgrundsatz dann nicht mehr möglich, wenn bereits einzelne Gesellschafter gezahlt haben, es sei denn, es wäre eine Zurückerstattung geleisteter Beträge ohne Verstoß gegen § 30 möglich (Baumbach/Hueck/*Zöllner/Noack* Rn. 28).

14 **f) Zuständigkeitsübertragung.** Eine Kompetenzübertragung auf ein anderes Organ – etwa auf die Geschäftsführer – ist kraft Satzung möglich (UHL/*Hüffer/Schürnbrand* Rn. 37).

15 **7. Rückzahlung von Nachschüssen (Nr. 3).** Die Voraussetzungen für die Rückzahlung von Nachschüssen (vgl. § 26 Abs. 1) sind in § 30 Abs. 2 geregelt (→ § 30 Rn. 1 ff.). Die Zuständigkeit der Gesellschafterversammlung für den Rückforderungsbeschluss (vgl. § 30 Abs. 2 S. 2) ist dispositiv (Baumbach/Hueck/*Zöllner/Noack* Rn. 30; UHL/*Hüffer/Schürnbrand* Rn. 41).

16 **8. Teilung und Zusammenlegung von Geschäftsanteilen (Nr. 4 Fall 1 und Fall 2). a) Neufassung durch das MoMiG.** Durch die Vorschrift wird die Teilung und Zusammenlegung von Geschäftsanteilen unter der Voraussetzung der Zustimmung der Gesellschaft freigegeben; die die Veräußerung von Teilen eines Geschäftsanteils betreffende Vorschrift des § 17 aF konnte daher durch das MoMiG aufgehoben werden (BegrRegE, BR-Drs. 354/07, 89 f.). Unter Teilung ist die Aufspaltung eines Geschäftsanteils in mehrere neue, selbständige Geschäftsanteile zu verstehen, wobei die Summe von deren Nennbeträgen dem Nennbetrag des geteilten Geschäftsanteils entsprechen muss. Hierbei ist die zwingende Norm des § 5 Abs. 2 S. 1 zur Vermeidung der Nichtigkeit nach § 134 BGB zu beachten (Lutter/Hommelhoff/*Bayer* Rn. 17 mwN; zur Bestimmtheit der Teilung: BGH 17.12.2013, NZG 2014, 184 Rn. 25 f.; *Nodoushani* GmbHR 2015, 617 ff.). Die Rechte und Pflichten aus dem ursprünglichen Geschäftsanteil gehen proportional auf die neuen Geschäftsanteile über, sofern sie teilbar sind; nicht teilbare Rechte (zB das Informationsrecht nach § 51a) und Pflichten (zB Wettbewerbsverbote) sind mit jedem der entstandenen Anteile verbunden (BGH 18.9.2018, NZG 2018, 1344 Rn. 17; *Wicke* Rn. 11; Roth/Altmeppen/*Altmeppen* Rn. 32 mwN). Die Zusammenlegung von Geschäftsanteilen aufgrund Beschlusses der Gesellschafterversammlung war von der Rspr. bereits nach altem Recht – entgegen dem Wortlaut des § 15 Abs. 2 – für zulässig erachtet worden, wenn die Stammeinlagen auf den betreffenden Anteil voll geleistet waren und die Satzung keine Nachschusspflicht vorsah (BGH 24.10.1974, BGHZ 63, 116 (118) mwN). Nach neuem Recht bedarf die Zusammenlegung keiner satzungsmäßigen Grundlage mehr (Lutter/Hommelhoff/*Bayer* Rn. 20).

17 **b) Gesellschafterbeschluss.** Für diesen bedarf es keiner Zustimmung des Inhabers des betroffenen Geschäftsanteils, soweit jener Anteil geteilt werden soll (BegrRegE BT-Drs. 16/6140, 45; *Leuering/Rubner* NJW-Spezial 2020, 527), wohl aber – wie bereits nach hM zum alten Recht –, soweit eine Zusammenlegung von Geschäftsanteilen in Rede steht, da der betroffene Gesellschafter dann schutzbedürftig ist (Lutter/Hommelhoff/*Bayer* Rn. 20 mwN entgegen BegrRegE BT-Drs. 16/6140, 45). Sollen nicht voll eingezahlte Geschäftsanteile zusammengelegt werden, bedarf es zusätzlich der Zustimmung der Rechtsvorgänger des betroffenen Gesellschafters, soweit ihre Haftung nach § 22 nicht ausgeschlossen ist (Baumbach/Hueck/*Servatius* § 15 Rn. 19). Anders als nach bisherigem Recht (§ 17 Abs. 1 aF) bewirkt der Gesellschafterbeschluss bereits unmittelbar die Teilung bzw. Zusammenlegung, ohne dass es einer zusätzlichen Zustimmung der Gesellschaft bedürfte, da eine solche Erklärung jenseits

eines Gesellschafterbeschlusses keinem erkennbaren Zweck dient (MHdB GesR III/*Wolff* § 37 Rn. 16 und 16a; MüKoGmbHG/*Liebscher* Rn. 86 mwN).

c) Zuständigkeitsübertragung. Die Satzung kann die Zuständigkeit auch anderen Organen – etwa den Geschäftsführern – übertragen (vgl. MüKoGmbHG/*Liebscher* Rn. 95 mwN). 18

9. Einziehung von Geschäftsanteilen (Nr. 4 Fall 3). Diese darf nach § 34 Abs. 1 nur erfolgen, soweit sie in der Satzung zugelassen ist. Für den Einziehungsbeschluss gelten keine besonderen Mehrheitserfordernisse, Formvorschriften oder Berichtspflichten (*Wachter* DB 2019, 2058 (2061)).Ohne wirksamen Gesellschafterbeschluss (zur Frage eines Stimmrechtsausschlusses des Betroffenen s. BGH 20.12.1976, WM 1977, 192 ff.) führt eine Mitteilung der Einziehung an den betroffenen Gesellschafter die Einziehungsfolgen nicht herbei (vgl. nur RG 24.11.1933, JW 1934, 976 (977); *Wollweber/Scherberich* GmbH-StB 2020, 25 (26)). Auch diese Zuständigkeitsregel ist dispositiv (vgl. MHLS/*Römermann* Rn. 189 ff.). So ist eine Übertragung auf andere gesetzlich oder statutarisch vorgesehene Organe der Gesellschaft möglich, nicht hingegen auf Dritte (vgl. *Bärwaldt/Hoefling* DB 2019, 1371 (1373) mwN). 19

10. Bestellung und Abberufung von Geschäftsführern (Nr. 5 Fall 1 und Fall 2) sowie Abschluss und Beendigung von deren Anstellungsverträgen (Annexkompetenz). a) Zuständigkeit nach Nr. 5 Fall 1 und Fall 2. Diese liegt jeweils bei der Gesellschafterversammlung (s. hierzu *Lieder* NZG 2015, 569 ff.), es sei denn, Gesetz oder Satzung weisen sie ganz oder bezüglich einzelner Geschäftsführer einem **anderen Gesellschaftsorgan** – mit Ausnahme der Geschäftsführer – zu (vgl. BGH 2.2.2016, NZG 2016, 429 (430); BGH 25.2.1965, BGHZ 43, 261 (264); OLG Düsseldorf 10.6.2015, GmbHR 2015, 1271 (1272); *Fischer* BB 2013, 2819 (2821); *Habbe/Gieseler* NZG 2016, 1010 (1013)), welches auch ganz oder teilweise mit Nichtgesellschaftern besetzt sein kann. Im Besonderen kann die Satzung einzelnen Gesellschaftern, dem jeweiligen Inhaber eines bestimmten Geschäftsanteils oder einer Gesellschaftergruppe ein **Entsendungsrecht** zuerkennen (Baumbach/Hueck/*Zöllner/Noack* Rn. 34; *Cramer* NZG 2011, 171 ff.). Im Zweifel liegen Bestellungs- und Abberufungskompetenz in einer Hand (OLG Düsseldorf 8.6.1989, NJW 1990, 1122 f.). Auch **Dritten** – etwa Behörden – kann in der Satzung in bindender Weise eine Bestellungskompetenz zugewiesen werden (Baumbach/Hueck/*Beurskens* § 6 Rn. 47 mwN; aA Baumbach/Hueck/*Zöllner/Noack* Rn. 34a). In diesem Falle muss allerdings die Kompetenz zumindest für die Abberufung aus wichtigem Grund (auch) einem Gesellschaftsorgan – im Zweifel der Gesellschafterversammlung – zustehen (Baumbach/Hueck/*Beurskens* § 6 Rn. 47). Im Anwendungsbereich der Mitbestimmungsgesetze mit Ausnahme des DrittelbG (vgl. hierzu OLG Hamm 19.6.2017, NZG 2017, 1065 (1068)) kommt die Zuständigkeit insoweit zwingend dem obligatorischen **Aufsichtsrat** zu (vgl. §§ 31, § 37 Abs. 3 MitbestG 1976, §§ 12, 13 MontanMitbestG, § 13 MontanMitbestErgG; Baumbach/Hueck/*Zöllner/Noack* Rn. 34; *Fischer* BB 2013, 2819 (2821)). Für den lediglich fakultativen Aufsichtsrat (§ 52 Abs. 1) gilt dies im Zweifel nicht (Baumbach/Hueck/*Zöllner/Noack* Rn. 34). 20

b) Besondere Fallkonstellationen. Falls das in der Satzung bestimmte andere Organ funktionsunfähig sein sollte, besteht eine **Ersatzzuständigkeit** der Gesellschafterversammlung (BGH 24.2.1954, BGHZ 12, 337 (340); 1.12.1969, WM 1970, 249 (251); → § 45 Rn. 7). Ist das **Insolvenzverfahren** über das Vermögen der Gesellschaft eröffnet, so steht der Gesellschafterversammlung weiterhin die Kompetenz zur Bestellung und Abberufung der Geschäftsführer zu (OLG Hamm 2.9.2014, GmbHR 2015, 143 f.; Baumbach/Hueck/*Haas* § 60 Rn. 52 f.); der Insolvenzverwalter kann allenfalls das Dienstverhältnis kündigen (KG Berlin 1.10.1915, KGJ 48, 134 (136)). Einen gerichtlich bestellten **Notgeschäftsführer** (vgl. insoweit OLG Düsseldorf 8.6.2016, GmbHR 2016, 1032 (1033 ff.)) kann nur das Gericht selbst wieder abberufen (OLG München 30.6.1993, GmbHR 1994, 259); allerdings vermag die Gesellschafterversammlung durch ordnungsgemäße Neubestellung des fehlenden Geschäftsführers ein Ende des Amtes des Notgeschäftsführers zu bewirken (vgl. BGH 10.11.1980, NJW 1981, 1041; *Wachter* DB 2020, 272). 21

c) Gesellschafterbeschluss. Bei der Abstimmung über seine Abberufung unterliegt der Betroffene nur dann einem Stimmverbot, wenn es sich um eine Abberufung aus wichtigem Grund handelt (MüKoGmbHG/*Liebscher* Rn. 117; UHL/*Hüffer/Schürnbrand* Rn. 57 mwN). Gleiches gilt auch für eine auf eine derartige Abberufung folgende Wiederbestellung (Baumbach/Hueck/*Zöllner/Noack* Rn. 34; zum Organverhältnis auf fehlerhafter Bestellungsgrundlage s. iE UHL/*Hüffer/Schürnbrand* Rn. 58). Zuständig für die Erklärung der Abberufung gegenüber dem Geschäftsführer sind ebenfalls die Gesellschafter, welche sich hierfür aber auch eines anderen Geschäftsführers bedienen können (BGH 20.10.2008, NJW 2009, 293 Rn. 12). 22

d) Annexkompetenz für Anstellungsverträge. aa) Zuständigkeit. Soweit der Gesellschafterversammlung die Bestellung und Abberufung der Geschäftsführer obliegen, ist sie auch zuständig für **Abschluss und Beendigung der Anstellungsverträge** der Geschäftsführer oder anderer begleitender Rechtsverhältnisse (vgl. nur BGH 26.11.2007, NZG 2008, 104 Rn. 3; BGH 27.1.1997, NJW-RR 1997, 669; UHL/*Hüffer/Schürnbrand* Rn. 62; *Wachter* GmbHR 2016, 617 ff.; *Harbarth* BB 2015, 707 ff.; 23

auch im Hinblick auf Pensionsverträge; vgl. BAG 20.9.2016, NZG 2017, 69 (74); *Samwer* FS Lüer, 2008, 295; *Arens* DB 2019, 1729 (1730), sowie im Hinblick auf Zeitwertkontenmodelle; vgl. *Trossen* GmbH-StB 2019, 270), für den Abschluss von Beraterverträgen mit bereits ausgeschiedenen Geschäftsführern (*Leinekugel/Heusel* GmbHR 2012, 309 (311 f.)) wie auch für **Änderungen** jener Verträge (vgl. BGH 25.3.1991, NJW 1991, 1680; *Kruse/Welskop* DStR 2020, 173), sofern nicht nach Gesetz oder Satzung eine anderweitige Zuständigkeit bestimmt ist. Eine Änderung des Dienstvertrags eines abberufenen Geschäftsführers fällt erst dann unter die Geschäftsführungs- und Vertretungsbefugnis des (neuen) Geschäftsführers, wenn sich das ursprüngliche Geschäftsführerdienstverhältnis nach der Abberufung in ein gewöhnliches Anstellungsverhältnis umgewandelt hat (BGH 3.7.2018, ZIP 2018, 1629 Rn. 11). Die ausschließlich interne Zuständigkeit der Gesellschafterversammlung erfasst – vorbehaltlich abweichender individueller Satzungsregelungen – auch andere Rechtsgeschäfte, die mit der Organstellung des Geschäftsführers in unmittelbarem Zusammenhang stehen (vgl. insoweit OLG Naumburg 23.1.2014, ZIP 2014, 1735 (1736 f.); zur Frage, ob die Gesellschafterversammlung auch für den Abschluss eines Aufhebungsvertrages mit dem zum Geschäftsführer beförderten Arbeitnehmer zuständig ist, zutreffend *Weingarth* GmbHR 2016, 571 ff.). Der Kompetenz der Gesellschafterversammlung zur Regelung der Geschäftsführervergütung unterfällt auch eine Absprache der GmbH mit einem Dritten, nach der der Dritte die Kosten, die bei ihm deshalb ohne Gegenleistung anfallen, weil seine von ihm bezahlten Mitarbeiter ihrer Tätigkeit als Geschäftsführer der GmbH nachgehen, der GmbH weiterberechnen darf (BGH 14.5.2019, NZG 2019, 861 Rn. 17 ff.; *Wentz* WuB 2019, 505 (508)). Soweit nach MitbestG 1976, MontanMitbestG und MontanMitbestErgG der Aufsichtsrat zwingend für die Bestellung und Abberufung von Geschäftsführern zuständig ist, erstreckt sich diese Zuständigkeit gleichermaßen zwingend auf Abschluss, Änderung und Beendigung des Anstellungsvertrages (str., s. dazu Baumbach/Hueck/*Zöllner/Noack* § 52 Rn. 303). Im Übrigen impliziert eine Verlagerung der Zuständigkeit zur Geschäftsführerbestellung durch die Satzung im Zweifel auch eine Verlagerung der Zuständigkeit für den Anstellungsvertrag (Baumbach/Hueck/*Zöllner/Noack* Rn. 39). Eine **satzungsmäßige Übertragung** der Kompetenz zum Abschluss von Dienstverträgen mit Geschäftsführern auf den Aufsichtsrat ist zwar rechtlich unbedenklich. Allerdings ist zu beachten, dass die Vertretung gegenüber dem Geschäftsführer dem Aufsichtsrat als Gremium zugewiesen ist, das seinen Willen dadurch bildet, dass es einen Beschluss fasst. Diese Willensbildung fehlt, wenn stattdessen ein Mitglied allein tätig wird (BGH 20.8.2019, GmbHR 2019, 1233 Rn. 21 f.). Anders als im Falle der Bestellungskompetenz ist auch eine Übertragung der Zuständigkeit für den Anstellungsvertrag auf den oder die Geschäftsführer zulässig (Baumbach/Hueck/*Zöllner/Noack* Rn. 40). Die Befugnis, den Anstellungsvertrag zu kündigen, kann sowohl im Gesellschaftsvertrag als auch durch die Gesellschafter auf andere Personen übertragen werden (BGH 9.4.2013, WM 2013, 931 Rn. 13). Soll ein Geschäftsführeranstellungsvertrag zwischen einer **GmbH & Co. KG** und dem Geschäftsführer ihrer Komplementär-GmbH durch Erklärungen des Geschäftsführers im eigenen Namen und nach § 181 BGB im Namen der GmbH als der gesetzlichen Vertreterin der KG verlängert werden, ist eine Zustimmung der Gesellschafterversammlung der KG nicht erforderlich. Zur Wirksamkeit dieses Vertrags bedarf es jedenfalls dann, wenn die KG und die GmbH identische Gesellschafterkreise haben und bei der KG ein Beirat besteht, dessen Zustimmung unter bestimmten Voraussetzungen für die Wirksamkeit des Verlängerungsvertrags erforderlich ist, auch nicht der Zustimmung der Gesellschafterversammlung der GmbH (BGH 19.4.2016, NZG 2016, 826 (827 f.); *Kersting/Otto* WuB 2016, 734 (737 f.); zu § 181 BGB im Anstellungsverhältnis des Geschäftsführers der nicht nach dem MitbestG mitbestimmten GmbH s. *von der Höh* GmbHR 2018, 241 ff.).

24 **bb) Vertretung der Gesellschaft.** Die Annexkompetenz beinhaltet insoweit auch die Vertretung der Gesellschaft (vgl. BGH 3.7.2000, NJW 2000, 2983; BGH 27.1.1997, NJW-RR 1997, 669; MüKoGmbHG/*Liebscher* Rn. 128); eine Bevollmächtigung – auch von Geschäftsführern – ist möglich (vgl. Baumbach/Hueck/*Zöllner/Noack* Rn. 39). Beim Abschluss des Anstellungsvertrages wird die Einpersonengesellschaft durch den Alleingesellschafter vertreten (Baumbach/Hueck/*Zöllner/Noack* Rn. 37). Handelt dieser vor Erwerb sämtlicher Anteile, so liegt vollmachtlose Vertretung vor, die der Genehmigung des Handelnden bedarf (vgl. BGH 27.1.1997, NJW-RR 1997, 669; aA Baumbach/Hueck/*Zöllner/Noack* Rn. 37: Wirksamkeit durch den Vollzug des Erwerbs bedingt).

25 **cc) Verhältnis von Organstellung und Anstellungsverhältnis.** Die Reihenfolge von Bestellung und Anstellung ist unerheblich (BGH 9.10.1989, NJW 1990, 387 (388)); auch zwischen Abberufung und Beendigung des Anstellungsvertrages ist ein zeitlicher Zusammenhang nicht unbedingt erforderlich (BGH 27.3.1995, NJW 1995, 1750 (1751); OLG München 24.3.2016, GmbHR 2016, 875 (876); Baumbach/Hueck/*Zöllner/Noack* Rn. 38 mwN, auch zur Gegenauffassung). Im Abberufungsbeschluss kann konkludent der Beschluss betreffend die Kündigung des Anstellungsvertrages enthalten sein (OLG Düsseldorf 10.10.2003, NZG 2004, 478 (480)). Setzt ein abberufener Geschäftsführer seine Tätigkeit für die Gesellschaft als Angestellter fort, so fällt die spätere Beendigung des Anstellungsvertrags nicht mehr in die Zuständigkeit der Gesellschafterversammlung (OLG Köln 3.6.1993, BB 1993, 1388 (1390)).

dd) Unwirksame Anstellungsverträge. Wurde ein Anstellungsvertrag – außerhalb der Ein-Personen-Gesellschaft – lediglich durch einen der Gesellschafter, durch einen Geschäftsführer oder durch ein hierzu nicht bevollmächtigtes Aufsichtsratsmitglied geschlossen, so ist er unter Heranziehung der Grundsätze zum fehlerhaften Arbeitsverhältnis für die Dauer der Geschäftsführertätigkeit als wirksam zu behandeln (BGH 3 7.2000, NJW 2000, 2983; BGH 20.8.2019, GmbHR 2019, 1233 Rn. 26 ff.; jeweils mwN). In diesem Zusammenhang kann die Kenntnisnahme sämtlicher Gesellschafter von diesen Umständen ggf. eine inzidente Genehmigung bedeuten (vgl. Baumbach/Hueck/*Zöllner/Noack* Rn. 36). 26

11. Entlastung von Geschäftsführern (Nr. 5 Fall 3). a) Verzichtswirkung. Diese Wirkung der – nicht widerruflichen (Baumbach/Hueck/*Zöllner/Noack* Rn. 41) – Entlastung erstreckt sich auf verzichtbare Ersatzansprüche der Gesellschaft, welche für die Gesellschafterversammlung auf der Grundlage der Rechenschaftslegung bei Anwendung der im Verkehr erforderlichen Sorgfalt erkennbar waren oder hinsichtlich deren Voraussetzungen positive Kenntnis bei allen Gesellschaftern bestand (BGH 30.10.1958, NJW 1959, 192 (193 f.); MüKoGmbHG/*Liebscher* Rn. 147); soweit einzelne Gesellschafter als Geschäftsführer oder Aufsichtsratsmitglieder tätig sind, genügt hinsichtlich des letztgenannten Aspekts auch bloße Erkennbarkeit (Baumbach/Hueck/*Zöllner/Noack* Rn. 41). Ob die Entlastung erteilt oder verweigert wird, steht im Belieben der Gesellschafter; deswegen besteht auch kein Anspruch des jeweiligen Geschäftsführers auf Entlastungserteilung (BGH 20.5.1985, BGHZ 94, 324 (326) = NJW 1986, 129 (130); MüKoGmbHG/*Liebscher* Rn. 161; aA Baumbach/Hueck/*Zöllner/Noack* Rn. 43 ff.: Entscheidung nach pflichtgemäßem Ermessen). Dem Geschäftsführer bleibt es jedoch unbenommen, negative Feststellungsklage zu erheben. Allerdings ist eine solche lediglich insoweit zulässig, als sich die Gesellschaft konkreter Ansprüche gegen den Geschäftsführer berühmt (MüKoGmbHG/*Liebscher* Rn. 166; vgl. auch BGH 20.5.1985, BGHZ 94, 324 (329) = NJW 1986, 129 (130)). 27

b) Grenzen. Die Entlastung erstreckt sich nicht auf unverzichtbare Ansprüche der Gesellschaft, die zur Gläubigerbefriedigung erforderlich sind (vgl. § 43 Abs. 3; BGH 30.10.1958, NJW 1959, 192 (193 f.)). Entlastung darf nicht erteilt werden, wenn deren Gegenstand ein Verhalten ist, welches einen schwerwiegenden Gesetzes- oder Satzungsverstoß darstellt; in diesem Falle ist der Entlastungsbeschluss anfechtbar (vgl. BGH 18.10.2004, BGHZ 160, 385 (391 f.) = NJW 2005, 828 (830); BGH 25.11.2002, BGHZ 153, 47 (51) = NJW 2003, 1032 (1033), OLG München 22.7.2015, ZIP 2015, 1582 (1583)). Nichtig ist der Entlastungsbeschluss dann, wenn er nach seinem inneren Gehalt in einer sittenwidrigen Schädigung nicht anfechtungsberechtigter Personen – etwa von Gesellschaftsgläubigern – besteht (BGH 8.12.1954, BGHZ 15, 382 (386) = NJW 1955, 221; 7.4.2003, NJW-RR 2003, 895 (896)). 28

c) Gesellschafterbeschluss. Bei Vorliegen von Differenzierungsgründen muss hinsichtlich der einzelnen Geschäftsführer getrennt abgestimmt werden (Baumbach/Hueck/*Zöllner/Noack* Rn. 42). Ist der Geschäftsführer selbst an der GmbH als Gesellschafter beteiligt, hat er kein Stimmrecht bei der Beschlussfassung über seine Entlastung (*Holthausen* GmbHR 2019, 634 (637)).Selbst im Falle der getrennten Abstimmung unterliegen – in erweiternder Auslegung von § 47 Abs. 4 – alle Geschäftsführer einem Stimmrechtsausschluss (Baumbach/Hueck/*Zöllner/Noack* Rn. 42). Auch für die weitergehende sog. **Generalbereinigung,** bei der iRd rechtlich Zulässigen auf sämtliche denkbaren Ersatzansprüche verzichtet wird (BGH 21.4.1986, BGHZ 97, 382 (389) = NJW 1986, 2250 (2251); BGH 7.4.2003, NJW-RR 2003, 895; MüKoGmbHG/*Liebscher* Rn. 170), ist ein Gesellschafterbeschluss erforderlich (Baumbach/Hueck/*Zöllner/Noack* Rn. 49). Die Schranken der Generalbereinigung werden durch die §§ 30 f., 33, § 43 Abs. 3 und § 64 wie auch durch die Grundsätze zum Schutz der Gesellschaft vor existenzvernichtenden Eingriffen markiert (vgl. BGH 7.4.2003, NJW-RR 2003, 895; Baumbach/Hueck/*Zöllner/Noack* Rn. 49). 29

d) Zuständigkeitsübertragung. Die Zuständigkeit zur Entlastung kann durch die Satzung einem anderen Organ als der Gesellschafterversammlung übertragen werden, nicht jedoch den Geschäftsführern selbst (Baumbach/Hueck/*Zöllner/Noack* Rn. 48). 30

12. Maßregeln zur Prüfung und Überwachung der Geschäftsführung (Nr. 6). a) Grundsatz der Verhältnismäßigkeit. Im Rahmen dieses Grundsatzes sind Maßnahmen wie etwa ein Genehmigungsvorbehalt für Geschäfte bestimmter Art oder bestimmten Umfangs zulässig (vgl. UHL/*Hüffer/Schürnbrand* Rn. 89 mw Beispielen). Hierunter fällt auch das Recht zur Bestellung von Sonderprüfern analog § 142 Abs. 1 AktG (OLG München 14.12.2017, BeckRS 2017, 135180; Baumbach/Hueck/*Zöllner/Noack* Rn. 50; näher hierzu LG Essen 31.7.2014, GmbHR 2014, 990 (991) sowie *Schürnbrand* ZIP 2013, 1301 ff. und *Leinekugel* GmbHR 2008, 632 ff., welche die Rechtsgrundlage hierfür allerdings unmittelbar in § 46 Nr. 6 sehen). Das schließt das Recht ein, beim Verdacht von Compliance-Verstößen eine Internal Investigation zu beschließen und durchzuführen (*Fuhrmann* NZG 2016, 881 (884). Anders als im Aktiengesetz gibt es grundsätzlich keine Einschränkungen bezüglich des Gegenstands der Sonderprüfung; erforderlich und ausreichend ist, dass der Gesellschafterversammlung ein konkreter, auf Tatsachen gestützter Anlass vorgetragen wird (OLG München 14.12.2017, BeckRS 2017, 135180). Die Tatsachen müssen den Verdacht einer Pflichtverletzung rechtfertigen und der vorgetragene Anlass muss 31 die Überprüfung in ihrer konkret beantragten Form als zweckdienlich erscheinen lassen (OLG München 14.12.2017, BeckRS 2017, 135180; *Leinekugel* GmbHR 2008, 632 (636)). Die Sonderprüfung ist nur dann unzulässig, wenn die Beantragung der Durchführung einer Sonderprüfung rechtsmissbräuchlich ist und eine Treuepflichtverletzung des beantragenden Gesellschafters darstellt (OLG München 14.12.2017, BeckRS 2017, 135180). Ist der Umfang der Überwachung und Prüfung unverhältnismäßig, berechtigt dies den betreffenden Geschäftsführer zu Amtsniederlegung und fristloser Kündigung (vgl. nur UHL/*Hüffer/Schürnbrand* Rn. 89). Das Prüfungs- und Überwachungsrecht ist unverzichtbar (Baumbach/Hueck/*Zöllner/Noack* Rn. 51). § 46 Nr. 6 verleiht der Gesellschafterversammlung nach allgemeiner Auffassung allerdings lediglich eine Kontrollbefugnis, mit der keine Aufsichtsobliegenheit oder gar eine Überwachungspflicht verbunden ist (*Allmendinger/Lüneborg* ZIP 2017, 1842 (1845) mwN).

32 **b) Gesellschafterbeschluss.** Für Gesellschafter-Geschäftsführer besteht bei der Beschlussfassung über Prüfungsmaßnahmen ein Stimmrechtsausschluss (Baumbach/Hueck/*Zöllner/Noack* Rn. 50 mwN; str.; einschr. *Brandner* FS Nirk, 1992, 75 (81 f.)).

33 **c) Zuständigkeitsübertragung.** Die Zuständigkeit der Gesellschafterversammlung nach § 46 Nr. 6 wird durch das Bestehen eines Aufsichtsrats oder Beirates nicht eingeschränkt, was selbst im Falle eines zwingend zu bestellenden Aufsichtsrats gilt (Baumbach/Hueck/*Zöllner/Noack* Rn. 51 mwN; diff. Rowedder/Schmidt-Leithoff/*Ganzer* Rn. 54). Eine Kompetenzverlagerung auf ein anderes Organ – etwa den Aufsichtsrat oder den Beirat – kraft Satzung ist zulässig, wobei allerdings nicht die Letztzuständigkeit der Gesellschafterversammlung bei Vorliegen besonderer Gründe beseitigt werden darf (Baumbach/Hueck/*Zöllner/Noack* Rn. 51; *Uffmann* NZG 2015, 169 (175)). Abgesehen bleibt es den einzelnen Gesellschaftern unbenommen, zumindest konkurrierend ihr Kontrollrecht aus § 51a wahrzunehmen (OLG Hamburg 22.1.2016, ZIP 2016, 1630 (1634); Baumbach/Hueck/*Zöllner/Noack* Rn. 50; Rowedder/Schmidt-Leithoff/*Ganzer* Rn. 50).

34 **13. Bestellung von Prokuristen und von Handlungsbevollmächtigten zum gesamten Geschäftsbetrieb (Nr. 7). a) Zuständigkeitsabgrenzung im Innen- und Außenverhältnis.** Während die Entscheidung über die **Bestellung** im Innenverhältnis den Gesellschaftern zukommt, ist der Akt der Bestellung an sich eine Vertretungshandlung, welche den Geschäftsführern obliegt (Baumbach/Hueck/*Zöllner/Noack* Rn. 52; UHL/*Hüffer/Schürnbrand* Rn. 94). Fehlt ein Gesellschafterbeschluss im Innenverhältnis, macht dies jedoch die Bestellung im Außenverhältnis nicht unwirksam (BGH 14.2.1974, BGHZ 62, 166 (168); MüKoGmbHG/*Liebscher* Rn. 215; aA *van Venrooy* GmbHR 1999, 800 ff.). Der Anstellungsvertrag fällt in den Zuständigkeitsbereich der Geschäftsführer, wobei die Gesellschafterversammlung bezüglich des Inhalts bindende Vorgaben beschließen kann (Baumbach/Hueck/*Zöllner/Noack* Rn. 54). Für die **Anmeldung** der Erteilung der Prokura wie auch ihres Erlöschens zum Handelsregister sind gem. § 78 die Geschäftsführer zuständig. Das Registergericht prüft das Vorliegen eines Gesellschafterbeschlusses betreffend die Bestellung des Prokuristen nicht nach (Baumbach/Hueck/*Zöllner/Noack* Rn. 55 f. mwN; aA bei Anhaltspunkten für eigenmächtiges Geschäftsführerhandeln Scholz/*K. Schmidt* Rn. 132). Die Zuständigkeit der Gesellschafterversammlung für die Bestellung von Handlungsbevollmächtigten bezieht sich nur auf die **Generalhandlungsvollmacht** (§ 54 Abs. 1 Fall 1 HGB), nicht hingegen auf Arthandlungs- und Spezialhandlungsvollmacht; die Beschlusskompetenz kann allerdings durch die Satzung auch hierauf erstreckt werden (Baumbach/Hueck/*Zöllner/Noack* Rn. 56). Hinsichtlich des Gesellschafterbeschlusses unterliegt der zu Bestellende einem Stimmrechtsverbot (Baumbach/Hueck/*Zöllner/Noack* Rn. 52; aA OLG München 12.1.2017, GmbHR 2017, 469 (474); *Hesselmann* GmbHR 1960, 157).

35 **b) Widerruf.** Zum in Nr. 7 nicht genannten Widerruf von Prokura und Generalhandlungsvollmacht sind die Geschäftsführer – vorbehaltlich abweichender Bestimmung in der Satzung oder kraft Gesellschafterbeschlusses – auch im Innenverhältnis berechtigt (MüKoGmbHG/*Liebscher* Rn. 219; MHLS/*Römermann* Rn. 371). Der Gesellschafterversammlung bleibt es jedoch unbenommen, den Widerruf mit für die Geschäftsführer bindender Wirkung zu beschließen, wobei die entsprechende Erklärung im Außenverhältnis wiederum durch die Geschäftsführer zu erfolgen hat (Baumbach/Hueck/*Zöllner/Noack* Rn. 53).

36 **14. Geltendmachung von Ersatzansprüchen, welche der Gesellschaft aus der Gründung oder Geschäftsführung gegen Geschäftsführer oder Gesellschafter zustehen (Nr. 8 Fall 1). a) Sinn und Zweck der Vorschrift.** Dieser liegt darin, dass es Sache der Gesellschafter ist, darüber zu befinden, ob in der Norm erwähnte Personenkreis wegen etwaiger Pflichtwidrigkeiten zur Rechenschaft gezogen oder ob auf Ansprüche gegen ihn verzichtet werden soll (vgl. BGH 7.4.2003, NJW-RR 2003, 895 (896); BGH 16.9.2002, NJW 2002, 3777 f.).

37 **b) Ersatzansprüche iSd Vorschrift.** Die Vorschrift bezieht sich auf alle Ersatzansprüche der Gesellschaft aus Pflichtverstößen bei Gründung und Geschäftsführung (zB aus § 9a, § 43, § 64, § 15a InsO; vgl. Scholz/*K. Schmidt* Rn. 149), aus der Gewährleistung für Sacheinlagen, aus cic, positiver Forderungsverletzung, unerlaubter Eigengeschäftsführung iSv § 687 Abs. 2 BGB wie auch Delikt, außerdem

aus Verletzung von Wettbewerbsverboten analog § 113 HGB (vgl. Baumbach/Hueck/*Zöllner/Noack* Rn. 58 mwN). Zudem bezieht sie sich auch auf Ersatzansprüche wegen Verschuldenshaftung von Gesellschaftern bei existenzgefährdenden Schädigungen der Gesellschaft (vgl. Scholz/*K. Schmidt* Rn. 150). Die Vorschrift ist **erweiternd** dahingehend **auszulegen,** dass unter sie auch Auskunfts- und Rechenschaftslegungsansprüche betreffend Geschäftsführungstätigkeit fallen, soweit sie als Nebenansprüche potentieller Ersatzansprüche anzusehen sind (BGH 13.2.1975, NJW 1975, 977 f.), wie auch der auf eine spätere Geltendmachung von Ersatzansprüchen vorbereitende Anspruch auf Akteneinsicht gem. § 406e StPO im Strafverfahren gegen den GmbH-Geschäftsführer (vgl. *Treitz/Uhl* NZG 2019, 689 (692 f.)); des Weiteren auch Ansprüche auf Herausgabe des aus der Geschäftsführung Erlangten einschließlich eventueller aus der Geschäftsführung hergeleiteter Bereicherungsansprüche (BGH 4.2.1991, NJW 1991, 1884; BGH 21.4.1986, BGHZ 97, 382 (390) = NJW 1986, 2250 (2251); Baumbach/Hueck/*Zöllner/Noack* Rn. 58). Dies gilt auch für Ansprüche auf Unterlassung, soweit diese aus der Verletzung von Geschäftsführungspflichten oder Wettbewerbsverboten resultieren (Baumbach/Hueck/*Zöllner/Noack* Rn. 58 mwN).

c) Abgrenzung zu sonstigen Ansprüchen. Nicht unter Nr. 8 Fall 1 fallen Ansprüche auf Erstattung verbotswidriger Zuwendungen zulasten des Stammkapitals, welche ohne Gesellschafterbeschluss sofort fällig sind (BGH 7.4.2003, NJW-RR 2003, 895 (896); BGH 8.12.1986, WM 1987, 208 (209); Baumbach/Hueck/*Zöllner/Noack* Rn. 59). Ebenso wenig hierunter fallen Ansprüche aus Differenzhaftung nach § 9 (ganz hM; vgl. MHLS/*Römermann* Rn. 106 f. mwN), aus sog. Vorbelastungs- oder Unterbilanzhaftung im Fall der Eintragung einer Vorgesellschaft (Baumbach/Hueck/*Zöllner/Noack* Rn. 25) wie auch Ersatzansprüche einer GmbH & Co. KG gegen die Geschäftsführer der Komplementär-GmbH (BGH 24.3.1980, BGHZ 76, 326 (338) = NJW 1980, 1524 (1527); BGH 10.2.1992, NJW-RR 1992, 800 (801); KG Berlin 24.2.2011, NZG 2011, 429 (430)). Letzteres gilt auch dann, wenn die Komplementär-GmbH selbst einen Anspruch aus abgetretenem Recht der GmbH & Co. KG geltend macht (OLG Karlsruhe 31.7.2013, NZG 2013, 1177 (1178)). 38

d) „Geltendmachung". Hierunter ist bereits die vorgerichtliche Anspruchserhebung und Mahnung zu verstehen (Baumbach/Hueck/*Zöllner/Noack* Rn. 60); auch fällt im Erst-Recht-Schluss jede Form der Erledigung wie etwa die Aufrechnung durch die Gesellschaft (OLG Düsseldorf 18.8.1994, GmbHR 1995, 232) und die sog. Generalbereinigung (vgl. BGH 8.12.1997, NJW 1998, 1315) darunter. In diesem Zusammenhang ist es unerheblich, ob der betreffende Gesellschafter inzwischen **ausgeschieden** bzw. der zu belangende Geschäftsführer noch im Amt ist (vgl. BGH 20.11.1958, BGHZ 28, 355 (357) = NJW 1959, 194; BGH 14.7.2004, NJW-RR 2004, 1408 (1410); BGH 21.6.1999, BB 1999, 1569; Baumbach/Hueck/*Zöllner/Noack* Rn. 59 mwN; vgl. auch OLG Brandenburg 9.1.2019, GmbHR 2019, 289) bzw. ob der Anspruchsgegner selbst oder seine Erben in Anspruch genommen werden (vgl. BGH 13.6.1960, NJW 1960, 1667; Lutter/Hommelhoff/*Bayer* Rn. 35). Die Vorschrift ist auch auf die Geltendmachung von Ersatzansprüchen gegen **Aufsichtsrats- oder Beiratsmitglieder** wegen ihrer Tätigkeit als Mitglied dieses Organs anzuwenden, selbst wenn sie nicht Gesellschafter sind (Baumbach/Hueck/*Zöllner/Noack* Rn. 59 mwN), nicht hingegen auf die **Streitverkündung** einer GmbH an ihren Geschäftsführer (*Horn* GmbHR 2017, 1024 ff.). 39

e) Zuständigkeit. Ein Gesellschafterbeschluss ist für die Geltendmachung gegenüber dem Geschäftsführer auch dann erforderlich, wenn ein fakultativer oder obligatorischer **Aufsichtsrat** besteht, da dieser nicht für die Willensbildung, sondern für die Vertretung zuständig ist (Baumbach/Hueck/*Zöllner/Noack* Rn. 59). Die Erforderlichkeit des Gesellschafterbeschlusses gilt auch für die **Gesellschafterklage** (BGH 28.6.1982, WM 1982, 928 (929); aA Baumbach/Hueck/*Zöllner/Noack* Rn. 59 mwN). Die Gesetzwidrigkeit eines ablehnenden Beschlusses kann im Schadensersatzprozess vorgetragen und dort inzident geprüft werden (BGH 28.6.1982, WM 1982, 928 (929)). Lediglich bei Verzichtsbeschlüssen muss die getroffene Regelung im Wege der Anfechtungsklage beseitigt werden, bevor der Ersatzanspruch geltend gemacht werden kann (UHL/*Hüffer/Schürnbrand* Rn. 115). 40

f) Gesellschafterbeschluss. Der Beschluss muss den betreffenden Anspruch hinreichend konkret bezeichnen (OLG Düsseldorf 18.8.1994, GmbHR 1995, 232; MHLS/*Römermann* Rn. 443). Bei der Abstimmung unterliegt der Betroffene einem Stimmrechtsausschluss (Baumbach/Hueck/*Zöllner/Noack* Rn. 62; zur Durchsetzung von Schadensersatzansprüchen gegen den Geschäftsführer durch den Minderheitsgesellschafter einer GmbH s. *Werner* GmbHR 2017, 849 ff.). Statt eines in einer formellen Gesellschafterversammlung gefassten Beschlusses genügt eine im Einverständnis aller getroffene formlose Abrede (BGH 21.6.1999, NJW 1999, 2817). 41

g) Rechtsnatur des Gesellschafterbeschlusses. Dieser ist nicht nur im Innenverhältnis, sondern **auch im Außenverhältnis materielle Voraussetzung** für alle mit der Anspruchsverfolgung zusammenhängenden Rechtshandlungen (vgl. BGH 14.7.2004, NJW-RR 2004, 1408 (1410); Baumbach/Hueck/*Zöllner/Noack* Rn. 61 mwN; aA etwa MHLS/*Römermann* Rn. 458). Fehlt daher bei Klageerhebung ein erforderlicher Gesellschafterbeschluss, so ist die Klage als unbegründet abzuweisen (BGH 42

22.3.2016, ZIP 2016, 2413 (2414); BGH 26.11.2007, NZG 2008, 104 (105); BGH 20.11.1958, BGHZ 28, 355 (359) = NJW 1959, 194; BGH 21.4.1986, NJW 1986, 2250 (2252 aE); *Gehrlein* GmbHR 2016, 329 (330)). Ein Gesellschafterbeschluss kann allerdings noch nach Klageerhebung gefasst und in einen bereits anhängigen Rechtsstreit eingeführt werden (vgl. BGH 26.11.2007, NZG 2008, 104 (105); BGH 14.7.2004, NJW-RR 2004, 1408 (1409); BGH 26.1.1998, NJW 1998, 1646 (1647)). Auch für die **Anspruchserledigung** ist ein Gesellschafterbeschluss materielle Wirksamkeitsvoraussetzung (Baumbach/Hueck/*Zöllner/Noack* Rn. 61; Roth/Altmeppen/*Altmeppen* Rn. 92). Ist ein die Geltendmachung gestattender Gesellschafterbeschluss **nichtig,** so ist die Ersatzklage gleichermaßen abzuweisen (Baumbach/Hueck/*Zöllner/Noack* Rn. 64). Sofern der Beschluss lediglich **anfechtbar** und Anfechtungsklage erhoben ist, ist der Prozess betreffend den Ersatzanspruch auszusetzen (Baumbach/Hueck/*Zöllner/Noack* Rn. 64). Wird die Gesellschaft nicht von sich aus aktiv, so ist der einzelne Gesellschafter gehalten, vor Erhebung einer **actio pro socio** für die GmbH grundsätzlich einen Beschluss nach § 46 Nr. 8 zu erwirken (hM; vgl. BGH 5.6.1975, BGHZ 65, 15 (21) = NJW 1976, 191 (193); BGH 28.6.1982, WM 1982, 928 (929), auch zu Ausnahmen von diesem Grundsatz; zur actio pro socio im einstweiligen Rechtsschutz s. OLG Jena 9.9.2015, GmbHR 2015, 1267 ff.; *Lutz* NZG 2015, 424 ff.). Ist ein die Geltendmachung von Schadensersatzansprüchen ablehnender Beschluss der Gesellschafterversammlung anfechtbar, so ist der Gesellschafter, welcher im Wege der actio pro socio einen Anspruch der Gesellschaft gegen die Geschäftsführer verfolgen möchte, zunächst gehalten, erfolgreich den Anfechtungsprozess durchzuführen. (OLG Köln 5.11.1992, NJW-RR 1994, 616 f.; MüKoGmbHG/*Liebscher* Rn. 239; *Bayer* GmbHR 2016, 505 (508); *Kumkar* NZG 2020, 1012 (1019) mwN, auch zur Gegenauffassung).

43 **h) Entbehrlichkeit eines Gesellschafterbeschlusses.** Eines Gesellschafterbeschlusses als Voraussetzung für die Anspruchsverfolgung bedarf es nicht im Falle eines Gesellschaftsgläubigers, dem der von ihm gepfändete Ersatzanspruch überwiesen worden ist (RG 11.6.1929, JW 1930, 2685; Baumbach/Hueck/*Zöllner/Noack* Rn. 60 mwN), ebenso wenig – selbst bei masseloser Insolvenz – im Insolvenzverfahren (BGH 14.7.2004, NJW-RR 2004, 1408 (1410)) wie auch zur Erwirkung einstweiligen Rechtsschutzes (MHLS/*Römermann* Rn. 430 mwN). In der zweigliedrigen GmbH stellt das Erfordernis eines Gesellschafterbeschlusses eine überflüssige Formalität dar, wenn der in Anspruch genommene Gesellschafter ohnehin nach § 47 Abs. 4 S. 2 von der Abstimmung ausgeschlossen ist (BGH 29.11.2004, NZG 2005, 216 f.; OLG Düsseldorf 10.3.2016, GmbHR 2016, 542 (544); *Bayer* GmbHR 2016, 505 (507); vgl. auch OLG Stuttgart 21.3.2019, GmbHR 2019, 779 (781)). Auch bei der Ein-Personen-Gesellschaft ist kein Beschluss erforderlich; stattdessen genügt es, wenn sich der Wille des Alleingesellschafters manifestiert hat, indem jener etwa die Prozessführung angeordnet oder gebilligt hat (BGH 21.2.1983, GmbHR 1983, 300; OLG München 8.2.2018, GmbHR 2018, 518; OLG München 22.10.2015, GmbHR 2015, 1324 (1325); Baumbach/Hueck/*Zöllner/Noack* Rn. 63 mwN).

44 **i) Besondere Vertreter.** Der Gesellschafterversammlung steht die Kompetenz zur Bestellung besonderer Vertreter zur Geltendmachung von Ersatzansprüchen zu (Baumbach/Hueck/*Zöllner/Noack* Rn. 65). Dies können einzelne Gesellschafter, einer oder alle Geschäftsführer (mit Ausnahme des Prozessgegners), Mitglieder anderer Gesellschaftsorgane oder Dritte sein (Lutter/Hommelhoff/*Bayer* Rn. 45; Baumbach/Hueck/*Zöllner/Noack* Rn. 65 mwN). Wird der Beschluss zur Geltendmachung von Ersatzansprüchen gegen Gesellschafter nicht durch die Bestellung eines besonderen Vertreters flankiert, so sind die Geschäftsführer zur Vertretung der Gesellschaft berechtigt (Baumbach/Hueck/*Zöllner/Noack* Rn. 65). Mit der Bestellung eines besonderen Vertreters verlieren die Geschäftsführer insoweit ihre Vertretungsmacht (MHdB GesR III/*Wolff* § 37 Rn. 43 mwN). Besteht ein fakultativer **Aufsichtsrat,** so kann die Gesellschafterversammlung gleichwohl die Bestellung eines besonderen Vertreters zur Geltendmachung von Ersatzansprüchen gegen Geschäftsführer beschließen; dies gilt jedoch nicht bei Bestehen eines obligatorischen Aufsichtsrats im Geltungsbereich der Mitbestimmungsgesetze (vgl. BGH 26.11.2007, NZG 2008, 104 (105); Rowedder/Schmidt-Leithoff/*Ganzer* Rn. 74; Scholz/*K. Schmidt* Rn. 165; einschränkend hinsichtlich des letztgenannten Gesichtspunkts Lutter/Hommelhoff/*Bayer* Rn. 43: Analogie zu § 147 Abs. 2 S. 1 AktG).

45 **15. Vertretung der Gesellschaft in Prozessen, welche sie gegen die Geschäftsführer zu führen hat (Nr. 8 Fall 2). a) Anwendungsbereich und Abgrenzungsfragen.** Die Vorschrift betrifft **nicht** die bereits in Nr. 8 Fall 1 geregelten **Ersatzansprüche,** die dort eine speziellere Regelung erfahren haben (BGH 16.12.1991, BGHZ 116, 353 (355) = NJW 1992, 977; Baumbach/Hueck/*Zöllner/Noack* Rn. 67). Sie bezieht sich sowohl auf Aktiv- als auch auf Passivprozesse mit Geschäftsführern in allen Gerichtsbarkeiten und Verfahrensarten (BGH 16.12.1991, BGHZ 116, 353 (355) = NJW 1992, 977; BGH 6.3.2012, NZG 2012, 502 Rn. 12; BGH 2.7.2019, NJW 2019, 3155 Rn. 30; MHLS/*Römermann* Rn. 479 mwN). Sie gilt insbesondere auch für Prozesse mit Geschäftsführern, deren Abberufung zwischen den Parteien streitig ist (s. hierzu *Werner* GmbHR 2015, 1297 ff.) sowie für Prozesse betreffend die Wirksamkeit der Beendigung des Anstellungsvertrages eines Geschäftsführers

(BGH 19.12.1991, DStR 1993, 843 f.; für die zweigliedrige GmbH – OLG München 12.12.2013, BeckRS 2013, 22537). Die Vorschrift greift auch ein für Prozesse mit ausgeschiedenen Geschäftsführern (BGH 20.11.1958, BGHZ 28, 355 (357 f.) = NJW 1959, 194; BGH 16.12.1991, BGHZ 116, 353 (355) = NJW 1992, 977; BGH 6.3.2012, NZG 2012, 502 Rn. 12; BGH 2.7.2019, NJW 2019, 3155 Rn. 30; *Werner* GmbHR 2017, 849; UHL/*Hüffer/Schürnbrand* Rn. 121) oder mit Erben verstorbener Geschäftsführer (aA Baumbach/Hueck/*Zöllner/Noack* Rn. 67a; wie im vorgenannten Fall UHL/*Hüffer/Schürnbrand* Rn. 121). Die Vorschrift findet **entsprechende Anwendung** auf Prozesse, in denen der Geschäftsführer wegen derselben Pflichtverletzung in Anspruch genommen wird wie die nicht geschäftsführenden Gesellschafter und deshalb an der Vertretung der GmbH gehindert ist (BGH 20.1.1986, BGHZ 97, 28 (35) = NJW 1986, 2051 (2053); BGH 16.12.1991, BGHZ 116, 353 (355) = NJW 1992, 977; ebenso UHL/*Hüffer/Schürnbrand* Rn. 122). Auch im Verfahren gegen einen Gesellschafter kann die Gesellschaftergesamtheit in analoger Anwendung von § 46 Nr. 8 Fall 2 einen Prozessvertreter bestellen (OLG München 23.2.2017, GmbHR 2017, 476 (478) mwN; aA *Lieder* NZG 2015, 569 (578); MHLS/*Römermann* Rn. 488).

b) Vertretung der Gesellschaft. Geschäftsführer – mit Ausnahme des prozessgegnerischen Geschäftsführers – dürfen im Anwendungsbereich von Nr. 8 Fall 2 so lange handeln, wie die Gesellschafterversammlung keinen Beschluss über die Bestellung eines besonderen Vertreters (→ Rn. 47) gefasst hat; die gesetzliche Vertretungsbefugnis der Geschäftsführer bleibt fortbestehen (BGH 6.3.2012, NZG 2012, 502 Rn. 12; BGH 22.3.2016, ZIP 2016, 2413 Rn. 10 ff.; BGH 2.7.2019, NJW 2019, 3155 Rn. 30 mwN; OLG Zweibrücken 8.7.2015, MDR 2016, 41 f.; OLG Zweibrücken 29.7.2015, GmbHR 2015, 1047 ff.; aA Baumbach/Hueck/*Zöllner/Noack* Rn. 68). Ein Zwang zur Bestellung eines besonderen Vertreters besteht nur dann, wenn außer dem Prozessgegner kein anderes vertretungsberechtigtes Organ mehr vorhanden ist (KG Berlin 9.11.2017, GmbHR 2018, 361 (364); *Goette/Goette* Die GmbH § 7 Rn. 21). In Aktivprozessen der Gesellschaft kann in diesem Fall aber auch entsprechend § 29 BGB ein Notgeschäftsführer oder nach § 57 ZPO ein Prozesspfleger für die Gesellschaft bestellt werden (MüKoGmbHG/*Liebscher* Rn. 267; *Bergwitz* GmbHR 2008, 225 (228 f.)). Existiert ein fakultativer **Aufsichtsrat,** so endet dessen Vertretungsbefugnis (vgl. OLG Brandenburg 16.1.2019, GmbHR 2019, 474 (475)) mit der Bestellung eines besonderen Vertreters durch die Gesellschafter; demgegenüber ist unter der Geltung der Mitbestimmungsgesetze der obligatorische Aufsichtsrat zwingend für die Prozessvertretung gegenüber den Geschäftsführern zuständig (§ 112 AktG; ganz hM; vgl. nur Rowedder/Schmidt-Leithoff/*Ganzer* Rn. 74 mwN). Es ist zulässig, in der Satzung einen Beirat vorzusehen und ihm von vornherein die Prozessführung mit Geschäftsführern zu übertragen (OLG Oldenburg 21.1.2010, GmbHR 2010, 258 (259); MHLS/*Römermann* Rn. 526). 46

c) Besondere Vertreter. Als besondere Vertreter für Prozesse mit Geschäftsführern können Gesellschafter, Mitglieder von Gesellschaftsorganen (auch andere Geschäftsführer) oder Dritte bestellt werden (Baumbach/Hueck/*Zöllner/Noack* Rn. 69), insbesondere auch der Prozessbevollmächtigte der Gesellschaft, welcher dann nicht nur Prozessbevollmächtigter nach den Regeln des Zivilprozessrechts ist, sondern darüber hinaus die organähnlichen Befugnisse des nach § 46 Nr. 8 GmbHG Bestellten hat (vgl. Scholz/*K. Schmidt* Rn. 172; *Klose/Schade* GmbHR 2011, 244 ff.). Hinsichtlich des Bestellungsbeschlusses unterliegt ein betroffener Geschäftsführer einem Stimmverbot; dies gilt jedoch nicht für den zu bestellenden besonderen Vertreter, da diesem für die Zeit der Vertretung eine Quasi-Organstellung zukommt und mithin kein Fall des § 47 Abs. 4 gegeben ist (vgl. BGH 20.1.1986, BGHZ 97, 28 (34 f.) = NJW 1986, 2051 (2053); ebenso UHL/*Hüffer/Schürnbrand* Rn. 126). Die Bestellung eines besonderen Vertreters kann etwa mittels Erteilung einer Prozessvollmacht unmittelbar durch die Gesellschafterversammlung vorgenommen werden (BGH 26.10.1981, WM 1981, 1353 (1354)). Die Gesellschafterversammlung ist auch zum Abschluss des flankierenden Auftrags oder Geschäftsbesorgungsvertrags zuständig (Baumbach/Hueck/*Zöllner/Noack* Rn. 71). Dem bestellten besonderen Vertreter können seitens der Gesellschafterversammlung Weisungen hinsichtlich Anwaltsauswahl, Prozessführung usw erteilt werden (Baumbach/Hueck/*Zöllner/Noack* Rn. 71a). Der Bestellte wiederum hat gegen die Gesellschaft einen Anspruch auf Erteilung der Informationen, welche für die zweckentsprechende gerichtliche Vertretung der Gesellschaft erforderlich sind (OLG München 10.11.1996, DB 1996, 1967; Roth/Altmeppen/*Altmeppen* Rn. 86). Mit der Erledigung der Aufgaben oder mit der Abberufung durch einfache Mehrheit endet das Amt des Bestellten (Baumbach/Hueck/*Zöllner/Noack* Rn. 71). Solange die Gesellschafterversammlung von ihrer Befugnis, einen besonderen Vertreter zu bestellen, keinen Gebrauch macht, wird die GmbH vorbehaltlich einer die Vertretungsbefugnis anders regelnden Satzungsbestimmung im Prozess mit ihren gegenwärtigen oder ausgeschiedenen Geschäftsführern durch einen oder mehrere bereits zuvor oder neu bestellte (weitere) Geschäftsführer vertreten; eines entsprechenden (zumindest stillschweigend gefassten) Beschlusses der Gesellschafterversammlung bedarf es für die Fortdauer der Vertretungsbefugnis der (anderen) Geschäftsführer nicht (BGH 22.3.2016, ZIP 2016, 2413 f. mwN). 47

III. Sonstige Zuständigkeiten der Gesellschafterversammlung

48 **1. Satzungsauslegung.** Die Gesellschafterversammlung hat die Kompetenz, eine Auslegung der Satzung nicht nur inzidenter vorzunehmen, sondern auch dahingehend, Feststellungen zur Auslegung zu treffen (vgl. BGH 14.7.1954, BGHZ 14, 264 = NJW 1954, 1563; BGH 25.11.2002, NJW-RR 2003, 826 (828)). Stehen letztere nicht im Einklang mit der – objektiv auszulegenden – Satzung, so sind sie anfechtbar (Baumbach/Hueck/*Zöllner/Noack* Rn. 73). Erfolgt keine Anfechtung, so bleibt die Bindungswirkung der Feststellung auf die konkrete Maßnahme beschränkt, welche Gegenstand der Auslegung war (Baumbach/Hueck/*Zöllner/Noack* Rn. 73).

49 **2. Satzungsänderung.** Eine Abänderung der Satzung kann ausschließlich durch Beschluss der Gesellschafter erfolgen (§ 53 Abs. 1). Dies gilt auch für die ordentliche Kapitalerhöhung (§§ 55 ff.), die Kapitalerhöhung aus Gesellschaftsmitteln (§§ 57c ff.) wie auch die Herabsetzung des Stammkapitals in ordentlicher (§ 58) und in vereinfachter (§§ 58a ff.) Form. Auch für sog. satzungsnahe Maßnahmen (vgl. BGH 26.4.2004, BGHZ 159, 30 (37 ff.) = NJW 2004, 1860 für die AG) besteht eine Vorlagepflicht der Geschäftsführer (s. iE UHL/*Hüffer/Schürnbrand* Rn. 132). Die Zuständigkeit ist zwingend (→ § 45 Rn. 9).

50 **3. Zuständigkeiten nach dem UmwG.** Die Zuständigkeiten bei Verschmelzung mit anderen Rechtsträgern nach §§ 2 ff. UmwG, Spaltung der Gesellschaft in den durch §§ 123 ff. UmwG vorgesehenen Formen, Vermögensübertragung auf die öffentliche Hand als Vollübertragung oder Teilübertragung gem. §§ 174 ff. UmwG sowie Formwechsel, dh Umwandlung der GmbH in eine andere Rechtsform (§§ 190 ff. UmwG), sind jeweils zwingend (vgl. §§ 13, 125, 176, 177, 193 Abs. 1 UmwG; → § 45 Rn. 9).

51 **4. Zustimmung zum Abschluss von Unternehmensverträgen.** Diese zwingende (→ § 45 Rn. 9) Zuständigkeit greift auf Seiten sowohl der herrschenden GmbH (BGH 24.10.1988, BGHZ 105, 324 (333) = NJW 1989, 295 (297) mwN) als auch der abhängigen Gesellschaft (BayObLG 16.6.1988, WM 1988, 1229 (1232); aA Lutter/Hommelhoff/*Hommelhoff* Anh. § 13 Rn. 53) ein.

52 **5. Auflösung der Gesellschaft durch Beschluss.** Nicht nur der Auflösungsbeschluss (§ 60 Abs. 1 Nr. 2), sondern auch der gesetzlich nicht geregelte Fortsetzungsbeschluss unterfallen der zwingenden (→ § 45 Rn. 9) Zuständigkeit der Gesellschafter (Baumbach/Hueck/*Zöllner/Noack* Rn. 79).

53 **6. Bestellung und Abberufung von Liquidatoren.** Die ebenfalls zwingende (→ § 45 Rn. 9) Zuständigkeit ergibt sich aus § 66 Abs. 1 bzw. § 66 Abs. 3. Ist die GmbH allerdings bereits im Handelsregister gelöscht, ist die Bestellung von Liquidatoren für sie nur durch das Gericht möglich (BayObLG 7.1.1998, NJW-RR 1998, 1333).

54 **7. Bestimmung eines der Gesellschafter oder eines Dritten zur Verwahrung der Geschäftsbücher nach Beendigung der Liquidation.** § 74 Abs. 2 S. 1 iVm S. 2 sieht diese Zuständigkeit vor.

55 **8. Einforderung von Nachschüssen.** Bei dieser Zuständigkeit aus § 26 Abs. 1 handelt es sich um eine zwingende (→ § 45 Rn. 9).

56 **9. Wahl der Aufsichtsratsmitglieder.** Dies gilt jedoch nur insoweit, als diese nicht nach mitbestimmungsrechtlichen Vorschriften (§ 5 DrittelbG bzw. §§ 9 ff. MitbestG 1976) von der Arbeitnehmerseite zu wählen sind (vgl. Baumbach/Hueck/*Zöllner/Noack* § 52 Rn. 162 ff., 287 ff.).

57 **10. Entlastung des Aufsichtsrats und der Mitglieder anderer Sonderorgane.** Die regelmäßige Entlastung hat durch Gesellschafterbeschluss zu erfolgen, kann aber auch einem anderen Organ – mit Ausnahme der Geschäftsführer – übertragen werden (Baumbach/Hueck/*Zöllner/Noack* Rn. 84).

58 **11. Feststellung sonstiger Bilanzen.** Die Zuständigkeit der Gesellschafter besteht nur für die Feststellung der Liquidationseröffnungsbilanz und der Liquidationsjahresbilanz (§ 71 Abs. 2 S. 1 und 2) wie auch der Liquidationsschlussbilanz (vgl. Scholz/*K. Schmidt* Rn. 8), nicht hingegen für die der Eröffnungsbilanz iSv § 242 HGB oder etwaiger – gesetzlich nicht vorgeschriebener – Zwischenbilanzen (Scholz/*K. Schmidt* Rn. 8; aA Baumbach/Hueck/*Zöllner/Noack* Rn. 85).

59 **12. Wahl der Abschlussprüfer.** Hierfür ergibt sich die Zuständigkeit aus § 318 Abs. 1 S. 1 HGB, wobei die Satzung allerdings insoweit etwas anderes bestimmen kann (§ 318 Abs. 1 S. 2 HGB). Bei der Wahl sind Gesellschafter-Geschäftsführer nicht vom Stimmrecht ausgeschlossen (Baumbach/Hueck/*Zöllner/Noack* Rn. 86).

60 **13. Genehmigung der Veräußerung vinkulierter Geschäftsanteile.** Ist die Abtretung von Geschäftsanteilen durch die Satzung von der Genehmigung der Gesellschaft abhängig gemacht (§ 15 Abs. 5), so besteht im Zweifel eine Zuständigkeit der Gesellschafterversammlung zur Entscheidung über die Genehmigung (arg. e. § 46 Nr. 4; Baumbach/Hueck/*Servatius* § 15 Rn. 42 mwN; vgl. auch BGH

14.3.1988, NJW 1988, 2241 ff.). Die Satzung kann die Zuständigkeit auf ein anderes Gesellschaftsorgan übertragen (Baumbach/Hueck/*Zöllner/Noack* Rn. 87).

14. Passivvertretung der Gesellschaft bei Amtsniederlegung seitens des Geschäftsführers. Diese Zuständigkeit ist Reflex der Zuständigkeit der Gesellschafterversammlung für die Bestellung und Abberufung der Geschäftsführer (§ 46 Nr. 5). Die Erklärung der Amtsniederlegung gegenüber irgendeinem Gesellschafter genügt (BGH 17.9.2001, BGHZ 149, 28 (31 f.) = NZG 2002, 43 (44)). 61

15. Ausschließung eines Gesellschafters aus wichtigem Grund. Eine Übertragung dieser Zuständigkeit (vgl. hierzu BGH 1.4.1953, BGHZ 9, 157 (177); BGH 8.5.1972, GmbHR 1972, 177 f.; Rowedder/Schmidt-Leithoff/*Görner* § 34 Rn. 90) auf ein anderes Organ der Gesellschaft ist zulässig (Rowedder/Schmidt-Leithoff/*Görner* § 34 Rn. 90 mwN). 62

16. Ungewöhnliche Maßnahmen. Hat eine Angelegenheit wegen außerordentlicher wirtschaftlicher Bedeutung und hohem Risiko Ausnahmecharakter oder greift sie in weitem Umfang in Gesellschafterrechte ein, so ist sie den Gesellschaftern zur Entscheidung vorzulegen (BGH 30.5.2005, DStR 2005, 1066). Dies gilt insbesondere auch, wenn Gesellschaftsinterna anlässlich eines Due-Diligence-Verfahrens offen gelegt werden sollen (LG Köln 26.3.2008, GmbHR 2009, 261 (262); *Engelhardt* GmbHR 2009, 237 (238 f.) mwN). 63

Abstimmung

47 (1) **Die von den Gesellschaftern in den Angelegenheiten der Gesellschaft zu treffenden Bestimmungen erfolgen durch Beschlußfassung nach der Mehrheit der abgegebenen Stimmen.**

(2) **Jeder Euro eines Geschäftsanteils gewährt eine Stimme.**

(3) **Vollmachten bedürfen zu ihrer Gültigkeit der Textform.**

(4) [1] **Ein Gesellschafter, welcher durch die Beschlußfassung entlastet oder von einer Verbindlichkeit befreit werden soll, hat hierbei kein Stimmrecht und darf ein solches auch nicht für andere ausüben.** [2] **Dasselbe gilt von einer Beschlußfassung, welche die Vornahme eines Rechtsgeschäfts oder die Einleitung oder Erledigung eines Rechtsstreites gegenüber einem Gesellschafter betrifft.**

Übersicht

I. Allgemeines

1 **1. Normzweck.** Die Vorschrift befasst sich mit der **Beschlussfassung** der Gesellschafter iR ihrer Entscheidungszuständigkeit gem. § 46. Sie regelt die Beschlussfassung im Wege der Abstimmung und ermöglicht Entscheidungen nach dem Mehrheitsprinzip. Dazu trifft sie Bestimmungen zur Berechnung der Mehrheit der abgegebenen Stimmen und zur Stimmkraft (Abs. 1 und 2). Aus Abs. 3 folgt, dass das Stimmrecht nicht höchstpersönlich ausgeübt werden muss und dass Vertreter einer im Interesse der Rechtssicherheit bestimmten Formerfordernissen unterliegenden Vollmacht bedürfen. Abs. 4 regelt den Ausschluss des Stimmrechts in Fällen möglicher Interessenkollisionen in der Person eines Gesellschafters. Ergänzt wird § 47 durch die §§ 48–51, die weitere Bestimmungen über das Zustandekommen von Gesellschafterbeschlüssen enthalten sowie die Einberufung der Gesellschafterversammlung normieren. Mit der Frage der Fehlerhaftigkeit von Beschlüssen und den Rechtsfolgen fehlerhafter Beschlüsse befasst sich § 47 allerdings nicht (→ Anh. § 47 Rn. 1 ff.).

2 **2. Gesellschafterbeschluss. a) Begriff.** Die Bestimmungen der Gesellschafter in den Angelegenheiten der Gesellschaft erfolgen durch Beschlussfassung. Diese stellt den Abschluss des Willensbildungsprozesses der Gesellschafter dar. Der Beschlussfassung gehen im Regelfall ein Beschlussantrag, die Aussprache darüber in der Gesellschafterversammlung und die Abstimmung voraus. Der Gesellschafterbeschluss ist danach die in einer Angelegenheit der Gesellschaft durch Abstimmung über einen Antrag erzielte organschaftliche Willensbildung und -äußerung der daran beteiligten Gesellschafter, die der GmbH als eigene Willensbildung zugerechnet wird (UHL/*Hüffer/Schürnbrand* Rn. 2; Baumbach/Hueck/*Zöllner/Noack* Rn. 2, 3; MHLS/*Römermann* Rn. 7).

3 **b) Rechtsnatur.** Der Gesellschafterbeschluss ist nach heute allgemeiner Ansicht (UHL/*Hüffer/Schürnbrand* Rn. 3; MüKoGmbHG/*Drescher* Rn. 8 f.; Scholz/*K. Schmidt* § 45 Rn. 18; Baumbach/Hueck/*Zöllner/Noack* Rn. 4 f.; MHLS/*Römermann* Rn. 8 f.; Roth/Altmeppen/*Altmeppen* Rn. 1) ein idR mehrseitiges, aber nicht vertragliches **Rechtsgeschäft,** auf das die für Rechtsgeschäfte geltenden

Normen der §§ 104 ff. BGB grundsätzlich anwendbar sind. Die frühere Rspr. (BGH 22.9.1969, BGHZ 52, 316 (318) = NJW 1970, 33) qualifizierte ihn demgegenüber noch als Sozialakt der körperschaftlichen Willensbildung durch Mehrheitsentscheid und lehnte eine Einordnung als Vertragsschluss oder sonstiges Rechtsgeschäft der Gesellschafter untereinander ab. Inzwischen besteht Einigkeit, dass die Anwendbarkeit oder Nichtanwendbarkeit der allgemeinen Vorschriften des bürgerlichen Rechts über Rechtsgeschäfte nicht von formalen oder konstruktiven Überlegungen abhängen kann, sondern dass wertende Gesichtspunkte maßgebend sind (BGH 18.9.1975, BGHZ 65, 93 (96 ff.) = NJW 1976, 49 (50); BGH 26.10.1978, WM 1979, 71 (72)). Das führt dazu, dass die Fehlerhaftigkeit von Beschlüssen nicht nach den §§ 125, 134, 138 BGB, sondern entsprechend den Vorschriften der §§ 241 ff. AktG zu beurteilen ist. Vorschriften des bürgerlichen Rechts, die einen Vertragsschluss voraussetzen (§§ 145 ff., 311 ff. BGB) sind ebenfalls nicht anzuwenden. Dasselbe gilt für die Bestimmungen über Willensmängel (§§ 116 ff. BGB); im Einzelnen umstritten ist die Anwendung der Bestimmungen über das Insichgeschäft des § 181 BGB (→ Rn. 80 f.). Auf Gesellschafterbeschlüsse anwendbar ist die die Teilnichtigkeit eines Rechtsgeschäfts betreffende Vorschrift des § 139 BGB (Baumbach/Hueck/*Zöllner*/*Noack* Rn. 6), weiter diejenige des § 141 BGB zur Bestätigung nichtiger Rechtsgeschäfte. Beschlüsse können unter einer Bedingung gefasst oder befristet werden (§ 158 ff. BGB).

c) Beschlusswirkungen. Die von der Gesellschafterversammlung gefassten Beschlüsse stellen den Willen der Gesellschafter mit zunächst nur interner Wirkung für die Organe der Gesellschaft verbindlich fest. Bei bestimmten Beschlussgegenständen wie etwa der Feststellung des Jahresabschlusses oder der Entlastung der Geschäftsführer (§ 46 Nr. 1, 5) ist eine Ausführung der Beschlüsse nicht erforderlich; ansonsten sind sie von den Geschäftsführern umzusetzen. Auf rechtsgeschäftliches Handeln gegenüber Dritten gerichtete Beschlüsse bedürfen, um Außenwirkung zu erlangen, der Abgabe entsprechender Willenserklärungen durch die Geschäftsführer in vertretungsberechtigter Zahl. Ein Gesellschafterbeschluss, der die Grundlage für ein Rechtsgeschäft der Gesellschaft bildet, wird jedoch idR zugleich mit seinem Zustandekommen mit Außenwirkung umgesetzt, wenn sowohl die Geschäftsführer als auch der Dritte als Erklärungsempfänger bei der Beschlussfassung zugegen sind (BGH 9.2.1998, NJW 1998, 1492; BGH 5.3.2003, NZG 2003, 771 (772)). 4

d) Aufhebende und ändernde Beschlüsse. Ein einmal wirksam gefasster Gesellschafterbeschluss kann durch einen weiteren Beschluss aufgehoben oder geändert werden, wenn nicht bereits Rechte Dritter entstanden sind (BGH 29.5.1967, BGHZ 48, 163 (172) = NJW 1967, 1963 (1966)). So können satzungsändernde Beschlüsse vor Eintragung in das Handelsregister aufgehoben werden; dies gilt ebenso für Beschlüsse, die durch rechtsgeschäftliches Handeln der Organe der Gesellschaft umgesetzt werden müssen, solange noch keine Rechtsfolgen eingetreten oder Vertrauenstatbestände zugunsten Dritter begründet worden sind (allgM; MüKoGmbHG/*Drescher* Rn. 65 f.; Rowedder/Schmidt-Leithoff/*Ganzer* Rn. 7, 24; Baumbach/Hueck/*Zöllner*/*Noack* Rn. 31; Roth/Altmeppen/*Altmeppen* Rn. 29 ff.). Der Aufhebungsbeschluss kann mit einfacher Mehrheit gefasst werden, es kommt nicht darauf an, welcher Mehrheit der aufzuhebende Beschluss bedurfte (UHL/*Hüffer*/*Schürnbrand* Rn. 41 f.; Rowedder/Schmidt-Leithoff/*Ganzer* Rn. 24; Baumbach/Hueck/*Zöllner*/*Noack* Rn. 31; MHLS/*Römermann* Rn. 627; Roth/Altmeppen/*Altmeppen* Rn. 29 ff.). Eine bereits in das Handelsregister eingetragene Satzungsänderung kann hingegen nur durch Beschluss mit satzungsändernder Mehrheit aufgehoben werden; durch die Umsetzung des Beschlusses schon begründete geschützte Rechtspositionen können idR nur mit Zustimmung des Begünstigten durch einen neuerlichen Beschluss beseitigt werden. Soll ein Gesellschafterbeschluss nicht nur aufgehoben, sondern inhaltlich durch eine Neuregelung ersetzt werden, so richten sich die Mehrheitserfordernisse nach dem konkreten Beschlussgegenstand (UHL/*Hüffer*/*Schürnbrand* Rn. 42; Rowedder/Schmidt-Leithoff/*Ganzer* Rn. 24; MHLS/*Römermann* Rn. 627). 5

II. Voraussetzungen der Beschlussfassung

1. Beschlussfähigkeit. Beschlüsse werden in nach den §§ 49 ff. einberufenen Gesellschafterversammlungen (§ 48 Abs. 1) getroffen, bei Vorliegen der Voraussetzungen des § 48 Abs. 2 auch im schriftlichen Verfahren. Die Versammlung muss beschlussfähig sein. Anforderungen dazu enthält das Gesetz nicht. Aus dem Erfordernis der Mehrheit der abgegebenen Stimmen folgt, dass die Zahl der erschienenen Gesellschafter und die Anzahl der durch sie vertretenen Stimmen unerheblich sind und dass der einzige erschienene Gesellschafter, auch wenn er nur über eine geringe Beteiligungsquote verfügt, wirksam Beschlüsse fassen kann (allgM; OLG Köln 21.12.2001, NZG 2002, 381 (383)). Schreibt das Gesetz eine qualifizierte Mehrheit vor (→ Rn. 16), so kommt es darauf an, ob sich dieses Erfordernis auf die Stammanteile insgesamt oder auf die Zahl der abgegebenen Stimmen bezieht; im zuletzt genannten Fall reicht wiederum die Anwesenheit eines Gesellschafters aus, weil dieser notwendigerweise einstimmig beschließt (allgM; UHL/*Hüffer*/*Schürnbrand* Rn. 6). 6

Die **Satzung** kann Regelungen zur Beschlussfähigkeit aufstellen. Gebräuchlich sind Bestimmungen, die die Beschlussfähigkeit von einer Mindestanzahl erschienener Gesellschafter oder davon abhängig machen, dass eine Mindestquote des Stammkapitals in der Versammlung repräsentiert ist bzw. sich an 7 der Abstimmung beteiligt. Im zuletzt genannten Fall werden zwecks Feststellung, ob das Quorum erreicht ist, die Stimmenthaltungen mitgezählt. Statuiert die Satzung ein derartiges Quorum, so können Gesellschafter, die die Beschlussunfähigkeit der Versammlung treuwidrig – durch Boykott oder gezieltes Verlassen der Versammlung – herbeigeführt haben, gegen einen trotzdem gefassten Beschluss nicht im Wege der Anfechtung vorgehen; dieser Rechtsverfolgung steht der Einwand des Rechtsmissbrauchs entgegen (OLG Hamburg 9.11.1990, NJW-RR 1991, 673 (674)). Die Satzung kann diesem Problem dadurch vorbeugen, dass sie für die folgende Gesellschafterversammlung eine Beschlussfassung ohne oder mit geringerem Quorum zu demselben Beschlussgegenstand zulässt.

8 **2. Beschlussantrag.** Die Stimmabgabe der Gesellschafter ist nur als Zustimmung oder Ablehnung eines konkreten Antrags möglich. Die Beschlussfassung setzt deshalb grundsätzlich einen inhaltlich bestimmten Beschlussantrag voraus (allgM; UHL/*Hüffer/Schürnbrand* Rn. 8). Anders ist es nur bei der Einpersonen-GmbH; es wäre reine Förmelei, von dem Alleingesellschafter vor seiner Beschlussfassung einen ausdrücklichen Antrag zu fordern.

9 **a) Antragsrecht.** Das Recht, Beschlussanträge zu stellen, steht jedem **Gesellschafter** als Ausfluss des zum Kernbereich der Mitgliedschaft gehörenden Teilnahmerechts (→ § 48 Rn. 5) zu. Die Antragsbefugnis hängt nicht vom **Stimmrecht** ab; auch Inhaber stimmrechtsloser Geschäftsanteile und im Einzelfall gem. Abs. 4 vom Stimmrecht ausgeschlossene Gesellschafter sind berechtigt, Beschlussanträge zu stellen. In der Gesellschafterversammlung haben nur erschienene oder nach Abs. 3 vertretene Gesellschafter das Antragsrecht; mit schriftlichen oder per Boten eingereichten Anträgen muss sich die Versammlung nicht befassen (UHL/*Hüffer/Schürnbrand* Rn. 9; Baumbach/Hueck/*Zöllner/Noack* Rn. 13; aA MüKoGmbHG/*Drescher* Rn. 16; Scholz/*Seibt* § 48 Rn. 46; Rowedder/Schmidt-Leithoff/*Ganzer* § 48 Rn. 4; MHLS/*Römermann* Rn. 26 f.), es sei denn, die Satzung erklärt dies für zulässig. Der Versammlungsleiter darf aber über einen auf Betreiben eines in der Versammlung abwesenden Gesellschafters in die Tagesordnung aufgenommenen Beschlussantrag abstimmen lassen. Des Weiteren genügt es, wenn sich ein anwesender Gesellschafter den Antrag des abwesenden zu eigen macht oder die Versammlung mit Mehrheit für eine Befassung mit dem Antrag ist (Baumbach/Hueck/*Zöllner/Noack* Rn. 13).

10 **Dritte,** die nicht Gesellschafter oder deren Vertreter (Abs. 3) sind, haben – vorbehaltlich anderslautender Satzungsregelungen – in der Versammlung kein Antragsrecht. Das gilt zunächst für den Geschäftsführer, der nicht zugleich Gesellschafter ist (hM; UHL/*Hüffer/Schürnbrand* Rn. 10; Baumbach/Hueck/*Zöllner/Noack* Rn. 13); dieser hat, auch wenn er auf Verlangen der Gesellschafter zur Anwesenheit verpflichtet ist, kein Teilnahmerecht (→ § 48 Rn. 10) und damit kein Antragsrecht. Ebenfalls kein Antragsrecht haben der Versammlungsleiter, der nicht Gesellschafter ist, sowie der fakultative Aufsichtsrat; hingegen kann der obligatorische Aufsichtsrat aufgrund seines Teilnahmerechts (→ § 48 Rn. 10) als Kollektivorgan Anträge stellen (UHL/*Hüffer/Schürnbrand* Rn. 10; Scholz/*Seibt* § 48 Rn. 46; aA Baumbach/Hueck/*Zöllner/Noack* Rn. 13; MHLS/*Römermann* Rn. 32).

11 Das Gesetz schreibt eine bestimmte **Form** für den Beschlussantrag nicht vor. Der in der Versammlung anwesende Gesellschafter kann ihn mündlich wie schriftlich zur Abstimmung stellen. Er muss so gefasst sein, dass über ihn mit Ja oder Nein abgestimmt werden kann. Er kann positiv im Sinne einer bestimmten Beschlussfassung wie negativ als Ablehnung oder Verweigerung einer Maßnahme formuliert werden. Eine von dem antragstellenden Gesellschafter angestrebte positive Entscheidung kann jedoch nur durch eine entsprechend positive Formulierung erzielt werden; so bedeutet etwa der den Antrag, dem Geschäftsführer die Entlastung zu verweigern, zurückweisende Beschluss nicht die Erteilung der Entlastung (UHL/*Hüffer/Schürnbrand* Rn. 11; Baumbach/Hueck/*Zöllner/Noack* Rn. 14). Im Hinblick auf den Schutzzweck des § 51 Abs. 2 und 4, den Gesellschaftern eine sachgerechte Vorbereitung der Versammlung zu ermöglichen und sie vor Überraschungen zu schützen (→ § 51 Rn. 15), muss der Beschlussantrag zwar in der Tagesordnung nicht konkret angekündigt werden, er muss aber inhaltlich von der Tagesordnung gedeckt sein. Geht er über den mitgeteilten Beschlussgegenstand hinaus, darf über ihn nicht abgestimmt werden.

12 **b) Recht auf Sachentscheidung.** Der den Beschlussantrag stellende Gesellschafter hat grundsätzlich kein Recht auf eine Sachentscheidung der Gesellschafterversammlung über diesen Antrag (UHL/*Hüffer/Schürnbrand* Rn. 8; aA Baumbach/Hueck/*Zöllner/Noack* Rn. 17). Sowohl eine **Vertagung** der Abstimmung als auch ein **Nichtbefassungsbeschluss** sind möglich. Ausnahmen bestehen aus Gründen des Minderheitenschutzes im Fall des § 50 (→ § 50 Rn. 22), weiter dann, wenn gewichtige Sachgründe eine Beschlussfassung unabdingbar erfordern.

13 **3. Beratung.** Das Gesetz verpflichtet die Gesellschafter nicht zu einer Beratung über die gestellten Anträge. Sie können, wenn kein Beratungsbedarf besteht, sogleich abstimmen. Jedem Gesellschafter einschließlich des vom Stimmrecht ausgeschlossenen muss jedoch, wenn er dies verlangt, aufgrund seines mitgliedschaftlichen Teilnahmerechts Gelegenheit gegeben werden, sich zur Sache zu äußern (→ § 48 Rn. 5). Die Satzung kann das Rederecht des einzelnen Gesellschafters allgemein oder als Ordnungsmaßnahme im Einzelfall zeitlich begrenzen (MHLS/*Römermann* Rn. 373; → § 48 Rn. 15).

4. Abstimmung. Das Gesetz schreibt ein bestimmtes Abstimmungsverfahren nicht vor. Die Gesellschafter können das Verfahren in der Satzung oder in einer Geschäftsordnung regeln; ansonsten entscheiden der Versammlungsleiter bzw. die in der Versammlung anwesenden Gesellschafter darüber mit einfacher Mehrheit. Die **Reihenfolge der Abstimmung** wird regelmäßig durch die Tagesordnung vorgegeben, ohne dass dies allerdings rechtlich verbindlich wäre. Üblicherweise wird über Geschäftsordnungs- und Verfahrensanträge vor den Sachanträgen, bei mehreren Sachanträgen über den weitergehenden vor den weniger weitergehenden abgestimmt (UHL/*Hüffer/Schürnbrand* Rn. 13; Baumbach/Hueck/*Zöllner/Noack* Rn. 15). Abweichungen von diesen rechtlich unverbindlichen Regeln führen nicht zur Anfechtbarkeit der Beschlüsse. Zulässig ist es auch, mehrere Beschlussanträge zu zusammenhängenden Sachfragen in einem Beschlussantrag zusammen zu fassen und zur gemeinsamen Abstimmung zu stellen (sog. **Blockabstimmung**), solange kein anwesender Gesellschafter dieser Verfahrensweise aus sachlichen Gründen widerspricht und eine Einzelabstimmung verlangt (BGH 21.7.2003, NZG 2003, 1023; MüKoGmbHG/*Drescher* Rn. 30; Baumbach/Hueck/*Zöllner/Noack* Rn. 16). Umgekehrt hat ein Gesellschafter keinen Anspruch auf die Zusammenfassung mehrerer Beschlussanträge, um die Mitgesellschafter wegen der sie dann wegen einer gemeinschaftlicher begangenen Pflichtverletzung treffenden Stimmverbots von der Abstimmung auszuschließen und dadurch das Abstimmungsverfahren zu seinen Gunsten zu gestalten (BGH 4.5.2009, ZIP 2009, 2193). 14

5. Mehrheitserfordernisse. a) Mehrheitsprinzip. Anders als bei Personengesellschaften, für die gem. § 119 Abs. 1 HGB bei der Beschlussfassung das Einstimmigkeitsprinzip gilt, kommt es nach Abs. 1 bei der GmbH auf die Mehrheit der abgegebenen Stimmen an; es gilt ebenso wie im Aktienrecht (§ 133 Abs. 1 AktG) das Mehrheitsprinzip. Die einfache Stimmenmehrheit ist erreicht, wenn als Ergebnis der Auszählung die Zahl der gültigen Ja-Stimmen die der gültigen Nein-Stimmen um wenigstens eine Stimme übertrifft. Der Antrag ist abgelehnt, wenn diese Mehrheit nicht erreicht wird; das ist auch bei Stimmengleichstand der Fall. Berücksichtigt werden nur gültige Ja- und Nein-Stimmen; Stimmenthaltungen und ungültige Stimmen werden nicht mitgezählt und insbesondere nicht den Nein-Stimmen zugerechnet (BGH 21.3.1998, BGHZ 104, 66 (74 f.) = NJW 1988, 1844 (1845 f.); BGH 19.7.2011, WM 2011, 1851 Rn. 11). 15

b) Qualifizierte Mehrheitserfordernisse. Das Gesetz verlangt für einige Beschlussgegenstände eine qualifizierte Mehrheit von drei Vierteln der abgegebenen Stimmen. Dabei geht es um Satzungsänderungen einschließlich Erhöhung und Herabsetzung des Stammkapitals (§ 53 Abs. 2), die Auflösung der Gesellschaft (§ 60 Abs. 1 Nr. 2), Verschmelzung, Spaltung und Vermögensübertragung (§ 50 Abs. 1 UmwG, §§ 125, 176, 177 UmwG) und die formwechselnde Umwandlung (§§ 233, 240 UmwG). Dasselbe Mehrheitserfordernis gilt für den Ausschluss eines Gesellschafters (→ § 34 Rn. 148 ff.) und den Beschluss zur Fortsetzung der aufgelösten GmbH (→ § 60 Rn. 68). Bei einer Änderung des Gesellschaftszwecks und bei dem Abschluss eines Unternehmensvertrages ist neben der satzungsändernden Mehrheit von drei Vierteln für den Zustimmungsbeschluss zusätzlich die Zustimmung aller Gesellschafter erforderlich (umstritten, vgl. UHL/*Hüffer/Schürnbrand* Rn. 20). 16

c) Abdingbarkeit. Die gesetzliche Regel des Abs. 1 ist nicht zwingend. Eine **Heraufsetzung** des Erfordernisses der einfachen Mehrheit auf eine Dreiviertelmehrheit bis hin zu einem Einstimmigkeitserfordernis durch die Satzung ist nach einhelliger Auffassung zulässig. Das Abgehen vom Prinzip der einfachen Mehrheit bedarf dabei stets einer eindeutigen Satzungsgrundlage (BGH 25.9.1989, GmbHR 1990, 75 (76). Höhere Mehrheiten können für alle oder für bestimmte Beschlussgegenstände vorgesehen werden. Zulässig ist auch die Verschärfung gesetzlich festgelegter qualifizierter Mehrheiten (UHL/*Hüffer/Schürnbrand* Rn. 18; Scholz/*K. Schmidt* Rn. 9). Nicht zulässig ist die Statuierung einer höheren als der einfachen Mehrheit für den Beschluss über die Abberufung eines Geschäftsführers aus wichtigem Grund (→ § 38 Rn. 35). 17

Findet ein Beschlussantrag zwar die gesetzlich vorgeschriebene Mehrheit, erreicht er aber nicht eine nach der Satzung notwendige höhere Mehrheit, so fehlt es an einem Beschluss (UHL/*Hüffer/Schürnbrand* Rn. 21; MüKoGmbHG/*Drescher* Rn. 50; MHLS/*Römermann* Rn. 565); der Beschluss ist nicht etwa – wenn auch anfechtbar – zustande gekommen. Ein in der Satzung enthaltenes Einstimmigkeitserfordernis ist idR dahin auszulegen, dass es ausreicht, wenn alle Gesellschafter, die sich an der Abstimmung beteiligen, mit Ja stimmen; auf die Stimmen von Gesellschaftern, die sich an der Abstimmung nicht beteiligen, sowie auf ungültige Stimmen kommt es nicht an (UHL/*Hüffer/Schürnbrand* Rn. 22). Sieht die Satzung vor, dass die Gesellschafterstämme die ihnen eingeräumten Rechte nur gemeinschaftlich und einheitlich durch einen gemeinsamen Bevollmächtigten ausüben können, so hat dies noch nicht zur Folge, dass innerhalb der Gesellschafterstämme das Einstimmigkeitsprinzip gilt; dazu bedarf es vielmehr einer besonderen Satzungsregelung (BGH 25.9.1989, GmbHR 1990, 75 (76)). 18

Eine **Herabsetzung** des Mehrheitserfordernisses des Abs. 1 durch die Satzung ist grundsätzlich unzulässig. Eine Regelung des Inhalts, dass die Minderheit die Mehrheit überstimmt, ist allerdings nach einhelliger Meinung ausgeschlossen (MüKoGmbHG/*Drescher* Rn. 51). Vom Gesetz angeordnete qualifizierte Mehrheiten können wegen der von ihnen zugunsten der Minderheitsgesellschafter verfolgten 19

Schutzfunktionen nur ausnahmsweise abgesenkt werden (UHL/*Hüffer/Schürnbrand* Rn. 24 f.; Scholz/*K. Schmidt* Rn. 10; Baumbach/Hueck/*Zöllner/Noack* Rn. 24; MHLS/*Römermann* Rn. 576 ff.). Für Satzungsänderungen folgt die Unzulässigkeit aus § 53 Abs. 2 S. 2. Möglich ist aber entsprechend § 60 Abs. 1 Nr. 2 die Verankerung der einfachen Mehrheit für den Auflösungs- und den Fortsetzungsbeschluss. Für Wahlen (Geschäftsführer, Aufsichts- und Beirat) kann die relative Mehrheit der Stimmen als ausreichend vorgesehen werden, ggf. kombiniert mit einer Stichwahl. Das Verhältniswahlrecht ist zulässig, wenn gleichzeitig mehrere Organpersonen zu bestellen sind. Für den Fall der Stimmengleichheit kann die Satzung eine Mehrheitsentscheidung dadurch herbeiführen, dass sie einem bestimmten Gesellschafter einen Stichentscheid zubilligt. Eine Mehrheit darf allerdings auf diese Weise nicht überstimmt werden. Vorgesehen werden darf hingegen, dass ein Beschluss nicht ohne die Stimme oder gegen den Widerspruch eines bestimmten Gesellschafters, der allerdings bei der Ausübung seines Stimmrechts gesteigerten Treuepflichten unterliegt, zustande kommt (OLG Stuttgart 8.10.1999, NZG 2000, 490 (492 ff.)).

20 **6. Protokollierung und Ergebnisfeststellung.** Eine notarielle Beurkundung schreibt das Gesetz in § 53 Abs. 2 nur für satzungsändernde Beschlüsse vor; nach § 48 Abs. 3 besteht eine Protokollierungspflicht für den Alleingesellschafter. Nicht satzungsändernde Gesellschafterbeschlüsse bedürfen zu ihrer Wirksamkeit weder einer Form noch muss ihr Zustandekommen ausdrücklich – etwa durch den Versammlungsleiter (→ § 48 Rn. 14) – festgestellt werden; die Vorschrift des § 130 Abs. 1, 2 AktG, die die notarielle Beurkundung von Hauptversammlungsbeschlüssen vorsieht, ist auf die GmbH nicht entsprechend anzuwenden (allgM; BGH 9.12.1968, BGHZ 51, 209 (212) = NJW 1969, 841 (842); BGH 28.1.1980, BGHZ 76, 154 (156) = NJW 1980, 1527; UHL/*Hüffer/Schürnbrand* Rn. 28; MüKoGmbHG/*Drescher* Rn. 56; Baumbach/Hueck/*Zöllner/Noack* Rn. 26; MHLS/*Römermann* Rn. 582 f.). Der Beschluss ist auch ohne Feststellung antragsgemäß gefasst, wenn die Gesellschafter in der Abstimmung mit der erforderlichen Mehrheit für ihn gestimmt haben.

21 Die **Satzung** kann bestimmen, dass das Ergebnis der Beschlussfassung durch den Versammlungsleiter festzustellen und zu verkünden ist, um durch förmliches Festhalten des Beschlussergebnisses die Unsicherheit darüber zu beseitigen, ob ein wirksamer Beschluss gefasst wurde. Von dieser Möglichkeit wird in der Praxis häufig Gebrauch gemacht mit der Folge, dass der Versammlungsleiter gezwungen ist, das Ergebnis der Abstimmung festzustellen; damit steht fest, dass nach seiner Auffassung ein Beschluss mit bestimmtem Inhalt wirksam zustande gekommen ist. Eine sachlich unrichtige Beschlussfeststellung – es wurde etwa die erforderliche Stimmenmehrheit nicht erreicht – ist mit der **Anfechtungsklage** anzugreifen; die **Feststellungsklage,** dass ein bestimmter Beschluss gefasst worden sei, ist nur eröffnet, wenn eine Beschlussfeststellung fehlt. Weiter kann der Gesellschafter im Fall fehlerhafter positiver oder negativer Beschlussfeststellung durch den Versammlungsleiter die Anfechtungsklage mit der Beschlussfeststellungsklage in der Weise verbinden, dass neben der Beseitigung des fehlerhaften Beschlusses das in Wahrheit Beschlossene gerichtlich festgestellt wird (BGH 26.10.1983, BGHZ 88, 320 (329 f.) = NJW 1984, 489 (491 f.); BGH 21.3.1988, BGHZ 104, 66 (69) = NJW 1988, 1841).

22 **7. Sonstige Wirksamkeitserfordernisse. a) Form.** Die notarielle Beurkundung ist nur für satzungsändernde Beschlüsse sowie Beschlüsse über Verschmelzung, Spaltung, Vermögensübertragung und formwechselnde Umwandlung (→ Rn. 16) vorgeschrieben. Die Satzung kann für weitere Beschlussgegenstände die notarielle Beurkundung anordnen und so die Wirksamkeit des Beschlusses von der Einhaltung dieser Form abhängig machen; sie kann weiter die Protokollierung in Schriftform vorsehen (→ § 48 Rn. 18).

23 **b) Eintragung in das Handelsregister.** Gesellschafterbeschlüsse müssen grundsätzlich nicht in das Handelsregister eingetragen werden. Etwas anderes gilt für satzungsändernde Beschlüsse (§ 54 Abs. 3), Grundlagenbeschlüsse (→ Rn. 16) und Beherrschungs- und/oder Gewinnabführungsverträge, weil dort die Eintragung konstitutiv wirkt.

24 **c) Zustimmungserfordernisse.** Die Wirksamkeit eines Gesellschafterbeschlusses kann neben dem Erreichen der nach Gesetz oder Satzung erforderlichen Stimmenmehrheit von der Zustimmung einzelner oder aller Gesellschafter bzw. von Gesellschaftergruppen abhängen. Dieses von der Stimmabgabe zu unterscheidende **Einverständnis mit dem Beschluss** kann formlos auch außerhalb der Gesellschafterversammlung erklärt werden; die positive Stimmabgabe in der Gesellschafterversammlung macht eine gesonderte Zustimmungserklärung entbehrlich. Der Beschluss ist bis zur Erteilung der Zustimmung schwebend unwirksam, er wird endgültig unwirksam, wenn diese versagt wird (UHL/*Hüffer/Schürnbrand* Rn. 33; MüKoGmbHG/*Drescher* Rn. 63; MHLS/*Römermann* Rn. 608 ff.). Die Unwirksamkeit tritt auch dann ein, wenn nur eine von mehreren erforderlichen Zustimmungserklärungen ausbleibt. Zustimmungspflichten bestehen etwa bei der Vermehrung der den Gesellschaftern nach der Satzung obliegenden Leistungen (§ 53 Abs. 3), bei der Beeinträchtigung von Sonderrechten, bei einer Änderung des Gesellschaftszwecks und bei dem Abschluss von Unternehmensverträgen; weitere Anwendungsfälle finden sich im Umwandlungsrecht (UHL/*Hüffer/Schürnbrand* Rn. 32; Baumbach/Hueck/*Zöllner/Noack* Rn. 29; MHLS/*Römermann* Rn. 603 ff.).

Die **Satzung** kann weitere Zustimmungserfordernisse aufstellen, indem sie etwa die Zustimmung von einzelnen Gesellschaftern zu bestimmten Beschlussgegenständen fordert. Sie kann die Wirksamkeit von Gesellschafterbeschlüssen aber nicht von der Zustimmung **Dritter** abhängig machen (allgM; UHL/*Hüffer/Schürnbrand* Rn. 34; Baumbach/Hueck/*Zöllner/Noack* Rn. 30; MHLS/*Römermann* Rn. 619), weil dadurch Nichtgesellschaftern eine unzulässige Einflussnahme auf die gesellschaftsinterne Willensbildung gestattet werden würde. 25

III. Trägerschaft und Ausübung des Stimmrechts

1. Stimmrecht. Das Stimmrecht bedeutet das mitgliedschaftliche Recht des Gesellschafters, durch Stimmabgabe an der Willensbildung der Gesellschaft mitzuwirken. Es ist mit dem Geschäftsanteil verbunden; Dritte sind davon ausgeschlossen. Zulässig sind jedoch auch **stimmrechtslose Geschäftsanteile** (allgM; BGH 14.7.1954, BGHZ 14, 264 (269 ff.) = NJW 1954, 1563; Baumbach/Hueck/*Zöllner/Noack* Rn. 33, 69 ff.). Anders als im Aktienrecht (§ 139 AktG) müssen sie nicht mit einem Gewinnvorzug ausgestattet werden. Stimmrechtslose Geschäftsanteile können durch die Gründungssatzung oder per Satzungsänderung, die der Zustimmung des betroffenen Gesellschafters bedarf, geschaffen werden. Anders als bei der AG (§ 139 Abs. 2 AktG) gibt es für sie keine Begrenzung auf die Hälfte des Stammkapitals; ihre Einführung darf aber nicht so weit gehen, dass der Gesellschaft letztlich ein entscheidungsfähiges Willensbildungsorgan fehlt (UHL/*Hüffer/Schürnbrand* Rn. 58; Baumbach/Hueck/*Zöllner/Noack* Rn. 70). Zustimmungserfordernisse (→ Rn. 24) bleiben bei stimmlosen Geschäftsanteilen bestehen (Baumbach/Hueck/*Zöllner/Noack* Rn. 33; Roth/Altmeppen/*Altmeppen* Rn. 36), ebenso die Rechte auf Teilnahme an den Gesellschafterversammlungen, auf Information und auf Anfechtung von Beschlüssen. 26

Von der GmbH erworbene **eigene Geschäftsanteile** (§ 33) verschaffen kein Stimmrecht; dieses **ruht** und darf während des Zeitraums, für den die GmbH den Geschäftsanteil hält, nicht ausgeübt werden (UHL/*Hüffer/Schürnbrand* Rn. 46; Baumbach/Hueck/*Zöllner/Noack* Rn. 57 f.; Scholz/*K. Schmidt* Rn. 24; Rowedder/Schmidt-Leithoff/*Ganzer* Rn. 31; MHLS/*Römermann* Rn. 64 ff.). Das entspricht der Regelung in § 71b AktG. Für von einem Dritten im eigenen Namen, aber für Rechnung der GmbH erworbene Geschäftsanteile sowie für Geschäftsanteile, die ein abhängiges Unternehmen an der GmbH hält, gilt analog § 71d AktG dasselbe. 27

2. Stimmpflicht. Der Gesellschafter ist in der Ausübung seines Stimmrechts grundsätzlich frei. Die gesellschaftliche Treuepflicht kann jedoch für den Gesellschafter insbesondere der personalistisch strukturierten GmbH **positive Stimmpflichten** zur Abstimmung in einem bestimmten Sinn begründen. Zur Begründung einer Zustimmungspflicht des Gesellschafters oder für die Annahme der Unwirksamkeit der Stimmabgabe genügt es nicht, dass eine Maßnahme im Interesse der Gesellschaft liegt, die Zwecke der Gesellschaft fördert und die Zustimmung dem Gesellschafter zumutbar ist. Die Treuepflicht gebietet eine Abstimmung in einem bestimmten Sinn nur dann, wenn die zu beschließende Maßnahme zur Erhaltung wesentlicher Werte, die die Gesellschafter geschaffen haben, oder zur Vermeidung erheblicher Verluste, die die Gesellschaft bzw. die Gesellschafter erleiden könnten, objektiv unabweisbar erforderlich und den Gesellschaftern bei Berücksichtigung ihrer eigenen schutzwürdigen Belange zumutbar ist, Gesellschaftszweck und Interesse der Gesellschaft gerade diese Maßnahme zwingend gebieten und der Gesellschafter seine Zustimmung ohne vertretbaren Grund verweigert (BGH 12.4.2016, NZG 2016, 781 Rn. 13; BGH 25.9.1986, BGHZ 98, 276 (279 f.) = NJW 1987, 189 (190); MüKoGmbHG/*Drescher* Rn. 257 ff.; Baumbach/Hueck/*Zöllner/Noack* Rn. 111; Scholz/*K. Schmidt* Rn. 31; Roth/Altmeppen/*Altmeppen* Rn. 41 ff.). Eine positive Stimmpflicht kann weiter dann in Betracht kommen, wenn ein Gesellschafter einen wichtigen Grund gesetzt hat und er im Wege der Zwangseinziehung oder der Ausschließung aus der Gesellschaft entfernt werden soll; dies jedoch nur, wenn nach umfassender Interessenabwägung ein Verbleib des betroffenen Gesellschafters unzumutbar erscheint (BGH 24.2.2003, DStR 2003, 245 (246) mAnm *Goette*). Weitere positive Stimmpflichten können im Zusammenhang mit der Bestellung und Abberufung von Geschäftsführern (BGH 19.11.1990, NJW 1991, 846; OLG Hamm 8.7.1985, ZIP 1986, 1188 (1194); OLG Düsseldorf 8.6.1999, NJW 1999, 1122 (1123)), bei der Zustimmung zur Übertragung eines Geschäftsanteils (OLG Koblenz 12.1.1989, NJW-RR 1989, 1057 (1059)) und bei der Ausübung von Minderheitsrechten (OLG Stuttgart 8.10.1999, NZG 2000, 490 (494 f.)) bestehen. Bei Beschlussfassungen zu Geschäftsführungsmaßnahmen ist ein bestimmtes Abstimmungsverhalten nur ausnahmsweise geboten, wenn die vorgeschlagene Maßnahme im Hinblick auf den Bestand der Gesellschaft unabdingbar ist (OLG Hamm 9.12.1991, GmbHR 1992, 612 (613)). Prozessual durchgesetzt werden Stimmpflichten nach denselben Grundsätzen wie Pflichten aus Stimmbindungsverträgen (→ Rn. 93 ff.). 28

3. Stimmabgabe. a) Rechtsnatur. Die auf die Herbeiführung oder die Ablehnung einer Beschlussfassung gerichtete Stimmabgabe des Gesellschafters ist **empfangsbedürftige Willenserklärung,** auf die die Bestimmungen der §§ 104 ff. BGB über Rechtsgeschäfte in vollem Umfang anwendbar sind (allgM; BGH 14.7.1954, BGHZ 14, 264 (267) = NJW 1954, 1563; BGH 29.5.1967, BGHZ 48, 163 (173) = 29

NJW 1967, 1963; MüKoGmbHG/*Drescher* Rn. 31 f.; UHL/*Hüffer/Schürnbrand* Rn. 44; Baumbach/Hueck/*Zöllner/Noack* Rn. 8). Erklärungsempfänger ist die durch den Versammlungsleiter, die Geschäftsführer – etwa im Fall des § 48 Abs. 2 – oder die von den weiteren Gesellschaftern vertretene Gesellschaft. Die Stimmabgabe erfordert Geschäftsfähigkeit; fehlt diese, so nehmen die gesetzlichen Vertreter das Stimmrecht wahr. Die Grundsätze über Zugang, Auslegung, Anfechtbarkeit und Nichtigkeit rechtsgeschäftlicher Erklärungen sind anwendbar. Willenserklärung ist auch die Stimmenthaltung.

30 **b) Einheitliche Stimmabgabe.** Jeder Gesellschafter, der nur einen Geschäftsanteil hält, aber nach Abs. 2 mehrere Stimmen besitzt, kann nur einheitlich abstimmen (ganz hM; BGH 17.9.1964, GmbHR 1965, 32; BGH 21.3.1988, BGHZ 104, 66 (74) = NJW 1988, 1844 (1845); UHL/*Hüffer/Schürnbrand* Rn. 59 f.; Baumbach/Hueck/*Zöllner/Noack* Rn. 20; aA MHLS/*Römermann* Rn. 463). Im Grundsatz gilt dies auch, wenn ein Gesellschafter mehrere Geschäftsanteile hält; eine uneinheitliche Stimmabgabe ist nur bei einem berechtigten Interesse zulässig (UHL/*Hüffer/Schürnbrand* Rn. 61 f.; Baumbach/Hueck/*Zöllner/Noack* Rn. 20; Rowedder/Schmidt-Leithoff/*Ganzer* Rn. 15; für generelle Zulässigkeit gespaltener Stimmabgabe MüKoGmbHG/*Drescher* Rn. 39 ff.; Scholz/*K. Schmidt* Rn. 72; MHLS/*Römermann* Rn. 466; Roth/Altmeppen/*Altmeppen* Rn. 53; *Blasche* GmbHR 2016, 99 ff.). Ein derartiges Interesse besteht dann, wenn der Gesellschafter hinsichtlich einzelner von ihm gehaltener Geschäftsanteile wirksame Stimmbindungen eingegangen ist oder die Interessen von Treugebern, Nießbrauchern oder Pfandrechtsgläubigern zu wahren hat. Die Rechtsfolge der unzulässigen **gespaltenen Stimmabgabe** ist die Wertung als Stimmenthaltung (UHL/*Hüffer/Schürnbrand* Rn. 63; Scholz/*K. Schmidt* Rn. 71). Die Satzung kann das Verbot uneinheitlicher Stimmabgabe bei einem Geschäftsanteil nicht beseitigen, sie kann Inhabern mehrerer Geschäftsanteile eine gespaltene Stimmabgabe sowohl verbieten wie gestatten (str.; UHL/*Hüffer/Schürnbrand* Rn. 65; Scholz/*K. Schmidt* Rn. 73 f.; MHLS/*Römermann* Rn. 471 ff.; Baumbach/Hueck/*Zöllner/Noack* Rn. 20).

31 **4. Träger des Stimmrechts. a) Gesellschafter.** Träger des mit dem Geschäftsanteil verbundenen Stimmrechts ist der Gesellschafter. Die Gesellschaftereigenschaft richtet sich nach § 16 Abs. 1. Bei einer Veränderung in den Personen der Gesellschafter kommt es auf die Eintragung in der Gesellschafterliste (§ 40) an. Die Gesellschaftereigenschaft kann weiter durch **Kaduzierung** (§§ 21, 28), **Preisgabe** (§ 27), **Einziehung** (§ 34) oder **Ausschließung** aus wichtigem Grund verloren gehen; das Stimmrecht verliert der davon betroffene Gesellschafter allerdings erst mit dem Wirksamwerden des Verlusts der Mitgliedschaft (vgl. dazu die Erläuterungen zu den genannten Vorschriften). Im Fall von Einziehung und Ausschließung tritt der Verlust der Mitgliedschaft und damit des Stimmrechts mit der Mitteilung des Beschlusses an den betroffenen Gesellschafter ein; das Wirksamwerden steht nicht unter der aufschiebenden Bedingung, dass das Abfindungsentgelt gezahlt bzw. im Augenblick der Auszahlung der Abfindung genügend durch die gesetzlichen Kapitalerhaltungsregeln nicht gebundenes Gesellschaftsvermögen vorhanden ist (BGH 24.1.2012, NZG 2012, 259 Rn. 13 ff.). Das Stimmrecht eines Gesellschafters, dessen Ausscheiden aufgrund Kündigung oder Austritt unmittelbar bevorsteht, ruht im Zeitraum zwischen Kündigungs- bzw. Austrittserklärung und Ausscheiden nicht, es sei denn, die Satzung sieht dies vor; die gesellschaftliche Treuepflicht schränkt sein Interesse an einer Mitsprache in Angelegenheiten der Gesellschaft jedoch erheblich ein und verbietet ihm grundsätzlich, gegen Maßnahmen zu stimmen, die seine Vermögensinteressen nicht beeinträchtigen können (BGH 26.10.1983, BGHZ 88, 320 (325 ff.) = NJW 1984, 489 (490 f.); OLG Celle 23.2.1983, WM 1983, 427 (429); OLG Düsseldorf 25.2.2000, NZG 2000, 1180 (1181)).

32 **b) Juristische Personen, Personenmehrheiten.** Gesellschafter einer GmbH können neben natürlichen auch juristische Personen oder Personenmehrheiten sein. Bei juristischen Personen üben die organschaftlichen Vertreter das Stimmrecht aus, bei Personengesellschaften die vertretungsberechtigten Gesellschafter. Im Fall der Mitberechtigung Mehrerer an einem Geschäftsanteil – zB Erben- oder Bruchteilsgemeinschaft – gilt § 18; das Stimmrecht steht, falls nicht ein gemeinsamer Vertreter bestellt ist, allen Mitberechtigten gemeinschaftlich zu, kann aber nur einheitlich ausgeübt werden.

33 **c) Treuhand, Pfandrecht, Nießbrauch.** Im Fall treuhänderischer Übertragung des Geschäftsanteils geht auch das Stimmrecht über; stimmberechtigt ist der **Treuhänder** und nicht der Treugeber (allgM; BGH 21.3.1988, BGHZ 104, 66 (74 f.) = NJW 1988, 1844 (1845 f.); Baumbach/Hueck/*Zöllner/Noack* Rn. 35). Das **Pfandrecht** am Geschäftsanteil verschafft dem Pfandgläubiger kein Mitverwaltungs- und damit kein Stimmrecht, wobei es ohne Bedeutung ist, ob im Einzelfall die Art und Weise der Ausübung des Stimmrechts oder der Inhalt der Gesellschafterbeschlüsse das Pfandrecht beeinträchtigt (allgM; UHL/*Hüffer/Schürnbrand* Rn. 50; Baumbach/Hueck/*Zöllner/Noack* Rn. 35). Das Stimmrecht verbleibt bei dem Gesellschafter, es kann dem Pfandgläubiger allerdings im Wege der Bevollmächtigung übertragen werden. Bei **Nießbrauch** am Geschäftsanteil bleibt der Gesellschafter stimmberechtigt (OLG Koblenz 16.1.1992, NJW 1992, 2163 (2164 f.); Baumbach/Hueck/*Zöllner/Noack* Rn. 35; Rowedder/Schmidt-Leithoff/*Ganzer* Rn. 29; Roth/Altmeppen/*Altmeppen* Rn. 20); auch der Nießbraucher kann sich aber zwecks Wahrnehmung seiner Interessen zur Ausübung des Stimmrechts bevollmächtigen lassen. Höchstrichterlich bisher nicht geklärt ist die Frage, ob dem Nießbraucher – jedenfalls für bestimmte

Beschlussgegenstände oder gemeinsam mit dem Gesellschafter – ein eigenständiges Stimmrecht zusteht, wenn er mit Zustimmung der anderen Gesellschafter durch die Bestellung des Nießbrauchs die wirtschaftliche Stellung eines Gesellschafters erlangt hat (BGH 22.1.1996, DStR 1996, 713 mAnm *Goette;* UHL/*Hüffer/Schürnbrand* Rn. 53; Lutter/Hommelhoff/*Bayer* Rn. 4).

d) Amtswalter, gesetzliche Vertreter. Insolvenz- und Nachlassverwalter sowie Testamentsvollstrecker werden nicht Träger des Stimmrechts, üben dieses aber aus, wenn der Geschäftsanteil ihrer Verwaltung unterliegt (BGH 31.5.2011, BGHZ 190, 45 = NZG 2011, 902 Rn. 7; BGH 13.5.2014, BGHZ 201, 216 (225 f.) = NZG 2014, 945). Für den **geschäftsunfähigen** Gesellschafter stimmt dessen gesetzlicher Vertreter ab, bei Kindern regelmäßig die Eltern oder – bei geschäftsunfähigen Erwachsenen – der Betreuer. 34

5. Verbot der Stimmrechtsabspaltung. Das mit dem Geschäftsanteil verbundene Stimmrecht kann nicht vom Mitgliedschaftsrecht abgespalten und isoliert einem Dritten auf Dauer übertragen werden (allgM; BGH 25.2.1965, BGHZ 43, 261 (267) = NJW 1965, 1378; BGH 2.12.1967, NJW 1968, 396 (397); BGH 17.11.1986, NJW 1987, 780; BayObLG 21.11.1985, NJW-RR 1986, 713; MüKoGmbHG/*Drescher* Rn. 75; Rowedder/Schmidt-Leithoff/*Ganzer* Rn. 25 f.; Baumbach/Hueck/*Zöllner/Noack* Rn. 40). Auch durch Satzungsregelung kann einem Dritten ein von der Mitgliedschaft unabhängiges Stimmrecht nicht eingeräumt werden. Unzulässig ist weiter die sog. **Legitimationszession** entsprechend § 129 Abs. 3 AktG, durch die ein Nichtgesellschafter ermächtigt wird, das Stimmrecht eines Gesellschafters im eigenen Namen auszuüben (Baumbach/Hueck/*Zöllner/Noack* Rn. 41; Scholz/*K.Schmidt* Rn. 21; offengelassen von BayObLG 21.11.1985, NJW-RR 1986, 713; für Zulässigkeit UHL/*Hüffer/Schürnbrand* Rn. 55; Rowedder/Schmidt-Leithoff/*Ganzer* Rn. 30). Eine unzulässige Ermächtigung wird jedoch häufig in eine entsprechende Stimmrechtsvollmacht nach Abs. 3 umzudeuten sein (OLG Hamburg 22.2.1989, NJW 1989, 1865 (1866 f.)). 35

6. Stimmrechtsausübung durch Bevollmächtigte (Abs. 3). a) Zulässigkeit. Abs. 3 setzt voraus, dass das Stimmrecht nicht durch den Gesellschafter persönlich ausgeübt werden muss, sondern dass auch eine Stimmabgabe durch Bevollmächtigte zulässig ist. Erfasst sind nur die Fälle rechtsgeschäftlich erteilter Vollmacht (§§ 164 ff. BGB); die Vorschrift betrifft nicht die Stimmrechtsausübung durch gesetzliche oder organschaftliche Vertreter eines Gesellschafters sowie Amtswalter und Betreuer. Die Vollmacht bedarf zu ihrer Gültigkeit der Textform des § 126b BGB. 36

b) Erteilung der Vollmacht. Die Vollmacht wird gem. § 167 BGB durch einseitige empfangsbedürftige Willenserklärung des Gesellschafters gegenüber dem Bevollmächtigten oder der Gesellschaft erteilt. Um die **Textform des § 126b BGB** zu erfüllen, muss sie in einer Urkunde oder in einer anderen zur dauerhaften Wiedergabe in Schriftzeichen geeigneten Weise abgegeben werden. Dafür genügen neben Verkörperungen auf Papier, Diskette und CD-ROM auch per E-Mail und Computerfax übermittelte Erklärungen, die der Empfänger speichern und ausdrucken kann. Schriftform (§ 126 BGB), notarielle Beurkundung und elektronische Form (§ 126a BGB) erfüllen ebenfalls die Anforderungen. Die Person des Erklärenden muss genannt werden; der Abschluss der Erklärung muss durch – nicht notwendig eigenhändige – Namensunterschrift oder in sonst geeigneter Weise kenntlich gemacht werden. Die Vollmachtsurkunde ist grundsätzlich in deutscher Sprache zu erstellen; eine von einem ausländischen Gesellschafter in fremder Sprache erteilte Vollmacht dürfen die anderen Gesellschafter jedoch dann nicht zurückweisen, wenn dies ein mit der gesellschaftlichen Treuepflicht unvereinbares Beharren auf einer formalen Rechtsposition darstellt, etwa weil der Inhalt der Vollmacht leicht zu ermitteln ist (OLG Brandenburg 29.7.1998, NJW-RR 1999, 543 (545 f.)). 37

c) Form. Die Textform ist ausweislich des Gesetzeswortlauts **Wirksamkeitserfordernis** für die Stimmabgabe durch den Bevollmächtigten (BGH 14.12.1967, BGHZ 49, 183 (194) = NJW 1968, 743 (745); UHL/*Hüffer/Schürnbrand* Rn. 104 f.; MüKoGmbHG/*Drescher* Rn. 104; Baumbach/Hueck/*Zöllner/Noack* Rn. 51; Lutter/Hommelhoff/*Bayer* Rn. 29; Roth/Altmeppen/*Altmeppen* Rn. 32); sie dient nicht lediglich dessen Legitimation (so aber Scholz/*K. Schmidt* Rn. 85; Rowedder/Schmidt-Leithoff/*Ganzer* Rn. 54; MHLS/*Römermann* Rn. 413). Im Ausnahmefall kann aber die Stimmabgabe durch den Vertreter trotz nicht formgültig erteilter Vollmacht wirksam sein; das ist etwa anzunehmen, wenn die Berufung auf den Formmangel gegen Treu und Glauben (§ 242 BGB) verstößt. Einer in Textform erteilten Vollmacht und deren Vorlage in der Gesellschafterversammlung bedarf es insbesondere dann nicht, wenn die Vollmachtserteilung sämtlichen Gesellschaftern bekannt ist und niemand Widerspruch gegen die Stimmabgabe des Vertreters erhebt (BGH 14.12.1967, BGHZ 49, 183 (194) = NJW 1968, 743 (745); BayObLG 8.12.1988, NJW-RR 1989, 807; KG 10.3.2000, NZG 2000, 787 (788); FG Sachsen-Anhalt 16.11.2000, GmbHR 2001, 733). Darüber hinaus kann die Vollmacht bei Anwesenheit sämtlicher Gesellschafter auch in der Gesellschafterversammlung formlos erteilt werden, wenn kein schutzwürdiges Interesse daran besteht, eine nur mündlich erteilte Vollmacht nicht gelten zu lassen (BHG 14.12.1967, BGHZ 49, 183 (194) = NJW 1968, 743 (745); UHL/*Hüffer/Schürnbrand* Rn. 105; krit. Baumbach/Hueck/*Zöllner/Noack* Rn. 52). Schließlich besteht für den vertretenen Gesellschafter 38 die Möglichkeit, das Vertreterhandeln – etwa durch das Nachreichen der Vollmacht in Textform – entsprechend § 177 Abs. 1 BGB, § 180 S. 2 BGB zu genehmigen (BayObLG 8.12.1988, NJW-RR 1989, 807; FG LSA 16.11 2000, GmbHR 2001, 733).

39 **d) Legitimation des Bevollmächtigten.** Der Vertreter muss sich auf Verlangen in der Gesellschafterversammlung durch die Vorlage der in Textform oder einer gleichwertigen Form ausgestellten **Vollmachtsurkunde** legitimieren. Eine Verwahrung der Vollmachtsurkunde durch die Gesellschaft ist nicht vorgeschrieben, aber im Hinblick auf mögliche Beschlussmängel zweckmäßig (Baumbach/Hueck/*Zöllner/Noack* Rn. 54). Bei Prokuristen ist der Nachweis der Vertretungsmacht durch die Vorlage eines Handelsregisterauszuges zu führen. Der Vertreter, der sich trotz Aufforderung nicht in der vorgeschriebenen Form legitimiert, hat kein Recht, zur Teilnahme an der Versammlung und der Abstimmung zugelassen zu werden. In seiner Abwesenheit gefasste Beschlüsse sind wirksam, auch wenn ihm tatsächlich eine gültige Vollmacht erteilt worden war (UHL/*Hüffer/Schürnbrand* Rn. 106). Wird der Vertreter trotz fehlender Legitimation zugelassen, weil kein Gesellschafter widerspricht, so sind die in der Versammlung gefassten Beschlüsse nicht anfechtbar, wenn er eine gültige Vollmacht besaß; andernfalls ist eine Genehmigung der Stimmabgabe durch den vertretenen Gesellschafter erforderlich. Der unberechtigte Ausschluss des bevollmächtigten und durch die Vorlage der Urkunde legitimierten Vertreters von der Teilnahme an der Versammlung führt zur Anfechtbarkeit der in seiner Abwesenheit gefassten Beschlüsse; wird ihm dagegen nur die Teilnahme an der Abstimmung verweigert, so kommt es für die Anfechtbarkeit darauf an, ob der Mangel für das Ergebnis kausal ist (UHL/*Hüffer/Schürnbrand* Rn. 106; Baumbach/Hueck/*Zöllner/Noack* Rn. 54).

40 **e) Person des Bevollmächtigten.** Der Gesellschafter kann die Person des Bevollmächtigten vorbehaltlich zulässiger Einschränkungen durch die Satzung frei bestimmen. Grenzen folgen allerdings aus den Treuepflichten zur Gesellschaft und zu den Mitgesellschaftern. Ein Vertreter, der in einem Konkurrenzverhältnis zur Gesellschaft steht oder der wegen früherer Verfehlungen oder Zerwürfnisse für die Mitgesellschafter unzumutbar ist, kann zurückgewiesen werden (UHL/*Hüffer/Schürnbrand* Rn. 108; Baumbach/Hueck/*Zöllner/Noack* Rn. 45). Die Satzung kann anordnen, dass der Vertreter eine zur beruflichen Verschwiegenheit verpflichtete Person oder ein Mitgesellschafter bzw. ein Geschäftsführer sein muss. Auch die Bevollmächtigung mehrerer Personen ist zulässig, wenngleich das Teilnahmerecht regelmäßig nur von einem der Vertreter ausgeübt werden darf (→ § 48 Rn. 35). Mehrere Einzelvertreter müssen sich hinsichtlich der Teilnahme abstimmen; ansonsten können die Mitgesellschafter oder der Versammlungsleiter den zuerst erschienenen Vertreter zulassen und die anderen Vertreter zurückzuweisen. Ist den Bevollmächtigten Gesamtvertretungsmacht erteilt, so müssen diese dem zur Versammlung erschienen Vertreter Untervollmacht erteilen.

41 **f) Unwiderrufliche und verdrängende Vollmacht.** Die Erteilung einer **widerruflichen** Stimmrechtsvollmacht ist unproblematisch zulässig. **Unwiderrufliche** Vollmachten sind hingegen wegen des auch im GmbH-Recht geltenden Abspaltungsverbotsgrundsätzlich unzulässig (UHL/*Hüffer/Schürnbrand* Rn. 101; Lutter/Hommelhoff/*Bayer* Rn. 28; MHLS/*Römermann* Rn. 435); das Stimmrecht kann nicht vom Mitgliedschaftsrecht abgespalten und isoliert übertragen werden (BGH 25.2 1965, BGHZ 43, 261 (267) = NJW 1965, 1378; BGH 17.11.1986, NJW 1987, 780 f.). Ausnahmen bestehen nur für den Fall, dass der Bevollmächtigte wirtschaftlich die Stellung eines Gesellschafters hat, also insbesondere im Fall von **Treuhandverhältnissen,** bei denen dem Treugeber als dem wirtschaftlichen Inhaber der Mitgliedschaft das Stimmrecht übertragen wird und letztlich keine Abspaltung vorliegt. Nach weitergehender Auffassung (Scholz/*K. Schmidt* Rn. 83; Baumbach/Hueck/*Zöllner/Noack* Rn. 50; Roth/Altmeppen/*Altmeppen* Rn. 31 f.) ist eine unwiderrufliche Stimmrechtsvollmacht zulässig, wenn stets die Kündigung aus wichtigem Grund vorbehalten bleibt und sichergestellt ist, dass die Vollmacht mit dem Ende des zugrundeliegenden Rechtsverhältnisses erlischt. Die Unwiderruflichkeit wirkt dabei nur schuldrechtlich im Verhältnis des Gesellschafters zum Bevollmächtigten; beteiligt sich der vollmachtgebende Gesellschafter an der Abstimmung, so ist seine Stimme maßgeblich, die Vollmacht verliert gegenüber der Gesellschaft ihre Wirkung.

42 Unzulässig ist eine **verdrängende** Vollmacht, die dem Vollmachtgeber die Stimmabgabe nicht nur schuldrechtlich untersagt, sondern darüber hinaus einen Verlust des Stimmrechts des vertretenen Gesellschafters mit Außenwirkung herbeiführen soll. Eine derartige Vereinbarung verstößt, weil sie im Ergebnis auf eine Abtretung des Stimmrechts hinausläuft, gegen das Abspaltungsverbot (UHL/*Hüffer/Schürnbrand* Rn. 101).

43 **g) Vertreter ohne Vertretungsmacht.** Wird der Bevollmächtigte zur Stimmabgabe zugelassen, obwohl er keine bzw. keine formwirksam erteilte Vollmacht besitzt, so hängt die Wirksamkeit der Stimmabgabe, die Willenserklärung ist, von der Genehmigung durch den vertretenen Gesellschafter ab (§ 180 S. 2 BGB, § 177 Abs. 1 BGB) (allgM; OLG Frankfurt a. M. 24.2.2003, NZG 2003, 438; OLG München 5.10.2010, ZIP 2011, 772 Rn. 6 f.; UHL/*Hüffer/Schürnbrand* Rn. 107; MüKoGmbHG/*Drescher* Rn. 117; Baumbach/Hueck/*Zöllner/Noack* Rn. 55; Scholz/*K. Schmidt* Rn. 87). Die Stimmabgabe des vollmachtlosen Vertreters ist bis dahin schwebend unwirksam. Die Gesellschaft kann den

betreffenden Gesellschafter nach § 177 Abs. 2 BGB zur Erklärung über die Genehmigung binnen zwei Wochen auffordern. Unterbleibt die Genehmigung, wird die Stimmabgabe endgültig unwirksam. Die Genehmigung kann formfrei erklärt werden (Baumbach/Hueck/*Zöllner/Noack* Rn. 55). Erfolgt keine Aufforderung nach § 177 Abs. 2 BGB, so ist die Genehmigung nicht an eine Frist gebunden und kann noch lange nach der Stimmabgabe erklärt werden; dadurch kann sogar einer inzwischen erhobenen Anfechtungsklage die Grundlage entzogen werden, der Anfechtungskläger muss dann den Rechtsstreit in der Hauptsache für erledigt erklären (UHL/*Hüffer/Schürnbrand* Rn. 107; MHLS/*Römermann* Rn. 442).

h) Stimmabgabe durch Boten. Die Übermittlung der Abstimmungserklärung des Gesellschafters durch einen Boten, dessen Handeln tatsächlicher, nicht rechtsgeschäftlicher Natur ist, ist keine wirksame Stimmabgabe; sie wird nicht von Abs. 3 erfasst und entspricht nicht den Erfordernissen des § 48 Abs. 1, 2 über das Zustandekommen von Gesellschafterbeschlüssen (UHL/*Hüffer/Schürnbrand* Rn. 116; Scholz/*K. Schmidt* Rn. 78; Roth/Altmeppen/*Altmeppen* Rn. 69). Sie ist deshalb **unzulässig,** es sei denn, die Satzung gestattet sie ausdrücklich. 44

IV. Stimmkraft (Abs. 2)

1. Grundsatz. Nach Abs. 2 gewährt jeder Euro eines Geschäftsanteils eine Stimme. Entsprechend bestimmt § 5 Abs. 2 S. 1, dass der Nennbetrag jedes Geschäftsanteils auf volle Euro lauten muss. Der Umfang der Beteiligung richtet sich nach der Gesellschafterliste (§ 16 Abs. 1). 45

Maßstab der Stimmkraft ist die **Höhe der Beteiligung,** also der Nennbetrag des Geschäftsanteils. Ob die Stammeinlage über den Mindestbetrag des § 7 Abs. 2 S. 1 hinaus und gegebenenfalls in welcher Höhe eingezahlt worden ist, hat für das Stimmgewicht des Gesellschafters keine Bedeutung. In gleicher Höhe beteiligte Gesellschafter, die ihren Einzahlungspflichten zu unterschiedlichen Quoten nachgekommen sind, haben danach gleiche Stimmrechte (UHL/*Hüffer/Schürnbrand* Rn. 94). Gesellschafter mit einer Vielzahl von Stimmen aus ihren Geschäftsanteilen können diese Stimmen grundsätzlich nicht unterschiedlich abgeben (→ Rn. 30), sondern haben nur eine einzige **einheitliche** Stimme, deren Gewicht sich im Verhältnis zu den Mitgesellschaftern nach dem Nennbetrag der Geschäftsanteile richtet. 46

2. Abdingbarkeit. Abs. 2 ist, wie aus § 45 Abs. 2 folgt, nicht zwingend. Die Satzung kann die Stimmkraft abweichend regeln (allgM, MüKoGmbHG/*Drescher* Rn. 124 ff.). In Betracht kommen insbesondere die Abstimmung nach Köpfen unabhängig von der Höhe des Geschäftsanteils entsprechend § 119 Abs. 2 HGB, die Bemessung der Stimmkraft nach dem Betrag, den der Gesellschafter auf seine Stammeinlage tatsächlich eingezahlt hat, und die Festsetzung einer Stimme nach einem anderen – höheren – als dem in Abs. 2 genannten Betrag. Die Satzung kann entsprechend § 134 Abs. 1 S. 2 AktG das Stimmrecht durch Festsetzung eines Höchstbetrags oder von Abstufungen beschränken; sie kann, weil das aktienrechtliche Verbot von Mehrstimmrechten (§ 12 Abs. 2 AktG) für die GmbH nicht gilt, anordnen, dass auf einen Geschäftsanteil ein Mehrfaches an Stimmen entfällt als es der auf das Stammkapital bezogenen Beteiligungsquote entspricht. Weiter kann die Satzung das Stimmrecht ausschließen oder beschränken, indem es etwa das Ruhen des Stimmrechts vorsieht, solange ein Gesellschafter minderjährig ist oder ein Konkurrenzunternehmen betreibt. Schließlich kommen Vetorechte oder das Recht eines Stichentscheids zugunsten eines Gesellschafters in Frage. 47

Von Abs. 2 abweichende Bestimmungen können nicht nur in der ursprünglichen Satzung vereinbart, sondern auch nachträglich im Wege der Satzungsänderung (§§ 53, 54) beschlossen werden. Dafür ist nicht nur die satzungsändernde Mehrheit von drei Vierteln der abgegebenen Stimmen erforderlich, sondern zusätzlich die Zustimmung aller betroffenen Gesellschafter, wenn der Beschluss ihnen eingeräumte Sonderrechte wie etwa ein Mehrstimmrecht aufhebt. Die nachträgliche Begünstigung einzelner Gesellschafter durch die Gewährung von Sonderrechten bewirkt idR eine Ungleichbehandlung der Gesellschafter und bedarf deshalb der Zustimmung aller dadurch Benachteiligten (OLG Frankfurt a. M. 18.1.1989, GmbHR 1990, 79 (80); UHL/*Hüffer/Schürnbrand* Rn. 98; Baumbach/Hueck/*Zöllner/Noack* Rn. 68; MHLS/*Römermann* Rn. 365). Dasselbe gilt für die nachträgliche Einführung von Höchststimmrechten, die bei ungleicher Betroffenheit der vorhandenen Gesellschafter einen Verstoß gegen das Gleichbehandlungsverbot bedeutet (Baumbach/Hueck/*Zöllner/Noack* Rn. 68; MHLS/*Römermann* Rn. 367 ff.). 48

V. Stimmrechtsausschluss (Abs. 4)

1. Grundlagen. Ein Gesellschafter darf sich in den vier von Abs. 4 genannten Tatbeständen an der Abstimmung nicht beteiligen, und zwar unabhängig davon, ob er sein eigenes Stimmrecht oder – als Vertreter – dasjenige eines Mitgesellschafters ausüben will. Der betroffene Gesellschafter unterliegt einem Stimmverbot, weil in diesen Fallgruppen typischerweise **Gesellschaftsinteresse** und **Sonderinteressen des Gesellschafters** widerstreiten und nicht zu erwarten ist, dass er seine eigenen Interessen 49 denen der Gesellschaft unterordnen wird. Den Schutz des Gesellschaftsinteresses vor möglichen Beeinträchtigungen durch Sonderinteressen bewirkt das Gesetz dadurch, dass es den Gesellschafter, in dessen Person ein in Abs. 4 genannter Interessenkonflikt besteht, generell von der Abstimmung ausschließt; es kommt nicht darauf an, ob er diesem Interessenkonflikt im jeweiligen Einzelfall tatsächlich erlegen wäre und wie er abgestimmt hätte. Der betroffene Gesellschafter soll dem Konflikt zwischen eigenen und typischerweise gegenläufigen Belangen der Gesellschaft nicht ausgesetzt sein, seine Mitgesellschafter sollen ohne seine Beteiligung das dem Interesse der Gesellschaft Rechnung Tragende beschließen können.

50 Die Regelung in Abs. 4 beruht, soweit es um die Entlastung eines Gesellschafters bzw. die Einleitung oder Erledigung eines Rechtsstreits gegen einen Gesellschafter und damit idR um Schadensersatzansprüche der Gesellschaft geht, auf dem Gedanken, dass niemand **Richter in eigener Sache** sein darf; die weiteren Fallgruppen – Befreiung von einer Verbindlichkeit, Vornahme eines Rechtsgeschäfts gegenüber einem Gesellschafter – übertragen den Gedanken des **Verbots des Selbstkontrahierens** (§ 181 BGB) auf die Beschlussfassung der Gesellschafter. Ihr ist jedoch nicht zu entnehmen, dass immer dann, wenn sich ein Gesellschafter überhaupt in einem Interessenkonflikt befindet, der Stimmrechtsausschluss greift (so Roth/Altmeppen/*Altmeppen* Rn. 91). Eine solche erweiternde Auslegung widerspräche dem Gesetzeswortlaut, der nur in den vier genannten Fallgruppen einen Interessenkonflikt typischerweise annimmt und eine Generalklausel gerade nicht enthält, weiter dem Gesichtspunkt der Rechtssicherheit; sie würde zu unnötig weitgehenden Eingriffen in die Beschlussautonomie der Gesellschafterversammlung führen. Abs. 4 kann lediglich in vergleichbaren Fällen typischer Interessenkonflikte entsprechend angewandt werden und zu einem Stimmverbot führen (BGH 10.2.1977, BGHZ 68, 107 (109) = NJW 1977, 850 (851); BGH 20.1.1986, BGHZ 97, 28 (33) = NJW 1986, 2051 (2052); UHL/*Hüffer/Schürnbrand* Rn. 130 ff.; MüKoGmbHG/*Drescher* Rn. 133; Scholz/*K. Schmidt* Rn. 101; Rowedder/Schmidt-Leithoff/*Ganzer* Rn. 52; Baumbach/Hueck/*Zöllner/Noack* Rn. 76).

51 **2. Persönlicher Anwendungsbereich. a) Gesellschafter.** Adressat des Stimmverbots ist jeder Gesellschafter, in dessen Person einer der vier Tatbestände des Abs. 4 verwirklicht ist. Eine Ausnahme gilt in Fällen **gleichmäßiger Befangenheit,** die dadurch gekennzeichnet sind, dass alle Gesellschafter hinsichtlich des Beschlussgegenstandes von demselben Tatbestand eines Stimmrechtsausschlusses in gleicher Weise betroffen sind (allgM; UHL/*Hüffer/Schürnbrand* Rn. 135; MüKoGmbHG/Drescher Rn. 188; Rowedder/Schmidt-Leithoff/*Ganzer* Rn. 65 f.). Insbesondere bei der Entlastung eines Gesellschafter-Geschäftsführers oder der Befreiung von Schadensersatzpflichten darf diese Ausnahme jedoch nicht dazu genutzt werden, durch die Formulierung des Beschlussgegenstands eine nur scheinbare Befangenheit aller Gesellschafter herbeizuführen und so das Stimmverbot zu umgehen (Scholz/*K. Schmidt* Rn. 149); derartige Beschlussgegenstände sind teilbar und müssen nach den betroffenen Personen, die dann nicht mitstimmen dürfen, geteilt werden. Der **Versammlungsleiter,** der zugleich Gesellschafter ist, unterliegt bei der Abstimmung über den Antrag, ihm die Versammlungsleitung zu entziehen, keinem Stimmverbot im Hinblick auf einen bei einzelnen Tagesordnungspunkten bestehenden Interessenkonflikt (BGH 21.6.2010, NZG 2010, 1022 Rn. 15 f.). Mangels eines Interessenkonflikts zwischen Einzelgesellschafter und Gesellschaftergesamtheit trifft den **Alleingesellschafter** einer GmbH kein Stimmverbot (allgM; BGH 24.10.1988, BGHZ 105, 324 (333) = NJW 1989, 295 (297); zu § 136 Abs. 1 AktG vgl. BGH 12.7.2011, NZG 2011, 950 (951)).

52 **b) Vertreter.** Das Stimmverbot greift über den Gesetzeswortlaut hinaus auch dann ein, wenn sich der nach Abs. 4 wegen eines Interessenkonfliktes vom Stimmrecht ausgeschlossene Gesellschafter bei der Abstimmung durch einen Dritten vertreten lässt (allgM; OLG München 21.9.1994, NJW-RR 1995, 297; UHL/*Hüffer/Schürnbrand* Rn. 138; MüKoGmbHG/*Drescher* Rn. 190; Scholz/*K. Schmidt* Rn. 157; Rowedder/Schmidt-Leithoff/*Ganzer* Rn. 79). Dasselbe gilt bei Einschaltung eines **Treuhänders** (BGH 29.3.1971, BGHZ 56, 47 (53) = NJW 1971, 1265 (1267)), weiter für Amtstreuhänder wie den Testamentsvollstrecker. Umgekehrt darf der Vertreter oder Treuhänder – unabhängig davon, ob dieser Mitgesellschafter oder Dritter ist – das Stimmrecht nicht ausüben, wenn ihn selbst, nicht aber den vertretenen Gesellschafter das Stimmverbot trifft (BGH 13.5.2014, BGHZ 201, 216 (226) = NZG 2014, 945). Das Stimmverbot besteht auch dann, wenn der Vertreter an die Weisungen des nicht befangenen Gesellschafters nach § 166 Abs. 2 BGB gebunden ist. Der vom Stimmrecht ausgeschlossene Vertreter kann sich für die Abstimmung nicht eines Untervertreters bedienen; einen anderen Vertreter kann nur der Gesellschafter selbst bestellen. Der Erwerber eines Geschäftsanteils ist in gleicher Weise wie der Veräußerer vom Stimmrecht ausgeschlossen, wenn die Übertragung des Geschäftsanteils der **Umgehung** des Stimmverbots dient; ansonsten ist aber der Erwerber von einem Stimmverbot des Veräußerers nicht betroffen (BGH 21.7.2008, NZG 2008, 783 Rn. 9; BGH 29.1.1976, NJW 1976, 713 (714); OLG Düsseldorf 8.3.2001, NZG 2001, 991 (992 f.); OLG Hamm 9.5.1988, NJW-RR 1988, 1439).

53 **c) Gemeinschaften, Gesellschaften, juristische Personen.** Ist nur ein Mitglied einer Gemeinschaft (Gesamthands- oder Bruchteilsgemeinschaft) oder nur ein Gesellschafter einer Personengesellschaft bzw. einer juristischen Person einem Stimmverbot ausgesetzt, so hat dies nicht ohne weiteres die

Folge, dass auch die an der GmbH beteiligte Gemeinschaft oder Gesellschaft vom Stimmrecht ausgeschlossen ist. Für die Frage, ob ihr diese Befangenheit zuzurechnen ist und sich der Stimmrechtsausschluss auf den ganzen Geschäftsanteil an der GmbH erstreckt, ist danach zu differenzieren, ob der oder die Betroffenen das Abstimmungsverhalten der Gesamtheit maßgeblich beeinflussen können und deshalb zu befürchten ist, dass die Sonderinteressen des Mitglieds oder Gesellschafters auf die Stimmabgabe durchschlagen (allgM; BGH 14.12.1967, BGHZ 49, 183 (193 f.) = NJW 1968, 743 (745); BGH 9.12 1968, BGHZ 51, 209 (219) = NJW 1969, 841 (842); BGH 15.12.1975, WM 1976, 204 (205); BGH 16.12.1991, BGHZ 116, 353 (358) = NJW 1992, 977 (978); BGH 4.5.2009, ZIP 2009, 2194 Rn. 5 ff.; Rowedder/Schmidt-Leithoff/*Ganzer* Rn. 74; Baumbach/Hueck/*Zöllner/Noack* Rn. 96, 98). Ist dies nicht der Fall, so kann das Stimmrecht durch einen anderen Mitberechtigten oder einen Vertreter ausgeübt werden.

Zur Bestimmung des **maßgeblichen Einflusses** können, ohne dass es dabei auf die Unternehmer- 54
eigenschaft des Betroffenen ankommt, die Kriterien des § 17 AktG herangezogen (allgM, MüKoGmbHG/*Drescher* Rn. 197). werden. Der Stimmrechtsausschluss erstreckt sich etwa auf eine OHG oder KG, bei der der befangene Gesellschafter der einzige geschäftsführungsbefugte Gesellschafter bzw. Komplementär ist (UHL/*Hüffer/Schürnbrand* Rn. 143), weiter auf eine KG, die von einem befangenen Gesellschafter-Geschäftsführer aufgrund seiner mehrheitlichen Beteiligungsquote beherrscht wird (OLG Karlsruhe 4.5.1999, NZG 2000, 264 (265)). Der Alleingesellschafter einer juristischen Person vermag deren Willensbildung ausschlaggebend zu beeinflussen (OLG Brandenburg 20.9.2000, NZG 2001, 129 (130)); dasselbe gilt bei Befangenheit sämtlicher Gesellschafter (BGH 10.2.1977, BGHZ 68, 107, 109 f. = NJW 1977, 850 (851)). Minderheitsbeteiligungen oder nur über Familienangehörige bestehender mittelbarer Einfluss auf die Willensbildung der juristischen Person genügen hingegen nicht, um auch diese vom Stimmrecht auszuschließen (OLG Hamm 29.6.1992, GmbHR 1992, 802). Eine Gesamthands- oder Bruchteilsgemeinschaft unterliegt nur dann einem Stimmverbot, wenn – was etwa bei einer Erbengemeinschaft der Fall sein kann – die begründete Besorgnis besteht, dass auch die Mitberechtigten ihr Stimmrecht mit Rücksicht auf die Interessen des Befangenen unsachlich ausüben, oder wenn das oder die befangenen Mitglieder deren Abstimmungsverhalten aufgrund ihrer mehrheitlichen Beteiligung oder aufgrund der Übertragung von Verwaltungsrechten maßgeblich beeinflussen können (BGH 14.12.1967, BGHZ 49, 183 (193 f.) = NJW 1968, 743 (745); BGH 16.12.1991, BGHZ 116, 353 (358) = NJW 1992, 977 (978); UHL/*Hüffer/Schürnbrand* Rn. 146).

Besteht das Stimmverbot nicht hinsichtlich des Gesellschafters, sondern richtet es sich gegen eine an 55
der GmbH beteiligte Personengesellschaft oder juristische Person, der er ebenfalls angehört, so ist er mit einem eigenen Geschäftsanteil nur dann von der Abstimmung ausgeschlossen, wenn nicht zu erwarten ist, dass er bei seiner Stimmabgabe die Sonderinteressen der beteiligten Gesellschaft den Belangen der GmbH unterordnen wird (UHL/*Hüffer/Schürnbrand* Rn. 144 f.; Rowedder/Schmidt-Leithoff/*Ganzer* Rn. 68; Scholz/*K. Schmidt* Rn. 163 f.; Roth/Altmeppen/*Altmeppen* Rn. 142 ff.; MHLS/*Römermann* Rn. 143 ff.; für weitergehendes Stimmverbot bei Personengesellschaften Baumbach/Hueck/*Zöllner/Noack* Rn. 97). Kriterium sind die von dem Gesellschafter in der beteiligten Gesellschaft verfolgten **unternehmerischen Interessen,** die den Konflikt zu den Belangen der GmbH begründen und eine unbefangene Stimmabgabe regelmäßig ausschließen; weitere Anhaltspunkte können aus einer beherrschenden Stellung iSd § 17 AktG (UHL/*Hüffer/Schürnbrand* Rn. 144) oder aus der Höhe der Beteiligung (Rowedder/Schmidt-Leithoff/*Ganzer* Rn. 68) gewonnen werden. Der Stimmrechtsausschluss greift ein, wenn der Gesellschafter der GmbH deren Geschäftsgegnerin als persönlich haftender Gesellschafter angehört oder wenn er sämtliche Geschäftsanteile an der beteiligten Gesellschaft innehat (BGH 29.3.1971, BGHZ 56, 47 (53) = NJW 1971, 1265 (1267); BGH 29.3.1973, NJW 1973, 1039 (1040 f.); BGH 10.2.1977, BGHZ 68, 107 (109) = NJW 1977, 850 (851); OLG München 21.9.1994, NJW-RR 1995, 297). Dem steht der Fall gleich, dass mehrere Gesellschafter als Gruppe mit gleichgerichteten Interessen sämtliche Geschäftsanteile der beteiligten Gesellschaft halten. Bei Mehrheitsbeteiligungen ist regelmäßig entsprechend der Abhängigkeitsvermutung des § 17 Abs. 2 AktG davon auszugehen, dass der Gesellschafter maßgeblichen Einfluss auf die Entscheidungsorgane der beteiligten Gesellschaft besitzt (UHL/*Hüffer/Schürnbrand* Rn. 147; OLG Karlsruhe 4.5.1999, NZG 2000, 264 (265): Komplementär mit einer Beteiligungsquote von 57 %; KG 8.5.2014, NZG 2015, 198). Eine Minderheitsbeteiligung oder die Stellung als rein kapitalistisch beteiligter Kommanditist ohne unternehmerische Funktionen führt hingegen nicht zu einer Erstreckung des Stimmverbots der beteiligten Gesellschaft auf den Gesellschafter (Baumbach/Hueck/*Zöllner/Noack* Rn. 96).

d) Vorstandsmitglieder, Geschäftsführer. Ähnlich wie im Fall eines befangenen Gesellschafters 56
kann sich auch das einen Vorstand oder Geschäftsführer einer juristischen Person, die Geschäftsanteile an der GmbH hält, treffende Stimmverbot auf die von ihm vertretene juristische Person erstrecken. Dabei geht es um Sachverhalte, bei denen die Organperson bspw. als Mitglied des Aufsichtsrats der GmbH entlastet werden soll (vgl. BGH 29.1.1962, BGHZ 36, 296 (300 ff.) = NJW 1962, 864 (865)). Voraussetzung ist wiederum, dass die Organperson das Abstimmungsverhalten der beteiligten juristischen Person maßgeblich beeinflussen kann (UHL/*Hüffer/Schürnbrand* Rn. 148; für weitergehenden Stimm-

rechtsausschluss Baumbach/Hueck/*Zöllner/Noack* Rn. 100, Roth/Altmeppen/*Altmeppen* Rn. 84). Die Kriterien entsprechen denjenigen im Fall des befangenen Gesellschafters (→ Rn. 54). Unabhängig davon darf der befangene Vorstand oder Geschäftsführer in der GmbH nicht abstimmen; das Stimmrecht muss, wenn sich das Stimmverbot nicht auf die juristische Person erstreckt, durch andere Mitglieder des Vertretungsorgans ausgeübt werden. Richtet sich das Stimmverbot gegen die an der GmbH beteiligte juristische Person, so ist der Vorstand oder Geschäftsführer vom Stimmrecht aus eigenen Geschäftsanteilen ähnlich wie ein Gesellschafter dann ausgeschlossen, wenn die von ihm in der beteiligten Gesellschaft verfolgten unternehmerischen Interessen eine unbefangene Stimmabgabe ausschließen (UHL/*Hüffer/Schürnbrand* Rn. 146; für umfassenden Stimmrechtsausschluss Baumbach/Hueck/*Zöllner/Noack* Rn. 100; Rowedder/Schmidt-Leithoff/*Ganzer* Rn. 69 ff.).

57 **e) Näheverhältnisse.** Personen, die dem vom Stimmrecht ausgeschlossenen Gesellschafter nahestehen (Ehepartner, Abkömmlinge, Verwandte), sind nicht in ein diesen treffendes Stimmverbot einbezogen (hM; BGH 29.3.1971, BGHZ 56, 47 (54) = NJW 1971, 1265 (1267); BGH 16.2.1981, BGHZ 80, 69 (71) = NJW 1981, 1512 (1513); BGH 13.1.2003, BGHZ 153, 285 (291) = NJW 2003, 2314 (2315); OLG Hamm 29.6.1992, GmbHR 1992, 802 (893); OLG Düsseldorf 14.3.1996, GmbHR 1996, 689 (691 f.); UHL/*Hüffer/Schürnbrand* Rn. 151; Scholz/*K. Schmidt* Rn. 154; Lutter/Hommelhoff/*Bayer* Rn. 35; aA Roth/Altmeppen/*Altmeppen* Rn. 139). Ein allgemeiner Erfahrungssatz des Inhalts, dass nahe Angehörige typischerweise einem Interessenkonflikt unterliegen und den privaten Interessen den Vorzug gegenüber denjenigen der Gesellschaft geben, besteht nicht. Ist im Einzelfall die Befangenheit des nahen Angehörigen festzustellen, so kann der Beschluss wegen **Stimmrechtsmissbrauchs** angefochten werden. Übertragt der befangene Gesellschafter seinen Geschäftsanteil in zeitlichem Zusammenhang mit einem Entlastungsbeschluss oder der von den Mitgesellschaftern betriebenen Abberufung als Geschäftsführer und zu dem Zweck, ein für ihn günstiges Abstimmungsergebnis zu erzielen, auf einen nahen Angehörigen, so kann darin eine **Umgehung** des Stimmverbots liegen; der Erwerber ist dann in gleicher Weise wie der Veräußerer vom Stimmrecht ausgeschlossen (BGH 29.1.1976, NJW 1976, 713 (714); OLG Hamm 9.5.1988, NJW-RR 1988, 1439; OLG Düsseldorf 8.3.2001, NZG 2001, 991 (992 f.)). Auf eine Weisungsgebundenheit des Erwerbers kommt es nicht an; es reicht aus, dass die Abtretung in der sicheren und zutreffenden Erwartung geschieht, dieser werde iSd Veräußerers abstimmen.

58 **3. Sachlicher Anwendungsbereich. a) Entlastung.** Der Gesellschafter, der durch die Beschlussfassung entlastet werden soll, hat nach Abs. 4 S. 1 Fall 1 kein Stimmrecht. Der Begriff der Entlastung folgt aus § 46 Nr. 5; es geht um die inhaltliche Billigung der Tätigkeit des Geschäftsführungsorgans und die Kundgabe des Vertrauens mit der Folge einer eingeschränkten Präklusion von Ersatzansprüchen wegen der Verletzung von Pflichten gegenüber der Gesellschaft (→ § 46 Rn. 27 ff.). Die Bezeichnung des Beschlussgegenstands als Entlastung ist nicht entscheidend; das Stimmverbot gilt für alle Beschlüsse, die in der Sache eine Entlastung beinhalten. Neben Geschäftsführern kann auch Liquidatoren sowie Aufsichtsrats- und Beiratsmitgliedern Entlastung erteilt werden. Abs. 4 betrifft nur die **nachträgliche** Billigung der in der Vergangenheit liegenden Tätigkeit; der Beschluss, mit dem die Gesellschafter in Form einer Weisung oder Einwilligung ihre Einstellung zu einer künftigen Geschäftsführungsmaßnahme zum Ausdruck bringen, fällt nicht darunter. Den Gesellschafter, der die beschlossene Maßnahme hinterher als Geschäftsführer auszuführen hat, trifft deshalb kein Stimmverbot (BGH 15.12.1975, WM 1976, 204 (205)). Ein Gesellschafter, mit dem der Geschäftsführer für die GmbH im Entlastungszeitraum ein Rechtsgeschäft abgeschlossen hat, darf bei dem den Geschäftsführer allgemein entlastenden Beschluss mit abstimmen (BGH 10.2.1977, WM 1977, 361 (362)).

59 Im Fall der **Gesamtentlastung,** also der Entlastung aller Mitglieder des Geschäftsführungsorgans oder des Aufsichtsrats bzw. Beirats, sind sämtliche Gesellschafter, die diesem Organ angehören, von dem Stimmverbot betroffen (allgM; BGH 12.6.1989, BGHZ 108, 21 (25 f.) = NJW 1989, 2694 (2695 f.); OLG München 18.7.1991, NJW-RR 1993, 1507 (1508); MüKoGmbHG/*Drescher* Rn. 141 ff.; Baumbach/Hueck/*Zöllner/Noack* Rn. 77). Wird getrennt im Wege der **Einzelentlastung** über die Entlastung der jeweiligen Mitglieder eines Gesellschaftsorgans abgestimmt, so ist grundsätzlich nur der Geschäftsführer bzw. das Organmitglied von der Abstimmung ausgeschlossen, um dessen Entlastung es geht; die jeweils anderen dürfen von ihrem Stimmrecht als Gesellschafter Gebrauch machen (UHL/*Hüffer/Schürnbrand* Rn. 155 f.; Scholz/*K. Schmidt* § 46 Rn. 97; MHLS/*Römermann* Rn. 184 ff.; Lutter/Hommelhoff/*Bayer* Rn. 44; aA – Stimmverbot für sämtliche Organmitglieder – Baumbach/Hueck/*Zöllner/Noack* Rn. 77; Rowedder/Schmidt-Leithoff/*Ganzer* § 46 Rn. 81 f.; Roth/Altmeppen/*Altmeppen* § 46 Rn. 62). Sie unterliegen jedoch auch bei der Einzelentlastung einem Stimmrechtsauschluss, wenn es um den konkreten Vorwurf gemeinsam begangener und nur einheitlich zu beurteilender Pflichtverletzungen oder der Mitwirkung an Verfehlungen des Geschäftsführers geht, über dessen Entlastung zu beschließen ist (BGH 12.6.1989, BGHZ 108, 21 (25 f.) = NJW 1989, 2694 (2695 f.); BGH 20.1.1986, BGHZ 97, 28 (33 f.) = NJW 1986, 2051 (2052)).

60 Bei getrennter Entlastung der **Geschäftsführer** und der **Aufsichtsratsmitglieder** gelten dieselben Grundsätze. Gesellschafter-Geschäftsführer bzw. Aufsichtsratsmitglieder, die gleichzeitig Gesellschafter sind, dürfen bei der Beschlussfassung über die Entlastung des jeweils anderen Organs mitstimmen; vom

Stimmrecht ausgeschlossen sind sie aber dann, wenn die konkrete Möglichkeit besteht, dass sie für Pflichtverletzungen gemeinschaftlich verantwortlich sein können (UHL/*Hüffer/Schürnbrand* Rn. 157; Scholz/*K. Schmidt* Rn. 134; Lutter/Hommelhoff/*Bayer* Rn. 44; aA – für generelles Stimmverbot – OLG München 18.7.1991, NJW-RR 1993, 1507 (1509 ff.); Baumbach/Hueck/*Zöllner/Noack* Rn. 78; MHLS/*Römermann* Rn. 191 ff.).

b) Befreiung von einer Verbindlichkeit. Der Gesellschafter, der durch die Beschlussfassung von einer Verbindlichkeit befreit werden soll, hat nach Abs. 4 S. 1 2. Fall kein Stimmrecht. Erfasst werden Verbindlichkeiten jeder Art. Unter die Vorschrift fallen Verbindlichkeiten gesellschaftsrechtlicher Natur wie etwa die Einlageschuld, Nachschuss- und Nebenleistungspflichten aufgrund der Satzung oder Ersatzansprüche, für die die Gesellschafterversammlung nach § 46 Nr. 8 ausschließlich zuständig ist, weiter Pflichten aus zwischen der Gesellschaft als Gläubigerin und dem Gesellschafter als Schuldner geschlossenen schuldrechtlichen Verträgen wie etwa Kauf, Darlehen oder Bürgschaft. Es kann um Leistungs- wie um Unterlassungspflichten gehen. Befreiung ist jede Maßnahme, die dazu führt, dass der Gesellschafter die geschuldete Leistung ganz oder zT endgültig oder vorübergehend nicht zu erbringen hat (UHL/*Hüffer/Schürnbrand* Rn. 148; MüKoGmbHG/*Drescher* Rn. 149; MHLS/*Römermann* Rn. 198); dazu gehören insbesondere Erlassvertrag, Verzicht, negatives Schuldanerkenntnis, Vergleich, Aufrechnung und Verrechnungsvereinbarung sowie pactum de non petendo und Stundung, weil diese dem Verzicht wirtschaftlich gleichstehen. Die nur mittelbare Befreiung von einer Verbindlichkeit – die Gesellschafter werden bspw. durch eine Kapitalherabsetzung von rückständigen Einlageschulden frei; sie müssen nach Aufrechnung mit Ansprüchen der Gesellschaft dieser die zur Begleichung einer Gesellschafterforderung erforderlichen Mittel nicht zur Verfügung stellen – führt jedenfalls dann nicht zu Stimmverboten, wenn alle Gesellschafter durch diese Entscheidung gleichmäßig begünstigt werden (BGH 2.10.2000, DStR 2001, 1260 (1261) mAnm *Goette;* UHL/*Hüffer/Schürnbrand* Rn. 158 f.; Rowedder/Schmidt-Leithoff/*Ganzer* Rn. 85); nach weitergehender Auffassung gilt dies auch dann, wenn nicht alle Gesellschafter gleichmäßig oder nur einzelne Gesellschafter betroffen sind (Baumbach/Hueck/*Zöllner/Noack* Rn. 79; Roth/Altmeppen/*Altmeppen* Rn. 119 ff.). Geht es um die Befreiung von einem satzungsmäßigen Wettbewerbsverbot, so darf der durch dessen Aufhebung im Wege der Satzungsänderung begünstigte Gesellschafter nicht mitstimmen (OLG Düsseldorf 24.2.2000, GmbHR 2000, 1050 (1052 f.); OLG Bamberg 11.12.2009, NZG 2010, 385 (386)). Das Stimmverbot erstreckt sich auf Gesellschafter, die der Gesellschaft als Bürgen des zu befreienden Gesellschafters bzw. als Gesamtschuldner haften, wenn die Aufhebung des gesamten Schuldverhältnisses bezweckt ist und ihnen die Gesamtwirkung des § 423 BGB zugutekommt (Rowedder/Schmidt-Leithoff/*Ganzer* Rn. 84; MHLS/*Römermann* Rn. 209). Die Befreiung von einer Verbindlichkeit muss nicht unmittelbar durch die Beschlussfassung der Gesellschafterversammlung eintreten; entgegen dem zu engen Gesetzeswortlaut genügt es, dass die Befreiung Folge des den Beschluss umsetzenden Ausführungsgeschäfts ist. 61

c) Vornahme eines Rechtsgeschäfts. Nach Abs. 4 S. 2 Fall 1 hat ein Gesellschafter kein Stimmrecht, wenn die Beschlussfassung die Vornahme eines Rechtsgeschäfts zwischen der Gesellschaft und ihm betrifft. Die Vorschrift erfasst ohne Ausnahme **Drittgeschäfte,** die ihren Rechtsgrund nicht in dem Gesellschaftsverhältnis, sondern in einer sonstigen Leistungsbeziehung haben, bei denen also der Gesellschafter der Gesellschaft wie ein außenstehender Dritter gegenübersteht. Im Einzelnen umstritten ist ihre Anwendung auf **körperschaftliche Sozialakte.** Die Rspr. (BGH 9.12.1968, BGHZ 51, 209 (215 f.) = NJW 1969, 841 (844); BGH 9.7.1990, NJW 1991, 172 f.; BGH 31.5.2011, BGHZ 190, 45 Rn. 15 f. = NZG 2011, 902 Rn. 15 f.) nimmt diese zwecks Vermeidung des mit einem umfassenden Stimmverbot verbundenen weitgehenden Eingriffs in die Beschlussautonomie der Gesellschafterversammlung aufgrund restriktiver Auslegung grundsätzlich von der Geltung der Vorschrift aus, belegt den betroffenen Gesellschafter jedoch dann mit einem Stimmverbot, wenn die Gesellschafterstellung oder das Amt als Geschäftsführer aus wichtigem Grund beendet werden sollen (BGH 21.4.1969, NJW 1969, 1483 f.; BGH 27.10.1986, NJW 1987, 1890 (1891)). Ob im konkreten Einzelfall ein Interessenkonflikt besteht und der Gesellschafter sein Stimmrecht treupflichtwidrig ausgeübt hat, ist gegebenenfalls im Wege der Anfechtungsklage gerichtlich zu prüfen. Das Schrifttum (UHL/*Hüffer/Schürnbrand* Rn. 167 f.; Baumbach/Hueck/*Zöllner/Noack* Rn. 82; Scholz/*K. Schmidt* Rn. 111) sieht die Unterscheidung zwischen individual- und körperschaftsrechtlichen Rechtsgeschäften allein nicht als geeignetes Abgrenzungskriterium an; es differenziert entsprechend dem Normzweck des Abs. 4 nach den von dem betroffenen Gesellschafter verfolgten Interessen und lässt ein Stimmverbot eingreifen, wenn dieser mit seiner Stimmabgabe private Sonderinteressen verfolgt. Geht es hingegen um die Wahrnehmung typischer mitgliedschaftlicher Interessen, darf der betroffene Gesellschafter – unter Beachtung seiner mitgliedschaftlichen Treuepflichten – regelmäßig mitstimmen. 62

aa) Drittgeschäfte. Ein Stimmverbot besteht ohne Ausnahme dann, wenn Gegenstand der Beschlussfassung ein Rechtsgeschäft – darunter fallen insbesondere Kauf-, Darlehens-, Miet- und Werkverträge – ist, bei dem der Gesellschafter der Gesellschaft wie ein außenstehender Dritter gegenübertritt. Erfasst werden nicht nur Verträge, sondern auch einseitige Rechtsgeschäfte wie Aufrechnung, Rücktritt, 63

Kündigung und Anfechtung sowie geschäftsähnliche Handlungen wie Mahnung und Fristsetzung (allgM; BGH 9.7.1990, NJW 1991, 172 (173); Baumbach/Hueck/*Zöllner/Noack* Rn. 81). Neben dem Abschluss gilt das Stimmverbot auch bei einer Änderung, Genehmigung oder Bestätigung, weiter bei der Erfüllung eines Vertrags (UHL/*Hüffer/Schürnbrand* Rn. 170; Baumbach/Hueck/*Zöllner/Noack* Rn. 81, 92). Der Abschluss eines Rechtsgeschäfts mit einem Dritten kann ein Stimmverbot begründen, wenn der Gesellschafter dadurch begünstigt wird, wie etwa bei Übernahme einer Bürgschaft oder der Mithaftung für ein von ihm aufgenommenes Darlehen (BGH 10.2.1977, BGHZ 68, 107 (108 f.) = NJW 1977, 850 f.).

64 Die Vornahme eines Rechtsgeschäfts mit einem Gesellschafter ist dann Beschlussgegenstand, wenn die Geschäftsführer entsprechend angewiesen werden. Das Stimmverbot greift weiter bei Beschlüssen ein, mit denen die Geschäftsführer zum Abschluss des Rechtsgeschäfts ermächtigt werden, wenn die Satzung eine solche **Ermächtigung** erfordert und der Beschluss Inhalt und Beteiligte des Geschäfts genau festlegt (BGH 10.2.1977, BGHZ 68, 107 (112) = NJW 1977, 850 (851)). Dasselbe gilt in dem Fall, dass der Ermächtigungsbeschluss nicht unmittelbar den Abschluss eines Vertrages zum Gegenstand hat, die Geschäftsführer ihm aber die Einstellung der Gesellschafterversammlung zu dessen Vornahme entnehmen können (OLG Brandenburg 20.9.2000, NZG 2001, 129 (131); UHL/*Hüffer/Schürnbrand* Rn. 172; Rowedder/Schmidt-Leithoff/*Ganzer* Rn. 88; Baumbach/Hueck/*Zöllner/Noack* Rn. 91). Im konkreten Einzelfall kommt es darauf an, ob die Geschäftsführer hinsichtlich des Gesellschafters als Vertragspartner festgelegt werden oder ob sie volle Freiheit bei der Wahl des Geschäftsgegners besitzen. Der Beschluss betrifft das vorzunehmende Rechtsgeschäft weiter dann, wenn mit ihm eine Vollmacht zum Abschluss eines Vertrages mit einem Gesellschafter erteilt wird (OLG Hamm 5.11.2002, NZG 2003, 545 (546)).

65 **bb) Körperschaftliche Sozialakte.** Bei die inneren Angelegenheiten der Gesellschaft betreffenden Beschlüssen unterliegt der Gesellschafter – vorbehaltlich das gesetzliche Stimmverbot erweiternder Regelungen der Satzung – auch dann keinem Stimmverbot, wenn der Beschlussgegenstand zugleich auf seinen persönlichen Rechtskreis einwirkt; ein Stimmverbot wird ihm nur dann auferlegt, wenn seine Mitwirkung an der Abstimmung ein Richten in eigener Sache wäre, was insbesondere bei der Beendigung der Gesellschafterstellung oder der Abberufung als Geschäftsführer aus wichtigem Grund der Fall ist.

66 **(1) Bestellung von Organmitgliedern.** Das Stimmverbot des Abs. 4 S. 2 Fall 1 hindert den Gesellschafter nach einhelliger Meinung (BGH 29.9.1955, BGHZ 18, 205 (210) = NJW 1955, 1716 (1717); BGH 9.12.1968, BGHZ 51, 209 (215 f.) = NJW 1969, 841 (844); UHL/*Hüffer/Schürnbrand* Rn. 182; MüKoGmbHG/*Drescher* Rn. 161; Baumbach/Hueck/*Zöllner/Noack* Rn. 83) nicht daran, bei seiner Wahl zum Geschäftsführer mit seiner eigenen Stimme mitzuwirken. Die einschränkende Auslegung der Vorschrift hat ihren Grund darin, dass bei einem Gesellschafter, der über seine Wahl zum Geschäftsführer mitstimmt, allgemein nicht zu befürchten ist, er werde seine eigenen Belange über die der Gesellschaft stellen, und daher die Gefahr einer Schädigung von Gesellschaftsinteressen verhältnismäßig gering ist. Dasselbe gilt für die Wahl zum Liquidator oder zum Mitglied des Aufsichtsrats. Anders ist es bei der Wahl von Vertretern eines Gesellschafters, Treuhändern oder eines **Testamentsvollstreckers** zum Geschäftsführer; diese üben das Stimmrecht nicht für sich selbst aus und haben kein mitgliedschaftliches Interesse mit der Folge, dass sie grundsätzlich vom Stimmrecht ausgeschlossen sind (BGH 9.12.1968, BGHZ 51, 209 (216 f.) = NJW 1969, 841 (844); BGH 24.9.1990, BGHZ 112, 339 (341 ff.) = NJW 1991, 691 (692); BayObLG 17.11.2000, NZG 2001, 128).

67 **(2) Anstellungsvertrag.** Auch bei der von der korporationsrechtlichen Bestellung zu unterscheidenden Festlegung der **Anstellungsbedingungen,** insbesondere der Bezüge, der Gewinnbeteiligung und des Ruhegehalts, weiter bei deren späterer Änderung, unterliegt der begünstigte Gesellschafter keinem Stimmverbot (hM; BGH 29.9.1955, BGHZ 18, 205 (210) = 1955, 1716 (1717); BGH 9.12.1968, BGHZ 51, 209 (215) = NJW 1969, 841 (844); OLG Frankfurt a. M. 22.12.2004, GmbHR 2005, 550 (552 f.); MüKoGmbHG/*Drescher* Rn. 165; Baumbach/Hueck/*Zöllner/Noack* Rn. 86; aA Roth/Altmeppen/*Altmeppen* Rn. 108 f.). Der Grund dafür liegt in der Einheitlichkeit und Untrennbarkeit von Bestellung und Festlegung der an den Gesellschafter zu zahlenden Vergütung. Im Einzelfall kann ein solcher Beschluss wegen Stimmrechtsmissbrauchs fehlerhaft sein, etwa wenn durch ihn dem geschäftsführenden Mehrheitsgesellschafter eine Vergütung in übermäßiger Höhe verschafft wird (BGH 4.10.1976, WM 1226 (1227 f.)).

68 **(3) Abberufung und Kündigung.** Den Gesellschafter trifft bei seiner Abberufung aus einer Organstellung als Geschäftsführer oder Liquidator sowie bei der Kündigung seines Anstellungsvertrages nach allgM kein Stimmverbot. Anders ist es allerdings, wenn **wichtige Gründe** für die Abberufung bzw. Kündigung vorliegen (allgM; BGH 16.3.1961, BGHZ 34, 367 (371) = NJW 1961, 1299 (1301); BGH 20.12.1982, BGHZ 86, 177 (181 ff.) = NJW 1983, 938 (939); BGH 27.10.1986, NJW 1987, 1889; BGH 24.2.1992, NJW-RR 1992, 993; BGH 4.4.2017, NZG 2017, 700 Rn. 10; UHL/*Hüffer/Schürnbrand* Rn. 175; MüKoGmbHG/*Drescher* Rn. 166; Baumbach/Hueck/*Zöllner/Noack* Rn. 85). Vom

Stimmrecht ausgeschlossen ist auch der Gesellschafter, dem eine gemeinsam mit dem Geschäftsführer begangene Pflichtverletzung vorgeworfen wird, weiter in den Fällen, in denen das Ausmaß des Interessenkonflikts für mehrere Gesellschafter identisch ist (BGH 27.4.2009, NZG 2009, 707 Rn. 28 ff.); ein Stimmverbot wegen einer gemeinsam begangenen Pflichtverletzung besteht hingegen nicht, wenn einer vorsätzlichen Verfehlung eines Gesellschafter-Geschäftsführers lediglich ein Aufsichtsversäumnis des anderen Gesellschafters und damit eine andersartige Pflichtverletzung gegenübersteht (BGH 4.5.2009, ZIP 2009, 2193 Rn. 11). Der Ausschluss vom Stimmrecht setzt das Vorhandensein eines wichtigen Grundes iSd § 38 Abs. 2 voraus, er greift nicht schon bei dessen schlüssiger Behauptung ein; entscheidend ist die materielle Rechtslage (BGH 20.12.1982, BGHZ 86, 177 (181 f.) = NJW 1983, 938 (939) – für den Gesellschafter-Geschäftsführer der aus zwei Gesellschaftern mit gleich hoher Beteiligung bestehenden GmbH; UHL/*Hüffer/Schürnbrand* Rn. 187 f.; MüKoGmbHG/*Drescher* Rn. 163; Baumbach/Hueck/*Zöllner/Noack* Rn. 85; aA Roth/Altmeppen/*Altmeppen* Rn. 103; Rowedder/Schmidt-Leithoff/*Ganzer* Rn. 91; BGH 4.4.2017, NZG 2017, 700 Rn. 11 ff. lässt die Entscheidung des Meinungsstreits offen, weil ein wichtiger Grund nicht vorlag). Anders als für die gerichtliche Entscheidung über die Wirksamkeit des Beschlusses soll es aber für die Feststellung des Abstimmungsergebnisses durch den Versammlungsleiter, der nicht über die gerichtlichen Aufklärungsmöglichkeiten verfügt, ausreichen, dass der Beschlussgegenstand die Abberufung aus wichtigem Grund war und der wichtige Grund schlüssig dargelegt wurde, um die Stimmen des abzuberufenden Gesellschafters nicht zu berücksichtigen (MüKoGmbHG/*Drescher* Rn. 164; Rowedder/Schmidt-Leithoff/*Ganzer* Rn. 91; aA *Altmeppen* ZIP 2017, 1185 (1186 f.); *Ensenbach* GmbHR 2016, 8 (11 ff.)).

(4) Sonstige Anstellungsverhältnisse. Bei Gesellschafterbeschlüssen zu sonstigen Anstellungsver- 69
hältnissen von Gesellschaftern – etwa zu leitenden Angestellten – gelten die für die Organbestellung entwickelten Grundsätze nicht; der betroffene Gesellschafter ist, weil es um ein individualrechtliches Geschäft geht, idR vom Stimmrecht ausgeschlossen (allgM; Baumbach/Hueck/*Zöllner/Noack* Rn. 87). Eine Ausnahme von diesem Stimmverbot besteht nur dann, wenn die Satzung einem bestimmten Gesellschafter ein körperschaftliches Recht auf eine leitende Tätigkeit oder auch die Erteilung von Prokura oder Handlungsvollmacht gewährt (UHL/*Hüffer/Schürnbrand* Rn. 183; Baumbach/Hueck/*Zöllner/Noack* Rn. 87; aA MHLS/*Römermann* Rn. 252).

(5) Einziehung. Bei der in der Satzung zugelassenen Einziehung eines Geschäftsanteils (§ 34) 70
unterliegt der betroffene Gesellschafter dann dem Stimmverbot, wenn in seiner Person ein wichtiger Grund, insbesondere eine grobe und nachhaltige Pflichtverletzung (→ § 34 Rn. 8) vorliegt, der sein Verbleiben in der Gesellschaft als unzumutbar erscheinen lässt (BGH 1.4.1953, BGHZ 9, 157 (178) = NJW 1953, 780 (784); offengelassen in BGH 20.12.1976, GmbHR 1977, 81 (82); OLG Celle 6.8.1997, NZG 1998, 29; Baumbach/Hueck/*Zöllner/Noack* Rn. 88; *Goette* DStR 1992, 1696 (1697)). In einem solchen Fall ist typischerweise der Abs. 4 zugrundeliegende Interessenkonflikt gegeben. Weil letztlich auch die Einziehungsgründe der Gesellschafterinsolvenz und der Pfändung des Geschäftsanteils besondere Fälle des wichtigen Grunds sind, ist auch in diesen Fällen ein Stimmverbot anzunehmen (OLG Jena 6.11.2001, GmbHR 2002, 115 (116); *Goette* DStR 1992, 1696 (1697); UHL/*Hüffer/Schürnbrand* Rn. 175).

(6) Ausschließung. Bei der Ausschließung aus wichtigem Grund durch in der Satzung vorgesehenen 71
Beschluss der Gesellschafterversammlung oder aufgrund Beschlusses über die Erhebung der Ausschlussklage hat der betroffene Gesellschafter kein Stimmrecht (allgM; BGH 1.4.1953, BGHZ 9, 157 (178); BGH 17.2.1955, BGHZ 16, 317 (322) = NJW 1955, 667; OLG Stuttgart 23.3.1989, WM 1989, 1252 (1253 f.); OLG Düsseldorf 22.10.1998, GmbHR 1999, 543 (545); UHL/*Hüffer/Schürnbrand* Rn. 176).

(7) Kaduzierung. Beschließt die Gesellschafterversammlung über eine Weisung an die Geschäfts- 72
führer, den Geschäftsanteil eines Gesellschafters zu kaduzieren (§ 21), der mit der Einzahlung seiner Stammeinlage in Verzug ist, so hat der säumige Gesellschafter kein Stimmrecht (UHL/*Hüffer/Schürnbrand* Rn. 174; Scholz/*K. Schmidt* Rn. 137); auch hierbei geht es letztlich um einen in der Person des Gesellschafters liegenden wichtigen Grund.

(8) Übertragung eines Geschäftsanteils. Bei der Entscheidung der Gesellschafterversammlung 73
über die Annahme eines an die GmbH gerichteten Angebots eines Gesellschafters, seinen Geschäftsanteil zu erwerben, darf dieser nicht mitstimmen. Sieht der Gesellschaftsvertrag vor, dass die Erben eines Gesellschafters den ihnen zugefallenen Geschäftsanteil an eine von der Gesellschaft benannte Person abzutreten haben, so sind die Erben bei der Entscheidung über die Person des Erwerbers nicht vom Stimmrecht ausgeschlossen (BGH 24.1.1974, WM 1974, 372 (374 f.)). Der Gesellschafter, der aufgrund Satzungsregelung der Genehmigung der Gesellschaft zur Abtretung des Geschäftsanteils bedarf (**Vinkulierung,** § 15 Abs. 5), unterliegt keinem Stimmverbot (BGH 29.5.1967, BGHZ 48, 163 (166 f.) = NJW 1967, 1963 (1964); MüKoGmbHG/*Drescher* Rn. 170). Bei der Beschlussfassung über die **Teilung** eines Geschäftsanteils besteht ebenfalls kein Stimmverbot (OLG Düsseldorf 25.2.2000, NZG 2000, 1180 (1181)).

74 **(9) Satzungsänderungen.** Bei satzungsändernden Beschlüssen sind grundsätzlich alle Gesellschafter stimmberechtigt (allgM; UHL/*Hüffer/Schürnbrand* Rn. 178). Das folgt einmal aus dem Grundsatz gleichmäßiger Befangenheit aller Gesellschafter, zum anderen daraus, dass es hierbei um innergesellschaftliche Angelegenheiten geht, bei denen jeder Gesellschafter aufgrund seines Mitgliedschaftsrechts zur Mitwirkung berufen ist. Bei Beschlüssen über die **Erhöhung des Stammkapitals** (§ 55 Abs. 1) besteht nicht nur dann kein Stimmverbot, wenn die Gesellschafter bei der Übernahme der Geschäftsanteile quotal gleichmäßig berücksichtigt werden (allgM; UHL/*Hüffer/Schürnbrand* Rn. 179), sondern auch dann, wenn einzelne Gesellschafter bevorzugt und andere vom Bezugsrecht ausgeschlossen werden (UHL/*Hüffer/Schürnbrand* Rn. 179; Scholz/*K. Schmidt* Rn. 113; aA Baumbach/Hueck/*Zöllner/Noack* Rn. 90). Dieselben Grundsätze gelten für einen die **Einforderung restlicher Stammeinlagen** betreffenden Gesellschafterbeschluss (BGH 9.7.1990, NJW 1991, 171 (172)).

75 **(10) Auflösungsbeschlüsse.** Die Gesellschafter trifft bei dem Beschluss zur Auflösung der GmbH (§ 60 Abs. 1 Nr. 2) kein Stimmverbot (allgM; UHL/*Hüffer/Schürnbrand* Rn. 180; Scholz/*K. Schmidt* Rn. 114, 146). Das gilt auch für den Mehrheitsgesellschafter, dem das Gesellschaftsvermögen als Folge der Auflösung anfällt. Handelt dieser rechtsmissbräuchlich, indem er unzulässig Sondervorteile zum Schaden von Gesellschaft und Minderheit verfolgt, so muss dies im Wege der Inhaltskontrolle des Beschlusses überprüft werden (BGH 28.1.1980, BGHZ 76, 352 (355 ff.) = NJW 1980, 1278 f.).

76 **(11) Unternehmensverträge.** Bei **Umwandlungen** iSd Umwandlungsrechts betreffenden Gesellschafterbeschlüssen – insbesondere Verschmelzung und Vermögensübertragung – handelt es sich um Strukturänderungen körperschaftsrechtlichen Charakters; das Stimmverbot greift nicht ein (OLG Stuttgart 7.2.2001, DB 2001, 854 (857 f.); Scholz/*K. Schmidt* Rn. 114; Rowedder/Schmidt-Leithoff/*Ganzer* Rn. 92; aA UHL/*Hüffer/Schürnbrand* Rn. 189 f.; Baumbach/Hueck/*Zöllner/Noack* Rn. 90). Dasselbe gilt für **Unternehmensverträge** gem. §§ 291 f. AktG zwischen der GmbH und einem Gesellschafter; das herrschende Unternehmen darf bei der den Abschluss oder die Kündigung eines Unternehmensvertrages betreffenden Beschlussfassung mitwirken (BGH 31.5.2011, BGHZ 190, 45 Rn. 18 ff. = NZG 2011, 902 Rn. 18 ff.; MüKoGmbHG/Drescher Rn. 171; Scholz/*K. Schmidt* Rn. 115; offengelassen in BGH 24.10.1988, BGHZ 105, 324 (332 f.) = NJW 1989, 295 (297); aA UHL/*Hüffer/Schürnbrand* Rn. 191 ff.). Weil der Beschluss seitens der beherrschten GmbH nicht nur der qualifizierten Mehrheit, sondern auch der Zustimmung sämtlicher Gesellschafter bedarf (→ Rn. 16, → Rn. 24), der Schutz der Minderheit also auf andere Weise gewährleistet ist, hat diese Frage nur in den Fällen, in denen die Satzung etwas anderes bestimmt, praktische Bedeutung.

77 **d) Einleitung oder Erledigung eines Rechtsstreits.** Nach Abs. 4 S. 2 Fall 2 hat ein Gesellschafter kein Stimmrecht, wenn die Beschlussfassung die Einleitung oder die Beendigung eines gegen ihn gerichteten Rechtsstreits betrifft. Beschlussgegenstand kann sowohl die Weisung an die Geschäftsführer als auch deren Ermächtigung sein, einen Anspruch geltend zu machen. Der Begriff des Rechtsstreits ist **weit** zu verstehen (allgM; UHL/*Hüffer/Schürnbrand* Rn. 160; MüKoGmbHG/*Drescher* Rn. 182; Rowedder/Schmidt-Leithoff/*Ganzer* Rn. 94). Er umfasst streitige Verfahren unabhängig von Rechtsweg, gerichtlicher Zuständigkeit und Klageart, Mahn- und selbständige Beweisverfahren, Schiedsverfahren, Verfahren des einstweiligen Rechtsschutzes, Verfahren der freiwilligen Gerichtsbarkeit sowie Maßnahmen der Zwangsvollstreckung. Es kommt nicht darauf an, ob der betroffene Gesellschafter der GmbH im Rechtsstreit wie ein außenstehender Dritter oder als deren Mitglied gegenübersteht (BGH 1.4.1953, BGHZ 9, 157 (178) = NJW 1953, 780 (784)).

78 Die Beschlussfassung muss die Einleitung oder Erledigung eines Rechtsstreits betreffen. Der Begriff der **Einleitung** umfasst prozessuale Maßnahmen, die unmittelbar den Beginn des Verfahrens bewirken; dazu gehören die Erhebung der Klage, der Antrag auf Erlass eines Mahnbescheids oder einer einstweiligen Verfügung, die Streitverkündung oder die Benennung von Schiedsrichtern. Weiter werden außerprozessuale Maßnahmen erfasst, die der Vorbereitung des Rechtsstreits dienen (BGH 9.7.1990, NJW 1991, 172 (173); UHL/*Hüffer/Schürnbrand* Rn. 161; Baumbach/Hueck/*Zöllner/Noack* Rn. 93; Rowedder/Schmidt-Leithoff/*Ganzer* Rn. 95; aA Scholz/*K. Schmidt* Rn. 129). Das Stimmverbot gilt deshalb auch für den Beschluss über Mahnung und Fristsetzung, die Einholung eines Gutachtens, die Beauftragung eines Rechtsanwalts, die Bestellung eines Vertreters nach § 46 Nr. 8 (BGH 20.1.1986, BGHZ 97, 28 (34 f.) = NJW 1986, 2051 (2052); BGH 16.12.1991, BGHZ 116, 353 (358) = NJW 1992, 977 (978)), die Einsetzung eines Sonderprüfers, dessen Auftrag auch die Prüfung eventueller Schadensersatzansprüche gegen einen Gesellschafter umfasst (LG Essen 31.7.2014, GmbHR 2014, 990), weiter entsprechend § 136 Abs. 1 S. 1 AktG für die Entscheidung über die Geltendmachung des Anspruchs (BGH 20.1.1986, BGHZ 97, 28 (33) = NJW 1986, 2051 (2052); Baumbach/Hueck/*Zöllner/Noack* Rn. 93). Ein Stimmverbot besteht jedoch nicht, wenn die Beschlussfassung der Gesellschafter wie bei der Entscheidung über die Einforderung von Zahlungen auf die Stammeinlagen (§ 46 Nr. 2) erst die materiell-rechtlichen Voraussetzungen für die Geltendmachung des Anspruchs schaffen soll (BGH 9.7.1990, NJW 1991, 172 (173 f.); OLG München 25.10.1989, NJW-RR 1990, 804 (805); zum Meinungsstand im Schrifttum vgl. UHL/*Hüffer/Schürnbrand* Rn. 161) Zur **Erledigung** eines Rechts-

streits zählen nicht nur Prozesshandlungen, die ihn beendigen (Klagerücknahme, Erledigungserklärung, Anerkenntnis, Prozessvergleich), sondern auch Maßnahmen, die – wie die Entscheidung über die Einlegung eines Rechtsmittels – seinen Fortgang betreffen.

Der Rechtsstreit muss sich gegen einen Gesellschafter richten. Dieser muss nicht Prozesspartei sein; es genügt die Stellung als Hauptintervenient (§ 64 ZPO) oder – wenn der Gesellschafter dem Rechtsstreit auf der Seite des Prozessgegners der GmbH beitritt – als Nebenintervenient bzw. Streithelfer (§§ 66 ff. ZPO) (UHL/*Hüffer/Schürnbrand* Rn. 163 ff.; MüKoGmbHG/*Drescher* Rn. 185; Scholz/*K. Schmidt* Rn. 128). Bei der Entscheidung über die Streitverkündung an einen Gesellschafter ist der Betroffene vom Stimmrecht ausgeschlossen. Tritt der Gesellschafter dem Rechtsstreit auf der Seite der GmbH bei, darf er bei weiteren den Prozess betreffenden Beschlüssen wieder abstimmen. Betrifft die Beschlussfassung die Durchsetzung von Ansprüchen aus einer gemeinsam begangenen Pflichtverletzung, so sind alle von diesem Vorwurf betroffenen Gesellschafter vom Stimmrecht ausgeschlossen (BGH 20.1.1986, BGHZ 97, 28 (33 f.) = NJW 1986, 2051 (2052); Baumbach/Hueck/*Zöllner/Noack* Rn. 93). 79

4. Anwendung von § 181 BGB. Die Anwendung der Grundsätze des Insichgeschäfts des § 181 BGB auf die Stimmabgabe ist ausgeschlossen, soweit es um die von Abs. 4 erfassten Konflikte zwischen den Interessen der Gesellschaft und denjenigen des abstimmenden Gesellschafters geht; insoweit ist die spezielle Norm des Abs. 4 vorrangig (UHL/*Hüffer/Schürnbrand* Rn. 120; Baumbach/Hueck/*Zöllner/Noack* Rn. 60). Entsprechend seinem Normzweck, dass die Mitwirkung einer Person auf beiden Seiten eines Rechtsgeschäfts die Gefahr eines Interessenkonflikts und damit die Schädigung eines Teils in sich birgt, ist § 181 BGB jedoch auf Gesellschafterbeschlüsse in den von Abs. 4 nicht geregelten Fallgruppen anzuwenden, dass ein Gesellschafter zugleich im eigenen Namen und als rechtsgeschäftlicher oder gesetzlicher Vertreter eines anderen Gesellschafters oder ein Dritter als Vertreter mehrerer Gesellschafter abstimmt, mithin die Gefahr eines Interessenkonflikts zwischen bevollmächtigten und vollmachtgebenden Gesellschaftern besteht (BGH 24.9.1990, BGHZ 112, 339 (340 ff.) = NJW 1991, 691 (692); UHL/*Hüffer/Schürnbrand* Rn. 121 ff.; Baumbach/Hueck/*Zöllner/Noack* Rn. 60; Rowedder/Schmidt-Leithoff/*Ganzer* Rn. 106; Scholz/*K. Schmidt* Rn. 178; MHLS/*Römermann* Rn. 114 ff.). Allerdings gilt dies nicht für sämtliche Beschlussgegenstände; erfasst werden im Wesentlichen vertragsbegründende und vertragsändernde Gesellschafterbeschlüsse. Gewöhnliche Geschäftsführungsmaßnahmen betreffende Beschlüsse, bei denen es um die Verfolgung des gemeinsamen Gesellschaftszwecks geht und der von § 181 BGB geregelte Interessenkonflikt idR nicht vorliegt, werden hingegen nicht erfasst (BGH 18.9.1975, BGHZ 65, 93 (97 f.) = NJW 1976, 49 (50)). Bei satzungsändernden Gesellschafterbeschlüssen ist § 181 BGB im Fall der Vertretung eines Mitgesellschafters oder dem der Doppelvertretung anwendbar (BGH 6.6.1989, NJW 1989, 168 (169)). Dasselbe gilt, wenn sich der von anderen Gesellschaftern bevollmächtigte oder der gesetzliche Vertreter eines Gesellschafters mit den Stimmen seines Vollmachtgebers zum Geschäftsführer der Gesellschaft bestellt (BGH 24.9.1990, BGHZ 112, 339 (340 ff.) = NJW 1991, 692 (693); BayObLG 17.11.2000, NZG 2001, 128; LG Berlin 18.12.1996, NJW-RR 1997, 1534 f.), weiter für Auflösungsbeschlüsse (UHL/*Hüffer/Schürnbrand* Rn. 123; Baumbach/Hueck/*Zöllner/Noack* Rn. 60; Rowedder/Schmidt-Leithoff/*Ganzer* Rn. 107; anders noch BGH 29.9.1969, BGHZ 52, 316 (318) = NJW 1970, 33). Der **Testamentsvollstrecker,** der als solcher Anteilsrechte an einer GmbH verwaltet, hat wegen der verschiedenartigen und gegenläufigen Interessen von Nachlass und Gesellschaft bei seiner Wahl zum Geschäftsführer der GmbH kein Stimmrecht (BGH 9.12.1968, BGHZ 51, 209 (214 ff.) = NJW 1969, 841 (843 f.)). 80

Im Fall rechtsgeschäftlicher Vertretung kann der Gesellschafter zugleich als Vertreter eines Mitgesellschafters abstimmen, wenn dieser ihm das Insichgeschäft **gestattet** hat. Die Befreiung vom Verbot des Selbstkontrahierens kann ausdrücklich in der Vollmachtsurkunde geschehen, aber auch schlüssig erklärt werden. Die unbeschränkte Vollmachtserteilung an einen Mitgesellschafter zur Stimmabgabe in einer bestimmten Gesellschafterversammlung, für die satzungsändernde Beschlüsse angekündigt worden sind, enthält idR eine solche stillschweigende Befreiung, es sei denn, den Umständen ist ausnahmsweise etwas anderes zu entnehmen (BGH 24.9.1990, BGHZ 112, 339 (343 f.) = NJW 1991, 691 (692 f.); Baumbach/Hueck/*Zöllner/Noack* Rn. 61). Bei gesetzlicher Vertretung minderjähriger Gesellschafter ist die Bestellung eines Ergänzungspflegers (§ 1909 BGB) erforderlich, der die Stimmabgabe durch den gesetzlichen Vertreter genehmigt, der selbst Gesellschafter ist (UHL/*Hüffer/Schürnbrand* Rn. 124 f.). Ist die Gesellschafterin eine juristische Person, so ist die Gestattung entweder durch das zuständige Gesellschaftsorgan oder durch die Satzung zu erklären (Baumbach/Hueck/*Zöllner/Noack* Rn. 64). Dem Testamentsvollstrecker kann die Befreiung entweder von den Erben oder schon von dem Erblasser mit dessen Einsetzung erteilt werden (BGH 9.12.1968, BGHZ 51, 209 (217 f.) = NJW 1969, 841 (844)). 81

5. Rechtsfolgen. Das Stimmverbot schließt den betroffenen Gesellschafter von der Abstimmung aus, hindert ihn aber nicht an der Teilnahme an der Gesellschafterversammlung (OLG Hamm 3.11.1997, NJW-RR 1998, 967 (969)). Der Ausschluss umfasst auch Verfahrensentscheidungen wie etwa die Absetzung des betreffenden Beschlussgegenstands von der Tagesordnung oder die Vertagung der Versammlung (BGH 29.3.1973, NJW 1973, 1039 (1040)). Eine trotz des Stimmverbots abgegebene Stimme ist wegen Verstoßes gegen ein gesetzliches Verbot (§ 134 BGB) **nichtig** (hM; UHL/*Hüffer/Schürnbrand* 82

Rn. 195; MüKoGmbHG/*Drescher* Rn. 215; Baumbach/Hueck/*Zöllner/Noack* Rn. 104). Die Stimmen der von dem Stimmverbot betroffenen Gesellschafter dürfen für das Beschlussergebnis nicht mitgezählt werden. Verändert sich das Ergebnis durch ihren Abzug nicht, wirkt sich also die verbotswidrige Stimmabgabe auf das Zustandekommen der erforderlichen Mehrheit nicht aus, so bleibt der Verstoß gegen Abs. 4 ohne Folgen, der Abstimmungsfehler ist ohne Bedeutung für die Wirksamkeit des Beschlusses (allgM; OLG Koblenz 24.9.2007, NZG 2008, 280; Baumbach/Hueck/*Zöllner/Noack* Rn. 104). Andernfalls – das Beschlussergebnis ändert sich, wenn die verbotswidrig abgegebenen Stimmen mitgezählt werden – bleibt den Gesellschaftern die grundsätzlich unbefristete **Feststellungsklage** mit dem Klageziel, dass ein bestimmter Beschluss gefasst worden sei; dies jedoch nur dann, wenn der Versammlungsleiter das Beschlussergebnis nicht festgestellt hat und es deswegen an einer Entscheidung der Gesellschafterversammlung fehlt, gegen die Anfechtungsklage erhoben werden könnte (BGH 28.1.1980, BGHZ 76, 154 (156) = NJW 1980, 1527; BGH 13.11.1995, NJW 1996, 259). Ein notariell beurkundeter oder vom Versammlungsleiter zu Protokoll festgestellter Gesellschafterbeschluss muss hingegen mit der fristgebundenen **Anfechtungsklage** angegriffen werden (BGH 26.10.1983, BGHZ 88, 320 (328) = NJW 1984, 489 (491); BGH 20.1.1986, BGHZ 97, 28 (30) = NJW 1986, 2051 (2052); BGH 21.3.1988, BGHZ 104, 66 (69 f.) = NJW 1988, 1844). Die Anfechtungsklage kann in dem Fall, dass der Beschlussantrag abgelehnt worden ist, weil die verbotswidrig abgegebenen Stimmen mitgezählt worden sind, mit der **positiven Beschlussfeststellungsklage** verbunden werden, um zu erreichen, dass nicht nur der fehlerhafte Beschluss beseitigt, sondern das Beschlossene gerichtlich festgestellt wird.

83 Der nach Abs. 4 vom Stimmrecht ausgeschlossene Gesellschafter ist verpflichtet, die Stimmabgabe zu unterlassen. Ein Verstoß gegen diese mitgliedschaftliche Pflicht kann **Schadensersatzansprüche** der Gesellschaft aus § 280 Abs. 1 BGB, § 823 Abs. 2 BGB, § 826 BGB auslösen (UHL/*Hüffer/Schürnbrand* Rn. 196 ff.; MüKoGmbHG/*Drescher* Rn. 219 f.; Baumbach/Hueck/*Zöllner/Noack* Rn. 105; MHLS/*Römermann* Rn. 314 ff.). Auch der Versammlungsleiter kann der Gesellschaft schadensersatzpflichtig sein, wenn er bei der Feststellung des Beschlussergebnisses schuldhaft das Eingreifen eines Stimmverbots nicht berücksichtigt hat (Baumbach/Hueck/*Zöllner/Noack* Rn. 105). Schadensersatzansprüche der Mitgesellschafter werden nur ausnahmsweise bestehen, wenn der mit der entgegen Abs. 4 abgegebenen Stimme gefasste Beschluss unmittelbar in ihre mitgliedschaftlichen Rechte eingreift (UHL/*Hüffer/Schürnbrand* Rn. 196).

84 **6. Abdingbarkeit.** Die in Abs. 4 enthaltenen gesetzlichen Stimmverbote können durch Regelung in der Satzung erweitert, ergänzt oder klargestellt werden (allgM; BGH 20.12.1976, WM 1977, 192 f.; BGH 5.11.1984, BGHZ 92, 386 (395) = NJW 1985, 2592 (2594); UHL/*Hüffer/Schürnbrand* Rn. 199; MüKoGmbHG/*Drescher* Rn. 207; Scholz/*K. Schmidt* Rn. 172). Deren Beseitigung oder Einschränkung ist hingegen nur in engen Grenzen zulässig. Die Stimmverbote des Abs. 4 S. 1 – Entlastung und Befreiung von einer Verbindlichkeit – können durch die Satzung nicht abbedungen werden (BGH 12.6.1989, BGHZ 108, 21 (26) = NJW 1989, 2694 (2695 f.); BGH 28.2.1994, DStR 1994, 869 (870); OLG Stuttgart 4.5.1993, GmbHR 1995, 231; MüKoGmbHG/Drescher Rn. 211 f.; Baumbach/Hueck/*Zöllner/Noack* Rn. 106); Satzungsregelungen, die dem betroffenen Gesellschafter in derartigen Fällen die Stimmabgabe gestatten, verstoßen gegen § 138 BGB, weil sich dadurch die anderen Gesellschafter in die Hand dessen begeben, der die Gesellschaft möglicherweise geschädigt hat. Aus denselben Gründen ist auch das für die Beschlussfassung über die Einleitung oder Erledigung eines Rechtsstreits geltende Stimmverbot des Abs. 4 S. 2 Fall 2 zwingend (OLG Hamm 2.11.1992, GmbHR 1993, 815; UHL/*Hüffer/Schürnbrand* Rn. 200 f.; Scholz/*K. Schmidt* Rn. 173). Einzig das Stimmverbot bei Vornahme eines Rechtsgeschäfts (Abs. 4 S. 2 1. Fall) ist grundsätzlich dispositiv (OLG Stuttgart 7.2.2001, DB 2001, 854 (858); UHL/*Hüffer/Schürnbrand* Rn. 201; MüKoGmbHG/Drescher Rn. 213; Baumbach/Hueck/*Zöllner/Noack* Rn. 106). Bestimmungen der Satzung, die dem betroffenen Gesellschafter die Stimmabgabe gestatten, wenn es um Maßnahmen wie seine Abberufung als Geschäftsführer oder die Kündigung seines Anstellungsverhältnisses aus **wichtigem Grund** geht, sind allerdings nichtig (allgM; UHL/*Hüffer/Schürnbrand* Rn. 200; Rowedder/Schmidt-Leithoff/*Ganzer* Rn. 105). Ansonsten ist im Fall der grundsätzlich zulässigen Beseitigung des Stimmverbots des Abs. 4 S. 2 Alt. 1 im Einzelfall die Ausübung des Stimmrechts unter Berücksichtigung der Wirkungen des konkreten Geschäfts und der mitgliedschaftlichen Stellung der Gesellschafter anhand der Kriterien des Rechtsmissbrauchs und der Einhaltung der Treuepflicht im Wege der Anfechtungsklage zu kontrollieren.

VI. Stimmrechtsmissbrauch

85 Neben den starren Schranken des Abs. 4, die den Gesellschafter im Fall der dort tatbestandlich beschriebenen Interessenkonflikte generell von der Abstimmung ausschließen, unterliegt das Stimmrecht insbesondere dann, wenn das Stimmverbot des Abs. 4 S. 2 Fall 1 durch die Satzung abbedungen ist oder dessen Voraussetzungen nicht erfüllt sind, der beweglichen Schranke des **Stimmrechtsmissbrauchs** (Baumbach/Hueck/*Zöllner/Noack* Rn. 107 f.; UHL/*Hüffer/Schürnbrand* Rn. 203 ff.; Scholz/*K. Schmidt* Rn. 29 f.; Lutter/Hommelhoff/*Bayer* Rn. 51 f.; Roth/Altmeppen/*Altmeppen* Rn. 82). Die Grenzen der

Ausübung des Stimmrechts ergeben sich aus dem Gesellschaftszweck, der Treuepflicht des Gesellschafters, dem Gleichbehandlungs- und dem Verhältnismäßigkeitsgrundsatz sowie den Generalklauseln des Bürgerlichen Rechts. Ob eine rechtsmissbräuchliche Stimmabgabe vorliegt, ist in jedem Einzelfall anhand der konkreten Struktur der Gesellschaft und der maßgeblichen Umstände umfassend zu prüfen. Rechtsmissbräuchlich abgegebene Stimmen sind nichtig, sie sind bei der Feststellung des Beschlussergebnisses nicht mitzuzählen (BGH 9.11.1987, BGHZ 102, 172 (176) = NJW 1988, 969 (970); BGH 19.11.1990, NJW 1991, 846; OLG Hamburg 28.6.1991, GmbHR 1992, 43 (45); OLG Düsseldorf 8.3.2001, NZG 2001, 991 (994 f.)). Der Beschluss ist anfechtbar, wenn sie trotzdem mitgezählt werden und sich das Beschlussergebnis dadurch ändert.

VII. Stimmbindung

1. Begriff und Zweck. Die Ausübung des Stimmrechts kann Gegenstand von rechtsgeschäftlichen Vereinbarungen zwischen Gesellschaftern oder einem Gesellschafter und einem Dritten – etwa einem Geschäftsführer – sein. Der Gesellschafter verpflichtet sich dadurch, sein Stimmrecht vereinbarungsgemäß in bestimmter Weise auszuüben. Mit einem Stimmbindungsvertrag können unterschiedliche Zwecke verfolgt werden; er kann dauerhaft angelegt sein, sein Gegenstand kann auch lediglich eine bestimmte Beschlussfassung sein, es kann darum gehen, den Abschluss bestimmter Rechtsgeschäfte durchzusetzen. **Treugeber, Pfandnehmer und Nießbraucher,** denen aufgrund des Abspaltungsverbots das Stimmrecht nicht übertragen werden kann, können so sicherstellen, dass das Stimmrecht entsprechend den von ihnen verfolgten wirtschaftlichen Interessen ausgeübt wird. Insbesondere in Familiengesellschaften können einzelne **Gesellschaftergruppen** Stimmbindungsverträge abschließen, um ihren Einfluss auf die Willensbildung der Gesellschaft und die Besetzung der Geschäftsführungsorgane zu sichern und das Eindringen Dritter in die Gesellschaft durch die Verpflichtung, der Veräußerung eines Geschäftsanteils nur bei Vorliegen bestimmter Voraussetzungen zuzustimmen, zu verhindern. Gesellschafter mit gleichgerichteten Interessen können ihre Stimmen durch **Konsortial- oder Poolverträge** bündeln und sich dadurch Abstimmungsmehrheiten verschaffen 86

2. Schuldrechtliche Vereinbarung. Die Stimmbindung wird durch schuldrechtlichen Vertrag idR außerhalb der Satzung vereinbart; Stimmbindungen unter Gesellschaftern können jedoch auch in die Satzung aufgenommen werden. Der rechtliche Charakter der Stimmbindung richtet sich nach dem Inhalt des jeweiligen Vertrages. Sie kann vertragliche **Hauptpflicht,** aber auch **Nebenpflicht** sein. Hauptpflicht ist sie insbesondere bei wechselseitiger Verpflichtung mehrerer gemeinsame Interessen verfolgender Gesellschafter durch einen Konsortial- oder Poolvertrag, der regelmäßig eine Innengesellschaft des bürgerlichen Rechts ohne Gesamthandsvermögen begründet (BGH 24.11.2008, NJW 2009, 669 Rn. 14; UHL/*Hüffer/Schürnbrand* Rn. 67, 75 ff.; MüKoGmbHG/*Drescher* Rn. 234 f.). Ansonsten liegt der Stimmbindung meistens ein Auftrags- oder Geschäftsbesorgungsverhältnis gem. §§ 662 ff., 675 BGB zugrunde. Nebenpflicht ist sie häufig bei Verträgen, deren wirtschaftlicher Erfolg durch die Stimmbindung gesichert werden soll. Darunter fallen Treuhandverhältnisse und die Bestellung eines Pfandrechts am Geschäftsanteil; der Treuhänder bzw. der Gesellschafter hat bei der Stimmabgabe die Interessen des Treugebers bzw. des Pfandgläubigers zu wahren. Stimmbindungsverträge bedürfen keiner Form, sie unterliegen nicht den Beurkundungserfordernissen der §§ 2, 53 ff. (Scholz/*K. Schmidt* Rn. 38; Baumbach/Hueck/*Zöllner/Noack* Rn. 113; Rowedder/Schmidt-Leithoff/*Ganzer* Rn. 39). Der Gesellschafter kann Stimmpflichten durch formloses, auch konkludentes Versprechen eingehen. 87

3. Zulässigkeit. a) Stimmbindung zwischen Gesellschaftern. Stimmbindungsvereinbarungen der Gesellschafter untereinander, mit denen diese ihr zukünftiges Abstimmungsverhalten in der Gesellschafterversammlung regeln und koordinieren, sind nach dem Grundsatz der Vertragsfreiheit allgemein zulässig (allgM; BGH 29.5.1967, BGHZ 48, 163 (166) = NJW 1967, 1963; BGH 27 4.1970, BB 1970, 897; BGH 27.10.1986, NJW 1987, 1890 (1892); BGH 24.11.2008, NJW 2009, 669 Rn. 12; UHL/*Hüffer/Schürnbrand* Rn. 78 f.; Scholz/*K. Schmidt* Rn. 39, 40; Baumbach/Hueck/*Zöllner/Noack* Rn. 113; Rowedder/Schmidt-Leithoff/*Ganzer* Rn. 36; Lutter/Hommelhoff/*Bayer* Rn. 19 MHLS/*Römermann* Rn. 492; Roth/Altmeppen/*Altmeppen* Rn. 38). Inhaltliche **Schranken** ergeben sich insbesondere aus der Treuepflicht des Gesellschafters; zu einem Abstimmungsverhalten, das die Grenzen der gesellschaftlichen Treuepflicht überschreitet, kann sich kein Gesellschafter wirksam verpflichten. Weitere Schranken folgen aus den §§ 134, 138 BGB. Gegen Entgelt eingegangene Stimmbindungen **(Stimmenkauf)** sind trotz Fehlens eines § 405 Abs. 3 Nr. 6, 7 AktG entsprechenden Ordnungswidrigkeitentatbestands im GmbH-Recht wegen Sittenverstoßes nach § 138 BGB nichtig (UHL/*Hüffer/Schürnbrand* Rn. 85; Baumbach/Hueck/*Zöllner/Noack* Rn. 114; MHLS/*Römermann* Rn. 515 ff.; differenzierend MüKoGmbHG/*Drescher* Rn. 247). Eine Stimmbindung, die der **Umgehung eines Stimmverbots** nach Abs. 4 dienen soll, ist wegen Gesetzesverstoßes nach § 134 BGB nichtig; ein vom Stimmrecht ausgeschlossener Gesellschafter kann nicht im Wege der Stimmbindungsvereinbarung Einfluss auf die Willensbildung der Gesellschaft nehmen (BGH 29.5.1967, BGHZ 48, 163 (166) = NJW 1967, 1963). Die Absprache, sich gegenseitig zu wählen, begründet ohne das Hinzutreten besonderer Umstände wie 88 etwa die Bewilligung überhöhter Vergütungen noch keinen Verstoß gegen § 138 BGB (UHL/*Hüffer/Schürnbrand* Rn. 85). Die Bindung eines Gesellschafters an die mit einfacher Mehrheit getroffene Entscheidung eines Stimmrechtskonsortiums ist zulässig, auch wenn der in der Gesellschafterversammlung der GmbH zu fassende Beschluss einer qualifizierten Mehrheit bedarf (BGH 24.11.2008, NJW 2009, 669 Rn. 14 ff.).

89 **b) Stimmbindung gegenüber Dritten.** Stimmbindungsverträge mit Dritten werden überwiegend für grundsätzlich zulässig gehalten (BGH 7.2.1983, ZIP 1983, 432; BGH 10.6.1991, DStR 1991, 1290; OLG Frankfurt a. M. 16.9.1999, NZG 2000, 378; MüKoGmbHG/*Drescher* Rn. 241; Scholz/*K. Schmidt* Rn. 42; Baumbach/Hueck/*Zöllner/Noack* Rn. 113; Rowedder/Schmidt-Leithoff/*Ganzer* Rn. 37; MHLS/*Römermann* Rn. 495 ff.; Lutter/Hommelhoff/*Bayer* Rn. 20; für grundsätzliche Unzulässigkeit UHL/*Hüffer/Schürnbrand* Rn. 80). Bedenken ergeben sich daraus, dass auf diese Weise außenstehende Dritte, die nicht wie Gesellschafter der gesellschaftlichen Treuepflicht unterliegen, in die Geschicke der Gesellschaft hineinregieren und deren Willensbildung beeinflussen können. Eine wirksame Stimmbindung muss sich deshalb im Rahmen des dem Gesellschafter zustehenden Abstimmungsermessens bewegen (Rowedder/Schmidt-Leithoff/*Ganzer* Rn. 37; Baumbach/Hueck/*Zöllner/Noack* GmbHG 113; MHLS/*Römermann* Rn. 503).

90 Zulässig sind Stimmbindungen, die als leistungssichernde Nebenpflicht bei der Treuhand, dem Pfandrecht oder dem Nießbrauch am Geschäftsanteil vereinbart werden (UHL/*Hüffer/Schürnbrand* Rn. 82; Scholz/*K. Schmidt* Rn. 42). Nicht zu beanstanden sind Stimmbindungsvereinbarungen, durch die sich die Gesellschafter verpflichten, einem Dritten die Beteiligung an der GmbH zu ermöglichen; der Gesichtspunkt, dass Dritten die Geschicke der Gesellschaft nicht überantwortet werden dürfen, trifft für eine derartige Konstellation nicht zu (BGH 10.6.1991, DStR 1991, 1290). Dasselbe gilt für den Fall, dass der Dritte als Erwerber eines vinkulierten Geschäftsanteils (§ 15 Abs. 5) der Zustimmung der Gesellschafterversammlung bedarf. Stimmbindungen zugunsten Dritter im Hinblick auf Satzungsänderungen und Strukturentscheidungen sind nur zulässig, wenn sie sich im Rahmen des Abstimmungsermessens der Gesellschafter halten oder der Dritte materiell-rechtlich Träger von Gesellschaftsinteressen ist (str.; Scholz/*K. Schmidt* Rn. 42; Rowedder/Schmidt-Leithoff/*Ganzer* Rn. 37; weitergehend Baumbach/Hueck/*Zöllner/Noack* Rn. 113; MHLS/*Römermann* Rn. 504; abl. UHL/*Hüffer/Schürnbrand* Rn. 80 f.; Lutter/Hommelhoff/*Bayer* Rn. 20). Unzulässig sind entsprechend § 136 Abs. 2 AktG Verträge, das Stimmrecht nach Weisung der Gesellschaft oder der Geschäftsführer auszuüben (UHL/*Hüffer/Schürnbrand* Rn. 82; Baumbach/Hueck/*Zöllner/Noack* Rn. 115). Möglich sind hingegen Stimmrechtsbindungen gegenüber einzelnen **Geschäftsführern,** nur aus wichtigem Grund für deren Abberufung zu stimmen (BGH 7.2.1983, ZIP 1983, 432; OLG Köln 16.3.1988, NJW-RR 1989, 352). Gegenüber einem Dritten, der, wäre er Gesellschafter, vom Stimmrecht ausgeschlossen wäre, kann eine wirksame Stimmbindung nicht eingegangen werden (Baumbach/Hueck/*Zöllner/Noack* Rn. 114).

91 **4. Rechtsfolgen.** Die wirksame Stimmbindung verpflichtet den Gesellschafter zur Stimmabgabe in der vereinbarten Weise. Wegen der lediglich schuldrechtlichen Bedeutung der Stimmbindungsvereinbarung zwischen den Parteien ist jedoch auch die abredewidrige Stimmabgabe gültig; Außenwirkung idS, dass die pflichtwidrige Abstimmung ungültig wäre, kommt der Stimmbindungsvereinbarung nicht zu (allgM; UHL/*Hüffer/Schürnbrand* Rn. 86, 91; MüKoGmbHG/*Drescher* Rn. 250; Baumbach/Hueck/*Zöllner/Noack* Rn. 117). Die **abredewidrige Stimmabgabe** kann Schadensersatzansprüche des Gläubigers auslösen. Im Hinblick auf die Schwierigkeiten zum Einen bei der prozessualen Durchsetzung der Stimmbindung und zum Anderen bei dem Nachweis und der Berechnung des dadurch entstandenen Schadens ist die Aufnahme eines Vertragsstrafenversprechens in die Stimmbindungsvereinbarung ratsam (UHL/*Hüffer/Schürnbrand* Rn. 86; Scholz/*K. Schmidt* Rn. 61; Baumbach/Hueck/*Zöllner/Noack* Rn. 119). Umgekehrt ist eine entsprechend einer unzulässigen Stimmbindungsvereinbarung erfolgte Stimmabgabe ebenfalls wirksam, es sei denn, sie verstößt gegen ein Stimmverbot oder die gesellschaftliche Treuepflicht.

92 Die Ausübung des Stimmrechts entgegen der eingegangenen Stimmbindung hat grundsätzlich keine Auswirkungen auf die Beschlussfassung und begründet nicht die Anfechtbarkeit eines gleichwohl gefassten Gesellschafterbeschlusses. Anders ist dies nur bei Verstößen gegen Stimmbindungsvereinbarungen, an denen alle Gesellschafter einer GmbH beteiligt sind; gehen die Gesellschafter in Angelegenheiten der Gesellschaft außerhalb der Satzung wirksam schuldrechtliche Bindungen ein, so können die vertragswidrig überstimmten Gesellschafter den Beschluss durch Klage gegen die Gesellschaft anfechten, sie sind zur Durchsetzung der Stimmbindung nicht etwa auf eine Klage gegen die Mitgesellschafter angewiesen (BGH 20.1.1983, NJW 1983, 1910 (1911); BGH 27.10.1986, NJW 1987, 1890 (1892); OLG Hamm 12.4.2000, NZG 2000, 1036; Baumbach/Hueck/*Zöllner* Rn. 118; aA UHL/*Hüffer/Schürnbrand* Rn. 91 f.).

93 **5. Prozessuale Durchsetzung. a) Klage.** Die Erfüllung einer wirksam eingegangenen Stimmbindung kann im Wege der Leistungsklage durchgesetzt werden (heute allgM; BGH 29.5.1967, BGHZ 48, 163 (170 ff.) = NJW 1967, 1963 (1965 f.); OLG Köln 16.3.1988, NJW-RR 1989, 352; UHL/*Hüffer/*

Schürnbrand Rn. 87; MüKoGmbHG/*Drescher* Rn. 252; Scholz/*K. Schmidt* Rn. 55; Rowedder/Schmidt-Leithoff/*Ganzer* Rn. 45; Baumbach/Hueck/*Zöllner/Noack* Rn. 119). Der auf die Verurteilung zu künftiger Stimmabgabe gerichtete Klageantrag muss auf eine konkrete Beschlussfassung Bezug nehmen, damit das Gericht beurteilen kann, ob die beabsichtigten Beschlüsse rechtmäßig sind (OLG Saarbrücken 10.10.2006, GmbHR 2007, 143 (148)).

b) Zwangsvollstreckung. Das den Gesellschafter aufgrund einer Stimmbindung zur Abstimmung in inhaltlich bestimmter Weise verpflichtende Urteil ist, weil die Stimmangabe Willenserklärung ist, gem. § **894 ZPO** zu vollstrecken; die Stimmabgabe, nicht aber der erforderliche Gesellschafterbeschluss, wird durch das Leistungsurteil ersetzt. (BGH 29.5.1967, BGHZ 48, 163 (173 f.) = NJW 1967, 1953 (1966); BGH 10.4.1989, WM 1989, 1021; UHL/*Hüffer/Schürnbrand* Rn. 88; MüKoGmbHG/*Drescher* Rn. 252; Rowedder/Schmidt-Leithoff/*Ganzer* Rn. 45; Scholz/*K. Schmidt* Rn. 56; MHLS/*Römermann* Rn. 541 ff.) Erforderlich ist weiter der Zugang der Abstimmungserklärung durch Mitteilung des rechtskräftigen Urteils an den Versammlungsleiter oder die Teilnehmer der Versammlung. Zu Unterlassungsansprüchen führende Stimmverbote werden allerdings durch die Androhung und Festsetzung von Ordnungsmitteln nach § 890 ZPO vollstreckt; die einem Stimmbindungsvertrag möglicherweise als Nebenpflicht zu entnehmende Verpflichtung, die Beschlussfassung herbeizuführen, ist nach § 887 ZPO zu vollstrecken (Scholz/*K. Schmidt* Rn. 56; UHL/*Hüffer/Schürnbrand* Rn. 88; MHLS/*Römermann* Rn. 543). 94

c) Einstweilige Verfügung. Da ein rechtskräftiges Urteil häufig nicht rechtzeitig zu erlangen ist, stellt sich die Frage der Durchsetzung einer Stimmbindung im Wege der einstweiligen Verfügung. Wegen des damit regelmäßig einhergehenden Verstoßes gegen das Verbot der Vorwegnahme der Hauptsache wird der Erlass einer einstweiligen Verfügung in Rspr. und Schrifttum zT für grundsätzlich unzulässig gehalten (OLG Celle 1.4.1981, GmbHR 1981, 264 (265); OLG Frankfurt a. M. 15.12.1981, BB 1982, 274; Baumbach/Hueck/*Zöllner/Noack* Rn. 120; Rowedder/Schmidt-Leithoff/*Ganzer* Rn. 46). Nach zutreffender überwA (OLG München 20.7.1998, GmbHR 1999, 718 (719); OLG Hamm 6.7.1992, GmbHR 1993, 163 f.; OLG Frankfurt a. M. 1.7.1992, GmbHR 1993, 161 f.; OLG Hamburg 28.6.1991, NJW 1992, 186; OLG Koblenz 25.10.1990, DB 1990, 2413; OLG Stuttgart 20.2.1987, NJW 1987, 2449; UHL/*Hüffer/Schürnbrand* Rn. 89; MüKoGmbHG/*Drescher* Rn. 253; Scholz/*K. Schmidt* Rn. 59; Lutter/Hommelhoff/*Bayer* Rn. 23; MHLS/*Römermann* Rn. 649) darf jedoch zur Durchsetzung einer Stimmbindung auch mit den Mitteln des einstweiligen Rechtsschutzes in das Abstimmungsverhalten von Gesellschaftern eingegriffen werden. Der Erlass einer einstweiligen Verfügung ist danach bei eindeutiger Rechtslage, überragendem Schutzbedürfnis und besonders schwerwiegender Beeinträchtigung der Belange des Verfügungsklägers möglich; er wird im konkreten Einzelfall nach stets vorzunehmender Abwägung der schutzwürdigen Interessen beider Seiten eher in Betracht kommen, wenn es um das Verbot einer abredewidrigen Abstimmung geht, und nur ausnahmsweise, wenn eine bestimmte Stimmabgabe durchgesetzt werden soll. 95

6. Satzungsregelungen. Die Satzung kann den Gesellschaftern den Abschluss von Stimmbindungsverträgen verbieten (UHL/*Hüffer/Schürnbrand* Rn. 98; MüKoGmbHG/Drescher Rn. 256; Baumbach/Hueck/*Zöllner/Noack* Rn. 116; Rowedder/Schmidt-Leithoff/*Ganzer* Rn. 47; MHLS/*Römermann* Rn. 550 ff.). Trotzdem eingegangene Stimmbindungen sind jedoch wirksam, insbesondere nicht nach § 134 BGB nichtig; die Zuwiderhandlung kann aber Unterlassungs- und Schadensersatzansprüche auslösen. Umgekehrt kann die Satzung auch Stimmbindungen festschreiben. 96

Anhang § 47: Fehlerhafte Gesellschafterbeschlüsse

I. Allgemeines

Das GmbHG enthält keine eigenständige Regelung der Rechtsfolgen der **Mangelhaftigkeit eines Gesellschafterbeschlusses.** Die Rspr. wendet mit überwiegender Zustimmung des Schrifttums (UHL/*Hüffer/Schürnbrand* Rn. 4 ff.; MüKoGmbHG/*Wertenbruch* Rn. 1; krit. Baumbach/Hueck/*Zöllner/Noack* Rn. 3 ff.) die Bestimmungen der §§ 241 ff. AktG über die Nichtigkeit und Anfechtbarkeit von Beschlüssen der Hauptversammlung entsprechend an, soweit nicht die strukturellen Besonderheiten der GmbH eine Abweichung erfordern (BGH 16.12.1953, BGHZ 11, 231 (235) = NJW 1954, 385 f.; BGH 14.12.1961, BGHZ 36, 307 (210 f.) = NJW 1962, 538; BGH 9.12.1968, BGHZ 51, 209 (210 f.) = NJW 1969, 841 (842); BGH 21.3.1988, BGHZ 104, 66 (69 f.) = NJW 1988, 1844 (1845); BGH 17.2.1997, BGHZ 134, 364 (365) = NJW 1997, 1510 (1511); BGH 3.5.1999, NJW 1999, 2115 (2116); BGH 11.2.2008, NJW-RR 2008, 706 Rn. 22). Nicht entsprechend anwendbar sind lediglich die §§ 246a, 248a AktG; von der Streitwertvorschrift des § 247 AktG ist nur Abs. 1 S. 1, nicht aber Abs. 1 S. 2 auf die GmbH-rechtliche Anfechtungs- bzw. Nichtigkeitsklage anzuwenden (→ AktG § 247 Rn. 2). Im Folgenden werden nur die für die Behandlung fehlerhafter Beschlüsse der Gesellschafterversammlung der GmbH geltenden Abweichungen von den Regelungen des Aktienrechts erörtert; 1

ansonsten wird für die Geltendmachung von Beschlussmängeln auf die Kommentierung zu den §§ 241 ff. AktG Bezug genommen.

II. Nichtigkeitsklage

2 **1. Feststellung durch Klage.** Die Nichtigkeit eines Gesellschafterbeschlusses wird entsprechend §§ 241 ff. AktG durch Erhebung der **Nichtigkeitsklage** (§ 249 AktG) geltend gemacht. Die Klage ist, wenn der Beschluss nicht in das Handelsregister eingetragen wird, grundsätzlich nicht fristgebunden. Sie kann jedoch nicht zeitlich unbegrenzt erhoben werden; in einem solchen Fall können ihrer Zulässigkeit die Gesichtspunkte der Verwirkung oder von Treu und Glauben entgegenstehen (BGH 29.10.1956, BGHZ 22, 101 (106) = WM 1956, 1428 (1429)). Die Nichtigkeit eintragungspflichtiger Beschlüsse kann hingegen entsprechend § 242 Abs. 2 S. 1 AktG nicht mehr geltend gemacht werden, wenn seit der Eintragung im Handelsregister mehr als drei Jahre verstrichen sind (BGH 23.3.1981, BGHZ 80, 212 (216 f.) = NJW 1981, 2125 (2126 f.)).

3 **2. Nichtigkeitsgründe.** Nur **besonders schwerwiegende Beschlussmängel** iSd § 241 AktG vermögen die Nichtigkeit eines Gesellschafterbeschlusses zu begründen. Nichtigkeitsgründe sind insbesondere die Einberufung durch einen Unbefugten (→ § 49 Rn. 7; → § 50 Rn. 18; → AktG § 241 Rn. 25), die Nichteinladung eines teilnahmeberechtigten Gesellschafters (→ § 51 Rn. 21; → AktG § 241 Rn. 28), schwere Formmängel des Einladungsschreibens (→ § 51 Rn. 21; → AktG § 241 Rn. 28), die entgegen § 53 Abs. 2 unterbliebene Beurkundung eines satzungsändernden Beschlusses (→ AktG § 241 Rn. 31), Inhaltsmängel (→ AktG § 241 Rn. 33, → AktG § 241 Rn. 36) und ein Verstoß des Beschlussinhalts gegen die guten Sitten (→ AktG § 241 Rn. 39).

III. Anfechtungsklage

4 **1. Beschlussfeststellung.** Das GmbH-Recht enthält anders als das Aktienrecht (§§ 130, 245 AktG) keine Bestimmungen zur Beschlussfeststellung, von der die **Anfechtungsbefugnis** (→ AktG § 245 Rn. 19 ff.) und die **Klageart** für das gerichtliche Verfahren zur Kontrolle der Ordnungsmäßigkeit des Beschlusses abhängen. Fehlt es an der förmlichen Feststellung eines Abstimmungsergebnisses etwa durch einen Versammlungsleiter, so ist keine für den Gesellschafter vorläufig verbindliche Entschließung vorhanden, gegen die er die Anfechtungsklage richten könnte, wenn er verhindern will, dass der Beschluss endgültig verbindlich wird; in diesem Fall hat er an Stelle der kassatorischen Anfechtungsklage die Möglichkeit der nicht fristgebundenen **Feststellungsklage** gem. § 256 ZPO, um gerichtlich klären zu lassen, ob ein Beschluss mit bestimmtem Inhalt gefasst worden ist (BGH 28.1.1980, BGHZ 76, 154 (156 f.) = NJW 1980, 1527; BGH 13.11.1995, NJW 1996, 259; BGH 1.3.1999, NJW 1999, 2268). Stellt hingegen der Versammlungsleiter in der Gesellschafterversammlung das Zustandekommen eines bestimmten Beschlusses fest (BGH 10.4.1989, NJW-RR 1989, 1056) oder ist auf andere Weise – etwa durch ein Protokoll – zwischen den Gesellschaftern Klarheit über den Beschlussinhalt geschaffen worden (BGH 11.2.2008, NJW-RR 2008, 706 Rn. 14 ff.), so sind Beschlussmängel durch Erhebung der **Anfechtungsklage** geltend zu machen, wenn der Beschluss nicht endgültig wirksam werden soll (BGH 21.3.1988, BGHZ 104, 66 (69 f.) = NJW 1988, 1844; BGH 3.5.1999, NJW 1999, 2115 (2116)). Wird ein einen Beschlussantrag ablehnender negativer Beschluss angefochten und ist der Anfechtungskläger der Ansicht, dass bei richtiger Stimmenzählung oder bei Wegfall der Stimmen von Gesellschaftern, die von einem Stimmverbot betroffen sind, der Beschluss zustande gekommen ist, so muss er die Anfechtungsklage mit einer **positiven Beschlussfeststellungsklage** verbinden (→ AktG § 246 Rn. 50 f.).

5 **2. Klagefrist. a) Leitbildfunktion des § 246 Abs. 1 AktG.** Während die Erhebung der Feststellungsklage nicht an eine gesetzliche Frist gebunden ist und dem nicht zeitnah klagenden Gesellschafter nur der Verwirkungseinwand oder der Vorwurf widersprüchlichen Verhaltens entgegengesetzt werden kann (BGH 13.11.1995, NJW 1996, 259 f.; BGH 1.3.1999, NJW 1999, 2268), muss die Anfechtungsklage binnen einer am Leitbild des § 246 AktG orientierten kurzen Frist erhoben werden (BGH 1.6.1987, BGHZ 101, 113 (117 f.) = NJW 1987, 2514 f.; BGH 21.3.1988, BGHZ 104, 66 (70 ff.) = NJW 1988, 1844 f.; BGH 14.5.1990, BGHZ 111, 224 (225 ff.) = NJW 1990, 2625). Die Klageerhebung hat mit aller dem klagenden Gesellschafter möglichen und zumutbaren Beschleunigung zu geschehen, wobei die mit der Beschlussfassung beginnende **Monatsfrist des § 246 Abs. 1 AktG** von eng begrenzten Ausnahmen abgesehen als Maßstab gilt (BGH 12.10.1992, NJW 1993, 129 f.; BGH 12.1.1998, BGHZ 137, 378 (386 f.) = NJW 1998, 1559 (1561); BGH 18.4.2005, NZG 2005, 551 (553); BGH 13.7.2009, NZG 2009, 1110); innerhalb dieser Frist müssen auch die Anfechtungsgründe in ihrem wesentlichen tatsächlichen Kern in den Rechtsstreit eingeführt werden (→ AktG § 246 Rn. 9). Die verspätet erhobene Klage ist unbegründet, weil die Anfechtungsfrist eine materielle Klagevoraussetzung ist. Bei Überschreiten der Monatsfrist kommt es darauf an, ob **zwingende Umstände** den Gesellschafter an einer früheren klageweisen Geltendmachung des Anfechtungsgrundes gehindert haben.

b) Angemessene Frist. Die **Überschreitung der Monatsfrist** kann **ausnahmsweise gerechtfertigt** sein, wenn der klagende Gesellschafter längere Zeit benötigt, um schwierige tatsächliche oder rechtliche Fragen zu klären oder klären zu lassen, auf die es für die Beurteilung der Erfolgsaussichten der Klage ankommt (BGH 14.5.1990, BGHZ 111, 224 (226) = NJW 1990, 2625; BGH 12.10.1992, NJW 1993, 129 (130); OLG Düsseldorf 22.10.1998, GmbHR 1999, 543 (548); OLG München 28.10.1999, NZG 2000, 105 (106)). Weiter kann es darauf ankommen, ob der klagende Gesellschafter selbst über die dafür erforderlichen Fachkenntnisse verfügt oder ob er anwaltliche oder sonstige sachverständige Beratung benötigt, um eine Klage auf konkreter Grundlage erheben zu können (BGH 14.5.1990, BGHZ 111, 224 (226) = NJW 1990, 2625; OLG Brandenburg 29.7.1998, NJW-RR 1999, 543 (544 f.)). Die Frist verlängert sich durch Verhandlungen der Gesellschafter über eine einvernehmliche Bereinigung des Streits bzw. die Änderung oder Aufhebung des von einem Gesellschafter beanstandeten Beschlusses (BGH 13.7.2009, NZG 2009, 1110; OLG Hamm 1.2.1995, GmbHR 1995, 736 (738); OLG Dresden 5.12.1996, NJW-RR 1997, 1535 (1536)). Von Bedeutung kann weiter die Struktur der Gesellschaft sein; die typischerweise eher personalistisch geprägte GmbH ist wegen der regelmäßig zwischen den Gesellschaftern bestehenden persönlichen Beziehungen auf eine tragfähige Vertrauensgrundlage angewiesen, den Gesellschaftern soll Zeit gelassen werden, den Konflikt einvernehmlich zu lösen. Das Erfordernis der möglichen und zumutbaren Beschleunigung der Klageerhebung hat deshalb umso mehr Gewicht, je weniger personalistisch die konkrete GmbH geprägt ist und je weniger schwierige Fragen geklärt werden müssen (BGH 14.5.1990, BGHZ 111, 224 (226) = NJW 1990, 2625; BGH 12.10.1992, NJW 1993, 129 (130); OLG Oldenburg 21.5.1992, GmbHR 1992, 667). In die Abwägung einzubeziehen sind das Interesse der Gesellschaft an einer zeitnahen Durchführung des Gesellschafterbeschlusses und das Vertrauen der Beteiligten auf seinen Bestand (OLG Köln 17.2.1995, NJW-RR 1995, 806; Baumbach/Hueck/*Zöllner/Noack* Rn. 150). Nach den Gesamtumständen des Einzelfalls kann eine Klageerhebung zwei Monate und zehn Tage (BGH 14.5.1990, BGHZ 111, 224 (226) = NJW 1990, 2625) bzw. etwa vier Monate (OLG Dresden 5.12.1996, NJW-RR 1997, 1535 (1536)) nach Beschlussfassung die angemessene Frist noch wahren; ein längeres Abwarten zumal über Jahre wird in aller Regel zur Unzulässigkeit der Anfechtungsklage führen (OLG Oldenburg 21.5.1992, GmbHR 1992, 667; OLG Schleswig 16.3.2000, NZG 2000, 895 (896)). 6

c) Fristbeginn. § 246 Abs. 1 AktG knüpft den Fristbeginn im Interesse der Rechtssicherheit ohne Rücksicht auf die Kenntnis des anfechtungsberechtigten Gesellschafters an den Zeitpunkt der Beschlussfassung. Die Rspr. stellt für die GmbH – vorbehaltlich anderer Satzungsregelungen – auf die **Kenntnis des Gesellschafters** von dem Inhalt der gefassten Beschlüsse ab (hM; OLG Hamm 3.7.1991, GmbHR 1992, 458 (459); OLG Hamm 26.2.2003, NZG 2003, 630 f.; OLG München 28.10.1999, NZG 2000, 105 (106); anders OLG Schleswig 29.1.1998, OLGR Schleswig 1998, 265 (266): Fristbeginn mit Beschlussfassung, spätere Kenntnisnahmemöglichkeit ist bei Bemessung der angemessenen Frist zu berücksichtigen). Den Gesellschafter, der trotz Kenntnis von der Gesellschafterversammlung und der Tagesordnungspunkte an der Versammlung nicht teilnimmt, trifft eine Pflicht zur Erkundigung nach dem Inhalt eventueller Beschlussfassungen (OLG Hamm 26.2.2003, NZG 2003, 630 f.). Versuchen die Gesellschafter zu einer einvernehmlichen Lösung des Konflikts zu gelangen, so muss die Anfechtungsklage nach dem Scheitern der Verhandlungen zügig, spätestens binnen eines Monats nach deren Beendigung erhoben werden (OLG Dresden 5.12.1996, NJW-RR 1997, 1535 (1536); OLG Stuttgart 27.10.1999, OLGR Stuttgart 2000, 51 (52); OLG München 28.10.1999, NZG 2000, 105 (106)). Die rechtzeitige Einreichung der Klage reicht zur Fristwahrung aus, wenn die Klage demnächst iSd § 167 ZPO zugestellt wird, was insbesondere voraussetzt, dass die Gerichtskosten umgehend eingezahlt werden (BGH 25.10.2016, NJW 2017, 1467 Rn. 24 f.; OLG Köln 17.2.1995, NJW-RR 1995, 806 f.). 7

3. Streitgegenstand. Die auf Feststellung gerichtete Nichtigkeitsklage und die auf Rechtsgestaltung gerichtete Anfechtungsklage verfolgen ein **einheitliches Rechtsschutzziel** (BGH 17.2 1997, BGHZ 134, 364 (366 f.) = NJW 1997, 1510 (1511); → AktG § 246 Rn. 29); der Nichtigkeitsantrag schließt den Feststellungsantrag ein. Das Ziel der Klage muss gegebenenfalls durch Auslegung festgestellt werden. Die Abgrenzung zwischen Anfechtungs- und Nichtigkeitsklage hat dann Bedeutung, wenn die die Klage erst nach Ablauf der regelmäßig einen Monat betragenden Anfechtungsfrist erhoben worden ist bzw. die Anfechtungsgründe erst nach Ablauf dieser Frist in den Prozess eingeführt worden sind; in einem solchen Fall kann das Gericht, das Nichtigkeitsgründe verneint, weder die beantragte Feststellung aussprechen noch darf es die Anfechtungsgründe prüfen und den Beschluss für nichtig erklären (BGH 12.1.1998, BGHZ 137, 378 (386 f.) = NJW 1998, 1559 (1561)). 8

4. Anfechtungsgründe. Alle Verstöße gegen Gesetz und Satzung (§ 243 Abs. 1 AktG), die nicht schon zur Nichtigkeit führen, sind Anfechtungsgründe. Darunter fallen insbesondere weniger schwerwiegende Mängel bei der Einberufung der Gesellschafterversammlung oder der Ankündigung der Tagesordnung (→ § 51 Rn. 22; → AktG § 243 Rn. 9), der unberechtigte Ausschluss eines teilnahmeberechtigten Gesellschafters (→ § 48 Rn. 12, → § 48 Rn. 16; → AktG § 243 Rn. 11), eine sachlich unrichtige 9

Ergebnisfeststellung (→ § 47 Rn. 21; → AktG § 243 Rn. 18), weiter inhaltliche Verstöße (→ AktG § 243 Rn. 19 ff.) und die sachwidrige Gewährung von Sondervorteilen (→ AktG § 243 Rn. 28 ff.).

10 **5. Satzungsregelungen.** Das Anfechtungsrecht kann als unentziehbares mitgliedschaftliches Recht durch den Gesellschaftsvertrag nicht eingeschränkt werden (Rowedder/Schmidt-Leithoff/*Ganzer* Rn. 74; Baumbach/Hueck/*Zöllner/Noack* Rn. 29). Zulässig ist die Erweiterung der Anfechtungsbefugnis etwa auf Geschäftsführer oder Aufsichtsratsmitglieder, nicht aber außenstehende Dritte (Rowedder/Schmidt-Leithoff/*Ganzer* Rn. 74; Roth/Altmeppen/*Altmeppen* § 47 Rn. 80). Die Satzung kann die **Dauer der Anfechtungsfrist** festlegen, darf dabei aber nicht durch eine unangemessen kurze Frist das Anfechtungsrecht des Gesellschafters unzulässig verkürzen; dem Gesellschafter muss als absolutes Minimum eine Frist von einem Monat zur Verfügung stehen (BGH 21.3.1988, BGHZ 104, 66 (70 ff.) = NJW 1988. 1844 f.; BGH 20.1.1977, BGHZ 68, 212 (215 ff.) = NJW 1977, 1292 (1293); OLG Düsseldorf 8.7.2005, NZG 2005, 980 f.; OLG Schleswig 29.1.1998, OLGR Schleswig 1998, 265 (266); OLG Brandenburg 17.1.1996, GmbHR 1996, 539 (540)). Gesellschaftsvertragliche Anfechtungsfristen von zwei oder vier Wochen sind unwirksam. Eine Verlängerung der Frist auf acht Wochen, maximal aber drei Monate, ist zulässig (OLG Köln 17.2.1995, NJW-RR 1995, 806; OLG Hamm 29.6.1992, GmbHR 1992, 805 (806)). Die Satzung kann weiter den **Beginn der Anfechtungsfrist** regeln. Bestimmungen die auf den Zugang des Protokolls, den Folgetag der Beschlussfassung oder den Tag nach der Protokollierung abstellen, sind wirksam (BGH 15.6.1998, NJW 1998, 3344; OLG Dresden 15.11.1999, NZG 2000, 429 (430); OLG Hamm 14.2.2000, NJW-RR 2001, 108 (109)). Grundsätzlich muss darauf geachtet werden, dass durch die Satzungsregelung zum Fristbeginn die Monatsfrist nicht unangemessen verkürzt wird.

IV. Schiedsfähigkeit

11 Im GmbH-Recht sind **Beschlussmängelstreitigkeiten** grundsätzlich aufgrund einer im Gesellschaftsvertrag enthaltenen Schiedsvereinbarung oder einer außerhalb des Gesellschaftsvertrages von allen Gesellschaftern und der Gesellschaft getroffenen Individualabrede **schiedsfähig,** sofern im Hinblick auf die umfassenden gesetzlichen Urteilswirkungen entsprechend § 248 Abs. 1 S. 1 AktG, § 249 Abs. 1 S. 1 AktG (→ AktG § 248 Rn. 6 f.; → AktG § 249 Rn. 13) Schiedsvereinbarung und Schiedsverfahren in einer dem Rechtsschutz durch staatliche Gerichte gleichwertigen Weise ausgestaltet sind, wozu insbesondere gehört, dass die Einhaltung rechtsstaatlicher Mindeststandards an Mitwirkungsrechten und an Rechtsschutzgewährung für alle dem Schiedsspruch unterworfenen Gesellschafter gewährleistet ist (BGH 6.4.2009, NJW 2009, 1962 Rn. 10 ff. – Schiedsfähigkeit II; BGH 29.3.1996, BGHZ 132, 278 (281 ff.) = NJW 1996, 1753 (1754 ff.) – Schiedsfähigkeit I; vgl. weiter BGH 19.7.2004, BGHZ 160, 127 (132 ff.) = NJW 2004, 2898 (2899 f.); OLG Frankfurt a. M. 9.9.2010, NZG 2011, 629 Rn. 15 ff.; MüKoGmbHG/*Wertenbruch* Rn. 318 ff.; Roth/Altmeppen/*Altmeppen* Rn. 127 f.; Lutter/Hommelhoff/*Bayer* Rn. 95 ff.).

12 Voraussetzung der Schiedsfähigkeit ist eine **wirksame Schiedsvereinbarung,** die entweder in der Satzung enthalten ist oder außerhalb der Satzung durch Individualabrede, der alle Gesellschafter und die Gesellschaft zugestimmt haben müssen, geschlossen worden ist. Die nachträgliche Aufnahme einer Schiedsklausel in die Satzung bedarf der Zustimmung aller Gesellschafter; eine Mehrheitsentscheidung genügt nicht (MüKoGmbHG/*Wertenbruch* Rn. 308; Lutter/Hommelhoff/*Bayer* Rn. 98). Neu hinzutretende Gesellschafter unterwerfen sich der bereits in der Satzung verankerten Schiedsklausel mit ihrem Beitritt. Jeder Gesellschafter muss entsprechend § 246 Abs. 4 AktG die Möglichkeit haben, sich als Partei oder als Nebenintervenient an dem Schiedsverfahren zu **beteiligen;** dazu gehört, dass alle Betroffenen über die Einleitung und den Verlauf des Schiedsverfahrens **informiert** werden. Alle Gesellschafter müssen an der **Auswahl und Bestellung der Schiedsrichter** mitwirken können; es muss sichergestellt sein, dass nicht einzelne Beteiligte Einfluss auf die Besetzung des Schiedsgerichts nehmen und damit dessen Unabhängigkeit und Neutralität gefährden können. Die sichere Lösung ist die Übertragung der Schiedsrichterauswahl auf eine neutrale Stelle (Industrie- und Handelskammer, OLG- oder LG-Präsident); möglich ist auch die vorherige Einsetzung eines institutionellen Schiedsgerichts. Werden hingegen die Schiedsrichter (Beisitzer und Vorsitzender) im Einzelfall berufen, so müssen alle Gesellschafter mitentscheiden können. Diese Einflussnahmemöglichkeit ist durch Information der Gesellschafter und das Setzen angemessener Erklärungsfristen zu gewährleisten, binnen deren sich die Gesellschafter zu äußern haben, ob sie sich an dem Verfahren und der Schiedsrichterauswahl beteiligen wollen (Lutter/Hommelhoff/*Bayer* Rn. 103). Bei Beteiligung mehrerer Gesellschafter auf einer Seite des Streitverhältnisses kann in dieser Gruppe über die Schiedsrichterauswahl nach dem Mehrheitsprinzip entschieden werden (BGH 6.4.2009, NJW 2009, 1962 Rn. 20; BGH 24.11.2008, NZG 2009, 183 Rn. 14 ff.; aA Roth/Altmeppen/*Altmeppen* Rn. 127 f.). Weiter muss die **Zuständigkeitskonzentration** bei einem Schiedsgericht sichergestellt sein, alle denselben Streitgegenstand betreffenden Anträge dürfen nur dort gestellt werden können, dem Verfahren muss Sperrwirkung zukommen.

Gesellschafterversammlung

48 (1) **Die Beschlüsse der Gesellschafter werden in Versammlungen gefaßt.**

(2) **Der Abhaltung einer Versammlung bedarf es nicht, wenn sämtliche Gesellschafter in Textform mit der zu treffenden Bestimmung oder mit der schriftlichen Abgabe der Stimmen sich einverstanden erklären.**

(3) **Befinden sich alle Geschäftsanteile der Gesellschaft in der Hand eines Gesellschafters oder daneben in der Hand der Gesellschaft, so hat er unverzüglich nach der Beschlußfassung eine Niederschrift aufzunehmen und zu unterschreiben.**

Übersicht

I. Allgemeines

Die Vorschrift trifft Regelungen für die **Beschlussfassung der Gesellschafter;** diese hat nach Abs. 1 grundsätzlich in der nach den §§ 49–51 einzuberufenden Gesellschafterversammlung zu erfolgen. Ausnahmsweise können Beschlüsse bei Einverständnis sämtlicher Gesellschafter im schriftlichen Verfahren getroffen werden (Abs. 2). Nach Abs. 3 ist der Gesellschafter der Einpersonen-GmbH verpflichtet, unverzüglich nach seiner Beschlussfassung eine Niederschrift anzufertigen; der Zweck der Norm besteht darin, Rechtssicherheit über die Beschlüsse des Alleingesellschafters herbeizuführen. 1

II. Gesellschafterversammlung (Abs. 1)

1. Ort und Zeit der Versammlung. a) Ort. Das Gesetz enthält keine Bestimmungen zum Ort der Versammlung. Maßgeblich ist der Gesellschaftsvertrag; enthält dieser keine – stets vorrangige – Regelung, so ist entsprechend § 121 Abs. 5 S. 1 AktG der Sitz der Gesellschaft oder auch ein davon abweichender tatsächlicher Verwaltungssitz der Versammlungsort. Ein anderer Ort darf gewählt werden, wenn alle Gesellschafter zustimmen oder dieser für die Gesellschafter günstiger zu erreichen ist als der Sitz der Gesellschaft, das Teilnahmerecht der Gesellschafter also nicht beeinträchtigt wird (→ § 51 Rn. 13). Das **Versammlungslokal** ist von den Einberufungsberechtigten nach pflichtgemäßem Ermessen und Zumutbarkeitsgesichtspunkten festzulegen. In Betracht kommen Geschäftsräume der Gesellschaft oder, wenn dies zweckmäßiger ist, angemietete Räumlichkeiten. Bei einem Zerwürfnis zwischen 2

Gesellschaftern darf nicht in die Privatwohnung des einen Gesellschafters, die kein neutrales Tagungslokal ist, geladen werden (OLG Celle 12.5.1997, GmbHR 1997, 748).

3 Die Frage, ob die Gesellschafterversammlung im **Ausland** stattfinden darf, ist umstritten (zum Meinungsstand vgl. UHL/*Hüffer/Schürnbrand* Rn. 7 f.; MüKoGmbHG/*Liebscher* Rn. 82; Scholz/*Seibt* Rn. 6 f.). Sie ist zu bejahen, wenn der Gesellschaftsvertrag einen ausländischen Versammlungsort bestimmt. Ansonsten hat der inländische Sitz der Gesellschaft Vorrang. Gesellschafterversammlungen im Ausland sind ohne entsprechende Regelung in der Satzung zulässig, wenn alle Gesellschafter zustimmen, wenn die Voraussetzungen einer Vollversammlung (§ 51 Abs. 3) vorliegen oder wenn die Teilnahmerechte und Teilnahmemöglichkeiten der Gesellschafter trotz des ausländischen Versammlungsorts gewahrt bleiben. Das Erfordernis notarieller Beurkundung von Gesellschafterbeschlüssen (§ 53 Abs. 2) schließt einen ausländischen Versammlungsort nicht generell aus; ist die ausländische Beurkundung der deutschen gleichwertig, kann grundsätzlich auch ein ausländischer Notar dieses Beurkundungserfordernis erfüllen (BGH 16.2.1981, BGHZ 80, 76 (78) = NJW 1981, 1160).

4 **b) Zeit.** Das Gesetz regelt die Versammlungszeit nicht. Die Festlegung von Tag und Stunde liegt im pflichtgemäßen Ermessen der Einberufungsberechtigten, die dabei auf die Belange und Teilnahmemöglichkeiten der Gesellschafter Rücksicht zu nehmen haben (→ § 51 Rn. 14). Zulässig ist jeder geschäftsübliche und den Gesellschaftern zumutbare Zeitpunkt; das kann abhängig von deren Interessen auch ein Sonn- oder Feiertag sein (UHL/*Hüffer/Schürnbrand* Rn. 6; Scholz/*Seibt* Rn. 9).

5 **2. Teilnahmerecht. a) Gesellschafter.** Jeder Gesellschafter hat das Recht auf Teilnahme an der Gesellschafterversammlung, und zwar unabhängig davon, ob er über die in der Versammlung zu erörternden Angelegenheiten mitstimmen kann. Auch der vom Stimmrecht ausgeschlossene Gesellschafter muss aufgrund seiner Mitgliedschaft die Gelegenheit haben, auf die Willensbildung der Gesellschafterversammlung dadurch Einfluss zu nehmen, dass er Beschlussanträge stellt, seine Auffassung über die zur Beschlussfassung anstehenden Gegenstände vorträgt und Einwendungen erhebt (allgM; BGH 12.7.1971, WM 1971, 1150 f.; UHL/*Hüffer/Schürnbrand* Rn. 12; Scholz/*Seibt* Rn. 14). Das Teilnahmerecht geht über ein bloßes Recht auf Anwesenheit hinaus; der Gesellschafter darf sich zu den Beratungs- und Beschlussgegenständen äußern, er darf von den Mitgesellschaftern eine Aussprache zur Sache und eine Anhörung seines Standpunkts verlangen (OLG Hamm 3.11.1997, NJW-RR 1998, 967 (969)). Aus dem Teilnahmerecht kann nach den Umständen des Einzelfalls auch die Pflicht der Mitgesellschafter folgen, bei Verspätung eines Gesellschafters mit der Aussprache und Beschlussfassung eine angemessene Zeit zu warten, bevor in die gesellschaftsrechtliche Stellung dieses Gesellschafters nachhaltig eingreifende Beschlüsse gefasst werden (OLG Hamm 3.11.1997, NJW-RR 1998, 967 (969); OLG Dresden 15.11.1999, NJW-RR 2000, 565 (566)).

6 Im Fall der **Mitberechtigung** (Bruchteils- oder Erbengemeinschaft) an einem Geschäftsanteil (§ 18) steht allen Mitberechtigten das Teilnahmerecht zu, ebenso das Rederecht. Anträge dürfen sie jedoch nur gemeinsam stellen (UHL/*Hüffer/Schürnbrand* Rn. 14). Anstelle eines minderjährigen Gesellschafters üben dessen gesetzliche Vertreter (Eltern, Vormund) das Teilnahmerecht aus. Der unter Betreuung stehende volljährige Gesellschafter und der Betreuer können nebeneinander an der Gesellschafterversammlung teilnehmen (Baumbach/Hueck/*Zöllner/Noack* Rn. 9). **Amtswalter** wie Pfleger, Testamentsvollstrecker, Insolvenz- und Nachlassverwalter sind ebenfalls teilnahmeberechtigt; der Gesellschafter selbst hat neben ihnen keinen Anspruch auf Teilnahme. Im Fall der Insolvenz kommt es darauf an, ob die Beratungs- und Beschlussgegenstände in den Aufgabenkreis des Verwalters fallen; es kann deshalb im Einzelfall auch eine Zulassung des Gesellschafters geboten sein (Scholz/*Seibt* Rn. 19; UHL/*Hüffer/Schürnbrand* Rn. 15).

7 **Juristische Personen** wie AG und GmbH üben als Gesellschafter ihr Teilnahmerecht durch den Vorstand bzw. die Geschäftsführer aus. Unabhängig davon, ob die Satzung der Gesellschafterin Allein- oder Gesamtvertretung anordnet, ist jeweils nur ein Vorstandsmitglied bzw. Geschäftsführer zur Teilnahme an der Versammlung zuzulassen (str.; Scholz/*Seibt* Rn. 19; Baumbach/Hueck/*Zöllner/Noack* Rn. 10; aA UHL/*Hüffer/Schürnbrand* Rn. 15). Im Fall der Gesamtvertretung dürfen deshalb die Vorstandsmitglieder bzw. Geschäftsführer nicht in der dafür nach der Satzung erforderlichen Zahl an der Versammlung teilnehmen; sie müssen vielmehr einen der Gesamtvertreter entsprechend ermächtigen und so für eine Einzelvertretung der Gesellschafterin in der Versammlung sorgen (vgl. BGH 17.10.1988, NJW-RR 1989, 347 (348)). Für **Personengesellschaften** (OHG, KG), aber auch für die **Gesellschaft bürgerlichen Rechts,** gelten dieselben Grundsätze. Empfehlenswert ist eine Regelung dieser Frage in der Satzung.

8 Im Fall der Treuhand steht dem **Treuhänder,** nicht jedoch dem Gesellschafter als Treugeber, das Teilnahmerecht zu. **Pfandgläubiger** am Gesellschaftsanteil und **Nießbraucher** erwerben kein Teilnahmerecht. Die Erteilung einer Vollmacht kommt in allen diesen Fällen in Betracht.

9 Das Teilnahmerecht kann auch durch **Bevollmächtigte** ausgeübt werden. Der praktisch wichtigste Fall ist die Stimmrechtsvollmacht (→ § 47 Rn. 36 ff.). Der Bevollmächtigte übt das Teilnahmerecht des vollmachtgebenden Gesellschafters aus; dieser hat keinen Anspruch darauf, neben dem Bevollmächtigten selbst an der Versammlung teilzunehmen (OLG Koblenz 16.1.1992, NJW 1992, 2163 (2165); OLG

Stuttgart 23.7.1993, NJW-RR 1994, 167 (168); UHL/*Hüffer/Schürnbrand* Rn. 16; Baumbach/Hueck/*Zöllner/Noack* Rn. 8), es sei denn, die Gesellschafterversammlung gestattet dies durch Mehrheitsbeschluss. Ansonsten kann der Gesellschafter auch noch in der Versammlung die Vollmacht widerrufen und damit das Teilnahmerecht wieder an sich ziehen (OLG Hamm 6.5.2003, NJW-RR 2003, 1400 (1401); UHL/*Hüffer/Schürnbrand* Rn. 16; Scholz/*Seibt* Rn. 20). Der Bevollmächtigte wird dadurch zum Beistand, dem die Gesellschafterversammlung die weitere Teilnahme gestatten kann. Lassen besondere Gründe in der Person des Vertreters – etwa eine Zerstörung des Vertrauensverhältnisses zu den Mitgesellschaftern oder die Befürchtung, dieser werde Gesellschaftsinterna an Dritte weitergeben (vgl. OLG München 12.1.2005, GmbHR 2005, 624 (626)) – aus objektiver Sicht eine unzumutbare Störung des ordnungsgemäßen Ablaufs der Versammlung befürchten, so kann die Gesellschafterversammlung die Zulassung des Bevollmächtigten ablehnen. Bis zur Klärung der Frage, ob der Bevollmächtigte zugelassen wird oder nicht, steht dem betroffenen Gesellschafter neben diesem der Zutritt zur Versammlung offen (OLG Hamm 6.5.2003, NJW-RR 2003, 1400 (1401)).

b) Dritte. Das aus der Mitgliedschaft folgende Teilnahmerecht steht nur Gesellschaftern zu. **Geschäftsführer,** die nicht zugleich Gesellschafter sind, haben deshalb kein Teilnahmerecht. Auf Verlangen der Gesellschafter sind sie jedoch zur Anwesenheit in der Gesellschafterversammlung verpflichtet. Die Mitglieder eines obligatorischen **Aufsichtsrats** sind nach § 118 Abs. 2 AktG zur Teilnahme berechtigt, nicht aber diejenigen eines fakultativen Aufsichtsrats (§ 52 Abs. 1). Sie können durch die Satzung oder einen Gesellschafterbeschluss zur Teilnahme zugelassen werden. Dasselbe gilt für die Mitglieder eines Beirats. Abschlussprüfer haben gem. § 42a Abs. 3 auf Verlangen auch nur eines Gesellschafters an den Verhandlungen der Versammlung zur Feststellung des Jahresabschlusses teilzunehmen; ein Teilnahmerecht folgt daraus nicht. Sonstige Dritte wie **Berater, Beistände, Sachverständige** sowie Behörden- oder Pressevertreter können bei Bestehen sachlicher Gründe durch die Satzung oder durch Gesellschafterbeschluss zur Gesellschafterversammlung zugelassen werden (OLG Stuttgart 7.3.1997, GmbHR 1997, 1107; OLG Dresden 25.8.2016, NZG 2016, 1225 Rn. 14 ff; UHL/*Hüffer/Schürnbrand* Rn. 20; Scholz/*Seibt* Rn. 21; Baumbach/Hueck/*Zöllner/Noack* Rn. 12). Darüber hinaus kann es die mitgliedschaftliche Treuepflicht gebieten, einem Gesellschafter ausnahmsweise die Zuziehung eines sachkundigen und zur beruflichen Verschwiegenheit verpflichteten Beraters zur Gesellschafterversammlung zu gestatten, wenn besonders schwerwiegende – insbesondere seine Mitgliedschaft berührende – Entscheidungen zu treffen sind, der Gesellschafter im Einzelfall dringend beratungsbedürftig ist und überwiegende schützenswerte Interessen der übrigen Gesellschafter nicht entgegenstehen (BGH 27.4.2009, NZG 2009, 707 Rn. 17; OLG Naumburg 25.1.1996, GmbHR 1996, 934 (936); OLG Stuttgart 7.3.1997, GmbHR 1997, 1107; OLG Düsseldorf 25.7.2001, GmbHR 2002, 67). Die Zulassung kann auf einzelne Tagesordnungspunkte beschränkt werden. 10

c) Entscheidung über das Teilnahmerecht. Die Entscheidungen über die Teilnahme des Gesellschafters trifft die Gesellschafterversammlung mit einfacher Mehrheit (Scholz/*Seibt* Rn. 24; Baumbach/Hueck/*Zöllner/Noack* Rn. 14). Ist ein Versammlungsleiter bestellt (→ Rn. 13 ff.), so entscheidet dieser vorab und holt anschließend die Zustimmung der Mehrheit ein. Beschlüsse über die Zulassung Dritter bedürfen mangels anderweitiger Regelung in der Satzung der Zustimmung sämtlicher Gesellschafter. 11

d) Rechtsfolgen der Verletzung des Teilnahmerechts. Der unberechtigte Ausschluss eines Gesellschafters, seines gesetzlichen, organschaftlichen oder bevollmächtigten Vertreters oder eines Amtswalters (→ Rn. 5 bis → Rn. 9), weiterhin eines Beraters, auf dessen Teilnahme der Gesellschafter einen Anspruch hat, führt zur **Anfechtbarkeit** der in der Versammlung gefassten Beschlüsse (BGH 27.4.2009, NZG 2009, 707 Rn. 11 ff.; OLG Hamm 6.5.2003, NJW-RR 2003, 1400 (1401); UHL/*Hüffer/Schürnbrand* Rn. 26; MüKoGmbHG/*Liebscher* Rn. 23 f.; Scholz/*Seibt* Rn. 25; Baumbach/Hueck/*Zöllner/Noack* Rn. 15; Rowedder/Schmidt-Leithoff/*Ganzer* Rn. 12; *Goette* Die GmbH § 7 Rn. 100). Auf die Frage der Kausalität der Verletzung des Teilnahmerechts für das Ergebnis der Abstimmung kommt es nicht an. Der Ausschluss nimmt dem Gesellschafter nicht nur das Recht auf Stimmabgabe, sondern auch auf Aussprache und Anhörung durch die Mitgesellschafter. Maßgeblich ist die anhand wertender Betrachtung festzustellende Relevanz des Fehlers für die Beschlussfassung; dafür ist entscheidend, ob ein objektiv urteilender Gesellschafter nach sachlicher Erörterung des Beschlussgegenstandes und Anhörung seiner Mitgesellschafter die alsbaldige Entscheidung im Sinne der gefassten Beschlüsse gesucht hätte (OLG Hamm 6.5.2003, NJW-RR 2003, 1400 (1401)). Die fehlerhafte Zulassung nicht teilnahmeberechtigter Dritter (→ Rn. 10) begründet regelmäßig kein Anfechtungsrecht. 12

3. Versammlungsleitung. a) Bestellung eines Versammlungsleiters. Das Gesetz schreibt eine Versammlungsleitung nicht vor. Das Fehlen eines Versammlungsleiters führt deshalb nicht zur Fehlerhaftigkeit der von der Gesellschafterversammlung gefassten Beschlüsse. Bei einer größeren Anzahl von Gesellschaftern ist jedoch eine Versammlungsleitung durchweg notwendig und zweckmäßig, um einen geordneten Ablauf der Versammlung und der Abstimmung zu gewährleisten (Lange NJW 2015, 3190 f.). Der Gesellschaftsvertrag kann Regelungen zum Versammlungsleiter vorsehen und diesen der Person nach bestimmen. Ohne eine solche Satzungsregelung kann die Gesellschafterversammlung einen 13

Versammlungsleiter mit einfacher Mehrheit wählen (BGH 4.5.2009, ZIP 2009, 2193 Rn. 7; OLG München 12.1.2005, GmbHR 2005, 624 (625); UHL/*Hüffer/Schürnbrand* Rn. 27; MüKoGmbHG/*Liebscher* Rn. 107; Scholz/*Seibt* Rn. 30; Baumbach/Hueck/*Zöllner/Noack* Rn. 16; aA – Einstimmigkeit erforderlich – OLG Frankfurt a. M. 4.12.1998, NZG 1999, 406). Der Beschluss kann sich auch auf künftige Gesellschafterversammlungen erstrecken (OLG München 12.1.2005, GmbHR 2005, 624 (625)). Versammlungsleiter kann ein Gesellschafter (auch wenn er hinsichtlich einzelner Beschlussgegenstände möglicherweise einem Stimmverbot unterliegt, OLG München 12.1.2017, GmbHR 2017, 469 (470)), ein Geschäftsführer (krit. dazu UHL/*Hüffer/Schürnbrand* Rn. 29) oder der Vorsitzende des Aufsichtsrats sein; auch ein Nichtgesellschafter kann bestellt werden. Ein Geschäftsführer und Minderheitsgesellschafter kann sich die Versammlungsleitung gegen den Willen der Mitgesellschafter nicht anmaßen (OLG Köln 16.5.2002, NZG 2003, 40 f.).

14 **b) Aufgaben des Versammlungsleiters.** Der Versammlungsleiter hat vorbehaltlich von Regelungen in der Satzung oder in dem Gesellschafterbeschluss, durch den er bestellt worden ist, die Aufgabe, für eine sachgerechte Behandlung und Erledigung der Tagesordnung der Gesellschafterversammlung Sorge zu tragen. Dazu gehören die Eröffnung, die Unterbrechung und das Schließen der Versammlung. Er stellt die Anwesenheit und die Teilnahmeberechtigung fest, er erteilt das Wort, nimmt Anträge entgegen und leitet Aussprache und Abstimmung. Er ist befugt, die Beschlüsse der Gesellschafterversammlung – Annahme oder Ablehnung des Antrags – mit vorläufiger Verbindlichkeit festzustellen (BGH 21.3.1988, BGHZ 104, 66 (69) = NJW 1988, 1844) und zu protokollieren.

15 **aa) Ordnungsmaßnahmen.** Der Versammlungsleiter ist zuständig und befugt, zwecks sachgerechter und geordneter Durchführung der Gesellschafterversammlung Ordnungsmaßnahmen gegen einzelne Teilnehmer zu verhängen, die die Versammlung durch ihr Verhalten oder ihre Wortbeiträge stören. In Frage kommen eine Abmahnung bzw. ein Ordnungsruf, eine Beschränkung der Redezeit des Teilnehmers, wenn dieser hinreichend Gelegenheit zur Äußerung gehabt, er zur Sache nichts mehr zu sagen hat und sich nur noch wiederholt, die Entziehung des Wortes insbesondere nach Ablauf der festgelegten Redezeit sowie – als ultima ratio – die Verweisung aus dem Saal. Ordnungsmaßnahmen können die Ausübung des Teilnahme- und des Stimmrechts des betroffenen Gesellschafters beeinträchtigen; sie dürfen nur verhängt werden, wenn die Wahrung der Teilnahmerechte der anderen Gesellschafter dies erfordert, sie unterliegen den Grundsätzen der **Verhältnismäßigkeit** und des **schonendsten Mittels** (UHL/*Hüffer/Schürnbrand* Rn. 34 f.; MüKoGmbHG/*Liebscher* Rn. 124; Scholz/*Seibt* Rn. 34; MHLS/*Römermann* Rn. 141 ff.). Die Entziehung des Wortes und die Verweisung aus dem Saal kommen deshalb idR nur bei schwerwiegenden und nachhaltigen Störungen des Versammlungsablaufs nach vorheriger Abmahnung und erst dann in Betracht, wenn mildere Mittel nicht ausreichen.

16 Der von einer Ordnungsmaßnahme betroffene Gesellschafter kann mangels anderer Rechtsschutzmöglichkeiten die Gesellschafterversammlung anrufen und zur Beschlussfassung auffordern. Diese kann die von dem Versammlungsleiter verhängte Ordnungsmaßnahme durch einen mit einfacher Mehrheit gefassten Beschluss aufheben (UHL/*Hüffer/Schürnbrand* Rn. 36 f.; Scholz/*Seibt* Rn. 36). Die Befugnis der Gesellschafterversammlung zur Entscheidung über Ordnungsmaßnahmen des Versammlungsleiters beruht darauf, dass dessen Kompetenz nur von ihr abgeleitet ist. Ist ein Versammlungsleiter nicht bestellt, so entscheidet die Gesellschafterversammlung selbst mit einfacher Mehrheit über Ordnungsmaßnahmen. Der Beschluss selbst ist nicht anfechtbar; nach einer unzulässigen Ordnungsmaßnahme in der Versammlung gefasste Gesellschafterbeschlüsse können jedoch wegen der Verletzung von Teilnahmerechten anfechtbar sein (UHL/*Hüffer/Schürnbrand* Rn. 37; Scholz/*Seibt* Rn. 36 f.).

17 **bb) Anwesenheitsliste.** Eine Pflicht zur Aufstellung eines **Teilnehmerverzeichnisses** kennt das GmbHG nicht (anders das Aktienrecht, § 129 Abs. 1 S. 2 AktG). Auch ohne entsprechende Satzungsregelung gehört es jedoch insbesondere bei größerer Gesellschafterzahl oder unübersichtlichen Verhältnissen zu den Pflichten des Versammlungsleiters, eine Anwesenheitsliste zu führen, um Anwesenheit und Stimmrecht zu dokumentieren (UHL/*Hüffer/Schürnbrand* Rn. 33; Scholz/*Seibt* Rn. 28; Baumbach/Hueck/*Zöllner/Noack* Rn. 21). Sieht die Satzung eine Niederschrift vor, so muss diese eine Anwesenheitsliste enthalten.

18 **cc) Niederschrift.** Im Unterschied zu § 130 AktG muss der Ablauf der Gesellschafterversammlung der GmbH nicht aufgrund gesetzlicher Anordnung protokolliert werden. Anders ist dies nur bei satzungsändernden Beschlüssen (§ 53 Abs. 2) und bei der Beschlussfassung des Alleingesellschafters (§ 48 Abs. 3). Die Satzung kann die Protokollierung vorschreiben. In diesem Fall führt die Verletzung der satzungsgemäßen Protokollierungspflicht nicht zur Unwirksamkeit des Beschlusses, es sei denn, dass sich der Satzung im Wege der Auslegung unzweifelhafte Hinweise darauf entnehmen lassen, dass die Protokollierung konstitutiven Charakter haben soll. Im Regelfall wird anzunehmen sein, dass das Schriftformerfordernis nur Beweisfunktion besitzt, nicht aber Voraussetzung der Wirksamkeit des Beschlusses ist (OLG Stuttgart 8.7.1998, NZG 1998, 994 (995); UHL/*Hüffer/Schürnbrand* Rn. 38; Baumbach/Hueck/*Zöllner/Noack* Rn. 23). Das satzungsgemäße Erfordernis notarieller Beurkundung wird hingegen im Zweifel als Wirksamkeitserfordernis zu bewerten sein (Baumbach/Hueck/*Zöllner/Noack* Rn. 23). Auch

ohne Regelung in der Satzung gehört es zu den dem Versammlungsleiter gegenüber der Gesellschaft obliegenden Pflichten, den Ablauf der Gesellschafterversammlung zu Beweiszwecken schriftlich zu dokumentieren. Daneben kann auch die Gesellschafterversammlung die Anfertigung einer Niederschrift beschließen. Aufzeichnungen auf Tonträger sind nur mit Zustimmung aller Teilnehmer zulässig (OLG Karlsruhe 18.12.1997, NZG 1998, 259 (260)). Die Gesellschafter haben Anspruch auf Einsichtnahme in das von dem Versammlungsleiter erstellte Protokoll (Baumbach/Hueck/*Zöllner/Noack* Rn. 25).

III. Beschlussfassung ohne Gesellschafterversammlung (Abs. 2)

1. Schriftliches Verfahren. Nach Abs. 2 können die Gesellschafter Beschlüsse auch schriftlich **19** fassen. Zu unterscheiden ist zwischen der in Textform zu erklärenden Zustimmung sämtlicher Gesellschafter zu einem bestimmten Beschlussgegenstand, wofür Einstimmigkeit erforderlich ist, und der schriftlichen Abstimmung, für die das Einverständnis sämtlicher Gesellschafter mit dieser Art der Stimmabgabe vorliegen muss, für die aber das Erfordernis der Einstimmigkeit in der Sache nicht gilt. Durch Art. 2 §§ 2, 7 Abs. 2 Gesetz zur Abmilderung der Folgen der COVID-19-Pandemie im Zivil-, Insolvenz- und Strafverfahrensrecht vom 27.3.2020 (BGBl. 2020 I 569) ist auf im Jahr 2020 stattfindende Gesellschafterversammlungen und -beschlüsse Abs. 2 mit der Maßgabe anzuwenden, dass Beschlüsse der Gesellschafter in Textform oder durch schriftliche Abgabe der Stimmen auch ohne Einverständnis sämtlicher Gesellschafter gefasst werden können (vgl. dazu *Wicke* NZG 2020, 501 f.; *Reichert/Knoche* GmbHR 2020, 461 (464)).

2. Anwendungsbereich. Das Verfahren nach Abs. 2 ist grundsätzlich für alle Beschlussgegenstände **20** geeignet; ausgeschlossen ist es nur in den Fällen, in denen Gesetz oder Satzung eine Beschlussfassung in der Gesellschafterversammlung fordern. Dabei geht es um die Verschmelzung (§ 13 Abs. 1 S. 2 UmwG), die Spaltung (§ 125 S. 1 UmwG) und den Formwechsel (§ 193 Abs. 1 S. 2 UmwG). Unzulässig ist es in den Fällen der § 49 Abs. 3, § 50, also bei Bestehen der Einberufungspflicht wegen des Verlusts der Hälfte des Stammkapitals (→ § 49 Rn. 13) und bei Einberufung aufgrund eines Verlangens der Minderheit (→ § 50 Rn. 11). Die Satzung kann das schriftliche Verfahren für bestimmte Beschlussgegenstände ausschließen. Die Rspr. (BGH 1.12.1954, BGHZ 15, 324 (328) = NJW 1955, 220; KG 16.3.1959, NJW 1959, 1446 f.; OLG Hamm 1.2.1974, NJW 1974, 1057; anders das überwiegende Schrifttum, vgl. UHL/*Hüffer/Schürnbrand* Rn. 56; MüKoGmbHG/*Liebscher* Rn. 147; Scholz/*Seibt* Rn. 61; Baumbach/Hueck/*Zöllner/Noack* Rn. 28; Rowedder/Schmidt-Leithoff/*Ganzer* Rn. 21) schließt **beurkundungsbedürftige Beschlüsse,** insbesondere Satzungsänderungen (§ 53), von der schriftlichen Beschlussfassung aus und verlangt hierfür die Durchführung einer Gesellschafterversammlung. Die Beschlussfassung ohne Gesellschafterversammlung ist auch in der **mitbestimmten GmbH** zulässig (UHL/*Hüffer/Schürnbrand* Rn. 57 f.; MüKoGmbHG/*Liebscher* Rn. 148 f.; Scholz/*Seibt* Rn. 61; Baumbach/Hueck/*Zöllner/Noack* Rn. 29; Rowedder/Schmidt-Leithoff/*Ganzer* Rn. 21); ob dem Aufsichtsrat vorher Gelegenheit zur Stellungnahme zu geben ist, ist umstritten.

3. Allseitiges Einverständnis mit Beschlussfassung in Textform. Bei Abs. 2 Alt. 1 bedarf es **21** einer Gesellschafterversammlung nicht, wenn sämtliche teilnahmeberechtigten Gesellschafter einschließlich derjenigen, die kein Stimmrecht haben (allgM; UHL/*Hüffer/Schürnbrand* Rn. 43, 45; Baumbach/Hueck/*Zöllner/Noack* Rn. 30), in Textform dem Beschlussantrag zustimmen. Das Einverständnis mit der Art und Weise der Abstimmung muss nicht gesondert erklärt werden. Die **Textform** ist iSd **§ 126b BGB** zu verstehen. Die Einverständniserklärung muss in einer Urkunde oder in einer anderen zur dauerhaften Wiedergabe in Schriftzeichen geeigneten Weise abgegeben werden: diese Anforderungen erfüllen E-Mail, Fax- oder Fernschreiben, aber auch Verkörperungen auf Diskette oder CD-ROM, die der Empfänger speichern und ausdrucken kann (Palandt/*Ellenberger* BGB § 126b Rn. 3). Auch die Schriftform (§ 126 BGB) genügt. Die einstimmige Beschlussfassung kann zudem durch schlüssige Erklärung erfolgen; dafür genügt etwa das Einverständnis aller Gesellschafter mit der Veräußerung von Geschäftsanteilen durch Vollzug der Abtretung, wenn dem die nach der Satzung erforderliche Zustimmung der Gesellschafterversammlung eindeutig zu entnehmen ist (BGH 1.12.1954, BGHZ 15, 324 (328 f.) = NJW 1955, 220), oder die Unterzeichnung einer Handelsregisteranmeldung (OLG Stuttgart 8.7.1998, NZG 1998, 994 (995 f.)). Die Beschlussfassung ist fehlgeschlagen, wenn ein Gesellschafter das Einverständnis verweigert; seine spätere Erklärung, der angestrebten Regelung doch zustimmen zu wollen, vermag daran nichts zu ändern (OLG Jena 9.1.2006, DB 2006, 271).

4. Allseitiges Einverständnis mit schriftlicher Abstimmung. Abs. 2 Alt. 2 setzt das schriftliche **22** Einverständnis sämtlicher – einschließlich der nicht stimm-, aber an einer Gesellschafterversammlung teilnahmeberechtigten (OLG Düsseldorf 13.7.1989, GmbHR 1989, 468 (469)) – Gesellschafter mit diesem Verfahren voraus. Für die Wirksamkeit des Beschlusses selbst ist Einstimmigkeit nicht erforderlich. Das Einverständnis ist **Willenserklärung** gegenüber der Gesellschaft, die bis zu ihrem Zugang widerrufen werden kann (Baumbach/Hueck/*Zöllner/Noack* Rn. 34). Die Schriftform muss nicht eingehalten werden; das Einverständnis kann formlos, auch mündlich, erteilt werden (BGH 20.11.1958,

BGHZ 28, 355 (358) = NJW 1959, 194). Es kann weiter durch schlüssiges Verhalten, das den eindeutigen Rückschluss auf einen entsprechenden Erklärungswillen zulässt, abgegeben werden; das ist im Einzelfall anzunehmen, wenn sich die konkludente Erklärung erkennbar auf die Aufforderung zur schriftlichen Stimmabgabe zu einer konkreten Beschlussfassung unter Hinweis auf die Herbeiführung einer Mehrheitsentscheidung bezieht (OLG Jena 9.1.2006, DB 2006, 271 f.; LG Berlin 8.10.2003, ZIP 2004, 73 (74); UHL/*Hüffer/Schürnbrand* Rn. 47; Baumbach/Hueck/*Zöllner/Noack* Rn. 35). Bloßes Schweigen auf die Aufforderung ist kein Einverständnis, bedeutet aber noch keine Ablehnung.

23 Das Einverständnis mit der schriftlichen Stimmabgabe kann auch durch die Teilnahme an der Abstimmung erklärt werden (UHL/*Hüffer/Schürnbrand* Rn. 48 f.; MüKoGmbHG/*Liebscher* Rn. 163; Scholz/*Seibt* Rn. 64; Baumbach/Hueck/*Zöllner/Noack* Rn. 36); es müssen nicht zuvor die gesetzlichen oder satzungsmäßigen Voraussetzungen dieses Verfahrens geschaffen und den Gesellschaftern mit der Aufforderung zur schriftlichen Stimmabgabe nachgewiesen werden (so aber BGH 20.11.1958, BGHZ 29, 355 (358 f.) = NJW 1959, 194). Voraussetzung ist, dass der Gesellschafter unter Hinweis auf die Möglichkeit eines Mehrheitsbeschlusses zur schriftlichen Stimmabgabe zu einem bestimmten Gegenstand aufgefordert worden ist. Das Einverständnis kann darüber hinaus nach der Abstimmung nachgeholt werden; der Beschluss ist schwebend unwirksam, solange nicht alle Gesellschafter ihr Einverständnis erklärt haben, er wird endgültig unwirksam, wenn auch nur ein Gesellschafter sein Einverständnis verweigert (UHL/*Hüffer/Schürnbrand* Rn. 49; Baumbach/Hueck/*Zöllner/Noack* Rn. 36).

24 **5. Abstimmungsverfahren.** Der Beschluss kommt ohne Durchführung einer Gesellschafterversammlung zustande, wenn die sämtlichen Gesellschafter dem Beschlussantrag in Alt. 1 einstimmig und in Alt. 2 mehrheitlich zustimmen. Die Erklärungen der Gesellschafter müssen sich inhaltlich decken, wenn sie ihre Stimme selbständig abgeben. Nehmen sie auf einen Beschlussantrag Bezug, so muss dieser schriftlich vorliegen. Möglich ist auch die Abstimmung im **Umlaufverfahren,** bei der die Gesellschafter ihre Erklärung nacheinander auf derselben Urkunde abgeben (LG Berlin 8.10.2003, ZIP 2004, 93 (94)). Die Durchführung der von den Gesellschaftern beabsichtigten Maßnahme (Handelsregisteranmeldung, Abschluss eines Vertrages oder Ähnliches) ersetzt die schriftliche Beschlussfassung (OLG Stuttgart 8.7.1998, NZG 1998, 994 (995)).

25 Die Stimmabgabe erfolgt vorbehaltlich anderweitiger Satzungsbestimmungen gegenüber der Gesellschaft; sie muss dieser zugehen (UHL/*Hüffer/Schürnbrand* Rn. 52; Scholz/*Seibt* Rn. 65; Baumbach/Hueck/*Zöllner/Noack* Rn. 31). Die Gesellschaft wird dabei durch einen Geschäftsführer vertreten. Unbedenklich ist es, wenn ein Gesellschafter die Erklärungen der anderen sammelt und dann der Gesellschaft übermittelt. Umstritten ist, ob derjenige Gesellschafter, der das schriftliche Verfahren in Gang gesetzt hat, ohne satzungsmäßige Grundlage empfangszuständig ist und der Beschluss schon mit Zugang aller Erklärungen bei ihm wirksam wird (so UHL/*Hüffer/Schürnbrand* Rn. 52; Roth/Altmeppen/*Altmeppen* Rn. 42; dagegen Baumbach/Hueck/*Zöllner/Noack* Rn. 31). Der Zugang der Erklärungen bei allen Gesellschaftern ist nicht erforderlich (hM; Baumbach/Hueck/*Zöllner/Noack* Rn. 31). Bis zu ihrem Zugang ist die Abstimmungserklärung widerruflich (§ 130 Abs. 1 BGB).

26 Für die Stimmabgabe in Alt. 2 verlangt der Gesetzeswortlaut die Schriftform gem. §§ 126, 126a BGB und damit eine strengere Form als in Alt. 1, die lediglich die Textform des § 126b BGB vorschreibt. Anhaltspunkte dafür, dass die unterschiedlichen Anforderungen an die Form auf einem Versehen des Gesetzgebers beruhen und dass deshalb stets die Wahrung der Textform ausreicht (so Baumbach/Hueck/*Zöllner/Noack* Rn. 37 f.), bestehen nicht. Die Stimmabgabe in Alt. 2 erfordert vielmehr die **Schriftlichkeit** (UHL/*Hüffer/Schürnbrand* Rn. 51; Roth/Altmeppen/*Roth* Rn. 28).

27 Der Beschluss kommt zustande, wenn in Alt. 1 sämtliche, in Alt. 2 die Mehrheit der Gesellschafter dem Beschlussantrag zugestimmt haben. Im zuletzt genannten Fall empfiehlt es sich, für die Stimmabgabe eine angemessene Frist zu setzen; eine nicht rechtzeitige Stimmabgabe ist als Nichtteilnahme an der Abstimmung zu werten (Baumbach/Hueck/*Zöllner/Noack* Rn. 38; Roth/Altmeppen/*Altmeppen* Rn. 42 ff.). Es ist dann anhand der tatsächlich abgegebenen Stimmen zu ermitteln, ob die erforderliche Stimmenmehrheit erreicht ist. Der Bundesgerichtshof (BGH 1.12.1954, BGHZ 15, 324 (329) = NJW 1955, 220; BGH 25.10.2016, NJW 2017, 1467 Rn. 19) sieht bei einer schriftlichen Abstimmung einen Beschluss grundsätzlich erst dann als gefasst an, wenn er festgestellt und den Gesellschaftern mitgeteilt ist, der Abstimmungsleiter also das Ergebnis der Abstimmung feststellt und verlautbart. Nach der Gegenmeinung bedarf es einer förmlichen Feststellung des Beschlussergebnisses oder einer Bekanntgabe an die Gesellschafter zur Wirksamkeit des Beschlusses nicht (LG Berlin 8.10.2003, ZIP 2004, 93 (94); UHL/*Hüffer/Schürnbrand* Rn. 53; MüKoGmbHG/*Liebscher* Rn. 170; Baumbach/Hueck/*Zöllner/Noack* Rn. 38); unabhängig davon ist jedoch eine Information der Gesellschafter über den Ausgang der Abstimmung zweckmäßig.

IV. Formlose Beschlussfassung

28 Beschlüsse der Gesellschafter können außerhalb der ordnungsgemäß einberufenen Gesellschafterversammlung (Abs. 1) und ohne Wahrung der Voraussetzungen des schriftlichen Verfahrens nach Abs. 2

nur unter den Voraussetzungen einer **Vollversammlung** (§ 51 Abs. 3), also bei Anwesenheit sämtlicher Gesellschafter und allseitigem Einvernehmen mit der Abhaltung der Versammlung zum Zweck der Beschlussfassung, oder aufgrund abweichender Regelungen der Satzung, die die formellen Anforderungen der Beschlussfassung erleichtern, wirksam gefasst werden (BGH 16.1.2006, NJW 2006, 2044 Rn. 7 ff.; OLG Celle 20.3.2002, NZG 2002, 823, 824 f.; OLG München 19.1.1978, BB 1978, 471 f.; UHL/*Hüffer/Schürnbrand* Rn. 59 f.; Baumbach/Hueck/*Zöllner/Noack* Rn. 40 f.; MHLS/*Römermann* Rn. 279; aA Scholz/*Seibt* Rn. 71 ff.). In einem **kombinierten Abstimmungsverfahren** – die Gesellschafter stimmen teils in der Gesellschafterversammlung, teils schriftlich ab – gefasste Beschlüsse sind deshalb ohne entsprechende Satzungsgrundlage nichtig, auch wenn alle Gesellschafter mit diesem Verfahren einverstanden sind. Dasselbe gilt für Abstimmungen durch Telefonkonferenz oder telefonischen Rundruf, durch mündliche Beschlussfassung in Raten oder anlässlich zufälliger formloser Zusammentreffen der Gesellschafter mit der Ausnahme der Vollversammlung. Die Abstimmung in einem solchen in der Satzung nicht vorgesehenen Verfahren führt zur Nichtigkeit des Beschlusses (BGH 16.1.2006, NJW 2006, 2044 Rn. 10; UHL/*Hüffer/Schürnbrand* Rn. 60 f.; Baumbach/Hueck/*Zöllner/Noack* Rn. 42); der Mangel kann durch Genehmigung nicht geheilt werden. Mit Abs. 1 vereinbar sein dürfte die audiovisuelle Zuschaltung verhinderter Gesellschafter in der Gesellschafterversammlung und deren Stimmabgabe auf diesem Wege (*Wertenbruch* GmbHR 2019, 149 ff.; Baumbach/Hueck/*Zöllner/Noack* Rn. 42). Eine nichtige Beschlussfassung kann nicht in eine schuldrechtliche Abstimmungsverpflichtung umgedeutet werden; die Berufung auf den Mangel ist nicht treuwidrig (Baumbach/Hueck/*Zöllner/Noack* Rn. 43).

V. Beschlussfassung in der Einpersonen-GmbH (Abs. 3)

29 **1. Allgemeines.** Der Alleingesellschafter kann Beschlüsse unter Einhaltung der Förmlichkeiten von Einberufung und Ladung (§§ 49–51) in Gesellschafterversammlungen, weiter gem. Abs. 2 im schriftlichen Verfahren fassen. Weil er stets eine Vollversammlung nach § 51 Abs. 3 bildet, kann er auch jederzeit außerhalb einer förmlichen Gesellschafterversammlung die erforderlichen Entschließungen treffen. Für alle Beschlüsse des Alleingesellschafters ordnet der durch die GmbH-Novelle 1980 in das Gesetz eingefügte Abs. 3 die **unverzügliche Niederschrift der Beschlussfassung** und deren Unterzeichnung an. Normzweck ist die Schaffung von Rechtssicherheit hinsichtlich der Beschlüsse des Alleingesellschafters. Die für bestimmte Beschlüsse aufgrund Gesetzes (zB § 53 Abs. 2) erforderliche notarielle Form wird durch die Niederschrift nicht ersetzt.

30 **2. Voraussetzungen. a) Alleingesellschafter.** Die Protokollierungspflicht besteht, wenn sich sämtliche Geschäftsanteile der GmbH in der Hand eines einzigen Gesellschafters oder daneben – als eigene Geschäftsanteile (§ 33) – in der Hand der GmbH befinden. Neben natürlichen können auch juristische Personen (AG, GmbH) sowie Personengesellschaften und Gesellschaften bürgerlichen Rechts Alleingesellschafter iSd Abs. 3 sein; ist etwa eine GmbH & Co. KG Alleingesellschafterin einer GmbH, so bildet der Geschäftsführer der Komplementär-GmbH die Gesellschafterversammlung der GmbH und muss dort getroffene Entschließungen schriftlich fixieren (BGH 27.3.1995, NJW 1995, 1750 (1751); OLG Köln 3.6.1993, GmbHR 1993, 734 (737)). Im Fall der Mitberechtigung an sämtlichen Geschäftsanteilen (§ 18) zB bei einer Erbengemeinschaft gilt Abs. 3 hingegen nicht, desgleichen dann nicht, wenn sich ein stimmrechtsloser Anteil in der Hand eines anderen Gesellschafters befindet, wenn der Alleingesellschafter einen Teil seiner Geschäftsanteile an einen Treuhänder übertragen hat oder wenn ein abhängiges Unternehmen Geschäftsanteile hält (UHL/*Hüffer/Schürnbrand* Rn. 64; Baumbach/Hueck/*Zöllner/Noack* Rn. 47). Eine entsprechende Anwendung von Abs. 3 auf von nur einem Gesellschafter einer Mehrpersonen-GmbH gefasste Beschlüsse – weil nur dieser eine Gesellschafter zur Versammlung erschienen, er von den Mitgesellschaftern bevollmächtigt war oder die Mitgesellschafter vom Stimmrecht ausgeschlossen waren – ist nicht geboten (UHL/*Hüffer/Schürnbrand* Rn. 66; MüKoGmbHG/*Liebscher* Rn. 184; Baumbach/Hueck/*Zöllner/Noack* Rn. 51).

31 **b) Niederschrift.** Der Alleingesellschafter hat eine förmliche Niederschrift des Hergangs und des Inhalts der Beschlussfassung aufzunehmen und zu unterschreiben; Zeit und Ort der Beschlussfassung sind anzugeben. Das Protokoll kann auch von einem Dritten, etwa einem Geschäftsführer, erstellt werden und ist dann von diesem zu unterschreiben. Die Protokollierungspflicht ist unverzüglich (§ 121 Abs. 1 S. 1 BGB), also ohne schuldhaftes Zögern zu erfüllen; die Niederschrift alsbald nach der Beschlussfassung reicht aus. Im Hinblick auf den Normzweck, nämlich durch die Niederschrift Rechtssicherheit über den Inhalt eines von der Einpersonen-GmbH gefassten Beschlusses zu schaffen und nachträglichen Fälschungen vorzubeugen (BT-Drs. 8/1347, 43), kann die Protokollierungspflicht allerdings auch durch **Dokumentation in anderer Weise** als nach Abs. 3 erfüllt werden, wenn dadurch die gleiche Gewissheit erreicht wird. Das ist insbesondere dann anzunehmen, wenn die Beschlussfassung und deren Umsetzung zusammenfallen; so ist eine zusätzliche Dokumentation eines förmlichen Gesellschafterbeschlusses nicht erforderlich, wenn der Alleingesellschafter den Geschäftsführer schriftlich abberuft oder ihm die Kündigung ausspricht bzw. Schadensersatzansprüche erhebt (BGH 27.3.1995,

NJW 1995, 1750 (1752); BGH 9.12.1996, NJW 1997, 741 (742); KG 7.1.1999, NZG 1999, 501; OLG Köln 3.6.1993, GmbHR 1993, 734 (737)). Dasselbe gilt, wenn er den Jahresabschluss der GmbH zum Gegenstand der Steuererklärung macht und ihn dadurch in den Rechtsverkehr gibt (OLG Hamm 1.2.2006, NZG 2006, 430, 431), wenn er den Anstellungsvertrag des Geschäftsführers und die Pensionszusage unterschreibt (OLG Brandenburg 13.2.2002, NZG 2002, 969 (970)) oder wenn er alsbald nach der Beschlussfassung ein Schriftstück aufsetzt und unterzeichnet, das per Telefax einem Dritten mitgeteilt wird (OLG Köln 28.6.1995, GmbHR 1996, 290 f.). Auch die Anmeldung der beschlossenen Maßnahme zum Handelsregister genügt (OLG Jena 30.9.2002, Rpfleger 2003, 34).

32 **3. Rechtsfolgen eines Verstoßes.** Der Verstoß gegen die Protokollierungspflicht führt nicht zur **Nichtigkeit** des Beschlusses des Alleingesellschafters (allgM; BGH 27.3.1995, NJW 1995, 1750 (1752); UHL/*Hüffer/Schürnbrand* Rn. 67 f.; MüKoGmbHG/*Liebscher* Rn. 192; Baumbach/Hueck/*Zöllner/Noack* Rn. 48). Der Gesetzgeber (BT-Drs. 8/3908, 75) hat die ursprünglich vorgesehene Nichtigkeitsfolge gestrichen, um dem Alleingesellschafter die Möglichkeit zu nehmen, sich auf die Nichtigkeit bereits umgesetzter Beschlüsse zu berufen; dieser soll auch an nicht dokumentierte Beschlüsse gebunden sein. Darüber hinaus kann der Alleingesellschafter gehindert sein, sich gegenüber Dritten auf eine Beschlussfassung zu berufen, die weder durch förmliche Niederschrift nach Abs. 3 noch durch eine gleichwertige schriftliche Fixierung (→ Rn. 31) dokumentiert bzw. unstreitig ist. Höchstrichterlich noch nicht abschließend geklärt (vgl. BGH 27.3.1995, NJW 1995, 1750 (1752)) ist die Frage, welche Konsequenzen die fehlende Dokumentation im Einzelfall für die Gesellschaft und für Dritte hat. Nach einer Auffassung (OLG Hamm 1.2.2006, NZG 2006, 430 (432); UHL/*Hüffer/Schürnbrand* Rn. 68; Scholz/*Seibt* Rn. 78; Rowedder/Schmidt-Leithoff/*Ganzer* Rn. 31; Lutter/Hommelhoff/*Bayer* Rn. 18) können Gesellschaft und Alleingesellschafter gegenüber Dritten den Nachweis der Beschlussfassung nicht durch andere Beweismittel, insbesondere Zeugen, führen, weil Abs. 3 sonst eine reine Ordnungsnorm ohne Sanktion wäre. Nach aA (Baumbach/Hueck/*Zöllner/Noack* Rn. 49; Roth/Altmeppen/*Altmeppen* Rn. 57; MHLS/*Römermann* Rn. 326; offengelassen in BGH 27.3.1995, NJW 1995, 1750 (1752)) ist ein genereller Ausschluss anderweitiger Beweisführung nicht geboten; die Berufung auf eine nicht dokumentierte Beschlussfassung kann aber im Einzelfall eine unzulässige Rechtsausübung (§ 242 BGB) darstellen. Für diese Auffassung spricht die Entstehungsgeschichte der Norm; der Gesetzgeber (BT-Drs. 8/3908, 75) hat ausdrücklich auf eine generelle Beweisregelung verzichtet. Dritte können sich nach allgM auf einen nicht protokollierten Beschluss berufen, wenn dessen Zustandekommen unstreitig oder mit den nach der ZPO zulässigen Beweismitteln bewiesen ist.

VI. Abdingbarkeit

33 **1. Gesellschafterversammlung.** Die in weiten Teilen nicht zwingende Vorschrift steht Satzungsregelungen zur Gesellschafterversammlung nicht entgegen, die sich auf den Versammlungsort beziehen. Soll diese im Ausland stattfinden (→ Rn. 3), ist eine entsprechende Bestimmung in der Satzung im Regelfall erforderlich. Weiter kann der Ablauf der Versammlung näher geregelt werden, etwa durch Bestimmungen zur Wahl und zu den Befugnissen eines Versammlungsleiters (→ Rn. 13 ff.) und zum Erfordernis einer Protokollierung.

34 **2. Teilnahmerecht.** Die Satzung kann das Teilnahmerecht der Gesellschafter regeln, soweit dadurch nicht in den unverzichtbaren Kernbereich der Mitgliedschaft eingegriffen wird (allgM; BGH 17.10.1988, NJW-RR 1989, 347 (348); UHL/*Hüffer/Schürnbrand* Rn. 21; Scholz/*Seibt* Rn. 12, 15; Baumbach/Hueck/*Zöllner/Noack* Rn. 6, 7). Sie kann das Teilnahmerecht nicht entziehen, sie kann aber dessen Ausübung aus sachlichen Gründen und Notwendigkeiten beschränken. Derartige Satzungsbestimmungen greifen erst dann in den unverzichtbaren Kernbereich des Teilnahmerechts ein, wenn sie zur Folge haben, dass dem Gesellschafter eine von seinem eigenen Willen getragene Wahrnehmung seiner Gesellschafterrechte nicht mehr zugestanden wird (BGH 17.10.1988, NJW-RR 1989, 347 (348)).

35 Die Satzung kann die Prüfung und den Nachweis des Teilnahmerechts regeln (Baumbach/Hueck/*Zöllner/Noack* Rn. 14). Satzungsbestimmungen, die dem Gesellschafter die **Art und Weise seiner Vertretung** in der Gesellschafterversammlung vorschreiben, sind allgemein zulässig, wenn dessen Recht zur eigenverantwortlichen Auswahl, Bestellung und Abberufung des Vertreters sowie das Weisungsrecht nicht angetastet werden (allgM; BGH 17.10.1988, NJW-RR 1989, 347 (348); UHL/*Hüffer/Schürnbrand* Rn. 25). Die Satzung kann insbesondere für mehrere an einem Geschäftsanteil Mitberechtigte (entgegen § 18) oder für mehrere zu einer Gruppe gehörende Gesellschafter die Wahrnehmung des Teilnahmerechts durch einen **gemeinsamen Vertreter** anordnen, solange nicht dem Gesellschafter statt seiner Organe ein Vertreter aufgezwungen wird, auf dessen Auswahl und Abstimmungsverhalten er keinen Einfluss hat (BGH 17.10.1988, NJW-RR 1989, 347 (348); BGH 12.12.1966, BGHZ 46, 291 (293 ff.) = NJW 1967, 826 f.). Zur Klarstellung kann in der Satzung vorgeschrieben werden, dass juristische Personen, Personengesellschaften und Gesellschaften bürgerlichen Rechts im Fall der Gesamtvertretung nur einen gemeinsamen, entsprechend ermächtigten Vertreter in die Gesellschafterversammlung entsen-

den können (→ Rn. 7). Die Satzung kann schließlich die Hinzuziehung von Sachverständigen und Beratern regeln (OLG Stuttgart 7.3.1997, GmbHR 1997, 1107; → Rn. 10); sie kann Dritte aus Sachgründen zur Gesellschafterversammlung zulassen.

Unzulässig ist der **satzungsmäßige Ausschluss des Teilnahmerechts** eines Gesellschafters, der gleichzeitig Wettbewerber der GmbH ist (zum Meinungsstand vgl. UHL/*Hüffer/Schürnbrand* Rn. 22 f., 27; Scholz/*Seibt* Rn. 15; Baumbach/Hueck/*Zöllner/Noack* Rn. 7; Rowedder/Schmidt-Leithoff/*Ganzer* Rn. 9; Roth/Altmeppen/*Altmeppen* Rn. 5). Einen solchen generellen Ausschluss fordert der Schutz der Gesellschaft vor einer Nachteilszufügung durch Verwendung von Informationen zu gesellschaftsfremden Zwecken nicht; das belegt auch die Parallele zum Informationsverweigerungsrecht gem. § 51a Abs. 2. Ein in einem Wettbewerbsverhältnis zur GmbH stehender Gesellschafter kann aber im Einzelfall auch ohne Satzungsgrundlage von der Verhandlung über bestimmte Beschlussgegenstände ausgeschlossen werden, wenn der Gesellschaft sonst durch treuwidrige Verwendung von Informationen erhebliche Nachteile drohen. Zulässig ist allenfalls eine Bestimmung, dass sich der betroffene Gesellschafter in diesem Fall durch einen zur beruflichen Verschwiegenheit verpflichteten Bevollmächtigten vertreten lassen muss. 36

3. Abstimmungsverfahren. § 48 enthält in den Abs. 1 und 2 keine abschließende Regelung über die Form, in der die Gesellschafter Beschlüsse fassen können; sie gestattet den Gesellschaftern, durch die Satzung abweichende Regelungen zu treffen und dadurch die formellen Anforderungen an die Beschlussfassung zu erleichtern. Die Satzung kann deshalb ein **kombiniertes Abstimmungsverfahren** vorsehen, bei dem die teilnahmeberechtigten Gesellschafter teils in der Gesellschafterversammlung, teils schriftlich ihre Stimme abgeben (allgM; BGH 16.1.2006, NJW 2006, 2044 (2045)). Bestimmungen, die die Abstimmung durch Telefonkonferenz, durch telefonischen Rundruf oder durch mündliche Beschlussfassung in Raten erlauben, sind ebenfalls zulässig (UHL/*Hüffer/Schürnbrand* Rn. 62; Baumbach/Hueck/*Zöllner/Noack* Rn. 41, 44). Ist in der Satzung ausdrücklich nur von Beschlussfassungen in Gesellschafterversammlungen die Rede, so folgt daraus nicht, dass schriftliche Abstimmungen nach Abs. 2 ausgeschlossen sein sollen (OLG Stuttgart 8.7.1998, NZG 1998, 994 (995)). 37

Die Satzung kann das **schriftliche Verfahren nach Abs. 2** modifizieren, soweit dadurch das Recht des einzelnen Gesellschafters, auf die Willensbildung der Gesellschaft Einfluss zu nehmen, gewahrt wird. So kann das Einstimmigkeitserfordernis mit der schriftlichen Abstimmung (Abs. 2 Alt. 2; → Rn. 22 f.) durch die Zulassung eines Mehrheitsbeschlusses ersetzt werden (allgM; UHL/*Hüffer/Schürnbrand* Rn. 61; Scholz/*Seibt* Rn. 68; vgl. auch BGH 20.11.1958, BGHZ 28, 355 (358) = NJW 1959, 194); es kann angeordnet werden, dass die Gesellschafter binnen einer ihnen gesetzten Frist der schriftlichen Stimmabgabe widersprechen müssen und dass andernfalls ihr Schweigen als Einverständnis gilt (allgM; Baumbach/Hueck/*Zöllner/Noack* Rn. 44). Unzulässig ist hingegen eine Satzungsbestimmung, die das Schweigen darüber hinaus als Zustimmung zum Beschlussantrag wertet (Scholz/*Seibt* Rn. 68; Baumbach/Hueck/*Zöllner/Noack* Rn. 44). Die Satzung kann schließlich das schriftliche Verfahren erschweren, indem sie es für bestimmte, im Einzelnen zu bezeichnende Beschlussgegenstände ausschließt, die Textform der Alt. 1 durch die Schriftform ersetzt oder das auch formlos mögliche Einverständnis der Alt. 2 strengeren Regeln unterwirft (UHL/*Hüffer/Schürnbrand* Rn. 61; Scholz/*Seibt* Rn. 69). 38

4. Beschlussfassung des Einpersonen-Gesellschafters. Das Erfordernis der unverzüglichen Niederschrift nach Beschlussfassung kann im Hinblick auf den Normzweck, nämlich Rechtssicherheit über die Beschlüsse des Alleingesellschafters herbeizuführen, durch die Satzung nicht beseitigt werden. 39

Einberufung der Versammlung

49 (1) **Die Versammlung der Gesellschafter wird durch die Geschäftsführer berufen.**

(2) **Sie ist außer den ausdrücklich bestimmten Fällen zu berufen, wenn es im Interesse der Gesellschaft erforderlich erscheint.**

(3) **Insbesondere muß die Versammlung unverzüglich berufen werden, wenn aus der Jahresbilanz oder aus einer im Laufe des Geschäftsjahres aufgestellten Bilanz sich ergibt, daß die Hälfte des Stammkapitals verloren ist.**

Übersicht

I. Allgemeines

1 Die Vorschrift regelt in Abs. 1 – allerdings nicht abschließend – die Kompetenz zur Einberufung der Gesellschafterversammlung und verleiht diese grundsätzlich den Geschäftsführern. Die Abs. 2 und 3 enthalten besondere Einberufungsgründe, bei deren Vorliegen eine Einberufungspflicht besteht; dabei geht es um Sachverhalte, die im Gesellschaftsinteresse eine Entscheidung der nach § 46 allzuständigen Gesellschafterversammlung erfordern. Ergänzt wird sie insbesondere durch § 50, der der Gesellschafterminderheit ein Einberufungsrecht einräumt.

II. Einberufungskompetenz

2 **1. Kompetenz der Geschäftsführer.** Für die Einberufung, die eine innergesellschaftliche Verfahrenshandlung ohne rechtsgeschäftlichen Charakter ist (BGH 30.3.1987, BGHZ 100, 264 (267) = NJW 1987, 2580 (2581)), sind grundsätzlich die Geschäftsführer zuständig. Einberufungsbefugt ist jeder einzelne Geschäftsführer unabhängig davon, wie Geschäftsführung und Vertretung geregelt sind (allgM; BayObLG 2.7.1999, NZG 1999, 1063; UHL/*Hüffer/Schürnbrand* Rn. 5; MüKoGmbHG/*Liebscher* Rn. 17). Unabhängig von der Zahl der Geschäftsführer und von Beschränkungen der Geschäftsführungs- und Vertretungsmacht (§ 37) besitzt jeder Geschäftsführer einzeln die Befugnis zur Einberufung. Der Prokurist der GmbH darf nicht einberufen.

3 Beginn und Ende des Geschäftsführeramtes bestimmen Beginn und Ende der Einberufungskompetenz. Sie setzt ein mit der **wirksamen Bestellung** des Geschäftsführers und endet mit dem Ablauf der Amtszeit oder der Abberufung (BayObLG 2.7.1999, NZG 1999, 1063). Auch der fehlerhaft bestellte Geschäftsführer darf einberufen, wenn er sein Amt angetreten hat und tatsächlich für die Gesellschaft tätig ist (allgM, MüKoGmbHG/*Liebscher* Rn. 13 f.; Baumbach/Hueck/*Zöllner/Noack* Rn. 3). Der noch nicht oder nicht mehr wirksam bestellte, jedoch im Handelsregister eingetragene Geschäftsführer hat hingegen keine Einberufungskompetenz; die Sonderregelung des § 121 Abs. 2 S. 2 AktG, nach der der in das Handelsregister eingetragene Vorstand als befugt gilt, lässt sich mangels Vergleichbarkeit der Interessenlagen und Strukturen nicht auf die GmbH übertragen (BGH 8.11.2016, BGHZ 212, 342 Rn. 25 ff. = NZG 2017, 182; BGH 25.10.2016, NJW 2017, 1467 Rn. 40 ff.; UHL/*Hüffer/Schürnbrand* Rn. 7; Baumbach/Hueck/*Zöllner/Noack* Rn. 3; krit. *Liebscher/Steinbrück* GmbHR 2017, 497 ff.; aA OLG Düsseldorf 14.11.2003, NZG 2004, 916 (921); MüKoGmbHG/*Liebscher* Rn. 15 f.). Der analog § 29 BGB durch das Amtsgericht bestellte **Notgeschäftsführer** darf einberufen; die Einberufungskompetenz eines Geschäftsführers bleibt aber trotz der gerichtlichen Bestellung eines Notgeschäftsführers bestehen (OLG München 3.11.1993, GmbHR 1994, 406 (408)). Im Liquidationsstadium sind die regelmäßig mit den Geschäftsführern personenidentischen **Liquidatoren** (§ 66 Abs. 1) für die Einberufung zuständig. Während des Insolvenzverfahrens bleibt die Einberufungskompetenz bei den Geschäftsführern; sie fällt nicht etwa dem **Insolvenzverwalter** zu (UHL/*Hüffer/Schürnbrand* Rn. 4; Baumbach/Hueck/*Zöllner/Noack* Rn. 3; aA Scholz/*Seibt* Rn. 6).

4 Eine **Delegation** der Einberufungszuständigkeit durch Bevollmächtigung oder Ermächtigung eines Dritten ist den Geschäftsführern nicht gestattet (OLG Hamm 1.2.1995, GmbHR 1995, 736 (737); OLG Düsseldorf 14.11.2003, NZG 2004, 916 (921)). Der Geschäftsführer kann sich bei der Einberufung allerdings der technischen Hilfe eines Dritten bedienen, solange klargestellt ist und aus der Einberufung hervorgeht, dass diese auf einem Entschluss des Geschäftsführers beruht und er ihr Urheber ist.

5 **2. Anderweitige Einberufungszuständigkeiten.** Die Einberufungskompetenz ist in § 49 nicht abschließend geregelt. Hat die GmbH einen **Aufsichtsrat,** so ist auch dieser einberufungsbefugt, § 52 Abs. 1 iVm § 111 Abs. 3 AktG. Einberufungsbefugt ist der Aufsichtsrat als Organ; er entscheidet durch Beschluss mit einfacher Mehrheit. Zur Einberufung berechtigt und verpflichtet ist er allerdings nur unter der weiteren Voraussetzung, dass das **Wohl der Gesellschaft** dies erfordert. Auch ein aufgrund der Satzung eingerichteter **Beirat** kann einberufungsbefugt sein; allerdings setzt dies voraus, dass die Satzung ihm dieses Recht ausdrücklich zugesteht (UHL/*Hüffer/Schürnbrand* Rn. 9). Die **Gesellschafter** dürfen allein aufgrund ihrer Mitgliedschaft nicht tätig werden; als Minderheit sind sie aber im Wege der sog. Selbsthilfe zur Einberufung berechtigt (§ 50 Abs. 3), wenn die Geschäftsführer dem Einberufungsverlangen einer mindestens 10 % des Stammkapitals haltenden Gesellschafterminderheit nicht entsprechen. Sämtliche Gesellschafter können jedoch im allseitigen Einvernehmen auch ohne vorherige ordnungsgemäße Einberufung zu einer Versammlung zusammentreten; dem steht es gleich, wenn das Einverständnis aller Gesellschafter mit der Einberufung vorliegt, auch wenn nicht alle erscheinen (Roth/

Altmeppen/*Altmeppen* Rn. 9). Einer Einberufung bedarf es dann entsprechend dem Rechtsgedanken des § 51 Abs. 3 – Vollversammlung – nicht (OLG Saarbrücken 9.5.2006, GmbHR 2006, 987). Der Alleingesellschafter, der stets eine Vollversammlung bildet, kann seine Beschlüsse jederzeit auch ohne Einberufung durch die Geschäftsführer fassen (Roth/Altmeppen/*Roth* Rn. 6).

3. Zuständigkeit zur Absage. Die Einberufungskompetenz umfasst grundsätzlich auch die Befugnis zur Absage einer einberufenen Gesellschafterversammlung. Jedoch kann ein Einberufungsorgan die von einem anderen Einberufungsorgan wirksam angesetzte Gesellschafterversammlung nicht wieder absagen; die Gesellschafterversammlung kann vielmehr nur von dem Organ abgesagt werden, das sie entsprechend seiner Zuständigkeit einberufen hat (OLG Hamm 28.10.1991, DB 1992, 265; OLG München 3.11.1993, GmbHR 1994, 406 (408); OLG Hamburg 18.4.1997, GmbHR 1997, 795; MüKoGmbHG/*Liebscher* Rn. 23; Scholz/*Seibt* Rn. 12). Die Absage der Versammlung durch ein anderes als das einberufende Organ ist grundsätzlich unwirksam. Der Notgeschäftsführer bzw. der Beirat können nicht die Einberufung durch den Geschäftsführer zurücknehmen; ebenso wenig kann dies ein anderer als der einberufende Geschäftsführer. Hat der Geschäftsführer die Versammlung aufgrund eines Einberufungsverlangens nach § 50 Abs. 1 angesetzt, so kann er die Versammlung – anders als im Fall des § 50 Abs. 3 – wirksam wieder absagen, weil die Einberufung nach § 50 Abs. 1 in seine Zuständigkeit fällt (OLG Hamburg 18.4.1997, GmbHR 1997, 795). Zulässig ist weiter die Absage durch den wirksam bestellten Amtsnachfolger des einberufenden Organs. 6

4. Rechtsfolgen der Einberufung durch Unbefugte. Wird eine Gesellschafterversammlung durch jemanden einberufen, der die hierzu erforderliche Befugnis nicht besitzt, so sind die von dieser Versammlung gefassten Beschlüsse analog § 241 Nr. 1 AktG **nichtig** (allgM; BGH 7.2.1983, BGHZ 87, 1 (3) = NJW 1983, 1677; BGH 8.11.2016, BGHZ 212, 342 Rn. 13 = NZG 2017, 182; BayObLG 2.7.1999, NZG 1999, 1063 Rn. 23; OLG Saarbrücken 9.5.2006, GmbHR 2006, 987 Rn. 65; UHL/*Hüffer/Schürnbrand* Rn. 14), es sei denn, dass alle Gesellschafter erschienen sind und deshalb eine Vollversammlung nach § 51 Abs. 3 stattgefunden hat. Die wirksame Absage der Gesellschafterversammlung macht die auf ihr trotzdem gefassten Beschlüsse – wiederum mit Ausnahme der Vollversammlung – ebenfalls nichtig (OLG Hamburg 18.4.1997, GmbHR 1997, 795 (796)). 7

III. Einberufungsgründe

1. Recht zur Einberufung. Die Geschäftsführer und die weiteren Einberufungsbefugten dürfen die Gesellschafterversammlung nicht jederzeit und nach Belieben, sondern nur nach **pflichtgemäßem Ermessen** einberufen. Dabei ist der **Verhältnismäßigkeitsgrundsatz** zu beachten. Die Gesellschafterversammlung darf zu jedem sinnvollen Beratungs- und Entscheidungsgegenstand einberufen werden, für den die Gesellschafter zuständig sind; Dringlichkeit und sachliches Gewicht der Beratungsgegenstände müssen gegen die Interessen der Gesellschafter, die die Teilnahme an der Versammlung mit Zeitaufwand und Kosten belastet, abgewogen werden (allgM; UHL/*Hüffer/Schürnbrand* Rn. 15; MüKoGmbHG/*Liebscher* Rn. 19; Scholz/*Seibt* Rn. 1; Baumbach/Hueck/*Zöllner/Noack* Rn. 14). Das bedeutet allerdings nicht, dass die Abhaltung einer Gesellschafterversammlung unbedingt geboten oder im Interesse der Gesellschaft erforderlich sein muss; die Versammlung darf schon dann einberufen werden, wenn dies nach Abwägung aller Belange sinnvoll und dienlich erscheint. Dafür kann insbesondere maßgeblich sein, ob mit der Beratung und Entscheidung bis zu einer ohnehin vorgesehenen Gesellschafterversammlung gewartet werden kann oder ob eine schriftliche Information der Gesellschafter genügt (UHL/*Hüffer/Schürnbrand* Rn. 15). 8

2. Pflicht zur Einberufung. a) Interesse der Gesellschaft. Die Geschäftsführer haben nach Abs. 2 außer in den durch Gesetz und Satzung bestimmten Fällen die Gesellschafterversammlung einzuberufen, wenn diese Maßnahme im Interesse der Gesellschaft erforderlich erscheint. Das ist gleichbedeutend mit dem Einberufungserfordernis des Wohls der Gesellschaft in § 111 Abs. 3 S. 1 AktG. Der Gesellschaft müssen ohne die Abhaltung der Gesellschafterversammlung **nicht unerhebliche Nachteile drohen;** die Angelegenheit muss wegen ihrer Bedeutung einer mündlichen Berichterstattung durch die Geschäftsführer und eines Meinungsaustauschs der Gesellschafter bedürfen (UHL/*Hüffer/Schürnbrand* Rn. 21; Roth/Altmeppen/*Altmeppen* Rn. 14). Dabei geht es um Sachverhalte, die wegen ihrer Bedeutung und ihres Gewichts für die Gesellschaft von den Gesellschaftern beschlossen werden sollten bzw. müssen; weiter können ungewöhnliche oder riskante Geschäfte, aber auch besondere Entwicklungen der wirtschaftlichen Situation der Gesellschaft eine Willensbildung der Gesellschafter erfordern. Die Entscheidung über die Einberufung haben die Geschäftsführer nach pflichtgemäßem Ermessen zu treffen. 9

An Stelle der Einberufung einer Gesellschafterversammlung können die Geschäftsführer auch das **Abstimmungsverfahren** in Text- bzw. Schriftform nach § 48 Abs. 2 beschreiten. Das setzt neben dem Einverständnis aller Gesellschafter voraus, dass für deren Willensbildung eine mündliche Beratung und Erörterung nicht erforderlich erscheint. Erscheinen beide Verfahren möglich, müssen die Geschäfts- 10 führer anhand des Verhältnismäßigkeitsgrundsatzes abwägen, wobei einerseits der geringere Zeit- und Kostenaufwand, andererseits die Vorteile eines persönlichen Meinungsaustauschs zu berücksichtigen sind (Roth/Altmeppen/*Altmeppen* Rn. 16). Kommt der Beschluss im schriftlichen Verfahren nicht zustande, weil weder über seinen Inhalt noch über die Abstimmung im schriftlichen Verfahren Einigkeit zu erzielen ist, muss die Gesellschafterversammlung nachträglich einberufen werden.

11 **b) Verlust der Hälfte des Stammkapitals.** Die Gesellschafterversammlung muss nach Abs. 3 einberufen werden, wenn die Hälfte des Stammkapitals verloren ist. Dieser Umstand ist gegeben, wenn das Vermögen der Gesellschaft (Aktiva abzüglich Passiva) nur noch die Hälfte des gesetzlichen bzw. eines höheren satzungsmäßigen Stammkapitals deckt. Ein Verlust, der ziffernmäßig dem Betrag des halben Stammkapitals entspricht, reicht entgegen dem missverständlichen Wortlaut der Vorschrift allein nicht aus (allgM; BGH 9.10.1958, WM 1958, 1416 (1417); UHL/*Hüffer/Schürnbrand* Rn. 22; MüKoGmbHG/*Liebscher* Rn. 57; Baumbach/Hueck/*Zöllner/Noack* Rn. 19). Die Bewertungsgrundsätze ergeben sich aus den §§ 252 ff. HGB. Umstritten ist, ob der wahre Wert des Unternehmens unter Berücksichtigung stiller Reserven zugrunde zu legen ist (BGH 9.10.1958, WM 1958, 1416 (1417)) oder ob es auf den Buchwert ankommt (UHL/*Hüffer/Schürnbrand* Rn. 24; Scholz/*Seibt* Rn. 22; Rowedder/Schmidt-Leithoff/*Ganzer* Rn. 10). Die besseren Gründe sprechen dafür, die Einberufungspflicht von den **objektiven Buchwerten der Jahresbilanz** abhängig zu machen und nicht auf eine davon abweichende Gesamtbewertung des Gesellschaftsvermögens unter Einbeziehung stiller Reserven nach Ermessen der Geschäftsführer abzustellen.

12 Die Einberufungspflicht der Geschäftsführer setzt nicht erst dann ein, wenn sie durch eine Jahres- oder Zwischenbilanz Kenntnis erhalten, dass das Stammkapital nur noch zur Hälfte gedeckt ist; sie müssen genauso tätig werden, wenn sie davon anderweitig ohne Aufstellung einer Bilanz erfahren (allgM; BGH 20.2.1995, NJW-RR 1995, 669; OLG Celle 7.5.2008, BeckRS 2008, 12929; UHL/*Hüffer/Schürnbrand* Rn. 23; Baumbach/Hueck/*Zöllner/Noack* Rn. 20). Um der Einberufungspflicht nachkommen zu können, haben sie anhand des Sorgfaltsmaßstabs des § 43 Abs. 1 die wirtschaftliche Lage des Unternehmens laufend zu beobachten und sich bei Auftreten einer krisenhaften Entwicklung, die die Annahme des Verlusts des halben Stammkapitals als möglich erscheinen lässt, durch Aufstellen einer Zwischenbilanz oder eines Vermögensstatus einen Überblick über den Vermögensstand zu verschaffen.

13 Die Gesellschafterversammlung muss im Fall des Abs. 3 **unverzüglich** einberufen werden. Das ist im Sinne der Legaldefinition des § 121 Abs. 1 S. 1 BGB zu verstehen, dh ohne schuldhaftes Zögern (allgM; UHL/*Hüffer/Schürnbrand* Rn. 28; Scholz/*Seibt* Rn. 26; Baumbach/Hueck/*Zöllner/Noack* Rn. 21). Die Dringlichkeit bezieht sich nicht nur auf die Vornahme der Einberufung; auch der Termin der Versammlung muss unverzüglich angesetzt werden. Ein Ermessen steht den Geschäftsführern anders als im Fall des Abs. 2 nicht zu; die Einleitung des schriftlichen Abstimmungsverfahrens nach § 48 Abs. 2 scheidet aus. Die Einberufung kann nur dann unterbleiben, wenn alle Gesellschafter in Kenntnis des Einberufungsgrundes auf die Abhaltung der Versammlung verzichten; dasselbe gilt bei Identität von Gesellschaftern und Geschäftsführern und bei der Einpersonen-GmbH (UHL/*Hüffer/Schürnbrand* Rn. 28; Baumbach/Hueck/*Zöllner/Noack* Rn. 21).

14 Gemäß § 5a Abs. 4 muss bei der **Unternehmergesellschaft (haftungsbeschränkt)** abweichend von Abs. 3 die Gesellschafterversammlung bei **drohender Zahlungsunfähigkeit** unverzüglich einberufen werden. Der Regierungsentwurf vom 25.6.2007 (BT-Drs. 16/6140 zu Art. 1 Nr. 6; Gegenäußerung der Bundesregierung, Anlage 3) begründet diese Regelung damit, dass angesichts des Verzichts auf ein Mindeststammkapital eine Anknüpfung der Einberufungspflicht an den Verlust der Hälfte des Stammkapitals nicht sinnvoll wäre. Bei der Unternehmergesellschaft (haftungsbeschränkt) kommt es deshalb anders als bei der „normalen" GmbH für die Einberufungspflicht nur auf das Vorliegen der drohenden Zahlungsunfähigkeit (§ 18 Abs. 2 InsO) an. Unberührt davon bleibt die Einberufungspflicht im Interesse der Gesellschaft (Abs. 2); diese wird in aller Regel zu einem früheren Zeitpunkt einsetzen als diejenige nach § 5a Abs. 4.

IV. Abdingbarkeit

15 Die Vorschrift ist nur teilweise zwingend und lässt Raum für Satzungsregelungen. Insbesondere kann die Satzung **zusätzliche Einberufungskompetenzen** schaffen und Gesellschaftern, anderen Gesellschaftsgremien wie etwa einem Beirat, Prokuristen sowie gesellschaftsfremden Dritten (zB Behörden und Stiftungen) dieses Recht gewähren (UHL/*Hüffer/Schürnbrand* Rn. 11, 12; Baumbach/Hueck/*Zöllner/Noack* Rn. 9). Die Einberufungskompetenz der **Geschäftsführer** kann nach zutreffender Auffassung (Baumbach/Hueck/*Zöllner/Noack* Rn. 4; UHL/*Hüffer/Schürnbrand* Rn. 33; wohl auch Scholz/*Seibt* Rn. 34) weder eingeschränkt – etwa durch das Erfordernis des Tätigwerdens in gesamtvertretungsberechtigter Zahl – noch gänzlich ausgeschlossen werden, und zwar auch dann nicht, wenn anderweitig ein funktionierender Einberufungsmechanismus zur Verfügung steht (so Roth/Altmeppen/*Roth* Rn. 2; Rowedder/Schmidt-Leithoff/*Ganzer* Rn. 2). Die Leitungsfunktion der Geschäftsführer lässt es als un-

abdingbar erscheinen, dass jeder von ihnen einzeln die Gesellschafterversammlung einberufen kann. Die Satzung kann die Einberufungskompetenz des fakultativen **Aufsichtsrats** ausschließen; diejenige des obligatorischen Aufsichtsrats ist zwingend (Rowedder/Schmidt-Leithoff/*Ganzer* Rn. 4). Zulässig sind weiter Satzungsregelungen, die die gesetzlichen Einberufungsgründe erweitern bzw. konkretisieren oder zusätzliche Pflichten zur Einberufung begründen.

Die **Einberufungspflicht des Abs. 3** kann durch die Satzung nicht ausgeschlossen werden (allgM; UHL/*Hüffer/Schürnbrand* Rn. 34; Baumbach/Hueck/*Zöllner/Noack* Rn. 22). Der Verlust des hälftigen Stammkapitals indiziert die Notwendigkeit von Entscheidungen der Gesellschafter aufgrund Beratung und Meinungsaustausch in der Versammlung; aus der Strafnorm des § 84 Abs. 1, die das Unterlassen der Anzeige des Verlusts der Hälfte des Stammkapitals mit Strafe bedroht, folgt, dass diese Einberufungspflicht auch im öffentlichen Interesse besteht und deshalb nicht der Disposition der Gesellschafter unterliegt. Die Einberufungspflicht des Abs. 2 ist nach zutreffender Auffassung (UHL/*Hüffer/Schürnbrand* Rn. 33; Baumbach/Hueck/*Zöllner/Noack* Rn. 22; Scholz/*Seibt* Rn. 35; aA Rowedder/Schmidt-Leithoff/*Ganzer* Rn. 11; MüKoGmbHG/*Liebscher* Rn. 70) ebenfalls unabdingbar; die Satzung kann nicht von dem Erfordernis befreien, die Gesellschafterversammlung im Interesse und im Wohl der Gesellschaft einzuberufen. 16

V. Rechtsfolgen der Verletzung der Einberufungspflicht

Die Verletzung der Einberufungspflicht kann Schadensersatzansprüche (§ 43) der Gesellschaft gegen die Geschäftsführer auslösen, wenn ihr daraus ein Schaden entstanden ist und wenn dieser durch rechtzeitiges Tätigwerden der Gesellschafterversammlung vermieden worden wäre (Lutter/Hommelhoff/*Bayer* Rn. 22). Sie kann weiter Grund für eine Abberufung der Geschäftsführer oder für die Kündigung ihrer Anstellungsverhältnisse aus wichtigem Grund sein (BGH 20.2.1995, NJW-RR 1995, 669). Mangels gläubigerschützender Funktion der Vorschrift können Gesellschaftsgläubiger aus der Verletzung der Einberufungspflicht keine Schadensersatzansprüche ableiten. Das Unterlassen der Anzeige nach Abs. 3 ist Straftatbestand gem. § 84 Abs. 1. Eine gerichtliche Durchsetzung der Einberufungspflicht durch Gesellschafter im Wege der actio pro socio kommt allenfalls dann in Betracht, wenn die von der Gesellschaftermehrheit gedeckten Geschäftsführer untätig bleiben und die Gesellschafterminderheit nicht das Quorum von 10% des Stammkapitals erreicht, ihr also das Selbsthilferecht gem. § 50 Abs. 3 nicht zur Verfügung steht (UHL/*Hüffer/Schürnbrand* Rn. 30; MüKoGmbHG/*Liebscher* Rn. 66). 17

Minderheitsrechte

50 (1) **Gesellschafter, deren Geschäftsanteile zusammen mindestens dem zehnten Teil des Stammkapitals entsprechen, sind berechtigt, unter Angabe des Zwecks und der Gründe die Berufung der Versammlung zu verlangen.**

(2) **In gleicher Weise haben die Gesellschafter das Recht zu verlangen, daß Gegenstände zur Beschlußfassung der Versammlung angekündigt werden.**

(3) [1] **Wird dem Verlangen nicht entsprochen oder sind Personen, an welche dasselbe zu richten wäre, nicht vorhanden, so können die in Absatz 1 bezeichneten Gesellschafter unter Mitteilung des Sachverhältnisses die Berufung oder Ankündigung selbst bewirken.** [2] **Die Versammlung beschließt, ob die entstandenen Kosten von der Gesellschaft zu tragen sind.**

Übersicht

I. Allgemeines

1 Die Vorschrift gewährt in Abs. 1 und 2 einer Gesellschafterminderheit von 10 % des Stammkapitals das Recht, die Einberufung einer Gesellschafterversammlung und die Ankündigung von Tagesordnungspunkten für die Beschlussfassung herbeizuführen; unter den weiteren Voraussetzungen des Abs. 3 ist sie befugt, im Wege der Selbsthilfe tätig zu werden. Sie dient damit dem **Minderheitenschutz.** Allerdings wird der Gesellschafterminderheit dadurch zunächst nur ermöglicht, ihr Anliegen auf einer Gesellschafterversammlung vorzutragen; Beschlüsse werden auch in der nach § 50 einberufenen Versammlung nach den üblichen Mehrheitserfordernissen (§ 47) gefasst. Die Gesellschafterminderheit erhält jedoch erst durch die Abhaltung der Versammlung die Möglichkeit, gegen die auf ihr gefassten Beschlüsse gegebenenfalls im Wege der Anfechtungs- oder Nichtigkeitsklage vorzugehen.

II. Einberufungsverlangen

2 **1. Berechtigte. a) Gesellschafter.** Das Recht, die Einberufung der Gesellschafterversammlung zu verlangen, steht einzelnen oder mehreren Gesellschaftern zu, die mindestens 10 % der Geschäftsanteile halten. Unerheblich ist, ob die Einlage voll eingezahlt ist; das Einberufungsverlangen stellen bzw. sich daran beteiligen kann auch ein Gesellschafter, der bei der Abstimmung über den Beschlussgegenstand nach § 47 Abs. 4 vom Stimmrecht ausgeschlossen wäre (allgM; BGH 13.5.2014, BGHZ 201, 216 (226 f.) = NZG 2014, 945; UHL/*Hüffer/Schürnbrand* Rn. 2; MüKoGmbHG/*Liebscher* Rn. 8; Baumbach/Hueck/*Zöllner/Noack* Rn. 24). Die Gesellschaftereigenschaft muss im Zeitpunkt des Einberufungsverlangens bzw. der Einberufung nach Abs. 3 bestehen und bis zur Durchführung der Versammlung fortdauern; scheidet zwischenzeitlich ein Gesellschafter aus und wird das Quorum von 10 % nicht mehr erfüllt, so muss die Versammlung nicht mehr einberufen werden, es sei denn, andere Gesellschafter schließen sich dem Verlangen an, sodass das Quorum wieder erreicht wird (UHL/*Hüffer/Schürnbrand* Rn. 2; Scholz/*Seibt* Rn. 16).

3 Die Gesellschaftereigenschaft richtet sich nach § 16 Abs. 1. Bei einer Veränderung in den Personen der Gesellschafter kommt es auf die Eintragung in der Gesellschafterliste (§ 40) an. Die Gesellschaftereigenschaft kann weiter durch **Kaduzierung** (§§ 21, 28), **Preisgabe** (§ 27), **Einziehung** (§ 34) oder **Ausschließung** aus wichtigem Grund verloren gehen; das Recht aus § 50 verliert der davon betroffene Gesellschafter allerdings erst mit dem Wirksamwerden des Verlusts der Mitgliedschaft (vgl. dazu die Erläuterungen zu den genannten Vorschriften). Im Fall von Einziehung und Ausschließung tritt der Verlust der Mitgliedschaft und damit des Rechts aus § 50 mit der Mitteilung des Beschlusses an den betroffenen Gesellschafter ein; das Wirksamwerden steht nicht unter der aufschiebenden Bedingung, dass das Abfindungsentgelt gezahlt bzw. im Augenblick der Auszahlung der Abfindung genügend durch die gesetzlichen Kapitalerhaltungsregeln nicht gebundenes Gesellschaftsvermögen vorhanden ist (BGH 24.1.2012, NZG 2012 Rn. 13 ff.; → § 34 Rn. 72 ff.). Das Einberufungsverlangen eines Gesellschafters, dessen Ausscheiden unmittelbar bevorsteht, kann allerdings rechtsmissbräuchlich und unbeachtlich sein (UHL/*Hüffer/Schürnbrand* Rn. 3).

4 **b) Dritte.** Gesetzliche und organschaftliche Vertreter eines Gesellschafters sind berechtigt, die Einberufung zu verlangen. Die Ausübung des Rechts durch rechtsgeschäftliche Vertreter ist ebenfalls zulässig. Pfandgläubiger und Nießbraucher haben – vorbehaltlich der Erteilung einer Vollmacht – das Recht aus § 50 nicht (allgM; UHL/*Hüffer/Schürnbrand* Rn. 6; MüKoGmbHG/*Liebscher* Rn. 13; Scholz/*Seibt* Rn. 9). Im Fall der Treuhand ist der Treuhänder und nicht der Treugeber berechtigt; bei unbeschränkt angeordneter Testamentsvollstreckung steht die Befugnis, die Einberufung einer Gesellschafterversammlung zu verlangen und diese im Fall der Weigerung selbst einzuberufen, allein dem Testamentsvollstrecker zu (BGH 13.5.2014, BGHZ 201, 216 (224 f.) = NZG 2014, 945).

5 **c) Berechnung des Quorums von 10 % des Stammkapitals.** Auszugehen ist von dem in der Satzung festgesetzten Stammkapital, soweit es sich in den Händen der Gesellschafter befindet (UHL/*Hüffer/Schürnbrand* Rn. 7; MüKoGmbHG/*Liebscher* Rn. 14 ff.; Rowedder/Schmidt-Leithoff/*Ganzer* Rn. 5). Davon abzusetzen sind die Nennbeträge eigener Anteile der Gesellschaft sowie diejenigen eingezogener Geschäftsanteile; dasselbe gilt für kaduzierte Geschäftsanteile. Ob und unter welchen Voraussetzungen nach § 27 preisgegebene Geschäftsanteile bei der Berechnung zu berücksichtigen sind, ist umstritten (zum Meinungsstand vgl. UHL/*Hüffer/Schürnbrand* Rn. 8); nach zutreffender Auffassung ist deren Betrag erst dann abzusetzen, wenn der preisgegebene Geschäftsanteil nach gescheiterter Verwertung gem. § 27 Abs. 3 der Gesellschaft zugefallen ist. Die Nennbeträge der Geschäftsanteile der Minderheit müssen mindestens 10 % des nach diesen Maßstäben berechneten Betrags des Stammkapitals entsprechen.

6 **2. Adressat.** Das Einberufungsverlangen ist an die durch die Geschäftsführer vertretene Gesellschaft zu richten. Die Geschäftsführer haben aber auch einem an sie persönlich gerichteten Einberufungsverlangen nachzukommen. Das Einberufungsverlangen der Minderheit kann weiterhin unmittelbar an

andere nach der Satzung einberufungsberechtigte Personen oder Gremien wie etwa den Aufsichtsrat gerichtet werden; wird der Antrag in einem solchen Fall an die Gesellschaft adressiert, so haben die Geschäftsführer ihn an den Einberufungsberechtigten weiterzuleiten.

3. Form. Das Einberufungsverlangen unterliegt keinem Formzwang. Es kann insbesondere mündlich, 7
auch telefonisch oder auf andere Art und Weise gestellt werden. Aus Beweissicherungsgründen empfiehlt sich allerdings die schriftliche Beantragung. Wird das Einberufungsverlangen durch Bevollmächtigte gestellt, so kann die Gesellschaft bei Fehlen einer Vollmachtsurkunde das Einberufungsverlangen entsprechend § 174 BGB zurückweisen oder fordern, dass die Vollmacht nachgewiesen wird. Wie dies zu geschehen hat, ist umstritten (zum Meinungsstand vgl. UHL/*Hüffer/Schürnbrand* Rn. 12; MüKoGmbHG/*Liebscher* Rn. 25; Baumbach/Hueck/*Zöllner/Noack* Rn. 5); teils wird analog § 47 Abs. 3 die Einhaltung der Textform (§ 126b BGB) gefordert, teils soll ein Nachweis in jeder Weise, etwa durch mündliche Bestätigung des Vollmachtgebers, ausreichen.

4. Inhalt. Das Einberufungsverlangen muss Zweck und Gründe nennen. Das betrifft zum einen die 8
Gegenstände, über die die Gesellschafter beraten und/oder beschließen sollen; zum anderen muss die Dringlichkeit einer Gesellschafterversammlung dargelegt werden. Die Angabe von Zweck und Gründen dient der Information der Geschäftsführer und soll ihnen ermöglichen, die Versammlung entsprechend § 51 Abs. 2 ordnungsgemäß einzuberufen. Strenge Anforderungen sind nicht zu stellen; das Verlangen muss nur die Umstände wiedergeben, aufgrund deren die Minderheit gerade zu diesem Zeitpunkt eine Gesellschafterversammlung einberufen wissen will (UHL/*Hüffer/Schürnbrand* Rn. 9; MüKoGmbHG/*Liebscher* Rn. 22; Rowedder/Schmidt-Leithoff/*Ganzer* Rn. 9 f.). Bestimmte Beschlussanträge oder eine förmliche Tagesordnung (so aber OLG Köln 20.3.1998, NZG 1999, 268) müssen nicht formuliert werden. Es genügt, dass der Beschlussgegenstand hinreichend und klar bezeichnet wird, dass für alle Beteiligten erkennbar ist, worum es geht, und dass sie sich darauf vorbereiten können (BGH 7.6.1993, BGHZ 123, 15 (21) = WM 1993, 1337 (1339)).

5. Einberufungspflicht. Die Geschäftsführer sind verpflichtet, einem ordnungsgemäßen Einberu- 9
fungsverlangen der Minderheit nachzukommen. Ein **Prüfungsrecht** steht ihnen nur bezüglich der Voraussetzungen des § 50 Abs. 1 zu, nicht aber in materieller Hinsicht (allgM; UHL/*Hüffer/Schürnbrand* Rn. 14; MüKoGmbHG/*Liebscher* Rn. 28 ff.; Scholz/*Seibt* Rn. 17, 30). Ausnahmsweise dürfen sie das Einberufungsverlangen als unbeachtlich zurückweisen, wenn es treuwidrig, insbesondere rechtsmissbräuchlich und unter Verstoß gegen die Grundsätze der Verhältnismäßigkeit und des schonendsten Mittels gestellt worden ist (UHL/*Hüffer/Schürnbrand* Rn. 10; MüKoGmbHG/*Liebscher* Rn. 36 ff.; Scholz/*Seibt* Rn. 17; Baumbach/Hueck/*Zöllner/Noack* Rn. 6). Das ist der Fall, wenn Zweck und Gründe des Einberufungsverlangens offensichtlich sinn- und gegenstandslos sind oder wenn die Dringlichkeit nur vorgeschoben wird, weiter dann, wenn die angestrebte Beschlussfassung gegen das Gesetz oder die Satzung verstoßen würde. Nach überwA (UHL/*Hüffer/Schürnbrand* Rn. 10; Scholz/*Seibt* Rn. 17; Rowedder/Schmidt-Leithoff/*Ganzer* Rn. 11; aA Baumbach/Hueck/*Zöllner/Noack* Rn. 6) führt auch die Unzuständigkeit der Gesellschafterversammlung für die Entscheidung über den Beschlussgegenstand zur Annahme des Rechtsmissbrauchs. Auf angesichts der Mehrheitsverhältnisse geringe Erfolgsaussichten des Anliegens der Minderheit darf hingegen nicht abgestellt werden.

Einem ordnungsgemäßen Einberufungsverlangen müssen die Geschäftsführer **unverzüglich** (UHL/ 10
Hüffer/Schürnbrand Rn. 18; MüKoGmbHG/*Liebscher* Rn. 32 f.; Baumbach/Hueck/*Zöllner/Noack* Rn. 9) bzw. binnen angemessener Frist (Scholz/*Seibt* Rn. 31) entsprechen; in der Sache ist mit beiden Formulierungen dasselbe gemeint. Welcher Zeitraum angemessen ist, bestimmt sich nach den Umständen des Einzelfalls; dabei sind insbesondere die Dringlichkeit, die Bedeutung der Angelegenheit und die Interessen der Beteiligten abzuwägen. Im Regelfall genügt die Einberufung binnen einer Frist von etwa einem Monat (BGH 15.6.1998, BGHZ 139, 89 (94) = NJW 1998, 3274 (3275)); nach Ablauf dieses Zeitraums ist regelmäßig von einer schuldhaften Verzögerung der Einberufung auszugehen. Haben die Geschäftsführer schon einmal eine Einberufung hinausgezögert, so kann sich die ihnen zur Verfügung stehende Frist auf maximal drei Wochen verringern (BGH 15.6.1998, BGHZ 139, 89 (94) = NJW 1998, 3274 (3275)). Eine Verzögerung von sieben Wochen ist auf jeden Fall pflichtwidrig (BGH 28.1.1985, WM 1985, 567 (568)). Die ihnen von der Minderheit gesetzte Frist müssen die Geschäftsführer nicht unterschreiten (BGH 7.2.1983, BGHZ 87, 1 (3) = NJW 1983, 1677); eine Fristsetzung von nur wenigen Tagen ist zu kurz (OLG Dresden 24.2.2000, NZG 2000, 782 (784)). Zwischen der Einberufung und dem Zeitpunkt der Gesellschafterversammlung darf ebenfalls nur ein nach den Umständen des Einzelfalls gebotener Zeitraum liegen; auch die Versammlung muss binnen angemessener Frist stattfinden (UHL/*Hüffer/Schürnbrand* Rn. 15; MüKoGmbHG/*Liebscher* Rn. 34; Baumbach/Hueck/*Zöllner/Noack* Rn. 10). Die Mindestfrist des § 51 Abs. 1 ist zu beachten.

Das Minderheitsrecht aus § 50 Abs. 1 hat die Einberufung einer Gesellschafterversammlung zum 11
Gegenstand; die Geschäftsführer erfüllen die Einberufungspflicht deshalb nicht hinreichend, wenn sie darauf lediglich eine Beschlussfassung im **schriftlichen Verfahren** (§ 48 Abs. 2) einleiten. Anders ist es

nur, wenn die Minderheit zustimmt. Sind alle anderen Gesellschafter mit dem von der Minderheit angestrebten Beschlussergebnis und mit einer schriftlichen Beschlussfassung in diesem Sinne einverstanden, so kann das Einberufungsverlangen der Minderheit rechtsmissbräuchlich sein (UHL/*Hüffer/Schürnbrand* Rn. 17; Baumbach/Hueck/*Zöllner/Noack* Rn. 13).

12 Die Einberufungspflicht kann nicht gerichtlich durchgesetzt werden; einer Klage würde im Hinblick auf das Selbsthilferecht der Minderheit nach Abs. 3 grundsätzlich das Rechtsschutzbedürfnis fehlen (UHL/*Hüffer/Schürnbrand* Rn. 32; Scholz/*Seibt* Rn. 33; Baumbach/Hueck/*Zöllner/Noack* Rn. 11; das Rechtsschutzbedürfnis für eine Klage grundsätzlich befürwortend MüKoGmbHG/*Liebscher* Rn. 40 f.). Auch eine Ermächtigung durch das Registergericht, wie sie § 122 Abs. 3 AktG für die Aktiengesellschaft vorsieht, scheidet aus (allgM; UHL/*Hüffer/Schürnbrand* Rn. 32).

III. Recht auf Ankündigung von Tagesordnungsgegenständen

13 Die Gesellschafterminderheit kann nach Abs. 2 verlangen, dass Gegenstände zur Beschlussfassung der Versammlung angekündigt werden. Dieses Recht besteht neben der aus Abs. 1 folgenden Berechtigung, die Einberufung einer Gesellschafterversammlung zu verlangen; es unterliegt denselben Voraussetzungen (→ Rn. 2 bis → Rn. 8). Bedeutung hat es in den Fällen, in denen eine Gesellschafterversammlung gem. § 49 bevorsteht bzw. schon einberufen worden ist oder aufgrund eines nach Abs. 1 bereits gestellten Verlangens einberufen werden muss; es geht um eine Erweiterung der Tagesordnung um zusätzliche Beschlussgegenstände. Ein konkreter Beschlussvorschlag ist nicht erforderlich; der Gegenstand der Beschlussfassung muss jedoch hinreichend und klar bezeichnet werden (BGH 7.6.1993, BGHZ 123, 15 (21) = WM 1993, 1337 (1339)). Die Eilbedürftigkeit ist nur dann darzulegen, wenn die Erweiterung der Tagesordnung zu einer Überlastung der bevorstehenden Gesellschafterversammlung führen würde; ausnahmsweise muss die bereits einberufene Versammlung abgesagt und auf einen späteren Termin verlegt werden, um eine ordnungsgemäße Befassung mit dem Anliegen der Minderheit zu gewährleisten (MüKoGmbHG/*Liebscher* Rn. 45; Baumbach/Hueck/*Zöllner/Noack* Rn. 14, 15; UHL/*Hüffer/Schürnbrand* Rn. 19). Die Geschäftsführer sind entsprechend dem Verlangen der Minderheit verpflichtet, den Beschlussgegenstand in die Tagesordnung aufzunehmen bzw. die bereits festgelegte Tagesordnung zu ergänzen. Diese Verpflichtung entfällt nur dann, wenn die Dreitagesfrist des § 51 Abs. 4 auch bei unverzüglichem Tätigwerden der Geschäftsführer nicht eingehalten werden kann; eine Beschlussfassung über den Antrag der Minderheit ist dann nur unter den Voraussetzungen des § 51 Abs. 3 – Vollversammlung – möglich.

IV. Selbsthilferecht

14 **1. Voraussetzungen.** Sind die Geschäftsführer oder die sonst einberufungsberechtigten Personen oder Gremien einem nach § 50 Abs. 1, 2 ordnungsgemäßen Einberufungs- oder Ankündigungsverlangen nicht, nicht binnen angemessener Frist oder nicht zu dem genannten Zweck (BGH 28.1.1985, WM 1985, 567 (568)) nachgekommen, so darf die Minderheit nach Abs. 3 die Gesellschafterversammlung selbst einberufen bzw. die Ankündigung von Tagesordnungspunkten vornehmen. Das Selbsthilferecht besteht nicht nur dann, wenn die Geschäftsführer das Einberufungsverlangen zurückweisen, sondern auch dann, wenn die Einberufung für einen Zeitpunkt angekündigt wird, der außerhalb der angemessenen Frist liegt; weiter in dem Fall, dass die Geschäftsführer nicht binnen angemessener Frist (→ Rn. 10) reagieren. Die Absage des zunächst vorgesehenen Termins wegen der Verhinderung eines Gesellschafters wird regelmäßig einer Zurückweisung oder einer unangemessenen Verzögerung nicht gleichzusetzen sein (KG 4.3.1997, GmbHR 1997, 1001; UHL/*Hüffer/Schürnbrand* Rn. 21). Von ihr selbst den Geschäftsführern gesetzte Fristen muss die Minderheit abwarten. Allgemein gilt, dass das Selbsthilferecht nicht ausgeübt werden darf, solange die Einberufung durch die Geschäftsführer noch zu erwarten ist (BGH 7.2.1983, BGHZ 87, 1, 3 = NJW 1983, 1677).

15 Das Selbsthilferecht der Minderheit besteht weiter dann, wenn einberufungsberechtigte Personen oder Gremien, an die das Verlangen nach Abs. 1, 2 zu richten wäre, fehlen (UHL/*Hüffer/Schürnbrand* Rn. 22; MüKoGmbHG/*Liebscher* Rn. 53 ff.; Baumbach/Hueck/*Zöllner/Noack* Rn. 17). Ein solcher Sachverhalt kann infolge Abberufung oder Amtsniederlegung der Geschäftsführer (OLG Koblenz 26.5.1994, GmbHR 1995, 730 (732)) oder dadurch eintreten, dass dem Geschäftsführer jede Geschäftsführungstätigkeit durch einstweilige Verfügung verboten ist (BGH 17.3.1980, NJW 1980, 2411 (2412)). Die schwere Erreichbarkeit des einzigen Geschäftsführers genügt hingegen nicht; anders ist es nur, wenn er auf Dauer unerreichbar oder handlungsunfähig ist (UHL/*Hüffer/Schürnbrand* Rn. 22; Scholz/*Seibt* Rn. 24; Baumbach/Hueck/*Zöllner/Noack* Rn. 17). Die Minderheit muss weder auf die Bestellung eines neuen Geschäftsführers warten noch muss sie die Bestellung eines Notgeschäftsführers in die Wege leiten. Die Gesellschaft ist der Minderheit zur Auskunft über die Geschäftsführer und ihre Anschriften sowie die Personen und Anschriften der Gesellschafter verpflichtet. Hat die Gesellschaft einen Aufsichtsrat, so ist die Selbsthilfe trotzdem zulässig, weil dieser nur gem. § 111 Abs. 3 S. 1 AktG iVm § 52 Abs. 1

einberufen kann, wenn das Wohl der Gesellschaft es erfordert, während das Recht der Minderheit von dieser Voraussetzung nicht abhängt (UHL/*Hüffer/Schürnbrand* Rn. 22).

2. Einberufung; Ankündigung. Die Minderheit muss mit der Einberufung die Tatsachen darlegen, aus denen sich ergibt, dass die Voraussetzungen der Abs. 1, 3 erfüllt sind. Einberufungsbefugt sind die Gesellschafter, die das Verlangen nach Abs. 1 gestellt haben; es müssen jedoch nicht sämtliche Antragsteller mitwirken, solange die verbleibenden das Quorum von 10% erreichen. Die Namen der an der Einberufung mitwirkenden Gesellschafter und deren Geschäftsanteile sind zu nennen, damit die weiteren Gesellschafter das Quorum prüfen können. Die eigenhändige Unterzeichnung durch die Minderheitsgesellschafter ist zwecks Vermeidung von Unsicherheit und Streit ratsam, aber nicht Wirksamkeitserfordernis (UHL/*Hüffer/Schürnbrand* Rn. 25; MüKoGmbHG/*Liebscher* Rn. 58; Scholz/*Seibt* Rn. 26). Lassen sich die Gesellschafter durch Bevollmächtigte vertreten, so ist wegen § 174 BGB die Vollmacht mindestens textförmig nachzuweisen. Form und Inhalt der Einberufung richten sich nach § 51 Abs. 1, 2 und 4. Die Einberufung darf nur die Beschlussgegenstände enthalten, die dem Einberufungsverlangen nach Abs. 1 zugrunde lagen; eine Erweiterung der Tagesordnung ist unzulässig. Für die Ausübung des Ankündigungsrechts gilt Entsprechendes; die Voraussetzungen des § 51 Abs. 2 und die Frist des § 51 Abs. 4 müssen beachtet werden. 16

Das **Einberufungsrecht der Geschäftsführer** oder der sonst zur Einberufung Berechtigten ruht nicht deshalb, weil auch die Minderheit – gem. Abs. 3 – dieses Recht hat. Kommen die Geschäftsführer der Minderheit zuvor und berufen sie außerhalb angemessener Frist und damit verspätet doch die verlangte Gesellschafterversammlung ein, so verliert die Minderheit ihr Einberufungsrecht, weil sie nunmehr ihr Ziel erreicht hat und des Schutzes des § 50 nicht mehr bedarf (BGH 28.1.1985, WM 1985, 567 (568)). Hat die Minderheit jedoch die Versammlung schon einberufen, so verhindert eine zeitlich nachfolgende Einberufung durch die Geschäftsführer nicht, dass die aufgrund der Einberufung der Minderheit zusammengetretene Gesellschafterversammlung rechtmäßig berufen bleibt. Das Selbsthilferecht ist erst dann verbraucht, wenn die aufgrund des Verlangens der Minderheit einberufene Gesellschafterversammlung stattgefunden hat und die angekündigte Tagesordnung erledigt ist (OLG Hamburg 22.1.2016, GmbHR 2016, 1039 (1040); Baumbach/Hueck/*Zöllner/Noack* Rn. 18). 17

3. Rechtsfolgen der unzulässigen Selbsthilfe. Beschlüsse einer Gesellschafterversammlung, die von einem Unbefugten einberufen worden ist, sind in entsprechender Anwendung der §§ 241 Nr. 1, 121 Abs. 2 AktG nichtig (allgM; BGH 16.12.1953, BGHZ 11, 231 (237 f.) = NJW 1954, 385 (386); BGH 7.2.1983, BGHZ 87, 1 (3) = NJW 1983, 1677; BGH 28.1.1985, WM 1985, 567 (5687); BayObLG 2.7.1999, NZG 1999, 1063; OLG Dresden 29.9.1994, NJW-RR 1995, 235 (236); OLG Dresden 24.2.2000, NZG 2000, 782 (783); UHL/*Hüffer/Schürnbrand* Rn. 24; MüKoGmbHG/*Liebscher* Rn. 63 f.; Scholz/*Seibt* Rn. 34; Rowedder/Schmidt-Leithoff/*Ganzer* Rn. 23). Ein derartiger Fall liegt vor, wenn die Voraussetzungen des Selbsthilferechts (Abs. 1 und 3) fehlen. Dazu gehören Fallgestaltungen, in denen es an einem an die Geschäftsführer gerichteten Einberufungsverlangen fehlt, in denen die einberufende Minderheit das Quorum von 10% des Stammkapitals nicht erreicht oder in denen die Minderheit den Geschäftsführern keine angemessene Frist für die Vornahme der Einberufung gewährt, insbesondere den Ablauf einer diesen gesetzten Frist nicht abgewartet hatte. Nennt das Einberufungsverlangen entgegen Abs. 1 weder Zweck noch Gründe, so sind die auf der trotzdem von der Minderheit einberufenen Versammlung gefassten Beschlüsse ebenfalls nichtig (OLG Köln 20.3.1998, NZG 1999, 268). In allen diesen Fällen tritt die Nichtigkeitsfolge jedoch dann nicht ein, wenn sämtliche Gesellschafter erschienen oder vertreten sind, also eine Vollversammlung stattfindet. Die fehlerhafte Ankündigung von Tagesordnungspunkten führt hingegen nur zur Anfechtbarkeit trotzdem gefasster Beschlüsse (allgM; UHL/*Hüffer/Schürnbrand* Rn. 24). 18

4. Kosten. Nach Abs. 3 S. 2 hat die im Wege der Selbsthilfe einberufene Gesellschafterversammlung zu beschließen, ob die entstandenen Kosten von der Gesellschaft zu tragen sind. Damit sind die Kosten der **Einberufung** und der **Ankündigung** (Schreibauslagen, Porto) und der **Durchführung der Versammlung** (Aufwendungen für Beurkundung oder Protokollierung, Miete eines Versammlungsraums) gemeint, die die Gesellschaft im Fall der Einberufung durch die Geschäftsführer aufgrund der §§ 49, 50 Abs. 1 zu tragen hätte, nicht aber die persönlichen Aufwendungen der Gesellschafter anlässlich der Teilnahme an der Versammlung, die auch sonst keine Gesellschaftskosten wären (UHL/*Hüffer/Schürnbrand* Rn. 29; MüKoGmbHG/*Liebscher* Rn. 67; Scholz/*Seibt* Rn. 35; Baumbach/Hueck/*Zöllner/Noack* Rn. 21). Die Minderheit kann die Gesellschaft nicht verpflichten und bedarf deshalb eines Beschlusses, um die von ihr verauslagten oder noch zu zahlenden Kosten von der Gesellschaft erstattet zu erhalten. Die Beschlussfassung über die Kosten ist von Gesetzes wegen Gegenstand der Tagesordnung; einer Ankündigung nach § 51 bedarf es nicht. Die Minderheit kann bei der Beschlussfassung mitstimmen; ein Fall des Stimmrechtsausschlusses wegen Interessenkollision gem. § 47 Abs. 4 liegt nicht vor (hM; UHL/*Hüffer/Schürnbrand* Rn. 30; Baumbach/Hueck/*Zöllner/Noack* Rn. 21). 19

Die Gesellschafterversammlung entscheidet nach **pflichtgemäßem Ermessen** über die Kosten. Die Gesellschaftermehrheit hat bei der Beschlussfassung die den Gesellschaftern untereinander obliegende 20

Treuepflicht zu beachten. Es darf danach nur die Übernahme der durch eine evident unvernünftige oder überflüssige Einberufung verursachten Kosten durch die Gesellschaft abgelehnt werden (Scholz/*Seibt* Rn. 36; Baumbach/Hueck/*Zöllner/Noack* Rn. 22). Wird die Kostenübernahme zu Unrecht abgelehnt, so kann die Gesellschafterminderheit den Beschluss anfechten und die Kostenübernahme im Wege der positiven Beschlussfeststellungsklage durchsetzen (UHL/*Hüffer/Schürnbrand* Rn. 31; MüKoGmbHG/*Liebscher* Rn. 71; Baumbach/Hueck/*Zöllner/Noack* Rn. 22); nach aA (Scholz/*Seibt* Rn. 36) soll jedenfalls in klaren Fällen auch eine Leistungsklage gegen die Gesellschaft zulässig sein.

V. Gesellschafterversammlung

21 In der nach Abs. 1 oder 3 wirksam einberufenen Gesellschafterversammlung können die erschienenen Gesellschafter zu den angekündigten Tagesordnungspunkten nach allgemeinen Regeln (§ 47) Beschlüsse fassen. Bleibt die Mehrheit der Versammlung fern und fordert die Satzung ein – nicht erreichtes – **Teilnahmequorum,** so kann, wenn die Satzung dies vorsieht, die Minderheit eine weitere Versammlung einberufen, auf der dann über die Beschlussgegenstände abgestimmt wird (UHL/*Hüffer/Schürnbrand* Rn. 34; Baumbach/Hueck/*Zöllner/Noack* Rn. 26). Die Mehrheit ist bei weiterbestehendem Quorum aufgrund ihrer mitgliedschaftlichen Treubindungen zur Teilnahme an dieser Versammlung verpflichtet; erscheint sie wiederum nicht, so kann die Minderheit beschließen, ohne dass der Beschluss wegen der Nichterreichung des Quorums angefochten werden kann (UHL/*Hüffer/Schürnbrand* Rn. 34; Roth/Altmeppen/*Altmeppen* Rn. 22).

22 § 50 regelt nicht, ob der Minderheit auf einer von ihr nach Abs. 1 durchgesetzten oder nach Abs. 3 selbst einberufenen Gesellschafterversammlung ein Recht auf **inhaltliche Befassung** mit den von ihr angekündigten Tagesordnungspunkten hat. Diese Frage ist zu bejahen (hM; UHL/*Hüffer/Schürnbrand* Rn. 35, 36; Baumbach/Hueck/*Zöllner/Noack* Rn. 27; Rowedder/Schmidt-Leithoff/*Ganzer* Rn. 18; Roth/Altmeppen/*Altmeppen* Rn. 28; *Goette* Die GmbH § 7 Rn. 39; aA Scholz/*Seibt* Rn. 4). Andernfalls würde dem Minderheitsrecht die Wirkung genommen; die Einholung gerichtlicher Hilfe im Wege der Anfechtungs- bzw. der positiven Beschlussfeststellungsklage wäre wegen des Fehlens eines Beschlusses erschwert. Ein Nichtbefassungsbeschluss ist danach unzulässig. Eine Vertagung der Versammlung oder ein Absetzen des Beschlussgegenstands von der Tagesordnung bedarf gewichtiger Gründe; außerdem muss binnen angemessener Frist eine neue Gesellschafterversammlung stattfinden (BGH 7.6.1993, BGHZ 123, 15 (21 f.) = NJW 1993, 2246 (2248)). Die beliebige Änderung der Reihenfolge der Beschlussgegenstände durch die Mehrheit kann die Rechte der Minderheit unzulässig beeinträchtigen, wenn dadurch die Abstimmung faktisch verhindert oder unmöglich gemacht wird (LG Bielefeld 2.12.1997, NZG 1998, 511 f. mzustAnm *Römermann*). Die Minderheit hat ein Recht auf inhaltliche Beratung und Beschlussfassung, wobei letztere positiv oder – angesichts der Mehrheitsverhältnisse wahrscheinlicher – negativ ausfallen kann.

VI. Abdingbarkeit

23 Die Vorschrift ist **zwingend** (hM; UHL/*Hüffer/Schürnbrand* Rn. 37; MüKoGmbHG/*Liebscher* Rn. 76 f.; Scholz/*Seibt* Rn. 5; Rowedder/Schmidt-Leithoff/*Ganzer* Rn. 2; Baumbach/Hueck/*Zöllner/Noack* Rn. 2). Das Minderheitsrecht aus § 50 kann weder durch die Satzung noch durch mehrheitlich beschlossene spätere Satzungsänderungen verkürzt oder beseitigt werden. Erlaubt sind lediglich Modifikationen der Rechte aus § 50, die deren materiellen Gehalt nicht einschränken und deren Ausübung nicht erschweren. Die Satzung kann beispielsweise vorschreiben, dass das Einberufungsverlangen der Minderheit die Schriftform einzuhalten hat oder dass nur Gesellschafter, nicht aber deren Bevollmächtigte die Einberufung verlangen können. Verbesserungen zugunsten der Minderheit dergestalt, dass das Quorum von 10 % herabgesetzt oder jedem einzelnen Gesellschafter das Einberufungs- und Ankündigungsrecht gewährt wird, sind zulässig.

Form der Einberufung

51

(1) [1] **Die Berufung der Versammlung erfolgt durch Einladung der Gesellschafter mittels eingeschriebener Briefe.** [2] **Sie ist mit einer Frist von mindestens einer Woche zu bewirken.**

(2) **Der Zweck der Versammlung soll jederzeit bei der Berufung angekündigt werden.**

(3) **Ist die Versammlung nicht ordnungsmäßig berufen, so können Beschlüsse nur gefaßt werden, wenn sämtliche Gesellschafter anwesend sind.**

(4) **Das gleiche gilt in bezug auf Beschlüsse über Gegenstände, welche nicht wenigstens drei Tage vor der Versammlung in der für die Berufung vorgeschriebenen Weise angekündigt worden sind.**

Übersicht

I. Allgemeines

1 Die Vorschrift regelt die **Förmlichkeiten der Einberufung der Gesellschafterversammlung,** die – mit der Ausnahme der Vollversammlung (Abs. 3) – erfüllt sein müssen, wenn die Gesellschafterversammlung wirksam Beschlüsse fassen soll. Die Ladung dient der Sicherung eines für jeden Gesellschafter unverzichtbaren Gesellschafterrechts, nämlich seines **Teilnahmerechts an der Gesellschafterversammlung** und der damit verbundenen Einflussmöglichkeit auf die Willensbildung der Gesellschaft (BGH 13.2.2006, NJW-RR 2006, 831 Rn. 13). Durch die Anforderungen an Form, Frist und Inhalt soll sichergestellt werden, dass die Gesellschafter an dieser Willensbildung sachgerecht teilnehmen können, indem sie in die Lage versetzt werden, sich auf den Termin der Versammlung einzustellen und diesen von anderen Verpflichtungen freizuhalten (sog. Dispositionsschutz, vgl. BGH 30.3.1987, BGHZ 100, 264 (266) = NJW 1987, 2580 (2581)), und indem ihnen eine ausreichende inhaltliche Vorbereitungszeit gewährleistet wird. Auf die Einhaltung der Förmlichkeiten kommt es nach Abs. 3 nur dann nicht an, wenn der Schutzzweck der Norm, das Teilnahmerecht eines jeden Gesellschafters sicherzustellen, anderweitig, nämlich im Fall der Vollversammlung, erfüllt ist.

II. Berufung der Versammlung

2 **1. Anwendungsbereich.** Die Vorschrift gilt für die **Einberufung** der ordentlichen wie der außerordentlichen Gesellschafterversammlung. Ihre Anforderungen sind nicht nur bei der Erstberufung einer Versammlung, sondern auch bei der **Verlegung** des Ersttermins auf einen anderen Zeitpunkt einzuhalten (BGH 30.3.1987, BGHZ 100, 264 (266) = NJW 1987, 2580 f.; OLG Frankfurt a. M. 5.7.1996, OLGR 1996, 185 (186)). Dies erfordert der Schutzzweck der Norm, nämlich jedem Gesellschafter zu ermöglichen, sich auf den Zeitpunkt der Versammlung einzurichten und sich auf die Tagesordnungspunkte inhaltlich vorzubereiten. Dasselbe gilt im Fall der sog. **Eventualeinberufung;** bestimmt die Satzung, dass bei fehlender Beschlussfähigkeit eine zweite Gesellschafterversammlung einberufen werden muss, ist wiederum die Ladungsfrist zu wahren; zudem ist eine Eventualeinberufung vor der Durchführung der ersten Versammlung nicht zulässig, der Ausgang der ersten Versammlung muss abgewartet werden (BGH 8.12.1997, NJW 1998, 1317; OLG Frankfurt a. M. 29.1.1999, NZG 1999, 833 (834); *Goette* Die GmbH § 7 Rn. 28). Ohne Einhaltung der Förmlichkeiten kann lediglich der Beginn der Versammlung um einen geringen Zeitraum hinausgeschoben werden; eine zeitliche Vorverlegung an demselben Tag ist hingegen ohne Wahrung der Förmlichkeiten nur bei Einverständnis aller Gesellschafter zulässig (Baumbach/Hueck/*Zöllner* Rn. 43). Wird der Ort der Versammlung verlegt, so kommt es darauf an, wie sich der Zeitaufwand für die Anreise der Gesellschafter verändert. Ist der Mehraufwand gering, reicht eine auch kurzfristige Verständigung aller Gesellschafter; erhöht er sich deutlich oder können nicht alle Gesellschafter erreicht werden, so muss neu einberufen werden (Baumbach/Hueck/*Zöllner/Noack* Rn. 42). Eine unveränderte Tagesordnung muss in diesen Verlegungsfällen nicht erneut mitgeteilt werden (OLG Brandenburg 17.1.1996, GmbHR 1996, 537 (538)). Die Förmlichkeiten des § 51 müssen auch bei der **Vertagung** einer bereits zusammengetretenen Versammlung beachtet werden, es sei denn, sämtliche Gesellschafter stimmen zu (OLG Köln 21.12.2001, NZG 2002, 381 (382); UHL/*Hüffer/Schürnbrand* Rn. 2; MüKoGmbHG/*Liebscher* Rn. 4). Sie gelten hingegen nicht für die **Absage** einer einberufenen Gesellschafterversammlung (UHL/*Hüffer/Schürnbrand* Rn. 3; Baumbach/Hueck/*Zöllner/Noack* Rn. 40; Scholz/*Seibt* Rn. 16). Die Absage erfordert die eindeutige Erklärung gegenüber allen Teilnahmeberechtigten, dass die Versammlung nicht stattfindet (OLG München 3.11.1993, GmbHR 1994, 406 (408)). § 50 ist bereits auf die Gesellschafterversammlungen der **Vor-GmbH** anzuwenden (UHL/*Hüffer/Schürnbrand* Rn. 2; Scholz/*Seibt* Rn. 2; zweifelnd Baumbach/Hueck/*Zöllner/Noack* Rn. 1).

3 **2. Adressaten.** Sämtliche Gesellschafter müssen eingeladen werden. Das sind die Gründungsgesellschafter, im Fall der Veräußerung eines Geschäftsanteils diejenigen, die in der Gesellschafterliste eingetragen sind (§ 16). Einzuladen sind auch nicht stimmberechtigte Gesellschafter; das von dem Stimmrecht zu unterscheidende Teilnahmerecht (§ 48) besteht unabhängig davon, ob der Gesellschafter über die Beschlussgegenstände mitstimmen kann (BGH 12.7.1971, WM 1971, 1150). Die Einladung ist an die von dem Gesellschafter mitgeteilte Anschrift zu richten. Das gilt so lange, wie der Gesellschafter der Gesellschaft keine neue Anschrift bekannt gibt. Die Einladung unter einer anderen der Gesellschaft sonst bekannt gewordenen Adresse macht die Einladung unwirksam, wenn sie den Gesellschafter nicht erreicht (Baumbach/Hueck/*Zöllner/Noack* Rn. 4a). Grundsätzlich genügt die Aufgabe zur Post; der tatsächliche Zugang der Ladung ist nicht erforderlich (OLG Düsseldorf 9.11.1989, NJW-RR 1990, 806; OLG München 3.11.1993, GmbHR 1994, 406 (408)). Stellt sich die von dem Gesellschafter mitgeteilte Anschrift als unrichtig heraus, weil etwa der eingeschriebene Brief als unzustellbar zurückkommt, so ist die Gesellschaft nicht verpflichtet, die neue Anschrift zu ermitteln. Bei unbekanntem Aufenthaltsort muss weder entsprechend § 132 Abs. 2 BGB eine öffentliche Zustellung erfolgen noch für die Bestellung eines Abwesenheitspflegers gem. § 1911 BGB gesorgt werden. Ähnliche Grundsätze gelten bei Unerreichbarkeit des Gesellschafters bspw. wegen längerfristigen Auslandsaufenthalts; es ist Sache des Gesellschafters, für den Fall seiner Abwesenheit Vorsorge dafür zu treffen, dass ihn Zustellungen auch erreichen (MüKoGmbHG/*Liebscher* Rn. 14). Unterlässt er dies, so hat die Nichteinladung keine Konsequenzen.

4 An Stelle eines **verstorbenen Gesellschafters** sind dessen Erben, soweit sie bekannt sind, unter deren Anschrift zu laden. Ist ein Erbschein erteilt, so sind analog § 2367 BGB die dort als Erben bezeichneten Personen einzuladen (hM; UHL/*Hüffer/Schürnbrand* Rn. 10; MüKoGmbHG/*Liebscher* Rn. 15). Sind die Erben unbekannt, so ist die Gesellschaft idR gezwungen, eine Nachlasspflegschaft (§ 1960 BGB) zu beantragen (LG Berlin 23.8.1985, NJW-RR 1986, 195; UHL/*Hüffer/Schürnbrand* Rn. 10; Scholz/*Seibt* Rn. 9; Baumbach/Hueck/*Zöllner/Noack* Rn. 6; krit. *Lange* NJW 2016, 1852 (1853 f.)); bis zur Ermittlung der Erben ist der Nachlasspfleger zu der Versammlung einzuladen. Im Fall dringlicher Beschlussfassung muss die Gesellschafterversammlung nicht bis zur Bestellung eines Nachlasspflegers aufgeschoben werden; die Einberufung ist aber dem Nachlassgericht mitzuteilen (Scholz/*Seibt* Rn. 9). Ist der Tod des Gesellschafters der Gesellschaft aus von ihr nicht zu vertretenden Gründen nicht bekannt, genügt dessen Einladung.

5 Im Fall der **Mitberechtigung am Geschäftsanteil** gilt § 18 Abs. 3. Die Einladung ist an den gemeinsam bestellten Vertreter, sonst an einen der Mitberechtigten zu richten, bei Erbengemeinschaften jedoch erst nach Ablauf der Monatsfrist des § 18 Abs. 3 S. 2. Bei gesetzlich vertretenen Gesellschaftern, insbesondere Minderjährigen, ist der Vertreter zu laden. Ist für den Gesellschafter ein Betreuer (§ 1896 BGB) bestellt, so sind, sofern der Gesellschafter nicht geschäftsunfähig ist, beide zu laden. Ist Testamentsvollstreckung angeordnet, wird der Testamentsvollstrecker geladen. Bei eröffnetem Insolvenzverfahren über das Vermögen eines Gesellschafters ist die Ladung an den Insolvenzverwalter zu richten. Ist der Gesellschaft das Bestehen einer Pflegschaft bzw. einer Betreuung oder die Eröffnung des Insolvenzverfahrens aus von ihr nicht zu vertretenden Gründen nicht bekannt geworden, kann weiterhin der Gesellschafter selbst wirksam geladen werden (Baumbach/Hueck/*Zöllner/Noack* Rn. 7; OLG Düsseldorf 24.8.1995, NZG 1996, 443 (447)). Sind juristische Personen Gesellschafter der GmbH, ist die Einladung an diese, vertreten durch ihren Vorstand, ihre Geschäftsführer oder das sonst zuständige Organ zu richten. Personengesellschaften des Handelsrechts sind als solche, vertreten durch ihre geschäftsführenden Gesellschafter zu laden; dasselbe gilt für die Gesellschaft bürgerlichen Rechts (UHL/*Hüffer/Schürnbrand* Rn. 12; MüKoGmbHG/*Liebscher* Rn. 11).

6 Bei einer der Gesellschaft lediglich angezeigten Erteilung einer **Stimmrechtsvollmacht** (§ 47 Abs. 3) bleibt das Recht des Gesellschafters auf Teilnahme an der Versammlung bestehen. Nicht der Bevollmächtigte, sondern der Gesellschafter persönlich ist einzuladen (hM; UHL/*Hüffer/Schürnbrand* Rn. 13; Baumbach/Hueck/*Zöllner/Noack* Rn. 8). Anders ist es nur, wenn der Bevollmächtigte gegenüber der Gesellschaft als Zustellungsempfänger benannt wird. **Pfandgläubiger** am Gesellschaftsanteil erwerben kein Teilnahmerecht, weshalb weiterhin der Gesellschafter einzuladen ist. Für **Nießbraucher** gilt dasselbe. Im Fall der Treuhand ist der **Treuhänder,** nicht aber der Treugeber Adressat der Einladung. Amtswalter (Testamentsvollstrecker, Insolvenzverwalter) sind, weil sie zur Ausübung des Stimmrechts befugt sind, anstelle des Erben bzw. des Gemeinschuldners zu laden (BGH 24.2.2015, NZG 2015, 519 Rn. 13; MüKoGmbHG/*Liebscher* Rn. 16 f.).

7 Auf die Einladung Dritter, deren **Teilnahmerechte** sich nicht aus der Mitgliedschaft ergeben, ist § 50 nicht anzuwenden (UHL/*Hüffer/Schürnbrand* Rn. 14; MüKoGmbHG/*Liebscher* Rn. 18; Baumbach/Hueck/*Zöllner/Noack* Rn. 10). Dazu gehören insbesondere die Mitglieder eines obligatorischen Aufsichtsrats sowie Personen, denen durch die Satzung oder einen Gesellschafterbeschluss ein Teilnahmerecht gewährt wird. Die Förmlichkeiten der Einberufung müssen ihnen gegenüber nicht gewahrt werden; die formlose Einladung unter Mitteilung der Tagesordnung reicht aus. Folge eines Verstoßes ist lediglich die Anfechtbarkeit der auf der Versammlung gefassten Beschlüsse.

3. Form. Einzuladen ist durch **eingeschriebenen Brief** (Abs. 1 S. 1). Erforderlich ist eine schriftliche Mitteilung; die Einladung per E-Mail oder in sonstiger Textform (§ 126b BGB) genügt nicht (allgM; OLG Naumburg 17.12.1996, GmbHR 1998, 90 (92); UHL/*Hüffer/Schürnbrand* Rn. 4; Baumbach/Hueck/*Zöllner/Noack* Rn. 11). Die Einladung muss von den Geschäftsführern eigenhändig unterschrieben sein (BGH 17.10.1988, ZIP 1989, 634 (636 f.); BGH 13.2.2006, NZG 2006, 349 Rn. 11; Baumbach/Hueck/*Zöllner/Noack* Rn. 11; Roth/Altmeppen/*Altmeppen* Rn. 2; aA Scholz/*Seibt* Rn. 11); sie muss die Einberufenden namentlich ausweisen. Die Verwendung eines Firmenstempels genügt nicht. 8

Der **Begriff des Einschreibens** ist im Sinne der AGB der Deutschen Post AG zu verstehen. Ein Rückschein ist nicht erforderlich; er beweist aber die Einhaltung dieser Versendungsform (Baumbach/Hueck/*Zöllner/Noack* Rn. 12). Das seit 1997 neben dem herkömmlichen Übergabe-Einschreiben bestehende Einwurf-Einschreiben, bei dem der Brief in den Briefkasten oder das Postfach des Empfängers eingelegt und dieser Vorgang von dem Zusteller nach Datum und Uhrzeit dokumentiert wird, wahrt die formalen Anforderungen des Abs. 1 Nr. 1, weil der Normzweck, den Zugang der Einladung zu sichern, ebenso gut gewährleistet ist wie bei der Übermittlung per Übergabe-Einschreiben (BGH 27.9.2016, BGHZ 212, 104 Rn. 11 ff. = NZG 2016, 1417; LG Mannheim 8.3.2007, NZG 2008, 111). Die Zustellung durch den Gerichtsvollzieher ist im Hinblick auf die Sicherheit des Zugangs der Versendung per Einschreiben gleichwertig (OLG Düsseldorf 25.2.2000, NZG 2000, 1180 (1182)). 9

4. Einberufungsfrist. Nach Abs. 1 S. 2 beträgt die Einberufungsfrist mindestens eine Woche. Die Wochenfrist beginnt mit dem Tag, an dem ein eingeschriebener Brief bei normaler postalischer Beförderung den Empfänger, also alle Gesellschafter, erreicht (BGH 30.3.1987, BGHZ 100, 264 (267 ff.) = NJW 1987, 2580 (2581); UHL/*Hüffer/Schürnbrand* Rn. 16; MüKoGmbHG/*Liebscher* Rn. 25; Baumbach/Hueck/*Zöllner/Noack* Rn. 19). Die Ladungsfrist setzt sich damit aus der üblicherweise zu erwartenden Zustellungsfrist für Einschreiben und der Dispositionsfrist von einer Woche zusammen. Das fordert der Schutzzweck der Norm, nämlich das Teilnahmerecht eines jeden Gesellschafters sicherzustellen; das Abstellen auf den Zeitpunkt der Aufgabe der Ladungsschreiben zur Post hätte zur Folge, dass die Wochenfrist bei Zugang schon zum erheblichen Teil durch die Postlaufzeiten verbraucht wäre und dem Gesellschafter eine hinreichende Dispositions- und Vorbereitungszeit nicht zur Verfügung stünde. Im Inland wird normalerweise eine Zustellungsfrist von zwei Tagen nach Aufgabe zur Post zugrunde zu legen sein, im Ausland eine solche von mindestens vier Tagen (allgM; OLG Hamm 26.2.2003, NZG 2003, 630 (631); LG Koblenz 20.11.2002, GmbHR 2003, 952 (953); UHL/*Hüffer/Schürnbrand* Rn. 16; Scholz/*Seibt* Rn. 14; Baumbach/Hueck/*Zöllner/Noack* Rn. 19). Bei einer gesellschaftsvertraglich verlängerten Einberufungsfrist von zwei Wochen ist hingegen keine Zustellungsfrist hinzuzurechnen, weil davon auszugehen ist, dass die Gesellschafter diese Regelung gerade auch im Hinblick auf die Unwägbarkeiten der Dauer der Zustellung getroffen haben (OLG Brandenburg 24.3.1999, NZG 1999, 828 (832); aA OLG Naumburg 17.12.1996, GmbHR 1998, 90 (91)). Besonderen Postlaufzeiten oder Zustellungshindernissen bei einzelnen Gesellschaftern (etwa wegen einer mehrjährigen Weltreise, OLG Düsseldorf 9.11.1989, WM 1990, 1022 (1024)) muss die Gesellschaft nicht Rechnung tragen. 10

Die **Berechnung der Wochenfrist** richtet sich nach den § 187 Abs. 1 BGB, § 188 Abs. 2 BGB (hM; UHL/*Hüffer/Schürnbrand* Rn. 15; Baumbach/Hueck/*Zöllner/Noack* Rn. 20). Die Frist beginnt mit dem Tag, an dem anhand der üblicherweise zu erwartenden Zustellungsfristen mit dem Zugang des Einschreibens bei den Gesellschaftern zu rechnen ist; dieser Tag wird bei der Berechnung der Frist nicht mitgerechnet. Sie endet mit Ablauf desjenigen Tages, der nach seiner Benennung dem Tag entspricht, in den das die Frist auslösende Ereignis fällt. Ist dieser Tag ein Montag, so endet die Frist mit Ablauf des Montags der darauffolgenden Woche. Die Gesellschafterversammlung darf, wenn die Einberufungsfrist nicht unterschritten werden soll, in diesem Fall frühestens am Dienstag der darauffolgenden Woche stattfinden. Entsprechend anzuwenden ist weiter § 193 BGB (OLG Naumburg 17.12.1996, GmbHR 1998, 90 (92); UHL/*Hüffer/Schürnbrand* Rn. 15; Scholz/*Seibt* Rn. 13; aA MüKoGmbHG/*Liebscher* Rn. 28; Baumbach/Hueck/*Zöllner/Noack* Rn. 20); fällt also der letzte Tag der Frist auf einen Sonnabend bzw. einen Sonn- oder Feiertag, so tritt der nächste Werktag an die Stelle eines solchen Tages. Im Einzelfall kann anderes gelten, etwa wenn alle Gesellschafter mit einer Versammlung an einem Sonntag einverstanden sind (OLG Hamm 26.2.2003, NZG 2003, 630 (631)). 11

5. Inhalt. Zum notwendigen Inhalt der Einberufung nennt § 51 keine Einzelheiten; in Abs. 2 ist lediglich geregelt, dass der Zweck der Versammlung angekündigt werden soll. Die Anforderungen folgen aus dem Zweck der Einberufung. Sie muss bestimmt und unmissverständlich sein. Es muss erkennbar sein, für welche Gesellschaft zu einer Gesellschafterversammlung – und nicht zu einer sonstigen Zusammenkunft – eingeladen wird, es sei denn, nach Lage der Dinge ist eine Verwechselung ausgeschlossen (OLG Zweibrücken 23.8.1979, GmbHR 1980, 85). Dieselben Grundsätze gelten für die Frage, von wem die Einladung ausgeht und in welcher Funktion der Einladende diese ausspricht (UHL/*Hüffer/Schürnbrand* Rn. 17; MüKoGmbHG/*Liebscher* Rn. 35; Baumbach/Hueck/*Zöllner/Noack* Rn. 17). Es muss deutlich sein, ob die Einberufung von den Geschäftsführern, der Minderheit, dem 12

Aufsichtsrat oder einem sonst dazu Berechtigten stammt. Die Einberufenden müssen namentlich bezeichnet oder wenigstens durch ihre Unterschrift zu identifizieren sein.

13 Die Einladung muss **Ort und Zeit** der Gesellschafterversammlung angeben. Wenn die Satzung nichts Anderes bestimmt oder wenn ein Einverständnis aller Gesellschafter mit einem beliebigen anderen Ort besteht, gilt § 121 Abs. 5 S. 1 AktG entsprechend; **Versammlungsort** soll grundsätzlich der Sitz der Gesellschaft sein. Nach dem Normzweck des § 121 Abs. 5 AktG sollen die Gesellschafter vor einer willkürlichen Wahl des Versammlungsorts und einer daraus resultierenden Beeinträchtigung ihres Teilnahmerechts geschützt werden (BGH 28.1.1985, WM 1985, 567 (568); BGH 24.3.2016, NZG 2016, 552 Rn. 25); auf die Einladung in die Wohnung eines verfeindeten Gesellschafters muss sich ein Gesellschafter nicht einlassen. Anhand dieses Zwecks ist die Frage zu beantworten, unter welchen Voraussetzungen und in welchem Maß ein von dem Sitz der Gesellschaft abweichender Versammlungsort gewählt werden darf. Keine Bedenken bestehen, wenn dieser für die Gesellschafter leichter zu erreichen ist als der Sitz der Gesellschaft (OLG Düsseldorf 31.7.2003, NZG 2003, 975 (976); OLG Naumburg 23.2.1999, NZG 2000, 44 (45)). Im Übrigen kommt es auf das Vorhandensein eines geeigneten Versammlungslokals am Sitz der Gesellschaft und die Verkehrsverbindungen dorthin an. Im Hinblick auf das Beurkundungserfordernis des § 53 Abs. 2 muss ein geeigneter Notar am Versammlungsort zur Verfügung stehen.

14 Bei der Wahl von **Datum und Zeitpunkt** der Versammlung müssen ebenfalls die Teilnahmeinteressen aller Gesellschafter angemessen berücksichtigt werden (Baumbach/Hueck/*Zöllner/Noack* Rn. 14; Roth/Altmeppen/*Altmeppen* Rn. 10 f.). Auf eine dem Einberufungsorgan von vornherein bekannte kurzzeitige Verhinderung eines Gesellschafters muss Rücksicht genommen werden (BGH 28.1.1985, WM 1985, 567 (568); OLG München 31.7.2014, GmbHR 2015, 35 (36 f.)); auf eine längerfristige idR nicht (OLG Brandenburg 24.3.1998, NZG 1999, 828 (832)). Stellt sich die Verhinderung eines Gesellschafters erst nach der Einladung heraus, so ist im Einzelfall zu entscheiden, ob darauf durch Wahl eines anderen Termins Rücksicht zu nehmen ist; das kann insbesondere bei geringer Gesellschafterzahl geboten sein. Wenn die Satzung dies nicht ausschließt, kann auch auf einen Sonn- oder Feiertag eingeladen werden. Mitzuteilen ist der Zeitpunkt des Beginns der Versammlung, nicht aber deren voraussichtliche Dauer.

15 **6. Ankündigung der Tagesordnung. a) Grundsatz.** Nach Abs. 2 soll der Zweck der Versammlung möglichst schon bei der Einberufung mitgeteilt werden; Abs. 4 fordert die Ankündigung der Beschlussgegenstände binnen einer Frist von wenigstens drei Tagen vor der Versammlung. Zweck dieser Bestimmungen ist es, den an der Beschlussfassung Beteiligten durch die Bekanntgabe der Beratungsgegenstände eine sachgerechte Vorbereitung und Teilnahme an der Aussprache zu ermöglichen und sie vor Überraschung oder Überrumpelung zu schützen (BGH 29.5.2000, NJW-RR 2000, 1278 (1279); OLG Düsseldorf 25.2.2000, NZG 2000, 1180 (1182)). Das wird dadurch gewährleistet, dass die in der Gesellschafterversammlung zu behandelnden Gegenstände so genau bezeichnet werden müssen, dass sich jeder Gesellschafter ein Bild davon machen kann, worum es geht und worüber verhandelt und entschieden werden soll. Die Tagesordnung soll grundsätzlich schon mit der Einladung mitgeteilt werden. Zwingend ist das jedoch nicht, wie aus Abs. 4 hervorgeht; die Mitteilung kann nachgeholt werden, wobei allerdings die Dreitagesfrist einzuhalten ist.

16 **b) Form und Frist.** Werden die Beratungsgegenstände nicht bereits mit der Einberufung mitgeteilt, so muss deren nachträgliche Ankündigung die Form des Abs. 1 S. 1 (Einschreiben, → Rn. 8 f.) einhalten (UHL/*Hüffer/Schürnbrand* Rn. 19; Scholz/*Seibt* Rn. 21; Baumbach/Hueck/*Zöllner/Noack* Rn. 22). Die Dreitagesfrist ist nach denselben Maßstäben wie die Wochenfrist des Abs. 1 S. 1 zu berechnen (→ Rn. 10 f.; OLG Jena 15.6.2018, NZG 2018, 992). Sie beginnt ebenfalls mit der Aufgabe der eingeschriebenen Briefe zur Post zuzüglich der üblicherweise zu erwartenden Zustellungsfrist, was sich entsprechend dem Schutzzweck der Norm daraus rechtfertigt, dass die kurze Dreitagesfrist praktisch fast vollständig verbraucht wäre, wenn der Lauf der Frist bereits mit der Aufgabe zur Post beginnen würde. Der tatsächliche Zugang ist auch hier nicht erforderlich, die Aufgabe zur Post genügt.

17 **c) Inhaltliche Anforderungen.** Der Zweck der Versammlung muss bei der Einberufung so deutlich angekündigt werden, dass sich die Verhandlungsgegenstände ohne Nachfrage erkennen lassen und die Gesellschafter wissen, um was es geht (BGH 30.11.1961, NJW 1962, 393 (394); OLG Hamm 1.2.1995, GmbHR 1995, 736 (738 f.)). Hinreichend bestimmt ist die Ankündigung des Tagesordnungspunktes „Zustimmung zu der Anteilsübertragung", weil sie auch die Abstimmung über die Vorfrage der Zustimmungsbedürftigkeit deckt (BGH 25.11.2002, NZG 2003, 127 (129)). Die Ankündigung einer „Beschlussfassung über die Zulassung der nach dem Zeitpunkt der Einladung eingegangenen Tagesordnungspunkte" genügt hingegen dem **Bestimmtheitserfordernis** nicht (OLG Düsseldorf 25.2.2000, NZG 2000, 1180 (1182)). Ankündigungen, die das Missverständnis wecken können, es stehe nur ein harmloser, unbedeutender Beschlussgegenstand an, begründen einen Einberufungsmangel (OLG Düsseldorf 5.12.1991 – 6 U 79/91, nv). Werden die Gesellschafter nur zu einer Erörterung des Jahresabschlusses eingeladen, nicht aber zu einer abschließenden Entscheidung darüber, sind sie in ihrer

Vorbereitung auf die Versammlung unzumutbar behindert, wenn dann anschließend doch der Jahresabschluss nach § 46 Nr. 1 festgestellt werden soll (OLG Karlsruhe 15.7.1988, GmbHR 1989, 206 (207)). Der in der Einladung enthaltene pauschale Vorwurf rechtswidrigen und geschäftsschädigenden Verhaltens gegen einen Gesellschafter erlaubt einen Beschluss über die Einziehung von dessen Geschäftsanteil nicht (LG München I 19.1.1993, GmbHR 1993, 664). Es muss schließlich alles vermieden werden, was den Vorwurf der Überraschung oder Überrumpelung begründen könnte (MüKoGmbHG/*Liebscher* Rn. 40). Die Anforderungen an die Bestimmtheit können je nach der Struktur der Gesellschaft höher oder niedriger sein; was bei einer personalistischen GmbH mit wenigen Gesellschaftern ausreicht, weil allen Beteiligten klar ist, was gemeint ist, kann bei einer kapitalistisch strukturierten GmbH mit zahlreichen außenstehenden Gesellschaftern einen Einberufungsmangel begründen (Baumbach/Hueck/*Zöllner/Noack* Rn. 27).

Soll ein **Geschäftsführer abberufen** werden, genügt als Ankündigung dieses Tagesordnungspunktes 18 die Formulierung „Abberufung des Geschäftsführers"; dessen Identität muss aus der Ankündigung hervorgehen. Ein konkreter Abberufungsgrund muss nicht genannt werden; ein Hinweis darauf, ob die Abberufung aus wichtigem Grund erfolgen soll, ist nicht erforderlich (OLG Hamm 1.2.1995, GmbHR 1995, 736 (738 f.); OLG Köln 21.12.2001, NZG 2002, 381 (383); MüKoGmbHG/*Liebscher* Rn. 42). Hingegen fehlt es an der Bestimmtheit, wenn sich hinter der Ankündigung von „Geschäftsführungsangelegenheiten" verbirgt, dass ein bestimmter Geschäftsführer abberufen werden soll (BGH 29.5.2000, NJW-RR 2000, 1278 (1279)). Wird zu der Gesellschafterversammlung zu dem Zweck eingeladen, einen Gesellschafter-Geschäftsführer aus wichtigem Grund abzuberufen, so begründet es einen Anfechtungsgrund, wenn bei Fernbleiben des betroffenen Gesellschafters im Hinblick auf das in diesem Fall bestehende Stimmverbot in der Versammlung beschlossen wird, ihn auch ohne Grund nach § 38 Abs. 1 abzuberufen (BGH 28.1.1985, WM 1985, 567 (570)).

Anders als im Aktienrecht (§ 124 Abs. 3) sind aber bestimmte Vorschläge zur Beschlussfassung nicht 19 erforderlich; die Angabe des Beschlussgegenstands reicht aus (allgM; UHL/*Hüffer/Schürnbrand* Rn. 22; MüKoGmbHG/*Liebscher* Rn. 39). Bei **Satzungsänderungen** muss deshalb nicht der genaue Wortlaut der angestrebten Neufassung mitgeteilt werden; die Angabe des wesentlichen Inhalts reicht aus (UHL/*Hüffer/Schürnbrand* Rn. 24; Baumbach/Hueck/*Zöllner/Noack* Rn. 26). Die pauschale Ankündigung von Satzungsänderungen ohne nähere Umschreibung des Ziels der Neuregelung ist hingegen unzulässig. Geplante **Kapitalerhöhungen** sind hinsichtlich ihrer Art und ihrer Größenordnung konkret zu beschreiben; eine Unterschreitung des mitgeteilten Betrages schadet nicht, wohl aber dessen erhebliche Überschreitung (UHL/*Hüffer/Schürnbrand* Rn. 25; Baumbach/Hueck/*Zöllner/Noack* Rn. 26). Vor der Beschlussfassung über den Abschluss eines **Unternehmensvertrages** müssen den Gesellschaftern die Vertragsart, die Vertragsbeteiligten und der wesentliche Vertragsinhalt mitgeteilt werden (UHL/*Hüffer/Schürnbrand* Rn. 26; Rowedder/Schmidt-Leithoff/*Ganzer* Rn. 17).

III. Rechtsfolgen von Einberufungs- und Ankündigungsmängeln

Mängel der Einberufung und der Ankündigung können zur **Nichtigkeit** oder zur **Anfechtbarkeit** 20 der auf der Gesellschafterversammlung gefassten Beschlüsse führen. Die Nichtigkeitsfolge tritt entsprechend § 241 Nr. 1 AktG bei Vorliegen besonders schwerer Beschlussmängel ein; sind die Beschlussmängel weniger schwerwiegend, können die zunächst rechtswirksamen Beschlüsse nur im Wege der Anfechtungsklage beseitigt werden.

Zur **Nichtigkeit** führt die Nichteinladung eines teilnahmeberechtigten Gesellschafters (BGH 21 14.12.1961, BGHZ 36, 207 (211) = NJW 1962, 538; BayObLG 28.8.1997, NZG 1998, 73; OLG Düsseldorf 9.11.1989, WM 1990, 1022 (1024); OLG Frankfurt a. M. 26.8.1983, GmbHR 1984, 99). Ein Stimmrechtsausschluss des betroffenen Gesellschafters ist in diesem Zusammenhang ohne Bedeutung, weil er das Teilnahmerecht nicht entfallen lässt (BGH 30.3.1987, BGHZ 100, 264 (269 f.) = NJW 1987, 2580 (2581)). Die Rechtsfolge der Nichtigkeit tritt weiterhin ein, wenn die Gesellschafter unter Verstoß gegen Abs. 1 S. 1 zu der Versammlung nicht eingeladen worden sind, es also an einer Einberufung überhaupt fehlt (BayObLG 4.2.1993, NJW-RR 1993, 612 (613)). Schwere Formmängel des Einladungsschreibens sind ebenfalls Nichtigkeitsgründe; das ist der Fall, wenn die Einladung nicht schriftlich oder ohne Unterschrift ergeht oder Ort und Zeit der Versammlung nicht angibt (BGH 17.10.1988, NJW-RR 1989, 347 (349); anders für den Fall der rechtzeitigen Einladung per E-Mail OLG Stuttgart 27.6.2018, GmbHR 2019, 67 (71 f.)). In erheblich fehlerhafter Weise einberufen ist eine Versammlung, in der über die Abberufung eines Geschäftsführers entschieden werden soll, die Einladung aber nur „Geschäftsführungsangelegenheiten" als Beschlussgegenstand nennt (BGH 29.5.2000, NJW-RR 2000, 1278 (1279)). Schwerwiegende Form- und Fristmängel, durch die dem Gesellschafter eine Teilnahme faktisch unmöglich gemacht wird (bspw. eine Ladung per E-Mail in den Abendstunden des Vortages auf den frühen Vormittag des nächsten Tages) stehen einer Nichteinladung gleich und führen zur Nichtigkeit der gleichwohl auf der Versammlung gefassten Beschlüsse (BGH 13.2.2006, NJW-RR 2006, 831 Rn. 14 f.).

22 Andere Verstöße gegen Gesetz oder Satzung bei der Einberufung oder der Ankündigung stellen lediglich **Anfechtungsgründe** dar. Darunter fällt insbesondere die **Nichteinhaltung der Ladungsfrist** des Abs. 1 S. 2 oder derjenigen einer Satzungsbestimmung; dieser Mangel führt nicht dazu, dass es an einer den gesetzlichen Mindestanforderungen nicht genügenden Einberufung der Gesellschafterversammlung fehlt (BGH 30.3.1987, BGHZ 100, 264 (265) = NJW 1987, 2580; BGH 17.11.1997, NJW 1998, 684; OLG Naumburg 17.12.1996, GmbHR 1998, 90 (92 f.); OLG Hamm 22.1.1992, OLGR 1992, 184). Auch die unzulässige Eventualeinberufung führt nur zur Anfechtbarkeit der auf der Folgeversammlung gefassten Beschlüsse (BGH 8.12.1997, NJW 1998, 1317; OLG Frankfurt a. M. 29.1.1999, NZG 1999, 833 (834)). Dasselbe gilt bei Nichtbeachtung der Form des eingeschriebenen Briefs (OLG Hamm 22.1.1992, OLGR 1992, 184; *Goette* Die GmbH § 7 Rn. 89; aA Baumbach/Hueck/*Zöllner*/*Noack* Rn. 28) und für die Wahl eines unzulässigen, weil die Teilnahme erschwerenden oder für einen Gesellschafter unzumutbaren Versammlungsorts (BGH 28.1.1985, WM 1985, 567 (568); BGH 24.3.2016, NZG 2016, 552 Rn. 23 ff.). **Mängel der Ankündigung der Tagesordnung,** etwa durch fehlende, unbestimmte oder unsubstantiierte Bezeichnung der Beschlussgegenstände bzw. durch Nichteinhaltung der Frist des Abs. 4 lassen eine Beschlussfassung nicht zu; gleichwohl gefasste Beschlüsse sind jedoch nicht nichtig, sondern nur anfechtbar (OLG Düsseldorf 25.2.2000, NZG 2000, 1180 (1182); OLG Hamm 29.6.1992, GmbHR 1992, 805; OLG Karlsruhe 15.7.1988, GmbHR 1989, 206 (207)).

IV. Heilung von Einberufungs- und Ankündigungsmängeln

23 **1. Vollversammlung.** Die in einer nicht ordnungsgemäß einberufenen Gesellschafterversammlung gefassten Beschlüsse sind nach Abs. 3 dann rechtswirksam, also weder nichtig noch anfechtbar, wenn sämtliche Gesellschafter anwesend sind (sog. Voll- oder Universalversammlung) und – über den Wortlaut der Vorschrift hinaus – allseits Einvernehmen mit der Abhaltung der Versammlung zum Zweck der Beschlussfassung besteht (stRspr und hM; BGH 30.3.1987, BGHZ 100, 264 (269 f.) = NJW 1987, 2580 (2581); BGH 29.1.2009, DB 2009, 556 Rn. 2; BayObLG 4.2.1993, NJW-RR 1993, 612 (613); OLG Hamm 29.6.1992, GmbHR 1992, 805 (806); UHL/*Hüffer*/*Schürnbrand* Rn. 30 f.; Scholz/*Seibt* Rn. 34; MüKoGmbHG/*Liebscher* Rn. 56; Baumbach/Hueck/*Zöllner*/*Noack* Rn. 31). Dieses zusätzliche Erfordernis hat seinen Grund darin, dass der nicht ordnungsgemäß geladene Gesellschafter ansonsten gezwungen wäre, der Versammlung fernzubleiben, um gegen gleichwohl gefasste Beschlüsse vorgehen zu können; er würde sich dadurch zwangsläufig der Möglichkeit begeben, seine Mitgesellschafter in der Versammlung von angreifbaren Beschlüssen abzuhalten oder eine Einigung herbeizuführen, was dem Zweck der Norm widerspräche. Nach Abs. 4 hindern auch Ankündigungsmängel eine wirksame Beschlussfassung nicht, wenn die Voraussetzungen einer Vollversammlung vorliegen.

24 Das **Einvernehmen mit der Abhaltung der Gesellschafterversammlung** muss nicht ausdrücklich erklärt werden; ein aus dem Gesamtverhalten des Gesellschafters in der Versammlung hervorgehendes konkludentes Einverständnis mit deren Durchführung zum Zweck der Beschlussfassung reicht aus (BGH 30.3.1987, NJW 1987, 2580 (2581) – insoweit in BGHZ 100, 264 nicht abgedruckt; OLG Naumburg 17.12.1996, GmbHR 1998, 90 (92); OLG Stuttgart 23.7.1993, NJW-RR 1994, 167 (168)). Ein Widerspruch ist etwa darin zu sehen, dass der Gesellschafter, der zuvor schriftlich Einberufungsmängel gerügt hat, sich in der Versammlung weigert, an der Beratung und Abstimmung mitzuwirken. Die Teilnahme an der Abstimmung über andere Tagesordnungspunkte hindert ihn nicht an einem auf die fehlerhafte Einberufung gestützten Widerspruch hinsichtlich weiterer Beschlussgegenstände; insoweit fehlt es dann an einer Vollversammlung (OLG Hamburg 2.5.1997, GmbHR 1997, 796; OLG Naumburg 17.12.1996, GmbHR 1998, 90 (92)). Die Beteiligung eines geschäftsunfähigen Gesellschafters an Versammlung und Abstimmung reicht für die Herstellung einer Vollversammlung ebenso wenig aus; das dafür erforderliche Einvernehmen kann nur von seinem gesetzlichen Vertreter erklärt werden (BayObLG 4.2.1993, NJW-RR 1993, 612 (613)). Der Einberufungsmangel muss vor der Abstimmung geltend gemacht werden; die **nachträgliche Rüge** schließt die Heilungswirkung des Abs. 3 nicht aus (BGH 25.11.2002, NZG 2003, 127 (129)). Beteiligt sich der Gesellschafter unter **Vorbehalt** bzw. vorsorglich an der Beschlussfassung, so bedeutet das idR, dass er seinen Widerspruch nicht aufgibt, wenn nicht die Gesamtumstände eine andere Auslegung seines Verhaltens fordern (UHL/*Hüffer*/*Schürnbrand* Rn. 30; *Goette* Die GmbH § 7 Rn. 29). Er verliert sein Anfechtungsrecht, wenn er sich auf die Erörterung und Abstimmung zu fehlerhaft angekündigten Tagesordnungspunkten einlässt (OLG Hamm 25.3.1996, GmbHR 1996, 768 (769)). Verlässt der erschienene Gesellschafter die Versammlung wieder und widerspricht er vor dem Verlassen der weiteren Durchführung und Abstimmung unter Hinweis auf Einberufungsmängel, so entfällt ab diesem Zeitpunkt die nach Abs. 3 hergestellte Beschlussfähigkeit (OLG Hamm 27.11.1991, GmbHR 1992, 466 (467)).

25 Die Vollversammlung erfordert nicht unbedingt die persönliche Teilnahme der Gesellschafter; deren wirksame **Vertretung** reicht aus. Das kann – soweit zulässig – dadurch geschehen, dass die anwesenden Gesellschafter Stimmrechtsvollmachten der abwesenden, teilnahmeberechtigten Gesellschafter haben (BayObLG 8.12.1988, NJW-RR 1989, 807; OLG Saarbrücken 3.3.1998, DStR 1999, 1576 mAnm *Goette*). Mindestens bei der Zwei-Personen-GmbH kann eine Vollversammlung auch durch Vertretung

ohne Vertretungsmacht gebildet werden; die Stimmabgabe des vollmachtlosen Vertreters wird durch Genehmigung des nicht erschienenen Gesellschafters entsprechend § 184 BGB rückwirkend wirksam (BayObLG 8.12.1988, NJW-RR 1989, 807 (808); OLG Dresden 21 8.2001, GmbHR 2001, 1047 (1048)).

2. Rügeverzicht. Einberufungs- und Ankündigungsmängel können durch einen Rügeverzicht des betroffenen Gesellschafters geheilt werden (BGH 7.2.1983, BGHZ 87, 1 (4) = NJW 1983, 1677 (1678); BayObLG 28.8.1997, NJW-RR 1998, 1254; OLG Köln 21.12.2001, NZG 2002, 381 (383); OLG München 8.6.1994, GmbHR 1995, 232 (233); OLG Frankfurt a. M. 26.8.1983, GmbHR 1984, 99 f.). Der Rügeverzicht kann zeitlich vor, während oder nach der Versammlung erklärt werden; ihm muss zu entnehmen sein, dass der Gesellschafter auf die Einhaltung von Formen und Fristen des § 51 verzichtet und Verstöße nicht geltend machen will. Das ist der Fall, wenn sämtliche Gesellschafter einvernehmlich den Termin zur Durchführung einer außerordentlichen Gesellschafterversammlung festlegen und die Beschlussgegenstände hinreichend kennzeichnen; dasselbe gilt, wenn sie mit der Zusendung der Tagesordnungspunkte per Faxschreiben einverstanden sind. Das nachträgliche Einverständnis mit der fehlerhaften Beschlussfassung führt entsprechend § 242 Abs. 2 S. 4 AktG dazu, dass Nichtigkeit und Anfechtbarkeit nicht mehr geltend gemacht werden können (Baumbach/Hueck/*Zöllner/Noack* Rn. 30). Der von einem Gesellschafter vorab erklärte **Teilnahmeverzicht** behebt diesem gegenüber bestehende Einberufungsmängel; auch wenn, weil nicht sämtliche Gesellschafter anwesend sind, die Erschienenen keine Vollversammlung bilden, können sie doch wirksam Beschlüsse fassen (UHL/*Hüffer/Schürnbrand* Rn. 32; Baumbach/Hueck/*Zöllner/Noack* Rn. 34; Lutter/Hommelhoff/*Bayer* Rn. 34). 26

V. Abdingbarkeit

§ 51 ist im Grundsatz **nicht zwingend.** Im Hinblick auf den Schutzzweck der Vorschrift, nämlich das zum Kernbereich der Mitgliedschaft gehörende Teilnahmerecht sicherzustellen, sind jedoch Satzungsregelungen unzulässig, die dieses Recht in seiner Substanz beeinträchtigen oder dessen Ausübung unangemessen erschweren (allgM; UHL/*Hüffer/Schürnbrand* Rn. 35; MüKoGmbHG/*Liebscher* Rn. 62; Scholz/*Seibt* Rn. 3; Rowedder/Schmidt-Leithoff/*Ganzer* Rn. 25; Baumbach/Hueck/*Zöllner/Noack* Rn. 39). Unbedenklich sind Verschärfungen der Anforderungen an Einberufung und Ankündigung. So können die vom Gesetzgeber ohnehin sehr knapp bemessenen Fristen der Abs. 1 und 4 verlängert werden. Die Satzung kann vorsehen, dass die Einberufung durch Bekanntmachung in den Gesellschaftsblättern oder durch förmliche Zustellung erfolgt. Die Form der Einberufung kann andererseits gegenüber der gesetzlichen Regelung in Abs. 1 S. 1 erleichtert werden. Statt des Einschreibens kann die Satzung die Verwendung von E-Mail, Telefax oder anderer elektronischer Kommunikationsmittel anordnen. Auf die Schriftform kann verzichtet werden; auch die mündliche oder fernmündliche Einladung können deshalb vorgesehen werden (BGH 17.11.1997, NJW 1998, 684; Baumbach/Hueck/*Zöllner/Noack* Rn. 39). Die Einladung mittels gewöhnlichen Briefs kann die Satzung hingegen nur zulassen, wenn eine zusätzliche Benachrichtigung der Gesellschafter durch Bekanntmachung in den Gesellschaftsblättern oder ähnliche Maßnahmen sichergestellt ist UHL/*Hüffer/Schürnbrand* Rn. 36; Baumbach/Hueck/*Zöllner/Noack* Rn. 39; aA OLG Jena 14.5.1996, GmbHR 1996, 536 (537)). Eine ähnliche satzungsmäßige Sicherung des Zugangs ist auch bei den zuvor genannten erleichterten Übermittlungsformen anzuraten (UHL/*Hüffer/Schürnbrand* Rn. 36). 27

Eine satzungsmäßige **Verkürzung** der Wochenfrist des Abs. 1 S. 1 ist unzulässig (OLG Naumburg 23.2.1999, NZG 2000, 44 (45)), ebenso eine solche der dreitägigen Ankündigungsfrist des Abs. 4 (BGH 17.11.1986, BGHZ 99, 119 (123 f.) = NJW 1987, 1811 (1812)). Das Erfordernis der Ankündigung der Tagesordnungspunkte kann die Satzung nicht ausschließen (UHL/*Hüffer/Schürnbrand* Rn. 39; Baumbach/Hueck/*Zöllner/Noack* Rn. 39). 28

Auskunfts- und Einsichtsrecht

51a (1) **Die Geschäftsführer haben jedem Gesellschafter auf Verlangen unverzüglich Auskunft über die Angelegenheiten der Gesellschaft zu geben und die Einsicht der Bücher und Schriften zu gestatten.**

(2) [1]**Die Geschäftsführer dürfen die Auskunft und die Einsicht verweigern, wenn zu besorgen ist, dass der Gesellschafter sie zu gesellschaftsfremden Zwecken verwenden und dadurch der Gesellschaft oder einem verbundenen Unternehmen einen nicht unerheblichen Nachteil zufügen wird.** [2]**Die Verweigerung bedarf eines Beschlusses der Gesellschafter.**

(3) **Von diesen Vorschriften kann im Gesellschaftsvertrag nicht abgewichen werden.**

Übersicht

I. Allgemeines

1 **1. Bedeutung der Norm.** Das Recht auf Information ist ein mitgliedschaftliches „Grundrecht", das den Gesellschafter in die Lage versetzt, seine übrigen Gesellschafterrechte sinnvoll wahrzunehmen und über seinen Verbleib in der Gesellschaft zu entscheiden (*Wiedemann* GesR I § 7 II 2a). Es steht jedem Gesellschafter zu, dem Mehrheitsgesellschafter ebenso wie dem kleinstbeteiligten, hat in der Praxis aber vor allem **minderheitsschützende Wirkung.** Aus dem Stammrecht auf Information leiten sich einzelne Informationsansprüche ab, die in § 51a ihre gesetzliche Regelung gefunden haben. Dabei ist der Tatbestand der erst 1980 in das Gesetz eingefügten Norm zu weit geraten, sodass Rspr. und Lit. sich um eine **Eingrenzung** bemühen (→ Rn. 19). Anders als das Auskunftsrecht des § 131 AktG kann das Informationsrecht des § 51a auch außerhalb der Gesellschafterversammlung und unabhängig von den Tagesordnungspunkten der Versammlung geltend gemacht werden. Es steht in einem systematischen Zusammenhang mit den Informationsrechten aus § 716 BGB, §§ 118, 166, 233 HGB. Seine Bedeutung wird unterstrichen durch das Verbot des Abs. 3, in der Satzung von der gesetzlichen Regelung abzuweichen. Durchzusetzen ist es auf dem Weg des § 51b. Mit dem Informationsrecht verbunden ist eine **Verschwiegenheitspflicht** (BGH 6.3.1997, BGHZ 135, 48 (56 f.) = NJW 1997, 1985; BGH 29.4.2013, BGHZ 197, 181 Rn. 12 = NZG 2013, 665; zur Verschwiegenheitspflicht von Behörden s. OVG Berlin-Brandenburg 28.1.2015, BeckRS 2015, 41486; zur Verschwiegenheitspflicht von Kommunen s. *Burgi* NVwZ 2014, 609; *Passarge/Kölln* NVwZ 2014, 982).

2 **2. Abgrenzung zu anderen Informationsrechten.** Das Informationsrecht des § 51a ist ein **Individualrecht.** Es steht dem einzelnen Gesellschafter gegen die Gesellschaft zu. Davon zu unterscheiden ist das **kollektive Informationsrecht** der Gesellschaftergesamtheit (BGH 6.3.1997, BGHZ 135, 48 (54) = NJW 1997, 1985). Die Gesellschafterversammlung kann jederzeit und unbegrenzt von den Geschäftsführern Informationen verlangen. Die Geschäftsführer sind aber auch **von sich aus** verpflichtet, den Gesellschaftern Informationen zu erteilen, die notwendig sind, um einen beabsichtigten Gesellschafterbeschluss fassen oder eine in ihre Zuständigkeit fallende Problematik erkennen zu können. Derartige Informationspflichten ergeben sich aus der Organstellung der Geschäftsführer und aus §§ 666, 675 BGB iVm dem Anstellungsvertrag (Baumbach/Hueck/*Zöllner/Noack* Rn. 56, 62). Ein Spezialfall ist die Pflicht der Geschäftsführer aus **§ 42a Abs. 1,** den Jahresabschluss und den Lagebericht vorzulegen. Das Informationsrecht des § 51a wird durch das daneben bestehende kollektive Informationsrecht der Gesellschaftergesamtheit nicht ausgeschlossen (BayObLG 15.10.1999, NJW-RR 2000, 487). Deshalb

fehlt für eine actio pro socio (→ § 14 Rn. 120 ff.) insoweit das Rechtsschutzinteresse. Mit § 51b steht ein einfacherer Weg zur Verfügung (OLG Saarbrücken 3.12.1993, NJW-RR 1994, 497).

Durch Satzung oder Gesellschafterbeschluss können die Gesellschafter ein verbindliches **Berichtssystem** einrichten, aufgrund dessen die Geschäftsführer zu bestimmten periodischen oder anlassbezogenen Berichten an die Gesellschafterversammlung verpflichtet werden, etwa nach dem Muster des § 90 AktG. Davon wird das Individualrecht des einzelnen Gesellschafters aus § 51a grundsätzlich nicht berührt. Der Gesellschafter kann freilich keine Information verlangen, die schon in einem Bericht enthalten war, und es kann ihm zumutbar sein, den nächsten Bericht abzuwarten, anstatt sich gesondert informieren zu lassen (*Grunewald* ZHR 146 (1982), 211 (225 f.); → Rn. 19). 3

Von dem Recht des Gesellschafters aus § 51a zu unterscheiden sind auch Informationsansprüche, die sich gegen Mitgesellschafter aus der gesellschaftsrechtlichen **Treuepflicht** ergeben (BGH 11.12.2006, NJW 2007, 917). Diese sind durch Leistungsklage gegen die Mitgesellschafter geltend zu machen. Das allgemeine Einsichtsrecht aus **§ 810 BGB hat** nur für ausgeschiedene Gesellschafter Bedeutung (→ Rn. 7). 4

II. Informationsrecht (Abs. 1)

1. Anspruchsinhaber. Das Informationsrecht des § 51a steht jedem **Gesellschafter** zu, unabhängig von der Höhe seines Geschäftsanteils und unabhängig davon, ob er ein Stimmrecht hat. Halten mehrere einen Geschäftsanteil, können sie das Informationsrecht nur gemeinsam ausüben. Bei einer Erbengemeinschaft genügt ein Beschluss mit einfacher Mehrheit (OLG Karlsruhe 16.12.2013, GmbHR 2014, 254 (255 ff.)). Als Ausfluss der Mitgliedschaft (→ Rn. 1) ist das Informationsrecht von der Gesellschafterstellung nicht abspaltbar, mithin auch nicht pfändbar (BGH 29.4.2013, BGHZ 197, 181 Rn. 12 = NZG 2013, 665). Der **Pfandgläubiger** hat nach § 836 Abs. 3 ZPO ein Auskunftsrecht nur gegenüber seinem Schuldner (offen gelassen von BGH 29.4.2013, BGHZ 197, 181 Rn. 14 = NZG 2013, 665). Der **Nießbraucher** hat dagegen das Informationsrecht, wenn sich der Nießbrauch auf die Mitgliedschaft insgesamt und nicht nur auf das Gewinnstammrecht bezieht (UHL/*Hüffer/Schürnbrand* Rn. 18; aA Scholz/*K. Schmidt* Rn. 12). Amtswalter wie **Testamentsvollstrecker** oder **Insolvenzverwalter** über das Vermögen des Gesellschafters sind ebenfalls – auch bei gegenteiligem Satzungsinhalt – informationsberechtigt (Baumbach/Hueck/*Zöllner/Noack* Rn. 5). Bei Treuhandverhältnissen steht das Recht allein dem **Treuhänder** zu. Die Mitgliedschaft in einer Besitzgesellschaft gibt noch kein Informationsrecht in der Betriebsgesellschaft. Ebenso wenig ist der **stille Gesellschafter** (s. aber § 233 HGB), der an dem GmbH-Geschäftsanteil Unterbeteiligte, der Gesellschafter einer an der GmbH beteiligten Gesellschaft oder der **Kommanditist** einer GmbH & Co. KG (OLG Celle 14.3.2017, ZIP 2017, 1761; OLG München 31.1.2018, NZG 2018, 942 (943)) gegenüber der GmbH informationsberechtigt. Wird eine Gesellschaft aufgelöst, die Gesellschafterin der GmbH ist, erlischt ihr Informationsrecht nicht, kann aber eingeschränkt sein (BayObLG 1.7.1993, ZIP 1993, 1162). 5

Der Gesellschafter kann bei der Einsicht in die Geschäftsunterlagen einen **Dritten** zu seiner Unterstützung hinzuziehen, nach hM die Ausübung des Informationsrechts auch gänzlich einem Dritten überlassen (*Hirte* FS Röhricht, 2005, 217; MüKoGmbHG/*Hillmann* Rn. 60; offen gelassen von BGH 29.4.2013, BGHZ 197 Rn. 12 = NZG 2013, 665). Das gilt aber nur für solche Personen, von denen erwartet werden kann, dass sie den berechtigten **Geheimhaltungsinteressen** der Gesellschaft Rechnung tragen. Unbedenklich sind daher idR Rechtsanwälte, Wirtschaftsprüfer und andere Berufsträger, die von Amts wegen zur Verschwiegenheit verpflichtet sind. In Betracht kommen aber auch Mitarbeiter des Gesellschafters oder sonstige Hilfspersonen, sofern von ihnen Verschwiegenheit erwartet werden kann. Die Satzung kann dazu Einschränkungen vorsehen. Ein Ausschluss Dritter von der Stimmrechtsausübung ist idR als eine derartige Beschränkung auszulegen (UHL/*Hüffer/Schürnbrand* Rn. 15 f.). 6

Wer als Gesellschafter gilt, bestimmt sich nach **§ 16** (BGH 27.1.2015, NZG 2015, 478 (480)). Künftige Gesellschafter haben iRe **Due Diligence** kein Informationsrecht gegenüber der Gesellschaft (LG Köln 26.3.2008, GmbHR 2009, 261 (262); *Bremer* GmbHR 2000, 176). Zur Weitergabe von Informationen an sie durch einzelne Gesellschafter → Rn. 28. Auch der **ausgeschiedene Gesellschafter** hat kein Recht aus § 51a. Hinsichtlich seiner Abfindungs- und Gewinnansprüche steht ihm aber ein Einsichtsrecht aus § 810 BGB zu (BGH 11.7.1988, NJW 1989, 225 (226); BGH 28.4.1977, GmbHR 1977, 153). Darauf ist das Informationsverweigerungsrecht des § 51a Abs. 2 entsprechend anwendbar (OLG Naumburg 12.12.2013, NZG 2014, 868). Der ausgeschlossene Gesellschafter, dessen Ausschluss noch nicht wirksam geworden ist, und der ausgetretene Gesellschafter, dessen Geschäftsanteil noch nicht eingezogen oder übertragen worden ist, hat dagegen das Informationsrecht aus § 51a (BayObLG 18.3.2003, NJW-RR 2004, 39 (41); s. aber OLG Schleswig 29.2.2008, GmbHR 2008, 434 (435 f.): Möglichkeit, das Informationserzwingungsverfahren des § 51b analog § 148 ZPO bis zur Entscheidung über die Einziehung auszusetzen; aA OLG Frankfurt a. M. 7.8.2007, NZG 2008, 158 (159)). Ebenso besteht dieses Recht, bis eine aufschiebende Bedingung für das Wirksamwerden der Einziehung eingetreten ist (OLG München 11.12.2007, ZIP 2008, 553 (554); zum Ganzen vgl. MüKoGmbHG/*Strohn* § 34 Rn. 72 ff., 169 ff., 198). 7

8 **2. Anspruchsgegner.** Der Anspruch aus § 51a richtet sich gegen die **Gesellschaft** (OLG Karlsruhe 16.12.2013, GmbHR 2014, 254 (257)). Das gilt auch dann, wenn es um Informationen über verbundene Unternehmen geht. Er wird erfüllt durch die Geschäftsführer als die dafür zuständigen Gesellschaftsorgane (BGH 6.3.1997, BGHZ 135, 48, 51 = NJW 1997, 1985), im Insolvenzverfahren durch den Insolvenzverwalter (OLG Hamm 25.10.2001, NJW-RR 2002, 1396; → Rn. 9), jedenfalls soweit es um Informationen geht, die ihm und nicht nur den Geschäftsführern zugänglich sind. Daneben können eigene Informationspflichten der Geschäftsführer bestehen (→ Rn. 2).

9 **3. Zeitlicher Rahmen.** Das Informationsrecht besteht schon in der Vor-GmbH (→ § 11 Rn. 19) und endet erst mit der Beendigung der Gesellschaft, nicht schon mit der Auflösung (UHL/*Hüffer/Schürnbrand* Rn. 13). Es besteht auch in der Insolvenz, ist dort aber eingeschränkt, da die Tätigkeit des Insolvenzverwalters nicht der Kontrolle durch die Gesellschafter unterliegt (OLG Hamm 10.1.2008, ZIP 2008, 899 – daher keine Umschreibung eines Titels aus § 51b; BayObLG 8.4.2005, NZG 2006, 67; OLG Hamm 25.10.2001, NJW-RR 2002, 1396). Zum Informationsrecht bei Ausscheiden des Gesellschafters → Rn. 7.

10 **4. Informationsverlangen.** Die Information nach § 51a setzt ein – formloses – Verlangen des Gesellschafters voraus – innerhalb oder außerhalb der Gesellschafterversammlung. Es muss den Gegenstand der begehrten Auskunft erkennen lassen. Wird Einsicht verlangt, ist eine nähere Konkretisierung nicht erforderlich (KG Berlin 23.12.1987, NJW-RR 1989, 230 (231); OLG Frankfurt a. M. 10.8.1995, NJW-RR 1996, 415; OLG Frankfurt a. M. 22.4.2013, BeckRS 2014, 11113; aA Baumbach/Hueck/*Zöllner/Noack* Rn. 24). Die Satzung kann Schriftform und andere Modalitäten vorsehen, nicht aber einen Gesellschafterbeschluss (OLG Köln 18.2.1986, NJW-RR 1987, 99 (100 f.); BayObLG 27.10.1988, NJW-RR 1989, 350).

11 **5. Angelegenheiten der Gesellschaft.** Das Informationsrecht bezieht sich auf alle Angelegenheiten der Gesellschaft. Dieses Merkmal ist – entsprechend dem Gesetzeszweck (→ Rn. 1) – **weit auszulegen** (BGH 6.3.1997, BGHZ 135, 48 (54) = NJW 1997, 1985; BGH 11.11 2002, BGHZ 152, 339 (344) = NJW-RR 2003, 830). Darunter fallen alle die Gesellschaftsverhältnisse und die Unternehmensführung betreffende Tatsachen einschließlich des Rechnungswesens und der Beziehungen zu Dritten. Auch über bloße **Planungen** ist zu informieren, wenn auch nicht über rein potentielle Geschäftsführungsmaßnahmen (insoweit aA *Grunewald* ZHR 146 (1982), 211 (214)). Vom Informationsrecht sind grundsätzlich auch länger zurückliegende Vorgänge umfasst (OLG Frankfurt a. M. 22.4.2013, BeckRS 2014, 11113; zur Grenze → Rn. 19). Zu informieren ist etwa über Beteiligungsverhältnisse an der Gesellschaft, Erfüllung der Einlagepflichten, Erwerbsabsichten Dritter, Darlehen oder sonstige Leistungen der Gesellschaft (OLG Hamm 7.10.1987, GmbHR 1988, 218) oder an die Gesellschaft, Gehälter der einzelnen Geschäftsführer (OLG Köln 26.4.1985, ZIP 1985, 800 (803); OLG Jena 14.9.2004, NZG 2004, 1156 (1157)), Gründe für die Abberufung eines Geschäftsführers (OLG Nürnberg 8.3.2010, WM 2010, 1286 (1290) = BeckRS 2010, 13473), betriebliche Altersversorgung, Finanz- und Unternehmenspläne, Cash Flow, wirtschaftliche Lage der Geschäftspartner, einzelne Verträge und betriebliche Maßnahmen (Scholz/*K. Schmidt* Rn. 19).

12 Auch die Beziehungen zu **verbundenen Unternehmen,** aber auch die Angelegenheiten dieser Unternehmen selbst fallen unter das Informationsrecht des § 51a (OVG Koblenz 12.3.2015, GewArch 2018, 29 (30)). Das gilt sowohl für abhängige als auch für herrschende Unternehmen. Auch eine bloße Minderheitsbeteiligung begründet ein Informationsrecht (Baumbach/Hueck/*Zöllner/Noack* Rn. 12). In der **GmbH & Co. KG** erstreckt sich das Informationsrecht auch auf die Angelegenheiten der KG (BGH 11.7.1988, NJW 1989, 225 (226)). Streitig ist, ob grundsätzlich über alle Angelegenheiten der verbundenen Unternehmen zu informieren ist (OLG Hamm 6.2.1986, NJW 1986, 1693; Lutter/Hommelhoff/*Bayer* Rn. 18) oder nur über solche, die objektiv von erheblicher Bedeutung für die eigene Gesellschaft sind (OLG Köln 26.4.1985, ZIP 1985, 800 (804); UHL/*Hüffer/Schürnbrand* Rn. 28 f.). Aus dem Gebot, das Informationsrecht zweckentsprechend wahrzunehmen (→ 19), dürfte eine **Einschränkung** auf für die Gesellschafterstellung bedeutsame Umstände folgen (ähnlich Scholz/*K. Schmidt* Rn. 20a, 20b). Die Informationen haben die Geschäftsführer der eigenen Gesellschaft zu erteilen und nicht die Organe der verbundenen Unternehmen.

13 **6. Informationsbedürfnis.** Streit besteht über die Frage, ob ein Informationsbedürfnis ungeschriebenes Tatbestandsmerkmal des § 51a ist (so *K. Schmidt,* Informationsrechte in Gesellschaften und Verbänden, 1984, 36 ff.; Scholz/*K. Schmidt* Rn. 8 ff.; dagegen die hM, etwa KG Berlin 23.12.1987, NJW-RR 1989, 230 (231); *Mertens* FS Werner, 1984, 557 (566); UHL/*Hüffer/Schürnbrand* Rn. 5 f.). Klar ist, dass der Gesellschafter keine Information verlangen kann, die er schon bekommen hat, etwa über ein Berichtssystem. Im Übrigen braucht er ein Informationsbedürfnis zur Begründung seines Informationsverlangens jedenfalls nicht darzulegen (OLG Stuttgart 8.2.1983, ZIP 1983, 306; *K. Schmidt* FS Kellermann, 1991, 389 (394)). Zum Ganzen → Rn. 19.

III. Informationserteilung

1. Allgemeines. Das Informationsrecht des § 51a kann durch **Auskunft oder Einsichtsgewährung** erfüllt werden. Beide Wege stehen gleichrangig nebeneinander (OLG München 15.1.2015, NZG 2015, 478 Rn. 21; OLG Karlsruhe 16.12.2013, GmbHR 2014, 254 (257)). Das Wahlrecht steht grundsätzlich dem Gesellschafter zu (UHL/*Hüffer/Schürnbrand* Rn. 37; aA OLG Jena 14.9.2004, NZG 2004, 1156). Allerdings hat er bei gleicher Eignung das schonendste Mittel zu wählen (→ Rn. 21). Die Information ist **„unverzüglich"** zu erteilen, also ohne schuldhaftes Zögern (§ 121 Abs. 1 BGB). Dabei hängt von den Umständen des Einzelfalls ab, welche Bemühungen den Geschäftsführern zumutbar sind. Abzuwägen ist zwischen dem Interesse des Gesellschafters an einer schnellen Information und dem Interesse der Gesellschaft, die Information ohne unangemessene Störung des Geschäftsbetriebs geben zu können. 14

2. Auskunft. Die Auskunft muss entsprechend § 131 Abs. 2 S. 1 AktG den Grundsätzen einer gewissenhaften und getreuen Rechenschaft entsprechen. Sie muss das Informationsbedürfnis des Gesellschafters erfüllen (OLG Nürnberg 8.3.2010, WM 2010, 1286 (1290) = BeckRS 2010, 13473). Ist seine Frage unklar formuliert, kann eine Rückfrage geboten sein. Die **Genauigkeit** der Auskunft hängt von der Genauigkeit der Fragestellung ab. Je präziser gefragt wird, desto präziser muss geantwortet werden (BayObLG 22.12.1988, NJW-RR 1989, 932 (934)). Wenn die Geschäftsführer eine Antwort teilweise verweigern wollen oder im Ungewissen sind, müssen sie das offen legen. Eine bestimmte **Form** ist nicht vorgeschrieben. Allerdings kommt bei komplexen Sachverhalten idR nur eine schriftliche Antwort in Frage (OLG Düsseldorf 2.3.1990, NJW-RR 1991, 620 (621); aA Baumbach/Hueck/*Zöllner/Noack* Rn. 16). 15

3. Einsicht. Die Einsicht ist in die Bücher (§ 238 HGB) und Schriften der Gesellschaft zu gewähren. Der Begriff Schriften ist weit auszulegen (OLG München 11.12.2007, ZIP 2008, 553 (554)). Darunter sind alle Geschäftsunterlagen zu verstehen einschließlich Korrespondenz, Buchungsbelegen, elektronischen Dateien, Tonträgern und Filmen. Dem Einsichtsrecht unterliegen auch die **Aufsichtsratsprotokolle** (BGH 6.3.1997, BGHZ 135, 48 = NJW 1997, 1985; aA Baumbach/Hueck/*Zöllner/Noack* Rn. 22; zur Verschwiegenheitspflicht s. *Burgi* NVwZ 2014, 609). Ist die Gesellschaft nicht mehr im Besitz der Unterlagen, müssen sich die Geschäftsführer intensiv bemühen, sie zurückzuerhalten (OLG München 4.1.2008, NZG 2008, 197 (198); OLG Frankfurt a. M. 10.8.1996, NJW-RR 1996, 415 (416); → Rn. 17). Auch Unterlagen von **verbundenen Unternehmen** sind betroffen, soweit sie bei der Gesellschaft vorhanden sind oder beschafft werden können (OLG Düsseldorf 2.3.1990, NJW-RR 1991, 620; UHW/*Hillmann* Rn. 30; aA Lutter/Hommelhoff/*Bayer* Rn. 25: nur bei qualifiziert konzernierten Tochterunternehmen). Einsicht ist in den Geschäftsräumen während der üblichen Geschäftszeiten zu gewähren. Eine Beschränkung auf Abende oder Wochenenden ist idR unzulässig (OLG Hamburg 20.6.2001, GmbHR 2002, 913). Dem Gesellschafter ist zu gestatten, sich Notizen zu machen und **Ablichtungen** zu fertigen (OLG München 12.1.2005, GmbHR 2005, 624 (625); OLG Karlsruhe 16.12.2013, GmbHR 2014, 254 (257)). Anspruch auf Überlassung von Kopien durch die Gesellschaft hat er grundsätzlich nicht (weitergehend Scholz/*K. Schmidt* Rn. 26). Bei **EDV-Dateien** kann er verlangen, dass sie auf einem Bildschirm sichtbar gemacht und für ihn ausgedruckt werden (BGH 21.9.2009, NJW 2010, 439 Rn. 9 zu § 716 BGB; UHL/*Hüffer/Schürnbrand* Rn. 44). Ansonsten hat er keinen Anspruch, dass ihm ein Mitarbeiter der Gesellschaft zur Unterstützung zugeteilt wird. Auch darf er keine Mitarbeiter befragen. 16

IV. Informationsverweigerung

1. Allgemeine Gründe. a) Unmöglichkeit/Strafbarkeit. Die Geschäftsführer müssen nur die Informationen geben, die ihnen **möglich** sind. Dabei haben sie die Pflicht, sich gewissenhaft zu informieren und fehlende Unterlagen herbeizuschaffen (→ Rn. 16). Sie sind berechtigt, Informationen zu verweigern, durch deren Weitergabe sie sich **strafbar** machen würden (LG München I 31.5.2017, ZIP 2017, 1950 (1953 f.). In Betracht kommt insbesondere der Schutz von Privatgeheimnissen nach § 203 StGB, nicht dagegen der Tatbestand des § 85, dem § 51a vorgeht (→ § 85 Rn. 8). Dass durch die Information ein früheres strafbares Verhalten der Geschäftsführer aufgedeckt wird, reicht dagegen als Verweigerungsgrund nicht aus (UHL/*Hüffer/Schürnbrand* Rn. 55). Den Beschränkungen der **DS-GVO** geht § 51a vor (MüKoGmbH/*Hillmann* Rn. 75; Baumbach/Hueck/*Zöllner/Noack* Rn. 20, 42; aA *Leinekugel/Weigel* GmbHR 2015, 393 ff.). Eines Gesellschafterbeschlusses bedarf es bei Informationsverweigerung wegen Strafbarkeit nicht (BGH 6.3.1997, BGHZ 135, 48 (50) = NJW 1997, 1985). 17

b) Vertragsbruch. Auf eine **Geheimhaltungsabrede** mit einem Dritten können sich die Geschäftsführer **nur in Ausnahmefällen** berufen. Wer mit einer GmbH in Kontakt tritt, muss damit rechnen, dass die Gesellschafter über alle Einzelheiten informiert werden. Deshalb sind Geheimhaltungsabreden, soweit sie sich auf eine Weitergabe von Informationen an Gesellschafter richten, idR wegen Missbrauchs der Vertretungsmacht unwirksam (OLG Frankfurt a. M. 24.11.1992, NJW-RR 1994, 498 (499); OLG 18

München 9.5.2008, NZG 2008, 878 (879); Scholz/*K. Schmidt* Rn. 35). Etwas anderes kann im Einzelfall – insbesondere bei kapitalistisch strukturierten Gesellschaften – gelten (*Haggeney/Hausmanns* NZG 2016, 814 (816).

19 **c) Keine zweckentsprechende Wahrnehmung.** Das umfassende Informationsrecht des § 51a bedarf weitergehender Eingrenzung über den Tatbestand des Abs. 2 hinaus, schon um einzelnen Gesellschaftern nicht die Möglichkeit zu geben, durch exzessive Informationsverlangen den Geschäftsbetrieb zu blockieren. Die Rspr. sieht die Grenze in der „nicht zweckentsprechenden Wahrnehmung" (BGH 6.3.1997, BGHZ 135, 48 (54) = NJW 1997, 1985; BGH 11.11.2002, BGHZ 152, 339 (344) = NJW-RR 2003, 830; BGH 29.4.2013, BGHZ 197 Rn. 12 = NZG 2013, 665; OLG Frankfurt a. M. 7.8.2007, NZG 2008, 158 (159) mwN). Damit ist eine Rechtsausübung gemeint, die nicht mehr dem gesetzgeberischen Zweck entspricht, den Mitgliedschaftsrechten des Gesellschafters und seinen mitgliedschaftsimmanenten Eigeninteressen zu dienen (Baumbach/Hueck/*Zöllner/Noack* Rn. 29). Zu diesen Eigeninteressen zählt etwa auch das Interesse beurteilen zu können, ob es sinnvoll ist, den Geschäftsanteil zu veräußern, ggf. zu welchem Preis. Auch die Verfolgung von Schadensersatzansprüchen gegen Dritte im Zusammenhang mit der Gesellschaftsbeteiligung gehört dazu (OLG Hamm 25.10.2001, NJW-RR 2002, 1396 (1398); enger OLG Karlsruhe 16.12.2013, GmbHR 2014, 254 (257)). Aus diesen Interessen ergeben sich bestimmte **Informationsbedürfnisse.** Vom Schutzzweck des § 51a sind nur solche Informationsverlangen umfasst, die diesen Informationsbedürfnissen entsprechen (Baumbach/Hueck/*Zöllner/Noack* Rn. 27 ff.). Während eine Meinung darin ein ungeschriebenes **Tatbestandsmerkmal** des § 51a sieht (Scholz/*K. Schmidt* Rn. 8 ff.), verlangt eine andere Meinung einen **funktionalen Bezug** zur sachgerechten Ausübung der Mitgliedschaftsrechte (*Mertens* FS Werner, 1984, 557 (568 f.)). Eine dritte Meinung sieht die Grenze des Informationsrechts allein im **Missbrauchsverbot** des § 242 BGB bzw. der **gesellschaftsrechtlichen Treuepflicht** (BayObLG 27.10.1988, NJW-RR 1989, 350 (351); KG Berlin 23.12.1987, NJW-RR 1989, 230 (231); Lutter/Hommelhoff/*Bayer* Rn. 3). Im praktischen Ergebnis unterscheiden sich diese Meinungen nicht wesentlich. Einen Missbrauch des Informationsrechts kann es jedenfalls darstellen, wenn ein Geschäftsanteil nur deshalb vorübergehend erworben wird, um die begehrte Information zu erhalten (Scholz/*K. Schmidt* Rn. 37). Missbräuchlich ist auch ein Informationsverlangen über weit zurückliegende Vorgänge, die keinen Bezug zur Gegenwart mehr haben (OLG Düsseldorf 16.10.1990, ZIP 1990, 1569; KG Berlin 23.12.1987, NJW-RR 1989, 230 (232)). Keinen Anspruch auf Einzelinformation hat der Gesellschafter, wenn es ihm zumutbar ist, einen Bericht iRe satzungsmäßigen Berichtssystems abzuwarten (*Grunewald* ZHR 146 (1982), 211 (226)). Dass der Gesellschafter seine mitgliedschaftlichen Pflichten verletzt hat, schließt das Informationsrecht dagegen nicht aus (KG Berlin 23.12.1987, NJW-RR 1989, 230 (233)). Unabhängig von dem Informationsrecht kann eine Sonderprüfung durchgeführt werden (OLG Hamburg 22.1.2016, ZIP 2016, 1630 (1634)),

20 Übereinstimmung herrscht, dass diese Begrenzungen neben dem Ausnahmetatbestand des Abs. 2 stehen. Deshalb nimmt die hM an, es bedürfe keines **Gesellschafterbeschlusses** wie nach Abs. 2 S. 2, wenn die Geschäftsführer unter Berufung auf fehlendes Informationsbedürfnis oder Verstoß gegen die Treuepflicht die Information verweigern (BayObLG 27.10.1988, NJW-RR 1989, 350 (351); offengelassen von BGH 6.3.1997, BGHZ 135, 48 (50) = NJW 1997, 1985). Die Gegenmeinung (Rowedder/Schmidt-Leithoff/*Ganzer* Rn. 19; Roth/Altmeppen/*Altmeppen* Rn. 47) erscheint vorzugswürdig. Wenn schon in dem gesetzlich geregelten Ausnahmefall zur Entlastung der Geschäftsführer eine Zuständigkeit der Gesellschafterversammlung vorgesehen ist, muss das erst Recht für die ungleich schwieriger zu beurteilende ungeschriebene Ausnahme der nicht zweckentsprechenden Wahrnehmung gelten. Die Darlegungs- und **Beweislast** für die Voraussetzungen, unter denen das Informationsrecht eingeschränkt ist, trägt nach allgemeinen Grundsätzen die Gesellschaft (UHL/*Hüffer/Schürnbrand* Rn. 65; aA hinsichtlich des Informationsbedürfnisses Scholz/*K. Schmidt* Rn. 44; vermittelnd Baumbach/Hueck/*Zöllner/Noack* Rn. 30: nur Darlegungslast beim Gesellschafter).

21 **d) Verhältnismäßigkeit.** Bei der Ausübung des Informationsrechts ist der Grundsatz der Verhältnismäßigkeit zu beachten (OLG Jena 14.9.2004, NZG 2004, 1156). Deshalb muss die erbetene Information erforderlich sein, was dann ausscheidet, wenn der Gesellschafter die Information schon hat. Er muss **den schonensten Weg** der Informationsbeschaffung wählen. Das schließt es etwa aus, eine Vielzahl von Fragen tröpfchenweise vorzubringen und so die Arbeitskraft der Geschäftsführer unnötig zu binden (Scholz/*K. Schmidt* Rn. 37) oder auf Einsicht zu bestehen, obwohl eine Auskunft ebenso geeignet ist (→ Rn. 14). **Unverhältnismäßig im engeren Sinne** kann ein Informationsverlangen sein, wenn es nur mit ganz erheblichem Aufwand erfüllt werden kann und die Bedeutung der Information für den Gesellschafter dazu außer jedem Verhältnis steht (Baumbach/Hueck/*Zöllner/Noack* Rn. 31).

22 **e) Kein Zurückbehaltungsrecht.** Aus der Natur des Informationsrechts ergibt sich, dass die Gesellschaft kein Zurückbehaltungsrecht mit eigenen Ansprüchen geltend machen kann (OLG Frankfurt a. M. 7.8.2007, NZG 2008, 158 (159 f.)).

2. Verweigerung wegen Besorgnis der zweckwidrigen und nachteiligen Verwendung (Abs. 2). Neben die allgemeinen Begrenzungen des Informationsrechts (→ Rn. 17 ff.) tritt als **gesetzlich geregelte Ausnahme** der Tatbestand des Abs. 2. Dafür müssen kumulativ zwei Voraussetzungen erfüllt sein: die Besorgnis einer zweckwidrigen Verwendung der Information und die Besorgnis eines dadurch verursachten nicht unerheblichen Nachteils für die Gesellschaft oder ein verbundenes Unternehmen. 23

a) Zweckwidrige Verwendung der Information. Anders als bei dem Merkmal der zweckentsprechenden Wahrnehmung des Informationsrechts (→ Rn. 19) geht es bei Abs. 2 um die zweckwidrige Verwendung der erhaltenen Information. Der Zweck muss gesellschaftsfremd sein. Davon ist nicht erst bei einer Schädigung der Gesellschaft, sondern schon bei einem der Gesellschaft bloß nicht nützlichen, **gesellschaftsindifferenten** Zweck auszugehen (Baumbach/Hueck/*Zöllner/Noack* Rn. 33; Roth/Altmeppen/*Altmeppen* Rn. 28). Das gilt etwa, wenn die Information zur Herausgabe einer Presseinformation oder zur Führung eines Prozesses gegen einen Mitgesellschafter aus nicht gesellschaftsbezogenen Gründen verwendet werden soll (Scholz/*K. Schmidt* Rn. 39). Wichtigster Fall eines gesellschaftsfremden Zweckes ist die Verwendung in einem von dem Gesellschafter geführten **Konkurrenzunternehmen** (OLG Naumburg 12.12.2013, NZG 2014, 868; OLG Schleswig 29.2.2008, GmbHR 2008, 434 (436); OLG München 11.12.2007, ZIP 2008, 553 (554); OLG Karlsruhe 11.12.1984, GmbHR 1985, 362 (363)) oder einem Unternehmen, dessen Geschäftsgegenstand aus sonstigen Gründen zu einem Interessenwiderstreit führt (OLG München 9.5.2008, NZG 2008, 878 (880); OLG Stuttgart 8.2.1983, ZIP 1983, 306 (308)). Auch die Weitergabe von Informationen iRe Due Diligence ist ein gesellschaftsfremder Zweck (→ Rn. 28). 24

b) Nachteil. Durch die zweckwidrige Verwendung der verlangten Information muss ein Nachteil für die Gesellschaft oder ein verbundenes Unternehmen verursacht werden. Nachteil ist **weit** zu verstehen und setzt keinen Vermögensschaden voraus. Es genügt etwa eine Rufschädigung (OLG München 9.5.2008, NZG 2008, 878 (880); Baumbach/Hueck/*Zöllner/Noack* Rn. 36). Dass einem Gesellschaftsgläubiger zusätzliche Vollstreckungsmöglichkeiten bekannt werden, reicht nicht aus (einschr. OLG Frankfurt a. M. 7.8.2007, NZG 2008, 158 (159)). Über **Verbundene Unternehmen** iSd § 15 AktG hinaus sind entgegen der hM auch Unternehmen geschützt, an denen die Gesellschaft eine Minderheitsbeteiligung hält (UHL/*Hüffer/Schürnbrand* Rn. 51; → Rn. 12). Durch die Einsicht in Jahresabschlüsse kann kein Nachteil entstehen, da Jahresabschlüsse gerade dazu dienen, externe und interne Informationsinteressen zu befriedigen (OLG München 11.12.2007, ZIP 2008, 553 (554)). Nachteile für Organmitglieder oder **Mitgesellschafter** reichen nicht aus, werden häufig aber auch zu einem Nachteil der Gesellschaft führen (Scholz/*K. Schmidt* Rn. 40). Der Nachteil darf **nicht unerheblich** sein. Damit werden Bagatellfälle ausgeschieden. Ein Ermessensspielraum besteht nicht. Die Erheblichkeit unterliegt voller gerichtlicher Nachprüfung (MüKoGmbHG/*Hillmann* Rn. 65). 25

c) Besorgnis. Zweckwidrige Verwendung und Nachteilszufügung müssen zu besorgen sein. Darunter ist keine Gewissheit zu verstehen. Es reicht aber auch nicht die bloße Möglichkeit. Entscheidend ist vielmehr, ob **nach vernünftiger kaufmännischer Beurteilung** – insoweit wie bei § 131 Abs. 3 S. 1 Nr. 1 – eine aus Tatsachen ableitbare **Wahrscheinlichkeit** besteht, dass gerade der die Information begehrende Gesellschafter davon in zweckwidriger und schädigender Weise Gebrauch machen wird (OLG München 9.5.2008, NZG 2008, 878 (880); OLG Schleswig 29.2.2008, GmbHR 2008, 434 (436); OLG Karlsruhe 11.12.1984, GmbHR 1985, 362 (363); OLG Stuttgart 8.2.1983, ZIP 1983, 306 (308); UHL/*Hüffer/Schürnbrand* Rn. 49). Nicht ausreichend ist, wenn der Gesellschafter ein Konkurrenzunternehmen nur steuerlich berät (OLG Düsseldorf 16.10.1990, ZIP 1990, 1569 (1570)) oder die Absicht hat, den Geschäftsanteil oder das Gesellschaftsunternehmen zu verkaufen (KG Berlin 23.12.1987, NJW-RR 1989, 230 (232 f.); zur Due Diligence → Rn. 28). Ebenso wenig reichen bloße Spannungen zwischen den Gesellschaftern (OLG Düsseldorf 2.3.1990, NJW-RR 1991, 620). Ein früheres Fehlverhalten des Gesellschafters begründet für sich allein idR ebenfalls noch keine Besorgnis, wohl aber kann dafür ein früherer Verstoß gegen die Verschwiegenheitspflicht genügen (Lutter/Hommelhoff/*Bayer* Rn. 36; Rowedder/Schmidt-Leithoff/*Ganzer* Rn. 25). 26

Besteht die Besorgnis, der Gesellschafter werde die Information zweckwidrig und nachteilig verwenden, ist damit das Informationsrecht nicht gänzlich ausgeschlossen. Die Information ist dann an eine beruflich zur Verschwiegenheit verpflichtete Vertrauensperson, etwa einen **Wirtschaftsprüfer** oder vereidigten Buchprüfer, zu geben. Dieser darf nur das Ergebnis seiner Prüfung, nicht aber sensible Einzelinformationen an den Gesellschafter weitergeben (OLG München 11.12.2007, ZIP 2008, 553 (554); ebenso BGH 2.7.1979, WM 1979, 1061 für Kommanditisten). Die Kosten trägt der Gesellschafter. Können sich Gesellschaft und Gesellschafter nicht auf eine Vertrauensperson einigen, hat die Handelskammer oder analog § 66 Abs. 2 iVm § 375 Nr. 6 FamFG das Amtsgericht die Bestimmung vorzunehmen. Stößt der Dritte bei seiner Prüfung auf eine **Pflichtverletzung** der Gesellschaftsorgane, lebt das unbeschränkte Informationsrecht des Gesellschafters wieder auf und die Gesellschaft muss ihm die entsprechenden Informationen unmittelbar zugänglich machen (OLG Frankfurt a. M. 10.8.1995, 27

NJW-RR 1996, 415 (416)). Besteht nur bezüglich eines Teils der verlangten Informationen ein Verweigerungsgrund, sind die übrigen Informationen zu erteilen (OLG München 11.12.2007, ZIP 2008, 553 (554)).

28 **d) Sonderfall: Due Diligence.** Bei einer beabsichtigten **Anteilsübertragung** hat der Gesellschafter ein Interesse, die – nur ihm (→ Rn. 5 ff.) – zu erteilenden Informationen über die Lage der Gesellschaft an den Erwerbsinteressenten zum Zwecke der Analyse des Kaufgegenstandes, der Due Diligence-Prüfung, **weiterzugeben.** Das ist ein gesellschaftsindifferenter und damit gesellschaftsfremder Zweck iSd Abs. 2 (BGH 11.11.2002, BGHZ 152, 339 (344) = NJW-RR 2003, 830; aA UHL/*Hüffer/Schürnbrand* Rn. 67). Die Weitergabe erfüllt aber nur dann den Tatbestand des Abs. 2, wenn ein dadurch verursachter Nachteil zu besorgen ist. Daran fehlt es idR, wenn keine aktuelle oder potenzielle **Konkurrenzsituation** besteht und sich der Erwerbsinteressent seinerseits zur Verschwiegenheit verpflichtet (*Götze* ZGR 1999, 201 (207 ff.); *Bremer* GmbHR 2000, 176 (178); *Oppenländer* GmbHR 2000, 535 (537 ff.), die allerdings schon keinen gesellschaftsfremden Zweck annehmen, sondern den Prüfmaßstab nur in der gesellschaftsrechtlichen Treuepflicht sehen). Dennoch fordert die hM insoweit einen der Weitergabe – oder auch der unmittelbaren Informationserteilung an den Erwerbsinteressenten – zustimmenden **Gesellschafterbeschluss.** Streitig ist, ob dabei Einstimmigkeit erforderlich ist (so LG Köln 26.3.2008, GmbHR 2009, 260 (262); *Lutter* ZIP 1997, 613 (616); Baumbach/Hueck/*Zöllner/Noack* § 35 Rn. 40; Lutter/Hommelhoff/*Kleindiek* § 43 Rn. 21; → § 85 Rn. 4; ebenso OLG Köln 31.10.2013, BeckRS 2013, 19480 bei Wettbewerbssituation) oder ob eine 3/4-Mehrheit (so *Oppenländer* GmbHR 2000, 535 (539 f.); *Geidel/Lange* GmbHR 2015, 852 (856)) oder eine einfache Mehrheit genügt (so *Koppensteiner* ZHR 155 (1991), 97 (101); *Götze* ZGR 1999, 202 (229 f.); *Körber* NZG 2002, 263 (268); *Engelhardt* GmbHR 2009, 237 (240 ff.); UHL/*Paefgen* § 43 Rn. 158). Jedenfalls unterliegt der veräußerungswillige Gesellschafter nach hM einem Stimmverbot (MüKoGmbHG/Hillmann Rn. 68; aA UHL/*Paefgen* § 43 Rn. 158; Roth/Altmeppen/*Altmeppen* Rn. 45; → Rn. 29). Da das Verkaufsinteresse des Gesellschafters durch § 51a geschützt wird (→ Rn. 19) und eine Due Diligence-Prüfung dem Anteilsverkauf regelmäßig vorausgeht, kann im Einzelfall ein Anspruch des verkaufswilligen Gesellschafters auf Zustimmung bestehen. Liegen die Voraussetzungen für eine Weitergabe von Informationen an den Erwerbsinteressenten nicht vor, kann die Einschaltung eines **neutralen Gutachters** in Betracht kommen, der die Due Diligence-Prüfung für den Erwerbsinteressenten vornimmt und ihn nur über das Ergebnis unterrichtet (→ Rn. 27).

29 **e) Gesellschafterbeschluss.** Nach Abs. 2 S. 2 darf eine Information nur verweigert werden, wenn die Gesellschafterversammlung zugestimmt hat. Wollen sich die Geschäftsführer also auf Abs. 2 berufen, müssen sie **unverzüglich** den Beschluss der Gesellschafterversammlung herbeiführen. Es genügt eine einfache Mehrheit (Baumbach/Hueck/*Zöllner/Noack* Rn. 38). Der die Information begehrende Gesellschafter hat nach hM analog § 47 Abs. 4 kein Stimmrecht (UHL/*Hüffer/Schürnbrand* Rn. 53; Rowedder/Schmidt-Leithoff/*Ganzer* Rn. 26; Michalski/*Römermann* Rn. 185 f.; aA *Grunewald* ZHR 146 (1982), 233). Der Beschluss bedarf keiner Begründung, allerdings haben die Geschäftsführer dem Gesellschafter eine Begründung für ihre Informationsverweigerung zu geben (Scholz/*K. Schmidt* Rn. 30), und im Verfahren nach § 51b trägt die Gesellschaft die Feststellungslast (→ Rn. 35). Grundsätzlich ist über jedes Informationsbegehren gesondert abzustimmen. **Vorratsbeschlüsse,** die etwa Informationen versagen, solange ein Gesellschafter ein Konkurrenzunternehmen betreibt (BGH 27.4.2009, NJW 2009, 2300 Rn. 14), sind allenfalls in engen Grenzen zulässig (weitergehend *Ivens* GmbHR 1989, 273 (275 f.)). Wollen die Geschäftsführer eine Information aus anderen Gründen als nach Abs. 2 verweigern, bedürfen sie ebenfalls eines Gesellschafterbeschlusses (str., → Rn. 20; Ausnahme: Unmöglichkeit oder Strafbarkeit, → Rn. 17). Wollen sie eine Information erteilen, müssen sie idR keinen Beschluss herbeiführen (zur Due Diligence → Rn. 28). Die Gesellschafterversammlung kann auch von sich aus einen Beschluss nach Abs. 2 fassen oder die Geschäftsführer anweisen, eine bestimmte Information zu erteilen. Die Gesellschafterbeschlüsse enthalten **Weisungen,** die für die Geschäftsführer verbindlich sind (BGH 27.4.2009, NJW 2009, 2300 Rn. 15; einschr. Scholz/*K. Schmidt* Rn. 43). Wegen § 51b und der Möglichkeit, andere Beschlüsse, für die die verweigerte Information relevant ist, gesondert anzufechten, ist der Beschluss nach Abs. 2 S. 2 idR mangels Rechtsschutzbedürfnisses **unanfechtbar** (BGH 7.12.1987, NJW 1988 (1090); OLG Schleswig 29.2.2008, GmbHR 2008, 434 (435)). Ein Vorratsbeschluss kann dagegen angefochten werden (BGH 27.4.2009, NJW 2009, 2300 Rn. 12 ff.).

30 **3. Kein Ermessen.** Wenn die Voraussetzungen des § 51a Abs. 2 oder eines anderen Grundes zur Informationsverweigerung erfüllt sind, dürfen die Geschäftsführer die betreffende Auskunft nicht geben bzw. die Einsicht in die betreffende Unterlage nicht gestatten. Sie haben kein Ermessen (Scholz/*K. Schmidt* Rn. 31). Die Gesellschafterversammlung kann – außer bei Unmöglichkeit oder Strafbarkeit – den Geschäftsführern die Weisung erteilen, die Information trotz Vorliegens von Verweigerungsgründen zu erteilen. Die Voraussetzungen einer Informationsverweigerung sind gerichtlich **voll nachprüfbar.**

V. Zwingendes Recht (Abs. 3)

31 Gemäß Abs. 3 darf von den Vorschriften der Abs. 1 und 2 nicht abgewichen werden. Das schließt nicht aus, **Regelungen zum Verfahren** des Informationsverlangens und der Informationserteilung zu treffen, solange das Informationsrecht dadurch nicht in seinem **materiellen Gehalt** angetastet wird (Baumbach/Hueck/*Zöllner/Noack* Rn. 3). So darf festgelegt werden, dass ein Informationsverlangen außerhalb der Gesellschafterversammlung schriftlich einzureichen ist und dass sowie unter welchen Voraussetzungen Bevollmächtigte das Informationsrecht geltend machen dürfen. Zu weit geht es, die Einsicht ausschließlich einem sachverständigen Dritten zu gestatten (OLG Frankfurt a. M. 22.4.2013, BeckRS 2014, 11113; Scholz/*K. Schmidt* Rn. 51; aA UHL/*Hüffer/Schürnbrand* Rn. 72). Eine maßvolle **zeitliche Begrenzung** der Einsichtnahme ist möglich. Unzulässig ist aber eine Beschränkung auf eine Stunde pro Monat (BayObLG 27.10.1988, NJW-RR 1989, 350), eine nur quartalsweise Einsicht (LG Essen 4.7.2014, ZIP 2014, 1984 (1985)) oder – jedenfalls idR – auf Abende oder Wochenenden (→ Rn. 16). Die Information darf nicht von einem zustimmenden Gesellschafterbeschluss abhängig gemacht werden (OLG Köln 18.2.1986, NJW-RR 1987, 99 (100 f.)). Zulässig ist nach hM dagegen, für die Informationsverweigerung auf einen Gesellschafterbeschluss nach Abs. 2 S. 2 zu verzichten (Scholz/*K. Schmidt* Rn. 51; aA Rowedder/Schmidt-Leithoff/*Ganzer* Rn. 34). Für in der Vergangenheit liegende Zeiträume ist ein Verzicht auf das Informationsrecht grundsätzlich zulässig (Baumbach/Hueck/*Zöllner/Noack* Rn. 3; offen OLG München 21.12.2005, NZG 2006, 597 (598)). Eine **Verbesserung** des Informationsrechts ist immer zulässig (*Lutter*/Hommelhoff/*Bayer* Rn. 41; str.), also etwa die Einführung eines verbindlichen Berichtssystems (→ Rn. 3). Auch darf das – ohnehin geltende – Geheimhaltungsgebot konkretisiert werden.

VI. Sanktionen bei Informationsverweigerung

32 Das Informationsrecht kann der Gesellschafter in dem Verfahren nach **§ 51b** durchsetzen. Daneben kann er **Anfechtungsklage** gegen Beschlüsse der Gesellschafterversammlung erheben, wenn ihm eine für die Beschlussfassung relevante und von ihm geforderte Information zu Unrecht verweigert worden ist (BGH 22.5.1995, NJW-RR 1995, 1183 (1184); → Anh. § 47 Rn. 4 ff., → AktG § 243 Rn. 12 ff.). Ein Informationserzwingungsverfahren nach § 51b ist dafür nach hM nicht Voraussetzung (ebenso BGH 29.11.1982, BGHZ 86, 1 = NJW 1983, 878 für AG). Wird es allerdings durchgeführt, kann der Anfechtungsprozess nach § 148 ZPO ausgesetzt werden. Der Beschluss nach Abs. 2 S. 2 ist unanfechtbar, ein Vorratsbeschluss kann dagegen angefochten werden (→ Rn. 29).

33 Wird die Information zu Unrecht verweigert und entsteht dem Gesellschafter dadurch ein Vermögensschaden, hat er einen **Schadensersatzanspruch** gegen die **Gesellschaft,** nicht dagegen auch gegen die Geschäftsführer (Baumbach/Hueck/*Zöllner/Noack* Rn. 52, letzteres str.). Die **Geschäftsführer** haften der Gesellschaft nach § 43 auf Schadensersatz, wenn sie eine Information rechtswidrig verweigert haben, wie auch, wenn sie unberechtigt eine Information erteilt haben. Das gilt nicht, wenn ihr Verhalten von einem Beschluss der Gesellschafterversammlung gedeckt war. Im Übrigen können sowohl die rechtswidrige Informationsverweigerung als auch die rechtswidrige Informationserteilung wichtige Gründe für eine **Abberufung** der Geschäftsführer und eine Kündigung ihrer Anstellungsverträge sein (OLG München 24.11.1992, NJW-RR 1994, 498 (499); OLG Braunschweig 9.9.2009, GmbHR 2009, 1276 (1279); KG Berlin 11.8.2011, ZIP 2011, 2304 (2305)). Bei einer unberechtigten Informationsverweigerung kann der Gesellschafter auch einen Schadensersatzanspruch gegen die zustimmenden **Mitgesellschafter** wegen Verletzung der gesellschaftsrechtlichen Treuepflicht haben (*Reuter* BB 1986, 1653 (1659)).

VII. Sanktionen bei Missbrauch der Information

34 Die Gesellschaft hat einen Anspruch gegen den Gesellschafter auf Geheimhaltung der Information (→ Rn. 1). Diesen kann sie mit der Unterlassungsklage und im Wege der **einstweiligen Verfügung** geltend machen. Verletzt der Gesellschafter seine Verschwiegenheitspflicht, ist er der Gesellschaft zum **Ersatz** des ihr daraus entstehenden Schadens verpflichtet (*Meilicke/Hollands* GmbHR 2000, 964).

VIII. Darlegungs- und Beweislast

35 Die Darlegungs- und Beweislast für die in Abs. 1 normierten Voraussetzungen des Informationsrechts hat der Gesellschafter. Die Gesellschaft muss dagegen die Voraussetzungen darlegen und beweisen, unter denen das Informationsrecht eingeschränkt oder ausgeschlossen ist (OLG Düsseldorf 16.10.1990, ZIP 1990, 1569; OLG Frankfurt a. M. 22.4.2013, BeckRS 2014, 11113). Zur Beweislast hinsichtlich des Informationsbedürfnisses → Rn. 19 f. Zu den Besonderheiten beim Informationserzwingungsverfahren s. die Erläuterungen zu § 51b und § 132 AktG.

Gerichtliche Entscheidung über das Auskunfts- und Einsichtsrecht

51b [1] **Für die gerichtliche Entscheidung über das Auskunfts- und Einsichtsrecht findet § 132 Abs. 1, 3 und 4 des Aktiengesetzes entsprechende Anwendung.** [2] **Antragsberechtigt ist jeder Gesellschafter, dem die verlangte Auskunft nicht gegeben oder die verlangte Einsicht nicht gestattet worden ist.**

1 Für die Durchsetzung des Informationsrechts aus § 51a verweist § 51b auf die Parallelvorschrift des § 132 AktG mit Weiterverweisung auf § 99 AktG. Damit ist der Weg in das Verfahren der **freiwilligen Gerichtsbarkeit** eröffnet. Eine Klage im Verfahren der streitigen Gerichtsbarkeit ist unzulässig (BGH 22.5.1995, NJW-RR 1995, 1183 (1184); OLG München 9.11.2017, GmbHR 2018, 196 (200)). Der antragstellende Gesellschafter muss nicht zuvor einen Gesellschafterbeschluss nach § 51a Abs. 2 S. 2 herbeigeführt haben (BGH 6.3.1997, BGHZ 135, 48 (49) = NJW 1997, 1985; OLG Frankfurt a. M. 22.4.2013, BeckRS 2014, 11113). Scheidet der Gesellschafter während des Verfahrens nach § 51b aus der Gesellschaft aus, wird der Antrag unzulässig (OLG Saarbrücken 21.9.2010, GmbHR 2011, 33 (34); LG Essen 4.7.2014, ZIP 2014, 1984). Ein dann möglicher Anspruch auf Einsicht nach § 810 BGB (→ § 51a Rn. 7) kann im Verfahren der streitigen Gerichtsbarkeit geltend gemacht werden (OLG Naumburg 12.12.2013, NZG 2014, 868). Für eine Unterbrechung des Verfahrens analog § 240 ZPO durch Eröffnung des Insolvenzverfahrens *Gessner* NZI 2013, 677. Zur Titelumschreibung → § 51a Rn. 9; zu den Einzelheiten des Verfahrens nach § 51b → AktG § 132 Rn. 1 ff.

2 Im Gegensatz zum Aktienrecht ist der Antrag im GmbH-Recht **nicht fristgebunden.** Der Gesellschafter kann sein Antragsrecht aber verwirken (UHL/*Hüffer/Schürnbrand* Rn. 4). Angesichts dieser Schwebelage kann die Gesellschaft zur Abwehr eines Informationsanspruchs einen negativen Feststellungsantrag stellen (Baumbach/Hueck/*Zöllner/Noack* Rn. 5).

3 Im GmbH-Recht kann nach hM sowohl in der Satzung als auch in einem gesonderten Schiedsvertrag die Zuständigkeit eines **Schiedsgerichts** für Verfahren nach § 51b vereinbart werden (OLG Hamm 7.3.2000, NZG 2000, 1182; UHL/*Hüffer/Schürnbrand* Rn. 27; s. auch BGH 6.4.2009, BGHZ 180, 221 und (mit Einschränkungen) BGH 6.4.2017, NZG 2017, 657 Rn. 23 ff.).

4 Ein **Rechtsmittel** – die sofortige Beschwerde – findet gem. § 51b S. 1 iVm § 132 Abs. 3 S. 2 AktG nur statt, wenn es vom LG zugelassen wird. Unstatthaft ist eine Beschwerde, die sich nur gegen eine Zwischenentscheidung richtet, etwa gegen die Entscheidung, dem Antragsgegner einen Prozesspfleger zu bestellen (OLG Düsseldorf 17.1.2019, GmbHR 2019, 590 Rn. 6). Eine außerordentliche Beschwerde wegen greifbarer Gesetzeswidrigkeit ist ebenfalls unstatthaft (BGH 8.5.2006, NJW-RR 2006, 1184 (1185)). Die Rechtsbeschwerde ist gemäß § 70 FamFG nur bei Zulassung durch das Beschwerdegericht zulässig. Die **Vollstreckung** der Entscheidung richtet sich gem. § 132 Abs. 4 S. 2 AktG nach § 888 ZPO (OLG München 4.1.2008, NZG 2008, 197; BayObLG 25.3.1996, NJW-RR 1997, 489). Eine Vollstreckungsklausel ist nach § 86 Abs. 3 FamFG nicht erforderlich, es sei denn, die Vollstreckung soll durch ein anderes als das titelschaffende Gericht erfolgen (OLG Düsseldorf 6.12.2016, GmbHR 2017, 194 (196)). Bezüglich des Einsichtsrechts kommt auch eine Vollstreckung nach § 883 ZPO in Betracht (OLG Frankfurt a. M. 10.3.2003, InVo 2003, 445; UHL/*Hüffer/Schürnbrand* Rn. 21).

Aufsichtsrat

52 (1) **Ist nach dem Gesellschaftsvertrag ein Aufsichtsrat zu bestellen, so sind § 90 Abs. 3, 4, 5 Satz 1 und 2, § 95 Satz 1, § 100 Abs. 1 und 2 Nr. 2 und Abs. 5, § 101 Abs. 1 Satz 1, § 103 Abs. 1 Satz 1 und 2, §§ 105, 107 Absatz 3 Satz 2 und 3 und Absatz 4, §§ 110 bis 114, 116 des Aktiengesetzes in Verbindung mit § 93 Abs. 1 und 2 Satz 1 und 2 des Aktiengesetzes, § 124 Abs. 3 Satz 2, §§ 170, 171, 394 und 395 des Aktiengesetzes entsprechend anzuwenden, soweit nicht im Gesellschaftsvertrag ein anderes bestimmt ist.**

(2) [1] **Ist nach dem Drittelbeteiligungsgesetz ein Aufsichtsrat zu bestellen, so legt die Gesellschafterversammlung für den Frauenanteil im Aufsichtsrat und unter den Geschäftsführern Zielgrößen fest, es sei denn, sie hat dem Aufsichtsrat diese Aufgabe übertragen.** [2] **Ist nach dem Mitbestimmungsgesetz, dem Montan-Mitbestimmungsgesetz oder dem Mitbestimmungsergänzungsgesetz ein Aufsichtsrat zu bestellen, so legt der Aufsichtsrat für den Frauenanteil im Aufsichtsrat und unter den Geschäftsführern Zielgrößen fest.** [3] **Liegt der Frauenanteil bei Festlegung der Zielgrößen unter 30 Prozent, so dürfen die Zielgrößen den jeweils erreichten Anteil nicht mehr unterschreiten.** [4] **Gleichzeitig sind Fristen zur Erreichung der Zielgrößen festzulegen.** [5] **Die Fristen dürfen jeweils nicht länger als fünf Jahre sein.**

(3) [1] **Werden die Mitglieder des Aufsichtsrats vor der Eintragung der Gesellschaft in das Handelsregister bestellt, gilt § 37 Abs. 4 Nr. 3 und 3a des Aktiengesetzes entsprechend.** [2] **Die Geschäftsführer haben bei jeder Änderung in den Personen der Aufsichtsratsmitglieder un-**

verzüglich eine Liste der Mitglieder des Aufsichtsrats, aus welcher Name, Vorname, ausgeübter Beruf und Wohnort der Mitglieder ersichtlich ist, zum Handelsregister einzureichen; das Gericht hat nach § 10 des Handelsgesetzbuchs einen Hinweis darauf bekannt zu machen, dass die Liste zum Handelsregister eingereicht worden ist.

(4) **Schadensersatzansprüche gegen die Mitglieder des Aufsichtsrats wegen Verletzung ihrer Obliegenheiten verjähren in fünf Jahren.**

Übersicht

I. Allgemeines

1 Die Vorschrift ist die zentrale (nicht die einzige, vgl. § 42a Abs. 1 S. 3) Bestimmung im GmbH-Recht, die den Aufsichtsrat anspricht. Sie regelt nur den Ausnahmefall, in dem die Gesellschaft abweichend von der gesetzlichen Grundstruktur über einen freiwillig durch Satzung eingeführten Aufsichtsrat verfügt. Abs. 1 erklärt auf diesen **fakultativen** Aufsichtsrat subsidiär einzelne Vorschriften des AktG für anwendbar. Abs. 2 legt Zielgrößen für die Geschlechterquote fest. Abs. 3 schreibt eine an § 106 AktG angelehnte registerrechtliche Publizität vor, während Abs. 4 die Verjährungsfrist für Schadensersatzansprüche gegen Aufsichtsratsmitglieder an die Fünf-Jahres-Frist der §§ 116, 93 Abs. 6 AktG angleicht. Den **zwingenden** Aufsichtsrat regelt § 52 nur in dem engen Teilbereich der Frauenquote in Abs. 2. Seine Ausgestaltung ergibt sich im Übrigen aus den jeweils einschlägigen Mitbestimmungsgesetzen (→ Rn. 25 ff.). Da diese Gesetze weitgehend auf das Aktienrecht verweisen, kommt es in der mitbestimmten GmbH zu einer Strukturangleichung an die AG. Einen Zwang zur Bildung eines Aufsichtsrates kennt außerdem § 18 Abs. 2 KAGB für externe Kapitalverwaltungsgesellschaften in der Rechtsform einer GmbH. Die dortige Regelung erklärt die aktienrechtlichen Kernvorschriften der §§ 95–114, 116 AktG komplett für anwendbar, geht somit über Abs. 1 hinaus.

II. Der fakultative Aufsichtsrat (Abs. 1)

2 **1. Allgemeines.** Abs. 1 ermöglicht den Gesellschaftern von nicht mitbestimmten GmbHs durch die Satzung einen fakultativen Aufsichtsrat einzurichten. Für dessen Ausgestaltung verweist er weitgehend auf aktienrechtliche Regelungen. Allerdings ist die Gesellschaft in der Ausgestaltung des Aufsichtsrats frei, sodass die Satzung sowohl von den in Bezug genommenen Vorschriften abweichen als auch weitere Bestimmungen für anwendbar erklären kann (Lutter/Hommelhoff/*Lutter/Hommelhoff* Rn. 3; Baumbach/Hueck/*Zöllner/Noack* Rn. 31). Ob über die in Bezug genommenen Vorschriften hinaus weitere

Normen des AktG gelten, ist durch Vertragsauslegung zu ermitteln. Die enumerative Benennung spricht tendenziell gegen eine Erweiterung zur Lückenfüllung. Abs. 1 ist damit grundsätzlich **dispositiv.** Ausnahmen greifen bei kapitalmarktorientierten Gesellschaften (→ Rn. 22). Die aktienrechtlichen Vorschriften sind nur „entsprechend" anwendbar, müssen also an Struktur, Begrifflichkeit und Schutzzwecke des GmbH-Rechts angepasst werden. Dabei ist zu berücksichtigen, dass der fakultative Aufsichtsrat der GmbH anders als der aktienrechtliche keine staatliche Beaufsichtigung im Interesse der Gläubiger ersetzen, sondern als Gremium den Interessen der Gesellschaft bzw. Gesellschafter dienen soll. Aktienrechtliche Vorschriften, die den Schutz von Interessen der Gläubiger oder der Allgemeinheit bezwecken, sind daher nicht ohne Weiteres übertragbar (MüKoGmbHG/*Spindler* Rn. 13). Die Verweisung des Abs. 1 greift nur bei Organen, die die **funktionstypischen Mindestkompetenzen** eines Aufsichtsrates haben, insbesondere diejenige zur Überwachung der Geschäftsführungstätigkeit. Bei Gremien mit reiner Informations- oder Repräsentationsfunktion (→ Rn. 41 f.) ist Abs. 1 nicht anwendbar.

3 **2. Einrichtung.** Der Weg zur Einrichtung eines fakultativen Aufsichtsrats iSv Abs. 1 kann ausschließlich durch den **Gesellschaftsvertrag** eröffnet werden, seine nähere Ausgestaltung einschließlich der Entscheidung, ob der Aufsichtsrat tatsächlich eingerichtet wird, kann aber der Gesellschafterversammlung überlassen werden (RG 2.11.1934, RGZ 146, 145 (150)). Eine solche nachträgliche Einrichtung kraft satzungsrechtlicher Öffnungsklausel bedarf lediglich eines einfachen Mehrheitsbeschlusses. Es wird kein von der Satzung abweichender rechtlicher Zustand begründet, der die Einhaltung der für eine Satzungsänderung gesetzlich vorgeschriebenen Voraussetzungen erfordern würde. Stattdessen handelt es sich um die Verwirklichung der satzungsintern vorgesehenen Ermächtigung (so jetzt auch BGH 2.7.2019, NJW 2019, 3155, 3161 Rn. 62; ebenso MHLS/*Giedinghagen* Rn. 7; Rowedder/Schmidt-Leithoff/*Schnorbus* Rn. 8). Ein nur auf schuldrechtlicher Grundlage (zB Kreditvertrag) bestellter Aufsichtsrat ist kein Aufsichtsrat iSd § 52 (*Wiedemann* FS Schilling, 1973, 105 (107)). Dem Aufsichtsrat muss ein Minimum an Überwachungsaufgaben zukommen, bloße Beratungsfunktion genügt nicht (Lutter/Hommelhoff/*Lutter/Hommelhoff* Rn. 13; Baumbach/Hueck/*Zöllner/Noack* Rn. 28). Die in der Satzung gewählte Bezeichnung des Gremiums (bspw. Aufsichtsrat, Beirat, Verwaltungsrat, Gesellschafterausschuss) ist unerheblich (zur Abgrenzung von „einfachen" Beiräten → Rn. 41; Rowedder/Schmidt-Leithoff/*Schnorbus* Rn. 8a). Zu den verschiedenen **Gründen** zur Einrichtung eines Aufsichtsrats und seiner **Ausgestaltung** vgl. Scholz/*U. H. Schneider* Rn. 5–11.

4 Durch **Satzungsänderung** kann der fakultative Aufsichtsrat wieder abgeschafft werden. Einstimmigkeit ist nicht erforderlich (*Großfeld/Brondies* AG 1987, 293 (294)). Soweit ein Entsendungsrecht als Sonderrecht oder relativ unentziehbares Mitgliedschaftsrecht besteht, bedarf es aber der Zustimmung des Entsendungsberechtigten (Baumbach/Hueck/*Zöllner/Noack* Rn. 29).

5 **3. Zusammensetzung, Bestellung und Abberufung.** Die Größe des Aufsichtsrates richtet sich nach dem Gesellschaftsvertrag, ihre Festlegung kann aber auch der Gesellschafterversammlung überlassen werden (Rowedder/Schmidt-Leithoff/*Schnorbus* Rn. 11). Eine Mindestzahl ist ebenso wie eine gerade oder ungerade Mitgliederzahl nicht erforderlich (Baumbach/Hueck/*Zöllner/Noack* Rn. 32); nach hM ist auch ein **Ein-Personen-Aufsichtsrat** möglich (RG 13.6.1913, RGZ 82, 386 (388); Scholz/*U. H. Schneider* Rn. 208; aA Lutter/Hommelhoff/*Lutter/Hommelhoff* Rn. 5). Legt der Gesellschaftsvertrag die Größe nicht fest, greift § 95 S. 1 AktG. Das Statusverfahren (UHL/*Raiser/Heermann* Rn. 29) und die Vorschriften über die gerichtliche Bestellung nach § 104 AktG (OLG Frankfurt a. M. 19.11.2013, ZIP 2014, 826 ff.; OLG Hamm 23.2.2000, ZIP 2000, 927 (928)) sind nicht anwendbar.

6 Das Aufsichtsratsmitglied wird – vorbehaltlich einer abweichenden Satzungsbestimmung – von der Gesellschafterversammlung mit **einfacher Mehrheit** (§ 47 Abs. 1) bestellt. Im Gesellschaftsvertrag können auch die Bestellung durch einen Gesellschafterausschuss oder einen Beirat (Baumbach/Hueck/*Zöllner/Noack* Rn. 41), ein Entsendungsrecht (RG 12.10.1940, RGZ 165, 68 (74)) sowie eine Kooptationsmöglichkeit (UHL/*Raiser/Heermann* Rn. 40) vorgesehen oder die Aufsichtsratsmitglieder namentlich benannt werden. Neben Ersatzmitgliedern (→ AktG § 101 Rn. 14 ff.; die Beschränkung in § 101 Abs. 3 AktG greift nicht) können für Aufsichtsratsmitglieder auch Stellvertreter bestellt werden (Baumbach/Hueck/*Zöllner/Noack* Rn. 41; *Lutter/Krieger/Verse* Rechte und Pflichten Rn. 1203). Das Amt beginnt mit der Annahme der Bestellung; Satzung oder Bestellungsbeschluss können einen späteren Zeitpunkt festlegen. Zur Bekanntmachung → AktG 106 Rn. 4 f.

7 Aufsichtsratsmitglieder dürfen weder Geschäftsführer noch leitende Angestellte sein (OLG Frankfurt a. M. 25.9.1986, DB 1987, 85; Rowedder/Schmidt-Leithoff/*Schnorbus* Rn. 13; → AktG § 105 Rn. 2 ff.). Die Inkompatibilitätsgründe des § 100 Abs. 2 S. 1 Nr. 2 AktG sowie § 105 Abs. 1 AktG (OLG Frankfurt a. M. 25.9.1986, DB 1987, 85; Rowedder/Schmidt-Leithoff/*Schnorbus* Rn. 13; aA Scholz/*U. H. Schneider* Rn. 256; ausführlich *Großfeld/Brondies* AG 1987, 293 (299 f.)) sind von der Verweisung erfasst (→ AktG § 100 Rn. 8, → AktG § 100 Rn. 10 und → AktG § 105 Rn. 2 ff.). Die zahlenmäßige Beschränkung von Aufsichtsratsmandaten durch § 100 Abs. 2 S. 1 Nr. 1 AktG ist dagegen nicht anwendbar (Lutter/Hommelhoff/*Lutter/Hommelhoff* Rn. 11).

Eine **Abberufung** ist entsprechend § 103 Abs. 1 S. 1 und 2 AktG (→ AktG § 103 Rn. 2 ff.) möglich. Ungeachtet des fehlenden Verweises auf S. 3 kann der Gesellschaftervertrag die Abberufung erschweren oder erleichtern, bspw. durch ein abweichendes Quorum (Baumbach/Hueck/*Zöllner/Noack* Rn. 47). Niederlegung ist – sofern nicht zur Unzeit – möglich, ohne dass es eines Sachgrundes bedürfte. Zu weiteren Beendigungsgründen → AktG § 103 Rn. 18 f. 8

4. Innere Ordnung, Beschlussfassung. Die innere Ordnung des Aufsichtsrates richtet sich primär nach dem Gesellschaftsvertrag. Soweit dort keine Regelung erfolgt ist, sind §§ 107–109 AktG entsprechend anwendbar, auch wenn Abs. 1 diese nicht in Bezug nimmt (Scholz/*U. H. Schneider* Rn. 70, 385, 397, 441; UHL/*Raiser/Heermann* Rn. 63). Bestellung eines Vorsitzenden ist somit möglich, aber entgegen § 107 AktG nicht notwendig. Entsprechend § 110 Abs. 3 AktG muss je Kalenderhalbjahr mindestens eine Aufsichtsratssitzung stattfinden (Rowedder/Schmidt-Leithoff/*Schnorbus* Rn. 23). Der Gesellschaftsvertrag kann von § 110 Abs. 1, 2 AktG abweichende, längere oder kürzere Einberufungsfristen festsetzen (Lutter/Hommelhoff/*Lutter/Hommelhoff* Rn. 28). Von der Verweisung ausgeschlossen ist § 108 AktG. Der Aufsichtsrat ist bei ordnungsgemäßer Ladung somit unabhängig von der Zahl der erschienenen Mitglieder beschlussfähig (Baumbach/Hueck/*Zöllner/Noack* Rn. 88; aA *LKV* Aufsichtsrat Rn. 1220; MHdB GesR III/*Diekmann* § 48 Rn. 70), allerdings kann die Satzung etwas Anderes bestimmen. Beschlüsse werden – vorbehaltlich abweichender Satzungsbestimmung – mit einfacher Mehrheit der erschienenen Mitglieder gefasst (vgl. § 32 Abs. 1 S. 3 BGB; Rowedder/Schmidt-Leithoff/*Schnorbus* Rn. 26). Die Stimmverbote nach § 34 BGB, § 47 Abs. 4 gelten auch für den Aufsichtsrat der GmbH (Rowedder/Schmidt-Leithoff/*Schnorbus* Rn. 18; UHL/*Raiser/Heermann* Rn. 26). 9

5. Rechtsstellung gegenüber der Gesellschaft. Zwischen Aufsichtsratsmitglied und GmbH besteht ein **korporationsrechtliches Verhältnis,** das durch Bestellungsbeschluss und Annahme des Amtes zustande kommt (Rowedder/Schmidt-Leithoff/*Schnorbus* Rn. 39; → AktG § 101 Rn. 1). **Vergütungsfragen** richten sich nach § 113 AktG, soweit der Gesellschaftsvertrag keine eigenständige Regelung enthält (BGH 11.5.1981, WM 1981, 1218). Abweichend von § 114 AktG kann auch die Gesellschafterversammlung eine Sondervereinbarung mit einem Aufsichtsratsmitglied genehmigen (*Lutter/Kremer* ZGR 1992, 87 (100 f.); *Rohde* GmbHR 2007, 1128 (1130)). Die Vorgaben des § 115 AktG für eine Kreditgewährung an Aufsichtsräte greifen nur bei ausdrücklicher Inbezugnahme dieser Norm durch die Satzung. 10

Zu den Pflichten des Aufsichtsratsmitglieds, insbesondere seiner Verschwiegenheitspflicht → AktG § 116 Rn. 9. **Weisungen** der Gesellschafter unterliegen auch die Aufsichtsratsmitglieder eines fakultativen Aufsichtsrats grundsätzlich nicht; das würde der Funktion des Aufsichtsrats zuwiderlaufen (BGH 29.1.1962, BGHZ 36, 296 (306); Baumbach/Hueck/*Zöllner/Noack* Rn. 130; *Kiethe* NZG 2006, 45; vgl. zur kommunalen GmbH SächsOVG 3.7.2012, GmbHR 2013, 35; *Kann/Keiluweit* DB 2009, 2251 (2252 ff.); anders für Mitglieder eines fakultativen Aufsichtsrats einer GmbH, an der eine Gemeinde 75 % der Anteile hält, unter Verweis auf § 108 Abs. 5 Nr. 2 GO NRW: BVerwG 31.8.2011, GmbHR 2011, 1205: der Gesellschaftsvertrag schloss im entschiedenen Fall die Anwendung des AktG aus, iÜ enthielt er keine Regelungen, das Weisungsrecht ergab sich dem BVerwG zufolge aus der ergänzenden Vertragsauslegung; zustimmend *Brötzmann* GmbHR 2011, 1208 f.; zu den Voraussetzungen eines Weisungsrechts *Weckerling-Wilhelm/Mirtsching* NZG 2011, 327 ff.; ablehnend *Spindler* ZIP 2011, 689 (695 ff.); für Weisungsrecht der Gemeinde gem. § 394 AktG im Rahmen des Unternehmenswohls *Heidel* NZG 2012, 48 (53 f.); generell für ein Weisungsrecht gegenüber fakultativem Aufsichtsrat: *Altmeppen* ZIP 2010, 1973 (1975)). Das gilt jedenfalls, wenn der Gesellschaftsvertrag auf § 111 Abs. 6 AktG verweist (zuvor § 111 Abs. 5 AktG; dazu auch die Gegenansicht BVerwG 31.8.2011, GmbHR 2011, 1205 (1206 f.)). Denn dass die Aufsichtsratsmitglieder allein dem Unternehmensinteresse verpflichtet sind und keinen Weisungen unterliegen, ist ein auf § 111 Abs. 6 AktG gestützter Grundsatz des Aktienrechts (BGH 18.9.2006, NJW-RR 2007, 1179 (1181); BVerwG 31.8.2011, GmbHR 2011, 1205 (1207)). Eine Ausnahme ist für die Einpersonen-Gesellschaft anzunehmen (*Altmeppen* NJW 2003, 2561 (2564)). 11

6. Aufgaben. a) Überwachung der Geschäftsführung. Die unverzichtbare Mindestaufgabe des fakultativen Aufsichtsrats liegt in der Überwachung der Geschäftsführung der GmbH (§ 111 Abs. 1 AktG), dh er hat die Unternehmensleitung durch die Geschäftsführer (nicht: Gesellschafterversammlung) auf ihre Rechtmäßigkeit (BGH 20.9.2010, GmbHR 2010, 1200 (1202)), Zweckmäßigkeit und Wirtschaftlichkeit hin zu überprüfen. Auch die Compliance-Organisation in der Gesellschaft ist zu überwachen (Scholz/*U. H. Schneider* Rn. 87c mwN, 96; s. aber auch *Kremer/Klahold* ZGR 2010, 113 (123 f.) zur AG). Die nachträgliche Rechtmäßigkeitskontrolle umfasst neben der Einhaltung wirtschafts-, steuer- und arbeitsrechtlicher Vorschriften auch die Bestimmungen des Gesellschaftsvertrages (Lutter/Hommelhoff/*Lutter/Hommelhoff* Rn. 16). Bei Verdachtsmomenten von erheblichem Gewicht ist der Aufsichtsrat zur Einleitung von Gegenmaßnahmen verpflichtet (→ AktG § 111 Rn. 8). Bei schuldhaften Pflichtverletzungen des Geschäftsführers muss er eventuelle Schadensersatzansprüche geltend machen (BGH 21.4.1997, BGHZ 135, 244 (251 ff.)). Überwachungsrechte der **Gesellschafterversammlung** bleiben 12 ebenso wie deren Weisungsrechte gegenüber den Geschäftsführern unberührt; insoweit wirkt sich die von der AG abweichende Struktur der GmbH aus.

13 Zur Erfüllung seiner Überwachungsaufgaben kann der Aufsichtsrat **Berichte** der Geschäftsführer anfordern. Da Abs. 1 lediglich auf § 90 Abs. 3–5 S. 1 und 2 AktG verweist, trifft die Geschäftsführer aber keine Pflicht zur eigenständigen regelmäßigen Berichterstattung (Scholz/*U. H. Schneider* Rn. 105), sofern nicht der Gesellschaftsvertrag eine entsprechende Pflicht vorsieht (Lutter/Hommelhoff/*Lutter/Hommelhoff* Rn. 22). Zu den Berichtsverlangen → AktG § 90 Rn. 18 ff.; zum Inhalt der Berichte → AktG § 90 Rn. 22 ff. Das Einsichtsrecht nach § 111 Abs. 2 AktG steht auch dem fakultativen Aufsichtsrat zu.

14 **b) Bestellung der Abschlussprüfer, Prüfung der Rechnungslegung.** Der Aufsichtsrat trägt in der prüfungspflichtigen GmbH (§§ 267, 316 HGB) grundsätzlich die Verantwortung für die Prüfung des von den Geschäftsführern aufgestellten Jahresabschlusses einschließlich des Lageberichts (§ 42a Abs. 1 S. 3 GmbHG, § 171 AktG) sowie eines eventuellen Konzernabschlusses/Konzernlageberichts. Er ist ferner zuständig für den Abschluss des Prüfungsvertrages mit dem Abschlussprüfer (vgl. § 111 Abs. 2 S. 3 AktG; → AktG § 111 Rn. 13 ff.; **Wahl** des Abschlussprüfers bleibt der Gesellschafterversammlung vorbehalten § 318 Abs. 1 S. 1 u. 2 HGB) und prüft zudem den Gewinnverwendungsvorschlag des Geschäftsführers (Lutter/Hommelhoff/*Lutter/Hommelhoff* Rn. 88). Für den fakultativen Aufsichtsrat kann die Satzung abweichende Bestimmungen treffen, der Verweis in Abs. 1 auf § 111 Abs. 2 S. 3 AktG, §§ 170, 171 AktG ist auch insoweit dispositiv (UHL/*Raiser/Heermann* Rn. 103; Roth/Altmeppen/*Altmeppen* Rn. 29; einschränkend Baumbach/Hueck/*Zöllner/Noack* Rn. 113). Bei nur freiwilliger Einschaltung eines Abschlussprüfers gilt Entsprechendes (→ § 42a Rn. 12).

15 Wird in der nicht prüfungspflichtigen (kleinen) GmbH iSv § 267 Abs. 1 HGB auch keine freiwillige Abschlussprüfung durchgeführt, hat der Aufsichtsrat iS einer reduzierten Kontrolle nur zu prüfen, ob die Darstellungen in Jahresabschluss und Lagebericht mit der tatsächlichen Entwicklung der Gesellschaft übereinstimmen (Lutter/Hommelhoff/*Lutter/Hommelhoff* Rn. 13; → AktG § 171 Rn. 2 ff.). Art und Umfang der Prüfung kann die Satzung abweichend von §§ 171, 172 AktG festlegen. Die Zuständigkeit für die **Feststellung** des Jahresabschlusses bleibt grundsätzlich bei der Gesellschafterversammlung (§ 46 Nr. 1), kann dem Aufsichtsrat aber ebenso wie die Entscheidung über die Gewinnverwendung übertragen werden (Lutter/Hommelhoff/*Lutter/Hommelhoff* Rn. 13).

16 **c) Bestellung und Anstellung der Geschäftsführer, Vertretung der GmbH.** In der GmbH behält auch bei Einrichtung eines fakultativen Aufsichtsrates die Gesellschafterversammlung die Kompetenz zur Bestellung und Abberufung der Geschäftsführer (Baumbach/Hueck/*Zöllner/Noack* Rn. 122; *Dellmann* BB 2004, 2253). Die Kompetenz zum Abschluss des Anstellungsvertrages und dessen Kündigung ist eine Annexkompetenz zum Bestellungsrecht, verbleibt daher ebenfalls bei der Gesellschafterversammlung (BGH 14.11.1983, BGHZ 89, 48 (50 ff.) = NJW 1984, 733 (734 f.); UHL/*Raiser/Heermann* Rn. 104, 234). Die Satzung kann die Zuständigkeit für Bestellung und/oder Anstellung dem Aufsichtsrat übertragen (BGH 5.3.1990, WM 1990, 630 (631); Baumbach/Hueck/*Zöllner/Noack* Rn. 122). Nach Abs. 1 iVm § 112 AktG **vertritt** der Aufsichtsrat die GmbH gegenüber amtierenden und ausgeschiedenen Geschäftsführern, soweit die Satzung nichts anderes bestimmt (BGH 24.11.2003, GmbHR 2004, 259 (260)), und zwar *auch dann, wenn sich die Gesellschaft in der Abwicklung befindet und zu diesem Zweck ein Liquidator bestellt worden ist* (OLG Brandenburg 9.1.2019, NJW-Spezial 2019, 81). § 87 AktG findet unabhängig davon, welchem Organ nach der Satzung die Bestellung der Geschäftsführer obliegt, keine Anwendung. Die verschärften Pflichten des Aufsichtsrats bei der Bemessung der Vorstandsgehälter (*Baeck/Götze/Arnold* NZG 2009, 1121 (1123)) und der Herabsetzung der Vorstandsbezüge bei einer Verschlechterung der wirtschaftlichen Lage einer Aktiengesellschaft sind damit auf die GmbH-Geschäftsführer nicht übertragbar (*Greven* BB 2009, 2154 (2157); *Seibert* WM 2009, 1489 (1490); insoweit offen lassend *Baeck/Götze/Arnold* NZG 2009, 1121 (1124 f.)). Entgegen § 107 Abs. 3 S. 4 AktG (→ AktG § 107 Rn. 28) kann die Bestellung und/oder Anstellung durch einen Ausschuss eines fakultativen Aufsichtsrats wahrgenommen werden, da die Übertragung freiwillig durch die eigentlich zuständigen Gesellschafter erfolgt (*Baeck/Götze/Arnold* NZG 2009, 1121 (1126)). Die Vertretung gegenüber dem Geschäftsführer ist dem Aufsichtsrat als Gremium zugewiesen, das seinen Willen durch Beschlussfassung bildet. Der Aufsichtsrat der GmbH wird bei der Willensbildung also ebenso wie derjenige der AG nicht durch den Vorsitzenden vertreten. Dieser kann zwar aufgrund einer besonderen Bevollmächtigung einen Aufsichtsratsbeschluss vollziehen und dabei den Aufsichtsrat vertreten, er kann dagegen nicht vor einem Beschluss des Aufsichtsrats Verträge mit dem Geschäftsführer schließen (BGH 20.8.2019, NJW 2019, 3718 Rn. 22).

17 **d) Berichtspflicht, Einberufung der Gesellschafterversammlung.** Auch der fakultative Aufsichtsrat hat gegenüber der Gesellschafterversammlung umfangreiche Berichtspflichten. Sie betreffen allgemein die **Rechenschaft** über die Überwachung der Geschäftsführung (§ 171 Abs. 2 S. 2 AktG), außerdem die Prüfung der Rechnungslegung (→ Rn. 14 f.), über die der Aufsichtsrat der Gesellschafterversammlung einen schriftlichen Bericht zu erstatten hat (Lutter/Hommelhoff/*Lutter/Hommelhoff*

Rn. 89 f.). Zur **Einberufung** der Gesellschafterversammlung ist der Aufsichtsrat nach Abs. 1 iVm § 111 Abs. 3 AktG (→ AktG § 111 Rn. 16 f.) berechtigt und auch verpflichtet, wenn dies im Interesse der Gesellschaft erforderlich ist (§ 49 Abs. 2) (→ § 49 Rn. 9 f.).

e) Zustimmungsvorbehalte. Die Gesellschafterversammlung verliert bei Einrichtung eines fakultativen Aufsichtsrates nicht ihr Recht, jederzeit durch **Weisungen** Einfluss auf die Geschäftsführung zu nehmen (*Dellmann* BB 2004, 2253). Da Abs. 1 auf § 111 AktG verweist, sind aber die Regeln über die Zustimmungsvorbehalte entsprechend anwendbar (→ AktG § 111 Rn. 18 ff.). Sie können durch Gesellschaftsvertrag ausgeschlossen, beschränkt oder über § 111 Abs. 4 AktG hinaus ausgeweitet werden (Scholz/*U. H. Schneider* Rn. 130; vgl. zu § 55a *Lieder* ZGR 2010, 868 (908–910)). Die Gesellschafterversammlung als das dominierende Organ der GmbH kann eine vom Aufsichtsrat verweigerte Zustimmung allerdings stets ersetzen (Scholz/*U. H. Schneider* Rn. 147; Baumbach/Hueck/*Zöllner/Noack* Rn. 124). Erfolgt eine Geschäftsführungsmaßnahme auf Weisung der Gesellschafterversammlung, entfällt ein Zustimmungsvorbehalt des Aufsichtsrats (Lutter/Hommelhoff/*Lutter/Hommelhoff* Rn. 15). Auch wenn ein Zustimmungsvorbehalt nach Abs. 1 iVm § 111 Abs. 4 S. 2 AktG in die Satzung aufgenommen ist, handelt es sich bei dem Zustimmungserfordernis grundsätzlich nur um eine das Innenverhältnis der Gesellschaft betreffende Maßnahme, sodass Rechtsgeschäfte mit Dritten – abgesehen von evidentem Vollmachtsmissbrauch – auch dann wirksam sind, wenn der Geschäftsführer sie ohne die Zustimmung des Aufsichtsrats abschließt (BGH 1.2.2012, NJW 2012, 1718 (1719)). 18

f) Sonstige Aufgabenübertragung. Die Satzung kann dem Aufsichtsrat in erheblichem Umfang zusätzliche Aufgaben zuweisen. Bei der Ausgestaltung sind die Gesellschafter weitgehend frei (→ Rn. 16), nur die Geschäftsführung im Ganzen darf dem Aufsichtsrat nicht übertragen werden (Baumbach/Hueck/*Zöllner/Noack* Rn. 26). Unbedenklich ist dagegen die Befugnis zur Vornahme von Einzelmaßnahmen der Geschäftsführung (*Großfeld/Brondies* AG 1987, 293 (296 ff.); Scholz/*U. H. Schneider* Rn. 161). Die Zuständigkeit des Aufsichtsrats ist im Verhältnis zu derjenigen der Gesellschafterversammlung im Zweifel nur eine konkurrierende, keine verdrängende (Roth/Altmeppen/*Altmeppen* Rn. 21 ff., 70; → Rn. 18). 19

7. Haftung, strafrechtliche Verantwortlichkeit. Die Haftung der Aufsichtsratsmitglieder richtet sich nach § 93 Abs. 1 und 2 AktG, § 116 AktG (→ AktG § 116 Rn. 4 ff.). Es handelt sich um eine **Verschuldenshaftung** (Scholz/*U. H. Schneider* Rn. 463). Eine Haftung der Mitglieder gem. § 93 Abs. 2 AktG, § 116 S. 1 AktG, § 52 Abs. 1 wegen eines Verstoßes gegen das Zahlungsverbot gem. § 64 S. 1 kommt in Betracht, wenn der Gesellschaft ein Schaden iSd §§ 249 ff. BGB entstanden ist (BGH 20.9.2010, ZIP 2010, 1988 (1989) „Doberlug"; vgl. dazu die ablehnende Anmerkung von *Altmeppen* ZIP 2010, 1973). Obwohl § 93 Abs. 4 AktG in § 52 Abs. 1 nicht genannt wird, entfällt die Haftung der Aufsichtsratsmitglieder, wenn die Gesellschafterversammlung einen Beschluss über eine bestimmte Geschäftsführungsmaßnahme gefasst hatte (UHL/*Raiser/Heermann* Rn. 152; *Altmeppen* ZIP 2010, 1973 (1975)). Denn der Gesellschafterversammlung steht die Letztentscheidungskompetenz zu, der sich auch der Aufsichtsrat zu unterwerfen hat (→ Rn. 18). Die Gesellschafterversammlung, die über die Geltendmachung eines Schadensersatzanspruches gem. § 46 Nr. 8 entscheidet, kann – in den Grenzen des § 30 – auf den Ersatzanspruch verzichten (Lutter/Hommelhoff/*Lutter/Hommelhoff* Rn. 32). Eine Herabsetzung des Haftungsmaßstabs auf Vorsatz und grobe Fahrlässigkeit ist ebenso zulässig (auf § 93 Abs. 4 S. 3 AktG wird nicht verwiesen, vgl. *Großfeld/Brondies* AG 1987, 293 (305)) wie eine Begrenzung der Haftung der Höhe nach (Scholz/*U. H. Schneider* Rn. 524; *Vetter* GmbHR 2012, 181 (186)). Für die Verjährung enthält Abs. 4 eine Sondervorschrift (→ Rn. 24). Zur Haftung, deren Gestaltungsalternativen, Sorgfaltsmaßstäben für den fakultativen Aufsichtsrat der GmbH ausführlich *Vetter* GmbHR 2012, 182 ff. 20

Die **strafrechtliche Verantwortlichkeit** der Mitglieder richtet sich im freiwilligen Aufsichtsrat maßgeblich nach den übertragenen Rechten und Pflichten. Je stärker die Position des fakultativen GmbH-Aufsichtsrats ist, desto umfangreicher ist auch die strafrechtliche Verantwortlichkeit der Mitglieder (dazu *Schwerdtfeger* NZG 2017, 455). Durch die Aktienrechtsnovelle 2016 (BGBl. 2015 I 2565 ff.) ist Abs. 1 durch einen Verweis auf die §§ 394, 395 AktG erweitert worden. Damit wird eine Strafbarkeit der Aufsichtsratsmitglieder einer GmbH bei Beteiligung von Gebietskörperschaften vermieden (§ 85) (vgl. BT-Drs. 18/4349, 34, 41 [Art. 4 Änderungsgesetz]). 20a

8. Beschlussmängel. Bei fehlerhaften Aufsichtsratsbeschlüssen ist zu differenzieren: Soweit aufsichtsratsspezifische Aufgaben wahrgenommen wurden, sind die Regelungen des AktG über Beschlussmängel des Aufsichtsrates anwendbar (→ AktG § 108 Rn. 19 ff.). Der Beschluss ist folglich rechtswirksam oder nichtig (str. aber soweit hM, vgl. statt aller Scholz/*U. H. Schneider* Rn. 432, 436; einen Überblick über die vertretenen Meinungen bietet *Fleischer* DB 2013, 160 (160–162)). Die Anfechtungsregeln der §§ 241 ff. AktG greifen nicht (Rowedder/Schmidt-Leithoff/*Schnorbus* Rn. 27). Beschlussmängel im Bereich darüber hinausgehender Aufgaben werden nach den Regeln über fehlerhafte Gesellschafterbeschlüsse (→ Anh. § 47 Rn. 1 ff.) behandelt. 21

22 **9. Die kapitalmarktorientierte GmbH.** Besonderheiten gelten für kapitalmarktorientierte GmbHs iSv § 264d HGB. Hat die GmbH einen fakultativen Aufsichtsrat, so sind zwingend die § 100 Abs. 5 AktG und § 107 Abs. 3 S. 2 AktG zu beachten. Dem Aufsichtsrat muss also ein unabhängiger Bilanzexperte angehören. Zudem besteht seit dem **AReG** (BGBl. 2016 I 1142 ff.) das Erfordernis, dass die Mitglieder in ihrer Gesamtheit mit dem Sektor vertraut sein müssen, in dem die Gesellschaft tätig ist (→ AktG § 100 Rn. 17). Die Anforderungen gelten nunmehr auch für CRR-Kreditinstitute (§ 1 Abs. 3d S. 1 KWG mit Ausnahme der Institute des § 2 Abs. 1 Nr. 1 und 2 KWG) sowie für Versicherungsunternehmen (VVaG) iSv Art. 2 Abs. 1 RL 91/674/EWG und bestimmte Genossenschaften (§ 53 Abs. 3 GenG). Wird ein Prüfungsausschuss gebildet, so gelten die Anforderungen des § 100 Abs. 5 AktG (→ AktG § 107 Rn. 35). Hat die GmbH trotz ihrer Kapitalmarktorientierung weder einen obligatorischen noch einen fakultativen Aufsichtsrat, so ist nach § 324 HGB ein Prüfungsausschuss zu bilden. Zu den insofern erhöhten Anforderungen seit dem AReG BeckOK HGB/*Reinhardt* HGB § 324 Rn 13 ff.

23 **10. Vergütung und Kosten.** Zu Vergütung und weiteren Kosten der Aufsichtsratstätigkeit → AktG § 113 Rn. 1 ff.

III. Zielgrößen für den Aufsichtsrat der mitbestimmten GmbH (Abs. 2)

23a § 52 Abs. 2 stellt klar, dass die aus § 111 Abs. 5 AktG folgende Pflicht des Aufsichtsrats, Zielgrößen für den Frauenanteil im Aufsichtsrat und Vorstand sowie Fristen für deren Erreichung festzulegen, auch für Aufsichtsräte einer (unternehmens-)mitbestimmten GmbH gilt. Vorgaben für die Ebenen unterhalb der Geschäftsführung kennt das GmbH-Recht abweichend von § 76 Abs. 4 AktG (nur für börsennotierte und mitbestimmte AG) nicht. § 111 Abs. 5 AktG findet bereits über bestehende Verweisungen in den Mitbestimmungsgesetzen Anwendung. Nach der amtlichen Begründung gebot sich jedoch die Aufnahme der Regelung im GmbHG neben der Regelung für den Vorstand (vgl. den Gesetzesentwurf der Bundesregierung, BT-Drs. 18/3784, 36, 134). Erfasst von der Regelung wird grundsätzlich jede GmbH, einschließlich der Vor-GmbH und der UG (haftungsbeschränkt) (vgl. *Müller-Bonanni/Forst* GmbHR 2015, 621 (622, 625). Zuständig für die Festlegung der Zielgrößen ist grundsätzlich der Aufsichtsrat, eine Delegation auf Ausschüsse ist möglich. Bei der drittelmitbestimmten GmbH liegt die Personalkompetenz zur Bestellung der Geschäftsführer dagegen weiterhin bei der Gesellschafterversammlung, weshalb es konsequent ist, die Zielgrößenvorgabe der Gesellschafterversammlung zu überantworten, sofern sie nicht den Aufsichtsrat mit dieser Aufgabe betraut (*Müller-Bonanni/Forst* GmbHR 2015, 621 (625); MüKoGmbHG/*Spindler* Rn. 104; *Stüber* DStR 2015, 947 (952); *Winter/Marx/De Decker* DB 2015, 1331; vgl. auch Beschlussempfehlung des 13. Ausschusses, BT-Drs. 18/4227, 26). Unterfällt die GmbH dem KWG, obliegt die Beschlussfassung über Zielgrößen gem. § 25d Abs. 11 KWG ausschließlich dem Nominierungsausschuss. Zu den Berichtspflichten nach § 289a Abs. 4 HGB (Lagebericht) vgl. *Müller-Bonanni/Forst* GmbHR 2015, 621 (625 f.); *Stüber* DStR 2015, 947 (954); *Winter/Marx/De Decker* DB 2015, 1331 f. Zu der praktischen Umsetzung der Regelung in mittelständischen GmbHs anhand von Beispielen vgl. *Winter/Marx/De Decker* DB 2015, 1331 ff. Vorgaben für die Zielgrößen enthält das Gesetz nicht (auch die Zielvorgab „null" ist möglich), eine gewisse Dynamik und kontinuierliche Verbesserung soll aber über das in Abs. 2 S. 2 verankerte ***Verschlechterungsverbot*** erreicht werden. Liegt der Frauenanteil zum Zeitpunkt der Festlegung unter 30 %, dürfen die Zielgrößen den bereits erreichten Anteil nicht mehr unterschreiten. Liegt der Anteil bereits bei 30 % oder mehr, ist ein Absenken möglich, allerdings nicht unter 30 %. Zielgrößen und Fristen waren erstmals bis zum 30.9.2015 festzulegen **(§ 5 Abs. 1 S. 1 EGGmbHG)** (*Stüber* DStR 2015, 947 (953)). Seither bedarf es der rechtzeitigen Festlegung jeweils vor Ablauf der nächsten Frist. Im Übrigen wird auf die Kommentierung zu § 111 AktG verwiesen (→ AktG § 111 Rn. 24 ff.).

IV. Bekanntmachung des Aufsichtsrats (Abs. 3)

23b Im Zuge der Einführung des EHUG (BGBl. 2006 I 2553) wurde 2006 die Publizität der Aufsichtsratsmitglieder verbessert. Abs. 3 S. 1 verweist für den ersten Aufsichtsrat auf die Regelung des ersten Aufsichtsrats der AG (→ AktG § 37 Rn. 10). S. 2 entspricht § 106 AktG (→ AktG § 106 Rn. 2 ff.). Eine aktuelle Liste der Aufsichtsratsmitglieder ist damit jederzeit online (www.handelsregister.de) einsehbar. Abs. 3 ist auch für den fakultativen Aufsichtsrat zwingend. Wurde schon im Gründungsstadium ein Aufsichtsrat bestellt, sind die erforderlichen Unterlagen entsprechend § 37 Abs. 4 Nr. 3, 3a AktG mit der Anmeldung nach §§ 7, 8 GmbHG zum Handelsregister einzureichen.

V. Verjährung (Abs. 4)

24 Schadensersatzansprüche gegen den fakultativen Aufsichtsrat verjähren gem. Abs. 4 nach fünf Jahren. Diese Frist kann nicht unterschritten werden (BGH 14.4.1975, BGHZ 64, 238 (245) = NJW 1975, 1318; aA die wohl hM in der Lit: Scholz/*U. H. Schneider* Rn. 527; Baumbach/Hueck/*Zöllner/Noack*

Rn. 78; UHL/*Raiser/Heermann* Rn. 153; Rowedder/Schmidt-Leithoff/*Schnorbus* Rn. 44; Roth/Altmeppen/*Altmeppen* Rn. 45; *Vetter* GmbHR 2012, 181 (186 f.)). § 199 BGB ist nicht anwendbar, da es sich um eine sondergesetzlich geregelte Verjährung nach § 200 BGB handelt. Ein Entlastungsbeschluss der Gesellschafterversammlung hat gegenüber den Aufsichtsratsmitgliedern die gleiche Verzichtswirkung wie gegenüber den Geschäftsführern (Baumbach/Hueck/*Zöllner/Noack* Rn. 79). Für Ersatzansprüche gegen Mitglieder eines obligatorischen Aufsichtsrats greift nicht Abs. 4, sondern über die mitbestimmungsrechtlichen Verweisungen (→ Rn. 35) auf § 116 AktG iVm § 93 AktG die ebenfalls fünfjährige Frist des § 93 Abs. 6 AktG, die auch für Ansprüche aus § 280 BGB wegen dienstvertragliche Pflichtverletzungen gilt (MüKoGmbHG/*Spindler* Rn. 711).

VI. Der obligatorische Aufsichtsrat

1. Überblick über mitbestimmungsrechtliche Besonderheiten. Aus den Vorschriften des **MitbestG 1976,** des **DrittelbG** und den Regeln der **Montanmitbestimmung** kann sich ein **Zwang zur Einrichtung** eines Aufsichtsrats ergeben. § 1 Abs. 1 Nr. 3 DrittelbG verlangt bei einer 500 Arbeitnehmer überschreitenden Belegschaftszahl die Bildung eines Aufsichtsrats, der zu einem Drittel mit Vertretern der Arbeitnehmer zu besetzen ist. Eine konzerndimensionale Berechnung des Arbeitnehmerquorums kennt § 2 Abs. 2 DrittelbG nur für den Vertragskonzern und die Eingliederung nach § 319 AktG, nicht dagegen für den faktischen Konzern (OLG Hamburg 29.10.2007, DB 2007, 2762 (2764)). Vor der erstmaligen Wahl des Aufsichtsrates (BAG 16.4.2008, AP AktG § 98 Nr. 1; *Henssler/Michel* SAE 2009, 134 ff.) ist ebenso wie bei jeder Änderung der Zusammensetzung des Gremiums ein Statusverfahren nach § 95 ff. AktG durchzuführen. Ab einer Belegschaft von mehr als 2000 Arbeitnehmern greift die quasi-paritätische Mitbestimmung des MitbestG 1976. Nur im Rahmen dieser Mitbestimmungsform gelten Besonderheiten für GmbHs, die persönlich haftende Gesellschafter einer KG sind (GmbH & Co KG). Für die Berechnung der Arbeitnehmerzahl sind gem. § 4 MitbestG die Arbeitnehmer der KG der GmbH zuzurechnen. § 5 MitbestG rechnet im GmbH-Konzern die in abhängigen Gesellschaften beschäftigten Arbeitnehmer generell der herrschenden GmbH zu. Die Regeln des MontanMitbestG und MitbestErgG greifen ab einer Belegschaftsstärke von mehr als 1.000 Arbeitnehmern. Sie werden wegen ihrer geringen praktischen Bedeutung (erfasst werden ca. 10 GmbHs) im Folgenden nicht näher behandelt. Zum obligatorischen Aufsichtsrat nach § 18 Abs. 2 KAGB → Rn. 1. 25

Für den obligatorischen Aufsichtsrat gilt die Verweisung des Abs. 1 nicht, vielmehr sind die nach § 1 Abs. 1 Nr. 3 S. 2 DrittelbG, §§ 6 Abs. 2, 3 MitbestG, § 25 MitbestG in Bezug genommenen aktienrechtlichen Vorschriften **zwingend** anzuwenden. Die Satzung kann nur strengere Regelungen vorsehen (Lutter/Hommelhoff/*Lutter/Hommelhoff* Rn. 37). Die Strukturangleichung an die AG, welche die GmbH aufgrund der mitbestimmungsrechtlichen Vorschriften erfährt, fällt je nach Mitbestimmungsform unterschiedlich aus (→ Rn. 36, → Rn. 40). 26

Der Vorrang der Gesellschafterversammlung für alle Geschäftsführungsmaßnahmen ist auch bei Bestehen eines obligatorischen Aufsichtsrates nicht aufgehoben. Sie ist daher weiterhin berechtigt, den Geschäftsführern Weisungen (§ 37 Abs. 1) zu erteilen (→ Rn. 18). Die Gesellschafter haben ein Recht auf Einsicht in alle Unterlagen und Protokolle des Aufsichtsrates (BGH 6.3.1997, BGHZ 135, 48 (54 ff.) = NJW 1997, 1985 (1986 f.)). Zulässig ist es, einem **Beirat** delegierbare Rechte der Gesellschafterversammlung zu übertragen und diesen Beirat neben den Aufsichtsrat treten zu lassen (Scholz/*U. H. Schneider* Rn. 53). Die Besetzung eines solchen Beirats mit den Anteilseignervertretern im Aufsichtsrat verletzt nicht das Diskriminierungsverbot (Lutter/Hommelhoff/*Lutter/Hommelhoff* Rn. 61). 27

2. Größe und Zusammensetzung. Der Aufsichtsrat muss im Anwendungsbereich des **DrittelbG** entsprechend § 95 S. 1 S. 1 AktG mindestens drei Mitglieder umfassen, bei größeren Aufsichtsräten müssen die Zahl der Mitglieder durch drei teilbar sein (§ 95 S. 1 S. 3 AktG) und die Obergrenzen des § 95 Abs. 1 S. 4 AktG beachtet werden. Ein Drittel der Aufsichtsratssitze muss mit Arbeitnehmervertretern besetzt werden (§ 4 Abs. 1 DrittelbG) (→ AktG § 96 Rn. 6). Ist ein Aufsichtsrat nach dem **MitbestG** zu bilden, richtet sich die Größe des Aufsichtsrates nach § 7 Abs. 1 MitbestG. Er besteht aus maximal 20 Mitgliedern (BGH 30.1.2012, GmbHR 2012, 391 (391 f.)). Abweichend vom DrittelbG stehen gem. § 15 Abs. 1 S. 2 MitbestG, § 7 Abs. 2 MitbestG leitenden Angestellten und Gewerkschaftsvertretern Pflichtsitze zu. 28

3. Bestellung. Die Bestellung der Anteilseignervertreter erfolgt durch Beschluss der **Gesellschafterversammlung** (→ Rn. 6). Wiederbestellung ist in den Grenzen von § 102 Abs. 1 AktG möglich (→ AktG § 102 Rn. 6). Ersatzmitglieder (→ AktG § 101 Rn. 14 ff.) können bestellt werden; anders als beim fakultativen Aufsichtsrat sind auch die Bestimmungen über die gerichtliche Ersatzbestellung (→ AktG § 104 Rn. 15 ff.) anwendbar. Die Amtszeit richtet sich zwingend nach § 102 AktG (→ AktG § 102 Rn. 2 ff.; → AktG § 102 Rn 7 f.). 29

Die **Arbeitnehmervertreter** werden nach den einschlägigen Mitbestimmungsgesetzen und den hierzu ergangenen Wahlordnungen gewählt (Überblick bei Habersack/Henssler/*Henssler* MitbestG Vor § 9 Rn. 1 ff.). Ihre Amtszeit richtet sich nach § 15 Abs. 1 S. 1 MitbestG bzw. § 5 Abs. 1 DrittelbG. 30

31 Die Begründung von **Entsendungsrechten** (→ AktG § 101 Rn. 7 ff.) ist auch dann uneingeschränkt möglich, soweit die GmbH dem MitbestG unterliegt (Habersack/Henssler/*Habersack* MitbestG § 8 Rn. 6). Das GmbH-Recht kennt anders als das Aktienrecht keine zwingenden Schranken für die satzungsrechtliche Begründung von Entsendungsrechten der Gesellschafter. Da § 101 Abs. 2 AktG von der Verweisung in § 6 Abs. 2 S. 1 MitbestG ausdrücklich ausgenommen ist, dürfen sich die den Gesellschaftern eingeräumten Entsendungsrechte auch auf mehr als ein Drittel der Anteilseignersitze beziehen bzw. eine Wahl zum Aufsichtsrat sogar vollständig verdrängen (*RVJ* MitbestG § 8 Rn. 5, 7; Habersack/Henssler/*Habersack* MitbestG § 8 Rn. 6). Hingegen verweist § 1 Abs. 1 Nr. 3 DrittelbG auch auf § 101 Abs. 2 AktG, sodass die Beschränkungen hier anwendbar sind, ohne dass ein Sachgrund für diese Differenzierung erkennbar wäre.

32 **4. Abberufung.** Die Abberufung der Anteilseignervertreter richtet sich nach § 103 AktG, die der Arbeitnehmervertreter ausschließlich nach § 23 MitbestG (vgl. *RVJ* MitbestG § 23 Rn. 4 ff.) bzw. § 12 DrittelbG (Habersack/Henssler/*Habersack* DrittelbG § 12 Rn. 1 f.). Gerichtliche Abberufung nach § 103 Abs. 3 AktG kommt bei Anteilseigner- wie Arbeitnehmervertretern in Betracht (→ AktG § 103 Rn. 10).

33 **5. Persönliche Voraussetzungen.** Die aktienrechtlichen Inhabilitätsbestimmungen (→ AktG § 100 Rn. 1 ff.) sind – einschließlich § 100 Abs. 2 Nr. 1 und 3 AktG – für den obligatorischen Aufsichtsrat zwingend. Strengere Satzungsvorgaben sind nur für Anteilseignervertreter möglich (Lutter/Hommelhoff/*Lutter/Hommelhoff* Rn. 46). Zusätzlich sind für die Arbeitnehmervertreter die persönlichen Voraussetzungen nach § 7 Abs. 4 MitbestG, § 8 Abs. 1 BetrVG bzw. § 4 Abs. 3 DrittelbG zu beachten; bei Gewerkschaftsvertretern greift § 7 Abs. 5 MitbestG. Ein Prokurist ist unter den Voraussetzungen des § 6 Abs. 2 S. 1 MitbestG wählbar.

34 **6. Rechtsstellung gegenüber der Gesellschaft, Haftung.** Die Vergütung der Aufsichtsratsmitglieder richtet sich ausschließlich nach der Satzung oder den Beschlüssen der Gesellschafterversammlung. Im mitbestimmten Aufsichtsrat verbietet sich eine **unterschiedliche Vergütung** von Anteilseigner- und Arbeitnehmervertretern (→ AktG § 113 Rn. 5; zu Aufwendungsersatz → Rn. 3). Bei Kreditgewährung an Mitglieder ist auch für den obligatorischen Aufsichtsrat § 115 AktG nicht entsprechend anzuwenden, jedoch bedarf sie der Zustimmung der Gesellschafterversammlung (Lutter/Hommelhoff/*Lutter/Hommelhoff* Rn. 72 Fn. 4; UHL/*Raiser/Heermann* Rn. 129). Sonderverträge mit Aufsichtsratsmitgliedern – etwa anwaltliche Beratungsverträge – müssen die Vorgaben der §§ 113, 114 AktG vollumfänglich beachten (Scholz/*U. H. Schneider* Rn. 372). Zu weiteren Einzelheiten der Pflichtenstellung vgl. § 113 AktG. Speziell zu den Problemkreisen von Beratungsverträgen mit Mitgliedern eines fakultativen oder obligatorischen Aufsichtsrats einer GmbH vgl. *Ullrich* GmbHR 2012, 1153.

35 Da § 1 Abs. 1 Nr. 3 DrittelbG auf §§ 116, 93 AktG ohne Einschränkung verweist, gelten die strengen Regelungen zur **Haftung** des Aufsichtsrats in der AG. Die im fakultativen Aufsichtsrat möglichen Erleichterungen (→ Rn. 20) sind nicht anwendbar (Lutter/Hommelhoff/*Lutter/Hommelhoff* Rn. 63; aA wohl Scholz/*U. H. Schneider* Rn. 527). Insbesondere haften Mitglieder des obligatorischen Aufsichtsrats auch für unterlassenes Einschreiten gegen gem. § 64 S. 1 verbotene Zahlungen (BGH 20.9.2010, ZIP 2010, 1988 (1990) (obiter)), §§ 116, 93 Abs. 3 Nr. 6 AktG iVm der jeweiligen mitbestimmungsrechtlichen Verweisungsnorm. Aufgrund des dreijährigen Verzichtsverbotes (§ 93 Abs. 4 S. 3 AktG) wirkt die Entlastung des obligatorischen Aufsichtsrates wie in der AG nur als allgemeine Billigung der Amtsführung iS einer Vertrauenserklärung ohne Verzichtsfunktion (Lutter/Hommelhoff/*Lutter/Hommelhoff* Rn. 64). Auch eine Teilentlastung ist unzulässig (OLG Stuttgart 1.12.1994, AG 1995, 233 (234); → AktG § 116 Rn. 19). Für Arbeitnehmervertreter greifen keine arbeitsrechtlichen Erleichterungen, insbesondere sind die Grundsätze des innerbetrieblichen Schadensausgleichs nicht anwendbar (MüKoBGB/*Henssler* BGB § 619a Rn. 19). Zur Verjährung vgl. → Rn. 24.

36 **7. Innere Ordnung, Beschlussfassung.** Die innere Ordnung des Aufsichtsrates richtet sich nach Aktienrecht. Dies gilt für die Sitzungsfrequenz (§ 110 AktG), die Teilnahmerechte (§ 109 AktG), die Beschlussfähigkeit (§ 108 AktG), die Bildung und Kompetenzen von Ausschüssen (→ AktG § 107 Rn. 22 ff.) sowie die Geschäftsordnung. Wahl eines Vorsitzenden und mindestens eines stellvertretenden Vorsitzenden (vgl. zur Wahl § 27 MitbestG) ist zwingend. Im paritätisch mitbestimmten Aufsichtsrat erlangt die Funktion des Vorsitzenden aufgrund dessen Stichentscheids besondere Bedeutung (zum Stichentscheid des Vorsitzenden § 29 Abs. 2 MitbestG). Anders als im fakultativen Aufsichtsrat sind Stellvertreter von Aufsichtsratsmitgliedern unzulässig.

37 Entscheidungen des Aufsichtsrats ergehen durch – grundsätzlich mit einfacher Mehrheit – zu fassenden **Beschluss.** Nach hM soll Vorgabe einer höheren Mehrheit durch die Satzung unzulässig sein (→ AktG § 108 Rn. 5; Baumbach/Hueck/*Zöllner/Noack* Rn. 231). Beschlussfähigkeit setzt Teilnahme von mindestens drei Mitgliedern voraus (§ 108 Abs. 2 S. 3 AktG). Der mitbestimmungsrechtliche Proporz muss dabei nicht gewahrt sein.

8. Kompetenzen. Die Kompetenzen des obligatorischen Aufsichtsrates entsprechen grundsätzlich denen des fakultativen (→ Rn. 12; vgl. Lutter/Hommelhoff/*Lutter/Hommelhoff* Rn. 47), jedoch verbietet sich jede **Kompetenzbeschneidung** durch die Satzung. Die Gesellschafterversammlung behält auch in nach dem DrittelbG und dem MitbestG (Roth/Altmeppen/*Altmeppen* Rn. 66f.; *Henssler* GmbHR 2004, 321; aA *Vollmer* ZGR 1979, 135 (142ff.)) mitbestimmten Unternehmen die Kompetenz, den Geschäftsführern **Weisungen** zu erteilen. Das Recht aus § 111 Abs. 4 S. 2 AktG, Zustimmungsvorbehalte für Geschäftsführungsmaßnahmen festzulegen, kann nicht ausgeschlossen werden, da sonst die Beteiligungsrechte der Arbeitnehmer unzulässig verkürzt würden (*Deilmann* BB 2004, 2253 (2254); Habersack/Henssler/*Habersack* MitbestG § 25 Rn. 64; Scholz/*U. H. Schneider* Rn. 131; *Streicher* GmbHR 2014, 1188 (1190); aA Lutter/Hommelhoff/*Lutter/Hommelhoff* Rn. 47; *Lutter* Information und Vertraulichkeit Rn. 754). Eine Liste von Zustimmungsvorbehalten des Aufsichtsrates muss die Satzung jedenfalls enthalten. Dagegen passen die strengen Voraussetzungen des § 111 Abs. 4 S. 3 und 4 AktG (Verlangen des Vorstands, Dreiviertelmehrheit der Hauptversammlung) nicht auf die mitbestimmte GmbH. Verweigert somit der Aufsichtsrat eine Zustimmung zu einer Geschäftsführungsmaßnahme, so kann die Gesellschafterversammlung die Zustimmung mit einfacher Mehrheit ersetzen (BGH 6.3.1997, BGHZ 135, 48 (55) = NJW 1997, 1985 (1987); Scholz/*U. H. Schneider* Rn. 133; Baumbach/Hueck/*Zöllner/Noack* Rn. 253f.; aA Rowedder/Schmidt-Leithoff/*Baukelmann* § 37 Rn. 34; *Streicher* GmbHR 2014, 1188 (1192); für qualifizierte Mehrheit: UHL/*Raiser/Heermann* Rn. 243). Die Entscheidung der Gesellschafterversammlung genießt stets Vorrang vor derjenigen des Aufsichtsrats. Allerdings sind Konflikte zwischen obligatorischem Aufsichtsrat und Gesellschafterversammlung äußerst selten. 38

Aufgrund des Verweises in § 1 Abs. 1 Nr. 3 DrittelbG auf § 118 Abs. 3 AktG steht dem obligatorischen Aufsichtsrat ein **Teilnahme- und Rederecht** auf den Gesellschafterversammlungen zu, nicht hingegen ein Antragsrecht (Lutter/Hommelhoff/*Lutter/Hommelhoff* Rn. 50; UHL/*Raiser/Heermann* Rn. 236; Scholz/*U. H. Schneider* Rn. 347). Die Befugnis zur Bestellung und Vertretung gegenüber den Abschlussprüfern kann durch Satzung nicht entzogen werden (Lutter/Hommelhoff/*Lutter/Hommelhoff* Rn. 80). Informationsrechte der Aufsichtsratsmitglieder bestimmen sich nach § 90 AktG (→ AktG § 90 Rn. 18ff.; sowie eingehend Baumbach/Hueck/*Zöllner/Noack* Rn. 259ff.). 39

Die Kompetenz zur **Bestellung, Anstellung, Abberufung** und **Kündigung** der Geschäftsführer richtet sich nach dem anwendbaren Mitbestimmungsstatut. Da § 1 Abs. 1 Nr. 3 DrittelbG nicht auf § 84 Abs. 1 S. 1 AktG verweist, fehlt dem Aufsichtsrat einer nach dem DrittelbG mitbestimmten GmbH diese zentrale Befugnis (Habersack/Henssler/*Henssler* DrittelbG Einl. Rn. 7). Entsprechend dem fakultativen Aufsichtsrat sind daher die Regelungen über die Höhe der Vorstandsvergütung (§ 87 AktG) und der Übertragung auf einen Aufsichtsratsausschuss (§ 107 Abs. 3 S. 4 AktG) nicht auf die Geschäftsführer der GmbH anwendbar (*Greven* BB 2009, 2154 (2158); *Seibert* WM 2009, 1489 (1490); zu § 107 auch *Baeck/Götze/Arnold* NZG 2009, 1121 (1126); *Gaul/Janz* GmbHR 2009, 959 (963)). Dagegen ist ein nach dem MitbestG zusammengesetzter Aufsichtsrat nach § 31 Abs. 1 MitbestG zwingend sowohl für Bestellung und Abberufung als auch für Abschluss und Beendigung des Anstellungsvertrages und für die Vertretung der GmbH gegenüber den Geschäftsführern zuständig (BGH 14.11.1983, BGHZ 89, 48 (50ff.) = NJW 1984, 733 (734f.); Habersack/Henssler/*Habersack* MitbestG § 31 Rn. 5). Das Bestellungsverfahren richtet sich nach § 31 Abs. 2–5 MitbestG (dazu Baumbach/Hueck/*Zöllner/Noack* Rn. 302). § 25 MitbestG verweist nicht auf § 87 AktG, womit für die direkte Anwendung kein Raum ist. Der BGH hat bislang aber § 87 AktG als Ausfluss der organschaftlichen Treuepflicht gesehen. Jedenfalls in der paritätisch mitbestimmten GmbH hat der Aufsichtsrat damit ein angemessenes Vergütungsniveau sicherzustellen. Sachgerecht erscheint es, den GmbH-Geschäftsführer unter den strengeren Voraussetzungen des § 87 Abs. 2 AktG für verpflichtet zu erachten, der Herabsetzung seiner Vergütung wie seiner Ruhegehälter zuzustimmen (*Baeck/Götze/Arnold* NZG 2009, 1121 (1125); aA *Gaul/Janz* GmbHR 2009, 959 (961); *Gaul/Janz* NZA 2009, 809 (811); *Greven* BB 2009, 2154 (2158)). Dagegen folgt aus der grundsätzlich fehlenden Anwendbarkeit von § 87 Abs. 1, 2 AktG bei der mitbestimmten GmbH, dass der hierauf bezogene Plenarvorbehalt in § 107 Abs. 3 S. 3 AktG bei der GmbH nicht anwendbar ist (*Greven* BB 2009, 2154 (2159); *Habersack* ZHR 174 (2010), 2 (9f.); *Feddersen/v. Cube* NJW 2010, 576 (578ff.); Habersack/Henssler/*Habersack* MitbestG § 31 Rn. 41a; *Scholderer* NZG 2011, 528; *Seibert* WM 2009, 1490; aA *Oetker* ZHR 175 (2011), 544; *Baeck/Götze/Arnold* NZG 2009, 1121 (1126); *Gaul/Janz* GmbHR 2009, 959 (963)). 40

VII. Beiräte ohne Überwachungsfunktion

1. Allgemeines. Anstelle eines fakultativen Aufsichtsrates oder neben einem (obligatorischen oder freiwilligen) Aufsichtsrat können auch Beiräte eingerichtet werden, die eine vom Aufsichtsrat abweichende Funktion übernehmen. Die Bezeichnung als „Beirat", „Gesellschafterausschuss" oder „Verwaltungsrat" ist dabei für die rechtliche Einordnung bedeutungslos (→ Rn. 3). Im Einzelfall ist durch eine **Gesamtwürdigung** der Kompetenzen zu ermitteln, ob es sich um einen mit Überwachungsaufgaben ausgestatteten, fakultativen Aufsichtsrat iSv Abs. 1 oder um ein sonstiges Gesellschaftsorgan 41 handelt. Die Gründe für die Einrichtung von Beiräten sind vielfältig (vgl. *H. Huber* GmbHR 2004, 772; *Spindler/Kepper* DStR 2005, 1738; zu Beiräten in Familienunternehmen *Sanders* NZG 2017, 961). Es kann darum gehen, die Gesellschaft in der Außendarstellung mit den Namen bekannter Persönlichkeiten zu „schmücken", Fachkompetenz zu bündeln, die der Geschäftsführung oder den Gesellschaftern zur Verfügung steht oder um eine Verbindung beider Zielsetzungen. Denkbar sind auch Gremien, die der Sicherung der Interessen von Gesellschaftergruppen, Familienstämmen oder von Gläubigern, insbesondere von Kreditgebern, dienen. Auch unternehmensleitende Beiräte, welche die Geschäftsführung sogar im Tagesgeschäft entlasten können, werden in der Praxis gelegentlich gebildet. Haben sie organschaftliche Funktionen, müssen sie durch die Satzung, zumindest aber durch Gesellschafterbeschluss aufgrund einer entsprechenden Satzungsermächtigung eingerichtet werden, wobei die wesentlichen Aufgaben des Gremiums sowie Rechte und Pflichten seiner Mitglieder in der Satzung festgelegt werden müssen (MüKoGmbHG/*Spindler* Rn. 725).

42 **2. Einrichtung und Befugnisse.** Einrichtung und Befugnisse müssen sich aus der Satzung ergeben. Ohne Verankerung in der Satzung besteht kein korporationsrechtliches Verhältnis, Beschlüsse des Gremiums sind ohne Bindungswirkung für Gesellschaft und Gesellschafter. Die Satzung kann auf Beiräte grundsätzlich alle Befugnisse der Gesellschafterversammlung übertragen, die keine **Grundlagenfragen** betreffen (→ Rn. 19). Mit § 46 Nr. 8 Alt. 2 vereinbar ist es auch, den Beiratsvorsitzenden als Vertreter der Gesellschaft im Prozess gegen den Geschäftsführer zu bestimmen (BGH 2.2.2016 NJW-RR 2016, 671). Ist die Satzung lückenhaft, greift Abs. 1 nicht. Stattdessen muss auf allgemeine Grundsätze des Rechts der Körperschaften zurückgegriffen werden (Roth/Altmeppen/*Altmeppen* Rn. 84). Mit der wohl hM ist im Zweifel davon auszugehen, dass die dem Beirat eingeräumten Befugnisse mit denen der Gesellschafterversammlung konkurrieren, diese also nicht verdrängen (UHL/*Raiser/Heermann* Rn. 356; Baumbach/Hueck/*Zöllner/Noack* § 45 Rn. 19 f.; Roth/Altmeppen/*Altmeppen* Rn. 82; aA Scholz/*K. Schmidt* § 45 Rn. 9). Dies entspricht der auch zum fakultativen Aufsichtsrat überwiegend vertretenen Auffassung (→ Rn. 18 f.). Eine freiwillige Selbstentmachtung wird regelmäßig nicht dem Willen der Gesellschafter entsprechen. Zum fehlerhaften Beiratsbeschluss und dessen Anfechtung vgl. *Werner* GmbHR 2015, 577 ff.

Abschnitt 4. Abänderungen des Gesellschaftsvertrags

Form der Satzungsänderung

53 (1) **Eine Abänderung des Gesellschaftsvertrages kann nur durch Beschluß der Gesellschafter erfolgen.**

(2) [1]**Der Beschluß muß notariell beurkundet werden, derselbe bedarf einer Mehrheit von drei Vierteilen der abgegebenen Stimmen.** [2]**Der Gesellschaftsvertrag kann noch andere Erfordernisse aufstellen.**

(3) **Eine Vermehrung der den Gesellschaftern nach dem Gesellschaftsvertrag obliegenden Leistungen kann nur mit Zustimmung sämtlicher beteiligter Gesellschafter beschlossen werden.**

Übersicht

I. Allgemeines

1. Begriff. Die §§ 53 ff. behandeln Änderungen des **Gesellschaftsvertrages,** darunter die Sonderfälle der Kapitalerhöhung und der Kapitalherabsetzung in allen ihren Varianten. Die gesetzlichen Bestimmungen verwenden durchweg den Begriff des Gesellschaftsvertrages, die (nicht amtliche) Überschrift des § 53 spricht dagegen von der Änderung der **Satzung.** Auch in der Praxis wird ganz überwiegend der Begriff der Satzung verwendet. Damit wird zum Ausdruck gebracht, dass der Gesellschaftsvertrag der GmbH sich mit deren erstmaliger Eintragung in das Handelsregister von einem vom Willen aller Gesellschafter getragenen Gesellschaftsvertrag zur Verfassung eines Verbandes (einer Korporation) weiter entwickelt und sich vom Willen der (ursprünglichen) Gesellschafter löst. Dies zeigt sich unter anderem daran, dass künftig – mangels abweichend gesellschaftsvertraglicher Bestimmungen – Änderungen des Gesellschaftsvertrages (der Satzung) nicht mehr der Zustimmung aller Gesellschafter bedürfen, sondern grundsätzlich (eine gesetzliche Ausnahme ergibt sich aus Abs. 3 der Vorschrift) mit einer 3/4-Mehrheit beschlossen werden können. Später beitretende Gesellschafter, gleichgültig, ob der Beitritt durch Erwerb des Geschäftsanteils eines vorhandenen Gesellschafters oder durch Teilnahme an einer Kapitalerhöhung erfolgt, sind an den Inhalt des Gesellschaftsvertrages (der Satzung) gebunden, ohne dass sie im rechtsgeschäftlichen Sinne ihr Einverständnis damit erklären müssten. Vor diesem Hintergrund wird auch in der nachstehenden Kommentierung der Begriff der Satzung verwandt (ebenso etwa Baumbach/Hueck/*Zöllner/Noack* Rn. 2; MüKoGmbHG/*Harbarth* Rn. 8). 1

Der Begriff der Satzung ist nicht gleichbedeutend mit dem der **Satzungsurkunde** (dem Text der Satzung), die dem Handelsregister eingereicht wird. Diese Urkunde kann vielmehr sonstige Bestandteile enthalten, die weder notwendigen noch gewillkürten Satzungscharakter haben. Satzung iSd §§ 53 ff. ist anderseits nur, was nach diesen Vorschriften zustande gekommen und insbesondere gem. § 54 Abs. 3 in das Handelsregister eingetragen ist, also in den Satzungstext aufgenommen wurde. Die Begriffe Satzungstext oder Satzungsurkunde sind damit umfassender. Es gilt, dass Satzung immer auch Satzungstext, Satzungstext aber nicht immer auch Satzung sein muss (Baumbach/Hueck/*Zöllner/Noack* Rn. 4). 2

2. Zweck der Bestimmung. Der Zweck der Bestimmung liegt darin, abweichend von dem für die Personengesellschaften geltenden Grundprinzip, nach welchem eine Änderung des Gesellschaftsvertrages der Zustimmung aller Gesellschafter bedarf, Änderungen der Satzung durch **Mehrheitsbeschluss** zuzulassen. Dies ist, wie soeben (→ Rn. 1) erläutert, Ausdruck des Umstandes, dass die GmbH ein Verband (eine Korporation) ist, bei welchem charakteristischerweise Mehrheitsbeschlüsse auch für Änderungen der Satzung, der Verfassung des Verbandes, zulässig sind (vgl. § 179 AktG, § 33 Abs. 1 BGB). Für den wichtigen Fall der Beschlussfassung über Änderungen der Satzung sind in Abs. 2 der Vorschrift sowie in § 54 Abs. 3 gegenüber sonstigen Beschlüssen (vgl. § 47) besondere Erfordernisse aufgestellt, nämlich zum einen das Erfordernis einer Beschlussfassung mit qualifizierter Mehrheit, zum anderen das Erfordernis notarieller Beurkundung und schließlich dasjenige der Eintragung in das Handelsregister. 3

II. Einzelerläuterung

1. Änderungen der Satzung. a) Anwendungsbereich. §§ 53, 54 betreffen Satzungsänderungen (Änderungen des Gesellschaftsvertrages). Darunter ist jede Aufhebung, Änderung oder Neuaufnahme von Satzungsbestimmungen zu verstehen, die materiell Satzungsqualität haben. Das sind solche Bestimmungen, die zum notwendigen **Mindestinhalt** der Satzung iSv § 3 Abs. 1 gehören, ferner solche Bestimmungen, die nur durch Aufnahme in die Satzung wirksam werden und schließlich Bestimmungen, die nach dem Willen der Gesellschafter Satzungsbestandteil werden sollen, damit sie künftig nur wie Satzungsbestimmungen geändert, aufgehoben oder ergänzt werden können. Dazu können auch solche Bestimmungen gehören, die das Verhältnis der Gesellschafter zueinander oder dasjenige der Gesellschaft oder der Gesellschafter zu Dritten betreffen. Wird eine Bestimmung in den Satzungstext aufgenommen, kann dies als Indiz dafür gewertet werden, dass es sich um einen echten Satzungsbestandteil handelt (näher MüKoGmbHG/*Harbarth* Rn. 11). 4

b) Abgrenzung zu unechten Satzungsbestandteilen. Von Bestimmungen, die in vorstehendem Sinne zu den materiellen Bestandteilen der Satzung gehören, sind unechte Satzungsbestandteile abzugrenzen. Für letztere bedarf es grundsätzlich zur Aufhebung oder Änderung nicht des in §§ 53, 54 vorgeschriebenen Verfahrens, da sie nicht Satzung im Sinne dieser Vorschriften sind. Diesbezügliche 5

Beschlüsse kommen zudem mit einfacher Mehrheit der abgegebenen Stimmen zustande (Baumbach/Hueck/*Zöllner/Noack* Rn. 24; aA Rowedder/Schmidt-Leithoff/*Schnorbus* Rn. 13). Für die Änderung unechter Satzungsbestandteile mit Regelungscharakter ist uU eine qualifizierte Mehrheit erforderlich (Baumbach/Hueck/*Zöllner/Noack* Rn. 25 f.). Auch kann die Aufnahme unechter Satzungsbestandteile in den Satzungstext im Einzelfall dahingehend interpretiert werden, dass ihre Änderung nur mit 3/4-Mehrheit zulässig ist (MüKoGmbHG/*Harbarth* Rn. 25).

6 Unechter Satzungsbestandteil kann beispielsweise die namentliche Aufführung des ersten Geschäftsführers der Gesellschaft im Satzungstext sein. Die Abberufung dieses Geschäftsführers und die Bestellung eines neuen Geschäftsführers sind durch Beschlussfassung ohne Einhaltung der besonderen Voraussetzungen der §§ 53, 54 möglich. Allerdings kann die (eingeschränkt mögliche, vgl. Baumbach/Hueck/*Fastrich* § 2 Rn. 29 ff.) **Auslegung** der Satzung auch ergeben, dass die Benennung des (ersten) Geschäftsführers in der Satzung diesem, wenn er zugleich Gesellschafter ist, das Sonderrecht, Geschäftsführer der Gesellschaft zu sein, einräumen sollte, sodass die Regelung materiell Satzungsbestandteil ist. Das gleiche gilt, wenn die Gesellschafter im Verhältnis zueinander die Bestellung des betreffenden Geschäftsführers in der Qualität einer Satzungsbestimmung miteinander vereinbaren wollten, um zu erreichen, dass spätere Änderungen nur nach Maßgabe der §§ 53, 54 stattfinden können.

7 Die Nennung der Namen der **Gründungsgesellschafter** im Text der Gründungssatzung wird als echter Satzungsbestandteil angesehen, weil sie nach § 3 Abs. 1 Nr. 4 anzugeben sind, ihre Streichung ist daher Satzungsänderung iSd §§ 53, 54.

8 **c) Abgrenzung zu Gesellschaftervereinbarungen.** Die Satzung und ihre Änderungen bedürfen zur Wirksamkeit zwingend der Eintragung in das Handelsregister (§ 54 Abs. 3). Die Satzung in ihrer aktuellen Fassung ist damit für jedermann einsehbar. Zur Vermeidung unter anderem dieser beiden Aspekte entschließen sich Gesellschafter häufig, außerhalb der Satzung im formellen Sinne Gesellschaftervereinbarungen zu treffen (→ § 2 Rn. 11). Satzung und Gesellschaftervereinbarung, letztere zumindest dann, wenn an ihr alle Gesellschafter beteiligt sind, können beide korporationsrechtliche Wirkung entfalten und gemeinsam als Verbandsordnung im weitesten Sinne zu verstehen sein (Baumbach/Hueck/*Zöllner/Noack* Rn. 19). Die Änderung einer Gesellschaftervereinbarung ist jedoch grundsätzlich nicht Satzungsänderung iSd §§ 53, 54, auch wenn diese wegen ihres Regelungsgegenstandes (beispielsweise Verpflichtung zur Veräußerung von Geschäftsanteilen) beurkundungspflichtig ist, es sei denn, sie weicht von der Satzung im materiellen Sinne ab (echte Satzungsänderung, → Rn. 4; Baumbach/Hueck/*Zöllner/Noack* Rn. 21; zu möglichen Grenzen des Inhalts einer Gesellschaftervereinbarung siehe MüKoGmbHG/*Harbarth* Rn. 30).

9 **2. Satzungsdurchbrechung. a) Begriff.** Es kann sich aus Sicht der Gesellschafter als notwendig oder sinnvoll erweisen, im Einzelfall oder für mehrere Fälle von den Regelungen in der Satzung abzuweichen, ohne eine regelrechte Satzungsänderung durchzuführen und die Satzung für eine unbestimmte Anzahl von Fällen zu ändern (Satzungsdurchbrechung). Umstritten ist, ob eine Satzungsdurchbrechung sämtlichen Anforderungen, die an eine Satzungsänderung gestellt werden, entsprechen muss, und welche Rechtsfolgen eintreten, wenn dies nicht der Fall ist, genauer: welchen Mängeln (Unwirksamkeit, Nichtigkeit, Anfechtbarkeit) Beschlüsse darüber unterliegen, wer diese Mängel geltend machen kann und ob die Mängel gar durch Anfechtungsklage geltend gemacht werden müssen, damit sich die Gesellschafter auf die Mängel berufen können. In diesem Zusammenhang wird von der wohl überwA, die auch eine gewisse Bestätigung durch den BGH gefunden hat, zwischen einer Satzungsdurchbrechung mit **punktueller zeitlicher Wirkung** (die Wirkung des Beschlusses erschöpft sich in der beschlossenen Maßnahme) und einer Satzungsdurchbrechung mit **dauerhaften,** zustandsbegründenden Konsequenzen differenziert (BGH 7.6.1993, BGHZ 123, 15 (19 f.); OLG Düsseldorf 23.9.2016, ZIP 2016, 2270; OLG Köln 24.8.2018, NZG 2019, 306; MüKoGmbHG/*Harbarth* Rn. 48 ff.; zu Beispielen s. Baumbach/Hueck/*Zöllner/Noack* Rn. 41, 47). Die Berechtigung dieser Differenzierung ist zweifelhaft (abl. auch Baumbach/Hueck/*Zöllner/Noack* Rn. 48, die allerdings satzungsdurchbrechende Beschlüsse ohne Dauerwirkung für wirksam halten, wenn sie nicht angefochten werden). Auch ist die Bestimmung, wann eine Maßnahme nur punktuellen Charakter hat, schwierig vorzunehmen. Eine befriedigende, widerspruchsfreie Lösung ist bislang nicht gefunden. Zu Recht wird darauf hingewiesen, dass die diskutierte Differenzierung zwischen echten, unechten, korporativen, formellen oder fakultativ korporativen im Gegensatz zu individualrechtlichen Satzungsregelungen, von welcher die Voraussetzungen einer wirksamen Satzungsdurchbrechung abhängig gemacht werden, für den Rechtsanwender eine Zumutung darstellt (Roth/Altmeppen/*Altmeppen* Rn. 7 ff.; s. ferner *Peterseim* NZG 2019, 1255). Die nachfolgend behandelten Konstellationen werden in Rspr. und Schrifttum unterschieden.

10 **b) Änderung zwingender materieller Satzungsbestandteile.** Hat eine mit einem Gesellschafterbeschluss bezweckte Regelung zwingend Satzungscharakter, kann sie also wegen ihres Inhalts nur als Bestandteil der Satzung Wirksamkeit entfalten (Beispiel: Sitz der Gesellschaft), bedarf es der Einhaltung der Voraussetzungen der §§ 53, 54, dh der (zustandsbegründende) satzungsdurchbrechende Beschluss muss zu seiner Wirksamkeit in den Satzungstext wörtlich aufgenommen werden (OLG Köln 24.8.2018,

GmbHR 2019, 188). Anderenfalls ist der Beschluss unwirksam. Der Unwirksamkeitsfolge bedarf es zum Schutz des Rechtsverkehrs, der auf den im Handelsregister eingetragenen Satzungsinhalt vertraut (so auch MüKoGmbHG/*Harbarth* Rn. 49). Gleiches – der Beschluss ist unwirksam – gilt für den Fall, dass abstrakt und für eine unbestimmte Vielzahl von Fällen über Abweichungen von der Satzung beschlossen wird. Nach hier vertretener Auffassung kommt es in diesem Falle weder auf die Frage an, ob die Tatsache, dass die Satzung durchbrochen werden soll, offen ausgesprochen wird oder sich nur aus den Umständen ergibt, noch darauf, ob die Satzung tatsächlich nur punktuell oder für einen bestimmten Zeitraum durchbrochen werden soll (gegen letztere Differenzierung auch Baumbach/Hueck/*Zöllner/Noack* Rn. 48 f.; für diese Differenzierung BGH 7.6.1993, NJW 1993, 2246; MüKoGmbHG/*Harbarth* Rn. 51; siehe auch die Kritik von Roth/Altmeppen/*Altmeppen* Rn. 7 ff.). Allerdings besteht in Anlehnung an die von der überwA vorgenommene Abgrenzung (→ Rn. 8) weitgehend Einigkeit darüber, dass Regelungen auch ohne Beachtung der Voraussetzungen der §§ 53, 54 wirksam sind (wirksam werden können), wenn keine Anfechtung erfolgt (vgl. jedoch OLG Düsseldorf 23.9.2016, ZIP 2016, 2270: die Gesellschaft hatte einen satzungsdurchbrechenden, ohne notarielle Beurkundung gefassten Beschluss über die Änderung der Vertretungsregelung zur Eintragung in das Handelsregister angemeldet. Das OLG maß dem Beschluss Dauerwirkung bei und lehnte die Eintragung mangels Beurkundung ab).

c) Änderung fakultativer Satzungsbestandteile. Weichen die Gesellschafter dagegen von einer Satzungsregelung ab und könnte diese Abweichung, stünde die Satzungsregelung nicht entgegen, grundsätzlich Gegenstand eines (nicht satzungsändernden) Gesellschafterbeschlusses sein, so ist der Gesellschafterbeschluss, wenn die Voraussetzungen der §§ 53, 54 nicht eingehalten werden, nicht unwirksam oder nichtig, sondern lediglich **anfechtbar.** Auch in dieser Konstellation kommt es nicht darauf an, ob die Satzungsdurchbrechung offen angesprochen wird oder sich nur aus den Umständen ergibt. Sodann ist zu differenzieren: Haben der Abweichung von der Satzung alle Gesellschafter zugestimmt, haben sie damit die Befugnis zur Anfechtung verloren (BGH 25.11.2002, ZIP 2003, 116; vgl. auch BGH 7.6.1993, BGHZ 123, 15 = NJW 1993, 2246). Haben nicht alle Gesellschafter zugestimmt, bleibt eine Anfechtung durch die nicht zustimmenden Gesellschafter grundsätzlich möglich. Fraglich ist sodann, ob nicht nur die einstimmige Beschlussfassung respektive die Zustimmung aller Gesellschafter die Anfechtbarkeit ausschließt, sondern ob auch mit satzungsändernder Mehrheit eine Abweichung von der Satzung ohne Einhaltung der sich aus §§ 53, 54 ergebenden Voraussetzungen (zum einen das Erfordernis notarieller Beurkundung, zum anderen die Eintragung der Satzungsdurchbrechung) beschlossen werden kann, ohne dass die fehlende Zustimmung der Minderheit diese zur Anfechtung berechtigt. Dies ließe sich mit dem Argument begründen, dass die entsprechende Mehrheit auch bei Einhaltung aller Formalien der §§ 53, 54 die gewollte Abweichung von der Satzung im Wege einer regelrechten Satzungsänderung durchsetzen könnte. Die der Satzungsdurchbrechung nicht zustimmenden Gesellschafter können, wenn man die Anfechtbarkeit des Beschlusses bejahen würde, also nicht mehr erreichen, als dass sie die satzungsändernde Mehrheit zwingen, die Voraussetzungen der §§ 53, 54 auch einzuhalten. Je nach Lage des Einzelfalls kann daran jedoch in der Tat ein schützenwertes Interesse bestehen, sodass der betreffende Beschluss auch dann anfechtbar ist, wenn hierüber mit satzungsändernder Mehrheit, jedoch ohne Einhaltung der Voraussetzungen einer Satzungsänderung, wie sie sich aus §§ 53, 54 ergeben, beschlossen wurde. Für punktuelle Satzungsdurchbrechungen wird sodann diskutiert, ob zumindest auf die Eintragung der Satzungsdurchbrechung (§ 54 Abs. 3) verzichtet werden kann. Eine im Schrifttum vertretene Auffassung stimmt dem zu (vgl. Scholz/*Priester/Tebben* Rn. 30a mwN; UHL/*Ulmer/Casper* Rn. 39; Baumbach/Hueck/*Zöllner/Noack* Rn. 49 und MüKoGmbHG/*Harbarth* Rn. 51, die sich grundsätzlich gegen das Erfordernis einer Eintragung wenden). 11

d) Öffnungsklauseln. Von der Satzungsdurchbrechung zu unterscheiden ist der Fall, dass eine Regelung, die bereits Bestandteil der Satzung ist, allgemein oder für bestimmte **Einzelfälle** Ausnahmen vom satzungsmäßigen Regelfall erlaubt und der Gesellschafterbeschluss sich innerhalb der Grenzen einer solchen Satzungsregelung bewegt (sog. Öffnungsklausel, dazu BayObLG 23.5.2001, GmbHR 2001, 728; krit. Baumbach/Hueck/*Zöllner/Noack* Rn. 27). Ein iRe solchen Öffnungsklausel gefasster Beschluss kann, die Einhaltung der sonstigen Formalitäten vorausgesetzt, ohne Weiteres mit der dafür erforderlichen Mehrheit wirksam gefasst werden. Ein genereller Vorbehalt der Satzung zugunsten abweichender Gesellschafterbeschlüsse ist jedoch ebenso wie eine schematische Vorbehaltsklausel für eine Vielzahl von Satzungsbestimmungen unzulässig (MüKoGmbHG/*Harbarth* Rn. 47). Die in der Satzung vorgesehene Möglichkeit der Einrichtung eines Aufsichtsrats reicht einer Entscheidung des KG (23.7.2015, NZG 2016, 787) zufolge, obgleich vom KG als Öffnungsklausel qualifiziert, nicht aus, um mit formlosem Gesellschafterbeschluss den Aufsichtsrat zu etablieren und Aufsichtsratsmitglieder zu bestimmen. Es bedurfte wegen des damit verbundenen Abweichens von der Satzung eines notariell zu beurkundenden und in das Handelsregister einzutragenden Beschlusses (ablehnend zu der Entscheidung des KG *Priester* NZG 2016, 774). Dagegen hat der BGH (2.7.2019, NZG 2019, 979) entschieden, dass die Einrichtung eines Aufsichtsrates bei einer GmbH auf der Grundlage einer Öffnungsklausel keine Satzungsänderung sei und ohne Einhaltung der §§ 53, 54 vorgenommen werden könne, wenn die Ermächtigung in der Satzung hinreichend bestimmt ist. 12

13 **3. Satzungsänderungen im Stadium der Vor-GmbH.** §§ 53, 54 betreffen Änderungen der Satzung, was prinzipiell voraussetzt, dass die Gesellschaft, deren Satzung geändert werden soll, bereits entstanden, also in das Handelsregister eingetragen ist (§ 11). Allerdings besteht weitgehend Einigkeit darüber, dass auch auf die errichtete, aber noch nicht eingetragene, als Vor-GmbH bezeichnete Gesellschaft das Recht der GmbH Anwendung findet, soweit dem nicht gesetzliche Bestimmungen oder die Natur der Sache zwingend entgegenstehen (MHdB GesR III/*Gummert* § 16 Rn. 6). Die Frage der Anwendbarkeit der §§ 53, 54 auf die Satzung der Vor-GmbH ist von Bedeutung für die Frage, mit welcher **Mehrheit** ein satzungsändernder Beschluss der Vorgesellschafter gefasst werden kann. Ist § 53 anwendbar und enthält die bereits beurkundete Satzung (der Gesellschaftsvertrag) keine zusätzlichen Erfordernisse, sind satzungsändernde Beschlüsse mit 3/4-Mehrheit möglich. Wendet man dagegen § 53 auf die Vor-GmbH nicht an, lässt sich die Auffassung vertreten, dass für eine Satzungsänderung die Zustimmung aller Gesellschafter erforderlich ist (OLG Köln, 23.6.1993, GmbHR 1995, 125; Baumbach/Hueck/*Zöllner/Noack* Rn. 82; MüKoGmbHG/*Harbarth* Rn. 166; Roth/Altmeppen/*Altmeppen* Rn. 10). Dies leuchtet jedoch im Ergebnis nicht recht ein, wenn unmittelbar nach Eintragung der Gesellschaft die gleiche Satzungsänderung mit 3/4-Mehrheit beschlossen werden könnte. Es ist deshalb der Auffassung zu folgen, nach welcher auch im Stadium der Vor-GmbH Satzungsänderungen mit der in der Satzung vorgesehenen Mehrheit, falls dort nicht etwas von Abs. 2 S. 1 Abweichendes vorgesehen ist also mit einer Mehrheit von 3/4 der abgegebenen Stimmen beschlossen werden können. Diese Satzungsänderungen werden allerdings – jedenfalls im Außenverhältnis – erst wirksam, wenn die Gesellschaft selbst und die beschlossenen Satzungsänderungen eingetragen sind (*Priester* ZIP 1987, 280; MHLS/*Hoffmann* Rn. 44 f.; Scholz/*K. Schmidt* § 11 Rn. 57; MHdB GesR III/*Gummert* § 16 Rn. 43).

14 **4. Verfahren. a) Beschluss der Gesellschafter.** Eine Satzungsänderung bedarf nach Abs. 1 eines Gesellschafterbeschlusses. Eine Delegation auf andere Organe der GmbH (Aufsichtsrat, Gesellschafterausschuss) oder Dritte ist weder allgemein noch für den Einzelfall möglich (Prinzip der Verbandsautonomie oder **Verbandssouveränität,** deren Träger ausschließlich die Gesellschafter sind). Aus der zwingenden Zuständigkeit der Gesellschafter folgt des Weiteren, dass die Anmeldung eines satzungsändernden Beschlusses zum Handelsregister nicht in das Belieben der Geschäftsführer gestellt werden kann. Ebenso wenig ist es möglich, dass sich die Gesellschaft gegenüber Dritten oder einzelnen Gesellschaftern zur Änderung der Satzung verpflichtet. Die Gesellschafter können sich dagegen Dritten gegenüber zur Vornahme einer Satzungsänderung verpflichten.

15 Satzungsändernde Beschlüsse werden entweder in einer Gesellschafterversammlung (§ 48 Abs. 1, für die Einberufung und Durchführung der Gesellschafterversammlung gelten die §§ 49, 51, insbesondere die rechtzeitige und hinreichende Ankündigung – → § 51 Rn. 10, → § 51 Rn. 15 ff. – ist erforderlich) oder im schriftlichen Verfahren (§ 48 Abs. 2) gefasst.

16 **b) Beschlussinhalt.** Der satzungsändernde Beschluss muss den geänderten Satzungstext formulieren. Ausnahmsweise bedarf es keiner vollständigen Wiedergabe einer geänderten Bestimmung, wenn lediglich einzelne Worte oder Teile einer Bestimmung geändert werden sollen, sofern durch einen geeigneten Beschlussinhalt eindeutig gemacht wird, wie der künftige Text der Satzung lautet.

17 **c) Inkrafttreten.** Die Satzungsänderung tritt grundsätzlich erst mit Eintragung in das Handelsregister in Kraft (§ 54 Abs. 3). Dies gilt unbedingt für das Verhältnis der Gesellschafter und der Gesellschaft zu Dritten. Im Innenverhältnis können die Gesellschafter vereinbaren, dass die Satzungsänderung auf den Zeitpunkt der Beschlussfassung, ggf. auch auf einen noch früheren Zeitpunkt, zurückwirkt. Umstritten ist, ob die Rückwirkung im Innenverhältnis nur einstimmig (so Baumbach/Hueck/*Zöllner/Noack* Rn. 60, es sei denn, die Änderung war für die Beteiligten absehbar) oder mit satzungsändernder Mehrheit beschlossen werden kann (s. Rowedder/Schmidt-Leithoff/*Schnorbus* § 54 Rn. 41, der Gesellschaftern, die der Rückwirkung nicht zustimmen, insoweit ein Anfechtungsrecht geben will). Der zuletzt genannten Auffassung ist zu folgen.

18 **d) Bedingung und Befristung.** Satzungsändernde Beschlüsse können nach nahezu einhelliger Auffassung grundsätzlich (eingehend zur Zulässigkeit einer Befristung *Heinze* NZG 2019, 847) unter verschiedenen Gesichtspunkten bedingt oder befristet sein. Zunächst einmal kommt in Betracht, dass der Inhalt der Satzungsänderung selbst unter einer Befristung steht, also erst ab oder nur bis zu einem bestimmten Zeitpunkt gelten soll, wobei der Zeitpunkt nicht kalendermäßig beschränkt, aber für Gesellschaft und Dritte klar erkennbar sein muss (vgl. Baumbach/Hueck/*Zöllner/Noack* Rn. 58). Sodann ist es zulässig, die Geschäftsführer anzuweisen, eine beschlossene Satzungsänderung erst nach Ablauf einer bestimmten Frist oder unter bestimmten Bedingungen zum Handelsregister anzumelden, solange hierdurch die Geschäftsführer nicht selber in die Lage versetzt werden, über das „ob" der Satzungsänderung zu bestimmen; die Kompetenz zur Änderung der Satzung liegt zwingend in der Hand der Gesellschafter. Umstritten ist, ob aufschiebende oder auflösende Bedingungen Inhalt des satzungsändernden Beschlusses sein können (dagegen Baumbach/Hueck/*Zöllner/Noack* Rn. 59, weil dadurch Rechtsklarheit und Rechtssicherheit beeinträchtigt würden; abw. *Priester* ZIP 1987, 280 (285), der eine aufschiebende Bedingung ausnahmsweise zulassen will, falls deren Eintritt bei Eintragung gegeben und

dem Registerrichter nachgewiesen wird; *Priester* zustimmend MüKoGmbHG/*Harbarth* Rn. 168; Lutter/Hommelhoff/*Bayer* Rn. 42). Der zuletzt genannten Auffassung ist zu folgen.

e) Mehrheitserfordernisse. Aus Abs. 2 S. 1 Hs. 2 ergibt sich, dass satzungsändernde Beschlüsse einer Mehrheit von 3/4 der abgegebenen Stimmen bedürfen. Es kommt für das Erreichen dieses Quorums also weder auf die Kapitalmehrheit noch auf die insgesamt in der Gesellschaft vorhandenen Stimmen, auch nicht auf die Zahl der Stimmenthaltungen, an. 19

Die Gesellschafter können gem. Abs. 2 S. 2 in der Satzung eine Erhöhung der erforderlichen Mehrheit vorsehen. Ebenso kann **Einstimmigkeit** aller Abstimmenden, aller Erschienenen oder aller in der Gesellschaft vorhandenen Gesellschafter vorgeschrieben werden (einhellige Meinung, vgl. etwa Scholz/*Priester/Tebben* Rn. 88; UHL/*Ulmer/Casper* Rn. 93). Desgleichen ist es möglich, erhöhte Mehrheitserfordernisse nur für bestimmte Arten von satzungsändernden Beschlüssen vorzusehen. Auch kann die Satzung beim Auseinanderfallen von Kapitalbeteiligung und Stimmrecht anordnen, dass sowohl eine (qualifizierte) **Stimmenmehrheit** als auch eine bestimmte **Kapitalmehrheit** zustimmen muss. Die Änderung, insbesondere auch die Beseitigung gegenüber dem gesetzlichen Mehrheitserfordernis erhöhter Mehrheitserfordernisse, bedarf ihrerseits der erhöhten Mehrheit. 20

Beschlüsse über Kapitalerhöhungen im Zusammenhang mit Rekapitalisierungs- bzw. Refinanzierungsmaßnahmen nach §§ 7, 22 Stabilisierungsfondsgesetz (StFG, BGBl. 2020 I 1633) bedürfen nach §§ 9a, 7 Wirtschaftsstabilisierungsbeschleunigungsgesetz (WStBG, BGBl. 2020 I 1633) lediglich der einfachen Mehrheit der „anwesenden" Stimmen. Abweichende Bestimmungen in der Satzung sind unbeachtlich. 20a

f) Formerfordernisse. § 53 Abs. 2 S. 1 schreibt zwingend vor, dass ein satzungsändernder Beschluss der notariellen Beurkundung bedarf. Ohne Beachtung der notariellen Form ist der Beschluss grundsätzlich formnichtig. Das Formerfordernis der notariellen Urkunde bezieht sich auf den Vorgang der Beschlussfassung, nicht auf den der Stimmabgabe durch die Gesellschafter. Die Voraussetzungen für die Einhaltung der notariellen Form ergeben sich aus §§ 36, 37 BeurkG. Erforderlich ist eine Niederschrift der Wahrnehmungen des Notars, seiner Bezeichnung und seiner eigenhändigen Unterschrift, nicht dagegen die Angabe von Tag und Ort der Beschlussfassung und der Urkundserrichtung. Inhaltlich betrachtet sind alle im Einzelfall rechtserheblichen Tatsachen aufzuzeichnen, also der genaue Wortlaut des Beschlusses sowie das Abstimmungsergebnis. Rechtliche Bedeutung kann auch das **Stimmverhalten** einzelner Gesellschafter haben, beispielsweise wenn diese einem Stimmverbot unterliegen. Gleichwohl ist umstritten, ob das Stimmverhalten der Gesellschafter namentlich, und zwar einschließlich der Angabe der Namen der mitwirkenden Vertreter, in die Niederschrift aufzunehmen ist (dafür MHLS/*Hoffmann* Rn. 71; tendenziell auch Baumbach/Hueck/*Zöllner/Noack* Rn. 72, der die Angabe der in der Gesellschafterversammlung Anwesenden sowie der Verteilung der Stimmen der Gesellschafter für zweckmäßig hält; aA beispielsweise Scholz/*Priester/Tebben* Rn. 69 und UHL/*Ulmer/Casper* Rn. 103, die nur das Abstimmungsergebnis und ggf. die Beschlussfeststellung in die Niederschrift aufnehmen wollen; *Priester/Tebben* halten allerdings ebenfalls die Aufnahme weiterer Angaben für sinnvoll). Der zuerst zitierten Auffassung ist zu folgen. 21

Denkbar ist es, die Beurkundung des Beschlusses nach §§ 36, 37 BeurkG mit der Beurkundung der Willenserklärung der einzelnen Gesellschafter nach §§ 8 ff. BeurkG in derselben Urkunde vorzunehmen. Dies spielt namentlich in zwei Fällen eine Rolle: Zum einen ist es üblich, die Beurkundung des Beschlusses über die Erhöhung des Stammkapitals mit der Beurkundung der rechtsgeschäftlichen Erklärung betreffend die Übernahme einer neuen Stammeinlage (§ 55 Abs. 1) zu verbinden. Zum anderen können satzungsändernde Beschlüsse ungeachtet der damit verknüpften logistischen Herausforderungen im schriftlichen **(Umlauf-)Verfahren** nach § 48 Abs. 2 gefasst werden (Baumbach/Hueck/*Zöllner/Noack* Rn. 55, 74). Hier bedarf es der Beurkundung der Stimmabgabe, der Zustimmungserklärung zum schriftlichen Verfahren, soweit gegen die Änderung gestimmt wird, sowie der notariellen Wahrnehmung des Zugangs aller Abstimmungsurkunden (Scholz/*Priester/Tebben* Rn. 66; ebenso MüKoGmbHG/*Harbarth* Rn. 74). 22

Ein Sonderfall ist die Beschlussfassung des Gesellschafters der Einpersonen-GmbH, die – nach freilich umstrittener Auffassung – nach Maßgabe der §§ 8 ff. BeurkG erfolgt (so auch MüKoGmbHG/*Harbarth* Rn. 95 mwN; Rowedder/Schmidt-Leithoff/*Schnorbus* Rn. 93). Nach anderer Auffassung gelten auch für die Einpersonen-GmbH die §§ 36 ff. BeurkG (OLG Celle 13.2.2017, NZG 2017, 422; dazu *Nordholz/Hupka* DNotZ 2018, 404). 23

§ 2 Gesetz über Maßnahmen im Gesellschafts-, Genossenschafts-, Vereins-, Stiftungs- und Wohnungseigentumsrecht zur Bekämpfung der Auswirkungen der COVID-19-Pandemie (COVMG vom 27.3.2020, in Kraft getreten am 28.3.2020) sieht für im Jahre 2020 (das BMJV kann den Zeitraum höchstens bis zum 31.12.2021 kraft gesetzlicher Ermächtigung verlängern) außerhalb einer Gesellschafterversammlung gefasste Gesellschafterbeschlüsse vor, dass diese abweichend von § 48 Abs. 2 auch ohne Einverständnis sämtlicher Gesellschafter zustande kommen. Auch einer Regelung in der Satzung bedarf es hierfür nicht. Entgegenstehende Bestimmungen in der Satzung bleiben allerdings unberührt. 23a

24 **g) Auslandsbeurkundung.** Das Abhalten von Gesellschafterversammlungen im Ausland und die Beschlussfassung dort ist grundsätzlich zulässig (→ § 48 Rn. 3). Sollen satzungsändernde Beschlüsse im Ausland gefasst werden, stellt sich die Frage, auf welche Weise dem Beurkundungserfordernis des Abs. 2 genügt werden kann. Ein deutscher Notar kann eine Beurkundung im Ausland nicht wirksam vornehmen, da seine Hoheitsbefugnisse auf das deutsche Staatsgebiet beschränkt sind (BGH 30.4.1998, BGHZ 138, 359 (361)). Ebenso wenig kann der deutsche Notar eine im Ausland wahrgenommene Beschlussfassung im Inland zur Niederschrift bringen, da sich Wahrnehmung und Beurkundung nicht trennen lassen (BGH 30.4.1998, BGHZ 138, 359 (362)). Somit kommt es darauf an, ob die Beurkundung satzungsändernder Beschlüsse durch eine ausländische Urkundsperson dem Formerfordernis des Abs. 2 genügt. Nach Art. 11 Abs. 1 EGBGB sind im Ausland vorgenommene Rechtsgeschäfte, die einer besonderen Form bedürfen, formwirksam, wenn entweder die Form des Wirkungsstatuts (deutsche Geschäftsform) oder die Form des Ortes der Vornahme des Rechtsgeschäftes (Ortsform) beachtet ist.

25 Für die Formwirksamkeit nach **Art. 11 Abs. 1 Alt. 1 EGBGB** (Wirkungsstatut) bedarf es danach der Einhaltung der Formerfordernisse des deutschen Gesellschaftsstatuts (der deutschen Geschäftsform), somit einer notariellen Beurkundung, die allerdings nicht durch einen deutschen Notar vorgenommen werden muss. Die Vornahme der Beurkundung durch den ausländischen Notar muss aber geeignet sein, die Beteiligung eines deutschen Notars zu ersetzen, was nach allgA nur dann der Fall ist, wenn die ausländische Urkundsperson dem deutschen Notar **gleichwertig** ist. Gleichwertigkeit ist der Rspr. des BGH zufolge gegeben, wenn die ausländische Urkundsperson nach Vorbildung und Stellung im Rechtsleben eine der Tätigkeit des deutschen Notars entsprechende Funktion ausübt und für die Errichtung der Urkunde ein Verfahrensrecht zu beachten hat, das den tragenden Grundsätzen des deutschen Beurkundungsrechts entspricht (BGH 17.12.2013, NJW 2014, 2026 Rn. 23 (Notar in Basel); BGH 16.2.1981, BGHZ 80, 76 (78) = NJW 1981, 1160). Dem stimmt die ganz überwA im Schrifttum zu (vgl. MüKoGmbHG/*Harbarth* Rn. 76 ff.; Baumbach/Hueck/*Zöllner/Noack* Rn. 75; MHLS/*Hoffmann* Rn. 78; vgl. auch OLG Düsseldorf 2.3.2011, ZIP 2011, 564, zur Beurkundung der Übertragung von GmbH-Anteilen durch einen Schweizer Notar). Demgegenüber verneint eine wohl immer noch in der Minderheit befindliche Auffassung generell die Gleichwertigkeit ausländischer Urkundspersonen (vgl. Scholz/*Priester/Tebben* Rn. 74 f.; Lutter/Hommelhoff/*Bayer* Rn. 17; s. auch *Goette* DStR 1996, 709, der nach der Komplexität des zu beurkundenden Rechtsgeschäfts differenziert). Insbesondere unter Berücksichtigung des Umstandes, dass für die Beurkundung satzungsändernder Beschlüsse die §§ 36 f. BeurkG maßgeblich sind und somit auch bei einer inländischen Beurkundung eine Belehrung nach § 17 BeurkG nicht erforderlich ist (vgl. MHLS/*Hoffmann* Rn. 77 mwN), ist prinzipiell von der Zulässigkeit einer Auslandsbeurkundung satzungsändernder Beschlüsse nach Art. 11 Abs. 1 Alt. 1 EGBGB auszugehen, wobei im Anschluss an die zitierte Entscheidung des BGH die Gleichwertigkeit im Einzelfall zu prüfen ist. Diese Gleichwertigkeit ist in der Rspr. für den Schweizer Notar in einzelnen Kantonen bejaht worden (vgl. BGH 17.12.2013, NJW 2014, 2026 Rn. 23 (Basel); BGH 16.2.1981, NJW 1981, 1160 (Zürich); BGH 22.5.1989, NJW-RR 1989, 1259; auch in der Lit. wird zwischen einzelnen Kantonen der Schweiz differenziert, vgl. *Sick/Schwarz* NZG 1989, 540 (542 f.); *Saenger/Scheuch* BB 2008, 65; außerdem nach der Komplexität des zu beurkundenden Rechtsgeschäfts differenzierend *Goette* DStR 1996, 709 (711 ff.)).

26 Für die Formwirksamkeit nach **Art. 11 Abs. 1 Alt. 2 EGBGB** (Ortsform) muss diejenige Form gewahrt werden, die am Ort der Beurkundung gilt. Zur Anwendbarkeit der Ortsform bzw. der Wirksamkeit im Falle (allein) ihrer Einhaltung bei statusrelevanten Vorgängen hat sich der BGH wegen fehlender Entscheidungserheblichkeit – die der deutschen Geschäftsform vergleichbare Form war in dem zu entscheidenden Fall bereits erfüllt – noch nicht abschließend geäußert (BGH 16.2.1981, NJW 1981, 1160; die Anwendbarkeit bzw. das Ausreichen der Beachtung der Ortsform bei der Beurkundung von Vorgängen mit Statusrelevanz grundsätzlich bejahend OLG Düsseldorf 25.1.1989, NJW 1989, 2200; *Saenger/Scheuch* BB 2008, 65 (69); abl. die wohl hA, vgl. etwa OLG Hamm 1.2.1974, NJW 1974, 1058; KG 24.1.2018, IPrax 2019, 69; Scholz/*Priester/Tebben* Rn. 72 mwN; wohl auch MüKoGmbHG/*Harbarth* Rn. 78).

27 Nach überwA im Schrifttum haben weder das **MoMiG,** welches die (deutschen) Notare verpflichtet, die Gesellschafterliste nach Wirksamwerden der Anteilsübertragung einzureichen (§ 40 Abs. 2), noch die **Reform des Schweizer Obligationenrechts** Auswirkungen auf die Wirksamkeit von Beurkundungen durch Schweizer Notare einzelner Kantone, soweit die Voraussetzungen vorliegen, unter denen die Wirksamkeit einer Beurkundung in der Schweiz schon bislang angenommen werden durfte (*Saenger/Scheuch* BB 2008, 65 (69); *Engel* DStR 2008, 1593 (1599)). In einer bislang vereinzelt gebliebenen Entscheidung (LG Frankfurt a. M. 7.10.2009, BB 2009, 2500 mAnm *Krause*) ist dagegen bezogen auf Geschäftsanteilsveräußerungsverträge die Auffassung vertreten worden, dass unter der Geltung des § 40 Abs. 2 nF die Wirksamkeit einer Beurkundung durch einen Schweizer Notar zweifelhaft sein könne. Der BGH (BGH 17.12.2013, NJW 2014, 2026) hat bestätigt, dass das Beurkundungserfordernis auch eine Prüfungs- und Belehrungsfunktion habe, dass diese aber nicht Wirksamkeitsvoraussetzung der Beurkundung, sondern verzichtbar sei.

28 Des Weiteren wird die Auffassung vertreten, dass die Beurkundung durch Notare aus EU-**Mitgliedsstaaten** generell als gleichwertig anzuerkennen sei, weil die notarielle Beurkundungstätigkeit der Dienstleistungsfreiheit des Art. 49 EG unterliege und nicht zu den spezifisch hoheitlichen Tätigkeiten iSv Art. 55 EG iVm Art. 45 EG zu zählen sei. Die Anwendung des Gleichwertigkeitskriteriums auf Notare der Mitgliedstaaten sei deshalb europarechtlich geboten (MHLS/*Hoffmann* Rn. 80). Diese Auffassung ist allerdings von der Rspr. bislang nicht aufgegriffen worden.

29 In **praktischer Hinsicht** ist bei Auslandsbeurkundungen zu beachten, dass satzungsändernde Beschlüsse zu ihrer Wirksamkeit der Eintragung in das Handelsregister bedürfen und dass diesbezügliche Anmeldungen elektronisch in öffentlich beglaubigter Form einzureichen sind (vgl. § 12 Abs. 1 S. 1 Abs. 2 S. 2 HGB, § 39a BeurkG). Auch wenn sich ausländische Notare die erforderliche Software nebst Signaturkarte beschaffen können, muss zumindest eine Apostille, bezogen auf die elektronisch signierte Bilddatei, beigefügt werden, weil nur inländische öffentliche Urkunden eine Richtigkeitsvermutung genießen (vgl. Scholz/*Priester/Veil,* 10. Aufl. 2006, Rn. 76). Denkbar ist allerdings auch, dass ein deutscher Notar einen in der Schweiz beurkundeten Gesellschaftsvertrag unter Nutzung seiner Signatur einreicht (so Scholz/*Priester/Veil,* 10. Aufl. 2006, Rn. 76, die allerdings in Rn. 74 generell die Beurkundung durch einen deutschen Notar für erforderlich halten).

30 **5. Zustimmungserfordernisse. a) Zustimmungserfordernis nach Abs. 3.** Nach Abs. 3 kann eine **Vermehrung** der den Gesellschaftern nach der Satzung obliegenden Leistungen nur mit Zustimmung des jeweils betroffenen Gesellschafters beschlossen werden. Eine solche Vermehrung liegt auch vor, wenn allen Gesellschaftern im gleichen Verhältnis Mehrbelastungen auferlegt werden. Über den Wortlaut der Vorschrift hinaus bedarf es der Zustimmung betroffener Gesellschafter ferner dann, wenn Gesellschafterrechte verkürzt werden und die Gesellschafter davon ungleich betroffen sind. Entsprechendes gilt im umgekehrten Falle, wenn einzelne Gesellschafter durch eine Satzungsänderung begünstigt werden. Begünstigung in diesem Sinne ist sowohl die Verbesserung von Rechten, beispielsweise die Einräumung von Sonderrechten, als auch die Verkürzung von diesen Gesellschaftern auferlegten Pflichten. Des Weiteren bedarf die Beeinträchtigung von Sonderrechten eines Gesellschafters (Rechte, die nicht allen Gesellschaftern gleichermaßen zustehen, etwa Geschäftsführerbenennungsrechte, Entsendungsrechte, Vorkaufsrechte, Mehrstimmrechte) dessen Zustimmung (BGH 10.10.1988, WM 1989, 250; OLG Stuttgart 22.5.1997, GmbHR 1997, 1108). In den genannten drei Fällen ist allerdings fraglich, ob das Erfordernis der Zustimmung des betroffenen Gesellschafters erst aus Abs. 3 in unmittelbarer oder entsprechender Anwendung folgt oder sich bereits aus dem Gleichbehandlungsgrundsatz bzw. dem Charakter des einmal eingeräumten Sonderrechts als solchem ergibt. Im praktischen Ergebnis kommt es auf die Entscheidung dieser Frage aber nicht an.

31 Die Neueinführung oder Erhöhung von **Nebenleistungen** iSd § 3 Abs. 2 bedarf der Zustimmung aller Gesellschafter (RG 8.6.1928, RGZ 121, 238 (241)). Gleiches gilt für die Herabsetzung des Entgelts, das den Gesellschaftern für solche Nebenleistungen gezahlt wird, nicht dagegen die Bindung des Entgelts an andere Parameter als bislang, die einer Schwankung unterliegen. Zustimmungspflichtig ist auch die Verschiebung von Fälligkeitsterminen bzgl. der Resteinlage auf einen früheren Zeitpunkt für alle Gesellschafter oder für nur einzelne Gesellschafter auf einen späteren Zeitpunkt. Ebenso zustimmungsbedürftig ist die Einführung einer Nachschusspflicht oder die Umwandlung einer begrenzten Nachschusspflicht in eine unbegrenzte (KG Berlin 20.12.1999, NZG 2000, 688). Zustimmungspflichtig ist ferner die nachträgliche Zulassung der Einziehung von Geschäftsanteilen (BayObLG 25.7.1978, GmbHR 1978, 269; Baumbach/Hueck/*Zöllner/Noack* Rn. 36). Nach ganz hA kann dagegen die Kapitalerhöhung vorbehaltlich abweichender Satzungsbestimmungen mit der Mehrheit nach Abs. 2 S. 1 beschlossen werden, obgleich hierdurch alle, auch die nicht zustimmenden Gesellschafter, dem Risiko der Ausfallhaftung nach § 24 ausgesetzt werden (Baumbach/Hueck/*Servatius* § 55 Rn. 17).

32 **b) Zustimmungserfordernis bei qualifizierten Satzungsänderungen.** Über die von Abs. 3 erfassten bzw. dieser Regelung gleichgestellten Fälle hinaus hält die hM solche Satzungsänderungen für zustimmungspflichtig, mit denen wesentliche Gesellschafterrechte besonders beeinträchtigt werden. Dies ist etwa der Fall bei einem Eingriff in den **Kernbereich** der gesellschaftsrechtlichen Position und in unentziehbare Gesellschafterrechte (BGH 5.11.1984, WM 1985, 195), bei nachträglicher Beschränkung der Abtretbarkeit der Geschäftsanteile (UHL/*Ulmer/Casper* Rn. 139; Baumbach/Hueck/*Zöllner/Noack* Rn. 34; Lutter/Hommelhoff/*Bayer* Rn. 25) ebenso wie bei der nachträglichen Erleichterung der Abtretung (OLG Stuttgart 12.5.1999, NZG 2000, 159; aA OLG Hamm 30.8.2001, ZIP 2001, 1915; ebenfalls aA Lutter/Hommelhoff/*Bayer* Rn. 25; Lutter/Hommelhoff/*Bayer* § 15 Rn. 74, es sei denn, die vorhandene Regelung verlangt Einstimmigkeit, denn in diesem Falle sei die Vinkulierung als unentziehbares Mitgliedschaftsrecht zu qualifizieren), im Falle der nachträglichen Einführung von Begrenzungen des Stimmrechts (Baumbach/Hueck/*Zöllner/Noack* § 47 Rn. 71; aA BGH 19.12.1977, BGHZ 70, 117; Rowedder/Schmidt-Leithoff/*Koppensteiner/Gruber* § 47 Rn. 18), des Weiteren bei der satzungsmäßigen Beschränkung der Gewinnausschüttung, erst recht bei der Änderung des Verteilungsschlüssels.

33 Die Änderung des Gesellschaftszwecks soll entsprechend dem Grundgedanken des § 33 Abs. 1 S. 2 BGB der Zustimmung aller Gesellschafter bedürfen (Roth/Altmeppen/*Altmeppen* Rn. 19; Lutter/Hommelhoff/*Bayer* Rn. 23; Scholz/*Priester/Tebben* Rn. 181), nicht aber die Änderung des Unternehmensgegenstandes, wobei schon fraglich ist, wie Unternehmenszweck und Unternehmensgegenstand voneinander abzugrenzen sind. Als Beispiel für die Änderung des Gesellschaftszwecks wird die Aufgabe der Gewinnerzielung als unternehmerische Zielsetzung bzw. der generelle und definitive Verzicht auf Gewinnausschüttungen angeführt. Die Zustimmungspflichtigkeit hinsichtlich der künftigen Beschränkung bzw. des Ausschlusses der Gewinnausschüttung ergibt sich schon aus dem zuvor Gesagten, hinsichtlich der Neuausrichtung des Gesellschaftszwecks ist der zitierten Auffassung beizupflichten.

34 Anderes gilt für die Änderung des Unternehmensgegenstandes wie auch für sonstige Maßnahmen von grundlegender Bedeutung, beispielsweise für die Veräußerung des gesamten Unternehmens oder wesentlicher Teile davon. Hier stellt sich allein die Frage, ob – vorbehaltlich abweichend gesellschaftsvertraglicher Bestimmungen – ein die Geschäftsführer anweisender Beschluss der einfachen oder der qualifizierten Mehrheit (letzteres trifft zu, s. dazu auch Roth/Altmeppen/*Altmeppen* Rn. 15) bedarf. Vom soeben beschriebenen Innenverhältnis ist das Verhältnis zu Dritten zu unterscheiden. § 179a AktG, wonach Verträge über die Übertragung des gesamten Vermögens der Gesellschaft zu ihrer Wirksamkeit der Zustimmung der Hauptversammlung bedürfen, ist nach Auffassung des BGH (8.1.2019, NZG 2019, 505; dazu *Müller* NZG 2019, 807) im Recht der GmbH entgegen der bislang wohl herrschenden Auffassung nicht entsprechend anwendbar, sodass die Vertretungsmacht der Geschäftsführer im Außenverhältnis auch insoweit grundsätzlich unbeschränkt ist.

35 Fraglich ist, ob der Abschluss von **Unternehmensverträgen** iSd § 291 AktG, sei es aufseiten der abhängigen oder aufseiten der herrschenden GmbH, Satzungsänderung ist. Die wohl überwiegende Auffassung ordnet Unternehmensverträge als materiell satzungsändernd ein (vgl. MüKoGmbHG/*Harbarth* Rn. 147 ff.). Unabhängig von dieser Frage gilt nach der höchstrichterlichen Rspr., dass dem Abschluss eines Unternehmensvertrages aufseiten der künftig abhängigen GmbH nicht deren sämtliche Gesellschafter zustimmen müssen, sondern eine 3/4-Mehrheit ausreicht und das herrschende Unternehmen sich ungeachtet von § 47 Abs. 4 S. 2 an der Abstimmung beteiligen darf (BGH 31.5.2011, BGHZ 190, 45 = NZG 2011, 902; offengeblieben in BGH 24.10.1988, BGHZ 105, 324). Aufseiten der herrschenden GmbH reicht für den zustimmenden Gesellschafterbeschluss ebenfalls eine 3/4-Mehrheit aus (BGH 24.10.1988, BGHZ 105, 324; vgl. auch BGH 16.7.2019, NZG 2019, 1149 Rn. 17). Dagegen unterliegen Teilgewinnabführungsverträge iSd § 292 Abs. 1 Nr. 2 AktG mit einer GmbH als abführungspflichtiger Gesellschaft dann keinen besonderen Wirksamkeitsanforderungen, wenn sie keine satzungsüberlagernde Wirkung haben (BGH 16.7.2019, NZG 2019, 1149).

36 **c) Erteilung der Zustimmung.** Zwischen Beschlussfassung und Zustimmung ist zu differenzieren. Für Satzungsänderungen bedarf es zum einen der Beschlussfassung mit einer Mehrheit von 3/4, zum anderen in den Fällen des Abs. 3 und bei diesen Fällen gleichgestellten qualifizierten Satzungsänderungen der Zustimmung der betroffenen Gesellschafter. Die Wirksamkeit des Beschlusses tritt erst mit der erforderlichen Zustimmung ein. Auf den Zeitpunkt der Zustimmung kommt es nicht an. Diese kann vorher oder nachher erklärt werden. Die Zustimmung bedarf nicht der Form des Abs. 2, sie kann **formfrei,** auch konkludent (BayObLG 18.3.1991, NJW-RR 1991, 1252; Rowedder/Schmidt-Leithoff/*Schnorbus* Rn. 60) erteilt werden. Bis zur Abgabe der erforderlichen Zustimmungserklärung bleibt der Beschluss schwebend unwirksam (RG 8.6.1928, RGZ 121, 238 (244)).

37 Die Zustimmung kann im Voraus erteilt werden. Zweifelhaft ist jedoch, ob dies nicht nur für konkrete Einzelfälle, sondern allgemein geschehen kann (tendenziell abl. Roth/Altmeppen/*Altmeppen* Rn. 48). Nach hier vertretener Auffassung kann die Zustimmung im Voraus nur für konkrete Einzelfälle erteilt werden.

38 Der Gesellschafter kann im Einzelfall – zB unter dem Gesichtspunkt der Treuepflicht – verpflichtet sein, die Zustimmung zu erteilen. In einem solchen Fall muss, so der Gesellschafter nicht freiwillig zustimmt, die entsprechende Verpflichtung des Gesellschafters klageweise durchgesetzt werden, sie gilt nicht bereits aufgrund der bestehenden rechtlichen Verpflichtung zur Zustimmung als erteilt. Der Beschluss wird erst mit Rechtskraft des gegen den zustimmungspflichtigen Gesellschafter erwirkten Urteils wirksam (BGH 5.11.1984, WM 1985, 195; BGH 29.9.1986, WM 1986, 1556; Roth/Altmeppen/*Altmeppen* Rn. 51).

III. Abdingbarkeit

39 Die einzelnen Bestimmungen der Vorschrift sind zwingend.

Anmeldung und Eintragung der Satzungsänderung

54 (1) [1] **Die Abänderung des Gesellschaftsvertrages ist zur Eintragung in das Handelsregister anzumelden.** [2] **Der Anmeldung ist der vollständige Wortlaut des Gesellschaftsvertrags beizufügen; er muß mit der Bescheinigung eines Notars versehen sein, daß die geänderten Bestimmungen des Gesellschaftsvertrags mit dem Beschluß über die Änderung des Gesellschaftsvertrags und die unveränderten Bestimmungen mit dem zuletzt zum Handelsregister eingereichten vollständigen Wortlaut des Gesellschaftsvertrags übereinstimmen.**

(2) **Bei der Eintragung genügt, sofern nicht die Abänderung die in § 10 bezeichneten Angaben betrifft, die Bezugnahme auf die bei dem Gericht eingereichten Dokumente über die Abänderung.**

(3) **Die Abänderung hat keine rechtliche Wirkung, bevor sie in das Handelsregister des Sitzes der Gesellschaft eingetragen ist.**

Übersicht

I. Allgemeines

Abs. 1 und 2 regeln die Formalien der Anmeldung satzungsändernder Beschlüsse zur Eintragung in das Handelsregister. Satzungsänderungen sind nach Abs. 1 S. 1 der Vorschrift eintragungspflichtig. Weder für die Gesellschafter noch für die Geschäftsführer besteht zwar – entgegen dem dies naheliegenden Wortlaut des Abs. 1 S. 1 – eine öffentlich-rechtliche und von Seiten des Registergerichts durchsetzbare Verpflichtung, satzungsändernde Beschlüsse zur Eintragung in das Handelsregister anzumelden. Allerdings erlangt eine beschlossene Satzungsänderung nach Abs. 3 der Vorschrift erst mit Eintragung in das Handelsregister Wirksamkeit. Die Eintragung ist **konstitutiv.** Auf diese Weise werden die Gesellschafter trotz fehlender Verpflichtung im Außenverhältnis dazu angehalten, Satzungsänderungen zur Eintragung anzumelden. 1

II. Einzelerläuterung

1. Anmeldung. a) Zuständigkeit. Die Anmeldung satzungsändernder Beschlüsse zur Eintragung in das Handelsregister erfolgt durch die **Geschäftsführer** namens der Gesellschaft (BGH 24.10.1988, BGHZ 105, 324 = NJW 1989, 295). Ausreichend ist die Anmeldung durch Geschäftsführer in vertretungsberechtigter Anzahl, Prokuristen können in Form der unechten Gesamtvertretung mitwirken. Auch eine Anmeldung durch Bevollmächtige mit Vollmacht in öffentlich beglaubigter Form (§ 12 Abs. 1 S. 2 HGB) ist zulässig (BayObLG 16.6.1988, WM 1988, 1229; OLG Köln 1.10.1986, WM 1986, 1412; Baumbach/Hueck/*Zöllner/Noack* Rn. 3). Der Notar gilt nach § 378 FamFG als ermächtigt, im Namen der zur Anmeldung Berechtigten die Eintragung zu beantragen. 2

3 **b) Registergericht.** Einzureichen ist die Anmeldung bei dem Registergericht, in dessen Bezirk sich der Sitz der Gesellschaft befindet (→ § 7 Rn. 6). Haben die Gesellschafter eine Sitzverlegung beschlossen, erfolgt die Anmeldung gem. § 13h HGB beim Registergericht des bisherigen Sitzes, während das Registergericht des neuen Sitzes die Anmeldung und ggf. weitere satzungsändernde Beschlüsse prüft (vgl. allerdings § 13 Abs. 2 HGB) und bearbeitet (OLG Frankfurt a. M. 30.7.1991, Rpfleger 1991, 508; OLG Hamm 25.3.1991, DB 1991, 1509; KG 24.4.2018, NZG 2018, 1197: Ablehnung der Eintragung einer Sitzverlegung einer aufgelösten GmbH, weil sie ein Auffinden für die Gesellschaftsgläubiger erschwert).

4 **c) Anmeldepflicht.** Eine gesetzliche und zwangsweise durchsetzbare Pflicht der GmbH zur Anmeldung satzungsändernder Beschlüsse besteht nicht. Der Gesetzgeber hat es dabei belassen, die Gesellschaft bzw. deren Gesellschafter dadurch zur Anmeldung satzungsändernder Beschlüsse anzuhalten, dass nach Abs. 3 der Vorschrift die Satzungsänderung erst mit Eintragung in das Handelsregister des Sitzes der Gesellschaft wirksam wird. Im Verhältnis zur Gesellschaft sind deren Geschäftsführer allerdings grundsätzlich – die Gesellschafterversammlung kann mit einfacher Mehrheit abweichende Weisungen erteilen – zur unverzüglichen Anmeldung der Satzungsänderung verpflichtet. Fraglich ist lediglich, ob dies auch bei unwirksamen, nichtigen und anfechtbaren Beschlüssen gilt. Für unwirksame und nichtige Beschlüsse wird die Anmeldepflicht verneint (Baumbach/Hueck/*Zöllner/Noack* Rn. 16), bei anfechtbaren Beschlüssen wird, wenn Anfechtungsklage bereits angekündigt oder schon erhoben worden ist, diskutiert, inwieweit den Geschäftsführern ein Ermessen hinsichtlich der Beurteilung der Erfolgsaussichten der Anfechtung einzuräumen ist und ob je nach Ergebnis der Einschätzung die Anmeldung (einstweilen) unterbleiben kann (Lutter/Hommelhoff/*Bayer* Rn. 7). Abgesehen von wirklich eindeutigem Fallgestaltungen ist den Geschäftsführern zu empfehlen, zur Vermeidung der Eingehung eines eigenen Haftungsrisikos (§ 43) die beschlossene Satzungsänderung anzumelden und die Beurteilung von Beschlussmängeln Registergericht und Prozessgericht zu überlassen. Hinzu kommt, dass die Geschäftsführer eine ausdrückliche oder konkludent erteilte Weisung der Gesellschafter, den satzungsändernden Beschluss anzumelden, zu befolgen haben.

5 **d) Form.** Der Anmeldetext ist elektronisch mit qualifizierter elektronischer Signatur in öffentlich beglaubigter (§ 129 BGB) Form (§ 12 Abs. 1 S. 1 HGB) einzureichen. Die Beglaubigung nimmt der Notar vor.

6 **e) Teilbarkeit der Anmeldung.** Die Anmeldung erfolgt insgesamt, nicht in Teilstücken (LG Dresden 20.12.1993, NJW-RR 1994, 812). Gleiches gilt für die Eintragung (BayObLG 5.3.1987, NJW-RR 1987, 927).

7 **2. Anlagen zur Anmeldung. a) Gesellschafterbeschluss.** Obgleich der Wortlaut der Vorschrift nur verlangt, dass der Anmeldung der vollständige Wortlaut des Gesellschaftsvertrages beizufügen und mit der Bescheinigung des Notars zu versehen ist, die bestätigt, dass die geänderten Bestimmungen des Gesellschaftsvertrages mit dem satzungsändernden Beschluss übereinstimmen, geht die allgemeine Meinung davon aus, dass auch der satzungsändernde Beschluss als solcher in urkundlicher Ausfertigung oder beglaubigter Abschrift der Anmeldung beizufügen ist (Baumbach/Hueck/*Zöllner/Noack* Rn. 9).

8 **b) Vollständiger Wortlaut der (geänderten) Satzung.** Neben dem satzungsändernden Beschluss als solchem ist der vollständige Wortlaut der geänderten Satzung der Anmeldung beizufügen, und zwar auch dann, wenn die Satzung vollständig neu gefasst wurde und daher im Beschluss selbst enthalten ist (Baumbach/Hueck/*Zöllner/Noack* Rn. 10; OLG München 29.10.2009, DB 2009, 2651, zur Unternehmergesellschaft; missverständlich OLG Zweibrücken 10.10.2001, NZG 2002, 93). Der Text der Satzung ist von den Geschäftsführern zu erstellen (BayObLG 14.9.1988, AG 1989, 325), die damit aber auch den beurkundenden Notar beauftragen können. Der vollständige Satzungstext ist mit der **notariellen Bescheinigung** zu versehen, die bestätigt, dass die geänderten Satzungsbestimmungen mit dem Inhalt des satzungsändernden Beschlusses und die unverändert gebliebenen Bestimmungen mit dem zuletzt zum Handelsregister eingereichten vollständigen Wortlaut der Satzung übereinstimmen.

9 **c) Bezeichnung der geänderten Satzungsbestimmungen erforderlich.** Umstritten ist, ob und inwieweit in der Anmeldung oder in der notariellen Bescheinigung des Notars eine Bezeichnung der geänderten Satzungsbestimmungen erforderlich ist. Nach hM sind diejenigen Änderungen, die in § 10 bezeichnete Angaben betreffen und die nach Abs. 2 gesondert einzutragen oder bekannt zu machen sind, zwecks vereinfachter registergerichtlicher Prüfung **„schlagwortartig"** zu kennzeichnen (BGH 16.2.1987, WM 1987, 1100 = NJW 1987, 3191; OLG Düsseldorf 14.10.1998, GmbHR 1998, 1229; OLG Hamm 12.7.2001, ZIP 2001, 2229; *Krafka* NZG 2019, 81 (82)). Wird die Satzung vollständig neu gefasst, besteht nach einer im Schrifttum vertretenen, allerdings bestrittenen und von der Rspr. nicht aufgegriffenen Auffassung kein Bedürfnis nach einer konkreten Bezeichnung der geänderten Satzungsbestimmungen (BGH 16.2.1987, GmbHR 1987, 423; Baumbach/Hueck/*Zöllner/Noack* Rn. 6; aA Scholz/*Priester/Tebben* Rn. 11; OLG Hamm 12.7.2001, DB 2001, 2648; Lutter/Hommelhoff/*Bayer* Rn. 5). Die Praxis sollte sich an der Verfahrensweise des zuständigen Registergerichts orientieren.

d) Sonstige Zustimmungs- oder Genehmigungserfordernisse. Ist die Wirksamkeit des satzungsändernden Beschlusses nach § 53 Abs. 3 von der Zustimmung einzelner Gesellschafter abhängig, sind entsprechende Erklärungen der Anmeldung beizufügen. Erforderlichenfalls kann auch Beweis über die Tatsache der Zustimmung erhoben werden (Baumbach/Hueck/*Zöllner/Noack* Rn. 12). 10

e) Gerichtliche Entscheidung über Satzungsänderung. Beruht die Satzungsänderung auf einem nach Anfechtungs- oder Verpflichtungsklage ergangenen Urteil, ist in entsprechender Anwendung des § 248 Abs. 1 S. 3, Abs. 2 AktG das Urteil der Anmeldung beizufügen. 11

3. Eintragung. a) Umfang. Angaben iSd § 10 Abs. 1, Abs. 2 werden ebenso wie bei erstmaliger Eintragung der GmbH in das Handelsregister eingetragen. In der Registerpraxis wird außerdem der Tag der Beschlussfassung über die Satzungsänderung eingetragen. Im Übrigen wird lediglich der Umstand, dass die Satzung geändert wurde, unter Bezugnahme auf die zugrundeliegenden Urkunden eingetragen. 12

b) Prüfung. Das Registergericht prüft die Anmeldung auf formelle Richtigkeit (Form, Zuständigkeit der anmeldenden Personen) und auf Vollständigkeit der Unterlagen. 13

c) Feststellung von Beschlussmängeln. Stellt der Registerrichter **Nichtigkeits- und/oder Unwirksamkeitsgründe** fest, darf der satzungsändernde Beschluss nicht eingetragen werden. Dies gilt insbesondere auch, wenn erforderliche Zustimmungen nach § 53 Abs. 3 fehlen (OLG Köln 17.7.1992, NJW-RR 1993, 223; Lutter/Hommelhoff/*Bayer* Rn. 19; UHL/*Ulmer/Casper* Rn. 49; insoweit können Zwischenverfügungen erlassen werden, mit denen die Beibringung fehlender Zustimmungserklärungen aufgeben wird). Der **Registerrichter** ist weder befugt noch verpflichtet, die Eintragung eines nichtigen oder unwirksamen Beschlusses zu veranlassen, um eine Heilung zu ermöglichen (OLG Köln 17.7.1992, NJW-RR 1993, 223). Im Streitfalle kann der Registerrichter entweder das Verfahren nach § 21 Abs. 2 FamFG aussetzen oder aber selbst eine Klärung der Sach- und Rechtslage herbeiführen. In Zweifelsfällen sollte der Registerrichter das Eintragungsverfahren aussetzen (Baumbach/Hueck/*Zöllner/Noack* Rn. 21), dies entbindet ihn aber nicht von der Prüfung und der Verpflichtung, sich ein eigenes Urteil zu bilden. 14

Umstritten ist, inwieweit der Registerrichter auch die **Anfechtbarkeit** von satzungsändernden Beschlüssen zu berücksichtigen hat. Nach hM hat der Registerrichter die materielle Rechtslage zumindest kursorisch zu würdigen und muss zwischen den schutzwürdigen Interessen an einer Aussetzung des Eintragungsverfahrens einerseits und an einer alsbaldigen Eintragung andererseits abwägen, und zwar sowohl in den Fällen, in denen bereits Anfechtungsklage erhoben ist, als auch in denjenigen Fällen, in denen die Anfechtungsfrist noch nicht abgelaufen ist (Rowedder/Schmidt-Leithoff/*Schnorbus* Rn. 25). In der zuletzt genannten Fallgruppe kommt auch eine Aussetzung des Verfahrens nach § 21 FamFG nebst Fristsetzung zur Klageerhebung in Betracht. Ist dagegen die Anfechtungsfrist bereits abgelaufen, sodass der Beschluss unanfechtbar geworden ist, muss grundsätzlich eingetragen werden (BayObLG 7.11.1991, GmbHR 1992, 41; Rowedder/Schmidt-Leithoff/*Schnorbus* Rn. 25 f.). Dem wird widersprochen, soweit sich der zur Anfechtung berechtigende Beschlussmangel einem Nichtigkeitsgrund annähert (Baumbach/Hueck/*Zöllner/Noack* Rn. 23 ff.; Scholz/*Priester/Tebben* Rn. 44). 15

Nicht abschließend geklärt ist, inwieweit der Registerrichter über die genannten Fallgestaltungen hinaus zur Prüfung des geänderten Satzungsinhalts befugt und verpflichtet ist. Fest steht, dass dem Registerrichter eine bloße **Zweckmäßigkeitskontrolle** nicht erlaubt ist. Jedoch darf der Registerrichter auf Klarheit und Unmissverständlichkeit der Formulierung sowie auf Widerspruchsfreiheit der Satzung achten und entsprechende Hinweise erteilen (zutr. Rowedder/Schmidt-Leithoff/*Schnorbus* Rn. 22; aA BayObLG 29.10.1992, NJW-RR 1993, 494). 16

d) Eintragungssperre. Art. 12 § 7 Abs. 2 S. 1 GmbHG ÄndG idF des BiRiLiG sieht eine Eintragungssperre vor, solange die Satzung keine Bestimmung über die Ergebnisverwendung (§ 29 Abs. 2) enthält. Gleiches gilt hinsichtlich das Stammkapital ändernder Beschlüsse, solange das Stammkapital nicht entsprechend § 1 Abs. 1 S. 4 EGGmbHG (früher § 86 Abs. 1 S. 4) auf Euro umgestellt ist. 17

e) Freigabeverfahren. Für bestimmte Beschlüsse, gegen die Nichtigkeits- oder Anfechtungsklage erhoben ist, ermöglicht das Gesetz die bindende Klärung der Rechtslage durch das Prozessgericht in einem summarischen Verfahren (vgl. § 16 Abs. 3 UmwG für Umwandlungsbeschlüsse, § 319 Abs. 4 AktG für Eingliederungsvorgänge und § 246a AktG für Beschlüsse über Kapitalerhöhungs- oder Herabsetzungsmaßnahmen sowie Unternehmensverträge). Im Schrifttum wird vereinzelt die Auffassung vertreten, dass § 246a AktG auch bei der GmbH Anwendung finden könne (vgl. Baumbach/Hueck/*Zöllner,* 19. Aufl. 2010, Rn. 29 ff., daran halten Baumbach/Hueck/*Zöllner/Noack* Rn. 28 nicht mehr fest). Von der Rspr. ist diese Auffassung, soweit ersichtlich, bislang nicht aufgegriffen worden. 18

4. Bekanntmachung. Wenn Bestimmungen der Satzung iSv § 10 Abs. 1 und/oder Abs. 2 geändert werden, deren Neufassung einzutragen ist, sind die neu gefassten Bestimmungen entsprechend bekannt zu machen. Statt des Datums des Abschlusses des Gesellschaftsvertrages (der Satzung) ist der Tag, an 19 welchem die Satzungsänderung beschlossen wurde, zu nennen. Bei sonstigen Satzungsänderungen ist nur bekannt zu machen, dass die Satzung geändert worden ist.

20 **5. Rechtsfolgen der Eintragung. a) Geltung der Satzungsänderung im Außen- und Innenverhältnis.** Mit Eintragung der Satzungsänderung wird diese wirksam. Bis zur Eintragung ist die Satzungsänderung schwebend unwirksam. Allerdings können die Gesellschafter im Innenverhältnis zueinander oder die Geschäftsführer gegenüber den Gesellschaftern schuldrechtlich verpflichtet sein, schon ab Beschlussfassung die geänderte Satzung zu beachten.

21 Aus Abs. 3 folgt weiter, dass die Satzungsänderung im Verhältnis zu Dritten nicht auf den Zeitpunkt der Beschlussfassung oder gar noch weiter **zurück** wirkt (dazu OLG Frankfurt a. M. 9.3.1999, GmbHR 1999, 484; BFH 18.9.1996, GmbHR 1997, 670 für die Änderung des Geschäftsjahres). Im Innenverhältnis der Gesellschafter zueinander kann wiederum etwas anderes gelten.

22 Soll die Wirkung eines satzungsändernden Beschlusses **später** als mit der Eintragung eintreten, kann dies im Beschluss selbst zum Ausdruck gebracht werden. In diesem Falle tritt die Wirkung auch im Außenverhältnis erst zu dem festgesetzten Datum ein. Denkbar ist ferner, dass die Gesellschafter die Geschäftsführer anweisen, den Beschluss erst zu einem bestimmten Zeitpunkt zum Handelsregister anzumelden und dadurch die Wirkung im Außenverhältnis, ggf. auch im Innenverhältnis, hinauszuschieben.

23 Von der Frage, inwieweit satzungsändernde Beschlüsse im Außen- und/oder Innenverhältnis der Gesellschafter zueinander zurückwirken oder trotz Eintragung in das Handelsregister in ihrer Wirkung hinausgeschoben sind, ist die Frage zu unterscheiden, inwieweit Gesellschafterbeschlüsse, die die zuvor beschlossene Satzungsänderung bedingen, schon vor Eintragung gefasst werden können. Eine Beschlussfassung ist grundsätzlich möglich, im Zweifel aber in ihrer Wirksamkeit bis zur Eintragung des satzungsändernden Beschlusses in das Handelsregister hinausgeschoben (Roth/Altmeppen/*Roth* Rn. 15).

24 **b) Beschlussmängel. aa) Vor Eintragung.** Soweit und solange aufgrund vorhandener oder vermeintlicher Beschlussmängel die Eintragung des Beschlusses in das Handelsregister nicht erfolgt, entfaltet der Beschluss naturgemäß im **Außenverhältnis** keine Wirkung. Für das Innenverhältnis kommt es darauf an, ob der Beschluss tatsächlich unwirksam oder nichtig ist oder unter einem Mangel leidet, der seine Aufhebung rechtfertigt. Ist dies nicht der Fall, kommt in Betracht, dass der Beschluss schon vor Eintragung zu beachten ist.

25 **bb) Nach Eintragung.** Wird der unter einem tatsächlichen oder vermeintlichen Beschlussmangel leidende Beschluss gleichwohl in das Handelsregister eingetragen, ist zu unterscheiden:

26 Grundsätzlich kommt eine **Heilung** durch Eintragung entsprechend § 242 AktG in Betracht. Dies gilt sowohl für Formmängel iSd § 242 Abs. 1 AktG (sofortige Heilung mit Eintragung; vgl. BGH 6.11.1995, NJW 1996, 257) als auch in den Fällen des § 242 Abs. 2 AktG, insoweit allerdings erst mit Ablauf der darin vorgesehenen Drei-Jahres-Frist (BGH 23.3.1981, BGHZ 80, 212 (216); OLG Stuttgart 17.5.2000, DB 2000, 1218).

27 In besonderen Fällen kommt eine **Amtslöschung** nichtiger, gleichwohl aber eingetragener Gesellschafterbeschlüsse gem. § 398 FamFG in Betracht, nämlich dann, wenn die Beseitigung des Beschlusses im öffentlichen Interesse erforderlich erscheint, beispielsweise im Falle der Verletzung zwingender Gesetzesvorschriften. Auch nach Ablauf der Drei-Jahres-Frist des § 242 Abs. 2 AktG und bei bloßer Anfechtbarkeit, wenn die Eintragung hätte versagt werden müssen und wenn in den soeben genannten Konstellationen ein gesteigertes öffentliches Interesse an der Amtslöschung besteht, ist die Löschung möglich (Scholz/*Priester/Tebben* Rn. 68 ff.; Rowedder/Schmidt-Leithoff/*Schnorbus* Rn. 46 ff.; Baumbach/Hueck/*Zöllner/Noack* Rn. 39).

28 Umstritten ist das Verhältnis zwischen § 398 FamFG (früher § 144 FGG) und § 395 Abs. 1 FamFG (früher § 142 Abs. 1 FGG). Nach hM im Schrifttum (vgl. Scholz/*Priester/Tebben* Rn. 69; Rowedder/Schmidt-Leithoff/*Schnorbus* Rn. 46 mwN) ist § 395 Abs. 1 FamFG neben § 398 FamFG anwendbar. Nach insbesondere in der Rspr. vertretener Auffassung ist dies dagegen nicht der Fall (OLG Karlsruhe 18.12.1985, ZIP 1986, 711; OLG Hamm 22.5.1979, BB 1981, 259 mAnm *Baums*). Nach hier vertretener Auffassung sollte eine Anwendung des § 395 FamFG in bestimmten Fällen – so eine Korrektur nicht in Betracht kommt – neben § 398 FamFG möglich sein, etwa bei überhaupt fehlender Anmeldung oder inhaltlich von der Anmeldung abweichender Eintragung (so auch Roth/Altmeppen/*Altmeppen* Rn. 54). Die Reform der freiwilligen Gerichtsbarkeit hat diese Kontroverse nicht in dem einen oder anderen Sinne entschieden (Scholz/*Priester/Tebben* Rn. 69).

Erhöhung des Stammkapitals

55 (1) **Wird eine Erhöhung des Stammkapitals beschlossen, so bedarf es zur Übernahme jedes Geschäftsanteils an dem erhöhten Kapital einer notariell aufgenommenen oder beglaubigten Erklärung des Übernehmers.**

(2) [1] **Zur Übernahme eines Geschäftsanteils können von der Gesellschaft die bisherigen Gesellschafter oder andere Personen, welche durch die Übernahme ihren Beitritt zu der Gesellschaft erklären, zugelassen werden.** [2] **Im letzteren Falle sind außer dem Nennbetrag des Geschäftsanteils auch sonstige Leistungen, zu welchen der Beitretende nach dem Gesellschaftsvertrage verpflichtet sein soll, in der in Absatz 1 bezeichneten Urkunde ersichtlich zu machen.**

(3) **Wird von einem der Gesellschaft bereits angehörenden Gesellschafter ein Geschäftsanteil an dem erhöhten Kapital übernommen, so erwirbt derselbe einen weiteren Geschäftsanteil.**

(4) **Die Bestimmungen in § 5 Abs. 2 und 3 über die Nennbeträge der Geschäftsanteile sowie die Bestimmungen in § 19 Abs. 6 über die Verjährung des Anspruchs der Gesellschaft auf Leistung der Einlagen sind auch hinsichtlich der an dem erhöhten Kapital übernommenen Geschäftsanteile anzuwenden.**

Übersicht

I. Allgemeines

§§ 55–57o regeln einen Sonderfall der Satzungsänderung, nämlich die Erhöhung des Stammkapitals. 1
Zu unterscheiden ist die **effektive** Kapitalerhöhung (Zuführung neuer Mittel in bar oder durch Sacheinlage), für die §§ 55–57b gelten, und die **nominelle** Kapitalerhöhung, bei der kein effektiver Zufluss neuen Kapitals erfolgt und auf die §§ 57c–57o anwendbar sind.

Sowohl bei der effektiven wie auch bei der nominellen Kapitalerhöhung wird das satzungsmäßige 2
Stammkapital erhöht, sodass es eines satzungsändernden Gesellschafterbeschlusses nach §§ 53, 54 bedarf (BGH 17.10.2017, WM 2017, 2314 Rn. 27). Konsequenz beider Arten der Kapitalerhöhung ist, dass das erhöhte Stammkapital der Kapitalbindung nach §§ 30, 31 unterworfen ist. Dies unterscheidet sowohl die effektive und (auch) nominelle wie die ausschließlich nominelle Kapitalerhöhung von allen anderen Arten der Kapitalzuführung, etwa durch Einzahlung von Nachschüssen oder Zuzahlungen.

Das GmbHG sieht nunmehr – entsprechend §§ 202 ff. AktG – in § 55a die Schaffung eines **geneh-** 3
migten Kapitals vor. Ein bedingtes Kapital entsprechend §§ 192 ff. AktG kennt das GmbHG nicht. Die Gesellschafter können allerdings auch unabhängig von den Voraussetzungen des § 55a durch geeignete Beschlussfassung, wenngleich in begrenztem zeitlichen Rahmen, eine Konstellation herbeiführen, die derjenigen des bedingten oder auch des genehmigten Kapitals bei der AG annähernd entspricht (→ Rn. 5).

Lautet das Stammkapital einer GmbH noch auf DM, kann eine Änderung des Stammkapitals nur 3a
eingetragen werden, wenn es auf EUR umgestellt wird (§ 1 Abs. 1 S. 4 EGGmbHG, dazu OLG Düsseldorf 10.5.2019, 3 Wx 219/18, ZIP 2019, 2353).

II. Einzelerläuterung

1. Kapitalerhöhungsbeschluss. Erforderlich ist ein Beschluss über die Erhöhung des Stammkapitals, 4
der einen bestimmten Erhöhungsbetrag enthält. Nicht notwendiger Bestandteil des Kapitalerhöhungsbeschlusses ist die Aufteilung des Erhöhungsbetrages auf einen oder mehrere Geschäftsanteile. Ausreichend ist, wenn die Aufteilung der Geschäftsanteile und die Person des jeweiligen Übernehmers in der gesondert abgeschlossenen **Übernahmevereinbarung** festgelegt werden. Die Konsequenz daraus ist, dass aus der geänderten Satzung nicht notwendigerweise ersichtlich ist, wie die Geschäftsanteile aufgeteilt wurden und wer sie übernommen hat (dazu BGH 6.6.1988, NJW 1989, 168; BayObLG 17.9.1981, NJW 1982, 1400). Dies ergibt sich jedoch aus der aktualisierten und dem Handelsregister

einzureichenden Gesellschafterliste. Müßig ist die im Schrifttum geführte Diskussion über die Frage, ob das erhöhte Stammkapital als solches im Kapitalerhöhungsbeschluss auszuweisen ist (nicht notwendig nach Baumbach/Hueck/*Servatius* Rn. 10, aber zweckmäßig; idS jetzt auch Lutter/Hommelhoff/*Bayer* Rn. 8). Sinnvoll ist zur Vermeidung jedes Missverständnisses die Angabe des bestehenden Stammkapitals, des Erhöhungsbetrages und des neuen Stammkapitals allemal. Spätestens in der Anmeldung zum Handelsregister ist das erhöhte Stammkapital ohnehin anzugeben. Darüber hinaus entspricht es überwiegender Praxis, soweit zu diesem Zeitpunkt bekannt, im Kapitalerhöhungsbeschluss die Aufteilung der Geschäftsanteile und die Person des Übernehmers zu benennen.

5 Nach unbestrittener Auffassung konnten die Gesellschafter schon vor Einfügung des § 55a durch das MoMiG anstelle eines konkreten Erhöhungsbetrages einen **Korridor** beschließen, innerhalb dessen die Übernahme von Geschäftsanteilen möglich ist (Baumbach/Hueck/*Servatius* Rn. 11; DNotI-Report 2019, 99). Denkbar ist danach beispielsweise ein Kapitalerhöhungsbeschluss, mit welchem das Stammkapital um mindestens 10.000 EUR und höchstens 100.000 EUR erhöht wird, sodass sich der exakte Erhöhungsbetrag erst aus der Summe der übernommenen Geschäftsanteile ergibt. Mit einem solchen Erhöhungsbeschluss wird letztlich (mit dem Unterschied, dass nach wohl hA nicht die Anmeldung von Teilbeträgen, sondern nur eine einzige Anmeldung des bis dahin erreichten Erhöhungsbetrages möglich ist) der Effekt eines bedingten oder genehmigten Kapitals entsprechend §§ 192, 202 AktG erreicht. Weil dies nach bislang hM ohne einsichtigen Grund bei der GmbH nicht gewünscht war, wurde entweder eine unverzügliche Durchführung der Kapitalerhöhung (Baumbach/Hueck/*Servatius* Rn. 11) oder die Festsetzung einer kurzen Frist zur Übernahme des erhöhten Stammkapitals im Erhöhungsbeschluss verlangt (maximal sechs Monate, so Lutter/Hommelhoff/*Bayer* Rn. 9; Rowedder/Schmidt-Leithoff/*Schnorbus* Rn. 12; vgl. auch OLG Hamburg 29.10.1999, AG 2000, 326; OLG München 22.9.2009, NZG 2009, 1274). Binnen welchen Zeitraums das Merkmal „unverzüglich" noch erfüllt ist und welche Frist für die Übernahme von Geschäftsanteilen ein Erhöhungsbeschluss vorsehen darf, wird im Schrifttum von der zuletzt zitierten Auffassung jedoch nicht erörtert. Ebenso unklar ist die Konsequenz einer nicht mehr unverzüglichen Anmeldung der Kapitalerhöhung. Die Ablehnung der Eintragung wäre unzweckmäßig, da die Gesellschafter den Erhöhungsbeschluss jederzeit erneut fassen könnten. Zwar wird auch für sonstige satzungsändernde Beschlüsse, die nicht binnen Jahresfrist zur Eintragung in das Handelsregister angemeldet werden, ein Bestätigungsbeschluss verlangt (Baumbach/Hueck/*Zöllner/Noack* § 54 Rn. 17). Allerdings soll der Registerrichter auch bei längeren Zeitabfolgen die Anmeldung nicht zurückweisen dürfen. Abgesehen von diesen Überlegungen ist es aber in jedem Falle sinnvoll, den Erhöhungsbeschluss mit zeitlichen Rahmenbedingungen zu versehen. Dies gilt insbesondere, wenn der im Schrifttum vertretenen Auffassung gefolgt wird, nach welcher die Anmeldung der Kapitalerhöhung nur einmal mit dem bis dahin übernommenen Betrag erfolgen kann und die zur Konsequenz hat, dass ein Beschluss über einen Kapitalerhöhungsrahmen nicht vollends dem genehmigten Kapital nach § 55a bzw. §§ 202 ff. AktG entspricht (UHL/*Ulmer/Casper* Rn. 17; MüKoGmbHG/*Lieder* Rn. 38; Baumbach/Hueck/*Servatius* Rn. 11). Auch nach Einfügung des § 55a darf angenommen werden, dass der vorstehend skizzierte Weg den Gesellschaftern noch zur Verfügung steht. Sinn und Zweck der Einfügung des § 55a ist es lediglich, den Gesellschaftern mehr Flexibilität bei Kapitalmaßnahmen zu gewähren, nicht jedoch, die bisherige Praktikerlösung zu untersagen.

6 **2. Übernahme der Geschäftsanteile.** Soweit der Erhöhungsbeschluss kein Rahmenbeschluss ist, sondern einen bestimmten Erhöhungsbetrag festlegt, bedarf es der **vollständigen Übernahme** der dem Erhöhungsbetrag entsprechenden (weiteren) Geschäftsanteile. Anderenfalls ist die Kapitalerhöhung gescheitert. Insoweit ist die Übernahme der Geschäftsanteile also notwendiger Bestandteil der Kapitalerhöhung. Handelt es sich dagegen um einen Rahmenbeschluss, müssen sich die übernommenen Geschäftsanteile in Summe innerhalb des Kapitalerhöhungsrahmens bewegen. Die Übernahme erfolgt durch Vertrag zwischen der Gesellschaft und dem Übernehmer (öffentlich beglaubigte Übernahmeerklärung des Übernehmers und grundsätzlich formlos mögliche Annahmeerklärung der Gesellschaft, s. BGH 17.10.2017, WM 2017, Rn. 29).

7 **3. Beschlussfassung mit 3/4-Mehrheit.** Für die Beschlussfassung über die Kapitalerhöhung gilt § 53 Abs. 2. Danach ist der Erhöhungsbeschluss mit einer Mehrheit von 3/4 der abgegebenen Stimmen zu fassen; die Satzung kann weitere Erfordernisse vorsehen. Einer Zustimmung aller Gesellschafter nach § 53 Abs. 3 bedarf es ohne entsprechende Regelung in der Satzung nicht. Etwas anderes – Zustimmung aller Gesellschafter ist erforderlich – gilt nur dann, wenn die Gesellschafter verpflichtet werden sollen, an der Kapitalerhöhung teilzunehmen (RG 23.10.1928, RGZ 122, 159 (163)). Im Schrifttum wird – ohne konkretes Ergebnis – diskutiert, auf welche Weise sich ein Schutz der widersprechenden Gesellschafter vor einer **Haftung aus § 24** erreichen lässt (dazu Roth/Altmeppen/*Roth* Rn. 7; *K. Schmidt* GesR § 37 V 1a dd). Prinzipiell bleibt es dabei, dass mit qualifizierter Mehrheit Kapitalerhöhungen beschlossen werden können und eine materielle Beschlusskontrolle nur dann ausgelöst wird, wenn mit der Beschlussfassung Strukturveränderungen einhergehen, die die Minderheit ungleich behandeln oder betreffen (OLG Stuttgart 12.5.1999, NZG 2000, 159; Roth/Altmeppen/*Roth* Rn. 7).

Beschlüsse über Kapitalerhöhungen im Zusammenhang mit Rekapitalisierungs- bzw. Refinanzierungsmaßnahmen nach §§ 7, 22 Stabilisierungsfondsgesetz (StFG, BGBl. 2020 I 1633) bedürfen nach §§ 9a, 7 Wirtschaftsstabilisierungsbeschleunigungsgesetz (WStBG, BGBl. 2020 I 1633) lediglich der einfachen Mehrheit der „anwesenden" Stimmen. Abweichende Bestimmungen in der Satzung sind unbeachtlich. Eine schriftliche Stimmabgabe nach § 48 Abs. 2 wird jedoch ausdrücklich für zulässig erklärt, und zwar insoweit entgegen § 48 Abs. 2 für die Geltungsdauer des Gesetzes über Maßnahmen im Gesellschafts-, Genossenschafts-, Vereins-, Stiftungs- und Wohnungseigentumsrecht zur Bekämpfung der Auswirkungen der COVID-19-Pandemie (COVMG) auch dann, wenn nicht alle Gesellschafter mit der Beschlussfassung außerhalb einer Gesellschafterversammlung einverstanden sind (§ 9a Abs. 2 WStBG). **7a**

Die Gesellschafter sind grundsätzlich nicht verpflichtet, der Kapitalerhöhung zuzustimmen. Eine **Zustimmungspflicht** kann sich nur unter ganz besonderen Umständen aus der gesellschaftlichen Treuepflicht ergeben (dazu *K. Schmidt* ZGR (1982), 524; *Henze* ZHR 162 (1998), 193). Erst recht besteht grundsätzlich keine Verpflichtung der Gesellschafter, an einer beschlossenen Kapitalerhöhung selbst teilzunehmen. Eine solche Pflicht ergibt sich auch nicht aus der allgemeinen gesellschaftlichen Treuepflicht, sondern allenfalls dann, wenn eine gesteigerte Bindung besonderer Art besteht (BGH 21.4.1977, WM 1977, 754; Roth/Altmeppen/*Roth* Rn. 8). Etwas anderes gilt, wenn Nachschuss- oder Nebenleistungspflichten bereits in der Satzung vorgesehen sind oder außerhalb der Satzung diesbezügliche vertragliche Verpflichtungen begründet worden sind. **8**

4. Kapitalerhöhung bei der Vor-GmbH. Auf die Vor-GmbH sind §§ 53 ff. nicht unmittelbar, sondern nur entsprechend und insoweit anwendbar, als sie die Eintragung der Gesellschaft nicht voraussetzen. Nach hier vertretener, allerdings umstrittener Auffassung kann deshalb bereits im Gründungsstadium mit einer Mehrheit von 3/4 beschlossen werden, das Stammkapital abzuändern, insbesondere auch zu erhöhen, soweit hierdurch nicht ein Gesellschafter verpflichtet wird, an der Erhöhung teilzunehmen. Im Übrigen aber gelten die Bestimmungen für die Errichtung der Gesellschaft, insbesondere also § 5 Abs. 2 und 3, § 7 Abs. 2. **9**

5. Kapitalerhöhung im Liquidationsstadium und in der Insolvenz. Nach heute wohl überwA können die Gesellschafter sowohl nach Auflösung der Gesellschaft als auch in der Insolvenz, auch noch nach Eröffnung des Insolvenzverfahrens über das Vermögen der GmbH, eine Kapitalerhöhung beschließen (Baumbach/Hueck/*Servatius* Rn. 5; Scholz/*Priester/Tebben* Rn. 31 f.). Dem ist schon allgemein, insbesondere aber auch mit Rücksicht auf ein potentielles Sanierungsinteresse der Gesellschafter, zuzustimmen. **10**

Von der soeben behandelten Konstellation zu unterscheiden ist der Fall, dass vor Eintritt in das Liquidationsstadium bzw. die Insolvenz der GmbH eine Kapitalerhöhung beschlossen worden ist, die noch nicht in das Handelsregister eingetragen wurde. Für diese Konstellation wird diskutiert, ob der Übernahmeverpflichtung die Geschäftsgrundlage entzogen und die Kapitalerhöhung deshalb nicht durchgeführt zu werden braucht (Baumbach/Hueck/*Servatius* Rn. 5) oder zumindest ein Recht des Gesellschafters zur Kündigung des Übernahmevertrages aus wichtigem Grund besteht (so zutr. BGH 7.11.1994, NJW 1995, 460). Vorzuziehen ist die Annahme, dass jeder Gesellschafter entsprechend § 313 Abs. 3 S. 1 BGB zum **Rücktritt** vom Übernahmevertrag berechtigt ist. Der Rücktritt vom Übernahmevertrag beseitigt den Kapitalerhöhungsbeschluss für sich genommen nicht. Allerdings kann die Kapitalerhöhung dauerhaft nicht angemeldet werden, da es an (wirksamen) Übernahmevereinbarungen fehlt. Es ist fraglich, ob es eines gesondert zu fassenden Aufhebungsbeschlusses (so Roth/Altmeppen/*Roth* Rn. 10) bedarf. Zwingend erforderlich ist ein solcher Beschluss nicht. Ohnehin ist ein Aufhebungsbeschluss nur denkbar, wenn alle Gesellschafter von dem jeweils mit der Gesellschaft geschlossenen Übernahmevertrag zurücktreten, denn anderenfalls stellt sich die Frage, ob der oder die an der Kapitalerhöhung festhaltenden Gesellschafter berechtigt sind, die freigewordenen Geschäftsanteile zu übernehmen. **11**

6. Durchführung der Kapitalerhöhung. a) Übernahmegeschäft. Die Übernahme ist Gegenstand eines Vertrages zwischen der GmbH und dem Übernehmer. Dieser Vertrag ist korporationsrechtlicher Natur und lässt sich als gesellschaftsrechtliches Innengeschäft bezeichnen (vgl. BGH 30.11.1967, BGHZ 49, 119; BGH 17.10.2017, WM 2017, 2314 Rn. 29; s. ferner Baumbach/Hueck/*Servatius* Rn. 34). Die GmbH wird bei diesem Geschäft originär durch die Gesellschafter, und zwar **nur** durch die Gesellschafter vertreten, die Geschäftsführer sind nicht zuständig (BGH 11.1.1999, BGHZ 140, 258 = NZG 1999, 495). Allerdings können die Gesellschafter sich vertreten lassen, sei es durch einen Gesellschafter oder einen oder mehrere Geschäftsführer (BGH 30.11.1967, BGHZ 49, 120). Diese Ermächtigung kann ausdrücklich oder stillschweigend erfolgen, sie bedarf nicht etwa der Mitwirkung aller Gesellschafter, sondern kann mit derjenigen Mehrheit, die für die Beschlussfassung über die Kapitalerhöhung erforderlich ist, erteilt werden. Vielfach wird sich eine Ermächtigung zur Vertretung der Gesellschafter durch die Geschäftsführer aus dem Kapitalerhöhungsbeschluss selbst ergeben (OLG Frankfurt a. M. 28.4.1981, NJW 1982, 2388), sie kann nach hier vertretener Auffassung aber nicht **12**

schon darin liegen, dass ein Kapitalerhöhungsbeschluss überhaupt bestimmte Personen zur Übernahme eines Geschäftsanteils zulässt und die Vertretung der Gesellschaft durch die Gesellschafter nicht ausdrücklich vorbehalten bleibt (aA BGH 30.11.1967, BGHZ 49, 117; OLG Frankfurt a. M. 28.4.1981, NJW 1982, 2388). Da Abs. 1 nur für die Erklärung des Übernehmers eine notarielle Aufnahme oder Beglaubigung verlangt, wird in der Praxis vielfach so verfahren, dass zwar eine dieser Form genügende Erklärung des Übernehmers abgegeben wird, die Gesellschaft diese Erklärung aber nur konkludent – durch Anmeldung der Kapitalerhöhung zur Eintragung – annimmt, was ausreichend ist (BGH 17.10.2017, 2314 Rn. 15, 26). Etwaige Formmängel der Übernahmeerklärung werden mit der Eintragung der Kapitalerhöhung in das Handelsregister geheilt (BGH 17.10.2017, WM 2017, 2314 Rn. 34 ff. mwN).

13 Die Kapitalerhöhung ist Satzungsänderung. Sie wird gem. § 54 Abs. 3 erst mit Eintragung wirksam (BGH 17.10.2017, WM 2017, 2314 Rn. 27 ff.). Gleiches gilt für den Übernahmevertrag insoweit, als die Gesellschafter erst mit Eintragung des Kapitalerhöhungsbeschlusses über erhöhte Geschäftsanteile bzw. neue Geschäftsanteile verfügen und ein im Zuge der Kapitalerhöhung neu beitretender Dritter erst mit Eintragung Gesellschafter wird (BGH 17.10.2017, WM 2017, 2314 Rn. 32). Zwangsläufig treten die rechtliche Verbindlichkeit des Übernahmevertrages und die Fälligkeit der übernommenen Pflichten der (künftigen) Gesellschafter aber schon mit Vertragsschluss ein. Dies betrifft die Verpflichtung zur Leistung der Einlagen (BGH 11.1.1999, ZIP 1999, 310; OLG Dresden 14.12.1998, NZG 1999, 448; Scholz/*Priester/Tebben* Rn. 96, 119), da ein Teil der übernommenen Einlage schon vor der Anmeldung zur Eintragung zu leisten ist (§ 56a). Auch wird angenommen, dass die Rechte des Übernehmers aus dem Übernahmevertrag mit Zustimmung der Gesellschaft und unter Beachtung der Form des § 15 Abs. 3, 4 schon vor Eintragung übertragbar sind (Lutter/Hommelhoff/*Bayer* Rn. 41).

14 Die **Rechte des Übernehmers** aus dem Übernahmevertrag sind allerdings äußerst beschränkt. Zwar wird die Ansicht vertreten, dass Treue- und Schutzpflichten der Gesellschafter gegenüber dem Übernehmer auch dann bestehen, wenn dieser nicht bereits Gesellschafter ist (Roth/Altmeppen/*Roth* Rn. 18; s. zur AG BGH 22.6.1992, NJW 1992, 3167). Allerdings besteht keine Verpflichtung der Gesellschafter zur Durchführung der Kapitalerhöhung, sodass der Übernehmer keinen Anspruch auf Herbeiführung der Eintragung und Verschaffung der Mitgliedschaft iSe Erfüllung des Übernahmevertrages hat (BGH 11.1.1999, BGHZ 140, 258; bestätigt durch BGH 3.11.2015, NZG 2015, 1396). Die Gesellschafter können den Erhöhungsbeschluss bis zu dessen Eintragung jederzeit wieder aufheben. Aus diesem Grunde soll auch kein Anspruch des Übernehmers auf Ersatz des positiven Interesses bestehen (BGH 11.1.1999, BGHZ 140, 258, bestätigt durch BGH 3.11.2015, NZG 2015, 1396; Baumbach/Hueck/*Servatius* Rn. 38). Nicht zuletzt deshalb, weil der BGH in seiner Entscheidung vom 11.1.1999 seine einen auf das positive Interesse gerichteten Schadensersatzanspruch des Übernehmers verneinende Auffassung kaum begründet hatte und somit Zweifel an deren Bestand blieben, wurde den die Kapitalerhöhung beschließenden Gesellschaftern, wenn nach Lage der Dinge eine „Überzeichnung" der Kapitalerhöhung in Betracht kommt, vorsorglich angeraten, Vorbehalte in den Übernahmevertrag aufzunehmen. Nachdem der BGH in der Entscheidung vom 3.11.2015 bestätigt hat, dass Ansprüche des Inferenten zwar auf das negative Interesse beschränkt sind, aber immerhin insoweit überhaupt bestehen können, ist an diesem Rat festzuhalten. Die Vereinbarung eines freien Rücktrittsrechts, dessen Ausübung keine Schadensersatzansprüche begründet, ist aus Sicht der Gesellschaft und der die Kapitalerhöhung beschließenden Gesellschafter sinnvoll. Ein etwaiger Schadensersatzanspruch besteht grundsätzlich gegenüber der Gesellschaft als Partei des Übernahmevertrages, kann sich uU aber auch gegen die Gesellschafter persönlich richten. Ferner ist den Gesellschaftern zu empfehlen, im Erhöhungsbeschluss oder im Angebot auf Übernahme einen zeitlichen Rahmen für die Durchführung der Kapitalerhöhung, insbesondere für die Abgabe der Übernahmeerklärung festzulegen, um sich auch im Falle der Nichteinhaltung der gesetzten Frist von dem Übernahmevertrag lösen zu können, ohne dass Schadensersatzverpflichtungen begründet werden. Auch dem Übernehmer kann ein einseitiges Lösungsrecht eingeräumt werden, wenn die Kapitalerhöhung nicht binnen einer bestimmten Frist vollzogen wurde. Darüber hinaus wird bei unangemessen langer Verzögerung ein einseitiges Lösungsrecht bejaht (LG Hamburg 3.11.1994, WM 1995, 338; zust. Baumbach/Hueck/*Servatius* Rn. 37). Eine solche unangemessen lange Verzögerung wird angenommen, wenn die Kapitalerhöhung nach Ablauf von sechs Monaten nicht vollzogen ist (Lutter/Hommelhoff/*Bayer* Rn. 40). Es kann aber ohne diesbezügliche ausdrückliche Vereinbarung nicht davon ausgegangen werden, dass der Übernahmevertrag nach Fristablauf ipso iure „aufgelöst" ist. Der Übernehmer hat zwar ein Rücktrittsrecht, muss dieses mangels abweichender Vereinbarung aber auch ausüben. Der BGH (3.11.2015, NZG 2015, 1396) hat sich dieser Auffassung angeschlossen und ein Lösungsrecht des Inferenten nach den Grundsätzen über den Wegfall der Geschäftsgrundlage iSd § 313 Abs. 3 S. 1 BGB angenommen, wenn der angemessene Zeitraum für eine Bindung des Inferenten überschritten wird oder die Kapitalerhöhung scheitert. Desgleichen bejaht der BGH in bestimmten Konstellationen (hier: Übernahmevertrag war unter Mitwirkung aller Gesellschafter und Geschäftsführer geschlossen worden und die Gesellschaft hatte sich ausdrücklich zur Durchführung der Kapitalerhöhung verpflichtet) eine (Treue-)Pflicht der Gesellschaft, für eine zügige und ordnungsgemäße Kapitalerhöhung zu sorgen.

Beim Abschluss des Übernahmevertrages ist **§ 181 BGB** zu berücksichtigen. Ist der Übernehmer also selbst Gesellschafter oder soll der zum Abschluss des Übernahmevertrages Ermächtigte einen Geschäftsanteil übernehmen, kann die Vertretung der GmbH nur durch die anderen Gesellschafter erfolgen (Scholz/*Priester/Tebben* Rn. 76). Für den Fall, dass alle vorhandenen Gesellschafter im Kapitalerhöhungsbeschluss zur Kapitalerhöhung zugelassen werden und einen proportionalen Anteil an dem erhöhten Kapital übernehmen, soll § 181 BGB jedoch im Ergebnis nicht entgegenstehen, nach heute ganz einhelliger Auffassung (aA noch BGH 30.11.1967, BGHZ 49, 117 (119)) auch nicht bei der Einpersonen-GmbH (LG Berlin 23.8.1985, ZIP 1985, 1491; Scholz/*Priester* Rn. 77; Baumbach/Hueck/*Servatius* Rn. 35). 15

b) Bezugsrecht der Altgesellschafter. Zur Übernahme des erhöhten Kapitals können sowohl Gesellschafter als auch Dritte zugelassen werden. Ein gesetzlich vorgeschriebenes, regelrechtes Bezugsrecht der Altgesellschafter iSd § 186 AktG ist dem GmbHG fremd und auch nicht im Zusammenhang mit der Einführung des § 55a aufgenommen worden. Daraus erklärt sich, dass nach hA grundsätzlich durch Gesellschafterbeschluss bestimmt werden kann, wer zur Übernahme zugelassen wird. Hinzu kommt, dass die Bezeichnung derjenigen Personen, die zur Übernahme von Geschäftsanteilen zugelassen werden, nicht notwendiger Bestandteil des Kapitalerhöhungsbeschlusses ist. Vielmehr können in einem gesondert zu fassenden Zulassungsbeschluss nach Abs. 2 S. 1 die zur Übernahme von Geschäftsanteilen zugelassenen Personen bestimmt werden. Dieser Beschluss soll, sofern er nicht in Rechte der Gesellschafter eingreift, mit einfacher Mehrheit gefasst werden können (Roth/Altmeppen/*Roth* Rn. 22). Der sich daraus **scheinbar ergebende Entscheidungsspielraum** wird durch die ganz überwA allerdings beträchtlich eingeschränkt, indem unter Heranziehung der Grundsätze der Sachgerechtigkeit und Gleichbehandlung der Gesellschafter (dazu BGH 9.11.1992, NJW 1993, 400) ein ungeschriebenes Bezugsrecht der Altgesellschafter anerkannt wird, dessen Ausschluss materiellen Schranken unterliegt und einer gegenüber der Rechtslage bei der AG tendenziell stärkeren sachlichen Rechtfertigung bedarf (Lutter/Hommelhoff/*Bayer* Rn. 19 ff.; Baumbach/Hueck/*Servatius* Rn. 26 f.; Scholz/*Priester/Tebben* Rn. 42 ff., 54 ff.). Zudem ist der Ausschluss des Bezugsrechts in Analogie zu § 186 Abs. 3 S. 1 AktG notwendiger Teil des Kapitalerhöhungsbeschlusses (Scholz/*Priester/Tebben* Rn. 61; Lutter/Hommelhoff/*Bayer* Rn. 23; Baumbach/Hueck/*Servatius* Rn. 25). Im Ergebnis gilt deshalb, dass sowohl die Zulassung Dritter überhaupt wie auch die Zulassung von Gesellschaftern mit einer ihren bisherigen Anteil übersteigenden Quote zum Nachteil von Gesellschaftern, die iH ihrer Quote an einer Übernahme interessiert und zur Leistung der weiteren Einlage in der Lage sind, unzulässig ist, es sei denn, es liegen sachliche Gründe im Interesse der Gesellschaft vor, die eine Bevorzugung eines Gesellschafters oder Dritten rechtfertigen (*Priester* DB 1980, 1925; Roth/Altmeppen/*Roth* Rn. 24 f.; LG Kiel 18.1.2013, ZIP 2013, 823). 16

Bei Beschlüssen über Kapitalerhöhungen im Zusammenhang mit Rekapitalisierungs- bzw. Refinanzierungsmaßnahmen nach §§ 7, 22 Stabilisierungsfondsgesetz (StFG, BGBl. 2020 I 1633) kann nicht nur die Kapitalerhöhung selbst, sondern auch der Ausschluss des Bezugsrechts mit einfacher Mehrheit der „anwesenden“ Stimmen beschlossen werden, §§ 9a Abs. 1, 7 Abs. 3 Wirtschaftsstabilisierungsbeschleunigungsgesetz (WStBG, BGBl. 2020 I 1633). 16a

Der Beschluss über die Zulassungsregelung ist zwar **zwingender Bestandteil** des Kapitalerhöhungsbeschlusses, aber nicht Satzungsänderung. Gleichwohl bedarf die Zulassungsregelung, zumindest wenn damit von der gleichmäßigen Bezugsberechtigung aller Altgesellschafter abgewichen werden soll, einer satzungsändernden Mehrheit (und zwar nicht nur einer qualifizierten Stimmenmehrheit nach § 53 Abs. 2, sondern analog § 186 Abs. 3 S. 1 AktG zusätzlich einer entsprechenden Kapitalmehrheit, str., so aber Baumbach/Hueck/*Servatius* Rn. 25; aA die wohl überwiegende Auffassung in der Lit., vgl. MüKoGmbHG/*Lieder* Rn. 83; Lutter/Hommelhoff/*Bayer* Rn. 23; Scholz/*Priester/Tebben* Rn. 61). Zudem sind Gesellschafter, die zu einem ihre Quote übersteigenden Bezug zugelassen werden sollen, nach umstrittener, aber zutreffender Auffassung vom Stimmrecht ausgeschlossen (Baumbach/Hueck/*Servatius* Rn. 29; aA MüKoGmbHG/*Lieder* Rn. 106; Scholz/*Priester/Tebben* Rn. 63). 17

Wird das ungeschriebene gesetzliche Bezugsrecht bzw. der Gleichbehandlungsgrundsatz durch den Kapitalerhöhungs- oder Zulassungsbeschluss verletzt, so ist der Beschluss anfechtbar und unterliegt, soweit die Zulassung beschränkt wird, der materiellen Beschlusskontrolle. 18

c) Agio. Sofern Dritte zur Übernahme eines Geschäftsanteils zugelassen werden sollen und der Wert der Gesellschaft das Stammkapital übersteigt, stellt sich die Frage, inwieweit die Altgesellschafter gegen die **Verwässerung** ihres Anteilswerts zu schützen sind. Die gleiche Frage stellt sich, wenn nicht alle vorhandenen Gesellschafter im gleichen Verhältnis an der Kapitalerhöhung teilnehmen (dürfen). In diesen Fällen kann eine Verpflichtung bestehen, von dem Übernehmer nicht nur den Betrag des Geschäftsanteils, sondern zusätzlich ein Agio zu verlangen, das den tatsächlichen Wert des durch die Kapitalerhöhung geschaffenen Anteils angemessen berücksichtigt. Die Verpflichtung des Übernehmers zur Zahlung eines Agio muss im Kapitalerhöhungsbeschluss enthalten sein (zur Gestaltung des Agio eingehend *Szalai/Kreußlein* notar 2019, 223 (Teil 1), notar 2019, 283 (Teil 2). Ist nach Lage der Dinge 19 ein Agio festzusetzen, erfolgt die Festsetzung aber nicht oder in einer Höhe, die unzureichend ist, sind die widersprechenden Gesellschafter zur Anfechtung des Erhöhungsbeschlusses berechtigt.

20 **7. Bildung neuer Geschäftsanteile.** Die neuen Geschäftsanteile entstehen mit Eintragung der Kapitalerhöhung in das Handelsregister (BGH 17.10.2017, WM 2017, 2314 Rn. 31). Nach Abs. 3 der Vorschrift erwerben die der Gesellschaft bereits angehörenden Gesellschafter mit der Übernahme eines Geschäftsanteils auf das erhöhte Kapital einen weiteren Geschäftsanteil. Für bislang nicht der Gesellschaft angehörende Personen gilt dies erst recht. Aus Abs. 4 iVm § 5 Abs. 2, 3 idF des MoMiG ergeben sich praktisch keinerlei Einschränkungen hinsichtlich des Nennbetrages der neuen Geschäftsanteile mehr außer dass diese auf volle Euro lauten müssen. Aus Abs. 3 der Vorschrift wird trotz des (inhaltlich nämlich auf die Nennbeträge beschränkten) Verweises in Abs. 4 auf § 5 Abs. 3, der nunmehr die Vorratsteilung in S. 2 zulässt, geschlossen, dass ein Altgesellschafter auch mehrere neue Geschäftsanteile erwerben kann (Baumbach/Hueck/*Servatius* Rn. 45; Lutter/Hommelhoff/*Bayer* Rn. 16). Eine **Vorratsteilung** ist bei der Kapitalerhöhung danach zulässig.

21 Nach allgM ist die Bildung neuer Geschäftsanteile mit der Folge der Entstehung weiterer Geschäftsanteile aber nicht zwingend. Vielmehr kann im Erhöhungsbeschluss stattdessen bestimmt werden, dass die **Nennbeträge** der alten Geschäftsanteile um den Betrag des zusätzlich übernommenen Stammkapitals **erhöht** werden (BGH 24.10.1974, BGHZ 63, 116; OLG Celle 13.10.1999, NZG 2000, 148). Voraussetzung ist allerdings, dass entweder die ursprünglich geschuldete Einlage vollständig bezahlt ist und auch keine Nachschusspflicht besteht oder die Geschäftsanteile noch den Gründern bzw. deren Gesamtrechtsnachfolgern gehören (BayObLG 24.5.1989, DB 1989, 1559; Baumbach/Hueck/*Servatius* Rn. 46). Diese Einschränkung ist damit zu begründen, dass der ursprüngliche Anteil unverändert fortbestehen muss, wenn der Rückerwerb eines Rechtsvorgängers nach § 22 Abs. 4 noch möglich wäre (BGH 24.10.1974, BGHZ 63, 116). Aus dieser Begründung wird der Schluss gezogen, dass nach Ablauf der Frist des § 22 Abs. 3 trotz fehlender Einzahlung der ursprünglichen Einlage und auch im Falle der Einzelrechtsnachfolge in den betreffenden Geschäftsanteil der Nennbetrag des alten Geschäftsanteils erhöht werden kann (Lutter/Hommelhoff/*Bayer* Rn. 17; Scholz/*Priester/Tebben* Rn. 24). Der Vorteil einer Erhöhung der Nennbeträge bestehender Geschäftsanteile lag vor Inkrafttreten des MoMiG darin, dass das Erhöhungskapital in geringere Teilbeträge als 100 EUR (dies war der Mindestnennbetrag eines Geschäftsanteils nach § 5 Abs. 1 aF) aufgespalten werden konnte. Es musste lediglich die Teilbarkeit der erhöhten Einlagebeträge nach § 5 Abs. 3 S. 2 aF gegeben sein (KG Berlin 8.2.2005, NZG 2005, 397). Heute wird durch eine Aufstockung bestehender Geschäftsanteile (nach wie vor) die Bildung mehrerer Geschäftsanteile vermieden, was der Übersichtlichkeit dient. Allerdings kommt insoweit auch eine Zusammenlegung nach Durchführung der Kapitalerhöhung in Betracht.

22 Des Weiteren wird es für zulässig gehalten, teils die Nennbeträge alter Geschäftsanteile zu erhöhen und teils neue Geschäftsanteile zu bilden (Lutter/Hommelhoff/*Bayer* Rn. 17; Scholz/*Priester/Tebben* Rn. 24).

23 **8. Erfüllung der Einlagepflicht. a) Erfüllung.** Soweit die Einlagen in Geld zu erbringen sind (zur Kapitalerhöhung durch Sacheinlage s. § 56), gelten für ihre Aufbringung die auch für die Gründung der GmbH geltenden Bestimmungen (§§ 5, 7, 19, 20, 24). Für die UG gilt § 5 a. Sofern die UG ihr Stammkapital auf das Mindeststammkapital der „ordentlichen" GmbH von 25.000 EUR erhöht, gilt § 5a nicht mehr. Es sind stattdessen §§ 56 ff. und der Halbaufbringungsgrundsatz (BGH ZIP 2011, 955; OLG Celle 17.7.2017, ZIP 2017, 1805) anwendbar. Liegen die Voraussetzungen einer Kaduzierung vor, betrifft diese stets einen bestimmten Geschäftsanteil, diesen aber insgesamt, sodass für den Fall, dass abweichend von Abs. 3 die Nennbeträge der alten Geschäftsanteile erhöht werden, der im Nennbetrag erhöhte Geschäftsanteil insgesamt betroffen ist, obgleich nur der Erhöhungsbetrag aussteht. Wird neben dem Betrag des Geschäftsanteils ein Agio geschuldet, ist dieses nicht Bestandteil der Einlageschuld ieS, sodass bei Nichterfüllung der Verpflichtung zur Zahlung des Agio ein Kaduzierungsverfahren nicht in Betracht kommt (dazu *Priester* FS Lutter, 2000, 617).

24 Eine **Voreinzahlung** auf eine künftige, erst noch zu beschließende Kapitalerhöhung ist problematisch und nach Möglichkeit zu vermeiden. Sie hat nur unter bestimmten Voraussetzungen schuldbefreiende Wirkung (vgl. dazu BGH 24.4.2008, ZIP 2008, 1928 Rn. 14; BGH 19.1.2016, DStR 2016, 923 Rn. 17 ff.; *Berkefeld* notar 2019, 313; → § 56a Rn. 8).

25 **b) Verjährung.** Der Anspruch der GmbH auf Leistung der Einlage verjährt nach Abs. 4 iVm § 19 Abs. 6 zehn Jahre nach Eintritt der Fälligkeit. Für nicht eingeforderte Einlagen – diese sind noch nicht fällig – bedeutet dies, dass die Verjährungsfrist erst mit Einforderung zu laufen beginnt.

26 **c) Beweislast.** Die Beweislast für die Erfüllung der Einlageverpflichtung trifft grundsätzlich den Gesellschafter. Dies gilt ausnahmsweise nicht, wenn die Gesellschaft einen Gesellschafter nach § 24 für die Erfüllung der Einlageverpflichtung eines ausgeschlossenen Gesellschafters in Anspruch nimmt (OLG Köln 29.1.2009, BeckRS 2009, 09116).

Genehmigtes Kapital

55a (1) [1]**Der Gesellschaftsvertrag kann die Geschäftsführer für höchstens fünf Jahre nach Eintragung der Gesellschaft ermächtigen, das Stammkapital bis zu einem bestimmten Nennbetrag (genehmigtes Kapital) durch Ausgabe neuer Geschäftsanteile gegen Einlagen zu erhöhen.** [2]**Der Nennbetrag des genehmigten Kapitals darf die Hälfte des Stammkapitals, das zur Zeit der Ermächtigung vorhanden ist, nicht übersteigen.**

(2) **Die Ermächtigung kann auch durch Abänderung des Gesellschaftsvertrags für höchstens fünf Jahre nach deren Eintragung erteilt werden.**

(3) **Gegen Sacheinlagen (§ 56) dürfen Geschäftsanteile nur ausgegeben werden, wenn die Ermächtigung es vorsieht.**

Übersicht

I. Allgemeines

1 Die Vorschrift ist durch das Gesetz zur Modernisierung des GmbH-Rechts und zur Bekämpfung von Missbräuchen vom 23.10.2008 **(MoMiG),** in Kraft getreten am 1.11.2008, neu eingefügt worden. Sie beruht auf einer Gegenäußerung der Bundesregierung zu der Stellungnahme des Bundesrates im Gesetzgebungsverfahren. Sinn und Zweck der Vorschrift ist es laut der Begründung des Rechtsausschusses zur Beschlussempfehlung, die für die AG gesetzlich vorgesehene Möglichkeit der Kapitalerhöhung in Form eines genehmigten Kapitals auch der GmbH zur Verfügung zu stellen, damit diese durch ihre Geschäftsführer bei Bedarf schnell und flexibel reagieren und zudem Kosten sparen kann, da keine Beurkundung eines Kapitalerhöhungsbeschlusses, sondern lediglich die Anmeldung der durchgeführten Kapitalerhöhung zum Handelsregister erforderlich ist (BT-Drs. 16/9737, 99). Der zuletzt angeführte Grund greift allerdings nur teilweise, da die Aufnahme eines genehmigten Kapitals immerhin auch zu höheren Kosten bei der Beurkundung der Ursprungssatzung oder einer das genehmigte Kapital schaffenden Satzungsänderung, die ihrerseits beurkundungspflichtig ist, führt. Diese Kosten entstehen zudem bereits zu einem Zeitpunkt, zu welchem vielfach gar nicht feststeht, dass es zu einer Kapitalerhöhung kommt. Sollte diese nicht binnen fünf Jahren durchgeführt werden, sind die Kosten noch dazu „verloren".

2 Die einzelnen Bestimmungen der Vorschrift sind inhaltlich den korrespondierenden **aktienrechtlichen Bestimmungen,** naturgemäß unter Berücksichtigung der unterschiedlichen Struktur von GmbH und AG, **nachgebildet.** Abs. 1 S. 1 entspricht § 202 Abs. 1 AktG, Abs. 1 S. 2 entspricht § 202 Abs. 3 S. 1 AktG, Abs. 2 entspricht § 202 Abs. 2 S. 1 AktG und Abs. 3 entspricht § 205 Abs. 1 AktG. Es kann deshalb – wiederum unter Berücksichtigung der unterschiedlichen Struktur von GmbH und AG – zur Auslegung und Handhabung der Vorschrift auf die Rspr. und das Schrifttum zu den zitierten aktienrechtlichen Bestimmungen zurückgegriffen werden (so auch OLG München 23.1.2012, GmbHR 2012, 329; vgl. deshalb ergänzend auch die Kommentierung zu §§ 202 ff. AktG). Darüber hinaus wird sich im Einzelfall die Frage stellen, ob auch die nicht in das GmbHG sinngemäß übernommenen Bestimmungen der §§ 202 ff. AktG, soweit sie nicht ausschließlich auf die AG passen und soweit

anderweitige Bestimmungen des GmbHG nicht entgegenstehen, entsprechend herangezogen werden können (so auch Scholz/*Priester/Tebben* Rn. 4). Dies gilt insbesondere für § 204 AktG.

3 Schon bislang – vor Einfügung der Vorschrift – ist es für zulässig erachtet worden, dass GmbH-Gesellschafter eine Erhöhung des Stammkapitals um einen **Höchstbetrag** (auch Mindest- und Höchstbetrag) beschließen und die Kapitalerhöhung nur insoweit durchführen, wie Stammeinlagen auf das erhöhte Kapital übernommen worden sind (→ § 55 Rn. 5). Die Gesellschafter konnten auf diese Weise – freilich nach hM nur in engem zeitlichen Rahmen (→ § 55 Rn. 5) – auch bei der GmbH ein genehmigtes oder auch ein bedingtes Kapital schaffen. Es sind keine Anhaltspunkte dafür ersichtlich, dass mit der Einfügung der neuen Vorschrift, deren Sinn und Zweck der Begründung des Rechtsausschusses zufolge unter anderem die Schaffung eines Mehr an Flexibilität ist, diese von der Praxis entwickelte Option nicht mehr bestehen soll.

II. Einzelerläuterung

4 **1. Gesellschaftsvertrag.** Das genehmigte Kapital kann sowohl im Zuge der Errichtung der GmbH als auch zu einem beliebigen späteren Zeitpunkt durch Regelung im Gesellschaftsvertrag (in der Satzung) geschaffen werden. Das genehmigte Kapital ist entsprechend § 39 Abs. 2 AktG im Handelsregister gesondert zu vermerken.

5 **a) Gründungssatzung.** Abs. 1 S. 1 der Vorschrift sieht vor, dass der Gesellschaftsvertrag (die Satzung) die Geschäftsführer für höchstens **fünf Jahre** nach Eintragung der Gesellschaft ermächtigen kann, das Stammkapital bis zu einem bestimmten Betrag (genehmigtes Kapital) gegen Einlagen (eine Erhöhung aus Gesellschaftsmitteln ist nicht tauglicher Gegentand der Ermächtigung) zu erhöhen. Abs. 1 S. 1 bezieht sich damit auf die Schaffung eines genehmigten Kapitals durch die Gründungssatzung, die auch während des Stadiums der Vor-GmbH unter den dafür geltenden Voraussetzungen (→ § 53 Rn. 12) noch Änderungen erfahren kann.

6 **b) Satzungsänderung.** Nach Abs. 2 der Vorschrift kann das genehmigte Kapital auch durch (spätere) Abänderung des Gesellschaftsvertrages (der Satzung) geschaffen werden. Ein bestimmter Zeitpunkt für die Schaffung des genehmigten Kapitals ist nicht vorgegeben, sodass die betreffende Satzungsänderung zu einem **beliebigen Zeitpunkt** während des Bestehens der GmbH, insbesondere auch im Liquidationsstadium oder in der Insolvenz der Gesellschaft, erfolgen kann. Inwieweit die Schaffung eines genehmigten Kapitals zu diesem Zeitpunkt noch Sinn macht, haben allein die Gesellschafter zu entscheiden. Für die Beschlussfassung über die Schaffung des genehmigten Kapitals, insbesondere für das erforderliche Quorum, Inhalt und Form, gelten die §§ 53 f. und die dortigen Ausführungen. Die Anmeldung der Satzungsänderung zum Handelsregister erfolgt durch die Geschäftsführer in vertretungsberechtigter Zahl. Die spätere Anmeldung der durchgeführten Kapitalerhöhung muss dagegen durch alle Geschäftsführer erfolgen (Scholz/*Priester/Tebben* Rn. 11, 45). Zur Frage des Bezugsrechts der Gesellschafter und dessen Ausschluss → § 55 Rn. 16 ff. sowie → Rn. 14 ff.

6a Beschlüsse über die Schaffung eines genehmigten Kapitals im Zusammenhang mit Rekapitalisierungs- bzw. Refinanzierungsmaßnahmen nach §§ 7, 22 Stabilisierungsfondsgesetz (StFG, BGBl. 2020 I 1633) bedürfen nach §§ 9a, 7b Abs. 1 Wirtschaftsstabilisierungsbeschleunigungsgesetz (WStBG, BGBl. 2020 I 1633) lediglich der einfachen Mehrheit der „anwesenden" Stimmen. Dies gilt auch für den Ausschluss des Bezugsrechts (§§ 9a Abs. 1, 7 Abs. 3 WStBG). Eine Stimmabgabe nach § 48 Abs. 2 wird ausdrücklich für zulässig erklärt.

7 **2. Genehmigtes Kapital.** Die Satzung kann nach Abs. 1 S. 1 die Geschäftsführer ermächtigen, das Stammkapital zu erhöhen. Diese Ermächtigung zur Kapitalerhöhung wird entsprechend der Terminologie in § 202 Abs. 1 AktG als „genehmigtes Kapital" bezeichnet. Die Schaffung des genehmigten Kapitals ist allerdings in mehrerlei Hinsicht begrenzt:

8 **a) Betrag.** Die Satzung muss einen **bestimmten Nennbetrag** angeben, um den das Stammkapital erhöht werden kann. Nicht möglich ist es deshalb, die Bemessung des Betrages des genehmigten Kapitals selbst in das Ermessen der Geschäftsführer zu stellen; deren Ermächtigung beschränkt sich auf die Festlegung des konkreten Erhöhungsbetrages innerhalb der durch den genehmigten Betrag gezogenen Grenzen (vgl. auch OLG Hamm 19.3.2008, BB 2008, 1475 zum notwendigen Inhalt des Beschlusses über die Schaffung eines bedingten Kapitals bei der AG). Nicht ausreichend dürfte es in Anbetracht des Wortlauts des Abs. 1 S. 1 auch sein, den Betrag des genehmigten Kapitals zu umschreiben, beispielsweise dahingehend, dass das Stammkapital iRd gesetzlich Zulässigen erhöht werden kann, zumal sich eine solche Umschreibung ihrerseits als „dynamisch" erweisen könnte, wenn zwischenzeitlich effektive oder nominelle „ordentliche" Kapitalerhöhungen stattgefunden haben, deren Konsequenz die gesetzliche Zulässigkeit eines höheren genehmigten Stammkapitals als zum Zeitpunkt der Eintragung der Satzungsbestimmung über die Ermächtigung wäre. Eine solche Dynamik verträgt sich mit dem Wortlaut des Abs. 1 S. 1 („…bis zu einem bestimmten Nennbetrag…") sowie mit der Begrenzung nach S. 2 nicht und würde zudem zu Unklarheiten führen.

b) Mindestbetrag. Die Geschäftsführer können das Stammkapital, sofern in der Ermächtigung nicht etwas anderes bestimmt ist, in einer oder in mehreren Tranchen erhöhen. Die Satzung kann auch einen Mindestbetrag für die Kapitalerhöhung insgesamt und/oder Mindestbeträge für die Erhöhung durch einzelne Tranchen vorsehen. Eine Verpflichtung zur Ausnutzung des genehmigten Kapitals besteht grundsätzlich nicht (→ AktG § 202 Rn. 1). Allerdings kommt bei der GmbH – anders als bei der AG – in Betracht, dass die Gesellschafterversammlung die Geschäftsführer zur Ausnutzung des genehmigten Kapitals anweist, wenn und solange die Satzung dem nicht entgegensteht. 9

c) Höchstgrenze. Abs. 1 S. 2 begrenzt entsprechend der für die AG geltenden Regelung in § 202 Abs. 3 S. 1 AktG den zulässigen Nennbetrag des genehmigten Kapitals insgesamt (noch vorhandenes, nicht ausgenutztes Kapital ist mindernd zu berücksichtigen, Roth/Altmeppen/*Roth* Rn. 16; Scholz/*Priester/Tebben* Rn. 13) auf die Hälfte des Stammkapitals, das zur Zeit der Ermächtigung vorhanden ist. Da die Ermächtigung entweder anfängliche oder nachträglich eingefügte Satzungsregelung ist, wird sie erst mit Eintragung der GmbH (§ 11 Abs. 1) bzw. mit Eintragung der Satzungsänderung (vgl. § 54 Abs. 3) wirksam. Erst zu diesem Zeitpunkt ist sie also iSd Abs. 1 S. 2 „vorhanden", sodass es für die Bemessung des Höchstbetrages auf die Höhe des zu diesem Zeitpunkt eingetragenen Stammkapitals ankommt (→ AktG § 202 Rn. 5). Insbesondere ist es deshalb möglich, zeitgleich – in derselben Gesellschafterversammlung in beliebiger Reihenfolge der Beschlussgegenstände – oder auch in unterschiedlichen Gesellschafterversammlungen – die wiederum in beliebiger Reihenfolge stattfinden können – sowohl einen Beschluss über die unbedingte Erhöhung des vorhandenen Stammkapitals als auch einen solchen über die Schaffung eines genehmigten Kapitals mit einem bereits auf das erst mit Eintragung des Erhöhungsbeschlusses über die unbedingte („ordentliche") Kapitalerhöhung wirksam erhöhte Stammkapital bezogenen Nennbetrag zu fassen. Der Beschluss über die Schaffung des genehmigten Kapitals steht dann unter der ausdrücklichen oder als konkludent mitbeschlossen zu vermutenden Bedingung der Eintragung des Beschlusses über die unbedingte Kapitalerhöhung. Allerdings müssen die Beschlüsse zumindest gleichzeitig in das Handelsregister eingetragen werden. Ein Risiko bei dieser Verfahrensweise besteht, wenn der Beschluss über die unbedingte Kapitalerhöhung anfechtbar ist. Im Falle der Anfechtung vor Eintragung wird der Beschluss über das genehmigte Kapital nicht eingetragen werden können. Aber auch im Falle der Anfechtung nach Eintragung fehlt es an der erforderlichen Rechtssicherheit, um das genehmigte Kapital nutzen zu können. 10

Unabhängig von der gesetzlichen Höchstgrenze muss auch die konkrete Satzungsregelung einen diese Grenze beachtenden Höchstbetrag **ausdrücklich nennen.** Die Angabe eines Mindestbetrages ist nicht ausreichend (so auch OLG Hamm 19.3.2008, BB 2008, 1475 zum bedingten Kapital bei der AG). 11

d) Beginn der Ermächtigung. Die Ermächtigung bezieht sich – gleich ob in der Gründungssatzung enthalten oder aufgrund Satzungsänderung eingefügt – auf einen Zeitraum von fünf Jahren ab Eintragung (entweder der erstmaligen Eintragung der GmbH oder der Satzungsänderung). Im Stadium der Vor-GmbH kann deshalb von einer auf Abs. 1 oder Abs. 2 gestützten Ermächtigung kein Gebrauch gemacht werden. 12

e) Frist. Die Höchstfrist für die Dauer der Ermächtigung beträgt **fünf Jahre,** sie kann beliebig kürzer bestimmt werden. Die Satzungsbestimmung muss so konkret gefasst sein, dass sich aus ihr bzw. aus der Eintragung im Handelsregister entweder ein konkretes Enddatum für die Geltungsdauer der Ermächtigung ergibt oder zumindest bestimmen lässt (MHLS/*Hermanns* Rn. 5; Scholz/*Priester/Tebben* Rn. 14; → AktG § 202 Rn. 4). 13

f) Bezugsrecht. Ein ausdrückliches gesetzliches Bezugsrecht entsprechend der Regelung in § 186 AktG (→ AktG § 203 Rn. 3 ff.) ist dem GmbHG fremd. Der Gesetzgeber hat wohl deshalb in der neu eingefügten Vorschrift keine § 203 Abs. 2 AktG vergleichbaren Bestimmungen getroffen. Allerdings steht den Gesellschaftern der GmbH bei Kapitalerhöhungsmaßnahmen nach ganz hA in Rspr. und Schrifttum (BGH 18.4.2005, NZG 2005, 551 (552); Scholz/*Priester/Tebben* § 55 Rn. 41 ff.; → § 55 Rn. 16 ff.) gleichwohl ein **ungeschriebenes gesetzliches Bezugsrecht** zu. Dieses Bezugsrecht besteht auch bei einer Kapitalerhöhung, die aus dem Gebrauch der den Geschäftsführern eingeräumten Ermächtigung nach Abs. 1 S. 1 resultiert (ebenso Scholz/*Priester/Tebben* Rn. 33 ff.). Eine etwaige Verletzung des Bezugsrechts durch Gesellschafterbeschluss kann im Wege der Anfechtungsklage geltend gemacht werden. Gegen die Verletzung des Bezugsrechts durch die Geschäftsführer ist die (vorbeugende) Unterlassungsklage, flankiert mit einem auf Unterlassung gerichteten Antrag auf Erlass einer einstweiligen Verfügung, das Mittel der Wahl. 14

Insofern stellt sich die Frage, an welcher Stelle bzw. zu welchem Zeitpunkt das ungeschriebene gesetzliche Bezugsrecht der Gesellschafter zu berücksichtigen ist. Sofern die Regelung über die Schaffung des genehmigten Kapitals und der Gesellschafterbeschluss, auf dem diese beruht, dazu nichts enthält (und Abs. 1 und 2 machen insoweit keine Vorgaben, den Gesellschaftern ist jedoch anzuraten, in der Ermächtigung dazu eine Aussage zu treffen), muss das Bezugsrecht von den Geschäftsführern im Falle der Nutzung der Ermächtigung – es entsteht in diesem Zeitpunkt (Scholz/*Priester/Tebben* Rn. 33) – in gleicher Weise berücksichtigt werden, in welcher dies bei einer Kapitalerhöhung nach § 55, genauer: bei 15 der Beschlussfassung über den Ausschluss des Bezugsrechts von den Gesellschaftern hätte berücksichtigt werden müssen. Die Gesellschafter können nur unter ganz bestimmten, **eng umschriebenen Voraussetzungen** vom Bezugsrecht ausgeschlossen werden. Zusätzlich scheint es geboten, die Geschäftsführer dazu zu verpflichten, den Gesellschaftern rechtzeitig anzukündigen, dass und in welcher Weise sie von der ihnen eingeräumten Ermächtigung Gebrauch machen wollen, um es den Gesellschaftern zu ermöglichen, ihr Bezugsrecht auszuüben bzw. auf die Berücksichtigung ihres Bezugsrechts zu dringen.

16 Stattdessen können die Gesellschafter entsprechend § 203 Abs. 2 S. 1 AktG die Geschäftsführer in der betreffenden Satzungsregelung auch dazu ermächtigen, selbst über den Ausschluss des Bezugsrechts zu entscheiden (ebenso Scholz/*Priester/Tebben* Rn. 38; OLG München 23.1.2012, GmbHR 2012, 329). In dieser Konstellation muss das Bezugsrecht zum einen bei der erstmaligen Beschlussfassung bzw. Einigung der (Gründungs-)Gesellschafter über die Schaffung der betreffenden Ermächtigung berücksichtigt werden, und zwar zweckmäßigerweise dadurch, dass den Geschäftsführern bestimmte materielle, den Ausschluss vom Bezugsrecht sachlich rechtfertigende Kriterien an die Hand gegeben werden, die ihr Ermessen einschränken, beispielsweise solche, die zu § 186 Abs. 3 und 4 AktG entwickelt worden sind. Der Ausschluss vom Bezugsrecht muss im Gesellschaftsinteresse und zudem geeignet, erforderlich und verhältnismäßig sein. Dies kann etwa im Zuge von Sanierungsmaßnahmen und/oder der erforderlichen Kooperation mit einem anderen Unternehmen, die von dessen Beteiligung an der GmbH abhängig gemacht wird, der Fall sein (BGH 19.4.1982, BGHZ 83, 319, 323 = NJW 1982, 2444). Die **gerichtliche Kontrolle** ist begrenzt, es besteht ein Kernbereich unternehmerischen Beurteilungsermessens (dazu BGH 13.3.1978, BGHZ 71, 40, 50 = NJW 1978, 1316; OLG Braunschweig 29.7.1998, AG 1999, 84 (86); OLG Stuttgart 12.8.1998, AG 1998, 529 (531)). Insgesamt ist zu beachten, dass sich die vom BGH für das genehmigte Kapital bei der AG entwickelte, liberale Beurteilung (vgl. BGH 10.10.2005, BGHZ 164, 241 (245)) nicht ohne Weiteres auf die GmbH übertragen lässt (Scholz/*Priester/Tebben* Rn. 37).

17 Zum anderen müssen die Geschäftsführer, sofern ihnen danach noch ein Ermessensspielraum verbleibt, bei der Nutzung der Ermächtigung erneut berücksichtigen, dass ein prinzipielles Bezugsrecht der Gesellschafter besteht (vgl. auch Scholz/*Priester/Tebben* Rn. 38, der sehr enge Grenzen zieht).

18 Schließlich ist auch denkbar, dass die Gesellschafter iRd Beschlussfassung über die Schaffung der Ermächtigung definitiv auf ihr Bezugsrecht **verzichten,** sodass die Geschäftsführer in der Bestimmung des zur Übernahme von Stammeinlagen zuzulassenden Personenkreises innerhalb der sich aus allgemeinen Prinzipien (Treuepflicht, Gleichbehandlungsgrundsatz, soweit nach Verzicht auf das Bezugsrecht noch anwendbar, §§ 134, 138 BGB) ergebenden Schranken frei sind. Ohne einen ausdrücklichen oder sich aus den Umständen hinreichend deutlich ergebenden Verzicht auf das Bezugsrecht besteht dieses fort. Insbesondere ist nicht schon die Schaffung der Ermächtigung als solche ein entsprechend hinreichendes Indiz für einen Verzicht auf das gesetzliche Bezugsrecht.

19 Aufgrund der **Anfechtungsrisiken,** die sich aus einer möglicherweise unzureichenden Berücksichtigung des gesetzlichen Bezugsrechts ergeben, wird bei der AG empfohlen, zwei genehmigte Kapitalia, eines mit Bezugsrecht und eines ohne Bezugsrecht, zu schaffen, sodass jedenfalls das genehmigte Kapital mit Bezugsrecht zweifelsfrei und endgültig wirksam geschaffen ist (→ AktG § 202 Rn. 1).

20 **g) Kapitalerhöhung gegen Einlagen.** Die Kapitalerhöhung auf der Grundlage eines genehmigten Kapitals ist nur als Kapitalerhöhung gegen Einlagen (effektive Kapitalerhöhung), nicht als Kapitalerhöhung aus Gesellschaftsmitteln (nominelle Kapitalerhöhung) möglich.

21 **h) Bedingungen.** Bei der AG bestimmt der Vorstand mit Zustimmung des Aufsichtsrates den Inhalt der Aktienrechte und die Bedingungen der Aktienausgabe, soweit die Ermächtigung dazu keine Bestimmungen enthält (§ 204 Abs. 1 S. 1 und 2 AktG; → AktG § 204 Rn. 2 ff.). Eine entsprechende Vorschrift ist in das GmbHG nicht übernommen worden. Auch bei der GmbH binden jedoch etwaige Bestimmungen in der in die Satzung aufgenommenen Ermächtigung betreffend die Bedingungen der Kapitalerhöhung die Geschäftsführer. Darüber hinaus stellt sich die Frage, ob den Geschäftsführern durch Gesellschafterbeschluss außerhalb der Satzung Vorgaben für die Bestimmung der Bedingungen der Kapitalerhöhung gemacht werden können. Die Frage bezieht sich zum einen auf die **rechtliche Ausstattung** der neu zu schaffenden Geschäftsanteile selbst (mit vollem, eingeschränktem oder ohne Stimmrecht, mit voller, eingeschränkter oder ohne Ergebnisbeteiligung) und zum anderen auf die Details der Ausgabe (mit oder ohne Agio, Zeitpunkt der Verpflichtung zur Zahlung der Einlage, Verzinsung und Festlegung des Datums, ab welchem die neu zu schaffenden Geschäftsanteile ergebnisberechtigt sind). Eine solche Befugnis der Gesellschafter ist zu verneinen, wenn und soweit die Satzung selbst ausdrücklich Vorgaben macht oder – im Wege der Selbstbeschränkung der Gesellschafter – ausdrücklich den Geschäftsführern das entsprechende Ermessen einräumt. Ist dies der Fall, können die Gesellschafter nicht durch einfachen Beschluss, von der Satzung abweichen (zu den Voraussetzungen einer zulässigen und wirksamen Satzungsdurchbrechung → § 53 Rn. 8 ff.). Enthält die Satzung keine Regelung über die Bedingungen der Kapitalerhöhung, räumt sie den Geschäftsführern aber auch nicht ausdrücklich diesbezügliches Ermessen ein, ist davon auszugehen, dass die Gesellschafter den Geschäftsführern im Wege des Beschlusses ergänzende Vorgaben machen können. Ist ausdrücklich den Geschäftsführern das Ermessen eingeräumt, sodass die Gesellschafter durch die selbst geschaffene Satzungsregelung vorbehaltlich deren Aufhebung gebunden sind, stellt sich die Frage nach einer Analogie zu § 204 AktG. Die Gesellschafter, die von ihrer Möglichkeit, die Bedingungen der Ausgabe neuer Geschäftsanteile in der Satzung selbst zu bestimmen, keinen Gebrauch gemacht, sondern den Geschäftsführern freie Hand durch Satzungsbestimmung gelassen haben, ist es grundsätzlich verwehrt, die betreffende Ermächtigung durch einfache Beschlussfassung wieder zu entziehen, sofern die Satzung keine diesbezügliche Öffnungsklausel enthält. Eine analoge Anwendung des § 204 AktG ist in diesem Falle geboten (tendenziell ebenso MüKoGmbHG/*Lieder* Rn. 37; aA Scholz/*Priester/Tebben* Rn. 17). Allerdings erstreckt sich das Ermessen der Geschäftsführer nur auf die Festlegung eines Agio und die Bestimmung des Zeitpunktes der Fälligkeit der restlichen Einlageverpflichtung. Dagegen können die Geschäftsführer ohne ausdrückliche Satzungsregelung und Einhaltung der Voraussetzungen des § 53 Abs. 3 (→ § 53 Rn. 28 ff.) keine mit von der (wenngleich dispositiven) gesetzlichen Regelung abweichenden Stimmrechten oder davon abweichende Ergebnisbeteiligung ausgestatteten Geschäftsanteile schaffen. Dies gilt auch dann, wenn derartige Geschäftsanteile bereits vorhanden sind.

3. Durchführung. a) Zuständigkeit. aa) Geschäftsführer. Zuständig („ermächtigt") zur Vornahme der Kapitalerhöhung sind die Geschäftsführer. Die Ermächtigung der Geschäftsführer zur Ausnutzung des genehmigten Kapitals schließt ihre Bevollmächtigung zum Abschluss des Übernahmevertrages zwischen Gesellschaftern einerseits und Übernehmer(n) andererseits ein. Ermächtigt idS sind also im Außenverhältnis gegenüber dem jeweiligen Übernehmer einer Stammeinlage ohne abweichende Regelung in der Satzung der oder die **sämtlichen** vorhandenen Geschäftsführer (§ 35 Abs. 2 S. 2), bei einer die Vertretungsverhältnisse abweichend gestaltenden Satzungsbestimmung die Geschäftsführer in vertretungsberechtigter Anzahl. § 78 steht nicht entgegen. Dort wird zum einen § 55a im Zusammenhang mit denjenigen Anmeldungen, die durch sämtliche Geschäftsführer zu bewirken sind, nicht genannt. Zum anderen handelt es sich bei der Durchführung der Kapitalerhöhung, insbesondere bei der Entscheidung über die Ausnutzung des genehmigten Kapitals als solche, nicht um eine Anmeldung iSd § 78. 22

Davon zu unterscheiden ist die Frage, **wer** zur Anmeldung der nachträglich um die Schaffung eines genehmigten Kapitals ergänzten und entsprechend geänderten Satzung iSd § 57 Abs. 1 und wer zur Anmeldung des erhöhten Stammkapitals nach Übernahme der darauf entfallenden Stammeinlage befugt ist. In der Systematik der §§ 55a, 57 iVm § 78 liegt es, dass hierfür sämtliche Geschäftsführer zuständig sind. 23

Im **Innenverhältnis** der Geschäftsführer untereinander und im Verhältnis zur GmbH gilt der Grundsatz der Gesamtgeschäftsführung, sodass die Geschäftsführer gemeinschaftlich, dh nach ganz hA entsprechend § 77 Abs. 1 AktG einstimmig (Baumbach/Hueck/*Beurskens* § 37 Rn. 12), über die Nutzung der ihnen erteilten Ermächtigung durch Beschluss zu befinden haben. Eine Bestimmung in der Satzung oder eine auf der Grundlage der Satzung ergangene Geschäftsordnung für die Geschäftsführung, die die Geschäftsführer jeweils bindet (vgl. § 37 Abs. 1), kann abweichend vom Grundsatz der gemeinschaftlichen Geschäftsführung durch alle Geschäftsführer Einzelgeschäftsführung oder Geschäftsführung durch mehrere Geschäftsführer vorsehen, insbesondere auch das Zustandekommen von Beschlüssen der Geschäftsführer über Geschäftsführungsmaßnahmen mit einfacher oder qualifizierter Mehrheit erlauben. Der Wortlaut des Abs. 1 S. 1, wo von „den Geschäftsführern" die Rede ist, dürfte auch bezogen auf das Innenverhältnis einer auf solcher Grundlage mehrheitlich getroffenen Geschäftsführungsentscheidung nicht entgegenstehen, da auch insoweit nur das mangels abweichenden Bestimmungen in der Satzung in Analogie zu § 77 Abs. 1 AktG geltende gesetzliche Prinzip in Bezug genommen wird. 24

bb) Mitwirkung Aufsichtsrat. Anders als der Aufsichtsrat der AG, der nach § 202 Abs. 3 S. 2 AktG der Ausgabe der neuen, aufgrund des genehmigten Kapitals geschaffenen Aktien zustimmen soll, ist der etwa bei der GmbH eingerichtete, obligatorische oder fakultative Aufsichtsrat, grundsätzlich **nicht** zu beteiligen. Seine Zuständigkeit oder jedenfalls Mitwirkung ist weder in der Vorschrift selbst noch durch Bezugnahme des § 202 Abs. 3 S. 2 AktG in § 52 vorgesehen. Eine Analogie zu § 202 Abs. 3 S. 2 AktG dürfte an der abschließenden Aufzählung anzuwendender aktienrechtlicher Bestimmungen in § 52 scheitern. All dies schließt es aber nicht aus, dass die Satzung oder eine auf ihrer Grundlage ergangene Geschäftsordnung eine solche Zuständigkeit begründet. 25

cc) Gesellschafterversammlung. Fraglich könnte sein, ob die Satzung oder ein auf ihrer Grundlage ergangener Gesellschafterbeschluss die Nutzung der Ermächtigung durch die Geschäftsführer an eine Zustimmung durch die Gesellschafterversammlung binden können, da es Sinn und Zweck der durch die Vorschrift ermöglichten Ermächtigung gerade ist, die Geschäftsführer in den Stand zu versetzen, ohne Gesellschafterversammlungsbeschluss schnell und flexibel eine Kapitalerhöhung durchzuführen. Andererseits kann trotz Beschlussvorbehalt eine Vereinfachung darin liegen, dass die Gesellschafter beispielsweise telefonisch, jedenfalls aber ohne die Notwendigkeit einer Beurkundung zustimmen können. Zudem sind keine zwingenden Gründe gegen eine solche Einschränkung der Genehmigung ersichtlich; die Gesellschafter der GmbH verfügen stets über eine allumfassende Kompetenz im Verhältnis zur Geschäftsführung, was sich aus dem Gedanken des § 37 Abs. 1 ablesen lässt (§ 55a überlagert § 37 Abs. 1 keineswegs, idS auch Scholz/*Priester/Tebben* Rn. 21), aber auch daraus ergibt, dass den Gesellschaftern 26 die Hoheit über die Satzung zusteht. Deshalb ist auch zweifelhaft, ob § 55a eine Durchbrechung des Grundsatzes der **Satzungsautonomie** darstellt (so *Schnorbus/Donner* NZG 2009, 1241). Ist die Ermächtigung allerdings Satzungsbestandteil, ohne dass sie einen entsprechenden Vorbehalt enthält, kann dieser Vorbehalt nicht nachträglich und ohne eine diesbezügliche Änderung oder Ergänzung der Satzung angeordnet werden, weil dann grundsätzlich die insoweit unbeschränkte Ermächtigung entgegensteht (§ 37 Abs. 1; → Rn. 21).

27 Von den soeben erörterten Konstellationen zu unterscheiden ist die Frage, ob die Gesellschafter die Geschäftsführer zur Ausübung des Bezugsrechts **anweisen** können. Soweit die Satzung die Geschäftsführer ausdrücklich ermächtigt, ohne Rücksicht auf einen anweisenden Gesellschafterbeschluss die Ermächtigung nach freiem Ermessen auszuüben („starke Ermächtigung"), kann eine Anweisung der Gesellschafter zur Ausübung ebenso wie ein Beschluss, die Ausübung zu unterlassen, unbeachtlich sein, sofern nicht außerdem die Voraussetzungen einer wirksamen Satzungsdurchbrechung gegeben sind. Enthält die Ermächtigung dergleichen nicht, verbleibt es beim Weisungsrecht der Gesellschafter iRd allgemeinen Regeln und Grenzen. Selbstverständlich kann ein zur Ausnutzung der Ermächtigung anweisender Gesellschafterbeschluss das Bezugsrecht der (übrigen) Gesellschafter nicht ausschließen (vgl. auch Scholz/*Priester/Tebben* Rn. 21).

28 **b) Ausgabe neuer Geschäftsanteile.** Zur Durchführung der Kapitalerhöhung sind neue Geschäftsanteile gegen Einlagen auszugeben. Soweit in der Ermächtigung nicht ausdrücklich etwas anderes bestimmt ist, sind Bareinlagen zu leisten (Abs. 1 S. 1 iVm Abs. 3; zur Erhöhung gegen Sacheinlagen → Rn. 32).

29 **c) Anmeldung zum Handelsregister.** Für die Anmeldung der Erhöhung des Stammkapitals nach Übernahme der Stammeinlagen sind alle **vorhandenen Geschäftsführer** zuständig (§ 57 Abs. 1, § 78). Sie melden allerdings nicht die beschlossene Erhöhung, sondern die neue Höhe des Stammkapitals an, das sich aufgrund der Inanspruchnahme der Ermächtigung zur Erhöhung des Stammkapitals und der in diesem Zusammenhang übernommenen Stammeinlagen ergibt. Hinsichtlich des sonstigen Inhalts der Anmeldung gilt § 57 Abs. 2, 3 und 4.

30 **d) Berichtigung der Satzung.** Das Ausnutzen der Ermächtigung zur Erhöhung des satzungsgemäßen Stammkapitals führt dazu, dass die Satzung zu berichtigen ist. Im Schrifttum wird die Auffassung vertreten, dass die Geschäftsführer auch dazu ermächtigt werden können (vgl. etwa *Katschinski/Rawert* ZIP 2008, 1993 (1997); MüKoGmbHG/*Lieder* Rn. 41 ff.; weitergehend Scholz/*Priester/Tebben* Rn. 32, die eine diesbezügliche Annexkompetenz der Geschäftsführer annehmen wollen; ebenso Baumbach/Hueck/*Servatius* Rn. 21).

31 **4. Durchführungsfrist.** Die Ermächtigung zur Kapitalerhöhung ist auf höchstens fünf Jahre gerechnet ab der Eintragung befristet. Bis dahin muss von der Ermächtigung Gebrauch gemacht worden sein. Die Ermächtigung endet mit Fristablauf. Fraglich ist, ob es der Eintragung des erhöhten Kapitals während der Ermächtigungsfrist bedarf, oder ob die Beschlussfassung der Geschäftsführung über die Ausübung der Ermächtigung innerhalb der Frist ausreichend ist. Der Wortlaut legt nahe, eine Eintragung des erhöhten Kapitals innerhalb der Frist zu verlangen (so MüKoGmbHG/*Lieder* Rn. 23). Allerdings spricht der Sinn und Zweck der Befristung – den Geschäftsführern ist nur für eine begrenzte Zeit eine Ermächtigung gewährt worden – dafür, in die Frist nicht das in seiner Dauer ungewisse registergerichtliche Verfahren einzurechnen, sondern es ausreichen zu lassen, wenn vor Ablauf der Frist Stammeinlagen auf das erhöhte Stammkapital übernommen sind und das erhöhte Stammkapital zum Handelsregister angemeldet worden ist (aA – Eintragung ist erforderlich – Roth/Altmeppen/*Roth* Rn. 11; Rowedder/Schmidt-Leithoff/*Schnorbus* Rn. 17).

32 **5. Ausgabe gegen Sacheinlagen.** Gemäß Abs. 3 der Vorschrift setzt die Kapitalerhöhung gegen Sacheinlagen iSd § 56 voraus, dass dies in der betreffenden Ermächtigung zur Kapitalerhöhung vorgesehen ist. Für die Kapitalerhöhung gegen Sacheinlagen gilt iÜ § 56 entsprechend, dh der Gegenstand der Sacheinlage, der zum Zeitpunkt der Aufnahme der Genehmigung zur Erhöhung des Kapitals gegen Sacheinlagen in die Satzung regelmäßig noch gar nicht feststehen wird, muss ebenso wie der darauf entfallende Betrag der Stammeinlage Bestandteil der Entschließung der Geschäftsführer (des „Ausnutzungsbeschlusses") sein und in die Erklärung des Übernehmers nach § 55 Abs. 1 aufgenommen werden (§ 56 Abs. 1 S. 2; vgl. auch § 205 Abs. 2 AktG, der analog herangezogen werden kann).

Kapitalerhöhung mit Sacheinlagen

56 (1) [1]**Sollen Sacheinlagen geleistet werden, so müssen ihr Gegenstand und der Nennbetrag des Geschäftsanteils, auf den sich die Sacheinlage bezieht, im Beschluß über die Erhöhung des Stammkapitals festgesetzt werden.** [2]**Die Festsetzung ist in die in § 55 Abs. 1 bezeichnete Erklärung des Übernehmers aufzunehmen.**

(2) **Die §§ 9 und 19 Abs. 2 Satz 2 und Abs. 4 finden entsprechende Anwendung.**

I. Allgemeines

1 Abs. 1 S. 1 der Vorschrift wiederholt sinngemäß – bezogen auf den Kapitalerhöhungsbeschluss – § 5 Abs. 4 S. 1. In Abs. 1 S. 2 sind Vorgaben für die Übernahmeerklärung enthalten. Abs. 2 erklärt die für die Sachgründung geltenden Vorschriften für entsprechend anwendbar. Insgesamt wird die Sachkapitalerhöhung also wie die Sachgründung behandelt. Für die UG (§ 5a) besteht kein Sacheinlageverbot im Falle der Erhöhung des Stammkapitals auf den Betrag des Mindeststammkapitals (BGH 19.4.2011, ZIP 2011, 955).

II. Einzelerläuterung

2 **1. Festsetzung der Sacheinlage. a) Begriff der Sacheinlage.** Der Begriff der Sacheinlage in Abs. 1 S. 1 ist identisch mit demjenigen in § 5 Abs. 4 und ebenso umfassend zu verstehen (dazu und zur Einlagefähigkeit von Gegenständen und Rechten → § 5 Rn. 16 ff.). Insbesondere ist auch die Einbringung von Forderungen grundsätzlich Sacheinlage. Auch sog. Altforderungen eines Gesellschafters sind tauglicher Gegenstand einer Sacheinlage, wenn und soweit sie im Zeitpunkt der Anmeldung der Kapitalerhöhung zum Handelsregister vollwertig sind (BGH 19.1.2016, DStR 2016, 923 Rn. 33 mwN). Überwiegend verneint wird die Sacheinlagefähigkeit jedoch für die Einlageforderung der Gesellschaft gegen den zur Leistung der Einlage verpflichteten Gesellschafter und für die im Zusammenhang mit der Gründung erfolgende Rückgewähr der Einlage an den Gesellschafter Zug um Zug gegen Begründung einer Darlehensforderung gegen diesen. Auch die Sacheinlagefähigkeit von Anteilen an im Mehrheitsbesitz der Gesellschaft stehenden oder sonst von ihr abhängigen Unternehmen ist umstritten (*Klein* GmbHR 2016, 461).

3 **b) Festsetzung.** Die Sacheinlage muss sowohl im Beschluss über die Kapitalerhöhung als auch in dem Übernahmevertrag, und zwar in der Erklärung des Übernehmers, enthalten, also genau bezeichnet sein. Das hat zur Folge, dass auch die Festsetzung der Sacheinlage Bestandteil der notariell beurkundeten oder zumindest notariell beglaubigten Übernahmeerklärung wird. Nicht nur die Sacheinlage als solche, sondern auch die **Person** des sacheinlageberechtigten Übernehmers ist anzugeben (Lutter/Hommelhoff/*Bayer* Rn. 4; Rowedder/Schmidt-Leithoff/*Schnorbus* Rn. 12; MüKoGmbHG/*Lieder* Rn. 27). Enthält ein und dieselbe Urkunde Erhöhungsbeschluss und Übernahmeerklärung, so können mangelnde Angaben im Erhöhungsbeschluss aus der vollständigen Übernahmeerklärung ergänzt werden (BGH 5.11.2007, WM 2008, 209 Rn. 3).

4 **c) Festsetzungsmängel.** Ist die Sacheinlage nicht ordnungsgemäß festgesetzt, fehlt es an einer wirksamen Sacheinlagevereinbarung. Die Eintragung der Kapitalerhöhung als Sachkapitalerhöhung hat zu unterbleiben, sie wird im Falle der Eintragung als normale Barerhöhung wirksam. Selbst wenn der Wert der nicht ordnungsgemäß festgesetzten Sacheinlage den Nennbetrag des übernommenen Geschäftsanteils erreicht oder gar übersteigt, ist der Registerrichter, der die Absicht der Sachkapitalerhöhung bemerkt, jedoch zur **Ablehnung des Eintragungsantrags** berechtigt, da eine Anrechnung des Wertes der Sacheinlage erst nach Eintragung in Betracht kommt (fortgeltendes Verbot der verdeckten Sacheinlage, vgl. BGH 20.7.2009, ZIP 2009, 1561 Rn. 9 – Cash Pool II), bis dahin eine Bareinlageverpflichtung besteht (§ 19 Abs. 4 S. 1) und diese nicht erfüllt ist. Eine nicht ordnungsgemäße Festsetzung liegt insbesondere auch in den Fällen der verdeckten Sacheinlage vor (§ 19 Abs. 4; → § 19 Rn. 33 ff.). Erfolgt gleichwohl die Eintragung des Übernehmers, ist dieser zur Zahlung einer Geldeinlage verpflichtet. Nach Maßgabe von § 19 Abs. 4 S. 2 ff. kommt aber eine Anrechnung von Sachleistungen in Betracht (dazu eingehend *Maier-Reimer/Wenzel* ZIP 2008, 1449 (1451 ff.)). Umstritten ist, ob die Geldeinlageverpflichtung grundsätzlich auch dann besteht, wenn die Sacheinlage lediglich in die Übernahmeerklärung nicht ordnungsgemäß aufgenommen wurde und gleichwohl die Eintragung in das Handelsregister erfolgt (gegen Unwirksamkeit in diesem Falle Rowedder/Schmidt-Leithoff/*Schnorbus* Rn. 20; Baumbach/Hueck/*Servatius* Rn. 14 f.; aA Lutter/Hommelhoff/*Bayer* Rn. 4, 27; nach heutiger Rechtslage kann jedenfalls von einer Unwirksamkeit des Einbringungsgeschäftes nicht mehr ausgegangen werden und es käme eine Anrechnung des Wertes der Sacheinlage in Betracht, wenn die Eintragung erfolgt, weil eine solche Konstellation nicht als der typische Tatbestand der verdeckten Sacheinlage iSd § 19 Abs. 4 behandelt werden kann). Als problematisch ist auch nicht anzusehen, dass der Übernehmer keine regelrechte Sacheinlageverpflichtung eingegangen ist. Dieser Umstand muss ihn jedenfalls dann nicht zu einer Geldeinlage verpflichten, wenn eine ordnungsgemäße Sacheinlagefestsetzung im Kapitalerhöhungsbeschluss selbst enthalten ist (zutr. Roth/Altmeppen/*Roth* Rn. 6). Hinzu tritt wie erwähnt die Anrechnungsmöglichkeit gem. § 19 Abs. 4 S. 2 ff., wenn das Rechtsgeschäft betreffend die Einbringung der Sacheinlage selbst wirksam vorgenommen wurde. Außerdem ist eine Heilung unterbliebener Festsetzungen denkbar (BGH 2.12.2002, BGHZ 153, 107; MHdB GesR III/*Gummert* § 50 Rn. 156 ff.).

5 **d) Erfordernis eines Sachgründungsberichts.** Abs. 1 wiederholt § 5 Abs. 4 S. 2 nicht und verweist auch nicht auf die dortige Regelung, sodass sich aus dem Wortlaut der Vorschrift allein das Erfordernis zur Erstellung eines Sachgründungsberichts nicht ableiten lässt. Nach wohl überwA bedarf es mangels Verweises auf § 5 Abs. 4 S. 2 eines solchen Berichts bei der Sachkapitalerhöhung nicht (LG München I 9.6.2005, DB 2005, 1731; OLG Köln 13.2.1996, NJW-RR 1996, 1250; Baumbach/Hueck/*Servatius* Rn. 17; Lutter/Hommelhoff/*Bayer* Rn. 7; aA Scholz/*Priester/Tebben* Rn. 38 ff., die einen Sachkapitalerhöhungsbericht verlangen; für die Anforderung eines solchen Berichts durch das Registergericht iR seiner Eintragungsprüfung nach pflichtgemäßem Ermessen OLG Jena 3.11.1993, GmbHR 1994, 710; OLG Stuttgart 19.1.1981, GmbHR 1982, 109; LG Memmingen 18.10.2004, NZG 2005, 322 f.; aA LG München I 9.6.2005, DB 2005, 1731 f.).

6 Auch § 8 Abs. 1 Nr. 5 ist nicht ausdrücklich für entsprechend anwendbar erklärt. § 57a verweist aber auf § 9c Abs. 1 S. 2, sodass das Gericht von der Gesellschaft sowohl Erläuterungen als auch Nachweise und sogar die Beibringung von Sachverständigengutachten verlangen kann.

7 **2. Haftung des Übernehmers.** Abs. 2 verweist auf die entsprechende Anwendung der §§ 9, 19 Abs. 2 S. 2 und Abs. 4 (→ § 9 Rn. 3 ff., → § 19 Rn. 56 ff.). Der Übernehmer haftet dementsprechend gem. § 9 Abs. 2 verschuldensunabhängig für die Differenz zwischen Einlagebetrag und Wert der Sacheinlage (dazu *Porzelt* GmbHR 2018, 1251). Dies gilt nach Auffassung des BGH (6.11.2018, NJW 2019, 589 Rn. 10 ff.) allerdings nicht bei Verschmelzungsvorgängen. Maßgebend für das Vorliegen einer möglichen Wertdifferenz ist gem. § 9 der Tag der Anmeldung (Eingang beim Registergericht). Der Anspruch entsteht mit Eintragung und **verjährt** in zehn Jahren seit Eintragung der Kapitalerhöhung. Die in den Fällen der verdeckten Sacheinlage unmittelbar geltende Regelung über die Anrechnung des Wertes des geleisteten Vermögensgegenstandes in § 19 Abs. 4 S. 3 wird ebenfalls für anwendbar erklärt, ohne dass dies über den Verweis auf die Anwendbarkeit von § 9 Abs. 2 hinaus noch erforderlich erscheint. Ist zusätzlich zum Betrag der Stammeinlage ein Agio festgesetzt und vereinbart worden, greift zwar insoweit die gesetzliche Differenzhaftung nicht ein. Zumindest haftet der Übernehmer aber schuldrechtlich aus einer entsprechenden Nebenleistungspflicht auf die Differenz einschließlich des Agios, sofern im Einzelfall die Übernahmevereinbarung in Bezug auf die Sacheinlage als eine entsprechende Wertgarantie ausgelegt werden kann (str., vgl. Roth/Altmeppen/*Roth* § 55 Rn. 24a, § 3 Rn. 31, 44; s. ferner Lutter/Hommelhoff/*Bayer* § 9 Rn. 4; aber auch BGH 6.12.2011, ZIP 2012, 73 zur AG). Für die Ausfallhaftung der Mitgesellschafter ist nur die gesetzliche Differenzhaftung maßgebend. Entscheidend für die Feststellung einer Wertdifferenz ist der Anmeldezeitpunkt. Anders als bei der Errichtung der GmbH entsteht die Differenzhaftung bei der Sachkapitalerhöhung erst mit der Eintragung. Dies folgt aus § 54 Abs. 3. Das hindert indessen das Registergericht, das eine Differenz schon vor Eintragung feststellt, nicht daran, die Eintragung zu verweigern und dem Einlageschuldner aufzugeben, das Eintragungshindernis zu beseitigen. Voraussetzung ist wiederum, dass die Übernahmevereinbarung iSe Wertgarantie ausgelegt werden kann. Im Unterschied zur Gründung der GmbH gilt die allgemeine Differenz- und/oder Verlustdeckungshaftung bei der Sachkapitalerhöhung allerdings nicht.

8 Empfiehlt ein Berater den Gesellschaftern die Durchführung einer verdeckten Sacheinlage, kommt eine Haftung des Beraters auf Zahlung des Betrages der noch zu erbringenden Bareinlage in Betracht (BGH 19.5.2009, DB 2009, 1642 Rn. 10 ff.).

III. Abdingbarkeit

9 Abs. 1 und Abs. 2 sind zwingend.

IV. Darlegungs- und Beweislast

10 Der Übernehmer trägt die Darlegungs- und Beweislast für die gegenständliche Erfüllung der Einlageverpflichtung und insoweit auch dafür, dass der Wert der Sacheinlage dem festgesetzten Wert entspricht. Dies folgt aus Abs. 2 iVm § 9 Abs. 1 und allgemeinen Grundsätzen. In den Fällen der verdeckten Sacheinlage gilt Abs. 2 iVm § 19 Abs. 4 S. 5.

Leistungen auf das neue Stammkapital

56a **Für die Leistungen der Einlagen auf das neue Stammkapital finden § 7 Abs. 2 Satz 1 und Abs. 3 sowie § 19 Abs. 5 entsprechende Anwendung.**

Übersicht

I. Allgemeines

Die Vorschrift erklärt die Regelungen in § 7 Abs. 2 S. 1, die die Mindesteinzahlung von 1/4 des Nennbetrages auf jeden Geschäftsanteil bei Geldeinlagen, und in § 7 Abs. 3, die die vollständige Leistung von Sacheinlagen vor Anmeldung anordnen, für entsprechend anwendbar. Der Zweck der Regelung ist der gleiche wie derjenige der Bestimmungen, auf die verwiesen wird: Die Kapitalaufbringung soll auch bei der Kapitalerhöhung im Interesse der Gläubiger (teilweise) abgesichert werden. Zugleich schützt die Bestimmung vor einer Umgehung der Bestimmungen für die Gründung, indem diese für entsprechend anwendbar erklärt werden. 1

II. Einzelerläuterung

1. Bareinlagen. a) Höhe der Einzahlung vor Anmeldung. Bareinlagen sind vor der Anmeldung der Kapitalerhöhung zum Handelsregister zumindest zu 1/4 des auf jeden Geschäftsanteil entfallenden Nennbetrages zu erbringen. Dieses Gebot gilt für jeden einzelnen Geschäftsanteil bzw. jeden Gesellschafter einzeln; ein mehr an Einlageleistung des einen Gesellschafters kommt den anderen Gesellschaftern nicht zugute. Den Gesellschaftern steht es frei, einen höheren anfänglichen Einzahlungsbetrag zu vereinbaren. Bei der UG besteht nach § 5a Abs. 2 S. 1 ein Volleinzahlungsgebot. Sofern die UG eine Kapitalerhöhung durchführt, mit welcher das bisherige Stammkapital auf das Mindeststammkapital der „ordentlichen" GmbH von 25.000 EUR erhöht wird, sind die Sonderregelungen des § 5a indes nicht mehr anzuwenden (BGH 19.4.2011, ZIP 2011, 955 Rn. 16 ff.). Die Anforderungen an die Kapitalerhöhung richten sich in diesem Fall nach §§ 56 ff. Die Summe des ursprünglichen, der Volleinzahlungspflicht unterliegenden Stammkapitals und des auf den neuen Geschäftsanteil eingezahlten Einlagebetrages muss dem Halbaufbringungsgrundsatz genügen (OLG Celle 17.7.2017, ZIP 2017, 1805). 2

Die Mindestquote nach § 7 Abs. 7 S. 1 gilt gleichermaßen bei der Bildung neuer Geschäftsanteile wie bei der Aufstockung der Nennbeträge bestehender Anteile. Wird der Nennbetrag bestehender Geschäftsanteile aufgestockt, muss der Erhöhungsbetrag mindestens zu 1/4 eingezahlt sein. Eine etwas höhere Einlagequote bezogen auf den bestehenden Geschäftsanteil kann nicht in Ansatz gebracht werden (BGH 11.6.2013, NZG 2013, 865; BayObLG 17.1.1986, DB 1986, 738; Scholz/*Priester/Tebben* Rn. 4, aA Roth/Altmeppen/*Roth* Rn. 3, sofern die früheren Leistungen noch ungeschmälert im Vermögen der Gesellschaft vorhanden sind). 3

b) Anwendbarkeit von § 19. Neben den Regelungen in § 7 Abs. 2 S. 1, Abs. 3 ist § 19 Abs. 5 ausdrücklich für entsprechend anwendbar erklärt. Darüber hinaus sind aber auch die übrigen Regelungen in § 19 anwendbar. Einzahlungen auf die Geschäftsanteile beispielsweise sind entsprechend § 19 Abs. 1 im Verhältnis der Geldeinlagen zu leisten (RG 24.2.1906, RGZ 62, 426; RG 16.2.1938, JW 1938, 1400). 4

c) Voraussetzungen der Erfüllungswirkung. Für die Erfüllung der Verpflichtung zur Leistung der Mindesteinlagen gelten die entsprechenden Überlegungen zu § 7 (→ § 7 Rn. 13 ff.). Danach können die Einlagen bar oder durch Überweisung auf ein Konto der Gesellschaft geleistet werden. Eine wirksame Zahlung auf ein Konto der Gesellschaft ist jedoch nicht möglich, wenn sich dieses im **Debet** befindet und der Einzahlungsbetrag nicht frei verfügbar ist (dazu BGH 24.9.1990, DB 1990, 2212; BGH 1.3.1996, NJW-RR 1996, 1250; OLG Düsseldorf 25.11.1999, NZG 2000, 690; LG Flensburg 17.2.1998, GmbHR 1998, 739; *Goette* DStR 1997, 926). Es versteht sich, dass der Gesellschafter die Bestimmung treffen muss, auf seine Einlageverpflichtung zu zahlen. Insoweit kommt es auf die Erkennbarkeit eines objektiven Empfängers an (OLG Dresden 14.12.1998, NZG 1999, 449). 5

Die Mindesteinlagen müssen zur **endgültig freien Verfügung** der Geschäftsführer eingezahlt sein. Sind zwischen dem einzahlenden Gesellschafter und der Gesellschaft Abreden getroffen, denen zufolge der gezahlte Einlagebetrag unmittelbar oder mittelbar wieder an den Gesellschafter zurückfließt, ist zweifelhaft, ob das Merkmal der endgültigen und freien Verfügung erfüllt ist (dazu BGH 18.2.1991, BGHZ 113, 347; BGH 21.2.1994, DB 1994, 1028; OLG Dresden 20.9.1999, GmbHR 2000, 36). Unter den Voraussetzungen des § 19 Abs. 5 S. 1 und 2 wird der Gesellschafter gleichwohl von seiner Einlagepflicht befreit (so auch Scholz/*Priester/Tebben* Rn. 12, 28 ff.). 6

Erbringen die Gesellschafter freiwillig höhere Beträge als sie nach der gesetzlichen Regelung oder dem Kapitalerhöhungsbeschluss zu leisten verpflichtet sind, wird damit ein entsprechend höherer Teil der Einlageverpflichtung erfüllt. Auf die kapitalmäßige **Unversehrtheit** im Zeitpunkt der Eintragung 7 der Kapitalerhöhung in das Handelsregister kommt es insoweit nicht an (überholt, sofern überhaupt entgegenstehend, ist BGH 7.11.1966, NJW 1967, 44, dazu Baumbach/Hueck/*Servatius* Rn. 8; Lutter/Hommelhoff/*Bayer* Rn. 2).

8 **d) Vorauszahlungen auf künftige Kapitalerhöhung.** Von der freiwilligen Mehrleistung auf eine beschlossene Kapitalerhöhung und die im Anschluss daran vom Gesellschafter übernommene Einlageverpflichtung zu unterscheiden ist die Vorauszahlung auf eine geplante, künftige Kapitalerhöhung. Erfolgt die Vorauszahlung in einem **engen zeitlichen Zusammenhang** mit der Beschlussfassung über die Kapitalerhöhung und ist diese bereits konkret in die Wege geleitet (dazu BGH 10.11.1994, DB 1995, 209; OLG Düsseldorf 25.11.1999, DB 2000, 612; OLG Schleswig 7.9.2000, NZG 2001, 138) und sind die Leistungen auf die künftige Einlageverpflichtung eindeutig und für Dritte erkennbar als Vorauszahlung darauf gedacht (vgl. OLG Düsseldorf 25.7.1996, GmbHR 1997, 607), so kommt eine **Tilgungswirkung** derartiger Vorauszahlungen in Betracht (zu den Pflichten des Notars in diesem Zusammenhang vgl. BGH 24.4.2008, ZIP 2008, 1928 Rn. 12 ff.; s. ferner *Berkefeld* notar 2019, 313). Teilweise wird zusätzlich gefordert, dass die Vorauszahlungen im Interesse hinreichender Publizität und Registerkontrolle im Erhöhungsbeschluss und in der Anmeldung offenzulegen sind (OLG Karlsruhe 20.8.1999, GmbHR 1999, 1299; zust. Scholz/*Priester/Tebben* Rn. 20). Nicht erforderlich ist nach im Schrifttum vertretener Auffassung (Scholz/*Priester/Tebben* Rn. 21; Baumbach/Hueck/*Servatius* Rn. 10 ff.), der gefolgt werden sollte, dass die eingezahlten Barmittel im Zeitpunkt des Kapitalerhöhungsbeschlusses noch unverbraucht bei der Gesellschaft vorhanden sind. Der BGH vertritt dagegen die Auffassung, dass Voreinzahlungen auf künftige Kapitalerhöhungen nur dann Tilgungswirkung haben, wenn sie im Zeitpunkt der Beschlussfassung über die Kapitalerhöhung und der Abgabe der Übernahmeerklärung noch unverbraucht im Gesellschaftsvermögen vorhanden sind (BGH 19.1.2016, DStR 2016, 923 Rn. 17 ff.; BGH 15.3.2004 BGHZ 158, 283; BGH 26.6.2006 BGHZ 168 Rn. 13; vgl. ferner OLG Köln 13.3.1991, ZIP 1991, 930; OLG Stuttgart 31.5.1994, ZIP 1994, 1535). In Ansehung dieser Rspr. muss (potentiellen) Gesellschaftern von Vorauszahlungen, zumindest in Krisensituationen, abgeraten werden.

9 **2. Sacheinlagen. a) Grundsatz.** Sacheinlagen und Sachübernahmen sind kraft ausdrücklicher Verweisung auf § 7 Abs. 3 vor Anmeldung in vollem Umfang zu leisten. Auch Sacheinlagen und Sachübernahmen sind so zu bewirken, dass sie zur endgültig freien Verfügung der Geschäftsführer stehen. Unter welchen Voraussetzungen dies der Fall ist, hängt von der Natur des Sacheinlagegegenstandes ab (→ § 7 Rn. 23). Bezogen auf Sacheinlagen wird besonders deutlich, dass die Übernehmer der neuen Stammeinlagen ein **Vorleistungsrisiko** tragen. Die Anmeldung der Sachkapitalerhöhung ist erst nach vollständiger Leistung der Sacheinlagen möglich. Kommt es anschließend zur Insolvenz der Gesellschaft und scheitert die Kapitalerhöhung, steht dem Übernehmer der Stammeinlage nur eine Insolvenzforderung zu. Die Vorleistung kann auch nicht umgangen werden, etwa durch Vereinbarung der aufschiebenden Bedingung der Eintragung der Kapitalerhöhung oder durch Leistung an einen Treuhänder, da in diesen Fällen die Sacheinlagen nicht zur endgültig freien Verfügung der Geschäftsführer stehen (UHL/*Ulmer/Casper* § 7 Rn. 61; aA *Lutter* FS Heinsius, 1991, 509 ff.; *Lutter* zust. Scholz/*Priester/Tebben* Rn. 43).

10 **b) Vorausleistungen auf die Sacheinlageverpflichtung.** Auch bei Sacheinlagen kommt eine Vorausleistung auf die noch nicht beschlossene, jedoch in die Wege geleitete Kapitalerhöhung in Betracht. Dies ist unproblematisch, wenn die vereinbarte und im Voraus geleistete Sacheinlage im Zeitpunkt der Anmeldung der Kapitalerhöhung zum Handelsregister noch unbeschädigt bzw. unverbraucht im Gesellschaftsvermögen vorhanden ist. Aber auch im Falle der Beschädigung, des Verlusts oder des Verbrauchs sollte unter den Voraussetzungen, unter denen die **Tilgungswirkung** bei der Vorausleistung einer Bareinlage anerkannt ist, die Tilgungswirkung der voraus geleisteten Sacheinlage bejaht werden (Scholz/*Priester/Tebben* Rn. 44; abweichend jedoch BGH 18.9.2000, DStR 2000, 1963, sodass in der Praxis auch von der Vorausleistung auf eine Sacheinlageverpflichtung abgeraten werden muss).

11 **3. Zeitpunkt.** Die Mindesteinlageleistungen müssen vor Anmeldung der Kapitalerhöhung erfolgt sein. Entscheidend ist der Zeitpunkt des Eingangs der Anmeldung beim Handelsregister (RG 10.3.1910, RGSt 43, 323; RG 9.12.1915, LZ 1916, 617). Insbesondere ist die Beweisführung nicht auf die Vorlage von Zahlungsbelegen beschränkt (BGH 9.7.2007, GmbHR 2007, 1042 Rn. 4).

III. Darlegungs- und Beweislast

12 Der Gesellschafter trägt die Beweislast für die ordnungsgemäße Erbringung der Einlage (BGH 22.6.1992, GmbHR 1992, 603; OLG Naumburg 24.11.2000, NZG 2001, 230). Hierfür gelten die allgemeinen Regeln (BGH 22.6.1992, GmbHR 1992, 602).

Anmeldung der Erhöhung

57 **(1) Die beschlossene Erhöhung des Stammkapitals ist zur Eintragung in das Handelsregister anzumelden, nachdem das erhöhte Kapital durch Übernahme von Geschäftsanteilen gedeckt ist.**

(2) **[1]In der Anmeldung ist die Versicherung abzugeben, daß die Einlagen auf das neue Stammkapital nach § 7 Abs. 2 Satz 1 und Abs. 3 bewirkt sind und daß der Gegenstand der Leistungen sich endgültig in der freien Verfügung der Geschäftsführer befindet. [2]§ 8 Abs. 2 Satz 2 gilt entsprechend.**

(3) **Der Anmeldung sind beizufügen:**

1. **die in § 55 Abs. 1 bezeichneten Erklärungen oder eine beglaubigte Abschrift derselben;**
2. **eine von den Anmeldenden unterschriebene Liste der Personen, welche die neuen Geschäftsanteile übernommen haben; aus der Liste müssen die Nennbeträge der von jedem übernommenen Geschäftsanteile ersichtlich sein;**
3. **bei einer Kapitalerhöhung mit Sacheinlagen die Verträge, die den Festsetzungen nach § 56 zugrunde liegen oder zu ihrer Ausführung geschlossen worden sind.**

(4) **Für die Verantwortlichkeit der Geschäftsführer, welche die Kapitalerhöhung zur Eintragung in das Handelsregister angemeldet haben, finden § 9a Abs. 1 und 3, § 9b entsprechende Anwendung.**

Übersicht

I. Allgemeines

Die Kapitalerhöhung ist **Satzungsänderung.** Sie bedarf als solche der Eintragung im Handelsregister, um Wirksamkeit zu entfalten (§ 54 Abs. 3). Die Regelungen in § 57 sind lex specialis gegenüber § 54 in zweierlei Hinsicht: zum einen bestimmt Abs. 1 den Zeitpunkt der Anmeldung zum Handelsregister *(„...nachdem das erhöhte Kapital durch Übernahme von Geschäftsanteilen gedeckt ist...“)*, zum anderen erstreckt die Vorschrift in Abs. 2–4 die Vorschriften betreffend die Gründung der GmbH, soweit sie sich auf die Kapitalaufbringung beziehen, auf das Kapitalerhöhungsverfahren. 1

Entgegen dem Wortlaut der Vorschrift besteht keine vom Registergericht durchsetzbare Verpflichtung zur Anmeldung einer beschlossenen und durchgeführten Kapitalerhöhung. Nur im Verhältnis zu den Gesellschaftern oder Dritten, die iRd Kapitalerhöhung Geschäftsanteile übernommen haben, kann eine solche Verpflichtung bestehen. Missverständlich ist auch der Hinweis auf das „erhöhte Kapital“ in 2

Abs. 1. Nicht das künftige („erhöhte") Kapital, sondern lediglich der Erhöhungsbetrag muss durch die Übernahme von Geschäftsanteilen gedeckt sein, bevor die Anmeldung erfolgen kann.

II. Einzelerläuterung

3 **1. Anmeldung. a) Inhalt.** Soll die Kapitalerhöhung wirksam werden, muss die beschlossene Erhöhung angemeldet (§ 54 Abs. 1) und eingetragen (§ 54 Abs. 3) werden. Die Anmeldung muss erkennen lassen, dass das Stammkapital erhöht und damit die Satzung geändert worden ist und dass die Eintragung dieser Änderung in das Handelsregister beantragt wird. Umstritten ist, ob die Angabe des Erhöhungsbetrages und alternativ die Angabe des erhöhten Stammkapitals ausreichend sind (so Baumbach/Hueck/*Servatius* Rn. 7) oder ob zwingend der alte Stammkapitalbetrag, der Erhöhungsbetrag und der neue Stammkapitalbetrag anzugeben sind (idS Lutter/Hommelhoff/*Bayer* Rn. 4). Der Streit ist müßig. Aus Praktikabilitätserwägungen, insbesondere auch zur Vermeidung einer unzutreffenden Eintragung, sollten alle drei Beträge angegeben werden. Aus dem Wortlaut von Abs. 1 ergibt sich aber, dass die Angabe der beschlossenen Erhöhung (des Erhöhungsbetrages) in jedem Falle ausreichend ist. Davon zu unterscheiden ist die Frage, ob die Kapitalerhöhung – weil Änderung der Satzung – auch dazu zwingt, eine neue Fassung der Satzung mit dem erhöhten Stammkapital einzureichen (→ Rn. 20).

4 Ist kein fester Kapitalerhöhungsbetrag, sondern ein **Kapitalerhöhungsrahmen** beschlossen worden (→ § 55 Rn. 5), muss in der Anmeldung der tatsächlich übernommene Betrag der Geschäftsanteile genannt werden, damit der Registerrichter prüfen kann, ob sich der angemeldete (feste) Kapitalerhöhungsbetrag in dem durch den Beschluss vorgegebenen Rahmen hält und ob dieser Betrag durch die Summe der übernommenen Geschäftsanteile gedeckt ist.

5 Mehrere getrennt gefasste Kapitalerhöhungsbeschlüsse können gleichzeitig angemeldet werden. Dies führt jedoch nicht zu einer einheitlichen Kapitalerhöhung, da für jeden einzelnen Beschluss gesondert geprüft werden muss, ob die Anmeldevoraussetzungen vorliegen (zutr. Baumbach/Hueck/*Servatius* Rn. 8 gegen LG Augsburg 8.1.1996, GmbHR 1996, 216; Scholz/*Priester/Tebben* Rn. 29). Eine Zusammenfassung mehrerer getrennt gefasster Beschlüsse verbietet sich schon deshalb, weil jeder Beschluss unter unterschiedlichen Voraussetzungen zustande gekommen sein und deshalb ein unterschiedliches rechtliches Schicksal (beispielsweise bei Vorliegen von Beschlussmängeln) erleiden kann.

6 In den Fällen des § 55a wird angemeldet, dass und in welcher Höhe die Ermächtigung zur Erhöhung des Stammkapitals ausgenutzt worden ist.

7 **b) Zeitpunkt.** Abs. 1 bestimmt, dass die Anmeldung der Erhöhung des Stammkapitals erst erfolgt (erst mit Aussicht auf Vornahme der Eintragung erfolgen kann), nachdem das erhöhte Kapital durch Übernahme von Geschäftsanteilen **gedeckt** ist. Anzumelden ist also die durchgeführte Kapitalerhöhung, nicht schon der Kapitalerhöhungsbeschluss. Übernahme iSv Abs. 1 sind die mit den Altgesellschaftern oder Dritten geschlossenen Übernahmevereinbarungen. Die Summe der auf die übernommenen Geschäftsanteile entfallenden Einlageverpflichtungen (ohne Nebenleistungen oder Agio, der Nennbetrag ist entscheidend) muss dem Betrag der Kapitalerhöhung entsprechen. Ist dies nicht der Fall und haben die Gesellschafter – was denkbar wäre – den Kapitalerhöhungsbeschluss nicht entsprechend angepasst, ist die Eintragung abzulehnen. Erreicht die Summe der Nennbeträge der übernommenen Geschäftsanteile nicht den festen Kapitalerhöhungsbetrag, ist die Kapitalerhöhung insgesamt gescheitert, dh der Registerrichter kann nicht von sich aus den Kapitalerhöhungsbetrag entsprechend herabsetzen. Übersteigt die Summe der Nennbeträge der übernommenen Geschäftsanteile den Kapitalerhöhungsbetrag („Überzeichnung"), kann der Registerrichter der Gesellschaft durch Zwischenverfügung Gelegenheit geben, zu klären, ob einzelne Übernahmen entfallen oder die Übernahmen quotal gekürzt werden. Die GmbH kann ggf. eine berichtigte Anmeldung einreichen. Anderenfalls kann die Kapitalerhöhung nicht eingetragen werden.

8 **c) Form.** Die Anmeldung erfolgt elektronisch in öffentlich beglaubigter Form (§ 12 Abs. 1 HGB, § 129 BGB).

9 **d) Registergericht.** Die Anmeldung ist bei dem für die Gesellschaft zuständigen Registergericht einzureichen. § 13c HGB aF, der vorsah, dass die Zahl der einzureichenden Stücke der Anmeldung der Zahl der Niederlassungen der Gesellschaft entsprechen muss, ist aufgehoben worden. Entsprechendes gilt für § 59 aF, der vorsah, dass die Versicherung nach § 57 Abs. 2 nur gegenüber dem Gericht des Sitzes der Gesellschaft abzugeben ist und die Urkunden nach § 57 Abs. 3 Nr. 1 und § 58 Abs. 1 Nr. 4 nur bei dem Gericht des Sitzes der Gesellschaft einzureichen sind.

10 **e) Vertretung.** Die GmbH wird bei der Anmeldung der Kapitalerhöhung durch **sämtliche Geschäftsführer,** nicht nur durch die Geschäftsführer in vertretungsberechtigter Anzahl, vertreten (§ 78). Die Kapitalerhöhung wird damit auch insoweit der Gründung der GmbH gleichgestellt (§ 7 Abs. 1 iVm § 78).

2. Versicherung über die Erbringung der Einlagen. a) Versicherung der Geschäftsführer. Die Versicherung nach Abs. 2 ist von allen Geschäftsführern, nicht nur von den Geschäftsführern in vertretungsberechtigter Anzahl, abzugeben. § 78 bezieht sich zwar nur auf die Anmeldung nach Abs. 1. Die Versicherung nach Abs. 2 ist aber Bestandteil dieser Anmeldung. 11

b) Bewirkung der Leistung. Die Versicherung der Geschäftsführer bezieht sich darauf, dass die Einlagen auf das neue Stammkapital in dem gesetzlich vorgeschriebenen Mindestumfang erbracht sind. Dies sind bei der Mehrpersonen-GmbH wie auch neuerdings bei der Einpersonen-GmbH im Falle von Bareinlagen die in § 7 Abs. 2 S. 1 genannten Beträge und bei Sacheinlagen nach § 7 Abs. 3 die gesamte Einlage. 12

c) Freie Verfügbarkeit der Einlagen. Die Geschäftsführer müssen ferner versichern, dass sich die Einlagen in ihrer endgültig freien Verfügung befinden (Abs. 2 S. 1). Dies entspricht § 8 Abs. 2 S. 1. Geht man davon aus, dass im Kapitalerhöhungsverfahren die Werterhaltungskontrolle des Registergerichts aus dem Gründungsrecht nicht stattfindet (weder in Bezug auf das Gesamtvermögen noch in Bezug auf einzelne Vermögensgegenstände, über die die Gesellschaft in zulässiger Weise verfügt), ist die Versicherung ausreichend, dass die in Rede stehenden Leistungen der Gesellschafter zur **freien Verfügung der Geschäftsführer** für Zwecke der Gesellschaft eingezahlt worden sind und nicht an die Übernehmer zurückgezahlt wurden (BGH 18.3.2002, BGHZ 150, 197 = ZIP 2002, 799 (801)). Ob der zweite Teil der Erklärung tatsächlich in Ansehung von § 19 Abs. 5 nF noch verlangt werden kann, ist fraglich (Scholz/*Priester/Tebben* Rn. 11; Lutter/Hommelhoff/*Bayer* Rn. 7). Nach § 8 Abs. 2 S. 2, der nach Abs. 2 S. 2 der Vorschrift entsprechend anwendbar ist, kann das Registergericht nur noch bei erheblichen Zweifeln an der Richtigkeit der Versicherung Nachweise, unter anderem Einzahlungsbelege, verlangen. 13

Als unzulässig ist auch bei der Barkapitalerhöhung die Direktleistung der Einlage an einen Gesellschaftsgläubiger beurteilt worden, weil sie Einwirkungsmöglichkeiten der Geschäftsführer ausschließt (BGH 25.11.1985, NJW 1986, 989). Fest steht umgekehrt, dass die freie Verfügbarkeit nicht dadurch beeinträchtigt ist, dass die Einlage auf ein im Debet stehendes Konto der Gesellschaft gezahlt wird, sofern die GmbH – beispielsweise wegen einer entsprechend eingeräumten Kreditlinie – nicht gehindert ist, über den Einlagebetrag zu verfügen (BGH 24.9.1990, NJW 1991, 226; BayObLG 27.5.1998, GmbHR 1998, 736). Anders liegt der Fall, wenn das Konto der GmbH gesperrt oder gekündigt ist oder die Bank die eingezahlte Einlage mit bestehenden Forderungen gegen die GmbH verrechnen kann (LG Frankenthal 25.1.1996, GmbHR 1996, 356; OLG Düsseldorf 28.3.1991, AG 1991, 278; OLG München 29.1.1990, ZIP 1990, 785). Unschädlich ist es auch, wenn durch Satzung oder sonstige Vereinbarung der Gesellschafter die Verwendung des Einlagebetrages bereits festgelegt ist (LG Koblenz 21.12.1990, WM 1991, 1507; abw. OLG Frankfurt a. M. 24.6.1991, AG 1991, 402), sofern die eingezahlten Mittel dadurch nicht an den Einlagepflichtigen zurück gelangen (*Habetha* ZGR 1998, 305). 14

§ 19 Abs. 5, der aufgrund des Verweises in § 56a auf die Kapitalerhöhung entsprechend anwendbar ist, sieht unter den dort genannten Voraussetzungen auch in den Fällen, in denen der Einlagebetrag alsbald an den Gesellschafter zurückgelangt (insbesondere Fallgruppe des sog. **„Hin- und Herzahlens"**), die Erfüllung der Einlageverpflichtung vor. Die Vereinbarung einer solchen Rückzahlung oder auch nur die Leistung als solche ist in der Anmeldung iSd §§ 7, 57 nach § 19 Abs. 5 S. 2 anzugeben. Liegt ein Fall des § 19 Abs. 5 vor und erfolgt die Angabe dieses Umstandes in der Anmeldung, so kann angesichts der ausdrücklich angeordneten Erfüllungswirkung die Eintragung der Kapitalerhöhung nicht wegen fehlender freier Verfügbarkeit der Einlageleistung verweigert werden (vgl. auch BT-Drs. 16/9737, 98). 15

3. Anlagen zur Anmeldung. a) Übernahmeerklärung. Der Anmeldung beizufügen ist die **notariell** aufgenommene oder beglaubigte Erklärung des Übernehmers nach § 55 Abs. 1 oder eine beglaubigte Abschrift davon. Sind die Erklärungen bereits – formwirksam – im Beschlussprotokoll enthalten, müssen sie nicht gesondert beigefügt werden. Ausreichend ist nach dem Wortlaut des Abs. 3 Nr. 1 die Übernahmeerklärung als solche. Die – formfreie – Annahmeerklärung der Gesellschaft muss nicht beigefügt werden. Sie liegt, soweit nicht gesondert abgegeben, ohnehin darin, dass die – entsprechend ermächtigten (BGH 30.11.1967, BGHZ 49, 117) – Geschäftsführer die Anmeldung einreichen. Mit Eintragung der Kapitalerhöhung in das Handelsregister werden etwaige Formmängel der Übernahmeerklärung geheilt (BGH 17.10.2017, WM 2017, 2314 Rn. 34 ff. mwN). 16

b) Liste der Übernehmer und Einlagen. Als Anlage der Anmeldung beizufügen ist eine von sämtlichen Geschäftsführern unterschriebene Liste der Personen (Name, Vorname, Geburtsdatum, Wohnort), welche die neuen Geschäftsanteile (oder die Erhöhungsbeträge) übernommen haben. Der Betrag des von jedem Gesellschafter übernommenen Geschäftsanteils muss daraus ersichtlich sein (dazu BayObLG 20.2.2002, BB 2002, 852). Die Geschäftsanteile sind entsprechend § 8 Abs. 1 Nr. 3 **durchzunummerieren,** auch wenn auf diese Vorschrift nicht ausdrücklich verwiesen wird. Der Sinn und Zweck des § 8 Abs. 1 Nr. 3 würde ansonsten bei der Durchführung von Kapitalerhöhungen vereitelt. 17

18 **c) Erhöhungsbeschluss.** Der Kapitalerhöhungsbeschluss ist nicht ausdrücklich in Abs. 3 erwähnt, ebenso wenig wie § 54 ausdrücklich die Einreichung des satzungsändernden Beschlusses verlangt. Die Notwendigkeit, den Kapitalerhöhungsbeschluss einzureichen, ergibt sich aber aus der Natur der Sache, nämlich daraus, dass dieser Beschluss den Gegenstand der Anmeldung bildet.

19 **d) Kapitalerhöhung mit Sacheinlagen.** Beizufügen sind der Anmeldung nach Abs. 3 Nr. 3 die Verträge, die den Festsetzungen nach § 56 zugrunde liegen oder zu ihrer Ausführung geschlossen worden sind. Dabei handelt es sich nicht um den eigentlichen Übernahmevertrag, sondern um solche Verträge, die zur Erfüllung der Sacheinlageverpflichtung mit der Gesellschaft geschlossen worden sind, des gleichen um solche Vereinbarungen, die die Verpflichtung zur Übernahme, ihre Vorbereitung oder Einzelheiten der Durchführung beinhalten. Soweit diese Verträge formfrei geschlossen werden können, begründet Abs. 3 Nr. 3 keinen Formzwang, sodass eine Vorlagepflicht für formlos geschlossene Verträge nicht besteht (Scholz/*Priester/Tebben* Rn. 20; Baumbach/Hueck/*Servatius* Rn. 20). Anders als bei der erstmaligen Anmeldung der GmbH zum Handelsregister bedarf es weder der Beifügung von Unterlagen darüber, dass der Wert der Sacheinlagen den Betrag der dafür übernommenen Stammeinlagen erreicht (§ 8 Abs. 1 Nr. 5), noch der Erstellung eines **Sachgründungsberichts** (so die hA im Schrifttum; abw. *Scholz/Priester/Tebben* Rn. 21; OLG Stuttgart 19.1.1982, GmbHR 1982, 112; offengelassen von BayObLG 7.11.1994, DB 1995, 36).

20 **e) Neufassung der Satzung.** Nach § 54 Abs. 1 ist die Neufassung der Satzung der Anmeldung beizufügen. Umstritten ist, ob § 54 Abs. 1 auch dann gilt, wenn ausschließlich die Kapitalziffer geändert worden ist. Dies wird von der ganz hA mit der zutreffenden Begründung bejaht, es solle stets der zuletzt geltende Gesamtwortlaut der Satzung in gesonderter Urkunde zur Verfügung stehen (Scholz/*Priester/Tebben* Rn. 15; Baumbach/Hueck/*Servatius* Rn. 21; aA Roth/Altmeppen/*Roth* Rn. 5, der meint, dass § 54 Abs. 1 S. 2 durch § 57 als lex specialis verdrängt werde).

21 **4. Haftung.** Abs. 4 der Vorschrift bestimmt für die Verantwortlichkeit der Geschäftsführer die entsprechende Anwendung von § 9 Abs. 1, Abs. 3 und § 9b. Dagegen haften die Gesellschafter und Hintermänner bei der Kapitalerhöhung – anders als bei Errichtung der Gesellschaft – nicht nach Maßgabe von § 9a Abs. 2, Abs. 4. Dies ist weniger problematisch, als es auf den ersten Blick scheint, da hinsichtlich der Verpflichtung zur Leistung der Einlage ohnehin eine verschuldensunabhängige Haftung der Gesellschafter nach §§ 9a, 24 besteht und daneben eine Haftung aus gesellschaftlicher Treuepflicht sowie Delikt in Betracht kommt.

22 **a) Geschäftsführer.** Abs. 4 iVm § 9a Abs. 1, Abs. 3 sowie § 9b bezieht sich auf die die Anmeldung vornehmenden Geschäftsführer. Da nach § 78 alle Geschäftsführer an der Anmeldung mitwirken müssen, trifft die potentielle Haftung also alle zu diesem Zeitpunkt vorhandenen Geschäftsführer.

23 **b) Falsche Angaben.** Die Geschäftsführer haften, wenn sie iSd § 9a zum Zweck der Kapitalerhöhung falsche Angaben gemacht haben. Sie haben in diesem Falle der Gesellschaft als Gesamtschuldner fehlende Einzahlungen zu leisten, eine Vergütung, die nicht aufgenommen worden ist, zu ersetzen, und für den sonst entstehenden Schaden Ersatz zu leisten. Zu einer Haftung führende falsche Angaben können sowohl gegenüber Gesellschaftern als auch gegenüber Übernehmern, vor allem aber auch gegenüber dem Registergericht erfolgen. **Praxisrelevant** ist insbesondere die unzutreffende Versicherung der Geschäftsführer, der Gegenstand der Einlagen befinde sich endgültig in ihrer freien Verfügung. Eine Vereinbarung über die Rückgewähr von Bareinlagen ist offenzulegen (vgl. § 19 Abs. 5 iVm § 8 Abs. 2), die Bareinlageverpflichtung ist somit nicht erfüllt. Bei verdeckter Sacheinlage und Kenntnis der Geschäftsführer davon kann trotz der **Anrechnungsmöglichkeit** gem. § 19 Abs. 4 S. 3 und auch dann, wenn der Wert der Sacheinlage mindestens dem Nennbetrag des übernommenen Geschäftsanteils entspricht, nicht versichert werden, dass die Bareinlagen vollständig und zur freien Verfügung der Geschäftsführer erbracht sind, da die Anrechnung erst nach – gleichwohl und gesetzeswidrig erfolgter – Eintragung der Kapitalerhöhung möglich ist (§ 19 Abs. 4 S. 4 iVm § 56 Abs. 2).

24 **c) Subjektive Voraussetzungen.** Aus Abs. 4 iVm § 9a Abs. 3 folgt, dass die Haftung des Geschäftsführers ausnahmsweise ausgeschlossen ist, wenn der Geschäftsführer die seine Ersatzpflicht begründenden Tatsachen weder kannte noch bei Anwendung der Sorgfalt eine ordentlichen Geschäftsmannes kennen musste. Die **Beweislast** hierfür trägt der Geschäftsführer. Es gilt der Sorgfaltsmaßstab des § 43 (Baumbach/Hueck/*Servatius* Rn. 33). In Anbetracht dessen wird ein Ausschluss der Haftung der Geschäftsführer nur selten vorkommen.

25 **d) Haftung Dritter.** Im Zusammenhang mit der Erhöhung des Stammkapitals ist auch eine Haftung Dritter, insbesondere eine Haftung von Kreditinstituten für unrichtige Bestätigungen über die Einzahlung von Bareinlagen möglich. Diese Haftung kann je nach Lage der Dinge aus Delikt, aber auch aus einer Analogie zu § 37 Abs. 1 S. 4 AktG (die Vorschrift begründet eine Gewährleistungshaftung, vgl. BGH 7.1.2008, NZG 2008, 304 Rn. 18 ff.) abgeleitet werden (vgl. BGH 18.2.1991, BGHZ 113, 335; BGH 16.12.1996, NJW 1997, 945). Bestätigt das Kreditinstitut, dass ein Betrag iHd Einlageverpflich-

tung dem Konto der Gesellschaft gutgeschrieben wurde, entsteht in der Praxis häufiger das Problem, dass die Bestätigung als solche zwar zutreffend ist, dass aber der Erhöhungsbetrag abweichend von Abs. 2 nicht zur endgültig freien Verfügung der Geschäftsführer steht. Wenn angenommen werden darf, dass dem Kreditinstitut das Erfordernis der freien Verfügbarkeit des Einlagebetrages bekannt ist (was regelmäßig der Fall sein wird, so zutr. Baumbach/Hueck/*Zöllner/Fastrich,* 20. Aufl. 2013, Rn. 39, anders Baumbach/Hueck/*Servatius* Rn. 39; Roth/Altmeppen/*Roth* § 8 Rn. 30) und das Kreditinstitut eigene Kenntnis über Umstände hat, die die freie Verfügbarkeit hindern (dies sind häufig Umstände aus der Geschäftsbeziehung zwischen GmbH und Kreditinstitut), sollte eine Haftung entsprechend § 37 Abs. 1 S. 4 AktG bejaht werden (vgl. dazu OLG Stuttgart 28.6.1995, AG 1995, 516; BGH 18.2.1991, BGHZ 113, 335; befürwortend auch Scholz/*Priester/Tebben* Rn. 42; aA BGH 16.12.1996, NJW 1997, 945).

5. Eintragung und Bekanntmachung. a) Eintragung. Für die Eintragung gilt § 54 Abs. 2 S. 1. 26
Die §§ 55 ff. enthalten insoweit keine Sonderregelung. Das erhöhte Stammkapital ist einzutragen, weil die Bezifferung des Stammkapitals Bestandteil der Satzung ist und die Satzung insoweit geändert wurde. Die Kapitalerhöhung ist als solche inhaltlich einzutragen, da sie eine der in § 10 Abs. 1 genannten Angaben betrifft (§ 54 Abs. 2 S. 1). Einzutragen ist die neue Stammkapitalziffer und der Umstand, dass sich die **neue Stammkapitalziffer** aus einer Erhöhung des Kapitals ergibt, nicht dagegen Zahlbetrag und Übernehmer der neuen Geschäftsanteile oder des Erhöhungsbetrages bestehender Geschäftsanteile sowie Festsetzungen über Sacheinlagen (Scholz/*Priester/Tebben* Rn. 31), es sei denn, solche Angaben werden in den Satzungstext eingefügt, sodass eine Bezugnahme darauf erforderlich ist (Baumbach/Hueck/*Servatius* Rn. 25).

b) Rechtsfolgen der Eintragung. Die Eintragung hat konstitutive Wirkung (§ 54 Abs. 3). Erst mit 27
der Eintragung entstehen deshalb die (zusätzlichen) Mitgliedschaftsrechte aus den neuen bzw. erhöhten Geschäftsanteilen. Etwaige Formmängel der Übernahmeerklärung werden durch die Eintragung geheilt (BGH 17.10.2017, WM 2314 Rn. 34 ff.).

c) Bekanntmachung. Für die Bekanntmachung gilt anstelle von § 54 Abs. 2 S. 2 die Regelung in 28
§ 57b.

6. Mängel des Kapitalerhöhungsverfahrens. a) Beschlussmängel. Von Mängeln des Übernah- 29
mevertrages selbst sind solche des Kapitalerhöhungsbeschlusses zu unterscheiden. Für derartige Mängel gilt, dass sie nach den allgemein für Satzungsänderungen geltenden Regelungen geheilt werden können. Tritt **Heilung** analog § 242 AktG ein, sind die Rechtswirkungen der Kapitalerhöhung als zum Zeitpunkt der Eintragung eingetreten zu behandeln. Für den Übernehmer bedeutet dies, dass bereits zu diesem Zeitpunkt die Mitgliedschaftsrechte entstanden sind (zutr. OLG Stuttgart 17.5.2000, NZG 2001, 40; MüKoGmbHG/*Lieder* Rn. 55, 58; Baumbach/Hueck/*Servatius* Rn. 28). Scheitert indes die Heilung, weil der Beschlussmangel rechtzeitig geltend gemacht wurde, führt die gleichwohl erfolgte Eintragung dazu, dass die Kapitalerhöhung bis zu einer rechtskräftigen Entscheidung über die Unwirksamkeit oder Nichtigkeit des Beschlusses entsprechend den Grundsätzen über die fehlerhafte Gesellschaft Bestand hat (Baumbach/Hueck/*Servatius* Rn. 28; Scholz/*Priester/Tebben* Rn. 48). Allerdings ist der Übernehmer auch verpflichtet, die auf ihn entfallende Einlage zu leisten. Lässt man ungeachtet der Mängel des Kapitalerhöhungsbeschlusses Mitgliedschaftsrechte entsprechend den übernommenen Geschäftsanteilen entstehen, ist die früher in Analogie zu § 77 Abs. 3 nur beschränkt angenommene Verpflichtung zur Aufbringung des übernommenen Kapitals unzureichend (vgl. OLG Stuttgart 17.5.2000, GmbHR 2000, 721; idS auch Baumbach/Hueck/*Servatius* Rn. 28). Das Urteil, das die eingetragene Kapitalerhöhung für nichtig erklärt, wirkt ex nunc. Dementsprechend ist die Rückabwicklung vorzunehmen (dazu *Zöllner/Winter* ZHR 158 (1994), 59).

b) Mängel des Übernahmevertrages. Nach Eintragung der Kapitalerhöhung hindern Mängel des 30
Übernahmevertrages die Verpflichtung des Übernehmers zur Aufbringung des erhöhten Kapitals grundsätzlich (Ausnahmen: fehlende Geschäftsfähigkeit oder Vollmacht) nicht (hM, vgl. BGH 17.10.2017, WM 2017, 2314 Rn. 34 ff.; BGH 15.10.2007, GmbHR 2008, 147 Rn. 21 ff.; OLG Köln 7.1.1986, ZIP 1986, 572; Scholz/*Priester/Tebben* Rn. 53). Dies gilt auch dann, wenn dem Übernehmer Gegenansprüche gegen Gesellschafter oder Geschäftsführer oder die GmbH selbst zustehen.

III. Darlegungs- und Beweislast

Geschäftsführer, die iSd § 9a im Kapitalerhöhungsverfahren objektiv unzutreffende Angaben gemacht 31
haben, müssen, so sie dieserhalb in Anspruch genommen werden, darlegen und beweisen, dass sie davon weder wussten noch bei Anwendung der Sorgfalt eines ordentlichen Geschäftsmannes hätten wissen müssen.

Ablehnung der Eintragung

57a Für die Ablehnung der Eintragung durch das Gericht findet § 9c Abs. 1 entsprechende Anwendung.

Übersicht

I. Allgemeines

1 Die Vorschrift erklärt die für die Errichtung der GmbH geltende Regelung in § 9c Abs. 1 auf die Kapitalerhöhung für entsprechend anwendbar. Das Registergericht wird mit dieser Regelung verpflichtet, die ordnungsgemäße Errichtung und Anmeldung der Gesellschaft zu prüfen und die Bewertung von Sacheinlagen auf eine etwaige Überbewertung hin zu **kontrollieren.** Mit dem Verweis auf § 9c Abs. 1 wird das Gericht ermächtigt, die Eintragung der Kapitalerhöhung abzulehnen, wenn die Kapitalerhöhung nicht ordnungsgemäß beschlossen oder angemeldet ist oder die Sacheinlagen fehlerhaft bewertet sind. Entsprechend dem Zweck des § 9c für die im Errichtungsstadium befindliche GmbH ist Zweck der Vorschrift, die Vollziehung nicht ordnungsgemäß beschlossener, durchgeführter oder angemeldeter Kapitalerhöhungen, so die Mängel im Registerverfahren nicht abgestellt werden, durch Versagung der Eintragung zu verhindern.

II. Einzelerläuterung

2 **1. Allgemeine registergerichtliche Prüfung. a) Ordnungsmäßigkeit der Anmeldung.** Das Registergericht prüft, ob die Anmeldung ordnungsgemäß, dh insbesondere inhaltlich vollständig unter Beifügung der erforderlichen Anlagen, und formgerecht ist.

3 **b) Ordnungsmäßigkeit des Kapitalerhöhungsbeschlusses.** Das Registergericht prüft ferner, ob Umstände vorliegen, die zur Nichtigkeit oder Unwirksamkeit des Kapitalerhöhungsbeschlusses führen. Liegen derartige Umstände vor, darf die Eintragung nicht erfolgen.

4 **c) Sonstige Eintragungswidrigkeit.** Das Registergericht prüft schließlich, ob sonstige Gründe der Eintragung entgegenstehen. Ein solcher Grund ist beispielsweise gegeben, wenn ein Beschluss über eine Kapitalerhöhung aus Gesellschaftsmitteln innerhalb der Acht-Monats-Frist des § 57f Abs. 1 S. 2 gefasst wurde, die Anmeldung aber erst nach Ablauf dieser Frist erfolgt ist (Beispiel nach Baumbach/Hueck/*Servatius* Rn. 5). Ist die Frist zum Zeitpunkt der Anmeldung überschritten, darf der Beschluss nicht eingetragen werden.

5 **d) Anfechtbarkeit.** Bei anfechtbarkeitsbegründenden Mängeln, die das Zustandekommen des Beschlusses betreffen, die aber nicht im Wege der Anfechtungsklage geltend gemacht sind, hat das Registergericht grundsätzlich vom Zustandekommen des Beschlusses gemäß der getroffenen Feststellung auszugehen (Baumbach/Hueck/*Zöllner/Noack* § 54 Rn. 22). Ist Anfechtungsklage erhoben, entscheidet das Registergericht nach pflichtgemäßem Ermessen (→ § 54 Rn. 15).

6 Liegen dagegen **inhaltliche Mängel** vor, ist wiederum zu unterscheiden. Bei bloßen Satzungsverstößen ist gleichfalls von der getroffenen Beschlussergebnisfeststellung auszugehen. Steht aber die Satzungsänderung in einem inhaltlichen Widerspruch zu solchen Satzungsregelungen, die nicht geändert worden sind, also fortbestehen sollen, kann das Registergericht die Satzungsänderung beanstanden und Klarstellung verlangen (BayObLG 29.10.1992, DB 1993, 156). Eine solche Konstellation kann auch bei der Anmeldung einer bloßen Kapitalerhöhung entstehen, wenn andere Satzungsbestimmungen das frühere Stammkapital in Bezug nehmen und daran Rechte oder Pflichten der Gesellschafter knüpfen.

Allerdings kann die Eintragung der Kapitalerhöhung nicht deshalb abgelehnt werden, weil damit nicht in Zusammenhang stehende Regelungen in der Satzung Anlass zur Beanstandung geben (BayObLG 13.11.1996, GmbHR 1997, 73).

e) Übernahme. Hinsichtlich der Übernahme prüft das Registergericht **zweierlei:** Zum einen wird geprüft, ob die einzelnen Übernahmeerklärungen der vorgeschriebenen Form genügen und inhaltlich ordnungsgemäß sind. Zum anderen wird geprüft, ob die Summe der in den Übernahmeerklärungen genannten Beträge dem festen Erhöhungsbetrag entspricht. Haben die Gesellschafter einen Kapitalerhöhungsrahmen beschlossen (Beispiel: das Stammkapital wird von 50.000 EUR um mindestens 10.000 EUR und höchstens 30.000 EUR auf mindestens 60.000 EUR und bis zu 80.000 EUR erhöht), prüft das Registergericht, ob sich der angemeldete Kapitalerhöhungsbetrag innerhalb des Kapitalerhöhungsrahmens bewegt und ob die Summe der in den Übernahmeerklärungen genannten Beträge dem angemeldeten Kapitalerhöhungsbetrag entspricht. Entsprechendes gilt bei der Anmeldung der Durchführung einer Kapitalerhöhung aus genehmigtem Kapital nach § 55a. 7

Erfolgt die Kapitalerhöhung gegen Sacheinlagen, ist zu prüfen, ob Festsetzung und Übernahmevereinbarung miteinander übereinstimmen. 8

f) Leistung der Einlagen zur freien Verfügbarkeit der Geschäftsführer. Unter diesem Aspekt prüft das Registergericht zwei Umstände: Zum einen wird geprüft, ob Bareinlagen in dem gesetzlichen und angegebenen Umfang an die GmbH gezahlt worden sind. Zum anderen ist zu prüfen, ob die Einlagen zur endgültig freien Verfügung der Geschäftsführer geleistet wurden. Nach heutiger Rechtslage ist letztere Prüfung allerdings nur noch bei **erheblichen Zweifeln** an der Richtigkeit der Versicherung nach § 8 Abs. 2 S. 1 vorzunehmen (§ 8 Abs. 2 S. 2; s. dazu auch LG Freiburg 20.2.2009, DB 2009, 1871; BayObLG 18.2.1988, BB 1988, 716). Soweit in diesem Zusammenhang eine Bankbestätigung über die Einzahlung des Betrages auf ein Konto der Gesellschaft vorgelegt wird, ist streitig, ob damit zugleich die freie Verfügbarkeit des eingegangenen Betrages bestätigt wird (idS zutr. OLG Stuttgart 28.6.1995, AG 1995, 516; Baumbach/Hueck/*Servatius* Rn. 8; abw. BGH 16.12.1996, NJW 1997, 945; → § 57 Rn. 25). Mit Rücksicht auf die verneinende Auffassung des BGH wird im Schrifttum vorgeschlagen, in Zweifelsfällen eine Bestätigung der Bank anzufordern, die sich ausdrücklich auf die freie Verfügbarkeit des gezahlten Einlagebetrages bezieht (Baumbach/Hueck/*Servatius* Rn. 8). Allerdings kann das Registergericht eine solche Erklärung nach Auffassung des BGH (BGH 18.2.1991, BGHZ 113, 335 (352)) anders als auf Grundlage von § 37 Abs. 1 S. 3 AktG bei der GmbH nicht generell verlangen (ebenso MüKoGmbHG/*Lieder* Rn. 12; aA Baumbach/Hueck/*Servatius* Rn. 8). Erforderlich sind vielmehr „begründete" Zweifel im konkreten Fall (vgl. auch Baumbach/Hueck/*Servatius* § 9c Rn. 2a). 9

Für die Fallgruppe des sog. **Hin- und Herzahlens** ist § 19 Abs. 5 zu beachten. Unter den dort genannten Voraussetzungen schadet die Rückgewähr der Einlage an den Übernehmer nicht, auch wenn das Merkmal der freien Verfügbarkeit deshalb nicht oder nur eingeschränkt gegeben ist (→ Rn. 12 sowie → § 57 Rn. 15). 10

2. Nichtvorliegen verdeckter Sachkapitalerhöhung; Hin- und Herzahlen der Bareinlage. a) Verdeckte Sachkapitalerhöhung. Vor Änderung des GmbHG durch das MoMiG stellte sich in besonderem Maße die Frage, ob eine zur Eintragung angemeldete Barkapitalerhöhung als verdeckte Sachkapitalerhöhung zu qualifizieren ist, wenn ja, inwieweit der Registerrichter dieserhalb Erkundigungen einziehen muss oder wenigstens darf. Das Recht, Erkundigungen einzuziehen, wurde zumindest für den Fall bejaht, dass konkrete Verdachtsmomente für eine Umgehung der Sachkapitalerhöhungsbestimmungen vorliegen (weitergehend Baumbach/Hueck/*Servatius* Rn. 9; LG Berlin 29.5.1997, BB 1997, 2234; aA KG Berlin 19.5.1998, GmbHR 1998, 786). Die Rspr. ist dem zumindest teilweise dadurch gefolgt, dass die Geschäftsführer als dazu verpflichtet angesehen werden, nicht nur die endgültig freie Verfügbarkeit der geleisteten Einlagen zu versichern, sondern auch zu erklären, dass der Betrag in der Folge nicht an den oder die Einleger zurückbezahlt worden ist (BGH 18.3.2002, BGHZ 150, 197 (201)). An der grundsätzlichen Prüfungsberechtigung und dem Umfang der Prüfung hat sich durch das Inkrafttreten des **MoMiG** nichts geändert. Dies gilt zunächst für die Fallgruppe der verdeckten Sacheinlage im „engeren" Sinne. § 19 Abs. 4 lässt nicht etwa die Verpflichtung der Beteiligten zu einer ordnungsgemäßen Festsetzung von Sacheinlagen nach § 56 Abs. 1 S. 1 entfallen, sondern erklärt lediglich widersprechende Vereinbarungen unter Fortbestand der Einlageverpflichtung des Gesellschafters (in bar, § 19 Abs. 4 S. 3) für wirksam und gestattet ferner im Falle der Eintragung trotz der der Eintragung nach wie vor entgegenstehenden Vereinbarung einer verdeckten Sacheinlage („Eintragungshindernis") die Anrechnung des Wertes der unter Verstoß gegen § 56 Abs. 1 S. 1 erbrachten Sacheinlagen auf die Bareinlageverpflichtung. 11

b) Hin- und Herzahlen der Bareinlage. Besonders und gänzlich abweichend gegenüber dem bisherigen Rechtszustand geregelt ist in § 19 Abs. 5 in der Fassung des MoMiG jedoch die Fallgruppe des sog. Hin- und Herzahlens. Auch wenn es an dem Merkmal der freien Verfügbarkeit des Einlagebetrages in einer solchen Konstellation fehlt, ist die Einlageverpflichtung unter den Voraussetzungen des 12

§ 19 Abs. 5 erfüllt. Auf diese Voraussetzung erstreckt sich auch nach neuer Rechtslage die **Prüfungsbefugnis** des Registergerichts, dem die in § 19 Abs. 5 S. 1 beschriebene Konstellation offenzulegen ist (§ 19 Abs. 5 S. 2).

13 **c) Prüfung nur bei erheblichen Zweifeln.** Auch für die besonders praxisrelevanten Fallgruppen der verdeckten Sachkapitalerhöhung und der nur unter bestimmten Voraussetzungen zur Tilgung der Bareinlageverpflichtung führenden Konstellation des Hin- und Herzahlens des Bareinlagebetrages gilt nach § 8 Abs. 2 S. 2, dass nur noch bei erheblichen Zweifeln an der Richtigkeit der Versicherung nach § 8 Abs. 2 S. 1 eine Prüfung erfolgt. Dies ergibt sich daraus, dass Bestandteil dieser Versicherung inzident auch – nach wie vor – die Angabe ist, dass im konkreten Fall weder eine verdeckte Sacheinlage noch ein Fall des Hin- und Herzahlens vorliegt. Denn in dieser ersten Fallgruppe ist § 19 Abs. 4 S. 4 zu beachten, wonach eine Anrechnung des Wertes einer verdeckt eingelegten Sache erst **nach Eintragung** möglich ist und bis dahin die (Bar-)Einlageverpflichtung fortbesteht, aber offensichtlich nicht erfüllt ist, und, wenn dies nicht aufgedeckt wird, die Versicherung notwendig falsch wäre. Für die zweite Fallgruppe folgt dies aus § 19 Abs. 5 S. 2.

14 **3. Bewertung von Sacheinlagen.** Aus der Verweisung auf § 9c Abs. 1 folgt, dass das Registergericht befugt und verpflichtet ist, die Festsetzung von Sacheinlagen darauf hin zu überprüfen, ob die Einlagen überbewertet sind. Legt die GmbH keine ausreichenden Unterlagen vor, die eine Prüfung der **Plausibilität** des Bewertungsansatzes ermöglichen, kann ihr aufgegeben werden, (weitere) Nachweise beizubringen, insbesondere solche betreffend Anschaffungs- oder Herstellungskosten, desgleichen ein Bewertungsgutachten eines Sachverständigen (BayObLG 2.11.1994, BB 1995, 117; MHLS/*Hermanns* Rn. 16 f.; Rowedder/Schmidt-Leithoff/*Schnorbus* Rn. 7; Scholz/*Priester/Tebben* Rn. 8). Das Registergericht kann auch Dritte mit der Begutachtung der Sacheinlage beauftragen (BayObLG 2.11.1994, BB 1995, 117). Zu beachten ist jedoch, dass die Gesellschafter (und damit grundsätzlich auch die Geschäftsführer) der gesetzlichen Wertung entsprechend nicht verpflichtet sind, einen Sachgründungsbericht zu erstellen und vorzulegen (strenger tendenziell OLG Stuttgart 19.1.1982, BB 1982, 397; auf den Einzelfall abstellend OLG Thüringen 2.11.1993, GmbHR 1994, 710).

15 Stichtag für die Bewertung ist der Zeitpunkt der **Anmeldung der Kapitalerhöhung.** Keinesfalls kann auf den Zeitpunkt der Entscheidung über den Antrag oder den Zeitpunkt der Eintragung in das Handelsregister abgestellt werden. Es ist zu berücksichtigen, dass der Sacheinleger die Sacheinlage der bereits existenten, im Regelfall werbend tätigen Gesellschaft vor Anmeldung der Sachkapitalerhöhung zu übertragen hat und ab diesem Zeitpunkt nicht mehr für eine Verschlechterung verantwortlich gemacht werden kann (s. auch BGH 10.1.1996, WM 1996, 679; OLG Düsseldorf 10.1.1996, BB 1996, 338; Lutter/Hommelhoff/*Bayer* Rn. 3; Scholz/*Priester/Tebben* Rn. 15).

III. Verfahrensvorschriften

16 Erfolgt die Eintragung der Kapitalerhöhung wie beantragt, kann ein widersprechender Gesellschafter kein Rechtsmittel einlegen. Stattdessen muss der Kapitalerhöhungsbeschluss angegriffen und der Weg der Anfechtungs- oder Nichtigkeitsklage beschritten werden. Ist die Anfechtung oder Nichtigkeitserklärung erfolgreich, kann der Gesellschafter Löschung der Kapitalerhöhung beantragen. Gegen die Zurückweisung dieses Antrages ist das Rechtsmittel der Beschwerde gegeben.

17 Wird der Eintragungsantrag zurückgewiesen, ist ebenfalls das Mittel der Beschwerde gegeben. Beschwerdebefugt ist die Gesellschaft, die im Verfahren durch die Geschäftsführer in vertretungsberechtigter Anzahl vertreten wird.

(weggefallen)

57b

Kapitalerhöhung aus Gesellschaftsmitteln

57c

(1) **Das Stammkapital kann durch Umwandlung von Rücklagen in Stammkapital erhöht werden (Kapitalerhöhung aus Gesellschaftsmitteln).**

(2) **Die Erhöhung des Stammkapitals kann erst beschlossen werden, nachdem der Jahresabschluß für das letzte vor der Beschlußfassung über die Kapitalerhöhung abgelaufene Geschäftsjahr (letzter Jahresabschluß) festgestellt und über die Ergebnisverwendung Beschluß gefaßt worden ist.**

(3) **Dem Beschluß über die Erhöhung des Stammkapitals ist eine Bilanz zugrunde zu legen.**

(4) **Neben den §§ 53 und 54 über die Abänderung des Gesellschaftsvertrags gelten die §§ 57d bis 57o.**

Übersicht

I. Allgemeines

1 §§ 57c–o sind aufgrund des **UmwBerG** vom 28.10.1994 (BGBl. 1994 I 3257, in Kraft seit 1.1.1995) in das GmbHG eingefügt worden. Die Vorschriften entsprechen inhaltlich im Wesentlichen, teilweise sogar wörtlich, denjenigen des KapErhG von 1959 (§§ 1–17, 38 KapErhG). Das KapErhG regelte ursprünglich die Kapitalerhöhung aus Gesellschaftsmitteln sowohl für die GmbH als auch für die AG. Nachdem die aktienrechtliche Kapitalerhöhung aus Gesellschaftsmitteln bereits ab 1965 in dem neu gefassten AktG geregelt und die ebenfalls ursprünglich im KapErhG geregelte Verschmelzung unter Beteiligung einer GmbH in das UmwG eingegliedert wurde, lag es nahe, die Kapitalerhöhung aus Gesellschaftsmitteln in das GmbHG zu übernehmen.

2 Da der Wortlaut der Vorschriften sinngemäß und teilweise wörtlich beibehalten wurde, lassen sich Rspr. und Lit. zum KapErhG für die Auslegung der jetzt im GmbHG geregelten Vorschriften weiterhin heranziehen.

3 Die Kapitalerhöhung aus Gesellschaftsmitteln unterscheidet sich von der Kapitalerhöhung gegen Bar- oder Sacheinlagen insbesondere dahingehend, dass bei ersterer der Gesellschaft effektiv kein neues Kapital zugeführt wird. Die Kapitalerhöhung gegen Bar- oder Sacheinlagen wird deshalb als **effektive** Kapitalerhöhung, die Kapitalerhöhung aus Gesellschaftsmitteln als **nominelle** Kapitalerhöhung bezeichnet. Sinn und Zweck der Kapitalerhöhung aus Gesellschaftsmitteln ist es demzufolge, das Nennkapital (das eingetragene Stammkapital) und ein tatsächlich vorhandenes, höheres Eigenkapital in Übereinstimmung oder jedenfalls in ein tendenziell angemesseneres Verhältnis zueinander zu bringen. Da der GmbH aber kein Kapital effektiv zugeführt wird, wird die Kapitalausstattung der Gesellschaft als solche durch die Kapitalerhöhung aus Gesellschaftsmitteln nicht verbessert, die Gläubiger der GmbH also insoweit nicht besser gestellt. Die Kapitalerhöhung aus Gesellschaftsmitteln ist vielmehr in erster Linie ein Instrument mit optischer Bedeutung (eben der Ausweis eines höheren Stammkapitals). Eine Verbesserung der Stellung potentieller Gläubiger der GmbH wird jedoch dadurch herbeigeführt, dass die Kapitalerhöhung aus Gesellschaftsmitteln die gesellschaftsrechtliche Einbeziehung bislang „freier" Rücklagen in das Kapitalerhaltungssystem der Gesellschaft (§§ 30 f.) nach sich zieht. Vor eben diesem Hintergrund sollte die Kapitalerhöhung aus Gesellschaftsmitteln aus Sicht der Gesellschafter nur betrieben werden, wenn hierfür sachliche Gründe bestehen.

II. Einzelerläuterung

4 **1. Kapitalerhöhungsbeschluss. a) Rechtsnatur.** Die nominelle Kapitalerhöhung ist ebenso wie die effektive Kapitalerhöhung **Satzungsänderung.** Abs. 4 verweist deshalb auf die §§ 53, 54. Erforderlich ist ein satzungsändernder Beschluss der Gesellschafter, der der Mehrheit des §§ 53 Abs. 2 S. 1 und notarieller Beurkundung bedarf. Der Verweis auf § 53 wird als überflüssig empfunden. Wegen der weiten Auslegung des § 53 Abs. 3 kann die Verweisung aber durchaus zur Anwendung gelangen.

5 **b) Erhöhungsbetrag.** Der Kapitalerhöhungsbeschluss muss einen festen Erhöhungsbetrag vorsehen. Anders als bei der Kapitalerhöhung gegen Einlagen ist ein Rahmenbeschluss nicht zulässig. Streitig ist auch hier, ob neben dem Kapitalerhöhungsbetrag als solchem die Angabe des alten und des neuen Stammkapitalbetrags erforderlich sind. Aus Praktikabilitätserwägungen sind, auch wenn Bestimmbarkeit reicht (OLG Karlsruhe 7.12.2006, ZIP 2007, 270 (272)), nach hier vertretener Auffassung diese Beträge anzugeben (so auch das Beispiel bei Lutter/Hommelhoff/*Kleindiek* Rn. 10; aA Baumbach/Hueck/*Servatius* Rn. 3; MüKoGmbHG/*Lieder* Rn. 24).

6 **c) Weitere Angaben.** Des Weiteren muss der Beschluss angeben, dass die Kapitalerhöhung im Wege einer Umwandlung von Rücklagen erfolgt, welche Bilanz dem Beschluss zugrunde liegt und – sofern

mehrere Rücklagepositionen vorhanden sind – welche Rücklage in welcher Höhe umgewandelt werden soll. Da die Kapitalerhöhung durch Umwandlung von Rücklagen sowohl durch Bildung neuer Geschäftsanteile (ein Gesellschafter kann mehrere neue Geschäftsanteile erwerben) als auch durch Erhöhung des Nennbetrages vorhandener Anteile oder einer Kombination von beidem erfolgen kann, muss der Beschluss auch Angaben zur Art und Weise der Durchführung enthalten (vgl. dazu die beispielhafte Darstellung bei Lutter/Hommelhoff/*Kleindiek* Rn. 10). Möglich ist schließlich, dass die Gesellschafter eine von § 57n Abs. 1 abweichend rückwirkende Gewinnbeteiligung beschließen wollen und dies zum Inhalt des Beschlusses machen.

7 Dagegen muss die **Verteilung des Erhöhungsbetrages** auf die Gesellschafter nicht im Beschluss niedergelegt werden. Hierfür gilt zwingend § 57j. Wenn die Gesellschafter allerdings von der Möglichkeit Gebrauch machen, untereinander bei der Art und Weise der Durchführung als solcher zu differenzieren (dazu *Schemmann* NZG 2009, 242), folgt daraus auch die Notwendigkeit zur Beschreibung der Verteilung des umzuwandelnden Rücklagenbetrages auf die einzelnen Gesellschafter und dessen Verwendung (Bildung neuer oder Erhöhung des Nennbetrages vorhandener Geschäftsanteile).

8 **2. Jahresabschluss und Ergebnisverwendungsbeschluss.** Abs. 2 setzt voraus, dass die Gesellschafter den Jahresabschluss festgestellt und einen Ergebnisverwendungsbeschluss für das letzte vor dem Kapitalerhöhungsbeschluss abgelaufene Geschäftsjahr gefasst haben. Welche Möglichkeiten bestehen, den ausgewiesenen Jahresüberschuss bzw. Bilanzgewinn in Rücklagen einzustellen und damit zum Bestandteil einer nominellen Kapitalerhöhung zu machen, ergibt sich aus § 29 (zu der Ausnahme vom Erfordernis eines zuvor gefassten Ergebnisverwendungsbeschlusses → § 57n Abs. 2).

9 Nach allgA ist es zulässig, die Beschlüsse über die Feststellung des Jahresabschlusses und die Gewinnverwendung einerseits sowie den Kapitalerhöhungsbeschluss andererseits in ein- und derselben Gesellschafterversammlung zu fassen (Lutter/Hommelhoff/*Kleindiek* Rn. 8; Baumbach/Hueck/*Servatius* Rn. 5). Zulässig ist es auch, den Kapitalerhöhungsbeschluss unter der **aufschiebenden Bedingung** der Prüfung und Feststellung des Jahresabschlusses zu fassen (so LG Duisburg 9.12.1988, GmbHR 1990, 85; Lutter/Hommelhoff/*Kleindiek* Rn. 9; MüKoGmbHG/*Lieder* Rn. 31; aA Baumbach/Hueck/*Servatius* Rn. 5). Die hM geht davon aus, dass der zeitlich vor den Beschlüssen über die Feststellung des Jahresabschlusses und die Ergebnisverwendung unbedingt gefasste Kapitalerhöhungsbeschluss nicht nur schwebend unwirksam (so aber Baumbach/Hueck/*Servatius* Rn. 5), sondern entsprechend § 241 Nr. 3 AktG nichtig ist (Rowedder/Schmidt-Leithoff/*Schnorbus* Rn. 16; Lutter/Hommelhoff/*Kleindiek* Rn. 11; MüKoGmbHG/*Lieder* Rn. 33; anders nunmehr Scholz/*Priester/Tebben* Rn. 13: Beschluss ist lediglich anfechtbar). Für die Annahme der Nichtigkeit besteht indes kein Anlass, es reicht die Annahme schwebender Unwirksamkeit aus, die zur endgültigen Unwirksamkeit wird, wenn der festgestellte Jahresabschluss die beschlossene Kapitalerhöhung nicht ermöglicht.

10 **3. Basisbilanz.** Dem Kapitalerhöhungsbeschluss muss eine Bilanz zugrunde gelegt werden. Dies kann sowohl die **Jahresbilanz** (Abs. 2) als auch eine spätere, ohnehin oder gerade zum Zwecke der Kapitalerhöhung aus Gesellschaftsmitteln aufgestellte **Zwischenbilanz** sein. Das Bedürfnis, eine Zwischenbilanz auf- und festzustellen, kann insbesondere dann bestehen, wenn die zwingende Acht-Monats-Frist des § 57e Abs. 1 S. 1 anderenfalls nicht eingehalten werden kann.

11 Die Basisbilanz ist maßgeblich für die Frage, ob und inwieweit umwandlungsfähige Rücklagen zur Verfügung stehen.

12 **4. Verbindung von nomineller und effektiver Kapitalerhöhung.** Die Verbindung von nomineller und effektiver Kapitalerhöhung ist in mehreren Konstellationen denkbar.

13 Eine Konstellation besteht darin, getrennte Beschlüsse in ein- und derselben Gesellschafterversammlung zu fassen und zunächst die nominelle Kapitalerhöhung, anschließend eine effektive Kapitalerhöhung zu beschließen. Die Gesellschafter erhalten zwangsweise – ohne dass es der Abgabe einer Übernahmeerklärung bedarf – die Anteile aus der nominellen Kapitalerhöhung. Es steht ihnen jedoch frei, sich an der effektiven Kapitalerhöhung zu beteiligen. Diese Konstellation ist rechtlich unproblematisch. Es ist darauf zu achten, dass zunächst die nominelle und erst anschließend die effektive Kapitalerhöhung in das Handelsregister eingetragen werden.

14 Eher bedenklich ist die umgekehrte Konstellation, bei welcher zunächst eine effektive Kapitalerhöhung und anschließend die nominelle Kapitalerhöhung entsprechend der nach unterstellter Eintragung der nominellen Kapitalerhöhung gegebenen Beteiligungsquote beschlossen wird. Bei dieser Konstellation setzt die für die Durchführung beider Kapitalerhöhungen stimmende qualifizierte Mehrheit die Minderheit unter Druck, an der effektiven Kapitalerhöhung teilzunehmen, weil ansonsten die möglicherweise vorhandenen stillen Reserven iRd sich anschließenden nominellen Kapitalerhöhung überproportional denjenigen Gesellschaftern zufallen, die sich an der effektiven Kapitalerhöhung beteiligt haben. Auch diese Konstellation wird im Schrifttum aber für sich genommen als zulässig angesehen (Baumbach/Hueck/*Servatius* Rn. 8).

15 **Umstritten** ist hingegen, ob sowohl nominelle als auch effektive Kapitalerhöhung in einem einheitlichen Beschluss dahingehend miteinander kombiniert werden können, dass neue Anteile teils aus

umgewandelten Rücklagen und teils aus effektiven Einzahlungen gebildet werden (zulässig bei Zustimmung aller Gesellschafter laut Scholz/*Priester/Tebben* Vor § 57c Rn. 20 f.; MüKoGmbHG/*Lieder* Rn. 14; LG München I 20.10.1982, Rpfleger 1983, 157; OLG Düsseldorf 25.10.1985, NJW 1986, 2060, für den Fall einer personalistischen GmbH und einverständlicher Mitwirkung aller Gesellschafter; aA Baumbach/Hueck/*Servatius* Rn. 8, weil es an der Klarheit über die Herkunft der Mittel zur Deckung des Erhöhungsbetrages sowie die Folgen der Erhöhung fehlt und eine getrennte Wirkung auf Geschäftsanteile und die Möglichkeit getrennten Nachvollzugs bei auftauchenden Mängeln erforderlich sei). Nach hier vertretener Auffassung ist die zuletzt geschilderte Konstellation jedenfalls bei Zustimmung aller beteiligten Gesellschafter zulässig; die Gesellschafter tragen dann das Risiko, dass die Kapitalerhöhung insgesamt scheitert, wenn Mängel bestehen.

5. Verbindung von nomineller Kapitalerhöhung und Kapitalherabsetzungsmaßnahmen. 16
Eine Verbindung der nominellen Kapitalerhöhung mit der ordentlichen Kapitalherabsetzung kommt aufgrund der unterschiedlichen Anmeldefristen nicht in Betracht (Lutter/Hommelhoff/*Kleindiek* Rn. 16; Scholz/*Priester/Tebben* Vor § 57c Rn. 23). Eine Verbindung von nomineller Kapitalerhöhung und vereinfachter Kapitalherabsetzung nach § 58a scheitert zwar nicht an den Anmeldefristen, wird jedoch im Ergebnis aus unterschiedlichen Gründen für unzulässig gehalten (s. einmal Lutter/Hommelhoff/*Kleindiek* Rn. 16 und zum anderen Baumbach/Hueck/*Servatius* Rn. 10).

6. Anmeldung und Eintragung. Für die Anmeldung und Eintragung der nominellen Kapitalerhöhung gelten §§ 54, 57i. 17

Ausweisung von Kapital- und Gewinnrücklagen

57d (1) **Die Kapital- und Gewinnrücklagen, die in Stammkapital umgewandelt werden sollen, müssen in der letzten Jahresbilanz und, wenn dem Beschluß eine andere Bilanz zugrunde gelegt wird, auch in dieser Bilanz unter „Kapitalrücklage" oder „Gewinnrücklagen" oder im letzten Beschluß über die Verwendung des Jahresergebnisses als Zuführung zu diesen Rücklagen ausgewiesen sein.**

(2) **Die Rücklagen können nicht umgewandelt werden, soweit in der zugrunde gelegten Bilanz ein Verlust, einschließlich eines Verlustvortrags, ausgewiesen ist.**

(3) **Andere Gewinnrücklagen, die einem bestimmten Zweck zu dienen bestimmt sind, dürfen nur umgewandelt werden, soweit dies mit ihrer Zweckbestimmung vereinbar ist.**

Übersicht

I. Allgemeines

Die Vorschrift entspricht wörtlich dem früheren § 2 KapErhG. Das in § 2 Abs. 2 KapErhG enthaltene Umwandlungsverbot für bestimmte Rücklagen ist zwar im Zuge des BiRiLiG gestrichen worden. Gleichwohl galten Sonderposten mit Rücklageanteil (§ 2 Abs. 2 Nr. 3 KapErhG) mangels Rücklagecharakter als nicht umwandlungsfähig (BegrRegE BG-Drs. 10/317, 131; Lutter/Hommelhoff/*Kleindiek* Rn. 4). Mit Inkrafttreten des BilMoG vom 25.5.2009 sind Sonderposten mit Rücklageanteil entfallen. 1

II. Einzelerläuterung

1. Umwandlungsfähigkeit. Umwandlungsfähig sind **Kapital- und Gewinnrücklagen,** nicht dagegen stille Reserven. Letztere müssen zunächst aufgelöst und in der nach Abs. 1 maßgeblichen Bilanz ausgewiesen werden. Nicht umwandlungsfähig waren ferner Sonderposten mit Rücklagenanteil, da ihnen „echter Rücklagencharakter" abgesprochen wurde (→ Rn. 1; so auch Baumbach/Hueck/*Servatius* Rn. 1; Lutter/Hommelhoff/*Kleindiek* Rn. 4). Sie sind mit Inkrafttreten des BilMoG entfallen. Auch solche Gewinnrücklagen, die einem bestimmten Zweck dienen, können nach Abs. 3 der Vorschrift nur insoweit umgewandelt werden, als dies mit ihrer Zweckbestimmung vereinbar ist. Als ebenfalls nicht umwandlungsfähig galt die (Gewinn-)Rücklage für eigene Anteile iSd § 266 Abs. 3 A III Nr. 2 HGB, die vor Inkrafttreten des BilMoG nach Maßgabe von § 272 Abs. 4 HGB zu bilden war und nur unter den dort geregelten Voraussetzungen aufgelöst werden durfte. Heute ist insoweit § 272 Abs. 1a HGB maßgeblich. Zu verneinen ist schließlich die Umwandlungsfähigkeit heute noch gem. 2

§ 272 Abs. 4 HGB zu bildender Rücklagen für Anteile an einem herrschenden oder mit Mehrheit beteiligten Unternehmen (Scholz/*Priester/Tebben* Rn. 12).

3 Umwandlungsfähig sind **Bilanzgewinn** und **Jahresüberschussbeträge,** und zwar nicht nur dann, wenn sie bei der Feststellung des Jahresabschlusses als Gewinnrücklage ausgewiesen sind. Vielmehr reicht es aus, wenn sie im letzten Gewinnverwendungsbeschluss als Zuführung zu den Gewinnrücklagen ausgewiesen sind (Abs. 1 aE).

4 **2. Ausweis der Rücklagen.** Die Rücklagen, die umgewandelt werden sollen, müssen in der letzten Jahresbilanz und, wenn diese Bilanz nicht als Basisbilanz dient, sowohl in der letzten Jahresbilanz als auch in der als Basisbilanz dienenden Zwischenbilanz ausgewiesen sein (Scholz/*Priester/Tebben* Rn. 5). Nach hM führt ein Verstoß hiergegen zur Nichtigkeit des Kapitalerhöhungsbeschlusses (Scholz/*Priester/Tebben* Rn. 15). Dem gegenüber wird vereinzelt vertreten, ein zur Nichtigkeit führender Inhaltsverstoß liege nur vor, wenn der Ausweis in der Basisbilanz fehle (Baumbach/Hueck/*Servatius* Rn. 4).

5 Ausreichend ist es nach Abs. 1 auch, wenn im letzten Beschluss über die Verwendung des Jahresergebnisses dieses oder ein Teil davon als Zuführung zu den Kapital- oder Gewinnrücklagen ausgewiesen ist. Nach hM ist diese Möglichkeit aber nur auf die Konstellation zu beziehen, in der die letzte Jahresbilanz als Basisbilanz dient. Wird dagegen eine Zwischen- oder Sonderbilanz als Basisbilanz herangezogen, so muss in dieser die Zuführung des in der vorangegangenen Jahresbilanz ausgewiesenen Jahresergebnisses oder eines Teiles davon zur Rücklage vollzogen, der zugeführte Betrag also (auch) als Gewinnrücklage ausgewiesen sein (Baumbach/Hueck/*Servatius* Rn. 5; Lutter/Hommelhoff/*Kleindiek* Rn. 14).

6 **3. Minderung durch Verlust.** Weist die Basisbilanz einen Verlust aus (Bilanzverlust oder auch Verlustvortrag aus vorangegangenen Geschäftsjahren), vermindern sich die Rücklagen entsprechend, sodass iHd Minderungsbetrages eine Umwandlung von Rücklagen nicht (mehr) möglich ist.

7 Ist für die Gesellschafter und/oder Geschäftsführer erkennbar, dass zum Zeitpunkt des Kapitalerhöhungsbeschlusses die Rücklagen ganz oder teilweise durch Verluste oder sonst eingetretene Vermögensminderungen aufgezehrt sind, ist eine Umwandlung ebenfalls ausgeschlossen (Lutter/Hommelhoff/*Kleindiek* Rn. 7). Dies ergibt sich zumindest mittelbar aus § 57i Abs. 2 iVm Abs. 1 S. 2.

8 Ein Verstoß gegen Abs. 2 führt zur Nichtigkeit des Kapitalerhöhungsbeschlusses. Fraglich ist, ob dies auch bei zwischenzeitlicher, nicht bilanziell ausgewiesener Vermögensminderung, sei sie erkennbar oder nicht erkennbar, angenommen werden kann. Im Schrifttum wird dieser Schluss zwar nicht gezogen (Baumbach/Hueck/*Servatius* Rn. 8; abw. Lutter/Hommelhoff/*Kleindiek* Rn. 7), es wird allerdings zutreffend darauf hingewiesen, dass für den Fall, dass die Rücklagen bereits am Bilanzstichtag nicht vorhanden oder aufgezehrt waren, ein Mangel der Bilanz vorliegen kann, der ihre Nichtigkeit entsprechend § 256 Abs. 1 Nr. 1 AktG mit § 256 Abs. 5 AktG zur Konsequenz hat, was die Nichtigkeit des Kapitalerhöhungsbeschlusses nach sich ziehen würde. Die Heilung der Bilanznichtigkeit führt in einer solchen Konstellation auch zur Heilung des Kapitalerhöhungsbeschlusses.

9 Des Weiteren ist fraglich, ob eine trotz **Unterdeckung** beschlossene Kapitalerhöhung dazu führt, dass die Gesellschafter den Differenzbetrag einzahlen müssen. Nach wohl überwM ist dies nicht der Fall (UHL/*Ulmer/Casper* Rn. 30; Baumbach/Hueck/*Servatius* Rn. 9; Roth/Altmeppen/*Roth* Rn. 12). Nach aA kommt eine Differenzhaftung analog § 9 in Betracht (Scholz/*Priester/Tebben* § 57i Rn. 21; siehe ferner MüKoGmbHG/*Lieder* § 57i Rn. 31 f.). Der zuerst genannten Auffassung ist angesichts des Charakters der Kapitalerhöhung aus Gesellschaftsmitteln und ohne Kapitalzuführung von außen grundsätzlich beizupflichten, jedoch mag im Einzelfall bei schuldhaft ohne Deckung beschlossenen Kapitalerhöhungsmaßnahmen auch ein allgemeiner Haftungstatbestand verwirklicht werden, sodass es der Analogie zu § 9 nicht bedarf.

10 Auch eine Pflicht der Gesellschafter zur anschließenden Kapitalherabsetzung wird durch die Unterdeckung des Erhöhungsbetrages nicht ausgelöst. Konsequenz der Unterdeckung ist aber ein Ausschüttungsverbot hinsichtlich künftiger Jahresüberschüsse bis zur Wiederherstellung des (erhöhten) Stammkapitals (Baumbach/Hueck/*Servatius* Rn. 9).

11 **4. Gewinnrücklagen mit Zweckbestimmung.** Zweckbestimmte Rücklagen sind der Umwandlung in Stammkapital entzogen, soweit dies dem Zweck nicht entspricht. Unklar ist, was mit „anderen" Gewinnrücklagen gemeint ist. Eine – denkbare – Bezugnahme auf den bilanztechnischen Begriff des § 266 Abs. 3 A III Nr. 4 HGB ist zweifelhaft, weil auch eine satzungsmäßige Zweckbindung, die unter § 266 Abs. 3 A III Nr. 3 HGB subsumiert werden müsste, von Abs. 3 erfasst wird (Scholz/*Priester/Tebben* Rn. 13). Ist die Zweckbindung keine satzungsmäßige Bindung, können die Gesellschafter die Bindung mit einfacher Mehrheit aufheben, und zwar auch konkludent dadurch, dass sie die Rücklagen für eine Umwandlung in Stammkapital verwenden. Diese Möglichkeit scheidet bei der auf einer Satzungsregelung beruhenden Zweckbindung freilich aus. Die Satzung muss zunächst geändert werden. Eine konkludente Änderung ist nicht möglich. Die Änderung muss ausdrücklich beschlossen und in das Handelsregister eingetragen werden, wobei Satzungsänderung und Kapitalerhöhung gleichzeitig beschlossen werden können (Scholz/*Priester/Tebben* Rn. 14; Lutter/Hommelhoff/*Kleindiek* Rn. 12).

Ein Verstoß gegen eine der Verwendung der Rücklage entgegenstehende Zweckbindung führt nicht zur Nichtigkeit, sondern lediglich zur Anfechtbarkeit des Kapitalerhöhungsbeschlusses (Baumbach/Hueck/*Servatius* Rn. 12). Im Einzelfall ist stets zu prüfen, ob die Gesellschafter mit dem Kapitalerhöhungsbeschluss konkludent und zulässigerweise – die Satzung steht nicht entgegen – auf eine Zweckbindung verzichtet haben. 12

Zugrundelegung der letzten Jahresbilanz; Prüfung

57e **(1) Dem Beschluß kann die letzte Jahresbilanz zugrunde gelegt werden, wenn die Jahresbilanz geprüft und die festgestellte Jahresbilanz mit dem uneingeschränkten Bestätigungsvermerk der Abschlußprüfer versehen ist und wenn ihr Stichtag höchstens acht Monate vor der Anmeldung des Beschlusses zur Eintragung in das Handelsregister liegt.**

(2) **Bei Gesellschaften, die nicht große im Sinne des § 267 Abs. 3 des Handelsgesetzbuchs sind, kann die Prüfung auch durch vereidigte Buchprüfer erfolgen; die Abschlußprüfer müssen von der Versammlung der Gesellschafter gewählt sein.**

I. Allgemeines

Die Vorschrift entspricht inhaltlich § 3 KapErhG. Lediglich der Zeitraum zwischen Bilanzstichtag und Anmeldung des Kapitalerhöhungsbeschlusses zur Eintragung in das Handelsregister ist gegenüber § 3 KapErhG von sieben auf acht Monate verlängert worden. Die Vorschrift betrifft eine der beiden den Gesellschaftern zur Verfügung stehenden Varianten, nämlich die Nutzung der letzten Jahresbilanz als Grundlage für die Kapitalerhöhung aus Gesellschaftsmitteln. Die andere Var. besteht in der Verwendung einer Kapitalerhöhungssonderbilanz als Basisbilanz (§ 57f). Da, wie sich aus § 57c Abs. 2 ergibt, die letzte Jahresbilanz ohnehin vorliegen muss, empfiehlt sich in der Praxis die Nutzung dieser Bilanz, um die mit Kosten und sonstigem Aufwand verbundene Erstellung einer Kapitalerhöhungssonderbilanz iSd § 57f zu vermeiden. 1

Die Vorschrift knüpft die Verwendbarkeit der letzten Jahresbilanz an bestimmte Voraussetzungen. 2

II. Einzelerläuterung

1. Jahresbilanz. Die Jahresbilanz ist nach den einschlägigen Vorschriften des HGB zu erstellen (§§ 242 ff., 264 ff. HGB, § 42 f. GmbHG). Voraussetzung ist nach Abs. 1 der Vorschrift, dass die Jahresbilanz nach Maßgabe des § 42a festgestellt ist. Zulässig ist es, den Feststellungsbeschluss und den Kapitalerhöhungsbeschluss in ein- und derselben Gesellschafterversammlung zu fassen. Das Erfordernis der Feststellung der Jahresbilanz ergibt sich bereits aus § 57c Abs. 2. 3

2. Prüfung und Bestätigungsvermerk. Die Jahresbilanz muss geprüft sein. Einer Pflichtprüfung unterliegen große und mittelgroße Gesellschaften iSd § 267 Abs. 2, 3 HGB bereits nach allgemeinen Bestimmungen. Lediglich kleine Gesellschaften iSd § 267 HGB sind davon ausgenommen (§ 316 Abs. 1 HGB), sodass Abs. 1 für diese Gesellschaften ein besonderes Prüfungserfordernis aufstellt. 4

Prüfungsgegenstand ist nur die Jahresbilanz, nicht der Jahresabschluss iÜ. Inhalt und Umfang der Prüfung sind dem Wortlaut der Vorschrift zufolge an den allgemeinen Bestimmungen zu orientieren (§§ 316 ff. HGB). Mit Rücksicht auf § 57f, dessen Abs. 3 S. 2 auf einzelne Bestimmungen des HGB Bezug nimmt und Inhalt und Umfang der Prüfung damit tendenziell einschränkt, wird zutreffend die Auffassung vertreten, dass die entsprechenden Einschränkungen auch für die Prüfung der Jahresbilanz kleiner Gesellschaften Anwendung finden (Baumbach/Hueck/*Servatius* Rn. 2). 5

Bei großen Gesellschaften iSv § 267 Abs. 3 HGB bedarf es der Prüfung durch öffentlich bestellte Wirtschaftsprüfer oder Wirtschaftsprüfungsgesellschaften, bei mittelgroßen und kleinen Gesellschaften genügt nach Abs. 2 der Vorschrift eine Prüfung durch vereidigte Buchprüfer. Die Abschlussprüfer müssen von der **Gesellschafterversammlung** gewählt sein. Ausreichend ist auch eine Beschlussfassung nach § 48 Abs. 2 (Lutter/Hommelhoff/*Kleindiek* §§ 57e–g Rn. 3; Scholz/*Priester/Tebben* §§ 57e–g Rn. 8), wenn die Satzung keine abweichende Regelung vorsieht. 6

Die Jahresbilanz muss mit dem uneingeschränkten Bestätigungsvermerk der Abschlussprüfer versehen sein, für dessen Wortlaut bei großen und mittelgroßen Gesellschaften § 322 HGB unmittelbar und bei kleinen Gesellschaften nur seinem Sinn nach gilt, was sich auch aus § 57f Abs. 3 ergibt (Baumbach/Hueck/*Servatius* Rn. 2). Davon abgesehen ist das Erfordernis des Testats unverzichtbar (BayObLG 9.4.2002, ZIP 2002, 1398). 7

3. Frist. Zwischen dem Bilanzstichtag der Jahresbilanz und dem Datum der Anmeldung der Kapitalerhöhung zum Handelsregister darf ein Zeitraum von höchstens **acht Monaten** liegen. Wird dieser Zeitraum überschritten, kann die Jahresbilanz nicht als Basisbilanz genutzt werden (OLG Frankfurt a. M. 27.4.1981, BB 1981, 1253; LG Essen 8.6.1982, BB 1982, 1901). Auf den Zeitpunkt der Eintragung kommt es hingegen nicht an. Ist die Anmeldung unvollständig und wird sie nicht zurückgewiesen, 8 sondern der Gesellschaft durch Zwischenverfügung die Vervollständigung aufgegeben, bleibt die Frist gewahrt, und zwar auch dann, wenn die Vervollständigung erst nach Ablauf des Acht-Monats-Zeitraums stattfindet (Baumbach/Hueck/*Servatius* Rn. 4).

9 **4. Eintragung der Kapitalerhöhung trotz fehlender Voraussetzungen.** Das Registergericht prüft die Voraussetzungen für die Verwendung der Jahresbilanz als Basisbilanz. Liegen diese Voraussetzungen nicht vor, erfolgt aber gleichwohl die Eintragung, ist zu differenzieren: Ist die Jahresbilanz ungeprüft oder nicht mit einem Testat versehen, ist der Erhöhungsbeschluss **nichtig** (vgl. § 241 Nr. 3 AktG, dazu BayObLG 9.4.2002, ZIP 2002, 1398), es tritt jedoch nach Ablauf von drei Jahren analog § 242 Abs. 2 AktG Heilung ein (OLG Thüringen 28.1.2016, DStR 2016, 927). Gleiches gilt, wenn zum Zeitpunkt des Kapitalerhöhungsbeschlusses die Acht-Monats-Frist bereits überschritten war. Erfolgt lediglich die Anmeldung nach Ablauf der Acht-Monats-Frist oder wurde gegen die Vorschriften über die Bekanntgabe der Bilanz verstoßen, tritt Heilung bereits mit Eintragung der Kapitalerhöhung ein.

III. Abdingbarkeit

10 Die Vorschrift ist zwingend.

Anforderungen an die Bilanz

57f (1) [1]**Wird dem Beschluß nicht die letzte Jahresbilanz zugrunde gelegt, so muß die Bilanz den Vorschriften über die Gliederung der Jahresbilanz und über die Wertansätze in der Jahresbilanz entsprechen.** [2]**Der Stichtag der Bilanz darf höchstens acht Monate vor der Anmeldung des Beschlusses zur Eintragung in das Handelsregister liegen.**

(2) [1]**Die Bilanz ist, bevor über die Erhöhung des Stammkapitals Beschluß gefaßt wird, durch einen oder mehrere Prüfer darauf zu prüfen, ob sie dem Absatz 1 entspricht.** [2]**Sind nach dem abschließenden Ergebnis der Prüfung keine Einwendungen zu erheben, so haben die Prüfer dies durch einen Vermerk zu bestätigen.** [3]**Die Erhöhung des Stammkapitals kann nicht ohne diese Bestätigung der Prüfer beschlossen werden.**

(3) [1]**Die Prüfer werden von den Gesellschaftern gewählt; falls nicht andere Prüfer gewählt werden, gelten die Prüfer als gewählt, die für die Prüfung des letzten Jahresabschlusses von den Gesellschaftern gewählt oder vom Gericht bestellt worden sind.** [2]**Im übrigen sind, soweit sich aus der Besonderheit des Prüfungsauftrags nichts anderes ergibt, § 318 Abs. 1 Satz 2, § 319 Abs. 1 bis 4, § 319a Abs. 1, § 319b Abs. 1, § 320 Abs. 1 Satz 2, Abs. 2 und die §§ 321 und 323 des Handelsgesetzbuchs anzuwenden.** [3]**Bei Gesellschaften, die nicht große im Sinne des § 267 Abs. 3 des Handelsgesetzbuchs sind, können auch vereidigte Buchprüfer zu Prüfern bestellt werden.**

Übersicht

I. Allgemeines

1 Die Vorschrift gibt den Gesellschaftern die Option, anstelle der letzten Jahresbilanz eine Zwischenbilanz (Kapitalerhöhungssonderbilanz) zu nutzen. Ein Bedürfnis dafür kann insbesondere bestehen, wenn seit dem Bilanzstichtag der Jahresbilanz bereits **acht Monate** verstrichen sind, sodass die Jahresbilanz nicht als Basisbilanz genutzt werden kann. Die Vorschrift konkretisiert die Anforderungen, die an die als Basisbilanz dienende Zwischenbilanz gestellt werden.

2 Die Vorschrift entspricht inhaltlich § 4 KapErhG, wobei auch hier die Frist von sieben auf acht Monate verlängert wurde.

II. Einzelerläuterung

1. Anwendbarkeit der Vorschriften über die Gliederung der Jahresbilanz und die darin enthaltenen Wertansätze. Nach Abs. 1 S. 1 muss auch die Zwischenbilanz den Anforderungen an die Gliederung der Jahresbilanz und denjenigen über die darin enthaltenen Wertansätze entsprechen. Die Zwischenbilanz wiederum muss gegenüber der vorausgegangenen Jahresbilanz die Grundsätze der **Bilanzkontinuität** wahren, sie muss ferner den Gewinn oder Verlust stichtagsbezogen ausweisen, ohne dass es aber der Erstellung einer Gewinn- und Verlustrechnung bedarf (Baumbach/Hueck/*Servatius* Rn. 2). 3

2. Rücklagen. Entsprechend den in § 57d Abs. 1 beschriebenen Voraussetzungen müssen in der Zwischenbilanz Kapital- und/oder Gewinnrücklagen **ausgewiesen** sein, deren Höhe und (fehlende) Zweckbestimmung die Kapitalerhöhung aus Gesellschaftsmitteln erlaubt. Allerdings muss der Betrag der Rücklagen, die in der Zwischenbilanz ausgewiesen sind, nicht exakt demjenigen Betrag entsprechen, der insoweit in der vorangegangenen Jahresbilanz ausgewiesen ist. Vielmehr kann der Betrag der Rücklagen – beispielsweise aufgrund zwischenzeitlich eingetretener Verluste – niedriger liegen, solange der – insoweit maßgebliche – niedrigere Betrag mindestens dem für die Kapitalerhöhung zu verwendenden Betrag entspricht (Baumbach/Hueck/*Servatius* Rn. 3). Ebenso kann die Zwischenbilanz höhere Rücklagen ausweisen. Nicht möglich ist es jedoch, den in der Zwischenbilanz gegenüber der letzten Jahresbilanz höheren Rücklagenbetrag für die Kapitalerhöhung zu verwenden. 4

3. Acht-Monats-Frist. Auch bei Verwendung einer Zwischenbilanz gilt, dass zwischen deren Stichtag und dem Tag der Anmeldung der Kapitalerhöhung zum Handelsregister nicht mehr als acht Monate verstrichen sein dürfen. 5

4. Prüfung und Bestätigungsvermerk. Nach Abs. 2 S. 1 und 2 iVm Abs. 3 ist die Zwischenbilanz nach den Grundsätzen, die für die Jahresabschlussprüfung gelten, zu prüfen und mit einem entsprechenden Bestätigungsvermerk zu versehen. Für die Prüfung verweist Abs. 3 S. 2 auf die Vorschriften des HGB, reduziert allerdings deren Geltungsumfang dahingehend, dass diese Vorschriften nur anwendbar sind, soweit sich aus der Besonderheit des Prüfungsauftrages – Eignung der Zwischenbilanz iSd Vorhandenseins der für Zwecke der Kapitalerhöhung aus Gesellschaftsmitteln erforderlichen Rücklagen – nicht etwas anderes ergibt. Eine solche **Besonderheit** des Prüfungsauftrages besteht insbesondere darin, dass für die Zwischenbilanz die Beurteilung der Lage der Gesellschaft nicht von Interesse ist und in die Prüfung deshalb ein Lagebericht nicht einbezogen wird (Baumbach/Hueck/*Servatius* Rn. 5). 6

5. Bestellung der Prüfer. Ebenso wie nach § 57e für die Jahresbilanz sind die Prüfer durch die **Gesellschafterversammlung,** alternativ auch durch Beschluss iSd § 48 Abs. 2, zu bestellen. Die Satzung kann davon abweichen, was sich aus § 318 Abs. 1 S. 2 HGB ergibt. Fehlt es an einer besonderen Bestellung von Prüfern für die Prüfung der Zwischenbilanz, gelten die Prüfer als gewählt, die für die Prüfung der letzten Jahresbilanz von den Gesellschaftern oder von Seiten des Gerichts bestellt worden sind. 7

Der Prüfungsauftrag wird durch die Geschäftsführer, nicht durch den etwa nach § 52 iVm § 111 Abs. 2 S. 3 AktG zuständigen Aufsichtsrat, erteilt, da Abs. 3 S. 2 nicht auf § 318 Abs. 1 S. 4 HGB verweist. Die Geschäftsführer sind zur unverzüglichen Erteilung des Prüfungsauftrages verpflichtet (Baumbach/Hueck/*Servatius* Rn. 8). 8

6. Qualifikation der Prüfer. Ebenso wie bei der Jahresbilanz nach § 57e sind die Prüfer entweder Wirtschaftsprüfer oder Wirtschaftsprüfungsgesellschaften, bei kleinen und mittelgroßen Gesellschaften iSv § 267 HGB können auch vereidigte Buchprüfer tätig werden. 9

7. Durchführung der Prüfung und Testat. Abs. 3 S. 2 verweist auf § 320 Abs. 1 S. 2, Abs. 2 HGB und räumt den Prüfern damit das in diesen Bestimmungen vorgesehene **Einsichts- und Auskunftsrecht** ein. Eine Einschränkung dieses Rechts auf die Informationen, die für die Prüfung der Zwischenbilanz erforderlich sind, ergibt sich aus den Besonderheiten des Prüfungsauftrags. Für den Prüfungsbericht gilt kraft Verweisung § 321 Abs. 1 und 2 HGB, jedoch ebenfalls mit der Einschränkung, die sich aufgrund der Besonderheiten des Prüfungsauftrages ergibt. Der Prüfungsbericht ist mit dem Vermerk iSd Abs. 2 zu versehen und reicht mit Rücksicht auf den Prüfungsgegenstand weniger weit als derjenige nach § 322 HGB, auf den Abs. 3 S. 2 auch nicht verweist. 10

8. Feststellung der Zwischenbilanz. Die Zuständigkeit der Gesellschafterversammlung für die Feststellung der Zwischenbilanz ergibt sich aus einer entsprechenden Anwendung des § 46 Nr. 1. Die Bilanz muss denknotwendig festgestellt sein, bevor über die Kapitalerhöhung beschlossen wird (s. auch Lutter/Hommelhoff/*Kleindiek* §§ 57e–g Rn. 5; Roth/Altmeppen/*Roth* Rn. 2), wobei auch hier gilt, dass Feststellungsbeschluss und Kapitalerhöhungsbeschluss in ein- und derselben Gesellschafterversammlung gefasst werden können. Nur ausnahmsweise kann in der Beschlussfassung über die Kapitalerhöhung zugleich der – konkludente – Beschluss über die Feststellung der Zwischenbilanz gesehen werden 11

(Baumbach/Hueck/*Servatius* Rn. 12; weniger streng Lutter/Hommelhoff/*Kleindiek* §§ 57 e-g Rn. 5, die eine förmliche Feststellung für nicht erforderlich halten).

Vorherige Bekanntgabe des Jahresabschlusses

57g Die Bestimmungen des Gesellschaftsvertrags über die vorherige Bekanntgabe des Jahresabschlusses an die Gesellschafter sind in den Fällen des § 57f entsprechend anzuwenden.

I. Allgemeines

1 Die Vorschrift entspricht § 5 KapErhG. Sie unterstellt die Zwischenbilanz hinsichtlich ihrer Bekanntgabe den gesellschaftsvertraglichen Bestimmungen über die Bekanntgabe der Jahresbilanz.

II. Einzelerläuterung

2 **1. Regelung in der Satzung.** Vorrang hat die Regelung in der Satzung. Enthält die Satzung, was allerdings keineswegs zwingend ist, Bestimmungen, die die vorherige Bekanntgabe der Jahresbilanz an die Gesellschafter betreffen, so gelten diese Bestimmungen auch für die Zwischenbilanz.

3 **2. Gesetzliche Bestimmungen.** Enthält die Satzung keine Bestimmungen über die vorherige Bekanntgabe der Jahresbilanz an die Gesellschafter, kann aus der Vorschrift nicht der Schluss gezogen werden, dass die allgemeinen gesetzlichen Bestimmungen über die vorherige Bekanntgabe nicht auf die Zwischenbilanz (Erhöhungssonderbilanz) anzuwenden wären. Vielmehr gelten in diesem Falle diese **allgemeinen Grundsätze,** insbesondere die Bestimmungen in § 42a Abs. 1 sowie die Verpflichtung der Geschäftsführer, die Zwischenbilanz zu erläutern (Baumbach/Hueck/*Servatius* Rn. 1; MHLS/*Hermanns* Rn. 2).

4 **3. Folgen eines Verstoßes.** Ohne vorherige Bekanntgabe der Zwischenbilanz an die Gesellschafter und eine etwa von diesen geforderte Erläuterung kann über die Feststellung der Zwischenbilanz und damit über die Kapitalerhöhung nicht beschlossen werden (Baumbach/Hueck/*Servatius* Rn. 1). Ein gleichwohl gefasster Beschluss ist **anfechtbar,** aber nicht nichtig (MHLS/*Hermanns* Rn. 3; aA wohl Scholz/*Priester/Tebben* § 57e-g Rn. 18). Liegt eine geprüfte und mit uneingeschränktem Bestätigungsvermerk versehene Bilanz überhaupt nicht vor, ist der Beschluss entsprechend § 241 Nr. 3 AktG nichtig (BayObLG 9.4.2002, ZIP 2002, 1398 (1400)). Heilung tritt mit Ablauf von drei Jahren ein (§ 242 Abs. 2 AktG analog).

5 **4. Publizität.** Die Zwischenbilanz unterliegt nicht der Publizitätspflicht nach § 325 HGB.

Arten der Kapitalerhöhung

57h (1) [1]**Die Kapitalerhöhung kann vorbehaltlich des § 57l Abs. 2 durch Bildung neuer Geschäftsanteile oder durch Erhöhung des Nennbetrags der Geschäftsanteile ausgeführt werden.** [2]**Die neuen Geschäftsanteile und die Geschäftsanteile, deren Nennbetrag erhöht wird, müssen auf einen Betrag gestellt werden, der auf volle Euro lautet.**

(2) [1]**Der Beschluß über die Erhöhung des Stammkapitals muß die Art der Erhöhung angeben.** [2]**Soweit die Kapitalerhöhung durch Erhöhung des Nennbetrags der Geschäftsanteile ausgeführt werden soll, ist sie so zu bemessen, daß durch sie auf keinen Geschäftsanteil, dessen Nennbetrag erhöht wird, Beträge entfallen, die durch die Erhöhung des Nennbetrags des Geschäftsanteils nicht gedeckt werden können.**

I. Allgemeines

1 Die Vorschrift entspricht im Wesentlichen wörtlich § 6 KapErhG. Sie lässt den Gesellschaftern vorbehaltlich der Regelung in § 57l Abs. 2 bei der Umsetzung der Kapitalerhöhung aus Gesellschaftsmitteln die Wahl zwischen der Bildung neuer Geschäftsanteile und der Erhöhung des Nennbetrages der vorhandenen Geschäftsanteile. Im Übrigen wiederholt die Vorschrift § 5 Abs. 2 S. 1 in der Fassung des MoMiG, wonach Geschäftsanteile auf volle Euro lauten müssen. Dies gilt für neue Geschäftsanteile wie auch für Geschäftsanteile, deren Nennbetrag erhöht wird.

II. Einzelerläuterung

2 **1. Neue Geschäftsanteile oder Nennbetragserhöhung.** Nach § 5 Abs. 3 S. 2 muss die Summe der Nennbeträge aller Geschäftsanteile mit dem Stammkapital übereinstimmen. Die Kapitalerhöhung aus Gesellschaftsmitteln (nominelle Kapitalerhöhung) muss deshalb **zwingend** entweder zu einer Erhö-

hung des Nennbetrages der vorhandenen oder zur Bildung neuer Geschäftsanteile führen. Die inhaltliche Ausgestaltung ist den Gesellschaftern überlassen. Nach allgA ist es auch zulässig, Neuausgabe und Erhöhung zu kombinieren. **Einschränkungen** für die Ausgabe neuer Geschäftsanteile ergeben sich aus § 57l (→ § 57l Rn. 3). Aus Abs. 1 S. 1 der Vorschrift folgt, dass der Kapitalerhöhungsbeschluss eine Wahl zwischen den beiden den Gesellschaftern eingeräumten Optionen treffen muss, was die Möglichkeit einer Kombination dieser Optionen einschließt.

2. Stückelung. Nach Abs. 1 S. 2 der Vorschrift iVm § 5 Abs. 2 S. 1, Abs. 3 können durch die Kapitalerhöhung neue Geschäftsanteile entstehen, deren Mindestnennbetrag 1 EUR ist und deren Nennbetrag auf volle Euro lauten muss. Entsprechendes gilt für die Erhöhung des Nennbetrages vorhandener Geschäftsanteile (früher: Stammeinlagen). Für die zuletzt genannte Konstellation ordnet Abs. 2 S. 2 allerdings an, dass bei den Gesellschaftern keine **Spitzenbeträge** entstehen dürfen. Lässt sich die Entstehung von Spitzenbeträgen nicht vermeiden, kann und muss – aufgrund gesellschaftlicher Treuepflicht – die Kapitalerhöhung so gestaltet werden, dass entweder nur neue Geschäftsanteile ausgegeben werden oder die Erhöhung des Nennwerts auf volle Euro mit der Ausgabe eines neuen Geschäftsanteils kombiniert wird (Scholz/*Priester/Tebben* Rn. 6; Baumbach/Hueck/*Servatius* Rn. 3). Soweit Spitzenbeträge bei den neuen Geschäftsanteilen wegen der Beachtung des Proportionalitätsprinzips unvermeidbar sind, fallen den Gesellschaftern Teilrechte nach Maßgabe des § 57k (→ § 57k Rn. 3 ff.) zu. Der neu entstehende Geschäftsanteil muss mindestens 1 EUR betragen, anderenfalls entstehen nur Teilrechte nach § 57k. Daraus ergibt sich, dass der Kapitalerhöhungsbetrag grundsätzlich auch selbst durch 1 glatt teilbar sein muss. 3

3. Konsequenzen für die Stimmrechtsverteilung. Nach § 47 Abs. 2 gewähren je 1 EUR eines Geschäftsanteils eine Stimme. Die Kapitalerhöhung aus Gesellschaftsmitteln führt dazu, dass die Beträge vorhandener Geschäftsanteile oder neu entstehender Geschäftsanteile auf volle Euro lauten (Abs. 1 S. 2). Damit ist sichergestellt, dass jeder neu entstehende Geschäftsanteil, auch ein solcher im Nennbetrag von 1 EUR, stimmberechtigt ist. Die insoweit früher bestehende Gesetzeslücke ist durch das MoMiG geschlossen worden. 4

4. Bildung neuer Geschäftsanteile. Ist ein Gesellschafter Inhaber eines Geschäftsanteils, erhält er im Falle der Ausgabe neuer Geschäftsanteile einen zusätzlichen Geschäftsanteil. Ist ein Gesellschafter dagegen Inhaber mehrerer Geschäftsanteile (was heute von Beginn der Gesellschaft an denkbar ist, vgl. § 5 Abs. 2 S. 2), erhält er auch entsprechend viele neue Geschäftsanteile. Damit wird dem Umstand Rechnung getragen, dass die einzelnen Geschäftsanteile Gegenstand **unterschiedlicher daran begründeter Rechte Dritter** (Pfandrechte, Nießbrauch, Treuhandbeziehungen, Unterbeteiligung) als auch mit unterschiedlichen Mitgliedschaftsrechten ausgestattet sein können (MHLS/*Hermanns* Rn. 4; Baumbach/Hueck/*Servatius* Rn. 5). 5

Der neue Geschäftsanteil ist rechtlich **selbständig.** Er unterliegt hinsichtlich der damit verbundenen Rechte und Pflichten den gleichen Bestimmungen wie der bereits vorhanden gewesene Geschäftsanteil (Baumbach/Hueck/*Servatius* Rn. 6). 6

5. Erhöhung des Nennbetrages. Die Gestaltung der Kapitalerhöhung durch Erhöhung des Nennbetrages vorhandener Geschäftsanteile bot sich vor Inkrafttreten des MoMiG immer dann an, wenn anderenfalls nicht auf mindestens 50 EUR lautende Geschäftsanteile entstehen würden und der Gesellschafter deshalb keinen neuen Geschäftsanteil erwerben konnte. Dieser Grund besteht nicht mehr, da der Nennbetrag der (neuen) Geschäftsanteile heute auf jeden vollen Eurobetrag lauten kann (§ 5 Abs. 2 S. 1). Sind Geschäftsanteile allerdings nur **teilweise einbezahlt,** ist die Kapitalerhöhung durch Erhöhung des Nennbetrages vorhandener Geschäftsanteile grundsätzlich die einzige Möglichkeit der Kapitalerhöhung aus Gesellschaftsmitteln (§ 57l Abs. 2 S. 2). 7

6. Kapitalerhöhungsbeschluss. Der Kapitalerhöhungsbeschluss muss festlegen, welche (ggf. kombinierte) Erhöhungsart die Gesellschafter wählen. Die Ausübung des Wahlrechts ist Bestandteil des Beschlusses, sodass dieses Wahlrecht von der satzungsändernden Mehrheit ausgeübt wird. Sollen die Gesellschafter insoweit ungleich behandelt werden, bedarf es ihrer Zustimmung. Ausgenommen ist der gesetzliche Sonderfall des § 57l Abs. 2 S. 3. 8

Der Kapitalerhöhungsbeschluss sollte insbesondere im Falle einer **Kombination** der beiden Kapitalerhöhungsarten Aufteilung, Anzahl und Nennbetrag der neuen Geschäftsanteile sowie der Teilrechte und der Erhöhungsbeträge der bestehenden Geschäftsanteile angeben (MüKoGmbHG/*Lieder* Rn. 11; Scholz/*Priester/Tebben* Rn. 9). 9

7. Beschlussmängel. Werden die Voraussetzungen des Abs. 1 S. 2 (Mindestnennbetrag) und des Abs. 2 S. 1 nicht eingehalten, ist der Beschluss entsprechend § 241 Nr. 3 AktG **nichtig** (Lutter/Hommelhoff/*Kleindiek* Rn. 9). Gleiches gilt bei einem Verstoß gegen Abs. 2 S. 2, wenn ungedeckte Spitzen umverteilt werden und die Geschäftsanteile nur teilweise einbezahlt sind, denn in dieser Konstellation entstehen keine Teilrechte gem. § 57k (Scholz/*Priester/Tebben* Rn. 11; Roth/Altmeppen/*Roth* 10

Rn. 12; kritisch Baumbach/Hueck/*Servatius* Rn. 10: Die Begründung, hierdurch würden Gläubigerinteressen berührt, sei unzutreffend).

Anmeldung und Eintragung des Erhöhungsbeschlusses

57i (1) [1]**Der Anmeldung des Beschlusses über die Erhöhung des Stammkapitals zur Eintragung in das Handelsregister ist die der Kapitalerhöhung zugrunde gelegte, mit dem Bestätigungsvermerk der Prüfer versehene Bilanz, in den Fällen des § 57f außerdem die letzte Jahresbilanz, sofern sie noch nicht nach § 325 Abs. 1 des Handelsgesetzbuchs eingereicht ist, beizufügen.** [2]**Die Anmeldenden haben dem Registergericht gegenüber zu erklären, daß nach ihrer Kenntnis seit dem Stichtag der zugrunde gelegten Bilanz bis zum Tag der Anmeldung keine Vermögensminderung eingetreten ist, die der Kapitalerhöhung entgegenstünde, wenn sie am Tag der Anmeldung beschlossen worden wäre.**

(2) **Das Registergericht darf den Beschluß nur eintragen, wenn die der Kapitalerhöhung zugrunde gelegte Bilanz für einen höchstens acht Monate vor der Anmeldung liegenden Zeitpunkt aufgestellt und eine Erklärung nach Absatz 1 Satz 2 abgegeben worden ist.**

(3) **Zu der Prüfung, ob die Bilanzen den gesetzlichen Vorschriften entsprechen, ist das Gericht nicht verpflichtet.**

(4) **Bei der Eintragung des Beschlusses ist anzugeben, daß es sich um eine Kapitalerhöhung aus Gesellschaftsmitteln handelt.**

Übersicht

I. Allgemeines

1 Die Vorschrift behandelt die Anmeldung des Beschlusses über die nominelle Erhöhung des Stammkapitals zur Eintragung in das Handelsregister. § 54 bleibt daneben anwendbar, was sich aus § 57c Abs. 4 ergibt. Abs. 1, 3 und 4 der Vorschrift sind wortgleich mit § 7 Abs. 1, 3 und 4 KapErhG, die Regelung in dessen Abs. 2 wurde mit der Maßgabe übernommen, dass der Zeitraum zwischen Bilanzstichtag und Anmeldung höchstens acht Monate zurückliegen darf.

II. Einzelerläuterung

2 **1. Anmeldung. a) Zuständigkeit.** Die Anmeldung muss durch sämtliche Geschäftsführer erfolgen (§ 78). Prokuristen können daran auch iRe gemischten Gesamtvertretung nicht mitwirken (Scholz/*Priester/Tebben* Rn. 2).

3 **b) Form.** § 12 Abs. 1 HGB sieht vor, dass Anmeldungen zum Handelsregister elektronisch in öffentlich beglaubigter Form iSd § 129 Abs. 1 S. 1 BGB vorzunehmen sind. Die öffentliche Beglaubigung kann nach § 129 Abs. 2 BGB durch notarielle Beurkundung gem. §§ 39, 40 BeurkG ersetzt werden. Die Unterlagen sind als elektronische Dokumente einzureichen.

4 **c) Inhalt.** Die Anmeldung muss erkennen lassen, dass die Eintragung eines erhöhten Stammkapitals gewünscht wird und dass das erhöhte Stammkapital aus einer Kapitalerhöhung aus Gesellschaftsmitteln stammt (Baumbach/Hueck/*Servatius* Rn. 5). Die Anmeldung kann sich iÜ auf das beizufügende Beschlussprotokoll beziehen.

5 **d) Anlagen.** Der Anmeldung ist das Protokoll des Gesellschafterbeschlusses, das seinerseits notarieller Beurkundung bedarf, in Ausfertigung oder beglaubigter Abschrift beizufügen.

Beizufügen ist ferner die der Kapitalerhöhung nach § 57c Abs. 3 zugrunde gelegte und mit dem Testat der Prüfer versehene Basisbilanz. Ist Basisbilanz nicht die letzte Jahresbilanz, sondern eine Sonderbilanz, bedarf es außerdem der Beifügung der letzten Jahresbilanz, so diese nicht schon eingereicht ist. Die Jahresbilanz braucht, wenn sie nicht nach allgemeinen Bestimmungen zu prüfen ist, nur dann geprüft und mit Testat versehen zu sein, wenn sie als Basisbilanz dient (Lutter/Hommelhoff/*Kleindiek* Rn. 3). 6

e) Erklärung der Geschäftsführer nach Abs. 1 S. 2. Des Weiteren müssen die Geschäftsführer persönlich (Vertretung ist nicht möglich, Baumbach/Hueck/*Servatius* Rn. 7; MüKoGmbHG/*Lieder* Rn. 3) gegenüber dem Registergericht eine Erklärung nach Abs. 1 S. 2 abgeben, der zufolge nach ihrer Kenntnis seit dem Stichtag der Basisbilanz bis zum Tag der Anmeldung **keine Vermögensminderung** eingetreten ist, die der Kapitalerhöhung entgegenstünde, würde sie am Tag der Anmeldung beschlossen werden. Da der Stichtag der Basisbilanz bis zu acht Monate vor dem Tag der Anmeldung der Kapitalerhöhung liegen kann, muss die Erklärung ggf. einen entsprechend langen Vermögensentwicklungszeitraum abdecken. Inhaltlich erklären die Geschäftsführer also, dass die zur Umwandlung herangezogenen Rücklagen in ausreichender Höhe bestehen würden, würde auf den Tag der Anmeldung bilanziert (Baumbach/Hueck/*Servatius* Rn. 6; MHLS/*Hermanns* Rn. 5 f.). Nicht jede Minderung des Eigenkapitals steht der Abgabe dieser Erklärung entgegen, sondern nur eine solche, die die umwandlungsfähigen Rücklagen im Falle der Bilanzierung am Tag der Anmeldung soweit schmälern würde, dass daraus die Kapitalerhöhung nicht mehr gedeckt werden könnte. Eine Vertretung bei der Abgabe der Erklärung ist nicht möglich. Die vorsätzlich falsche Abgabe der Erklärung erfüllt den Straftatbestand des § 82 Abs. 1 Nr. 4. Hinzu tritt, wenn die sonstigen Voraussetzungen dieser Anspruchsgrundlage vorliegen, eine Haftung gegenüber Dritten nach § 823 Abs. 2 BGB iVm § 82 Abs. 1 Nr. 4. 7

Die Erklärung kann entweder eigenständig und in gesonderter Urkunde, die der Form des § 12 Abs. 1 HGB bedarf, oder in der Anmeldung selbst, die derselben Form unterliegt, abgegeben werden. 8

f) Neufassung des Satzungswortlauts. Aus § 54 Abs. 1 (→ § 54 Rn. 8) folgt, dass auch die Neufassung des Satzungswortlauts eingereicht werden muss, da stets der zuletzt geltende Wortlaut in gesonderter Urkunde zur Verfügung stehen muss (Baumbach/Hueck/*Servatius* Rn. 11). 9

g) Liste der Übernehmer und Gesellschafterliste. Anders als bei der effektiven Kapitalerhöhung ist es nicht geboten, eine Liste der Anteilsübernehmer beizufügen. Grund hierfür ist, dass die neuen Anteilsrechte automatisch und zwingend den bisherigen Gesellschaftern zustehen (vgl. § 57j). Eine neue **Gesellschafterliste** nach § 40 muss jedoch eingereicht werden, weil die nominelle Kapitalerhöhung zu einem den Nennbeträgen nach höheren Umfang der Beteiligung der einzelnen Gesellschafter führt. Allerdings ist die Verpflichtung zur Einreichung der neuen Gesellschafterliste nicht Bestandteil des Eintragungsverfahrens der nominellen Kapitalerhöhung, sodass der Registerrichter die Eintragung der Kapitalerhöhung nicht wegen Fehlens der Liste soll verweigern können (MüKoGmbHG/*Lieder* Rn. 8; Baumbach/Hueck/*Servatius* Rn. 12). Soweit sich die Gesellschafter nicht für die Aufstockung vorhandener, sondern für die Ausgabe neuer Geschäftsanteile entscheiden, sollten diese entsprechend § 8 Abs. 1 Nr. 3 nummeriert werden. 10

2. Haftung der Gesellschafter für die Aufbringung des erhöhten Stammkapitals. Die nominelle Kapitalerhöhung als solche verpflichtet die Gesellschafter **nicht,** der Gesellschaft Kapital zur Verfügung zu stellen. Dies gilt nach hM grundsätzlich (aber → § 57d Rn. 9) auch für den Fall, dass die Kapitalerhöhung objektiv betrachtet zu Unrecht erfolgt, weil die Rücklagen, die umgewandelt wurden, in der ausgewiesenen Höhe tatsächlich nicht zur Verfügung standen (Lutter/Hommelhoff/*Kleindiek* Rn. 15; Roth/Altmeppen/*Roth* Rn. 13; Baumbach/Hueck/*Servatius* Rn. 17; aA mit beachtlichen Argumenten MüKoGmbHG/*Lieder* Rn. 31; Scholz/*Priester/Tebben* Rn. 21; MHLS/*Hermanns* Rn. 21: Differenzhaftung analog § 9 Abs. 1). Ebenso wenig haften die Gesellschafter nach § 24. Die Gläubiger der Gesellschaft werden (nur) dadurch geschützt, dass die Kapitalerhöhung ausdrücklich als solche aus Gesellschaftsmitteln bezeichnet wird und dass außerdem ein höheres satzungsmäßiges Stammkapital besteht, sodass eine etwaige negative Differenz zunächst aus künftigen Gewinnen ausgeglichen sein muss, bevor Gewinne entnommen werden können (§§ 30 f.). 11

Eine Einlagepflicht der Gesellschafter entsteht nach ganz überwA auch weder nach § 9 noch nach § 77 Abs. 3 analog oder aufgrund von § 15 Abs. 3 HGB (Baumbach/Hueck/*Servatius* Rn. 17, § 57d Rn. 8 f.; Roth/Altmeppen/*Roth* Rn. 13; Lutter/Hommelhoff/*Kleindiek* Rn. 15, der darauf hinweist, dass auch der österreichische OGH bei gleicher Rechtslage eine Haftung der Gesellschafter verneint habe, vgl. öOGH GesRZ 2011, 115). Nach aA kommt allerdings eine **Analogie** zu § 9 in Betracht (Scholz/*Priester/Tebben* Rn. 21; MüKoGmbHG/*Lieder* Rn. 31 f.). Dieser Auffassung ist nicht zu folgen, da die nominelle Kapitalerhöhung ersichtlich für jedermann (vgl. Abs. 4) nicht mit der Zuführung neuen Kapitals verbunden ist, sodass es keinen Grund gibt, den guten Glauben Dritter daran, dass der Erhöhungsbetrag durch Rücklagen gedeckt ist, auf diese Weise zu schützen. Allerdings kommt je nach Einzelfall in Betracht, dass **allgemeine Haftungstatbestände** eingreifen (→ § 57d Rn. 9). Im Übrigen wird in der Lit. auch von der zitierten hA zu Recht angenommen, dass die Gesellschafter eine bei 12 zutreffender Bilanzierung bestehende Unterbilanz mit künftigen Jahresüberschüssen auffüllen müssen, weil bis zur Auffüllung hinsichtlich künftiger Jahresüberschüsse ein Ausschüttungsverbot nach § 30 GmbHG bestehe (Baumbach/Hueck/*Servatius* § 57d Rn. 9; Lutter/Hommelhoff/*Kleindiek* Rn. 15).

13 **3. Prüfung durch das Registergericht.** Das Registergericht prüft, ob die Anmeldung ordnungsgemäß ist und ob die Acht-Monats-Frist eingehalten wurde, ferner ob die Bilanzen festgestellt und mit dem ordnungsgemäßem Testat des Prüfers versehen sind (Thür OLG 28.1.2016, DStR 2016, 927 (928)), ob sie die erforderlichen Rücklagen ausweisen und ob die Art und Weise der Ausführung der Kapitalerhöhung unter Beachtung der gesetzlichen Vorgaben, insbesondere des § 57h Abs. 1 S. 2, beschlossen worden ist. Nicht geprüft wird dagegen nach wohl hA, ob der Prüfer ordnungsgemäß gewählt und der nach § 57c Abs. 2 erforderliche Ergebnisverwendungsbeschluss gefasst worden ist. Umstritten ist, ob dem Registergericht die Prüfung der Voraussetzungen des § 57d Abs. 3 zwingend obliegt (dagegen Baumbach/Hueck/*Servatius* Rn. 13; dagegen jetzt auch Lutter/Hommelhoff/*Kleindiek* Rn. 8). Zur Überprüfung der Richtigkeit der eingereichten Bilanzen ist das Registergericht kraft ausdrücklicher Regelung in § 57 Abs. 3 nicht verpflichtet, was allerdings **kein Prüfungsverbot** bedeutet (MHLS/*Hermanns* Rn. 12; Baumbach/Hueck/*Servatius* Rn. 13), sodass bei schwerwiegenden und erkennbaren Bilanzmängeln oder sich aus den Umständen ergebenden erheblichen Zweifeln (vgl. § 8 Abs. 2 S. 2; s. ferner OLG Hamm 22.1.2008, ZIP 2008, 1475 (1478)) eine Überprüfung stattfinden und ggf. die Eintragung der Kapitalerhöhung verweigert werden kann.

14 **4. Eintragung in das Handelsregister und Bekanntmachung.** In das Handelsregister werden der Kapitalerhöhungsbeschluss sowie der erhöhte Stammkapitalbetrag und das Datum der Eintragung eingetragen. Außerdem sieht Abs. 4 vor, dass die Kapitalerhöhung als solche aus Gesellschaftsmitteln zu **kennzeichnen** ist. Die Eintragung hat wie bei jeder Satzungsänderung konstitutive Wirkung (§ 54 Abs. 3). Mit der Eintragung entstehen die neuen Mitgliedschaftsrechte und das Stammkapital ist erhöht. Eine Aufhebung des Kapitalerhöhungsbeschlusses ist nur noch im Wege einer Kapitalherabsetzung möglich. Für die Bekanntmachung der Eintragung gilt § 10 HGB, dh der Inhalt der Eintragung wird in den von der Landesjustizverwaltung bestimmten elektronischen Informations- und Kommunikationssystemen veröffentlich.

15 **5. Beschlussmängel und Eintragungsmängel.** Ein wegen Formmangels nichtiger Kapitalerhöhungsbeschluss wird unmittelbar mit Eintragung entsprechend § 241 Abs. 1 AktG geheilt.

16 Beruht die Nichtigkeit des Beschlusses dagegen auf der Verletzung von Gläubigerschutzvorschriften, tritt Heilung entsprechend § 241 Abs. 2 AktG erst drei Jahre nach Eintragung ein.

17 Nach bisher ganz überwA sind bis zur Heilung durch Eintragung und Zeitablauf keine neuen Anteile entstanden (Baumbach/Hueck/*Servatius* Rn. 18; Lutter/Hommelhoff/*Kleindiek* Rn. 13; MüKoGmbHG/*Lieder* Rn. 25). Für eine Anwendung der Grundsätze über fehlerhafte Gesellschaften wurde angesichts des Charakters der nominellen Kapitalerhöhung kein Bedürfnis gesehen. Diese Überlegung wird neuerdings wegen des durch § 16 Abs. 3 ermöglichten Gutglaubenserwerbs von Geschäftsanteilen in Zweifel gezogen, weil dieser auch bei nicht existenten Geschäftsanteilen in Betracht kommen soll (Scholz/*Priester* Rn. 17 unter Hinweis auf RegE MoMiG, BR-Drs. 354/07, 88). Nach aA (Lutter/Hommelhoff/*Kleindiek* Rn. 13; Baumbach/Hueck/*Servatius* Rn. 18) ist bereits der gutgläubige Erwerb nicht existenter Geschäftsanteile ausgeschlossen.

18 Wird trotz Überschreitung der Acht-Monats-Frist in Abs. 2 oder trotz Fehlens der Versicherung nach Abs. 1 S. 2 eingetragen, ist die Kapitalerhöhung gleichwohl wirksam. Eine Amtslöschung kommt weder nach § 395 FamFG (Scholz/*Priester* Rn. 18) noch nach § 398 FamFG (Lutter/Hommelhoff/*Kleindiek* Rn. 14) in Betracht.

19 Fehlt eine Anmeldung ganz (ein eher theoretischer Fall) oder ist sie nicht von allen Geschäftsführern unterzeichnet, kann eine Amtslöschung wegen Verfahrensfehlers nach § 395 FamFG erfolgen, sinnvollerweise erst dann, wenn der Mangel trotz Aufforderung nicht beseitigt wird (Scholz/*Priester/Tebben* § 57 Rn. 58).

20 **6. Verfügung über alte und neue Mitgliedschaftsrechte.** Erst mit Eintragung des Kapitalerhöhungsbeschlusses in das Handelsregister entstehen die neuen Mitgliedschaftsrechte (§ 54 Abs. 3). Einer **Übernahme bedarf es nicht.** Die Übertragung der aus der nominellen Kapitalerhöhung bestehenden Anteile vor Eintragung der Kapitalerhöhung in das Handelsregister ist gleichwohl zulässig, wird aber erst mit Entstehung der Anteile durch Eintragung in das Handelsregister wirksam. Da die neuen Anteile bzw. Mitgliedschaftsrechte zwingend den Gesellschaftern im Verhältnis ihrer bisherigen Geschäftsanteile zustehen (§ 57j), gelangen die neuen Anteile zunächst in das Vermögen der Gesellschafter und von diesen in das Vermögen des Erwerbers (Durchgangserwerb, der mit den entsprechenden Risiken für den Erwerber der neuen Anteile verbunden ist). Von der Übertragung der künftigen Anteile aus nomineller Kapitalerhöhung ist die Übertragung der Altanteile vor Eintragung der Kapitalerhöhung in das Handelsregister zu unterscheiden. Bei dieser entsteht auch der künftige Anteil aus der nominellen Kapitalerhöhung weil mit dem Altanteil rechtlich verbunden unmittelbar beim Erwerber. Es findet kein Durchgangserwerb statt (*Habel* GmbHR 2000, 269 Fn. 10; ebenso Baumbach/Hueck/*Servatius* Rn. 16).

Verteilung der Geschäftsanteile

57j [1]**Die neuen Geschäftsanteile stehen den Gesellschaftern im Verhältnis ihrer bisherigen Geschäftsanteile zu.** [2]**Ein entgegenstehender Beschluß der Gesellschafter ist nichtig.**

I. Allgemeines

Die Vorschrift trägt dem Gedanken Rechnung, dass die Kapitalerhöhung aus Gesellschaftsmitteln nur nominellen Charakter hat und deshalb an den bestehenden Beteiligungsverhältnissen nichts ändert und auch mit Zustimmung aller beteiligten Gesellschafter nichts ändern darf. 1

II. Einzelerläuterung

1. Proportionale Zuordnung der neuen Geschäftsanteile. Nach S. 1 und 2 der Vorschrift stehen die neuen Geschäftsanteile **zwingend** den Gesellschaftern im Verhältnis ihrer bisherigen Geschäftsanteile zu. Nach ganz überwA kann hiervon auch mit Zustimmung aller Gesellschafter nicht abgewichen werden (OLG Dresden 9.2.2001, NZG 2001, 756; Baumbach/Hueck/*Servatius* Rn. 1, 4; Lutter/Hommelhoff/*Kleindiek* Rn. 1, 6; abw. LG Mannheim 28.11.1960, BB 1961, 303 und neuerdings mit beachtlichen Argumenten Scholz/*Priester* Rn. 3; Rowedder/Schmidt-Leithoff/*Schnorbus* Rn. 6; s. ferner *Schemmann* NZG 2009, 242). Die mit dieser Regelung verbundene Problematik hat auch durch die weitgehende Aufhebung aller Einschränkungen, die sich aus §§ 5, 57h aF in Bezug auf die Nennbeträge neuer oder bestehender, aber erhöhter Geschäftsanteile ergeben haben, nicht an Bedeutung verloren, da nach wie vor Konstellationen denkbar sind, in denen bei strikter Einhaltung des Proportionalitätsgebotes Gesellschaftsanteile entstehen würden, deren Nennbeträge nicht auf volle Euro lauten und die deshalb nicht gebildet werden können (§ 57h Abs. 1 S. 2). 2

Gesellschafter iSd § 57j ist derjenige Gesellschafter, dem der Geschäftsanteil im Zeitpunkt des Wirksamwerdens der Kapitalerhöhung, also bei Eintragung gehört. 3

Die Vorschrift bezieht sich nicht nur auf die Kapitalerhöhung durch Schaffung neuer Geschäftsanteile, sondern auch auf die Kapitalerhöhung im Wege der Erhöhung des Nennbetrages vorhandener Geschäftsanteile. 4

Für zulässig wird es aber gehalten, hinsichtlich der Auswirkungen der Kapitalerhöhung auf die vorhandenen Geschäftsanteile zu **differenzieren.** Dem zufolge kann der auf jeden Gesellschafter entfallende proportionale Erhöhungsbetrag bei einem Gesellschafter durch Aufstockung des Nennbetrages des vorhandenen Geschäftsanteils, bei einem anderen Gesellschafter durch Schaffung eines neuen Geschäftsanteils und schließlich auch durch eine Kombination beider Optionen zugewandt werden. Die unterschiedliche Zuwendung ist mit Zustimmung aller Gesellschafter, aber auch ohne Zustimmung bei Vorliegen sachlicher Gründe zulässig. 5

2. Konsequenzen eines Verstoßes gegen das Proportionalitätsgebot. Nach S. 2 ist ein gegen das Proportionalitätsgebot verstoßender Beschluss **nichtig.** Dies gilt auch bei nur geringfügiger Abweichung (OLG Dresden 9.2.2001, NZG 2001, 756; Baumbach/Hueck/*Servatius* Rn. 4; abw. LG Mannheim 28.11.1960, BB 1961, 303). Auf die Zustimmung aller Gesellschafter oder diejenige benachteiligter Gesellschafter kommt es nicht an. Die Frage, ob der Kapitalerhöhungsbeschluss insgesamt nichtig ist oder ob er gültig ist und an die Stelle der nichtigen Teilregelung S. 1 der Vorschrift tritt, ist nach zutreffender und hM nach § 139 BGB zu entscheiden (Lutter/Hommelhoff/*Kleindiek* Rn. 8; Baumbach/Hueck/*Servatius* Rn. 6; MüKoGmbHG/*Lieder* Rn. 13). Ist also anzunehmen, dass der Beschluss ohne den nichtigen Teil nicht gefasst worden wäre, tritt Gesamtnichtigkeit ein, anderenfalls ist anstelle der nichtigen Teilregelung S. 1 anwendbar. 6

Trägt der Registerrichter den nichtigen Beschluss ein, tritt nach Ablauf von drei Jahren entsprechend § 242 Abs. 2 AktG **Heilung** ein. 7

Aufgrund des zwingenden Proportionalitätsgebotes kommt es je nach den Beteiligungsverhältnissen und Bemessung des Erhöhungsbetrages auch nach Neufassung der §§ 5, 57h durch das MoMiG zu (ggf. winzigen) Spitzenbeträgen, hinsichtlich derer § 57k zu beachten ist. Die nominelle Kapitalerhöhung wird dadurch aber nicht unmöglich gemacht. Zum einen können die Spitzenbeträge selbständig übertragen werden, sodass die Gesellschafter die Möglichkeit haben, nach Wirksamwerden der Kapitalerhöhung oder schon zuvor mit Wirkung auf den Zeitpunkt der Eintragung der Kapitalerhöhung in das Handelsregister die nach § 57k entstehenden Teilrechte auf einen Gesellschafter entgeltlich oder unentgeltlich zu übertragen. Zum anderen haben die Gesellschafter die Möglichkeit, sich hinsichtlich der Teilrechte nach Maßgabe von § 57k Abs. 2 zu organisieren. Schließlich kann durch geeignete Kombination der beiden nach § 57h zur Verfügung stehenden Optionen und unter Berücksichtigung der weitgehenden Erleichterungen, die § 57h Abs. 1 S. 2 idF des MoMiG gewährt, die Entstehung von Teilrechten auf ein Minimum beschränkt werden. 8

9 Allerdings muss berücksichtigt werden, dass die Übertragung von Teilrechten, die aufgrund von Spitzenbeträgen entstehen, nicht durch Beschluss angeordnet werden kann, und zwar wohl auch dann nicht, wenn alle Gesellschafter zustimmen (vgl. wiederum OLG Dresden 9.2.2001, NZG 2001, 756; Baumbach/Hueck/*Servatius* Rn. 6). Jedoch mag sich im Einzelfall die Frage stellen, ob ein dem Wortlaut nach gegen § 57j verstoßender Gesellschafterbeschluss geltungserhaltend dahingehend ausgelegt werden kann, dass die Kapitalerhöhung entsprechend S. 1 der Vorschrift gewollt ist und die Gesellschafter sich in einem zweiten Schritt verpflichtet haben, die entstehenden Teilrechte auf einen Gesellschafter zu übertragen.

III. Abdingbarkeit

10 Die Vorschrift ist **zwingend** (OLG Dresden 9.2.2001, NZG 2001, 756).

Teilrechte; Ausübung der Rechte

57k

(1) **Führt die Kapitalerhöhung dazu, daß auf einen Geschäftsanteil nur ein Teil eines neuen Geschäftsanteils entfällt, so ist dieses Teilrecht selbständig veräußerlich und vererblich.**

(2) **Die Rechte aus einem neuen Geschäftsanteil, einschließlich des Anspruchs auf Ausstellung einer Urkunde über den neuen Geschäftsanteil, können nur ausgeübt werden, wenn Teilrechte, die zusammen einen vollen Geschäftsanteil ergeben, in einer Hand vereinigt sind oder wenn sich mehrere Berechtigte, deren Teilrechte zusammen einen vollen Geschäftsanteil ergeben, zur Ausübung der Rechte (§ 18) zusammenschließen.**

I. Allgemeines

1 Die Vorschrift entspricht wörtlich § 10 KapErhG. Sie bleibt auch nach nahezu vollständiger Beseitigung der Beschränkungen bei der Bestimmung der Nennbeträge von Geschäftsanteilen in §§ 5, 57h Abs. 1 aF durch das MoMiG von Bedeutung, weil Geschäftsanteile auf volle Euro lauten müssen und je nach den Beteiligungsverhältnissen bei der Kapitalerhöhung aus Gesellschaftsmitteln nach wie vor Spitzenbeträge, die nicht auf volle Euro lauten, entstehen können, die wegen des strikten Proportionalitätsprinzips in § 57j zwingend den Gesellschaftern zuzuordnen sind.

II. Einzelerläuterung

2 **1. Entstehung von Spitzenbeträgen.** Der **Proportionalitätsgrundsatz** des § 57j kann dazu führen, dass bei der Verteilung des Kapitalerhöhungsbetrages auf die von den Gesellschaftern gehaltenen Geschäftsanteile Spitzenbeträge („Teile eines Geschäftsanteils") entfallen, die entweder geringer als 1 EUR oder jedenfalls nicht durch 1 glatt teilbar sind. Ein Kapitalerhöhungsbeschluss mit diesem Inhalt ist, so er nicht willkürlich gefasst wird, nicht von vornherein nichtig, idR auch nicht ohne Weiteres treuwidrig und daher auch grundsätzlich nicht anfechtbar (so aber tendenziell Baumbach/Hueck/*Servatius* Rn. 1 f. unter Hinweis auf § 57h Abs. 2 S. 2), was sich bereits daraus ergibt, dass § 57k eine solche Konstellation ausdrücklich vorsieht. Abs. 1 bestimmt, dass Spitzenbeträge nicht etwa entfallen oder wertlos sind. Wenn der gesamte Kapitalerhöhungsbetrag durch 1 EUR teilbar ist, haben die Gesellschafter stets die Möglichkeit, die entstehenden Spitzenbeträge zu einem Geschäftsanteil im Nennbetrag von 1 EUR oder einem je nach den Verhältnissen höheren, durch 1 teilbaren Betrag zusammen zu fassen und sich hinsichtlich dieses Geschäftsanteils nach Maßgabe von Abs. 2 zu organisieren oder die Übertragung der Teilrechte an einen Gesellschafter vorzunehmen. Insbesondere besteht die Möglichkeit, die Kapitalerhöhung so zu gestalten, dass nur die auf jeden neuen oder bisherigen Geschäftsanteil entfallenden, den nächst geringeren vollen Eurobetrag übersteigenden Beträge zusammengefasst werden müssen.

3 **2. Anwendungsbereich.** Die Vorschrift gilt zunächst für **neue Geschäftsanteile,** die bei einer nominellen Kapitalerhöhung entstehen. Dies entspricht dem Wortlaut des Abs. 1 und steht in Einklang mit der Regelung in § 57h Abs. 2 S. 2, wonach bei der **Erhöhung des Nennbetrags** der Geschäftsanteile Spitzenbeträge nicht entstehen dürfen. Abs. 1 soll nach hM entsprechend gelten, wenn die Aufstockung der Nennbeträge bestehender Geschäftsanteile mit unzulässigen Spitzenbeträgen gleichwohl beschlossen und wirksam geworden ist (str., so aber Lutter/Hommelhoff/*Kleindiek* Rn. 1; Baumbach/Hueck/*Servatius* Rn. 2; abw. Rowedder/Schmidt-Leithoff/*Schnorbus* Rn. 5). Allerdings entstehen selbständige Teilrechte nicht, sofern bei nicht voll einbezahlten Anteilen entgegen § 57h Abs. 2 S. 2 Spitzenbeträge entstehen würden. Die Schaffung rechtlich selbständiger Teilrechte widerspricht in diesem Fall dem Zweck des § 57l Abs. 2 S. 2.

3. Inhalt des Erhöhungsbeschlusses. Die aufgrund der Regelung in § 57j entstehenden Teilrechte müssen im Kapitalerhöhungsbeschluss nicht beziffert werden, ihr Betrag ergibt sich als Rechenoperation aus der Anwendung des § 57j (str., so Baumbach/Hueck/*Servatius* Rn. 3 Roth/Altmeppen/*Roth* Rn. 3; aA Scholz/*Priester/Tebben* Rn. 5, der auf die Möglichkeit der Zuweisung mehrerer Teilrechte an Gesellschafter mit mehreren Geschäftsanteilen hinweist; differenzierend MüKoGmbHG/*Lieder* Rn. 4). Aufgrund der ggf. hohen Anzahl von Nachkommastellen ist die mathematisch exakte Bezeichnung ohne Entstehen von Rundungsdifferenzen im Einzelfall auch gar nicht möglich. Der Spitzenbetrag respektive das korrespondierende Teilrecht entsteht für den Gesellschafter in **zwei unterschiedlichen Fällen,** einmal dann, wenn der auf seinen bisherigen Geschäftsanteil nach § 57j S. 1 entfallende neue Anteil niedriger als 1 EUR liegt (das Teilrecht entspricht dann diesem niedrigeren Betrag), zum anderen dann, wenn der auf den Gesellschafter entfallende neue Geschäftsanteil zwar höher als 1 EUR liegt, jedoch nicht durch 1 glatt teilbar ist. Im letzteren Fall gilt als Spitzenbetrag bzw. Teilrecht immer nur der kleinste, die Teilbarkeit durch 1 überschießende Betrag, ebenfalls also stets ein Betrag, der niedriger als 1 EUR liegt. Ist der Kapitalerhöhungsbetrag insgesamt durch 1 EUR teilbar (dies ist zwingend der Fall, Abs. 1 spricht von Teilen eines neuen Geschäftsanteils, sodass die Summe der Teile unter Beachtung von § 5 Abs. 2 S. 1 auf volle Euro lauten müssen, was damit auch für den Gesamterhöhungsbetrag gilt), können die Gesellschafter durch Zusammenfassung der Teilrechte nach Maßgabe von Abs. 2 einen vollen Geschäftsanteil bilden, sind dazu aber nicht verpflichtet. 4

Die Vorschrift ist nicht auf den Fall notwendiger Teilrechtsbildung beschränkt (Scholz/*Priester/Tebben* Rn. 4), sodass die Gesellschafter auch einen einzigen neuen, aus Teilrechten bestehenden Geschäftsanteil bilden können. Dies setzt allerdings die Zustimmung aller Gesellschafter voraus. 5

4. Rechtsnatur der Teilrechte. Die anfallenden Spitzenbeträge führen automatisch zu der Entstehung von Teilrechten bei den einzelnen Gesellschaftern. Diese Teilrechte sind **rechtlich selbstständig.** Die Gesellschafter müssen entscheiden, ob sie durch Hinzuerwerb von Teilrechten, alternativ durch Zusammenlegung und Bildung einer Rechtsgemeinschaft oder BGB-Gesellschaft, einen Geschäftsanteil bilden. Ohne eine solche Zusammenlegung sind Teilrechte weder ideelle Bruchteile noch reale Teile eines bestimmten Mitgliedschaftsrechts (str., zutr. Baumbach/Hueck/*Servatius* Rn. 5; Rowedder/Schmidt-Leithoff/*Schnorbus* Rn. 3). 6

Die Übertragung von Teilrechten bedarf notarieller Beurkundung entsprechend § 15. Die Abtretung selbst erfolgt gem. §§ 413, 398 BGB. Mit den alten Geschäftsanteilen verbundene dingliche Rechte erstrecken sich auch auf die Teilrechte. Das Gleiche gilt für eine etwa angeordnete Vinkulierung. 7

Die Ausübung von Mitgliedschaftsrechten aus Teilrechten ist beschränkt. Erst die Vereinigung von Teilrechten, die zur Bildung eines Geschäftsanteils im Nennbetrag von 1 EUR oder einem höheren, durch 1 teilbaren Nennbetrag ausreichen (Abs. 2 Var. 1) oder ein Zusammenschluss zur Ausübung der Rechte aus Teilrechten (Abs. 2 Var. 2), lässt es zu, aus der Summe dieser Teilrechte Mitgliedschaftsrechte auszuüben. Betroffen sind davon Stimmrecht, Informationsrecht, Gewinnrecht und Teilnahmerecht am Liquidationserlös. Nicht erforderlich ist es zur Ausübung der Mitgliedschaftsrechte aus Teilrechten, dass die Teilrechte von ein- und demselben Rechtsträger gehalten werden. 8

Teilnahme an der Erhöhung des Stammkapitals

57l (1) **Eigene Geschäftsanteile nehmen an der Erhöhung des Stammkapitals teil.**

(2) [1] **Teileingezahlte Geschäftsanteile nehmen entsprechend ihrem Nennbetrag an der Erhöhung des Stammkapitals teil.** [2] **Bei ihnen kann die Kapitalerhöhung nur durch Erhöhung des Nennbetrags der Geschäftsanteile ausgeführt werden.** [3] **Sind neben teileingezahlten Geschäftsanteilen vollständig eingezahlte Geschäftsanteile vorhanden, so kann bei diesen die Kapitalerhöhung durch Erhöhung des Nennbetrags der Geschäftsanteile und durch Bildung neuer Geschäftsanteile ausgeführt werden.** [4] **Die Geschäftsanteile, deren Nennbetrag erhöht wird, können auf jeden Betrag gestellt werden, der auf volle Euro lautet.**

I. Allgemeines

Die Vorschrift stellt in Abs. 1 klar, dass eigene Geschäftsanteile an der Erhöhung des Stammkapitals teilnehmen. Abs. 2 enthält Sonderregelungen für teileingezahlte Geschäftsanteile. Die Vorschrift entspricht im Wesentlichen wörtlich § 12 KapErhG. Abs. 2 S. 4 berücksichtigt § 5 Abs. 2 S. 1 idF des MoMiG. 1

II. Einzelerläuterung

1. Eigene Geschäftsanteile. Schon aus dem Charakter der nominellen Kapitalerhöhung als einer Berichtigung der Stammkapitalziffer, spätestens aber aus § 57j, der das **Proportionalitätsprinzip** formuliert, ergibt sich, dass die nominelle Kapitalerhöhung die bisherigen Beteiligungsverhältnisse 2 unangetastet lassen soll. Folgerichtig stellt Abs. 1 klar, dass auch eigene Anteile der Gesellschaft wie alle übrigen Geschäftsanteile an der nominellen Kapitalerhöhung teilnehmen. Die Regelung ist zwingend. Sie entspricht dem öffentlichen Interesse an der Klarheit von Strukturierungsvorgängen, sodass ein Verstoß im Kapitalerhöhungsbeschluss zu dessen Nichtigkeit führt (MüKoGmbHG/*Lieder* Rn. 12; Lutter/Hommelhoff/*Kleindiek* Rn. 1; Baumbach/Hueck/*Servatius* Rn. 1, aA UHL/*Ulmer/Casper* Rn. 9: Teilnichtigkeit). Allerdings bleibt § 33 unberührt, sodass der Gesellschaft bei der Beschlussfassung über die nominelle Kapitalerhöhung kein Stimmrecht zusteht. Dieser Umstand hindert aber den ipso iure erfolgenden Anteilserwerb nicht.

3 **2. Teileingezahlte Geschäftsanteile.** Nach § 57h Abs. 1 können die Gesellschafter wählen, ob sie das Kapital im Wege der Nennbetragserhöhung oder durch Schaffung neuer Geschäftsanteile erhöhen. Für teileingezahlte Geschäftsanteile besteht dieses **Wahlrecht** im Interesse der Gläubiger nicht. Teileingezahlte Geschäftsanteile können an der nominellen Kapitalerhöhung nur durch Nennbetragserhöhung (Aufstockung) teilnehmen, wodurch gewährleistet wird, dass im Falle der Nichterfüllung der Einlageverpflichtung der erhöhte Geschäftsanteil einschließlich des Wertzuwachses aus umgewandelten Rücklagen kaduziert (§ 21) und verwertet (§ 23) werden kann. Gläubiger und Gesellschaft werden dadurch so gestellt, als wenn die nominelle Kapitalerhöhung nicht stattgefunden hätte. In der Konsequenz des Gläubigerschutzgedankens liegt es, dass die Entstehung von Spitzenbeträgen bei teileingezahlten Geschäftsanteilen verhindert wird. Sind teileingezahlte Geschäftsanteile vorhanden, sind die Gesellschafter bei der Bemessung des Erhöhungsbetrages nach Inkrafttreten des MoMiG allerdings deutlich weniger eingeschränkt, da nach Abs. 2 S. 4 Geschäftsanteile, deren Nennbetrag erhöht wird, auf jeden (glatt) durch eins teilbaren Betrag gestellt werden können und somit ein Höchstmaß an Flexibilität besteht.

4 Wiederum klarstellender Natur ist Abs. 2 S. 3, wonach für die neben teileingezahlten Geschäftsanteilen etwa vorhandenen vollständig eingezahlten Geschäftsanteile das Wahlrecht nach § 57h besteht und somit auch § 57k gilt. Hinsichtlich solcher Geschäftsanteile greift nach Inkrafttreten des MoMiG die Erleichterung nach Abs. 2 S. 4 in gleicher Weise, was aus § 5 Abs. 2 S. 1, § 57h Abs. 1 S. 2 folgt. Für voll eingezahlte Geschäftsanteile bedarf es jedoch – anders als bei teileingezahlten Geschäftsanteilen – auch der Festlegung, auf welche Weise sie an der Kapitalerhöhung teilnehmen (Schaffung neuer Geschäftsanteile oder Erhöhung der Nennbeträge der bestehenden Geschäftsanteile oder eine Kombination von beidem).

5 **3. Umfang der Teilnahme teileingezahlter Geschäftsanteile.** Dem GmbHG ist der Gedanke fremd, die Beteiligung eines Gesellschafters an den Verwaltungs- und Vermögensrechten von der Einzahlung der vereinbarten Einlage abhängig zu machen. Teileingezahlte Geschäftsanteile nehmen somit entsprechend ihrem Nennbetrag und ohne Rücksicht auf die Höhe der darauf geleisteten Einlage an der Kapitalerhöhung teil. Ist auf die Einlage erst 1/4 eingezahlt, führt die nominelle Kapitalerhöhung dazu, dass auf den erhöhten Nennwert weniger als 1/4 eingezahlt ist. Dies wird aber als unproblematisch angesehen, da der erhöhte Nennwert in vollem Umfang durch Rücklagen gedeckt ist (Baumbach/Hueck/*Servatius* Rn. 2), und kann auch wegen des nominellen Charakters der Kapitalerhöhung aus Gesellschaftsmitteln hingenommen werden. Es versteht sich allerdings, dass die nominelle Kapitalerhöhung nicht dazu missbraucht werden kann, Rücklagen mit noch bestehenden Einlageverpflichtungen zu verrechnen.

6 Ein Verstoß gegen Abs. 2 S. 2 führt zur **Nichtigkeit** entsprechend § 241 Nr. 3 AktG (Lutter/Hommelhoff/*Kleindiek* Rn. 4). Im Zweifel ist der Beschluss insgesamt nichtig, es sei denn, aus den Umständen ergibt sich, dass die übrigen Teile des Kapitalerhöhungsbeschlusses Bestand haben sollen (Baumbach/Hueck/*Servatius* Rn. 3).

Verhältnis der Rechte; Beziehungen zu Dritten

57m

(1) **Das Verhältnis der mit den Geschäftsanteilen verbundenen Rechte zueinander wird durch die Kapitalerhöhung nicht berührt.**

(2) [1]**Soweit sich einzelne Rechte teileingezahlter Geschäftsanteile, insbesondere die Beteiligung am Gewinn oder das Stimmrecht, nach der je Geschäftsanteil geleisteten Einlage bestimmen, stehen diese Rechte den Gesellschaftern bis zur Leistung der noch ausstehenden Einlagen nur nach der Höhe der geleisteten Einlage, erhöht um den auf den Nennbetrag des Stammkapitals berechneten Hundertsatz der Erhöhung des Stammkapitals, zu.** [2]**Werden weitere Einzahlungen geleistet, so erweitern sich diese Rechte entsprechend.**

(3) **Der wirtschaftliche Inhalt vertraglicher Beziehungen der Gesellschaft zu Dritten, die von der Gewinnausschüttung der Gesellschaft, dem Nennbetrag oder Wert ihrer Geschäftsanteile oder ihres Stammkapitals oder in sonstiger Weise von den bisherigen Kapital- oder Gewinnverhältnissen abhängen, wird durch die Kapitalerhöhung nicht berührt.**

Übersicht

I. Allgemeines

1 Die Vorschrift entspricht wörtlich § 13 KapErhG. Zweck der Vorschrift ist es, die Auswirkungen der nominellen Kapitalerhöhung auf Rechte der Gesellschafter im Innenverhältnis und auf Rechtsverhältnisse zwischen Dritten und der Gesellschaft zu neutralisieren (Roth/Altmeppen/*Roth* Rn. 1: übertriebener gesetzgeberischer Perfektionismus).

II. Einzelerläuterung

2 **1. Mitgliedschaftsrechte.** Nach Abs. 1 wird durch die nominelle Kapitalerhöhung das Verhältnis der mit den Geschäftsanteilen verbundenen Rechte zueinander nicht berührt. Auch diese Regelung spiegelt den Charakter der nominellen Kapitalerhöhung als einer **bloßen Berichtigung** der Stammkapitalziffer wieder und führt das Proportionalitätsprinzip des § 57j fort.

3 Von vornherein nicht durch die nominelle Kapitalerhöhung berührt sind solche Rechte oder Pflichten, die den Gesellschaftern nach Köpfen zustehen. Dies gilt beispielsweise, aber nicht ausschließlich, für das Teilnahmerecht, das Informationsrecht und andere Verwaltungsrechte (Baumbach/Hueck/*Servatius* Rn. 1). Bei anteilsbezogenen Rechten und Pflichten, für die die Höhe des Nennbetrages der einem Gesellschafter zustehenden Geschäftsanteile von Bedeutung ist, führt grundsätzlich bereits § 57j S. 1 dazu, dass durch die nominelle Kapitalerhöhung keine Verschiebung eintritt. Dies gilt mit der Ausnahme, dass unvermeidbare Spitzenbeträge geringfügige Verschiebungen nach sich ziehen können.

4 **Besonderheiten** können bei Vorrechten, die mit bestimmten Geschäftsanteilen verbunden sind, bestehen. Dies betrifft beispielsweise Mehrstimmrechte oder Dividendenvorrechte. Ist einzelnen Gesellschaftern ein nennwertbezogenes Dividendenvorrecht gewährt, darf sich dieses Vorrecht durch die nominelle Kapitalerhöhung nicht zulasten der übrigen Gesellschafter verstärken. Ist mit einem Geschäftsanteil im Nennbetrag von 1.000 EUR ein bestimmtes Vorrecht verknüpft und hat der Inhaber des betreffenden Geschäftsanteils nach Aufstockung des Nennbetrages um 100 % oder Schaffung eines neuen Geschäftsanteils im Nennbetrag von wiederum 1.000 EUR den Nennbetrag der ihm insgesamt zustehenden Geschäftsanteile verdoppelt, muss also das nennwertbezogene Dividendenvorrecht halbiert werden (vgl. auch Baumbach/Hueck/*Servatius* Rn. 2).

5 Sind dagegen mit einem Geschäftsanteil **Verwaltungsvorzugsrechte** verbunden, beispielsweise das Recht zur Benennung eines Geschäftsführers oder zur Entsendung eines Aufsichtsratsmitglieds, werden diese Rechte durch Aufstockung des Nennbetrages oder Schaffung eines weiteren Geschäftsanteils nicht vervielfältigt bzw. mit diesem weiteren Geschäftsanteil verbunden (UHL/*Ulmer/Casper* Rn. 8; MüKoGmbHG/*Lieder* Rn. 7). Anders liegt der Fall, wenn mit einzelnen Geschäftsanteilen erhöhte Stimmrechte verbunden sind. Diese erhöhen sich entsprechend der Erhöhung des Nennbetrages bzw. erstrecken sich auf neu gebildete Geschäftsanteile, falls sich auch die Stimmrechte der anderen Gesellschafter im gleichen Verhältnis erhöhen (Scholz/*Priester/Tebben* Rn. 3, 5).

6 Für nennwertbezogene **Nebenpflichten** gilt Entsprechendes. Diese Nebenpflichten sind, wenn sie nennwertbezogen sind, anzupassen, um eine Leistungsvermehrung zu verhindern (UHL/*Ulmer/Casper* Rn. 12). Sind die Pflichten dagegen nicht nennwertbezogen, jedoch mit dem einzelnen Geschäftsanteil verbunden und erfolgt die Kapitalerhöhung nicht durch Aufstockung, sondern durch Bildung neuer Geschäftsanteile, muss geprüft werden, ob nach Art und Zweck der Nebenleistungspflicht eine Erstreckung auf die neu geschaffenen Geschäftsanteile sinnvoll ist (Baumbach/Hueck/*Servatius* Rn. 5; UHL/*Ulmer/Casper* Rn. 11). Empfehlenswert ist eine ausdrückliche Satzungsregelung, die die Pflichten an das erhöhte Stammkapital anpasst (Baumbach/Hueck/*Servatius* Rn. 5).

7 Für **Stimmrechte** konnte vor Inkrafttreten des MoMiG je nach Beteiligungsstruktur eine Schwierigkeit daraus entstehen, dass die herabgesetzten Teilbarkeitserfordernisse nach § 57h Abs. 1 S. 2, § 57l Abs. 2 S. 4 aF nicht mit § 47 Abs. 2 aF harmonierten. Es war deshalb erforderlich, die Stimmrechte nach Durchführung der nominellen Kapitalerhöhung an den durch die zitierten Vorschriften erlaubten Stückelungen der Anteile zu orientieren (je 10 EUR oder je 5 EUR gewährten eine Stimme; idS Baumbach/Hueck/*Servatius* Rn. 4, § 57h Rn. 4). Nachdem § 47 Abs. 2 idF des MoMiG vorsieht, dass jeder Euro eines Geschäftsanteils eine Stimme gewährt, bedarf es dieser Korrektur nicht mehr.

8 **2. Automatismus der Anpassung.** Abs. 1 ist nicht als Regelung zu verstehen, auf deren Grundlage die Gesellschafter zu einer gesellschaftsvertraglichen Anpassung der Satzung verpflichtet werden. Vielmehr treten die notwendigen Anpassungen über den Wortlaut von Abs. 1 hinausgehend **ipso iure** mit Eintragung des Kapitalerhöhungsbeschlusses in das Handelsregister ein (Lutter/Hommelhoff/*Kleindiek* Rn. 10; UHL/*Ulmer/Casper* Rn. 13; Scholz/*Priester/Tebben* Rn. 11; Baumbach/Hueck/*Servatius* Rn. 9). Infolge dessen sind die Gesellschafter grundsätzlich nicht verpflichtet, zusammen mit der Kapitalerhöhung eine den Konsequenzen des Abs. 1 entsprechende Satzungsänderung zu beschließen. Es kann deshalb zu Diskrepanzen zwischen materiellem Satzungsinhalt und demjenigen der Satzungsurkunde kommen. Darin liegt eine Ausnahme von dem Prinzip, dass Satzung nur dasjenige ist, was der Text der Satzung (die Satzungsurkunde) beinhaltet (→ § 53 Rn. 2). Es wird deshalb im Schrifttum in Erwägung gezogen, die Gesellschafter als verpflichtet anzusehen, an einer berichtigenden Änderung des Wortlauts der Satzung mitzuwirken und den Registerrichter für berechtigt zu halten, die Eintragung der Kapitalerhöhung zu verweigern, sofern die erforderlichen Berichtigungen der Satzung nicht zur gleichzeitigen Eintragung angemeldet werden (Scholz/*Priester* Rn. 12, 26; ebenso Baumbach/Hueck/*Servatius* Rn. 9). Wäre dies richtig, würde die gesetzgeberische Konzeption, wie sie in Abs. 1 zum Ausdruck kommt, letztlich leer laufen. Es sollte daher wie folgt differenziert werden: Die Rechtsänderungen treten entsprechend Abs. 1 automatisch ein. Der Registerrichter hat deshalb den Kapitalerhöhungsbeschluss ohne Rücksicht auf den sonstigen Text der Satzung einzutragen. Die Gesellschafter sind jedoch wechselseitig verpflichtet, an einer berichtigenden Änderung der Satzung mitzuwirken. Diese formelle Satzungsänderung kann mit einfacher Mehrheit beschlossen werden (UHL/*Ulmer/Casper* Rn. 14).

9 **3. Teileingezahlte Geschäftsanteile.** Dem GmbHG ist der Gedanke fremd, die den Gesellschaftern zustehenden Verwaltungs- und Vermögensrechte von der Höhe der auf eine Stammeinlageverpflichtung (§ 3 Abs. 1 Nr. 4) geleisteten Beträge abhängig zu machen (s. auch § 57l Abs. 2 S. 1). Abs. 2 S. 1 und 2 der Vorschrift berücksichtigen den **Ausnahmefall,** dass die Gesellschafter von diesem Prinzip abweichen und aufgrund entsprechender Regelung in der Satzung Verwaltungs- und/oder Vermögensrechte vom Stand der geleisteten Einlage abhängig machen. Enthält die Satzung eine solche Regelung, sieht Abs. 2 S. 1 vor, dass die an sich aufgrund der Bestimmung in § 57j den Gesellschaftern entsprechend dem erhöhten Nennbetrag zuwachsenden Mitgliedschaftsrechte ihnen nur entsprechend dem Stand der Einzahlung zuwachsen und sich mit weiteren Leistungen auf die Einlageverpflichtung sukzessive entsprechend erhöhen.

10 **4. Vermögensverteilung im Falle der Liquidation.** Wird die GmbH liquidiert, ist nach § 72 Abs. 1 das Vermögen der Gesellschaft „unter die" Gesellschafter nach dem Verhältnis ihrer Geschäftsanteile zu verteilen. Aus Abs. 2 S. 1 würde sich – eine entsprechende Satzungsbestimmung vorausgesetzt – aber auch für den Fall der Liquidation etwas anderes ergeben, sodass diejenigen Gesellschafter, die ihre Einlage noch nicht vollständig geleistet haben, auch auf den nominellen Erhöhungsbetrag nur anteilig eine Rückzahlung erhielten. Nach allgA im Schrifttum (s. nur Scholz/*Priester/Tebben* Rn. 18) sind jedoch bei **quotal unterschiedlicher Einzahlung** § 271 Abs. 3 AktG, § 216 Abs. 2 S. 2 AktG, § 211 Abs. 2 AktG entsprechend anzuwenden, sodass nach Rückgewähr der Einlagen der Rest nach Anteilsnennbeträgen zu verteilen ist. Der Nennwert des Erhöhungsbetrages aus der nominellen Kapitalerhöhung wird vollständig auch an diejenigen ausgekehrt, die ihre Einlageverpflichtung mit Blick auf die ursprünglichen Anteile noch nicht vollständig erfüllt haben. Die Satzung kann allerdings davon abweichen.

11 **5. Vertragliche Beziehungen der Gesellschaft zu Dritten.** Abs. 3 ordnet an, dass die nominelle Kapitalerhöhung ohne Auswirkungen auf den Inhalt vertraglicher Beziehungen der GmbH zu Dritten ist, wenn der wirtschaftliche Inhalt dieser vertraglichen Beziehungen von der Gewinnausschüttung der Gesellschaft, dem Nennbetrag oder Wert ihrer Geschäftsanteile oder ihres Stammkapitals oder in sonstiger Weise von den bisherigen Kapital- oder Gewinnverhältnissen abhängt. Zu derartigen vertraglichen Beziehungen gehören beispielsweise Tantiemevereinbarungen mit Geschäftsführern oder Mitgliedern des Aufsichtsrats, die auf einem Prozentsatz des ausgeschütteten Gewinns basieren. Auch Vereinbarungen mit geschäftsführenden Gesellschaftern werden von Abs. 3 erfasst. Unter Abs. 3 ist aber auch die umgekehrte Konstellation zu subsumieren, in welcher der GmbH Ansprüche gegen Dritte zustehen, die sich nach den Kapital- oder Gewinnverhältnissen bei der GmbH bemessen (Scholz/*Priester/Tebben* Rn. 19 ff., 25; Lutter/Hommelhoff/*Kleindiek* Rn. 15). Bedarf es dazu einer Anpassung der Vereinbarung, so tritt diese Anpassung ipso iure ein. Dementsprechend sind die Gesellschafter gehindert, ohne Zustimmung des Dritten etwas anderes zu beschließen; ein solcher Beschluss wäre unwirksam.

12 Nicht in Abs. 3 erwähnt werden **Rechtsbeziehungen der Gesellschafter zu Dritten.** Hierzu gehören zunächst Veräußerungsverträge über Geschäftsanteile, hinsichtlich derer eine nominelle Kapitalerhöhung nach Vertragsschluss mit dem Dritten beschlossen wird. Da die nominelle Kapitalerhöhung nicht mehr als eine Berichtigung der Stammkapitalziffer ist und der Erwerber eines Geschäftsanteils auch an dem vollen Wert, den der vertragsgegenständliche Geschäftsanteil repräsentiert, ohne Kaufpreiserhöhung partizipieren würde, wenn die Kapitalerhöhung nicht vorgenommen würde, ist im Zweifel

davon auszugehen, dass die aus der nominellen Kapitalerhöhung stammenden zusätzlichen Mitgliedschaftsrechte Vertragsgegenstand sind und mitveräußert werden (s. auch Lutter/Hommelhoff/*Kleindiek* § 57j Rn. 4). Diese Überlegung gilt sinngemäß auch für den Fall, dass vorhandene Geschäftsanteile mit dinglichen Rechten Dritter (Pfandrecht, Nießbrauch) belastet oder sonst Gegenstand einer schuldrechtlichen Vereinbarung (Unterbeteiligung, Abtretung von Gewinnansprüchen) sind.

Schließlich kommen Vereinbarungen zwischen Gesellschaftern und Dritten in Betracht, die eine gewinnabhängige Verpflichtung des Gesellschafters begründen (Beispiel: Partiarisches Darlehen zur Finanzierung des Erwerbs eines Geschäftsanteils). Auch hier erfolgt ipso iure eine Anpassung der Vereinbarung. 13

III. Abdingbarkeit

Abs. 1 enthält keine § 57j S. 2 entsprechende Regelung, sodass angenommen werden darf, dass die Gesellschafter die ausschließlich sie selbst tangierenden Rechtsverhältnisse abweichend von den ansonsten ipso iure eintretenden Anpassungen regeln dürfen. Unberührt bleibt selbstredend § 57c Abs. 4 iVm § 53 Abs. 3, sodass den Gesellschaftern ohne Zustimmung keine Vermehrung der ihnen obliegenden Leistungen auferlegt werden kann (→ § 53 Rn. 28 f.; Baumbach/Hueck/*Servatius* Rn. 5). 14

Gewinnbeteiligung der neuen Geschäftsanteile

57n (1) **Die neuen Geschäftsanteile nehmen, wenn nichts anderes bestimmt ist, am Gewinn des ganzen Geschäftsjahres teil, in dem die Erhöhung des Stammkapitals beschlossen worden ist.**

(2) [1]**Im Beschluß über die Erhöhung des Stammkapitals kann bestimmt werden, daß die neuen Geschäftsanteile bereits am Gewinn des letzten vor der Beschlußfassung über die Kapitalerhöhung abgelaufenen Geschäftsjahrs teilnehmen.** [2]**In diesem Fall ist die Erhöhung des Stammkapitals abweichend von § 57c Abs. 2 zu beschließen, bevor über die Ergebnisverwendung für das letzte vor der Beschlußfassung abgelaufene Geschäftsjahr Beschluß gefaßt worden ist.** [3]**Der Beschluß über die Ergebnisverwendung für das letzte vor der Beschlußfassung über die Kapitalerhöhung abgelaufene Geschäftsjahr wird erst wirksam, wenn das Stammkapital erhöht worden ist.** [4]**Der Beschluß über die Erhöhung des Stammkapitals und der Beschluß über die Ergebnisverwendung für das letzte vor der Beschlußfassung über die Kapitalerhöhung abgelaufene Geschäftsjahr sind nichtig, wenn der Beschluß über die Kapitalerhöhung nicht binnen drei Monaten nach der Beschlußfassung in das Handelsregister eingetragen worden ist; der Lauf der Frist ist gehemmt, solange eine Anfechtungs- oder Nichtigkeitsklage rechtshängig ist.**

I. Allgemeines

Der Text der Vorschrift entspricht § 14 KapErhG. Die Vorschrift regelt die Teilnahme der neuen Geschäftsanteile und – über den Wortlaut hinaus – auch die Teilnahme der Aufstockungsbeträge (§ 57h Abs. 1 S. 1 Var. 2) am Gewinn. 1

II. Einzelerläuterung

1. Teilnahme am Gewinn des laufenden Geschäftsjahres. Abs. 1 sieht als Regel vor, dass die neuen Geschäftsanteile am Gewinn des laufenden Geschäftsjahres vollständig teilnehmen, wenn nicht etwas anderes beschlossen wird. Die Bestimmung findet auch Anwendung, wenn die Nennbeträge bestehender Geschäftsanteile erhöht wurden (Rowedder/Schmidt-Leithoff/*Schnorbus* Rn. 1). 2

Da es für die Gesellschafter aufgrund des **Proportionalitätsgrundsatzes** ohne wirtschaftliche Bedeutung ist, ob sie nur mit den bestehenden Geschäftsanteilen oder auch mit den neuen Mitgliedschaftsrechten, aber immer im gleichen Verhältnis zueinander, am Gewinn des laufenden Geschäftsjahres teilnehmen, erlangt Abs. 1 praktische Bedeutung nur für den Fall, dass die neuen Geschäftsanteile veräußert werden, und die Gesellschafter deshalb etwas anderes bestimmen, nämlich festlegen, dass die neuen Geschäftsanteile nur eingeschränkt oder gar nicht am Gewinn des laufenden Geschäftsjahres teilnehmen (MüKoGmbHG/*Lieder* Rn. 8 ff.; Lutter/Hommelhoff/*Kleindiek* Rn. 5). 3

Insgesamt hat der Regelfall des Abs. 1 den Vorzug größerer Praktikabilität, weil die Entstehung „junger", gegenüber den bestehenden Geschäftsanteilen mit einer unterschiedlich hohen Beteiligung am Gewinn ausgestatteter Geschäftsanteile vermieden wird. 4

2. Beteiligung der neuen Mitgliedschaftsrechte am Vorjahresgewinn. Sofern die neuen Mitgliedschaftsrechte bereits am Gewinn des letzten vor der Beschlussfassung über die Kapitalerhöhung abgelaufenen Geschäftsjahres teilnehmen sollen, muss entsprechend Abs. 2 S. 2 von der in § 57c Abs. 2 vorgesehenen Reihenfolge abgewichen und der Kapitalerhöhungsbeschluss vor dem Ergebnisverwen- 5 dungsbeschluss gefasst werden (Lutter/Hommelhoff/*Kleindiek* Rn. 3). Im Kapitalerhöhungsbeschluss muss das Wahlrecht nach Abs. 2 S. 1 ausgeübt werden, da ansonsten § 57c Abs. 2 eingreifen würde. Da sich der Ergebnisverwendungsbeschluss auf ein zu diesem Zeitpunkt mangels Eintragung in das Handelsregister noch nicht vorhandenes (erhöhtes) Stammkapital bezieht, ordnet Abs. 2 S. 3 folgerichtig an, dass der Ergebnisverwendungsbeschluss erst wirksam wird, wenn das Stammkapital erhöht, also die Kapitalerhöhung in das Handelsregister eingetragen ist. Allerdings ist es nicht zwingend, dass die Gesellschafter den Ergebnisverwendungsbeschluss – wovon Abs. 2 S. 4 ohne Weiteres ausgeht – innerhalb der dort vorgesehenen Drei-Monats-Frist fassen. Wird der Kapitalerhöhungsbeschluss innerhalb dieser Frist eingetragen, kann der Ergebnisverwendungsbeschluss nachgeholt werden (Baumbach/Hueck/*Servatius* Rn. 4; Scholz/*Priester/Tebben* Rn. 3; MüKoGmbHG/*Lieder* Rn. 6; aA UHL/*Ulmer/Casper* Rn. 4).

6 Haben die Gesellschafter **abweichend** von der Reihenfolge des Abs. 2 S. 2 bereits vor dem Kapitalerhöhungsbeschluss über die Ergebnisverwendung für das vergangene Geschäftsjahr beschlossen, sodass für die bestehenden Geschäftsanteile entsprechende Gewinnanrechte entstanden sind, steht dies einer Beschlussfassung nach Abs. 2 S. 1 – Erstreckung des Ergebnisses auf die neuen Mitgliedschaftsrechte – entgegen. Umstritten ist, ob damit der Kapitalerhöhungsbeschluss insgesamt nichtig (vgl. Lutter/Hommelhoff/*Kleindiek* Rn. 3: je nach Auslegung in Ansehung des Rechtsgedankens in § 139 BGB ganz oder teilweise), teilweise, nämlich in Bezug auf die Beteiligung am Vorjahresgewinn, nichtig (so UHL/*Ulmer/Casper* Rn. 4) oder nur anfechtbar (so Scholz/*Priester/Tebben* Rn. 4; Baumbach/Hueck/*Servatius* Rn. 7) ist. Nach hier vertretener Auffassung ist für den Einzelfall entsprechend § 139 BGB zu entscheiden (Baumbach/Hueck/*Servatius* Rn. 6; Lutter/Hommelhoff/*Kleindiek* Rn. 3). Regelmäßig dürfte ein Interesse der Gesellschafter an der Durchführung der Kapitalerhöhung ungeachtet der Unwirksamkeit der beschlossenen Teilnahme der neuen Mitgliedschaftsrechte am Gewinn des Vorjahres zu bejahen sein, da aufgrund des Proportionalitätsprinzips aus der Unwirksamkeit der Einbeziehung der neuen Mitgliedschaftsrechte in die Ergebnisverteilung des abgelaufenen Geschäftsjahres im Regelfall keine wirtschaftlichen, sondern nur „optische" Konsequenzen (Lutter/Hommelhoff/*Kleindiek* Rn. 2) entstehen. Auch kommt in Betracht, den Beschluss nach Abs. 2 S. 1 dahingehend auszulegen, dass die Gesellschafter zulässigerweise den bereits gefassten Gewinnverwendungsbeschluss wieder aufgehoben haben (Scholz/*Priester/Tebben* Rn. 4).

7 **3. Nichtigkeit nach Abs. 2 S. 4.** Nach Abs. 2 S. 4 tritt Nichtigkeit des Kapitalerhöhungsbeschlusses ein, wenn dieser nicht binnen drei Monaten nach der Beschlussfassung in das Handelsregister eingetragen worden ist. Die Frist wird allerdings für die Dauer der Anhängigkeit einer Anfechtungs- oder Nichtigkeitsklage gehemmt.

III. Abdingbarkeit

8 Die Regelung in Abs. 1 steht ausdrücklich zur Disposition der Gesellschafter. Diese können sowohl eine nur zeitanteilige Gewinnbeteiligung der neuen Geschäftsanteile als auch deren teilweise oder gänzlichen Ausschluss festsetzen (Roth/Altmeppen/*Roth* Rn. 2). Aufgrund des Proportionalitätsprinzips hat dies aber prinzipiell (→ Rn. 3) keine wirtschaftlichen Auswirkungen, es sei denn im Zusammenhang mit der beabsichtigten Veräußerung der neuen Geschäftsanteile.

9 Entscheiden sich die Gesellschafter dafür, die Teilnahme der neuen Mitgliedschaftsrechte am Gewinn auf das bereits vergangene Geschäftsjahr zu erstrecken, was ihnen Abs. 2 ausdrücklich freistellt, ist das in Abs. 2 S. 2–4 vorgesehene Verfahren zu beachten.

Anschaffungskosten

57o **[1] Als Anschaffungskosten der vor der Erhöhung des Stammkapitals erworbenen Geschäftsanteile und der auf sie entfallenden neuen Geschäftsanteile gelten die Beträge, die sich für die einzelnen Geschäftsanteile ergeben, wenn die Anschaffungskosten der vor der Erhöhung des Stammkapitals erworbenen Geschäftsanteile auf diese und auf die auf sie entfallenden neuen Geschäftsanteile nach dem Verhältnis der Nennbeträge verteilt werden. [2] Der Zuwachs an Geschäftsanteilen ist nicht als Zugang auszuweisen.**

I. Allgemeines

1 Die Vorschrift geht auf § 17 KapErhG zurück. S. 1 korrespondiert mit § 3 KapErhStG. Die Vorschrift stellt entsprechend dem Charakter der nominellen Kapitalerhöhung als einer Berichtigung der Stammkapitalziffer klar, dass sich die Anschaffungskosten für Geschäftsanteile auf die vor Kapitalerhöhung bestehenden und auf die durch die Kapitalerhöhung neu geschaffenen Geschäftsanteile verteilen.

II. Einzelerläuterung

1. Anschaffungskosten. Gegenstand der Vorschrift ist die Bilanzierung der Geschäftsanteile beim Gesellschafter. Die zu bilanzierenden Anschaffungskosten für die vor Kapitalerhöhung bestehenden Geschäftsanteile sind auf diese Geschäftsanteile und die neu entstandenen Geschäftsanteile im Verhältnis der Nennbeträge aufzuteilen. Bedeutung hat die Vorschrift nur für den Fall, dass die nominelle Kapitalerhöhung nach § 57h Abs. 1 S. 1 durch Bildung neuer Geschäftsanteile vorgenommen wird, während bei der Aufstockung des Nennbetrages vorhandener Geschäftsanteile die Anschaffungskosten bereits ohne Weiteres den erhöhten Geschäftsanteil erfassen. Anschaffungskosten sind diejenigen Kosten, mit denen der Geschäftsanteil (noch, nach Vornahme etwaiger Abschreibungen) zu Buche steht (Baumbach/Hueck/*Servatius* Rn. 2). 2

Ist ein Gesellschafter Inhaber **mehrerer Geschäftsanteile** und sind die Anschaffungskosten unterschiedlich, ist S. 1 jeweils getrennt auf einen bestehenden Geschäftsanteil und den dafür zu gewährenden neuen Geschäftsanteil anzuwenden (Grundsatz der Einzelbewertung; Baumbach/Hueck/*Servatius* Rn. 2; Lutter/Hommelhoff/*Kleindiek* Rn. 1). 3

2. Kein Zugangsausweis in der Bilanz. Die nominelle Kapitalerhöhung ist eine Berichtigung der Stammkapitalziffer. Der Gesellschaft wird hierdurch kein weiteres Kapital zugeführt. Dementsprechend ändert sich auch die wertmäßige Beteiligung des Gesellschafters an der GmbH nicht. Entsprechend dem Proportionalitätsprinzip (§ 57j) bleibt der Gesellschafter auch prozentual in gleichem Umfang an der GmbH beteiligt. Folgerichtig bestimmt S. 2 der Vorschrift, dass die neu geschaffenen Geschäftsanteile nicht als Zugang auszuweisen sind. Damit wird ein unzutreffender Gewinnausweis beim Gesellschafter vermieden. 4

Herabsetzung des Stammkapitals

58 (1) **Eine Herabsetzung des Stammkapitals kann nur unter Beobachtung der nachstehenden Bestimmungen erfolgen:**

1. **der Beschluß auf Herabsetzung des Stammkapitals muß von den Geschäftsführern in den Gesellschaftsblättern bekanntgemacht werden; in dieser Bekanntmachung sind zugleich die Gläubiger der Gesellschaft aufzufordern, sich bei derselben zu melden; die aus den Handelsbüchern der Gesellschaft ersichtlichen oder in anderer Weise bekannten Gläubiger sind durch besondere Mitteilung zur Anmeldung aufzufordern;**
2. **die Gläubiger, welche sich bei der Gesellschaft melden und der Herabsetzung nicht zustimmen, sind wegen der erhobenen Ansprüche zu befriedigen oder sicherzustellen;**
3. **die Anmeldung des Herabsetzungsbeschlusses zur Eintragung in das Handelsregister erfolgt nicht vor Ablauf eines Jahres seit dem Tage, an welchem die Aufforderung der Gläubiger in den Gesellschaftsblättern stattgefunden hat;**
4. **mit der Anmeldung ist die Bekanntmachung des Beschlusses einzureichen; zugleich haben die Geschäftsführer die Versicherung abzugeben, daß die Gläubiger, welche sich bei der Gesellschaft gemeldet und der Herabsetzung nicht zugestimmt haben, befriedigt oder sichergestellt sind.**

(2) [1]**Die Bestimmung in § 5 Abs. 1 über den Mindestbetrag des Stammkapitals bleibt unberührt.** [2]**Erfolgt die Herabsetzung zum Zweck der Zurückzahlung von Einlagen oder zum Zweck des Erlasses zu leistender Einlagen, dürfen die verbleibenden Nennbeträge der Geschäftsanteile nicht unter den in § 5 Abs. 2 und 3 bezeichneten Betrag herabgehen.**

Übersicht

I. Allgemeines

1 Die Vorschrift gestattet den Gesellschaftern, unter ganz besonderen, dem Gläubigerschutz dienenden Voraussetzungen, das satzungsmäßige Stammkapital herabzusetzen. Begrenzt ist die Möglichkeit der Kapitalherabsetzung durch den Mindestbetrag des Stammkapitals gem. § 5 Abs. 1. Für die Kapitalherabsetzung zum Zwecke der Zurückzahlung oder zum Erlass von Einlagen ist die Kapitalherabsetzung ferner dadurch beschränkt, dass der Nennbetrag der Geschäftsanteile von jeweils mindestens 1 EUR (Abs. 2 S. 2 iVm § 5 Abs. 2; der Verweis auf den in § 5 Abs. 3 S. 1 genannten Betrag ist unverständlich) nicht unterschritten werden darf und die Summe der Nennbeträge dem neuen Stammkapital entsprechen muss (§ 5 Abs. 3 S. 2), welches wiederum grundsätzlich (Ausnahme: Kombination von Kapitalherabsetzung und Kapitalerhöhung) mindestens 25.000 EUR betragen muss.

2 Die ordentliche Kapitalherabsetzung dient der Beseitigung einer Unterbilanz, sie kann auch zum Erlass ausstehender Einlageverpflichtungen oder zum Zwecke der Rückzahlung von Teilen des Stammkapitals vorgenommen werden. Entscheidende Konsequenz der Kapitalherabsetzung ist die Herabsetzung der Sperrgrenze des § 30.

3 Zu unterscheiden ist zwischen der in § 58 geregelten **ordentlichen** Kapitalherabsetzung und der in §§ 58a–58f geregelten **vereinfachten** Kapitalherabsetzung. Zwei wesentliche Unterschiede bestehen zwischen den beiden Arten der Kapitalherabsetzung. Der eine Unterschied ist inhaltlicher Natur. Die ordentliche Kapitalherabsetzung ist das Gegenstück zur effektiven Kapitalerhöhung, sie ermöglicht (auch) die Rückzahlung von Stammkapital. Die vereinfachte Kapitalherabsetzung ist das Gegenstück zur nominellen Kapitalerhöhung, sie erlaubt (grundsätzlich) nicht die tatsächliche Rückzahlung von Stammkapital, sondern korrigiert lediglich die Stammkapitalziffer. Der andere Unterschied besteht in der Art und Weise des Gläubigerschutzes. Bei der ordentlichen Kapitalherabsetzung ist den Gläubigern nach Maßgabe von § 58 Abs. 1 Sicherheit zu leisten. Bei der vereinfachten Kapitalherabsetzung besteht (nur) eine mindestens fünf Jahre andauernde Ausschüttungssperre nach Maßgabe von § 58b Abs. 3.

II. Einzelerläuterung

4 **1. Kapitalherabsetzungsbeschluss.** Die Kapitalherabsetzung ist Satzungsänderung. Sie bedarf eines entsprechenden Beschlusses.

5 **a) Inhalt.** Der Beschluss muss angeben, dass und um welchen Betrag das Stammkapital verringert werden soll. Für zulässig wird es auch gehalten, einen **Maximalherabsetzungsbetrag** zu definieren, wobei der Beschluss so gefasst werden muss, dass der tatsächliche Herabsetzungsbetrag danach bestimmt werden kann (MüKoGmbHG/*Vetter* Rn. 38; Scholz/*Priester/Tebben* Rn. 34; Lutter/Hommelhoff/*Kleindiek* Rn. 7). Die Festlegung des Herabsetzungsbetrages kann nicht in das Ermessen der Geschäftsführer gestellt werden (UHL/*Casper* Rn. 27). Nach der Kapitalherabsetzung müssen das Stammkapital und die Summe der Nennbeträge aller Geschäftsanteile übereinstimmen (§ 5 Abs. 3 S. 2).

6 Die Kapitalherabsetzung führt regelmäßig zu einer **proportionalen** Herabsetzung der Nennbeträge der vorhandenen Geschäftsanteile. Die Gesellschafter können davon allerdings mit Zustimmung der durch die Nichteinhaltung der Proportionalität benachteiligten Gesellschafter abweichen und die Geschäftsanteile unterschiedlich herabsetzen (Baumbach/Hueck/*Zöllner/Kersting* Rn. 7 ff.). In diesem Falle ist im Beschluss anzugeben, welche Geschäftsanteile um welchen Betrag herabgesetzt werden sollen (Rowedder/Schmidt-Leithoff/*Schnorbus* Rn. 15; Lutter/Hommelhoff/*Kleindiek* Rn. 11, 14). Keine Bedeutung mehr hat der Verweis in Abs. 2 S. 2 (richtig *Hohmuth* GmbHR 2009, 350). Auch die (ggf. ausschließliche) Herabsetzung eigener Geschäftsanteile der Gesellschaft mit zwangsläufig quotaler Auswirkung für die Gesellschafter ist denkbar.

7 Nach überwA ist im Beschluss ferner anzugeben, zu welchem Zweck die Kapitalherabsetzung erfolgt (BayObLG 16.1.1979, BB 1979, 240; Lutter/Hommelhoff/*Kleindiek* Rn. 8; Rowedder/Schmidt-Leithoff/*Schnorbus* Rn. 16). Dagegen wird eingewandt, dass das GmbHG – anders als § 222 Abs. 3 AktG – die Angabe des Zwecks der Kapitalherabsetzung nicht verlangt und diese Angabe auch nicht erforderlich erscheint (Baumbach/Hueck/*Zöllner/Kersting* Rn. 20, mit eingehender Begründung). Mit Rücksicht auf die zitierte Rspr. empfiehlt es sich für die Praxis, den Zweck der Kapitalherabsetzung im Beschluss anzugeben.

8 **b) Form.** Der Kapitalherabsetzungsbeschluss bedarf als satzungsändernder Beschluss notarieller Beurkundung (zur umstrittenen Zulässigkeit der Beurkundung im Ausland s. Scholz/*Priester/Tebben* § 53 Rn. 71 ff. sowie → § 53 Rn. 23 ff.).

c) Mehrheitserfordernisse. Der Kapitalherabsetzungsbeschluss bedarf der in der Satzung vorgesehenen Mehrheit, mindestens einer Mehrheit von 3/4 der abgegebenen Stimmen (§ 53 Abs. 2 S. 1). 9

Beschlüsse über Kapitalherabsetzungen im Zusammenhang mit Rekapitalisierungs- bzw. Refinanzierungsmaßnahmen nach §§ 7, 22 Stabilisierungsfondsgesetz (StFG, BGBl. 2020 I 1633) bedürfen nach §§ 9a Abs. 1, 7 Abs. 6 Wirtschaftsstabilisierungsbeschleunigungsgesetz (WStBG, BGBl. 2020 I 1633) lediglich der einfachen Mehrheit der „anwesenden" Stimmen. Abweichende Bestimmungen in der Satzung sind unbeachtlich. Eine schriftliche Stimmabgabe nach § 48 Abs. 2 ist jedoch ausdrücklich für zulässig erklärt (§ 9a Abs. 2 WStBG). 9a

2. Gläubigersicherung. Aus Gründen der Sicherung der Gläubiger kann die Kapitalherabsetzung erst nach Beobachtung einer Reihe von Maßnahmen erfolgen: 10

a) Bekanntmachung. Abs. 1 Nr. 1 in der Fassung des ARUG ordnet nicht mehr die dreimalige, sondern nur noch die **einmalige Bekanntmachung** des Kapitalherabsetzungsbeschlusses in den Gesellschaftsblättern, hilfsweise in den Blättern des zuständigen Registergerichts (§§ 10, 11 HGB) an. Ausreichend ist die Angabe, dass und um welchen Betrag das Stammkapital herabgesetzt werden soll. Ist die Herabsetzung um einen Maximalbetrag beschlossen worden, sind außerdem die Umstände anzugeben, aus denen sich die Höhe des Herabsetzungsbetrages ermitteln lässt. Nicht anzugeben sind der Zweck der Herabsetzung und Einzelheiten der Anpassung der Nennbeträge der Geschäftsanteile (Lutter/Hommelhoff/*Kleindiek* Rn. 19; Scholz/*Priester/Tebben* Rn. 47; MüKoGmbHG/*Vetter* Rn. 88 f.). Insgesamt ist der Kapitalherabsetzungsbeschluss nur dann wirksam bekanntgemacht, wenn die bekanntgemachte Fassung eindeutig und aus sich selbst heraus verständlich ist (OLG München 4.4.2011, GmbHR 2011, 594). 11

Die Bekanntmachung muss die Aufforderung an die Gläubiger der Gesellschaft enthalten, sich bei der Gesellschaft zu melden. 12

b) Besondere Aufforderung an die Gläubiger. Neben der Bekanntmachung in den Blättern der Gesellschaft sind die aus den Büchern der Gesellschaft ersichtlichen oder sonst der Gesellschaft bekannten Gläubiger durch eine besondere Mitteilung zur Anmeldung aufzufordern. Gläubiger iSd Abs. 1 Nr. 1 sind nach hier vertretener Auffassung **alle Gläubiger,** deren Forderungen vor der Anmeldung der Kapitalherabsetzung zum Handelsregister begründet waren, nicht lediglich dinglich berechtigte und auch nicht nur solche Gläubiger, die in Kenntnis einer bevorstehenden Kapitalherabsetzung mit der GmbH kontrahiert haben. Die vorstehend skizzierte Definition des Gläubigerkreises steht in Widerspruch zu einer verbreiteten Auffassung, der zufolge die besondere Bekanntmachung nach Abs. 1 Nr. 1 an diejenigen Gläubiger zu richten ist, die im Zeitpunkt der öffentlichen Bekanntmachung Forderungen gegen die Gesellschaft haben (Scholz/*Priester,* 11. Aufl. 2014, Rn. 49, 55 – *Priester* berücksichtigt noch nicht die Neufassung der Vorschrift durch das ARUG; anders jetzt Scholz/*Priester/Tebben* Rn. 49, 55; Rowedder/Schmidt-Leithoff/*Schnorbus* Rn. 23). Die Richtigkeit der zitierten (Gegen-)Auffassung ist insbesondere auch deshalb zweifelhaft, weil zwischen der Bekanntmachung nach Abs. 1 Nr. 1 und der Anmeldung des Kapitalherabsetzungsbeschlusses zur Eintragung in das Handelsregister entsprechend Abs. 1 Nr. 3 mindestens ein Jahr liegen muss. Es dürfte – jedenfalls bei erwerbswirtschaftlich tätigen Gesellschaften – davon auszugehen sein, dass das Gros der Forderungsgläubiger innerhalb des Zeitraums von einem Jahr befriedigt worden ist, dass aber während dieses Zeitraums permanent neue Forderungen gegen die Gesellschaft begründet werden, sodass die Verpflichtung zur besonderen Bekanntmachung auf der Grundlage der hA ohne Sinn wäre. Zu folgen ist deshalb einer abweichenden Auffassung, nach welcher die Gesellschaft bis zur Anmeldung zum Handelsregister verpflichtet ist, neuen Gläubigern Mitteilung über die bevorstehende Kapitalherabsetzung zu machen (Baumbach/Hueck/*Zöllner/Kersting* Rn. 24; Roth/Altmeppen/*Roth* Rn. 17; einschr. Lutter/Hommelhoff/*Kleindiek* Rn. 16; Scholz/*Priester/Tebben* Rn. 51). 13

Zwar ist keine besondere Frist für die Mitteilung vorgesehen, sie kann deshalb auch nach der öffentlichen Bekanntmachung, muss dann jedoch unverzüglich und bei später begründeten Forderungen nach deren Entstehung erfolgen. 14

c) Befriedigung und Sicherstellung. Weitere Voraussetzung der Herabsetzung des Stammkapitals, also der Eintragung des Herabsetzungsbeschlusses in das Handelsregister, ist, dass die Gläubiger, die sich aufgrund Bekanntmachung und besonderer Mitteilung bei der Gesellschaft melden und der Herabsetzung nicht zustimmen, wegen der von ihnen erhobenen Ansprüche entweder befriedigt oder sichergestellt worden sind. Kommt die Gesellschaft dem Verlangen der Gläubiger nicht nach, kann die Eintragung der Kapitalherabsetzung nicht vorgenommen werden (Baumbach/Hueck/*Zöllner/Kersting* Rn. 26). 15

Im Regelfall werden diejenigen Gläubiger, die es auf sich nehmen, sich bei der Gesellschaft zu melden, der Kapitalherabsetzung ohne Befriedigung oder Sicherstellung nicht zustimmen, sondern widersprechen. Seiner **Rechtsnatur** nach ist der Widerspruch am ehesten als rechtsgeschäftsähnliche Handlung zu verstehen, an die sich ohne Rücksicht auf einen entsprechenden Rechtsfolgewillen des Gläubigers Rechtsfolgen knüpfen (so Scholz/*Priester/Tebben* Rn. 54; Baumbach/Hueck/*Zöllner/Kersting* 16

Rn. 27). Nach aA handelt es sich beim Widerspruch iSv Abs. 1 Nr. 2 um eine Willenserklärung (so bis zur 18. Aufl. Lutter/Hommelhoff/*Lutter/Kleindiek* Rn. 18, anders heute Lutter/Hommelhoff/*Kleindiek* Rn. 24). Praktische Auswirkungen haben die unterschiedlichen Auffassungen nicht.

17 Umstritten ist, welche **Befugnisse** der widersprechende Gläubiger hat. Nach herrschender und zutreffender Auffassung kann der Gläubiger die Eintragung der Kapitalherabsetzung verhindern, ggf. auch durch einstweilige Verfügung (Rowedder/Schmidt-Leithoff/*Schnorbus* Rn. 29; Scholz/*Priester/Tebben* Rn. 54; Lutter/Hommelhoff/*Kleindiek* Rn. 26; aA Baumbach/Hueck/*Zöllner/Haas*, 21. Aufl. 2017, Rn. 28, die den Gläubiger ohne Not auf Amtshaftungsansprüche verweisen, unentschieden Baumbach/Hueck/Zöllner/*Kersting* Rn. 28).

18 Unabhängig von der Frage, bis zu welchem Zeitpunkt die Verpflichtung nach Abs. 1 Nr. 1 besteht, den Gläubigern der Gesellschaft eine besondere Mitteilung über die bevorstehende Kapitalherabsetzung zukommen zu lassen, gilt, dass jeder Forderungsgläubiger, dessen Forderung vor Anmeldung der Kapitalherabsetzung begründet war, widersprechen kann, es sei denn, dass er in Kenntnis der bevorstehenden Kapitalherabsetzung mit der Gesellschaft kontrahiert hat (Baumbach/Hueck/*Zöllner/Kersting* Rn. 30).

19 Der widersprechende Gläubiger ist nach Wahl der Gesellschaft entweder zu befriedigen oder sicherzustellen. Befriedigung ist jede Rechtshandlung, die zum Erlöschen der Forderung führt, gleich ob Erfüllung, Aufrechnung oder Hinterlegung. Die Forderung muss allerdings fällig oder wenigstens – ggf. mit Zustimmung des Gläubigers – (vorzeitig) erfüllbar sein. Die Gesellschaft kann Sicherstellung auch dann wählen, wenn die Forderung fällig ist. Die Art und Weise der Sicherstellung richtet sich nach §§ 232 ff. BGB (MüKoGmbHG/*Vetter* Rn. 111; Baumbach/Hueck/*Zöllner/Kersting* Rn. 33). **Besonderheiten** bestehen bei Dauerschuldverhältnissen (dazu BGH 18.3.1996, NJW 1996, 1539; *C. Jaeger* DB 1996, 1069; MüKoGmbHG/*Vetter* Rn. 122). Die Sicherstellung nach Abs. 1 Nr. 2 ist allerdings nicht erforderlich, wenn der Forderungsgläubiger bereits gesichert ist. § 58d Abs. 2 S. 3 ist entsprechend anwendbar (Baumbach/Hueck/*Zöllner/Kersting* Rn. 33). Darüber hinaus bedarf es einer Sicherstellung nicht, wenn der Forderungsgläubiger durch eine der Sicherheitsleistung nach §§ 232 ff. BGB gleichwertige Sicherheit (Bankbürgschaft einer europäischen Großbank oder Sparkasse) gesichert ist.

20 **d) Sperrjahr.** Nach Abs. 1 Nr. 3 darf die Anmeldung der Kapitalherabsetzung zum Handelsregister erst nach Ablauf eines Jahres seit der gem. Abs. 1 Nr. 1 vorzunehmenden öffentlichen Bekanntmachung erfolgen. Wird die Frist nicht eingehalten, ist die Anmeldung nicht auszusetzen, sondern zurückzuweisen (Scholz/*Priester/Tebben* Rn. 63).

21 **3. Anmeldung der Kapitalherabsetzung.** Die Kapitalherabsetzung ist als Satzungsänderung zur Eintragung in das Handelsregister anzumelden, die Eintragung ist konstitutiv (§ 54 Abs. 3).

22 **a) Zuständigkeit.** Die Anmeldung muss durch sämtliche Geschäftsführer erfolgen (§ 78).

23 **b) Form.** Der Text der Anmeldung ist in öffentlich beglaubigter Form elektronisch beim Handelsregister einzureichen (§ 12 Abs. 1 HGB). Dieses Erfordernis wird auch durch eine notarielle Beurkundung gewahrt (§ 129 BGB).

24 **c) Zeitpunkt.** Die Anmeldung kann nicht vor Ablauf des Sperrjahres nach Abs. 1 Nr. 3 erfolgen, sie ist anderenfalls zurückzuweisen.

25 **d) Inhalt.** Für den Inhalt der Anmeldung gilt zunächst § 54 Abs. 1 (→ § 54 Rn. 7 ff.). Beantragt wird die Eintragung des herabgesetzten Stammkapitals und etwaiger weiterer damit verbundener Satzungsänderungen.

26 **e) Versicherung der Geschäftsführer über Befriedigung oder Sicherstellung der Forderungsgläubiger.** Die Versicherung ist von den Geschäftsführern abzugeben, eine Vertretung ist nicht zulässig (Rowedder/Schmidt-Leithoff/*Schnorbus* Rn. 35; Baumbach/Hueck/*Zöllner/Kersting* Rn. 41; UHL/*Casper* Rn. 58). Inhalt der Erklärung ist die Versicherung, dass die Gläubiger, die sich bei der Gesellschaft gemeldet und der Kapitalherabsetzung nicht zugestimmt haben, befriedigt oder sichergestellt sind.

27 Problematisch ist die Rechtslage bei **streitigen Forderungen.** Naturgemäß besteht die Verpflichtung zur Befriedigung oder Sicherstellung nur bei denjenigen Gläubigern, denen objektiv ein Anspruch gegen die Gesellschaft zusteht. Die bloße Behauptung einer Forderung kann nicht dazu führen, dass Sicherstellung zu leisten ist. Andererseits kann sich die Gesellschaft von ihrer Verpflichtung zur Sicherstellung nicht dadurch befreien, dass sie die Forderung bestreitet. Teilweise wird angenommen, dass die (vermeintlichen) Gläubiger von Seiten der Gesellschaft bestrittener Forderungen gleichwohl sicherzustellen sind (MHLS/*Waldner* Rn. 22). Die Annahme einer solchen Verpflichtung geht indes zu weit. Richtigerweise ist zwischen der Abgabe der geforderten Erklärung durch die Geschäftsführer einerseits und den Folgen des Bestreitens einer Forderung für das handelsregisterliche Verfahren andererseits zu differenzieren. Die Geschäftsführer können die nach Abs. 1 Nr. 4 erforderliche Erklärung, der zufolge alle Gläubiger, welche sich gemeldet und der Herabsetzung nicht zugestimmt haben, befriedigt oder

sichergestellt sind, abgeben, wenn die nicht befriedigten oder sichergestellten Forderungen entweder offensichtlich unbegründet sind oder sich nach eingehender Prüfung als unbegründet erweisen (UHL/*Casper* Rn. 51; Baumbach/Hueck/*Zöllner/Kersting* Rn. 43). Ihre Versicherung ist dann nicht pflichtwidrig und führt weder zu schadensersatzrechtlichen noch strafrechtlichen Konsequenzen. Ergibt sich das Nichtbestehen der Forderung nicht mit hinreichender Klarheit, sollte eine Klärung herbeigeführt oder Sicherstellung geleistet werden. Ob es darüber hinaus zur Exkulpation der Geschäftsführer sinnvoll ist, die bestrittenen Forderungen derjenigen Gläubiger, die nicht befriedigt und nicht sichergestellt worden sind, anzugeben, ist zweifelhaft (so aber Meyer-Landrut/Miller/Niehus/*Meyer-Landrut* Rn. 24).

Der Registerrichter geht, sofern keine abweichenden Anhaltspunkte vorliegen, von der Richtigkeit der Versicherung der Geschäftsführung aus. Wird dem Registergericht mitgeteilt, dass eine streitige Forderung nicht befriedigt oder sichergestellt worden ist, kann der Gesellschaft aufgegeben werden, die Sicherstellung vorzunehmen oder nach § 381 FamFG (Setzung einer Frist zur Erhebung der negativen Feststellungsklage bei gleichzeitiger Aussetzung der Eintragung nach § 21 FamFG, früher in § 127 FGG geregelt) vorzugehen (Lutter/Hommelhoff/*Kleindiek* Rn. 28). Das Registergericht kann auch selbst das Bestehen der **Forderung prüfen** (Scholz/*Priester* Rn. 71). Umstritten ist, ob das Registergericht hierzu uU verpflichtet ist, insbesondere dann, wenn ein dringendes Bedürfnis der Gesellschaft an der Eintragung der Kapitalherabsetzung besteht (so Baumbach/Hueck/*Zöllner/Kersting* Rn. 44; dagegen UHL/*Casper* Rn. 67; MHLS/*Waldner* Rn. 25). 28

Nicht erforderlich ist die Versicherung, dass die besondere Mitteilung nach Abs. 1 Nr. 2 den Gläubigern zugegangen ist (BayObLG 20.9.1974, BB 1974, 1363). 28a

4. Anlagen zur Anmeldung. Der Anmeldung ist zunächst das Protokoll des Kapitalherabsetzungsbeschlusses beizufügen. Des Weiteren ist eine berichtigte Satzung einzureichen, und zwar auch dann, wenn lediglich die Kapitalziffer geändert worden ist, damit der zuletzt geltende gesamte Wortlaut in gesonderter Urkunde zur Verfügung steht (Baumbach/Hueck/*Zöllner/Kersting* Rn. 47). Beizufügen sind des Weiteren Belegexemplare der Blätter, in denen die Bekanntmachung des Kapitalherabsetzungsbeschlusses nach Abs. 1 Nr. 4 erfolgt ist. Schließlich ist eine neue Gesellschafterliste (§ 40) einzureichen, in der die angepassten Nennwerte der Geschäftsanteile aufzuführen sind. 29

5. Prüfung durch das Registergericht. Das Registergericht prüft die Anmeldung entsprechend den für alle Satzungsänderungen geltenden Grundsätzen (→ § 54 Rn. 13 ff.). Bei der Kapitalherabsetzung ist insbesondere die Einhaltung der **Mindestkapitalziffer** nach Abs. 2 zu prüfen. Ferner prüft das Registergericht, ob die Bekanntmachung ordnungsgemäß erfolgt ist (dazu OLG München 4.4.2011, GmbHR 2011, 594). Zu den Optionen des Registergerichts bei fehlender Sicherstellung streitiger Forderungen → Rn. 27 f. 30

6. Haftung der Geschäftsführer. Geschäftsführer, die die Verpflichtung nach Abs. 1 Nr. 2 nicht beachten, sind den Gläubigern für den daraus entstehenden Schaden nach § 823 Abs. 2 BGB ersatzpflichtig. Abs. 1 Nr. 2 ist Schutzgesetz zugunsten der Gesellschaftsgläubiger (BayObLG 20.9.1974, BB 1974, 1363; MHLS/*Waldner* Rn. 28; Baumbach/Hueck/*Zöllner/Kersting* Rn. 52). Ist die nach Abs. 1 Nr. 4 abzugebende Versicherung der Geschäftsführer unzutreffend, kommt eine Strafbarkeit nach § 82 Abs. 2 Nr. 1 in Betracht. 31

Vereinfachte Kapitalherabsetzung

58a

(1) Eine Herabsetzung des Stammkapitals, die dazu dienen soll, Wertminderungen auszugleichen oder sonstige Verluste zu decken, kann als vereinfachte Kapitalherabsetzung vorgenommen werden.

(2) **[1]Die vereinfachte Kapitalherabsetzung ist nur zulässig, nachdem der Teil der Kapital- und Gewinnrücklagen, der zusammen über zehn vom Hundert des nach der Herabsetzung verbleibenden Stammkapitals hinausgeht, vorweg aufgelöst ist. [2]Sie ist nicht zulässig, solange ein Gewinnvortrag vorhanden ist.**

(3) **[1]Im Beschluß über die vereinfachte Kapitalherabsetzung sind die Nennbeträge der Geschäftsanteile dem herabgesetzten Stammkapital anzupassen. [2]Die Geschäftsanteile müssen auf einen Betrag gestellt werden, der auf volle Euro lautet.**

(4) **[1]Das Stammkapital kann unter den in § 5 Abs. 1 bestimmten Mindestnennbetrag herabgesetzt werden, wenn dieser durch eine Kapitalerhöhung wieder erreicht wird, die zugleich mit der Kapitalherabsetzung beschlossen ist und bei der Sacheinlagen nicht festgesetzt sind. [2]Die Beschlüsse sind nichtig, wenn sie nicht binnen drei Monaten nach der Beschlußfassung in das Handelsregister eingetragen worden sind. [3]Der Lauf der Frist ist gehemmt, solange eine Anfechtungs- oder Nichtigkeitsklage rechtshängig ist. [4]Die Beschlüsse sollen nur zusammen in das Handelsregister eingetragen werden.**

(5) **Neben den §§ 53 und 54 über die Abänderung des Gesellschaftsvertrags gelten die §§ 58b bis 58f.**

Übersicht

I. Allgemeines

1 Abs. 1 beschreibt den Anwendungsbereich der vereinfachten Kapitalherabsetzung, die weiteren Absätze beschreiben deren Voraussetzungen (zur Neuregelung der vereinfachten Kapitalherabsetzung durch das MoMiG s. auch *Hohmuth* GmbHR 2009, 349). Das entscheidende Merkmal der vereinfachten Kapitalherabsetzung ist, dass diese, anders als die ordentliche Kapitalherabsetzung, nicht zur Verteilung von Gesellschaftsvermögen an die Gesellschafter führt und deshalb ein **vereinfachter Gläubigerschutz** ausreichend ist. Die vereinfachte Kapitalherabsetzung ist Satzungsänderung. Schon daraus, aber auch aus dem klarstellenden Verweis in Abs. 5, ergibt sich, dass §§ 53, 54 anwendbar sind. Daneben sind §§ 58b–58f zu beachten.

II. Einzelerläuterung

2 **1. Ausgleich von Verlusten.** Die vereinfachte Kapitalherabsetzung dient dem Ausgleich von Verlusten, die entweder durch Wertminderung des Aktivvermögens oder aus sonstigen Gründen entstanden sind. Zulässig ist die vereinfachte Kapitalherabsetzung indes nur, wenn das Eigenkapital (nicht: Stammkapital) in einer nach Abs. 2 zu bestimmenden Weise bilanziell angegriffen ist. Die vereinfachte Kapitalherabsetzung ist danach iHe Betrages zulässig, der sich daraus ergibt, dass nach Abzug eben dieses Betrages die Aktiva aufgrund von Verlusten nach Abzug von Verbindlichkeiten, Rückstellungen, Rechnungsabgrenzungsposten iSd § 266 Abs. 3 D HGB sowie der Rücklage für Anteile an einem herrschenden oder mit Mehrheit beteiligten Unternehmen nach §§ 272 Abs. 4, 266 Abs. 3 HGB den Betrag des neuen Stammkapitals zzgl. 10 % nicht überschreiten. Wann die Unterbilanz, um deren Beseitigung es geht, entstanden ist, spielt keine Rolle. Entscheidend ist nur die Ursache ihrer Entstehung. Ist die Unterbilanz beispielsweise auf eine **Überbewertung von Sacheinlagen** zurückzuführen, ist den Gesellschaftern die vereinfachte Kapitalherabsetzung nicht erlaubt, der Ausgleich der Unterbilanz ist durch Aufbringung der Differenz nach § 9 vorzunehmen. Erforderlich ist nicht, dass sich die Unterbilanz aus einem Jahresabschluss ergibt. Die Gesellschafter können zur Ermittlung des Verlusts auch eine Zwischenbilanz erstellen. Die Erstellung einer solchen Zwischenbilanz ist aber nicht einmal erforderlich. Es wird vielmehr für ausreichend gehalten, wenn ausgehend von dem letzten Jahresabschluss und nach den für Jahresabschlüsse geltenden Bestimmungen und Grundsätzen eine Unterbilanz überschlägig und plausibel dargestellt werden kann (Lutter/Hommelhoff/*Kleindiek* Rn. 11; Baumbach/Hueck/*Zöllner/Kersting* Rn. 10). Die bloße Befürchtung eines Verlusts reicht naturgemäß nicht aus (Baumbach/Hueck/*Zöllner/Kersting* Rn. 11). Ist das zum Verlust führende Ereignis noch nicht eingetreten, muss sich zumindest eine Gefährdung so konkretisiert haben, dass nach bilanzrechtlichen Grundsätzen die Bildung einer Rückstellung geboten und damit ein Verlust eingetreten ist (vgl. BGH 5.10.1992, BGHZ 119, 305 (320) zu § 229 AktG; s. ferner Lutter/Hommelhoff/*Kleindiek* Rn. 12; MHLS/*Waldner* Rn. 7; weniger streng MüKoGmbHG/*Vetter* Rn. 35: Verlusteintritt ist wahrscheinlich, Voraussetzungen für Drohverlustrückstellung müssen nicht gegeben sein).

3 **2. Vorrang der Auflösung von Rücklagen.** Vorrangig sind Kapital- und Gewinnrücklagen aufzulösen, soweit diese 10 % des herabgesetzten Stammkapitals übersteigen. Die dazu erforderliche Beschlussfassung kann in der gleichen Gesellschafterversammlung, die den Kapitalherabsetzungsbeschluss fasst, beschlossen werden.

Vom Auflösungserfordernis erfasst sind grundsätzlich nur offene Rücklagen. Eine Verpflichtung zur Auflösung stiller Reserven ergibt sich aus Abs. 2 nicht. Auch Rückstellungen dürfen nur aufgelöst werden, wenn die Voraussetzungen für ihre Bildung entfallen sind (vgl. § 249 Abs. 3 HGB), in diesem Falle müssen sie allerdings aufgelöst werden (Baumbach/Hueck/*Zöllner/Kersting* Rn. 12 ff.). 4

3. Gewinnvortrag. Nach Abs. 2 S. 2 ist ein etwa vorhandener Gewinnvortrag vorweg zu beseitigen. Dazu bedarf es allerdings keiner bilanziellen Beseitigung. Ausreichend ist, dass der in der letzten Jahresbilanz oder einer Zwischenbilanz ausgewiesene Gewinnvortrag in die Berechnung nach Abs. 2 S. 1 eingestellt und die dadurch bewirkte Beseitigung dieses Vortrags in die Beschlussfassung der Gesellschafter einbezogen wird. 5

4. Kapitalherabsetzungsbeschluss. a) Inhalt. Notwendiger Inhalt des Kapitalherabsetzungsbeschlusses ist, dass und um welchen Betrag das Stammkapital verringert werden soll. Anstelle eines festen Betrages kann auch ein maximaler Herabsetzungsbetrag beschlossen werden. In diesem Falle muss der Kapitalherabsetzungsbeschluss aber angeben, wie der tatsächliche Kapitalherabsetzungsbetrag zu bestimmen ist (Baumbach/Hueck/*Zöllner/Kersting* Rn. 17; MüKoGmbHG/*Vetter* Rn. 47; iErg ähnlich Scholz/*Priester/Tebben* Rn. 22; gegen die Zulässigkeit der Angabe eines Maximalbetrages MHLS/*Waldner* Rn. 12). Nicht zulässig ist es, die Bestimmung des tatsächlichen Herabsetzungsbetrages in das Ermessen der Geschäftsführer zu stellen. 6

Des Weiteren sieht Abs. 3 S. 1 vor, dass in dem Kapitalherabsetzungsbeschluss die Nennbeträge der Geschäftsanteile dem herabgesetzten Stammkapital anzupassen sind. Ausreichend ist mit Blick auf die Zulässigkeit der Angabe eines **Maximalherabsetzungsbetrages,** dass auf der Grundlage des Beschlusstextes eindeutig bestimmbar ist, auf welche Weise die Anpassung zu erfolgen hat (Baumbach/Hueck/*Zöllner/Kersting* Rn. 18). Die Anpassung (Kürzung) der Nennbeträge erfolgt grundsätzlich nach den Beteiligungsquoten der Gesellschafter. Mit deren Einverständnis kann aber auch eine ungleichmäßige Anpassung erfolgen. Abs. 3 S. 2 idF des MoMiG gibt vor, dass die Geschäftsanteile auf einen auf volle Euro lautenden Betrag, somit mindestens auf 1 EUR gestellt werden müssen. 7

Umstritten ist, ob der Beschluss den **Zweck** der Kapitalherabsetzung angeben muss (dagegen Baumbach/Hueck/*Zöllner/Kersting* Rn. 19; ebenso MüKoGmbHG/*Vetter* Rn. 48; für Erfordernis der Angabe des Zwecks OLG Hamm 15.11.2010, ZIP 2011, 568; Lutter/Hommelhoff/*Kleindiek* Rn. 25; Scholz/*Priester/Tebben* Rn. 23 und die Begründung des Gesetzgebers, vgl. BT-Drs. 12/3803, 87 ff.). In der Tat ist aber nicht ersichtlich, wozu die Angabe eines besonderen Zwecks erforderlich oder wenigstens nützlich sein könnte, da die Zulässigkeit der vereinfachten Kapitalherabsetzung nach Abs. 1 iVm Abs. 2 feststeht (im Ergebnis ist daher Baumbach/Hueck/*Zöllner/Kersting* Rn. 19 zuzustimmen). 8

b) Sonstige Voraussetzungen. Abs. 5 verweist auf § 53. Damit bedarf der Kapitalherabsetzungsbeschluss notarieller Form und einer Mehrheit von 3/4 der abgegebenen Stimmen, sofern die Satzung nicht zusätzliche Erfordernisse aufstellt. Die Kompetenz für die Beschlussfassung liegt bei den Gesellschaftern. 9

5. Beschlussmängel. Verstöße gegen Abs. 1 und Abs. 2 führen nach ganz hM nur zur **Anfechtbarkeit,** nicht zur Nichtigkeit des Kapitalherabsetzungsbeschlusses, da die darin enthaltenen Regelungen nicht dem Gläubigerschutz dienen (MüKoGmbHG/*Vetter* Rn. 72; Scholz/*Priester/Tebben* Rn. 43; Baumbach/Hueck/*Zöllner/Kersting* Rn. 22). Gläubigerschutz wird durch §§ 58b und 58c bewirkt. Die Nichtigkeit des Beschlusses kommt aber in Betracht, wenn dieser nicht hinreichend bestimmbar den Umfang der Kapitalherabsetzung angibt. Ein Verstoß gegen Abs. 3 führt zur Anfechtbarkeit. Falls die Anfechtung nicht erfolgt, sind die Nennbeträge im Zweifel entsprechend den Beteiligungsquoten zu kürzen. Tritt ein Fall des Abs. 3 S. 3 ein, ist eine Zusammenlegung erforderlich. 10

6. Disproportionalität. Abs. 3 der Vorschrift ist durch das **MoMiG** neu gefasst worden. Die Neufassung berücksichtigt zum einen, dass Geschäftsanteile heute nur noch auf einen Betrag gestellt werden müssen, der auf volle Euro lautet (Abs. 3 S. 2 nF, hierbei handelt es sich um eine Folgeänderung zur entsprechenden Änderung des § 5 Abs. 2 S. 1). Gestrichen worden sind die Bestimmungen in Abs. 3 S. 3 und 4 aF. Diese Bestimmungen sahen vor, dass Geschäftsanteile, deren Nennbetrag durch die Herabsetzung unter 50 EUR sinken würde, von den Geschäftsführern zu gemeinschaftlichen Geschäftsanteilen zu vereinigen sind, wenn die Einlagen auf die Geschäftsanteile voll geleistet, die Geschäftsanteile nicht mit einer Nachschusspflicht oder mit Rechten Dritter belastet und nach dem Gesellschaftsvertrag nicht mit verschiedenen Rechten und Pflichten ausgestattet sind. Die Erklärung über die Vereinigung der Geschäftsanteile bedurfte nach Abs. 3 S. 4 der notariellen Beurkundung. Die aufgehobenen Bestimmungen haben dem Umstand Rechnung getragen, dass aufgrund der vor Inkrafttreten des MoMiG vorgeschriebenen Stückelung von Geschäftsanteilen im Falle einer Kapitalherabsetzung Nennbeträge entstehen konnten, die unterhalb von 50 EUR lagen und deshalb – zur Erhaltung der Mitgliedschaftsrechte der davon betroffenen Gesellschafter – zusammengelegt werden mussten. Der Gesetzgeber des MoMiG hat aufgrund der Neufassung des § 5 Abs. 2 S. 1, der zufolge Geschäftsanteile heute auf jeden vollen Eurobetrag gestellt werden können, offenbar kein Bedürfnis mehr für die Beibehaltung der 11 aufgehobenen Bestimmungen gesehen. Bedenkt man jedoch, dass bei der Herabsetzung des Stammkapitals grundsätzlich (anders bei Zustimmung der benachteiligten Gesellschafter) der Proportionalitätsgrundsatz zu beachten ist (vgl. § 53 Abs. 3; Roth/Altmeppen/*Roth* § 58 Rn. 14), ist es auch nach Neufassung des § 5 Abs. 2 S. 1 möglich, dass **Spitzenbeträge** bei Geschäftsanteilen entstehen, deren Nennbetrag zwar insgesamt 1 EUR übersteigt, hinsichtlich derer jedoch in Ansehung des den vollen Eurobetrages übersteigenden Cent-Betrages die Mitgliedschaftsrechte nicht ausgeübt werden können (Beispiel: Das Stammkapital von 30.000 EUR, verteilt auf drei Gesellschafter mit Geschäftsanteilen im Nennbetrag von je 10.000 EUR, wird um insgesamt 1.000 EUR herabgesetzt, sodass der Nennbetrag eines jeden Geschäftsanteils 9.666,66 EUR lautet). Hinsichtlich des Spitzenbetrages käme eine Zusammenlegung in Betracht. Gleiches gilt, wenn eine Kapitalherabsetzung beabsichtigt ist, und Gesellschafter mit einem oder mehreren Geschäftsanteilen im Nennbetrag von (jeweils) 1 EUR an der Gesellschaft beteiligt sind. Insoweit fehlt es für die Kapitalherabsetzung an einer § 57k entsprechenden Bestimmung. Die Begründung des Gesetzesentwurfes zum MoMiG vom 25.7.2007, 73, 110, befasst sich mit dieser Frage nicht. Es ist davon auszugehen, dass der Gesetzgeber die Problematik der Entstehung von Spitzenbeträge entweder nicht gesehen oder nicht für regelungsbedürftig gehalten hat (in dem genannten Beispiel könnten die Gesellschafter ebenso gut eine Kapitalherabsetzung um 1.002 EUR auf 28.998 EUR vornehmen mit der Folge, dass jeder Geschäftsanteil auf 9.666 EUR lautet). Bei Gesellschaftern mit (einem oder mehreren) Geschäftsanteilen mit einem Nennbetrag von 1 EUR, die herabgesetzt werden sollen, bei denen die Herabsetzung aber an Abs. 3 S. 2 scheitern würde, stellt sich die Frage, ob eine Zusammenlegung entsprechend den durch das MoMiG aufgehobenen Bestimmungen auch heute noch zulässig wäre (idS offenbar Scholz/*Priester/Tebben* Rn. 28 f., die zutr. darauf hinweisen, dass die Kompetenz hierfür jetzt gem. § 46 Nr. 4 bei den Gesellschaftern liegt).

12 Eine Analogie zu § 57k unter den Voraussetzungen des § 58a Abs. 3 S. 3 und 4 aF liegt nahe.

13 Schon nach der früheren Fassung kam die Zusammenlegung naturgemäß nur dann in Betracht, wenn Einlagen auf die Geschäftsanteile voll geleistet und die Geschäftsanteile nicht mit einer Nachschusspflicht oder mit Rechten Dritter belastet und auch nicht nach dem Gesellschaftsvertrag mit verschiedenen Rechten und Pflichten ausgestattet waren.

14 **7. Kombination von Kapitalherabsetzung und Kapitalerhöhung.** Kapitalherabsetzung und Kapitalerhöhung können miteinander kombiniert werden. Abs. 4 S. 1 regelt dies ausdrücklich für den Fall, dass eine Herabsetzung des in § 5 Abs. 1 bestimmten Mindestkapitals erfolgen soll, was zulässig ist, wenn zugleich mit der Kapitalherabsetzung eine Kapitalerhöhung beschlossen wird, die mindestens zu dem in § 5 Abs. 1 bestimmten Mindestkapital führt. Bei dieser Kapitalerhöhung muss es sich zudem um eine Barkapitalerhöhung handeln. Die Kapitalherabsetzung kann in dieser Konstellation **bis auf Null** vorgenommen werden (vgl. BGH 5.10.1992, BGHZ 119, 306; BGH 5.7.1999, BB 1999, 1946; Baumbach/Hueck/*Zöllner/Kersting* Rn. 33). Dem Erfordernis, zugleich mit der Kapitalherabsetzung unter den Mindeststammkapitalbetrag eine Kapitalerhöhung bis auf diesen Betrag zu beschließen, kann dadurch genügt werden, dass entweder in demselben Beschluss oder jedenfalls in derselben Gesellschafterversammlung die Kapitalerhöhung beschlossen wird. Die Notwendigkeit der Kapitalerhöhung in bar besteht nur bis zum Erreichen des gesetzlich vorgeschriebenen Mindeststammkapitals (Scholz/*Priester/Tebben* Rn. 40; MHLS/*Waldner* Rn. 19). Darüber hinaus kann auch eine Sachkapitalerhöhung vorgesehen werden. Mit Rücksicht auf die bei einer solchen Kombination von Kapitalherabsetzung und -erhöhung erhöhten Anfechtungs- und Eintragungsrisiken wird in der Praxis davon aber abgeraten (Baumbach/Hueck/*Zöllner/Kersting* Rn. 34). Der wirtschaftliche Effekt der Kapitalherabsetzung auf Null mit anschließender Kapitalerhöhung lässt sich auch durch Herabsetzung des Kapitals auf den gesetzlichen Mindestbetrag und geringerer Kapitalerhöhung mit der Verpflichtung zur Zahlung eines Agio erreichen.

15 Den Gesellschaftern steht ein ungeschriebenes **Bezugsrecht** zu, das sich an ihrer Beteiligung am ursprünglichen Stammkapital orientiert (Roth/Altmeppen/*Roth* Rn. 26; Baumbach/Hueck/*Zöllner/Kersting* Rn. 35). Daraus ergibt sich, dass auch bei der Kapitalherabsetzung auf Null ein Bezugsrecht hinsichtlich des Erhöhungsbetrages besteht (Scholz/*Priester/Tebben* Rn. 41; tendenziell einschränkend BGH 18.4.2005, ZIP 2005, 985) und dass, sofern dieses Bezugsrecht ausgeschlossen werden soll, die dafür bestehenden Voraussetzungen vorliegen müssen (→ § 55 Rn. 16 ff.).

16 Die Kombination von Kapitalherabsetzung und Kapitalerhöhung steht unter dem zeitlichen Druck des Abs. 4 S. 2. Sie muss binnen **drei Monaten** nach der Beschlussfassung in das Handelsregister eingetragen sein, wobei der Lauf dieser Frist gehemmt ist, solange eine Anfechtungs- oder Nichtigkeitsklage rechtshängig ist.

17 Abs. 4 S. 4 sieht vor, dass die Beschlüsse zusammen eingetragen werden. Damit ist gemeint, dass die Eintragung gleichzeitig erfolgen soll.

18 **8. Anmeldung zum Handelsregister. a) Grundsatz.** In Abs. 5 wird § 54 ausdrücklich für anwendbar erklärt. Demzufolge muss auch bei der vereinfachten Kapitalherabsetzung der vollständige Wortlaut des Gesellschaftsvertrages und die Bescheinigung nach § 54 Abs. 1 S. 2 eingereicht werden. Die Anmeldung erfolgt elektronisch in öffentlich beglaubigter Form (§§ 10, 12 HGB). Zuständig sind

sämtliche Geschäftsführer in entsprechender Anwendung des § 78 Hs. 2 (Baumbach/Hueck/*Zöllner*/*Haas,* 21. Aufl. 2017, Rn. 30; offen gelassen nunmehr bei Baumbach/Hueck/*Zöllner*/*Kersting* Rn. 30; aA Lutter/Hommelhoff/*Kleindiek* Rn. 30: nicht bei isolierter vereinfachter Kapitalherabsetzung; aA auch Scholz/*Priester*/*Tebben* Rn. 32). Das notariell beurkundete Protokoll des Herabsetzungsbeschlusses ist ebenfalls beizufügen.

b) Zusätzliche Erfordernisse. Für den Fall, dass die Zusammenlegung von Geschäftsanteilen in Analogie zu § 57k iVm Abs. 3 S. 3 aF für zulässig gehalten wird und erforderlich ist, muss auf der Grundlage eines entsprechenden Gesellschafterbeschlusses (§ 46 Nr. 4) außerdem eine entsprechende Erklärung der Geschäftsführer eingereicht werden. **19**

c) Zeitpunkt. Anders als bei der ordentlichen Kapitalherabsetzung ist keine Wartefrist einzuhalten. Die Anmeldung kann unmittelbar nach Beschlussfassung erfolgen. **20**

d) Herabsetzungsbetrag. Die Anmeldung muss auf einen bestimmten Kapitalherabsetzungsbetrag lauten. Ist im Beschluss ein Maximalherabsetzungsbetrag angegeben, prüft der Registerrichter, ob bei der endgültigen Festlegung des angemeldeten Betrages die Beschlussvorgaben eingehalten wurden. Lässt sich aus dem Beschluss nicht ermitteln, auf welche Weise der konkrete Kapitalherabsetzungsbetrag zu ermitteln ist, hat der Registerrichter die Eintragung zu verweigern (MüKoGmbHG/*Vetter* Rn. 86; Baumbach/Hueck/*Zöllner*/*Kersting* Rn. 31). **21**

e) Bilanzielle Voraussetzungen. Die Nichteinhaltung der Voraussetzungen nach Abs. 1 und 2 der Vorschrift führt nicht zur **Nichtigkeit** des Kapitalherabsetzungsbeschlusses (→ Rn. 10), der Beschluss ist lediglich anfechtbar. Auch Gläubigerschutzgründe zwingen den Registerrichter nicht zur Prüfung der bilanziellen Voraussetzungen nach Abs. 2, da §§ 58b und 58c einen ausreichenden Schutz sicherstellen. Weil die vereinfachte Kapitalherabsetzung aber zu einer Lockerung der Bindung des Gesellschaftskapitals (§ 30) führt, wird ein überschlägiges Prüfungsrecht des Registerrichters bejaht, dem die bilanziellen Voraussetzungen plausibel darzulegen sind (Baumbach/Hueck/*Zöllner*/*Kersting* Rn. 32; strenger Scholz/*Priester*/*Tebben* Rn. 36, die meinen, dass keine förmliche Kapitalherabsetzungsbilanz verlangt werden darf, dass der Registerrichter aber auf Vorlage einer Zwischenbilanz bestehen kann). **22**

Beträge aus Rücklagenauflösung und Kapitalherabsetzung

58b (1) **Die Beträge, die aus der Auflösung der Kapital- oder Gewinnrücklagen und aus der Kapitalherabsetzung gewonnen werden, dürfen nur verwandt werden, um Wertminderungen auszugleichen und sonstige Verluste zu decken.**

(2) [1]**Daneben dürfen die gewonnenen Beträge in die Kapitalrücklage eingestellt werden, soweit diese zehn vom Hundert des Stammkapitals nicht übersteigt.** [2]**Als Stammkapital gilt dabei der Nennbetrag, der sich durch die Herabsetzung ergibt, mindestens aber der nach § 5 Abs. 1 zulässige Mindestnennbetrag.**

(3) **Ein Betrag, der auf Grund des Absatzes 2 in die Kapitalrücklage eingestellt worden ist, darf vor Ablauf des fünften nach der Beschlußfassung über die Kapitalherabsetzung beginnenden Geschäftsjahrs nur verwandt werden**

1. **zum Ausgleich eines Jahresfehlbetrags, soweit er nicht durch einen Gewinnvortrag aus dem Vorjahr gedeckt ist und nicht durch Auflösung von Gewinnrücklagen ausgeglichen werden kann;**
2. **zum Ausgleich eines Verlustvortrags aus dem Vorjahr, soweit er nicht durch einen Jahresüberschuß gedeckt ist und nicht durch Auflösung von Gewinnrücklagen ausgeglichen werden kann;**
3. **zur Kapitalerhöhung aus Gesellschaftsmitteln.**

Übersicht

I. Allgemeines

1 Die Vorschrift schränkt die Verwendung der durch die Kapitalherabsetzung zur Verfügung stehenden Beträge aus Gründen des Gläubigerschutzes ein. Sie entspricht in Abs. 1 und Abs. 2 der Vorschrift des § 230 AktG.

II. Einzelerläuterung

2 **1. Verwendungsbindung nach Abs. 1 und 2. a) Ausgleich von Wertminderungen und sonstiger Verluste.** Die (vereinfachte) Kapitalherabsetzung führt zu einer Anpassung (Verminderung) der Passivseite an das durch Verluste verminderte Aktivvermögen. Zusätzlich gestattet Abs. 2 die Bildung einer Kapitalrücklage, die 10 % des Stammkapitals nicht übersteigen darf. Stammkapital im Sinne dieser Bestimmung ist das herabgesetzte Stammkapital, mindestens der in § 5 Abs. 1 vorgeschriebene Mindestnennbetrag.

3 **b) Auszahlungsverbot.** Aus Abs. 1 iVm Abs. 2 folgt außerdem, dass die durch die vereinfachte Kapitalherabsetzung „frei" gewordenen Beträge **nicht ausgezahlt** werden dürfen (Scholz/*Priester/Tebben* Rn. 5; Rowedder/Schmidt-Leithoff/*Schnorbus* Rn. 2, 5). Dieses Verbot bezieht sich sowohl auf unmittelbare wie verdeckte Zahlungen oder sonstige Zuwendungen. Das Auszahlungsverbot ist zeitlich nach Maßgabe von Abs. 3 bis zum Ablauf des fünften nach der Beschlussfassung über die Kapitalherabsetzung beginnenden Geschäftsjahres befristet. Ein Verstoß gegen das Auszahlungsverbot stellt eine unzulässige Rückzahlung von Stammkapital dar (→ Rn. 12).

4 Abs. 2 bildet die Grenze dessen, was erlaubtermaßen in die Kapitalrücklage eingestellt werden kann, ordnet aber nicht an, dass etwa übersteigende Rücklagen nicht gebucht werden dürften. Deshalb sind aufgrund eines Rechenfehlers oder aus sonstigen Gründen freiwerdende höhere Beträge gleichwohl entsprechend § 58c S. 1 in die Kapitalrücklage einzustellen (Baumbach/Hueck/*Zöllner/Kersting* Rn. 6).

5 Nur die durch die Kapitalherabsetzung gewonnenen Beträge unterliegen der **Verwendungsbindung.** Zwischenzeitlich etwa erzielte Gewinne, die das Eigenkapital vermehrt haben, können Gewinnrücklagen zugeführt oder in den Grenzen des § 58d ausgeschüttet werden. Für Beträge, die dadurch „frei" werden, dass Verluste geringer als zum Zeitpunkt der Beschlussfassung über die Kapitalherabsetzung angenommen ausgefallen sind, gilt jedoch § 58c S. 1.

6 **2. Weitere Verwendungsbindung nach Abs. 3.** Die aufgrund der vereinfachten Kapitalherabsetzung freigewordenen und gem. Abs. 2 in die Kapitalrücklage eingestellten Beträge können bis zum Ablauf des fünften nach der Beschlussfassung über die Kapitalherabsetzung beginnenden Geschäftsjahres nur nach Maßgabe von Abs. 3 verwendet werden. Gemäß § 58c S. 2 gilt dies auch für die nach dessen S. 1 der Kapitalrücklage zugeführten Beträge. Es wird angenommen, dass die entsprechend gebundenen Beträge in der Bilanz **gesondert ausgewiesen** werden müssen (Scholz/*Priester/Tebben* Rn. 16; Lutter/Hommelhoff/*Kleindiek* Rn. 5: „... davon nach §§ 58b Abs. 3, 58c GmbHG gebunden ...Euro"). Drei zulässige Verwendungszwecke sind voneinander zu unterscheiden: Zum einen der Ausgleich von Jahresfehlbeträgen, sofern dieser Ausgleich nicht durch einen Gewinnvortrag vom Vorjahr oder die Auflösung von Gewinnrücklagen erfolgen kann, zum anderen der Ausgleich eines Verlustvortrages aus dem Vorjahr, sofern dieser nicht durch einen Jahresüberschuss gedeckt und der Ausgleich nicht durch Auflösung von Gewinnrücklagen möglich ist, zum dritten die Verwendung zu einer Kapitalerhöhung aus Gesellschaftsmitteln.

7 Die mittelbare Verwendungsbeschränkung hat **gläubigerschützenden Charakter.** Hinzu tritt § 58d Abs. 1, wonach die Gewinnausschüttung ebenfalls beschränkt oder nur insoweit erlaubt ist, als Kapital- und Gewinnrücklagen zusammen iHv mindestens 10 % des Stammkapitals aufgefüllt sind.

8 Im Schrifttum wird diskutiert, ob die Bindung nach Abs. 3 durch eine nominelle Kapitalerhöhung und eine anschließende ordentliche Kapitalherabsetzung zulässigerweise umgangen werden darf. Im Ergebnis ist dies zu bejahen, da die ordentliche Kapitalherabsetzung über eigene, für sich genommen ausreichende Gläubigerschutzmechanismen verfügt (zutr. Scholz/*Priester/Tebben* Rn. 13; MüKoGmbHG/*Vetter* Rn. 28; Baumbach/Hueck/*Zöllner/Kersting* Rn. 10).

9 **3. Folgen der Nichtbeachtung der Verwendungsbindungsregeln. a) Jahresabschluss.** Die Feststellung eines Jahresabschlusses, der die Verwendungsbindung missachtet, also entweder den unter Verstoß gegen Abs. 1–3 und § 58c gebuchten Betrag ausschüttet oder anderweitig verwendet, ist wegen Nichtbeachtung gläubigerschützender Normen entsprechend § 256 Abs. 1 Nr. 1 AktG, § 241 Nr. 3 AktG **nichtig** (Rowedder/Schmidt-Leithoff/*Schnorbus* Rn. 10; UHL/*Casper* Rn. 13; Lutter/Hommelhoff/*Kleindiek* Rn. 3). Gleiches gilt, wenn vor Ablauf der Frist des Abs. 3 eine „gesperrte" Kapitalrücklage aufgelöst wird (Rowedder/Schmidt-Leithoff/*Schnorbus* Rn. 12).

10 Auch der umgekehrte Fall, nämlich die Bildung einer höheren als durch Abs. 2 gedeckte Kapitalrücklage, ist denkbar. Hierin liegt allerdings kein Mangel des Jahresabschlusses, sondern lediglich ein solcher des Kapitalherabsetzungsbeschlusses, der dessen **Anfechtung** rechtfertigt (Baumbach/Hueck/*Zöllner/*

Kersting Rn. 12; Rowedder/Schmidt-Leithoff/*Schnorbus* Rn. 11; krit., aber iErg zust. Scholz/*Priester*/*Tebben* Rn. 19). Hinsichtlich des überhöhten Betrages greift § 58c ein.

b) Gewinnverwendungsbeschluss. Der auf einem nichtigen Jahresabschluss beruhende Gewinnverwendungsbeschluss ist seinerseits entsprechend § 256 Abs. 1 Nr. 1 AktG, § 241 Nr. 3 AktG nichtig. Dies gilt (erst recht) für Gewinnverwendungsbeschlüsse, deren Gegenstand Beträge sind, die nach dem zugrundeliegenden Jahresabschluss gar nicht verwendet werden können (Lutter/Hommelhoff/*Kleindiek* Rn. 7; Rowedder/Schmidt-Leithoff/*Schnorbus* Rn. 12; Scholz/*Priester*/*Tebben* Rn. 18). 11

c) Schicksal unrechtmäßiger Auszahlungen. Mit entgegen der Verwendungsbindung nach Abs. 1–3 vorgenommenen Auszahlungen an Gesellschafter, unter welchem Etikett auch immer, verletzen die Geschäftsführer das Gebot zur Erhaltung des Stammkapitals (§ 30), schädigen also die Gesellschaft und verstoßen zugleich gegen gläubigerschützende Bestimmungen, sodass gegenüber beiden im Falle schuldhaften Handelns eine Schadensersatzpflicht eintritt. Daneben besteht der verschuldensunabhängige **Rückzahlungsanspruch** nach § 31 Abs. 1 sowie die **Ausfallhaftung** der übrigen Gesellschafter nach dessen Abs. 3, es sei denn, die Zahlung ist iSd § 31 Abs. 2 gutgläubig in Empfang genommen worden. § 31 Abs. 1 ist nicht nur anzuwenden, wenn das (herabgesetzte) Stammkapital verletzt wird, sondern auch – sei es unmittelbar (Baumbach/Hueck/*Zöllner*/*Kersting* Rn. 14) oder mittelbar bzw. entsprechend –, soweit die sonst nach §§ 58b, 58c gebundenen Beträge ausgeschüttet werden, weil es sich hierbei um die Zahlung nur bedingt aus der Bindung nach §§ 30, 31 entlassener Teile des satzungsmäßigen Stammkapitals handelt. 12

d) Sonstige Ansprüche der Gläubiger. Darüber hinaus wird die Auffassung vertreten, dass Gläubiger im Falle der Verletzung der Verwendungsbindung nach §§ 58b, c so zu behandeln sind, als wäre eine ordentliche Kapitalherabsetzung erfolgt, dh. sie können Befriedigung oder Sicherstellung innerhalb der Grenzen des § 58 verlangen, es sei denn, die Gesellschaft stellt eine §§ 58b, c entsprechende Situation wieder her (bejahend Scholz/*Priester*/*Tebben* Rn. 21; Baumbach/Hueck/*Zöllner*/*Kersting* Rn. 15; Rowedder/Schmidt-Leithoff/*Schnorbus* Rn. 14; aA MüKoGmbHG/*Vetter* Rn. 48; Lutter/Hommelhoff/*Kleindiek* Rn. 8). 13

Nichteintritt angenommener Verluste

58c **[1] Ergibt sich bei Aufstellung der Jahresbilanz für das Geschäftsjahr, in dem der Beschluß über die Kapitalherabsetzung gefaßt wurde, oder für eines der beiden folgenden Geschäftsjahre, daß Wertminderungen und sonstige Verluste in der bei der Beschlußfassung angenommenen Höhe tatsächlich nicht eingetreten oder ausgeglichen waren, so ist der Unterschiedsbetrag in die Kapitalrücklage einzustellen. [2] Für einen nach Satz 1 in die Kapitalrücklage eingestellten Betrag gilt § 58b Abs. 3 sinngemäß.**

I. Allgemeines

Die vereinfachte Kapitalherabsetzung nach § 58a Abs. 1, Abs. 2 ist nicht nur bei bereits endgültig eingetretenen, sondern auch bei drohenden Verlusten möglich. Die Vorschrift trägt insoweit dem Umstand Rechnung, dass je nach Lage der Dinge Verluste, die zur Vornahme der vereinfachten Kapitalherabsetzung nach § 58a Abs. 1, Abs. 2 berechtigen, entweder von vornherein zu Unrecht angenommen wurden oder zum Zeitpunkt des Beschlusses über die vereinfachte Kapitalherabsetzung zwar konkret drohten, sodass eine Rückstellung gebildet werden durfte, bilanziell gesehen also eingetreten waren, ggf. aber nicht endgültig eintreten und die gebildete Rückstellung wieder aufzulösen ist. Die vereinfachte Kapitalherabsetzung ist gleichwohl wirksam geworden. Die gesetzgeberische Wertung geht dahin, es bei der erfolgten Kapitalherabsetzung zu belassen, diese somit nicht rückgängig zu machen, die daraus „frei" gewordenen Beträge aber in Ergänzung zu § 58b Abs. 3 einer Bindung zu unterwerfen. 1

II. Einzelerläuterung

1. Nichteintritt von Verlusten. Die Vorschrift knüpft an diejenigen Verluste bzw. Drohverluste an, die in der Jahresbilanz, Zwischenbilanz oder sonst erfolgten überschlägigen Ermittlung herangezogen wurden, um den Umfang der Kapitalherabsetzung zu ermitteln bzw. zu begründen. Treten diese Verluste nicht oder nicht in der erwarteten Höhe ein, ist der Unterschiedsbetrag in die Kapitalrücklage (§ 266 Abs. 3 A II HGB) einzustellen und ebenso wie der nach § 58b Abs. 2 zugeführte Betrag – gesondert auszuweisen. 2

Nicht eindeutig geregelt ist, ob stattdessen eingetretene andere Verluste mit den ursprünglich angenommenen Verlusten austauschbar bzw. kompensierbar sind (so Rowedder/Schmidt-Leithoff/*Schnorbus* Rn. 2). Für eine solche Betrachtung spricht, dass die Gesellschafter aufgrund der tatsächlich eingetretenen anderweitigen Verluste wiederum zur Vornahme einer vereinfachten Kapitalherabsetzung berechtigt wären. 3

4 Entscheidend ist die nach den bilanzrechtlichen Vorschriften erforderliche Bemessung, wobei die Gesellschaft ein ihr zustehendes bilanzielles Bewertungsermessen (§ 280 Abs. 2 HGB) auch für Zwecke des § 58c nutzen kann (Baumbach/Hueck/*Kersting* Rn. 4, Lutter/Hommelhoff/*Kleindiek* Rn. 5).

5 **2. Zeitpunkt.** Die Vorschrift erfasst die Jahresbilanz für dasjenige Geschäftsjahr, in welchem der Beschluss über die Kapitalherabsetzung gefasst wurde, sowie die Jahresbilanz der beiden folgenden Geschäftsjahre.

6 **3. Rechtsfolgen.** Der Unterschiedsbetrag unterliegt der Kapitalbindung nach § 58b Abs. 3. Er ist gesondert auszuweisen. Verstößt die Gesellschaft hiergegen, gelten die gleichen Rechtsfolgen, die sich bei einem Verstoß gegen § 58b Abs. 3 ergeben (→ § 58b Rn. 9 ff.).

Gewinnausschüttung

58d (1) [1]**Gewinn darf vor Ablauf des fünften nach der Beschlußfassung über die Kapitalherabsetzung beginnenden Geschäftsjahrs nur ausgeschüttet werden, wenn die Kapital- und Gewinnrücklagen zusammen zehn vom Hundert des Stammkapitals erreichen.** [2]**Als Stammkapital gilt dabei der Nennbetrag, der sich durch die Herabsetzung ergibt, mindestens aber der nach § 5 Abs. 1 zulässige Mindestnennbetrag.**

(2) [1]**Die Zahlung eines Gewinnanteils von mehr als vier vom Hundert ist erst für ein Geschäftsjahr zulässig, das später als zwei Jahre nach der Beschlußfassung über die Kapitalherabsetzung beginnt.** [2]**Dies gilt nicht, wenn die Gläubiger, deren Forderungen vor der Bekanntmachung der Eintragung des Beschlusses begründet worden waren, befriedigt oder sichergestellt sind, soweit sie sich binnen sechs Monaten nach der Bekanntmachung des Jahresabschlusses, auf Grund dessen die Gewinnverteilung beschlossen ist, zu diesem Zweck gemeldet haben.** [3]**Einer Sicherstellung der Gläubiger bedarf es nicht, die im Fall des Insolvenzverfahrens ein Recht auf vorzugsweise Befriedigung aus einer Deckungsmasse haben, die nach gesetzlicher Vorschrift zu ihrem Schutz errichtet und staatlich überwacht ist.** [4]**Die Gläubiger sind in der Bekanntmachung nach § 325 Abs. 2 des Handelsgesetzbuchs auf die Befriedigung oder Sicherstellung hinzuweisen.**

Übersicht

I. Allgemeines

1 Die Vorschrift bezweckt die Stärkung der zuvor durch Verluste geschmälerten Substanz der Gesellschaft. Die mit der Kapitalherabsetzung ermöglichte Ausschüttung künftiger Gewinne, die vor der Herabsetzung des Kapitals aufgrund der sich aus §§ 30, 31 ergebenden Hürden nicht möglich gewesen wäre, wird zugunsten einer – allerdings bescheidenen – Rücklagenbildung beschränkt. Der Nutzen der Vorschrift ist deshalb begrenzt (krit. auch Baumbach/Hueck/*Zöllner/Kersting* Rn. 1, 2; Roth/Altmeppen/*Roth* Rn. 1; UHL/*Casper* Rn. 3; MüKoGmbHG/*Vetter* Rn. 4).

II. Einzelerläuterung

2 **1. Rücklagenauffüllung.** Nach Abs. 1 S. 1 sind die Kapital- und Gewinnrücklagen soweit aufzufüllen, dass sie 10 % des Stammkapitals erreichen. Stammkapital ist nach Abs. 1 S. 2 das herabgesetzte Stammkapital, mindestens aber der nach § 5 Abs. 1 zulässige Mindestnennbetrag. Allerdings sind die Gesellschafter nicht gehalten, aus zwischenzeitlich entstandenen Gewinnen die Kapital- und Gewinnrücklagen tatsächlich zu dotieren. Die Vorschrift beschränkt sich darauf, die Einstellung entsprechender Beträge in die Kapital- und Gewinnrücklagen zur Voraussetzung der darüber hinausgehenden Ausschüttung von Gewinnen zu erklären, enthält aber kein Dotierungsgebot.

3 **2. Gewinnausschüttung.** Die Vorschrift betrifft sowohl echte Gewinnausschüttungen einschließlich der Gewinnabführung aufgrund eines Gewinnabführungsvertrages (Baumbach/Hueck/*Zöllner/Kersting* Rn. 4) als auch verdeckte Gewinnausschüttungen, nicht jedoch die Erfüllung sonstiger gewinnabhängiger schuldrechtlicher Verpflichtungen, beispielsweise aus Gewinnschuldverschreibungen (Baumbach/Hueck/*Zöllner/Kersting* Rn. 4).

Die Gewinnausschüttung kann vorgenommen werden, sobald den Erfordernissen des Abs. 1 S. 1 genügt ist. Ein- und derselbe Jahresabschluss kann sowohl die Rücklagen entsprechend Abs. 1 S. 1 dotieren als auch als Grundlage für die Ausschüttung des darüber hinausgehenden Gewinns dienen. Die Vorschrift bezweckt den Schutz der **Gläubigerinteressen,** sodass sie – jedenfalls entsprechend – heranzuziehen ist, wenn während des durch Abs. 1 S. 1 umrissenen Zeitraums die einmal aufgefüllten Kapital- und Gewinnrücklagen wieder unter 10 % des Stammkapitals herabsinken. Vor einer erneuten Gewinnausschüttung sind die Rücklagen dann abermals zu dotieren (so zutr. MHLS/*Waldner* Rn. 4; Scholz/*Priester/Tebben* Rn. 7; aA Rowedder/Schmidt-Leithoff/*Schnorbus* Rn. 4). 4

3. Zeitlicher Beginn der Ausschüttungsbeschränkung. Sowohl dem Wortlaut der Bestimmung zufolge als auch nach ihrem Sinn und Zweck tritt die Beschränkung der Ausschüttung mit dem Beschluss über die Kapitalherabsetzung in Kraft (zutr. MHLS/*Waldner* Rn. 5; Lutter/Hommelhoff/*Kleindiek* Rn. 2; MüKoGmbHG/*Vetter* Rn. 19; nunmehr auch Scholz/*Priester/Tebben* Rn. 4; aA Rowedder/Schmidt-Leithoff/*Schnorbus* Rn. 5). Richtig wird außerdem darauf hingewiesen, dass die Gesellschaft zumindest widersprüchlich handelt, wenn sie einerseits das Stammkapital herabsetzt, um eine Unterbilanz auszugleichen, andererseits aber noch zuvor erwirtschafteten Gewinn verteilt (Baumbach/Hueck/*Zöllner/Kersting* Rn. 5). Die Ausschüttungsbeschränkung endet mit Ablauf des fünften nach der Beschlussfassung über die Kapitalherabsetzung beginnenden Geschäftsjahres. Die Frist stimmt mit derjenigen für die Bindung der Kapitalrücklage nach § 58b Abs. 3 und § 58c S. 2 überein. Abzustellen ist nicht auf den Auszahlungszeitpunkt oder den Zeitpunkt des Gewinnverwendungsbeschlusses, sondern auf die der Gewinnauszahlung zugrunde gelegte Ertragsperiode (Baumbach/Hueck/*Zöllner/Kersting* Rn. 6; Rowedder/Schmidt-Leithoff/*Schnorbus* Rn. 5; aA MHLS/*Waldner* Rn. 5, der auf den Ausschüttungsvorgang als solchen abstellt). 5

4. Beschränkung der Ausschüttungshöhe. Aus Abs. 2 der Vorschrift folgt eine weitere Beschränkung der Ausschüttungshöhe, nämlich eine solche auf 4 % des jeweils zum Bilanzstichtag vorhandenen Stammkapitals. Diese Ausschüttungssperre besteht nicht mehr für die Geschäftsjahre, die später als zwei Jahre nach der Beschlussfassung über die Kapitalherabsetzung beginnen. Auch hier beginnt die Beschränkung mit dem Zeitpunkt der Beschlussfassung über die Kapitalherabsetzung (Lutter/Hommelhoff/*Kleindiek* Rn. 7; Baumbach/Hueck/*Zöllner/Kersting* Rn. 8). 6

Die Gesellschafter können die Beschränkung der Ausschüttungshöhe allerdings überwinden, indem sie die Gläubiger der Gesellschaft nach Maßgabe von Abs. 2 S. 2–4 befriedigen oder die Bedienung ihrer Ansprüche sicherstellen. 7

Zu dem Kreis der zu befriedigenden oder sicherzustellenden Gläubiger gehören diejenigen Gläubiger, die zum Zeitpunkt der Bekanntmachung der Eintragung der vereinfachten Kapitalherabsetzung im Handelsregister Inhaber einer begründeten Forderung waren. **Bekanntgemacht** ist die Eintragung der vereinfachten Kapitalherabsetzung mit Ablauf des Tages, an welchem das letzte der die Bekanntmachung enthaltenden Blätter erschienen ist, sodass die Gläubiger, die an diesem Tage noch eine Forderung gegen die Gesellschaft erworben haben, erfasst werden. Auf eine konkrete Kenntnis der Gläubiger von der Kapitalherabsetzung kommt es nicht an. 8

Der Kreis der Gläubiger reduziert sich weiter dadurch, dass von den in Betracht kommenden Gläubigern nur solche zu befriedigen oder sicherzustellen sind, die sich binnen einer Frist von sechs Monaten nach der Bekanntmachung desjenigen Jahresabschlusses, aufgrund dessen die Gewinnverteilung beschlossen werden soll, zu diesem Zweck bei der Gesellschaft gemeldet haben. Für die Bekanntmachung des Jahresabschlusses gilt § 325 Abs. 1 S. 2, Abs. 2 HGB. 9

Ebenso wie im Zusammenhang mit § 58 Abs. 1 Nr. 1 gilt das Befriedigungs- oder Sicherstellungserfordernis nach Abs. 2 S. 2 nur für solche Gläubiger, die noch nicht hinreichend sichergestellt sind. Eine hinreichende Sicherstellung kann beispielsweise für Gläubiger angenommen werden, die über eine Bürgschaft einer europäischen Großbank oder eines öffentlichen Kreditinstituts verfügen. 10

Nicht ausdrücklich in Abs. 2 S. 2 gesagt, dem Sinn und Zweck der Vorschrift zufolge aber anzunehmen ist, dass eine Gewinnverteilung (Auszahlung von Gewinn) an die Gesellschafter erst nach Ablauf der Sechs-Monats-Frist und der Befriedigung oder Sicherstellung derjenigen Gläubiger, die sich gemeldet haben, zulässig ist. Ist die Gesellschaft nicht in der Lage, alle Gläubiger, die sich gemeldet haben, zu befriedigen oder sicherzustellen, kann von der beabsichtigten Gewinnausschüttung Abstand genommen und diese auf 4 % des Stammkapitals reduziert werden (Baumbach/Hueck/*Zöllner/Kersting* Rn. 15; Lutter/Hommelhoff/*Kleindiek* Rn. 12). 11

5. Rechtsfolgen eines Verstoßes gegen Abs. 1 und Abs. 2. Beschließen die Gesellschafter unter Verstoß gegen Abs. 1, so ist der Beschluss entsprechend § 241 Nr. 3 AktG **nichtig** (Scholz/*Priester/Tebben* Rn. 12; Rowedder/Schmidt-Leithoff/*Schnorbus* Rn. 12; Baumbach/Hueck/*Zöllner/Kersting* Rn. 16). Weniger einfach ist die Rechtsfolge eines gegen Abs. 2 verstoßenden Beschlusses zu beurteilen. Es ist zu differenzieren. Wird der Beschluss gefasst, bevor die Voraussetzungen für eine 4 % des Stammkapitals übersteigende Gewinnausschüttung gegeben sind, ist der Beschluss nichtig. Dies gilt jedoch ausnahmsweise nicht, wenn der Beschluss unter der aufschiebenden Bedingung gefasst wird, dass die 12 gesetzlichen Voraussetzungen vorliegen müssen und bis zu diesem Zeitpunkt nur eine Ausschüttung von 4 % bezogen auf das Stammkapital zulässt.

13 Zahlungen, die gegen Abs. 1 und/oder Abs. 2 verstoßen, werden von §§ 30, 31 nicht erfasst, die Gesellschafter sind jedoch gem. § 812 Abs. 1 S. 1 BGB zur Rückzahlung bezogener Gewinne verpflichtet (Baumbach/Hueck/*Zöllner/Kersting* Rn. 17). Daneben kommt eine Haftung der Gesellschafter gegenüber der Gesellschaft nach § 823 Abs. 2 BGB, § 826 BGB in Betracht. Die Geschäftsführer unterliegen einer Haftung nach § 43 Abs. 2 gegenüber der Gesellschaft.

Beschluss über die Kapitalherabsetzung

58e (1) [1] **Im Jahresabschluß für das letzte vor der Beschlußfassung über die Kapitalherabsetzung abgelaufene Geschäftsjahr können das Stammkapital sowie die Kapital- und Gewinnrücklagen in der Höhe ausgewiesen werden, in der sie nach der Kapitalherabsetzung bestehen sollen.** [2] **Dies gilt nicht, wenn der Jahresabschluß anders als durch Beschluß der Gesellschafter festgestellt wird.**

(2) **Der Beschluß über die Feststellung des Jahresabschlusses soll zugleich mit dem Beschluß über die Kapitalherabsetzung gefaßt werden.**

(3) [1] **Die Beschlüsse sind nichtig, wenn der Beschluß über die Kapitalherabsetzung nicht binnen drei Monaten nach der Beschlußfassung in das Handelsregister eingetragen worden ist.** [2] **Der Lauf der Frist ist gehemmt, solange eine Anfechtungs- oder Nichtigkeitsklage rechtshängig ist.**

(4) **Der Jahresabschluß darf nach § 325 des Handelsgesetzbuchs erst nach Eintragung des Beschlusses über die Kapitalherabsetzung offengelegt werden.**

Übersicht

I. Allgemeines

1 Die Vorschrift erlaubt den Gesellschaftern, die Kapitalherabsetzung bezogen auf die Bilanzpositionen Stammkapital und Rücklagen rückwirkend bilanziell zu vollziehen. Auf diese Weise soll die Gesellschaft in den Stand versetzt werden, die Offenlegung einer Verlustbilanz zu vermeiden. Ihre Sanierungsbemühungen sollen erleichtert werden (BT-Drs. 12/3803, 89; OLG Düsseldorf 25.6.1981, ZIP 1981, 856). Allerdings wird dieses Ziel allenfalls eingeschränkt erreicht, da der eingetretene Verlust aus der Gewinn- und Verlustrechnung, deren Regeln für das betreffende Geschäftsjahr unverändert bleiben, erkennbar ist (zutr. Lutter/Hommelhoff/*Kleindiek* Rn. 1).

II. Einzelerläuterung

2 **1. Geschäftsjahr.** Abs. 1 der Vorschrift erlaubt den Gesellschaftern eine **Durchbrechung des Stichtagsprinzips** (§ 252 S. 1 Nr. 3 HGB) nur für das letzte vor der Beschlussfassung über die Kapitalherabsetzung abgelaufene Geschäftsjahr, nicht für davorliegende Geschäftsjahre (Baumbach/Hueck/*Zöllner/Kersting* Rn. 3). Damit stellt sich die Frage, welche Konsequenzen entstehen, wenn die Kapitalherabsetzung im Jahr der Beschlussfassung nicht mehr eingetragen wird. Eine solche Konstellation ist sowohl in den Fällen denkbar, in denen der Beschluss über die Kapitalherabsetzung (zulässigerweise) erst nach dem 1.10. erfolgt und erst im Folgejahr innerhalb der Frist von Abs. 3 eingetragen wird, sodass der Beschluss nicht nichtig ist, als auch in den Fällen, in denen der Beschluss mit der Anfechtungs- oder Nichtigkeitsklage angefochten oder eine zur Kapitalherabsetzung beantragte staatliche Genehmigung nicht rechtzeitig erteilt wird. Nach ganz überwA (UHL/*Casper* Rn. 4; Lutter/Hommelhoff/*Kleindiek* Rn. 10; Baumbach/Hueck/*Zöllner/Kersting* Rn. 3) ist die Vorschrift nicht einschränkend, sondern erweiternd dahingehend zu interpretieren, dass die rückwirkende Bilanzgestaltung auch dann zulässig ist, wenn die Kapitalherabsetzung erst in dem der Beschlussfassung folgenden Geschäftsjahr eingetragen wird. Darüber hinausgehend wird es für zulässig gehalten, in den Fällen, in denen von der Option des Abs. 1 kein Gebrauch gemacht werden soll, sich die Eintragung der Kapitalherabsetzung aber nicht mehr im Jahr der Beschlussfassung bewerkstelligen lässt, die Kapitalherabsetzung für das Jahr der Beschlussfassung bilanziell zu realisieren (Baumbach/Hueck/*Zöllner/Kersting* Rn. 4).

2. Feststellung durch Gesellschafterbeschluss. Die Option, die Kapitalherabsetzung hinsichtlich des Stammkapitals sowie der Kapital- und Gewinnrücklagen rückwirkend zu vollziehen, besteht nur, wenn der Jahresabschluss von den Gesellschaftern festgestellt wird. Dies ist bei der GmbH grundsätzlich der Fall (§ 46 Nr. 1). Dagegen ist in § 234 Abs. 2 S. 1 AktG für den Fall der rückwirkenden bilanziellen Vollziehung einer Kapitalherabsetzung von vornherein abweichend von der Regelzuständigkeit von Vorstand und Aufsichtsrat für die Feststellung des Jahresabschlusses vorgesehen, dass dieser durch die Hauptversammlung festgestellt wird. Weicht die Satzung einer GmbH also von § 46 Nr. 1 ab, indem die Zuständigkeit für die Feststellung des Jahresabschlusses beispielsweise dem Aufsichtsrat übertragen ist, bedarf es an sich für die rückwirkende Vollziehung der Kapitalherabsetzung einer Satzungsänderung, zumindest einer Satzungsdurchbrechung, die im Wesentlichen die Einhaltung der Vorschriften über die Satzungsänderung voraussetzt (→ § 53 Rn. 8 ff.). Der Vorschlag, § 234 Abs. 2 S. 1 AktG auf die GmbH entsprechend anzuwenden und für den Fall der rückwirkenden Vollziehung einer Kapitalherabsetzung stets die Zuständigkeit der Gesellschafterversammlung für den Beschluss über die Feststellung des Jahresabschlusses anzunehmen (Baumbach/Hueck/*Zöllner/Kersting* Rn. 5; abw. Roth/Altmeppen/*Roth* Rn. 4), erscheint zwar interessengerecht, ist aber – soweit ersichtlich – noch nicht Gegenstand höchstrichterlicher Rspr. gewesen, sodass angeraten werden muss, erforderlichenfalls zunächst eine Zuständigkeit der Gesellschafter durch Satzungsänderung herbeizuführen. 3

3. Reihenfolge der Beschlussfassung. Nach Abs. 2 der Vorschrift soll der Beschluss über die Feststellung des Jahresabschlusses **zugleich** mit dem Beschluss über die Kapitalherabsetzung gefasst werden. Unter „zugleich" ist nach allgA zu verstehen, dass die Beschlüsse in derselben Gesellschafterversammlung gefasst werden sollen. Die Vorschrift ist ihrem Wortlaut entsprechend Sollvorschrift, dh ein Verstoß gegen die Vorschrift führt nicht zur Fehlerhaftigkeit der Beschlüsse. Auch iÜ ist die Einhaltung einer bestimmten Reihenfolge bei der Beschlussfassung nicht zwingend. Es ist zwar selbstverständlich, dass der Beschluss über die Feststellung des die Kapitalherabsetzung bereits vollziehenden Jahresabschlusses voraussetzt, dass die Kapitalherabsetzung auch beschlossen wird. Es ist jedoch zulässig, den die Kapitalherabsetzung vollziehenden Feststellungsbeschluss ausdrücklich unter die aufschiebende Bedingung des Zustandekommens des Kapitalherabsetzungsbeschlusses selbst zu stellen. Desgleichen ist es denkbar, eine solche aufschiebende Bedingung als (konkludent) gestellt anzusehen. In beiden Fällen kann zeitlich gesehen der entsprechende Feststellungsbeschluss zuerst und der Kapitalherabsetzungsbeschluss anschließend gefasst werden, ohne dass die Beschlüsse unter einem Mangel leiden (UHL/*Casper* Rn. 7; Baumbach/Hueck/*Zöllner/Kersting* Rn. 6; Lutter/Hommelhoff/*Kleindiek* Rn. 5). 4

4. Fristgerechte Eintragung. Abs. 3 S. 1 der Vorschrift ordnet an, dass die Beschlüsse, also der Kapitalherabsetzungsbeschluss ebenso wie der Beschluss über die Feststellung des Jahresabschlusses, **nichtig** sind, wenn der Beschluss über die Kapitalherabsetzung nicht binnen drei Monaten nach der Beschlussfassung in das Handelsregister eingetragen worden ist. Die Frist beginnt an dem Tag, der der Beschlussfassung folgt (vgl. auch § 187 Abs. 2 BGB). Daraus ergibt sich, dass die Frist nach § 188 Abs. 2 Alt. 2 BGB an dem Tag endet, der durch seine Zahl dem Tag entspricht, welcher dem Tag des Fristbeginns vorhergeht. Da Abs. 3 S. 1 offenbar auf die Sollvorschrift des Abs. 2 – gleichzeitige Beschlussfassung – gemünzt ist, stellt sich die Frage, auf welchen Tag der Beschlussfassung es ankommt, wenn die Beschlüsse – zulässigerweise – an unterschiedlichen Tagen gefasst werden. Nach wohl allgA ist entsprechend dem Zweck des Abs. 2, ein Auseinanderfallen von der im Jahresabschluss vollzogenen Kapitalherabsetzung und der rechtlichen Wirksamkeit der Maßnahme zu verhindern, davon auszugehen, dass hinsichtlich des Beginns der Drei-Monats-Frist auf den zeitlich früher gefassten Beschluss abzustellen ist (Baumbach/Hueck/*Zöllner/Kersting* Rn. 8). 5

Die Drei-Monats-Frist ist gehemmt, solange eine Anfechtungs- oder Nichtigkeitsklage rechtshängig ist. Nicht klar gesagt ist in der Vorschrift, ob der Fristablauf nur dann gehemmt ist, wenn gegen beide Beschlüsse Anfechtungs- oder Nichtigkeitsklage erhoben ist. Werden die Beschlüsse in der gleichen Gesellschafterversammlung gefasst, werden im Zweifel beide Beschlüsse angegriffen. Zwingend ist die kombinierte Anfechtung aber nicht, und zwar schon deshalb nicht, weil die Beschlüsse eben auch zu unterschiedlichen Zeitpunkten gefasst werden können (→ Rn. 4). 6

Fristhemmung iSd Abs. 3 S. 2 der Vorschrift bedeutet, dass derjenige Zeitraum, binnen dessen eine Anfechtungs- oder Nichtigkeitsklage rechtshängig (vgl. § 261 Abs. 1 ZPO) ist, nicht mitzurechnen ist. Die Frist beginnt also nicht von vorne zu laufen, wenn die Anfechtungs- oder Nichtigkeitsklage nicht mehr rechtshängig ist; ein vor Rechtshängigkeit der Klage verstrichener Zeitraum ist zu berücksichtigen. Der Hemmungszeitraum endet in den Fällen der Klagerücknahme, des Prozessvergleichs und der Rechtskraft des Urteils. Fraglich ist, ob der Hemmungszeitraum unter den Voraussetzungen des § 270 Abs. 3 ZPO auch schon vor Zustellung an die Gesellschaft (vgl. § 253 Abs. 1 ZPO) beginnt (abl. Lutter/Hommelhoff/*Kleindiek* Rn. 7; Baumbach/Hueck/*Zöllner/Kersting* Rn. 9). 7

Wird die Kapitalherabsetzung nicht spätestens am letzten Tag der Frist in das Handelsregister eingetragen, sind grundsätzlich beide Beschlüsse **nichtig.** Auf den Zeitpunkt der Anmeldung kommt es nicht an. Auch kann die Frist nicht verlängert werden. Eine Wiedereinsetzung bei unverschuldeter Verspätung ist nicht möglich (Baumbach/Hueck/*Zöllner/Kersting* Rn. 11). Die Nichtigkeit betrifft zunächst den 8

Jahresabschluss, der mit den bezogen auf den Bilanzstichtag eigentlich unrichtigen Bilanzpositionen (Stammkapital, Kapital- und Gewinnrücklagen) nicht wirksam festgestellt ist. Fraglich ist dagegen, ob auch die Nichtigkeit des Kapitalherabsetzungsbeschlusses in jedem Falle anzunehmen ist. Zutreffend wird darauf hingewiesen, dass die rückwirkende Berücksichtigung der Kapitalherabsetzung zwar wünschenswert sein mag, jedoch auch unabhängig davon ein Interesse der Gesellschaft an der Durchführung der Kapitalherabsetzung bestehen kann (Baumbach/Hueck/*Zöllner/Kersting* Rn. 12). Deshalb tritt die Nichtigkeit des Kapitalherabsetzungsbeschlusses zumindest dann nicht ein, wenn die Gesellschafterversammlung ausdrücklich erklärt, den Kapitalherabsetzungsbeschluss auch unabhängig von seiner Berücksichtigung in der Bilanz für das vergangene Geschäftsjahr fassen zu wollen. Dass dies möglich sein muss, folgt bereits daraus, dass die Gesellschafter nicht gehindert wären, erneut und wirksam über die Herabsetzung des Stammkapitals beschließen.

9 Trägt der Registerrichter den nichtigen Kapitalherabsetzungsbeschluss gleichwohl (versehentlich) ein, kommt entsprechend § 242 Abs. 3, Abs. 2 AktG die **Heilung** nach Ablauf der Drei-Jahres-Frist in Betracht. Eine Amtslöschung nach § 398 FamFG findet nicht statt. Nach allgA führt die Heilung des Kapitalherabsetzungsbeschlusses auch zur Heilung des nichtigen Jahresabschlusses (Scholz/*Priester/Tebben* Rn. 14; Baumbach/Hueck/*Zöllner/Kersting* Rn. 14; Roth/Altmeppen/*Roth* Rn. 9).

10 **5. Offenlegungssperre.** Die Offenlegung des Jahresabschlusses ist erst nach Eintragung des Kapitalherabsetzungsbeschlusses erlaubt (Abs. 4). Ein Bedürfnis hierfür ergibt sich aus der in Abs. 3 angedrohten Nichtigkeitsfolge im Falle nicht rechtzeitiger Eintragung des Kapitalherabsetzungsbeschlusses. Würde schon vor dessen Eintragung der Jahresabschluss offengelegt, bestünde die Gefahr, dass ein möglicherweise nichtiger Jahresabschluss Grundlage der Disposition von Gläubigern der Gesellschaft wird.

11 Aus Abs. 4 folgt weiter, dass der Jahresabschluss und alle sonstigen Unterlagen nicht zum Handelsregister eingereicht werden müssen, bis die Kapitalherabsetzung in das Handelsregister eingetragen ist. Dementsprechend erfolgt auch **keine Veröffentlichung.** Auch die Bilanzoffenlegung kleiner Kapitalgesellschaften (§ 326 HGB) ist von der Offenlegungssperre betroffen, da § 326 BGB letztlich nur einen besonderen Fall des § 325 HGB regelt (richtig Baumbach/Hueck/*Zöllner/Kersting* Rn. 16). Nach Eintragung der Kapitalherabsetzung in das Handelsregister ist die Offenlegung nach Maßgabe der §§ 325, 326 HGB vorzunehmen.

12 Verstoßen die Geschäftsführer gegen Abs. 4, kommt eine Schadensersatzpflicht gegenüber Dritten in Betracht, wenn man Abs. 4 als Schutzgesetz iSd § 823 Abs. 2 BGB auffassen will. Die Voraussetzungen eines solchen Anspruches dürften aber nur ausnahmsweise gegeben sein.

Kapitalherabsetzung bei gleichzeitiger Erhöhung des Stammkapitals

58f (1) [1] **Wird im Fall des § 58e zugleich mit der Kapitalherabsetzung eine Erhöhung des Stammkapitals beschlossen, so kann auch die Kapitalerhöhung in dem Jahresabschluß als vollzogen berücksichtigt werden.** [2] **Die Beschlussfassung ist nur zulässig, wenn die neuen Geschäftsanteile übernommen, keine Sacheinlagen festgesetzt sind und wenn auf jeden neuen Geschäftsanteil die Einzahlung geleistet ist, die nach § 56a zur Zeit der Anmeldung der Kapitalerhöhung bewirkt sein muss.** [3] **Die Übernahme und die Einzahlung sind dem Notar nachzuweisen, der den Beschluß über die Erhöhung des Stammkapitals beurkundet.**

(2) [1] **Sämtliche Beschlüsse sind nichtig, wenn die Beschlüsse über die Kapitalherabsetzung und die Kapitalerhöhung nicht binnen drei Monaten nach der Beschlußfassung in das Handelsregister eingetragen worden sind.** [2] **Der Lauf der Frist ist gehemmt, solange eine Anfechtungs- oder Nichtigkeitsklage rechtshängig ist.** [3] **Die Beschlüsse sollen nur zusammen in das Handelsregister eingetragen werden.**

(3) **Der Jahresabschluß darf nach § 325 des Handelsgesetzbuchs erst offengelegt werden, nachdem die Beschlüsse über die Kapitalherabsetzung und Kapitalerhöhung eingetragen worden sind.**

Übersicht

I. Allgemeines

1 Die Vorschrift betrifft die Fallgestaltung, in welcher Kapitalherabsetzung und Kapitalerhöhung miteinander kombiniert werden. Sie lässt aus den gleichen Gründen, die für die Regelungen in § 58e maßgebend sind, auch bei kombinierter Kapitalherabsetzung und Kapitalerhöhung die rückwirkende Berücksichtigung beider Kapitalmaßnahmen im Jahresabschluss der Gesellschaft unter den in der Vorschrift genannten Voraussetzungen zu.

2 Die Vorschrift hat allein Auswirkungen auf die Bilanz, indem sie bezogen auf die Bilanzpositionen Stammkapital sowie Kapital- und Gewinnrücklagen das **Stichtagsprinzip durchbricht.** Die Besonderheit bei der Kombination von Kapitalherabsetzung und Kapitalerhöhung besteht darin, dass auch die Aktivseite rückwirkend geändert wird (geleistete Einzahlungen auf das Stammkapital, ausstehende Einlagen, im Falle der Vereinbarung eines Agios entsprechende Berücksichtigung auch auf der Passivseite).

II. Einzelerläuterung

3 **1. Bezugnahme auf die Fälle des § 58e. a) Einhaltung der Voraussetzungen des § 58e.** Die Vorschrift bezieht sich auf die Fälle des § 58e. Daraus ergibt sich, dass die Voraussetzungen einer Kapitalherabsetzung nach § 58e auch bei der kombinierten Beschlussfassung von Kapitalherabsetzung und Kapitalerhöhung vorliegen müssen, insbesondere, dass der Jahresabschluss durch die Gesellschafter festgestellt sein muss.

4 **b) Optionen der Gesellschafter.** Ebenso wie in den Fällen des § 58e ist die rückwirkende bilanzielle Vollziehung erlaubt, aber nicht zwingend. Auch steht es den Gesellschaftern frei, zwar hinsichtlich der Kapitalherabsetzung die rückwirkende Vollziehung zu beschließen, die Kapitalerhöhung aber nicht rückwirkend zu vollziehen. Lediglich die umgekehrte Konstellation – rückwirkende Vollziehung der Kapitalerhöhung, keine rückwirkende Vollziehung der Kapitalherabsetzung – ist denklogisch ausgeschlossen, weil die Kapitalerhöhung auf der Kapitalherabsetzung aufbaut (Baumbach/Hueck/*Zöllner*/*Kersting* Rn. 3). Daraus ergeben sich drei zulässige Gestaltungsvarianten: Entweder werden Kapitalherabsetzung und Kapitalerhöhung zurückbezogen oder jede Rückbeziehung unterbleibt oder es wird nur die Kapitalherabsetzung zurückbezogen. Entsprechend den Überlegungen zu § 58e (→ § 58e Rn. 2) ist der rückwirkende Vollzug für das zum Zeitpunkt der Beschlussfassung über die Kapitalherabsetzung und die Kapitalerhöhung zurückliegende Geschäftsjahr auch dann zulässig, wenn die Kapitalherabsetzung und die Kapitalerhöhung nicht mehr im Geschäftsjahr der Beschlussfassung, sondern im darauffolgenden Geschäftsjahr eingetragen werden. Das Stichtagsprinzip wird dann zweimalig durchbrochen.

5 **2. Zusätzlich zu beachtende Voraussetzungen. a) Gleichzeitige Beschlussfassung?** Nach Abs. 1 ist über Kapitalherabsetzung und Kapitalerhöhung gleichzeitig zu beschließen, die Regelung ist – anders als in § 58e Abs. 2 – nicht als Sollvorschrift formuliert, sodass nach verbreiteter Auffassung eine abweichende Vorgehensweise nicht zulässig ist (vgl. Scholz/*Priester*/*Tebben* Rn. 6; Roth/Altmeppen/*Roth* Rn. 4; aA Baumbach/Hueck/*Zöllner*/*Kersting* Rn. 6, die diese wohl überwA mit beachtlichen Argumenten kritisieren; der Praxis muss jedoch empfohlen werden, vorsorglich den Wortlaut der Vorschrift zu beachten). Aus der Bezugnahme auf § 58e ergibt sich, dass außerdem der Jahresabschluss gleichzeitig festgestellt werden muss (→ Rn. 3).

6 **b) Barkapitalerhöhung.** Die Kapitalerhöhung ist nur in der Form der Barkapitalerhöhung zulässig. Entscheiden sich die Gesellschafter für eine Sachkapitalerhöhung, ist ein rückwirkender Vollzug nicht möglich.

7 **c) Übernahme der Geschäftsanteile.** Weitere Voraussetzung der Zulässigkeit der Beschlussfassung ist nach Abs. 1 S. 2, dass die aus der Kapitalerhöhung stammenden Geschäftsanteile übernommen und darauf die Einzahlung geleistet ist, die nach § 56a zur Zeit der Anmeldung der Kapitalerhöhung bewirkt sein muss. Es muss also die nach § 7 Abs. 2 S. 1 erforderliche Mindesteinzahlung von 1/4 des Nennbetrages der Geschäftsanteile geleistet werden. Umstritten ist, ob die Übernahmeverträge vor der Beschlussfassung über die Kapitalerhöhung geschlossen werden müssen. Der Wortlaut der Vorschrift legt dies nahe und die wohl uberwA hält diesen Wortlaut für entscheidend (vgl. Roth/Altmeppen/*Roth* Rn. 6; Scholz/*Priester*/*Tebben* Rn. 7; Lutter/Hommelhoff/*Kleindiek* Rn. 6). Diese überwA ist folgerichtig, wenn man davon ausgeht, dass alle drei Beschlüsse – Kapitalherabsetzung, Kapitalerhöhung und Feststellung des Jahresabschlusses – in der gleichen Gesellschafterversammlung gefasst werden müssen (→ Rn. 5). Gegen diese ausschließlich am Wortlaut und nicht an Sinn und Zweck der Regelung orientierte Auslegung wenden sich Baumbach/Hueck/*Zöllner*/*Kersting* Rn. 9 mit beachtlichen Argumenten. Auf der Basis der Auslegung, die die hA vornimmt, muss der Praxis gleichwohl vorsorglich

geraten werden, die in Rede stehenden Beschlüsse gleichzeitig zu fassen, sodass zu diesem Zeitpunkt auch die Übernahmeverträge geschlossen sein müssen. Allerdings besteht insoweit Spielraum, als es ausreichend ist, dass die Übernahmeverträge erst vor dem Beschluss über die Feststellung des Jahresabschlusses, dann aber auf der Basis dieser Auffassung in jedem Fall, vorliegen müssen. Gleiches gilt für die Leistung der Mindesteinlagen.

8 **d) Nachweis.** Die Übernahme der Geschäftsanteile und die Leistung der Mindesteinlagen sind nach Abs. 1 S. 3 dem Notar, der den Beschluss über die Erhöhung des Stammkapitals beurkundet, nachzuweisen. Zutreffend wird darauf hingewiesen, dass die Initiative des Nachweises von den Gesellschaftern ausgehen muss, da der Notar, der die Kapitalerhöhung beurkundet, nicht ohne Weiteres davon ausgehen kann, dass die rückwirkende Vollziehung von Kapitalherabsetzung und Kapitalerhöhung beabsichtigt ist (Baumbach/Hueck/*Zöllner/Kersting* Rn. 11). Die Vorlage der Nachweise ist vom Notar zu beurkunden.

9 **e) Verstöße gegen Abs. 1.** Der Beschluss über die Feststellung des Jahresabschlusses, der die Kapitalerhöhung rückwirkend bilanziell berücksichtigt, ist nichtig, sofern die Voraussetzungen des Abs. 1 S. 2 nicht vorliegen. Davon zu unterscheiden ist die Frage, ob auch die Beschlüsse über die Kapitalherabsetzung und die Kapitalerhöhung nichtig sind. Zumindest in den Fällen, in denen die Gesellschafter ausdrücklich erklären, dass die Beschlüsse auch unabhängig von der Frage der Berücksichtigung im Jahresabschluss für das vergangene Geschäftsjahr gefasst werden sollen, tritt keine Nichtigkeitsfolge ein.

10 **3. Fristgerechte Eintragung.** Nach Abs. 2 S. 1 der Vorschrift sind sämtliche Beschlüsse nichtig, wenn die Beschlüsse über die Kapitalherabsetzung und die Kapitalerhöhung nicht binnen drei Monaten nach der Beschlussfassung in das Handelsregister eingetragen worden sind. Fristbeginn, Fristende, Fristwahrung und Hemmung des Laufes dieser Frist sind wie bei § 58e zu bestimmen. Auch bei kombinierter Kapitalherabsetzung und Kapitalerhöhung gilt, dass nur hinsichtlich des Beschlusses über die Feststellung des Jahresabschlusses die Nichtigkeitsfolge zwingend eintritt, während hinsichtlich der Beschlüsse über die Kapitalerhöhung und die Kapitalherabsetzung die Gesellschafter zum Ausdruck bringen können, dass der jeweilige Beschluss oder beide Beschlüsse auch unabhängig von der Möglichkeit der rückwirkenden Beziehung gelten sollen; in diesem Falle sind der oder die betreffenden Beschlüsse in jedem Falle wirksam.

11 Darüber hinausgehend ist zu überlegen, inwieweit allein der Umstand, dass Übernahmeverträge geschlossen und Leistungen auf die übernommenen Geschäftsanteile erbracht worden sind, hinreichend zum Ausdruck bringt, dass die Kapitalerhöhung und damit naturgemäß auch die Kapitalherabsetzung unabhängig von der Möglichkeit der rückwirkenden Vollziehung im Jahresabschluss für das vergangene Geschäftsjahr gewollt sind, sodass Rechtsfolge des Fristversäumnisses stets nur die Nichtigkeit des Jahresabschlusses ist (idS tendenziell Baumbach/Hueck/*Zöllner/Kersting* Rn. 13; dieser Auffassung ist zuzustimmen).

12 Sofern der Registerrichter die Beschlüsse auch dann einträgt, wenn die Frist versäumt ist, kommt eine Heilung entsprechend § 242 Abs. 3, Abs. 2 AktG nach Ablauf von drei Jahren in Betracht.

13 **4. Offenlegungssperre.** Die Ausführungen zur Offenlegungssperre nach § 58e Abs. 4 (→ § 58e Rn. 10 ff.) gelten entsprechend.

14 **5. Gleichzeitige Eintragung.** Abs. 2 S. 3 sieht vor, dass die Beschlüsse über Kapitalherabsetzung und Kapitalerhöhung gemeinsam eingetragen werden sollen. Dies ist grundsätzlich sinnvoll, da die Eintragung nur eines Beschlusses (zuerst müsste ohnehin stets der Kapitalherabsetzungsbeschluss eingetragen werden, weil der Kapitalerhöhungsbeschluss darauf aufbaut) das Risiko beinhaltet, dass im Falle der nichtrechtzeitigen Eintragung des anderen Beschlusses (Frist!) der bereits eingetragene Beschluss nichtig wird. Problematisch ist insoweit, dass der Registerrichter nicht ohne Weiteres erkennen kann, ob eine kombinierte Kapitalherabsetzung und Kapitalerhöhung sowie die Ausübung der Option der rückwirkenden Vollziehung im Jahresabschluss für das vergangene Geschäftsjahr gewollt sind und auch nicht notwendigerweise danach fragt. Der Praxis ist auch vor diesem Hintergrund zu empfehlen, die Beschlüsse über Kapitalherabsetzung und Kapitalerhöhung nicht nur gleichzeitig zu fassen, sondern zudem gleichzeitig anzumelden und in der Anmeldung darauf hinzuweisen, dass die Inanspruchnahme der Option nach Abs. 1 gewünscht ist. Dieser Hinweis ist vor allem auch deshalb erforderlich, weil der Beschluss über die Feststellung des Jahresabschlusses für das vergangene Geschäftsjahr, aus welchem der Registerrichter die Absicht der Gesellschafter ersehen könnte, weder beurkundet noch zum Handelsregister eingereicht werden muss.

(weggefallen)

59

Abschnitt 5. Auflösung und Nichtigkeit der Gesellschaft

Auflösungsgründe

60 (1) **Die Gesellschaft mit beschränkter Haftung wird aufgelöst:**
1. **durch Ablauf der im Gesellschaftsvertrag bestimmten Zeit;**
2. **durch Beschluß der Gesellschafter; derselbe bedarf, sofern im Gesellschaftsvertrag nicht ein anderes bestimmt ist, einer Mehrheit von drei Vierteilen der abgegebenen Stimmen;**
3. **durch gerichtliches Urteil oder durch Entscheidung des Verwaltungsgerichts oder der Verwaltungsbehörde in den Fällen der §§ 61 und 62;**
4. **durch die Eröffnung des Insolvenzverfahrens; wird das Verfahren auf Antrag des Schuldners eingestellt oder nach der Bestätigung eines Insolvenzplans, der den Fortbestand der Gesellschaft vorsieht, aufgehoben, so können die Gesellschafter die Fortsetzung der Gesellschaft beschließen;**
5. **mit der Rechtskraft des Beschlusses, durch den die Eröffnung des Insolvenzverfahrens mangels Masse abgelehnt worden ist;**
6. **mit der Rechtskraft einer Verfügung des Registergerichts, durch welche nach § 399 des Gesetzes über das Verfahren in Familiensachen und in den Angelegenheiten der freiwilligen Gerichtsbarkeit ein Mangel des Gesellschaftsvertrags festgestellt worden ist;**
7. **durch die Löschung der Gesellschaft wegen Vermögenslosigkeit nach § 394 des Gesetzes über das Verfahren in Familiensachen und in den Angelegenheiten der freiwilligen Gerichtsbarkeit.**

(2) **Im Gesellschaftsvertrag können weitere Auflösungsgründe festgesetzt werden.**

Übersicht

I. Allgemeines

1 **1. Normzweck.** Die Vorschrift behandelt die Gründe für die Auflösung der Gesellschaft. Mit der Auflösung verwandelt sich die werbende Gesellschaft in eine Abwicklungsgesellschaft; die Liquidation richtet sich dabei – abgesehen vom Fall der Insolvenz – nach den §§ 65–74. Die Auflösungsgründe werden freilich von § 60 nicht abschließend aufgezählt (→ Rn. 50 ff.). Zudem führt die in Abs. 1 Nr. 7 genannte Löschung regelmäßig nicht zur Auflösung, sondern zur Beendigung der Gesellschaft.

2 Systematisch lassen sich die in § 60 genannten Gründe in drei Gruppen unterteilen (s. eingehend UHL/*Casper* Rn. 3 f.): Während Abs. 1 Nr. 1, Nr. 2, Nr. 3 Alt. 1 und Abs. 2 die privatautonome Entscheidung der Gesellschafter schützen, die Gesellschaft zu beenden, behandeln die übrigen Regelungen die Auflösung im Interesse der Allgemeinheit entweder wegen defizitärer, gläubigergefährdender Vermögenslage (Abs. 1 Nr. 4, 5, 7) oder wegen sonstiger überragender öffentlicher Interessen (Abs. 1 Nr. 3 Alt. 2, 6). Hieraus folgt, dass die in Abs. 1 Nr. 3–7 genannten Auflösungsgründe **zwingender Natur** sind (UHL/*Casper* Rn. 1). Gleiches gilt für Abs. 1 Nr. 2 (→ Rn. 21), während sich bei Abs. 1 Nr. 1 die Frage nicht stellt, da hier eine entsprechende Satzungsbestimmung vorausgesetzt wird.

3 **2. Normentwicklung.** Der Katalog des § 60 Abs. 1 ist mehrfach geändert worden. Durch das Gesetz zur Durchführung der Ersten Richtlinie des Rates der Europäischen Gemeinschaften zur Koordinierung des Gesellschaftsrechtes von 1969 (BGBl. 1969 I 1046) wurde die heutige Nr. 6 als Nr. 5 eingeführt; sie wurde durch die GmbH-Novelle von 1980 (BGBl. 1980 I 836) sowie das Gesetz zur Durchführung der Zwölften Richtlinie des Rates der Europäischen Gemeinschaften auf dem Gebiet des Gesellschaftsrechts betreffend Gesellschaften mit beschränkter Haftung mit einem einzigen Gesellschafter von 1991 (BGBl. 1991 I 2206) neu gefasst. Mit dem EGInsO von 1994 (BGBl. 1994 I 2911) wurde zum 1.1.1999 die bisherige Nr. 5 zu Nr. 6; zudem wurde Nr. 4 neu gefasst, und die bisherigen Regelungen der §§ 1, 2 LöschG wurden mit den neuen Nr. 5, 7 in § 60 integriert. Durch das MoMiG von 2008 (BGBl. 2008 I 2026) wurde Nr. 6 geändert. Zuletzt wurden 2008 mit dem FGG-RG (BGBl. 2008 I 2586) zum 1.9.2009 die Verweisungen auf die neuen Regelungen des FamFG umgestellt.

4 **3. Auflösung und Beendigung.** § 60 liegt die allgemein im Gesellschaftsrecht übliche Unterscheidung zwischen Auflösung und Beendigung der Gesellschaft zugrunde. Mit der Auflösung ändert die Gesellschaft zunächst nur ihren Zweck (→ Rn. 1): Dieser besteht nunmehr in der **Abwicklung.** Zudem gehen die Geschäftsführungsbefugnis und Vertretungsmacht nach § 66 auf die Liquidatoren über. Im Übrigen lässt die Auflösung aber die Rechtsnatur der Gesellschaft als juristische Person und Formkaufmann unberührt.

5 An die Auflösung schließt sich die in den §§ 70–74 näher geregelte Liquidation an. Erst wenn iRd Liquidation das gesamte Aktivvermögen der Gesellschaft verteilt (vgl. §§ 72 f.) und die Gesellschaft nach § 74 Abs. 1 im Handelsregister gelöscht worden ist, tritt die Vollbeendigung der Gesellschaft und damit ihr Erlöschen als juristische Person ein. Dies gilt nach der heute anerkannten **Lehre vom Doppeltatbestand** allerdings dann nicht, wenn tatsächlich noch verteilungsfähiges Vermögen vorhanden ist (→ Rn. 43). In diesem Fall besteht die Gesellschaft trotz ihrer Löschung im Handelsregister fort, und es hat eine Nachtragsliquidation stattzufinden. Umgekehrt stellt die Vermögenslosigkeit allein weder einen Auflösungs- oder Beendigungsgrund dar; vielmehr wird die Gesellschaft erst beendet, wenn sie im Handelsregister gelöscht wird (→ Rn. 35). Die Löschung hat nach Abschluss der Liquidation (§ 74 Abs. 1) oder des Insolvenzverfahrens (§ 394 Abs. 1 S. 2 FamFG) stattzufinden. Im Übrigen ist eine vermögenslose Gesellschaft nach § 394 Abs. 1 S. 1 FamFG zu löschen.

6 Auch die Einstellung des Geschäftsbetriebs führt weder zur Auflösung noch zur Beendigung der Gesellschaft (→ Rn. 57). Gleiches gilt für den Erwerb aller Geschäftsanteile durch einen Gesellschafter. Dagegen führt der Erwerb aller Geschäftsanteile durch die Gesellschaft zu ihrer Auflösung (→ Rn. 56).

7 Abweichend von dem in §§ 60 ff. angelegten System führen Maßnahmen nach dem Umwandlungsrecht teilweise zu einem Erlöschen ohne vorherige Liquidation. Dies gilt namentlich für die Verschmelzung (vgl. nur § 20 Abs. 1 Nr. 2 UmwG), aber auch für die Aufspaltung (§ 131 Abs. 1 Nr. 2 UmwG) und partiell für die Vermögensübertragung. Dagegen führt der Formwechsel nicht zu einem Erlöschen des Rechtsträgers; dieser besteht vielmehr in neuer Rechtsform fort (§ 202 Abs. 1 Nr. 1 UmwG).

8 **4. Verhältnis zur Nichtigerklärung.** Von der Auflösung nach §§ 60 ff. unterscheidet das Gesetz die Nichtigerklärung der Gesellschaft wegen besonders schwerwiegender Fehler des Gesellschaftsvertrags. Freilich finden in diesem Fall nach § 77 Abs. 1 die für die Auflösung geltenden Vorschriften entsprechende Anwendung, sodass es sich bei der Nichtigkeit der Sache nach um einen Auflösungsgrund handelt (→ Rn. 51)

II. Die Auflösungsgründe nach Abs. 1

1. Zeitablauf (Nr. 1). Ist im Gesellschaftsvertrag festgelegt, dass die Gesellschaft durch Zeitablauf endet, so wird die Gesellschaft mit Ablauf der festgelegten Zeit **automatisch** aufgelöst, ohne dass es eines besonderen Beschlusses der Gesellschafter bedarf. Ferner spielt es für die Auflösung keine Rolle, ob die Gesellschafter in Kenntnis des Auflösungsgrundes das Unternehmen weiterbetreiben (Roth/Altmeppen/*Altmeppen* Rn. 10). 9

Die Zeitbestimmung kann bei der Gründung im Gesellschaftsvertrag festgelegt werden; dabei ist es unschädlich, wenn die Eintragung der Zeitbestimmung ins Handelsregister (§ 10 Abs. 2) versehentlich unterblieben ist (allgM). Ferner kann die Zeitbestimmung nachträglich durch Satzungsänderung eingefügt werden, die zu ihrer Wirksamkeit allerdings der Eintragung ins Handelsregister bedarf (§ 54 Abs. 3). Einer besonderen sachlichen Rechtfertigung bedarf eine solche Satzungsänderung nicht (→ Rn. 17). 10

Der Zeitpunkt braucht nicht datumsmäßig bestimmt sein, sondern es genügt **objektive Bestimmbarkeit** (vgl. BayObLG 9.1.1974, BB 1975, 249). Bei einer auflösenden Bedingung liegt allerdings kein Fall des Abs. 1 Nr. 1, sondern ein gesellschaftsvertraglicher Auflösungsgrund iSd Abs. 2 vor (MüKoGmbHG/*Berner* Rn. 81). Ferner kommt bei fehlender Bestimmtheit die Annahme eines Kündigungsrechts mit Auflösungsfolge in Betracht (UHL/*Casper* Rn. 25). 11

Die Gesellschafter können durch Satzungsänderung vor Zeitablauf die Befristung der Gesellschaft hinausschieben oder beseitigen (s. nur UHL/*Casper* Rn. 27 mwN zur überholten Gegenauffassung). Ferner können sie auch nach Auflösung der Gesellschaft die Fortsetzung beschließen (→ Rn. 71). Diese Beschlüsse bedürfen grundsätzlich keiner sachlichen Rechtfertigung (nur im Ansatz, nicht aber in den praktischen Ergebnissen anders GBS GmbHG/*Beckmann/Hofmann* Rn. 9 ff.). Führt die Verlängerung der vereinbarten Zeitdauer zu einer Vermehrung der Leistungspflichten der Gesellschafter – etwa im Hinblick auf Nebenleistungsverpflichtungen – müssen die betroffenen Gesellschafter allerdings nach § 53 Abs. 3 zustimmen (RG 29.4.1932, RGZ 136, 185 (187 f.); UHL/*Casper* Rn. 28). Zudem können Gesellschafter nicht überstimmt werden, denen ein Sonderrecht auf Auflösung und Abwicklung der Gesellschaft zu einem bestimmten Zeitraum zusteht (Baumbach/Hueck/*Haas* Rn. 15). Dies muss sich aber eindeutig aus der Satzung ergeben. 12

Im Übrigen ist bei derartigen Beschlüssen die **Treuepflicht** der Gesellschafter besonders zu beachten: So muss sich ein Gesellschafter, dessen Zustimmung zu einer Verlängerung der vereinbarten Zeitdauer erforderlich ist, dazu bereit erklären, gegen volle Vergütung seines Anteils auszuscheiden, wenn die Blockade der von der Mehrheit gewünschten Fortsetzung rechtsmissbräuchlich wäre (UHL/*Casper* Rn. 28; Scholz/*Cziupka* Rn. 18). Im Gegenzug muss die fortsetzungswillige Mehrheit bereit sein, den übrigen Gesellschaftern den Austritt gegen Abfindung zu gestatten, wenn diesen die Fortsetzung unzumutbar ist (Roth/Altmeppen/*Altmeppen* Rn. 46; aA Scholz/*Cziupka* Rn. 18). 13

2. Auflösungsbeschluss (Nr. 2). Die Gesellschafter können durch Beschluss die Auflösung der Gesellschaft herbeiführen. Dieser Beschluss stellt idR **keine Satzungsänderung** dar, weshalb die § 53 f. nicht gelten. Abweichendes gilt etwa dann, wenn der Gesellschaftsvertrag eine bestimmte Zeitdauer für die Gesellschaft vorsieht (RG 6.3.1907, RGZ 65, 264 (266 f.)). Ebenso liegt eine Satzungsänderung vor, wenn nach dem Beschluss die Auflösung von einem zukünftigen ungewissen Ereignis, dessen Eintritt nicht in Kürze zu erwarten ist, abhängen oder erst nach längerer Zeit erfolgen soll, da es sich in diesem Fall um keinen Auflösungsbeschluss handelt, sondern der Gesellschaft lediglich eine feste Dauer gegeben werden soll (RG 3.7.1934, RGZ 145, 99 (101); MüKoGmbHG/*Berner* Rn. 93; strenger RG 6.3.1907, RGZ 65, 264 (266 f.): immer Satzungsänderung bei Bedingung oder Befristung). Dagegen ist keine Satzungsänderung, sondern nur ein einstimmiger Beschluss erforderlich, wenn der Gesellschaftsvertrag die Unauflöslichkeit der Gesellschaft vorsieht (hL, s. Baumbach/Hueck/*Haas* Rn. 18; aA UHL/*Casper* Rn. 38). Gleiches gilt, wenn die Satzung den Gesellschaftern ein Kündigungsrecht nach Ablauf einer Mindestfrist zubilligt, diese Frist aber noch nicht verstrichen ist (OLG Karlsruhe 30.3.1982, GmbHR 1982, 276; Scholz/*Cziupka* Rn. 17). 14

Der Auflösungsbeschluss bedarf, soweit es sich nicht um eine Satzungsänderung handelt, **keiner besonderen Form** (BayObLG 2.11.1994, NJW-RR 1995, 1001 (1002)). Auch ist kein bestimmter Wortlaut vorgeschrieben. Insbesondere muss das Wort „Auflösung" nicht erwähnt werden (BGH 23.11.1998, DStR 1999, 330 (331)). Es muss nur der Wille eindeutig erkennbar werden, die Auflösungsfolge herbeizuführen (Scholz/*Cziupka* Rn. 21). So liegt in der übereinstimmenden Kündigung sämtlicher Gesellschafter einer GmbH zum selben Zeitpunkt mangels gegenteiliger Anhaltspunkte regelmäßig ein Auflösungsbeschluss (BayObLG 2.11.1994, NJW-RR 1995, 1001 (1002)). Dagegen lässt sich aus der Betriebseinstellung nicht ohne weiteres ableiten, dass die Gesellschafter die GmbH auflösen wollen (BAG 11.3.1998, NJW 1998, 3371 (3371 f.)). Gleiches gilt für einen Beschluss über die Veräußerung des Unternehmens, auch wenn die Firma vom Erwerber fortgeführt werden soll (RG 29.5.1923, RGZ 107, 31 (33 f.); MüKoGmbHG/*Berner* Rn. 100). 15

Der Beschluss über die **Verlegung des Satzungssitzes** soll nach traditioneller Auffassung als Auflösungsbeschluss anzusehen sein, da eine GmbH ihren Satzungssitz im Inland haben müsse (BayObLG 16

7.5.1992, NJW-RR 1993, 43 (44); OLG Hamm 1.2.2001, NJW 2001, 2183; vgl. auch OLG München 4.10.2007, NZG 2007, 915). Doch erscheint es vorzugswürdig, an einen derartigen Beschluss idR nicht diese von den Gesellschaftern kaum einmal gewollte Rechtsfolge zu knüpfen und stattdessen anzunehmen, dass der Beschluss lediglich analog § 241 Nr. 3 AktG nichtig ist (Scholz/*Cziupka* Rn. 21; UHL/*Casper* Rn. 32). Im Übrigen ist infolge der Rspr. des EuGH (EuGH 16.12.2008, NJW 2009, 569 Rn. 112 – Cartesio; EuGH 12.7.2012, NJW 2012, 2715 – Vale; EuGH 25.7.2017, NJW 2017, 3639 – Polbud) eine grenzüberschreitende Umwandlung ins EU-Ausland ohnehin zuzulassen (s. nur Rowedder/Schmidt-Leithoff/*Gesell* Rn. 49; UHL/*Casper* Rn. 36). Gleiches wird in Zukunft bereits aufgrund der Vorgaben der RL (EU) 2019/2121 v. 27.11.2019 zur Änderung der RL (EU) 2017/1132 in Bezug auf grenzüberschreitende Umwandlungen, Verschmelzungen und Spaltungen (ABl. 2019 L 321, 1) gelten. Ein Sitzverlegungsbeschluss kann in diesen Fällen daher von vornherein nicht als Auflösungsbeschluss angesehen werden (OLG Frankfurt a. M. 3.1.2017, NZG 2017, 423 Rn. 23).

16a Da man aus § 4a ableiten muss, dass nunmehr **die Verlegung des Verwaltungssitzes** ins Ausland zulässig ist (→ § 4a Rn. 1; ferner nur Rowedder/Schmidt-Leithoff/*Gesell* Rn. 49), ist ein entsprechender Beschluss zulässig (*Wicke* Rn. 4). Er führt freilich zu Problemen, wenn der Verwaltungssitz in einen Drittstaat verlegt wird, der der Sitztheorie folgt. Auch in diesem Fall kann der Beschluss über die Verwaltungssitzverlegung aber nicht als Auflösungsbeschluss angesehen werden, da diese Rechtsfolge von den Gesellschaftern nicht gewollt war (so überzeugend UHL/*Casper* Rn. 33; BeckOGK/*Bachmann* AktG § 262 Rn. 77; siehe aber MüKoAktG/*Koch* AktG § 262 Rn. 37: weiterer gesetzlicher Auflösungsgrund). Die Gesellschaft gilt damit im Inland weiter als GmbH, während sie der Zuzugsstaat nach seinem Recht behandelt (Baumbach/Hueck/*Servatius* § 4a Rn. 11).

17 Der Auflösungsbeschluss bedarf **keiner besonderen sachlichen Rechtfertigung;** die Minderheit hat kein Recht auf den Bestand der Gesellschaft. Allerdings kann eine Auflösung im Einzelfall treuwidrig und damit anfechtbar sein. Dies kommt etwa in Betracht, wenn das Gesellschaftsvermögen auf den Mehrheitsgesellschafter übertragen werden soll (vgl. BGH 28.1.1980, BGHZ 76, 352 (354 ff.) = NJW 1980, 1278; BGH 1.2.1988, BGHZ 103, 184 (193 ff.) = NJW 1988, 1579; diff. UHL/*Casper* Rn. 41 ff.).

18 Der Beschluss muss mit einer Mehrheit von drei Vierteln der abgegebenen Stimmen gefasst werden. Der Gesellschaftsvertrag kann aber grundsätzlich ein **geringeres wie auch ein höheres Mehrheitserfordernis** anordnen und dabei sogar die Notwendigkeit eines einstimmigen Beschlusses vorsehen; letzteres ist insbes. dann anzunehmen, wenn die Gesellschaft als „unauflöslich" bezeichnet wird. Soll nach dem Gesellschaftsvertrag eine Auflösung auch durch den Beschluss einer Minderheit herbeigeführt werden können, wird damit ein Kündigungsrecht iSd Abs. 2 eingeräumt (Baumbach/Hueck/*Haas* Rn. 17). Ein Gesellschafter ist vor dem Hintergrund der in § 61 vorgesehenen Auflösungsklage regelmäßig nicht aufgrund der Treuepflicht dazu verpflichtet, für eine Auflösung zu stimmen (OLG München 15.1.2015, BeckRS 2016, 05420 Rn. 9).

19 Stellt der Auflösungsbeschluss allerdings ausnahmsweise eine Satzungsänderung dar, muss er – vorbehaltlich eines strengeren Mehrheitserfordernisses in der Satzung – nach § 54 Abs. 3 mit Drei-Viertel-Mehrheit gefasst werden. Verlangt die Satzung für den Auflösungsbeschluss eine höhere Mehrheit, als es Abs. 1 Nr. 2 vorsieht, gilt dieses Mehrheitserfordernis auch dann, wenn der Auflösungsbeschluss ausnahmsweise eine Satzungsänderung darstellt (Roth/Altmeppen/*Altmeppen* Rn. 17).

20 Die Gesellschaft wird im Fall des Abs. 1 Nr. 2 regelmäßig mit der Beschlussfassung aufgelöst, soweit der Beschluss keinen späteren Auflösungszeitpunkt vorsieht (OLG München 9.11.2017, GmbHR 2018, 196 (200)). Die Eintragung ins Handelsregister nach § 65 hat regelmäßig nur **deklaratorische Bedeutung** (BGH 23.11.1998, NJW 1999, 1481 (1483)). Dies gilt nach § 54 Abs. 3 nur dann nicht, wenn der Beschluss ausnahmsweise eine Satzungsänderung darstellt.

21 Die Auflösungskompetenz der Gesellschafter ist **zwingend.** Der Gesellschaftsvertrag darf die Möglichkeit einer Auflösung nicht völlig ausschließen (Baumbach/Hueck/*Haas* Rn. 22). Ferner kann weder einem anderen Organ die Befugnis zur Auflösung der Gesellschaft eingeräumt werden, noch darf die Wirksamkeit eines entsprechenden Beschlusses der Gesellschafterversammlung an die Zustimmung Dritter oder anderer Organe geknüpft werden (allgM, s. nur UHL/*Casper* Rn. 29).

22 **3. Auflösungsurteil und Auflösungsverfügung (Nr. 3).** S. die Kommentierung zu §§ 61, 62 (→ § 61 Rn. 1 ff. und → § 62 Rn. 1 ff.).

23 **4. Eröffnung des Insolvenzverfahrens (Nr. 4).** Auch die Eröffnung des Insolvenzverfahrens führt zur Auflösung der Gesellschaft. Die Abwicklung bestimmt sich allerdings in diesem Fall nicht nach den §§ 65 ff., sondern nach den Vorschriften der InsO. Dies gilt auch dann, wenn nach der Schlussverteilung an die Gläubiger noch Vermögen vorhanden ist; denn der Insolvenzverwalter hat die Liquidation zu Ende zu führen (§ 199 InsO). Sodann ist die Gesellschaft nach § 394 Abs. 1 S. 2 FamFG zu löschen (→ Rn. 47).

24 Die Auflösung wird mit der im Eröffnungsbeschluss anzugebenden Stunde (§ 27 Abs. 2 Nr. 3 InsO) wirksam. Ist die Stunde der Eröffnung nicht angegeben, so gilt nach § 27 Abs. 3 InsO als Zeitpunkt der Eröffnung die Mittagsstunde des Tages, an dem der Beschluss erlassen worden ist. Wird der Eröffnungsbeschluss im Beschwerdeverfahren aufgehoben, entfällt die Auflösung rückwirkend (Baumbach/Hueck/*Haas* Rn. 42).

Die Eröffnung des Insolvenzverfahrens über das Vermögen eines Gesellschafters ist für den Fortbestand der Gesellschaft grundsätzlich unschädlich. Allerdings kann die Satzung für diesen Fall nach Abs. 2 eine Auflösung vorsehen, und im Einzelfall kann die Insolvenz eines Gesellschafters eine Auflösungsklage nach § 61 begründen (UHL/*Casper* Rn. 54). 25

5. Rechtskräftige Ablehnung des Insolvenzverfahrens (Nr. 5). Nach § 26 Abs. 1 S. 1 InsO weist das Insolvenzgericht den Antrag auf Eröffnung des Insolvenzverfahrens ab, wenn das Vermögen des Schuldners voraussichtlich nicht ausreichen wird, um die Kosten des Verfahrens zu decken. Dieser Beschluss führt bei Eintritt der Rechtskraft kraft Gesetzes zur Auflösung der Gesellschaft; die Eintragung (§ 65) hat nur **deklaratorischen Charakter.** Um die Auflösung abzuwehren, kann die Gesellschaft nach § 34 Abs. 1 InsO sofortige Beschwerde erheben. 26

Abs. 1 Nr. 5 ist nicht einschlägig, wenn zunächst das Insolvenzverfahren eröffnet und später gem. § 207 InsO mangels Masse eingestellt wird. In diesem Fall folgt die Auflösung der Gesellschaft bereits aus Abs. 1 Nr. 4 (UHL/*Casper* Rn. 55). 27

Die Gesellschaft verliert durch die rechtskräftige Ablehnung des Insolvenzverfahrens nicht ihre **Rechts- und Parteifähigkeit** (BGH 3.4.2003, NJW 2003, 2231 (2232)). Allerdings soll die Gesellschaft idR nicht mehr berechtigt sein, abgetretene Forderungen nach Offenlegung der Abtretung im eigenen Namen und auf eigene Kosten mit Ermächtigung des neuen Gläubigers zu dessen Gunsten einzuklagen (BGH 24.10.1985, BGHZ 96, 151 (153 f.) = NJW 1986, 850). Soweit Restvermögen vorhanden ist, erfolgt zunächst eine Liquidation, bevor die Gesellschaft beendet wird. Andernfalls hat das Registergericht die Löschung nach § 394 FamFG zu betreiben (→ Rn. 36); diese wird durch die bereits eingetretene Auflösung nach Abs. 1 Nr. 5 nicht ausgeschlossen (BayObLG 31.3.1994, DB 1994, 978; BayObLG 12.1.1995, DB 1995, 667 zur Vorgängerregelung des § 1 LöschG). Die Gesellschaft wird in diesem Fall erst mit der Eintragung der Löschung beendet. 28

6. Auflösung nach § 399 FamFG (Nr. 6). § 399 FamFG (früher § 144a FGG) lautet: 29

§ 399 Auflösung wegen Mangels der Satzung

(1) [1] Enthält die Satzung einer in das Handelsregister eingetragenen Aktiengesellschaft oder einer Kommanditgesellschaft auf Aktien eine der nach § 23 Abs. 3 Nr. 1, 4, 5 oder Nr. 6 des Aktiengesetzes wesentlichen Bestimmungen nicht oder ist eine dieser Bestimmungen oder die Bestimmung nach § 23 Abs. 3 Nr. 3 des Aktiengesetzes nichtig, hat das Registergericht die Gesellschaft von Amts wegen oder auf Antrag der berufsständischen Organe aufzufordern, innerhalb einer bestimmten Frist eine Satzungsänderung, die den Mangel der Satzung behebt, zur Eintragung in das Handelsregister anzumelden oder die Unterlassung durch Widerspruch gegen die Aufforderung zu rechtfertigen. [2] Das Gericht hat gleichzeitig darauf hinzuweisen, dass andernfalls ein nicht behobener Mangel im Sinne des Absatzes 2 festzustellen ist und dass die Gesellschaft dadurch nach § 262 Abs. 1 Nr. 5 oder § 289 Abs. 2 Nr. 2 des Aktiengesetzes aufgelöst wird.

(2) [1] Wird innerhalb der nach Absatz 1 bestimmten Frist weder der Aufforderung genügt noch Widerspruch erhoben oder ist ein Widerspruch zurückgewiesen worden, hat das Gericht den Mangel der Satzung festzustellen. [2] Die Feststellung kann mit der Zurückweisung des Widerspruchs verbunden werden. [3] Mit der Zurückweisung des Widerspruchs sind der Gesellschaft zugleich die Kosten des Widerspruchsverfahrens aufzuerlegen, soweit dies nicht unbillig ist.

(3) Der Beschluss, durch den eine Feststellung nach Absatz 2 getroffen, ein Antrag oder ein Widerspruch zurückgewiesen wird, ist mit der Beschwerde anfechtbar.

(4) Die Absätze 1 bis 3 gelten entsprechend, wenn der Gesellschaftsvertrag einer in das Handelsregister eingetragenen Gesellschaft mit beschränkter Haftung eine der nach § 3 Abs. 1 Nr. 1 oder Nr. 4 des Gesetzes betreffend die Gesellschaften mit beschränkter Haftung wesentlichen Bestimmungen nicht enthält oder eine dieser Bestimmungen oder die Bestimmung nach § 3 Abs. 1 Nr. 3 des Gesetzes betreffend die Gesellschaften mit beschränkter Haftung nichtig ist.

§ 399 FamFG erlaubt es dem Registergericht, bei bestimmten Satzungsmängeln die Gesellschaft aufzulösen, und ergänzt damit die Löschungsbefugnis des Registergerichts nach § 397 FamFG iVm §§ 75 f. Anders als bei der Löschung nach § 397 FamFG erhält die Gesellschaft aber zuvor noch eine Frist zur Beseitigung des Mangels durch Satzungsänderung. Die Vorschrift geht der **Amtslöschung nach § 395 FamFG** vor, soweit es um inhaltliche Mängel der Eintragung geht (BayObLG 23.2.1989, NJW-RR 1989, 867 (869) zu den Vorgängerregelungen). Ist es bei einer Eintragung, die einen der in § 399 FamFG genannten Mängel aufweist, zusätzlich zu Verfahrensfehlern gekommen (zB fehlende Anmeldung), kommt § 395 FamFG dagegen neben § 399 FamFG zur Anwendung (UHL/*Casper* Rn. 62). 29a

Möglich ist eine Auflösung nach § 399 FamFG zunächst bei **Nichtangabe oder Nichtigkeit der Firma** (§ 3 Abs. Nr. 1). Letzteres liegt etwa bei einem Verstoß gegen § 18 HGB iVm § 4 vor. Dabei wird allerdings ein Verstoß gegen diese Vorschriften wegen der nachträglichen Änderung tatsächlicher Umstände nicht erfasst, da in diesem Fall die Firma nicht nichtig ist (BayObLG 26.6.1979, GmbHR 1980, 11 (12); MüKoGmbHG/*Berner* Rn. 139). Ferner ist § 399 FamFG auch nicht anwendbar, wenn die Firma nicht den Anforderungen des § 30 HGB genügt; hier ist nur das Verfahren nach § 37 HGB 30 eröffnet (Baumbach/Hueck/*Haas* Anh. § 77 Rn. 33; Rowedder/Schmidt-Leithoff/*Gesell* Rn. 29; aA KG 8.2.1991, NJW-RR 1991, 860 (862)). Im Übrigen soll dem Registergericht bei nichtiger Firma sowohl das Verfahren nach § 399 HGB als auch nach § 37 HGB offen stehen (BayObLG 23.2.1989, NJW-RR 1989, 867 (869); aA – Vorrang des § 399 FamFG – UHL/*Casper* Rn. 64 und *EBJS/Reuschle* HGB § 37 Rn. 17: idR allein Vorgehen aus § 37 HGB verhältnismäßig).

31 Auch das Fehlen einer Bestimmung über den **Sitz der Gesellschaft** oder die Nichtigkeit dieser Bestimmung (§ 3 Abs. 1 Nr. 1) eröffnen das Verfahren nach § 399 FamFG. Nichtig ist die Bestimmung des Sitzes etwa bei der Bestimmung eines ausländischen Sitzes. Eine analoge Anwendung bei nachträglicher Verlegung des Verwaltungssitzes ins Ausland (so BGH 2.6.2008, NJW 2008, 2914 Rn. 10 ff.) ist dagegen nunmehr im Hinblick auf § 4a ausgeschlossen (→ § 4a Rn. 1).

32 Weiterhin ist eine Auflösung nach § 399 FamFG möglich, wenn die Bestimmung über die **Stammeinlagen** (§ 3 Abs. 1 Nr. 4) fehlt oder – etwa wegen Verstoßes gegen § 5 Abs. 2 und 3 – nichtig ist. Gleiches gilt bei Nichtigkeit der Bestimmung über das Stammkapital zB wegen Verletzung von § 5 Abs. 1. Fehlt die Bestimmung über das Stammkapital, ist bereits eine Löschung nach § 397 FamFG iVm § 75 möglich.

33 Zuständig ist das **Registergericht am Sitz der Gesellschaft** (Lutter/Hommelhoff/*Kleindiek* Rn. 13). Dieses hat das Verfahren nach § 399 FamFG einzuleiten, wenn ein Mangel bekannt wird. Ein **Ermessen** hinsichtlich des Einschreitens **besteht nicht** (BayObLG 23.2.1989, NJW-RR 1989, 867 (868); KG 8.2.1991, NJW-RR 1991, 860 (861)). Das Registergericht wird von Amts wegen oder auf Antrag der berufsständischen Organe tätig; Anträge sonstiger Dritter auf Tätigwerden stellen lediglich eine Anregung dar; folgt das Gericht einer derartigen Anregung nicht, besteht ein Beschwerderecht nur unter den Voraussetzungen des § 59 FamFG (KG 22.5.2007, NJW-RR 2008, 632 (633); Haußleiter/*Schemmann* FamFG § 395 Rn. 41).

34 Das Registergericht hat die Gesellschaft zunächst aufzufordern, den Mangel innerhalb einer von ihm bestimmten Frist zu beheben oder die Unterlassung durch Widerspruch gegen die Aufforderung zu rechtfertigen. Die Aufforderung hat den Mangel zu benennen, auf die Auflösungsfolge hinzuweisen und ist mit einer Rechtbehelfsbelehrung zu versehen (Baumbach/Hueck/*Haas* Anh. § 77 Rn. 36). Die bestimmte Frist muss ausreichend lang für eine Satzungsänderung sein (Scholz/*Cziupka* Rn. 41). Wird der Mangel weder behoben noch bis zu einer Entscheidung des Gerichts Widerspruch erhoben oder der Widerspruch zurückgewiesen, stellt das Gericht den Mangel fest. Hiergegen kann die Gesellschaft – und wohl auch jeder Gesellschafter (Lutter/Hommelhoff/*Kleindiek* Rn. 13) – binnen eines Monats (§ 63 FamFG) Beschwerde einlegen. Mit Rechtskraft der Feststellungsverfügung ist die Gesellschaft aufgelöst, ohne dass dies vom Registergericht besonders verfügt werden muss. Die nachträgliche Beseitigung des Mangels durch die Gesellschaft ändert an der Auflösung nichts mehr, ermöglicht aber einen Fortsetzungsbeschluss (MüKoGmbHG/*Berner* Rn. 150).

35 **7. Löschung nach § 394 FamFG (Nr. 7).** § 394 FamFG (früher § 141a FGG) lautet:

§ 394 Löschung vermögensloser Gesellschaften und Genossenschaften

(1) [1] Eine Aktiengesellschaft, Kommanditgesellschaft auf Aktien, Gesellschaft mit beschränkter Haftung oder Genossenschaft, die kein Vermögen besitzt, kann von Amts wegen oder auf Antrag der Finanzbehörde oder der berufsständischen Organe gelöscht werden. [2] Sie ist von Amts wegen zu löschen, wenn das Insolvenzverfahren über das Vermögen der Gesellschaft durchgeführt worden ist und keine Anhaltspunkte dafür vorliegen, dass die Gesellschaft noch Vermögen besitzt.

(2) [1] Das Gericht hat die Absicht der Löschung den gesetzlichen Vertretern der Gesellschaft oder Genossenschaft, soweit solche vorhanden sind und ihre Person und ihr inländischer Aufenthalt bekannt ist, bekannt zu machen und ihnen zugleich eine angemessene Frist zur Geltendmachung des Widerspruchs zu bestimmen. [2] Auch wenn eine Pflicht zur Bekanntmachung und Fristbestimmung nach Satz 1 nicht besteht, kann das Gericht anordnen, dass die Bekanntmachung und die Bestimmung der Frist durch Bekanntmachung in dem für die Bekanntmachung der Eintragungen in das Handelsregister bestimmten elektronischen Informations- und Kommunikationssystem nach § 10 des Handelsgesetzbuchs erfolgt; in diesem Fall ist jeder zur Erhebung des Widerspruchs berechtigt, der an der Unterlassung der Löschung ein berechtigtes Interesse hat. [3] Vor der Löschung sind die in § 380 bezeichneten Organe, im Fall einer Genossenschaft der Prüfungsverband, zu hören.

(3) Für das weitere Verfahren gilt § 393 Abs. 3 bis 5 entsprechend.

(4) [1] Die Absätze 1 bis 3 sind entsprechend anzuwenden auf offene Handelsgesellschaften und Kommanditgesellschaften, bei denen keiner der persönlich haftenden Gesellschafter eine natürliche Person ist. [2] Eine solche Gesellschaft kann jedoch nur gelöscht werden, wenn die für die Vermögenslosigkeit geforderten Voraussetzungen sowohl bei der Gesellschaft als auch bei den persönlich haftenden Gesellschaftern vorliegen. [3] Die Sätze 1 und 2 gelten nicht, wenn zu den persönlich haftenden Gesellschaftern eine andere offene Handelsgesellschaft oder Kommanditgesellschaft gehört, bei der eine natürliche Person persönlich haftender Gesellschafter ist.

35a Vermögenslosigkeit führt nicht automatisch zur Beendigung der Gesellschaft (s. nur MüKoGmbHG/*Berner* Rn. 24 ff.). § 394 FamFG erlaubt es in diesem Fall jedoch dem Registergericht, die Gesellschaft zu löschen. Damit soll der Rechtsverkehr vor vermögenslosen Gesellschaften geschützt werden. Ergibt sich im Rahmen der Liquidation, dass die Gesellschaft vermögenslos ist, soll nach überwiegender Auffassung daneben eine sofortige Löschung der Gesellschaft auch vor Ablauf des Sperrjahres aufgrund einer entsprechenden Versicherung des Liquidators möglich sein (sog. „Blitzlöschung", s. nur OLG Hamm 2.9.2019, GmbHR 2017, 930; OLG Jena 20.5.2015, GmbHR 2015, 1093 (1094); Baumbach/Hueck/*Haas* § 74 Rn. 2a; Scholz/*Cziupka* Rn. 59; aA aber OLG Celle 17.10.2018, NZG 2018, 1425).

a) Löschung ohne vorheriges Insolvenzverfahren (§ 394 Abs. 1 S. 1 FamFG). aa) Vermögenslosigkeit. Vermögenslosigkeit liegt vor, wenn **kein zugunsten der Gläubiger verwertbares Aktivvermögen** mehr vorhanden ist (BAG 19.3.2002, NZG 2002, 1175 (1176); BayObLG 10.2.1999, NZG 1999, 399; Einzelheiten bei Scholz/*Cziupka* Rn. 54). Dem gleichzustellen soll der Fall eines verschwindend geringen (Rest-)Vermögens sein (OLG Köln 9.2.1994, NJW-RR 1994, 726 (727): 250 EUR; aA OLG Düsseldorf 13.11.1996, NJW-RR 1997, 870). Vermögenslosigkeit ist aber nicht mit bloßer Masselosigkeit gleichzusetzen (OLG Karlsruhe 21.8.2014, NZG 2014, 1148 (1149)). Schwebende Geschäfte, die bloße Aussicht auf Vermögenserwerb oder das Bestehen steuerlicher Verlustvorträge stehen der Annahme der Vermögenslosigkeit nicht entgegen. Ebenso wird die Löschung nicht dadurch ausgeschlossen, dass die Gesellschaft noch Verbindlichkeiten zu erfüllen hat. 36

Unklar ist, ob die **Erforderlichkeit weiterer Abwicklungsmaßnahmen,** die die gesetzliche Vertretung der Gesellschaft verlangen (Erteilung von Arbeitszeugnissen etc), einer Löschung entgegensteht (dafür OLG Frankfurt a. M. 16.6.2005, NZG 2005, 844 (845); OLG Frankfurt a. M. 10.10.2005, NZG 2006, 234 = NJOZ 2006, 414 (415 f.); Roth/Altmeppen/*Altmeppen* § 75 Rn. 52; dagegen Scholz/*Cziupka* Rn. 64; UHL/*Casper* Rn. 74). Folgt man der Auffassung, derzufolge die Notwendigkeit solcher Abwicklungsmaßnahmen auch noch nach der Löschung eine Nachtragsliquidation erforderlich macht, erscheint die Ergänzung des § 394 Abs. 1 FamFG um ein derartiges ungeschriebenes Tatbestandsmerkmal konsequent. Tatsächlich bedarf es in diesen Fällen jedoch keiner Nachtragsliquidation der Gesellschaft (→ Rn. 46), weshalb die Notwendigkeit weiterer Abwicklungsmaßnahmen auch einer Löschung nicht entgegenstehen kann. 37

Maßgeblicher Zeitpunkt für die Beurteilung der Vermögenslage ist nicht die Eintragung der Löschung, sondern die Entscheidung über die Löschung; soweit diese im Beschwerdeverfahren ergeht, kommt es auf die letzte Tatsacheninstanz an (OLG Hamm 12.11.1992, NJW-RR 1993, 547 (549); Baumbach/Hueck/*Haas* Anh. § 77 Rn. 7; aA OLG Köln 9.2.1994, NJW-RR 1994, 726 (727)). Stellt sich nach der Eintragung heraus, dass noch Vermögen vorhanden ist, findet nach § 66 Abs. 5 eine Nachtragsliquidation statt. 37a

Das Gericht hat die Löschungsvoraussetzungen **von Amts wegen** zu ermitteln (§ 26 FamFG) und dabei insbes. sorgfältig zu prüfen, ob Vermögenslosigkeit vorliegt. Behauptet allerdings die Gesellschaft, ihr stehe eine Forderung zu, ist es nicht Aufgabe des Registergerichts, sondern des Prozessgerichts, abschließend zu klären, ob die Forderung besteht. Daher genügt es, dass die Gesellschaft beabsichtigt, den Anspruch gerichtlich geltend zu machen und dieser nicht offensichtlich unbegründet ist (KG 6.3.2007, NZG 2007, 474 (475); BayObLG 20.4.1994, NJW-RR 1995, 103). Zudem können die Gesellschafter die Löschung abwenden, indem sie auch nur geringe Mittel zuführen (Lutter/Hommelhoff/*Kleindiek* Rn. 15). 38

bb) Verfahren. Das Löschungsverfahren kann von Amts wegen oder auf Antrag der Finanzbehörde oder der berufsständischen Organe eingeleitet werden. Es kann auch noch dann eingeleitet werden, wenn sich die Gesellschaft bereits in der Liquidation befindet (BayObLG 20.12.1984, ZIP 1984, 175 (176); Lutter/Hommelhoff/*Kleindiek* Rn. 15). Dem Gericht steht nach heute hL **kein Ermessen** zu; liegen die Tatbestandsvoraussetzungen vor, hat es das Löschungsverfahren durchzuführen (Scholz/*Cziupka* Rn. 64; MüKoGmbHG/*Berner* Rn. 174; UHL/*Casper* Rn. 86 f. mwN; aA OLG Düsseldorf 5.4.2006, NZG 2006, 542 (543); OLG Karlsruhe 10.8.1999, NJW-RR 2000, 630 (631); vgl. auch Rowedder/Schmidt-Leithoff/*Gesell* Rn. 38). Zu beachten ist allerdings der Verhältnismäßigkeitsgrundsatz. Daher kann zB eine Löschung ausscheiden, wenn alsbald ein Zufluss von Mitteln mit hinreichender Sicherheit erwartet werden kann (Baumbach/Hueck/*Haas* Anh. § 77 Rn. 10). 39

Das Gericht hat die Absicht der Löschung den Geschäftsführern – bzw. bei bereits aufgelöster Gesellschaft den Liquidatoren – bekannt zu machen, soweit solche vorhanden sind und ihre Person und ihr inländischer Aufenthalt bekannt sind. Zugleich ist ihnen eine angemessene Frist zur Geltendmachung des Widerspruchs zu bestimmen. Eine bestimmte Frist bestimmt das Gesetz dabei nicht; eine **Frist von einem Monat** sollte aber zumindest eingehalten werden (Baumbach/Hueck/*Haas* Anh. § 77 Rn. 9a; aA Roth/Altmeppen/*Altmeppen* § 75 Rn. 60: entsprechend § 393 Abs. 1 S. 2 FamFG drei Monate). Widerspruchsberechtigt sind nicht nur die Gesellschaft, sondern auch Dritte, die ein berechtigtes Interesse daran haben, dass die Löschung unterbleibt, wie zB Gesellschafter und Gläubiger (Baumbach/Hueck/*Haas* Anh. § 77 Rn. 9a). Wird ein Widerspruch nicht erhoben oder rechtskräftig zurückgewiesen, verfügt das Gericht nach § 394 Abs. 3 FamFG iVm § 393 Abs. 3 und 5 FamFG die Löschung der Gesellschaft. 40

Die Löschung ist nach § 383 Abs. 3 FamFG **nicht anfechtbar.** Möglich ist aber eine **Amtslöschung (§ 395 FamFG)** der Löschung bei wesentlichen Verfahrensfehlern; dies ist etwa dann der Fall, wenn die Löschungsabsicht nicht ordnungsgemäß bekanntgemacht worden war (OLG Hamm 12.11.1992, NJW-RR 1993, 547 (549); OLG München 3.8.2005, NJOZ 2005, 4918 (4921); OLG Düsseldorf 14.9.2012, 41

NZG 2013, 108 (109)), das Gericht bei Ankündigung der Löschungsabsicht sich noch keine Überzeugung zur Vermögenslosigkeit der Gesellschaft gebildet hatte (OLG Düsseldorf 17.10.2016, NZG 2016, 1385 (1386); OLG Düsseldorf 23.6.2017, NZG 2017, 1109 (1110) oder die Verfügung, mit der der Widerspruch gegen die Ankündigung der Löschung zurückgewiesen wurde, zum Zeitpunkt der Löschung noch nicht rechtskräftig war (OLG Düsseldorf 5.4.2006, NZG 2006, 542 (543)). Dagegen ist es regelmäßig unerheblich, dass die Anhörung der IHK (§ 394 Abs. 2 S. 3 FamFG) unterblieben ist (KG 4.4.2006, NZG 2006, 552 (553); diff. MüKoGmbHG/*Berner* Rn. 186). Stellt sich nachträglich heraus, dass die Gesellschaft nicht vermögenslos war, findet keine Amtslöschung der Löschung statt, sondern es hat eine Liquidation nach § 66 Abs. 5 zu erfolgen (BayObLG 4.6.1997, NJW-RR 1998, 613 (614); OLG Hamm 12.11.1992, NJW-RR 1993, 547 (549); MüKoGmbHG/*Berner* Rn. 184).

42 **cc) Rechtsfolge.** Abweichend vom Wortlaut des Abs. 1 Nr. 7 führt die Löschung der Gesellschaft regelmäßig nicht nur zur Auflösung der Gesellschaft, sondern mangels weiteren Abwicklungsbedarfs zur sofortigen Beendigung der Gesellschaft und damit zu ihrem Erlöschen (OLG Celle 3.1.2008, NZG 2008, 271). Damit verliert die Gesellschaft auch ihre aktive und passive Parteifähigkeit (BGH 20.9.1981, NJW 1982, 238). Eine Klage gegen die Gesellschaft wird unzulässig, und der Kläger muss die Klage für erledigt erklären.

43 Unklar ist, ob die Beendigung der Gesellschaft auch dann eintritt, wenn die Gesellschaft tatsächlich noch Vermögen hat. Überwiegend wird heute davon ausgegangen, dass eine Beendigung sowohl die Löschung als auch die Vermögenslosigkeit der Gesellschaft voraussetzt (**Lehre vom Doppeltatbestand,** grundlegend *K. Schmidt* GmbHR 1988, 209 ff.). Ist tatsächlich noch Vermögen vorhanden, ist die Gesellschaft nicht erloschen, und es hat eine Nachtragsliquidation nach § 66 Abs. 5 stattzufinden (OLG Hamm 20.2.1991, GmbHR 1992, 111; OLG Celle 3.1.2008, NZG 2008, 271; Scholz/*Cziupka* Rn. 68; MüKoGmbHG/*Berner* Rn. 38; UHL/*Casper* Rn. 93 ff. mwN). Die Gesellschaft muss damit von Amts wegen als Liquidationsgesellschaft im Handelsregister eingetragen werden.

44 Ist die Gesellschaft nicht vermögenslos, hat sie durch die Löschung auch nicht ihre Parteifähigkeit verloren. So kann die **aktive Parteifähigkeit** bereits bejaht werden, wenn die Gesellschaft noch Vermögensansprüche geltend macht (BAG 19.3.2002, NZA 2005, 59 (60); OLG Koblenz 9.3.2007, NZG 2007, 431 f.). Für die **passive Parteifähigkeit** genügt die substantiierte Behauptung des Klägers, dass die Gesellschaft noch über Vermögenswerte verfügt (BGH 29.9.1967, BGHZ 48, 303 (307) = NJW 1968, 297 (298); BAG 4.6.2003, NZA 2003, 1049 (1050)). Dabei soll die Möglichkeit eines Kostenerstattungsanspruchs ausreichen (so BGH 6.2.1991, NJW-RR 1991, 606; OLG Koblenz 10.1.1992, GmbHR 1992, 761; dagegen zu Recht UHL/*Casper* Rn. 101).

45 Allerdings ist die Gesellschaft, solange keine Liquidatoren bestellt worden sind, regelmäßig handlungs- und damit **prozessunfähig.** Wurde die Gesellschaft aber im Prozess durch einen sonstigen Vertreter – etwa einen Anwalt – vertreten, ist sie auch nach der Löschung prozessfähig (BGH 18.1.1994, NJW-RR 1994, 542; BAG 19.3.2002, NZA 2003, 59 (62)).

46 Teilweise wird angenommen, dass die Gesellschaft auch dann nicht erloschen ist, wenn sie zwar vermögenslos ist, aber **nachwirkende Handlungspflichten** bestehen (KG 9.1.2001, FGPrax 2001, 86 (87); OLG Stuttgart 7.12.1994, NJW-RR 1995, 805 (806); Baumbach/Hueck/*Haas* Anh. § 77 Rn. 18; MüKoGmbHG/*Berner* Rn. 51; Rowedder/Schmidt-Leithoff/*Gesell* Rn. 56; hierzu neigend auch BGH 10.10.1988, NJW 1989, 220). Das Gericht habe auf Antrag eines Beteiligten einen Nachtragsliquidator zu bestellen. Dem ist nicht zu folgen. Vielmehr ist analog § 74 Abs. 2 S. 2 der Gesellschafter oder Dritte berufen, für die Gesellschaft zu handeln, der die Bücher verwahrt (MüKoGmbHG/*H.-F. Müller* § 66 Rn. 81; UHL/*Casper* Rn. 98).

47 **b) Löschung nach vorherigem Insolvenzverfahren (§ 394 Abs. 1 S. 2 FamFG).** Eine GmbH ist nach § 394 Abs. 1 S. 2 FamFG von Amts wegen zu löschen, wenn das Insolvenzverfahren über das Vermögen der Gesellschaft durchgeführt worden ist und keine Anhaltspunkte dafür vorliegen, dass die Gesellschaft noch Vermögen besitzt. Rechtsfolge der Löschung ist nicht die Auflösung, die bereits mit der Eröffnung des Insolvenzverfahrens eintritt (Abs. 1 Nr. 4), sondern **die Beendigung der Gesellschaft.** Daraus wird gelegentlich der Schluss gezogen, dass sich Abs. 1 Nr. 7 nicht auf § 394 Abs. 1 S. 2 FamFG beziehe (Baumbach/Hueck/*Haas* Rn. 70). Praktische Bedeutung hat die Frage nicht, da die Vorschrift unabhängig vom Inhalt der Verweisung des Abs. 1 Nr. 7 unstreitig auf die GmbH anwendbar ist.

48 Vermögenslosigkeit ist im Rahmen des § 394 Abs. 1 S. 2 FamFG in gleicher Weise wie bei § 394 Abs. 1 S. 1 FamFG zu verstehen. Sie liegt nach Durchführung des Insolvenzverfahrens regelmäßig vor, da nach § 199 S. 2 InsO der Verwalter bei einem etwaigen Überschuss nach der Verteilung jedem GmbH-Gesellschafter den Teil des Überschusses herauszugeben hat, der diesem bei einer Liquidation außerhalb des Insolvenzverfahrens zustünde. Das Gericht muss daher vor einer Löschung nur noch prüfen, ob ausnahmsweise Anhaltspunkte für das Vorhandensein von Vermögen bestehen.

49 Tätig wird das Gericht von Amts wegen aufgrund der Mitteilung über die Aufhebung des Insolvenzverfahrens nach Vollzug der Schlussverteilung bzw. Einstellung wegen Masseunzulänglichkeit (§ 215 Abs. 1 S. 3 InsO, § 200 Abs. 2 InsO, § 31 Nr. 1 InsO). Die Ablehnung des Insolvenzverfahrens mangels

Masse genügt nicht, sondern kann nur den Anlass für ein Löschungsverfahren nach § 394 Abs. 1 S. 1 FamFG bilden (OLG Frankfurt a. M. 16.6.2005, NZG 2005, 844 (845)). Liegen die Voraussetzungen der Vorschrift vor, steht dem Gericht bei der Einleitung des Verfahrens **kein Ermessen** zu (OLG Frankfurt a. M. 16.6.2005, NZG 2005, 844 (845); Scholz/*Cziupka* Rn. 64). Im Übrigen gelten für das Verfahren die gleichen Grundsätze wie bei § 394 Abs. 1 S. 1 FamFG.

III. Weitere gesetzliche Auflösungsgründe

§ 60 enthält keine abschließende Aufzählung der gesetzlichen Auflösungsgründe. Vielmehr enthalten das GmbHG und andere Gesetze weitere Auflösungsgründe. Zudem ist das Fehlen von Gesellschaftern als ungeschriebener Auflösungsgrund anerkannt. 50

1. Nichtigerklärung der Gesellschaft. Wird die Gesellschaft auf Antrag eines Gesellschafters, Geschäftsführers oder, wenn ein Aufsichtsrat bestellt ist, eines Mitglied des Aufsichtsrats wegen Vorliegen eines Nichtigkeitsgrundes nach § 75 für nichtig erklärt, so führt dies nach § 77 zur Auflösung der Gesellschaft (Scholz/*Cziupka* Rn. 79; UHL/*Casper* Rn. 105; diff. Baumbach/Hueck/*Haas* § 75 Rn. 5). Das Gleiche gilt bei der Löschung einer nichtigen Gesellschaft durch das Registergericht nach § 397 FamFG. 51

2. § 395 FamFG. § 395 FamFG gestattet dem Registergericht allgemein die Löschung von Eintragungen, die wegen des Mangels einer wesentlichen Voraussetzung unzulässig waren. Sie soll auch bei der Eintragung von Gesellschaften anwendbar sein, soweit die Eintragung auf **wesentlichen Verfahrensmängeln** – etwa dem Fehlen eines entsprechenden Antrags – beruht; bei materiell-rechtlichen Eintragungsmängeln soll dagegen § 397 FamFG vorrangig sein (str., → Rn. 29; ferner Baumbach/Hueck/*Haas* Anh. § 77 Rn. 19 mwN; aA Roth/Altmeppen/*Altmeppen* § 75 Rn. 42; vgl. auch OLG Düsseldorf 10.9.2013, NZG 2013, 1183 (1184): Löschung wegen Gewerbeuntersagung). 52

3. Auflösungstatbestände in Spezialgesetzen. Nach **§ 38 Abs. 1 S. 2 KWG** hat die Entscheidung der Bundesanstalt für Finanzdienstleistungsaufsicht, zugleich mit der Aufhebung der erteilten Erlaubnis zum Betrieb von Bankgeschäften oder zum Erbringen von Finanzdienstleistungen oder mit dem Erlöschen einer solchen Erlaubnis die Abwicklung des Instituts zu bestimmen, die Wirkung eines Auflösungsbeschlusses. Ebenso führt ein Verbot nach **§§ 3, 17 VereinsG** zur Auflösung der Gesellschaft. 53

4. GmbH-Novelle 1980. Mit der GmbH-Novelle 1980 wurde in § 5 Abs. 1 das Mindeststammkapital erhöht und in § 7 Abs. 2 eine Mindesteinzahlung vorgesehen. Gesellschaften, die diesen Vorgaben nicht nachkamen, wurden nach Art. 12 § 1 Abs. 1, 2 GmbH-Novelle mit Ablauf des 31.12.1985 aufgelöst. Die Regelung ist durch Art. 43 des Gesetzes zur weiteren Bereinigung des Bundesrechts (BGBl. 2010 I 1864) förmlich aufgehoben worden. 54

5. Sonderregelungen iRd Wiedervereinigung. Besondere Auflösungstatbestände sahen Art. 12 § 1 Abs. 1, 2 GmbH-Novelle idF der Anlage I Kapitel III Sachgebiet D Abschnitt III Nr. 7 des Einigungsvertrags (nicht mehr anzuwenden gem. § 1 Abs. 1 Nr. 4f BMJMaßgabenBerG, BGBl. 2006 I 866 (891)) und § 57 Abs. 1 und 2 DMBilG für Gesellschaften im Beitrittsgebiet vor, die ihre Kapitalverhältnisse nicht den bundesrechtlichen Vorgaben des GmbHG rechtzeitig anpassten (Einzelheiten bei Baumbach/Hueck/*Haas* Rn. 78 f.). Dabei waren unterschiedliche Fristen vorgesehen, von denen die letzte (§ 57 Abs. 3 DMBilG) am 31.12.1997 ablief. Die Regelungen sind daher nunmehr obsolet. Gleiches gilt für § 22 TreuhandG, der die Auflösung von aus volkseigenen Betrieben hervorgegangenen Kapitalgesellschaften im Aufbau zum 30.6.1991 vorsah, wenn diese bis dahin nicht ihre Gründung zum Handelsregister angemeldet hatten. 55

6. Keinmanngesellschaft. Die Vereinigung aller Geschäftsanteile in der Hand der Gesellschaft stellt nach hM einen Auflösungsgrund dar; denn eine Keinmanngesellschaft ist unzulässig (UHL/*Casper* Rn. 106; Baumbach/Hueck/*Haas* Rn. 81; aA *Kreutz* FS Stimpel, 1985, 379 (384 ff.)). Dabei ist es aus Gründen der Rechtsklarheit nicht erforderlich, dass es sich bei der Gesellschafterlosigkeit voraussichtlich um einen Dauerzustand handelt (str., Scholz/*Cziupka* Rn. 80 mwN). Eintreten kann dieser Fall etwa durch Kaduzierung (§ 21), Aufgabe nach § 27 oder Erwerb nach § 33, nicht aber durch Einziehung nach § 34, da die Einziehung des letzten Geschäftsanteils nichtig ist (Baumbach/Hueck/*Kersting* § 34 Rn. 2). Erwirbt die Gesellschaft alle Geschäftsanteile, so fällt iRd Liquidation das Vermögen analog § 45 BGB an die im Gesellschaftsvertrag bestimmten Personen, hilfsweise an den Fiskus; eine Gesamtrechtsnachfolge entsprechend § 46 BGB findet im letztgenannten Fall aber nicht statt (UHL/*Casper* Rn. 106 mit Fn. 253; Baumbach/Hueck/*Haas* Rn. 81). Erwirbt ein Dritter mit Willen der Liquidatoren einen Gesellschaftsanteil, so ist dies als **konkludenter Fortsetzungsbeschluss** zu werten (MüKoGmbHG/*Berner* Rn. 202; skeptisch *Fichtelmann* GmbHR 2003, 67 (69)). 56

57 **7. Keine Auflösungsgründe.** Nicht zur Auflösung kraft Gesetzes führen die Vereinigung aller Geschäftsanteile in einer Hand, der Tod oder die Insolvenz eines Gesellschafters. Gleiches gilt für die Vermögenslosigkeit (→ Rn. 35), für eine Auflösungsverfügung nach § 41 Abs. 3 GWB, andere Untersagungsverfügungen der Kartellbehörde oder die Entziehung einer erforderlichen Gewerbeerlaubnis und ähnliche Maßnahmen, soweit sie nicht von der Behörde – wie zB bei § 38 KWG – mit einer Auflösungsverfügung verbunden werden (Baumbach/Hueck/*Haas* Rn. 86 f.). Auch die Einstellung und die Veräußerung des von der Gesellschaft betriebenen Unternehmens stellen keinen Auflösungsgrund dar, soweit ein entsprechender Gesellschafterbeschluss nicht als Auflösungsbeschluss zu deuten ist (→ Rn. 15). Die Verschmelzung und Aufspaltung einer Gesellschaft führen nicht zur Auflösung, sondern zur Beendigung (UHL/*Casper* Rn. 102); beim Formwechsel besteht die Gesellschaft dagegen in neuer Rechtsform fort (Scholz/*Cziupka* Rn. 83).

IV. Auflösungsgründe im Gesellschaftsvertrag (Abs. 2)

58 Nach Abs. 2 können im Gesellschaftsvertrag – und damit nicht durch bloße Vereinbarung der Gesellschafter außerhalb der Satzung (s. nur RG 21.6.1912, RGZ 79, 418 (423)) – weitere Auflösungsgründe festgelegt werden. So können zB die in → Rn. 57 genannten, nicht zur Auflösung kraft Gesetzes führenden Gründe im Gesellschaftsvertrag als weitere Auflösungsgründe bestimmt werden. Da die Auflösung ipso iure eintritt, müssen gesellschaftsvertragliche Auflösungsgründe aber **hinreichend bestimmt** sein (Baumbach/Hueck/*Haas* Rn. 89; UHL/*Casper* Rn. 110). Eine Bestimmung, nach der die Auflösung bei „mangelnder Rentabilität" erfolgen soll, genügt dem nicht (Scholz/*Cziupka* Rn. 89; aA *van Veenroy* GmbHR 1993, 65 ff.). Ebenso soll die Unmöglichkeit der Zweckerreichung zu unbestimmt sein (HK-GmbHG/*Frank* Rn. 54); in Betracht kommt in diesem Fall aber eine Auflösungsklage nach § 61. Fehlt es an der notwendigen Bestimmtheit, kann die Vereinbarung nur als Abrede ausgelegt werden, bei Eintreten des benannten Grundes gemeinsam die Auflösung nach Abs. 1 Nr. 2 zu betreiben (Lutter/Hommelhoff/*Kleindiek* Rn. 26; Roth/Altmeppen/*Altmeppen* Rn. 33). Gleiches gilt für die Vereinbarung von Auflösungsgründen zwischen den Gesellschaftern außerhalb der Satzung (Baumbach/Hueck/*Haas* Rn. 89; UHL/*Casper* Rn. 109).

59 Häufig ist unklar, ob in der Einräumung eines **Kündigungsrechts** zugunsten eines oder mehrerer Gesellschafter bei Fehlen einer näheren Regelung die Normierung eines gesellschaftsvertraglichen Auflösungsgrundes zu sehen ist (dafür etwa RG 27.9.1918, RGZ 93, 326 (327); RG 19.3.1926, RGZ 113, 147 (149); Baumbach/Hueck/*Haas* Rn. 90; MüKoGmbHG/*Berner* Rn. 229; UHL/*Casper* Rn. 114 ff.; *Meyer-Landrut* FS Stimpel, 1985, 431 (434 ff.); im Grundsatz auch Scholz/*Cziupka* Rn. 94). Vielfach wird angenommen, eine derartige Bestimmung sei im Hinblick auf das Bestandsinteresse und die sonstigen Interessen der Mitgesellschafter im Zweifel nicht als Auflösungsgrund, sondern Einräumung eines Austrittsrechts gegen Abfindung auszulegen (grundlegend *Scholz* JR 1948, 115 f.; der Sache nach auch BGH 2.12.1996, NJW-RR 1997, 606 und OLG Düsseldorf 19.9.2003, GmbHR 2004, 356 (360), nach denen ein Auflösungsgrund in der Satzung geregelt sein müsse; Bork/Schäfer/*Roth* Rn. 22); dabei wird allerdings teilweise angenommen, der kündigende Gesellschafter könne eine Frist von drei Monaten für die Erfüllung seiner Ansprüche setzen. Halte die Gesellschaft diese Frist nicht ein, so sei sie aufgelöst (Lutter/Hommelhoff/*Kleindiek* Rn. 27).

60 Im Hinblick darauf, dass für die Rechtsfolgen des Ausscheidens genaue gesetzliche Vorgaben fehlen, erscheint es zum Schutz des Gesellschafters vorzugswürdig, im Zweifel von der Normierung eines gesellschaftsvertraglichen Auflösungsgrunds auszugehen (so überzeugend Baumbach/Hueck/*Haas* Rn. 90). Sieht der Gesellschaftsvertrag allerdings vor, dass ein Auflösungsbeschluss nur mit einer größeren als der in Abs. 1 S. 2 vorgesehenen Mehrheit erfolgen kann, spricht dies im Zweifel dagegen, dass ein einzelner Gesellschafter durch Kündigung die Auflösung herbeiführen kann (OLG Düsseldorf 19.9.2003, GmbHR 2004, 356 (360); UHL/*Casper* Rn. 114). Zudem wird man vielfach eine Fortsetzung der Gesellschaft unter den verbleibenden Gesellschaftern für zulässig halten müssen (→ Rn. 77).

V. Fortsetzung der Gesellschaft

61 **1. Grundlagen.** Fortsetzung bedeutet die Rückverwandlung der auf Liquidation gerichteten Gesellschaft in eine werbende. Sie lässt – wie schon die Auflösung – die Identität der Gesellschaft unberührt, führt aber dazu, dass die Liquidationsvorschriften nicht mehr anwendbar sind. Auch wenn diese Möglichkeit nur von Abs. 1 Nr. 4 angesprochen wird, ist heute anerkannt, dass die Fortsetzung einer aufgelösten Gesellschaft in Anlehnung an § 274 AktG **grundsätzlich zulässig** ist (allgM). Grenzen ergeben sich freilich aus den Auflösungsgründen des Abs. 1: Insbesondere bei den im öffentlichen Interesse bestehenden Auflösungsgründen der Nr. 3–7 ist eine Fortsetzung nicht möglich, solange der Mangel noch besteht (UHL/*Casper* Rn. 127; → Rn. 73 ff.). Sonstige Fortsetzungsschranken im Interesse der Gläubiger oder der Öffentlichkeit sind nicht anzuerkennen (Scholz/*Cziupka* Rn. 95; UHL/*Casper* Rn. 129).

2. Allgemeine Voraussetzungen. a) Fortbestand als juristische Person. Eine Fortsetzung ist nur möglich, wenn die Gesellschaft noch nicht beendet ist (Baumbach/Hueck/*Haas* Rn. 91; UHL/*Casper* Rn. 130); denn die (Wieder-)Erlangung der Rechtsfähigkeit setzt die Beachtung der Gründungsvorschriften voraus. Daher kann eine nach Abschluss der Liquidation gem. § 74 Abs. 1 S. 2 gelöschte Gesellschaft nicht mehr fortgesetzt werden. Ebenso scheidet eine Fortsetzung im Fall des Abs. 1 Nr. 7 aus (OLG Celle 3.1.2008, NZG 2008, 271). Dies gilt auch dann, wenn die Gesellschaft nicht vermögenslos ist und daher durch die Löschung tatsächlich nicht beendet worden ist, da der Fortbestand der Gesellschaft nur noch der Schlussverteilung dient (OLG Celle 3.1.2008, NZG 2008, 271; MüKoGmbHG/*Berner* Rn. 282 f.; UHL/*Casper* Rn. 159; aA Baumbach/Hueck/*Haas* Rn. 98). Gleiches muss für den Fall der Nachtragsliquidation nach einer vorherigen Löschung nach § 74 Abs. 1 S. 2 gelten (s. nur Rowedder/Schmidt-Leithoff/*Gesell* Rn. 67; aA *Galla* GmbHR 2006, 635 (638 ff.)). 62

b) Keine Vermögensverteilung. In Anlehnung an § 274 Abs. 1 AktG und Art. 12 § 1 Abs. 3 S. 1 GmbH-Novelle wird eine Fortsetzung vielfach für unzulässig gehalten, wenn bereits mit der Vermögensverteilung begonnen wurde (Für § 60 Abs. 1 Nr. 4 BGH 8.4.2020, NZI 2020, 635 Rn. 33; ferner OLG Düsseldorf 13.7.1979, GmbHR 1979, 276 (277); OLG Celle 3.1.2008, NZG 2008, 271; UHL/*Casper* Rn. 131; Rowedder/Schmidt-Leithoff/*Gesell* Rn. 66; *Galla* GmbHR 2006, 635 (636); *Gehrlein* DStR 1997, 31 (34); *Halm/Linder* DStR 1999, 379 (380)). Dies ist freilich nicht unstreitig. Andere wollen für die Zulässigkeit einer Fortsetzung nur darauf abstellen, ob das Stammkapital – noch oder wieder – ungemindert vorhanden ist (MüKoGmbHG/*Berner* Rn. 245; *Fichtelmann* GmbHR 2003, 67 (68); *Erle* GmbHR 1997, 973 (975 ff.); *Hennrichs* ZHR 159 (1995), 593 (607)), oder lassen es sogar genügen, dass keine Überschuldung besteht (BayObLG 4.2.1998, NJW-RR 1998, 902 (903); Roth/Altmeppen/*Altmeppen* Rn. 44; Scholz/*Cziupka* Rn. 99; noch weiter für die Möglichkeit einer Fortsetzung sogar nach der Schlussverteilung *Peetz* GmbHR 2019, 326 (331)). 63

Gegen die Zulässigkeit einer Fortsetzung nach Beginn der Vermögensverteilung spricht nicht nur der Gedanke der Rechtsklarheit, sondern auch der Umstand, dass § 73 für die aufgelöste GmbH eine strengere Vermögensbindung als § 30 vorsieht (vgl. dazu – freilich ablehnend – Scholz/*Cziupka* Rn. 99). Zudem wäre das Vorhandensein des unverminderten Stammkapitals nicht überprüfbar, da bei der Fortsetzung – anders als bei der Gründung – eine entsprechende **Kontrolle durch das Registergericht fehlt** (UHL/*Casper* Rn. 131). 64

c) Notwendige Kapitalausstattung. Eng verbunden mit dem Problem, ob die Gesellschaft auch noch nach Beginn der Vermögensverteilung fortgesetzt werden kann, ist die Frage nach der erforderlichen Kapitalausstattung. Überwiegend wird lediglich verlangt, die Gesellschaft dürfe **nicht überschuldet** sein (für § 60 Abs. 1 Nr. 4 BGH NZI 2020, 635 Rn. 40; BayObLG 4.2.1998, NJW-RR 1998, 902 (903); Baumbach/Hueck/*Haas* Rn. 91; Scholz/*Cziupka* Rn. 100). Dabei sei die Überschuldung nicht auf Grundlage der Handelsbilanz, sondern eines Überschuldungsstatus zu bestimmen (BayObLG 4.2.1998, NJW-RR 1998, 902 (903)). Auf die Fortbestehensprognose komme es aber nicht an (*K. Schmidt* DB 2014, 701). Andere fordern dagegen das Vorhandensein des unverminderten Stammkapitals (Nachweise in → Rn. 63, ferner auch RG 25.10.1927, RGZ 118, 337 (340)). Ein Zwang zur (erneuten) Aufbringung des Stammkapitals ist aber nicht zu rechtfertigen, weil es sich bei der Fortsetzung nicht um eine Umgehung der Gründungsvorschriften handelt (Scholz/*Cziupka* Rn. 100; in der Sache auch BGH 10.12.2013, NZG 2014, 264 Rn. 14). Daher muss es genügen, dass die Gesellschaft nicht infolge Überschuldung auflösungsreif ist. 65

Eine (erneute) Aufbringung des Stammkapitals ist nur dann ausnahmsweise erforderlich, wenn die Gesellschaft ihre unternehmerische Tätigkeit bereits vollständig eingestellt hatte und damit eine **wirtschaftliche Neugründung** vorliegt (BGH 10.12.2013, NZG 2014, 264 Rn. 10; BGH 8.4.2020, NZI 2020, 635 Rn. 47; Baumbach/Hueck/*Haas* Rn. 91; Scholz/*Cziupka* Rn. 86). Nach den Grundsätzen zur Mantelverwendung (dazu nur BGH 9.12.2002, BGHZ 153, 158 ff. = NJW 2003, 892; BGH 7.7.2003, BGHZ 155, 318 ff. = NJW 2003, 3198; BGH 6.3.2012, NJW 2012, 1875 Rn. 13) sind in diesem Fall die der Gewährleistung der Kapitalausstattung dienenden Kapitalaufbringungsvorschriften einschließlich der registergerichtlichen Kontrolle entsprechend anzuwenden. Allerdings liegt in der mit der Fortführung verbundenen Umwandlung der auf Abwicklung gerichteten Gesellschaft in eine werbende allein noch keine wirtschaftliche Neugründung im Sinne dieser Grundsätze, da auch die Abwicklung der unternehmerischen Tätigkeit der Annahme einer „leeren Hülse" entgegensteht; diese kann erst anzunehmen sein, wenn auch Abwicklungsmaßnahmen über einen längeren Zeitraum unterbleiben (BGH 10.12.2013, NZG 2014, 264 Rn. 13 ff.; weiter *Boecker* DZWiR 2014, 389 (396)). 66

d) Gesellschafterbeschluss. Die Fortsetzung setzt grundsätzlich einen Beschluss der Gesellschafter voraus; dieser kann aber gem. § 225a Abs. 3 InsO, § 254a Abs. 2 InsO ausnahmsweise entbehrlich sein, wenn die Gesellschaft durch Eröffnung des Insolvenzverfahrens aufgelöst worden ist und der gestaltende Teil eines Insolvenzplans die Fortsetzung vorsieht (Lutter/Hommelhoff/*Kleindiek* Rn. 31). Der Fortsetzungsbeschluss muss nicht ausdrücklich gefasst werden und muss auch grundsätzlich nicht den Formalanforderungen für eine Satzungsänderung genügen (Scholz/*Cziupka* Rn. 95); eine solche ist allerdings 67 ausnahmsweise (zusätzlich) erforderlich, wenn sich der Auflösungsgrund – wie etwa im Fall des Abs. 1 Nr. 1 – gerade aus der Satzung ergibt.

68 Für den Fortsetzungsbeschluss genügt grundsätzlich eine **Dreiviertelmehrheit** (Baumbach/Hueck/*Haas* Rn. 92; Roth/Altmeppen/*Altmeppen* Rn. 47; Scholz/*Cziupka* Rn. 103; für Einstimmigkeit noch RG 25.10.1927, RGZ 118, 337 (340 f.); für einfache Mehrheit *P. Scholz* GmbHR 1982, 228 (232)). Dabei kann im Einzelfall aus der **Treuepflicht** eine Zustimmungspflicht zur Fortsetzung bestehen, wenn hierdurch lediglich die bisherige Geschäftsgrundlage wiederhergestellt wird (BGH 25.9.1986, BGHZ 96, 276 (279 ff.) = NJW 1987, 189 zu Art. 12 § 1 GmbH-Novelle; Scholz/*Cziupka* Rn. 106). Im Übrigen steht den überstimmten Gesellschaftern ein **Austritts- und Abfindungsrecht** zu, soweit ihnen die Fortsetzung der Gesellschaft nicht zumutbar ist (UHL/*Casper* Rn. 136; weiter Scholz/*Cziupka* Rn. 104, nach denen ein derartiges Recht im Regelfall besteht). Soweit durch die Fortsetzung Sonderlasten wie Nebenleistungsverpflichtungen fortbestehen oder ein Gesellschafter ein Sonderrecht auf Auflösung hat, ist entsprechend § 53 Abs. 3 die Zustimmung der betroffenen Gesellschafter erforderlich (→ Rn. 12). Freilich muss ein Gesellschafter, dessen Zustimmung zu einer Fortsetzung erforderlich ist, sich dazu bereit erklären, gegen volle Vergütung seines Anteils auszuscheiden, wenn die Blockierung der von der Mehrheit gewünschten Fortsetzung rechtsmissbräuchlich wäre (weiter Lutter/Hommelhoff/*Kleindiek* Rn. 35, nach dem die Zustimmung stets durch eine Abfindung ersetzt werden kann).

69 Der Fortsetzungsbeschluss ist aus Gründen der Rechtsklarheit ins **Handelsregister einzutragen** (allgM). Dies war bis 1969 für § 60 Abs. 1 Nr. 4 ausdrücklich geregelt, gilt aber weiterhin (vgl. BT-Drs. 5/3862, 17). Die Eintragung hat nur **deklaratorischen Charakter** (allgM). Liegen die übrigen Voraussetzungen für eine Fortsetzung vor (insbes. die Beseitigung des Auflösungsgrunds), wandelt sich die Gesellschaft mit der Beschlussfassung über die Fortsetzung wieder zu einer werbenden.

70 Da die Fortsetzung regelmäßig bereits mit der Beschlussfassung wirksam wird, ist sie nicht von den Liquidatoren, sondern von den Geschäftsführern anzumelden. Die Anmeldung kann **nach § 14 HGB erzwungen** werden, es sei denn, die Fortsetzung setzt die Eintragung einer Satzungsänderung voraus, §§ 54 Abs. 3, 79 (Baumbach/Hueck/*Haas* § 65 Rn. 20). Eine Eintragung der Fortsetzung ist im Hinblick auf § 15 Abs. 1 HGB auch dann erforderlich, wenn die Auflösung nicht eingetragen wurde (BayObLG 6.8.1987, DB 1987, 2139 (2140); aA die hL, so etwa Scholz/*K. Schmidt*/*Cziupka* § 65 Rn. 5; UHL/*Casper* Rn. 138).

71 **3. Besondere Voraussetzungen. a) Auflösung durch Zeitablauf.** Ist die Gesellschaft nach Abs. 1 S. 1 wegen Ablaufs der im Gesellschaftsvertrag bestimmten Zeit aufgelöst, so setzt die Fortsetzung eine **Satzungsänderung** voraus (Scholz/*Cziupka* Rn. 109; Lutter/Hommelhoff/*Kleindiek* Rn. 31). Notwendig sind also sowohl ein Beschluss über die Satzungsänderung als auch über die Fortsetzung; doch können beide Beschlüsse gleichzeitig erfolgen (für eine einheitliche Beschlussfassung MüKoGmbHG/*Berner* Rn. 264). Für beide Beschlüsse genügt grundsätzlich die Dreiviertelmehrheit (zu Ausnahmen → Rn. 68). Wirksam wird die Fortsetzung erst mit Inkrafttreten der Satzungsänderung, also mit deren Eintragung ins Handelsregister (§ 54 Abs. 3).

72 **b) Auflösung durch Gesellschafterbeschluss.** Ist die Gesellschaft durch Beschluss der Gesellschafter aufgelöst worden, bedarf es zu ihrer Fortsetzung allein eines entsprechenden Beschlusses der Gesellschafter (UHL/*Casper* Rn. 140).

73 **c) Auflösung durch gerichtliche Entscheidung.** Bei Abs. 1 Nr. 3 ist zu differenzieren. Beruht die Auflösung auf einem gerichtlichen Urteil nach § 61, können die Gesellschafter die Fortsetzung beschließen. Der Beschluss bedarf jedoch der **Zustimmung der klagenden Gesellschafter** (BayObLG 25.7.1978, DB 1978, 2164 (2165); Baumbach/Hueck/*Haas* Rn. 94; aA Scholz/*Cziupka* Rn. 111; Roth/Altmeppen/*Altmeppen* Rn. 49). Andernfalls könnte die Unentziehbarkeit der Auflösungsklage umgangen werden. Im Fall der Auflösung durch die Verwaltungsbehörde (§ 62) kommt dagegen eine Fortsetzung solange nicht in Betracht, wie die Auflösungsentscheidung Bestand hat, also von der Behörde **nicht zurückgenommen oder widerrufen** wurde (Scholz/*Cziupkar* Rn. 112; Baumbach/Hueck/*Haas* Rn. 93). Wird die Entscheidung wirksam angefochten, entfällt dagegen die Auflösung ohne weiteres; ein Fortsetzungsbeschluss ist entbehrlich (UHL/*Casper* Rn. 143).

74 **d) Eröffnung des Insolvenzverfahrens.** Nach einer Auflösung durch Eröffnung des Insolvenzverfahrens ist schon nach dem Wortlaut des Abs. 1 Nr. 4 eine Fortsetzung möglich, wenn das Verfahren nach rechtskräftiger Bestätigung eines Insolvenzplans aufgehoben wird (§ 258 InsO) oder nach §§ 212, 213 InsO auf Antrag der Gesellschaft eingestellt wird. Freilich soll dies nach überwA nur möglich sein, wenn noch nicht mit der Vermögensverteilung begonnen worden ist ((BGH 8.4.2020, NZI 2020, 635 Rn. 33; Baumbach/Hueck/*Haas* Rn. 91, 95; UHL/*Casper* Rn. 144; aA Roth/Altmeppen/*Altmeppen* Rn. 51). Im Übrigen genügt es für eine Fortführung aufgrund eines Insolvenzplans, wenn diese im Insolvenzplan als Möglichkeit vorgesehen ist (BGH 8.4.2020, NZI 2020, 635 Rn. 21). Umstritten ist, ob eine Fortsetzung auch nach Aufhebung des Insolvenzverfahrens nach der **Schlussverteilung (§ 200 InsO)** oder **Einstellung mangels Masse (§ 207 InsO)** möglich ist, soweit die Insolvenzreife bzw. Masselosigkeit durch die Gesellschafter beseitigt wird (abl. BGH 28.4.2015, NZG 2015, 872 Rn. 10;

OLG München 3.8.2005, GmbHR 2006, 91 (92); BayObLG 14.10.1993, NJW 1994, 594 (595); KG 1.7.1993, NJW-RR 1994, 229 (230); OLG Celle 29.10.2010, NZG 2011, 464; OLG Schleswig 1.4.2014, NZI 2014, 698 (699), Baumbach/Hueck/*Haas* Rn. 95; MüKoGmbHG/*Berner* Rn. 273; UHL/*Casper* Rn. 146; *Gehrlein* DStR 1997, 31 (33); dafür Roth/Altmeppen/*Altmeppen* Rn. 52; *Fichtelmann* GmbHR 2003, 67 (71)). Gegen eine solche Möglichkeit spricht indes schon, dass – anders als in den in Abs. 1 Nr. 4 genannten Fällen – keine gerichtliche Prüfung stattgefunden hat, ob die Insolvenzreife überwunden ist bzw. überwunden werden kann. Zudem würde eine Fortsetzung der Gesellschaft im Fall des § 200 InsO mit § 394 Abs. 1 S. 2 FamFG kollidieren, der die Behörde zur Löschung der Gesellschaft verpflichtet. Vor diesem Hintergrund kann es auch keinen Ausweg darstellen, die Gesellschafter für eine Fortsetzung auf die Grundsätze der Mantelverwendung zu verweisen (so UHL/*Casper* Rn. 146; Rowedder/Schmidt-Leithoff/*Gesell* Rn. 76; *Arens* GmbHR 2017, 449 (450 f.); gegen die Geltung dieser Grundsätze in der Insolvenz *Hacker/Petsch* ZIP 2015, 761 (764)). Vielmehr muss in den Fällen der §§ 200, 207 InsO im Hinblick auf die gesetzliche Konzeption auch eine wirtschaftliche Neugründung ausscheiden.

e) Ablehnung der Eröffnung des Insolvenzverfahrens mangels Masse. Bei einer nach Abs. 1 Nr. 5 aufgelösten GmbH wird eine Fortsetzung vielfach für unzulässig gehalten (BayObLG 14.10.1993, NJW 1994, 594; BayObLG 12.1.1995, NJW-RR 1996, 417; KG 1.7.1993, NJW-RR 1994, 229; KG 31.8.2018, NZG 2018, 1426 (1427); OLG Düsseldorf 17.11.1992, ZIP 1993, 214 (215); OLG Köln 22.2.2010, NZG 2010, 507 (508); für AG und KGaA auch BGH 8.10.1979, BGHZ 75, 178 (180) = NJW 1980, 233; MüKoGmbHG/*Berner* Rn. 277; *Gehrlein* DStR 1997, 31 (34); *Halm/Linder* DStR 1999, 379 (380 f.)). Andere wollen die Grundsätze zur Mantelverwendung anwenden und halten eine Fortsetzung ausnahmsweise für zulässig, wenn die Voraussetzungen für eine wirtschaftliche Neugründung vorliegen (UHL/*Casper* Rn. 147; *Arens* GmbHR 2017, 449 (452); dagegen wohl iE KG 17.10.2016, NZG 2017, 307 (308)). Dem steht die Auffassung nahe, dass eine Fortsetzung die Wiederauffüllung des Stammkapitals voraussetzt (*Hennrichs* ZHR 159 (1995), 593 (605); *Fichtelmann* GmbHR 2003, 67 (71)). Weitergehend hält ein Teil der Lit. eine Fortsetzung im Fall des Abs. 1 Nr. 5 schon bei Beseitigung des Insolvenzgrundes für zulässig (Lutter/Hommelhoff/*Kleindiek* Rn. 33; Roth/Altmeppen/*Altmeppen* Rn. 54 f.). Diese Ansätze sind indes abzulehnen. Eine Fortsetzung wäre nicht mit dem von Abs. 1 Nr. 5 verfolgten Zweck vereinbar, nicht mehr lebensfähige Gesellschaften aus dem Rechtsverkehr auszuschließen. Wenn eine Fortsetzung im Fall des § 207 InsO unzulässig ist, kann bei Abs. 1 Nr. 5 nichts anderes gelten. 75

f) Auflösung wegen mangelhaften Gesellschaftervertrags. Im Fall des Abs. 1 Nr. 6 iVm § 399 FamFG ist eine Fortsetzung möglich, wenn der Mangel des Gesellschaftsvertrags geheilt wird (OLG Düsseldorf 13.7.1979, GmbHR 1979, 276 (277); Baumbach/Hueck/*Haas* Rn. 97; Lutter/Hommelhoff/*Kleindiek* Rn. 31). Dabei spielt es für die Zulässigkeit der Fortsetzung keine Rolle, ob die Auflösung nach § 65 Abs. 1 S. 2 bereits ins Handelsregister eingetragen worden ist (allgM). 76

g) Gesellschaftsvertraglicher Auflösungsgrund. Wird die Gesellschaft aufgrund einer Regelung im Gesellschaftsvertrag aufgelöst, so setzt eine Fortsetzung voraus, dass eine entsprechende Satzungsänderung erfolgt (UHL/*Casper* Rn. 152; Scholz/*Cziupka* Rn. 122). Besonderheiten bestehen bei der Kündigung durch einen Gesellschafter, soweit diese zur Auflösung der Gesellschaft führt. Eine Fortsetzung mit dem kündigenden Gesellschafter ist nur mit seiner Zustimmung möglich. Abweichendes kann nur gelten, wenn es sich um eine Kündigung aus wichtigem Grund handelt und der Kündigungsgrund beseitigt wurde (Scholz/*Cziupka* Rn. 122). Ebenso soll nach verbreiteter Auffassung eine Fortsetzung ohne den kündigenden Gesellschafter nur mit seiner Zustimmung möglich sein (Baumbach/Hueck/*Haas* Rn. 92 und für die OHG BGH 13.7.1967, BGHZ 48, 251 (254) = WM 1967, 934). Indes wird man den Kündigenden schon unter dem Gesichtspunkt der Treuepflicht zur Zustimmung zu einem derartigen Fortsetzungsbeschluss der übrigen Gesellschafter für verpflichtet halten müssen, wenn hieraus für ihn keine Nachteile entstehen (UHL/*Casper* Rn. 116). Daher ist seine Zustimmung letztlich entbehrlich, soweit er nach den Werten, die sich bei einer Liquidation ergeben, abgefunden wird und kein vorrangiges Interesse an der Abwicklung hat (UHL/*Casper* Rn. 116; Lutter/Hommelhoff/*Kleindiek* Rn. 34). 77

Auflösung durch Urteil

61 (1) **Die Gesellschaft kann durch gerichtliches Urteil aufgelöst werden, wenn die Erreichung des Gesellschaftszweckes unmöglich wird, oder wenn andere, in den Verhältnissen der Gesellschaft liegende, wichtige Gründe für die Auflösung vorhanden sind.**

(2) [1] **Die Auflösungsklage ist gegen die Gesellschaft zu richten.** [2] **Sie kann nur von Gesellschaftern erhoben werden, deren Geschäftsanteile zusammen mindestens dem zehnten Teil des Stammkapitals entsprechen.**

(3) **Für die Klage ist das Landgericht ausschließlich zuständig, in dessen Bezirk die Gesellschaft ihren Sitz hat.**

Übersicht

I. Allgemeines

1 Die Vorschrift gibt einer Minderheit von mindestens 10 % des Stammkapitals das grundsätzlich satzungsfeste (→ Rn. 20 ff.) Recht, aus wichtigem Grund die Auflösung der Gesellschaft durch gerichtliches Urteil zu erzwingen. Diese Gestaltungsklage auf Auflösung hat im Personengesellschaftsrecht in § 133 HGB eine Parallele, nicht aber im Aktienrecht. Auch im GmbHG wird die Vorschrift inzwischen als zu weitgehend angesehen. Mit Ausschließung und Austrittsrecht aus wichtigem Grund sind inzwischen zwei Wege zur Bewältigung gesellschaftsinterner Konflikte anerkannt, die den Bestand der Gesellschaft unberührt lassen und somit gegenüber der Auflösung durch Urteil das mildere Mittel darstellen. Es entspricht daher heute allgA, dass § 61 **subsidiär** ist und nur zur Anwendung kommen kann, wenn mildere Mittel wie Vertragsanpassung, Ausschließung, Austritt oder Veräußerung des Geschäftsanteils nicht in Betracht kommen (BGH 1.4.1953, BGHZ 9, 157 (158) = NJW 1953, 780; RG 27.6.1940, RGZ 164, 257 (264); OLG Koblenz 8.6.2005, NZG 2006, 66 (66 f.); Scholz/*Cziupka* Rn. 7).

II. Auflösungsgrund

2 **1. Allgemeines.** Die Auflösungsklage ist nur dann begründet, wenn für den Gesellschafter ein wichtiger Grund vorliegt, der in den Verhältnissen der Gesellschaft begründet ist und dem Gesellschafter die Fortsetzung der Gesellschaft unzumutbar macht. Die Auflösung darf nicht durch ein milderes, dem Kläger zumutbares Mittel ersetzbar sein. Die Subsidiarität der Auflösungsklage ist also bereits bei Prüfung des wichtigen Grundes zu berücksichtigen (UHL/*Casper* Rn. 10). So fehlt es an einem wichtigen Grund, wenn dem Kläger ein **Austrittsrecht** zusteht; anderes gilt etwa nur, wenn die finanziellen Folgen des Austritts deutlich ungünstiger als die der Liquidation sind (Baumbach/Hueck/*Haas* Rn. 5) oder aufgrund des bisherigen Verhaltens der übrigen Gesellschafter eine Umsetzung der Kündigung des betroffenen Gesellschafters nicht zu erwarten ist (OLG Naumburg 5.4.2012, NZG 2012, 629 (630)). Ebenso ist die Auflösungsklage ausgeschlossen, wenn der Kläger die Möglichkeit hat, seine Beteiligung zum vollen, nicht hinter dem voraussichtlichen Liquidationserlös zurückbleibenden Wert zu veräußern (BGH 15.4.1985, NJW 1985, 1901). Schließlich scheidet eine Auflösungsklage auch dann aus, wenn der klagende Gesellschafter ausgeschlossen werden kann (BGH 23.2.1981, BGHZ 80, 346 (348) = NJW 1981, 2302; krit *Fleischer/Trinks* GmbHR 2019, 1209 (1217 f.)).

3 Ist ein wichtiger Grund gegeben, muss die Gesellschaft aufgelöst werden. Ein Ermessensspielraum steht dem Gericht nicht zu (heute unstr., s. nur Rowedder/Schmidt-Leithoff/*Gesell* Rn. 5; *Geißler* GmbHR 2012, 1049 (1050)). Freilich besteht ein gewisser **Beurteilungsspielraum** des Gerichts bei der Annahme eines wichtigen Grundes. Dieser soll auch iRd Revision zu respektieren sein (eingehend UHL/*Casper* Rn. 37; zu § 142 HGB auch BGH 23.1.1987, BGHZ 46, 392 (396) = NJW 1967, 1081 (1083)).

4 **2. Unmöglichkeit der Zweckerreichung.** § 62 nennt für einen wichtigen Grund beispielhaft die Unmöglichkeit der Erreichung des **Gesellschaftszwecks.** Dieser ist vom Unternehmensgegenstand nach § 3 Abs. 2 Nr. 1 zu trennen und betrifft das Verhältnis der Gesellschafter untereinander und die von ihnen verfolgten Ziele. Regelmäßig liegt der Gesellschaftszweck in der Gewinnerzielung durch die Verfolgung des Unternehmensgegenstands (MHLS/*Nerlich* Rn. 16). Im Einzelnen ist der Gesellschaftszweck durch Satzungsauslegung zu ermitteln, wobei auch die Eintragungsunterlagen und die Anlage des

Unternehmens zu berücksichtigen sind (RG 4.6.1940, RGZ 164, 129 (140); Baumbach/Hueck/*Haas* Rn. 7).

Die Unmöglichkeit kann rechtliche oder wirtschaftliche Gründe haben, kann nachträglich oder anfänglich sein (RG 4.6.1940, RGZ 164, 129 (139 f.); UHL/*Casper* Rn. 18); doch muss es sich um eine **dauernde Unmöglichkeit** handeln (RG 4.6.1940, RGZ 164, 129 (140); RG 21.5.1935, HRR 1935, Nr. 1404; OLG Hamburg 18.5.1918, LZ 1919, 499). Auch darf die Unmöglichkeit nicht auf zumutbare Weise – etwa durch Kapitalerhöhung – behebbar sein (RG 3.5.1927, JW 1927, 1684). Beispiele können etwa die Nichtigkeit (KG 3.11.1909, OLGE 19, 371 (371 f.)) oder die praktische Unwirksamkeit eines Patents, auf dessen Auswertung die Gesellschaft gerichtet ist (RG 8.5.1908, LZ 1908, 541), die Insolvenz eines Dritten, der durch die Gesellschaft saniert werden sollte (MüKoGmbHG/*Limpert* Rn. 27), oder die dauernde Ertraglosigkeit einer auf Gewinnerzielung gerichteten Gesellschaft sein (RG 18.5.1928, LZ 1928, 1615; RG 3.5.1927, JW 1927, 1684). Bei einer GmbH & Co. KG ist auch die Auflösung und Beendigung der KG als wichtiger Grund anzusehen (HK-GmbHG/*Frank* Rn. 11). 5

3. Sonstiger wichtiger Grund. Sonstige wichtige Gründe müssen in den Verhältnissen der Gesellschaft liegen. Sie können sich aber auch aus den Verhältnissen der Gesellschafter ergeben, soweit diese auf die Gesellschaft durchschlagen (BGH 23.2.1981, BGHZ 80, 347 (347 f.) = NJW 1981, 2302; *Geißler* GmbHR 2012, 1049 (1051)). Dies gilt insbes. bei personalistischen Gesellschaften. Doch ist die Auflösung immer ultima ratio und kommt daher nur in den seltensten Fällen in Betracht (s. nur OLG Brandenburg 30.4.2008, BB 2008, 1868). Regelmäßig wird die Ausschließung des störenden Gesellschafters Vorrang haben. Insbesondere kommt eine Klage auf Auflösung nicht in Betracht, wenn der Kläger selbst ausgeschlossen werden kann (RG 27.6.1940, RGZ 164, 257 (263)). Können sich die Parteien dagegen wegen beiderseitigen Verschuldens nicht gegenseitig ausschließen, ist eine Auflösungsklage möglich (BGH 23.2.1981, BGHZ 80, 346 (348) = NJW 1981, 2302; BGH 20.9.1999, NJW 1999, 3779 (3780); aA Roth/Altmeppen/*Altmeppen* Rn. 5). Namentlich ist an Fälle zu denken, in denen sich die Gesellschafter in zentralen Fragen gegenseitig blockieren (OLG Naumburg 20.4.2012, GmbHR 2013, 37 (38); s. auch OLG Naumburg 5.4.2012, NZG 2012, 629; *Fleischer/Trinks* GmbHR 2019, 1209 (1211)). Hier steht auch eine noch vorhandene Rentabilität der Auflösungsklage nicht entgegen, wenn mit ihrer Beeinträchtigung jedenfalls mittelfristig zu rechnen ist (BGH 23.2.1981, BGHZ 80, 346 (348) = NJW 1981, 2302; OLG München 2.3.2005, GmbHR 2005, 428 (429); *Fleischer/Trinks* GmbHR 2019, 1209 (1214)). Ferner kommt eine Auflösungsklage bei einem von anderen (Mehrheits-)Gesellschaftern verursachten **Zerwürfnis** in Betracht, wenn die anderen Gesellschafter die Gesellschaft nicht fortführen können oder wollen (Lutter/Hommelhoff/*Kleindiek* Rn. 8). Keinen Auflösungsgrund stellen die Insolvenz eines Gesellschafters (RG 22.5.1913, RGZ 82, 288 (293)) oder die Pfändung seines Geschäftsanteils dar (Baumbach/Hueck/*Haas* Rn. 11). 6

Finanzielle Gründe wie der Verlust eines erheblichen Teils des Stammkapitals oder mangelnde Kreditfähigkeit stellen grundsätzlich keinen wesentlichen Grund dar. Anders liegen die Dinge jedoch, wenn daraus die **dauerhafte Unrentabilität** der Gesellschaft folgt oder das verbliebene Kapital nicht ausreicht, um den Fortbestand der Gesellschaft zu sichern, und die Gesellschafter nicht bereit oder in der Lage sind, Kapital nachzuschießen oder sonstige Sanierungsmaßnahmen einzuleiten (RG 3.5.1927, JW 1927, 1684; RG 21.5.1935, HRR 1935 Nr. 1404). Bei zu geringen Ausschüttungen aufgrund übermäßiger Thesaurierung ist nicht die Auflösungsklage, sondern die Anfechtung des Gewinnverwendungsbeschlusses statthaft (UHL/*Casper* Rn. 21). 7

Keinen Grund für eine Auflösungsklage stellen Mängel des Gesellschaftsvertrags dar, die im Wege der **Nichtigkeitsklage** geltend gemacht werden können (Baumbach/Hueck/*Haas* Rn. 12). Andere Gründungsmängel wie etwa eine arglistige Täuschung oder ein Irrtum beim Vertragsschluss können dagegen einen wichtigen Grund bilden, soweit sie den Gesellschafter vom Vertragsschluss abgehalten hätten und nicht zwischenzeitlich durch die Zusammenarbeit der Gesellschafter unerheblich geworden sind (UHL/*Casper* Rn. 24; vgl. auch KG 22.1.1997, GmbHR 1997, 952). Bei fehlerhaften Satzungsänderungen haben Anfechtungs- und Nichtigkeitsklage als milderes Mittel Vorrang (Rowedder/Schmidt-Leithoff/*Gesell* Rn. 9). 8

III. Verfahren (Abs. 2 und 3)

1. Aktivlegitimation. Klageberechtigt sind ein oder mehrere Gesellschafter, deren Anteile mindestens 10 % des Stammkapitals entsprechen; mehrere Gesellschafter sind notwendige Streitgenossen, auch wenn jeder von ihnen 10 % des Stammkapitals hält, da die Entscheidung nur einheitlich ergehen kann (RG 4.6.1940, RGZ 164, 129 (132)). Es handelt sich um eine **Prozessvoraussetzung,** bei deren Fehlen die Klage als unzulässig abzuweisen ist. Bei der Berechnung des Quorums ist eine abweichende Regelung des Stimmgewichts irrelevant (UHL/*Casper* Rn. 30); eigene Anteile der GmbH werden nicht berücksichtigt (Baumbach/Hueck/*Haas* Rn. 14). 9

Klagebefugt sind grundsätzlich nur die **Gesellschafter.** Jedoch geht nach Eröffnung des Insolvenzverfahrens über das Vermögen eines Gesellschafters die Klagebefugnis auf den Insolvenzverwalter über 10

(RG 27.11.1908, RGZ 70, 64 (66 f.)). Treugebern, Pfandgläubigern und Nießbrauchern steht kein Klagerecht zu (Rowedder/Schmidt-Leithoff/*Gesell* Rn. 13). Auch müssen sie der Auflösungsklage eines Gesellschafters nicht zustimmen, da das Auflösungsrecht unentziehbar ist (Roth/Altmeppen/*Altmeppen* Rn. 8).

11 Die klagenden Gesellschafter müssen bis zur letzten mündlichen Verhandlung eine entsprechende Zahl von Anteilen innehaben. Veräußert ein Gesellschafter seinen Anteil während des Verfahrens, so ist dies keine Veräußerung der Streitsache iSd § 265 ZPO. Vielmehr verliert er seine Klagebefugnis, da er infolge der Veräußerung idR kein Interesse an der Auflösung mehr hat (Baumbach/Hueck/*Haas* Rn. 14). Jedoch kommt ein **gewillkürter Klägerwechsel** nach § 263 ZPO in Betracht (UHL/*Casper* Rn. 26).

12 **2. Passivlegitimation.** Beklagter ist die **GmbH** (RG 4.6.1949, RGZ 164, 129 (130); Bork/Schäfer/*Roth* Rn. 8; aA *Joost* ZGR 1984, 71 (97 ff.) für die personalistische GmbH). Sie wird im Prozess durch die Geschäftsführer vertreten. Ist einer der Kläger zugleich Geschäftsführer, ist er von der Vertretung ausgeschlossen (UHL/*Casper* Rn. 31). Fehlt es an Geschäftsführern in vertretungsberechtigter Zahl, so ist ein Notgeschäftsführer durch das Registergericht (§ 29 BGB) oder ein Prozesspfleger durch das Prozessgericht (§ 57 ZPO) zu bestellen.

13 Die anderen Gesellschafter können auf Seiten der GmbH als **Nebenintervenienten** beitreten. Da ein Auflösungsurteil auch ihnen gegenüber Rechtskraft erlangt, handelt es sich nach § 69 ZPO um eine streitgenössische Nebenintervention. Im Übrigen muss das Prozessgericht schon im Hinblick auf die inter-omnes-Wirkung des Urteils die übrigen Gesellschafter gem. Art. 103 Abs. 1 GG von der Klage benachrichtigen (BVerfG 9.2.1982, BVerfGE 60, 7 (15) = NJW 1982, 1635).

14 **3. Zuständigkeit.** Für die Klage ist ausschließlich das LG am Satzungssitz der GmbH zuständig, und zwar nach § 95 Abs. 1 Nr. 4a GVG die **Kammer für Handelssachen.** Gerichtsstandsvereinbarungen sind nach § 40 Abs. 2 ZPO unwirksam. Zulässig soll dagegen eine Schiedsvereinbarung sein (→ Rn. 22).

15 **4. Entscheidung.** Das Verfahren muss durch Urteil beendet werden. Vergleich und Anerkenntnis sind unzulässig (Scholz/*Cziupka* Rn. 21). Das der Klage stattgebende Auflösungsurteil hat Gestaltungswirkung und wirkt inter omnes (MüKoGmbHG/*Limpert* Rn. 51). Die GmbH ist aufgelöst mit der Rechtskraft des Urteils. Das Urteil kann in der Hauptsache nicht für vorläufig vollstreckbar erklärt werden; eine dennoch ausgesprochene vorläufige Vollstreckbarkeit ist wirkungslos (KG 6.11.1911, OLGE 27, 390 (390 f.)). Dementsprechend kann auch die Anmeldung der Auflösung zum Handelsregister (§ 65) erst nach Rechtskraft erfolgen.

16 Wegen Vorwegnahme der Hauptsache kommt eine einstweilige Verfügung über die Auflösung nicht in Betracht. Möglich sind aber **vorläufige Regelungen zur Sicherung des Auflösungsspruchs.** In Betracht kommt hier insbes. die vorläufige Entziehung der Vertretungsmacht und Geschäftsführungsbefugnis des Geschäftsführers (vgl. OLG Frankfurt a. M. 31.7.1979, GmbHR 1979, 229). Bei einem Fremdgeschäftsführer ist der Antrag aufgrund mangelnder direkter Rechtsbeziehungen nicht gegen ihn, sondern die Gesellschaft zu richten (Baumbach/Hueck/*Haas* Rn. 26; aA OLG Frankfurt a. M. 31.7.1979, GmbHR 1979, 229).

17 Unklar ist, ob bei einer Auflösung durch Schiedsspruch die Gestaltungswirkung eine **Vollstreckbarkeitserklärung** gem. § 1060 ZPO voraussetzt (so BayObLG 24.2.1984, DB 1984, 1240 (1241); aA UHL/*Casper* Rn. 43; MüKoGmbHG/*Limpert* Rn. 54). Da die Gestaltungswirkung in ihrer Bedeutung der Vollstreckung gleichkommt, spricht viel für die Notwendigkeit einer Vollstreckbarkeitserklärung. Im Übrigen ist diese selbst nach der Gegenauffassung jedenfalls für die Eintragung der Auflösung ins Handelsregister erforderlich.

18 **5. Streitwert.** Der Streitwert bemisst sich nicht nach dem Wert aller Geschäftsanteile (aA *Lappe* GmbHR 1957, 43). Richt- und Höchstwert ist vielmehr der Wert des Geschäftsanteils des Klägers (OLG München 18.1.2.1956, GmbHR 1957, 43; OLG Naumburg 20.4.2012, GmbHR 2013, 37 (39)) Unklar ist, ob dieser idR zu reduzieren ist (so OLG Köln 14.12.1987, GmbHR 1988, 192 f.; Scholz/*Cziupka* Rn. 21) oder ob eine derartige Reduzierung entsprechend § 247 Abs. 2 und 3 AktG nur in Betracht kommt, wenn der Ansatz des vollen Streitwerts die wirtschaftliche Lage des Klägers erheblich gefährden würde (UHL/*Casper* Rn. 48; für den Ansatz des vollen Wert des Geschäftsanteils wohl auch OLG Naumburg 20.4.2012, GmbHR 2013, 37 (39)). Da das Auflösungsurteil aber noch keinen vollstreckbaren Titel auf das Auseinandersetzungsguthaben gibt, ist eine Reduzierung im Regelfall geboten.

IV. Fortsetzung

19 Die Parteien können auch im Fall des § 61 die Fortsetzung der aufgelösten Gesellschaft beschließen. Der Fortsetzungsbeschluss bedarf jedoch der Zustimmung der klagenden Gesellschafter (BayObLG 25.7.1978, DB 1978, 2164 (2165); Scholz/*Cziupka* Rn. 35, dort auch zu möglichen Ausnahmen).

Andernfalls könnte die Unentziehbarkeit der Auflösungsklage durch den Fortsetzungsbeschluss umgangen werden.

V. Abdingbarkeit

1. Einschränkungen. Das Recht der Gesellschafter, bei Vorliegen eines wichtigen Grundes die Gesellschaft durch Klage aufzulösen, ist zwingend und kann daher durch die Satzung nicht ausgeschlossen oder eingeschränkt werden (BayObLG 25.7.1978, DB 1978, 2165; Scholz/*Cziupka* Rn. 2). Unzulässige Einschränkungen des Klagerechts lägen etwa in einer Erhöhung des erforderlichen Quorums oder Satzungsklauseln, die bestimmte Gründe als wichtigen Grund ausschließen (Baumbach/Hueck/*Haas* Rn. 3). Unzulässig sind ferner Regelungen, nach denen die Auflösungsklage zur Einziehung des Geschäftsanteils des Klägers nach § 34 führt, auch wenn eine angemessene Abfindung vorgesehen ist (OLG München 1.7.2010, DNotZ 2010, 937 (938); Baumbach/Hueck/*Haas* Rn. 3; letztlich auch BayObLG 25.7.1978, DB 1978, 2164 (2165); diff. GBS GmbHG/*Becker/Hofmann* Rn. 7; *Vollhard* GmbHR 1995, 617 ff.). Unklar ist, ob die Satzung bei einem Auflösungsurteil eine Fortsetzung unter den verbleibenden Gesellschaftern vorsehen kann (dagegen BayObLG 25.7.1978, DB 1978, 2154 (2165); Baumbach/Hueck/*Haas* Rn. 3; aA UHL/*Casper* Rn. 55). Für eine Zulässigkeit wird geltend gemacht, dass eine Fortsetzung den Gesellschafter nicht belaste, wenn die vorgesehene Abfindung dem zu erwartenden Liquidationserlös entspreche und ihre Auszahlung nicht an den §§ 30, 31 scheitere. Freilich wird, wenn die übrigen Gesellschafter den Kläger in der beschriebenen Weise abfinden wollen und können, die Auflösungsklage schon kaum begründet sein. 20

2. Erweiterungen. Zulässig sind dagegen Erweiterungen der Auflösungsklage durch die Satzung (BayObLG 25.7.1978, DB 1978, 2164 (2165); Scholz/*Cziupka* Rn. 2). So ist es etwa möglich, das Quorum zu senken oder zusätzliche Auflösungsgründe einzuführen (Baumbach/Hueck/*Haas* Rn. 4). Auch kann die Auflösungsklage durch ein Kündigungsrecht der Gesellschafter ersetzt werden (Rowedder/Schmidt-Leithoff/*Gesell* Rn. 4; UHL/*Casper* Rn. 51). 21

3. Schiedsvereinbarung. Die Parteien können vereinbaren, dass für die Auflösungsklage ein Schiedsgericht zuständig ist (BayObLG 24.2.1984, DB 1984, 1240; Scholz/*Cziupka* Rn. 6). Die Vereinbarung muss sich jedoch bereits aus der Satzung ergeben. Zwischen der Gesellschaft und den Auflösungsklägern kann keine Schiedsklausel mehr vereinbart werden, da sie sich nicht über den Streitgegenstand vergleichen können (§ 1030 Abs. 1 S. 2 ZPO); anderes gilt nur, wenn die übrigen Gesellschafter zustimmen (MHLS/*Nerlich* Rn. 44). Ebenso bedarf die nachträgliche Einführung einer Schiedsklausel durch Satzungsänderung der Zustimmung aller Gesellschafter (Roth/Altmeppen/*Altmeppen* Rn. 11; aA *Haas* SchiedsVZ 2007, 1 (7 f.)). 22

Auflösung durch eine Verwaltungsbehörde

62 (1) **Wenn eine Gesellschaft das Gemeinwohl dadurch gefährdet, daß die Gesellschafter gesetzwidrige Beschlüsse fassen oder gesetzwidrige Handlungen der Geschäftsführer wissentlich geschehen lassen, so kann sie aufgelöst werden, ohne daß deshalb ein Anspruch auf Entschädigung stattfindet.**

(2) **Das Verfahren und die Zuständigkeit der Behörden richtet sich nach den für streitige Verwaltungssachen *landesgesetzlich* geltenden Vorschriften.**

Übersicht

I. Allgemeines

1 Bei § 62 handelt es sich um eine der Gefahrenabwehr dienende Vorschrift des öffentlichen Rechts. Sie soll – ähnlich wie die Parallelvorschriften §§ 43, 44 BGB und § 396 AktG – die Allgemeinheit vor gesetzwidrigen Handlungen der Gesellschaft schützen (MHLS/*Nerlich* Rn. 3). Praktisch ist sie **weitgehend bedeutungslos** (einziger bekannter Fall: KG 14.1.1937, JW 1937, 1270). Die Vorschrift ist seit 1892 nicht verändert worden; S. 2 und 3 sind jedoch durch die Schaffung der VwGO obsolet geworden.

2 Neben § 62 sehen auch einige weitere Vorschriften die Möglichkeit vor, eine Gesellschaft durch einen staatlichen Hoheitsakt aufzulösen. So kann die BaFin bei Aufhebung der Erlaubnis zum Betrieb von Bankgeschäften oder der Erbringung von Finanzdienstleistungen nach **§ 38 KWG** zugleich bestimmen, dass das Institut abzuwickeln ist. Ihre Entscheidung wirkt wie ein Auflösungsbeschluss. Liegen die Voraussetzungen dieser Vorschrift vor, so hat sie wegen größerer Sachnähe Vorrang vor der Auflösung nach § 62 (MüKoGmbHG/*Limpert* Rn. 13; Rowedder/Schmidt-Leithoff/*Gesell* Rn. 13). Daneben erlauben **§§ 17, 3 VereinsG** die Auflösung einer GmbH, wenn sich diese gegen die verfassungsmäßige Ordnung oder den Gedanken der Völkerverständigung richtet, wenn ihre Zwecke oder ihre Tätigkeit den in §§ 74a Abs. 1, § 120 GVG genannten Strafgesetzen oder § 130 StGB zuwiderlaufen oder sie von einem Verbot als Teil- oder Ersatzorganisation erfasst wird. Bei Verstößen gegen andere Straftatbestände ist § 62 anwendbar. Da ein Verbot nach VereinsG zur Vermögensbeschlagnahme führt, dürfte die Auflösung nach § 62 das mildere Mittel darstellen und daher Vorrang haben (UHL/*Casper* Rn. 9; aA Baumbach/Hueck/*Haas* Rn. 10).

3 Nicht zur Auflösung führen gewerberechtliche Untersagungen wie etwa § 35 GewO (vgl. VGH München 7.6.2018, NVwZ-RR 2019, 182 (184)) oder § 16 HwO oder die Untersagung einzelner Anlagen zB nach §§ 20, 25 BImSchG. Gleichfalls stellt eine Auflösungsverfügung nach § 41 Abs. 3 GWB keinen Auflösungsgrund dar (Scholz/*Cziupka* Rn. 23 f.).

II. Auflösungsvoraussetzungen

4 **1. Gesetzwidrige Handlungen oder Beschlüsse.** § 62 setzt voraus, dass die Gesellschafter gesetzwidrige Beschlüsse fassen oder gesetzwidrige Handlungen der Geschäftsführer geschehen lassen. In Betracht kommen dabei **Verstöße gegen das Zivilrecht, Strafrecht oder öffentliche Recht.** Auch Sittenwidrigkeit genügt wegen § 138 BGB (Scholz/*Cziupka* Rn. 3). Nicht ausreichend sind dagegen Verstöße gegen die Satzung oder ein gesetzeswidriger Gegenstand des Unternehmens, der gar nicht hätte eingetragen werden dürfen. Hier kommen Nichtigkeitsklage oder Amtslöschung in Betracht (Rowedder/Schmidt-Leithoff/*Gesell* Rn. 2). Ebenso soll jedenfalls nach überwiegender Auffassung im Schrifttum zum parallelen § 396 AktG der Verstoß gegen ausländisches Recht nicht erfasst sein (BeckOGK/*Spindler* AktG § 396 Rn. 8; KK-AktG/*Kersten* AktG § 396 Rn. 20; MüKoAktG/*Schürnbrand* AktG § 396 Rn. 7; aA Scholz/*Cziupka* Rn. 3 im Ausnahmefall für ausländisches Zivilrecht).

5 **2. Zurechnung.** § 62 ist nur einschlägig, wenn die Gesetzesverstöße von den Gesellschaftern ausgehen oder von ihnen geduldet werden. Dies stellt **kein Schulderfordernis** dar; vielmehr soll das Verhalten der Gesellschafter die Zurechnung zur Gesellschaft rechtfertigen (UHL/*Casper* Rn. 19). Möglich ist eine derartige Zurechnung zum einen bei gesetzwidrigen Beschlüssen; Mehrheitsbeschlüsse genügen. Eine aus dem Gesetzesverstoß folgende Nichtigkeit des Beschlusses ist unbeachtlich, wenn die Gesellschafter ihn als wirksam behandeln (Roth/Altmeppen/*Altmeppen* Rn. 2). Zum anderen sind auch gesetzwidrige Handlungen der Geschäftsführer erfasst, wenn die Gesellschafter sie wissentlich geschehen lassen. Dies setzt die Kenntnis der Mehrheit der Gesellschafter von diesen Handlungen und das Bewusstsein der Gesetzeswidrigkeit voraus. Der Kenntnis steht aber bewusstes Verschließen gegen die Erkenntnis gleich (Baumbach/Hueck/*Haas* Rn. 8).

6 **3. Gefährdung des Gemeinwohls.** Mit dem Erfordernis der Gemeinwohlgefährdung ist eine konkrete Bedrohung öffentlicher Interessens von erheblichem Gewicht gemeint. Die Gesetzesverletzung muss die Interessen breiter Verkehrskreise oder der Öffentlichkeit erheblich beeinträchtigen. Als Bsp. werden etwa große Schwindelunternehmen, Gesellschaften mit staatsfeindlichen Bestrebungen oder Gesellschaften, die Geldwäsche betreiben, genannt; bloß unlauterer Wettbewerb oder einzelne steuerliche Unregelmäßigkeiten genügen nicht (MüKoGmbHG/*Limpert* Rn. 37 f.; Scholz/*Cziupka* Rn. 9, 12). Eine Gefährdung iSd Vorschrift liegt dabei aber nur vor, wenn aus früheren Handlungen auf noch weitergehende Aktivitäten geschlossen werden kann. Notwendig ist, **dass fortgesetztes gesetzwidriges Gesellschafterhandeln** zu erwarten ist.

7 **4. Verhältnismäßigkeit.** Wie alle verwaltungsgerichtlichen Maßnahmen unterliegt die Auflösung nach § 62 dem Übermaßverbot (UHL/*Casper* Rn. 6). Teilweise wird dies bereits in das Erfordernis der Gemeinwohlgefährdung hineingelesen (Baumbach/Hueck/*Haas* Rn. 9). Entsprechend allgemeinen verwaltungsrechtlichen Grundsätzen sollte man aber beides trennen. Die Auflösung muss demnach ge-

eignet, erforderlich und verhältnismäßig sein. Mildere Mittel wie zB die Untersagung des gesetzwidrigen Handelns gehen vor (Rowedder/Schmidt-Leithoff/*Gesell* Rn. 6). Damit ist § 62 gegenüber anderen Eingriffsbefugnissen **subsidiär.**

III. Verfahren

1. Verwaltungsakt. Abs. 2 S. 1, der auf die landesrechtlich geltenden Vorschriften für streitige Verwaltungssachen verweist, ist durch die VwGO obsolet geworden. Gleiches gilt für Abs. 2 S. 2 und 3, die die Behörde bei Fehlen eines Verwaltungsstreitverfahrens zu einer Klage auf Auflösung zwangen. Damit ist aber die Grundlage für die früher hM entfallen, der zufolge die Behörde die Auflösung generell nicht selbst aussprechen konnte, sondern auf den Klageweg verwiesen war (s. nur KG 14.1.1937, JW 1937, 1270). Die Auflösung erfolgt daher **durch Verwaltungsakt der Behörde.** Die Gesellschaft ist durch die Möglichkeit der Anfechtungsklage ausreichend geschützt. Entgegen der früher herrschenden Auffassung ist eine Klage der Behörde auf Auflösung weder notwendig noch zulässig (Baumbach/Hueck/*Haas* Rn. Rn. 11.; UHL/*Casper* Rn. 26). 8

2. Gebundene Entscheidung. Umstritten ist, ob die Behörde bei Vorliegen der Voraussetzungen nach Abs. 1 zur Auflösung verpflichtet ist. Teilweise wird aus dem Wortlaut („kann") und dem ordnungsrechtlichen Opportunitätsprinzip abgeleitet, dass der Behörde ein Ermessen zustehe (UHL/*Casper* Rn. 5; Rowedder/Schmidt-Leithoff/*Gesell* Rn. 6). Andere lehnen hingegen ein Ermessen der Behörde ab (Scholz/*Cziupka* Rn. 16). Praktische Unterschiede dürften zwischen beiden Auffassungen kaum bestehen, da bei den von § 62 erfassten schweren Gesetzesverstößen idR eine **Ermessensreduzierung auf Null** vorliegen dürfte (UHL/*Casper* Rn. 5). 9

3. Zuständigkeit. § 62 regelt nicht, welche Behörde für die Auflösung zuständig ist. Soweit keine landesrechtlichen Regeln bestehen, bietet sich daher eine Analogie zu § 396 AktG an. Zuständig ist damit die **oberste Landesbehörde** – idR das Wirtschaftsministerium – des Landes, in dem die Gesellschaft ihren Sitz hat (Rowedder/Schmidt-Leithoff/*Gesell* Rn. 8). Aus der Zuständigkeit der Landesbehörde für die Auflösung folgt iÜ, dass hinsichtlich des Verfahrens die Landesverwaltungsverfahrensgesetze anzuwenden sind. 10

IV. Rechtsfolgen

1. Auflösung. Die Auflösung wird mit Wirksamwerden des Verwaltungsaktes der Behörde wirksam. Die Anfechtungsklage hat **aufschiebende Wirkung;** doch soll die Gesellschaft bei der Anfechtungsklage bereits durch die Liquidatoren vertreten werden (Scholz/*Cziupka* Rn. 17). Die Auflösung ist nach § 65 ins Handelsregister einzutragen. Abweichend von § 398 AktG ist eine Mitteilung von Amts wegen nicht vorgesehen. 11

2. Entschädigung. Die Auflösung nach § 62 Abs. 1 löst keinen Anspruch auf Entschädigung aus. Sie stellt keine Enteignung dar, da das Liquidationsguthaben den Gesellschaftern zusteht, sondern nur eine Konkretisierung der **Sozialpflichtigkeit** des Eigentums; Ansprüche aus Amtspflichtverletzung wegen unrechtmäßiger Auflösungsverfügung bleiben freilich von diesem Ausschluss unberührt (Rowedder/Schmidt-Leithoff/*Gesell* Rn. 11). 12

3. Fortsetzung. Eine Fortsetzung der Gesellschaft durch Beschluss ist erst möglich, wenn der Verwaltungsakt auf **Aufhebung widerrufen oder zurückgenommen** worden ist (Rowedder/Schmidt-Leithoff/*Gesell* Rn. 15). Wird die Auflösungsverfügung im Anfechtungsprozess ex tunc aufgehoben, ist schon der Auflösungstatbestand beseitigt, und es bedarf keines Beschlusses mehr (Scholz/*Cziupka* Rn. 20). 13

(weggefallen)

63

Haftung für Zahlungen nach Zahlungsunfähigkeit oder Überschuldung

64

[1]Die Geschäftsführer sind der Gesellschaft zum Ersatz von Zahlungen verpflichtet, die nach Eintritt der Zahlungsunfähigkeit der Gesellschaft oder nach Feststellung ihrer Überschuldung geleistet werden. [2]Dies gilt nicht von Zahlungen, die auch nach diesem Zeitpunkt mit der Sorgfalt eines ordentlichen Geschäftsmanns vereinbar sind. [3]Die gleiche Verpflichtung trifft die Geschäftsführer für Zahlungen an Gesellschafter, soweit diese zur Zahlungsunfähigkeit der Gesellschaft führen mussten, es sei denn, dies war auch bei Beach-

tung der in Satz 2 bezeichneten Sorgfalt nicht erkennbar. [4] Auf den Ersatzanspruch finden die Bestimmungen in § 43 Abs. 3 und 4 entsprechende Anwendung.

Übersicht

I. Normentwicklung und Normzweck

1 Das GmbHG enthält mit § 64 heute nur noch einen Teil der Bestimmungen, die die insolvenzreife Gesellschaft betreffen. Ursprünglich regelte § 63 aF die Insolvenzgründe, und aus § 64 folgte nicht nur das Zahlungsverbot bei Insolvenzreife, sondern auch die Insolvenzantragspflicht der Geschäftsführer. Mit

dem EGInsO (BGBl. 1994 I 2911) wurden zum 1.1.1999 § 63 aF aufgehoben und die Insolvenzgründe in §§ 16 ff. InsO geregelt. Durch das MoMiG (BGBl. 2008 I 2026) wurde die Insolvenzantragspflicht in § 64 gestrichen und rechtsformübergreifend für alle Körperschaften in § 15a InsO verankert. Zugleich wurde § 64 um das Verbot insolvenzauslösender Zahlungen (§ 64 S. 3) ergänzt. Zu den Besonderheiten aufgrund des COVInsAG → Rn. 30a, 45a, 70a, 88 und → InsO § 15a Rn. 1a ff. Noch nicht absehbar ist derzeit, ob die Umsetzung der Restrukturierungsrichtlinie Auswirkungen auf § 64 haben wird (vgl. dazu *Birnbreier* NZI-Beilage 2019, 35 (36); allgemein zur Richtlinie etwa *H.-F. Müller* ZGR 2018, 56).

Der **Normzweck** des § 64 ist umstritten. Nach Auffassung des BGH soll das Zahlungsverbot die verteilungsfähige Vermögensmasse einer insolvenzreifen GmbH im Interesse der Gesamtheit ihrer Gläubiger erhalten und eine zu ihrem Nachteil gehende bevorzugte Befriedigung einzelner Gläubiger verhindern (BGH 18.3.1974, NJW 1974, 1088 (1089); BGH 29.11.1999, BGHZ 143, 182 (186) = NJW 2000, 668; BGH 5.5.2008, NJW 2008, 2504 Rn. 10; s. auch Rowedder/Schmidt-Leithoff/*Schmidt-Leithoff/Schneider* Rn. 14). Dem stehen die Auffassungen nahe, nach denen die Sicherung der Gläubigergleichbehandlung bezweckt sein soll (*Schulze-Osterloh* FS Bezzenberger, 2000, 415 (423)) oder die Gläubiger so gestellt werden sollen, als wäre das Insolvenzverfahren eröffnet worden (*Habersack/Foerster* ZHR 178 (2014), 387, 394 (418)). Andere stellen auf den Erhalt des Gesellschaftsvermögens ab (*Altmeppen/Wilhelm* NJW 1999, 673 (678)) oder betonen den Verhaltensanreiz für den Geschäftsführer, seiner Insolvenzantragspflicht nachzukommen (Baumbach/Hueck/*Haas* Rn. 3). Demgegenüber vertritt ein Teil der Lit. die Auffassung, die Norm bezwecke unmittelbar den Gläubigerschutz (Scholz/*K. Schmidt* Rn. 6). 2

Bedeutung erlangen diese unterschiedlichen Akzentsetzungen bei der Frage, wie das Zahlungsverbot nach § 64 S. 1 und 2 mit eigenen Ansprüchen der Gläubiger wegen Insolvenzverschleppung abzustimmen ist (→ Rn. 5 ff. und → Rn. 33). Sie ändern freilich nichts daran, dass § 64 nur **Ansprüche der Gesellschaft** normiert. Im Übrigen lassen sich die Ansätze auf den neuen S. 3 ohnehin nur begrenzt übertragen (→ Rn. 48 ff.). Insbesondere die Auffassung, § 64 solle die Gläubigergleichbehandlung sichern, passt für das Verbot insolvenzauslösender Zahlungen nicht. Freilich ist diese Auffassung auch iÜ abzulehnen. Träfe sie zu, wäre § 64 S. 1 der Sonderfall eines Anfechtungstatbestands, und Rechtsfolge dürfte nicht ein Erstattungsanspruch gegenüber dem Geschäftsführer, sondern gegen die Zahlungsempfänger sein (so überzeugend *Bitter* WM 2001, 666 (669 Fn. 34); Scholz/*K. Schmidt* Rn. 6). 3

II. Haftung wegen masseschmälernder Zahlungen (S. 1 und 2)

1. Rechtsnatur. § 64 S. 1 und 2 untersagen den Geschäftsführern masseschmälernde Zahlungen nach Insolvenzreife, soweit diese nicht mit der Sorgfalt eines ordentlichen Kaufmanns vereinbar sind (aus rechtspolitischer Sicht krit. *K. Schmidt* ZHR 175 (2011), 433 (441); *K. Schmidt* NZG 2015, 129 ff.). Ähnliche Regelungen enthalten § 92 Abs. 2 S. 1 AktG und § 99 GenG für Aktiengesellschaft und Genossenschaft. Ferner normiert § 130a HGB ein Zahlungsverbot bei Insolvenzreife für offene Handelsgesellschaften, bei denen kein Gesellschafter eine natürliche Person ist; die Vorschrift gilt nach § 177a HGB auch für Kommanditgesellschaften ohne eine natürliche Person. Rechtsfolge ist allerdings jedenfalls nach dem Wortlaut des § 130a Abs. 2 HGB nicht die Erstattung der geleisteten Zahlungen, sondern der Ersatz des aufgrund der Zahlungen entstandenen Schadens. 4

Nicht nur der Normzweck (→ Rn. 2 f.), sondern auch die **Rechtsnatur** der Zahlungsverbote ist umstritten. Überwiegend wird angenommen, dass es sich bei § 64 S. 1 um keinen Schadensersatzanspruch, sondern einen **Ersatzanspruch eigener Art** handele (s. nur BGH 8.1.2001, BGHZ 146, 264 (278) = NJW 2001, 1280; Lutter/Hommelhoff/*Kleindiek* Rn. 4 f.; Baumbach/Hueck/*Haas* Rn. 12; MüKoGmbHG/*H.-F. Müller* Rn. 139 ff.; s. auch *Gehrlein* ZHR 181 (2017), 482 (491 ff.); *Habersack/Foerster* ZHR 178 (2014), 387 (393 ff.)). Die Pflicht zur Erstattung von nach Insolvenzreife unzulässigerweise geleisteten Zahlungen sei damit von der Insolvenzantragspflicht (§ 15a InsO) und von den an deren Verletzung geknüpften Schadensersatzansprüchen (→ Rn. 97 ff.) zu trennen. Zu erstatten seien vom Geschäftsführer die einzelnen Zahlungen; auf einen Schaden der Gesellschaft durch die Zahlungen komme es nicht an. Dieses Verständnis hat die Rspr. auch auf §§ 130a, 177a HGB übertragen (BGH 5.2.2007, NZG 2007, 678 Rn. 7; BGH 26.3.2007, NZG 2007, 462 Rn. 7). Damit soll etwa auch eine Berufung auf rechtmäßiges Alternativverhalten ausgeschlossen sein (BGH 11.2.2020, NZG 2020, 517 Rn. 21). 5

Diesem Ansatz der hM stehen Konzepte gegenüber, die das Zahlungsverbot nach § 64 S. 1 in die Insolvenzverschleppungshaftung zu integrieren versuchen. So wird namentlich von *K. Schmidt* die These vertreten, das Zahlungsverbot bei materieller Insolvenz sei kein eigenständigen Normbefehl neben der Insolvenzantragspflicht; vielmehr stelle der aus ihm resultierende Rückforderungsanspruch nur einen **Bestandteil der allgemeinen Schadensersatzhaftung wegen Insolvenzverschleppung** dar (*K. Schmidt* ZHR 168 (2004), 637 (650 ff.); Scholz/*K. Schmidt* Rn. 10 ff.; ähnlich auch *Bitter* WM 2001, 666 (670 ff.); dahingehend auch UHL/*Casper* Rn. 85 f.). Die eigenständige Bedeutung der Vorschrift liege darin, dass die Geltendmachung des Schadens materiell-rechtlich der Gesellschaft zugewiesen werde und die Höhe der Zahlungen eine widerlegliche Vermutung eines entsprechenden Gesamt- 6 gläubigerschadens begründe. Noch weiter geht die Auffassung, dass deliktische Schadensersatzansprüche wegen Verletzung der Insolvenzantragspflicht nicht in Betracht kämen und stattdessen § 64 S. 1 als allgemeines Verbot der Masseschmälerung durch Insolvenzverschleppung zu verstehen sei (*Altmeppen/Wilhelm* NJW 1999, 673 (678 ff.); *Altmeppen* ZIP 2001, 2201 (2205 ff.); *Altmeppen* NZG 2016, 521 (524 f.); Roth/Altmeppen/*Altmeppen* Rn. 41 ff.) Es gehe daher nicht um den Ausgleich einzelner Zahlungen, sondern um eine **Verlustausgleichspflicht** bei Insolvenzverschleppung.

7 Eine derartige Verlustausgleichspflicht stellt ein schlüssiges rechtspolitisches Konzept dar. De lege lata lässt sich eine allgemeine Verlustausgleichspflicht indes nicht aus dem Begriff der „Zahlung" ableiten. Schwieriger fällt die Beantwortung der Frage, ob die Zahlungsverbote – wie von Teilen der Lit. gefordert – schadensrechtlich zu deuten sind. Auch wenn man aber eine schadensrechtliche Einordnung ablehnt und S. 1 als „Ersatzanspruch eigener Art" qualifiziert, bleibt der Zweck der Haftung zu berücksichtigen. Er liegt in der Wiederauffüllung der Masse (→ Rn. 2 f.). Damit ist aber nach dem Schutzzweck der Vorschrift nicht der Ersatz von Zahlungen geboten, die zur Wiederauffüllung der Masse nicht erforderlich sind. Die Rspr. erkennt dies letztlich auch selbst an, wenn sie zur Vermeidung einer Bereicherung der Masse eine Verurteilung des Geschäftsführers nur unter dem Vorbehalt zulässt, dass er nach Erstattung an die Masse seine Gegenansprüche gegen den Insolvenzverwalter etwa wegen der Insolvenzquote des Zahlungsempfängers oder möglicher Ansprüche aus Insolvenzanfechtung verfolgen kann (→ Rn. 35 f.). Indes dürften diese Ausnahmen im Einzelfall nicht ausreichen; denn die geleisteten Zahlungen spiegeln nicht zwangsläufig die entstandene Masseverkürzung wider. So können etwa bei der Zahlungsabwicklung über ein debitorisches Gesellschaftskonto in kurzer Zeit nach S. 1 erhebliche Beträge zu ersetzen sein, ohne dass damit eine entsprechende Masseverkürzung verbunden ist (s. das Bsp. bei *K. Schmidt* ZIP 2005, 2177 (2182); weitere Beispiele bei UHL/*Casper* Rn. 86). Vor diesem Hintergrund muss dem Geschäftsführer schon aus teleologischen Gesichtspunkten der Einwand gestattet sein, dass der Masseverkürzungsschaden ausnahmsweise geringer ist als die nach S. 1 grundsätzlich zu erstattenden Zahlungen (ähnlich auch UHL/*Casper* Rn. 86; ähnlich auch *Gehrlein* ZHR 181 (2017), 482 (556)). Freilich bleibt nicht zu übersehen, dass diese Einschränkung wie auch die zahlreichen weiteren, die bereits von der Rechtsprechung bejaht werden (→ Rn. 19 ff.), zu einem äußerst komplexen System führt, das für die Praxis schwer durchschaubar ist. Vor diesem Hintergrund ist der Ruf nach einem „Neustart durch den Gesetzgeber" (*Bitter* Beil. zu ZIP 22/2016, 6 (11)) zweifellos berechtigt.

7a Zweifelsfragen wirft auch das Verhältnis des § 64 S. 1 zu den Tatbeständen der **Insolvenzanfechtung** auf. Zwar sieht die Vorschrift anders als die Anfechtungstatbestände keine Erstattungspflicht des Zahlungsempfängers vor (→ Rn. 2), und weitergehend können Ansprüche aus S. 1 und aus Insolvenzanfechtung nebeneinander geltend gemacht werden (→ Rn. 36). Dennoch wird im Schrifttum für eine Anlehnung an die Insolvenzanfechtung bei der Auslegung des Tatbestands des § 64 S. 1 plädiert, da Schutzzweck, Tatbestand und Rechtsfolgen sehr ähnlich seien (*Gehrlein* ZHR 181 (2017), 482 (484 ff.)). Die Rechtsprechung hat diesen Ansatz bislang nicht aufgegriffen. Sie hat eine entsprechende Anwendung des § 142 InsO im Rahmen des § 64 S. 1 abgelehnt und dabei allgemein darauf verwiesen, dass die Vorschrift anders als die Regelungen über die Insolvenzanfechtung die Gläubiger nur vor einer Verringerung der Aktivmasse, nicht aber vor der Erhöhung der Schuldenmasse schütze (BGH 4.7.2017, NZG 2017, 1034 Rn. 13 f.; eingehend → Rn. 20). Tatsächlich bestehen im Detail zwischen Insolvenzanfechtung und den Zahlungsverboten Unterschiede, die eine jedenfalls unbesehene Übertragung anfechtungsrechtlicher Wertungen ausschließen (skeptisch auch *Casper* ZIP 2016, 793 (802 f.)). Letztlich steht hinter der Heranziehung anfechtungsrechtlicher Wertungen das Verständnis, dass § 64 S. 1 dem Insolvenzverwalter lediglich die gebündelte Verfolgung der Ansprüche aus Insolvenzanfechtung gegen den Geschäftsführer ermögliche (so in der Tat *Gehrlein* ZHR 181 (2017), 482 (506)). Da ein Anspruch nach § 64 S. 1 auch dann noch in Betracht kommen kann, wenn eine Anfechtung wegen Fristversäumnisses nicht mehr möglich ist (→ Rn. 36), überzeugt dieser Ansatz indes nicht.

7b § 64 S. 1 stellt kein Schutzgesetz iSd § 823 Abs. 2 BGB dar (BGH 21.5.2019, ZIP 2019, 1721 Rn. 16; krit. *Altmeppen* ZIP 2020, 937 (940)). Das gilt auch für den Zeitraum nach der Liquidation (BGH 19.11.2019, NZG 2020, 260 Rn. 15).

8 **2. Tatbestand. a) Normadressat.** Verpflichtet sind nach § 64 S. 1 der oder die Geschäftsführer bzw. – nach Auflösung der Gesellschaft – die Liquidatoren (§ 71 Abs. 4) einer GmbH oder auch Vor-GmbH (Baumbach/Hueck/*Haas* Rn. 13). Dritte wie Gesellschafter oder Prokuristen können dagegen auch nicht als Teilnehmer haften, da § 64 keine deliktische Vorschrift ist (BGH NJW 11.2.2008, NJW-RR 2008, 1066 Rn. 6; iE auch Scholz/*K. Schmidt* Rn. 55). Eine Ausnahme besteht freilich für sog. **faktische Geschäftsführer,** die zwar nicht förmlich zum Geschäftsführer bestellt sind, die Geschäfte der GmbH aber tatsächlich wie ein Geschäftsführer oder Mitgeschäftsführer führen; dabei ist eine völlige Verdrängung der gesetzlichen Geschäftsführer nicht erforderlich (BGH 11.7.2005, NZG 2005, 816; vgl. auch BGH 21.3.1988, BGHZ 104, 44 (46) = NJW 1988, 1789; *Strohn* DB 2011, 158 (160)). Erforderlich ist aber ein Auftreten nach außen (BGH 11.2.2008, NZG 2008, 468 Rn. 5 mwN; aA Baumbach/Hueck/*Haas* Rn. 20; *Fleischer/Schmolke* WM 2011, 1009 (1011); diff. *Strohn* DB 2011, 158

(161)). Im Fall der Führungslosigkeit trifft das Verbot nach S. 1 entsprechend § 15a Abs. 3 InsO die Gesellschafter (Baumbach/Hueck/*Haas* Rn. 14; Scholz/*K. Schmidt* Rn. 55; *Beck* GmbHR 2017, 181 (183 f.); aA Lutter/Hommelhoff/*Kleindiek* Rn. 8; MüKoGmbHG/*H.-F. Müller* Rn. 142).

Soweit in der GmbH nach § 1 Abs. 1 Nr. 3 DrittelbG, § 3 Abs. 1 MontanMitbestG, Art. 1 § 3 Abs. 1 S. 2 MontanMitbestErgG, § 6 Abs. 1 MitbestG oder § 18 Abs. 2 KAGB zwingend ein **Aufsichtsrat** zu bilden ist, dürfte auch dieser für verbotene Zahlungen haften (MüKoGmbHG/*H.-F. Müller* Rn. 142; vgl. auch *Strohn* NZG 2011, 1161 (1168); aA Scholz/*K. Schmidt* Rn. 56; *Altmeppen* ZIP 2010, 1973 (1978); gegen eine Haftung im Anwendungsbereich des DrittelbG *Kiefner/Langen* NJW 2011, 192 (195); *Thiessen* ZGR 2011, 275 (281 ff.)); denn für die AG hat der BGH (BGH 16.3.2009, NJW 2009, 2454 Rn. 15) eine derartige Haftung aus §§ 116, 93 Abs. 3 Nr. 6 AktG abgeleitet, und für den zwingenden Aufsichtsrat bei der GmbH gelten diese Vorschriften nach § 1 Abs. 1 Nr. 3 DrittelbG, § 3 Abs. 2 MontanMitbestG, Art. 1 § 3 Abs. 1 S. 2 MontanMitbestErgG, § 25 Abs. 1 S. 1 Nr. 3 MitbestG, § 18 Abs. 2 S. 4 KAGB entsprechend. Stellt der Aufsichtsrat im Rahmen seiner Überwachungstätigkeit die Insolvenzreife der Gesellschaft fest, hat er den Vorstand daher zur Stellung des Insolvenzantrags zu veranlassen und muss gegenüber dem Vorstand darauf dringen, dass keine Zahlungen mehr geleistet werden; notfalls muss er ein unzuverlässig erscheinendes Vorstandsmitglied abberufen (so für die AG BGH 16.3.2009, NJW 2009, 2454 Rn. 15). Eine Haftung des **fakultativen Aufsichtsrats** soll dagegen nur in Betracht kommen, wenn der Gesellschaft durch die verbotene Zahlung ein Schaden entstanden ist, da § 52 nicht auf § 93 Abs. 3 Nr. 6 AktG verweist (BGH 20.9.2010, BGHZ 187, 60 Rn. 21 = NJW 2011, 221; krit. *Schürnbrand* NZG 2010, 1207). Damit scheidet eine Haftung des fakultativen Aufsichtsrats wegen Verletzung der Massesicherungspflicht regelmäßig aus, da es hier typischerweise nur zu einer Bilanzverkürzung kommt. 9

Zur Anwendung der Vorschrift auf in Deutschland tätige (Schein-)**Auslandsgesellschaften** s. nur BGH 15.3.2016, NJW 2016, 2660 Rn. 14 ff. und → IntGesR Rn. 179. 10

b) Zahlungen. Der Begriff der Zahlungen ist weit zu verstehen und erfasst alle Leistungen, **durch die der Gesellschaft nach Insolvenzreife Vermögen entzogen wird** (BGH 29.11.1999, BGHZ 143, 184 (186) = NJW 2000, 668; BGH 16.3.2009, NJW 2009, 1598 Rn. 12; vgl. auch RegE MoMiG, BT-Drs. 14/6140, 46). Erfasst sind damit nicht nur Barzahlungen, sondern etwa auch der Transfer von Buchgeld (→ Rn. 12 ff.) oder andere Leistungen als Geldzahlungen (→ Rn. 17 ff.). Dabei liegt aber keine Zahlung vor, wenn der Gesellschaft ein Gegenwert in gleicher Höhe zufließt (→ Rn. 20). 11

aa) Buchgeldtransfers. Auch Überweisungen von einem **kreditorisch geführten Konto** der Gesellschaft stellen Zahlungen iSd Vorschrift dar (allgM). Dies gilt auch für Leistungen von einem Treuhandkonto, dessen Inhaber zwar der Geschäftsführer ist, das dieser jedoch ausschließlich für die GmbH führt (OLG Düsseldorf 24.9.1998, NZG 1999, 80). Ferner stellen Abbuchungen im Wege der **Lastschrift** nach Abbuchungsauftrag oder Einziehungsermächtigung eine Zahlung iSd Vorschrift dar (LG Köln 12.7.1989, GmbHR 1990, 136; vgl. auch BGH 16.3.2009, NJW 2009, 1598 Rn. 12). Keine Zahlung liegt allerdings vor, wenn der Geschäftsführer Gelder vom Gesellschaftskonto in die Barkasse transferiert (BGH 5.11.2007, NZG 2008, 75 Rn. 5; *K. Schmidt* ZIP 2008, 1401 (1407)). 12

Für das Vorliegen einer Zahlung iSd S. 1 ist die **Herkunft** der vom kreditorischen Gesellschaftskonto abgebuchten Mittel unerheblich. Eine unzulässige Zahlung liegt daher auch dann vor, wenn die Gesellschaft Mittel von einem Dritten zu dem Zweck erhält, eine bestimmte Schuld zu tilgen, und kurze Zeit später dementsprechend an den Gesellschaftsgläubiger leistet (BGH 31.3.2003, NJW 2003, 2316 (2317); krit. Scholz/*K. Schmidt* Rn. 34). Gleiches gilt bei der Begleichung von Schulden einer anderen Konzerngesellschaft mit Mitteln, die diese zuvor auf das Konto der Gesellschaft überwiesen hat; allerdings kann hier eine Haftung nach S. 2 ausgeschlossen sein (BGH 5.5.2008, NJW 2008, 2504 Rn. 10, 14). 13

Schwieriger ist der Zahlungsverkehr bei einem **debitorischen Gesellschaftskonto** zu beurteilen. Abbuchungen von einem derartigen Konto zugunsten eines Gläubigers stellen keine Zahlung iSd § 64 S. 1 dar, da hier in der Sache lediglich ein Gläubiger durch einen anderen (die Bank) ausgetauscht wird (BGH 29.11.1999, BGHZ 143, 184 (187 f.) = NJW 2000, 668; BGH 26.3.2007, NZG 2007, 462 Rn. 8; BGH 25.1.2010, NZG 2010, 346 Rn. 10; *Cadmus* KTS 2015, 143 (151); aA GBS GmbHG/*Sandhaus* Rn. 17; *Gehrlein* ZHR 181 (2017), 482 (518); s. auch Scholz/*K. Schmidt* Rn. 39, der allerdings infolge der Saldierung des Kontokorrents und des Fehlens eines Gesamtgläubigerschadens regelmäßig einen Anspruch verneint). Dies gilt auch bei Ausschöpfung einer eingeräumten Kreditlinie (*Strohn* DB 2010, 37 (41); zweifelnd Baumbach/Hueck/*Haas* Rn. 77). Anderes gilt nur dann, wenn die Bank noch über freie Sicherheiten verfügt, aus denen sie infolge der Inanspruchnahme des Kredits in entsprechend größerem Umfang abgesonderte Befriedigung verlangen kann (BGH 26.3.2007, NZG 2007, 462 Rn. 8; BGH 23.6.2015, BGHZ 206, 52 Rn. 32 = NJW 2015, 2806). 14

Dagegen sollen Zugänge auf einem debitorischen Konto regelmäßig als Zahlung an die kontoführende Bank zu qualifizieren sein und – soweit der Vorgang dem Geschäftsführer zuzurechnen ist (→ Rn. 25) – zu einer Haftung nach S. 1 führen (einschr. Scholz/*K. Schmidt* Rn. 39, der nicht auf die einzelne Gutschrift, sondern auf die Höhe des sich verringernden Schuldensaldos abstellt). So ist der 15 vom Geschäftsführer veranlasste **Einzug eines Kundenschecks** auf ein debitorisches Bankkonto als verbotene Zahlung zu qualifizieren (BGH 29.11.1999, BGHZ 143, 184 (186 f.) = NJW 2000, 668; BGH 11.9.2000, NJW 2001, 304). Gleiches soll für **Überweisungen** von Gesellschaftsschuldnern und Lastschriftbuchungen auf ein debitorisches Konto gelten (BGH 26.3.2007, NZG 2007, 462 Rn. 12; OLG Oldenburg 10.3.2004, ZIP 2004, 1315 (1316 f.)). In der Krise muss der Geschäftsführer daher ein neues, kreditorisch geführtes Konto bei einer anderen Bank eröffnen und den aktuellen Gesellschaftsschuldnern die geänderte Bankverbindung unverzüglich bekannt geben. Eine Ausnahme von dieser Haftung besteht allerdings dann, wenn durch die Verringerung des Debetsaldos der Bank von der Gesellschaft gewährte Sicherheiten frei werden (Lutter/Hommelhoff/*Kleindiek* Rn. 25; → Rn. 19). Dagegen ist es nicht ausreichend, dass die Bank eine erneute Überziehung des Kontos zulässt (BGH 29.11.1999, BGHZ 143, 184 (187 f.) = NJW 2000, 668; aA UHL/*Casper* Rn. 106; *Gehrlein* ZHR 181 (2017), 482 (523 f.)). Weiterhin soll es nicht genügen, wenn die Gesellschaft den erneuten Kreditrahmen zur Befriedigung anderer Gläubiger nutzt (BGH 23.6.2015, BGHZ 206, 52 Rn. 32 = NJW 2015, 2806). Eine Haftung nach S. 1 ist jedoch ausgeschlossen, wenn die durch die Erneuerung der Kreditlinie vorhandenen Mittel in unmittelbarem wirtschaftlichen Zusammenhang etwa durch Abhebung in die Masse überführt werden oder zur Zahlung an einen Gläubiger genutzt werden, der dafür einen werthaltigen Gegenstand in die Masse leistet (BGH 23.6.2015, BGHZ 206, 52 Rn. 33 = NJW 2015, 2806; → Rn. 20). Gleiches sollte bei einer nach S. 2 privilegierten Zahlung gelten (*H.-F. Müller* NZG 2015, 1021 (1023)). Dagegen soll der Einwand, dass es gar nicht zu einer Zahlung gekommen wäre, wenn der Geschäftsführer sich pflichtgemäß verhalten und entweder die Insolvenz beantragt oder ein neues Konto eröffnet hätte, unbeachtlich sein (BGH 11.2.2020, NZG 2020, 517 Rn. 21; krit. *Altmeppen* ZIP 2020, 937 (941 f.)).

16 Unklar sind vorläufig die Konsequenzen eines **Kontenausgleichs** zwischen einem kreditorischen und einem debitorischen Gesellschaftskonto. Nach den zuvor beschriebenen Grundsätzen müssten zwei Zahlungen vorliegen. Doch dürfte hier allein die Annahme einer Zahlung gerechtfertigt sein (vgl. *K. Schmidt* ZIP 2008, 1401 (1407)).

17 **bb) Andere Leistungen.** Auch andere Leistungen als Geld fallen in den Anwendungsbereich von S. 1, soweit sie die Masse schmälern (allgM). So kann etwa jede Übertragung von Wirtschaftsgütern eine Zahlung darstellen; dies gilt insbesondere für die Abtretung einer Forderung (BGH 23.6.2015, NJW 2015, 2806 Rn. 20). Auch eine von der Gesellschaft erklärte Aufrechnung kann von S. 1 erfasst sein (Scholz/*K. Schmidt* Rn. 29; vgl. für eine Verrechnung von Forderungen und Schulden auch OLG Jena 25.5.2016, GmbHR 2017, 1269 (1271)), ebenso die Stellung von Sicherheiten durch die Gesellschaft (Baumbach/Hueck/*Haas* Rn. 68). Unter S. 1 fällt auch eine Sicherungsabtretung nach Insolvenzreife (BGH 23.6.2015, NJW 2015, 2806 Rn. 20). Gleiches gilt jedoch auch für eine Globalzession vor diesem Zeitpunkt, wenn die damit im Voraus abgetretene Forderung erst nach Insolvenzreife entsteht oder erst zu diesem Zeitpunkt durch Erbringung der von der Gesellschaft geschuldeten Gegenleistung werthaltig gemacht wird, sofern der Geschäftsführer dies hätte verhindern können (BGH 23.6.2015, NJW 2015, 2806 Rn. 22 f.). Unklar ist, ob die bloße Leistung von Diensten erfasst ist (so für „Speditions- und Frachtdienstleistungen" OLG Düsseldorf 19.1.1995, NJW-RR 1996, 1443 (1445); *Schulze-Osterloh* FS Bezzenberger, 2000, 415 (424); aA Scholz/*K. Schmidt* Rn. 32). Dies wird man grundsätzlich bejahen müssen. Freilich muss im Einzelfall geprüft werden, ob die Masse wirklich geschmälert wurde.

18 Keine Zahlung liegt in der **Nichtgeltendmachung einer Forderung,** dem Unterlassen eines Erwerbs oder der Kündigung eines Dauerschuldverhältnisses (Bork/Schäfer/*Bork* Rn. 15; aA wohl OLG Hamm 15.10.1979, ZIP 1980, 280 (281)). Gleiches gilt für einen Forderungsverzicht oder -erlass, soweit er nicht wechselseitig erfolgt (Scholz/*K. Schmidt* Rn. 32). Ferner wird auch die Begründung einer Verbindlichkeit nicht von S. 1 erfasst (BGH 30.3.1998, BGHZ 138, 211 (216 f.) = NJW 1998, 2667; OLG Hamburg 31.8.2005, NZG 2005, 1008 (1012); aA OLG Hamm 15.10.1979, ZIP 1980, 280 (281)).

19 Keine Zahlung iSd Vorschrift liegt bei Leistungen vor, die zu **keiner Schmälerung der Insolvenzmasse** führen. Dies trifft etwa zu bei der Herausgabe von Gegenständen, die später ohnehin nach § 47 InsO hätten ausgesondert werden können (BGH 5.5.2008, NJW 2008, 2504 Rn. 11). Gleiches gilt beim Einzug von vor Insolvenzreife zur Sicherheit abgetretenen Forderungen auf ein debitorisches Konto bei der Sicherungsnehmerin (BGH 23.6.2015, BGHZ 206, 52 Rn. 13 = NJW 2015, 2806; BGH 26.1.2016, NZG 2016, 40) oder einem Dritten (OLG Hamburg 6.3.2015, NZG 2015, 756 (757); *H.-F. Müller* NZG 2015, 1021 (1022)). Erforderlich ist es allerdings, dass die zur Sicherheit abgetretene Forderung vor der Insolvenzreife entstanden und werthaltig geworden ist (BGH 23.6.2015, BGHZ 206, 52 Rn. 22 f. = NJW 2015, 2806; aA UHL/*Casper* Rn. 110 f.; *Kreuzberg* NZG 2016, 371 (372); krit. gegen die Komplexität der Rechtsprechung *Altmeppen* ZIP 2016, 366 f.; *Bitter* Beilage zu ZIP 22/2016, 6 (8)). Dagegen soll es unerheblich sein, ob das Absonderungsrecht anfechtungsfest ist (BGH 23.6.2015, BGHZ 206, 52 Rn. 29 = NJW 2015, 2806). Fehlt es an der Entstehung und Werthaltigkeit der Forderung vor der Insolvenzreife, kann es dennoch an einer masseschmälernden Leistung fehlen, wenn

die eingezogene Forderung aus der Veräußerung von Waren resultiert, die der kontoführenden Bank zur Sicherheit abgetreten worden sind (BGH 8.12.2015, NZG 2016, 225 Rn. 24). Zudem kann die Einziehung einer zur Sicherheit abgetretenen, aber erst nach Insolvenzreife entstandenen oder werthaltig gewordenen Forderung auch dann unschädlich sein, soweit dadurch andere Sicherheiten frei werden; jedoch handelt es sich dabei nicht um die Frage, ob die Zahlung überhaupt die Insolvenzmasse schmälert, sondern um ein Problem der Kompensation (→ Rn. 20b). Entsprechendes gilt für die Zahlung an einen absonderungsberechtigten Gläubiger (→ Rn. 20b). Ferner fallen Zahlungen aus dem Privatvermögen des Geschäftsführers oder eines Gesellschafters oder Leistungen durch Dritte nicht unter den Tatbestand, soweit die betreffende Person damit nicht zugleich von einer Schuld gegenüber der Gesellschaft befreit wird (Scholz/*K. Schmidt* Rn. 33).

cc) Ausgleich durch Gegenwert. Keine Zahlung liegt vor, wenn in das Gesellschaftsvermögen in unmittelbarem Zusammenhang ein Gegenwert in gleicher Höhe geflossen ist (aA *Schulze-Osterloh* FS Bezzenberger, 2000, 415 (424)). In diesem Fall handelt es sich nicht nur um eine ausnahmsweise nach S. 2 erlaubte Zahlung, sondern es fehlt bereits objektiv an einer Zahlung (MüKoGmbHG/*H.-F. Müller* Rn. 149; UHL/*Casper* Rn 93; teilweise anders *Habersack/Förster* ZGR 2016, 153 (180)). Allerdings verlangte die Rechtsprechung früher, dass die Gegenleistung im Gesellschaftsvermögen erhalten geblieben ist (BGH 18.3.1974, NJW 1974, 1088 (1089); BGH 31.3.2003, NJW 2003, 2316 (2317); BGH 18.10.2010, NZG 2010, 1161 Rn. 21). Inzwischen hat der BGH jedoch klargestellt, dass nach seiner Auffassung ein Ausgleich der Zahlung durch einen in unmittelbarem Zusammenhang mit ihr zugeflossenen Gegenwert auch dann vorliegt, wenn dieser bei Insolvenzeröffnung nicht mehr in der Masse vorhanden ist (BGH 18.11.2014, BGHZ, 203, 218 Rn. 11 = NZG 2015, 149; ebenso MüKoGmbHG/*H.-F. Müller* Rn. 149; *Habersack/Foerster* ZHR 178 (2014), 387 (404 f.)). Die Gläubiger seien bereits dadurch ausreichend geschützt, dass eine Weitereichung der Gegenleistung durch den Geschäftsführer eine eigenständige Haftung nach S. 1 auslöse und bei sonstiger zurechenbarer Verschlechterung der Gegenleistung eine Haftung aus Insolvenzverschleppungshaftung bestehe. Dabei ist es freilich erforderlich, dass zwischen dem Massezufluss und der Zahlung ein unmittelbarer wirtschaftlicher, nicht aber notwendig zeitlicher Zusammenhang besteht (BGH 4.7.2017, NZG 2017, 1034 Rn. 11). **Austauschgeschäfte** zu marktgerechten Preisen sind damit grundsätzlich zulässig. Eine **Vorleistung** durch den Zahlungsempfänger kann allerdings nicht berücksichtigt werden, da diese die durch die Zahlung eingetretene Schmälerung der Aktivmasse nicht mehr ausgleichen kann (OLG München 23.6.2017, NZG 2017, 1437 (1438); Lutter/Hommelhoff/*Kleindiek* Rn. 19; *Haneke* NZI 2015, 499 (500 f.); aA Baumbach/Hueck/*Haas* Rn. 71b; UHL/*Casper* Rn. 103). Zudem gilt § 142 InsO, der eine Insolvenzanfechtung bei Bargeschäften grundsätzlich ausschließt und damit dem Schuldner die weitere Teilnahme am Geschäftsverkehr ermöglichen soll, nicht entsprechend; denn durch die Berücksichtigung einer Gegenleistung im Rahmen des § 64 S. 1 soll lediglich eine Überkompensation vermieden werden, nicht aber die – nur ausnahmsweise nach S. 2 zulässige – Fortsetzung der Geschäfte ermöglicht werden (BGH 4.7.2017, NZG 2017, 1034 Rn. 12; ebenso *Altmeppen* ZIP 2017, 1833 (1834); aA *Gehrlein* ZHR 181 (2017), 482 (506); *Habersack/Foerster* ZGR 2016, 153 (180 f.)). 20

Ausgeschlossen ist damit regelmäßig der Ausgleich einer Zahlung durch als Gegenleistung erbrachte Arbeits- oder Dienstleistungen, da diese nur selten zur Schaffung eines entsprechenden Werts in der Masse und damit einer Verbesserung der Befriedigungsaussichten der Gläubiger führen (BGH 4.7.2017, NZG 2017, 1034 Rn. 18; *H. F. Müller* DB 2015, 723 (726); weiter *Habersack/Foerster* ZHR 178 (2014), 387 (405); *Gehrlein* ZHR 181 (2017), 482 (511)). Damit bleibt in diesen Fällen nur eine Rechtfertigung der Zahlung nach S. 2 möglich. Entsprechendes gilt für Energieversorgungs- und Telekommunikationsdienstleistungen (BGH 4.7.2017, NZG 2017, 1034 Rn. 19) sowie Mietzahlungen (*Casper* ZIP 2016, 793 (796)). Aber auch wenn in die Masse ein Sachwert als Gegenwert fließt, ist nicht zwangsläufig von einer Kompensation der Zahlung auszugehen. Vielmehr ist darauf abzustellen, inwieweit die Gegenleistung für die Gläubiger verwertbar ist. Dabei sind jedenfalls Liquidationswerte zugrunde zu legen, wenn für eine Fortführung keine Anhaltspunkte bestehen (BGH 4.7.2017, NZG 2017, 1034 Rn. 20; generell für Liquidationswerte UHL/*Casper* Rn. 98). Bei einer solchen Liquidationsbewertung sind als Gegenleistung gelieferte geringwertige, zum baldigen Verbrauch bestimmte Güter regelmäßig nicht zur Kompensation einer geleisteten Zahlung geeignet (BGH 4.7.2017, NZG 2017, 1034 Rn. 20). Eine generelle Vermutung, dass sich bei Austauschgeschäften Leistung und Gegenleistung entsprechen, ist damit im Rahmen des S. 1 nicht anzuerkennen. 20a

Möglich ist der Ausgleich einer masseschmälernden Zahlung durch einen Gegenwert auch im Zusammenhang mit Sicherheiten. Dabei wird es hier nicht in gleicher Weise wie bei Austauschgeschäften auf das Erfordernis eines unmittelbaren wirtschaftlichen Zusammenhangs ankommen (*Habersack/Foerster* ZGR 2016, 153 (174 ff.)). So ist die Einziehung einer zur Sicherheit abgetretenen Forderung auf ein debitorisches Konto, bei der die Annahme einer Zahlung nicht schon deshalb ausscheidet, weil die Forderung vor der Insolvenzreife begründet und werthaltig geworden ist (→ Rn. 19) dennoch im Ergebnis unschädlich, wenn durch die Verringerung des Debetsaldos weitere zur Sicherheit abgetretene Forderungen frei werden (BGH 23.6.2015, BGHZ 206, 52 Rn. 25 = NJW 2015, 2806). Entsprechen- 20b des gilt für Leistungen an einen absonderungsberechtigten Gläubiger, durch die die diesem zustehenden Sicherheiten wieder frei werden und zur gleichmäßigen Befriedigung aller Gläubiger zur Verfügung stehen, bis zur Höhe des Werts der Sicherheit (BGH 23.6.2015, BGHZ 206, 52 Rn. 26 = NJW 2015, 2806; BGH 26.1.2016, NZG 2016, 658 Rn. 47: Bork/Schäfer/*Bork* Rn. 22).

20c Von vornherein ausgeschlossen ist die Kompensation durch einen bloßen schuldrechtlichen Anspruch (OLG München 23.6.2017, NZG 2017, 1437; UHL/*Casper* Rn. 95; *H.-F. Müller* DB 2015, 723 (725); offenlassend BGH 18.11.2014, BGHZ 203, 218 Rn. 16; NZG 2015, 149; zweifelnd *K. Schmidt* NZG 2015, 129 (133)). Daher handelt es sich bei der Ausreichung eines Kredits auch dann nicht um einen nach S. 1 unbedenklichen Aktiventausch, wenn der Rückforderungsanspruch werthaltig ist (Baumbach/Hueck/*Haas* Rn. 68). Derartige Ansprüche der Gesellschaft sind dem Geschäftsführer jedoch abzutreten, wenn er nach S. 1 in Anspruch genommen wird (→ Rn. 36a). Ebenso kann es nicht genügen, dass durch die Zahlung die Aussicht auf eine Umsatzsteuererstattung begründet wird (vgl. OLG Hamburg 13.10.2017, DStR 2017, 2621 (2624), wo allerdings die Anwendung des S. 2 abgelehnt wird).

21 **c) Maßgeblicher Zeitpunkt.** Untersagt sind nach § 64 S. 1 grundsätzlich alle Zahlungen nach Eintritt der Zahlungsunfähigkeit oder Überschuldung. Einer formellen „Feststellung" der Überschuldung bedarf es dabei trotz des insoweit missverständlichen Wortlauts nicht (BGH 29.11.1999, BGHZ 143, 184 (185) = NJW 2000, 668). Im Übrigen kommt es nicht auf den Zeitpunkt der Erfüllungswirkung, sondern den des zurechenbaren (→ Rn. 38) Verhaltens des Geschäftsführers an (Scholz/*K. Schmidt* Rn. 45). Anders als die Insolvenzantragspflicht entsteht das Zahlungsverbot unmittelbar mit Insolvenzreife. Eine Dreiwochenfrist wie bei § 15a InsO gibt es nicht (s. für § 92 AktG BGH 16.3.2009, NJW 2009, 2454 Rn. 12; s. ferner Rowedder/Schmidt-Leithoff/*Schmidt-Leithoff/Schneider* Rn. 17).

22 **aa) Zahlungsunfähigkeit.** S. dazu die Kommentierung zu § 17 InsO (→ InsO § 17 Rn. 1 ff.).

23 **bb) Überschuldung.** S. dazu die Kommentierung zu § 19 InsO (→ InsO § 19 Rn. 1 ff.).

24 **cc) Entstehung des Anspruchs aus S. 1.** Aus der Anknüpfung des Zahlungsverbots an die Insolvenzreife folgt, dass die Vorschrift grundsätzlich die **Insolvenzeröffnung** voraussetzt; dem steht die Abweisung mangels Masse gleich (BGH 11.9.2000, NJW 2001, 304 (305); Rowedder/Schmidt-Leithoff/*Schmidt-Leithoff/Schneider* Rn. 20; aA BGH 23.9.2010, NZI 2011 Rn. 73; Bork/Schäfer/*Bork* Rn. 17: Entstehung mit Zahlung). Daher kann sich die Frage, ob der Anspruch bei nachträglichem Wegfall der Insolvenzreife entfällt (so Baumbach/Hueck/*Haas* Rn. 84), letztlich kaum stellen.

24a **dd) Ende des Zahlungsverbots.** Das Zahlungsverbot nach S. 1 endet mit der **Eröffnung des Insolvenzverfahrens,** da damit sein Zweck – die Sicherung der Masse – erreicht ist (vgl. MüKoGmbHG/*H.-F. Müller* Rn. 151). Dies gilt auch im Fall der Eigenverwaltung (§ 270 InsO, s. *Haas* ZHR 178 (2014), 603 (607 ff.); *A. Schmidt/Poertzgen* NZI 2013, 369 (376); *Smid* ZInsO 2014, 1181 (1182); *Thole/Brünkmanns* ZIP 2013, 1097 (1100)). Die Gegenauffassung, nach der S. 1 anwendbar ist, Zahlungen im Rahmen einer ordnungsgemäßen Eigenverwaltung aber nach S. 2 zulässig sein sollen (*Bachmann* ZIP 2015, 101 (108); *Klinck* DB 2014, 938 (942)) überzeugt schon deshalb nicht, weil damit vom eigentlichen Zahlungsverbot nicht mehr viel übrig bliebe. Selbst Verteilungen an die Gläubiger müssten nach S. 2 zulässig sein. Die Gläubiger sind ausreichend durch die Haftung des Geschäftsleiters analog §§ 60, 61 InsO geschützt (dazu nur BGH 26.4.2018, NJW 2018, 2125 Rn. 13; *Bitter/Baschnagel* ZInsO 2018, 557 (571 f.); gegen die Anwendung von § 64 S. 1 deshalb auch etwa *Hofmann* ZIP 2018, 1429 (1432)). Die bloße Stellung des Insolvenzantrags lässt hingegen die Anwendbarkeit des S. 1 grundsätzlich unberührt, da bis zur Eröffnung des Insolvenzverfahrens die Gefahr masseschmälernder Zahlungen besteht (OLG Brandenburg 10.1.2007, ZIP 2007, 724 (725); MüKoGmbHG/*H.-F. Müller* Rn. 151; aA Scholz/*K. Schmidt* Rn. 25 bei rechtzeitiger Antragstellung). Bei Bestellung eines vorläufigen „starken" Insolvenzverwalters (§ 21 Abs. 2 Nr. 1, 2 Alt. 1 InsO) scheidet eine Haftung des Geschäftsführers aber von vornherein aus, da dieser selbst nicht mehr wirksam handeln kann (§ 22 Abs. 1 InsO) und ihm Maßnahmen des vorläufigen Insolvenzverwalters nicht zugerechnet werden können (MüKoGmbHG/*H.-F. Müller* Rn. 151; → Rn. 25). Wird ein Zustimmungsvorbehalt gem. § 21 Abs. 2 Nr. 2 Alt. 2 InsO angeordnet, fehlt es dagegen nicht an einer zurechenbaren Handlung des Geschäftsführers. Jedoch wird angenommen, dass entsprechende Zahlungen gem. S. 2 privilegiert seien (BeckOK GmbHG/*Mätzig* Rn. 53; vgl. auch Baumbach/Hueck/*Haas* Rn. 85: „grundsätzlich privilegiert"). Dies dürfte jedoch in dieser Allgemeinheit nicht zutreffen: Da der vorläufige Insolvenzverwalter nicht den Maßstab nach S. 2 bestimmen kann, stellt seine Zustimmung lediglich ein Indiz für eine privilegierte Zahlung dar (ähnlich MüKoGmbHG/*H.-F. Müller* Rn. 151: Vermutung).

24b Höchst umstritten ist die Geltung des S. 1 bei der **vorläufigen Eigenverwaltung** (§ 270a InsO) und im **Schutzschirmverfahren** nach § 270b InsO. Während ein Teil des Schrifttums sie grundsätzlich bejaht und nur im Einzelfall eine Privilegierung nach S. 2 für möglich hält (MüKoGmbHG/*H.-F. Müller* Rn. 152; *Bachmann* ZIP 2015, 101 (108); *Bitter/Baschnagel* ZInsO 2018, 557 (574 f.); *Klinck* DB 2014, 938 (940 f.); *A. Schmidt/Poertzgen* NZI 2013, 369 (375); *Schmittmann/Dannemann* ZIP 2014, 1405 (1409); *Thole/Brünkmanns* ZIP 2013, 1097 (1101), soll nach aA (Scholz/*K. Schmidt* Rn. 25; *Brinkmann*

DB 2012, 1369; *Haas* ZHR 178 (2014), 603 (619 ff.)) eine Anwendung der Norm im Hinblick auf die angestrebte Sanierung ausgeschlossen sein. Berücksichtigt man indes, dass vor der Verfahrenseröffnung die Sicherung der zukünftigen Masse im Vordergrund stehen muss, erscheint die Geltung des Zahlungsverbots nach S. 1 auch in den Fällen der §§ 270a, 270b InsO berechtigt. Allerdings ist die angestrebte Sanierung bei der Frage, ob eine nach S. 2 privilegierte Zahlung vorliegt, zu berücksichtigen. Dies kann dazu führen, dass Zahlungen im weiteren Umfang als im Allgemeinen zulässig sind. Wie die Zustimmung des vorläufigen Insolvenzverwalters können jedoch weder die Zustimmung des vorläufigen Sachwalters zu einem bestimmten Geschäft noch die Zustimmung des vorläufigen Gläubigerausschusses zur Betriebsfortführung generell zu einer Privilegierung nach S. 2 führen, sondern bilden lediglich ein Indiz für eine Geltung dieser Ausnahmeregel (*Bachmann* ZIP 2015, 101 (108); ähnlich MüKoGmbHG/*H.-F. Müller* Rn. 152 für die Sachwalterzustimmung: Vermutung; noch zurückhaltender *Klinck* DB 2014, 938 (941); für generelle Rechtfertigung dagegen *A. Schmidt/Poertzgen* NZI 2013, 369 (375)).

d) Zurechenbarkeit. Geschäftsführer haften für verbotene Zahlungen nur, wenn diese von ihnen veranlasst oder geduldet worden sind (zu diesem Merkmal BGH 16.3.2009, NJW 2009, 1598 Rn. 13). Insoweit werden freilich strenge Anforderungen an den Geschäftsführer gestellt. So sind ihm Zahlungen auf ein debitorisches Konto bereits dann zuzurechnen, wenn er nicht unverzüglich ein neues kreditorisches Konto eröffnet und die neue Kontoverbindung den Schuldnern der Gesellschaft bekanntgegeben hat (BGH 26.3.2007, NZG 2007, 462 Rn. 16). Ebenfalls genügt es, wenn eine Zahlung von einem kreditorisch geführten Konto der Gesellschaft aufgrund einer lange vor der Insolvenzreife vom Geschäftsführer getroffenen Vereinbarung mit der kontoführenden Bank erfolgt (OLG München NZG 2013, 498 (499) für eine „Cross-Pledge"-Vereinbarung; krit *Primozic/Brugugnone* NJW 2013, 1709 (1710); *Kamke/Hacker* NZI 2013, 319 (320)). Sind mehrere Geschäftsführer bestellt worden, so entbindet auch eine interne Geschäftsaufteilung den Geschäftsführer nicht von seinen Pflichten nach § 64; selbst wenn er intern nicht für den Zahlungsverkehr zuständig ist, trifft ihn eine Beobachtungspflicht hinsichtlich der Handlungen seines zuständigen Kollegen (BGH 1.3.1994, NJW 1994, 2149 (2150); OLG München 28.11.2007, GmbHR 2008, 320 (321)). Keine Zurechnung ist im Fall der **Kontopfändung** möglich (BGH 16.3.2009, NJW 2009, 1598 Rn. 14; aA Roth/Altmeppen/*Altmeppen* Rn. 15). Gleiches gilt für Handlungen eines „starken" vorläufigen Insolvenzverwalters (MüKoGmbHG/*H.-F. Müller* Rn. 151). 25

e) Erlaubte Zahlungen. Nach S. 2 haftet der Geschäftsführer nicht, wenn die Zahlung mit der Sorgfalt eines ordentlichen Kaufmanns vereinbar war. Hierbei handelt es sich nicht um eine bloße Exkulpationsregel, sondern eine – eng auszulegende (Roth/Altmeppen/*Altmeppen* Rn. 26) – Einschränkung des objektiven Tatbestands (Scholz/*K. Schmidt* Rn. 49; für eine Verschuldensregel aber offenbar BGH 8.1.2001, BGHZ 146, 264 (274 f.) = NJW 2001, 1280). Zu weit geht es daher, eine Entlastung nach S. 2 unabhängig von der konkreten Zahlung nur anzunehmen, wenn der Geschäftsführer sich ausreichend um die finanzielle Situation der Gesellschaft gekümmert hat (so offenbar aber OLG Celle 7.5.2008, GmbHR 2008, 1034 (1035); Lutter/Hommelhoff/*Kleindiek* Rn. 32). Dies ist richtigerweise eine Frage des Verschuldens. Freilich kann dieser Gesichtspunkt im Hinblick auf eine Zahlungen rechtfertigende Sanierungschance relevant werden (→ Rn. 29). 26

Zulässig sind danach insbesondere **Zahlungen, die kraft Gesetzes geleistet werden müssen.** Das gilt etwa für die Abführung von **Arbeitnehmerbeiträgen zur Sozialversicherung,** soweit man wegen § 28e Abs. 1 S. 2 SGB IV, nach dem die Arbeitnehmerbeiträge als aus dem Vermögen der Beschäftigten erbracht gelten, nicht sogar hier schon das Vorliegen einer Zahlung aus dem Gesellschaftsvermögen verneinen muss; denn die Nichtabführung der Arbeitnehmerbeiträge ist nach § 266a StGB strafbar (BGH 14.5.2007, NJW 2007, 2118 Rn. 12; skeptisch MüKoGmbHG/*H.-F. Müller* Rn. 157; *Altmeppen* FS Goette, 2011, 1; *Bitter* ZInsO 2010, 1561 (1571); *Wilhelm* ZIP 2007, 1781 (1783)); der frühere Konflikt zwischen dem II. Zivilsenat, der auch im Hinblick auf Sozialversicherungsbeiträge von einem Vorrang des Zahlungsverbots nach S. 1 ausging (s. nur BGH 18.4.2005, NJW 2005, 2546 (2548) mwN), und dem V. Strafsenat des BGH, der § 266a StGB auch bei Insolvenzreife der Gesellschaft anwendet (s. nur BGH 9.8.2005, NJW 2005, 3650 (3652) mwN), ist beigelegt. Diese Privilegierung gilt auch für vor Insolvenzreife entstandene Beitragsrückstände (BGH 25.1.2011, NZG 2011, 303 Rn. 19). Obwohl nach der Rspr. die Pflicht zur Abführung der Sozialbeiträge während der Drei-Wochen-Frist des § 15a Abs. 1 InsO ruht (→ Rn. 89), dürften damit auch Zahlungen während dieses Zeitraums zulässig sein (UHL/*Casper* Rn. 122; *Nentwig* GmbHR 2011, 346 (357); für die Zulässigkeit von Zahlungen auf entsprechende Forderungen nach Ablauf der Antragsfrist jedenfalls BGH 25.1.2011, NZG 2011, 303 Rn. 29). Die Zahlung der **Arbeitgeberbeiträge zur Sozialversicherung** ist dagegen nicht nach S. 2 erlaubt, da es insoweit an einer strafbewehrten Pflicht fehlt (BGH 8.6.2009, NJW 2009, 2599 Rn. 6). 27

Ebenso sind Zahlungen, die zur **Erfüllung steuerlicher Pflichten** – insbesondere der Pflicht zur Abführung der Lohnsteuer – erfolgen, nach S. 2 zulässig (BGH 29.9.2008, NJW 2009, 295 Rn. 10; vgl. auch BFH 23.9.2008, DStRE 2009, 310 (311 f.); krit. *Thole* DB 2015, 662 (666 ff.)). Dabei sind nicht nur Zahlungen auf nach der Insolvenzreife fällig werdende Steuerforderungen, sondern auch auf 28

Steuerrückstände privilegiert (BGH 25.1.2011, NZG 2011, 303 Rn. 13). Da nach der Rspr. des BFH eine Haftung des Geschäftsführers für nicht abgeführte Steuern nach §§ 34, 69 AO auch dann besteht, wenn die Nichtzahlung fälliger Steuern in die Drei-Wochen-Frist des § 15a Abs. 1 InsO fällt (→ Rn. 90), liegt es angesichts der neuen BGH-Rspr. überdies nahe, auch bei Steuerzahlungen innerhalb dieses Zeitraums einen Verstoß gegen § 64 S. 1 zu verneinen. Schließlich ist die Begleichung der Schulden von Konzerngesellschaften mit Mitteln, die von dieser zu diesem Zweck auf das Geschäftskonto der GmbH gezahlt worden sind, nach S. 2 erlaubt, da der Geschäftsführer andernfalls gegen die – nach § 266 StGB strafbewehrte – Pflicht zur weisungsgemäßen Verwendung der fremden Gelder verstoßen würde (BGH 5.5.2008, NJW 2008, 2504 Rn. 14; skeptisch Lutter/Hommelhoff/*Kleindiek* Rn. 29; *Dahl/Schmitz* NZG 2008, 532 ff.).

29 Jenseits dieser Fälle gesetzlicher Zahlungspflichten sind nach S. 2 Leistungen zulässig, die Nachteile von der **Masse abwenden** (BGH 8.1.2001, BGHZ 146, 264 (275) = NJW 2001, 1280). Dies kommt insbesondere im Hinblick auf Leistungen zur vorübergehenden Aufrechterhaltung des Betriebs (Löhne, Stromkosten etc) in Betracht, wenn ohne die Zahlung der Betrieb sofort eingestellt werden müsste und damit eine Chance auf Sanierung oder Fortführung im Insolvenzverfahren zunichte gemacht würde (BGH 5.11.2007, NJW-RR 2008, 495 Rn. 6; OLG Düsseldorf 17.6.1999, NZG 1999, 1066 (1068); OLG Celle 23.12.2003, GmbHR 2004, 568 (570); OLG Hamburg 29.12.2003, GmbHR 2004, 797 (798)). Notwendig sind aber ernsthafte Sanierungsaussichten (OLG Dresden 21.9.2004, GmbHR 2005, 173 (174)). Eine Zahlung kann daher nicht mit der Erhaltung von Sanierungschancen gerechtfertigt werden, wenn sich die Gesellschaft bereits in der Liquidation befindet (OLG Celle 7.5.2008, GmbHR 2008, 1034 (1035 f.)). Nach Ablauf der Drei-Wochen-Frist des § 15a InsO dürften Zahlungen zum Erhalt von Sanierungsaussichten zudem außerhalb der Fälle der §§ 270a, 270b InsO (→ Rn. 25b) nur noch im Ausnahmefall zulässig sein (vgl. Lutter/Hommelhoff/*Kleindiek* Rn. 34; *Habersack/Foerster* ZHR 178 (2014), 387 (401); ferner OLG Hamburg 25.6.2010, NZG 2010, 1225 (1226)). Im Streitfall hat der Geschäftsführer das Bestehen ernsthafter Sanierungschancen zu beweisen (BGH 5.2.2007, NJW-RR 2007, 1490 Rn. 4).

30 Nach S. 2 sind ferner Leistungen zulässig, die auch bei rechtzeitiger Stellung des Insolvenzantrags noch geleistet worden wären. Dies gilt namentlich für Zahlungen auf Verbindlichkeiten, die im Insolvenzfall bei normalem Lauf der Dinge als Masseschuld beglichen werden müssten wie zB bei Dauerschuldverhältnissen, die auch im Fall der Insolvenz fortbestehen (§ 108 InsO), oder bei durch Vormerkung (§ 106 InsO) gesicherten Ansprüchen (Scholz/*K. Schmidt* Rn. 53). Bei Dauerschuldverhältnissen ist freilich darauf abzustellen, wann ein voraussichtlich eingesetzter Insolvenzverwalter diese – zB durch die Kündigung von Mietverträgen nach § 109 Abs. 1 S. 1 InsO – hätte beenden können (OLG Celle 23.12.2003, ZIP 2004, 1210 (1211); *K. Schmidt* ZHR 168 (2004), 637 (667 f.)). Dagegen reicht es nicht allgemein aus, dass die Verbindlichkeit später durch Vertragserfüllung (§ 103 InsO) zur Masseschuld hätte werden können, da der Geschäftsführer damit dem Wahlrecht des Insolvenzverwalters vorgreifen würde (Scholz/*K. Schmidt* Rn. 53; *Habersack/Foerster* ZHR 178 (2014), 387 (401 f.)). Zulässig ist die Erfüllung gegenseitiger Verträge nur, wenn auch der Verwalter sich voraussichtlich für sie entschieden hätte, was etwa bei Maßnahmen zur vorläufigen Aufrechterhaltung des Betriebs anzunehmen ist (s. OLG Celle 23.12.2003, ZIP 2004, 1210 (1211) und → Rn. 29).

30a Sonderregeln für die Zulässigkeit von Zahlungen nach Insolvenzreife gelten nach § 2 Abs. 1 Nr. 1 COVInsAG während der **Corona Pandemie:** Das Zahlungsverbot gilt zwar grundsätzlich fort (*Hölzle/Schulenberg* ZIP 2020, 633 (640)). Soweit die Insolvenzantragspflicht ausgesetzt ist (→ InsO § 15a Rn. 1a ff.), gelten Zahlungen, die im ordnungsgemäßen Geschäftsgang erfolgen, insbesondere solche Zahlungen, die der Aufrechterhaltung oder Wiederaufnahme des Geschäftsbetriebes oder der Umsetzung eines Sanierungskonzepts dienen, als mit der Sorgfalt eines ordentlichen und gewissenhaften Geschäftsleiters iSd § 64 S. 2 vereinbar. Damit soll Geschäftsleitern während der befristeten Aussetzung der Insolvenzantragspflicht die Fortführung des Unternehmens jenseits der ansonsten durch § 64 S. 2 gezogenen Grenzen ermöglicht werden; dabei sind nach Auffassung des Gesetzgebers nicht nur Maßnahmen zur Aufrechterhaltung des bisherigen Geschäftsbetriebs, sondern auch zur Neuausrichtung im Rahmen einer Sanierung erfasst (Begründung COVInsAG, BT-Drs. 19/18110, 23). Angeordnet wird damit freilich eine Ausrichtung der Geschäftsführung auf das **Gläubigerinteresse** (*Bitter* ZIP 2020, 685 (690 f.)). Damit sind etwa Ausschüttungen an die Gesellschafter ausgeschlossen (Uhlenbruck/*Hirte* § 2 COVInsAG Rn. 9; *Hölzle/Schulenberg* ZIP 2020, 633 (641 f.)). Ausnahmsweise zulässig kann nach § 2 Abs. 1 Nr. 1 COVInsAG dagegen etwa die Erfüllung von Altverbindlichkeiten zur Aufrechterhaltung der Geschäftsbeziehung mit dem Gläubiger sein (*Bitter* GmbHR 2020, 797 (805); *Schluck-Amend* NZI 2020, 289 (292)). Ebenso wird auch die Zahlung der Arbeitgeberbeiträge zur Sozialversicherung erlaubt sein (*Thole* ZIP 2020, 650 (655)).

30b Keine Privilegierung besteht für den Geschäftsführer, wenn die Insolvenzantragspflicht nicht nach § 1 COVInsAG ruht, da die Insolvenzreife nicht auf der Corona-Pandemie beruht oder keine Aussichten bestehen, die Zahlungsunfähigkeit zu beseitigen. Zudem schließt § 2 Abs. 1 Nr. 1 COVInsAG eine Haftung des Geschäftsführers auf anderer Grundlage – etwa § 43 GmbHG – nicht aus (*Römermann* NJW 2020, 1108 (1110)). Freilich dürfte ein pflichtwidriges Verhalten des Geschäftsführers kaum anzunehmen sein, soweit noch Aussicht auf eine Beseitigung der Zahlungsunfähigkeit besteht (ähnlich schon *Thole* ZIP 2020, 655 (656)). Schließlich lässt das CovInsAG die sozialversicherungsrechtlichen und steuerlichen Pflichten des Geschäftsführers in der Krise unberührt. Deren Erfüllung ist freilich ohnehin bereits nach § 64 S. 2 möglich (→ Rn. 27 f.).

Außerhalb von S. 2 kommt eine Rechtfertigung von Zahlungen nach Insolvenzreife durch **Gesellschafterbeschluss** regelmäßig nicht in Betracht; denn nach S. 4 iVm § 43 Abs. 3 S. 3 ist ein derartiger Beschluss irrelevant, soweit der Ersatz zur Befriedigung der Gläubiger erforderlich ist. Das wird aber bei Insolvenzreife immer zutreffen (Bork/Schäfer/*Bork* Rn. 24). 31

f) Verschulden. Die Haftung nach S. 1 setzt ein Verschulden des Geschäftsführers voraus. Eine Beschränkung der Haftung nach den Grundsätzen über den innerbetrieblichen Schadensausgleich kommt dabei nicht in Betracht (BGH 24.9.2019, NZI 2020, 180 Rn. 16). Damit schadet dem Geschäftsführer stets Fahrlässigkeit; insbesondere bei der Insolvenzreife ist positive Kenntnis nicht erforderlich, sondern es genügt die Erkennbarkeit für den Geschäftsführer, wobei ein entsprechendes Verschulden zu vermuten ist (BGH 29.11.1999, BGHZ 143, 184 (185) = NJW 2000, 668; aA *Schulze-Osterloh* FS Bezzenberger, 2000, 415 (425)). Den Geschäftsführer trifft insoweit die Pflicht, sich ständig über die wirtschaftliche Lage der Gesellschaft zu informieren und bei Anzeichen für eine Krise einen Vermögens- bzw. Liquiditätsstatus zu erstellen (BGH 27.3.2012, NZG 2012, 672 Rn. 15; BGH 19.6.2012, NZG 2012, 940 Rn. 11). Dabei hat er für eine Organisation zu sorgen, die ihm die Erfüllung dieser Pflichten ermöglicht (BGH 19.6.2012, NZG 2012, 940 Rn. 13). Wird die Gesellschaft von mehreren Geschäftsführern geführt, kann auch eine **interne Ressortverteilung** den danach unzuständigen Geschäftsführer nur unter engen Voraussetzungen entlasten. Zwar soll eine derartige Ressortverteilung auch ohne schriftliche Dokumentation wirksam sein, wenn sie einvernehmlich erfolgt und die Geschäftsführungsaufgaben präzise und eindeutig abgegrenzt werden (BGH 6.11.2018, NJW 2019, 1067 Rn. 17). Sie soll aber nichts an der Verantwortlichkeit des ressortunzuständigen Geschäftsführers für die Stellung des Insolvenzantrags und die Vermeidung masseschmälernder Zahlungen ändern, da diese Pflichten nicht übertragbar sind; daher werden weitreichende Kontroll- und Überwachungspflichten gegenüber den zuständigen Mitgeschäftsführern angenommen (BGH 1.3.1993, NJW 1994, 2149 (2150); BGH NJW 2019, 1067 Rn. 15). 32

Im Zweifelsfall hat der Geschäftsführer **Rechtsrat** einzuholen (BGH 16.7.2007, DStR 2007, 1641 Rn. 3; eingehend *H.-F. Müller* NZG 2012, 981; *Strohn* ZHR 176 (2012), 137). Hierfür genügt freilich nicht eine schlichte Anfrage bei einer für fachkundig gehaltenen Person. Vielmehr muss sich der Geschäftsführer unter Offenlegung aller für die Beurteilung erheblichen Umstände und Unterlagen von einem fachlich qualifizierten, unabhängigen Berufsträger beraten lassen. Dabei muss es sich nicht zwingend um einen Wirtschaftsprüfer handeln, sondern es kann im Einzelfall auch die Beratung durch einen Angehörigen einer anderen Berufsgruppe genügen (BGH 27.3.2012, NZG 2012, 672 Rn. 17). Zudem kann auch ein Beratungsauftrag genügen, der sich nicht ausdrücklich auf die Prüfung der Insolvenzreife bezieht, wenn der Geschäftsführer erwarten kann, dass der Berater diese bei seiner Tätigkeit prüfen und über sein Ergebnis berichten wird (BGH 26.1.2016, NZG 2016, 658 Rn. 36). Allerdings genügt der Geschäftsführer seiner Pflicht nicht bereits durch die Einschaltung eines entsprechenden Fachmanns, sondern er muss auch auf unverzügliche Bekanntgabe des Prüfergebnisses dringen (BGH 27.3.2012, NZG 2012, 672 Rn. 19). Führt die Prüfung durch einen Experten zu dem bei der gebotenen Plausibilitätskontrolle nachvollziehbaren Ergebnis, dass keine Insolvenzreife vorliegt, kann der Geschäftsführer sich hierauf verlassen (BGH 14.5.2007, NJW 2007, 2118 Rn. 18). Verneint der Berater zu Unrecht die Insolvenzreife, so kann der Geschäftsführer, der auf die Auskunft ohne entsprechende Plausibilitätsprüfung vertraut hat und daher nach S. 1 haftet, in den Schutzbereich des Vertrages zwischen der Gesellschaft und dem Berater einbezogen sein und damit von diesem Schadensersatz verlangen (BGH 14.6.2012, BGHZ 193, 297 Rn. 20 = NJW 2012, 3165 für einen entsprechenden Prüfvertrag mit einem Steuerberater; anders BGH 7.3.2013, NZI 2013, 438 Rn. 19, 27 im Hinblick auf einen allgemeinen Steuerberatungsvertrag; zust. *Smid* ZInsO 2014, 1127 (1138); *Thole* ZfPW 2015, 31 (46 ff.); krit. *H.-F. Müller* ZInsO 2013, 2181 (2187 f.)). Zur Haftung von Beratern im Übrigen → Rn. 92. 32a

3. Rechtsfolge. a) Haftungsinhalt. Aufgrund der unterschiedlichen Ansätze zur Rechtsnatur (→ Rn. 5 ff.) sind die Rechtsfolgen einer Verletzung des Zahlungsverbots nach S. 1 umstritten. Während insbesondere die Rspr. von einer Pflicht zur – grundsätzlich ungekürzten – Erstattung jeder einzelnen (Netto-)Zahlung ausgeht (s. nur BGH 26.3.2007, NZG 2007, 462 Rn. 7; BGH 16.3.2009, NJW 2009, 1598 (1600)), wird in der Lit. teilweise für eine Abstimmung der Vorschrift mit der allgemeinen Haftung für den durch Insolvenzverschleppung entstandenen Gläubigergesamtschaden plädiert. Hier wird das Modell des Einzelausgleichs zugrunde gelegt; dem Geschäftsführer steht aber der Einwand offen, dass der entstandene Gläubigergesamtschaden geringer ist als die Summe der zu erstattenden Zahlungen (→ Rn. 7; ferner Scholz/*K. Schmidt* Rn. 68 f.). 33

Im Einzelnen ist damit im Rahmen des S. 1 der gezahlte Betrag geschuldet. Dabei führt jede einzelne Zahlung zu einer eigenständigen Ersatzpflicht (BGH 26.3.2007, NZG 2007, 462 (463); BGH 16.3.2009, 34

NJW 2009, 1598 Rn. 20). Geschuldet ist Ersatz **in Geld,** auch wenn die betreffende Zahlung nicht in einer Geldleistung bestand. Soweit für die Zahlung in unmittelbarem Zusammenhang eine Gegenleistung in die Masse gelangt ist, mindert sich der zu erstattende Betrag entsprechend (BGH 18.11.2014, BGHZ 203, 218 Rn. 11 = NZG 2015, 149).

35 Dagegen kann der in Anspruch genommene Geschäftsführer bzw. Liquidator nicht die **Insolvenzquote** abziehen, die der Zahlungsempfänger bei Durchführung des Insolvenzverfahrens erhalten hätte; dies wäre mit dem Zweck der Vorschrift, der Wiederauffüllung des Gesellschaftsvermögens zur Durchführung des Insolvenzverfahrens, nicht vereinbar (BGH 8.1.2001, BGHZ 146, 264 (278 f.) = NJW 2001, 1280; aA *Schulze-Osterloh* FS Bezzenberger, 2000, 415 (425)). Damit es nicht zu einer Bereicherung der Masse kommt, ist dem Geschäftsführer entsprechend § 255 BGB im Urteil von Amts wegen **vorzubehalten,** nach Erstattung an die Masse seine Rechte gegen den Insolvenzverwalter zu verfolgen (BGH 8.1.2001, BGHZ 146, 264 (278 f.) = NJW 2001, 1280; BGH 11.7.2005, NZG 2005, 816 (817); BGH 19.2.2013, NZI 2013, 395; zweifelnd hinsichtlich der Notwendigkeit eines derartigen Vorbehalts OLG Hamburg 25.5.2007, GmbHR 2007, 1036 (1040 f.); vgl. auch Baumbach/Hueck/*Haas* Rn. 112, nach dem der Geschäftsführer mit Leistung an die Masse die entsprechend dem Rechtsgedanken des § 144 InsO wieder aufgelebte Gläubigerforderung im Insolvenzverfahren geltend machen kann).

36 Ebenso ist dem Geschäftsführer der Einwand verwehrt, dass die von ihm geleistete Zahlung anfechtbar ist; denn das Gesetz gibt dem Insolvenzverwalter die Wahl, ob er die Masse durch **Anfechtung** der Zahlung oder Geltendmachung des Anspruchs aus S. 1 wiederauffüllt (BGH 18.12.1995, BGHZ 131, 325 (327 f.) = NJW 1996, 850; BGH 31.3.2003, NJW 2003, 2316 (2317)); allein eine bereits erfolgte Anfechtung, durch die die Insolvenzmasse wieder aufgefüllt worden ist, muss anspruchsmindernd berücksichtigt werden (BGH 3.6.2014, NZG 2014, 1069 Rn. 14; BGH 23.6.2015, NJW 2015, 2806 Rn. 30; *Flöther/Korb* ZIP 2012, 2333 (2334)). Der Insolvenzverwalter kann daher die Ansprüche gegen den Geschäftsführer und den Gläubiger nebeneinander geltend machen (OLG Oldenburg 10.4.2004, GmbHR 2004, 1014 (1015); UHL/*Casper* Rn. 131). Ferner kann er auch dann noch gegen den Geschäftsführer vorgehen, wenn eine Anfechtung wegen Fristversäumnisses nicht mehr möglich ist (BGH 18.12.1995, BGHZ 131, 325 (327 f.) = NJW 1996, 850; krit. *Poertzgen* ZInsO 2018, 1357). Auch im Hinblick auf mögliche Ansprüche aus Insolvenzanfechtung ist dem Geschäftsführer aber entsprechend § 255 BGB im Urteil **vorzubehalten,** nach Erstattung an die Masse seine Rechte gegen den Insolvenzverwalter zu verfolgen (BGH 8.1.2001, BGHZ 146, 264 (278 f.) = NJW 2001, 1280; OLG Schleswig 10.4.2003, ZIP 2003, 856 (858 ff.); OLG Oldenburg 10.4.2004, GmbHR 2004, 1014 (1015); Roth/Altmeppen/*Altmeppen* Rn. 24; anders *Habersack/Foerster* ZHR 178 (2014), 387 (409), nach denen keine Abtretung erforderlich ist, da eine Gesamtschuld vorliege; abweichend auch *Bangha-Szabo* KTS 2015, 165 ff.: Analogie zu § 326 Abs. 2 InsO). Ansprüche der Masse sind daher Zug um Zug an den Geschäftsführer abzutreten. Soweit die Anfechtung noch möglich ist, sind dies Ansprüche gegen den Gläubiger; ist die Anfechtungsfrist versäumt, kommt ein Schadensersatzanspruch der Masse gegen den Insolvenzverwalter in Betracht (UHL/*Casper* Rn. 131; dagegen *Gehrlein* ZHR 181 (2017), 482 (545); in diese Richtung wohl auch BGH 18.12.1995, BGHZ 131, 325 (331) = NJW 1996, 850).

36a Hat der Geschäftsführer mit der Zahlung eine **Vorleistung** erbracht und zieht der Insolvenzverwalter die Gegenleistung ein, so ist diese auf den Anspruch gegen den Geschäftsführer anzurechnen, da es insoweit schon an einer Zahlung fehlt (→ Rn. 20; s. auch *Strohn* NZG 2011, 1161 (1165); aA *Habersack/Foerster* ZHR 178 (2014), 387 (415 ff.): Anspruch auf Herausgabe der Gegenleistung). Andernfalls kann der Geschäftsführer entsprechend § 255 BGB verlangen, dass ihm die Forderung der Gesellschaft abgetreten wird (*Habersack/Foerster* ZHR 178 (2014), 387 (416); *H.-F. Müller* DB 2015, 723 (728)).

36b Unklar ist, ob die Haftung nach S. 1 von einer **D&O-Versicherung** abgedeckt wird. Dies wird teilweise mit dem Argument verneint, dass es sich um keine von derartigen Policen üblicherweise abgedeckte Schadensersatzhaftung handele (OLG Düsseldorf 20.7.2018, NZG 2018, 1310 (1312); aA Baumbach/Hueck/*Haas* Rn. 44; *Armbrüster/Schilbach* ZIP 2018, 1853 (1855 ff.)).

37 **b) Aktivlegitimation.** Der Anspruch nach S. 1 steht der Gesellschaft zu; ein Gesellschafterbeschluss gem. § 46 Nr. 8 ist nicht erforderlich (Baumbach/Hueck/*Haas* Rn. 41; aA BGH 13.2.1975, NJW 1975, 977 (978)). In der Insolvenz wird der Anspruch nach § 80 InsO vom Insolvenzverwalter geltend gemacht. Die Gläubiger sind nicht anspruchsberechtigt. Insbesondere stellt S. 1 kein Schutzgesetz iSd § 823 Abs. 2 BGB dar (→ Rn. 7b). Wird die Eröffnung des Insolvenzverfahrens jedoch mangels Masse abgelehnt, können die Gläubiger den Anspruch nach S. 1 **pfänden** und sich zur Einziehung überweisen lassen (BGH 11.9.2000, NJW 2001, 304 (305); weitergehend für Gläubigerverfolgungsrecht Roth/Altmeppen/*Altmeppen* Rn. 9). Soweit der BGH dabei auf seine Rspr. zur Pfändung von Einlageforderungen verweist, folgt daraus nicht, dass die Gläubigerforderung vollwertig sein müsste, was bei masseloser Insolvenz zwangsläufig nicht der Fall wäre; denn bei masseloser Insolvenz ist auch für die Pfändung von Einlageforderungen die Vollwertigkeit regelmäßig nicht mehr erforderlich (s. BGH 15.6.1992, NJW 1992, 2229 (2230); Baumbach/Hueck/*Fastrich* § 19 Rn. 42).

38 **c) Verjährung.** Der Anspruch nach S. 1 verjährt nach S. 4 iVm § 43 Abs. 4 in **fünf Jahren.** Unklar ist der Verjährungsbeginn. Der BGH hat die Auffassung vertreten, die Verjährung beginne mit dem

Zeitpunkt, in dem die die Masse schmälernde Zahlung geleistet oder die schmälernde Maßnahme ergriffen worden ist; bei wiederholten verbotswidrigen Zahlungen setze jede Handlung eine neue Verjährungsfrist in Lauf (BGH 16.3.2009, NJW 2009, 1598 Rn. 20; ebenso UHL/*Casper* Rn. 133). Dies überzeugt indes nicht. Der Anspruch nach S. 1 setzt die Eröffnung des Insolvenzverfahrens oder die Ablehnung der Verfahrenseröffnung mangels Masse voraus (→ Rn. 24). Daher muss dieser Zeitpunkt für den Beginn der Verjährungsfrist maßgeblich sein, auch wenn mehrere Zahlungen erfolgt sind (ähnlich auch *Haas* NZI 2009, 488 (489); Rowedder/Schmidt-Leithoff/*Schmidt-Leithoff/Schneider* Rn. 54). Auf subjektive Umstände kommt es nicht an.

d) Verzicht und Vergleich, Aufrechnung. Nach S. 4 iVm § 43 Abs. 3 S. 2, § 9b sind ein Verzicht der Gesellschaft auf Ansprüche nach S. 1 oder ein Vergleich der Gesellschaft über diese Ansprüche unwirksam, soweit der Ersatz zur Befriedigung der Gläubiger der Gesellschaft erforderlich ist. Dies wird bei Insolvenzreife regelmäßig der Fall sein. Vergleich oder Verzicht sind nach § 9b Abs. 1 S. 2 allerdings dann möglich, wenn der Ersatzpflichtige zahlungsunfähig ist und sich zur Abwendung des Insolvenzverfahrens mit seinen Gläubigern vergleicht oder wenn die Ersatzpflicht in einem Insolvenzplan geregelt wird. Zudem gilt das Vergleichs- und Verzichtsgebot nicht für den Insolvenzverwalter (BGH 14.6.2018, NJW 2018, 2494 Rn. 21; Baumbach/Hueck/*Haas* Rn. 40; Bork/Schäfer/*Bork* Rn. 33; UHL/*Casper* Rn. 132; iE auch Scholz/*K. Schmidt* Rn. 75). Der Insolvenzverwalter kann den Anspruch auch im Rahmen eines Vergleichs an einen Dritten abtreten (BGH 14.6.2018, NJW 2018, 2494 Rn. 29). Eine **Aufrechnung** des Geschäftsführers – etwa mit Gehaltsansprüchen – gegen seine Verpflichtung aus S. 1 ist nach § 242 BGB ausgeschlossen, da dies dem Zweck des S. 1, der die Wiederauffüllung der Masse und die gleichmäßige Befriedigung der Gläubiger gewährleisten soll, zuwiderlaufen würde (BGH 15.10.2019, NZI 2019, 932 Rn. 3; ebenso schon etwa *Kluth* GWR 2014, 44; noch auf § 96 Abs. 1 Nr. 3 InsO, § 131 Abs. 1 Nr. 1 InsO abstellend BGH 19.11.2013, NJW 2014, 624 Rn. 12 ff.). 39

e) Konkurrierende Ansprüche. Neben die Haftung aus S. 1 können Ansprüche aus § 43 Abs. 2, § 71 Abs. 4 treten (allgM). 40

4. Beweislast. Die Darlegungs- und Beweislast hinsichtlich der einen Anspruch aus S. 1 begründenden Tatsachen liegt nach allgemeinen Grundsätzen bei der Gesellschaft bzw. dem Insolvenzverwalter (BGH 16.3.2009, NJW 2009, 1598 Rn. 14; *Bayer/Illhardt* GmbHR 2011, 856). Sie haben also das Vorliegen einer masseschmälernden, dem Geschäftsführer zuzurechnenden Zahlung nach Insolvenzreife zu beweisen. Dagegen sind eine kompensierende Gegenleistung, der Ausnahmetatbestand des S. 2 wie auch das Fehlen eines Verschuldens vom Geschäftsführer zu beweisen (BGH 29.11.1999, BGHZ 143, 184 (185) = NJW 2000, 668; BGH 9.6.2009, NJW 2009, 2599 Rn. 13); das gilt auch für die Erleichterungen aufgrund von § 2 Nr. COVInsAG (*Born* NZG 2020, 521 (528)). Ebenso soll der Geschäftsführer beim Forderungseinzug auf ein debitorisches Konto dafür beweispflichtig sein, dass die betreffende Forderung bereits vor der Insolvenzreife zur Sicherheit abgetreten wurde sowie entstanden und werthaltig geworden ist (BGH 23.6.2015, BGHZ 206, 52 Rn. 34 = NJW 2015, 2806; mit guten Gründen krit. *Habersack/Förster* ZGR 2016, 153 (168); *Poertzgen* ZInsO 2016, 1459 (1460 f.)). Soweit die Gesellschaft bzw. der Insolvenzverwalter sich auf eine Überschuldung berufen, müssen sie nur die rechnerische Überschuldung der Gesellschaft zu Liquidationswerten darlegen und gegebenenfalls beweisen; die Beweislast für eine positive Fortbestehensprognose trägt hingegen der Geschäftsführer (so zu § 19 InsO aF auch BGH 18.10.2010, NZG 2010, 1393 Rn. 11). Für die Darlegung der rechnerischen Überschuldung genügt es, wenn der Insolvenzverwalter eine Handelsbilanz vorlegt, aus der sich ein nicht durch Eigenkapital gedeckter Fehlbetrag ergibt und die daraufhin überprüft worden ist, ob und ggf. in welchem Umfang stille Reserven oder sonstige aus der Bilanz nicht ersichtliche Veräußerungswerte vorhanden sind; der Geschäftsführer hat sodann vorzutragen, in welchen Punkten sich stille Reserven oder sonstige für eine Überschuldungsbilanz maßgebliche Werte in der Handelsbilanz nicht widerspiegeln (BGH 16.3.2009, NJW 2009, 2454 Rn. 10; BGH 19.11.2013, NZG 2014, 100 Rn. 17). Berufen sich die Gesellschaft bzw. der Insolvenzverwalter auf eine Zahlungsunfähigkeit der Gesellschaft und legen diese mit Hilfe eines auf Angaben der Buchhaltung beruhenden Liquiditätsstatus dar, so genügt es nicht, wenn der Geschäftsführer pauschal die Richtigkeit der Buchhaltung bestreitet (BGH 19.12.2017, NJW 2018, 1089 Rn. 20 f.). Die Zahlungseinstellung gilt unter dem Gesichtspunkt der Beweisvereitelung als bewiesen, wenn der Geschäftsführer seiner Pflicht zur Führung und Aufbewahrung von Büchern und Belegen nicht entsprochen hat (so zur Insolvenzverschleppungshaftung BGH 24.1.2012, NZG 2012, 464 Rn. 16). Soweit man dem Geschäftsführer den Einwand gestattet, dass der Insolvenzverschleppungsschaden geringer ist als die Summe der geleisteten Zahlungen (→ Rn. 7), hat er auch dies zu beweisen (Scholz/*K. Schmidt* Rn. 69). 41

5. Zuständigkeit. Die sachliche Zuständigkeit für Klagen auf Erstattung verbotswidrig geleisteter Zahlungen bestimmt sich nach §§ 23, 71 GVG. Dabei handelt es sich um Handelssachen iSd § 94 Abs. 1 Nr. 4 lit. a GVG. Örtlich zuständig ist nicht nur das Gericht am Wohnsitz des Geschäftsführers (§§ 12, 13 ZPO). Zusätzlich soll vielmehr der besondere Gerichtsstand des Erfüllungsorts eröffnet sein (§ 29 ZPO, BGH 6.8.2019, NZG 2019, 1113 Rn. 16; OLG München 18.5.2017, NZG 2017, 749; OLG 41a

München 16.7.2018, NZG 2019, 354; OLG Frankfurt a. M. 15.10.2019, ZInsO 2019, 2314; aA Baumbach/Hueck/*Haas* Rn. 30a).

III. Haftung wegen insolvenzauslösender Zahlungen (S. 3)

42 **1. Normzweck.** Im Gegensatz zu S. 1, der Zahlungen nach Eintritt der Zahlungsunfähigkeit oder Überschuldung betrifft, verpflichtet der durch das MoMiG eingefügte S. 2 die Geschäftsführer zum Ersatz von Zahlungen an Gesellschafter, die die Zahlungsunfähigkeit erst ausgelöst haben. Die Vorschrift soll nach der Intention des Gesetzgebers die bestehenden Regelungen ergänzen, die die Gläubiger vor Vermögensverschiebungen zwischen Gesellschaftern und Gesellschaft schützen. Insbesondere soll die bilanzielle Ausschüttungssperre nach § 30 durch ein Verbot von Ausschüttungen, die zwar das zum Erhalt des Stammkapitals erforderliche Vermögen unangetastet lassen, aber zur Zahlungsunfähigkeit führen müssen, flankiert werden (BT-Drs. 14/6140, 46). Ferner gehe die Vorschrift über die bisherigen Anfechtungsregeln hinaus, wenn deren zum Teil kurze Fristen abgelaufen seien, der Gläubigerbenachteiligungsvorsatz und die entsprechende Kenntnis des Empfängers nicht bewiesen werden könnten und die Vermutungsregeln namentlich gegenüber nahestehenden Personen nicht erfüllt seien (BT-Drs. 14/6140, 46). Mit dem Verbot von Abzug von Vermögenswerten, die zur Erfüllung der Verbindlichkeiten der Gesellschaft erforderlich seien, erfasse die Vorschrift einen Teilbereich der Haftung wegen existenzvernichtenden Eingriffs; zudem gebe es Parallelen zum sog. „solvency test" (BT-Drs. 14/6140, 46).

43 Der Gesetzgeber hat sich mit der Neuregelung an S. 1 angelehnt. Auch bei S. 3 handelt es sich folglich um einen **Ersatzanspruch eigener Art** (Lutter/Hommelhoff/*Kleindiek* Rn. 47; Scholz/*K. Schmidt* Rn. 78). Anders als bei S. 1 werden aber nur Zahlungen an Gesellschafter erfasst. Zudem soll S. 3 nicht allgemein die Masse, sondern nur die Liquidität der Gesellschaft schützen. Dabei legt die Neuregelung dem Geschäftsführer insolvenzbezogene Organpflichten bereits vor der materiellen Insolvenz auf (Scholz/*K. Schmidt* Rn. 82; vgl. auch *Hölzle* GmbHR 2007, 729 (731)).

44 S. 3 wirft erhebliche Fragen auf. So überzeugt es nicht restlos, dass die Sanktion für eine verbotene Zahlung nicht den Empfänger, sondern den Geschäftsführer treffen soll (*K. Schmidt* GmbHR 2007, 1072 (1079)). Insoweit hilft auch der Hinweis auf die Existenzvernichtungshaftung nicht weiter; denn diese trifft die Gesellschafter und nicht den Geschäftsführer (sehr deutlich Scholz/*K. Schmidt* Rn. 81). Zudem besteht eine Haftung der Gesellschafter für existenzvernichtende Eingriffe über § 826 BGB nur bei Vorsatz, während der Geschäftsführer nach S. 3 bereits bei Fahrlässigkeit haftet (vgl. *Habersack* ZGR 2008, 533 (558); *Strohn* ZHR 173 (2009), 589 (590)).

45 Aber auch der Tatbestand der Neuregelung erscheint problematisch, so etwa beim Zahlungsbegriff und der Kausalität (→ Rn. 48 ff., → Rn. 57 ff.). Zudem stellt sich die Frage, inwieweit aus der Vorschrift verstärkte Prüfungspflichten des Geschäftsführers im Hinblick auf die Solvenz der Gesellschaft resultieren. In der Lit. werden insoweit teilweise in Anlehnung an das als Alternative zum deutschen Kapitalschutzsystem ins Spiel gebrachte Konzept des „solvency tests" (zur Diskussion s. *Arnold* Der Konzern 2007, 118 ff.) recht weitgehende Pflichten angenommen (vgl. dazu nur *Knof* DStR 2007, 1580 ff.). Diese könnten Geschäftsführer kleinerer Unternehmen indes leicht überfordern. Zudem war eine derart weitgehende Regelung wohl nicht vom Gesetzgeber gewollt. Nach seiner Auffassung ist die Regelung in ihrem Anwendungsbereich „eng begrenzt" und überfordert den Geschäftsführer nicht (BT-Drs. 14/6140, 47). Verhindert werden soll wohl primär die Ausplünderung der Gesellschaft im Vorfeld der Insolvenz (*Seibert* ZIP 2006, 1157 (1167)).

45a Das COVInsAG enthält -anders als für das Zahlungsverbot nach S. 1 – für § 64 S. 3 keine Sonderregeln. Die Haftung für insolvenzauslösende Zahlungen besteht also auch während der **Corona-Pandemie.** Im Übrigen besteht bei einer Verursachung der Insolvenz durch Zahlungen an die Gesellschafter iSd S. 3 auch die Insolvenzantragspflicht nach § 1 COVInsAG fort, da die Zahlungsunfähigkeit in diesem Fall nicht auf der Ausbreitung des SARS-CoV-2-Virus beruht.

46 **2. Tatbestand. a) Normadressat.** Verpflichtet sind nach S. 3 Geschäftsführer und Liquidatoren (§ 71 Abs. 4). Wie bei S. 1 haften auch **faktische Geschäftsführer.** Gesellschafter dürften dagegen nur bei Führungslosigkeit (§ 15a InsO) erfasst sein (*Hölzle* GmbHR 2007, 729 (731); aA *Strohn* ZHR 173 (2009), 589 (594): Haftung analog § 31). Auch eine Haftung als Teilnehmer scheidet wie bei S. 1 aus (Rowedder/Schmidt-Leithoff/*Schmidt-Leithoff/Schneider* Rn. 23, 58). Im Übrigen können die Gesellschafter für nach S. 3 unzulässige Zahlungen nach §§ 30, 31, den Regelungen der Insolvenzanfechtung sowie den Grundsätzen zum existenzvernichtenden Eingriff haften. Für Aufsichtsräte gilt das unter → Rn. 9 Gesagte (vgl. auch *Strohn* NZG 2011, 1161 (1169); *Poertzgen/Meyer* ZInsO 2012, 249 (250 f.)).

47 Zur Anwendung der Norm auf in Deutschland tätige **Auslandsgesellschaften** → IntGesR Rn. 180.

48 **b) Zahlungen. aa) Grundlagen.** Der Begriff der „Zahlung" soll nach Vorstellung des Gesetzgebers dem nach S. 1 entsprechen. Zahlungen seien nicht nur Geldleistungen, sondern auch sonstige vergleichbare Leistungen zulasten des Gesellschaftsvermögens (BT-Drs. 14/6140, 46). Im Einzelnen ist es freilich fraglich, ob die zu S. 1 entwickelten Grundsätze unbesehen auf die Insolvenzverursachungshaftung nach

S. 3 übernommen werden können. Soweit ein Gesellschafter einen fälligen und durchsetzbaren Anspruch gegen die Gesellschaft hat, kann durch die Leistung auf diesen Anspruch idR nicht die Zahlungsunfähigkeit ausgelöst werden, da der Anspruch bereits zuvor bei der Beurteilung der Zahlungsfähigkeit zu berücksichtigen ist (*Spliedt* ZIP 2009, 149 (159)). Anderes kann nur ausnahmsweise gelten, wenn zB durch die vollständige Begleichung der Gesellschafterforderung aus einer unwesentlichen eine wesentliche Deckungslücke wird (vgl. Baumbach/Hueck/*Haas* Rn. 135, Rowedder/Schmidt-Leithoff/*Schmidt-Leithoff/Schneider* Rn. 66; weitergehend auch für eine Anwendbarkeit bei Eintritt einer späteren Zahlungsunfähigkeit infolge der Zahlung auf die Gesellschafterforderung *W. Müller* Liber Amicorum M. Winter 2011, 487 (490); *Kleindiek* BB 2013, 19; ablehnend *Altmeppen* ZIP 2013, 801 (804); skeptisch auch *Porzelt* ZInsO 2013, 2146 (2147): Fall des S. 1). Praktisch wäre der so verstandene S. 3 damit idR nur auf offene und verdeckte Ausschüttungen anwendbar, also nur auf Leistungen aufgrund des Gesellschaftsverhältnisses (dafür in der Tat Roth/Altmeppen/*Altmeppen* Rn. 89). Doch lehnt ein Teil der Literatur eine derartige restriktive Auslegung der Vorschrift ab und will **das Bestehen einer fälligen Gesellschafterforderung unberücksichtigt lassen** (*Spliedt* ZIP 2009, 149 (159 f.); UHL/*Casper* Rn. 145; *Wicke* Rn. 27; *Dahl/Schmitz* NZG 2009, 567 (569 f.); *Görg* FS Streck, 2011, 823 (828); *Poertzgen/Meyer* ZInsO 2012, 249 (255)). Nach aA, der sich auch der BGH angeschlossen hat (BGH 9.10.2012, BGHZ 195, 42 Rn. 10 ff. = NZG 2012, 1379), kommt dagegen eine derartige Erweiterung der Vorschrift nicht in Betracht (Roth/Altmeppen/*Altmeppen* Rn. 82 ff.; Lutter/Hommelhoff/*Kleindiek* Rn. 58; *Niesert/Hohler* NZI 2009, 345 (350); *Desch* BB 2010, 2586 ff.; *Schluck-Amend* FS Hommelhoff, 2012, 961 (970 ff.); *Winstel/Skauradszun* GmbHR 2011, 185 (187)). Schließlich wird vorgeschlagen, zur Lösung des Problems auch andere Einwirkungen auf die Zahlungsfähigkeit wie etwa die Begründung von Verbindlichkeiten, die nicht in der Weggabe von Aktiva bestehen, als Zahlungen iSd Vorschrift anzusehen (HK-GmbHG/*Kolmann* Rn. 104).

Gegen die Berücksichtigung einer fälligen und durchsetzbaren Gesellschafterforderung spricht, dass andernfalls die Beteiligten eine Haftung nach S. 3 durch Begründung einer entsprechenden Forderung ausschließen könnten (so zu Recht Scholz/*K. Schmidt* Rn. 917 Fn. 10). Ließe man jedoch das Bestehen einer Gesellschafterforderung vollständig unberücksichtigt, folgte aus S. 3 letztlich ein **Verbot der Begleichung von Gesellschafterforderungen in Insolvenznähe** (so in der Tat *Dahl/Schmitz* NZG 2009, 567 (569 f.)). Ein derartiges Verständnis wird von der Gesetzesbegründung zwar im Hinblick auf Gesellschafterdarlehen selbst nahegelegt (BT-Drs. 16/6140, 42). Im Übrigen hätte eine solche Auslegung aber nichts mehr mit den in der Gesetzesbegründung erwähnten Vermögensverschiebungen zulasten der Gläubiger zu tun, sondern es würde umgekehrt eine Pflicht der Gesellschafter begründet, in der Krise hinter den übrigen Gläubigern zurückzustehen. Konsequenterweise dürften Gesellschafterforderungen dann auch nicht mehr bei der Feststellung der Zahlungsunfähigkeit berücksichtigt werden (vgl. *Dahl/Schmitz* NZG 2009, 567 (570)). Dies würde freilich nur schwer zu der Rechtslage bei Überschuldung passen, bei der selbst die kraft Gesetzes nachrangigen Forderungen aus Gesellschafterdarlehen nur dann nicht zu berücksichtigen sind, wenn der Nachrang zwischen den Beteiligten vereinbart worden ist. Zudem würde ein derartiges Konzept den Gläubigern vielfach eher schaden als nutzen: Würde die Gesellschaft später trotz der Nichtberücksichtigung der Gesellschafterforderungen zahlungsunfähig, könnten die Gesellschafter jenseits von § 39 Abs. 1 Nr. 5 InsO ihre Ansprüche im sich anschließenden Insolvenzverfahren wieder geltend machen. Damit erhielten die übrigen Gläubiger aber eine geringere Quote, als es bei früherer Insolvenz aufgrund der Berücksichtigung der Gesellschafterforderungen im Solvenzstatus der Fall wäre. Ein Verbot der Begleichung von Gesellschafterforderungen in Insolvenznähe stellt daher kein sinnvolles Konzept dar. Ferner lässt sich die Nichtberücksichtigung einer fälligen und durchsetzbaren Gesellschafterforderung im Rahmen des § 64 S. 3 nicht damit begründen, dass aus der Norm nach verbreiteter Auffassung (→ Rn. 65 mwN) ein Leistungsverweigerungsrecht folge und daher Gesellschafterforderungen in Insolvenznähe gar nicht durchsetzbar seien (so aber *Poertzgen/Meyer* ZInsO 2012, 249 (254)). Ein Leistungsverweigerungsrecht könnte von vornherein nur bestehen, wenn der Tatbestand des § 64 S. 3 erfüllt wäre. Das Argument beruht somit auf einem Zirkelschluss (*Schluck-Amend* FS Hommelhoff, 2012, 961 (978)). Man kann daher im Ergebnis das Bestehen einer fälligen Gesellschafterforderung bei S. 3 nicht generell ausblenden (so auch BGH 9.10.2012, BGHZ 195, 42 Rn. 10 ff. = NZG 2012, 15). Zur Vermeidung von Missbräuchen ist dies nur dann angezeigt, wenn zum Zeitpunkt der Begründung dieser Forderung deren Begleichung bereits die Zahlungsunfähigkeit ausgelöst hätte. **49**

Nicht anwendbar ist § 64 S. 3 auch in Fällen, in denen die Gesellschaft infolge der Begleichung einer fälligen und durchsetzbaren Gesellschafterforderung später fällig werdende Forderungen nicht mehr erfüllen kann und damit die Zahlungsunfähigkeit zu einem späteren Zeitpunkt eintreten muss (anders *W. Müller* Liber Amicorum M. Winter, 2011, 487 (490); *Kleindiek* BB 2013, 19). Zwar wird man hier die Kausalität der Zahlung für die spätere Zahlungsunfähigkeit nicht verneinen können. S. 3 verlangt jedoch eine adäquate Verursachung (→ Rn. 58), die man bei Vorliegen einer Zahlungspflicht kaum bejahen kann. Zudem handelt es sich letztlich um Fälle drohender Zahlungsunfähigkeit, bei denen nach § 18 InsO nur ein Recht, nicht aber die Pflicht zur Stellung eines Insolvenzantrags besteht. Dieser Wertung widerspräche es aber, wenn man S. 3 in derartigen Konstellationen anwenden würde. **49a**

50 **bb) Einzelfälle.** Unzulässig sind damit nach S. 3 insbesondere **offene und verdeckte Ausschüttungen** an die Gesellschafter. Zahlungen aus **echten Drittgeschäften** zwischen Gesellschaft und Gesellschafter werden dagegen nur selten in den Anwendungsbereich der Regelung fallen. Denkbar ist dies – außer bei Zahlungen auf noch nicht fällige oder einredebehaftete Gesellschafterforderungen – allein dann, wenn durch die Zahlung an den Gesellschafter aus einer unwesentlichen eine wesentliche Deckungslücke wird (→ Rn. 48), ein Drittgläubiger die weitere Kreditgewährung von der Nichtbegleichung der Gesellschafterforderung abhängig gemacht hat und seine Forderung daher infolge der Zahlung an den Gesellschafter fällig stellt (BGH 9.10.2012, BGHZ 195, 42 Rn. 13 = NZG 2012, 1379; skeptisch *Altmeppen* ZIP 2013, 801 (805); *Porzelt* ZInsO 2013, 2146 (2147): Fall des S. 1) oder wenn zum Zeitpunkt der Begründung dieser Forderung deren Begleichung bereits die Zahlungsunfähigkeit ausgelöst hätte (→ Rn. 49) und auch keine entsprechende Gegenleistung in die Masse fließt. Regelmäßig unproblematisch sind daher Gehaltszahlungen an einen Gesellschafter-Geschäftsführer und Nutzungsentgelte (teilw. anders Scholz/*K. Schmidt* Rn. 93). Gleiches gilt auch bei der Rückzahlung eines **Gesellschafterdarlehens** (so auch Roth/Altmeppen/*Altmeppen* Rn. 88; aA etwa BT-Drs. 16/6140, 42; Scholz/*K. Schmidt* Rn. 93; *Seibert* ZIP 2006, 1157, 1161; *Bayer/Graff* DStR 2006, 1654 (1656); *Gehrlein* BB 2008, 846 (849); *Schäfer* DStR 2006, 2085 (2087 f.)): Soweit durch die Zahlung nicht ausnahmsweise aus einer unwesentlichen eine wesentliche Deckungslücke wird, besteht auch hier ein fälliger und durchsetzbarer Anspruch des Gesellschafters, der die Herbeiführung von Zahlungsunfähigkeit ausschließt; denn nach den Änderungen durch das MoMiG bestehen keine Schranken mehr für die Rückzahlung von Gesellschafterdarlehen außerhalb der Insolvenz (s. nur BT-Drs. 16/6140, 42).

51 Nicht nur Geldleistungen, sondern auch sonstige Leistungen zulasten des Gesellschaftsvermögens können eine Zahlung darstellen (s. BT-Drs. 16/6140, 46). Dabei liegt es im Hinblick auf den Zweck der Vorschrift – die Sicherung der Liquidität der Gesellschaft – zwar nahe, die Herausgabe von Vermögensgegenständen nur dann als Zahlung zu erfassen, wenn diese sich kurzfristig in liquide Mittel hätten umwandeln lassen (dafür – allerdings auf Kausalitätsebene – Baumbach/Hueck/*Haas* Rn. 127); doch dürfte daraus keine wesentliche Einschränkung des Tatbestands resultieren. Eine Zahlung liegt daher auch in der Stellung einer Realsicherheit, soweit kein werthaltiger Rückgriffsanspruch gegen den Gesellschafter besteht und die Inanspruchnahme aus der Sicherheit praktisch feststeht (*Nolting-Hauff/Greulich* GmbHR 2013, 169 (174); *Knof* DStR 2007, 1536 (1538); *Komo* GmbHR 2010, 230 (235); ohne diese Einschränkung MüKoGmbHG/*H.-F. Müller* Rn. 182; enger *Brand* ZIP 2012, 1010 (1012): Sicherheitenbestellung nur bei Liquiditätsabfluss erfasst).

52 Keine Zahlung stellt auch im Rahmen von S. 3 die bloße Begründung einer Verbindlichkeit dar; denn hierdurch allein wird die Liquidität der Gesellschaft nicht beeinflusst (Lutter/Hommelhoff/*Kleindiek* Rn. 51; *Knof* DStR 2007, 1536 (1538); aA HK-GmbHG/*Kolmann* Rn. 104). Allein die Leistung auf eine Forderung, deren Begleichung schon zum Zeitpunkt ihrer Begründung Zahlungsunfähigkeit ausgelöst hätte, ist erfasst (→ Rn. 49). Anders als bei S. 1 kann dagegen im Hinblick auf den Schutzzweck der Vorschrift eine Unterlassung wie etwa die Nichtgeltendmachung einer Forderung eine Zahlung darstellen, wenn sich schon abzeichnet, dass dadurch die Geltendmachung der derzeit noch werthaltigen Forderung gefährdet wird (UHL/*Casper* Rn. 193; ähnlich Baumbach/Hueck/*Haas* Rn. 128; *Greulich/Bunnemann* NZG 2006, 681 (684); aA MüKoGmbHG/*H.-F. Müller* Rn. 182).

53 **cc) Zahlungsempfänger.** Die Zahlung muss nach S. 3 an einen Gesellschafter erfolgen; auf die Größe seines Anteils kommt es dabei nicht an. Leistungen an Dritte sind unter den gleichen Voraussetzungen wie bei § 30 (→ § 30 Rn. 15 ff.) ebenfalls erfasst (*Greulich/Bunnemann* NZG 2006, 681 (685); *Knof* DStR 2007, 1536 (1538)). Bedeutung kann dies etwa im konzerninternen Zahlungsverkehr wie beim Cash-Pooling haben (Lutter/Hommelhoff/*Kleindiek* Rn. 53). Soweit der Zahlungsempfänger zum Zeitpunkt der Leistung nicht mehr Gesellschafter ist, ist S. 3 dennoch anwendbar, wenn der Rechtsgrund für die Zahlung gelegt wurde, als die Gesellschaftereigenschaft noch bestand (Baumbach/Hueck/*Haas* Rn. 130; vgl. auch Scholz/*K. Schmidt* Rn. 92).

54 **dd) Ausgleich durch Gegenwert.** Keine Zahlung liegt vor, wenn in das Gesellschaftsvermögen ein liquider Gegenwert in gleicher Höhe geflossen ist. Unklar ist dabei allerdings, ob es nur an der Kausalität für die Zahlungsunfähigkeit fehlt (so BT-Drs. 16/6140, 46; Scholz/*K. Schmidt* Rn. 100) oder ob bereits keine Zahlung vorliegt (UHL/*Casper* Rn. 139). Richtig erscheint Letzteres, da es in diesem Fall bereits an dem von S. 3 verlangten Vermögensabfluss fehlt.

55 Im Hinblick auf den Schutzzweck der Vorschrift kann jedoch nur ein solcher Gegenwert berücksichtigt werden, der zumindest kurzfristig in liquide Mittel umgewandelt werden kann (Baumbach/Hueck/*Haas* Rn. 129; ähnlich Scholz/*K. Schmidt* Rn. 100). Einen solchen Gegenwert stellt bei der Gewährung eines Darlehens durch die Gesellschaft an einen Gesellschafter der Rückzahlungsanspruch dar, soweit dieser vollwertig und jederzeit fällig ist oder fällig gestellt werden kann (vgl. § 19 Abs. 5 S. 1; iE auch *Niesert/Hohler* NZI 2009, 345 (349); aA Scholz/*K. Schmidt* Rn. 100). Erlaubt sind damit auch Einzahlungen iRd Teilnahme an einem **Cash-Pooling-System,** soweit die Gesellschaft entsprechend liquide Ansprüche gegen den Cash-Pool erwirbt (vgl. zum Ganzen nur *Willemsen/Reichel* GmbHR 2010, 349 ff.).

c) Zurechenbarkeit. Hinsichtlich der Zurechenbarkeit der Zahlung gelten die zu S. 1 (→ Rn. 25) dargestellten Grundsätze (vgl. nur *Knof* DStR 2007, 1536 (1538)). 56

d) Herbeiführung von Zahlungsunfähigkeit. S. 3 setzt weiter voraus, dass die Zahlung an den Gesellschafter zur Zahlungsunfähigkeit der Gesellschaft „führen musste"; auf die Verursachung von Überschuldung ist die Vorschrift dagegen auch nicht analog anwendbar (Lutter/Hommelhoff/*Kleindiek* Rn. 54; aA UHL/*Casper* Rn. 147). Die Gesellschaft muss also zahlungsunfähig geworden sein, und die Zahlung an den Gesellschafter muss hierfür ursächlich gewesen sein. Dabei ist es unerheblich, ob die Zahlung bilanziell erheblich gewesen ist (MüKoGmbHG/*H.-F. Müller* Rn. 184). War die Gesellschaft bereits zahlungsunfähig, können weitere Zahlungen mangels Kausalität keine Haftung nach S. 3 mehr auslösen (BGH 9.10.2012, NZG 2012, 1379 Rn. 7; Bork/Schäfer/*Bork* Rn. 56). 57

Mit dem Tatbestandsmerkmal „führen musste" soll klargestellt werden, dass für eine Haftung nach S. 2 bloße Kausalität nicht genügt, also nicht jede Leistung ausreicht, die erst nach Hinzutreten weiterer, im Moment der Zahlung noch nicht feststehender Umstände zur Zahlungsunfähigkeit führt; vielmehr muss nach Vorstellung des Gesetzgebers die Zahlung **ohne Hinzutreten weiterer Kausalbeiträge** zur Zahlungsunfähigkeit der Gesellschaft führen (BT-Drs. 14/6140, 46 f.; für eine großzügigere Zurechnung Baumbach/Hueck/*Haas* Rn. 134 und wohl auch *Böcker/Poertzgen* WM 2007, 1203 (1208) die es ausreichen lassen, wenn die Zahlung zusammen mit weiteren, für den Geschäftsführer bereits erkennbaren Umständen zur Zahlungsunfähigkeit führen wird). Bloße Adäquanz genügt also nicht (anders etwa *Gehrlein* Der Konzern 2007, 771 (795)), da diese auch beim Hinzutreten weiterer Umstände vorliegen kann (s. nur MüKoBGB/*Oetker* BGB § 249 Rn. 114). Die Zahlung an den Gesellschafter braucht damit zwar weder der alleinige Grund für die Illiquidität sein, noch muss die Zahlungsunfähigkeit unmittelbar mit der Auszahlung eintreten, doch muss sich klar abzeichnen, dass die Gesellschaft **unter normalem Verlauf der Dinge** ihre Verbindlichkeiten nicht mehr wird erfüllen können (BT-Drs. 14/6140, 47). Einen derartigen Zusammenhang wird man wohl praktisch regelmäßig verneinen müssen, wenn die Zahlungsunfähigkeit nicht binnen eines Jahres nach der Zahlung eintritt (UHL/*Casper* Rn. 149; skeptisch Scholz/*K. Schmidt* Rn. 99). Abweichendes soll allerdings gelten, wenn die Gesellschafter die Insolvenz nur durch freiwillige Stützzahlungen hinausgezögert haben (OLG Celle 9.5.2012, DStR 2013, 55 (56)). Außergewöhnliche Ereignisse, die die Zahlungsfähigkeit hätten erhalten können, mit denen man aber im Moment der Auszahlung nicht rechnen konnte, bleiben freilich außer Betracht (BT-Drs. 14/6140, 47). Zudem wird man die Vorverlegung einer drohenden Zahlungsunfähigkeit genügen lassen müssen (Scholz/*K. Schmidt* Rn. 98). Kann der Geschäftsführer etwa durch erfolgreiche Rückforderung der Zahlung die Zahlungsunfähigkeit beseitigen, muss man eine Haftung verneinen, selbst wenn später noch Illiquidität eintritt (UHL/*Casper* Rn. 151). Zur Problematik einer Zahlung auf eine fällige Gesellschafterschuld bei drohender Zahlungsunfähigkeit → Rn. 49a. 58

Praktisch setzt die Beurteilung, ob eine Zahlung zur Zahlungsunfähigkeit führen muss, eine **Solvenzprognose** voraus. Ist nach dieser die Zahlungsunfähigkeit überwiegend wahrscheinlich, darf die Zahlung nicht erfolgen (*Greulich/Bunnemann* NZG 2006, 681 (685); *Kleindiek* FS K. Schmidt, 2009, 893 (906); *Knof* DStR 2007, 1536 (1539 f.)). Dieses Erfordernis setzt freilich dem Prognosezeitraum bei der Solvenzprognose Grenzen. Insoweit dürfte es schon zu weit gehen, auf das gegenwärtige und das folgende Geschäftsjahr abzustellen (so aber *Knof* DStR 2007, 1580 (1582); dagegen zu Recht Lutter/Hommelhoff/*Kleindiek* Rn. 64); denn es lässt sich kaum vorhersagen, dass eine Zahlung mit überwiegender Wahrscheinlichkeit in eineinhalb bis zwei Jahren zur Zahlungsunfähigkeit führt. Die obere Grenze dürfte vielmehr bei einem Jahr liegen (UHL/*Casper* Rn. 152; aA MüKoGmbHG/*H.-F. Müller* Rn. 193; *Poertzgen/Meyer* ZInsO 2012, 249 (256); noch enger *Jost* ZInsO 2014, 2471 (2476): drei bis sechs Monate). Zu weit dürfte es auch gehen, in Anlehnung an die Fortbestehensprognose vom Geschäftsführer zu verlangen, gegebenenfalls auch mehrere Möglichkeiten von Entwicklungen zu betrachten (so aber *Knof* DStR 2007, 1580 (1581 ff.)). 59

e) Maßgeblicher Zeitpunkt. Wie das Zahlungsverbot nach S. 1 setzt auch S. 3 voraus, dass das Insolvenzverfahren eröffnet oder die Eröffnung mangels Masse abgelehnt worden ist (eingehend *Haas* GmbHR 2010, 1 (3 ff.)). Dies folgt schon daraus, dass die Leistung die Zahlungsunfähigkeit verursacht haben muss. 60

f) Verschulden. Auch die Haftung wegen insolvenzverursachender Zahlungen setzt ein Verschulden des Geschäftsführers voraus. Es genügt Fahrlässigkeit. Entlasten kann sich der Geschäftsführer dabei insbesondere mit dem Einwand, dass er die Herbeiführung der künftigen Zahlungsunfähigkeit aufgrund besonderer Umstände nicht erkennen konnte. Dies wird freilich kaum einmal der Fall sein, wenn eine Zahlung nach den oben beschriebenen Grundsätzen zur Illiquidität „führen musste" (Lutter/Hommelhoff/*Kleindiek* Rn. 65). Notwendig sind eine ständige Beobachtung der Liquidität der Gesellschaft und die Erstellung eines Liquiditätsplans vor einer Ausschüttung (*Greulich/Bunnemann* NZG 2006, 681 (685); *Hölzle* GmbHR 2007, 729 (731)). Bei Einzahlungen iRe Cash-Pooling-Systems muss der Geschäftsführer darüber hinaus auch die Gesamtliquidität des Cash-Pools und der Muttergesellschaft beobachten (*Greulich/Rau* NZG 2008, 284 (287); *Willemsen/Reichel* GmbHR 2010, 349 (352)). 61

62 Der Geschäftsführer kann sich nicht dadurch entlasten, dass er mit der Zahlung an den Gesellschafter lediglich eine **Weisung der Gesellschafter** befolgt hat; denn nach S. 4 iVm § 43 Abs. 3 S. 3 ist die Berufung auf einen Gesellschafterbeschluss ausgeschlossen, soweit der Ersatz zur Befriedigung der Gläubiger der Gesellschaft erforderlich ist. Dies ist aber bei insolvenzverursachenden Zahlungen zwangsläufig der Fall. Notfalls muss der Geschäftsführer bei einem entsprechenden Beschluss sein Amt niederlegen (BT-Drs. 14/6140, 47). Unklar ist, ob eine Zahlung nach S. 3 **entsprechend S. 2** dadurch gerechtfertigt werden kann, dass sie mit der Sorgfalt eines ordentlichen Kaufmanns vereinbar war (so MüKoGmbHG/*H.-F. Müller* Rn. 188; Scholz/*K. Schmidt* Rn. 103; Baumbach/Hueck/*Haas* Rn. 137; *Böcker/Poertzgen* WM 2007, 1203; wohl auch *Knof* DStR 2007, 580 (584)). Dagegen spricht indes nicht nur der Wortlaut der Vorschrift, die auf S. 2 nur hinsichtlich der Erkennbarkeit der Insolvenzverursachung verweist. Vielmehr sind auch keine Fälle vorstellbar, in denen eine insolvenzauslösende Zahlung durch gesetzliche Zahlungspflichten gerechtfertigt ist oder dem Erhalt realistischer Sanierungschancen dienen kann (aA Bork/Schäfer/*Bork* Rn. 60: Zahlungen zur Vermeidung des „Zusammenbruchs" der Gesellschaft). Auch zur Rechtfertigung einer Teilnahme an einem Cash-Pool-System ist der Rückgriff auf S. 2 nicht erforderlich (anders Baumbach/Hueck/*Haas* Rn. 137): Ist mit der Zahlung die tatsächliche Möglichkeit verbunden, Liquidität zu erhalten, dürfte bereits ein Gegenwert in die Masse fließen, der das Vorliegen einer Zahlung ausschließt.

63 **3. Rechtsfolgen. a) Haftungsumfang.** S. 3 verpflichtet den Geschäftsführer zur Erstattung der an den Gesellschafter geleisteten Zahlung. Ein ins Gesellschaftsvermögen geflossener liquider Gegenwert ist abzuziehen (BT-Drs. 14/6140, 47). Im Übrigen wird auch S. 3 als Ersatzanspruch eigener Art verstanden, der keinen Schaden voraussetzt (Lutter/Hommelhoff/*Kleindiek* Rn. 47; iE auch Scholz/*K. Schmidt* Rn. 109). Der Einwand, der durch die Insolvenz verursachte Schaden der Gesellschaft sei geringer, soll nicht möglich sein (Scholz/*K. Schmidt* Rn. 109).

64 Der Anspruch nach S. 3 ist gegenüber etwaigen Ansprüchen gegen den Zahlungsempfänger nicht subsidiär. Der Geschäftsführer kann aber Zug um Zug gegen die Zahlung die Abtretung etwaiger Ansprüche der Masse gegen den Zahlungsempfänger verlangen (Baumbach/Hueck/*Haas* Rn. 140). Zu denken ist dabei insbesondere an Ansprüche aus §§ 30 f. und Insolvenzanfechtung (Rowedder/Schmidt-Leithoff/*Schmidt-Leithoff/Schneider* Rn. 71).

65 **b) Leistungsverweigerungsrecht.** S. 3 wird über den Wortlaut hinaus ein Leistungsverweigerungsrecht bei Gesellschafterforderungen, die die Zahlungsunfähigkeit auslösen würden, entnommen (BGH 9.10.2012, BGHZ 195, 42 Rn. 18 = NZG 2012, 1379; LG Berlin 16.1.2009, GmbHR 2010, 201 (202); Scholz/*K. Schmidt* Rn. 106; *Wicke* Rn. 26; *Hölzle* GmbHR 2007, 729 (732); aA OLG München 6.5.2010, ZIP 2010, 1236 (1237); Roth/Altmeppen/*Altmeppen* Rn. 87; *Haas* NZG 2013, 41 (44); *Hirte/Knof/Mock* JZ 2013, 1051 (1054)). Nach der hier vertretenen Auffassung wird ein solches Leistungsverweigerungsrecht freilich nur ausnahmsweise gegeben sein, da die Erfüllung fälliger und durchsetzbarer Gesellschafterforderungen regelmäßig eine Haftung nach S. 3 nicht auslösen kann (s. BGH 9.10.2012, BGHZ 195, 4 Rn. 10 ff. = NZG 2012, 13; und → Rn. 49). Im Übrigen stellt S. 3 ähnlich wie § 30 **kein Verbotsgesetz** dar, sodass entgegen der Vorschrift geleistete Zahlungen nicht ohne weiteres nichtig sind (Scholz/*K. Schmidt* Rn. 107).

66 **c) Aktivlegitimation.** Der Anspruch aus S. 3 steht der Gesellschaft zu. Im Insolvenzverfahren wird er vom Insolvenzverwalter geltend gemacht. Wird die Eröffnung des Insolvenzverfahrens mangels Masse abgelehnt, kann der Anspruch – wie der nach S. 1 – von den Gläubigern der Gesellschaft gepfändet werden (Bork/Schäfer/*Bork* Rn. 62).

67 **d) Verjährung, Verzicht und Vergleich.** Gemäß S. 4, der auf § 43 Abs. 3 und 4 verweist, gelten die gleichen Grundsätze wie für die Haftung nach S. 1 (→ Rn. 38 f.).

68 **e) Konkurrierende Ansprüche.** Neben die Haftung aus S. 1 können Schadensersatzansprüche gegen den Geschäftsführer nach § 43 Abs. 2 (s. dazu *Heitsch* ZInsO 2015, 1375 ff.), § 826 BGB treten. Zudem ist eine Schadensersatzhaftung nach § 823 Abs. 2 BGB iVm § 266 StGB möglich (vgl. *Haas* Gutachten 66. DJT E 132; zur Strafbarkeit nach § 266 StGB bei Verstößen gegen § 64 S. 3 s. nur *Mahler* GmbHR 2012, 504 (506); *Weiß* GmbHR 2011, 350 (356)). Hinzu kommt die Haftung des Zahlungsempfängers, die sich aus §§ 30, 31, den Grundsätzen über den existenzvernichtenden Eingriff und – bei rechtsgrundloser Zahlung – auch aus § 812 BGB ergeben kann.

69 **4. Beweislast.** Für das Vorliegen einer insolvenzauslösenden Zahlung ist grundsätzlich die Gesellschaft – bzw. der Insolvenzverwalter – darlegungs- und beweispflichtig. Soweit eine ausreichend dokumentierte Solvenzplanung nicht vorhanden ist, werden der Gesellschaft bzw. dem Insolvenzverwalter aber Beweiserleichterungen zugute kommen müssen (*Greulich/Rau* NZG 2008, 284, 288 f.; *Knof* DStR 2007, 1580 (1585)). Zu weit geht es aber, den Zurechnungszusammenhang bei einer Zahlung innerhalb von sechs Monaten vor Antragstellung zu vermuten (so aber Baumbach/Hueck/*Haas* Rn. 141). Das fehlende Verschulden ist vom Geschäftsführer zu beweisen.

IV. Insolvenzverschleppungshaftung

1. Haftung nach § 823 Abs. 2 BGB iVm § 15a InsO. a) § 15a InsO als Schutzgesetz. Die Verletzung der Insolvenzantragspflicht nach § 15a InsO führt nicht nur zur Pflicht zur Leistung eines Kostenvorschusses im Insolvenzverfahren (§ 26 Abs. 4 InsO) und zu einem Anspruch der Gläubiger auf Erstattung eines im Insolvenzverfahren geleisteten Kostenvorschusses **(§ 26 Abs. 3 InsO).** Vielmehr kann sie auch Schadensersatzansprüche nach § 823 Abs. 2 BGB auslösen. Die Insolvenzantragspflicht nach § 64 Abs. 1 aF war nach hM ein Schutzgesetz iS dieser Vorschrift (BGH 16.12.1958, BGHZ 29, 100 (104) = NJW 1959, 623; *Schulze-Osterloh* FS Lutter, 2000, 707 (708 ff.); mwN; aA *Altmeppen/Wilhelm* NJW 1999, 673 (679)). Hieran ist auch für § 15a InsO festzuhalten (BAG 20.3.2014, NJW 2014, 2669 Rn. 32; Baumbach/Hueck/*Haas* Rn. 145; UHL/*Casper* Rn. 159; *Poertzgen* ZInsO 2007, 575; *Wagner* FS K. Schmidt, 2009, 1665 (1669 ff.); krit. Roth/Altmeppen/*Altmeppen* Rn. 42 ff.; *Altmeppen* ZIP 2015, 949 (953); *Neuberger* ZIP 2018, 909 (917 f.)). Geschützt sind alle Gläubiger der Gesellschaft, die ihre Forderung vor Eröffnung des Insolvenzverfahrens erworben haben. Dabei spielt es keine Rolle, ob ihre Forderung vor oder nach Eintritt der Insolvenzreife begründet wurde (BGH 16.12.1958, BGHZ 29, 100 (104) = NJW 1959, 623; BGH 6.6.1994, BGHZ 126, 181 (190 f.) = NJW 1994, 2220). Gläubiger, die ihre Forderung erst nach Eröffnung des Insolvenzverfahrens erworben haben, sind dagegen nicht erfasst; nicht in den Schutzbereich der Insolvenzantragspflicht fällt daher die Bundesagentur für Arbeit im Hinblick auf ihre Verpflichtung zur Leistung von Insolvenzausfallgeld (BGH 26.6.1989, BGHZ 108, 134 (136) = NJW 1989, 3277; BGH 19.2.1990, BGHZ 110, 342 (361 f.) = NJW 1990, 1725; skeptisch Roth/Altmeppen/*Altmeppen* Vor § 64 Rn. 128). Gesellschafter sind nur geschützt, soweit sie Ansprüche geltend machen, die nicht auf dem Gesellschaftsverhältnis beruhen (vgl. für die Genossenschaft BGH 1.2.2010, NZG 2010, 547 (549); *Wagner* FS K. Schmidt, 2009, 1665 (1681); aA für Neugesellschafter *Ekkenga* FS Hadding, 2004, 343 (351 ff.); *Schirrmacher/Schneider* ZIP 2018, 2463). 70

Die vorübergehende Aussetzung der Insolvenzantragspflicht während der **Corona-Pandemie** (→ InsO § 15a Rn. 1a) hat auch Auswirkungen auf die Insolvenzverschleppungshaftung: Soweit die Insolvenzantragspflicht nach § 1 COVInsAG ruht, kommt auch eine deliktische Insolvenzverschleppunghaftung nicht in Betracht (*Born* NZG 2020, 521 (524); *Wicke* NZG 2020, 501 (503)). 70a

b) Verpflichtete. Zum Schadensersatz wegen Insolvenzverschleppung verpflichtet können alle Personen sein, die nach § 15a InsO antragspflichtig sind. Es sind also zunächst die Geschäftsführer oder **faktischen Geschäftsführer** erfasst. Mehrere Geschäftsführer haften als Mit- oder Nebentäter nach §§ 830, 840 BGB gesamtschuldnerisch (allgM). Soweit Gesellschafter nach § 15a Abs. 3 InsO zur Antragstellung verpflichtet sind, haften sie auch aus Insolvenzverschleppung. Zudem können sie nach § 830 Abs. 2 BGB als Teilnehmer verantwortlich sein (BGH 9.7.1979, BGHZ 75, 96 (107) = NJW 1979, 1823; BGH 25.3.2003, BGHZ 164, 50 (57 ff.) = NJW 2005, 3137). Hierfür sind aber sowohl der Vorsatz des Täters als auch zumindest die Kenntnis des Teilnehmers über die vorsätzliche Insolvenzverschleppung erforderlich (BGH 25.3.2003, BGHZ 164, 50 (57) = NJW 2005, 3137; gegen das Erfordernis der vorsätzlichen Haupttat Scholz/*K. Schmidt* Rn. 211). Ob beherrschende Gesellschafter auch dann, wenn diese Voraussetzungen nicht erfüllt sind, wegen Insolvenzverschleppung haften können, erscheint zweifelhaft (für Außenhaftung *Ulmer* KTS 1981, 469 (490); *Karollus* ZIP 1995, 269 (273); für eine Innenhaftung Roth/Altmeppen/*Altmeppen* Vor § 64 Rn. 157; zur Lösung über die Figur des „faktischen Geschäftsführers" UHL/*Casper* Rn. 206). Neben den Gesellschaftern können auch **Aufsichtsräte** als Teilnehmer an der Insolvenzverschleppung durch den Geschäftsführer haften, wenn sie ihren Überwachungspflichten nicht nachkommen (*Strohn* NZG 2011, 1161 (1163)). Abzulehnen ist dagegen eine Teilnehmerhaftung externer Berater, da diese keinen Einfluss auf die Erfüllung der Insolvenzantragspflicht nehmen können (MüKoGmbHG/*H.-F. Müller* Rn. 218). 71

Zur Insolvenzverschleppungshaftung bei in Deutschland tätigen Auslandsgesellschaften → IntGesR Rn. 178. 72

c) Verschulden. Die Haftung nach § 823 Abs. 2 BGB iVm § 15a InsO setzt eine schuldhafte Verletzung der Antragspflicht voraus. Hierfür genügt aber Fahrlässigkeit hinsichtlich aller Tatbestandsvoraussetzungen (BGH 9.7.1979, BGHZ 75, 96, 111 = NJW 1979, 1823; BGH 6.6.1994, BGHZ 126, 181, 199 = NJW 1994, 2220; UHL/*Casper* Rn. 161). Eine interne Aufgabenverteilung mit seinen Kollegen entbindet einen Geschäftsführer nicht von seiner eigenen Verantwortung (BGH 1.3.1993, NJW 1994, 2149). Der Geschäftsführer ist für sein fehlendes Verschulden beweispflichtig (BGH 6.6.1994, BGHZ 126, 181 (200) = NJW 1994, 2220). 73

d) Haftungsumfang. Hinsichtlich des Schutzumfangs muss zwischen Alt- und Neugläubigern unterschieden werden. Altgläubiger sind nach der Rspr. solche, die ihre Forderung vor dem Zeitpunkt erworben haben, zu dem die Gesellschaft Insolvenz hätte anmelden müssen. Demgegenüber sollen Neugläubiger alle diejenigen Gläubiger sein, die ihre Forderung nach diesem Zeitpunkt erworben haben (BGH 6.6.1994, BGHZ 126, 181 (193) = NJW 1994, 2220; BGH 5.2.2007, BGHZ 171, 46 Rn. 13 = 74

NZG 2007, 347). Freilich hat sich gezeigt, dass es letztlich nicht auf den Vertragsschluss ankommt, sondern darauf, **wann der Gläubiger der Gesellschaft Kredit gewährt hat** (so überzeugend *Wagner* FS K. Schmidt, 2009, 1665 (1676 f.) und der Sache nach BGH 5.2.2007, BGHZ 171, 46 Rn. 13 = NZG 2007, 347). Neugläubiger ist damit auch, wer den Vertrag vor Insolvenzreife geschlossen hat, aber erst danach vorgeleistet hat. Dabei ist es irrelevant, ob eine Vorleistungspflicht bestand, da der Gläubiger nach Insolvenzreife jedenfalls nach § 321 BGB zur Verweigerung der Leistung berechtigt gewesen wäre (*Bitter* ZInsO 2010, 1561 (1575)). Neugläubiger sind gleichfalls die Arbeitnehmer hinsichtlich ihrer Lohnforderungen, die nach Insolvenzreife entstanden sind (LAG Nürnberg 6.3.2012, DB 2012, 2227), nicht dagegen der neue Vermieter, der nach Insolvenzreife in einen von der Gesellschaft als Mieterin abgeschlossenen Mietvertrag eintritt (OLG Stuttgart 11.10.2012, ZIP 2013, 2342 (2343)).

75 **aa) Altgläubiger.** Der Schaden der Altgläubiger besteht darin, dass sich die Quote, die sie auf ihre Forderung erhalten, durch die Insolvenzverschleppung verschlechtert hat. Nur diese Differenz zwischen der bei rechtzeitiger Antragstellung erreichbaren und der tatsächlich erzielten Insolvenzquote (sog. **„Quotenschaden"**) erhalten sie vom Geschäftsführer ersetzt (zu Ausnahmen → Rn. 79). Bei der Berechnung der maßgeblichen Quote sind Massegegenstände, an denen ein Aus- oder Absonderungsrecht besteht, wie auch solche Verbindlichkeiten, die durch Aus- und Absonderungsrechte gedeckt sind, nicht zu berücksichtigen (BGH 30.3.1998, BGHZ 138, 211 (222) = NJW 1998, 2667; *Dauner-Lieb* ZGR 1998, 617 (623 ff.)). Dabei sind bei der Berechnung des Quotenschadens auch zufällige, nach Eintritt der Insolvenzreife eingetretene Vermögensverschlechterungen zu berücksichtigen, soweit diese nicht auch bei rechtzeitiger Antragstellung eingetreten wären (so iE auch *Altmeppen* FS K. Schmidt I, 2019, 13 (16 ff.), der dieses Ergebnis allerdings auf Grundlage der hM für zweifelhaft hält).

76 Der Quotenschaden der Altgläubiger wird in der Insolvenz als Gesamtschaden iSd **§ 92 InsO** nicht von den Gläubigern selbst, sondern einheitlich vom Insolvenzverwalter geltend gemacht. Nur bei Verfahrensabweisung mangels Masse können die Altgläubiger ihre Ansprüche selbst verfolgen (UHL/*Casper* Rn. 166; vgl. zur Frage der Aktivlegitimation auch *Freitag* NZG 2014, 447 ff.). Praktisch ist die Verfolgung allerdings auch für den Insolvenzverwalter schwierig, da er etwaige Quotenschäden der Neugläubiger nicht geltend machen darf (→ Rn. 83). Er kann daher nicht einfach vom Geschäftsführer den Betrag verlangen, der erforderlich ist, um aus der zu erwartenden Ist-Quote die Soll-Quote zu machen, die bei rechtzeitiger Insolvenzeröffnung zu erreichen gewesen wäre, sondern muss die Quotenschäden der einzelnen Altgläubiger gesondert berechnen (aA Scholz/*K. Schmidt* Rn. 189, 193). Der so eingezogene Betrag ist in eine Sondermasse einzustellen und allein für die Altgläubiger zu verwenden (vgl. schon BGH 30.3.1998, BGHZ 138, 211 (217 f.) = NJW 1998, 2667; *Dauner-Lieb* ZGR 1998, 617 (627)).

77 **bb) Neugläubiger.** Dagegen haben Neugläubiger einen Anspruch auf Ersatz ihres gesamten Schadens, den sie durch die verspätete Antragstellung erleiden, also auf Ersatz ihres **negativen Interesses** (BGH 6.6.1994, BGHZ 126, 181 (191 ff.) = NJW 1994, 2220 unter Aufgabe der bisherigen Rspr.; dagegen *Schulze-Osterloh* FS Lutter, 2000, 707 (718 f.); Scholz/*K. Schmidt* Anh. § 64 Rn. 200, 214, der einen Ersatz der Neugläubigerschäden über culpa in contrahendo präferiert). Begründet wird dies damit, dass der Schutzzweck der Insolvenzantragspflicht nicht allein darin bestehe, das im Zeitpunkt der Insolvenzreife vorhandene Vermögen zugunsten der Gläubiger zu sichern; § 15a InsO solle vielmehr auch potentielle Neugläubiger davor bewahren, dass diese mit einer insolventen GmbH in Geschäftsbeziehungen treten und dabei durch die Gewährung eines Kredits an die Gesellschaft – zB in Form einer Vorleistung – Schäden erleiden (BGH 6.6.1994, BGHZ 126, 181 (193 ff.) = NJW 1994, 2220; BGH 25.7.2005, NJW 2005, 3337 (3340); BGH 27.4.2009, NZG 2009, 750 Rn. 15). Allerdings müssen der subjektive und der objektive Tatbestand der Insolvenzverschleppung auch noch in dem Zeitpunkt gegeben sein, in dem der Neugläubiger mit der Gesellschaft in Geschäftsbeziehungen tritt; ist die Insolvenzreife zwischenzeitlich beseitigt worden, besteht keine Haftung des Täters für später durch die Gesellschaft verursachte Schäden (BGH 19.11.2019, NZI 2020, 167 Rn. 17).

78 **(1) Erfasste Gläubiger.** Ein Anspruch auf Ersatz ihres negativen Interesses soll nach hM freilich nur **vertraglichen Neugläubigern** zustehen. Delikts- und bereicherungsrechtliche Gläubiger (BGH 25.7.2005, BGHZ 164, 50 (61 f.) = NJW 2005, 3137), der Fiskus, Sozialversicherungsträger (BGH 8.3.1999, NJW 1999, 2182 (2183); BGH 7.7.2003, NZG 2003, 923 (924)) oder Arbeitnehmer, die einen Anspruch auf Entgeltfortzahlung für die Zeit krankheitsbedingter Arbeitsunfähigkeit (§ 3 EFZG) haben (BGH 20.10.2008, NZG 2009, 280 Rn. 3), sollen daher als Altgläubiger zu behandeln sein und lediglich den Ersatz ihres Quotenschadens verlangen können, auch wenn sie ihre Forderung nach Insolvenzreife erworben haben (ebenso in der Lit. etwa Baumbach/Hueck/*Haas* Rn. 170; MüKoGmbHG/*H.-F. Müller* Rn. 212; UHL/*Casper* Rn. 180). Begründet wird dies damit, dass die Insolvenzantragspflicht nur dem Schutz des Geschäftsverkehrs diene. Diese Begrenzung des Schutzzwecks der Insolvenzantragspflicht ist indes abzulehnen (Lutter/Hommelhoff/*Kleindiek* Anh. § 64 Rn. 96; *Reiff/Arnold* ZIP 1998, 1893 (1895 ff.); *Wagner* FS K. Schmidt, 2009, 1665 (1678 ff.); *Klöhn* KTS 2012, 133 (156 ff.)). § 15a Abs. 1 InsO soll Gesellschaften mit erschöpftem Haftungsfonds vollständig aus dem Verkehr ziehen, also nicht nur aus dem Geschäftsverkehr. Geschützt sind demnach auch Aus- und

Absonderungsberechtigte bei Entwertung ihres Sicherungsrechts, soweit sie deswegen einen – in der Insolvenz nicht mehr werthaltigen – Ersatzanspruch gegen die Gesellschaft erwerben (*Klöhn* KTS 2012, 133 (162); aA – allerdings noch vor der Rechtsprechungsänderung im Hinblick auf Neugläubiger – BGH 3.2.1987, BGHZ 100, 19 (24) = NJW 1987, 2433; ferner Baumbach/Hueck/*Haas* Rn. 179; MüKoGmbHG/*H.-F. Müller* Rn. 206; HK-GmbHG/*Kolmann* Vor § 64 Rn. 243).

Auch vertragliche Neugläubiger können im Hinblick auf den Schutzzweck der Insolvenzantragspflicht **79** ausnahmsweise nicht den Ersatz des negativen Interesses verlangen, wenn die Gesellschaft zwischenzeitlich gesundet war und erst später wieder insolvenzreif geworden ist (BGH 25.5.2005, BGHZ 164, 50 (55 f.) = NJW 2005, 3137; UHL/*Casper* Rn. 160). Umgekehrt kann ausnahmsweise auch ein Gläubiger, der vor der Insolvenzreife mit der Gesellschaft in Geschäftsbeziehungen getreten ist, als Neugläubiger zu behandeln sein, **wenn er der Gesellschaft nach Insolvenzreife Kredit gewährt hat.** Dies kommt etwa bei der Gewährung zusätzlichen Kredits nach Insolvenzreife iRe Kontokorrentverhältnisses in Betracht (BGH 5.2.2007, BGHZ 171, 46 Rn. 13 = NZG 2007, 347). Ist ein Dauerschuldverhältnis vor Insolvenzreife abgeschlossen worden, kann der Gläubiger im Hinblick auf Leistungen, die er nach Insolvenzreife noch zurückhalten hätte können, als Neugläubiger zu behandeln sein (LAG Köln 26.7.2006, NZG 2007, 199 (200); UHL/*Casper* Rn. 163; Baumbach/Hueck/*Haas* Rn. 172; aA OLG Hamburg 31.7.2007, ZIP 2007, 2318 f.). Dies gilt allerdings nicht für einen Vermieter, der der Gesellschaft vor Entstehen der Insolvenzantragspflicht Räume überlassen hatte, weil dieser sich regelmäßig nicht wegen der Insolvenzreife vom Mietvertrag lösen kann (BGH 22.10.2013, NJW 2014, 698 Rn. 8).

(2) Ersatzfähiger Schaden. Im Einzelnen sind die Neugläubiger so zu stellen, als ob der Antrag auf **80** Eröffnung des Insolvenzverfahrens rechtzeitig gestellt worden wäre. Sie sind also so zu stellen, als wären sie nicht in Rechtsbeziehungen mit der insolvenzreifen Gesellschaft getreten (BGH 6.6.1994, BGHZ 126, 181 (191 ff.) = NJW 1994, 2220; BGH 27.4.2009, NZG 2009, 750 (751)). Der danach zu ersetzende Schaden besteht **regelmäßig nicht in ihrem Forderungsausfall,** da dieser das deliktsrechtlich grundsätzlich nicht geschützte positive Interesse bildet; vielmehr sind nur die Vorleistungen oder Aufwendungen zu ersetzen, die (vertragliche) Neugläubiger infolge des Vertragsschlusses mit der insolvenzreifen GmbH erbracht haben (BGH 8.3.1999, NZG 1999, 718 (719); BGH 27.4.2009, NZG 2009, 750 Rn. 15). Gehaftet wird dabei auch für die Rechtsverfolgungskosten gegen die Gesellschaft (BGH 27.4.2009, NZG 2009, 750 Rn. 19).

Ausgehend von diesen Grundsätzen kann der Besteller einer Werkleistung, zu der sich eine insolvenz- **80a** reife Gesellschaft verpflichtet hat, im Rahmen der Insolvenzverschleppungshaftung auch nicht einen ihm zustehenden Anspruch auf Schadensersatz statt der Leistung wegen mangelhafter Leistung geltend machen (BGH 14.5.2012, NJW 2012, 3510 Rn. 16); denn dieser Anspruch ist auf das positive Interesse gerichtet. Dagegen haftet der Geschäftsführer für den geleisteten Werklohn, für den der Besteller infolge der mangelhaften Leistung keine werthaltige Gegenleistung erhalten hat (BGH 14.5.2012, NJW 2012, 3510 Rn. 23). Ferner liegen auch ersatzfähige Aufwendungen des Neugläubigers vor, wenn die Gesellschaft durch vereinbarungsgemäßen Gebrauch oder Verbrauch oder durch vertragswidriges Verhalten in dessen Vermögen eingreift (BGH 21.10.2014, NZG 2015, 227 Rn. 19 und BGH 14.5.2012, NJW 2012, 3510 Rn. 24: Verbrauch von Baumaterial des Gläubigers und Beeinträchtigung von dessen Eigentum im Rahmen einer vertragswidrigen Leistung). Dagegen soll nach Auffassung des BGH der Geschäftsführer nicht haften, wenn die mangelhafte Leistung der insolventen GmbH die Schädigung des Gläubigers durch einen Dritten ermöglicht hat, da eine derartige Schädigung in keinem inneren Zusammenhang zur Verletzung der Insolvenzantragspflicht stehe (BGH 21.10.2014, NZG 2015, 227 Rn. 11 ff.). Diese Begrenzung der Haftung aus § 823 Abs. 2 BGB iVm § 15a InsO überzeugt indes nicht: Sie beruht letztlich ebenso wie die Annahme, dass gesetzliche Gläubiger nur einen Anspruch auf Ersatz ihres Quotenschadens haben sollen (→ Rn. 78), auf einer allzu restriktiven Bestimmung des Schutzzwecks der Insolvenzantragspflicht. Auszugehen ist vielmehr davon, dass sämtliche Integritätsschäden vertraglicher Gläubiger im Rahmen der Insolvenzverschleppungshaftung zu berücksichtigen sind (*Reiff/Arnold* ZIP 1998, 1893 (1898); *Klöhn* KTS 2012, 133 (160)).

Ein Anspruch auf Ersatz des **entgangenen Gewinns** kann einem Neugläubiger allerdings dann **81** zustehen, wenn ihm wegen des Vertragsschlusses mit der insolventen Gesellschaft ein Gewinn entgangen ist, den er anderweitig hätte erzielen können (BGH 27.4.2009, NZG 2009, 750 Rn. 16). Dabei sind aber nur die **Nettoeinnahmen abzüglich Umsatzsteuer** zu ersetzen, da diese mangels Leistungsaustauschs nicht angefallen ist (OLG Koblenz 3.8.1999, NJW-RR 2000, 182 (183)). Im Einzelnen sind damit zB die aufgelaufenen Bankzinsen zu berücksichtigen, wenn die Bank mit eigenen Kapitalreserven gearbeitet hat und diese zu anderweitiger Kreditvergabe hätte einsetzen können (BGH 5.2.2007, BGHZ 171, 46 Rn. 21 = NZG 2007, 347). Bei **Arbeitnehmern** ist, soweit sie als Neugläubiger anzusehen sind, die durch die Gesellschaft gezahlte Vergütung zu ersetzen, wenn sie für den gleichen Zeitraum ein anderes Arbeitsverhältnis begründet und in diesem einen Lohnanspruch in mindestens gleicher Höhe erworben hätten (LAG Köln 26.7.2006, NZG 2007, 199 (200)).

Der Geschäftsführer kann dem Anspruch des Neugläubigers nicht die Zahlungen entgegenhalten, die **82** dieser in der Insolvenzverschleppungsphase auf Altforderungen erhalten hat (BGH 12.3.2007, NJW

2007, 3130 Rn. 21). Möglich ist jedoch der Einwand des **Mitverschuldens** (§ 254 BGB), wenn für den Neugläubiger bei Abschluss des Vertrages erkennbare Umstände vorlagen, die die hierdurch begründete Forderung gegen die Gesellschaft als gefährdet erscheinen lassen mussten (BGH 6.6.1994, BGHZ 126, 181 (200 f.) = NJW 1994, 2220). Im Übrigen ist der Schadensersatzanspruch des Neugläubigers nicht um eine auf diesen entfallende Insolvenzquote zu kürzen; vielmehr ist dem Geschäftsführer entsprechend § 255 BGB ein Anspruch auf Abtretung der Insolvenzforderung des Neugläubigers gegen die Gesellschaft zuzubilligen (BGH 5.2.2007, BGHZ 171, 46 Rn. 20 = NZG 2007, 347; Rowedder/Schmidt-Leithoff/*Schmidt-Leithoff/Schneider* Rn. 83).

83 **(3) Geltendmachung.** Der Anspruch eines Neugläubigers auf Ersatz seines negativen Interesses stellt **keinen Gesamtschaden iSd § 92 InsO** dar und kann daher von diesem selbst geltend gemacht werden (BGH 7.11.1994, NJW 1995, 398 (399); zweifelnd etwa *Dauner-Lieb* ZGR 1998, 717 (629)). Dies gilt auch, soweit man annimmt, dass der Neugläubiger einen (weiteren) Quotenschaden erleidet, wenn sich die Quote infolge der fortgesetzten Insolvenzverschleppung durch den Geschäftsführer weiter verschlechtert, nachdem der Neugläubiger mit der Gesellschaft in Geschäftsbeziehungen getreten ist. Der Insolvenzverwalter ist nicht berechtigt, einen Quoten- oder sonstigen Schaden der Neugläubiger geltend zu machen (BGH 30.3.1998, BGHZ 138, 211 (214 ff.) = NJW 1998, 2667; Lutter/Hommelhoff/*Kleindiek* Anh. § 64 Rn. 102; *Dauner-Lieb* ZGR 1998, 617 (628); *Henssler/Dedek* FS Uhlenbruck, 2000, 175 (187 ff.); aA Scholz/*K. Schmidt* Rn. 195, 197; *K. Schmidt* ZGR 1998, 633 (667 ff.); UHL/*Casper* Rn. 196; vermittelnd *Wagner* FS K. Schmidt, 2009, 1665 (1686 f.), nach dem sowohl der Neugläubiger als auch der Insolvenzverwalter den Quotenschaden des Neugläubigers geltend machen können).

84 **e) Entstehen des Anspruchs.** Ein Schadensersatzanspruch wegen Insolvenzverschleppung setzt die Eröffnung des Insolvenzverfahrens oder die Abweisung der Eröffnung mangels Masse voraus (Baumbach/Hueck/*Haas* Rn. 188); denn vorher ist noch kein Schaden entstanden.

85 **f) Verjährung.** Im Hinblick auf die Verjährung ist unklar, ob S. 4 iVm § 43 Abs. 4 entsprechend heranzuziehen ist (OLG Saarbrücken 22.9.1999, NZG 2000, 559; OLG Köln 19.12.2000, NZG 2001, 411 (412)) oder die allgemeinen Regeln der §§ 195, 199 BGB gelten (so für den Neugläubigerschaden BGH 15.3.2011, NJW 2011, 2427 Rn. 17; ferner OLG Saarbrücken 6.5.2008, NJW-RR 2008, 1621 (1622) und – noch für § 852 BGB aF – OLG Schleswig 16.11.2000, DZWiR 2001, 330 (331); für den Fall, dass die Ansprüche parallel auch auf Betrug gestützt werden könnten, auch OLG Stuttgart 29.6.2000, NZG 2000, 597 (598); OLG Naumburg 21 8.2003, NJW-RR 2004, 613; allgemein OLG München 17.7.2019, NZG 2019, 1189 (1190); MüKoGmbHG/*H.-F. Müller* Rn. 219). Im Hinblick auf den Anspruch der Altgläubiger auf Ersatz ihres Quotenschadens erscheint wegen der Parallele zu S. 1 eine Anwendung von S. 4 iVm § 43 Abs. 4 zutreffend (so überzeugend *Haas* NZG 2009, 976 (977); siehe ferner nur UHL/*Casper* Rn. 188). Dabei beginnt die Verjährung erst mit der Eröffnung des Insolvenzverfahrens oder der Abweisung der Eröffnung mangels Masse (Baumbach/Hueck/*Haas* Rn. 199; ähnlich Scholz/*K. Schmidt* Rn. 209: Verjährungsbeginn mit Beendigung der schuldhaften Verfahrensverschleppung). Für die Neugläubigerschäden muss es dagegen bei §§ 195, 199 BGB bleiben (*Haas* NZG 2009, 976 (977); vgl. auch *K. Schmidt* FS Lwowski, 2014, 263 (272 f.), der allerdings für den Quotenschaden der Neugläubiger S. 4 anwenden will).

86 **2. Weitere Außenhaftungstatbestände bei Insolvenzverschleppung. a) Verschulden bei Vertragsschluss.** Keine praktische Bedeutung hat heute mehr eine Haftung des Geschäftsführers gegenüber Neugläubigern wegen Verschweigens der Insolvenzreife aus culpa in contrahendo **(§ 311 Abs. 2, 3 BGB, § 241 Abs. 2 BGB, § 280 Abs. 1 BGB).** Insbesondere kann eine derartige Eigenhaftung des Geschäftsführers als Vertreter nicht gem. § 311 Abs. 3 S. 2 BGB darauf gestützt werden, dass ihm ein besonderes „Solvenzvertrauen" entgegengebracht wird (BGH 6.6.1994, BGHZ 126, 181 (189 ff.) = NJW 1994, 2220; *Wagner* FS K. Schmidt, 2009, 1665 (1672 f.); aA Scholz/*K. Schmidt* Rn. 218 und Roth/Altmeppen/*Altmeppen* Rn. 58 ff.). Gleichfalls kommt eine Eigenhaftung wegen wirtschaftlichen Eigeninteresses praktisch nicht in Betracht, da hierfür weder die Stellung als Allein- oder Mehrheitsgesellschafter noch die Übernahme von Bürgschaften oder die Stellung dinglicher Sicherheiten genügen (BGH 6.6.1994, BGHZ 126, 181 (184 ff.) = NJW 1994, 2220; BAG 20.3.2014, NJW 2014, 2669 Rn. 22).

87 **b) § 826 BGB.** Im Einzelfall kann sich eine Haftung des Geschäftsführers gegenüber Gläubigern bei Insolvenzverschleppung auch aus § 826 BGB ergeben, wenn der Geschäftsführer einer von ihm als insolvent erkannten GmbH den Niedergang des Unternehmens verlängert und dabei die Schädigung der Gläubiger billigend in Kauf nimmt (s. nur BGH 26.6.1989, BGHZ 108, 134 (142) = NJW 1989, 3277; MüKoBGB/*Wagner* BGB § 826 Rn. 157). Relevant wird eine derartige Haftung nicht nur bei Vertragsschlüssen mit Neugläubigern unter bewusster Verschleierung der wirtschaftlichen Lage (vgl. BGH 16.3.1992, NJW-RR 1992, 1061; BGH 7.11.1994, ZIP 1995, 31 (32); UHL/*Casper* Rn. 195). Vielmehr kann der Geschäftsführer auch gegenüber der **Bundesagentur für Arbeit für Vermögensschäden, die wegen der Zahlung von Insolvenzgeld entstehen** und nicht in den Schutzbereich des

§ 15a Abs. 1 InsO fallen sollen, nach § 826 BGB haften (BGH 26.6.1989, BGHZ 108, 134 (141 ff.) = NJW 1989, 3277; BGH 18.12.2007, NZI 2008, 242 Rn. 14).

c) § 823 Abs. 2 BGB iVm strafrechtlichen Schutzgesetzen. Eine Insolvenzverschleppungshaftung kann sich auch aus § 823 Abs. 2 BGB iVm mit strafrechtlichen Schutzgesetzen ergeben. Zu nennen sind hier §§ 263, 265b, 283, 283b StGB und § 82 Abs. 2 Nr. 2 (im Einzelnen Scholz/*K. Schmidt* § 64 Rn. 221 ff.; UHL/*Casper* Rn. 191 ff.). Eine Haftung nach diesen Vorschriften wird auch durch die Sonderregelungen während der Corona-Pandemie nicht ausgeschlossen (s. für § 263 StGB nur *Bitter* GmbHR 2020, 797 (798); einschränkend *Schülke* DStR 2020, 929 (936)). **88**

d) § 823 Abs. 2 BGB iVm § 266a StGB. Besondere praktische Bedeutung hat die Haftung nach § 823 Abs. 2 BGB iVm § 266a StGB wegen des Nichtabführens von Arbeitnehmerbeiträgen zur Sozialversicherung (→ Rn. 27). Für entstandene **Säumniszuschläge** nach § 24 Abs. 1 SGB IV haftet der Geschäftsführer aber dabei nicht (BGH 14.7.2008, DStR 2008, 2169 Rn. 6). Die Pflicht zur Abführung der Arbeitnehmerbeiträge geht der Massesicherungspflicht nach S. 1 vor (→ Rn. 27). Sie soll allerdings während der Drei-Wochen-Frist des § 15a Abs. 1 InsO ruhen (BGH 30.7.2003, NJW 2003, 3787 (3788); BGH 9.8.2005, NJW 2005, 3650 (3652); vgl. auch *Brand* GmbHR 2010, 237 ff.). Soweit mehrere Geschäftsführer bestellt worden sind und einer aufgrund interner Zuständigkeitsvereinbarung für die Abführung der Sozialversicherungsbeiträge zuständig ist, bleiben die anderen zu seiner Überwachung verpflichtet; diese **Überwachungspflicht** kommt vor allem in finanziellen Krisensituationen zum Tragen, in denen die laufende Erfüllung der Verbindlichkeiten nicht mehr gewährleistet erscheint (BGH 15.10.1996, BGHZ 133, 370 (377 ff.) = NJW 1997, 130). **89**

e) §§ 34, 69 AO. Für vorsätzlich oder grob fahrlässig nicht abgeführte Steuern der GmbH haftet deren Geschäftsführer nach §§ 34, 69 AO. Dabei ist die Haftung nach §§ 34, 69 AO auch dann nicht ausgeschlossen, wenn die Nichtzahlung der fälligen Steuern in die Drei-Wochen-Frist nach § 15a Abs. 1 InsO fällt (BFH 23.9.2008, DStRE 2009, 310 (312); anders noch BFH 27.2.2007, DStRE 2007, 1129 (1131)). Im Übrigen geht die Pflicht zur Abführung von Steuern auch der Massesicherungspflicht nach S. 1 vor (→ Rn. 28, iÜ BFH 27.2.2007, DStRE 2007, 1129 (1130 f.)). Die Verpflichtung zur Abführung fälliger Steuern besteht auch dann im Eröffnungsverfahren fort, wenn ein vorläufiger Insolvenzverwalter bestellt und ein allgemeiner Zustimmungsvorbehalt (§ 21 Abs. 2 Nr. 2 InsO) angeordnet wird; der Geschäftsführer kann sich in diesem Fall nicht einfach darauf berufen, dass er angenommen habe, dass der vorläufige Insolvenzverwalter seine Zustimmung zur Zahlung von Steuern verweigern würde, sondern es bedarf regelmäßig einer konkreten Anfrage bei diesem (BFH 22.10.2019, NZI 2020, 585 Rn. 27). **90**

Sind mehrere Geschäftsführer bestellt, so haften grundsätzlich alle für die Erfüllung der steuerlichen Pflichten; allerdings kann die Verantwortung der Geschäftsführer durch eine schriftliche Ressortverteilung grundsätzlich auf eine Pflicht zur Überwachung des zuständigen gesetzlichen Vertreters reduziert werden (BFH 23.6.1998, NJW 1998, 3374 (3375)). Diese **Überwachungspflicht** nimmt aber in der Krise zu. Die Begrenzung der Haftung durch eine von vornherein schriftlich festgelegte Aufgabenverteilung soll nur solange gelten, wie an der exakten Erfüllung der steuerlichen Pflichten durch die hierzu zuständige Person nicht zu zweifeln ist oder wie allgemein die wirtschaftliche Lage für eine Überprüfung keinen Anlass gibt (BFH 21.8.2000, NV 2001, 413). **91**

3. Haftung von Beratern. Auch Berater können der Gesellschaft gegenüber zum Schadensersatz verpflichtet sein, wenn sie deren Insolvenzreife nicht erkannt haben (→ Rn. 32). Dies gilt insbesondere für Steuerberater. Zunächst hat die Rechtsprechung aber eine derartige Haftung nur für den Fall angenommen, dass der Steuerberater ausdrücklich zur Prüfung der Insolvenzreife beauftragt worden ist (BGH 14.6.2012, BGHZ 193, 297 Rn. 9 = NJW 2012, 3165). Dagegen sollte ein Steuerberater, der nur allgemein mit der steuerlichen Beratung der Gesellschaft beauftragt ist, nicht verpflichtet sein, auf eine mögliche Insolvenzreife hinzuweisen (BGH 7.3.2013, NZI 2013, 438 Rn. 15; BGH 6.6.2013, NJW 2013, 2345 Rn. 12; zust. *Smid* ZInsO 2014, 1127 (1138); siehe auch OLG Celle 10.10.2012, DStRE 2012, 1549 (1550): keine Hinweispflicht auf eine Haftung nach § 64 S. 1). Allerdings hat es der BGH auch genügen lassen, dass der lediglich mit der Erstellung der Steuerbilanz betraute Steuerberater in seinem Bilanzbericht vermerkt hat, eine bestehende Überschuldung sei infolge eines hohen Firmenwertes und bestehender Rangrücktrittserklärungen rein bilanzieller Natur (BGH 6.6.2013, NJW 2013, 2345 Rn. 13; krit *H.-F. Müller* ZInsO 2013, 2181; siehe auch *Thole* ZfPW 2015, 31 (38 ff.), der eine stillschweigende Mandatserweiterung annimmt). Weitergehend hält der BGH in seiner neueren Rechtsprechung aber auch eine Haftung von Steuerberatern für möglich, die lediglich für die Erstellung des Jahresabschlusses zuständig sind: Diese soll sich zum einen aus § 675 Abs. 1 BGB, § 634 Nr. 4 BGB, § 280 Abs. 1 BGB ergeben können, wenn der Steuerberater eine Bilanz nach Fortführungswerten aufgestellt, obwohl dies auf Grundlage der ihm vorliegenden Informationen nicht mehr zulässig ist (BGH 26.1.2017, NJW 2017, 1611 Rn. 12). Dabei soll er aber nicht zu einer eigenen Tatsachenermittlung oder Erstellung einer Fortführungsprognose verpflichtet sein. Zum anderen bejaht der BGH abweichend von seiner früheren Rechtsprechung eine Pflicht des Steuerberaters, die Gesellschaft auf **92**

einen bei der Erstellung des Jahresabschlusses offenbar gewordenen möglichen Insolvenzgrund hinzuweisen, wenn der Berater davon ausgehen muss, dass dieser den Beteiligten nicht bekannt sei. Verletzt der Steuerberater diese Pflichten, haftet er aus § 280 Abs. 1 BGB (BGH 26.1.2017, NJW 2017, 1611 Rn. 44; s. auch OLG Schleswig NZI 2020, 539 (541)). Inwieweit aus diesen Grundsätzen tatsächlich eine Haftung folgen kann, erscheint indes bei näherer Analyse zweifelhaft (kritisch auch schon *Schmitt* ZIP 2017, 2235 ff.). Die Ableitung von Aufklärungspflichten aus einem Schuldverhältnis setzt regelmäßig voraus, dass sich die andere Seite die betreffende Information bei Einhaltung der von ihr zu erwartenden Sorgfalt nicht unschwer selbst verschaffen kann (siehe nur MüKoBGB/*Bachmann* BGB § 241 Rn. 135). Berücksichtigt man aber die Verpflichtung des Geschäftsführers zur fortwährenden Beobachtung der wirtschaftlichen Situation der Gesellschaft (→ Rn. 32), wird sich eine Aufklärungspflicht kaum einmal begründen lassen (Skeptisch auch *Schmitt* ZIP 2017, 2235 (2239 f.)). Im Hinblick auf eine Haftung wegen unrichtiger Bilanzerstellung stellt sich dagegen schon das Problem der Kausalität für den verspätete Beantragung der Insolvenz. Beweispflichtig ist hierfür der Insolvenzverwalter (BGH 26.1.2017, NJW 2017, 1611 Rn. 42). Selbst wenn diese Frage zu bejahen ist, wird man zudem beim ersatzfähigen Schaden als Reserveursache nicht außer Acht lassen dürfen, dass die Gesellschaft aufgrund der Pflicht des Geschäftsführers zur Beobachtung der wirtschaftlichen Lage der Gesellschaft die Insolvenzreife alsbald selbst hätte erkennen müssen.

93 Hat der Berater gegen seine Pflichten aus dem Beratervertrag verstoßen, soll er der Gesellschaft grundsätzlich zum Ersatz des durch die Fortsetzung ihrer Geschäftstätigkeit erwachsenen Schadens verpflichtet sein; allerdings kann dieser Anspruch der Gesellschaft auf Ersatz des Insolvenzverschleppungsschadens wegen ihr zuzurechnenden Mitverschuldens der Geschäftsführer gemindert sein (BGH 6.6.2013, NJW 2013, 2345 Rn. 21 ff., 29; s. aber BGH 14.6.2012, BGHZ 193, 297 Rn. 37 = NJW 2012, 3165: keine Berücksichtigung des Mitverschuldens des Geschäftsführers bei einem ausdrücklichen Prüfungsauftrag). Nicht geltend machen kann die Gesellschaft, dass ihr infolge der falschen Beratung kein Anspruch gegen den Geschäftsführer nach § 64 S. 1 zusteht (*Meixner/Schröder* DStR 2013, 2082 (2083)). Zu möglichen Ansprüchen des Geschäftsführers → Rn. 32.

Anmeldung und Eintragung der Auflösung

65 (1) [1]**Die Auflösung der Gesellschaft ist zur Eintragung in das Handelsregister anzumelden. [2]Dies gilt nicht in den Fällen der Eröffnung oder der Ablehnung der Eröffnung des Insolvenzverfahrens und der gerichtlichen Feststellung eines Mangels des Gesellschaftsvertrags. [3]In diesen Fällen hat das Gericht die Auflösung und ihren Grund von Amts wegen einzutragen. [4]Im Falle der Löschung der Gesellschaft (§ 60 Abs. 1 Nr. 7) entfällt die Eintragung der Auflösung.**

(2) [1]**Die Auflösung ist von den Liquidatoren in den Gesellschaftsblättern bekanntzumachen. [2]Durch die Bekanntmachung sind zugleich die Gläubiger der Gesellschaft aufzufordern, sich bei derselben zu melden.**

Übersicht

I. Allgemeines

1 Die Auflösung lässt die Rechtsfähigkeit der Gesellschaft wie auch ihre Kaufmannseigenschaft unberührt. Dennoch schreibt § 65 – wie der parallele § 263 AktG für die AG – die **Publizität der Auflösung** vor, um für die Öffentlichkeit die Überlagerung des Gesellschaftszwecks durch den Abwicklungszweck deutlich zu machen (UHL/*Paura* Rn. 1). Die Norm ist durch das MoMiG nur unwesentlich geändert worden: In S. 2 entfiel der Verweis auf den durch die Reform gestrichenen § 19 Abs. 4 aF. Zuletzt wurde durch das ARUG in Abs. 2 S. 1 die Pflicht zur dreimaligen Bekanntmachung beseitigt.

II. Anmeldung der Auflösung (Abs. 1)

1. Anmeldepflicht. Nach Abs. 1 S. 1 ist die Auflösung zur Eintragung in das Handelsregister anzumelden. Dies gilt grundsätzlich für alle Fälle der Auflösung und nicht nur für die in § 60 genannten (Baumbach/Hueck/*Haas* Rn. 2). Die Eintragung wirkt aber nur **deklaratorisch** (OLG Karlsruhe 24.11.1924, GmbHR 1925, 503; Scholz/*K. Schmidt/Cziupka* Rn. 11). Allein wenn der Auflösungsbeschluss ausnahmsweise zugleich eine Satzungsänderung enthält, wirkt die Eintragung wegen § 54 Abs. 3 konstitutiv. 2

Die Anmeldepflicht kann vom Registergericht gem. § 14 HGB mittels **Zwangsgeld** durchgesetzt werden. Dies gilt nur dann nicht, wenn die Eintragung wegen der dafür erforderlichen Satzungsänderung ausnahmsweise konstitutiv wirkt (vgl. § 79 Abs. 2). Daneben kommt bei unterbliebener Eintragung grundsätzlich ein Gutglaubensschutz nach § 15 Abs. 1 HGB in Betracht. Da die Auflösung Dritte idR nicht betrifft und die Rechts- und Handlungsfähigkeit der Gesellschaft nicht berührt, dürfte dies aber kaum einmal praktische Bedeutung erlangen (UHL/*Paura* Rn. 1). 3

Keine Anmeldepflicht besteht nach Abs. 1 S. 2 bei der Eröffnung des Insolvenzverfahrens (§ 60 Abs. 1 Nr. 4). Hier ist nicht nur nach § 32 HGB die Eröffnung des Insolvenzverfahrens, sondern nach Abs. 1 S. 3 auch die Auflösung der Gesellschaft **von Amts wegen** einzutragen. Ebenso ist die Auflösung auch bei der Ablehnung der Eröffnung des Insolvenzverfahrens von Amts wegen einzutragen. Dabei ist, wie schon aus dem Bezug zu § 60 Abs. 1 Nr. 6 deutlich wird, selbstverständlich nur die Ablehnung der Eröffnung mangels Masse gemeint (Rowedder/Schmidt-Leithoff/*Gesell* Rn. 7). Schließlich erfolgt die Eintragung der Auflösung gem. Abs. 1 S. 2, 3 auch bei gerichtlicher Feststellung eines Mangels des Gesellschaftsvertrags nach § 399 FamFG von Amts wegen. 4

Über Abs. 1 S. 2 hinaus wird die Anmeldung auch im Falle der Abwicklungsverfügung nach **§ 38 KWG** und beim **Verbot nach §§ 3, 7, 17 VereinsG** von Amts wegen eingetragen. Gleiches gilt für die Löschung einer nichtigen Gesellschaft nach **§ 397 FamFG.** Die „Löschung", die der Sache nach eine Auflösung darstellt, wird bereits kraft Amtes eingetragen, sodass sich eine Eintragung nach § 65 Abs. 1 erübrigt (Scholz/*K. Schmidt/Cziupka* Rn. 18). Unklar ist hingegen, ob die Anmeldepflicht auch beim **Nichtigkeitsurteil nach § 75** entfällt. Anders als bei § 275 AktG sieht § 75 nach seinem Wortlaut keine Eintragung von Amts wegen vor. Vertreten wird, dass die Anmeldepflicht entfalle, da das Nichtigkeitsurteil als „Feststellung eines Mangels des Gesellschaftsvertrags" iSd Abs. 1 S. 2 anzusehen sei (UHL/*Paura* Rn. 20). Doch bezieht sich diese Formulierung, wie auch die Gesetzesbegründung zeigt (BT-Drs. 5/3862, 17), allein auf den Fall des § 60 Abs. 1 Nr. 6. Daher besteht Anmeldepflicht (Scholz/*K. Schmidt/Cziupka* Rn. 18). 5

Nach Abs. 1 S. 4 entfällt im Falle der Löschung der Gesellschaft (§ 60 Abs. 1 Nr. 7) die Eintragung der Auflösung. Dies ist konsequent; denn die Löschung (§ 394 FamFG) führt, wenn kein Vermögen mehr vorhanden ist, nicht zur Auflösung, sondern **sofortigen Beendigung** der Gesellschaft. Ist im Zeitpunkt der Löschung allerdings noch Vermögen vorhanden, ist die Gesellschaft noch nicht beendet und muss von Amts wegen wieder als Liquidationsgesellschaft eingetragen werden (Baumbach/Hueck/*Haas* Rn. 4). 6

2. Anmeldepflichtiger. Abweichend von § 263 AktG regelt § 65 nicht, wer die Auflösung anzumelden hat. Anmeldepflichtig sind damit die **jeweiligen gesetzlichen Vertreter der GmbH** in vertretungsberechtigter Zahl (§ 78). Da die Anmeldung der Auflösung zumeist nur deklaratorisch wirkt, sind idR die Liquidatoren zuständig, die allerdings nach § 66 Abs. 1 häufig mit den Geschäftsführern identisch sind. Wenn die Eintragung der Auflösung wegen der damit verbundenen Satzungsänderung ausnahmsweise konstitutiv wirkt, sind die Geschäftsführer zuständig (BayObLG 31.3.1994, GmbHR 1994, 478 (479)). Entsprechendes gilt bei einer befristeten Auflösung vor Fristablauf (vgl. OLG Jena 15.3.2017, MittBayNot 2018, 58). Ist die Eintragung der Auflösung – wie idR – dagegen nur deklaratorisch und sind die Geschäftsführer nicht auch die Liquidatoren, so sind sie auch dann nicht für die Eintragung zuständig, wenn Liquidatoren nicht wirksam bestellt sind; denn die Geschäftsführer besitzen aufgrund der Auflösung keine Vertretungsbefugnis mehr, und die Annahme einer ungeschriebenen Pflicht zur Anmeldung ginge zu weit (aA Scholz/*K. Schmidt/Cziupka* Rn. 7). Stattdessen ist eine Notbestellung von Liquidatoren durch das Amtsgericht nach § 29 BGB erforderlich; dabei sind auch die Gläubiger und die ehemaligen Geschäftsführer antragsberechtigt (KG 13.6.1913, KGJ 45, 178 (180); OLG Hamburg 13.1.1913, KGJ 45, 329 (330)). Dies gilt auch dann, wenn es an Liquidatoren in vertretungsberechtigter Zahl fehlt (UHL/*Paura* Rn. 6). Eine Anmeldepflicht der Gesellschafter besteht auch bei Führungslosigkeit der Gesellschaft (§ 35 Abs. 1 S. 2) nicht (Bork/Schäfer/*Servatius* Rn. 11). 7

3. Form, Inhalt und Zeitpunkt der Anmeldung. Die Anmeldung muss elektronisch in öffentlich beglaubigter Form (§ 12 HGB, dazu OLG Düsseldorf 22.1.2020, GmbHR 2002, 779) **unter Benennung des Auflösungsgrundes** beim Registergericht des Sitzes der Gesellschaft erfolgen. Die entsprechenden Urkunden sind zweckmäßigerweise beizufügen, auch wenn dies gesetzlich nicht vorgeschrieben ist; denn das Registergericht wird diese im Rahmen seiner Ermittlungspflicht anfordern. Ist 8 die Gesellschaft durch Zeitablauf aufgelöst, genügt ein Hinweis auf die Satzung (Rowedder/Schmidt-Leithoff/*Gesell* Rn. 4). Zugleich mit der Auflösung sind die Liquidatoren anzumelden (§ 67).

9 Auch wenn im Gesetz keine Anmeldefrist vorgesehen ist, ist anerkannt, dass die Anmeldung grundsätzlich **unverzüglich** erfolgen muss. Doch soll im Einzelfall eine gewisse Überlegungsfrist etwa bei zweifelhafter Rechtslage zulässig sein, und sachliche Gründe wie zB die Übernahme des Unternehmens durch einen Gesellschafter können ebenfalls ein Hinausschieben der Anmeldung rechtfertigen (RG 3.7.1934, RGZ 145, 99 (103 f.)).

10 **4. Eintragung.** Die Eintragung erfolgt nur in den Fällen des § 60 Abs. 1 Nr. 4–6 nach Abs. 1 S. 3 zwingend unter Nennung des Auflösungsgrundes und lautet etwa „Die Gesellschaft ist aufgelöst" oder „Die Gesellschaft ist durch … aufgelöst." Sie ist grundsätzlich bekanntzumachen (§ 10 HGB, vgl. allerdings § 32 HGB für die Insolvenzeröffnung). Im Übrigen bedarf die Beendigung der Liquidation einer erneuten Eintragung (§ 74 Abs. 1), die zur Löschung und damit Beendigung führt. Ist bei einem befristeten Auflösungsbeschluss die Eintragung bereits vor Fristablauf angemeldet worden, darf die Eintragung erst mit dem Wirksamwerden des Beschlusses eingetragen werden (OLG Hamm 8.2.2007, FGPrax 2007, 186 (187); Roth/Altmeppen/*Altmeppen* Rn. 2; MüKoGmbHG/*Limpert* Rn. 10; aA Baumbach/Hueck/*Haas* Rn. 10).

11 **5. Fortsetzung.** Soweit nach Auflösung der Gesellschaft zulässigerweise die Fortsetzung beschlossen wird, ist dies **gleichfalls einzutragen.** Dies war bis 1969 für § 60 Abs. 1 Nr. 4 ausdrücklich im Gesetz geregelt, gilt aber weiterhin (vgl. BT-Drs. 5/3862, 17). Wird der Anmeldepflicht nicht genügt, kann diese gemäß § 14 HGB durch Festsetzung eines Zwangsgeldes durchgesetzt werden, sofern nicht die Fortsetzung die Eintragung einer Satzungsänderung voraussetzt (§ 54 Abs. 3, § 79) (Baumbach/Hueck/*Haas* Rn. 20). Eine Eintragung der Fortsetzung ist im Hinblick auf § 15 Abs. 1 HGB auch dann erforderlich, wenn die Auflösung nicht eingetragen war (BayObLG 6.8.1987, DB 1987, 2139 (2140); aA die wohl hL, s. etwa Scholz/*K. Schmidt/Cziupka* Rn. 5; MüKoGmbHG/*Limpert* Rn. 53; UHL/*Paura* Rn. 10 f.). Korrekterweise ist dann anzumelden, dass die Gesellschaft aus einem bestimmten Grund aufgelöst war und fortgesetzt wird.

III. Bekanntmachung und Gläubigeraufruf (Abs. 2)

12 **1. Bedeutung.** Von der Bekanntmachung der Eintragung der Auflösung sind Bekanntmachung und Gläubigeraufruf durch die Liquidatoren nach Abs. 2 zu unterscheiden. Der Zweck dieser Vorgaben besteht im **Gläubigeraufgebot** (UHL/*Paura* Rn. 35). Die Vorschrift gilt daher nicht im Insolvenzfall und bei der Löschung wegen Vermögenslosigkeit, da in diesen Fällen kein Verfahren nach den §§ 66 ff. stattfindet (OLG Hamm 11.11.1986, NJW-RR 1987, 348 (349); Scholz/*K. Schmidt/Cziupka* Rn. 22). Dagegen ist eine Aufforderung an die Gläubiger nicht generell entbehrlich, wenn kein Vermögen zu ihrer Befriedigung mehr vorhanden ist (UHL/Paura Rn. 37; aA Roth/Altmeppen/*Altmeppen* Rn. 41; MüKoGmbHG/*Limpert* Rn. 39; Scholz/*K. Schmidt/Cziupka* Rn. 22).

13 **2. Inhalt.** Die Bekanntmachung muss die **Bezeichnung der Gesellschaft und die Mitteilung der Auflösung** enthalten und muss mit dem Gläubigeraufruf verbunden werden; die Nennung des Auflösungsgrundes sowie eine Aufforderung an die Gläubiger zur Angabe des Grunds und der Höhe ihres Anspruchs sind nicht erforderlich (UHL/*Paura* Rn. 40 f.). Ebenso sind die Androhung von Rechtsnachteilen oder die Anordnung einer Meldefrist entbehrlich, da hierdurch die gesetzlichen Folgen des Sperrjahrs nach § 73 ohnehin nicht geändert werden könnten (Scholz/*K. Schmidt/Cziupka* Rn. 24). Zuletzt bedarf es auch keiner Unterschrift (MHLS/*Nerlich* Rn. 25). Es kommt etwa folgender Wortlaut in Betracht: „Die (näher bezeichnete) Gesellschaft ist aufgelöst; die Gläubiger werden aufgefordert, sich bei der Gesellschaft zu melden."

14 Die Bekanntmachung muss in den Gesellschaftsblättern erfolgen. Nach § 12 ist sie damit jedenfalls im **Bundesanzeiger** zu veröffentlichen. Bekannte Gläubiger sind nicht gesondert aufzufordern; für sie gilt § 73 Abs. 2. Die Bekanntmachung muss nunmehr nur noch einmal erfolgen. Die Pflicht zur dreimaligen Bekanntmachung wurde mit dem ARUG gestrichen, da sie bei einem elektronischen Medium wie dem Bundesanzeiger als entbehrlich angesehen wurde (BT-Drs. 16/13098, 42).

15 **3. Fristen.** Die Bekanntmachung kann **frühestens mit der Auflösung** erfolgen, die aber regelmäßig zu ihrer Wirksamkeit keine Eintragung voraussetzt. Darüber hinaus sind Fristen für die Bekanntmachung nicht vorgesehen.

16 Die Bekanntmachungen können nicht amtlicherseits erzwungen werden. Ein mittelbarer Zwang folgt jedoch daraus, dass erst nach der Gläubigeraufforderung das **Sperrjahr** nach § 73 Abs. 1 beginnt, vor dessen Ablauf das vorhandene Vermögen nicht an die Gesellschafter ausgekehrt werden darf. Verzögern die Liquidatoren die Bekanntmachung, kommt daher grundsätzlich ein Schadensersatzanspruch der Gesellschaft nach §§ 43, 71 Abs. 4 in Betracht; Gläubiger können diese Ansprüche dann pfänden lassen. Doch wird es regelmäßig an einem Schaden der Gesellschaft fehlen (UHL/*Paura* Rn. 45). Eigene Ansprüche der Gläubiger über § 823 Abs. 2 BGB bei Verletzung der Pflichten nach Abs. 2 dürften

nicht zu begründen sein, da die Norm für ein Schutzgesetz wohl zu unbestimmt ist (Scholz/*K. Schmidt*/*Cziupka* Rn. 28; UHL/*Paura* Rn. 45; aA Bork/Schäfer/*Servatius* Rn. 20); im Übrigen spricht hierfür, dass selbst § 73 kein Schutzgesetz darstellen soll (BGH NZG 2018, 625 Rn. 15). Ebenso dürften Ansprüche zugunsten der Gesellschafter nicht zu begründen sein (aA GBS GmbHG/*Beckmann*/*Hofmann* Rn. 28).

Liquidatoren

66 (1) **In den Fällen der Auflösung außer dem Fall des Insolvenzverfahrens erfolgt die Liquidation durch die Geschäftsführer, wenn nicht dieselbe durch den Gesellschaftsvertrag oder durch Beschluß der Gesellschafter anderen Personen übertragen wird.**

(2) **Auf Antrag von Gesellschaftern, deren Geschäftsanteile zusammen mindestens dem zehnten Teil des Stammkapitals entsprechen, kann aus wichtigen Gründen die Bestellung von Liquidatoren durch das Gericht erfolgen.**

(3) [1]**Die Abberufung von Liquidatoren kann durch das Gericht unter derselben Voraussetzung wie die Bestellung stattfinden.** [2]**Liquidatoren, welche nicht vom Gericht ernannt sind, können auch durch Beschluß der Gesellschafter vor Ablauf des Zeitraums, für welchen sie bestellt sind, abberufen werden.**

(4) **Für die Auswahl der Liquidatoren findet § 6 Abs. 2 Satz 2 und 3 entsprechende Anwendung.**

(5) [1]**Ist die Gesellschaft durch Löschung wegen Vermögenslosigkeit aufgelöst, so findet eine Liquidation nur statt, wenn sich nach der Löschung herausstellt, daß Vermögen vorhanden ist, das der Verteilung unterliegt.** [2]**Die Liquidatoren sind auf Antrag eines Beteiligten durch das Gericht zu ernennen.**

Übersicht

I. Allgemeines

Die Auflösung gem. § 60 führt noch nicht zur Beendigung der Gesellschaft. Nach der Lehre vom Doppeltatbestand ist Voraussetzung für die Vollbeendigung der juristischen Person deren Vermögenslosigkeit und Löschung im Handelsregister (→ § 60 Rn. 5; Scholz/*Cziupka* § 60 Rn. 8). Das Verfahren der Liquidation wird durch die §§ 66–74 geregelt, soweit kein Insolvenzverfahren durchgeführt wird oder die Löschung nicht aufgrund Vermögenslosigkeit sofort vorzunehmen ist (§ 60 Abs. 1 Nr. 7 iVm § 394 FamFG, bis 31.8.2009 § 141a FGG). **1**

Mit Ausnahme des Begriffs „Insolvenzverfahren" in Abs. 1 und der Löschung des Verweises auf § 7 Abs. 1 in Abs. 2 stammt der Wortlaut der Abs. 1–3 aus 1892. Die genannte Änderung in Abs. 1 erfolgte **2** durch die Insolvenzrechtsreform (EGInsO vom 5.10.1994, BGBl. 1994 I 2911), mit der auch Abs. 5 eingefügt wurde, die Änderung in Abs. 2 durch das FGG-Reformgesetz vom 17.12.2008 (BGBl. 2008 I 2586). Abs. 4 wurde durch Gesetz vom 4.7.1980 (BGBl. 1980 I 836) eingeführt und zunächst durch das Betreuungsgesetz vom 12.9.1990 (BGBl. 1990 I 2002), dann durch das MoMiG vom 23.10.2008 (BGBl. 2008 I 2026) geändert. Mit dem MoMiG wurde auch die amtliche Überschrift ergänzt.

II. Anwendungsbereich

3 **1. Vor-GmbH.** § 66 gilt für jede GmbH, auch für die Komplementär-GmbH und die Unternehmergesellschaft. Für die Vorgesellschaft gelten aufgrund ihrer „körperschaftlichen Struktur" (BGH 28.11.1997, NJW 1998, 1079) die §§ 66 ff. entsprechend und nicht das Liquidationsrecht der Personengesellschaft gem. §§ 730 ff. BGB, §§ 145 ff. HGB (BAG 8.11.1962, NJW 1963, 680 (681); Scholz/*Schmidt/Cziupka* Rn. 3; Roth/Altmeppen/*Altmeppen* Rn. 2; Baumbach/Hueck/*Haas* Rn. 3). Die Liquidation erfolgt daher grundsätzlich durch den vorgesehenen Geschäftsführer als Liquidator allein und nicht gemeinschaftlich durch alle Gesellschafter (aA OLG Dresden 14.7.1998, GmbHR 1998, 1182).

4 **2. Insolvenzverfahren.** Wird die Gesellschaft durch die Eröffnung des Insolvenzverfahrens aufgelöst (§ 60 Abs. 1 Nr. 4), erfolgt die weitere Abwicklung nach den Vorschriften der Insolvenzordnung. Diese sieht vor, dass das Vermögen grundsätzlich insgesamt zu verwerten ist (vgl. § 199 S. 2 InsO). Die §§ 66 ff. gelten jedoch für die aus der Insolvenzmasse freigegebenen Gegenstände. Wird das Verfahren nach der Eröffnung mangels Masse eingestellt (§ 207 InsO), ist streitig, ob von den Gesellschaftern ein Fortsetzungsbeschluss gefasst werden kann. Wie der Umkehrschluss aus § 60 Abs. 1 Nr. 4 zeigt, ist dies bei einer Einstellung des Verfahrens mangels Masse auch dann nicht der Fall, wenn die Gesellschafter die erneute Erbringung der Einlage gem. § 8 Abs. 2 versichern (OLG Köln 22.2.2010, BeckRS 2010, 07389; KG 17.10.2016, NZG 2017, 307). Noch vorhandenes Vermögen ist gem. §§ 66 ff. zu verwerten, obwohl analog §§ 29, 48 BGB die Bestellung eines Notliquidators rechtspolitisch wünschenswert wäre (Scholz/*Schmidt/Cziupka* § 66 Rn. 2). Bei einer Einstellung des Insolvenzverfahrens auf Antrag des Schuldners gem. § 213 InsO kommt es demgegenüber nicht zur Anwendung der §§ 66 ff., wenn von den Gesellschaftern ein Fortsetzungsbeschluss gefasst wird. Dies gilt allerdings nur in den in § 60 Abs. 1 Nr. 4 abschließend genannten Fällen (BGH, 28.4.2015, NZG 2015, 872). Wird mangels Masse das Insolvenzverfahren nicht eröffnet (§ 60 Abs. 1 Nr. 5) und ist Vermögen vorhanden (vgl. §§ 26, 54 InsO), gelten die §§ 66 ff. Tritt während der Liquidation ein Insolvenzgrund ein, muss ein Insolvenzantrag gestellt werden (→ § 74 Rn. 8).

III. Einzelerläuterung

5 **1. Die Liquidatoren (Abs. 1). a) Bestellung.** Während der Liquidation sind die Liquidatoren das gesetzlich vorgesehene Geschäftsführungs- und Vertretungsorgan der Gesellschaft. Sofern die Satzung keine abweichende Regelung trifft, werden die bisherigen Geschäftsführer mit der Auflösung der Gesellschaft (§ 60) zu Liquidatoren (Abs. 1 Hs. 1). Diese sind sog. **geborene** Liquidatoren (Roth/Altmeppen/*Altmeppen* Rn. 14) im Unterschied zu den sog. gekorenen Liquidatoren (Roth/Altmeppen/*Altmeppen* Rn. 21).

6 Die sog. **gekorenen** Liquidatoren können nur durch die Satzung oder einen Gesellschafterbeschluss bestellt werden. Es ist nach überwA nicht zulässig, dass Recht zur Bestellung auf andere Personen oder Organe zu übertragen. So können die Mitglieder des Aufsichtsrates zu Liquidatoren berufen, aber nicht der Aufsichtsrat mit der Bestellung der Liquidatoren beauftragt werden (Roth/Altmeppen/*Altmeppen* Rn. 22; Baumbach/Hueck/*Haas* Rn. 13; RG 3.7.1934, RGZ 145, 99 (104); Rowedder/Schmidt-Leithoff/*Gesell* Rn. 7; aM Scholz/*Schmidt/Cziupka* Rn. 11 unter Verweis auf §§ 69, 46 Nr. 5).

7 Gekorene Liquidatoren müssen in der Satzung oder einem Gesellschafterbeschluss nicht namentlich benannt werden. Es ist ausreichend, wenn sie durch ihr Amt oder ihre Funktion genau bezeichnet sind (Roth/Altmeppen/*Altmeppen* Rn. 21). Stimmberechtigt ist jeder Gesellschafter, auch die als Liquidator vorgesehene Person (MüKoGmbHG/*H. F. Müller* Rn. 22). Ein Testamentsvollstrecker, der als solcher Anteilsrechte an einer GmbH verwaltet, darf bei seiner Wahl nur mitwirken, wenn der Erblasser oder die Erben ihm dies gestattet haben (BGH 9.12.1968, BGHZ 51, 209 = NJW 1969, 841). Entsprechendes gilt für einen Pfleger oder Betreuer (Scholz/*Schmidt/Cziupka* Rn. 10).

8 Der bisherige Geschäftsführer wird auch dann nicht zum Liquidator, wenn der durch die Satzung oder Gesellschafterbeschluss vorgesehene Liquidator das Amt nicht (stillschweigend) annimmt. In diesem Fall muss durch die Gesellschafterversammlung oder durch einen Gerichtsbeschluss ein anderer Liquidator bestimmt werden (LG Frankenthal 18.12.1995, GmbHR 1996, 131; Lutter/Hommelhoff/*Kleindiek* Rn. 4; Roth/Altmeppen/*Altmeppen* Rn. 23; aA Scholz/*Schmidt/Cziupka* Rn. 30, um Führungslosigkeit zu vermeiden). „Entfällt" nachträglich ein gekorener Liquidator, so lebt im Zweifel das Amt des Geschäftsführers als geborener Liquidator nicht wieder auf (hM, Scholz/*Schmidt/Cziupka* Rn. 30; aA Hachenburg/*Hohner* Rn. 11).

In Satzungen sind häufig Regelungen zur Geschäftsführerbestellung, nicht unbedingt aber ausdrückliche Regelungen für die Bestellung der Liquidatoren enthalten. Im Zweifel gelten aber die Vorschriften für die Bestellung von Geschäftsführern, bspw. bestimmte Mehrheitserfordernisse, auch für die Bestellung und Abberufung von Liquidatoren (OLG Frankfurt a. M. 29.1.1999, NZG 1999, 833). An Beschlussmodalitäten oder Qualifikationsmerkmale für die Bestellung eines Liquidators ist die Gesellschafterversammlung gebunden, bis die Satzung geändert wird (Roth/Altmeppen/*Altmeppen* Rn. 27). 9

Sieht die Satzung eine bestimmte Person als Liquidator vor, kann die Gesellschafterversammlung grundsätzlich unabhängig hiervon eine andere Person zum Liquidator bestellen (vgl. § 66 Abs. 3 S. 2; Roth/Altmeppen/*Altmeppen* Rn. 25). Ergibt sich aus der Satzung jedoch, dass einer Person diesbezüglich ein Sonderrecht eingeräumt wird, kann dieses nur aus wichtigem Grund der Person entzogen werden (Baumbach/Hueck/*Haas* Rn. 13; Hachenburg/*Hohner* Rn. 14). Das Sonderrecht kann nach hM nur darin bestehen, dass er selbst satzungsmäßig geborener Liquidator ist, nicht jedoch darin, dass er den Liquidator bestimmen oder bestellen kann (→ Rn. 6). 10

b) Anzahl der Liquidatoren. Das Gesetz schreibt keine bestimmte Anzahl von Liquidatoren vor. Es ist durch Auslegung zu bestimmen, ob Regelungen in der Satzung über die Anzahl der Geschäftsführer auch für die Anzahl der Liquidatoren gelten sollen. Im Zweifel wird dies dann bejaht, wenn auch nur einer der Geschäftsführer sein Amt als geborener Liquidator annimmt (Scholz/*Schmidt/Cziupka* Rn. 50). Wird eine vorbestimmte Anzahl nicht erreicht, müssen durch die Gesellschafterversammlung oder gem. Abs. 2 durch das Gericht weitere Liquidatoren bestellt werden. Unterliegt die Gesellschaft dem Mitbestimmungsrecht, muss auch bei der Abwicklung ein Arbeitsdirektor vorhanden sein (§ 33 MitbestG; § 13 MontanMitbestG), sodass mindestens zwei Liquidatoren zu bestellen sind (Baumbach/Hueck/*Haas* Rn. 8; Hachenburg/*Hohner* Rn. 12, 15; vgl. auch Scholz/*Schmidt/Cziupka* Rn. 50). 11

c) Dienstvertrag. Kommt es zur Auflösung der Gesellschaft, sind die bisherigen Geschäftsführer als geborene Liquidatoren aufgrund ihres Anstellungsvertrages grundsätzlich zur Fortsetzung ihrer Tätigkeit verpflichtet, sofern sich aus dem Vertrag nichts Gegenteiliges ergibt. Die Auflösung allein ist grundsätzlich kein wichtiger Grund für die Kündigung durch den Liquidator, es sei denn, die Übernahme des Liquidatorenamtes ist unzumutbar, weil ein zunächst mit Managementaufgaben befasster Geschäftsführer nun mit Vermögensverwaltungs- und Abwicklungsaufgaben betraut werden soll (Baumbach/Hueck/*Haas* Rn. 12; UHL/*Paura* Rn. 73). Trotz der grundsätzlich bestehenden Verpflichtung zur Übernahme des Amtes ist der Liquidator nicht daran gehindert, sein Amt niederzulegen, macht sich dann aber unter Umständen schadensersatzpflichtig (Scholz/*Schmidt/Cziupka* Rn. 54; Lutter/Hommelhoff/*Kleindiek* Rn. 2; Rowedder/Schmidt-Leithoff/*Gesell* Rn. 4). 12

d) Niederlegung. Nach wohl überwA ist die Niederlegung (sofern keine gerichtliche Bestellung dieser zugrunde liegt, → Rn. 27) gegenüber der Gesellschaft zu erklären, wobei diese entsprechend § 35 Abs. 2 S. 2 von jedem anderen Liquidator vertreten werden kann (BayObLG 13.1.1994, NJW-RR 1994, 617 (260); Roth/Altmeppen/*Altmeppen* Rn. 52). Sind weitere Liquidatoren nicht vorhanden, erfolgt die Niederlegung gegenüber den (Mit-)Gesellschaftern. Der Geschäftsführer hat hingegen die Amtsniederlegung gegenüber dem Bestellungsorgan zu erklären, dh (idR) der Gesellschafterversammlung, wobei in entsprechender Anwendung von § 35 Abs. 2 S. 2 die Erklärung gegenüber einem Gesellschafter ausreichend ist (BGH 17.9.2001, BGHZ 149, 28 = NZG 2002, 43; Lutter/Hommelhoff/*Kleindiek* § 38 Rn. 47). Zu Recht wird daher angemerkt, dass auch der gem. Abs. 1 bestellte Liquidator seine Amtsniederlegung gegenüber dem Bestellungsorgan zu erklären hat (Baumbach/Hueck/*Haas* Rn. 30; wohl auch Scholz/*Schmidt/Cziupka* Rn. 55, der eine Erklärung gegenüber Mitliquidator und Gesellschafter anregt, und eine Erklärung gegenüber dem Mitliquidator aber für ausreichend ansieht). Bei einer „Ein-Mann-Gesellschaft" erfolgt die Niederlegung unstr. gegenüber dem Registergericht (BayObLG 13.1.1994, NJW-RR 1994, 617). 13

Die Grundsätze über die Unbeachtlichkeit einer Amtsniederlegung wegen Rechtsmissbrauchs gelten in gleicher Weise für den Geschäftsführer wie für den Liquidator einer GmbH (LG Memmingen 31.3.2004, NZG 2004, 828). Für eine Niederlegung des Amtes als Liquidator (oder Geschäftsführers) ist beim Registergericht neben der Niederlegungserklärung selbst auch deren Zugang bei dem zuständigen Organ in der Form des § 39 Abs. 2 nachzuweisen (OLG Düsseldorf 10.8.2004, NZG 2004, 1068). 14

e) Schutz des Rechtsverkehrs. Handelt nach der Auflösung der bisherige Geschäftsführer für die GmbH, ohne Liquidator zu sein, kommen eine Zurechnung gem. §§ 67, 15 Abs. 1 HGB und eine Rechtsscheinhaftung der GmbH unter dem Gesichtspunkt der Anscheins- und Duldungsvollmacht in Betracht (OLG Koblenz 21.6.1990, NJW-RR 1991, 808; Roth/Altmeppen/*Altmeppen* Rn. 5). 15

2. Geeignete Liquidatoren (Abs. 4). a) Taugliche Personen. Nach Abs. 4 gelten für die Auswahl der Liquidatoren die Bestimmungen des § 6 Abs. 2 S. 2 und 3 entsprechend. Auch wenn auf § 6 Abs. 2 S. 1 nicht verwiesen wird, so ist jedoch unstreitig, dass nur vollgeschäftsfähige Personen Liquidator sein können. Der Verweis auf S. 1 fehlt, weil eine Einschränkung auf die Bestellung von nur natürlichen Personen nicht erfolgen soll. Aufgrund des fehlenden Verweises auf S. 1 ist anerkannt, dass – 16 wie auch bei der AG (§ 265 Abs. 2 S. 3 AktG) – auch juristische Personen zum Liquidator bestellt werden können (Scholz/*Schmidt/Cziupka* Rn. 46; Rowedder/Schmidt-Leithoff/*Gesell* Rn. 8; Baumbach/Hueck/*Haas* Rn. 6). Hierzu gehören auch juristische Personen des öffentlichen Rechts (Scholz/*Schmidt/Cziupka* Rn. 47). Behörden können nicht bestellt werden, jedoch deren Beamte oder Beschäftigte (Scholz/*Schmidt/Cziupka* Rn. 47).

17 Anerkannt ist auch, dass bei der GmbH Personengesellschaften (OHG, KG, GmbH & Co. KG) zum Liquidator bestellt werden können (Lutter/Hommelhoff/*Kleindiek* Rn. 1). Auch wenn die Teilrechtsfähigkeit der Gesellschaft bürgerlichen Rechts anerkannt wurde (BGH 29.1.2001, BGHZ 146, 341 = NJW 2001, 1056), kann diese nicht zum Liquidator bestellt werden, weil die notwendige Publizität der Vertretungsverhältnisse nicht gewährleistet ist (Baumbach/Hueck/*Haas* Rn. 7; Scholz/*Schmidt/Cziupka* Rn. 47). Die Bestellung einer Partnerschaft ist möglich (Scholz/*Schmidt/Cziupka* Rn. 47).

18 Unerheblich ist, ob die bestellte Person Gesellschafter ist (Roth/Altmeppen/*Altmeppen* Rn. 13; vgl. auch § 6 Abs. 3 S. 1). Ein Amtsnotar bedarf für die Übernahme zusätzlich einer Genehmigung nach § 8 Abs. 3 Nr. 1 BNotO (KG 18.11.1998, DNotZ 1999, 523).

19 **b) Ausschlussgründe.** Während nach § 6 Abs. 2 S. 3 aF nur eine Verurteilung nach §§ 283–283d StGB der Übernahme des Liquidatorenamtes entgegenstand (jetzt Abs. 2 S. 2 Nr. 3 lit. b), verweist nach Inkrafttreten des MoMiG § 66 Abs. 4 auf einen Katalog von unternehmensnahen Straftatbeständen in § 6 Abs. 2 S. 2 Nr. 3, die die Übernahme des Geschäftsführer- und Liquidatorenamtes ausschließen. Hierzu gehört nun auch eine Verurteilung wegen Insolvenzverschleppung, wegen falscher Angaben nach § 82 oder § 399 AktG, wegen einer unrichtigen Darstellung nach § 400 AktG, § 331 HGB, § 313 UmwG, § 17 PublG oder bei einer Freiheitsstrafe von mindestens einem Jahr auch eine Verurteilung nach §§ 263–264a und §§ 265b–266a StGB. Vergleichbare Auslandsverurteilungen führen gem. § 6 Abs. 2 S. 3 ebenfalls zum Ausschluss. Ein Ausschluss besteht weiter für den Betreuer mit einem Einwilligungsvorbehalt nach § 1903 BGB (§ 6 Abs. 2 S. 2 Nr. 1) und bei einer Einschränkung der Berufs- und Gewerbefreiheit (§ 6 Abs. 2 S. 2 Nr. 2). Hinsichtlich der Einzelheiten vgl. die Kommentierung zu § 6 Abs. 2.

20 Wird trotz eines Ausschlussgrundes eine Person zum Liquidator bestellt, so ist die Bestellung gem. § 134 BGB unwirksam (BayObLG 13.7.1989, NJW-RR 1990, 52 (53); Baumbach/Hueck/*Haas* Rn. 5a). Tritt ein solcher Grund nach der Bestellung ein, erlischt das Amt automatisch (BayObLG 30.6.1987, BB 1987, 1625 (1626); Roth/Altmeppen/*Altmeppen* Rn. 13; Bork/Schäfer/*Servatius* Rn. 8).

21 **3. Gerichtliche Bestellung (Abs. 2). a) Notbestellung analog §§ 29, 48 BGB.** Nach § 66 Abs. 2 ist eine gerichtliche Bestellung von Liquidatoren möglich. Diese ist zu unterscheiden von einer gerichtlichen Bestellung eines Notgeschäftsführers gem. §§ 29, 48 BGB analog, die nur für einstweilige Maßnahmen bei einem dringenden Bedürfnis durch das Gericht erfolgt (BayObLG 2.6.1976, BB 1976, 998; Roth/Altmeppen/*Altmeppen* Rn. 29 mwN). Während diese auch von Gläubigern, früheren Geschäftsführern und Liquidatoren beantragt werden kann, verlangt § 66 Abs. 2 den Antrag von Gesellschaftern mit einer Beteiligung von mindestens 10 % (→ § 50 Rn. 5) und einen wichtigen Grund. Eine vorläufige Bestellung gem. §§ 29, 48 BGB kommt in Betracht, wenn eine Liquidatorenbestellung gem. § 66 Abs. 1 durch die Gesellschafterversammlung zu erwarten ist. Scheitert diese, kommt eine gerichtliche Bestellung gem. § 66 Abs. 2 in Betracht (BayObLG 27.1.1987, GmbHR 1987, 3060 (307); Scholz/*Schmidt/Cziupka* Rn. 23). Das Amt des Notliquidators endet automatisch mit der Bestellung eines Liquidators (→ Rn. 30).

22 **b) Wichtiger Grund.** Ein wichtiger Grund für eine gerichtliche Bestellung des Liquidators gem. § 66 Abs. 2 besteht, wenn sie im Interesse eines oder mehrerer Beteiligten notwendig erscheint (MHLS/*Nerlich* Rn. 41 ff.). Eine solche Situation besteht, wenn Anzeichen für Unfähigkeit und Unredlichkeit vorliegen oder begründetes Misstrauen gegen die Unparteilichkeit des bestellten Organs. Ein wichtiger Grund kann auch bei erheblichen Streitigkeiten der Liquidatoren untereinander oder im Verhältnis zu einzelnen Gesellschaftern bestehen. Auf ein Verschulden kommt es nicht an (BayObLG 13.5.1955, NJW 1955, 1678; BayObLG 20.2.1969, WM 1969, 674 (675); BayObLG 30.6.1987, BB 1987, 1625 (1626); Baumbach/Hueck/*Haas* Rn. 20). Ein wichtiger Grund besteht auch, wenn die für die Vertretung erforderliche Anzahl von Liquidatoren voraussichtlich dauerhaft nicht erreicht wird; bei zeitweiligem Mangel kommt die Bestellung eines Notliquidators gem. §§ 29, 48 BGB analog in Betracht (Baumbach/Hueck/*Haas* Rn. 20, 33; BayObLG 27.1.1987, GmbHR 1987, 306 (307)). Wird ein wichtiger Grund bejaht, so „muss" das Gericht – entgegen dem Wortlaut „kann" – einen Liquidator bestellen (Baumbach/Hueck/*Haas* Rn. 21).

23 **c) Entscheidungsfindung.** Für eine gerichtliche Bestellung sind Vorgaben in der Satzung, bspw. über Anzahl und Qualifikationsmerkmale der Liquidatoren, nicht verbindlich (Roth/Altmeppen/*Altmeppen* Rn. 9, 37). Das gilt auch für Satzungsregelungen zur Vertretungsbefugnis. Das Gericht kann hier eigene Regelungen treffen (Baumbach/Hueck/*Haas* Rn. 9, 21). Das Gericht hat ein Auswahlermessen hinsichtlich der zu bestellenden Person (BayObLG 13.7.1989, NJW-RR 1990, 52 (53)). Sie muss fachlich geeignet und zuverlässig sein. Es darf nicht die Gefahr eines Interessenwiderstreits oder einer

Voreingenommenheit bei ihr bestehen (BayObLG 13.7.1989, NJW-RR 1990, 52 (53)). § 66 Abs. 2 gilt auch für die aufgelöste Vor-GmbH (Scholz/*Schmidt*/*Cziupka* Rn. 3, 20).

d) Zuständigkeit. Für die gerichtliche Entscheidung gem. § 66 Abs. 2 war bis zum 31.8.2009 das Registergericht gem. § 66 Abs. 2, § 7, § 125 FGG zuständig. Mit der FGG-Reform (→ Rn. 2) wurden die gesetzlichen Grundlagen mit Wirkung ab dem 1.9.2009 neu geregelt. Die Bestellung und Abberufung der Liquidatoren gehört nun zum sog. unternehmensrechtlichen Verfahren nach § 375 Nr. 6 FamFG. Vorbehaltlich einer abweichenden Regelung durch Rechtsverordnung gem. § 376 Abs. 2 FamFG ist sachlich das Amtsgericht zuständig, in dessen Bezirk ein LG seinen Sitz hat (§ 376 Abs. 1 FamFG, § 23a Abs. 1 Nr. 2, Abs. 2 Nr. 4 GVG). Örtlich zuständig ist das Gericht, in dessen Bezirk sich der Sitz der Gesellschaft befindet (§ 377 FamFG). Funktionell zuständig ist der Rechtspfleger (§ 3 Nr. 2d RPflG), da für Entscheidungen nach § 66 Abs. 2, 3 kein Richtervorbehalt gem. § 17 Nr. 2a RPflG besteht (MüKoGmbHG/*H. F. Müller* Rn. 37; OLG Frankfurt a. M. 25.2.1993, NJW-RR 1993, 932). Der Richter entscheidet jedoch über die Bestellung bei der Nachtragsliquidation einer bereits gelöschten GmbH (OLG Schleswig 23.12.1999, NZG 2000, 317). 24

e) Verfahren. Das Verfahren richtet sich nach den §§ 402 ff. FamFG. Das Gericht entscheidet im Verfahren der freiwilligen Gerichtsbarkeit (§ 23a Abs. 1 Nr. 2, Abs. 2 Nr. 4 GVG). Es kann daher keine Liquidatorenbestellung durch einen Zivilprozess oder eine einstweilige Verfügung nach § 940 ZPO erreicht werden (Scholz/*Schmidt* Rn. 13). Die erforderlichen Tatsachen sind von Amts wegen nach § 26 FamFG unter Mitwirkung der Beteiligten gem. § 27 FamFG zu ermitteln (OLG Düsseldorf 22.7.1998, NJW-RR 1999, 37). Im Verfahren ist die GmbH als Antragsgegnerin zu beteiligen und die Mitgesellschafter des Antragstellers sind zu hören (BayObLG 27.1.1987, GmbHR 1987, 306 (307); BayObLG 13.7.1989, NJW-RR 1990, 52). Nach § 7 FamFG ist ein Liquidator zu hören, wenn ihm ein weiterer Liquidator zur Seite gestellt werden soll (MüKoGmbHG/*H. F. Müller* Rn. 39) oder, wenn er von einer Abberufung gem. § 66 Abs. 3 S. 1 betroffenen ist (Baumbach/Hueck/*Haas* Rn. 21). 25

Das Gericht entscheidet durch Beschluss (§ 38 FamFG), der der Gesellschaft und den Gesellschaftern bekannt zu geben ist (§ 41 FamFG). Bis zum 31.8.2009 war gegen eine gerichtliche Entscheidung gem. § 66 Abs. 2 die sofortige Beschwerde nach § 148 Abs. 1 FGG, § 146 Abs. 2 S. 1 FGG innerhalb von zwei Wochen (§ 22 Abs. 1 FGG) zum LG möglich und ggf. die sofortige weitere Beschwerde zum OLG gem. §§ 27, 29 Abs. 2 FGG. Durch die FGG-Reform ist an die Stelle der sofortigen Beschwerde die Beschwerde gem. §§ 402, 58 ff. FamFG getreten. Die Beschwerdefrist beträgt einen Monat (§ 63 Abs. 1 FamFG). Zuständig ist das Gericht, dessen Entscheidung angefochten wird (§ 64 Abs. 1 FamFG). Wird der Beschwerde nicht abgeholfen entscheidet das örtlich zuständige OLG als Beschwerdegericht (§ 68, 69 FamFG, § 119 Abs. 1 Nr. 1 lit. b. GVG). Gegen diese Entscheidung kann Rechtsbeschwerde zum BGH erhoben werden, wenn sie zugelassen wurde (§§ 70 ff. FamFG, § 133 GVG idF von Art. 22 Nr. 15 FGG-RG), andernfalls die Anhörungsrüge nach § 44 FamFG. Beschwerdebefugt ist der Antragsteller, wenn sein Antrag abgelehnt wurde und er mit mindestens 10 % am Stammkapital der Gesellschaft beteiligt ist (Baumbach/Hueck/*Haas* Rn. 22). Wird dem Antrag auf Bestellung eines Liquidators stattgegeben, ist jeder Gesellschafter, der nicht aufseiten des Antragstellers stand, und die Gesellschaft beschwerdebefugt (OLG Düsseldorf 22.7.1998, NZG 1998, 853). Wird dem Antrag auf Abberufung eines Liquidators stattgegeben, kann der abgerufene Liquidator im eigenen Namen Beschwerde einlegen (BayObLG 6.12.1995, NJW-RR 1996, 1384). Ein Beschwerderecht wird auch für die Gesellschafter und die Gesellschaft bejaht (OLG Düsseldorf 22.7.1998, NZG 1998, 853; Scholz/*Schmidt* Rn. 23; aA für den Gesellschafter einer OHG OLG Hamm 30.8.1977, DB 1977, 2089). Die Gesellschaft wird durch die anderen Liquidatoren oder einen Notgeschäftsführer vertreten. Weiteren Mitliquidatoren steht kein Beschwerderecht zu. Da der bestellte Liquidator das Amt nicht annehmen muss, steht ihm mangels Rechtsschutzbedürfnis kein Beschwerderecht gegen seine Bestellung zu (Roth/Altmeppen/*Altmeppen* Rn. 39). Die Beschwerde hat keine aufschiebende Wirkung. Wird die Bestellung eines Liquidators angegriffen, so sind die vom ihm vorgenommen Rechtsgeschäfte auch dann wirksam, wenn das Rechtsmittel später Erfolg hat (§ 47 FamFG), es sei denn, der Bestellungsakt war bereits nichtig. Das Beschwerdegericht kann aber eine einstweilige Anordnung nach § 64 Abs. 3 FamFG treffen (MüKoGmbHG/*H. F. Müller* Rn. 45). 26

f) Bestellte Person. Die bestellte Person ist nicht verpflichtet das Amt anzunehmen. Das Gericht kann auch keinen Anstellungsvertrag festsetzen (Baumbach/Hueck/*Haas* Rn. 23). Die Gegenleistung für die Übernahme des Liquidatorenamtes muss zwischen den Parteien vereinbart werden. Kommt eine Einigung nicht zustande, haben die Liquidatoren analog § 265 Abs. 4 S. 1 AktG einen Anspruch auf Vergütung und Auslagenersatz. Kommt eine Einigung zwischen Gesellschaft und Liquidator über dessen Höhe nicht zustande, so entscheidet entsprechend § 265 Abs. 4 S. 2 AktG hierüber das Gericht. Ein Rechtsanwalt kann neben dem Liquidatorenentgelt eine Vergütung nach dem RVG verlangen, „wenn ein Nichtjurist als Liquidator einen Rechtsanwalt hinzuziehen müsste" (BGH 17.9.1998, NJW 1998, 3567). Ohne einen Anstellungsvertrag bestimmt sich das Rechtsverhältnis zwischen bestelltem Liquidator und der Gesellschaft nach den für das Amt geltenden, in § 71 Abs. 4 genannten Regeln (BGH 27

17.9.1998, NJW 1998, 3567). Beabsichtigt der gerichtlich bestellte Liquidator sein Amt niederzulegen, muss dies durch Erklärung gegenüber dem Gericht erfolgen (Roth/Altmeppen/*Altmeppen* Rn. 52; vgl. näher Scholz/*Schmidt/Cziupka* Rn. 55).

28 **g) KWG.** Unabhängig von § 66 Abs. 2 hat eine gerichtliche Bestellung auf Antrag der Bundesanstalt für Finanzdienstleistungsaufsicht bei Vorliegen der Voraussetzungen gem. § 38 Abs. 2 S. 2 KWG zu erfolgen, wenn die sonst zur Abwicklung berufenen Personen keine Gewähr für eine ordnungsgemäße Abwicklung bieten.

29 **4. Abberufung (Abs. 3). a) Gerichtsbeschluss.** Nach § 66 Abs. 3 S. 1 können die Liquidatoren durch das Gericht unter denselben Voraussetzungen abberufen werden, die für ihre Bestellung gelten. Hierzu bedarf es eines Antrages eines Gesellschafters unter Beachtung der 10 %-Grenze und eines wichtigen Grundes. Wichtige Gründe für eine Abberufung sind grobe Pflichtverletzungen und eine Unfähigkeit des Liquidators (OLG Düsseldorf 19.9.2001, NZG 2002, 90). Maßgeblich ist, ob ohne das Eingreifen des Gerichts ein ordnungsgemäßer, reibungsloser und ungestörter Ablauf der Abwicklung ohne Benachteiligung nicht mehr gewährleistet und dadurch der Abwicklungszweck, die Vollbeendigung der Gesellschaft, gefährdet ist (OLG Köln 6.1.2003, NZG 2003, 340). Ein Verschulden ist nicht erforderlich (→ Rn. 22).

30 **b) Gesellschafterbeschluss.** Die Gesellschafterversammlung kann nach § 66 Abs. 3 S. 2 die geborenen und die gekorenen Liquidatoren abberufen. Die Abberufung wird mit Zugang beim Liquidator wirksam (§ 130 BGB) (Baumbach/Hueck/*Haas* Rn. 25). Ein wichtiger Grund ist hierfür nur dann notwendig, wenn einem Liquidator ein Sonderrecht zur Liquidation eingeräumt wurde (→ Rn. 10). Im Umkehrschluss ergibt sich aus § 66 Abs. 2 S. 2, dass die vom Gericht bestellten Liquidatoren nur vom Gericht abberufen werden können. Abberufen werden können auch nicht die gem. §§ 29, 48 BGB bestellten Notgeschäftsführer. Deren Amt erlischt nach hM mit Entfallen der Notsituation, sodass eine „Abberufung" des Notgeschäftsführers eintritt, wenn ein ordentlicher Liquidator berufen wird (BayObLG 13.7.1989, NJW-RR 1990, 52 (53); Scholz/*Schmidt/Cziupka* Rn. 37).

31 **c) Anstellungsverhältnis.** Von der Abberufung unberührt bleibt der zugrunde liegende Anstellungsvertrag. IdR wird die Abberufung jedoch ein wichtiger Grund (§ 626 BGB) für die Kündigung dieses Vertrages sein (Roth/Altmeppen/*Altmeppen* Rn. 49; Baumbach/Hueck/*Haas* Rn. 25, 28). Erfolgt die Abberufung durch die Gesellschafterversammlung, kann diese auch eine konkludente Kündigung (§ 627 BGB) beinhalten (KG 26.11.1997, GmbHR 1998, 1039; Roth/Altmeppen/*Altmeppen* Rn. 49). Der Vergütungsanspruch ist eingeschränkt (KG 26.11.1997, GmbHR 1998, 1039). Aufgrund seiner nachwirkenden Treuepflicht hat der abberufene Liquidator seinen Nachfolger auf dringend zu erledigende Angelegenheiten hinweisen, wenn er nicht erwarten kann, dass dieser in der ihm zur Verfügung stehenden Zeit entsprechende Geschäftsunterlagen zur Eigeninformation auffinden kann (BGH 28.2.2012, BeckRS 2012, 08661).

32 **d) Einstweiliger Rechtsschutz.** Durch eine einstweilige Verfügung kann eine Abberufung nicht erreicht werden (OLG Frankfurt a. M. 26.10.1988, ZIP 1989, 39; Lutter/Hommelhoff/*Kleindiek* Rn. 11). Es ist jedoch eine Suspendierung bis zur Klärung des Abberufungsgrundes bzw. bis zur Entscheidung in der Hauptsache möglich (Roth/Altmeppen/*Altmeppen* Rn. 50).

33 **5. Vermögenslosigkeit (Abs. 5).** Ist ein Gesellschaftsvermögen nicht vorhanden, wird die Gesellschaft ohne Liquidation gelöscht (§ 60 Abs. 1 Nr. 5, § 394 FamFG). Vermögenslosigkeit ist nicht gleichzusetzen mit Unterbilanz, Überschuldung oder Masselosigkeit. Sie liegt vor, wenn keine Zugriffs- und Verteilungsmasse für die Gläubiger zur Verfügung steht (OLG Karlsruhe 21.8.2014, ZInsO 2014, 2118). Stellt sich heraus, dass Vermögen vorhanden ist, besteht Liquidationsbedarf. Diese Situation regelt § 66 Abs. 5 (früher § 2 Abs. 3 LöschG). Keine Liquidation gem. § 66 Abs. 5 ist erforderlich, wenn nur eine eidesstattliche Versicherung zur Abwicklung abzugeben ist (LG Köln 10.9.1990, ZIP 1990, 1330) oder durch eine erteilte Generalvollmacht die Auflassung eines verbliebenen, nicht zur Verteilung stehenden Grundstückes bereits veranlasst ist (OLG Dresden 1.12.2008, DNotZ 2009, 305).

34 Ist Vermögen vorhanden, ist die gelöschte GmbH von Amts wegen wieder im Handelsregister einzutragen (Scholz/*Schmidt/Cziupka* Rn. 58) und auf Antrag eines Beteiligten ein Liquidator durch das Gericht gem. § 66 Abs. 5 S. 2 zu bestellen (→ Rn. 24). § 66 Abs. 1 gilt hier nicht, sodass keine Amtskontinuität zwischen den früheren Geschäftsführern und den Liquidatoren kraft Gesetzes besteht. Es liegt keine Nachtragliquidation iSd § 74 vor, sondern eine erstmalige Liquidation, für die §§ 66 ff. gelten (Scholz/*Schmidt/Cziupka* Rn. 56). Gegen die Bestellung eines Liquidators kann die Gesellschaft, vertreten durch den letzten Geschäftsführer oder Liquidator analog § 273 Abs. 5 AktG, Beschwerde einlegen (→ Rn. 26). Bis zum 31.8.2009 war die sofortige Beschwerde innerhalb von zwei Wochen möglich (§ 22 Abs. 1 FGG; BayObLG 14.8.2002, ZIP 2002, 1845; Scholz/*Schmidt/Cziupka* Rn. 27, der auch ein Beschwerderecht für die Gesellschafter bejaht).

Anmeldung der Liquidatoren

67 (1) **Die ersten Liquidatoren sowie ihre Vertretungsbefugnis sind durch die Geschäftsführer, jeder Wechsel der Liquidatoren und jede Änderung ihrer Vertretungsbefugnis sind durch die Liquidatoren zur Eintragung in das Handelsregister anzumelden.**

(2) **Der Anmeldung sind die Urkunden über die Bestellung der Liquidatoren oder über die Änderung in den Personen derselben in Urschrift oder öffentlich beglaubigter Abschrift beizufügen.**

(3) [1] **In der Anmeldung haben die Liquidatoren zu versichern, daß keine Umstände vorliegen, die ihrer Bestellung nach § 66 Abs. 4 in Verbindung mit § 6 Abs. 2 Satz 2 Nr. 2 und 3 sowie Satz 3 entgegenstehen, und daß sie über ihre unbeschränkte Auskunftspflicht gegenüber dem Gericht belehrt worden sind.** [2] **§ 8 Abs. 3 Satz 2 ist anzuwenden.**

(4) **Die Eintragung der gerichtlichen Ernennung oder Abberufung der Liquidatoren geschieht von Amts wegen.**

Übersicht

I. Allgemeines

1 Wie §§ 8, 39 für die Geschäftsführer macht § 67 die Identität und die Vertretungsverhältnisse der Liquidatoren zu eintragungspflichtigen Tatsachen und damit zum Gegenstand des Vertrauensschutzes gem. § 15 HGB. § 67 gilt für jede außerhalb eines Insolvenzverfahrens durchzuführende Auflösung, bspw. dann, wenn die Eröffnung eines Insolvenzverfahrens mangels Masse abgelehnt wird (BayObLG 30.6.1987, NJW-RR 1988, 98). Auch wenn die Geschäftsführer Liquidatoren sind, ist das anzumelden. Nur in der Insolvenz bleiben sie „Geschäftsführer" und eine Anmeldung nach § 67 findet nicht statt (Scholz/*Schmidt/Cziupka* Rn. 2).

2 § 67 Abs. 3 wurde durch die GmbH-Novelle 1980 eingefügt. § 67 Abs. 2 wurde geändert und § 67 Abs. 5 (Zeichnung der Unterschrift) aufgehoben durch das EHUG vom 10.11.2006 (BGBl. 2006 I 2553). § 67 Abs. 3 wurde durch das ARUG vom 30.7.2009 (BGBl. 2009 I 2479) geändert. Die amtliche Überschrift wurde durch das MoMiG vom 23.10.2008 ergänzt (BGBl. 2008 I 2026).

II. Einzelerläuterung

3 **1. Anmeldepflicht (Abs. 1).** Die Anmeldeverpflichtung besteht gem. § 67 für das jeweils amtierende Organ in vertretungsberechtigter Zahl (Roth/Altmeppen/*Altmeppen* Rn. 5). Der Wortlaut von Abs. 1 S. 1 ist diesbezüglich missverständlich. Im Regelfall ist für die Auflösung die Eintragung nur deklaratorisch (Roth/Altmeppen/*Altmeppen* § 65 Rn. 6; Baumbach/Hueck/*Haas* § 65 Rn. 15), sodass mit dem Auflösungsfall bereits die ersten **Liquidatoren** vertretungsberechtigt und damit anmeldeverpflichtet sind. Sofern daher die Auflösung nicht ausnahmsweise erst mit der Eintragung eines satzungsändernden Beschlusses gem. § 54 Abs. 3 wirksam wird (selten), haben nicht die Geschäftsführer, sondern die ersten Liquidatoren die Anmeldung vorzunehmen (LG Bielefeld 13.5.1986, NJW 1987, 1089; Roth/Altmeppen/*Altmeppen* Rn. 5).

4 Mit der Anmeldung der neuen Liquidatoren sollte entsprechend § 39 die Mitteilung verbunden werden, dass die eingetragenen Geschäftsführer nicht mehr zur Vertretung berechtigt sind, auch wenn nach richtiger Ansicht in der Anmeldung der neuen Liquidatoren die Erklärung liegt, dass die bisherigen Geschäftsführer (sofern sie jetzt nicht Liquidatoren sind) nicht mehr zur Vertretung berechtigt sind (BayObLG 31.3.1994, GmbHR 1994, 480 (481); Rowedder/Schmidt-Leithoff/*Gesell* Rn. 2; vgl. auch BGH 23.2.1970, BGHZ 53, 264 (267) für die ähnliche Situation der Beendigung der Liquidation und der sich daraus stillschweigend ergebenden Erklärung, nicht mehr Liquidator zu sein; aA Köln 25.4.1984, GmbHR 1995, 23; Hachenburg/*Hohner* Rn. 7).

5 Nach Abs. 1 ist neben jedem Wechsel der Liquidatoren auch deren **Vertretungsberechtigung** anzumelden. Gemäß § 67 Abs. 1 ist im Zusammenhang mit der Auflösung der GmbH die „abstrakte", dh die generell für ein mehrköpfiges Organ geltende Allein- oder Gesamtvertretungsbefugnis auch dann zur Eintragung in das Handelsregister anzumelden, wenn nur ein (erster) Liquidator bestellt ist. Dies entspricht der Rechtslage beim Einzelgeschäftsführer, weil die organschaftliche Stellung von Geschäftsführern und Liquidatoren vertretungsrechtlich identisch ausgestaltet ist (BGH 7.5.2007, NZG 2007,

595; OLG München 12.5.2010, GmbHR 2011, 144; aA OLG Hamm 27.8.1987, NJW-RR 1988, 221). Da ein weiterer Vertreter hinzukommen kann, muss erkennbar sein, ob Einzel- oder Gesamtvertretungsmacht besteht (so die hM, vgl. Scholz/*Schmidt/Cziupka* Rn. 5; Rowedder/Schmidt-Leithoff/*Gesell* Rn. 2). Anzugeben ist auch eine Befreiung vom Selbstkontrahierungsverbot gem. § 181 BGB (MüKoGmbHG/*H. F. Müller* Rn. 4).

6 Bei der Anmeldung sind nach § 43 Nr. 4 HRV Vor- und Nachname, Geburtsdatum, Wohnort und Amt des Liquidators anzugeben. Mitzuteilen sind Änderungen des Namens aufgrund Adoption und Heirat (Hachenburg/*Hohner* Rn. 12).

7 **Zuständig** ist das Amtsgericht am statutarischen Sitz der Gesellschaft als Registergericht (§ 7, § 23a Abs. 1, 2 Nr. 3 GVG, § 374 Nr. 1 FamFG, §§ 376, 377 FamFG).

8 **2. Urkundenvorlage (Abs. 2).** Nach Abs. 2 sind mit der Anmeldung Urkunden über die Bestellung, über die Abberufung (Protokoll des Gesellschafterbeschlusses gem. § 66), über die Amtsniederlegung oder ein Urteil oder Verwaltungsakt, aus dem sich ein zur Beendigung des Amtes ergebender Ausschlussgrund ergibt, in Urschrift oder öffentlich beglaubigter Abschrift vorzulegen. In entsprechender Weise sind Urkunden beizufügen, aus denen sich die Vertretungsbefugnis ergibt (Baumbach/Hueck/*Haas* Rn. 9 und → § 39 Rn. 12 zur entsprechenden Regelung für den Geschäftsführer). Die Anmeldung ist nach § 12 HGB dem Handelsregister elektronisch in öffentlich beglaubigter Form (§ 129 BGB) einzureichen. Hierfür ist nach § 12 Abs. 2 S. 2 HGB ausreichend, eine elektronische Aufzeichnung des Bestellungs-/Abberufungsbeschlusses einzureichen, weil die Urschrift des Gesellschafterbeschlusses in einfacher Schriftform vorzulegen ist. Eine Ablichtung hiervon ist öffentlich zu beglaubigen gem. § 12 Abs. 1 (Hachenburg/*Hohner* Rn. 12; Rowedder/Schmidt-Leithoff/*Gesell* Rn. 4). Wird der Liquidator durch den Gesellschaftsvertrag benannt, reicht eine Bezugnahme hierauf aus (Rowedder/Schmidt-Leithoff/*Gesell* Rn. 4; Hachenburg/*Hohner* Rn. 12). Der Tod eines Liquidators ist regelmäßig durch eine Sterbeurkunde nachzuweisen (Scholz/*Schmidt* Rn. 11; Hachenburg/*Hohner* Rn. 12). Der „geborene" Liquidator verweist auf seine erfolgte Bestellung und versichert, dass durch Gesellschafterbeschluss kein anderer Liquidator bestellt wurde. Gemäß § 26 FamFG kann der Registerrichter ggf. eine weitere Aufklärung verlangen (Scholz/*Schmidt* Rn. 11).

9 **3. Versicherung (Abs. 3).** Mit der Anmeldung müssen die Liquidatoren versichern, dass keine Umstände vorliegen, die nach § 66 Abs. 4 ihrer Bestellung entgegenstehen. Die Versicherung muss die in § 6 Abs. 2 S. 2 Nr. 2 und 3 sowie S. 3 genannten Ausschlussgründe nicht einzeln aufführen und verneinen, wenn eine pauschale Verneinung erfolgt (BGH 17.5.2010, WM 2010, 1368 (1370); vgl. auch BGH NJW-RR 2011, 1257; Roth/Altmeppen/*Altmeppen* Rn. 12; aA OLG München 27.4.2009, NJW-RR 2009, 971; BayObLG 30.8.1983, DB 1983, 2408; Rowedder/Schmidt-Leithoff/*Gesell* Rn. 5; Scholz/*Schmidt/Cziupka* Rn. 14). Die entscheidungserheblichen Tatsachen sind anzugeben. Die Wiedergabe des Gesetzestextes reicht nicht, weil dann der Antragsteller die rechtliche Wertung vornehmen würde, die dem Registergericht obliegt (OLG Schleswig 3.6.2014, NZG 2015, 232 Rn. 23). Die Beschränkung auf die Nr. 2 und 3 wurde mit dem ARUG (→ Rn. 2) eingeführt. Der zuvor bestehende Verweis auch auf § 6 Abs. 2 Nr. 1 wurde als redaktionelles Versehen angesehen, da eine Ungleichbehandlung zum Geschäftsführer durch das MoMiG nicht gewollt war (OLG München 22.4.2009, NZG 2009, 719). Die Versicherung ist von jedem Liquidator abzugeben, auch wenn er an der Anmeldung nicht mitwirkt, weil diese von anderen Liquidatoren in vertretungsberechtigter Anzahl vorgenommen wird (Scholz/*Schmidt/Cziupka* Rn. 19). Da er ein neues Amt antritt, ist ein Verweis auf eine frühere Erklärung nicht möglich (MüKoGmbHG/*H. F. Müller* Rn. 22). Ist eine juristische Person oder Personengesellschaft zum Liquidator bestellt worden, so ist die Versicherung durch die organschaftlichen Vertreter (Vorstand; Geschäftsführer, geschäftsführende Gesellschafter) abzugeben (Baumbach/Hueck/*Haas* Rn. 11; Scholz/*Schmidt/Cziupka* Rn. 19). Die vom Gericht bestellten Liquidatoren werden gem. Abs. 4 von Amts wegen eingetragen und müssen eine Versicherung gem. Abs. 3 nicht abgeben. Im Bestellungsverfahren ist diesbezüglich der Sachverhalt von Amts wegen zu prüfen (Lutter/Hommelhoff/*Kleindiek* Rn. 8) und kann vom Gericht in diesem Verfahren eingeholt werden (aA Hachenburg/*Hohner* Rn. 15).

10 Von den Liquidatoren ist weiter zu versichern, dass sie über ihre Auskunftspflicht gegenüber dem Gericht belehrt wurden (vgl. § 8 Abs. 3 S. 2 und → § 8 Rn. 21).

11 **4. Eintragung von Amts wegen (Abs. 4).** Gerichtlich ernannte (§ 66 Abs. 2) und gerichtlich abberufene (§ 66 Abs. 3) Liquidatoren werden von Amts wegen eingetragen. Das gilt auch für bestellte Notgeschäftsführer gem. §§ 29, 48 BGB analog und gerichtlich gem. § 38 Abs. 2 S. 2 KWG bestellte Abwickler (Scholz/*Schmidt* Rn. 6). Registergerichte im Bezirk einer etwaigen Zweigstelle sind von Amts wegen um eine Eintragung zu ersuchen.

Zeichnung der Liquidatoren

68 (1) [1]**Die Liquidatoren haben in der bei ihrer Bestellung bestimmten Form ihre Willenserklärungen kundzugeben und für die Gesellschaft zu zeichnen.** [2]**Ist nichts darüber bestimmt, so muß die Erklärung und Zeichnung durch sämtliche Liquidatoren erfolgen.**

(2) **Die Zeichnungen geschehen in der Weise, daß die Liquidatoren der bisherigen, nunmehr als Liquidationsfirma zu bezeichnenden Firma ihre Namensunterschrift beifügen.**

Übersicht

I. Allgemeines

Abs. 1 regelt, ob mehrere Liquidatoren einzeln oder gemeinschaftlich die Gesellschaft nach außen vertreten. Abs. 2 bestimmt, wie die Zeichnung für die Gesellschaft zu erfolgen hat. Der Wortlaut ist seit 1892 unverändert. 1969 wurde durch das Koordinierungsgesetz der frühere Abs. 2 gestrichen und hierfür die Formulierung „sowie ihre Vertretungsbefugnis" in § 67 Abs. 1 ergänzt und der alte Abs. 3 zum Abs. 2 (Lutter/Hommelhoff/*Kleindiek* Vor Rn. 1). Die amtliche Überschrift wurde durch das MoMiG vom 23.10.2008 (BGBl. 2008 I 2026) ergänzt. 1

II. Einzelerläuterung

1. Vertretung (Abs. 1). Die Liquidatoren haben nach § 70 die Geschäfte der GmbH zu beendigen und sind damit die zur Vertretung berufenen Organe in der Liquidation. Die in Abs. 1 S. 1 genannte „Form" bezieht sich (wie § 35 Abs. 2 S. 1 für den Geschäftsführer) auf die Frage, ob ein Liquidator allein oder nur gemeinsam mit weiteren Personen die Gesellschaft vertreten kann. Wenn mehrere Liquidatoren bestellt sind, können diese, sofern nichts Abweichendes vereinbart ist, gem. Abs. 1 S. 2 die Gesellschaft nur gemeinsam **aktiv** vertreten. Sieht die Satzung vor, dass die Gesellschaft nur durch zwei Liquidatoren vertreten werden kann, ist ein Liquidator auch dann nicht vertretungsberechtigt, wenn kein zweiter Liquidator vorhanden ist (BGH 8.2.1993, NJW 1993, 1654 mwN). Um eine Vertretung der Gesellschaft zu erreichen, muss nach hM erst ein weiterer Liquidator bestellt werden (Baumbach/Hueck/*Haas* Rn. 2; Rowedder/Schmidt-Leithoff/*Gesell* Rn. 3). Für einen Geschäftsführer wird in dieser Situation eine Einzelvertretungsberechtigung hingegen bejaht (Baumbach/Hueck/*Zöllner*/*Noack* § 35 Rn. 103). 2

Willenserklärungen gegenüber der Gesellschaft **(Passivvertretung)** werden hingegen entsprechend § 35 Abs. 2 S. 3 auch dann wirksam, wenn sie nur gegenüber einer Person trotz bestehender Gesamtvertretung abgegeben werden (Lutter/Hommelhoff/*Kleindiek* Rn. 5). Diese Regelung ist zwingend (Baumbach/Hueck/*Haas* Rn. 3). 3

Die **Satzung** kann eine Einzelvertretung vorsehen oder die Gesamtvertretung näher, zB Vertretung durch zwei von drei Liquidatoren oder durch einen Liquidator nur gemeinsam mit einem Prokuristen, regeln (unechte Gesamtvertretung). Allerdings kann der Liquidator nicht an eine Mitwirkung des Prokuristen gebunden werden, der Prokurist aber an eine Mitwirkung des Liquidators (Baumbach/Hueck/*Haas* Rn. 4, 8). Die Satzung selbst kann den Liquidator vom Verbot des Selbstkontrahierens (§ 181 BGB) befreien oder eine Ermächtigung zu einer entsprechenden Beschlussfassung durch die Gesellschafterversammlung erteilen. Streitig ist, ob für die geborenen Liquidatoren ihre **bisherigen** Vertretungsbefugnisse fortgelten, wenn die Satzung speziell für den Liquidationsfall keine Reglung trifft. Es wird die Ansicht vertreten, dass die sich aus § 66 ergebende Amtskontinuität auf den regelmäßigen Willen der Gesellschafter zur Kompetenzkontinuität schließen lasse (OLG Zweibrücken 19.6.1998, GmbHR 1999, 237). Diese Ansicht widerspricht jedoch § 68 Abs. 1 S. 2, der nicht nach geborenen und gekorenen Liquidatoren unterscheidet. Aufgrund der mit der Auflösung vorliegenden Zweckänderung besteht hinreichender Anlass zur Prüfung der Vertretungsverhältnisse. Unterbleibt diese, gilt wie bei der werbenden Gesellschaft (vgl. § 35 Abs. 2 S. 2) das Prinzip der Gesamtvertretung (BGH 27.10.2008, NZG 2009, 72; OLG Karlsruhe 9.10.2007, ZIP 2008, 505; BayObLG 14.5.1985, GmbHR 1985, 392; OLG Düsseldorf 9.12.1988, GmbHR 1989, 465; OLG Rostock 6.10.2003, NJW-RR 2004, 1109; Lutter/Hommelhoff/*Kleindiek* Rn. 2, 4). 4

Enthält die Satzung keine Vertretungsregelung für die Liquidatoren, kann unstreitig durch **Gesellschafterbeschluss** die Vertretung geregelt werden. Dies ergibt sich aus dem Wortlaut des § 68 Abs. 1 S. 2 („Ist nichts darüber bestimmt"), der die in § 35 Abs. 2 S. 1 vorgenommene Begrenzung auf eine Satzungsregelung („es sei denn, dass der Gesellschaftsvertrag etwas anderes bestimmt") nicht enthält. Ein 5 solcher Beschluss kann auch nach der Bestellung des Liquidators gefasst werden, weil die Worte „bei ihrer Bestellung" nicht als Beschränkung auf den Zeitpunkt der Bestellung zu verstehen sind, wie sich aus dem Abberufungsrecht nach § 66 Abs. 3 S. 2 ergibt (Lutter/Hommelhoff/*Kleindiek* Rn. 2). Streitig ist, ob die Gesellschafterversammlung durch Beschluss von der Satzung abweichende Vertretungsregeln festsetzen kann. Teilweise wird dies verneint mit dem Hinweis, dass in diesem Fall eine Satzungsänderung erforderlich ist (Roth/Altmeppen/*Altmeppen* Rn. 12). Mit der fehlenden Inbezugnahme des Gesellschaftsvertrages in § 68 Abs. 1 S. 2 gegenüber § 35 Abs. 2 S. 1 soll die Bestellung der im Regelfall nur zeitlich begrenzt tätig werdenden Liquidatoren vereinfacht werden, sodass grundsätzlich mit einfacher Mehrheit durch Beschluss eine von der Satzung abweichende Vertretungsregelung für die Liquidatoren gefasst werden kann. Ergibt sich jedoch aus der Satzung, dass die Neuregelung der Vertretungsregelung der Liquidatoren einer bestimmten Mehrheit (zB 3/4) bedarf, so muss auch ein entsprechender Mehrheitsbeschluss zum Vertretungsumfang des Liquidators vorliegen, um den Willen der Gesellschafter zu berücksichtigen (vgl. Baumbach/Hueck/*Haas* Rn. 5; Lutter/Hommelhoff/*Kleindiek* Rn. 2; Rowedder/Schmidt-Leithoff/*Gesell* Rn. 4; MHLS/*Nerlich* Rn. 9).

6 Die Befreiung vom **Verbot des Selbstkontrahierens** gem. § 181 BGB für den Liquidator setzt voraus, dass dies entweder im Gesellschaftsvertrag selbst erfolgt, oder aufgrund einer im Gesellschaftsvertrag enthaltenen Ermächtigung durch Gesellschafterbeschluss vorgenommen wird. Fehlt eine solche Ermächtigung kann auch ein einstimmig gefasster Gesellschafterbeschluss einen Liquidator nicht von den Beschränkungen des § 181 BGB befreien (OLG Zweibrücken 19.6.1998, NJW-RR 1999, 38; BayObLGZ 14.5.1985, 1985, 189). Eine solche Ermächtigung für den Geschäftsführer gilt nicht für den Liquidator (→ § 66 Rn. 5; aA OLG Zweibrücken 6.7.2011, RNotZ 2011, 502 (504)). § 68 erlaubt lediglich die Abweichung vom Grundsatz der Gesamtvertretung durch Gesellschafterbeschluss (OLG Frankfurt a. M. 21.5.2019, NZG 2019, 1295). Da die Liquidation eine einschneidende Zäsur darstellt gilt dies auch dann, wenn die Liquidatoren zuvor als von § 181 BGB befreite Geschäftsführer tätig waren (vgl. OLG Düsseldorf 9.12.1988, NJW-RR 1990, 51; BayObLG 14.5.1985, BB 1985, 1148 und Rn. 4; Scholz/*Schmidt*/*Cziupka* Rn. 10).

7 Die Zuständigkeit zur Regelung der Vertretungsbefugnis kann auf ein anderes **Organ,** insbesondere den Aufsichtsrat verlagert werden (Rowedder/Schmidt-Leithoff/*Gesell* Rn. 4; Baumbach/Hueck/*Haas* Rn. 7; MHLS/*Nerlich* Rn. 7).

8 Der **sachliche Umfang** der Vertretungsmacht ist nicht durch den Liquidationszweck begrenzt, da die Liquidatoren gem. § 71 Abs. 4, §§ 36, 37 dieselbe Vertreterposition innehaben wie zuvor die Geschäftsführer (Roth/Altmeppen/*Altmeppen* Rn. 2). Durch die Bekanntgabe des Liquidationszwecks gem. Abs. 2 können aber eher Anhaltspunkte für einen Missbrauch der Vertretungsmacht vorliegen (Roth/Altmeppen/*Altmeppen* Rn. 3).

9 **2. Zeichnung (Abs. 2).** Schriftliche **Erklärungen** des Liquidators für die Gesellschaft sehen gem. § 66 Abs. 2 die Beifügung seiner Namensunterschrift zur Firmenbezeichnung vor. Die Regelung entspricht § 35 Abs. 3 für die Geschäftsführer. Auch ohne Einhaltung dieser Regelung handelt der Liquidator für die Gesellschaft, wenn sich das aus den Umständen ergibt (Lutter/Hommelhoff/*Kleindiek* Rn. 7; Baumbach/Hueck/*Haas* Rn. 12; Hachenburg/*Hohner* Rn. 14).

10 Die **Firmenbezeichnung** ist in der Liquidation gem. § 66 Abs. 2 durch einen Zusatz zu ergänzen, dem die Liquidation entnommen werden kann. Das sollte durch die Hinweise „in Liquidation" oder „i. L." geschehen (Hachenburg/*Hohner* Rn. 15; Baumbach/Hueck/*Haas* Rn. 11). Der Zusatz „in Abwicklung" oder auch „i. A." wird teilweise ebenfalls als ausreichend angesehen, weil eine Verwechselung mit dem Treuhandgesetz nicht mehr zu befürchten ist (Baumbach/Hueck/*Haas* Rn. 11), sollte jedoch, weil missverständlich („im Auftrag"), vermieden werden (Roth/Altmeppen/*Altmeppen* Rn. 14).

11 Der Vertragspartner, der von der Liquidation keine Kenntnis hatte, weil der Liquidationszusatz nicht verwandt wurde, kann sich nach allgM wegen **Irrtum**s über eine verkehrswesentliche Eigenschaft nach § 119 Abs. 2 BGB vom Vertrag lösen, ggf. auch nach § 123 BGB (Roth/Altmeppen/*Altmeppen* Rn. 16; Baumbach/Hueck/*Haas* Rn. 13; Lutter/Hommelhoff/*Kleindiek* Rn. 6; Rowedder/Schmidt-Leithoff/*Gesell* Rn. 10). Auch eine Schadensersatzpflicht der Gesellschaft aus Verschulden bei Vertragsschluss gem. § 280 Abs. 1 BGB, § 311 Abs. 2 BGB, § 241 Abs. 2 BGB (cic) kommt in Betracht (Baumbach/Hueck/*Haas* Rn. 13; Roth/Altmeppen/*Altmeppen* Rn. 17). Dem Liquidator kann ein interner Rückgriff gem. §§ 43, 71 Abs. 4 drohen. Ob der Liquidator selbst in diesen Fällen besonders persönliches Vertrauen in Anspruch nimmt und damit auch seine persönliche Haftung gem. § 280 Abs. 1 BGB, § 311 Abs. 3 S. 2 BGB, § 241 Abs. 2 BGB in Betracht kommt, ist zweifelhaft (Roth/Altmeppen/*Altmeppen* Rn. 18; bei bekannter Liquidation: OLG Dresden 18.6.1998, GmbHR 1999, 239). Streitig ist, ob § 68 als **Schutzgesetz** iSd § 823 Abs. 2 BGB anzusehen ist (so OLG Frankfurt a. M. 18.9.1991, GmbHR 1992, 537; OLG Frankfurt a. M. 18.3.1998, GmbHR 1998, 789; Rowedder/Schmidt-Leithoff/*Gesell* Rn. 10) oder nur als Ordnungsvorschrift (so Hachenburg/*Hohner* Rn. 16; Lutter/Hommelhoff/*Kleindiek* Rn. 6). Da die Offenlegung einer Liquidation als verkehrsschützende Bestimmung dem Individualschutz des (potenziellen) Vertragspartners dient, ist der ersten Ansicht zu folgen (Roth/Altmeppen/*Altmeppen* Rn. 19; MüKoGmbHG/*H. F. Müller* Rn. 21; MHLS/*Nerlich* Rn. 21; Bork/

Schäfer/*Servatius* Rn. 10). Denn die mit der GmbH in Liquidation kontrahierenden Personen sollen insbesondere auf das Risiko der schlechteren Durchsetzbarkeit eines Anspruchs hingewiesen werden (LG Würzburg 28.11.2013, BeckRS 2016, 2243).

Bei der Liquidation der KG bzw. der **GmbH & Co. KG** gilt § 153 HGB. 12

Rechtsverhältnisse von Gesellschaft und Gesellschaftern

69 (1) **Bis zur Beendigung der Liquidation kommen ungeachtet der Auflösung der Gesellschaft in bezug auf die Rechtsverhältnisse derselben und der Gesellschafter die Vorschriften des zweiten und dritten Abschnitts zur Anwendung, soweit sich aus den Bestimmungen des gegenwärtigen Abschnitts und aus dem Wesen der Liquidation nicht ein anderes ergibt.**

(2) **Der Gerichtsstand, welchen die Gesellschaft zur Zeit ihrer Auflösung hatte, bleibt bis zur vollzogenen Verteilung des Vermögens bestehen.**

I. Allgemeines

1 Nach § 69 Abs. 1 ist „ungeachtet der Auflösung" die Liquidationsgesellschaft mit der vor Auflösung existierenden „werbenden" Gesellschaft identisch. Die bestehenden Rechtsverhältnisse werden durch die Auflösung nicht berührt. Entgegen dem Wortlaut gelten nach allgM nicht nur die Vorschriften des zweiten und dritten Abschnitts fort, sondern auch die der anderen Abschnitte, jedoch stets unter dem Vorbehalt der Sonderregeln im fünften Abschnitt und alternativ unter dem weiteren Vorbehalt, dass nicht das „Wesen der Liquidation" (OLG Köln 25.4.1984, GmbHR 1985, 23 (24)), dh der Abwicklungszweck, etwas Abweichendes verlangt (Baumbach/Hueck/*Haas* Rn. 1). Im Aktienrecht wurde der Regelungsbereich mit § 263 Abs. 3 AktG klarer gefasst. § 69 wurde seit 1982 nicht geändert. Die amtliche Überschrift wurde durch das MoMiG vom 23.10.2008 ergänzt (BGBl. 2008 I 2026).

II. Anwendbare Vorschriften

2 **1. Sonderregelungen.** Die unter I. angesprochene Differenzierung ist unproblematisch, soweit im fünften Abschnitt ausdrückliche Sonderregelungen enthalten sind. So verdrängen §§ 66, 68, 70 die §§ 6, 35, 46 Nr. 5; § 71 Abs. 5 ersetzt § 35a und § 71 Abs. 1 modifiziert § 42a. Gesellschafterversammlungen sind während der Liquidation gem. § 71 Abs. 4, § 49 Abs. 1 und 2 vom Liquidator einzuberufen. Hinsichtlich der übrigen Regelungen muss jeweils im Einzelfall geprüft werden, ob und inwieweit sie mit dem Zweck der Liquidation übereinstimmen (Hachenburg/*Hohner* Rn. 5 ff.; Scholz/*Schmidt/Cziupka* Rn. 9 ff.).

3 **2. Organisation.** Anwendbar bleibt das Firmenrecht (§ 4 iVm § 68 Abs. 2 und § 6, §§ 177 ff. HGB), sodass die Firma geändert werden kann. § 4a findet Anwendung für den Sitz. Dieser kann in der Liquidation grundsätzlich nicht verlegt werden kann, da dies im Regelfall für die Abwicklung nicht erforderlich ist und das Auffinden der Gesellschaft für die Gläubiger trotz der neuen Zustellungsregeln (dazu Roth/Altmeppen/*Altmeppen* § 35 Rn. 66 ff.) erschwert wird (KG 24.4.2018, DNoTZ 2019, 552; aA Roth/Altmeppen/*Altmeppen* Rn. 12). Prokura kann erteilt werden (Roth/Altmeppen/*Altmeppen* Rn. 5), Änderungen der Satzung bleiben grundsätzlich möglich (vgl. auch § 3 Abs. 2). Die Bilanzierungsgrundsätze gem. § 42 werden durch § 71 modifiziert.

4 **3. Ansprüche gegenüber Gesellschaftern.** Die Regelungen zur **Kapitalaufbringung** in den §§ 19–25 sind auch in der Liquidation anwendbar (BGH 18.11.1969, BGHZ 53, 71 = NJW 1970, 469). Soweit es zur Befriedigung der Gläubiger und/oder zur gleichmäßigen Befriedigung der Gesellschafter nach § 72 erforderlich ist, bleibt die Pflicht zur Leistung der Einlagen bestehen, wobei der Verpflichtete beweisen muss, dass seine Einlage nicht mehr erforderlich ist (Roth/Altmeppen/*Altmeppen* Rn. 7; MHLS/*Nerlich* Rn. 25; Lutter/Hommelhoff/*Kleindiek* Rn. 5 mwN). Entgegen § 46 Nr. 2 bedarf es keines Gesellschafterbeschlusses für die Einziehung rückständiger Einlagen (Baumbach/Hueck/*Haas* Rn. 4; Lutter/Hommelhoff/*Kleindiek* Rn. 5). Offene Einlageansprüche sind unabhängig von einer abweichenden Regelung in der Satzung auch fällig, weil das zur Gläubigerbefriedigung dienende Einlageversprechen Vorrang vor den Fälligkeitsvereinbarungen der Gesellschafter hat (Baumbach/Hueck/*Haas* Rn. 4). Da Schadensersatzansprüche auch noch in der Liquidation verfolgt werden können, kann eine **Differenzhaftung** der Gründer oder eine **Vorbelastungshaftung** in Betracht kommen, sodass die §§ 9, 9a, 9b Anwendung finden (Baumbach/Hueck/Haas Rn. 2 ff.). Eine **Existenzvernichtungshaftung** gem. § 826 BGB des GmbH-Gesellschafters kommt auch im Stadium der Liquidation der Gesellschaft in Betracht (BGH 9.2.2009, NZG 2009, 545). Im Bereich der Darlegungs- und Beweislast ist zu berücksichtigen, dass bei Mehrpersonengesellschaften der Feststellung eines Jahresabschlusses eine Verbindlichkeitserklärung im Verhältnis des Gesellschafters zur Gesellschaft und den Mitgesellschaftern zukommt (BGH 2.3.2009, NZG 2009, 659), und bei der Ein-Personen-GmbH im

festgestellten Abschluss ein Beweisindiz für die Richtigkeit der Forderung gegenüber dem Gesellschafter gesehen wird (OLG Celle 28.10.2009, NZG 2010, 181). Ein Kaduzierungsverfahren nach §§ 21 ff. ist auch während der Auflösung möglich (MüKoGmbHG/*H. F. Müller* Rn. 17).

5 **4. Kapitalerhöhung und -herabsetzung.** Eine Kapitalerhöhung kann erfolgen, wenn sie zur Gläubigerbefriedigung erforderlich ist oder wenn ein Fortsetzungsbeschluss erfolgen soll (BayObLG 12.1.1995, GmbHR 1995, 532 (533 aE); Baumbach/Hueck/*Haas* Rn. 21). Eine Kapitalherabsetzung ist nach hM möglich, wenn hierfür einleuchtende Gründe bestehen und gegenüber dem Registerrichter der Nachweis geführt werden kann, dass die Gläubigerschutzbestimmungen, insbesondere § 65 Abs. 2, § 73, beachtet wurden (OLG Frankfurt a. M. 14.9.1973, NJW 1974, 463; Baumbach/Hueck/*Haas* Rn. 22). Andernfalls droht, insbesondere bei nicht bilanzierten Rückstellungen, eine Umgehung des Sperrjahres.

6 **5. Auszahlungen an Gesellschafter.** Hinsichtlich des Gewinnbezugsrechts nach § 29 sind drei Fallgruppen zu unterscheiden. (1) Wurde vor der Auflösung bereits ein Gewinnverwendungsbeschluss gefasst (→ § 29 Rn. 25 und → § 42a Rn. 21, 24), steht dem Gesellschafter als Gläubiger ein Auszahlungsanspruch zu, der unter Beachtung des § 30, nicht jedoch erst nach Ablauf des Sperrjahres gem. § 73 zu erfüllen ist (Scholz/*Schmidt/Cziupka* Rn. 28). (2) Für Gewinne, die nach dem Auflösungszeitpunkt entstanden sind, gilt § 29 nicht; diese sind mit der Schlussverteilung nach §§ 72, 73 zu verteilen. (3) Gewinne, die vor der Auflösung entstanden sind, für welche aber kein Gewinnverwendungsbeschluss mehr gefasst wurde, stellen einen Rechnungsposten iRd Schlussverteilung nach §§ 72, 73 dar. Sie sind erst nach Ablauf des Sperrjahres mit auszuzahlen (BFH 12.9.1973, BStBl. II 1974 14 (15); Baumbach/Hueck/*Haas* Rn. 6; Scholz/*Schmidt/Cziupka* Rn. 28; aA: keine Bindung an das Sperrjahr: BFH 17.7.1974, BStBl. II 1974 692 (693); BFH 22.10.1998, GmbHR 1999, 429).

7 **6. Treuepflicht.** Auch in der aufgelösten Gesellschaft besteht eine Treuepflicht der Gesellschafter (BGH 25.9.1986, NJW 1987, 189). Sie gebietet eine Berücksichtigung der gemeinsamen Interessen der Gesellschafter und der Einzelinteressen der Mitgesellschafter (Scholz/*Schmidt/Cziupka* Rn. 8). Eine absichtliche Verzögerung der Abwicklung kann daher einen Schadensersatzanspruch begründen (Scholz/*Schmidt/Cziupka* Rn. 8). Unter dem Gesichtspunkt der Treuepflicht besteht jedoch grundsätzlich keine Verpflichtung, an einem Fortsetzungsbeschluss oder einer Änderung der Satzung mitzuwirken (Roth/Altmeppen/*Altmeppen* Rn. 13 und § 13 Rn. 54 mwN), es sei denn die Satzungsänderung ist dringend geboten und dem Gesellschafter zumutbar (BGH 25.9.1986, NJW 1987, 189). Zum **Wettbewerbsverbot** vgl. *Büteröwe* GWR 2009, 288.

III. Gerichtsstand

8 § 69 Abs. 2 stellt klar, dass die GmbH, die auch in der Liquidation ihren Sitz behält, an diesem weiter ihren allgemeinen Gerichtsstand nach § 17 ZPO hat. Bedeutung erhält die Regelung, wenn die Gesellschaft im Zeitpunkt ihrer Auflösung keine Verwaltung mehr hat oder diese am bisherigen Sitz aufgegeben wurde (Scholz/*Schmidt* Rn. 41). Dieser allgemeine Gerichtsstand bleibt bestehen, auch wenn die Gesellschaft ihren Sitz verlegt (Roth/Altmeppen/*Altmeppen* Rn. 17; s. auch → Rn. 3). Sie kann daher weiter an diesem Gerichtsstand, jedoch auch am neuen Gerichtsstand verklagt werden (Lutter/Hommelhoff/*Kleindiek* Rn. 15; Scholz/*Schmidt/Cziupka* Rn. 45; Baumbach/Hueck/*Haas* Rn. 26).

9 § 69 Abs. 2 gilt nicht für Zweigniederlassungen und deren Gerichtsstand nach § 21 ZPO. Wird die Niederlassung aufgehoben, entfällt dieser Gerichtsstand (Roth/Altmeppen/*Altmeppen* Rn. 18).

Aufgaben der Liquidatoren

70 **[1] Die Liquidatoren haben die laufenden Geschäfte zu beendigen, die Verpflichtungen der aufgelösten Gesellschaft zu erfüllen, die Forderungen derselben einzuziehen und das Vermögen der Gesellschaft in Geld umzusetzen; sie haben die Gesellschaft gerichtlich und außergerichtlich zu vertreten. [2] Zur Beendigung schwebender Geschäfte können die Liquidatoren auch neue Geschäfte eingehen.**

Übersicht

I. Allgemeines

Durch die Vorschrift werden die Aufgaben der Liquidatoren zur Herbeiführung der Beendigung der Gesellschaft konkretisiert. Der Text ist seit 1992 unverändert. Die amtliche Überschrift wurde durch das MoMiG vom 23.10.2008 ergänzt (BGBl. 2008 I 2026). Neben der im Gesetz genannten Abwicklung der einzelnen Verträge kann das Unternehmen insgesamt veräußert werden. Die Liquidatoren sind bei ihrer Tätigkeit grundsätzlich an die Vorgaben der Satzung und die Weisungen der Gesellschafter gebunden (Scholz/*Schmidt/Cziupka* Rn. 7; Baumbach/Hueck/*Haas* Rn. 12; MüKoGmbHG/*H. F. Müller* Rn. 7). Die Gesellschafter können daher konkrete Vorgaben mit einem Liquidationskonzept aufstellen (Roth/Altmeppen/*Altmeppen* Rn. 7). Wird das vorgesehene Ende der Liquidation nicht durch einen Gesellschafterbeschluss bestimmt, richtet sich die Dauer des Verfahrens grundsätzlich nach den Beendigungsmöglichkeiten der laufenden Verträge. Zur Vermeidung von Abwicklungsverlusten muss jedoch ohne entsprechende Gesellschafterweisung nicht die kürzeste Verfahrensweise gewählt werden. 1

II. Einzelerläuterung

1. Verwertungshandlungen. Nach S. 1 haben die Liquidatoren die Geschäfte höchstpersönlich zu beenden. Die gesamte Übertragung der Liquidatorentätigkeit auf Nichtliquidatoren ist daher unzulässig (Rowedder/Schmidt-Leithoff/*Gesell* Rn. 2; Scholz/*Schmidt/Cziupka* Rn. 1). In diesem Fall ist auch eine **Generalvollmacht** unzulässig (Scholz/*Schmidt/Cziupka* Rn. 1). Der selbst tätige Liquidator kann eine Handlungs- oder Generalvollmacht einem Dritten jedoch erteilen (Scholz/*Schmidt/Cziupka* Rn. 1; Rowedder/Schmidt-Leithoff/*Gesell* Rn. 2). 2

Vom Liquidator sind die **laufenden Geschäfte** zu beenden. Dauerschuldverhältnisse sind zum voraussichtlichen Ende der Abwicklung aufzulösen (Baumbach/Hueck/*Haas* Rn. 4). Über den Wortlaut von S. 2 hinaus dürfen neue Geschäfte abgeschlossen werden, soweit es im Rahmen des Abwicklungszecks sinnvoll ist (BGH 8.2.1993, BGHZ 121, 263 (265)). Zur Vermeidung von Abwicklungsverlusten ist eine begrenzte Fortsetzung der Geschäftstätigkeit zulässig (→ Rn. 9). 3

Die Liquidatoren haben nach S. 1 die **Verpflichtungen** der Gesellschaft zu erfüllen. Sind diese bis zum vorgesehenen Ende der Liquidation nicht fällig oder streitig, ist der entsprechende Betrag zu hinterlegen (§ 73). Die Verjährungseinrede kann der Liquidator (nach kaufmännischen Gesichtspunkten) erheben (Baumbach/Hueck/*Haas* Rn. 5). Eine Liquidation setzt nicht voraus, dass alle Verbindlichkeiten bedient werden. So hat eine Liquidation auch dann zu erfolgen, wenn mangels Masse ein Insolvenzverfahren nicht eröffnet wurde. Reicht das vorhandene Vermögen jedoch nicht aus, die bestehenden Verbindlichkeiten zu erfüllen, sind zwei Punkte zu beachten. (i) Eine Abfindungsforderung eines Gesellschafters ist grundsätzlich wie eine Fremdverbindlichkeit zu erfüllen. Dies ändert sich jedoch insoweit, als die Auszahlung zu einem Verstoß gegen die Kapitalerhaltungsvorschriften gem. §§ 30 Abs. 1, 34 Abs. 3 führen würde (BGH NZI 2020, 371). Bei der GmbH & Co KG gelten diese Regelungen analog (BGH NZI 2020, 371). Ob die Jahresfrist des § 135 Abs. 1 Nr. 2 InsO dabei abgelaufen ist, ist unerheblich, weil immer die Situation zum Zeitpunkt der Auszahlung maßgeblich ist (BGH NJW 2003, 3629). Dies gilt auch bei der Einziehung (BGH NJW 2016, 699 Rn. 3). (ii) Bleibt trotz der zuvor geschilderten Einschränkung bei einer „massearmen Liquidation", ist streitig, ob die bestehenden Verbindlichkeiten anteilig auszugleichen sind. Teilweise wird dies vereint mit dem Hinweis, dass de lege lata außerhalb eines Insolvenzverfahrens der Grundsatz der gleichmäßigen Befriedigung der Gläubiger nicht gilt (Roth/Altmeppen/*Altmeppen* Rn. 15; Baumbach/Hueck/*Haas* Rn. 5). Inhaltlich liegt jedoch eine Insolvenzsituation vor, sodass ein pflichtgemäßes Handeln nur beim anteiligen Ausgleich vorliegt (MüKoGmbHG/*H. F. Müller* Rn. 12; Lutter/Hommelhoff/*Kleindiek* § 73 Rn. 8; aA Scholz/*Schmidt/Cziupka* Rn. 13). Denn der Liquidator schuldet als Nebenpflicht jedem Vertragspartner eine angemessene Berücksichtigung seiner Forderung. Aus Praktikabilitätsgesichtspunkten wird man dem Liquidator hierbei aber einen Ermessenspielraum einräumen müssen, weil dieser Grundsatz bei einer Vielzahl von Verbindlichkeiten zu einem unverhältnismäßigen Aufwand führen kann. Gerichtlich entschieden wurde bisher nur, dass im Fall einer masselosen Liquidation es einem Liquidator verwehrt ist, vorrangig eigene oder Ansprüche ihm besonders nahestehender Gläubiger oder Gesellschafter zum Nachteil der anderen Gesellschaftsgläubiger zu befriedigen (OLG Stuttgart 24.6.2009, GmbHR 2010, 46). Unstreitig sind Einzelzwangsvollstreckungsmaßnahmen von Gläubigern zulässig (BGH 11.9.2000, NJW 2001, 304). Werden (Umsatzsteuer-)Verbindlichkeiten der Gesellschaft gegenüber dem Finanzamt nicht (quotal) bedient kann ein persönliches Haftungsrisiko für den Liquidator nach §§ 34, 69 AO entstehen (BFH 12.6.1986, BFHE 146, 511 (512 f.) = GmbHR 1987, 283). Beim Eintritt einer Überschuldung und/oder Zahlungsunfähigkeit muss vom Liquidator ein Insolvenzantrag gestellt werden (§ 15a Abs. 1 S. 1 InsO, vormals § 71 Abs. 4, § 64), es sei denn, die Eröffnung eines Insolvenzverfahrens wurde zuvor mangels Masse abgelehnt. Zuvor erbrachte Leistungen können dann der Insolvenzanfechtung unterliegen (§§ 129 ff. InsO). 4

5 Auszugleichen sind auch Verbindlichkeiten gegenüber Gesellschaftern, sofern für diese kein Rangrücktritt erteilt wurde oder dieser entfallen ist (→ § 42 Rn. 24). Die Frage, ob es sich insoweit um eigenkapitalersetzende Leistungen handelt, ist mit Inkrafttreten des MoMiG entfallen und durch eine Anfechtungsregelung in § 135 InsO, § 6 AnfG ersetzt worden. Zu Gewinnansprüchen der Gesellschafter → § 69 Rn. 6. Die Liquidatoren können unstreitige Verbindlichkeiten der GmbH sich gegenüber auch dann ausgleichen, wenn sie nicht von § 181 BGB befreit wurden (vgl. § 181 BGB aE und Roth/Altmeppen/*Altmeppen* Rn. 16). Ist die Verbindlichkeit streitig, stellt ein Vergleich hierüber ohne Befreiung von § 181 BGB ein unzulässiges In-sich-Geschäft dar (MüKoGmbHG/*H. F. Müller* Rn. 10).

6 Nach S. 1 haben die Liquidatoren die **Forderungen** der Gesellschaft einzuziehen. Zulässig ist jedoch auch eine Verwertung durch Verkauf und Abtretung (Hachenburg/*Hohner* Rn. 12; Baumbach/Hueck/*Haas* Rn. 7). Einzuziehen sind auch die Forderungen gegenüber den Gesellschaftern (→ § 69 Rn. 4).

7 Das weitere, neben den Forderungen bestehende **Vermögen** ist „in Geld umzusetzen", dh umgangssprachlich zu „versilbern". Gegenstände, die ein Gesellschafter unentgeltlich der Gesellschaft überlassen hat, sind entsprechend § 732 BGB zurückzugeben (Rowedder/Schmidt-Leithoff/*Gesell* Rn. 20). Die Veräußerung von Vermögenswerten **an einen Gesellschafter** kann gegen den Gleichbehandlungsgrundsatz und aus Sicht des Gesellschafters gegen die Treuepflicht verstoßen, sodass der Vermögenswert oder das Unternehmen insgesamt allen Gesellschaftern zum Kauf anzubieten ist (OLG Brandenburg 22.2.2018, RNotZ 2019, 243; Baumbach/Hueck/*Haas* Rn. 8; Hachenburg/*Hohner* Rn. 17; Scholz/*Schmidt/Cziupka* Rn. 18). Um das Handelsgeschäft mit der **Firma** zu veräußern, muss zunächst ein entsprechender Gesellschafterbeschluss herbeigeführt werden (Roth/Altmeppen/*Altmeppen* Rn. 6).

8 Nach dem Wortlaut von S. 1 soll das gesamte Vermögen „in Geld" umgesetzt werden. Dies ist aber dann nicht erforderlich, wenn entweder die Satzung vorsieht, dass nach Beendigung der Liquidation bestimmte **Sachwerte** an einen Gesellschafter (zurück)übertragen werden sollen (bspw. eingebrachte Sachleistungen), oder die Gesellschafter einstimmig eine solche Vermögensverteilung (→ § 72 Rn. 4) beschließen (Roth/Altmeppen/*Altmeppen* § 72 Rn. 6).

9 Nach S. 2 dürfen die Liquidatoren **neue Geschäfte** nur zur Beendigung von schwebenden Geschäften abschließen. Diese Begrenzung ist nach übereinstimmender Ansicht zu eng. Zulässig sind neue Geschäfte, die objektiv dem Abwicklungszweck dienen und subjektiv zu diesem Zweck vorgenommen werden (Baumbach/Hueck/*Haas* Rn. 10; Scholz/*Schmidt/Cziupka* Rn. 21; MHLS/*Nerlich* Rn. 18, 33). Unzulässig sind hingegen Geschäfte, die zu einer „Rückumwandlung" in eine werbende Gesellschaft führen. Die Gesellschaft darf daher nicht Gesellschafterin einer anderen Gesellschaft werden oder von einem Gesellschafter (unter Kreditaufnahme) ein Grundstück ankaufen (Scholz/*Schmidt/Cziupka* Rn. 21; Hachenburg/*Hohner* Rn. 22). Wird über einen längeren Zeitraum die Abwicklung nicht mehr betrieben, legt dies einen leeren Geschäftsmantel ohne Geschäftsbetrieb nahe. Deren Wiederbelebung führt zur Anwendung der Grundsätze der wirtschaftlichen Neugründung (BGH 10.12.2013, NZG 2014, 264 Rn. 15).

10 **2. Gerichtliche Vertretung.** Die aufgelöste Gesellschaft ist aktiv und passiv parteifähig. Nach S. 1 Hs. 2 wird die Gesellschaft in der Liquidation gerichtlich von den Liquidatoren vertreten. Sind die Liquidatoren nicht mit den Geschäftsführern identisch, wird ein Prozess bis zur Bestellung der Liquidatoren nach § 241 ZPO unterbrochen (Scholz/*Schmidt/Cziupka* § 69 Rn. 6), es sei denn, es handelt sich um einen Anwaltsprozess (§ 246 ZPO). Eine wirksam erteilte Prozessvollmacht bleibt bestehen (§ 86 ZPO) und das Verfahren ist durch den Prozessbevollmächtigten weiter zu führen (OLG Koblenz 1.4.1998, NZG 1998, 637 (638)). Der Liquidator haftet nicht für die Gerichtskosten eines Verfahrens der GmbH i. L. (LSG Bayern 14.5.2018, BeckRS 2018, 11408).

11 **3. Weitere Aufgaben.** Auch ohne Erwähnung in § 70 haben die Liquidatoren die Aufgabe das Vermögen der Gesellschaft sorgfältig zu **verwalten** (MüKoGmbHG/*H. F. Müller* Rn. 20). Von ihnen ist die Auflösung beim Handelsregister **anzumelden** (§ 65 Abs. 1) und bekannt zu machen (§ 65 Abs. 2). Ihnen obliegt die Buchführung, die Erstellung der Liquidationsbilanzen (§ 71) und die Erfüllung der steuerlichen Verpflichtungen (§ 34 AO). Sie haben die Verbindlichkeiten auszugleichen und ggf. Gelder für Gläubiger zu hinterlegen (§ 73 Abs. 2). Nach Ablauf des Sperrjahres haben sie das Vermögen an die Gesellschafter zu verteilen (§ 72). Sie haben den Schluss der Liquidation beim Handelsregister anzumelden (§ 74 Abs. 1) und die Geschäftsunterlagen **aufzubewahren** (§ 74 Abs. 2).

Eröffnungsbilanz; Rechte und Pflichten

71

(1) Die Liquidatoren haben für den Beginn der Liquidation eine Bilanz (Eröffnungsbilanz) und einen die Eröffnungsbilanz erläuternden Bericht sowie für den Schluß eines jeden Jahres einen Jahresabschluß und einen Lagebericht aufzustellen.

(2) [1] **Die Gesellschafter beschließen über die Feststellung der Eröffnungsbilanz und des Jahresabschlusses sowie über die Entlastung der Liquidatoren.** [2] **Auf die Eröffnungsbilanz und den erläuternden Bericht sind die Vorschriften über den Jahresabschluß entsprechend an-**

zuwenden. [3] Vermögensgegenstände des Anlagevermögens sind jedoch wie Umlaufvermögen zu bewerten, soweit ihre Veräußerung innerhalb eines übersehbaren Zeitraums beabsichtigt ist oder diese Vermögensgegenstände nicht mehr dem Geschäftsbetrieb dienen; dies gilt auch für den Jahresabschluß.

(3) **[1] Das Gericht kann von der Prüfung des Jahresabschlusses und des Lageberichts durch einen Abschlußprüfer befreien, wenn die Verhältnisse der Gesellschaft so überschaubar sind, daß eine Prüfung im Interesse der Gläubiger und der Gesellschafter nicht geboten erscheint. [2] Gegen die Entscheidung ist die Beschwerde zulässig.**

(4) **Im übrigen haben sie die aus §§ 37, 41, 43 Abs. 1, 2 und 4, § 49 Abs. 1 und 2, § 64 sich ergebenden Rechte und Pflichten der Geschäftsführer.**

(5) **Auf den Geschäftsbriefen ist anzugeben, dass sich die Gesellschaft in Liquidation befindet; im Übrigen gilt § 35a entsprechend.**

Übersicht

I. Allgemeines

1 In § 71 werden drei Bereiche geregelt: (1.) Die Abs. 1–3 betreffen die Rechnungslegung während der Liquidation. (2.) In Abs. 4 wird für den Liquidator auf Vorschriften verwiesen, die sich an den Geschäftsführer richten, und (3.) Abs. 5 enthält Regelungen zur Information des Rechtsverkehrs über die Liquidation.

2 Durch das BiRiLiG vom 4.12.2004 (BGBl. 2004 I 3166) wurde Abs. 1 geändert und Abs. 2 und 3 eingefügt. Das Wort „sofortige" in Abs. 3 S. 2 wurde durch das FGG-RG vom 17.12.2008 (BGBl. 2008 I 2586) mit Wirkung ab 1.9.2009 gelöscht. Durch das 1. Koordinierungsgesetz von 1969 wurde Abs. 5 eingefügt (damals Abs. 3) und durch das MoMiG vom 23.10.2008 (BGBl. 2008 I 2026) mit Wirkung ab 1.11.2008 neu gefasst. Mit dem MoMiG wurde auch die amtliche Überschrift ergänzt.

II. Einzelerläuterung

3 **1. Liquidationseröffnungsbilanz und Jahresabschluss (Abs. 1).** Mit dem Auflösungsfall beginnt die Liquidation. Während der Liquidation sind grundsätzlich vier Rechenwerke (Schlussbilanz der werbenden Gesellschaft; Eröffnungsbilanz sowie Jahresabschlüsse der Liquidationsgesellschaft und deren Liquidationsschlussbilanz) zu erstellen.

4 **a) Liquidationseröffnungsbilanz und Schlussbilanz.** Auf den Stichtag der Auflösung ist nach § 71 Abs. 1 S. 1 eine Liquidationseröffnungsbilanz zu erstellen. Auf den Tag vor der Auflösung ist eine Schlussbilanz der werbenden Gesellschaft aufzustellen. Zwar stellt § 71 eine solche Verpflichtung nicht ausdrücklich auf, jedoch stellt die Auflösung eine Zäsur dar, da aus der werbenden Gesellschaft eine Abwicklungsgesellschaft wird (BFH 17.7.1974, BFHE 113, 112 (114 f.); BayObLG 14.1.1994, GmbHR 1994, 331 (332); Hachenburg/*Hohner* Rn. 4; Baumbach/Hueck/*Haas* Rn. 2; Scholz/*Schmidt* Rn. 7; Roth/Altmeppen/*Altmeppen* Rn. 4; aA *Förschle/Kropp/Deubert* DStR 1992, 1523). Der Jahresabschluss für das laufende Kalenderjahr entfällt (BayObLG 14.1.1994, GmbHR 1994, 331 (332); BFH 17.7.1974, BFHE 113, 112 (114); ADS Rn. 11; Hachenburg/*Hohner* Rn. 4; aA *Förschle/Kropp/Deubert* DStR 1992, 1523). Die Bilanzen haben eigenständige Bedeutung (bspw. für Tantiemeberechtigte, Baumbach/Hueck/*Haas* Rn. 2) und unterliegen teilweise (vgl. § 71 Abs. 2 S. 3) unterschiedlichen Aufstellungsgrundsätzen. Da das Amt des Geschäftsführers mit der Auflösung erloschen ist, ist auch die Schlussbilanz von

den Liquidatoren aufzustellen, ggf. bei großen und mittelgroßen Gesellschaften einer Abschlussprüfung zu unterziehen (§ 316 HGB, → § 42a Rn. 12 ff.) und (grundsätzlich von der Gesellschafterversammlung) feststellen zu lassen (→ § 42a Rn. 4). Für die Eröffnungsbilanz und den erläuternden Bericht zur Eröffnung gelten gem. § 71 Abs. 2 S. 2 die Vorschriften über den Jahresabschluss entsprechend. Eine Gewinn- und Verlustrechnung ist nur für die Schlussbilanz aufzustellen. Für eine Liquidationseröffnungsbilanz ist dies mangels buchungsfähiger Geschäftsvorfälle nicht möglich.

5 Die **Aufstellungsfrist** für Schluss- und Eröffnungsbilanz beträgt grundsätzlich drei Monate (§ 264 Abs. 1 S. 2 HGB iVm § 71 Abs. 2 S. 2). Streitig ist, ob für die Eröffnungsbilanz von kleinen Kapitalgesellschaften eine Verlängerung bis zu sechs Monaten gem. § 264 Abs. 1 S. 3 Hs. 2 in Betracht kommt (so Lutter/Hommelhoff/*Kleindiek* Rn. 6) oder dies aufgrund ihrer Bedeutung nicht mehr einem ordentlichen Geschäftsgang entspricht (so Baumbach/Hueck/*Haas* Rn. 12).

6 **b) Erläuternder Bericht.** Mit der Eröffnungsbilanz ist von den Liquidatoren gem. § 71 Abs. 1, Abs. 2 S. 2 ein erläuternder Bericht zur Liquidationseröffnungsbilanz aufzustellen, der ähnlich dem Anhang (§ 284 HGB) und dem Lagebericht (§ 289 HGB) die Funktion hat, zum einen die abweichenden Bilanzierungsgrundsätze zu erläutern und zum anderen auf die voraussichtliche Entwicklung der Liquidation einzugehen (Roth/Altmeppen/*Altmeppen* Rn. 16).

7 **c) Bilanzierungsgrundsätze.** Für die Eröffnungsbilanz und die Jahresabschlüsse gelten grundsätzlich gem. § 71 Abs. 2 S. 2 die allgemeinen Bilanzierungsgrundsätze. Auch wenn der Geschäftsbetrieb nur noch zeitlich begrenzt fortgesetzt wird, gilt der Grundsatz der Unternehmensfortführung (§ 252 Abs. 1 Nr. 2 HGB). Dies gilt auch für die Schlussbilanz, weil negative Folgen für gewinnanteilsberechtigte Nichtgesellschafter durch eine Vorverlagerung vermieden werden sollen (Hachenburg/*Hohner* Rn. 4 ff.; MHLS/*Nerlich* Rn. 17; Rowedder/Schmidt-Leithoff/*Gesell* Rn. 20). Denn durch die Abwicklung eintretende Vermögensminderungen können nicht durch die Aufdeckung von stillen Reserven gemindert werden (Baumbach/Hueck/*Haas* Rn. 3). Diese sind weiterhin nicht aufzudecken (Roth/Altmeppen/*Altmeppen* Rn. 21). Vermögensgegenstände des Anlagevermögens sind nach § 71 Abs. 2 S. 3 bei einer Verwertung innerhalb eines übersehbaren Zeitraums, oder wenn sie nicht mehr dem Geschäftsbetrieb dienen, wie Umlaufvermögen in der Liquidationseröffnungsbilanz zu bewerten. Für „übersehbar" wird ein Zeitraum von einem Jahr (Baumbach/Hueck/*Haas* Rn. 20; Rowedder/Schmidt-Leithoff/*Gesell* Rn. 11; Roth/Altmeppen/*Altmeppen* Rn. 23) bzw. nach aA von zwei Jahren gehalten (Scholz/*Schmidt* Rn. 24; Hachenburg/*Hohner* Rn. 25). Aufgrund der unterschiedlichen Bewertungsgrundsätze gilt der Grundsatz der Bilanzidentität zwischen Schluss- und Liquidationseröffnungsbilanz nicht (MHLS/*Nerlich* Rn. 20; Scholz/*Schmidt* Rn. 8). Denn die Einleitung der Liquidation kann eine andere Vermögensbewertung erforderlich machen.

8 **d) Jahresabschluss.** Nach § 71 Abs. 1 ist von den Liquidatoren „für den Schluss eines jeden Jahres" ein Jahresabschluss und unabhängig von der Größe der Gesellschaft einen Lagebericht aufzustellen. Maßgebend ist hierfür nicht das Geschäftsjahr der Gesellschaft, sondern die Zeit eines Kalenderjahres ab der Auflösung der Gesellschaft (Baumbach/Hueck/*Haas* Rn. 23; *ADS* Rn. 13; Lutter/Hommelhoff/*Lutter/Kleindiek* Rn. 9; Rowedder/Schmidt-Leithoff/*Gesell* Rn. 13; Scholz/*Schmidt* Rn. 18). Diese Regelung gilt auch für die **GmbH & Co. KG** in der Liquidation (LG Bonn 20.11.2009, NZI 2010, 71; LG Bonn 11.11.2009, NJW-RR 2010, 609). Ein abweichendes Geschäftsjahr kann durch den Gesellschaftsvertrag oder, wenn eine solche Regelung fehlt, was der Regelfall sein dürfte, durch einen Gesellschafterbeschluss festgesetzt werden, wenn die Höchstfrist von zwölf Monaten nicht überschritten wird (Baumbach/Hueck/*Haas* Rn. 23). Das vorangehende Geschäftsjahr der Liquidationsgesellschaft ist dann ein Rumpfgeschäftsjahr (MHLS/*Nerlich* Rn. 30; Rowedder/Schmidt-Leithoff/*Gesell* Rn. 13). Auch für dieses ist ein Jahresabschluss aufzustellen (hM, vgl. MüKoGmbHG/*H. F. Müller* Rn. 11 mwN; aA *Förschle/Kropp/Deubert* DStR 1992, 1523 ff.). Die Festlegung des Geschäftsjahres in der Liquidation hat keine Bedeutung für die Gewinnverwendung (Baumbach/Hueck/*Haas* Rn. 23).

9 **e) Konzernrechnungslegung.** Die Verpflichtung zur Konzernrechnungslegung besteht auch in der Liquidation (Scholz/*Schmidt* Rn. 27; Hachenburg/*Hohner* Rn. 10; aA Rowedder/Schmidt-Leithoff/*Gesell* Rn. 13). Lediglich eine konsolidierende Konzerneröffnungsbilanz ist nicht erforderlich (Roth/Altmeppen/*Altmeppen* Rn. 3; MüKoGmbHG/*H. F. Müller* Rn. 9).

10 **f) Schlussbilanz.** Für die Liquidationsgesellschaft ist eine Schlussbilanz zu erstellen, wenn das Gesellschaftsvermögen an die Gesellschafter verteilt werden kann (§ 72) und das Sperrjahr (§ 73) abgelaufen ist. Dies folgt aus der öffentlich-rechtlichen Rechnungslegungspflicht der Gesellschaft (Baumbach/Hueck/*Haas* Rn. 28; Roth/Altmeppen/*Altmeppen* Rn. 33; iErg auch Scholz/*Schmidt* Rn. 30; aA Hachenburg/*Hohner* Rn. 20). Mit der in § 74 Abs. 1 genannten Schlussrechnung ist hingegen die interne Rechnungslegung gegenüber den Gesellschaftern gemeint. Da während der Abwicklung weitere Zinserträge entstehen und Verwaltungsaufwand anfällt, kann der Abschluss mit der Gewinn- und Verlustrechnung erst am Ende der Liquidation erstellt werden. Noch erwartete Geschäftsvorfälle sind in der Bilanz und der Gewinn- und Verlustrechnung bereits zu berücksichtigen (Baumbach/Hueck/*Haas*

Rn. 28). Während für die Liquidationseröffnungsbilanz und die Jahresabschlüsse auch die in § 266 Abs. 3 A. HGB vorgesehene Gliederung des Eigenkapitals gilt (str., aA Hachenburg/*Hohner* Rn. 22), kann in der Schlussbilanz ein einheitlicher Posten für das Eigenkapital gebildet werden. Denn erst jetzt kann davon ausgegangen werden, dass eine Fortsetzung der Gesellschaft nicht beschlossen wird und eine Zusammenfassung der Eigenkapitalposten nicht zu Schwierigkeiten führt (Scholz/*Schmidt* Rn. 21). Aus der Passivseite muss sich die Höhe des verteilungsfähigen Vermögens ergeben; es können Angaben zur Rückgabe von Gegenständen an (einzelne) Gesellschafter, zu den Kosten der Liquidatoren, den Löschungskosten und Steuerschulden enthalten sein (MHLS/*Nerlich* Rn. 41; BeckHdB GmbH/*Erle/Eberhard* § 16 Rn. 68). Dem Abschluss ist ein erläuternder Anhang mit einem Vorschlag für die Vermögensverteilung beizufügen. Ein Lagebericht ist aufgrund der erwarteten Vollbeendigung der Gesellschaft nicht erforderlich (Baumbach/Hueck/*Haas* Rn. 28; *Deubert* in WFD Sonderbilanzen Rn. 270).

g) Abgelaufene Geschäftsjahre. Sind für den Zeitraum vor Beginn der Liquidation noch Bilanzen zu erstellen, muss diese Rechnungslegung für abgelaufene Geschäftsjahre von den Liquidatoren erfolgen (BayObLG 31.1.1990, GmbHR 1990, 299). 11

h) Vermögensstatus. Ein Vermögensstatus ist bei „Anzeichen einer krisenhaften Entwicklung" anzufertigen (BGH 20.2.1995, NJW-RR 1995, 669). Nur auf dieser Grundlage kann der Liquidator das Gebot zur Einberufung einer Gesellschafterversammlung beim Verlust der Hälfte des Stammkapitals (§ 49 Abs. 3) oder seiner Insolvenzantragspflicht (§ 15a InsO) nachkommen. Ein solches, eine Überprüfung gebietendes Anzeichen ist ua der Ausweis eines „nicht durch Eigenkapital gedeckten Fehlbetrages" (§ 268 Abs. 3 HGB) im (Jahres-)Abschluss (dazu *Büteröwe* GWR 2009, 170). 12

2. Aufstellung und Feststellung (Abs. 2). Die Schlussbilanz der werbenden Gesellschaft und der Liquidationsgesellschaft, die Liquidationseröffnungsbilanz und die Jahresabschlüsse sind von den Liquidatoren nach den allgemeinen Grundsätzen zu erstellen (→ § 41 Rn. 8 ff.). Die Gesellschafter können die Liquidatoren hiervon nicht befreien (OLG Stuttgart 7.12.1994, NJW-RR 1995, 805). Die Feststellung der Abschlüsse erfolgt durch die Gesellschafterversammlung (§ 46 Nr. 1), sofern hiermit nicht ein anderes Organ betraut wurde (→ § 42a Rn. 4). Da § 71 keine besonderen Fristen setzt, gelten für die Aufstellung und Feststellung die allgemeinen Fristen nach § 264 HGB, § 42a. Da ein Gewinn nicht ausgeschüttet werden darf (§ 73), kann dazu auch kein Gesellschafterbeschluss gefasst werden. 13

Vorbehaltlich der Ausnahmeregelung in § 71 Abs. 3 sind bei Vorliegen der gesetzlichen Voraussetzungen die Abschlüsse gem. §§ 316 ff. HGB zu prüfen und gem. §§ 325 ff. HGB offen zu legen (Baumbach/Hueck/*Haas* Rn. 33). Dies gilt auch für die Liquidationsschlussbilanz mit GuV (Baumbach/Hueck/*Haas* Rn. 33; *Wicke* Rn. 5 f.). Die interne Schlussrechnung gem. § 74 Abs. 1 ist nicht offen zu legen, da sie nicht Bestandteil der öffentlich-rechtlichen Rechnungslegungspflicht ist (Scholz/*Schmidt* Rn. 35). 14

3. Abschlussprüfung (Abs. 3). Auf Antrag kann das nach § 375 Nr. 6 FamFG, §§ 376, 377 FamFG zuständige Amtsgericht, das insoweit im unternehmensrechtlichem Verfahren tätig wird, die Gesellschaft von der Abschlussprüfung befreien (Baumbach/Hueck/*Haas* Rn. 32). Die Befreiung kann gem. § 71 Abs. 3 erteilt werden, wenn die Verhältnisse der Gesellschaft überschaubar sind und eine Prüfung im Interesse der Gläubiger nicht geboten erscheint. Maßgebend ist das Gläubiger- und Gesellschafterinteresse, nicht das allgemeine Interesse der Öffentlichkeit (Scholz/*Schmidt* Rn. 25). Eine Befreiung gem. § 71 Abs. 3; § 155 InsO ist auch möglich, wenn über das Vermögen der Gesellschaft das Insolvenzverfahren eröffnet wurde (OLG München 9.1.2008, NZG 2008, 229). Zuständig ist das Amts-/Registergericht, nicht das Insolvenzgericht (LG Paderborn 10.3.2006, ZIP 2006, 2101). Die Regelung gilt auch für die **GmbHG & Co. KG** (OLG München 9.1.2008, NZG 2008, 229). Eine Befreiung nach § 71 Abs. 3 ist nicht möglich für Zeiträume vor der Auflösung der Gesellschaft (OLG München 10.8.2005, NZG 2006, 69). Im Falle der Ablehnung der Befreiung steht der Gesellschaft, im Falle der Befreiung jedem Gesellschafter und jedem Gesellschaftsgläubiger die Beschwerde gem. § 71 Abs. 3 S. 2 iVm §§ 59, 63 FamFG zu (→ § 66 Rn. 24 f.). 15

4. Anwendbare Vorschriften (Abs. 4). § 71 Abs. 4 enthält für die Rechte und Pflichten der Liquidatoren Einzelverweisungen auf entsprechende Regelungen für den Geschäftsführer. Diese wurden durch das MoMiG redaktionell überarbeitet. Diese Verweisung ist nicht abschließend, da insbesondere über die Verweisung in § 69 Abs. 1 auf den **dritten** Abschnitt weitere für den Geschäftsführer geltende Regelungen anwendbar sind (Roth/Altmeppen/*Altmeppen* Rn. 44; Baumbach/Hueck/*Haas* Rn. 34; → § 73 Rn. 11 ff.). 16

5. Angaben auf den Geschäftsbriefen (Abs. 5). Durch das MoMiG wurde § 71 Abs. 5, der die erforderlichen Angaben auf den Geschäftsbriefen regelt, redaktionell vereinfacht, indem auf die entsprechende Anwendung von § 35a verwiesen wird. Anstelle der Geschäftsführer sind die Liquidatoren aufzuführen. Weiterhin ist die Angabe erforderlich, dass sich die Gesellschaft in der Liquidation befindet, wofür die korrekte Angabe der Liquidationsfirma gem. § 68 Abs. 2 ausreichend ist. Bei Verstößen droht ein Zwangsgeld gem. § 79 Abs. 1 (OLG Frankfurt a. M. 14.7.2015, BeckRS 2016, 02601). 17

III. Besteuerung bei der Gesellschaft

18 Die Gesellschaft bleibt auch nach ihrer Auflösung Steuersubjekt für die Körperschafts-, Gewerbe- und Umsatzsteuer.

19 **1. Körperschaftssteuer.** Bei der **Körperschaftssteuer** ist nach der Auflösung nicht mehr das jährliche Einkommen (§ 7 Abs. 3 KStG, § 8 KStG), sondern der Gewinn des gesamten Abwicklungszeitraums zu besteuern (§ 11 Abs. 1 KStG). Nach Ablauf von drei Jahren kann die Finanzverwaltung für die Besteuerung mehrere Besteuerungszeiträume bilden (§ 11 Abs. 1 S. 2 KStG; vgl. BFH 18.9.2007, GmbHR 2008, 160). Die Berechnung erfolgt gem. § 11 Abs. 2–6 KStG. Dies gilt nicht in Fällen der Scheinliquidation (DPM/*Graffe* KStG § 11 Rn. 6). Der Liquidationsgewinn errechnet sich aus der Differenz zwischen dem Abwicklungs-Endvermögen und dem Abwicklungs-Anfangsvermögen, korrigiert um Einlagen und Ausschüttungen (Baumbach/Hueck/*Haas* Rn. 38). Neben der handelsrechtlich zu erstellenden Schlussbilanz der werbenden Gesellschaft (→ Rn. 4) ist auch für die steuerrechtliche Gewinnermittlung für das Rumpfgeschäftsjahres ein steuerlicher Abschluss zu erstellen. Die Notwendigkeit der Bildung eines Rumpfgeschäftsjahres folgt aus § 71 und bedarf daher keiner Genehmigung nach § 5 Abs. 2 S. 3 KStG. Die Eröffnungsbilanz hat nur den Charakter einer Vermögensermittlungsbilanz (BFH 17.7.1974, BStBl. II 1974, 692; zum Halbeinkünfteverfahren vgl. BFH 27.3.2007, DStRE 2007, 1076).

20 Unsicherheiten bestehen bei der Frage, ob eine nicht bediente Verbindlichkeit im Rahmen der Liquidation ertragswirksam aufzulösen ist. Durch § 11 KStG sollen die stillen Reserven einer Besteuerung zugeführt werden (BFH 14.12.1965, BeckRS 1965, 21000269). Ein Rangrücktritt (*Kahlert* DStR 2016, 2262) oder der Liquidationsbeschluss (*Mayer/Betzinger* DStR 2014, 1573 (1575)) führen noch nicht zur Auflösung der nicht befriedigten Verbindlichkeit. Letzteres gilt sogar dann, wenn der Gesellschafter für die Gesellschaft den Liquidationsbeschluss fasst, der er rangrücktrittsbehaftete Forderungen gewährt hat (OFD Frankfurt a. M. DB 2017, 1937). Die wirtschaftliche Belastung entfällt nach der OFD Frankfurt a. M. erst, wenn bei einer objektiven Würdigung feststeht, dass der Gläubiger seine Forderung nicht mehr gelten machen wird (OFD Frankfurt a. M. DB 2017, 1937). Ob und wann dies der Fall ist, ist unklar (vgl. hierzu den IX. Senat des BFH 16.6.2015, NZI 2015, 1030 und den I. Senat des BFH 5.2.2014, BeckRS 2014, 94960). Weder bei einem Insolvenzverfahren noch nach Aufhebung des Insolvenzverfahrens und Löschung der GmbH im Handelsregister wegen Vermögenslosigkeit werden nicht befriedigte Verbindlichkeiten von der Finanzverwaltung ertragswirksam aufgelöst (*Kahlert* DStR 2016, 2262 (2263)). Ein Gleichlauf zwischen Insolvenz- und Liquidationsverfahren wäre daher sinnvoll. Die Möglichkeit nach Aufhebung des Insolvenzverfahrens noch Forderungen gegen den Schuldner geltend machen zu können (§ 201 InsO) ist in der Praxis theoretischer Natur. Wenn feststeht, dass die Gesellschaft die werbende Tätigkeit eingestellt hat und kein Vermögen mehr vorhanden ist, steht auch ein laufendes Besteuerungsverfahren der Löschung der Gesellschaft nicht entgegen (→ § 74 Rn. 3). Bei der oben beschriebenen unklaren Rechtslage kommt ein vermögenswerter Ausgleichanspruch gegen den Liquidator wegen einer schuldhaften Fehlberücksichtigung von Steuerverbindlichkeiten nicht in Betracht.

21 **2. Gewerbesteuer.** Bis zum Abschluss der Liquidation bleibt die **Gewerbesteuerpflicht** bestehen (§ 2 Abs. 2 GewStG; § 4 Abs. 1 GewStDV). Der Gewerbeertrag wird für den gesamten Abwicklungszeitraum ermittelt (§ 7 GewStG, § 11 Abs. 1 KStG) und auf die einzelnen Jahre verteilt (§ 16 Abs. 1 GewStDV). Eine GmbH & Co. KG ist nach Einstellung ihrer werbenden Tätigkeit nicht gewerbesteuerpflichtig (BFH 24.4.1980, BFHE 131, 70).

22 **3. Umsatzsteuer.** Die **Umsatzsteuer** ist an die Unternehmereigenschaft geknüpft (§ 2 Abs. 1 S. 1 UStG). Die Veräußerung von Gegenständen des Betriebsvermögens während einer Liquidation oder die nachträgliche Vereinnahmung von Entgelten gehört noch zur Unternehmertätigkeit (*Torwegge* in Passarge/Torwegge GmbH-Liquidation Rn. 651). Die Unternehmereigenschaft endet erst, wenn alle Rechtsbeziehungen, zu denen auch das Rechtsverhältnis zwischen der Gesellschaft und dem Finanzamt gehört, beseitigt sind (BFH 21.5.1971, BStBl. II 1971, 540).

Vermögensverteilung

72 **[1]Das Vermögen der Gesellschaft wird unter die Gesellschafter nach Verhältnis ihrer Geschäftsanteile verteilt. [2]Durch den Gesellschaftsvertrag kann ein anderes Verhältnis für die Verteilung bestimmt werden.**

Übersicht

I. Allgemeines

Nach Ablauf des Sperrjahres und der Befriedigung oder Absicherung der Gläubiger (§ 73 Abs. 2) wird das verbliebene Vermögen nach Abzug der Kosten an die Gesellschafter verteilt. § 72 regelt den Verteilungsmaßstab und stellt klar, dass Abweichendes vereinbart werden kann. Der Text ist seit 1892 unverändert, die amtliche Überschrift wurde durch das MoMiG vom 23.10.2008 (BGBl. 2008 I 2026) ergänzt. **1**

II. Einzelerläuterung

1. Anspruch. Am Ende der Liquidation hat jeder Gesellschafter einen **Anspruch** gegenüber der Gesellschaft, vertreten durch den Liquidator, auf Auszahlung seines Anteils am Liquidationserlös. Der Anspruch wird im Gesetz nicht ausdrücklich genannt, jedoch vorausgesetzt (Rowedder/Schmidt-Leithoff/*Gesell* Rn. 1). Auch bei der Bestellung eines Nießbrauchs am Geschäftsanteil oder bei einer Anteilspfändung ist Anspruchsinhaber der Gesellschafter (Scholz/*Schmidt/Cziupka* Rn. 4). Eine Vorausabtretung der Auseinandersetzungsforderung wird hinfällig, wenn der Geschäftsanteil vor der Auflösung an einen Dritten übertragen wird (BGH 19.9.1983, BGHZ 88, 205 = NJW 1984, 492; vgl. Scholz/*Schmidt* Rn. 3). Wird durch die Satzung oder einen einstimmigen Gesellschafterbeschluss (bspw. aus steuerlichen Gründen, vgl. § 55 Abs. 1 Nr. 4 AO) ein Dritter zum Anfallberechtigten bestimmt, so begründet das für den Dritten nur schuldrechtliche Ansprüche (Scholz/*Schmidt* Rn. 5). **2**

Der Anspruch ist **fällig** mit Ablauf des Sperrjahres (§ 73; Baumbach/Hueck/*Haas* Rn. 2). Er **verjährt** nach drei Jahren (§§ 195, 199 BGB; Roth/Altmeppen/*Altmeppen* Rn. 3 und → Rn. 12). **3**

2. Bar- und Sachanteil. Nach § 70 S. 1 steht am Ende einer Liquidation ein Barvermögen. Durch Gesellschafterbeschluss oder die Satzung kann diesbezüglich Abweichendes vereinbart werden (→ Rn. 9 ff.). Ob unabhängig von einer entsprechenden Satzungsregelung oder einem Gesellschafterbeschluss eine Verteilung von Sachwerten in Betracht kommt, ist umstritten. Eine **quotale Teilung in Natur,** wie sie §§ 731, 752 BGB für die BGB-Gesellschaft regeln, enthalten die Vorschriften für die Liquidation der GmbH nicht, sodass teilweise eine entsprechende Anwendung auch abgelehnt wird (Hachenburg/*Hohner* Rn. 16). Dem gegenüber soll nach Treu und Glauben kein Gesellschafter einer Auseinandersetzung in Natur widersprechen können, wenn eine Summe gleicher Aktien oder sonst handelbarer Wertpapiere zurückgeblieben ist (Scholz/*Schmidt* Rn. 9; Baumbach/Hueck/*Haas* Rn. 11; Lutter/Hommelhoff/*Kleindiek* Rn. 10). Unproblematisch ist dies, wenn der Gesellschafter **zustimmt** (BayObLG 18.11.1982, BB 1983, 82 (83)). Da die Liquidationstätigkeit durch den Liquidator zu erfolgen hat und Realisierungsrisiken bei der (Wertpapier-)Verwertung von der Gesellschaft und nicht dem einzelnen Gesellschafter zu tragen sind, ist jedoch fraglich, ob ein Anwendungsbereich für eine entsprechende Anwendung des §§ 752, 242 BGB verbleibt, wenn problemlos auch eine sofortige Verwertung durch den Liquidator erfolgen kann (vgl. auch MHLS/*Nerlich* Rn. 14 f.). **4**

Von einer Verteilung von Sachwerten zum Schluss der Liquidation sind die Fälle zu unterscheiden, in denen einem Gesellschafter nur von ihm zeitweise überlassene Vermögenswerte zurück gewährt werden oder der Liquidator einen Vermögensgegenstand an einen Gesellschafter veräußert (→ § 70 Rn. 7). **5**

3. Verteilungsschlüssel. Soweit der Gesellschaftsvertrag nichts Abweichendes regelt, ist nach § 72 S. 1 das Vermögen nach dem Verhältnis ihrer **Geschäftsanteile** zwischen den Gesellschaftern zu verteilen. Nicht entscheidend ist das Verhältnis des Anteils zum Stammkapital. Eingezogene Anteile finden daher keine Berücksichtigung (Scholz/*Schmidt/Cziupka* Rn. 13). Maßgebend ist der Nennbetrag (§§ 3 Abs. 1 Nr. 4, §§ 5, 5a). Der Wert einer ursprünglich geleisteten Sacheinlage ist unerheblich (Roth/Altmeppen/*Altmeppen* Rn. 10). Offene Leistungen auf die Einlageverpflichtung müssen nicht mehr erbracht werden, es sei denn, sie sind zur Befriedigung der Gläubiger oder zum Ausgleich der auf andere Gesellschafter entfallenden Liquidationsquote erforderlich (Roth/Altmeppen/*Altmeppen* Rn. 10 und → § 69 Rn. 4). Ein ggf. noch offener Betrag auf die Einlage ist aber von der Auszahlungsquote abzuziehen (Scholz/*Schmidt* Rn. 13; vgl. auch § 271 Abs. 3 AktG). **6**

4. Fehlerhafte Verteilungen. Hat ein **Gesellschafter** bspw. aufgrund eines Berechnungsfehlers mehr erhalten, als ihm zusteht, ist er unabhängig von einem Verschulden gem. § 812 BGB zur Rückzahlung verpflichtet (OLG Rostock 11.4.1996, NJW-RR 1996, 1185; Roth/Altmeppen/*Altmeppen* **7**

Rn. 11; Lutter/Hommelhoff/*Kleindiek* Rn. 12). Dieser Anspruch steht der Gesellschaft gegenüber dem Bereicherten zu. Der benachteiligte Gesellschafter kann Leistung von der Gesellschaft verlangen. Ist die GmbH bereits gelöscht, ist es dem benachteiligten Gesellschafter nicht zuzumuten, erst gegen die GmbH vorzugehen, um dann den Anspruch der GmbH gegen den begünstigten Gesellschafter durchzusetzen (Hachenburg/*Hohner* Rn. 25; Baumbach/Hueck/*Haas* Rn. 21; Scholz/*Schmidt/Cziupka* Rn. 17). Dem benachteiligten Gesellschafter steht dann aus dem Gesellschaftsvertrag (Lutter/Hommelhoff/*Kleindiek* Rn. 12) bzw. aufgrund der Treuepflicht untereinander (Roth/Altmeppen/*Altmeppen* Rn. 12) ein unmittelbarer Anspruch gegen den begünstigten Gesellschafter zu.

8 Einem Gesellschafter steht unmittelbar gegenüber einem **Liquidator** ein Anspruch nur nach Deliktsrecht (§ 826 BGB bzw. § 823 BGB) zu (Baumbach/Hueck/*Haas* Rn. 20; Hachenburg/*Hohner* Rn. 24). Bei einer schuldhaften Pflichtverletzung haftet der Liquidator gem. § 71 Abs. 4, § 43 nur der Gesellschaft gegenüber (Roth/Altmeppen/*Altmeppen* Rn. 13; → § 73 Rn. 11 ff.). Seine Stellung begründet kein Schuldverhältnis mit Schutzwirkung zu Gunsten Dritter.

III. Abdingbarkeit

9 § 72 ist abdingbar. Die Gesellschafter können einen anderen Verteilungsmaßstab, eine andere Verteilungsform und abweichende Verjährungsregeln vereinbaren.

10 **1. Verteilungsmaßstab.** Eine **abweichende** Regelung zur Verteilung kann zum einen in der Satzung oder durch eine Änderung der Satzung erfolgen (Scholz/*Schmidt/Cziupka* Rn. 14). Zum anderen ist es möglich, durch einen Gesellschafterbeschluss dem Liquidator eine andere Verteilung anzuweisen (Baumbach/Hueck/*Haas* Rn. 2, 12; Scholz/*Schmidt/Cziupka* Rn. 15). Die Änderung der Satzung oder der Gesellschafterbeschluss müssen auch bei Mehrheitsklauseln aufgrund des Eingriffs in den unentziehbaren Kernbereich der Mitgliedschaft einstimmig (Scholz/*Schmidt/Cziupka* Rn. 8, 15; Baumbach/Hueck/*Haas* Rn. 12) bzw. mit Zustimmung der betroffenen/benachteiligten Gesellschafter erfolgen. Da die nicht betroffen Gesellschafter ihre Zustimmung nicht verweigern dürfen, läuft das iErg auf dasselbe heraus (MHLS/Nerlich Rn. 26).

11 **2. Verteilungsform.** Die durch § 70 vorgesehene „Barverteilung" kann abgeändert werden. Alle oder einzelne **Sachwerte** können an die Gesellschafter verteilt werden, wenn entweder der Gesellschaftsvertrag es vorsieht oder alle Gesellschafter zustimmen (Scholz/*Schmidt/Cziupka* Rn. 10; Roth/Altmeppen/*Altmeppen* Rn. 6). Der Anspruch am Liquidationserlös wird gem. § 362 Abs. 1 BGB durch Übertragung des Eigentums an den Vermögenswerten ersetzt (Roth/Altmeppen/*Altmeppen* Rn. 6).

12 **3. Verjährung.** Eine **Verkürzung** der Verjährung (→ Rn. 3 und § 202) wird zwar grundsätzlich für zulässig gehalten, der Spielraum aufgrund der kurzen dreijährigen Verjährung nach § 195 BGB aber als gering angesehen (Baumbach/Hueck/*Haas* Rn. 15; Roth/Altmeppen/*Altmeppen* Rn. 3) Zulässig ist auch die Schaffung einer Ausschlussfrist (Scholz/*Schmidt/Cziupka* Rn. 19) oder eine Regelung, nach der nicht abgehobene Zuteilungen zugunsten der Gesellschaft verfallen (Hachenburg/*Hohner* Rn. 20). Da diese Regelungen weniger einschneidend sind, reicht hierfür bei angemessenen Regelungen eine satzungsändernde Mehrheit aus (§ 53 Abs. 2, Baumbach/Hueck/*Haas* Rn. 2, 15; aA Rowedder/Schmidt-Leithoff/*Gesell* Rn. 11: Zustimmung von allen Gesellschaftern notwendig).

13 **4. Sonstiges.** Durch Gesellschafterbeschluss können sonstige **Modalitäten** der Verteilung geregelt und die Liquidatoren gem. § 71 Abs. 4, § 37 Abs. 1 zur Umsetzung angewiesen werden (Roth/Altmeppen/*Altmeppen* Rn. 4).

IV. Darlegungs- und Beweislast

14 Die Fälligkeit des Anspruchs, dh der Ablauf des Sperrjahres, und die Höhe seines Anspruchs sind vom Gesellschafter darzulegen und im Streitfall unter Beweis zu stellen.

Sperrjahr

73 (1) **Die Verteilung darf nicht vor Tilgung oder Sicherstellung der Schulden der Gesellschaft und nicht vor Ablauf eines Jahres seit dem Tage vorgenommen werden, an welchem die Aufforderung an die Gläubiger (§ 65 Abs. 2) in den Gesellschaftsblättern erfolgt ist.**

(2) [1]**Meldet sich ein bekannter Gläubiger nicht, so ist der geschuldete Betrag, wenn die Berechtigung zur Hinterlegung vorhanden ist, für den Gläubiger zu hinterlegen.** [2]**Ist die Berichtigung einer Verbindlichkeit zur Zeit nicht ausführbar oder ist eine Verbindlichkeit streitig, so darf die Verteilung des Vermögens nur erfolgen, wenn dem Gläubiger Sicherheit geleistet ist.**

(3) [1] **Liquidatoren, welche diesen Vorschriften zuwiderhandeln, sind zum Ersatz der verteilten Beträge solidarisch verpflichtet.** [2] **Auf den Ersatzanspruch finden die Bestimmungen in § 43 Abs. 3 und 4 entsprechende Anwendung.**

Übersicht

I. Allgemeines

1 § 73 dient dem Gläubigerschutz. Neben einer Haftungsregelung in Abs. 3 für den Liquidator wird zunächst jede Auszahlung an die Gesellschafter bis zur Befriedigung oder Sicherung der Gläubiger und bis zum Ablauf des Sperrjahres untersagt. Abs. 1 wurde durch das EHUG vom 10.11.2006 (BGBl. 2006 I 2553) und das ARUG vom 30.7.2009 (BGBl. 2009 I 2479) geändert, weil nicht mehr drei, sondern nur noch eine Veröffentlichung der Liquidation gem. § 65 Abs. 2 erforderlich ist (→ § 65 Rn. 14). Abs. 2 und 3 sind seit 1892 unverändert. Die amtliche Überschrift wurde durch das MoMiG vom 23.10.2008 (BGBl. 2008 I 2026) ergänzt.

II. Einzelerläuterung

2 **1. Auszahlungssperre (Abs. 1).** Mit der Auflösung der Gesellschaft tritt die Ausschüttungssperre nach Abs. 1 in Kraft. Sie entfällt erst, wenn zum einen die Ansprüche der (bekannten) Gläubiger befriedigt oder gesichert sind (→ Rn. 6 ff.) und zum anderen das mit der Veröffentlichung der Liquidation beginnende Sperrjahr (§ 65 Abs. 2) abgelaufen ist.

3 Während § 30 Auszahlungen an den Gesellschafter nur dann verbietet, wenn eine Unterbilanz vorliegt, verbietet § 73 zunächst jede Auszahlung. Keine Auszahlung ist die Erfüllung einer Verbindlichkeit der Gesellschaft gegenüber dem Gesellschafter, die unabhängig vom Gesellschaftsverhältnis besteht (sog. Drittgläubigerforderung, BGH 4.7.1973, NJW 1973, 1695; vgl. aber → § 70 Rn. 4). Da in der Liquidation das Vermögen verwertet wird, kommt es damit zu einem Thesaurierungsgebot (Scholz/*Schmidt* Rn. 2).

4 Es ist daher unzulässig, dieses Gebot durch Vorfinanzierungen der späteren Vermögensverteilung zu umgehen. Nach der Auflösung dürfen daher keine Abschlagszahlungen ausgezahlt oder Darlehen an Gesellschafter gewährt werden, da Liquidität geschaffen und erhalten bleiben soll (hM; Baumbach/Hueck/*Haas* Rn. 2; Lutter/Hommelhoff/*Kleindiek* Rn. 2; aA *Erle* GmbHR 1998, 216 (221)). Unerheblich ist es, ob der Rückzahlungsanspruch wirksam und werthaltig ist und nach dem MoMiG solche Auszahlungen an den Gesellschafter gem. § 30 Abs. 1 S. 2 nF zulässig sind, da § 73 ein allgemeines Auszahlungsverbot begründet (Scholz/*Schmidt/Cziupka* Rn. 3). Unzulässig ist auch eine Umgehung durch Gewährung von Bankkrediten an Gesellschafter gegen eine Absicherung mit dem Gesellschaftsvermögen. Zulässig ist eine rückrufbare Anlage als Mittelverwaltung bei einem Kreditinstitut, selbst wenn dieses Gesellschafterin der Gesellschaft ist (Scholz/*Schmidt/Cziupka* Rn. 5). Zur Zulässigkeit von Kapitalherabsetzungen → § 69 Rn. 5.

5 § 73 ist insoweit zwingend. Auch mit einer Zustimmung der Gläubiger kann hiervon nicht abgewichen werden (OLG Rostock 11.4.1996, NJW-RR 1996, 1185). § 73 gilt auch dem Schutz unbekannter Gläubiger, deren Zustimmung naturgemäß nicht eingeholt werden kann.

6 **2. Befriedigung und Sicherung der Gläubiger (Abs. 2). a) Bekannte Verbindlichkeiten.** Der Liquidator hat vorrangig gem. § 70 S. 1 die Pflicht, die unbestrittenen und fälligen Ansprüche der Gläubiger zu **erfüllen,** unabhängig davon, ob der Anspruch geltend gemacht wird und ob das Sperrjahr noch läuft oder abgelaufen ist (Scholz/*Schmidt/Cziupka* Rn. 14, 15; Baumbach/Hueck/*Haas* Rn. 3). Unerheblich ist es, ob sich der Gläubiger gemeldet hat (Lutter/Hommelhoff/*Kleindiek* Rn. 5). Eine

Rangfolge besteht unter den Ansprüchen grundsätzlich nicht (Roth/Altmeppen/*Altmeppen* Rn. 5). Zum Fall der masselosen Liquidation → § 70 Rn. 4.

7 Befindet sich der Gläubiger in Annahmeverzug (§§ 293 BGB ff.), ist die geschuldete Leistung unter den Voraussetzungen des § 372 BGB zu **hinterlegen** (§ 73 Abs. 2 S. 1, vgl. näher Scholz/*Schmidt/Cziupka* Rn. 19). Ein „bekannter Gläubiger" iSv § 73 Abs. 1 S. 1, besser spräche das Gesetz von „bekannten Verbindlichkeiten", liegt auch vor, wenn die Verbindlichkeit bekannt ist, jedoch Zweifel an der Person des Berechtigten bestehen, bspw. aufgrund Erbfall oder Abtretung (Scholz/*Schmidt/Cziupka* Rn. 15), oder weil mehrere Personen die bestehende Forderung beanspruchen. In diesen Fällen ist ebenfalls zu hinterlegen.

8 Ist die Befriedigung des Anspruchs „zur Zeit nicht ausführbar" oder die Verbindlichkeit streitig, muss dem Gläubiger vor der Verteilung des Vermögens an die Gesellschafter eine **Sicherheit** gestellt werden (§ 73 Abs. 2 S. 2). „Zur Zeit nicht ausführbar" sind (neben den Fällen der Hinterlegung) ua Verbindlichkeiten, die erst Zug-um-Zug zu erfüllen sind oder die erst nach der Abwicklung entstehen (Scholz/*Schmidt* Rn. 11). Die zu erbringende Sicherheit kann unabhängig von § 232 BGB durch jede im Wirtschaftsleben übliche und vom Gläubiger akzeptierte Form (zB Bankbürgschaft) erbracht werden (Roth/Altmeppen/*Altmeppen* Rn. 6). Die Abfindung und Übertragung von **Pensionsverbindlichkeiten** werden durch §§ 3, 4 BetrAVG stark eingeschränkt. Gem. § 4 Abs. 4 BetrAVG besteht die Möglichkeit der Übertragung von Pensionsverbindlichkeiten auf eine Pensionskasse oder ein Unternehmen der Lebensversicherung. Dies kann ohne Zustimmung des Arbeitnehmers geschehen, wenn es zu keiner Änderung der Versorgungszusage kommt. Die Beschränkungen der §§ 3, 4 BetrAVG gelten nicht für Gesellschafter-Geschäftsführer (*Passarge* in Passarge/Torwegge GmbH-Liquidation Rn. 373 ff.).

9 **b) Unbekannte Verbindlichkeiten.** Unbekannte Verbindlichkeiten kann ein Liquidator nicht berücksichtigen. Das „Kennenmüssen", dh die schuldhafte Unkenntnis über eine Verbindlichkeit, soll dabei der Kenntnis nicht gleichgestellt werden (RG 21.1.1918, RGHZ 92, 77 (80); Baumbach/Hueck/*Haas* Rn. 6; Scholz/*Schmidt/Cziupka* Rn. 15). Andererseits soll die Verbindlichkeit bekannt sein, wenn die Liquidatoren die Tatsachen kennen, aus denen sich die Möglichkeit einer Forderung ergibt, und sie sich in zumutbarer Weise Klarheit hätten verschaffen können (Baumbach/Hueck/*Haas* Rn. 6; ebenso Roth/Altmeppen/*Altmeppen* Rn. 3). Das „Kennenmüssen" ist daher der Kenntnis gleichzustellen. Nach aA ist maßgebend nicht das Wissen des individuellen Liquidators, sondern es ist organisationsrechtlich auf das „Wissen der GmbH" abzustellen (Scholz/*Schmidt/Cziupka* Rn. 15). Der GmbH und damit dem Liquidatoren ist eine Verbindlichkeit bekannt, wenn sie sich aus den Geschäftsunterlagen ergibt oder der Liquidator selbst hiervon Kenntnis hat.

10 **3. Abwicklungskosten.** Nicht an die Gesellschafter auszuzahlen sind die Beträge, die für die Beendigung der Liquidation noch anfallen. Hierzu gehören Kosten für die Aufbewahrung der Unterlagen (§ 74 Abs. 2), Kosten für die Löschung und ggf. für die Vergütung des Liquidators (Roth/Altmeppen/*Altmeppen* Rn. 8).

11 **4. Haftung der Liquidatoren (Abs. 3). a) Vertragliche Ansprüche.** Bei einem Verstoß gegen § 73 Abs. 1 und 2 droht den Liquidatoren eine persönliche Inanspruchnahme durch die GmbH auf Schadensersatz gem. § 73 Abs. 3 S. 1. Das hierfür vorausgesetzte Verschulden wird bei einer objektiven Pflichtverletzung gem. § 71 Abs. 4, § 43 vermutet (Lutter/Hommelhoff/*Kleindiek* Rn. 12; Baumbach/Hueck/*Haas* Rn. 12). Vom Anspruchsteller ist die objektive Pflichtverletzung, dh die fehlende Berücksichtigung einer bekannten Forderung, nachzuweisen. Wenn man hierfür ein „Kennenmüssen" nicht ausreichen lässt, sprechen Interessenlage und Beweisnähe dafür, dem Liquidator die sekundäre **Darlegungs- und Beweislast** für seine Unkenntnis aufzuerlegen (vgl. Roth/Altmeppen/*Altmeppen* Rn. 16). Keine Ersatzpflicht besteht für Verbindlichkeiten, die in dem zuvor beschriebenen Sinne unbekannt sind und erst nach Ablauf des Sperrjahres und der Schlussverteilung geltend gemacht werden (Baumbach/Hueck/*Haas* Rn. 12). Diese Ansprüche bleiben bestehen, verlieren jedoch ihre Durchsetzungsmöglichkeit (→ § 74 Rn. 23). Der Liquidator kann sich zu seiner Entlastung nicht auf entsprechende Gesellschafterbeschlüsse berufen (Baumbach/Hueck/*Haas* Rn. 12).

12 Nicht erforderlich ist aufgrund der vorangegangenen Verletzung des Kapitalerhaltungsgebotes ein **Gesellschafterbeschluss** gem. § 46 Nr. 8 für die Geltendmachung einer Rückforderung gegenüber dem Gesellschafter (Baumbach/Hueck/*Haas* Rn. 13; Lutter/Hommelhoff/*Kleindiek* Rn. 12; aA Rowedder/Schmidt-Leithoff/*Gesell* Rn. 28).

13 Vom Liquidator ist der Gesellschaft der unter Verstoß gegen das Kapitalerhaltungsgebot ausgezahlte Betrag an den Gesellschafter zu ersetzen, wobei der Liquidator nicht den Teil ausgleichen muss, für den er einwenden kann, dass er zur Gläubigerbefriedigung nicht erforderlich ist (Baumbach/Hueck/*Haas* Rn. 14; vgl. Scholz/*Schmidt/Cziupka* Rn. 38). Mehrere Liquidatoren haften als **Gesamtschuldner** (§ 73 Abs. 3, § 43 Abs. 2; §§ 421 ff. BGB; Roth/Altmeppen/*Altmeppen* Rn. 19). Der Anspruch **verjährt** nach fünf Jahren (§ 73 Abs. 3, § 43 Abs. 4) ab Vornahme der gesetzwidrigen Verteilung (BGH 9.2.2009, NZG 2009, 545 – Sanitary; MüKoGmbHG/*H. F. Müller* Rn. 41; UHL/*Paura* Rn. 43).

Bleibt die Gesellschaft untätig oder kann die GmbH aufgrund ihrer Löschung nicht mehr selbst den Anspruch verfolgen, kann auch ein **Gläubiger,** zumindest dann, wenn keine weiteren Gläubiger vorhanden sind, den Anspruch der GmbH gegen den Liquidator entsprechend § 93 Abs. 5 AktG, § 268 Abs. 2 AktG geltend machen (BGH 19.11.2019 NZG 2020, 260 Rn. 24; BGH 13.3.2018, NZG 2018, 625; Roth/Altmeppen/*Altmeppen* Rn. 21; MHLS/*Nerlich* Rn. 49; Baumbach/Hueck/*Haas* Rn. 13; Scholz/*Schmidt/Cziupka* Rn. 39; Lutter/Hommelhoff/ /*Kleindiek* Rn. 13). Der Liquidator kann seinerseits von der Gesellschaft die Abtretung des Ausgleichsanspruchs der Gesellschaft gegenüber den Gesellschaftern gem. § 255 BGB verlangen (Hachenburg/*Hohner* Rn. 48; Lutter/Hommelhoff/*Kleindiek* Rn. 17). **14**

b) Deliktische Ansprüche. Umstritten ist die Frage, ob § 73 ein **Schutzgesetz** iSd § 823 Abs. 2 ist (bejahend: Lutter/Hommelhoff/*Kleindiek* Rn. 14; Scholz/*Schmidt/Cziupka* Rn. 49; Baumbach/Hueck/*Haas* Rn. 22; aA Hachenburg/*Hohner* Rn. 40; Roth/Altmeppen/*Altmeppen* Rn. 22 f.). Hierfür spricht, dass § 73 strenger als § 30 Abs. 1 eine umfassende Ausschüttungssperre begründet und damit dem unmittelbaren Schutz der Gläubiger dient. Der BGH ist jedoch der Ansicht, dass sich ua. aus den Gesetzesmaterialien ergibt, dass nur ein Fall der Innenhaftung vorliegt (BGH 13.3.2018, NZG 2018, 625). Der Schutz erfolge nur reflexartig, sodass § 73 kein Schutzgesetz iSd § 823 Abs. 2 BGB ist. Ein Gesellschafter kann auch selbst den Liquidator gem. **§ 826 BGB** in Anspruch nehmen, solange die Gesellschaft untätig bleibt (BGH 23.6.1969, NJW 1969, 1712). **15**

5. Ansprüche gegen die Gesellschafter. a) Unberechtigte Vermögensübertragungen. Unberechtigte Vermögensübertragungen von Liquidatoren an Gesellschafter können bei Vorliegen der Voraussetzungen nach den allgemeinen Regeln der Kollusion iSd § 138 BGB (BGH 4.7.1973, NJW 1973, 1695 f.) bzw. des Missbrauchs der Vertretungsmacht (§ 68, 71 Abs. 4, § 37 Abs. 2) gegenüber dem Gesellschafter angegriffen werden (Roth/Altmeppen/*Altmeppen* Rn 24). Entnimmt der Gesellschafter selbst eigenmächtig dem Geschäftskonto einen Betrag, ist er gem. § 812 Abs. 1 S. 1, 1 Alt. BGB zur Erstattung verpflichtet (OLG München 9.11.2017, BeckRS 2017, 130751). **16**

b) Offene Gläubigerverbindlichkeiten. Bei den „leer" ausgegangenen Gläubigern ist zu differenzieren. Der Anspruch des Gläubigers geht nur durch Tilgung, nicht durch Ablauf des Sperrjahres oder Vermögenslosigkeit der Gesellschaft unter (Scholz/*Schmidt/Cziupka* Rn. 25; → § 74 Rn. 23). Ist die Verteilung des Restvermögens in Übereinstimmung mit § 73 an die Gesellschafter erfolgt, so ist von diesen auch dann nichts zurückzugewähren, wenn unbekannte Gläubiger leer ausgehen (Scholz/*Schmidt/Cziupka* Rn. 27). Haben Gesellschafter entgegen § 73 Vermögen erhalten, so ist der Rechtserwerb dinglich im Regelfall nicht angreifbar. Schuldrechtlich sind die Gesellschafter jedoch verpflichtet, den Betrag zurückzuzahlen, den sie entgegen dem Kapitalerhaltungsgebot erhalten haben, soweit er zur Befriedigung der rechtswidrig übergangenen Gläubiger erforderlich ist (Scholz/*Schmidt/Cziupka* Rn. 28; Rowedder/Schmidt-Leithoff/*Gesell* Rn. 33; Roth/Altmeppen/*Altmeppen* Rn. 25). Der Anspruch ergibt sich (wenn keine Unterbilanz vorliegt) aus § 31 analog, weil § 73 ein Kapitalerhaltungsgebot während der Liquidation aufstellt (Baumbach/Hueck/*Haas* Rn. 17; Scholz/*Schmidt* Rn. 19; Hachenburg/*Hohner* Rn. 44; Roth/Altmeppen/*Altmeppen* Rn. 25 f.; Lutter/Hommelhoff/*Kleindiek* Rn. 15). Er steht der Gesellschaft zu und ist vom (Nachtrags-)Liquidator geltend zu machen (Scholz/*Schmidt/Cziupka* Rn. 29). **17**

Ein Beschluss (entsprechend § 46 Nr. 8 GmbHG) ist hierfür nicht erforderlich (OLG Rostock 11.4.1996, NJW-RR 1996, 1185; OLG München 9.11.2017, BeckRS 2017, 130751; Roth/Altmeppen/*Altmeppen* Rn. 28). Zur Verjährung dieses Anspruchs vgl. § 31 Abs. 5. Jeder Gesellschafter haftet nur iHd Betrages, den er entgegen dem Kapitalerhaltungsgebot erhalten hat. Es entsteht daher hinsichtlich dieses Anspruchs keine Gesamtschuld zwischen den Gesellschaftern. Für Ansprüche gegen Mitgesellschafter haftet der Gesellschafter nur unter den Voraussetzungen des § 31 Abs. 3 (Scholz/*Schmidt/Cziupka* Rn. 32). **18**

Ein direkter Bereicherungsanspruch der benachteiligten Gläubiger gegenüber dem Gesellschafter scheitert am Unmittelbarkeitsgrundsatz (BGH 23.6.1997, NJW 1997, 2599; Roth/Altmeppen/*Altmeppen* Rn. 30; Scholz/*Schmidt/Cziupka* Rn. 29; Baumbach/Hueck/*Haas* Rn. 23; Lutter/Hommelhoff/*Kleindiek* Rn. 16). **19**

Denkbar sind jedoch Anfechtungsansprüche nach dem AnfG des Gläubigers gegen die Gesellschafter (*Passarge* in Passarge/Torwegge GmbH-Liquidation Rn. 500). **20**

6. GmbH & Co KG. Bei der KG kann während der Liquidation gem. § 155 Abs. 2 HGB die nicht benötigte Liquidität verteilt werden. Ein Sperrjahr gibt es für die KG nicht, nur für die Komplementär-GmbH, die aber kaum eine Rolle spielt. Für die GmbH & Co. KG wird eine entsprechende Anwendung des § 73 befürwortet (Scholz/*Schmidt/Cziupka* Rn. 54; Roth/Altmeppen/*Altmeppen* Rn. 35), da für diese auch das Ausschüttungsverbot gem. §§ 30, 31 gilt (BGH 19.2.1990, NJW 1990, 1725) und § 73 nur eine Verschärfung ist. **21**

III. Verfahrensvorschriften

22 **1. Einstweiliger Rechtsschutz.** Droht entgegen § 73 eine Auszahlung von Vermögen an die Gesellschafter, können Gläubiger der GmbH, gestützt auf § 1004 BGB analog, deren Unterlassung beanspruchen (Baumbach/Hueck/*Haas* Rn. 10; Scholz/*Schmidt/Cziupka* Rn. 24). Dieser Unterlassungsanspruch kann durch eine einstweilige Verfügung gem. § 935 ZPO geltend gemacht werden (Baumbach/Hueck/*Haas* Rn. 10). Anspruchsgegner ist der Liquidator (*Passarge* in Passarge/Torwegge GmbH-Liquidation Rn. 470). Gegenüber der Gesellschaft kann der betroffene Gläubiger im Wege des dinglichen Arrestes (§ 916 ZPO) vorgehen, sofern es sich um eine Geldforderung handelt oder der Anspruch in eine solche übergehen kann (Scholz/*Schmidt* Rn. 14). Ein Arrestgrund (§ 917 ZPO) besteht, wenn glaubhaft gemacht wird (§ 920 Abs. 2 ZPO), dass das Gesellschaftsvermögen ohne Befriedigung der Gesellschaftsgläubiger, ohne Hinterlegung oder ohne Sicherheitsleistung verteilt wird. Dass andere Gläubiger vor oder anstelle des Antragstellers befriedigt werden, ist kein Arrestgrund (Scholz/*Schmidt/Cziupka* Rn. 23). Zum Verbot der Stimmabgabe in einer Gesellschafterversammlung durch eine einstweilige Verfügung vgl. OLG Düsseldorf 18.5.2005, NZG 2005, 633.

23 **2. Registergericht.** Das **Sperrjahr** ist auch vom Registergericht zu beachten. Erst nach dessen Ablauf darf die Löschung der Gesellschaft eingetragen werden (§ 65), damit alle Gläubiger die Chance haben ihre Ansprüche geltend zu machen und gegebenenfalls bei der Auffindung von Aktiva (zB Ansprüche der Gesellschaft nach §§ 73, 43 GmbHG) mitzuwirken (OLG Jena 20.5.2015, BeckRS 2015, 12375). Vor Ablauf des Sperrjahres darf die Löschung der nicht mehr werbend tätigen Gesellschaft nur dann erfolgen, wenn feststeht, dass das Gesellschaftsvermögen durch Verteilung an die Gläubiger (nicht an die Gesellschafter) verbraucht ist (OLG Düsseldorf 1.2.2017, NZG 2017, 663; OLG Hamm 2.9.2016, LSK 2016, 124896; OLG Köln 5.11.2004, NZG 2005, 83; Scholz/*Schmidt/Cziupka* Rn. 10; Roth/Altmeppen/*Altmeppen* Rn. 13; Baumbach/Hueck/Haas Rn. 2).

Schluss der Liquidation

74 (1) [1]**Ist die Liquidation beendet und die Schlußrechnung gelegt, so haben die Liquidatoren den Schluß der Liquidation zur Eintragung in das Handelsregister anzumelden.** [2]**Die Gesellschaft ist zu löschen.**

(2) [1]**Nach Beendigung der Liquidation sind die Bücher und Schriften der Gesellschaft für die Dauer von zehn Jahren einem der Gesellschafter oder einem Dritten in Verwahrung zu geben.** [2]**Der Gesellschafter oder der Dritte wird in Ermangelung einer Bestimmung des Gesellschaftsvertrags oder eines Beschlusses der Gesellschafter durch das Gericht bestimmt.**

(3) [1]**Die Gesellschafter und deren Rechtsnachfolger sind zur Einsicht der Bücher und Schriften berechtigt.** [2]**Gläubiger der Gesellschaft können von dem Gericht zur Einsicht ermächtigt werden.**

Übersicht

I. Allgemeines

1 § 74 regelt, welche Maßnahmen nach der Beendigung der Liquidation zu erfolgen haben. Die Beendigung der Liquidation ist nicht mit dem Erlöschen des Rechtsträgers zu verwechseln. Für Letzteres ist nach der heute hA neben der Beendigung der Liquidation und der Vermögenslosigkeit der Gesellschaft auch deren Löschung im Handelsregister erforderlich (→ § 60 Rn. 5 und → Rn. 23). Durch Gesetz zur Durchführung der 11. RL (BGBl. 1993 I 1285) wurde Abs. 1 eingefügt und Abs. 1 und 2 wurden zu Abs. 2 und 3. Der Verweis auf § 7 Abs. 1 in diesen Absätzen wurde durch das FGG-RG vom 17.12.2008 (BGBl. 2008 I 2586) gestrichen. Die amtliche Überschrift wurde durch das MoMiG vom 23.10.2008 (BGBl. 2008 I 2026) ergänzt.

II. Einzelerläuterung

2 **1. Das Ende der Liquidation (Abs. 1). a) Reguläre Beendigung.** Die Liquidation ist beendet, wenn keine Abwicklungsmaßnahmen mehr durchzuführen sind. Hierfür müssen die sich aus §§ 70–73 ergebenden Pflichten von den Liquidatoren erfüllt sein.

3 Das **Gesellschaftsvermögen** muss hierzu insgesamt verteilt sein (§§ 72, 73). Die Zurückhaltung von Vermögen zum Ausgleich der Verwahrungskosten für die Bücher und Schriften der Gesellschaft (§ 74 Abs. 2) und für noch abzuführende Steuern steht einer Löschung entgegen (Baumbach/Hueck/*Haas* Rn. 2; Roth/Altmeppen/*Altmeppen* Rn. 3). Diese Beträge sind entweder im Voraus zu entrichten, unter Ausschluss eines Rücknahmerechtes zu hinterlegen oder durch Zahlungszusagen der Gesellschafter oder Dritter abzudecken. Nach überwA gilt dies nicht für die Kosten der Löschung, weil diese nicht vorab konkret berechnet werden können und andernfalls die Beendigung der Liquidation niemals zum Handelsregister angemeldet werden könnte (Baumbach/Hueck/*Haas* Rn. 2; Lutter/Hommelhoff/*Kleindiek* Rn. 4; MHLS/*Nerlich* Rn. 5). **Offene Verbindlichkeiten** stehen einer Beendigung nicht entgegen, weil andernfalls eine überschuldete GmbH, über die mangels Masse kein Insolvenzverfahren eröffnet werden kann oder für deren Verbindlichkeiten Rangrücktrittserklärungen vorliegen, nie gelöscht werden könnte (Lutter/Hommelhoff/*Kleindiek* Rn. 4; einschränkend auf den Fall des § 60 Nr. 5 GmbHG: MHLS/*Nerlich* Rn. 4). Eine Gesellschaft kann daher auch gelöscht werden, wenn noch offene **Steuerforderungen** bestehen oder das Besteuerungsverfahren noch nicht abgeschlossen ist (OLG Düsseldorf 13.8.2019, NZG 2020, 264; OLG Jena 20.5.2015, BeckRS 2015, 12375; auch → § 71 Rn. 20). Voraussetzung ist aber, dass das Gericht feststellt, dass die Gesellschaft vermögenslos ist (KG 12.9.2019, ZIP 2020, 520 Rn. 5). Das ist nicht der Fall, wenn noch ein Steuerguthaben bestehen kann oder die Frage der Vermögenslosigkeit offen ist, sodass den Gläubigern noch die Möglichkeit eingeräumt werden muss, dies durch Vollstreckungsmaßnahmen zu prüfen (KG 12.9.2019, ZIP 2020, 520 Rn. 6; KG 22.7.2019, NZG 2019, 1294).

4 Anhängige **Aktivprozesse** müssen beendet sein (Lutter/Hommelhoff/*Kleindiek* Rn. 5; Baumbach/Hueck/*Haas* Rn. 18). Erfolgt trotzdem eine Löschung während eines Aktivprozesses, bleibt die Rechts- und Parteifähigkeit der GmbH bestehen (BGH 21.10.1985, NJW-RR 1986, 394). Die Gesellschaft verliert jedoch ihre Handlungs- und Prozessfähigkeit (Baumbach/Hueck/*Haas* Rn. 18), wenn nicht vor der Löschung ein Prozessbevollmächtigter bestellt wurde. In diesem Fall wirkt die Vollmacht des Prozessvertreters auch nach der Löschung fort, sodass es zu keiner Unterbrechung des Verfahrens kommt (§§ 86, 246 Abs. 1 ZPO). Die Bestellung eines Nachtragsliquidators soll dann nicht möglich sein (BayObLG 21.7.2004, NZG 2004, 1164). Fehlt es an einer solchen Bevollmächtigung, ist für die Fortführung des Prozesses ein Nachtragsliquidator oder Prozesspfleger zu bestellen, da das Amt des Liquidators mit der Löschung beendet ist (MHLS/*Nerlich* Rn. 37). Auch im Kostenfestsetzungsverfahren bleibt die gelöschte GmbH parteifähig, wenn noch ein prozessualer Kostenerstattungsanspruch bestehen kann (OLG Koblenz 10.2.2004, NJW-RR 2004, 1222).

5 **Passivprozesse** stehen unstreitig einer Beendigung entgegen, wenn der Gesellschaft ein Kostenerstattungsanspruch zustehen kann (Scholz/*Schmidt*/*Cziupka* Rn. 2; *Passarge* in Passarge/Torwegge GmbH-Liquidation Rn. 504). Kommt es dennoch zu einer Löschung, bleiben Rechts- und Parteifähigkeit bestehen (BGH 21.10.1985, NJW-RR 1986, 394). Hinsichtlich der Handlungs- und Prozessfähigkeit gilt das zum Aktivprozess Ausgeführte. Nach einer Ansicht ist die Wahrnehmung der Rechtsstellung eines Verfahrensbevollmächtigten eine sonstige Abwicklungsmaßnahme, die eine Löschung ausschließt (Baumbach/Hueck/*Haas* Rn. 19; aA BGH 29.9.1981, NJW 1982, 238). Nach diesseitiger Ansicht ist zu differenzieren: Passivprozesse, bei denen der Kläger etwas anderes als Vermögen verlangt (Berichtigung; Feststellung, Duldung, Übergabe der Schriften an den Verwahrer etc) stehen einer Löschung entgegen (Lutter/Hommelhoff/*Kleindiek* Rn. 5). Die Fortsetzung eines Prozesses über vermögensrechtliche Ansprüche ist jedoch überflüssig, wenn aufgrund Abtretung oder Aufrechnungsbefugnis auch bei

einem Obsiegen der Gesellschaft kein Kostenerstattungsanspruch zusteht. Ein solcher Streit muss nicht zwingend eine Insolvenzantragspflicht auslösen (BGH 14.12.2005, NJW-RR 2006, 1061).

6 Zu den **sonstigen Abwicklungsmaßnahmen** gehören die Bewilligung von Grundbuchberichtigungen (OLG München 19.2.1988, ZIP 1988, 575 (577), Hachenburg/*Hohner* Rn. 32), Zeugniserteilungen (KG 9.1.2001, GmbHR 2001, 252), Teilnahme an einem Kündigungsschutzprozess (BAG 9.7.1981, NJW 1982, 1831), die Mitwirkung an der Auszahlung von hinterlegten Beträgen (OLG Frankfurt a. M. 15.7.1982, WM 1982, 1266), Handelsregisteranmeldungen (Hachenburg/*Hohner* Rn. 32), die Wahrnehmung von Pflichten in einem gegen die Gesellschaft gerichteten Steuerverfahren (BayObLG 31.5.1983, ZIP 1983, 938), die passive Mitwirkung an der Zustellung eines Steuerbescheides (BayObLG 2.2.1984, BB 1984, 446; aber → Rn. 3 und → § 73 Rn. 23), die Wahrnehmung von Rechten aus eingetragenen Grundpfandrechten (BayObLG 4.10.1955, DNotZ 1955, 638), die Erfüllung eines durch Vormerkung gesicherten Anspruchs (BGH 10.10.1988, BGHZ 105, 259 (261)), der Empfang einer Zustellung (OLG Frankfurt a. M. 25.3.1982, Rpfleger 1982, 290).

7 Die Abgabe der eidesstattlichen Versicherung gem. § 807 ZPO steht der Löschung nicht entgegen, weil diese Erklärung vom (nach der Löschung vom ehemaligen) Liquidator abzugeben ist (KG 8.2.1991, NJW-RR 1991, 933 (934); OLG Köln 10.9.1990, ZIP 1990, 1330; MHLS/*Nerlich* Rn. 47).

8 **b) Vorzeitige Beendigung.** Zu einer vorzeitigen Beendigung der Liquidation kommt es, wenn (ohne dass dieses an die Gesellschafter verteilt wurde) kein Vermögen mehr vorhanden ist. Besteht eine Überschuldung und/oder Zahlungsunfähigkeit, muss der Liquidator ein Insolvenzverfahren beantragen (§ 15a InsO). Wurde die Eröffnung des Insolvenzverfahrens mangels Masse abgelehnt und erlangt die Liquidationsgesellschaft neue Vermögenswerte, ohne dass die Insolvenzlage beseitigt wird, muss ein (neuer) Insolvenzantrag nicht gestellt werden (BGH 28.10.2008, NJW 2009, 157). Vermögenslosigkeit tritt auch bei einer gem. § 60 Nr. 5 aufgelösten Gesellschaft ein, für die der Liquidator das Restvermögen (aus dem nicht die Kosten eines Insolvenzverfahrens gedeckt werden konnten) verwertet hat. Die Vermögenslosigkeit hat der Liquidator dem Registergericht zu versichern (Baumbach/Hueck/*Haas* Rn. 2). Das Registergericht hat das Recht und die Pflicht zu einer weiteren Prüfung (§ 26 FamFG).

9 **c) Schlussrechnung.** Nach der Beendigung der Liquidation haben die Liquidatoren die Schlussrechnung zu legen. Dies gilt auch für die gerichtlich bestellten Liquidatoren (BayObLG 14.3.1963, BB 1963, 664). Die Schlussrechnung erfolgt gegenüber der bis zur Löschung noch fortbestehenden Gesellschaft (BayObLG 14.3.1963, BB 1963, 664; Rowedder/Schmidt-Leithoff/*Gesell* Rn. 3; Scholz/*Schmidt* Rn. 3; Hachenburg/*Hohner* Rn. 17). Während § 71 die handelsrechtliche Rechnungslegung im Außenverhältnis regelt, meint die Schlussrechnung in § 74 Abs. 1 die interne Rechnungslegung gegenüber den Gesellschaftern. IRd (nicht abdingbaren) Verpflichtung zur Rechnungslegung gem. § 71, §§ 666, 675, 259 BGB (MHLS/*Nerlich* Rn. 7) haben die Liquidatoren eine Liquidationsschlussbilanz aufzustellen (→ § 71 Rn. 9). Aus dieser Schlussbilanz muss sich die Verteilung des Restvermögens (Löschungsaufwand, Verwahrungskosten, Auszahlung an die Gesellschafter) ergeben. Sie stellt damit gleichzeitig die interne Schlussabrechnung gegenüber den Gesellschaftern dar (Baumbach/Hueck/*Haas* Rn. 3; Roth/Altmeppen/*Altmeppen* § 71 Rn. 34; offengelassen Rowedder/Schmidt-Leithoff/*Gesell* Rn. 3), wenn der Vollzug der sich aus der Bilanz ergebenden Verteilung den Gesellschaftern mitgeteilt wird (Lutter/Hommelhoff/*Kleindiek* § 71 Rn. 13). Eine separate Rechnungslegung je nach Einzelfall durch eine GuV-Rechnung oder gem. § 259 BGB ist nicht erforderlich (anders wohl Hachenburg/*Hohner* Rn. 16). Die Schlussrechnung muss dem Registergericht grundsätzlich nicht vorgelegt werden. Dieses kann diese aber (bei Zweifeln an der Vermögenslosigkeit) einfordern (OLG Düsseldorf 4.8.2015, NZG 2015, 1161).

10 **d) Entlastung.** Die Legung der Schlussrechnung erfolgt in der letzten, vom Liquidator einzuberufenen Gesellschafterversammlung der GmbH. Bei einer ordnungsgemäßen Erfüllung seiner Aufgaben wird der Liquidator in dieser Versammlung entlastet (§ 69 Abs. 1 iVm § 46 Nr. 5). Ein Anspruch auf Entlastung steht dem Liquidator (wie auch dem Geschäftsführer (BGH 20.5.1985 BGHZ 94, 324 (326) = NJW 1986, 129) nach hM nicht zu (MHLS/*Nerlich* Rn. 10; Hachenburg/*Hohner* Rn. 18; Roth/Altmeppen/*Altmeppen* Rn. 11; aA BayObLG 14.3.1963, BB 1963, 664). Erfolgt keine Entlastung wegen eines Fehlverhaltens des Liquidators und eines hieraus resultierenden Schadensersatzanspruches, kommt eine Löschung nicht in Betracht, wenn der Anspruch werthaltig ist (vgl. ähnlich Scholz/*Schmidt* § 71 Rn. 35; offengelassen bei *Passarge* in Passarge/Torwegge GmbH-Liquidation Rn. 517). Wurde dem Liquidator Entlastung erteilt, obwohl keine ordnungsgemäße Schlussrechnung vorgelegt wurde, kann der Beschluss von einem Gesellschafter angefochten werden (MHLS/*Nerlich* Rn. 10).

11 **e) Löschungsantrag.** Die letzte Abwicklungsmaßnahme nach der Übergabe der Unterlagen an den Verwahrer ist die Anmeldung der Löschung (§ 74 Abs. 1). Beantragt werden kann die Löschung grundsätzlich erst nach Ablauf des Sperrjahres nach § 73 Abs. 1. Dessen Ablauf muss nicht abgewartet werden, wenn das Gesellschaftsvermögen bereits durch die Befriedigung der Gläubiger vollständig verbraucht wurde und eine Verteilung an die Gesellschafter nicht in Betracht kommt (→ § 73 Rn. 23).

Der Löschungsantrag beinhaltete bis zur Einführung des jetzigen § 74 Abs. 1 im Jahre 1993 gem. § 31 Abs. 2 HGB, §§ 29, 6 HGB die Erklärung, dass „die Firma" erloschen ist. Da nicht nur die Firma, sondern auch der Rechtsträger erlischt, ist richtigerweise das Erlöschen der Firma und der Gesellschaft zu erklären. 12

Mit der Anmeldung ist das Erlöschen des Liquidatorenamtes zu erklären. Wird dies versäumt, wird in der Erklärung der Beendigung der Liquidation stillschweigend die Erklärung gesehen, dass das Liquidatorenamt beendet ist (BGH 23.2.1970, BGHZ 53, 264 (267); BayObLG 13.1.1994, GmbHR 1994, 259 (260)). Die Anmeldung (§ 12 HGB) muss in der für die Vertretung erforderlichen Anzahl erfolgen (→ § 68 Rn. 1). Erfolgt sie nicht, kann sie nach § 14 HGB durch Festsetzung von Zwangsgeld erzwungen werden (Scholz/*Schmidt/Cziupka* Rn. 10). 13

Die tatsächliche Beendigung der Liquidation ist durch das Gericht von Amts wegen gem. § 26 FamFG zu überprüfen. Es kann entsprechende Nachweise verlangen (Rowedder/Schmidt-Leithoff/*Gesell* Rn. 5; Scholz/*Schmidt/Cziupka* Rn. 12). So kann sich das Gericht bei Zweifeln über die Vermögenslosigkeit sich die Liquidationsschlussbilanz vorlegen lassen (OLG Düsseldorf 4.8.2015, NZG 2015, 1161). Das Gericht prüft auch, ob die Bücher verwahrt werden. Es kann ggf. einen Verwahrer gem. § 74 Abs. 2 S. 2 bestimmen (→ Rn. 19). Die Löschung kann von der erfolgten Verwahrung abhängig gemacht werden (Hachenburg/*Hohner* Rn. 19; aA Scholz/*Schmidt/Cziupka* Rn. 12). Sofern die notwendigen Mittel fehlen, kommt ein Löschungsverfahren gem. § 394 Abs. 1, 2 FamFG in Betracht, bei dem es nicht auf eine Verwahrung der Bücher ankommt. 14

Kommt es zur Löschung nach § 74 Abs. 1 S. 2, wird auch im Falle später bekannt werdender Vermögenswerte die Löschung nicht nach § 395 FamFG aufgehoben, sondern eine Nachtragsliquidation angeordnet, wenn keine wesentlichen Verfahrensfehler vorliegen (OLG Hamm 8.5.2001, GmbHR 2001, 819 (821); Baumbach/Hueck/*Haas* Rn. 2; aA OLG Köln 5.11.2004, NZG 2005, 83 (84)). Stellt sich nach Löschung der Schuldnerin im Handelsregister nach Durchführung eines Insolvenzverfahrens gem. § 394 Abs. 1 S. 2 FamFG heraus, dass noch Vermögen vorhanden ist, ist eine Nachtragsverteilung durchzuführen (BGH 16.1.2014, ZInsO 2014, 340). 15

2. Die Aufbewahrung der Geschäftsunterlagen (Abs. 2). a) Umfang. Nach der Beendigung der Liquidation sind die „Bücher und Schriften der Gesellschaft" für zehn Jahre aufzubewahren. Hierzu gehören die in § 257 HGB genannten Unterlagen, auch in elektronischer Form (§ 239 Abs. 4 HGB). Neben diesen nach den gesetzlichen Vorschriften zu führenden Büchern sind auch die freiwillig geführten Bücher und aufbewahrten Schriften, einschließlich der schriftlichen Aufzeichnungen der Liquidatoren aufzubewahren (BayObLG 14.6.1967, NJW 1968, 56). Hierzu gehören Urteile, Mahnbescheide, Geschäftskorrespondenz, Frachtbriefe, Quittungen und Dokumente des Liquidators (*Passarge* in Passarge/Torwegge GmbH-Liquidation Rn. 506). War bei der Beendigung der Liquidation die zehnjährige Aufbewahrungsfrist nach § 257 Abs. 4, 5 HGB bereits abgelaufen, müssen diese Unterlagen nicht weiter verwahrt werden. Die zehnjährige Aufbewahrungsfrist nach § 74 Abs. 2 tritt an die Stelle der gesetzlichen Fristen nach § 257 HGB, es sei denn, die in § 257 HGB vorgeschriebene Frist ist länger (Baumbach/Hueck/*Haas* Rn. 8; Lutter/Hommelhoff/*Lutter/Kleindiek* Rn. 13). Sie beginnt mit der Aufbewahrung und beginnt bei einer späteren Nachtragsliquidation erneut (Roth/Altmeppen/*Altmeppen* Rn. 13). Die steuerliche Frist nach § 147 AO ist zusätzlich zu beachten (Scholz/*Schmidt/Cziupka* Rn. 45). 16

b) Pflicht. Die Liquidatoren sind verpflichtet, die Verwahrung der Unterlagen zu organisieren. Dies gilt grundsätzlich auch nach Beendigung des Insolvenzverfahrens (OLG Stuttgart 30.9.1998, NZG 1999, 31 (33)). Die Person des Verwahrers ergibt sich aus dem Gesellschaftsvertrag oder wird durch Gesellschafterbeschluss bestimmt (Scholz/*Schmidt/Cziupka* Rn. 47; Roth/Altmeppen/*Altmeppen* Rn. 12). Bei einer Verletzung der Aufbewahrungspflicht kommt ein Schadensersatzanspruch der Gesellschaft gegenüber dem Liquidator nach § 71 Abs. 4, § 43 Abs. 2 in Betracht. Eine Strafbarkeit kann sich unter den Voraussetzungen der § 283 Abs. 1 Nr. 6 StGB, § 283b StGB ergeben, wobei aufgrund der objektiven Strafbarkeitsbedingung (§ 283 Abs. 6 StGB, § 283b Abs. 3 StGB) diese die Fälle erfassen wird, in denen es während einer Nachtragsliquidation zu einer Eröffnung des Insolvenzverfahrens kommt. Da Gesellschaftern und deren Rechtsnachfolgern sowie Gläubigern ein Einsichtsrecht zusteht (§ 74 Abs. 3), können sie durch Klage vor den Zivilgerichten eine Verwahrung erzwingen (BayObLG 14.6.1967, NJW 1968, 56; Rowedder/Schmidt-Leithoff/*Gesell* Rn. 8; Hachenburg/*Hohner* Rn. 3). Mangels entsprechender Rechtsgrundlage kann das Gericht eine Verwahrung nicht durch Festsetzung von Zwangsgeld erzwingen (BayObLG 14.6.1967, NJW 1968, 56; Hachenburg/*Hohner* Rn. 3). Eine im Wesentlichen gleiche Verpflichtung begründen § 157 Abs. 2 HGB, § 161 Abs. 2 HGB für die Liquidatoren einer OHG/KG. Demgegenüber kann das Gericht im Aktienrecht den Ort der Verwahrung bestimmen (§ 273 Abs. 2 AktG) und ein Zwangsgeld verhängen (§ 407 AktG). Diese Regelungen gelten jedoch nicht analog für die GmbH, hier ist nur im Klageweg die Erzwingung möglich (BayOLG 14.6.1967, NJW 1968, 56; Scholz/*Schmidt/Cziupka* Rn. 46). 17

Die Verwahrung erfolgt nach § 74 Abs. 2 S. 2 durch einen Gesellschafter oder einen Dritten, bspw. eine Bank oder eine Treuhandgesellschaft (Scholz/*Schmidt/Cziupka* Rn. 47; Lutter/Hommelhoff/*Klein-* 18 *diek* Rn. 14). Wird das Unternehmen veräußert, erfüllt der Liquidator seine Aufbewahrungspflichten auch mit einer Übergabe der Unterlagen an den Erwerber (Baumbach/Hueck/*Haas* Rn. 9). Teilweise wird vertreten, dass der Erwerber das Einsichtsrecht gem. § 74 Abs. 3 zu gewähren hat, weil dieser als Verwahrer iSd § 74 Abs. 2 aufzufassen sei (Hachenburg/*Hohner* Rn. 7) bzw. um eine missbräuchliche Entziehung von Gesellschaftsdokumenten zu verhindern (*Passarge* in Passarge/Torwegge GmbH-Liquidation Rn. 507). Die Unterlagen über die Veräußerung selbst sind als Liquidationsunterlagen aufzubewahren.

19 **c) Bestellung eines Verwahrers.** Fehlt ein Verwahrer, bestellt diesen das Gericht nach § 74 Abs. 2 S. 2, iVm § 23a Abs. 1 Nr. 2, Abs. 2 Nr. 4 GVG, § 375 Nr. 6 FamFG, §§ 376, 377 FamFG. Ein entsprechender Antrag kann von jedem Gläubiger, dem Liquidator, jedem Gesellschafter oder einem Insolvenzverwalter gestellt werden (Baumbach/Hueck/*Haas* Rn. 9; Roth/Altmeppen/*Altmeppen* Rn. 12). Bestellt werden kann jeder, der nicht offensichtlich ungeeignet ist (OLG Düsseldorf 31.5.2010, GmbHR 2010, 817). Die durch das Gericht bestellte Peron ist nicht zur Übernahme der Verwahrung verpflichtet (OLG Stuttgart 3.1.1984, BB 1984, 2169; Rowedder/Schmidt-Leithoff/*Gesell* Rn. 9).

20 **3. Einsichtsrecht (§ 74 Abs. 3). a) Berechtigte.** Gesellschafter, die dies zum Zeitpunkt der Liquidation waren, und deren Rechtsnachfolger können gem. § 74 Abs. 3 S. 1 Einsicht in die verwahrten Unterlagen nehmen. Nach § 74 Abs. 3 S. 2 kann das Gericht Gläubiger zur Einsicht ermächtigen, wenn von ihnen ein berechtigtes Interesse glaubhaft gemacht wird (Roth/Altmeppen/*Altmeppen* Rn. 16). Der Gläubiger muss hierfür nicht seine Rechte im Liquidationsverfahren geltend gemacht haben (Scholz/*Schmidt/Cziupka* Rn. 52; Hachenburg/*Hohner* Rn. 11; Baumbach/Hueck/*Haas* Rn. 14). Das Einsichtsrecht besteht auch, wenn der Anspruch verjährt ist (LG Köln 15.1.1988, ZIP 1988, 1125). Auch das Bankgeheimnis eines liquidierten Bankhauses (BayObLG 5.2.2003, NZG 2003, 439), das Steuergeheimnis (LG Köln 15.1.1988, ZIP 1988, 1125), Verschwiegenheitspflichten der Gesellschafter (BayObLG 5.2.2003, NZG 2003, 439 (440)) oder sonstige Geheimhaltungsinteressen (OLG Braunschweig 10.8.1992, WM 1992, 1912) schließen das Einsichtsrecht grundsätzlich nicht aus. Bei der vorzunehmenden Interessenabwägung hat das Informationsrecht idR Vorrang (BayObLG 5.2.2003, NZG 2003, 439). § 74 Abs. 3 begründet kein Einsichtsrecht für die früheren Gesellschafter (aA Roth/Altmeppen/*Altmeppen* Rn. 16). Ihnen kann ein Einsichtsrecht gem. § 810 BGB oder als Gläubiger nach § 74 Abs. 3 S. 2 zustehen (Baumbach/Hueck/*Haas* Rn. 13; Lutter/Hommelhoff/*Kleindiek* Rn. 16).

21 **b) Durchsetzung.** Das Einsichtsrecht kann der Gesellschafter und der vom Gericht zur Einsicht ermächtigte Gläubiger durch Klage vor dem Zivilgericht durchsetzen (BayObLG 14.6.1967, NJW 1968, 56). Der zur Einsicht ermächtigte Gläubiger kann auch das Gericht um die Verhängung eines Zwangsgelds gegen den Verwahrer (nicht gegen die gelöschte Gesellschaft) gem. § 95 FamFG iVm § 888 ZPO zur Durchsetzung seines Einsichtsrechts ersuchen (Roth/Altmeppen/*Altmeppen* Rn. 20).

22 **c) Umsetzung.** Die Einsicht erfolgt am Aufbewahrungsort (Scholz/*Schmidt* Rn. 36). Das Einsichtsrecht beinhaltet das Recht, sich Kopien anzufertigen oder Sachverständige hinzuzuziehen (Baumbach/Hueck/*Haas* Rn. 12). Die Einsicht kann auch durch Personen erfolgen, die von Berufs wegen zur Verschwiegenheit verpflichtet sind (Hachenburg/*Hohner* Rn. 13; Baumbach/Hueck/*Haas* Rn. 12). Kann die Einsicht nicht erfolgen, weil eine unsorgfältige Verwahrung erfolgte, kommt ein Schadensersatzanspruch gegen den Verwahrer in Betracht (§§ 328, 280 BGB).

23 **4. Rechtsfolgen der Löschung.** Nach der heute überwiegend vertretenen Ansicht vom Doppeltatbestand endet die Rechtsfähigkeit der Gesellschaft, wenn diese über kein Vermögen mehr verfügt und die Löschung im Handelsregister erfolgt ist (→ § 66 Rn. 1). Erfolgt eine Löschung, obwohl Vermögen noch vorhanden ist, so führt diese Löschung nicht zur Vollbeendigung der Gesellschaft, sie bleibt weiterhin bestehen (OLG Stuttgart 30.9.1998, NZG 1999, 31; Baumbach/Hueck/*Haas* Rn. 16). Nicht erfüllte Verbindlichkeiten sollen bestehen, aber nicht mehr beitreibbar sein (Rowedder/Schmidt-Leithoff/*Gesell* Rn. 16; *Passarge* in Passarge/Torwegge GmbH-Liquidation Rn. 521). Bei vorhandener Vermögenslosigkeit müssen sie aber bei Fortfall des Schuldners erlöschen. Für bestellte Sicherheiten muss deren Fortbestand fingiert werden, damit akzessorische Sicherheiten für den Gläubiger erhalten bleiben, der ansonsten ja keine Möglichkeit hat, das Erlöschen der Gesellschaft zu verhindern (vgl. Baumbach/Hueck/*Haas* Rn. 16). Unabhängig hiervon können sie bei einer Nachtragsliquidation geltend gemacht werden, weil nach der Lehre vom Doppeltatbestand noch keine Beendigung eingetreten ist. Nicht akzessorische und auch akzessorische Sicherheiten bleiben nach jeder Ansicht bestehen (BGH 25.11.1981, BGHZ 82, 323 (326 f.) = NJW 1982, 875 (für die KG)), da Sicherheiten gerade bei einer Vermögenslosigkeit einen Rückgriff bieten sollen (MHLS/*Nerlich* Rn. 42). Zu den Auswirkungen auf bestehende Rechtsstreitigkeiten → Rn. 4, 5.

24 **5. Nachtragsliquidation. a) Erforderlichkeit.** Eine Nachtragsliquidation ist erforderlich, wenn verwertbares Vermögen bei der gelöschten Gesellschaft noch vorhanden ist oder nichtvermögensrechtliche Abwicklungsmaßnahmen notwendig sind. Die Nachtragsliquidation setzt nicht das vorangegangene Liquidationsverfahren fort, sondern ist ein eigenständiger Verfahrensabschnitt zur Herbeiführung der

Vollbeendigung der Gesellschaft, deren rechtliche Grundlage nach hA aus § 273 Abs. 4 AktG analog hergeleitet wird (BGH 23.2.1970, BGHZ 53, 264 = NJW 1970, 1044; LG Köln 6.1.2003, NZG 2003, 340; Hachenburg/*Hohner* Rn. 30). Kennzeichen der hier beschriebenen Nachtragsliquidation ist, dass in der Vergangenheit bereits ein Liquidationsverfahren durchgeführt wurde, dass zur Löschung der GmbH geführt hat. Dem gegenüber regelt § 66 Abs. 5 die notwendige Liquidation nach einer vorangegangenen Löschung einer Gesellschaft aufgrund Vermögenslosigkeit (BayObLG 21.7.2004, NZG 2004, 1164; OLG Karlsruhe 21.6.1989, NJW-RR 1990, 100). Eine Nachtragsliquidation kann auch erforderlich werden, wenn eine Gesellschaft ausländischen Rechtes durch ihre Löschung im Register ihres Heimatstaates ihre Rechtsfähigkeit verloren hat und dadurch für ihr in Deutschland belegenes Vermögen eine Restgesellschaft entstanden ist (BGH 22.11.2016, NZG 2017, 347 (348 Fn. 12, 13) mwN.).

aa) Vermögen. Ist die Gesellschaft im Zeitpunkt ihrer Löschung nicht vermögenslos, führt nach der Lehre vom Doppeltatbestand die Löschung nicht zur Vollbeendigung der Gesellschaft. Die Gesellschaft ist rechts- und parteifähig, bis zur Bestellung des Nachtragsliquidators aber nicht handlungsfähig (OLG Koblenz 9.3.2007, NGZ 2007, 431). Um die Vollbeendigung herbeizuführen, ist eine Nachtragsliquidation durchzuführen, in der das Vermögen verteilt wird (BGH 23.2.1970, BGHZ 53, 264 = NJW 1970, 1044; BAG 19.3.2002, NZG 2002, 1175;). Das Vermögen muss vor der Löschung erworben sein, da nach der Löschung keine taugliche Erwerberin mehr existiert (Roth/Altmeppen/*Altmeppen* Rn. 21). Es kann sich hierbei um Schadensersatzansprüche der Gesellschaft gegen die Gesellschafter, Geschäftsführer oder Liquidatoren handeln, um nicht erfüllte Einlageverpflichtungen (BayObLG 20.10.1984, ZIP 1985, 33) oder ein insolventer Schuldner ist zahlungsfähig geworden (*Passarage* in Passarge/Torwegge GmbH-Liquidation Rn. 528). Das aufgefundene Vermögen muss höher als die Kosten einer Nachtragsliquidation sein (MHLS/*Nerlich* Rn. 50; Lutter/Hommelhoff/*Kleindiek* Rn. 20; Scholz/*Schmidt/Cziupka* Rn. 25) und die Realisierungsmöglichkeit schlüssig dargelegt und nicht aussichtslos sein (Roth/Altmeppen/*Altmeppen* Rn. 23). 25

bb) Notwendige Abwicklungsmaßnahmen. Fehlt es an einem Vermögen bei der gelöschten GmbH, sind jedoch weitere Abwicklungsmaßnahmen notwendig, ist zu differenzieren. Ist die Abgabe einer eidesstattlichen Versicherung über die Vermögenslosigkeit notwendig, muss hierfür unstreitig keine Nachtragsliquidation durchgeführt werden (→ § 74 Rn. 7). Setzt die Abwicklungsmaßnahme eine Mitwirkung der gelöschten GmbH voraus, bspw. die Bewilligung von Grundbuchberichtigungen (OLG München 19.2.1988, ZIP 1988, 575 (577)) oder die Erfüllung eines durch Vormerkung gesicherten Anspruchs (BGH 10.10.1988, BGHZ 105, 259 (261) = NJW 1989, 220), muss eine Nachtragsliquidation durchgeführt werden. Streitig ist, ob diese auch notwendig ist, wenn nur eine passive Mitwirkung erfolgen muss, bspw. die Mitwirkung an der Zustellung eines Steuerbescheides (OLG München 7.5.2008, NZG 2008, 555) oder der Empfang einer sonstigen Zustellung (OLG Frankfurt a. M. 25.3.1982, Rpfleger 1982, 290). In Rspr. und Lit. wird dies häufig in Analogie zu § 273 Abs. 4 AktG bejaht (OLG Stuttgart 7.12.1994, NJW-RR 1995, 805; BayObLG 20.10.1984, ZIP 1985, 33; BayObLG 31.5.1983, ZIP 1983, 938; Hachenburg/*Hohner* Rn. 32; Lutter/Hommelhoff/*Kleindiek* Rn. 19). Der Abwicklungsauftrag ist dann beschränkt und nicht eintragungspflichtig (vgl. Roth/Altmeppen/*Altmeppen* Rn. 37; Hachenburg/*Hohner* Rn. 38). Der BGH, der die Rechtsgrundlage für eine Nachtragsliquidation in einer analogen Anwendung des § 273 Abs. 4 AktG sieht (BGH 23.2.1970, BGHZ 53, 264 = NJW 1970, 1044), hat in seiner Entscheidung vom 10.10.1988 (BGH 10.10.1988, BGHZ 105, 259 = NJW 1989, 220) offengelassen, ob in solchen Fällen auch analog § 273 Abs. 4 AktG ein Nachtragsliquidator oder analog § 1913 BGB ein Pfleger (so Hachenburg/*Ulmer* Anh. § 60 Rn. 40) zu bestellen ist oder im Wege einer nachwirkenden Liquidatorenzuständigkeit analog § 74 Abs. 2 S. 2 (so Scholz/*Schmidt/Cziupka* Rn. 28) eine Zustellung an den Verwahrer der Unterlagen in Betracht kommt. Ist Vermögen vorhanden, ist für Abwicklungsmaßnahmen entsprechend § 273 Abs. 4 S. 1 AktG ein Nachtragsliquidator (und nicht ein Pfleger gem. § 1913 BGB) zu bestellen (BGH 22.11.2016, NZG 2017, 347 (349 Fn. 15, 19)). Sofern kein Vermögen vorhanden oder erwartet ist, dass die Kosten der Nachtragsliquidation übersteigt (*Passarge* in Passarge/Torwegge GmbH-Liquidation Rn. 653), weist das OLG Jena zu Recht darauf hin, dass hier die Durchführung eines Nachtragsliquidationsverfahrens unverhältnismäßig ist. Wo es nur um die Zustellung einer Erklärung (bspw. in einem Kaduzierungsverfahren nach § 21) geht, ist die Durchführung dieser Abwicklungsmaßnahme eher mit der Verwahrung der Schriften vergleichbar und die Zustellung an den ggf. gerichtlich bestellten Verwahrer als kostengünstigere Möglichkeit entsprechend § 74 Abs. 2 S. 2 GmbHG vorzuziehen (OLG Jena 8.6.2007, NZG 2007, 717; MüKoGmbHG/*H. F. Müller* Rn. 47 mwN). In diesem Zusammenhang wird darauf hingewiesen, dass es sich hierbei nur noch um nachträgliche Handlungspflichten handelt und ein Nachtragsliquidationsverfahren nur für eine Vermögensverteilung sinnvoll ist (Scholz/*Schmidt/Cziupka* Rn. 28). Zustellungen können nach dieser Ansicht wesentlich schneller erfolgen, weil das als risikobelastete und ggf. im Beschwerdeverfahren angreifbare Amt des Liquidators nicht geschaffen werden muss. Auch muss kein die Kosten des Verfahrens deckender Vorschuss (OLG München 7.12.1994, NJW-RR 1995, 805) erhoben werden, der die Rechtsdurchsetzung erschwert. Bei einer Zustellung zur nachträglichen Geltendmachung einer Forderung stellt sich aber die Frage, ob diese noch notwendig ist, 26 da Ansprüche nach einem ordnungsgemäß durchgeführten Liquidationsverfahren nicht mehr gegenüber der Gesellschaft verfolgt werden können (Scholz/*Schmidt/Cziupka* Rn. 29; → § 73 Rn. 23). Gegenteiliges und dessen Realisierungsmöglichkeit sind schlüssig darzulegen (OLG Karlsruhe 21.6.1989, NJW-RR 1990, 100).

27 **b) Antrag.** Die Anordnung der Nachtragliquidation setzt analog § 273 Abs. 4 S. 1 AktG einen Antrag voraus (Roth/Altmeppen/*Altmeppen* Rn. 31; Rowedder/Schmidt-Leithoff/*Gesell* Rn. 26; Hachenburg/*Hohner* Rn. 34). Der Antrag kann von den früheren Geschäftsführern, Liquidatoren, Gesellschaftern, Gläubigern oder sonstigen Personen gestellt werden, die ein berechtigtes Interesse darlegen können (Roth/Altmeppen/*Altmeppen* Rn. 31) Im Antrag müssen die Voraussetzungen für eine Nachtragsliquidation glaubhaft gemacht werden (BayObLG 2.2.1984, BB 1984, 446). Das Gericht kann einen Kostenvorschuss für die Deckung der Kosten des Verfahrens und der Vergütung des Liquidators einfordern (OLG Stuttgart 7.12.1994, GmbHR 1995, 595; Hachenburg/*Hohner* Rn. 34). Sinnvollerweise sollte hierzu der Antrag Ausführungen enthalten. Das Gericht entscheidet nach pflichtgemäßem Ermessen.

28 Bei einer Ablehnung des Antrags kann ab 1.9.2009 innerhalb eines Monats **Beschwerde** gem. §§ 58, 63 Abs. 1 FamFG eingelegt werden, gegen die Entscheidung des OLG (§ 119 Abs. 1 Nr. 1b GVG) die Rechtsbeschwerde, sofern vom Beschwerdegericht zugelassen (§ 70 Abs. 1 FamFG). Der zuvor geführte Meinungsstreit, ob gem. § 20 Abs. 2 FGG, § 148 Abs. 1 FGG, § 146 Abs. 1 FGG, § 273 Abs. 5 AktG die sofortige Beschwerde oder die einfache Beschwerde und gegen die abl. Entscheidung des LG die sofortige weitere Beschwerde gem. §§ 27, 29 FGG möglich war (OLG Schleswig 23.12.1999, NJW-RR 2000, 769; OLG Köln 6.1.2003, ZIP 2003, 573 (574); vgl. auch BGH 10.12.2007, DStR 2008, 367: Wiedereinsetzung wegen zweifelhafter Rechtslage möglich), hat sich damit erledigt. Beschwerdebefugt (§ 59 Abs. 2 FamFG) ist die Gesellschaft, vertreten durch den früheren Liquidator (Baumbach/Hueck/*Haas* § 60 Rn. 106). Das Beschwerdegericht prüft nur, ob die Grenzen des Ermessens überschritten wurden, dem Zweck entsprechend von der Ermächtigung Gebrauch gemacht wurde und ob die Entscheidung durch Verfahrensfehler beeinflusst wurde (KG 9.1.2001, GmbHR 2001, 252 (253)).

29 **c) Bestellung.** Wird eine Nachtragsliquidation erforderlich, „lebt" die Vertretungsbefugnis der früheren Liquidatoren nicht wieder auf, sondern vom Gericht sind analog § 273 Abs. 4 AktG die bisherigen oder neue Abwickler zu bestellen, wobei die Auswahl dem pflichtgemäßen Ermessen unterliegt (BGH 23.2.1970, BGHZ 53, 264 = NJW 1979, 1044). Zuständig ist der Richter, nicht der Rechtspfleger (OLG Frankfurt a. M. 25.2.1993, GmbHR 1993, 230). Die bestellte Person ist nicht verpflichtet, das Amt des Liquidators anzunehmen. Dies gilt auch dann, wenn dieser Geschäftsführer der Gesellschaft oder deren Gesellschafter war (KG 9.1.2001, GmbHR 2001, 252). Eine zwangsweise Bestellung ist gesetzlich nicht vorgesehen.

30 Die gerichtliche Bestellung des Liquidators kann nicht vermieden werden. Der Nachtragsliquidator kann nicht wirksam bereits in der Satzung oder durch einen Gesellschafterbeschluss bestellt werden (BayObLG 7.1.1998, NJW-RR 1998, 1333; Roth/Altmeppen/*Altmeppen* Rn. 29). Ein gerichtlich bestellter Liquidator kann nicht in einer Gesellschafterversammlung abberufen werden (Roth/Altmeppen/*Altmeppen* Rn. 29; Baumbach/Hueck/*Haas* § 60 Rn. 106; Hachenburg/*Hohner* Rn. 35; Lutter/Hommelhoff/*Kleindiek* Rn. 21; Scholz/*Schmidt/Cziupka* Rn. 31).

31 **d) Vertretungsumfang.** Ob das Gericht die Vertretungsbefugnis des Nachtragsliquidators auf bestimmte Abwicklungstätigkeiten beschränken kann, ist streitig. Dies ist zu bejahen, wenn Anlass für die Liquidation eine einzelne Abwicklungsmaßnahme ist, Gesellschaftsvermögen fehlt und eine analoge Anwendung von § 74 Ab. 2 aufgrund einer nachwirkenden Handlungskompetenz abgelehnt wird (KG 7.7.1998, NZG 1999, 163; AG Göppingen 11.2.1987, GmbHR 1988, 30; OLG Düsseldorf 18.4.2011, GmbHR 2011, 873; Baumbach/Hueck/*Haas* § 60 Rn. 106; Hachenburg/*Hohner* Rn. 40; MHLS/*Nerlich* Rn. 54). Ansonsten ist mit der Gegenansicht zum Schutz des Rechtsverkehrs eine Beschränkung abzulehnen, da nach der Anordnung weitere Maßnahmen zur Erzielung der Vollbeendigung erforderlich werden können und die auftretende Notwendigkeit einer Erweiterung der Kompetenzen die Liquidation verzögern kann (OLG Koblenz 9.3.2007, NZG 2007, 431 (432); Scholz/*Schmidt/Cziupka* Rn. 39; *Passarge* in Passarge/Torwegge GmbH-Liquidation Rn. 537).

32 **e) Eintragung.** Die Bestellung des Nachtragliquidators und die Gesellschaft sind von Amts wegen (wieder) im Handelsregister einzutragen (MHLS/*Nerlich* Rn. 59; Scholz/*Schmidt/Cziupka* Rn. 38). Bei einer zeitlich überschaubaren einzelnen Abwicklungsmaßnahme kann hiervon abgesehen werden (OLG München 21.10.2010, ZIP 2010, 2204; BayObLG 4.10.1955, DNotZ 1955, 638 (641); MHLS/*Nerlich* Rn. 59).

33 **f) Durchführung.** Für die Durchführung der Liquidation gelten die allgemeinen Regeln zur Liquidation. Eine neue Eröffnungsbilanz, ein neuerlicher Gläubigeraufruf und die Einhaltung des Sperrjahres müssen nicht erfolgen (MHLS/*Nerlich* Rn. 56; Roth/Altmeppen/*Altmeppen* Rn. 37; Scholz/*Schmidt/Cziupka* Rn. 37). Vom Nachtragsliquidator ist jedoch eine Schlussrechnung zu erstellen (Hachenburg/

Hohner Rn. 39) und Jahresabschlüsse gem. § 71 ggf. zu erstellen (*Passarge* in Passarge/Torwegge GmbH-Liquidation Rn. 539; MHLS/*Nerlich* Rn. 56).

Bei Überschuldung und/oder Zahlungsunfähigkeit besteht für den Nachtragsliquidator grds. eine Insolvenzantragspflicht gem. § 15a InsO (näher → § 74 Rn. 8). Die während der Nachtragsliquidation erstellten Dokumente sind ebenfalls aufzubewahren (*Passarge* in Passarge/Torwegge GmbH-Liquidation Rn. 539; Hachenburg/*Hohner* Rn. 39). 34

Ein Fortsetzungsbeschluss kann durch die Gesellschafter nicht gefasst werden, weil die Gesellschaft nicht besser behandelt werden kann als eine aufgelöste Gesellschaft nach Beginn der Vermögensverteilung (Scholz/*Schmidt/Cziupka* § 60 Rn. 97; Hachenburg/*Hohner* Rn. 26; *Passarge* in Passarge/Torwegge GmbH-Liquidation Rn. 548). Es erfolgt nur noch die Schlussabwicklung. 35

Nichtigkeitsklage

75 (1) **Enthält der Gesellschaftsvertrag keine Bestimmungen über die Höhe des Stammkapitals oder über den Gegenstand des Unternehmens oder sind die Bestimmungen des Gesellschaftsvertrags über den Gegenstand des Unternehmens nichtig, so kann jeder Gesellschafter, jeder Geschäftsführer und, wenn ein Aufsichtsrat bestellt ist, jedes Mitglied des Aufsichtsrats im Wege der Klage beantragen, daß die Gesellschaft für nichtig erklärt werde.**

(2) **Die Vorschriften der §§ 246 bis 248 des Aktiengesetzes finden entsprechende Anwendung.**

Übersicht

I. Allgemeines

Die Eintragung der GmbH im Handelsregister heilt grundsätzlich Mängel des Gesellschaftsvertrages und andere fehlende Eintragungsvoraussetzungen. Nach § 75 kann ein bestimmter Personenkreis in drei Fällen durch **Klage** zwar nicht die sofortige Unwirksamkeit, jedoch die Auflösung der Gesellschaft erreichen. Mit anderen Mängeln kann eine Nichtigkeitsklage nicht begründet werden. Fehlt es jedoch an einer wirksamen Anmeldung der GmbH zum Handelsregister oder sind alle Beitrittserklärungen nichtig, ist eine solche Scheingesellschaft gem. § 395 FamFG von Amts wegen zu löschen (Rowedder/Schmidt-Leithoff/*Baukelmann* Rn. 1; *Wicke* Rn. 4 mwN). Abs. 1 wurde durch das 1. Koordinierungsgesetz vom 15.8.1969 (BGBl. 1969 I 1146), Abs. 2 durch das JKomG vom 22.3.2005 (BGBl. 2005 I 837) geändert. Die amtliche Überschrift wurde durch das MoMiG vom 23.10.2008 (BGBl 2008 I 2026) ergänzt. 1

Die in § 75 geregelten Auflösungsgründe (→ § 77 Rn. 1) können daneben auch zu einer Auflösung der Gesellschaft **von Amts wegen** gem. § 397 S. 2 FamFG iVm § 60 Abs. 1 Nr. 6 führen. Während § 75 nur bestimmte Verstöße gegen den notwendigen Satzungsinhalt einer GmbH gem. § 3 Abs. 1 2 erfasst, kann eine Auflösung von Amts wegen gem. § 399 Abs. 4, 1 FamFG erfolgen, wenn irgendeine notwendige Satzungsbestimmung fehlt oder nichtig ist. Hierzu gehört das Fehlen oder die Nichtigkeit von Regelungen zu Firma und Sitz, zum Unternehmensgegenstand, zur Nichtigkeit der Regelung des Betrags des Stammkapitals (beim Fehlen der Regelung gilt § 397, MHLS/*Lieder* Rn. 4) sowie zu Zahl und Nennbetrag der Geschäftsanteile. Über § 399 FamFG können damit auch interessierte Dritte versuchen, eine Amtslöschung herbeizuführen, die nicht zu den Antragsberechtigten gem. § 75 gehören.

II. Einzelerläuterung

3 **1. Anwendungsbereich.** § 75 gilt nur für die eingetragene GmbH (*Wicke* Rn. 1; Rowedder/Schmidt-Leithoff/*Baukelmann* Rn. 2). § 75 gilt nicht für die Vor-GmbH, weil Mängel der Satzung schon zu beachtende Eintragungshindernisse darstellen (MüKoGmbHG/*Hillmann* Rn. 4). In der Liquidation fehlt für eine Nichtigkeitsklage idR das Rechtsschutzbedürfnis, da eine Auflösung schon erfolgt (Baumbach/Hueck/*Haas* Rn. 4; MüKoGmbHG/*Hillmann* Rn. 4; Rowedder/Schmidt-Leithoff/*Baukelmann* Rn. 3). Soll jedoch die aufgelöste GmbH fortgesetzt werden, ist auch zu prüfen, ob der Nichtigkeitsgrund behoben wurde (Scholz/*Schmidt*/*Cziupka* Rn. 3).

4 **2. Nichtigkeitsgründe.** § 75 Abs. 1 regelt abschließend (BGH 9.10.1956, BGHZ 21, 378 (381) = NJW 1957, 19; KG 14.11.2000, NZG 2001, 225) drei Nichtigkeitsgründe:

5 **a) Fehlende Bestimmung der Höhe des Stammkapitals.** Anstelle der Betragsnennung (vgl. § 3 Abs. 1 Nr. 3 und §§ 5, 5a) wird bspw. ein Betragsrahmen oder ein Bestimmungsrecht durch einen Dritten angegeben (Baumbach/Hueck/*Haas* Rn. 13). Ist die Höhe des Stammkapitals bestimmbar, aber unzulässig, bspw. ein Stammkapital von 30.000 EUR bei der Unternehmergesellschaft (haftungsbeschränkt), deren Kapital zwischen 1 und 24.999 EUR liegen muss (§ 5a), so kommt keine Anwendung von § 75, jedoch von § 399 Abs. 4, 1 FamFG in Betracht.

6 **b) Fehlende Bestimmung des Unternehmensgegenstandes.** § 75 Abs. 1 greift ein, wenn die durch § 3 Abs. 1 Nr. 2 vorgeschriebene Angabe fehlt. Hingegen ist eine unzureichende Individualisierung des Unternehmensgegenstandes nur ein Eintragungshindernis, jedoch kein Nichtigkeitsgrund (Baumbach/Hueck/*Haas* Rn. 14).

7 **c) Benennung eines nichtigen Unternehmensgegenstandes.** Hier ist zwischen Gesellschaftszwecks und Unternehmensgegenstand zu unterscheiden (→ § 1 Rn. 4 ff.). So kann beispielsweise der Gesellschaftszweck eines Zusammenschlusses von Firmen zu einem Joint Venture eine nach § 1 GWB unzulässige Wettbewerbsbeschränkung vorsehen, was deren Auflösung durch das Bundeskartellamt nach § 41 GWB oder eine Auflösung nach § 62 zur Folge haben kann. Der Unternehmensgegenstand („Verkauf von Waren") wäre aber zulässig (Rowedder/Schmidt-Leithoff/*Baukelmann* Rn. 14; Scholz/*Schmidt*/*Cziupka* Rn. 23; MHLS/*Lieder* Rn. 13). Ein nichtiger Unternehmensgegenstand liegt bei einem gesetz- oder sittenwidrigen Unternehmensgegenstand vor (Scholz/*Schmidt*/*Cziupka* Rn. 18), bspw. Drogenhandel. Entsprechendes gilt, wenn der Unternehmensgegenstand nur zum Schein vereinbart wurde (BGH 16.3.1992, BGHZ 117, 323 = NJW 1992, 1824). Streitig sind die Fälle, in denen eine ursprünglich gewollte und zulässige Geschäftstätigkeit nicht mehr tatsächlich vorliegt. Nach dem Normzweck des § 75 sollen Gesellschaften der Auflösung anheimfallen, wenn der der Gegenstand des Unternehmens nicht durch die Satzung gedeckt ist (Scholz/*Schmidt*/*Cziupka* Rn. 19). Es ist daher unerheblich, ob der Mangel von Anfang an bestand oder erst später eingetreten ist (Lutter/Hommelhoff/*Kleindiek* Rn. 3; Baumbach/Hueck/*Haas* Rn. 16; Scholz/*Schmidt*/*Cziupka* Rn. 19). Nach der Gegenansicht soll § 75 nicht entsprechend in diesen Fällen anwendbar sein, weil es ausreichend sei, dass der Satzungsverstoß zu Schadensersatz, Auflösungs- und Austrittsrechten führt (Roth/Altmeppen/*Altmeppen* Rn. 12; HK-GmbHG/*Nordmeyer* Rn. 16; MüKoGmbHG/*Hillmann* Rn. 12; UHL/*Paura* Rn. 20; MHLS/*Lieder* Rn. 18 f.). Diese Möglichkeiten verhindern aber nicht, dass ggf. entgegen der gesetzlichen Wertung eine solche Gesellschaft fortbesteht. Geht man davon aus, dass bei späteren Mängeln auch keine Nichtigkeit iSd. § 399 Abs. 4, 1 FamFG vorliegt, käme auch keine Amtslöschung in Betracht. Wenn Normen den wirtschaftlichen Erfolg verhindern wollen, spricht dies für ein Verbot gem. § 134 BGB (BGH 23.4.1968, NJW 1968, 2286; zur unzulässigen Inkassodienstleistung vgl. LG München I 7.2.2020, BeckRS 2020, 841). Dient die Norm lediglich der staatlichen Kontrolle, führt das Fehlen oder der Wegfall der öffentlichen Genehmigung nicht zur Nichtigkeit des Unternehmensgegenstandes (MHLS/*Lieder* Rn. 14). Die Verweigerung einer staatlichen Genehmigung stellt jedoch einen Auflösungsgrund gem. § 61 Abs. 1 dar, weil der Unternehmenszweck nicht erreicht werden kann (Rowedder/Schmidt-Leithoff/*Baukelmann* Rn. 15; MüKoGmbHG/*Hillman* Rn. 11).

8 **3. Rechtsfolge.** Der Begriff „Nichtigkeit" ist missverständlich. Es liegt keine von Anfang an nicht existente Gesellschaft vor (MHLS/*Lieder* Rn. 2). Liegt ein wesentlicher Mangel iSd § 75 Abs. 1 vor und erfolgt keine Heilung gem. § 76, kann von jedem Gesellschafter, Geschäftsführer und ggf. von Aufsichts-

ratsmitgliedern eine Nichtigkeitsklage erhoben werden. Mit der Rechtskraft der gerichtlichen Entscheidung ist die Gesellschaft aufgelöst und zu liquidieren. Die Nichtigkeitsvoraussetzungen begründen keine Einrede, zB gegenüber einer Einlagenforderung (Baumbach/Hueck/*Haas* Rn. 17).

III. Klageverfahren

1. Zuständigkeit. Ausschließlich zuständig ist das LG (Kammer für Handelssachen) in dessen Bezirk die GmbH ihren Sitz hat (§ 75 Abs. 2, § 246 Abs. 3 S. 1 und 2 AktG). Ein Schiedsgericht (§§ 1025 ff. ZPO) kann vereinbart werden (Baumbach/Hueck/*Haas* Rn. 25; MüKoGmbHG/*Hillmann* Rn. 23). Die gesetzlichen Vorgaben müssen hierzu beachtet sein (vgl. BGH 6.4.2009, NJW 2009, 1962 ff.; BGH 29.3.1996, NJW 1996, 1753 ff.). 9

2. Klageberechtigte. a) Gesellschafter. Die Klage kann von jedem Gesellschafter unabhängig von seiner Beteiligungshöhe erhoben werden. Klagen mehrere Gesellschafter, besteht zwischen ihnen eine notwendige Streitgenossenschaft iSd § 62 (Rowedder/Schmidt-Leithoff/*Baukelmann* Rn. 23; Scholz/*Schmidt/Cziupka* Rn. 27). 10

b) Geschäftsführer. Klagen im eigenen Namen als „Partei kraft Amtes" kann auch jeder Geschäftsführer. Es liegt eine „Spielart des Organstreits" vor, dessen Kosten nicht vom Geschäftsführer persönlich, sondern von der Gesellschaft zu tragen sind (Baumbach/Hueck/*Haas* Rn. 21). 11

c) Aufsichtsratsmitglieder. Besteht ein obligatorischer oder fakultativer Aufsichtsrat, ist jedes Aufsichtsratsmitglied klagebefugt, nicht jedoch das Organ selbst (Lutter/Hommelhoff/*Kleindiek* Rn. 2). Da das Gesetz keine Ansatzpunkte für die Erweiterung des Kreises der Berechtigten gibt, gilt die Bestimmung nicht entsprechend für Gremien mit anderer Bezeichnung (Beirat, Verwaltungsrat etc), selbst bei vergleichbaren Kontrollmöglichkeiten (UHL/*Paura* Rn. 24; MüKoGmbHG/*Hillmann* Rn. 18; Scholz/*Schmidt/Cziupka* Rn. 26; Rowedder/Schmidt-Leithoff/*Baukelmann* Rn. 23; Michalski/Rühland Rn. 17; aA Lutter/Hommelhoff/*Kleindiek* Rn. 2; Baumbach/Hueck/*Haas* Rn. 22). 12

3. Klagefrist. Eine Klagefrist muss nach hM nicht beachtet werden (MüKoGmbHG/*Hillmann* Rn. 20). Die Monatsfrist gem. § 246 Abs. 1 AktG iVm § 75 Abs. 2 ergibt keinen Sinn und auf eine Dreijahresfrist gem. § 242 Abs. 2 AktG oder § 275 Abs. 3 AktG wird nicht verwiesen (Roth/Altmeppen/*Altmeppen* Rn. 24; MüKoGmbHG/*Hillmann* Rn. 20; Rowedder/Schmidt-Leithoff/*Baukelmann* Rn. 29; Hachenburg/*Hohner* Rn. 26; aA Baumbach/Hueck/*Haas* Rn. 26: Dreijahresfrist analog § 275 Abs. 3 AktG). Soweit eine Änderungsbereitschaft bestehen kann, gebietet die Treuepflicht vor Erhebung der Nichtigkeitsklage die Anmahnung der Änderung bei den Gesellschaftern (Baumbach/Hueck/*Haas* Rn. 27; MüKoGmbHG/*Hillmann* Rn. 21, UHL/*Paura* Rn. 25). Ein Rückgriff auf § 275 Abs. 2 AktG ist dafür nicht notwendig. 13

4. Klage. a) Klagegegner. Die Klage richtet sich gegen die GmbH, vertreten durch den oder die Geschäftsführer in vertretungsberechtigter Anzahl und – falls einer besteht – den Aufsichtsrat (§ 75 Abs. 2, § 246 Abs. 2 S. 2 AktG). Gemäß § 130 Nr. 1 ZPO soll die Klageschrift alle Vertreter aufführen. Ein Verstoß ist bei einer ordnungsgemäßen Klagezustellung jedoch unbeachtlich (Scholz/*Schmidt/Cziupka* Rn. 28; BGH 10.3.1960, NJW 1960, 1006). Klagt ein Geschäftsführer, wird die Gesellschaft nur durch den Aufsichtsrat vertreten, wenn ein solcher besteht (§ 75 Abs. 2, § 246 Abs. 2 S. 3 AktG). Klagt der einzige Geschäftsführer, ohne dass ein Aufsichtsrat vorhanden ist, ist analog § 29 BGB durch das Registergericht ein Notgeschäftsführer oder gem. § 57 ZPO durch das Prozessgericht ein Prozesspfleger zu bestellen (Scholz/*Schmidt/Cziupka* Rn. 28). Die Gesellschafter können nach § 46 Nr. 8 analog auch Prozessvertreter ernennen (Hachenburg/*Hohner* Rn. 27; Baumbach/Hueck/*Haas* Rn. 24). Klagt ein Aufsichtsratsmitglied, wird die Gesellschaft nur durch die Geschäftsführer vertreten (§ 75 Abs. 2, § 246 Abs. 2 S. 3 AktG). 14

b) Bekanntmachung. Nach Klageerhebung hat der Geschäftsführer diese im elektronischen Bundesanzeiger und ggf. sonstigen Gesellschaftsblättern (§ 75 Abs. 2, § 246 Abs. 4 AktG, § 25 AktG, § 12) bekannt zu machen. Das Registergericht kann die Geschäftsführer entsprechend § 407 Abs. 1 AktG durch Androhung/Festsetzung von Zwangsgeld hierzu anhalten (MüKoGmbHG/*Hillmann* Rn. 27). 15

5. Gerichtliche Entscheidung. a) Rechtliches Gehör. Gesellschaftern, Geschäftsführern und Aufsichtsratsmitgliedern, die keine Klage erhoben haben, ist aufgrund der sie betreffenden Rechtsfolgen einer stattgebenden Entscheidung rechtliches Gehör gem. Art. 103 Abs. 1 GG zu gewähren (Baumbach/Hueck/*Haas* Rn. 28). Mehrere Nichtigkeitsklagen sind zur gemeinsamen Entscheidung zu verbinden (§ 75 Abs. 2, § 246 Abs. 3 S. 5 AktG). 16

b) Rechtskraft. Mit der Rechtskraft (nicht erst mit der Eintragung) führt das Urteil die Auflösung der Gesellschaft herbei und lässt die Gesellschaft in „das Abwicklungsstadium eintreten" (UHL/*Paura* Rn. 34; MHLS/*Lieder* Rn. 41; Roth/Altmeppen/*Altmeppen* Rn. 26; Scholz/*Schmidt/Cziupka* Rn. 32, → Rn. 77). Das Urteil wirkt nach § 75 Abs. 2, § 248 Abs. 1 S. 1 AktG auch für und gegen die 17

Gesellschafter, Geschäftsführer und Aufsichtsratsmitglieder, die keine Klage erhoben haben, und gegen jeden Dritten (Lutter/Hommelhoff/*Kleindiek* Rn. 5). Eine rechtskräftige klageabweisende Entscheidung wirkt nur zwischen den Parteien und schließt nach allgM weder die Nichtigkeitsklage einer anderen zur Klage befugten Person noch ein Amtslöschungsverfahren gem. § 397 FamFG aus (Scholz/*Schmidt*/*Cziupka* Rn. 32.

18 **c) Streitwertbemessung.** Für die Streitwertbemessung gilt § 75 Abs. 2, § 247 AktG.

19 **6. Handelsregister.** Da mit der rechtskräftigen Entscheidung die Gesellschaft aufgelöst ist, haben nicht die Geschäftsführer, sondern die Liquidatoren das mit dem Rechtskraftzeugnis (§ 706 ZPO) versehene Gestaltungsurteil unverzüglich zum Registergericht einzureichen (§ 75 Abs. 2, § 248 Abs. 1 S. 2 AktG). Bei Verstößen droht ein Zwangsgeld gem. § 14 HGB (Rowedder/Schmidt-Leithoff/*Baukelmann* Rn. 34; MüKoGmbHG/*Hillmann* Rn. 30). Das Registergericht hat die Gesellschaft von Amts wegen zu löschen, was teilweise auf § 275 Abs. 4 S. 3 AktG analog gestützt wird (MüKoGmbHG/*Hillmann* Rn. 31; Baumbach/Hueck/*Haas* Rn. 31, 32; Roth/Altmeppen/*Altmeppen* Rn. 28). Wie sich aus § 65 Abs. 1 S. 2 ergibt, ist eine ausdrückliche Auflösungsanmeldung nicht erforderlich, weil eine „gerichtliche Feststellung eines Mangels des Gesellschaftsvertrages" vorliegt (BeckOK GmbH/*Trölitzsch* § 77 Rn. 3; aA Scholz/*Schmidt*/*Cziupka* Rn. 33; Rowedder/Schmidt-Leithoff/*Baukelmann* Rn. 34). Die Eintragung kann lauten: „Die Gesellschaft ist mit Rechtskraft des Urteils des … vom … nichtig und befindet sich daher mit Wirkung vom … (= Datum des Eintritts der formellen Rechtskraft) im Auflösungsstadium" (Baumbach/Hueck/*Haas* Rn. 32). Die Anmeldung der ersten Liquidatoren gem. § 67 Abs. 1 ist hiermit sinnvollerweise zu verbinden.

20 **7. Einstweilige Verfügungen.** Durch eine einstweilige Verfügung kann eine Nichtigkeitserklärung nicht erreicht werden (Scholz/*Schmidt*/*Cziupka* Rn. 34). Einstweilige Verfügungen für vorläufige sichernde Maßnahmen sind möglich (Roth/Altmeppen/*Altmeppen* Rn. 29; Baumbach/Hueck/*Haas* Rn. 34; Rowedder/Schmidt-Leithoff/*Baukelmann* Rn. 35).

IV. Abdingbarkeit

21 § 75 ist nicht abdingbar. Lediglich ein Schiedsgericht kann vereinbart werden (→ Rn. 9).

V. Darlegungs- und Beweislast

22 Die Darlegungs- und Beweislast trägt nach allgemeinen Grundsätzen der Kläger für das Vorliegen eines Nichtigkeitsgrundes.

Heilung von Mängeln durch Gesellschafterbeschluss

76 **Ein Mangel, der die Bestimmungen über den Gegenstand des Unternehmens betrifft, kann durch einstimmigen Beschluß der Gesellschafter geheilt werden.**

I. Allgemeines

1 Die Vorschrift regelt eine Heilungsmöglichkeit. Der Text wurde zuletzt durch das 1. Koordinierungsgesetz vom 15.8.1969 (BGBl. 1969 I 1146) geändert, die amtliche Überschrift durch das MoMiG vom 23.10.2008 (BGBl. 2008 I 2026) ergänzt.

II. Regelungsgegenstand

2 **1. Unternehmensgegenstand.** Nach seinem Wortlaut erfasst § 76 nur Satzungsmängel gem. § 75 im Zusammenhang mit dem Unternehmensgegenstand, und zwar unabhängig davon, ob eine entsprechende Bestimmung in der Satzung fehlt oder die Regelung nichtig ist. Solche Mängel können gem. § 76 durch Gesellschafterbeschluss behoben werden.

3 **2. Höhe des Stammkapitals.** Eine Heilung der fehlenden Angabe zur Höhe des Stammkapitals (§§ 75, 3 Abs. 1 Nr. 3) benennt § 76 nicht. Teilweise wird daher vertreten, dass ein solcher Mangel nicht geheilt werden könne und eine entsprechende Anwendung von § 76 contra legem sei (Rowedder/Schmidt-Leithoff/*Baukelmann* Rn. 1). Dem ist nicht zu folgen. Wenn eine nichtige Bestimmung über die Höhe des Stammkapitals gem. § 3 Abs. 1 Nr. 3 eine Heilung gem. § 399 FamFG ermöglicht, so muss dies auch bei Fehlen der Bestimmung gelten (Baumbach/Hueck/*Haas* Rn. 3). Auch lässt sich aus § 1 ÜbergangsV 1980 ableiten, dass Stammkapital und Geschäftsanteile durch Heilungs- und Fortsetzungsbeschlüsse der Gesetzeslage angeglichen werden können (Scholz/*Schmidt*/*Cziupka* Rn. 5; Lutter/Hommelhoff/*Kleindiek* Rn. 1).

4 **3. Sonstige Mängel.** Satzungsmängel, die nicht unter § 75 fallen, wie fehlende oder nichtige Angaben zur Firma, Sitz (§ 3 Abs. 1 Nr. 1) oder zur geschuldeten Stammeinlage (§ 3 Abs. 1 Nr. 4)

können, wie sich aus § 399 Abs. 4 FamFG ergibt, durch Satzungsänderung geheilt werden (Baumbach/Hueck/*Haas* Rn. 4).

III. Gesellschafterbeschluss

1. Form. Die Heilung setzt eine Ergänzung der fehlenden Regelung oder die Ersetzung der nichtigen Regelung durch eine zulässige Bestimmung in der Satzung voraus. Die Änderung bedarf gem. § 76 eines einstimmigen Gesellschafterbeschlusses, der gem. § 53 Abs. 2 notariell zu beurkunden ist und gem. § 54 Abs. 3 der Eintragung im Handelsregister bedarf (Roth/Altmeppen/*Altmeppen* Rn. 4 ff.; Scholz/*Schmidt*/*Cziupka* Rn. 8). 5

2. Mehrheit. Umstritten ist die Auslegung der Formulierung „einstimmig" in § 76. Satzungsändernde Beschlüsse sind grundsätzlich gem. § 53 Abs. 2 mit einer drei Viertel Mehrheit zu fassen. Da eine aufgelöste Gesellschaft mittels Fortsetzungsbeschluss wieder zur werbenden Gesellschaft werden kann, wird zur Vermeidung von Wertungswidersprüchen vertreten, dass eine 3/4-Mehrheit ausreichend sei (MHLS/*Lieder* Rn. 5, 10). Ein Beschluss, der mit satzungsändernder Mehrheit nach den gesetzlichen Vorgaben (§ 53 Abs. 2) oder der Satzung gefasst wurde und ggf. die nicht an der Beschlussfassung teilnehmenden Gesellschafter bzw. solche, die sich der Stimme enthielten oder zunächst gegen die Änderung waren, nachträglich zustimmen, soll nach dieser Ansicht daher ausreichend sein (Lutter/Hommelhoff/*Kleindiek* Rn. 2; Baumbach/Hueck/*Haas* Rn. 7; Rowedder/Schmidt-Leithoff/*Baukelmann* Rn. 7; Hachenburg/*Hohner* Rn. 6). Von einer aus der gesellschaftsrechtlichen Treuepflicht abgeleiteten Zustimmungspflicht ist in diesem Zusammenhang restriktiv Gebrauch zu machen, da ohnehin nur ein „schmales Tor" für die Geltendmachung von Vertragsmängeln besteht (Roth/Altmeppen/*Altmeppen* Rn. 7). Die Zustimmung bedarf der notariellen Beurkundung (Lutter/Hommelhoff/*Kleindiek* Rn. 2; Baumbach/Hueck/*Haas* Rn. 8; MHLS/*Heyder* Rn. 4; aA Rowedder/Schmidt-Leithoff/*Baukelmann* Rn. 7: formlos; Hachenburg/*Hohner* Rn. 6: schriftlich). Nach der dritten Ansicht ist § 76 überflüssig, weil auch die Heilungsmöglichkeiten nicht zutreffend geregelt werden, sodass eine drei Viertel Mehrheit gem. § 53 Abs. 2 für die Heilung ausreichend sei (Scholz/*Schmidt*/*Cziupka* Rn. 8, auch mit Hinweis auf § 276 AktG). Aufgrund des eindeutigen Wortlautes von § 76 ist diesen Ansichten aber nicht zu folgen. Die Regelung hätte dann keinen Sinn (Baumbach/Hueck/*Haas* Rn. 6, 8; Roth/Altmeppen/*Altmeppen* Rn. 5; BeckOK GmbHG/*Trölitzsch* Rn. 4). Der eingangs genannte Wertungswiderspruch besteht nicht, weil in den zugrunde liegenden Fällen die Gesellschaft gerade nicht mit einer 3/4-Mehrheit die Fortsetzung beschließen kann. 6

3. Frist. Eine Frist für die Beschlussfassung sieht das Gesetz nicht vor (Roth/Altmeppen/*Altmeppen* Rn. 8). 7

4. Rechtsfolge. Mit der Eintragung im Handelsregister gem. § 54 Abs. 3 wird die Heilung wirksam und eine ggf. zuvor erhobene Nichtigkeitsklage unbegründet (Baumbach/Hueck/*Haas* Rn. 12; BeckOK GmbH/*Trölitzsch* Rn. 5). Ein noch nicht rechtskräftiges Urteil kann durch Einlegung eines Rechtsmittels aufgehoben werden. Wird die Entscheidung trotz heilenden Beschlusses rechtskräftig, bewirkt das Urteil die Nichtigkeit (Baumbach/Hueck/*Haas* Rn. 12). In diesem Fall oder wenn der Beschluss nach Rechtskraft gefasst wird, kommt die Annahme eines Fortsetzungsbeschlusses in Betracht, wenn mit der Vermögensverteilung noch nicht begonnen wurde (Lutter/Hommelhoff/*Kleindiek* Rn. 3; HK-GmbHG/*Nordmeyer* Rn. 15). Ein Amtslöschungsverfahren gem. § 397 FamFG ist einzustellen (UHL/*Paura* Rn. 11). 8

Wirkung der Nichtigkeit

77 (1) **Ist die Nichtigkeit einer Gesellschaft in das Handelsregister eingetragen, so finden zum Zwecke der Abwicklung ihrer Verhältnisse die für den Fall der Auflösung geltenden Vorschriften entsprechende Anwendung.**

(2) **Die Wirksamkeit der im Namen der Gesellschaft mit Dritten vorgenommenen Rechtsgeschäfte wird durch die Nichtigkeit nicht berührt.**

(3) **Die Gesellschafter haben die versprochenen Einzahlungen zu leisten, soweit es zur Erfüllung der eingegangenen Verbindlichkeiten erforderlich ist.**

I. Allgemeines

Durch § 77 wird deutlich, dass die Nichtigerklärung gem. § 75 nicht eine Nichtigkeit der GmbH von Anfang an ist, sondern es sich um einen Auflösungsfall handelt (vgl. § 60). Auch im Innenverhältnis findet keine Abwicklung nach Bereicherungsrecht statt. Dies gilt auch dann, wenn die Gesellschaft noch keiner werbenden Tätigkeit nachgegangen ist und nur die bereits geleisteten Einlagen zurück zu 1 gewähren sind. § 77 gilt auch bei der Löschung von Amts wegen gem. § 397 FamFG (Hachenburg/*Hohner* Rn. 1; Scholz/*Schmidt/Cziupka* Rn. 1).

2 Der Text ist seit 1898 unverändert. Die amtliche Überschrift wurde durch das MoMiG vom 23.10.2008 (BGBl. 2008 I 2026) ergänzt.

II. Einzelerläuterung

3 **1. Handelsregistereintragung (Abs. 1).** § 77 Abs. 1 ist missverständlich. Die Nichtigkeit der Gesellschaft tritt bereits nach allgM mit der Rechtskraft des Nichtigkeitsurteils ein und nicht erst mit der Eintragung im Handelsregister (Lutter/Hommelhoff/*Kleindiek* Rn. 2; Baumbach/Hueck/*Haas* Rn. 3, Scholz/*Schmidt/Cziupka* Rn. 1). Ab diesem Zeitpunkt gelten auch die § 65 bzw. §§ 66–74, sodass bereits der Liquidator den Eintragungsantrag zum Handelsregister zu stellen hat. Der Geschäftsführer kann daher nicht durch eine späte Handelsregisteranmeldung seine Amtszeit verlängern.

4 **2. Rechts- und Parteifähigkeit.** Bis zur Vollbeendigung, dh der Löschung der Gesellschaft im Handelsregister, bleibt die Gesellschaft rechts- und parteifähig (LG München 7.2.2020, BeckRS 2020, 841 Rn. 79; Scholz/*Schmidt/Cziupka* Rn. 1). Dies gilt auch, wenn kein Nichtigkeitsgrund iSd § 75 eingewandt wird und § 77 Abs. 2 nicht direkt eingreift (LG München 7.2.2020, BeckRS 2020, 841 Rn. 80).

5 **3. Rechtsgeschäfte (Abs. 2).** Durch § 77 Abs. 2 wird klarstellend festgehalten, dass Rechtsgeschäfte mit Dritten wirksam bleiben.

6 **4. Einlagen (Abs. 3).** Durch § 77 Abs. 3 wird die grundsätzlich fortbestehende Einlageverpflichtung dahingehend modifiziert, dass eine Leistung nur noch insoweit erforderlich ist, als diese zur Erfüllung von Verbindlichkeiten gegenüber Dritten und nach allgM zur Vermögensverteilung der Gesellschafter untereinander (→ § 72 Rn. 6) notwendig ist. Will der Gesellschafter sich auf diese Einschränkung berufen, muss von ihm dargelegt und unter Beweis gestellt werden, dass seine Leistung zur Gläubigerbefriedigung und Vermögensverteilung nicht benötigt wird (→ § 69 Rn. 4 und Hachenburg/*Hohner* Rn. 6, Rowedder/Schmidt-Leithoff/*Baukelmann* Rn. 6; Baumbach/Hueck/*Haas* Rn. 5).

III. Fortsetzungsbeschluss

7 Auch eine nichtige Gesellschaft oder eine nach § 397 FamFG gelöschte Gesellschaft kann durch Gesellschafterbeschluss fortgesetzt werden, wenn mit der Vermögensverteilung an die Gesellschafter noch nicht begonnen wurde (Scholz/*Schmidt/Cziupka* § 76 Rn. 7). Für den Beschluss genügt grundsätzlich eine zur Satzungsänderung ausreichende drei Viertel Mehrheit, wenn der Gesellschaftsvertrag keine größere Mehrheit vorschreibt (Baumbach/Hueck/*Haas* § 77 Rn. 7; Baumbach/Hueck/*Haas* § 76 Rn. 7; Scholz/*Schmidt/Cziupka* § 76 Rn. 8; aA RG 25.10.1927, RGZ 118, 337 (341): Einstimmigkeit), in den Nichtigkeitsfällen des § 76 ist jedoch Einstimmigkeit erforderlich (→ § 76 Rn. 6).

Abschnitt 6. Ordnungs-, Straf- und Bußgeldvorschriften

Anmeldepflichtige

78 **Die in diesem Gesetz vorgesehenen Anmeldungen zum Handelsregister sind durch die Geschäftsführer oder die Liquidatoren, die in § 7 Abs. 1, § 57 Abs. 1, § 57i Abs. 1, § 58 Abs. 1 Nr. 3 vorgesehenen Anmeldungen sind durch sämtliche Geschäftsführer zu bewirken.**

I. Allgemeines

1 § 78 bestimmt, wer die im GmbHG vorgesehenen Anmeldungen zum Handelsregister zu bewirken hat. Die zugrunde liegende **Anmeldepflicht** kann gesellschaftsrechtlicher oder öffentlich-rechtlicher Natur sein, die Eintragung deklaratorische oder konstitutive Wirkung haben. Unterschiede bestehen lediglich bezüglich der Zahl der anmeldepflichtigen Geschäftsführer (alle gemeinsam oder nicht, → Rn. 5 f.) sowie im Hinblick auf die Möglichkeit, Zwangsgelder festzusetzen (vgl. § 79 Abs. 2). § 78 betrifft unmittelbar nur die im GmbHG geregelten Anmeldepflichten (zB § 39 Abs. 1, § 54 Abs. 1 S. 1, § 57 Abs. 1, § 65 Abs. 1, § 67 Abs. 1). Die Norm gilt darüber hinaus entsprechend bei anderen Anmeldepflichten, zB für Unternehmensverträge gem. § 294 AktG analog (MHLS/*Servatius* Syst. Darst. 4 Rn. 99), für §§ 16, 38, 52, 130, 137, 140 UmwG sowie für §§ 13, 29, 53 HGB. Die Pflicht zur Einreichung der (aktuellen) Gesellschafterliste ist indessen keine Anmeldung und obliegt gem. § 40 Abs. 1 den Geschäftsführern (OLG Brandenburg 12.2.2013, NZG 2013, 507), § 78 gilt daher insofern nicht (→ § 40 Rn. 11). Die **Anmeldung** zum Handelsregister ist sowohl organschaftlicher Akt als auch

Verfahrenshandlung (§ 25 FamFG). Die Vorschriften über Willenserklärungen können teilweise analog angewendet werden (hM, MHLS/*Lieder* Rn. 5; zu Abgabe und Zugang OLG Düsseldorf 15.12.1999, NJW-RR 2000, 702 (703); für Zugang entsprechend § 130 Abs. 2 S. 1 BGB BayObLG 17.9.2003, NZG 2004, 421). Erfolgt eine **Eintragung von Amts wegen,** gilt § 78 nicht (Scholz/*Wicke* Rn. 6). Dies betrifft etwa die Nichtigkeit der Gesellschaft gem. §§ 75, 76 bzw. eines Beschlusses gem. §§ 397, 398 FamFG, die Löschung der Gesellschaft wegen Vermögenslosigkeit gem. § 60 Abs. 1 Nr. 7 iVm § 394 FamFG, die Auflösung durch gerichtliches Urteil gem. § 60 Abs. 1 Nr. 3, § 61, die Auflösung bei Eröffnung oder Ablehnung des Insolvenzverfahrens gem. § 60 Abs. 1 Nr. 4 und 5, die Auflösung wegen Satzungsmangels gem. § 60 Abs. 1 Nr. 6 iVm § 399 FamFG; vgl. auch § 38 Abs. 1 S. 2 und 3 KWG sowie § 7 Abs. 2 VereinsG. Bei **ausländischen Gesellschaften** mit Verwaltungssitz in Deutschland gelten die öffentlich-rechtlichen Anmeldepflichten gegenüber dem Registergericht als Fremdenrecht ohne weiteres (vgl. nur §§ 13e, 13g HGB, zum Ganzen MHdB GesR VI/*Kienle* § 21). § 78 ist indessen gesellschaftsrechtlich zu qualifizieren, sodass diese Norm auf vergleichbare Auslandsgesellschaften nicht anzuwenden ist.

II. Anmeldepflichtige

2 Zur Anmeldung berufen sind die zur Zeit der Anmeldung jeweils im Amt befindlichen **Geschäftsführer.** Nach Auflösung der Gesellschaft trifft die Anmeldepflicht die **Liquidatoren.** Maßgeblicher Zeitpunkt für die rechtliche Beurteilung ist der Eingang beim Registergericht als Empfänger der Erklärungen (MHLS/*Lieder* Rn. 15; Baumbach/Hueck/*Beurskens* Rn. 5: Zugang beim Notar). Die Anmeldungsbefugnis entfällt mit wirksamem Verlust des Amtes (OLG Bamberg 26.6.2012, NZG 2012, 1106). Die Geschäftsführer und Liquidatoren können daher nicht gem. § 39 Abs. 1 den **eigenen Amtsverlust** anmelden. Etwas anderes gilt nur bei der Amtsniederlegung des einzigen Geschäftsführers, soweit ein enger zeitlicher Zusammenhang gegeben ist (LG Berlin 22.7.1992, ZIP 1993, 197 f.; LG Köln 14.8.1997, GmbHR 1998, 183; Scholz/*Wicke* Rn. 11; ebenso Lutter/Hommelhoff/*Kleindiek* Rn. 1: Bestellung eines Notgeschäftsführers notwendig; abw. OLG Frankfurt a. M. 19.7.2006, GmbHR 2006, 1151; OLG Bamberg 26.6.2012, NZG 2012, 1106; Baumbach/Hueck/*Beurskens* Rn. 5). Um derartige Schwierigkeiten zu vermeiden, bietet es sich an, die Amtsniederlegung auf den Eintragungszeitpunkt hin auszusprechen, was ohne weiteres zulässig ist. Besteht in einem solchen Fall Gesamtvertretung, muss der ausscheidende Geschäftsführer bei der Anmeldung mitwirken (BayObLG 10.7.1981, BGHZ 1981, 227 (230); OLG Frankfurt a. M. 31.5.1983, BB 1983, 1561). Die Anmeldung der **Bestellung zum Geschäftsführer** durch diesen selbst ist möglich, wird jedoch erst mit Nachweis seiner Anmeldebefugnis (Gesellschafterbeschluss, Satzungsregelung) wirksam (OLG Düsseldorf 15.12.1999, NJW-RR 2000, 702 (703)).

3 Bei **unechter Gesamtvertretung** ist grundsätzlich die gemeinschaftliche Anmeldung durch die Geschäftsführer oder Liquidatoren und Prokuristen zulässig (für die AG RGZ 134, 303 (307)). Etwas anderes gilt nur, wenn die Anmeldung durch sämtliche Geschäftsführer oder Liquidatoren gefordert ist (→ Rn. 6). Die Anmeldung durch **Bevollmächtigte** ist ebenfalls grundsätzlich **zulässig,** sofern die Vollmacht einen entsprechenden Inhalt hat und abweichend von § 167 Abs. 2 BGB öffentlich beglaubigt ist (vgl. § 12 Abs. 1 S. 1 HGB). Dies betrifft vor allem die praktisch gebotene Bevollmächtigung des Notars (vgl. § 378 FamFG; hierzu *Ising* NZG 2012, 289) oder Rechtsanwalts (OLG Düsseldorf 8.12.2017, BeckRS 2017, 142653). Eine ausdrückliche Bevollmächtigung zur Registeranmeldung ist im Übrigen nicht erforderlich; es genügt, dass sich aus dem Wortlaut der Vollmacht allgemein ergibt, dass Anmeldungen mit eingeschlossen sind (Baumbach/Hueck/*Beurskens* Rn. 7; vgl. aber OLG Düsseldorf 12.2.2014, NZG 2014, 1066; im Zweifel ist vom geringsten Umfang auszugehen). Wurde eine Person hiernach ordnungsgemäß bevollmächtigt, bleibt die Vollmacht auch dann gültig, wenn zwischenzeitlich die organschaftlichen Vertretungsverhältnisse der GmbH geändert wurden (OLG Düsseldorf 8.12.2017, BeckRS 2017, 142653: Hinzuteten weiterer Geschäftsführer). Der gesetzliche Umfang der **Prokura** reicht als Bevollmächtigung indessen nicht aus, soweit der anmeldepflichtige Vorgang als Grundlagengeschäft zu qualifizieren ist, sodass es insoweit einer weitergehenden öffentlich beglaubigten Ermächtigung hierfür bedarf (BGH 2.12.1991, NJW 1992, 875; OLG Karlsruhe 7.8.2014, NZG 2014, 1346). Die Qualifizierung als Grundlagengeschäft ist gegeben bei der Anmeldung von Satzungsänderungen sowie Änderungen der Geschäftsführer (zu Letzterem OLG Düsseldorf 16.3.2012, NZG 2012, 1223). Darüber hinaus sollte jedoch der Kreis der Grundlagengeschäfte eng gezogen werden, sodass zum Beispiel die Anmeldung einer neuen Geschäftsanschrift auch durch Prokuristen erfolgen darf (OLG Karlsruhe 7.8.2014, NZG 2014, 1346, Baumbach/Hueck/*Beurskens* Rn. 9; in diese Richtung auch BGH 2.12.1991, NJW 1992, 875; abw. KG 20.9.2013, NZG 2014, 150; restriktiv auch *Frenzel* NotBZ 2013, 137 (138); *Renaud* GmbHR 2012, 1228). Nach diesen Kriterien kann auch eine **Handlungsvollmacht** die Anmeldebefugnis enthalten (KG Berlin 20.9.2013, NZG 2014, 150; Baumbach/Hueck/*Beurskens* Rn. 7; abw. OLG Karlsruhe 7.8.2014, NZG 2014, 1346; zum Ganzen *Seebach* RNotZ 2015, 68). Eine hiernach ausreichende Vollmacht überdauert grundsätzlich auch die Amtsbeendigung des bevollmächtigenden Geschäftsführers (OLG Hamm 23.2.2012, GmbHR 2012, 903; OLG Düsseldorf

8.12.2017, NZG 2018, 381). – Die Anmeldung durch Bevollmächtigte ist **im Übrigen generell unzulässig,** soweit die Anmeldung von sämtlichen Geschäftsführern bzw. Liquidatoren vorzunehmen ist (§ 78 Hs. 2, → Rn. 6). Sie ist ferner bei den Anmeldungen unzulässig, soweit deren Inhalt strafrechtlich gegen unrichtige Angaben geschützt ist (Roth/Altmeppen/*Altmeppen* Rn. 5; MHLS/*Lieder* Rn. 28): Dies sind die Anmeldungen der Gesellschaft nach § 7 Abs. 1 (Strafvorschrift § 82 Abs. 1 Nr. 1, 2, 5), der Kapitalerhöhung nach § 57 Abs. 1 (Strafvorschrift § 82 Abs. 1 Nr. 3) und der Kapitalherabsetzung nach § 58 Abs. 1 Nr. 3 (Strafvorschrift § 82 Abs. 2 Nr. 1). **Etwas anderes** gilt aber, wenn sich die strafbewehrten Erklärungen oder Versicherungen von der Anmeldung als solche unterscheiden lassen, sodass Anmeldung und Versicherung getrennt abgegeben werden können (ebenso Roth/Altmeppen/*Altmeppen* Rn. 5): Dies betrifft die Anmeldung der Kapitalerhöhung aus Gesellschaftsmitteln nach § 57i (Erklärung nach § 57i Abs. 1 S. 2, als solche strafbewehrt nach § 82 Abs. 1 Nr. 4) sowie die Anmeldungen der nachträglich bestellten Geschäftsführer nach § 39 Abs. 1–3 und der Liquidatoren nach § 67 Abs. 1–3 (Versicherungen nach § 39 Abs. 3, § 67 Abs. 3, strafbewehrt nach § 82 Abs. 1 Nr. 5). Handelt ein Vertreter ohne Vertretungsmacht, bedarf die etwaige **Genehmigung** gem. § 177 Abs. 1 BGB durch die Geschäftsführer bzw. Liquidatoren der Form gem. § 12 HGB (OLG Frankfurt a. M. 7.11.2011, BeckRS 2012, 08962). Die gerichtliche **Zwangsgeldandrohung** gem. § 14 HGB, § 79 richtet sich jedoch stets nur gegen die Geschäftsführer und Liquidatoren (UHL/*Casper* Rn. 13).

4 Das **Insolvenzverfahren** berührt die Organstellung der Geschäftsführer und Liquidatoren nicht. Die Zuständigkeit für Anmeldungen besteht daher fort, wird jedoch durch die Zuständigkeit des Insolvenzverwalters zur Verwaltung und Verwertung der Insolvenzmasse überlagert (vgl. OLG Köln 11.7.2001, NJW-RR 2001, 1417 (1418)). Der Insolvenzverwalter hat daher zB eine Firmenänderung infolge Veräußerung der bisherigen Firma anzumelden (OLG Karlsruhe 8.1.1993, ZIP 1993, 133 (134)), die Aufhebung einer Zweigniederlassung oder die Änderung des Geschäftsjahres (vgl. OLG Frankfurt a. M. 1.10.2013, NZG 2014, 866). Dies gilt jedoch nicht für die Anmeldung der Beendigung des Amtes von Geschäftsführern oder Liquidatoren (OLG Köln 11.7.2001, NJW-RR 2001, 1417 (1418); abw. Roth/Altmeppen/*Altmeppen* Rn. 8) sowie für die Anmeldung einer vor Eröffnung des Insolvenzverfahrens beschlossenen Kapitalerhöhung (BayObLG 17.3.2004, ZIP 2004, 1426; Einzelheiten bei Spindler/Stilz/*Servatius* AktG § 182 Rn. 69 ff.; abw. MüKoGmbHG/*Schaub* Rn. 35). Zu Anmeldepflichten im Insolvenzplanverfahren § 254a Abs. 2 InsO. Liegt **Führungslosigkeit** iSv § 35 Abs. 1 S. 2 vor (Einzelheiten bei *Schmahl* NZI 2008, 7), geht die Anmeldepflicht nicht auf die Gesellschafter über (zutreffend UHL/*Casper* Rn. 15). Diese haben vielmehr gem. § 46 Nr. 5 einen Geschäftsführer zu bestellen bzw. entsprechend § 29 BGB einen Notgeschäftsführer bestellen zu lassen. Dies gilt im Liquidationsverfahren gleichermaßen.

III. Zahl der Anmeldenden

5 Regelmäßig genügt für Anmeldungen zum Handelsregister die Mitwirkung der **Geschäftsführer in vertretungsberechtigter Zahl.** Beispiele: Änderung in den Personen der Geschäftsführer sowie ihrer Vertretungsbefugnis (§ 39 Abs. 1); Änderungen des Gesellschaftsvertrages (§ 54 Abs. 1) mit Ausnahme von Kapitalerhöhungen und -herabsetzungen (→ Rn. 6); Fortsetzungsbeschluss; Anmeldungen nach dem UmwG (bei Kapitalveränderungen im Zusammenhang mit Umwandlungen gilt aber § 78 Hs. 2, → Rn. 6). Für Anmeldungen der **Liquidatoren** genügt ebenfalls die Mitwirkung in vertretungsberechtigter Zahl, vgl. die Anmeldung der Auflösung der Gesellschaft nach § 65, der ersten Liquidatoren, ihrer Vertretungsbefugnis, jedes Wechsels der Liquidatoren und jeder Änderung ihrer Vertretungsbefugnis nach § 67 Abs. 1, des Schlusses der Liquidation gem. § 74 Abs. 1 S. 1.

6 Die **Mitwirkung sämtlicher Geschäftsführer,** einschließlich der Stellvertreter (§ 44, insofern abw. *van Venrooy* GmbHR 2010, 169 (175)), ist erforderlich bei der Anmeldung der Gesellschaft nach § 7 Abs. 1, einer Kapitalerhöhung nach § 57 Abs. 1, einschließlich Kapitalerhöhung aus Gesellschaftsmitteln nach § 57i sowie beim genehmigten Kapital gem. § 55a und einer Kapitalherabsetzung nach § 58 Abs. 1 Nr. 3. Dies resultiert daraus, dass Geschäftsführer bei diesen Anmeldungen zusätzlich bestimmte Erklärungen und Versicherungen abzugeben haben (vgl. § 8 Abs. 2, § 57 Abs. 2, § 57i Abs. 1 S. 2, § 58 Abs. 1 Nr. 3) und aus Gläubigerschutzgründen für falsche Angaben haften (vgl. § 9a Abs. 1, § 57 Abs. 4 sowie § 82 iVm § 823 Abs. 2 BGB). Entsprechend § 78 Hs. 2 Alt. 1 ist die Änderung des Gesellschaftsvertrages im Stadium der Vor-GmbH von allen Geschäftsführern anzumelden (Scholz/*Priester* § 54 Rn. 4). Über § 78 Hs. 2 hinaus ist die Mitwirkung sämtlicher Geschäftsführer bei der Anmeldung aufgrund anderer Vorschriften erforderlich: Gründung einer GmbH durch Ausgliederung aus dem Vermögen eines Einzelkaufmanns (§ 160 Abs. 1 UmwG); formwechselnde Umwandlung einer Personenhandelsgesellschaft, einer Partnerschaftsgesellschaft, einer eingetragenen Genossenschaft und eines rechtsfähigen Vereins in eine GmbH (§ 222 Abs. 1 S. 1 UmwG, §§ 225c, 265 S. 1 UmwG, § 278 Abs. 1 UmwG). Die Mitwirkung **sämtlicher Liquidatoren** ist zwar nach dem Wortlaut des § 78 nicht vorgesehen, aber in analoger Anwendung erforderlich bei der Anmeldung einer Kapitalerhöhung oder Kapitalherabsetzung im Liquidationsstadium (MHLS/*Lieder* Rn. 21).

IV. Anmeldeverfahren

Die Anmeldung erfolgt im Namen der Gesellschaft (BGH 24.10.1988, BGHZ 105, 324 (328) = NJW 1989, 295; UHL/*Casper* Rn. 12). Nach § 12 Abs. 1 HGB hat die Anmeldung elektronisch in öffentlich beglaubigter Form zu erfolgen. Einzelheiten regeln § 129 BGB, § 39a BeurkG. Vgl. für die beizufügenden Anlagen § 12 Abs. 2 HGB sowie ggf. § 39 Abs. 2, § 57 Abs. 3, § 76 Abs. 2. Eine Anmeldung beurkundungspflichtiger Vorgänge kann gem. § 378 Abs. 2 FamFG auch durch den Notar erfolgen (*Ising* NZG 2012, 289); das Gleiche gilt für die Einlegung einer Beschwerde (vgl. OLG Düsseldorf 25.10.2013, NZG 2014, 68). Zuständig für die Anmeldung ist gem. § 7 Abs. 1 das Registergericht am Ort des gem. § 4a inländischen Satzungssitzes. Zum Anmeldeverfahren und zu Mängeln der Anmeldung MHLS/*Lieder* Rn. 31 ff. 7

V. Durchsetzung der Anmeldung

Soweit eine Anmeldepflicht besteht, wird die Anmeldung vom Registergericht durch die Festsetzung von **Zwangsgeld** durchgesetzt (§ 79). Daneben sind die Geschäftsführer oder Liquidatoren der Gesellschaft gegenüber aufgrund ihrer Amtsstellung zur Mitwirkung an den erforderlichen (auch freiwilligen) Anmeldungen verpflichtet. Sie unterliegen insoweit keinen Weisungen der Gesellschafter (OLG Brandenburg 12.2.2013, NZG 2013, 507, zu § 40 Abs. 1). Eine **Klage der Gesellschaft,** vertreten durch die Gesellschafter (§ 46 Nr. 8), auf Mitwirkung ist möglich. Die Vollstreckung richtet sich grundsätzlich nach § 894 ZPO (Staub/*Koch* HGB § 16 Rn. 6); in diesem Rahmen gilt auch § 16 HGB (Roth/Altmeppen/*Altmeppen* Rn. 13 f.). Die Erzwingbarkeit erfasst jedoch nicht die mit den Anmeldungen ggf. verbundenen Versicherungen (§ 8 Abs. 2 und 3, § 39 Abs. 3, § 57 Abs. 2, § 58 Abs. 1 Nr. 4, § 67 Abs. 3) oder die mit ihr verbundene Erklärung (§ 57i Abs. 1 S. 2); insoweit kommt Vollstreckung nach § 888 Abs. 1 ZPO in Betracht (Roth/Altmeppen/*Altmeppen* Rn. 12). Soweit die Anmeldung zusätzliche Wissenserklärungen enthält, kann die Vollstreckung einheitlich nur nach § 888 Abs. 1 ZPO stattfinden (Scholz/*Veil* § 7 Rn. 6). Zusätzlich kann sich ein Geschäftsführer **schadensersatzpflichtig** machen (OLG Brandenburg 12.2.2013, NZG 2013, 507). 8

Zwangsgelder

79 (1) [1]**Geschäftsführer oder Liquidatoren, die §§ 35a, 71 Abs. 5 nicht befolgen, sind hierzu vom Registergericht durch Festsetzung von Zwangsgeld anzuhalten; § 14 des Handelsgesetzbuchs bleibt unberührt.** [2]**Das einzelne Zwangsgeld darf den Betrag von fünftausend Euro nicht übersteigen.**

(2) **In Ansehung der in §§ 7, 54, 57 Abs. 1, § 58 Abs. 1 Nr. 3 bezeichneten Anmeldungen zum Handelsregister findet, soweit es sich um die Anmeldung zum Handelsregister des Sitzes der Gesellschaft handelt, eine Festsetzung von Zwangsgeld nach § 14 des Handelsgesetzbuchs nicht statt.**

I. Allgemeines

Die Regelung ergänzt und beschränkt § 14 HGB (→ HGB § 14 Rn. 1 ff.). Hiernach können die Anmeldepflichten gegenüber dem Registergericht mittels Zwangsgeldandrohung durchgesetzt werden. **Abs. 1** erweitert diese Befugnis bei Verstößen gegen die notwendigen Angaben bei Geschäftsbriefen gem. § 35a, § 71 Abs. 5. Nach **Abs. 2** ist die Festsetzung bei der erstmaligen Anmeldung der Gesellschaft und der Anmeldung von Satzungsänderungen einschließlich Kapitalerhöhung und -herabsetzung ausgeschlossen. Für die Offenlegung des Jahresabschlusses gilt § 335 HGB. Vgl. zur AG den ähnlichen § 407 AktG. 1

II. Zwangsgeldfestsetzung nach § 14 HGB

1. Erzwingbare Anmeldungen. Erzwingbare Anmeldungen sind: Erteilung und Widerruf einer Prokura (§§ 53 Abs. 1, 3 HGB); Errichtung einer Zweigstelle (§§ 13, 13b HGB); Änderung in den Personen der Geschäftsführer sowie ihrer Vertretungsbefugnis (§ 39 Abs. 1); Auflösung der Gesellschaft (§ 65 Abs. 1 S. 1), sofern sie nicht auf einem Auflösungsbeschluss beruht, der Satzungsänderung ist (→ Rn. 6), und sofern nicht die Auflösung von Amts wegen einzutragen ist (§ 65 Abs. 1 S. 3); Anmeldung der ersten Liquidatoren, ihrer Vertretungsbefugnis, jedes Wechsels der Liquidatoren und jeder Änderung ihrer Vertretungsbefugnis (§ 67 Abs. 1); Anmeldung des Schlusses der Liquidation nach Beendigung der Abwicklung und Schlussrechnung (§ 74 Abs. 1); Anmeldung eines Fortsetzungsbeschlusses (MüKoGmbHG/*Goette* Rn. 12), sofern er nicht mit einer Satzungsänderung verbunden ist (→ Rn. 6). Die erzwingbare **Zeichnung der Unterschrift** bezieht sich seit der Umstellung auf den elektronischen Registerverkehr durch das EHUG auf die Vorgaben gem. § 12 HGB. Die **Einreichung** 2

von Schriftstücken ist erzwingbar bei der Gesellschafterliste (§ 40 Abs. 1 und 2), der Bekanntmachung von AR-Mitgliedern (§ 52 Abs. 2 S. 2) sowie des Nichtigkeitsurteils (§ 75 Abs. 2 iVm § 248 Abs. 1 S. 2 AktG); ferner in den Fällen, in denen einer Anmeldung Schriftstücke beizufügen sind und die Anmeldung eine solche ist, die nach § 14 HGB erzwungen werden kann (§ 39 Abs. 2, § 67 Abs. 2). Nicht erfasst werden im Gegenschluss zu § 407 Abs. 2 AktG die bei den gem. Abs. 2 nicht erzwingbaren Anmeldungen beizufügenden Unterlagen (→ Rn. 6). Etwas anderes gilt jedoch, wenn eine derartige Anmeldung vorliegt, jedoch wegen des Fehlens von Unterlagen nicht ordnungsgemäß ist, zB weil die Versicherungen bzw. Unterlagen nach § 8 Abs. 2 und 3, § 57 Abs. 2 und 3 fehlen (BayObLG 6.8.1987, DB 1987, 2139 (2140)).

3 **2. Adressaten.** Adressaten der Zwangsgeldandrohung sind die **Geschäftsführer** bzw. Liquidatoren und die Stellvertreter iSv § 44 (abw. UHL/*Ransiek* Rn. 4, im Hinblick auf die Stellvertreter auch abw. MHLS/*Lieder* Rn. 17 und *van Venrooy* GmbHR 2010, 169 (175)), nicht aber die Gesellschafter (Lutter/Hommelhoff/*Kleindiek* Rn. 2) und sonstige Bevollmächtigte (UHL/*Casper* § 78 Rn. 13). In der **Insolvenz** richtet sich die Androhung nur dann gegen den Verwalter, soweit die verletzte Anmeldepflicht die Insolvenzmasse berührt. Dies ist nicht gegeben bei der Anmeldung von Geschäftsführern (OLG Köln 11.7.2001, NJW-RR 2001, 1417 (1418); vgl. auch BGH 24.11.1980, NJW 1981, 822), wohl aber zB bei der Firmenänderung infolge Veräußerung (vgl. OLG Karlsruhe 8.1.1993, ZIP 1993, 133 (134)) oder bei der Aufhebung einer Zweigniederlassung. Hat die GmbH mehrere Geschäftsführer bzw. Liquidatoren, hat sich die Zwangsgeldandrohung gegen alle zu richten, unabhängig davon, ob Einzel- oder Gesamtvertretung besteht, oder ob die Anmeldung von allen oder nur in vertretungsbefugter Zahl zu erfolgen hat (UHL/*Casper* § 78 Rn. 18). Liegt **Führungslosigkeit** iSv § 35 Abs. 1 S. 2 vor (Einzelheiten bei *Schmahl* NZI 2008, 7), geht die Zwangsgeldandrohung ins Leere. Eine entsprechende Anwendung auf die Gesellschafter kommt nicht in Betracht (vgl. auch UHL/*Casper* Rn. 15).

4 **3. Verfahren.** Es gelten die §§ 388 ff. FamFG. Das Gericht hat **kein Ermessen;** es darf jedoch vor Einleitung des Zwangsgeldverfahrens an die Erledigung erinnern (Scholz/*Wicke* Rn. 20). Ein Verschulden des Verpflichteten ist nicht erforderlich, doch kann dessen Verhalten für die Art der Maßnahmen (Fristsetzung, Höhe des Zwangsgeldes) bestimmend sein (Scholz/*Wicke* Rn. 13). Das **Zwangsgeld** ist nach § 389 Abs. 1 FamFG unter Androhung eines erneuten Zwangsgeldes festzusetzen, wenn ein Einspruch nicht fristgerecht erhoben und die Verpflichtung nicht erfüllt wird. Dies kann gem. § 389 Abs. 3 FamFG wiederholt werden. Das **Einspruchsverfahren** richtet sich nach §§ 390 ff. FamFG. Gegen den Zwangsgeldfestsetzungsbeschluss und gegen die Verwerfung des Einspruchs ist nach § 391 FamFG die sofortige Beschwerde gegeben (Frist: ein Monat, § 63 Abs. 1 FamFG). Der Höchstbetrag des Zwangsgeldes beträgt 5.000 EUR, der Mindestbetrag nach Art. 6 Abs. 1 S. 1 EGStGB 5 EUR. Eine Umwandlung in Haft ist ausgeschlossen (Hachenburg/*Kohlmann* Rn. 28). Eine rechtskräftige Zwangsgeldfestsetzung ist aufzuheben, wenn die Verpflichtung vor Vollstreckung erfüllt wird (BayObLG 6.2.1979, DB 1979, 1981).

III. Erweiterungen nach Abs. 1

5 Abs. 1 erweitert die Befugnisse des Registergerichts zur Zwangsgeldfestsetzung auf die Fälle, in denen die Geschäftsführer oder Liquidatoren die in §§ 35a, 71 Abs. 5 vorgeschriebenen Angaben auf **Geschäftsbriefen** nicht oder unrichtig machen. Es kommt nicht darauf an, wer den Fehler verursacht hat (Baumbach/Hueck/*Beurskens* Rn. 2). Das Verfahren ist dasselbe wie bei § 14 HGB (→ Rn. 4). Geschäftsführer und Liquidatoren können auch zur **Berichtigung** einer fehlerhaften Eintragung gezwungen werden (Roth/Altmeppen/*Altmeppen* Rn. 6). Die Vorlage eines aktuellen Geschäftsbriefbogens kann indessen nicht im Zwangsgeldverfahren durchgesetzt werden (OLG Frankfurt a.M. 14.7.2015, BeckRS 2016, 02601).

IV. Einschränkungen nach Abs. 2

6 Die in Abs. 2 genannten Anmeldungen zum Handelsregister sind nicht erzwingbar, da die Eintragung **konstitutive Wirkung** hat und ihre Herbeiführung im Belieben der Gesellschaft liegen soll. Dies betrifft auch die Anmeldungen nach dem UmwG (vgl. § 316 Abs. 2 UmwG) sowie Anmeldung eines Unternehmensvertrages gem. § 294 AktG. Die Erzwingung mangelfreier Angaben bei einer erfolgten Anmeldung ist hiernach ebenfalls ausgeschlossen (Baumbach/Hueck/*Beurskens* Rn. 8; abw. Rowedder/Schmidt-Leithoff/*Baukelmann* Rn. 11). Gesellschaftsrechtliche Sanktionen bei der Nichtbefolgung (Schadensersatz, Abberufungsgrund) werden hiervon nicht berührt (→ § 78 Rn. 8).

(weggefallen)

80, 81

Falsche Angaben

82 (1) **Mit Freiheitsstrafe bis zu drei Jahren oder mit Geldstrafe wird bestraft, wer**
1. **als Gesellschafter oder als Geschäftsführer zum Zweck der Eintragung der Gesellschaft über die Übernahme der Geschäftsanteile, die Leistung der Einlagen, die Verwendung eingezahlter Beträge, über Sondervorteile, Gründungsaufwand und Sacheinlagen,**
2. **als Gesellschafter im Sachgründungsbericht,**
3. **als Geschäftsführer zum Zweck der Eintragung einer Erhöhung des Stammkapitals über die Zeichnung oder Einbringung des neuen Kapitals oder über Sacheinlagen,**
4. **als Geschäftsführer in der in § 57i Abs. 1 Satz 2 vorgeschriebenen Erklärung oder**
5. **als Geschäftsführer einer Gesellschaft mit beschränkter Haftung oder als Geschäftsleiter einer ausländischen juristischen Person in der nach § 8 Abs. 3 Satz 1 oder § 39 Abs. 3 Satz 1 abzugebenden Versicherung oder als Liquidator in der nach § 67 Abs. 3 Satz 1 abzugebenden Versicherung**

falsche Angaben macht.

(2) **Ebenso wird bestraft, wer**
1. **als Geschäftsführer zum Zweck der Herabsetzung des Stammkapitals über die Befriedigung oder Sicherstellung der Gläubiger eine unwahre Versicherung abgibt oder**
2. **als Geschäftsführer, Liquidator, Mitglied eines Aufsichtsrats oder ähnlichen Organs in einer öffentlichen Mitteilung die Vermögenslage der Gesellschaft unwahr darstellt oder verschleiert, wenn die Tat nicht in § 331 Nr. 1 oder Nr. 1a des Handelsgesetzbuchs mit Strafe bedroht ist.**

Übersicht

I. Allgemeines

1 § 82 bedroht mit Strafe bestimmte falsche Angaben und andere unwahre oder verschleiernde Äußerungen (vgl. zur AG die ähnlichen §§ 399, 400 AktG). Die rechtstatsächliche Bedeutung der Norm ist in den letzten Jahren gewachsen. Als Vergehen ist der Versuch nicht strafbar (§ 23 Abs. 1 StGB), auch nicht die versuchte Anstiftung (§ 30 Abs. 1 StGB). Die Regelung ist ein echtes **Sonderdelikt** (BGH 10.5.2000, BGHSt 46, 62 = NJW 2000, 2285; BGH 22.9.2009, NStZ-RR 2009, 79); mittelbare Täterschaft und Mittäterschaft anderer als der jeweils genannten Personen (zB Rechtsanwälte, Notare) sind daher nicht möglich, wohl aber Anstiftung und Beihilfe (Einzelheiten bei Scholz/*Tiedemann*/*Rönnau* Rn. 25 f.). § 82 schafft als **Blankettnorm** die strafrechtlichen Sanktionen für Pflichten, die sich aus dem GmbHG ergeben. Bei der Auslegung der außerstrafrechtlichen Elemente ist der **Bestimmtheitsgrundsatz** zu beachten, sodass die Regelung eine von vornherein begrenzte Funktion bei der Korrektur zivilrechtlicher Fehlentwicklungen hat. Das Gleiche folgt aus dem **Analogieverbot.** Für alle Tatbestände ist (bedingter) Vorsatz erforderlich. Diese Begrenzung ist rechtspolitisch bedenklich, weil damit die außerordentlich schwierige Abgrenzung des Tatbestandsirrtums zum Verbotsirrtum zwischen Straffreiheit (§ 16 Abs. 1 S. 2 StGB) und Bestrafungsmöglichkeit (§ 17 S. 2 StGB) entscheidet. Auf eine ausländische GmbH ist die Strafvorschrift grundsätzlich nicht anwendbar (Ausnahme → Rn. 36). Die **Strafe** ist alternativ Freiheitsstrafe bis zu drei Jahren oder Geldstrafe. Ein Berufsverbot ist möglich (§ 70 StGB); auch die Anordnung des Vermögensverfalls (§§ 73 ff. StGB). Die Verurteilung führt zur **Inhabilität** gem. § 6 Abs. 2 Nr. 3 lit. c.

II. Gründungsschwindel (Abs. 1 Nr. 1)

2 Abs. 1 Nr. 1 bedroht mit Strafe falsche Angaben der Geschäftsführer bei der **erstmaligen Anmeldung** der GmbH zur Eintragung ins Handelsregister. Die Regelung effektuiert so die Richtigkeit der nach §§ 7, 8 abzugebenden Erklärungen bzw. einzureichenden Unterlagen. Sie verlangt vom Geschäftsführer als alleinigem Adressaten der Anmeldepflicht eine besondere Sorgfalt, insbes. im Hinblick auf die Überprüfung der von den Gesellschaftern gemachten Angaben sowie zur Verfügung gestellten Dokumente. Entsteht im Zuge einer **Umwandlung** eine neue GmbH, erstreckt sich die Strafbarkeit auch hierauf (Baumbach/Hueck/*Beurskens* Rn. 7; abw. MHLS/*Dannecker* Rn. 81). Dies betrifft etwa die Verschmelzung oder Spaltung zur Neugründung, nicht aber den Formwechsel. Abs. 1 Nr. 1 enthält verschiedene **Tatbestandsalternativen,** die sich teilweise überschneiden, ohne hiermit jedoch eine Gesetzeskonkurrenz zu begründen (Scholz/*Tiedemann*/*Rönnau* Rn. 184). Die Vorschrift ist **Schutzgesetz** iSv § 823 Abs. 2 BGB gegenüber gegenwärtigen und künftigen Gesellschaftern und Gläubigern (Scholz/*Tiedemann*/*Rönnau* Rn. 14; Lutter/Hommelhoff/*Kleindiek* Rn. 27; einschränkend, nur zugunsten gegenwärtiger und künftiger Gläubiger, MHLS/*Dannecker* Rn. 13, 15 ff.; anders einschränkend: mindestens zu Gunsten der Erwerber der neuen Geschäftsanteile BGH 11.7.1988, NJW 1988, 2794 (2795) und BGH 26.9.2005, NZG 2005, 976 (978) zu § 399 Abs. 1 Nr. 4 AktG; ebenso OLG Hamm 3.2.2015, BeckRS 2015, 00257 Rn. 223 ff.; ablehnend zugunsten stiller Gesellschafter auch OLG München 19.12.2003, NZG 2004, 230 (232 f.); zum Ganzen *Kiethe* WM 2007, 722). Zugunsten der GmbH ist die Regelung nicht Schutzgesetz; über § 43 Abs. 2 kann es jedoch gleichwohl zu einer Schadensersatzhaftung kommen. Falsche Angaben müssen für einen Anspruch aus § 823 Abs. 2 BGB einen Schaden verursacht haben. Daher ist idR mittelbare Kenntnis des Geschädigten von den zum Handelsregister gemachten Angaben erforderlich (ähnlich zu § 399 Abs. 1 Nr. 4 AktG OLG München 18.11.2003, ZIP 2004, 462 sowie BGH 26.9.2005, NZG 2005, 976 (978)). Etwas anderes gilt nur, wenn die Gesellschaft bei richtigen Angaben nicht eingetragen worden wäre.

3 **1. Objektiver Tatbestand. a) Falsche Angaben.** Falsche Angaben sind Aussagen über Tatsachen und Wertungen, die nicht mit der Wirklichkeit übereinstimmen. Maßgeblich ist eine auf den Erklärungszeitpunkt bezogene objektive Beurteilung aus Sicht des Registergerichts als Erklärungsempfänger (Scholz/*Tiedemann*/*Rönnau* Rn. 60). **Unvollständige** Angaben können falsch sein, wenn die nicht mitgeteilten Umstände den Inhalt der Aussage in rechtlich erheblicher Weise verändern würden (ähnlich MHLS/*Dannecker* Rn. 86). Maßgeblich ist dieselbe Abgrenzung wie bei § 263 StGB, § 16 UWG (Scholz/*Tiedemann*/*Rönnau* Rn. 62). Die Angaben müssen im Zusammenhang mit der erstmaligen Eintragung der Gesellschaft **gegenüber dem Registergericht** abgegeben werden. Die Tat ist mit

Eingang der Erklärung beim Registergericht vollendet (RGSt 43, 323; BGH 16.5.1958, BeckRS 1958, 31193001; Baumbach/Hueck/*Beurskens* Rn. 17). Eine nachträgliche Berichtigung ändert hieran nichts (RGSt 37, 25 (27); Baumbach/Hueck/*Beurskens* Rn. 17; abw. MüKoGmbHG/*Altenhain* Rn. 229: Analogie zu § 264 Abs. 5 StGB). Falsche Angaben gegenüber dem Notar sind nicht strafbar, wenn sie dem Registergericht nicht zugehen (Scholz/*Tiedemann/Rönnau* Rn. 58). Es ist unerheblich, ob die Angaben über die zur Eintragung erforderlichen Mindestangaben hinausgehen, also zB Angabe der Volleinzahlung an Stelle der Mindesteinzahlung (BGH 20.1.1955, NJW 1955, 678 (679)). Um eine Falschangabe handelt es sich nicht nur, wenn diese für die Entscheidung über die Eintragung **erheblich** ist. Dieses Merkmal wird bereits durch die in Bezug genommenen Anmeldepflichten konkretisiert und wäre darüber hinaus zu unbestimmt (abw. UHL/*Ransiek* Rn. 17; Scholz/*Tiedemann/Rönnau* Rn. 73).

aa) Übernahme der Geschäftsanteile. Falsche Angaben über die Übernahme der Geschäftsanteile 4
müssen enthalten sein in folgenden der Anmeldung nach § 8 Abs. 1 beizufügenden Unterlagen: Gesellschaftsvertrag nach § 8 Abs. 1 Nr. 1, Gesellschafterliste nach § 8 Abs. 1 Nr. 3, Verträge nach § 8 Abs. 1 Nr. 4, Unterlagen nach § 8 Abs. 1 Nr. 5; ferner in der Versicherung nach § 8 Abs. 2. Falsch sein können solche Angaben hiernach zum einen hinsichtlich der **Höhe und Art** einer übernommenen Einlage. Dies betrifft insbes. die verdeckte Sacheinlage nach § 19 Abs. 4, wobei jedoch Überschneidungen mit den anderen Tatbestandsalternativen möglich sind (→ Rn. 6). Zum anderen kann sich die Unrichtigkeit auf die **Person** des Übernehmers (Identifizierbarkeit) und die **Wirksamkeit** der Übernahme beziehen (zB Nichtbeachtung von Formerfordernissen; Anfechtbarkeit des Beitritts). Auf die Leistungsfähigkeit und Kreditwürdigkeit des Gesellschafters müssen sich die Angaben nicht beziehen, sodass insofern auch eine falsche Angabe ausscheidet (abw. Scholz/*Tiedemann/Rönnau* Rn. 76). Das Gleiche gilt für die Nichtoffenlegung von Treuhandkonstellationen (Scholz/*Tiedemann/Rönnau* Rn. 76; abw. UHL/*Ransiek* Rn. 23).

bb) Leistung der Einlagen. Zu den falschen Angaben über die Leistung der Einlagen gehören iRd 5
Versicherung nach § 8 Abs. 2 vor allem die Höhe sowie Art und Weise der Leistung, ferner die Erklärung, ob sich der Gegenstand der Leistungen endgültig in der **freien Verfügung** der Geschäftsführer befindet (*Seibert/Decker* ZIP 2008, 1208 (1210)). Beispiele für mögliche falsche Angaben sind: Erklärung, dass geleistet sei, obwohl eine solche Leistung nicht oder nicht in der angegebenen Höhe stattgefunden hat (BayObLG 20.1.1994, GmbHR 1994, 329 f.); Verschweigen, dass auf Privatkonto des Geschäftsführers eingezahlt wurde (BayObLG 21.1.1987, wistra 1987, 191); Erklärung der Barzahlung im Falle erfolgter Aufrechnung oder Sacheinlage. Wenngleich sich die Erklärungspflicht nach § 8 Abs. 2 – rechtspolitisch fragwürdig! – nur auf die **Mindesteinlagen** bezieht, macht sich der Geschäftsführer auch strafbar, wenn die freiwillig erklärten Angaben über geleistete Resteinlagen unrichtig sind (BGH 20.1.1955, NJW 1955, 678). Die Fälle der falschen Angaben über die Leistung der Einlagen überschneiden sich tatbestandlich vielfach mit der Angabe über die Verwendung eingezahlter Beträge (→ Rn. 9).

Unter Abs. 1 Nr. 1 zu fassen sind richtigerweise auch die Fälle der **verdeckten Sacheinlage** gem. 6
§ 19 Abs. 4 (Baumbach/Hueck/*Beurskens* Rn. 16; Scholz/*Tiedemann/Rönnau* Rn. 94 ff.; *Ceffinato* wistra 2010, 171; abw. UHL/*Ransiek* Rn. 36, 46; Roth/Altmeppen/*Altmeppen* Rn. 15 ff.; abw. zum alten Recht auch LG Koblenz 21.12.1990, ZIP 1991, 1284 (1290): keine Strafbarkeit bei Verschweigen schuldrechtlicher Verwendungsabsprachen). Würde man dies abweichend beurteilen, käme der auch nach neuem Recht starken Bedeutung einer effektiven präventiven Registerkontrolle keine dem gesetzgeberischen Anliegen entsprechende Bedeutung zu (so auch *Bittmann* NStZ 2009, 113 (119) unter Hinweis auf die mögliche Einstellung nach § 153 Abs. 1 StPO, wenn der geleistete Gegenstand werthaltig ist). Der strafrechtliche Bestimmtheitsgrundsatz steht nicht entgegen, weil sich die Offenlegungspflicht einer an sich gewollten Sacheinlage aus dem Wortlaut von Abs. 1 Nr. 1 iVm § 8 Abs. 1 Nr. 4 hinreichend deutlich ergibt. Die nach wie vor gültige Vermutung der Vorabsprache bei der verdeckten Sacheinlage gilt iRd Strafbarkeit jedoch nicht (abw. MHLS/*Dannecker* Rn. 169). Der Geschäftsführer muss daher positive Kenntnis hiervon haben. Maßgeblicher **Zeitpunkt** für die strafbewehrte Versicherung des Geschäftsführers ist der der Anmeldung. Die Strafbarkeit scheidet daher grundsätzlich aus, wenn die Gesellschafter eine entsprechende Abrede erst nachträglich treffen. In diesen Fällen kann jedoch eine strafbewehrte Berichtigungspflicht in Betracht kommen (→ Rn. 19).

Auch im Fall des **Hin- und Herzahlens** besteht gem. § 19 Abs. 5 S. 2 eine entsprechende Offenle- 7
gungspflicht, die im Zusammenspiel mit dem Gebot der Bestätigung der freien Verfügbarkeit gem. § 8 Abs. 2 S. 1 eine Strafbarkeit wegen falscher Angaben begründen kann. Auf die umstrittene Frage der materiell-rechtlichen Bedeutung des Offenlegungserfordernisses für die Tilgungswirkung kommt es insofern nicht an. Problematisch ist aber, ob die Strafbarkeit in konsequenter Fortentwicklung der nunmehr maßgeblichen bilanziellen Betrachtungsweise entfällt, wenn der Rückgewähranspruch gegen den Gesellschafter vollwertig ist (so aber UHL/*Ransiek* Rn. 11). Richtigerweise ist diese **Einschränkung der Strafbarkeit** abzulehnen (so auch Scholz/*Tiedemann/Rönnau* Rn. 86). Die Offenlegungspflicht effektuiert die Registerkontrolle und wirkt daher präventiv. Die flankierende Strafbarkeit wegen fehlender Offenlegung ist daher kein Vermögensgefährdungsdelikt, welches grundsätzlich Einschrän-

kungen unter fehlenden Vermögensschutzaspekten zulassen könnte. Die Strafbarkeit schützt vielmehr als abstraktes Gefährdungsdelikt jenseits konkreter Vermögensinteressen das Registerverfahren im System der Normativbestimmungen, sodass diese Gefährdung unabhängig davon eintritt, ob eine Vermögensgefährdung eintritt oder nicht (so auch Scholz/*Tiedemann/Rönnau* Rn. 86). Falsche Angaben können daher insbesondere daraus resultieren, dass die gebotene Offenlegung gänzlich fehlt oder dass der Rückgewähranspruch nicht vollwertig ist.

8 Soweit im Zusammenhang mit einer **Mantelverwendung** eine gesetzlich nicht vorgesehene Offenbarungspflicht gegenüber dem Registergericht besteht (vgl. nur *Herresthal/Servatius* ZIP 2012, 197), kann das Unterlassen derselben wegen des Analogieverbots keine Strafbarkeit begründen (BGH 6.3.2012, NZG 2012, 539 Rn. 27; möglicherweise abw. Baumbach/Hueck/*Beurskens* Rn. 7).

9 **cc) Verwendung eingezahlter Beträge.** Angaben über die Verwendung eingezahlter Beträge sind weitgehend bereits in den Angaben über die Leistung der Einlagen enthalten. Eigenständige Bedeutung hat dieses Tatbestandsmerkmal jedoch bei Verwendung der Beträge für Steuern, Gebühren und andere Gründungskosten (Scholz/*Tiedemann/Rönnau* Rn. 97 f.). In den Fällen des **Hin- und Herzahlens** gem. § 19 Abs. 5 kann sich die Unrichtigkeit der Angaben auch darauf beziehen, dass der Rückgewähranspruch gegen den Gesellschafter nicht vollwertig und fällig bzw. jederzeit fällig zu stellen ist (*Wicke* Rn. 6; *Bittmann* NStZ 2009, 119). Den Geschäftsführer trifft insofern eine besondere Prüfungspflicht, um der Strafbarkeit zu entgehen. Die Verletzung der fortdauernden Beobachtungspflicht, inwieweit die Anforderungen des § 19 Abs. 5 noch erfüllt werden (vgl. zur AG BGH 1.12.2008, NJW 2009, 850), begründet indessen keine Strafbarkeit nach § 82. Falsche Angaben über die Verwendung eingezahlter Beträge können richtigerweise auch bei der **verdeckten Sacheinlage** eine Strafbarkeit nach Abs. 1 Nr. 1 begründen, indem über die Leistung der Einlagen getäuscht wird (→ Rn. 6).

10 **dd) Sondervorteile.** Angaben über Sondervorteile sind in den nach § 8 Abs. 1 Nr. 1 dem Registergericht einzureichenden Gesellschaftsvertrag aufzunehmen. Strafbar sind nicht nur das Verschweigen von vereinbarten oder geleisteten Sondervorteilen, sondern auch Angaben über Sondervorteile, die nicht vereinbart sind, ferner überhöhte Angaben und unrichtige Angaben über die Empfänger (Scholz/*Tiedemann/Rönnau* Rn. 100; MHLS/*Dannecker* Rn. 111).

11 **ee) Gründungsaufwand.** Angaben über Gründungsaufwand sind in den nach § 8 Abs. 1 Nr. 1 dem Registergericht einzureichenden Gesellschaftsvertrag aufzunehmen. Strafbar sind auch überhöhte Angaben (MHLS/*Dannecker* Rn. 113) und unrichtige Angaben über die Empfänger. Strafbarkeitsbegründend ist auch das Verschweigen eines satzungsmäßig nicht festgesetzten Gründungsaufwands (Scholz/*Tiedemann/Rönnau* Rn. 87).

12 **ff) Sacheinlagen, Sachübernahmen.** Angaben über Sacheinlagen sind in den Unterlagen nach § 8 Abs. 1 Nr. 1, 4, 5 und in der Versicherung nach § 8 Abs. 2 zu machen. Dies betrifft vor allem deren Gegenstand, Wert und Belastungen sowie die Verträge, die den Festsetzungen im Gesellschaftsvertrag zugrunde liegen oder die zu ihrer Ausführung geschlossen worden sind. Die **Überbewertung** ist eine falsche Angabe (RGSt 49, 340 (341 f.)), eine Falschbewertung sowie die unrichtige Beschreibung des Gegenstandes (Scholz/*Tiedemann/Rönnau* Rn. 109). Die Angaben über Sacheinlagen müssen auch bis zur Anmeldung eingetretene Wertminderungen und Belastungen aufführen; eine darüber hinausgehende Pflicht, auch Wertminderungen nach Anmeldung mitzuteilen, besteht bereits gesellschaftsrechtlich nicht und kann daher auch nicht strafrechtlich relevant sein (aA Rowedder/Schmidt-Leithoff/*Schaal* Rn. 51). Eine unrichtige Versicherung liegt auch vor bei einer verschwiegenen Rückübertragungsvereinbarung (BGH 16.5.1958, GA 1959, 87 (88)). Zur verdeckten Sacheinlage → Rn. 6 sowie bei einer Kapitalerhöhung → Rn. 27.

13 Der Sacheinlage gleichzustellen ist die **Sachübernahme** als die entgeltliche Übernahme von Vermögensgegenständen durch die Gesellschaft unter Anrechnung der Vergütung auf die Bareinlageverpflichtung (§ 364 Abs. 1 BGB). Diese Erweiterung galt vor Inkrafttreten des MoMiG auch für § 82, da sie in § 19 Abs. 5 aF hinreichend deutlich zum Ausdruck kam. Durch die Neuregelung ändert sich hieran nichts, weil § 19 Abs. 4 nunmehr einen weiten Begriff der verdeckten Sacheinlage einführt, unter den auch die Fälle der früheren (verdeckten) Sachübernahme zu fassen sind (abw. MHLS/*Dannecker* Rn. 117). Für die Anmeldung gilt daher bei der Sachübernahme § 8 Abs. 1 Nr. 5 entsprechend, ebenso die hierauf bezogene Strafbarkeit wegen falscher Angaben. **Abgrenzung:** Soll die Gegenleistung nicht mit der Einlageverpflichtung verrechnet werden, sondern zurückfließen, handelt es sich bei Vorabsprache um eine verdeckte Sacheinlage. Die Strafbarkeit erfolgt dann unter dem Aspekt falscher Angaben über die Leistung der Bareinlagen (→ Rn. 6). Dasselbe gilt für Vereinbarungen, nach denen die Bareinzahlung eines Gesellschafters zur Tilgung einer Darlehensforderung verwendet wird oder an ihn als Darlehen zurückfließen soll.

14 Der **Sachgründungsbericht** ist zwar von den Gesellschaftern zu erstellen (§ 5 Abs. 4 S. 2), jedoch gem. § 8 Abs. 2 Nr. 4 der Anmeldung beizufügen. Hieraus folgt, dass der Geschäftsführer die Richtigkeit eigenverantwortlich zu prüfen hat und sich bei einer wissentlich falschen Einreichung strafbar macht (*Wicke* Rn. 7; Scholz/*Tiedemann/Rönnau* Rn. 60).

b) Täter. Täter iSv Abs. 1 Nr. 1 sind die **Geschäftsführer,** die die Gesellschaft zur Eintragung in das Handelsregister anzumelden haben, auch die Stellvertreter (§ 44; Scholz/*Tiedemann/Rönnau* Rn. 31). Liegt eine wirksame Bestellung vor, ist auch der intern völlig weisungsabhängige Geschäftsführer tauglicher Täter (BGH 13.10.2016, NStZ 2017, 149; Baumbach/Hueck/*Beurskens* Rn. 2). Auf die Wirksamkeit der Bestellung kommt es im Übrigen aber nicht zwingend an (grundlegend BGH 5.10.1954, BGHSt 6, 314 (316) = NJW 1954, 1854). Auch die bloß tatsächliche Übernahme der Geschäftsführerstellung mit Einverständnis der Gesellschafter führt zur Strafbarkeit als **faktischer Geschäftsführer** (hM, vgl. zum Ganzen Scholz/*Tiedemann/Rönnau* § 84 Rn. 17 ff.; abw. UHL/*Ransiek* Rn. 11; *Wicke* Rn. 4; kritisch auch Baumbach/Hueck/*Beurskens* Rn. 2). Die Voraussetzungen hierfür sind nach wie vor nicht abschließend geklärt: Die Billigung durch die Gesellschaftermehrheit ist ausreichend (in diese Richtung OLG Karlsruhe 7.3.2006, NJW 2006, 1364). Auf das äußere Erscheinungsbild eines wirksamen Bestellungsakts kommt es richtigerweise nicht an (BGH 10.5.2000, BGHSt 46, 62 = NJW 2000, 2285 f.; abw. BGH 13.12.2013, NJW 2013, 624 (625); Baumbach/Hueck/*Beurskens* Rn. 2; *Wicke* Rn. 4; Scholz/*Tiedemann/Rönnau* § 84 Rn. 26). Entscheidend kann auch nicht sein, ob ein anderer wirksam zum Geschäftsführer bestellt wurde oder nicht (so aber Roth/Altmeppen/*Altmeppen* Rn. 19). Strafbarkeitsbegründend sind alle dem (faktischen) Geschäftsführer **zurechenbaren Erklärungen und Unterlagen.** Dies ist unproblematisch bei eigenen Erklärungen zu bejahen; darüber hinaus hat der Geschäftsführer jedoch auch für die Richtigkeit der ihm von den Gesellschaftern überlassenen Unterlagen einzustehen (Scholz/*Tiedemann/Rönnau* Rn. 60). 15

Die **Gesellschafter** sind gem. § 78 nicht zur Anmeldung der Gesellschaft befugt und werden konsequenterweise von der Strafbarkeit nicht unmittelbar erfasst. Der abweichende Wortlaut von § 82, der die Gesellschafter als taugliche Täter ansieht, wird allgemein als Redaktionsversehen eingeordnet (UHL/*Ransiek* Rn. 12). Dies ist insbes. seit Inkrafttreten des **MoMiG** rechtspolitisch fragwürdig. Die Gesellschafter werden durch die Erleichterungen bei der Kapitalaufbringung privilegiert, indem sie auf die die Vollwertigkeit des geleisteten Gegenstands beschränkte Ex-post-Kontrolle vertrauen dürfen (vgl. § 19 Abs. 4 und 5). Für die Geschäftsführer bleibt es bei den strengen Anmelde- und Offenlegungspflichten, die über § 82 weitgehend strafbewehrt sind. Geboten ist, entweder die präventive Registerkontrolle nebst Strafbewehrung abzuschaffen oder aber die Gesellschafter als „Herren des Gründungsgeschehens“ ebenfalls in die Strafbarkeit einzubeziehen. Andernfalls ist es möglich, gutgläubige Geschäftsführer vorzuschieben und so § 82 leer laufen zu lassen. Die bereits jetzt mögliche Strafbarkeit der Gesellschafter wegen Unterlassens oder als mittelbare Täter (→ Rn. 20) erscheint im Hinblick auf den Bestimmtheitsgrundsatz und die hohen Anforderungen als unbefriedigende Lösung des Problems. 16

2. Subjektiver Tatbestand, Irrtum. Erfasst werden nur Äußerungen, die **zum Zweck der Eintragung** gemacht werden, also zielgerichtet entäußert wurden. Der Täter muss **wissen,** dass er Geschäftsführer oder Gesellschafter ist und dass er gegenüber dem Registergericht falsche Angaben der in Nr. 1 aufgeführten Art macht. Tatbestandsirrtum und Verbotsirrtum sind voneinander abzugrenzen. Bei § 82 als strafrechtlicher Blankettnorm ist vor allem problematisch, inwieweit der Irrtum über gesellschaftsrechtliche Pflichten einen vorsatzausschließenden Tatbestandsirrtum begründet und damit die Strafbarkeit entfallen lässt oder ob es sich um einen Verbotsirrtum handelt, der lediglich über § 16 S. 2 StGB privilegiert ist. 17

Ein **Tatbestandsirrtum** liegt im Ausgangspunkt immer dann vor, wenn der Täter nicht weiß, dass seine Angaben falsch sind. Dies gilt nach zweifelhafter hM auch bei Unkenntnis der rechtlichen Regeln, an denen die Richtigkeit der Angaben gemessen wird (Scholz/*Tiedemann/Rönnau* Rn. 199; rechtsstaatliche Bedenken bei Baumbach/Hueck/*Beurskens* Rn. 19). Ein Tatbestandsirrtum liegt hiernach auch dann vor, wenn der Täter über den Umfang der Angabepflichten irrt (BGH 16.3.1993, wistra 1993, 225 (226)), insbes. über das Merkmal der freien Verfügung in § 8 Abs. 2 (zu § 399 Abs. 1 Nr. 4 AktG BGH 1.2.1977, GA 1977, 340 (341)). Selbst wenn man annimmt, dass die Behauptung eines derartigen Tatbestandsirrtums häufig unglaubhaft ist (vgl. BGH 1.2.1977, GA 1977, 340 (341 f.)), erscheint die hM als zu großzügig. Die Existenz gesellschaftsrechtlicher Pflichten gehört nicht zur Tatsachengrundlage der Blankettnorm, sondern bildet selbst den Maßstab strafwürdigen Verhaltens. Die Annahme eines Tatbestandsirrtums bei Unkenntnis ist daher abzulehnen und stattdessen über § 17 StGB als Verbotsirrtum zu würdigen. Die fehlende tatbestandliche Präzisierung der gesellschaftsrechtlichen Pflichten ist vielmehr ein Problem des Bestimmtheitsgrundsatzes, dem im Rahmen der Vermeidbarkeit beim Verbotsirrtum sachgerecht Rechnung getragen werden kann. Ein **Verbotsirrtum** liegt daher stets dann vor, wenn der Täter sich über Bestand und Umfang der gesellschaftsrechtlichen Anmeldepflichten irrt. Ferner, wenn der Täter meint, er unterliege wegen der Unwirksamkeit des Bestellungsakts nicht den Pflichten eines Geschäftsführers, oder wenn er bei (laienhaft) richtiger Beurteilung seiner Angaben annimmt, er dürfe in gewissem Umfang falsche Angaben machen, zB Volleinzahlung versichern, obwohl noch geringe Reste ausstehen (RGSt 14, 36 (45)); wenn er annimmt, er sei hinsichtlich seiner Angaben an Weisungen der Gesellschafter gebunden (Scholz/*Tiedemann/Rönnau* Rn. 201), er dürfe eine von ihm als Sacheinlage erkannte Leistung als Bareinlage bezeichnen oder er dürfe wegen Mitwirkung eines Notars unrichtige Angaben machen (Scholz/*Tiedemann/Rönnau* Rn. 201). Beruht die falsche 17a

Angabe auf einem Rat des Notars, kommt die Unvermeidbarkeit des Verbotsirrtums in Betracht (vgl. BGH 16.5.1958, GA 1959, 87 (88)).

18 **3. Vollendung, Beendigung. Vollendet** ist die Tat, wenn die Angaben beim zuständigen Registergericht eingegangen sind (BGH 26.5.1958, GmbHR 1959, 27). Die Vorlage beim zuständigen Beamten, Kenntnisnahme und gar Eintragung der Gesellschaft sind nicht Voraussetzung (Scholz/*Tiedemann*/*Rönnau* Rn. 112). Die Zurückweisung des Eintragungsantrags beseitigt die Strafbarkeit nicht (RGSt 43, 430 (431)), ebenso nicht die Berichtigung der Angaben nach Eingang beim Gericht (RGSt 37, 25 (27)). Die **Beendigung** tritt ein mit Eintragung der Gesellschaft im Handelsregister (BGH 30.3.1987, wistra 1987, 212) oder mit rechtskräftiger Zurückweisung des Eintragungsantrags (MHLS/*Dannecker* Rn. 129). Vgl. für den Verjährungsbeginn BGH 10.5.2000, NJW 2000, 2285. Eine Besonderheit besteht jedoch bei der **Strafbarkeit nachträglicher Erklärungen.** Verlangt das Registergericht diese, weil sie zB zunächst übersehen werden, kann sich die Strafbarkeit nach Abs. 1 Nr. 1 wegen des eindeutigen Wortlauts „zum Zweck der Eintragung" hierauf nicht erstrecken, was rechtspolitisch unbefriedigend ist (abw. für Strafbarkeit Scholz/*Tiedemann*/*Rönnau* Rn. 66).

19 **4. Berichtigungspflicht. a) Des Anmeldenden.** Erkennt der Geschäftsführer nach Vollendung der Tat die frühere unvorsätzliche Unrichtigkeit seiner Angaben, ist er aufgrund seiner Organstellung verpflichtet, sie zu berichtigen (Scholz/*Veil* § 8 Rn. 24). Die strafrechtlichen Folgen eines Verstoßes gegen diese Berichtigungspflicht bestimmen sich nach den allgemeinen Grundsätzen über die Garantenstellung wegen **Ingerenz,** wenn die erkannte Unrichtigkeit auf der Pflichtwidrigkeit des Täters beruhte (vgl. MHLS/*Dannecker* Rn. 132; weitergehend UHL/*Ransiek* Rn. 51: generelle Überwachungspflicht des Geschäftsführers; hierzu ausführlich *Lütke* wistra 2008, 409). Die Pflichtwidrigkeit ist objektiv ohne Rücksicht auf Verschuldenselemente zu bestimmen (BGH 6.7.1990, BGHSt 37, 106 (117) = NStZ 1990, 502). Sie ist bei unrichtigen Angaben nur dann zu verneinen, wenn der Geschäftsführer durch Gesellschafter oder andere Personen getäuscht worden ist, ohne dass dies bemerkbar war; iÜ schuldet er eigene sorgfältige Ermittlungen (Scholz/*Tiedemann*/*Rönnau* Rn. 119 f.). Eine Mitteilungspflicht bei Wertverfall von Sacheinlagen in der Zeit zwischen Anmeldung und Eintragung besteht nicht. Ein die Strafbarkeit begründendes pflichtwidriges Unterlassen kommt nur bis zur Beendigung der Tat (→ Rn. 18) in Betracht (Scholz/*Tiedemann*/*Rönnau* Rn. 119).

20 **b) Andere Personen.** Erkennen andere Personen die Unrichtigkeit einer Anmeldung vor oder nach Vollendung der Tat, ergibt sich deren **Garantenstellung** begründende Pflichtwidrigkeit bei Geschäftsführern aus der wechselseitigen Überwachungspflicht innerhalb der Geschäftsführung (MHLS/*Dannecker* Rn. 130) sowie wegen der Bezugnahme auf den Gesellschafterbegriff in § 82 auch aus einer gesellschaftsrechtlichen Aufsichtspflicht der Gesellschafterversammlung nach § 46 Nr. 6. Die **Gesellschafter** können hiernach grundsätzlich als **Überwachungsgarant** wegen der Duldung pflichtwidriger Angaben durch den – ggf. sogar gutgläubigen – Geschäftsführer als Täter strafbar sein (vgl. UHL/*Ransiek* Rn. 13; Baumbach/Hueck/*Beurskens* Rn. 3: mittelbare Täterschaft; Scholz/*Tiedemann*/*Rönnau* Rn. 40 ff.; aA MHLS/*Dannecker* Rn. 130). Die Einzelheiten hierzu sind noch ungeklärt und können wegen des Bestimmtheitsgrundsatzes nicht der Rechtsfortbildung überlassen werden. Die zu einseitige Ausrichtung der registergerichtlichen Ex-ante-Kontrolle auf die Strafbarkeit des Geschäftsführers kann nur durch den Gesetzgeber behoben werden, indem er die Gesellschafter in die Anmeldepflichten nach § 8 einbezieht, wie es § 36 Abs. 1 AktG für die AG ebenfalls vorsieht.

III. Sachgründungsschwindel (Abs. 1 Nr. 2)

21 Abs. 1 Nr. 2 bedroht falsche Angaben mit Strafe, die jemand als Gesellschafter im Sachgründungsbericht (§ 5 Abs. 4 S. 2) macht. Die Regelung ist **Schutzgesetz** iSv § 823 Abs. 2 BGB zugunsten der gegenwärtigen und künftigen Gesellschafter und Gläubiger (→ Rn. 2).

22 **1. Objektiver Tatbestand. a) Falsche Angaben im Sachgründungsbericht.** Dieser ist im Rahmen der **Gründung** zu erstatten bei der Leistung von Sacheinlagen (§ 5 Abs. 4) sowie bei der Vereinbarung einer Sachübernahme als der entgeltlichen Übernahme von Vermögensgegenständen durch die Gesellschaft unter Anrechnung der Vergütung auf die Einlageverpflichtung (§ 364 Abs. 1 BGB, Baumbach/Hueck/*Fastrich* § 5 Rn. 16). Bei der **Kapitalerhöhung** gegen Sacheinlage ist ein Sachgründungsbericht nach hM nicht vorgesehen (vgl. § 56), sodass insofern eine Strafbarkeitslücke besteht. Selbst wenn man die Pflicht zivilrechtlich bejaht, scheidet wegen des Analogieverbots eine Strafbarkeit bei der Kapitalerhöhung jedenfalls aus (Scholz/*Tiedemann*/*Rönnau* Rn. 121; wohl auch Rowedder/Schmidt-Leithoff/*Schaal* Rn. 53). Gegenstand der Angaben im Sachgründungsbericht sind nach § 5 Abs. 4 S. 2 die Umstände, die für die **Beurteilung der Werthaltigkeit** der Sacheinlage wesentlich sind. Die dafür entwickelten zivilrechtlichen Kriterien sind unter Beachtung des Bestimmtheitsgrundsatzes auch strafrechtlich maßgebend. Hiernach sind nur solche Falschangaben strafbar, die eindeutig gegen die Bewertungskriterien verstoßen (MHLS/*Dannecker* Rn. 146; aA Rowedder/Schmidt-Leithoff/*Schaal* Rn. 54). Eine tatbestandliche Einschränkung, dass nur „eindeutige" Falschangaben strafbarkeitsbegrün-

dend seien, besteht jedoch nicht (abw. Scholz/*Tiedemann/Rönnau* Rn. 128). **Fehlende Angaben** begründen die Strafbarkeit nur, wenn die gemachten Angaben dadurch falsch werden.

b) Täter. Täter können zunächst nur die **Gesellschafter** sein, die den Sachgründungsbericht gem. § 5 Abs. 4 zu erstellen und auch erstellt haben. Die rechtsgeschäftliche Vertretung ist ausgeschlossen; bei gesetzlicher Vertretung des Gesellschafters gelten § 14 Abs. 1, 3 StGB. Kommt es danach zum **Gesellschafterwechsel,** ist zu differenzieren: Erfolgt der Wechsel vor Anmeldung, ist der Sachgründungsbericht zu korrigieren und allein die nunmehr Verpflichteten unterliegen der Strafbarkeit (abw. wohl Scholz/*Tiedemann/Rönnau* Rn. 123, wonach ein Ausgeschiedener sich auch dann strafbar machen kann). Bei Eintritt eines neuen Gesellschafters nach Anmeldung ist nur dann ein neuer Sachgründungsbericht erforderlich, wenn der eintretende Gesellschafter Sacheinlagen einbringt; nur in diesem Fall sind alle Gesellschafter verpflichtet, einen Sachgründungsbericht nachzureichen und damit mögliche Täter. Tritt in den anderen Fällen nach Anmeldung ein neuer Gesellschafter bei, trifft ihn keine Pflicht zur Mitwirkung am Sachgründungsbericht mehr, sodass für ihn allein eine Teilnahmestrafbarkeit in Betracht kommt (Rowedder/Schmidt-Leithoff/*Schaal* Rn. 53; Scholz/*Tiedemann/Rönnau* Rn. 123; weitergehend Scholz/*Veil* § 5 Rn. 99: Gesellschafter zur Zeit der Eintragung der Gesellschaft maßgeblich). 23

2. Subjektiver Tatbestand. Der Täter muss wissen, dass er Gesellschafter ist, dass er einen Sachgründungsbericht erstattet und darin falsche Angaben über Umstände macht, die für die Angemessenheit der Sacheinlagen wesentlich sind. Anders als bei Abs. 1 Nr. 1 ist nicht erforderlich, dass der Täter den Zweck verfolgt, die Eintragung der Gesellschaft in das Handelsregister zu bewirken. Ein **Tatbestandsirrtum** liegt vor, wenn der Täter nicht weiß, dass seine Angaben falsch sind, ferner, wenn er falsche Angaben nicht als Angaben zur Bewertung ansieht (doch dürfte die Behauptung eines solchen Irrtums idR unglaubhaft sein). Ein **Verbotsirrtum** liegt vor, wenn der Täter annimmt, er dürfe in gewissem Umfang falsche Angaben machen. Das Gleiche gilt, wenn der Täter über den Umfang der gesellschaftsrechtlichen Angabepflichten irrt (→ Rn. 22). 24

3. Vollendung, Beendigung. Vollendet ist die Tat, wenn der Sachgründungsbericht als fertiger anderen Personen iRd Gründungsverfahrens (zB Geschäftsführer, Notar) oder außerhalb desselben (zB Gläubigern der Vorgesellschaft oder künftigen Gläubigern der Gesellschaft) zugeht (MHLS/*Dannecker* Rn. 153). Die Kenntnisnahme ist nicht erforderlich. Voraussetzung ist aber, dass der Bericht willentlich entäußert wurde; nicht genügend ist es, wenn beliebige Personen zufällig in den Besitz des Berichts gelangen, ebenso nicht der zufällige Zugang beim Registergericht (MHLS/*Dannecker* Rn. 153). Eine nachträgliche Berichtigung ändert hieran nichts (vgl. RGSt 37, 25 (27); Baumbach/Hueck/*Beurskens* Rn. 17; abw. MüKoGmbHG/*Altenhain* Rn. 229: Analogie zu § 264 Abs. 5 StGB). Die **Beendigung** der Tat tritt ein mit Entscheidung des Registergerichts über die Eintragung aufgrund des Sachgründungsberichts, nicht erst mit Eintragung der Gesellschaft in das Handelsregister (MHLS/*Dannecker* Rn. 154). 25

IV. Kapitalerhöhungsschwindel (Abs. 1 Nr. 3)

Abs. 1 Nr. 3 bedroht falsche Angaben mit Strafe, die jemand als Geschäftsführer zum Zweck der Eintragung einer Erhöhung des Stammkapitals über im Einzelnen aufgezählte Umstände macht. Die Vorschrift gilt nur für die **Kapitalerhöhung gegen Einlagen** iSv §§ 55 ff., auch beim genehmigten Kapital. Sie hat Vorrang gegenüber Abs. 1 Nr. 3 (OLG Jena 29.7.1997, GmbHR 1998, 1041 (1043 f.)) und ist **Schutzgesetz** iSv § 823 Abs. 2 BGB gegenüber gegenwärtigen und künftigen Gesellschaftern und Gläubigern (Scholz/*Tiedemann/Rönnau* Rn. 14; Lutter/Hommelhoff/*Kleindiek* Rn. 27; einschränkend, nur zugunsten gegenwärtiger und künftiger Gläubiger, MHLS/*Dannecker* Rn. 13 ff.; anders einschränkend: mindestens zu Gunsten der Erwerber der neuen Geschäftsanteile BGH 11.7.1988, NJW 1988, 2794 (2795) und BGH 26.9.2005, NZG 2005, 976 (978) zu § 399 Abs. 1 Nr. 4 AktG; ebenso OLG Hamm 3.2.2015, BeckRS 2015, 00257 Rn. 223 ff.). Falsche Angaben müssen für einen Anspruch aus § 823 Abs. 2 BGB einen Schaden verursacht haben. Daher ist idR mittelbare Kenntnis des Geschädigten von den zum Handelsregister gemachten Angaben erforderlich (ähnlich zu § 399 Abs. 1 Nr. 4 AktG OLG München 18.11.2003, ZIP 2004, 462 sowie BGH 26.9.2005, NZG 2005, 976 (978)). Etwas anderes gilt nur, wenn die Kapitalerhöhung bei richtigen Angaben nicht eingetragen worden wäre. 26

1. Objektiver Tatbestand. a) Falsche Angaben. Adressat der Angaben ist das Registergericht (§ 57 Abs. 1). Angaben über die **Zeichnung** des neuen Kapitals entsprechen denen über die Übernahme der Geschäftsanteile nach Abs. 1 Nr. 1 (→ Rn. 4). Die Angaben über die **Einbringung** des neuen Kapitals entsprechen denen über die Leistung der Einlagen nach Abs. 1 Nr. 1. Hierzu gehören Angaben über die Höhe sowie Art und Weise der Kapitaleinbringung (BGH 20.1.1955, NJW 1955, 678 (679)), ferner die Erklärung nach § 57 Abs. 2, ob sich der Gegenstand der Leistungen endgültig in der freien Verfügung des Geschäftsführers befindet (BGH 30.11.1995, wistra 1996, 262 (263)). Nach Aufgabe des Gebots wertgleicher Deckung hat der Geschäftsführer lediglich zu versichern, dass der 27

Betrag für die Zwecke der Gesellschaft eingezahlt und auch in der Folge nicht an den Gesellschafter zurückgezahlt worden ist (BGH 18.3.2002, BGHZ 150, 197 = NJW 2002, 1716). Inwieweit dies bei **Voreinzahlungen** auf künftige Kapitalerhöhungen gilt, ist umstritten (→ § 56 Rn. 1 ff.); die Strafbarkeit des Geschäftsführers nach Abs. 1 Nr. 3 scheidet in diesen Fällen jedenfalls aus, wenn dem Registergericht alle zur Beurteilung der Voreinzahlung erforderlichen Fakten mitgeteilt werden (zustimmend Scholz/*Tiedemann/Rönnau* Rn. 138). Die Umstände einer **verdeckten Sacheinlage** oder des **Hin- und Herzahlens** (§ 19 Abs. 4 und 5) sind offen zu legen (→ Rn. 6 f.).

28 **b) Täter.** Täter sind nur die **Geschäftsführer** (auch stellvertretende, § 44), die nach §§ 78, 57 Abs. 1 die Kapitalerhöhung zum Handelsregister anzumelden haben. **Liquidatoren** kommen nach dem maßgebenden Gesetzeswortlaut als Täter nicht in Betracht, obwohl Kapitalerhöhungen und entsprechende Anmeldungen auch während der Abwicklung möglich sind. Dieses unsachgerechte Ergebnis kann wegen des strafrechtlichen Analogieverbots nicht vermieden werden (OLG Jena 29.7.1997, GmbHR 1998, 1041 (1043)). Die Gesellschafter sind in Abs. 1 Nr. 3 als Täter nicht genannt, können jedoch als Anstifter oder Gehilfen strafbar sein.

29 **2. Subjektiver Tatbestand.** Der Täter muss wissen, dass er Geschäftsführer ist und dass er gegenüber dem Registergericht falsche Angaben macht. Ferner muss er den Zweck verfolgen, die Eintragung der Kapitalerhöhung in das Handelsregister zu bewirken (MHLS/*Dannecker* Rn. 173). Ein **Tatbestandsirrtum** liegt vor, wenn der Täter nicht weiß, dass seine Angaben falsch sind. Ein **Verbotsirrtum** liegt vor, wenn der Täter annimmt, er dürfe in gewissem Umfang falsche Angaben machen. Das Gleiche gilt, wenn der Täter über den Umfang der gesellschaftsrechtlichen Angabepflichten irrt (→ Rn. 27, → Rn. 17).

30 **3. Vollendung, Beendigung.** Zur Vollendung der Tat → Rn. 18. Beendet ist die Tat mit Eintragung der Kapitalerhöhung in das Handelsregister oder mit rechtskräftiger Zurückweisung des Eintragungsantrags.

V. Kapitalerhöhung aus Gesellschaftsmitteln (Abs. 1 Nr. 4)

31 Abs. 1 Nr. 4 bedroht falsche Angaben mit Strafe, die jemand als Geschäftsführer in der Erklärung macht, die nach § 57i Abs. 1 S. 2 in der Anmeldung des Beschlusses über die Erhöhung des Stammkapitals aus Gesellschaftsmitteln zur Eintragung in das Handelsregister enthalten sein muss. Die Regelung ist **Schutzgesetz** iSv § 823 Abs. 2 BGB (→ Rn. 2).

32 **1. Objektiver Tatbestand – falsche Angaben.** Der Inhalt der Erklärung folgt aus § 57i Abs. 1 S. 2. Trotz des insoweit missverständlichen Wortlauts („nach ihrer Kenntnis") müssen sich die Geschäftsführer Gewissheit darüber verschaffen, dass die Vermögensminderung nicht eingetreten ist (Scholz/*Priester* § 57i Rn. 6). Die Verletzung dieser Ermittlungspflicht ist aber strafrechtlich nicht beachtlich, da die Erklärung nach § 57i Abs. 1 S. 2 nur falsch ist, wenn die Geschäftsführer tatsächlich Kenntnis von der Vermögensminderung haben (MHLS/*Dannecker* Rn. 183). Adressat der Angaben ist das Registergericht (§ 57i Abs. 1 S. 2). Täter sind nur die **Geschäftsführer** und stellvertretenden Geschäftsführer (§ 44). Zur möglichen Strafbarkeit der Gesellschafter durch Unterlassen → Rn. 16.

33 **2. Subjektiver Tatbestand.** Der Täter muss **wissen,** dass er Geschäftsführer ist und dass er gegenüber dem Registergericht falsche Angaben macht. Insbesondere muss er Kenntnis von der eingetretenen Vermögensminderung haben; pflichtwidriges Unterlassen von Nachforschungen genügt nicht (MHLS/*Dannecker* Rn. 183). Der Täter muss ferner den **Zweck** verfolgen, die Eintragung der Kapitalerhöhung in das Handelsregister zu bewirken (Scholz/*Tiedemann/Rönnau* Rn. 142; aA MHLS/*Dannecker* Rn. 186). Ein **Tatbestandsirrtum** liegt vor, wenn der Geschäftsführer die Verluste nicht erkennt, sei es, dass er die tatsächlichen Vorgänge nicht bemerkt, sei es, dass er die ihm bekannten Vorgänge bilanzrechtlich unrichtig würdigt. Ein **Verbotsirrtum** liegt vor, wenn der Täter annimmt, er dürfe in gewissem Umfang falsche Angaben machen. Das Gleiche gilt, wenn der Täter über den Umfang der gesellschaftsrechtlichen Angabepflichten irrt (→ Rn. 32, → Rn. 17).

34 **3. Vollendung, Beendigung.** Zur Vollendung der Tat → Rn. 18. Beendet ist die Tat mit Eintragung der Kapitalerhöhung in das Handelsregister oder mit rechtskräftiger Zurückweisung des Eintragungsantrags.

VI. Eignungsschwindel (Abs. 1 Nr. 5)

35 Strafbar gem. Abs. 1 Nr. 5 sind falsche Angaben, die jemand als Geschäftsführer oder als Liquidator in der Versicherung über das Nichtvorliegen einer Verurteilung wegen einer Insolvenzstraftat oder eines Berufsverbots und über die Belehrung über die unbeschränkte Auskunftspflicht macht (vgl. § 8 Abs. 3 S. 1, § 39 Abs. 3 S. 1, § 67 Abs. 3 S. 1). Die Vorschrift ist wegen ihrer Abstraktheit in Bezug auf etwaige aus der Inhabilität resultierende Vermögensschäden **nicht Schutzgesetz** iSv § 823 Abs. 2 BGB

(Lutter/Hommelhoff/*Kleindiek* Rn. 27; aA wohl MHLS/*Dannecker* Rn. 192 und Scholz/*Tiedemann/Rönnau* Rn. 14). Zur möglichen Verfassungswidrigkeit der Regelung UHL/*Ransiek* Rn. 102 und Scholz/*Tiedemann/Rönnau* Rn. 146.

1. Objektiver Tatbestand. a) Täter. Adressat der Strafbarkeit sind die **Geschäftsleiter bzw. Liquidatoren.** Auf die Wirksamkeit des Bestellungsaktes kommt es nicht an (→ Rn. 12). Ist der Liquidator eine **juristische Person** oder Personenhandelsgesellschaft, treffen die Pflicht zur Abgabe der Versicherung deren gesetzliche Vertreter (§ 14 Abs. 1, 3 StGB). Soweit hieraus abgeleitet wird, dass diese sich auch nach Abs. 1 Nr. 5 im Hinblick auf die eigene Inhabilität strafbar machen können (MHLS/*Dannecker* Rn. 194), ist dem wegen § 14 StGB nicht zuzustimmen (so auch Baumbach/Hueck/*Beurskens* Rn. 40; UHL/*Ransiek* Rn. 106; Scholz/*Tiedemann/Rönnau* Rn. 144). Hiervon abzugrenzen ist, dass taugliche Täter des Eignungsschwindels im Ausgangspunkt auch die Geschäftsleiter **ausländischer juristischer Personen** sind, wenn diese eine Zweigniederlassung anmelden (vgl. § 13g Abs. 2 und 5 HGB, § 13c Abs. 3 S. 2 HGB; hierzu OLG Jena 9.3.2006, NZG 2006, 434; *Bauer/Großerichter* NZG 2008, 253). Eine Strafbarkeit scheidet wegen des Analogieverbots gleichwohl aus, da die betreffenden Normen des Registerrechts keinen hinreichend deutlichen Bezug zu Abs. 1 Nr. 5 herstellen (so auch Scholz/*Tiedemann/Rönnau* Vor §§ 82 ff. Rn. 74). 36

b) Falschen Angaben. Die falschen Angaben beziehen sich auf den Inhalt der Versicherungen nach § 8 Abs. 3 S. 1, § 39 Abs. 3 S. 1 oder § 67 Abs. 3 S. 1 (Einzelheiten jeweils dort), auch auf die ggf. vom Registergericht angeforderten, hiermit zusammenhängenden ergänzenden Versicherungen (vgl. BayObLG 10.12.1981, DB 1982, 273 (274)). Andere falsche oder unvollständige Angaben, die in der Versicherung enthalten sind (z. B. Vorstrafe wegen Untreue), unterliegen nicht dem Strafschutz der Norm (KG Berlin 8.4.2014, GmbHR 2015, 868; abw. *Weiß* GmbHR 2013, 1076 (1083)). Das Gleiche gilt für die Angabe der übrigen Inhabilitätsgründe gem. § 6 Abs. 2 S. 1 und Abs. 2 S. 2 Nr. 1 (OLG Brandenburg 11.8.2011, NotBZ 2012, 34 Rn. 19). **Unvollständige Angaben** sind falsche Angaben, wenn hierdurch der Inhalt der mitgeteilten Umstände in rechtlich erheblicher Weise verändert wird (Scholz/*Tiedemann/Rönnau* Rn. 149). Das vollständige **Unterlassen** der Versicherung ist zwar nicht strafbar; erkennt der Täter nach Vollendung der Tat jedoch die Unrichtigkeit seiner Versicherung, ist er verpflichtet, sie zu berichtigen. Das Unterlassen der Berichtigung ist wegen Ingerenz ein Verstoß gegen Abs. 1 Nr. 5, wenn die Unrichtigkeit auf der Pflichtwidrigkeit des Täters beruhte, was regelmäßig der Fall ist. Die Versicherung gem. § 8 Abs. 3 S. 1, § 39 Abs. 3 S. 1 oder § 67 Abs. 3 S. 1 bezieht sich allein auf die Person des jeweiligen Organwalters („Selbstauskunft", Baumbach/Hueck/*Servatius* § 8 Rn. 11). Die **Mitgeschäftsführer** bzw. -liquidatoren können daher bei Kenntnis der Unrichtigkeit nur wegen Beihilfe oder Anstiftung strafbar sein (zum Sonderdelikt → Rn. 1). 37

2. Subjektiver Tatbestand. Der Täter muss wissen, dass er Geschäftsführer, Liquidator oder gesetzlicher Vertreter eines Liquidators ist, dass er gegenüber dem Registergericht eine Versicherung abgibt und in dieser falsche (auch unvollständige) Angaben macht, sowie, dass die Fristen des § 6 Abs. 2 noch laufen. Ferner muss der Täter den **Zweck** verfolgen, seine Eintragung als Geschäftsführer oder Liquidator in das Handelsregister zu bewirken (aA MHLS/*Dannecker* Rn. 204; Scholz/*Tiedemann/Rönnau* Rn. 144). Ein **Tatbestandsirrtum** liegt vor, wenn der Täter nicht weiß, dass seine Angaben falsch oder unvollständig sind, wenn er fälschlich annimmt, dass die Fristen des § 6 Abs. 2 S. 3, 4 abgelaufen seien (Scholz/*Tiedemann/Rönnau* Rn. 178a), wenn er nicht erkennt, dass der Unternehmensgegenstand der Gesellschaft ganz oder teilweise mit dem Gegenstand des ihm erteilten Berufsverbots übereinstimmt. Ein **Verbotsirrtum** liegt vor, wenn der Täter meint, zu falschen oder unvollständigen Angaben berechtigt zu sein, weil sie unerheblich seien oder weil eine Selbstbezichtigung unzumutbar sei (Scholz/*Tiedemann/Rönnau* Rn. 205); ferner, wenn der Täter über den Umfang der gesellschaftsrechtlichen Angabepflichten irrt (→ Rn. 14 aE). 38

3. Vollendung, Beendigung. Vollendet ist die Tat, wenn die unrichtige Versicherung beim zuständigen Registergericht eingegangen ist (vgl. RGSt 43, 323; BGH 16.5.1958, BeckRS 1958, 31193001; Baumbach/Hueck/*Beurskens* Rn. 17). Eine nachträgliche Berichtigung ändert hieran nichts (vgl. RGSt 37, 25 (27); Baumbach/Hueck/*Beurskens* Rn. 17; abw. MüKoGmbHG/*Altenhain* Rn. 229: Analogie zu § 264 Abs. 5 StGB). Die Tat ist beendet mit Eintragung des Geschäftsführers oder Liquidators in das Handelsregister oder mit Zurückweisung des Eintragungsantrages (MHLS/*Dannecker* Rn. 208 f.). 39

VII. Kapitalherabsetzungsschwindel (Abs. 2 Nr. 1)

Abs. 2 Nr. 1 bedroht mit Strafe die unwahre Versicherung iSv § 58 Abs. 1 Nr. 4. Auf die vereinfachte Kapitalherabsetzung gem. § 58a findet die Strafvorschrift keine Anwendung (MHLS/*Dannecker* Rn. 213). Die Regelung ist **Schutzgesetz** iSv § 823 Abs. 2 BGB allein zugunsten der betroffenen Gläubiger (Lutter/Hommelhoff/*Kleindiek* Rn. 27; Scholz/*Tiedemann/Rönnau* Rn. 14). 40

41 **1. Objektiver Tatbestand.** Gegenstand der **Versicherung** ist nach § 58 Abs. 1 Nr. 4 die Erklärung, dass die Gläubiger, welche sich bei der Gesellschaft gemeldet und der Kapitalherabsetzung nicht zugestimmt haben, befriedigt oder sichergestellt sind. Die **Unvollständigkeit** führt zur Unwahrheit (Rowedder/Schmidt-Leithoff/*Schaal* Rn. 78). Dazu gehört auch das Verschweigen der Tatsache, dass der Kreis der betroffenen Gläubiger wegen ungenügender Bekanntmachung nach § 58 Abs. 1 Nr. 1 oder mangels Ablaufs der Jahresfrist des § 58 Abs. 1 Nr. 3 noch nicht abschließend bestimmt ist. Nicht zum Inhalt der Versicherung gehört die Erklärung über Art und Weise sowie den Zeitpunkt der dritten Bekanntmachung (Lutter/Hommelhoff/*Kleindiek* Rn. 18a). Die **Gläubigerstellung** ist objektiv zu bestimmen. In zweifelhaften Fällen kann strafrechtliches Risiko nur durch vorsorgliche Sicherstellung ausgeschlossen werden (MHLS/*Dannecker* Rn. 219). **Täter** sind nur die Geschäftsführer, auch stellvertretende (§ 44). Die Liquidatoren kommen nach dem maßgebenden Gesetzeswortlaut als Täter nicht in Betracht. Erkennt der Täter nach Vollendung der Tat die Unwahrheit der Versicherung, ist er verpflichtet, sie zu berichtigen. Das **Unterlassen** der Berichtigung führt zur Strafbarkeit wegen Ingerenz, wenn die ursprüngliche Unrichtigkeit wie regelmäßig auf der Pflichtwidrigkeit des Täters beruhte. Das Unterlassen der Versicherung in Gänze ist hingegen nicht strafbar (Scholz/*Tiedemann/Rönnau* Rn. 152).

42 **2. Subjektiver Tatbestand.** Der Täter muss wissen, dass er Geschäftsführer ist und dass er gegenüber dem Registergericht eine falsche Versicherung der in § 58 Abs. 1 Nr. 4 genannten Art abgibt. Ferner muss er den **Zweck** verfolgen, die Eintragung der Herabsetzung des Stammkapitals in das Handelsregister zu bewirken (MHLS/*Dannecker* Rn. 223). Ein **Tatbestandsirrtum** liegt vor, wenn der Täter nicht weiß, dass seine Erklärung falsch oder unvollständig ist, ebenso, wenn er zu Unrecht meint, dass die Forderung eines Gläubigers nicht bestehe, doch liegt insofern häufig die Annahme bedingten Vorsatzes nahe (MHLS/*Dannecker* Rn. 225). Ein **Verbotsirrtum** liegt vor, wenn der Täter meint, zu einer falschen oder unvollständigen Versicherung berechtigt zu sein; ferner, wenn er über den Umfang der gesellschaftsrechtlichen Angabepflichten irrt (→ Rn. 41).

43 **3. Vollendung, Beendigung.** Vollendet ist die Tat, wenn die unrichtige Versicherung beim zuständigen Registergericht eingegangen ist (vgl. RGSt 43, 323; BGH 16.5.1958, BeckRS 1958, 31193001; Baumbach/Hueck/*Beurskens* Rn. 17). Eine nachträgliche Berichtigung ändert hieran nichts (vgl. RGSt 37, 25 (27); Baumbach/Hueck/*Beurskens* Rn. 17; abw. MüKoGmbHG/*Altenhain* Rn. 229: Analogie zu § 264 Abs. 5 StGB). Beendigung tritt ein mit Eintragung der Kapitalherabsetzung oder mit Zurückweisung des Eintragungsantrags (MHLS/*Dannecker* Rn. 227 f.).

VIII. Geschäftslagetäuschung (Abs. 2 Nr. 2)

44 Abs. 2 Nr. 2 bedroht mit Strafe, wer als Geschäftsführer, Liquidator, Mitglied eines AR oder ähnlichen Organs in einer öffentlichen Mitteilung die Vermögenslage der Gesellschaft unwahr darstellt oder verschleiert, sofern nicht die Tat in § 331 Nr. 1 oder 1 lit. a HGB mit Strafe bedroht ist. Die Regelung ist **Schutzgesetz** iSv § 823 Abs. 2 BGB zugunsten der gegenwärtigen und künftigen Gläubiger sowie – trotz § 51a – auch zugunsten der gegenwärtigen und künftigen Gesellschafter (so auch Scholz/*Tiedemann/Rönnau* Rn. 14). § 82 Abs. 1 Nr. 3 ist bei Erklärungen gegenüber dem Registergericht zum Zwecke der Eintragung einer Kapitalerhöhung vorrangig (OLG Jena 29.7.1997, GmbHR 1998, 1041 (1043 f.)).

45 **1. Objektiver Tatbestand. a) Öffentliche Mitteilung.** Eine öffentliche Mitteilung ist eine mündliche oder schriftliche Erklärung, die an einen unbestimmten Personenkreis oder an einen durch übereinstimmende Merkmale gekennzeichneten Teil der Öffentlichkeit gerichtet ist, nicht dagegen eine Erklärung an einzelne außenstehende Personen (Baumbach/Hueck/*Beurskens* Rn. 52; Scholz/*Tiedemann/Rönnau* Rn. 166). Die bloße Zugänglichkeit der Mitteilung für die Öffentlichkeit reicht nicht (MHLS/*Dannecker* Rn. 240). **Nicht öffentlich** sind Mitteilungen in einer Gesellschafterversammlung (es sei denn, dass die Presse oder auf sonstige Weise die Öffentlichkeit anwesend ist), eine Mitteilung an alle Gesellschafter (zB durch Rundschreiben), in einer AR-Sitzung, gegenüber dem Betriebsrat, Wirtschaftsausschuss, der Betriebsversammlung (Baumbach/Hueck/*Beurskens* Rn. 52; Rowedder/Schmidt-Leithoff/*Schaal* Rn. 86 f.). Eine planwidrige Weitergabe nicht öffentlicher Mitteilungen durch einzelne Empfänger an die Öffentlichkeit macht die Mitteilung nicht öffentlich (Baumbach/Hueck/*Beurskens* Rn. 52).

46 **b) Vermögenslage. Gegenstand** der Mitteilung ist die Vermögenslage der Gesellschaft. Dazu gehört nicht nur der Stand ihres Vermögens ieS, sondern auch ihre Finanz- und Ertragslage (vgl. zu § 400 Abs. 1 Nr. 1 AktG BGH 16.12.2004, NZG 2005, 132 (134)). Eine Mitteilung ist wegen des **Vorrangs von § 331 Nr. 1 und Nr. 1 lit. a HGB** nicht die Vorlage der Eröffnungsbilanz, eines Jahresabschlusses oder eines Lageberichts durch Geschäftsführer, Liquidatoren und AR-Mitglieder sowie nicht die Offenlegung eines Jahresabschlusses nach internationalen Rechnungslegungsstandards. Unter § 82 Abs. 2 Nr. 2 fallen daher Abschlüsse, die im Laufe eines Geschäftsjahres aufgestellt werden, zB Liquiditäts-, Zwischen- und Übersichtsbilanzen sowie „Halbjahreszahlen" und Quartalsberichte (BGH

16.12.2004, NZG 2005, 132 (134 f.)); ferner Bilanzen zum Abschluss eines Rumpfgeschäftsjahrs, ferner die Vorlage von Teilen der von § 331 Nr. 1 HGB erfassten Unterlagen (MHLS/*Dannecker* Rn. 242), von Vermögensübersichten, Erläuterungen einzelner Jahresabschlussposten sowie sonstige Erklärungen zur Vermögenslage.

c) Unwahre Darstellung. Die unwahre Darstellung ergibt sich aus einer **unrichtigen oder unvollständigen** Mitteilung. Mitteilungen, die Vermögens-, Finanz- und Ertragslage im bilanzrechtlichen Sinn betreffen, sind an den Rechnungslegungsvorschriften und Grundsätzen ordnungsmäßiger Buchführung zu messen (Baumbach/Hueck/*Beurskens* Rn. 55; MHLS/*Dannecker* Rn. 243 f.). Für sonstige Mitteilungen ergibt sich der Beurteilungsmaßstab aus dem speziellen Aussagegehalt der Mitteilung (Baumbach/Hueck/*Beurskens* Rn. 55: Wahrnehmung des potentiellen Empfängers). Unwahr ist auch die zu ungünstige Darstellung (Scholz/*Tiedemann/Rönnau* Rn. 173). Eine **Verschleierung** liegt vor, wenn die Erkennbarkeit der wahren Vermögenslage erschwert wird (MHLS/*Dannecker* Rn. 246). Erkennt der Täter nach Vollendung der Tat die Unwahrheit oder verschleiernde Wirkung der Mitteilung, ist er verpflichtet, sie so zu berichtigen, dass die Empfänger der Mitteilung dies ohne Schwierigkeiten erfahren können (Baumbach/Hueck/*Beurskens* Rn. 54). Ein strafbares **Unterlassen** begründet dies wegen Ingerenz jedoch nur, wenn die Unrichtigkeit auf der Pflichtwidrigkeit des Täters beruhte (Scholz/*Tiedemann/Rönnau* Rn. 183). Dabei liegt Pflichtwidrigkeit in aller Regel vor. Eine nachträgliche Veränderung der Verhältnisse, über die Mitteilungen ergangen sind, kann die strafrechtliche Berichtigungspflicht nicht auslösen (MHLS/*Dannecker* Rn. 254). 47

d) Täter. Abs. 2 Nr. 2 betrifft öffentliche Mitteilungen von Mitgliedern eines Gesellschaftsorgans in amtlicher Funktion. Dies ist nicht gegeben bei **privaten Äußerungen** und Äußerungen in gesellschaftsfremder Funktion (Lutter/Hommelhoff/*Kleindiek* Rn. 23). Vgl. insoweit aber die Strafbarkeit nach §§ 263, 266 StGB. Die Einordnung als private Äußerung oder in gesellschaftsfremder Funktion kommt nicht in Betracht, wenn die Öffentlichkeit die Mitteilung als in Ausübung der Organstellung verstehen musste (vgl. zum Empfängerhorizont OLG München 10.12.2003, WM 2004, 74 (80 f.)). **Geschäftsführer** sind die nach den Regeln des GmbHG zu Geschäftsführern bestellten Personen, ohne dass es auf Wirksamkeit des Bestellungsakts ankommt (hM, vgl. BGH 10.5.2000, NJW 2000, 2285 (2286)); auch Stellvertreter (§ 44). **Liquidatoren** sind die in § 66 genannten Personen. Die faktische Übernahme der Funktionen eines Liquidators, ohne dass das äußere Erscheinungsbild eines Bestellungsakts vorliegt, genügt (BGH 20.9.1999, NStZ 2000, 34 (36)). Ist der Liquidator eine juristische Person oder Personenhandelsgesellschaft, trifft die strafrechtliche Verantwortlichkeit nach § 14 Abs. 1, 3 StGB deren gesetzliche Vertreter. **Aufsichtsratsmitglied** ist jedes Mitglied des nach den Mitbestimmungsgesetzen vorgeschriebenen und des nach dem Gesellschaftsvertrag zu bestellenden AR (vgl. § 52), ohne dass es auf die Wirksamkeit des Bestellungsakts ankommt (Baumbach/Hueck/*Beurskens* Rn. 48). Beim **Mitglied eines ähnlichen Organs** muss sich die Ähnlichkeit auf den AR beziehen. Es muss sich also ohne Rücksicht auf die Bezeichnung (Beirat, Ausschuss, Verwaltungsrat) um ein Gesellschaftsorgan handeln, dem die Aufsicht über die Geschäftsführer obliegt (Baumbach/Hueck/*Beurskens* Rn. 49; Rowedder/Schmidt-Leithoff/*Schaal* Rn. 16). Der Betriebsrat und ein Organ mit rein repräsentativen Aufgaben fällt nicht hierunter (MHLS/*Dannecker* Rn. 232); ebenso wenig der Abschlussprüfer (Scholz/*Tiedemann/Rönnau* Rn. 56). 48

2. Rechtswidrigkeit. Wirtschaftliche Zwänge oder Boykottdrohungen können unwahre oder verschleiernde Darstellungen über die Vermögenslage nicht nach § 34 StGB rechtfertigen (Rowedder/Schmidt-Leithoff/*Schaal* Rn. 71). Eine Einwilligung der Gesellschafter oder anderer Organe in die Mitteilung beseitigt die Rechtswidrigkeit nicht. 49

3. Subjektiver Tatbestand. Der Täter muss wissen, dass er zu den genannten Organmitgliedern gehört, dass er in dieser Eigenschaft eine öffentliche Mitteilung über die Vermögenslage der Gesellschaft macht und dass diese Mitteilung unwahr oder verschleiernd ist (Baumbach/Hueck/*Beurskens* Rn. 57). Eine Schädigungsabsicht ist nicht erforderlich. Übernimmt der Täter ohne ausreichende Prüfung Angaben eines anderen, kann bedingter Vorsatz gegeben sein (Scholz/*Tiedemann/Rönnau* Rn. 182). Ein **Tatbestandsirrtum** liegt vor, wenn der Täter nicht weiß, dass er Mitglied eines Gesellschaftsorgans ist; nicht jedoch, wenn der Täter davon ausgeht, dass seine Mitteilung als private Äußerung oder in Ausübung einer gesellschaftsfremden Funktion verstanden wird; ferner, wenn ihm unbekannt ist, dass seine Angaben unwahr oder verschleiernd sind; auch, wenn er die Bilanzierungsregeln verkennt (MHLS/*Dannecker* Rn. 250; bedenklich); ferner, wenn er die Umstände nicht kennt, aus denen sich die Öffentlichkeit der Mitteilung ergibt (Baumbach/Hueck/*Beurskens* Rn. 57). Ein **Verbotsirrtum** liegt vor, wenn der Täter meint, er unterliege wegen Unwirksamkeit des Bestellungsakts nicht den Pflichten eines Geschäftsführers (Baumbach/Hueck/*Beurskens* Rn. 58); wenn er eine zu ungünstige Darstellung der Vermögenslage für erlaubt hält (MHLS/*Dannecker* Rn. 251); wenn er die Mitteilung trotz Kenntnis der Umstände nicht für öffentlich hält (Scholz/*Tiedemann/Rönnau* Rn. 208); wenn er in einem Interessenkonflikt unwahre oder verschleiernde Mitteilungen unzutreffend für zulässig hält (Scholz/*Tiedemann/Rönnau* Rn. 208). Das Vorliegen eines entschuldigenden **Notstands** (§ 35 StGB) ist kaum denkbar; 50

dasselbe gilt für die Annahme eines übergesetzlichen **Entschuldigungsgrundes** (MHLS/*Dannecker* Rn. 258 ff.).

51 **4. Vollendung, Beendigung.** Die Tat ist vollendet mit Zugang der Mitteilung an die Öffentlichkeit, ohne Rücksicht darauf, ob jemand von dem Inhalt der Mitteilung Kenntnis genommen hat (Baumbach/Hueck/*Beurskens* Rn. 52; MHLS/*Dannecker* Rn. 253). Bei mündlichen Mitteilungen ist ausreichend, dass ein Zuhörer des relevanten Adressatenkreises sie wahrgenommen hat. Beendigung der Tat tritt ein mit Kenntnisnahme durch eine Person, die Teil der Öffentlichkeit ist (Scholz/*Tiedemann/Rönnau* Rn. 188).

83 **(weggefallen)**

Verletzung der Verlustanzeigepflicht

84 (1) **Mit Freiheitsstrafe bis zu drei Jahren oder mit Geldstrafe wird bestraft, wer es als Geschäftsführer unterläßt, den Gesellschaftern einen Verlust in Höhe der Hälfte des Stammkapitals anzuzeigen.**

(2) **Handelt der Täter fahrlässig, so ist die Strafe Freiheitsstrafe bis zu einem Jahr oder Geldstrafe.**

I. Allgemeines

1 Zweck der Regelung ist, im Falle eines Verlustes iHd Hälfte des Stammkapitals die Unterrichtung der Gesellschafter strafrechtlich abzusichern (vgl. zur AG den ähnlichen § 401 AktG). Die Regelung **ergänzt § 49 Abs. 3.** Sie deckt sich hiermit jedoch nur teilweise: Strafbar ist nämlich nur die Verletzung der Anzeigepflicht, mithin nicht der Pflicht zur Einberufung der Gesellschafterversammlung (→ Rn. 3); zudem knüpft die Strafbarkeit auch nicht an die Feststellung des Verlustes auf der Grundlage der förmlichen Jahresbilanz oder einer im Laufe des Geschäftsjahres aufgestellten Bilanz an (→ Rn. 2). Die Vorschrift ist **abstraktes Gefährdungsdelikt,** sodass ein Schaden der Gesellschaft oder Gesellschafter nicht erforderlich ist (MHLS/*Dannecker* Rn. 8). Sie ist jedenfalls **Schutzgesetz** iSv § 823 Abs. 2 BGB zugunsten der Gesellschafter (insofern unstreitig, vgl. nur Baumbach/Hueck/*Beurskens* Rn. 15); bloße Reflexschäden können diese jedoch nicht geltend machen. Entgegen der Vorauflage spricht wegen des Vorrangs von § 43 Abs. 2 indessen nichts dafür, dass die Regelung auch Schutzgesetz zu Gunsten der Gesellschaft selbst ist (zutreffend Roth/Altmeppen/*Altmeppen* Rn. 11; MüKoGmbHG/*Altenhain* Rn. 2; abw. Scholz/*Tiedemann/Rönnau* Rn. 5; Lutter/Hommelhoff/*Kleindiek* Rn. 2). Mangels Gesellschafterpflicht zum Handeln in Bezug auf die Eigenkapitalausstattung der GmbH ist sie auch nicht Schutzgesetz zu Gunsten der Gläubiger (Baumbach/Hueck/*Beurskens* Rn. 15). – § 49 Abs. 3 gilt zwar auch im Stadium der Vorgesellschaft; wegen strafrechtlichen Analogieverbots kommt hier jedoch eine Strafbarkeit nicht in Betracht (Roth/Altmeppen/*Altmeppen* Rn. 2). Auf ausländische GmbH ist § 84 nicht anwendbar (UHL/*Ransiek* Rn. 2). Bei der **Unternehmergesellschaft** schließt § 5a Abs. 4 die Geltung von § 49 Abs. 3 explizit aus, sodass insofern auch eine Strafbarkeit ausscheidet (Scholz/*Tiedemann/Rönnau* Rn. 1). Etwas anderes gilt jedoch, wenn das Stammkapital bei der UG auf 25.000 EUR oder mehr erhöht wird (vgl. *Geißler* DZWIR 2010, 98 (99); dagegen Scholz/*Tiedemann/Rönnau* Rn. 1 Fn. 1). Die Strafbarkeit wegen **Insolvenzverschleppung** gem. § 84 Abs. 1 Nr. 2 aF regelt nunmehr § 15a InsO (→ InsO § 15 Rn. 1 ff.).

II. Objektiver Tatbestand

2 **1. Verlust in Höhe der Hälfte des Stammkapitals.** Tatbestandlich wird allein das Vorliegen eines Verlusts in Höhe der Hälfte des Stammkapitals verlangt, **abweichend von § 49 Abs. 3** muss sich dieser jedoch nach dem Wortlaut von Abs. 1 nicht „aus der Jahresbilanz oder aus einer im Laufe des Geschäftsjahres aufgestellten Bilanz" ergeben. Hieraus resultiert erheblicher Streit über die tatbestandliche Konkretisierung der Strafnorm: Allgemein anerkannt ist, dass die Frage des Verlusts nach den für die Jahresbilanz geltenden **handelsrechtlichen Regeln** zu beantworten ist. Er ergibt sich somit daraus, dass das Eigenkapital sowie die verbliebenen Kapital- und Gewinnrücklagen mit Ausnahme der Rücklage für eigene Anteile den Betrag des halben Stammkapitals erreicht haben oder unterschreiten (MHLS/*Dannecker* Rn. 28). Grundsätzlich sind hierbei Fortführungswerte anzusetzen (UHL/*Ransiek* Rn. 21 ff.); stille Reserven werden grundsätzlich nicht berücksichtigt (Roth/Altmeppen/*Altmeppen* Rn. 14; Scholz/*Tiedemann/Rönnau* Rn. 33: Aufdeckung nur im Rahmen des handelsrechtlich Zulässigen). Kontrovers diskutiert wird jedoch die Frage, ob die Strafbarkeit an die **förmliche Aufstellung einer Jahres- oder**

Zwischenbilanz geknüpft ist (so MHLS/*Dannecker* Rn. 35; Scholz/*Tiedemann/Rönnau* Rn. 3 f.). Richtigerweise ist dies mit der hM zu verneinen (vgl. nur UHL/*Ransiek* Rn. 19; Baumbach/Hueck/*Beurskens* Rn. 5; Roth/Altmeppen/*Altmeppen* Rn. 14). Weder der strafrechtliche Bestimmtheitsgrundsatz noch der Schutzzweck der Norm gebieten eine derartige Einschränkung, zumal dadurch auch die gesellschaftsrechtlich begründete Krisenbeobachtungspflicht der Geschäftsleiter konterkariert würde.

2. Unterlassen der Anzeige. Die Strafbarkeit resultiert aus dem Unterlassen der Anzeige des Verlusts. Die **Anzeigepflicht beginnt** in dem Zeitpunkt, in dem der Verlust iHd Hälfte des Stammkapitals eintritt. Die allgemeine Formulierung, dass dies ohne Rücksicht auf Kenntnis der Geschäftsführer gilt (vgl. nur Roth/Altmeppen/*Altmeppen* Rn. 15), ist zu weit und überzeugt allein bei der Fahrlässigkeitsbestrafung gem. Abs. 2 (zutreffend Baumbach/Hueck/*Beurskens* Rn. 10; → Rn. 6). Die Anzeige ist **ohne schuldhaftes Zögern** zu erstatten (MHLS/*Dannecker* Rn. 43; Baumbach/Hueck/*Beurskens* Rn. 7). Innerhalb dieses regelmäßig sehr kurzen Zeitraums kann und muss sich der Geschäftsführer bereits um eine Krisenbehebung bemühen (Scholz/*Tiedemann/Rönnau* Rn. 41). Diese Frist ist **objektiv** zu bestimmen (vgl. insofern auch Argumentationsmuster bei § 377 HGB, hierauf hinweisend Baumbach/Hueck/*Beurskens* Rn. 7). Jedenfalls im Rahmen der Fahrlässigkeitsbestrafung gem. Abs. 2 (→ Rn. 6) kommt es somit auch hier nicht auf die tatsächliche Kenntnis des Geschäftsführers vom Verlust an (zutreffend Baumbach/Hueck/*Beurskens* Rn. 7: Kennenmüssen). Mit Ablauf dieser Reaktionszeit ist die Strafbarkeit daher **vollendet** (Baumbach/Hueck/*Beurskens* Rn. 7). Geboten ist allein die **Information aller Gesellschafter** iSv § 16 Abs. 1 (Baumbach/Hueck/*Beurskens* Rn. 6). Die Einberufung der Gesellschafterversammlung nach § 49 Abs. 3 ist zur Vermeidung der Strafbarkeit nicht erforderlich. Strafbarkeitsausschließend ist vielmehr eine Anzeige an alle Gesellschafter in **beliebiger Form** (MHLS/*Dannecker* Rn. 41). Sie muss sich inhaltlich zumindest in groben Zügen auf pflichtenbegründeten Tatbestand des Verlusts beziehen. Die **Anzeigepflicht endet** mit Kenntnis aller Gesellschafter oder mit Minderung des Verlustes auf weniger als die Hälfte des Stammkapitals (MHLS/*Dannecker* Rn. 44). Eine zuvor begründete Strafbarkeit wird hierdurch freilich nicht mehr beseitigt (Baumbach/Hueck/*Beurskens* Rn. 7: keine tätige Reue). Kann ein Gesellschafter nicht erreicht werden, kann dies im Rahmen des Merkmals „unverzüglich" als „ohne schuldhaftes Zögern" strafbarkeitsausschließend berücksichtigt werden. Das Gleiche gilt, wenn es einem Geschäftsführer unmöglich ist, die Anzeige zu erstatten, zB wegen Krankheit (UHL/*Ransiek* Rn. 49). Ist die gebotene Gesellschafterinformation durch einen Geschäftsführer erfüllt, entlastet dies ab diesem Zeitpunkt auch die übrigen (Baumbach/Hueck/*Beurskens* Rn. 8). Der **vorherige Verzicht** der Gesellschafter auf die Anzeige beseitigt die Anzeigepflicht nicht, da diese auch im öffentlichen Interesse an Kapitalerhaltung besteht (MHLS/*Dannecker* Rn. 45; aA Scholz/*Tiedemann/Rönnau* Rn. 45 f.; MüKoGmbHG/*Altenhain* Rn. 18; einschr. Roth/Altmeppen/*Altmeppen* Rn. 16 f.). 3

3. Täter. § 84 ist ein echtes Sonderdelikt. Täter können daher nur **Geschäftsführer** sein, auch Stellvertreter (§ 44). Auf die Wirksamkeit des Bestellungsakts kommt es nicht an (vgl. BGHSt 3, 32 (37); BGHSt 6, 314 (316); Baumbach/Hueck/*Beurskens* Rn. 3; s. auch → § 82 Rn. 15). Gibt es mehrere Geschäftsführer, ist **jeder einzeln** zur Einberufung verpflichtet (allgM, vgl. Baumbach/Hueck/*Zöllner/Noack* § 49 Rn. 3); konsequenterweise kann ein Einzelner sich nicht strafbefreiend auf die Untätigkeit der übrigen berufen (Scholz/*Tiedemann/Rönnau* Rn. 15). Die interne Aufgabenverteilung ist ebenfalls unerheblich (MHLS/*Dannecker* Rn. 20); jeder Geschäftsführer muss für eine Organisation sorgen, die es ihm ermöglicht, sich jederzeit über die wirtschaftliche Lage der Gesellschaft zuverlässig zu informieren (so zivilrechtlich, aber auch strafrechtlich maßgebend, BGH 20.2.1995, GmbHR 1995, 299 (300)). Die Beendigung der Geschäftsführerstellung beseitigt die strafrechtliche Verantwortlichkeit nur für die Zukunft (einschr. UHL/*Ransiek* Rn. 14: keine Strafbarkeit, wenn Hinweis an Nachfolger erfolgt). Auch **Strohmann-Geschäftsführer** unterliegen strafrechtlicher Haftung (MHLS/*Dannecker* Rn. 20). Die Einbeziehung sog. **faktischer Geschäftsführer** ist richtigerweise ebenfalls möglich (Baumbach/Hueck/*Beurskens* Rn. 3; abw. Roth/Altmeppen/*Altmeppen* Rn. 8; s. auch → § 82 Rn. 15). **Liquidatoren** können indessen nicht Täter sein; sie trifft auch nicht die Anzeigepflicht nach § 49 Abs. 3. Dies gilt auch dann, wenn die Geschäftsführer gem. § 66 Abs. 1 automatisch zu Liquidatoren werden (UHL/*Ransiek* Rn. 13). Eine zuvor begründete Strafbarkeit wird hierdurch indessen nicht berührt. 4

III. Subjektiver Tatbestand

Die Strafbarkeit nach **Abs. 1** setzt eine vorsätzliche Begehung voraus. Der **Vorsatz** muss sich auf sämtliche objektiven Merkmale beziehen. Der Täter muss wissen, dass er Geschäftsführer ist, und er muss die Umstände kennen, aus denen sich die Anzeigepflicht ergibt (zum Ganzen Scholz/*Tiedemann/Rönnau* Rn. 49 f.). Hält er den Verlust iHd Hälfte des Stammkapitals für möglich, ermittelt er ihn aber nicht, kann bedingter Vorsatz vorliegen (Baumbach/Hueck/*Beurskens* Rn. 10). Ein Irrtum über die Anzeigepflicht beseitigt den Vorsatz nicht, sondern kann einen Verbotsirrtum begründen (Baumbach/Hueck/*Beurskens* Rn. 12; abw. für Tatbestandsirrtum Scholz/*Tiedemann/Rönnau* Rn. 49). 5

IV. Fahrlässigkeit

6 Strafbegründende Fahrlässigkeit gem. **Abs. 2** liegt vor, wenn der Täter den Verlust trotz entsprechender Erkenntnisfähigkeit nicht bemerkt, sei es, dass er ihn nicht ermittelt, sei es, dass er ihn fehlerhaft berechnet; ferner, wenn er den Verlust für möglich hält, aber darauf vertraut, dass er in Wahrheit nicht eingetreten sei. Ergibt der Jahresabschluss, dass der Verlust iSv § 49 Abs. 3 droht, kann der Geschäftsführer nicht ohne weiteres darauf vertrauen, dass im Folgejahr Besserung der Finanzlage eintritt; ggf. sind zeitnah weitere Abschlüsse anzufertigen (Lutter/Hommelhoff/*Bayer* § 49 Rn. 14). Der Irrtum über die Anzeigepflicht ist ein Verbotsirrtum (UHL/*Ransiek* Rn. 25; abw. Scholz/*Tiedemann*/*Rönnau* Rn. 49), beseitigt die Fahrlässigkeitsstrafbarkeit jedoch nicht.

Verletzung der Geheimhaltungspflicht

85 **(1) Mit Freiheitsstrafe bis zu einem Jahr oder mit Geldstrafe wird bestraft, wer ein Geheimnis der Gesellschaft, namentlich ein Betriebs- oder Geschäftsgeheimnis, das ihm in seiner Eigenschaft als Geschäftsführer, Mitglied des Aufsichtsrats oder Liquidator bekanntgeworden ist, unbefugt offenbart.**

(2) [1]Handelt der Täter gegen Entgelt oder in der Absicht, sich oder einen anderen zu bereichern oder einen anderen zu schädigen, so ist die Strafe Freiheitsstrafe bis zu zwei Jahren oder Geldstrafe. [2]Ebenso wird bestraft, wer ein Geheimnis der in Absatz 1 bezeichneten Art, namentlich ein Betriebs- oder Geschäftsgeheimnis, das ihm unter den Voraussetzungen des Absatzes 1 bekanntgeworden ist, unbefugt verwertet.

(3) [1]Die Tat wird nur auf Antrag der Gesellschaft verfolgt. [2]Hat ein Geschäftsführer oder ein Liquidator die Tat begangen, so sind der Aufsichtsrat und, wenn kein Aufsichtsrat vorhanden ist, von den Gesellschaftern bestellte besondere Vertreter antragsberechtigt. [3]Hat ein Mitglied des Aufsichtsrats die Tat begangen, so sind die Geschäftsführer oder die Liquidatoren antragsberechtigt.

Übersicht

I. Allgemeines

1 Die Regelung sichert den Geheimnisschutz der GmbH strafrechtlich ab (vgl. zur AG den ähnlichen § 404 AktG; vgl. im Übrigen auch das GeschGehG vom 18.4.2019). **Abs. 1** begründet als Grundtatbestand eine Strafbarkeit der Geschäftsführer, Liquidatoren und Mitglieder des AR, wenn diese ein Geheimnis der Gesellschaft unbefugt offenbaren (→ Rn. 2 ff.). In **Abs. 2 S. 1** findet sich hierfür eine strafverschärfende Qualifikation, wenn der Täter gegen Entgelt oder mit Bereicherungs- bzw. Schädigungsabsicht handelt (→ Rn. 13 ff.). **Abs. 2 S. 2** begründet einen eigenständigen Straftatbestand bei unbefugter Verwertung eines auf welche Weise auch immer erlangten Geheimnisses der GmbH iSv Abs. 1 (→ Rn. 16). Alle Straftatbestände sind gem. **Abs. 3** Antragsdelikte (→ Rn. 17). Sämtliche Tatbestände sind **Schutzgesetz** iSv § 823 Abs. 2 BGB zugunsten der GmbH (Baumbach/Hueck/*Beurskens* Rn. 15; *Kiethe* WM 2007, 722). Auf den Strafantrag nach Abs. 3 kommt es hierfür nicht an (hM, vgl. Staudinger/*Hager,* 2009, BGB § 823 Rn. G 36). Die Gesellschaftsgläubiger werden über § 85 allenfalls reflexartig geschützt (Scholz/*Tiedemann*/*Rönnau* Rn. 4).

II. Unbefugte Offenbarung (Abs. 1)

1. Objektiver Tatbestand. a) Geheimnis der Gesellschaft. Tatbestandlich knüpft § 85 an ein Geheimnis der Gesellschaft an, was eine **Parallele zu § 2 Nr. 1 GeschGehG** verdeutlicht. Richtigerweise decken sich diese Begriffe jedoch nicht, sodass § 85 nach wie vor **autonom auszulegen** ist (Lutter/Hommelhoff/*Kleindiek* Rn. 4; *Wicke* Rn. 3; vgl. auch *Höfer* GmbHR 29018, 1195 (1197); abw. Baumbach/Hueck/*Beurskens* Rn. 7). Geheimnis der Gesellschaft ist eine nicht offenkundige **Tatsache,** hinsichtlich derer die Gesellschaft ein objektives Geheimhaltungsinteresse hat und die sie nicht offenbaren will (OLG Hamm 7.10.1987, GmbHR 1988, 218; abw. Baumbach/Hueck/*Beurskens* Rn. 7: kein (objektives) Geheimhaltungsinteresse mehr erforderlich). Das explizit erwähnte Betriebs- oder Geschäftsgeheimnis bezieht sich als Unterfall auf Tatsachen, die den materiellen Interessen der Gesellschaft dienen; im Umkehrschluss hierzu genügt für die Bejahung eines Geheimnisses auch ein immaterielles Interesse der Gesellschaft (MHLS/*Dannecker* Rn. 26). Eine ausdrückliche Kennzeichnung einer Tatsache als vertraulich oder geheimhaltungsbedürftig ist nicht erforderlich (Scholz/*Tiedemann/Rönnau* Rn. 10). Bei der GmbH & Co. KG sind Betriebs- oder Geschäftsgeheimnisse der KG zugleich auch solche der GmbH (Roth/Altmeppen/*Altmeppen* Rn. 27). **Nicht offenkundig** ist eine Tatsache, wenn sie nur einem eng begrenzten Personenkreis bekannt ist (BGH 20.5.1996, ZIP 1996, 1341 (1342); OLG Stuttgart 9.7.1998, NZG 1998, 994 (996)). Die Kenntnis der mit dem Objekt des Geheimnisses befassten Betriebsangehörigen führt nicht zur Offenkundigkeit, ebenso nicht Kenntnisnahme durch einzelne Kunden oder Lieferanten (MHLS/*Dannecker* Rn. 29). Die nach § 325 HGB offen gelegten Angaben sind kein Geheimnis (BGH 8.11.1999, GmbHR 2000, 85 (86 f.)). 2

Das **Geheimhaltungsinteresse** wird **objektiv** bestimmt durch die Maßstäbe sachgemäßer Unternehmensführung. Es ist zu bejahen, wenn der Gesellschaft durch Offenbarung materieller oder immaterieller Schaden droht (BGH 8.11.1999, ZIP 1996, 1341 (1342); OLG Hamm 7.10.1987, GmbHR 1988, 218). Die maßgeblichen Kriterien ergeben sich auch aus satzungsmäßiger Zwecksetzung, sodass zB die entgeltliche Weitergabe von Forschungsergebnissen bei entsprechendem Unternehmensgegenstand nicht erfasst wird. Der Geheimhaltungswille der Gesellschafter allein – ohne Geheimhaltungsinteresse – begründet ein Geheimnis nicht (OLG München 18.6.1997, NJW-RR 1998, 1495 (1496)). Im Grundsatz besteht das Geheimhaltungsinteresse auch bei sog. **rechtswidrigen Geheimnissen** (MHLS/*Dannecker* Rn. 41; Baumbach/Hueck/*Beurskens* Rn. 7); das Strafverfolgungsinteresse kann jedoch Kundgabe rechtfertigen oder gem. § 138 StGB eine Anzeigepflicht begründen (→ Rn. 8). Ein **Geheimhaltungswille** ist zur Begründung eines Geheimnisses **nicht erforderlich** (str., offengelassen von BGH 20.5.1996, ZIP 1996, 1341; wie hier Scholz/*Tiedemann/Rönnau* Rn. 21 ff.; Baumbach/Hueck/*Beurskens* Rn. 7). Umgekehrt kann der Offenbarungswille ein Geheimnis jedoch beseitigen (so auch UHL/*Ransiek* Rn. 21 ff.). Im Ausgangspunkt sind daher alle unbekannten Tatsachen aus dem Bereich der Gesellschaft deren Geheimnis, sofern ein objektives Geheimhaltungsinteresse besteht und kein genereller oder im Einzelfall geäußerter Offenbarungswille vorliegt (→ Rn. 4). 3

Liegt ein **genereller Offenbarungswille** vor, besteht bereits kein Geheimhaltungsinteresse. **Zuständig** hierfür sind iR ihrer Geschäftsführungsbefugnis die Geschäftsführer oder Liquidatoren sowie – für seinen Bereich – der AR. Um ein Leerlaufen der Strafvorschrift zu verhindern, bedarf es in diesen Fällen stets nachvollziehbarer unternehmerischer Gründe, das objektive Geheimhaltungsinteresse der Gesellschaft zu beseitigen. Es gilt die Sorgfalt eines ordentlichen Geschäftsmannes (§ 43 Abs. 1, § 71 Abs. 4). Je nach Tragweite der Preisgabe des Geheimnisses für die Gesellschaft kann sich für den Geschäftsführer die Pflicht ergeben, zuvor einen Weisungsbeschluss der Gesellschafterversammlung einzuholen. Bei einer personalistisch strukturierten GmbH kann die Zulässigkeit der Offenbarung generell von der Zustimmung der Gesellschafter abhängig gemacht werden, doch setzt das wegen des strafrechtlichen Bestimmtheitsgrundsatzes eine ausdrückliche Regelung durch die Gesellschafterversammlung voraus. Bei der **Due Diligence** stellt sich regelmäßig die Frage nach der Verletzung der Geheimhaltungspflicht durch den Geschäftsführer oder einen Gesellschafter. Werden Informationen der GmbH benötigt, ist danach zu differenzieren, ob die Gesellschaft selbst an der Transaktion beteiligt oder lediglich Objekt derselben ist: Bei Transaktionen unter Beteiligung der Gesellschaft selbst, insbes. bei der Kapitalerhöhung, entscheidet der Geschäftsführer anhand des allgemeinen Pflichtenmaßstabs selbst, ob die Preisgabe von Interna zur Verfolgung des Gesellschaftszwecks erforderlich ist; im Zweifel ist eine Weisung der Gesellschafterversammlung einzuholen. Begehrt ein Gesellschafter Informationen, um einen Anteilsverkauf durchzuführen, darf der Geschäftsführer keine Geheimnisse der Gesellschaft an Dritte preisgeben. Etwas anderes gilt nur bei Zustimmung aller Gesellschafter (LG Köln 26.3.2008, GmbHR 2009, 261; dagegen *Engelhardt* GmbHR 2009, 237; für einfache Mehrheit unter Stimmrechtsausschluss des Betroffenen Baumbach/Hueck/*Beurskens* Rn. 14; abw. auch Scholz/*Tiedemann/Rönnau* Rn. 36). Eine hiervon abweichende Satzungsregelung ist jedoch möglich. Wird im Zuge der modernen Compliance-Diskussion eine **Whistleblowing-Instanz** eingerichtet, kann insofern von einem generellen Offenbarungswillen ausgegangen werden (Scholz/*Tiedemann/Rönnau* Rn. 43; Baumbach/Hueck/*Beurskens* Rn. 15). 4

5 **b) Unbefugte Offenbarung.** Die Offenbarung ist gegeben, wenn die Kenntnis von der als Geheimnis qualifizierten Tatsache zugunsten einer Person, der sie noch unbekannt ist, erfolgt (Scholz/*Tiedemann/Rönnau* Rn. 14). Die Bestätigung von Gerüchten kann genügen (RGSt 26, 5 (7)). Dass der Empfänger einer Schweigepflicht unterliegt, schließt den Tatbestand nicht aus (BGH 11.12.1991, NJW 1992, 737, zu § 203 StGB; Baumbach/Hueck/*Beurskens* Rn. 13). Die Offenbarung ist auch durch **Unterlassen** möglich, zB, wenn das Lesen von Schriftstücken oder die Weitergabe der Information durch Dritte geduldet wird; eine Rechtspflicht zum Handeln aus Garantenstellung ist bei Organmitgliedern idR zu bejahen (Lutter/Hommelhoff/*Kleindiek* Rn. 5). Eine Offenbarung ist idR trotz der Auskunftspflicht des Zedenten nach § 402 BGB nicht mit der Abtretung des Gehaltsanspruchs des Geschäftsführers verbunden (BGH 20.5.1996, ZIP 1996, 1341 (1343 f.)); dies gilt wegen der Publizitätspflicht der GmbH nach § 325 HGB auch für gewinnabhängige Tantiemeansprüche (BGH 8.11.1999, GmbHR 2000, 85 (86 f.)). Die **Unbefugtheit** der Offenbarung gehört zum objektiven Tatbestand, soweit sie sich aus dem Fehlen eines generellen Offenbarungswillens ergibt (Baumbach/Hueck/*Beurskens* Rn. 20; Rowedder/Schmidt-Leithoff/*Schaal* Rn. 13; → Rn. 4). Im Übrigen kann die Unbefugtheit im Einzelfall zwar tatbestandlich gegeben sein, die Strafbarkeit jedoch durch Rechtfertigungsgründe ausgeschlossen sein (→ Rn. 8).

6 **c) Täter.** Täter sind nur die genannten Organmitglieder (Sonderdelikt). Das Geheimnis muss dem Täter in amtlicher Eigenschaft bekannt geworden sein; erforderlich ist ein innerer Zusammenhang zwischen der Stellung als Gesellschaftsorgan und der tatsächlichen Kenntnis. **Geschäftsführer** sind die nach den Regeln des GmbHG zu Geschäftsführern oder stellvertretenden Geschäftsführern (§ 44) bestellten Personen, als sog. faktische Geschäftsführer ohne dass es auf die Wirksamkeit des Bestellungsakts ankommt (Baumbach/Hueck/*Beurskens* Rn. 2; abw. Scholz/*Tiedemann/Rönnau* Rn. 8; → § 82 Rn. 15). Das Ende des Geschäftsführeramts beseitigt wegen der nachwirkenden Treuepflicht die Schweigepflicht und strafrechtliche Verantwortlichkeit nicht (Scholz/*Tiedemann/Rönnau* Rn. 12). Das Gleiche gilt für **Liquidatoren** und **Aufsichtsratsmitglieder,** auch beim fakultativen Aufsichtsrat, jedoch nicht für Mitglieder sonstiger Gremien oder Beiräte (Scholz/*Tiedemann/Rönnau* Rn. 10 f.). Ist eine juristische Person oder Gesellschaft zum Liquidator bestellt, sind deren Organmitglieder gem. § 14 Abs. 1 StGB strafbar. Mitglieder sonstiger Organe und Beiräte werden nicht erfasst UHL/*Ransiek* Rn. 16). Für Angestellte der Gesellschaft gelten § 23 GeschGehG, § 203 StGB; für Abschlussprüfer und ihre Gehilfen § 333 HGB.

7 **2. Subjektiver Tatbestand.** Erforderlich ist **Vorsatz.** Der Täter muss wissen, dass er Geschäftsführer, Liquidator oder Mitglied des AR ist, dass ihm in dieser Eigenschaft ein Geheimnis der Gesellschaft bekannt geworden ist und dass er es offenbart (Baumbach/Hueck/*Beurskens* Rn. 19). Die Unbefugtheit der Offenbarung gehört nur insoweit zum Vorsatz, als sie auf dem Fehlen eines generellen Offenbarungswillens beruht (→ Rn. 4). Ein **Tatbestandsirrtum** liegt vor, wenn der Täter nicht weiß, dass die von ihm offenbarte Tatsache ein Geheimnis der Gesellschaft ist (Baumbach/Hueck/*Beurskens* Rn. 19). Dies ist insbes. gegeben, wenn er annimmt, die Gesellschaft habe ausdrücklich oder konkludent einen generellen Offenbarungswillen geäußert (MHLS/*Dannecker* Rn. 61) oder wenn er die tatbestandlichen Voraussetzungen eines Rechtfertigungsgrundes (Rn. 7) irrtümlich für gegeben hält (Rowedder/Schmidt-Leithoff/*Schaal* Rn. 22). Ein **Verbotsirrtum** liegt vor, wenn der Täter die Schweigepflicht nicht kennt, davon ausgeht, dass sie aus Rechtsgründen erloschen sei, oder wenn er einen nicht anerkannten Rechtfertigungsgrund annimmt (Baumbach/Hueck/*Beurskens* Rn. 19; MHLS/*Dannecker* Rn. 62).

8 **3. Rechtswidrigkeit.** Die Rechtswidrigkeit der unbefugten Offenbarung kann beseitigt sein durch das **Einverständnis der Gesellschaft,** geäußert durch das zuständige Organ, sofern nicht schon die Tatbestandsmäßigkeit dadurch entfällt, dass durch diese Erklärung genereller Offenbarungswille (→ Rn. 5) geäußert wird (Rowedder/Schmidt-Leithoff/*Schaal* Rn. 13 f.; weitergehend Scholz/*Tiedemann/Rönnau* Rn. 20: Zustimmung beseitigt stets Tatbestandsmäßigkeit; ebenso Baumbach/Hueck/*Beurskens* Rn. 20). Das Einverständnis muss bei Vornahme der Tathandlung vorliegen und in Kenntnis der Tragweite der Entscheidung erfolgen (Scholz/*Tiedemann/Rönnau* Rn. 20). Die Rechtswidrigkeit entfällt auch in Eil- und Notfällen aufgrund einer **mutmaßlichen Einwilligung** der Gesellschaft (Roth/Altmeppen/*Altmeppen* Rn. 14); ferner durch **gesetzliche Auskunftspflichten,** die der Gesellschaft obliegen und von den Geschäftsführern oder Liquidatoren zu erfüllen sind, zB Auskünfte gegenüber dem Finanzamt in den steuerlichen Angelegenheiten der Gesellschaft (MHLS/*Dannecker* Rn. 73; zu presserechtlichen Offenbarungspflichten LG München I 11.10.2006, JZ 2007, 307; OVG Hamburg 4.10.2010, NVwZ-RR 2011, 67). In Betracht kommen auch Auskunftspflichten gegenüber dem **Betriebsrat** aufgrund der in §§ 74 ff. BetrVG vorgeschriebenen Zusammenarbeit sowie gegenüber einzelnen Arbeitnehmern nach § 81 BetrVG. Die Unterrichtungspflicht gegenüber dem Wirtschaftsausschuss nach §§ 106 ff. BetrVG steht nach § 106 Abs. 2 BetrVG unter dem Vorbehalt, dass dadurch nicht Betriebs- und Geschäftsgeheimnisse der Gesellschaft gefährdet werden. Die **Auskunftspflicht der Geschäftsführer** und Liquidatoren nach § 51a beseitigt ebenfalls die Rechtswidrigkeit (OLG Hamm

7.10.1987, GmbHR 1988, 218); ferner die Auskunftspflicht der Geschäftsführer und Liquidatoren gegenüber dem AR (Lutter/Hommelhoff/*Kleindiek* Rn. 7) und gegenüber dem Abschlussprüfer nach § 320 HGB (Scholz/*Tiedemann/Rönnau* Rn. 37).

Aussagepflichten als Zeuge im Strafprozess sind vorrangig, da das Zeugnisverweigerungsrecht nur aus persönlichen (§ 52 StPO) und aus beruflichen Gründen (§§ 53, 53a StPO) gewährt wird (Baumbach/Hueck/*Beurskens* Rn. 1). Im Zivilprozess gilt etwas anderes. Ein Zeugnisverweigerungsrecht der Geschäftsführer, Liquidatoren und AR-Mitglieder kommt hier in erster Linie in Betracht, wenn die Gesellschaft nicht Partei des Rechtsstreits ist, sondern – wäre sie natürliche Person – die Rolle einer Zeugin hätte. Insoweit ergibt sich ein Zeugnisverweigerungsrecht aus § 384 Nr. 3 ZPO hinsichtlich der Betriebs- und Geschäftsgeheimnisse (Gewerbegeheimnis) der Gesellschaft; dies gilt nicht für § 383 Abs. 1 Nr. 6 ZPO, weil es sich um Geheimnisse der Gesellschaft handelt, die sie als Organmitglieder kennen, die ihnen aber nicht von der Gesellschaft anvertraut worden sind (abw. OLG Koblenz 5.3.1987, WM 1987, 480 (481 f.); OLG München 10.6.1997, NJW-RR 1998, 1495 (1496); Roth/Altmeppen/*Altmeppen* Rn. 15; Scholz/*Tiedemann/Rönnau* Rn. 39; Baumbach/Hueck/*Beurskens* Rn. 1). Anderenfalls hätte die Gesellschaft im Hinblick auf Zeugenaussagen eine bessere Position als die natürliche Person. 9

Auch der **Schutz überwiegender Interessen** kann gem. § 34 StGB die Offenbarung eines Geheimnisses der Gesellschaft rechtfertigen (MHLS/*Dannecker* Rn. 75 f.). Dies betrifft einmal die Offenbarungsbefugnis zur Wahrnehmung erheblicher eigener Interessen der Organmitglieder im Rechtsstreit mit der Gesellschaft und im Strafverfahren gegen Organmitglieder auf der Grundlage einer sachgemäßen Interessenabwägung (allg. BGH 9.10.1951, BGHSt 1, 366 (368) = NJW 1952, 151). Möglich sind weiter die Abwehr von Gefahren für Leib und Leben sowie die eigenen Vermögensinteressen, zB bei der gerichtlichen Geltendmachung von Gehaltsansprüchen (Baumbach/Hueck/*Beurskens* Rn. 21). Das öffentliche Strafverfolgungsinteresse rechtfertigt nicht nur bei schwerwiegenden Straftaten die eigenmächtige Offenbarung (ebenso Rowedder/Schmidt-Leithoff/*Schaal* Rn. 13: Ausnahme nur bei Bagatelldelikten und Ordnungswidrigkeiten; ähnlich Scholz/*Tiedemann/Rönnau* Rn. 41 f. und MHLS/*Dannecker* Rn. 76). Vorrang hat auch die Anzeigepflicht bei bestimmten drohenden Straftaten nach § 138 StGB, ebenso das Whisteleblower-Privileg gem. § 5 Nr. 2 GeschGehG (Baumbach/Hueck/*Beurskens* Rn. 20). 10

4. Vollendung, Beendigung. Die Tat ist vollendet mit der Offenbarung, ohne Rücksicht darauf, ob der Empfänger die Mitteilung verstanden hat (Rowedder/Schmidt-Leithoff/*Schaal* Rn. 30; anders Baumbach/Hueck/*Beurskens* Rn. 12: wenn Dritter die Information potentiell für sich nutzen könnte). Die Beendigung der Tat tritt erst ein, wenn der Täter seine unbefugten Mitteilungen einstellt, wenn die Tatsache offenkundig geworden ist oder die Gesellschaft Offenbarungswillen geäußert hat (aA Rowedder/Schmidt-Leithoff/*Schaal* Rn. 32: wenn Empfänger das Geheimnis zur Kenntnis genommen hat). 11

5. Konkurrenzen. Tateinheit ist möglich mit Abs. 2 S. 2 (MHLS/*Dannecker* Rn. 83; aA Rowedder/Schmidt-Leithoff/*Schaal* Rn. 33, auch Tatmehrheit möglich); Abs. 2 S. 1 ist Spezialvorschrift gegenüber Abs. 1 (Baumbach/Hueck/*Beurskens* Rn. 32). Tateinheit ist ferner möglich mit §§ 246, 266 StGB und mit § 17 UWG (UHL/*Ransiek* Rn. 4). Gegenüber § 203 StGB ist Abs. 1 Spezialvorschrift (MHLS/*Dannecker* Rn. 82; aA Rowedder/Schmidt-Leithoff/*Schaal* Rn. 35, Tateinheit möglich). Für § 315 UmwG gilt das Gleiche (Baumbach/Hueck/*Beurskens* Rn. 34). 12

III. Qualifikationen (Abs. 2 S. 1)

Abs. 2 S. 1 begründet drei strafverschärfende Qualifikationen, wenn der Täter entweder gegen Entgelt (Alt. 1) oder mit Bereicherungs- bzw. Schädigungsabsicht handelt (Alt. 2 und 3). Vgl. insoweit auch den identischen § 203 Abs. 5 StGB. 13

1. Handeln gegen Entgelt (Alt. 1). Abs. 2 S. 1 Alt. 1 erweitert den objektiven Tatbestand des Abs. 1 dadurch, dass der Täter **gegen Entgelt handelt,** also eine Entgeltvereinbarung trifft. Entgelt ist nach § 11 Abs. 1 Nr. 9 StGB „jede in einem Vermögensvorteil bestehende Gegenleistung". Hinsichtlich Offenbarung und Entgelt muss ein Austauschverhältnis vereinbart sein (MHLS/*Dannecker* Rn. 65). Ob das Entgelt tatsächlich gewährt wird, ist unerheblich (Roth/Altmeppen/*Altmeppen* Rn. 18). Eine Gewinnerzielung oder Bereicherung ist nicht erforderlich (Abgrenzung zu Abs. 2 S. 1 Alt. 2 und zur Verwertung iSv Abs. 2 S. 2). Die Vereinbarung immaterieller Vorteile genügt hingegen nicht (Scholz/*Tiedemann/Rönnau* Rn. 50). Das Handeln gegen Entgelt iSv Abs. 2 S. 1 Alt. 1 setzt **direkten Vorsatz** voraus. Der Täter muss das Geheimnis um des Entgelts willen offenbaren (MHLS/*Dannecker* Rn. 67). 14

2. Bereicherungs- oder Schädigungsabsicht (Alt. 2 und 3). Als weitere Qualifikation des Grundtatbestands verlangt Abs. 2 S. 1 Alt. 2 die Absicht, sich oder einen anderen zu bereichern oder einen anderen zu schädigen. Erforderlich ist direkter Vorsatz iSe auf den Erfolg gerichteten Willens (Baumbach/Hueck/*Beurskens* Rn. 17). Bei der **Bereicherungsabsicht** muss die Erlangung eines rechtswidrigen Vermögensvorteils zugunsten des Täters oder einer anderen Person erstrebt sein (MHLS/*Dannecker* Rn. 68). Die tatsächliche Erlangung des Vermögensvorteils ist nicht notwendig (Baumbach/ 15

Hueck/*Beurskens* Rn. 17). Für die **Schädigungsabsicht** ist erforderlich, dass der Täter den Eintritt materieller oder immaterieller Schäden bei der Gesellschaft oder den Gesellschaftern erstrebt (Rowedder/Schmidt-Leithoff/*Schaal* Rn. 28; weitergehend, auch Schäden anderer, zB der Gläubiger, Roth/Altmeppen/*Altmeppen* Rn. 21; Scholz/*Tiedemann/Rönnau* Rn. 52; Baumbach/Hueck/*Beurskens* Rn. 17). Der Eintritt des Schadens ist nicht erforderlich (Baumbach/Hueck/*Beurskens* Rn. 17; Scholz/*Tiedemann/Rönnau* Rn. 52).

IV. Unbefugte Verwertung (Abs. 2 S. 2)

16 Abs. 2 S. 2 begründet einen eigenständigen Straftatbestand bei unbefugter Verwertung eines auf welche Weise auch immer erlangten Geheimnisses der GmbH iSv Abs. 1; als Täter kommen daher nur die dort genannten Personen in Betracht (→ Rn. 2–6). Unter **Verwertung** versteht man die Nutzbarmachung des Geheimnisses zu eigenen oder fremden wirtschaftlichen, nicht notwendigerweise gewerblichen Zwecken (Baumbach/Hueck/*Beurskens* Rn. 18; Scholz/*Tiedemann/Rönnau* Rn. 29; weitergehend für das Erfordernis der Gewinnerzielungsabsicht UHL/*Ransiek* Rn. 48). Für die **Unbefugtheit** der Verwertung gilt das zum Offenbarungswillen Gesagte (→ Rn. 5). Sie ist insoweit Tatbestandsmerkmal, als kein genereller Verwertungswille geäußert wurde; die im Einzelfall erteilte Befugnis zur Offenbarung beseitigt die Rechtswidrigkeit (→ Rn. 8). Der **Vorsatz** muss sich auf sämtliche objektiven Tatbestandsmerkmale des Abs. 1 beziehen; an die Stelle des Offenbarens tritt die Verwertung (Baumbach/Hueck/*Beurksens* Rn. 18). Die Tat ist **vollendet,** wenn die Nutzbarmachung erfolgt ist. Es ist nicht erforderlich, dass der mit der Verwertung erstrebte Erfolg eingetreten ist; vielmehr genügt es, wenn nach dem Plan des Täters der mit der Verwertung erstrebte Erfolg greifbar nahe gekommen ist (Baumbach/Hueck/*Beurskens* Rn. 18; Scholz/*Tiedemann/Rönnau* Rn. 30). Die Tat ist **beendet,** wenn der Täter die Verwertung abgeschlossen hat. **Tateinheit** (§ 52 StGB) ist möglich mit Abs. 1, ferner mit § 266 StGB. Gegenüber § 204 StGB ist Abs. 2 S. 2 Spezialvorschrift (Baumbach/Hueck/*Beurskens* Rn. 33).

V. Strafantrag (Abs. 3)

17 Die Antragsbefugnis hängt davon ab, wer als Täter in Betracht kommt: Besteht ein **Aufsichtsrat,** ist dieser gem. Abs. 3 S. 2 antragsbefugt, sofern die Tat von einem Geschäftsführer oder Liquidator begangen wurde. In allen anderen Fällen ist hierfür ein **besonderer Vertreter** erforderlich, den die Gesellschafter zu bestellen haben (Abs. 3 S. 2). Wurde die Tat von einem AR-Mitglied begangen, sind die **Geschäftsführer oder Liquidatoren** antragsberechtigt (Abs. 3 S. 3). Geschäftsführer oder Liquidatoren haben den Antrag in vertretungsberechtigter Zahl zu stellen; § 77 Abs. 4 StGB ist nicht anwendbar (Baumbach/Hueck/*Beurskens* Rn. 25).

18 Die **Antragsfrist** beträgt drei Monate (§ 77b Abs. 1 StGB). Für den Fristbeginn ist gem. § 77b Abs. 2 S. 1 StGB die Kenntniserlangung durch sämtliche Antragsberechtigte maßgeblich (vgl. OLG Hamburg 4.3.1980, MDR 1980, 598; MHLS/*Dannecker* Rn. 91). Ist ein besonderer Vertreter zu bestellen, beginnt die Frist erst mit der Kenntnis sämtlicher Gesellschafter (Baumbach/Hueck/*Beurskens* Rn. 27). Ist der AR antragsbefugt, bedarf es der Kenntnis sämtlicher Mitglieder (Scholz/*Tiedemann/Rönnau* Rn. 60). Für die Rücknahme des Strafantrags gilt § 77d StGB. Aus dem Antragserfordernis ergeben sich aber Defizite in der Effektivität des strafrechtlichen Schutzes, wenn Dritte durch Verletzung der Geheimhaltungspflicht tangiert sind. De lege ferenda ist daher zumindest ein Antragsrecht des Insolvenzverwalters zu erwägen (so auch Baumbach/Hueck/*Beurskens* Rn. 26).

Verletzung der Pflichten bei Abschlussprüfungen

86 (1) **Mit Freiheitsstrafe bis zu einem Jahr oder mit Geldstrafe wird bestraft, wer als Mitglied eines Aufsichtsrats oder als Mitglied eines Prüfungsausschusses einer Gesellschaft, die kapitalmarktorientiert im Sinne des § 264d des Handelsgesetzbuchs, die CRR-Kreditinstitut im Sinne des § 1 Absatz 3d Satz 1 des Kreditwesengesetzes, mit Ausnahme der in § 2 Absatz 1 Nummer 1 und 2 des Kreditwesengesetzes genannten Institute, oder die Versicherungsunternehmen ist im Sinne des Artikels 2 Absatz 1 der Richtlinie 91/674/EWG des Rates vom 19. Dezember 1991 über den Jahresabschluß und den konsolidierten Abschluß von Versicherungsunternehmen (ABl. L 374 vom 31.12.1991, S. 7), die zuletzt durch die Richtlinie 2006/46/EG (ABl. L 224 vom 16.8.2006, S. 1) geändert worden ist,**

1. eine in § 87 Absatz 1 bezeichnete Handlung begeht und dafür einen Vermögensvorteil erhält oder sich versprechen lässt oder
2. eine in § 87 Absatz 1 bezeichnete Handlung beharrlich wiederholt.

(2) **Ebenso wird bestraft, wer als Mitglied eines Aufsichtsrats oder als Mitglied eines Prüfungsausschusses einer Gesellschaft, die kapitalmarktorientiert im Sinne des § 264d des Handelsgesetzbuchs oder die CRR-Kreditinstitut ist im Sinne des § 1 Absatz 3d Satz 1 des**

Kreditwesengesetzes, mit Ausnahme der in § 2 Absatz 1 Nummer 1 und 2 des Kreditwesengesetzes genannten Institute,

1. **eine in § 87 Absatz 2 oder 3 bezeichnete Handlung begeht und dafür einen Vermögensvorteil erhält oder sich versprechen lässt oder**
2. **eine in § 87 Absatz 2 oder 3 bezeichnete Handlung beharrlich wiederholt.**

Bußgeldvorschriften

87 (1) **Ordnungswidrig handelt, wer als Mitglied eines Aufsichtsrats oder als Mitglied eines Prüfungsausschusses einer Gesellschaft, die kapitalmarktorientiert im Sinne des § 264d des Handelsgesetzbuchs, die CRR-Kreditinstitut im Sinne des § 1 Absatz 3d Satz 1 des Kreditwesengesetzes, mit Ausnahme der in § 2 Absatz 1 Nummer 1 und 2 des Kreditwesengesetzes genannten Institute, oder die Versicherungsunternehmen ist im Sinne des Artikels 2 Absatz 1 der Richtlinie 91/674/EWG des Rates vom 19. Dezember 1991 über den Jahresabschluß und den konsolidierten Abschluß von Versicherungsunternehmen (ABl. L 374 vom 31.12.1991, S. 7), die zuletzt durch die Richtlinie 2006/46/EG (ABl. L 224 vom 16.8.2006, S. 1) geändert worden ist,**

1. **die Unabhängigkeit des Abschlussprüfers oder der Prüfungsgesellschaft nicht nach Maßgabe des Artikels 4 Absatz 3 Unterabsatz 2, des Artikels 5 Absatz 4 Unterabsatz 1 Satz 1 oder des Artikels 6 Absatz 2 der Verordnung (EU) Nr. 537/2014 des Europäischen Parlaments und des Rates vom 16. April 2014 über spezifische Anforderungen an die Abschlussprüfung bei Unternehmen von öffentlichem Interesse und zur Aufhebung des Beschlusses 2005/909/EG der Kommission (ABl. L 158 vom 27.5.2014, S. 77, L 170 vom 11.6.2014, S. 66) überwacht oder**
2. **eine Empfehlung für die Bestellung eines Abschlussprüfers oder einer Prüfungsgesellschaft vorlegt, die nicht auf einem Verlangen der Aufsichtsbehörde nach § 36 Absatz 1 Satz 2 des Versicherungsaufsichtsgesetzes beruht und**
   a) **die den Anforderungen nach Artikel 16 Absatz 2 Unterabsatz 2 oder 3 der Verordnung (EU) Nr. 537/2014 nicht entspricht oder**
   b) **der ein Auswahlverfahren nach Artikel 16 Absatz 3 Unterabsatz 1 der Verordnung (EU) Nr. 537/2014 nicht vorangegangen ist.**

(2) **Ordnungswidrig handelt, wer als Mitglied eines Aufsichtsrats, der einen Prüfungsausschuss nicht bestellt hat, einer Gesellschaft, die kapitalmarktorientiert im Sinne des § 264d des Handelsgesetzbuchs oder die CRR-Kreditinstitut ist im Sinne des § 1 Absatz 3d Satz 1 des Kreditwesengesetzes, mit Ausnahme der in § 2 Absatz 1 Nummer 1 und 2 des Kreditwesengesetzes genannten Institute, den Gesellschaftern einen Vorschlag für die Bestellung eines Abschlussprüfers oder einer Prüfungsgesellschaft vorlegt, der den Anforderungen nach Artikel 16 Absatz 5 Unterabsatz 1 der Verordnung (EU) Nr. 537/2014 nicht entspricht.**

(3) **Ordnungswidrig handelt, wer als Mitglied eines Aufsichtsrats, der einen Prüfungsausschuss bestellt hat, einer in Absatz 2 genannten Gesellschaft den Gesellschaftern einen Vorschlag für die Bestellung eines Abschlussprüfers oder einer Prüfungsgesellschaft vorlegt, der den Anforderungen nach Artikel 16 Absatz 5 Unterabsatz 1 oder Unterabsatz 2 Satz 1 oder Satz 2 der Verordnung (EU) Nr. 537/2014 nicht entspricht.**

(4) **Die Ordnungswidrigkeit kann mit einer Geldbuße bis zu fünfzigtausend Euro geahndet werden.**

(5) **Verwaltungsbehörde im Sinne des § 36 Absatz 1 Nummer 1 des Gesetzes über Ordnungswidrigkeiten ist bei CRR-Kreditinstituten im Sinne des § 1 Absatz 3d Satz 1 des Kreditwesengesetzes, mit Ausnahme der in § 2 Absatz 1 Nummer 1 und 2 des Kreditwesengesetzes genannten Institute, und bei Versicherungsunternehmen im Sinne des Artikels 2 Absatz 1 der Richtlinie 91/674/EWG die Bundesanstalt für Finanzdienstleistungsaufsicht, im Übrigen das Bundesamt für Justiz.**

Mitteilungen an die Abschlussprüferaufsichtsstelle

88 (1) **Die nach § 87 Absatz 5 zuständige Verwaltungsbehörde übermittelt der Abschlussprüferaufsichtsstelle beim Bundesamt für Wirtschaft und Ausfuhrkontrolle alle Bußgeldentscheidungen nach § 87 Absatz 1 bis 3.**

(2) **In Strafverfahren, die eine Straftat nach § 86 zum Gegenstand haben, übermittelt die Staatsanwaltschaft im Falle der Erhebung der öffentlichen Klage der Abschlussprüferaufsichtsstelle die das Verfahren abschließende Entscheidung. Ist gegen die Entscheidung ein**

Rechtsmittel eingelegt worden, ist die Entscheidung unter Hinweis auf das eingelegte Rechtsmittel zu übermitteln.

I. Allgemeines

1 Die §§ 86–88 beruhen auf dem **Abschlussprüfungsreformgesetz** (AReG), dem Gesetz zur Umsetzung der prüfungsbezogenen Regelungen der Richtlinie 2014/56/EU sowie zur Ausführung der entsprechenden Vorgaben der Verordnung (EU) 537/2014 im Hinblick auf die Abschlussprüfung bei Unternehmen von öffentlichem Interesse (Einzelheiten bei MHLS/*Sigloch/Keller/Meffert* § 86 Rn. 1 ff.; UHL/*Ransiek* Rn. 1 ff.) Die Regelungen sind am 17.6.2016 in Kraft getreten (zur Entstehung *Schüppen* NZG 2016, 247; *Schliha* ZIP 2016, 1316).

2 Die Regelungen sanktionieren die im Zuge des AReG neu eingeführten prüfungsbezogenen Pflichten. Sie gelten nur bei **Unternehmen von öffentlichem Interesse.** Die GmbH muss daher entweder **kapitalmarktorientiert** sein iSv § 264d HGB, dh von ihr emittierte Schuldtitel (zB Genussscheine, nicht aber Geschäftsanteile) müssen an einem organisierten Markt gehandelt werden. Erfasst werden weiter GmbH, die ein **CRR-Kreditinstitut** iSv § 1 Abs. 3d KWG sind (sofern keine Ausnahme gem. § 2 Abs. 1 Nr. 1 und 2 KWG) sowie **Versicherungsunternehmen** iSv Art. 2 Abs. 1 RL 91/674/EWG vom 19.12.1991 (Einzelheiten bei MHLS/*Sigloch/Keller/Meffert* § 86 Rn. 6 ff.; UHL/*Ransiek* Rn. 22 ff.).

3 Erforderlich ist zudem, dass die betreffende Gesellschaft einen **Aufsichtsrat** hat, bei der GmbH somit nach Maßgabe von § 52. Besteht allein ein freiwilliger Aufsichtsrat, muss dieser die Anforderungen gem. § 100 Abs. 5 AktG erfüllen (Baumbach/Hueck/*Beurskens* § 86 Rn. 3). Gibt es keinen Aufsichtsrat, muss die Gesellschaft zwar gem. §§ 324, 340k Abs. 5, 341k Abs. 4 S. 1 HGB zwingend einen **Prüfungsausschuss** bilden, so zwar nicht die §§ 86–88 gelten, wohl aber die vergleichbaren §§ 333a, 334 Abs. 2a, 335c, 340m, 340n Abs. 2a, Abs. 4 und 5, 341m Abs. 2, 341n Abs. 2a, Abs. 4 und 5 HGB (Baumbach/Hueck/*Beurskens* § 86 Rn. 3). Besteht ein tatbestandlicher Aufsichtsrat, können die entsprechenden Prüfungspflichten nach Maßgabe von §§ 107 Abs. 3 S. 2, Abs. 4 AktG einem (internen) Prüfungsausschuss übertragen werden, wenn dessen Mitglieder die Anforderungen des § 100 Abs. 5 AktG erfüllen (Baumbach/Hueck/*Beurskens* § 86 Rn. 4). In diesem Fall richten sich die §§ 86–88 dann unmittelbar nur an dessen Mitglieder.

4 Gesetzessystematisch zweifelhaft regelt § 87 die **bußgeldbewehrten Grundtatbestände** der Verletzungshandlungen, wohingegen bei qualifizierten Handlungen gem. § 86 hierdurch auch eine **Strafbarkeit** begründet wird (Bedenken im Hinblick auf den strafrechtlichen Bestimmtheitsgrundsatz bei Baumbach/Hueck/*Beurskens* § 86 Rn. 1). Gemäß § 88 werden die Bußgeldentscheidungen und die das strafrechtliche Ermittlungsverfahren abschließenden Entscheidungen behördlich übermittelt. Für die AG finden sich ähnliche Regelungen in den neu eingefügten §§ 404a, 405, 407a AktG; weitere Parallelnormen sind § 333a HGB, §§ 340m, 341m HGB, § 19a PublG, § 53 SEAG, § 151a GenG. Die Strafbarkeit beträgt maximal ein Jahr oder Geldstrafe; gem. § 70 StGB ist auch die Anordnung eines **Berufsverbots** möglich (Baumbach/Hueck/*Beurskens* § 86 Rn. 19). Die Regelungen sind richtigerweise **Schutzgesetze gem. § 823 Abs. 2 BGB,** denn geschützt wird das Vertrauen der Öffentlichkeit (Gläubiger, Anleger) in die Richtigkeit der Jahresabschlüsse (Roth/Altmeppen/*Altmeppen* § 86 Rn. 2; Baumbach/Hueck/*Beurskens* § 86 Rn. 21; BeckOK GmbHG/*Müller* § 86 Rn. 27; Rowedder/Schmidt-Leithoff/*Schaal* Rn. 2 f.; *Wicke* Rn. 2; abw. *Schilha* ZIP 2016, 1316 (1328).

II. Strafbarkeit bei Verletzung der Pflichten bei Abschlussprüfungen (§ 86)

5 § 86 begründet eine Strafbarkeit für die Verletzung der Pflichten bei Abschlussprüfungen. Die maßgeblichen (europarechtlichen) Pflichten folgen nicht aus der Norm selbst, sodass es sich um eine **Blankettnorm** handelt (UHL/*Ransiek* Rn. 19 ff.). Es handelt sich insgesamt um ein **abstraktes Gefährdungsdelikt** im Hinblick auf das Vermögen des geprüften Unternehmens oder Dritter; es kommt somit nicht auf einen Schaden oder eine konkrete Vermögensgefährdung an (Baumbach/Hueck/*Beurskens* § 86 Rn. 1). Strafbar ist allein **vorsätzliches Handeln** (§ 23 Abs. 1 StGB); für § 86 Abs. 1 Nr. 2 genügt dolus eventualis (Baumbach/Hueck/*Beurskens* § 86 Rn. 14; abw. Roth/*Altmeppen* § 86 Rn. 6: besondere Hartnäckigkeit oder Gleichgültigkeit erforderlich). Eine Versuchsstrafbarkeit besteht gem. § 12 Abs. 2 StGB nicht. Adressaten sind nur die Mitglieder eines verpflichtend oder freiwillig gebildeten **Aufsichtsrats** oder Prüfungsausschusses einer GmbH (→ Rn. 3; zum Ganzen UHL/*Ransiek* Rn. 47 ff.). Es handelt sich um ein echtes Sonderdelikt (Baumbach/Hueck/*Beurskens* § 86 Rn. 6). Die Regelung ist dem ebenfalls neu eingefügten § 333a HGB nachgebildet. Sofern die Gesellschaft über keinen Aufsichtsrat verfügt, kommt eine Strafbarkeit nicht in Betracht (wohl aber Ordnungswidrigkeiten, → Rn. 5). Die Pflichten der Abschlussprüfer werden allein gem. §§ 332, 311 HGB sanktioniert (UHL/*Ransiek* Rn. 5).

6 **Strafbegründend** sind besonders schwere Fälle der Bußgeldtatbestände gem. § 87 (Bedenken im Hinblick auf den strafrechtlichen Bestimmtheitsgrundsatz bei Baumbach/Hueck/*Beurskens* § 86 Rn. 1).

Gemäß **§ 86 Abs. 1 Nr. 1** ist die Strafbarkeit zusätzlich daran geknüpft, dass das Aufsichtsratsmitglied für die rechtswidrige Handlung einen Vermögensvorteil erhält oder sich versprechen lässt (MHLS/*Sigloch/Keller/Meffert* § 86 Rn. 9 ff.; UHL/*Ransiek* Rn. 43; *Anders* NZG 2018, 961 (968)). Hierzu gehören auch ersparte Aufwendungen. Immaterielle Vorteile genügen aber nicht; der Vermögensvorteil muss im Übrigen ein zusätzlicher sein, sodass die allgemeine Vergütung des Aufsichtsratsmitglieds für sich genommen nicht ausreicht (Baumbach/Hueck/*Beurskens* § 86 Rn. 8). Der Vermögensvorteil muss angenommen werden, sodass letztlich eine entsprechende **Unrechtsvereinbarung** notwendig ist (Baumbach/Hueck/*Beurskens* § 86 Rn. 10). Die Regelung verlangt indessen nicht, dass die Vereinbarung „objektiv" vorliegen muss (so aber Baumbach/Hueck/*Beurskens* § 86 Rn. 11; wie hier Roth/Altmeppen/*Altmeppen* § 86 Rn. 5); ausreichend ist die richterliche Überzeugung vom Vorliegen der entsprechenden Willensübereinstimmung anhand von Indizien und Beweisen. Nach **§ 86 Abs. 1 Nr. 2** kommt es auch zur Strafbarkeit bei beharrlicher Wiederholung der in § 87 genannten Ordnungswidrigkeiten (UHL/*Ransiek* Rn. 44 ff.). Dies kann nur angenommen werden, wenn mindestens drei Verstöße vorliegen (Baumbach/Hueck/*Beurskens* § 86 Rn. 13; *Wicke* Rn. 16; abw. *Anders* NZG 2018, 961 (969): nur zwei). Diese müssen sich nicht auf dieselben Tatbestände von § 87 beziehen (Baumbach/Hueck/*Beurskens* § 86 Rn. 13). Es ist aber nicht erforderlich, dass wegen der vorherigen Tatbestände bereits ein behördliches Verfahren eingeleitet wurde (abw. Baumbach/Hueck/*Beurskens* § 86 Rn. 13; *Wicke* Rn. 16: Vorhalt durch Behörde notwendig). **§ 86 Abs. 2** stellt qualifizierte Verstöße gegen § 87 Abs. 2 und 3 im Hinblick auf Vorschläge zur Bestellung von Abschlussprüfern nach den mit § 86 Abs. 1 vergleichbaren Tatbeständen unter Strafe. Versicherungsunternehmen sind insofern wegen § 341k Abs. 2 S. 1 HGB ausgeschlossen (Baumbach/Hueck/*Beurskens* § 86 Rn. 15).

III. Bußgeldvorschriften (§ 87)

Bußgeldbewehrt sind die **prüfungsbezogenen Pflichten des Aufsichtsrats** bzw. der Mitglieder des Prüfungsausschusses (→ Rn. 3). Dies gilt gem. **§ 87 Abs. 1 Nr. 1** im Hinblick auf die Überwachung der Unabhängigkeit des Abschlussprüfers oder der Prüfungsgesellschaft. Gemäß **§ 87 Abs. 1 Nr. 2** und Abs. 2 wird sanktioniert, wenn keine ordnungsgemäße Empfehlung für die Bestellung eines Abschlussprüfers oder der Prüfungsgesellschaft vorliegt. Nach **§ 87 Abs. 2 und 3** wird ein nicht ordnungsgemäßer Vorschlag für die Bestellung eines Abschlussprüfers oder einer Prüfungsgesellschaft bußgeldbewehrt (zum Ganzen MHLS/*Sigloch/Keller/Meffert* § 87 Rn. 3 ff.; Baumbach/Hueck/*Beurskens* § 87 Rn. 2 ff.). Die Regelung betrifft nur **vorsätzliches Handeln** (§ 10 OWiG). Die Ordnungswidrigkeit kann gem. § 87 Abs. 4 mit einer **Geldbuße** bis zu 50.000 EUR geahndet werden. 7

IV. Behördliche Übermittlung der Straftaten und Ordnungswidrigkeiten (§ 88)

§ 88 regelt die behördliche Übermittlung der Bußgeldentscheidungen sowie der das strafrechtliche Ermittlungsverfahren abschließenden Entscheidungen durch die zuständige Verwaltungsbehörde (BAFin bzw. Bundesamt für Justiz) an die **Abschlussprüferaufsichtsstelle** (APAD) beim Bundesamt für Wirtschaft und Ausfuhrkontrolle. Zuständig für die Übermittlung ist gem. § 87 Abs. 5 grundsätzlich die BAFin, ausnahmsweise auch das Bundesamt für Justiz (vgl. zur **Bekanntmachungsmöglichkeit** der Sanktionen, „naming and shaming", gem. § 69 Abs. 1a WPO MHLS/*Sigloch/Keller/Meffert* § 88 Rn. 5; krit. BeckOK GmbHG/*Müller* § 88 Rn. 1 ff.; *Wicke* Rn. 18; wegen der Anonymisierung positiver Baumbach/Hueck/*Beurskens* § 88 Rn. 7); vgl. zur Weiterleitung dieser Informationen an den Ausschuss für Aufsichtsstellen gem. Art. 30 Abschlussprüfungs-VO *Anders* NZG 2018, 971; *Blöink/Woodtli* Der Konzern 2016, 75 (85)). Die Regelung ist im Übrigen § 335c HGB nachgebildet. 8

Aktiengesetz

vom 6.9.1965 (BGBl. 1965 I 1089)

zuletzt geändert Art. 1 Gesetz zur Umsetzung der zweiten AktionärsrechteRL vom 12.12.2019 (BGBl. 2019 I 2637)

Erstes Buch. Aktiengesellschaft

Erster Teil. Allgemeine Vorschriften

Wesen der Aktiengesellschaft

1 (1) [1]**Die Aktiengesellschaft ist eine Gesellschaft mit eigener Rechtspersönlichkeit.** [2]**Für die Verbindlichkeiten der Gesellschaft haftet den Gläubigern nur das Gesellschaftsvermögen.**

(2) **Die Aktiengesellschaft hat ein in Aktien zerlegtes Grundkapital.**

Übersicht

I. Allgemeines

1. Die AG als Körperschaft. Die Vorschrift betont die **wesentlichen rechtlichen Eigenschaften** 1 der AG und grenzt diese von anderen Gesellschaftsformen ab. Aus ihr lassen sich zudem **wichtige Grundprinzipien und Strukturmerkmale** der AG ableiten. Da die AG eine Gesellschaft ist, gelten grundsätzlich die §§ 705 ff. BGB für den Gesellschaftsvertrag, weshalb im Fall der Mehrpersonengründung neben den Vorgaben des AktG stets auch die Voraussetzungen des § 705 BGB erfüllt sein müssen. Im Fall der Einpersonengründung wird § 705 BGB allerdings durch § 2 verdrängt (einseitige, notariell zu beurkundende Gründungserklärung). Dennoch ist die AG strukturell als Körperschaft (vgl. § 1 Abs. 1 Nr. 1 KStG) in Form einer Kapitalgesellschaft anzusehen, die dem Verein (§§ 21 ff. BGB) näher steht als der GbR. Dies gilt namentlich für die Organisationsstruktur, die mitgliedschaftlichen Rechte und Pflichten der Aktionäre und für die Kompetenzen der Organe (Wachter/*Franz* Rn. 2).

Die **gesetzlich geregelte strikt getrennte Kompetenzverteilung** zwischen den Organen Vorstand 2 (§§ 76 ff.), Aufsichtsrat (§§ 95 ff.) und Hauptversammlung (§§ 118 ff.) ist ein prägendes Strukturmerkmal. Unabhängig von Arbeitnehmerzahl und Unternehmensgegenstand ist die Bildung eines den Vorstand überwachenden (§ 111 Abs. 1) Aufsichtsrates gesetzlich zwingend vorgeschrieben. Die Mitgliedschaftsrechte sind, im Rahmen des gesetzlich Zulässigen (vgl. § 23 Abs. 5), regelmäßig in einer Satzung niedergelegt. Zu den grundlegenden Prinzipien der AG gehört ferner der Gleichbehandlungsgrundsatz. Danach richten sich die Mitgliedschaftsrechte der Aktionäre ausschließlich nach ihrer Beteiligungshöhe am Grundkapital; Gesellschafter werden unter gleichen Voraussetzungen gleich behandelt (§ 53a).

2. Entstehung der Rechtspersönlichkeit. Die AG besitzt eigene Rechtspersönlichkeit (Abs. 1 S. 1) 3 und ist mit der Eintragung im Handelsregister juristische Person (§ 41 Abs. 1 S. 1, → § 41 Rn. 1). Mit dem Abschluss ihrer Gründung durch den notariellen Vertrag entsteht eine **Vorgründungsgesellschaft** (GbR oder OHG). Mit dem Zeitpunkt ihrer statutarischen Gründung liegt bis zur Eintragung im Register eine **Vor-AG** als Gesellschaft eigener Art mit Gesamthandstruktur vor (→ § 2 Rn. 7), wenn mehrere Personen beteiligt sind. Sie unterliegt dem Recht der AG, es sei denn, es geht um Bestimmungen, die eine Eintragung der Gesellschaft zwingend voraussetzen (BGH 29.10.1992, BGHZ 120, 103 = NJW 1993, 459; BGH 9.3.1981, BGHZ 80, 129 (132) = NJW 1981, 1373). Bei der Einmanngründung liegt entweder eine teilrechtsfähige Wirkungseinheit ähnlich der Vor-AG oder aber ein Sondervermögen des Alleingründers vor (s. dazu MüKoAktG/*Pentz* § 41 Rn. 76 ff.). Sowohl bei der Mehrpersonen- als auch bei der Einmanngründung gehen mit der Eintragung im Handelsregister die seit der statutarischen Gründung entstandenen Rechte und Pflichten auf die AG über. Keinen Übergang gibt es hingegen von der Vorgründungsgesellschaft auf die Vor-AG (→ § 41 Rn. 3).

4 Wann die **Rechtspersönlichkeit der AG endet,** ist streitig. Der BGH hat sich für ein Enden ipso jure mit dem Eintritt der Vermögenslosigkeit der Gesellschaft ausgesprochen (BGH 29.9.1981, NJW 1982, 238). Aus Praktikabilitätserwägungen stellen andere Stimmen demgegenüber auf die Löschung im Handelsregister (§ 262 Abs. 1 Nr. 6, § 273 Abs. 1 S. 2) ab (OLG Stuttgart 30.9.1998, NZG 1999, 31 (32)). Eine weitere Meinung verbindet beide Ansätze zu einem Doppeltatbestand (OLG Köln 11.3.1992, GmbHR 1992, 536; Spindler/Stilz/*Fock* Rn. 32).

5 **3. Die AG als juristische Person.** Als juristische Person ist die AG ein von ihren Aktionären zu unterscheidendes Zuordnungsobjekt für Pflichten und Rechte, sofern diese nicht begrifflich ausschließlich natürlichen Personen zustehen (zum Persönlichkeitsrecht der AG s. BGH 3.6.1986, BGHZ 98, 94 = ZIP 1986, 1145 (1146 f.)). Soweit es um Rechtsbeziehungen zu Dritten geht, ist allein die AG Zuordnungsobjekt, nicht auch ihre Aktionäre (**Trennungsprinzip,** BGH 16.10.2003, BGHZ 156, 310 (314) = NJW 2004, 217). Die AG ist als juristische Person durch ihre Organe handlungsfähig. Die Vertretungsmacht des Vorstands ist dem Umfang nach nicht eingeschränkt (§ 78 Abs. 1). Die AG nimmt am Rechtsverkehr wie eine natürliche Person teil.

6 Eine AG **entsteht** entweder durch Neugründung oder durch Umwandlung. Sie kann zu jedem **beliebigen Zweck** gegründet werden (§ 3 Abs. 1). Der Gegenstand des Unternehmens muss in die Satzung aufgenommen werden (§ 23 Abs. 3 Nr. 2). Auch Freiberufler können eine AG zur Berufsausübung errichten (BGH 10.1.2005, BGHZ 161, 376 = NJW 2005, 1568 – Rechtsanwälte).

7 Die AG ist konto-, beteiligungs- und grundbuchfähig. Den Besitz übt die AG durch ihre Organe aus. Sie kann gewerbliche Schutzrechte erwerben, Erbin sein und als Testamentsvollstreckerin eingesetzt werden. Die AG ist auch Träger des allgemeinen Persönlichkeitsrechts, jedoch nur insoweit als sie schutzbedürftig ist. Das ist der Fall, wenn sie in ihrem sozialen Geltungsanspruch als Arbeitgeber oder als Wirtschaftsunternehmen betroffen wird (BGH 3.6.1986, BGHZ 98, 94, (97)). Schmerzensgeld kann sie dagegen nicht fordern, da die AG keine Genugtuung erreichen kann. Dies können allenfalls Aktionäre als natürlich Personen erlangen (BGH 8.7.1980, BGHZ 78, 24, (27 f.)). Die AG ist aktiv und passiv parteifähig (§ 50 Abs. 1 ZPO) sowie prozessfähig (§ 51 Abs. 1 ZPO) (str.). Im Prozess wird sie regelmäßig durch ihren Vorstand vertreten (Ausnahmen in den § 112 S. 1 [BGH 15.1.2019, BGHZ 220, 377: Aufsichtsrat vertritt auch bei Geschäft mit Gesellschaft, deren Alleingesellschafter ein Vorstandsmitglied ist], § 246 Abs. 2 S. 2 und 3, § 249 Abs. 1 S. 1, § 251 Abs. 3). Der allgemeine Gerichtsstand bestimmt sich nach dem Satzungssitz (§ 5; § 17 Abs. 1 ZPO), es sei denn, in der Satzung ist noch ein besonderer Gerichtsstand vorgesehen (§ 17 Abs. 3 ZPO). Die Zwangsvollstreckung aus einem Urteil gegen die AG richtet sich nur gegen die Gesellschaft (§ 750 ZPO). Die AG ist insolvenzfähig (§ 11 Abs. 1 S. 1, § 19 Abs. 1 InsO). Sie ist **Handelsgesellschaft** (§ 3 Abs. 1) und **Formkaufmann** (§ 6 Abs. 2 HGB). Die sich daraus ergebende Anwendung des Handelsrechts gilt unabhängig davon, in welchem Umfang Geschäfte von der AG betrieben werden. Ihr kann keine Prokura (§ 48 HGB), wohl aber Handlungsvollmacht (§ 54 HGB) erteilt werden. Die inländische AG ist körperschaft- und gewerbesteuerpflichtig.

II. Haftung für Gesellschaftsverbindlichkeiten

8 Den Gläubigern der AG haftet für Verbindlichkeiten grundsätzlich nur das Gesellschaftsvermögen (Abs. 1 S. 2), nicht aber (auch) das Vermögen der Aktionäre; die Rechtssphären der AG und ihrer Organmitglieder sind getrennt (sog. **Trennungsprinzip**). Die Vorschrift gilt nicht zu Lasten der Gläubiger einer eingegliederten AG (§§ 319 ff.), denen die Hauptgesellschaft als Gesamtschuldnerin haftet (§ 322). Weitere Lockerungen des Trennungsprinzips enthalten die § 62 Abs. 2 S. 1, § 93 Abs. 5 S. 1 (ggf. mit § 116), § 117 Abs. 5 S. 1, §§ 302 f., 309 Abs. 4 S. 3 und § 317 Abs. 4, wo eine subsidiäre Haftung zugelassen wird.

9 Das Trennungsprinzip darf nicht leichtfertig und schrankenlos übergangen werden. Ein **Haftungsdurchgriff** wird von der Rspr. daher nur in seltenen Ausnahmefällen zugelassen (vgl. BGH 5.11.1980, BGHZ 78, 318 (334) = NJW 1981, 522; BGH 4.5.1977, BGHZ 68, 312 (314 f.) = NJW 1977, 1449 mAnm *K. Schmidt* NJW 1977, 2163 Ls. mAnm *Emmerich*). Nicht abschließend geklärt ist, wann solche Ausnahmen gegeben sind (zu den dogmatischen Konzepten vgl. den Überblick bei K. Schmidt/Lutter/*Lutter* Rn. 14 ff.). Praktische Bedeutung kommt dem Haftungsdurchgriff regelmäßig erst in der Insolvenz zu, da zuvor für die Gläubiger kein Anlass besteht, die schwierige Inanspruchnahme der Aktionäre zu versuchen. Eine Durchbrechung des Trennungsprinzips scheint jedenfalls dann gerechtfertigt zu sein, wenn die Rechtsfigur der juristischen Person von den Gesellschaftern missbräuchlich verwendet wird oder wenn Treu und Glauben es geboten erscheinen lassen, im Einzelfall die rechtliche Selbstständigkeit der AG einzuschränken. Entsprechendes gilt, wenn es bei der Anwendung einer Norm im konkreten Fall nach deren Sinn und Zweck unvereinbar ist, zwischen der juristischen Person AG und ihren

Mitgliedern zu trennen. Insbesondere in der Einpersonen-AG können Konstellationen entstehen, bei denen diese Trennung zu sinnwidrigen Ergebnissen führt. So kann etwa der Alleingesellschafter einer AG von ihr nicht gutgläubig Eigentum erwerben. Offen ist derzeit, ob die für die GmbH entwickelte Lösung einer Haftung nach § 826 BGB (BGH 6.11.2018, BGHZ 220, 179 = NJW 2019, 589; BGH 16.7.2007, BGHZ 173, 246 = NJW 2007, 2689 – Trihotel; BGH 28.4.2008, BGHZ 176, 204 = NJW 2008, 2437 – Gamma; BGH 9.12.2009, ZIP 2009, 802 – Sanitary) auf die AG übertragen werden kann. Dabei geht es um die schadensstiftende Verletzung einer „Schutzpflicht der Respektierung" des „im Gläubigerinteresse zweckgebundenen Gesellschaftsvermögens" (weiterführend MüKoAktG/*Heider* Rn. 78 ff.; *Kölbl* BB 2009, 1194 (1200)).

III. Grundkapital und Aktien

Die AG hat ein in Aktien zerlegtes **Grundkapital** (Abs. 2 und § 6 AktG), das sich von ihrem ständig ändernden Vermögen unterscheidet. Es ist notwendiger Satzungsbestandteil (§ 23 Abs. 3 Nr. 3), lautet auf einen Mindestnennbetrag von 50.000 EUR (§§ 6, 7) und ist als Passivposten in der Bilanz auszuweisen (§ 266 Abs. 3 A I HGB). Als Mindesthaftkapital bildet es den Ausgleich dafür, dass dem Gläubiger der AG nicht die Gesellschafter mit ihrem Privatvermögen haften, sondern nur das Gesellschaftsvermögen. Das Grundkapital als eine satzungsmäßig festgesetzte Bilanzziffer erfüllt bestimmte Aufgaben in der Phase des Aufbaus der AG und dient zugleich der Absicherung von Gläubigern und künftigen Aktionären, da die AG bei ihrer Errichtung mindestens über ein Grundkapital in dieser Höhe verfügen muss. Für Investmentaktiengesellschaften enthält das KAGB besondere Bestimmungen. Neben der Gläubigerschutzfunktion dient das Grundkapital als Seriositätsschwelle und als Finanzierungsinstrument (Eigenkapital). Zugleich ist es mit einer Warnfunktion verbunden, da bei hälftigem Verlust die Hauptversammlung einzuberufen ist (vgl. § 92 Abs. 1). 10

Da das Grundkapital dem Ausgleich für die in Abs. 1 S. 2 niedergelegte Haftungsbeschränkung dient, sind zum Schutz der Gläubiger zahlreiche Vorschriften vorhanden, mit denen die Kapitalaufbringung und Kapitalerhaltung gewährleistet werden sollen. Auf diese Weise soll sichergestellt werden, dass ein der Grundkapitalziffer entsprechendes Vermögen tatsächlich aufgebracht wird und erhalten bleibt. Der **Kapitalaufbringung** sollen vor allem die Verbote der Stufengründung (§§ 2, 29) und der Unterpariemission (§ 9 Abs. 1), die Satzungspublizität für Sondervorteile und Gründungsaufwand, die für Sacheinlagen und Sachübernahmen geltenden Sonderregeln (§ 27), die Gründungsprüfung (§ 33 Abs. 2 Nr. 4, § 34), die Vorschriften über die Einlagenleistung (§ 36 Abs. 2 iVm § 54 Abs. 3, § 36a), die gerichtliche Prüfung des Gründungshergangs (insbesondere § 38 Abs. 2 S. 2), die Vorschriften zur Gründerhaftung (§§ 46 ff.) und das Nachgründungserfordernis (§ 52) dienen. Der Grundsatz der **Kapitalerhaltung** besagt, dass das Grundkapital seine Schutzfunktion zugunsten der Gläubiger nur erfüllen kann, wenn das der statutarischen Kapitalziffer entsprechende Vermögen wertmäßig (nicht auch gegenständlich) dauerhaft erhalten bleibt und nicht an die Aktionäre ausgeschüttet wird. Der Kapitalerhaltung dienen das Verbot der Einlagenrückgewähr (§ 57 Abs. 1 und 2), das Verbot, vor einer Auflösung der AG eine über dem Bilanzgewinn liegende Dividende auszuschütten (§ 57 Abs. 3), und der nur ausnahmsweise mögliche Erwerb eigener Aktien (§§ 71–71e). Zu beachten ist, dass durch diese Regelungen kein Schutz der Gläubiger vor einer Schmälerung oder gar Aufzehrung des Gesellschaftsvermögens im Rahmen der Geschäftstätigkeit erreicht werden soll. 11

Das Grundkapital einer AG ist **in Aktien zerlegt.** Der Begriff der Aktie hat drei Bedeutungen: Er kann erstens als Inbegriff sämtlicher Rechte und Pflichten verstanden werden, die dem Aktionär wegen dessen Beteiligung an der Gesellschaft zustehen (Mitgliedschaftsrechte). Er kann zweitens das diese Rechte verbriefende Wertpapier bezeichnen und drittens die Beteiligungsquote an der Gesellschaft ausdrücken. Die letztgenannte Bedeutung ist in Abs. 2 gemeint. Bei Nennbetragsaktien (§ 8 Abs. 1 und 2) ergibt sich die Beteiligungsquote aus dem Verhältnis zwischen dem Betrag des Grundkapitals und dem Nennbetrag der Aktie (§ 8 Abs. 4). Bei Stückaktien (§ 8 Abs. 1 und 3) wird sie aus der Zahl der Aktien ermittelt (§ 8 Abs. 4). Aus dem Wort „Zerlegung" in Abs. 2 ist zu schließen, dass das Grundkapital in mindestens zwei Aktien aufgeteilt werden muss. Dies ist für die Einmanngründung umstritten (Hüffer/Koch/*Koch* Rn. 13: eine Aktie reicht; Spindler/Stilz/*Fock* Rn. 102; aA MüKoAktG/*Heider* Rn. 99: auch hier mindestens zwei Aktien erforderlich). 12

Gründerzahl

2 An der Feststellung des Gesellschaftsvertrags (der Satzung) müssen sich eine oder mehrere Personen beteiligen, welche die Aktien gegen Einlagen übernehmen.

I. Allgemeines

Die Vorschrift enthält zwei zentrale **Anforderungen an die Errichtung** einer AG: erstens die Feststellung der Satzung und zweitens die Übernahme der Aktien gegen Einlagen durch die beteiligten 1

Personen. Der als Satzung (Legaldefinition) bezeichnete Gesellschaftsvertrag muss festgestellt werden. Zugleich werden die Gründerzahl festgelegt und die Einheitsgründung vorgeschrieben (vgl. § 23). Eine Einpersonengründung ist ausdrücklich zugelassen. Damit wollte man die sog. Strohmann-Gründung überflüssig machen. Diese Gründungsvariante ist aber nach wie vor zulässig und stellt weder ein Scheingeschäft (§ 117 BGB) noch eine unzulässige Gesetzesumgehung (§ 134 BGB) dar (vgl. dazu BGH 9.10.1956, BGHZ 21, 378 (381) = WM 1956, 1498 zur GmbH). Bei Gültigkeitsmängeln des rechtsgeschäftlichen Entstehungstatbestandes kann vor Eintragung eine fehlerhafte Vor-AG gegeben sein. Nach Eintragung gelten die Sonderregeln der §§ 275 ff.

II. Gründerfähigkeit

2 Die AG wird durch eine beliebige Anzahl von Personen oder auch nur von einer einzigen Person gegründet. Aber auch bei der Einpersonengründung müssen sich mindestens drei weitere Personen finden, um die Organe der AG zu besetzen. Jede **natürliche Person** kann Gründer einer Gesellschaft sein. Kaufleute können unter ihrer Firma gründen; es handelt sich dann für sie um ein Handelsgeschäft (§§ 343 f. HGB). Geschäftsunfähige und beschränkt geschäftsfähige Personen (§§ 104, 106 BGB) bedürfen der gesetzlichen Vertretung. Da regelmäßig der Zweck der Gesellschaft auf den Betrieb eines Erwerbsgeschäfts gerichtet ist, bedarf der Vertrag der familiengerichtlichen Genehmigung nach § 1643 Abs. 1 BGB iVm § 1822 Nr. 3 bzw. Nr. 10 BGB. Ehegatten können einzeln und für sich Gründer sein. Dies gilt auch, wenn sie in Gütergemeinschaft leben (str.). Die Staatsangehörigkeit der Gründer spielt keine Rolle. Ein Verstoß gegen Aufenthaltsbeschränkungen nach § 12 AufenthG berührt die Wirksamkeit der Gründungserklärung nur, wenn ein Fall der Gesetzesumgehung vorliegt (KG 24.9.1996, BB 1997, 172 f. – zur GmbH; aA Wachter/*Franz* Rn. 8).

3 In- und ausländische **juristische Personen** des Privat- oder des öffentlichen Rechts können ebenfalls Gründer einer AG sein (AG, KGaA, SE, GmbH, Genossenschaft, rechtsfähiger Verein, Stiftung, Anstalt, rechtsfähige Körperschaft etc). Für ausländische juristische Personen ist erforderlich, dass sie nach ihrem Heimatland gründerfähig sind, also einer inländischen juristischen Person gleichstehen. Einschränkungen können sich ergeben, wenn im Einzelfall die Vertretungsmacht der Organe durch Satzung beschränkt ist. OHG und KG (einschließlich GmbH & Co. KG und AG & Co. KG) können sich an der Gründung einer AG beteiligen. Mitgliedschaft und Einlagepflicht liegen bei der Gesellschaft als teilrechtsfähiger Einheit (§§ 124, 161 Abs. 2 HGB). Für die Einlagenleistung haften die Gesellschafter auch persönlich (§§ 128, 161 Abs. 2 HGB, §§ 171 ff. HGB). Neben der Gesellschaft können auch ihre Gesellschafter selbstständig Gründer derselben AG sein. Juristische Personen aus EU-Drittstaaten mit einem Verwaltungssitz in Deutschland werden aufgrund der Sitztheorie (BGH 27.10.2008, BGHZ 178, 192 = NJW 2009, 289 – Trabrennbahn; BFH 8.1.2019, GmbHR 2019, 304) nicht als solche anerkannt, sondern als OHG oder GbR angesehen; sie sind wie deutsche Personen(handels)gesellschaften gründungsfähig.

4 Die **GbR** ist als Außengesellschaft mit Gesamthandsvermögen rechtsfähig (BGH 29.1.2001, BGHZ 146, 341 (343 ff.) = NJW 2001, 1056); damit ist sie auch gründungsfähig. Der Aktienanteil gehört zu ihrem Gesamthandsvermögen. Schuldner der Einlagepflicht ist die GbR als Gesamthand. Daneben haften die Gesellschafter als Gesamtschuldner unbeschränkt (§ 128 HGB analog).

5 Die Fortführung einer schon vom Erblasser begonnenen Gründung einer AG durch seine Erben ist zulässig. Der **Erbengemeinschaft** wird man daher die Gründerfähigkeit insgesamt nicht absprechen können (Spindler/Stilz/*Drescher* Rn. 12; MüKoAktG/*Heider* Rn. 19 auch mN zur Gegenansicht). Jeder Miterbe haftet für die Erfüllung der Einlagepflicht unbeschränkt als Gesamtschuldner nach § 69 Abs. 2. Demgegenüber ist die **Wohnungseigentümergemeinschaft** nicht gründungsfähig. Sie ist zwar nach § 10 Abs. 6 WEG teilrechtsfähig, aber nur begrenzt auf die Verwaltung gemeinschaftlichen Eigentums gegenüber Dritten, wozu die Gründung einer AG nicht gehört (Spindler/Stilz/*Drescher* Rn. 14).

III. Feststellen der Satzung

6 Die Satzung kann nicht nur von zwei oder mehreren Personen, sondern auch von nur einer Person festgestellt werden. Sind an der Gründung **mehrere Personen** beteiligt, kann die Satzung nur durch Vertrag festgestellt werden, dessen rechtliche Einordnung umstritten ist (vgl. MüKoAktG/*Heider* Rn. 28 ff.). Wird die AG nur von **einer Person** errichtet, liegt ungeachtet des Wortlauts des § 2 ein einseitiges Rechtsgeschäft vor. Die Feststellung der Satzung und die Übernahme der Aktien erfolgen durch einseitige, nicht empfangsbedürftige Willenserklärung des Gründers, die durch Abgabe gegenüber dem Notar wirksam wird (Spindler/Stilz/*Drescher* Rn. 4). Erneut ist die Form des § 23 zu beachten. Jeder satzungsfeststellende Aktionär ist Gründer der AG (§ 28).

7 Regelmäßig wird es schon vor der Errichtung der Gesellschaft zu Aktivitäten der Gründer kommen. Verpflichten sich die Gründer durch schuldrechtlichen Vertrag zur Gründung einer AG, spricht man von einem Gründungsvorvertrag oder einem Vorgründungsvertrag. Aus ihm resultieren die einklagbaren Pflichten zur Gründung, zur Förderung und zur Loyalität. Dieses Stadium endet mit dem

Abschluss des notariellen Errichtungsvertrags (§ 23 Abs. 1 und 2). Mit ihm stellen die Gründer die Satzung fest und erklären die Übernahme der Aktien (§ 29). Bis zur Eintragung im Handelsregister besteht eine Vor-AG. Mit der Eintragung erlangt die Satzung ihren Status mit schuld- und organisationsvertraglichen Elementen. Da sie dann nicht länger nur für die Gründer, sondern (auch) für sämtliche künftige Aktionäre gilt, richtet sich die Satzung an einen unbestimmten Personenkreis mit der Folge, dass sie objektiv auszulegen ist und die §§ 133, 157 BGB nicht gelten. Umstände, die in der Satzung keinen – wenn auch nur unvollkommenen – Niederschlag gefunden haben, können zur Auslegung grundsätzlich nicht herangezogen werden. Außerhalb der Satzung liegende Sachzusammenhänge können unter Umständen dann berücksichtigt werden, wenn deren Kenntnis bei den Mitgliedern und Organen allgemein vorausgesetzt werden kann (BGH 11.10.1993, BGHZ 123, 347 = ZIP 1993, 1709 (1711 f.)).

IV. Übernahme der Aktien

Neben der Feststellung der Satzung ist die Übernahme sämtlicher Aktien gegen Einlagen **notwendiger Bestandteil jeder Gründung** einer AG. Nur durch die Übernahme der Aktien, verbunden mit der Satzungsfeststellung, erwirbt der Übernehmer die Rechtsstellung eines Gründers mit den entsprechenden Rechten und Pflichten. Zu beachten sind die Formerfordernisse des § 23 Abs. 1 und 2. Danach müssen die Feststellung der Satzung und die Übernahmeerklärung in einer Urkunde zusammengefasst sein; eine Stufengründung ist nicht möglich. Die Übernahmeerklärung ist bedingungsfeindlich (Spinder/Stilz/*Drescher* Rn. 6). Erst mit Übernahme aller Aktien entsteht die Vor-AG bis zum Zeitpunkt ihrer Eintragung im Handelsregister (§ 29). Eine Mitwirkung an der Feststellung der Satzung von Personen, die keine Einlagepflicht übernehmen, ist nicht möglich. Wer nicht Mitglied werden will, kann auch als Gründer nicht in Betracht kommen. Mit der Übernahme der Aktien verpflichtet sich der Gründer, den festgesetzten Ausgabebetrag der Aktie einzuzahlen oder die satzungsmäßig bestimmte Sacheinlage zu leisten (§ 54 Abs. 1 und 2). Mit der Stellung als Gründer sind die Mitgliedschaftsrechte und -pflichten verbunden, wie Treue- und Einlagepflicht (BGH 1.2.1988, BGHZ 103, 184 (194 ff.) = NJW 1988, 1579 (1581)). 8

Formkaufmann; Börsennotierung

3 (1) **Die Aktiengesellschaft gilt als Handelsgesellschaft, auch wenn der Gegenstand des Unternehmens nicht im Betrieb eines Handelsgewerbes besteht.**

(2) **Börsennotiert im Sinne dieses Gesetzes sind Gesellschaften, deren Aktien zu einem Markt zugelassen sind, der von staatlich anerkannten Stellen geregelt und überwacht wird, regelmäßig stattfindet und für das Publikum mittelbar oder unmittelbar zugänglich ist.**

I. AG als Formkaufmann

Nach Abs. 1 ist die (inländische) AG kraft der gewählten Rechtsform **Kaufmann** (§ 6 HGB) ohne 1
Rücksicht auf den konkreten Gegenstand ihres Unternehmens und wegen der gesetzlichen Fiktion unabhängig davon, welche Geschäfte sie tatsächlich betreibt (BGH 13.7.1972, BGHZ 59, 179 (183) = WM 1972, 904). Das Handeln der AG stellt ein Handelsgeschäft iSd §§ 343 f. HGB dar. Als Formkaufmann unterliegt die Gesellschaft mit ihrem gesamten rechtsgeschäftlichen Handeln dem Handelsrecht (BGH 13.7.1972, BGHZ 59, 179 (183) = WM 1972, 904). Selbst bei einer Einpersonen-AG wird keine vom geschäftlichen Bereich zu trennende Privatsphäre anerkannt. Abs. 1 gilt nur für die AG, die als juristische Person entstanden ist (§ 41 Abs. 1 S. 1), nicht hingegen für die Vor-AG, da die Eintragung in das Handelsregister vorausgesetzt wird. Da Abs. 1 ausschließlich für die bereits im Handelsregister eingetragene AG gilt, muss die Kaufmannseigenschaft der Vor-AG nach § 1 HGB ermittelt werden (Wachter/*Franz* Rn. 3 aE). Allein die Aufnahme einer Geschäftstätigkeit macht die Vor-AG noch nicht zur OHG, jedenfalls solange sie die Eintragungsabsicht noch nicht aufgegeben hat (BGH 23.10.2006, BGHZ 169, 270 = NJW 2007, 589).

Aufgrund der Fiktion des Abs. 1 findet **keine Prüfung des Gesellschaftszwecks** nach den §§ 1 ff. 2
HGB statt. Bedeutung kommt der Norm dann zu, wenn der Gegenstand des Unternehmens nicht unter die §§ 1 ff. HGB fällt, etwa bei Freiberuflern. Die AG ist selbst dann Formkaufmann, wenn das von ihr betriebene Gewerbe keinen in kaufmännischer Weise eingerichteten Geschäftsbetrieb erfordert (§ 1 Abs. 2, § 6 Abs. 2 HGB). Angestellte der AG sind stets Handlungsgehilfen iSd §§ 59 ff. HGB, auch wenn die AG kein Handelsgewerbe betreibt (Hüffer/Koch/*Koch* Rn. 4). Besondere rechtliche Grundlagen bestehen für Wirtschaftsprüfer (§ 27 Abs. 1 WPO) und Steuerberater (§ 49 Abs. 1 StBerG). Für das Gewerbe- und das Steuerrecht kommt der Vorschrift keine Bedeutung zu, da § 2 Abs. 2 S. 1 GewStG eine eigenständige Regelung enthält. Bei inländischen Zweigniederlassungen ausländischer Gesellschaften ist zu beachten, dass mangels Rechtsfähigkeit der Zweigniederlassung nicht diese, sondern

nur die ausländische Gesellschaft Kaufmann sein kann. Die AG ist stets Unternehmerin iSd § 14 BGB (Spindler/Stilz/*Drescher* Rn. 4).

II. Börsennotierung

3 Abs. 2 enthält eine **Legaldefinition** der börsennotierten Gesellschaft iSd AktG, die für sämtliche Vorschriften des AktG gilt, die diesen Begriff verwenden (vgl. etwa § 67 Abs. 6 S. 2, § 93 Abs. 6, § 110 Abs. 3 S. 2, § 123 Abs. 4, § 171 Abs. 2 S. 2, § 248a S. 1 oder § 328 Abs. 3). Börsennotiert sind danach Gesellschaften, deren Aktien zu einem Markt zugelassen sind, der durch staatlich anerkannte Stellen geregelt und überwacht wird (§§ 32 ff. BörsG). Nicht erfasst ist dementsprechend der sog. Freiverkehr (§ 48 BörsG). Es werden auch solche Gesellschaften von der Definition erfasst, deren Aktien an vergleichbaren Börsen im Ausland notiert werden (*Böcker* RNotZ 2002, 129 (131)). Abzugrenzen von der börsennotierten Gesellschaft ist der umfassendere Begriff der kapitalmarktorientierten Gesellschaft iSd § 264d HGB, der auch beim Handel anderer Wertpapiere als Aktien greift. Für diejenigen AGen, die nicht börsennotiert iSv Abs. 2 sind, gelten regelmäßig gewisse Erleichterungen insbesondere beim Verfahren. Demgegenüber haben börsennotierte AGen nicht nur strengere aktienrechtliche Vorgaben, sondern auch zahlreiche Sondervorschriften des Kapitalmarktrechts zu beachten (vgl. nur § 20 Abs. 8 § 21 Abs. 5 sowie WpHG, WpÜG und WpPG). Die Börsennotierung einer AG oder deren Wegfall bedeuten keinen Formwechsel und stehen ihm auch nicht gleich (BGH 8.10.2013, NJW 2014, 146 Rn. 5 f.).

Firma

4 Die Firma der Aktiengesellschaft muß, auch wenn sie nach § 22 des Handelsgesetzbuchs oder nach anderen gesetzlichen Vorschriften fortgeführt wird, die Bezeichnung „Aktiengesellschaft" oder eine allgemein verständliche Abkürzung dieser Bezeichnung enthalten.

Übersicht

I. Allgemeines

1 Entgegen der Überschrift regelt § 4 nur den **Rechtsformzusatz,** nicht hingegen die Firma der AG. Firmen müssen die Bezeichnung „Aktiengesellschaft" ausgeschrieben oder in allgemein verständlicher Abkürzung (zB „AG") enthalten. Auf diese Weise werden Rechtsform und Haftungsverhältnisse der Gesellschaft offengelegt (Informations- und Schutzfunktion). Die Offenlegung erfolgt durch die in den § 23 Abs. 3 Nr. 1, § 80 Abs. 1 vorgeschriebenen Angaben. Vorgaben zu Art und Weise der Abkürzung enthält § 4 nicht. Die alleinige Anwendung des Wortteils „Aktien" reicht aber nicht aus. Bezeichnung und Abkürzung müssen in deutscher Sprache abgefasst sein. Der Standort des Rechtsformzusatzes ist freigestellt (OLG Stuttgart 15.8.2000, BB 2001, 14 (15)). Daneben sind die für eine Firma maßgeblichen Vorschriften der §§ 17 ff. HGB einzuhalten. Nach § 6 Abs. 1 HGB, § 17 Abs. 1 HGB, § 3 Abs. 1 ist die Firma der Name der AG.

2 Da die AG als Handelsgesellschaft Formkaufmann (§ 3 Abs. 1 AktG, § 6 Abs. 2 HGB) ist, muss sie zwingend eine **Firma** führen (§§ 17 ff. HGB; vgl. auch § 23 Abs. 3 Nr. 1). Im Gegensatz zum Einzelkaufmann besitzt die AG nur einen Namen, der so im Geschäftsverkehr zu führen ist, wie er im Handelsregister eingetragen wurde (BayObLG 6.2.1992, DNotZ 1992, 384). Wie jeder Unternehmensträger hat die AG an ihrem Namen ein absolutes subjektives Recht, das zugleich Persönlichkeits- und Immaterialgüterrecht ist (Doppelnatur; vgl. BGH 27.9.1982, BGHZ 85, 221 (223) = WM 1983, 149). Die durch die konstitutiv wirkende Eintragung im Handelsregister entstandene juristische Person ist firmenfähig. Vor der Eintragung besteht hingegen keine Firmenfähigkeit (vgl. § 41 Abs. 1). Die Vor-AG ist nur dann firmenfähig, wenn sie ein Handelsgewerbe betreibt (§ 1 Abs. 1 HGB). Tritt die Vor-AG mit der für die AG vorgesehenen Firma im Geschäftsverkehr auf, muss sie den Rechtsformzusatz um die Bezeichnung „in Gründung" (i. G.) ergänzen. Die Firmenfähigkeit der AG besteht bis zu ihrer Löschung im Handelsregister (§ 273 Abs. 1 S. 2), während der Abwicklung muss sie den Zusatz „in Liquidation" (iL) führen (§ 269 Abs. 6). Die AG genießt unter ihrer zulässigen Firma Firmenschutz nach § 37 Abs. 2 HGB. Die Firma genießt auch Schutz als Unternehmenskennzeichen nach § 5 Abs. 2 S. 1 MarkenG, sowie Namensschutz nach § 12 BGB (BGH 26.11.2019, ZIP 2020, 266 Rn. 22; Spindler/Stilz/*Drescher* Rn. 23).

II. Grundsätze der Firmenbildung

3 Die Firma ist der Name der AG. Es gilt das Firmenrecht der §§ 17 ff. HGB; daneben bestehen keine aktienrechtlichen Sondervorschriften. Die Firma muss Unterscheidungskraft und Kennzeichenwirkung besitzen; die Angaben dürfen zudem nicht irreführend sein. Die AG kann nur eine Firma führen (Grundsatz der sogenannten Firmeneinheit; BGH 8.4.1991, NJW 1991, 2023). Als zulässige Firma kommt lediglich eine Bezeichnung in Betracht, die der Namensfunktion gerecht werden kann (**Individualisierung der AG** als Inhaberin ihres Unternehmens, vgl. *Lutter/Welp* ZIP 1999, 1073 (1074)). Jede Firma muss zur Kennzeichnung geeignet sein; nur damit erfüllt sie die im Geschäftsverkehr erforderliche Namensfunktion. Bildzeichen können nicht Firma sein (BGH 8.12.2008, NZG 2009, 192; BayObLG 4.4.2001, NJW 2001, 2337). Buchstabenfolgen hingegen eignen sich zur Kennzeichnung, wenn sie artikulierbar sind. Die Aussprechbarkeit als Wort ist nicht erforderlich, weil im Rechts- und Wirtschaftsverkehr auch artikulierbare Buchstabenfolgen zur Identifikation akzeptiert werden können (BGH 8.12.2008, NZG 2009, 192 – HM & A). Ebenso ist Zahlen die Kennzeichnungseignung nicht von vornherein abzusprechen (*Lutter/Welp* ZIP 1999, 1073 (1078)). Die Unterscheidungskraft kennzeichnet die Individualisierungsfunktion der Firma. Diese muss abstrakt gesehen fähig sein, ihren Unternehmensträger von anderen Unternehmensträgern zu unterscheiden (vgl. § 18 Abs. 1 HGB). Davon zu trennen ist die deutliche Unterscheidbarkeit (§ 30 Abs. 1 HGB). § 18 Abs. 2 HGB verbietet irreführende Angaben. Die Firma darf weder in ihren Bestandteilen noch als Ganzes täuschend sein und zB unzutreffende Vorstellungen über Umfang und Art des Unternehmens sowie über geschäftlich bedeutsame persönliche Verhältnisse und Eigenschaften des neuen Unternehmensträgers hervorrufen (BGH 26.11.2019, ZIP 2020, 266 Rn. 21). Im registerrechtlichen Verfahren ist die Eignung zur Irreführung nur dann zu berücksichtigen, wenn diese ersichtlich ist, wenn also die Täuschungseignung nicht allzu fern liegt und ohne umfangreiche Beweisaufnahme bejaht werden kann (OLG Dresden 21.4.2010, NZG 2010, 1237 zur Verwendung der Endsilbe „AG“). Der Irreführungstatbestand des § 3 UWG ist aber erst dann erfüllt, wenn eine wettbewerbliche Bedeutung vorhanden ist.

4 Verstößt die gewählte Firma gegen § 4 oder gegen § 18 HGB, ist der Gesellschaftsvertrag insoweit nichtig (§ 134 BGB). Ein Verstoß nur gegen § 30 HGB hat hingegen keine Nichtigkeit zur Folge. Ist die Nichtigkeit der Firma bei der Eintragung unerkannt geblieben und kommt es zur Eintragung im Handelsregister, wird dadurch die Wirksamkeit der Gesellschaft nicht betroffen (vgl. § 275). Das Registergericht muss ein Beanstandungsverfahren (§ 399 FamFG) einleiten, um eine Änderung der Firma herbeizuführen. Erst wenn der Mangel trotz entsprechender Aufforderung nicht behoben wird, ist die Gesellschaft aufzulösen (§ 262 Abs. 1 Nr. 5).

5 § 4 nennt ausdrücklich § 22 HGB, der die Fortführung der bisherigen Firma bei Erwerb eines bestehenden Handelsgeschäfts regelt. Die Veräußerung des Handelsgeschäfts mit der Befugnis zur Fortführung der bisherigen Firma ändert nichts daran, dass die AG zunächst mit ihrer in der Satzung bestimmten und im Handelsregister eingetragenen Firma fortbesteht. Nach der Rspr. des BGH handelt es sich bei der „ausdrücklichen Willigung“ nach § 22 Abs. 1 HGB um eine vertragliche Einigung über die Übertragung der Firma als Teil des Vertrags über die Veräußerung des Handelsgeschäfts (BGH 27.4.1994, ZIP 1994, 942 (943)). Hieraus folgt, dass mit der Veräußerung der Firma das Recht zur Führung derselben auf den Erwerber des Handelsgeschäfts übergeht (§ 398 S. 1, § 413 BGB). Der Übergang des Rechts zur Führung der Firma ändert nichts daran, dass diese weiterhin die der Satzung der veräußernden Aktiengesellschaft entsprechende Firma sein kann, als solche im Handelsregister eingetragen und im Rechtsverkehr verwendet, mithin tatsächlich genutzt werden kann, möglicherweise unter Verletzung der Rechtsposition des Erwerbers und/oder firmenrechtlicher Vorschriften. Eine sog. Doppelfirmierung für die Zeit bis zur endgültigen Abwicklung der Veräußerin ist nicht grundsätzlich unzulässig (BGH 22.11.1990, WM 1991, 364 (367) – Ott International). Die Vorschriften des Firmenrechts – die als verkehrsschützende Bestimmungen nicht zur Disposition der an der Veräußerung des Handelsgeschäfts Beteiligten stehen – schließen eine gleichzeitige Verwendung der Firma durch den Erwerber des Handelsgeschäfts und dessen Veräußerer nicht generell aus (BGH 26.11.2019, ZIP 2020, 266 Rn. 17). Im Falle der Firmenfortführung bei Umwandlung geht das UmwG allerdings vor.

III. Arten der Firma

6 Jeder Kaufmann – auch die AG – hat freie Wahl zwischen einer **Personen-, Sach- oder Phantasiefirma.** Auch Kombinationen sind zulässig. Von **Personenfirma** spricht man, wenn die Firma nach dem Namen einer natürlichen oder juristischen Person bzw. einer firmenfähigen (OHG, KG) oder namensfähigen (GbR) Personenvereinigung gebildet wird. Dabei ist § 18 HGB zu beachten. Bei Verwendung des Namens einer natürlichen Person ist man nicht auf den Kreis der Aktionäre beschränkt. Wird der Name einer Person verwendet, die nicht Aktionär ist, liegt darin nicht per se eine Irreführung über geschäftliche Verhältnisse iSv § 18 Abs. 2 HGB (OLG Oldenburg 16.2.2001, BB 2001, 1373; LG Wiesbaden 7.4.2004, NZG 2004, 829 jew. zur GmbH).

7 Die **Sachfirma** muss nicht zwingend auf den Unternehmensgegenstand hinweisen (*Ammon* DStR 1998, 1474 (1478)). Ihre Zulässigkeit ist ebenfalls anhand von § 18 HGB zu beurteilen. Sie ist danach zulässig, wenn sie bei der Eintragung nicht im Widerspruch zum Unternehmensgegenstand steht und später nicht über die tatsächlich ausgeübte Geschäftstätigkeit täuscht. Auch die Anwalts-AG darf eine Sachfirma führen (Hüffer/Koch/*Koch* Rn. 15). Reine Gattungs- und Branchenbezeichnungen sind in Alleinstellung als Firma nicht zulässig, weil ihnen die erforderliche Kennzeichnungs- und Unterscheidungskraft fehlt.

8 Als **Phantasiefirma** ist jede Bezeichnung der AG zulässig, wenn sie nicht Personen- oder Sachfirma ist, solange sie eine namensmäßige Individualisierung in gleicher Weise leistet und nicht gegen die öffentliche Ordnung oder die guten Sitten verstößt. Weit verbreiteten Begriffen fehlt diese Unterscheidungskraft regelmäßig. Abkürzungen oder artikulierbare Buchstabenkombinationen sowie Markenzeichen hingegen können genügen, sofern sie Wortzeichen sind.

IV. Abgeleitete Firma

9 Der Rechtsformzusatz der Firma muss auch dann hinzugefügt werden, wenn es sich um eine nach § 22 HGB **fortgeführte Firma** handelt (→ HGB § 22 Rn. 16). Denn der Rechtsverkehr soll jederzeit über die Gesellschafts- oder Haftungsverhältnisse informiert werden. Die Übernahme des Unternehmenskerns in einem solchen Umfang reicht aus, dass der Übernehmer das Geschäft in seinen wesentlichen Teilen fortsetzen kann; auch das Firmenrecht muss übertragen worden sein. Rechtsformzusätze, die auf die AG als Inhaberin nicht zutreffen, sind dabei zu streichen. Wenn die AG die Firma fortführt, muss sie als Erwerberin ihre bisherige Firma aufgeben (Satzungsänderung nach § 23 Abs. 3 Nr. 1 iVm §§ 179 ff.), da sie nicht zwei Firmen nebeneinander führen kann.

V. Firma der Zweigniederlassung

10 Unterhält eine AG eine oder mehrere **Zweigniederlassungen,** kann sie ihre Firma auch für die Niederlassung verwenden. Die Bildung besonderer Zweigniederlassungsfirmen ist nicht erforderlich (Spindler/Stilz/*Drescher* Rn. 21). Solange der Zusammenhang zwischen Hauptgeschäft und Filiale gewährleistet bleibt, kann die AG allerdings auch eine besondere Firma für die Zweigniederlassung bilden. Der Rechtsformzusatz ist stets unverzichtbar.

11 **Übernommene Unternehmen** können als Zweigniederlassung unter ihrer bisherigen Firma fortgeführt werden (§ 22 HGB). Ein Hinweis auf die Firma der Hauptniederlassung ist aber aufzunehmen. Auch eine Firmenvereinigung kommt für die Firma der Zweigniederlassung in Betracht.

Sitz

5 Sitz der Gesellschaft ist der Ort im Inland, den die Satzung bestimmt.

I. Allgemeines

1 Die Bestimmung des Satzungssitzes ist notwendiger Bestandteil der Satzung der AG (§ 23 Abs. 3 Nr. 1); ohne Festlegung des statutarischen Sitzes erfolgt keine Eintragung im Handelsregister. Die Vorschrift legt fest, dass es maßgeblich auf den statutarischen Sitz ankommt. Der Sitz ist danach derjenige Ort im Inland, den die Satzung bestimmt. Änderungen sind nur mittels satzungsänderndem Hauptversammlungsbeschluss (§§ 179 ff.) möglich, wobei § 45 zu beachten ist. Der Satzungssitz ist auf den Geschäftsbriefen anzugeben (§ 80).

2 Neben ihrem statutarischen Sitz kann eine AG einen Verwaltungssitz (auch faktischer Sitz genannt) haben, verstanden als der Tätigkeitsort der Geschäftsführung und der dazu berufenen Vertretungsorgane. Der Verwaltungssitz ist somit der Ort, wo die grundlegenden Entscheidungen der Unternehmensleitung effektiv in laufende Geschäftsführungsakte umgesetzt werden (BGH 21.3.1986, BGHZ 97, 269 (272) = NJW 1986, 2194 (2195)). Eine deutsche AG kann sich mit ihrer Hauptverwaltung an einem Ort unabhängig von dem in der Satzung oder im Gesellschaftsvertrag gewählten Sitz niederlassen. Eingeschränkt wird dieser **Grundsatz der freien Sitzbestimmung** lediglich dadurch, dass sich der Satzungs- und Registersitz an einem beliebigen Ort im Inland befinden muss. Eine inländische Geschäftsadresse ist im Handelsregister einzutragen (§ 39 Abs. 1). Insofern besteht ein Gleichlauf mit § 4a GmbHG. Deutsche AGen haben damit die Möglichkeit, sich mit ihrer Hauptverwaltung unabhängig von dem in der Satzung gewählten Sitz an irgendeinem Ort niederzulassen (*Leitzen* RNotZ 2011, 536 (537)). Weicht der tatsächliche Sitz der AG aber vom Satzungssitz ab, ist der **Satzungssitz maßgeblich.** In jedem Fall muss zudem eine Geschäftsanschrift im Inland vorhanden und im Handelsregister eingetragen sein (vgl. § 37 Abs. 3 Nr. 1).

II. Bedeutung des statutarischen Gesellschaftssitzes

3 Da dem statutarischen Sitz hauptsächlich in **Registersachen** (§§ 374 ff. FamFG) und im **Prozessrecht** (§ 17 Abs. 1 S. 1 ZPO) gesteigerte Bedeutung zukommt, muss er hinreichend bestimmt sein (Individualisierung und Identifizierung der AG). Im Verfahren nach der freiwilligen Gerichtsbarkeit richtet sich die örtliche Zuständigkeit gem. § 377 Abs. 1 FamFG nach dem Gesellschaftssitz. Für die streitige Gerichtsbarkeit bestimmt der Satzungssitz der AG den allgemeinen Gerichtsstand iSv § 17 Abs. 1 S. 1 ZPO (*Meckbach* NZG 2014, 526). Auf den effektiven Sitz (Sitz der Verwaltung) kommt es nicht an, da § 5 eine anderweitige Bestimmung iSv § 17 Abs. 1 S. 2 ZPO ist. Der Satzungssitz bestimmt schließlich nach § 3 Abs. 1 InsO die ausschließliche örtliche Zuständigkeit des Insolvenzgerichtes (BayObLG 25.7.2003, BayObLGZ 2003, 192 (194) = NJW-RR 2004, 986).

4 Die am statutarischen Sitz der AG befindliche Niederlassung ist ihre **Hauptniederlassung,** unabhängig von ihrer tatsächlichen Bedeutung für den Geschäftsbetrieb (RG 2.6.1923, RGZ 107, 44, (46); Hüffer/Koch/*Koch* Rn. 5). Der statutarische Sitz bestimmt zugleich das für alle Zweigniederlassungen zuständige Registergericht (§ 13 Abs. 1 HGB) und ist Anknüpfungspunkt für die Körperschaftsteuer (§ 1 Abs. 1 Nr. 1 KStG iVm § 11 AO). Umstritten ist, ob beim Auseinanderfallen von Satzungs- und Verwaltungssitz am Verwaltungssitz eine Zweigniederlassung angemeldet werden muss oder nicht (dazu *Heckschen* DStR 2009, 166 (168)).

III. Satzungssitz und Sitzwahl

5 Die Bestimmung des Sitzes der AG erfolgt **in der Satzung,** ohne dass es auf die tatsächlichen Verhältnisse der Gesellschaft ankommt. In der Satzung muss der Ort so genau wie möglich bezeichnet werden. Er muss sich stets im Inland befinden. Er muss so bestimmt sein, dass jederzeit das örtlich zuständige Gericht ermittelt werden kann. Die Bestimmung gilt nicht nur für die Errichtung und die Eintragung der AG, sondern während der gesamten Existenz der Gesellschaft als juristische Person. Mit Inkrafttreten des MoMiG sind der Bestimmung des Sitzes kaum mehr Grenzen gesetzt. Der statutarische Sitz der AG kann im Inland frei vom Verwaltungssitz gewählt werden („Handelsregister-Shopping"; *Franz/Laeger* BB 2008, 678 (683); *Meckbach* NZG 2014, 526). Umgekehrt können deutsche AGen einen Verwaltungssitz wählen, der nicht notwendig mit dem Satzungssitz übereinstimmt. Dieser Verwaltungssitz wird durch tatsächliche Umstände nach dem Schwerpunkt der operativen Tätigkeit der AG bestimmt (BGH 21.3.1986, BGHZ 97, 269 = NJW 1986, 2194 (2195)). Die AG kann ihre Geschäftstätigkeit auch ausschließlich im Rahmen einer (Zweig-)Niederlassung, die alle Geschäftsaktivitäten erfasst, außerhalb des deutschen Hoheitsgebiets in der EU bzw. im EWR entfalten. Einer nachträglichen Verlegung des Verwaltungssitzes ins europäische Ausland steht keine registerrechtliche Hürde entgegen (*Franz* BB 2009, 1250 (1251)). Die Gesellschaft muss aber eine **Geschäftsanschrift im Inland** im Register eintragen lassen und aufrechterhalten. Eine im EU-Ausland gegründete AG mit Verwaltungssitz in Deutschland ist als rechtsfähige Personengesellschaft zu behandeln (BGH 27.10.2008, BGHZ 178, 192 = NJW 2009, 289 – Trabrennbahn).

6 Wird in der Satzung der Sitz entgegen § 5 festgelegt, ist die Anmeldung zurückzuweisen. Entsprechendes gilt für einen vergleichbaren satzungsändernden Hauptversammlungsbeschluss. **Fehlt** in der Satzung **eine Bestimmung über den Sitz,** wird die Anmeldung zur Eintragung wegen eines Verstoßes gegen § 23 Abs. 3 Nr. 1 durch das Registergericht zurückgewiesen (§ 38 Abs. 1 S. 2). Wurde gleichwohl eingetragen, ist die AG zwar voll wirksam entstanden. Von Amts wegen hat das Registergericht aber das Verfahren nach § 399 FamFG einzuleiten und die AG aufzufordern, den Mangel zu beheben. Wird dem nicht fristgerecht nachgekommen und ist kein Widerspruch eingelegt, wird festgestellt, dass die Gesellschaft aufgelöst ist (§ 262 Abs. 1 Nr. 5, § 289 Abs. 2 Nr. 2). Ein Bestandsschutz existiert nicht.

7 EU-Auslandsgesellschaften, deren Gründungsstaat eine derartige Verlagerung des Verwaltungssitzes erlaubt, ist es gestattet, ihren effektiven Verwaltungssitz in einem anderen Staat – also auch in Deutschland – zu wählen. Diese Auslandsgesellschaften sind in Deutschland als solche anzuerkennen (EuGH 12.7.2012, ZIP 2012, 1394 – VALE; EuGH 30.9.2003, Slg. 2003, I-10155 = NJW 2003, 3331 – Inspire Art; EuGH 5.11.2002, Slg. 2002, I-9919 = NJW 2002, 3614 – Überseering).

IV. Doppelsitz

8 Bestimmt die Satzung der AG **zwei Orte** als Gesellschaftssitz, so spricht man von einem Doppelsitz. Da der Sitz (neben der Firma) zur Individualisierung der AG beitragen soll, ist ein Doppelsitz nur in Ausnahmefällen zulässig, zumal ansonsten zwei Registergerichte zuständig wären, was die Gefahr divergierender Entscheidungen mit sich bringt. Ein solcher Ausnahmefall liegt etwa vor, wenn die AG ohne Zulassung des Doppelsitzes einen erheblichen wirtschaftlichen Schaden erleiden würde (vgl. LG Essen 23.3.2001, AG 2001, 429 (430)). Auch in Verschmelzungsfällen ist dafür ein besonderes schutz-

würdiges Interesse zu verlangen (BayObLG 29.3.1985, BayObLGZ 1985, 111 = NJW-RR 1986, 31; aA *Pluskat* WM 2004, 601 (603)).

V. Sitzverlegung

9 Da die Satzung den Sitz bestimmt, setzt die Sitzverlegung einen **satzungsändernden Beschluss** voraus (§ 179 Abs. 1 S. 1). § 45 enthält dazu ergänzende Bestimmungen. Soll der Satzungssitz der Gesellschaft **im Inland** an einen anderen Ort verlegt werden, obliegt die materielle Prüfung der Wirksamkeit einer Sitzverlegung dem Registergericht des neuen Sitzes (LG Leipzig 15.3.2004, NZG 2004, 629). Für eine Anfechtungsklage ist hingegen das Gericht zuständig, in dessen Bezirk die Gesellschaft im Handelsregister eingetragen ist (OLG Hamm 17.11.2003, AG 2004, 147).

10 Eine identitätswahrende Sitzverlegung einer AG **in das Ausland** (sog. Wegzug) ist bislang weder nach deutschem noch nach europäischem Recht möglich (vgl. EuGH 16.12.2008, Slg. 2008, I-9641 = NJW 2009, 569 – Cartesio). Wird der Sitz der Gesellschaft gleichwohl durch Beschluss der Hauptversammlung ins Ausland verlegt, wird dies nach Ansicht der Rspr. als Auflösungsbeschluss gem. § 262 Abs. 1 Nr. 2 angesehen (BGH 11.7.1957, BGHZ 25, 134 (144); OLG Düsseldorf 26.3.2001, NJW 2001, 2184; OLG Hamm 1.2.2001, NJW 2001, 2183). In der Lit. setzt sich hingegen immer stärker die Auffassung durch, dass ein solcher Beschluss nach § 241 Nr. 3 nichtig ist mit der Folge, dass seine Eintragung in das Handelsregister abzulehnen ist (NK-AktKapMarktR/*H. Fischer* Rn. 16; Spindler/Stilz/*Drescher* Rn. 10). Wird er dennoch eingetragen, ist das Verfahren nach § 399 FamFG durchzuführen.

Grundkapital

6 Das Grundkapital muß auf einen Nennbetrag in Euro lauten.

I. Allgemeines

1 Das Grundkapital einer AG muss einen Nennbetrag haben und diesen in der Währung Euro ausweisen. Die Notwendigkeit des entsprechenden Kapitals folgt aus § 1 Abs. 2. Dieses Grundkapital steht als Mindesthaftkapital (zum Mindestumfang vgl. § 7) den Gläubigern der AG zur Verfügung. Daher muss der Nennbetrag des Grundkapitals **beziffert ausgedrückt** werden, um auf diese Weise Gläubiger und künftige Aktionäre über das Mindestvermögen und die Rechnungsgrundlage zur Bestimmung des auf die Aktien fallenden Anteils zu informieren. Umschreibungen in der Satzung, wie etwa die Summe der Einlagen, reichen daher nicht aus.

II. Nennbetrag des Grundkapitals

2 Das Grundkapital soll vor allem als Mindesthaftkapital mit Blick auf § 1 Abs. 1 S. 2 AktG dienen. Der Nennbetrag des Grundkapitals ist bei der Errichtung der Gesellschaft **zwingend in die Satzung aufzunehmen** (§ 23 Abs. 3 Nr. 3) und muss in Euro lauten. Der einmal festgesetzte Nennbetrag kann nur durch Änderung der Satzung und durch Beschluss der Hauptversammlung geändert werden (§§ 182 ff. bzw. §§ 222 ff.). Der Mindestnennbetrag ist in § 7 AktG normiert. Bei einer Altgesellschaft, die vor dem 1.1.2001 in das Handelsregister eingetragen wurde, darf der Nennbetrag des Grundkapitals weiterhin auf DM lauten (§ 1 Abs. 2 EGAktG). Es besteht keine Verpflichtung zur Umstellung auf Euro, selbst wenn die AG börsennotiert (§ 3 Abs. 2 AktG) ist.

III. Rechtsfolgen bei Verstoß

3 Wird das Grundkapital nicht bestimmt, ist es nicht beziffert oder lautet es auf eine andere Währung als Euro, hat das Registergericht **die Eintragung abzulehnen** (§ 38 Abs. 1 S. 2). Wurde eine Eintragung dennoch vorgenommen, so ist die AG zunächst wirksam entstanden. Enthält die Satzung keine Bestimmung zur Höhe des Grundkapitals, so kann die Nichtigkeitsklage nach § 275 Abs. 1 S. 1 Var. 1 erhoben werden. Nach § 397 S. 1 FamFG kann das Registergericht daneben die Gesellschaft als nichtig löschen lassen. Ist die Höhe des Grundkapitals nicht beziffert oder lautet es nicht auf Euro, hat das Registergericht zu einer Satzungsänderung aufzufordern (§ 399 Abs. 1 FamFG). Wird dem nicht nachgekommen, muss es den Mangel feststellen (§ 399 Abs. 2 FamFG). Mit der Rechtskraft dieser Entscheidung wird die Gesellschaft nach § 262 Abs. 1 Nr. 5 aufgelöst. Ein nachträglich gegen § 6 verstoßender satzungsändernder Hauptversammlungsbeschluss ist nichtig (§ 241 Nr. 3); seine Eintragung ist abzulehnen.

Mindestnennbetrag des Grundkapitals

7 Der Mindestnennbetrag des Grundkapitals ist fünfzigtausend Euro.

I. Allgemeines

Der Nennbetrag des Grundkapitals (§ 6) einer AG muss mindestens 50.000 EUR betragen. Dieses **Mindesthaftkapital** soll den Gesellschaftsgläubigern einen Ausgleich dafür bieten, dass in der AG nur das Gesellschaftsvermögen haftet (§ 1 Abs. 1 S. 2). Aufgrund der relativ geringen Anforderungen an das Mindesthaftkapital werden nur sehr kleine Unternehmungen von der Gründung einer AG abgehalten werden. In vielen Fällen steht der Mindestbetrag in keinem Verhältnis zu den geschäftlichen Risiken (vgl. *Engert* GmbHR 2007, 337). Die Vorschrift wird durch zahlreiche Normen flankiert, mit denen die Aufbringung und die Erhaltung des Mindestkapitals gewährleistet werden sollen (etwa § 9 Abs. 1, §§ 32 ff., 36 Abs. 2, §§ 36a, 46 ff., 57, 66, 71–71e). Allerdings besteht keine Verpflichtung, das Gesellschaftsvermögen stets in Höhe des Mindestkapitals vorzuhalten. 1

II. Mindestnennbetrag

Das in der Satzung festgelegte Grundkapital darf den Betrag von 50.000 EUR nicht unter-, wohl aber ohne Beschränkung überschreiten. Bei der Festlegung des Grundkapitals sollen die Gründer **Art und Umfang der geplanten Geschäftstätigkeit** der AG im Auge behalten. Wird das Unternehmen mit genügend Eigenkapital ausgestattet, lassen sich auch nach der Gründung Probleme (§ 52) vermeiden, da ein Zwang zur Nachgründung schon dann vorliegen kann, wenn unter anderem die Vergütung an die Gründer 10 % des Grundkapitals übersteigt. 2

Aus dem Zusammenhang zwischen Grundkapital und Aktie ergeben sich **über den Mindestnennbetrag hinausgehende Anforderungen.** Da das Grundkapital in Aktien zerlegt ist (§ 1 Abs. 2), muss sich dessen Höhe aus einer Multiplikation des Aktiennennbetrages mit der Aktienanzahl ergeben. Bei Stückaktien darf der auf die einzelne Aktie entfallende anteilige Betrag am Grundkapital 1 EUR nicht unterschreiten (§ 8 Abs. 3 S. 3). Daher kann die Anzahl der ausgegebenen Stückaktien nicht höher sein als die durch das Grundkapital ausgewiesene Zahl. Die Höhe des Grundkapitals ist in der Satzung anzugeben (§ 23 Abs. 3 Nr. 3) und darf später nur durch einen Hauptversammlungsbeschluss geändert werden. Der Mindestbetrag des § 7 darf auch hier stets nicht unterschritten werden. Dies gilt ebenso für den Fall der Kapitalherabsetzung, es sei denn, dass zugleich eine Barkapitalerhöhung beschlossen wird (§ 228 Abs. 1, § 229 Abs. 3). 3

Aufgrund **besonderer gesetzlicher Vorschriften** können im Einzelfall höhere Eigenkapitalausstattungen für Gesellschaften vorgeschrieben sein, die ein bestimmtes Gewerbe ausüben (s. Überblick bei MüKoAktG/*Heider* Rn. 15–20). Solche Regelungen gehen in ihrem Anwendungsbereich § 7 vor. 4

III. Rechtsfolgen bei Verstoß

Wird der Mindestbetrag des § 7 bei **der Gründung unterschritten,** so ist die Eintragung der AG abzulehnen (§ 38 Abs. 1 S. 2). Wird trotzdem eingetragen, so ist die AG wirksam entstanden. Fehlt in der Satzung eine Bestimmung zur Höhe des Grundkapitals, kann jedoch eine Nichtigkeitsklage erhoben werden (§ 275 Abs. 1 S. 1). Ist eine entsprechende Bestimmung in der Satzung zwar vorhanden, unterschreitet aber das dort aufgenommene Grundkapital den Mindestnennbetrag, liegt kein Anwendungsfall der Nichtigkeitsklage vor. Es ist das Amtsauflösungsverfahren nach § 397 FamFG iVm § 262 Abs. 1 Nr. 5 zu betreiben. Kommt die Gesellschaft **der Aufforderung zur Beseitigung des Mangels** nicht nach, ist die Auflösung der AG festzustellen. Ein Beschluss über die Herabsetzung des Grundkapitals unter die Mindesthaftsumme ist nichtig (§ 241 Nr. 3), es sei denn, die Voraussetzungen des § 228 liegen vor. Eine Heilung ist unter den Voraussetzungen des § 242 Abs. 2 möglich. Unbeschadet eines solchen Fristablaufes kann aber der Beschluss von Amts wegen nach § 398 FamFG als nichtig gelöscht werden (§ 242 Abs. 2 S. 3). Bei Falschangabe ist § 399 Abs. 1 Nr. 2 zu beachten. 5

Form und Mindestbeträge der Aktien

8 (1) **Die Aktien können entweder als Nennbetragsaktien oder als Stückaktien begründet werden.**

(2) [1]**Nennbetragsaktien müssen auf mindestens einen Euro lauten.** [2]**Aktien über einen geringeren Nennbetrag sind nichtig.** [3]**Für den Schaden aus der Ausgabe sind die Ausgeber den Inhabern als Gesamtschuldner verantwortlich.** [4]**Höhere Aktiennennbeträge müssen auf volle Euro lauten.**

(3) [1] **Stückaktien lauten auf keinen Nennbetrag.** [2] **Die Stückaktien einer Gesellschaft sind am Grundkapital in gleichem Umfang beteiligt.** [3] **Der auf die einzelne Aktie entfallende anteilige Betrag des Grundkapitals darf einen Euro nicht unterschreiten.** [4] **Absatz 2 Satz 2 und 3 findet entsprechende Anwendung.**

(4) **Der Anteil am Grundkapital bestimmt sich bei Nennbetragsaktien nach dem Verhältnis ihres Nennbetrags zum Grundkapital, bei Stückaktien nach der Zahl der Aktien.**

(5) **Die Aktien sind unteilbar.**

(6) **Diese Vorschriften gelten auch für Anteilscheine, die den Aktionären vor der Ausgabe der Aktien erteilt werden (Zwischenscheine).**

Übersicht

I. Allgemeines

1 Die Vorschrift regelt die Form und den Mindestbetrag der Aktien, stellt klar, dass sowohl Nennbetrags- als auch Stückaktien zulässig sind und definiert die jeweiligen Anforderungen für jede Aktienform. Die Ausgabe beider Aktienformen nebeneinander ist unzulässig, da das Gesetz von einem strikten Alternativverhältnis spricht. Besonderheiten aufgrund von Spezialgesetzen sind zu beachten. So dürfen bspw. die Aktien der Investmentaktiengesellschaft mit veränderlichem Kapital auf keinen Nennbetrag lauten. Sie müssen als Stückaktien begeben werden und am Vermögen der Investmentaktiengesellschaft mit veränderlichem Kapital (Gesellschaftskapital) in gleichem Umfang beteiligt sein. Eine Ausnahme besteht, wenn die Investmentaktiengesellschaft in der Satzung auch eine Beteiligung nach Bruchteilen zulässt (§ 109 Abs. 1 S. 2 und 3 KAGB).

II. Grundsätzlich zulässige Aktienformen

2 Nach § 1 Abs. 2 hat die AG ein in Aktien zerlegtes Grundkapital. Diese Zerlegung kann entweder durch Nennbeträge der Aktien erfolgen oder durch Zerlegung in eine bestimmte Aktienzahl bei anteilig gleichem Umfang. Im ersten Fall, der sog. **Nennbetragsaktie,** verkörpert die Aktie eine bestimmte, einen Bruchteil des Grundkapitals repräsentierende Wertangabe (Abs. 2). Im zweiten Fall spricht man von der (nennwertlosen) **Stückaktie** (Abs. 3). **Quotenaktien** sind nicht zulässig. Diese lauten auf einen Bruchteil des Grundkapitals bzw. des Gesellschaftsvermögens. Sie werden bei jeder Änderung des Vermögens unrichtig, sodass in einem aufwendigen Verfahren neue Aktienurkunden ausgegeben werden müssten.

3 Die AG muss sich entscheiden, ob ihre Aktien einen Nennbetrag haben sollen oder ob sie Stückaktien ausgeben will. Beide Aktienformen können **nicht nebeneinander** bestehen (vgl. Wortlaut Abs. 1; KG 12.2.2016, ZIP 2016, 1441). Auf diese Weise sollen Klarheit und Praktikabilität hergestellt werden (krit. Hüffer/Koch/*Koch* Rn. 4). Keine Aktienformen im Rechtssinne sind Inhaber- bzw. Namensaktien (§ 10 Abs. 1) bzw. Vorzugs- und Stammaktien (§ 12 Abs. 1). Abs. 1 untersagt es daher nicht, Stamm- neben Vorzugsaktien bzw. Inhaber- neben Namensaktien auszugeben bzw. diese zum Teil zu vinkulieren, solange nur sichergestellt ist, dass entweder ausschließlich Nennbetrags- oder aber nur Stückaktien vorhanden sind.

III. Nennbetragsaktien (Abs. 2 und 4)

4 **1. Der Nennbetrag.** Die Nennbetragsaktie weist einen gem. **§ 6 zu beziffernden und statutarisch festzulegenden Nennbetrag** von mindestens 1 EUR aus (Abs. 2 S. 1, § 23 Abs. 3 Nr. 4). Die Vorschrift ist auch bei Kapitalerhöhungen zu beachten (§§ 182 ff.). Abs. 2 S. 1 stellt iVm § 9 Abs. 1 zugleich die Untergrenze der Einlagepflicht pro Aktie dar; Aktien für einen geringeren Betrag dürfen nicht ausgegeben werden (Verbot der Unterpariemission). Die Summe der Nennbeträge sämtlicher ausgegebenen Nennbetragsaktien hat stets mit dem Nennbetrag des Grundkapitals übereinzustimmen, darf ihn also weder unter- noch überschreiten. Das Verhältnis des Nennbetrags der Nennbetragsaktie zum

Nennbetrag des Grundkapitals gibt den Umfang der Mitgliedschaftsrechte wieder, die in der Aktie verkörpert sind (Abs. 4; Wachter/*Franz* Rn. 5 mit Beispiel). Umgekehrt bestimmt die Höhe des Grundkapitals die zulässige Höchstzahl von Nennbetragsaktien.

Der Nennbetrag der Nennbetragsaktie sowie die Anzahl der Aktien des Nennbetrags sind in der Satzung festzulegen (§ 23 Abs. 3 Nr. 4). In diesem Zusammenhang ist Abs. 2 S. 1 und 4 zu beachten. Ein Nennbetrag von mehr als 1 EUR muss daher stets durch 1 EUR teilbar sein. Es ist nicht untersagt, dass **Aktien mit unterschiedlichen Nennbeträgen** ausgegeben werden. Dies gilt sowohl für den Fall der Gründung als auch für denjenigen der Kapitalerhöhung. Stets werden die Nennbeträge der Nennbetragsaktien, ebenso wie die Zahl der Aktien eines jeden Nennbetrags, in der Satzung festgelegt (§ 23 Abs. 3 Nr. 4). Eine Änderung der Nennbeträge setzt dementsprechend einen satzungsändernden Hauptversammlungsbeschluss (§§ 179 ff.) voraus (weiterführend MüKoAktG/*Heider* Rn. 49 ff.). Dazu kommt insbesondere die Neustückelung in Betracht, verstanden als eine Änderung der Zerlegung des Grundkapitals im Wege der Teilung bzw. Vereinigung. 5

2. Unterschreitung des Nennbetrags. Unterschreitet eine Aktie den Mindestnennbetrag, so ist sie **nichtig** (Abs. 2 S. 2). Vor der Eintragung der AG sind die Aktien als solche **nicht entstanden;** bereits ausgegebene Aktien sind nichtig (§ 41 Abs. 4 S. 2) mit der Folge, dass ein Verstoß gegen Abs. 2 S. 2 ohne zusätzliche Bedeutung ist. Die Vorschrift kann jedoch als Mangel der Satzung (§ 23 Abs. 3 Nr. 4) bedeutsam sein, den das Registergericht zu prüfen und deshalb die Eintragung der AG abzulehnen hat (§ 38 Abs. 1 S. 2). Ein Verstoß der Satzung gegen Abs. 2 S. 1 bewirkt ihre Nichtigkeit (§ 134 BGB), sodass die Gesellschaft nicht, auch nicht als Vor-AG, entsteht (NK-AktKapMarktR/*Wagner* Rn. 12). Hat das Registergericht **im Gründungsfall** die Eintragung irrtümlich nicht nach § 38 Abs. 1 S. 2 abgelehnt, sondern die Gesellschaft dennoch eingetragen, ist die AG als solche entstanden. Eine Klage auf Nichtigkeit ist ausgeschlossen (§ 275 Abs. 1), sodass nur die Amtslöschung nach § 262 Abs. 1 Nr. 5 iVm § 399 Abs. 1 S. 2 FamFG in Betracht kommt. Da die AG durch die Eintragung wirksam entstanden ist, erfasst die in Abs. 2 angeordnete Nichtigkeit lediglich die Aktie als Wertpapier. Soweit die Gesellschaft vor Eintragung nicht entstanden ist, existiert keine Mitgliedschaft. Besteht die AG nach der Eintragung, existiert auch die Mitgliedschaft. Sie erlischt infolge der Löschung der AG. Ein gegen Abs. 2 S. 1 verstoßender **satzungsändernder Hauptversammlungsbeschluss** ist nach § 241 Nr. 3 nichtig und darf nicht eingetragen werden. Wird er dennoch eingetragen, kann fristgerecht Klage auf Feststellung der Nichtigkeit nach den §§ 249, 242 Abs. 2 erhoben werden. Zudem kann der Beschluss von Amts wegen als nichtig gelöscht werden (§ 398 FamFG). Bereits vor der Kapitalerhöhung ausgegebene Aktien sind nichtig (§ 41 Abs. 4 S. 1, § 191 S. 2, § 197 S. 2, § 203 Abs. 1). 6

3. Schadenersatzanspruch. Abs. 2 S. 3 gewährt dem geschädigten Inhaber der Urkunde einen verschuldensunabhängigen Schadenersatzanspruch gegen den Ausgeber. **Inhaber** und damit Gläubiger ist, wer als Eigentümer eine Urkunde besitzt, die keine gültige Verbriefung der Mitgliedschaft enthält. Er hat das Recht trotz guten Glaubens nicht erworben. **Ausgeber** und damit Schuldner ist, wer die Urkunde erstmals in Verkehr bringt. In diesem Zusammenhang kommt es nicht darauf an, ob die Ausgabeverfügung und/oder die Aktien unterzeichnet wurden. Regelmäßig werden die Mitglieder des Vorstands Ausgeber sein. Sie haften dann als Gesamtschuldner. Ein Verstoß gegen Abs. 2 S. 1 stellt darüber hinaus eine Ordnungswidrigkeit nach § 405 Abs. 1 Nr. 3 dar, was eine Bußgeldsanktion zur Folge hat. 7

4. Höhere Nennbeträge. Nach Abs. 2 S. 4 sind höhere Nennbeträge zulässig, sofern sie auf volle Euro lauten. In der AG wird von hohen Nennwerten regelmäßig dann Gebrauch gemacht, wenn der Gesellschaft an einer breiten Streuung der Aktien nicht gelegen ist. Für Verstöße gegen Abs. 2 S. 4 fehlt es an einer gesetzlichen Normierung. Die Regelung stellt eine **Muss-Vorschrift** dar mit der Folge, dass das Registergericht eine Eintragung abzulehnen hat, wenn die Satzung dagegen verstößt (§ 38 Abs. 1 S. 2, Abs. 4 Nr. 1 iVm § 23 Abs. 3 Nr. 4). Die Nichtigkeitsregel des Abs. 2 S. 2 und 3 bezieht sich nicht auf Abs. 2 S. 4; wenn die AG dennoch eingetragen wird, ist der Verstoß folgenlos; § 405 Abs. 1 Nr. 3 ist nicht anwendbar. Weder eine Amtsauflösung (§ 399 FamFG) noch eine Amtslöschung (§ 398 FamFG) oder eine Nichtigkeitserklärung (§ 275) kommt in Betracht. 8

IV. Stückaktien (Abs. 3 und 4)

Abs. 3 lässt die **nennwertlose Stückaktie** neben der Nennbetragsaktie als weitere Erscheinungsform zu. Das Gesetz enthält nur eine Negativabgrenzung gegenüber der Nennbetragsaktie (Abs. 3 S. 1). Aus Abs. 3 S. 2 und 3 ist zu entnehmen, dass Beteiligungen gleichen Umfangs und die Existenz eines anteiligen Betrags am Grundkapital erforderlich sind. **Wesentliches Kennzeichen** der Stückaktien ist somit, dass sie jeweils einen Teilbetrag des nennbetragsmäßig festgesetzten Grundkapitals verkörpern, weshalb ihr Wert nicht aus der jeweiligen Aktie selbst heraus erkennbar ist. Stückaktien einer AG haben notwendig den gleichen Umfang und verzichten daher auf quantitative Unterscheidungsmerkmale. Auf Stückaktien entfällt ein anteiliger Betrag am Grundkapital, der jedoch nicht zur Kennzeichnung der 9

Aktie oder zur Ermittlung der Beteiligungsquote herangezogen wird, sondern nur als Anknüpfungspunkt für den gesetzlichen Kapitalschutz dient. Die Stückaktie verdeutlicht den Charakter des Nennbetrags als bloße Rechengröße.

10 Wie bei den Nennbetragsaktien darf der anteilige Betrag des Grundkapitals 1 EUR nicht unterschreiten (Abs. 3 S. 3). Dieses Minimum ist auch bei Kapitalerhöhungen (§§ 182 ff.) zu beachten. Bei Stückaktien ist eine Unterpariemission verboten (§ 9 Abs. 1) und eine Überpariemission erlaubt (§ 9 Abs. 2). Der **anteilige Betrag des Grundkapitals,** der auf die einzelnen Stückaktien entfällt, wird nicht in der Satzung festgelegt. Da er sich im Wege der Division des Grundkapitals durch die nach § 23 Abs. 3 Nr. 4 in der Satzung festgelegte Anzahl aller Stückaktien errechnet (Abs. 4), steht es den Gesellschaftern grundsätzlich frei, in welche Anzahl von Stückaktien sie das Grundkapital zerlegen und welcher rechnerische Betrag somit auf die einzelnen Stückaktien entfällt. Im Falle des Verstoßes findet Abs. 2 S. 2 und 3 nach Abs. 3 S. 4 entsprechende Anwendung (→ Rn. 6 bis → Rn. 8).

11 Die Gestaltungsspielräume für die AG sind bei der Stückaktie größer als bei der Nennbetragsaktie. Die Satzung kann Grundkapital und Aktienzahl so wählen, dass daraus ein anteiliger Betrag des Grundkapitals in beliebiger Höhe oberhalb des Mindestbetrags resultiert. Es gibt – anders als bei Nennbetragsaktien (Abs. 2 S. 4) – **keine Betragsstufen.** Außerdem kann bei Kapitalerhöhungen aus Gesellschaftsmitteln nach § 207 Abs. 2 S. 2 abweichend von § 182 Abs. 1 S. 4 eine Kapitalerhöhung ohne Ausgabe neuer Aktien vorgenommen werden (NK-AktKapMarktR/*Wagner* Rn. 17). Bei einer Kapitalerhöhung gegen Einlagen sind jedoch auch bei Stückaktien stets neue Aktien auszugeben (vgl. § 182 Abs. 1 S. 4 und 5).

V. Verhältnis zum Grundkapital (Abs. 4)

12 Die Regelung des Abs. 4 betrifft die **Zerlegung des Grundkapitals** (§ 1 Abs. 2). Der Anteil daran bestimmt sich bei Nennbetragsaktien (Abs. 2) nach dem Verhältnis von Nennbetrag und Grundkapital. Bei Stückaktien (Abs. 3) ist die Aktienanzahl relevant. Die Kapitalquote der Aktie ergibt sich, indem man die Kapitalziffer durch die Gesamtzahl der Aktien dividiert. Die Beteiligungsquote des Aktionärs erhält man, wenn man die Gesamtzahl der Aktien durch die Anzahl der einem Aktionär zustehenden Aktien teilt.

VI. Unteilbarkeit von Aktien (Abs. 5)

13 Abs. 5 stellt den **Grundsatz der Unteilbarkeit der Aktien** auf. Eine Realteilung der in den Aktien verkörperten Mitgliedschaft ist somit verboten; ein darauf abzielendes Rechtsgeschäft zwischen Aktionär und Drittem ist nichtig (§ 134 BGB). Eine Trennung (Abspaltung) einzelner Verwaltungsrechte von der Mitgliedschaft ist ebenfalls nichtig (BGH 17.11.1986, NJW 1987, 780). Dazu zählen das Recht auf Teilnahme an der Hauptversammlung (§ 118 Abs. 1), das Auskunftsrecht (§§ 131 f.), das Stimmrecht (§§ 133 ff.; BFH 10.5.2017, DB 2017, 2267, (2269)) und das allgemeine Bezugsrecht (§ 186). Auch eine Abspaltung des mitgliedschaftlichen Rechts auf Gewinnteilhabe (§ 58 Abs. 4) ist unzulässig. Lediglich entstandene oder künftige Dividendenzahlungsansprüche können abgetreten werden. Bei der Jahresdividende handelt es sich um einen von der Aktie als solchen unabhängigen, bereits von ihr gelösten Vermögensgegenstand, der mit Wirksamkeit des Gewinnverwendungsbeschlusses (§ 174) entsteht (BGH 28.10.1993, BGHZ 124, 27 = NJW 1994, 323). Zulässig ist ferner die Bildung einer Rechtsgemeinschaft an einer Aktie (vgl. § 69). So kann eine Aktie von mehreren Personen in Bruchteilsgemeinschaft (§§ 741 ff. BGB) oder von einer Erbengemeinschaft (§ 2032 Abs. 1 BGB) gehalten werden. Schließlich ist die Begründung fiduziarischer Treuhandverhältnisse oder einer schuldrechtlichen Unterbeteiligung an einer Aktie grundsätzlich möglich (vgl. dazu Spindler/Stilz/*Vatter* Rn. 58).

14 Abs. 5 steht der **Neustückelung des Grundkapitals** nicht entgegen (*Seibert* AG 1993, 315 (317)). Eine Neustückelung stellt keine Teilung iSv Abs. 5 dar. Vielmehr handelt es sich um die Neuversetzung des Verhältnisses zwischen Aktie und Grundkapital.

VII. Zwischenscheine (Abs. 6)

15 **Zwischenscheine oder Interimsscheine** sind Wertpapiere, die den Aktionären vor der Ausgabe von Aktien erteilt werden. In ihnen werden die Mitgliedschaftsrechte wie in Aktien verbrieft (RG 5.11.1895, RGZ 36, 35 (40)). Sie gelten nur vorläufig bis zur Ausgabe der Aktienurkunde. Nach Abs. 6 gelten Abs. 2–5 auch für Zwischenscheine. Weitere Bestimmungen finden sich in § 10 Abs. 3 und 4. Ein Anspruch auf Ausgabe von Zwischenscheinen besteht nur, wenn die Satzung dies vorsieht. Ansonsten entscheidet der Vorstand nach seinem Ermessen.

Ausgabebetrag der Aktien

9 (1) **Für einen geringeren Betrag als den Nennbetrag oder den auf die einzelne Stückaktie entfallenden anteiligen Betrag des Grundkapitals dürfen Aktien nicht ausgegeben werden (geringster Ausgabebetrag).**

(2) **Für einen höheren Betrag ist die Ausgabe zulässig.**

Übersicht

I. Allgemeines

Die Vorschrift verbietet – auch bei Kapitalerhöhungen – Unterpariemissionen, definiert den geringsten Ausgabebetrag und erlaubt Überpariemissionen. Sie dient der **Sicherung der realen Kapitalaufbringung** (BGH 14.3.1977, BGHZ 68, 191 = NJW 1977, 1196). Die Gläubiger der AG können darauf vertrauen, dass sich die Aktionäre zumindest zur Leistung von Einlagen in Höhe des Grundkapitalendbetrages verpflichtet haben. Allerdings wird durch § 9 nicht gewährleistet, dass das Vermögen in Höhe dieses Betrages tatsächlich vorhanden ist, da es durch Verluste bereits ganz oder teilweise verbraucht sein kann. Auch besteht die Möglichkeit, dass es erst teilweise einbezahlt und in Höhe des Differenzbetrages von den Aktionären noch geschuldet ist (§ 36a Abs. 1). Die Vorschrift ist ausschließlich auf die Begründung der aktienrechtlichen Mitgliedschaft durch Ausgabe von Aktien (Gründung oder Kapitalerhöhung), nicht jedoch auf Veräußerungen oder andere Rechtsnachfolgetatbestände anwendbar. Sie ist kein Schutzgesetz iSd § 823 Abs. 2 BGB (BGH 22.6.1992, NJW 1992, 3167). 1

II. Verbot der Unterpariemission (Abs. 1)

1. Begriff der Unterpariemission. Wenn bei einer Bareinlage die Zahlungsverpflichtung bzw. bei einer Sacheinlage der Sachwert unter dem in Abs. 1 definierten geringsten Ausgabebetrag liegt, handelt es sich um eine **Unterpariemission.** Mit Ausgabebetrag ist die Zahlung gemeint, die der Aktionär für eine Aktie zu erbringen hat oder der Wert, den eine vereinbarte Sacheinlage wenigstens erreichen muss. Das Verbot des Abs. 1 gilt nicht nur bei der Gründung, sondern auch bei Kapitalerhöhungen. § 182 Abs. 3 lässt nur Pari- und Überpariemissionen zu. Eine Unterschreitung des geringsten Ausgabebetrages darf auch nicht verdeckt erfolgen (→ Rn. 7). Bei **Nennbetragsaktien** (§ 8 Abs. 2) entspricht der geringste Ausgabebetrag dem Nennbetrag; bei **Stückaktien** (§ 8 Abs. 3) dem auf sie entfallenden anteiligen Betrag des Grundkapitals. Das Verbot der Unterpariemission meint somit, dass Nennbetragsaktien nicht für einen geringeren Betrag als ihren Nennwert ausgegeben werden dürfen. Stückaktien dürfen nicht zu einem geringeren Anteil am Grundkapital ausgegeben werden, als auf die einzelne Stückaktie entfällt. Der geringste Ausgabebetrag für Stückaktien ist durch Division des Grundkapitalnennbetrags durch die Anzahl der Stückaktien zu berechnen. Zwischen Stück- und Nennbetragsaktien bestehen somit hinsichtlich der kapitalschützenden Regeln keine Unterschiede. 2

Der **jeweilige Ausgabebetrag** für die Aktien wird bei der Gründung auf der Grundlage der Gründungsurkunde in der Übernahmeerklärung (§ 23 Abs. 2 Nr. 2) und bei einer Kapitalerhöhung im Zeichnungsschein (§ 185 Abs. 1 S. 3 Nr. 2) bzw. in der Bezugserklärung (§ 198 Abs. 1 S. 3 iVm § 193 Abs. 2 Nr. 3) festgelegt. Das Verbot des Abs. 1 erfasst sämtliche Gründungsstufen bis zur endgültigen Entstehung der Mitgliedschaft durch Eintragung im Handelsregister. 3

Abs. 1 regelt lediglich die **Höhe der Einlagenverpflichtung,** nicht jedoch auch Inhalt und Fälligkeit der Leistung (dazu § 36 Abs. 2, §§ 36a, 54). Bei der Bareinlage bestimmt der Ausgabebetrag Inhalt und Umfang der den einzelnen Aktionär treffenden Zahlungspflicht in Form einer monetären Einlage gem. § 54 Abs. 2. Zugleich wird so die Einlagepflicht des Aktionärs nach oben begrenzt (§ 54 Abs. 1). Zum Erhalt der Einlage trifft die Vorschrift ebenfalls keine Aussage (dazu §§ 57, 66). Der Ausgabebetrag wird in der Übernahmeerklärung (§ 23 Abs. 2 Nr. 2), im Zeichnungsschein (§ 185 Abs. 1 S. 3 Nr. 2) oder in der Bezugserklärung (§ 198 Abs. 1 S. 3 iVm § 193 Abs. 2 Nr. 3) festgesetzt. Ein etwa geschuldetes Aufgeld zum Nennwert (Agio) ist eingeschlossen. 4

Für **Sacheinlagen** wird das Verbot des Abs. 1 in § 36a Abs. 2 S. 3 bestätigt. Die ordnungsgemäße Kapitalaufbringung würde durch eine Überbewertung der Einlagegegenstände verfehlt. Vor einer Überbewertung sollen insbesondere die §§ 27, 32 Abs. 2, § 33 Abs. 2 Nr. 4, § 34 Abs. 1, § 37 Abs. 4 Nr. 2, 5

§ 38 Abs. 2 S. 2 schützen. Eine Verschmelzung stellt dann einen Verstoß gegen das Verbot der Unterpariemission dar, wenn das Vermögen des übertragenen Rechtsträgers als Wert der Sacheinlage den Nennbetrag der im Rahmen der Verschmelzung zu gewährenden Aktien nicht erreicht (OLG Frankfurt a. M. 20.3.2012, ZIP 2012, 766 Rn. 43). Aus § 36a Abs. 2 iVm den §§ 183, 188 Abs. 2 S. 1 folgt, dass der Aktionär bei einer **Überbewertung von Sacheinlagen** den Differenzbetrag zwischen dem Wert der Sacheinlage und dem geringsten Ausgabebetrag in Geld zu leisten hat (BGH 12.3.2007, BGHZ 171, 293 Rn. 5). Ein gesetzlicher Differenzhaftungsanspruch besteht auch, soweit der Wert der Sacheinlage zwar den geringsten Ausgabebetrag (Abs. 1), nicht aber auch das Aufgeld (Abs. 2) deckt, denn das Aufgeld (Agio) ist Teil des Ausgabebetrags und der mitgliedschaftlichen Leistungspflicht des Aktionärs nach § 54 Abs. 1, von der er nach § 66 Abs. 1 S. 1 grundsätzlich nicht befreit werden kann (BGH 6.12.2011, BGHZ 191, 364 = NZG 2012, 69 Rn. 16 f.; dazu *Verse* ZGR 2012, 875). Zur verdeckten Sacheinlage → § 27 Rn. 7. Diese Grundsätze sind auf die Gesellschafter des übertragenden Rechtsträgers (§ 2 Nr. 1 UmwG) im Fall einer Verschmelzung von Aktiengesellschaften (§§ 60 ff. UmwG) mit Kapitalerhöhung der übernehmenden Gesellschaft (§ 69 UmwG) nicht übertragbar. Bei einer Verschmelzung von Aktiengesellschaften im Wege der Aufnahme (§ 2 Nr. 1 UmwG) mit Kapitalerhöhung der übernehmenden Gesellschaft (§ 69 UmwG) trifft die Aktionäre der beteiligten Rechtsträger im Fall einer Überbewertung des Vermögens des übertragenden Rechtsträgers grundsätzlich keine (verschuldensunabhängige) Differenzhaftung (BGH 12.2.2007, BGHZ 171, 293 Rn. 4 ff. = NZG 2007, 513; BGH 6.11.2018, BGHZ 220, 179 Rn. 11 ff. = NZG 2019, 187 für die GmbH).

6 Mit **Ausgabe von Aktien** meint Abs. 1 die Begründung der Mitgliedschaft, nicht die eigentliche Lieferung der Aktienurkunden. Nicht gemeint ist ferner der Weiterverkauf durch die Aktionäre oder der Weiterverkauf eigener Aktien durch die AG. Die Einzelverbriefung der Mitgliedschaft in Urkunden kann durch eine Globalurkunde ersetzt werden (§ 10 Abs. 5).

7 **2. Verdeckte Unterpariemission.** Problematisch kann im Einzelfall die Beurteilung der Gewährung von Nachlässen, Skonti oder Provisionen sein, bei denen die Gesellschaft materiell weniger erhält, als ihr bei vollständiger Leistung der Einlage zufließen würde. Im Unterschied zur Unterpariemission wird hier nicht eine geringere Leistung als der Nennbetrag rechtsgeschäftlich vereinbart. Allerdings besteht Einigkeit, dass der geschuldete Betrag im Ergebnis nicht vollumfänglich geleistet werden muss. Zutreffend sollten diese Fälle der **„verdeckten Unterpariemission"** ausschließlich über die **aktienrechtliche Differenzhaftung** gelöst werden, da die Anwendung von Abs. 1 auf diese Fälle zur Folge hätte, dass die Kapitalmaßnahme unzulässig ist und damit die Einlagepflicht gar nicht entsteht (Wachter/*Franz* Rn. 12–15; K. Schmidt/Lutter/*Ziemons* Rn. 10–12; → Rn. 8 f.). Die unterschiedliche Behandlung von offener und verdeckter Unterpariemission rechtfertigt sich dadurch, dass die offene Variante regelmäßig erkennbar ist, während die verdeckte Form einen zumeist nicht ohne Weiteres erkennbaren Umgehungstatbestand darstellt. Hier sollten die Parteien an den Inhalt ihres formal Abs. 1 entsprechenden Leistungsversprechens gebunden bleiben. Bei einer verdeckten Unterpariemission im Zusammenhang mit einer Bareinlage soll der Zeichner zur vollen Leistung verpflichtet sein. Ein Fall der überbewerteten Sacheinlage soll die Differenzhaftung auslösen.

8 **3. Rechtsfolgen.** Gegen Abs. 1 wird verstoßen, wenn bei der Gründung oder bei der Kapitalerhöhung Ausgabebeträge festgesetzt werden, die den Nennbetrag unterschreiten oder wenn die an sich mindestens den Nennbetrag betragenden Einlageverpflichtungen durch Vergünstigungen faktisch umgangen werden. Bei einer **Gründung unter pari** sind die Übernahmeerklärung und das Errichtungsgeschäft, einschließlich Satzung, vor der Handelsregistereintragung nichtig (§§ 134, 139 BGB). Das Registergericht hat daher die Eintragung abzulehnen (§ 38 Abs. 1 S. 2 und Abs. 2 S. 2). Gegebenenfalls kommen die Grundsätze der fehlerhaften Gesellschaft zur Anwendung, wenn vor Eintragung durch Aufnahme des Geschäftsbetriebs eine Vor-AG in Vollzug gesetzt worden ist; die Gründer können entsprechend § 277 Abs. 3 zur Leistung der entsprechenden Einlagen verpflichtet sein. Trägt das Registergericht trotz Gründung unter pari ein, ist die AG mit der Eintragung gleichwohl wirksam entstanden; auch die Voraussetzungen einer Nichtigerklärung (§ 275), eines Amtslöschungs- (§ 397 FamFG) oder eines Amtsaufhebungsverfahrens (§ 399 FamFG) liegen nicht vor. Daher sind die Gründer bei offenkundiger Unterpariemission verpflichtet, Einlagen bis zur Höhe der Ausgabebeträge zu erbringen (vgl. MüKoAktG/*Heider* Rn. 24). Die Sachgründer trifft neben der Einbringungspflicht die Differenzhaftung.

9 Bei einer **fehlerhaften Kapitalerhöhung** ist ein entsprechender Beschluss der Hauptversammlung nach § 241 Nr. 3 Var. 2 nichtig und darf nicht im Handelsregister eingetragen werden. Auch die entsprechende Zeichnungserklärung ist nichtig. Der trotz des Mangels erfolgten Eintragung ins Handelsregister kommt hier vorbehaltlich § 242 Abs. 2 keine heilende Wirkung zu; die Kapitalerhöhung ist gescheitert. Jeder Aktionär und jedes Organmitglied kann nach § 249 Abs. 1 Nichtigkeitsklage erheben. Wegen der Nichtigkeit existiert keine Einlagepflicht. Das Amtslöschungsverfahren nach § 398 FamFG ist auch nach Ablauf der Frist des § 242 Abs. 2 S. 1 noch möglich.

III. Überpariemission (Abs. 2)

Von einer **Überpariemission** spricht man, wenn die Aktien zu einem höheren Betrag als dem Nennbetrag bzw. anteiligen Betrag des Grundkapitals ausgegeben werden. Die Differenz zwischen Nennbetrag und höherem Ausgabebetrag ist das Agio. Das Agio ist als Kapitalrücklage gem. § 150 Abs. 1 iVm § 272 Abs. 2 Nr. 1 HGB, § 266 Abs. 3 A II HGB bilanziell auszuweisen. Bei der Kapitalerhöhung ist die Überpariemission im Erhöhungsbeschluss ausdrücklich vorzusehen (§ 182 Abs. 3). Der Zeichnungsschein (§ 185) muss den Einzahlungsbetrag und das Agio gesondert angeben. Die Schutzvorschriften für Sacheinlagen sind, das Agio betreffend, weder bei Gründung noch bei Kapitalerhöhung entsprechend anzuwenden. Es gelten aber die Kapitalaufbringungs- und Kapitalerhaltungsvorschriften. Die Höhe des Agios ist nicht vorgegeben. 10

IV. Aufgelder auf schuldrechtlicher Grundlage

Neben den Leistungen des Aktionärs auf den Nennbetrag bzw. auf ein nach Abs. 2 vereinbartes Agio ist die Vereinbarung von Aufgeldern auf schuldrechtlicher Grundlage (Zuzahlungen, Investors-Agreements etc) denkbar (vgl. § 272 Abs. 2 Nr. 4 HGB). Nach HGB ist bei Geldzuführungen des Aktionärs anhand der Rechtsgrundlage der Leistungen zu differenzieren. Sog. andere Zuzahlungen (dh solche, die nicht zum gezeichneten Kapital zählen) sind in einem besonderen Bilanzposten aufzunehmen. Sie sind grundsätzlich formfrei möglich. Werden Aufgelder auf schuldrechtlicher Grundlage im Zusammenhang mit Kapitalmaßnahmen vereinbart, ist allerdings fraglich, ob dadurch die Kapitalaufbringungsvorschriften umgangen werden (dazu BayObLG 27.2.2002, DB 2002, 940; OLG München 27.9.2006, ZIP 2007, 126; vgl. auch BGH 15.10.2007, ZIP 2007, 2416 zur GmbH). Umstritten ist zudem, ob ein schuldrechtliches Agio auch zur Aufbringung des Ausgabebetrags vereinbart werden kann (dazu einerseits *Schnorbus/Plassmann* ZIP 2016, 693 und andererseits *Schäfer* ZIP 2016, 953). 11

Aktien und Zwischenscheine

10 (1) [1] **Die Aktien lauten auf Namen.** [2] **Sie können auf den Inhaber lauten, wenn**

1. die Gesellschaft börsennotiert ist oder

2. der Anspruch auf Einzelverbriefung ausgeschlossen ist und die Sammelurkunde bei einer der folgenden Stellen hinterlegt wird:

a) einer Wertpapiersammelbank im Sinne des § 1 Absatz 3 Satz 1 des Depotgesetzes,

b) einem zugelassenen Zentralverwahrer oder einem anerkannten Drittland-Zentralverwahrer gemäß der Verordnung (EU) Nr. 909/2014 des Europäischen Parlaments und des Rates vom 23. Juli 2014 zur Verbesserung der Wertpapierlieferungen und -abrechnungen in der Europäischen Union und über Zentralverwahrer sowie zur Änderung der Richtlinien 98/26/EG und 2014/65/EU und der Verordnung (EU) Nr. 236/2012 (ABl. L 257 vom 28.8.2014, S. 1) oder

c) einem sonstigen ausländischen Verwahrer, der die Voraussetzungen des § 5 Absatz 4 Satz 1 des Depotgesetzes erfüllt.

[3] **Solange im Fall des Satzes 2 Nummer 2 die Sammelurkunde nicht hinterlegt ist, ist § 67 entsprechend anzuwenden.**

(2) [1] **Die Aktien müssen auf Namen lauten, wenn sie vor der vollen Leistung des Ausgabebetrags ausgegeben werden.** [2] **Der Betrag der Teilleistungen ist in der Aktie anzugeben.**

(3) **Zwischenscheine müssen auf Namen lauten.**

(4) [1] **Zwischenscheine auf den Inhaber sind nichtig.** [2] **Für den Schaden aus der Ausgabe sind die Ausgeber den Inhabern als Gesamtschuldner verantwortlich.**

(5) **In der Satzung kann der Anspruch des Aktionärs auf Verbriefung seines Anteils ausgeschlossen oder eingeschränkt werden.**

Übersicht

I. Allgemeines

1 Das AktG verwendet den Begriff der Aktie in dreifacher Bedeutung: als Mitgliedschaft, als Beteiligungsquote oder als Urkunde. Die Vorschrift regelt die **urkundliche, also wertpapiermäßige Verbriefung der Mitgliedschaft** als Namens- oder Inhaberaktien bzw. als Zwischenscheine (zum Zwischenschein → § 8 Rn. 15). Die Mitgliedschaft in der Gesellschaft entsteht nach vorübergehender Übernahmeerklärung des Gründers bzw. des Zeichners (bei Kapitalerhöhung) mit der Eintragung der Gesellschaft (§ 41 Abs. 1 S. 1) bzw. der Durchführung der Kapitalerhöhung (§§ 189, 203 Abs. 1) im Handelsregister. Die Verbriefung der Mitgliedschaft in einer Aktie hat insoweit lediglich deklaratorische Bedeutung (BGH 5.4.1993, BGHZ 122, 180, (194)). Der individuelle Anspruch eines Aktionärs auf eine urkundliche Verbriefung seiner Mitgliedschaft kann daher ganz oder teilweise ausgeschlossen werden (Abs. 5). Aktienurkunden und Zwischenscheine sind Wertpapiere iSv § 1 Abs. 1 S. 1 DepotG. Hinsichtlich des durch sie vermittelten mitgliedschaftlichen Status sind Inhaber- und Namensaktien gleichwertig und begründen keinen Gattungsunterschied iSv § 11 (→ § 11 Rn. 6). Nur bei der Namensaktie sind jedoch eine Haftung des im Aktienregister verzeichneten Vordermanns (§ 65), eine Vinkulierung (§ 68 Abs. 2), eine Nebenleistungspflicht (§ 55) oder ein Entsenderecht in den Aufsichtsrat (§ 101 Abs. 2 S. 2) möglich. Bis zu der Mitte 1997 eingeführten Girosammelfähigkeit der Namensaktie galt die Inhaberaktie als die einfachere und kostengünstigere Aktienart. Die mit der Inhaberaktie verbundene Anonymität des Aktionärs war eher Folge als beabsichtigter Zweck. Dies hat sich grundlegend geändert, zumal Namensaktien die Kommunikation zwischen AG und Aktionären erleichtern und mit Kostenvorteilen bei der Vorbereitung der Hauptversammlung verbunden sind. Heute bildet die Namensaktie den gesetzlichen Regelfall (Abs. 1 S. 1).

2 Im **Regelfall lauten die Aktien auf Namen,** da die Einführung von Namensaktien auch öffentlichen Interessen dient (dazu *Bungert/Wettich* ZIP 2012, 297 (298); *Schneider/Müller-v. Pilchau* WM 2011, 721 (722)). Die Inhaberaktie steht wegen ihrer Anonymität bei nicht börsennotierten Unternehmen im Verdacht, Geldwäsche und Terrorismusfinanzierung zu begünstigen. Mit dem Gesetz vom Dezember 2015 zur Änderung des Aktiengesetzes ist die Deanonymisierung des Aktionärs weiter vorangeschritten. Seither dürfen nichtbörsennotierte AG Inhaberaktien nur ausgeben, wenn der Anspruch des Aktionärs auf Einzelverbriefung der Aktien ausgeschlossen und die Sammelurkunde über die Aktien bei einer gesetzlich vorgeschriebenen Stelle hinterlegt wird (Abs. 1 S. 2 Nr. 2). Die Übertragungsvorgänge sollen auf diese Weise durch entsprechende Kontobuchungen nachvollziehbar werden (zum Übergangsrecht → Rn. 15).

II. Namens- oder Inhaberaktien (Abs. 1 und 2)

3 **1. Eingeschränkte Wahlfreiheit.** Die Vorschrift befasst sich mit der **Ausgabe von Aktienurkunden.** Sie regelt abschließend, dass Aktien entweder als Inhaber- oder als Namensaktien verbrieft werden können; eine dritte Möglichkeit besteht nicht. Zum notwendigen Satzungsinhalt gehört nicht die Ausgabe von Urkunden, denn dies stellt keine Entstehungsvoraussetzung der Mitgliedschaft dar (MüKoAktG/*Heider* Rn. 5, 8). Inhaber- und Namensaktien sind **Wertpapiere** iwS, da die mitgliedschaftlichen Befugnisse nur von demjenigen ausgeübt werden können, der Inhaber der Urkunde ist (Vorlegungserfordernis). Darüber hinaus sind sie auch Wertpapiere ieS, weil die Übertragung der Mitgliedschaft durch Übertragung der Urkunde erfolgen kann (Hüffer/Koch/*Koch* Rn. 4).

4 Zwischen Namens- und Inhaberaktien kann **im Grundsatz nach wie vor frei gewählt** werden. Anders als bei Nennbetrags- und Stückaktien, wo ein strenges Alternativverhältnis besteht (→ § 8 Rn. 1), ist zudem ein Nebeneinander von Namens- und Inhaberaktien zulässig (vgl. auch § 24). Die Festlegung auf Namens- und/oder Inhaberaktien erfolgt in der Satzung (§ 23 Abs. 3 Nr. 5). Fehlt eine entsprechende Festlegung, liegt ein Eintragungshindernis vor (§ 38 Abs. 4 Nr. 1). Wird dennoch eingetragen, so kann die AG nach § 399 FamFG, § 262 Abs. 1 Nr. 5 aufgelöst werden, wenn die Satzung nicht nachgebessert wird.

5 Allerdings sind erhebliche **Ausnahmen von bzw. Einschränkungen der Wahlfreiheit** zu beachten. Nach Abs. 1 S. 2 sind Inhaberaktien nur zulässig, wenn die emittierende Gesellschaft entweder börsennotiert iSd § 3 Abs. 2 ist (Nr. 1) oder aber der Anspruch auf Einzelverbriefung ausgeschlossen ist und eine Sammelurkunde über die Aktien bei einer gesetzlich vorgeschriebenen Stelle hinterlegt wird (Nr. 2). Zudem verlangt Abs. 2 S. 1 die Ausgabe von Namensaktien, wenn die Einlagen noch nicht vollständig geleistet wurden (§ 36a Abs. 1); auch Zwischenscheine müssen auf Namen lauten (Abs. 3). Auf diese Weise soll sichergestellt werden, dass die Schuldner der Einlagepflicht festgestellt werden können, da bei Namensaktien eine Eintragung im Aktienregister (§ 67 Abs. 1 S. 1) erforderlich ist. Die Angabe des Betrags der teilweise bereits geleisteten Einlage nach Abs. 2 S. 2 ist notwendig, um bei wertpapiermäßiger Übertragung der Aktie den guten Glauben des Erwerbers an die Volleinzahlung der Aktien auszuschließen. Trotz eines **Verstoßes gegen Abs. 2** entsteht eine wirksame wertpapiermäßige Verbriefung. Vorstand und Aufsichtsrat machen sich jedoch schadenersatzpflichtig (§ 93 Abs. 3 Nr. 4,

§ 116). Zudem kann eine Ordnungswidrigkeit nach § 405 Abs. 1 Nr. 1 gegeben sein. Darüber hinaus sehen einige spezialgesetzliche Regelungen einen Zwang zur Ausgabe von (meist vinkulierten) Namensaktien vor.

2. Namensaktien. Die Namensaktie bildet den gesetzlichen Regelfall (Abs. 1 S. 1). Bei ihr handelt es sich um ein geborenes **Orderpapier,** das eine bestimmte Person als berechtigt ausweist und so deren Eintragung in das Aktienregister ermöglicht (§ 67 Abs. 1 S. 1). Der Berechtigte wird durch seine namentliche Nennung in der Aktie oder durch eine ununterbrochene Indossamentenkette als Inhaber des mitgliedschaftlichen Rechts ausgewiesen (§ 68 Abs. 1) und gegenüber Dritten legitimiert. Gegenüber der AG erfolgt die Legitimation hingegen durch den ordnungsgemäßen Eintrag im Aktienregister (§ 67 Abs. 2 S. 1). Es besteht die unwiderlegliche Vermutung, dass die eingetragene Person Aktionär ist (→ § 67 Rn. 11). Allein blankoindossierte Namensaktien sind börsen- und girosammelverwahrfähig. Mit der **Ausgabe von Namensaktien** ist die Begebung von Aktienurkunden gemeint. Der Betrag geleisteter Teilleistungen ist in der Urkunde zu vermerken (Abs. 2 S. 2). So soll der gutgläubige lastenfreie Erwerb verhindert werden (OLG Köln 8.2.2001, AG 2002, 92 f.). 6

3. Inhaberaktien. Inhaberaktien sind nur mit Einschränkungen zulässig (Abs. 1 S. 2). Sie sind **Inhaberpapiere** und daher analog §§ 793 ff. BGB zu behandeln (OLG Oldenburg 25.6.1998, AG 2000, 367 f.; *Hollinger* MDR 2019, 520 f.). Sie verbriefen Mitgliedschaftsrechte, ohne dabei den Berechtigten namentlich zu benennen. Eine Eintragung im Aktienregister ist nicht vorgesehen (§ 67 Abs. 1 S. 1). Der unmittelbare Besitzer ist gegenüber Dritten und der AG durch die verbriefte Inhaberaktie legitimiert. Im Falle des mittelbaren Besitzes ist der mittelbare Besitzer nach § 1006 Abs. 1 S. 1 BGB als Inhaber legitimiert (Wachter/*Franz* Rn. 3). Die gesetzliche Vermutung ist widerleglich und wirkt auch gegen den früheren Besitzer (§ 1006 Abs. 1 S. 2 BGB), dem die Aktienurkunde abhandengekommen ist. Inhaberaktien sind stets börsen- und girosammelverwahrfähig. 7

Auf den Inhaber können Aktien nur lauten, wenn die emittierende Gesellschaft entweder börsennotiert (vgl. § 3 Abs. 2) ist (Abs. 1 S. 2 Nr. 1) oder wenn der Anspruch auf Einzelverbriefung ausgeschlossen ist und die Sammelurkunde hinterlegt ist. Ein **volles und unbegrenztes Wahlrecht** zwischen Inhaber- und Namensaktien besteht somit **nur für börsennotierte Gesellschaften.** Sie unterliegen der **kapitalmarktrechtlichen Beteiligungspublizität** mit ihrer Eingangsmeldeschwelle von 3 % der Stimmrechte (krit. dazu *Mock* AG 2016, 261 (262)). 8

Mit Abs. 1 S. 2 sollen die Beteiligungsstrukturen von AG transparenter gemacht werden, ohne dass das grundsätzliche Wahlrecht zwischen Inhaber- und Namensaktien auch für **nicht börsennotierte Gesellschaften** vollständig abgeschafft wird. Eine solche AG muss den Anspruch auf Einzelverbriefung ausschließen und zugleich die Sammelurkunde (Dauerglobalurkunde) bei einer im Gesetz ausdrücklich genannten Stelle hinterlegen (Abs. 1 S. 2 Nr. 2). Zu diesen Hinterlegungsstellen gehören: eine Wertpapiersammelbank gem. § 1 Abs. 3 S. 1 DepotG (Clearstream Banking AG), ein zugelassener Zentralverwahrer mit Sitz in einem Mitgliedstaat der EU gemäß den einschlägigen EU-Verordnungen oder aber ein sonstiger ausländischer Verwahrer, der die Voraussetzungen des § 5 Abs. 4 S. 1 DepotG erfüllt. Eine Verwahrung bei der AG selbst kommt hingegen nicht in Betracht (*Söhner* WM 2014, 2110 (2116)). Die gesetzlichen Anforderungen an den Verwahrer sollen sicherstellen, dass die Ermittlungsbehörden Zugriff auf die Daten erhalten können. Durch die zwingende Vorgabe der Sammelverwahrung soll gewährleistet werden, dass die Ermittlungsbehörden über die Verwahrkette erforderlichenfalls Informationen über die Identität des Anteilseigners erhalten können, da der Ausschluss der Einzelverbriefung dazu führt, dass der Aktionär die Auslieferung der Aktien nicht verlangen kann (§ 9a Abs. 3 S. 2 DepotG). Der Gesetzgeber geht davon aus, dass auf diese Weise auch eine AG im Freiverkehr Inhaberaktien haben kann. Solange die Sammelurkunde (noch) nicht hinterlegt ist, ist § 67 entsprechend anzuwenden (Abs. 1 S. 3). Der Vorstand muss daher trotz der Ausgabe von Inhaberaktien ein Aktienregister führen. Für den Fall der angestrebten, aber noch nicht erreichten Börsennotierung fehlt eine vergleichbare Regelung. 9

Bis zur Hinterlegung ist § 67 entsprechend anzuwenden (Abs. 1 S. 3) mit der Folge, dass bis zu diesem Zeitpunkt auch Inhaberaktionäre in das Aktienregister einzutragen sind und die Beteiligungsstruktur selbst in der Phase der Hinterlegung der Sammelurkunde transparent gehalten werden kann. Damit die gewünschte Transparenz nicht durch eine Verzögerung der Hinterlegung umgangen wird, sollen für die Zeit bis zur Einlieferung der Globalurkunde für Inhaberaktien Name, Geburtsdatum und Adresse des Aktionärs sowie Stückzahl bzw. Aktiennummern und bei Nennbetragsaktien deren Betrag in das **Aktienregister** der AG eingetragen werden (Abs. 1 S. 3 iVm § 67). Ein Aktienregister ist auch zu führen, wenn die Sammelverwahrung nachträglich aufgehoben wird. Zugleich ist in § 67 Abs. 1 S. 1 eine Klarstellung aufgenommen worden, dass die Verpflichtung zur Führung eines Aktienregisters bei Namensaktien unabhängig davon gilt, ob die Aktien verbrieft sind oder nicht (→ § 67 Rn. 2). 10

Eine **nicht börsennotierte AG,** die **keine Dauersammelurkunde** in die Girosammelverwahrung gibt, ist **zwingend** auf Namensaktien festgelegt. Eine bloße Beschränkung des Einzelverbriefungsrechts reicht nicht aus. Bestimmt die Satzung einer nicht börsennotierten AG die Ausstellung von Inhaber- 11 aktien (§ 23 Abs. 3 Nr. 5), ohne dass in der Satzung der Einzelverbriefungsanspruch ausgeschlossen ist (vgl. Abs. 5), fehlt es an einer zwingenden Voraussetzung für die Ausstellung von Inhaberaktien. Problematisch ist dies bei der **Gründung,** da weder die Vorgründungs- noch die Vor-AG börsennotiert sein können. Zudem ist in dieser Phase die Ausgabe einer Sammelurkunde untersagt (§ 41 Abs. 4) Die Rechtsfolgen dieser Unmöglichkeit sind nicht geregelt worden. An sich müsste dies zur Nichtigkeit (§ 134 BGB) führen. Die Satzungsbestimmung wäre nichtig; das Registergericht müsste die Eintragung ablehnen (§ 38 Abs. 4 Nr. 1). Allerdings ist nicht ersichtlich, dass der Gesetzgeber die Gründung einer AG mit Inhaberaktien verbieten wollte (weiterführend *Eggers/de Raet* AG 2017, 464 (469)); *Mock* AG 2016, 261 (263 f.)). Beschließt die Hauptversammlung einer nicht börsennotierten AG durch **Satzungsänderung,** die bislang ausgestellten Namensaktien in Inhaberaktien umzuwandeln oder aber das Grundkapital durch die Ausgabe junger Inhaberaktien zu erhöhen, ohne dass jeweils in der Satzung der Einzelverbriefungsanspruch ausgeschlossen ist, so ist der Beschluss nach § 241 Nr. 3 Var. 3 nichtig (*Stöber* DStR 2016, 611 (612)) und darf nicht in das Handelsregister eingetragen werden (§ 38 Abs. 4 Nr. 1). Denn der **Ausschluss des Einzelverbriefungsanspruchs** stellt eine zwingende Voraussetzung dafür dar, dass die Ermittlungsbehörden bei Geldwäscheverdachtsfällen eine dauerhafte Ermittlungsspur haben (*Schmidt-Bendun* DB 2015, 419 (420)).

12 Verliert eine Inhaberaktien ausstellende AG ihre Börsenzulassung **(Delisting)** und liegen die Voraussetzungen nach Abs. 1 S. 2 nicht vor, muss die Gesellschaft zwingend Namensaktien ausstellen (Abs. 1 S. 1), was eines satzungsändernden Hauptversammlungsbeschlusses bedarf (§ 23 Abs. 3 Nr. 5, § 179 Abs. 1 S. 1). Die ausgestellten Inhaberaktien werden gem. § 73 ipso jure unrichtig und müssen berichtigt bzw. umgetauscht oder kraftlos erklärt werden.

III. Ausgabe von Zwischenscheinen (Abs. 3 und 4)

13 Nach § 8 Abs. 6 sind **Zwischenscheine** Anteilsscheine, die vor der Ausgabe der Aktien erteilt werden. Sie verkörpern vorläufig bis zu Ausstellung von Aktenurkunden genau wie diese das Mitgliedschaftsrecht (RG 5.11.1895, RGZ 36, 35, (40); Spindler/Stilz/*Vatter* Rn. 85). Vor der Eintragung der Gesellschaft oder der Kapitalerhöhung dürfen sie nicht ausgegeben werden (→ § 8 Rn. 15). Sie müssen zudem nach Abs. 3 den Berechtigten namentlich bezeichnen. Wie Namensaktien so sind auch Zwischenscheine wertpapierrechtlich Orderpapiere. Die Legitimationswirkung richtet sich nach den für die Namensaktie geltenden Grundsätzen (→ Rn. 5). Ein gutgläubiger lastenfreier Erwerb von Zwischenscheinen ist nicht möglich (NK-AktKapMarktR/*Wagner* Rn. 17). Nach Abs. 4 S. 1 sind inhaberlautende Zwischenscheine nichtig; es liegt keine gültige Verbriefung vor. Die Nichtigkeitsfolge lässt allerdings den Bestand der Mitgliedschaft unberührt, da sie sich nur auf die Urkunde bezieht. Der Ausgeber haftet auf Schadenersatz (Abs. 4 S. 2); Ausgeber ist derjenige, der an der Schaffung oder Begebung der rechtswidrig verbrieften Anteilsrechte mitgewirkt oder diese nicht verhindert hat. Regelmäßig sind dies Vorstand und Aufsichtsrat, die als Gesamtschuldner verschuldensunabhängig haften. Der Aktionär hat nur dann einen Anspruch auf Ausgabe von Zwischenscheinen, wenn es die Satzung vorsieht (Spindler/Stilz/*Vatter* Rn. 87).

IV. Satzung und Verbriefung (Abs. 5)

14 Die Aktie als aktienrechtliches Mitgliedschaftsrecht entsteht mit Eintragung der AG im Handelsregister (konstitutive Wirkung) und nicht erst im Zeitpunkt der **Verbriefung, da diesem Akt lediglich deklaratorische Bedeutung** zukommt. Die rechtswirksame Begründung von Inhaber- bzw. Namensaktien ist somit davon unabhängig, ob die Mitgliedschaft verbrieft wird oder nicht. Dies gilt selbst dann, wenn eine Verbriefung in der Satzung vorgeschrieben ist (Wachter/*Franz* Rn. 8). Ein Zwang zur Verbriefung besteht nur bei einer Aktienausgabe im Kontext einer bedingten Kapitalerhöhung nach den §§ 199 f. Neben der **Ausstellung** einer formgerecht angefertigten und unterzeichneten Aktienurkunde (vgl. § 13) und deren **Ausgabe** (Zweiaktigkeit) verlangt die Verbriefung zusätzlich den Abschluss eines sog. **Begebungsvertrags** zwischen der Gesellschaft und dem jeweiligen Aktionär. Die Verbriefung führt dazu, dass über die Aktie wertpapiermäßig verfügt werden kann. Die Verbriefung kann in Einzel-, Sammel- oder Globalurkunden erfolgen. Die Ausgabe der Aktien oder der Zwischenscheine darf erst nach der Eintragung der Gründung bzw. der Kapitalerhöhung im Handelsregister erfolgen. Zuvor ausgegebene Aktien bzw. Zwischenscheine sind nichtig (§ 41 Abs. 4 S. 1 und 2 bzw. § 191 S. 1 und 2).

15 Das Gesetz setzt in Abs. 5 einen Anspruch des Aktionärs auf Verbriefung seines Anteils voraus (*Schaper* AG 2016, 889). Dieser mitgliedschaftliche Anspruch entsteht bereits im Zeitpunkt der Entstehung der Mitgliedschaft durch Handelsregistereintragung (K. Schmidt/Lutter/*Ziemons* Rn. 37; aA noch RG 3.4.1912, RGZ 79, 174 (175 f.)). Nach Abs. 5 kann der Anspruch des Aktionärs auf Verbriefung seines Anteils (nur) in der Satzung eingeschränkt oder ganz ausgeschlossen werden. Ausgeschlossen werden kann allein der individuelle Verbriefungsanspruch des Aktionärs. Die AG bleibt aber verpflichtet, eine **Globalurkunde** (§ 9a Abs. 1 S. 1 DepotG) zu begeben und diese zu hinterlegen (OLG München

4.5.2005, NZG 2005, 756 (757); *Schaper* AG 2016, 889). Dies ergibt sich auch aus dem Wortlaut von Abs. 5, der von der Verbriefung „seines" Anteils spricht mit der Folge, dass eine Verbriefung sämtlicher Anteile erhalten bleiben muss. Das Gleichbehandlungsgebot nach § 53a ist zu beachten. Der Anspruch auf Einzelverbriefung kann nachträglich ausgeschlossen werden, wobei die Mehrheit nach § 179 Abs. 2 ausreicht (*Seibert* DB 1999, 267 (268) – str.). Die Satzung kann nicht nur den Verbriefungsanspruch als solchen einschränken, sondern auch dem Aktionär die Kosten für eine von ihm gewünschte Einzelverbriefung auferlegen (Spindler/Stilz/*Vatter* Rn. 84).

V. Übergangsrecht

Zur Neuregelung der Zulässigkeit im Jahr 2016 von Inhaberaktien ist eine **Übergangsregelung** 16 eingeführt worden (§ 26h Abs. 1 EGAktG). Danach gilt der neue § 10 nur für Gesellschaften, die Inhaberaktien ausgeben und die mit oder nach dem Tag des Inkrafttretens der Gesetzesänderung gegründet werden. Maßgeblich ist die Feststellung der Satzung durch notarielle Beurkundung (§ 23 Abs. 1 S. 1). Für die übrigen Gesellschaften, also alle AG, die spätestens vor dem Tag des Inkrafttretens gegründet worden sind, bleibt § 10 Abs. 1 in der bisher geltenden Fassung unbefristet maßgeblich (§ 26h Abs. 1 S. 2 EGAktG, sog. **Bestandsschutz;** dazu *Götze/Nartowska* NZG 2015, 298 (301 f.)). Eine Umstellung der Aktienart ist möglich. Dazu bedarf es eines satzungsändernden Hauptversammlungsbeschlusses (weiterführend *Mock* AG 2016, 216 (266 f.)).

Aktien besonderer Gattung

11 **[1]Die Aktien können verschiedene Rechte gewähren, namentlich bei der Verteilung des Gewinns und des Gesellschaftsvermögens. [2]Aktien mit gleichen Rechten bilden eine Gattung.**

I. Allgemeines

Die Vorschrift konkretisiert die **Satzungsautonomie.** Sie ermöglicht die unterschiedliche Ausstat- 1 tung mitgliedschaftlicher Ansprüche und Befugnisse, soweit sich dafür eine Grundlage in der Satzung der AG findet (vgl. § 23 Abs. 3 Nr. 4). Werden Aktien danach mit unterschiedlichen vermögens- und/ oder verwaltungsrechtlichen Mitgliedschaftsbefugnissen ausgestattet, liegt kein Verstoß gegen das Gleichbehandlungsgebot vor, zumal die Einführung von Sondergattungen stets der Zustimmung der Aktionäre bedarf. Der Satzungsgeber darf bei der Gestaltung der Rechte und Pflichten der Aktionäre nach § 23 Abs. 5 S. 1 von den Vorschriften des AktG nur insoweit abweichen, als es im Gesetz ausdrücklich zugelassen ist und die Grenzen des Bestimmtheitsgrundsatzes beachtet werden. Die gebräuchlichste Aktiengattung bilden die in den §§ 139 ff., § 12 Abs. 1 S. 2 genannten stimmrechtslosen, aber mit Gewinnvorrechten ausgestatteten Vorzugsaktien. Durch sie kann weiteres Eigenkapital unter Wahrung der Stimmrechtsmacht bestehender Stammaktien aufgenommen werden, was nicht zuletzt für große Familiengesellschaften interessant ist.

II. Gewährung verschiedener Rechte (S. 1)

§ 11 ersetzt die individuelle Zustimmung durch ein kollektives Schutzrecht der Gattung. § 11 S. 1 2 betrifft dabei nur solche mitgliedschaftlichen Einzelrechte, die durch Aktien gewährt werden können. Diese werden regelmäßig in Verwaltungs- und Vermögensrechte unterteilt und unterliegen dem gesellschaftsrechtlichen Abspaltungsverbot des § 8 Abs. 5 (→ § 8 Rn. 13). Losgelöst von § 11 sind die schuldrechtlichen Gläubigerrechte einzelner Aktionäre und die Sonderrechte iSv § 35 BGB (etwa Entsenderechte in den Aufsichtsrat nach § 101 Abs. 2 S. 1) zu betrachten, die ohne die Zustimmung des jeweiligen Rechteinhabers nicht verändert werden dürfen.

Verwaltungsrechte wie das Stimmrecht (§ 12 Abs. 1, §§ 133 ff.), das Auskunftsrecht (§§ 131 f.), das 3 Recht zur Teilnahme an einer Hauptversammlung (§ 118 Abs. 1 S. 1), das aktive Wahlrecht zum Aufsichtsrat (§ 101 Abs. 1 S. 1) oder die Anfechtungsbefugnis (§ 245) sowie verschiedene Minderheitenrechte können wegen § 23 Abs. 5 nur in geringem Umfang verändert werden. Nicht entziehbar ist etwa das Stimmrecht, das nach dem Kapitalprinzip jeder Aktie entsprechend dem Verhältnis der Beteiligung am Grundkapital zusteht. Der Anspruch auf Auskunft in der Hauptversammlung (§ 131) ist außerhalb der nach § 131 Abs. 2 S. 2 möglichen Ermächtigung des Versammlungsleiters nicht beschränkbar (vgl. § 23 Abs. 5 S. 1). Zulässig ist aber die Begründung stimmrechtsloser Vorzugsaktien (§§ 139 ff.), bei denen der Stimmrechtsverlust durch einen Gewinnvorzug ausgeglichen wird. Veränderbar ist ferner das Recht von Aktionären, Mitglieder in den Aufsichtsrat zu entsenden, was aber nicht gattungsbegründend ist (vgl. § 101 Abs. 2 S. 3).

Bei **Vermögensrechten,** wie der Dividendenberechtigung (§ 58 Abs. 4), dem Recht auf den Bezug 4 junger Aktien bei einer Kapitalerhöhung (§ 186) oder dem Recht auf Beteiligung am Liquidationserlös (§ 271), sind größere Spielräume vorhanden. Grundsätzlich stehen sie den Aktionären im Verhältnis zu ihrer Beteiligung am Grundkapital zu. Die Satzung kann eine davon abweichende Verteilung vorsehen (*Schulze-Osterloh* BB 2018, 427 (428)), was eine eigene Aktiengattung begründet. So darf sie beispielsweise bei Dividende und Abwicklungsüberschuss Aktien mit verschiedenen Rechten vorsehen (§§ 139 ff., 271 Abs. 2). Dies gilt jedoch nicht für den Bezug junger Aktien. Zulässig ist eine Aktiengattung mit Stimmrecht aber ohne Vermögensbeteiligung zur Anerkennung der Gemeinnützigkeit.

5 Auch eine unterschiedliche Ausgestaltung der **Mitgliedschaftspflichten** ist denkbar. So können etwa die Nebenleistungspflichten (§ 55) satzungsmäßig verändert werden. Die Vorschrift steht nicht im Widerspruch zum **Gleichbehandlungsgebot.** Während sich § 53a an das Verhalten der Gesellschaft unterhalb der Satzungsebene richtet (→ § 53a Rn. 1), stellt S. 1 iVm § 23 Abs. 3 Nr. 4 klar, dass mitgliedschaftliche Rechte unterschiedlich ausgestaltet werden können, wenn hierfür eine entsprechende statutarische Grundlage geschaffen worden ist (Wachter/*Franz* Rn. 4).

III. Aktiengattungen (S. 2)

6 Das Wort „Aktien" in S. 1 meint die Mitgliedschaften. Der **Begriff der Aktiengattung** wird in S. 2 definiert und meint Aktien mit gleichen Rechten. Darüber hinaus bilden auch Aktien mit gleichen Pflichten eine Gattung. Gattungen entstehen vor allem dadurch, dass Aktien ihren Inhabern unterschiedliche mitgliedschaftliche Rechte verleihen, so etwa hinsichtlich Umfang oder Gehalt der gesetzlichen Vermögens- oder Verwaltungsrechte (zu sog. Tracking Stocks als eigenständige Aktiengattung s. *Cichy/Heins* AG 2010, 181 (182)). Durch die Vinkulierung von Namensaktien nach § 68 entsteht keine eigene Gattung (*Bermel/Müller* NZG 1998, 331 (332 in Fn. 11 und 4)). Entsprechendes gilt für die Verbriefung, den Nennbetrag, die Aktienart (Namens- oder Inhaberaktie) oder unterschiedliche Ausgabebeträge. Die Begründung neuer Aktiengattungen muss durch den Satzungsgeber erfolgen (§ 23 Abs. 3 Nr. 4). Da die AG immer dann unterschiedliche Gattungen ausgegeben hat, wenn nicht alle Aktien mit denselben mitgliedschaftlichen Rechten und Pflichten ausgestattet sind, wird eine eigene Gattung selbst dann begründet, wenn lediglich eine einzige Aktie mit anderen Rechten bzw. Pflichten ausgestattet ist.

7 Die mitgliedschaftlichen Rechte und Pflichten ergeben sich aus dem Gesetz und der Satzung. Eine Abweichung von den gesetzlichen Vorgaben setzt voraus, dass dies ausdrücklich zugelassen ist. Der Grundsatz der **Satzungsstrenge** gilt auch für die Einführung von Gattungsunterschieden. Soll das bisherige Verhältnis mehrerer Gattungen zum Nachteil einer Gattung verändert werden, bedarf der Hauptversammlungsbeschluss der Zustimmung der benachteiligten Aktionäre (vgl. § 179 Abs. 3 S. 1). Dieser Sonderbeschluss ist zusätzlich zum einfachen, satzungsändernden Hauptversammlungsbeschluss erforderlich. Vorbehaltlich einer anderen Satzungsregelung ist eine Kapitalmehrheit von drei Viertel des bei der Beschlussfassung vertretenen Grundkapitals (§ 179 Abs. 3 S. 3 iVm § 179 Abs. 2 S. 1) und eine einfache Stimmenmehrheit der jeweiligen Gattung erforderlich (§ 138 S. 2, § 133 Abs. 1).

Stimmrecht. Keine Mehrstimmrechte

12 (1) [1]**Jede Aktie gewährt das Stimmrecht.** [2]**Vorzugsaktien können nach den Vorschriften dieses Gesetzes als Aktien ohne Stimmrecht ausgegeben werden.**

(2) **Mehrstimmrechte sind unzulässig.**

I. Allgemeines

1 Die Vorschrift stellt klar, dass grundsätzlich erstens **keine Aktie ohne Stimmrecht** existiert und es zweitens **kein Stimmrecht ohne Aktie** geben kann (Abs. 1 S. 1). Drittens ist Abs. 2 zu entnehmen, dass jede Aktie **gleiches Stimmrecht** gewährt. Es gibt nur wenige Ausnahmen von diesen Grundsätzen. So ist etwa die stimmrechtslose Vorzugsaktie (§§ 139 ff.) ausdrücklich zugelassen (Abs. 1 S. 2). Der Begriff der Aktie wird in diesem Kontext iSd **Mitgliedschaft** verwandt. Das Stimmrecht ist eines der wesentlichen Mitverwaltungsrechte des Aktionärs. Es kann von der Mitgliedschaft nicht abgespaltet werden. Allerdings kann einem Dritten die Stimmrechtsausübung gestattet werden (Legitimationszession, § 129 Abs. 3, oder Stimmrechtsvollmacht, § 134 Abs. 3). Die Vorschrift will Kapitalrisiko und Stimmrechtseinfluss im Grundsatz kongruent halten **(Kapitalprinzip).**

2 **Anlageaktien** können erst nach Eintragung der Investmentaktiengesellschaft mit veränderlichem Kapital in das Handelsregister begeben werden. Sie berechtigen weder zur Teilnahme an der Hauptversammlung der Investmentaktiengesellschaft noch gewähren sie ein Stimmrecht, es sei denn, die Satzung der Investmentaktiengesellschaft sieht dies ausdrücklich vor (§ 109 Abs. 3 KAGB). Für nicht börsennotierte Gesellschaften sieht § 134 Abs. 1 S. 2 die Möglichkeit sog. Höchststimmrechte vor.

II. Verknüpfung von Aktie und Stimmrecht

Ein **Stimmrecht ohne Aktie** existiert nicht (Abs. 1 S. 1 iVm §§ 133 ff.). Zu diesem sich ebenfalls aus Abs. 1 S. 1 ergebenden Grundsatz gibt es keine Ausnahme. Eine isolierte Übertragung des Stimmrechts an einen Nichtaktionär ist unzulässig, da es sich um einen akzessorischen Bestandteil der Mitgliedschaft handelt (sog. **Abspaltungsverbot,** BGH 17.11.1986, NJW 1987, 780; BFH 10.5.2017, DB 2017, 2267 (2269); und → § 8 Rn. 13 f.). Nicht stimmberechtigt sind daher Pfandgläubiger, Nießbraucher, Sicherungsgeber beim Sicherungseigentum und Treugeber bei der Treuhand. Zulässig sind hingegen die Bevollmächtigung auf rechtsgeschäftlicher Grundlage und die Geltendmachung durch einen Verwalter kraft Amtes (Testamentsvollstrecker oder Insolvenzverwalter) und den sog. Legitimationsaktionär (§ 129 Abs. 3). Der Grundsatz gilt nicht für Anleihen oder Genussscheine, die von der AG ausgegeben worden sind, da sie lediglich Gläubigerrechte und keine Mitgliedschaft begründen. 3

Unter dem **Stimmrecht** wird das Recht verstanden, durch Stimmabgabe am Zustandekommen von Hauptversammlungsbeschlüssen mitzuwirken (vgl. § 118 Abs. 1). Das Maß der Beteiligung am Grundkapital bestimmt dabei den Grad der Beeinflussungsmöglichkeit. Das Stimmrecht gilt unabhängig davon, wie lange die Aktionärseigenschaft schon besteht. Es kann dem Aktionär nicht gegen seinen Willen genommen werden. 4

Vom Grundsatz des Abs. 1 S. 1, wonach **jede Aktie das Stimmrecht** gewährt, kennt das Gesetz einige wenige **Ausnahmen:** Vorzugsaktien ohne Stimmrecht (Abs. 1 S. 2 iVm §§ 139 ff.) sowie Höchst- und Mehrstimmrechte bei nicht börsennotierten Gesellschaften (§ 134 Abs. 1 S. 2). Bei Vorzugsaktien ist der Verlust des Stimmrechts an die Aktiengattung geknüpft und wird durch einen Vorzug bei der Gewinnverteilung kompensiert (vgl. § 139 Abs. 1, § 140). Nicht von § 12 erfasst sind die gesetzlich angeordneten (vorübergehenden) an die Person des jeweiligen Aktionärs gekoppelten Verbote der Stimmrechtsausübung (etwa bei den §§ 71b, 136 Abs. 1 oder § 328). 5

III. Stimmrechtsbeschränkungen; Aktien ohne Stimmrecht; Mehrstimmrechte

1. Stimmrecht und Schranken (Abs. 1). Für den Umfang des Stimmrechts ist grundsätzlich die Höhe der Kapitalbeteiligung maßgeblich (§ 134 Abs. 1 S. 1). Die Stimmkraft entspricht der Kapitalbeteiligung und damit dem Kapitalrisiko. Allerdings können nach § 134 Abs. 1 S. 2 **Höchststimmrechte** bei nicht börsennotierten Gesellschaften geschaffen werden. Danach ist es zulässig, das Stimmrecht auf Aktien zu beschränken, deren Gesamtnennbetrag oder anteiliger Betrag des Grundkapitals eine bestimmte Summe ausmacht. Ein darüber hinausgehender Aktienbesitz schlägt sich dann nicht mehr in zusätzlichen Stimmrechten nieder. Der Sache nach handelt es sich um Ausübungsbeschränkungen (Spinder/Stilz/*Vatter* Rn. 11). Höchststimmrechte dienen dazu, die Einflussmöglichkeit von Großaktionären einzuschränken. Soweit bei börsennotierten Gesellschaften Höchststimmrechte vor Inkrafttreten des KonTraG vorhanden waren, enthält § 5 Abs. 7 EGAktG Übergangsbestimmungen. 6

Nach Abs. 1 S. 2 ist es zulässig, **Vorzugsaktien ohne Stimmrecht** auszugeben. Einzelheiten sind in den §§ 139–141 geregelt. Gegen den Willen ihres Inhabers kann eine Stamm- nicht zu einer Vorzugsaktie werden. Aus der gesellschaftsrechtlichen **Treuepflicht** (→ § 53a Rn. 7) können sich ferner im Einzelfall Stimmrechtsbeschränkungen ergeben (vgl. BGH 20.1.1983, AG 1983, 249 f.; BGH 27.10.1986, ZIP 1987, 293 (295)). In den Grenzen des § 136 Abs. 2 können **schuldrechtliche Beschränkungen** bei der Stimmrechtsausübung vereinbart werden (Stimmbindungsverträge, Poolverträge etc → § 136 Rn. 18 f.). Auch bestehen uU einklagbare Erfüllungs- und Schadenersatzansprüche (OLG Stuttgart 23.7.2003, NZG 2003, 1025 (1027)). 7

2. Mehrstimmrechte (Abs. 2). Das in Abs. 2 zum Ausdruck kommende Kapitalprinzip verbietet **Mehrstimmrechte.** Positiv formuliert besitzt jede Aktie dieselbe Stimmkraft, die sich bei Nennbetragsaktien nach deren Nennbetrag und bei Stückaktien nach der Zahl der Aktien bemisst (vgl. auch § 134 Abs. 1 S. 1). Von Abs. 2 erfasst werden Satzungsbestimmungen, wonach eine Aktie ihrem Inhaber mehr Stimmen gewährt, als es ihrer auf das Grundkapital bezogenen Beteiligungsquote entspricht. Das Stimmrecht aus einer einzigen Aktie kann nur einheitlich ausgeübt werden, da Bruchteilstimmrechte unzulässig sind. Stehen einer Person aus mehreren Aktien Stimmrechte zu, besteht aber kein Zwang, diese Stimmrechte einheitlich auszuüben. 8

Frühere Ausnahmeregelungen wurden durch Art. 1 Nr. 3 KonTraG aufgehoben. Auf diese Weise ist eine Übereinstimmung von Kapitaleinsatz und Stimmrechtseinfluss hergestellt worden. Nach § 5 Abs. 1 S. 1 EGAktG sind Mehrstimmrechte am 1.6.2003 erloschen, wenn nicht bis dahin ein **Fortgeltungsbeschluss** gefasst wurde. Mit dem Erlöschen der Mehrstimmrechte ist die AG ausgleichspflichtig nach § 5 Abs. 3 S. 1 EGAktG geworden (vgl. zum Übergangsrecht Hüffer/Koch/*Koch* Rn. 11–15). 9

Abs. 2 ist als **Verbotstatbestand** formuliert und steht jeder Neubegründung von Mehrstimmrechten entgegen. Ein dagegen verstoßender, satzungsändernder Beschluss wäre nach § 241 Nr. 3 Var. 2 nichtig. Entsprechendes gilt für Gründungssatzungen. Anders als bei Höchststimmrechten (§ 134 Abs. 1 S. 2) gilt das Verbot von Mehrstimmrechten nicht nur für börsennotierte Gesellschaften. 10

Unterzeichnung der Aktien

13 **[1] Zur Unterzeichnung von Aktien und Zwischenscheinen genügt eine vervielfältigte Unterschrift. [2] Die Gültigkeit der Unterzeichnung kann von der Beachtung einer besonderen Form abhängig gemacht werden. [3] Die Formvorschrift muß in der Urkunde enthalten sein.**

I. Allgemeines

1 Die Vorschrift regelt die **urkundliche Verbriefung** der Mitgliedschaft des Aktionärs in Aktien, ohne diesen Vorgang jedoch vollständig zu erfassen. Weitere Bestimmungen sind etwa in den §§ 8, 10 und 55 Abs. 1 S. 3 enthalten. Gegenüber den allgemeinen Vorschriften §§ 126, 127 BGB hat die Vorschrift klarstellende Bedeutung. Sie **gilt für jede Form von Aktien,** gleich ob Inhaber- oder Namensaktien, Stamm- oder Vorzugsaktien bzw. Zwischenscheine. Die Vorschrift ist auch dann anzuwenden, wenn mehrere Mitgliedschaftsrechte in einer Globalurkunde (§§ 2, 9a DepotG) verbrieft werden, da die Vorschrift keine diesbezügliche Einschränkung erkennen lässt. Aus Sicht des Aktienrechts stellt sie eine Zusammenfassung bei der Verbriefung mehrerer Aktien in einer Urkunde dar.

2 **§ 13 gilt nicht** für Wandel- und Optionsanleihen, Gewinnschuldverschreibungen oder Genussscheine, da in ihnen keine Mitgliedschaft, sondern eine Forderung verbrieft wird. Für Inhaberschuldverschreibungen enthält § 793 Abs. 2 BGB eine in der Sache übereinstimmende Regelung.

II. Inhalt der Aktienurkunde

3 Die Aktie ist ein **Wertpapier** iSd Wertpapierrechts. Die wertpapiermäßige Verbriefung der Mitgliedschaft verlangt daher die Erkennbarkeit der Verbriefung der Mitgliedschaft sowie des Ausstellers, die Darstellung des Umfangs der Mitgliedschaft, die Kennzeichnung der Art der Mitgliedschaft, die Unterscheidbarkeit durch Serienzeichen oder Nummern sowie eine Unterschrift (S. 1). Nach § 10 Abs. 2 S. 2 sind zudem Teilleistungen und nach § 55 Abs. 1 S. 3 bestehende Nebenverpflichtungen anzugeben (dazu NK-AktKapMarktR/*Wagner* Rn. 3–11). Das Wort „Aktie“ muss nicht verwendet werden, solange nur eindeutig ist, dass das Wertpapier die Mitgliedschaft in einer AG verbrieft.

4 Die Mitgliedschaft entsteht durch wirksame Teilnahme an der Gründung oder an einer Kapitalerhöhung. Der urkundlichen Verbriefung kommt lediglich **deklaratorische Bedeutung** zu. Eine Pflicht zur Verbriefung existiert nicht; allerdings kann der Aktionär sie verlangen. Die **Angabe** von Ort und Tag der Ausstellung ist ebenso wenig notwendig, wie die Verwendung der deutschen Sprache. Die Art und Weise der Urkundenherstellung ist nicht geregelt. Eine Zulassung zum Börsenhandel in Deutschland setzt jedoch den Druck solcher Urkunden voraus, die den Grundsätzen der deutschen Wertpapierbörse entsprechen. Davon abgesehen ist lediglich die papiermäßige Verkörperung erforderlich, weshalb grundsätzlich jede denkbare Herstellungsmöglichkeit in Betracht kommt.

III. Unterzeichnung der Urkunde

5 Die Vorschrift bestimmt, dass die Aktien **unterschrieben** sein müssen. Wenn die Namensunterschrift mit Zustimmung des Namensträgers auf die Urkunde gelangt, ist die Verwendung mechanischer, fototechnischer oder anderer Mittel zur Vervielfältigung ausreichend. Da die Gesellschaft Ausstellerin der Aktienurkunde ist, muss es sich um die Unterschrift von Personen handeln, die befugt sind, die Gesellschaft zu vertreten (vgl. § 78; zumeist Vorstand vgl. *Schaper* AG 2016, 889). Prokura oder Handlungsvollmacht (§§ 49, 54 HGB) sind nicht ausreichend, weil die Verbriefung der Mitgliedschaft von Aktionären kein Handelsgeschäft ist. Eine bloße Namensangabe und damit keine Unterschrift stellt die Bezeichnung des oder der Vertretungsberechtigten in Druckbuchstaben dar.

6 S. 2 gestattet es, die Gültigkeit der Unterschrift von der Beachtung einer **besonderen Form** abhängig zu machen. Dazu zählt etwa die Unterschrift eines Aufsichtsratsmitglieds. Die entsprechenden Erfordernisse sind von den Gründern in der Satzung oder durch einen Beschluss der Hauptversammlung vorzusehen, da es sich nicht um eine Maßnahme der Geschäftsführung handelt (Wachter/*Franz* Rn. 4). Zum Schutz des Rechtsverkehrs ist ein solches Gültigkeitserfordernis nur beachtlich, wenn es im Urkundentext aufgenommen wurde (S. 3).

IV. Mängel und Folgen bei Verstoß

7 Fehlen die oben angegebenen Merkmale, ist die Aktienurkunde **nichtig.** Die Nichtigkeitsfolge erfasst nur die Begebung der Aktien, nicht aber die Mitgliedschaft als solche. Mit einer Urkunde, die gegen § 13 verstößt, wird das Recht des Aktionärs auf Verbriefung nicht erfüllt (Hüffer/Koch/*Koch* Rn. 8). Die Begebung unrichtiger bzw. fehlerhafter Aktienurkunden löst keinen Schadenersatzanspruch analog § 8 Abs. 2 S. 3, § 10 Abs. 4 S. 2 aus (MüKoAktG/*Heider* Rn. 31 – str.).

Zuständigkeit

14 **Gericht im Sinne dieses Gesetzes ist, wenn nichts anderes bestimmt ist, das Gericht des Sitzes der Gesellschaft.**

I. Allgemeines

Die Vorschrift regelt die örtliche Zuständigkeit (nur) für Angelegenheiten der **freiwilligen Gerichtsbarkeit** mit aktienrechtlichem Bezug. Zuständig ist das Gericht des Sitzes der AG (§§ 5, 23 Abs. 3 Nr. 1). Maßgeblich ist dabei der Satzungssitz (→ § 5 Rn. 3). Die Vorschrift stellt eine Auffangnorm dar. Eine anderweitige Bestimmung durch die Satzung ist nicht möglich. 1

II. Anwendungsbereich

Die Vorschrift gilt nur für **Verfahren nach dem FamFG.** Für die streitige Gerichtsbarkeit verbleibt es bei den §§ 12 ff. ZPO, soweit das AktG nicht selbst Sondervorschriften enthält. Das FamFG unterscheidet zwischen Streitverfahren (etwa § 98 Abs. 1, § 132 Abs. 1, § 260 Abs. 1, § 304 Abs. 3 S. 3, § 320b Abs. 2 S. 2; § 5 Abs. 5 EGAktG), für die es Sonderregeln gibt, und Registerverfahren (§§ 374, 375 FamFG). Letztere lassen sich erneut unterteilen in allgemeine Registerverfahren (§ 374 FamFG iVm § 26 Abs. 3–5, §§ 36, 38, 51 f., 81) und unternehmensrechtliche Verfahren nach § 375 Nr. 3 FamFG iVm § 33 Abs. 3, §§ 35, 73 Abs. 1, § 85 Abs. 1, § 103 Abs. 3, §§ 104, 122 Abs. 3, § 142 Abs. 2–6, § 147 Abs. 2, § 183a Abs. 3, § 258 Abs. 1, § 264 Abs. 2, § 265 Abs. 3 und 4, § 270 Abs. 3, § 273 Abs. 2–4, § 290 Abs. 3. § 14 gilt ferner sowohl für Registersachen ieS nach den §§ 378 ff. FamFG als auch für die Löschungsverfahren nach den §§ 393 ff. FamFG. 2

III. Maßgeblichkeit des Satzungssitzes

Nach § 376 Abs. 1 FamFG ist für Registersachen und unternehmensrechtliche Verfahren ausschließlich das Amtsgericht zentral zuständig, in dessen Bezirk ein Landgericht seinen Sitz hat, und zwar für dessen gesamten Landgerichtsbezirk **(Zuständigkeitskonzentration)** (vgl. auch § 23a Abs. 1 Nr. 2, Abs. 2 Nr. 3, 4 GVG). Allerdings können die Bundesländer diesbezüglich Sonderregeln erlassen (§ 376 Abs. 2 FamFG). **Funktional** zuständig für die Registersachen nach § 374 ist nach § 3 Nr. 2 lit. d RPflG grundsätzlich der Rechtspfleger. Die **örtliche** Zuständigkeit in Registersachen ist in § 376 Abs. 1 FamFG geregelt und richtet sich nach dem Satzungssitz der AG, wie er in der Satzung bestimmt ist (→ § 5 Rn. 5). Dies gilt selbst dann, wenn das Registergericht vor Eintragung tätig wird. Die §§ 376, 377 FamFG stellen „anderweitige Bestimmungen" iSv § 14 dar mit der Folge, dass der Anwendungsbereich der Norm sehr gering ist (*Jänig/Leißring* ZIP 2010, 110 (112 f.)). 3

Für Gesellschaften mit **Doppelsitz** (→ § 5 Rn. 8) sind die Gerichte an beiden Sitzen zuständig (KG 4.6.1991, WM 1991, 1927; Spindler/Stilz/*Drescher* Rn. 5). Die mit der doppelten Zuständigkeit verbundenen Nachteile (erhöhter Kostenaufwand; konstitutive Wirkung erst mit der zweiten Eintragung) hat die Gesellschaft zu tragen. Eintragungen sind in beiden Registern vorzunehmen. Soweit es um unternehmensrechtliche Verfahren ohne registerrechtliche Bedeutung geht, kommt es trotz § 377 Abs. 4 FamFG auf das Tätigwerden des ersten Registergerichts an (§ 2 Abs. 1 FamFG) (*Nedden-Boeger* FGPrax 2009, 144 (149)). 4

IV. Fehlender Inlandssitz

Bei sog. Spaltgesellschaften ist § 5 Abs. 1 Nr. 1 FamFG analog anzuwenden (BGH 11.2.1999, WM 1999, 678 (680) = NJW 1999, 2032; BGH 21.11.1955, BGHZ 19, 102 (105) = WM 1955, 1666; jew. zu § 5 Abs. 1 S. 2 FGG aF). 5

Verbundene Unternehmen

15 **Verbundene Unternehmen sind rechtlich selbständige Unternehmen, die im Verhältnis zueinander in Mehrheitsbesitz stehende Unternehmen und mit Mehrheit beteiligte Unternehmen (§ 16), abhängige und herrschende Unternehmen (§ 17), Konzernunternehmen (§ 18), wechselseitig beteiligte Unternehmen (§ 19) oder Vertragsteile eines Unternehmensvertrags (§§ 291, 292) sind.**

Übersicht

I. Allgemeines

1 Die §§ 15–19 bilden den allgemeinen Teil des Rechts der verbundenen Unternehmen, üblicherweise ungenau Konzernrecht genannt. Sie sind reine **Definitionsnormen** ohne eigene Rechtsfolge. § 15 definiert den in mehreren Vorschriften verwendeten Begriff der verbundenen Unternehmen. Dieser Begriff ist unabhängig von der Rechtsform der Unternehmen, zwischen denen eine Verbindung besteht (BGH 13.10.1977, BGHZ 69, 334 (338); BAG 13.10.2004, NZG 2005, 512 (513)). Er umfasst auch Unternehmen mit Sitz im Ausland (Spindler/Stilz/*Schall* Rn. 55 und Spindler/Stilz/*Schall* Vor § 15 Rn. 34 ff.). Die besonderen Vorschriften des AktG kommen jedoch nur zur Anwendung, wenn an dem einen oder anderen Ende der Verbindung eine AG steht. Wird der Begriff verbundener Unternehmen in anderen Gesetzen verwendet, so ist dies im Zweifel in demselben Sinne wie in § 15 gemeint, soweit nicht andere Definitionen bestehen, wie beispielsweise in § 271 Abs. 2 HGB (BGH 3.6.2004, BGHZ 159, 234 (236 f.) = ZIP 2004, 1363), der anstelle des § 15 auch für die Rechnungslegung von AGen gilt.

II. Unternehmen

2 Das Gesetz definiert den Begriff des Unternehmens nicht. In den §§ 15 ff. bezeichnet er ein Rechtssubjekt, nicht das von dem Rechtssubjekt geführte kaufmännische oder sonstige Unternehmen; anders freilich in § 16 Abs. 4 aE, der vom Inhaber des Unternehmens spricht. Voraussetzung ist rechtliche Selbständigkeit, dh mindestens **(Teil-)Rechtsfähigkeit** (Spindler/Stilz/*Schall* Rn. 56; Wachter/*Franz* Rn. 4, 10 ff.; aM Hüffer/Koch/*Koch* Rn. 20) s. aber zur GbR vor der Anerkennung von deren Rechtsfähigkeit BGH 22.4.1991, BGHZ 114, 203 (210 f.) = NJW 1991, 2765). Auch mit dieser Eingrenzung gibt es **keinen einheitlichen Unternehmensbegriff,** nicht einmal einen einheitlichen konzernrechtlichen Unternehmensbegriff. Die Auslegung hat vornehmlich **zweckbestimmt** zu erfolgen. Daraus ergibt sich eine unterschiedliche Begriffsbildung für das übergeordnete und das untergeordnete Unternehmen.

3 **1. Übergeordnetes Unternehmen.** Die Aufgabe des Konzernrechts besteht darin, den besonderen Gefahren für das nachgeordnete Unternehmen zu begegnen, die sich aus einem sog. **Konzernkonflikt,** dh daraus ergeben, dass ein maßgeblich beteiligter Gesellschafter noch andere unternehmerische Interessen verfolgt. Deshalb gilt das Konzernrecht nicht im Verhältnis zu einem rein privaten Aktionär; auch die Mehrheitsbeteiligung an einer Gesellschaft allein macht den Privaten nicht zum Unternehmen (MüKoAktG/*Bayer* Rn. 14). Umgekehrt ist Unternehmen nicht nur ein Kaufmann iSd HGB (so der überholte institutionelle Unternehmensbegriff), sondern jeder maßgeblich beteiligte Gesellschafter, der außerhalb dieser Beteiligung noch **weitere unternehmerische Interessen** verfolgt (BGH 16.9.1985, BGHZ 95, 330 (337) = NJW 1986, 188; BGH 13.10.1977, BGHZ 69, 334 (337 f.) = NJW 1978, 104; BGH 17.3.1997, BGHZ 135, 107 (113)) Erforderlich ist „eine wirtschaftliche Interessenbindung außerhalb der Gesellschaft…, die stark genug ist, um die Besorgnis zu begründen, der Aktionär könnte um ihretwillen seinen Einfluss zum Nachteil der Gesellschaft geltend machen" (BGH 13.10.1977 BGHZ 69, 334 (337); krit. aufgrund eines primär organisationsrechtlichen Verständnisses des Konzernrechts *Mülbert* ZHR 163 (1999), 1 (20 ff., 28 ff.); sowie MüKoHGB/*Mülbert* Konzernrecht Rn. 35 ff.; ähnlich auch K. Schmidt/Lutter/*Vetter* Rn. 35; hiergegen etwa KK-AktG/*Koppensteiner* Rn. 13 sowie *K. Schmidt* FS Koppensteiner, 2001, 191 (196 ff.)).

4 **a) Formkaufmann, Zwischenholding.** Nach hM – der BGH hat die Frage noch nicht entschieden – setzt die Unternehmenseigenschaft eines Gesellschafters von Sonderfällen abgesehen (→ Rn. 7) immer voraus, dass er noch außerhalb der Gesellschaft unternehmerische Interessen verfolgt, weshalb ein bloßer **Formkaufmann** mit einer einzigen mehrheitlichen Beteiligung nicht Unternehmen sei (OLG Hamm 2.11.2000, NZG 2000, 563 (565); MüKoAktG/*Bayer* Rn. 16 mwN, Hüffer/Koch/*Koch* Rn. 11; wohl auch OLG Saarbrücken 12.7.1979, AG 1980, 26; aM zu § 18 iVm § 5 MitbestG OLG Stuttgart 3.5.1989, AG 1989, 168 (169)). Die Frage betrifft vor allem mehrstöckige Holdingstrukturen, wenn die oberste Stufe die Beteiligung an nur einer Gesellschaft hält, unter der ggf. mehrere Unternehmen gebündelt sind. Die hM kann in dieser Lage unsachgemäße Schutzlücken nur durch zahlreiche Differen-

zierungen und Ausnahmen (KK-AktG/*Koppensteiner* Rn. 62 ff.) vermeiden, die überdies – systemwidrig – bereits für den Unternehmensbegriff auch am Verhalten der beteiligten Rechtsträger ansetzen müssen, nämlich daran, wer über die Ausübung von Stimmrechten in den Enkelgesellschaften entscheidet (Hüffer/Koch/*Koch* Rn. 12; MüKoAktG/*Bayer* Rn. 31). Die daraus folgende **Zersplitterung des Unternehmensbegriffs** bedeutet hohe Rechtsunsicherheit und führt zur Änderung des Status der Oberholding oder ihres Gesellschafters, wenn auf einer nachgeordneten Ebene eine weitere Beteiligung hinzuerworben wird (MüKoAktG/*Bayer* Rn. 33; Grigoleit/*Grigoleit* Rn. 22). Ferner wären nach dieser Ansicht gewisse Organisationsformen (§§ 291 ff.) oder Privilegierungen (§ 311), die das Gesetz trotz eines Konzernkonflikts erlaubt, deshalb nicht zulässig, weil ein solcher Konflikt im Einzelfall nicht besteht und dem übergeordneten Rechtsträger deshalb die Unternehmensqualität abzusprechen wäre. Unverständlich wäre es auch, wenn in einer mehrstöckigen Holdingstruktur über einem einzigen operativ tätigen Unternehmen die Privilegierungen der § 71 Abs. 1 Nr. 2 und § 71a Abs. 1 S. 2 nicht für Aktien der Obergesellschaft gelten sollten. Wenn in solchen Fällen dann eine weitere Differenzierung oder eine Analogie helfen soll, ist dies nur die Folge eines allein teleologisch orientierten Begriffsverständnisses.

Mit der früher hM (Nachw. bei KK-AktG/*Koppensteiner* Rn. 60), die in jüngerer Zeit wieder an Boden gewonnen hat, ist deshalb ein Formkaufmann (§ 6 HGB, § 3 Abs. 1 AktG, § 13 Abs. 3 GmbH, § 17 Abs. 2 GenG) stets als Unternehmen anzusehen. Der Zweck der mit den Definitionen eröffneten Vorschriften erfordert eine teleologische Erweiterung (→ Rn. 3), rechtfertigt aber keine Reduktion gegenüber dem natürlichen und auch von § 6 HGB geprägten Wortverständnis, da sich aus einer solchen Reduktion unsachgemäße Schutzlücken und Verwerfungen ergäben (iErg ebenso Emmerich/Habersack/*Emmerich* Rn. 9 ff., 22; K. Schmidt/Lutter/*Vetter* Rn. 53 ff.; GK-AktG/*Windbichler* Rn. 20, 22; zurückhaltend auch Spindler/Stilz/*Schall* Rn. 51, der freilich bei den einzelnen Vorschriften nochmals differenzieren will). **Übergeordnetes Unternehmen** ist demnach jeder Kaufmann, einschließlich eines bloßen Formkaufmanns, und aufgrund **teleologischer Erweiterung** außerdem jeder sonstige Rechtsträger mit anderem unternehmerischen Engagement. 5

b) Anderweitiges unternehmerisches Engagement. Für den Konzernkonflikt genügt jedenfalls die Führung eines anderen kaufmännischen Unternehmens. Dafür genügt die durch maßgebliche Beteiligung an einem anderen, auch freiberuflichen (BGH 19.9.1994, NJW 1994, 3288 (3290)), Unternehmen vermittelte Möglichkeit beherrschenden Einflusses (BGH 13.12.1993, NJW 1994, 446) idR, aber nicht notwendig, durch **Mehrheitsbeteiligung** (→ § 17 Rn. 6; MüKoAktG/*Bayer* Rn. 22); auf die Ausübung der Leitungsmacht kommt es nicht an. Rein gemeinnützige oder karitative Tätigkeiten genügen nicht (Wachter/*Franz* Rn. 7; Emmerich/Habersack/*Emmerich* Rn. 11b). Im Falle einer **Betriebsaufspaltung** bestehen nach hM zwei Unternehmen, weshalb die (maßgebende) Beteiligung an einer der beiden Gesellschaften die Unternehmenseigenschaft des Gesellschafters im Verhältnis zu der anderen Gesellschaft begründet (MüKoAktG/*Bayer* Rn. 45; KK-AktG/*Koppensteiner* Rn. 53, str.). In der typischen **GmbH & Co. KG** besteht wirtschaftlich nur ein einheitliches Unternehmen, sodass die bloße Mehrheitsbeteiligung an der GmbH und der KG deren Gesellschafter mangels mehrfacher wirtschaftlicher Interessenbindung nicht zum Unternehmen macht (MüKoAktG/*Bayer* Rn. 46; zweifelnd Emmerich/Habersack/*Emmerich* Rn. 23; aM für die GmbH & Co. KGaA KK-AktG/*Koppensteiner* Rn. 54). Die durch eine Mehrheitsbeteiligung vermittelte Mehrheitsbeteiligung an der Enkelgesellschaft genügt nicht als anderweitiges Engagement, auch dann nicht, wenn der Aktionär der Mutter zusätzlich eine (für sich selbst nicht maßgebliche) Beteiligung an der Enkelin unmittelbar hält (→ Rn. 10). Ausreichend für die Unternehmensqualität ist jedenfalls die **persönliche Haftung** in einem anderen Unternehmen, unabhängig von der Beteiligungsquote und den Befugnissen zu Geschäftsführung und Vertretung (MüKoAktG/*Bayer* Rn. 23; K. Schmidt/Lutter/*Vetter* Rn. 43). 6

c) Öffentliche Hand. Gebietskörperschaften, die an einem Unternehmen beteiligt sind, sind wegen ihres politischen Auftrages immer auch durch andere Zielsetzungen beeinflusst und sind deshalb unabhängig von einer anderen unternehmerischen Beteiligung immer als Unternehmen anzusehen (BGH 17.3.1997, BGHZ 135, 107 (113) = NJW 1997, 1855; noch offengelassen von BGH 13.10.1977, BGHZ 69, 334 (344) = NJW 1978, 104). Gleiches muss für andere Körperschaften des öffentlichen Rechts, Gewerkschaften, Religionsgemeinschaften und andere interessengebundene Organisationen gelten (Emmerich/Habersack/*Emmerich* Rn. 23, 26 ff.; MHdB GesR IV/*Krieger* § 69 Rn. 11). Zu Stiftungen und Vereinen s. Hüffer/Koch/*Koch* Rn. 17. 7

d) GbR, Familienstämme. Wird eine mehrfache maßgebende Beteiligung nicht von ein und derselben Privatperson gehalten, sondern von mehreren, die rechtlich (durch eine Innengesellschaft) oder faktisch (bspw. aufgrund einer Familienbindung) die Ausübung ihrer Stimmrechte koordinieren, so wird dadurch mangels Rechtsfähigkeit nicht die Innengesellschaft oder die Familie zum Unternehmen (Emmerich/Habersack/*Emmerich* Rn. 20 ff.). Zur Frage der gegenseitigen Zurechnung der Einflussmöglichkeiten der Gesellschafter und – wenn diese bei mehreren Gesellschaften bestehen – darauf 8 beruhender Unternehmenseigenschaft der Gesellschafter → § 17 Rn. 11 (sowie Emmerich/Habersack/*Emmerich* Rn. 20b; s. auch Spindler/Stilz/*Schall* Rn. 42; OLG Hamm 2.11.2000 AG 2001, 146 (147 f.)).

9 Werden Beteiligungen an eine GbR übertragen, so wird diese dadurch nur zum Unternehmen, wenn in derselben GbR auch andere maßgebende Beteiligungen verwaltet werden. Selbst dann ist die GbR nicht Unternehmen, wenn sie die Beteiligungen treuhänderisch für ihre Gesellschafter und nach deren Weisung verwaltet (BGH 22.4.1991, BGHZ 114, 203 (210 f.) = NJW 1991, 2765); nach Anerkennung der Rechtsfähigkeit der GbR zweifelhaft; zu den Ausnahmen s. Emmerich/Habersack/*Emmerich* Rn. 20a.

10 **e) Unternehmen kraft Zurechnung?** Anteile, die ein Treuhänder oder sonstiger Strohmann für einen anderen hält, sind dem Treugeber zuzurechnen, auch wenn dieser erst dadurch Unternehmen wird. Diese Zurechnung erfolgt nach allgemeinen Rechtsgrundsätzen insbesondere dann, wenn der Einsatz des Strohmannes dazu dient, die Qualifizierung als Unternehmen zu umgehen (GK-AktG/*Windbichler* Rn. 45, 46; Spindler/Stilz/*Schall* Rn. 30 ff. unter Hinweis auf BGH 4.3.1974, BGHZ 62, 193). Im Übrigen erfolgt eine Zurechnung gem. § 16 Abs. 4. Dieser setzt jedoch Unternehmenseigenschaft voraus und kann sie nicht begründen (BGH 18.6.2001, BGHZ 148, 123 (126 f.) = NJW 2001, 2973; → § 16 Rn. 8).

11 **2. Unter- und gleichgeordnete Unternehmen.** Nachgeordnetes Unternehmen kann jeder Rechtsträger sein, aufgrund einer atypischen stillen Beteiligung auch ein Einzelkaufmann. Gleiches gilt für gleichgeordnete Unternehmen (KK-AktG/*Koppensteiner* Rn. 88, 90; K. Schmidt/Lutter/*Vetter* Rn. 73, 75).

12 **3. Verbundene Unternehmen.** Verbundene Unternehmen sind solche, zwischen denen ein in den §§ 16–19 definiertes Verhältnis oder ein Unternehmensvertrag iSv §§ 291, 292 besteht. Die nicht genannte Eingliederung (§ 319) ist über §§ 16, 18 Abs. 1 S. 2 erfasst. Mittelbare Verbindung genügt, nicht jedoch die wechselseitige Beteiligung des herrschenden oder abhängigen Unternehmens mit einem Dritten (Hüffer/Koch/*Koch* Rn. 21).

In Mehrheitsbesitz stehende Unternehmen und mit Mehrheit beteiligte Unternehmen

16 (1) **Gehört die Mehrheit der Anteile eines rechtlich selbständigen Unternehmens einem anderen Unternehmen oder steht einem anderen Unternehmen die Mehrheit der Stimmrechte zu (Mehrheitsbeteiligung), so ist das Unternehmen ein in Mehrheitsbesitz stehendes Unternehmen, das andere Unternehmen ein an ihm mit Mehrheit beteiligtes Unternehmen.**

(2) 1 **Welcher Teil der Anteile einem Unternehmen gehört, bestimmt sich bei Kapitalgesellschaften nach dem Verhältnis des Gesamtnennbetrags der ihm gehörenden Anteile zum Nennkapital, bei Gesellschaften mit Stückaktien nach der Zahl der Aktien.** 2 **Eigene Anteile sind bei Kapitalgesellschaften vom Nennkapital, bei Gesellschaften mit Stückaktien von der Zahl der Aktien abzusetzen.** 3 **Eigenen Anteilen des Unternehmens stehen Anteile gleich, die einem anderen für Rechnung des Unternehmens gehören.**

(3) 1 **Welcher Teil der Stimmrechte einem Unternehmen zusteht, bestimmt sich nach dem Verhältnis der Zahl der Stimmrechte, die es aus den ihm gehörenden Anteilen ausüben kann, zur Gesamtzahl aller Stimmrechte.** 2 **Von der Gesamtzahl aller Stimmrechte sind die Stimmrechte aus eigenen Anteilen sowie aus Anteilen, die nach Absatz 2 Satz 3 eigenen Anteilen gleichstehen, abzusetzen.**

(4) **Als Anteile, die einem Unternehmen gehören, gelten auch die Anteile, die einem von ihm abhängigen Unternehmen oder einem anderen für Rechnung des Unternehmens oder eines von diesem abhängigen Unternehmens gehören und, wenn der Inhaber des Unternehmens ein Einzelkaufmann ist, auch die Anteile, die sonstiges Vermögen des Inhabers sind.**

I. Allgemeines

1 Dem in der Vorschrift definierten Begriff der **Mehrheitsbeteiligung** oder des im Mehrheitsbesitz stehenden Unternehmens kommt mehrfache Bedeutung zu: Es knüpfen sich unmittelbare Rechtsfolgen an die Mehrheitsbeteiligung (zB § 19 Abs. 2 und 3, § 20 Abs. 4, § 21 Abs. 2, § 56 Abs. 2 und 3, § 71a Abs. 2, § 71d S. 2), die Mehrheitsbeteiligung ist Grund für Zurechnungen (Abs. 4) und sie begründet die Abhängigkeitsvermutung gem. § 17. Eine Mehrheitsbeteiligung kann alternativ durch eine **Anteilsmehrheit** (Kapitalmehrheit) oder durch **Stimmenmehrheit** erreicht werden. Fallen diese, etwa wegen bestehender stimmrechtsloser Vorzugsanteile, auseinander, so können an demselben Unternehmen mehrere Mehrheitsbeteiligungen bestehen. Auch der Begriff der Mehrheitsbeteiligung oder des in Mehrheitsbesitz stehenden Unternehmens ist rechtsformneutral (OLG Hamburg 8.8.2003, NZG 2003, 978 (980)), sofern nicht die Erfüllung einzelner Tatbestandselemente bei bestimmten Rechtsformen ausscheidet (OLG Düsseldorf 7.5.2008, NJOZ 2008, 37 – Anstalt öffentlichen Rechts).

II. Mehrheit

1. Anteilsmehrheit (Abs. 2). a) Gehaltene Anteile. Maßgebend ist die Beteiligung an dem Gesellschaftskapital, gleich welcher Bezeichnung und Stückelung, bei Kapitalgesellschaften also der Nennbetrag oder die Stückzahl der gehaltenen Anteile, bei Personengesellschaften die Beteiligung an den für die Beteiligung am Gewinn und den stillen Reserven maßgeblichen Kapitalkonten (idR Kapitalkonten I), im Falle einheitlicher beweglicher Kapitalkonten nach dem Stand zum letzten Bilanzstichtag (Hüffer/Koch/*Koch* Rn. 2). Die Anteile müssen dem beteiligten Unternehmen „gehören", das heißt, dieses muss Inhaber der Anteile sein. Belastungen wie Pfandrechte oder Nießbrauch bleiben außer Betracht. Auch ein Treuhänder ist Inhaber. Über zusätzliche Zurechnung beim Treugeber → § 15 Rn. 10. 2

b) Bezugsgröße. Bezugsgröße für die Berechnung des Anteils ist die Summe der Beträge oder die Anzahl aller Anteile. **Eigene Anteile** (soweit sie nicht wie bei Personengesellschaften ohnehin untergehen) werden vom Nennkapital oder der Stückzahl der Anteile **abgezogen.** Abgezogen werden ferner Anteile, die einem anderen **für Rechnung** des nachgeordneten Unternehmens gehören, dh deren Kosten und Risiken das Unternehmen im Wesentlichen trägt (BGH 10.2.1989, BGHZ 107, 7 (15) = NJW 1989, 1800; Hüffer/Koch/*Koch* Rn. 9; MüKoAktG/*Bayer* Rn. 32, 47). Typischer Fall ist ein Auftrags- oder Treuhandverhältnis. Ein Weisungsrecht ist jedoch nicht erforderlich. Nach dem Wortlaut würden Anteile, die einem von dem Unternehmen abhängigen Unternehmen gehören, nicht abgezogen, obwohl sie keine Rechte gewähren (§ 71d S. 4 iVm § 71b). Das ist nach jetzt wohl hM (MüKoAktG/*Bayer* Rn. 34; Hüffer/Koch/*Koch* Rn. 9) als Redaktionsversehen durch teleologische Auslegung oder Analogie zu § 16 Abs. 4, § 71d S. 3 zu korrigieren (aM wegen Eindeutigkeit des Wortlauts GK-AktG/*Windbichler* Rn. 13; wegen der Auswirkungen auf § 20 KK-AktG/*Koppensteiner* Rn. 41, dessen Bedenken aber wegen des – von ihm verneinten – Verschuldenserfordernisses bei § 20 Abs. 7 nicht tragen → § 20 Rn. 13). 3

2. Stimmenmehrheit (Abs. 3). a) Gehaltene Stimmrechte. Die Mehrheit der Stimmen erfordert eine Unternehmensform, in der Mehrheitsentscheidungen vorgesehen sind (Hüffer/Koch/*Koch* Rn. 5). Wenn es in einer Personengesellschaft bei dem gesetzlichen Prinzip der Einstimmigkeit verbleibt, ist Stimmenmehrheit deshalb nicht möglich (MüKoAktG/*Bayer* Rn. 13). Die Stimmrechte müssen sich aus der Beteiligung an dem Unternehmen ergeben (sonst: § 16 analog, s. MüKoAktG/*Bayer* Rn. 13). Durch **Stimmbindungen** begründete Rechte, die Stimmrechtsausübung anderer zu diktieren, zählen nicht mit (Hüffer/Koch/*Koch* Rn. 13, str.). Sind Stimmrechte für verschiedene Beschlussgegenstände unterschiedlich gewichtet, oder (zB im Fall des Nießbrauchs) unterschiedlich zugeteilt, so kommt es auf die Stimmrechte für die Wahl des Unternehmensleiters oder des ihn bestellenden Organs an (MüKoAktG/*Bayer* Rn. 42). 4

Stimmrechtslose Vorzugsaktien zählen nicht, solange nicht die Voraussetzungen des § 140 Abs. 2 eingetreten sind. Stimmrechtsbeschränkungen (zB Höchststimmrechte) sind zu berücksichtigen. Stimmrechte, die mangels Mitteilung der maßgebenden Beteiligung (§ 20 oder § 33 WpHG) oder mangels Aufnahme in die Gesellschafterliste (§ 16 GmbHG) ruhen, können zwar nicht ausgeübt werden (darauf stellt der Wortlaut des Abs. 3 ab), sind aber nach zutreffender hM zu berücksichtigen, weil der Berechtigte es in der Hand hat, jederzeit die Stimmberechtigung herzustellen (Emmerich/Habersack/*Emmerich* Rn. 24; MüKoAktG/*Bayer* Rn. 40; Hüffer/Koch/*Koch* Rn. 11; aM GK-AktG/*Windbichler* Rn. 35; Spindler/Stilz/*Schall* Rn. 35). 5

b) Bezugsgröße. Bezugsgröße sind die Stimmrechte aus sämtlichen Anteilen. Stimmrechte, die bei dem einzelnen Beteiligten beispielsweise wegen einer Stimmrechtsbeschränkung (zB § 134 Abs. 1 S. 2, Abs. 2 S. 1) nicht ausgeübt werden können, werden nicht abgezogen; Gleiches gilt für Stimmrechtsausschlüsse aus sonstigen Gründen, auch wenn man die betroffenen Stimmen bei der Zählung der Stimmen des einzelnen nicht mitzählt (Hüffer/Koch/*Koch* Rn. 11; MüKoAktG/*Bayer* Rn. 37; GK-AktG/*Windbichler* Rn. 43). Stimmen, die als ausübbar gezählt werden, zählen bei der Gesamtzahl notwendig mit (aM K. Schmidt/Lutter/*Vetter* Rn. 21). **Gemindert** wird die Bezugsgröße durch die auf eigene Anteile entfallenden Stimmrechte und Stimmrechte aus Anteilen, die wie eigene Anteile von der Gesamtzahl der Anteile gem. Abs. 2 abzuziehen sind (Abs. 3 S. 2; → Rn. 3). 6

3. Zurechnung (Abs. 4). Dem beteiligten Unternehmen werden Anteile zugerechnet, die einem von ihm abhängigen oder einem anderen für Rechnung (→ Rn. 3) des Unternehmens oder eines von ihm abhängigen Unternehmens gehören (OLG Düsseldorf 25.1.2017, RdE 2017, 212 im Kontext von § 10c Abs. 5 EnWG). Entgegen dem Wortlaut sind dem Unternehmen auch die Stimmrechte aus den ihm zugerechneten Anteilen zuzurechnen (KK-AktG/*Koppensteiner* Rn. 43). Zurechnung bedeutet nicht Absorption (LG Berlin 1.12.1997, AG 1998, 195 (196); Hüffer/Koch/*Koch* Rn. 13). Derjenige, dessen Anteile einem anderen zugerechnet werden, kann deshalb ebenfalls eine Mehrheitsbeteiligung halten. 7

Die Zurechnung setzt die Unternehmenseigenschaft desjenigen voraus, dem zugerechnet werden soll. Sie kann diese nicht erst begründen (BGH 18.6.2001, BGHZ 148, 123 (126 f.) = NJW 2001, 2973; aber 8

→ § 15 Rn. 10). Dies folgt für die Zurechnung der Anteile eines abhängigen Unternehmens schon daraus, dass dessen Abhängigkeit Unternehmenseigenschaft seines Gesellschafters voraussetzt. Zur Zurechnung von Anteilen, die für Rechnung des Unternehmens gehalten werden, → Rn. 3. Auch Privatvermögen des Einzelkaufmanns wird dem Unternehmen zugerechnet (Abs. 4 letzter Hs.).

Abhängige und herrschende Unternehmen

17 (1) **Abhängige Unternehmen sind rechtlich selbständige Unternehmen, auf die ein anderes Unternehmen (herrschendes Unternehmen) unmittelbar oder mittelbar einen beherrschenden Einfluß ausüben kann.**

(2) **Von einem in Mehrheitsbesitz stehenden Unternehmen wird vermutet, daß es von dem an ihm mit Mehrheit beteiligten Unternehmen abhängig ist.**

Übersicht

I. Allgemeines

1 Der in dieser Vorschrift definierte Begriff der Abhängigkeit ist der **Zentralbegriff des Konzernrechts.** Wesentliche Rechtsfolgen knüpfen an ihm und nicht erst an dem auf ihm aufbauenden Konzernbegriff an (zu den Rechtsfolgen → Rn. 18). Er ist rechtsformneutral, auch wenn die Rechtsfolgen vornehmlich bei AGen eintreten und je nach den Charakteristika der einzelnen Rechtsform unterschiedliche Anforderungen zur Ausfüllung des Begriffs bestehen können. Der Begriff der Abhängigkeit ist jedenfalls im AktG einheitlich verwendet (Hüffer/Koch/*Koch* Rn. 3). Er hat Ähnlichkeit, ist aber nicht deckungsgleich mit dem zB für das Bilanzrecht oder Kartellrecht verwendeten Begriff der Kontrolle (§ 290 Abs. 2 HGB, § 37 Abs. 1 Nr. 2 GWB), und deutlich verschieden von der Kontrolle iSv § 29 WpÜG (BGH 15.12.2011, ZIP 2012, 1177 Rn. 22).

II. Abhängigkeit

2 **1. Einfache Abhängigkeit.** Ein Unternehmen ist abhängig, wenn „ein" anderes Unternehmen unmittelbar oder mittelbar einen beherrschenden Einfluss ausüben kann. „Ein" ist nicht Zahlwort, sondern unbestimmter Artikel (→ Rn. 10). Erforderlich und ausreichend ist die **Möglichkeit einer Einflussnahme,** die „beständig, umfassend und gesellschaftsrechtlich vermittelt ist" (BGH 17.3.1997, BGHZ 135, 107 (114) = NJW 1997, 1855; BGH 26.3.1984, BGHZ 90, 381 (397) = NJW 1984, 1893). Maßgebend ist die Perspektive des ggf. abhängigen Unternehmens und seiner Geschäftsleitung (K. Schmidt/Lutter/*Vetter* Rn. 13).

3 **a) Beherrschender Einfluss.** Beherrschenden Einfluss kann ausüben, wer, wie typischerweise der Inhaber einer Mehrheitsbeteiligung, dessen beherrschender Einfluss nach Abs. 2 vermutet wird (Hüffer/Koch/*Koch* Rn. 5), die Geschäftsleitung oder das sie bestellende Organ (Aufsichtsrat) besetzt. Ein Weisungsrecht ist nicht erforderlich. Es genügt die **Möglichkeit des Einflusses;** ob er tatsächlich ausgeübt wird, ist unerheblich (BGH 4.3.1974, BGHZ 62, 193 (201); OLG Hamm 2.11.2000, NZG 2001, 563 (565); Hüffer/Koch/*Koch* Rn. 4). Die Möglichkeit beherrschenden Einflusses muss **beständig,** dh verlässlich sein (BGH 4.3.1974, BGHZ 62, 193 (201)), nicht jedoch dauerhaft oder kontinuier-

lich (Hüffer/Koch/*Koch* Rn. 7). Zufallskonstellationen im Einzelfall genügen nicht (Beispiel: OLG Frankfurt a. M. 30.4.1997, NZG 1998, 229).

b) Umfassender Einfluss. Durch die Personalhoheit wird ohne Weiteres ein umfassender Einfluss ermöglicht. Ob abweichend von der Formulierung des BGH auch ein punktueller oder bereichsbezogener Einfluss genügt, ist strittig. Die Frage kann sich nur stellen, wenn der Einfluss nicht auf der Personalhoheit, sondern auf **Weisungsrechten** gegenüber der Geschäftsleitung beruht. Sie ist zu verneinen (ebenso Hüffer/Koch/*Koch* Rn. 7; aM KK-AktG/*Koppensteiner* Rn. 26 f.). Zwar genügt es für die Annahme eines Konzerns, wenn einheitliche Leitung in Zentralbereichen tatsächlich ausgeübt wird (→ § 18 Rn. 3). Das besagt aber nichts darüber, ob Abhängigkeit als Voraussetzung eines Konzerns auch besteht, wenn nicht einmal die Möglichkeit umfassenden beherrschenden Einflusses gegeben ist. 4

c) Gesellschaftsrechtliche Beherrschungsmittel. Die Einflussmöglichkeit muss gesellschaftsrechtlich bedingt oder vermittelt sein. Andere Abhängigkeiten, wie solche durch Kredit- oder Lieferbeziehungen, genügen nicht (BGH 26.3.1984, BGHZ 90, 381 (395 f.) = NJW 1984, 1893; Hüffer/Koch/*Koch* Rn. 8 mwN). Nach verbreiteter Auffassung soll allerdings eine Abhängigkeit aufgrund **kombinierter Einflussmöglichkeit** möglich sein, wenn sonstige Verbindungen einen gesellschaftsrechtlich vermittelten Einfluss verstärken (MüKoAktG/*Bayer* Rn. 31 ff. mwN unter Berufung auf BGH 26.3.1984, BGHZ 90, 381 (397), der dies aber für Kreditabhängigkeit zusätzlich zu erheblicher Beteiligung verneinte; zurückhaltend Hüffer/Koch/*Koch* Rn. 8; Grigoleit/*Grigoleit* Rn. 15). Dies kommt entgegen der hM aber nur in Ausnahmesituationen in Betracht, etwa im Falle von **personellen Verflechtungen** wie Vorstandsdoppelmandaten (dazu GK-AktG/*Windbichler* Rn. 43 ff.; K. Schmidt/Lutter/*Vetter* Rn. 16, 40 f.) oder wenn sich ein Kreditgeber vorbehält, den Geschäftsleiter des Schuldnerunternehmens zu bestimmen (vgl. BGH 13.7.1992, BGHZ 119, 191 = NJW 1992, 3035). Nicht um kombinierten Einfluss geht es, wenn der Aktionär aufgrund rechtlicher oder faktischer Abhängigkeiten anderer Aktionäre mit deren Unterstützung rechnen kann und deshalb wie ein Mehrheitsgesellschafter Einfluss nehmen kann. In der Perspektive der nachgeordneten Gesellschaft (→ Rn. 2) ist solcher Einfluss ausschließlich gesellschaftsrechtlich vermittelt und unbedenklich zu berücksichtigen. So lagen die Fälle, die für eine solche kombinierte Abhängigkeit angeführt werden (BGH 20.2.1989, BGHZ 107, 7 (15) = NJW 1989, 1800; BGH 16.2.1981, BGHZ 80, 69 = NJW 1981, 1512; OLG Düsseldorf 8.11.2004, NZG 2005, 1012; s. auch BGH 15.12.2011, NZG 2012, 1033 Rn. 14 ff.). 5

d) Hauptversammlungsmehrheit. Auch ohne Mehrheitsbeteiligung besteht gesellschaftsrechtlich vermittelte Einflussmöglichkeit, wenn der Aktionär wegen geringer Präsenz in der Hauptversammlung regelmäßig die faktische Mehrheit der Stimmen hat (BGH 17.3.1997, BGHZ 135, 107 (114 f.); BGH 13.10.1977, BGHZ 69, 334 (347)). Ein solcher Fall ist auch gegeben, wenn der beteiligte Aktionär aufgrund einer paritätischen Beteiligung an einem anderen Aktionär dessen Stimmrechtsausübung verhindern kann und seine Beteiligung die Mehrheit der dann verbleibenden Stimmen ausmacht (Beispiel: OLG Schleswig 8.12.2005, NZG 2006, 951 (955)). Die durch eine **Sperrminorität** gegebene Möglichkeit, strukturelle Änderungen zu verhindern, genügt dagegen nicht (MüKoAktG/*Bayer* Rn. 42 ff.). 6

e) Abhängigkeit durch Beherrschungsvertrag. Ein Beherrschungsvertrag begründet zwangsläufig Abhängigkeit (BGH 4.3.1974, BGHZ 62, 193 (196)). Ein isolierter Gewinnabführungsvertrag oder ein sonstiger Unternehmensvertrag (§ 292) hat diese Folge für sich allein nicht, kann aber ein Indiz für das Bestehen einer Abhängigkeit sein (Hüffer/Koch/*Koch* Rn. 12). 7

f) Künftige Mehrheit. Wenn der künftige Erwerb einer Mehrheitsbeteiligung feststeht, kann dadurch schon vor dessen Vollzug Abhängigkeit begründet werden. Das ist nicht zu vermuten, aber im Einzelfall möglich. Die faktische Einflussmöglichkeit beruht dann auf der Erwartung künftiger Personalhoheit und der darauf beruhenden Gefahr, dass der aktuelle Vorstand sein Verhalten an dem Interesse desjenigen orientiert, der in Zukunft über seine Weiterbeschäftigung oder Neubestellung entscheiden wird (str., wie hier *Lutter* FS Steindorff, 1990, 125 (132 ff.); MüKoAktG/*Bayer* Rn. 53 ff.; aM OLG Düsseldorf 22.7.1993, ZIP 1993, 1791; Hüffer/Koch/*Koch* Rn. 9; Grigoleit/*Grigoleit* Rn. 11). Dies ist keine vorwirkende Abhängigkeit (so die Terminologie von MüKoAktG/*Bayer* Rn. 53), sondern aktuelle Abhängigkeit aufgrund vorwirkender künftiger Mehrheitsbeteiligung. Die Gegenmeinung versagt der Gesellschaft den konzernrechtlichen Schutz in den Fällen, in denen der Vorstand „in vorauseilendem Gehorsam" nachteilige Maßnahmen im Interesse des künftigen Mehrheitsaktionärs trifft. 8

2. Mittelbare Abhängigkeit. Ist das unmittelbar herrschende Unternehmen seinerseits von einem anderen abhängig, so hat letzteres mittelbar beherrschenden Einfluss. Man spricht von **mehrstufiger Abhängigkeit.** Mittelbare Abhängigkeit besteht auch dann, wenn der Gesellschafter mit unmittelbar beherrschendem Einfluss ohne selbst abhängig zu sein, bspw. als Treuhänder, verpflichtet ist, seinen Einfluss nach Weisung eines dritten Unternehmens auszuüben (BGH 29.3.1993, BGHZ 122, 123). In diesem Fall spricht man von mehrfacher einstufiger oder besser **mittelbarer einstufiger Abhängigkeit.** 9

10 **3. Mehrfache Abhängigkeit.** Mehrfache Abhängigkeit liegt vor, wenn ein Unternehmen nicht für sich allein, aber zusammen mit anderen beherrschenden Einfluss ausüben kann und die koordinierte Ausübung der Stimmrechte dieser Unternehmen gesichert ist. Familiäre Beziehungen zwischen mehreren Gesellschaftern allein genügen dafür nicht (BGH 16.2.1981, NJW 1981, 1512 (1513)). Dagegen genügt es, wenn mehrere Gesellschaften mit weitgehend identischen Gesellschaftern zusammen die Mehrheit haben (BGH 4.3.1974, BGHZ 62, 193 = NJW 1974, 855) oder wenn aufgrund eines **Konsortialvertrages** drei Unternehmen ihre Stimmrechte nach vorheriger Mehrheitsentscheidung untereinander einheitlich abgeben. Hat eines von ihnen in dem Konsortium die Mehrheit, sodass es sich durchsetzen kann, so wird freilich dieses Unternehmen alleinbeherrschend sein (OLG Hamm 2.11.2000, NZG 2001, 563 (565); wohl auch GK-AktG/*Windbichler* Rn. 67; aM KK-AktG/*Koppensteiner* Rn. 90). Gleiches gilt, wenn ein Aktionär von einem anderen Aktionär abhängig ist und erst die Zusammenrechnung der beiden Aktienpakete (§ 16 Abs. 4) die Mehrheitsbeteiligung ergibt. In einem paritätischen Gemeinschaftsunternehmen sind dessen Gesellschafter zwar faktisch darauf angewiesen, sich zu einigen. Dies allein genügt jedoch nicht (BGH 16.2.1981, BGHZ 80, 69 (73); BGH 28.4.1980, BGHZ 77, 94 (105)). Haben sie aber Regelungen zur Streitschlichtung eingeführt, so stellen sie auf diese Weise die einheitliche Stimmabgabe sicher. Das genügt (Emmerich/Habersack/*Emmerich* Rn. 31). Nach zT vertretener Ansicht spricht aber ein Anscheinsbeweis für gemeinsame Beherrschung (MüKoAktG/*Bayer* Rn. 81, str.).

11 Als Folge eines gemeinsamen beherrschenden Einflusses besteht Abhängigkeit nicht zu dem „Verbund" (so aber GK-AktG/*Windbichler* Rn. 66 f.). Dieser „Verbund" ist nicht rechtsfähig und deshalb nicht Unternehmen. Deshalb kommt nur eine Abhängigkeit gegenüber jedem der beteiligten Unternehmen, also ein **mehrfaches Abhängigkeitsverhältnis** in Betracht (BGH 3.4.1974, BGHZ 62, 193 (196); Grigoleit/*Grigoleit* Rn. 16; MüKoAktG/*Bayer* Rn. 83). Jedem der beteiligten Unternehmen wird damit das Einflusspotential auch der anderen Beteiligten zugerechnet. Ist einer der Beteiligten nicht selbst Unternehmen, so steht dies der Annahme einer Beherrschung durch die beteiligten Unternehmen nicht entgegen. Deren Einfluss ist unabhängig davon, ob die anderen Konsortialmitglieder Unternehmen sind oder nicht (Emmerich/Habersack/*Emmerich* Rn. 30). Derjenige Beteiligte, der nicht Unternehmen ist, wird dadurch nicht selbst zum Unternehmen, sofern er nicht noch eine andere unternehmerische Beteiligung hält, denn er nimmt nur an der Einflussmöglichkeit des anderen, nicht aber an dessen anderweitigen Interessen teil (aM Spindler/Stilz/*Schall* Rn. 18).

III. Die Abhängigkeitsvermutung

12 **1. Vermutung.** Eine Mehrheitsbeteiligung – Stimmenmehrheit wie auch bloße Kapitalmehrheit – begründet die Vermutung der Abhängigkeit. Die erwartete künftige Mehrheitsbeteiligung (→ Rn. 8) begründet die Vermutung noch nicht. Die Vermutung ist widerleglich. Zur Widerlegung genügt nicht der Nachweis, dass kein Einfluss ausgeübt wurde, denn der Abhängigkeitstatbestand ist bereits mit der Möglichkeit des Einflusses erfüllt (Hüffer/Koch/*Koch* Rn. 19). Die Mitbestimmung der Arbeitnehmer nach dem MitbestG oder dem MontanMitbestG widerlegt die Vermutung nicht (hM: Spindler/Stilz/*Schall* Rn. 54; MüKoAktG/*Bayer* Rn. 92; aM zum MontanMitbestG KK-AktG/*Koppensteiner* Rn. 120).

13 **2. Widerlegung. a) Ausschluss der Stimmenmehrheit.** Da für die Vermutung auch das Bestehen einer bloßen Kapitalmehrheit genügt, soll nach wohl hM der Ausschluss der Stimmenmehrheit für die Widerlegung nicht genügen (K. Schmidt/Lutter/*Vetter* Rn. 53 mwN; aM KK-AktG/*Koppensteiner* Rn. 100). Allerdings müssten Anhaltspunkte für sonstige Beherrschungsmittel vorliegen, die dann widerlegt werden müssten (Emmerich/Habersack/*Emmerich* Rn. 36 f.; Hüffer/Koch/*Koch* Rn. 20). Lehnt man wie hier die Möglichkeit einer „kombinierten Beherrschung" grundsätzlich ab (→ Rn. 5), so muss jedenfalls der Nachweis genügen, dass der Aktionär trotz seiner Mehrheitsbeteiligung nicht über die Personalhoheit verfügt, zB weil für Personalentscheidungen kraft Satzung **höhere Mehrheiten erforderlich** sind als die tatsächlich gehaltenen Stimmen (so für die Vermutung aufgrund einer Stimmenmehrheit Hüffer/Koch/*Koch* Rn. 21) oder weil die mit der Kapitalmehrheit verbundenen Stimmen bei der üblichen Hauptversammlungspräsenz eine Minderheit der Stimmen darstellen (gegen zu hohe Anforderungen an die Widerlegung Grigoleit/*Grigoleit* Rn. 23; → Rn. 14).

14 **b) Entherrschungsverträge.** Widerlegt ist die Vermutung, wenn das beteiligte Unternehmen durch Vertrag seine Stimmenmacht hinreichend beschneidet (Hüffer/Koch/*Koch* Rn. 22). Nach hM muss der Vertrag mit der Gesellschaft geschlossen sein (K. Schmidt/Lutter/*Vetter,* Rn. 60 mwN); nach anderer Meinung genügt aber auch ein Vertrag mit anderen Aktionären (Emmerich/Habersack/*Emmerich,* Rn. 42; Spindler/Stilz/*Schall* Rn. 52). Erforderlich ist die – durchsetzbare – Verpflichtung, höchstens die Anzahl der sonst in der Hauptversammlung vertretenen Stimmen abzüglich einer Stimme abzugeben. Der Vertrag muss mindestens eine Laufzeit bis zu den nächsten regulären Aufsichtsratswahlen haben, weil über sie die Personalhoheit ausgeübt wird (missverständlich MüKoAktG/*Bayer* Rn. 102). Er kann sich auf die Stimmabgabe über Personalangelegenheiten beschränken (KK-AktG/*Koppensteiner*

Rn. 111; zur Vorsicht mahnen insoweit MüKoAktG/*Bayer* Rn. 101; K. Schmidt/Lutter/*Vetter* Rn. 61).

15 **c) Beherrschungsvertrag mit Dritten.** Besteht ein Beherrschungsvertrag zwischen der Gesellschaft und einem Dritten, so verdrängt die dadurch begründete Abhängigkeit von dem Dritten (§ 18 Abs. 1 S. 2) die auf der – vermuteten – Personalhoheit beruhende Abhängigkeit; für die Vermutung ist dann kein Raum (Emmerich/Habersack/*Emmerich* Rn. 41; KK-AktG/*Koppensteiner* Rn. 118). Im Fall mehrstufiger Abhängigkeit (Mutter/Tochter/Enkelin) widerlegt daher ein Beherrschungsvertrag zwischen Mutter und Enkelin deren Abhängigkeit von der Tochter, während ein Beherrschungsvertrag zwischen Tochter und Enkelin deren (mittelbare) Abhängigkeit von der Mutter nicht berührt (Hüffer/Koch/*Koch* Rn. 23; KK-AktG/*Koppensteiner* Rn. 126).

16 **d) Widerlegung bei mehrstufiger Abhängigkeit.** Im Falle mehrstufiger Abhängigkeit hat die Widerlegung zur Folge, dass die Vermutung in dem Verhältnis widerlegt ist, auf welche sich die Widerlegung bezieht, sowie für diejenigen mittelbaren Abhängigkeitsverhältnisse, die sonst aufgrund der widerlegten Vermutung vermutet würden (Spindler/Stilz/*Schall* Rn. 56). Hält also A eine Mehrheitsbeteiligung an B und B eine Mehrheitsbeteiligung an C, so ist mit der Widerlegung der Vermutung einer Abhängigkeit der B von A diese Abhängigkeit widerlegt ebenso wie die der C von A, nicht jedoch die der C von B.

IV. Andere Rechtsformen

17 Abhängig können auch eine **Personengesellschaft** und eine **KGaA** sein. Besonderheiten der Personengesellschaft und der KGaA verlieren an Gewicht, wenn Komplementär eine ihrerseits abhängige Kapitalgesellschaft ist (BAG 15.12.2011, NZG 2012, 754 Rn. 49). Je nach Ausgestaltung des Gesellschaftsvertrages wird in der Personengesellschaft und der KGaA die Vermutung des Abs. 2 wegen des gesetzestypischen Prinzips der Einstimmigkeit oder Mehrheit nach Köpfen (§ 709 BGB, § 105Abs. 3 HGB) oder der beschränkten Kompetenz der Hauptversammlung (§ 285 AktG) bereits durch die Rechtsform und den Gesellschaftsvertrag widerlegt sein (MüKoAktG/*Bayer* Rn. 115 ff.). Zur Widerlegung der Vermutung in der GmbH s. Emmerich/Habersack/*Emmerich* Rn. 46.

V. Rechtsfolgen

18 Unmittelbare Rechtsfolgen hat die Abhängigkeit vor allem für die **abhängige AG.** Im Verhältnis zu ihr gilt das Verbot der Nachteilszufügung (§§ 311, 317) und das Erfordernis eines Abhängigkeitsberichts (§§ 312 ff.). Weitere Folge der Abhängigkeit ist die Erstreckung von Inkompatibilitäten für Organmitglieder (§ 100 Abs. 1 Nr. 2) und von Bestimmungen, die dem Kapitalschutz dienen, auf Anteile, die von abhängigen Unternehmen gezeichnet oder gehalten werden (§ 56 Abs. 2, § 71d S. 2, die jeweils auch für Unternehmen im Mehrheitsbesitz der AG gelten); zu weiteren Rechtsfolgen der Abhängigkeit s. Grigoleit/*Grigoleit* Rn. 3. Ferner begründet die Abhängigkeit die Konzernvermutung gem. § 18 Abs. 1 S. 3.

Konzern und Konzernunternehmen

18 (1) [1] **Sind ein herrschendes und ein oder mehrere abhängige Unternehmen unter der einheitlichen Leitung des herrschenden Unternehmens zusammengefaßt, so bilden sie einen Konzern; die einzelnen Unternehmen sind Konzernunternehmen.** [2] **Unternehmen, zwischen denen ein Beherrschungsvertrag (§ 291) besteht oder von denen das eine in das andere eingegliedert ist (§ 319), sind als unter einheitlicher Leitung zusammengefaßt anzusehen.** [3] **Von einem abhängigen Unternehmen wird vermutet, daß es mit dem herrschenden Unternehmen einen Konzern bildet.**

(2) **Sind rechtlich selbständige Unternehmen, ohne daß das eine Unternehmen von dem anderen abhängig ist, unter einheitlicher Leitung zusammengefaßt, so bilden sie auch einen Konzern; die einzelnen Unternehmen sind Konzernunternehmen.**

Übersicht

I. Allgemeines

1 **1. Konzerntypen.** Das Gesetz unterscheidet zwei Arten von Konzernen, nämlich den Unterordnungskonzern (Abs. 1) und den Gleichordnungskonzern (Abs. 2). Beide können auf vertraglicher Grundlage beruhen (Vertragskonzern, Eingliederungskonzern) oder nur faktisch bestehen (faktischer Konzern). Gemeinsames Charakteristikum aller Konzerntypen ist die **einheitliche Leitung.** Mitglieder eines Konzerns können nur Unternehmen sein (→ § 15 Rn. 2 ff.). Ihre Rechtsform ist irrelevant. Zum sog. qualifiziert faktischen Konzern in der AG → § 311 Rn. 34; in der GmbH → GmbHG Anh. § 13 Rn. 46, → GmbHG Anh. § 13 Rn. 57 f.

2 **2. Bedeutung.** Rechtsvorschriften zum Verhältnis zwischen Ober- und Untergesellschaften knüpfen idR bereits an dem Abhängigkeitsverhältnis an. Rechtliche Bedeutung hat der Tatbestand des **Unterordnungskonzerns** im Wesentlichen deshalb, weil nur durch ihn ein **Verbundverhältnis zwischen Schwestergesellschaften** entsteht, für das die Bestimmungen über verbundene Unternehmen gelten (zB § 71 Abs. 1 Nr. 2, § 90 Abs. 3 S. 1, § 131 Abs. 1 S. 2, § 134 Abs. 1 S. 4, § 192 Abs. 2 Nr. 3, §§ 312 ff.; s. auch § 145 Abs. 3, § 293d Abs. 1 S. 2: „Konzernunternehmen"). Selbständige Rechtsfolgen ergeben sich ferner aus einem **Gleichordnungskonzernverhältnis** (→ Rn. 12). Ein Konzernverhältnis zwischen Mutter und Tochter ist maßgeblich für § 100 Abs. 2 S. 2, § 308 Abs. 1 S. 2 sowie für die mitbestimmungsrechtlich begründeten Vorschriften der § 97 Abs. 1, § 104 Abs. 1 S. 3 Nr. 1 und § 250 Abs. 2 Nr. 1. Außerhalb des Aktienrechts hat ein (Unterordnungs-)Konzernverhältnis vor allem Bedeutung für das Mitbestimmungsrecht (§ 5 MitbestG, § 2 DrittelbG) und für das Bilanzrecht (§§ 290 ff. HGB). Beide Konzernarten sind bedeutsam für die Fusionskontrolle (§ 36 Abs. 2 GWB).

II. Unterordnungskonzern

3 **1. Tatbestand (Abs. 1).** Vorausgesetzt ist rechtliche Selbständigkeit der Unternehmen und die Abhängigkeit des einen von dem anderen. Die abhängigen Unternehmen müssen „unter **einheitlicher Leitung**" zusammengefasst sein. Erforderlich ist dafür eine am Gesamtinteresse orientierte Zielsetzung und deren Durchführung. Die Leitung muss sich auf das Gesamtunternehmen, nicht nur gewisse Unternehmensteile, beziehen. Umstritten ist, ob sich die Leitung auf alle wesentlichen Funktionsbereiche erstrecken muss (**„enger Konzernbegriff"** KK-AktG/*Koppensteiner* Rn. 15 ff., 24 ff. aufgrund der Konzeption des Konzerns als wirtschaftlicher Einheit), oder ob die Leitung in einzelnen wesentlichen Funktionsbereichen genügt (**„weiter Konzernbegriff"**, Emmerich/Habersack/*Emmerich* Rn. 11 ff.; MüKoAktG/*Bayer* Rn. 33, MHdB GesR IV/*Krieger* § 69 Rn. 70). In den entschiedenen Fällen war jedenfalls der Finanzbereich vereinheitlicht (BGH 23.9.1991, BGHZ 115, 187 (191) = NJW 1991, 3142; BGH 20.2.1989, BGHZ 107, 7 = NJW 1989, 1800; BGH 16.9.1985, BGHZ 95, 330 = NJW 1986, 188). Das genügt auch für den engen Konzernbegriff KK-AktG/*Koppensteiner* Rn. 25). Der weite Konzernbegriff verdient den Vorzug. Nur mit ihm kann dem Schutzzweck der konzernbezogenen Vorschriften (insbesondere hinsichtlich des Horizontalverbunds zwischen Schwestergesellschaften) genügt werden (MüKoAktG/*Bayer* Rn. 33; s. auch Wachter/*Franz* Rn. 3). In Verbindung mit der durch das Merkmal der Abhängigkeit vorausgesetzten umfassenden Einflussmöglichkeit (→ § 17 Rn. 4) genügt es, wenn diese Einflussmöglichkeit in einem Funktionsbereich tatsächlich ausgeübt wird (s. auch die Rspr. der Oberlandesgerichte zur „Vermittlung" der Leitungsmacht durch Zwischenunternehmen; exemplarisch OLG Hamburg 4.7.2017, ZIP 2017, 1621). Das Erfordernis der **„Zusammenfassung"** hat keine eigenständige Bedeutung (hM: Hüffer/Koch/*Koch* Rn. 7; MüKoAktG/*Bayer* Rn. 27; KK-AktG/*Koppensteiner* Rn. 4) Zusammenfassung zu einheitlicher Leitung setzt aber eine gewisse Dauer der Ausübung der Leitungsmacht voraus (so nachdrücklich Emmerich/Habersack/*Emmerich* Rn. 15 f. unter Betonung der kartellrechtlichen Unterscheidung von Konzentration und Kooperation, die freilich nur für den Gleichordnungskonzern relevant ist; zum Zeitelement s. auch MüKoAktG/*Bayer* Rn. 37). Die zT gezogene Parallele zum Erfordernis der Beständigkeit bei der Abhängigkeit (K. Schmidt/Lutter/*Vetter* Rn. 13; Spindler/Stilz/*Schall* Rn. 17) trägt nicht. Dort ist damit Verlässlichkeit, nicht Dauer gemeint (→ § 17 Rn. 3). Die Verlässlichkeit der Leitungsmacht (Einflussmöglichkeit) indiziert aber nicht ihre tatsächliche dauerhafte Ausübung.

2. Leitungsmittel. Gleichgültig ist, wie die Leitung erfolgt. Weisungsrecht ist nicht erforderlich. **Personelle Verflechtungen** (zusätzlich zu der vorausgesetzten Abhängigkeit) genügen (aM BAG 16.8.1995, NJW 1996, 1691 = ZIP 1996, 292), sind aber nicht erforderlich (MüKoAktG/*Bayer* Rn. 35 f.). 4

3. Vertragskonzern. Im Falle eines Beherrschungsvertrages oder der Eingliederung besteht immer einheitliche Leitung (Abs. 1 S. 2). Das ist **gesetzliche Typisierung oder Tatbestandskonkretisierung,** nicht Fiktion und auch nicht unwiderlegliche Vermutung (so aber die hM: MüKoAktG/*Bayer* Rn. 44; Hüffer/Koch/*Koch* Rn. 17; KK-AktG/*Koppensteiner* Rn. 39). Ist die Abhängigkeit zu einem umfassenden Weisungsrecht (§§ 308, 323) verdichtet, so kommt es auf die Ausübung dieser Leitungsmacht nicht mehr an. 5

4. Konzernvermutung. Abhängigkeit begründet die **widerlegliche Vermutung** der Konzernverbindung (Abs. 1 S. 3). Die Mitbestimmung der Arbeitnehmer widerlegt die einheitliche Leitung nicht. Nach dem hier vertretenen weiten Konzernbegriff (→ Rn. 3) ist zur Widerlegung der Vermutung zu beweisen, dass in keinem der wesentlichen Funktionsbereiche Leitungsmacht ausgeübt wird. Das wird nur in Ausnahmefällen möglich sein, so wenn nachweislich nur punktuell von der Leitungsmacht Gebrauch gemacht wurde, auch wenn eine (kommunalrechtliche) Pflicht zur Ausübung von Leitungsmacht besteht (OLG Düsseldorf 4.7.2013, ZIP 2014, 517 (519, 521)). Zustimmungsvorbehalte schließen die Widerlegung nicht aus, wenn das abhängige Unternehmen die zustimmungspflichtigen Vorgänge unbeeinflusst durch das herrschende Unternehmen plant (OLG Düsseldorf 4.7.2013, ZIP 2014, 517 (519, 521)). Die Vermutung entfällt mit der Widerlegung der Abhängigkeitsvermutung gem. § 17 Abs. 2. 6

5. Mehrstufige und mehrfache Konzernbindung. a) Mehrstufige Konzernbindung. Ein mehrstufiges Abhängigkeitsverhältnis (→ § 17 Rn. 9) führt, sofern die Vermutung des Abs. 1 S. 3 nicht widerlegt ist, zu einem einheitlichen Konzern mit einer Obergesellschaft. Die Figur eines **„Konzerns im Konzern"** wird für das Gesellschaftsrecht von der hM abgelehnt (Hüffer/Koch/*Koch* Rn. 14; MüKoAktG/*Bayer* Rn. 42; KK-AktG/*Koppensteiner* Rn. 31 f.; aM *K. Schmidt* FS Lutter, 2000, 1167 (1189)). Sie hätte auch kaum praktische Folgen. Unerlässlich ist die Anerkennung eines Konzerns im Konzern im Bereich des Bilanzrechts und des Mitbestimmungsrechts, wenn an der Konzernspitze keine (mitbestimmungspflichtige) Kapitalgesellschaft oder gleichgestellte Gesellschaft steht. Darüber hinaus wird aber für beide Rechtsgebiete die Möglichkeit eines Konzerns im Konzern anerkannt oder sogar vorausgesetzt (zum Mitbestimmungsrecht s. Habersack/Henssler/*Habersack* MitbestG § 5 Rn. 35 ff.; zum Bilanzrecht s. §§ 291 f. HGB). 7

b) Gemeinschaftsunternehmen. Ist ein Unternehmen von mehreren Unternehmen gleichstufig abhängig (→ § 17 Rn. 10 f.) und wird die Konzernvermutung nicht widerlegt, so gehört das Gemeinschaftsunternehmen den Konzernen aller Muttergesellschaften an, weil es ihrem jeweiligen Zweck dient (Hüffer/Koch/*Koch* Rn. 16; MüKoAktG/*Bayer* Rn. 43). Zwischen diesen besteht aber kein Konzernverhältnis. Besteht ein Beherrschungsvertrag mit den Müttern oder einer zwischen ihnen bestehenden GbR, so gilt dies wegen Abs. 1 S. 2 auch dann, wenn mehr als zwei Gesellschafter beteiligt sind und jeder von ihnen durch die anderen überstimmt werden kann. Ohne Beherrschungsvertrag verbietet sich jedoch die Annahme einer einheitlichen Leitung durch einen Gesellschafter, der überstimmt werden kann (aM MHdB GesR IV/*Krieger* § 69 Rn. 77, wie hier Habersack/Henssler/*Habersack* MitbestG § 5 Rn. 52). 8

III. Gleichordnungskonzern

1. Tatbestand (Abs. 2). Ein Gleichordnungskonzern besteht bei einheitlicher Leitung ohne Abhängigkeit (K. Schmidt/Lutter/*Vetter* Rn. 22; Spindler/Stilz/*Schall* Rn. 29). Ob „einheitliche Leitung" hier dasselbe bedeutet wie beim Unterordnungskonzern, ist kaum erörtert (zurückhaltend bejahend MüKo-AktG/*Bayer* Rn. 50). Richtigerweise ist für den Gleichordnungskonzern eine umfassende Leitung im Sinne des engen Konzernbegriffs (→ Rn. 3) zu fordern (ebenso Emmerich/Habersack/*Emmerich* Rn. 27; Spindler/Stilz/*Schall* Rn. 15). Denn es fehlt das wesentliche Element der umfassenden Einflussmöglichkeit. Die weitreichenden Folgen eines Konzernverhältnisses wären aufgrund einer nur einen Funktionsbereich betreffenden einheitlichen Leitung nicht vertretbar. Solche gleichrangige einheitliche Leitung nur eines Funktionsbereichs ist Gegenstand des Kartellrechts, nicht des Konzernrechts (zum Verhältnis des Gleichordnungskonzerns zum Kartellverbot s. Immenga/Mestmäcker/*Zimmer,* 5. Aufl. 2014, GWB § 1 Rn. 116; *Buntscheck* WuW 2004, 374). 9

2. Leitungsmittel. a) Vertragskonzern. Ein vertraglicher Gleichordnungskonzern wird oft durch einen Gleichordnungsvertrag errichtet, der die gemeinsame Leitung durch einen Lenkungsausschuss oder ein ähnliches gemeinsames Gremium oder personelle Verflechtungen oder beides vorsieht. 10

11 **b) Faktischer Gleichordnungskonzern.** Faktisch kann ein Gleichordnungskonzern insbesondere durch personelle Verflechtungen entstehen, zB dann, wenn die Unternehmen im Wesentlichen dieselben (nichtunternehmerischen) Gesellschafter haben (BGH 19.1.1993, BGHZ 121, 137 (146 f.) = NJW 1993, 2114; BGH 8.12.1998, NZG 1999, 254 – beide zum Kartellrecht), jedenfalls wenn diese die Leitungs- oder Überwachungsorgane der Unternehmen mit im Wesentlichen denselben Personen besetzen.

12 **3. Verbindung mit Unterordnungskonzern.** Besteht ein Gleichordnungskonzern zwischen den Müttern von Unterordnungskonzernen, so entsteht dadurch ein einheitlicher Konzern. Die Tochtergesellschaften jeder der beiden Mütter sind Angehörige dieses Konzerns (MHdB GesR IV/*Krieger* § 68 Rn. 84). Das in einem Unterordnungskonzern abhängige Unternehmen kann nicht gleichzeitig Partner eines Gleichordnungskonzerns mit einer Schwestergesellschaft oder einem Dritten sein. Seine Einbindung in den Unterordnungskonzern schließt die Annahme eines Gleichordnungskonzerns mit anderen Unternehmen aus (Emmerich/Habersack/*Emmerich* Rn. 27; MHdB GesR IV/*Krieger* § 68 Rn. 85).

13 **4. Rechtslage im Vertragskonzern.** Der Gleichordnungsvertrag ist **kein Beherrschungsvertrag** und unterliegt nicht den für diesen geltenden Vorschriften (§ 291 Abs. 2). Mitbestimmungsrechtlich führt der Gleichordnungskonzern nicht zur wechselseitigen Zurechnung von Arbeitnehmern (Hüffer/Koch/*Koch* Rn. 22). Im Übrigen ist aber ungeklärt, welche rechtlichen Anforderungen an einen Gleichordnungsvertrag zu stellen sind und welche Rechtsfolgen dieser hat, insbesondere ob sein Abschluss der Zustimmung der Haupt- oder Gesellschafterversammlung bedarf, ob im Gleichordnungskonzern nachteilige Einflussnahmen zulässig sind, ob eine Verlustausgleichpflicht und bei Beendigung eine Verpflichtung zur Sicherstellung von Gläubigern entsprechend §§ 302, 303 besteht, oder aber nur ein Rückgriff auf § 826 BGB möglich sein soll (dazu Emmerich/Habersack/*Emmerich* Rn. 37; K. Schmidt/Lutter/*Vetter* Rn. 27 ff.).

Wechselseitig beteiligte Unternehmen

19 (1) [1] **Wechselseitig beteiligte Unternehmen sind Unternehmen mit Sitz im Inland in der Rechtsform einer Kapitalgesellschaft, die dadurch verbunden sind, daß jedem Unternehmen mehr als der vierte Teil der Anteile des anderen Unternehmens gehört.** [2] **Für die Feststellung, ob einem Unternehmen mehr als der vierte Teil der Anteile des anderen Unternehmens gehört, gilt § 16 Abs. 2 Satz 1, Abs. 4.**

(2) **Gehört einem wechselseitig beteiligten Unternehmen an dem anderen Unternehmen eine Mehrheitsbeteiligung oder kann das eine auf das andere Unternehmen unmittelbar oder mittelbar einen beherrschenden Einfluß ausüben, so ist das eine als herrschendes, das andere als abhängiges Unternehmen anzusehen.**

(3) **Gehört jedem der wechselseitig beteiligten Unternehmen an dem anderen Unternehmen eine Mehrheitsbeteiligung oder kann jedes auf das andere unmittelbar oder mittelbar einen beherrschenden Einfluß ausüben, so gelten beide Unternehmen als herrschend und als abhängig.**

(4) **§ 328 ist auf Unternehmen, die nach Absatz 2 oder 3 herrschende oder abhängige Unternehmen sind, nicht anzuwenden.**

I. Allgemeines

1 **1. Regelungsgegenstand und -zweck.** Überkreuzbeteiligungen sind unerwünscht, weil sie den Kapitalschutz beeinträchtigen und die Kontrolle der Gesellschafter über die Verwaltung beschränken und damit eine Verselbständigung der Verwaltung bewirken. Denn jedes der beteiligten Unternehmen ist wirtschaftlich mit dem Produkt der beiderseitigen Beteiligungsquoten an sich selbst beteiligt. Das Gesetz nimmt die Gefahren gegenseitiger Beteiligung bis zu einer Beteiligungsschwelle von 25 % hin. Jenseits dieser Beteiligungsschwelle reagiert es nicht mit einem Verbot, sondern mit abgestuften Rechtsfolgen (s. auch § 328).

2 **2. Anwendungsbereich.** Die Definition gilt nur für Beteiligungen zwischen Kapitalgesellschaften (AG, SE, KGaA, GmbH) mit Sitz im Inland (→ Rn. 10). Unternehmensqualität der Gesellschaften ist nach hM entgegen dem Wortlaut nicht erforderlich (Emmerich/Habersack/*Emmerich* Rn. 8; KK-AktG/*Koppensteiner* § 15 Rn. 91). Für § 19 kommt es deshalb nicht darauf an, ob ein Formkaufmann immer Unternehmen ist (→ § 15 Rn. 4 f.; s. auch K. Schmidt/Lutter/*Vetter* Rn. 7).

II. Formen wechselseitiger Beteiligungen

3 **1. Einfache wechselseitige Beteiligung (Abs. 1).** Sie liegt vor, wenn jede der Gesellschaften an der anderen mehr als ein Viertel der Anteile hält. Maßgebend sind ausschließlich die Anteile am Kapital;

Stimmenanteile sind unerheblich. Bezugsgröße ist der Gesamtnennbetrag oder die Gesamtstückzahl aller ausgegebenen Anteile ohne Abzug eigener Anteile (Hüffer/Koch/*Koch* Rn. 3; MüKoAktG/*Bayer* Rn. 30). Dies folgt aus der Verweisung nur auf § 16 Abs. 2 S. 1. Für die Zurechnung der Anteile anderer gilt § 16 Abs. 4.

2. Einseitig qualifizierte wechselseitige Beteiligung (Abs. 2). Gehört dem einen wechselseitig beteiligten Unternehmen eine Mehrheitsbeteiligung an dem anderen, so ist es als herrschendes und das andere als abhängiges Unternehmen anzusehen. Die Möglichkeit beherrschenden Einflusses (§ 17 Abs. 1) wird für diesen Fall nicht unwiderleglich vermutet (so die hM, s. Hüffer/Koch/*Koch* Rn. 4; MüKoAktG/*Bayer* Rn. 46), sondern fingiert, dh sie ist für die Rechtsfolge entbehrlich. Die Alt. 2 (Möglichkeit beherrschenden Einflusses) wiederholt die Definition der Abhängigkeit. Beide Alternativen stellen klar, dass die Vorschriften über wechselseitig beteiligte und herrschende/abhängige Unternehmen nebeneinander zur Anwendung kommen. Für die Feststellung der Mehrheitsbeteiligung oder der Möglichkeit beherrschenden Einflusses gelten die §§ 16, 17 ohne Einschränkung. Weil es für die Alt. 1 auf die Möglichkeit beherrschenden Einflusses nicht ankommt, kann nach ihr ein Unternehmen von zwei verschiedenen Unternehmen abhängig und an einem oder beiden der anderen wechselseitig beteiligt sein. 4

3. Beidseitig qualifizierte wechselseitige Beteiligung (Abs. 3). Hat jedes der beteiligten Unternehmen eine Mehrheitsbeteiligung an dem anderen oder die Möglichkeit beherrschenden Einflusses auf dieses, so gelten beide Unternehmen jeweils im Verhältnis zu dem anderem sowohl als herrschend als auch als abhängig. Die Voraussetzungen der Abhängigkeit sind bei jedem der Unternehmen ohne Berücksichtigung der (potentiell neutralisierenden) Gegenbeteiligung zu prüfen (GK-AktG/*Windbichler* Rn. 30). Tatsächliche gegenseitige Abhängigkeit ist nicht vorstellbar (Emmerich/Habersack/*Emmerich* Rn. 17; KK-AktG/*Koppensteiner* Rn. 27). Die Vorschrift begründet daher (entgegen der hM, s. Hüffer/Koch/*Koch* Rn. 7; MüKoAktG/*Bayer* Rn. 35) nicht eine unwiderlegliche Vermutung sondern ist Rechtsfolgenverweisung durch **Fiktion:** Für jedes der beiden Unternehmen im Verhältnis zueinander sind sowohl die Vorschriften für herrschende als auch die für abhängige Unternehmen und zusätzlich diejenigen für wechselseitige Beteiligungen anzuwenden (Hüffer/Koch/*Koch* Rn. 7). 5

4. Dreiecks- oder Ringbeteiligungen. Dreiecks- oder Ringbeteiligungen, die unterhalb der Schwelle einer Mehrheitsbeteiligung bleiben, begründen keine wechselseitige Beteiligung (Hüffer/Koch/*Koch* Rn. 3, 5, 8). Ist eines der Unternehmen von einem der beiden anderen abhängig, so werden seine Anteile an dem dritten dem herrschenden Unternehmen zugerechnet (§ 16 Abs. 4); das herrschende und das dritte Unternehmen sind dann wechselseitig beteiligt (näher Hüffer/Koch/*Koch* Rn. 5, 8; GK-AktG/*Windbichler* Rn. 36 ff.). 6

III. Rechtsfolgen

1. Grundsatz. Die Definitionen in § 19 enthalten keine Erlaubnis. Die Zulässigkeit von **Überkreuzbeteiligungen** hängt deshalb nicht vom Tatbestand der Definition, sondern davon ab, ob ein anderer Verbotstatbestand erfüllt ist, zB § 71 iVm § 71d S. 2 (Spindler/Stilz/*Schall* Rn. 6 f.). Auf wechselseitig beteiligte Unternehmen sind die Vorschriften über verbundene Unternehmen anzuwenden. Außerdem ist eine Angabe im Anhang erforderlich (§ 160 Abs. 1 Nr. 7). Die einfache wechselseitige Beteiligung führt bei demjenigen Unternehmen, welches zuerst von der Beteiligung des anderen erfährt, zu einem partiellen Rechtsverlust gem. § 328 (→ § 328 Rn. 1 ff.). Dieser Verlust gilt nicht für das qualifiziert wechselseitig beteiligte Unternehmen (Abs. 4). 7

2. Verhältnis zu den Kapitalschutzvorschriften. Die § 56 Abs. 2 und § 71 (iVm § 71d S. 2) sowie § 71b (iVm § 71d S. 4) bleiben unberührt. Im Falle qualifiziert wechselseitig beteiligter Aktiengesellschaften hat daher keine von beiden Rechte aus ihrer Beteiligung an der anderen, und muss die Beteiligung des abhängigen Unternehmens an dem anderen auf 10 % abgebaut werden (§ 71c Abs. 2 iVm § 71d S. 2, 4). Wer von beiderseits qualifiziert wechselseitig Beteiligten seine Beteiligung abbauen muss, ist ungeregelt; daraus kann jedoch nicht auf die Unanwendbarkeit der Veräußerungspflicht wegen „Perplexität" geschlossen werden (so aber MüKoAktG/*Oechsler* § 71d Rn. 33; wie hier MüKoAktG/*Bayer* Rn. 51; Emmerich/Habersack/*Emmerich* Rn. 18 f.). 8

3. Andere Rechtsformen. Nicht geregelt sind Überkreuzbeteiligungen zwischen Personengesellschaften oder zwischen einer Personengesellschaft und einer Kapitalgesellschaft (→ HGB § 172 Abs. 6 sowie BGH 6.10.1992, BGHZ 119, 346 (356 f.)). Bei qualifiziert wechselseitigen Beteiligungen unter Einbeziehung von Personengesellschaften können aber die Kapitalschutzvorschriften berührt sein und zur Anwendung kommen (MüKoAktG/*Bayer* Rn. 25; KK-AktG/*Koppensteiner* Rn. 33 f.). 9

4. Ausländische Kapitalgesellschaften. Der Tatbestand setzt Beteiligungen zwischen Kapitalgesellschaften mit Sitz im Inland voraus. Jedenfalls nach Aufgabe der sog. Sitztheorie bedeutet dies den Satzungssitz (aM GK-AktG/*Windbichler* Rn. 14; wie hier Spindler/Stilz/*Schall* Rn. 11; s. auch Emmerich/Habersack/*Emmerich* Rn. 8 sowie → § 21 Rn. 5). Mit der Beschränkung auf inländische Kapitalge- 10 sellschaften trägt das Gesetz den Grenzen seiner Regelungskompetenz Rechnung. Deshalb scheiden bei Überkreuzverflechtungen mit ausländischen Kapitalgesellschaften nur die Rechtsfolgen aus, die gleichmäßig beide Beteiligten treffen können (Meldepflicht und Rechtsverlust gem. § 328). Die Einbeziehung in die Vorschriften über verbundene, abhängige und herrschende Unternehmen durch die Abs. 1–3 gilt auch für das beteiligte ausländische Unternehmen (ebenso MüKoAktG/*Bayer* Rn. 27; KK-AktG/*Koppensteiner* Rn. 30 ff.; noch weitergehend Spindler/Stilz/*Schall* Rn. 12).

Mitteilungspflichten

20 (1) [1] **Sobald einem Unternehmen mehr als der vierte Teil der Aktien einer Aktiengesellschaft mit Sitz im Inland gehört, hat es dies der Gesellschaft unverzüglich schriftlich mitzuteilen.** [2] **Für die Feststellung, ob dem Unternehmen mehr als der vierte Teil der Aktien gehört, gilt § 16 Abs. 2 Satz 1, Abs. 4.**

(2) **Für die Mitteilungspflicht nach Absatz 1 rechnen zu den Aktien, die dem Unternehmen gehören, auch Aktien,**

1. deren Übereignung das Unternehmen, ein von ihm abhängiges Unternehmen oder ein anderer für Rechnung des Unternehmens oder eines von diesem abhängigen Unternehmens verlangen kann;
2. zu deren Abnahme das Unternehmen, ein von ihm abhängiges Unternehmen oder ein anderer für Rechnung des Unternehmens oder eines von diesem abhängigen Unternehmens verpflichtet ist.

(3) **Ist das Unternehmen eine Kapitalgesellschaft, so hat es, sobald ihm ohne Hinzurechnung der Aktien nach Absatz 2 mehr als der vierte Teil der Aktien gehört, auch dies der Gesellschaft unverzüglich schriftlich mitzuteilen.**

(4) **Sobald dem Unternehmen eine Mehrheitsbeteiligung (§ 16 Abs. 1) gehört, hat es auch dies der Gesellschaft unverzüglich schriftlich mitzuteilen.**

(5) **Besteht die Beteiligung in der nach Absatz 1, 3 oder 4 mitteilungspflichtigen Höhe nicht mehr, so ist dies der Gesellschaft unverzüglich schriftlich mitzuteilen.**

(6) [1] **Die Gesellschaft hat das Bestehen einer Beteiligung, die ihr nach Absatz 1 oder 4 mitgeteilt worden ist, unverzüglich in den Gesellschaftsblättern bekanntzumachen; dabei ist das Unternehmen anzugeben, dem die Beteiligung gehört.** [2] **Wird der Gesellschaft mitgeteilt, daß die Beteiligung in der nach Absatz 1 oder 4 mitteilungspflichtigen Höhe nicht mehr besteht, so ist auch dies unverzüglich in den Gesellschaftsblättern bekanntzumachen.**

(7) [1] **Rechte aus Aktien, die einem nach Absatz 1 oder 4 mitteilungspflichtigen Unternehmen gehören, bestehen für die Zeit, für die das Unternehmen die Mitteilungspflicht nicht erfüllt, weder für das Unternehmen noch für ein von ihm abhängiges Unternehmen oder für einen anderen, der für Rechnung des Unternehmens oder eines von diesem abhängigen Unternehmens handelt.** [2] **Dies gilt nicht für Ansprüche nach § 58 Abs. 4 und § 271, wenn die Mitteilung nicht vorsätzlich unterlassen wurde und nachgeholt worden ist.**

(8) **Die Absätze 1 bis 7 gelten nicht für Aktien eines Emittenten im Sinne des § 33 Abs. 4 des Wertpapierhandelsgesetzes.**

Übersicht

I. Allgemeines

1 **1. Regelungsgegenstand und -zweck.** Die Vorschrift dient der Transparenz wesentlicher Beteiligungen. Außerdem dient sie (Abs. 3) der Feststellung wechselseitiger Beteiligungen.

2 **2. Anwendungsbereich.** Die Vorschrift gilt nur für Beteiligungen eines Unternehmens (→ § 15 Rn. 2) an einer AG oder KGaA mit Sitz im Inland. Sie gilt nicht, wenn dessen Aktien zum Handel an einem organisierten Markt im EWR zugelassen sind (Abs. 8 iVm § 33 Abs. 2, § 2 Abs. 6 Nr. 1a WpHG). Dann gelten §§ 33 ff. WpHG.

II. Mitteilungspflicht

3 **1. Meldepflichtige Vorgänge.** Die Meldepflicht besteht für drei verschiedene Beteiligungsstufen, die auch zusammenfallen können, sowie für deren Beendigung. Sie besteht auch, wenn die Beteiligung der Gesellschaft bereits bekannt ist, und auch, wenn die Beteiligung bei der Gründung der Gesellschaft (einschließlich Gründung durch Formwechsel) erworben wurde (BGH 24.4.2006, BGHZ 167, 204) und selbst, wenn der Meldepflichtige mit seiner Beteiligung im Aktienregister eingetragen ist (KG 14.6.1990, AG 1990, 500 (501); Hüffer/Koch/*Koch* Rn. 8; MüKoAktG/*Bayer* Rn. 10). Die Art und Weise, wie die jeweilige Beteiligungsstufe erreicht oder unterschritten wurde, ist in allen Fällen unerheblich. Die Mitteilungspflicht entsteht deshalb auch, wenn der Inhaber einer relevanten Beteiligung die Unternehmenseigenschaft erwirbt (GK-AktG/*Windbichler* Rn. 22, KK-AktG/*Koppensteiner* Rn. 13 Fn. 30) oder die Schwelle nur als Folge einer Kapitalherabsetzung gem. § 237 überschritten oder einer Kapitalerhöhung unterschritten wird. Entgegen verbreiteter Formulierung (zB Hüffer/Koch/*Koch* Rn. 3) ist also Beteiligungswechsel keine zwingende Voraussetzung. Mitteilungspflichtig ist auch ein Erwerb durch Gesamtrechtsnachfolge, auch wenn der Gesamtrechtsvorgänger dieselbe Beteiligung mitgeteilt hatte (Emmerich/Habersack/*Emmerich* Rn. 20). Zur Frage der Mitteilungspflicht als Folge eines Delisting s. LG München 28.8.2008, AG 2008, 904 (910), ohne Thematisierung der Verschiedenheit der nach § 20 bzw. nach §§ 21 f. WpHG (aF) mitteilungspflichtigen Tatbestände; dazu eingehend *Burgard* FS U. H. Schneider, 2011, 177.

4 **a) Schachtel (Abs. 1).** Die erste meldepflichtige Stufe ist die Beteiligung mit mehr als 25 % am Kapital. Maßgebend sind die von dem Unternehmen gehaltenen und die ihm nach § 16 Abs. 4 zugerechneten Anteile sowie die ihm nach Abs. 2 zuzurechnenden Anteile. Für den Anspruch oder die Verpflichtung gem. Abs. 2 genügt eine entsprechende Option. Bei vinkulierten Namensaktien erfolgt Zurechnung nicht vor Zustimmung der Gesellschaft (MüKoAktG/*Bayer* Rn. 19; KK-AktG/*Koppensteiner* Rn. 18; anders wohl KG 14.6.1990, ZIP 1991, 925 (926)). **Bezugsgröße** ist der Gesamtnennbetrag oder die Gesamtstückzahl der bestehenden Aktien ohne Abzug eigener oder für Rechnung der Gesellschaft gehaltener Aktien (Abs. 1 S. 2 iVm § 16 Abs. 2 S. 1).

5 **b) Eigene Schachtel (Abs. 3).** Selbständig meldepflichtig ist die Beteiligung mit mehr als 25 % am Kapital ohne Zurechnung gem. Abs. 2, aber mit der Zurechnung gem. Abs. 1 S. 2. Diese Meldepflicht dient der Feststellung wechselseitiger Beteiligungen (§§ 19, 328). Verpflichtet ist nur eine Kapitalgesellschaft, und zwar nach hM wegen entsprechender Beschränkung der §§ 19, 328 nur eine solche mit Sitz im Inland (MüKoAktG/*Bayer* Rn. 8, 22; Hölters/*Hirschmann* Rn. 7). Ist eine Schachtel gem. Abs. 1 erworben und gemeldet worden, so bedarf es einer erneuten Meldung, wenn die Voraussetzungen des Abs. 3 erreicht werden (K. Schmidt/Lutter/*Veil* Rn. 27).

6 **c) Mehrheitsbeteiligung (Abs. 4).** Meldepflichtig ist ferner eine Mehrheitsbeteiligung iSv § 16, also eine Beteiligung mit der Mehrheit der Kapitalanteile oder der Stimmrechte. Für die Berechnung gilt insgesamt § 16. Ist zunächst die eine Mehrheit erreicht und mitgeteilt worden, so bedarf es keiner erneuten Mitteilung, wenn auch die andere Mehrheit erreicht wird (MüKoAktG/*Bayer* Rn. 24).

7 **d) Wegfall der Beteiligung (Abs. 5).** Wird die maßgebliche Beteiligungsschwelle unterschritten, so ist auch dies mitzuteilen; eine nach Wegfall der Mehrheitsbeteiligung verbleibende Schachtelbeteiligung ist zusammen mit dem Wegfall der Mehrheitsbeteiligung mitzuteilen. Nicht mitteilungspflichtig ist der Wegfall der die Mitteilungspflicht begründenden Unternehmenseigenschaft des Aktionärs (Emmerich/Habersack/*Emmerich* Rn. 29; aM KK-AktG/*Koppensteiner* Rn. 21 Fn. 52). Die Pflicht zur Mitteilung des Wegfalls der Beteiligung entfällt, wenn die vorher gehaltene Beteiligung vorschriftswidrig nicht mitgeteilt war (KK-AktG/*Koppensteiner* Rn. 21, 50; anders die wohl hM MüKoAktG/*Bayer* Rn. 26;

Emmerich/Habersack/*Emmerich* Rn. 29; Hüffer/Koch/*Koch* Rn 7). Allerdings kann der vormalige Inhaber der Beteiligung zur Wiederherstellung seiner Vermögensrechte ein Interesse haben, die unterlassene Mitteilung nachzuholen (→ Rn. 15); tut er dies, so muss er auch den Wegfall der Beteiligung mitteilen.

8 **2. Mitteilungspflicht im Einzelnen. a) Adressat.** Mitteilungspflichtig ist derjenige, bei dem der mitteilungspflichtige Tatbestand erfüllt ist. Die Zurechnung (Abs. 2 und § 16 Abs. 4) führt nicht zur Absorption oder Wegrechnung (BGH 24.7.2000, NJW 2000, 3647; BGH 22.4.1991, BGHZ 114, 203 (217)). Ist, zB im Fall mehrstufiger Beteiligung, bei demjenigen, dessen Anteile einem anderen zugerechnet werden, der Tatbestand ebenfalls erfüllt, so ist auch er neben dem Zurechnungsadressaten meldepflichtig.

9 **b) Zeitpunkt.** Die Mitteilung hat unverzüglich zu erfolgen, dh ohne schuldhaftes Zögern (§ 121 Abs. 1 S. 1 BGB) nach Erfüllung des Tatbestandes. An die Sorgfaltspflicht zur Erkennung der Meldepflicht ist ein strenger Maßstab anzulegen.

10 **c) Inhalt und Form.** Die Mitteilung muss die Identität des Beteiligten und die Art der mitgeteilten Beteiligung kennzeichnen (BGH 22.4.1991, BGHZ 114, 203 (214 ff.)). Die Angabe der Grundlage der Mitteilungspflicht ist nicht erforderlich, zur Kennzeichnung der Art der Beteiligung aber zweckmäßig (Hüffer/Koch/*Koch* Rn 8). Die Mitteilung gem. Abs. 3 schließt solche gem. Abs. 1 notwendig ein (MüKoAktG/*Bayer* Rn 28, str.). Die genaue Angabe des Beteiligungsanteils und deren Nachweis ist nicht erforderlich. Bei der Mehrheitsbeteiligung genügt die Angabe der Mehrheitsbeteiligung ohne Kennzeichnung, ob es Kapital- oder Stimmenmehrheit ist (LG Hamburg 8.6.1995, AG 1996, 233; s. aber Emmerich/Habersack/*Emmerich* Rn. 28a, 34). Wird die Beteiligung mit der Mehrheit der Anteile mitgeteilt, bedarf es nicht auch noch der Mitteilung gem. Abs. 1, 3. Anders, wenn nur eine Mehrheitsbeteiligung (ohne Bezeichnung ihrer Art) angegeben wird (einschränkend MHdB GesR IV/*Krieger* § 69 Rn. 129). Die Mitteilung hat schriftlich zu erfolgen, dh sie muss handschriftlich unterzeichnet oder mit qualifizierter elektronischer Signatur versehen (§ 126a Abs. 1 BGB) sein. Übermittlung per Telefax genügt, nicht aber durch E-Mail mit eingescannter Unterschrift (OLG Schleswig 31.5.2007, ZIP 2007, 2214 (2215)). Inzidentmitteilung in einem Verlangen nach § 327a soll genügen (OLG München 6.7.2011, ZIP 2011, 2199; s. auch Hüffer/Koch/*Koch* Rn 8 sowie *Burgard* WM 2012, 1937).

11 **d) Bekanntmachung (Abs. 6).** Die Gesellschaft hat die ihr mitgeteilte Beteiligung gem. Abs. 1 und 4 und die Mitteilung von deren Wegfall unverzüglich in den Gesellschaftsblättern bekannt zu machen. Da eine Mitteilung gem. Abs. 3 die nach Abs. 1 einschließt, ist auch sie bekannt zu machen, wenn nicht vorher bereits die Mitteilung nach Abs. 1 bekannt gemacht wurde (Hüffer/Koch/*Koch* Rn 9). Die Bekanntmachung darf nicht vom Nachweis der Beteiligung abhängig gemacht werden. Ohne Mitteilung seitens des Mitteilungspflichtigen darf die Gesellschaft eine ihr anderweitig bekannt gewordene Beteiligung nicht als eine ihr mitgeteilte Beteiligung bekannt machen. Gibt sie die Beteiligung bekannt, so hat sie ausdrücklich darauf hinzuweisen, dass eine Mitteilung nicht erfolgt ist (MüKoAktG/*Bayer* Rn. 38). Eine solche Bekanntmachung lässt den Rechtsverlust nach Abs. 7 (→ Rn. 12 ff.) unberührt (Emmerich/Habersack/*Emmerich* Rn. 32, 37; aM KK-AktG/*Koppensteiner* Rn. 45).

III. Rechtsfolgen bei Verstoß

12 **1. Zeitweiliger Rechtsverlust. a) Grundsatz.** Die Verletzung der Mitteilungspflichten gem. Abs. 1 und 4, nicht aber der gesonderten Pflicht gem. Abs. 3 (→ Rn. 5, → Rn. 10) und auch nicht derjenigen gem. Abs. 5, hat gem. Abs. 7 zur Folge, dass Rechte aus den Aktien bis zur Erfüllung der Verpflichtung nicht ausgeübt werden können (BGH 22.4.1991, BGHZ 114, 203 (214 ff.)). Der Rechtsverlust betrifft sämtliche Aktien, nicht nur diejenigen, mit denen die Schwelle überschritten wird. Betroffen sind alle Aktien, die dem Meldepflichtigen gehören oder ihm gem. § 16 Abs. 4 zugerechnet werden.

13 **b) Verschulden.** Voraussetzung ist ein nach strengen Maßstäben zu beurteilendes Verschulden, da die Mitteilungspflicht nur verletzt ist, wenn die Mitteilung nicht unverzüglich (§ 121 Abs. 1 S. 1 BGB) erfolgt (hM Spindler/Stilz/*Petersen* Rn. 37; Emmerich/Habersack/*Emmerich* Rn. 46; iErg auch Hüffer/Koch/*Koch* Rn. 11 unter Hinweis auf die Materialien und die Härte der Sanktion). Die Notwendigkeit des Verschuldens ergibt sich auch daraus, dass die Bezugsgröße für die Berechnung der Mehrheitsbeteiligung für den Aktionär nicht immer zuverlässig feststellbar ist (→ § 16 Rn. 3). Nach anderer Meinung soll das Verschuldenserfordernis nicht für versammlungsbezogene Verwaltungsrechte gelten (OLG Schleswig 31.5.2007, ZIP 2007, 2214 (2216); KK-AktG/*Koppensteiner* Rn. 56; dagegen mit Recht *Mülbert* FS K. Schmidt, 2009, 1219 (1230 f.)). Für eine Differenzierung gibt das Gesetz keine Grundlage. Voraussetzungen des Stimmrechtsverlustes können in der Versammlung idR nicht abschließend geprüft werden; sie sind ggf. nach der Versammlung durch Anfechtungs- und/oder Beschlussfeststellungsklage zu klären.

c) Erfasste Rechte. Der Rechtsverlust umfasst zunächst (→ Rn. 15) alle Rechte aus den betroffenen Aktien (BGH 24.4.2006, BGHZ 167, 204) einschließlich Bezugsrechten (Hüffer/Koch/*Koch* Rn. 12; aM MHdB GesR IV/*Krieger* § 69 Rn. 146), nicht aber die **Substanz** der Aktien selbst (Spindler/Stilz/*Petersen* Rn. 44), daher nicht das Recht auf neue Aktien bei einer Kapitalerhöhung aus Gesellschaftsmitteln §§ 215, 328 Abs. 1 S. 2 (KK-AktG/*Koppensteiner* Rn. 65, 72; aM MüKoAktG/*Bayer* Rn. 67), und auch nicht das Recht auf die bei einer Verschmelzung ausgegebenen Anteile des übernehmenden Rechtsträgers (§ 2 Abs. 1 Nr. 3 UmwG), wohl aber das Recht auf den Liquidationserlös (Abs. 7 S. 2e contrario). Vom Rechtsverlust betroffen sind diejenigen Rechte, für die zum für sie maßgebenden Zeitpunkt die Voraussetzungen des Rechtsverlusts vorliegen. Ob ohne die betroffenen Aktien eine Vollversammlung (§ 121 Abs. 6) möglich ist, ist keine Frage des § 20 Abs. 7, sondern des § 121 Abs. 6 (BGH 20.4.2009, ZIP 2009, 1317). 14

2. Nachholung. Der – zunächst weggefallene – Anspruch auf eine Dividende und den Liquidationserlös lebt wieder auf, wenn die Mitteilung **nachgeholt** wird und **nicht vorsätzlich unterlassen** worden war (Abs. 7 S. 2). Vorsatz erfordert bewusste Nichterfüllung der Pflicht (KK-AktG/*Koppensteiner* Rn. 74), setzt also Kenntnis der Pflicht voraus. Die Mitteilung kann nur von demjenigen nachgeholt werden, der zur Mitteilung verpflichtet ist oder war, oder von seinem Gesamtrechtsnachfolger. Nachholung ist auch nach Wegfall des Tatbestands (beispielsweise durch Veräußerung) noch möglich. Sie darf nicht vorsätzlich verzögert werden (KK-AktG/*Koppensteiner* Rn. 74; strenger – unverzügliche Nachholung erforderlich – BGH 5.4.2016, ZIP 2016, 1919 (1922); MüKoAktG/*Bayer* Rn. 82; Emmerich/Habersack/*Emmerich* Rn. 57). Zeitliche Grenzen ergeben sich nur aus dem allgemeinen Verjährungsrecht. Kannte die Gesellschaft den Verstoß und hat sie deshalb die Zahlung einbehalten, so hat sie sich durch entsprechende Rückstellung oder Einbehalt von Teilen des Liquidationserlöses die Erfüllung der Ansprüche bis zu deren Verjährung offenzuhalten. 15

3. Folgen unzulässiger Rechtsausübung. a) Stimmrechtsausübung. Werden trotz Rechtsverlusts die ruhenden Stimmen in der Hauptversammlung ausgeübt und – mangels Kenntnis des Versammlungsleiters vom Sachverhalt – mitgezählt, so ist der Beschluss anfechtbar, wenn sein Ergebnis durch die unberechtigte Zählung zustande gekommen ist (BGH 24.4.2006, BGHZ 167, 204; vgl. auch BGH 12.12.2005, ZIP 2006, 227 (228); speziell zur Bestellung von Aufsichtsratsmitgliedern OLG Frankfurt a. M. 2.5.2019, NJW-RR 2019, 1182). Die Stimmrechtsabgabe ist außerdem ordnungswidrig (§ 405 Abs. 3 Nr. 5). 16

b) Vermögensrechte. Dividenden, die unter Verstoß gegen Abs. 7 gezahlt wurden, sind gem. § 62 Abs. 1 AktG, der als *lex specialis* die §§ 812 ff. verdrängt, zu erstatten (BGH 5.4.2016, ZIP 2016, 1919). Aktien, die auf Bezugsrechte ausgegeben wurden, welche nach Abs. 7 nicht bestanden, bleiben bestehen; nach hM ist der Wert des Bezugsrechts zu erstatten (Hüffer/Koch/*Koch* Rn. 17; MHdB GesR IV/*Krieger* § 69 Rn. 147). 17

4. Schadensersatz. a) Schutzgesetz? Entgegen einer verbreiteten Meinung (zB KK-AktG/*Koppensteiner* Rn. 90; MüKoAktG/*Bayer* Rn. 85) ist § 20 kein Schutzgesetz (ebenso GK-AktG/*Windbichler* Rn. 88). Es ist weder ein geschützter Personenkreis noch ein Schutzbereich hinreichend abgrenzbar (dazu MüKoBGB/*Wagner* BGB § 823 Rn. 346 ff.). Die Mitteilungspflichten sind deshalb Obliegenheiten (GK-AktG/*Windbichler* Rn. 9; ebenso und in Widerspruch zur Qualifikation als Schutzgesetz K. Schmidt/Lutter/*Veil* Rn. 7 und 45). 18

b) Unterlassung der Bekanntmachung. Verletzt der Vorstand seine Bekanntmachungspflicht, so kann er nach § 93 schadensersatzpflichtig sein. 19

Mitteilungspflichten der Gesellschaft

21 (1) [1] **Sobald der Gesellschaft mehr als der vierte Teil der Anteile einer anderen Kapitalgesellschaft mit Sitz im Inland gehört, hat sie dies dem Unternehmen, an dem die Beteiligung besteht, unverzüglich schriftlich mitzuteilen.** [2] **Für die Feststellung, ob der Gesellschaft mehr als der vierte Teil der Anteile gehört, gilt § 16 Abs. 2 Satz 1, Abs. 4 sinngemäß.**

(2) **Sobald der Gesellschaft eine Mehrheitsbeteiligung (§ 16 Abs. 1) an einem anderen Unternehmen gehört, hat sie dies dem Unternehmen, an dem die Mehrheitsbeteiligung besteht, unverzüglich schriftlich mitzuteilen.**

(3) **Besteht die Beteiligung in der nach Absatz 1 oder 2 mitteilungspflichtigen Höhe nicht mehr, hat die Gesellschaft dies dem anderen Unternehmen unverzüglich schriftlich mitzuteilen.**

(4) [1] **Rechte aus Anteilen, die einer nach Absatz 1 oder 2 mitteilungspflichtigen Gesellschaft gehören, bestehen nicht für die Zeit, für die sie die Mitteilungspflicht nicht erfüllt.** [2] **§ 20 Abs. 7 Satz 2 gilt entsprechend.**

(5) **Die Absätze 1 bis 4 gelten nicht für Aktien eines Emittenten im Sinne des § 33 Absatz 4 des Wertpapierhandelsgesetzes.**

I. Allgemeines

1 **1. Schutzzweck.** Während § 20 die Beteiligung von Unternehmen an einer AG betrifft, regelt § 21 Mitteilungspflichten der AG als beteiligtes Unternehmen. Er dient der Rechtssicherheit hinsichtlich Vorschriften, die an der qualifizierten Beteiligung gerade einer deutschen AG oder KGaA anknüpfen, und damit mittelbar auch der Durchsetzung der Verbote von § 56 Abs. 2, § 71a S. 2–4, § 136 Abs. 2 sowie der Aufdeckung wechselseitiger Beteiligungen (Hüffer/Koch/*Koch* Rn. 1).

2 **2. Mitteilungspflichtige Vorgänge. a) Beteiligtes Unternehmen.** Es geht immer nur um die Beteiligung „der Gesellschaft", dh einer deutschen AG oder KGaA. Gleichgestellt ist die Beteiligung einer SE mit Sitz in Deutschland (Art. 9 Abs. 1 lit c ii SE-VO).

3 **b) Schachtel (Abs. 1).** Meldepflichtig ist die Beteiligung von mehr als 25 % am Kapital einer Kapitalgesellschaft mit Sitz im Inland. Die Berechnung erfolgt (wie gem. § 19 Abs. 1 S. 2 und § 20 Abs. 3) unter Hinzurechnung gem. § 16 Abs. 4 und ohne Zurechnung gem. § 20 Abs. 2 allein nach dem Anteil am Kapital. Die Beschränkung auf Beteiligungen an Kapitalgesellschaften mit Sitz im Inland entspricht §§ 19, 328 sowie nach hM § 20 Abs. 3 (→ § 20 Rn. 5).

4 **c) Mehrheitsbeteiligung (Abs. 2).** Mitteilungspflichtig ist eine Mehrheitsbeteiligung gem. § 16 an jedem Unternehmen gleich welcher Rechtsform, entgegen der noch hM (Emmerich/Habersack/*Emmerich* Rn. 8 mwN) auch an Unternehmen mit Sitz im Ausland (ebenso KK-AktG/*Koppensteiner* Rn. 4; Hüffer/Koch/*Koch* Rn. 3; *Grimm/Wenzel* AG 2012, 274); denn die Verbote der § 56 Abs. 2, § 71d S. 2–4, § 136 Abs. 2 gelten auch für ausländische abhängige Unternehmen.

5 **d) Wegfall der Beteiligung (Abs. 3).** Mitteilungspflichtig ist auch die Unterschreitung der Beteiligungsschwellen.

II. Mitteilungspflicht

6 **1. Mitteilungspflicht im Einzelnen. a) Form und Inhalt.** Form und Inhalt müssen den Anforderungen der Mitteilung gem. § 20 Abs. 3, 4 und 5 entsprechen (→ § 20 Rn. 10). Eine **Bekanntmachung** ist weder der beteiligten AG/SE/KGaA, noch dem Beteiligungsunternehmen vorgeschrieben, sofern dieses nicht selbst eine dieser Rechtsformen hat.

7 **b) Beteiligung an AG.** Ist das andere Unternehmen eine inländische AG, SE oder KGaA, so hat § 20 als strengere Vorschrift Vorrang (allgM Hüffer/Koch/*Koch* § 20 Rn. 1).

8 **2. Folgen bei Verstoß und unzulässiger Rechtsausübung.** Folgen bei Verstoß und unzulässiger Rechtsausübung entsprechen denjenigen bei einem Verstoß gegen § 20 (→ § 20 Rn. 12 ff.; zu den Folgen bei Auslandsbezug *Grimm/Wenzel* AG 2012, 274 (278 f.)).

9 **3. Ausnahme für börsennotierte Emittenten (Abs. 5).** Die Vorschrift gilt nicht „für Aktien eines Emittenten iSd § 33 Abs. 4 WpHG". Die Ausnahme betrifft nicht die mitteilungspflichtige AG, sondern die mitzuteilende Beteiligung. Das kann auch die sonst mitteilungspflichtige Mehrheitsbeteiligung an einer ausländischen AG (→ Rn. 4) sein, da auch diese Emittent iSv § 33 Abs. 4 WpHG sein kann (§ 33 Abs. 4 iVm § 2 Abs. 6 Nr. 1b oder Abs. 7 Nr. 2 WpHG, Schwark/Zimmer/*Schwark* WpHG § 21 Rn. 2).

Nachweis mitgeteilter Beteiligungen

22 **Ein Unternehmen, dem eine Mitteilung nach § 20 Abs. 1, 3 oder 4, § 21 Abs. 1 oder 2 gemacht worden ist, kann jederzeit verlangen, daß ihm das Bestehen der Beteiligung nachgewiesen wird.**

1 Der Empfänger der Mitteilung einer Beteiligung gem. §§ 20, 21 kann deren Nachweis verlangen, nach hM (Hüffer/Koch/*Koch* Rn. 2; Emmerich/Habersack/*Emmerich* Rn. 6; krit. KK-AktG/*Koppensteiner* Rn. 3) bei Zweifeln an dem Fortbestand auch den Nachweis des Fortbestandes. Gegenstand des Nachweises ist allein die **Richtigkeit** (oder weitere Richtigkeit) der Mitteilung, nicht die exakte Höhe, Zusammensetzung oder Herkunft der Beteiligung. Alle Beweismittel sind für den Nachweis geeignet. Erzwungen werden kann der Nachweis nur aufgrund eines Titels durch Vollstreckung gem. § 888 ZPO. Wird der Wegfall der Beteiligung mitgeteilt, so kann Nachweis des Wegfalls nicht verlangt werden.

Anhang § 22

Mitteilungspflichten nach dem Gesetz über den Wertpapierhandel – WpHG

vom 9.9.1998 (BGBl. 1998 I 2708),

neu gefasst durch das 2. Finanzmarktnovellierungsgesetz vom 23.6.2017 (BGBl. 2017 I 1693)
– Auszug –

§§ 33 bis 47 WpHG

Mitteilungspflichten des Meldepflichtigen; Verordnungsermächtigung

33 (1) [1] **Wer durch Erwerb, Veräußerung oder auf sonstige Weise 3 Prozent, 5 Prozent, 10 Prozent, 15 Prozent, 20 Prozent, 25 Prozent, 30 Prozent, 50 Prozent oder 75 Prozent der Stimmrechte aus ihm gehörenden Aktien an einem Emittenten, für den die Bundesrepublik Deutschland der Herkunftsstaat ist, erreicht, überschreitet oder unterschreitet (Meldepflichtiger), hat dies unverzüglich dem Emittenten und gleichzeitig der Bundesanstalt, spätestens innerhalb von vier Handelstagen unter Beachtung von § 34 Absatz 1 und 2 mitzuteilen. [2] Bei Hinterlegungsscheinen, die Aktien vertreten, trifft die Mitteilungspflicht ausschließlich den Inhaber der Hinterlegungsscheine. [3] Die Frist des Satzes 1 beginnt mit dem Zeitpunkt, zu dem der Meldepflichtige Kenntnis davon hat oder nach den Umständen haben mußte, daß sein Stimmrechtsanteil die genannten Schwellen erreicht, überschreitet oder unterschreitet. [4] Hinsichtlich des Fristbeginns wird unwiderleglich vermutet, dass der Meldepflichtige spätestens zwei Handelstage nach dem Erreichen, Überschreiten oder Unterschreiten der genannten Schwellen Kenntnis hat. [5] Kommt es infolge von Ereignissen, die die Gesamtzahl der Stimmrechte verändern, zu einer Schwellenberührung, so beginnt die Frist abweichend von Satz 3, sobald der Meldepflichtige von der Schwellenberührung Kenntnis erlangt, spätestens jedoch mit der Veröffentlichung des Emittenten nach § 41 Absatz 1.**

(2) [1] **Wem im Zeitpunkt der erstmaligen Zulassung der Aktien zum Handel an einem organisierten Markt 3 Prozent oder mehr der Stimmrechte an einem Emittenten zustehen, für den die Bundesrepublik Deutschland der Herkunftsstaat ist, hat diesem Emittenten sowie der Bundesanstalt eine Mitteilung entsprechend Absatz 1 Satz 1 zu machen. [2] Absatz 1 Satz 2 gilt entsprechend.**

(3) **Als Gehören im Sinne dieses Abschnitts gilt bereits das Bestehen eines auf die Übertragung von Aktien gerichteten unbedingten und ohne zeitliche Verzögerung zu erfüllenden Anspruchs oder einer entsprechenden Verpflichtung.**

(4) **Inlandsemittenten und Emittenten, für die die Bundesrepublik Deutschland der Herkunftsstaat ist, sind im Sinne dieses Abschnitts nur solche, deren Aktien zum Handel an einem organisierten Markt zugelassen sind.**

(5) [1] **Das Bundesministerium der Finanzen kann durch Rechtsverordnung, die nicht der Zustimmung des Bundesrates bedarf, nähere Bestimmungen erlassen über den Inhalt, die Art, die Sprache, den Umfang und die Form der Mitteilung nach Absatz 1 Satz 1 und Absatz 2. [2] Das Bundesministerium der Finanzen kann die Ermächtigung durch Rechtsverordnung auf die Bundesanstalt übertragen, soweit die Art und die Form der Mitteilung nach Absatz 1 oder Absatz 2, insbesondere die Nutzung eines elektronischen Verfahrens, betroffen sind.**

Zurechnung von Stimmrechten

34 (1) [1] **Für die Mitteilungspflichten nach § 33 Abs. 1 und 2 stehen den Stimmrechten des Meldepflichtigen Stimmrechte aus Aktien des Emittenten, für den die Bundesrepublik Deutschland der Herkunftsstaat ist, gleich,**

1. **die einem Tochterunternehmen des Meldepflichtigen gehören,**
2. **die einem Dritten gehören und von ihm für Rechnung des Meldepflichtigen gehalten werden,**
3. **die der Meldepflichtige einem Dritten als Sicherheit übertragen hat, es sei denn, der Dritte ist zur Ausübung der Stimmrechte aus diesen Aktien befugt und bekundet die Absicht, die Stimmrechte unabhängig von den Weisungen des Meldepflichtigen auszuüben,**
4. **an denen zugunsten des Meldepflichtigen ein Nießbrauch bestellt ist,**

5. die der Meldepflichtige durch eine Willenserklärung erwerben kann,
6. die dem Meldepflichtigen anvertraut sind oder aus denen er die Stimmrechte als Bevollmächtigter ausüben kann, sofern er die Stimmrechte aus diesen Aktien nach eigenem Ermessen ausüben kann, wenn keine besonderen Weisungen des Aktionärs vorliegen,
7. aus denen der Meldepflichtige die Stimmrechte ausüben kann auf Grund einer Vereinbarung, die eine zeitweilige Übertragung der Stimmrechte ohne die damit verbundenen Aktien gegen Gegenleistung vorsieht,
8. die bei dem Meldepflichtigen als Sicherheit verwahrt werden, sofern der Meldepflichtige die Stimmrechte hält und die Absicht bekundet, diese Stimmrechte auszuüben.

[2]Für die Zurechnung nach Satz 1 Nr. 2 bis 8 stehen dem Meldepflichtigen Tochterunternehmen des Meldepflichtigen gleich. [3]Stimmrechte des Tochterunternehmens werden dem Meldepflichtigen in voller Höhe zugerechnet.

(2) [1]Dem Meldepflichtigen werden auch Stimmrechte eines Dritten aus Aktien des Emittenten, für den die Bundesrepublik Deutschland der Herkunftsstaat ist, in voller Höhe zugerechnet, mit dem der Meldepflichtige oder sein Tochterunternehmen sein Verhalten in Bezug auf diesen Emittenten auf Grund einer Vereinbarung oder in sonstiger Weise abstimmt; ausgenommen sind Vereinbarungen in Einzelfällen. [2]Ein abgestimmtes Verhalten setzt voraus, dass der Meldepflichtige oder sein Tochterunternehmen und der Dritte sich über die Ausübung von Stimmrechten verständigen oder mit dem Ziel einer dauerhaften und erheblichen Änderung der unternehmerischen Ausrichtung des Emittenten in sonstiger Weise zusammenwirken. [3]Für die Berechnung des Stimmrechtsanteils des Dritten gilt Absatz 1 entsprechend.

(3) [1]Wird eine Vollmacht im Falle des Absatzes 1 Satz 1 Nummer 6 nur zur Ausübung der Stimmrechte für eine Hauptversammlung erteilt, ist es für die Erfüllung der Mitteilungspflicht nach § 33 Absatz 1 und 2 in Verbindung mit Absatz 1 Satz 1 Nummer 6 ausreichend, wenn die Mitteilung lediglich bei Erteilung der Vollmacht abgegeben wird. [2]Die Mitteilung muss die Angabe enthalten, wann die Hauptversammlung stattfindet und wie hoch nach Erlöschen der Vollmacht oder des Ausübungsermessens der Stimmrechtsanteil sein wird, der dem Bevollmächtigten zugerechnet wird.

Tochterunternehmenseigenschaft; Verordnungsermächtigung

35 (1) Vorbehaltlich der Absätze 2 bis 4 sind Tochterunternehmen im Sinne dieses Abschnitts Unternehmen,

1. die als Tochterunternehmen im Sinne des § 290 des Handelsgesetzbuches gelten oder
2. auf die ein beherrschender Einfluss ausgeübt werden kann,

ohne dass es auf die Rechtsform oder den Sitz ankommt.

(2) Nicht als Tochterunternehmen im Sinne dieses Abschnitts gilt ein Wertpapierdienstleistungsunternehmen hinsichtlich der Beteiligungen, die von ihm im Rahmen einer Wertpapierdienstleistung nach § 2 Absatz 3 Satz 1 Nummer 7 verwaltet werden, wenn

1. das Wertpapierdienstleistungsunternehmen die Stimmrechte, die mit den betreffenden Aktien verbunden sind, unabhängig vom Mutterunternehmen ausübt,
2. das Wertpapierdienstleistungsunternehmen
   a) die Stimmrechte nur auf Grund von in schriftlicher Form oder über elektronische Hilfsmittel erteilten Weisungen ausüben darf oder
   b) durch geeignete Vorkehrungen sicherstellt, dass die Finanzportfolioverwaltung unabhängig von anderen Dienstleistungen und unter Bedingungen erfolgt, die gleichwertig sind denen der Richtlinie 2009/65/EG des Europäischen Parlaments und des Rates vom 13. Juli 2009 zur Koordinierung der Rechts- und Verwaltungsvorschriften betreffend bestimmte Organismen für gemeinsame Anlage in Wertpapieren (OGAW) (ABl. L 302 vom 17.11.2009, S. 32) in der jeweils geltenden Fassung,
3. das Mutterunternehmen der Bundesanstalt den Namen des Wertpapierdienstleistungsunternehmens und die für dessen Überwachung zuständige Behörde oder das Fehlen einer solchen Behörde mitteilt und
4. das Mutterunternehmen gegenüber der Bundesanstalt erklärt, dass die Voraussetzungen der Nummer 1 erfüllt sind.

(3) Nicht als Tochterunternehmen im Sinne dieses Abschnitts gelten Kapitalverwaltungsgesellschaften im Sinne des § 17 Absatz 1 des Kapitalanlagegesetzbuches und EU-Verwaltungsgesellschaften im Sinne des § 1 Absatz 17 des Kapitalanlagegesetzbuches hinsichtlich der Beteiligungen, die zu denen von ihnen verwalteten Investmentvermögen gehören, wenn

1. **die Verwaltungsgesellschaft die Stimmrechte, die mit den betreffenden Aktien verbunden sind, unabhängig vom Mutterunternehmen ausübt,**
2. **die Verwaltungsgesellschaft die zu dem Investmentvermögen gehörenden Beteiligungen im Sinne der §§ 33 und 34 nach Maßgabe der Richtlinie 2009/65/EG verwaltet,**
3. **das Mutterunternehmen der Bundesanstalt den Namen der Verwaltungsgesellschaft und die für deren Überwachung zuständige Behörde oder das Fehlen einer solchen Behörde mitteilt und**
4. **das Mutterunternehmen gegenüber der Bundesanstalt erklärt, dass die Voraussetzungen der Nummer 1 erfüllt sind.**

(4) **Ein Unternehmen mit Sitz in einem Drittstaat, das nach § 32 Absatz 1 Satz 1 in Verbindung mit § 1 Absatz 1a Satz 2 Nummer 3 des Kreditwesengesetzes einer Zulassung für die Finanzportfolioverwaltung oder eine Erlaubnis nach § 20 oder § 113 des Kapitalanlagegesetzbuches bedürfte, wenn es seinen Sitz oder seine Hauptverwaltung im Inland hätte, gilt nicht als Tochterunternehmen im Sinne dieses Abschnitts, wenn**

1. **das Unternehmen bezüglich seiner Unabhängigkeit Anforderungen genügt, die denen nach Absatz 2 oder Absatz 3, auch in Verbindung mit einer Rechtsverordnung nach Absatz 6, jeweils gleichwertig sind,**
2. **das Mutterunternehmen der Bundesanstalt den Namen dieses Unternehmens und die für dessen Überwachung zuständige Behörde oder das Fehlen einer solchen Behörde mitteilt und**
3. **das Mutterunternehmen gegenüber der Bundesanstalt erklärt, dass die Voraussetzungen der Nummer 1 erfüllt sind.**

(5) **Abweichend von den Absätzen 2 bis 4 gelten Wertpapierdienstleistungsunternehmen und Verwaltungsgesellschaften jedoch dann als Tochterunternehmen im Sinne dieses Abschnitts, wenn**

1. **das Mutterunternehmen oder ein anderes Tochterunternehmen des Mutterunternehmens seinerseits Anteile an der von dem Unternehmen verwalteten Beteiligung hält und**
2. **das Unternehmen die Stimmrechte, die mit diesen Beteiligungen verbunden sind, nicht nach freiem Ermessen, sondern nur auf Grund unmittelbarer oder mittelbarer Weisungen ausüben kann, die ihm vom Mutterunternehmen oder von einem anderen Tochterunternehmen des Mutterunternehmens erteilt werden.**

(6) **Das Bundesministerium der Finanzen wird ermächtigt, durch Rechtsverordnung, die nicht der Zustimmung des Bundesrates bedarf, nähere Bestimmungen zu erlassen über die Umstände, unter denen in den Fällen der Absätze 2 bis 5 eine Unabhängigkeit vom Mutterunternehmen gegeben ist.**

Nichtberücksichtigung von Stimmrechten

36 (1) **Stimmrechte aus Aktien eines Emittenten, für den die Bundesrepublik Deutschland der Herkunftsstaat ist, bleiben bei der Berechnung des Stimmrechtsanteils unberücksichtigt, wenn ihr Inhaber**

1. **ein Kreditinstitut oder ein Wertpapierdienstleistungsunternehmen mit Sitz in einem Mitgliedstaat der Europäischen Union oder in einem anderen Vertragsstaat des Abkommens über den Europäischen Wirtschaftsraum ist,**
2. **die betreffenden Aktien im Handelsbuch hält und dieser Anteil nicht mehr als 5 Prozent der Stimmrechte beträgt und**
3. **sicherstellt, dass die Stimmrechte aus den betreffenden Aktien nicht ausgeübt und nicht anderweitig genutzt werden, um auf die Geschäftsführung des Emittenten Einfluss zu nehmen.**

(2) **Unberücksichtigt bei der Berechnung des Stimmrechtsanteils bleiben Stimmrechte aus Aktien, die gemäß der Verordnung (EG) Nr. 2273/2003 zu Stabilisierungszwecken erworben wurden, wenn der Aktieninhaber sicherstellt, dass die Stimmrechte aus den betreffenden Aktien nicht ausgeübt und nicht anderweitig genutzt werden, um auf die Geschäftsführung des Emittenten Einfluss zu nehmen.**

(3) **Stimmrechte aus Aktien eines Emittenten, für den die Bundesrepublik Deutschland der Herkunftsstaat ist, bleiben bei der Berechnung des Stimmrechtsanteils unberücksichtigt, sofern**

1. **die betreffenden Aktien ausschließlich für den Zweck der Abrechnung und Abwicklung von Geschäften für höchstens drei Handelstage gehalten werden, selbst wenn die Aktien auch außerhalb eines organisierten Marktes gehandelt werden, oder**

2. eine mit der Verwahrung von Aktien betraute Stelle die Stimmrechte aus den verwahrten Aktien nur aufgrund von Weisungen, die schriftlich oder über elektronische Hilfsmittel erteilt wurden, ausüben darf.

(4) [1]Stimmrechte aus Aktien, die die Mitglieder des Europäischen Systems der Zentralbanken bei der Wahrnehmung ihrer Aufgaben als Währungsbehörden zur Verfügung gestellt bekommen oder die sie bereitstellen, bleiben bei der Berechnung des Stimmrechtsanteils am Emittenten, für den die Bundesrepublik Deutschland der Herkunftsstaat ist, unberücksichtigt, soweit es sich bei den Transaktionen um kurzfristige Geschäfte handelt und die Stimmrechte aus den betreffenden Aktien nicht ausgeübt werden. [2]Satz 1 gilt insbesondere für Stimmrechte aus Aktien, die einem oder von einem Mitglied im Sinne des Satzes 1 zur Sicherheit übertragen werden, und für Stimmrechte aus Aktien, die dem Mitglied als Pfand oder im Rahmen eines Pensionsgeschäfts oder einer ähnlichen Vereinbarung gegen Liquidität für geldpolitische Zwecke oder innerhalb eines Zahlungssystems zur Verfügung gestellt oder von diesem bereitgestellt werden.

(5) [1]Für die Meldeschwellen von 3 Prozent und 5 Prozent bleiben Stimmrechte aus solchen Aktien eines Emittenten, für den die Bundesrepublik Deutschland der Herkunftsstaat ist, unberücksichtigt, die von einer Person erworben oder veräußert werden, die an einem Markt dauerhaft anbietet, Finanzinstrumente im Wege des Eigenhandels zu selbst gestellten Preisen zu kaufen oder zu verkaufen, wenn

1. diese Person dabei in ihrer Eigenschaft als Market Maker handelt,
2. sie eine Zulassung nach der Richtlinie 2004/39/EG hat,
3. sie nicht in die Geschäftsführung des Emittenten eingreift und keinen Einfluss auf ihn dahingehend ausübt, die betreffenden Aktien zu kaufen oder den Preis der Aktien zu stützen und
4. sie der Bundesanstalt unverzüglich, spätestens innerhalb von vier Handelstagen mitteilt, dass sie hinsichtlich der betreffenden Aktien als Market Maker tätig ist; für den Beginn der Frist gilt § 33 Absatz 1 Satz 3 und 4 entsprechend.

[2]Die Person kann die Mitteilung auch schon zu dem Zeitpunkt abgeben, an dem sie beabsichtigt, hinsichtlich der betreffenden Aktien als Market Maker tätig zu werden.

(6) Stimmrechte aus Aktien, die nach den Absätzen 1 bis 5 bei der Berechnung des Stimmrechtsanteils unberücksichtigt bleiben, können mit Ausnahme von Absatz 3 Nummer 2 nicht ausgeübt werden.

(7) Das Bundesministerium der Finanzen kann durch Rechtsverordnung, die nicht der Zustimmung des Bundesrates bedarf,

1. eine geringere Höchstdauer für das Halten der Aktien nach Absatz 3 Nummer 1 festlegen,
2. nähere Bestimmungen erlassen über die Nichtberücksichtigung der Stimmrechte eines Market Maker nach Absatz 5 und
3. nähere Bestimmungen erlassen über elektronische Hilfsmittel, mit denen Weisungen nach Absatz 3 Nummer 2 erteilt werden können.

(8) Die Berechnung der Stimmrechte, die nach den Absätzen 1 und 5 nicht zu berücksichtigen sind, bestimmt sich nach den in Artikel 9 Absatz 6b und Artikel 13 Absatz 4 der Richtlinie 2004/109/EG des Europäischen Parlaments und des Rates vom 15. Dezember 2004 zur Harmonisierung der Transparenzanforderungen in Bezug auf Informationen über Emittenten, deren Wertpapiere zum Handel auf einem geregelten Markt zugelassen sind, und zur Änderung der Richtlinie 2001/34/EG (ABl. L 390 vom 31.12.2004, S. 38) benannten technischen Regulierungsstandards.

Mitteilung durch Mutterunternehmen; Verordnungsermächtigung

37 (1) Ein Meldepflichtiger ist von den Meldepflichten nach § 33 Absatz 1 und 2, § 38 Absatz 1 und § 39 Absatz 1 befreit, wenn die Mitteilung von seinem Mutterunternehmen erfolgt oder, falls das Mutterunternehmen selbst ein Tochterunternehmen ist, durch dessen Mutterunternehmen erfolgt.

(2) Das Bundesministerium der Finanzen kann durch Rechtsverordnung, die nicht der Zustimmung des Bundesrates bedarf, nähere Bestimmungen erlassen über den Inhalt, die Art, die Sprache, den Umfang und die Form der Mitteilung nach Absatz 1.

Mitteilungspflichten beim Halten von Instrumenten; Verordnungsermächtigung

38 (1) Die Mitteilungspflicht nach § 33 Absatz 1 und 2 gilt bei Erreichen, Überschreiten oder Unterschreiten der in § 33 Absatz 1 Satz 1 genannten Schwellen mit Ausnahme der Schwelle von 3 Prozent entsprechend für unmittelbare oder mittelbare Inhaber von Instrumenten, die

1. dem Inhaber entweder
   a) bei Fälligkeit ein unbedingtes Recht auf Erwerb mit Stimmrechten verbundener und bereits ausgegebener Aktien eines Emittenten, für den die Bundesrepublik Deutschland der Herkunftsstaat ist, oder
   b) ein Ermessen in Bezug auf sein Recht auf Erwerb dieser Aktien

   verleihen, oder
2. sich auf Aktien im Sinne der Nummer 1 beziehen und eine vergleichbare wirtschaftliche Wirkung haben wie die in Nummer 1 genannten Instrumente, unabhängig davon, ob sie einen Anspruch auf physische Lieferung einräumen oder nicht.

[2] Die §§ 36 und 37 gelten entsprechend.

(2) Instrumente im Sinne des Absatzes 1 können insbesondere sein:
1. übertragbare Wertpapiere,
2. Optionen,
3. Terminkontrakte,
4. Swaps,
5. Zinsausgleichsvereinbarungen und
6. Differenzgeschäfte.

(3) [1] Die Anzahl der für die Mitteilungspflicht nach Absatz 1 maßgeblichen Stimmrechte ist anhand der vollen nominalen Anzahl der dem Instrument zugrunde liegenden Aktien zu berechnen. [2] Sieht das Instrument ausschließlich einen Barausgleich vor, ist die Anzahl der Stimmrechte abweichend von Absatz 1 auf einer Delta-angepassten Basis zu berechnen, wobei die nominale Anzahl der zugrunde liegenden Aktien mit dem Delta des Instruments zu multiplizieren ist. [3] Die Einzelheiten der Berechnung bestimmen sich nach den in Artikel 13 Absatz 1a der Richtlinie 2004/109/EG des Europäischen Parlaments und des Rates vom 15. Dezember 2004 zur Harmonisierung der Transparenzanforderungen in Bezug auf Informationen über Emittenten, deren Wertpapiere zum Handel auf einem geregelten Markt zugelassen sind, und zur Änderung der Richtlinie 2001/34/EG (ABl. L 390 vom 31.12.2004, S. 38) benannten technischen Regulierungsstandards. [4] Bei Instrumenten, die sich auf einen Aktienkorb oder einen Index beziehen, bestimmt sich die Berechnung ebenfalls nach den technischen Regulierungsstandards gemäß Satz 2.

(4) [1] Beziehen sich verschiedene der in Absatz 1 genannten Instrumente auf Aktien desselben Emittenten, sind die Stimmrechte aus diesen Aktien zusammenzurechnen. [2] Erwerbspositionen dürfen nicht mit Veräußerungspositionen verrechnet werden.

(5) [1] Das Bundesministerium der Finanzen kann durch Rechtsverordnung, die nicht der Zustimmung des Bundesrats bedarf, nähere Bestimmungen erlassen über den Inhalt, die Art, die Sprache, den Umfang und die Form der Mitteilung nach Absatz 1. [2] Das Bundesministerium der Finanzen kann die Ermächtigung durch Rechtsverordnung auf die Bundesanstalt übertragen, soweit die Art und die Form der Mitteilung nach Absatz 1, insbesondere die Nutzung eines elektronischen Verfahrens, betroffen sind.

Mitteilungspflichten bei Zusammenrechnung; Verordnungsermächtigung

39 (1) Die Mitteilungspflicht nach § 33 Absatz 1 und 2 gilt entsprechend für Inhaber von Stimmrechten im Sinne des § 33 und Instrumenten im Sinne des § 38, wenn die Summe der nach § 33 Absatz 1 Satz 1 oder Absatz 2 und § 38 Absatz 1 Satz 1 zu berücksichtigenden Stimmrechte an demselben Emittenten die in § 33 Absatz 1 Satz 1 genannten Schwellen mit Ausnahme der Schwelle von 3 Prozent erreicht, überschreitet oder unterschreitet.

(2) [1] Das Bundesministerium der Finanzen kann durch Rechtsverordnung, die nicht der Zustimmung des Bundesrats bedarf, nähere Bestimmungen erlassen über den Inhalt, die Art, die Sprache, den Umfang und die Form der Mitteilung nach Absatz 1. [2] Das Bundesministerium der Finanzen kann die Ermächtigung durch Rechtsverordnung auf die Bundesanstalt übertragen, soweit die Art und die Form der Mitteilung nach Absatz 1, insbesondere die Nutzung eines elektronischen Verfahrens, betroffen sind.

Veröffentlichungspflichten des Emittenten und Übermittlung an das Unternehmensregister

40 (1) [1]**Ein Inlandsemittent hat Informationen nach § 33 Absatz 1 Satz 1, Absatz 2 und § 38 Absatz 1 Satz 1 sowie § 39 Absatz 1 Satz 1 oder nach entsprechenden Vorschriften anderer Mitgliedstaaten der Europäischen Union oder anderer Vertragsstaaten des Abkommens über den Europäischen Wirtschaftsraum unverzüglich, spätestens drei Handelstage nach Zugang der Mitteilung zu veröffentlichen; er übermittelt sie außerdem unverzüglich, jedoch nicht vor ihrer Veröffentlichung dem Unternehmensregister im Sinne des § 8b des Handelsgesetzbuchs zur Speicherung.** [2]**Erreicht, überschreitet oder unterschreitet ein Inlandsemittent in Bezug auf eigene Aktien entweder selbst, über ein Tochterunternehmen oder über eine in eigenem Namen, aber für Rechnung dieses Emittenten handelnde Person die Schwellen von 5 Prozent oder 10 Prozent durch Erwerb, Veräußerung oder auf sonstige Weise, gilt Satz 1 entsprechend mit der Maßgabe, dass abweichend von Satz 1 eine Erklärung zu veröffentlichen ist, deren Inhalt sich nach § 33 Absatz 1 Satz 1, auch in Verbindung mit einer Rechtsverordnung nach § 33 Absatz 5 bestimmt, und die Veröffentlichung spätestens vier Handelstage nach Erreichen, Überschreiten oder Unterschreiten der genannten Schwellen zu erfolgen hat; wenn für den Emittenten die Bundesrepublik Deutschland der Herkunftsstaat ist, ist außerdem die Schwelle von 3 Prozent maßgeblich.**

(2) **Der Inlandsemittent hat gleichzeitig mit der Veröffentlichung nach Absatz 1 Satz 1 und 2 diese der Bundesanstalt mitzuteilen.**

(3) **Das Bundesministerium der Finanzen kann durch Rechtsverordnung, die nicht der Zustimmung des Bundesrates bedarf, nähere Bestimmungen erlassen über**

1. **den Inhalt, die Art, die Sprache, den Umfang und die Form sowie die elektronische Verarbeitung der Angaben der Veröffentlichung nach Absatz 1 Satz 1 einschließlich enthaltener personenbezogener Daten und**
2. **den Inhalt, die Art, die Sprache, den Umfang und die Form sowie die elektronische Verarbeitung der Angaben der Mitteilung nach Absatz 2 einschließlich enthaltener personenbezogener Daten.**

Veröffentlichung der Gesamtzahl der Stimmrechte und Übermittlung an das Unternehmensregister

41 (1) [1]**Ist es bei einem Inlandsemittenten zu einer Zu- oder Abnahme von Stimmrechten gekommen, so ist er verpflichtet, die Gesamtzahl der Stimmrechte und das Datum der Wirksamkeit der Zu- oder Abnahme in der in § 40 Absatz 1 Satz 1, auch in Verbindung mit einer Rechtsverordnung nach Absatz 3 Nummer 1, vorgesehenen Weise unverzüglich, spätestens innerhalb von zwei Handelstagen zu veröffentlichen.** [2]**Er hat die Veröffentlichung gleichzeitig der Bundesanstalt entsprechend § 40 Absatz 2, auch in Verbindung mit einer Rechtsverordnung nach Absatz 3 Nummer 2, mitzuteilen.** [3]**Er übermittelt die Informationen außerdem unverzüglich, jedoch nicht vor ihrer Veröffentlichung, dem Unternehmensregister nach § 8b des Handelsgesetzbuches zur Speicherung.**

(2) [1]**Bei der Ausgabe von Bezugsaktien ist die Gesamtzahl der Stimmrechte abweichend von Absatz 1 Satz 1 nur im Zusammenhang mit einer ohnehin erforderlichen Veröffentlichung nach Absatz 1, spätestens jedoch am Ende des Kalendermonats, in dem es zu einer Zu- oder Abnahme von Stimmrechten gekommen ist, zu veröffentlichen.** [2]**Der Veröffentlichung des Datums der Wirksamkeit der Zu- oder Abnahme bedarf es nicht.**

Nachweis mitgeteilter Beteiligungen

42 **Wer eine Mitteilung nach § 33 Absatz 1 oder 2, § 38 Absatz 1 oder § 39 Absatz 1 abgegeben hat, muß auf Verlangen der Bundesanstalt oder des Emittenten, für den die Bundesrepublik Deutschland der Herkunftsstaat ist, das Bestehen der mitgeteilten Beteiligung nachweisen.**

Mitteilungspflichten für Inhaber wesentlicher Beteiligungen

43 (1) [1]**Ein Meldepflichtiger im Sinne der §§ 33 und 34, der die Schwelle von 10 Prozent der Stimmrechte aus Aktien oder eine höhere Schwelle erreicht oder überschreitet, muss dem Emittenten, für den die Bundesrepublik Deutschland Herkunftsstaat ist, die mit dem Erwerb der Stimmrechte verfolgten Ziele und die Herkunft der für den Erwerb ver-**

wendeten Mittel innerhalb von 20 Handelstagen nach Erreichen oder Überschreiten dieser Schwellen mitteilen. [2]Eine Änderung der Ziele im Sinne des Satzes 1 ist innerhalb von 20 Handelstagen mitzuteilen. [3]Hinsichtlich der mit dem Erwerb der Stimmrechte verfolgten Ziele hat der Meldepflichtige anzugeben, ob

1. **die Investition der Umsetzung strategischer Ziele oder der Erzielung von Handelsgewinnen dient,**
2. **er innerhalb der nächsten zwölf Monate weitere Stimmrechte durch Erwerb oder auf sonstige Weise zu erlangen beabsichtigt,**
3. **er eine Einflussnahme auf die Besetzung von Verwaltungs-, Leitungs- und Aufsichtsorganen des Emittenten anstrebt und**
4. **er eine wesentliche Änderung der Kapitalstruktur der Gesellschaft, insbesondere im Hinblick auf das Verhältnis von Eigen- und Fremdfinanzierung und die Dividendenpolitik anstrebt.**

[4]Hinsichtlich der Herkunft der verwendeten Mittel hat der Meldepflichtige anzugeben, ob es sich um Eigen- oder Fremdmittel handelt, die der Meldepflichtige zur Finanzierung des Erwerbs der Stimmrechte aufgenommen hat. [5]Eine Mitteilungspflicht nach Satz 1 besteht nicht, wenn der Schwellenwert auf Grund eines Angebots im Sinne des § 2 Absatz 1 des Wertpapiererwerbs- und Übernahmegesetzes erreicht oder überschritten wurde. [6]Die Mitteilungspflicht besteht ferner nicht für Kapitalverwaltungsgesellschaften sowie ausländische Verwaltungsgesellschaften und Investmentgesellschaften im Sinne der Richtlinie 2009/65/EG, die einem Artikel 56 Absatz 1 Satz 1 der Richtlinie 2009/65/EG entsprechenden Verbot unterliegen, sofern eine Anlagegrenze von 10 Prozent oder weniger festgelegt worden ist; eine Mitteilungspflicht besteht auch dann nicht, wenn eine Artikel 57 Absatz 1 Satz 1 und Absatz 2 der Richtlinie 2009/65/EG entsprechende zulässige Ausnahme bei der Überschreitung von Anlagegrenzen vorliegt.

(2) **Der Emittent hat die erhaltene Information oder die Tatsache, dass die Mitteilungspflicht nach Absatz 1 nicht erfüllt wurde, entsprechend § 40 Absatz 1 Satz 1 in Verbindung mit der Rechtsverordnung nach § 40 Absatz 3 Nummer 1 zu veröffentlichen; er übermittelt diese Informationen außerdem unverzüglich, jedoch nicht vor ihrer Veröffentlichung dem Unternehmensregister nach § 8b des Handelsgesetzbuches zur Speicherung.**

(3) **[1]Die Satzung eines Emittenten mit Sitz im Inland kann vorsehen, dass Absatz 1 keine Anwendung findet. [2]Absatz 1 findet auch keine Anwendung auf Emittenten mit Sitz im Ausland, deren Satzung oder sonstige Bestimmungen eine Nichtanwendung vorsehen.**

(4) **Das Bundesministerium der Finanzen kann durch Rechtsverordnung, die nicht der Zustimmung des Bundesrates bedarf, nähere Bestimmungen über den Inhalt, die Art, die Sprache, den Umfang und die Form der Mitteilungen nach Absatz 1 erlassen.**

Rechtsverlust

44 (1) **[1]Rechte aus Aktien, die einem Meldepflichtigen gehören oder aus denen ihm Stimmrechte gemäß § 34 zugerechnet werden, bestehen nicht für die Zeit, für welche die Mitteilungspflichten nach § 33 Absatz 1 oder 2 nicht erfüllt werden. [2]Dies gilt nicht für Ansprüche nach § 58 Abs. 4 des Aktiengesetzes und § 271 des Aktiengesetzes, wenn die Mitteilung nicht vorsätzlich unterlassen wurde und nachgeholt worden ist. [3]Sofern die Höhe des Stimmrechtsanteils betroffen ist, verlängert sich die Frist nach Satz 1 bei vorsätzlicher oder grob fahrlässiger Verletzung der Mitteilungspflichten um sechs Monate. [4]Satz 3 gilt nicht, wenn die Abweichung bei der Höhe der in der vorangegangenen unrichtigen Mitteilung angegebenen Stimmrechte weniger als 10 Prozent des tatsächlichen Stimmrechtsanteils beträgt und keine Mitteilung über das Erreichen, Überschreiten oder Unterschreiten einer der in § 33 genannten Schwellen unterlassen wird.**

(2) **Kommt der Meldepflichtige seinen Mitteilungspflichten nach § 38 Absatz 1 oder § 39 Absatz 1 nicht nach, so ist Absatz 1 auf Aktien desselben Emittenten anzuwenden, die dem Meldepflichtigen gehören.**

Richtlinien der Bundesanstalt

45 **[1]Die Bundesanstalt kann Richtlinien aufstellen, nach denen sie für den Regelfall beurteilt, ob die Voraussetzungen für einen mitteilungspflichtigen Vorgang oder eine Befreiung von den Mitteilungspflichten nach § 33 Absatz 1 gegeben sind. [2]Die Richtlinien sind im Bundesanzeiger zu veröffentlichen.**

Befreiungen; Verordnungsermächtigung

46 (1) [1]**Die Bundesanstalt kann Inlandsemittenten mit Sitz in einem Drittstaat von den Pflichten nach § 40 Absatz 1 und § 41 freistellen, soweit diese Emittenten gleichwertigen Regeln eines Drittstaates unterliegen oder sich solchen Regeln unterwerfen.** [2]**Die Bundesanstalt unterrichtet die Europäische Wertpapier- und Marktaufsichtsbehörde über die erteilte Freistellung.** [3]**Satz 1 gilt nicht für Pflichten dieser Emittenten nach § 40 Absatz 1 und § 41 auf Grund von Mitteilungen nach § 39.**

(2) [1]**Emittenten, denen die Bundesanstalt eine Befreiung nach Absatz 1 erteilt hat, müssen Informationen über Umstände, die denen des § 33 Absatz 1 Satz 1, Absatz 2, § 38 Absatz 1 Satz 1, § 40 Absatz 1 Satz 1 und 2 sowie § 41 entsprechen und die nach den gleichwertigen Regeln eines Drittstaates der Öffentlichkeit zur Verfügung zu stellen sind, in der in § 40 Absatz 1 Satz 1, auch in Verbindung mit einer Rechtsverordnung nach Absatz 3, geregelten Weise veröffentlichen und gleichzeitig der Bundesanstalt mitteilen.** [2]**Die Informationen sind außerdem unverzüglich, jedoch nicht vor ihrer Veröffentlichung dem Unternehmensregister im Sinne des § 8b des Handelsgesetzbuchs zur Speicherung zu übermitteln.**

(3) **Das Bundesministerium der Finanzen wird ermächtigt, durch Rechtsverordnung, die nicht der Zustimmung des Bundesrates bedarf, nähere Bestimmungen über die Gleichwertigkeit von Regeln eines Drittstaates und die Freistellung von Emittenten nach Absatz 1 zu erlassen.**

Handelstage

47 (1) **Für die Berechnung der Mitteilungs- und Veröffentlichungsfristen nach diesem Abschnitt gelten als Handelstage alle Kalendertage, die nicht Sonnabende, Sonntage oder zumindest in einem Land landeseinheitliche gesetzlich anerkannte Feiertage sind.**

(2) **Die Bundesanstalt stellt im Internet unter ihrer Adresse einen Kalender der Handelstage zur Verfügung.**

Übersicht

I. Allgemeines, Anwendungsbereich, Reform

1 Für Beteiligungen an einer deutschen AG, deren Aktien zum Handel an einem organisierten Markt im EWR zugelassen sind (§ 33 Abs. 4 iVm § 2 Abs. 13 Nr. 1a WpHG), gelten statt der §§ 20 ff. (§ 20 Abs. 8, § 21 Abs. 5) die §§ 33 ff. WpHG. Die dadurch begründeten **Mitteilungspflichten** sind wesentlich stringenter als diejenigen nach dem AktG. Auf dem hier zur Verfügung stehenden Raum können nur einige wesentliche Züge skizziert werden, in denen sich die Mitteilungspflichten des WpHG von denen des AktG unterscheiden. S. zu den §§ 33 ff. WpHG auch Modul B des **Emittentenleitfadens** der BaFin (Stand: 30.10.2018), online verfügbar unter www.bafin.de.

2 Die Vorschriften über die Mitteilungspflichten im WpHG sind durch das 2. Finanzmarktnovellierungsgesetz im Wesentlichen inhaltlich unverändert an anderer Stelle im WpHG (§§ 33 ff.) eingeordnet worden. In der jüngeren Vergangenheit ergaben sich **inhaltliche Änderungen** durch das Transparenzrichtlinien-Umsetzungsgesetz (TUG) vom 5.1.2007, das unter anderem die Mitteilungspflicht für

Finanzinstrumente des § 25 WpHG einführte (→ Rn. 11), durch das Risikobegrenzungsgesetz vom 12.8.2008, das insbesondere eine Definition des abgestimmten Verhaltens (Acting in Concert) in § 22 Abs. 2 WpHG (→ Rn. 3) und eine Verschärfung der Meldepflicht für Finanzinstrumente mit sich brachte, durch das Anlegerschutz- und Funktionsverbesserungsgesetz vom 5.4.2011, das die Mitteilungspflicht für Finanz- und ähnliche Instrumente nochmals erweiterte, und durch das AIFM-Umsetzungsgesetz vom 4.7.2013, das § 27a WpHG an die Vorgaben der AIFM-RL anpasste, sowie durch das KleinanlegerschutzG vom 3.7.2015, das durch die Änderung des § 21 Abs. 1 S. 1 die melderechtliche Stellung von Legitimationsaktionären geklärt hat. Das Gesetz zur Umsetzung der Transparenzrichtlinie-Änderungsrichtlinie vom 20.11.2015 hat zu umfangreichen Änderungen der §§ 21, 22, 23, 24, 25, 25a, 26, 26a, 27, 27a, 28 und 29a geführt; § 22a wurde neu eingefügt. Durch diese Reform wurden die Vorgaben der TransparenzRL-ÄnderungsRL (RL 2013/50/EU) umgesetzt, die der Vollharmonisierung der wertpapierhandelsrechtlichen Beteiligungspublizität dient. Inhaltlich sollen unter anderem die Meldepflichten weiter konkretisiert und mit einem wirksamen Umgehungsschutz bei der Verwendung von innovativen Finanzinstrumenten sowie erweiterten Sanktionsmöglichkeiten versehen werden (s. Erwägungsgründe 9 ff. RL 2013/50/EU des Europäischen Parlaments und des Rates vom 22.10.2013, ABl. 2013 L 294; näher: *Burgard/Heimann* WM 2015, 1445; *Söhner* ZIP 2015, 2451). Zum überarbeiteten Emittentenleitfaden der BaFin (Modul B) mit Stand 30.10.2018 *Dieckmann* BKR 2019, 114.

II. Meldepflichtige Vorgänge

1. Stimmrechte, Meldepflichtschwellen. Meldepflichtig sind immer nur Stimmrechtsanteile. Anteile nur am Kapital sind irrelevant. Meldepflichtig sind wesentlich **mehr Beteiligungsschwellen,** nämlich 3, 5, 10, 15, 20, 25, 30, 50 und 75 %; außerdem ist jeweils das präzise Erreichen der Schwellen sowie seine Überschreitung oder Unterschreitung zu melden. Gemäß § 33 Abs. 3 und abweichend von der Rechtslage vor Umsetzung der TransparenzRL-ÄnderungsRL wird die Meldepflicht nicht erst durch den dinglichen Erwerb der Aktien (Einbuchung in das Depot des Meldepflichtigen), sondern bereits durch das Entstehen eines unbedingten Übertragungsanspruchs, der ohne zeitliche Verzögerung zu erfüllen ist, begründet (näher *Söhner* ZIP 2015, 2451 (2453 f.)). Noch unklar ist, ob auch der Tatbestand für die Pflicht zur Mitteilung der Unterschreitung einer Schwelle bereits mit der Begründung einer entsprechenden Übereignungspflicht erfüllt wird. Mitzuteilen sind Stimmrechtsanteile jedes beliebigen Rechtsträgers, nicht nur solche von Unternehmen. 3

2. Zurechnungen. Im Vergleich zum AktG sieht das WpHG wesentlich umfangreichere Zurechnungstatbestände vor (§ 34 WpHG). Mittelbar gehaltene Beteiligungen werden zugerechnet, wenn der unmittelbare Inhaber Tochterunternehmen iSv § 290 HGB oder abhängig ist (§ 34 Abs. 1 Nr. 1 iVm § 35 Abs. 1 WpHG). Für Finanzdienstleister gelten Ausnahmen von dem allgemeinen Begriff des Tochterunternehmens (§ 36 Abs. 3–6 WpHG). Gegebenenfalls kumulativ zugerechnet werden nunmehr gem. § 34 Abs. 1 Nr. 3 und Nr. 8 WpHG als Sicherheit übertragene bzw. verwahrte Beteiligungen, sodass parallele Meldepflichten entstehen können. Schwierigkeiten bereitet vor allem der Zurechnungsgrund des **abgestimmten Verhaltens** (Acting in Concert), der eine konkrete Verhaltensabstimmung, nicht aber einen formellen Vertragsschluss voraussetzt (s. BGH 25.9.2018, NJW 2019, 219, zu § 22 WpHG aF). Gemäß § 34 Abs. 1 S. 2 und Abs. 2 S. 3 WpHG findet in diesen Fällen auch eine sog. **Kettenzurechnung** statt. Dem Meldepflichtigen werden also auch Stimmrechte zugerechnet, die seinem Tochterunternehmen (§ 34 Abs. 1 S. 2 WpHG) oder dem Dritten, mit dem er sich abstimmt (§ 34 Abs. 2 S. 3 WpHG), zugerechnet werden. Eine Kettenzurechnung hat auch in vergleichbaren Fällen zu erfolgen (MüKoAktG/*Bayer* WpHG § 34 Rn. 8 mwN; aM KK-WpHG/*v. Bülow* WpHG § 22 Rn. 41, 46; die Richtlinienkonformität des unverändert gebliebenen § 34 Abs. 2 WpHG wird unter Verweis auf Art. 3 Abs. 1a TransparenzRL-ÄnderungsRL iVm Erwägungsgrund 12 TransparenzRL-ÄnderungsRL in der Lit. in Zweifel gezogen: *Burgard/Heimann* WM 2015 1445 (1449)). Die einem Treugeber (auch nach § 34 Abs. 2) zugerechneten Stimmen werden aber nicht auch dem Treuhänder zugerechnet (BGH 19.7.2011, BGHZ 190, 291 Rn. 25 ff.). Die Zurechnung nach mehreren Tatbeständen des § 34 WpHG bei demselben Adressaten führt nicht zu einer Mehrfachzurechnung bei der Berechnung des Stimmrechtsanteils (KK-WpHG/*v. Bülow* WpHG § 22 Rn. 49). 4

3. Erwerbsrechte. Erwerbsrechte (§ 34 Abs. 1 S. 1 Nr. 5 WpHG) begründen die Zurechnung (anders als nach § 20 Abs. 2 Nr. 1) nur, wenn sie sich auf die Aktie des Emittenten beziehen und „dinglich" wirken, dh für den dinglichen Erwerb kein Mitwirkungsakt des Veräußerers mehr erforderlich ist (hM, MüKoAktG/*Bayer* WpHG § 34 Rn. 32, ebenso die hM zu dem gleichlautenden § 30 Abs. 1 Nr. 5 WpÜG, KK-WpÜG/*v. Bülow* § 30 Rn. 82 mwN). Erfasst sind alle in dieser Weise dinglich wirkenden Erwerbsrechte (KK-WpHG/*v. Bülow* WpHG § 22 Rn. 137). Dagegen sind Finanzinstrumente, sonstige Instrumente oder Vereinbarungen, die nur schuldrechtlich zum Erwerb bestehender Aktien berechtigen, den Erwerb ermöglichen oder nur einen Zahlungsanspruch vermitteln (zB iRd *Cash Settlements*) keine Erwerbsrechte; sie sind aber ggf. gesondert meldepflichtig (§§ 38, 39 WpHG, → Rn. 12). 5

6 **4. Abnahmeverpflichtungen.** Abnahmeverpflichtungen, zB des Stillhalters einer Verkaufsoption (näher KK-WpHG/*v. Bülow* WpHG § 22 Rn. 109, 150), begründen (im Unterschied zu § 20 Abs. 2 Nr. 2), keinen Zurechnungstatbestand, sofern die Abnahmeverpflichtung nicht so ausgestaltet ist, dass die Aktien für Rechnung des Abnahmeverpflichteten gehalten werden (s. auch § 38 Abs. 1 Nr. 2 WpHG, → Rn. 12).

7 **5. Adressat der Meldepflicht.** Meldepflichtig ist jeder, der für sich selbst oder aufgrund Zurechnung den meldepflichtigen Tatbestand erfüllt. Das kann zu kaskadenartigen **Mehrfachmeldungen** führen. Allerdings kann ein Mutterunternehmen die Meldung für die in seinen Konzernabschluss einbezogenen Tochterunternehmen erfüllen (§ 37 WpHG). Dazu müssen die für eine Meldung des Tochterunternehmens erforderlichen Angaben gemacht werden. Meldepflichtig ist auch derjenige, der selbst keine Stimmrechte hält, sondern ausschließlich aufgrund von Zurechnungen eine meldepflichtige Schwelle erreicht oder überschreitet. Nicht meldepflichtig, da nicht Eigentümer, ist der Legitimationsaktionär (K. Schmidt/Lutter/*Veil* WpHG § 21 Rn. 5; anders noch zu § 21 WpHG aF OLG Köln 6.6.2012, AG 2012, 599 (601)).

8 **6. Adressat und Inhalt der Meldung.** Die Meldung ist schriftlich oder per Telefax in deutscher oder englischer Sprache (§ 18 WpAV) an den Emittenten und gleichzeitig an die BaFin zu richten (§ 33 Abs. 1 S. 1 WpHG). Die BaFin kann die Übermittlung der Mitteilung auch auf elektronischem Weg erlauben (§ 18 S. 2 WpAV). Für die Meldung genügt nicht die bloße Mitteilung etwa der Überschreitung der obersten überschrittenen Schwelle – vielmehr ist die Überschreitung auch aller darunter liegenden Schwellen (deren Überschreitung nicht bereits vorher mitgeteilt war) zu melden und ein Überblick über alle Positionen des Meldepflichtigen (und ggf. seiner Tochterunternehmen) sowie der Zurechnungstatbestände zu geben (§ 17 f. WpAV). Es ist dabei die genaue Quote der Beteiligung anzugeben, gerundet auf zwei Dezimalstellen nach dem Komma; nicht anzugeben ist die Höhe der Kapitalbeteiligung (MüKoAktG/*Bayer* WpHG § 33 Rn. 40).

9 **7. Frist.** Die Mitteilung ist unverzüglich, spätestens binnen vier Handelstagen (§ 47 WpHG) von dem Zeitpunkt an zu machen, zu dem der Meldepflichtige Kenntnis von dem meldepflichtigen Tatbestand hat oder den Umständen nach haben muss; diese Kenntnis wird zwei Handelstage nach Erfüllung des Tatbestandes unwiderleglich vermutet (§ 33 Abs. 1 S. 3 und 4 WpHG); wenn der Tatbestand durch Veränderung der Gesamtzahl der Stimmrechte erfüllt wird, beginnt die Frist von vier Handelstagen mit der Kenntnis, spätestens mit der Veröffentlichung dieser Veränderung gem. § 41 WpHG.

10 **8. Ausnahmen.** Stimmrechte, die Kreditinstitute, Wertpapierdienstleistungsunternehmen, Kapitalverwaltungsgesellschaften, Investmentaktien- bzw. -kommanditgesellschaften und EU- sowie Drittstaatenverwaltungsgesellschaften zustehen, werden unter bestimmten Voraussetzungen nicht zugerechnet oder werden nicht berücksichtigt (§ 35 Abs. 2, 3 und 4, § 36 WpHG, § 94 Abs. 2, 3, 4 KAGB, § 108 Abs. 4 KAGB).

11 **9. Verfolgte Ziele.** Ein Meldepflichtiger, der (einschl. Zurechnungen) die Schwelle von 10 % oder eine höhere Schwelle erreicht oder überschreitet, muss die verfolgten Ziele und die Herkunft der für den Erwerb verwendeten Mittel mitteilen (§ 43 WpHG). Diese Mitteilung hat nur gegenüber dem Emittenten, nicht gegenüber der BaFin zu erfolgen (KK-WpHG/*Heinrich* WpHG § 27a Rn. 137); BaFin kann aber die Mitteilung an den Emittenten durch Verfügung nach § 6 WpHG erzwingen.

III. Instrumente und Zusammenrechnung

12 Durch die Verpflichtung, Instrumente mitzuteilen (§§ 38, 39 WpHG), soll vor allem das Anschleichen an erhebliche Beteiligungen verhindert werden (zu den auch nach dem Risikobegrenzungsgesetz verbliebenen Vermeidungsstrategien s. etwa *Schneider/Brouwer* AG 2008, 557 (562 ff.); *Fleischer/Schmolke* ZIP 2008, 1501). Wer Instrumente hält, die einen – wenn auch nur schuldrechtlichen – Anspruch auf bereits ausgegebene Stimmrechtsanteile begründen oder den Erwerb ermöglichen (§ 38 WpHG), hat dies dem Emittenten und der BaFin zu melden, wenn er damit eine der Schwellen des § 33 WpHG, außer derjenigen von 3 %, berührt oder überquert (§ 38 Abs. 1 WpHG, § 39 Abs. 1 WpHG). Die Aufzählung der Instrumente in § 38 Abs. 2 WpHG ist *nicht abschließend.* Neben übertragbaren Wertpapieren, Optionen, Terminkontrakten, Swaps, Zinsausgleichsvereinbarungen und Differenzgeschäften (§ 38 Abs. 2 Nr. 1–6 WpHG) sind nach Art. 13 Abs. 1b lit. g TransparenzRL-ÄnderungsRL – wie bisher – Stimmrechte aus allen anderen Kontrakten oder Vereinbarungen mit vergleichbarer wirtschaftlicher Wirkung, die physisch oder bar abgewickelt werden können, mitzuteilen (zu den Grenzen: VG Frankfurt a. M. 4.11.2015, NZG 2016, 913 (Aktienbindungsvertrag kein „sonstiges Instrument" iSv § 25a Abs. 1 WpHG idF bis 25.11.2015). Die ESMA erstellt „unter Berücksichtigung der technischen Entwicklungen auf den Finanzmärkten" (Art. 13 Abs. 1b UAbs. 2 TransparenzRL-ÄnderungsRL) eine wiederum *nicht abschließende* Liste und aktualisiert diese regelmäßig.

12a Zur Ermittlung, ob eine der Schwellen erreicht oder überquert wird, werden die Stimmrechte, die dem Inhaber der Instrumente zustehen, die physisch abgewickelt werden, anhand der vollen nominalen Anzahl der zugrundeliegenden Aktien berechnet (§ 38 Abs. 3 S. 1 WpHG). Die Anzahl der Stimmrechte aus Instrumenten, die einen Barausgleich vorsehen, ist abweichend auf einer „Delta-angepassten Basis" zu berechnen, wobei die nominale Anzahl der zugrunde liegenden Aktien mit dem „Delta" des Instruments zu multiplizieren ist (§ 38 Abs. 3 S. 2 WpHG). Der „Delta"-Faktor gibt an, wie sich der Preis des Instruments zum Preis des Basiswertes verhält (KK-WpHG/*Heinrich* WpHG § 25a Rn. 19). Steigt zB der Preis des Instruments, erhöht sich idR die Anzahl der Aktien, die erforderlich sind, um das Risiko zu unterlegen; es werden durch die „Delta-angepasste" Betrachtungsweise bei schwankenden Märkten kontinuierlich Meldepflichten ausgelöst. Einzelheiten legt auch hier die ESMA in den technischen Regulierungsstandards fest (§ 38 Abs. 3 S. 3 WpHG). Stimmrechte des Inhabers und ihm nach § 34 WpHG zuzurechnende Stimmrechte werden für die Meldepflicht aus §§ 38, 39 WpHG zusammengerechnet und in einer Meldung zusammengefasst (§ 33 Abs. 1 S. 1 WpHG, § 38 Abs. 1 WpHG, § 39 Abs. 1 WpHG; § 12 Abs. 1 WpAV). Auch die Positionen aus den Instrumenten des § 38 WpHG werden untereinander zusammengerechnet, auch wenn sie von verschiedenen Ausstellern ausgegeben sind, sich aber auf Aktien desselben Emittenten beziehen (§ 38 Abs. 4 S. 1 WpHG), wobei eine Verrechnung von Erwerbs- und Veräußerungspositionen nicht zulässig ist (§ 38 Abs. 4 S. 2 WpHG). Zugerechnet werden die gem. §§ 33, 34 WpHG zu berücksichtigenden Stimmrechte zu den Instrumenten des § 38 WpHG, nicht aber diese zu den Stimmrechten. Instrumente, die, wie etwa „dinglich" wirkende Erwerbsrechte, die Voraussetzungen sowohl des § 34 Abs. 1 S. 1 Nr. 5 WpHG als auch des § 38 WpHG erfüllen, werden bei der Zusammenrechnung nicht doppelt, sondern nur einmal für die Gesamtsumme gezählt (das gilt auch nach der Streichung des in der Begründung des Regierungsentwurfs (BT-Drs. 18/5010, 47) als „tautologisch" bezeichneten § 25 Abs. 1 S. 3 Hs. 2 WpHG. Bei der Ermittlung der Gesamtzahl und damit für die Meldung nach § 38 WpHG bleiben sie hingegen nicht außer Betracht (so aber ohne nachvollziehbare Begründung zu § 25 WpHG aF die hL: KK-WpHG/*Heinrich* § 25 Rn 65; K. Schmidt/Lutter/*Veil* WpHG § 25 Rn. 10). Eine Bestimmung über die Zurechnung von (potenziellen) Stimmrechten aus Aktien, die Gegenstand von Instrumenten sind, welche andere Inhaber halten, besteht nicht, außer für mittelbar gehaltene Instrumente.

IV. Mitteilungspflichten des Emittenten

13 Der Inlandsemittent muss Mitteilungen, die er gem. § 33 WpHG oder § 38 WpHG erhält, unverzüglich, spätestens binnen drei Handelstagen, veröffentlichen (§ 40 Abs. 1 S. 1 WpHG). Er muss außerdem den Erwerb eigener Anteile mitteilen, wenn er die Schwellen von 5 % oder 10 % erreicht, überschreitet oder unterschreitet (§ 40 Abs. 1 WpHG). Zu- oder Abnahme von Stimmrechten muss ein Inlandsemittent spätestens innerhalb von zwei Handelstagen veröffentlichen (§ 41 Abs. 1 S. 1 WpHG). Bei der Ausgabe von Bezugsaktien ist im Rahmen einer ohnehin erforderlichen Meldung oder, spätestens, zum Ende des Kalendermonats, zu dem es zu einer Zu- oder Abnahme von Stimmrechten gekommen ist, die Gesamtzahl der Stimmrechte bekannt zu machen (§ 41 Abs. 1 S. 2 WpHG).

V. Rechtsfolgen eines Verstoßes

14 Im Falle eines Verstoßes gegen die Meldepflicht sind die Sanktionen gegenüber dem AktG in mehrfacher Hinsicht verschärft.

15 **1. Zeitweiliger Rechtsverlust (§ 44 WpHG).** Der Verstoß gegen die Meldepflichten aus §§ 33, 34, 38 WpHG führt zu zeitweiligem Rechtsverlust ex lege (§ 44 WpHG). Dieser knüpft an die Nichterfüllung der Mitteilungspflichten an. Die **Frist** für die Mitteilung beginnt erst zu laufen, wenn der Meldepflichtige Kenntnis von der Erreichung oder Überquerung der Schwelle hat, haben muss oder wenn seine Kenntnis unwiderleglich vermutet wird (→ Rn. 9). Daher setzt idR bereits der Tatbestand Verschulden voraus (mindestens einfache Fahrlässigkeit, wobei der Verschuldensbegriff im Einzelnen str. ist (s. MüKoAktG/*Bayer* WpHG § 44 Rn. 13 f.). Der Rechtsverlust tritt auch ein, wenn die Unterschreitung einer Meldeschwelle nicht gemeldet wird. Betroffen von dem Rechtsverlust sind der Meldepflichtige selbst und diejenigen, deren Stimmrechte ihm gem. § 34 WpHG zugerechnet wurden. Zur Reform des § 44 WpHG s. *Gegler* ZBB 2018, 126; *Habersack* AG 2018, 133.

16 **2. Nachholung.** Sofern die Mitteilung nicht vorsätzlich unterlassen wurde, lebt das Dividendenrecht und das Recht auf den (anteiligen) Liquidationserlös wieder auf. Das entspricht § 20 Abs. 7 S. 2 AktG.

17 **3. Verlängerter Rechtsverlust.** Im Falle vorsätzlicher oder grob fahrlässiger Verletzung der Mitteilungspflicht dauert der Rechtsverlust für Stimmrechte sechs Monate nach der Nachholung der Meldung an. Im Falle einer – vorsätzlich oder grob fahrlässig – unrichtigen Mitteilung gilt die Fortdauer allerdings nicht, wenn der gemeldete Stimmrechtsanteil um weniger als 10 % des tatsächlichen Stimmrechtsanteils von diesem abweicht und durch die unrichtige Mitteilung des Stimmrechtsanteils nicht die Mitteilung des Erreichens, Über- oder Unterschreitens einer Schwellengröße unterlassen wird.

18 **4. Ordnungswidrigkeit.** Die Verletzung der Mitteilungspflichten aus §§ 33, 34, 39 WpHG ist ordnungswidrig (§ 120 Abs. 2 Nr. 2g und h WpHG). Die Sanktionen wurden durch das Gesetz zur Umsetzung der TransparenzRL-ÄnderungsRL dramatisch verschärft. Der Verstoß ist bei Vorsatz mit einer Geldbuße bis zu 2.000.000 EUR für natürliche Personen und 10.000.000 EUR bzw. 5 % des Vorjahres-Gesamtumsatzes für juristische Personen oder Personenvereinigungen bedroht (§ 120 Abs. 4 und 5 WpHG). Darüber hinaus kann ein aus dem Verstoß gezogener wirtschaftlicher Vorteil von der BaFin geschätzt, abgeschöpft und mit der Geldbuße verknüpft werden (§ 120 Abs. 4 UAbs. 2 WpHG). Bei Leichtfertigkeit halbieren sich die Geldbußen (§ 120 Abs. 6 WpHG, § 17 Abs. 2 OWiG). S. Bußgeldleitlinien I und II der BaFin (Stand: November 2013 und Februar 2017) unter bafin.de.

19 **5. Veröffentlichung des Verstoßes („Naming and Shaming").** Nach § 124 Abs. 1 WpHG hat die BaFin jeden Verstoß gegen die Meldepflichten unverzüglich auf ihrer Internetseite bekannt zu machen und die Vorschrift, gegen die Verstoßen wurde, ebenso wie die verantwortliche natürliche Person, juristische Person oder Personenvereinigung zu benennen. Es erfolgt der Hinweis auf den Verfahrensstand, insbesondere ob die Entscheidung der BaFin bestandskräftig oder eine Gerichtsentscheidung rechtskräftig ist (§ 124 Abs. 2 WpHG). Unter bestimmten Voraussetzungen kann die BaFin die Entscheidung anonym („ohne Nennung personenbezogener Daten") bekannt machen, etwa wenn sie unverhältnismäßig wäre oder höherrangige Rechtsgüter gefährden würde (zB die Stabilität des Finanzsystems) (§ 124 Abs. 3 WpHG).

Zweiter Teil. Gründung der Gesellschaft

Feststellung der Satzung

23 (1) [1] **Die Satzung muß durch notarielle Beurkundung festgestellt werden.** [2] **Bevollmächtigte bedürfen einer notariell beglaubigten Vollmacht.**

(2) **In der Urkunde sind anzugeben**

1. **die Gründer;**
2. **bei Nennbetragsaktien der Nennbetrag, bei Stückaktien die Zahl, der Ausgabebetrag und, wenn mehrere Gattungen bestehen, die Gattung der Aktien, die jeder Gründer übernimmt;**
3. **der eingezahlte Betrag des Grundkapitals.**

(3) **Die Satzung muß bestimmen**

1. **die Firma und den Sitz der Gesellschaft;**
2. **den Gegenstand des Unternehmens; namentlich ist bei Industrie- und Handelsunternehmen die Art der Erzeugnisse und Waren, die hergestellt und gehandelt werden sollen, näher anzugeben;**
3. **die Höhe des Grundkapitals;**
4. **die Zerlegung des Grundkapitals entweder in Nennbetragsaktien oder in Stückaktien, bei Nennbetragsaktien deren Nennbeträge und die Zahl der Aktien jeden Nennbetrags, bei Stückaktien deren Zahl, außerdem, wenn mehrere Gattungen bestehen, die Gattung der Aktien und die Zahl der Aktien jeder Gattung;**
5. **ob die Aktien auf den Inhaber oder auf den Namen ausgestellt werden;**
6. **die Zahl der Mitglieder des Vorstands oder die Regeln, nach denen diese Zahl festgelegt wird.**

(4) **Die Satzung muß ferner Bestimmungen über die Form der Bekanntmachungen der Gesellschaft enthalten.**

(5) [1] **Die Satzung kann von den Vorschriften dieses Gesetzes nur abweichen, wenn es ausdrücklich zugelassen ist.** [2] **Ergänzende Bestimmungen der Satzung sind zulässig, es sei denn, daß dieses Gesetz eine abschließende Regelung enthält.**

Übersicht

I. Allgemeines

1 Das Gesetz versteht Satzung und Gesellschaftsvertrag synonym (vgl. § 2). Die Satzung hat eine doppelte Funktion und ist einerseits **schuldrechtliche Vereinbarung der Gründer** über die Errichtung der AG und zugleich **Grundordnung des Verbands sowie Herrschafts- und Organisationsvertrag** (*Wiedemann* GesR I § 3 II 1a). Sie bestimmt die Identität der Gesellschaft, die Organisation ihrer Organe, die Finanzverfassung der Gesellschaft sowie die Rechte und Pflichten der Verbandsmitglieder. Sie hat Doppelnatur und ist nach hM Vertrag sui generis mit körperschaftlichen (organisationsrechtlichen) als auch schuldrechtlichen Elementen (Hüffer/Koch/*Koch* Rn. 7; MüKoAktG/*Pentz* Rn. 11).

II. Feststellung der Satzung (Abs. 1)

2 **1. Begriff.** Bei der **Mehrpersonengründung** ist Satzungsfeststellung **Einigung der Gründer** über die Errichtung der AG und die sich daraus ergebenden Rechte und Pflichten. Bei der **Einpersonengründung** erfolgt ihre Feststellung durch sog. **Errichtungserklärung** als einseitiges Rechtsgeschäft iSe nicht empfangsbedürftigen Willenserklärung (MüKoAktG/*Pentz* Rn. 11). Feststellung in fremder Sprache ist zulässig (LG Düsseldorf 16.3.1999, GmbHR 1999, 609 zur GmbH). Für Anmeldung zur Eintragung im Handelsregister ist deutsche Übersetzung erforderlich (LG Düsseldorf 16.3.1999, GmbHR 1999, 609).

3 **2. Form.** Die Feststellung der Satzung erfolgt durch **notarielle Beurkundung** des Abschlusses des Gesellschaftsvertrages. Gleichzeitige Anwesenheit **mehrerer Gründer** ist nicht erforderlich (Hüffer/Koch/*Koch* Rn. 9).

4 **3. Satzungsbestandteile.** Zur **Satzung im förmlichen Sinne** zählt der gesamte Inhalt der Satzungsurkunde einschließlich der Aktienübernahmeerklärungen der Gründer und eventueller in der Urkunde enthaltener (schuldrechtlicher) Nebenabreden.

5 Die Bestandteile der Satzung werden allgemein unterschieden in **korporative (materielle) Bestandteile,** die nicht nur für die Gründungsaktionäre gelten, sondern die sich mit der Eintragung der Gesellschaft im Handelsregister verselbständigen und auch für den unbestimmten Kreis der später hinzutretenden Aktionäre Bedeutung erlangen (MHdB GesR IV/*Sailer-Coceani* § 6 Rn. 3). Zu den **notwendigen materiellen Satzungsbestandteilen** zählen der zwingende Inhalt nach § 23 Abs. 3 und 4 sowie die Regelungen zur mitgliedschaftlichen Einlagepflicht (Hüffer/Koch/*Koch* Rn. 3; Spindler/Stilz/*Limmer* Rn. 4). Der Kreis der materiellen Satzungsbestimmungen ist aber nicht auf die zwingenden Satzungsbestandteile beschränkt. Auch fakultative Satzungsbestimmungen können materielle Regelungen enthalten. Keine zwingenden Satzungsbestandteile bilden auch die **nicht korporativen (individualrechtlichen) Bestandteile,** die die Beziehungen unter den Gründern als auch ihr Verhältnis gegenüber der Gesellschaft regeln und trotz Aufnahme in die Satzungsurkunde nicht Teil des verbandsrechtlichen Organisationsstatuts sind, sondern ihren schuldrechtlichen Charakter beibehalten (Hüffer/Koch/*Koch* Rn. 4; MHdB GesR IV/*Sailer-Coceani* § 6 Rn. 2). Dies hat Bedeutung sowohl für

die Auslegung derartiger Regelungen als auch für die Frage eventueller Änderungen (MüKoAktG/*Pentz* Rn. 41).

6 **4. Vertretung.** Vertretung eines Gründers bei der Satzungsfeststellung ist zulässig. Soweit die Gründer bei der Satzungsfeststellung durch **Bevollmächtigte** (§ 164 BGB) vertreten werden, ist nach § 23 Abs. 1 S. 2 eine notariell beglaubigte Vollmacht (§ 129 BGB, § 40 BeurkG) erforderlich. Soll ein anderer Gründer bevollmächtigt werden, ist § 181 BGB zu beachten. **Gesetzliche oder organschaftliche Vertreter** legitimieren sich durch Registerauszug und Bestellungsurkunde (GK-AktG/*Röhricht/Schall* Rn. 91). Bei der Prokura reicht nach hM ein Handelsregisterauszug aus (Hüffer/Koch/*Koch* Rn. 12; GK-AktG/*Röhricht/Schall* Rn. 90; aA MüKoAktG/*Pentz* Rn. 18).

7 **5. Auslandsbeurkundung.** Für die Gründung der AG mit Sitz im Inland wie auch für Satzungsänderungen ist das deutsche Sachrecht (§ 23 Abs. 1 S. 1) als Gesellschaftsstatut maßgeblich (BGH 1.7.2002, BGHZ 151, 204 (206) = NJW 2002, 3539; BGH 29.1.2003, NJW 2003, 1607 (1608); Hüffer/Koch/*Koch* Rn. 10). Die Beachtung der Ortsform nach Art. 11 Abs. 1 EGBGB genügt nicht (*Goette* FS Boujong, 1996, 131 (143); offengelassen in BGH 16.2.1981, BGHZ 80, 76 (78) = NJW 1981, 1160; aA MHdB GesR IV/*Hoffmann-Becking* § 3 Rn. 11). Ob die Form der notariellen Beurkundung auch durch **Auslandsbeurkundung** gewährleistet werden kann, ist umstritten (*Lieder* ZIP 2018, 805 (807 ff.)). Voraussetzung ist, dass die Beurkundungsperson nach Vorbildung und Stellung im Rechtsleben mit dem deutschen Notar vergleichbar ist und ein Verfahrensrecht zu beachten hat, das dem deutschen Beurkundungsrecht entspricht, sog. **Gleichwertigkeit** (BGH 21.10.2014 – II ZR 330/13, BGHZ 203, 68 Rn. 16; 17.12.2013, BGHZ 199, 270 (275), 16.2.1981, BGHZ 80, 76 (78) = NJW 1981, 1160; GK-AktG/*Röhricht/Schall* Rn. 75; aA *Goette* FS Boujong, 1996, 131 (140); *Lieder* ZIP 2018, 805 (811)). Überblick über ausländische Rechtsordnungen, bei denen zB Gleichwertigkeit bejaht wird, bei K. Schmidt/Lutter/*Seibt* Rn. 19. Höchstrichterliche Klärung steht noch aus, sodass **Rechtsunsicherheit bei Auslandsbeurkundung** bleibt (ebenso Hüffer/Koch/*Koch* Rn. 11).

III. Erklärung der Aktienübernahme (Abs. 2)

8 **1. Begriff.** Neben der Satzungsfeststellung muss die notarielle Gründungsurkunde die Aktienübernahmeerklärung, sog. **Zeichnung,** enthalten, in der sich der einzelne **Gründer** zur **Übernahme von Aktien** und zur **Leistung der Einlage** gem. § 54 verpflichtet. Aktienübernahmeerklärungen und Einlageversprechen bilden kein von der Satzungsfeststellung zu unterscheidendes Rechtsgeschäft, sondern sind notwendiger **materieller Satzungsbestandteil** (Hüffer/Koch/*Koch* Rn. 16; KK-AktG/*Arnold* Rn. 58; MüKoAktG/*Pentz* Rn. 12). Die Gesellschaft ist erst errichtet, wenn das gesamte, in der Satzung festgelegte und in Aktien zerlegte **Grundkapital durch Übernahmeerklärungen gedeckt** ist (GK-AktG/*Röhricht/Schall* Rn. 94).

9 **2. Rechtsnatur der Übernahmeerklärung.** Die Übernahmeerklärung ist eine **einseitige empfangsbedürftige Willenserklärung** des Gründers an die Mitgründer (GK-AktG/*Röhricht/Schall* Rn. 95; K. Schmidt/Lutter/*Seibt* Rn. 24). Die allgemeinen Regeln des BGB können nur zur Anwendung kommen, solange die AG noch nicht im Handelsregister eingetragen ist oder nicht in Vollzug gesetzt worden ist. Im Interesse der Rechtssicherheit darf die Übernahmeerklärung **weder durch Bedingungen noch durch Befristungen beschränkt** sein; andernfalls hat das Registergericht die Eintragung abzulehnen (GK-AktG/*Röhricht/Schall* Rn. 96). Bei mehreren Aktiengattungen muss die Zahl und Gattung der Aktien, die jeder Gründer übernimmt, angegeben werden (MüKoAktG/*Pentz* Rn. 61).

10 **3. Angabe der Gründer.** In der Urkunde sind die **Gründer namentlich anzugeben.** Gründer ist nur, wer an der Feststellung der Satzung mitwirkt (§ 28) und **mindestens eine Aktie** übernimmt (Hüffer/Koch/*Koch* Rn. 17; K. Schmidt/Lutter/*Seibt* Rn. 25). Gründer können sowohl natürliche wie auch juristische Personen sein. Die Gründer müssen in der Gründungsurkunde mit Namen und Anschrift genannt werden, um identifiziert werden zu können. Bei juristischen Personen ist die Angabe von Firma, Sitz und Registernummer erforderlich (GK-AktG/*Röhricht/Schall* Rn. 101).

IV. Inhalt der Satzung (Abs. 3)

11 Aus § 23 Abs. 3 und 4 ergibt sich der notwendige Inhalt der Satzung, ohne diesen die Eintragung der AG vom Handelsregister abzulehnen ist.

12 **1. Firma und Sitz (Nr. 1).** Die Firmenbildung hat § 4 sowie die allgemeinen handelsrechtlichen Vorschriften der §§ 17 ff. HGB zu beachten. Rechtsformzusatz ist nach § 4 erforderlich. Die Abkürzung „AG“ ist ausreichend (MüKoAktG/*Pentz* Rn. 65). Die Firma der Zweigniederlassung ist ebenfalls aufzunehmen, sofern sie von der Firma der Hauptniederlassung abweicht (BayObLG 19.3.1992, BayObLGZ 1992, 59 (63)). Ebenso anzugeben ist der Sitz (vgl. § 5).

2. Gegenstand des Unternehmens (Nr. 2). Die statutarische Angabe des Unternehmensgegenstandes bezweckt vor allem die **Transparenz des Tätigkeitsbereichs des Unternehmens** gegenüber Dritten sowie die **Begrenzung der Geschäftsführungsbefugnis des Vorstands** (BayObLG 7.6.2000, NZG 2000, 987; MüKoAktG/*Pentz* Rn. 78; GK-AktG/*Röhricht/Schall* Rn. 112). Der Unternehmensgegenstand ist abzugrenzen vom Gesellschaftszweck, zu dem Mittel-Zweck-Relation besteht. **Gesellschaftszweck** ist finaler Zweck des Zusammenschlusses der Gesellschafter (typischerweise die dauerhafte Gewinnerzielung), der durch Realisierung des Unternehmensgegenstandes erreicht werden soll (Hüffer/Koch/*Koch* Rn. 22). Die Änderung des Unternehmensgegenstandes bedarf als Satzungsänderung der Mehrheit nach § 179 Abs. 2, während die Änderung des Gesellschaftszwecks nach allgemeinen Grundsätzen (§ 33 Abs. 1 S. 2 BGB) nur durch einstimmigen Beschluss erfolgen kann (Spindler/Stilz/*Limmer* Rn. 18; MüKoAktG/*Pentz* Rn. 78). Das Gesetz verlangt ausdrücklich **Individualisierung des Unternehmensgegenstandes** und will damit farblose Formulierungen unterbinden. Anzugeben ist der Schwerpunkt der Geschäftstätigkeit. Hilfsgeschäfte sind damit nicht ausgeschlossen. Geschäfte des Vorstands außerhalb des Unternehmensgegenstandes sind im Außenverhältnis wirksam, können aber eine Schadensersatzpflicht nach § 93 Abs. 1 S. 1 auslösen. 13

3. Höhe des Grundkapitals (Nr. 3). Anzugeben ist das Grundkapital unter Beachtung von §§ 6 und 7 in einem Nennbetrag in Euro in Höhe eines Mindestbetrages von 50.000 EUR. Die Aufnahme eines genehmigten Kapitals (§§ 202 ff.) bereits in die Gründungssatzung ist zulässig (MüKoAktG/*Pentz* Rn. 114). 14

4. Zerlegung des Grundkapitals (Nr. 4). Die Satzung hat anzugeben, ob das Grundkapital in Nennbetrags- oder Stückaktien eingeteilt ist (vgl. § 8). Bei Ausgabe von **Nennbetragsaktien** ist der Nennbetrag und die Anzahl der mit diesem Nennbetrag ausgegebenen Aktien anzugeben; bei Aktien mit unterschiedlichen Nennbeträgen die Anzahl pro Nennbetrag. Der Mindestnennbetrag pro Aktie beträgt 1 EUR, höhere Nennbeträge müssen auf volle Euro lauten (§ 8 Abs. 2). Bei Nennbetragsaktien verschiedener Gattungen ist die Zahl pro Gattung anzugeben. Bei **Stückaktien** reicht die Angabe der Anzahl der ausgegebenen Stückaktien aus. Bestehen Stückaktien verschiedener Aktiengattungen, ist die Ausgabe der Zahl pro Gattung anzugeben (K. Schmidt/Lutter/*Seibt* Rn. 27). Der auf die einzelne Stückaktie entfallende anteilige Betrag am Grundkapital darf 1 EUR nicht unterschreiten (§ 8 Abs. 3 S. 2). 15

5. Aktienart (Nr. 5). Anzugeben ist, ob **Aktien auf den Inhaber oder auf den Namen** ausgestellt werden (§ 10). Das Gesetz eröffnet grundsätzlich Wahlfreiheit und lässt auch die Ausgabe beider Aktienformen nebeneinander zu. Dies gilt nicht, wenn Aktien bereits vor vollständiger Leistung des Ausgabebetrags ausgegeben werden sollen, da in diesem Fall nach § 10 Abs. 2 zwingend nur Namensaktien ausgegeben werden dürfen. Die Angaben haben unter Beachtung von § 23 Abs. 3 Nr. 4 zu erfolgen. Soll die freie Übertragbarkeit der Aktien durch Vinkulierung beschränkt werden, ist nach § 68 Abs. 2 S. 1 Satzungsregelung zwingend (Hüffer/Koch/*Koch* § 68 Rn. 13). 16

6. Zahl der Vorstandsmitglieder (Nr. 6). § 23 Abs. 2 Nr. 6 verlangt die Angabe der Zahl der Vorstandsmitglieder einschließlich eventueller Stellvertreter (§ 94). Dabei ist entweder die konkrete Zahl der Mitglieder unter Berücksichtigung der – dispositiven – Regelung von § 76 Abs. 2 S. 2 festzulegen, wobei die Angabe einer Mindest- und Höchstzahl genügt (LG Köln 10.6.1998, AG 1999, 137; Hüffer/Koch/*Koch* Rn. 31; K. Schmidt/Lutter/*Seibt* Rn. 50; Bedenken bei MüKoAktG/*Pentz* Rn. 136; GK-AktG/*Röhricht/Schall* Rn. 164). Es reicht auch aus, wenn die Satzung die Regelung nennt, nach der die Zahl der Vorstandsmitglieder bestimmt wird, zB durch Beschluss der Hauptversammlung oder des Aufsichtsrats (BGH 17.12.2001, NZG 2002, 817; Hüffer/Koch/*Koch* Rn. 31; Bedenken bei GK-AktG/*Röhricht/Schall* Rn. 166). Die Praxis vermeidet im Interesse größtmöglicher Flexibilität, die Angabe einer konkreten Zahl der Vorstandsmitglieder in der Satzung, da bei Unterschreiten der satzungsmäßigen Mindestzahl die Handlungsunfähigkeit des Vorstands droht (vgl. BGH 12.11.2001, BGHZ 149, 158 (161) = NJW 2002, 1128; aA GK-AktG/*Kort* § 76 Rn. 199; *Priester* FS Kropff, 1997, 591 (598)). Ziff. 4.2.1 DCGK enthält die Empfehlung, dass der Vorstand aus mehreren Personen bestehen soll. Bei Gesellschaften, die dem MitbestG unterliegen, muss der Vorstand im Hinblick auf den Arbeitsdirektor (§ 33 Abs. 1 S. 1 MitbestG) mindestens aus zwei Personen gebildet werden. 17

Angaben über die Größe des Aufsichtsrats sind in der Satzung üblich aber nicht zwingend erforderlich, da sich Zahl der Mitglieder des Aufsichtsrats mangels Satzungsregelung aus dem Gesetz ableiten lässt (GK-AktG/*Röhricht/Schall* Rn. 167). Satzungsregelung ist erforderlich bei Vergrößerung des Aufsichtsrats über den gesetzlichen Stand hinaus. In der Satzung kann zB auch die Zuständigkeit zur Ernennung eines Ehrenvorsitzenden des Aufsichtsrats festgelegt werden (MüKoAktG/*Habersack* § 107 Rn. 74). 18

7. Form der Bekanntmachung (Abs. 4). § 23 Abs. 4 verlangt die Angabe der Form der Bekanntmachung der Gesellschaft. Die Regelung betrifft nur Bekanntmachungen, die nicht zwingend in den Gesellschaftsblättern mitzuteilen sind sowie freiwillige Angaben der Gesellschaft. Davon zu unterschei- 19 den sind die nach Gesetz oder Satzung vorzunehmenden Pflichtbekanntmachungen, die nach § 25 Abs. 1 zwingend im Bundesanzeiger einzurücken sind.

20 **8. Geschäftsjahr.** Auch wenn das AktG insoweit schweigt, ist die Festlegung des Geschäftsjahres ebenfalls als notwendige materielle Satzungsregelung zu betrachten (Hüffer/Koch/*Koch* Rn. 3; MüKoAktG/*Pentz* Rn. 40).

21 **9. Sondervorteile und Gründungsaufwand.** Zwingend in der Satzung festzusetzen sind die den Aktionären oder Dritten eingeräumten Sondervorteile (§ 26 Abs. 1) sowie der Gründungsaufwand, der von der AG übernommen werden soll (§ 26 Abs. 2). Wegen der Beseitigung gegenstandslos gewordener Festsetzungen im Zeitablauf vgl. § 26 Abs. 4 und 5.

V. Grundsatz der Satzungsstrenge (Abs. 5)

22 **1. Allgemeines.** Im Aktienrecht besteht **keine Vertragsfreiheit.** Der Grundsatz der Satzungsstrenge gilt im Interesse der Verkehrsfähigkeit der Aktien und zum Schutz von künftigen Aktionären sowie von Gläubigern unabhängig davon, ob die AG börsennotiert ist oder nicht. § 23 Abs. 3–5 ist auch bei Satzungsänderungen zu beachten (Hüffer/Koch/*Koch* Rn. 1). Hiergegen richtet sich verstärkte Kritik (zB *Eidenmüller* JZ 2001, 1041 (1046); *Mertens* ZGR 1994, 426 (427); *Spindler* AG 1998, 53 (59); s. aber auch KK-AktG/*Arnold* Rn. 134; *Habersack* AG 2009, 1 (8)). § 23 Abs. 5 bestätigt den zwingenden Charakter der Vorschriften des AktG. § 23 Abs. 5 S. 1 lässt eine **Schiedsklausel** in der Satzung nicht zu. In einer Familien-AG mag sich die Aufnahme einer Schiedsklausel in die Aktionärsvereinbarung verbunden mit der Regelung von vinkulierten Namensaktien empfehlen (*Reichert* FS Ulmer, 2003, 511 (531)).

23 **2. Abweichungen.** § 23 Abs. 5 S. 1 lässt eine **abweichende Satzungsregelung** nur zu, wenn das AktG selbst dies „ausdrücklich" gestattet. Eine Abweichung liegt vor, wenn die Satzung eine andere Regelung als das Gesetz vorsieht. Die Gestattung iSe positiven Aussage muss sich aus dem Gesetzeswortlaut klar ergeben, der ggf. mittels Auslegung zu erschließen ist (Hüffer/Koch/*Koch* Rn. 35; MüKoAktG/*Pentz* Rn. 153). Bloßes Schweigen des Gesetzes reicht nicht (Hüffer/Koch/*Koch* Rn. 35; KK-AktG/*Arnold* Rn. 138; MüKoAktG/*Pentz* Rn. 153; aA KK-AktG/*Mertens* Vor § 76 Rn. 11). Beispiele für zulässige Abweichungen finden sich zB bei KK-AktG/*Arnold* Rn. 139; MüKoAktG/*Pentz* Rn. 155.

24 **3. Ergänzungen. Ergänzende Satzungsregelungen** sind nach § 23 Abs. 5 S. 2 auch dann zulässig, wenn das Gesetz sie nicht ausdrücklich zulässt, aber das Gesetz **keine abschließende Regelung** enthält. Im konkreten Einzelfall ist durch Auslegung und Berücksichtigung von Sinn und Zweck der jeweiligen Norm zu ermitteln, ob eine Regelungslücke besteht und die in der Satzung vorgesehene Ergänzung die gesetzliche Regelung im Grundsatz unberührt lässt und nur konkretisierende oder weiterführende Regelungen hinzugefügt werden. Ein abschließender Regelungscharakter soll nur im Ausnahmefall vorliegen (Hüffer/Koch/*Koch* Rn. 37; MüKoAktG/*Pentz* Rn. 157; KK-AktG/*Zetzsche* § 179 Rn. 124). Beispiele für Ergänzungen zB bei MüKoAktG/*Pentz* Rn. 160; KK-AktG/*Zetzsche* § 179 Rn. 179).

25 **4. Rechtsfolgen eines Verstoßes.** Bei Missachtung von § 23 Abs. 5 darf das Registergericht nicht eintragen und hat die Anmeldung zurückzuweisen. Wird dennoch eingetragen, sind die **Folgen eines Verstoßes** gegen § 23 Abs. 5 umstritten, da die Vorschrift hierzu keine Regelung enthält. Eine neuere Ansicht geht von der Nichtigkeit nur gemäß des analog anzuwendenden § 241 Nr. 3 aus (Hüffer/Koch/*Koch* Rn. 43; KK-AktG/*Zöllner* § 241 Rn. 115 ff.). Nach hA folgt die Nichtigkeit generell unmittelbar aus § 23 Abs. 5 (*Geßler* ZGR 1980, 427 (444); GK-AktG/*Röhricht/Schall* Rn. 260; GK-AktG/*K. Schmidt* § 241 Rn. 60). Verstöße der Ursprungssatzung gegen § 23 Abs. 5 werden geheilt mit Ablauf von drei Jahren nach Eintragung im Handelsregister analog § 242 Abs. 2 (BGH 19.6.2000, BGHZ 144, 365 (368) = NJW 2000, 2819; *Geßler* ZGR 1980, 427 (453); Hüffer/Koch/*Koch* Rn. 43; MüKoAktG/*Pentz* Rn. 164).

VI. Auslegung der Satzung

26 Die allgemeinen Prinzipien der Vertragsauslegung (§§ 133–157 BGB) kommen nur bis zur Eintragung im Handelsregister uneingeschränkt zur Anwendung (MüKoAktG/*Pentz* Rn. 48). Danach muss bei der Auslegung der Satzung dem Umstand Rechnung getragen werden, dass die Satzung auch für später hinzutretende Gesellschafter Geltung beansprucht. Dies hat in besonderem Maße für die Satzung der börsennotierten AG Bedeutung. Deshalb ist bei **korporativen Satzungsregelungen** die **objektive Auslegung** maßgebend, die allein auf den Vertragstext und nicht auf den subjektiven Willen der Gründer abstellt (BGH 11.10.1993, BGHZ 123, 347 (352) = NJW 1994, 51; BGH 28.6.1999, BGHZ 142, 116 (125) zur GmbH; 11.11.1985, BGHZ 96, 245 (250) = NJW 1986, 1083 zum Verein; Hüffer/Koch/*Koch* Rn. 39; MHdB GesR IV/*Sailer-Coceani* § 6 Rn. 2). Soweit es um **nicht korporative Bestandteile** der Satzung geht, gelten die allgemeinen **Prinzipien der Vertragsauslegung,** insbes.

das tatsächliche Verständnis der Gesellschafter (Hüffer/Koch/*Koch* Rn. 40; MüKoAktG/*Pentz* Rn. 49; *Winter* ZHR 154 (1990), 259 (264)).

VII. Exkurs: Mantelgründung und Mantelverwendung

1. Begriff. Die Gründung einer AG nimmt bis zur Eintragung im Handelsregister eine gewisse Zeit in Anspruch. Mitunter besteht deshalb kurzfristig Interesse am Erwerb einer bereits existierenden juristischen Person in Form der AG. Dies ist der wirtschaftliche Hintergrund für Mantelgründungen auf Vorrat sowie für den Mantelkauf. Soll eine AG bei Gründung (noch) kein Unternehmen betreiben, sondern satzungsgemäß nur das eigene Vermögen verwalten, handelt es sich um eine sog. **offene Mantelgründung** in Form der **Vorratsgesellschaft,** die zulässig ist (BGH 16.3.1992, BGHZ 117, 323 (331) = NJW 1992, 1824 zur GmbH; GK-AktG/*Röhricht/Schall* Rn. 347). Wird ein fiktive Unternehmensgegenstand in die Satzung aufgenommen oder fehlt es an der konkreten und ernsthaften Absicht, einen satzungsmäßigen Unternehmensgegenstand zu verfolgen, liegt eine sog. **verdeckte Mantelgründung** vor, die nach hM nichtig ist (BGH 16.3.1992, BGHZ 117, 323 (334); Hüffer/Koch/*Koch* Rn. 25; MüKoAktG/*Pentz* Rn. 91). Das Ergebnis wird zT aus § 117 BGB (KK-AktG/*Arnold* Rn. 93) oder aus § 134 BGB iVm § 23 Abs. 3 Nr. 2 (vgl. Bürgers/Körber/*Körber* Rn. 33; *Meyer* ZIP 1994, 1661 (1663)) abgeleitet. Um einen **sog. „gebrauchten" Gesellschaftsmantel** handelt es sich bei einer AG, die nach aktiver Phase keinen Geschäftsbetrieb mehr hat (BGH 6.3.2012, BGHZ 192, 341 = NZG 2012, 539 (540); *Bayer* FS Goette, 2011, 15 (19); *Lieder* NZG 2010, 410 (411)). 27

2. Verwendung. Soll ein AG-Mantel von einem Aktionär oder nach Veräußerung von Dritten durch Aufnahme unternehmerischer Aktivität genutzt werden, liegt eine wirtschaftliche Neugründung vor. **Verwendung** oder **Kauf eines AG-Mantels** ist zulässig. Allerdings sind die Gründungsvorschriften, insbes. die nach Gesetz und Satzung erforderliche Kapitalausstattung, im **Zeitpunkt der wirtschaftlichen Neugründung** zu beachten (BGH 16.3.1992, BGHZ 117, 323 (331); BGH 9.12.2002, BGHZ 153, 158 (160) = NJW 2003, 892; BGH 7.7.2003, BGHZ 155, 318 (322) = NJW 2003, 3198 jeweils zur GmbH; Hüffer/Koch/*Koch* Rn. 27). Bei Vollzug der wirtschaftlichen Neugründung, der regelmäßig mit der Änderung von Unternehmensgegenstand, Firma und Sitz zusammenfällt, haben der Vorstand, sämtliche Gründer und die Aufsichtsratsmitglieder die Erfüllung der Kapitalaufbringungsvoraussetzungen entsprechend § 36a Abs. 1, § 37 Abs. 1 zu versichern und dem Handelsregister nachzuweisen (KK-AktG/*Arnold* Rn. 103 Spindler/Stilz/*Limmer* § 23 Rn. 47). Dies gilt auch bei Kauf eines sog. gebrauchten Gesellschaftsmantels, bei dem das ursprünglich betriebene Unternehmen nicht mehr weitergeführt wird (MüKoAktG/*Pentz* Rn. 96; s. auch BGH 6.3.2012, NZG 2012, 539) und mit der neuen wirtschaftlichen Nutzung in keiner Weise an die bisherige Tätigkeit angeknüpft wird (*Lieder* DStR 2012, 137 (138)). Als Gründer ist in diesem Fall der Erwerber des AG-Mantels anzusehen (K. Schmidt/Lutter/*Bayer* § 52 Rn. 17; Hüffer/Koch/*Koch* Rn. 27a; *Priester* DB 2001, 467 (468)). Bei unterlassener Offenlegung der wirtschaftlichen Neugründung haften die Gründer für eine bei (Re-)Aktivierung bestehende Deckungslücke zum satzungsmäßigen Grundkapital (BGH 6.3.2012, BGHZ 192, 341 = NZG 2012, 539 (540); *Bachmann* NZG 2012, 579). Bei Mantelverwendung sind auch Vorschriften über die **Nachgründung** (§ 52) zu beachten (Hüffer/Koch/*Koch* Rn. 27b; KK-AktG/*Arnold* Rn. 106). 28

VIII. Exkurs: Nebenabreden

1. Rechtsnatur. In der Praxis besteht vielfach ein Interesse der Aktionäre **ergänzende Vereinbarungen außerhalb der Satzungsurkunde** zu schließen (Beispiele bei K. Schmidt/Lutter/*Seibt* Rn. 64; MHdB GesR IV/*Sailer-Coceani* § 6 Rn. 13). Sie kommen sowohl bereits bei der Gründung als auch später in Betracht. Das damit typischerweise über das Sachziel der konkreten Vereinbarung hinausreichende Interesse der Aktionäre an Nebenabreden ist einerseits die Vermeidung von Publizität, da die Vereinbarung nicht zum Handelsregister eingereicht werden muss und andererseits die auf Grund der allgemeinen Vertragsfreiheit bestehende Möglichkeit Absprachen zu treffen, die in der Satzung nicht möglich wären (BGH 22.1.2013, NZG 2013, 220 Rn. 11). Vielfach geht es um die Koordination des Stimmverhaltens in der Hauptversammlung (Happ AktR/*Löbbe* Muster 20.01 Rn. 1.1); mitunter auch um Vorkaufsrechte, Andienungspflichten sowie Mitverkaufsrechte und -pflichten. An der generellen Zulässigkeit solcher Vereinbarungen, die von der Satzung streng zu unterscheiden sind (Trennungsprinzip), bestehen keine Zweifel (Hüffer/Koch/*Koch* Rn. 45; GK-AktG/*Röhricht/Schall* Rn. 314). Schranken ergeben sich, soweit ihnen zwingende Vorschriften oder Regelungen der Satzung entgegenstehen (BGH 7.6.1993, BGHZ 123, 15 (20) = NJW 1993, 2246; MüKoAktG/*Pentz* Rn. 188; GK-AktG/*Röhricht/Schall* Rn. 314). 29

Die Nebenabreden, die im Regelfall einem gemeinsamen Zweck der Aktionäre dienen und damit zu einer Gesellschaft bürgerlichen Rechts iSv §§ 705 ff. BGB als bloße Innengesellschaft führen (BGH 24.11.2008, NZG 2009, 183 Rn. 14; KK-AktG/*Arnold* Rn. 175; Bürgers/Körber/*Körber* Rn. 33), sind **formfrei gültig** (Happ AktR/*Löbbe* Muster 20.01 Rn. 1.9). Ihre Auslegung richtet sich nach den 30

§§ 133, 157 BGB (Hüffer/Koch/*Koch* Rn. 46; K. Schmidt/Lutter/*Seibt* Rn. 66). Bei **Veräußerung der Aktien** gehen Rechte und Pflichten aus Nebenabreden grundsätzlich auch bei Kenntnis des Erwerbers nicht auf diesen über (KK-AktG/*Arnold* Rn. 177; K. Schmidt/Lutter/*Seibt* Rn. 66), sondern nur bei Vorliegen besonderer Umstände (GK-AktG/*Röhricht/Schall* Rn. 331). Zur Nichtigkeit einer Nebenabrede zwischen Aktionär und AG (BGH 22.1.2013, NZG 2013, 220 Rn. 12). Zum Ganzen *Koch* AG 2015, 213.

31 **2. Rechtsfolgen.** Die Nebenabreden können aus kartellrechtlicher Sicht Bedeutung haben. Soweit sie Stimmrechtsabsprachen zum Gegenstand haben, die **börsennotierte Gesellschaften** betreffen, können sie aus dem Gesichtspunkt des *Acting in Concert* **kapitalmarktrechtliche Konsequenzen** auslösen und zB Mitteilungspflichten nach den §§ 33 ff. WpHG sowie übernahmerechtliche Pflichten nach § 29 WpÜG auslösen.

32 Ob **Verstöße** gegen Nebenabreden, die zwischen allen Aktionären geschlossen sind, ebenso wie im GmbH-Recht (BGH 20.1.1983, NJW 1983, 1910 (1911); BGH 27.10.1986, NJW 1987, 1890 (1892)) zur **Anfechtung von Hauptversammlungsbeschlüssen** führen, ist umstritten (dafür *Happ* ZGR 1984, 168 (175); GK-AktG/*K. Schmidt* § 243 Rn. 20; aA *Hoffmann-Becking* ZGR 1994, 442 (450); Hüffer/Koch/*Koch* Rn. 47; MüKoAktG/*Pentz* Rn. 194).Abstimmungsvereinbarungen sind jedoch gerichtlich durchsetzbar (*Noack*, Gesellschaftervereinbarungen, 1994, 68 ff.)

24 (aufgehoben)

I. Allgemeines

1 Der 2016 aufgehobene § 24 ergänzte § 10 Abs. 1 sowie § 23 Abs. 3 Nr. 5 und ermöglichte, den Aktionären in der Satzung ein **Recht auf Umwandlung einer Inhaberaktie in eine Namensaktie und umgekehrt** zu gewähren. Aus § 24 wird abgeleitet, dass kraft Gesetzes kein Umwandlungsanspruch besteht (MüKoAktG/*Pentz* Rn. 2). Zulässig sind auch Satzungsbestimmungen, nach denen der Umwandlungsanspruch von bestimmten Voraussetzungen (zB Zustimmung des Vorstands) abhängig gemacht wird (GK-AktG/*Röhricht/Schall* Rn. 4). Andere Umwandlungsarten (zB zwischen Aktiengattungen) sind unzulässig (Hüffer/*Koch,* 11. Aufl. 2014, Rn. 1). Durch die Aktienrechtsnovelle 2016 ist § 24 mangels praktischen Bedürfnisses gestrichen worden. Nach § 26 Abs. 2 EGAktG bleiben Satzungsbestimmungen über einen Umwandlungsanspruch wirksam. Recht auf Umwandlung kann trotz Gesetzesänderung weiterhin durch Satzungsänderung begründet werden (GK-AktG/*Röhricht/Schall* Rn. 3).

II. Voraussetzung, Durchführung

2 Das **Umwandlungsverlangen** muss an die Gesellschaft, vertreten durch den Vorstand, gerichtet werden. Inhaberaktien müssen vorgelegt werden, Namensaktien im Aktienregister eingetragen sein (Hüffer/*Koch,* 11. Aufl. 2014, Rn. 3). Die Umwandlung selbst erfolgt durch die vom Vorstand unverzüglich vorzunehmende Änderung des Urkundentexts oder durch Aktienneuausgabe. Neue Aktien werden Zug um Zug gegen Rückgabe der alten ausgegeben. Bei der Umwandlung von Inhaber- in Namensaktien ist der Inhaber in das Aktienregister einzutragen (§ 67). Im umgekehrten Fall ist seine Eintragung im Aktienregister zu löschen. Die Satzung sollte bestimmen, wer die Kosten der Umwandlung zu tragen hat. Sofern eine solche Regelung fehlt, hat nach h. M. der Aktionär die Kosten zu tragen (MüKoAktG/*Pentz* Rn. 8; GK-AktG/*Röhricht/Schall* Rn. 9).

III. Umwandlung durch Satzungsänderung

3 Die Umwandlung der Aktienart kann neben einem auf § 24 beruhenden Aktionärsverlangen auch durch Satzungsänderung beschlossen werden (OLG Hamburg 3.7.1970, AG 1970, 230). Ob die Durchführung der auf einer Satzungsänderung beruhenden Umwandlung der Zustimmung der betroffenen Aktionäre bedarf, ist streitig. Nach zutreffender hA besteht kein Zustimmungserfordernis, da den Aktionären kein Sonderrecht auf eine gem. § 23 Abs. 3 Nr. 5 festgesetzte Aktienart zusteht (OLG Hamburg 3.7.1970, AG 1970, 230 (231); Hüffer/*Koch,* 11. Aufl. 2014, Rn. 6; GK-AktG/*Röhricht/Schall* Rn. 11).

Bekanntmachunen der Gesellschaft

25 **Bestimmt das Gesetz oder die Satzung, daß eine Bekanntmachung der Gesellschaft durch die Gesellschaftsblätter erfolgen soll, so ist sie in den Bundesanzeiger einzurücken.**

I. Regelungsgegenstand

Hat die Gesellschaft Tatsachen oder Umstände in den „Gesellschaftsblättern" bekanntzumachen, so geschieht dies gem. § 25 S. 1 im **Bundesanzeiger als Pflichtmedium.** Gesetzliche Bekanntmachungspflichten finden sich zB in § 20 Abs. 6, § 64 Abs. 2, § 97 Abs. 1, § 99 Abs. 4 S. 2, §§ 106, 121 Abs. 3, § 186 Abs. 2, § 246 Abs. 4, § 259 Abs. 5, § 306 Abs. 2 HGB, § 325 Abs. 1, 2 HGB. 1

Die Satzung konnte gem. § 25 S. 2 aF weitere Medien als Pflichtpublikationsmedium bestimmen (Tages-, Wochen- oder Monatszeitungen, auch Internet). Durch die Aktienrechtsnovelle 2016 ist die Vorschrift aufgehoben. Nach § 26 Abs. 3 EGAktG bleiben jedoch bisherige Satzungsbestimmungen wirksam. Die Beibehaltung entsprechender Satzungsbestimmungen schafft indessen nur unnötige Fehlerquellen für Bekanntmachungen, denn für die Gültigkeit von gesetzlich erforderlichen Bekanntmachungen ist alleine die Bekanntmachung im Bundesanzeiger relevant (Spindler/Stilz/*Limmer* Rn. 6), der nur noch als elektronisches Medium verfügbar ist. 2

Für sog. freiwillige Bekanntmachungen, also solche, die Gesetz oder Satzung vorschreiben, ohne zugleich die Geschäftsblätter als Publizitätsorgan zu bestimmen, gilt § 25 nicht. Die Gründer haben gem. § 23 Abs. 4 deren Bekanntmachung in der Satzung zu regeln (Hüffer/Koch/*Koch* Rn. 1). 3

II. Rechtsfolgen

Wird durch die Bekanntmachung eine Frist in Gang gesetzt, so ist das Ereignis iSd § 187 BGB das Einstellen der Information auf der Website des Bundesanzeigers (Hüffer/Koch/*Koch* Rn. 4). Sofern die Satzung zusätzliche Pflichtmedien bestimmt, ist gem. § 26 Abs. 3 EGAktG nicht mehr die Veröffentlichung im letzten Medium maßgebend, sondern allein die Bekanntmachung im Bundesanzeiger. Rechtsfolgen, die das Gesetz an die Bekanntmachung knüpft, treten bei fehlerhafter Bekanntmachung nicht ein (GK-AktG/*Röhricht/Schall* Rn. 7). 4

Sondervorteile. Gründungsaufwand

26 (1) **Jeder einem einzelnen Aktionär oder einem Dritten eingeräumte besondere Vorteil muß in der Satzung unter Bezeichnung des Berechtigten festgesetzt werden.**

(2) **Der Gesamtaufwand, der zu Lasten der Gesellschaft an Aktionäre oder an andere Personen als Entschädigung oder als Belohnung für die Gründung oder ihre Vorbereitung gewährt wird, ist in der Satzung gesondert festzusetzen.**

(3) [1] **Ohne diese Festsetzung sind die Verträge und die Rechtshandlungen zu ihrer Ausführung der Gesellschaft gegenüber unwirksam.** [2] **Nach der Eintragung der Gesellschaft in das Handelsregister kann die Unwirksamkeit nicht durch Satzungsänderung geheilt werden.**

(4) **Die Festsetzungen können erst geändert werden, wenn die Gesellschaft fünf Jahre im Handelsregister eingetragen ist.**

(5) **Die Satzungsbestimmungen über die Festsetzungen können durch Satzungsänderung erst beseitigt werden, wenn die Gesellschaft dreißig Jahre im Handelsregister eingetragen ist und wenn die Rechtsverhältnisse, die den Festsetzungen zugrunde liegen, seit mindestens fünf Jahren abgewickelt sind.**

I. Allgemeines

§ 26 dient dem Schutz gegenwärtiger und künftiger Aktionäre sowie der Gläubiger vor den Risiken, die aus der Gewährung von Vorteilen an die Gründer resultieren können. Der Schutz wird durch Satzungspublizität hergestellt, indem Sondervorteile und Gründungsaufwand in der Satzung festzusetzen sind. 1

II. Sondervorteile

1. Begriff und Festsetzung. Sondervorteile sind **Gläubigerrechte,** die einzelnen oder allen Aktionären oder Dritten aus Anlass der Gründung gewährt werden, dh mit ihr im sachlichen Zusammenhang stehen (Hüffer/Koch/*Koch* Rn. 2). Gläubigerrechte sind kein mitgliedschaftliches Sonderrecht und können deshalb unabhängig von der Mitgliedschaft übertragen werden. Sie gehen auch nicht automatisch mit Aktienübertragung auf Erwerber über, sondern müssen gesondert übertragen werden (GK- 2

AktG/*Röhricht/Schall* Rn. 24). Der Sondervorteil muss dem Berechtigten gegenleistungsfrei zufließen oder iRe Austauschvertrags eine unangemessene Bevorteilung darstellen (BGH 13.7.1961, WM 1961, 882 (884)). Jeder Sondervorteil muss in der Satzung unter Bezeichnung des Berechtigten festgesetzt werden. Die Beschreibung des Sondervorteils hat möglichst genau zu erfolgen.

3 **2. Beispiele.** Sondervorteile können Vorteile jeglicher Art sein; vermögensrechtlicher oder nichtvermögensrechtlicher Natur, zB das Recht zum Bezug von Waren, Gewinnvorrechte, ein Anspruch auf Umsatzprovision sowie über § 131 hinausgehende Informationsrechte.

4 **3. Grenzen.** § 26 regelt nicht, inwiefern Sondervorteile materiell zulässig sind. Sie dürfen nach hM nicht gegen zwingendes Aktienrecht verstoßen. Insbesondere ist das Verbot der Einlagenrückgewähr (§ 57) zu beachten, sodass vermögensrechtliche Sonderrechte nur eingeschränkt zulässig sind, etwa die Einräumung einer Vorzugsdividende oder die Gewährung einer Liquidationspräferenz (GK-AktG/*Röhricht/Schall* Rn. 9f).

III. Gründungsaufwand

5 Der Gesamtbetrag von Gründungsentschädigung und Gründungskosten ist ebenfalls in der Satzung festzusetzen. Angabe eines Höchstbetrags („bis zu") soll nicht ausreichen (OLG Zweibrücken 25.6.2013, ZIP 2014, 623). Das überzeugt nicht, verleitet zu höheren (geschätzten) Festsetzungen als tatsächlich nötig und wirft sodann die Frage nach der Behandlung nicht benötigter aber festgesetzter Beträge auf. Neben dem Gesamtbetrag kann nach OLG Celle 11.2.2016, NJW-RR 2016, 865 vom Registergericht die genaue Bezeichnung der Kostenarten gefordert werden. Die Festsetzung kann bei einer wirtschaftlichen Neugründung auch noch durch Satzungsänderung erfolgen, sofern die AG **erstmals** Gründungsaufwand übernehmen soll (OLG Stuttgart 23.10.2012, GmbHR 2012, 1301 (1312)). Gründungsentschädigung ist der Ersatz von Aufwendungen, die bei der Gründung im Interesse der Gesellschaft gemacht werden, insbesondere Notar-, Gerichts-, Beratungs-, und Prüfungskosten. Kein Gründungsaufwand sind Kosten im Zusammenhang mit der Aufnahme oder der Vorbereitung des operativen Geschäfts der Gesellschaft. Vorstands- oder Aufsichtsratsvergütungen stellen keinen Gründungsaufwand dar. Gründungsaufwand, der nicht aus dem Gesellschaftsvermögen geleistet werden soll, muss in der Satzung keine Berücksichtigung finden (OLG Stuttgart 23.10.2012, GmbHR 2012, 1301 (1312); OLG Frankfurt a. M. 7.4.2010, NZG 2010, 593 (594) mwN). Gründerlohn ist eine Tätigkeitsvergütung für die Mitwirkung bei der Gründung. Der Gründungsaufwand muss angemessen sein. Abwegig hoher Gründungsaufwand steht der Eintragung entgegen (vgl. OLG Celle 22.10.2014, GmbHR 2015, 139 (140 f.), 60 % des Stammkapitals).

IV. Rechtsfolgen fehlerhafter Festsetzung

6 Sofern keine ordnungsgemäße Festsetzung von Sondervorteilen oder Gründungsaufwand in der Satzung erfolgt, sind die schuldrechtlichen **Verpflichtungsgeschäfte** sowie die dinglichen **Erfüllungsgeschäfte** gem. § 26 Abs. 3 S. 1 unwirksam. Bis zur Eintragung der Gesellschaft kann eine unterlassene oder fehlerhafte Festsetzung durch einstimmigen Beschluss aller Gründer geheilt werden, welcher der notariellen Beurkundung bedarf (GK-AktG/*Röhricht/Schall* Rn. 62). Nicht ordnungsgemäße Festsetzung ist Errichtungsmangel iSd § 38 Abs. 1. Gründer und Leistungsempfänger sind gem. §§ 46, 47 schadensersatzpflichtig.

V. Änderungen und Beseitigung (Abs. 4, 5)

7 Nach § 26 Abs. 4 können die Festsetzungen erst geändert werden, wenn die Gesellschaft fünf Jahre im Handelsregister eingetragen ist. Der Zweck dieser Regelung besteht darin, zu verhindern, dass Ersatzansprüche der Gesellschaft aus der Gründungsphase (§§ 46, 47) durch Unkenntnis verjähren.

8 Die Beseitigung gegenstandslos gewordener Festsetzungen ist gem. Abs. 5 erst zulässig, wenn 30 Jahre seit der Eintragung der Gesellschaft in das Handelsregister und fünf Jahre seit Wegfall der Verpflichtung vergangen sind (aA frühestens zehn Jahre nach Ersteintragung: OLG Celle 2.2.2018, NZG 2018, 308 unter unzutreffender Berufung auf OLG Oldenburg 22.8.2016, NZG 2016, 1265 ff.). Sofern die Verpflichtung der Gesellschaft im Wege eines Erlassvertrags beseitigt wird, ist nach allgM ausschließlich Abs. 4 anwendbar (MüKoAktG/*Pentz* Rn. 62). Ein satzungsändernder Beschluss, der nicht im Einklang mit Abs. 4 oder 5 steht, ist gem. § 241 Nr. 3 nichtig.

Sacheinlagen, Sachübernahmen; Rückzahlung von Einlagen

27 (1) [1] **Sollen Aktionäre Einlagen machen, die nicht durch Einzahlung des Ausgabebetrags der Aktien zu leisten sind (Sacheinlagen), oder soll die Gesellschaft vorhandene oder herzustellende Anlagen oder andere Vermögensgegenstände übernehmen (Sachübernahmen), so müssen in der Satzung festgesetzt werden der Gegenstand der Sacheinlage oder**

der Sachübernahme, die Person, von der die Gesellschaft den Gegenstand erwirbt, und der Nennbetrag, bei Stückaktien die Zahl der bei der Sacheinlage zu gewährenden Aktien oder die bei der Sachübernahme zu gewährende Vergütung. [2] Soll die Gesellschaft einen Vermögensgegenstand übernehmen, für den eine Vergütung gewährt wird, die auf die Einlage eines Aktionärs angerechnet werden soll, so gilt dies als Sacheinlage.

(2) **Sacheinlagen oder Sachübernahmen können nur Vermögensgegenstände sein, deren wirtschaftlicher Wert feststellbar ist; Verpflichtungen zu Dienstleistungen können nicht Sacheinlagen oder Sachübernahmen sein.**

(3) **[1] Ist eine Geldeinlage eines Aktionärs bei wirtschaftlicher Betrachtung und auf Grund einer im Zusammenhang mit der Übernahme der Geldeinlage getroffenen Abrede vollständig oder teilweise als Sacheinlage zu bewerten (verdeckte Sacheinlage), so befreit dies den Aktionär nicht von seiner Einlageverpflichtung. [2] Jedoch sind die Verträge über die Sacheinlage und die Rechtshandlungen zu ihrer Ausführung nicht unwirksam. [3] Auf die fortbestehende Geldeinlagepflicht des Aktionärs wird der Wert des Vermögensgegenstandes im Zeitpunkt der Anmeldung der Gesellschaft zur Eintragung in das Handelsregister oder im Zeitpunkt seiner Überlassung an die Gesellschaft, falls diese später erfolgt, angerechnet. [4] Die Anrechnung erfolgt nicht vor Eintragung der Gesellschaft in das Handelsregister. [5] Die Beweislast für die Werthaltigkeit des Vermögensgegenstandes trägt der Aktionär.**

(4) **[1] Ist vor der Einlage eine Leistung an den Aktionär vereinbart worden, die wirtschaftlich einer Rückzahlung der Einlage entspricht und die nicht als verdeckte Sacheinlage im Sinne von Absatz 3 zu beurteilen ist, so befreit dies den Aktionär von seiner Einlageverpflichtung nur dann, wenn die Leistung durch einen vollwertigen Rückgewähranspruch gedeckt ist, der jederzeit fällig ist oder durch fristlose Kündigung durch die Gesellschaft fällig werden kann. [2] Eine solche Leistung oder die Vereinbarung einer solchen Leistung ist in der Anmeldung nach § 37 anzugeben.**

(5) **Für die Änderung rechtswirksam getroffener Festsetzungen gilt § 26 Abs. 4, für die Beseitigung der Satzungsbestimmungen § 26 Abs. 5.**

Übersicht

I. Allgemeines

§ 27 regelt die Gründung durch Sacheinlagen oder -übernahmen. Die Vorschrift dient dem Gläubiger- und Aktionärsschutz vor unzureichender Kapitalausstattung. Das Gefährdungspotential der Sachgründung resultiert daraus, dass die eingebrachten bzw. übernommenen Vermögensgegenstände nicht werthaltig sind. § 27 begegnet dieser Gefahr (wie § 26) durch detaillierte Offenlegung der Sachgründung (Abs. 1) sowie durch eine Begrenzung zulässiger sacheinlagefähiger Vermögensgegenstände (Abs. 2). § 27 Abs. 3 und 4 sind geändert durch Art. 1 ARUG vom 30.7.2009 (BGBl. 2009 I 2009) und regeln den Fall der sog. verdeckten Sacheinlage sowie des Hin- und Herzahlens. Sie dienen dem Schutz vor der Umgehung der Sacheinlagekautelen unter Abmilderung der bisher geltenden Rechtsprechungsregeln. § 27 wird ergänzt durch das Verbot der Unterpariemission (§ 36a Abs. 2), die Vorschriften über Gründungsbericht und -prüfung (§§ 32–34), die Registerkontrolle (§ 38 Abs. 1 S. 2), die Differenzhaftung sowie die Nachgründung (§ 52). 1

II. Begriff der Sachgründung

Sacheinlage ist gem. § 27 Abs. 1 Fall 1 jede Einlage, die nicht durch Einzahlung des Ausgabebetrags, also nicht durch Geldzahlung, zu erbringen ist. **Sachübernahme** ist gem. § 27 Abs. 1 Fall 2 jede 2

Übernahme von Vermögensgegenständen gegen Vergütung, die nicht in Aktien erfolgt. Auch ein Dritter kann Partei der Sachübernahmevereinbarung sein (BGH 10.11.1958, BGHZ 28, 314 (318 f.) = WM 1959, 114 (115)). Nach allgM sind Sachübernahmen vor der Errichtung der AG durch die Gründer untereinander oder mit Dritten getroffene Absprachen (GK-AktG/*Röhricht/Schall* Rn. 223). Nicht von § 27 Abs. 1 Fall 2 erfasst werden vom Vorstand im Namen der Vor-AG getätigte Geschäfte. Sofern die von der Gesellschaft geschuldete Vergütung auf die Einlage eines Aktionärs angerechnet werden soll, gilt dies gem. Abs. 1 S. 2 als Sacheinlage. Die Norm bezweckt die Anwendbarkeit von § 36a Abs. 2 S. 1 (vorverlegte Leistungspflicht).

3 Von einer **gemischten Sacheinlage** spricht man, wenn der Aktionär als Gegenleistung sowohl Aktien als auch sonstige Vermögenswerte erhält (Kombination von Sacheinlage- und Sachübernahme). Nach hM liegt auch bei teilbarer Leistung durch den Aktionär ein einheitliches Rechtsgeschäft vor, das in vollem Umfang den Sacheinlageregeln unterliegt (vgl. BGH 20.11.2007, NZG 2007, 144 Rn. 17; BGH 6.12.2011, BGHZ 191, 364 (384) mwN; aA Hüffer/Koch/*Koch* Rn. 8a).

III. Sacheinlagefähigkeit

4 Sacheinlage bzw. -übernahmefähig sind gem. § 27 Abs. 2 alle vermögenswerten Gegenstände, deren Wert objektiv feststellbar ist. Die hM verlangt, dass Sacheinlagen Gegenstand des Rechtsverkehrs und vermögensaussonderungsfähig sein müssen (Spindler/Stilz/*Limmer* Rn. 10; MüKoAktG/*Pentz* Rn. 11).

5 Aktivierungsfähigkeit ist nach hM ein Indiz, aber keine Voraussetzung für die Sacheinlagefähigkeit (Hüffer/Koch/*Koch* Rn. 14; GK-AktG/*Röhricht/Schall* Rn. 3). Auch Übertragbarkeit bzw. separate Verwertbarkeit werden von der hM nicht gefordert. Unbestrittenermaßen einlagefähig sind Eigentum an Sachen, beschränkte dingliche Rechte, Forderungen gegen Dritte und AG (zu Gewinnausschüttungsansprüchen siehe OLG Dresden 12.1.2017, NZG 2017, 985 ff.), sonstige Rechte (Gesellschaftsanteile, Patente), Sach- und Rechtsgesamtheiten (Unternehmen, vgl. LG Düsseldorf 12.9.2017, BeckRS 2017, 153493 Rn. 98). Nicht einlagefähig sind Forderungen gegen den Aktionär (nicht vermögensaussonderungsfähig). **Obligatorische Nutzungsrechte** gegenüber Dritten sind nach hM einlagefähig, sofern eine feste Nutzungsdauer feststeht und die Verwertbarkeit im Insolvenzfall gegeben ist (BGH 15.5.2000, BGHZ 144, 290 (294)). Besitzerlangung ist eine Frage der freien Verfügbarkeit. **Ansprüche auf Dienstleistungen** eines Gründers sind gem. § 27 Abs. 2 Hs. 2 **nicht einlagefähig** (dazu BGH 1.2.2010, BGHZ 184, 158 Rn. 9). Dasselbe gilt nach hM für Dienstleistungsansprüche gegen Dritte (BGHZ 184, 158 Rn. 16; KK-AktG/*A. Arnold* Rn. 66; MüKoAktG/*Pentz* Rn. 33).

IV. Satzungspublizität

6 In der Satzung selbst sind der Gegenstand der Sacheinlage bzw. -übernahme sowie die Person des Einlegers bzw. Veräußerers und die von der Gesellschaft zu gewährende Gegenleistung (Nominalbetrag, Anzahl der Stückaktien oder die zu zahlende Vergütung) festzusetzen (Spindler/Stilz/*Katzenstein* Rn. 67). Alle Angaben müssen vollständig und so genau sein, dass der Schutzzweck der Norm erreicht wird (Hüffer/Koch/*Koch* Rn. 9). Erfolgt die Festsetzung nicht in Übereinstimmung mit Abs. 1, so bleibt der Inferent zur Bareinlage verpflichtet. Etwaige Ausführungsgeschäfte sind dennoch wirksam (Spindler/Stilz/*Katzenstein* Rn. 75). Der Wert des eingebrachten Vermögensgegenstands wird gem. Abs. 3 auf die Bareinlageverpflichtung angerechnet (zur GmbH: Lutter/Hommelhoff/*Bayer* GmbHG § 5 Rn. 32: argumentum a majore ad minus).

V. Bewertung

6a Erreicht der Wert einer Sacheinlage oder Sachübernahme nicht den Nennbetrag der Aktien bzw. bei Stückaktien den anteiligen Betrag an Grundkapital, zuzüglich eines vereinbarten Agios, liegt eine **Überbewertung** vor. Eine solche Überbewertung verstößt gegen das Verbot der **Unterpariemission** (§ 9 Abs. 1, § 34 Abs. 1 Nr. 2, § 36a Abs. 2 S. 3, § 38 Abs. 2 S. 2). Maßgeblicher **Zeitpunkt** für die Bewertung ist die Anmeldung zum Handelsregister (Spindler/Stilz/*Katzenstein* Rn. 34). Der Bewertung ist ein übliches und anerkanntes Bewertungsverfahren zugrunde zu legen. Bestehen bei der Bewertung anerkannte Bewertungsspielräume, etwa bei Immobilien oder bei der Einlage von Unternehmensbeteiligungen (dazu anschaulich OLG Frankfurt a. M. 16.5.2012, NZG 2012, 747 ff.; siehe allerdings LG Düsseldorf 12.9.2017, BeckRS 2017, 153493 Rn. 102 ff.), liegt eine Überbewertung nur vor, wenn solche Bewertungsspielräume überschritten werden (MüKoAktG/*Pentz* Rn. 37).

6b Übersteigt der Wert der Sacheinlage dagegen den Nennbetrag der Aktien bzw. bei Stückaktien den anteiligen Betrag an Grundkapital, liegt eine **Unterbewertung** vor. Eine solche Unterbewertung verstößt nicht gegen das Verbot der Unterpariemission. Wird jedoch der Mehrwert nicht erstattet oder ausgeglichen, führt dies zu stillen Reserven. Ob das zulässig ist, ist umstritten (dazu Spindler/Stilz/*Katzenstein* Rn. 43).

6c Im Fall der **Überbewertung** hat das Registergericht zunächst die Gründer aufzufordern, die Wertansätze zu berichtigen und den Minderwert mit einer Einlage durch Geldleistung aufzufüllen. Geschieht

das nicht, hat das Registergericht die Eintragung nach § 38 Abs. 2 S. 2 abzulehnen. Das gilt jedoch nicht bei einem nur unwesentlichen Minderwert (Hüffer/Koch/*Koch* Rn. 19).Wird die AG gleichwohl eingetragen, so ist sie wirksam entstanden (Spindler/Stilz/*Katzenstein* Rn. 46). Den betreffenden Gründer trifft dann jedoch hinsichtlich des Minderwerts gegenüber der AG die **Differenzhaftung** (→ § 36a Rn. 6).

VI. Verdeckte Sacheinlagen (Abs. 3)

1. Allgemeines. Mit der Neufassung des § 19 Abs. 4 und 5 GmbHG durch das MoMiG sowie § 27 Abs. 3 und 4 durch das ARUG hat der Gesetzgeber die Rechtsfolgen der verdeckten Sacheinlage geändert. Nach bisher geltendem Recht war der Inferent ungeachtet der Werthaltigkeit der verdeckt erbrachten Sacheinlage verpflichtet, die von ihm geschuldete Bareinlage in vollem Umfang erneut aufzubringen. § 27 Abs. 3 sieht nunmehr vor, dass eine Anrechnung des Werts der verdeckten Sacheinlage auf die Bareinlageschuld des Inferenten stattfindet. 7

2. Voraussetzungen. Der in § 27 Abs. 3 normierte Tatbestand der verdeckten Sacheinlage orientiert sich an den von der Rspr. entwickelten Voraussetzungen. Eine verdeckte Sacheinlage liegt demzufolge vor, wenn (1) die bei der Gründung **festgelegte Bareinlage** bei **wirtschaftlicher Betrachtung eine Sacheinlage** darstellt und (2) die Einbringung der Sacheinlage aufgrund einer **vorherigen verdeckten Absprache** erfolgt (zuletzt BGH 1.2.2010, AG 2010, 246 (247) mwN – EUROBIKE). Bei der klassischen Variante der verdeckten Sacheinlage verkauft der Inferent der Gesellschaft sacheinlagefähige Gegenstände, die mit der Bareinlageschuld des Inferenten verrechnet werden oder der Kaufpreis wird durch die vom Inferenten geleisteten Barmittel bezahlt, die damit an ihn zurückfließen (sog. Hin- und Herzahlen). 8

Zwischen den Gründern muss bei der Übernahme der Aktien eine zumindest stillschweigende Abrede bestehen, dass die in der Satzung festgesetzte Bareinlage im wirtschaftlichen Ergebnis durch eine andere Leistung erbracht werden soll. Bei der Einmann-Gründung genügt ein entsprechendes Vorhaben des Gründers. Nach wohl hM wird das Bestehen einer solchen Umgehungsabrede vermutet, wenn zwischen Übernahme der Aktien und Erbringung der Sachleistung ein sachlicher und zeitlicher Zusammenhang besteht. Letzteres wird bei einem **Zeitraum von bis zu sechs Monaten** angenommen (MüKoAktG/*Pentz* Rn. 104; GK-AktG/*Schall* Rn. 389 jew. mwN). Ein sachlicher Zusammenhang wird zB durch die Wertgleichheit zwischen Vermögensgegenstand und Bareinlageverpflichtung indiziert (vgl. MüKoAktG/*Pentz* Rn. 104 mwN). Dem Inferenten bleibt die **Möglichkeit zum Beweis der fehlenden Umgehungsabrede** (BGH 20.11.2007, NZG 2007, 144 Rn. 24). 9

3. Rechtsfolgen. Liegen die Voraussetzungen einer verdeckten Sacheinlage vor, bleibt der Aktionär zur Leistung der Bareinlage verpflichtet. Auf die Einlageverpflichtung wird jedoch der **Wert des Sacheinlagegegenstands angerechnet** (dazu BGH 22.3.2010, NJW 2010, 1948). Die Anrechnung erfolgt ex lege mit Vollzug des Verkehrsgeschäfts, frühestens mit der Eintragung der Gesellschaft im Handelsregister. Maßgeblich für die Anrechnung ist der objektive Wert des Vermögensgegenstands im Zeitpunkt der Anmeldung oder im Zeitpunkt der Überlassung, falls diese später erfolgt. Die Beweislast für den Wert trägt der Gründer (Hüffer/Koch/*Koch* Rn. 44). 10

Das Verkehrsgeschäft sowie die Erfüllungsgeschäfte gem. § 27 Abs. 3 S. 2 sind schuldrechtlich und dinglich wirksam. Sofern der Wert der verdeckten Sacheinlage hinter der geschuldeten **in der Satzung festgesetzten Bareinlage** zurückbleibt, bleibt die – durch Anrechnung gekürzte – Bareinlageverpflichtung des Aktionärs bestehen. Für sie gelten die allgemeinen Regeln. 11

4. Versicherung des Geschäftsführers. Bei Vorliegen einer **verdeckten Sacheinlage** dürfen die Anmeldepflichtigen die Erklärung gem. § 37 Abs. 1 S. 1 mangels Erfüllung der Bareinlageverpflichtung zum Zeitpunkt der Anmeldung nicht abgeben. Ein Verstoß hiergegen kann zur **Strafbarkeit** gem. § 399 Abs. 1 Nr. 1 führen. Wird die verdeckte Sacheinlage offengelegt, erfolgt keine Eintragung der AG. 12

5. Heilung. Gemäß § 27 Abs. 4 aF konnte die Unwirksamkeit einer nicht ordnungsgemäß festgesetzten Sacheinlage nicht nach der Eintragung der AG geheilt werden. Das Bedürfnis nach einer Heilung der „verdeckten Sacheinlage" ist weiterhin gegeben, da diese den Gründer von der Beweispflicht in Bezug auf die Werthaltigkeit des verdeckt eingebrachten Vermögensgegenstands entbindet. Die vom BGH zur GmbH entwickelte nachträgliche Umwandlung einer Bareinlageverpflichtung in eine Sacheinlageverpflichtung durch satzungsändernden Gesellschaftsbeschluss (BGH 7.7.2003, BGHZ 155, 329 ff. = NZG 2003, 867 ff.) ist nunmehr in das Aktienrecht zu übernehmen. Dementsprechend ist ein **Hauptversammlungsbeschluss mit qualifizierter Mehrheit** erforderlich, in dem die Umqualifizierung der Einlagenart festgelegt wird und sodann die weiteren Voraussetzungen der Sachgründung nachgeholt werden (*Lieder* ZIP 2010, 964 (971)). 13

VII. Hin- und Herzahlen (Abs. 4)

14 **1. Tatbestand und Rechtsfolgen.** Nach bis zur Einführung des § 27 Abs. 4 nF herrschendem Verständnis, erbrachte der Inferent seine Bareinlage mangels freier Verfügbarkeit nicht wirksam, sofern sie an ihn sogleich als Darlehen zurückgezahlt wurde (dazu BGH 20.7.2009, BGHZ 180, 38 (41) = NJW 2009, 2375 – Qivive mwN). Dieser Fall wird durch § 27 Abs. 4 nunmehr erstmals ausdrücklich geregelt. Die Rückzahlung der Einlage steht der Erfüllung der Einlageschuld nicht entgegen, sofern ein fälliger und vollwertiger Rückgewähranspruch der AG besteht.

15 Die Privilegierung des § 27 Abs. 4 erfordert, dass (1) der Inferent die Bareinlage ordnungsgemäß geleistet hat, (2) zwischen den Gründern im Zeitpunkt der Einlageleistung eine Abrede besteht, (3) der Inferent die Bareinlage zurückerhält, ohne einen sacheinlagefähigen Vermögenswert einzubringen, (4) die AG gegen den Inferenten einen jederzeit fälligen und vollwertigen Rückgewähranspruch besitzt und (5) die Vereinbarung gegenüber dem Registergericht offengelegt wird.

16 Eine verdeckte Vorabsprache wird bei Vorliegen eines **engen sachlichen und zeitlichen Zusammenhangs** (bis zu sechs Monate) vermutet (BGH 15.10.2007, GmbHR 2008, 818). **Beweis der fehlenden Umgehungsabsprache** ist zulässig. Fehlt es an einer Vorabsprache, so ist § 27 Abs. 4 nicht anwendbar und die Bareinlage auch ohne das Vorliegen der weiteren Voraussetzungen des § 27 Abs. 4 wirksam erbracht.

17 Der Rückzahlungsanspruch der AG muss jederzeit fällig oder durch Kündigung fällig zu stellen sein. Vollwertig ist der Rückzahlungsanspruch, wenn das Vermögen des Inferenten im Zeitpunkt der Rückgewähr zur Erfüllung aller Verbindlichkeiten ausreicht (BGH 2.12.2002, NJW 2003, 825 (826)).

18 Umstritten ist, ob die ordnungsgemäße Anmeldung gem. § 27 Abs. 4 S. 2 Voraussetzung für die Erfüllungswirkung gem. § 27 Abs. 4 S. 1 ist. Die hM zur GmbH spricht sich für eine solche konstitutive Wirkung der Anmeldung aus und auch der BGH scheint zu dieser Sichtweise zu tendieren (BGH 16.2.2009, ZIP 2009, 713 (715)). Die Nachholung einer unterlassenen Offenlegung ist dann allenfalls möglich, solange die AG noch nicht in das Handelsregister eingetragen ist (OLG Stuttgart 6.9.2011, NZG 2012, 231 (233)).

19 **2. Cash Pool.** Gesetzgeberische Intention der Neufassung des § 27 Abs. 4 war es, insbesondere im Einklang mit § 57 Abs. 1 S. 2 das „ökonomisch sinnvolle“ Cash-Pooling zur konzerninternen Optimierung von Liquidität wie auch von Erträgen zu ermöglichen (so die Begr. RegE MoMiG, BT-Drs. 16/6140, 34, 40).

20 Es gilt indessen zu differenzieren: Besteht im Zeitpunkt der Leistung der Bareinlage auf dem Cash-Pool-Verrechnungskonto ein die Einlage übersteigender Saldo zugunsten der Poolführerin, so wird die Bareinlage zur Tilgung dieser Forderung verwendet und es liegt tatbestandlich eine verdeckte Sacheinlage vor (Forderung der Poolführerin als Sacheinlage). Die Anwendbarkeit von § 27 Abs. 4 scheidet aufgrund seiner Subsidiarität aus. Besteht im Cash-Pool ein Saldo zugunsten der AG, so fließen die Barmittel als Darlehen an die Poolführerin und § 27 Abs. 4 ist im Grundsatz anwendbar (vgl. *Maier-Reimer/Wenzel* ZIP 2008, 1449 (1454)).

21 **3. Her- und Hinzahlen.** Der Wortlaut von § 27 Abs. 4 erfasst nur den Fall, dass der Aktionär die Bareinlage erbringt und sie ihm anschließend als Darlehen zurückgewährt wird. Der vom wirtschaftlichen Ergebnis identische Fall, dass der Aktionär die Bareinlage aus an ihn ausgereichten Darlehensmitteln erbringt, unterfällt zwar nicht dem Wortlaut von § 27 Abs. 4, sollte indessen in entsprechender Anwendung der Vorschrift erfasst werden (BGH 1.2.2010, AG 2010, 246 (249) – EUROBIKE).

Gründer

28 Die Aktionäre, die die Satzung festgestellt haben, sind die Gründer der Gesellschaft.

I. Regelungsgegenstand und Normzweck

1 § 28 definiert den Begriff des Gründers für das AktG und legt zugleich insbesondere den Adressatenkreis für die (strafrechtlich sanktionierte) Gründerverantwortung fest (vgl. §§ 46, 399 Abs. 1).

II. Begriff

2 Gründer sind Personen, die gründerfähig sind, an der Feststellung der Satzung mitgewirkt und mindestens eine Aktie übernommen haben. Strohmann und Treuhänder sind Gründer; bei der Stellvertretung der Vertretene (Hüffer/Koch/*Koch* Rn. 2). Auch der nachträglich aber vor der Eintragung beitretende Aktionär ist Gründer.

III. Mängel bei der Satzungsfeststellung

Geschäftsunfähige Personen sind nach hM keine Gründer iSd § 28 (aA: MüKoAktG/*Pentz* Rn. 12). 3
Ficht ein Gründer seine Erklärung vor in Vollzug setzen der Vor-AG an, so entfällt seine Gründerstellung rückwirkend (§ 142 BGB). Ist die Vor-AG in Vollzug gesetzt, gelten die Regeln der fehlerhaften Gesellschaft und der Anfechtende ist bis zu seinem Ausscheiden Gründer (Hüffer/Koch/*Koch* Rn. 3).

IV. Tod eines Gründers

Im Falle des Tods eines Gründers treten die Erben gem. § 1922 BGB in die Rechtsstellung als 4
Gründer ein. Für Handlungen des Erblassers haften sie nach erbrechtlichen Grundsätzen mit der Möglichkeit der Haftungsbeschränkung (§§ 1967 ff. BGB).

Errichtung der Gesellschaft

29 Mit der Übernahme aller Aktien durch die Gründer ist die Gesellschaft errichtet.

Die Vorschrift hat lediglich klarstellenden Charakter (Hüffer/Koch/*Koch* Rn. 1) und bestimmt den 1
Zeitpunkt, zu dem die Gesellschaft errichtet ist. Die Errichtung der Gesellschaft erfolgt mit der Übernahme aller Aktien. Die Übernahme der Aktien durch die Gründer erfolgt zwingend mit der Feststellung der Satzung (§ 23 Abs. 2 Nr. 1 und 2). Mit der Errichtung der Gesellschaft entsteht die Vor-AG (→ § 41 Rn. 3).

Bestellung des Aufsichtsrats, des Vorstands und des Abschlußprüfers

30 (1) **[1]Die Gründer haben den ersten Aufsichtsrat der Gesellschaft und den Abschlußprüfer für das erste Voll- oder Rumpfgeschäftsjahr zu bestellen. [2]Die Bestellung bedarf notarieller Beurkundung.**

(2) **Auf die Zusammensetzung und die Bestellung des ersten Aufsichtsrats sind die Vorschriften über die Bestellung von Aufsichtsratsmitgliedern der Arbeitnehmer nicht anzuwenden.**

(3) **[1]Die Mitglieder des ersten Aufsichtsrats können nicht für längere Zeit als bis zur Beendigung der Hauptversammlung bestellt werden, die über die Entlastung für das erste Voll- oder Rumpfgeschäftsjahr beschließt. [2]Der Vorstand hat rechtzeitig vor Ablauf der Amtszeit des ersten Aufsichtsrats bekanntzumachen, nach welchen gesetzlichen Vorschriften der nächste Aufsichtsrat nach seiner Ansicht zusammenzusetzen ist; §§ 96 bis 99 sind anzuwenden.**

(4) **Der Aufsichtsrat bestellt den ersten Vorstand.**

Übersicht

I. Allgemeines

§ 30 regelt die Bestellung und die Amtszeit des ersten Aufsichtsrats, die Bestellung des ersten Vorstands und die Bestellung des Abschlussprüfers für das erste (Rumpf-)Geschäftsjahr. Die Vorschrift bezweckt, soweit sie sich mit Vorstand und Aufsichtsrat befasst, die Handlungsfähigkeit der Vor-AG sicherzustellen. Soweit sie die Bestellung des Abschlussprüfers regelt, soll die Notwendigkeit der Anberaumung einer Hauptversammlung nur für diesen Zweck vermieden werden (Begr. RegE *Kropff* 51). 1

II. Erster Aufsichtsrat

Der erste Aufsichtsrat wird durch die Gründer bestellt. Eine Ersatzbestellung durch das Gericht ist 2
ausgeschlossen. Die allgemeinen Vorschriften zur Bestellung des Aufsichtsrats (zB §§ 100, 105) finden grundsätzlich Anwendung. Auch Gründer selbst können Aufsichtsratsmitglied werden. Die Bestellung

erfolgt durch einen **notariell zu beurkundenden Beschluss der Gründer.** Die Gründer haben sich auf einen Termin zur Beschlussfassung zu einigen. Es empfiehlt sich, die Bestellung des ersten Aufsichtsrats im Anschluss an die Satzungsfeststellung vorzunehmen (MüKoAktG/*Pentz* Rn. 13). Zumindest müssen die Gründer rechtzeitig geladen worden sein. In diesem Fall ist die Anwesenheit aller Gründer nicht erforderlich. Die **einfache Stimmenmehrheit** (§ 133 analog) ist ausreichend, sofern die Satzung nichts anderes bestimmt. Stellvertretung ist in der Form des § 134 Abs. 3 zulässig. Der/die Gewählte muss bei der Bestellung nicht anwesend sein. Zur Wirksamkeit der Bestellung ist (konkludente) Annahme erforderlich. Sofern die Satzung ein **Entsendungsrecht** nach § 101 Abs. 2 vorsieht, verdrängt dieses die Zuständigkeit der Gründer (Hüffer/Koch/*Koch* Rn. 2). Die Ausübung des Entsendungsrechts bedarf entsprechend § 30 Abs. 1 S. 2 der notariellen Beurkundung.

3 Sämtliche Aufsichtsratsmitglieder werden durch die Gründer gewählt bzw. entsandt. Sofern die Satzung keine abweichende Regelung trifft, besteht der **erste Aufsichtsrat aus drei Mitgliedern** (§ 95 Abs. 1 S. 1). Gemäß § 30 Abs. 2 sind die Vorschriften über die Mitbestimmung der Arbeitnehmer sowie zur Geschlechterquote auf den ersten Aufsichtsrat nicht anzuwenden. Dies findet seine Rechtfertigung in der kurzen Amtszeit des ersten Aufsichtsrats und dem Umstand, dass eine in Gründung befindliche Gesellschaft regelmäßig keinen festen Arbeitnehmerstamm besitzen wird. Sofern eine Sachgründung unter Einbringung eines Unternehmens vorgesehen ist, findet die Sonderregelung des § 31 Anwendung.

4 Für die Abberufung sowie die Amtsniederlegung (dazu *Wardenbach* AG 1999, 74 ff.) gelten die allgemeinen Vorschriften. Der Abberufungsbeschluss bedarf der Dreiviertelmehrheit der abgegebenen Stimmen (§ 103 Abs. 1 S. 2) sowie der notariellen Beurkundung (MüKoAktG/*Pentz* Rn. 29; Hüffer/Koch/*Koch* Rn. 4). Amtsniederlegung erfolgt gegenüber dem Vorstand, ist dieser noch nicht bestellt, gegenüber den Gründern.

5 § 30 Abs. 3 S. 1 bestimmt die **maximale Amtszeit der Mitglieder des ersten Aufsichtsrats.** Sie können höchstens bis zur Beendigung der Hauptversammlung bestellt werden, die über die Entlastung für das erste (Rumpf-)Geschäftsjahr entscheidet nach der Errichtung gemäß § 29 und nicht nach der Eintragung (Spindler/Stilz/*Gerber* Rn. 14). Bestellung für eine kürzere Amtszeit ist zulässig. Auch bei einer Vertagung der Entlastungsentscheidung endet die Amtszeit des ersten Aufsichtsrats mit der Hauptversammlung (BGH 24.6.2002, AG 2002, 676 (677)). Führen die Aufsichtsratsmitglieder ihr Amt gleichwohl fort, können sie keine wirksamen Beschlüsse fassen.

6 Scheidet ein Aufsichtsratsmitglied vor Eintragung der Gesellschaft aus dem Amt aus, so entscheiden die Gründer über eine Neubestellung. Eine Ersatzbestellung durch das Gericht gem. § 104 kommt nicht in Betracht. Nach der Eintragung der Gesellschaft ist für die Neubestellung eines Aufsichtsratsmitglieds die Hauptversammlung oder das Gericht gem. § 104 AktG zuständig.

7 Der erste Aufsichtsrat hat den ersten Vorstand zu bestellen (§ 30 Abs. 4), die Gründungsprüfung vorzunehmen (§ 33 Abs. 1) und bei der Anmeldung der Gesellschaft mitzuwirken. Er vertritt die Vor-AG gegenüber dem Vorstand (§ 112) und hat den Vorstand zu überwachen (§ 111). Eine Vergütung kann gem. § 113 Abs. 2 erst die erste Hauptversammlung bewilligen, die über die Entlastung des ersten Aufsichtsrats beschließt (Hüffer/Koch/*Koch* Rn. 8). Eine Zusage der Gründer ist gem. § 134 BGB nichtig; dies gilt auch für Regelungen in der Satzung (Spindler/Stilz/*Gerber* Rn. 17). Im Übrigen können sich Aufsichtsratsmitglieder Gründerlohn ausbedingen.

8 Der Vorstand hat gem. § 30 Abs. 3 S. 2 rechtzeitig vor Ablauf der Amtszeit des ersten Aufsichtsrats (vier bis fünf Monate vor der Hauptversammlung) bekannt zu machen, nach welchen gesetzlichen Vorschriften der nächste Aufsichtsrat zusammenzusetzen ist. Die Vorschrift dient der Vorbereitung der Beteiligung der Arbeitnehmer. Auf die Bekanntmachung finden die §§ 97, 99 Anwendung.

III. Erster Vorstand

9 Gemäß § 30 Abs. 4 bestellt der erste Aufsichtsrat den ersten Vorstand. Eine Ersatzbestellung durch das Gericht kommt nach hM nicht in Betracht (aA MüKoAktG/*Pentz* Rn. 37). Die Bestellung erfolgt durch Beschluss mit einfacher Mehrheit. Die allgemeinen Vorschriften über Form des Aufsichtsratsbeschlusses (§ 107 Abs. 2), Zahl der Vorstandsmitglieder (§ 76 Abs. 2) und Amtsdauer (§ 84 Abs. 1) sind anwendbar.

10 Das vom **Organverhältnis** zu unterscheidende **Anstellungsverhältnis** geht auf die AG über, sobald sie eingetragen ist. Die Vorstandsvergütung ist kein Gründungsaufwand, sodass die Satzungspublizität gem. § 26 Abs. 2 nicht erforderlich ist (BGH 14.6.2004, AG 2004, 508).

11 Dem ersten Vorstand obliegen neben den allgemeinen Leitungsaufgaben (§§ 76, 93 Abs. 1 S. 1) die gründungsspezifischen Aufgaben gem. § 30 Abs. 3 S. 2, § 31 Abs. 3, §§ 33, 36 (Gründungsprüfung, Anmeldung zur Eintragung in das Handelsregister, Veröffentlichung der Bekanntmachung).

IV. Erster Abschlussprüfer

12 Gemäß § 30 Abs. 1 S. 1 haben die Gründer und nicht die Hauptversammlung den Abschlussprüfer für das erste (Rumpf-)Geschäftsjahr zu bestellen; dies gilt auch für den Fall einer nicht prüfungs-

pflichtigen kleine Kapitalgesellschaft (Spindler/Stilz/*Gerber* Rn. 20). Die Bestellung erfolgt durch mit einfacher Mehrheit gefassten **notariell zu beurkundenden Beschluss.** Die Bestellung ist keine Gründungsvoraussetzung, fehlende Bestellung kein Eintragungshindernis (K. Schmidt/Lutter/*Bayer* Rn. 26). Die Regelung dient vielmehr der Verfahrenserleichterung und der Vermeidung einer Hauptversammlung allein zum Zweck der Bestellung eines Abschlussprüfers. Für die Erteilung des Prüfungsauftrags ist der Aufsichtsrat zuständig, der hierüber nach § 111 Abs. 2 S. 3 beschließt, notarielle Beurkundung ist nicht erforderlich.

Bestellung des Aufsichtsrats bei Sachgründung

31 (1) [1] **Ist in der Satzung als Gegenstand einer Sacheinlage oder Sachübernahme die Einbringung oder Übernahme eines Unternehmens oder eines Teils eines Unternehmens festgesetzt worden, so haben die Gründer nur so viele Aufsichtsratsmitglieder zu bestellen, wie nach den gesetzlichen Vorschriften, die nach ihrer Ansicht nach der Einbringung oder Übernahme für die Zusammensetzung des Aufsichtsrats maßgebend sind, von der Hauptversammlung ohne Bindung an Wahlvorschläge zu wählen sind.** [2] **Sie haben jedoch, wenn dies nur zwei Aufsichtsratsmitglieder sind, drei Aufsichtsratsmitglieder zu bestellen.**

(2) **Der nach Absatz 1 Satz 1 bestellte Aufsichtsrat ist, soweit die Satzung nichts anderes bestimmt, beschlußfähig, wenn die Hälfte, mindestens jedoch drei seiner Mitglieder an der Beschlußfassung teilnehmen.**

(3) [1] **Unverzüglich nach der Einbringung oder Übernahme des Unternehmens oder des Unternehmensteils hat der Vorstand bekanntzumachen, nach welchen gesetzlichen Vorschriften nach seiner Ansicht der Aufsichtsrat zusammengesetzt sein muß.** [2] **§§ 97 bis 99 gelten sinngemäß.** [3] **Das Amt der bisherigen Aufsichtsratsmitglieder erlischt nur, wenn der Aufsichtsrat nach anderen als den von den Gründern für maßgebend gehaltenen Vorschriften zusammenzusetzen ist oder wenn die Gründer drei Aufsichtsratsmitglieder bestellt haben, der Aufsichtsrat aber auch aus Aufsichtsratsmitgliedern der Arbeitnehmer zu bestehen hat.**

(4) **Absatz 3 gilt nicht, wenn das Unternehmen oder der Unternehmensteil erst nach der Bekanntmachung des Vorstands nach § 30 Abs. 3 Satz 2 eingebracht oder übernommen wird.**

(5) **§ 30 Abs. 3 Satz 1 gilt nicht für die nach Absatz 3 bestellten Aufsichtsratsmitglieder der Arbeitnehmer.**

I. Allgemeines

§ 31 ergänzt § 30 für den Fall der Sachgründung, bei welcher der Gegenstand einer Sacheinlage bzw. Sachübernahme ein Unternehmen bzw. ein Unternehmensteil ist. Die Norm bezweckt für diesen Fall eine möglichst frühe Beteiligung der Arbeitnehmer im Aufsichtsrat (Hüffer/Koch/*Koch* Rn. 1). **1**

II. Anwendungsbereich

Sofern ein Unternehmen oder ein Unternehmensteil mittels Sacheinlage oder Sachübernahme eingebracht wird, ist § 31 anwendbar. Unternehmen ist eine Gesamtheit von Sachen und Rechten, die ihrem Inhaber das Auftreten zur Verfolgung eines wirtschaftlichen Zwecks am Markt ermöglicht (Hüffer/Koch/*Koch* Rn. 2). Unternehmensteil ist ein aussonderungsfähiger Teil einer solchen Wirtschaftseinheit. **2**

Das eingebrachte Unternehmen muss über eine für die Anwendung der Mitbestimmungsregelungen hinreichende Anzahl an Arbeitnehmern verfügen (MüKoAktG/*Pentz* Rn. 8). Unerheblich ist hingegen, ob bisher in dem eingebrachten Unternehmen ein mitbestimmter Aufsichtsrat bestand, oder die Voraussetzungen der Anwendbarkeit des Mitbestimmungsrechts tatsächlich vorliegen (Hüffer/Koch/*Koch* Rn. 2). Ebenfalls unerheblich ist, ob die Gesellschaft beabsichtigt, das eingebrachte Unternehmen fortzusetzen. § 31 findet ferner nur dann Anwendung, wenn durch die Einbringung eines Unternehmensteils ein **Arbeitgeberwechsel** eintritt. Dies ist bei der Einbringung von Aktien oder GmbH-Geschäftsanteilen nicht der Fall (Spindler/Stilz/*Gerber* Rn. 4). **3**

III. Bestellung durch die Gründer

Die Gründer bestellen gem. § 31 Abs. 1 so viele Aufsichtsratsmitglieder, wie gemäß den nach Auffassung der Gründer maßgeblichen Mitbestimmungsregelungen (MitbestG, Montan-MitbestG oder DrittelbG) von der Hauptversammlung ohne Bindung an Wahlvorschläge zu wählen sind. Sofern dies nach DrittelbG nur zwei Aufsichtsratsmitglieder wären, ordnet § 31 Abs. 1 S. 2 an, dass drei Aufsichtsratsmitglieder zu bestellen sind. Sind sich die Gründer über das anwendbare Mitbestimmungsregime nicht einig, so entscheiden sie durch Mehrheitsbeschluss. Eine Fehleinschätzung durch die Gründer **4** bleibt für den zu bestellenden Aufsichtsrat maßgeblich, dieser ist erster Aufsichtsrat iSv § 30 und hat den ersten Vorstand zu bestellen.

5 Vorbehaltlich einer abweichenden Satzungsregelung ist der Aufsichtsrat gem. § 31 Abs. 2 beschlussfähig, wenn die Hälfte, aber mindestens drei seiner Mitglieder an der Beschlussfassung teilnehmen. Bei einer allgemeinen Satzungsregelung zur Beschlussfähigkeit des Aufsichtsrats ist durch Auslegung zu ermitteln, ob diese auch für den nach § 31 bestellten (unvollständigen) Aufsichtsrat gelten soll. Gegebenenfalls ist das Quorum verhältnismäßig herabzusetzen (Hüffer/Koch/*Koch* Rn. 6).

IV. Ergänzung des Aufsichtsrats durch Arbeitnehmervertreter, Neuwahl

6 Der Vorstand hat gem. § 31 Abs. 3 S. 1 unverzüglich nach der Einbringung des Unternehmens(-teils) bekanntzumachen, nach welchen Vorschriften seiner Auffassung nach der Aufsichtsrat zusammenzusetzen ist. Das Unternehmen ist eingebracht, sobald die AG in der Lage ist, die wesentlichen Unternehmensressourcen für ihre Zwecke zu nutzen. Es kann auf die zu § 613a BGB entwickelten Grundsätze zurückgegriffen werden. Die Wirksamkeit des dinglichen Übertragungsakts ist nicht erforderlich.

7 Gemäß § 31 Abs. 3 S. 2 finden die §§ 97–99 entsprechende Anwendung. Die Bekanntgabe des Vorstands wird nach § 97 Abs. 2 verbindlich, sofern kein gerichtliches Verfahren nach den §§ 98, 99 eingeleitet wird.

8 Sofern der Vorstand die Rechtsauffassung der Gründer in Bezug auf das Mitbestimmungsregime teilt und seine Bekanntgabe unangefochten bleibt, findet eine Ergänzungswahl der Arbeitnehmervertreter nach den mitbestimmungsrechtlichen Normen statt.

9 Bestätigt der Vorstand die Rechtsauffassung der Gründer nicht, erlischt das Amt der von den Gründern bestellten Aufsichtsratsmitglieder gem. § 97 Abs. 2 S. 3 mit Beendigung der Hauptversammlung, die nach Ablauf der Frist gem. § 97 Abs. 2 S. 1 einberufen wird. Gemäß § 31 Abs. 3 Fall 2 ist eine Neuwahl ebenfalls erforderlich, wenn Gründer drei Aufsichtsratsmitglieder bestellt haben und der Aufsichtsrat auch aus Arbeitnehmervertretern zu bestehen hat. Zur Vermeidung einer Neuwahl kann das Ausscheiden eines der drei Aufsichtsratsmitglieder bereits bei der Wahl bestimmt werden (Hüffer/Koch/*Koch* Rn. 11).

V. Amtszeit der Aufsichtsratsmitglieder

10 § 31 Abs. 5 unterscheidet zwischen der Amtszeit der Aktionärs- und der Arbeitnehmervertreter. Für erstere bleibt es bei der Regelung des § 30 Abs. 3 S. 1, dh die Amtszeit endet mit Beendigung der Hauptversammlung, die über die Entlastung für das erste (Rumpf-)Geschäftsjahr entscheidet. Die Arbeitnehmervertreter können für eine volle Amtszeit bestellt werden, da sie durch § 31 Abs. 5 vom Anwendungsbereich des § 30 Abs. 3 S. 1 ausgenommen sind.

Gründungsbericht

32

(1) Die Gründer haben einen schriftlichen Bericht über den Hergang der Gründung zu erstatten (Gründungsbericht).

(2) [1] Im Gründungsbericht sind die wesentlichen Umstände darzulegen, von denen die Angemessenheit der Leistungen für Sacheinlagen oder Sachübernahmen abhängt. [2] Dabei sind anzugeben

1. die vorausgegangenen Rechtsgeschäfte, die auf den Erwerb durch die Gesellschaft hingezielt haben;
2. die Anschaffungs- und Herstellungskosten aus den letzten beiden Jahren;
3. beim Übergang eines Unternehmens auf die Gesellschaft die Betriebserträge aus den letzten beiden Geschäftsjahren.

(3) Im Gründungsbericht ist ferner anzugeben, ob und in welchem Umfang bei der Gründung für Rechnung eines Mitglieds des Vorstands oder des Aufsichtsrats Aktien übernommen worden sind und ob und in welcher Weise ein Mitglied des Vorstands oder des Aufsichtsrats sich einen besonderen Vorteil oder für die Gründung oder ihre Vorbereitung eine Entschädigung oder Belohnung ausbedungen hat.

I. Normzweck

1 Die Gründer haben gem. § 32 bei Bar- und Sachgründung einen Gründungsbericht zu erstellen. Die Norm bezweckt die Erleichterung der registergerichtlichen Prüfung (§ 38), der Gründungsprüfung (§§ 33–35) sowie der Information der Öffentlichkeit (Hüffer/Koch/*Koch* Rn. 1) und dient dem Schutz vor unseriösen Gründungen (MüKoAktG/*Pentz* Rn. 3).

II. Allgemeine Angaben

2 Der Gründungsbericht ist nach Bestellung des Vorstands und vor der Gründungsprüfung zu erstatten. Die Gründer haben gem. § 32 Abs. 1 persönlich und in Schriftform über den Hergang der Gründung zu berichten. Hierzu gehören alle für die Entstehung der AG wesentlichen Vorgänge, die für Aktionäre und Gläubiger der Gesellschaft von Bedeutung sind, zB der Tag der Satzungsfeststellung, das Grundkapital, die Zerlegung des Grundkapitals in Nennbetrags- oder Stückaktien, die Zahl der von den Gründern übernommenen Aktien, der Tag der Wahl der ersten Organe, Angaben zu Sondervorteilen und Gründungsaufwand sowie eine etwaige Identität zwischen Gründer und Organmitglied (Hüffer/Koch/*Koch* Rn. 3).

III. Sachgründung

3 Für den Fall der Sachgründung verlangt § 32 Abs. 2 S. 1 ferner die Darlegung aller wesentlichen Umstände, von denen die Angemessenheit der Leistungen für die Sacheinlagen oder die Sachübernahme abhängt. Angemessenheit bedeutet Wertgleichheit zwischen den Sachleistungen und dem Ausgabebetrag der für sie ausgegebenen Aktien. Anzugeben ist die Beschaffenheit der einzubringenden Sache sowie sonstige wertbildende Faktoren. § 32 Abs. 2 S. 1 wird durch die Angaben gem. § 32 Abs. 2 S. 2 Nr. 1–3 konkretisiert, die stets erforderlich sind und ggf. ausdrücklich mit einer Fehlanzeige zu versehen sind (Hüffer/Koch/*Koch* Rn. 5).

4 § 32 Abs. 2 S. 2 Nr. 1 verlangt die Angabe der vorausgegangenen Rechtsgeschäfte, die auf den Erwerb der Sacheinlage durch die AG hingezielt haben. Gemeint sind hiermit Erwerbsgeschäfte durch den Gründer mit Dritten mit dem Zweck, den erworbenen Gegenstand in die AG als Sacheinlage oder Sachübernahme einzubringen.

5 Gemäß § 32 Abs. 2 S. 2 Nr. 2 sind die Anschaffungs- und Herstellungskosten (§ 255 HGB) der Sacheinlage bzw. Sachübernahme aus den letzten beiden Jahren anzugeben. Maßgeblich für die Fristberechnung ist das Datum der Satzungsfeststellung.

6 § 32 Abs. 2 S. 2 Nr. 3 verlangt für den Fall der Einbringung eines Unternehmens die Angabe der Betriebserträge aus den letzten beiden Geschäftsjahren. Betriebserträge sind der Jahresüberschuss/-fehlbetrag (§ 275 Abs. 2 Nr. 20 und Abs. 3 Nr. 19 HGB), bereinigt um etwaige außerordentliche Positionen (vgl. hierzu MüKoAktG/*Pentz* Rn. 25 mwN). Die Angaben sind gesondert für jedes Geschäftsjahr auszuweisen.

IV. Zusätzliche Angaben

7 Gemäß § 32 Abs. 3 ist ferner offenzulegen, ob und in welchem Umfang Aktien bei der Gründung von einem Treuhänder bzw. Strohmann auf Rechnung eines Vorstands- oder Aufsichtsratsmitglieds übernommen werden. Die Angaben haben für jedes Treuhandverhältnis gesondert unter Nennung der Namen des Gründers sowie des Verwaltungsmitglieds und der Aktienzahl zu erfolgen. Gegebenenfalls ist eine Fehlanzeige in den Gründungsbericht aufzunehmen.

8 Schließlich ist gem. § 32 Abs. 3 ein den Verwaltungsmitgliedern gewährter Sondervorteil sowie eine diesen gewährte Gründungsentschädigung bzw. Gründerlohn im Gründungsbericht offenzulegen. Anzugeben sind jeweils der Name des Empfängers sowie die Art und der Umfang des eingeräumten Vorteils bzw. der Entschädigung.

V. Nachtrag

9 Ändern sich nach der Erstellung des Gründungsberichts wesentliche Umstände, so ist ein Nachtragsbericht zu erstatten (KG 24.4.1924, OLGE 43, 299 (301)), der wiederum den Anforderungen des § 32 zu entsprechen hat (K. Schmidt/Lutter/*Bayer* Rn. 17).

Gründungsprüfung. Allgemeines

33 (1) **Die Mitglieder des Vorstands und des Aufsichtsrats haben den Hergang der Gründung zu prüfen.**

(2) **Außerdem hat eine Prüfung durch einen oder mehrere Prüfer (Gründungsprüfer) stattzufinden, wenn**

1. **ein Mitglied des Vorstands oder des Aufsichtsrats zu den Gründern gehört oder**
2. **bei der Gründung für Rechnung eines Mitglieds des Vorstands oder des Aufsichtsrats Aktien übernommen worden sind oder**
3. **ein Mitglied des Vorstands oder des Aufsichtsrats sich einen besonderen Vorteil oder für die Gründung oder ihre Vorbereitung eine Entschädigung oder Belohnung ausbedungen hat oder**
4. **eine Gründung mit Sacheinlagen oder Sachübernahmen vorliegt.**

(3) [1] In den Fällen des Absatzes 2 Nr. 1 und 2 kann der beurkundende Notar (§ 23 Abs. 1 Satz 1) anstelle eines Gründungsprüfers die Prüfung im Auftrag der Gründer vornehmen; die Bestimmungen über die Gründungsprüfung finden sinngemäße Anwendung. [2] Nimmt nicht der Notar die Prüfung vor, so bestellt das Gericht die Gründungsprüfer. [3] Gegen die Entscheidung ist die Beschwerde zulässig.

(4) Als Gründungsprüfer sollen, wenn die Prüfung keine anderen Kenntnisse fordert, nur bestellt werden

1. Personen, die in der Buchführung ausreichend vorgebildet und erfahren sind;
2. Prüfungsgesellschaften, von deren gesetzlichen Vertretern mindestens einer in der Buchführung ausreichend vorgebildet und erfahren ist.

(5) [1] Als Gründungsprüfer darf nicht bestellt werden, wer nach § 143 Abs. 2 nicht Sonderprüfer sein kann. [2] Gleiches gilt für Personen und Prüfungsgesellschaften, auf deren Geschäftsführung die Gründer oder Personen, für deren Rechnung die Gründer Aktien übernommen haben, maßgebenden Einfluß haben.

I. Allgemeines

1 Die Vorschrift knüpft an § 32 an, der die Gründer verpflichtet, in einem Gründungsbericht alle für die Gründung wesentlichen Umstände offen zu legen. Gemäß § 33 Abs. 1 sind die Mitglieder des Vorstands und des Aufsichtsrats bei Bar- und Sachgründung auf der Basis der Angaben im Gründungsbericht zur Prüfung des Gründungsvorgangs verpflichtet. Darüber hinaus hat unter den Voraussetzungen des § 33 Abs. 2 Nr. 1–4 eine externe Gründungsprüfung stattzufinden. Die Regelung bezweckt, die ordnungsgemäße Errichtung der AG sicherzustellen und den Gründungshergang für die Öffentlichkeit transparent zu gestalten (Hüffer/Koch/*Koch* Rn. 1).

II. Prüfung durch Verwaltungsmitglieder

2 Jedes Vorstands- und Aufsichtsratsmitglied ist **höchstpersönlich** zur Gründungsprüfung verpflichtet. Eine Stellvertretung ist unzulässig. Die Organmitglieder dürfen aber Hilfspersonen hinzuziehen. Prüfungsgegenstand ist der Hergang und damit alle wesentlichen Umstände der Gründung, die für Aktionäre und Gläubiger der Gesellschaft von Interesse sein können. Über die Ergebnisse der Gründungsprüfung ist gem. § 34 ein Prüfungsbericht zu erstellen. Gemäß § 37 Abs. 4 Nr. 4 ist die Gründungsprüfung Eintragungsvoraussetzung.

III. Externe Prüfung

3 **1. Voraussetzungen.** Unter den in § 33 Abs. 2 abschließend genannten Voraussetzungen ist neben der Prüfung durch die Verwaltungsmitglieder eine **externe Gründungsprüfung** erforderlich. Gemäß Nr. 1 ist das der Fall, wenn ein Mitglied des Vorstands oder des Aufsichtsrats zu den Gründern (§ 28) gehört. Maßgeblicher Zeitpunkt ist die Eintragung der AG in das Handelsregister (Hüffer/Koch/*Koch* Rn. 4). Von Nr. 1 erfasst werden auch vertretungsberechtigte Organmitglieder von juristischen Personen, geschäftsführende Gesellschafter einer Personengesellschaft, Mitglieder von Erben- oder Gütergemeinschaften sowie gesetzliche Vertreter eines Gründers. Kein Fall der Nr. 1 liegt vor, wenn ein Verwaltungsmitglied bei der Feststellung der Satzung als Bevollmächtigter für einen Gründer handelt (aA MüKoAktG/*Pentz* Rn. 21). Nr. 2 ist anwendbar, wenn ein Gründer Aktien auf Rechnung eines Verwaltungsmitglieds übernimmt (Treuhand). Gemäß Nr. 3 ist eine externe Prüfung erforderlich, sofern sich ein Verwaltungsmitglied einen Sondervorteil oder eine Gründungsentschädigung bzw. Gründungslohn ausbedungen hat. Bei einer Sachgründung durch Sacheinlage oder Sachübernahme ist gem. Nr. 4 stets eine externe Prüfung erforderlich; von ihr kann nur gem. § 33a abgesehen werden. Prüfungsgegenstand ist wie bei der internen Prüfung gem. Abs. 1 der gesamte Gründungshergang einschließlich des Prüfungsberichts der Mitglieder des Vorstands und Aufsichtsrats.

4 **2. Notarielle Prüfung (Abs. 2 Nr. 1, 2).** Gemäß § 33 Abs. 3 S. 1 kann die externe Prüfung für die Fälle des Abs. 2 Nr. 1 und Nr. 2 durch den Urkundsnotar, dh den die Satzungsfeststellung beurkundenden Notar, vorgenommen werden. Dieser ist durch die Gründer zu beauftragen. Auf die Prüfungstätigkeit des Notars sind die §§ 34, 35 entsprechend anwendbar.

5 **3. Gerichtliche Bestellung von Gründungsprüfern.** Auf Antrag der Gründer gemeinsam (Hüffer/Koch/*Koch* Rn. 7; aA MüKoAktG/*Pentz* Rn. 33: einzeln, aber Beteiligung der Übrigen) oder des Vorstands bestellt das Amtsgericht (nicht als Registergericht, §§ 375 Nr. 3, 376 FamFG) am Satzungssitz der AG die Gründungsprüfer. Antragsberechtigte können dem Gericht einen Vorschlag unterbreiten. Auswahl und Anzahl der Prüfer stehen im Ermessen des Gerichts, das die sachlichen und persönlichen Voraussetzungen des § 33 Abs. 4, 5 zu prüfen hat. Gegen den Bestellungsbeschluss kann

das Rechtsmittel der Beschwerde eingelegt werden. Auf das Verfahren sind die §§ 58 ff. FamFG anwendbar.

4. Sachliche Eignung der Prüfer (Abs. 4). § 33 Abs. 4 setzt für die Bestellung als Gründungsprüfer eine ausreichende Vorbildung und Erfahrung in der Buchführung voraus. Wirtschaftsprüfer und Wirtschaftsprüfungsgesellschaften weisen diese Erfahrung und Vorbildung regelmäßig auf. Der Kreis zulässiger Prüfer ist indessen nicht auf sie beschränkt. 6

5. Bestellungsverbote (Abs. 5). Gemäß § 33 Abs. 5 gelten die Bestellungsverbote des § 143 iVm § 319 Abs. 2, 3 HGB für die Gründungsprüfer entsprechend. Darüber hinaus darf nicht zum Gründungsprüfer bestellt werden, wer dem maßgeblichen Einfluss der Gründer oder der wirtschaftlichen Hintermänner (Treugeber) unterliegt. Möglichkeit zur Einflussnahme ist ausreichend. Einfluss kann auf rechtlichen, wirtschaftlichen oder persönlichen Beziehungen beruhen. Die Vorschrift ist im Zweifel weit auszulegen und auf vergleichbare Interessenkonflikte anwendbar (Hüffer/Koch/*Koch* Rn. 9 mwN). 7

6. Rechtsfolgen bei Verstoß. Unterbleibt die Gründungsprüfung, so besteht ein Eintragungshindernis iSd § 38 Abs. 1. Werden Gründungsprüfer unter Verstoß gegen § 33 Abs. 4, 5 bestellt, so ist die Bestellung wirksam (Hüffer/Koch/*Koch* Rn. 10). Die AG entsteht mit Eintragung in jedem Fall ordnungsgemäß. 8

Sachgründung ohne externe Gründungsprüfung

33a (1) **Von einer Prüfung durch Gründungsprüfer kann bei einer Gründung mit Sacheinlagen oder Sachübernahmen (§ 33 Abs. 2 Nr. 4) abgesehen werden, soweit eingebracht werden sollen:**

1. **übertragbare Wertpapiere oder Geldmarktinstrumente im Sinne des § 2 Absatz 1 und 2 des Wertpapierhandelsgesetzes, wenn sie mit dem gewichteten Durchschnittspreis bewertet werden, zu dem sie während der letzten drei Monate vor dem Tag ihrer tatsächlichen Einbringung auf einem oder mehreren organisierten Märkten im Sinne von § 2 Absatz 11 des Wertpapierhandelsgesetzes gehandelt worden sind,**
2. **andere als die in Nummer 1 genannten Vermögensgegenstände, wenn eine Bewertung zu Grunde gelegt wird, die ein unabhängiger, ausreichend vorgebildeter und erfahrener Sachverständiger nach den allgemein anerkannten Bewertungsgrundsätzen mit dem beizulegenden Zeitwert ermittelt hat und wenn der Bewertungsstichtag nicht mehr als sechs Monate vor dem Tag der tatsächlichen Einbringung liegt.**

(2) **Absatz 1 ist nicht anzuwenden, wenn der gewichtete Durchschnittspreis der Wertpapiere oder Geldmarktinstrumente (Absatz 1 Nr. 1) durch außergewöhnliche Umstände erheblich beeinflusst worden ist oder wenn anzunehmen ist, dass der beizulegende Zeitwert der anderen Vermögensgegenstände (Absatz 1 Nr. 2) am Tag ihrer tatsächlichen Einbringung auf Grund neuer oder neu bekannt gewordener Umstände erheblich niedriger ist als der von dem Sachverständigen angenommene Wert.**

I. Allgemeines

Die Vorschrift bezweckt die Flexibilisierung und Vereinfachung des Sachgründungsrechts. Sie wurde durch das ARUG vom 30.7.2009 in das AktG eingefügt und basiert auf der Richtlinie 2006/68/EG zur Änderung der Kapitalrichtlinie, welche die europäischen Anforderungen an den Kapitalschutz liberalisiert. Systematisch regelt § 33a (nur) eine **Ausnahme zu § 33 Abs. 2 Nr. 4;** eine Prüfung durch den Notar in den Fällen des § 33 Abs. 2 Nr. 1 u. 2 daneben ist möglich. Von einer externen Gründungsprüfung kann abgesehen werden, wenn Vermögensgegenstände iSd Abs. 1 eingelegt werden. Es besteht ein **Wahlrecht,** sodass auch das Verfahren der externen Prüfung gewählt werden kann. 1

II. Voraussetzungen

1. Einbringung von Wertpapieren oder Geldmarktinstrumenten (Abs. 1 Nr. 1). Wertpapiere iSd § 2 Abs. 1 WpHG sind Aktien (Nr. 1), andere Anteile an in- oder ausländischen juristischen Personen, Personengesellschaften und sonstigen Unternehmen, soweit sie Aktien vergleichbar sind und Aktien vertretende Hinterlegungsscheine (Nr. 2), Schuldverschreibungen, Genussscheine und Optionsscheine sowie bestimmte sonstige Wertpapiere (Nr. 3). Geldmarktinstrumente iSd § 2 Abs. 2 WpHG sind Forderungen, die nicht unter Abs. 1 fallen und am Geldmarkt gehandelt werden, außer Zahlungsmittel. 2

Von Abs. 1 Nr. 1 erfasst sind nur solche Wertpapiere, die **an einem organisierten Markt** iSv § 2 Abs. 11 WpHG **gehandelt** werden. Dies ist ein Markt, der von staatlich anerkannten Stellen geregelt und überwacht wird, regelmäßig stattfindet und für das Publikum unmittelbar oder mittelbar zugänglich 3 ist. In Deutschland ist dies der regulierte Markt (§§ 32 ff. BörsG), nicht aber der Freiverkehr (§ 48 BörsG) oder KMU-Wachstumsmarkt (§ 48a BörsG).

4 Die Wertpapiere sind mit dem gewichteten Durchschnittskurs der letzten drei Monate vor ihrer tatsächlichen Einbringung zu bewerten. Dieser Wert wird laufend von der BaFin ermittelt. Die Zeitspanne von drei Monaten orientiert sich an § 5 WpÜG-AngebotsVO.

4a **2. Andere Vermögensgegenstände (Abs. 1 Nr. 2).** Eine externe Werthaltigkeitsprüfung ist ferner dann nicht erforderlich, wenn (andere als die in Abs. 1 Nr. 1 genannten) Vermögensgegenstände eingebracht werden, also **auch verbriefte Aktien, für die aber kein Marktwert festgestellt** wird (*Leuering* NZG 2016, 208), deren Wert ein unabhängiger ausreichend vorgebildeter und erfahrener Sachverständiger nach den allgemein anerkannten Bewertungsgrundsätzen mit dem beizulegenden Zeitwert ermittelt hat und der Bewertungsstichtag nicht mehr als sechs Monate vor dem Tag der tatsächlichen Einbringung liegt.

5 Der Begriff der ausreichenden Vorbildung und Erfahrung wird in Bezug auf Buchführung in § 33 Abs. 4 Nr. 1 und § 143 Abs. 1 Nr. 1 und Nr. 2 verwendet. Für den Begriff der Unabhängigkeit lassen sich die Wertungen der § 319 Abs. 2 und 3 HGB, § 319a Abs. 1 HGB heranziehen. Die Bewertung hat entsprechend der Vorgaben der Kapitalrichtlinie zum Zeitwert („fair value") zu erfolgen. Da der Bewertungsstichtag nicht mehr als sechs Monate vor dem Tag der tatsächlichen Einbringung zu liegen hat, scheidet die Anwendung von § 33a auf die Fälle des § 36a Abs. 2 S. 2 aus.

III. Ausnahmen (Abs. 2)

6 **1. Beeinflussung des Durchschnittspreises.** Ist der gewichtete Durchschnittspreis gem. Abs. 1 Nr. 1 durch außergewöhnliche Umstände erheblich beeinflusst worden, so ist Abs. 1 nicht anwendbar und es bedarf einer externen Gründungsprüfung iSd § 33 Abs. 2 Nr. 4.

7 Unter **außergewöhnlichen Umständen** versteht der Gesetzgeber eine Aussetzung oder ein Erliegen des Handels der betroffenen Papiere über einen längeren Zeitraum sowie ein künstliches Anheizen durch verbotene Kursmanipulationen gemäß der Marktmissbrauchs-VO (VO (EU) Nr. 596/2014 vom 16.4.2014).

8 Keine außergewöhnlichen Umstände sollten marktübliches Verhalten sowie erlaubte Aktienrückkaufsprogramme und Maßnahmen zur Kurspflege bzw. -stabilisierung sein, solange sich diese im Rahmen von Art. 5, 13 Marktmissbrauchs-VO halten (vgl. Begr. RegE ARUG, BT-Drs. 16/11642, 31, die noch auf das WpHG abstellt).

9 **2. Niedriger Zeitwert anderer Vermögensgegenstände.** § 33a Abs. 1 Nr. 2 ist gem. § 33a Abs. 2 nicht anwendbar, wenn anzunehmen ist, dass der Zeitwert der anderen Vermögensgegenstände aufgrund **neuer oder neu bekannt gewordener Umstände** erheblich niedriger ist als der angenommene Wert. Gleiches soll für den Fall gelten, dass nachträglich Umstände bekannt geworden sind, deren Vorhandensein den Schluss rechtfertigt, dass der Sachverständige zu einem anderen Bewertungsergebnis gelangt wäre (Begr. RegE ARUG, BT-Drs. 16/11642, 32). Maßgeblicher Zeitpunkt für das Vorliegen einer Rückausnahme gem. § 33a Abs. 1 Nr. 2 ist die Einbringung. Werden entsprechende Umstände erst nach der Einbringung bekannt, so kommt eine Anmeldung im vereinfachten Eintragungsverfahren wegen der nach § 37a Abs. 2 abzugebenden Versicherung nicht in Betracht (Begr. RegE ARUG, BT-Drs. 16/11642, 22 f.).

Umfang der Gründungsprüfung

34 (1) **Die Prüfung durch die Mitglieder des Vorstands und des Aufsichtsrats sowie die Prüfung durch die Gründungsprüfer haben sich namentlich darauf zu erstrecken,**

1. **ob die Angaben der Gründer über die Übernahme der Aktien, über die Einlagen auf das Grundkapital und über die Festsetzungen nach §§ 26 und 27 richtig und vollständig sind;**
2. **ob der Wert der Sacheinlagen oder Sachübernahmen den geringsten Ausgabebetrag der dafür zu gewährenden Aktien oder den Wert der dafür zu gewährenden Leistungen erreicht.**

(2) [1]**Über jede Prüfung ist unter Darlegung dieser Umstände schriftlich zu berichten.** [2]**In dem Bericht ist der Gegenstand jeder Sacheinlage oder Sachübernahme zu beschreiben sowie anzugeben, welche Bewertungsmethoden bei der Ermittlung des Wertes angewandt worden sind.** [3]**In dem Prüfungsbericht der Mitglieder des Vorstands und des Aufsichtsrats kann davon sowie von Ausführungen zu Absatz 1 Nr. 2 abgesehen werden, soweit nach § 33a von einer externen Gründungsprüfung abgesehen wird.**

(3) [1]**Je ein Stück des Berichts der Gründungsprüfer ist dem Gericht und dem Vorstand einzureichen.** [2]**Jedermann kann den Bericht bei dem Gericht einsehen.**

I. Allgemeines

§ 34 enthält Regelungen zu **Inhalt und Umfang** der Gründungsprüfung durch die Verwaltungsmitglieder und die Gründungsprüfer. Der Prüfungsumfang wird in Bezug auf wesentliche Einzelaspekte konkretisiert. Alle tatsächlichen und rechtlichen Vorgänge, die mit der Gründung zusammenhängen, sind zu prüfen (Hüffer/Koch/*Koch* Rn. 2). Dies sind insbesondere: Feststellung und Inhalt der Satzung, Bestellung der Verwaltungsmitglieder und der Abschlussprüfer, Gründungsbericht, Genehmigungserfordernisse. Nicht zu prüfen ist die Lebensfähigkeit des Unternehmens (BGH 27.2.1975, BGHZ 64, 52 (60) = NJW 1975, 974 (976)). 1

II. Einzelprüfungsgegenstände (Abs. 1)

§ 34 nennt einzelne wesentliche **Prüfungsgegenstände** aber **nicht abschließend** („namentlich"). 2
Nr. 1: Zu prüfen ist die wirksame Begründung der Einzahlungsverpflichtung. Sofern die Einlagen geleistet sind, erstreckt sich die Prüfung auch auf die Wirksamkeit der Leistung. Zu prüfen ist ferner die Angemessenheit etwaiger Sondervorteile und Gründerlohns (MüKoAktG/*Pentz* Rn. 13). Nr. 2: die Prüfung hat sich darauf zu erstrecken, ob der Wert der Sacheinlagen bzw. Sachübernahmen dem geringsten Ausgabebetrag der dafür zu gewährenden Aktien oder dem Wert der dafür zu gewährenden Leistungen entspricht. Ziel ist die Vermeidung einer Unterpariemission (§ 9). Ist ein Agio vorgesehen, so hat der Wert der Sacheinlage auch den Mehrbetrag zu decken (§ 36a Abs. 2 S. 3). Maßgeblich für die Bewertung der Angemessenheit ist der Zeitpunkt der Prüfung. Sofern gem. § 33a auf eine externe Gründungsprüfung verzichtet wird, sind Angaben zur Bewertung der Sacheinlagen auch im internen Prüfungsbericht entbehrlich.

III. Prüfungsbericht (Abs. 2)

Gemäß § 34 Abs. 2 ist über jede Prüfung schriftlich (§ 126 BGB) zu berichten. Vorstand und Aufsichtsrat können einen gemeinsamen Bericht erstellen. Die Verwaltungsmitglieder müssen ihren Bericht zuerst erstellen, da die Gründungsprüfer diesen in ihre Prüfung mit einzubeziehen haben (§ 38 Abs. 2 S. 1). Der Bericht muss **zu allen Umständen Stellung beziehen,** die Gegenstand der Prüfung waren. Sacheinlagen und Sachübernahmen sind gegenständlich zu beschreiben. Die angewandte Bewertungsmethode ist anzugeben. Die Berichtspflicht wird durch die Verschwiegenheitspflicht der Verwaltungsorgane und der Gründungsprüfer eingeschränkt, sodass Betriebs- oder Geschäftsgeheimnisse nicht offengelegt zu werden brauchen. 3

IV. Einreichung des Prüfungsberichts (Abs. 3)

Der Bericht der Gründungsprüfer ist gem. § 34 Abs. 3 dem Vorstand sowie dem zuständigen Registergericht einzureichen. Sie können dies selbst vornehmen oder die Einreichung gegenüber dem Registergericht dem Vorstand iRd Anmeldung der Gründung überlassen. Der Prüfungsbericht der Verwaltungsmitglieder ist gem. § 37 Abs. 4 Nr. 4 ebenfalls beim Registergericht einzureichen. 4

Meinungsverschiedenheiten zwischen Gründern und Gründungsprüfern. Vergütung und Auslagen der Gründungsprüfer

35 (1) **Die Gründungsprüfer können von den Gründern alle Aufklärungen und Nachweise verlangen, die für eine sorgfältige Prüfung notwendig sind.**

(2) [1] **Bei Meinungsverschiedenheiten zwischen den Gründern und den Gründungsprüfern über den Umfang der Aufklärungen und Nachweise, die von den Gründern zu gewähren sind, entscheidet das Gericht.** [2] **Die Entscheidung ist unanfechtbar.** [3] **Solange sich die Gründer weigern, der Entscheidung nachzukommen, wird der Prüfungsbericht nicht erstattet.**

(3) [1] **Die Gründungsprüfer haben Anspruch auf Ersatz angemessener barer Auslagen und auf Vergütung für ihre Tätigkeit.** [2] **Die Auslagen und die Vergütung setzt das Gericht fest.** [3] **Gegen die Entscheidung ist die Beschwerde zulässig; die Rechtsbeschwerde ist ausgeschlossen.** [4] **Aus der rechtskräftigen Entscheidung findet die Zwangsvollstreckung nach der Zivilprozeßordnung statt.**

I. Allgemeines

§ 35 regelt die **Informationsrechte der externen Gründungsprüfer** (nicht der Mitglieder von Vorstand und Aufsichtsrat) gegenüber den Gründern, das Verfahren bei etwaigen Meinungsverschiedenheiten über den Umfang des Informationsrechts sowie die Vergütung der Gründungsprüfer und dient somit der ordnungsgemäßen und unabhängigen Durchführung der Gründungsprüfung. 1

II. Aufklärungsobliegenheit der Gründer (Abs. 1)

2 Die externen Gründungsprüfer können nach § 35 Abs. 1 von den Gründern alle Aufklärungen und Nachweise verlangen, die für eine sorgfältige Prüfung notwendig sind. § 35 Abs. 1 verschafft den Gründungsprüfern **keinen durchsetzbaren Rechtsanspruch** (Hüffer/Koch/*Koch* Rn. 2; GK-AktG/*Röhricht/Schall* Rn. 2). Vielmehr statuiert § 35 Abs. 1 eine Obliegenheit der Gründer. Aufklärungen sind mündlich oder schriftlich, ggf. unter Beifügung von Belegen zu erteilen. Auch Geschäftsgeheimnisse sind offenzulegen, indessen nicht in den Prüfungsbericht aufzunehmen (→ § 34 Rn. 3). Ein vergleichbarer Informationsanspruch gegenüber den Verwaltungsmitgliedern besteht nicht.

III. Meinungsverschiedenheiten (Abs. 2)

3 Sofern zwischen den Gründungsprüfern und den Gründern Meinungsverschiedenheiten über den Umfang der Aufklärung entstehen, entscheidet hierüber auf Antrag das Gericht nach Anhörung durch unanfechtbaren Beschluss. Entscheidet das Gericht zugunsten der Gründer, so haben die Gründungsprüfer ihren Bericht ohne die verlangte Auskunft zu erstatten. Sie können um ihre Abberufung bitten (Hüffer/Koch/*Koch* Rn. 5). Entscheidet das Gericht zugunsten der Gründungsprüfer und erachtet das Auskunftsverlangen als berechtigt, so haben die Gründer der gerichtlichen Entscheidung zu entsprechen, um die Gründungsprüfung zum Abschluss zu bringen. Tun sie dies nicht, so wird der Prüfungsbericht gem. § 35 Abs. 2 S. 3 nicht erstattet, sodass ein Eintragungshindernis besteht.

IV. Auslagenersatz und Vergütung (Abs. 3)

4 Der Anspruch der Gründungsprüfer auf Ersatz angemessener barer Auslagen und auf eine Vergütung wird durch das Gericht auf Antrag festgesetzt. Die Vergütung bestimmt sich nach den für Wirtschaftsprüfer geltenden Vergütungssätzen (WP-HdB 2019, A 295 ff.) und ist abhängig von der Prüfungsschwierigkeit. Vergütungsvereinbarungen sind unzulässig. Bei Gründungsprüfung durch Notar gilt (neben Gebühr für die Beurkundung der Gründung allein) § 123 GNotKG iVm KV 25206 GNotKG. Schuldnerin des Anspruchs ist die (Vor-)AG. Gründer haften neben der (Vor-)AG nur, wenn sie sich selbständig verpflichtet haben. Die Vergütung ist Gründungsaufwand iSd § 26 Abs. 2. Die gerichtliche Entscheidung ergeht nach § 35 Abs. 3 S. 3–5 durch anfechtbaren Beschluss. Eine Klage ist unzulässig.

Anmeldung der Gesellschaft

36 (1) **Die Gesellschaft ist bei dem Gericht von allen Gründern und Mitgliedern des Vorstands und des Aufsichtsrats zur Eintragung in das Handelsregister anzumelden.**

(2) **Die Anmeldung darf erst erfolgen, wenn auf jede Aktie, soweit nicht Sacheinlagen vereinbart sind, der eingeforderte Betrag ordnungsgemäß eingezahlt worden ist (§ 54 Abs. 3) und, soweit er nicht bereits zur Bezahlung der bei der Gründung angefallenen Steuern und Gebühren verwandt wurde, endgültig zur freien Verfügung des Vorstands steht.**

I. Allgemeines

1 §§ 36, 37 regeln die Anmeldung der Gesellschaft zur Eintragung in das Handelsregister. Die Anmeldung leitet das Registerverfahren ein, das mit der Eintragung zur Entstehung der AG als juristischer Person führt. Zuständig ist das Amtsgericht des statutarischen Gesellschaftssitzes (§ 14).

II. Regelungsgegenstand

2 **1. Anmeldepflichtige Personen.** Gemäß § 36 Abs. 1 sind **alle Gründer sowie sämtliche Verwaltungsmitglieder** anmeldepflichtig. Sie handeln hierbei im Namen der Vor-AG (BGH 16.3.1992, BGHZ 117, 323 (327) = NJW 1992, 1824 (1825)). Hiermit bezweckt das Gesetz die Einbeziehung aller beteiligten Personen in die zivil- und strafrechtliche Verantwortung. Verwaltungsorgane müssen in der gesetzlich bzw. statutarisch vorgesehenen Sollzahl anmelden (ausgenommen ist der Sonderfall des unvollständigen ersten Aufsichtsrats gem. § 31). Rechtsgeschäftliche Vertretung ist unzulässig.

3 **2. Bareinlage.** Die Anmeldung darf nach Abs. 2 erst erfolgen, wenn der eingeforderte Betrag **endgültig zur freien Verfügung** des Vorstands steht. Dies ist grundsätzlich der Fall, sobald der Vorstand über den Betrag ohne Einschränkung im Rahmen seiner Verantwortung (§§ 76, 93 Abs. 1) disponieren kann. Freie Verfügbarkeit liegt nicht vor bei Einzahlung zum Schein, sofern Rückzahlung des Betrags vereinbart wird. Wenn die Vor-AG dem Gründer ein Darlehen zur Leistung der Mittel gewährt, liegt freie Verfügbarkeit vor, sofern der Rückzahlungsanspruch jederzeit fällig (stellbar) und vollwertig ist (§ 27 Abs. 4). Keine freie Verfügbarkeit liegt vor bei einer Einzahlung auf ein gesperrtes, gepfändetes oder debitorisches Konto, sofern die Kreditlinie überschritten ist (Hüffer/Koch/*Koch* Rn. 8

mwN). Demgegenüber liegt freie Verfügbarkeit vor, wenn auf ein debitorisches Konto eingezahlt wird und der Vorstand iRd Kreditlinie über die eingezahlten Mittel verfügen kann (BGH 24.9.1990, NJW 1991, 226).

4 Die Einzahlung auf ein **Treuhandkonto** ist eine ordnungsgemäße Leistungserbringung, sofern der Vorstand nach dem Inhalt des Treuhandvertrags im Zeitpunkt der Anmeldung bereits allein verfügen kann (Hüffer/Koch/*Koch* Rn. 7).

5 Kontrovers diskutiert wird die Frage, ob und wann eine **Verwendungsabsprache** der freien Verfügbarkeit entgegensteht. Unstreitig schaden Absprachen mit dem Gründer, die eine (auch mittelbare) Rückführung der eingezahlten Mittel zum Gegenstand haben (BGH 18.2.1991, BGHZ 113, 335, 343 = NJW 1991, 1754 (1757)). Zulässig und in der Praxis üblich sind demgegenüber Abreden über konkrete Investitionen, sofern keine Gegenstände vom Gründer erworben oder Verbindlichkeiten ihm gegenüber beglichen werden und der Gründer auch nicht faktisch eine anderweitige Verwendung der Einlage verhindern kann (BGH 11.11.1985, BGHZ 96, 231 (241) = NJW 1986, 837 (840)).

6 Von den eingezahlten Einlagen dürfen gem. § 36 Abs. 2 S. 1, ohne dass dies gegen die endgültig freie Verfügbarkeit verstößt, **bei der Gründung anfallende Steuern und Gebühren** beglichen werden, sofern sie für die Gründung erforderlich und von der AG qua Gesetz oder Satzung (§ 26 Abs. 2) zu tragen sind. Hierunter fallen Bekanntmachungskosten, Notargebühren, Vergütung der Gründungsprüfer. Nicht erfasst werden Kosten für den Druck der Aktien, Vermittlungsprovisionen und andere privatrechtliche Verbindlichkeiten sowie die Kosten für den Betrieb eines eingebrachten Unternehmens (Hüffer/Koch/*Koch* Rn. 10).

7 Umstritten und nicht geklärt ist die Frage, **ob der Vorstand über ordnungsgemäß eingezahlte Mittel vor der Anmeldung verfügen darf,** ohne eine unrichtige Erklärung iSv § 37 Abs. 1 S. 1 abzugeben. Überholt ist die Auffassung, dass die Bareinlagen auf einem Sonderkonto bis zur Anmeldung oder gar der Eintragung aufbewahrt werden müssen. Überwiegend wird nunmehr verlangt, dass der Vorstand unter dem Vorbehalt wertgleicher Deckung über die Mittel verfügen darf (BGH 13.7.1992, BGHZ 119, 177 (187 f.) = NJW 1992, 3300 (3303); Hüffer/Koch/*Koch* Rn. 11 mwN). Nach einer dritten Auffassung darf Vorstand – vorbehaltlich schädlicher Verwendungsabsprachen – über die eingezahlten Mittel verfügen (K. Schmidt/Lutter/*Kleindiek* Rn. 33 f. mwN). Letztere Auffassung überzeugt, da die Kapitalaufbringung durch die Unterbilanzhaftung ausreichend gesichert ist. Für die Kapitalerhöhung hat sich der BGH dieser Auffassung angeschlossen (BGH 18.3.2002, BGHZ 150, 197 (198) = NJW 2002, 1716 (1717)), obwohl es dort keine Unterbilanzhaftung gibt. Es bleibt abzuwarten, ob er diese Ansicht auch auf den Gründungsvorgang erstreckt.

8 **3. Besonderheiten bei der Einmanngründung.** Das Erfordernis einer Sicherheitenbestellung für die ausstehende Einlage bei der Einmanngründung (§ 36 Abs. 2 S. 2 aF) ist durch das MoMiG entfallen.

Leistung der Einlagen

36a

(1) Bei Bareinlagen muß der eingeforderte Betrag (§ 36 Abs. 2) mindestens ein Viertel des geringsten Ausgabebetrags und bei Ausgabe der Aktien für einen höheren als diesen auch den Mehrbetrag umfassen.

(2) [1] Sacheinlagen sind vollständig zu leisten. [2] Besteht die Sacheinlage in der Verpflichtung, einen Vermögensgegenstand auf die Gesellschaft zu übertragen, so muß diese Leistung innerhalb von fünf Jahren nach der Eintragung der Gesellschaft in das Handelsregister zu bewirken sein. [3] Der Wert muß dem geringsten Ausgabebetrag und bei Ausgabe der Aktien für einen höheren als diesen auch dem Mehrbetrag entsprechen.

I. Allgemeines

1 Die Vorschrift basiert auf der Umsetzung der europäischen Kapitalrichtlinie RL 77/91/EWG vom 13.12.1976. Sie regelt die gesetzlichen Mindesteinlageleistungen, die der Vorstand einzufordern hat und die von den Gründern grundsätzlich (Ausnahme: § 36a Abs. 2 S. 2) vor der Anmeldung zu leisten sind. Die Satzung kann abweichend von § 36a einen höheren Betrag für Barleistungen sowie eine sofortige Leistung von Sacheinlagen vorschreiben. Über § 37 ist die Einhaltung der in § 36a normierten Pflichten strafbewehrt.

II. Bareinlagen

2 **1. Mindestzahlungen.** Auf Bareinlagen ist vor der Anmeldung (§ 36 Abs. 2) mindestens ein Viertel des geringsten Ausgabebetrags (vgl. § 9 Abs. 1) zu leisten. Übersteigt der festgesetzte Ausgabebetrag den geringsten Ausgabebetrag, dh wird ein Agio iSv § 9 Abs. 2 festgesetzt, so ist dieser Betrag in voller Höhe einzuzahlen (LG Frankfurt 3.5.1991, AG 1992, 240). Vereinbarung eines schuldrechtlichen Agios neben der Einlageleistung ist zulässig und unterfällt nicht § 36a.

3 **2. Mehrleistungen.** Lange Zeit streitig war, ob über gesetzlich und statutarisch gebotene Zahlungen auf die noch nicht fällige Einlagenverbindlichkeit, sog. freiwillige Mehrleistungen, auch dann schuldbefreiende Wirkung haben, wenn die Einlageleistung zum Zeitpunkt der Eintragung wertmäßig nicht mehr vorhanden ist. Durch die Abkehr des BGH vom Vorbelastungsverbot zur Unterbilanzhaftung ist der freiwilligen Mehrleistung Erfüllungswirkung beizumessen (aA MüKoAktG/*Pentz* § 36 Rn. 72 ff.). IHd Differenz des Wertverbrauchs tritt Unterbilanzhaftung der Gesellschafter ein.

III. Sacheinlagen

4 Gemäß § 36a Abs. 2 S. 1 sind Sacheinlagen vollständig vor der Anmeldung zu leisten. Sofern die Sacheinlage – wie regelmäßig – in der Verpflichtung besteht, einen Vermögensgegenstand auf die Gesellschaft zu übertragen, so ist diese Leistung gem. § 36a Abs. 2 S. 2 erst innerhalb von fünf Jahren nach der Eintragung zu erfüllen.

5 Das Verhältnis der beiden Regelungen ist unklar und ihre Auslegung ist folglich umstritten. Die restriktive Ansicht wendet § 36a Abs. 2 S. 2 nur auf Übertragungsansprüche des Gründers gegen einen Dritten an (KK-AktG/*Kraft,* 2. Aufl. 1988, Rn. 10; *Mayer* ZHR 154 (1990), 535 (537)). Mit der hA ist § 36a Abs. 2 S. 2 **auch auf Übertragungsansprüche** unmittelbar **gegen den Sacheinleger anzuwenden** (Hüffer/Koch/*Koch* Rn. 4; MüKoAktG/*Pentz* Rn. 13 ff.; KK-AktG/*A. Arnold* Rn. 11 ff.). Die Sacheinlagevereinbarung kann in diesem Fall eine Frist bis zu fünf Jahren für die dingliche Erfüllung vorsehen. Die Kapitalaufbringung wird durch das Erfordernis der Bewertung des Einlageanspruchs und das Verbot der Unterpari-Emission ausreichend geschützt. Nicht anwendbar ist § 36a Abs. 2 S. 2 indessen auf **bloße Nutzungsüberlassungen,** die vor der Anmeldung durchzuführen sind (K. Schmidt/Lutter/*Kleindiek* Rn. 6).

6 § 36a Abs. 2 S. 3 wiederholt nicht nur das Verbot der Unterpari-Emission (so aber Hüffer/Koch/*Koch* Rn. 6; MüKoAktG/*Pentz* Rn. 27) für Sacheinlagen, sondern bestimmt, dass der **Wert der Sacheinlage auch ein etwaiges Agio abzudecken hat** (OLG Frankfurt a. M. 6.7.2010, AG 2010, 793 ff. Rn. 52 mwN). Über §§ 37, 399 Abs. 1 Nr. 1 ist ein Verstoß gegen § 36a Abs. 2 S. 3 strafbewehrt. Wird die Eintragung trotz Verstoß gegen § 36a Abs. 2 S. 3 vollzogen, so entsteht die AG wirksam. Der Gründer hat in diesem Fall den Differenzbetrag in bar zu erbringen (BGH 27.2.1975, BGHZ 64, 52 (62 f.)). Der Differenzhaftungsanspruch der Gesellschaft führt nicht zu einer gesamtschuldnerischen Haftung oder einer Ausfallhaftung aller Gründer, sondern richtet sich nur gegen den betreffenden Inferenten, ist insoweit jedoch verschuldensunabhängig (MüKoAktG/*Pentz* § 27 Rn. 44). Ein gesetzlicher **Differenzhaftungsanspruch** besteht auch, soweit der Wert der Sacheinlage zwar den geringsten Ausgabebetrag (§ 9 Abs. 1), aber nicht das **Aufgeld** (§ 9 Abs. 2) deckt (BGH 6.12.2011, BGHZ 191, 364 ff. Rn. 17 mwN auch zur Gegenansicht). Die Darlegungs- und Beweislast für Überbewertungen trägt die Gesellschaft. Zur Bewertung selbst → § 27 Rn. 6a. Beweiserleichterungen zu ihren Gunsten bis hin zur Beweislastumkehr für die Vollwertigkeit der Einlage zulasten des Aktionärs, wie sie bei der GmbH zT vertreten werden, kommen bei der AG schon im Hinblick auf die Prüfung nach § 33 Abs. 2 Nr. 4 nicht in Betracht (zutr. OLG Düsseldorf 5.5.2011, ZIP 2011, 1514 (1515) mwN). Der Differenzhaftungsanspruch verjährt analog § 9 Abs. 2 GmbHG in zehn Jahren (BGH 6.12.2011, BGHZ 191, 364 Rn. 41, wobei dort ein Altfall vorlag, in dem noch die frühere fünfjährige Verjährungsfrist galt). Die Verjährung beginnt mit der Eintragung der AG in das Handelsregister. Für den Differenzhaftungsanspruch gilt das Befreiungs- und Aufrechnungsverbot des § 66 Abs. 1. Ein Vergleich ist unter bestimmten Umständen möglich und bedarf dann nicht der Zustimmung der Hauptversammlung (BGH 6.12.2011, BGHZ 191, 364 Rn. 20 ff.).

7 Davon zu unterscheiden ist der Fall, dass der den Ausgabebetrag übersteigende Wert der Sacheinlage aufgrund einer schuldrechtlichen Abrede als sonstige Zuzahlung in die Eigenmittel iSv § 272 Abs. 2 Nr. 4 HGB geleistet und in die Kapitalrücklagen eingestellt wird. Hier muss lediglich der Ausgabebetrag gedeckt sein, eine Differenzhaftung bezüglich des den Ausgabebetrag übersteigenden Werts scheidet aus.

Inhalt der Anmeldung

37 (1) [1]**In der Anmeldung ist zu erklären, daß die Voraussetzungen des § 36 Abs. 2 und des § 36a erfüllt sind; dabei sind der Betrag, zu dem die Aktien ausgegeben werden, und der darauf eingezahlte Betrag anzugeben.** [2]**Es ist nachzuweisen, daß der eingezahlte Betrag endgültig zur freien Verfügung des Vorstands steht.** [3]**Ist der Betrag gemäß § 54 Abs. 3 durch Gutschrift auf ein Konto eingezahlt worden, so ist der Nachweis durch eine Bestätigung des kontoführenden Instituts zu führen.** [4]**Für die Richtigkeit der Bestätigung ist das Institut der Gesellschaft verantwortlich.** [5]**Sind von dem eingezahlten Betrag Steuern und Gebühren bezahlt worden, so ist dies nach Art und Höhe der Beträge nachzuweisen.**

(2) [1]**In der Anmeldung haben die Vorstandsmitglieder zu versichern, daß keine Umstände vorliegen, die ihrer Bestellung nach § 76 Abs. 3 Satz 2 Nr. 2 und 3 sowie Satz 3 entgegenstehen, und daß sie über ihre unbeschränkte Auskunftspflicht gegenüber dem Gericht belehrt**

worden sind. [2]Die Belehrung nach § 53 Abs. 2 des Bundeszentralregistergesetzes kann schriftlich vorgenommen werden; sie kann auch durch einen Notar oder einen im Ausland bestellten Notar, durch einen Vertreter eines vergleichbaren rechtsberatenden Berufs oder einen Konsularbeamten erfolgen.

(3) **In der Anmeldung sind ferner anzugeben:**

1. eine inländische Geschäftsanschrift,
2. Art und Umfang der Vertretungsbefugnis der Vorstandsmitglieder.

(4) **Der Anmeldung sind beizufügen**

1. die Satzung und die Urkunden, in denen die Satzung festgestellt worden ist und die Aktien von den Gründern übernommen worden sind;
2. im Fall der §§ 26 und 27 die Verträge, die den Festsetzungen zugrunde liegen oder zu ihrer Ausführung geschlossen worden sind, und eine Berechnung des der Gesellschaft zur Last fallenden Gründungsaufwands; in der Berechnung sind die Vergütungen nach Art und Höhe und die Empfänger einzeln anzuführen;
3. die Urkunden über die Bestellung des Vorstands und des Aufsichtsrats;
3a. eine Liste der Mitglieder des Aufsichtsrats, aus welcher Name, Vorname, ausgeübter Beruf und Wohnort der Mitglieder ersichtlich ist;
4. der Gründungsbericht und die Prüfungsberichte der Mitglieder des Vorstands und des Aufsichtsrats sowie der Gründungsprüfer nebst ihren urkundlichen Unterlagen.

(5) **Für die Einreichung von Unterlagen nach diesem Gesetz gilt § 12 Abs. 2 des Handelsgesetzbuchs entsprechend.**

Übersicht

I. Allgemeines

§ 37 regelt den notwendigen Inhalt (Erklärungen, Nachweise, Unterlagen) der Handelsregisteranmeldung. Die Vorschrift bezweckt, das Gericht (Handelsregister) in die Lage zu versetzen, die Prüfung nach § 38 vorzunehmen. § 37 wird durch die haftungs- und strafrechtlichen Vorschriften der §§ 46, 48, 399 Abs. 1 Nr. 1 flankiert. 1

II. Inhalt

1. Bareinlagen. Bei Bareinlagen ist zu erklären, dass der eingeforderte Betrag auf jede Aktie ordnungsgemäß eingezahlt worden ist und endgültig zur freien Verfügung des Vorstands steht. Dabei sind der Betrag, zu dem die Aktien ausgegeben worden sind, der eingeforderte Betrag sowie der hierauf eingezahlte Betrag für jeden Gründer getrennt anzugeben (Hüffer/Koch/*Koch* Rn. 3). Nachzuweisen ist gem. § 37 Abs. 1 S. 2, dass der **eingezahlte Betrag endgültig zur freien Verfügung des Vorstands** steht. Sofern Bareinlagen nicht mehr vorhanden sind, muss die Erklärung entsprechend angepasst werden und der Nachweis erbracht werden, dass wertgleiche aktivierungsfähige Vermögensgegenstände vorhanden sind, sofern man mit der Rspr. eine solche Wertgleichheit fordert (→ § 36 Rn. 7). Von den eingezahlten Barmitteln bezahlte Steuern und Gebühren sind ebenfalls nachzuweisen. 2

Der Nachweis der Leistung zur freien Verfügbarkeit erfolgt gem. § 37 Abs. 1 S. 3 durch die Bestätigung eines Kreditinstituts gem. § 37 Abs. 1 S. 3. Welchen Inhalt die Bankbestätigung haben muss, ist umstritten. Im Hinblick auf die Haftung des Kreditinstituts gem. § 37 Abs. 1 S. 4 soll die Bestätigung darauf beschränkt werden, dass der Vorstand über die eingezahlten Mittel gegenüber der Bank frei verfügen kann, dh keine Gegenrechte der Bank bestehen und auch keine ihr aus der Kontoführung bekannten Rechte Dritter (zB aus Pfändung) vorhanden sind (Hüffer/Koch/*Koch* Rn. 3a). Nach BGH 18.2.1991, BGHZ 113, 335 (350) = NJW 1991, 1754 (1758) ist dagegen die Bestätigung der Bank identisch mit derjenigen der Vorstandsmitglieder. 3

4 **2. Sacheinlagen.** Bei Sacheinlagen ist zu erklären, dass der Wert der Sacheinlagen dem Nennwert bzw. geringsten Ausgabebetrag zuzüglich Agio entspricht (§ 36a Abs. 2 S. 3). Ferner ist eine Erklärung über die vollständige Leistung der Sacheinlage bzw. den Zeitpunkt, wann die Sacheinlage innerhalb der Frist des § 36a Abs. 2 S. 2 zu erbringen ist, abzugeben (§ 36 Abs. 2 S. 1 und 2).

5 **3. Haftung (Abs. 1 S. 4).** Gemäß § 37 Abs. 1 S. 4 haftet das Kreditinstitut verschuldensunabhängig gegenüber der AG für die Richtigkeit seiner Bestätigung gem. § 37 Abs. 1 S. 3. Die Auffassung, welche die Bankbestätigung in einem umfassenden Sinne versteht, schränkt die Haftung mit Blick auf den Kenntnisstand der Bank gegenständlich ein (vgl. GK-AktG/*Röhricht/Schall* Rn. 26 ff.). Maßgeblicher Zeitpunkt ist die Abgabe der Bestätigung (aA Eintragung LG Hamburg 16.12.1975, NJW 1976, 1980). Die AG ist so zu stellen, als ob die Bestätigung richtig gewesen wäre. Die Bank haftet neben den Gründern und Verwaltungsmitgliedern (§§ 46, 48). Der Anspruch verjährt analog § 51 in fünf Jahren (OLG Hamburg 2.6.2006, AG 2007, 500 (504)).

6 **4. Bestellungshindernisse (Abs. 2).** Gemäß § 37 Abs. 2 hat jedes Vorstandsmitglied (auch Stellvertreter) persönlich zu versichern, dass keine Umstände vorliegen, die nach § 76 Abs. 3 S. 2 Nr. 2 und 3 sowie S. 3 der Bestellung entgegenstehen. Die gerichtliche Praxis verlangt inhaltlich eine am Wortlaut von § 76 Abs. 2 und 3 orientierte Erklärung (Hüffer/Koch/*Koch* Rn. 6).

7 Ferner haben die Vorstandsmitglieder zu versichern, dass sie gem. § 53 Abs. 2 BZRG über ihre unbeschränkte Auskunftspflicht gegenüber dem Registergericht belehrt worden sind. Nach der Neufassung durch das MoMiG kann die Belehrung nunmehr durch einen im Ausland bestellten Notar, durch einen Vertreter eines vergleichbaren rechtsberatenden Berufs oder einen Konsularbeamten erfolgen.

8 **5. Inländische Geschäftsanschrift (Abs. 3).** § 37 Abs. 3 Nr. 1 verlangt, dass eine inländische Geschäftsanschrift angeben wird. Die Vorschrift bezweckt, eine jederzeitige Zustellung an die Gesellschaft zu gewähren (Begr. RegE MoMiG, BR-Drs. 354/07, 80 f.). Neben dem Sitz der Hauptverwaltung oder einem Geschäftslokal kann auch die inländische Wohnanschrift des Vorstands, eines Gesellschafters oder eines sonstigen Zustellungsbevollmächtigten (zB Rechtsanwalt) im Inland verwendet werden (Begr. RegE MoMiG, BR-Drs. 354/07, 80 f.; OLG Hamm 20.1.2011, NJW-RR 2011, 685). § 15 HGB ist anwendbar.

9 **6. Angaben zur Vertretungsbefugnis (Abs. 3), Sonstiges.** Gemäß § 37 Abs. 3 Nr. 2 ist anzugeben, welche Vertretungsbefugnis die Vorstandsmitglieder haben. Sie ergibt sich aus Gesetz oder Satzung und ist grundsätzlich in abstrakter Form anzugeben (Einzel-, Gesamtvertretung). Wenn einzelne Vorstandsmitglieder unterschiedliche Vertretungsmacht haben, so sind individuelle Angaben erforderlich (Hüffer/Koch/*Koch* Rn. 8). Auch etwaige Befreiungen vom Verbot der Mehrvertretung des § 181 BGB sind anzugeben (BGH 28.2.1983, BGHZ 87, 59 (60) = NJW 1983, 1676); vom In-sich-Geschäftsverbot des § 181 BGB kann der Vorstand wegen § 112 nicht befreit werden. Die Anmeldung muss das exakt bezeichnen: „Befreiung von den Beschränkungen des § 181 BGB" wird von den Gerichten zT nicht akzeptiert und entsprechende Satzungsbestimmung beanstandet.

9a Nach § 107 Abs. 1 S. 2 hat der Vorstand zudem anzumelden, wer zum Vorsitzenden des Aufsichtsrats und dessen Vertreter gewählt ist.

III. Anlagen zur Anmeldung (Abs. 4)

10 Der Anmeldung sind gem. § 37 Abs. 4 bestimmte Unterlagen beizufügen: **Nr. 1:** die Satzung sowie die Urkunden über die Feststellung der Satzung und der Aktienübernahmen sind beizufügen. Regelmäßig geschieht dies in einer Urkunde. **Nr. 2:** bei Vereinbarung von Sondervorteilen, Vergütung von Gründungsaufwand, Sacheinlagen oder Sachübernahmen sind die Verträge beizufügen, die der Festsetzung sowie dem dinglichen Vollzug zugrunde liegen. Existieren keine schriftlichen Verträge, ist dies anzugeben. Ferner ist eine Berechnung des Gründungsaufwands beizufügen. **Nr. 3:** beizufügen sind Urkunden über die Bestellung der amtierenden Verwaltungsmitglieder (§ 30 Abs. 1). Annahmeerklärungen sind nicht beizufügen. **Nr. 3a:** beizufügen ist eine Liste der Mitglieder des ersten Aufsichtsrats unter Angabe von Name, Vorname, ausgeübtem Beruf und Wohnort (Gemeinde) (vgl. dazu *Wachter* AG 2016, 776). **Nr. 4:** beizufügen sind Gründungsbericht (§ 32), Prüfungsbericht der Verwaltungsmitglieder (§ 33 Abs. 1) sowie Bericht der externen Gründungsprüfer (§ 33 Abs. 2). Nicht einzureichen sind im Gründungsverfahren staatliche Genehmigungen. Die erforderlichen Unterlagen sind gem. § 12 Abs. 2 HGB elektronisch einzureichen (§ 37 Abs. 5).

IV. Rechtsfolgen bei Verstößen

11 Erfolgt die Anmeldung nicht ordnungsgemäß, besteht gem. § 38 Abs. 1 ein **Eintragungshindernis.** Bei behebbaren Mängeln muss Gelegenheit zur Abhilfe gegeben werden (Zwischenverfügung). Wird die AG dennoch eingetragen, so entsteht sie wirksam. Das Gericht kann in diesem Fall Nachreichung der Unterlagen unter Androhung von Zwangsgeld nach § 14 HGB erzwingen.

Anmeldung bei Sachgründung ohne externe Gründungsprüfung

37a (1) [1]**Wird nach § 33a von einer externen Gründungsprüfung abgesehen, ist dies in der Anmeldung zu erklären.** [2]**Der Gegenstand jeder Sacheinlage oder Sachübernahme ist zu beschreiben.** [3]**Die Anmeldung muss die Erklärung enthalten, dass der Wert der Sacheinlagen oder Sachübernahmen den geringsten Ausgabebetrag der dafür zu gewährenden Aktien oder den Wert der dafür zu gewährenden Leistungen erreicht.** [4]**Der Wert, die Quelle der Bewertung sowie die angewandte Bewertungsmethode sind anzugeben.**

(2) **In der Anmeldung haben die Anmeldenden außerdem zu versichern, dass ihnen außergewöhnliche Umstände, die den gewichteten Durchschnittspreis der einzubringenden Wertpapiere oder Geldmarktinstrumente im Sinne von § 33a Abs. 1 Nr. 1 während der letzten drei Monate vor dem Tag ihrer tatsächlichen Einbringung erheblich beeinflusst haben könnten, oder Umstände, die darauf hindeuten, dass der beizulegende Zeitwert der Vermögensgegenstände im Sinne von § 33a Abs. 1 Nr. 2 am Tag ihrer tatsächlichen Einbringung auf Grund neuer oder neu bekannt gewordener Umstände erheblich niedriger ist als der von dem Sachverständigen angenommene Wert, nicht bekannt geworden sind.**

(3) **Der Anmeldung sind beizufügen:**

1. **Unterlagen über die Ermittlung des gewichteten Durchschnittspreises, zu dem die einzubringenden Wertpapiere oder Geldmarktinstrumente während der letzten drei Monate vor dem Tag ihrer tatsächlichen Einbringung auf einem organisierten Markt gehandelt worden sind,**
2. **jedes Sachverständigengutachten, auf das sich die Bewertung in den Fällen des § 33a Abs. 1 Nr. 2 stützt.**

I. Allgemeines

Die Vorschrift wurde durch das ARUG vom 30.7.2009 neu in das AktG eingefügt. Sie ergänzt § 37 für den Fall der privilegierten Sachgründung gem. § 33a und regelt Inhalt und Form der Handelsregisteranmeldung. 1

II. Inhalt der Anmeldung

§ 37a verlangt neben den in § 37 normierten Anforderungen (1) die Erklärung, dass von der Durchführung einer externen Gründungsprüfung abgesehen wurde (Abs. 1 S. 1), (2) die Beschreibung des Gegenstands jeder Sacheinlage oder Sachübernahme einschließlich wertbildender Faktoren (Begr. RegE ARUG, BT-Drs. 16/11642, 33) (Abs. 1 S. 2), (3) die Erklärung, dass der Wert der Sacheinlage oder Sachübernahme den geringsten Ausgabebetrag der zu gewährenden Aktien oder den Wert der zu gewährenden Leistungen erreicht (Abs. 1 S. 3), sowie (4) den Wert der Einlagegegenstände, die Quelle der Bewertung und die angewandte Bewertungsmethode (Abs. 1 S. 4). Aufgrund richtlinienkonformer Auslegung von S. 3 verlangt die hM zudem, dass sich die Erklärung auch darauf beziehen muss, dass ein Aufgeld (Agio) gedeckt ist (MüKoAktG/*Pentz* Rn. 8). 2

Die Anmeldenden müssen gem. Abs. 2 die **Versicherung abgeben,** dass ihnen keine Umstände bekannt sind, die gem. § 33a Abs. 2 einer Privilegierung gem. § 33a Abs. 1 entgegenstehen (→ § 33a Rn. 6 ff.). Mit der Abgabe dieser Versicherung unterliegen die Anmeldenden der zivilrechtlichen Haftung gem. §§ 46 und 48 sowie der strafrechtlichen Verantwortung gem. § 399. 2a

III. Beizufügende Anlagen

Der Anmeldung beizufügen sind im Fall der Privilegierung gem. § 33a Abs. 1 Nr. 1 Unterlagen über die Ermittlung des gewichteten Durchschnittspreises sowie jedes Sachverständigengutachten, auf das sich die Bewertung nach § 33a Abs. 1 Nr. 2 stützt. 3

Prüfung durch das Gericht

38 (1) [1]**Das Gericht hat zu prüfen, ob die Gesellschaft ordnungsgemäß errichtet und angemeldet ist.** [2]**Ist dies nicht der Fall, so hat es die Eintragung abzulehnen.**

(2) [1]**Das Gericht kann die Eintragung auch ablehnen, wenn die Gründungsprüfer erklären oder es offensichtlich ist, daß der Gründungsbericht oder der Prüfungsbericht der Mitglieder des Vorstands und des Aufsichtsrats unrichtig oder unvollständig ist oder den gesetzlichen Vorschriften nicht entspricht.** [2]**Gleiches gilt, wenn die Gründungsprüfer erklären oder das Gericht der Auffassung ist, daß der Wert der Sacheinlagen oder Sachübernahmen nicht**

unwesentlich hinter dem geringsten Ausgabebetrag der dafür zu gewährenden Aktien oder dem Wert der dafür zu gewährenden Leistungen zurückbleibt.

(3) [1]**Enthält die Anmeldung die Erklärung nach § 37a Abs. 1 Satz 1, hat das Gericht hinsichtlich der Werthaltigkeit der Sacheinlagen oder Sachübernahmen ausschließlich zu prüfen, ob die Voraussetzungen des § 37a erfüllt sind.** [2]**Lediglich bei einer offenkundigen und erheblichen Überbewertung kann das Gericht die Eintragung ablehnen.**

(4) **Wegen einer mangelhaften, fehlenden oder nichtigen Bestimmung der Satzung darf das Gericht die Eintragung nach Absatz 1 nur ablehnen, soweit diese Bestimmung, ihr Fehlen oder ihre Nichtigkeit**

1. **Tatsachen oder Rechtsverhältnisse betrifft, die nach § 23 Abs. 3 oder auf Grund anderer zwingender gesetzlicher Vorschriften in der Satzung bestimmt sein müssen oder die in das Handelsregister einzutragen oder von dem Gericht bekanntzumachen sind,**
2. **Vorschriften verletzt, die ausschließlich oder überwiegend zum Schutze der Gläubiger der Gesellschaft oder sonst im öffentlichen Interesse gegeben sind, oder**
3. **die Nichtigkeit der Satzung zur Folge hat.**

I. Allgemeines

1 § 38 verpflichtet das Gericht zur Prüfung der Ordnungsgemäßheit der Errichtung und Anmeldung der Gesellschaft. Die Vorschrift dient neben § 32 (Gründungsbericht) und §§ 33 ff. (Gründungsprüfung) dem Schutz des Rechtsverkehrs vor unseriösen Gründungen (Hüffer/Koch/*Koch* Rn. 1).

II. Prüfungsgegenstände

2 **1. Errichtung und Anmeldung (Abs. 1).** Das Gericht prüft die **Ordnungsmäßigkeit der Anmeldung,** insbesondere die eigene sachliche und örtliche Zuständigkeit (§ 14), Anmeldung durch alle anmeldepflichtigen Personen (§ 36 Abs. 1), Mindesteinzahlung auf die Bareinlage (§ 36a Abs. 1), Leistung der Sacheinlage (§ 36a), die freie Verfügbarkeit der Einlagen sowie die Abgabe der Versicherungen und die Beifügung von Unterlagen gem. § 37.

3 Das Gericht prüft iRd **Gesetzmäßigkeit der Errichtung** die Wirksamkeit der Gründungsurkunde (notarielle Form, Gründerfähigkeit, Unterzeichnung sämtlicher Gründer, ordnungsgemäße Vertretung), die Aufnahme des Mindestinhalts der Satzung gem. § 23 Abs. 2–4, die vollständige Aktienübernahme, die ordnungsgemäße Festsetzung von Sacheinlagen und Sachübernahmen (§ 27) sowie von Sondervorteilen und Gründungsaufwand (§ 26), die Bestellung und ordnungsgemäße Zusammensetzung des ersten Aufsichtsrats sowie die Bestellung des ersten Vorstands.

4 **2. Berichte und Kapitalgrundlagen (Abs. 2, 3).** Gemäß § 38 Abs. 2 S. 1 hat das Gericht die Eintragung abzulehnen, wenn der Gründungsbericht oder der interne Prüfungsbericht unrichtig oder unvollständig ist oder aus anderen Gründen den gesetzlichen Vorschriften nicht entspricht. Die Beurteilung kann zum einen auf eine entsprechende Erklärung der Gründungsprüfer gestützt werden, wobei das Gericht eine Plausibilitätskontrolle vorzunehmen hat. Zum anderen kann sie auf eine zweifelsfreie Überzeugung des Gerichts gestützt werden.

5 Das Gericht hat die Eintragung gem. § 38 Abs. 2 S. 2 ferner abzulehnen, wenn der Wert der Sacheinlage oder Sachübernahmen nicht unwesentlich hinter dem geringsten Ausgabebetrag (§ 9 Abs. 1) oder dem Wert der dafür zu gewährenden Leistungen (Sachübernahme) zurückbleibt.

6 Wie bei § 38 Abs. 2 S. 1 kann sich das Gericht auf entsprechende, plausible Erklärungen der Gründungsprüfer oder seine eigene Ansicht stützen. Wesentlich ist ein Zurückbleiben, wenn die übliche Bandbreite von Bewertungsdifferenzen überschritten ist (Hüffer/Koch/*Koch* Rn. 9).

7 Abs. 3 wurde neu eingefügt durch das ARUG und begrenzt die Zuständigkeit des Gerichts **bei privilegierter Sachgründung iSv § 33a** auf eine rein formale Prüfung (KG 12.10.2015, NZG 2016, 620), ob die Voraussetzungen des § 37a, dh die erforderlichen Erklärungen, Versicherungen und Anlagen vorliegen. Die Ausnahme des Abs. 3 S. 2 soll eng ausgelegt werden und dem Gericht keinen Raum für eigene Ermittlungen eröffnen (Begr. RegE ARUG BT-Drs. 16/11642, 34).

8 **3. Satzungsmängel (Abs. 4).** Der **Prüfungsumfang des Registergerichts** in Bezug auf die Gesetzmäßigkeit der Satzung gem. § 38 Abs. 1 wird **durch § 38 Abs. 4 beschränkt.** Das Gericht darf die Eintragung der AG nur ablehnen, wenn die mangelhafte Satzungsbestimmung (1) die Nichtigkeit der gesamten Satzung zur Folge hat (Abs. 4 Nr. 3) oder (2) wenn sie eine zwingend einzutragende oder bekannt zu machende Satzungsbestimmung ist (Abs. 4 Nr. 1) oder (3) eine Gläubigerschutzvorschrift oder eine im öffentlichen Interesse gegebene Vorschrift verletzt (Abs. 4 Nr. 2). Abs. 4 Nr. 3 erfasst sowohl fakultative als auch obligatorische Satzungsbestandteile (MüKoAktG/*Pentz* Rn. 76). Fälle des Abs. 4 Nr. 1 sind die Angaben gem. § 23 Abs. 3 und Abs. 4, §§ 26, 27, 39 Abs. 1 S. 3, Abs. 2. Zu den Fallgruppen des Abs. 4 Nr. 2 → § 241 Rn. 32 ff.

Inhalt der Eintragung

39

(1) [1]**Bei der Eintragung der Gesellschaft sind die Firma und der Sitz der Gesellschaft, eine inländische Geschäftsanschrift, der Gegenstand des Unternehmens, die Höhe des Grundkapitals, der Tag der Feststellung der Satzung und die Vorstandsmitglieder anzugeben.** [2]**Wenn eine Person, die für Willenserklärungen und Zustellungen an die Gesellschaft empfangsberechtigt ist, mit einer inländischen Anschrift zur Eintragung in das Handelsregister angemeldet wird, sind auch diese Angaben einzutragen; Dritten gegenüber gilt die Empfangsberechtigung als fortbestehend, bis sie im Handelsregister gelöscht und die Löschung bekannt gemacht worden ist, es sei denn, dass die fehlende Empfangsberechtigung dem Dritten bekannt war.** [3]**Ferner ist einzutragen, welche Vertretungsbefugnis die Vorstandsmitglieder haben.**

(2) **Enthält die Satzung Bestimmungen über die Dauer der Gesellschaft oder über das genehmigte Kapital, so sind auch diese Bestimmungen einzutragen.**

I. Allgemeines

1 Über § 39 wird die Publizität der wesentlichen Gesellschaftsverhältnisse sichergestellt, die nach § 9 HGB von jedermann eingesehen werden können. Die Eintragung erfolgt auf der Basis der Anmeldung (§ 38).

II. Inhalt der Eintragung

2 Einzutragen sind die Firma (§§ 4, 23 Abs. 3), der Sitz (§§ 5, 23 Abs. 3 Nr. 1), Unternehmensgegenstand (§§ 3, 23 Abs. 3 Nr. 2), die Höhe des Grundkapitals (§§ 7, 23 Abs. 3 Nr. 3), Tag der Satzungsfeststellung (§ 23), Vorstandsmitglieder (§ 30 Abs. 4) und neben deren Vor- und Nachname auch Beruf und Wohnort (§ 43 Nr. 4b HRV) und deren Vertretungsbefugnis sowie der Tag der Eintragung (§ 27 HRV), ggf. die Dauer der Gesellschaft und ein genehmigtes Kapital. Durch das MoMiG neu eingefügt wurde die Eintragung einer inländischen Geschäftsanschrift in das Handelsregister (dazu OLG München 2.2.2009, AG 2009, 588 f.). Ebenfalls durch das MoMiG neu eingefügt wurde § 39 Abs. 1 S. 2. Dieser soll Gesellschaften die Möglichkeit gewähren, einen Zustellungsbevollmächtigten in das Handelsregister eintragen zu lassen. Macht eine Gesellschaft von diesem Recht Gebrauch, so kann sie hiermit die Gefahr einer öffentlichen Zustellung ausschließen. Gutgläubige Dritte können auf die Empfangsberechtigung der eingetragenen Person vertrauen. § 15 HGB ist unmittelbar nicht anwendbar, da es sich um keine eintragungspflichtige Tatsache handelt.

III. Eintragungsmängel

3 Durch die Eintragung entsteht die AG als juristische Person unabhängig davon, ob sie hätte eingetragen werden dürfen oder ob die Eintragung unrichtig oder unvollständig ist. Gründungsmängel werden durch die Eintragung geheilt. Ausgenommen hiervon ist der theoretische Fall, dass die Identifizierung der Gesellschaft aufgrund der unrichtigen Eintragung nicht möglich ist. Die Eintragung kann dann von Amts wegen gem. § 395 FamFG gelöscht werden (Hüffer/Koch/*Koch* Rn. 5). Eine Löschung von Amts wegen ist auch dann möglich, wenn die Eintragung ohne Anmeldung erfolgte oder nicht alle zur Anmeldung verpflichteten Personen (→ § 36 Rn. 2) angemeldet haben (GK-AktG/*Röhricht/Schall* Rn. 14). Offenbare Unrichtigkeiten können gem. § 17 HRV von Amts wegen berichtigt werden. Zur Fassungsbeschwerde bei unrichtigen Eintragungen OLG Düsseldorf 18.2.2014, NZG 2015, 202 f.

(aufgehoben)

40

Handeln im Namen der Gesellschaft vor der Eintragung. Verbotene Aktienausgabe

41

(1) [1]**Vor der Eintragung in das Handelsregister besteht die Aktiengesellschaft als solche nicht.** [2]**Wer vor der Eintragung der Gesellschaft in ihrem Namen handelt, haftet persönlich; handeln mehrere, so haften sie als Gesamtschuldner.**

(2) **Übernimmt die Gesellschaft eine vor ihrer Eintragung in ihrem Namen eingegangene Verpflichtung durch Vertrag mit dem Schuldner in der Weise, daß sie an die Stelle des bisherigen Schuldners tritt, so bedarf es zur Wirksamkeit der Schuldübernahme der Zustimmung des Gläubigers nicht, wenn die Schuldübernahme binnen drei Monaten nach der**

Eintragung der Gesellschaft vereinbart und dem Gläubiger von der Gesellschaft oder dem Schuldner mitgeteilt wird.

(3) **Verpflichtungen aus nicht in der Satzung festgesetzten Verträgen über Sondervorteile, Gründungsaufwand, Sacheinlagen oder Sachübernahmen kann die Gesellschaft nicht übernehmen.**

(4) [1] **Vor der Eintragung der Gesellschaft können Anteilsrechte nicht übertragen, Aktien oder Zwischenscheine nicht ausgegeben werden.** [2] **Die vorher ausgegebenen Aktien oder Zwischenscheine sind nichtig.** [3] **Für den Schaden aus der Ausgabe sind die Ausgeber den Inhabern als Gesamtschuldner verantwortlich.**

Übersicht

I. Allgemeines

1 § 41 betrifft Rechtsverhältnisse der Gesellschaft und ihrer Gründer vor der Eintragung, mithin Rechtsfragen der sog. Vor-AG. Abs. 1 S. 1 stellt klar, dass die AG als juristische Person erst mit der Eintragung entsteht. Gemäß Abs. 1 S. 2 haften die Handelnden persönlich bis zur Eintragung der AG. Abs. 2 und 3 befassen sich mit der Übernahme von Verpflichtungen durch die AG nach Eintragung, während Abs. 4 die Übertragung von Anteilen an der Vor-AG ausschließt. Das Recht der Vor-AG ist also nur rudimentär geregelt. Der Gesetzgeber wollte die Klärung der Gründungsverhältnisse Rspr. und Wissenschaft überlassen (Begr. RegE *Kropff* 60). Der BGH hat das Recht der Vorgesellschaft für die Vor-GmbH durch rechtsfortbildende Rspr. entwickelt (BGH 9.3.1981, BGHZ 80, 129 = NJW 1981, 1373). Er hat es indessen bisher offengelassen, ob die für die Vor-GmbH entwickelten Grundsätze auch für die Vor-AG gelten. Nach hM sind beide Rechtsformen im Grundsatz gleich zu behandeln.

II. Vorgründungsgesellschaft

2 Sofern sich die Gründer zur Errichtung einer AG verpflichten wollen, bedarf diese Einigung nach hM der notariellen Form (vgl. Hüffer/Koch/*Koch* § 23 Rn. 14). Mit Abschluss dieses Vertrags entsteht die Vorgründungsgesellschaft. Sie ist eine GbR, betreibt die Vorgründungsgesellschaft bereits ein Handelsgewerbe, so ist sie OHG (BGH 7.5.1984, BGHZ 91, 148 (151) = NJW 1984, 2164). Die Vorgründungsgesellschaft endet durch Zweckerreichung mit Satzungsfeststellung. Gesamthandsvermögen geht nicht automatisch auf die Vor-AG oder AG über (MüKoAktG/*Pentz* Rn. 21).

III. Vor-AG

3 **1. Grundlagen.** Die Vorgesellschaft entsteht mit der Feststellung der Satzung und Übernahme sämtlicher Aktien durch die Gründer. Sie ist **Gesamthandsgesellschaft sui generis** (BGH 12.7.1956, BGHZ 21, 242 (246) = NJW 1956, 1435) und als solche **rechts- und parteifähig** (BGH 23.10.2006, BGHZ 169, 270 = NJW 2007, 589). Auf sie sind bereits die Satzung der AG sowie das Aktiengesetz anwendbar, soweit die Regelungen nicht gerade die Eintragung voraussetzen, was im Einzelfall zu prüfen ist. Mit der Eintragung der Gesellschaft endet die Vor-AG liquidationslos. Nach hM gehen Rechte und Pflichten der Vor-AG im Wege der Gesamtrechtsnachfolge auf die AG über (BGH 9.3.1981, BGHZ 80, 129 (137 und 140) = NJW 1981, 1373 (1375 f.)). Die Gegenauffassung nimmt Identität zwischen Vor-AG und AG an (MüKoAktG/*Pentz* Rn. 108 mwN). Die Vor-AG endet ferner bei endgültigem Scheitern der Eintragung, auch bei Aufgabe der Gründung durch die Gründer (OLG München 9.8.2017, ZIP 2017, 2101).

4 **2. Innenbeziehungen. a) Gesellschaftsorgane.** Die Vor-AG verfügt über Vorstand, Aufsichtsrat und Gründerversammlung. Der Vorstand ist im Fall der Sachgründung zur ordnungsgemäßen Nutzung und Erhaltung der Sacheinlagen verpflichtet. Dies kann auch in der Weiterführung eines eingebrachten Unternehmens(-teils) bestehen. Bei Bargründung bedarf der Vorstand zur Aufnahme der Geschäftstätigkeit der Zustimmung aller Gründer, die nach hM zur GmbH auch formfrei erteilt werden kann (BGH

9.3.1981, BGHZ 80, 129 (139) = NJW 1981, 1373 (1376)). Gegenüber dem Vorstand wird die Vor-AG nach § 112 AktG durch den Aufsichtsrat vertreten (OLG München 9.8.2017, ZIP 2017, 2101).

Die Vor-AG verfügt über eine Gründerversammlung. Für deren Willensbildung gilt das Versammlungs- und Beschlusserfordernis des § 118. Grundsätzlich ist einfache Stimmenmehrheit (§ 133) ausreichend. Eine Niederschrift ist erforderlich und regelmäßig als privatschriftliches Protokoll (§ 130 Abs. 1 S. 3) ausreichend. Für die Einberufung gelten die §§ 121 ff. entsprechend. Nach hM gelten die §§ 241 ff. für Beschlussmängeln entsprechend. Für eine Satzungsänderung ist nach hM ein einstimmiger Beschluss aller Gründer in der Form des § 23 erforderlich (BeckOGK/*Heidinger,* 1.7.2020, Rn. 50). 5

Gemäß § 41 Abs. 4 S. 1 ist eine **Übertragung von Anteilsrechten vor der Eintragung** der Gesellschaft nicht möglich. Eine Änderung des Mitgliederbestands ist indessen nach einhelliger Meinung durch eine formgerechte (§ 23) einstimmige Änderung der Gründungssatzung zulässig. Gesamtrechtsnachfolge in die Gründerstellung ist möglich. Umstritten ist, ob eine auf die Eintragung aufschiebend bedingte Übertragung der zukünftigen Aktien zulässig ist (dafür: BeckOGK/*Heidinger,* 1.7.2020, Rn. 70; GK-AktG/*K. Schmidt* Rn. 67; Hüffer/Koch/*Koch* Rn. 30; MüKoAktG/*Pentz* Rn. 164). 6

Ferner verbietet § 41 Abs. 4 S. 1 die **Ausgabe von Aktienurkunden** und Zwischenscheinen vor der Eintragung der Gesellschaft. Ausgabe ist die Überlassung der Urkunde an die Gründer. Der Verstoß gegen das Verbot ist gem. § 405 Abs. 1 Nr. 2 ordnungswidrig. Eine Ausstellung der Urkunde vor der Eintragung ist zulässig. 7

b) Außenbeziehungen. Die Vor-AG ist als Gesamthand **rechts- und parteifähig** (aktiv und passiv). Sie ist nach allgM gründerfähig, kontofähig, grundbuchfähig, komplementärfähig, wechsel- und insolvenzfähig (Hüffer/Koch/*Koch* Rn. 10 mwN). Sie hat ihren allgemeinen Gerichtsstand entsprechend § 17 Abs. 1 S. 1 ZPO an ihrem Satzungssitz. 8

Die Vor-AG wird organschaftlich durch den Vorstand vertreten, dessen Vertretungsmacht sich noch nicht nach § 82 richtet (Hüffer/Koch/*Koch* Rn. 11; aA MüKoAktG/*Pentz* Rn. 53). Vielmehr kommt es auf den Satzungsinhalt an, dessen Auslegung bei einer Sachgründung, insbesondere der Einbringung eines Unternehmens, eine umfassende Vertretungsmacht ergibt (BGH 9.3.1981, BGHZ 80, 129 (139) = NJW 1981, 1373 (1376)). Unerlaubte Handlungen von Vorstand oder Aufsichtsrat muss sich die Vor-AG gem. § 31 BGB zurechnen lassen. 9

3. Haftung. Rspr. und Lit. haben im Wege der Rechtsfortbildung ein Haftungssystem für das Stadium der Vor-GmbH geschaffen, das nach einhelliger Meinung für die Vor-AG identisch angewendet wird (GK-AktG/*K. Schmidt* Rn. 81 mwN). Die Gründer haften, sofern sie der Geschäftsaufnahme zugestimmt hatten, im Innenverhältnis für die zwischen der Entstehung der Vor-AG und der Eintragung der Gesellschaft entstandenen Verluste persönlich, unbeschränkt und pro rata (sog. **Unterbilanzhaftung**). Unterbleibt eine Eintragung, so haften die Gründer für die entstandenen Verluste ebenfalls unbeschränkt, persönlich und pro rata gegenüber der Gesellschaft (sog. **Verlustdeckungshaftung**) (→ GmbHG § 11 Rn. 29 ff.). Ob die Gründer für einen Ausfall der Mitgründer eine Haftung analog § 24 GmbHG trifft, ist umstritten (dafür: Hüffer/Koch/*Koch* Rn. 9b; GK-AktG/*K. Schmidt* Rn. 84; aA OLG Karlsruhe 19.12.1997, AG 1999, 131 (132)). 10

4. Handelndenhaftung. § 41 Abs. 1 S. 2 entspricht § 11 Abs. 2 GmbHG. Die Vorstandsmitglieder (auch faktische), die vor der Eintragung für die Gesellschaft rechtsgeschäftlich handeln, haften unbeschrankt, persönlich und akzessorisch neben der Vor-AG. Aufsichtsrat und Gründer unterliegen dagegen nicht der Handelndenhaftung. Mit der Eintragung der AG erlischt die Handelndenhaftung (→ GmbHG § 11 Rn. 48 ff.). 11

5. Einpersonen-Gründung. Es ist umstritten, ob die Einmann-Vor-AG teilrechtsfähig ist (so die neuere Auffassung, vgl. GK-AktG/*K. Schmidt* Rn. 136 mwN) oder als bloßes Sondervermögen des Alleingründers zu verstehen ist (so die traditionelle Auffassung, vgl. Hüffer/Koch/*Koch* Rn. 17c). 12

Nach neuerer Ansicht ist daher die Vor-AG als Rechtssubjekt Trägerin von Rechten (einschließlich des Anspruchs auf die Leistung der Einlagen gegen den Gründer) und Pflichten. Privatgläubiger können nicht in das Vermögen der Vor-AG vollstrecken, Gesellschaftsgläubiger grundsätzlich nicht in das Vermögen des Gründers. Zu beachten ist allerdings, dass die Verlustdeckungshaftung bei der Einmann-AG nach hM eine Außenhaftung darstellt. Im Übrigen entspricht das Haftungssystem (Unterbilanzhaftung, Verlustdeckungshaftung, Handelndenhaftung) demjenigen der Mehrpersonen-AG. 13

6. Übernahme von Verbindlichkeiten. Gemäß § 41 Abs. 2 ist die befreiende Schuldübernahme durch die AG von in ihrem Namen vor der Eintragung begründeten Verbindlichkeiten innerhalb von drei Monaten nach Zustimmung des Gläubigers (§ 415 BGB) zulässig. Die praktische Bedeutung der Vorschrift ist wegen des automatischen Übergangs von Verbindlichkeiten von der Vor-AG auf die Gesellschaft und die Enthaftung der Handelnden gering und erfasst nur die Eigenhaftung der ohne Vertretungsmacht handelnden Vorstandsmitglieder. 14

§ 41 Abs. 3 dient dem Umgehungsschutz der §§ 26, 27, 52. Nach hM hat die Regelung nur klarstellenden Charakter. 15

Einpersonen-Gesellschaft

42 **Gehören alle Aktien allein oder neben der Gesellschaft einem Aktionär, ist unverzüglich eine entsprechende Mitteilung unter Angabe von Name, Vorname, Geburtsdatum und Wohnort des alleinigen Aktionärs zum Handelsregister einzureichen.**

I. Allgemeines

1 § 42 dient der Publizität der Einmann-AG durch das Erfordernis, diesen Umstand beim Handelsregister anzumelden. Eine Eintragung im Handelsregister erfolgt nicht. Die Vorschrift basiert indirekt auf der 12. gesellschaftsrechtlichen Richtlinie (Einpersonen-Richtlinie).

II. Rechtliche Behandlung der Einmann-AG

2 § 42 setzt die Zulässigkeit der Einmann-AG voraus. Organisationsrechtlich weist die Einmann-AG keine Besonderheiten auf und verfügt über Vorstand, Aufsichtsrat und Hauptversammlung. Nach überwA gilt für Rechtsgeschäfte zwischen der Gesellschaft und dem alleinigen Aktionär § 181 BGB (Hüffer/Koch/*Koch* Rn. 2). Die Hauptversammlung der Einmann-AG ist stets Vollversammlung iSd § 121 Abs. 6.

III. Voraussetzungen

3 § 42 setzt voraus, dass alle Aktien einem Aktionär der Gesellschaft gehören (ggf. neben eigenen Aktien) und gilt mithin sowohl bei der Gründung als auch bei nachträglichem Erwerb des Alleinaktionärs. § 42 stellt auf die **formale Inhaberschaft** an den Aktien ab. Aktien gehören nach allgemeiner Auffassung dem Treuhänder als auch dem Sicherungseigentümer. Umstritten ist, ob gem. § 16 Abs. 4 eine **Zurechnung** erfolgt, sodass Aktien, die von Tochtergesellschaften gehalten werden, der Muttergesellschaft zugerechnet werden. Die hM folgert aus dem fehlenden Verweis auf § 16 Abs. 4 zu Recht dessen Unanwendbarkeit (Hüffer/Koch/*Koch* Rn. 4; MüKoAktG/*Pentz* Rn. 21). Die Gegenansicht leitet aus dem Normzweck von § 42 die Anwendbarkeit von § 16 Abs. 4 ab (GK-AktG/*Ehricke* Rn. 48).

IV. Mitteilung

4 Dem Registergericht der Gesellschaft ist mitzuteilen, dass alle Aktien einem Aktionär oder neben ihm nur der Gesellschaft gehören. Ist eine natürliche Person alleiniger Aktionär hat die Mitteilung den Namen, Vornamen, Geburtsdatum und Wohnort zu enthalten. Ist eine Gesellschaft alleiniger Aktionär sind Firma sowie Sitz der Gesellschaft mitzuteilen. Die Mitteilung hat unverzüglich zu erfolgen und kann von Vertretungsberechtigten, nicht notwendigerweise dem Vorstand vorgenommen werden. Ob neben der Gesellschaft auch der Alleinaktionär zur Mitteilung verpflichtet ist, ist umstritten. Da der Gesellschaft die Mitteilung mangels Kenntnis unmöglich sein kann, ist eine entsprechende **Verpflichtung des Alleinaktionärs** dem Vorstand gegenüber zu bejahen (MüKoAktG/*Pentz* Rn. 23; weiter: *Lutter* AG 1994, 429 (435)). Nicht verlangt wird von § 42, dass die Beendigung des Status als Einmann-AG dem Handelsregister mitzuteilen ist (MüKoAktG/*Pentz* Rn. 20; aA Hüffer/Koch/*Koch* Rn. 5). Sofern eine Mitteilung entgegen § 42 nicht vorgenommen wird, ist das Zwangsgeldverfahren gem. § 14 HGB anwendbar (Hüffer/Koch/*Koch* Rn. 6), nicht aber gilt § 20 Abs. 7. § 20 findet aber ggf. daneben Anwendung.

(aufgehoben)

43, 44

Sitzverlegung

45 (1) **Wird der Sitz der Gesellschaft im Inland verlegt, so ist die Verlegung beim Gericht des bisherigen Sitzes anzumelden.**

(2) [1] **Wird der Sitz aus dem Bezirk des Gerichts des bisherigen Sitzes verlegt, so hat dieses unverzüglich von Amts wegen die Verlegung dem Gericht des neuen Sitzes mitzuteilen.** [2] **Der Mitteilung sind die Eintragungen für den bisherigen Sitz sowie die bei dem bisher zuständigen Gericht aufbewahrten Urkunden beizufügen; bei elektronischer Registerführung sind die Eintragungen und die Dokumente elektronisch zu übermitteln.** [3] **Das Gericht des neuen Sitzes hat zu prüfen, ob die Verlegung ordnungsgemäß beschlossen und § 30 des Handels-**

gesetzbuchs beachtet ist. 4 Ist dies der Fall, so hat es die Sitzverlegung einzutragen und hierbei die ihm mitgeteilten Eintragungen ohne weitere Nachprüfung in sein Handelsregister zu übernehmen. 5 Mit der Eintragung wird die Sitzverlegung wirksam. 6 Die Eintragung ist dem Gericht des bisherigen Sitzes mitzuteilen. 7 Dieses hat die erforderlichen Löschungen von Amts wegen vorzunehmen.

(3) **1 Wird der Sitz an einen anderen Ort innerhalb des Bezirks des Gerichts des bisherigen Sitzes verlegt, so hat das Gericht zu prüfen, ob die Sitzverlegung ordnungsgemäß beschlossen und § 30 des Handelsgesetzbuchs beachtet ist. 2 Ist dies der Fall, so hat es die Sitzverlegung einzutragen. 3 Mit der Eintragung wird die Sitzverlegung wirksam.**

I. Allgemeines

§ 45 regelt das **registergerichtliche Verfahren** bei der Verlegung des Satzungssitzes. Die Regelung betrifft nur inländische Sachverhalte, da sich der Satzungssitz im Inland befinden muss. Nicht geregelt wird von § 45 das Auseinanderfallen von tatsächlichem Sitz und Verwaltungssitz sowie die Verlegung des tatsächlichen Sitzes. 1

II. Verfahren (Abs. 2)

Sitzverlegung ist Satzungsänderung und muss als solche durch die Hauptversammlung beschlossen und den Vorstand in vertretungsberechtigter Zahl beim Gericht des Ausgangssitzes zur Eintragung angemeldet werden. Das Gericht des Ausgangssitzes prüft die Anmeldung nur auf ihre formelle Ordnungsgemäßheit. Nach hM findet eine Eintragung des satzungsändernden Beschlusses in das Handelsregister am bisherigen Sitz nicht statt (Hüffer/Koch/*Koch* Rn. 4). Das Gericht des neuen Sitzes prüft die Sitzverlegung gem. § 45 Abs. 2 S. 3 formell (§ 17a) und materiell (§ 5). Darüber hinaus prüft das Gericht des neuen Sitzes, ob die Firma der Gesellschaft von den anderen Unternehmen am neuen Sitz unterscheidbar ist (§ 30 HGB). Sofern keine Einwendungen bestehen, trägt das Gericht des neuen Sitzes den Sitzwechsel ein. Mit der Eintragung ist die Sitzverlegung wirksam. Die Löschung der Gesellschaft beim Gericht des Ausgangssitzes gem. § 45 Abs. 2 S. 7, die nach entsprechender Mitteilung durch das Gericht des neuen Sitzes vorgenommen wird, hat insofern nur deklaratorische Bedeutung. 2

III. Sitzwechsel innerhalb des Gerichtsbezirks (Abs. 3)

Da Ort iSd § 5 eine im Inland befindliche politische Gemeinde ist, kann ein Sitzwechsel auch innerhalb desselben Gerichtsbezirkes erfolgen. In diesem Fall prüft das allein zuständige bisherige und zugleich neue Gericht die formelle und materielle Ordnungsgemäßheit des Sitzwechsels und trägt diesen, sofern keine Beanstandungen vorliegen, in das Handelsregister ein. 3

Verantwortlichkeit der Gründer

46 (1) **1 Die Gründer sind der Gesellschaft als Gesamtschuldner verantwortlich für die Richtigkeit und Vollständigkeit der Angaben, die zum Zwecke der Gründung der Gesellschaft über Übernahme der Aktien, Einzahlung auf die Aktien, Verwendung eingezahlter Beträge, Sondervorteile, Gründungsaufwand, Sacheinlagen und Sachübernahmen gemacht worden sind. 2 Sie sind ferner dafür verantwortlich, daß eine zur Annahme von Einzahlungen auf das Grundkapital bestimmte Stelle (§ 54 Abs. 3) hierzu geeignet ist und daß die eingezahlten Beträge zur freien Verfügung des Vorstands stehen. 3 Sie haben, unbeschadet der Verpflichtung zum Ersatz des sonst entstehenden Schadens, fehlende Einzahlungen zu leisten und eine Vergütung, die nicht unter den Gründungsaufwand aufgenommen ist, zu ersetzen.**

(2) **Wird die Gesellschaft von Gründern durch Einlagen, Sachübernahmen oder Gründungsaufwand vorsätzlich oder aus grober Fahrlässigkeit geschädigt, so sind ihr alle Gründer als Gesamtschuldner zum Ersatz verpflichtet.**

(3) **Von diesen Verpflichtungen ist ein Gründer befreit, wenn er die die Ersatzpflicht begründenden Tatsachen weder kannte noch bei Anwendung der Sorgfalt eines ordentlichen Geschäftsmannes kennen mußte.**

(4) **Entsteht der Gesellschaft ein Ausfall, weil ein Aktionär zahlungsunfähig oder unfähig ist, eine Sacheinlage zu leisten, so sind ihr zum Ersatz als Gesamtschuldner die Gründer verpflichtet, welche die Beteiligung des Aktionärs in Kenntnis seiner Zahlungsunfähigkeit oder Leistungsunfähigkeit angenommen haben.**

(5) **1 Neben den Gründern sind in gleicher Weise Personen verantwortlich, für deren Rechnung die Gründer Aktien übernommen haben. 2 Sie können sich auf ihre eigene Unkenntnis**

nicht wegen solcher Umstände berufen, die ein für ihre Rechnung handelnder Gründer kannte oder kennen mußte.

Übersicht

I. Allgemeines

1 § 46 regelt die aktienrechtliche Haftung der Gründer und ihrer Hintermänner für bestimmte Tatbestände. Er bezweckt durch seine Präventiv- und Ausgleichsfunktion (vgl. MüKoAktG/*Pentz* Rn. 5) neben §§ 47, 48 den Schutz der Kapitalaufbringung.

II. Rechtsnatur

2 § 46 ist eine spezifisch gesellschaftsrechtliche Haftung (Hüffer/Koch/*Koch* Rn. 2; KK-AktG/*M. Arnold* Rn. 15; aA GK-AktG/*Ehricke* Rn. 9: delikt(-sähnlich)). Der Gerichtsstand ergibt sich somit aus § 22 ZPO. § 46 ist nicht Schutzgesetz iSv § 823 Abs. 2 BGB. Die Haftung steht neben der deliktsrechtlichen Haftung der § 826 BGB, § 823 BGB iVm § 263 StGB, die durch § 46 nicht verdrängt werden.

III. Gläubiger und Schuldner

3 Gläubiger des Anspruchs aus § 46 ist die AG als juristische Person. Die Haftung entsteht somit frühestens mit der Eintragung der AG. Schuldner sind neben den Gründern iSv § 28 Hintermänner iSv Abs. 5 (→ Rn. 13).

IV. Haftungstatbestand

4 **1. Objektiver Tatbestand.** Gemäß § 46 Abs. 1 S. 1 sind die Gründer für die Richtigkeit und Vollständigkeit der dort abschließend genannten, für Zwecke der Gründung gemachten Angaben (Übernahme der Aktien, Einzahlung auf die Aktien, Verwendung eingezahlter Beträge, Sondervorteile, Gründungsaufwand, Sacheinlagen und Sachübernahmen) verantwortlich. Unbeachtlich ist zum einen, wem gegenüber die Angaben gemacht werden (Registergericht, Sachverständiger, sonstige Behörde), zum anderen wer die Angaben macht, dh die Gründer haften grundsätzlich auch für die Angaben Dritter. Äußerungen außerhalb des Gründungsverfahrens begründen keine Haftung.

5 Gemäß § 46 Abs. 1 S. 2 Fall 1 sind die Gründer dafür verantwortlich, dass die die Einlageleistungen entgegennehmende Zahlstelle (§ 54 Abs. 3) geeignet ist. Die Gründer trifft insofern eine Überwachungspflicht für den die Auswahl treffenden Vorstand. Ein Kreditinstitut ist ungeeignet, wenn seine Zahlungsfähigkeit nicht gewährleistet ist.

6 Die Gründer sind gem. § 46 Abs. 1 S. 2 Fall 2 auch dafür verantwortlich, dass die Einlageleistungen zur endgültigen freien Verfügung des Vorstands stehen (→ § 36 Rn. 3 ff.).

7 **2. Subjektiver Tatbestand.** Das Verschulden der Gründer wird gem. Abs. 3 vermutet. Die Gründer können sich dadurch exkulpieren, dass sie mit der Sorgfalt eines ordentlichen Geschäftsmannes, der sich an Gründungen zu beteiligen pflegt, gehandelt haben (Hüffer/Koch/*Koch* Rn. 14).

8 **3. Haftungsumfang.** Die Gründer haften auf Schadensersatz, dh sie haben die Gesellschaft so zu stellen, als ob die Angaben richtig und vollständig wären. Insofern kann die Haftung aus § 46 Abs. 1 als **Garantiehaftung** bezeichnet werden. Der Einwand des Mitverschuldens in Bezug auf ein Verhalten von Vorstand und Aufsichtsrat vor der Eintragung der Gesellschaft ist im Hinblick auf den Normzweck ausgeschlossen (BGH 27.2.1975, BGHZ 64, 52 (61) = NJW 1975, 974 (977)).

V. Haftung wegen bestimmter Schädigungen (Abs. 2)

1. Objektiver Tatbestand. Der objektive Haftungstatbestand des Abs. 2 ist verwirklicht, wenn der AG durch Bar- oder Sacheinlagen, durch Sachübernahmen oder Gründungsaufwand ein Schaden entstanden ist. Im Gegensatz zu Abs. 1 sind unrichtige oder unvollständige Angaben nicht erforderlich. Eine Schädigung kann durch eine Scheinzahlung, die Überbewertung von Sacheinlagen oder Sachübernahmen oder durch überhöhten Gründungsaufwand entstehen. 9

2. Subjektiver Tatbestand. Zumindest ein Gründer muss bei der Pflichtverletzung grob fahrlässig oder vorsätzlich gehandelt haben, was von der Gesellschaft zu beweisen ist. Ist dies der Fall, so wird das Verschulden der übrigen Gründer aus einfacher Fahrlässigkeit vermutet. Sie können sich gem. Abs. 3 exkulpieren. 10

3. Haftungsumfang. Die Gründer haften gesamtschuldnerisch. Die Haftung steht typischerweise neben der verschuldensunabhängigen Einlageverpflichtung des Inferenten. Bei der Überbewertung einer Sacheinlage ist die Differenz zum tatsächlichen Wert auszugleichen. Hat die Gesellschaft überhöhten Gründungsaufwand gezahlt, besteht ihr Schaden jedenfalls in der Differenz zwischen angemessenem und geleistetem Betrag. Der Einwand des Mitverschuldens ist nicht zulässig. 11

VI. Ausfallhaftung (Abs. 4)

Gemäß § 46 Abs. 4 haften die Gründer der Gesellschaft dafür, dass ein anderer Gründer zum Zeitpunkt der Satzungsfeststellung zahlungsunfähig oder nicht in der Lage ist, die geschuldete Sachleistung zu erbringen. Der spätere Eintritt der Zahlungsunfähigkeit begründet nach hM keine Haftung gem. Abs. 4 (KK-AktG/*M. Arnold* Rn. 49). Die Durchführung des Kaduzierungsverfahrens ist nicht Voraussetzung für die Ausfallhaftung gem. § 46 Abs. 4 (KK-AktG/*M. Arnold* Rn. 50). Subjektiv erfordert § 46 Abs. 4 Kenntnis von der Zahlungs- bzw. Leistungsunfähigkeit, welche nicht vermutet wird. 12

VII. Haftung der Hintermänner (Abs. 5)

§ 46 Abs. 5 ordnet zusätzlich zur Gründerhaftung gem. Abs. 1, 2 und 4 auch die Haftung desjenigen an, für deren Rechnung ein Gründer handelt (Treuhand). Neben seiner eigenen Kenntnis bzw. fahrlässigen Unkenntnis werden ihm gem. § 46 Abs. 5 S. 2 auch die Kenntnis bzw. fahrlässige Unkenntnis des für ihn agierenden Gründers zugerechnet. 13

Verantwortlichkeit anderer Personen neben den Gründern

47 Neben den Gründern und den Personen, für deren Rechnung die Gründer Aktien übernommen haben, ist als Gesamtschuldner der Gesellschaft zum Schadenersatz verpflichtet,

1. **wer bei Empfang einer Vergütung, die entgegen den Vorschriften nicht in den Gründungsaufwand aufgenommen ist, wußte oder nach den Umständen annehmen mußte, daß die Verheimlichung beabsichtigt oder erfolgt war, oder wer zur Verheimlichung wissentlich mitgewirkt hat;**
2. **wer im Fall einer vorsätzlichen oder grobfahrlässigen Schädigung der Gesellschaft durch Einlagen oder Sachübernahmen an der Schädigung wissentlich mitgewirkt hat;**
3. **wer vor Eintragung der Gesellschaft in das Handelsregister oder in den ersten zwei Jahren nach der Eintragung die Aktien öffentlich ankündigt, um sie in den Verkehr einzuführen, wenn er die Unrichtigkeit oder Unvollständigkeit der Angaben, die zum Zwecke der Gründung der Gesellschaft gemacht worden sind (§ 46 Abs. 1), oder die Schädigung der Gesellschaft durch Einlagen oder Sachübernahmen kannte oder bei Anwendung der Sorgfalt eines ordentlichen Geschäftsmannes kennen mußte.**

I. Allgemeines

§ 47 ergänzt § 46 und **erweitert den haftungspflichtigen Personenkreis** für die Verletzung gründungsspezifischer Pflichten und dient somit ebenfalls der Kapitalaufbringung. Nach zutreffender Auffassung ist die Haftung aus § 47 ebenfalls gesellschaftsrechtlicher Natur (Hüffer/Koch/*Koch* Rn. 2; KK-AktG/*M. Arnold* Rn. 4; aA GK-AktG/*Ehricke* Rn. 4: deliktsrechtlich). Anspruchsberechtigt ist die AG als juristische Person. 1

II. Haftungstatbestände

2 **1. Empfang verheimlichten Gründerlohns.** § 47 Nr. 1 betrifft die Haftung des Empfängers von Vergütungen, die entgegen § 26 Abs. 2 nicht in den Gründungsaufwand, dh in die Satzung, aufgenommen worden sind. Sie schließt den konkurrierenden Bereicherungsanspruch, den die AG gegen den Empfänger der Vergütung besitzt, aus (Hüffer/Koch/*Koch* Rn. 6). Subjektiv muss der Empfänger die Nichtaufnahme in die Satzung kennen oder fahrlässig Unkenntnis haben. Letzteres liegt nur vor, wenn den Empfänger eine entsprechende **Prüfungspflicht** trifft, die sich aus einem besonderen Näheverhältnis oder dem Umfang der Vergütung ergeben kann (MüKoAktG/*Pentz* Rn. 16).

3 Der Empfänger haftet auf Schadensersatz und hat die Gesellschaft so zu stellen, als ob der Gründungsaufwand entsprechend der Satzungsfeststellung nicht geleistet worden wäre, dh er hat zumindest die empfangene Leistung zurückzugewähren.

4 Ferner haftet gem. § 47 Nr. 1, wer bei der Nichtangabe des Gründungsaufwands, dh bei der Nichtaufnahme in die Satzung, an der Schädigung vorsätzlich mitwirkt, etwa durch einen unzutreffenden Rechtsrat.

5 **2. Mitwirkung bei Schädigung.** Gemäß § 47 Nr. 2 haftet, wer an einem Verstoß der Gründer oder der Hintermänner gegen § 46 Abs. 2 oder Abs. 5 wissentlich mitwirkt, etwa als Berater.

6 **3. Haftung des Emittenten.** Gemäß § 47 Nr. 3 haftet, wer einen Verstoß der Gründer gegen § 46 Abs. 1 oder Abs. 2 kannte oder kennen musste, sofern er die Aktien zur Markteinführung öffentlich ankündigt. Haftungsbegründend sind Ankündigungen vor der Eintragung oder innerhalb von zwei Jahren seit der Eintragung der AG. Öffentliche Ankündigung ist die Mitteilung an einen unbestimmten Personenkreis (etwa durch Zeitungsannonce oder per Internet), die von den Gründern übernommenen Aktien zu erwerben. Den Ankündigenden (Kreditinstitut, Vermittler und anders als Nr. 1 und Nr. 2 auch Gründer) trifft eine entsprechende Prüfungspflicht. Die Norm wird auf **Kapitalerhöhungen** entsprechend angewendet (Hüffer/Koch/*Koch* Rn. 12).

Verantwortlichkeit des Vorstands und des Aufsichtsrats

48 [1] **Mitglieder des Vorstands und des Aufsichtsrats, die bei der Gründung ihre Pflichten verletzen, sind der Gesellschaft zum Ersatz des daraus entstehenden Schadens als Gesamtschuldner verpflichtet; sie sind namentlich dafür verantwortlich, daß eine zur Annahme von Einzahlungen auf die Aktien bestimmte Stelle (§ 54 Abs. 3) hierzu geeignet ist, und daß die eingezahlten Beträge zur freien Verfügung des Vorstands stehen.** [2] **Für die Sorgfaltspflicht und Verantwortlichkeit der Mitglieder des Vorstands und des Aufsichtsrats bei der Gründung gelten im übrigen §§ 93 und 116 mit Ausnahme von § 93 Abs. 4 Satz 3 und 4 und Abs. 6.**

I. Allgemeines

1 Gemäß § 48 haften Vorstands- und Aufsichtsratsmitglieder für alle gründungsspezifischen Pflichtverletzungen. § 48 dient der Sicherung der Kapitalaufbringung. Die Rechtsnatur der Haftung ist nach zutreffender hM eine spezifisch gesellschaftsrechtliche Organhaftung (MüKoAktG/*Pentz* Rn. 9; Hüffer/Koch/*Koch* Rn. 1; KK-AktG/*M.* Arnold Rn. 7; aA noch KK-AktG/*Kraft,* 2. Aufl. 1988, Rn. 5: vertragsähnlich; GK-AktG/*Ehricke* Rn. 5: deliktisch). § 48 wird durch die strafrechtlichen Vorschriften der § 399 Abs. 1 Nr. 1 und 2 sowie § 405 Abs. 1 Nr. 1 und 2 flankiert.

II. Haftungstatbestand

2 **1. Objektiver Tatbestand.** Die Haftung aus § 48 trifft Mitglieder des Vorstands und des Aufsichtsrats. Das Bestehen eines Anstellungsverhältnisses wird nicht vorausgesetzt (Hüffer/Koch/*Koch* Rn. 1). Die Organmitglieder müssen bei der Gründung ihre Pflichten verletzt haben. § 48 S. 1 Hs. 2 nennt beispielhaft die Geeignetheit der zur Einzahlung der Aktien verwendeten Stelle sowie die freie Verfügbarkeit der Einlagen. Darüber hinaus ergeben sich gründungsspezifische (Prüfungs-)Pflichten aus §§ 33, 34 (vgl. MüKoAktG/*Pentz* Rn. 14). Ein das Handeln des Vorstands deckender **Beschluss der Gründerversammlung wirkt enthaftend,** § 48 S. 2 iVm § 93 Abs. 4 S. 1 (krit.: Hüffer/Koch/*Koch* Rn. 3).

3 **2. Subjektiver Tatbestand.** Die Haftung gem. § 48 ist verschuldensabhängig. Gemäß § 48 S. 2, §§ 93, 116 schulden die Organmitglieder die Sorgfalt eines gewissenhaften Geschäftsleiters. Hierbei trifft die Verwaltungsmitglieder die Beweislast für fehlendes Verschulden.

III. Haftung

Die Verwaltungsmitglieder haften der Gesellschaft, für den aus der Pflichtverletzung resultierenden Schaden. Die Verwaltungsmitglieder trifft die Beweislast für das Fehlen einer Pflichtwidrigkeit sowie der Kausalität (MüKoAktG/*Pentz* Rn. 25). Die Verwaltungsmitglieder haften mit den Gründern (§ 46) und Gründergenossen (§ 47) als Gesamtschuldner. Im Fall nicht geleisteter Einlagen haftet im Innenverhältnis allein der Inferent, der dem in Anspruch genommenen Verwaltungsmitglied regresspflichtig ist. Für Verzicht, Vergleich und Verjährung gelten die §§ 50, 51, da § 48 auf die diesbezüglichen Regelungen in § 93 nicht verweist. 4

IV. Geltendmachung

Inhaber des Anspruchs aus § 48 ist die Gesellschaft. § 48 ist **kein Schutzgesetz** iSv § 823 Abs. 2 BGB. Unter den Voraussetzungen des § 93 Abs. 5 können die Ansprüche aus § 48 von Gläubigern der Gesellschaft geltend gemacht werden. Parallele Ansprüche (etwa aus § 823 Abs. 2 BGB iVm § 266 StGB) bleiben unberührt. 5

Verantwortlichkeit der Gründungsprüfer

49 **§ 323 Abs. 1 bis 4 des Handelsgesetzbuchs über die Verantwortlichkeit des Abschlußprüfers gilt sinngemäß.**

1 Die Verantwortlichkeit der Gründungsprüfer und gleichgestellter Personen richtet sich nach den für die Abschlussprüfer geltenden Bestimmungen der § 323 Abs. 1–4 HGB. § 49 wird flankiert durch die strafrechtliche Verantwortlichkeit nach §§ 403, 404. Die Vorschrift ist kein Schutzgesetz iSv § 823 Abs. 2 BGB.

2 Die Gründungsprüfer, ihre Gehilfen sowie die bei der Prüfung mitwirkenden gesetzlichen Vertreter der Prüfungsgesellschaft haben die allgemeine Pflicht zur gewissenhaften und unparteiischen Prüfung und unterliegen der Verschwiegenheitspflicht. Spezielle Pflichten resultieren aus § 34. Besonderes Gewicht hat die ordnungsgemäße Bewertung der Sacheinlagen und Sachübernahmen. Zu Warnpflichten bei Bedenken gegen die Brauchbarkeit einer Sacheinlage bzw. Gefährdung der Gesellschaft vgl. BGH 27.2.1975, NJW 1975, 974; LG Düsseldorf 12.9.2017, BeckRS 2017, 153493 Rn. 219.

3 Gründungsprüfer haften der Gesellschaft bzw. einem mit ihr verbundenen Unternehmen gem. § 323 Abs. 1 S. 3 HGB für schuldhafte Pflichtverletzungen, wobei das Verschulden von der Gesellschaft zu beweisen ist. Gemäß § 323 Abs. 2 S. 1 HGB ist die Haftung für Fahrlässigkeit auf 1 Mio. EUR bzw. 4 Mio. EUR beschränkt. Eine weitergehende Beschränkung der Haftung ist gem. § 323 Abs. 4 HGB nicht möglich. Die Einwendung, die Gesellschaft wäre ohne die Pflichtverletzung nicht entstanden, kann dem Schadensersatzanspruch nicht entgegengehalten werden (BGH 27.2.1975, BGHZ 64, 52 (57) = NJW 1975, 974 (976)). Die Verjährung richtet sich nach §§ 195, 199 BGB (Hüffer/Koch/*Koch* Rn. 4).

Verzicht und Vergleich

50 **[1]Die Gesellschaft kann auf Ersatzansprüche gegen die Gründer, die neben diesen haftenden Personen und gegen die Mitglieder des Vorstands und des Aufsichtsrats (§§ 46 bis 48) erst drei Jahre nach der Eintragung der Gesellschaft in das Handelsregister und nur dann verzichten oder sich über sie vergleichen, wenn die Hauptversammlung zustimmt und nicht eine Minderheit, deren Anteile zusammen den zehnten Teil des Grundkapitals erreichen, zur Niederschrift Widerspruch erhebt. [2]Die zeitliche Beschränkung gilt nicht, wenn der Ersatzpflichtige zahlungsunfähig ist und sich zur Abwendung des Insolvenzverfahrens mit seinen Gläubigern vergleicht oder wenn die Ersatzpflicht in einem Insolvenzplan geregelt wird.**

I. Allgemeines

1 § 50 dient der **Sicherung der Kapitalaufbringung** sowie dem **Minderheitenschutz** und schließt für einen Zeitraum von drei Jahren einen Verzicht sowie einen Vergleich über Ersatzansprüche gem. §§ 46–48 aus. Nach Ablauf von drei Jahren soll der Einfluss der Gründer typischerweise abgenommen haben, sodass ein Verzicht oder ein Vergleich unter Beachtung der Voraussetzungen des § 50 zulässig ist (Begr. RegE *Kropff* 66, 123). § 93 Abs. 4 Nr. 3 und 4 regeln den Parallelfall der Haftung des Vorstands inhaltsgleich. Für den Zustimmungsbeschluss der Hauptversammlung genügt die **einfache Mehrheit.** Bei der Abstimmung ist Stimmrechtsausschluss nach § 136 Abs. 1 zu beachten (BeckOGK/*Gerber,*

15.1.2020, Rn. 10). De lege ferenda wird verstärkt für eine Abschaffung der dreijährigen Sperrfrist plädiert (dazu *Fleischer* AG 2015, 133 (140) mwN).

II. Erfasste Ansprüche und Rechtsgeschäfte

2 § 50 erfasst nur Ersatzansprüche aus §§ 46–48. Nicht erfasst sind konkurrierende Ansprüche aus Vertrag sowie unerlaubter Handlung und Ersatzansprüche aus § 49 iVm § 323 HGB.

3 Neben Verzicht und Vergleich ist § 50 auch auf andere Rechtsgeschäfte anwendbar, die einem Verzicht oder Vergleich entsprechen (Klageverzicht, § 306 ZPO), Anerkenntnis gegenüber negativer Feststellungsklage (§ 307 ZPO), Novation, Leistung an Erfüllung statt, langfristige Stundung, Verfügung über den Anspruch ohne Erhalt des vollen Gegenwerts (vgl. *Fleischer* AG 2015, 133 (139); GK-AktG/*Ehricke* Rn. 19 f.). Umstritten ist, ob das Verjährenlassen des Anspruchs unter § 50 fällt (vgl. GK-AktG/*Ehricke* Rn. 22).

III. Rechtsfolgen

4 Verzicht und Vergleich vor dem Ablauf von drei Jahren sind gem. § 134 BGB nichtig. Fehlt nach dem Fristablauf die Zustimmung der Hauptversammlung oder widerspricht eine Minderheit, deren Anteile zusammen den zehnten Teil des Grundkapitals erreicht, sind Verzicht und Vergleich gem. S. 1 mangels Vertretungsmacht des Vorstands ebenfalls unwirksam (Hüffer/Koch/*Koch* Rn. 4). Die Dreijahresfrist des S. 1 gilt gem. S. 2 nicht, wenn der Verzicht oder Vergleich der Abwendung des Insolvenzverfahrens gegen zahlungsunfähige Schuldner (§ 17 InsO) oder der Durchführung eines Insolvenzplans (§§ 217 ff. InsO) dient. Die anderen Voraussetzungen des S. 1 werden durch S. 2 nicht berührt und müssen vorliegen (Hüffer/Koch/*Koch* Rn. 3).

Verjährung der Ersatzansprüche

51 **[1]Ersatzansprüche der Gesellschaft nach den §§ 46 bis 48 verjähren in fünf Jahren. [2]Die Verjährung beginnt mit der Eintragung der Gesellschaft in das Handelsregister oder, wenn die zum Ersatz verpflichtende Handlung später begangen worden ist, mit der Vornahme der Handlung.**

I. Anwendungsbereich

1 § 51 regelt die Verjährung für alle Ersatzansprüche aus §§ 46–48. § 51 ist auf Ansprüche gem. § 37 Abs. 1 S. 4 entsprechend anzuwenden. Für Ausgleichsansprüche unter Gesamtschuldnern sowie Ansprüche gem. § 49 gilt die Regelverjährung gem. §§ 195, 199 BGB (Hüffer/Koch/*Koch* Rn. 1). § 51 gilt nach hM nicht für konkurrierende Ansprüche aus Delikt (MüKoAktG/*Pentz* Rn. 6).

II. Fristbeginn und Fristablauf

2 Die Verjährungsfrist beträgt fünf Jahre. Sie beginnt mit der Eintragung der Gesellschaft. Sofern der Anspruch später entsteht, ist die Vornahme der anspruchsbegründenden Handlung maßgebend (zum maßgeblichen Zeitpunkt im Falle des pflichtwidrigen Unterlassens (vgl. GK-AktG/*Ehricke* Rn. 10). Die Fristberechnung richtet sich nach § 187 Abs. 1 BGB, § 188 Abs. 2 BGB.

Nachgründung

52 (1) **[1]Verträge der Gesellschaft mit Gründern oder mit mehr als 10 vom Hundert des Grundkapitals an der Gesellschaft beteiligten Aktionären, nach denen sie vorhandene oder herzustellende Anlagen oder andere Vermögensgegenstände für eine den zehnten Teil des Grundkapitals übersteigende Vergütung erwerben soll, und die in den ersten zwei Jahren seit der Eintragung der Gesellschaft in das Handelsregister geschlossen werden, werden nur mit Zustimmung der Hauptversammlung und durch Eintragung in das Handelsregister wirksam. [2]Ohne die Zustimmung der Hauptversammlung oder die Eintragung im Handelsregister sind auch die Rechtshandlungen zu ihrer Ausführung unwirksam.**

(2) **[1]Ein Vertrag nach Absatz 1 bedarf der schriftlichen Form, soweit nicht eine andere Form vorgeschrieben ist. [2]Er ist von der Einberufung der Hauptversammlung an, die über die Zustimmung beschließen soll, in dem Geschäftsraum der Gesellschaft zur Einsicht der Aktionäre auszulegen. [3]Auf Verlangen ist jedem Aktionär unverzüglich eine Abschrift zu erteilen. [4]Die Verpflichtungen nach den Sätzen 2 und 3 entfallen, wenn der Vertrag für denselben Zeitraum über die Internetseite der Gesellschaft zugänglich ist. [5]In der Hauptversammlung ist der Vertrag zugänglich zu machen. [6]Der Vorstand hat ihn zu Beginn der Verhandlung zu erläutern. [7]Der Niederschrift ist er als Anlage beizufügen.**

(3) [1]**Vor der Beschlußfassung der Hauptversammlung hat der Aufsichtsrat den Vertrag zu prüfen und einen schriftlichen Bericht zu erstatten (Nachgründungsbericht).** [2]**Für den Nachgründungsbericht gilt sinngemäß § 32 Abs. 2 und 3 über den Gründungsbericht.**

(4) [1]**Außerdem hat vor der Beschlußfassung eine Prüfung durch einen oder mehrere Gründungsprüfer stattzufinden.** [2]**§ 33 Abs. 3 bis 5, §§ 34, 35 über die Gründungsprüfung gelten sinngemäß.** [3]**Unter den Voraussetzungen des § 33a kann von einer Prüfung durch Gründungsprüfer abgesehen werden.**

(5) [1]**Der Beschluß der Hauptversammlung bedarf einer Mehrheit, die mindestens drei Viertel des bei der Beschlußfassung vertretenen Grundkapitals umfaßt.** [2]**Wird der Vertrag im ersten Jahre nach der Eintragung der Gesellschaft in das Handelsregister geschlossen, so müssen außerdem die Anteile der zustimmenden Mehrheit mindestens ein Viertel des gesamten Grundkapitals erreichen.** [3]**Die Satzung kann an Stelle dieser Mehrheiten größere Kapitalmehrheiten und weitere Erfordernisse bestimmen.**

(6) [1]**Nach Zustimmung der Hauptversammlung hat der Vorstand den Vertrag zur Eintragung in das Handelsregister anzumelden.** [2]**Der Anmeldung ist der Vertrag mit dem Nachgründungsbericht und dem Bericht der Gründungsprüfer mit den urkundlichen Unterlagen beizufügen.** [3]**Wird nach Absatz 4 Satz 3 von einer externen Gründungsprüfung abgesehen, gilt § 37a entsprechend.**

(7) [1]**Bestehen gegen die Eintragung Bedenken, weil die Gründungsprüfer erklären oder weil es offensichtlich ist, daß der Nachgründungsbericht unrichtig oder unvollständig ist oder den gesetzlichen Vorschriften nicht entspricht oder daß die für die zu erwerbenden Vermögensgegenstände gewährte Vergütung unangemessen hoch ist, so kann das Gericht die Eintragung ablehnen.** [2]**Enthält die Anmeldung die Erklärung nach § 37a Abs. 1 Satz 1, gilt § 38 Abs. 3 entsprechend.**

(8) **Einzutragen sind der Tag des Vertragsschlusses und der Zustimmung der Hauptversammlung sowie der oder die Vertragspartner der Gesellschaft.**

(9) **Vorstehende Vorschriften gelten nicht, wenn der Erwerb der Vermögensgegenstände im Rahmen der laufenden Geschäfte der Gesellschaft, in der Zwangsvollstreckung oder an der Börse erfolgt.**

Übersicht

I. Allgemeines

1 In § 52 werden sog. Nachgründungsgeschäfte, dh bestimmte schuldrechtliche Geschäfte, die im engen zeitlichen Zusammenhang zur Gründung stehen, bestimmten Kautelen unterworfen. Die Vertretungsmacht des Vorstands (§ 78) wird für diese Verträge an die Zustimmung der Hauptversammlung geknüpft. Sie werden vergleichbaren Anforderungen unterworfen, wie sie nach §§ 27, 32 ff. bei der Sachgründung gelten, da die Sachgründungsvorschriften nicht unterlaufen werden sollen. Regelungszweck des § 52 ist der **Umgehungsschutz** der Kapitalaufbringungsvorschriften (GK-AktG/*Priester* Rn. 13). Darüber hinaus soll die AG vor übermäßiger Einflussnahme der Gründer auf den Vorstand geschützt werden (BGH 15.1.1990, BGHZ 110, 47 (55) = NJW 1990, 982 (983)).

II. Begriff

2 Eine Nachgründung iSd § 52 liegt vor, wenn sich die Gesellschaft gegenüber Gründern oder gegenüber Aktionären, die mit mehr als 10 % am Grundkapital der Gesellschaft beteiligt sind, durch Vertrag zum Erwerb von Vermögensgegenständen verpflichtet, die Vergütung 10 % des Grundkapitals übersteigen soll und der Vertragsschluss in den ersten zwei Jahren nach Eintragung der AG erfolgt. Es handelt sich dabei um schuldrechtliche Geschäfte; deren Geschäftstyp (Kauf-, Miet- oder Werkvertrag) ist dabei nicht beachtlich. Sie werden nur aufgrund ihrer vergleichbaren Gefährdungslage ähnlich wie Sacheinlagen bzw. Sachübernahmen behandelt.

III. Voraussetzungen

3 **1. Vertragsparteien.** Der Vertragspartner der AG muss Gründer (§ 28) oder mit mehr als 10 % am Grundkapital der Gesellschaft beteiligt sein. Dabei sind den Gründern vor der Eintragung beigetretene Aktionäre gleichzustellen. Nach § 52 sind Drittgeschäfte nicht mehr nachgründungsbedürftig. Ob eine Zurechnung von Anteilen nahestehender Personen entsprechend § 32a Abs. 3 GmbHG aF stattfindet, ist umstritten (dafür GK-AktG/*Priester* Rn. 37 mwN).

4 **2. Geschäftsgegenstand.** Geschäftsgegenstand iSd § 52 ist jeder Erwerb von Vermögensgegenständen. Die beispielhafte Nennung von vorhandenen oder herzustellenden Anlagen hat historische Gründe. Umstritten ist, ob auch Dienstleistungen von § 52 erfasst werden. Dies wird von der hM zurecht bejaht, da es widersprüchlich sei, wenn § 52 nicht auf Gegenstände Anwendung fände, die aufgrund ihres Gefährdungspotentials nicht einmal einlagefähig sind (Hüffer/Koch/*Koch* Rn. 4).

5 **3. Vergütung.** Die Vergütung muss 10 % des Grundkapitals übersteigen. Auszugehen ist dabei von der Gesamtvergütung, bei Sachleistungen von deren Wert. Die Höhe des Grundkapitals bemisst sich dabei nach dem im Zeitpunkt des Vertragsschlusses im Handelsregister eingetragenen Betrag. Eine Kapitalerhöhung ist erst nach der Eintragung ihrer Durchführung beachtlich (§ 189). Der Nennbetrag der iRd bedingten Kapitals ausgegebenen Bezugsaktien bzw. der auf sie entfallende anteilige Betrag (§ 8 Abs. 3) ist dabei dem eingetragenen Grundkapital hinzuzurechnen (§ 200). Umstritten ist, ob § 52 auch dann Anwendung findet, wenn die Vergütung aus zukünftigen Gewinnen oder freien Rücklagen (§ 272 Abs. 2 Nr. 4 HGB) geleistet werden soll. Sofern man den Schutzzweck der Norm auf den Schutz der AG vor übermäßiger Einflussnahme der Gründer erstreckt, ist § 52 auch in diesen Fällen anwendbar (MüKoAktG/*Pentz* Rn. 23; BeckOGK/*Heidinger,* 1.7.2020, Rn. 45).

6 **4. Zweijahresfrist.** Von § 52 erfasst werden Nachgründungsverträge, die innerhalb von zwei Jahren nach Eintragung der AG geschlossen werden. Der Zeitpunkt der Zustimmung der Hauptversammlung sowie der Eintritt aufschiebender Bedingungen oder Befristungen sind nicht maßgeblich (K. Schmidt/Lutter/*Bayer* Rn. 24).

IV. Wirksamkeitserfordernisse (Abs. 2–5)

7 Die Wirksamkeit für Verträge, die unter § 52 Abs. 1 S. 1 fallen, ist nur gewährleistet, wenn die Hauptversammlung mit qualifizierter Mehrheit zustimmt, sie in das Handelsregister eingetragen werden und wenigstens die Schriftform (§ 52 Abs. 2 S. 1) eingehalten wurde.

8 **1. Vertragspublizität.** Der betreffende Vertrag bedarf gem. Abs. 2 S. 1 der **Schriftform.** Strengere Formerfordernisse können zB aus § 311b Abs. 1 BGB resultieren. Für die weitere Publizität sorgen die in § 52 Abs. 2 S. 2–6 normierten Vorstandspflichten zur Auslegung, Erteilung von Abschriften und zur Erläuterung. Eine Auslegung des Vertrags(-entwurfs) sowie die Erteilung von Abschriften gem. Abs. 2 S. 2 und 3 ist gem. Abs. 2 S. 4 entbehrlich, wenn der Vertrag auf der Internetseite der Gesellschaft zugänglich ist. Nach hM (Hüffer/Koch/*Koch* Rn. 13 mwN) kann die Beschlussfassung der Hauptversammlung auch vorausgehen, wenn ein vollständiger und endgültiger Entwurf vorliegt und der spätere Vertragstext mit dem Entwurf übereinstimmt.

9 **2. Nachgründungsbericht/-prüfung.** Nach § 52 Abs. 3 muss der Aufsichtsrat den Vertrag vor dem Hauptversammlungsbeschluss prüfen und einen schriftlichen Nachgründungsbericht erstatten. Für diesen gelten §§ 32 Abs. 2 und 3 entsprechend. Gemäß § 52 Abs. 4 ist darüber hinaus eine externe Gründungsprüfung entsprechend der § 33 Abs. 3–5, §§ 34, 35 erforderlich, sofern nicht die Voraussetzungen des § 33a vorliegen.

10 **3. Beschlussfassung.** Der Beschluss der Hauptversammlung bedarf nach § 52 Abs. 5 S. 1 und 2 einer **qualifizierten Mehrheit.** Diese muss mindestens drei Viertel des vertretenen Grundkapitals ausmachen. Gemäß § 52 Abs. 5 S. 3 kann die Satzung dieses Mehrheitserfordernis verschärfen, aber nicht abmildern. Für den Hauptversammlungsbeschluss ist nach § 130 Abs. 1 S. 3 die **notarielle Nieder-**

schrift erforderlich. Verträge, die im ersten Jahr nach der Eintragung geschlossen werden, bedürfen darüber hinaus der Zustimmung von einem Viertel des vorhandenen Grundkapitals.

V. Rechtsfolgen bei Verstoß

1. Verträge. Nachgründungsverträge werden vor Fristablauf nur mit Zustimmung der Hauptversammlung und Eintragung ins Handelsregister wirksam (§ 52 Abs. 1 S. 2). § 52 bezweckt nicht den Schutz des Vertragspartners. Somit genügt für die Neuvornahme oder Bestätigung die einseitige Genehmigung durch den Vorstand nach § 182 Abs. 1 BGB, § 184 BGB, soweit die Zweijahresfrist abgelaufen ist (GK-AktG/*Priester* Rn. 102; Hüffer/Koch/*Koch* Rn. 7; aA: MüKoAktG/*Pentz* Rn. 62). Bis zu seiner Eintragung im Handelsregister ist der Vertrag schwebend unwirksam. Während der Schwebezeit steht dem Vertragspartner kein Widerrufsrecht gem. § 178 BGB zu (Hüffer/Koch/*Koch* Rn. 8, str.). 11

2. Ausführungsgeschäfte. Bis die Hauptversammlung dem Verpflichtungsvertrag zugestimmt hat und die Eintragung ins Handelsregister erfolgt ist, bleiben nach § 52 Abs. 1 S. 2 auch die Ausführungsgeschäfte schwebend unwirksam. Das sachenrechtliche Abstraktionsprinzip gilt nicht. Bei Eintritt endgültiger Unwirksamkeit sind die bereits erbrachten Leistungen rückabzuwickeln. Nach hL (vgl. Hüffer/Koch/*Koch* Rn. 9 mwN; aA BGH 9.7.2007, AG 2007, 741 (744)) greift § 62 ein, wenn eine nach § 52 Abs. 1 Nr. 1 unzulässige Zahlung der AG an einen Aktionär erfolgt ist. 12

VI. Atypische Anwendungsfälle

§ 52 findet über § 197 S. 1 UmwG auch auf Erwerbsgeschäfte **im Anschluss an formwechselnde Umwandlungen** in eine AG oder KGaA statt. Nach dem Wortlaut der § 197 S. 1 UmwG, § 220 Abs. 3 S. 2 UmwG, § 245 Abs. 1 S. 2 UmwG gilt dies auch dann, wenn es sich bei dem formwechselnden Rechtsträger um eine GmbH handelt (Hüffer/Koch/*Koch* Rn. 10). Ist die AG noch nicht länger als zwei Jahre im Handelsregister eingetragen, so gilt nach hM (Hüffer/Koch/*Koch* Rn. 11) § 52 analog bei **Kapitalerhöhungen gegen Sacheinlagen.** 13

Gründung/Kapitalerhöhung bei Tochtergesellschaft. Eine Nachgründungspflicht kommt nach jetziger Tatbestandfassung, die auf Gründer und Aktionäre beschränkt ist, nicht mehr in Betracht bei Vorgängen, die eine 100% Tochtergesellschaft betreffen. Da § 52 schuldrechtliche Austauschverträge mit gegenleistungspflichtiger AG voraussetzt und dies bei Gründungs- und Kapitalerhöhungsvorgängen bei Töchtern fehlt, ist § 52 nicht anwendbar (Hüffer/Koch/*Koch* Rn. 12). 14

VII. Registerverfahren (Abs. 6–8)

Dem Vorstand obliegt es, den Vertrag zur Eintragung anzumelden. Diese Anmeldung erfolgt elektronisch in öffentlich beglaubigter Form (§ 12 Abs. 1 S. 1 HGB). Die in § 52 Abs. 6 S. 2 genannten Unterlagen sind beizufügen. Die Beurkundung des Vertrags ist nur ausnahmsweise erforderlich; ggf. ist § 12 Abs. 2 S. 2 Hs. 2 HGB zu beachten. Das Registergericht prüft die Anmeldung in formeller und materieller Hinsicht. Offensichtlich iSd § 52 Abs. 7 sind die dort genannten Mängel, wenn sie sich für das Gericht aus seiner normalen Prüfungstätigkeit ergeben. Wenn die von § 52 Abs. 7 genannten Voraussetzungen erfüllt sind, muss das Gericht die Eintragung ablehnen. 15

VIII. Ausnahmen (Abs. 9)

Auch wenn der Nachgründungstatbestand erfüllt ist, gilt § 52 Abs. 1–8 nicht, wenn der Erwerb iRd laufenden Geschäfte stattfindet (§ 52 Abs. 9 Fall 1). Der Erwerb von Grundbesitz durch Immobiliengesellschaften, der Warenhandel, aber auch sonstiger Erwerb marktgängiger Güter sind nachgründungsfrei. Der in der Satzung (§ 23 Abs. 3 Nr. 2) angegebene Unternehmensgegenstand dient als Orientierungshilfe. Hilfsgeschäfte, ohne die der Unternehmensgegenstand nicht verfolgt werden kann, bleiben von § 52 Abs. 1–8 befreit; ob dies auch etwa für Vorstandsdienstverträge gilt, ist zweifelhaft. Nach § 52 Abs. 9 Fall 2 brauchen die Nachgründungsregeln auch dann nicht eingehalten zu werden, wenn es um den Erwerb in der Zwangsvollstreckung geht. Dabei muss nach hM die Vollstreckung aufgrund eines Titels der AG erfolgen. Auch der Erwerb an der Börse ist von den Nachgründungsregeln freigestellt. § 52 Abs. 9 geht insoweit über § 33a hinaus. 16

Ersatzansprüche bei der Nachgründung

53 **[1] Für die Nachgründung gelten die §§ 46, 47, 49 bis 51 über die Ersatzansprüche der Gesellschaft sinngemäß. [2] An die Stelle der Gründer treten die Mitglieder des Vorstands und des Aufsichtsrats. [3] Sie haben die Sorgfalt eines ordentlichen und gewissenhaften Geschäftsleiters anzuwenden. [4] Soweit Fristen mit der Eintragung der Gesellschaft in das Han-**

delsregister beginnen, tritt an deren Stelle die Eintragung des Vertrags über die Nachgründung.

I. Allgemeines

1 § 53 regelt die Haftung bei der Nachgründung iSd § 52. Die Haftung wird durch die Verweisung auf die §§ 46, 47, 49–51 im Grundsatz so geregelt, wie bei der Gründung. Sie dient der Sicherung der ordnungsgemäßen Kapitalaufbringung. S. 2–4 tragen den Besonderheiten der Nachgründung Rechnung.

2 Die §§ 46, 47, 49–51, dh objektiver Tatbestand, subjektive Voraussetzungen sowie die Beweislastverteilung, sind sinngemäß anzuwenden. Objektiv erforderlich sind entsprechend § 46 Abs. 1 S. 1 fehlerhafte oder unvollständige Angaben zum Zwecke der Nachgründung sowie entsprechend § 46 Abs. 2 eine Schädigung der Gesellschaft durch den Nachgründungsaufwand oder die erworbenen Gegenstände.

II. Besonderheiten

3 Verantwortliche sind nicht mehr die Gründer, sondern die Mitglieder von Vorstand und Aufsichtsrat (§ 53 S. 2). Diese müssen mit der Sorgfalt eines ordentlichen und gewissenhaften Geschäftsleiters (Haftungsverschärfung gegenüber § 46 Abs. 3) handeln (§ 53 S. 3). Wer auch bei der Anwendung dieses Sorgfaltsmaßstabs die haftungsbegründenden Tatsachen nicht kennen musste, haftet nicht analog § 46 Abs. 3 (aA GK-AktG/*Ehricke* Rn. 16). Neben § 53 bleiben die §§ 93, 116 anwendbar. § 53 S. 4 bezieht sich auf die in §§ 47 Nr. 3, 50 S. 1 und 51 vorgesehenen Fristen. An die Stelle der Eintragung der Gesellschaft tritt die Eintragung des Nachgründungsvertrags.

Dritter Teil. Rechtsverhältnisse der Gesellschaft und der Gesellschafter

Gleichbehandlung der Aktionäre

53a

Aktionäre sind unter gleichen Voraussetzungen gleich zu behandeln.

Übersicht

I. Grundlagen

1 Die Vorschrift stellt den aktienrechtlichen Gleichbehandlungsgrundsatz auf. Sie verpflichtet die AG, alle **Aktionäre unter gleichen Voraussetzungen gleich zu behandeln.** Adressat des Gleichbehandlungsgebots ist grundsätzlich die Gesellschaft als juristische Person. Das Gebot betrifft das Handeln aller Gesellschaftsorgane der AG; es erfasst Beschlüsse und Maßnahmen des Vorstands und des Aufsichtsrats (BGH 10.7.2018, NJW 2018, 2796 (2780); *Thaeter/Guski* AG 2007, 301 (306)) ebenso wie Hauptversammlungsbeschlüsse (zur Anfechtbarkeit nach § 243 Abs. 1 RG 16.9.1927, RGZ 118, 67 (72 f.); BGH 16.12.1991, NJW 1992, 892 (895)), nicht dagegen das Handeln einzelner Aktionäre (OLG Düsseldorf 8.6.1973, AG 1973, 282 (284); *Verse,* Der Gleichbehandlungsgrundsatz im Recht der Kapitalgesellschaften, 2006, 172 ff.).

2 Neben der letztlich auf die gesellschaftsrechtliche Zweckbindung (§ 705 BGB) zurückzuführenden Treubindung des Organhandelns von Vorstand und Aufsichtsrat (→ § 93 Rn. 8 ff. und → § 116 Rn. 8 ff.), wie auch der Treubindung der Hauptversammlungsmehrheit bei Hauptversammlungsbeschlüssen (→ § 243 Rn. 24 ff.) begründet das Gleichbehandlungsgebot ein zweites **allgemeines organübergreifendes Rechtsinstitut zur Kontrolle der Ausübung von Organfunktionen** (Verbandsmacht) durch die Gesellschaftsorgane im Interesse von Minderheitsaktionären (zum Verhältnis von Gleichbehandlungsgebot und Treubindung → Rn. 21 f.). In seiner allgemeinen Bedeutung kommt dem Gleichbehandlungsgrundsatz des § 53a über die den ursprünglichen Grund für die Einführung dieser Norm in das deutsche Recht bildende, allein auf das Gesellschaftskapital bezogene Vorgabe des Art. 42

Kapital-RL 1977, nunmehr Art. 85 GesR-RL (2017/1132/EU), hinausgehende Relevanz zu (Spindler/Stilz/*Cahn/v. Spannenberg* Rn. 2). Soweit die Ausübung der Verfügungsbefugnis nach § 80 Abs. 1 InsO Bezüge zum Mitgliedschaftsverhältnis zwischen der AG und ihren Aktionären aufweist, bindet das Gleichbehandlungsgebot auch den Insolvenzverwalter (insoweit offen OLG München 26.5.2010, NZG 2010, 1233 (1234)). Wird eine Personengesellschaft im Zuge eines Insolvenzplanverfahrens in eine AG umgewandelt (vgl. BGH 17.7.2014, BGH NZI 2014, 751 – Suhrkamp), gelangt damit ohne Verstoß gegen das Verbot der Gruppengleichbehandlung nach § 226 InsO § 53a zur Anwendung (K. Schmidt InsO/*Spliedt* InsO § 226 Rn. 4).

Besondere gesetzliche Ausprägungen des Gleichbehandlungsgrundsatzes finden sich in § 12 Abs. 1, § 60 Abs. 1, § 71 Abs. 1 Nr. 8, § 131 Abs. 4 S. 1, § 186 Abs. 1, § 255 Abs. 2 und § 271 Abs. 2. Soweit einzelne gesetzliche Vorschriften die Möglichkeit zur ungleichen Behandlung einzelner Aktionäre oder Aktiengattungen einräumen (vgl. §§ 11, 12 iVm § 23 Abs. 3 Nr. 4, § 60 Abs. 3, § 134 Abs. 1 S. 2–4), steht das Gleichbehandlungsgebot zur **Disposition des Satzungsgebers** (Spindler/Stilz/*Cahn/v. Spannenberg* Rn. 10 f., 21 ff.); näher dazu → Rn. 12 ff. Unbeschadet dieser statutarischen Gestaltungsoptionen kann der Gleichbehandlungsgrundsatz weder durch die Satzung noch durch einen Hauptversammlungsbeschluss pauschal abbedungen werden (KK-AktG/*Drygala* Rn. 28). 3

Seine Grundlage findet das Gleichbehandlungsgebot in dem zwischen den Aktionären bestehenden Gesellschaftsverhältnis (Spindler/Stilz/*Cahn/v. Spannenberg* Rn. 3). Als **Instrument zum Schutz der Mitgliedschaft** betrifft das Gebot grundsätzlich nur die Beziehungen zwischen Gesellschaft und Aktionär, die mit dem Mitgliedschaftsverhältnis im Zusammenhang stehen, was aber durchaus auch die Bevorzugung oder Benachteiligung einzelner Aktionäre im Rahmen schuldrechtlicher Beziehungen zu der Gesellschaft aufgrund von deren jeweiliger Stellung in der Gesellschaft einschließen kann (BGH 14.1.1997, AG 1997, 414 f.). So scheitert etwa die unterschiedliche Behandlung mehrerer Erwerbsinteressenten im Hinblick auf die Zulassung einer dem Anteilserwerb vorgeschalteten Due Diligence selbst dann regelmäßig nicht am Gleichbehandlungsgrundsatz, wenn es sich bei den Erwerbsinteressenten um der Gesellschaft bereits angehörende Aktionäre handelt, geht es dabei doch um ein Anliegen, das sich nicht auf die bereits bestehende Mitgliedschaft bezieht (*Drygala* WM 2004, 1457 (1459)). Folgen, die in der individuellen Person begründet sind und nicht auf das Verhältnis des einzelnen Aktionärs zu seiner Gesellschaft zurückzuführen sind, werden vom Gleichbehandlungsgebot nicht erfasst (BGH 9.5.2005, NZG 2005, 722 (724)); nicht einschlägig ist der Gleichbehandlungsgrundsatz auch, wenn die Gesellschaft Dritten Vorteile zukommen lässt, die sie ihren Aktionären nicht gewährt (K. Schmidt/Lutter/*Fleischer* Rn. 19). Im Verhältnis der Aktionäre untereinander gilt der Gleichbehandlungsgrundsatz ebenfalls nicht; der einzelne Aktionär hat gegenüber seinen Mitaktionären keinen Anspruch auf Gleichbehandlung (EuGH 15.10.2009, DB 2009, 2366 ff., mit Bespr. *Habersack/Tröger* NZG 2010, 1 ff.; BGH 16.2.1976, BeckRS 1976, 31115257 – AUDI/NSU; OLG Celle 30.1.1974, AG 1974, 83 (84)). In zeitlicher Hinsicht gilt das Gleichbehandlungsgebot während der gesamten Dauer der Mitgliedschaft, soweit es um in der Mitgliedschaft wurzelnde nachwirkende Rechte und Pflichten geht aber auch noch darüber hinaus (*Verse,* Der Gleichbehandlungsgrundsatz im Recht der Kapitalgesellschaften, 2006, 220 ff.). 4

Für die Feststellung einer Ungleichbehandlung kommt es allein auf objektive Kriterien und nicht etwa auf subjektive Einschätzungen an; es genügt nicht, dass ein Aktionär sich nur diskriminiert fühlt. Infrage kommen sowohl formale wie auch materielle Ungleichbehandlungen (OLG München 26.5.2010, NZG 2010, 1233 (1234)). Eine **formale Ungleichbehandlung** liegt vor, wenn bestimmte Aktionäre schon äußerlich ungleich behandelt werden, also etwa, wenn nur für ausländische Aktionäre ein Höchststimmrecht eingeführt wird. Von einer **materiellen Ungleichbehandlung** spricht man, wenn sich die Maßnahme zwar gleichermaßen an alle Aktionäre richtet, diese jedoch unterschiedlich betroffen sind (zur nachteiligen Wirkung des Bezugsrechtsausschlusses bei selektiver Anteilsplatzierung bei einem bestimmten Aktionär BGH 10.7.2018, NJW 2018, 2796 (2800); zum Verlust der Mitgliedschaft von Kleinaktionären bei einer Kapitalherabsetzung im Verhältnis 10:1 KK-AktG/*Drygala* Rn. 25). Vor allem bei Belastungen kommt es auf die materielle Situation an und nicht darauf, ob sich die Rechtsposition des einzelnen Aktionärs formal verändert 5

Mit dem Erfordernis der gleichen Behandlung „unter gleichen Voraussetzungen" statuiert das Gesetz ein **Willkürverbot.** Nicht jede Ungleichbehandlung unterfällt dem gesetzlichen Verbot. Vielmehr sind **Ungleichbehandlungen aus sachlichen, im Interesse der Gesellschaft liegenden Gründen zulässig** (BGH 6.10.1960, BGHZ 33, 175 (186); BGH 9.11.1992, BGHZ 120, 141 (151 f.) – Bremer Bankverein; BGH 10.7.2018, NJW 2018, 2796 (2800); OLG München 26.5.2010, NZG 2010, 1233 (1234); KK-AktG/*Drygala* Rn. 16 ff.; Spindler/Stilz/*Cahn/v. Spannenberg* Rn. 18 ff.). § 53a erweist sich damit als ein unternehmerischen Erwägungen zugänglicher wertungsoffener Kontrollmaßstab (Spindler/Stilz/*Cahn/v. Spannenberg* Rn. 8); näher → Rn. 10. 6

Aus dem Gleichbehandlungsgrundsatz folgt **kein Anspruch auf Gleichbehandlung im Unrecht** (BGH 22.10.2007, ZIP 2008, 218 f.). 7

II. Gleichbehandlungsmaßstab

8 **1. Gleichbehandlung nach Kapitalanteilen und Köpfen.** Für den Gleichbehandlungsmaßstab ist im Regelfall auf die **Kapitalbeteiligung** im Sinne der über die Aktie vermittelten vermögensmäßigen Beteiligung des Aktionärs abzustellen (BGH 19.12.1977, BGHZ 70, 117 ff.). So bildet den Maßstab der Gleichbehandlung für die Hauptrechte des Aktionärs, wie etwa das Stimmrecht (§ 12, § 134 Abs. 1 S. 1), die Gewinnverteilung (§ 60 Abs. 1), das Recht auf Bezug neuer Aktien bei Kapitalerhöhungen (§ 186 Abs. 1), die Festsetzung einer angemessenen Barabfindung und eines Ausgleichsanspruchs durch bare Zuzahlung (§§ 207, 212, 196 UmwG, dazu OLG Düsseldorf 2.7.2018, BeckRS 2018, 18257 Rn. 37), die Festsetzung einer Barabfindung beim Squeeze-out nach § 327a (OLG Düsseldorf 28.10.2019, BeckRS 2019, 28536 Rn. 32 f.) und die Beteiligung am Liquidationserlös (§ 271 Abs. 3) die Höhe der Beteiligung des Aktionärs am Grundkapital (BGH 19.12.1977, BGHZ 70, 117 (121)). Veränderungen dieses Maßstabs sind nur in den gesetzlich eingeräumten Grenzen zulässig (§ 60 Abs. 3 bei der Gewinnverteilung, § 12 iVm § 134 beim Stimmrecht, § 186 beim Bezugsrecht und § 271 bei den Liquidationsrechten; vgl. KK-AktG/*Drygala* Rn. 24).

9 Für **nichtpekuniäre Interventionsrechte,** auch als Hilfsrechte bezeichnet, wie das Recht auf Teilnahme und Stimmrechtsausübung in der Hauptversammlung (§ 118 Abs. 1, dazu BGH 9.10.2018, NZG 2018, 669 (670 f.), mit Bespr. *Habersack; Simons* NZG 2019, 641 (643)), das Rederecht in der Hauptversammlung (vgl. dazu LG Frankfurt a. M. 18.12.2012, ZIP 2011, 578 f.), das Auskunftsrecht (§ 131), die informationelle Gleichbehandlung außerhalb der Hauptversammlung (*Herz* NZG 2020, 285 ff.) und die Befugnis zur Anfechtung von Hauptversammlungsbeschlüssen (§ 245 Nr. 1 und 2), ist eine **Gleichbehandlung nach Köpfen** geboten. Diese Rechte stehen somit jedem Aktionär in gleicher Weise ohne Rücksicht auf das Maß seiner individuellen Beteiligung zu (BGH 8.2.2010, NJW 2010, 1604 f., zu § 131 Abs. 2 S. 2; OLG Stuttgart 21.12.1993, AG 1994, 411 (415); KK-AktG/*Drygala* Rn. 26).

10 **2. Sachliche Rechtfertigung von Ungleichbehandlungen.** Die Ungleichbehandlung einzelner Aktionäre ist nach der Rechtsprechung des BGH nur dann mit der Folge der Einhaltung des Gleichbehandlungsgebots gerechtfertigt (→ Rn. 6), wenn sie die Voraussetzungen der **Eignung, Erforderlichkeit und Verhältnismäßigkeit** erfüllt. *Erstens* muss die Ungleichbehandlung geeignet sein, ein bestimmtes Interesse der Gesellschaft zu erreichen (vgl. BGH 9.11.1992, BGHZ 120, 141 ff.). Sie muss *zweitens* die mildeste aller in Betracht kommenden Handlungsmöglichkeiten sein. *Drittens* muss das Gesellschaftsinteresse das Mitgliedschaftsinteresse des betroffenen Aktionärs überwiegen (vgl. BGH 19.4.1982, BGHZ 83, 319 (321)). Je schwerer daher der Eingriff in die Mitgliedschaft ist, desto gewichtiger muss nach diesem Kontrollmaßstab das Gesellschaftsinteresse an der Ungleichbehandlung sein. Allerdings hat der BGH in seiner neuesten Entscheidung allein noch auf die Eignung zur Förderung des Gesellschaftsinteresses abgestellt und damit, wenn auch in sehr leisen Tönen, dem hergebrachten Modell einer judiziellen Verhältnismäßigkeitskontrolle eine Absage erteilt (BGH 10.7.2018, NJW 2018, 2796 Rn. 45, 46 und 55; zu dieser Einschätzung des Urteils *Decher* ZGR 2019, 1331 (1143)). Damit hat der BGH den Weg geöffnet zu einer begrenzten gerichtlichen Kontrolle von Verstößen gegen den Gleichbehandlungsgrundsatz nach dem Modell der in § 93 Abs. 1 S. 2 kodifizierten Business Judgment Rule (ausführlich dazu *Paefgen/Wallisch* FS Krieger 2020, 643 (646 ff.)).

11 Nach der Rspr. des BGH trägt der einen Gleichheitsverstoß rügende Aktionär die **Beweislast** für das Vorliegen einer ungleichen Behandlung. Hingegen soll die Gesellschaft das Vorliegen einer sachlichen Rechtfertigung zu beweisen haben (BGH 10.7.2018, NJW 2018, 2796 Rn. 45; zust. *Decher* ZGR 2019, 1131 (1143 f. 1156 f.); krit. sub specie der Beweislastverteilung nach der Business Judgment Rule dagegen *Paefgen/Wallisch* FS Krieger 2020, 643 (662 f.)).

12 **3. Statutarische Modifikation und Verzicht.** Was die Möglichkeit statutarischer Modifikation des Gleichbehandlungsgebots (→ Rn. 3) betrifft, so können die Gründer einer AG von diesen Gestaltungsmöglichkeiten bei der Abfassung der **Gründungssatzung** nach freiem Belieben Gebrauch machen. Der Gedanke an eine irgendwie geartete judizielle Kontrolle der durch die Gründer getroffenen Interessenabwägung ist insoweit von vornherein fehl am Platz (vgl. KK-AktG/*Drygala* Rn. 30).

13 Was Ungleichbehandlungen im Wege der Schaffung unterschiedlicher **Aktiengattungen** anbelangt, so bleibt das Gleichbehandlungsgebot innerhalb der jeweiligen Gattungen vollständig anwendbar (Spindler/Stilz/*Cahn/v. Spannenberg* Rn. 22). Bei der Umwandlung von Vorzugsaktien in Stammaktien kann ein Gleichheitsverstoß aber darin erblickt werden, dass eine der beiden Gattungen beim Umtausch unter Verletzung des unternehmerischen Ermessens des Vorstands (→ Rn. 10 f.) finanziell begünstigt wird (OLG Köln 20.9.2001, ZIP 2001, 2049 (2051) – Metro).

14 Was die **nachträgliche statutarische Modifikationen des Gleichbehandlungsgebots** betrifft, so hat der BGH in der „Mannesmann"-Entscheidung die Einführung eines Höchststimmrechts mit der Begründung für zulässig erklärt, der Gesetzgeber habe dem damit verfolgten Ziel der Beschränkung der Einflussrechte von Großaktionären in § 134 Abs. 1 S. 2 aF ausdrücklich und abschließend den Vorrang

vor dem Interesse der Minderheitsaktionäre am Erhalt ihrer Stimmkraft gegeben (BGH 19.12.1977, BGHZ 70, 117 (125)). In der „Sachsenmilch"-Entscheidung argumentierte der BGH sodann, bei der Kapitalherabsetzung seien gering beteiligte Minderheitsaktionäre vor einem diskriminierenden Zwangsausschluss aus der Gesellschaft speziell und abschließend durch die Subsidiarität der Kapitalherabsetzung im Wege der Zusammenlegung von Aktien im Verhältnis zur Reduzierung des Nennbetrags bzw. Kapitalanteils je Aktie auf den Mindestbetrag von 1 EUR (§ 222 Abs. 4, § 8 Abs. 2 S. 1, Abs. 3 S. 3) vor Ungleichbehandlungen geschützt, was eine treupflichtwidrige Benachteiligung grundsätzlich ausschließe (BGH 9.2.1998, BGHZ 138, 71 (76 f.); sinngleich zum Squeeze-out nach § 325b auch BGH 18.9.2006, ZIP 2006, 2080). Zwar wäre es falsch, aus dieser Rechtsprechung ableiten zu wollen, das Gleichbehandlungsgebot finde nur Anwendung auf Organbeschlüsse und Maßnahmen unterhalb der Satzungsebene (so aber OLG Hamm 31.3.2008, BB 2008, 1136 (1137 f.); LG Essen 29.6.2007, AG 2007, 797). Jedoch kann der BGH-Judikatur durchaus entnommen werden, dass es jedenfalls bei Eingreifen abschießender Regelungen zum Schutz von Minderheitsaktionären vor Benachteiligung durch Ungleichbehandlung einer sachlichen Rechtfertigung im Sinne einer auf das Gleichbehandlungsgebot gestützten judiziellen Abwägung von Gesellschafts- und Minderheitsinteressen nicht bedarf (vgl. KK-AktG/*Drygala* Rn. 31; *Paefgen/Wallisch* FS Krieger 2020, 643 (663 f.); *Wiedemann* WM 2009, 1 (7 f.); s. dagegen aber zur Treubindung bei der Ausübung eines Entsendungsrechts nach § 101 Abs. 2 LG München I 19.12.2019, BeckRS 2019, 41891 Rn. 29 ff.). Um eine die Ungleichbehandlung bereits als solche rechtfertigende gesetzliche Spezialregelung handelt es sich auch bei der Zulassung nachträglicher statutarischer Einführung von Entsendungsrechten nach § 102 Abs. 2; in dieser Bestimmung ist eine Ungleichbehandlung bereits sachlogisch mit angelegt, da es das Ziel der Regelung ist, einzelne Aktionäre unterschiedlich zu behandeln (KK-AktG/*Drygala* Rn. 57; im Ergebnis so auch OLG Hamm 31.3.2008, BB 2008, 1136 (1137 f.)). Aus dem gleichen Grund liegt ein Verstoß gegen das Gleichheitsgebot auch nicht vor, wenn ein über die erforderliche Stimmenmehrheit verfügender Aktionär sämtliche Sitze der Aktionärsvertreter im Aufsichtsrat mit Personen seiner Wahl besetzt (KK-AktG/*Drygala* Rn. 76; Treupflichtverletzung annehmend aber OLG Hamm 3.11.1986, NJW 1987, 1030 (1031)). Zu weiteren das Gleichbehandlungsgebot betreffenden Fallkonstellationen s. KK-AktG/*Drygala* Rn. 58 ff.).

Zuletzt hat der BGH im **„Hyrican"-Urteil** bei der Anwendung des Gleichbehandlungsgebots gänzlich auf die Prüfung sachlicher Rechtfertigung im Sinne des Verhältnismäßigkeitstests verzichtet und allein auf die Vereinbarkeit der gerügten Ungleichbehandlung mit dem Gesellschaftsinteresse abgestellt. Das überzeugt (BGH 10.7.2018, NJW 2018, 2796 (2781) – Hyrikan); im Ansatz so auch bereits *Paefgen,* Unternehmerische Entscheidungen und Rechtsbindung der Organe in der AG, 2002, 115 ff.). Bei dieser Prüfung sollte allerdings ein der judiziellen Hinterfragung entzogenes unternehmerisches Ermessen des über die Ungleichbehandlung entscheidenden Organs hinsichtlich der Artikulation des die Differenzierung tragenden Gesellschaftsinteresses nach dem Modell der Business Judgment Rule (vgl. § 93 Abs. 1 S. 2) anerkannt werden (näher *Paefgen/Wallisch* FS Krieger, 2020, 643 (660 ff.); im Grundansatz sinngleich zur Entscheidung des Vorstands über die Übertragung vinkulierter Namensaktien nach § 67 Abs. 2 auch bereits LG Aachen 19.5.1992, AG 1992, 410 (412)), wo allerdings fälschlich das Gleichbehandlungsgebot als Korrektiv zum unternehmerischen Ermessen angesehen wurde). **15**

Was den Verzicht des Aktionärs auf die Einhaltung des Gleichbehandlungsgebots betrifft, so ist ein **pauschaler Verzicht** nach ganz hM **unzulässig** (KK-AktG/*Drygala* Rn. 33). Auch kann der Aktionär nicht kategorisch auf die Gleichbehandlung in einzelnen, sein Gesellschaftsverhältnis betreffenden Angelegenheiten verzichten; so wäre es etwa unzulässig, die Gleichbehandlung im Rahmen der Zuteilung von Aktien bei Kapitalerhöhungen im Verzichtswege auszuschließen (K. Schmidt/Lutter/*Fleischer* Rn. 38). **16**

Ein **Verzicht** des Aktionärs **auf Gleichbehandlung im konkreten Einzelfall** ist als **zulässig** anzusehen. Das Fehlen einer besonderen gesetzlichen Regelung sollte dem nicht entgegenstehen, wie die Gesetzesbegründung zeigt (BT-Drs. 8/1678, 13). Die Zustimmung kann vor oder auch erst nach der benachteiligenden Handlung erteilt werden; sie kann auch in der Stimmabgabe für einen benachteiligenden Hauptversammlungsbeschluss zum Ausdruck kommen (Spindler/Stilz/*Cahn/v. Spannenberg* Rn. 28). **17**

III. Gleichbehandlung im Konzern

Bei Gesellschaften, die in einem Konzernverhältnis stehen, findet das Gleichbehandlungsgebot nur insoweit Anwendung als dies den Besonderheiten der konzernrechtlichen Verbindungen nicht entgegensteht (Spindler/Stilz/*Cahn/v. Spannenberg* Rn. 29 ff.; *Martens* FS Fischer, 1979, 437, 448 ff.). Schließt die Gesellschaft einen **Gewinnabführungsvertrag** mit einem ihrer Aktionäre, ist grundsätzliche Gleichbehandlung aller Aktionäre bezüglich der Gewinnbeteiligung infolge der Abführung des vollen Gewinns an den als Vertragspartner auftretenden Aktionär und den damit einhergehenden Schutz der außenstehenden Aktionäre nach §§ 304 f. AktG aufgehoben (§ 291 Abs. 1 und 3, dazu BGH 16.2.1976, BeckRS 1976, 31115257 – AUDI/NSU). Beim **Beherrschungsvertrag** mit einem Aktionär steht das Weisungsrecht nach § 308 nur diesem als herrschendem Unternehmen zu, während beim **18**

Verzicht oder Vergleich über Ersatzansprüche gegen den herrschenden Aktionär und dessen gesetzliche Vertreter oder die gesetzlichen Vertreter der abhängigen Gesellschaft nach §§ 309 Abs. 3 S. 1, 310 Abs. 4 nur die außenstehenden Aktionäre stimmberechtigt sind.

19 Im **faktischen Konzern** privilegiert die gesetzliche Zulassung des gestreckten Nachteilsausgleichs gem. § 311 den herrschen Aktionär gegenüber den anderen Aktionären, für die die strenge Vermögensbindung nach §§ 57, 62 gilt.

20 Keine Anwendung findet § 53a im **Eingliederungskonzern.** Die Benachteiligung der außenstehenden Aktionäre zugunsten des Hauptgesellschafters wird hier durch den Anspruch der Minderheitsaktionäre aus § 320b als besondere und abschließende Schutzregelung ausgeglichen (→ Rn. 14), sodass es einer besonderen Rechtfertigung der Ungleichbehandlung nicht bedarf (KK-AktG/*Drygala* Rn. 53).

IV. Gleichbehandlungsgebot und Treubindung

21 Neben dem Gleichbehandlungsgebot bildet die Treubindung ein zweites allgemeines organübergreifendes Rechtsinstitut zur Kontrolle des Organhandelns (→ Rn. 2); zur Treubindung als Kontrollmaßstab des Organhandelns → § 93 Rn. 8 ff., → § 116 Rn. 8 ff. und → § 243 Rn. 24 ff.) **Treubindung und Gleichbehandlungsgebot** weisen eine gewisse **funktionale Vergleichbarkeit** auf. Das liegt darin begründet, dass es bei diesen beiden beweglichen Schranken der Verbandsmacht letztlich darum geht, ob Entscheidungen der Verwaltungsorgane bzw. Mehrheitsentscheidungen der Hauptversammlung, die sich nachteilig (diskriminierend) auf einzelne Minderheitsaktionäre auswirken, als im **Gesellschaftsinteresse** sachlich gerechtfertigt, dh in der Terminologie des Gleichheitsgebots nicht als willkürlich (zum Willkürverbot → Rn. 6), anzusehen sind (vgl. *Paefgen,* Unternehmerische Entscheidungen und Rechtsbindung der Organe in der AG, 2002, 186 ff.).

22 Bezüglich der Beurteilung des Gesellschaftsinteresses steht sowohl, was den das Gleichheitsgebot kennzeichnenden Willkürtest betrifft (→ Rn. 10), als auch bezüglich der gerichtlichen Überprüfung von Treupflichtverletzungen dem jeweils handelnden Gesellschaftsorgan ein **unternehmerisches Ermessen** gemäß, bzw. bei Hauptversammlungsbeschlüssen nach dem Vorbild der **Business Judgment Rule** zu (§§ 93 Abs. 1 S. 2, 116 S. 2; zur Anwendbarkeit der Rule auf jegliche Organentscheidung unter Einschluss von Hauptversammlungsbeschlüssen *Paefgen,* Unternehmerische Entscheidungen und Rechtsbindung der Organe in der AG, 2002, 171 ff., 183 f.). Prägendes Kennzeichen dieser dogmatischen Kongruenz von Gleichbehandlungsgebot und Treubindung ist es, dass nach beiden Kontrollmaßstäben allein auf die Geltungsvoraussetzungen der Business Judgment Rule ankommt, wohingegen eine judizielle Verhältnismäßigkeitskontrolle im Sinne der judiziellen Abwägung der durch die zuständigen Gesellschaftsorgane loyal und auf der Grundlage angemessener Information und Entscheidungsvorbereitung artikulierten Interessen der Gesellschaft gegen die Interessen von Minderheitsaktionären (vgl. BGH 13.3.1978, BGHZ 71, 40 (46) – Kali+Salz; BGH 19.4.1982, BGHZ 83, 319 – Holzmann; BGH 5.7.1999, BGHZ 142, 167 = NJW 1999, 3197 – Hilgers; anders dagegen nunmehr BGH 10.7.2018, NJW 2018, 2796 (2780 f.) – Hyrican, sowie dazu *Decher* ZGR 2019, 1331 (1143)) nicht stattzufinden hat (ausführlich und in Auseinandersetzung mit der gegenläufigen vorstehend zit. früheren Rechtsprechung des BGH dazu *Paefgen/Wallisch* FS Krieger, 2020, 643 (658 ff.)).

V. Rechtsfolgen bei Verstoß gegen das Gleichbehandlungsgebot

23 Im Hinblick auf die Bedeutung des Gleichbehandlungsgrundsatzes als die Mitgliedschaft des Aktionärs prägender gesellschaftsrechtlicher Fundamentalsatz (grdl. dazu *G. Hueck,* Der Grundsatz der gleichmäßigen Behandlung im Privatrecht, 1958, 35 ff., 44 ff., 225 ff., 250 ff.) ist mit *Zöllner* bei **Verstößen der Verwaltungsorgane** gegen § 53a ein Einzelklagerecht des Aktionärs auf Abhilfe anzuerkennen (*Zöllner* ZGR 1982, 392 (405 ff.); sinngleich *Krieger* ZHR 163 (1999), 343 (357); KK-AktG/*Drygala* Rn. 41; näher dazu *Paefgen,* Unternehmerisches Ermessen und Rechtsbindung der Organe in der AG, 2002, 289 ff.). Der Gleichheitsverstoß ist im Wege der Feststellungsklage nach § 256 ZPO geltend zu machen (BGH 10.7.2018, NJW 2018, 2796 (2797) – Hyrican; BGH 10.10.2005, BGHZ 164, 249 (254) – Mangusta/Commerzbank II).

24 **Hauptversammlungsbeschlüsse,** die gegen den Gleichbehandlungsgebot des § 53a verstoßen, unterliegen grundsätzlich nur der Anfechtbarkeit nach § 243 Abs. 2 (KK-AktG/*Drygala* Rn. 37). Wird absichtlich gegen das Gleichbehandlungsgebot verstoßen, kann dies der Freigabe eines Beschlusses nach § 246a entgegenstehen (OLG Köln 13.1.2014, ZIP 2014, 263 (265)). Einem die Nichtigkeit begründenden Verstoß gegen das Wesen der AG oder das öffentliche Interesse iSv § 241 Nr. 3 kommt ein Gleichheitsverstoß per se nicht gleich, das folgt schon daraus, dass die Aktionäre durch ihre Zustimmung zu einem gleichheitswidrigen Beschluss auf die Gleichbehandlung verzichten können (KK-AktG/*Drygala* Rn. 38). Ein Hauptversammlungsbeschluss, mit dem das Gleichbehandlungsgebot pauschal oder für bestimmte Aktionärsgruppen außer Kraft gesetzt werden soll (→ Rn. 3) ist allerdings wegen Unvereinbarkeit mit dem Wesen der AG gem. § 243 Abs. 1 Nr. 3 nichtig (Spindler/Stilz/*Cahn/v. Spannenberg* Rn. 32). Beschlüsse über Auszahlungen an einzelne Aktionäre, die gegen das Vermögenserhaltungs-

gebot des § 57 verstoßen, sind gem. § 241 Nr. 4 wegen Verstoßes gegen gläubigerschützende Vorschriften nichtig (Spindler/Stilz/*Cahn/v. Spannenberg* Rn. 32).

§ 53a ist nach zutreffender hM **kein Schutzgesetz iSv § 823 Abs. 2 BGB** (KK-AktG/*Drygala* 25
Rn. 46; offengelassen von OLG München 26.5.2010, NZG 2010, 1233).

Hauptverpflichtung der Aktionäre

54 (1) **Die Verpflichtung der Aktionäre zur Leistung der Einlagen wird durch den Ausgabebetrag der Aktien begrenzt.**

(2) **Soweit nicht in der Satzung Sacheinlagen festgesetzt sind, haben die Aktionäre den Ausgabebetrag der Aktien einzuzahlen.**

(3) [1]**Der vor der Anmeldung der Gesellschaft eingeforderte Betrag kann nur in gesetzlichen Zahlungsmitteln oder durch Gutschrift auf ein Konto bei einem Kreditinstitut oder einem nach § 53 Abs. 1 Satz 1 oder § 53b Abs. 1 Satz 1 oder Abs. 7 des Gesetzes über das Kreditwesen tätigen Unternehmen der Gesellschaft oder des Vorstands zu seiner freien Verfügung eingezahlt werden.** [2]**Forderungen des Vorstands aus diesen Einzahlungen gelten als Forderungen der Gesellschaft.**

(4) [1]**Der Anspruch der Gesellschaft auf Leistung der Einlagen verjährt in zehn Jahren von seiner Entstehung an.** [2]**Wird das Insolvenzverfahren über das Vermögen der Gesellschaft eröffnet, so tritt die Verjährung nicht vor Ablauf von sechs Monaten ab dem Zeitpunkt der Eröffnung ein.**

Übersicht

I. Norminhalt, Normzweck, Entstehungsgeschichte

1. Übersicht. Die **Einlagepflicht** nach Abs. 1 macht die wesentliche Pflicht des Aktionärs gegenüber der AG aus. Sie ist unverzichtbares Korrelat der das Wesen der AG prägenden Haftungsbeschränkung auf das von den Aktionären durch Zeichnung von Anteilen aufzubringende Gesellschaftsvermögen (§ 1 Abs. 1 S. 2, KK-AktG/*Drygala* Rn. 3). Eine über die Einlagepflicht hinausgehende Nachschusspflicht trifft den Aktionär nicht; darin kommt eine begrenzende Wirkung der gesetzlichen Regelung der Einlagepflicht zum Ausdruck (RG 12.3.1918, RGZ 92, 315 (317); KK-AktG/*Drygala* Rn. 3; näher zu Höhe, Grenzen und Inhalt der Einlagepflicht → Rn. 13 ff.). 1

Was den Inhalt der Einlagepflicht im Einzelnen betrifft, so stellt Abs. 2 klar, dass der Aktionär seine **Einlagepflicht grundsätzlich in bar zu erfüllen** hat, die Vereinbarung von Sacheinlagen bedarf besonderer Regelung in der Satzung. Abs. 3 konkretisiert die Anforderungen an die ordnungsgemäße Einzahlung des vor der Anmeldung der Gesellschaft zur Eintragung im Handelsregister einzufordernden Betrags einer geschuldeten Bareinlage auf einem Konto der auf einer Zwischenstufe der Gründung entstandenen Vorgesellschaft oder des Vorstands zur freien Verfügung. 2

Abs. 4 regelt eine **besondere zehnjährige Verjährungsfrist** für Einlagepflichten (S. 1), die im Falle der Eröffnung des Insolvenzverfahrens über das Vermögen der Gesellschaft nicht vor Ablauf von sechs Monaten ab dem Zeitpunkt der Eröffnung endet (S. 2). 3

Die **Darlegungs- und Beweislast** für das Bestehen einer Einlagepflicht trägt die AG. Ihre Erfüllung hat dagegen der Aktionär zu beweisen (KK-AktG/*Drygala* Rn. 98; s. auch BGH 9.7.2007, NJW 2007, 3067 – zur GmbH). Hat die AG mehrere Forderungen gegen den Aktionär, muss eine eindeutige Tilgungsbestimmung erfolgen (OLG Oldenburg 10.10.1996, ZIP 1996, 2026 f., zur Unwirksamkeit der Einlagenerbringung bei der Zweckangabe „Einlage/Darlehen"). 4

2. Normzweck. Zusammen mit dem in §§ 6, 23 Abs. 3 Nr. 3 geregelten Erfordernis einer in der Satzung festzulegenden (Mindest)-Kapitalausstattung, dem Verbot der Unter-pari-Emission nach § 9, dem Verbot der Einlagenrückgewähr nach § 57 und dem Verbot der Befreiung der Aktionäre von ihren 5

Leistungspflichten nach § 66 kommt in § 54 das aktienrechtliche **Grundprinzip der realen Kapitalaufbringung** zum Ausdruck, ohne dass ein Regelungsmodell der haftungsbeschränkten Kapitalgesellschaft (§ 1 Abs. 1 S. 1) nicht funktionieren kann. Durch die präzise Definition von Art, Höhe und Grenzen der Einlagepflicht in Abs. 1 und 2 wird die gesetzliche Grundlage für die Aufbringung des statutarisch festgelegten Aktienkapitals gelegt (Spindler/Stilz/*Cahn/v. Spannenberg* Rn. 1). Abs. 3 dient dem Zweck, durch die Verhinderung von Scheineinzahlungen der Unterbindung unseriöser AG-Gründungen und AG-Finanzierungen zu dienen (OLG Frankfurt a. M. 24.6.1991, AG 1991, 402 (403)).

6 § 54 kommt eine über den in der Vorschrift direkt angesprochenen ursprünglichen Gründungsvorgang hinausgreifende Bedeutung für die Einlagepflicht im **Zusammenhang mit der nachträglichen Zeichnung von Aktien** (§ 185) zu. Das gilt sowohl für eine spätere ordentliche Kapitalerhöhung (188 Abs. 2, dazu BGH 13.7.1992, BGHZ 119, 177 ff.; KK-AktG/*Ekkenga* § 185 Rn. 110 ff.), wie auch für das genehmigte Kapital (§ 203 Abs. 1 S. 1, dazu Spindler/Stilz/*Wamser* § 203 Rn. 14).

7 **3. Entstehungsgeschichte der Norm.** Gegenüber der Vorgängerregelung des § 49 AktG 1937 wurden Abs. 1–3 der Vorschrift durch das Gesetz zur Einführung von Stückaktien vom 25.3.1998 auf das an die Stelle des Nennbetrags tretende **Konzept des Ausgabebetrags** umgestellt (BGBl. 1998 I 590). In Abs. 3 wurde durch das sog. BeglG (BGBl. 1997 I 2567) der Kreis der zur Kontoführung zugelassenen Stellen neugeregelt und die Möglichkeit der Einzahlung mittels eines von der Bundesbank bestätigten Schecks beseitigt. Die zehnjährige **Verjährung** nach Abs. 4 wurde als Reaktion auf die Einführung der dreijährigen Regelverjährung nach §§ 195, 197 BGB durch das Verjährungsanpassungsgesetz 2004 eingeführt (BGBl. 2004 I 3214).

II. Einlagepflicht (Abs. 1 und 2)

8 **1. Gläubiger und Schuldner der Einlagepflicht. Gläubiger in** der Einlage ist, wovon das Gesetz in § 29 ausgeht, bei der Gründung die **Vor-AG** (BGH 23.10.2006, BGHZ 169, 270 = NJW 2007, 589). Im Einklang damit sind Leistungen für die Übernahme von Aktien bei einer Kapitalerhöhung an die **AG** zu erbringen (§ 188 Abs. 2 S. 2). **Schuldner** der Einlageverpflichtung sind die Aktionäre, also die **Übernehmer, Zeichner oder Erwerber** (→ Rn. 9) **von Aktien,** gem. ihrer jeweiligen Aktienübernahme (§ 23 Abs. 2 Nr. 2) bzw. ihrer Zeichnung (vgl. § 185). Steht eine Aktie mehreren Personen gemeinschaftlich zu, haften diese gesamtschuldnerisch (§ 69 Abs. 2).

9 Bezüglich der **Übertragung von Aktien** ist zu unterscheiden. Wird eine **Bareinlage** geschuldet, geht mit der Übertragung der Aktie die Einlagepflicht auf den Erwerber über; davon geht das Gesetz in § 65 Abs. 1 S. 1 aus. Zugleich endet damit grundsätzlich die Einlagepflicht des bisherigen Aktionärs; ihn kann dann nur noch als Vormann die Zahlungspflicht unter den besonderen Voraussetzungen des § 65 treffen. Die **Sacheinlageverpflichtung** belastet demgegenüber immer nur denjenigen Aktionär, der sich dazu verpflichtet hat. Das ergibt der Umkehrschluss aus § 65 Abs. 1, der nur vom automatischen Übergang der Bareinlageverpflichtung ausgeht („Zahlung des rückständigen Betrags") sowie auch der Wortlaut des § 54 Abs. 2, wo auf den in der Satzung benannten Sacheinleger als Schuldner abgestellt wird. Ein die Aktie als *Einzelrechtsnachfolger* erwerbender Aktionär ist daher nicht verpflichtet, eine noch ausstehende Sacheinlage noch zu erbringen, wohingegen auf den die Aktie als *Gesamtrechtsnachfolger* erwerbenden Aktionär (Erbfall, UmwG) kraft umfassenden Eintritts in die Rechtsposition seines Vorgängers auch die Verpflichtung zur Erbringung der Sacheinlage übergeht (zutr. KK-AktG/*Drygala* Rn. 11).

10 **2. Die Einlagepflicht als mitgliedschaftliche Pflicht.** Die Einlagepflicht entsteht durch **Übernahme der Aktien bei Gründung** der AG, die durch die Übernahme als Vorgesellschaft entsteht (§ 29), oder durch **Zeichnung neuer Aktien** im Rahmen einer nachfolgenden Kapitalerhöhung einer bereits bestehenden Gesellschaft (§ 185). Es handelt sich dabei um eine Verpflichtung des Aktionärs, die ihren Entstehungsgrund in dessen Mitgliedschaft in der Gesellschaft findet.

11 Die Einlagepflichten der einzelnen Aktionäre stehen nicht in einer funktionalen Verbindung des *do ut des* im Sinne eines synallagmatischen Verhältnisses zueinander. Die wechselseitige Berufung der Aktionäre auf **§ 320 BGB** ist damit **ausgeschlossen.** Wohl aber kann die Nichterbringung der Einlage durch andere Aktionäre ein Recht des pflichtgetreuen Gesellschafters zur Kündigung der Vorgründungsgesellschaft aus wichtigem Grund zur Folge haben (RG 30.11.1928, RGZ 122, 339 (349)). Auch stehen dem Aktionär gegen die Gesellschaft unter Berufung auf deren späte (§ 281 BGB) bzw. ausgebliebene (§ 283 BGB) Erfüllung von Pflichten aus dem Mitgliedschaftsverhältnis **keine Ansprüche auf Schadensersatz oder Rücktrittsrechte** zu. Das findet seinen Grund darin, dass die Einlagepflicht in §§ 27, 54, 63 f. speziell und abschließend geregelt ist, womit das Vertragsrecht vollständig aus der Beziehung zwischen Aktionär und Gesellschaft verdrängt wird (zutr. KK-AktG/*Drygala* Rn. 5).

12 Grundsätzlich bestehen die **Einlagepflicht und** die **Rechte des Aktionärs** aus dem Mitgliedschaftsverhältnis unabhängig voneinander. Lediglich in Ausnahmefällen verknüpft das Gesetz die Leistung der

Einlage mit der Gewährung bestimmter Rechte (vgl. § 60 Abs. 2, § 64, § 134 Abs. 2, § 271 Abs. 3). Die Satzung kann Vertragsstrafen bei Nichterbringung der Einlagepflicht festlegen (vgl. § 63 Abs. 3).

3. Höhe, Inhalt und Grenzen der Einlagepflicht. Abs. 1 bestimmt als **Obergrenze** der Einlagepflicht den Ausgabekurs der Aktien; eine **Untergrenze** setzt das in § 9 AktG geregelte Verbot der Unterpariemission, nach dem auf Nennbetragsaktien Einlagen iHv mindestens 1 EUR bzw. des höheren in der Satzung bestimmten Nennbetrags zuzüglich eines ggf. vereinbarten Agios (§ 36a Abs. 1) zu leisten sind und auf Stückaktien, die auf keinen Nennbetrag lauten, eine Mindesteinlage von einem Euro je Aktie bzw. des höheren anteiligen Betrags des Grundkapitals der Gesellschaft zuzüglich ggf. eines Agios (§ 8 Abs. 1–4, s. dazu iE KK-AktG/*Drygala* § 8 Rn. 8 ff.). 13

Als **Mindesteinlage** ist bei der **Barkapitalerhöhung** bereits vor der Registereintragung der AG mindestens ein Viertel des geringsten Ausgabebetrags zuzüglich eines ggf. vereinbarten Agios zu leisten (§ 36 Abs. 2, § 36a Abs. 1). **Sacheinlagen** sind grundsätzlich **vollständig** vor der Anmeldung der Gesellschaft zum Handelsregister zu leisten, bei abweichender Satzungsregelung spätestens innerhalb von fünf Jahren nach der Eintragung der Gesellschaft im Handelsregister (§ 36a Abs. 2 S. 1 und 2). Ergibt die Prüfung durch das Registergericht, dass der Wert der geleisteten Sacheinlage nicht dem geringsten Ausgabebetrag der Aktien(n) zuzüglich eines ggf. vereinbarten Agios entspricht (→ Rn. 13), kann es gem. § 36a Abs. 2 S. 3, § 38 Abs. 2 S. 2 die Eintragung der Gesellschaft im Handelsregister ablehnen (KK-AktG/*A. Arnold* § 38 Rn. 9). Zum Fall der sog. verdeckten Sacheinlage → § 27 Rn. 7 ff. 14

Im Falle der sog. **Mantelgründung** hat nach der Rechtsprechung des BGH eine Überprüfung der Kapitalgrundlage der zuvor nur als leere korporative Hülle (Mantel) existierenden und erst zum Gründungszeitunkt wirtschaftlich erneut aktivierten Gesellschaft nach den für die Neugründung einer AG geltenden Regeln zu erfolgen (BGH 9.12.2002, BGHZ 153, 158 ff.; iE dazu KK-AktG/*Drygala* Rn. 27 ff.). 15

Folge eines Verstoßes gegen Abs. 1 ist im Falle einer Bestimmung in der ursprünglichen Gründungssatzung deren Unwirksamkeit, im Falle einer nachträglichen Satzungsänderung die Nichtigkeit des satzungsändernden Beschlusses nach § 243 Nr. 3 wegen Unvereinbarkeit mit dem Wesen der AG (BGH 20.9.2004, BGHZ 160, 253 (257 ff.) = NJW 2004, 3561). 16

Infolge der zwingenden Begrenzung der Einlagepflicht nach Abs. 1 ist die **Begründung zusätzlicher mitgliedschaftlicher Verpflichtungen** von Aktionären über die §§ 54 f. hinaus **unzulässig** (KK-AktG/*Drygala* Rn. 23); so kann etwa eine mitgliedschaftliche Verpflichtung des Aktionärs zum Beitritt zu einer bestimmten Vereinigung (RG 25.9.1901, RGZ 49, 77 (79)) ebenso wie die Pflicht zur Kostentragung für die Registrierung von Namensaktien (BGH 20.9.2004, BGHZ 160, 253 (258 f.) = NJW 2004, 3561) nicht begründet werden. Zulässig ist hingegen die statutarische Begründung unselbstständiger Neben- bzw. Hilfspflichten, mit denen die ausstehenden Einlagepflichten abgesichert werden wie die Vereinbarung von Vertragsstrafen (§ 63 Abs. 3) oder auch der Bestellung von Sicherheiten (RG 12.3.1918, RGZ 92, 315 (321) zur Sicherung durch Wechselverbindlichkeiten). Solche Pflichten dürfen (mit Ausnahme der Vertragsstrafe) keinen eigenständigen vermögensrechtlichen Inhalt haben, müssen in der Satzung festgelegt werden und erlöschen mit vollständiger Erfüllung der Einlageverpflichtung. 17

Da nur zusätzliche statutarische mitgliedschaftliche Verpflichtungen über §§ 54 f. hinaus unzulässig sind (→ Rn. 17), können durch **schuldrechtliche Vereinbarungen zwischen den Aktionären und der AG** beliebige weitergehende Leistungspflichten begründet werden (OLG München 27.9.2006, AG 2007, 292 (294); BayObLG 27.2.2002, NZG 2002, 583 (584); ausführlich zum Inhalt solcher Vereinbarungen KK-AktG/*Drygala* Rn. 47 ff., dort auch zur Anwendung der Regeln über kapitalersetzende Gesellschafterdarlehen auf sog. Finanzplankredite). Schuldrechtliche Vereinbarungen sind grundsätzlich formfrei, soweit das allgemeine bürgerliche Recht nichts anderes bestimmt. Erfolgt eine Regelung in der Satzung (sog. materieller Satzungsbestandteil), empfiehlt sich die Klarstellung, dass es sich nicht um eine Regelung mitgliedschaftlicher Natur handelt, wovon im Zweifel auszugehen ist (näher dazu KK-AktG/*Dygala* Rn. 33 ff.). Im Falle einer ungültigen/nichtigen statutarischen Abrede (→ Rn. 16 f.) kommt die Umdeutung in eine satzungsbegleitende schuldrechtliche Nebenabrede nach § 140 BGB in Betracht (KK-AktG/*Dygala* Rn. 36). Grenzen schuldrechtlicher Abreden ziehen die §§ 134, 138 BGB bzw. im Fall von Stimmbindungsverträgen § 136 Abs. 2. Ob die Rspr. des BGH zur Anfechtbarkeit von GmbH-Gesellschaftervereinbarungen, an denen alle Gesellschafter beteiligt sind, nach aktienrechtlichen Regeln (BGH 20.1.1983, NJW 1983, 1910 (1911); BGH 27.10.1986, NJW 1987, 1890 (1892)), sich auf neben die mitgliedschaftliche Einlagepflicht tretende schuldrechtliche Zusatzabreden zwischen der AG und ihren Aktionären übertragen lässt, erscheint zweifelhaft (näher dazu KK-AktG/*Drygala* Rn. 37). Schuldrechtliche Verpflichtungen dürfen von der AG nicht durch Ausübung korporativer Druckmittel erzwungen werden, sondern sind allein mit schuldrechtlichen Mitteln durchzusetzen. Vor allem Leistungs- und Unterlassungspflichten können Gegenstand schuldrechtlicher Vereinbarungen sein, wie etwa Dienst- und Sachleistungen oder die Erbringung zusätzlicher Mittel. Soweit mitgliedschaftliche Einlagepflichten automatisch mit der Veräußerung der Aktie auf den Erwerber übergehen (→ Rn. 9), bedarf es keines besonderen Übertragungsakts. Hingegen müssen schuldrechtliche Verpflichtungen im Wege der Schuldüberübernahme auf den Aktienerwerber übertragen werden (§§ 414 ff. BGB, iE dazu KK-AktG/ 18

Drygala Rn. 44). Dabei kann nach zutreffender hM der Übernahmewille des Erwerbers nicht bereits aus dessen Kenntnis vom Bestehen der Nebenabrede gefolgert werden (vgl. GroßkommAktG/*Henze* Rn. 72).

19 Nach § 275 BGB wird der Erwerber einer Aktie von der den Veräußerer als in der Satzung aufgeführten Sacheinleger treffenden Pflicht zur Erbringung einer Sacheinlage frei, da ihm als nicht in der Satzung als Sacheinleger aufgeführtem Nachfolger die Erfüllung der Scheinlagepflicht unmöglich geworden ist. Da infolge der Veräußerung für den Erwerber „nicht in der Satzung Sacheinlagen festgelegt sind", schuldet dieser gem. Abs. 2 dann nur eine Bareinlage, wenn die Sacheinlage nicht bereits zuvor vom Veräußerer erbracht worden ist (KK-AktG/*Drygala* Rn. 12). Insofern kann man von einem **Grundsatz des Vorrangs der Bareinlage** sprechen.

20 Hat die Gesellschaft entgegen § 10 Abs. 2 S. 1 vor der vollständigen Leistung des Ausgabebetrags **Inhaberaktien** ausgegeben, für deren Übertragung die §§ 929 ff. BGB gelten (Spindler/Stilz/*Vatter* § 10 Rn. 55), ist ein gutgläubiger Erwerber (§ 932 Abs. 2 BGB analog) in seinem Vertrauen darauf schutzwürdig, dass die Einlage bereits voll erbracht worden ist. Es kann insoweit ein **gutgläubig lastenfreier Erwerb** stattfinden, mit der Folge, dass nicht der Erwerber, sondern vielmehr weiterhin der veräußernde Aktionär die restliche Einlage schuldet (OLG Köln 8.2.2001, NZG 2001, 615). Die Beweislast für ein Fehlen der Gutgläubigkeit trägt gem. § 932 Abs. 2 BGB die Gesellschaft. Ebenso schuldet ein gutgläubiger Erwerber die noch ausstehende Einlage nicht, wenn die übertragenen Aktien in einer Globalurkunde (§ 9a DepotG) verbrieft sind (BGH 5.4.1993, BGHZ 122, 180 (197)). Entsprechendes gilt beim Erwerb von **Namensaktien,** wenn die Teilleistungen entgegen § 10 Abs. 2 S. 2 gar nicht oder mit einem überhöhten Betrag in der Urkunde angegeben sind (KG 12.5.1927, JW 1927, 2434 (2435); KK-AktG/*Dauner-Lieb* § 10 Rn. 37).

III. Erfüllung der Einlagepflicht

21 **1. Fälligkeit und Durchsetzung.** Die **Fälligkeit** des Anspruchs auf Erbringung einer **Geldeinlage** tritt mit der in § 63 Abs. 1 S. 1 vorgeschriebenen Einforderung der Einlage durch den Vorstand ein (BGH 15.1.1990, BGHZ 110, 47 (75 f.); BGH 13.4.1992, BGHZ 118, 83 (104 f.)). Ergänzt wird die der Durchsetzung der realen Kapitalaufbringung (→ Rn. 5) dienende Fälligstellung von Einlagen durch weitere Regelungen in §§ 63–66 zur Verzinsung fällig gestellter Einlagen, dem Ausschluss säumiger Aktionäre, zur Zahlungspflicht früherer Aktieninhaber und zum Verbot der Befreiung des Aktionärs von seiner Leistungspflicht, auf deren Kommentierung hier zu verweisen ist. **Sacheinlagen** werden gem. § 271 Abs. 1 BGB sofort mit der Vereinbarung in der Gründungssatzung bzw. der Festsetzung im Kapitalerhöhungsbeschluss fällig, sofern die Satzung oder der Kapitalerhöhungsbeschluss (§§ 27 Abs. 1, 183 Abs. 1) bzw. ein diese ergänzender schuldrechtlicher Einbringungsvertrag keine abweichende Regelung vorgeben; § 63 Abs. 1 findet insoweit keine Anwendung (Spindler/Stilz/*Döbereiner* § 36a Rn. 8). Nach § 36a Abs. 2 S. 2 kann den Gründern bzw. den später an einer Kapitalerhöhung teilnehmenden Zeichnern (§ 188 Abs. 2 S. 1) für die dingliche Erfüllung ihre Einlagepflichten in der Satzung bzw. im Einbringungsvertrag in markantem Gegensatz zu § 7 Abs. 3 GmbHG eine Frist von bis zu fünf Jahren eingeräumt werden (KK-AktG/*Drygala* Rn. 62).

22 **2. Modalitäten der Erbringung von Bareinlagen (Abs. 3).** Abs. 3 enthält eine besondere Regelung zu den Modalitäten der Erbringung von Geldeinlagen. Auf Sacheinlagen findet die Vorschrift keine Anwendung, insoweit gelten die jeweils die auf die Übertragung der einzubringenden Gegenstände anwendbaren Vorschriften (Spindler/Stilz/*Cahn/v. Spannenberg* Rn. 41). Die Vorschrift erfasst die Art und Weise zulässiger Zahlungen auf Bareinlageverpflichtungen und bezieht sich dabei auf den Zeitraum bis zur Eintragung der AG. Die gesetzlich vorgeschriebenen **Modalitäten der Leistungserbringung** sind **zwingend.** Eine bloße Scheckzahlung, die Leistung an Erfüllungs statt oder die Zahlung auf ein nicht unter Abs. 3 fallendes Konto können die Einlagepflicht nicht zum Erlöschen bringen. Gleiches gilt für die auf eine Schuld der Gesellschaft erfolgende Zahlung an eine Drittperson, auch wenn der Vorstand dem zustimmt (BGH 13.7.1992, BGHZ 119, 177 (190)). Nach der Eintragung der Gesellschaft gelten die allgemeinen bürgerlichrechtlichen Bestimmungen der §§ 362 ff. BGB zum Erlöschen von Schuldverhältnissen durch Erbringung der geschuldeten Leistung.

23 Erste Voraussetzung für die nach Abs. 3 eintretende besondere Erfüllungswirkung ist die **Einforderung der Einlage** (§ 63 Abs. 1 S. 1). Zahlungen, die ohne Einforderung geleistet werden, führen daher nicht ohne Weiteres zum Erlöschen der Bareinlageschuld nach § 362 Abs. 1 BGB. Vielmehr ist dann ein nachträglicher Annahmeakt der Gesellschaft erforderlich, der grundsätzlich auch konkludent erfolgen kann, jedoch nur dann schuldbefreiende Erfüllungswirkung hat, wenn die Gesellschaft tatsächlich einen Wert in einer der in Abs. 3 zugelassenen Erfüllungsformen vereinnahmt hat; so muss insbesondere ein überreichter Scheck eingelöst und ein zunächst auf ein nicht unter Abs. 3 fallendes Bankkonto geflossener Geldbetrag auf ein den gesetzlichen Anforderungen genügendes Konto überwiesen worden sein (vgl. KK-AktG/*Drygala* Rn. 64).

Abs. 3 will die reale Kapitalaufbringung bei der Gesellschaftsgründung und Kapitalerhöhung durch Verhinderung von Scheineinzahlungen sicherstellen (→ Rn. 5). Diesem Zweck dienen die **Beschränkung erfüllungstauglicher Leistungsformen auf Barzahlung und Kontogutschrift** und der damit einhergehende Ausschluss anderer Arten der Erfüllung (→ Rn. 23). **Barzahlung** iSv Zahlung in gesetzlichen Zahlungsmitteln bedeutet, dass die Einlage dergestalt zu erbringen ist, dass die (Vor)-Gesellschaft nach §§ 929 ff. BGB Eigentümerin des als Einlage geleisteten Bargelds wird (§ 929 BGB). Eine Scheckzahlung steht der Barzahlung nicht gleich. Die vor Eintragung der AG im Handelsregister bestehende Vorgesellschaft (§ 29) ist als werdende Kapitalgesellschaft bereits mit Rechtsfähigkeit ausgestattet und damit kontofähig und für die Entgegennahme der eingeforderten Beträge empfangszuständig (vgl. BGH 16.3.1992, BGHZ 117, 323 (326); BGH 23.10.2006, NZG 2007, 20; KK-AktG/*Drygala* Rn. 66 mwN). 24

Abs. 3 S. 1 gestattet die Leistung auf die Einlage durch die **Gutschrift auf ein Konto der AG oder des Vorstands.** Die Zulassung der Einzahlung auf ein Konto des Vorstands fand sich bereits in der Vorgängerreglung des § 49 AktG 1937. Die Formulierung stammt aus einer Zeit als die Rechtsfähigkeit der Vor-AG als werdende juristische Person noch nicht allgemein anerkannt war. Nachdem dies aus heutiger Sicht nicht mehr zweifelhaft ist (→ Rn. 24), erweist sich die Erwähnung dieser Leistungsmodalität als redundant, sodass **nur** die **Einzahlung auf ein Konto der Vor-AG** infrage kommt (KK-AktG/*Drygala* Rn. 69). Bedeutung kommt der Erwähnung des Vorstands in Abs. 3 S. 1 daher nur im Hinblick auf das Erfordernis von dessen endgültiger und freier Verfügung über die eingezahlten Geldmittel (→ Rn. 26) nicht als natürliche Person, sondern als Organ der Vor-AG zu (Spindler/Stilz/*Heidinger* Rn. 69). Da es allein um die Einzahlung auf ein Konto der Vor-AG geht, erweist sich auch **Abs. 3 S. 2** aus heutiger Sicht als **redundant** (MüKoAktG/*Götze* Rn. 54). 25

Erfüllungswirkung tritt nach Abs. 3 S. 1 erst mit vorbehaltloser Gutschrift auf einem Konto der Vor-AG ein, sodass der Vorstand nach eigenem Ermessen über die eingezahlten Geldmittel verfügen kann; daran fehlt es, wenn die kreditgebende Bank bei Einzahlung auf ein debitorisches Konto die Verfügung über den eingezahlten Betrag nicht zulässt (BGH 13.7.1992, BGHZ 119, 177 (190)). Um den Aktionär von seiner Einlagepflicht zu befreien, müssen **Zahlungen zur endgültigen und freien Verfügung des Vorstands** erfolgen; eine Gutschrift unter Vorbehalt reicht nicht aus (vgl. BGH 25.1.1988, BGHZ 103, 143 (147 f.)). Die einzubringenden Geldmittel müssen das Vermögen des Inferenten endgültig verlassen. Auch dürfen keine Vereinbarungen über den Rückfluss der eingezahlten Mittel an den Inferenten vorliegen (BGH 25.1.1988, BGHZ 103, 143 (147 f.); BGH 18.3.2002, BGHZ 150, 197; OLG Dresden 12.1.2017, NZG 2017, 985 (987); KK-AktG/*Drygala* Rn. 80, 89), wie dies bei Vorliegen einer verdeckten Sacheinlage (→ § 27 Rn. 7 ff.) der Fall ist (BGH 18.2.1991, BGHZ 113, 335 = NJW 1991, 1754). Entsprechendes gilt für den Fall, dass die Zahlung aus einem Kredit erfolgt, für den die Gesellschaft gebürgt hat (BGH 30.6.1958, BGHZ 28, 77). 26

Als **kontoführende Stellen** kommen nur Kreditinstitute (§ 1 Abs. 1 S. 1 KWG) bzw. die den in Abs. 3 S. 1 genannten Vorschriften des KWG unterfallenden Finanzdienstleistungsunternehmen in Betracht (iE dazu Spindler/Stilz/*Cahn/v. Spannenberg* Rn. 58 ff.; krit. KK-AktG/*Drygala* Rn. 71). Als kontoführende Stellen kommen auch inländische Zweigestellen von Auslandsbanken in Betracht, die im Inland Bankgeschäfte betreiben (KK-AktG/*Drygala* Rn. 70). Hinsichtlich der sorgfältigen Auswahl des Unternehmens, bei dem das Konto eingerichtet wird, trifft die Gründer und die Vorstandsmitglieder der Vor-AG die Haftung nach §§ 46 Abs. 1 S. 2, 48 S. 1 (KK-AktG/*Drygala* Rn. 72 ff.) 27

IV. Verjährung (Abs. 4)

Abs. 4 S. 1 enthält eine Sonderregel zur Verjährung von Einlagenforderungen. Die **zehnjährige Frist** beginnt nach § 200 S. 1 BGB mit der Fälligkeit des Einlagenanspruchs (→ Rn. 21). Mit Eintritt der Verjährung steht dem Aktionär nach § 214 Abs. 1 BGB ein Leistungsverweigerungsrecht zu. Die Einlageforderung bleibt danach weiter bestehen (§ 214 Abs. 2 S. 1 BGB). Von einem Aktionär für den Einlagenanspruch bestellte Sicherheiten bestehen fort; sie können von dem Aktionär nach § 216 Abs. 1 und 2 BGB nicht zurückgefordert werden (KK-AktG/*Drygala* Rn. 102). Ein Erwerber der Aktie kann gem. § 417 Abs. 1 S. 1 BGB das Leistungsverweigerungsrecht gegenüber der (Vor)-AG geltend machen. 28

Da die Einlagenansprüche nicht der regelmäßigen Verjährung nach §§ 195, 199 Abs. 1 BGB unterliegen, kommt es für den Beginn des Verjährungslaufs auf die Kenntnis des Vorstands (§ 199 Abs. 1 Nr. 2 BGB) als organschaftlicher Vertreter der (Vor)-AG (§ 166 BGB) nicht an; vielmehr richtet der Beginn der **Beginn des Verjährungslaufs** sich rein **objektiv nach der Entstehung des Einlagenanspruchs** (BGH 26.11.2007, NZG 2008, 311 (312)). 29

Die **Verlängerung** der zehnjährige Verjährungsfrist nach Abs. 4 S. 1 auf bis zu dreißig Jahre kann gem. § 202 Abs. 2 BGB durch Vertrag zwischen der (Vor)-Gesellschaft und dem Aktionär vereinbart werden. Dagegen steht einer Satzungsregelung über die **Verkürzung** die aktienrechtliche Satzungsstrenge (§ 23 Abs. 5) entgegen. Einer Vereinbarung über die Verjährungsverkürzung zwischen Aktionär 30 und (Vor)-Gesellschaft steht das Verbot des Vertrages zu Lasten Dritter (§ 311 Abs. 1 BGB) – hier der Gesellschaftsgläubiger – entgegen

31 Bei **Verjährenlassen von Einlageforderungen** kann den Vorstand die Haftung nach § 93 Abs. 2 S. 1 treffen. Als sonstiger Rechtsbehelf kommt hier die insolvenz- bzw. auch einzelvollstreckungsrechtliche Anfechtung des Verjährenlassens gem. §§ 3 f. AnfG, §§ 133 f. InsO in Betracht (vgl. KK-AktG/*Drygala* Rn. 104).

32 Ab dem Zeitpunkt der Eröffnung des Insolvenzverfahrens, nicht bereits ab Stellung des Eröffnungsantrags, unterliegt die Verjährung nach Abs. 4 S. 2 einer **Ablaufhemmung von sechs Monaten,** die es dem Insolvenzverwalter ermöglichen soll, das Bestehen offener Einlageforderungen zu prüfen und ggf. verjährungsunterbrechende Maßnahmen eizuleiten. Einem vor der Verfahrenseröffnung eigesetzten vorläufigen Insolvenzverwalter kommt diese „Schonfrist", allerdings nicht zugute, was *de lege ferenda* durchaus zu monieren ist (vgl. KK-AktG/*Drygala* Rn. 106).

33 Was die **Verjährung von Altfällen** betrifft, so hat sich der BGH für eine berichtigende Auslegung der verunglückten Übergangsregelung in Art. 229 § 12 Abs. 2 S. 2 EGBGB dahingehend ausgesprochen, dass in die zehnjährige Verjährungsfrist nach Abs. 4 S. 1 lediglich die drei Jahre zwischen 2001 und 204 einzurechnen sind, während zuvor vergangene Zeit unberücksichtigt zu bleiben hat; dagegen galt für den Zeitraum von 2001 bis 2004 die dreijährige, auf Kenntnis abstellende Verjährung nach §§ 195, 199 Abs. 1 Nr. 2 BGB (BGH 26.11.2007, NZG 2008, 311 (312 f.)).

Nebenverpflichtungen der Aktionäre

55 (1) [1] **Ist die Übertragung der Aktien an die Zustimmung der Gesellschaft gebunden, so kann die Satzung Aktionären die Verpflichtung auferlegen, neben den Einlagen auf das Grundkapital wiederkehrende, nicht in Geld bestehende Leistungen zu erbringen.** [2] **Dabei hat sie zu bestimmen, ob die Leistungen entgeltlich oder unentgeltlich zu erbringen sind.** [3] **Die Verpflichtung und der Umfang der Leistungen sind in den Aktien und Zwischenscheinen anzugeben.**

(2) **Die Satzung kann Vertragsstrafen für den Fall festsetzen, daß die Verpflichtung nicht oder nicht gehörig erfüllt wird.**

Übersicht

I. Grundlagen

1 Die Vorschrift erlaubt es, über die nach § 54 zwingend in der Satzung zu regelnden Einlagepflichten (→ § 54 Rn. 17) hinaus, den Aktionären **Nebenleistungspflichten in einer fakultativen Satzungsregelung** zur **Erbringung wiederkehrender, nicht in Geld bestehender Leistungen** aufzuerlegen (Abs. 1 S. 1). Auf diese Weise wollte der historische Gesetzgeber dem Bedürfnis bestimmter, insbesondere dem Agrarsektor zuzurechnender Branchen, namentlich Rübenzuckeranbau, Molkerei-, Brennerei-, Hefeanbau, Obst- und Gemüseanbau und Winzerbetriebe, (sog. Nebenleistungs-AG, Beispielsfall RG 19.5.1922, RGZ 104, 349 – Schnapsbrennerei) nach korporationsrechtlicher Begründung einer Verpflichtung der Aktionäre zur Lieferung der hergestellten Produkte an die Gesellschaft Rechnung tragen. Nach Abs. 1 S. 2 ist in der Satzung ausdrücklich festzulegen, ob die stipulierten Leistungen entgeltlich oder unentgeltlich zu erbringen sind. Als fakultative Regelung kommt eine statutarische Nebenleistungspflicht nur neben, dagegen nicht anstelle der in der Satzung zu regelnden Einlagepflicht (§ 54) zur Anwendung (KK-AktG/*Drygala* Rn. 7). Die praktische Bedeutung der Nebenleistungs-AG ist heutzutage gering (vgl. KK-AktG/*Drygala* Rn. 5). Sind Aktienurkunden oder Zwischenscheine vorhanden (§ 10 Abs. 5), sind die Nebenleistungspflichten und deren Umfang nach Abs. 1 S. 3 in den ausgegebenen Urkunden anzugeben. Für den Fall der ausbleibenden oder nicht gehörigen Erfüllung von Nebenleistungspflichten kann die Satzung nach Abs. 2 Vertragsstrafen festsetzen. Die Begründung einer statutarischen Nebenleistungspflicht ist allein gegenüber Aktionären als den Mitgliedern der Gesellschaft möglich und nicht auch gegenüber Dritten. Eine Zwang, Nebenleistungspflichten allen Aktionären gleichmäßig aufzuerlegen, begründet das Gesetz nicht; insoweit ist die Schaffung unterschiedlicher Aktiengattungen zulässig (RG 25.9.1912, RGZ 80, 95 (97)).

II. Begründung, Aufhebung und Inhalt von Nebenleistungspflichten

1. Begründung und Beendigung der Nebenleistungspflicht. Die Verpflichtung zur Erbringung von Nebenleistungen kann nur durch Aufnahme in die Gründungssatzung (§ 23) oder die Zeichnungserklärung bei einer Kapitalerhöhung (§ 185 Abs. 1 S. 2 Nr. 2) begründet werden. Sie kann weiter nach Abs. 1 S. 1 nur wirksam begründet werden, wenn die Übertragung der Aktien an die Zustimmung der AG gebunden ist, was **ausschließlich bei vinkulierten Namensaktien** denkbar ist (§ 68 Abs. 2). So wird sichergestellt, dass die AG Einfluss auf die Person ihres Schuldners besitzt. Mit der Aufhebung der Vinkulierung durch Satzungsänderung fällt auch die Nebenleistungspflicht fort (KK-AktG/*Drygala* Rn. 44). Die Nebenleistungspflicht muss gem. Abs. 1 S. 3 nach **Inhalt und Umfang in die Satzung aufgenommen** werden. So wie bei der Begründung der Einlagepflicht des Aktionärs (→ § 54 Rn. 17), reicht die Begründung durch einen schuldrechtlichen Vertrag nicht aus (RG 29.10.1915, RGZ 87, 261). Auch die Entgeltlichkeit muss in der Satzung ausdrücklich geregelt werden (Abs. 1 S. 2). Die Nebenleistungspflicht kann **befristet** werden und endet in diesem Fall mit Zeitablauf. Fehlen Regelungen über den Inhalt und den Umfang der Nebenleistungspflicht oder zur Frage, ob die Leistung unentgeltlich zu erbringen ist, so entsteht keine mitgliedschaftliche Nebenleistungspflicht (RG 24.10.1913, RGZ 83, 216 (218)). 2

Die **nachträgliche Einführung von Nebenleistungspflichten,** wie auch deren **zeitliche Verlängerung** oder auch **inhaltliche Umgestaltungen** mit erhöhter Belastungswirkung für den Aktionär bedürfen gem. § 180 Abs. 1 der einstimmigen Satzungsänderung; stimmt nur ein Aktionär nicht zu, ist der satzungsändernde Beschluss unwirksam (RG 8.6.1928, RGZ 121, 238 (244)). 3

Die **Beendigung von Nebenleistungspflichten** kann durch **Aufhebungsbeschluss** der Hauptversammlung erfolgen, der nur als Satzungsänderung (§§ 179 ff.) wirksam wird. Bei entgeltlichen Nebenleistungspflichten (→ Rn. 9) bedarf der Beschluss nach hM der Zustimmung aller betroffenen Aktionäre, da mit der Pflicht ein infolge des Beschlusses wegfallendes Leistungs- und Abnahmerecht des Aktionärs korrespondiere (BGH 27.4.2001, NJW 2001, 2537; GroßkommAktG/*Henze* Rn. 42). Jedenfalls ist nach § 179 Abs. 3 Einstimmigkeit der mit der Nebenleistungspflicht belegten Aktionäre erforderlich, wenn es sich dabei um eine besondere Aktiengattung handelt (KK-AktG/*Dygala* Rn. 65). 4

Ohne Mitwirkung der betroffenen Aktionäre und der Gesellschaft endet eine Nebenleistungspflicht bei Eintritt der **Unmöglichkeit** der Pflichterfüllung (§ 275 BGB), bei **Zweckerreichung** (arg. § 726 BGB), sowie auch bei **Aufhebung der statutarischen Vinkulierung** (→ Rn. 2); s. dazu KK-AktG/*Drygala* Rn. 63 f., 67. Durch **Erlassvertrag** nach § 397 BGB können nur einzelne bereits entstandene Nebenleistungspflichten aufgehoben werden, wobei der Gleichbehandlungsgrundsatz des § 53a zu beachten ist (*Winkler* DNotZ 1969, 394 (406)). Ein Pauschalerlass ist analog § 66 unzulässig (→ § 66 Rn. 5). Die Aufhebung seiner Nebenleistungsverpflichtung durch **Verzicht** auf das Mitgliedschaftsrecht ist dem Aktionär nicht möglich (RG 7.6.1910, RGZ 73, 429 (433 f.)). Durch die **Eröffnung des Insolvenzverfahrens über das Vermöge eines Aktionärs** erlöschen die diesen treffenden Nebenleistungspflichten nicht, sofern die Satzung nichts anderes bestimmt (RG 30.10.1923, RGZ 108, 20 (23)). 5

Außer der Beendigung aus den in → Rn. 5 f. genannten Gründen kommen eine Reihe weiterer Gründe der Beendigung von Nebenleistungspflichten infrage. Ist die **Nebenleistungspflicht befristet,** endet sie mit Zeitablauf. Die Pflicht endet zudem auch mit der **Auflösung der AG.** Allerdings können rückständige Leistungen von den Liquidatoren noch eingefordert werden. Dabei kommt es auf die Vereinbarkeit des Fortbestehens der Leistungspflicht mit dem Abwicklungszweck der in Liquidation befindlichen Gesellschaft an (RG 17.5.1929, RGZ 125, 114 (119 f.)). Ähnliches gilt, wenn die Gesellschaft nach § 262 Abs. 1 Nr. 3 durch **Eröffnung des Insolvenzverfahrens** zur Auflösung kommt (zum Folgenden KK-AktG/*Drygala* Rn. 69). Hier kann der Insolvenzverwalter rückständige Nebenleistungen nach § 103 InsO fordern, etwaige Gegenleistungspflichten der Gesellschaft werden dann Masseverbindlichkeiten, die vorweg aus der Insolvenzmasse zu befriedigen sind (§§ 55 Abs. 1 Nr. 2, 53 InsO). Auch erlöschen Nebenleistungspflichten nicht, sofern der Insolvenzplan deren Fortbestehen vorsieht (§ 157 InsO). Der identitätswahrende **Formwechsel** wie auch das Erlöschen der AG im Zuge einer **Verschmelzung** bzw. einer sonstigen mit Gesamtrechtsnachfolge verbundenen Umwandlungsmaßnahme lassen mangels abweichender Satzungsregelung aktienrechtliche Nebenleistungspflichten unberührt (§§ 20 Abs. 1 Nr. 1, 73, 125 S. 1, 176 Abs. 3 S. 2, 177 Abs. 2 S. 1, 202 Abs. 1 Nr. 1 UmwG); dazu und zu weiteren Einzelheiten KK-AktG/*Drygala* Rn. 71 f.). Schließlich kommt nach dem allgemeinen Rechtsgedanken von § 314 BGB auch die Kündigung einer Nebenleistungspflicht bei Fortbestehen der Mitgliedschaft des Aktionärs aus wichtigem Grund in Frage (KK-AktG/*Drygala* Rn. 33). 6

2. Begriff und Inhalt der Nebenleistungspflicht. Der **Leistungsbegriff** des Abs. 1 S. 1 entspricht demjenigen des § 241 BGB. Als Gegenstand der Leistungspflicht kommt alles in Betracht, wozu sich ein Aktionär zulässigerweise verpflichten kann, also etwa Gebrauchsüberlassungen, Dienst- und Werkleistungen etc. **Schranken** setzen das zwingende Aktienrecht (insbesondere § 136 Abs. 2) und der Gleich- 7 behandlungsgrundsatz (§ 53a), die §§ 134, 138 und 242 BGB, sowie insbesondere auch das Kartellrecht (dazu *K. Schmidt* FS Immenga, 2004, 705, 718 ff.).

8 Um eine Umgehung der Einlagevorschriften zu verhindern (§ 54), darf die **Leistung nicht,** dh weder mittelbar noch unmittelbar, **in Geld** bestehen (Abs. 1 S. 1); so ist eine Verpflichtung zur Übernahme von Garantien, Bürgschaften oder Ähnlichem unzulässig (GroßkommAktG/*Henze* Rn. 19). Das betrifft auch den Fall, dass die geschuldeten Nebenleistungen notwendig an Geldzahlungen gekoppelt sind, deren Erfüllung gegenüber der nicht auf Geldzahlung gerichteten Hauptleistung nur die Bedeutung einer untergeordneten Hilfspflicht zukommt, wie etwa die Verpflichtung, aus Gründen der Qualitätssicherung an die Gesellschaft abzuliefernde Zuckerrüben nur aus von der Gesellschaft entgeltlich geliefertem Samen und Dünger zu produzieren (GroßkommAktG/*Henze* Rn. 19).

9 Nach Abs. 1 S. 2 kann die **Nebenleistungspflicht entgeltlich oder unentgeltlich** übernommen werden. Um ein Umgehen des Verbots der Einlagenrückgewähr zu verhindern, darf das Entgelt aber den Wert der Nebenleistung nicht überschreiten (§ 61). Auch Mischformen sind zulässig. Über die Höhe des Entgelts können die Gesellschaftsorgane in den Grenzen des § 315 BGB entscheiden RG 29.10.1915, RGZ 87, 261 (266)).

10 Die statutarisch festgelegte Nebenleistungspflicht muss sich nach Abs. 1 S. 1 auf **wiederkehrende Leistungen** des Aktionärs beziehen. Damit sind einmalige Leistungen des Aktionärs wie etwa die Verpflichtung zur Einbringung eines Grundstücks (hier Sacheinlage) ebenso ausgeschlossen wie fortdauernd anhaltende Verpflichtungen wie etwa die Pflicht, Mitglied eines bestimmten Verbands oder Vereins zu sein (vgl. RG 25.11.1901, RGZ 49, 77 (78 f.)), ausgeschlossen, nicht dagegen die Verpflichtung zu einer bestimmten Unterlassung, sofern es sich dabei nicht um eine dauerhafte Unterlassung handelt (KK-AktG/*Drygala* Rn. 11 f.).

III. Übergang und Übertragung von Nebenleistungspflichten

11 Die mit der Nebenleistungspflicht verbundene Aktie kann als vinkulierte Namensaktie nur mit Zustimmung der AG rechtsgeschäftlich übertragen werden (§ 68 Abs. 2). Die **Nebenleistungspflicht geht mit der Übertragung der Aktie *ipso iure*** als Bestandteil der Mitgliedschaft **auf den Erwerber über,** ohne dass es insoweit einer besonderen Schuldübernahme bedürfte. Eine Vereinbarung zwischen dem Veräußerer und dem Erwerber über den Ausschluss des Schuldübergangs steht dem nicht entgegen, selbst, wenn die Gesellschaft zustimmt. Der Veräußerer wird von seiner Verpflichtung frei, Er bleibt, wenn insoweit keine Schuldübernahme vereinbart wurde, lediglich zur Erbringung bereits vor der Abtretung (nicht der Eintragung im Aktienregister!) fällig gewordener, rückständiger Nebenleistungen verpflichtet (MüKoAktG/*Götze* Rn. 20).

12 Das auf dem Mitgliedschaftsrecht gründende korporationsrechtliche Recht der Gesellschaft auf Erbringung von Nebenleistungen unterliegt nach § 399 BGB einem **Abtretungsverbot** (RG 27.5.1932, RGZ 136, 313 (315)). Das gilt allerdings nicht bezüglich der Abtretung einzelner bereits fällig gewordener Ansprüche auf Erbringung konkreter Nebenleistungen (KK-AktG/*Drygala* Rn. 54).

13 Ist auf übertragenen Aktien entgegen Abs. 1 S. 3 eine Nebenleistungspflicht bzw. deren Umfang nicht oder nicht vollständig vermerkt, kommt ein **gutgläubiger „lastenfreier" Erwerb** der Aktie in Betracht, wobei die in der Urkunde nicht erwähnte Nebenleistungspflicht beim Veräußerer verbleibt. Die damit entstehenden nebenleistungsfreien Aktien bilden dann eine neue Gattung oder sie werden einer bereits bestehenden nebenleistungsfreien Aktiengattung zugeordnet (RG 18.3.1913, RGZ 82, 72 (73)). Kenntnis oder grob fahrlässige Unkenntnis schaden (KK-AktG/*Drygala* Rn. 60).

IV. Rechtsfolge bei Verstoß und Vertragsstrafe (Abs. 2)

14 Folge eines Verstoßes gegen Abs. 1 ist im Falle einer Bestimmung in der ursprünglichen Gründungssatzung deren **Unwirksamkeit,** im Falle einer nachträglichen Satzungsänderung die **Nichtigkeit** des satzungsändernden Beschlusses nach § 243 Nr. 3 wegen Unvereinbarkeit mit dem Wesen der AG (BGH 20.9.2004, BGHZ 160, 253 (257 ff.)).

15 Wegen der satzungsmäßigen Grundlage entspringt die Pflicht zur Erbringung einer wirksam vereinbarten Nebenleistung der **Mitgliedschaft des Aktionärs,** die (nur) zusammen mit der Aktie übertragen werden kann (RG 27.5.1932, RGZ 136, 313 (315)). Schuldner ist damit der jeweilige Inhaber der betroffenen Aktie. Bei Leistungsstörungen gelten die §§ 275 ff., 280 ff., 323 ff., 437 ff. BGB analog (iE dazu KK-AktG/*Drygala* Rn. 35 ff.).

16 **Abs. 2** gestattet ausdrücklich eine **statutarische Vertragsstrafenregelung** (§§ 339 ff. BGB; § 348 HGB). Die Vertragsstrafe kann trotz des Abstellens in Abs. 1 auf nicht in Geld bestehende Leistungen auch eine Geldstrafe sein; nach § 340 S. 2 BGB schließt die einmal erfolgte Verhängung der Vertragsstrafe den Anspruch auf Erfüllung der korporationsrechtlichen Nebenleistungspflicht aus (KK-AktG/*Drygala* Rn. 40 f.). Eine Kaduzierung nach § 64 kommt als Sanktion für die Verletzung einer Nebenleistungspflicht nicht in Betracht, da diese einen Verstoß gegen die Einlagepflicht voraussetzt (KK-AktG/*Drygala* Rn. 39).

Keine Zeichnung eigener Aktien; Aktienübernahme für Rechnung der Gesellschaft oder durch ein abhängiges oder in Mehrheitsbesitz stehendes Unternehmen

56 (1) **Die Gesellschaft darf keine eigenen Aktien zeichnen.**

(2) [1] **Ein abhängiges Unternehmen darf keine Aktien der herrschenden Gesellschaft, ein in Mehrheitsbesitz stehendes Unternehmen keine Aktien der an ihm mit Mehrheit beteiligten Gesellschaft als Gründer oder Zeichner oder in Ausübung eines bei einer bedingten Kapitalerhöhung eingeräumten Umtausch- oder Bezugsrechts übernehmen.** [2] **Ein Verstoß gegen diese Vorschrift macht die Übernahme nicht unwirksam.**

(3) [1] **Wer als Gründer oder Zeichner oder in Ausübung eines bei einer bedingten Kapitalerhöhung eingeräumten Umtausch- oder Bezugsrechts eine Aktie für Rechnung der Gesellschaft oder eines abhängigen oder in Mehrheitsbesitz stehenden Unternehmens übernommen hat, kann sich nicht darauf berufen, daß er die Aktie nicht für eigene Rechnung übernommen hat.** [2] **Er haftet ohne Rücksicht auf Vereinbarungen mit der Gesellschaft oder dem abhängigen oder in Mehrheitsbesitz stehenden Unternehmen auf die volle Einlage.** [3] **Bevor er die Aktie für eigene Rechnung übernommen hat, stehen ihm keine Rechte aus der Aktie zu.**

(4) [1] **Werden bei einer Kapitalerhöhung Aktien unter Verletzung der Absätze 1 oder 2 gezeichnet, so haftet auch jedes Vorstandsmitglied der Gesellschaft auf die volle Einlage.** [2] **Dies gilt nicht, wenn das Vorstandsmitglied beweist, daß es kein Verschulden trifft.**

Übersicht

I. Norminhalt und Normzweck

Die Vorschrift dient dem **Schutz der realen Kapitalaufbringung,** indem sie die Zeichnung eigener Aktien durch die Gesellschaft (Abs. 1) wie auch von dieser abhängige oder im Mehrheitsbesitz stehende Unternehmen (Abs. 2) für unzulässig erklärt. Insofern ist § 56 als Komplementärregelung zu den Beschränkungen des Erwerbs eigener Aktien in den §§ 71–71e anzusehen. Das **Zeichnungsverbot** dient dem Schutz der aktienrechtlichen Organisationsstruktur, indem dem Vorstand als Leitungsorgan Handlungen verboten werden, die ausschließlich den Aktionären zustehen sollen. Abs. 3 betrifft Umgehungstatbestände in typischen Treuhandverhältnissen. Der Erwerb von Aktien für Rechnung der AG bzw. von dieser abhängiger oder in deren Mehrheitsbesitz stehender Unternehmen wird dadurch sanktioniert, dass der treuhänderische Erwerber ungeachtet der Treuhandabrede (Abs. 2 S. 2, Abs. 3 S. 1) so wie ein Aktien auf eigene Rechnung zeichnender Erwerber auf die volle Einlage haftet (Abs. 2 S. 2), ihm aber bis zur Übernahme der Aktie auf eigene Rechnung aus der Aktie keinerlei Rechte zustehen (Abs. 2 S. 3). Durch die Erstreckung dieser Regeln auf den Erwerb für Rechnung abhängiger bzw. im Mehrheitsbesitz der AG stehender Unternehmen erhält das grundsätzliche Zeichnungsverbot eine **konzerndimensionale Bedeutung.** Zwecks weiterer Absicherung der in Abs. 1 und Abs. 2 S. 1 geregelten Zeichnungsverbote schreibt Abs. 4 S. 1 die Haftung der Vorstandsmitglieder der AG gegenüber der Gesellschaft für schuldhafte Verletzungen dieser Verbote auf die volle Einlage vor, sofern den in Anspruch genommenen Organmitgliedern nicht der Nachweis fehlenden Verschuldens gelingt (Abs. 4 S. 2). 1

II. Verbot der Zeichnung eigener Aktien (Abs. 1)

Der **Zeichnungsbegriff** ist weit zu verstehen und umfasst jede rechtsgeschäftliche Erklärung, die auf den originären Erwerb eigener Aktien durch die Gesellschaft abzielt, sei es die Aktienübernahme bei Gründung (§ 23 Abs. 2 Nr. 2), die Zeichnung junger Aktien bei Kapitalerhöhung gegen Einlagen (§ 185) oder bei Verwendung eines genehmigten Kapitals (§ 185 Abs. 1 iVm § 203 Abs. 1 S. 1) oder auch die Bezugserklärung im Rahmen einer bedingten Kapitalerhöhung (§ 198). Der Erwerb eigener Aktien bei einer Kapitalerhöhung aus Gesellschaftsmitteln (§ 215 Abs. 1) ist demgegenüber zulässig, da er nicht der Kapitalbeschaffung dient (GroßkommAktG/*Henze* Rn. 8). Auf den derivativen Erwerb von Aktien findet § 56 grundsätzlich keine Anwendung; insoweit sind jedoch die §§ 71 ff. über den Erwerb eigener Aktien zu beachten (KK-AktG/*Drygala* Rn. 5). Beim Erwerb junger Aktien findet § 56 neben 2 dem Verbot der finanziellen Unterstützung des Aktienerwerbs nach§ 71a Anwendung, denn Letzteres gilt nach der unionsrechtlichen Vorgabe des Art. 64 Abs. 5 GesR-RL für den originären Erwerb ebenso wie für den derivativen (Spindler/Stilz/*Cahn/v. Spannenberg* Rn. 13; *Habersack* AG 2009, 557 (563); *Hassner,* Finanzielle Unterstützung zum Leveraged-Buyout einer Aktiengesellschaft, 2014, 249 ff.). Das Zeichnungsverbot betrifft nur die (Vor)-AG selbst, nicht dagegen die von dieser zu unterscheidende, im Gründungsprozess vorgeschaltete Vorgründungsgesellschaft (KK-AktG/*Drygala* Rn. 6).

3 Ein Verstoß gegen Abs. 1 führt zur **Nichtigkeit der Zeichnungs- oder Bezugserklärung** gem. § 134 BGB und damit zur Nichtigkeit der Aktienübernahme. Die Kapitalerhöhung darf weder angemeldet noch im Handelsregister eingetragen werden (§§ 188, 189, 201); Bezugsaktien dürfen nicht ausgegeben werden. Bei paralleler Zeichnung von Aktien durch die Gesellschaft selbst und neu eintretende Aktionäre ist allerdings nur die Eintragung der von der Gesellschaft gezeichneten Tranche gesperrt (KK-AktG/*Drygala* Rn. 9). Wird die Kapitalerhöhung dennoch eingetragen, ist damit nach hM die **Heilung** der nichtigen Zeichnungserklärungen verbunden, und die Mitgliedschaftsrechte sind wirksam entstanden: Das folgt aus Abs. 4 S. 1, wo das Entstehen der Einlagepflicht trotz Verstoßes gegen das Selbstzeichnungsverbot vorausgesetzt wird (vgl. Spindler/Stilz/*Cahn/v. Spannenberg* Rn. 15). Beim Erwerb durch abhängige oder im Mehrheitsbesitz stehende Unternehmen tritt die Nichtigkeitsfolge des § 134 BGB aufgrund der besonderen Regelung des Abs. 2 S. 2 von vornherein nicht ein (KK-AktG/*Drygala* Rn. 28). Es ergibt sich dann die Folgefrage, wie die von der AG erworbenen eigenen Aktien zu behandeln sind. Die Gesellschaft ist dann nach dem Grundsatz der Konfusion nicht selbst zur Erbringung der geschuldeten Einlage verpflichtet; vielmehr haften nach Abs. 4 die Vorstandsmitglieder. Im Übrigen sind die §§ 71b, 71c analog anzuwenden (vgl. zum Folgenden Spindler/Stilz/*Cahn/v. Spannenberg* Rn. 17 ff.). Analog § 71b stehen der Gesellschaft aus den eigenen Aktien keine Rechte zu. Scheitert eine fristgerechte Veräußerung, so sind die Aktien analog § 71c Abs. 3 einzuziehen.

III. Verbot der Übernahme von Aktien durch ein abhängiges oder in Mehrheitsbesitz befindliches Unternehmen (Abs. 2)

4 Durch Abs. 2 soll abgesichert werden, dass die Einlageleistung an die Muttergesellschaft real erfolgt und nicht die Muttergesellschaft über die Tochter letztlich selbst leistet (Spindler/Stilz/*Cahn/v. Spannenberg* Rn. 20). Das Vorliegen von **Mehrheitsbesitz** richtet sich nach § 16. Als **abhängiges Unternehmen** kommt nach den zu nach § 17 geltenden Grundsätzen jedes selbständige Rechtssubjekt mit eigenen Vermögensinteressen in Betracht. Die Rechtsform des beherrschten Unternehmens ist dabei unerheblich; das Verbot ist rechtsformneutral ausgestaltet. Abs. 2 S. 1 erfasst auch die Abhängigkeit auf der Grundlage eines Beherrschungs- und/oder Gewinnabführungsvertrags nach § 291 (BGH 4.3.1974, BGHZ 62, 193). Die Vorschrift erfasst ihrem Sinn nach die unmittelbare Abhängigkeit und Mehrheitsherrschaft ebenso wie mittelbare Formen (Spindler/Stilz*Cahn/v. Spannenberg* Rn. 24. Der **umgekehrte Fall,** wonach ein herrschendes oder mit Mehrheit beteiligtes Unternehmen Aktien einer Tochter übernimmt, ist nach Abs. 2 nicht untersagt.

5 Wie das Verbot der Selbstzeichnung durch die Gesellschaft (→ Rn. 2) erfasst Abs. 2 S. 1 lediglich den **originären Aktienerwerb.** Verboten ist die Übernahme „als Gründer oder Zeichner"; zum derivativen Erwerb s. § 71d S. 2. Das Übernahmeverbot erfasst die Zeichnung neuer Aktien bei einer Kapitalerhöhung gegen Einlagen (§ 185 Abs. 1) oder die Ausnutzung eines genehmigten Kapitals (§ 203 Abs. 1 S. 1 iVm § 185 Abs. 1) sowie die Ausübung eines Umtausch- oder Bezugsrechts im Rahmen einer bedingten Kapitalerhöhung (§ 198 Abs. 1). Nicht von der Vorschrift untersagt ist demgegenüber die Übernahme junger Aktien bei einer Kapitalerhöhung aus Gesellschaftsmitteln (§ 215 Abs. 1). Zu den erfassten Erwerbsvorgängen vgl. Spindler/Stilz/*Cahn/v. Spannenberg* Rn. 29 f.

6 **Verstöße gegen Abs. 2 S. 1** sollen zwar nach Abs. 2 S. 2 grundsätzlich nicht zur Nichtigkeit der Aktienübernahme nach § 134 BGB führen. Nach zutreffender Auffassung hat das Registergericht jedoch im Sinne effektiver Durchsetzung des Erwerbsverbots die mit konstitutiver Wirkung versehene Registereintragung einer Gründung bzw. Kapitalerhöhung (§§ 41 Abs. 1 S. 1, 189) bei Vorliegen eines Verstoßes gegen Abs. 2 S. 1 abzulehnen (vgl. KK-AktG/*Drygala* Rn. 28 f.). Hat das abhängige oder in Mehrheitsbesitz stehende Unternehmen verbotswidrig aber wirksam Aktien der herrschenden oder mehrheitlich beteiligten AG erworben, sind die §§ 71b–71d einschlägig. Dem Unternehmen stehen aus den Aktien keine Rechte zu, insbes. auch keine Stimmrechte (§ 71b iVm § 71d S. 2 und 4). Nach § 71c Abs. 1 iVm § 71d S. 2 und 4 besteht eine Pflicht zur Veräußerung der Aktien binnen Jahresfrist. Die herrschende oder mehrheitlich beteiligte AG muss nach § 160 Abs. 1 Nr. 1 in ihrer Anhangberichterstattung Angaben über Bestand, Zugang, Verwertung und Erlösverwendung der von ihrem Tochterunternehmen übernommenen Aktien machen.

IV. Zeichnung durch Treuhänder (Abs. 3)

7 Von Abs. 3 erfasst werden sämtliche Formen der **originären Aktienübernahme** für Rechnung der AG oder eines abhängigen oder in Mehrheitsbesitz befindlichen Unternehmens. Für solche **Treuhand-**

verhältnisse wird zwar **kein Erwerbsverbot** ausgesprochen. Den formalen Aktionär treffen aber zwingend die Pflichten aus den übernommenen Aktien; interne Abreden sind dafür ohne Belang (Abs. 3 S. 2). Aus diesen Aktien kann der Erwerber zudem keine Rechte ableiten (vgl. Abs. 3 S. 3). Nach Abs. 3 S. 1 muss eine als Treuhänder der AG fungierende Person Aktien als Gründer, Zeichner bei einer Kapitalerhöhung gegen Einlagen oder im Rahmen der Ausnutzung eines genehmigten Kapitals bzw. in Ausübung eines Umtausch- bzw. Bezugsrechts bei einer bedingten Kapitalerhöhung erworben haben. Entsprechendes gilt, wenn sie aufgrund einer Vereinbarung für Rechnung der AG oder eines von dieser abhängigen oder in Mehrheitsbesitz stehenden Unternehmens Aktien erwirbt (iE dazu KK-AktG/*Dygala* Rn. 43 ff.; krit. gegenüber diesem Verständnis der gesetzlichen Regelung Spindler/Stilz/*Cahn/v. Spannenberg* Rn. 54 ff.).

Für Rechnung bedeutet, dass die AG oder ihr Tochterunternehmen im Innenverhältnis zum Übernehmer das aus der Aktienübernahme folgende wirtschaftliche Risiko zumindest teilweise trägt. Dies ist auch bei der geplanten Weiterveräußerung an Dritte der Fall, wenn zwischen der AG bzw. ihrem Treugeberunternehmen und dem Erwerber ein Auftragsverhältnis, eine Geschäftsbesorgung, ein Kommissionsvertrag oder ein ähnliches Rechtsverhältnis besteht. Die Risikoübernahme resultiert dabei aus der Pflicht zum Aufwendungsersatz nach § 670 BGB. Von der Übernahme des wirtschaftlichen Risikos ist auch dann auszugehen, wenn die Gesellschaft dem Treuhandzeichner eine **Kursgarantie** gibt (*M. Winter* FS Röhricht, 2005, 709, 714 ff.) oder einem Emissionskonsortium gegenüber ein **Platzierungsrisiko** übernommen wird (GroßkommAktG/*Henze* Rn. 60 f.). Abs. 3 findet schließlich auch dann Anwendung, wenn der Aktienübernehmer für Rechnung eines Dritten handelt, der seinerseits für Rechnung der AG oder für ein von ihr abhängiges oder in ihrem Mehrheitsbesitz stehendes Unternehmen tätig ist (KK-AktG/*Drygala* Rn. 91 ff.). 8

Wie bei Abs. 2 ist der Aktienerwerb wirksam. Dem Gründer oder Zeichner stehen **keine Rechte aus der Aktie** zu, solange er diese nicht für eigene Rechnung übernommen hat (Abs. 3 S. 3). Nichtsdestotrotz ist der Übernahmevertrag gültig (KK-AktG/*Drygala* Rn. 66). Der Gründer oder Zeichner wird Aktionär und trägt die daraus resultierenden Pflichten, ohne dabei aus dem Treuhandverhältnis zur Gesellschaft bzw. dem abhängigen oder im Mehrheitsbesitz stehenden Unternehmen Einwendungen ableiten zu können (Abs. 3 S. 1 und 2). 9

V. Haftung der Vorstandsmitglieder (Abs. 4)

Jedes Vorstandsmitglied haftet auf die volle Einlage, wenn Aktien entgegen Abs. 1 und 2 gezeichnet werden. Mehrere Vorstandsmitglieder haften als Gesamtschuldner (§§ 421 ff. BGB). Die Haftung erlischt, sobald die Einlage geleistet wurde. Die Beweislast für fehlendes Verschulden liegt bei dem Vorstandsmitglied (Abs. 4 S. 2). 10

Für den **Regress** unter den gesamtschuldnerisch nach Abs. 4 S. 1 Vorstandsmitgliedern gilt § 426 BGB. Dagegen haften die Vorstandsmitglieder im Verhältnis zum Erwerber der Aktien nicht nach § 426 Abs. 1 BGB zu gleichen Teilen als Gesamtschuldner. Da ihre Haftung nach dem Sinn der gesetzlichen Regelung nur als subsidiär gegenüber der Haftung des erwerbenden Unternehmens anzusehen ist, insoweit also iSv § 426 Abs. 1 BGB „ein anderes bestimmt ist", können sie vielmehr von dem erwerbenden Unternehmen die volle Erstattung aller auf die Einlage geleisteten Beträge verlangen (*Büdenbender* DZWIR 1998, 55 (57)). Nach dem Rechtsgedanken des § 255 BGB können die auf ihre Einlagepflicht nach Abs. 1 hin leistenden Vorstandsmitglieder von dem erwerbenden Unternehmen auch die Übertragung verbostwidrig ausgegebener Aktie gegen Erstattung von dem Erwerbsunternehmen erbrachter Teile der Einlage fordern (vgl. Spindler/Stilz/*Cahn/v. Spannenberg* Rn. 38). 11

Fraglich erscheint, ob entsprechend einer im Schrifttum vertretenen Auffassung **Schadensersatzansprüche der AG gegen** ihre **Vorstands**- bzw. auch **Aufsichtsratsmitglieder** wegen verbotener Einlagenrückgewähr analog § 93 Abs. 3 Nr. 1 unter dem Gesichtspunkt konstruiert werden können, dass der Gesellschaft infolge der Rückforderung der von einem in die Haftung genommenen Vorstandsmitglied erbrachten Einlagebeträge von einer verbotswidrig Aktien zeichnenden Beteiligungsgesellschaft bei normativer Betrachtung ein Schaden in Höhe des Produkts aus der Beteiligungsquote und der von dem Erwerbsunternehmen geschuldeten Einlage entstehen könne (vgl. KK-AktG/*Drygala* Rn. 37). Des Weiteren soll eine Haftung von Vorstands- und Aufsichtsratsmitgliedern nach § 93 Abs. 2 S. 1 in Betracht kommen, wenn die Gründung oder Kapitalerhöhung sich infolge der verbotswidrigen Anteilszeichnung durch die Erwerbsgesellschaft verzögert oder gar scheitert (vgl. Spindler/Stilz/*Cahn/v. Spannenberg* Rn. 39). 12

Keine Rückgewähr, keine Verzinsung der Einlagen

57 (1) [1]**Den Aktionären dürfen die Einlagen nicht zurückgewährt werden.** [2]**Als Rückgewähr gilt nicht die Zahlung des Erwerbspreises beim zulässigen Erwerb eigener Aktien.** [3]**Satz 1 gilt nicht bei Leistungen, die bei Bestehen eines Beherrschungs- oder Gewinnabführungsvertrags (§ 291) erfolgen oder durch einen vollwertigen Gegenleistungs- oder**

Rückgewähranspruch gegen den Aktionär gedeckt sind. [4] Satz 1 ist zudem nicht anzuwenden auf die Rückgewähr eines Aktionärsdarlehens und Leistungen auf Forderungen aus Rechtshandlungen, die einem Aktionärsdarlehen wirtschaftlich entsprechen.

(2) **Den Aktionären dürfen Zinsen weder zugesagt noch ausgezahlt werden.**

(3) **Vor Auflösung der Gesellschaft darf unter die Aktionäre nur der Bilanzgewinn verteilt werden.**

Übersicht

I. Norminhalt und Normzweck

1 Den Gläubigern einer AG steht als Haftungsmasse lediglich das Gesellschaftsvermögen zur Befriedigung ihrer Forderungen zur Verfügung (§ 1 Abs. 1 S. 2). Zum Schutz der Gesellschaftsgläubiger muss das in der Satzung festgelegte *Grundkapital* (§ 23 Abs. 3 Nr. 3), das den Mindestbetrag von 50.000 EUR nicht unterschreiten darf (§ 7), von den Gründern in die Gesellschaft eingebracht werden (Kapitalaufbringung). Zudem soll nach dem gesetzlichen Regelungsmodell das den Gläubigern als Haftungsmasse zur Verfügung stehende *Vermögen* der AG grundsätzlich vor dem Zugriff der Aktionäre geschützt werden. In diesem Sinne liegt der **Normzweck** des § 57 nicht nur in der Erhaltung des Grundkapitals, sondern vielmehr idem **Schutz des gesamten Gesellschaftsvermögens der AG.** Zusammen mit den §§ 59, 62 und 71 ff. dient die Vorschrift dem kardinalen **Regelungsziel der aktienrechtlichen Vermögensbindung.** Neben den Gläubigerinteressen schützt die Vorschrift die nicht partizipierenden Aktionäre vor verdeckten Gewinnausschüttungen (*Bitter* ZHR 168 (2004), 302 (308 f.)).

2 § 57 kann gem. § 23 Abs. 5 statutarisch weder abbedungen noch abgeschwächt werden (KK-AktG/*Drygala* Rn. 21). Die Vorschrift betrifft allerdings nur Vermögensauskehrungen im mitgliedschaftlichen Verhältnis zwischen Gesellschaft und Aktionär. So ist die **Kapitalmarktinformationshaftung** der Gesellschaft gegenüber Aktionären nach §§ 44 f. BörsG, § 1 Abs. 1 WpPG oder auch §§ 826, § 823 Abs. 2 BGB iVm § 400 im Verhältnis zur aktienrechtlichen Vermögensbindung **vorrangig,** da der Aktionär insoweit nicht primär in seiner Stellung als Mitglied der Gesellschaft betroffen ist, sondern vielmehr als Gesellschaftsgläubiger (BGH 9.5.2005, NJW 2005, 2450 (2452) – EM.TV; OLG Frankfurt a. M. 17.3.2005, ZIP 2005, 710 (713) – Comroad; krit. zur Vereinbarkeit dieses Vorrangs der Kapitalmarktinformationshaftung mit dem europäischen Recht *Kindler* FS Hüffer, 2010, 417 (427 f.); *Fleischer/Schneider/Thaten* NZG 2012, 801).

II. Verbot der Auskehrung von Gesellschaftsvermögen" (Abs. 1 S. 1 und Abs. 3)

3 **1. Vermögenschutz durch Auskehrungsverbot.** Die in Abs. 1 S. 1wie auch in der amtlichen Überschrift von § 57 verwendete Formulierung „Einlagenrückgewähr" beschreibt das in Abs. 1 normierte Verbot nicht präzise. Im Gegensatz zu diesem leicht missverständlichen Sprachgebrauch betrifft das gesetzliche **Vermögensauskehrungsverbot** nicht die von den Gründern und nachträglichen Aktienzeichnern erbrachten Einlagen iSv § 54. Dass die der Gesellschaft von ihren Aktionären als Einlagen zugeführten Vermögengegenstände überhaupt noch im Gesellschaftsvermögen vorhanden sind, setzt die Norm nicht voraus. Das Gesellschaftsvermögen der AG wird nicht in einer bestimmten Zusammensetzung sondern nur seinem Wert nach geschützt. Das in Abs. 1 S. 1 statuierte Verbot der Auskehrung von Gesellschaftsvermögen erfasst vielmehr **jede Zuwendung von Vermögenswerten der AG an einzelne oder sämtliche Aktionäre,** die aufgrund von deren Mitgliedschaft *(causa societatis)* erfolgt, es sei denn eine solche Vermögenszuwendung erfolgt im Rahmen der Gewinnverteilung nach § 58, sie ist nach § 57 Abs. 1 S. 2–4, § 59 ausdrücklich gesetzlich zugelassen, oder sie erfolgt im Rahmen drittgleicher Umsatzgeschäfte, bei denen Leistungen zu marktüblichen Bedingungen aus-

getauscht werden (BGH 31.5.2011, BGHZ 190, 7 (12) – Telekom III, dazu *Westermann/Paefgen* FS Hoffmann-Becking, 2013, 1363 ff.; BGH 13.11.2007, NZG 2008, 106 (107); BGH 14.5.1992, NJW 1992, 2821). In dem durch das besondere aktienrechtliche Vermögensauskehrungsverbot bewirkten Schutz des gesamten Gesellschaftsvermögens liegt der wesentliche Unterschied zu dem allein das statutarische Stammkapital betreffenden Auszahlungsverbot nach § 30 GmbHG (vgl. KK-AktG/*Drygala* Rn. 16 ff.).

Was die **Bewertung von Gegenständen des Gesellschaftsvermögens** bei Anwendung der Auskehrungssperre betrifft, so sind i. S. eines realen Vermögensschutzes für die an Aktionäre ausgekehrten Vermögensteile deren Verkehrswerte anzusetzen, nicht dagegen Bilanzwerte wie etwa die niedrigeren Herstellungskosten. Bei Austauschgeschäften ist anhand eines Vergleichs *at arm's length* zu prüfen, ob dem Gesellschaftsvermögen für die hingegebenen Vermögensgegenstände oder auch Dienstleistungen eine adäquate Gegenleistung zugekommen ist, bei nicht marktgängigen Vermögensgegenständen oder Leistungen sind marktübliche Bewertungsmethoden in Ansatz zu bringen (BGH 13.11.1995, NJW 1996, 589 (590); BGH 1.12.2008, AG 2009, 81; OLG Köln 28.5.2009, AG 2009, 584 (587); KK-AktG/*Drygala* Rn. 61 ff.; ausführlich *T. Bezzenberger,* Das Kapital der Aktiengesellschaft, 2005, 219 ff.). Dabei ist hinsichtlich des anzuwendenden Bewertungsmaßstabs nach § 93 Abs. 1 S. 2 ein unternehmerischer Ermessensspielraum anzuerkennen (BGH 13.11.1995, NJW 1996, 589 (590); krit. KK-AktG/*Drygala* Rn. 56 mwN zur vorherrschenden Gegenmeinung). Im Wege der Abgrenzung von grundsätzlich zulässigen Drittgeschäften werden **verbotene Vermögensauskehrungen** an Aktionäre erfasst, die ihre Grundlage im Mitgliedschaftsverhältnis haben, also ***causa societatis*** erfolgen (vgl. BGH 1.12.2008, BGHZ 179, 71 Rn. 12 – MPS; BGH 26.6.2012, NZG 2012, 1030 (1031)). 4

Verboten ist nicht erst die Leistung, sondern bereits die **Zusage einer verbotenen Zuwendung,** sodass auch bereits bei Zusage einer bestimmten Vermögensauskehr an einen Aktionär, der kein vollwertiger Gegenleistungsanspruch der Gesellschaft gegen diesen gegenübersteht, ein Verstoß gegen das Verbot des Abs. 1 S. 1 vorliegen kann (arg. Abs. 2 S. 3 Alt. 2; vgl. BGH 1.12.2008, BGHZ 179, 71 (77) – MPS). 5

2. Formen verbotener Vermögensauskehr. Eine verbotene Vermögensauskehr iSv Abs. 1 S. 1 kann nicht nur dann vorliegen, wenn einem Aktionär dinglich ein Vermögenswert zugewandt wird, sondern auch im Falle der **Begründung einer Verbindlichkeit zu Lasten der AG** (vgl. BGH 31.5.2011, ZIP 2011, 1306 (1308 f.) –Telekom III; BGH 18.6.2007, BGHZ 173, 1 (5 f.)) oder des Verzichts auf eine Forderung gegen den Aktionär (BGH 10.5.1993, BGHZ 122, 333). Auch die Bestellung von Sicherheiten (schuldrechtlicher wie dinglicher Art) fällt unter den Verbotstatbestand, so etwa die **Bestellung einer dinglichen Sicherheit** für ein Darlehen des Aktionärs bei einem Dritten. Der Vermögensvorteil, der dem Aktionär zugewandt wird, liegt dann in der Besicherung (vgl. BGH 31.5.2011, BGHZ 190,7 (13); BGH 18.6.2007, BGHZ 173, 1 (5 f.); BGH 31.1.2017, NZG 2017, 344 (345)). 6

Unter der (eher selten anzutreffenden) **offenen „Einlagenrückgewähr", sprich Vermögensauskehrung,** versteht man jede unbemäntelte, dem Verbot des Abs. 1 S. 1 widersprechende Gewährung von Vermögensvorteilen aus dem Gesellschaftsvermögen an Aktionäre (vgl. KK-AktG/*Drygala* Rn. 34 ff., dort auch zur Unzulässigkeit sog. Präsenzboni an Hauptversammlungsteilnehmer und zur Übernahme einer Gewährleistungshaftung gegenüber Sacheinlegern). Beispiele dafür sind Gewinnauszahlungen bei Fehlen oder Nichtigkeit des Gewinnverwendungsbeschlusses oder des Jahresabschlusses, Vorauszahlungen auf die Dividende, soweit diese nicht von § 59 gedeckt sind (RG 20.2.1923, RGZ 107, 161 (168)), die Gewährung eines ungesicherten Darlehens an einen Aktionär (LG Dortmund 1.8.2001, AG 2002, 97 (98 f.)), wie auch der Abkauf von Anfechtungsklagen (BGH 14.5.1992, NJW 1992, 2821). 7

Praktisch bedeutsamer ist die sog. **„verdeckte Einlagenrückgewähr",** die typischerweise bei Umsatzgeschäften auftritt, welche die AG mit einem oder mehreren ihrer Aktionäre tätigt. Solche Transaktionen zeichnen sich durch ein für die Gesellschaft objektiv ungünstiges Geschäft mit einem oder mehreren Aktionären aus, das allein aufgrund der Mitgliedschaft in der Gesellschaft (*causa societatis*) zustande kommt. Ein subjektives Element wird hier nicht verlangt. Vielmehr kommt es nur auf das objektive Missverhältnis zwischen Leistung und Gegenleistung an, wobei aus Gründen eines effektiven Kapitalschutzes den Beteiligten kein Beurteilungsspielraum zugestanden wird (iE dazu BGH 29.3.2010, ZIP 2010, 978 (979) – AdCoCom; *Pentz* FS K. Schmidt, 2009, 1265 (1275 ff.)). Beispiele sind die Übernahme von Bauleistungen zu ersichtlich nicht kostendeckenden Preisen (BGH 1.12.1986, NJW 1987, 1194), die Bestellung von Schuldsicherheiten zugunsten von Aktionären, die vorfristige Tilgung einer Gesellschaftsverbindlichkeit unter Befreiung des Aktionärs von seiner Bürgschaft (KG 24.7.1998, NZG 1999, 161 f.) oder die Zahlung eines Beratungshonorars ohne erkennbare Beratungsleistung. Generell kommt als verbotsbefangene Vermögenszuwendung jegliche Form der Übertragung konkreter Verkehrswerte in Betracht, so insbesondere auch die Überlassung von Geschäftschancen der AG an einen Aktionär (vgl. *Westermann/Paefgen* FS Hoffmann-Becking, 2013, 1363 (1372)). Seit der Einführung der sog. Anrechnungslösung durch § 27 Abs. 3 idF des MoMiG (→ § 27 Rn. 7 ff.) dürfte sich die 8

Auffassung durchgesetzt haben, dass § 57 auf den typischen Fall der sog. **„verdeckten Sacheinlage"** keine Anwendung findet (vgl. KK-AktG/*Drygala* Rn. 24 mwN).

9 Die mit dem MoMiG eingeführte Bestimmung des § 27 Abs. 4 zum sog. **Hin-und-Herzahlen** (→ § 27 Rn. 14 ff.) stellt an ein als Gegenleistung für die Einlage vereinbartes Darlehen der Gesellschaft an den Aktionär im Vergleich mit Abs. 1 S. 2 Alt. 2 (Vollwertigkeit des Rückgewährsanspruchs) schärfere Anforderungen (Vollwertigkeit des Rückgewährsanspruchs *und* jederzeitige Fälligkeit bzw. fristlose Kündbarkeit des Rückgewähranspruchs). Als *lex specialis* zu § 57 kommt diese Regelung jedoch nur dann zur Anwendung, wenn die Vereinbarung über das Hin-und-Herzahlen vor der Anmeldung der Einlage zum Handelsregister getroffen worden ist (vgl. KK-AktG/*Drygala* Rn. 26; aA KK-AktG/*A. Arnold* § 27 Rn. 138).

10 **Verdeckte Gewinnausschüttungen** an einzelne Aktionäre sind nicht nur wegen der Verletzung von § 53a unzulässig (→ § 53a Rn. 8), sie können auch gegen das Zahlungsverbot des Abs. 1 S. 1 verstoßen und müssen dann nach § 62 erstattet werden (→ § 62 Rn. 3 ff.).

11 **3. Vermögensbindung und Handelsregistereintragung.** In Anbetracht der Identität von Vorgesellschaft (§ 29) und eingetragener AG (§ 41 Abs. 1 S. 1) ist § 57 bereits im Gründungstadium anwendbar, sodass Abs. 1 S. 1 auf **Zuwendungen** an die Gründer oder Zeichner **vor Eintragung der AG** im Handelsregister anwendbar ist (Spindler/Stilz/*Cahn/v. Spanennberg* Rn. 51). Im Einklang damit muss § 57 auch auf solche **Zuwendungen** Anwendung finden, die bereits **vor Eintragung einer Kapitalerhöhung** im Handelsregister erfolgen (BGH 22.3.2010, ZIP 2010, 978 ff. – AdCoCom).

12 Kommt es erst gar nicht zur Eintragung der beabsichtigten Gründung bzw. Kapitalerhöhung im Handelsregister, kann die Vermögensbindung nach § 57 keine Anwendung finden: Vielmehr wird bei Scheitern der Gründung bzw. Kapitalerhöhung dem Gläubigerschutz durch die **Verlustdeckungs- und Vorbelastungshaftung der Gründer** gegenüber der (Vor)-Gesellschaft (vgl. BGH 27.1.1997, BGHZ 134, 333 ff.) Rechnung getragen (vgl. KK-AktG/*Drygala* Rn. 23).

13 **4. Personelle Reichweite der Vermögenbindung.** Ohne Weiteres von § 57 erfasst sind Zuwendungen der Gesellschaft, die direkt *an gegenwärtige Aktionäre* erfolgen. Darunter fällt auch der faktische Aktionär, der, wirtschaftlich betrachtet, eine Aktionärsposition bekleidet und als Treugeber die Aktien durch einen anderen halten lässt (BGH 13.11.2007, ZIP 2008, 118 (119)). Darüber hinaus kommen aber auch Zuwendungen an **zukünftige und ehemalige Aktionäre** infrage, sofern die Zuwendung im Hinblick auf die zukünftige oder ehemalige Mitgliedschaft, in diesem Sinne also *causa societatis,* erfolgen. Das betrifft Leistungsversprechen, die zu einem Zeitpunkt erfolgten, als die Mitgliedschaft noch bestand (vgl. OLG Frankfurt a. M. 30.11.1995, AG 1996, 324 (325)). Auch zukünftige Aktionäre können nach allgemeiner Meinung in Anspruch genommen werden, wenn zwischen der verbotswidrigen Leistung und dem Erwerb der Aktien ein enger sachlicher und zeitlicher Zusammenhang besteht (BGH 13.11.2007, ZIP 2008, 118 (119)). Was den zeitlichen und sachlichen Zusammenhang mit der Mitgliedschaft betrifft, so sind hier die in der Rechtsprechung zur verdeckten Sacheinlage (→ § 27 Rn. 9) entwickelten Kriterien entsprechend heranzuziehen (KK-AktG/*Dygala* Rn. 119).

14 Der Leistung an einen Aktionär gleichzustellen sind Zuwendungen an eine von diesem beherrschte Gesellschaft (OLG Hamm 10.5.1995, ZIP 1995, 1263 (1269 f.)). Darüber hinaus kann ein Verstoß gegen § 57 immer auch in Fällen von **Vermögenszuwendungen zwischen verbundenen Unternehmen** in Frage kommen (iE dazu Spindler/Stilz/*Cahn/v. Spannenberg* Rn. 77 ff.).

15 Um naheliegende Umgehungen zu vermeiden, müssen **Leistungen an Dritte** vom Verbotstatbestand des Abs. 1 S. 1 erfasst werden, wenn dadurch das Gesellschaftsvermögen zweckentfremdet wird. Dazu muss ein Zurechnungstatbestand zwischen einem Aktionär und einem Dritten bestehen, was regelmäßig in einer Nähebeziehung zwischen dem Dritten und dem Aktionär zum Ausdruck kommt (zum Verhältnis zu § 71a → § 71a Rn. 4). Das ist typischerweise der Fall bei Zuwendungen aus dem Gesellschaftsvermögen an **nahe Angehörige eines Aktionärs** (BGH 14.10.1985, ZIP 1986, 456 (458)). Allgemein sind Zuwendungen an Ehegatten, Lebenspartner und minderjährige Kinder eines Aktionärs entsprechend §§ 89 Abs. 3 S. 1, 115 Abs. 2 Alt. 1 und 2, § 138 Abs. 1 InsO, § 3 Abs. 2 AnfG so wie Zuwendungen an den Aktionär selbst zu behandeln (Spindler/Stilz/*Cahn/v. Spannenberg* Rn. 76). Auf eine Kenntnis oder eine Umgehungsabsicht aufseiten des Leistungsempfängers kommt es nicht an. Dagegen setzt bei solchen Zuwendungen an nahestehende Dritte die Rückgewährpflicht des betroffenen Aktionärs selbst nach § 62 Abs. 1 den Nachweis voraus, dass dieser die Vermögenverschiebung gekannt oder einen wirtschaftlichen Vorteil daraus gezogen hat (GroßkommAktG/*Henze* Rn. 91).

16 Solange einem **Pfandgläubiger** keine atypischen Befugnisse eingeräumt worden sind, unterliegt dieser nicht ohne Weiteres den mit der Vermögensbindung eihergehenden Beschränkungen (BGH 13.7.1992, BGHZ 119, 191 (195)).

17 Um der Vermögensbindung nach Abs. 1 S. 1 zu unterfallen, muss die Zuwendung an einen Aktionär nicht unbedingt direkt aus dem Vermögen der AG stammen. Erfasst sind auch Fälle der **Vermögenszuwendung durch Dritte,** vorausgesetzt die AG ist dem Dritten nach § 670 BGB zum Aufwendungsersatz verpflichtet (OLG Hamburg 23.5.1980, AG 1980, 275 (278)). Ebenso verstoßen Leistungen an einen Aktionär aus dem Vermögen von **Unternehmen, die von der AG abhängig sind,** wegen der

Auswirkungen auf den Wert der Beteiligung der AG gegen Abs. 1 S. 1 (vgl. GroßkommAktG/*Henze* Rn. 76 ff.). Bei bloßen **Beteiligungsunternehmen** der AG ist dagegen entsprechend der in §§ 56 Abs. 1 S. 2, 71d S. 2 zum Ausdruck kommenden Wertung darauf abzustellen, ob es sich um eine unmittelbare oder auch nur mittelbare *Mehrheitsbeteiligung* der Gesellschaft handelt (näher dazu Spindler/Stilz/*Cahn/v. Spannenberg* Rn. 60 ff.).

5. Spezialgesetzliche Ausnahmen von der Vermögenbindung nach Abs. 1 S. 1. Im Falle der **Eingliederung** (§§ 319 ff.) ist § 57 ausgeschlossen; gem. § 323 Abs. 2 stellen Vermögenzuwendungen der eingliederten Gesellschaft an die Hauptgesellschaft keinen Verstoß gegen § 57 dar. Im Falle der **Kapitalherabsetzung** gelten die besonderen Vorschriften der §§ 222 ff. einschließlich der besonderen Gläubigerschutzreglung des § 225, sowie bei der vereinfachten Kapitalherabsetzung des § 237. Zugelassen ist die **Abschlagszahlung auf den Bilanzgewinn** (§ 59), auch wenn es sich eigentlich um einen Fall der Einlagenrückgewähr handelt. Entsprechendes gilt für den Aufbau wechselseitiger Beteiligungen durch den Erwerb von eigenen Aktien der AG mittels eines von dieser abhängigen oder in ihrem Mehrheitsbesitz stehenden Unternehmens (§ 71d S. 2). Bei der **Liquidation** nach Gläubigerbefriedigung und Ablauf des Sperrjahres (§§ 271, 272) stellt die Vermögensverteilung keinen Verstoß gegen § 57 dar (RG 27.2.1913, RGZ 81, 414 (421)). Im Insolvenzverfahren über das Vermögen der AG wird die Vermögensbindung nach § 57 durch § 199 S. 2 InsO überlagert. Hier kann erst nach vollständiger Befriedigung der Massegläubiger und der im Schlussverzeichnis aufgeführten Gläubigerforderungen ein verbleibender Überschuss an die Aktionäre ausgekehrt werden (MüKoInsO/*Kebekus/Schwarzer* InsO § 199 Rn. 1 f.). 18

III. Zulässiger Erwerb eigener Aktien (Abs. 1 S. 2)

Bei isolierter Betrachtung von Abs. 1 S. 1 wäre beim entgeltlichen Rückerwerb von der AG ausgegebener eigener Aktien durch die Gesellschaft die Zahlung des Erwerbspreises an den veräußernden Aktionär als verbotene Zuwendung im Sinne dieser Vorschrift anzusehen. Jedoch lässt das Gesetz in §§ 71 ff. den Rückerweb eigener Aktien unter bestimmten Voraussetzungen ausdrücklich zu. Um diese gesetzlichen Erlaubnistatbestände nicht leerlaufen zu lassen, statuiert Abs. 1 S. 2 für den erlaubten Erwerb eigener Aktien eine **Ausnahme vom Anwendungsbereich der grundsätzlichen Vermögensbindung.** Jedoch gilt diese Ausnahme nicht um jeden Preis. Vielmehr muss nach zutreffender hM die für zurückerworbene Aktien dem veräußernden Aktionär von der AG zugewendete **Gegenleistung** – ganz so wie auch bei allen sonstigen Austauschgeschäften zwischen Gesellschaft und ihren Aktionären (→ Rn. 4) – **in angemessenen Verhältnis zum Wert der erworbenen Aktien** stehen (KK-AktG/*Drygala* Rn. 95 f., stellvertretend für die Gegenmeinung *U. Huber* FS Kropff, 1997, 101, 114 f.). Beim Rückerwerb börsennotierter Aktien gebietet dies grundsätzlich die Orientierung am Börsenpreis, was jedoch selektive Aufschläge beim Auskauf feindlicher Bieter zwecks Abwehr drohender feindlicher Übernahmen (sog. *greenmail*) grundsätzlich nicht ausschließen sollte (vgl. *Paefgen* ZIP 2002, 1509 (1513); aA insoweit wohl KK-AktG/*Drygala* Rn. 96). 19

IV. Ausnahmen von der Vermögenbindung (Abs. 1 S. 3 und 4)

1. Gläubigerschutz im Konzern: Konzernprivileg (Abs. 1 S. 3 Alt. 1) und gestreckter Nachteilsausgleich (§§ 311 ff.). Die in Abs. 1 S. 1 normierte Vermögensbindung erfasst gem. Abs. 1 S. 3 Alt. 1 nicht solche Vermögenzuwendungen einer abhängigen AG an ein als Aktionär an der Gesellschaft beteiligtes herrschendes Unternehmen, die im Rahmen eines **Beherrschungs- oder (!) Gewinnabführungsvertrags** erfolgen; wie § 291 Abs. 3 ausdrücklich klarstellt, findet § 57 auf solche Leistungen keine Anwendung. Durch diese Ausnahmeregelung sollen zwischen Konzerngesellschaften ökonomisch sinnvolle Leistungsbeziehungen ermöglicht werden (*Mülbert/Sajnovits* WM 2017, 2345 (2346)). Diese Verbotsausnahme beschränkt sich nicht auf Leistungen zwischen den Vertragspartnern des Unternehmensvertrags, sondern erfasst auch solche Leistungen, die an Dritte auf Veranlassung des herrschenden Unternehmens erfolgen. Die Rechtfertigung der Ausnahme von der Vermögenbindung liegt hier darin, dass die Gläubiger durch den Verlustausgleichsanspruch gegen das herrschende Unternehmen nach § 302 und den Anspruch auf Sicherheitsleistung nach § 303 geschützt sind; auf Unternehmensverträge nach § 292, wo diese Kautelen nicht gelten, findet das Konzernprivileg des Abs. 1 S. 3 Alt. 1 folglich keine Anwendung (KK-AktG/*Drygala* Rn. 98 f.). 20

Im **faktischen Konzern** findet § 57 auf eine abhängige AG keine Anwendung. Der allgemeine aktienrechtliche Grundsatz der Vermögensbindung nach Abs. 1 S. 1 wird hier durch die als *leges speciales* anwendbaren Regelungen der §§ 311 ff. zum gestreckten Nachteilsausgleich verdrängt (BGH 31.5.2011, BGHZ 190, 7 (24 f.) – Telekom III; BGH 1.12.2008, BGHZ 179, 71 (76 f.) – MPS; *Habersack/Schürnbrand* NZG 2004, 689 (691 ff.)). 21

2. Vollwertige Gegenleistung/Rückgewähranspruch (Abs. 1 S. 3 Alt. 2). Nach Abs. 2 S. 3 Alt. 2 gilt die Vermögensbindung nach Abs. 1 S. 1 nicht bei Vermögenzuwendungen – in der Sprache 22 des Gesetzes „Leistungen" – der Gesellschaft an einen Aktionär, die durch einen vollwertigen Gegenleistungs- oder Rückgewähranspruch gegen den Aktionär gedeckt sind. Diese Bestimmung wurde zusammen mit einer Parallelreglung in § 30 Abs. 1 S. 2 Alt. 2 GmbHG mit Wirkung vom 1.11.2008 durch das MoMiG eingeführt. Es handelte sich dabei um eine Reaktion des Gesetzgebers auf das berühmt berüchtigte sog. **„November"-Urteil des BGH,** in dem der II. Zivilsenat mit Blick auf die Kapitalbindung nach § 30 Abs. 1 GmbHG die Auffassung vertreten hatte, dass unbesicherte Kredite an einen Gesellschafter aus gebundenem Gesellschaftsvermögen auch bei angemessener Verzinsung und Vollwertigkeit des Rückgewähranspruchs in der Regel eine unzulässige Auszahlung darstellten. Eine andere Beurteilung sollte nach Auffassung des II. Zivilsenats allenfalls dann in Betracht kommen, wenn die Darlehensvergabe im Interesse der Gesellschaft liege, die Darlehensbedingungen einem Drittvergleich standhielten und die Kreditwürdigkeit des Gesellschafters auch nach strengsten Maßstäben außerhalb jedes vernünftigen Zweifels stehe (BGH 24.11.2003, BGHZ 157, 72 (75 ff.)). Diese strengen Anforderungen kontrastierte der Senat mit einer sog. bilanziellen Betrachtungsweise, nach der die Gewährung eines Darlehens im Falle eines vollwertigen Rückzahlungsanspruchs als bloßer Aktiventausch als „bilanzrechtlich neutral" anzusehen sei, mit der Folge, dass mangels einer bilanziellen Vermögensminderung die Darlehenshingabe als mit § 30 Abs. 1 GmbHG vereinbar anzusehen sei, sofern das Darlehen angemessen verzinst und der Gesellschafter auf Dauer solvent und kreditwürdig, der Rückzahlungsanspruch also vollwertig sei (vgl. RG 20.12.1935, RGZ 150, 28 (34 ff.)). Mit der Einführung von Abs. 1 S. 3 Alt. 2 beabsichtigte der Gesetzgeber die Rückkehr zu dieser sog. bilanziellen Betrachtungsweise, nach dem aus der Praxis verbreitet Bedenken im Hinblick auf die Vereinbarkeit der Kreditvergabe an Konzernobergesellschaften *(upstream loans)* im Rahmen eines *Cash Poolings* mit den Vorgaben des „November"-Urteils angemeldet worden waren (Begr. RegE MoMiG, BT-Drs. 16/6140, 41; zur Urteilskritik statt vieler *Fuhrmann* NZG 2004, 552 ff.). Bei rechtem Besehen hat Abs. 1 S. 3 Alt. 2 mit der Klarstellung, dass Vermögenszuwendungen, die durch einen vollwertigen Anspruch gegen den Aktionär gedeckt sind, nicht gegen die Vermögensbindung nach Abs. 1 S. 1 verstoßen, nichts Neues gebracht. Denn dies entsprach bereits lange vor Inkrafttreten des MoMiG im Jahre 2008 der Rechtsprechung des BGH und herrschenden Aktienrechtsdoktrin (→ Rn. 4; eingehend zur ratio des Sonderrechts der Gesellschafterdarlehen *Altmeppen* ZIP 2019, 1985 ff.).

23 Nach der Amtlichen Begründung zum MoMiG enthält Abs. 1 S. 3 Alt. 2 ein Vollwertigkeitsgebot und ein Deckungsgebot. **Vollwertigkeit** ist im Sinne der Bonität des als Schuldner der AG auftretenden Aktionärs zu verstehen die jedenfalls dann als gegeben anzusehen ist, wenn dem Rückgewähranspruch kein über das allgemeine Kreditrisiko hinausgehendes Wagnis anhaftet. Die Bestellung einer banküblichen Sicherheit für ein Darlehen der Gesellschaft an einen Aktionär ist hier nicht unbedingt erforderlich (*Kiefner/Theusinger* NZG 2008, 801 (806); aA OLG Hamm 10.5.1995, ZIP 1995, 1263 – Harpener/Omni; offengelassen in BGH 1.12.2008, BGHZ 179, 71 (76 f.) – MPS).

24 Dem Gebot der **Deckung** kommt die Bedeutung zu, dass bei einem Austauschvertrag der Zahlungsanspruch gegen den Aktionär nicht nur vollwertig im Sinne wirtschaftlicher Durchsetzbarkeit sein muss, sondern entsprechend der hergebrachten Rechtsprechung und Doktrin auch „wertmäßig nach Marktwerten und nicht nach Abschreibungswerten den geleisteten Gegenstand decken muss" (vgl. Begr. REgE MoMig BT-Drs. 16/6140, 41). Verdeutlicht man sich dies, so erhellt, dass mit der im „November"-Urteil aufgegriffenen sinnverfälschenden Redewendung von der Rückkehr zur „bilanziellen Betrachtungsweise" wohl nur der Gesichtspunkt eines wertäquivalenten Aktiventausches im Vermögen der AG im Sinne von *Verkehrswerten* gemeint sein kann, nicht dagegen aber ein Abstellen auf *Bilanzwerte* für den Wertansatz der ausgetauschten Vermögensgegenstände (→ Rn. 4, 22; **aA** und stellvertretend für die hM dagegen *Mülbert/Leuschner* NZG 2009, 281 (282)). Hat die AG für den Darlehensrückzahlungsanspruch eines kreditgewährenden Dritten gegen einen Aktionär eine dinglichen Sicherheit bestellt, ist als Gegenleistungs- oder Rückgewährungsanspruch iSd § 57 Abs. 1 S. 3 der Freistellungsanspruch der Gesellschaft gegen den Aktionär anzusehen. Dieser Anspruch ist dann als vollwertig anzusehen, wenn nach vernünftiger kaufmännischer Beurteilung ein Forderungsausfall für den Darlehensrückzahlungsanspruch unwahrscheinlich ist (vgl. BGH 10.1.2017, NZG 2017, 344 (345 f.)).

25 Kehrseite der von Abs. 1 S. 3 Alt. 2 geforderten Vollwertigkeit und Deckungseignung von Gegenleistungs- und Rückgewähransprüchen der Gesellschaft gegen einen Aktionär sind den **Vorstand** und **Aufsichtsrat** nach § 93 Abs. 2 S. 1, § 116 S. 2 treffende schadensersatzbewehrte **Überwachungspflichten** bezüglich der fortbestehenden Bonität des in der Schuld der Gesellschaft stehenden Aktionärs wie auch der fortbestehenden Werthaltigkeit der Ansprüche der Gesellschaft; auf eine sich abzeichnende Verschlechterung der Bonität eines Aktionärs ist ggf. durch Kündigung eines Kredits zu reagieren. Bei langfristigen und umfangreichen Darlehen wie auch beim Cash Pooling kann insoweit die Einrichtung eines Frühwarnsystems geboten erscheinen (vgl. BGH 1.12.2008, BGHZ 179, 71 (79) – MPS).

26 **3. Eigenkapitalersetzende Aktionärsdarlehen (Abs. 1 S. 4).** Nach Abs. 1 S. 4 findet die Vermögensbindung nach Abs. 1 S. 1 keine Anwendung auf die Rückgewähr von Aktionärsdarlehen wie auch Leistungen auf Forderungen aus Rechtsgeschäften, die einem Aktionärsdarlehen wirtschaftlich entsprechen. Die Vorschrift wurde zusammen mit der Parallelregelung des § 30 Abs. 1 S. 3 GmbHG

durch das MoMiG eingeführt. Wie ihr GmbH-rechtliches Pendant hat die Bestimmung zum Zweck, die Anwendbarkeit des vor Inkrafttreten des MoMiG geltenden zweispurigen Regelungsmodells des alten Kapitalersatzrechts auf eigenkapitalersetzende Aktionärsfinanzierungen auszuschließen. Nach der bis zum MoMiG geltenden Rechtslage stand der Rückzahlung kapitalersetzender Aktionärsdarlehen bzw. der Rückgewähr wirtschaftliche gleichstehender Sachleistungen eines Aktionärs zugunsten der AG an den kreditgewährende Aktionär in entsprechender Anwendung von § 57 aF eine Auskehrungssperre entgegen (sog. Rechtsprechungsregeln). Parallel dazu sollten die mittlerweile durch das MoMiG aufgehobenen §§ 32a, 32b GmbHG auf kapitalersetzende Aktionärsdarlehen und wirtschaftlich gleichstehende Aktionärsfinanzierungen durch Sachleistungen entsprechende Anwendung finden (s. Übersicht zum alten Kapitalersatzrecht bei Spindler/Stilz/*Cahn/v. Spannenberg* Rn. 103 ff.).

Das **MoMiG** hat das zweispurige alte Reglement (→ Rn. 26) durch einen rein **insolvenz- und anfechtungsrechtlichen Regelungsansatz** ersetzt. Unter den Voraussetzungen von § 39 Abs. 1 Nr. 5, Abs. 4 und 5 InsO sind in der Insolvenz einer AG Ansprüche auf die Rückgewähr von **Aktionärsdarlehen nachrangig** gegenüber den übrigen Forderungen der Insolvenzgläubiger. Nach Abs. 1 S. 4 stellt die die Rückgewähr solcher Darlehens im Gegensatz zum alten Recht keine unzulässige Auskehrung gebundenen Gesellschaftsvermögens mehr dar. Erfolgt die Rückzahlung jedoch innerhalb eines Jahres vor Stellung des Insolvenzeröffnungsantrags, danach oder, wenn es mangels Masse nicht zur Eröffnung eines Insolvenzverfahrens kommt, im letzten Jahr vor der Erlangung eines vollstreckbaren Titels gegen den Schuldner oder nach der Erlangung dieses Titels, so ist die betreffende **Rückzahlung** gem. § 135 Abs. 1 Nr. 2 InsO, § 6 Abs. 1 Nr. 2 AnfG **anfechtbar.** Die vorstehenden Regelungen über die Nachrangigkeit im Insolvenzverfahren wie auch die Anfechtbarkeit von Rückzahlungen in der Insolvenz und Einzelzwangsvollstreckung gelten gem. § 39 Abs. 1 Nr. 5, 135 Abs. 1 Nr. 2 InsO, § 6 Abs. 1 AnfG auch für die Erfüllung von Forderungen aus Rechtshandlungen, die einem Aktionärsdarlehen wirtschaftlich entsprechen. Nach § 135 Abs. 1 Nr. 1 InsO, § 6 Abs. 1 Nr. 2 AnfG sind zudem auch Rechtshandlungen, durch die innerhalb der letzten zehn Jahre vor dem Insolvenzeröffnungsantrag oder nach diesem Antrag oder, wenn es mangels Masse nicht zur Eröffnung eines Insolvenzverfahrens kommt, in den letzten zehn Jahren vor der Erlangung eines vollstreckbaren Titels gegen den Schuldner oder nach der Erlangung dieses Titels, **Sicherung für einen Anspruch auf Rückzahlung eines Gesellschafterdarlehens** gewährt wurde, **anfechtbar** (ausführlich zum neuen Recht der Aktionärsdarlehen nach dem MoMiG KK-AktG/*Drygala* Rn. 147 ff., sowie die einschlägigen Kommentierungen zum Insolvenz- und Anfechtungsrecht). 27

V. Zinsverbot (Abs. 2)

Die Bindung des Gesellschaftsvermögens nach Abs. 1 S. 1 wird in Abs. 2 durch das Verbot der Zusage und Auszahlung von Zinsen auf die Einlagen der Aktionäre erweitert. Vor dem Hintergrund der umfassenden Vermögensbindung nach Abs. 1 S. 1 und Abs. 3 kommt der Bestimmung nur klarstellende Bedeutung zu. In finanzwirtschaftlicher Hinsicht wird durch das Zinsverbot der **Vorrang der Ansprüche von Fremdkapitalgebern gegenüber den Eigenkapitalgebern** sichergestellt (vgl. *Baums* FS Horn, 2006, 245 (253 ff.)). 28

Der **Begriff der Zinsen** umfasst wiederkehrende, der Höhe nach bestimmte oder bestimmbare Zahlungen, die an einen Aktionär ohne Rücksicht auf den festgestellten Bilanzgewinn zu leisten sind. Insbesondere erfasst das Zinsverbot die Zusage und Zahlung fester Dividendengarantien. Zinszahlungen auf Aktionärsdarlehen und Wandelanleihen, Abschläge auf den Bilanzgewinn (§ 59). Vorabdividenden (§ 60 Abs. 2), statutarisch festgelegte zinsähnliche Vorrechte bei der Gewinnverteilung (§ 60 Abs. 3) sowie Vorzugsdividenden (§§ 139 ff.) bleiben von dem Verbot unberührt. Nicht erfasst sind auch die nach § 304 aufgrund eines Beherrschungsvertrages wiederkehrend zu zahlenden festen Ausgleichszahlungen (KK-AktG/*Drygala* Rn. 131). 29

Verstöße gegen das Zinsverbot können die **Haftung der Mitglieder des Vorstands und Aufsichtsrats** auf Schadensersatz gegenüber der Gesellschaft nach §§ 93 Abs. 3 Nr. 2, 116 S. 1 zur Folge haben. 30

VI. Beschränkung der Vermögensverteilung auf den Bilanzgewinn (Abs. 3)

Im Einklang mit dem Grundsatz der umfassenden Vermögenbindung nach Abs. 1 (→ Rn. 3) ist es nach Abs. 3 vor der Auflösung der Gesellschaft untersagt, mehr als den Bilanzgewinn unter die Aktionäre zu verteilen. Abs. 3 enthält damit eine **Bekräftigung der umfassenden Vermögensbindung nach Abs. 1 S. 1** (vgl. Spindler/Stilz/*Cahn/v. Spannenberg* Rn. 85; *Hoffmann-Becking* ZIP 1995, 1 (5)). Die Auskehrungssperre gilt auch im Abwicklungsstadium der AG bis zum Ablauf des Sperrjahres nach § 272 Abs. 1 (KK-AktG/*Winnen* § 272 Rn. 7). 31

VII. Rechtsfolgen bei Verstoß gegen die Vermögensbindung

32 Nach der **Rspr. des Reichsgerichts,** die auch im älteren Schrifttum Anklang gefunden hatte, sollte die heute in Abs. 1 S. 1 und Abs. 3 geregelte aktienrechtliche Vermögensbindung (nach altem Recht §§ 213, 215 HGB) gem. § 134 BGB ein gesetzliches Leistungsverbot begründen, dessen Verletzung die **Nichtigkeit sowohl des Kausal- wie auch des dinglichen Erfüllungsgeschäfts** zur Folge haben sollte (RG 20.2.1923, RGZ 107, 161 (166 ff.); RG 13.12.1935, RGZ 149, 385 (400); dazu auch *Joost* ZHR 149 (1985), 419 (424)). Der Gesellschaft und einem durch das verbotene Geschäft begünstigten Aktionär sollten danach bereicherungsrechtliche Rückgewähransprüche nach § 812 Abs. 1 S. 1 BGB gegeneinander zustehen, sowie der AG auch dingliche Herausgabeansprüche nach § 985 BGB wegen fortbestehenden Eigentums an verbotswidrig übertragenen Vermögensgegenständen zustehen sollten (vgl. *T. Bezzenbereger,* Das Kapital der Aktiengesellschaft, 2005, 238 ff., mit umfangreichen wN zum teilweise auch differenzierend argumentierenden Schrifttum).

33 Mit der ausdrücklichen gesetzlichen Verankerung eines Rückgewähranspruchs der Gesellschaft, wie er nach heutigem Recht in § 62 zu finden ist, hat sich diese **ältere Lehre von der Doppelnichtigkeit** des dinglichen wie auch des Kausalgeschäfts als **überholt** erwiesen (vgl. *Joost* ZHR 149 (1985), 419 (423 ff.)). Was das das **dingliche Übertragungsgeschäft** betrifft, so ist zu berücksichtigen, dass die aktienrechtliche Vermögensbindung das Vermögen der Gesellschaft nicht in einer bestimmten Zusammensetzung schützen soll, sondern nur seinem Wert nach (→ Rn. 3). Die damit angesprochene Frage der Wertangemessenheit betrifft aber nicht das dingliche Erfüllungsgeschäft, sondern nur das schuldrechtliche Kausalgeschäft, das Leistung und Gegenleistung miteinander verknüpft. Eine dingliche Rückabwicklung nach dem Muster des § 985 BGB, durch die der Gesellschaft gleichsam ein Anspruch auf „Wiedereinlage" verbotswidrig an einen Aktionär ausgekehrter Vermögenswerte eingeräumt würde, erweist sich daher als unvereinbar mit dem Sinn und Zweck der aktienrechtlichen Vermögensbindung (BGH 12.3.2013 BGHZ 196, 312 (317); KK-AktG/*Dygala* Rn. 134, sowie ausführlich und überzeugend dazu *T. Bezzenbereger,* Das Kapital der Aktiengesellschaft, 2005, 244 ff.; aA *Bayer/Scholz* AG 2013, 426 (427 f.)). Bedenkt man dies, so kann aus dem aktienrechtlichen Verbot nicht ausdrücklich zugelassener Vermögensauskehrungen an die Aktionäre einschließlich des diesem immanenten Zinsverbots nach Abs. 2 (→ Rn. 28; insoweit aber aA *Canaris* FS Fischer 1979, 31 (33)) über § 134 BGB die Nichtigkeit dinglicher Erfüllungsgeschäfte nicht gefolgert werden, da sich insoweit aus dem Gesetz ein anderes ergibt (zutr. *T. Bezzenbereger,* Das Kapital der Aktiengesellschaft, 2005, 245).

34 Was das **Kausalgeschäft** betrifft, so hat auch insoweit ein Verstoß gegen die Vermögensbindung nach Abs. 1 S. 1, Abs. 3 **keine Nichtigkeit** des Geschäfts nach § 134 BGB zur Folge. Wie bei dem dinglichen Erfüllungsgeschäfts (→ Rn. 33), so ist auch hier zu beachten, dass das Gesetz mit dem **Rückgewähranspruch nach § 62 Abs. 1** eine **gesellschaftsrechtliche Spezialregelung** bereithält, mit der Verstöße gegen die Vermögenbindung gebührend und abschließend sanktioniert werden. So trifft die Gesellschaft zwar ein Verbot der Durchführung von Geschäften, die gegen die Vermögenbindung verstoßen würden (vgl. BGH 23.6.1997, BGHZ 136, 125 (129 f.) zu § 30 GmbHG). Die Verletzung dieses Verbots hat jedoch gem. § 134 BGB nicht die Nichtigkeit des Geschäfts und die Notwendigkeit von dessen Rückabwicklung zur Folge, da sich aus der gesellschaftsrechtlichen Spezialregelung des § 62 „ein anderes ergibt"; das Gesetz will nicht den Leistungsaustausch zwischen der AG und den Aktionären als solchen verbieten, sondern nur dessen wertsummenmäßige Unausgeglichenheit (vgl. BGH 12.3.2013, BGHZ 196, 312 (316); OLG Brandenburg 21.4.2015, AG 2015, 752 (756); OLG München 10.5.2012, ZIP 2012, 1024 (1027 f.); so auch *Palzer* JZ 2013, 691; *Witt* ZGR 2013, 668; *Theusinger/Wolf* NZG 2012, 901; *Winter* NZG 2012, 1371; **aA** *T. Bezzenbereger,* Das Kapital der Aktiengesellschaft, 2005, 247 ff.). Ist also das Geschäft erst einmal durchgeführt worden, ist der damit bewirkte Leistungsaustausch deshalb nicht wegen der Nichtigkeit des zugrundeliegenden Kausalgeschäfts als rechtsgrundlos anzusehen. Dem mit der verbotswidrigen Vermögenszuwendung bedachten Aktionär ist dann die Berufung auf das Bereicherungsrecht einschließlich des Entreicherungseinwands nach § 818 Abs. 3 BGB, wie auch der verschärften Haftung bei Bösgläubigkeit nach §§ 818 Abs. 4, 819 Abs. 1 BGB verwehrt (OLG Frankfurt a. M. 31.11.1995, BB 1996, 445 (446); KK-AktG/*Dygala* Rn. 132).

35 Hält man mit dem BGH sowohl das gegen die Vermögensbindung nach § 57 verstoßende Erfüllungsgeschäft als auch das zugrunde liegende Kausalgeschäft für wirksam, kann es sich bei dem **Rückgewähranspruch** der Gesellschaft gegen den Aktionär **nach § 62 Abs. 1 S. 1** logischerweise nur um einen **Wertausgleichsanspruch** handeln. In Fällen verbotswidriger Austauschgeschäfte kann dieser Anspruch sich dagegen nicht auf die Gesamtrückabwicklung des Geschäfts richten, das käme der nach der neueren BGH-Rechtsprechung unzutreffende Annahme der Nichtigkeit des zugrundeliegenden Kausalgeschäfts nach § 134 BGB gleich (→ Rn. 33 f.), Dafür lässt sich auch nicht die in den Materialien zu findende Bezugnahme auf das Vorbild des § 346 BGB (*Kropff* 83) ins Feld führen (aA *Bayer/Scholz* AG 2013, 426 (428)). Vielmehr richtet der Rückgewähranspruch sich nur auf den Ausgleich von Vermögensminderungen, die der Gesellschaft infolge der wertsummenmäßigen Unausgewogenheit des Geschäfts entstanden sind (vgl. *Wilhelm* FS Flume Bd. II, 1978, 337 (387 f.); *K. Schmidt* GesR § 29 II 2b). Keine

Zustimmung verdient auch ein differenzierender Lösungsansatz, nach dem der Aktionär ein Wahlrecht haben soll, ob er das Geschäft insgesamt rückabwickeln oder nur einen zu Unrecht vereinnahmten Mehrwert an die Gesellschaft erstatten will (so *Flume* BGB AT I 2, 291). Die damit in den Blick geratene Rückabwicklungsoption wäre mit der den BGH leitenden Prämisse eines gültigen Kausalgeschäfts nicht zu vereinbaren (→ Rn. 34; krit. dagegen auch *T. Bezzenberger,* Das Kapital der Aktiengesellschaft, 2005, 250 ff.).

Die **Mitglieder des Vorstands haften** bei schuldhaften Verstößen gegen die Vermögenbindung nach § 57 gem. §§ 93 Abs. 3 Nr. 1 und 2 (BGH 22.12.2005, BGHZ 165, 343 (349)). **Mitglieder des Aufsichtsrats haften** insoweit gem. §§ 93 Abs. 2 S. 1, 116 S. 1 der Gesellschaft auf Schadenersatz, wenn sie den Vorstand nicht ordnungsgemäß überwachen (vgl. BGH 18.9.2018, JZ 2020, 96 ff. – Easy Software m. Bespr. *Paefgen* JZ 2020, 102 ff.; sowie dazu auch *Cahn* ZHR 184 (2020), 297 ff.). **36**

Verwendung des Jahresüberschusses

58 (1) [1] **Die Satzung kann nur für den Fall, daß die Hauptversammlung den Jahresabschluß feststellt, bestimmen, daß Beträge aus dem Jahresüberschuß in andere Gewinnrücklagen einzustellen sind. [2] Auf Grund einer solchen Satzungsbestimmung kann höchstens die Hälfte des Jahresüberschusses in andere Gewinnrücklagen eingestellt werden. [3] Dabei sind Beträge, die in die gesetzliche Rücklage einzustellen sind, und ein Verlustvortrag vorab vom Jahresüberschuß abzuziehen.**

(2) [1] **Stellen Vorstand und Aufsichtsrat den Jahresabschluß fest, so können sie einen Teil des Jahresüberschusses, höchstens jedoch die Hälfte, in andere Gewinnrücklagen einstellen. [2] Die Satzung kann Vorstand und Aufsichtsrat zur Einstellung eines größeren oder kleineren Teils des Jahresüberschusses ermächtigen. [3] Auf Grund einer solchen Satzungsbestimmung dürfen Vorstand und Aufsichtsrat keine Beträge in andere Gewinnrücklagen einstellen, wenn die anderen Gewinnrücklagen die Hälfte des Grundkapitals übersteigen oder soweit sie nach der Einstellung die Hälfte übersteigen würden. [4] Absatz 1 Satz 3 gilt sinngemäß.**

(2a) [1] **Unbeschadet der Absätze 1 und 2 können Vorstand und Aufsichtsrat den Eigenkapitalanteil von Wertaufholungen bei Vermögensgegenständen des Anlage- und Umlaufvermögens in andere Gewinnrücklagen einstellen. [2] Der Betrag dieser Rücklagen ist in der Bilanz gesondert auszuweisen; er kann auch im Anhang angegeben werden.**

(3) [1] **Die Hauptversammlung kann im Beschluß über die Verwendung des Bilanzgewinns weitere Beträge in Gewinnrücklagen einstellen oder als Gewinn vortragen. [2] Sie kann ferner, wenn die Satzung sie hierzu ermächtigt, auch eine andere Verwendung als nach Satz 1 oder als die Verteilung unter die Aktionäre beschließen.**

(4) [1] **Die Aktionäre haben Anspruch auf den Bilanzgewinn, soweit er nicht nach Gesetz oder Satzung, durch Hauptversammlungsbeschluß nach Absatz 3 oder als zusätzlicher Aufwand auf Grund des Gewinnverwendungsbeschlusses von der Verteilung unter die Aktionäre ausgeschlossen ist. [2] Der Anspruch ist am dritten auf dem Hauptversammlungsbeschluss folgenden Geschäftstag fällig. [3] In dem Hauptversammlungsbeschluss oder in der Satzung kann eine spätere Fälligkeit festgelegt werden.**

(5) **Sofern die Satzung dies vorsieht, kann die Hauptversammlung auch eine Sachausschüttung beschließen.**

Übersicht

I. Norminhalt, Normzweck und Normgeschichte

1 Die Vorschrift regelt die Organzuständigkeiten von Vorstand, Aufsichtsrat und Hauptversammlung bezüglich der Verwendung des von der Gesellschaft erwirtschafteten Jahresüberschusses. Bei der **Verwendung des Jahresüberschusses** unterscheidet das Gesetz zwischen der **Bildung von Rücklagen** (Abs. 1–3), der **Verteilung des Bilanzgewinns** an die Aktionäre in der Form von Dividenden (Abs. 4) und der Möglichkeit der **Sachausschüttung** (Abs. 5).

2 Der grundsätzliche **Regelungszweck** der Norm liegt darin, einen angemessenen Ausgleich zwischen dem Wunsch der Aktionäre nach Verzinsung des geleisteten Eigenkapitals auf der einen Seite und dem Interesse der Gesellschaftsleitung an möglichst hoher Eigenkapitalausstattung der Gesellschaft im Wege der Innenfinanzierung durch Rücklagenbildung auf der anderen Seite zu schaffen (vgl. BGH 1.3.1971, BGHZ 55, 359 (360 f.) = NJW 1971, 802; Spindler/Stilz/*Cahn/v. Spannenberg* Rn. 2 ff., die die Regelung *de lege ferenda* unter dem Gesichtspunkt der Allokationseffizienz des Kapitalmarktes kritisieren).

3 Was die **Normgeschichte** betrifft, so entstammen die Abs. 1und 2 der Aktienrechtsreform 1965, mit der der Beeinträchtigung von Gewinnansprüchen der Aktionäre durch eine übermäßige Rücklagenbildung entgegengesteuert wurde (vgl. *Kropff* 74 f.). Im Einklang mit dieser Tendenz zur Stärkung der Stellung der Aktionäre wurde Abs. 2 S. 2 zuletzt durch das TransPuG 2002 (BGBl. 2002 I 2681) dahingehend geändert, dass die statutarische Ermächtigung der Verwaltung zugelassen wurde, in die freien Rücklagen statt eines größeren auch einen kleineren Teil als die Hälfte des Jahresüberschusses einzustellen. Abs. 2a wurde als Komplementärregelung zur Jahresabschlussfeststellungskompetenz der Verwaltungsorgane (§ 172 S. 1) durch das BiRiLiG 1985 eingefügt (BGBl. 1985 I 2355) und durch das BilRUG nochmals angepasst (BGBl. 2015 I 1245). Abs. 4 ist durch die Aktienrechtsreform 2016 zum 1.1.2017 um die Sätze 2 und 3 erweitert worden (BGBl. 2015 I 2565, → Rn. 36). Die in Abs. 5 zu findende erstmalige Zulassung sog. Sachdividenden im deutschen Aktienrecht entstammt ebenfalls der TransPuG-Reform 2002 (näher zur Entstehungsgeschichte KK-AktG/*Drygala* Rn. 1 ff.).

II. Einstellung in freie Rücklagen bei Feststellung des Jahresabschlusses (Abs. 1 und 2)

4 Die Absätze 1 und 2 handeln von der Einstellung von Beträgen aus dem Jahresüberschuss in sog. „andere Rücklagen". Der **Jahresüberschuss** im Sinne dieser Bestimmungen ist der in der GuV bei Anwendung des Gesamtkostenverfahrens gem. § 275 Abs. 2 Nr. 17 HGB und bei Anwendung des Umsatzkostenverfahrens gem. § 275 Abs. 3 Nr. 16 HGB auszuweisende Betrag.

5 **Andere Rücklagen** im Sinne der gesetzlichen Terminologie sind die in der ursprünglichen gesetzlichen Formulierung des AktG 1965 noch als solche bezeichneten „freien" Rücklagen (vgl. *Kropff* 74). Dazu gehören alle Gewinnrücklagen, die weder gesetzliche Rücklagen (§ 150), noch Rücklagen für Anteile an einem herrschenden oder mit Mehrheit beteiligten Unternehmen (§ 272 Abs. 4 HGB) sind (BeBiKo/*Störk/Kliem/Meyer* HGB § 272 Rn. 255 f.).

6 **1. Bildung freier Rücklagen durch die Hauptversammlung (Abs. 1).** Die Aktionäre können nach Abs. 1 per Hauptversammlungsbeschluss freie Rücklagen, in der Sprache des Gesetzes „andere Rücklagen", nur dann bilden, wenn zwei Voraussetzungen erfüllt sind. *Erstens* muss die **Zuständigkeit der Hauptversammlung für die Feststellung des Jahresabschlusses** bestehen. Die Hauptversammlung stellt den Jahresabschluss fest, wenn Vorstand und Aufsichtsrat dies beschließen oder der Aufsichtsrat den Jahresabschluss nicht genehmigt hat (§ 173 Abs. 1 S. 1), sowie auch in den Ausnahmefällen der §§ 270 Abs. 2 S. 1, 234 Abs. 2 S. 1. Nach Abs. 1 muss die Hauptversammlung den Jahresabschluss feststellen. *Zweitens* ist eine **Satzungsregelung** des Inhalts erforderlich, dass Beträge aus dem Jahresüberschuss per Aktionärsbeschluss in die freien Rücklagen einzustellen sind. Dies ist als Erfordernis einer Selbstbindung der Aktionäre durch **Festschreibung einer bestimmten Höhe zu bildender Rücklagen** zu verstehen (KK-AktG/*Drygala* Rn. 29 ff.; Spindler/Stilz/*Cahn/v. Spannenberg* Rn. 24 f., die ein solches Bestimmtheitsgebot aus § 173 Abs. 2 S. 2 ableiten). Die Satzung muss diese Regelung selbst treffen; eine die Gesellschaft verpflichtende Aktionärsvereinbarung über eine vom Gesetz – und Satzungswortlaut abweichende Gewinnverwendung kommt nicht in Betracht (OLG Frankfurt a. M. 23.12.2014, NZG 2015, 482 (484)).

7 Bei der Rücklagenbildung aufgrund statutarischer Vorgabe nach Abs. 1 S. 1 unterliegt die Hauptversammlung **Beschränkungen.** Nach Abs. 1 S. 2 kann höchstens die Hälfte des Jahresüberschusses in andere Gewinnrücklagen eingestellt werden. Beträge, die in die gesetzliche Rücklage einzustellen sind, sind ebenso wie ein eventueller Verlustvortrag nach Abs. 1 S. 3 vom Jahresüberschuss abzuziehen, dh 5 % des um einen Verlustvortrag aus dem Vorjahr geminderten Jahresüberschusses (§ 150 Abs. 2) bzw. im Vertragskonzern der nach § 300 zu bemessende höhere Betrag. Abs. 1 S. 3 gilt analog für Sonderrücklagen bei der Ausgabe von Wandelschuldverschreibungen nach § 218 S. 2 wie auch für Zuweisungen zur Kapitalrücklage bei zu hoch angenommenen Verlusten im Zuge einer Kaitalherabsetzung nach § 232. Sieht die Satzung vor, dass mehr als die nach Abs. 1 S. 2 zulässigen Beträge in andere Gewinn-

rücklagen einzustellen sind, führt dies nicht zur Nichtigkeit der Satzungsbestimmung. Vielmehr reduziert sich die Satzungsvorgabe auf das gesetzlich zulässige Maß (→ Rn. 10).

2. Bildung freier Rücklagen durch Vorstand und Aufsichtsrat (Abs. 2). Abs. 2 knüpft an den in an § 172 S. 1 geregelten gesetzlichen Regelfall der Billigung des durch den Vorstand aufgestellten Jahresabschlusses durch den Aufsichtsrat an (KK-AktG/*Drygala* Rn. 42). Bei dieser Form der in der Praxis allgemein üblichen Form der Abschlussfeststellung im Zusammenwirken von Vorstand und Aufsichtsrat kann die Verwaltung nach Abs. 2 S. 1 **bis zur Hälfte des Jahresüberschusses** in freie („andere", → Rn. 5) Gewinnrücklagen einstellen. Die Entscheidung, ob und in welchem Umfang die Verwaltungsorgane von dieser Möglichkeit Gebrauch machen, **steht in deren unternehmerischem Ermessen** nach §§ 93 Abs. 1 S. 2, 116 S. 1 (BGH 1.3.1971, BGHZ 55, 359 (362 f.); KK-AktG/*Dygala* Rn. 54; *Baums* FS K. Schmidt, 2009, 57 (67)). 8

Abs. 2 S. 2 lässt eine **statuarische Ermächtigung** zu, kraft derer die Verwaltung einen größeren oder auch kleineren Betrag als die Hälfte des Jahresüberschusses in die freien Rücklagen einstellen kann. Was den Umfang einer solchen Satzungsermächtigung betrifft, so ist der Wortlaut des Gesetzes („eines Teils"), der sowohl eine vollständige Gewinnthesaurierung als auch ein allumfassendes Thesaurierungsverbot auszuschließen, eine Rücklagendotierung iHv 99,99 % oder 0,01 % dagegen noch zu erfassen scheint, *cum grano salis* zu nehmen. Dem Sinn der Norm entsprechend gelten, was die zulässige Reichweite statutarisch eingeräumten Thesaurierungsermessens anbelangt, sowohl **nach oben wie auch nach unten grundsätzlich keine Grenzen,** soweit nur die absolute Schranke des Abs. 2 S. 3 eingehalten wird (vgl. BGH 1.3.1971, BGHZ 55, 359 (360 ff.); Spindler/Stilz/*Cahn/v. Spannenberg* Rn. 41; *Hoffman-Becking* ZIP 1995, 1 (5)). Zulässig sind daher insbesondere die in der Praxis offenbar verbreiteten lediglich den Gesetzeswortlaut wiederholenden Satzungsformulierungen wie auch die statutarische Festlegung prozentualer Thesaurierungsquoten (KK-AktG/*Drygala* Rn. 48; enger dagegen *Geßler* DB 1996, 216, der dies für zwingend geboten hält). Angesichts der Möglichkeit statutarischer Einräumung weitreichenden Verwaltungsermessens, vermag die Forderung nach Festlegung einer klaren Thesaurierungsober- bzw. Untergrenze nicht zu überzeugen (so aber MüKoAktG/*Bayer* Rn. 47). Zwingend ist Abs. 2 insoweit, als Vorstand und Aufsichtsrat nicht zur Einstellung von Beträgen in andere Gewinnrücklagen verpflichtet werden können; das zeigt der Umkehrschuss aus Abs. 1, der eine solche Möglichkeit nur bei Abschlussfeststellung der Hauptversammlung vorsieht (KK-AktG/*Drygala* Rn. 49). 9

Die **Beschränkung der Rücklagenbildung auf die Hälfte des Grundkapitals** nach Abs. 2 S. 3 gilt nur für die Rücklagenbildung aufgrund statutarischer Ermächtigung nach Abs. 2 S. 2, nicht dagegen für die bereits aus dem Gesetz folgende Befugnis der Verwaltung, nach Abs. 2 S. 1 Rücklagen bis zur Hälfte des Jahresabschlusses zu bilden (KK-AktG/*Drygala* Rn. 50; *Hoffmann-Becking* ZIP 2995, 1 (5)). In der Praxis übersteigen die verbuchten freien Rücklagen eines gesunden Unternehmens das Grundkapital durchweg um ein Vielfaches (vgl. *Baums* FS K. Schmidt, 2009, 57 (79)). Der Eintritt der Beschränkung des Abs. 2 S. 3 führt zur **Suspendierung der statutarischen Thesaurierungsermächtigung,** bis dass die freien Rücklagen die gesetzlich vorgeschriebenen Höchstgrenze wider erreichen, was durch nachfolgende Kapitalerhöhungen (ggf. aus Gesellschaftsmitteln) oder auch den sukzessiven Eintritt von Verlusten geschehen kann. 10

3. Rücklagenbildung im Konzern. Besteht ein **Gewinnabführungsvertrag,** ist es dem Vorstand und Aufsichtsrat einer abhängigen AG grundsätzlich nicht verwehrt, trotz Bestehens eines solchen Vertrages einen Teil des Jahresüberschusses der Gesellschaft in freie Rücklagen einzustellen (§ 301 S. 2). Die Bindung an die Höchstgrenze der Hälfte des Jahresüberschusses nach Abs. 2 S. 1 findet dann allerdings keine Anwendung, wenn es sich um eine 100 %-ige Tochter-AG handelt oder aber den Minderheitsgesellschaftern gem. § 304 Abs. 2 S. 1 vertraglich ein fester Ausgleich zugsichert ist. Das hat seinen Grund darin, dass der Schutzzweck der Norm, die Aktionäre vor übertriebener Innenfinanzierung durch die Verwaltung zu schützen (→ Rn. 2), hier ins Leere geht (vgl. KK-AktG/*Drygala* Rn. 64 f.). 11

Mit Blick auf die Rücklagenbildung bei einer AG, die als **Konzernobergesellschaft** fungiert, wurde von einem Teil des Schrifttums moniert, die 50 %-Thesaurierungsschranke des Abs. 2 S. 1 könne leicht dadurch unterlaufen werden, dass die Verwaltung der Obergesellschaft durch die Ausübung ihrer gesellschaftsrechtlichen Einflussmöglichkeiten auf Konzernuntergesellschaften bei diesen eine exzessive Gewinnthesaurierung betreibe. Es sei deshalb in sinngemäßer (analoger) Anwendung von Abs. 2 S. 1 zu fordern, der Obergesellschaft die bei den Tochtergesellschaften gebildeten Rücklagen zuzurechnen (so namentlich *Geßler* FS Meilicke, 1985, 18 (26); *Geßler* AG 1985, 257 (261 f.); *Götz* AG 1984, 85 (92)) bzw. die auf der Ebene der Tochtergesellschaften gebildeten Rücklagen bei der Rücklagenbildung der Obergesellschaft angemessen zu berücksichtigen (so namentlich *Lutter* FS Goerdeler, 1987, 327 (338, 346 ff.); im Ansatz zustimmend KK-AktG/*Drygala* Rn. 74). Eine solche **konzerndimensionale Anwendung der 50 %-Thesaurierungsschranke** ist mit der hM **abzulehnen.** Sie widerspricht nicht nur dem klaren Wortlaut des Abs. 2 S. 1, sondern sie leugnet vor allem auch die dem gesetzlichen Regelungsmodell zugrundeliegende rechtliche Selbständigkeit der in einer Unternehmensgruppe zusammengefassten Einzelgesellschaften (zu Recht abl. *Westermann* FS Pleyer, 1986, 421 (437 ff.); *Beusch* 12

FS Goerdeler, 1987, 25 (41 ff.); *Werner* FS Stimpel, 1985, 935 (940 ff.); *Zöllner* ZGR 1982, 392 (421 f., 426); *Paefgen,* Unternehmerische Entscheidungen und Rechtsbindung der Organe in der AG, 2002, 287 f.). Letzteres spricht auch gegen die Forderung, der Hauptversammlung der Muttergesellschaft ein Mitspracherecht einzuräumen, wenn in einer Tochtergesellschaft mehr als die Hälfte des Jahresüberschusses thesauriert werden soll (so aber Spindler/Stilz/*Cahn/v. Spannenberg* Rn. 76 ff.; zu Recht dagegen KK-AktG/*Dygala* Rn. 75 f.). Mit Blick auf die börsennotierte Konzernspitzen-AG ist zudem zu berücksichtigen, dass sich die institutionellen Anleger am Kapitalmarkt der Problematik einer die Ausschüttung von Dividenden bei der Obergesellschaft gefährdenden indirekten Konzerninnenfinanzierung durch exzessive Gewinnthesaurierung bei Tochtergesellschaften durchaus bewusst und nötigenfalls in der Lage sind, darauf im Weg der Veräußerung ihrer Beteiligungen zu reagieren (vgl. KK-AktG/*Drygala* Rn. 71 f.).

III. Rücklagenbildung bei Wertaufholung und steuerlichen Passivposten (Abs. 2a)

13 Nach Abs. 2a S. 1 Alt. 1 ist es dem Vorstand und Aufsichtsrat gestattet, bei der Feststellung des Jahresabschlusses den **Eigenkapitalanteil von Wertaufholungen** in andere Gewinnrücklagen einzustellen. Die Vorschrift entspricht der Parallelregelung in § 29 Abs. 4 GmbHG. Bilanzrechtlich ist eine Wertaufholung gem. § 253 Abs. 5 S. 1 HGB dann geboten, wenn ein zunächst niedrigerer Wertansatz von Vermögensgegenständen des Anlage- oder Umlaufvermögens oder von Finanzanlagen (§ 253 Abs. 3 S. 5 und 6, Abs. 4) deshalb nicht beibehalten werden darf, weil infolge des Eintritts einer Werterholung die Gründe für den niedrigeren Wertansatz nicht mehr bestehen (vgl. BeBiKo/*Störk/Taetzner* HGB § 253 Rn. 637 ff.). Abs. 2a Alt. 1 erlaubt es der Verwaltung, die aus der bilanziellen Wertaufholung resultierende Erhöhung des Jahresergebnisses durch einen entsprechenden Passivposten zu neutralisieren (eingehend dazu *Dittmar* Wpg 2018, 1224 ff.). Der durch die Wertaufholung entstandene bilanzielle Vermögenszuwachs wird dadurch im Unternehmen gebunden; so kommt Abs. 2a die Bedeutung einer besonderen **Form der Gewinnthesaurierung** durch die Verwaltungsorgane zu (vgl. Spindler/Stilz/*Cahn/v. Spanennenberg* Rn. 48, 52a).

14 Was Abs. 2a S. 1 Alt. 2 betrifft, nämlich die **Rücklagenbildung anstelle von Passivposten,** die bilanziell nicht in einem Sonderposten mit Rücklagenanteil ausgewiesen werden dürfen, so ist zu berücksichtigen, dass mit dem BilMoG 2009 die nach § 273, 247 Abs. 3 HGB aF noch vorgesehene Möglichkeit der Passivierung steuerlicher Sonderposten mit Rücklagenanteil in der Handelsbilanz abgeschafft wurde. Können aber nach aktuell geltendem Recht solche Sonderposten nicht mehr gebildet werden, so kann dies nur zur Folge haben, dass die mit Abs. 2a S. 1 Alt. 2 eröffnete Thesaurierungsmöglichkeit der Verwaltung nunmehr stets offenstehen muss (vgl. *Herzig* DB 2010, 1 (7); aA KK-AktG/*Drygala* Rn. 84 f.).

15 Die Bildung anderer Gewinnrücklagen nach Abs. 2a S. 1 fällt in die **ausschließliche Kompetenz von Vorstand und Aufsichtsrat;** auf die Feststellung des Jahresabschlusses durch die Hauptversammlung (Abs. 1) findet diese besondere Form der Rücklagenbildung keine Anwendung (KK-AktG/*Drygala* Rn. 87). Die Bildung von Wertaufholungsrücklagen erfolgt wegen deren besonderer Funktion „unbeschadet der Abs. 1 und 2", sodass dabei die in diesen Bestimmungen vorgeschriebenen Beschränkungen nicht zu berücksichtigen sind (Spindler/Stilz/*Cahn/v. Spannenberg* Rn. 54). Nach Abs. 2a S. 2 ist der Rücklagenbetrag in der Bilanz gesondert auszuweisen oder er kann auch im Anhang angegeben werden (KK-AktG/*Drygala* Rn. 89).

16 Bei der Entscheidung über die Rücklagenbildung nach Abs. 2a S. 1 besteht **unternehmerisches Ermessen von Vorstand und Aufsichtsrat** (§ 93 Abs. 1 S. 2, 116 S. 1; vgl. NK-AktKapMarktR/*Drinhausen* Rn. 28). Dabei kommt allerdings nur die Alternative in Frage, die gesamte Wertaufholung als Gewinnrücklage einzustellen oder von der Einstellung gänzlich abzusehen (Spindler/Stilz/*Cahn/v. Spannenberg* Rn. 56). Unternehmerisches Ermessen hat die Verwaltung grundsätzlich auch bezüglich der Auflösung der Rücklage. Insofern gilt das Gleiche wie für sonstige Gewinnrücklagen (vgl. Spindler/Stilz/*Cahn/v. Spannenberg* Rn. 54). Bei der Entscheidung über die Auflösung ist die Verwaltung nicht an die spätere Wertentwicklung der für die Bildung der Rücklage maßgebenden Aktivposten gebunden (vgl. BeBiKo/*Störk/Kliem/Meyer* HGB § 272 Rn. 275 f.; aA wohl KK-AktG/*Drygala* Rn. 88).

IV. Der Gewinnverwendungsbeschluss der Hauptversammlung (Abs. 3)

17 Die Hauptversammlung beschließt nach § 174 Abs. 1 S. 1 mit einfacher Mehrheit über die Verwendung des Bilanzgewinns, ohne dabei an den gem. § 170 Abs. 2 vom Vorstand vorzulegenden Gewinnverwendungsvorschlag gebunden zu sein (BGH 28.10.1993, BGHZ 124, 27, (31 f.)); wohl aber ist die Hauptversammlung bei ihrer Gewinnverwendungsentscheidung nach § 174 S. 2 an den festgestellten Jahresabschluss einschließlich des darin ausgewiesenen Bilanzgewinns gebunden. Der **Bilanzgewinn bzw. -verlust** bildet die **Grundlage der** von der Hauptversammlung zu beschließenden **Gewinnverwendung.** Er bemisst sich nach dem Jahresabschluss zuzüglich bzw. abzüglich eines Gewinnvortrags/Verlustvortrags aus dem Vorjahr und den Entnahmen aus bzw. Einstellungen in gesetzli-

che(n), satzungsmäßige(n) und freie(n) („anderen") Gewinnrücklagen (vgl. KK-AktG/*Ekkenga* § 185 Rn. 15).

Die Hauptversammlung hat nach Abs. 3 vier **Möglichkeiten der Gewinnverwendung:** nach S. 1 (1) Ausschüttung an die Aktionäre (Abs. 3 S. 2 Alt. 2), (2) Einstellung in Gewinnrücklagen (Abs. 3 S. 1 Alt. 1) oder (3) Gewinnvortrag (Abs. 3 S. 1 Alt. 2) und, sofern eine entsprechende Satzungsermächtigung vorliegt, nach S. 2 (4) eine andere Gewinnverwendung. Durch Auswahl zwischen diesen Möglichkeiten muss der Gewinnverwendungsbeschluss den nach dem festgestellten Jahresabschluss zur Disposition der Hautversammlung stehenden Bilanzgewinn voll ausschöpfen (BGH 28.10.1993, BGHZ 124, 27 (32)). Dabei entscheidet die Hauptversammlung nur über den an die Aktionäre auszuschüttenden *Gesamtbetrag;* die Verteilung des auszuschüttenden Gewinns unter den Aktionären bestimmen das Gesetz (§ 60) oder ggf. die Satzung (KK-AktG/*Drygala* Rn. 92). Sofern Spitzenbeträge nach dem geltenden Gewinnverteilungsschlüssel nicht aufteilbar sind, müssen diese auf neue Rechnung vorgetragen werden (BGH 24.1.1957, BGHZ 23, 150 (155)). 18

1. Gewinnausschüttung versus Thesaurierung (Abs. 3 S. 1). Die Einstellung über die Rücklagen nach Abs. 1 und 2 hinausgehender „weiterer Beträge" in Gewinnrücklagen nach Abs. 3 S. 1 Alt. 1 setzt einen **Beschluss der Hauptversammlung mit einfacher Mehrheit** voraus, sofern die Satzung nicht eine größere oder qualifizierte Mehrheit vorschreibt (§ 133 Abs. 1). Trotz des insoweit missverständlichen Gesetzeswortlauts („*weiterer* Beträge"), setzt die Rücklagenbildung nach Abs. 1 S. 1 nicht voraus, dass bereits bei der Feststellung der Bilanz von Möglichkeiten der Rücklagenbildung nach Abs. 1–2a Gebrauch gemacht wurde (KK-AktG/*Drygala* Rn. 7). Einstellungen in die gesetzliche Rücklage (§ 150), in die satzungsmäßig zu bildende Rücklage (Abs. 1 S. 1) und die Rücklage für Anteile an einem herrschenden oder mehrheitlich beteiligten Unternehmen (§ 272 Abs. 4 HGB) können nach Abs. 3 S. 1 nicht erfolgen, da solche gesetzlich zwingend gebotenen Rücklagenbildungen bereits bei der Aufstellung der Bilanz erfolgen (vgl. EBJS/*Böcking/Gros* HGB § 270 Rn. 4; KK-AktG/*Ekkenga* § 150 Rn. 7; aA Bürgers/Körber/*Westermann* Rn. 25). 19

Im Gegensatz zu den durch Abs. 2 S. 1 und Abs. 2 S. 3 errichteten Schranken der Rücklagenbildung gelten für den **Schutz von Minderheitsaktionären** vor unangemessenen Gewinnthesaurierungsbeschlüssen besondere Schranken. Eine **starre Schranke** errichtet insofern **§ 254.** Nach dieser Vorschrift ist ein Gewinnverwendungsbeschluss anfechtbar, wenn infolge der von der Hauptversammlung vorgenommenen Rücklagenbildung und/oder eines Gewinnvortrags auf neue Rechnung (→ Rn. 24) kein Gewinn iHv mindestens **4 % des Grundkapitals** an die Aktionäre verteilt werden kann. Ob diese Thesaurierungsschranke in finanzwirtschaftlicher Hinsicht Sinn macht, darf füglich bezweifelt werden, macht doch das statutarische Eigenkapital nicht zuletzt bei börsennotierten Aktiengesellschaften in aller Regel nur einen relativ kleinen Bruchteil des Eigenkapitals der Gesellschaft aus (vgl. *Baums* FS K. Schmidt, 2009, 57 (75, 79)). Ob die 4 %-Schranke unter Bezugnahme auf ein Art. 3 GG zu entnehmendes verfassungsrechtliches Konsistenzgebot im Wege verfassungskonformer Auslegung von § 254 anstelle des Grundkapitals auf das *gesamte Eigenkapital* der Gesellschaft einschließlich gesetzlicher statutarischer und freier Rücklagen bezogen werden sollte (so der Vorschlag von KK-AktG/*Drygala* Rn. 101 ff., unter Bezugnahme auf BVerfG 30.7.2008, BVerfGE 121, 317 = NJW 2008, 2409 und BVerfG 9.12.2008, BVerfGE 122, 210 = NJW 2009, 48), mag hier dahingestellt bleiben; jedenfalls ist insoweit *de lege ferenda* ein gesetzgeberischer Handlungsbedarf zu konstatieren (vgl. *Baums* FS K. Schmidt, 2009, 79). Zu berücksichtigen ist aber auch, dass professionelle, insbesondere institutionelle Anleger (Pensions- und Investmentfonds, Versicherungen etc) sehr wohl in der Lage sein werden, den überzogenen Dividendengeiz börsennotierter Gesellschaften im Wege des Widerspruchs durch Abwanderung gebührend zu sanktionieren. 20

Eine flexible Schranke gegen exzessive Thesaurierungsbestrebungen der Hauptversammlung ist in der Anfechtbarkeit von Gewinnverwendungsbeschlüssen wegen Verletzung der **Treubindung der beschlussfassenden Mehrheit** zu erkennen (§ 243 Abs. 1). Dabei muss es im Kern darum gehen, dass Gewinnverwendungsbeschlüsse den Anforderungen einer loyalen, auf angemessener Information und Entscheidungsvorbereitung beruhenden Artikulation legitimer Thesaurierungsinteressen der Gesellschaft zu entsprechen haben, was insbesondere bei Verfolgung einer Strategie des Hinausdrängens von Minderheitsgesellschaftern im Wege des „Aushungerns" nicht der Fall ist (im Ansatz so auch *Baums* FS K. Schmidt, 2009, 57 (79 ff.)). In diesem Sinne ist der Hauptversammlungsmehrheit bei ihrer Beschlussfassung über die Gewinnverwendung nach Abs. 3 ein unternehmerisches Ermessen nach dem Muster der **Business Judgment Rule** des § 93 Abs. 1 S. 2 zuzuerkennen. Die gerichtliche Abwägung mehrheitlicher Thesaurierungs- gegen minderheitliche Ausschüttungsinteressen im Wege einer judiziellen Verhältnismäßigkeitskontrolle erscheint daher nur dann geboten, wenn der Mehrheitsbeschluss von eigensüchtigen, mit dem Gesellschaftsinteresse konfligierenden Motiven und/oder unzureichender Information und Entscheidungsvorbereitung geleitet ist (zum unternehmerischen Ermessen der Hauptversammlung *Paefgen/Wallisch* FS Krieger, 2020, 643 (646 f., 650 f., 656 ff.)). 21

Die Satzung kann festlegen, dass die Hauptversammlung zur Ausschüttung des gesamten oder auch eines bestimmten Teils des Bilanzgewinns an die Aktionäre verpflichtet ist. Das Gegenteil folgt nicht 22 etwa daraus, dass das Gesetz zwingende Satzungsregelungen zur Gewinnthesaurierung nur in Abs. 1, nicht dagegen in Abs. 3 zulässt (so aber KK-AktG/*Lutter,* 2. Aufl. 1986 ff., Rn. 69). Vielmehr ist Abs. 3 S. 2 zu entnehmen, dass das Gesetz die Frage der **Ausschüttung des Bilanzgewinns wie auch des zulässigen Umfangs** einer Ausschüttung grundsätzlich als **statutarisch disponibel** ansieht (vgl. KK-AktG/*Drygala* Rn. 98). Nach hM kann die Satzung deshalb der Hauptversammlung auch die vollständige Thesaurierung des Bilanzgewinns vorschreiben; auch insoweit enthält Abs. 3 S. 1 keine zwingende und abschließende Regelung iSv § 23 Abs. 5 (vgl. KK-AktG/*Drygala* Rn. 98 mwN zur hM).

23 An verschiedenen Stellen finden sich **gesetzliche Verbote der Ausschüttung von Gewinnen an die Aktionäre.** So gilt nach § 225 Abs. 2 nach der Durchführung einer Kapitalherabsetzung eine Auszahlungssperre bis zur Befriedigung offenstehender Gläubigerforderungen. Bei der vereinfachten Kapitalherabsetzung sind Beträge, die sich aus der Auflösung von Kapital- und Gewinnrücklagen ergeben nach §§ 230, 233 Abs. 3 von der Ausschüttung ausgeschlossen und Gewinn darf nach § 233 Abs. 1 erst ausgeschüttet werden, wenn die gesetzliche Rücklage und die Kapitalrücklage zusammen 10 % des Grundkapitals erreichen, und innerhalb von zwei Jahren darf gem. § 233 Abs. 2, solange die Gläubiger nicht befriedigt sind, nur eine Dividende von höchsten 4 % des Grundkapitals ausgeschüttet werden. Kreditinstituten kann nach § 45 Abs. 1 Nr. 1 KWG zur Liquiditätssicherung die Zahlung von Dividenden behördlich untersagt werden; vgl. auch für Versicherungsunternehmen § 127 Abs. 2 Nr. 2 VAG. § 10 Abs. 2 Nr. 5 FMStG bindet die Erteilung von Staatshilfen durch den Finanzmarktstabilisierungsfonds an Finanzdienstleistungsunternehmen daran, dass während der Dauer von Hilfsmaßnahmen keine Dividenden gezahlt werden (vgl. KK-AktG/*Drygala* Rn. 96). Ein faktisches Ausschüttungsverbot kann sich daraus ergeben, dass die Anerkennung einer AG als gemeinnützig im Sinne des Steuerrechts (§§ 51 ff. AO) voraussetzt, dass an die Aktionäre keine Gewinne ausgeschüttet werden (§§ 55 Abs. 1 Nr. 1 S. 2, 59 f. AO; vgl. KK-AktG/*Drygala* Rn. 94).

24 **2. Vortrag auf neue Rechnung (Abs. 3 S. 1).** Abs. 3 S. 1 Alt. 2 gestattet es der Hauptversammlung, mit einfacher Mehrheit zu beschließen, den Gewinn ganz oder zum Teil auf neue Rechnung vorzutragen. Das führt zur **Erhöhung des Bilanzgewinns des Folgejahres** (§ 158 Abs. 1 S. 1 Nr. 1) und eine erneute Disposition der Verwaltung über den vorgetragenen Betrag ist damit ausgeschlossen. Der Höhe nach unterliegt der Vortrag auf neue Rechnung keiner Beschränkung. Er kann sich grundsätzlich auch auf den gesamten Bilanzgewinn beziehen, was sich insbesondere bei einem nur geringfügigen Gewinn empfiehlt, der für die Zahlung einer nennenswerten Dividende nicht ausreicht. Zu beachten ist allerdings die Anfechtbarkeit nach § 254 (vgl. KK-AktG/*Drygala* Rn. 106).

25 **3. Andere Gewinnverwendung (Abs. 3 S. 2).** Nach Abs. 3 S. 2 ist es der Hauptversammlung bei Vorliegen einer statutarischen Ermächtigung gestattet, eine andere Verwendung des gesamten Bilanzgewinns oder nur eines Teils desselben mit einfacher bzw. statutarische vorgeschriebener höherer oder qualifizierter Mehrheit (zu beschließen § 133 Abs. 1). Die Vorschrift betrifft nur die **Verteilung an Personen die nicht Aktionär sind.** Eine solche Verteilung an andere Personen ist sorgfältig zu unterscheiden von einer statutarischen Regelung der Gewinnverteilung unter den Aktionären nach § 60 Abs. 3; die satzungsmäßige Zuwendung von Präsenzboni an regelmäßige Hauptversammlungsteilnehmer findet in Abs. 3 S. 2 daher keine Grundlage (KK-AktG/*Drygala* Rn. 107 f.; aA *Klühs* ZIP 2006, 107 (112 ff.)).

26 In der Praxis spielt die „andere" Gewinnverwendung iSv Abs. 3 S. 2 namentlich bei der **Förderung gemeinnütziger Zwecke** eine Rolle (vgl. BGH 28.6.1982, BGHZ 84, 303 ff.; *Sethe* ZHR 162 (1998), 474 (478 f.)). Zur Erlangung des steuerrechtlichen Gemeinnützigkeitsstatus iSv §§ 55, 59 AO bedarf es des kategorischen Ausschlusses jeglicher Gewinnausschüttung an die Aktionäre. Die Satzung kann ein entsprechendes *Ausschüttungsverbot* regeln, obgleich der Wortlaut des Abs. 3 S. 2 missverständlich nur von einer diesbezüglichen statutarischen Ermächtigung der Hauptversammlung handelt. Das folgt daraus, dass Abs. 4 den direkten Ausschluss der Gewinnausschüttung an die Aktionäre zulässt und nicht bloß eine entsprechende statutarische Ermächtigung der Hauptversammlung (KK-AktG/*Drygala* Rn. 110). Die nachträgliche Einführung eines Ausschüttungsverbots bedarf als Änderung des Gesellschaftszwecks der AG analog § 33 Abs. 1 S. 2 BGB eines einstimmigen Hauptversammlungsbeschlusses (*Paefgen* FS Seibert, 2019, 629 (636 f.); *Sethe* ZHR 162 (1984), 474 (479)). Als eine solche Zweckänderung ist es auch anzusehen, dass qua Satzungsregelung erhebliche Teile des Bilanzgewinns für sozialpolitische Zwecke zu verwenden sind (vgl. KK-AktG/*Drygala* Rn. 119). Aktionäre, die Aktien einer Gesellschaft mit gemeinnütziger Zwecksetzung nach Abs. 3 S. 2 erwerben, müssen sich an dieser Zwecksetzung festhalten lassen (KK-AktG/*Drygala* Rn. 117).

V. Anspruch der Aktionäre auf den Bilanzgewinn (Abs. 4)

27 Nach Abs. 4 S. 1 haben die Aktionäre Anspruch auf den Bilanzgewinn (→ Rn. 17), soweit dieser nicht durch Gesetz oder Satzung, durch Hauptversammlungsbeschluss nach Abs. 1 bzw. 3 oder als zusätzlicher Aufwand aufgrund des Gewinnverwendungsbeschlusses von der Verteilung unter den Aktionären ausgeschlossen ist. Jedoch unterfällt die Entscheidung darüber, an welche Aktionäre Divi-

denden in welcher Höhe ausgeschüttet werden, nicht der Disposition der Hauptversammlung im Gewinnverwendungsbeschluss; vielmehr bestimmen sich die konkreten Gewinnansprüche der einzelnen Aktionäre nach deren jeweiliger Beteiligung am Grundkapital bzw. einer davon abweichenden Satzungsregelung (§ 58 Abs. 4, § 60 Abs. 1 und 3). Die **Hauptversammlung entscheidet** nach§ 174 Abs. 2 Nr. 2 lediglich **über den Gesamtbetrag des an die Aktionäre auszuschüttenden Geldbetrages oder Sachwertes** iSv Abs. 5 (BGH 28.6.1982, BGHZ 84, 303 (311); BGH 29.4.2014, ZIP 2014, 1677 (1678)).

1. Der allgemeine Gewinnbeteiligungsanspruch als Mitgliedschaftsrecht. Abs. 4 gibt jedem Aktionär einen **Gewinnbeteiligungsanspruch.** Der **Anspruch** richtet sich **auf Teilhabe der Aktionäre am Bilanzgewinn.** Das setzt die Feststellung eines Jahresabschlusses voraus, der einen Bilanzgewinn ausweist; ohne festgestellten Bilanzgewinn gibt es keinen Gewinnbeteiligungsanspruch (RG 30.9.1885, RGZ 14, 168 (170); KK-AktG/*Drygala* Rn. 113). Ein Anspruch besteht daher von vornherein nicht, wenn der gesamte Jahresüberschuss nach § 291 aufgrund eines Gewinnabführungsvertrages an ein herrschendes Unternehmen abzuführen ist. Eine Beteiligung am Bilanzgewinn kann die Verwaltung nicht rechtsgeschäftlich, sondern nur in der Form eines nach § 292 Abs. 2 der Zustimmung der Hauptversammlung unterliegenden Gewinnbeteiligungsvertrages einräumen. Der allgemeine Gewinnbeteiligungsanspruch beruht auf dem **Mitgliedschaftsrecht** des Aktionärs. Er entsteht mit dem Erwerb des Mitgliedschaftsrechts und besteht fort, solange die Mitgliedschaft fortdauert, und er unterliegt nach § 399 Alt. 1 BGB einem **Abtretungsverbot,** sodass seine Übertragung nur zusammen mit der Mitgliedschaft zulässig ist (KK-AktG/*Drygala* Rn. 112; Bürgers/Körber/*Westermann* Rn. 28). 28

Seinem Inhalt nach richtet der **Gewinnbeteiligungsanspruch** sich nicht etwa schon auf Auskehrung von Geld bzw. Sachwerten (Dividenden) an die Aktionäre, sondern zunächst nur **auf** die **Herbeiführung eines Gewinnverwendungsbeschlusses** der Hauptversammlung nach § 174 innerhalb der Achtmonatsfrist des § 175 Abs. 1 S. 2, dessen Vorliegen jegliches Recht der Aktionäre auf Gewinnausschüttung sachlogisch voraussetzt. Diesen auf dem Mitgliedschaftsrecht beruhenden Individualanspruch kann jeder Aktionär im Wege der *Leistungsklage* geltend machen. Die Urteilsvollstreckung hat dann im Hinblick auf das Gewinnverwendungsermessen der Hauptversammlung (→ Rn. 21) grundsätzlich nach § 888 ZPO zu erfolgen (vgl. *Zöllner* ZGR 1982, 392 (416 ff.); KK-AktG/*Drygala* Rn. 127); jedoch ist eine auf Vollausschüttung gerichtete *positive Beschlussfeststellungsklage* dann zuzulassen, wenn die Satzung die Ausschüttung des gesamten Bilanzgewinns vorschreibt (→ Rn. 22) oder aber aufgrund einer Pattsituation in der Hauptversammlung eine Gewinnthesaurierung und/oder ein Gewinnvortrag nicht beschlossen werden konnte und die Satzung eine „andere" Gewinnverwendung (→ Rn. 25 f.) nicht vorschreibt, sodass als mögliche Handlungsalternative gem. Abs. 3 S. 2 nur die Gewinnverteilung an die Aktionäre verbleibt (vgl. *Schüppen* FS Röhricht, 2005, 571 (575 ff.)). 29

An verschiedenen Stellen finden sich **gesetzliche Ausschlüsse von Gewinnbeteiligungsansprüchen** der Aktionäre. Das betrifft zunächst die in §§ 225 Abs. 2, 230, 233 gerelten Fälle wie auch den Fall des § 45 KWG. Einen zeitweisen Rechtsausschluss (Ruhen des Gewinnrechts) regeln die §§ 20 Abs. 7, 56 Abs. 3, 71b, 71d, 328 Abs. 1, wie auch § 28 WpHG, § 59 WpÜG. Während des Ruhens von Gewinnrechten ist der auf die betroffenen Aktien entfallende Betrag auf die übrigen Aktionäre umzulegen (BGH 1.12.1994, NJW 1995, 1027 f.); solange ein Rechtsverlust noch unsicher ist, ist der betroffene Betrag zunächst einzubehalten und erst bei endgültigem Eintritt des Rechtsverlusts als Ertrag zu verbuchen; entgegen gesetzlichem Verbot ausgezahlte Beträge sind gem. § 62 an die Gesellschaft zurückzuerstatten (LG München I 27.11.2008, NZG 2009, 226 (227)). 30

Nach Abs. 4 ist „zusätzlicher Aufwand auf Grund des Gewinnverwendungsbeschusses" vom Gewinnbeteiligungsrecht der Aktionäre ausgenommen. Ein solcher **zusätzlicher Aufwand** kann sich ergeben, wenn die Hauptversammlung bei der Feststellung des Jahresabschlusses (§ 173 Abs. 1) vom Gewinnverwendungsvorschlag des Vorstands (§ 170 Abs. 2) abweicht. So kann sich beispielsweise der Aufwand für an die Höhe der ausgeschütteten Dividende gekoppelte Tantiemen und Arbeitnehmervergütungen erhöhen, wenn die Hauptversammlung abweichend vom Vorschlag des Vorstands eine höhere Ausschüttung beschließt (vgl. MüKoAktG/*Hennrichs/Pöschke* § 174 Rn. 35). Beschließt die Hauptversammlung abweichend vom Vorschlag des Vorstands die (teilweise) Auskehrung einer Sachdividende (Abs. 5), deren Verkehrswert den Buchwert übersteigt, kann die damit einhergehende Auflösung stiller Reserven zusätzlichen Steueraufwand zur Folge haben (vgl. KK-AktG/*Drygala* Rn. 126). 31

Für die **Verjährung des Gewinnbeteiligungsanspruchs** des Aktionärs gilt die reguläre dreijährige Frist nach §§ 195, 199 BGB, für deren Beginn es gem. § 199 Abs. 1 Nr. 1 BGB auf den Ablauf der für den Gewinnverwendungsbeschluss geltenden Acht-Monats-Frist des § 175 Abs. 1 S. 2 ankommt (KK-AktG/*Drygala* Rn. 131). 32

2. Der Gewinnanspruch als verkehrsfähiges Gläubigerrecht. Vom allgemeinen Gewinnbeteiligungsanspruch (→ Rn. 28 ff.) sind die konkreten **Gewinnauskehrungsansprüche der Aktionäre** zu unterscheiden. Die Entstehung solcher Ansprüche setzt das **Ergehen eines wirksamen Gewinnverwendungsbeschlusses** der Hauptversammlung voraus (BGH 28.10.1993, BGHZ 124, 27 (31)). In dem Beschluss ist ein bestimmter an die Aktionäre auszukehrender Geldbetrag bzw. Sachwert anzugeben 33

(§ 174 Abs. 2 Nr. 2; näher KK-AktG/*Drygala* Rn. 132). Ist der Gewinnverwendungsbeschluss angefochten, hat der Vorstand sich zur Vermeidung der Haftung nach § 93 Abs. 3 Nr. 1 nach pflichtgemäßem Ermessen nach hM ein Urteil darüber bilden, ob im Hinblick auf eine möglicherweise erfolgreiche Anfechtung die Ausführung des Beschlusses besser unterbleiben sollte oder ob die Nachteile einer Verzögerung für den Fall, dass die Anfechtung doch unterlassen wird oder erfolglos bleibt, zu überwiegen drohen (vgl. GroßkommGmbHG/*Paefgen* § 43 Rn. 241 zur Durchführung von GmbH-Gesellschafterweisungen; für einstweilige Hemmung des Dividendenanspruchs nach § 275 Abs. 3 BGB KK-AktG/*Drygala* Rn. 134). Sind Dividendenrechte einmal mehrheitlich durch einen Gewinnverwendungsbeschluss begründet worden, bedarf es zur nachträglichen Aufhebung oder Beeinträchtigung der so entstandenen Dividendenrechte eines einstimmig zu fassenden erneuten Gewinnverwendungsbeschlusses (BGH 24.1.1957, BGHZ 23, 150 (157); *Versteyl/Probst* BB 2011, 1416 (1419 f.)). Bei Leistungsverzug oder Nichtleistung gelten die §§ 281, 283, 286, 323 BGB (GroßkommAktG/*Henze/Notz* Rn. 209 ff.) Zu den Folgen der Beeinträchtigung von Dividendenansprüchen durch sog. nachperiodische Bilanzverluste KK-AktG/*Drygala* Rn. 137 ff.).

34 Die mit Ergehen des Gewinnverwendungsanspruchs der Hauptversammlung entstehenden, nach Art und Höhe genau bestimmten bzw. bestimmbaren **Dividendenansprüche** sind **selbstständig verkehrsfähige Ansprüche des jeweiligen Aktionärs** gegen die Gesellschaft. Über diese Ansprüche kann der Aktionär als Forderungsrechte unabhängig von seinem Mitgliedschaftsrecht an der Aktie verfügen und umgekehrt. So verbleiben einem Aktionär, der seine Aktien veräußert, dessen einmal entstandene Dividendenansprüche (OLG München 17.9.2014, ZIP 2014, 1980 (1981 f.)). Umgekehrt ist auch eine isolierte Abtretung möglich, und zwar auch im Voraus, sofern nur die allgemeinen schuldrechtlichen Anforderungen an eine Vorausabtretung erfüllt werden (RG 16.4.1920, RGZ 98, 318 (320); BGH 30.6.1959, BGHZ 30, 238 (240)). Zudem können einmal entstandene Dividendenansprüche selbständig verpfändet (§ 1273 BGB) und gepfändet (§§ 851, 828 ff. ZPO) werden und sie sind in der Insolvenz der Gesellschaft wie sonstige Gläubigerrechte gleichrangig zur Tabelle anzumelden (vgl. KK-AktG/*Drygala* Rn. 135 f.). Für die Verjährung von Dividendenansprüchen gilt die dreijährige Regelfrist (§§ 195, 199 BGB), für deren Beginn es gem. § 199 Abs. 1 Nr. 1 BGB auf den Tag des Gewinnverwendungsbeschlusses als Tag der Anspruchsentstehung ankommt.

35 Einen satzungsdispositiven gesetzlichen Anspruch auf wertpapiermäßige Verbriefung von Dividendenansprüchen, wie dies § 10 Abs. 5 für die Verbriefung von Aktien vorsieht, in sog **Dividenden- oder Gewinnanteilsscheinen** haben die Aktionäre nicht. Jedoch soll ihnen nach hM auf Grund der Üblichkeit der Ausgabe solcher auch als Coupons bezeichneter Papiere ein Anspruch auf Verbriefung zustehen, wenn die Satzung nichts anderes bestimmt (zu Recht für bloßes Ermessen der Verwaltung dagegen KK-AktG/*Dygala* Rn. 149 mwN zum Meinungsstand). Da es sich bei Dividendenscheinen um Inhaberpapiere handelt, kommt der AG der Schuldnerschutz nach §§ 793 Abs. 1 S. 2, 796 BGB zugute (KK-AktG/*Dygala* Rn. 147, 152 ff.). Zu weiteren Einzelheiten s. MüKoAktG/*Bayer* Rn. 118 ff.).

36 **3. Fälligkeit (Abs. 4 S. 2 und 3).** Zum 1.1.2017 wurde in Abs. 4 S. 2 die Fälligkeit des Anspruchs auf den Bilanzgewinn zwecks Anpassung an internationale Kapitalmarktstandards gesetzlich geregelt (→ Rn. 3). Die Vorschrift legt für Dividendenzahlungen – abweichend von § 271 Abs. 1 BGB – die Fälligkeit auf den **dritten Geschäftstag nach dem Tag der die Gewinnverwendung beschließenden Hauptversammlung.** Auf diese Weise soll der im europäischen Kapitalmarkt verbreitete Abwicklungsmechanismus T+2 (trade + 2 days) zur Geltung gebracht werden (Spindler/Stilz/*Cahn/v. Spannenberg* Rn. 95a; *Müller-Eising* GWR 2015, 50 (51)). Zugleich eröffnet Abs. 4 S. 3 der Gesellschaft die Möglichkeit, einen späteren Fälligkeitszeitpunkt in ihrer Satzung oder per Hauptversammlungsbeschluss festzulegen. Für den **Begriff des Geschäftstags** ist das § 675n Abs. 1 S. 4 BGB zugrunde liegende Verständnis maßgeblich; es ist dafür auf den Bankarbeitstag abzustellen (Spindler/Stilz/*Cahn/v. Spannenberg* Rn. 95b). Der eindeutige Gesetzeswortlaut verbietet die Bestimmung eines früheren Fälligkeitszeitpunkts (*Ihrig/Wandt* BB 2016, 6 (14)). Ob es klug gewesen ist, die Regelung in Abs. 4 zu verorten, darf bezweifelt werden, da dort nur allgemein der Anspruch auf Ausschüttung des Bilanzgewinns geregelt wird, nicht aber der konkrete Dividendenanspruch.

VI. Sachdividende (Abs. 5)

37 Abs. 5 sieht die Möglichkeit vor, den Aktionären anstelle („auch") einer Barausschüttung eine Sachausschüttung zukommen zu lassen, sofern die Satzung dies vorsieht. Wie das Erfordernis einer besonderen **Satzungsermächtigung** der Hauptversammlung zeigt, die für eine Dividendenausschüttung in Geld nicht erforderlich ist, ist nach der gesetzlichen Regelungssystematik die **Barausschüttung** der **Regelfall,** während die **Sachdividende** den **Ausnahmefall** darstellt. Die Sachdividende wurde durch das TransPuG 2002 nach dem Vorbild international üblicher Gepflogenheiten in das deutsche Aktienrecht eingeführt (→ Rn. 3; KK-AktG/*Drygala* Rn. 162). Das europäische Unionsrecht ist offen für die Ausschüttung von Sachdividenden (vgl. Art. 56 Abs. 4 GesR-RL (2017/1132/EU)). Für die **nachträgliche Einführung** der nach dem Gesetz erforderlichen Satzungsermächtigung genügt die einfache

Stimmen- und Kapitalmehrheit, wenn die Satzung dies für Satzungsänderungen genügen lässt (§ 179 Abs. 2 S. 2). In der Amtlichen Begründung zum TransPuG ist davon die Rede, dass der satzungsändernde Hauptversammlungsbeschluss einer gerichtlichen Inhaltskontrolle zu unterwerfen sei (Begr. RegE TransPuG, BT-Drs. 14/8761, 13). Dagegen wird zu Recht eingewandt, für eine solche judizielle Beschlusskontrolle fehle es bereits an der Voraussetzung eines Eingriffs in die Mitgliedschaftsrechte von Minderheitsaktionären, die erst eigentlich durch den für eine Sachausschüttung erforderlichen Hauptversammlungsbeschluss (→ Rn. 38) tangiert würden (*DAV-Handelsrechtsausschuss* NZG 2002, 115 (116); *Bayer* AG 2011, R215 f.; *W. Müller* NZG 2002, 752 (757); grundsätzlich krit. gegenüber einer judiziellen Beschlusskontrolle durch Abwägung von Mehrheits- und Minderheitsinteressen *Paefgen/Wallisch* FS Krieger, 2020, 643 (664); aA *Grund,* Sachdividenden bei Aktiengesellschaften, 2006, 120). Ein Sachausschüttungsbeschluss ohne die erforderliche statutarische Ermächtigung ist gem. § 243 Abs. 1 anfechtbar (Spindler/Stilz/*Cahn/v. Spannenberg* Rn. 112).

Über die Auskehrung einer Sachdividende entscheidet die Hauptversammlung. Als besondere Variante des Gewinnverwendungsbeschlusses kann der **Sachausschüttungsbeschluss** mit einfacher Stimmenmehrheit gefasst werden, soweit die Satzung keine größere oder qualifizierte Mehrheit bestimmt (§ 133 Abs. 1). Der Beschluss hat die Sachausschüttung nach Art und Höhe genau festzulegen. Dabei kommt auch die Bestimmung einer alternativ oder zusätzlich zur Sachdividende zu leistenden Bardividende in Betracht (*W. Müller* NZG 2002, 752 (757)); die Einräumung eines Wahlrechts zwischen Bar- oder Sachdividende entspricht durchaus gängiger Kapitalmarktpraxis (vgl. etwa zur niederländischen Praxis *Leinekugel,* Die Sachdividende im deutschen und europäischen Aktienrecht, 2001, 96 ff.). Welche Variante bzw. Aufteilung im konkreten Fall beschlossen werden soll, liegt grundsätzlich im unternehmerischen Ermessen der Hauptversammlung (→ Rn. 40), sofern der Beschluss nicht mit der unternehmenspolitischen Eigenverantwortung des Vorstands nach § 76 Abs. 1 kollidiert (→ Rn. 41). **38**

Als **Gegenstand von Sachdividenden** kommen zunächst **fungible Vermögensgegenstände** in Betracht, die einfach zu Geld gemacht werden können. Dazu zählen insbesondere an der Börse gehandelte Wertpapiere (*Lutter/Leinekugel/Rödder* ZGR 2002, 204 (211)), aber auch alle sonstigen an einem liquiden Markt gehandelten Gegenstände. In Frage kommen zudem auch **nicht fungible Gegenstände** wie insbesondere nicht börsengängige Anteile an Tochtergesellschaften, die ebenso wie börsengängige Anteile im Wege eines sog. *spin-off* an die Aktionäre ausgekehrt werden können, sowie auch Produkte und Dienstleistungen der Gesellschaft wie etwa Bier, Kinofreikarten oder freier Internetzugang (*Holzborn/Bunnemann* AG 2003, 671 (673); *Leinekugel,* Die Sachdividende im deutschen und europäischen Aktienrecht, 2001, 3). Auch **eigene Anteile der AG** können als Sachdividende an die Aktionäre ausgeschüttet werden. Dabei kann es sich um Aktien handeln, die von der Gesellschaft zu diesem Zweck erworben worden sind (§ 71 Abs. 1 Nr. 8) oder auch um Aktien, die aus einer Kapitalerhöhung aus Gesellschaftsmitteln (§§ 207 ff.) stammen (KK-AktG/*Drygala* Rn. 166, mit Hinweis auf den gesetzlichen Ausschluss eines Wahlrechts zwischen Bar- und Sachbezug nach § 212 und die Notwendigkeit einer satzungsändernden Mehrheit nach § 207 Abs. 2). **39**

Im Schrifttum wird unter verschiedenen Gesichtspunkten die **Frage nach der Verletzung des Gleichbehandlungsgebots** des § 53a durch Sachausschüttungsbeschlüsse aufgeworfen. So wird moniert, dass die ausgeschütteten Gegenstände für verschiedene Aktionäre im Hinblick auf unterschiedliche Möglichkeiten der Liquidation der darin enthaltenen Vermögenswerte jeweils einen unterschiedlichen Wert haben könnten (*Hasselbach/Wicke* NZG 2001, 599 (600)); ebenso sollen sich rügebewerte Ungleichbehandlungen im Hinblick auf den schieren Umfang der erhaltenen Sachleistungen ergeben können (vgl. KK-AktG/*Drygala* Rn. 176: „Bier im Wert von € 100 000 kann kein Mensch trinken"); und in ganz ähnlicher Weise wird geltend gemacht, die Ausschüttung von Anteilen an einer Tochtergesellschaft könne gegen § 243 Abs. 2 S. 1 verstoßen, wenn sie nur bestimmten Aktionären zu einer Sperrminorität, oder (qualifizierten) Kapitalmehrheit verhelfe (*W. Müller* NZG 2002, 752 (758)). Alldem ist entgegenzuhalten, dass nicht jede Ungleichbehandlung schon als solche das Gleichbehandlungsgebot verletzt. Ungleichbehandlungen aus sachlichen, im legitimen Interesse der Gesellschaft liegenden Gründen sind zulässig (→ § 53a Rn. 6). Als Instrument der Beschlusskontrolle gebietet das Gleichbehandlungsgebot daher keine richterliche *Abwägungskontrolle* im Sinne judizieller Ausbalancierung von Mehrheits- und Minderheitsinteressen. Vielmehr ist der über eine Sachausschüttung entscheidenden Hauptversammlungsmehrheit bezüglich der loyalen, auf angemessener Information und Entscheidungsvorbereitung beruhenden Artikulation der für legitim zu befindenden Ausschüttungsinteressen der Gesellschaft ein unternehmerischer Ermessensspielraum nach dem *Muster der Business Judgment Rule* des § 93 Abs. 1 S. 2 zuzuerkennen (vgl. *Paefgen/Wallisch* FS Krieger, 2020, 643 (661 f.); zum unternehmerischen Charakter des Gewinnverwendungsbeschlusses auch *Habersack* FS K. Schmidt, 2009, 523 (528 ff.)). **40**

Die Kompetenz der Hauptversammlung, im Rahmen ihrer Gewinnverwendungshoheit (§ 119 Abs. 1 Nr. 2, 48 Abs. 5) grundsätzlich auch andere Gegenstände als bloß Geld aus dem Gesellschaftsvermögen an die Aktionäre auszukehren, gilt es von der Kompetenz des Vorstands zur eigenverantwortlichen Unternehmensleitung (§ 76 Abs. 1) abzugrenzen. Mit der Zuständigkeit für die eigenverantwortliche Unternehmensleitung vertraut das Gesetz dem Vorstand ein statutarisch unabdingbares **Leitungsmono-** **41**

pol an, das dem Einfluss der Hauptversammlung satzungsfest entzogen ist (§§ 119 Abs. 2, 23 Abs. 5). Als zentrale Aufgabenfelder umfasst diese Organverantwortung die Planungs-, Steuerungs- und Finanzverantwortung für das Unternehmen (Spindler/Stilz/*Fleischer* § 76 Rn. 7, Spindler/Stilz/*Fleischer* § 93 Rn. 51). Hauptversammlungsbeschlüsse, die in dem damit umschriebenen Leitungsbereich ohne ausdrückliches Verlangen des Vorstands ergehen, binden den Vorstand nach § 83 Abs. 2 nicht (KK-AktG/*Mertens/Cahn* § 83 Rn. 40). An einem solchen Verlangen des Vorstands fehlt es dann, wenn die Hauptversammlung entgegen dem anderweitigen Gewinnverwendungsvorschlag der Verwaltung (§ 170 Abs. 2) beschließt, bestimmte Vermögengegenstände als Sachdividende an die Aktionäre auszukehren, was möglicherweise auch auf einen entsprechenden Gegenantrag eines sog. aktiven Investors (§ 124 Abs. 4 S. 2) hin geschehen könnte. Typischerweise könnte ein solcher Vorstoß auf die Auskehrung der Anteile an einer bestimmten Tochtergesellschaft an die Aktionäre zum Zwecke eines *spin-off* abzielen. Die damit einhergehende Veräußerung einer wesentlichen Beteiligung würde nicht der Vorlage an die Hauptversammlung nach der „Holzmüller/Gelatine"-Rechtsprechung" (BGH 26.4.2004, BGHZ 159, 30 ff. – Gelatine; BGH 25.2.1982, BGHZ 83, 122 ff. – Holzmüller) unterfallen (vgl. BGH 20.11.2006, NZG 2007, 234 – „Stuttgarter Hofbräu"; *Paefgen* ZHR 172 (2008), 42 (48)). Legt man dies zugrunde, so muss erhellen, dass ein Gewinnverwendungsbeschluss, der abweichend vom Gewinnverwendungsvorschlag des Vorstands diesen zur Auskehrung bestimmter Gegenstände des Gesellschaftsvermögens an die Aktionäre zu verpflichten sucht, gem. §§ 243 Abs. 1, 245 Nr. 4 durch den Vorstand angefochten werden könnte (vgl. Spindler/Stilz/*Cahn/v. Spannenberg* § 48 Rn. 108; KK-AktG/*Drygala* Rn. 179).

42 Nach §§ 58 Abs. 4, 57 Abs. 3 darf eine AG wertmäßig nicht mehr als den nach den bilanzrechtlichen Regeln ermittelten Bilanzgewinn an die Aktionäre ausschütten. Vor diesem Hintergrund stellt sich die Frage, ob eine **Sachausschüttung, deren Wert den Betrag des Bilanzgewinns übersteigt,** gegen die aktienrechtliche **Vermögensbindung** nach § 57 Abs. 1 S. 1, Abs. 3 (→ § 57 Rn. 3 ff.) verstößt und damit zu Rückgewährpflichten der Aktionäre nach § 62 (→ § 62 Rn. 3 ff.) führen kann. Übersteigt der **Verkehrswert** der ausgekehrten Gegenstände zuzüglich einer etwa daneben noch ausgeschütteten Bardividende (→ Rn. 28 ff.) die Höhe des Bilanzgewinns, liegt zweifellos eine unzulässige Auskehrung von Gesellschaftsvermögen mit den besagten Konsequenzen vor (vgl. KK-AktG/*Drygala* Rn. 182 f; *Schnorbus* ZIP 2003, 509 (515 f.)). Es handelt sich dann nicht um einen bloßen gesellschaftsinternen und damit folgenlosen Vorgang (so aber *Lutter/Leinekugel/Rödder* ZGR 2002, 204 (217 f.)); auch lässt sich nicht argumentieren, dass kein Verstoß gegen die Vermögenbindung gegeben sei, solange nur die bereits aus dem Jahresüberschuss zu speisende gesetzliche Rücklage nach § 150 Abs. 2 (→ Rn. 5) dotiert sei (so aber MüKoAktG/*Bayer* § 48 Rn. 110).

VII. Rechtsfolgen bei Verstoß

43 Verstöße gegen die Bestimmungengen der Abs. 1, 2 und 2a haben gem. § 256 Abs. 1 Nr. 4 die **Nichtigkeit des Jahresabschlusses** zur Folge. Mit Ablauf von sechs Jahren seit Bekanntmachung des Jahresabschlusses im Bundesanzeiger tritt nach § 256 Abs. 6 Heilung der Nichtigkeit ein (Spindler/Stilz/*Cahn/v. Spannenberg* Rn. 111).

44 Ein **Gewinnverwendungsbeschluss,** der gegen die Bindung an den Jahresabschluss (§ 174 Abs. 1 S. 2) oder gegen § 268 Abs. 8 HGB verstößt ist nach § 241 Nr. 3 Alt. 3 wegen Verstoßes gegen gläubigerschützende Vorschriften nichtig (GroßkommAktG/*Henze* § 48 Rn. 117). Verstöße gegen Abs. 3 führen zur Anfechtbarkeit des Gewinnverwendungsbeschlusses nach § 243 Abs. 1 (NK-AktKap-MarktR/*Drinhausen* Rn. 62); zur Anfechtbarkeit wegen überhöhter Rücklagendotierung nach § 254 → Rn. 20; zur Anfechtbarkeit nach § 243 Abs. 1 bei Verstößen gegen Abs. 4 → Rn. 37.

Abschlagszahlung auf den Bilanzgewinn

59 (1) **Die Satzung kann den Vorstand ermächtigen, nach Ablauf des Geschäftsjahrs auf den voraussichtlichen Bilanzgewinn einen Abschlag an die Aktionäre zu zahlen.**

(2) [1] **Der Vorstand darf einen Abschlag nur zahlen, wenn ein vorläufiger Abschluß für das vergangene Geschäftsjahr einen Jahresüberschuß ergibt.** [2] **Als Abschlag darf höchstens die Hälfte des Betrags gezahlt werden, der von dem Jahresüberschuß nach Abzug der Beträge verbleibt, die nach Gesetz oder Satzung in Gewinnrücklagen einzustellen sind.** [3] **Außerdem darf der Abschlag nicht die Hälfte des vorjährigen Bilanzgewinns übersteigen.**

(3) **Die Zahlung eines Abschlags bedarf der Zustimmung des Aufsichtsrats.**

I. Norminhalt, Normzweck und Normgeschichte

1 Die Vorschrift **durchbricht das Verbot** der Einlagenrückgewähr (§ 57) und lockert die Verfahrens- und Zuständigkeitsregel des § 58, indem sie **Abschlagszahlungen auf den Bilanzgewinn des abgelaufenen Geschäftsjahres** unter bestimmten Voraussetzungen gestattet. Die Vorschrift ist seit ihrer Entführung durch das AktG 1965 unverändert. Laut der Amtlichen Begründung soll sie dem Zweck

dienen, entsprechend der bei festverzinslichen Schuldverschreibungen und ausländischen Aktien üblichen Kapitalmarktpraxis auch bei deutschen Aktien unterjährige Ausschüttungen nach Art eines „Halbjahrescoupons" an die Aktionäre zu ermöglichen (*Kropff* 79). **Unzulässig** ist dagegen die **Zahlung von Zwischen- oder Interimsdividenden** in der Form von Halbjahres- oder Quartalsdividenden (vgl. *Siebel/Gebauer* AG 1999, 385 (392 ff.); → Rn. 3)), wie sie das Unionsrecht in Art. 56 Abs. 5 GesR-RL entsprechend der in führenden internationalen Kapitalmärkten gängigen Praxis zulässt (de lege ferenda dafür auch *Baums,* Bericht der Regierungskommission Corporate Governance, 2001, Rn. 201). Die **praktische Bedeutung** des § 59 ist dementsprechend **gering** (vgl. *Bayer/Hoffmann* AG 2010, R 471 (R 472)).

II. Voraussetzungen der Abschlagszahlung

2 Voraussetzung für die Zahlung eines Abschlags auf den voraussichtlichen Bilanzgewinn des laufenden Geschäftsjahres (Abs. 2 S. 1) ist nach Abs. 1 die **Ermächtigung des Vorstands durch die Satzung** (zum Dispens vom Erfordernis statutarischer Ermächtigung nach Art. 2 § 1 Abs. 4 S. 1 COVMG *E. Vetter/Thielmann* NJW 2020, 1175 (1178)). Auf der Grundlage einer solchen statutarischen Ermächtigung, die nicht mit einer unzulässigen Verpflichtung des Vorstands zu verwechseln ist (Bürgers/Körber/*Westermann* Rn. 2), **entscheidet der Vorstand** als Gesamtorgan und ohne die Möglichkeit der Delegation auf einzelne Organmitglieder (§ 77 Abs. 1 S. 1) **nach seinem unternehmerischem Ermessen** (§ 93 Abs. 1 S. 2) darüber, ob eine Vorausschüttung in Anbetracht der Liquiditäts- und Finanzlage der Gesellschaft im Gesellschaftsinteresse gerechtfertigt erscheint (KK-AktG/*Drygala* Rn. 7). Mit dem in Abs. 3 aufgestellten, im Sinne einer vorab erteilten **Einwilligung** (§ 183 BGB) zu verstehenden Erfordernis der „Zustimmung" **des Aufsichtsrats** wird auch diesem eine **unternehmerische Ermessensentscheidung** (§§ 116 S. 1, 93 Abs. 1 S. 2) über die Sinnhaftigkeit der vom Vorstand vorgeschlagenen Vorabausschüttung übertragen; dabei ist die Übertragung auf einen Aufsichtsratsausschuss gem. § 107 Abs. 3 S. 3 unzulässig (Spindler/Stilz/*Cahn* Rn. 8).

3 Nach Abs. 2 S. 1 darf ein **Abschlag nur für das** bereits abgelaufene **vorausgegangene Geschäftsjahr** gezahlt werden. Daraus ergibt sich das Verbot der Zahlung von Zwischendividenden (→ Rn. 1), die sich aus Erträgen aus dem noch laufenden Geschäftsjahr speisen (Spindler/Stilz/*Cahn* Rn. 9, 19). Um die Abschlagszahlung zu ermöglichen, muss ein für das vorausgegangene Geschäftsjahr aufgestellter **vorläufiger Abschluss** einen **Jahresüberschuss** ergeben. Als ein solcher vorläufiger Abschluss sind nicht etwa bloße Schätzungen oder Vermutungen zu verstehen. Maßgeblich ist vielmehr eine Bilanz und Gewinn- und Verlustrechnung iSv § 242 Abs. 3 HGB, die den gesetzlichen Ansatz-, Bewertungs- und Gliederungsvorschriften (§§ 252 ff., 266 ff., 275 ff. HGB) sowie den GoB zu entsprechen hat. Dabei entspricht der Jahresüberschuss dem in der Gewinn- und Verlustrechnung unter § 275 Abs. 2 Nr. 20 bzw. Abs. 3 Nr. 19 HGB aufgeführten Betrag. Dagegen handelt es sich bei dem Ausweis von Gewinnvorträgen aus dem vorausgegangenen Geschäftsjahr wie auch von Erträgen aus der Auflösung von Rücklagen nach § 158 um bilanzpolitische Maßnahmen, die dem endgültigen Jahresabschluss vorbehalten sind und daher bei der Ermittlung des vorläufigen Jahresüberschusses außer Betracht zu bleiben haben (Spindler/Stilz/*Cahn* Rn. 10). **Vorläufigkeit des Abschlusses** bedeutet, dass die Prüfung und Bestätigung durch Aufsichtsrat und Abschlussprüfer noch nicht erfolgt sein müssen, Anhang (§§ 264, 268 HGB) und Lagebericht (§§ 263, 289 HGB) nicht erforderlich sind und auch Änderungen in den Wertansätzen bei der abschließenden Abschlussaufstellung noch vorgenommen werden können (KK-AktG/*Drygala* Rn. 13).

4 Für Abschlagszahlungen gelten zwei **Obergrenzen.** Nach Abs. 2 S. 2 darf der Abschlag höchstens die Hälfte des vorläufigen Jahresüberschusses abzüglich der Beträge ausmachen, die nach gesetzlicher und satzungsrechtlicher Vorgabe in die Gewinnrücklagen einzustellen sind. Als gesetzliche Gewinnrücklagen (§ 272 Abs. 3 S. 2 HGB) sind dabei die Rücklagen gem. § 150 und § 300 sowie die nach § 58 Abs. 1 zu bildenden Rücklagen zu berücksichtigen. Nicht zu berücksichtigen sind dagegen Rücklagen, welche die Verwaltung nach § 58 Abs. 2 bilden kann (KK-AktG/*Drygala* Rn. 14 f.). Zudem darf nach Abs. 2 S. 3 eine Abschlagszahlung die Hälfte des vorjährigen Bilanzgewinns (§ 158 Abs. 1 S. 1 Nr. 5) nicht überschreiten. Die Satzung kann weitere Anforderungen an die Zulässigkeit von Abschlagszahlungen stellen. Dagegen sind die in § 59 aufgestellten gesetzlichen Erfordernisse zwingend iSv § 23 Abs. 5; sie können durch die Satzung weder aufgehoben noch gelockert werden (Spindler/Stilz/*Cahn* Rn. 5).

III. Rechtsfolgen

5 Aufgrund der Beschlüsse des Vorstands und des Aufsichtsrats über die Gewährung einer Abschlagszahlung erwerben die Aktionäre selbständige und verkehrsfähige **Gläubigerrechte auf Auszahlung des Abschlags.** Dieser Anspruch ist dem mit dem Gewinnverwendungsbeschluss der Hauptversammlung nach § 174 Abs. 2 Nr. 2 entstehenden Gewinnausschüttungsanspruch der Aktionäre (→ § 58 Rn. 33 ff.) vergleichbar. In der Zahlung ist keine Ergebnisverwendung iSv § 268 Abs. 1 HGB zu sehen

(vgl. *Eder* BB 1994, 1260 (1261)). Stellt sich nachträglich heraus, dass Aktionäre Abschlagszahlungen erhalten haben, obwohl die gesetzlichen Voraussetzungen nicht vorlagen, oder werden überhöhte Abschläge gewährt, die den im endgültigen Jahresabschluss ausgewiesenen Betrag übersteigen, so unterliegt der jeweilige Empfänger der **Haftung auf Rückgewähr nach § 62 Abs. 1 S. 1** (GroßkommAktG/*Henze* Rn. 29, 31). Bei Missachtung der Vorgaben des § 59 kommt die **Haftung von Vorstand und Aufsichtsrat** nach §§ 93 Abs. 3 Nr. 2, 116 S. 1 zum Tragen (GroßkommAktG/*Henze* Rn. 32).

Gewinnverteilung

60 (1) **Die Anteile der Aktionäre am Gewinn bestimmen sich nach ihren Anteilen am Grundkapital.**

(2) [1] **Sind die Einlagen auf das Grundkapital nicht auf alle Aktien in demselben Verhältnis geleistet, so erhalten die Aktionäre aus dem verteilbaren Gewinn vorweg einen Betrag von vier vom Hundert der geleisteten Einlagen.** [2] **Reicht der Gewinn dazu nicht aus, so bestimmt sich der Betrag nach einem entsprechend niedrigeren Satz.** [3] **Einlagen, die im Laufe des Geschäftsjahrs geleistet wurden, werden nach dem Verhältnis der Zeit berücksichtigt, die seit der Leistung verstrichen ist.**

(3) **Die Satzung kann eine andere Art der Gewinnverteilung bestimmen.**

I. Inhalt, Zweck und systematische Einordnung der Norm

1 Nach § 58 Abs. 4 hat jeder Aktionär Anspruch auf Auszahlung des Bilanzgewinns, soweit dieser im Gewinnverwendungsbeschluss (§ 174 Abs. 2 Nr. 2) zur Verteilung vorgesehen ist (→ § 58 Rn. 27). Im Gegensatz zu der von der Hauptversammlung für jedes Geschäftsjahr zu beschließenden **Gewinnverwendung** regelt § 60 die davon zu unterscheidende **Gewinnverteilung,** d. h. die konkrete Aufteilung des zur Ausschüttung vorgesehenen Bilanzgewinns unter den Aktionären. Dafür gibt die Vorschrift **gesetzliche Gewinnverteilungsregelungen** vor, die zwischen der Gewinnverteilung bei gleichmäßiger Leistung der Einlagen einerseits (Abs. 1) und bei jeweils unterschiedlichen Einlageleistungen der jeweiligen Aktionäre andererseits (Abs. 2) unterscheiden. Der Zweck dieser differenzierten Gewinnverteilungsregelung besteht darin, Aktionären, die ein höheres Risiko durch **höhere Einlageleistung** übernommen haben, auch eine **höhere Kapitalverzinsung** zukommen zu lassen (vgl. GroßkommAktG/*Henze* Rn. 6). In diesem Sinne dient die Regelung der Konkretisierung des allgemeinen Gleichbehandlungsgebots nach § 53a (KK-AktG/*Drygala* Rn. 3). Nach Abs. 3 kann von den gesetzlichen Gewinnverteilungsvorgaben durch **anderweitige Bestimmung in der Satzung** abgewichen werden. Eine solche statutarische Regelung kommt insbesondere dann in Betracht, wenn es darum geht, den Besonderheiten einer AG mit Nebenleistungsverpflichtungen nach § 55 Abs. 2 oder der Ausgabe von Aktien mit Gewinnvorzug (§§ 11, 139 ff.) gerecht zu werden (vgl. KK-AktG/*Drygala* Rn. 42 ff.; zu weiteren Gestaltungsmotiven *Erhart/Riedel* BB 2008, 2266 (2269 f.)), sowie nicht zuletzt auch, um eine sachgerechte Vereinfachung der komplizierten Gewinnverteilungsregel des Abs. 2 im Wege privatautonomer Regelung zu erreichen (MüKoAktG/*Bayer* Rn. 4). Normgeschichtlich geht § 60 auf § 53 AktG 1937 und § 214 HGB 1884 zurück. Abs. 1 wurde durch das Stückaktiengesetz 1998 (BGBl. 1998 I 590) an die Einführung der Stückaktie in § 8 angepasst. Bei der Umsetzung des Gewinnverwendungsbeschlusses der Hauptversammlung ist der Vorstand gem. § 83 Abs. 2 an die gesetzlichen Gewinnverteilungsvorgaben und an allfällige davon abweichende Satzungsbestimmungen gebunden; der Hauptversammlung kommt insoweit keinerlei Kompetenz zu (BGH 28.6.1982, BGHZ 84, 303 (311)).

II. Der gesetzliche Gewinnverteilungsschlüssel (Abs. 1 und 2)

2 **1. Gewinnverteilung bei gleichmäßiger Einlagenleistung.** Die in Abs. 1 bei gleichmäßiger Leistung der Einlagen durch alle Aktionäre vorgegebene Bemessung des Gewinnanteils des Aktionärs nach dessen **Beteiligung am Grundkapital** gilt sowohl für Nennbetrags- wie auch für Stückaktien. Dabei kommen jeweils unterschiedliche **Berechnungsformeln** zur Anwendung. Bei Nennbetragsaktien (§ 8 Abs. 2) ist das Verhältnis des Nennbetrags zum Grundkapital maßgeblich, bei Stückaktien (§ 8 Abs. 3) der Quotient aus der Anzahl der von einem Aktionär gehaltenen und der insgesamt ausgegebenen Aktien (vgl. Spindler/Stilz/*Cahn* Rn. 4). Die **Leistung eines Agios,** das ausweislich des § 9 Abs. 2 („einen höheren Betrag") wie auch seiner bilanziellen Verbuchung als Kapitalrücklage (§§ 266 Abs. 3 A II, 272 Abs. 2 Nr. 1 HGB) nicht zum Grundkapital zählt, ist für die Berechnung des Gewinnanteils **irrelevant** (KK-AktG/*Drygala* Rn. 10). Der Verteilungsschlüssel des Abs. 1 erfasst die Fälle der Vereinbarung von Bareinlagen, Sacheinlagen, wahlweise zu erbringenden **Bar- oder Sacheinlagen,** wie auch gemischten Einlagen gleichermaßen (KK-AktG/*Drygala* Rn. 9).

3 Die Gewinnverteilung nach der Formel des Abs. 1 setzt die **gleichmäßige Einlagenleistung** aller Aktionäre voraus. Damit ist **nicht** die **allseits vollständige Einlagenleistung** gemeint. Die Einlagen

sind vielmehr auch dann gleichmäßig geleistet, wenn alle Aktionäre den **gleichen prozentualen Anteil** ihrer Einlage entweder bereits zu Beginn des Geschäftsjahres erbracht oder **zum selben Zeitpunkt** während des Geschäftsjahres **geleistet** haben; so ist die Vorschrift zB anwendbar, wenn alle Aktionäre zum maßgeblichen Zeitpunkt 25 % der geschuldeten Einlage erbracht haben (vgl. Spindler/Stilz/*Cahn* § 60 Rn. 6).

4 **2. Gewinnverteilung bei unterschiedlicher Einlageleistung.** Abs. 2 enthält eine besondere Regelung für den Fall, dass Einlagen nicht auf alle Aktien in demselben Verhältnis geleistet worden sind. Vorleistungen auf noch nicht fällige Einlagen, insbesondere solche, zu deren Zahlung der Vorstand noch nicht nach § 63 Abs. 1 aufgefordert hat, bleiben dabei unberücksichtigt (KK-AktG/*Drygala* Rn. 16). Das Erfordernis der unterschiedlichen Einlageleistung ist allerdings bereits dann erfüllt, wenn nur ein einziger Aktionär im Verhältnis zu den anderen mehr oder weniger geleistet hat. Dabei bezieht sich das „Mehr oder Weniger" auch auf die Leistungszeit; so findet Abs. 2 bereits dann Anwendung, wenn auch nur ein Aktionär verspätet leistet (vgl. KK-AktG/*Drygala* Rn. 16). Nach Abs. 2 S. 1 erhalten die Aktionäre zunächst vorab eine **Vorabdividende** von 4 % der geleisteten Einlage aus dem zur Verteilung anstehenden Gewinn (→ Rn. 1). Reicht der verteilbare Gewinn nicht aus, so ist der Prozentsatz der Vorabdividende entsprechend für alle zu reduzieren (Abs. 2 S. 2). Einlagen, die im Laufe des für die Gewinnverteilung maßgeblichen Geschäftsjahres geleistet wurden, sind nach Abs. 2 S. 3 zeitanteilig zu berücksichtige. Das gilt auch für junge Aktien aus unterjährig durchgeführten Kapitalerhöhungen, sofern der Kapitalerhöhungsbeschluss keine andere Regelung trifft (KK-AktG/*Drygala* Rn. 21). Verbleibt nach der gem. Abs. 2 S. 1 bzw. 2 zuzahlenden Vorabdividende noch ein verteilbarer Bilanzgewinn, so ist dieser nach der Vorgabe des in Abs. 1 unter den Aktionären zu verteilen (Spindler/Stilz/*Cahn* Rn. 16).

III. Statutarische Regelung der Gewinnverteilung (Abs. 3)

5 Die Satzung kann einen anderen als den in Abs. 1 und 2 normierten Verteilungsschlüssel vorsehen. Soweit sie die Gewinnverteilung nicht abschließend regelt oder die satzungsmäßige Regelung undurchführbar wird, gilt der gesetzliche Verteilungsschlüssel (RG 19.5.1922, RGZ 104, 349 (350 f.)). Abs. 3 gestattet lediglich die Veränderung des Verteilungsschlüssels, er begründet aber keine Gewinnverteilungskompetenz. Die Satzung muss Art und Umfang der Abweichungen von den Abs. 2 und 3 festlegen. Die **statutarische Ermächtigung eines anderen Gesellschaftsorgans,** Gewinnverteilungsregelungen zu treffen, ist **unzulässig** (BGH 29.4.2014, DStR 2014, 1740 (1741); BGH 28.6.1982, BGHZ 84, 303 (311)); ein auf der Grundlage der Gewinnverteilung durch ein dermaßen unzulässigerweise ermächtigtes Organ getroffener Gewinnverwendungsbeschluss der Hauptversammlung ist gem. § 241 Nr. 3 nichtig (KK-AktG/*Drygala* Rn. 24).

6 Wird ein **statutarischer Gewinnverteilungsschlüssel erst nachträglich eingeführt,** bedarf es nach zutreffender hM neben dem satzungsändernden Hauptversammlungsbeschluss (§§ 179 ff.) auch der Zustimmung jedes einzelnen betroffenen Aktionärs, zu dessen Ungunsten eine Veränderung erfolgen soll (ausführlich dazu KK-AktG/*Drygala* Rn. 27 ff., in krit. Auseinandersetzung mit Spindler/Stilz/*Cahn* Rn. 21, der aber analog §§ 141 Abs. 3, 179 Abs. 3 einen Sonderbeschluss der benachteiligten Aktionäre für geboten hält). Dies gilt jedoch nicht für die Regelung der Gewinnberechtigung junger Aktien aus einer unterjährig durchgeführten Kapitalerhöhung. Denn da der Kapitalerhöhungsbeschluss satzungsändernden Charakter hat (KK-AktG/*Ekkenga* § 182 Rn. 3), bewirkt auch die darin enthaltene Gewinnbeteiligungsregelung für die auszugebenden jungen Aktien eine entsprechende Satzungsänderung Dadurch wird dem Erfordernis des § 60 Abs. 3 genügt, ohne dass es noch einer gesonderten Satzungsänderung bedarf (vgl. OLG Celle 28.9.1988, ZIP 1989, 511 (513); iErg so auch *Henssler/Glindemann* ZIP 2012, 949 ff.). Aus dem gleichen Grund ist auch die Regelung einer **rückwirkenden Gewinnanteilsberechtigung** für ein bereits abgelaufenes Geschäftsjahr im Kapitalerhöhungsbeschluss als zulässig anzusehen (*Groß* FS Hoffmann-Becking, 2013, 395 (398 ff.); aA *Mertens* FS Wiedemann, 2002, 1113 (1114 ff.)).

7 Zwar sind **schuldrechtliche Nebenabreden** zwischen Aktionären über eine von den gesetzlichen und statutarischen Vorgaben abweichende Gewinnverteilung grundsätzlich zulässig. Ob allerdings die Beteiligung der AG an derartigen Abreden mit Abs. 3 vereinbar ist, ist füglich zu bezweifeln (vgl. LG Frankfurt a. M. 27.1.2015, NZG 2015, 482 (484 f.); anders dagegen *Koch* AG 2015, 213 (222), wenn die Abrede weder für künftige Aktionäre gelten soll noch die berechtigten Schutzinteressen Außenstehender berührt).

IV. Verzicht, Ausschluss und Ruhen von Mitgliedschaftsrechten

8 Der **Verzicht eines Aktionärs auf seine Gewinnbeteiligung** hat zur Folge, dass der zur Verteilung anstehende Jahresüberschuss nach den gesetzlichen und statutarischen Vorgaben auf die übrigen Aktionäre zu verteilen ist, ohne dass der gesetzliche und statutarische Gewinnverwendungsschlüssel als solcher dadurch verändert würde (KK-AktG/*Drygala* Rn. 65).

9 Das Gesetz sieht an verschiedenen Stellen vor, dass einem Aktionär aus seinen Anteilen keine Rechte zustehen. Beispiele für den **Ausschluss und** das **Ruhen von Mitgliedschafts- einschließlich Gewinnbezugsrechten** sind die § 56 Abs. 3, §§ 71b, 71d, § 44 Abs. 1 S. 1 WpHG, § 59 S. 1 WpÜG. Insofern ist für die Abgrenzung des Kreises der Aktien, die nach § 58 Abs. 4 an der Verteilung des Bilanzgewinns für das abgelaufene Geschäftsjahr teilnehmen, der Schluss des Geschäftsjahres maßgeblich (*Mertens* FS Wiedemann, 2002, 1113 (1117)). So sind Aktien, die zu diesem Zeitpunkt der Gesellschaft oder einem für ihre Rechnung handelnden Dritten gehört haben (zur Behandlung von Aktien im Besitz abhängiger oder im Mehrheitsbesitz der AG stehender Unternehmen (→ § 71d Rn. 6), auch dann nicht dividendenberechtigt, wenn sie anschließend veräußert werden und sich zur Zeit des Gewinnverwendungsbeschlusses wieder in dritter Hand befinden (→ § 71b Rn. 4). Eine besondere Problematik ergibt sich hier, wenn nach § 20 Abs. 7 S. 2, § 21 Abs. 4 S. 2 sowie § 44 Abs. 1 S. 2 WpHG, § 59 S. 2 WpÜG ein Aktionär eine nicht vorsätzlich unterlassene Mitteilung nachholt, womit die Befugnis zur Geltendmachung des Dividendenanspruchs wieder auflebt (BGH 29.4.2014, DStR 2014, 2470 (2472)). Bis zum Zeitpunkt des Wiederauflebens des Dividendenanspruchs ist der nicht ausgeschüttete Betrag in neuer Rechnung als sonstige Verbindlichkeit der Gesellschaft auszuweisen (*W. Müller* AG 1996, 393 (397)) und die (möglicherweise) verlorene Dividende kann dann nicht schon sofort nach Ergehen des Gewinnverwendungsbeschlusses auf die übrigen Aktionäre verteilt werden (vgl. Spindler/Stilz/*Cahn* Rn. 30).

Vergütung von Nebenleistungen

61 Für wiederkehrende Leistungen, zu denen Aktionäre nach der Satzung neben den Einlagen auf das Grundkapital verpflichtet sind, darf eine den Wert der Leistungen nicht übersteigende Vergütung ohne Rücksicht darauf gezahlt werden, ob ein Bilanzgewinn ausgewiesen wird.

1 § 61 ist im **Zusammenhang mit § 55 Abs. 1 S. 2** zu verstehen, wo für vinkulierte Namensaktien (§ 68 Abs. 2) die Möglichkeit vorgesehen ist, den Aktionären neben ihren Einlagepflichten an die AG wiederkehrende nicht in Geld bestehende Leistungen aufzuerlegen. Die Vorschrift regelt die **Vergütung,** die die Gesellschaft den Aktionären **für** solche **korporative Nebenverpflichtungen** zu zahlen hat. In nur einem Satz enthält die Bestimmung zweierlei Regelungsbestandteile: (1) darf die zu zahlende Vergütung, den Wert der zu erbringenden Leistung nicht übersteigen, und (2) darf die Vergütung ohne Rücksicht darauf gezahlt werden, ob ein Bilanzgewinn ausgewiesen wird (Spindler/Stilz/*Cahn* Rn. 1). Die Vorschrift stimmt im Wesentlichen mit § 55 AktG 1957 überein; eine Vorgängerregelung befand sich in § 216 HGB. Entgegen dem durch den Wortlaut möglicherweise erweckten ersten Eindruck handelt es sich nicht um eine Ausnahme vom Auszahlungsverbot des § 57 Abs. 3 (so aber GroßkommAktG/*Henze* Rn. 4), der **Regelungszweck** liegt vielmehr nur in der **Bekräftigung des allgemeinen Grundsatzes, dass die AG ihren Aktionären nicht *causa societatis* in der Form wirtschaftlich unausgewogener Austauschgeschäfte Vermögensvorteile zuwenden darf** (→ § 57 Rn. 4, 8). Denn Nebenleistungspflichten iSv § 55 finden ihre Grundlage zwar in der Mitgliedschaft des Aktionärs, sie dienen jedoch nicht der Aufbringung des Grundkapitals der AG. Bei der Vergütung solcher Leistungen handelt es sich daher nicht um Ausschüttungen an die Aktionäre, die nach § 57 Abs. 3 nur aus dem Bilanzgewinn erfolgen dürfen (vgl. Spindler/Stilz/*Cahn* Rn. 2). Was die Regelungssystematik anbelangt, so ist zu berücksichtigen, dass die Kompensation der Aktionäre für erbrachte Nebenleistungen nicht nur nach § 61 erfolgen kann, sondern auch in der Form einer statutarischen Gewinnverteilungsregelung nach § 60 Abs. 3 (→ § 60 Rn. 5 ff.), die den **Gewinnverteilungsschlüssel** entsprechend dem Verhältnis der von Aktionären erbrachten Gegenleistungen festsetzt (vgl. RG 19.5.1922, RGZ 104, 349 (350 f.)).

2 Die Entgeltlichkeit von Nebenleistungen muss nach § 55 Abs. 1 S. 2 in der Satzung festgelegt werden. Der **Wert der Leistungen** als **Obergrenze zulässiger Vergütung** bestimmt sich nach dem **Marktpreis** zum Zeitpunkt der Leistungserbringung bzw. nach dem günstigsten Preis, zu dem die Leistungen von einem Dritten zu erhalten waren. Eine aus Geld- und Sachleistungen bestehende kombinierte Vergütung, darf in der Summe den Wert der von dem Aktionär zu erbringenden Nebenleistungen nicht übersteigen (RG 10.4.1901, RGZ 48, 102 (104 f.); Spindler/Stilz/*Cahn* Rn. 7 f.). Da der Marktwert die zwingende Obergrenze bildet, kann eine darüber liegende Vergütung durch die Satzung weder als von vornherein bestimmter **Fixbetrag** noch auch als **Mindestvergütung** festgelegt werden. Eine solche Satzungsregelung ist zwar nicht schon per se unwirksam (so aber RG 10.4.1901, RGZ 48, 102 (104 f.)), sie ist jedoch im Wege objektiver Satzungsauslegung auf das Maß der gesetzlich zulässigen Obergrenze zu reduzieren (vgl. KK-AktG/*Drygala* Rn. 8 f.).

3 Für die **Bestimmung der Vergütungshöhe** ist in erster Linie der Satzungsgeber zuständig, der die Befugnis jedoch auf eine anderes Gesellschaftsorgan. oder einen Dritten übertragen kann; bei Fehlen einer statuarischen Zuständigkeitsregelung ist im Zweifel die Hauptversammlung zuständig (vgl. KK-

AktG/*Drygala* Rn. 7). Die Bestimmung hat gem. §§ 315 ff. BGB **nach billigem Ermessen** zu erfolgen.

4 Was die **Rechtsfolgen bei Verstößen** gegen § 61 anbelangt, so sind Satzungsbestimmungen über Nebenverpflichtungen nach § 55 As. 1 S. 2, die keine Vergütungsregelung enthalten, gem. § 134 BGB unwirksam. Ohne Satzungsgrundlage von der AG gewährte Vergütungen unterliegen der Rückgewährpflicht nach § 62 Abs. 1 S. 1. Dabei der die Vergütung empfangende Aktionär sich nicht auf § 62 Abs. 1 S. 2 berufen, da es sich bei der erhaltenen Vergütung nicht um einen gutgläubig bezogenen Gewinnanteil handelt (vgl. KK-AktG/*Drygala* Rn. 14; sowie → Rn. 1).

Haftung der Aktionäre beim Empfang verbotener Leistungen

62 (1) [1]**Die Aktionäre haben der Gesellschaft Leistungen, die sie entgegen den Vorschriften dieses Gesetzes von ihr empfangen haben, zurückzugewähren.** [2]**Haben sie Beträge als Gewinnanteile bezogen, so besteht die Verpflichtung nur, wenn sie wußten oder infolge von Fahrlässigkeit nicht wußten, daß sie zum Bezuge nicht berechtigt waren.**

(2) [1]**Der Anspruch der Gesellschaft kann auch von den Gläubigern der Gesellschaft geltend gemacht werden, soweit sie von dieser keine Befriedigung erlangen können.** [2]**Ist über das Vermögen der Gesellschaft das Insolvenzverfahren eröffnet, so übt während dessen Dauer der Insolvenzverwalter oder der Sachwalter das Recht der Gesellschaftsgläubiger gegen die Aktionäre aus.**

(3) [1]**Die Ansprüche nach diesen Vorschriften verjähren in zehn Jahren seit dem Empfang der Leistung.** [2]**§ 54 Abs. 4 Satz 2 findet entsprechende Anwendung.**

Übersicht

I. Norminhalt, Normgeschichte und Normzweck

1 Abs. 1 S. 1 gibt der AG einen **eigenständigen aktienrechtlichen Rückgewähranspruch** auf Leistungen, die die Gesellschaft einem Aktionär entgegen den Vorschriften des AktG gewährt hat (zum vergleichbaren Anspruch nach § 31 GmbHG BGH 14.12.1959, BGHZ 31, 258 = NJW 1960, 285). Der Anspruch setzt ein Verschulden des Empfängers nicht voraus und die dem besonderen Schutz von Bereicherungsschuldnern dienenden §§ 814, 817 S. 2, 818 Abs. 3 BGB finden darauf keine Anwendung (MüKoAktG/*Bayer* § 62 Rn. 8). Abs. 1 S. 2 macht von der Rückgewährpflicht zum Schutz der Aktionäre, denen das Gesetz regelmäßig nicht zumutet, die Gründe für die Nichtigkeit des Jahresabschlusses (§ 256) und damit zusammenhängend eines Gewinnverwendungsbeschlusses (§ 253) zu kennen (vgl. Spindler/Stilz/*Cahn* Rn. 25), eine Ausnahme für den Fall, dass Dividendenzahlungen in gutem Glauben vereinnahmt werden. Diese Regelungen finden ihre unionsrechtliche Grundlage in **Art. 57 GesR-RL (2017/1132/EU).** Die **Innenhaftung des Aktionärs** gegenüber der Gesellschaft können **Gesellschaftsgläubiger** nach Abs. 2 S. 1 kraft gesetzlicher **Prozessstandschaft** (→ Rn. 12) nur geltend machen, soweit sie direkt von der Gesellschaft keine Befriedigung erlangen können. Während des Insolvenzverfahrens über das Vermögen der Gesellschaft ist der **Insolvenzverwalter** nach Abs. 2 S. 2 für die **Anspruchsverfolgung gegenüber den Aktionären** zuständig. Nach dem durch das Schulrechtsmodernisierungsgesetz 2004 (BGBl. 2004 I 3214) eingeführten Abs. 4 verjähren die Ansprüche in zehn Jahren ab Empfang der Leistung, wobei die Verjährung nicht vor Ablauf von sechs Monaten ab dem Zeitpunkt der Eröffnung des Insolvenzverfahrens eintritt (§§ 62 Abs. 3 S. 2, 54 Abs. 4 S. 2, dazu → § 54 Rn. 28 ff.).

2 Der **Normzweck** des § 62 besteht darin, eine gesetzliche **Sanktion für Verstöße gegen den Grundsatz der aktienrechtlichen Vermögensbindung** (§§ 57 Abs. 1 und 3, 59, 62, 66 Abs. 2 und §§ 71 ff.) wie auch die alleinige Zuständigkeit der Hauptversammlung für die Ausschüttung von Dividenden (§ 57 Abs. 4) bereitzustellen. Die Norm erweist sich damit als zentraler Bestandteil des besonderen aktienrechtlichen Gläubigerschutzsystems strikter Vermögensbindung (vgl. KK-AktG/*Lutter/Drygala* § 62 Rn. 5 f.).

II. Rückgewähr verbotener Leistungen (Abs. 1)

3 **1. Voraussetzungen des Rückgewähranspruchs.** Eine **gegen das AktG verstoßende Leistung** iSv Abs. 1 S. 1 ist jede Gewährung eines Vermögensvorteils aus dem Vermögen der AG an einen Aktionär, der keine oder auch nur keine angemessene Gegenleistung des Aktionärs gegenübersteht; neben einseitigen Zuwendungen werden davon auch unausgewogene Austauschverträge erfasst (→ § 57 Rn. 8). In Frage kommen grundsätzlich **alle Arten verbotener Vermögensauskehrungen an Aktionäre.** Darunter fallen die Zahlung des Kaufpreises bei einem **§ 71 widersprechenden Erwerb eigener Aktien** (arg. § 57 Abs. 1 S. 2, → § 57 Rn. 19), bei Fehlen eines wirksamen Gewinnverwendungsbeschlusses (→ § 58 Rn. 29) sowie die Zahlung von Dividenden unter Missachtung des Gewinnverteilungsschlüssels nach § 60 (→ § 60 Rn. 2 ff.), eine gegen § 59 verstoßende **Dividendenauszahlung** (RG 20.2.1923, RGZ 107, 161 (168)), die Zahlung von Dividenden auf **Aktien, aus denen dem Inhaber, keine Rechte zustehen** (§§ 20 Abs. 7 S. 1, 56 Abs. 3 S. 3, § 28 WpHG, § 59 S. 1 WpÜG). Zudem sind Leistungen erfasst, die unter Verstoß gegen zulässige Satzungsbestimmungen nach § 58 Abs. 3 S. 2 erfolgen (→ § 58 Rn. 25 f.), sowie schließlich auch Leistungen der Gesellschaft, die gegen die (zeitweiligen) Zahlungsverbote bei der Kapitalherabsetzung (§ 225 Abs. 2, §§ 230, 232, 233, 237 Abs. 2) und der Liquidation (§ 272 Abs. 1) verstoßen (vgl. Spindler/Stilz/*Cahn* Rn. 6). Nicht erfasst werden Zahlungen aufgrund eines nur anfechtbaren, nicht dagegen nichtigen Gewinnverwendungsbeschlusses der Hauptversammlung (arg. § 241 Nr. 5) wie auch eines geheilten oder bestätigten Gewinnverwendungsbeschlusses (§§ 242, 244, vgl. KK-AktG/*Lutter/Drygala* § 62 Rn. 34). Keine Anwendung findet der Rückgewähranspruch nach Abs. 1 auch auf Aktionärsdarlehen, für die die besonderen insolvenzrechtlichen Vorschriften der § 39 Abs. 1 Nr. 5, § 135 InsO gelten (→ § 57 Rn. 26 f.), sowie auch in Fällen der **verdeckten Sacheinlage,** auf die die mit dem MoMiG 2008 eingeführte Anrechnungslösung vorrangig anzuwenden ist (→ § 57 Rn. 8; vgl. KK-AktG/*Lutter/Drygala* Rn. 14; anders noch BGH 9.7.2007, BGHZ 173, 145 – Lurgi). Zwar kommt **im faktischen Konzern** dem gestreckten Nachteilsausgleich nach § 311 grundsätzlich Vorrang vor der Vermögensbindung nach § 57 zu (→ § 57 Rn. 21). Wird der Nachteil aber nicht ausgeglichen, so entfällt die Sperrwirkung des § 311 (BGH 31.5.2011, BGHZ 190, 7 (24 f.) – Telekom III).

4 **Gläubiger des Rückgewähranspruchs** ist die AG bzw. ihr Insolvenzverwalter oder ein nach Abs. 2 S. 1 kraft gesetzlicher Prozessstandschaft vorgehender Aktionär (→ Rn. 12 ff.). **Schuldner** ist grundsätzlich nur ein Aktionär, der eine verbotswidrige Leistung selbst von Gesellschaft empfangen hat. Dabei muss die Aktionärseigenschaft grundsätzlich zum Zeitpunkt des Leistungsempfangs bestanden haben. Dritte haften grundsätzlich nicht nach § 62, insbesondere auch nicht der spätere Erwerber der Aktie. Ob dem Aktionär die erhaltene Leistung wirtschaftlich zugutekommt, ist irrelevant; auch der bloß als Strohmann agierende Leistungsempfänger haftet (vgl. KK-AktG/*Lutter/Drygala* Rn. 20 ff.). Jedoch können auch zukünftige oder ehemalige Aktionäre in Anspruch genommen werden, wenn zwischen der verbotswidrigen Leistung und dem baldigen Erwerb der Aktien (BGH 13.11.2007, ZIP 2008, 118) oder dem schon kurz danach eintretenden Verlust der Mitgliedschaft ein enger zeitlicher Zusammenhang besteht und die Leistung mit Rücksicht auf die baldige bzw. ehemalige Aktionärseigenschaft erfolgte (KK-AktG/*Lutter/Drygala* Rn. 34).

5 Eine **Haftung des Aktionärs bei Leistung an Drittpersonen** setzt grundsätzlich voraus, dass der Aktionär die Leistung veranlasst hat und/oder wirtschaftlichen Vorteil daraus zieht (Spindler/Stilz/*Cahn* Rn. 9). Im Falle der **Leistungsveranlassung** durch den Aktionär kommt es auf das rechtliche Verhältnis des Leistungsempfängers zu dem Aktionär nicht an. Es spielt dann keine Rolle ob es sich bei dem Dritten um eine für Rechnung des Aktionärs eingeschaltete Person, einen Angehörigen, ein mit ihm verbundenes Unternehmen oder um einen Gläubiger handelt, dessen Forderung gegen den Aktionär von der Gesellschaft erfüllt wird. Die Rückgewährpflicht wird in diesem Fall auch nicht durch die Höhe des tatsächlichen wirtschaftlichen Vorteils begrenzt, der dem Aktionär zugeflossen ist. Wendet die AG etwa auf Veranlassung eines Aktionärs einer Gesellschaft, an der dieser nur zur Hälfte beteiligt ist, einen verbotenen Vermögensvorteil zu, schuldet der Aktionär die Rückgewähr der gesamten Leistung, obwohl diese ihm wirtschaftlich betrachtet nur zur Hälfte zugutekommt. Ebenso sind Zuwendungen zwischen Schwestergesellschaften rechtlich dann als Leistung an die Konzernspitze mit anschließender Weiterleitung durch dieses Unternehmen an die Empfängergesellschaft zu beurteilen, wenn die Konzernspitze die Vermögensverlagerung veranlasst hat (zutr. *Altmeppen* FS Kropff, 1997, 641 (650)). Es entlastet den Aktionär in solchen Veranlassungsfällen nicht, wenn eine für seine Rechnung handelnde Person die Zuwendung abredewidrig nicht an ihn weiterleitet (vgl. Spindler/Stilz/*Cahn* Rn. 10). Allein infolge der **Realisierung einer wirtschaftlichen Vorteilhaftigkeit für den Aktionär** kann die Leistung an einen Dritten dem Aktionär nur zugerechnet werden, wenn überhaupt und insoweit als dieser dadurch wirtschaftlich begünstigt wird. So trifft bei Fehlen einer Veranlassung das Risiko unterbleibender Weiterleitung des Geleisteten an den Aktionär die AG und nicht etwa den Aktionär selbst (*Ulmer* ZHR 156 (1992), 377 (385)) und in dem vorgenannten Beispiel der Leistung an eine hälftige Beteiligungsgesellschaft des Aktionärs hätte die nicht durch den Aktionär veranlasste Leistung an eine

solche Gesellschaft nur einen Rückgewähranspruch gegen den Aktionär iHv 50% zur Folge (vgl. Spindler/Stilz/*Cahn* Rn. 11). **Zuwendungen der AG an nahe Angehörige eines Aktionärs** sind mit der hL nach dem Rechtsgedanken der §§ 89 Abs. 3, 115 Abs. 2 als Leistungen an den Aktionär selbst zu betrachten (vgl. nur *Geßler* FS Fischer, 1979, 131 (145); einschränkend *Canaris* FS Fischer, 1979, 31 (38 f.), der Zumindest Billing durch den Aktionär für erforderlich hält).

Die **Inanspruchnahme Dritter, die einem Aktionär gleichzustellen sind,** kommt nur ausnahmsweise in Betracht. Das betrifft den **Treugeber,** der wirtschaftlich dem Treuhandaktionär gleichsteht (BGH 13.11.2007, ZIP 2008, 118 ff.), sowie nach dem Rechtsgedanken der **§§ 89 Abs. 3 S. 1, 115 Abs. 2** auch die **Verwandten, Ehegatten, Lebenspartner und minderjährigen Kinder** eines Aktionärs (vgl. KK-AktG/*Lutter/Drygala* Rn. 37; zur GmbH BGH 28.9.1981, BGHZ 81, 365 (368 f.); BGH 13.11.1995, BGH NJW 1996, 589 (590)). Gleiches gilt auch für den **Allein- oder Mehrheitsgesellschafter** einer an der AG beteiligten Zwischengesellschaft, an die eine verbotene Zuwendung in deren Eigenschaft als Aktionärin erfolgt (BGH 13.11.1995, BGH NJW 1996, 589 (590)); GroßkommAktG/*Henze* Rn. 28, § 57 Rn. 81; krit. Spindler/Stilz/*Cahn* Rn. 16), sowie auch dann, wenn die Leistung direkt an die Konzernspitzengesellschaft erfolgt oder auch an eine Schwestergesellschaft der die verbotene Leistung bewirkenden AG (vgl. MüKoAktG/*Bayer* Rn. 19; krit. *Altmeppen* FS Kropff, 1997, 641 (652 f.)). Richtet sich der Rückgewähranspruch sowohl gegen den die Leistung empfangenden Aktionär als auch nach den vorstehend erläuterten Grundsätzen gegen einen Dritten, haften beide Anspruchsgegner als **Gesamtschuldner** (KK-AktG/*Lutter/Drygala* Rn. 43). 6

2. Rechtsfolgen. Bei dem **Rückgewähranspruch** der AG gegen den Aktionär **nach § 62 Abs. 1 S. 1** handelt es sich um einen **Wertausgleichsanspruch.** Soweit das Gesellschaftsvermögen belastende unausgewogene Austauschverträge betroffen sind (→ Rn. 3), richtet der Anspruch sich auf den Ausgleich der Vermögensminderung, die der Gesellschaft infolge der wertsummenmäßigen Unausgewogenheit des Geschäfts entstanden ist. Die dem Schutz von Bereicherungsschuldnern dienenden §§ 814, 817 S. 2, 818 Abs. 3 BGB finden auf den aktienrechtlichen Rückgewähranspruch keine Anwendung. Zur weiteren Erläuterung des Vorstehenden wird auf die detaillierten Ausführungen in der Kommentierung des § 57 Bezug genommen (→ § 57 Rn. 32 ff.; vgl. auch zum GmbH-Recht BGH 10.5.1993, BGHZ 122, 333 (338 f.)). Zur Haftung der Verwaltungsorgane der AG → § 57 Rn. 36). 7

3. Schutz gutgläubiger Dividendenempfänger (Abs. 1 S. 2). Beträge, die ein Aktionär von der Gesellschaft als Gewinnanteil bezogen hat, sind nach Abs. 1 S. 2 nur dann der Gesellschaft zurückzugewähren, wenn der Aktionär bezüglich seiner Berechtigung zum Empfang solcher Beträge bösgläubig war. Als **Gewinnanteile** kommen nur aufgrund eines Gewinnverwendungsbeschlusses (§ 174) ausgeschüttete Dividenden und die aufgrund eines vorläufigen Jahresabschlusses geleisteten Abschlagszahlungen (§ 59) in Betracht. Sonstige Leistungen an die Aktionäre erfasst die Vorschrift nicht (KK-AktG/*Lutter/Drygala* Rn. 79 ff.). So gelangt das Privileg nach Abs. 1 S. 2 nicht zur Anwendung bei jeglicher Art von Vorteilszuwendungen außerhalb des gesetzlich vorgeschriebenen Verfahrens der Gewinnverteilung (§§ 57 Abs. 3, 58 Abs. 4), zu Unrecht ausgezahlten Vergütungen für Nebenleistungen (§§ 55 Abs. 1 S. 2, 61), einem überhöhten oder entgegen § 71 ausgezahlten Erwerbspreis für eigene Aktien (→ § 57 Rn. 19, → § 71 Rn. 38 ff.), Rückzahlungen im Rahmen einer Kapitalherabsetzung oder der Liquidation unter Verstoß gegen die dabei zu beachtenden Vorschriften (→ § 57 Rn. 18), sowie auch bei überhöhten Gewinnabführungen aufgrund eines Gewinnabführungsvertrages (→ § 57 Rn. 20; aA *Forst/Suchanek/Martini* GmbHR 2015, 408 (412)). Der praktische Anwendungsbereich der Privilegierung ist damit auf Fälle der Ausschüttung von Dividenden auf der Grundlage nichtiger oder für nichtig erklärter Gewinnverwendungsbeschlüsse beschränkt (§ 253 Abs. 1), deren Mangelhaftigkeit typischerweise auf der Nichtigkeit des zugrundeliegenden Jahresabschlusses (§ 256) beruhen wird. 8

Sind gutgläubig empfangene Dividenden nach Abs. 1 S. 2 der AG nicht zurückzuzahlen, steht der Gesellschaft auch **kein gegen den Aktionär gerichteter Rückgewähranspruch wegen Insolvenzanfechtung nach §§ 134, 143 Abs. 1 InsO** zu. Das findet seine Rechtfertigung darin, dass die Zahlung von Dividenden im Hinblick auf deren inneren Zusammenhang mit der Einlagepflicht des Aktionärs einer unentgeltlichen Leistung des Schuldners iSv § 134 InsO wertungsmäßig nicht gleichgestellt werden kann. Zudem spricht dafür auch, dass das AktG im Gegensatz zu § 31 Abs. 2 GmbHG keinen Vorbehalt der Rückforderung vom gutgläubigen Empfänger für den Fall enthält, dass die Leistung zur Gläubigerbefriedigung erforderlich ist (vgl. Spindler/Stilz/*Cahn* Rn. 26; iErg wie hier auch *Mylich* AG 2011, 765 (767); zur Gegenmeinung *Haas* ZIP 2006, 1373 (1378)). 9

Gutgläubigkeit des Aktionärs iSv Abs. 1 S. 2 setzt voraus, dass der Dividendenempfänger ohne jegliches Verschulden (§ 276 Abs. 1 S. 1, Abs. 2 BGB) davon ausgehen konnte, dass die Voraussetzungen seiner Berechtigung zum Bezug der erhaltenen Leistung erfüllt waren, wobei es auf den Zeitpunkt des Empfangs der Leistung ankommt (KK-AktG/*Lutter/Drygala* Rn. 85). Dafür sind konkrete Vorstellungen über die Ordnungsmäßigkeit der Gewinnverwendung nicht erforderlich (zutr. Bürgers/Körber/*Westermann* Rn. 9). Allerdings haben für geschäftserfahrene Großaktionäre insoweit strengere Sorgfaltsanforderungen zu gelten als für rein kapitalistisch beteiligte Kleinaktionäre; die Darlegungs- und 10

Beweislast für die Kenntnis oder fahrlässige Unkenntnis des Aktionärs liegt bei der Gesellschaft (BGH 5.4.2016, BGH NZG 2016, 1182 (1184 f.)).

11 Eine differenzierte Betrachtung ist bei **Abtretung des Gewinnanspruchs** (→ § 58 Rn. 34) angezeigt (zum Folgenden GroßkommAktG/*Henze* Rn. 84 ff.). Abs. 1 S. 2 schützt hier den gutgläubigen Zessionar ebenso wie den gutgläubigen Zedenten. Die Vorschrift schützt den Zessionar grundsätzlich aber auch dann, wenn er bei Empfang der Dividendenzahlung bösgläubig, der Zedent aber gutgläubig ist. Anderenfalls könnte der Zessionar nach §§ 453, 437 BGB beim Zedenten Rückgriff nehmen, so dass dann dieser entgegen der Wertung von Abs. 1 S. 2 trotz Gutgläubigkeit im Ergebnis zur Herausgabe der Dividende verpflichtet wäre. Das gilt allerdings wiederum dann nicht, wenn der Zessionar bereits zum Zeitpunkt des Erwerbs der Dividendenforderung bösgläubig war, so dass der Rückgriff gegen den Zedenten gem. § 442 BGB ausgeschlossen ist. Ist der Zessionar bei Empfang der Dividende gutgläubig, der Zedent aber bösgläubig, genießt der Zedent keinen Schutz nach Abs. 1 S. 2; vielmehr ist dieser dann aufgrund seiner Veranlassung der Zahlung an den Zessionar (→ Rn. 5) so zu behandeln, als habe er die Zahlung selbst erhalten. Hingegen ist der gutgläubige Zessionar in diesem Falle geschützt.

III. Anspruchsverfolgung durch Gläubiger und Insolvenzverwalter (Abs. 2)

12 Bei der in Abs. 2 S. 1 geregelten Befugnis der Gläubiger der Gesellschaft, den Rückgewähranspruch nach Abs. 1 S. 1 geltend zu machen, handelt sich nach zutreffender hM um die gesetzliche Einräumung einer **Prozessstandschaft zu Gunsten der Gesellschaftsgläubiger** (OLG Frankfurt a. M. 6.7.2010, BeckRS 2010, 18629; KK-AktG/*Lutter/Drygala* Rn. 99 ff., dort auch zu den folgenden Argumenten). Dass es sich dabei um eine prozessuale **Befugnis der Gläubiger zur Durchsetzung von Ansprüchen der Gesellschaft** handelt, zeigt deutlich der Gesetzeswortlaut („Der Anspruch der Gesellschaft …"), der im krassen Gegensatz zur Formulierung der Gesellschafterhaftung in § 128 Abs. 1 HGB („Die Gesellschafter haften … den Gläubigern …") steht (von der Geltendmachung eines Anspruchs der Gesellschaft ausgehend auch BGH 29.9.1977, BGHZ 79, 274 (284)). Zudem spricht dafür auch die Ausgestaltung der Rückgewährhaftung nach Abs. 1 S. 1 als Innenhaftung gegenüber der Gesellschaft (→ Rn. 1), die der Haftungskonzentration auf die Gesellschaft und damit letztlich der Gelichbehandlung aller Gesellschaftsgläubiger zu dienen bestimmt ist. Die im Schrifttum namentlich von *Cahn* vertretene Gegenmeinung, die in Abs. 2 S. 1 die Grundlage von Direktansprüchen der Gesellschaftsgläubiger gegenüber den nach Abs. 1 S. 1 rückgewährpflichtigen Aktionären (Personen) glaubt erkennen zu müssen (vgl. Spindler/Stilz/*Cahn* Rn. 30 ff., mit ausgiebiger Begründung), ist noch der durch die aktuelle Gesetzesfassung mittlerweile überholten Vorgängerregelung des § 56 Abs. 1 AktG 1937 verhaftet (vgl. dazu *Kropff* 82 f.). Da es sich um die Durchsetzung von Ansprüchen der *Gesellschaft* handelt, ist die Vorstellung von einer Gesamtgläubigerschaft aller Gesellschaftsgläubiger iSv § 428 BGB fehl am Platz (KK-AktG/*Lutter/Drygala* Rn. 103). Da der nach Abs. 2 S. 1 vorgehende Gläubiger eine Forderung der AG geltend macht, die sich auf Leistung an die Gesellschaft richtet, hat der Gläubiger als Prozessstandschafter nur **das Recht, Leistung an die AG, nicht dagegen an sich selbst zu verlangen** (KK-AktG/*Lutter/Drygala* Rn. 109).

13 Um die Klagebefugnis nach Abs. 2 S. 1 in Anspruch nehmen zu können, muss der Kläger die **Gläubigereigenschaft** zum Zeitpunkt der letzten mündlichen Verhandlung haben. Dabei kommt es auf den Gegenstand seines Forderungsrechts nicht an; eine Geldforderung ist nicht erforderlich. Mit dem Erlöschen des Forderungsrechts, wie auch der Entstehung sonstiger Einwendungen, die dessen sofortiger Durchsetzung entgegenstehen, wird die Klage unzulässig (KK-AktG/*Lutter/Drygala* Rn. 103 f.). Weitere Voraussetzung der Klagebefugnis ist, dass der Gläubiger **keine Befriedigung von der AG** zu erlangen vermag. Dafür ist das Vorliegen objektiver Anhaltspunkte für eine Illiquidität der AG erforderlich. In Frage kommen insoweit der Nachweis vergeblicher Vollstreckungsversuche des Gläubigers selbst, eine entsprechende Versicherung des Vorstands, die Ablehnung der Eröffnung des Insolvenzverfahrens mangels Masse (§ 26 Abs. 1 InsO) oder auch der Hinweis auf erfolglose Anspruchsverfolgungsbemühungen anderer Gläubiger (KK-AktG/*Lutter/Drygala* Rn. 106).

14 Hinsichtlich der Geltendmachung von **Einwendungen** des Rückgewährschuldners gegenüber einem nach Abs. 2 S. 1 vorgehenden Gesellschaftsgläubiger ist zu unterscheiden (vgl. zum Folgenden KK-AktG/*Lutter/Drygala* Rn. 112 ff.) Einwendungen die dem Rückgewährschuldner gegenüber der AG zustehen, kann dieser auch gegenüber dem nach Abs. 2 S. 1 vorgehenden Gläubiger geltend machen, wobei allerdings die durch § 66 Abs. 2 gezogenen Grenzen zu beachten sind. Dagegen kann der Rückgewährschuldner Einwendungen, die ihm gegen den klagenden Gläubiger persönlich zustehen (Aufrechnung, Zurückbehaltungs- und Leistungsverweigerungsrechte) grundsätzlich nicht geltend machen, es sei denn solche Einwendungen betreffen unmittelbar das Prozessverhältnis des Rückgewährschuldners zum klagenden Gläubiger wie etwa der Abschluss eines *pactum de non petendo.* Schließlich ist zu beachten, dass Einwendungen und Einreden, die der AG gegenüber der einer die Prozessstandschaft erst begründenden Forderung des Gläubigers gegen die Gesellschaft zustehen (Aufrechnung, Erlass, Zurückbehaltungsrecht, Verjährung) die Klagebefugnis zu Fall bringen, da diese voraussetzt, dass der klagende Gesellschaftsgläubiger von der AG sofortige Leistung verlangen kann (→ Rn. 12).

Die Bestimmung des **Abs. 2 S. 2** zur Anspruchsverfolgung durch den Insolvenzverwalter erweist sich als obsolet, wenn man mit der hier vertretenen hM davon ausgeht, das Abs. 2 S. 1 nur Ansprüche der AG gegenüber den nach Abs. 1 S. 1 haftenden Rückgewährschuldnern betrifft, hingegen aber keine Direktansprüche von Gesellschaftsgläubigern gegen die Rückgewährschuldner begründet (→ Rn. 11). Denn die Befugnis, die Rückgewähransprüche der Gesellschaft von Amts wegen geltend zu machen, kommt dem Insolvenzverwalter bereits nach **§ 80 Abs. 1 InsO** zu (vgl. KK-AktG/*Lutter/Drygala* Rn. 118). 15

IV. Verjährung (Abs. 3)

Der Rückerstattungsanspruch nach Abs. 1 unterliegt nach Abs. 3 S. 1 der **Sonderverjährung von zehn Jahren.** Damit soll der Gleichlauf mit der zehnjährigen Verjährungsfrist für Einlageforderungen nach § 54 Abs. 4 erreicht werden (Begr. RegE SchuRMG 2004, BT-Drs. 15/3653, 22; → § 54 Rn. 28 ff.). Die Frist beginnt mit dem Empfang der verbotenen Leistung durch den Aktionär bzw. einen rückgewährpflichtigen Dritten (Spindler/Stilz/*Cahn* Rn. 45) und sie endet nach Maßgabe von § 188 Abs. 2 BGB; bei Bestellung einer Sicherheit (→ § 57 Rn. 6) fällt der Verjährungsbeginn auf den Zeitpunkt der Bestellung der Sicherheit (BGH 21.3.2017, NZG 2017, 658 (659)). Hemmung, Ablaufhemmung und Neubeginn der Verjährung richten sich nach §§ 203 ff. BGB. Die Rechtsverfolgung durch einen nach Abs. 2 S. 1 als Prozessstandschafter agierenden Gesellschaftsgläubiger (→ Rn. 11) wirkt insoweit auch zugunsten der AG und der anderen Gläubiger (Spindler/Stilz/*Cahn* Rn. 45). Durch den Hinweis in Abs. 3 S. 2 auf § 54 Abs. 4 S. 2 wird deutlich, dass die dortige, im Interesse der Insolvenzgläubiger eingeführte, gesetzliche Ablaufhemmung von sechs Monaten für Ansprüche nach Abs. 1 S. 1 ebenfalls gilt. 16

Folgen nicht rechtzeitiger Einzahlung

63

(1) [1] **Die Aktionäre haben die Einlagen nach Aufforderung durch den Vorstand einzuzahlen.** [2] **Die Aufforderung ist, wenn die Satzung nichts anderes bestimmt, in den Gesellschaftsblättern bekanntzumachen.**

(2) [1] **Aktionäre, die den eingeforderten Betrag nicht rechtzeitig einzahlen, haben ihn vom Eintritt der Fälligkeit an mit fünf vom Hundert für das Jahr zu verzinsen.** [2] **Die Geltendmachung eines weiteren Schadens ist nicht ausgeschlossen.**

(3) **Für den Fall nicht rechtzeitiger Einzahlung kann die Satzung Vertragsstrafen festsetzen.**

Übersicht

I. Inhalt, Zweck und systematische Einordnung der Norm

In teleologischer und systematischer Hinsicht ist § 63 als Teil der Normen des AktG einzuordnen, die zum **Zweck** haben, die **reale Kapitalaufbringung** der AG sicherzustellen (BGH 13.4.1992, BGHZ 118, 83 (104)). Die Vorschrift ergänzt damit die Bestimmungen der §§ 64 ff. zur Kaduzierung, Haftung von Vormännern bei ausbleibender Leistung von Einlagen und zur Geltung des Befreiungs- und Aufrechnungsverbots für Einlageschulden (Spindler/Stilz/*Cahn* Rn. 2). Abs. 1 S. 1 macht die **Zahlungsaufforderung durch den Vorstand,** deren Formalitäten in Abs. 1 S. 2 geregelt sind, zur Voraussetzung für die Fälligkeit von Einlageforderungen. Für den Fall nicht rechtzeitiger Einzahlung eigeforderter Einlagen sieht die Vorschrift drei **Sanktionsmöglichkeiten** vor: (1) die Pflicht zur **Verzinsung** ausbleibender Einlageschulden (Abs. 2 S. 1); (2) die **Geltendmachung weiterer Schäden** (Abs. 2 S. 2), sowie (3) die statutarische Festsetzung von **Vertragsstrafen** (Abs. 3). Normengeschichtlich geht die Vorschrift auf § 57 AktG 1937 zurück. Mit der Aktienrechtsreform 1965 wurde klargestellt, dass die Kompetenz zur Zahlungsaufforderung ausschließlich beim Vorstand liegt und nicht bei der Hauptversammlung (vgl. *Kropff* 84). 1

II. Anwendungsbereich der Norm

Wie der Wortlaut von Abs. 1 S. 1 („einzuzahlen") zeigt, betrifft § 63 nur **Bareinlagen einschließlich eines geschuldeten Agios** (§ 9 Abs. 2). Für Sacheinlagen gilt die Vorschrift ebenso wenig wie die §§ 64 f. (→ § 64 Rn. 3). Dafür spricht auch, dass Sacheinlagen nach § 36a Abs. 2 S. 1 sofort fällig sind, womit sich eine besondere Zahlungsaufforderung, wie sie § 63 voraussetzt, erübrigt; das trifft auch auf 2 den in § 36a Abs. 2 S. 2 geregelten Fall der Sacheinlage in der Form der Eingehung einer Verbindlichkeit gegenüber der AG zu, da hier die Einlagepflicht bereits mit der Begründung des Anspruchs der Gesellschaft gegenüber dem Inferenten begründet wird (*Cahn* ZHR 166 (2002), 278 (293 ff.)). Tritt allerdings eine Barzahlungspflicht an die Stelle einer ursprünglich vereinbarten Sacheinlageschuld, wie dies in den Fällen des § 54 Abs. 2 (→ § 54 Rn. 19) und der §§ 27 Abs. 2 S. 2, 183 Abs. 2 S. 3, 194 Abs. 2 S. 3, 205 Abs. 4 S. 4 der Fall sein kann, ist Abs. 1 dagegen auf die so entstandene Bareinlagenschuld anzuwenden (vgl. KK-AktG/*Drygala* Rn. 8). Zudem ist die Vorschrift auch anwendbar, wenn eine entsprechende **Satzungsbestimmung** die Anwendung auf Sacheinlagen vorschreibt (GroßkommAktG/*Gehrlein* Rn. 6). Schließlich findet § 63 auch dann Anwendung, wenn die AG oder eine Kapitalerhöhung ohne vorherige Leistung des nach §§ 36a Abs. 1, 188 Abs. 2 einzubringenden Viertels der geschuldeten Bareinlage zuzüglich eines Agios im Handelsregister eingetragen wird; die fehlerhafte Eintragung ändert daran nichts (RG 13.3.1934, RGZ 144, 138 (147 f.)). Der Vorstand muss die Verpflichtung zur Erbringung der **Mindestbareinlage** selbst dann fällig stellen, wenn die Gesellschaft bzw. die Kapitalerhöhung bereits im Handelsregister eingetragen worden ist, obwohl die Mindesteinlage nicht erbracht wurde (OLG Hamburg 2.6.2006, AG 2007, 500 (502)).

3 Die **Anwendung des Abs. 1** ist **ausgeschlossen** in Bezug auf Nebenleistungspflichten des Aktionärs nach § 55, die Verpflichtung zur Rückgewähr verbotener Leistungen nach § 62, sowie auf Zins-, Schadensersatz- oder Vertragsstrafenansprüche der Gesellschaft nach Abs. 2 und 3 (vgl. KK-AktG/*Drygala* Rn. 5).

4 **Adressaten der Aufforderung nach Abs. 1 und der Sanktionen nach Abs. 2 und 3** sind zunächst die im Aktienregister eingetragenen **Namensaktionäre** (§ 67 Abs. 2). Wird die Aktie nach der Aufforderung veräußert, geht die Verpflichtung zur Leistung der Einlage auf den Erwerber über, wenn dieser im Aktienregister eingetragen wird; der erneuten Fälligstellung durch eine an den Erwerber gerichtete Zahlungsaufforderung bedarf es dann nicht (KK-AktG/*Drygala* Rn. 9). Unterbleibt die Eintragung des Rechtsnachfolgers im Aktienregister, haftet dieser nur nach § 65 (Spindler/Stilz/*Cahn* Rn. 7). Werden **Inhaberaktien** entgegen dem Volleinzahlungsgebot des § 10 Abs. 2 S. ausgegeben, haftet der Veräußerer analog § 65 Abs. 1 S. 1 auf die volle ausstehende Einlage (→ § 65 Rn. 7), während eine Haftung von dessen bezüglich der Volleinzahlung gutgläubigem Rechtsnachfolger ausscheidet (vgl. KK-AktG/*Drygala* Rn. 11, 16).

III. Aufforderung zur Einzahlung und Fälligkeit (Abs. 1)

5 Die **Aufforderung** muss vom Vorstand in vertretungsberechtigter Zahl (§ 78 Abs. 2 S. 1) ausgesprochen werden). Es handelt sich dabei um eine Geschäftsführungsmaßnahme, für die der Vorstand als Kollegialorgans zuständig ist (§ 77 Abs. 1 S. 1). Bei entsprechender Satzungsgestaltung kann nach § 111 Abs. 4 S. 2 die **Zustimmung des Aufsichtsrats** erforderlich sein (GroßkommAktG/*Gehrlein* Rn. 22). Das „Ob" und „Wann" der Aufforderung liegt grundsätzlich im unternehmerischen **Ermessen des Vorstands** (§ 93 Abs. 1 S. 2). Diesbezügliche Vorgaben in der Satzung oder auch in Hauptversammlungsbeschlüssen sind unwirksam (KK-AktG/*Drygala* Rn. 15). Der Begründung der Aufforderung mit einem objektiv nachprüfbaren „wirtschaftlichen Bedürfnis" der AG bedarf es nicht (Bürgers/Körber/*Westermann* Rn. 5); jedoch ist der Vorstand nach dem Rechtsgedanken des § 271 Abs. 3 S. 2 („soweit nötig") gehalten, Einlagen einzufordern, soweit dies zur Befriedigung der Gläubiger erforderlich ist (KK-AktG/*Drygala* Rn. 45). Mit der **Eröffnung des Insolvenzverfahrens** geht die Befugnis zur Zahlungsaufforderung nach § 80 Abs. 1 InsO auf den Insolvenzverwalter über, eventuelle Zustimmungsvorbehalte des Aufsichtsrats erlöschen dann (RG 9.12.1899, RGZ 45, 153 (155)); dagegen bleibt in der Eigenverwaltung nach § 270 InsO der Vorstand zuständig (Spindler/Stilz/*Cahn* Rn. 27).

6 Die **Aufforderung** muss **eindeutig und bestimmt** ausgesprochen werden; das betrifft die Bezeichnung der Schuldner, die eingeforderten Zahlungsbeträge, wie auch den Zahlungstermin, der den betroffenen Aktionären genügend Zeit zur rechtzeitigen Leistungserbringung einräumen muss (KK-AktG/*Drygala* § 43 Rn. 19) Der **Gleichbehandlungsgrundsatz** des § 53a ist dabei zu beachten (→ § 64 Rn. 6). Bei Gleichheitsverstößen ist benachteiligten Aktionären ein Leistungsverweigerungsrecht (so Spindler/Stilz/*Cahn* Rn. 12, unter Berufung auf § 242 BGB) und auch ein Einzelklagerecht auf Abhilfe (→ § 53a Rn. 23) zuzuerkennen.

7 Die in Abs. 1 S. 2 angeordnete **Bekanntmachung der Zahlungsaufforderung** ersetzt den individuellen Zugang der Aufforderung nach §§ 130 ff. BGB bei dem Aktionär (KK-AktG/*Drygala* § 43 Rn. 20). Die Bekanntmachung hat in den Gesellschaftsblättern zu erfolgen, dh mangels statutarischer Bestimmung weiterer Blätter oder elektronischer Publikationsmedien zumindest im Bundesanzeiger (§ 25). Anstelle der Bekanntmachung in den Gesellschaftsblättern kann die Satzung eine andere Form der Bekanntmachung bestimmen; so zB die Bekanntgabe per Post, bei der der Brief dem Aktionär tatsächlich zugehen muss (BGH 15.1.1990, BGHZ 110, 47 (76 f.)).

8 Die **Fälligkeit der Einlagenforderung** tritt erst mit Ablauf des in der Aufforderung genannten Termins ein und nicht schon mit ihrer Bekanntmachung. Ohne eine Aufforderung durch den Vorstand kann eine Bareinlageforderung grundsätzlich nicht fällig werden; das gilt auch für den Fall, dass es vor

der Eintragung der AG bzw. einer Kapitalerhöhung im Handelsregister versäumt wurde, nach § 36 Abs. 2 vorab zu leistende Einlagen fällig zu stellen (BGH 15.1.1990, BGHZ 110, 47 (76)). Werden indessen die Zahlungstermine zulässigerweise bereits in der Satzung oder im Zeichnungsschein angegeben, ist eine erneute Zahlungsaufforderung entbehrlich (BGH 11.5.2009, NZG 2009, 747 (749) – Lurgi II). Die Fälligstellung durch Zahlungsaufforderung hat den Beginn der Verjährung einer Einlageforderung zur Folge (BGH 15.1.1990, BGHZ 110, 47 (76); OLG Hamburg 2.6.2006, AG 2007, 500 (502)).

Erst die Fälligstellung nach Abs. 1 hat die **Erfüllbarkeit einer Einlageforderung** zur Folge (BGH 13.4.1992, BGHZ 118, 83 (104)). Dem kommt insofern Bedeutung zu, als der Aktionär abweichend von § 271 Abs. 1 Hs. 2 BGB seine Einlagepflicht erst dann erfüllen und die für ihn mit der Pflichterfüllung verbundenen Vorteile in Anspruch nehmen darf, wenn eine Zahlungsaufforderung an ihn gerichtet wurde. Das Gewinnbezugsrecht (§ 60 Abs. 2) und das Stimmrecht des Aktionärs (§ 134 Abs. 2) knüpfen an die Einlageleistung an. Nach dem Sinn dieser Vorschriften soll sich aber nur ein Aktionär, der zur Einlageleistung nicht nur verpflichtet, sondern auch *berechtigt* ist, in die Lage versetzen können, von diesen Vorteilen seines Mitgliedschaftsrechts zu profitieren (vgl. KK-AktG/*Drygala* Rn. 21). 9

IV. Rechtsfolgen bei Nichtzahlung trotz Fälligkeit (Abs. 2 und 3)

Im Wege der Zahlungsaufforderung fällig gestellte Einlagenforderungen sind gem. Abs. 2 S. 1 ab dem Zeitpunkt des Ablaufs der in der Zahlungsaufforderung gesetzten Einzahlungsfrist mit 5 % Jahreszins zu verzinsen, ohne dass es dabei auf ein Verschulden oder auf den Verzug des Aktionärs ankommt; die Bezugsaufforderung an die Zeichner einer Kapitalerhöhung als solche vermag die zur Fälligstellung der Einlageforderung erforderliche Aufforderung zur Einzahlung nach Abs. 1 nicht zu ersetzen (BGH 5.4.1993, BGHZ 122, 180 (201)). Während des Annahmeverzugs der Gesellschaft ist dieser **Anspruch auf Fälligkeitszinsen** nach § 301 BGB ausgeschlossen (K. Schmidt/Lutter/*Fleischer* Rn. 29). Der **gesetzliche Zinsanspruch** ist **abschließend und satzungsfest** geregelt (§ 23 Abs. 5); höhere Zinsen können nur nach Abs. 2 S. 2 über einen verschuldensabhängigen Schadensersatzanspruch (→ Rn. 11) oder als ebenfalls verschuldensabhängige Vertragsstrafe nach Abs. 3 (→ Rn. 12) geltend gemacht werden (KK-AktG/*Drygala* Rn. 29). 10

Über die Zinsansprüche hinaus ist der AG nach Abs. 2 S. 2 die **Geltendmachung eines weiteren Schadens** ausdrücklich vorbehalten, sofern dieser auf den Verzug mit der Einzahlungspflicht zurückzuführen ist. Höhere Zinsen können daher als **Verzugsschaden** unter den Voraussetzungen der §§ 280 Abs. 2, 286 BGB geltend gemacht werden. In Anbetracht der Bestimmung eines genauen Zahlungstermins in der Leistungsaufforderung nach Abs. 1 (→ Rn. 6) bedarf es dafür gem. § 286 Abs. 2 Nr. 1 und 2 BGB zwar keiner als solche bezeichneten besonderen Mahnung des zahlungspflichtigen Aktionärs (MüKoAktG/*Bayer* Rn. 42: „der Kalender mahnt"). Um der Schutzwirkung der Mahnung gerecht zu werden, will der BGH jedoch für den Verzugseintritt die Bekanntmachung der Zahlungsaufforderung in den Gesellschaftsblättern (→ Rn. 7) nicht genügen lassen und verlangt dafür den individuellen Zugang bei dem betroffenen Aktionär, wie dies etwa durch ein Satzungserfordernis postalischer Zusendung geregelt werden könne (BGH 15.1.1990, BGHZ 110, 47 (77); aA Hüffer/Koch/*Koch* Rn. 8). Der Verzugszinssatz liegt gem. § 288 Abs. 1 S. 2 BGB bei 5 % über dem Basiszinssatz. Zudem kann die AG über § 288 Abs. 4 BGB auch einen weitergehenden **Verzugsfolgenschaden** geltend machen, so etwa über die gesetzlichen Verzugszinsen hinausgehende Fremdfinanzierungskosten oder auch einen entgangener Gewinn (§ 252 BGB, vgl. KK-AktG/*Drygala* Rn. 30). 11

Nach Abs. 3 kann die Satzung **Vertragsstrafen** vorsehen. In diesem Fall kommen die §§ 339 ff. BGB und § 348 HGB zur Anwendung. Die Vertragsstrafe kann sich auf die Zahlung eines bestimmten Geldbetrages oder auf die Erbringung einer anderen Leistung beziehen. Die Verwirkung der Vertragsstrafe darf jedoch nicht den Verlust der Mitgliedschaft oder auch den Ausschluss des Stimmrechts zur Folge haben, da § 64 und §§ 12 Abs. 1und 134 Abs. 2 S. 6 insoweit abschließende Regelungen enthalten, wohl aber nach § 60 Abs. 3 den Ausschuss des Dividendenrechts (vgl. KK-AktG/*Drygala* Rn. 34; sowie bereits RG 25.9.1901, RGZ 49, 77 (80)). Eine unverhältnismäßig hohe Vertragsstrafe kann vorbehaltlich der Ausschlussregelung für Kaufleute in § 348 HGB gem. § 343 Abs. 1 BGB durch Urteil herabgesetzt werden. Eine Vertragsstrafe kann neben den Zinsansprüchen nach Abs. 2 geltend gemacht werden (BGH 25.3.1963, NJW 1963, 1197). Dagegen ist eine verwirkte Vertragsstrafe auf Schadensersatzansprüche (→ Rn. 11) nach §§ 341, 340 Abs. 2 BGB anzurechnen; bei Vereinbarung einer nicht in Geld bestehenden Vertragsstrafe schließt das Verlangen der als Strafe vereinbarten Leistung nach § 342 Hs. 2 BGB einen weiteren Schadensersatzanspruch aus (GroßkommAktG/*Gehrlein* Rn. 49). 12

Die **Eröffnung des Insolvenzverfahrens** über das Vermögen eines Einlageschuldners hindert die Gesellschaft nicht daran, diesem gegenüber die Einlageschuld fällig zu stellen und ihre Ansprüche nach Abs. 2 und 3 im Insolvenzverfahren geltend zu machen (KK-AktG/*Drygala* Rn. 39, 42). Dies hat nach § 174 Abs. 1 InsO in der Form der Anmeldung von Insolvenzforderungen zur Insolvenztabelle gegenüber dem Insolvenzverwalter zu erfolgen, wobei die Zinsforderungen nach Abs. 2 gem. § 39 Abs. 1 Nr. 1 InsO nachrangig zu berücksichtigen sind. Bei Durchführung eines Kaduzierungsverfahrens betrifft 13 die Anmeldung nur die Ausfallhaftung nach § 64 Abs. 4 S. 2 sowie Nebenforderungen nach Abs. 2 und 3, auf die §§ 64 keine Anwendung finden; auf das Kaduzierungsverfahren kann die Gesellschaft auch nach Erhalt der auf sie im Insolvenzverfahren entfallenden Quote noch überwechseln (vgl. RG 3.4.1912, RGZ 79, 174 (178); GroßkommAktG/*Gehrlein* Rn. 51). Im Insolvenzverfahren über das Vermögen des Einlageschuldners steht dem Insolvenzverwalter das Wahlrecht nach § 103 InsO nicht zu, da die Einlagepflicht nicht auf einem gegenseitigen Vertrag beruht (KK-AktG/*Drygala* Rn. 40). Zur Teilnahme der AG an einem Insolvenzplan des Einlageschuldners → § 66 Rn. 8.

Ausschluß säumiger Aktionäre

64 (1) **Aktionären, die den eingeforderten Betrag nicht rechtzeitig einzahlen, kann eine Nachfrist mit der Androhung gesetzt werden, daß sie nach Fristablauf ihrer Aktien und der geleisteten Einzahlungen für verlustig erklärt werden.**

(2) [1] **Die Nachfrist muß dreimal in den Gesellschaftsblättern bekanntgemacht werden.** [2] **Die erste Bekanntmachung muß mindestens drei Monate, die letzte mindestens einen Monat vor Fristablauf ergehen.** [3] **Zwischen den einzelnen Bekanntmachungen muß ein Zeitraum von mindestens drei Wochen liegen.** [4] **Ist die Übertragung der Aktien an die Zustimmung der Gesellschaft gebunden, so genügt an Stelle der öffentlichen Bekanntmachungen die einmalige Einzelaufforderung an die säumigen Aktionäre; dabei muß eine Nachfrist gewährt werden, die mindestens einen Monat seit dem Empfang der Aufforderung beträgt.**

(3) [1] **Aktionäre, die den eingeforderten Betrag trotzdem nicht zahlen, werden durch Bekanntmachung in den Gesellschaftsblättern ihrer Aktien und der geleisteten Einzahlungen zugunsten der Gesellschaft für verlustig erklärt.** [2] **In der Bekanntmachung sind die für verlustig erklärten Aktien mit ihren Unterscheidungsmerkmalen anzugeben.**

(4) [1] **An Stelle der alten Urkunden werden neue ausgegeben; diese haben außer den geleisteten Teilzahlungen den rückständigen Betrag anzugeben.** [2] **Für den Ausfall der Gesellschaft an diesem Betrag oder an den später eingeforderten Beträgen haftet ihr der ausgeschlossene Aktionär.**

Übersicht

I. Inhalt, Zweck und systematische Einordnung der Norm

1 § 64 regelt den Ausschuss säumiger Aktionäre aus der AG, in der gesellschaftsrechtlichen Fachterminologie als **Kaduzierung** bezeichnet (vgl. die amtliche Überschrift des § 21 GmbHG), wenn solche Aktionäre trotz mehrmaliger Fristsetzung und Androhung des Rechtsverlusts durch die Gesellschaft ihrer Einlagepflicht nicht nachkommen (Abs. 1). Für den mehrstufigen Ablauf und die Formalitäten des Kaduzierungsverfahrens enthalten Abs. 2 und 3 detaillierte Regelungen. Die Rechtsfolgen der Kaduzierung bestehen (1) in dem **Verlust der Mitgliedschaftsrechte** des ausgeschlossenen Aktionärs **wie auch bereits geleisteter Einlagen (Abs. 3 S. 1),** (2) in der **Ausgabe neuer** an Stelle der eingezogenen **Aktien** unter Ausweis der noch ausstehenden Einlageverpflichtungen (Abs. 4 S. 1), (3) in der **Ausfallhaftung** der ausgeschlossenen Aktionäre (Abs. 4 S. 2). Die Vorschrift stellt **zwingendes Recht** dar (vgl. BGH 28.1.2002, NZG 2002, 333, zum Erfordernis der Bekanntmachung der Kaduzierung in den Gesellschafsblättern nach Abs. 3 S. 1).

2 In der **Gesetzessystematik** ist § 64 als Teil der Normen des AktG einzuordnen, die zum **Zweck** haben, die **reale Kapitalaufbringung** der AG sicherzustellen; die Vorschrift ergänzt damit die in § 63 Abs. 2 und 3 angesprochenen Pflichten zur Verzinsung rückständiger Einlageschulden und zur Zahlung statutarisch stipulierter Vertragsstrafen (Bürgers/Körber/*Westermann* Rn. 1). Von der in §§ 237 ff. geregelten Einziehung von Aktien unterscheidet die Kaduzierung sich dadurch, dass die ausgeschlossenen

Aktionäre für den erlittenen Rechtsverlust keine Entschädigung erhalten; in diesem Sinne wirkt die Kaduzierung wie eine **entschädigungslose Enteignung** (KK-AktG/*Drygala* Rn. 2).

II. Voraussetzungen der Kaduzierung (Abs. 1)

1. Erfasste Fallkonstellationen. Ausweislich der im Gesetz verwendeten Worte „einzahlen" (Abs. 1) und „Zahlen" (Abs. 3 S. 1) betrifft das Kaduzierungsverfahren **nur Geldeinlagen einschl. eines korporativen Agios** (MüKoAktG/*Bayer* Rn. 10), unabhängig davon, ob es sich um die geschuldete Mindesteinlage (§ 36a Abs. 1) oder um eine noch ausstehende Resteinlage handelt. Bei Vereinbarung einer Sacheinlage kann dagegen nur kaduziert werden, wenn (1) eine gemischte Sach- und Sachleistung geschuldet ist oder (2) wegen Erlöschens der ursprünglich Sacheinlagepflicht nach § 54 Abs. 2 die zugrunde liegenden Barleistungspflicht wiederaufgelebt ist (KK-AktG/*Drygala* Rn. 15). Wird im Falle einer gemischten Geld- und Sacheinlage wegen der noch ausstehenden Geldschuld kaduziert, hat dies nach Abs. 3 S. 1 auch den Verlust einer bereits erbrachten Sacheinlage zur Folge (GroßkommAktG/*Gehrlein* Rn. 11). Die nachträgliche Verwandlung einer Sacheinlage in eine dann kaduzierbare Geldeinlageschuld kommt etwa dann in Frage, wenn eine in der Gründungssatzung nicht als Sacheinlageschuldner aufgeführte Person die Aktie nachträglich von dem ursprünglichen Sacheinlageschuldner erwirbt (→ § 54 Rn. 19). Grundsätzlich anwendbar ist das Kaduzierungsverfahren auch, wenn entgegen § 10 Abs. 2 S. 2 nicht voll eingezahlte Inhaberaktien oder auch Namensaktien mit überhöht quittierter Einlageleistung ausgegeben werden (vgl. Spindler/Stilz/*Cahn* Rn. 15). Gleiches gilt im Falle der Verpfändung oder Pfändung einer Einlageforderung, da die Gesellschaft hier ihre Gläubigerstellung als Inhaberin der Forderung nicht verliert (KK-AktG/*Drygala* Rn. 15). 3

Das **Kaduzierungsverfahren** ist **ausgeschlossen** bei Schadenersatzansprüchen gegen die Gründer (§ 46), bei der Verletzung von Nebenleistungspflichten nach § 55, Ansprüchen nach § 63 Abs. 2 und 3, sowie bei Rückgewähransprüchen nach § 62 (Spindler/Stilz/*Cahn* Rn. 9). Da das Kaduzierungsverfahren nur Personen betrifft, die bereits Aktionäre geworden sind, findet es vor der Entstehung der AG bzw. dem Wirksamwerden einer Kapitalerhöhung durch Eintragung der Durchführung im Handelsregister oder die Ausgabe von Bezugsaktien (§§ 41 Abs. 1 S. 2, 189, 200; 203 Abs. 1 S. 1) auf die Zeichner und Übernehmer von Aktien keine Anwendung (zutr. Spindler/Stilz/*Cahn* Rn. 14; aA KK-AktG/*Drygala* Rn. 16). Wird eine ausstehende Einlageforderung abgetreten, steht dem Zessionar das Kaduzierungsverfahren seinem Sinn und Zweck nach nicht zur Verfügung (KK-AktG/*Drygala* Rn. 18), denn die Wirksamkeit der Abtretung setzt voraus, dass der Gesellschaft der volle Gegenwert der Einlageforderung zukommt (→ § 66 Rn. 15). 4

2. Säumnis des Einlageschuldners. Grundvoraussetzung für die Einleitung des Kaduzierungsverfahrens ist, dass der Aktionär die **fällige Einlageforderung der AG nicht oder nicht rechtzeitig erfüllt** hat. Die Fälligkeit tritt mit der Einforderung durch den Vorstand nach § 63 Abs. 1 ein. Auf die Voraussetzung des Leistungsverzugs nach § 286 BGB einschließlich des Vorliegens eines Verschuldens des Aktionärs kommt es nicht an (MüKoAktG/*Bayer* Rn. 17). Da die Voraussetzung der Säumnis noch bei Bekanntmachung der Ausschließung nach Abs. 3 S. 1 vorliegen muss, kann der Aktionär seinem Ausschluss aus der Gesellschaft auch noch durch **vollständige Erbringung der geschuldeten Einlage nach Ablauf der gem. Abs. 2 gesetzten Nachfrist** entrinnen, wofür die Erfüllung fälliger Nebenforderungen nach § 63 Abs. 2 und 3 nicht erforderlich ist (GroßkommAktG/*Gehrlein* Rn. 19). Allerdings kann der säumige Aktionär der Gefahr der Kaduzierung nicht dadurch entgehen, dass er nur die fällige Einlageschuld und nicht zugleich die nach § 63 Abs. 2 angefallenen Zinsen begleicht, da die AG nach § 367 Abs. 2 BGB ungeachtet einer anderweitigen **Tilgungsbestimmung des Aktionärs** auf der vorrangigen Anrechnung der geleisteten Zahlung auf die aufgelaufenen Zinsen bestehen kann; wohl dagegen kann der Aktionär im Wege einer Tilgungsbestimmung nach § 367 Abs. 1 BGB erreichen, dass bei einer Teilzahlung die Anrechnung so zu erfolgen hat, dass die ausstehende Einlageschuld bezüglich möglichst vieler seiner Aktien voll erfüllt wird, so dass die Kaduzierung sich dann nur noch auf die verbleibenden Aktien mit offener Einlageschulden beziehen würde (vgl. Spindler/Stilz/*Cahn* Rn. 13). 5

III. Kaduzierungsverfahren (Abs. 1–3)

1. Zuständigkeit, Verfahrenseinleitung und Verfahrensablauf. Ungeachtet der insoweit durchaus missverständlichen Formulierung des Abs. 3 S. 1 („werden … für verlustig erklärt") liegt die Entscheidung über die Einleitung eines Kaduzierungsverfahrens wie auch dessen Einstellung nach wohl einhelliger Meinung im **Ermessen des Vorstands.** Dabei ist davon auszugehen, dass der Vorstand im Rahmen der ihm übertragenen eigenverantwortlichen Leitung der Gesellschaft (§ 76 Abs. 1) gemäß den Grundsätzen der Business Judgment Rule (§ 93 Abs. 1 S. 2) zu verfahren hat. Für die Annahme eines pflichtgemäßen Ermessens des Vorstands spricht auch eine frühe Entscheidung des Reichsgerichts zur Vorgängerregelung in § 229 HGB aF (RG 3.4.1912, RGZ 79, 174 (178)). Bei seiner Entscheidung hat der Vorstand den im Sinne eines Willkürverbotes zu verstehenden **Gleichbehandlungsgrundsatz** des 6

§ 53a zu beachten (RG 23.10.1914, RGZ 85, 366 (368)). Bei der dem Vorstand damit aufgegebenen Prüfung, ob sachliche Gründe vorliegen, die eine unterschiedliche Beurteilung einzelner Aktionäre zu rechtfertigen vermögen, kommt dem Vorstand ein unternehmerisches Ermessen nach den Regeln der Business Judgment Rule (§ 93 Abs. 1 S. 2) zugute (→ § 53a Rn. 10). Bezüglich der hier gebotenen angemessenen Informationserhebung und Entscheidungsvorbereitung ist insbesondere zu berücksichtigen, dass bei einem Teil der Aktionäre die Aussicht bestehen kann, die offen stehende Einlageforderung erfolgreich beitreiben zu können, was die gerichtliche Geltendmachung und nachfolgende Zwangsvollstreckung unternehmerisch sinnvoll erscheinen lassen mag, bei einem anderen aber bereits abzusehen ist, dass eine Vollstreckung fruchtlos verlaufen würde, was den Weg der Kaduzierung sinnvoller erscheinen lässt (vgl. Spindler/Stilz/*Cahn* Rn. 21). Bei **Verstößen des Vorstands** gegen § 53a ein gegen die Gesellschaft gerichtetes Einzelklagerecht des benachteiligten Aktionärs auf Abhilfe anzuerkennen (→ § 53a Rn. 23).

7 **2. Nachfristsetzung.** Die Kaduzierung beginnt mit dem Setzen einer Nachfrist, die gesondert von der Zahlungsaufforderung nach § 63 Abs. 1 zu erfolgen hat (KK-AktG/*Drygala* Rn. 22): Die Fristsetzung ist mit der Androhung zu verbinden, dass die Aktionäre ihre Mitgliedschaft und die geleisteten Einzahlungen verlieren (Abs. 1), wofür ein allgemeiner Hinweis auf „gesetzlich vorgesehenen Nachteile" oder ähnlich unbestimmte Floskeln nicht genügen (GroßkommAktG/*Gehrlein* Rn. 2). Die betroffenen Aktionäre sind unter Angabe des jeweiligen Zahlungsrückstands genau zu bezeichnen, dh bei Namensaktien nach der im Aktienregister (§ 67 Abs. 2) verzeichneten Serie und Nummer der betroffenen Aktien (KK-AktG/*Drygala* Rn. 27). Die **Nachfrist** muss **dreimal in den Gesellschaftsblättern** (§ 25) bekanntgegeben werden (Abs. 2 S. 1). Eine Ausnahme ist für vinkulierte Namensaktien (§ 68 Abs. 2) vorgesehen, für die Abs. 2 S. 4 ein vereinfachtes System einer Bekanntmachung durch den Zugang (§ 130 BGB) einer einmaligen Einzelaufforderung bereitstellt, das aber nicht zwingend vorgeschrieben ist. Abs. 2 S. 2 und 3 sehen Mindestzeiträume vor (näher dazu Spindler/Stilz/*Cahn* Rn. 27).

8 **3. Ausschlusserklärung.** Zu ihrem Wirksamwerden bedarf die **Ausschlusserklärung** nach Abs. 3 S. 1 der **Bekanntmachung in den Gesellschaftsblättern** der AG (§ 25) wobei ausschlaggebend die Bekanntmachung in dem zuletzt erscheinenden Blatt ist (MüKoAktG/*Bayer* Rn. 53, mit Verweis auf Analogie zu § 10 Abs. 2 HGB). Dabei handelt es sich um eine gesetzlich zwingende Formalität; eine andere Form der Bekanntmachung entfaltet keine Ausschlusswirkung (BGH 28.1.2002, NZG 2002, 333). Der in Abs. 3 S. 2 vorgeschriebenen Angabe der **Unterscheidungsmerkmale** der betroffenen Aktien wird durch die Angabe der jeweiligen Serie, Aktiennummer und Stückelung genügt (Spindler/Stilz/*Cahn* Rn. 32).

IV. Rechtsfolgen der Kaduzierung (Abs. 3 S. 1 und Abs. 4)

9 **1. Verlust der Mitgliedschaft und geleisteter Einlagen.** Folge des Wirksamwerdens der Ausschlusserklärung (→ Rn. 8) ist der **Verlust** der Mitgliedschaft des Aktionärs in der AG einschließlich **aller Verwaltungsrechte** (Stimmrecht, Informationsrecht, Recht auf Teilnahme an der Hauptversammlung, Anfechtungsrecht) **und vermögenbezogenen Rechte** (Dividenden, Liquidationserlös, Bezugsrecht bei Kapitalerhöhung); jedoch bleibt ein bereits vor der Kaduzierung durch entsprechenden Gewinnverwendungsbeschluss der Hauptversammlung (→ § 58 Rn. 33) entstandener Dividendenanspruch unberührt. Ebenso führt die Kaduzierung zum **Erlöschen aller mitgliedschaftlichen Pflichten;** das gilt neben der Pflicht zur Erbringung noch ausstehender Einlagen, an deren Stelle die Ausfallhaftung nach Abs. 4 S. 2 tritt (→ Rn. 12), auch für etwaige Nebenleistungspflichten nach § 55, aber nicht für bereits vor der Kaduzierung entstandene Ansprüche der AG gegen den Aktionär nach § 63 Abs. 2 und 3 (vgl. Spindler/Stilz/*Cahn* Rn. 36 ff.). Das Mitgliedschaftsrecht als solches kommt durch die Kaduzierung nicht zum Erlöschen und es wird dadurch auch nicht zu einem subjektlosen Recht (so zu § 21 GmbHG noch BGH 13.7.1964, BGHZ 42, 89 (92)). Vielmehr wird die AG selbst (vorübergehend) Inhaberin des Mitgliedschaftsrechts und bis zur Verwertung durch Veräußerung an einen Dritten nach § 65 Abs. 3 ruhen alle Mitgliedschaftsrechte. Die Folgen der Kaduzierung können dann nicht nachträglich wieder rückgängig gemacht werden, auch nicht auch nicht, indem der Aktionär seiner Ausfallhaftungspflicht nach Abs. 4 S. 2 nachkommt; dem kaduzierten Aktionär verbleibt dann allein noch die Möglichkeit, die verlorenen Aktien im Verwertungsverfahren nach § 65 Abs. 3 zurück zu erwerben (KK-AktG/*Lutter/Drygala* Rn. 43 f.).

10 Mit der auf den ersten Blick nicht ganz leicht verständlichen Formulierung des Abs. 3 S. 1, dass die Aktionäre „der geleisteten Einlagen … für verlustig erklärt" werden, kann bei sinngerechter Interpretation nur gemeint sein, dass den ausgeschossenen Aktionären **kein Anspruch auf Entgelt für die bereits geleisteten Einlagen, noch auch auf** einen der AG bei der Verwertung nach § 65 Abs. 3 entstandenen, die offenen Einlagen übersteigenden **Überschuss aus der Verwertung der kaduzierten Aktien** zusteht (vgl. KK-AktG/*Drygala* Rn. 36).

2. Ausgabe neuer Aktien und Ausfallhaftung (Abs. 4). Die **Pflicht zur Ausgabe neuer Aktienurkunden** nach Abs. 4 S. 1 kommt nur dann zum Tragen, wenn die kaduzierten Aktien bereits verbrieft waren (§ 10 Abs. 5). Sie beruht darauf, dass Vormänner nach § 65 Abs. 1 S. 4 nur gegen den Erhalt solcher neu ausgestellter Urkunden zur Zahlung verpflichtet sind (→ § 65 Rn. 10) und im Falle der Verwertung nach § 65 Abs. 3 dem Erwerber die neu ausgestellten Urkunden zu übergeben sind. Bereits eingezahlte **Teilleistungen** sind auf den neuen Urkunden ebenso anzugeben wie noch **rückständige Einlagebeträge.** Dabei ist mit dem rückständigen Betrag nur der noch nicht nach § 63 eingeforderte Teil der Einlage gemeint, der Betrag dessentwegen kaduziert wurde ist als eingezahlt zu vermerken. Nicht anzugeben sind ausstehende Verpflichtungen nach § 63 Abs. 2 und 3. Stehen auch nach Begleichung des Kaduzierungsbetrags noch Einlagen aus, können die neuen Aktien nach der Vorgabe des § 10 Abs. 2 S. 1 nur als Namensaktien ausgegeben werden (vgl. KK-AktG/*Drygala* Rn. 47 ff.). 11

Den ausgeschlossenen Aktionär trifft nach Abs. 4 S. 2 die **Ausfallhaftung gegenüber Gesellschaft.** Das Vorliegen eines Ausfalls im Sinne dieser Vorschrift setzt zweierlei voraus: (1) die erfolglose Inanspruchnahme der Vormänner nach § 65 Abs. 1, sowie (2) die erfolglose Verwertung der kaduzierten Aktien durch Verkauf nach § 65 Abs. 3. Der ausgeschlossene Aktionär haftet insofern nur hilfsweise. Die Ausfallhaftung umfasst sowohl den Kaduzierungsbetrag als auch die erst nach der Kaduzierung gem. § 63 Abs. 1 eingeforderten Beträge; Nebenansprüche nach § 63 Abs. 2 und 3 werden dagegen nicht erfasst (Spindler/Stilz/*Cahn* Rn. 50). Die Haftung erlischt mit der vollständigen Zahlung der noch ausstehenden Einlagen. Sie entfällt zudem auch dann, wenn es zur vollständigen Befriedigung der AG deshalb nicht kommt, weil die für eine ordnungsgemäße Verwertung der kaduzierten Aktien geltenden zwingenden Voraussetzungen des § 65 nicht beachtet wurden, für deren Einhaltung die Gesellschaft die Darlegungs- und Beweislast trägt (KK-AktG/*Drygala* Rn. 52). 12

3. Fehlerhafte Kaduzierung und Insolvenzverfahren. Werden die Voraussetzungen des § 64 nicht eingehalten, ist eine **Kaduzierung fehlerhaft und damit unwirksam** (RG 14.2.1883, RGZ 9, 36 (41 f.)); eine Heilung kommt dann nicht in Betracht (Bürgers/Körber/*Westermann* Rn. 18). Ein **gutgläubiger Erwerb der angeblich kaduzierten Aktien** von der AG durch einen Dritten ist dann **nicht möglich,** da die Gesellschaft die Aktien von vornherein nie erworben hat, jedoch stehen dem Erwerber Regressansprüche nach § 311a Abs. 2 BGB zu. Zu Unrecht nach § 65 in Anspruch genommenen Vormännern haftet die AG nach § 812 Abs. 1 S. 1 Alt. 1 BGB (vgl. Spindler/Stilz/*Cahn* Rn. 54, dort auch zur möglichen Haftung von Vorstandsmitgliedern wegen unrichtiger Ausgabe neuer Aktien). Der nur vermeintlich kaduzierte Aktionär bleibt Inhaber seiner Aktien; neu ausgegebene Aktienurkunden (→ Rn. 11) sind nur ein „Wertloses Stück Papier". Der Aktionär kann verlangen, dass die Unwirksamkeit des Ausschlusses in gleicher Weise wie ein wirksamer Ausschluss in den Gesellschaftsblättern bekannt gemacht wird (KK-AktG/*Drygala* Rn. 59 f.). 13

Im Falle der **Eröffnung des Insolvenzverfahrens über das Vermögen der AG** bleibt die Durchführung eines Kaduzierungsverfahrens grundsätzlich weiter möglich; zuständig für die Einleitung und Durchführung des Verfahrens ist dann gem. § 80 Abs. 1 der Insolvenzverwalter (LG München 30.8.2012, ZIP 2012, 2152 (2154)). 14

Zahlungspflicht der Vormänner

65 (1) [1]**Jeder im Aktienregister verzeichnete Vormann des ausgeschlossenen Aktionärs ist der Gesellschaft zur Zahlung des rückständigen Betrags verpflichtet, soweit dieser von seinen Nachmännern nicht zu erlangen ist.** [2]**Von der Zahlungsaufforderung an einen früheren Aktionär hat die Gesellschaft seinen unmittelbaren Vormann zu benachrichtigen.** [3]**Daß die Zahlung nicht zu erlangen ist, wird vermutet, wenn sie nicht innerhalb eines Monats seit der Zahlungsaufforderung und der Benachrichtigung des Vormanns eingegangen ist.** [4]**Gegen Zahlung des rückständigen Betrags wird die neue Urkunde ausgehändigt.**

(2) [1]**Jeder Vormann ist nur zur Zahlung der Beträge verpflichtet, die binnen zwei Jahren eingefordert werden.** [2]**Die Frist beginnt mit dem Tage, an dem die Übertragung der Aktie zum Aktienregister der Gesellschaft angemeldet wird.**

(3) [1]**Ist die Zahlung des rückständigen Betrags von Vormännern nicht zu erlangen, so hat die Gesellschaft die Aktie unverzüglich zum Börsenpreis und beim Fehlen eines Börsenpreises durch öffentliche Versteigerung zu verkaufen.** [2]**Ist von der Versteigerung am Sitz der Gesellschaft kein angemessener Erfolg zu erwarten, so ist die Aktie an einem geeigneten Ort zu verkaufen.** [3]**Zeit, Ort und Gegenstand der Versteigerung sind öffentlich bekanntzumachen.** [4]**Der ausgeschlossene Aktionär und seine Vormänner sind besonders zu benachrichtigen; die Benachrichtigung kann unterbleiben, wenn sie untunlich ist.** [5]**Bekanntmachung und Benachrichtigung müssen mindestens zwei Wochen vor der Versteigerung ergehen.**

Übersicht

I. Inhalt, Zweck und systematische Einordnung der Norm

1 Die Norm ist im systematischen Zusammenhang mit § 64 zu sehen, der die Regelungen zur Kaduzierung enthält. Beide Vorschriften verfolgen in ihrem Zusammenwirken den **Zweck, die reale Kapitalaufbringung der AG sicherzustellen.** Während § 64 die Voraussetzungen der Kaduzierung und das Kaduzierungsverfahren (§ 64 Abs. 1 und 2) und die Rechtsfolgen des Ausschlusses säumiger Aktionäre und deren Ausfallhaftung (§ 64 Abs. 3 und Abs. 4 S. 2) regelt, betrifft § 65 zwei weitere Folgen der Kaduzierung nämlich (1) die **Inanspruchnahme der Vormänner des kaduzierten Aktionärs** (Abs. 1 und 2) und (2) die **Verwertung der kaduzierten Aktien** (Abs. 3).

2 Die im **Zusammenspiel von §§ 64 und 65** gesetzlich vorgesehene **Verfahrensabfolge** umfasst folgende Schritte (vgl. KK-AktG/*Drygala* Rn. 3). Ist die nach § 63 Abs. 1 fällig gestellte Einlage von dem säumigen Aktionär nicht zu erlangen, wird dieser aus der Gesellschaft ausgeschlossen und die Aktie geht auf die AG über (§ 64 Abs. 3). Die im Aktienregister verzeichneten Vormänner des Ausgeschlossenen schulden dann nach Abs. 2 S. 1 und mit zeitlicher Begrenzung von zwei Jahren (→ Rn. 11) die fällige Einlage als Regressschuld. Sie haften dabei nach Abs. 1 S. 1 Hs. 2 allerdings nur soweit ihre jeweiligen Nachmänner zahlungsunfähig sind. Zahlt der in Anspruch genommene Vormann, geht die Mitgliedschaft nach Abs. 1 S. 4 auf diesen über. Ist dagegen auch von den Vormännern keine Zahlung zu erhalten, muss die AG die kaduzierten Aktien nach dem in Abs. 3 vorgesehenen Verfahren veräußern, wobei der Ausgeschlossene als Erwerber auftreten darf. Für einen den erzielten Verwertungserlös übersteigenden Teil der Einlageschuld haftet der Ausgeschlossene dann nach Abs. 4 S. 2. Bei er damit vorgegebenen **Verfahrens- und Haftungsabfolge** handelt es sich um **zwingendes Recht.** Abweichende Satzungsbestimmungen sind unwirksam (BGH 28.1.2002, NZG 2002, 333). Die in § 65 getroffenen Haftungs- und Verwertungsregelung ist grundsätzlich **nur auf teileingezahlte Namensaktien anwendbar,** für die eine weitere Teileinzahlung gefordert wird, da es bei Inhaberaktien keine offenen Resteinlagen geben kann (vgl. § 10 Abs. 2 S. 1); s. aber → Rn. 7.

II. Haftung der Vormänner (Abs. 1 S. 1–3)

3 **1. Haftungsvoraussetzungen und -umfang.** Die Haftung der Vormänner greift nur ein, wenn eine **wirksame Kaduzierung** nach Maßgabe von § 64 Abs. 1 und 3 erfolgt ist; das zeigt der Wortlaut des Abs. 1 S. 1 („des ausgeschlossenen Aktionärs“) deutlich (BGH 28.1.2002, NZG 2002, 333). Anders als bei der Entscheidung über die Durchführung des Kaduzierungsverfahrens (→ § 64 Rn. 6) kommt dem Vorstand **kein Ermessenspielraum bezüglich der Entscheidung über die Inanspruchnahme von Vormännern** nach Abs. 1 S. 1 zugute: Vielmehr ist die Durchführung des Regresses gegen die Vormänner der Gesellschaft zwingend aufgegeben; so hat der Vorstand hat sich unbeschadet der in Abs. 1 S. 3 getroffenen Vermutungsreglung (→ Rn. 5) der Liquidität eines jeden Vormanns des Ausgeschlossenen zu vergewissern und ggf. Zahlungsklage zu erheben (GroßkommAktG/*Gehrlein* Rn. 5)). Nach Abs. 1 S. 1 Hs. 2, wo der sog. **Staffel- oder Stufenregress** vorgeschrieben ist, darf allerdings ein früherer Vormann des ausgeschlossenen Aktionärs **nur dann, wenn bei keinem seiner Nachmänner Befriedigung zu erlangen ist,** in Anspruch genommen werden. Eine Gesamtschuldnerschaft aller Vormänner, die es der Gesellschaft erlauben würde, jeden von ihnen jeder Zeit und ohne Weiteres nach Belieben in Anspruch zu nehmen (§ 421 BGB), ist daher ebenso ausgeschlossen wie der ein solches Vorgehen erlaubende aus dem Wertpapierrecht (Art. 47 ScheckG, Art. 44 WG) bekannt sog. *Sprungregress* (Spindler/Stilz/*Cahn* Rn. 18 f.). Da es sich bei der Vormannshaftung um eine gesetzliche Haftung aufgrund des nachwirkenden Mitgliedschaftsverhältnisses handelt, können die Vormänner nach § 22 ZPO am Sitz der Gesellschaft verklagt werden (Spindler/Stilz/*Cahn* Rn. 15). Zur Anwendbarkeit des Befreiungs- und Aufrechnungsverbot des § 66 Abs. 1 → § 66 Rn. 1.

4 Um den **Staffelregress** geltend machen zu können obliegt es grundsätzlich der AG, die **Zahlungsunfähigkeit der Nachmänner des ausgeschlossenen Aktionärs darzulegen und zu beweisen** (KK-AktG/*Drygala* Rn. 18). Für den unmittelbaren Vormann des wegen seiner Zahlungsdelinquenz ausgeschlossenen Aktionärs (§ 64 Abs. 1) hat diese Vorgabe naturgemäß keine Bedeutung (vgl. OLG Köln 23.1.1987, WM 1987, 537 – zur GmbH). Für mittelbare Vormänner kann der Nachweis mit der Eröffnung des Insolvenzverfahrens, der Ablehnung der Eröffnung mangels Masse oder einem erfolglosen

Pfändungsversuch geführt werden, wobei das Insolvenzverfahren und die Zwangsvollstreckung nicht von der AG betrieben werden müssen (vgl. GroßkommAktG/*Gehrlein* Rn. 24).

5 Abs. 1 S. 3 stellt eine **widerlegbare Vermutung der Zahlungsunfähigkeit der Nachmänner** auf, deren Geltung an drei Voraussetzungen geknüpft ist: (1) Die AG muss jeweils den unmittelbaren Nachmann des später in Anspruch genommenen Vormanns zur Zahlung der fälligen Einlageschuld auffordern und (2) darüber ist dann der später in Anspruch genommene Vormann zu benachrichtigen (§ 65 Abs. 1 S. 2), was allerdings keine eigenständige Voraussetzung für die Haftung nach Abs. 1 S. 1 ist (Spindler/Stilz/*Cahn* Rn. 249), sowie (3) die Regressschuld darf von dem Nachmann nicht binnen eines Monats seit Zugang der Zahlungsaufforderung und Benachrichtigung vollständig an die AG bezahlt worden sein. Diese Vermutungsvoraussetzungen sind in Bezug auf jeden Nachmann darzulegen und zu beweisen; für die Widerlegung der Vermutung reicht der Nachweis aus, dass irgendein Nachmann zahlungsfähig ist (GroßkommAktG/*Gehrlein* Rn. 26 f.).

6 Der **Umfang der Regressschuld** ist höchstens auf die für die kaduzierte Aktie noch ausstehende Einlageschuld beschränkt; vor dem Ausschluss des Aktionärs erfolgte Teilzahlungen wie auch zwischenzeitlich erfolgte Zahlungen von Nachmännern des in Anspruch genommenen Vormanns oder auch Dritten (§ 267 Abs. 1 BGB) mindern dessen Regressschuld (KK-AktG/*Drygala* Rn. 11). Nicht von der Haftung erfasst sind Forderungen der Gesellschaft nach § 63 Abs. 2 und 3 wie auch die Kosten des Kaduzierungsverfahrens (Bürgers/Körber/*Westermann* Rn. 3).

7 **2. Regressschuldner.** Vorbehaltlich der in Abs. 2 geregelten Befristung (→ Rn. 11 ff.) ist Regressschuldner nach Abs. 1 S. 1 **jede Person, die vor dem durch die Kaduzierung aus der AG ausgeschlossenen Aktionär Inhaber der Aktie war.** Darunter fallen, wie der Wortlaut der Vorschrift klar ergibt, alle vor dem ausgeschlossenen Aktionär im Aktienregister der Gesellschaft eingetragenen Namensaktionäre, wobei es auf die materielle Berechtigung der eingetragenen Person nicht ankommt (MüKoAktG/*Bayer* Rn. 16, 22). Eine einmal zu Unrecht eingetragene Person kann der Haftung nur entgehen, indem sie gem. § 67 Abs. 5 aus dem Register gelöscht wird (GroßkommAktG/*Gehrlein* Rn. 15). Darüber hinaus verlangt die effektive Durchsetzung des mit der Regresshaftung bezweckten Kapitalaufbringungsschutzes es aber auch, die vormaligen Inhaber unverbriefter Namensaktien (§ 10 Abs. 5), sowie auch solche Vormänner, an die ohne vorherige Anlegung eines Aktienregisters Inhaberaktien oder auch entgegen § 10 Abs. 2 S. 2 nur zum Teil eingezahlte Inhaberaktien ausgegeben wurden, in **Analogie zu Abs. 1 S. 1** in den Kreis möglicher Regressschuldner einzubeziehen (KG 12.5.1927, JW 1927, 2434 (2435); Spindler/Stilz/*Cahn* Rn. 10 f.; *Milde* EWiR 2002, 413 (414); offen gelassen in BGH 28.1.2002, NZG 2002, 333).

8 Folgt auf ein erstes Kaduzierungsverfahren, in dessen Folge die AG die kaduzierten Aktien nach § 64 Abs. 3 S. 1 erworben hat (→ § 64 Rn. 9) und damit zum Vormann des späteren Einlageschuldners geworden ist, ein **zweites Kaduzierungsverfahren,** so ist die Haftung weiterer Vormänner der Gesellschaft als Regressschuldner nicht etwa dadurch ausgeschlossen, dass sich infolge der ersten Kaduzierung Einlageforderung und Einlageschuld in der Person der AG vereinigt haben. Denn eine solche Folge würde dem Zweck des Kaduzierungsverfahrens, eine möglichst effektive Kapitalaufbringung sicherzustellen, zuwiderlaufen (KK-AktG/*Drygala* Rn. 17).

9 **Erstattungsansprüche des zahlenden Regressschuldners** kommen gegen dessen unmittelbaren Nachmann unter dem Gesichtspunkt einer stillschweigenden vertraglichen Freistellung von künftigen Einlageforderungen der AG in Betracht (vgl. ROHGE 22, 231 (233 f.)). Dagegen scheiden gesetzliche Freistellungsansprüche grundsätzlich aus (vgl. Spindler/Stilz/*Cahn* Rn. 38 f.). Bereicherungsansprüchen nach § 812 Abs. 1 S. 1 Alt. 1 BGB steht entgegen, dass der Regressschuldner eine ihn selbst betreffende gesetzliche Schuld (→ Rn. 3) begleicht und daher keine rechtsgrundlose Zuwendung vorliegt; aus dem gleichen Grund fehlt es auch an dem für eine Haftung aus GoA nach §§ 683 S. 1, 670 BGB erforderlichen Fremdgeschäftsführungswillen. Ein Gesamtschuldnerregress nach§ 426 Abs. 1 BGB scheitert daran, dass der Zahlende mit seinen Nachmännern nicht gleichstufig haftet, sondern nur subsidiär, soweit die Nachmänner zahlungsunfähig sind (→ Rn. 3). Auch Erstattungsansprüche gegenüber dem Vormann des Zahlenden scheiden aus, denn der Vormann soll nach Abs. 1 Hs. 2 nur haften, wenn dessen Nachfolger die Einlageschuld wegen Zahlungsunfähigkeit nicht erfüllen können (vgl. GroßkommAktG/*Gehrlein* Rn. 53).

10 **3. Erwerb kaduzierter Aktien durch Vormänner (Abs. 1 S. 4).** Mit der Zahlung der rückständigen Einlage findet nach Abs. 1 S. 4 *ipso iure* der Übergang des kaduzierten Mitgliedschaftsrechts auf den zahlenden Regressschuldner statt. Das ergibt sich daraus, dass diese Vorschrift, zugegebenermaßen recht unbeholfen, nur die Aushändigung der neuen Aktienurkunde an den zahlenden Regressschuldner verlangt und nicht etwa eine rechtsgeschäftliche Übertragung des Mitgliedschaftsrechts (vgl. KK-AktG/*Drygala* Rn. 25). Der Vormann muss nur zahlen, wenn ihm Zug um Zug eine neue Aktienurkunde ausgehändigt wird. Das ihm zustehende Zurückbehaltungsrecht nach § 273 Abs. 1 BGB ist mit dem Verbot des § 66 Abs. 1 S. 2 (→ § 66 Rn. 14) vereinbar (RG 22.10.1918, RGZ 94, 61 (64). Sofern ursprünglich keine Urkunde ausgegeben wurde, besteht auch kein Anspruch des zahlenden Regressschuldners auf Aushändigung (vgl. KK-AktG/*Drygala* Rn. 30). Wird die rückständige Einlage gezahlt,

entfallen damit Regressansprüche der Gesellschaft gegen die Vormänner des Regressschuldners (Spindler/Stilz/*Cahn* Rn. 25, 32) wie auch die Ausfallforderung nach § 64 Abs. 4 S. 2 gegen den ausgeschlossenen Aktionär (→ § 64 Rn. 12).

III. Befristung der Haftung (Abs. 2)

11 Nach der aus sich heraus nicht ganz leicht verständlichen Vorgabe des Abs. 2 S. 1 ist „jeder Vormann nur zur Zahlung der Beträge verpflichtet, die binnen zwei Jahren eingefordert werden". Die Zweijahresfrist beginnt nach Abs. 2 S. 2 mit dem Tag der **Anmeldung** der jeweiligen Aktie **zum Aktienregister.** Dabei kommt es auf die materielle Rechtslage nicht an, solange nur die **Eintragung aufgrund einer zurechenbaren Veranlassung** durch den Betroffenen erfolgte (Spindler/Stilz/*Cahn* Rn. 9). Erst aus dem Zusammenspiel der beiden vorgenannten Vorgaben ergibt sich der **Umfang der zweijährigen Haftungsbefristung** nach Abs. 2, nämlich dass ein ehemaliger Aktionär nach Abs. 1 S. 1 als Vormann nur für die im Zeitpunkt seiner Anmeldung als Aktionär zum Aktienregister bestehenden Einlageforderungen haftet, die innerhalb einer mit der Registeranmeldung beginnenden Zweijahresfrist fällig werden. Für Einlageforderungen, die im Zeitpunkt der Anmeldung zum Aktienregister bereits fällig waren, haftet der Vormann dagegen ohne weiteres, da bezüglich solcher Forderungen ein Abstellen auf die Ingangsetzung eines zweijährigen Fristlaufs durch Fälligstellung mittels Einforderung, wie es Abs. 2 vorsieht, logischerweise ausscheidet (vgl. MüKoAktG/*Bayer* Rn. 43).

12 Wenn die AG unverbriefte Mitgliedschaftsrechte oder unter Verstoß gegen das Volleinzahlungsverbot des § 10 Abs. 2 S. 2 Inhaberaktien ausgegeben hat, oder überhaupt kein Aktienregister angelegt hat (→ Rn. 7), ist der in Abs. 2 S. 2 vorgegebene Tag der Mitteilung der Übertragung der Aktie zum Aktienregister kein tauglicher Anknüpfungspunkt für den Beginn der Zweijahresfrist. In derartigen Fallkonstellationen ist daher im Sinne einer rechtssicheren Fristhandhabung auf den Zeitpunkt des Wirksamwerdens der Veräußerung der Aktien an den Vormann abzustellen, für die dem ehemaligen Aktionär die Darlegungs- und Beweislast aufzuerlegen ist (vgl. KK-AktG/*Dygala* Rn. 37; auf die Anmeldung der Übertragung bei der AG abstellend dagegen noch KG 12.5.1927, JW 1927, 2434 (2436)).

13 Bei der Zweijahresfrist nach Abs. 2 S. 2 handelt es sich um eine von Amts wegen zu berücksichtigende **Ausschlussfrist.** Für die **Fristberechnung** gelten die §§ 187 f. BGB. Der Tag der Mitteilung (Abs. 2 S. 2) ist bei der Frist gem. § 187 Abs. 2 BGB mitzurechnen (Spindler/Stilz/*Cahn* Rn. 44)). Das Fristende bestimmt sich nach § 188 Abs. 2 BGB (Bürgers/Körber/*Westermann* Rn. 8). Zu beachten ist, dass innerhalb der Zweijahresfrist nicht nur die Einforderung nach § 63 Abs. 1 liegen muss, sondern auch der damit festzulegende Zahlungszeitpunkt (GroßkommAktG/*Gehrlein* Rn. 37).

IV. Verkauf kaduzierter Aktien (Abs. 3)

14 Nach Abs. 3 S. 1 hat die AG die kaduzierten Aktien zu verkaufen, wenn die Zahlung rückständiger Einlagen von den Vormännern nicht zu erlangen ist. Voraussetzung für das Eingreifen der **Verkaufspflicht** ist demnach zweierlei: Es muss (1) eine wirksame Kaduzierung nach § 64 stattgefunden haben und es muss (2) ein ordnungsgemäßes Regressverfahren gem. Abs. 1 erfolglos verlaufen sein, wobei die Zahlungsunfähigkeit der Vormänner nach Abs. 1 S. 3 vermutet wird (Spindler/Stilz/*Cahn* Rn. 49). Der Verkauf hat grundsätzlich durch die AG im eigenen Namen und auf deren Rechnung zu erfolgen, außer der Gesellschaft sind jedoch auch Pfändungs- und Pfändungspfandgläubiger zum Verkauf befugt (Spindler/Stilz/*Cahn* Rn. 51; *K. Müller* AG 1971, 1 (4 f.)). Die **Möglichkeit des Erwerbs der zum Verkauf gestellten Aktien** steht grundsätzlich jedermann einschließlich des kaduzierten Aktionärs und seiner Vormänner offen, der AG und von ihr abhängigen Unternehmen jedoch nur, soweit diese nicht nach §§ 71 Abs. 2 S. 3, 71d vom Erwerb ausgeschlossen sind (MüKoAktG/*Bayer* Rn. 81).

15 Die **Durchführung des Verkaufs** hat nach Abs. 3 S. 1 **unverzüglich,** dh ohne schuldhaftes Zögern iSv § 121 Abs. 1 S. 1 BGB zu erfolgen. Allgemein unterliegt der Vorstand bezüglich der Erzielung eines möglichst hohen Veräußerungserlöses der Sorgfaltspflicht nach § 93 Abs. 1 S. 1. Jedoch bleibt es ihm unbenommen, im Rahmen seines unternehmerischen Ermessens (§ 93 Abs. 1 S. 2) zwecks Erzielung eines möglichst günstigen wirtschaftlichen Ergebnisses für die Gesellschaft zunächst auf die sich abzeichnende Beitreibbarkeit der ausstehenden Einlageforderung bei einem Vormann oder auch eine positive Entwicklung des Aktienkurses zu setzen, sowie auch die einmal begonnene Versteigerung vorläufig abzubrechen (Spindler/Stilz/*Cahn* Rn. 50, 57). Der Verkauf hat **vorrangig über die Börse** zu erfolgen (Abs. 3 S. 1 Alt. 1), bei Fehlen eines Börsenpreises (§ 24 BörsG) kommt nur die öffentliche Versteigerung nach Maßgabe von §§ 383 Abs. 3 S. 1, 156 BGB in Betracht (Abs. 3 S. 1 Alt. 2); eine andere Verwertungsmöglichkeit besteht nicht (Bürgers/Körber/*Westermann* Rn. 13). **Versteigerungsort** ist grundsätzlich der Sitz der Gesellschaft, bei dort nicht zu erwartendem angemessenem Erfolg auch ein anderer Ort, insbesondere ein Börsenplatz, wo die Aktie notiert ist (Abs. 3 S. 2). Neben der öffentlichen **Bekanntmachung** von Zeit, Ort und Gegenstand der Versteigerung (Abs. 3 S. 3) schreibt das Gesetz die **besondere Benachrichtigung des ausgeschlossenen Aktionärs und seiner Vormänner** vor,

wofür dich die Formen des Einschreibens und der öffentlichen Zustellung empfehlen (Großkomm-AktG/*Gehrlein* Rn. 63); dabei trifft die Ausnahme der Untunlichkeit der Benachrichtigung (Abs. 3 S. 4 Hs. 2) auf den ausgeschlossenen Aktionär wegen der diesem drohenden Ausfallhaftung nach § 64 Abs. 4 S. 2 von vornherein nicht zu (KK-AktG/*Dygala* Rn. 52). Der dingliche Vollzug des Verkaufs der Aktien findet im Wege eines rechtsgeschäftlichen Übertragungsakts statt (Spindler/Stilz/*Cahn* Rn. 51), dh bei Inhaberaktien gem. §§ 929 ff. BGB, bei Namensaktien nach den dafür geltenden besonderen Regeln und bei unverkörperten Mitgliedschaftsrechten nach §§ 398, 413 BGB (→ § 68 Rn. 3).

Was die **Folgen des Verkaufs** betrifft, so erwirbt der Käufer die kaduzierte Aktie mit allen Rechten 16 und Pflichten einschließlich der Haftung für noch ausstehende Einlageschulden. Die AG erhält gegen den Käufer der Aktie einen **Kaufpreisanspruch,** der als Grundlage der Kapitalaufbringung an die Stelle der ursprünglichen Einlageschuld tritt und deshalb dem Befreiungs- und Aufrechnungsverbot nach § 66 unterfällt, sowie auch zu einer erneuten Kaduzierung Anlass geben kann (Spindler/Stilz/*Cahn* Rn. 64). Zudem führt der Abschluss eines wirksamen Kaufvertrages (Zuschlag nach § 156 BGB) zum **Erlöschen der Regressansprüche gegen die Vormänner** des ausgeschlossenen Aktionärs nach § 65 Abs. 1 und gleichzeitig zur Entstehung einer allfälligen **Ausgleichshaftung des Ausgeschlossenen** nach § 64 Abs. 4 S. 2 (KK-AktG/*Drygala* Rn. 57 f.). Übersteigt der Verkaufserlös nach Abzug der Verwertungskosten die Einlageschuld, steht der **Mehrerlös** der Gesellschaft zu (GroßkommAktG/*Gehrlein* Rn. 69); eine Verrechnung des Mehrerlöses mit noch nicht fälligen offenen Einlageschulden kommt dann nach zutreffender hM nicht in Betracht (vgl. Spindler/Stilz/*Cahn* Rn. 62). Bei **Unverkäuflichkeit der kaduzierten Aktie** bleibt die AG weiterhin die Inhaberin des Mitgliedschaftsrechts (RG 11.6.1915, RGZ 86, 419 (421) – zur GmbH); das Erwerbsverbot des § 71 Abs. 2 S. 3 findet dann keine Anwendung (Bürgers/Körber/*Westermann* Rn. 15). Da das Zusammenfallen von Gläubiger- und Schuldnerstellung in der Person der Gesellschaft nicht zum Erlöschen der Einlageforderung führt (→ Rn. 8), bleiben dann auch die Regresshaftung der Vormänner nach Abs. 1 und die Ausfallhaftung des ausgeschlossenen Aktionärs nach § 61 Abs. 4 S. 2 bestehen (K. Schmidt/Lutter/*Fleischer* Rn. 39).

V. Auswirkung von Verfahrensmängeln

Ist die **Kaduzierung nicht wirksam** nach der Vorgabe des § 64 erfolgt (→ Rn. 3), bleibt der dann 17 nur vermeintlich ausgeschlossene Aktionär Inhaber der Aktie (RG 14.2.1883, RGZ 9, 36 (41 f.)). Ein gutgläubiger Erwerb der Aktie ist dann mangels eines zugrunde liegenden Substrats in der Form einer Rechtsinhaberschaft der AG ausgeschlossen. Ein Vormann, der in Erwartung eines Erwerbs der Aktie nach Abs. 1 S. 4 zahlt, kann seine Leistung nach § 812 Abs. 1 S. 1 Alt. 1 BGB kondizieren. Ein Käufer kann die AG nach § 311a Abs. 2 BGB wahlweise auf Schadensersatz statt der Leistung oder Aufwendungsersatz gem. § 284 BGB in Anspruch nehmen (zusammenfassend zum Vorstehenden KK-AktG/*Drygala* Rn. 60). Um den Verfahrensmangel zu heilen, muss die Kaduzierung erneut vorgenommen werden.

Wird das **Regressverfahren nach § 65 nicht einhalten,** so etwa im Falle der gegen Abs. 1 S. 1 18 Hs. 2 verstoßenden Inanspruchnahme eines Vormannes trotz Zahlungsfähigkeit eines seiner Nachmänner (→ Rn. 3), führt die Zahlung dieses Vormanns nicht zu dessen Erwerb der Aktie nach Abs. 1 S. 4; vielmehr kann der Zahlende dann nur seine Leistung gemäß § 812 Abs. 1 S. 1 Alt. 1 BGB kondizieren und der ausgeschlossene Aktionär haftet weiter nach § 61 Abs. 4 S. 2 (Spindler/Stilz/*Cahn* Rn. 69). Werden Aktien im Verwertungsverfahren nach Abs. 3 ohne die nach Abs. 1 Hs. 2 gebotene vorherige Inanspruchnahme eines zahlungsfähigen Vormanns verkauft, kommt nach zutreffender hM bezüglich verkörperter Mitgliedschaften ein gutgläubiger Erwerb des Käufers analog §§ 932, 1244 BGB, § 366 HGB, Art. 16 WG in Betracht (vgl. KK-AktG/*Drygala* Rn. 61).

Unterlaufen **Fehler beim Veräußerungsverfahren nach Abs. 3,** sind die pfandrechtlichen Vor- 19 schriften der §§ 1243 f. BGB entsprechend anzuwenden; so berühren rein formelle Mängel die Wirksamkeit der Veräußerung grundsätzlich nicht (§ 1243 Abs. 2 BGB analog), wohl aber Veräußerungsmängel wie der freihändige Verkauf außerhalb der Börse oder die Versteigerung unter Ausschluss der Öffentlichkeit. Immerhin kommt im letztgenannten Fall. bezüglich verkörperter Mitgliedschaften ein gutgläubiger Erwerb des Käufers analog §§ 932, 1244 BGB, § 366 HGB, Art. 16 WG in Betracht (vgl. GroßkommAktG/*Gehrlein* Rn. 77 f.).

Keine Befreiung der Aktionäre von ihren Leistungspflichten

66 (1) [1]**Die Aktionäre und ihre Vormänner können von ihren Leistungspflichten nach den §§ 54 und 65 nicht befreit werden.** [2]**Gegen eine Forderung der Gesellschaft nach den §§ 54 und 65 ist die Aufrechnung nicht zulässig.**

(2) **Absatz 1 gilt entsprechend für die Verpflichtung zur Rückgewähr von Leistungen, die entgegen den Vorschriften dieses Gesetzes empfangen sind, für die Ausfallhaftung des aus-**

geschlossenen Aktionärs sowie für die Schadenersatzpflicht des Aktionärs wegen nicht gehöriger Leistung einer Sacheinlage.

(3) **Durch eine ordentliche Kapitalherabsetzung oder durch eine Kapitalherabsetzung durch Einziehung von Aktien können die Aktionäre von der Verpflichtung zur Leistung von Einlagen befreit werden, durch eine ordentliche Kapitalherabsetzung jedoch höchstens in Höhe des Betrags, um den das Grundkapital herabgesetzt worden ist.**

Übersicht

I. Norminhalt, Normgeschichte und Normzweck

1 Zweck des § 66 ist es, zu verhindern, dass die aktienrechtliche Kapitalaufbringung und Vermögensbindung durch Rechtsgeschäfte zwischen der AG und den Aktionären zum Nachteil der Gesellschaftsgläubiger ausgehöhlt werden (vgl. KK-AktG/*Drygala* § 66 Rn. 2). Dementsprechend wurde die Vorgängerregelung in § 221 HGB 1897 durchaus treffend als „Eckpfeiler des deutschen Aktienrechts" bezeichnet (Düringer/Hachenburg/*Flechtheim,* 3. Aufl. 1934, HGB 1987 § 221 Anm. 1; näher zur Entstehungsgeschichte Spindler/Stilz/*Cahn* Rn. 1). Die Vorschrift enthält in Abs. 1 und 2 ein **Befreiungs- und Aufrechnungsverbot,** das sich auf die folgenden fünf im Gesetz ausdrücklich erwähnten Arten von Ansprüchen der AG bezieht, die der Kapitalaufbringung und dem Vermögensschutz zu dienen bestimmt sind: (1) Die Einlageverpflichtungen der Aktionäre nach § 54 (Abs. 1 S. 1 Alt. 1) einschließlich eines Agios (§ 9 Abs. 2), und gleichgültig ob die jeweilige Pflicht aus einer Gründung oder einer Kapitalerhöhung stammt; (2) die Zahlungspflichten der Vormänner von ausgeschlossenen Aktionären nach § 65 (Abs. 1 S. 1 Alt. 2; (3) Rückgewährpflichten nach § 62 (Abs. 2 Alt. 1 iVm Abs. 1); (4) die Ausfallhaftung ausgeschlossener Aktionäre nach § 64 Abs. 4 S. 2 (Abs. 2 Alt. 2 iVm Abs. 1); sowie schließlich (5) Schadensersatzansprüche wegen nicht gehöriger Leistung von Sacheinlagen (Abs. 2 Alt. 3 iVm Abs. 1). Zu dem zuletzt unter (5) genannten Anspruch ist festzuhalten, dass es sich dabei um eine überflüssige Regelung handelt, da beim Entfallen eines Sacheinlageversprechens aufgrund von Leistungsstörungen ohnehin nach § 54 Abs. 2 die dahinter stehende Bareinlagepflicht zum Tragen kommt (vgl. KK-AktG/*Drygala* Rn. 5).

2 Über die im Gesetzestext ausdrücklich erwähnten Fälle (→ Rn. 1) hinaus gilt **Abs. 1 analog** auch für zwei weitere als vergleichbar anzusehende Fallkonstellationen (vgl. Spindler/Stilz/*Cahn* Rn. 3). Das betrifft zum einen die **Verlustdeckungs- und Vorbelastungshaftung der Gründer** analog § 9 Abs. 1 GmbHG (OLG Frankfurt a. M. 6.7.2010, AG 2010, 793; sowie dazu KK-AktG/*M. Arnold* § 41 Rn. 44 ff.), die **Differenzhaftung bei Überbewertung von Sacheinlagen** analog § 9 Abs. 1 GmbHG (BGH 6.12.2011, BGHZ 191, 364 (370 f.)), und zum anderen die Haftung des für die AG bei der Gründung als Einzahlungsstelle agierenden Kreditinstituts nach **§ 37 Abs. 1 S. 4** (BGH 21.11.2005, BGH NZG 2006, 24; OLG Hamburg 2.6.2006, AG 2007, 500 (503 f.)). Ebenso erfasst sind Forderungen der AG gegen einen Aktionär aus einer Sachübernahme nach § 27 Abs. 1 S. 1 Var. 2 (BGH 20.11.2006, BGHZ 170, 47). Nicht unter das Befreiungsverbot fallen die Verlustdeckungshaftung der herrschenden Gesellschaft nach § 302 (BGH 1.6.2006, NZG 2006, 664 (665)), wie auch die Pflichten nach §§ 55 Abs. 2, 63 Abs. 2 und 3 (KK-AktG/*Drygala* Rn. 4).

3 Die in Abs. 1 und 2 statuierten **Verbote** sind schlechthin **zwingend;** sie können weder durch die Satzung, noch auch durch Hauptversammlungsbeschluss oder rechtsgeschäftliche Vereinbarung abbedungen werden. Verstöße führen gem. **§ 241 Nr. 3** zur Unwirksamkeit entsprechender Satzungsbestimmungen und zur Nichtigkeit von Hauptversammlungsbeschlüssen; abweichende rechtsgeschäftliche Vereinbarungen sind gem. **§ 134 BGB** nichtig (vgl. KK-AktG/*Drygala* Rn. 61 f.).

4 Abs. 3 lässt als Ausnahme von Abs. 1 S. 1 Alt. 1 die Befreiung der Aktionäre von ihrer Pflicht zur Einlageleistung durch eine ordentliche **Kapitalherabsetzung** (§§ 222–228) oder eine Kapitalherabsetzung durch Einziehung von Aktien (§§ 237–239) zu.

II. Befreiungsverbot (Abs. 1 S. 1)

5 Der in Abs. 1 S. 1 verwandte Begriff der **Befreiung** ist **weit auszulegen.** Davon erfasst wird jedes Rechtsgeschäft, durch das unter Abs. 1 und 2 fallende Verpflichtungen gegenüber der AG zu deren Nachteil abgeändert werden (vgl. KK-AktG/*Drygala* Rn. 7). So findet das Befreiungsverbot Anwendung auf den **Erlass** (§ 397 Abs. 1 BGB) und das **negative Schuldanerkenntnis** (§ 397 Abs. 2 BGB),

aber auch auf sonstige als vergleichbar anzusehende Rechtsgeschäfte. In die letztgenannte Kategorie fällt schon wegen deren potenzieller Auswirkung auf die Bonität des Schuldners die **befreiende Schuldübernahme** durch einen Dritten (RG 13.3.1934, RGZ 144, 138 (148); krit. dagegen Bürgers/Körber/*Westermann* Rn. 3) und Gleiches muss auch für ein ***pactum de non petendeo*** (MüKoAktG/*Bayer* Rn. 13), sowie wegen der darin zum Ausdruck kommenden „Befreiung auf Zeit" für eine **Stundung** (KK-AktG/*Drygala* Rn. 12), und nach zutreffenden hL auch für die **Novation** (vgl. GroßkommAktG/*Gehrlein* Rn. 15) gelten. Die Vereinbarung einer **Leistung an Erfüllungs statt (§ 364 Abs. 1 BGB)** ist unzweifelhaft als Befreiung iSv Abs. 1 anzusehen, nicht dagegen eine bloße **Leistung erfüllungshalber** (§ 364 Abs. 2 BGB), da dadurch die durch das Befreiungsverbot nach Abs. 1 S. 1 geschützte ursprüngliche Forderung der AG im Zweifel nicht zum Erlöschen kommt (Spindler/Stilz/*Cahn* Rn. 11; abw. Bürgers/Körber/*Westermann* Rn. 3). Kein Verstoß gegen das Befreiungsverbot kann in der Erfüllung von Ansprüchen der Gesellschaft durch **Hinterlegung** unter Ausschluss der Rücknahme (§ 378 BGB) erblickt werden (GroßkommAktG/*Gehrlein* Rn. 21).

Weitere Ausnahmen vom Befreiungsverbot werden im Schrifttum nicht durchweg einheitlich 6
beurteilt. Verjähren durch Abs. 1 und 2 geschützte Ansprüche der Gesellschaft infolge unterbliebener Geltendmachung durch die AG, steht das Befreiungsverbot der Berufung des Schuldners auf die **Verjährungseinrede** (§ 214 Abs. 1 BGB) nicht entgegen; wie der in Abs. 1 verwendete Terminus „Befreiung" zeigt, soll das Verbot nur für rechtsgeschäftliche Anspruchsausschlüsse und -verkürzungen gelten. Ebenso steht das Verbot auch einer **Verwirkung** der geschützten Ansprüche nicht entgegen (hM, vgl. GroßkommAktG/*Gehrlein* Rn. 25, 27; s. auch Spindler/Stilz/*Cahn* Rn. 7, 20, der allerdings die Möglichkeit der Verwirkung entgegen der hL einbeziehen will). Die Auffassung, das Befreiungsverbot nach Abs. 1 müsse auf den **Erwerb nicht volleingezahlter Aktien** durch die AG Anwendung finden, da hierdurch die geschützten Forderungen der Gesellschaft durch Konfusion untergingen (so KK-AktG/*Drygala* Rn. 9) vermag nicht zu überzeugen, da § 71 Abs. 2 S. 3 eine als *lex specialis* vorrangige Regelung dieser Frage enthält (zutr. Spindler/Stilz/*Cahn* Rn. 14). Kontrovers beurteilt wird, ob **§ 27 Abs. 4** idF des ARUG 2009, der im Ergebnis den Austausch einer Einlageforderung gegen den Aktionär für eine vollwertige und jederzeit fällige Darlehensforderung der AG gegen den Aktionär zulässt, als Ausnahme vom Befreiungsverbot des Abs. 1 S. 1 angesehen werden kann (so für die wohl hM KK-AktG/*Drygala* Rn. 8; abl. wegen angeblicher Unvereinbarkeit von § 27 Abs. 4 mit Art. 64 GesR-RL Spindler/Stilz/*Cahn* Rn. 12).

Ein **Vergleich** über die nach Abs. 1 S. 1 und 2 geschützten Ansprüche ist dann als **zulässig** zu 7
erachten, **wenn erhebliche tatsächliche und/oder rechtliche Zweifel am Bestand oder Umfang des Anspruchs** bestehen. Denn zwar kann durch den Abschluss eines Vergleichs objektiv eine Befreiung des Aktionärs von seinen Leistungspflichten eintreten. Wegen der Unklarheit, ob und in welchem Umfang ein Anspruch besteht, steht eine solche Befreiung bei einem Vergleichsschluss, der die durch die Unklarheit gezogenen Grenzen nicht überschreitet, aber gerade nicht fest (vgl. BGH 6.12.2011, BGHZ 191, 364 (374)); stellvertretend für die hL so auch KK-AktG/*Drygala* Rn. 14). Die **Zustimmung der Hauptversammlung** zu einem solchen Vergleichsabschluss, die namentlich *Cahn* aus einer Analogie zu §§ 50 S. 1, 93 Abs. 4 S. 3, 116, 117 Abs. 4 ableiten will (Spindler/Stilz/*Cahn* Rn. 16; ebenso *Priester* AG 2012, 5525 (527 ff.)), ist **nicht vorgeschrieben.** Einer Hauptversammlungszustimmung bedarf es hier deshalb nicht, weil die AG und damit auch mittelbar ihre Aktionäre und Gläubiger nach § 779 BGB bereits dadurch ausreichend geschützt sind, dass ein solcher Vergleich von vornherein nur bei Ungewissheit über Bestehen oder Umfang der Schuld wirksam zustande kommen kann (vgl. *Verse* ZGR 2012, 875 (888 f.)). Ein lediglich formaler Vergleich über eine materiell unbestreitbare Forderung ist hier unzulässig (RG 23.4.2012, RGZ 79, 271 (274)). Dagegen kann in den vorstehend genannten, von *Cahn* als Analogiebasis herangezogenen Fallkonstellationen ein Vergleich auch dann wirksam abgeschlossen werden, wenn Bestand und Umfang des Anspruchs an sich außer Zweifel stehen. In diesen Fällen gewinnt die Frage nach den Zuständigkeiten für die Entscheidung über den Vergleich damit stark an Bedeutung. Das zeigt sich deutlich am Paradebeispiel des § 93 Abs. 4 S. 3. In dem Erfordernis eines Hauptversammlungsbeschlusses ist hier nicht mehr als eine Erweiterung der gesellschaftsinternen Kompetenzzuweisung für die Rechtsverfolgung zu erblicken, die als solche erst bei Befürwortung eines grundsätzlichen unternehmerischen Ermessens der Gesellschaftsorgane bezüglich der Anspruchsverfolgung Sinn macht (vgl. *Paefgen* AG 2014, 554 (573); sinngleich *Reichert* FS Hommelhoff, 2012, 907 (917)). Die Einlagepflicht nach § 54 und die damit verwandten durch § 65 geschützten Ansprüche gegen die Aktionäre sind dagegen zwingend (→ § 65 Rn. 2). Im Gegensatz zur vorstehend abgehandelten Zulässigkeit eines Vergleichs zur Beseitigung von Unklarheiten über Bestand und Umfang der durch Abs. 1 S. 1und Abs. 2 geschützten Ansprüche verstößt ein Vergleich gegen das Befreiungsverbot nach Abs. 1 S. 1, Abs. 2, wenn damit lediglich Zweifel an der Zahlungsfähigkeit des Schuldners überkommen werden sollen, denn in solchen Fällen hat die Gesellschaft vorrangig nach den §§ 64 und 65 vorzugehen (KK-AktG/*Lutter*/*Drygala* Rn. 14).

Fraglich ist, ob über die Regulierung in einen **Insolvenzplan** nach §§ 217 ff. InsO die Befreiung von 8
einer Abs. 1 S. 1, Abs. 2 unterfallenden Schuld gem. §§ 227, 286 InsO möglich ist (so GroßkommAktG/*Gehrlein* Rn. 23). Dem wird entgegengehalten, dem in §§ 64, 65 zum Ausdruck kommenden

Haftungsmodell müsse im Falle der (teilweisen) Zahlungsunfähigkeit des Aktionärs der Vorrang vor einer (teilweisen) Schuldbefreiung im Rahmen eines Insolvenzplans zukommen (vgl. KK-AktG/*Drygala* Rn. 16, im Anschluss an KK-AktG/*Lutter,* 2. Aufl. 1986, Rn. 11). Komme es wegen der nach gerichtlicher Bestätigung des Insolvenzplans noch ausstehenden Einlageforderungen zum Ausschluss säumiger Aktionäre nach § 64 mit der Folge der Ausfallhaftung von Vormännern nach § 65, könnten die Vormänner bei dem Schuldner/Aktionär für ihre Leistung an die Gesellschaft entsprechend § 244 Abs. 2 S. 2 InsO nur bis zur Höhe der auf die Gesellschaftsforderung entfallenden Quote Rückgriff nehmen; die Schuldbefreiung im Insolvenzplan wirke sich somit als Vertrag zu Lasten Dritter, nämlich der Vormänner des durch Regulierung im Insolvenzplan befreiten Schuldners aus. Eine (teilweise) Schuldbefreiung im Insolvenzplan komme daher allein im Hinblick auf die Ausfallhaftung nach § 64 Abs. 4 S. 2 in Betracht (vgl. MüKoAktG/*Bayer* Rn. 36). Das überzeugt.

9 Eine **Schiedsvereinbarung** bezüglich der Entscheidung darüber, ob ein Vergleich über Ansprüche der AG dem Befreiungsverbot nach Abs. 1 und 2 unterfällt, ist nach § 1030 ZPO zulässig, nachdem mit dieser Vorschrift die nach § 1025 ZPO aF noch geltende Beschränkung der Schiedsfähigkeit auf Ansprüche, die einem Vergleich zugänglich sind, abgeschafft wurde (BGH 19.7.2004, SchiedsVZ 2004, 259 (261) mAnm *Habersack;* Bürgers/Körber/*Westermann* Rn. 4).

III. Aufrechnungsverbot (Abs. 1 S. 2)

10 Abs. 1 S. 2 verbietet die Aufrechnung „gegen eine Forderung der Gesellschaft" nach den §§ 54, 65 durch den Aktionär oder seinen Vormann. Dieses Aufrechnungsverbot gilt auch im Insolvenzverfahren (BGH 13.10.1954, BGHZ 15, 56). Über die beiden in Abs. 1 S. 2 erwähnten Fallkonstellationen hinaus, erstreckt der **Anwendungsbereich** des Aufrechnungsverbots, wie der in Abs. 2 ausgesprochene Verweis auf den gesamten Abs. 1 einschließlich von dessen S. 2 verdeutlicht, sich auf die drei in Abs. 2 aufgelisteten Arten von Ansprüchen (→ Rn. 1). Dieser Logik folgend muss das Verbot auch in denjenigen Anspruchskonstellationen zum Tragen kommen, auf die das Befreiungsverbot analog anzuwenden ist (→ Rn. 2). Wie bei dem Befreiungsverbot handelt es sich auch bei dem Aufrechnungsverbot um eine zwingende gesetzliche Regelung (→ Rn. 3).

11 Was die Aufrechnung durch *Kapitalaufbringungs- bzw. -erhaltungsschuldner* anbelangt, so liegt der **Zweck des Aufrechnungsverbotes** darin, den von dem Verbot betroffenen Schuldnern die Möglichkeit zu verwehren, sich durch die „Verwertung" zwar gleichartiger, wirtschaftlich aber minderwertiger Forderungen gegen die Gesellschaft von ihren Pflichten zu befreien. Insofern sichert das Aufrechnungsverbot die freie Verfügung der Gesellschaft über die geschuldeten Leistungen (vgl. Spindler/Stilz/*Cahn* Rn. 21). Soweit Rspr. und hL die *AG* mit einem Aufrechnungsverbot belegen (→ Rn. 12), besteht der Regelungszweck dagegen in der Unterbindung der Akzeptanz unterwertiger Einlagen durch die AG, wie dies auch der Regelung des § 27 Abs. 4 zu verdeckten Sacheinlagen zugrunde liegt (vgl. KK-AktG/*Drygala* Rn. 20).

12 Obgleich nach dem Wortlaut des Abs. 1 S. 2 („Gegen eine Forderung der Gesellschaft …") das Aufrechnungsverbot nur auf die Aufrechnung durch den Aktionär als Kapitalaufbringungs- und Erhaltungsschuldner anzuwenden ist, unterstellen der BGH und die hL gleichwohl unter strengen Voraussetzungen auch die **Aufrechnung durch die Gesellschaft** dem Aufrechnungsverbot. So soll der AG die Aufrechnung nur dann möglich sein, wenn diese den vollen Wert der ihr geschuldeten Leistung tatsächlich erhält. Voraussetzung dafür ist, dass der mit der Aufrechnung gem. § 389 BGB zum Erlöschen gebrachte **Gegenanspruch des Schuldners gegen die Gesellschaft vollwertig, fällig und liquide** ist. Damit soll, so der BGH, verhindert werden, dass zwar gleichartige, aber nicht gleichwertige Forderungen zur Aufrechnung gestellt werden und so der Sache nach eine der realen Kapitalaufbringung und Vermögensbindung zuwiderlaufende Teilbefreiung eintritt (BGH 6.12.2011, BGHZ 191, 364 (380); BGH 26.3.1984, BGHZ 90, 370 (372 f.); sowie bereits RG 22.10.1918, RGZ 94, 61 (63); zur hL GroßkommAktG/*Gehrlein* Rn. 38; sowie ausführlich mit weiteren Einzelheiten KK-AktG/*Drygala* Rn. 22 ff.; ausführlich krit. dagegen Spindler/Stilz/*Cahn* Rn. 30 ff.; zur Unanwendbarkeit des Aufrechnungsverbots nach § 19 Abs. 2 S. 2 bei Aufrechnung der Muttergesellschaft mit vollwertigen Forderungen gegenüber dem Verlustausgleichsanspruch der Tochter nach § 302 BGH 10.7.2006, BGHZ 168, 285 (290)). Eine **Ausnahme** von den an eine Aufrechnung durch die Gesellschaft zu stellenden strengen Voraussetzungen gilt dann, wenn der Anspruch der AG wegen der schlechten wirtschaftlichen Lage des Schuldners gefährdet oder uneinbringlich ist und der Gesellschaft bei einer Hin- und Herzahlung auch unter Berücksichtigung der Kaduzierungsmöglichkeit (§ 64) und der beim ersten Aktionär nicht gegebenen Haftung der Rechtsvorgänger nach § 65 im Ergebnis voraussichtlich weniger zufließen würde als bei Aufrechnung mit ihrem Einlage- oder Rückgewähranspruch (BGH 6.12.2011, BGHZ 191, 364 (381); KK-AktG/*Drygala* Rn. 33, der hier sogar eine Verpflichtung des Vorstands zur Aufrechnung annimmt).

13 Die **Vollwertigkeit** ist nach der Vorgabe des BGH nicht nach den subjektiven Vorstellungen der Parteien bei der Vereinbarung, sondern objektiv zu bestimmen (BGH 6.12.2011, BGHZ 191, 364 (380)). Vollwertigkeit setzt voraus, dass die Gesellschaft in der Lage ist, allen fälligen Verbindlichkeiten,

die nicht voll abgedeckt sind, prompt nachzukommen. An der erforderlichen Vollwertigkeit fehlt es bei Illiquidität der Gesellschaft, aber auch, wenn die Gesellschaft unter Berücksichtigung realisierbarer stiller Reserven überschuldet ist (BGH 26.3.1984, BGHZ 90, 370 (372 f.), oder bei Bestehen rechtlicher oder tatsächlicher Unsicherheiten bezüglich des Bestehens oder der Höhe der Gegenforderung (KK-AktG/*Drygala* Rn. 29). **Liquidität** der Gegenforderung setzt voraus, dass der AG keine Einwendungen und Einreden entgegenstehen (Spindler/Stilz/*Cahn* Rn. 27). Mit dem Erfordernis der **Fälligkeit** der Gegenforderung (§ 271 BGB), das von der bloßen Aufrechenbarkeit nach § 387 BGB zu unterscheiden ist, soll sichergestellt werden, dass die Gesellschaft sich nicht zu Gunsten des Schuldners der Vorteile einer Stundung ihrer Schuld beraubt, worin eine der realen Kapitalaufbringung und dem aktienrechtlichen Vermögensschutz widersprechende Zuwendung eines Vermögensvorteils an den Aktionär zu sehen wäre. Die **Darlegungs- und Beweislast** für die Vollwertigkeit seines Anspruchs gegen die Gesellschaft bei einer Aufrechnungsvereinbarung oder einer von der Gesellschaft einseitig erklärten Aufrechnung obliegt dem Aktionär, der sich auf die Wirksamkeit der Vereinbarung beruft (BGH 6.12.2011, BGHZ 191, 364 (383); MüKoAktG/*Bayer* Rn. 66; krit. dagegen Spindler/Stilz/*Cahn* Rn. 29).

Für eine schuldrechtliche **Aufrechnungsvereinbarung** der AG mit einem Aktionär gelten bezüglich der Anwendbarkeit des Aufrechnungsverbots nach Abs. 1 S. 2 die gleichen Kriterien (→ Rn. 12 f.) wie für die einseitige Aufrechnungserklärung durch die Gesellschaft (GroßkommAktG/*Gehrlein* Rn. 43). Die Frage, ob das Aufrechnungsverbot nach Abs. 1 S. 2 die Einbeziehung der Abs. 1 und Abs. 2 unterfallenden Ansprüche in die Novationswirkung einer **Kontokorrentabrede** (§ 355 Abs. 1 HGB) erfasst, ist **entsprechend** der in **§ 27 Abs. 4 idF des ARUG** zum Ausdruck gekommenen rechtlichen Wertung zu beurteilen. So ist in den Fällen der Aufrechnung durch die Gesellschaft wie auch eines dem gleichkommenden Aufrechnungsvertrages zwischen der AG und dem Schuldner auf die Vollwertigkeit und jederzeitige Fälligkeit des Gegenanspruchs des Aktionärs (→ Rn. 12 f.) abzustellen. Ist diese Voraussetzung erfüllt, kommt das Aufrechnungsverbot nicht zur Anwendung (vgl. KK-AktG/*Drygala* Rn. 38; aA K. Schmidt/Lutter/*Fleischer* Rn. 16). Nach einhelliger Auffassung ist es dem Einlagen- oder Rückgewährschuldner entsprechend Abs. 1 S. 2 verwehrt, sich gegenüber der AG auf ein Zurückbehaltungsrecht (§ 273 Abs. 1 BGB) zu berufen, da die Geltendmachung eines Zurückbehaltungsrechts wertungsmäßig einer verbotenen Aufrechnung gleichzustellen ist (KK-AktG/*Drygala* Rn. 39). 14

IV. Abtretung und Leistung an Dritte

Die Abtretung von Einlageforderungen und sonstiger von bzw. analog Abs. 1 und Abs. 2 erfasster Forderungen der AG (→ Rn. 1 f., 10) an Dritte ist grundsätzlich zulässig (KK-AktG/*Drygala* Rn. 46). Jedoch gilt nach hM wie bei der Aufrechnung der Gesellschaft gegenüber Einlagen- und Rückgewährschuldnern (→ Rn. 12 f.), so **auch bei Abtretung** solcher Forderungen an Dritte der **Vollwertigkeitsgrundsatz.** Demgemäß ist die Forderungsabtretung „nach § 134 BGB i. V. m. § 66 AktG unwirksam", wenn der AG als Zedentin bei einem solchen Geschäft keine gleichwertige Gegenleistung zufließt (vgl. OLG Hamburg 2.6.2006, AG 2007, 500 (501); zur GmbH BGH 15.6.1992, NJW 1992, 2229; für die hL GroßkommAktG/*Gehrlein* Rn. 63; krit. dagegen KK-AktG/*Drygala* Rn. 53; offen zum Anspruch nach § 62 BGH 31.5.2011, NZG 2011, 829 (835) – Abtretung „jedenfalls gegen eine vollwertige Gegenleistung" zulässig), wobei den Zessionar die Beweislast für die Vollwertigkeit der an die Gesellschaft erbrachten Gegenleistung trifft (OLG Hamburg 2.6.2006, AG 2007, 500 (503)). 15

Auch ohne Abtretung von bzw. analog Abs. 1 und Abs. 2 erfasster Forderungen der AG (→ Rn. 1 f., 10) an einen Dritten, soll Der **Vollwertigkeitsgrundsatz** (→ Rn. 15) soll nach hM auch dann zur Geltung kommen, wenn Einlagen und Rückgewährschuldner **auf Weisung der Gesellschaft Leistungen an Dritte** erbringen, ohne dass die Gesellschaft diesen Dritten ihre Ansprüche abgetreten hätte (vgl. GroßkommAktG/*Gehrlein* Rn. 66; Bürgers/Körber/*Westermann* Rn. 13; krit. dagegen KK-AktG/*Drygala* Rn. 53). 16

V. Kapitalherabsetzung (Abs. 3)

Für den Fall der Kapitalherabsetzung sieht Abs. 3 eine Ausnahme vom Befreiungsverbot nach Abs. 1 S. 1 für die ordentliche Kapitalherabsetzung (§§ 222 ff.) und die Kapitalherabsetzung durch Einziehung von Aktien (§ 237) vor. Für die vereinfachte Kapitalherabsetzung, die durch Umwandlung freier Rücklagen in statutarisches Grundkapital erfolgt (§ 229 Abs. 2), bei der es also nicht um Kapitalaufbringung und Vermögensschutz geht, macht die Vorschrift von vornherein keinen Sinn. Gleiches gilt für die vereinfachte Kapitalherabsetzung durch Einziehung, die sich nach § 237 Abs. 3 Hs. 1 nur auf voll einzahlte Aktien bezieht. Die ordentliche Kapitalherabsetzung kann zur **Befreiung der Aktionäre von** ihren noch offen stehenden **Einlagepflichten** führen (§ 225 Abs. 2 S. 2). Die Einziehung von Aktien führt zum Erlöschen der Mitgliedschaftsrechte einschließlich aller noch ausstehenden Einlagepflichten der Aktionäre. Diese die Einlagepflichten berührende Wirkung beider Kapitalherabsetzungsmaßnahmen erklärt die Notwendigkeit der in Abs. 3 getroffenen Ausnahmereglung (vgl. KK-AktG/*Drygala* Rn. 64, 67). Zudem ist zu berücksichtigen, dass zum endgültigen Erlöschen der Einlageverbindlichkeiten zu- 17

sätzlich ein **Erlassvertrag** zwischen der Gesellschaft und den einlagepflichtigen Aktionären zu schließen ist; daraus erhellt vollends, dass es der Ausnahme vom Befreiungsverbot des Abs. 1 S. 1 durch Abs. 3 bedurfte (KK-AktG/*Drygala* Rn. 66).

VI. Rechtsfolgen

18 Ein Verstoß gegen § 66 führt nach § 134 BGB zur **Nichtigkeit** des auf Schuldbefreiung gerichteten Rechtsgeschäfts bzw. der verbotenen Aufrechnung oder Abtretung sowie auch des zugrundeliegenden Kausalgeschäfts (Spindler/Stilz/*Cahn* Rn. 50).

19 Fehlt es an der für eine wirksame **Aufrechnungserklärung** durch die AG erforderlichen **Vollwertigkeit der Gegenforderung** des Aktionärs (→ Rn. 12 f.), so führt dies nach zutreffender Ansicht nicht zur völligen Unwirksamkeit der Aufrechnung durch die Gesellschaft (so gemeint aber wohl noch BGH 6.12.2011, BGHZ 191, 364 (383). Nach dem in **§ 27 Abs. 3 idF des ARUG** zum Ausdruck gekommenen Rechtsgedanken ist hier die adäquate Rechtsfolge vielmehr darin zu erkennen, dass es zur Tilgung der Einlageforderung nur in Höhe des tatsächlichen wirtschaftlichen Wertes der Gegenforderung kommen soll (zutr. *Habersack/Weber* ZGR 2014, 509 (516); *Verse* ZGR 2012, 875 (892 f.)).

Eintragung im Aktienregister

67 (1) [1] **Namensaktien sind unabhängig von einer Verbriefung unter Angabe des Namens, Geburtsdatums und einer Postanschrift sowie einer elektronischen Adresse des Aktionärs sowie der Stückzahl oder der Aktiennummer und bei Nennbetragsaktien des Betrags in das Aktienregister der Gesellschaft einzutragen. [2] Der Aktionär ist verpflichtet, der Gesellschaft die Angaben nach Satz 1 mitzuteilen. [3] Die Satzung kann Näheres dazu bestimmen, unter welchen Voraussetzungen Eintragungen im eigenen Namen für Aktien, die einem anderen gehören, zulässig sind. [4] Aktien, die zu einem inländischen, EU- oder ausländischen Investmentvermögen nach dem Kapitalanlagegesetzbuch gehören, dessen Anteile oder Aktien nicht ausschließlich von professionellen und semiprofessionellen Anlegern gehalten werden, gelten als Aktien des inländischen, EU- oder ausländischen Investmentvermögens, auch wenn sie im Miteigentum der Anleger stehen; verfügt das Investmentvermögen über keine eigene Rechtspersönlichkeit, gelten sie als Aktien der Verwaltungsgesellschaft des Investmentvermögens.**

(2) [1] **Im Verhältnis zur Gesellschaft bestehen Rechte und Pflichten aus Aktien nur für und gegen den im Aktienregister Eingetragenen. [2] Jedoch bestehen Stimmrechte aus Eintragungen nicht, die eine nach Absatz 1 Satz 3 bestimmte satzungsmäßige Höchstgrenze überschreiten oder hinsichtlich derer eine satzungsmäßige Pflicht zur Offenlegung, dass die Aktien einem anderen gehören, nicht erfüllt wird. [3] Ferner bestehen Stimmrechte aus Aktien nicht, solange ein Auskunftsverlangen gemäß Absatz 4 Satz 2 nach Fristablauf und Androhung des Stimmrechtsverlustes nicht erfüllt ist.**

(3) [1] **Löschung und Neueintragung im Aktienregister erfolgen auf Mitteilung und Nachweis. [2] Die Gesellschaft kann eine Eintragung auch auf Mitteilung nach § 67d Absatz 4 vornehmen.**

(4) [1] **Die bei Übertragung oder Verwahrung von Namensaktien mitwirkenden Intermediäre sind verpflichtet, der Gesellschaft die für die Führung des Aktienregisters erforderlichen Angaben gegen Erstattung der notwendigen Kosten zu übermitteln. [2] Der Eingetragene hat der Gesellschaft auf ihr Verlangen unverzüglich mitzuteilen, inwieweit ihm die Aktien, für die er im Aktienregister eingetragen ist, auch gehören; soweit dies nicht der Fall ist, hat er die in Absatz 1 Satz 1 genannten Angaben zu demjenigen zu übermitteln, für den er die Aktien hält. [3] Dies gilt entsprechend für denjenigen, dessen Daten nach Satz 2 oder diesem Satz übermittelt werden. [4] Absatz 1 Satz 4 gilt entsprechend; für die Kostentragung gilt Satz 1. [5] Wird der Inhaber von Namensaktien nicht in das Aktienregister eingetragen, so ist der depotführende Intermediär auf Verlangen der Gesellschaft verpflichtet, sich gegen Erstattung der notwendigen Kosten durch die Gesellschaft an dessen Stelle gesondert in das Aktienregister eintragen zu lassen. [6] Wird ein Intermediär im Rahmen eines Übertragungsvorgangs von Namensaktien nur vorübergehend gesondert in das Aktienregister eingetragen, so löst diese Eintragung keine Pflichten infolge des Absatzes 2 aus und führt nicht zur Anwendung von satzungsmäßigen Beschränkungen nach Absatz 1 Satz 3. [7] § 67d bleibt unberührt.**

(5) [1] **Ist jemand nach Ansicht der Gesellschaft zu Unrecht als Aktionär in das Aktienregister eingetragen worden, so kann die Gesellschaft die Eintragung nur löschen, wenn sie vorher die Beteiligten von der beabsichtigten Löschung benachrichtigt und ihnen eine angemessene Frist zur Geltendmachung eines Widerspruchs gesetzt hat. [2] Widerspricht ein Beteiligter innerhalb der Frist, so hat die Löschung zu unterbleiben.**

(6) [1] **Der Aktionär kann von der Gesellschaft Auskunft über die zu seiner Person in das Aktienregister eingetragenen Daten verlangen.** [2] **Bei nichtbörsennotierten Gesellschaften kann die Satzung Weiteres bestimmen.** [3] **Die Gesellschaft darf die Registerdaten sowie die nach Absatz 4 Satz 2 und 3 mitgeteilten Daten für ihre Aufgaben im Verhältnis zu den Aktionären verwenden.** [4] **Zur Werbung für das Unternehmen darf sie die Daten nur verwenden, soweit der Aktionär nicht widerspricht.** [5] **Die Aktionäre sind in angemessener Weise über ihr Widerspruchsrecht zu informieren.**

(7) **Diese Vorschriften gelten sinngemäß für Zwischenscheine.**

Übersicht

I. Regelungsgegenstand und -zweck

1 § 67 begründet die Pflicht der AG zur Führung eines Aktienregisters, wenn und soweit Namensaktien (Abs. 1) oder Zwischenscheine (Abs. 7) ausgegeben werden. Damit soll **Rechtsklarheit hinsichtlich des Personenkreises** geschaffen werden, der im Verhältnis zur AG mitgliedschaftlich berechtigt und verpflichtet ist (Abs. 2). Für den Fall, dass Einlageleistungen ausstehen, kommt der Vorschrift besondere Bedeutung für die Durchsetzung der Kapitalaufbringung zu. Mit den Änderungen durch das RisikobegrenzungsG hat zudem der Gedanke erhöhter **Beteiligungstransparenz** Einzug erhalten, wodurch die AG einen besseren Überblick über ihre Aktionärsstruktur erhalten sollte. Weitere Änderungen haben das NaStraG, das UMAG, das EHUG, das AIFM UmsG, die Aktienrechtsnovelle 2016 sowie zuletzt das ARUG II gebracht, dessen Neuregelungen nach § 26j Abs. 4 EGAktG ab 3.9.2020 anzuwenden sind; für die HV werden sie erstmals bei Einberufung nach dem 3.9.2020 relevant.

II. Namensaktien und Aktienregister (Abs. 1)

2 **1. Einrichtung und Führung des Aktienregisters.** Bis zur Aktienrechtsnovelle 2016 war ein Aktienregister nur dann zu führen, wenn die Namensaktien wertpapiermäßig verbrieft waren (OLG München 4.5.2005, NZG 2005, 756; Hüffer/Koch/*Koch* Rn. 6; aA BeckOGK/*Cahn,* 1.7.2020, Rn. 12). Seither ist ein Aktienregister bei Namensaktien **unabhängig von der Verbriefung** zu führen. Nach § 10 Abs. 1 S. 2 dürfen Inhaberaktien nur ausgegeben werden, wenn die AG entweder börsennotiert (Nr. 1) oder der Anspruch auf Einzelverbriefung ausgeschlossen und die Sammelurkunde bei einer der dort genannten Stellen hinterlegt ist (Nr. 2). Nicht verbriefte und hinterlegte Inhaberaktien werden als Namensaktien behandelt (*Götze* NZG 2016, 48). Die Transparenz der Beteiligung soll dadurch erhöht werden, dass Aktienregister unabhängig von der Verbriefung der Namensaktie geführt werden muss. Im Fall fehlender Hinterlegung ist § 67 entsprechend anwendbar (§ 10 Abs. 1 S. 3; krit. *Mock* AG 2016, 261 (262)).

3 Das Gesetz schreibt keine bestimmte **Form der Führung des Aktienregisters** vor. Damit kommt grundsätzlich jede in § 239 Abs. 4 HGB zugelassene Form (Buch- oder Karteiform, elektronische Datenbank etc) in Betracht. Die Führung des Aktienregisters und das dabei angewandte Verfahren müssen GoB-konform sein. Das Aktienregister ist zwar kein Handelsbuch iSd § 238 HGB, es gehört aber zu den sonst erforderlichen Aufzeichnungen iSv § 239 HGB (*Leuering* ZIP 1999, 1745). Gibt die AG Namensaktien oder Zwischenscheine iSd Abs. 7 aus (Entsprechendes gilt nach § 10 Abs. 1 S. 3 bei

Ausgabe nicht-börsennotierter Inhaberaktien vor Hinterlegung der Sammelurkunde, → Rn. 7), so ist sie nach Abs. 1 und 3 zur Führung und fortlaufenden Aktualisierung eines Aktienregisters verpflichtet. Die Aufgabe **obliegt dem Vorstand** als Kollegialorgan (§ 76), der zwar Hilfspersonal einsetzen, nicht aber auch seine Verantwortlichkeit delegieren kann (OLG München 4.5.2005, NZG 2005, 756 (757)). Auf dieser Grundlage macht die Praxis vielfach von der Möglichkeit Gebrauch, das Aktienregister durch externe, spezialisierte Dienstleister führen zu lassen (MüKoAktG/*Bayer* Rn. 15; zu den datenschutzrechtlichen Anforderungen s. Hüffer/Koch/*Koch* Rn. 5; *Zetsche* AG 2019, 233 (235 f.)). Änderungen sind grundsätzlich umgehend einzutragen. Im Vorfeld der HV kann jedoch aus organisatorischen Gründen ein sog. Umschreibestopp zulässig sein, um technische Schwierigkeiten bei der Feststellung der HV-Teilnehmer zu vermeiden (BGH 21.9.2009, BGHZ 182, 272 = NZG 2009, 1270; → Rn. 20). Die Konsequenz dieser weitverbreiteten Praxis ist, dass der wahre Aktionär entgegen Abs. 3 nicht ins Aktienregister eingetragen wird und (vorbehaltlich einer etwaigen Bevollmächtigung durch den Veräußerer) seine Rechte in der HV nicht ausüben kann.

4 Aus Abs. 1 folgt ein **klagbarer Anspruch** des Aktionärs gegen die AG auf Einrichtung und Führung eines Aktienregisters (OLG München 17.7.2015, NJW-RR 2016, 106 (107); OLG Hamm 15.4.2008, AG 2008, 671; Hüffer/Koch/*Koch* Rn. 5 mwN). Ihm steht zudem ein klagbarer Anspruch auf Eintragung zu, wenn die Voraussetzungen hierfür vorliegen (→ Rn. 18). Der Streitwert einer Klage auf Eintragung ins Aktienregister wird mit einem Bruchteil iHv 1/10 bis 1/4 des Wertes des Aktienpakets angenommen (OLG Hamm 15.4.2008, AG 2008, 671).

5 **2. Eintragungen im Aktienregister (Abs. 1 S. 1).** Nach Abs. 1 S. 1 sind Namensaktien unter Angabe des Namens, Geburtsdatums, einer Postanschrift und einer elektronischen Adresse des Aktionärs sowie der Stückzahl oder der Aktiennummer und bei Nennbetragsaktien des Betrags in das Aktienregister einzutragen. Die **Eintragungspflicht entsteht** mit Ausgabe der Aktien bzw. der Zwischenscheine (Abs. 7). Als erster Berechtigter ist derjenige einzutragen, der im Zeitpunkt der Ausgabe der Urkunde Inhaber der Mitgliedschaft ist. Wird von Inhaber- auf Namensaktien umgestellt, entsteht die Eintragungspflicht mit Wirksamwerden der Satzungsänderung durch Eintragung im Handelsregister. Die Ersteintragung hat der Vorstand ohne äußeren Anstoß von sich aus vorzunehmen (Hüffer/Koch/*Koch* Rn. 6).

6 Unter Name iSd Abs. 1 S. 1 ist bei natürlichen Personen Vor- und Zuname zu verstehen. Gleichberechtigt neben die schon bislang übliche Postanschrift ist durch ARUG II die Aufnahme einer elektronischen Adresse (zB E-Mail) getreten, sodass nunmehr beide Angaben erforderlich sind, sofern eine elektronische Adresse existiert und der AG bekannt ist. Als Postanschrift ist die Büroadresse oder die Adresse eines Zustellungsbevollmächtigten ausreichend (RegBegr. BT-Drs. 14/4051, 11 f.; RegBegr. BT-Drs. 19/9739, 57; MüKoAktG/*Bayer* Rn. 28; NK-AktKapMarktR/*Heinrich* Rn. 9). **Aktionär iSv Abs. 1 S. 1** sind auch der Sicherungseigentümer und der Vollrechtstreuhänder. Letzterer ist aufgrund einer Treuhandvereinbarung rechtlich Eigentümer der Aktie, die er im eigenen Namen aber auf fremde Rechnung hält (*Schneider/Müller-v. Pilchau* WM 2011, 721 (722 f.); dagegen *Ziemons* BB 2012, 523 (525)). Bei **juristischen Personen, rechtsfähigen Personengesellschaften oder Einzelkaufleuten** sind Firma und Sitz in das Aktienregister aufzunehmen. Ist eine **GbR** Aktionärin, sind entsprechend § 47 Abs. 2 GBO auch die Namen der Gesellschafter aufzunehmen (Hüffer/Koch/*Koch* Rn. 7; BeckOGK/*Cahn,* 1.7.2020, Rn. 20); weitergehende gesellschafterbezogene Informationen wie Adresse und Geburtsdatum können, müssen aber nicht aufgenommen werden (str., wie hier MüKoAktG/*Bayer* Rn. 30; aA BeckOGK/*Cahn,* 1.7.2020, Rn. 20 mwN). Für Rechtsgemeinschaften an einer Aktie gilt § 69. Welche Angaben zu den Aktien zu machen sind, richtet sich danach, ob das Register als Aktionärs- oder als Aktienverzeichnis geführt wird (Hüffer/Koch/*Koch* Rn. 7). Im ersten Fall genügt die Angabe von Betrag bzw. Zahl, sodass sich der Umfang des Aktienbesitzes ablesen lässt. Im zweiten Fall müssen die Aktien einzeln individualisiert werden, um als Ordnungskriterien zu taugen.

7 Nach § 10 Abs. 1 S. 3 sind auch **nicht-börsennotierte Inhaberaktien** in das Aktienregister einzutragen, solange es nicht zur Hinterlegung der Sammelurkunde gekommen ist. Damit schafft das Aktienregister auch bei nicht-börsennotierten Namensaktiengesellschaften, die ihre Anteile nicht verbriefen, Klarheit darüber, welche Personen der AG ggü. als Mitglieder berechtigt und verpflichtet sind.

8 Schließlich ist der Vorstand zur Eintragung von **Rechtsänderungen** verpflichtet, wenn diese in der Mitgliedschaft wurzeln und eine Veränderung in der Mitgliedschaft begründen (zB Änderung des Nennbetrags, Umwandlung in Inhaberaktie, Kaduzierung etc). Eintragungsfähig aber nicht -pflichtig sind dingliche Belastungen wie Pfandrechte oder Nießbrauch, oder die Testamentsvollstreckung.

9 **3. Mitteilungspflicht des Aktionärs (Abs. 1 S. 2).** Abs. 1 S. 2 verpflichtet den Namensaktionär, der AG die für die Eintragung nach Abs. 1 S. 1 **benötigten Angaben mitzuteilen,** geeignete Nachweise zu erbringen und sich auf dieser Grundlage in das Aktienregister eintragen zu lassen. Entsprechendes gilt, wenn sich die der Eintragung zugrunde liegenden Angaben ändern (Hüffer/Koch/*Koch* Rn. 8). Die Mitteilungspflicht des Aktionärs tritt neben die nach Abs. 4 S. 1 bestehende Übermittlungspflicht der an der Übertragung oder Verwahrung der Aktien mitwirkenden Intermediäre. Dadurch wird dem Aktionär die Möglichkeit genommen, entsprechenden Mitteilungen der Intermediäre zu widersprechen

(*Noack* NZG 2008, 721; Hüffer/Koch/*Koch* Rn. 8). Die Mitteilungspflicht trifft grundsätzlich den dinglichen Rechtsinhaber; auf die wirtschaftliche Berechtigung kommt es hierbei nicht an. Die Mitteilungspflicht des Aktieneigentümers besteht ausnahmsweise dann nicht, wenn eine Platzhaltereintragung nach Abs. 4 S. 5 erfolgt (Hüffer/Koch/*Koch* Rn. 8). Bei Legitimationseintragungen iSd Abs. 1 S. 3 (→ Rn. 10) ist der Legitimationsaktionär mitteilungspflichtig.

4. Beschränkung der Eintragung von Legitimationsaktionären (Abs. 1 S. 3). Das Gesetz geht in Abs. 1 S. 1 und 2 von einer Eintragungspflicht des dinglichen Rechtsinhabers aus. Damit ist die Eintragung im eigenen Namen für Aktien, die einem anderen gehören, grundsätzlich nicht vereinbar. Hiervon bestehen zwei Ausnahmen: (1) Ermächtigt der Aktieneigentümer einen Dritten, das Stimmrecht aus seinen Aktien im eigenen Namen auszuüben, kann dieser als sog. Legitimationsaktionär im Aktienregister eingetragen werden **(Legitimationseintragung).** Ein Legitimationsaktionäre ist zwar nicht der Eigentümer der Aktien, gilt aber sowohl im Verhältnis zur AG als auch ggü. Dritten als Aktionär (OLG Stuttgart 23.7.2003, NZG 2003, 1025 f.). Seine Eintragung erfolgt im eigenen Namen für fremde Aktien. Das Gesetz setzt die Eintragungsfähigkeit von Legitimationsaktionären in Abs. 1 S. 3 voraus. (2) Zudem sieht Abs. 4 S. 5 die Möglichkeit vor, den depotführenden **Intermediär** (gemeint ist wohl der Letztintermediär iSd § 67a Abs. 5 S. 2, → § 67a Rn. 9) als Platzhalter für den Aktieneigentümer eintragen zu lassen (→ Rn. 24). 10

Nach Abs. 1 S. 3 kann die Satzung bestimmen, unter welchen Voraussetzungen Eintragungen im eigenen Namen für Aktien, die einem anderen gehören, zulässig sein sollen. Die AG kann die **Eintragung von Legitimationsaktionären** einschränken und bei einer nicht-börsennotierten AG sogar ganz ausschließen (krit. *Grigoleit/Rachlitz* ZHR 174 (2010), 12 (25 ff.); *Noack* NZG 2008, 721 (723)). Bei einer börsennotierten AG stellt ein vollständiger Ausschluss eine unverhältnismäßige und damit unzulässige Einschränkung der Fungibilität der Aktie dar (RegBegr. BT-Drs. 16/7438, 13; KK-AktG/*Lutter/Drygala* Rn. 27; aA GK-AktG/*Merkt* Rn. 51). Eine satzungsmäßige Beschränkung kann dergestalt erfolgen, dass die Legitimationsaktionäre nur bis zu einer bestimmten Höchstgrenze in das Aktienregister einzutragen sind (RegBegr. nennt 0,5–2 % bei börsennotierter AG, BT-Drs. 16/7438, 13). Alternativ kann die Eintragung unbeschränkt zugelassen werden, verbunden mit der Verpflichtung, Fremdbesitz offenzulegen (vgl. auch Abs. 2 S. 2). Die Praxis zeigt sich ggü. entsprechenden Satzungsklauseln allerdings verhalten (*Bayer/Hoffmann* AG 2013, R 259 (260 f.)). 11

5. Erleichterungen für nichtrechtsfähige Investmentfonds (Abs. 1 S. 4). Erleichterungen gelten für Aktien, die zu einem inländischen, einem EU- oder einem ausländischen **Investmentvermögen iSd § 1 Abs. 1 KAGB** gehören, dessen Anteile oder Aktien nicht ausschließlich von professionellen und semiprofessionellen Anlegern iSd § 1 Abs. 19 Nr. 32 und 33 KAGB gehalten werden. In diesem Fall gelten die Aktien nach Abs. 1 S. 4 auch dann als Aktien des Investmentvermögens oder – wenn dieses nicht rechtsfähig ist – der Kapitalverwaltungsgesellschaft, wenn sie im Miteigentum der Anleger stehen. Auf dieser Grundlage sind nicht die Anleger in Bruchteilsgemeinschaft, sondern das Investmentvermögen bzw. bei fehlender Rechtsfähigkeit die Verwaltungsgesellschaft nach Abs. 1 S. 1 in das Aktienregister einzutragen. Rechtsfähige Investmentgesellschaften iSd § 1 Abs. 11 KAGB werden, ohne dass es der Fiktion des Abs. 1 S. 4 bedarf (zutr. Hüffer/Koch/*Koch* Rn. 8c), selbst in das Aktienregister eingetragen, da Aktien in ihrem Eigentum stehen. Gleiches gilt für Sondervermögen iSd § 1 Abs. 10 KAGB (sog. Treuhandlösung), bei denen die Aktien ebenfalls der Kapitalverwaltungsgesellschaft gehören. 12

III. Wirkungen der Eintragung und Stimmrechtsverlust (Abs. 2)

1. Vermutungswirkung (Abs. 2 S. 1). Nach Abs. 2 S. 1 bestehen im Verhältnis zur AG **Rechte und Pflichten aus Aktien nur für und gegen den im Aktienregister Eingetragenen.** Zu einer Rechtsänderung hat die durch das ARUG II vorgenommene Neuformulierung (bisher: „gilt als Aktionär nur") nicht geführt. Beabsichtigt war vielmehr die Klarstellung, dass die Eintragung keine Auswirkung auf die Zuordnung des Aktieneigentums hat (RegBegr. BT-Drs. 19/9739, 57). Im Verhältnis zur AG (nur dort) wird der Eingetragene aber behandelt, als wenn er materiell berechtigt wäre. Umgekehrt ist die Eintragung im Aktienregister für den Erwerb des Aktieneigentums nicht konstitutiv, da die Aktie außerhalb des Aktienregisters übertragen wird. Rechtstechnisch begründet die Eintragung eine **unwiderlegliche Vermutung** (nicht: Fiktion) der materiellen Berechtigung des Eingetragenen gegenüber der AG, selbst wenn er materiell-rechtlich nicht Eigentümer der Aktien ist (KG 20.12.2002, NJW-RR 2003, 542 (543); *Grunewald* ZGR 2015, 347 (356)). Auf die Vermutungswirkung kann sich unabhängig von ihrer materiellen Richtigkeit nicht nur die AG, sondern auch der eingetragene Aktionär berufen (OLG Jena 25.2.2004, AG 2004, 268 (269); Hüffer/Koch/*Koch* Rn. 14 mwN). Er kann daher alle mitgliedschaftlichen Rechte selbst dann ausüben, wenn er Kenntnis von der Unrichtigkeit der Eintragung hat (enger hingegen *Altmeppen* ZIP 2009, 345). In jedem Fall setzt die Vermutungswirkung aber voraus, dass eine **formal ordnungsgemäße Eintragung** erfolgt ist. Ist dies nicht gegeben, etwa weil die Mitteilung nach Abs. 1 S. 2 durch eine hierzu nicht befugte Person erfolgte oder die Eintragung 13 auf einer Personenverwechselung beruhte, ist der Veräußerer durch die AG weiterhin als Aktionär zu behandeln.

14 **Keine Wirkung** entfaltet die Eintragung **ggü. Dritten,** sodass Abs. 2 S. 1 weder einen gutgläubigen Erwerb vom Nichtberechtigten ermöglicht noch Übertragungsmängel heilt. **Über den Wortlaut** von Abs. 2 S. 1 **hinaus** wird die unwiderlegliche Vermutung von der Rspr. zT aber mit einer weiterreichenden Wirkung versehen (vgl. OLG Frankfurt a. M. 9.1.2006, NZG 2006, 667 (669) – Celanese). So soll sie auch im Fall der Verschmelzung (KG 22.11.1999, ZIP 2000, 498, 500) und im Spruchverfahren im Anschluss an einen Squeeze-out oder eine Eingliederung gelten (OLG Hamburg 1.9.2003, NZG 2004, 45). Nicht anwendbar soll Abs. 2 S. 1 demgegenüber im Freigabeverfahren für das Zustandekommen des sog. Bagatellquorums sein. Die Eintragung von Nießbrauch und Pfandrecht im Aktienregister nimmt analog Abs. 2 an den Rechtswirkungen der Norm teil (vgl. § 16 Abs. 3 S. 3 Nr. 2 UmwG, OLG München 10.4.2013, ZIP 2013, 931 (932)).

15 Umstritten ist die Reichweite der Vermutungswirkung bei **Legitimationsaktionären** (vgl. § 129 Abs. 3 S. 1). So hat das LG München I dem Legitimationsaktionär kein eigenes Recht zur Anfechtung von Hauptversammlungsbeschlüssen zugesprochen. Vielmehr sei bei Namensaktien stets nur der wahre Aktionär anfechtungsbefugt; dagegen lasse sich auch nicht die Wertung des Abs. 2 S. 1 anführen (LG München I 30.7.2009, NZG 2009, 1389 Ls.). Dies widerspricht dem Wortlaut und der Wertung der Norm (ebenso *Bayer/Scholz* NZG 2013, 721).

16 **2. Stimmrechtsverlust (Abs. 2 S. 2 und 3).** Abs. 2 S. 2 und 3 knüpfen an den **Verstoß gegen die Satzungsbestimmungen iSd Abs. 1 S. 3** (→ Rn. 11) sowie die **Nichterfüllung** eines **Auskunftsverlangens nach Abs. 4 S. 2** (→ Rn. 22 f.) an und sanktionieren diese Fälle mit zeitweiligem Stimmrechtsverlust. Andere Aktionärsrechte bleiben unberührt. Im Fall der Legitimationsübertragung (→ Rn. 10) bestehen Stimmrechte danach trotz erfolgter Eintragung dann nicht, wenn eine nach Abs. 1 S. 3 statutarisch bestimmte Höchstgrenze überschritten oder Fremdbesitz entgegen der Satzung nicht offengelegt wird (Abs. 2 S. 2). Gleiches gilt, wenn das Auskunftsverlangen nach Abs. 4 S. 2 nicht unverzüglich (§ 121 BGB) erfüllt wird, nach Neuregelung durch das ARUG II allerdings nur unter der weiteren Voraussetzung, dass der Stimmrechtsverlust zuvor angedroht wurde. Auf eine Fristsetzung durch die AG kommt es nach der Neuregelung nicht mehr an (aA offenbar Hüffer/Koch/*Koch* Rn. 15b). Die Androhung des Rechtsverlusts hat zeitgleich mit dem Auskunftsverlangen zu erfolgen. Nicht erfüllt ist das Auskunftsverlangen auch dann, wenn unvollständige oder falsche Auskünfte erteilt werden (Hüffer/Koch/*Koch* Rn. 15b). Ungeschriebene, aber nach zutreffender Auffassung erforderliche Voraussetzung für den Rechtsverlust ist ein **Verschulden** des Verpflichteten (wie hier Hüffer/Koch/*Koch* Rn. 15b; KK-AktG/*Lutter/Drygala* Rn. 75; aA BeckOGK/*Cahn,* 1.7.2020, Rn. 59). Dabei ist einfache Fahrlässigkeit ausreichend. Der Rechtsverlust endet mit der Erfüllung der Satzungspflichten bzw. des Auskunftsverlangens.

IV. Löschung und Neueintragung (Abs. 3)

17 Bis zur **Neufassung durch das ARUG II** betraf Abs. 3 ausschließlich den Rechtsübergang bei Übertragung von Namensaktien und dessen Nachvollziehung im Aktienregister. In nunmehriger Fassung durch das ARUG II, in der die bisherige Beschränkung auf den Rechtsübergang entfallen ist, wird allgemein klargestellt, dass die **Löschung und Neueintragung allein nach Mitteilung und Nachweis** erfolgen. Ausnahmen bestehen nur bei Ersteintragung im Fall der Gründung oder Kapitalerhöhung (OLG Jena 25.2.2004, AG 2004, 268 (270), BeckOGK/*Cahn,* 1.7.2020, Rn. 15). Zur Neueintragung kommt es, wenn ein Rechtsübergang erfolgt ist. Aber auch dann, wenn trotz Rechtsübergangs zunächst keine Neueintragung erfolgt ist, kann der Neuaktionär weiterhin und auch zu einem späteren Zeitpunkt durch Mitteilung und Nachweis die Löschung und Eintragung verlangen (RegBegr. BT-Drs. 19/9739, 58). Eine inhaltliche Änderung der Vorschrift ist damit nicht bezweckt. Insbesondere besteht auch weiterhin keine aktive Mitteilungspflicht der Beteiligten im Fall des Aktienübergangs. Die Vermutungswirkung des Abs. 2 S. 1 (→ Rn. 13) wird damit nach wie vor als ausreichender Anreiz für eine entsprechende Mitteilung begriffen (Hüffer/Koch/*Koch* Rn. 17). Durch das ARUG II neu eingefügt wurde Abs. 3 S. 2. Danach kann (nicht: muss, RegBegr. BT-Drs. 19/9739, 58) die Eintragung auch aufgrund von einer Identitätsmitteilung nach § 67d Abs. 4 erfolgen. Da eine entsprechende Mitteilung keine Informationen zur Löschung des bisher Eingetragenen enthält, bleibt es der AG überlassen, die Löschung auf Grundlage von Abs. 5 zu bewirken (RegBegr. BT-Drs. 19/9739, 58).

18 Zwecks Löschung und Neueintragung muss die **Mitteilung** zweierlei enthalten: die Angabe des Veräußerers zum Zweck seiner Löschung und diejenige des Erwerbers zwecks Neueintragung. Regelmäßig erfolgt die Mitteilung zur Umschreibung im Wege elektronischer Datenübermittlung der Wertpapiersammelbank an das elektronische Aktienregister. Der Intermediär handelt dann als Bote für den materiell Berechtigten. Die Art der Mitteilung und des Erwerbstatbestands bedingt den zu erbringenden **Nachweis** des Rechtsübergangs. Wird die Mitteilung durch den Intermediär im üblichen Verfahren bewirkt, darf die AG, anders als beim Rechtsübergang außerhalb der Girosammelverwahrung, grund-

sätzlich auf die Richtigkeit der automatischen Mitteilung vertrauen. Liegen eine ordnungsgemäße Mitteilung und ein entsprechender Nachweis vor, begründet Abs. 3 S. 1 einen klagbaren Anspruch gegen die AG auf Löschung und Neueintragung (Hüffer/Koch/*Koch* Rn. 20). Verweigert der Vorstand in diesem Fall die Löschung bzw. Eintragung, handelt er pflichtwidrig und macht sich ggf. schadensersatzpflichtig.

Ist die Mitteilung erfolgt und ein hinreichender Nachweis erbracht, veranlasst der Vorstand bzw. ein von ihm mit der Registerführung beauftragter Dienstleister die Löschung des bisherigen und die Neueintragung des neuen Namensaktionärs. Wünscht der Erwerber die eigene Eintragung nicht und soll auch kein Treuhänder an seine Stelle treten, erfolgt nur die Löschung des bisherigen Aktionärs. Im Aktienregister entsteht dadurch ein Leerposten bzw. ein sog. **freier Meldebestand.** Auf die Vermutungswirkung des Abs. 2 S. 1 kann sich der Aktieneigentümer in diesem Fall nicht berufen. Sofern infolge der Nichteintragung des Erwerbers ein freier Meldebestand entsteht, kann die AG unter den Voraussetzungen des § 67 Abs. 5 S. 5 verlangen, dass sich der depotführende Intermediär (gemeint ist der Letztintermediär iSd 67a Abs. 5 S. 2, → § 67a Rn. 9) als Platzhalter eintragen lässt. 19

Insbesondere im **Vorfeld der HV** kann das Interesse der AG an einer ordnungsgemäßen Vorbereitung das Interesse des Erwerbers an kurzfristiger Eintragung überwiegen. Aus abwicklungstechnischen Gründen kann die Umschreibung daher für eine angemessen kurze Frist vor der HV ausgesetzt werden (sog. **Umschreibestopp;** vgl. BGH 21.9.2009, BGHZ 182, 272 = NZG 2009, 1270). In diesem Fall entspricht der Eintragungsstand des Aktienregisters am Tag der HV dem Stand nach der letzten Umschreibung, die in der Praxis regelmäßig am letzten Anmeldetag, dh sechs Tage vor der HV, erfolgt. Ob im Einzelfall auch eine längere Frist gerechtfertigt sein kann, ist offen. Die RegBegr. zum ARUG II (BT-Drs. 19/9739, 58) verweist im Zusammenhang mit dem Datenabgleich nach erfolgter Identifikationsabfrage gem. § 67d auf einen möglichen Umschreibestopp von bis zu etwa zehn Handelstagen. Die HV-Praxis zeigt jedoch, dass im Regelfall kein praktisches Bedürfnis nach einer derart langen Frist besteht, sodass eine weitergehende Beschränkung des Erwerbers nicht gerechtfertigt erscheint (weiterhin für eine Sechstagefrist auch Hüffer/Koch/*Koch* Rn. 20). 20

V. Pflichten der Intermediäre und des Eingetragenen (Abs. 4)

1. Übermittlungspflicht der Intermediäre (Abs. 4 S. 1). Abs. 4 S. 1 verpflichtet Intermediäre (→ § 67a Rn. 8), die bei Übertragung oder Verwahrung von Namensaktien mitwirken, der AG die **zur Führung des Aktienregisters erforderlichen Angaben** zu übermitteln. Durch die Verpflichtung soll das Leitbild des aktuellen und vollständigen Aktienregisters verwirklicht werden (RegBegr., BT-Drs 14/4051, 11; MüKoAktG/*Bayer* Rn. 114). Zur Führung des Aktienregisters erforderlich sind die in Abs. 1 S. 1 genannten Angaben. Die Auskunftspflicht erfasst damit Erwerbs- und Veräußerungsvorgänge, Namens-, Adress- und Bestandsänderungen sowie die Umstellung auf Namensaktien durch Satzungsänderung (Hüffer/Koch/*Koch* Rn. 21). Intermediäre sind zur Mitteilung verpflichtet, aber auch berechtigt, und zwar unter Berücksichtigung der Regelung in Abs. 1 S. 2 auch bei erklärtem Kundenwiderspruch (str., wie hier Hüffer/Koch/*Koch* Rn. 21; Hölters/*Laubert* Rn. 22; aA BeckOGK/*Cahn,* 1.7.2020, Rn. 88 mwN). Mit der Auskunftspflicht korrespondiert die Verpflichtung der AG zur **Übernahme der notwendigen Kosten** (Abs. 4 S. 1). Die Kostenübernahme richtet sich nach KredInstAufwV 2003, die zwar aufgehoben ist, aber nach der Übergangsbestimmung in Art. 26j Abs. 5 EGAktG bis zum Erlass einer neuen Verordnung (längstens aber bis 3.9.2025) sinngemäß anwendbar bleibt. 21

2. Auskunftspflicht des Eingetragenen (Abs. 4 S. 2–4). Abs. 4 S. 2–4 gewährt der AG einen **gesetzlichen Auskunftsanspruch** ggü. dem im Aktienregister Eingetragenen (zum Verhältnis zu § 67d → Rn. 25). Die Regelung geht auf das RisikobegrenzungsG zurück und bezweckt die Erhöhung der Beteiligungstransparenz insbesondere in Übernahmesituationen. Auf Verlangen der AG hat der Eingetragene mitzuteilen, inwieweit ihm die Aktien, für die er im Aktienregister eingetragen ist, auch gehören. Gehören ihm die Aktien nicht, hat er die in Abs. 1 S. 1 genannten Angaben zu demjenigen zu übermitteln, für den er die Aktien hält. Auf dieser Grundlage sind zwar Legitimationsaktionäre und depotführende Intermediäre, die auf der Grundlage von Abs. 4 S. 5 in das Aktienregister eingetragen werden, nicht aber Vollrechtstreuhänder (RegBegr. BT-Drs. 16/7438, 14; RegBegr. BT-Drs. 19/9739, 59; krit. *Schneider/Müller-v. Pilchau* WM 2011, 721 (723)) zur Offenlegung des wahren Aktionärs verpflichtet. Hintergrund ist, dass der Vollrechtstreuhänder selbst Aktieninhaber ist und ihm Aktien damit iSd Abs. 4 S. 2 gehören, obwohl er diese für fremde Rechnung hält. Nach Abs. 4 S. 3 setzt sich die Auskunftspflicht **über die gesamte Verwahrkette** hinweg fort (*Grigoleit/Rachlitz* ZHR 174 [2010], 12 (50); *Marsch-Barner* FS Hüffer, 2010, 627 (642). Eine Sonderregel für Investmentfonds enthält Abs. 4 S. 4 Hs. 1 iVm Abs. 1 S. 4. 22

Das Auskunftsrecht der AG ist an **keine materiellen Voraussetzungen** gebunden und wird vom Vorstand nach pflichtgemäßem Ermessen ausgeübt. Das Verlangen darf aber nicht willkürlich oder rechtsmissbräuchlich sein und auch nicht gegen den Gleichbehandlungsgrundsatz verstoßen (Beck- 23

OGK/*Cahn,* 1.7.2020, Rn. 92). Während die Auskunft bislang innerhalb angemessener Frist zu erfolgen hatte (für erforderlich, aber auch ausreichend wurden 14 Tage gehalten), sieht die Neufassung durch das ARUG II die **Pflicht zur unverzüglichen (§ 121 BGB) Mitteilung** vor. Ausweislich der RegBegr. (BT-Drs. 19/9739, 59) soll damit eine teilweise Angleichung an die Fristvorgaben der DurchführungsVO (EU) 2018/1212 erfolgen. Da die DurchführungsVO (EU) 2018/1212 als solche auf den Auskunftsanspruch nach Abs. 4 S. 2–4 aber nicht anwendbar ist, hat die Auskunft (anders als im Anwendungsbereich von § 67d, → § 67d Rn. 6) zwar unverzüglich, aber nicht zwingend spätestens bis zum Ende des Geschäftstages, an dem das Verlangen eingegangen ist, bzw. bei Erhalt nach 16.00 Uhr bis 10.00 Uhr am folgenden Geschäftstag, zu erfolgen, und zwar auch dann nicht, wenn das Verlangen maschinenlesbar ist und vollautomatisiert abgewickelt werden kann (aA BeckOGK/*Cahn,* 1.7.2020, Rn. 91). In jedem Fall macht die Neuregelung eine gesonderte Fristsetzung durch die AG entbehrlich. Die Auskunftspflicht besteht nur ggü. der AG. Die nicht fristgemäße Erfüllung des Verlangens führt unter den Voraussetzungen des Abs. 2 S. 3 zum Verlust des Stimmrechts (→ Rn. 16).

24 **3. Platzhaltereintragung (Abs. 4 S. 5 und 6).** Abs. 4 S. 5 begründet eine **Pflicht des depotführenden Intermediärs** (gemeint ist wohl der Letztintermediär iSd 67a Abs. 5 S. 2, → § 67a Rn. 9), sich auf Verlangen der AG als Platzhalter in das Aktienregister eintragen zu lassen, sofern infolge der Nichteintragung des Aktieninhabers (oder eines Treuhänders) ein freier Meldebestand entsteht. In diesem Fall ist die AG zur Kostenerstattung verpflichtet. Einen Anspruch des Letztintermediärs auf Eintragung kennt das Gesetz demgegenüber nicht (*U.-H. Schneider/Müller-v. Pilchau* AG 2007, 181 (185)). Ob das Verlangen gestellt wird, steht im **Ermessen des Vorstands** (Hüffer/Koch/*Koch* Rn. 21c). Insbesondere ist der Vorstand nicht verpflichtet, das Aktienregister durch eine Platzhaltereintragung möglichst vollständig zu halten. Eine vorübergehende Platzhaltereintragung löst weder Pflichten aus den Aktien iSd Abs. 2 S. 1 aus (Abs. 4 S. 6) noch nehmen die Aktien iÜ an der dort statuierten Vermutungswirkung teil (BeckOGK/*Cahn,* 1.7.2020, Rn. 89; MüKoAktG/*Bayer* Rn. 125; aA KK-AktG/*Lutter/Drygala* Rn. 112 f.); auch findet Abs. 1 S. 3 auf Platzhaltereintragungen keine Anwendung. Durch das ARUG II entfallen ist die bisherige Freistellung von der Übermittlungspflicht nach § 128 aF – Hintergrund ist dessen ebenfalls erfolgte Aufhebung aufgrund der Neuregelung in §§ 67a ff.

25 **4. Verhältnis zu § 67d (Abs. 4 S. 7).** Abs. 4 S. 7 stellt klar, dass der Auskunftsanspruch nach Abs. 4 S. 2–4 **neben das neue Identifikationsrecht nach § 67d tritt.** Anders als dort gelten die Anforderungen der DurchführungsVO (EU) 2018/1212 für die Identifikation nach Abs. 4 nicht. Zudem ist der Auskunftsanspruch nach Abs. 4 an die nach Abs. 1 S. 1 für die Registerführung erforderlichen Daten geknüpft, sodass über § 67d hinaus auch das Geburtsdatum abgefragt werden kann (RegBegr. BT-Drs. 19/9739, 59).

VI. Löschung zu Unrecht erfolgter Eintragungen (Abs. 5)

26 **1. Voraussetzungen der Löschung.** Ist der Vorstand der Ansicht, dass jemand zu Unrecht als Aktionär im Aktienregister eingetragen ist, hat er das Löschungsverfahren nach Abs. 5 einzuleiten. Voraussetzung ist, dass eine **bestehende Eintragung zu Unrecht erfolgt** ist. Dies ist der Fall, wenn entweder die Eintragung nicht in einem formal ordnungsgemäßen Verfahren erfolgte (→ Rn. 13) oder sie im Zeitpunkt ihrer Vornahme materiell unrichtig war. Nachträgliche Unrichtigkeiten (zB aufgrund zwischenzeitlich erfolgter Veräußerung der Aktie) rechtfertigen die Löschung demgegenüber nicht; hier kommt nur eine Umschreibung nach Abs. 3 in Betracht. Schreibfehler und andere offensichtliche Unrichtigkeiten kann der Vorstand ohne Beachtung des Verfahrens nach Abs. 5 jederzeit berichtigen (MüKoAktG/*Bayer* Rn. 129; Hüffer/Koch/*Koch* Rn. 23 mit Verweis auf Maßstab des § 319 ZPO). Abs. 5 gilt auch für eintragungsfähige Belastungen (→ Rn. 8), soweit diese zu Unrecht eingetragen worden sind (BeckOGK/*Cahn,* 1.7.2020, Rn. 98). Liegen die Löschungsvoraussetzungen vor, ist der **Vorstand verpflichtet,** das Verfahren nach Abs. 5 einzuleiten (OLG Jena 25.2.2004, AG 2004, 268 (270)). Kommt er der Verpflichtung nicht nach, haben alle, die von der zu Unrecht erfolgten Eintragung betroffen sind (der Eingetragene, der materiell Berechtigte, sämtliche haftbaren Vormänner) einen klagbaren Anspruch gegen die AG auf Einleitung des Löschungsverfahrens (BeckOGK/*Cahn,* 1.7.2020, Rn. 114; MüKoAktG/*Bayer* Rn. 146).

27 **2. Löschungsverfahren.** Das Löschungsverfahren wird nach Abs. 5 S. 1 mit der **Benachrichtigung der Beteiligten** eingeleitet. Dazu hat der Vorstand sie von der beabsichtigten Löschung zu unterrichten und ihnen eine angemessene Frist für einen möglichen Widerspruch zu setzen (Widerspruchsverfahren). Beteiligte sind der Eingetragene, dessen Vormann sowie mittelbare Vormänner, soweit deren Haftung nach § 65 nicht bereits erloschen ist. Inhaber beschränkt dinglicher Rechte (→ Rn. 8) sind nur dann beteiligt, wenn es um die Löschung ebendieser Rechte geht (str., wie hier MüKoAktG/*Bayer* Rn. 139; Hüffer/Koch/*Koch* Rn. 24; aA GK-AktG/*Merkt* Rn. 160). **Inhalt und Form** der Benachrichtigung müssen die Löschungsabsicht zweifelsfrei erkennen lassen; eine darüber hinausgehende besondere Form ist nicht vorgeschrieben (Hüffer/Koch/*Koch* Rn. 24). Die **Frist** ist angemessen, wenn sie den Beteiligten

hinreichend Zeit zu einer inhaltlichen und rechtlichen Überprüfung lässt. Davon ist bei einer Frist von mindestens einem Monat regelmäßig auszugehen (hM, arg. § 246 Abs. 1). Erfolgt die Löschung ohne Benachrichtigung der Beteiligten oder angemessene Widerspruchsfrist, kann die AG sich auf die Wirkungen der Löschung (→ Rn. 29) nicht berufen (OLG Zweibrücken 3.12.1996, AG 1997, 140 f.; BeckOGK/*Cahn,* 1.7.2020, Rn. 102).

Erhebt mindestens einer der Beteiligten **fristgerecht Widerspruch,** hat die **Löschung** nach Abs. 5 S. 2 zu unterbleiben, und zwar auch dann, wenn der Widerspruch offensichtlich unbegründet ist (BeckOGK/*Cahn,* 1.7.2020, Rn. 106; KK-AktG/*Lutter/Drygala* Rn. 139). Ein unbegründeter Widerspruch kann nur durch Klage (gerichtet auf Rücknahme des Widerspruchs; nicht: Zustimmung zur Löschung; Hüffer/Koch/*Koch* Rn. 25) und rechtskräftiges Urteil überwunden werden. Klagebefugt ist neben der AG jeder Beteiligte, der ein eigenes rechtlich geschütztes Interesse an der Löschung geltend machen kann. Die Löschung selbst richtet sich nach § 239 Abs. 2 und 3 HGB. 28

3. Wirkungen der Löschung. Die Löschung **beseitigt die Vermutungswirkung** des § 67 Abs. 2 S. 1 **für die Zukunft** (OLG Jena 25.2.2004, AG 2004, 268 (271); MüKoAktG/*Bayer* Rn. 146). Für die Vergangenheit bleibt die rechtliche Stellung des Gelöschten ggü. der AG unangetastet (MüKoAktG/*Bayer* Rn. 146; aA *Altmeppen* ZIP 2009, 345 (350 f.)). Als Folge der Löschung rückt der unmittelbare Vormann des Gelöschten im Verhältnis zur AG in die mitgliedschaftliche Stellung ein (BeckOGK/*Cahn,* 1.7.2020, Rn. 108); für die Vergangenheit erfolgt ein schuldrechtlicher Ausgleich. 29

VII. Verwendung von Registerdaten (Abs. 6)

Abs. 6 S. 1 gewährt dem Aktionär einen **Anspruch ggü. der AG auf Auskunft** über die zu seiner Person in das Aktienregister eingetragenen Daten. Der Auskunftsanspruch ist an die Stelle der früheren umfassenden Befugnis zur Einsichtnahme getreten und trägt datenschutzrechtlichen Belangen der Aktionäre Rechnung (RegBegr., BT-Drs. 14/4051, 11 f.). Der Anspruch entsteht mit Eintragung in das Aktienregister (vgl. Abs. 2 S. 1). Die Form der Auskunftserteilung ist gesetzlich nicht vorgeschrieben. Sie muss für den Aktionär zumutbar sein und den Zweck des Auskunftsanspruchs (vollumfänglicher Datenzugang) erfüllen. Unter Berücksichtigung dieser Maßgaben kommt neben verschriftlichter Auskunft auch (elektronische) Einsichtnahme oder telefonische Auskunft in Betracht (RegBegr., BT-Drs. 14/4051, 11), solange sie auf Daten des betreffenden Aktionärs beschränkt ist (näher Hüffer/Koch/*Koch* Rn. 30). Die Satzung einer **nicht-börsennotierten AG** kann auf Grundlage von Abs. 6 S. 2 insoweit weitergehende Regelungen treffen, als der Auskunftsanspruch auf Daten anderer Aktionäre erweitert werden kann (Hüffer/Koch/*Koch* Rn. 30). 30

Abs. 6 S. 3–5 bezweckt einen Ausgleich zwischen den berechtigten Interessen der Aktionäre an einem wirksamen Schutz ihrer persönlichen Daten einerseits und dem Interesse der AG an möglichst umfassender Datenverwendung im Interesse des Unternehmens andererseits. Nach Abs. 6 S. 3 darf die AG Registerdaten und die ihr auf Grundlage von Abs. 4 S. 2 und 3 mitgeteilten Daten **für ihre Aufgaben im Verhältnis zu ihren Aktionären** verwenden. Das ist selbstverständlich, soweit es um Erfüllung spezifisch gesellschafts- oder kapitalmarktrechtlicher Aufgaben geht (zB nach § 125 Abs. 2). Zulässig ist die Datenverwendung aber auch iRv Investor-Relation-Maßnahmen (RegBegr., BT-Drs. 14/4051, 12), wie etwa bei der Ansprache von Aktionären im Vorfeld von Kapitalmaßnahmen oder bei Unternehmensübernahmen (*Noack* DB 2001, 27 (28)). Für Werbemaßnahmen soll die AG Registerdaten nach Abs. 6 S. 4 und 5 demgegenüber nur nutzen dürfen, soweit der Aktionär nicht widerspricht und zuvor in angemessener Weise über das Widerspruchsrecht informiert wurde. Die Regelung wird mit Blick auf Art. 6, 7 DS-GVO zu Recht für bedenklich gehalten (näher Hüffer/Koch/*Koch* Rn. 31a; BeckOGK/*Cahn,* 1.7.2020, Rn. 120. Die **Rechtsfolgen von Verstößen** beurteilen sich nach den allgemeinen Regeln. Danach können Aktionären bei einem Verstoß gegen Vorgaben des Abs. 6 S. 3–5 Ansprüche auf Unterlassung und Schadensersatz gegen die AG zustehen (*Harnos* DSRI-Tagungsband 2015, 265 (277 f.). 31

VIII. Anwendung auf Zwischenscheine (Abs. 7)

Abs. 7 erweitert den Anwendungsbereich von Abs. 1–6 auf Zwischenscheine iSd § 8 Abs. 6. Die **sinngemäße Anwendung der Abs. 1–6** rechtfertigt sich daraus, dass Zwischenscheine nach § 10 Abs. 3 zwingend auf den Namen zu lauten haben. Ungeachtet ihres nur vorläufigen Charakters stehen sie damit Namensaktien nahe. Inhabern von Zwischenscheinen steht damit insbesondere das Auskunftsrecht des Abs. 6 S. 1 zu; umgekehrt kann die AG von der Verwendungsbefugnis nach Abs. 6 S. 3–5 Gebrauch machen (RegBegr., BT-Drs. 14/4051, 12). 32

Übermittlung von Informationen über Unternehmensereignisse; Begriffsbestimmungen

67a (1) [1]**Börsennotierte Gesellschaften haben Informationen über Unternehmensereignisse gemäß Absatz 6, die den Aktionären nicht direkt oder von anderer Seite mitgeteilt werden, zur Weiterleitung an die Aktionäre wie folgt zu übermitteln:**

1. an die im Aktienregister Eingetragenen, soweit die Gesellschaft Namensaktien ausgegeben hat,

2. im Übrigen an die Intermediäre, die Aktien der Gesellschaft verwahren.

[2]**Für Informationen zur Einberufung der Hauptversammlung gilt § 125.**

(2) [1]**Die Informationen können durch beauftragte Dritte übermittelt werden.** [2]**Die Informationen sind den Intermediären elektronisch zu übermitteln.** [3]**Format, Inhalt und Frist der Informationsübermittlung nach Absatz 1 richten sich nach der Durchführungsverordnung (EU) 2018/1212 der Kommission vom 3. September 2018 zur Festlegung von Mindestanforderungen zur Umsetzung der Bestimmungen der Richtlinie 2007/36/EG des Europäischen Parlaments und des Rates in Bezug auf die Identifizierung der Aktionäre, die Informationsübermittlung und die Erleichterung der Ausübung der Aktionärsrechte (ABl. L 223 vom 4.9.2018, S. 1) in der jeweils geltenden Fassung.** [4]**Die Übermittlung der Informationen kann gemäß den Anforderungen nach Artikel 8 Absatz 4 in Verbindung mit Tabelle 8 der Durchführungsverordnung (EU) 2018/1212 beschränkt werden.**

(3) [1]**Ein Intermediär in der Kette hat Informationen nach Absatz 1 Satz 1, die er von einem anderen Intermediär oder der Gesellschaft erhält, innerhalb der Fristen nach Artikel 9 Absatz 2 Unterabsatz 2 oder 3 und Absatz 7 der Durchführungsverordnung (EU) 2018/1212 dem nächsten Intermediär weiterzuleiten, es sei denn, ihm ist bekannt, dass der nächste Intermediär sie von anderer Seite erhält.** [2]**Dies gilt auch für Informationen einer börsennotierten Gesellschaft mit Sitz in einem anderen Mitgliedstaat der Europäischen Union.** [3]**Absatz 2 Satz 1 gilt entsprechend.**

(4) [1]**Intermediär ist eine Person, die Dienstleistungen der Verwahrung oder der Verwaltung von Wertpapieren oder der Führung von Depotkonten für Aktionäre oder andere Personen erbringt, wenn die Dienstleistungen im Zusammenhang mit Aktien von Gesellschaften stehen, die ihren Sitz in einem Mitgliedstaat der Europäischen Union oder in einem anderen Vertragsstaat des Abkommens über den Europäischen Wirtschaftsraum haben.**

(5) [1]**Intermediär in der Kette ist ein Intermediär, der Aktien der Gesellschaft für einen anderen Intermediär verwahrt.** [2]**Letztintermediär ist, wer als Intermediär für einen Aktionär Aktien einer Gesellschaft verwahrt.**

(6) [1]**Unternehmensereignisse sind Ereignisse gemäß Artikel 1 Nummer 3 der Durchführungsverordnung (EU) 2018/1212.**

Übersicht

I. Regelungskonzept der §§ 67a–67f

1 §§ 67a–67f wurden durch das ARUG II v. 12.12.2019 (BGBl. 2019 I 2637) neu in das Gesetz eingefügt. Sie setzen das sog. Know-Your-Shareholder-Konzept der 2017 neu gefassten Aktionärsrechte-RL um und zielen darauf ab, den **Informationsfluss zwischen der börsennotierten AG und ihren Aktionären zu verbessern.** ISd Förderung der Aktionärsdemokratie soll hierdurch die Ausübung von Aktionärsrechten erleichtert und damit die Corporate Governance gestärkt werden (RegBegr. BT-Drs. 19/9739, 60). Rechtspolitisch wird die Neuregelung damit gerechtfertigt, dass es Gesellschaften idR schwerfällt, ihre Aktionäre zu identifizieren, wenn Aktien (wie in der Praxis vor allem bei börsennotierten Gesellschaften üblich) über mehrere Intermediäre in längerer Verwahrkette gehalten werden. Bei grenzüberschreitenden Verwahrketten verschärft sich dieses Problem noch.

2 Als **Kernstück des Know-Your-Shareholder-Konzepts** gewährt § 67d börsennotierten Gesellschaften einen Anspruch gegen aktienverwahrende Intermediäre auf Informationen über die Identität

der Aktionäre und den jeweils nächsten Intermediär in der Verwahrkette. Damit soll die direkte Kommunikation zwischen der AG und ihren Aktionären ermöglicht werden. §§ 67a–67c sehen Regelungen zur Informationsübermittlung und -weiterleitung im Verhältnis AG, Intermediäre und Aktionär sowie umgekehrt vor. § 67e regelt die Verwendung und den Schutz personenbezogener Daten der Aktionäre. § 67f enthält eine Kostenregelung und sonstige ergänzende Vorschriften. Flankiert werden die aktienrechtlichen Vorschriften durch Regelungen der DurchführungsVO (EU) 2018/1212. **Anzuwenden** sind §§ 67a–67f nach § 26j Abs. 4 EGAktG **ab dem 3.9.2020,** für die HV werden sie erstmals bei Einberufung nach dem 3.9.2020 relevant.

II. Regelungsgegenstand und -zweck

§ 67a setzt unter anderem Art. 3b Abs. 1–3 Aktionärsrechte-RL um und steuert den **Informationsfluss von der AG in Richtung Aktionär.** Zu diesem Zweck sieht die Regelung einen mehrstufigen, aufeinander aufbauenden Informationslauf vor, der seinen Anfang bei der AG als Informationsquelle nimmt und über Intermediäre als Bindeglieder bei dem Aktionär endet. Ebenso wie §§ 67b–67d (abw. § 67e, → § 67e Rn. 1), bindet die Regelung nur die börsennotierte AG. Keine Anwendung findet § 67a nach Abs. 1 S. 2 auf Informationen zur HV-Einberufung, für die (soweit der Informationsfluss von der AG in Richtung Aktionär betroffen ist) § 125 vorrangig ist. 3

III. Übermittlungspflicht der börsennotierten AG (Abs. 1)

Nach der **Grundregel** des Abs. 1 S. 1 ist die börsennotierte inländische AG (§ 3 Abs. 2) verpflichtet, Informationen über Unternehmensereignisse iSd Abs. 6 (→ Rn. 10) zwecks Weiterleitung an ihre Aktionäre an die in Abs. 1 S. 1 Nr. 1 und Nr. 2 genannten Adressaten zu übermitteln. Bezüglich der Adressaten unterscheidet Abs. 1 danach, ob die AG Namens- oder Inhaberaktien ausgegeben hat. Soweit die AG über **Namensaktien** verfügt, sind Informationen an die im Aktienregister eingetragene Person zu übermitteln (Nr. 1), und zwar unabhängig davon, ob es sich bei ihr um den wahren Aktionär (wirtschaftlich Berechtigter) oder den Intermediär (sog. Nominee) handelt (RegBegr. BT-Drs. 19/9739, 60). Dadurch sollen Mehrfachmitteilungen vermieden werden. Bei Inhaberaktien sind die Informationen an Intermediäre zu übermitteln, die Aktien der Gesellschaft verwahren (Nr. 2). Aktionär iSd Abs. 1 S. 1 ist nur der wirtschaftlich Berechtigte, nicht auch der im Aktienregister Eingetragene (RegBegr. BT-Drs. 19/9739, 60). **Keine (erneute) Übermittlungspflicht** besteht für die AG nach Abs. 1 S. 1 Hs. 1, wenn und soweit dem Aktionär die Informationen bereits direkt oder von anderer Seite (zB durch einen von der AG beauftragten Dritten) mitgeteilt wurden. 4

IV. Delegation, formale und inhaltliche Anforderungen (Abs. 2)

Zur Erfüllung ihrer Übermittlungspflicht nach Abs. 1 kann sich die AG nach Abs. 2 S. 1 **beauftragter Dritter bedienen.** Damit soll der AG ein möglichst breites Spektrum an Übermittlungsmöglichkeiten eröffnet werden (RegBegr. BT-Drs. 19/9739, 60; krit. bzgl. Europarechtskonformität *Kuntz* AG 2020, 18 (30 ff.)). Dritte idS können Dienstleister jeder Art und damit unter anderem Abwicklungsstellen, Mediendienstleister wie zB BAnz. oder WM-Service, aber auch (nicht in die Verwahrkette einbezogene) Intermediäre sein. Auch die Verbreitung über Medienbündel ist zulässig (RegBegr. BT-Drs. 19/9739, 61; *Bork* NZG 2019, 738 (741)). Unerheblich ist, durch wen der Übermittlungsauftrag erteilt wird; die Veranlassung kann daher auch von Intermediären ausgehen (RegBegr. BT-Drs. 19/9739, 61). 5

Nach Abs. 2 S. 2 hat die **Übermittlung an Intermediäre elektronisch** zu erfolgen. Dies ergibt sich bereits aus Art. 2 Abs. 2 und 3 DurchführungsVO (EU) 2018/1212, sodass die Regelung lediglich klarstellenden Charakter hat. Eine elektronische **Übermittlung an Aktionäre** kommt demgegenüber nur unter den engen Voraussetzungen des § 49 WpHG in Betracht mit der Folge, dass die AG mit Namensaktien bei der Übermittlungsart zwischen eingetragenem Intermediär (sog. Nominee) und wahrem Aktionär unterscheiden muss (RegBegr. BT-Drs. 19/9739, 61). Abweichendes gilt für die Informationsübermittlung entlang der weiteren Verwahrkette: Hier ist weder Abs. 2 S. 2 noch § 49 WpHG anwendbar. Hinsichtlich **formaler und inhaltlicher Anforderungen** an die Informationsübermittlung – einschließlich Format und Fristen – verweist Abs. 2 S. 3 (erneut deklaratorisch) auf die DurchführungsVO (EU) 2018/1212; detaillierte Vorgaben finden sich dort insbesondere in Art. 2 Abs. 2 UAbs. 2 zur Übermittlungssprache, in Art. 8 Abs. 2 und Abs. 4 iVm Tabelle 8 zu Übermittlungsreihenfolge und mitzuteilenden Daten sowie in Art. 9 Abs. 1 zur Frist. Schließlich besteht für die AG die Möglichkeit, die Informationsübermittlung unter Beachtung von Art. 8 Abs. 4 DurchführungsVO (EU) 2018/1212 iVm Tabelle 8 zu beschränken, wenn die **Publizität über die Internetseite** sichergestellt wird. 6

V. Weiterleitungspflicht von Intermediären (Abs. 3)

7 Abs. 3 S. 1 knüpft inhaltlich an die in Abs. 1 geregelte Pflicht der AG zur Informationsübermittlung an und **verpflichtet die Intermediäre in der Kette** (→ Rn. 8), die nach Abs. 1 erhaltenen Informationen entlang der Kette an den jeweils nächsten Intermediär bis hin zum Letztintermediär (→ Rn. 8) **weiterzuleiten.** Die Regelung betrifft demnach nur die Weiterleitung von einem Intermediär zum Nächsten. Die Verpflichtung des Letztintermediärs zur Informationsweiterleitung an den Aktionär folgt erst aus § 67b Abs. 1. Weiterzuleiten sind die Informationen innerhalb der in Art. 9 Abs. 2 UAbs. 2 DurchführungsVO (EU) 2018/1212 genannten **Fristen,** dh unverzüglich (§ 121 BGB) und spätestens bis zum Ende des Geschäftstages, an dem die Informationen empfangen wurden, bzw. bei Erhalt nach 16.00 Uhr bis 10.00 Uhr am folgenden Geschäftstag. Die DurchführungsVO (EU) 2018/1212 definiert „Geschäftstag" nicht. Es wird daher auf die örtlichen Verhältnisse am Sitz des jeweiligen Intermediärs ankommen. Dies gilt nicht nur mit Blick auf etwaige gesetzliche Feiertage, sondern auch für die Frage, ob der Samstag als Geschäftstag anzusehen ist. Wie schon bei der AG (Abs. 1 S. 1), **besteht eine Weiterleitungspflicht dann nicht,** wenn dem Intermediär bekannt ist, dass der nächste Intermediär die Information von anderer Seite (der AG oder einem beauftragten Dritten) erhält. Abs. 3 S. 2 stellt klar, dass die Weiterleitungspflicht auch für Informationen börsennotierter **Gesellschaften mit Sitz in einem anderem Mitgliedstaat** gilt. Mit „Sitz" ist der Satzungssitz gemeint (*Mock* in Hirte/Heidel Das neue Aktienrecht Rn. 35). Abs. 3 S. 3 gestattet auch den Intermediären, sich für die Weiterleitung beauftragter Dritter zu bedienen.

VI. Begriffsbestimmungen

8 **1. Intermediär, Intermediär in der Kette, Letztintermediär (Abs. 4 und 5).** Abs. 4 führt die **Legaldefinition des „Intermediärs"** und zugleich den Oberbegriff für „Intermediär in der Kette" und „Letztintermediär" (→ Rn. 9) in das AktG ein, dem über §§ 67a ff. hinaus Bedeutung zukommt (s. §§ 67, 118, 125, 129, 135). Intermediär idS sind insbesondere Wertpapierfirmen, Kreditinstitute und Zentralverwahrer. Entscheidend ist stets, dass die Dienstleistungen der Verwahrung oder Verwaltung von Wertpapieren oder der Führung von Depotkonten erbracht werden. **Keine Intermediäre** sind daher insbesondere Notare, die gem. § 23 BNotO zeitweise Aktien zur Aufbewahrung oder Ablieferung, insbesondere als Hinterlegungsstelle, verwahren (RegBegr. BT-Drs. 19/9739, 62). Ebenfalls nicht erfasst sind Stimmrechtsberater oder ähnliche Dienstleister, die keine Wertpapiere verwahren, verwalten oder Depotkonten führen. Denkbar ist deren Einbeziehung in die Informationskette jedoch aufgrund vertraglicher Vereinbarungen mit den Intermediären oder der AG (RegBegr. BT-Drs. 19/9739, 62). Ohne Bedeutung ist, wo der Intermediär seinen Sitz hat, sofern sich von ihm erbrachte Dienstleistungen auf Aktien von Gesellschaften mit Satzungssitz in der EU oder dem EWR beziehen (RegBegr. BT-Drs. 19/9739, 62 f.).

9 Abs. 5 enthält die **Legaldefinition** des **„Intermediärs in der Kette"** und des **„Letztintermediärs".** Die Unterscheidung liegt vor allem darin begründet, dass den Letztintermediär als abschließendes Bindeglied zum Aktionär in § 67b gesonderte Pflichten treffen. Der Letztintermediär selbst ist demzufolge kein Intermediär in der Kette, die bei dem Zentralverwahrer (idR Clearstream Banking AG) beginnt und bei dem Intermediär endet, der die Aktien unmittelbar für den Aktionär verwahrt (idR Depotbank). Leider hält der Gesetzgeber die in Abs. 4 und Abs. 5 getroffene Unterscheidung nicht immer konsequent durch (s. nur § 67c Abs. 1 S. 1 und S. 2).

10 **2. Unternehmensereignis (Abs. 6).** Nach **Art. 1 Nr. 3 DurchführungsVO (EU) 2018/1212,** auf den Abs. 6 nur deklaratorisch verweist, ist „Unternehmensereignis" eine vom Emittenten oder einem Dritten initiierte Maßnahme, die die Ausübung der mit den Aktien verbundenen Rechte beinhaltet und die zugrunde liegende Aktie beeinflussen kann. Neben der in Art. 1 Nr. 3 DurchführungsVO (EU) 2018/1212 ausdrücklich genannten Gewinnausschüttung und HV führt die RegBegr. (BT-Drs. 19/9739, 63) Umtausch-, Bezugs-, Einziehungs-, Zeichnungs- und Wahlrechte bei Dividenden als weitere Beispiele an. Zwar stellt die HV-Einberufung damit ein relevantes, zu übermittelndes Unternehmensereignis dar; die Informationsübermittlung erfolgt in diesem Fall aber nach § 125 (→ Rn. 3 und RegBegr. BT-Drs. 19/9739, 63).

VII. Rechtsfolgen von Verstößen

11 Die Rechtsfolgen von Verstößen beurteilen sich nach den allgemeinen Regeln. Danach kann dem Aktionär bei einem Verstoß gegen die in Abs. 1 angeordnete Übermittlungspflicht ein **Schadensersatzanspruch** aus § 280 Abs. 1 BGB und, sofern Abs. 1 als Schutzgesetz iSd § 823 Abs. 2 BGB angesehen wird (bejahend *Mock* in Hirte/Heidel Das neue Aktienrecht Rn. 46; *Kuntz* AG 2020, 18 (32 f.); aA BeckOGK/*Cahn,* 1.7.2020, Rn. 56 ff.), nach Deliktsrecht gegen die AG zustehen. Versäumnisse von Intermediären sind der AG nicht zuzurechnen, da sie (vorbehaltlich Abs. 2 S. 1) im eigenen

und nicht im Pflichtenkreis der AG tätig werden (aA offenbar *Zetsche* ZGR 2019, 1 (35) für Zentralverwahrer). Für (Organisations-)Pflichtverletzungen haftet der Vorstand nach § 93 Abs. 2. Ein Verstoß gegen die Weiterleitungspflicht nach Abs. 3 kann eine Haftung der Intermediäre gegenüber dem Aktionär aus Vertrag mit Schutzwirkung zugunsten Dritter und, sofern Abs. 3 als Schutzgesetz iSd § 823 Abs. 2 BGB eingeordnet wird, nach Deliktsrecht begründen (Hüffer/Koch/*Koch* Rn. 11). Nach § 405 Abs. 2a Nr. 2 ist ein Verstoß gegen Abs. 3 zudem **bußgeldbewehrt** (näher BeckOGK/*Cahn,* 1.7.2020, Rn. 63 ff.). Unabhängig von der Art des Verstoßes ausgeschlossen ist nach § 243 Abs. 3 Nr. 2 die **Beschlussanfechtung.**

Übermittlung von Informationen durch Intermediäre an die Aktionäre

67b (1) [1]**Der Letztintermediär hat dem Aktionär die nach § 67a Absatz 1 Satz 1 erhaltenen Informationen nach Artikel 2 Absatz 1 und 4, Artikel 9 Absatz 2 Unterabsatz 1 sowie Absatz 3 und 4 Unterabsatz 3 sowie Artikel 10 der Durchführungsverordnung (EU) 2018/1212 zu übermitteln.** [2]**§ 67a Absatz 2 Satz 1 und 4 gilt entsprechend.**

(2) **Absatz 1 gilt auch für Informationen einer börsennotierten Gesellschaft mit Sitz in einem anderen Mitgliedstaat der Europäischen Union.**

I. Regelungsgegenstand und -zweck

1 § 67b knüpft inhaltlich an die in § 67a Abs. 3 geregelte Pflicht der Intermediäre in der Kette zur Informationsweiterleitung an (→ § 67a Rn. 6) und **verpflichtet den Letztintermediär** als abschließendes Bindeglied zum Aktionär, die auf diesem Weg erhaltenen Informationen **an den Aktionär weiterzuleiten.** Die Regelung ist erforderlich, da der Letztintermediär nach den Begriffsbestimmungen des § 67a Abs. 5 (→ § 67a Rn. 8) nicht Intermediär in der Kette und damit nicht schon nach § 67a Abs. 3 zur Informationsweiterleitung verpflichtet ist.

II. Anforderungen an die Letztübermittlung (Abs. 1)

2 Abs. 1 S. 1 begründet entsprechend eine gesetzliche Übermittlungspflicht des Letztintermediärs (zur Möglichkeit eines Verzichts durch den Aktionär s. Hüffer/Koch/*Koch* Rn. 5), ohne dabei eine bestimmte **Form der Informationsübermittlung** vorzuschreiben. Anders als im Anwendungsbereich von § 67a Abs. 3 (→ § 67a Rn. 6) trifft auch die DurchführungsVO (EU) 2018/1212 hierzu keine Regelung, sodass es dem Letztintermediär grundsätzlich freisteht, ob er die Informationen in schriftlicher oder elektronischer Form übermittelt, solange die Übermittlung in den von der DurchführungsVO (EU) 2018/1212 vorgeschriebenen standardisierten Formaten erfolgt. Sowohl der Letztintermediär als auch der Aktionär dürften in der Praxis ein erhebliches **Interesse an einer elektronischen Übermittlung** haben, die durch weitere gesetzliche Vorgaben gezielt gefördert wird (RegBegr. BT-Drs. 19/9739, 63). Der Letztintermediär deshalb, da das in Art. 9 Abs. 3 DurchführungsVO (EU) 2018/1212 statuierte Fristenregime eine schriftliche Informationsübermittlung wohl nur unter größerem organisatorischen Aufwand überhaupt zulassen wird, und der Aktionär, da die Kostenregelung des § 67f Abs. 1 S. 2 Nr. 1 dem Letztintermediär den Raum lässt, die durch schriftliche Informationsübermittlung entstehenden Kosten auf den Aktionär abzuwälzen (→ § 67f Rn. 3). Die Verweisung in Abs. 1 S. 2 stellt klar, dass sich auch der Letztintermediär beauftragter Dritter zur Übermittlung bedienen kann (→ § 67a Rn. 4). Hat die AG von der in § 67a Abs. 2 S. 4 eingeräumten Möglichkeit Gebrauch gemacht, die Informationsübermittlung zu beschränken (→ § 67a Rn. 5), ist auch der Letztintermediär nach Abs. 1 S. 2 nicht verpflichtet, weitergehende Informationen zu übermitteln.

3 An den Aktionär weiterzuleiten sind die Informationen innerhalb der in Art. 9 Abs. 3 DurchführungsVO (EU) 2018/1212 genannten **Fristen,** die mit den für die Intermediäre in der Kette geltenden Fristvorgaben identisch sind (→ § 67a Rn. 6). Werden die Informationen ungeachtet vorgenannter Anreize zur elektronischen Kommunikation (→ Rn. 2) schriftlich übermittelt, was nach wie vor der Regelfall sein dürfte (vgl. *Seibert* FS E. Vetter, 2019, 749 (753)), muss es ausreichend sein, wenn die Informationen innerhalb der vorgegebenen Fristen durch den Letztintermediär oder den von ihm beauftragten Dritten auf den Weg gebracht werden (so auch BeckOGK/*Cahn,* 1.7.2020, Rn. 8); auf einer fristgerechten Zugang kann es angesichts üblicher Postlaufzeiten naturgemäß nicht ankommen (so wohl auch RegBegr. BT-Drs. 19/9739, 64). Sollte im Einzelfall eine **Ergänzung oder Aufbereitung der zu übermittelnden Informationen** durch den Letztintermediär erforderlich sein, soll es nach der RegBegr. (BT-Drs. 19/9739, 64) genügen, wenn innerhalb der Fristvorgaben zunächst nur die erforderlichen Basisinformationen übermittelt und weitere bzw. aufbereitete Informationen zu einem späteren Zeitpunkt zur Verfügung gestellt werden. Darüber hinaus sollen entsprechende Ergänzungen bei Übermittlung des URL-Hyperlinks (Art. 8 Abs. 4 DurchführungsVO (EU) 2018/1212 iVm Tabelle 8 Anhang DurchführungsVO (EU) 2018/1212) über die Internetseite der AG erfolgen können (RegBegr.

BT-Drs. 19/9739, 64), was aber angesichts hierfür erforderlicher Rückkoppelung zwischen einer Vielzahl von Letztintermediären und der AG kaum praktikabel erscheint.

III. Einbeziehung von EU-Auslandsgesellschaften (Abs. 2)

4 Im Gleichlauf mit § 67a Abs. 3 S. 2 (→ § 67a Rn. 6) erstreckt Abs. 2 die Weiterleitungspflicht der Letztintermediäre auf Informationen börsennotierter Gesellschaften mit **Sitz in einem anderen Mitgliedstaat.**

IV. Rechtsfolgen von Verstößen

5 Ebenso wie im Anwendungsbereich von § 67a (→ § 67a Rn. 10) beurteilen sich die Rechtsfolgen von Verstößen auch hier nach den allgemeinen Regeln. Danach kann dem Aktionär bei einem Verstoß gegen die Übermittlungspflicht ein **Schadensersatzanspruch** aus § 280 Abs. 1 BGB iVm dem zum Letztintermediär bestehenden Schuldverhältnis (idR Depotvertrag) und, sofern § 67b als Schutzgesetz iSd § 823 Abs. 2 BGB angesehen wird (bejahend *Mock* in Hirte/Heidel Das neue Aktienrecht Rn. 15; *Kuntz* AG 2020, 18 (33); aA BeckOGK/*Cahn,* 1.7.2020, Rn. 17), nach Deliktsrecht zustehen. Schadensersatzpflicht ausschließende oder beschränkende individualvertragliche Abreden zwischen dem Letztintermediär und dem Aktionär sind möglich (näher Hüffer/Koch/*Koch* Rn. 6). Schließlich sind Verstöße nach § 405 Abs. 2a Nr. 3 **bußgeldbewehrt;** zur Anfechtbarkeit führen sie nach § 243 Abs. 3 Nr. 2 aber nicht.

Übermittlung von Informationen durch Intermediäre an die Gesellschaft; Nachweis des Anteilsbesitzes

67c (1) [1]**Der Letztintermediär hat die vom Aktionär einer börsennotierten Gesellschaft erhaltenen Informationen über die Ausübung seiner Rechte als Aktionär entweder direkt an die Gesellschaft oder an einen Intermediär in der Kette zu übermitteln.** [2]**Intermediäre haben die nach Satz 1 erhaltenen Informationen entweder direkt an die Gesellschaft oder an den jeweils nächsten Intermediär weiterzuleiten.** [3]**Die Sätze 1 und 2 gelten entsprechend für die Weiterleitung von Weisungen des Aktionärs zur Ausübung von Rechten aus Namensaktien börsennotierter Gesellschaften an den im Aktienregister eingetragenen Intermediär.**

(2) [1]**Der Aktionär kann Anweisungen zur Informationsübermittlung nach Absatz 1 erteilen.** [2]**§ 67a Absatz 2 Satz 1 gilt entsprechend.** [3]**Format, Inhalt und Frist der Informationsübermittlung nach Absatz 1 richten sich nach den Anforderungen in Artikel 2 Absatz 1 und 3, Artikel 8 und 9 Absatz 4 der Durchführungsverordnung (EU) 2018/1212.** [4]**Eine rechtzeitige gesammelte Informationsübermittlung und -weiterleitung ist möglich.** [5]**Die Absätze 1 und 2 gelten auch für Informationen einer börsennotierten Gesellschaft mit Sitz in einem anderen Mitgliedstaat der Europäischen Union.**

(3) **Der Letztintermediär hat dem Aktionär für die Ausübung seiner Rechte in der Hauptversammlung auf Verlangen über dessen Anteilsbesitz unverzüglich einen Nachweis in Textform gemäß den Anforderungen nach Artikel 5 der Durchführungsverordnung (EU) 2018/1212 auszustellen oder diesen nach Absatz 1 der Gesellschaft zu übermitteln.**

I. Regelungsgegenstand und -zweck

1 Das Regelungskonzept der §§ 67a ff. wäre unvollständig, würde es nur darauf abzielen, den Informationsfluss von der AG in Richtung der Aktionäre zu verbessern. Die gesetzgeberische Zielsetzung (→ § 67a Rn. 1) erfordert vielmehr auch Regelungen dazu, wie Informationen betreffend die Rechtsausübung **vom Aktionär zurück zur AG** gelangen. Zu diesem Zweck verpflichtet § 67c Intermediäre, entsprechende Informationen an die AG zu übermitteln bzw. entlang der Verwahrkette weiterzuleiten, sofern nicht der Aktionär selbst direkt an die AG übermittelt (hierzu *Zetsche* ZGR 2019, 1 (31)). Dabei unterscheidet die Norm (ähnlich wie § 67a, → § 67a Rn. 3) zwischen Inhaber- und Namensaktien, da ein Inhaberaktionär seine Rechte gegenüber der AG ausüben kann, während ein wahrer Namensaktionär, sofern er nicht im Aktienregister eingetragen ist, gegenüber der AG rechtlos und auf Weisungen gegenüber dem eingetragenen Intermediär (sog. Nominee) angewiesen ist. Da eine spezielle Reglung in § 125 fehlt, erfasst § 67c (anders als §§ 67a, 67b) auch Informationen im Zusammenhang mit der HV bzw. deren Einberufung (RegBegr. BT-Drs. 19/9739, 64).

II. Weiterleitungspflicht (Abs. 1)

Abs. 1 S. 1 stellt dem Letztintermediär (→ § 67a Rn. 8) **zwei Wege zur Verfügung,** auf denen er seine Übermittlungspflicht erfüllen kann: die unmittelbare Übermittlung an die AG oder an den nächsten Intermediär in der Kette. Zwar scheint der Wortlaut „an einen Intermediär" nahe zu legen, dass die Übermittlung nicht zwingend an den nächsten Intermediär in der Kette erfolgen muss. Die Richtlinienvorgaben in Art. 3b Abs. 5 Aktionärsrechte-RL sehen jedoch eine Übermittlung „von einem Intermediär zum nächsten" zwingend vor; hiervon geht auch die RegBegr. (BT-Drs. 19/9739, 64) aus. Für **Intermediäre in der Kette** ordnet Abs. 1 S. 2 (ebenso wie § 67a Abs. 3 S. 1, → § 67a Rn. 6) dies ausdrücklich an; alternativ können aber auch sie Informationen unmittelbar an die AG übermitteln. Die Rechtsausübung iSv Abs. 1 S. 1 kann unter anderem das Bezugsrecht nach § 186, Rechte aus §§ 122, 126, 127 und das Stimmrecht in der HV betreffen (RegBegr. BT-Drs. 19/9739, 64). 2

Für **Namensaktien** sind Abs. 1 S. 1 und 2 nur relevant, wenn der wahre Aktionär selbst im Aktienregister eingetragen ist und Informationen unter Einschaltung des Letztintermediärs übermittelt, anstatt sie direkt an die AG zu übersenden (RegBegr. BT-Drs. 19/9739, 64; → Rn. 1). Ist der Intermediär im Aktienregister eingetragen (sog. Nominee-Eintragung), greift die Sonderregelung des Abs. 1 S. 3, die die Weisung an den Nominee an die Stelle der Information über die Rechtsausübung treten lässt; naturgemäß endet die Übermittlung nach Abs. 1 S. 1 und 2 in diesem Fall bei dem Nominee, der nach § 67 Abs. 2 S. 1 gegenüber der AG zur Rechtsausübung berechtigt ist. Die gesetzliche Verpflichtung zur weisungsgebundenen Stimmrechtsausübung folgt aus Abs. 1 S. 3 demgegenüber nicht (RegBegr. BT-Drs. 19/9739, 65). 3

III. Weisungsrecht des Aktionärs (Abs. 2)

Abs. 2 schränkt die den Intermediären in Abs. 1 gewährte Entscheidungsfreiheit (→ Rn. 2) ein, indem dem Aktionär ein **Weisungsrecht hinsichtlich Ob, Wie und Umfang** der Informationsübermittlung zuerkannt wird. Auf dieser Grundlage kann der Aktionär unter anderem verbindlich vorgeben, welcher der in Abs. 1 genannten Übermittlungswege beschritten werden soll. Durch Verweis in Abs. 2 S. 2 auf § 67a Abs. 2 S. 1 wird klargestellt, dass sich die Beteiligten auch hier beauftragter Dritter bedienen können (→ § 67a Rn. 4). **Format, Inhalt und Frist** der Informationsübermittlung richten sich gem. Abs. 2 S. 3 nach den Vorgaben der DurchführungsVO (EU) 2018/1212 (→ § 67a Rn. 5 f.). Danach hat die Übermittlung gem. Art. 9 Abs. 4 DurchführungsVO (EU) (2018/1212) unverzüglich (§ 121 BGB) nach Erhalt der Informationen zu erfolgen. Eine harte Frist ist aber, anders als bei §§ 67a, 67b (→ § 67a Rn. 6, → § 67b Rn. 3), nicht vorgesehen, solange nur ein Verfahren genutzt wird, das die Einhaltung der durch den Emittenten gesetzten Frist bzw. des Nachweisstichtags ermöglicht. Dies eröffnet Raum für ein schon bislang praktiziertes Verfahren, in dem Informationen der Aktionäre durch den Intermediär zunächst gesammelt und sodann konsolidiert übermittelt werden. Für diesen Fall stellt Abs. 2 S. 4 klar, dass hierin kein schuldhaftes Zögern zu sehen ist (RegBegr. BT-Drs. 19/9739, 65 f.). 4

Im Gleichlauf mit § 67a Abs. 3 S. 2 und § 67b Abs. 2 (→ § 67a Rn. 6) erstreckt Abs. 2 S. 5 die in Abs. 1 und Abs. 2 S. 1–4 geregelten Pflichten zur Informations- und Weisungsübermittlung auf Informationen börsennotierter Gesellschaften mit **Sitz in einem anderen Mitgliedstaat.** 5

IV. Nachweispflicht des Letztintermediärs (Abs. 3)

Nach Abs. 3 hat der Letztintermediär (→ § 67a Rn. 8) dem Aktionär für die Ausübung seiner Rechte in der HV auf Verlangen unverzüglich einen Nachweis über dessen Anteilsbesitz auszustellen. Die Regelung gilt für Inhaber- und Namensaktien gleichermaßen, obwohl der Legitimationsnachweis nach § 123 Abs. 4 S. 1 **praktische Bedeutung allein für Inhaberaktien** hat. Anders als in der RegBegr. (BT-Drs. 19/9739, 65) verlautbart, wird die dortige Regelung durch Abs. 3 nicht etwa „verallgemeinert und auch auf Namensaktien ausgedehnt". Dies schon deshalb nicht, da die Berechtigung zur Teilnahme an der HV und zur Ausübung des Stimmrechts für Namensaktien nach § 123 Abs. 5 iVm § 67 Abs. 2 S. 1 unverändert allein aus der Eintragung im Aktienregister folgt. Vielmehr ist es so, dass Namensaktionären aufgrund von Vorgaben in Art. 3c Abs. 1a Aktionärsrechte-RL eine Rechtsposition gegenüber dem Letztintermediär eingeräumt wird, die nach deutschem Recht praktisch irrelevant ist. Anforderungen an den in Textform zu erstellenden Nachweis ergeben sich aus Art. 5 DurchführungsVO (EU) 2018/1212. 6

V. Rechtsfolgen von Verstößen

Ebenso wie im Anwendungsbereich von §§ 67a, 67b beurteilen sich die Rechtsfolgen von Verstößen auch hier nach den allgemeinen Regeln. Danach können dem Aktionär bei Verstoß gegen die in Abs. 1 angeordnete Weiterleitungspflicht **Schadensersatzansprüche** aus § 280 Abs. 1 BGB iVm dem zu dem 7

Letztintermediär bestehenden Schuldverhältnis (idR Depotvertrag) und, soweit ein Verstoß durch einen Intermediär in der Kette erfolgt, aus Vertrag mit Schutzwirkung zu Gunsten Dritter zustehen. Sofern § 67c als Schutzgesetz iSd § 823 Abs. 2 BGB angesehen wird (→ § 67a Rn. 10), kommen zudem deliktsrechtliche Ansprüche in Betracht. Gleichsam können die Nichtbeachtung von nach Abs. 2 erteilten Weisungen sowie Verstöße gegen die in Abs. 3 angeordnete Nachweispflicht zu Schadensersatzansprüchen vor allem des Letztintermediär aus § 280 Abs. 1 BGB führen. Zur Möglichkeit Schadensersatzpflicht ausschließender oder beschränkender individualvertraglicher Abreden zwischen dem Letztintermediär und dem Aktionär s. Hüffer/Koch/*Koch* § 67b Rn. 6. Verstöße gegen Pflichten aus Abs. 1 S. 1 und 2 oder Abs. 3 sind nach § 405 Abs. 2a Nr. 2–4 **bußgeldbewehrt;** das Ausstellen oder Gebrauchen von einem falschen oder verfälschten Nachweis iSd Abs. 3 ist nach § 402 **strafbewehrt.**

Informationsanspruch der Gesellschaft gegenüber Intermediären

67d (1) [1]**Die börsennotierte Gesellschaft kann von einem Intermediär, der Aktien der Gesellschaft verwahrt, Informationen über die Identität der Aktionäre und über den nächsten Intermediär verlangen.** [2]**Format und Inhalt dieses Verlangens richten sich nach der Durchführungsverordnung (EU) 2018/1212.**

(2) [1]**Informationen über die Identität der Aktionäre sind die Daten nach Artikel 3 Absatz 2 in Verbindung mit Tabelle 2 Buchstabe C der Durchführungsverordnung (EU) 2018/1212.** [2]**Bei nicht eingetragenen Gesellschaften sind deren Gesellschafter mit den Informationen nach Satz 1 zu nennen.** [3]**Steht eine Aktie mehreren Berechtigten zu, sind diese mit den Informationen nach Satz 1 zu nennen.**

(3) **Das Informationsverlangen der Gesellschaft ist von einem Intermediär innerhalb der Frist nach Artikel 9 Absatz 6 Unterabsatz 1, 2 oder 3 Satz 3 und Absatz 7 der Durchführungsverordnung (EU) 2018/1212 an den jeweils nächsten Intermediär weiterzuleiten, bis der Letztintermediär erreicht ist.**

(4) [1]**Der Letztintermediär hat die Informationen zur Beantwortung des Informationsverlangens der Gesellschaft zu übermitteln.** [2]**Das gilt nicht, wenn die Gesellschaft die Übermittlung von einem anderen Intermediär in der Kette verlangt; in diesem Fall sind Intermediäre verpflichtet, die Informationen unverzüglich diesem Intermediär oder dem jeweils nächsten Intermediär weiterzuleiten.** [3]**Der Intermediär, von dem die Gesellschaft die Übermittlung verlangt, ist verpflichtet, der Gesellschaft die erhaltenen Informationen unverzüglich zu übermitteln.** [4]**Format, Inhalt und Frist der Antwort auf das Informationsverlangen richten sich nach den Artikeln 2, 3, 9 Absatz 6 Unterabsatz 2 und 3 und Absatz 7 der Durchführungsverordnung (EU) 2018/1212.**

(5) [1]**Die Absätze 1 bis 4 gelten auch für das Informationsverlangen einer börsennotierten Gesellschaft mit Sitz in einem anderen Mitgliedstaat der Europäischen Union.** [2]**§ 67a Absatz 2 Satz 1 gilt für die Absätze 1 bis 5 Satz 1 entsprechend.**

I. Regelungsgegenstand und -zweck

1 § 67d stellt das **Kernstück des Know-Your-Shareholder-Konzepts** der §§ 67a ff. dar. In Umsetzung von Art. 3a Aktionärsrechte-RL gewährt die Vorschrift der börsennotierten AG unter anderem einen Anspruch gegenüber den Intermediären, die Aktien der AG verwahren, auf Informationen über die Identität des Aktionärs. Der Anspruch tritt neben die nach § 67 Abs. 4 bestehenden, aber nur für Namensaktien geltenden Informationsrechte. Durch § 67d werden die Unterschiede zwischen Inhaber- und Namensaktie deutlich nivelliert. Der Zugewinn an Transparenz auf Seiten der AG hat für den Aktionär den Verlust seiner Anonymität zur Folge, auf die er aber keinen Anspruch hat. Die AG ist rechtlich nicht verpflichtet, von ihrem Informationsanspruch Gebrauch zu machen (RegBegr. BT-Drs. 19/9739, 66); die Entscheidung hierüber steht im pflichtgemäßen Ermessen des Vorstands (*Mock* in Hirte/Heidel Das neue Aktienrecht Rn. 11). Verpflichtungen nach dem GWG, insbesondere zur Bestimmung der wirtschaftlich Berechtigten eines Unternehmens, bleiben von § 67d unberührt (RegBegr. BT-Drs. 19/9739, 66).

II. Anspruchsinhalt und -geltendmachung (Abs. 1)

2 Nach Abs. 1 S. 1 kann der Informationsanspruch **gegen den Letztintermediär oder gegen einen Intermediär in der Kette** (→ § 67a Rn. 8; nicht aber gegen den Aktionär selbst, krit. hierzu *Stiegler* WM 2019, 620 (622)) geltend gemacht werden. Inhaltlich kann der Anspruch auf Gewährung von Informationen über die Identität des Aktionärs oder des jeweils nächsten Intermediärs gerichtet sein. Im Ergebnis ermöglicht dies der AG, sich Glied für Glied entlang der Verwahrkette bis zum Letztinterme-

diär vorzuarbeiten und so die gesamte Verwahrkette transparent zu machen (RegBegr. BT-Drs. 19/9739, 66). Ein praktisches Bedürfnis hierfür besteht angesichts der in Abs. 3 vorgesehenen Weiterleitungspflicht der Intermediäre jedoch nicht (ähnlich *Stiegler* WM 2019, 620 (627)). An wen die AG ihr Informationsverlangen richtet, steht in ihrem Ermessen. Eine **sachliche Rechtfertigung** für das Verlangen ist **ebenso wenig erforderlich wie** eine **Mindestbeteiligung** des Aktionärs. Zwar sieht die Aktionärsrechte-RL die Möglichkeit zur Einführung eines solchen Schwellenwerts vor. Der Gesetzgeber hat hiervon aber keinen Gebrauch gemacht (zur Begr. s. RegBegr. BT-Drs. 19/9739, 66 f.; *Zetsche* ZGR 2019, 1 (16 f.)). Die AG ist daher grundsätzlich frei, das Informationsverlangen durch die Angabe einer bestimmten Mindestbeteiligung zu begrenzen (zB „Aktionäre mit mehr als 1.000 Aktien"; zu Recht krit. zur Sinnhaftigkeit einer solchen Begrenzung *Noack* NZG 2017, 561 (563)). Nach Abs. 1 S. 2 richten sich **Format und Inhalt** des Verlangens nach der DurchführungsVO (EU) 2018/1212, die in Tabelle 1 ihres Anhangs Mindestanforderungen aufstellt.

III. Informationen über die Identität der Aktionäre (Abs. 2)

3 Welche Informationen der Intermediär über die Identität der Aktionäre an die AG zu übermitteln hat, ergibt sich aus Art. 3 Abs. 2 DurchführungsVO (EU) 2018/1212 iVm **Tabelle 2 der DurchführungsVO (EU) 2018/1212,** auf die Abs. 2 S. 1 verweist. Danach ist es zur Erfüllung des Auskunftsverlangens unter anderem erforderlich, der AG Name, Anschrift (Privat- oder Geschäftsadresse), Postleitzahl, Ort, Land, E-Mail-Adresse sowie weitergehende Informationen über Art (auf eigene Rechnung; nominelle oder wirtschaftliche Beteiligung) und Beginn der Beteiligung sowie die Zahl der gehaltenen Aktien mitzuteilen. **Liegen** dem Letztintermediär **erforderliche Daten nicht vor,** kann und muss er sie auch nicht übermitteln; insbesondere ist er nicht zur Nachforschung verpflichtet. Angesichts weitreichender KYC-Verpflichtungen der Banken kann dies in der Praxis allenfalls die E-Mail-Adresse des Aktionärs betreffen. Einem Nichtvorliegen entsprechender Angaben steht es gleich, wenn die Weitergabe an die Gesellschaft mit Vorgaben der DS-GVO unvereinbar wäre (RegBegr. BT-Drs. 19/9739, 67). In keinem Fall ist der Aktionär auf Grundlage von § 67d zu Angaben gegenüber dem Letztintermediär verpflichtet.

4 Abs. 2 S. 2 enthält eine Sonderregelung für den Fall, dass der Aktionär eine **nicht** im Handelsregister (oder einem vergleichbaren ausländischen Register) **eingetragene Personengesellschaft** ist. In diesem Fall müssen sich die nach Art. 3 Abs. 2 DurchführungsVO (EU) 2018/1212 iVm Tabelle 2 der DurchführungsVO (EU) 2018/1212 erforderlichen Angaben auf sämtliche hinter der Gesellschaft stehenden Gesellschafter beziehen. Befinden sich unter diesen ebenfalls nicht eingetragene Personengesellschaften, sind wiederum deren Gesellschafter zu nennen und so fort. Entsprechend Abs. 2 S. 1 steht die Übermittlungspflicht auch hier unter dem Vorbehalt, dass dem Letztintermediär Informationen über die Gesellschafter vorliegen. Ist dies nicht der Fall, genügt die Angabe der Firma oder des Namens der Gesellschaft nebst erforderlichen weiteren Informationen. Entsprechendes gilt für nichtrechtsfähige Stiftungen und ähnliche (ggf. auch ausländische) Rechtsformen (s. RegBegr. BT-Drs. 19/9739, 67; Hüffer/Koch/*Koch* Rn. 5). Bei **Bruchteils- oder Gesamthandsgemeinschaften** (§ 69) sind nach Abs. 2 S. 3 Informationen zu sämtlichen Berechtigten zu übermitteln.

IV. Weiterleitung des Informationsverlangens (Abs. 3)

5 Richtet die AG das Informationsverlangen nach Abs. 1 S. 1 an einen Intermediär in der Kette, muss sichergestellt sein, dass das Verlangen denjenigen Intermediär erreicht, der über die verlangten Informationen verfügt. Im Regelfall wird dies der Letztintermediär sein. Zu diesem Zweck werden Intermediäre in der Kette nach Abs. 3 **zur Weiterleitung des Informationsverlangens** entlang der Verwahrkette **verpflichtet,** bis der Letztintermediär erreicht ist. Weiterzuleiten ist das Verlangen innerhalb der in Art. 9 Abs. 6 und 7 DurchführungsVO (EU) 2018/1212 genannten **Fristen,** dh unverzüglich (§ 121 BGB) und spätestens bis zum Ende des Geschäftstages, an dem das Verlangen eingegangen ist, bzw. bei Erhalt nach 16.00 Uhr bis 10.00 Uhr am folgenden Geschäftstag (zu Einzelfragen → § 67a Rn. 6). Zur Weiterleitung können Intermediäre sich nach Abs. 5 S. 2 beauftragter Dritter bedienen.

V. Beantwortung des Informationsverlangens (Abs. 4)

6 Als Grundsatz **verpflichtet** Abs. 4 S. 1 den Letztintermediär **zur direkten Übermittlung** der verlangten Informationen an die AG. Eine Ausnahme gilt nach Abs. 4 S. 2 Hs. 1 dann, wenn die AG die Auskunft gezielt von einem bestimmten Intermediär in der Kette verlangt hat, der dann für die Zwecke der Informationsübermittlung nach Abs. 4 S. 3 an die Stelle des Letztintermediärs tritt und die Informationen unverzüglich (§ 121 BGB) an die AG zu übermitteln hat. In diesem Fall sind sämtliche sonstigen Intermediäre einschließlich des Letztintermediärs (RegBegr. BT-Drs. 19/9739, 68; aA offenbar Hüffer/Koch/*Koch* Rn. 7: Intermediäre in der Kette) nach Abs. 4 S. 2 Hs. 2 verpflichtet, die von der AG verlangten Informationen unverzüglich diesem Intermediär oder dem jeweils nächsten Intermediär in der Kette weiterzuleiten. Die RegBegr. (BT-Drs. 19/9739, 68) geht zurecht davon aus, dass die direkte

Übermittlung an die AG durch den Letztintermediär in der Praxis den Regelfall darstellen wird, nicht zuletzt, um den zweitaufwendigen Umweg über die Kette zu vermeiden. Nach Abs. 4 S. 4 richten sich **Format, Inhalt und Frist** der Beantwortung des Informationsverlangens nach Art. 2, 3, 9 Abs. 6 und 7 DurchführungsVO (EU) 2018/1212 iVm Tabelle 2 des Anhangs der DurchführungsVO (EU) 2018/1212 (Einzelfragen → § 67a Rn. 6).

VI. Einbeziehung von EU-Auslandsgesellschaften; Einschaltung Dritter (Abs. 5)

7 Im Gleichlauf mit § 67a Abs. 3 S. 2, § 67b Abs. 2 und § 67c Abs. 2 S. 5 (→ § 67a Rn. 6) erstreckt Abs. 5 S. 1 den Anwendungsbereich der Abs. 1–4 auf Informationen börsennotierter Gesellschaften mit **Sitz in einem anderen Mitgliedstaat** (krit. hierzu *Bork* NZG 2019, 738 (740)). Durch den Verweis in Abs. 5 S. 2 auf § 67a Abs. 2 S. 1 wird klargestellt, dass sich Beteiligte auch hier bei der Erfüllung ihrer Pflichten beauftragter Dritter bedienen können (→ § 67a Rn. 4).

VII. Rechtsfolgen von Verstößen

8 Die Rechtsfolgen von Verstößen beurteilen sich nach den allgemeinen Regeln. Da die AG in keiner schuldrechtlichen Sonderverbindung zu den Intermediären steht, kommen **Schadensersatzansprüche** aufgrund der Verletzung von Weiterleitungs- oder Übermittlungspflichten allenfalls auf deliktischer Grundlage in Betracht. Hierzu müsste § 67d Schutzgesetz iSd § 823 Abs. 2 BGB sein, was angesichts der Zielrichtung des Know-Your-Shareholder-Konzepts (→ § 67a Rn. 1) wenig naheliegend erscheint. Allerdings sind Verstöße gegen Pflichten aus Abs. 4 S. 1, S. 2 Hs. 2, S. 3 und Abs. 3 nach § 405 Abs. 2a Nr. 2, 3 und 5 **bußgeldbewehrt.**

Verarbeitung und Berichtigung personenbezogener Daten der Aktionäre

67e (1) **Gesellschaften und Intermediäre dürfen personenbezogene Daten der Aktionäre für die Zwecke der Identifikation, der Kommunikation mit den Aktionären, den Gesellschaften und den Intermediären, der Ausübung der Rechte der Aktionäre, der Führung des Aktienregisters und für die Zusammenarbeit mit den Aktionären verarbeiten.**

(2) [1]**Erlangen Gesellschaften oder Intermediäre Kenntnis davon, dass ein Aktionär nicht mehr Aktionär der Gesellschaft ist, dürfen sie dessen personenbezogene Daten vorbehaltlich anderer gesetzlicher Regelungen nur noch für höchstens zwölf Monate speichern.** [2]**Eine längere Speicherung durch die Gesellschaft ist zudem zulässig, solange dies für Rechtsverfahren erforderlich ist.**

(3) **Mit der Offenlegung von Informationen über die Identität von Aktionären gegenüber der Gesellschaft oder weiterleitungspflichtigen Intermediären nach § 67d verstoßen Intermediäre nicht gegen vertragliche oder gesetzliche Verbote.**

(4) **Wer mit unvollständigen oder unrichtigen Informationen als Aktionär identifiziert wurde, kann von der Gesellschaft und von dem Intermediär, der diese Informationen erteilt hat, die unverzügliche Berichtigung verlangen.**

I. Regelungsgegenstand und -zweck

1 § 67e regelt die **Verwendung und** den **Schutz personenbezogener Daten** der Aktionäre. Außerhalb des Anwendungsbereichs von § 67e verbleibt es bei den allgemeinen datenschutzrechtlichen Vorgaben; dies betrifft insbesondere die Informationspflichten nach Art. 12 ff. DS-GVO und das Sanktionsregime der Art. 82 ff. DS-GVO (Hüffer/Koch/*Koch* Rn. 7). Innerhalb der §§ 67a ff. nimmt § 67e insoweit eine Sonderstellung ein, als die Vorschrift für die börsennotierte und die nicht börsennotierte AG gleichermaßen gilt (RegBegr. BT-Drs. 19/9739, 68). Auch iÜ ist der Anwendungsbereich **nicht auf die Datenverarbeitung nach §§ 67a ff. beschränkt.** Die Vorschrift erfasst vielmehr sämtliche Vorgänge der Erhebung, Verarbeitung und Speicherung von Aktionärsdaten, insbesondere im Zusammenhang mit der Vorbereitung und Durchführung der HV (ausf. Hüffer/Koch/*Koch* Rn. 2; *Zetzsche* AG 2019, 233 (238)).

II. Beschränkung der Datenverarbeitung (Abs. 1)

2 Abs. 1 **beschränkt die Zulässigkeit der Datenverarbeitung** durch die AG und die Intermediäre auf Zwecke der Identifikation, der Kommunikation mit Aktionären, Gesellschaften und Intermediären, der Ausübung der Rechte der Aktionäre, der Führung des Aktienregisters und auf die Zusammenarbeit mit Aktionären. Die Regelung knüpft zT an die Definitionen der DS-GVO an: So soll der Begriff der Verarbeitung demjenigen in Art. 4 Nr. 2 DS-GVO entsprechen und damit auch die Datenerhebung und -speicherung erfassen (RegBegr. BT-Drs. 19/9739, 69). Zweifelhaft erscheint demgegenüber, dass

personenbezogene Daten iSv Abs. 1 nur solche iSd Art. 4 Nr. 1 DS-GVO sein sollen. Die dortige Definition ist auf natürliche Personen beschränkt und steht damit erkennbar im Widerspruch zu der in § 67e zum Ausdruck kommenden Regelungsintention, die sämtliche Aktionäre und damit auch nicht natürliche Personen im Blick hat (so iErg auch *Stiegler* WM 2019, 620 (627); widersprüchlich Hüffer/Koch/*Koch* Rn. 2). Keine ausdrückliche Regelung enthält Abs. 1 für Dritte, die nach § 67d Abs. 5 S. 2 iVm § 67a Abs. 2 S. 1 im Auftrag von Intermediären tätig werden; daher finden die allgemeine Reglungen für Auftragsverarbeiter in Art. 28 DS-GVO Anwendung (Hüffer/Koch/*Koch* Rn. 2; *Löschborn* AG 2018, R 319 (R 321)).

III. Speicherung nach Wegfall der Aktionärsstellung (Abs. 2)

Die Speicherungsdauer und die Löschung von Aktionärsdaten richten sich grundsätzlich nach den allgemeinen Vorschriften und damit insbesondere nach Art. 17 DS-GVO. Für den Wegfall der Aktionärsstellung sieht Abs. 2 S. 1 eine Sonderreglung vor. Danach dürfen personenbezogene Daten von Aktionären nach dem Wegfall der Aktionärsstellung grundsätzlich nur noch für einen **Zeitraum von höchstens zwölf Monaten** gespeichert werden. Für den Fristbeginn ist die subjektive Kenntnis der AG bzw. des jeweiligen Intermediärs entscheidend. Eine Wissenszurechnung zwischen der AG und den Intermediären erfolgt nicht, sodass individuell auf den Kenntnisstand eines jeden Beteiligten abzustellen ist (zur Wissenszurechnung s. auch Hüffer/Koch/*Koch* Rn. 3). Zur Nachforschung ist die AG nicht verpflichtet (RegBegr. BT-Drs. 19/9739, 69). Auch ist eine fahrlässige Nichtkenntnis („Kennenmüssen") für den Fristlauf nicht ausreichend (zweifelnd *Stiegler* WM 2019, 620 (627); wie hier Hüffer/Koch/*Koch* Rn. 3). Die Frist des Abs. 2 S. 1 steht ausdrücklich unter dem **Vorbehalt anderer gesetzlicher Regelungen.** Längere Speicherfristen können sich insbesondere aus steuer- und handelsrechtlichen Vorschriften (zB §§ 239 Abs. 1, 257 HGB), aber auch aus dem AktG selbst (zB § 129 Abs. 4 S. 2) ergeben. 3

Mitunter kann ein berechtigtes Bedürfnis nach längeren Speicherfristen aber auch außerhalb bestehender, von Abs. 1 S. 1 abweichender Regelungen gegeben sein. Dem trägt Abs. 2 S. 2 insoweit Rechnung, als die Datenspeicherung durch die AG (nicht: den Intermediär) solange zulässig ist, wie sie für ein **Rechtsverfahren** erforderlich ist. Rechtsverfahren idS sollen nach der RegBegr. (BT-Drs. 19/9739, 69) nicht nur Beschlussmängelklagen, Verfahren nach dem SpruchG oder andere Rechtsstreitigkeiten mit Aktionärsbeteiligung sein. Vielmehr sollen darunter zB auch Aufzeichnungen für Zwecke der Rückverfolgbarkeit von Rechtsnachfolgen, notwendige Aufzeichnungen hinsichtlich der HV und ihrer Beschlussfassungen sowie zur Erfüllung von Verpflichtungen der AG bezüglich Zahlung von Dividenden und Zinsen oder anderer Beträgen fallen, die an ehemalige Aktionäre zu zahlen sind (RegBegr. BT-Drs. 19/9739, 69; s. hierzu auch Erwägungsgrund 7 Aktionärsrechte-RL). 4

IV. Verhältnis zu vertraglichen und gesetzlichen Verboten (Abs. 3)

Abs. 3 beinhaltet eine **Kollisionsnorm** betreffend das Verhältnis der in § 67d statuierten Pflichten zur Offenlegung von Informationen über die Identität von Aktionären zu bestehenden vertraglichen oder gesetzlichen Offenlegungsverboten (zur Anwendung auf Intermediäre mit Sitz in anderen Mitglied- oder Drittstaaten *Mock* in Hirte/Heidel Das neue Aktienrecht Rn. 16; *Zetsche* ZGR 2019, 1 (11)). Die Regelung hat natürlich insbesondere das Bankgeheimnis im Blick. Die Kollision wird dahingehend aufgelöst, dass Pflichten nach § 67d unbedingter Vorrang zukommt. Die Frage, ob entgegenstehende vertragliche Regelungen – wie die RegBegr (BT-Drs. 19/9739, 69) meint – unwirksam sind oder ein Verstoß aufgrund der Anordnung in Abs. 3 nur ohne Rechtsfolgen bleibt, scheint akademischer Natur. Ein Anspruch des Intermediärs auf Offenlegung von Informationen lässt sich aus Abs. 3 nicht herleiten (RegBegr. BT-Drs. 19/9739, 69). 5

V. Berichtigungsanspruch (Abs. 4)

Bereits Art. 16 DS-GVO gewährt Betroffenen einen Anspruch auf unverzügliche Berichtigung unrichtiger personenbezogener Daten. Die Norm gilt aber nur für natürliche Personen. Abs. 4 erweitert den dortigen Anspruch auf **nicht natürliche Personen,** ist seinem Wortlaut nach aber auch auf natürliche Personen anwendbar und damit insoweit für Informationen über die Identität von Aktionären im Verhältnis zu Art. 16 DS-GVO lex specialis (aA BeckOGK/*Cahn,* 1.7.2020, Rn. 23: Ergänzung von Art. 16 DS-GVO). Der Anspruch steht neben Aktionären auch Nichtaktionären zu (aA offenbar *Mock* in Hirte/Heidel Das neue Aktienrecht Rn. 16), sofern diese mit unrichtigen Informationen (fälschlicherweise) als Aktionär identifiziert wurden. Gerichtet ist der Anspruch auf unverzügliche (§ 121 BGB) Berichtigung durch die AG und den Intermediär, der die zu berichtigenden Informationen erteilt hat. 6

Kosten; Verordnungsermächtigung

67f (1) [1]**Vorbehaltlich der Regelungen in Satz 2 trägt die Gesellschaft die Kosten für die nach den §§ 67a bis 67d, auch in Verbindung mit § 125 Absatz 1, 2 und 5, und nach § 118 Absatz 1 Satz 3 bis 5 sowie Absatz 2 Satz 2 notwendigen Aufwendungen der Intermediäre, soweit diese auf Methoden beruhen, die dem jeweiligen Stand der Technik entsprechen.** [2]**Die folgenden Kosten sind hiervon ausgenommen:**

1. **die Kosten für die notwendigen Aufwendungen der Letztintermediäre für die nichtelektronische Übermittlung von Informationen an den Aktionär gemäß § 67b Absatz 1 Satz 1 und**
2. **bei der Gesellschaft, die Namensaktien ausgegeben hat, die Kosten für die notwendigen Aufwendungen der Intermediäre für die Übermittlung und Weiterleitung von Informationen vom im Aktienregister eingetragenen Intermediär an den Aktionär nach § 125 Absatz 2 und 5 in Verbindung mit den §§ 67a und 67b.**

[3]**Die Intermediäre legen die Entgelte für die Aufwendungen für jede Dienstleistung, die nach den §§ 67a bis 67e, § 118 Absatz 1 Satz 3 bis 5 sowie Absatz 2 Satz 2, § 125 Absatz 1 Satz 1, Absatz 2 und 5 und § 129 Absatz 5 erbracht wird, offen.** [4]**Die Offenlegung erfolgt getrennt gegenüber der Gesellschaft und denjenigen Aktionären, für die sie die Dienstleistung erbringen.** [5]**Unterschiede zwischen den Entgelten für die Ausübung von Rechten im Inland und in grenzüberschreitenden Fällen sind nur zulässig, wenn sie gerechtfertigt sind und den Unterschieden bei den tatsächlichen Kosten, die für die Erbringung der Dienstleistungen entstanden sind, entsprechen.**

(2) **Unbeschadet sonstiger Regelungen nach diesem Gesetz sind für die Pflichten nach den §§ 67a bis 67e, 125 Absatz 1 Satz 1, Absatz 2 und 5 sowie für die Bestätigungen nach § 118 Absatz 1 Satz 3 bis 5 sowie Absatz 2 Satz 2 und § 129 Absatz 5 die Anforderungen der Durchführungsverordnung (EU) 2018/1212 zu beachten.**

(3) [1]**Das Bundesministerium der Justiz und für Verbraucherschutz wird ermächtigt, im Einvernehmen mit dem Bundesministerium für Wirtschaft und Energie und dem Bundesministerium der Finanzen durch Rechtsverordnung die Einzelheiten für den Ersatz von Aufwendungen der Intermediäre durch die Gesellschaft für die folgenden Handlungen zu regeln:**

1. **die Übermittlung der Angaben gemäß § 67 Absatz 4,**
2. **die Übermittlung und Weiterleitung von Informationen und Mitteilungen gemäß den §§ 67a bis 67d, 118 Absatz 1 Satz 3 bis 5 sowie Absatz 2 Satz 2 und § 129 Absatz 5 und**
3. **die Vervielfältigung, Übermittlung und Weiterleitung der Mitteilungen gemäß § 125 Absatz 1, 2 und 5 in Verbindung mit den §§ 67a und 67b.**

[2]**Es können Pauschbeträge festgesetzt werden.** [3]**Die Rechtsverordnung bedarf nicht der Zustimmung des Bundesrates.**

I. Regelungsgegenstand und -zweck

1 § 67f enthält **ergänzende Regelungen** zu §§ 67a ff., durch die die Vorgaben von Art. 3d Aktionärsrechte-RL umgesetzt werden. Abs. 1 regelt die Verteilung der Kosten für die Übermittlung und Weiterleitung von Informationen im Anwendungsbereich der §§ 67a–67d. Abs. 2 stellt klar, dass die DurchführungsVO (EU) 2018/1212 in vollem Umfang auf §§ 67a ff. anzuwenden ist. Abs. 3 enthält eine Ermächtigung zum Erlass einer Verordnung über den Ersatz bestimmter Aufwendungen der Intermediäre.

II. Kostenverteilung (Abs. 1)

2 Nach der **Grundregel** des Abs. 1 S. 1 **trägt die AG die Kosten,** die Intermediären durch die Übermittlung und Weiterleitung von Informationen nach §§ 67a–67d (nicht: für die Verarbeitung nach § 67e) entstehen. Dies gilt auch, wenn die Verpflichtung der Intermediäre aus § 125 Abs. 1 S. 1, Abs. 2 und 5 oder § 118 Abs. 1 S. 3–5 oder Abs. 2 S. 2, jeweils iVm mit § 67a oder § 67b resultiert. Entsprechendes wird für § 129 Abs. 5 zu gelten haben, der in Abs. 1 S. 1 (wohl versehentlich) nicht genannt ist. Nicht erfasst werden demgegenüber Fälle, in denen die Zuleitung nach § 125 Abs. 1 S. 1 Nr. 2 oder Abs. 2 auf Verlangen des Intermediärs erfolgt; eine freiwillige Kostenübernahme durch die AG bleibt aber möglich (RegBegr. BT-Drs. 19/9739, 70). Auf Grundlage von Abs. 1 S. 1 steht den Intermediären ein Anspruch auf Ersatz der **notwendigen Aufwendungen** zu (*Mock* in Hirte/Heidel Das neue Aktienrecht Rn. 6). Als Beispiel für eine fehlende Notwendigkeit führt die RegBegr. (BT-Drs. 19/9739, 71) vermeidbare Mehrfachmitteilungen, Mitteilungen trotz Kenntnis anderweitiger Übermittlung sowie unverhältnismäßig lange Intermediärsketten an. Insbesondere für den letztgenannten Sachverhalt bietet sich aus

Gründen der Rechtssicherheit eine Regelung in der neu zu schaffenden Kostenverordnung (Abs. 3) an (RegBegr. BT-Drs. 19/9739, 71). Ebenfalls nicht notwendig sind Aufwendungen, soweit die Informationsübermittlung bzw. -weiterleitung mittels veralteter technischer Methoden erfolgt.

Abs. 1 S. 2 **nimmt zwei Sachverhalte** von der in Abs. 1 S. 1 normierten Kostenzuweisung **aus:** 3
Nach Abs. 1 S. 2 Nr. 1 haben **Letztintermediäre** (→ § 67a Rn. 8) ihre Kosten für die **nicht-elektronische Übermittlung** von Informationen an den Aktionär nach § 67b Abs. 1 S. 1 selbst zu tragen. Die Regelung untersagt Letztintermediären aber nicht, diese Kosten dem Aktionär aufzuerlegen, wodurch ein Anreiz für die elektronische Übermittlung geschaffen werden soll (RegBegr. BT-Drs. 19/9739, 63). Von Abs. 1 S. 2 Nr. 1 nicht erfasst sind mangels Inbezugnahme von § 125 Kosten der Übermittlung der HV-Einberufung (RegBegr. BT-Drs. 19/9739, 70). Die AG hat diese Kosten daher vorbehaltlich Abs. 1 S. 2 Nr. 2 auch dann nach Abs. 1 S. 1 zu tragen, wenn die Übermittlung schriftlich erfolgt. Im Fall von **Namensaktien** legt Abs. 1 S. 2 Nr. 2 Intermediären darüber hinaus die Kosten für die Weiterleitung und Übermittlung der HV-Einberufung vom im Aktienregister eingetragenen Intermediär (sog. Nominee) an den wahren Aktionär auf. Die Kostentragungspflicht der AG endet damit beim Nominee. Die Regelung hat ihren Grund in § 67 Abs. 2 S. 1 (RegBegr. BT-Drs. 19/9739, 70). Unklar bleibt allerdings, warum die Regelung nur für die HV-Einberufung und nicht auch für sonstige Unternehmensereignisse (→ § 67a Rn. 9) gelten soll (s. hierzu auch die Kritik von Hüffer/Koch/*Koch* Rn. 4 zum Informationsfluss in die Gegenrichtung).

Abs. 1 S. 3 und 4 sollen sicherstellen, dass Intermediäre der AG **keine unnötigen oder überhöhten** 4
Aufwendungen in Rechnung stellen (RegBegr. BT-Drs. 19/9739, 70). Zu diesem Zweck verpflichtet die Regelung sie, das Entgelt für jede einzelne Dienstleistung nach §§ 67a–67e, § 125 Abs. 1 S. 1, Abs. 2 und 5, § 118 Abs. 1 S. 3–5 und Abs. 2 S. 2 sowie § 129 Abs. 5 getrennt gegenüber der AG und dem Aktionär, für den die Dienstleistung erbracht wurde, offen zu legen. Eine Mitteilung in aggregierter Form scheidet damit aus (*Stiegler* WM 2019, 620 (628)). Schließlich soll Abs. 1 S. 5 verhindern, dass in grenzüberschreitenden Sachverhalten ungerechtfertigte und damit in der Sache **diskriminierende Zusatzentgelte** erhoben werden. Sachlich gerechtfertigt und damit zulässig sind Kostenunterschiede aber dann, wenn sie tatsächlich höheren Aufwendungen entspringen. Voraussetzung ist aber, dass verwendete Kommunikations- oder Übermittlungsmethoden dem aktuellen Stand der Technik entsprechen. Eine Kostendifferenz, die auf Einsatz veralteter Technik beruht, geht zu Lasten der Intermediäre (RegBegr. BT-Drs. 19/9739, 71).

III. Geltung der DurchführungsVO (EU) 2018/1212 (Abs. 2)

Schon nach Art. 288 Abs. 2 AEUV ist die DurchführungsVO (EU) 2018/1212 in allen ihren 5
Bestandteilen verbindlich und gilt unmittelbar in allen Mitgliedstaaten. Abs. 2 spricht daher eine Selbstverständlichkeit aus und hat **lediglich klarstellenden Charakter.** Zur Klarstellung veranlasst sah sich der Gesetzgeber offenbar aufgrund der Vielzahl (lediglich deklaratorischer) Direktverweise in §§ 67a ff. auf die DurchführungsVO (EU) 2018/1212 (RegBegr. BT-Drs. 19/9739, 71).

IV. Verordnungsermächtigung (Abs. 3)

Abs. 3 entspricht (in modifizierter Form) der bisherigen Ermächtigung in § 128 Abs. 3 aF, von der 6
durch Erlass der KredInstAufwV 2003 bereits Gebrauch gemacht wurde. Aufgrund der nunmehr umfassenden Kostenregelung in § 67f erscheint eine neue Ermächtigung auf den ersten Blick überflüssig. Offenbar wollte der Gesetzgeber aber die Möglichkeit schaffen, dass nach dem Vorbild der KredInstAufwV 2003 auch für §§ 67a ff. detaillierte Kostenregelungen auf Verordnungsebene getroffen werden können. Damit soll unter anderem eine spätere **grenzüberschreitende Vereinheitlichung** nationaler Regelungen ermöglicht werden (RegBegr. BT-Drs. 19/9739, 71 f.). Die KredInstAufwV 2003 wurde aufgehoben, bleibt aber nach der Übergangsbestimmung in Art. 26j Abs. 5 EGAktG bis zum Erlass einer neuen Verordnung (längstens aber bis 3.9.2025) sinngemäß anwendbar.

Übertragung von Namensaktien. Vinkulierung

68 (1) [1]**Namensaktien können auch durch Indossament übertragen werden.** [2]**Für die Form des Indossaments, den Rechtsausweis des Inhabers und seine Verpflichtung zur Herausgabe gelten sinngemäß Artikel 12, 13 und 16 des Wechselgesetzes.**

(2) [1]**Die Satzung kann die Übertragung an die Zustimmung der Gesellschaft binden.** [2]**Die Zustimmung erteilt der Vorstand.** [3]**Die Satzung kann jedoch bestimmen, daß der Aufsichtsrat oder die Hauptversammlung über die Erteilung der Zustimmung beschließt.** [4]**Die Satzung kann die Gründe bestimmen, aus denen die Zustimmung verweigert werden darf.**

(3) **Bei Übertragung durch Indossament ist die Gesellschaft verpflichtet, die Ordnungsmäßigkeit der Reihe der Indossamente, nicht aber die Unterschriften zu prüfen.**

(4) **Diese Vorschriften gelten sinngemäß für Zwischenscheine.**

Übersicht

I. Überblick

1 Die Vorschrift enthält in Abs. 1, 3 und 4 Bestimmungen zur **Übertragung von Namensaktien** (§ 10 Abs. 1 S. 1) und auf den Namen lautenden Zwischenscheinen (§ 10 Abs. 3), sowie in Abs. 2 Bestimmungen zur **Vinkulierung,** dh der statutarischen Bindung der Übertragung von Namensaktien und Zwischenscheinen an die Zustimmung der Gesellschaft (*Heller/Timm* NZG 2006, 257 ff.). Namensaktien unterscheiden sich von Inhaberaktien dadurch, dass sie nach § 67 Abs. 1 unter Angabe des Namens und weiterer Identifikationsmerkmale erstmals bei Gründung der AG (OLG Jena 25.2.2004, AG 2004, 268 (270)) und danach bei jedem Inhaberwechsel gem. § 67 Abs. 3 durch Neueintragung des Erwerbers und Löschung des Vorgängers in dem von der Gesellschaft zuführenden Aktienregister einzutragen sind. Mit der Aktienrechtsreform 2016 wurde die **Namensaktie** zur **Standardform der Ausgabe von Aktien** erhoben; das bringt § 10 Abs. 1 deutlich zum Ausdruck, der in S. 1 die Ausgabe von Namensaktien zum gesetzlichen Regelfall macht und in S. 2 die Ausgabe von Inhaberaktien an besondere Voraussetzungen knüpft (zur Entstehungsgeschichte dieser Norm GroßkommAktG/*Mock* § 10 Rn. 11). Der deutsche Gesetzgeber folgte damit der angloamerikanischen Kapitalmarktpraxis, wo die *registered shares* generell üblich sind. Die Vorteile der im Aktienregister identifizierbaren Namensaktie liegen in der erleichterten Kommunikation der Gesellschaft mit ihren Aktionären, der Möglichkeit der Schaffung einer an bedeutenden Auslandsbörsen (London, New York) handelbaren globalen Aktie, wie auch der Einbeziehung in das System der Girosammelverwahrung (§ 5 Abs. 1 DepotG), das die Übertragung von Aktien ohne die körperliche Auslieferung von Zertifikaten ermöglich, wenn die Verbriefung von Anteilen entsprechend gängiger Praxis nach § 10 Abs. 5 statutarisch ausgeschlossen ist (vgl. *Noack* FS G. Bezzenberger, 2000, 292 (293 ff.)).

II. Übertragung von Namensaktien (Abs. 1)

2 Die in Abs. 1 S. 1 geregelte **Übertragung durch Indossament** weist die **Namensaktie** als **gekorenes Orderpapier** aus, wobei nach Abs. 1 S. 2 auf die Übertragung die Art. 12, 13, und 16 WG sinngemäß anzuwenden sind (iE dazu Spindler/Stilz/*Cahn* Rn. 3 ff.). Die Übertragung nach Abs. 1 S. 1 verlangt eine schriftliche Übertragungserklärung auf der Aktienurkunde oder einem fest mit ihr verbundenen Anhang; das Indossament kann auch als Blankoindossament erteilt werden (Art. 13 WG). Daneben ist die Übereignung der Urkunde durch Einigung und Übergabe bzw. Übergabesurrogat nach den §§ 929 ff. BGB notwendige Voraussetzung (BGH 12.12.1957, NJW 1958, 302; BGH 25.6.1975, WM 1975, 947 f.); das gilt auch für die vinkulierte Namensaktie. Diese gesetzliche Ausgestaltung kann gem. § 23 Abs. 5 durch die Satzung nicht abbedungen werden, da es an einem Verweis auf die Möglichkeit einer negativen Orderklausel, wie sie Art. 11 Abs. 2 WG vorsieht, fehlt (vgl. KK-AktG/*Lutter/Drygala* Rn. 7 f.). Von besonderer Bedeutung ist bei der Übertragung durch Indossament die Möglichkeit des gutgläubigen Erwerbs entsprechend Art. 16 Abs. 2 WG. Der gutgläubige Besitzer der indossierten Aktie, der sein Recht durch eine ununterbrochene Indossamentenkette nachweist, die auch Indossamente von Verfügungsbeschränkten oder Geschäftsunfähigen enthalten kann (BGH 7.2.1951, NJW 1951, 402), gilt nach dieser Bestimmung auch dann als Rechtsinhaber, wenn die Aktienurkunde einem früheren Inhaber „irgendwie abhandengekommen" ist (*Mirow* NZG 2008, 52 (54); zu weiteren Einzelheiten Spindler/Stilz/*Cahn* Rn. 13 ff.).

3 Der Übertragung von Namensaktien durch Indossament einschließlich der damit einhergehenden Prüfungspflicht der Gesellschaft nach Abs. 3 kommt in der heutigen Wertpapierpraxis keine nennenswerte Bedeutung mehr zu. Durch das **NaStraG 2001** wurde in Abs. 1 S. 1 das Wort „auch" eingeführt, wodurch **weitere Übertragungsmöglichkeiten** gesetzlich zugelassen werden. Weitgehend üblich ist die Übertragung von Miteigentumsanteilen an blankoindossierten Globalurkunden durch Buchung im Effektengiroverkehr (s. dazu *Than/Hannöver* in v. Rosen/Seifert, Die Namensaktie, 2000, 279 (286 ff.)); so können im Rahmen der Girosammelverwahrung Miteigentumsanteile am Girosammelbestand gem. **§ 24 Abs. 2 DepotG** durch Eintragung des Übertragungsvermerks im Verwahrbuch der als Kommissionärin agierenden Depotbank übertragen werden; auch kann gem. **§ 18 Abs. 3 DepotG** die Übertragung von Namensaktien durch den Einkaufskommissionär auf den Kommittenten durch Absendung eines Stückeverzeichnisses erfolgen (Baumbach/Hopt/*Kumpan* DepotG § 18 Rn. 1). Schließlich kommt auch die Übertragung von Namensaktien im Wege der **Abtretung nach §§ 398, 413 BGB** in Betracht (*Mentz/Fröhling* NZG 2002, 201 (203)). Sind die Anteile verbrieft (§ 10 Abs. 5), kann die Übertragung

der Mitgliedschaft nach den §§ 413, 398 BGB erfolgen (*Mentz/Fröhling* NZG 2002, 201 (203)), wobei die Übergabe der Aktienurkunde nach wohl überwiegender und zutreffender Meinung im Schrifttum nicht Wirksamkeitsvoraussetzung für den Rechtserwerb, wohl aber für den Nachweis zwecks Umschreibung im Aktienregister (§ 67 Abs. 3) erforderlich ist (vgl. stellvertretend für die hM KK-AktG/*Lutter/Drygala* Rn. 35; *Noack* FS G. Bezzenberger, 2000, 291 (297); **aA** RG 6.6.1916, RGZ 88, 290 (292); BGH 12.12.1957, NJW 1958, 302 (303); KG 20.12.2002, NZG 2003, 226 (227 f.)). Für die Wirksamkeit der Übertragung einer Namensaktie und der darin verkörperten Mitgliedschaft ist die Eintragung im Aktienregister nicht erforderlich, nach § 67 Abs. 2 wohl dagegen aber für die Ausübung der mit der Anteilsinhaberschaft verbundenen mitgliedschaftlichen Rechte (*Mirow* NZG 2008, 52 (54)).

III. Vinkulierte Namensaktien (Abs. 2)

1. Vinkulierung. Grundsätzlich sind Aktien frei übertragbar, also ohne eine Zustimmung der Gesellschaft oder der übrigen Aktionäre (BVerfG 27.4.1999, BVerfGE 100, 289 (305 ff.); BGH 20.9.2004, BGHZ 160, 253 (256 ff.). Vinkulierte Namensaktien sind Aktien, deren **rechtsgeschäftliche Übertragung** nach Abs. 2 S. 1 **durch die Satzung an die Zustimmung der Gesellschaft gebunden** ist. Die Vorschrift bezieht sich nur auf das Verfügungs- und nicht auch das zugrundeliegende Verpflichtungsgeschäft (RG 31.3.1931, RGZ 132, 149 (157)). Bei einem Erwerb kraft gesetzlicher Gesamt- oder Einzelrechtsnachfolge (§ 1416 Abs. 2 BGB, § 1922 BGB, §§ 20, 131 Abs. 1 Nr. 1 UmwG, §§ 176 ff. UmwG, § 140 HGB, § 320a) entfaltet die Vinkulierung keine Wirkung. Da das Gesetz die Möglichkeit der Vinkulierung abschließend regelt (§ 23 Abs. 5), können statutarisch keine solchen oder andere weitergehende Verfügungsbeschränkungen, die die freie Übertragbarkeit des Mitgliedschaftsrechts beschränken, mit dinglicher Wirkung begründet werden (KK-AktG/*Lutter/Drygala* Rn. 107 ff.). Derartig **exzessive statutarische Verfügungsbeschränkungen** sind gem. § 241 Nr. 3 Alt. 1 wegen Verstoßes gegen Grundprinzipien des Aktienrechts nichtig; so etwa eine Satzungsklausel, durch die das Erfordernis einer Unterschriftsbeglaubigung auf Kosten des betroffenen Aktionärs als Wirksamkeits- bzw. Nachweiserfordernis für die Übertragung vinkulierter Namensaktien begründet wird (BGH 20.9.2004, BGHZ 160, 253 (256 ff.)). Gesetzlich zwingend vorgeschrieben ist die Vinkulierung in Fällen der Begründung satzungsmäßiger Nebenleistungspflichten (§ 55 Abs. 1), für die Einräumung von Entsendungsrechten in den Aufsichtsrat zugunsten der Inhaber bestimmter Aktien (§ 101 Abs. 2 S. 2), für die freiberuflich tätige AG (§ 28 Abs. 5 WPO, § 50 Abs. 5 S. 2 StBerG) und für Kapitalanlagegesellschaften (§ 1 Abs. 5 KAGB). Der satzungsmäßige Ausschluss der Verbriefung von Aktien (§ 10 Abs. 5) schließt die Möglichkeit der Vinkulierung nicht aus (OLG Celle 24.11.2004, NZG 2005, 279 f.). Mit der Umwandlung einer Namens- in eine Inhaberaktie entfällt die Vinkulierung automatisch (OLG Hamburg 3.7.1970, AG 1970, 230). Gem. § 289a Abs. 1 S. 1 Nr. 2 HGB haben Gesellschaften, die einen organisierten Markt iSv § 2 Abs. 7 WpÜG in Anspruch nehmen, im Lagebericht Angaben über statutarische Vinkulierungen sowie auch der Gesellschaft bekannte schuldrechtliche Übertragungsbeschränkungen (→ Rn. 8) zu machen. 4

Eine der Vinkulierung zugängliche rechtsgeschäftliche (→ Rn. 4) **„Übertragung" iSv Abs. 2 S. 1** liegt in den Fällen der Erfüllung eines Vermächtnisses (§ 2174 BGB) und der Verpflichtungen aus einer Erbauseinandersetzung (§§ 2042 ff. BGB) vor (OLG Düsseldorf 23.1.1987, ZIP 1987, 227 (231)). Der Vinkulierung zugänglich sind weiter auch die Legitimationsübertragung, bei der der Legitimationszessionar gegenüber der Gesellschaft die Stellung eines verfügungs-, wenn auch nicht dinglich vollberechtigten Aktionärs erhält (§ 67 Abs. 2 S. 1) und die **treuhänderische Übertragung** von Aktien (*Serick* FS Hefermehl, 1976, 427 (433 ff., 440 ff.)), die **Verpfändung** von Aktien und die **Bestellung eines Nießbrauchs** daran (hM, KK-AktG/*Lutter/Drygala* Rn. 54; krit. dagegen aber Spindler/Stilz/*Cahn* Rn. 34), sowie auch die **Bestellung eines gemeinsamen Vertreters** mehrerer an einer Aktie Berechtigter nach § 69 (Spindler/Stilz/*Cahn* Rn. 34); nicht erfasst ist dagegen der Erwerb eigener Aktien der Gesellschaft (vgl. GroßkommAktG/*Merkt* Rn. 330), bei der die Berufung auf die Vinkulierung selbstwidersprüchlich erscheinen müsste. Die Pfändung vinkulierter Namensaktien im Wege der **Einzelzwangsvollstreckung** unterliegt wegen des in der Praxis üblichen Ausschlusses der Verbriefung (§ 10 Abs. 5) dem Verfahren nach § 857, 831 ZPO. Der Pfändungsgläubiger tritt allerdings erst durch die Pfandverwertung an die Stelle bisherigen Aktionärs (Pfändungsschuldners), sodass erst dann eine Vinkulierungsklausel zum Tragen kommen kann. Ganz ähnlich begründet im **Insolvenzverfahren** der von Gesetzes wegen (→ Rn. 4) erfolgende Übergang der Verfügungsbefugnis auf den Insolvenzverwalter nach § 80 Abs. 1 InsO als solcher noch keinen der Vinkulierung zugänglichen Übertragungstatbestand, sondern vielmehr erst die konkrete Verwertung der in Beschlag genommenen Aktien (so zutr. für die hM KK-AktG/*Lutter/Drygala* Rn. 56, mit der fragwürdigen Einschränkung, dass die Zustimmung hier nur aus wichtigem Grund versagt werden dürfe; *Liebscher/Lübke* ZIP 2004, 241 (244 ff.); krit. dagegen aber Spindler/Stilz/*Cahn* Rn. 36). Auf die Übertragung von Aktien an eine Person, die als Alleinaktionär aus dem Geschäft hervorgeht, findet eine Vinkulierungsklausel nach zutreffender hM keine Anwendung (OLG München 4.5.2005, ZIP 2005, 1070 (1072); krit. dagegen aber Spindler/Stilz/*Cahn* Rn. 69; sowie auch *Heller/Timm* NZG 2006, 257 (258)). 5

6 Was die **Voraussetzungen und Modalitäten der Vinkulierung** im Einzelnen betrifft, so ist der Satzungsgeber frei darin, Ablehnungsgründe und Ausnahmen davon festzulegen; wichtige Gründe sind dafür nicht erforderlich (vgl. *Kropff* 88). Als **Vinkulierungszwecke** kommen insbesondere in Betracht (vgl. KK-AktG/*Lutter/Drygala* Rn. 58): (1) die Gewährleistung der Zahlungsfähigkeit von Aktionären beim Erwerb nicht voll eingezahlter Aktien, (2) der Schutz vor Überfremdung der AG, insbesondere bei Familiengesellschaften, (3) die Aufrechterhaltung der bisherigen Beteiligungsverhältnisse oder der Selbständigkeit der Gesellschaft, namentlich zum Schutz vor der Begründung beherrschenden Einflusses durch Erwerb der Aktienmehrheit, (4) die Gewährleistung der Identität des Gesellschafterkreises von AG und KG bei der AG & Co KG, (5) die Verhinderung des Auseinanderfallens von Arbeitnehmer- und Aktionärsstellung bei Mitarbeiterbeteiligungen, (6) die Sicherstellung der Leistungsfähigkeit von Aktionären, denen Nebenleistungspflichten nach § 55 obliegen, sowie last not least (7) der Schutz vor dem Einfluss unerwünschter Aktionäre durch Entsendung von Aufsichtsratsmitgliedern (§ 101 Abs. 2 S. 2). Was die **Modalitäten der Zustimmung** der Gesellschaft anbelangt. so handelt es sich dabei um eine keiner Form bedürftige, empfangsbedürftige und den Anfechtungsregelungen der §§ 119 ff. BGB unterfallende Willenserklärung, die sowohl an den bisherigen Aktionär als auch an den Erwerber als im Voraus erteilte Einwilligung (§ 183 BGB) oder im Nachhinein erteilte Genehmigung (§ 184 BGB) gerichtet werden kann (iE dazu KK-AktG/*Lutter/Drygala* Rn. 83 ff.). Nach zutreffender hM kann die Zustimmung wie auch deren Verweigerung bedingt oder befristet werden (vgl. Spindler/Stilz/*Cahn* Rn. 62; KK-AktG/*Lutter/Drygala* Rn. 7).

7 Die **nachträgliche Einführung einer Vinkulierungsklausel** bedarf nach § 180 Abs. 2 der Zustimmung aller durch die neue Regelung betroffenen Aktionäre. Das gilt auch für die nachträgliche Verschärfung der Vinkulierung, nicht dagegen für deren Aufhebung oder Erleichterung (Spindler/Stilz/*Cahn* Rn. 41). Entgegen der hM im Schrifttum (vgl. MüKoAktG/*Bayer* Rn. 48 f. mwN) ist in dem Fall, dass vinkulierte Aktien aus einer Kapitalerhöhung den Inhabern nicht vinkulierter Aktien zum Bezug angeboten werden, die Zustimmung all dieser Aktionäre nach § 180 Abs. 2 nicht erforderlich, da das Bezugsrecht nach § 186 Abs. 1 den Bezugsberechtigten einen „Schutz vor der Ausgabe von Aktien geringeren Rechts" nicht gewährt (vgl. KK-AktG/*Lutter/Drygala* Rn. 62).

8 Von der als dingliche Übertragungsbeschränkung wirkenden Vinkulierung zu unterscheiden ist die **Vereinbarung schuldrechtlich wirkender Übertragungsbeschränkungen.** Solche Vereinbarungen können die Aktionäre untereinander oder mit Dritten (BayObLG 24.11.1988, ZIP 1989, 638 (642); *Lutter/Drygala* FS Raisch, 1995, 246 ff.), aber auch mit der Gesellschaft selbst (offen insoweit BGH 22.1.2013, ZIP 2013, 263 (264 f.)) schließen. Ein schuldrechtlicher Vertrag zwischen einer AG und einem Aktionär, nach dem der Aktionär seine Aktien auf die Gesellschaft unentgeltlich zu übertragen hat, wenn der Vertrag beendet wird, ist jedenfalls dann gem. § 138 Abs. 1 BGB nichtig, wenn der Aktionär die Aktien zuvor entgeltlich erworben hat (BGH 22.1.2013, ZIP 2013, 263 ff.; *Cziupka/Kliebsch* BB 2013, 715 (716 ff.)). Der Verstoß gegen schuldrechtliche Übertragungsbeschränkungen hindert die dingliche Wirksamkeit einer Übertragung nicht (§ 137 S. 1 BGB); er kann lediglich die Schadensersatzpflicht der vertragsbrüchigen Partei zur Folge haben (§ 137 S. 2 BGB).

9 **2. Entscheidung über die Zustimmung.** Nach Abs. 2 S. 2 erteilt der Vorstand die Zustimmung zur Übertragung vinkulierter Aktien. Es genügt dafür die Erklärung der Zustimmung (oder auch der Verweigerung) durch den Vorstand nach § 78 Abs. 2 und 3 in vertretungsberechtigter Zahl (Spindler/Stilz/*Cahn* Rn. 63; **aA** OLG München ZIP 2005, 1070 (1071 f.)). Diese **grundsätzliche Entscheidungs- und Erklärungszuständigkeit des Vorstands** geht allerdings im Insolvenzverfahren gem. § 80 Abs. 1 InsO auf den Insolvenzverwalter über, soweit vinkulierte Aktien noch nicht voll eigezahlt sind (RG 15.12.1909, RGZ 72, 290 (292 f.): KK-AktG/*Lutter/Drygala* Rn. 76). Nach Abs. 2 S. 3 kann die Satzung bestimmen, dass der **Aufsichtsrat** oder die **Hauptversammlung, nicht** dagegen ein **einzelner Aktionär oder** ein **gesetzlich nicht vorgesehenes Kreationsorgan,** über die Erteilung der Zustimmung zu beschließen hat. Eine solche das Innenverhältnis betreffende Zuständigkeitsregelung lässt die alleinige Zuständigkeit des Vorstands für die Abgabe der Zustimmungs- bzw. Verweigerungserklärung im Außenverhältnis und dessen insoweit unbeschränkbare Vertretungsmacht nach § 82 Abs. 1 unberührt (vgl. *Kropff* 88). Die Satzung kann für unterschiedliche Vinkulierungsfälle unterschiedliche Organzuständigkeiten festlegen. Mit dieser Entscheidungskompetenz des Satzungsgebers ist die Ableitung einer ungeschriebenen Zuständigkeit der Hauptversammlung in Fällen, wo durch den Erwerb die Schwelle zu Sperrminorität, zur einfachen Mehrheit oder zur qualifizierten Mehrheit überschritten würde, aus der „Holzmüller/Gelatine-Rechtsprechung" (BGH 26.4.2004, BGHZ 159, 30 ff. – Gelatine; BGH 25.2.1982, BGHZ 83, 122 ff. – Holzmüller) nicht vereinbar (zutr. Spindler/Stilz/*Cahn* Rn. 50; aA *K. Schmidt* FS Beusch, 1993, 759 (768 ff.)). Die Grenzen einer nach Abs. 2 zulässigen statutarischen Vinkulierung werden überschritten, wenn die Satzung mehrere Organe zur gemeinschaftlichen Entscheidung beruft (vgl. LG München I 27.2.2017, AG 2017, 591 (592): Satzungsklausel über kumulative Zuständigkeit von Vorstand und Hauptversammlung nach § 241 Nr. 3 nichtig) oder einem Organ ein Vetorecht gegen die Entscheidung eines anderen einräumt, nicht aber, wenn die Vinkulierung dadurch erleichtert wird, das gegen die Entscheidung eines zunächst berufenen Organs ein anderes

Organ angerufen werden kann. Nimmt man bei kumulativer Organzuständigkeit die Nichtigkeit der entsprechenden Satzungsklausel nach § 241 Nr. 3 an, wird man wohl auch Zustimmungsvorbehalte des Aufsichtsrats nach § 111 Abs. 4 S. 2 als unzulässige Vinkulierungserschwerung ansehen müssen (vgl. MüKoAktG/*Bayer* Rn. 65). Bei Entscheidungszuständigkeit des Vorstands kann die Zustimmung nach § 77 Abs. 1 S. 2 per Satzungs- oder Geschäftsordnungsregelung einem oder mehreren Ressortvertreter(n) übertragen werden. Entscheidet der Aufsichtsrat, ist nach § 107 Abs. 3 S. 2 die Übertragung der Entscheidungsbefugnis auf einen Ausschuss möglich (vgl. Spindler/Stilz/*Cahn* Rn. 48).

Inhaltliche Maßstäbe für die rechtliche Kontrolle von Beschlüssen über die Zustimmung der Gesellschaft zur Übertragung vinkulierter Namensaktien nach Abs. 2 können sich zunächst aus der **Satzung** ergeben. Werden bestimmte Fallkonstellationen oder Personen von der statutarischen Vinkulierung ausgenommen, ist eine entsprechende Übertragung von Aktien ohne Weiteres wirksam; eines Zustimmungsbeschlusses bedarf es dann erst gar nicht (GroßkommAktG/*Merkt* Rn. 310). Erwerber und Veräußerer können dann nach § 67 Abs. 4 ggf. im Klageweg die Löschung des Veräußerers und die Eintragung des Erwerbers im Aktienregister durchsetzen (Spindler/Stilz/*Cahn* Rn. 37). Ein kategorisches Zustimmungsverbot wäre mit dem in Abs. 2 S. 4 zum Ausdruck kommenden Rechtsgedanken, dass die Verweigerung der Zustimmung grundsätzlich einer konkreten Begründung bedarf, nicht zu vereinbaren (Spindler/Stilz/*Cahn* Rn. 53). 10

Fehlt es an einer eindeutigen Satzungsvorgabe, soll die Entscheidung, wie allseits zu lesen ist, im **Ermessen des entscheidungsbefugten Organs** liegen (vgl. nur BGH 1.12.1986, NJW 1987, 1019 (1020); *Schockenhoff/Culmann* ZIP 2015, 297 (305)); das soll auch für den in Abs. 2 S. 4 angesprochenen Fall gelten, dass die Satzung Gründe bestimmt, aus denen die Zustimmung verweigert werden „darf" (vgl. KK-AktG/*Lutter/Drygala* Rn. 78). Der Sache nach kann damit nur eine Verweisung auf die **Business Judgment Rule** gemeint sein, die gem. § 93 Abs. 1 S. 2, 116 S. 1 für Entscheidungen des Vorstands wie auch des Aufsichtsrats gilt. Darüber hinaus muss dieses Modell einer auf angemessene Information und Entscheidungsvorbereitung und das Fehlen von Interessenkonflikten abstellenden limitierten judiziellen Entscheidungskontrolle (→ § 93 Rn. 17 ff.) auch dann zum Tragen kommen, wenn die Satzung die Entscheidungsbefugnis der Hauptversammlung übertragen hat (zur organübergreifenden Bedeutung der Business Judgment Rule *Paefgen/Wallisch* FS Krieger, 2020, 643 (655 ff.)). Eine richterliche *Verhältnismäßigkeitskontrolle* im Sinne judizieller Abwägung der Interessen der Gesellschaft an der Erteilung bzw. Ablehnung der Zustimmung gegen die Interessen des Veräußerers und ggf. des bereits als Aktionär beteiligten Erwerbers am Zustandekommen der Aktienübertragung, wie sie im Schrifttum ganz überwiegend favorisiert wird (vgl. BGH 1.12.1986, NJW 1987, 1019 (1020); sowie repräsentativ für das Schrifttum *Reichert,* GmbH, 1984, 224 ff.; MüKoAktG/*Bayer* Rn. 72), ist mit diesem Kontrollmaßstab nicht vereinbar (näher dazu *Paefgen/Wallisch* FS Krieger, 2020, 643 (665)). 11

In der untergerichtlichen Rspr. und im Schrifttum wird als Kontrollmaßstab der Entscheidung über die Zustimmung das **Gleichbehandlungsgebot** des § 53a herangezogen (LG Aachen 19.5.1992, AG 1992, 410 (411 f.); LG Düsseldorf 17.11.1988, AG 1989, 332). Nach dem damit auf den Plan tretenden *Willkürverbot.* sind Ungleichbehandlungen von Aktionären nur aus sachlichen, im Interesse der Gesellschaft liegenden Gründen zulässig (→ § 53a Rn. 6). Der Sache nach geht es also auch hier wie bei der Frage des Ermessens (→ Rn. 11) um die Artikulation des Interesses der Gesellschaft an der Erteilung bzw. Ablehnung der Zustimmung zur Aktienübertragung nach den Regeln der *Business Judgment Rule,* was eine judizielle Abwägung dieser Interessen gegen die Interessen des Veräußerers ausschließt (vgl. allgemein zu § 53a → § 53a Rn. 4; sowie konkret zur Entscheidung über die Durchsetzung der Vinkulierung bereits *Paefgen,* Unternehmerische Entscheidungen und Rechtsbindung der Organe in der AG, 2002, 291). 12

3. Rechtsfolgen. Erfolgt die Übertragung von Aktien ohne die erforderliche Zustimmung der Gesellschaft, ist das **Übertragungsgeschäft schwebend unwirksam.** Die Übertragung wird dann nach zutreffender hM mit der Verweigerung der Genehmigung *ex tunc* endgültig unwirksam, sodass eine gerichtliche Herbeiführung der fehlenden Genehmigung nach § 894 ZPO ins Leere ginge und es ggf. der Neuvornahme des Geschäfts bedarf. Umgekehrt wird die Übertragung mit der Erteilung der Zustimmung *ex tunc* wirksam (BGH 28.4.1954, BGHZ 13, 179 (187 f.); RG 31.3.1931, RGZ 132, 149 (157); KK-AktG/*Lutter/Drygala* Rn. 93; aA *K. Schmidt* FS Beusch, 1993, 759 (778 ff.): auch bei Verweigerung fortbestehende schwebende Unwirksamkeit). Legt die Satzung eine Frist für die Erteilung der Zustimmung fest, ist die Zustimmung mit Fristablauf als verweigert anzusehen (KG 4.12.1997, GmbHR 1998, 641). Die (schwebende) Unwirksamkeitsfolge erfasst nur das dingliche Übertragungsgeschäft, nicht dagegen das zugrunde liegende Kausalgeschäfts, es sei denn das Kausalgeschäft wurde unter der Bedingung der Zustimmungserteilung abgeschlossen (RG 31.3.1931, RGZ 132, 149 (157)). Wird wie bei Verfügungen nach § 18 Abs. 3 DepotG (→ Rn. 3) üblich, aus einer Kette von Erwerbern die Zustimmung erst dem Letzten in der Kette erteilt, so wird dieser damit Aktionär (RG JW 1932, 2599); das gilt jedoch nicht in Bezug auf die Zwischenerwerber und deren jeweilige Besitzzeit (vgl. *Berger,* ZHR 157 (1993), 31, (47 f.); aA Spindler/Stilz/*Cahn* Rn. 71, unter fragwürdiger Berufung auf § 185 Abs. 2 BGB). 13

14 Was den **Rechtsschutz gegen die Verweigerung der Zustimmung** betrifft, so können die betroffenen Erwerber und Veräußerer, für den Fall, dass sich aus einer affirmativen Satzungsregelung oder auch der klaren statutarischen Ausnahme der in Frage stehenden Übertragung vom Zustimmungsvorbehalt ein **satzungsmäßig begründeter Anspruch auf Zustimmung** ergibt, die von der Gesellschaft geschuldete Zustimmung im Wege der Leistungsklage und der Vollstreckung nach § 894 ZPO durchsetzen (→ Rn. 10). Steht nach der Satzungsgestaltung die Entscheidung über Erteilung der Zustimmung im Ermessen des Vorstands bzw. eines anderen statutarisch bestimmten Gesellschaftsorgans (→ Rn. 11), steht dem Erwerber und dem Veräußerer gegen die Gesellschaft ein **Anspruch auf fehlerfreie Ausübung des unternehmerischen Ermessens** zu (im Ansatz richtig so auch KK-AktG/*Lutter/Drygala* Rn. 82; allgemein zu diesem Anspruch *Paefgen,* Unternehmerische Entscheidungen und Rechtsbindung der Organe in der AG, 2002, 323 ff.). Nach den Grundsätzen der hier zur Anwendung gelangenden Business Judgment Rule des § 93 Abs. 1 S. 2 (→ Rn. 11) hat dies zur Folge, dass bei Nichteinhaltung der Loyalitäts- und Diligenzanforderungen der Rule (Fehlen loyalitätshindernder Interessenkonflikte sowie angemessene Information und Entscheidungsvorbereitung, näher dazu *Paefgen* AG 2014, 554 (561 ff.); *Paefgen/Wallisch* FS Krieger, 2020, 643 (648 ff.)) letztlich die zuständigen Gerichte darüber zu entscheiden haben, ob die Erteilung der erbetenen Zustimmung mit den Interessen der Gesellschaft vereinbar ist (vgl. *Paefgen* AG 2014, 554 (564 f.); *Paefgen,* Unternehmerische Entscheidungen und Rechtsbindung der Organe in der AG, 2002, 163 f., 168 f.). Zudem wird das unternehmerische Ermessen des zuständigen Gesellschaftsorgans auch dann durch die Befugnis der Gerichte zur Artikulation des Gesellschaftsinteresses verdrängt, wenn der Organentscheidung jeglicher, wie auch immer begründbarer rationaler Bezug zu den Interessen der Gesellschaft *(any rational business purpose)* fehlt (vgl. *Paefgen/Wallisch* FS Krieger, 2020, 643 (651 f.)). Zu warnen ist davor, den vorstehend in seinen strukturprägenden Aspekten skizzierten Anspruch auf fehlerfreie Ermessensausübung unter Berufung auf ein fortdauerndes Recht auf Austritt aus der AG gleichsam i. S. einer Ermessensreduzierung auf Null grundsätzlich als Anspruch auf Erteilung der Zustimmung missverstehen zu wollen, der nur bei Vorliegen wichtiger Gründe in der Person des Erwerbers bzw. bei Vorliegen eines Erwerbsangebots aus dem Kreis der übrigen Aktionär zu einem angemessenen Preis ausgeschlossen werden könne (so aber KK-AktG/*Lutter/Drygala* Rn. 82, unter fragwürdiger Bezugnahme auf das Urteil BGH 28.4.1954, BGHZ 13, 179 ff.). Zu den das Verhältnis zwischen Veräußerer und Erwerber betreffenden kauf- und allgemein schuldrechtlichen Folgen fehlender Zustimmung der Gesellschaft zur Übertragung vinkulierter Namensaktien ist auf die gründliche Bearbeitung bei KK-AktG/*Lutter/Drygala* Rn. 96 ff. zu verweisen.

15 Eine **Umgehung der mit einer statutarischen Vinkulierung einhergehenden Übertragungsbeschränkungen** kann in der Form einer Treuhandabrede zwischen einem Aktionär oder auch einem als Aktionär auftretenden Dritten und einem aus der Sicht der Gesellschaft nicht genehmigungswürdigen Aktienerwerber geschehen (OLG Köln 26.3.2008, NZG 2008, 839), durch Erteilung einer auf einen Wechsel des Rechtsträgers gerichteten Stimmrechtsvollmacht (§ 134 Abs. 3) an einen von der Übertragungsbeschränkung nicht erfassten Dritten (BGH 17.11.1986, NJW 1987, 780), sowie auch durch Abschluss eines schuldrechtlichen Stimmbindungsvertrages mit einer solchen vom Aktienerwerb statutarisch ausgeschlossenen Drittperson (RGZ 69, 134 ff.). Die höchstrichterliche Rechtsprechung hält solche Umgehungsvereinbarungen für nichtig (BGH 17.11.1986, NJW 1987, 780, ohne nähere Begründung; RG 7.6.1908, RGZ 69, 134 (137)), unter Berufung auf § 138 BGB). Dem ist jedoch entgegenzuhalten, dass die Vinkulierung nicht ein Verbot von Anteilsübertragungen als solches begründet, sondern vielmehr die Sicherung des Zustimmungsvorbehalts der Gesellschaft zum Zweck hat. Bedenkt man dies, so kann hier, so wie bei unmittelbaren Verstößen gegen Abs. 2 (→ Rn. 13) nur von *schwebender Unwirksamkeit* gesprochen werden (zutr. KK-AktG/*Lutter/Drygala* Rn. 118). Wenn und solange aber die Gesellschaft dem Umgehungsgeschäft noch zustimmen kann, erscheint dann auch die radikale Lösung der Annahme eines Stimmrechtsverbots nicht angebracht (so aber OLG Köln 26.3.2008, ZIP 2008, 1683 f.). Richtig ist dagegen die Auffassung, die auf einer Umgehungskonstruktion beruhende weisungsbeeinflusste Stimmabgabe eines Aktionärs sei als treuwidrig anzusehen, was im Falle der Ursächlichkeit der so abgegebenen Stimmen die Anfechtbarkeit von Hauptversammlungsbeschlüssen (§ 243 Abs. 1) zur Folge haben müsse (vgl. *Lutter/Grunewald* AG 1989, 109 (114 ff.)).

Rechtsgemeinschaft an einer Aktie

69 (1) **Steht eine Aktie mehreren Berechtigten zu, so können sie die Rechte aus der Aktie nur durch einen gemeinschaftlichen Vertreter ausüben.**

(2) **Für die Leistungen auf die Aktie haften sie als Gesamtschuldner.**

(3) [1]**Hat die Gesellschaft eine Willenserklärung dem Aktionär gegenüber abzugeben, so genügt, wenn die Berechtigten der Gesellschaft keinen gemeinschaftlichen Vertreter benannt haben, die Abgabe der Erklärung gegenüber einem Berechtigten.** [2]**Bei mehreren Erben eines Aktionärs gilt dies nur für Willenserklärungen, die nach Ablauf eines Monats seit dem Anfall der Erbschaft abgegeben werden.**

Übersicht

I. Norminhalt, Normzweck und Anwendungsbereich

1. Norminhalt, Normzweck und Regelungssystematik. Die Rechtsgemeinschaft an einer ungeteilten Mitgliedschaft ist im Gegensatz zur Realteilung von Aktien (§ 8 Abs. 5) zulässig. Abs. 1 bestimmt, dass für die Ausübung der mit der gemeinschaftlichen Berechtigung verbundenen Mitgliedschaftsrechte die **Bestellung eines gemeinschaftlichen Vertreters** der gemeinschaftlichen Rechtsinhaber erfolgen kann, Abs. 2 ordnet die **gesamtschuldnerische Haftung der gemeinsamen Rechtsinhaber** für die mit der Mitgliedschaft verbundenen Einlageschulden an, und Abs. 3 regelt die **Empfangszuständigkeit jedes einzelnenn Mitberechtigten für** die auf das Mitgliedschaftsverhältnis bezogenen **Willenserklärungen der Gesellschaft** (Abs. 3 S. 1), die allerdings im Fall der gemeinsamen Rechtsinhaberschaft mehrerer Erben, erst mit Ablauf eines Monats seit dem Anfall der Erbschaft (§ 1942 BGB) zur Geltung gelangt (Abs. 3 S. 2). 1

Vergleichbar der Parallelvorschrift des § 18 GmbHG besteht der **Normzweck** von § 69 im Schutz der AG vor den Nachteilen und Unsicherheiten, die sich ergeben können; wenn die Mitgliedschaft in einer Kapitalgesellschaft einer aus mehreren Personen bestehenden Gemeinschaft zusteht (OLG Stuttgart 20.8.2018, BeckRS 2018, 26698 Rn. 46; KK-AktG/*Lutter/Drygala* Rn. 3); das betrifft insbesondere die Sicherstellung einheitlicher Ausübung von Mitgliedschaftsrechten (Spindler/Stilz/*Cahn* Rn. 10). Was die **Regelungssystematik** anbelangt, so betrifft die Vorschrift allein das Außenverhältnis der AG zur Gemeinschaft mehrerer Inhaber des Mitgliedschaftsrechts, das Innverhältnis der gemeinschaftlich Berechtigten zueinander bleibt davon unberührt. Insofern handelt es sich um eine **satzungsfeste Regelung** iSv § 23 Abs. 5 (vgl. *Blasche* AG 2015, 342 (343)). § 69 ist sowohl auf Inhaber- als auch auf Namensaktien anwendbar; die Vorschrift kann nicht abbedungen werden (vgl. § 23 Abs. 5 S. 1; aA Wachter/*Servatius* Rn. 4, wonach Abs. 1 dispositiven Charakter haben soll). Sie gilt, wenn die Personengemeinschaft im Verhältnis zur AG keine Rechtsfähigkeit besitzt (→ Rn. 3). Regelungsgegenstand ist lediglich das Verhältnis der Rechtsgemeinschaft zur Gesellschaft, nicht auch das Verhältnis der Mitberechtigten untereinander (*Blasche* AG 2015, 342 (343)). 2

2. Anwendungsbereich. § 69 ist **sowohl** auf **Inhaber- als auch** auf **Namensaktien** anwendbar. Im Falle der Namensaktie müssen die Beteiligten in das Aktienregister eingetragen sein. Praktisch relevant wird die Vorschrift wegen des für Inhaberaktien geltenden Volleinzahlungsgebots (§ 10 Abs. 2 S. 2), das Abs. 2 überflüssig macht, als auch wegen der für Inhaberaktien geltenden Legitimation durch den Aktienbesitz (§ 793 Abs. 1 BGB), die Abs. 1 überflüssig macht, allerdings in erster Linie für Namensaktien (vgl. Spindler/Stilz/*Cahn* Rn. 3). 3

Die **Mitberechtigung Mehrerer an einer Aktie** ist Voraussetzung für die Anwendung aller drei Absätze des § 69. Davon erfasst wird grundsätzlich jede Form **der Bruchteils- und Gesamthandsgemeinschaft** unabhängig davon, wie diese entstanden ist (Spindler/Stilz/*Cahn* Rn. 5). So ist die Bestimmung anwendbar auf die **Bruchteilsgemeinschaft** (§§ 741 ff. BGB), die **eheliche Gütergemeinschaft** (§§ 1415 ff. BGB, dazu *Apfelbaum* MittBayNot 2006, 185 (190)), **investmentrechtliche Sondervermögen** nach §§ 92 ff. KAGB (vgl. FK-KapAnlR/*Moroni* KAGB § 92 Rn. 12 ff.). Gleiches gilt für die nach §§ 124 Abs. 1, 161 Abs. 2 HGB mit Rechtfähigkeit ausgestattete **OHG und KG,** sowie die als juristische Personen rechtsfähigen Gesellschaftsformen der **AG, KGaA, GmbH, Genossenschaft** und die nach §§ 21 f. BGB **rechtsfähigen Vereine** (vgl. Spindler/Stilz/*Cahn* Rn. 7; KK-AktG/*Lutter/Drygala* Rn. 8). Auch auf die als Gesamthand strukturierte **Erbengemeinschaft** (§ 2033 BGB) findet § 69 Anwendung, was in Abs. 3 S. 2 der Vorschrift Bestätigung findet. Das muss in analoger Anwendung von Abs. 1 und 3 auch dann gelten, wenn man die Erbengemeinschaft mit einer im Schrifttum vertretenen Auffassung (*Grunewald* AcP 197 (1997), 305 ff.) für rechtsfähig hält. Denn ebenso wie bei der Außen-GbR (→ Rn. 5) steht auch hier die fehlende Registerpublizität des Erbenkreises und der für die Erbgengemeinschaft geltenden Vertretungsregelung einer effektiven Rechtsverfolgung durch die AG entgegen (vgl. Spindler/Stilz/*Cahn* Rn. 6). § 69 ist auf den Fall der **Girosammelverwahrung** nach § 5 DepotG nicht anwendbar. Zwar besteht hier Miteigentum mehrerer Einzelaktionäre an einer Sammelurkunde (§ 9a DepotG) bzw. den im Sammelbestand des Verwahrers hinterlegten Aktien (§ 6 DepotG), jedoch dient dies nur der Erleichterung der Verwahrung und Über- 4 tragung von sammelverwahrten Aktien, ohne dass damit eine gemeinschaftliche Zuordnung der verwahrten Aktien verbunden wäre (vgl. *Mentz/Fröhling* NZG 2002, 201 (204)).

5 Was die **Außengesellschaft bürgerlichen Rechts** betrifft, so ist diese zwar als selbständiges rechtfähiges Rechtssubjekt anzusehen (BGH 29.1.2001, BGHZ 146, 341 (343 ff.) – ARGE Weißes Ross) und sie kann in dieser Eigenschaft auch Aktionärin sein. Jedoch kennt diese Gesellschaftsform keine dem Regelungsmodell des § 106 Abs. 2 Nr. 1 und 4 HGB entsprechende Offenlegung des Gesellschafterkreises und der Vertretungsverhältnisse und dementsprechend fehlt es auch an einem darauf gestützten Vertrauensschutz nach Art des § 15 HGB. In Anbetracht dessen sind Abs. 1 und 3 auf die Außen-GbR entsprechend anzuwenden. Auf die Eigenschaft der Gesamthand als eigenständiges Rechtssubjekt kann es insoweit nicht ankommen. Für eine analoge Anwendung von Abs. 2 besteht dagegen kein Anlass, da nach der Rechtsprechung des BGH für die mitgliedschaftlichen Verpflichtungen der Außen-GbR ohnehin sämtliche Gesellschafter persönlich haften (BGH 27.9.1999, BGHZ 142, 315 (318 ff.)); Gleiches hat deshalb auch in Bezug auf den nicht rechtsfähigen Verein zu gelten (vgl. KK-AktG/*Lutter/Drygala* Rn. 9).

6 Voraussetzung für das Eingreifen von § 69 ist, dass eine **gemeinschaftlich gehaltene dingliche Rechtsposition** vorliegt, **an der die Beteiligten auf gleiche Weise partizipieren.** Die Vorschrift betrifft daher nicht die Aufteilung der Rechtszuständigkeit zwischen einem Aktionär und dem Inhaber eines dinglichen Rechts an dessen Aktie, wie dies beim **Pfandrecht, Nießbrauch** etc. der Fall ist. Sie findet deshalb auch keine Anwendung auf rein **schuldrechtliche Beteiligungen** wie stille Gesellschaften, Unterbeteiligungen, Stimmbindungsverträge und ähnliche Abreden (KK-AktG/*Lutter/Drygala* Rn. 5).

II. Gemeinschaftliche Vertretung (Abs. 1)

7 **1. Bestellung.** Die Bestellung des in Abs. 1 vorgesehenen gemeinschaftlichen Vertreter erfolgt grundsätzlich im Wege der **Bevollmächtigung** durch die an der Aktie gemeinschaftlich Berechtigten (§§ 167 ff. BGB). Die AG hat keinen klageweise durchsetzbaren Rechtsanspruch auf die Bestellung. Jedoch trifft die gemeinschaftlich Berechtigten, wie der Gesetzeswortlaut des Abs. 1 („können… nur ausüben") und die in Abs. 3 S. 1 ausgesprochene Rechtsfolge verdeutlichen, die **Obliegenheit, einen Vertreter zu bestellen;** solange die Berechtigten untätig bleiben, können sie ihre Mitgliedschaftsrechte nicht ausüben und sie sind dem Zufall der Abgabe von Willenserklärungen der AG an nur einen beliebigen von ihnen ausgesetzt (KK-AktG/*Lutter/Drygala* Rn. 26). Das schließt es allerdings nicht aus, dass die AG auf die Ausübung des Bestellungsrechts nach Abs. 1 ausdrücklich verzichtet und die Ausübung der mitgliedschaftlichen Rechte auf einzelne Mitberechtigte oder alle von ihnen überträgt (KK-AktG/*Lutter/Drygala* Rn. 29).

8 In der **Auswahl des Vertreters** sind die gemeinschaftlichen Rechtsinhaber grundsätzlich frei, sie können natürliche oder juristische Personen und auch einen aus ihrem Kreis oder ein Organmitglied der AG (s. aber § 136 Abs. 1) bestimmen, es sei denn ein gesetzlicher Vertreter wie insbesondere ein Testamentsvollstrecker (§ 2205 BGB) ist bereits bestellt (MüKoAktG/*Bayer* Rn. 16). Ein solcher bereits existierender Vertreter kann dann die Rechte aus der Aktie als gemeinschaftlicher Vertreter ausüben (*Blasche* AG 2015, 342 (343)). Das **Bestellungsverfahren** einschließlich der für die Bestellung erforderlichen Mehrheit richtet sich nach den für das jeweilige Gemeinschaftsverhältnis zwischen den Berechtigten geltenden Bestimmungen (OLG Nürnberg 16.7.2014, GmbHR 2014, 1147 (1149)). So stellt bei der Erbengemeinschaft die für die Bestellung erforderliche Vollmachtserteilung keine nur einstimmig mögliche Verfügung über den Nachlass (§ 2040 BGB) dar, sondern eine mehrheitlicher Entscheidung zugängliche Verwaltungsmaßnahme (§§ 2038 Abs. 2 S. 1, 745 Abs. 1 S. 1 BGB; vgl. BayObLG 2.8.1968, AG 1968, 330 (331)). Die Bevollmächtigung mehrerer Personen ist nur dann zulässig, wenn Gesamtvertretung angeordnet wird.

9 Die **Vollmacht** kann zeitlich, sowie nach zutreffender Auffassung auch trotz des auf das Gegenteil hindeutenden Wortlauts des Abs. 1 („*die* Rechte aus der Aktie") **inhaltlich oder gegenständlich beschränkt** werden (vgl. KK-AktG/*Lutter/Drygala* Rn. 22; aA GroßkommAktG/*Merkt* Rn. 39). Der Vertreter kann ins Aktienregister eingetragen werden und ist dann nach § 67 Abs. 2 besonders legitimiert (→ § 67 Rn. 6). Hinsichtlich der **Form der Vollmacht** gelten grundsätzlich keine besonderen Vorgaben, jedoch ist für Stimmrechtsvollmachten die Textform vorgeschrieben (§ 134 Abs. 3, § 126b BGB). Die Vollmacht ist jederzeit widerruflich; zum Schutz der AG finden die §§ 170, 171 Abs. 2, 172 Abs. 2, 173 BGB Anwendung (KK-AktG/*Lutter/Drygala* Rn. 20).

10 **2. Ausübung der Mitgliedschaftsrechte.** Der Vertreter übt für die Mitinhaber **alle Mitgliedschaftsrechte** gegenüber der AG aus. Das umfasst die Teilnahme an der Hauptversammlung (§ 118 Abs. 1), Rede-, Frage- und Antragsrecht (§§ 131, 122, 142) das Stimmrecht (§ 12 Abs. 1 S. 1), die Geltendmachung von Dividendenansprüchen (§ 58 Abs. 4), konzern- und umstrukturierungsrechtlichen Ausgleichs- und Abfindungsansprüchen (§§ 304 f., 320b, 327b, §§ 15, 29, 122h f., 207 UmwG), das Bezugsrecht (§ 186), sowie das Recht auf Erhebung der Nichtigkeitsklage (§ 249 Abs. 1 und das Anfechtungsrecht (§ 245 Nr. 1, dazu BGH 12.6.1989, BGHZ 108, 21). Dabei erfordert die Vertretung iSv Abs. 1 kein höchstpersönliches Tätigwerden des gemeinschaftlichen Vertreters. Sofern die Bevoll-

mächtigung die Erteilung einer **Untervollmacht** deckt, kann der Vertreter auch einen Dritten zur Ausübung der Rechte aus der Aktie bevollmächtigen. Ist ein gemeinschaftlicher Vertreter bestellt, können die gemeinschaftlich berechtigten Inhaber in Abweichung von der Parallelregelung in § 18 GmbHG die Rechte aus der Aktie nicht mehr, auch nicht einvernehmlich ausüben (Spindler/Stilz/*Cahn* Rn. 18). Bei miteinander unvereinbaren Äußerungen mehrerer Gesamtvertreter (→ Rn. 8) ist deren nur als Einheit zulässige Erklärung wegen Perplexität nichtig (Spindler/Stilz/*Cahn* Rn. 16. Auf **Verfügungen** findet Abs. 1 keine Anwendung (KK-AktG/*Lutter/Drygala* Rn. 25).

III. Gesamtschuldnerische Haftung (Abs. 2)

11 Die **gesamtschuldnerische Haftung** der an einer Aktie Berechtigten (§§ 421 ff. BGB) nach Abs. 2 **betrifft nur „Leistungen auf die Aktie"**. Davon umfasst sind die Einlagepflicht (§ 54), Nebenleistungspflichten (§ 55) und die Haftung als Vormann (§ 65), nicht dagegen die Haftung für verbotene Auszahlungen nach§ 62 oder die Haftung für persönliche Verbindlichkeiten einzelner Berechtigter wie etwa die Haftung für Treupflichtverletzungen. Für Ansprüche nach § 63 Abs. 2 und Haften nur solche Mitberechtigte, die entweder jeweils einzeln oder alle im Kollektiv durch Abgabe der Erklärung gegenüber einem gemeinschaftlichen Vertreter (Abs. 1) zur Leistung aufgefordert wurden. Die selektive Leistungsaufforderung nur gegenüber einzelnen Mitberechtigten wirkt dagegen nach § 425 Abs. 2 BGB nur gegenüber diesen (vgl. Spindler/Stilz/*Cahn* Rn. 19).

12 In zeitlicher Hinsicht beginnt die Haftung nach Abs. 2 mit dem dinglichen Erwerb der Mitgliedschaft als gemeinschaftlich Berechtigter und sie endet mit dem Verlust dieser Rechtsposition. In Bezug auf Namensaktien ist dabei die **Eintragung und Löschung im Aktienregister nach § 67 Abs. 2 maßgeblich;** jedoch besteht die Haftung nach § 64 Abs. 4 S. 2 und § 65 auch noch nach Beendigung der gemeinschaftlichen Rechtsinhaberschaft fort (GroßkommAktG/*Merkt* Rn. 59 f.).

13 Im Falle der Anwendung von § 69 auf die **Mitglieder einer Erbengemeinschaft** (→ Rn. 4) ist bezüglich der Berufung auf die **Beschränkung der Erbenhaftung** (§§ 2059, 1975 ff. BGB) zu unterscheiden. Wenn Erben wegen ihrer Mitberechtigung an **Inhaberaktien** in Anspruch genommen werden, die entgegen dem Teileinzahlungsverbot des § 10 Abs. 2 S. 2 ausgegeben wurden (→ § 64 Rn. 3), können diese sich auf die Haftungsbeschränkungsmöglichkeit berufen. Dagegen treffen die Mitglieder einer Erbengemeinschaft aufgrund von deren Eintragung als Mitinhaber von **Namensaktien** nach § 67 Abs. 2 besondere aktienrechtliche Pflichten denen der Vorrang vor der erbrechtlichen Haftungsbeschränkung gebührt (KK-AktG/*Lutter/Drygala* Rn. 37; aA MüKoAktG/*Bayer* Rn. 32). Gleiches muss auch für die Möglichkeit der Haftungsbeschränkung von **Vorerben** nach § 2145 BGB gelten (vgl. Spindler/Stilz/*Cahn* Rn. 20).

IV. Empfangszuständigkeit für Willenserklärungen der AG (Abs. 3)

14 Abs. 3 S. 1 erwähnt zwar nur **Erklärungen,** die sich an **den einzelnen Aktionär** und nicht an die Gesamtheit der Aktionäre richten. Da die Norm dem Schutz der Gesellschaft dienen soll (→ Rn. 2), muss diese jedoch auch wirksam Erklärungen gegenüber allen Mitberechtigten gemeinsam abgeben können (vgl. KK-AktG/*Lutter/Drygala* Rn. 40). Von der Vorschrift betroffen sind in erster Linie Zahlungsaufforderungen und Benachrichtigungen nach §§ 65, 64 Abs. 2 S. 4, § 64 Abs. 1 S. 2, §§ 55, 237, nicht dagegen die öffentlich abzugebenden Erklärungen und Bekanntmachungen nach § 63 Abs. 1 S. 1, § 64 Abs. 2 S. 1–3, Abs. 3, § 121 Abs. 3). Ebenso sind auch Erklärungen nicht betroffen, die nur einzelne Mitinhaber einer Aktie angehen, so wie etwa die Erklärungen nach § 64 Abs. 2 S. 4, § 65 und § 237 (vgl. KK-AktG/*Lutter/Drygala* Rn. 38).

15 Die in Abs. 3 S. 2 vorgesehene einmonatige **„Schonfrist" für Miterben** läuft unabhängig davon, ob der Erbe Kenntnis vom Erbfall bzw. vom Anfall der Erbschaft erlangt. Im Falle der auf den Zeitpunkt des Erbfalls zurückwirkenden **Ausschlagung der Erbschaft** (§§ 1942, 1953 Abs. 2 BGB) beginnt die Frist nicht neu zu laufen. Dagegen wird die Frist durch einen **Nacherbfall** wieder neu in Lauf gesetzt (vgl. KK-AktG/*Lutter/Drygala* Rn. 39).

Berechnung der Aktienbesitzzeit

70 **[1]Ist die Ausübung von Rechten aus der Aktie davon abhängig, daß der Aktionär während eines bestimmten Zeitraums Inhaber der Aktie gewesen ist, so steht dem Eigentum ein Anspruch auf Übereignung gegen ein Kreditinstitut, Finanzdienstleistungsinstitut oder ein nach § 53 Abs. 1 Satz 1 oder § 53b Abs. 1 Satz 1 oder Abs. 7 des Gesetzes über das Kreditwesen tätiges Unternehmen gleich. [2]Die Eigentumszeit eines Rechtsvorgängers wird dem Aktionär zugerechnet, wenn er die Aktie unentgeltlich, von seinem Treuhänder, als Gesamtrechtsnachfolger, bei Auseinandersetzung einer Gemeinschaft oder bei einer Bestandsübertragung nach § 13 des Versicherungsaufsichtsgesetzes oder § 14 des Gesetzes über Bausparkassen erworben hat.**

I. Norminhalt und Normzweck

1 Das Gesetz kennt eine Reihe von Fällen, in denen die Ausübung gewisser Minderheitsrechte eine Mindestdauer der Aktionärsstellung voraussetzt. Das betrifft den Antrag auf Bestellung von Sonderprüfern durch das Gericht (§ 142 Abs. 2 S. 2, § 258 Abs. 2 S. 4), den Antrag auf Bestellung oder Abberufung von Abwicklern (§ 265 Abs. 3 S. 2), den Antrag auf gerichtliche Bestellung von Sonderprüfern betreffend die geschäftlichen Beziehungen der AG zu einem herrschenden Unternehmen (§ 315 S. 2), den Antrag auf Ersetzung des von der Hauptversammlung gewählten Abschlussprüfers (§ 318 Abs. 3 S. 3 und 4 HGB). § 70 enthält **Regelegungen zur Berechnung von** solchen **Mindesthaltefristen für die Ausübung von Minderheitenrechten.** Bei diesen Bestimmungen handelt es sich um **satzungsfeste Vorgaben** iSv § 23 Abs. 5 (GroßkommAktG/*Merkt* Rn. 7). Ihrem Sinn nach ist die Vorschrift auch auf Satzungsregelungen zur Geltendmachung von Minderheitenrechten anzuwenden (vgl. KK-AktG/*Lutter/Drygala* Rn. 3).

2 § 70 regelt **zweierlei Erleichterungen des Nachweises der Einhaltung von Mindesthaltefristen** bei Geltendmachung von Minderheitenrechten (→ Rn. 1). S. 1 stellt dem Erwerb des Mitgliedschaftsrechts vor Beginn einer Mindesthaltefrist den **Erwerb eines Anspruchs auf Übereignung von Aktien** gegen ein Kreditinstitut oder ein anderes Finanzdienstleistungsunternehmen gleich. Dem liegt die gesetzgeberische Erwägung zugrunde, dass der zukünftige Aktionär damit bereits eine Art wirtschaftlicher Verfügungsmacht über die Aktie erhält, die dem Eigentumsrecht nahekommt (vgl. *Kropff* 89). Nach S. 2 sind die **Vorbesitzzeiten bestimmter Rechtsvorgänger der Zeit der Rechtsinhaberschaft eines Aktionärs hinzuzurechnen,** wodurch einer überschießenden Wirkung von Mindesthaltefristen entgegengesteuert wird (vgl. Spindler/Stilz/*Cahn* Rn. 1). Trotz der nicht im strikt rechtstechnischen Sinne zu verstehenden Formulierung des S. 1 („Inhaber", „Eigentum") betrifft die Vorschrift nicht nur Inhaberaktien, sondern auch Namensaktien und unverkörperte Aktien (KK-AktG/*Lutter/Drygala* Rn. 7). Eine **kumulative Anwendung von S. 1 und S. 2** ist nicht ausgeschlossen; so ist bei der Gesamtrechtsnachfolge (S. 2) für die Berechnung der Vorbesitzzeit des Rechtsvorgängers auch die Zeit zu berücksichtigen, während derer diesem ein Übereignungsanspruch nach S. 1 zustand (Spindler/Stilz/*Cahn* Rn. 15).

II. Hinzurechnung nach S. 1

3 Die Hinzurechnung nach S. 1 setzt voraus, dass dem zukünftigen Aktionär während der zu berücksichtigenden Zeit ein **schuldrechtlicher Anspruch auf Verschaffung der Rechtsinhaberschaft an einer oder mehreren Aktien** zustand. Das betrifft insbesondere die Fälle der **Effekteneinkaufskommission** (§§ 383 ff. HGB, 18 ff. DepotG); so ist die Zeit, während derer dem Kommittenten/Aktienerwerber nach § 384 Abs. 2 HGB gegen den Kommissionär als Zwischenerwerber der Aktien (vgl. EBJS/*Füller* HGB § 383 Rn. 51) der Anspruch auf dingliche Übertragung der Aktien im Wege der Übersendung des Stückeverzeichnisses nach § 18 Abs. 3 DepotG zusteht (vgl. EBJS/*Scherer* Rn. VI 551 ff.) als Haltezeit zugute zu halten (KK-AktG/*Lutter/Drygala* Rn. 12). Da S. 1 einen fälligen Übereignungsanspruch voraussetzt, tritt die Rechtsfolge der Zurechnung zur Aktienbesitzzeit erst mit der Durchführung der Kommission und der damit verbundenen Entstehung des Herausgabeanspruch nach § 384 Abs. 2 HGB ein und nicht bereits mit dem Abschluss des Kommissionsgeschäfts (GroßkommAktG/*Merkt* Rn. 18).

4 Bezüglich des Erwerbs von **Namensaktien** findet S. 1 entsprechende Anwendung auf den Zeitraum zwischen der Eintragung im Bestandsverzeichnis des Verwahrers (§ 14 DepotG) und dem für den Ererb der Aktionärsstellung nach § 67 Abs. 2 maßgeblichen Eintragung im Aktionärsregister (Spindler/Stilz/*Cahn* Rn. 7). Was das **Bezugsrecht** auf junge Aktien betrifft, so ist nach zutreffender hM die Dauer der Inhaberschaft der alten Aktien auch auf die neuen Aktien anzurechnen (KK-AktG/*Lutter/Drygala* Rn. 18; zur Gegenmeinung, die S. 1 erst ab Erwerb des Bezugsrechts für anwendbar hält, K. Schmidt/Lutter/*T. Bezzenberger* Rn. 4). Bezüglich der **Girosammelverwahrung,** bei der dem Aktionär die Aktionärsstellung bereits in der Form eines Miteigentumsanteils an einer Globalurkunde (§ 9a DepotG) zukommt, besteht dagegen kein Bedürfnis für die Anwendung von S. 1 (vgl. KK-AktG/*Lutter/Drygala* Rn. 14). Erst recht ist die Vorschrift bei der **Sonderverwahrung** nach § 2 DepotG nicht anwendbar, da hier der Hinterleger Eigentümer der verwahrten Aktien bleibt, solange die Bank nicht von der Aneignungsmöglichkeit nach § 13 DepotG Gebrauch macht (vgl. KK-AktG/*Lutter/Drygala* Rn. 13).

5 Um unter S. 1 zu fallen, muss der Übereignungsanspruch des (zukünftigen) Aktionärs sich gegen einen der in der Vorschrift *en detail* definierten **Anspruchsgegner** richten. Darunter fallen Kreditinstitute (§ 1 Abs. 1 S. 1 KWG, § 2 Abs. 1 KWG), Finanzdienstleistungsinstitute (§ 1 Abs. 1a KWG; § 2 Abs. 6 KWG) sowie Unternehmen iSd § 53 Abs. 1 S. 1 KWG, § 53b Abs. 1 S. 1, Abs. 7 KWG, was auch ausländische Institute, die Bank- und Wertpapiergeschäfte betreiben, einbegreifen kann (vgl. iE dazu KK-AktG/*Lutter/Drygala* Rn. 9 ff.).

III. Hinzurechnung nach S. 2

Die **Zurechnung der Zeit der Rechtsinhaberschaft eines Rechtsvorgängers** zu Gunsten des Aktionärs findet gem. S. 2 **in fünf Fallkonstellationen** statt. Das betrifft **(1)** den **unentgeltlichen Erwerb,** der sowohl in Form der Schenkung unter Lebenden (§§ 516 ff. BGB) als auch von Todes wegen (§ 2301 BGB) bzw. im Vermächtniswege (§§ 2147, 2174 BGB) erfolgen kann (zur Unanwendbarkeit bei nachträglicher Zahlung eines Entgelts RG 30.1.1940, RGZ 163, 348 (355 f.)); **(2)** den **Erwerb von einem Treuhänder,** der jede Form der Treuhand, nicht jedoch die Legitimationszession nach § 129 Abs. 3 erfasst, bei der von vornherein ein Eigentumswechsel nicht stattfindet (vgl. KK-AktG/*Lutter/Drygala* Rn. 20); **(3)** die **Gesamtrechtsnachfolge,** die den Erbfall (§ 1922 BGB), die Vereinbarung einer Gütergemeinschaft (§ 1416 BGB), die Verschmelzung (§ 20 Abs. 1 Nr. 1, § 73 UmwG), die Spaltung (§ 131 UmwG), die Vermögensübertragung (§§ 174 ff. UmwG), die Anwachsung nach § 140 Abs. 1 S. 2 HGB, § 738 Abs. 1 S. 1 BGB, wie auch den Anfall des Vereinsvermögens beim Fiskus (§ 46 BGB) umfasst, nicht aber den Formwechsel, (§ 202 Abs. 1 Nr. 1), bei dem die Identität des Rechtsträgers gewahrt bleibt (vgl. Spindler/Stilz/*Cahn* Rn. 12; **(4)** die **Auseinandersetzung einer Gemeinschaft,** worunter insbesondere.die Auseinandersetzung einer Erbengemeinschaft (§§ 2032 ff. BGB) fällt, sowie auch die Auseinandersetzungen von ehelichen Gütergemeinschaften (§§ 1471 ff. BGB), die Teilung von Bruchteilsgemeinschaften (§§ 752 ff. BGB) und die Liquidation bzw. Auseinandersetzung von Personengesellschaften (§§ 145 ff. HGB, §§ 730 ff. BGB); dabei ist jedoch zu beachten, dass die Zurechnung der Besitzzeit der Gemeinschaft nur für die Anzahl von Aktien, die dem Anteil des Aktionärs an der Gemeinschaft entsprechen, erfolgt, während ein darüber hinausgehender Erwerb nicht anders zu behandeln ist als jeder andere rechtsgeschäftliche Erwerb (vgl. Spindler/Stilz/*Cahn* Rn. 13); sowie wegen der dabei gegebenen Nähe zur Gesamtrechtsnachfolge **(5)** die **Bestandsübertragung**en nach § 13 VAG oder § 14 BauSparkG (vgl. KK-AktG/*Lutter/Drygala* Rn. 24). 6

Erwerb eigener Aktien

71 (1) **Die Gesellschaft darf eigene Aktien nur erwerben,**

1. **wenn der Erwerb notwendig ist, um einen schweren, unmittelbar bevorstehenden Schaden von der Gesellschaft abzuwenden,**
2. **wenn die Aktien Personen, die im Arbeitsverhältnis zu der Gesellschaft oder einem mit ihr verbundenen Unternehmen stehen oder standen, zum Erwerb angeboten werden sollen,**
3. **wenn der Erwerb geschieht, um Aktionäre nach § 305 Abs. 2, § 320b oder nach § 29 Abs. 1, § 125 Satz 1 in Verbindung mit § 29 Abs. 1, § 207 Abs. 1 Satz 1 des Umwandlungsgesetzes abzufinden,**
4. **wenn der Erwerb unentgeltlich geschieht oder ein Kreditinstitut mit dem Erwerb eine Einkaufskommission ausführt,**
5. **durch Gesamtrechtsnachfolge,**
6. **auf Grund eines Beschlusses der Hauptversammlung zur Einziehung nach den Vorschriften über die Herabsetzung des Grundkapitals,**
7. **wenn sie ein Kreditinstitut, Finanzdienstleistungsinstitut oder Finanzunternehmen ist, aufgrund eines Beschlusses der Hauptversammlung zum Zwecke des Wertpapierhandels. Der Beschluß muß bestimmen, daß der Handelsbestand der zu diesem Zweck zu erwerbenden Aktien fünf vom Hundert des Grundkapitals am Ende jeden Tages nicht übersteigen darf; er muß den niedrigsten und höchsten Gegenwert festlegen. Die Ermächtigung darf höchstens fünf Jahre gelten; oder**
8. **aufgrund einer höchstens fünf Jahre geltenden Ermächtigung der Hauptversammlung, die den niedrigsten und höchsten Gegenwert sowie den Anteil am Grundkapital, der zehn vom Hundert nicht übersteigen darf, festlegt. Als Zweck ist der Handel in eigenen Aktien ausgeschlossen. § 53a ist auf Erwerb und Veräußerung anzuwenden. Erwerb und Veräußerung über die Börse genügen dem. Eine andere Veräußerung kann die Hauptversammlung beschließen; § 186 Abs. 3, 4 und § 193 Abs. 2 Nr. 4 sind in diesem Fall entsprechend anzuwenden. Die Hauptversammlung kann den Vorstand ermächtigen, die eigenen Aktien ohne weiteren Hauptversammlungsbeschluß einzuziehen.**

(2) [1] **Auf die zu den Zwecken nach Absatz 1 Nr. 1 bis 3, 7 und 8 erworbenen Aktien dürfen zusammen mit anderen Aktien der Gesellschaft, welche die Gesellschaft bereits erworben hat und noch besitzt, nicht mehr als zehn vom Hundert des Grundkapitals entfallen.** [2] **Dieser Erwerb ist ferner nur zulässig, wenn die Gesellschaft im Zeitpunkt des Erwerbs eine Rücklage in Höhe der Aufwendungen für den Erwerb bilden könnte, ohne das Grundkapital oder eine nach Gesetz oder Satzung zu bildende Rücklage zu mindern, die nicht zur Zahlung an die**

Aktionäre verwandt werden darf. [3]In den Fällen des Absatzes 1 Nr. 1, 2, 4, 7 und 8 ist der Erwerb nur zulässig, wenn auf die Aktien der Ausgabebetrag voll geleistet ist.

(3) **[1]In den Fällen des Absatzes 1 Nr. 1 und 8 hat der Vorstand die nächste Hauptversammlung über die Gründe und den Zweck des Erwerbs, über die Zahl der erworbenen Aktien und den auf sie entfallenden Betrag des Grundkapitals, über deren Anteil am Grundkapital sowie über den Gegenwert der Aktien zu unterrichten. [2]Im Falle des Absatzes 1 Nr. 2 sind die Aktien innerhalb eines Jahres nach ihrem Erwerb an die Arbeitnehmer auszugeben.**

(4) **[1]Ein Verstoß gegen die Absätze 1 oder 2 macht den Erwerb eigener Aktien nicht unwirksam. [2]Ein schuldrechtliches Geschäft über den Erwerb eigener Aktien ist jedoch nichtig, soweit der Erwerb gegen die Absätze 1 oder 2 verstößt.**

Übersicht

I. Norminhalt, Normzweck und Normgeschichte

1 § 71 enthält die **zentrale Norm zur Regelung des Erwerbs eigener Aktien** durch die AG; ergänzende Regelungen finden sich in §§ 71a–71d. Als Ausgangspunkt der gesetzlichen Regelung statuiert Abs. 1 ein **grundsätzliches Verbot des Erwerbs,** von dem die Vorschrift jedoch in Nr. 1–8 enumerativ aufgelistete, jeweils an unterschiedliche Voraussetzungen geknüpfte **Ausnahmen** zulässt. Abs. 2 S. 1 begrenzt die von der Gesellschaft nach den Ausnahmeregelungen des Abs. 1 Nr. 1–3 erworbenen Aktien auf einen Höchstbestand von nicht mehr als zehn Prozent des Grundkapitals. Abs. 2 S. 2 erlaubt aus Gründen des Kapitalschutzes den Rückerwerb nur unter der Voraussetzung, dass die Gesellschaft in der Lage ist, den Unterschiedsbetrag zwischen den Anschaffungskosten und dem Nennwert bzw. rechnerischen Wert zurückerworbener Aktien gem. 272 Abs. 1a HGB mit freien, dh keinen gesetzlichen oder statutarischen Bindungen unterliegenden und damit zur Ausschüttung an die Aktionäre zur Verfügung stehenden Rücklagen zu verrechnen; die damit vorgeschriebene Bilanzierung entspricht der Bilanzierung einer Ausschüttung frei verfügbarer Rücklagen an die Aktionäre (vgl. EBJS/*Böcking/Gros* HGB § 272 Rn. 12). Für Rückerwerbe nach den Ausnahmeregelungen des Abs. 1 Nr. 1, 2, 4, 7 und 8 schreibt Abs. 3 aus Gründen des Kapitalschutzes vor, dass die erworbenen Aktien voll eingezahlt sein müssen. Abs. 3 S. 1 regelt die Unterrichtung der Hauptversammlung über die Gründe und den Zweck sowie weitere Einzelheiten des Erwerbs eigener Aktien. Abs. 3 S. 2 bestimmt, dass im Falle des Erwerbs eigener Aktien zum Zweck des Angebots an die Arbeitnehmer, die Aktien binnen Jahresfrist an die Arbeitnehmer weiterzugeben sind. Abs. 4 regelt die Folgen von Verstößen gegen die Beschränkungen nach Abs. 1 und 2.

2 Als **übergreifender Normzweck** des § 71 ist der **aktienrechtliche Vermögensschutz** auszumachen. Dabei ist zu erkennen, dass die Vorschrift eine Ausnahme vom Grundsatz der Vermögensbindung nach § 57 Abs. 1 und 3 macht (KK-AktG/*Lutter/Drygala* Rn. 16). In finanzwirtschaftlicher Hinsicht *(corporate finance)* stellt der Aktienrückerwerb eine funktionales Äquivalent zur Auskehrung von Gesellschaftsvermögen an die Aktionäre in der Form von Dividendenzahlungen dar (vgl. Spindler/Stilz/*Cahn/v. Spannenberg* Rn. 3 ff.; *U. Huber* FS Kropff, 1997, 101 (106)). Darin ist der prinzipielle Rechtfertigungsgrund für das Erwerbsverbot nach Abs. 1 und die dort getroffenen Ausnahmeregelungen wie den besonderen Schutz des Gesellschaftsvermögens nach Abs. 2 zu erkennen (→ Rn. 1). Ein zweiter Normzweck ist in der **Kompetenzabgrenzung** zwischen den Verwaltungsorganen der AG und der Hauptversammlung zu erblicken (KK-AktG/*Lutter/Drygala* Rn. 19, 23; *U. Huber* FS Duden, 1977, 137 (140 f.)). Durch den schrankenlos möglichen Rückerwerb eigener Aktien (sog. „Verwaltungsaktien") soll der Vorstand sich nicht letztlich auf Kosten des Aktionärseinflusses zum eigentlichen Herrscher über

die AG aufschwingen können. Das machen nicht zuletzt der Erlaubnisvorbehalt zugunsten der Hauptversammlung nach Abs. 1 Nr. 8, aber auch der Rechtsverlust beim Erwerb eigener Aktien nach § 71b deutlich.

Seit den Ursprüngen in der Aktienrechtsnovelle von 1870 hat die gesetzliche Normierung des Erwerbs eigener Aktien eine Reihe von Änderungen erfahren (ausführlich dazu KK-AktG/*Lutter/Drygala* Rn. 4 ff.). Als besonderer Meilenstein in der **Normgeschichte** ist die Einführung der Möglichkeit des Erwerbs eigener Aktien aufgrund eines Hauptversammlungsbeschlusses ohne besondere gesetzliche Zweckvorgabe nach Abs. 1 Nr. 8 durch das **KonTraG** vom 27.4.1998 zu erwähnen (BGBl. 1998 I 786), der den Weg zum Gebrauch des Aktienrückerwerbs als allgemeines Instrument des *coroporate finance* entsprechend internationalen Kapitalmarktgepflogenheiten geöffnet hat. Wesentlichen Einfluss auf die deutsche Normierung hat auch das europäische Unionsrecht gehabt, dessen Vorgaben sich heute in Art. 60 **GesR-RL (2017/1132/EU)** finden (vgl. Spindler/Stilz/*Cahn/v. Spannenberg* Rn. 27 f.). 3

II. Das Erwerbsverbot und seine Ausnahmen (Abs. 1)

1. Grundlagen. Der **Begriff des Erwerbs** von Aktien ist so zu verstehen, dass ein **dinglicher Rechtsübergang** von einem veräußernden Aktionär auf die AG sattfinden muss, wobei auch die Begründung von Miteigentum genügt. Das Verbot erfasst alle Aktien, unabhängig von ihrer Gattung oder rechtlichen Ausgestaltung, sowie Zwischenscheine (KK-AktG/*Lutter/Drygala* Rn. 24); auf die Zeitdauer, für die die Gesellschaft die eigenen Akten hält, kommt es nicht an (KK-AktG/*Lutter/Drygala* Rn. 24; RG 21.4.1941, RGZ 167, 41 (48)). Darunter fallen auch die unregelmäßige Verwahrung nach § 700 BGB, §§ 13, 15 DepotG, bei der der Verwahrer Eigentümer der Papiere wird, die Sicherungsübereignung und sonstige Fälle der Treuhand, der Erwerb in der Zwangsversteigerung, die Inpfandnahme eigener Aktien (§ 71e), sowie auch aufschiebend bedingte Übereignungen aufgrund von Termingeschäften (KK-AktG/*Lutter/Drygala* Rn. 33 ff.). Gleiches gilt für das sog. echte Wertpapierdarlehen, bei dem ein Vollrechtserwerb des Darlehensnehmers stattfindet (*Cahn/Ostler* AG 2008, 221 (222 ff.)), wie auch die Einräumung einer Put Option gegen die Gesellschaft als Stillhalterin (*Paefgen* AG 1999, 67 (73 f.)). Kein Erwerb iSv § 71 sind dagegen der Erwerb von isolierten oder auch auf Wandel- bzw. Optionsanleihen gründenden Call Optionen (*J. Vetter* AG 2003, 478 (479); zu Wandelschuldverschreibungen *Kopp/Metzner* AG 2012, 856 (857 ff.)), rein schuldrechtliche Termingeschäfte, die nicht auf den dinglichen Erwerb eigener Aktien abzielen (sog. *contracts for difference,* vgl. MüKoAktG/*Oechsler* Rn. 84), der Erwerb unmittelbarer oder mittelbarer Bezugsrechte auf Aktien (KK-AktG/*Lutter/Drygala* Rn. 38 f.), die auf eine Ermächtigung der Gesellschaft zur Stimmrechtsausübung nach § 185 BGB gründende Legitimationsübertragung von Aktien nach §§ 128 Abs. 1 S. 1, 129 Abs. 3 S. 2, 135 Abs. 7 S. 1 (KK-AktG/*Lutter/Drygala* Rn. 43), der Aufbau von wechselseitigen Beteiligungen nach §§ 19, 328 (KK-AktG/*Lutter/Drygala* Rn. 45; aA *Cahn,* Kapitalerhaltung im Konzern, 1998, 151 ff.), sowie auch der Erwerb von Aktien der AG durch ein abhängiges oder im Mehrheitsbesitz der Gesellschaft stehendes Unternehmen, sofern nicht die Voraussetzungen des § 71d S. 2 erfüllt sind (GroßkommAktG/*Merkt* Rn. 154). 4

Grundsätzlich erfasst § 71 nur den **derivativen Erwerb** von Aktien, die die Gesellschaft bereits an Aktionäre ausgegeben hat. Allerdings finden die Vorschriften der §§ 71b, 71c über den Rechtsverlust, die Veräußerungspflicht und die Einziehung bei Erwerb eigener Aktien auch auf den originären Erwerb im Wege der Zeichnung junger Aktien Anwendung (KK-AktG/*Lutter/Drygala* Rn. 26). 5

Verstößt der Erwerb eigener Aktien gegen das **Gleichbehandlungsgebot** des § 53a (→ § 53a Rn. 10) dessen Geltung Abs. 1 Nr. 8 S. 3 ausdrücklich betont, so steht ungleich behandelten Aktionären ein Einzelklagerecht auf Abhilfe zu (→ § 53a Rn. 23). Jedoch muss nicht jede Ungleichbehandlung einen Verstoß gegen die Vermögenbindung nach § 57 Abs. 1 und 3 mit den Folgen des § 62 darstellen (so aber KK-AktG/*Lutter/Drygala* Rn. 30); vielmehr kommt es hier bei der Anwendung des gesetzlichen Willkürverbots (→ § 53a Rn. 6) darauf an, ob die Entscheidung des Vorstands zum Rückerwerb nach der Business Judgment Rule des § 93 Abs. 1 S. 2 als legitime Artikulation des gesetzlich geschützten unternehmerischen Ermessens des Vorstands anzusehen ist (vgl. *Paefgen/Wallisch* FS Krieger, 2020, 643 (660 f.)). 6

2. Abwendung eines schweren, unmittelbar bevorstehenden Schadens der Gesellschaft (Abs. 1 Nr. 1). Als **Schaden** iSv Abs. 1 Nr. 1 kommt nur ein solcher in Betracht, **der die AG selbst trifft,** nicht dagegen die Aktionäre in ihrer Gesamtheit oder einzelne von ihnen; auch entgangener Gewinn ist zu berücksichtigen (§ 252 BGB), nicht dagegen ein Spekulationsverlust durch Wertverlust im Bestand eigener Aktien. Ein drohender Verfall des Börsenpreises reicht für sich genommen nicht aus, wohl aber wenn der Gesellschaft mittelbare Schäden in der Form erhöhter Fremd- oder Eigenkapitalkosten drohen (vgl. KK-AktG/*Lutter/Drygala* Rn. 47 ff.; zur Erhöhung der Kapitalkosten *Günther/Muche/White* RIW 1998, 337 (340)). Mit dem Interesse der Gesellschaft an einer normalen Kurspflege lässt sich ein Rückerwerb nach Abs. 1 Nr. 1 nicht rechtfertigen (*Kropff* 91). Jedoch kommt ein kursstützender Rückerwerb eigener Aktien zur Schadensabwehr dann in Betracht, wenn dem Geschäft und 7

Ansehen der AG Nachteile infolge von **Marktmanipulationen** iSv Art. 12, 15 MAR (VO (EU) 596/2014) drohen. Der hier grundsätzlich zum Tragen kommende Gedanke der *Notwehr* greift allerdings dann nicht, wenn es nur um eine Reaktion auf negative Analysten- oder Pressekommentare oder auch Herabstufungen durch Rating-Agenturen, sowie auch mit dem Schlagwort des „Baisseangriffs" titulierte anhaltende Aktienverkäufe geht (KK-AktG/*Lutter/Drygala* Rn. 50).

8 Bei der **Inpfandnahme (§ 71e) und Pfändung eigener Aktien** kann die Gesellschaft sich auf die Rückerwerbsmöglichkeit nach Abs. Nr. 1 im Hinblick auf das anderenfalls drohenden Risiko, berufen, mi ihrer Forderung auszufallen. Dabei ist allerdings das Gebot der Volleinzahlung (§ 71 Abs. 2 S. 3) zu beachten.

9 In Fällen der Börseneinführung *(initial public offering)* und Emission junger Aktien im Wege einer Kapitalerhöhung kommt der Rückkauf von Aktien im Markt nach Abs. 1 Nr. 1 als Maßnahme der **Kursstabilisierung** in Betracht. Voraussetzung dafür ist allerdings die Einhaltung der besonderen kapitalmarktrechtlichen Vorgaben für Stabilisierungsmaßnahmen, die sich aus der aufgrund von Art. 5 Abs. 6 UAbs. 3 MAR (VO (EU) 596/2014) erlassenen Delegierten VO (EU) 2016/1052 ergeben (KK-AktG/*Lutter/Drygala* Rn. 51). Das betrifft die Transparenz und den Zeitrahmen der Stabilisierungsmaßnahmen (Art. 5 VO (EU) 2016/1052), die Warnung und Information des Marktes (Art. 6 VO (EU) 2016/1052) und die Festlegung von Kursbedingungen (Art. 7 VO (EU) 2016/1052); (s. dazu iE MüKoAktG/*Oechsler* Rn. 384 ff.). Die Notwendigkeit, vorrangig einen Hauptversammlungsbeschluss nach Abs. 1 Nr. 8 einzuholen, besteht hier nicht (KK-AktG/*Lutter/Drygala* Rn. 53).

10 Was den **Auskauf (potenziell) opponierender Aktionäre** durch Rückerwerb eigener Aktien betrifft, so ist zu bemerken, dass die Möglichkeit der Erhebung von *Beschlussmängelklagen* solcher Aktionäre gegen Hauptversammlungsbeschlüsse keinen drohenden Schaden iSv Abs. 1 Nr. 1 zu begründen vermag. Sind solche Klagen nämlich begründet, dienen sie nur der Feststellung bzw. Wiederherstellung der Legalität; sind sie unbegründet, muss der Möglichkeit eines Freigabeverfahrens nach § 246a, § 16 UmwG Vorrang vor dem Schutzinstrument des Aktienrückerwerbs nach Abs. 1 Nr. 1 zukommen (zutr. KK-AktG/*Lutter/Drygala* Rn. 59).

11 Was die **Abwehr einer drohenden feindlichen Übernahme** der Gesellschaft durch einen die Strategie der Verwaltung in Frage stellenden unfreundlichen Aktionär anbelangt, so ist zunächst festzuhalten, dass aus §§ 76 Abs. 1, 93 eine Neutralitätspflicht des Vorstands im Sinne eines aktienrechtlichen Verbots, auf die Zusammensetzung des Aktionärskreises der Gesellschaft Einfluss zu nehmen nicht abgeleitet werden kann (grdl. *Martens* FS Beusch, 1993, 529 (542 ff.); *Paefgen,* Unternehmerische Entscheidungen und Rechtsbindung der Organe in der AG, 2002, 336 ff.; **aA** *Hopt* ZGR 1993, 434 ff.; *Hopt* FS Lutter, 2000, 1361 (1375 ff.); sowie bereits *Mestmäcker,* Verwaltung, Konzerngewalt und Rechte der Aktionäre, 1958, 139 ff.; in diese Richtung tendierend auch noch BGH 6.10.1960, BGHZ 33, 175 (186) – Minimax II). Für den Fall des öffentlichen Übernahmeangebots statuiert zwar § 33 Abs. 1 S. 1 WpÜG grundsätzlich eine solche Neutralitätspflicht, dies gilt jedoch nach § 33 Abs. 1 S. 2 Alt. 2, Abs. 2 WpÜG nicht für Verteidigungsmaßnahmen mit Zustimmung des Aufsichtsrats oder der Hauptversammlung. Die damit getroffen gesetzliche Wertung ist bei der Anwendung von Abs. 1 Nr. 1 zu berücksichtigen (insoweit zutr. KK-AktG/*Lutter/Drygala* Rn. 55). Vor der Ankündigung eines öffentlichen Übernahmeangebots (§ 10 WpÜG) kann der Vorstand daher nach Maßgabe seines unternehmerischen Ermessens (§ 93 Abs. 1 S. 2) defensive Rückerwerbe gem. Abs. 1 Nr. 1 tätigen und danach nur mit Zustimmung des Aufsichtsrats bzw. der Hauptversammlung (im Widerspruch zur vorstehend erläuterten gesetzlichen Wertung einen drohenden Schaden der Gesellschaft generell verneinend dagegen KK-AktG/*Lutter/Drygala* Rn. 54). Im Rahmen der gebotenen Ermessensentscheidung steht es der Gesellschaft insoweit offen, eine *tender-offer*-Prämie über dem aktuellen Börsenpreis mit dem von dem Rückkauf erwarteten Anstieg im Gewinn/Cash Flow je Aktie und der Börsenbewertung zu begründen, sog. ***greenmail.*** In den Grenzen des unternehmerischen Ermessens können auch über dem Börsenpreis liegende, individuell ausgehandelte Geschäfte als Abwehrmaßnahmen gegen eine feindliche Übernahme durch den Verkäufer gerechtfertigt sein (vgl. *Paefgen* ZIP 2002, 1509 (1513); aA MüKoAktG/*Oechsler* Rn. 135).

12 Ob ein **schwerer Schaden** droht, richtet sich nach der Größe des Unternehmens und dessen allgemeinem Risikoprofil; ein existenzbedrohender Schaden ist nicht erforderlich. Für die insoweit gebotene Risikoeinschätzung ist eine ex ante Perspektive maßgeblich (GroßkommAktG/*Merkt* Rn. 162). Ein **unmittelbar bevorstehender Schaden** ist ein solcher, der nicht erst in fernerer Zukunft einzutreten droht; dass der Schaden mit Sicherheit droht, ist nicht erforderlich (KK-AktG/*Lutter/Drygala* Rn. 62). Das Erfordernis der **Notwendigkeit des Erwerbs** ist objektiv zu beurteilen. Auf die subjektive Motivation des Vorstands kommt es dafür nicht an (Spindler/Stilz/*Cahn/v. Spannenberg* Rn. 52). Nicht notwendig iSv Abs. 1 Nr. 1 ist der Erwerb, wenn die Gesellschaft auch den Weg über einen bereits vorliegenden Hauptversammlungsbeschuss nach Abs. 1 Nr. 8 gehen könnte (OLG Hamburg 18.9.2009, AG 2010, 502 (505)).

13 **3. Belegschaftsaktien (Abs. 1 Nr. 2).** Der Rückerwerb eigener Aktien nach Abs. 1 Nr. 2 stellt eine **sozialpolitisch begründete, besondere gesellschaftsrechtliche Möglichkeit** dar, um Aktien

einer AG zum Zwecke des Angebotes an die Belegschaft bereitzustellen (vgl. Begr. RegE VermbG, BT-Drs. 10/337, 10). Weitere solche Möglichkeiten bestehen über die Schaffung junger Aktien aus genehmigtem oder bedingtem Kapital oder auch durch Kapitalerhöhung aus Gesellschaftsmitteln (§ 192 Abs. 2 Nr. 3, § 193 Abs. 2 Nr. 4, § 202 Abs. 4, § 203 Abs. 4, § 215 Abs. 1). Zum Schutz der Arbeitnehmer dürfen nach Abs. 2 S. 3 nur volleigezahlte Aktien erworben werden. Unionsrechtlich findet Abs. 1 Nr. 2 seine Grundlage in Art. 60 Abs. 3 **GesR-RL (2017/1132/EU).** Für Belegschaftsangehörige bestimmte Aktien können auch über den Erwerb nach Abs. 1 Nr. 8 bereitgestellt werden. Der Unterschied liegt allerdings darin, dass Abs. 1 Nr. 2 dem Vorstand ein Handeln ohne Ermächtigung durch die HV erlaubt und den Bezugsrechtsausschluss nach Abs. 1 Nr. 8 S. 5 entbehrlich macht (MüKoAktG/*Oechsler* Rn. 146). Eine ungeschriebene Mitwirkungskompetenz der Hauptversammlung besteht bei Abs. 1 Nr. 2 nicht (*Knepper* ZGR 1985, 429 (435)). Zu den Publizitätspflichten beim Rückerwerb eigener Aktien zur Mitarbeitervergütung *Haller/Roggemann* NZG 2019, 1005 (1006 ff.).

Steuerliche Vorteile von Belegschaftsaktien ergeben sich aus der Steuerfreiheit nach § 3 Nr. 39 EstG und dem 5. VermbG. Diese steuerlichen Vorgaben gilt es, bei der Ausgabe von Belegschaftsaktien im Blick zu behalten (näher dazu Kirchhof/*v. Beckerath* EStG § 3 Nr. 39 Rn. 73 ff.; *Breinersdorfer* DStR 2009, 453 ff.; *Sieg* NZA 2015, 784 ff.). Das gilt insbesondere für § 3 Nr. 39 S. 2 und 3 EStG, wo für die Steuerfreiheit die Einbeziehung aller Arbeitnehmer der AG selbst sowie auch von Konzernunternehmen iSv § 18 mit einer Mindestdienstzeit von einem Jahr vorausgesetzt wird. 14

Für die Abgrenzung des begünstigten Personenkreises, an den sich ein Angebot iSv Abs. 1 Nr. 2 zu richten hat, ist der **allgemeine arbeitsrechtliche Begriff des Arbeitnehmers** heranzuziehen, der zwar Mitglieder des Vorstands und Aufsichtsrats ausschließt, dagegen aber auch Prokuristen und sonstige leitende Angestellte einbezieht (KK-AktG/*Lutter/Drygala* Rn. 74; *Kort* NZG 2008, 823 (824); BGH 11.7.1953, BGHZ 10, 187 (191 f.); BGH 16.12.1953, BGHZ 12, 1 (8); LG Mainz 27.8.2004, NZG 2005, 325; zum Einsatz von Aktien als Aufsichtsratsvergütung *Dörrwächter* NZG 2020, 370 ff.). Dabei kann das Arbeitsverhältnis mit der AG selbst oder mit einem verbundenen Unternehmen (§ 15) bestehen. Die Vorschrift umfasst auch die Ausgabe von Belegschaftsaktien an frühere Arbeitnehmer, wie etwa Betriebsrentner oder vorzeitig ausgeschiedene Arbeitnehmer. 15

Das Erfordernis, ein **Angebot** an die Belegschaftsmitglieder zu unterbreiten, setzt nicht voraus, dass ein Angebot im Nachhinein tatsächlich gemacht wird oder gar von (Teilen) der Belegschaft angenommen wird (*Preusche* BB 1982, 1639 f.). Erforderlich, aber auch ausreichend ist vielmehr nur der **ernstliche Wille des Vorstands,** die erworbenen Aktien der Belegschaft anzubieten. War ein derartiger ernster Wille des Vorstands zur Zeit des Rückerwerbs vorhanden, so ist es unschädlich, wenn letztlich die in Abs. 2 S. 3 vorgeschriebene Weitergabe der Aktien an die Belegschaft unterbleibt. Dagegen fehlt es an dem ernstlichen Weitergabewillen des Vorstands, wenn zum Zeitpunkt des Rückerwerbs die erforderliche Zustimmung des Aufsichtsrats (§§ 204 Abs. 1 S. 2, 111 Abs. 4) oder des Betriebsrats (§ 87 Abs. 1 Nr. 10 BetrVG, dazu BAG 28.11.1989, BAG AP BetrVG 1972 § 88 Nr. 6), nicht vorliegt oder auch die geplanten Abgabebedingungen so schlecht sind, dass mit einer Abnahme der Aktien nicht ernstlich gerechnet werden kann (vgl. KK-AktG/*Lutter/Drygala* Rn. 68 ff.). 16

Ein beabsichtigtes Angebot an die Belegschaft zum Erwerb von Aktien liegt auch dann vor, wenn der Rückerwerb eigener Aktien zum Zweck hat, ein **Aktienbezugs- oder Optionsprogramm** zugunsten der Belegschaft zu bedienen. Der Begriff des Erwerbs iSv Abs. 1 Nr. 2 ist im Sinne der *ratio legis,* eine Arbeitnehmerbeteiligung möglichst zu fördern, weit zufassen; er geht über den Fall des direkten Erwerbs von Aktien durch ein einfaches Verkehrsgeschäft, Übernahme oder Zeichnung hinaus (zutr. KK-AktG/*Lutter/Drygala* Rn. 82; *Unmuß/Ehle* BB 2002, 1042 (1043); aA *Hüffer* ZHR 161 (1997), 214 (221)). Abs. 1 Nr. 2 ist auf solche Programme auch nicht etwa deshalb unanwendbar, weil der Gesetzgeber mit Abs. 1 Nr. 8 ausdrücklich eine Rechtsgrundlage für den Erwerb eigener Aktien zum Zweck der Bedienung von Aktienoptionsprogrammen schaffen wollte (*Schaefer* NZG 1999, 531 (532)). 17

4. Abfindung in eigenen Aktien (Abs. 1 Nr. 3). Abs. 1 Nr. 3 erlaubt den Erwerb eigener Aktien durch die AG in einer Reihe von Fallkonstellationen, wo der beabsichtigte Zweck des Rückerwerbs in der **Erfüllung von Abfindungsansprüchen und Umtauschverpflichtungen** liegt. Unionsrechtlich findet die Vorschrift ihre Grundlage in Art. 61 Abs. 1 lit. d GesR-RL (2017/1132/EU). Im **Konzernrecht** fallen darunter die ausdrücklich in Abs. 1 Nr. 3 erwähnten Abfindungsansprüche außenstehender Aktionäre bei Abschluss eines die Gesellschaft begünstigenden Gewinnabführungs- oder Beherrschungsvertrages, wie auch bei der die AG als Hauptgesellschaft begünstigenden Eingliederung (§§ 305 Abs. 2 Nr. 1 und 2, 320b Abs. 1 S. 1 und 3); im **Umwandlungsrecht** geht es um die ebenfalls ausdrücklich erwähnten Ansprüche auf Gewährung von Aktien der Gesellschaft bei der Verschmelzung, Spaltung und beim Formwechsel (§§ 29 Abs. 1, 125 S. 1, 207 Abs. 1 S. 1 UmwG). Weiter umfasst der Anwendungsbereich von Abs. 1 Nr. 3 auch die Abfindungsansprüche bei der Gründung einer **SE** im Wege der Verschmelzung oder Holdinggründung, wie auch der Sitzverlegung nach §§ 7 Abs. 1 S. 2, § 9 Abs. 1 S. 2, 12 Abs. 1 S. 2 SEAG (vgl. MüKoAktG/*Oechsler* Rn. 173). 18

In Abs. 1 Nr. 3 nicht ausdrücklich erwähnt sind mehrere Fallkonstellationen, in denen wegen der Vergleichbarkeit mit den in der Vorschrift ausdrücklich geregelten Fällen die **analoge Anwendung** 19

von Abs. 1 Nr. 3 geboten erscheint. Das betrifft den in § 62 UmwG geregelten Fall der **Konzernverschmelzung,** wo es zur Durchführung der Transaktion eines Hauptversammlungsbeschlusses der übernehmenden AG nicht bedarf. In Fortführung dieser gesetzlichen Wertung sollte Abs. 1 Nr. 3 hier entsprechend angewendet werden, sodass es auch für den Erwerb der den Minderheitsaktionären der übertragenden Gesellschaft zu gewährenden Aktien der Ermächtigung durch die Hauptversammlung der übernehmenden AG nach Abs. 1 Nr. 8 nicht bedarf (vgl. *Martens* FS Boujong, 1996, 335 (341); *Martens* AG August-Sonderheft 1997, 83 (84)). Weiter gehört hierher auch der Fall des **Delisting,** wo sich der Bedarf des Erwerbs eigener Aktien aus der Abfindungspflicht der Gesellschaft nach § 39 Abs. 2 S. 3 Nr. 2 lit. a BörsG ergibt (vgl. GoßkommAktG/*Merkt* Rn. 215). Schließlich Abs. 1 Nr. 3 auch dann anwendbar, wenn die AG bei Verletzung kapitalmarktrechtlicher Informationspflichten nach §§ 826, 823 Abs. 2 BGB, § 400 die Plicht zum Rückerwerb der Aktien geschädigter Anleger trifft (vgl. BGH 9.5.2005, NJW 2005, 2450 (2452) – EM.TV). Denn jedenfalls solange der Rahmen des Abs. 2 eingehalten wird, kann das Verbot des Rückerwerbs eigener Aktien kein Vorwand dafür sein, gesetzliche Verpflichtungen nicht zu erfüllen (zutr. MüKoAktG/*Oechsler* Rn. 174; aA KK-AktG/*Lutter/Drygala* Rn. 98 ff.); das zeigt auch die in § 29 UmwG zum Ausdruck kommende gesetzliche Wertung deutlich.

20 Das Vorliegen der in Abs. 1 Nr. 3 vorausgesetzten **Verwendungsabsicht der Gesellschaft,** Aktien zum Zwecke der Erfüllung gesetzlicher Pflichten zurück zu erwerben, setzt zunächst voraus, dass diese Absicht in einem entsprechenden Vorstandsbeschluss ordnungsgemäß dokumentiert wird (Spindler/Stilz/*Cahn/v. Spannenberg* Rn. 74). Ebenso muss auch ein für die intendierte Verwendung der zu erwerbenden Aktien erforderlicher Hauptversammlungsbeschluss (§§ 293 Abs. 1 und 2, 319 Abs. 2, 320 Abs. 1, § 13 UmwG) bereits vorab vorliegen. Das erscheint schon im Hinblick auf die rechtssichere Handhabung der Bestandsgrenze des Abs. 2 S. 1 unerlässlich (iErg wie hier auch KK-AktG/*Lutter/Drygala* Rn. 104 f.; aA MüKoAktG/*Oechsler* Rn. 176).

21 **5. Unentgeltlicher Erwerb, Einkaufskommission (Abs. 1 Nr. 4).** Die in Abs. 1 Nr. 4–6 gestatteten Rückerwerbsmöglichkeiten haben miteinander gemeinsam, dass der Rückerwerb hier zum einen nicht einer Zehn-Prozent-Bestandsbeschränkung unterliegt (Abs. 2 S. 1) und zum anderen auch nicht durch Bildung einer besonderen Rücklage nach § 272 Abs. 1a HGB finanziert werden muss (Abs. 2 S. 2). Abs. 1 Nr. 4 Alt. 1 gestattet den **unentgeltlichen Erwerb** eigener Aktien; dabei ist unentgeltlich wie bei § 516 BGB so zu verstehen, dass die Gesellschaft für die erworbenen Aktien keine Gegenleistung erbringen muss (Schenkung, Vermächtnis). Es hat eine wirtschaftliche Betrachtung zu erfolgen. Bei einer gemischten Schenkung, einem Vermächtnis unter Auflage und vergleichbaren Zuwendungen handelt es sich um einen entgeltlichen Erwerb; das gilt jedoch nicht bezüglich einer allfälligen Schenkungs- oder Erbschaftssteuer (KK-AktG/*Lutter/Drygala* Rn. 220).

22 Ist die AG ein Kreditinstitut (§§ 1 Abs. 1, 2 Abs. 1 KWG), gestattet Abs. 1 Nr. 4 Alt. 2 den Erwerb eigener Aktien zum Zweck der Ausführung einer **Einkaufskommission.** Im Gegensatz zu der anderen auf das Wertpapiergeschäft bezogenen Ausnahme des Abs. 1 Nr. 7 ist im Fall des Abs. 1 Nr. 4 Alt. 2 kein Ermächtigungsbeschluss der Hauptversammlung erforderlich. Die Regelung findet ihre unionsrechtliche Grundlage in Art. 61 Abs. 1 lit. d GesR-RL (2017/1132/EU). Ausführen einer Einkaufskommission bedeutet die Erfüllung einer bereits eingegangenen Verpflichtung des als Kommissionär agierenden Kreditinstituts zur Lieferung von Aktien an den Kommittenten im Wege des *Selbsteintritts* (§ 400 HGB). Nicht gestattet ist damit der Erwerb von Aktien „auf Lager" mit Blick auf die Erfüllung zukünftiger Kommissionsgeschäfte (*Kropff* 91); nimmt jedoch der Kommittent die in Auftrag gegebenen Aktien nicht ab oder kommt es nachträglich zur Auflösung des Kommissionsverhältnisses, hat dies auf die Zulässigkeit des einmal erfolgten Erwerbs keine Auswirkung. Bei der im Rahmen einer *Verkaufskommission* erteilten bloßen Verfügungsmacht der als Kommissionärin fungierenden AG handelt es sich nicht um einen in Abs. 1 Nr. 4 Alt. 2 gestatteten Erwerb eigener Aktien (vgl. KK-AktG/*Lutter/Drygala* Rn. 222 f.).

23 **6. Gesamtrechtsnachfolge (Abs. 1 Nr. 5).** Mit der in Abs. 1 Nr. 5 geregelten Gestattung des Erwerbs eigener Aktien der Gesellschaft im Wege der Gesamtrechtsnachfolge räumt das Gesetz diesem Kardinalprinzip des deutschen Privatrechts Vorrang vor dem das grundsätzliche Rückerwerbsverbot (Abs. 1 Eingangssatz „nur") tragenden Gedanken des aktienrechtlichen Vermögensschutzes (→ Rn. 1) ein (sinngemäß so auch *Kropff* 91). Neben der erbrechtlichen Universalsukzession (§ 1922 BGB) erfasst die Regelung auch die Fälle der Gesamtrechtsnachfolge bei der Verschmelzung und Spaltung (§ 20 Abs. 1 Nr. 1, § 131 Abs. 1 Nr. 3 S. 3 UmwG, dazu MüKoAktG/*Oechsler* Rn. 188). Auch wenn ein im Mehrheitsbesitz der AG stehendes oder von ihr abhängiges Unternehmen gem. § 20 Abs. 1 Nr. 1 als übernehmende Gesellschaft bei einer Verschmelzung im Wege der Gesamtrechtsfolge Aktien der Gesellschaft erwirbt und diese Aktien nach § 71d S. 2 der AG wie ihre eigenen zuzurechnen sind, liegt ein Abs. 1 Nr. 5 unterfallender zulässiger Erwerb vor (MüKoAktG/*Oechsler* Rn. 187). Schließlich erfasst Abs. 1 Nr. 5 auch die Fälle des Erwerbs eigener Aktien im Wege der personengesellschaftsrechtlichen Anwachsung (§ 738 Abs. 1 S. 2 BGB, §§ 105 Abs. 3, 140 Abs. 1 S. 2 HGB).

7. Einziehung bei Kapitalherabsetzung (Abs. 1 Nr. 6). Voraussetzung für die Zulässigkeit eines Erwerbs eigener Aktien zum Zweck der Einziehung (ausführlich dazu *Seidler/Thiere* BB 2019, 2058 ff.) ist ein vorangehender Kapitalherabsetzungs- und Einziehungsbeschluss nach § 237 Abs. 1 Alt. 2 (*Wieneke/Förl* AG 2005, 189 (190)). Die Regelung findet ihre unionsrechtliche Grundlage in Art. 61 Abs. 1 lit. a GesR-RL (2017/1132/EU). Der Umfang des zulässigen Rückerwerbs richtet sich nach diesem Beschluss (KK-AktG/*Lutter/Drygala* Rn. 232). Bei der Einziehung sind grundsätzlich gem. § 237 Abs. 2 S. 3 die Gläubigerschutzbestimmungen des § 225 Abs. 2 einzuhalten. Das Entgelt für die eingezogenen Aktien darf daher an die betroffenen Aktionäre erst gezahlt werden, wenn seit der Bekanntmachung der Eintragung der Kapitalherabsetzung sechs Monate verstrichen sind und den Gläubigern, die sich innerhalb der Sechsmonatsfrist des § 225 Abs. 1 gemeldet haben, Sicherheit geleistet oder Befriedigung gewährt worden ist. Besondere Gläubigerschutzbestimmungen gelten für die vereinfachte Einziehung nach § 237 Abs. 3 (näher Spindler/Stilz/*Cahn* Rn. 82). Der Erwerb eigener Aktien verlangt einen Hauptversammlungsbeschluss nach den Regeln über die **Kapitalherabsetzung** (§ 237 Abs. 1 S. 1; zur Durchführung *Rieckers* ZIP 2009, 700). Die AG darf so viele Aktien erwerben, wie im Beschluss vorgesehen ist. Dieser muss noch nicht im Handelsregister eingetragen sein. Abs. 2 sieht keine Erwerbs(ober)grenze vor. Prüfungsmaßstab für eine Kapitalherabsetzung durch Einziehung ist § 71 und nicht etwa § 237 Abs. 3 (so OLG München 8.5.2012, DB 2012, 1198). 24

8. Wertpapierhandel (Abs. 1 Nr. 7). Abs. 1 Nr. 7 erlaubt es **Banken und Finanzdienstleistungsunternehmen in der Rechtsform einer AG,** ihre eigenen Aktien unter bestimmten Voraussetzungen im Zusammenhang mit dem sog. **Eigenhandel** zu erwerben, der nicht direkt der Ausführung von Kundenaufträgen dient und insbesondere auch Geschäfte vor und nach Börsenschluss im sog. *over the counter market* betrifft (Begr. RegE 2. FinMFG, BT-Drs. 12/6679, 83). Unionsrechtlich findet die Vorschrift ihre Grundlage in Art. 60 Abs. 1 **GesR-RL (2017/1132/EU),** wo in lit. c und umgesetzt in Abs. 2 S. 3 das Verbot des Rückerwerbs nicht voll eigezahlter Aktie zu finden ist. Vom Eigenhandel abzugrenzen ist der in Abs. 1 Nr. 4 Alt. 2 geregelte Erwerb zwecks Ausführung von Einkaufskommissionen. Die Berufung auf die Rückerwerbsoption des Abs. 1 Nr. 1 wegen drohender schwerer Schädigung der Gesellschaft infolge des Erleidens von Wettbewerbsnachteilen gegenüber konkurrierenden Finanzmarktakteuren muss ausscheiden, denn auf diesem Wege dürfen die für den Eigenhandel geltenden besonderen Erfordernisse des Hauptversammlungsbeschlusses und der Einhaltung der 5 %-Schranke (Abs. 1 Nr. 7 S. 2) nicht umgangen werden (KK-AktG/*Lutter/Drygala* Rn. 106 ff.). 25

Normadressaten des Abs. 1 Nr. 7 sind Kredit- und Finanzinstitute sowie diesen gleichgestellte Institute (§§ 1 Abs. 1 und 3, 1a, 2 KWG), zu deren typischem Geschäftszuschnitt der An- und Verkauf von Aktien zählt. Von der Norm nicht erfasst ist der Erwerb von Aktien einer AG, welche die vorgenannten Voraussetzungen nicht erfüllt, durch ein diese Voraussetzungen erfüllendes abhängiges oder im Mehrheitsbesitz der AG stehendes Bank- oder Finanzdienstleistungsunternehmen, wohl dagegen aber der umgekehrte Fall des Erwerbs von Aktien einer die Anforderungen erfüllenden AG durch ein diese Eigenschaft nicht aufweisendes abhängiges oder im Mehrheitsbesitz stehendes Unternehmen. Das folgt aus der in § 71d S. 2 getroffenen Abgrenzung (zutr. KK-AktG/*Lutter/Drygala* Rn. 108; abw. MüKoAktG/*Oechsler* Rn. 305). 26

Wertpapierhandel sind sämtliche Erscheinungsformen des Eigenhandels in den Aktien der Gesellschaft. Darunter fallen sowohl der direkte Erwerb von Aktien *(long position)* als auch der Erwerb im Zuge von Derivatgeschäften in der Form von Terminkontrakten und des Handels mit Optionen (vgl. Begr. RegE 2. FinMFG, BT-Drs. 12/6679, 84; *Butzke* WM 1995, 1389 (1390)). 27

Für die Berechnung der nach Abs. 1 Nr. 7 S. 2 Hs. 1 in einem **Ermächtigungsbeschluss der Hauptversammlung** festzulegenden **Untergrenze von fünf Prozent des Grundkapitals** (aus unionsrechtlicher Sicht krit. dagegen *Cahn* DK 2007, 385 (392 f.)) kommt es auf das Grundkapital am Ende des jeweiligen Handelstages (24 Uhr deutscher Zeit) an. Überschreitungen im Tagesverlauf sind unerheblich, jedoch muss stets die 10 %-Grenze des Abs. 2 S. 1 eingehalten werden (KK-AktG/*Lutter/Drygala* Rn. 114). Legt die Hauptversammlung statt der in der Vorschrift angesprochenen prozentualen Grenze eine ziffernmäßig bestimmte Grenze fest, was zulässig ist, kann bei späterem Überschreiten der 5 %-Grenze im Wege sinngemäßer Auslegung des Beschlusses eine Anpassung der festgelegten Anzahl erfolgen (iErg so auch MüKoAktG/*Oechsler* Rn. 200 („analog § 224")). Der Ermächtigungsbeschluss darf nur für eine **fünfjährige Höchstfrist** gelten (Abs. 1 Nr. 7 S. 3); die Geltungsdauer des Beschlusses kann – auch vor Ablauf des zunächst ergangenen Beschlusses und erneut um bis zu fünf Jahre – verlängert werden (MüKoAktG/*Oechsler* Rn. 199). Für den nach Abs. 1 Nr. 7 S. 2 Alt. 2 im Beschluss der Hauptversammlung festzulegenden **niedrigsten und höchsten Gegenwert,** den die Gesellschaft für die zurückerworbenen Aktien erbringen darf, genügt die Festlegung einer *Bandbreite,* solange nach den Beschlussvorgaben bestimmte Höchst- und Niedrigstwerte bestimmbar sind. In Frage kommen so etwa die Bezugnahme auf die Börsenpreisentwicklung in einem vorab festgelegten Zeitraum oder auch die Festsetzung von Auf- und Abschlägen auf den zur Zeit der Beschlussfassung kotierten aktuellen Börsenpreis (KK-AktG/*Lutter/Drygala* Rn. 115). Genügt der Hauptversammlungsbeschluss den gesetzlichen Anforderungen nicht, ist er gem. § 241 Nr. 3 nichtig (MüKoAktG/*Oechsler* Rn. 198). 28

29 **9. Ermächtigungsbeschluss der Hauptversammlung (Abs. 1 Nr. 8).** Die mit dem KonTraG 1998 eingeführte Nr. 8 des Abs. 1 erlaubt es der Gesellschaft, eigene Aktien zurück zu erwerben, ohne dass einer der Nr. 1–7 geregelten Tatbestände, die jeweils an spezielle Erwerbssituationen anknüpfen, gegeben sein muss. Die **Struktur der Norm** setzt als Grundvoraussetzung der Gestattung des Erwerbs eigener Aktien einen Ermächtigungsbeschluss der Hauptversammlung voraus (Abs. 1 Nr. 8 S. 1). Dies wird ergänzt durch besondere Regelungen zu den Modalitäten des Erwerbs wie auch zur nachfolgenden Veräußerung der erworbenen Aktien. So ist ein Erwerb zum Zweck des Handels in eigenen Aktien ausgeschlossen (Abs. 1 Nr. 8 S. 2); das Gleichhandlungsgebot des § 53a ist auf den Erwerb und die nachfolgende Wiederveräußerung der Aktien anzuwenden, wofür der Erwerb bzw. die Veräußerung über die Börse genügt (Abs. 1 Nr. 8 S. 3 und 4); im Falle anderweitiger Veräußerung finden die Vorschriften über den Bezugsrechtsausschluss bei der (bedingten) Kapitalerhöhung entsprechende Anwendung (Abs. 1 Nr. 8 S. 5, §§ 186 Abs. 3 und 4, 193 Abs. 2 Nr. 4, dazu OLG Stuttgart 25.10.2018, BeckRS 2018, 35625 Rn. 256 ff.); schließlich erlaubt Abs. 1 Nr. 8 S. 6 es, den Vorstand zu ermächtigen die erworbenen Aktien ohne weiteren Hauptversammlungsbeschluss einzuziehen. Die unionsrechtliche Grundlage dieser Regelung findet sich in Art. 60 Abs. 1 GesR-RL (2017/1132/EU) (s. dazu *Kübler/Mendelssohn/Mundheim* AG 1990, 64 ff.).

30 Der **Ermächtigungsbeschluss der Hauptversammlung** bedarf nach § 133 Abs. 1 der einfachen Mehrheit, sofern die Satzung nicht eine höhere oder qualifizierte Mehrheit vorschreibt. Die Befugnis der Hauptversammlung zur (bloßen) Ermächtigung des Vorstands schließt eine den Vorstand nach § 83 Abs. 2 bindende Verpflichtung zum Erwerb von Aktien aus (*Kiem* ZIP 2000, 209 (211 f.)). Der Ermächtigungsbeschluss kann den autorisierten Aktienerwerb nicht an die Zustimmung des Aufsichtsrats binden, da es dafür gem. § 111 Abs. 4 S. 2 einer Satzungsregelung bedürfte (vgl. Spindler/Stilz/*Cahn* Rn. 98; *Kiem* ZIP 2000, 209 (211 f.); zur gegenteiligen hM LG München I 5.4.2012, NZG 2012, 1152 (1153); K. Schmidt/Lutter/*T. Bezzenberger* Rn. 23). Der Ermächtigungsbeschluss hat nach Abs. 1 Nr. 8 S. 1 eine **maximale Geltungsdauer von fünf Jahren.** Bei Fehlen einer eindeutigen Fristvorgabe oder Überschreitung der Fünfjahresfrist ist der Hauptversammlungsbeschluss gem. § 241 Nr. 3 nichtig (OLG München 30.4.2015, NZG 2015, 867 (871)).

31 Die Festlegung bestimmter **Erwerbszwecke** im Ermächtigungsbeschluss schreibt das Gesetz nicht vor (Begr. RegE KonTraG, BT-Drs. 13/9712, 13). Jedoch steht das Gesetz solchen Festlegungen ebenso wie deren nachträglicher Änderung und Vorgaben über das Erwerbsverfahren (MüKoAktG/*Oechsler* Rn. 225 f.) auch nicht entgegen (Spindler/Stilz/*Cahn* Rn. 96). *Blankoermächtigungen,* die dem Vorstand die Entscheidung über den Erwerbszweck überlassen, sind vorbehaltlich der Beschränkung nach Abs. 1 Nr. 8 S. 2 zulässig (Begr. RegE KonTraG, BT-Drs. 13/9712, 13, wo von einer „Geschäftsführungsaufgabe" die Rede ist; LG Berlin 15.11.1999, NZG 2000, 944 f.). In der **Kapitalmarktpraxis** zu findende Rückerwerbszwecke bestehen in der Rückgabe von Eigenkapital an die Aktionäre zur Verbesserung der Eigenkapitalrendite (vgl. Begr. RegE KonTraG, BT-Drs. 13/9712, 13; KK-AktG/*Lutter/Drygala* Rn. 119), der Vorbereitung der Einziehung nach § 237 Abs. 1 S. 1 Alt. 2, der Akkumulation eigener Aktien als potenzielle Akquisitionswährung, der Abwehr feindlicher Übernahmeangebote (KK-AktG/*Lutter/Drygala* Rn. 143 ff.), sowie der Abschaffung bzw. Rückführung einer Aktiengattung (*Hillebrandt/Schremper* BB 2001, 533 ff.). Besondere praktische Bedeutung gewinnt die Rückerwerbsvariante des Abs. 1 Nr. 8 für die *Unterlegung von Aktienoptionsprogrammen* für die von Abs. 1 Nr. 2 nicht erfassten Mitglieder der Geschäftsführung (→ Rn. 15), nicht dagegen für Aufsichtsratsmitglieder, da § 193 Abs. 2 Nr. 3 diese als mögliche Bezugsberechtigte eines mit bedingtem Kapital unterlegten Optionsprogramms nicht aufführt (BGH 16.2.2004, BGHZ 158, 122 (126 ff.)). Die in dem Beschluss nach Abs. 1 Nr. 8 S. 1 zu bestimmenden **Höchst- und Niedrigstpreise** für den autorisierten Aktienerwerb können in der Form absoluter Beträge oder auch in prozentualer Form, so etwa als Abweichung vom durchschnittlichen Börsenkurs während eines bestimmten Referenzzeitrahmens festgelegt werden.

32 Nach Abs. 1 Nr. 8 S. 1 hat der Ermächtigungsbeschluss den Anteil der zum Rückerwerb freigegebenen Aktien zu bestimmen, wobei das autorisierte **Erwerbsvolumen 10 % des Grundkapitals** der Gesellschaft nicht übersteigen darf; maßgeblich ist dabei das gesamte Grundkapital, eine Berechnung der Erwerbsgrenze nach Aktiengattungen ist nicht zulässig (Spindler/Stilz/*Cahn* Rn. 105). Die Erwerbsgrenze kommt neben der Bestandsgrenze von zehn Prozent nach Abs. 2 S. 1 zur Anwendung (KK-AktG/*Lutter/Drygala* Rn. 134; krit. bezüglich der Vereinbarkeit mit Art. 60 Abs. 1 GesR-RL (2017/1132/EU) *Cahn* DK 2007, 385 (392 f.)). Maßgeblich für die Berechnung der Erwerbsgrenze ist der Zeitpunkt des Hauptversammlungsbeschlusses; nachträgliche Kapitalerhöhungen und -herabsetzungen bleiben unberücksichtigt. Parallel zueinander erteilte Ermächtigungen dürfen das zulässige Erwerbsvolumen in der Summe nicht übersteigen, dagegen gilt für mehrere aufeinander folgenden Ermächtigungen jeweils eine separate Erwerbsgrenze (Spindler/Stilz/*Cahn* Rn. 101).

33 Mit dem **Verbot des Handels in eigenen Aktien** (Abs. 1 Nr. 8 S. 2) soll „ein fortlaufender Kauf und Verkauf eigener Aktien und der Versuch, Trading-Gewinne zu machen", als Zweck des Rückerwerbs ausscheiden (Begr. RegE KonTraG, BT-Drs. 13/9712, 13). Das ist so zu verstehen, dass damit der mehr oder minder ständige An- und Verkauf eigener Aktien zum Zweck der Gewinnerzielung

gemeint sein soll (vgl. *U. Huber* FS Kropff, 1997, 101 (120 ff.)). Die Abgrenzung der Vorschrift zur Gestattung des Aktienrückerwerbs zum Zweck des Eigenhandles nach Abs. 1 Nr. 7 (→ Rn. 25) liegt darin, dass nach der letztgenannten Vorschrift der Eigenhandel nur Banken und sonstigen Finanzdienstleistungsunternehmen und auch nur unter den dafür geltenden besonderen Voraussetzungen gestattet ist (vgl. KK-AktG/*Lutter/Drygala* Rn. 155).

Auf den Erwerb und die Veräußerung eigener Aktien ist das **Gleichbehandlungsgebot** anzuwenden (Abs. 1 Nr. 8 S. 3, § 53a). Ein Rückkauf- oder Wiederverkaufsangebot hat sich daher grundsätzlich an alle Aktionäre zu richten. Jedoch genügen der Erwerb und die Veräußerung über die Börse nach Abs. 1 Nr. 8 S. 4 dem Gleichbehandlungsgebot (Begr. RegE KonTraG, BT-Drs. 13/9712, 13). Mit der letztgenannten Bestimmung ist jedoch keine abschließende Regelung getroffen; auch Formen des Rückerwerbs außerhalb der Börse können mit dem Gleichbehandlungsgebot vereinbar sein (vgl. *Paefgen* AG 1999, 67 (70); *Paefgen* ZIP 2002, 1509 (1510)). Das gilt für den sog. *fixed price tender offer,* bei dem ein öffentliches Kaufangebot an alle Aktionäre zum gleichen Preis erfolgt, ebenso wie für das besonders zur Übernahmeabwehr geeignete Verfahren des Preisspannenaufgebots (*reverse Dutch auction*), bei dem die jeweils niedrigsten Verkaufsofferten zum Zuge kommen (vgl. *Paefgen* ZIP 2002, 1509 (1512)). 34

Erfolgt der Rückerwerb außerhalb der Börse, ist jedem Aktionär in konsequenter Umsetzung der im Bezugsrechts nach §§ 186 Abs. 1, 221 Abs. 4 zum Ausdruck kommenden gesetzlichen Wertung ein **Andienungsrecht i. S. eines „umgekehrten Bezugsrechts"** (vgl. *U. Huber* FS Kropff, 1997, 101 (116)) zuzuerkennen, das sich darauf richtet, an dem Rückerwerb pro rata entsprechend seiner Kapitalbeteiligung teilzunehmen (*Paefgen* AG 1999, 67 (68 f.); *Paefgen* ZIP 2002, 1509 (1511); *Habersack* ZIP 2004, 1121 (1122 ff.); *Oechsler* ZHR 170 (2006), 72 (86); **aA** mwN zur wohl noch herrschenden Gegenansicht Spindler/Stilz/*Cahn* Rn. 121). Denn genauso wie der Aktionär nicht gezwungen werden kann, an einer Kapitalerhöhung teilzunehmen, um eine Wertaushöhlung seiner Anlage zu vermeiden, so darf er auch nicht gezwungen werden, an einem Aktienrückerwerb *pro rata* zu partizipieren, um einer Aushöhlung des Wertes seines Investments durch Zahlung eines überhöhten Rückkaufpreises an andere Aktionäre zu entgehen. Wie das Bezugsrecht bei der Kapitalerhöhung, so kann auch das Andienungsrecht bei Aktienrückerwerb einen wirtschaftlichen Wert haben, der sich – je nach Laufzeit, Ausübungspreis, Volatilität der zugrundeliegenden Aktie und anderen bewertungsrelevanten Parametern – aus einem inneren Wert in Form eines höheren Ausübungspreises im Verhältnis zum aktuellen Aktienkurs und aus einer Zeitwertkomponente entsprechend dem wahrscheinlichkeitstheoretisch gewichteten Wert möglicher Kursverluste bis zum Ablauf der Bezugsfrist ergibt. Es entspricht der *ratio* des § 53a, diesen Wert den Aktionären im Sinne voller wirtschaftlicher Gleichbehandlung zu erhalten (vgl. *Paefgen* AG 1999, 67 (69); im Ansatz so auch KK-AktG/*Lutter/Drygala* Rn. 174). Erfolgt der Rückerwerb über die Börse, ist der in Abs. 1 Nr. 8 S. 4 zu Ausdruck kommenden Wertung zu entnehmen, dass hier ein Andienungsrecht bereits von Gesetzes wegen ausgeschlossen sein soll (vgl. *Habersack* ZIP 2002, 1121 (1126), der hier treffend von einem Ausschlusstatbestand spricht; *Paefgen* AG 1999, 67 (69)). Als Stammrecht des Aktionärs, das ganz so wie das gesetzliche Bezugsrecht dem gesetzlichen Gleichbehandlungsgebot entspringt, kann das Andienungsrecht beim außerbörslichen Rückerwerb entweder analog § 186 Abs. 3 durch Hauptversammlungsbeschluss mit qualifizierter Mehrheit ausgeschlossen werden oder analog § 203 Abs. 2 S. 1 durch die Verwaltung aufgrund eines entsprechenden Ermächtigungsbeschlusses der Hauptversammlung (*Paefgen* ZIP 2002, 1509 (1511)). 35

Als eine **„andere Veräußerung"** eigener Aktien iSv Abs. 1 Nr. 8 S. 5 Hs. 1 ist trotz des missverständlich gefassten Gesetzeswortlauts nicht etwa jede außerbörsliche Veräußerung zu verstehen (so aber *DAV-Stellungnahme* zum RefE KonTraG ZIP 1997, 163 (172)), sondern nur die Veräußerung im Wege eines Angebots, dass sich nicht gleichmäßig an alle Aktionäre richtet. Was damit gemeint ist erläutert die Amtliche Begründung, wie folgt: „Die Hauptversammlung kann deshalb unter entsprechender Anwendung des § 186 Abs. 3 und 4 AktG beschließen, dass die Verwaltung die Aktien frei oder an bestimmte Dritte zuteilen kann" (Begr. RegE KonTraG, BT-Drs. 13/9712, 14). Diese Erläuterung deutet darauf hin, dass dem Gesetzgeber ein **Erwerbsrecht des Aktionärs nach dem Muster des Bezugsrechts** bei Ausgabe neuer Aktien (§ 186 Abs. 1) vorschwebte, das gem. Abs. 1 Nr. 8 S. 5 Hs. 2 nur durch Hauptversammlungsbeschluss mit qualifizierter Mehrheit (§ 186 Abs. 3) und ggf. unter besonderen Voraussetzungen (§§ 186 Abs. 4, 193 Abs. 2 Nr. 4) sollte ausgeschlossen werden können (iErg wie hier auch KK-AktG/*Lutter/Drygala* Rn. 176 ff.). Dabei folgt aus § 186 Abs. 3 S. 1, dass der Ausschluss des Erwerbsrecht gemeinsam mit dem Ermächtigungsbeschluss nach Abs. 1 Nr. 8 S. 1 zu erfolgen hat (KK-AktG/*Lutter/Drygala* Rn. 180). 36

Abs. 1 Nr. 8 S. 6 erlaubt es der Hauptversammlung, dem Vorstand die **Einziehung der aufgrund eines Ermächtigungsbeschusses** erworbenen eigenen Aktien ohne Einholung eines weiteren Hauptversammlungsbeschusses zu erlauben. Der Zweck der Bestimmung besteht darin, dem Vorstand bei der Durchführung von Kapitalherabsetzungen größere Flexibilität einzuräumen, indem – im Gegensatz zur Rückerwerbsvariante des Abs. 1 Nr. 6 (→ Rn. 24) – auf die Fassung eines besonderen Kapitalherabsetzungsbeschlusses der Hauptversammlung nach § 237 Abs. 2 iVm § 222 bzw. § 237 Abs. 3 und 4 verzichtet wird (Begr. RegE KonTraG, BT-Drs. 13/9712, 13). Im Gegensatz zu solchen Kapitalherab- 37 setzungsbeschlüssen begründet die Einziehungsermächtigung nach Abs. 1 Nr. 8 S. 5 keine sofortige Pflicht des Vorstands zum Handeln nach § 83 Abs. 2; vielmehr bleibt es in das pflichtgemäße Ermessen des Vorstands (§ 93 Abs. 1 S. 2, dazu MüKoAktG/*Oechsler* Rn. 328) gestellt, ob und wann er bezüglich der nach Abs. 1 Nr. 8 zurückerworbenen Aktien – und nur dieser (aA *Reichert/Harbarth* ZIP 2001, 1414 (1450)) – von der Einzugsermächtigung Gebrauch machen will (KK-AktG/*Lutter/Drygala* Rn. 196; *Kallweit/Simons* AG 2014, 352 (354), wo treffend von einer „genehmigten Kapitalherabsetzung" die Rede ist; zur Anfechtbarkeit einer Ermächtigung, die keinem denkbaren gesetzlich zulässigen Zweck dienen kann und damit willkürlich ist, nach § 243 Abs. 1 OLG München 28.1.2002, NZG 2002, 678 (679)). Die Fünfjahresfrist nach Abs. 1 Nr. 8 S. 1 betrifft nur die Laufzeit der dem Vorstand erteilten Rückerwerbsermächtigung, nicht dagegen die Einziehungsermächtigung (*Kocher* NZG 2010, 172 (173 f.)). Die 10 %-Schranke und das Volleinzahlungsgebot nach Abs. 2 S. 1 und 3 sind zu beachten. Bei der Anwendung der Schranke des Abs. 2 S. 2 ist zu beachten, dass § 237 Abs. 3 Nr. 2 der Einziehung zurückerworbener Aktien zu Lasten einer freien Kapitalrücklage iSv § 272 Abs. 2 Nr. 4 HGB nicht entgegensteht (OLG München 8.5.2012, NZG 2012, 876).

III. Schranken des zulässigen Erwerbs eigener Aktien (Abs. 2)

38 **1. 10 %-Bestandsgrenze (Abs. 2 S. 1).** Der Höchstbetrag der von einer AG erworbenen eigenen Aktien wird in Abs. 2 S. 1 auf 10 % des Grundkapitals der Gesellschaft festgelegt. Diese **10 %-Grenze** ist mit der unionsrechtlichen Vorgabe in Art. 60 Abs. 1 UAbs. 2 lit. a GesR-RL (2017/1132/EU) vereinbar (vgl. *Cahn* DK 2007, 385 (388 ff.)). Die Vorschrift erfasst eigene Aktien, die nach allen Erwerbsvarianten des Abs. 1 Nr. 1–8 erworben worden sind, was im Gesetzeswortlaut allerdings nicht gerade besonders geglückt zum Ausdruck kommt (KK-AktG/*Lutter/Drygala* Rn. 204, 212); nicht erfasst sind dagegen Aktien, die die Gesellschaft nach § 64 durch Kaduzierung erworben hat (MüKo-AktG/*Bayer* § 64 Rn. 70). Im Gegensatz zur 10 %-Grenze nach Abs. 1 Nr. 8, die das rechtlich zulässige maximale *Erwerbsvolumen* für diese besondere Variante des Rückerwerbs von Aktien festlegt (→ Rn. 32), statuiert Abs. 2 S. 1 eine auf den Gesamtbestand an eigenen Aktien bezogene **Höchstbestandsgrenze.** Diese Grenze kann, wenn sie einmal erreicht wurde, durch zwischenzeitliche Veräußerung eigener Aktien wieder unterschritten werden (Spindler/Stilz/*Cahn* Rn. 218). Entgegen dem missverständlichen Gesetzeswortlaut kommt es nicht auf den Besitz eigener Aktien iSv §§ 854 ff. BGB an, sondern auf die Innehabung von Mitgliedschaftsrechten (KK-AktG/*Lutter/Drygala* Rn. 205). Die Einbeziehung eigener Aktien der AG, die von abhängigen oder im Mehrheitsbesitz stehenden (auch ausländischen) Unternehmen gehalten werden, folgt aus §§ 71d S. 3, 71e Abs. 1 S. 1 (KK-AktG/*Lutter/Drygala* Rn. 212 f.).

39 Maßgeblicher **Bezugspunkt** für die Einhaltung der 10 %-Grenze ist das **Grundkapital,** so wie es nach den für die Aufstellung des Jahresabschlusses geltenden Regeln in der Bilanz auszuweisen ist (§ 266 Abs. 3 HGB). Stille Reserven sind dabei nicht zu berücksichtigen; Gleiches gilt für noch ausstehendes bedingtes oder genehmigtes Kapital und noch nicht wirksam gewordene Kapitalherabsetzungen. In die Bezugsgröße einzubeziehen ist auch der gem. § 272 Abs. 1a S. 1 HGB in der Vorspalte vom gezeichneten Kapital abgesetzte Nennwert/rechnerische Wert bereits erworbener eigener Aktien (dazu EBJS/*Böcking/Gros* HGB § 272 Rn. 12), sodass der Umfang des zulässigen Rückerwerbs nicht davon abhängen darf, ob die Gesellschaft den Rückerwerb in einem oder mehreren Schritten vollzieht (zutr. Spindler/Stilz/*Cahn* Rn. 220). **Maßgeblicher Beurteilungszeitpunkt** für das Vorliegen eines Verbotsverstoßes ist der **Abschluss des schuldrechtlichen Kausalgeschäfts** über den Erwerb der eigenen Aktien; damit ist eine Überschreitung der Zehn-Prozent-Grenze in der Zwischenzeit bis zur dinglichen Erfüllung ebenso irrelevant wie eine zwischenzeitliche Unterschreitung (vgl. Spindler/Stilz/*Cahn* Rn. 221). Dafür spricht der *Präventionszweck* des Abs. 2 S. 1.

40 **2. Finanzierbarkeit aus freien Rücklagen (Abs. 2 S. 2).** Abs. 2 S. 2 beruht auf dem BilMoG 2009. Bei der in der Vorschrift angesprochenen Möglichkeit der Bildung einer Rücklage für den Erwerb eigener Aktien handelt es sich, nachdem das aktuell geltende Bilanzrecht die besondere gebundene Rücklage nach § 272 Abs. 4 HGB aF abgeschafft hat (zur alten Rechtslage, an die Abs. 2 S. 2 unglücklicherweise noch anknüpft, KK-AktG/*Lutter/Drygala* Rn. 214 ff.), der Sache nach um die Möglichkeit der durch das BilMoG eingeführten bilanziellen Verrechnung des Unterschiedsbetrags zwischen den Anschaffungskosten für den Erwerb eigener Aktien und deren Nennbetrag/rechnerischem Wert mit den in der Bilanz ausgewiesenen freien Rücklagen nach § 272 Abs. 1a S. 2 HGB (vgl. Spindler/Stilz/*Cahn* Rn. 223). Bei Anlegung einer wirtschaftlichen Betrachtungsweise wird damit der Rückerwerb eigener Anteile wie eine Auskehrung frei verfügbarer Rücklagen an die Aktionäre bilanziert (vgl. EBJS/*Böcking/Gros* HGB § 272 Rn. 12). In der Sprache des *corporate finance* ausgedrückt gibt Abs. 2 S. 2 vor: der Rückerwerb muss, soweit der **Rückerwerbspreis** den *pro rata* Anteil der zurückerworbenen Aktien am Grundkapital übersteigt, so wie eine Dividendenausschüttung **aus freien Rücklagen finanzierbar** sein. Abs. 2 S. 2 bezieht sich **nur** auf die **Fälle des Rückerwerbs nach Abs. 1 Nr. 1–3 sowie Nr. 7**

und 8. Das zeigt der Gesetzeswortlaut („Dieser Erwerb"), der sich allein auf die in Abs. 1 S. 1 enummerierten Fälle bezieht (MüKoAktG/*Oechsler* Rn. 348).

41 Den **Maßstab** bei der vom Gesetz geforderten Verfügbarkeit freier Rücklagen für den Aktienrückerwerb bildet das für die Aufstellung des Jahresabschlusses geltende **Bilanzrecht;** stille Reserven sind bei der Prüfung nicht zu berücksichtigen. **Maßgeblicher Zeitpunkt** für die Prüfung der Verfügbarkeit freier Rücklagen ist der Zeitpunkt des Rückerwerbes der Aktien (OLG Stuttgart 25.11.2009, NZG 2010, 141 (143); KK-AktG/*Lutter/Drygala* Rn. 223). Ob die Aufstellung eines förmlichen Zwischenabschlusses auf diesen Zeitpunkt geboten erscheint, ist – je nach Lage der Zahlen – dem pflichtgemäßen Ermessen des Vorstands (§ 93 Abs. 1 S. 2) anheimgestellt (vgl. GroßkommAkt/*Merkt* Rn. 333); die Amtliche Begründung spricht von einem fiktiven Zwischenabschluss (Begr. RegE, BT-Drs. 8/1678, 15). Bei fehlender eigener Sachkunde verletzt der Vorstand nur dann nicht schuldhaft seine nach § 93 Abs. 3 Nr. 3 haftungsbewehrte Prüfungspflicht, wenn er zur Klärung der anstehenden Fragen den Rat eines unabhängigen, fachlich qualifizierten Berufsträgers einholt, diesen über sämtliche für die Beurteilung erheblichen Umstände ordnungsgemäß informiert und nach eigener Plausibilitätskontrolle der ihm daraufhin erteilten Antwort dem Rat folgt (OLG Stuttgart 25.11.2009, NZG 2010, 141, (143), unter Berufung auf BGH 14.5.2007, NZG 2007, 545).

42 **3. Volleinzahlungsgebot (Abs. 2 S. 3).** Die Beschränkung des Erwerbs auf voll eingezahlte eigene Aktien findet seine unionsrechtliche Grundlage in Art. 60 Abs. 1 lit. b, 84 GesR-RL (2017/1132/EU). Der Zweck der Normbesteht darin, den **Risiken** entgegen zu steuern, die sich **aus dem Zusammenfallen von Gläubiger- und Schuldnerstellung** bezüglich von Einlageforderungen ergeben können, bei Rückerwerb nach Abs. Nr. 2 überdies auch im Schutz der Arbeitnehmer (Spindler/Stilz/*Cahn* Rn. 226).

IV. Unterrichtungs- und Ausgabepflicht nach Erwerb (Abs. 3)

43 Die in Abs. 3 S. für die Fälle des Rückerwerbs nach Abs. 1 Nr. 1 und 8 geregelte Unterrichtungspflicht findet ihre unionsrechtliche Grundlage in Art. 60 Abs. 2 S. 2, 63 Abs. 2 GesR-RL (2017/1132/EU). Die Unterrichtungspflicht kann durch **Angaben im Lagebericht** nach § 160 Abs. 1 Nr. 2 erfüllt werden, wobei die nächste Hauptversammlung diejenige ist, welcher der Bericht vorzulegen ist (Begr. RegE, BT-Drs. 8/1678, 15). Inhaltlich reicht ein bloßer Hinweis auf die gesetzliche Bestimmung, auf die der Erwerb gestützt wird, nicht aus; vielmehr ist nach § 131 Abs. 1 S. 1 einem Aktionär auf Anfrage in der Hauptversammlung das Vorliegen der **Voraussetzungen im Einzelnen und nachprüfbar zu erläutern;** die Unterrichtung über das getätigte Erwerbsvolumen kann durch Gewährung der Einsichtnahme in die von der Gesellschaft zu diesem Zweck geführten Listen in der Hauptversammlung erfolgen (BGH 9.2.1987, BGHZ 101, 1 (15 ff.)). Zu kapitalmarktrechtlichen (Publizitäts)-Pflichten s. *Rieckers* ZIP 2009, 700 (701, 703).

44 Die in Abs. 3 S. 2 geregelte Pflicht zur **Ausgabe** nach Abs. 1 Nr. 2 erworbener Aktien **an die Belegschaft binnen einer Frist von einem Jahr** nach dem Erwerb beruht auf Art. 60 Abs. 3 S. 2 GesR-RL (2017/1132/EU). Zweck der Vorschrift ist es, eine unerwünschte Kurspflege unter dem Vorwand der Ausgabe von Belegschaftsaktien zu unterbinden (Begr. RegE, BT-Drs. 8/1678, 15). Die Pflicht, für deren Erfüllung Vorstand und Aufsichtsrat ggf. nach §§ 93 Abs. 2 S. 1, 116 eizustehen haben, ist erfüllt, wenn der Vorstand alles ihm Mögliche unternimmt, um die Aktien an die Belegschaft weiterzugeben, wozu auch die Pflicht gehört, das Platzierungsvorhaben rechtzeitig mit den Vertretern der Arbeitnehmer zu erörtern. Nach Ablauf der gesetzlichen Jahresfrist müssen die Aktien nach dem Rechtsgedanken des § 71c unverzüglich veräußert werden (vgl. KK-AktG/*Lutter/Drygala* Rn. 84 f.).

V. Rechtsfolgen bei Verstößen (Abs. 4)

45 Bei einem Verstoß gegen Abs. 1 oder 2 ist der **dingliche Erwerb** eigener Aktien **nicht unwirksam** (Abs. 4 S. 1). Die AG wird Inhaberin der ihr übertragenen eigenen Aktien; aus den verbotswidrig erworbenen eigenen Aktien kann sie jedoch keine Rechte geltend machen (§ 71b). Auch bleiben die allgemeinen bürgerlichrechtlichen Nichtigkeitsgründe wie Geschäftsunfähigkeit, Sittenwidrigkeit etc. unberührt Das **schuldrechtliche Grundgeschäft ist** grundsätzlich **nichtig** (Abs. 4 S. 2); Ausnahmen von dieser Regel enthalten §§ 29 Abs. 1 S. 1, 125 S. 1, 217 Abs. 1 UmwG.

46 Der **Veräußerer** kann im Wege der **Leistungskondiktion nach § 812 Abs. 1 S. 1 BGB** von der Gesellschaft die Rückübertragung des Eigentums an den übertragenen Aktien verlangen. Sinkt der Aktienpreis nach dem Erwerb durch die Gesellschaft oder veräußert die AG die Aktien zu einem niedrigeren Kurs weiter, ist ihr die Berufung auf den Entreicherungseinwand nach § 818 Abs. 3 BGB gem. §§ 818 Abs. 4, 819 Abs. 1 BGB verwehrt, wenn sie hinsichtlich der das Erwerbsverbot begründenden Umstände bösgläubig war (KK-AktG/*Lutter/Drygala* Rn. 250; *Brass/Tiedemann* ZBB 2007, 257 (260)). Bei nur teilweisem Überschreiten der 10%-Grenze des Abs. 2 S. 1 bzw. Fehlen der nach Abs. 2 S. 2 erforderliche freien Rücklagen (→ Rn. 38 ff.), ist das Geschäft zwar nach dem Wortlaut des Abs. 4 S. 2 („soweit") grundsätzlich nur in dem die gesetzlichen Grenzen überschreitenden Umfang nichtig;

jedoch ist bei Vorliegen eines einheitlichen Geschäfts gem. § 139 BGB im Zweifel von der Nichtigkeit des gesamten obligatorischen Grundgeschäfts auszugehen (KK-AktG/*Lutter/Drygala* Rn. 248).

47 Aus der Sicht der AG stellt die nach Abs. 1 und 2 verstoßende Zahlung des Erwerbspreises für die eigenen Aktien sich als verbotene Vermögensauskehrung dar; das zeigt der Umkehrschluss aus § 57 Abs. 1 S. 2. Die **Gesellschaft** hat daher gegen den Veräußerer **Anspruch auf Rückgewähr des gezahlten Erwerbspreises nach § 62 Abs. 1.** Neben dieser als *lex specialis* anzusehenden Rechtsfolgenregelung ist für einen Anspruch der Gesellschaft aus Leistungskondiktion kein Raum (KK-AktG/*Lutter/Drygala* Rn. 252).

48 Erfolgt der **Erwerb** eigener Aktien **über die Börse** unter Zwischenschaltung einer Clearingstelle wie der **Eurex Clearing AG als *zentrale Gegenpartei*,** trifft die Nichtigkeitsfolge nach Abs. 4 S. 2 das Geschäft zwischen der als Verkäuferin auftretenden zentralen Gegenpartei und einer als Käuferin auftretenden am Clearing beteiligten AG; dagegen bleibt die Wirksamkeit des spiegelbildlichen Kaufgeschäfts zwischen dem hier als Verkäufer auftretenden Erstveräußerer der Aktien und der als Zwischenkäuferin auftretenden zentralen Gegenpartei unberührt. Die dingliche Übertragung der Aktien findet hier ohne Zwischenschaltung der Clearingstelle direkt vom Erstveräußerer auf die Gesellschaft statt, sodass ein Anspruch der Gesellschaft gegen die Clearingstelle nach § 62 Abs. 1 auf Rückgewähr des gezahlten Erwerbspreises mangels Vorliegens einer verbotenen Vermögensauskehrung an diese ausscheiden muss. Vielmehr steht der AG in diesem Falle nur ein Anspruch nach § 812 Abs. 1 S. 1 Alt. 1 BGB auf Rückzahlung des Erwerbspreises gegen die Clearingstelle zu, die ihrerseits von der Gesellschaft nach § 812 Abs. 1 S. 1 Alt. 1 BGB Rückübereignung der verbotswidrig erworbenen Aktien verlangen kann (vgl. *Brass/Tiedemann* ZBB 2007, 257 (260 f.)). Ist die ihre eigenen Aktien erwerbende AG nicht selbst am Clearing beteiligt, muss sie zur Durchführung des Geschäfts ein **Kreditinstitut als Einkaufskommissionär** einschalten. In dieser Fallkonstellation betrifft die Nichtigkeitsfolge nach Abs. 4 S. 2 allein das Kommissionsverhältnis zwischen der Gesellschaft und dem für ihre Rechnung handelnden Kreditinstitut, nicht dagegen das Kaufgeschäft zwischen der zentralen Gegenpartei und dem Einkaufskommissionär wie auch deren spiegelbildliches Kaufgeschäft mit einem als Verkaufskommissionär des Erstveräußerers agierenden Kreditinstitut. Der Einkaufskommissionär muss dann eine von der Gesellschaft empfangene Kaufpreiserstattung (§ 386 Abs. 2 HGB, §§ 669, 670 BGB) dieser nach § 812 Abs. 1 S. 1 Alt. 1 BGB zurückgewähren. Ein den Bereicherungsanspruch ausschließender vorrangiger Rückgewähranspruch nach § 62 Abs. 1 kommt hier nur dann in Betracht, wenn der Einkaufskommissionär im Wege eines Zwischenerwerbs Inhaber der dann an die AG weiter übertragenen Aktien geworden ist (vgl. Spindler/Stilz/*Cahn* Rn. 234).

49 Der **Vorstand,** der für die AG einen nach Abs. 1 und 2 verbotenen Erwerb eigener Aktien tätigt, macht sich **nach § 93 Abs. 3 Nr. 3 schadenersatzpflichtig** (OLG Stuttgart 25.11.2009, NZG 2010, 141 (142 f.); OLG Frankfurt a. M. 15.2.2008, NZG 2008, 836 (837); *Kort* NZG 2008, 823 ff., dort auch zur möglichen Haftung des Aufsichtsrats gem. §§ 116 S. 1, 93 Abs. 3 Nr. 3). Zudem kann bei Verstößen gegen Abs. 1 Nr. 1–4 und Abs. 2 eine **Ordnungswidrigkeit nach § 405 Abs. 1 Nr. 4 lit. a** vorliegen. Nach hM soll dieser ordnungsrechtlichen Norm **Schutzgesetzqualität** iSv § 823 Abs. 2 BGB zukommen (vgl. KK-AktG/*Altenhain* § 405 Rn. 11; zweifelnd MüKoAktG/*Schaal* § 405 Rn. 49).

Umgehungsgeschäfte

71a

(1) [1] **Ein Rechtsgeschäft, das die Gewährung eines Vorschusses oder eines Darlehens oder die Leistung einer Sicherheit durch die Gesellschaft an einen anderen zum Zweck des Erwerbs von Aktien dieser Gesellschaft zum Gegenstand hat, ist nichtig.** [2] **Dies gilt nicht für Rechtsgeschäfte im Rahmen der laufenden Geschäfte von Kreditinstituten oder Finanzdienstleistungsinstituten sowie für die Gewährung eines Vorschusses oder eines Darlehens oder für die Leistung einer Sicherheit zum Zweck des Erwerbs von Aktien durch Arbeitnehmer der Gesellschaft oder eines mit ihr verbundenen Unternehmens; auch in diesen Fällen ist das Rechtsgeschäft jedoch nichtig, wenn die Gesellschaft im Zeitpunkt des Erwerbs eine Rücklage in Höhe der Aufwendungen für den Erwerb nicht bilden könnte, ohne das Grundkapital oder eine nach Gesetz oder Satzung zu bildende Rücklage zu mindern, die nicht zur Zahlung an die Aktionäre verwandt werden darf.** [3] **Satz 1 gilt zudem nicht für Rechtsgeschäfte bei Bestehen eines Beherrschungs- oder Gewinnabführungsvertrags (§ 291).**

(2) **Nichtig ist ferner ein Rechtsgeschäft zwischen der Gesellschaft und einem anderen, nach dem dieser berechtigt oder verpflichtet sein soll, Aktien der Gesellschaft für Rechnung der Gesellschaft oder eines abhängigen oder eines in ihrem Mehrheitsbesitz stehenden Unternehmens zu erwerben, soweit der Erwerb durch die Gesellschaft gegen § 71 Abs. 1 oder 2 verstoßen würde.**

Übersicht

I. Norminhalt, Normzweck und Normgeschichte

§ 71a enthält zwei unterschiedliche Bestimmungen, die nicht zuletzt wegen der wenig aussagekräftigen Titulierung der Vorschrift („Umgehungsgeschäfte") nach Norminhalt, Normzweck und Normgeschichte sorgfältig auseinander zu halten sind. Abs. 1 S. 1 begründet ein **Verbot der Unterstützung des Erwerbs von Aktien der Gesellschaft** durch die Gewährung eines Kredits oder die Leistung von Sicherheiten für eine durch einen Dritten gewährte Kreditfinanzierung zu Gunsten des Erwerbers. Der Zweck der Norm findet seine Grundlage im Prinzip des aktienrechtlichen Vermögensschutzes, als dessen Komplement das Verbot finanzieller Unterstützung zu verstehen ist (vgl. *Fleischer* AG 1996, 494 (506)). Ihre aktuelle unionsrechtliche Grundlage findet die Vorschrift in Art. 64 Abs. 1–3 GesR-RL (2017/1132/EU). Normhistorisch ist die unionsrechtliche Vorgabe auf Art. 23 Kapital-RL (77/91/EWG) zurückzuführen, der einst auf Initiative der britischen Regierung die im englischen Recht seit Langem bekannte Regulierung der sog. *financial assistance* in das Unionsrecht aufgenommen hat (vgl. *Schroeder,* Finanzielle Unterstützung des Aktienerwerbs, 1995, 15 ff.). Mit dem Wortlaut des Art. 64 Abs. 1 GesR-RL („Wenn ein Mitgliedstaat es einer Gesellschaft gestattet …") ist das in der deutschen Umsetzungsnorm des Abs. 1 S. 1 statuierte Verbot der finanziellen Unterstützung des Erwerbs eigener Aktien durch die Gesellschaft vereinbar (MüKoAktG/*Bayer* Rn. 11; zweifelnd aber *Schmolke* WM 2005, 1828 (1832)). 1

Abs. 2 geht auf § 71 Abs. 5 AktG 1965 zurück. Die Vorschrift verbietet der Sache nach die Einschaltung eines Dritten durch die Gesellschaft, um mit dessen Hilfe eigene Aktien unter **Verstoß gegen § 71 durch mittelbare Stellvertretung** zu erwerben (KK-AktG/*Lutter/Drygala* Rn. 8). 2

II. Verbot finanzieller Unterstützung des Erwerbs von Aktien der AG (Abs. 1)

1. Anwendungsbereich des Unterstützungsverbots. Der **Begriff des Darlehens** bezieht sich auf die §§ 488, 607 BGB, darunter kann aber auch eine stille Einlage der AG als Gesellschafter bei einem Dritten fallen (KK-AktG/*Lutter/Drygala* Rn. 28 f.). Mit **Vorschuss** ist eine Leistung gemeint, die die AG an einen Dritten ganz oder teilweise erbringt, obwohl die Leistung erst später fällig ist; ob dem eigenständige praktische Bedeutung zukommt, darf bezweifelt werden (Spindler/Stilz/*Cahn* Rn. 24). Die Gewährung einer (dinglichen oder auch schuldrechtlichen) **Sicherheit** liegt vor, wenn die AG das Risiko des kreditgewährenden Dritten durch Einsatz ihrer Mittel übernimmt oder abmildert. Auf die Form der Sicherheit kommt es dabei nicht an. Generell ist das **Unterstützungsverbot** des Abs. 1 S. 1 **extensiv zu verstehen.** Davon erfasst wird **jede rechtsgeschäftliche Gestaltung,** mittels derer bestimmungsgemäß Gesellschaftsvermögen dem Erwerber oder einem ihm gleichzustellenden Dritten zufließt, zufließen soll oder zugeflossen ist, wenn damit das Ziel verfolgt wird, den Ererb von Aktien der AG oder einer mit ihr verbundenen Gesellschaft (§ 71d S. 4) zu finanzieren (zur Einbeziehung schuldrechtlicher Verpflichtungsgeschäfte KK-AktG/*Lutter/Drygala* Rn. 26). Über die im Gesetz benannten Fälle des Vorschusses, des Darlehens und der Sicherheitsleistung hinaus gilt Abs. 1 S. 1 für alle Geschäfte, die die AG wirtschaftlich in vergleichbarem Maße belasten und wenigstens mittelbar einen positiven Finanzierungseffekt aufweisen, wie etwa die Stundung oder die Schuldübernahme (§§ 414–418 BGB); ob damit ein konkreter Nachteil für das Vermögen der AG verbunden ist, ist irrelevant (KK-AktG/*Lutter/Drygala* Rn. 27): Auf die Höhe der gewährten Finanzierungshilfe kommt es nicht an (BGH 12.9.2006, ZIP 2006, 2119 ff., betr. Kredit iHv 61.500 DM). Die Auszahlung eines Gewinnanspruchs stellt indes keine Vorschuss- oder Darlehensgewährung in diesem Sinne dar, denn die Gewinnausschüttung ist ein typisches, in der Beteiligung wurzelndes Teilhaberecht, auf das regelmäßig ein entsprechender Anspruch besteht (OLG Dresden 12.1.2017, NZG 2017, 985 (986 f.)). Auch die Kreditgewährung an Arbeitnehmer und Organmitglieder zur Finanzierung der Beteiligung an Aktienoptionsprogrammen fällt unter das Unterstützungsverbot (vgl. MüKoAktG/*Oechsler* Rn. 23). Die Rückerwerbsmöglichkeiten nach § 71 Abs. 1 Nr. 2 und 8 (→ § 71 Rn. 13, 31) stehen dem nicht entgegen, da es sich insoweit nur um die Bedienung solcher Programme handelt. 3

Abs. 1 betrifft nur Finanzierungsleistungen zum **Erwerb der Aktien durch Dritte,** nicht jedoch zum Erwerb durch die Gesellschaft selbst. Das Geschäft muss dem Erwerb von Aktien im Sinne der Mitgliedschaft in der Gesellschaft dienen. Anders als bei § 57 spielt es daher keine Rolle, dass einem der Gesellschaft bereits angehörenden, zukünftigen oder ehemaligen Aktionär oder einem diesem Aktionär zurechenbaren Dritten ein aus dem Gesellschaftsvermögen stammender Vermögensvorteil zukommt 4

(→ § 57 Rn. 13 ff.). Dritte sind nicht nur Beschäftigte der AG. Die Finanzierungsleistung muss erst gar nicht an denjenigen fließen, der die Aktien der AG erwerben will. Verboten sind daher auch Leistungen an Personen, die für Rechnung eines anderen Erwerbsinteressenten handeln (KK-AktG/*Lutter/Drygala* Rn. 25). Auf den Erwerb von Wandel und Optionspapieren iSv § 221 findet das Unterstützungsverbot nur dann Anwendung, wenn davon auszugehen ist, dass die Ausübung des Wandlungs- bzw. Optionsrechts so wahrscheinlich ist, dass von einer Umgehung ausgegangen werden muss, insbesondere also, wenn die fraglichen Optionen bereits „im Geld" sind; Gleiches muss auch für Aktienanleihen mit automatischem Zwangsumtausch oder Umtauschwahlrecht der Emittentin gelten (vgl. Spindler/Stilz/*Cahn* Rn. 32). Die Bestellung einer Sicherheit erfolgt nicht mehr gem. Abs. 1 S. 1 zum Zweck des Erwerbs, wenn sie dem Aktienerwerb nachfolgt, so wie auch eine dem Erwerb nachfolgende Bestellung einer Sicherheit, wenn sie eine andere Finanzierung ablöst, nicht mehr zum Zweck des Erwerbs erfolgt (*Habersack* FS Hopt, 2010, 740 ff., mit rechtsvergleichender Bezugnahme auf die entsprechende Regelung des englischen Companies Act; offen gelassen in BGH 10.1.2017, NZG 2017, 344 (346) mwN).

5 Im Mergers & Acquisitions-Geschäft gerät das Verbot finanzieller Unterstützung typischerweise in den Fällen des **Leveraged Buy-out (LBO)** und **Management Buy-out (MBO)** in den Blick, wo der Erwerb von Aktien der Gesellschaft durch einen dem Erwerber von der Gesellschaft gewährten Kredit bzw. zu Lasten des Gesellschaftsvermögens durch einem Dritten bestellte Sicherheiten unterstützt wird (vgl. KK-AktG/*Lutter/Drygala* Rn. 10 ff.). Die Praxis behilft sich hier (1) mit dem **Abschluss eines Gewinnabführungs- und/oder Beherrschungsvertrages** mit der Zielgesellschaft, wodurch nach Abs. 1 S. 3 eine Ausnahme vom Unterstützungsverbot des Abs. 1 S. 1 zum Tragen kommt (→ Rn. 13) und (2) mit der Transaktionsform des **Debt-Push-Down,** bei der das Zielunternehmen infolge seiner Verschmelzung mit der Erwerbergesellschaft (*up-stream* oder *down-stream merger*) die von dieser aufgenommene Akquisitionsfinanzierung im Wege der Gesamtrechtsnachfolge (§ 20 Abs. 1 Nr. 1 UmwG) übernimmt (vgl. *Weitnauer,* Management Buy-out, 2. Aufl. 2013, Teil D Rn. 88 f.). Im letztgenannten Fall liegt ein Verstoß gegen das Unterstützungsverbot des Abs. 1 S. 1 schon deshalb nicht vor, weil hier das Prinzip der Gesamtrechtsnachfolge Vorrang vor dem aktienrechtlichen Vermögensschutz verdient (arg. § 71 Abs. 1 Nr. 5) und zudem auch das Umwandlungsrecht den Interessen außenstehender Aktionäre der Zielgesellschaft hinreichend Rechnung trägt (vgl. *Habersack* FS Röhricht, 2005, 174 ff.). Bedenkt man dies, so erhellt, dass sich Abs. 1 entgegen der landläufigen Kritik an LBO/MBO-Fonds als gesamtwirtschaftlich gefährliche „Heuschrecken" ein kategorisches Verbot des LBO/MBO nicht entnehmen lässt (zutr. KK-AktG/*Lutter/Drygala* Rn. 16 f., 38; s. auch *Heckschen/Weitbrecht* ZIP 2019, 1189 (1193 f.)).

6 Eine zwischen einem freundlich gesinnten Übernahmeinteressenten und der AG geschlossene **Break-Fee-Vereinbarung,** in der die Gesellschaft sich verpflichtet, für den Fall des Scheiterns der Übernahme die Beratungs-, Prüfungs- und möglicherweise andere mit dem Scheitern der Akquisition zusammenhängende Kosten des Bieters zu tragen (vgl. *Haßler/Wittgens* BB 2018, 2178 ff.; *Sieger/Hasselbach* BB 2000, 625 ff.), stellt keine unter Abs. 1 S. 1 fallende finanzielle Unterstützung dar, da sie nicht die Förderung eines Aktienerwerbs zum Zweck hat, sondern vielmehr nur die Abmilderung der Folge eines Scheiterns des Erwerbs (vgl. KK-AktG/*Lutter/Drygala* Rn. 34).

7 Ein § 27 Abs. 4 unterfallendes **Hin- und Herzahlen** muss nicht automatisch eine unzulässige Unterstützung iSv Abs. 1 beinhalten (so aber *Habersack* AG 2009, 557 (562 f.)). Nach der Beschlussempfehlung und dem Bericht des Rechtsausschusses zum RegE ARUG (BT-Drs. 16/13098, 37 f.), auf die § 27 Abs. 4 zurückgeht, soll dies nicht der Fall sein. Dem ist zuzustimmen; § 71a ist insoweit auf den originären Aktienerwerb bei der Gründung nicht anwendbar.

8 Nach **§ 71d S. 4** gilt das Unterstützungsverbot nach Abs. 1 sinngemäß, wenn die Finanzierungsleistung von einem Dritten für Rechnung der AG oder von einem Unternehmen erbracht wird, das von der AG abhängig ist oder in ihrem Mehrheitsbesitz steht (→ § 71d Rn. 7 ff.).

9 **2. Ausnahmen vom Unterstützungsverbot.** Abs. 1 S. 2 Hs. 1 nimmt zwei Arten von Geschäften vom Unterstützungsverbot des Abs. 1 S. 1 aus. Die erste Ausnahme betrifft **Finanzierungsgeschäfte und Sicherheitsleistungen,** die **Kreditinstitute** (§ 1 Abs. 1 KWG, § 2 Abs. 1 KWG) oder **Finanzdienstleistungsinstitute** (§ 1 Abs. 1a KWG, § 2 Abs. 6 KWG) **im Rahmen ihres laufenden Geschäfts** vornehmen. Ob die jeweilige Finanzierungsleistung zum laufenden Geschäft gehört, bestimmt sich nicht nach der Branchenüblichkeit, sondern nach der Praxis des konkret betroffenen Kredit- bzw. Finanzdienstleistungsinstituts. Ein typisches Beispiel für einen derartig unüblichen Kredit liefert ein vom BGH entschiedener Fall, der den einem Bankangestellten gewährten Lombardkredit zur Finanzierung des Erwerbs von Aktien der Bank betraf, wobei die erworbenen Aktien zu einem die banküblichen Besicherungsmarge übersteigenden Wert als Sicherheit für das Erwerbsdarlehen akzeptiert wurden (vgl. BGH 12.9.2006, ZIP 2006, 2119 (2120)). Die zweite in Abs. 1 S. 2 statuierte Ausnahme vom Unterstützungsverbot betrifft Finanzierungsgeschäfte und Sicherheitsleistungen, die den **Aktienerwerb durch Arbeitnehmer** der AG oder eines verbundenen Unternehmens bezwecken. Bei dieser Ausnahme handelt es sich um eine Ergänzung der in § 71 Abs. 1 Nr. 2 geregelten Ausnahme vom Verbot des Erwerbs eigener Aktien, der genauso wie der letztgenannten Ausnahme die sozialpolitische Zielset-

zung der Beteiligung der Arbeitnehmer am Produktivvermögen zugrunde liegt. Das zum Begriff des Arbeitnehmers und des verbundenen Unternehmens bei § 71 Abs. 1 Nr. 2 Ausgeführte (→ § 71 Rn. 15) gilt auch hier. Auf Kredite oder Besicherungen zu Gunsten von Organmitgliedern findet die Ausnahme keine Anwendung (vgl. KK-AktG/*Lutter/Drygala* Rn. 62 f.).

Eine **Kreditgewährung oder Besicherung „zum Zweck" des Erwerbs** von Aktien der AG iSv Abs. 1 S. 2 Hs. 1 Alt. 2 setzt voraus, dass die Leistung der Gesellschaft objektiv dem Aktienerwerb dient, die Parteien des Finanzierungsgeschäfts dies wissen, und die Zweckverknüpfung rechtsgeschäftlich zum Inhalt ihrer Vereinbarung machen. Allein dass die Finanzierungshilfe in irgendeiner Weise dem „Behalt" der Aktien dient, genügt dazu nicht; so steht die Unterstützung eines zahlungsschwachen Aktionärs, der ohne den Kredit seine Anteile verkaufen müsste, nicht mehr im Zusammenhang mit dem Erwerb solcher Aktien (BGH 31.1.2017, NZG 2017, 344 (346); *Brosius,* Die finanzielle Unterstützung des Erwerbs eigener Aktien, 2011, 91). **10**

Die beiden in Abs. 2 S. 2 Hs. 1 statuierten Ausnahmen vom Unterstützungsverbot des Abs. 1 S. 1 setzen nach dem durch das BilMoG eingeführten Abs. 2 S. 2 Hs. 2 voraus, dass die Gesellschaft im Zeitpunkt des Erwerbs eine Rücklage in Höhe der Aufwendungen für den Erwerb (einschließlich etwaiger Anschaffungsnebenkosten) bilden könnte, ohne das Grundkapital oder eine nach Gesetz oder Satzung zu bildende Rücklage zu mindern, die nicht zur Zahlung an die Aktionäre verwandt werden darf. Kurz gewendet bedeutet dies: die AG muss in der Lage sein, die **Finanzierbarkeit des Aktienerwerbs aus freiem Vermögen** zu leisten. Dabei geht es, wie der im Konjunktiv formulierte Gesetzeswortlaut („bilden könnte") verdeutlicht, um eine rein **fiktive Rücklagenbildung,** die auf der Hypothese beruht, dass die Gesellschaft den finanziell unterstützten Aktienerwerb selbst getätigt hätte (vgl. Spindler/Stilz/*Cahn* Rn. 59 f.). Aus diesem Zusammenhang erhellt, dass die Höhe der bei dem Finanzierbarkeitstest zu unterstellenden Rücklagenbildung sich nach § 71 Abs. 2 S. 2 zu richten hat, was den gesamten hypothetisch zu unterstellenden Erwerbspreis umfasst (vgl. MüKoAktG/*Oechsler* Rn. 48; für Beschränkung auf den Finanzierungsbeitrag der Gesellschaft dagegen die hM, vgl. Spindler/Stilz/*Cahn* Rn. 60). **11**

Die Auffassung, neben den in Abs. 1 S. 2 geregelten **Ausnahmen** müssten auch alle **in § 71 Abs. 1** aufgelisteten Ausnahmen vom Verbot des Aktienrückkaufs als Ausnahmen vom Unterstützungsverbot des Abs. 1 S. 1 gelten (so *Werner* AG 1990, 1 (14); *Westermann* FS Peltzer, 2001, 613 (625 f.)), vermag nicht zu überzeugen. Dagegen spricht, dass der Gesetzgeber in Abs. 1 S. 2 aus dem Katalog des § 71 Abs. 1 die Fälle des banküblichen Wertpapiergeschäfts (Nr. 4 und 7) wie auch des Erwerbs von Belegschaftsaktien (Nr. 2) speziell herausgegriffen hat. In dieser als abschließend anzusehenden Regelung kommt eine vom deutschen wie auch vom europäischen Gesetzgeber offenbar für richtig gehaltene Eigenständigkeit des Verbots finanzieller Unterstützung gegenüber dem Verbot des Erwerbs eigener Aktien zum Ausdruck (vgl. Spindler/Stilz/*Cahn* Rn. 61). **12**

Eine differenzierende Betrachtung erscheint in Bezug auf das **Verhältnis von § 71a zum Konzernrecht** geboten. Besteht ein **Beherrschungs- und/oder Gewinnabführungsvertrag** zwischen der AG und dem Aktienerwerber, so gilt nach Abs. 1 S. 3, der durch das MoMiG 2008 eingeführt wurde, das Verbot der finanziellen Unterstützung nicht. Bei Abs. 1 S. 3 handelt es sich um eine Klarstellung zum Zwecke des Gleichlaufs mit § 57 Abs. 1 S. 3 Var. 1. Die damit erfolgte Freistellung wirkt umfassend; sie greift über das vertragskonzernrechtliche Regime hinausgehend auch dann ein, wenn die Gewährung finanzieller Unterstützung nicht auf Weisung der herrschend Unternehmens (§ 308 Abs. 1 S. 1), sondern auf die Initiative der abhängigen AG hin erfolgt, sowie auch dann, wenn eine Weisung zur Unterstützungsleistung nicht den Belangen des Herrschenden Unternehmens (§ 308 Abs. 1 S. 2) dient (*Drygala/Kremer* ZIP 2007, 1289 (1296)). Namhaften Autoren zufolge soll das Verbot der finanziellen Unterstützung nach Abs. 1 S. 1 **im faktischen Konzern** durch die besonderen Bestimmungen der §§ 311, 317 verdrängt werden (so *Habersack* FS Hopt, 2010, 725 (742 f.); *Riegger* ZGR 2008, 233 (240); *Seibt* ZHR 171 (2007), 282 (306); *Fleischer* AG 1996, 404 (505 f.)). Geht man mit dem BGH davon aus, dass die Vermögensbindung nach § 57 im faktischen Konzern bezüglich der abhängigen AG keine Anwendung erheischt, was auch der in dieser Kommentierung vertretenen Ansicht entspricht (→ § 57 Rn. 21), und nimmt man hinzu, dass das Verbot der finanziellen Unterstützung seinem Sinn und Zweck nach als Komplement des aktienrechtlichen Vermögensschutzes nach § 57 zu verstehen ist (→ Rn. 1), so scheint dies bei erstem Besehen auch den Vorrang der §§ 311, 317 vor 71a zu gebieten. Dieser Auffassung ist jedoch aus zwei Gründen entgegenzutreten (zum Folgenden KK-AktG/*Lutter/Drygala* Rn. 48). Erstens, lässt der Umstand, dass der Gesetzgeber des MoMiG in Abs. 1 S. 3 eine Ausnahmeregelung nur für den Vertragskonzern vorgesehen hat durchaus den Umkehrschluss zu, dass für den faktischen Konzern keine Ausnahme gelten soll; und zweitens trifft den Vorstand einer nur faktisch abhängigen AG gem. §§ 76 Abs. 1, 93 die gleiche Verantwortung und Pflichtbindung wie den Vorstand einer unabhängigen Gesellschaft; wird der damit vorgegebene Verantwortungs- und Pflichtenrahmen eingehalten, kann auch das herrschende Unternehmen keine Haftung nach § 317 Abs. 2 treffen (vgl. BGH 3.3.2008, BGHZ 175, 365 (368 f.) – UMTS). Bedenkt man dies, muss aber für die faktisch abhängige AG und deren Vorstand das Verbot der finanziellen Unterstützung in gleicher Weise gelten wie bei der unabhängigen AG. **13**

14 **3. Rechtsfolgen.** Der Wortlaut des Abs. 1 S. 1 („Gewährung", „Leistung", „um Zweck des Erwerbs") lässt offen, ob die gesetzlich angeordnete **Nichtigkeitsfolge nur** auf das der verbotenen finanziellen Unterstützung **zugrundeliegende obligatorische Geschäft bezogen** ist (so stellvertretend für die hM im Schrifttum GroßkommAktG/*Merkt* Rn. 49) oder auch das dingliche Erfüllungsgeschäft erfasst (so stellvertretend für die Gegenmeinung *Joost* ZHR 149 (1985), 419 (430)). Für die letztgenannte Auffassung wird angeführt, dass das Vermögen der AG, um dessen Schutz es bei dem Verbot finanzieller Unterstützung geht, erst eigentlich durch die dingliche Übertragung von Vermögenswerten beeinträchtigt werde (Spindler/Stilz/*Cahn* Rn. 50). Entscheidend für die von der hM vertretene Gegenposition spricht jedoch, dass es sich bei dem Unterstützungsverbot dessen Sinn und Zweck nach um ein Komplement zur aktienrechtlichen Vermögensbindung nach § 57 handelt (→ Rn. 1), deren Verletzung keine Doppelnichtigkeit zur Folge hat, sondern vielmehr nur das zugrundeliegende Kausalgeschäft erfasst (→ § 57 Rn. 32 f.). Im Ergebnis hat sich der hier befürworteten Position der hM auch der BGH angeschlossen (BGH 12.9.2006, ZIP 2006, 2119 (2120)).

15 Was die **Rückabwicklung des nach Abs. 1 S. 1 nichtigen Kausalgeschäfts** betrifft, so ist zu unterscheiden. Wird die verbotene finanzielle Unterstützung einem Erwerber von Aktien gewährt, findet § 62 Anwendung, da es sich bei der gewährten Unterstützung um eine Leistung „entgegen den Vorschriften" des AktG handelt. Das gilt jedenfalls, wenn der Erwerber zum Zeitpunkt des Empfangs der Unterstützung bereits Aktionär war, aber auch dann, wenn die Unterstützung mit Blick auf die zukünftige Aktionärsstellung in engem zeitlichem Zusammenhang mit dem Erwerb erfolgt (BGH 13.11.2007, NZG 2008, 106); für eine bereicherungsrechtliche Rückabwicklung nach §§ 812 ff. BGB bleibt dann kein Raum (OLG München 24.1.2006, BeckRS 2008, 7509). Richtet sich die finanzielle Unterstützung an den Veräußerer der Aktien, wie dies zuweilen beim Leveraged Buy-out der Fall ist, findet auch diesem gegenüber aufgrund von seiner Aktionärsstellung **§ 62** Anwendung; das gilt auch dann, wenn die Unterstützung erst nach der Übertragung der Aktien an den Erwerber, jedoch noch in unmittelbarem zeitlichem Zusammenhang damit erfolgt (zusammenfassend zum Vorstehenden KK-AktG/*Lutter/Drygala* Rn. 63 f.). Wird die verbotenen Unterstützung dagegen einem Dritten gewährt, der weder Aktionär ist, noch auch anstrebt dies zu werden, wie dies etwa bei der Besicherung eines dem Erwerber gewährten Bankkredits durch die Gesellschaft der Fall sein kann, sind auf die Rückabwicklung die bereicherungsrechtlichen Vorschriften der **§§ 812 ff. BGB** anzuwenden. Der durch die finanzielle Unterstützung Begünstigte kann sich ggf. auf den Entreicherungseinwand nach § 818 Abs. 3 BGB, nicht jedoch auf den Rückforderungsausschluss nach § 817 S. 2 BGB berufen. Zudem steht der Gesellschaft ein Zinsanspruch auf das nach § 812 Abs. 1 S. 1 Alt. 1 BGB zurückzuzahlende Kapital in gesetzlicher Höhe aus § 819 Abs. 1, § 818 Abs. 4, §§ 291, 288 Abs. 1 S. 2 BGB zu, da der Empfänger eines gegen das Verbot finanzieller Unterstützung verstoßenden Darlehens weiß, dass er das ihm überlassene Kapital zurückzahlen muss (vgl. BGH 12.9.2006, ZIP 2006, 2119 (2120)).

III. Erwerb durch mittelbare Stellvertreter (Abs. 2)

16 Abs. 2 betrifft den Fall des Erwerbs eigener Aktien der Gesellschaft durch andere Personen, die den **Erwerb im Wege mittelbarer Stellvertretung für Rechnung der Gesellschaft** tätigen. Die Norm erklärt das obligatorische Geschäft zwischen der AG und einem mittelbaren Stellvertreter für nichtig, nach dem Letzterem die Option eingeräumt (Berechtigung) oder die Verpflichtung auferlegt wird, Aktien der Gesellschaft zu erwerben; das Außenverhältnis zwischen dem Erwerber und dessen Vertragspartner bleibt unberührt (KK-AktG/*Lutter/Drygala* Rn. 68). Die Nichtigkeitsfolge tritt allerdings nur insoweit ein, als im Falle eines hier hypothetischerweise zu unterstellenden direkten Erwerbs durch die Gesellschaft selbst ein Verstoß gegen § 71 Abs. 1 oder 2 vorliegen würde. Dabei kommt es für die Frage, ob ein solcher hypothetischer Verstoß vorläge und damit für den Eintritt der Nichtigkeitsfolge, grundsätzlich auf den Zeitpunkt des Abschlusses der Vereinbarung zwischen der Gesellschaft und dem mittelbaren Stellvertreter an, jedoch muss, um missbräuchliche Gestaltungen auszuschließen, die hypothetische Zulässigkeit auch noch zum Zeitpunkt des Aktienerwerbs durch den mittelbaren Stellvertreter gegeben sein (KK-AktG/*Lutter/Drygala* Rn. 77).

17 Der **Anwendungsbereich** von Abs. 2 umfasst jede Art der **Beauftragung** (§§ 662 ff. BGB) und **Geschäftsbesorgung** (§ 675 BGB), einschließlich der Spekulation der Gesellschaft in ihren eigenen Aktien durch einen damit beauftragten Strohmann (KK-AktG/*Lutter/Drygala* Rn. 74). Ein **Erwerb für Rechnung der AG** setzt voraus, dass die Gesellschaft das wirtschaftliche Risiko aus dem Erwerb der Aktien zumindest teilweise zu tragen hat; nicht erforderlich ist, dass letztlich die Übertragung an die AG geplant ist; das bloße Halten für Rechnung der Gesellschaft genügt (MüKoAktG/*Oechsler* Rn. 45). Typische Fallkonstellation sind die **(Wertpapier)-Kommission** (§§ 383, 406 HGB, §§ 18 ff. DepotG), soweit dabei ein Durchgangserwerb des Kommissionärs stattfindet, und die Beteiligung der AG an einem in der Form der GbR aufgesetzten **Kursstützungskonsortium,** durch das Aktienerwerbe getätigt werden sollen (vgl. KK-AktG/*Lutter/Drygala* Rn. 68, 71, 74). Dagegen erfasst Abs. 2 nicht den Erwerb von Aktien auf der Grundlage einer **GoA,** da es hier an der erforderlichen rechtsgeschäftlichen Vereinbarung zwischen der AG und dem Geschäftsführer ohne Auftrag fehlt; wohl erfasst wird aber die

nachträgliche Genehmigung der GoA nach § 684 S. 2 BGB, da dieser Fall einer rechtsgeschäftlichen Beauftragung gleichzustellen ist (zutr. Spindler/Stilz/*Cahn* Rn. 70; aA KK-AktG/*Lutter/Drygala* Rn. 71). Ein sog. ***Equity Swap,*** mit dem sich der Vertragspartner gegenüber der AG lediglich verpflichtet, die AG schuldrechtlich so zu stellen, als hätte sie eigene Aktien erworben, fällt nicht unter Abs. 2, da hier das reine Spekulationselement und nicht die Weitergabe erworbener Aktien an die AG oder zumindest deren Halten auf Anweisung und für Rechnung der AG im Vordergrund steht (zutr. KK-AktG/*Lutter/Drygala* Rn. 75; aA *Mick* DB 1999, 1201 (1203 ff.)). Soweit Abs. 2 eine Vereinbarung wischen der AG und einem Anderen anspricht, nach der Letzterer verpflichtet sein soll, Aktien für Rechnung eines von der AG abhängigen oder in deren Mehrheitsbesitz stehenden Unternehmens zu erwerben, handelt es sich offenbar um ein Redaktionsversehehen, da es sich bei dieser Konstruktion um einen unzulässigen Vertrag zu Lasten eines Dritten (arg. § 311 Abs. 1 BGB) handeln würde. Der vom Gesetzgeber ins Auge gefasste Fall, dass das abhängige Unternehmen selbst einen Vertrag mit einem mittebaren Stellvertreter über den Erwerb von Aktien der herrschenden AG auf dessen eigene Rechnung schließt, ist in § 70d S. 4 geregelt. (zutr. Spindler/Stilz/*Cahn* Rn. 71).

Hinsichtlich der **Rechtsfolgen der in Abs. 2 angeordneten Nichtigkeit** der Vereinbarung zwischen der AG und dem als Aktienerwerber eingeschalteten mittelbaren Stellvertreter ist zu unterscheiden. Zunächst steht weder dem Erwerber der Aktien gegen die AG ein Anspruch auf Erstattung des an den Veräußerer gezahlten Kaufpreises nach §§ 675, 670 BGB, 396 HGB zu, noch auch steht der AG ein Anspruch auf Übertragung der erworbenen Aktien gegen den mittelbaren Stellvertreter nach § 667 BGB, § 383 HGB zu. Hat der mittelbare Stellvertreter die Aktien im Einklang mit den für Aktienerwerbe der Gesellschaft geltenden Bestimmungen des § 71 Abs. 1 und 2 zulässig erworben und ist die Nichtigkeitsfolge nach Abs. 2 damit nicht eingetreten (→ Rn. 16), unterliegt die Übertragung der von ihm erworbenen Aktien auf die AG in Erfüllung des dann bestehenden Anspruchs der AG aus § 667 BGB und § 383 HGB nicht dem Verbot des § 71, da in diesem Fall die erworbenen Aktien nach § 71d S. 1 der AG so wie von dieser selbst rechtmäßig erworbene Aktien zuzurechnen sind (vgl. MüKoAktG/*Oechsler* Rn. 82; s. dazu auch → § 71d Rn. 4). Ist dagegen die Vereinbarung zwischen der AG und dem mittelbaren Stellvertreter nach Abs. 2 nichtig und werden die von dem mittelbaren Stellvertreter erworbenen Aktien trotz der Nichtigkeitsfolge auf die AG übertragen, kommt § 71 Abs. 1 und 2 im Verhältnis zwischen der Gesellschaft und dem mittelbaren Stellvertreter zur Anwendung. Die Zahlung des Aufwendungsersatzes für den gezahlten Kaufpreis ist dann, so der Umkehrschluss aus § 57 Abs. 1 S. 2 (→ § 57 Rn. 19), als verbotene Vermögensauskehrung und damit als Zahlung an den mittelbaren Stellvertreter entgegen den Vorschriften des AktG iSv § 62 anzusehen und folglich nach dieser Vorschrift rückabzuwickeln. Der Gesellschaft steht dann gegen den mittelbaren Stellvertreter nach den für die Rückabwicklung nach § 57 verbotener Vermögensauskehrungen geltenden Grundsätzen (→ § 57 Rn. 32 ff.) ein Anspruch auf Ausgleich einer allfälligen Differenz zwischen dem Verkehrswert der erhaltenen Aktien und dem an den mittelbaren Stellvertreter erstatten Aufwendungsersatz für den von diesem an seinen Veräußerer gezahlten Kaufpreis zu (im Ansatz so zu verstehen wohl auch die letztlich nicht ganz klaren Ausführungen bei MüKoAktG/*Oechsler* Rn. 80). 18

Rechte aus eigenen Aktien

71b **Aus eigenen Aktien stehen der Gesellschaft keine Rechte zu.**

I. Norminhalt, Normzweck und Normgeschichte

Die inhaltlich offen gehaltene Formulierung des § 71b, dass der AG aus eigenen Aktien keine Rechte zustehen, ist in dem Sinne zu verstehen, dass **Rechte aus eigenen Aktien ruhen** (KK-AktG/*Lutter/Drygala* Rn. 2; näher → Rn. 2 ff.). Entsprechend ihrem Wortlaut und Zweck findet die Vorschrift auch auf originär erworbene eigene Aktien Anwendung (KK-AktG/*Lutter/Drygala* Rn. 5). Hinsichtlich des Ruhens des Stimmrechts aus eigenen Aktien hat die Bestimmung ihre unionsrechtliche Grundlage in Art. 63 Abs. 1 lit. a GesR-RL (2017/1132/EU). Der **Zweck der Norm** besteht zum einen darin, zu verhindern, dass der Vorstand entgegen der Wertung des § 136 Abs. 1 auf Beschlüsse der Hauptversammlung Einfluss nehmen, entgegen der Wertung des § 136 Abs. 1 als Richter in eigener Sache handeln, entgegen der Wertung des § 58 einen der AG zukommenden eigenen Gewinnanteil praktisch einbehalten, sowie auch Minderheitsrechte gegen sich selbst ausüben könnte (vgl. KK-AktG/*Lutter/Drygala* Rn. 3). Zudem trägt die Voreschrift auch dem Bedenken Rechnung, dass der entgeltliche Erwerb eigener Aktien zu einer Minderung des zur Ausschüttungen an die sonstigen Aktionäre zur Verfügung stehenden Vermögens der Gesellschaft führt, einer Folge die durch den mit dem Ausschluss der Vermögensrechte der Gesellschaft und dem damit einhergehenden quotalen Zuwachs der Rechte solcher Fremdaktionäre zu kompensieren ist. Durch die Zurechnung des Erwerbs eigener Aktien der Gesellschaft durch mittelbare Stellvertreter und von der AG abhängige Unternehmen nach § 71d S. 4 1

(→ § 71d Rn. 6) wird die Norm in ihrem Wirkungsbereich erheblich erweitert. Normgeschichtlich geht die Vorschrift auf § 236 Abs. 5 HGB idF der Notverordnung vom 19.9.1931 zurück.

II. Ruhen der Rechte aus eigenen Aktien

2 Die Vorschrift betrifft den **Erwerb eigener Aktien** der AG **jeglicher Arten und Gattungen,** und zwar, wie § 71 Abs. 4 S. 1 zeigt, unabhängig davon, ob der Erwerb gegen die gesetzlichen Erwerbsbeschränkungen nach § 71 Abs. 1 und 2 verstößt oder nicht (GroßkommAktG/*Merkt* Rn. 10). **Nicht** vom Anwendungsbereich umfasst sind dagegen die **Inpfandnahme** eigener Aktien (→ § 71e Rn. 9) wie auch die **Legitimationszession** nach § 129 Abs. 3 (*Zöllner* FS H. Westermann, 1974, 603 (608)), da in beiden Fällen eine Übertragung von Mitgliedschaftsrechten durch den Aktionär auf eine Drittperson nicht stattfindet (vgl. KK-AktG/*Lutter/Drygala* § 71c Rn. 9 und 12).

3 Das **Ruhen der Mitgliedschaftsrechte** hat zur Folge, dass der AG, solange sie die Inhaberin eigener Aktien ist, die **Ausübung aller** mit der Mitgliedschaft einhergehenden **Verwaltungs- und Vermögenrechte verwehrt** ist. Nicht von § 71c betroffen ist dagegen die **Verfügungsbefugnis** der Gesellschaft über ihre eigenen Aktien. Die AG kann daher über die ihr gehörenden Aktien im Wege der Veräußerung, Verpfändung oder Nießbrauchsbestellung verfügen (KK-AktG/*Lutter/Drygala* Rn. 4). Davon geht erkennbar auch das Gesetz in den verschiedenen Regelungen zur Veräußerung eigener Aktien durch die Gesellschaft aus (vgl. §§ 64 Abs. 4, 65 Abs. 3, 71 Abs. 1 Nr. 8 S. 3 bis 5, 71c). Da die Mitgliedschaftsrechte als solche bestehen bleiben, bleiben **eigene Aktien** auch nach dem Erwerb durch die Gesellschaft **weiterhin Bestandteile des Eigenkapitals.** Das hat zur Folge, dass solche Aktien bei der Anwendung von Bestimmungen, die auf einen bestimmten Anteil am Grundkapital abstellen (§ 50 S. 1, § 71 Abs. 2 S. 1, § 93 Abs. 4 S. 4, § 103 Abs. 3 S. 3, § 120 Abs. 1 S. 2, §§ 122, 142 Abs. 2 und 4, § 147 Abs. 2 S. 2, § 148 Abs. 1, § 254 Abs. 2 S. 3, § 258 Abs. 2 S. 3, § 260 Abs. 1, Abs. 3 S. 4, § 265 Abs. 3; § 62 Abs. 2 UmwG) zu berücksichtigen sind, nicht dagegen aber nach § 16 Abs. 2 S. 2 bei der Anwendung konzernrechtlicher Bestimmungen, für die eine bestimmte Beteiligungsquote eines anderen Unternehmens an der Gesellschaft maßgeblich ist (§§ 16 Abs. 1, 17 Abs. 2, 320 Abs. 1, 327a), vom Grundkapital abzusetzen (vgl. KK-AktG/*Lutter/Drygala* Rn. 7 f.).

4 Die Übertragung eigener Aktien von der AG auf einen Dritten führt zum Wiederaufleben der nur einstweilen ruhenden mitgliedschaftlichen Verwaltungs- und Vermögenrechte. Das gilt allerdings nur *ex nunc,* sodass einem Erwerber nicht etwa für die Zeit der vorausgehenden Mitgliedschaft der AG noch Dividendenansprüche zustehen (KK-AktG/*Lutter/Drygala* Rn. 17). Auch lebt eine infolge des Rechtsverlustes nach § 71c weggefallene Haftung von Rechtsvorgängern gegenüber der AG nach § 65 nicht wieder auf (RG 26.3.1920, RGZ 98, 276 (278)).

5 Nach § 71b **ruhende Verwaltungs- und Vermögensrechte** sind das Stimmrecht und die Anfechtungsbefugnis des Aktionärs (GroßkommAktG/*Merkt* Rn. 18 f.). Da die AG kein Stimmrecht besitzt, kann sie sich auch nicht vertreten lassen (KK-AktG/*Lutter/Drygala* Rn. 11). Sie kann zudem nicht über ihr Dividendenrecht durch Veräußerung von Gewinnanteilsscheinen verfügen (KK-AktG/*Lutter/Drygala* Rn. 13). Das Ruhen kann nicht durch eine Abtretung oder Bevollmächtigung bzw. ähnliche Gestaltungen umgangen werden. Ebenso erfasst sind die Ansprüche auf Dividenden und einen Liquidationsüberschuss (KK-AktG/*Lutter/Drygala* Rn. 13 f.; zum Liquidationsüberschuss RG 21.10.1921, RGZ 103, 64 (66)). An einer Kapitalerhöhung aus Gesellschaftsmitteln nehmen eigene Aktien nach § 215 teil. Dagegen ruht während der Aktieninhaberschaft der AG das mitgliedschaftliche Bezugsrecht (§ 186 Abs. 1) und die Gesellschaft kann dieses folglich auch nicht im Wege der Veräußerung verwerten; Gleiches muss für das ebenfalls mitgliedschaftlich geprägte mittelbare Bezugsrecht (§ 186 Abs. 4) gelten. Beide Rechte wachsen, solange die AG eigene Aktien hält, den anderen Aktionären anteilig an (vgl. KK-AktG/*Lutter/Drygala* Rn. 15 f.; aA *Busch* AG 2005, 429 (430 ff.)). Ebenso fällt auch der auf eigene Aktien anfallende Dividenden- und Liquidationsanteil den anderen Aktionären anteilig an (K. Schmidt/Lutter/*T. Bezzenberger* Rn. 4).

6 § 71b trifft **keine Regelung hinsichtlich der Pflichten der AG als Inhaberin eigener Aktien.** Nach der hM im Schrifttum, für die auch eine älteres Urteil des Reichsgerichts in Anspruch genommen wird, erlöschen die beim Erwerb eigener Aktien bestehenden oder während der Aktieninhaberschaft der AG fällig werdenden Pflichten durch Konfusion endgültig oder sie gelangen erst gar nicht zur Entstehung, mit der Folge, dass solche Pflichten bei Veräußerung der Aktie an einen Dritten auch nicht wieder aufleben könnten (vgl. KK-AktG/*Lutter/Drygala* Rn. 17; RG 26.3.1920, RGZ 98, 276 (278)). Dagegen sollen während der Besitzzeit der AG noch nicht fällige Pflichten nach Veräußerung der Aktie gegenüber dem Erwerber durchgesetzt werden können KK-AktG/*Lutter/Drygala* Rn. 17, 26). Dem wird, was durchaus erwägenswert erscheint, entgegengehalten, während die Gesellschaft eigene Aktien innehabe, seien Einlageansprüche nur als ruhende Forderungsrechte anzusehen, da sonst die bei bloßer Nichtigkeit des einem nach § 71 Abs. 1 oder 2 unzulässigen Erwerbs durch die AG zugrundeliegenden Kausalgeschäfts nach § 71 Abs. 4 angezeigte bereicherungsrechtliche Rückabwicklung des Erwerbs (→ § 71 Rn. 46) ins Leere laufe würde (vgl. Spindler/Stilz/*Cahn* Rn. 11).

Veräußerung und Einziehung eigener Aktien

71c **(1) Hat die Gesellschaft eigene Aktien unter Verstoß gegen § 71 Abs. 1 oder 2 erworben, so müssen sie innerhalb eines Jahres nach ihrem Erwerb veräußert werden.**

(2) Entfallen auf die Aktien, welche die Gesellschaft nach § 71 Abs. 1 in zulässiger Weise erworben hat und noch besitzt, mehr als zehn vom Hundert des Grundkapitals, so muß der Teil der Aktien, der diesen Satz übersteigt, innerhalb von drei Jahren nach dem Erwerb der Aktien veräußert werden.

(3) Sind eigene Aktien innerhalb der in den Absätzen 1 und 2 vorgesehenen Fristen nicht veräußert worden, so sind sie nach § 237 einzuziehen.

Übersicht

I. Norminhalt, Normzweck und Normgeschichte

1 § 71c findet seine unionsrechtliche Grundlage in Art. 61 Abs. 2 und 3 GesR-RL und Art. 62 GesR-RL (2017/1132/EU). Die Vorschrift dient der **Umsetzung unionsrechtlich vorgegebener Sanktionen,** mit denen dem Vorbild romanischer Rechtsordnungen folgend der **Normzweck** verfolgt wird, zu verhindern, dass die Gesellschaft entgegen den unionsrechtlichen Vorgaben erworbene eigene Aktien dauerhaft behält und dadurch ihr Vermögen gefährdet (vgl. BT-Drs. 8/1678, 14, 16). Die Vorschrift unterscheidet zwischen Veräußerungspflichten der AG in Fällen des unzulässigen, dh gegen § 71 Abs. 1 und 2 verstoßenden Erwerbs eigener Aktien (Abs. 1) und Veräußerungspflichten beim Erwerb eigener Aktien, der zwar nach den Ausnahmereglungen des § 71 Abs. 1 Nr. 1–8 zulässig ist, jedoch dazu führt, dass die Gesellschaft infolge des Erwerbs die Inhaberin eigener Aktien iHv mehr als 10 % ihres Grundkapitals ist. Bei unzulässigem Erwerb sind die eigenen Aktien innerhalb eines Jahres nach ihrem Erwerb zu veräußern, beim zulässigen Erwerb dagegen innerhalb von drei Jahren. Werden die gesetzlich vorgeschriebenen Veräußerungspflichten nicht eingehalten, ordnet Abs. 3 als *ultima ratio* die Einziehung der betroffenen Aktien nach § 237 an.

II. Veräußerungspflicht bei unzulässigem Erwerb (Abs. 1)

2 **1. Voraussetzungen.** Die nach Abs. 1 im Fall des unzulässigen Erwerbs eigener Aktien zur Anwendung gelangende Pflicht zur Veräußerung der Aktien binnen Jahresfrist setzt voraus, dass die AG eigene Aktien unter **Verstoß gegen § 71 Abs. 1 oder 2** erworben hat. Durch § 71d S. 3 wird der Anwendungsbereich der Vorschrift auf den unzulässigen **Erwerb eigener Aktien durch ein von der AG abhängiges oder in deren Mehrheitsbesitz stehendes Unternehmen** sowie auch auf **Aktien eines mittelbaren Stellvertreters** erstreckt, die dieser im eigenen Namen für Rechnung der AG oder eines ihrer Tochterunternehmens hält (→ § 71d Rn. 6). Zudem gilt die Vorschrift auch für den gegen § 56 Abs. 1 verstoßenden **originären Erwerb eigener Aktien durch die Gesellschaft** (KK-AktG/*Lutter/Drygala* Rn. 7). Werden von der AG nach § 71 Abs. 1 Nr. 2 **zum Zweck der Ausgabe an die Belegschaft erworbene eigene Aktien** nicht innerhalb der in § 71 Abs. 3 S. 2 vorgeschriebenen Jahresfrist an die Belegschaft ausgegeben, bleibt die Gesellschaft auch nach Ablauf dieser Frist weiter zur Ausgabe der Aktien an die Belegschaft verpflichtet, jedoch beginnt dann wegen Überschreitens der Zehnprozentgrenze nach Abs. 2 keine weitere Veräußerungsfrist von einem Jahr zu laufen (vgl. KK-AktG/*Lutter/Drygala* Rn. 22). Ein unzulässiger Erwerb kann grundsätzlich auch dann vorliegen, wenn einer der Ausnahmetatbestände des § 71 Abs. 1 Nr. 1–8 erfüllt ist, aber die weiteren Voraussetzungen des § 71 Abs. 2 in der Form der Zehnprozentgrenze, der Rücklagenbildungsmöglichkeit und des Volleinzahlungsgebots (→ § 71 Rn. 38 ff.) nicht eingehalten werden.

3 Der uneingeschränkte Verweis des Abs. 1 auf § 71 Abs. 1 Nr. 8 scheint nahezulegen, dass auch Verstöße gegen den in Nr. 8 S. 3 ausdrücklich erwähnten **Gleichbehandlungsgrundsatz** des § 53a die Veräußerungspflicht nach Abs. 1 auslösen sollten. Jedoch besteht der Normzweck des § 71c im Schutz des Vermögens der AG (→ Rn. 1) und eine Verletzung des Gleichbehandlungsgrundsatzes würde

durch die Rechtsfolge der Veräußerungspflicht auch nicht ausgeglichen. Bei rechtem Besehen vermag daher ein Verstoß gegen § 53a das Vorliegen eines unzulässigen Erwerbs eigener Aktien iSv Abs. 1 nicht zu begründen (zutr. Spindler/Stilz/*Cahn* Rn. 2).

4 **2. Veräußerungsmodalitäten.** Was die Modalitäten der Veräußerung unzulässig erworbener eigener Aktien betrifft, so fällt diese als Maßnahme der Geschäftsführung in die Zuständigkeit des Vorstands. Die einjährige Veräußerungsfrist nach Abs. 1 beginnt mit dem gegen § 71 Abs. 1 oder Abs. 2 verstoßenden **Erwerb der Aktien.** Damit gemeint ist der Erwerb der dinglichen Rechtsstellung der AG als Inhaberin oder Mitinhaberin der Aktien, nicht der Abschluss des zugrundeliegenden schuldrechtlichen Vertrages (→ § 71 Rn. 4). Der Fristbeginn und das Fristende berechnen sich nach § 187 Abs. 1 BGB, § 188 Abs. 2 BGB. **Gegenstand der Veräußerungspflicht** sind die unzulässig erworbenen Aktien, sofern diese individualisierbar sind. Das betrifft unverbriefte Aktien (§ 10 Abs. 5), Namensaktien oder Inhaberaktien im Besitz der AG oder in einem für diese angelegten Streifbanddepot (§ 2 DepotG). Bei Verwahrung in einem Sammelbestand (§§ 5 ff. DepotG) sind entsprechende Miteigentumsanteile aus dem Bestand zu veräußern. Bei fehlender Individualisierbarkeit ist eine dem verbotswidrigen Erwerb entsprechende Menge an Aktien zu veräußern (vgl. KK-AktG/*Lutter/Drygala* Rn. 25 f.). Trotz des Verstoßes gegen § 71 Abs. 1 bzw. 2 ist der dingliche Erwerb der eigenen Aktien durch die Gesellschaft nach § 71 Abs. 4 S. 1 wirksam, das zugrundeliegende Kausalgeschäft aber nach § 71 Abs. 4 S. 2 nichtig; zur **Rückabwicklung des unzulässigen Erwerbs** → § 71 Rn. 45 ff.

III. Veräußerungspflicht bei zulässigem Erwerb (Abs. 2)

5 **1. Voraussetzungen.** Die Regelung des Abs. 2 zur Veräußerungspflicht der Gesellschaft beim zulässigen Erwerb eigener Aktien bezieht sich nur auf eigene Aktien, die in Übereinstimmung mit § 71 Abs. 1 und Abs. 2 erworben wurden. Bei der irreführenden Formulierung der Norm, die sich nur auf § 71 Abs. 1 bezieht, handelt es sich um ein Redaktionsversehen (einhellige Meinung, vgl. Spindler/Stilz/*Cahn* Rn. 4). Für den Erwerb nach § 71 Abs. 1 Nr. 1–3, 7 und 8 gilt bereits die 10 %-Bestandsgrenze des § 71 Abs. 2 S. 1 (→ § 71 Rn. 38 f.). Daher kommt ein **zulässiger Erwerb** von Aktien, die den Gesamtbestand über diese Grenze hinaus erhöhen, **nach dem Wortlaut des Abs. 2 nur nach § 71 Abs. 1 Nr. 4–6** in Betracht (KK-AktG/*Lutter/Drygala* Rn. 10).

6 **Abs. 2** ist **analog** anzuwenden auf Aktien, die aufgrund eines umwandlungsrechtlichen Pflichtangebots (§§ 29 Abs. 1, 125, 207 Abs. 1 UmwG) erworben worden sind, denn auch hier geht es um Fälle, in denen die in § 71 Abs. 2 S. 1 bestimmte 10 %-Bestandsgrenze nicht zur Geltung kommt (vgl. *Lutter* FS Wiedemann, 2002, 1097 (1107 ff.)). Schließlich ist Abs. 2 auch entsprechend auf eigene Aktien anwendbar, die eine AG vor einem Formwechsel rechtmäßigerweise als eigene Anteile erworben hatte, denn es spricht nichts dafür, dass eine AG, die vor einem Formwechsel eigene Anteile erworben hat, gegenüber einer Gesellschaft, die die eigenen Anteile erst nach Erlangung der Rechtsform der AG erworben hat, unterschiedlich behandelt werden sollte (vgl. *Heckschen/Weitbrecht* ZIP 2017, 1297 (1304); *Schulz* ZIP 1015, 510 (519)). Aktien, die die Gesellschaft nach § 64 durch Kaduzierung erworben hat, sind nach einhelliger Ansicht nicht auf den Aktienbesitz nach Abs. 2 anzurechnen (MüKoAktG/*Bayer* § 64 Rn. 70); insoweit kommt den besonderen Verwertungsregelungen nach § 64 Abs. 3 und 4 der Vorrang zu (→ § 64 Rn. 9 ff.).

7 Die **Berechnung der Zehnprozentbestandsgrenze** des Abs. 2, deren Überschreitung eine dreijährige Veräußerungsfrist in Lauf setzt, ist von der Zehnprozentgrenze des § 71 Abs. 2 S. 1 (→ § 71 Rn. 38 f.) sorgfältig zu unterscheiden. Im Einzelnen gilt dazu Folgendes (vgl. KK-AktG/*Lutter/Drygala* Rn. 13 f.). Zum einen kommt es für die Überschreitung der Zehnprozentgrenze des Abs. 2 allein auf solche eigenen Aktien an, die die AG in zulässiger Weise erworben hat (→ Rn. 5 f.); Aktien, deren Erwerb gegen § 71 Abs. 1 oder 2 verstößt, unterfallen dagegen der dreijährigen Veräußerungsfrist nach Abs. 1 (→ Rn. 2 f.). Zum anderen fallen unter die 10 %-Grenze des Abs. 2 auch Aktien, die der Gesellschaft verpfändet werden, und zwar unabhängig davon, ob der Pfandrechtserwerb nach § 71e rechtmäßig erfolgte oder nicht (→ § 71e Rn. 2 ff.). Nach § 71d S. 3 sind zudem auch solche Aktien zu berücksichtigen, die ein von der AG abhängiges Unternehmen oder ein mittelbarer Stellvertreter für Rechnung der Gesellschaft oder eines von dieser abhängigen Unternehmens hält (→ § 71d Rn. 4 ff.).

8 **2. Veräußerungsmodalitäten.** Als **Geschäftsführungsmaßnahme** fällt die in Abs. 2 angeordnete Veräußerung überschüssiger eigener Aktien in die Zuständigkeit des Vorstands (§ 76 Abs. 1). Dabei genießt der Vorstand grundsätzlich **Freiheit in der Auswahl der zu veräußernden Stücke** (Begr. RegE, BT-Drs. 8/1678, 16); insofern gilt die Business Judgment Rule des § 93 Abs. 1 S. 2. Grundsätzlich hat der Vorstand den nach seinem unternehmerischen Urteil bestmöglichen Preis anzustreben, da eine Veräußerung unter Wert eine verdeckte Gewinnausschüttung bedeuten kann (BFH 14.11.1984, GmbHR 1985, 236 (238)). Der Vorstand kann auch entscheiden, der AG nach § 71d S. 3 zurechenbare Aktien, deren Übertragung an sich die AG nach § 71d S. 5 und 6 verlangen kann (→ § 71d Rn. 11 f.), zu verwenden (KK-AktG/*Lutter/Drygala* Rn. 28). Kraft seiner organschaftlichen Legalitätspflicht (→ § 93 Rn. 7a) ist der Vorstand allerdings gehalten, bezüglich der nach § 71 Abs. 1 Nr. 2, 3, 4, 6 und

8 erworbenen Aktien vorrangig die gesetzlich vorgegebenen **Verwendungsbindungen einzuhalten** (vgl. GroßkommAktG/*Merkt* Rn. 35). Das betrifft die bestimmungsgemäße Ausgabe von Aktien an Arbeitnehmer (Nr. 2), die Abfindung von Aktionären (Nr. 3), die Herausgabe an einen Kommittenten (Nr. 4), die Durchführung einer Einziehung (Nr. 6), wie auch die Erfüllung einer Zweckvorgabe im Ermächtigungsbeschluss nach Nr. 8 (→ § 71 Rn. 31); zudem sind auch die besonderen Vorgaben nach Nr. 8 S. 3–5 einzuhalten (→ § 71 Rn. 29).

Wie in Fällen des Abs. 1, so unterliegt die **Fristberechnung** (Fristbeginn und Fristablauf) auch in 9
Fällen des Abs. 2 den allgemeinen Regeln der §§ 187 und 188 BGB. Für den Beginn ist bei Abs. 2 allerdings zu beachten, dass das maßgebliche Ereignis im Überschreiten der Grenze von 10 % liegt. Dabei kommt es nicht auf den Abschluss des Kausalgeschäfts, sondern auf den dinglichen Erwerb der Mitgliedschaft durch die AG an; bei Überschreitung der 10 %-Grenze infolge einer Kapitalherabsetzung kommt es auf deren Wirksamwerden nach §§ 224, 238 an (KK-AktG/*Lutter/Drygala* Rn. 16 f.). Maßgeblich ist stets der zeitlich letzte Erwerbsvorgang. Wird die Zehnprozentgrenze innerhalb der Dreijahresfrist wieder unterschritten, was insbesondere bei einer Kapitalerhöhung der Fall sein kann, entfällt die Veräußerungspflicht (KK-AktG/*Lutter/Drygala* Rn. 29). Wird die Grenze mehrfach überschritten, muss die Dreijahresfrist für die jeweilige Überschreitung neu berechnet werden (Begr. RegE, BT-Drs. 8/1678, 16).

IV. Einziehung (Abs. 3)

Aktien, die nicht innerhalb der Jahresfrist des Abs. 1 bzw. der Dreijahresfrist des Abs. 2 veräußert 10
wurden, sind nach § 237 einzuziehen. Dafür stehen die **ordentliche Kapitalherabsetzung** (§ 237 Abs. 2 iVm §§ 222 ff.) und auch das **vereinfachte.Verfahren nach § 237 Abs. 3–5** zur Verfügung. Nach Ablauf der jeweils in Abs. 1 und 2 bestimmten Veräußerungsfristen trifft den Vorstand die nach § 405 Abs. 1 Nr. 4 lit. c ordnungsrechtlich bewehrte Pflicht, unverzüglich einen Einziehungsbeschluss vorzubereiten und diesen der nächsten ordentlichen Hauptversammlung zur Beschlussfassung vorzulegen (KK-AktG/*Lutter/Drygala* Rn. 45). Kommt der für die Einziehung erforderliche Hauptversammlungsbeschluss nicht zustande, lebt die Veräußerungspflicht nach Abs. 1 oder 2 wieder auf und der Vorstand muss die (überschüssigen) Aktien dann unverzüglich veräußern (KK-AktG/*Lutter/Drygala* Rn. 47). Grundsätzlich ist der Vorstand auch bereits vor Ablauf der gesetzlichen Veräußerungspflichten befugt, anstelle der Veräußerung von Aktien deren Einziehung betreiben (vgl. KK-AktG/*Lutter/Drygala* Rn. 51).

V. Rechtsfolgen bei Verstoß

Bietet der Vorstand der Veräußerungspflicht nach Abs. 1 oder 2 unterfallende Aktien nicht rechtzeitig 11
an, liegt eine **Ordnungswidrigkeit** vor (§ 405 Abs. 1 Nr. 4 lit. b). Entsteht der Gesellschaft durch die Nichtbefolgung der Vorgaben des § 71c bezüglich der Veräußerung und Einziehung (überschüssiger) eigener Aktien ein Schaden, haften die verantwortlichen Vorstands- und Aufsichtsratsmitglieder gem. den **§§ 93 Abs. 2, 116 S. 1** auf **Schadenersatz** (MüKoAktG/*Oechsler* § 93 Rn. 25). Ebenso wie § 57, die zentrale Norm des aktienrechtlichen Vermögensschutzes, **nicht als Schutzgesetz iSv § 823 Abs. 2 BGB einzuordnen** ist (vgl. MüKoAktG/*Bayer* § 57 Rn. 225) und folglich auch kein Vorgehen nach § 1004 BGB eröffnet (LG Memmingen 11.8.2010, BeckRS 2010, 22171), muss dies konsequenterweise auch für § 71c als besondere Ausprägung des aktienrechtlichen Vermögensschutzes (→ Rn. 1) gelten. Legt man dies zugrunde, so muss es auch fraglich erscheinen, ob § 405 Abs. 1 lit. a und b deliktsrechtlich als Schutznormen eigeordnet werden können (so aber KK-AktG/*Altenhain* § 405 Rn. 11; zu Recht zweifelnd dagegen MüKoAktG/*Schaal* § 405 Rn. 49).

Erwerb eigener Aktien durch Dritte

71d

[1]Ein im eigenen Namen, jedoch für Rechnung der Gesellschaft handelnder Dritter darf Aktien der Gesellschaft nur erwerben oder besitzen, soweit dies der Gesellschaft nach § 71 Abs. 1 Nr. 1 bis 5, 7 und 8 und Abs. 2 gestattet wäre. [2]Gleiches gilt für den Erwerb oder den Besitz von Aktien der Gesellschaft durch ein abhängiges oder ein im Mehrheitsbesitz der Gesellschaft stehendes Unternehmen sowie für den Erwerb oder den Besitz durch einen Dritten, der im eigenen Namen, jedoch für Rechnung eines abhängigen oder eines im Mehrheitsbesitz der Gesellschaft stehenden Unternehmens handelt. [3]Bei der Berechnung des Anteils am Grundkapital nach § 71 Abs. 2 Satz 1 und § 71c Abs. 2 gelten diese Aktien als Aktien der Gesellschaft. [4]Im übrigen gelten § 71 Abs. 3 und 4, §§ 71a bis 71c sinngemäß. [5]Der Dritte oder das Unternehmen hat der Gesellschaft auf ihr Verlangen das Eigentum an den Aktien zu verschaffen. [6]Die Gesellschaft hat den Gegenwert der Aktien zu erstatten.

Übersicht

I. Norminhalt, Normzweck und Normgeschichte

1 § 71d dient im Kern der **Erstreckung der für die AG selbst geltenden Regelungen** über die Beschränkungen des Erwerbs und Besitzes eigener Aktien sowie die finanzielle Unterstützung solchen Erwerbs und die Ausübung von Rechten aus den erworbenen Aktien durch die Gesellschaft **auf drei Formen des mittelbaren Erwerbs:** (1) den in S. 1 geregelten Erwerb oder Besitz eigener Aktien durch **Dritte für Rechnung der AG** durch mittelbare Stellvertretung, (2) den in S. 2 Alt. 1 geregelten Erwerb oder Besitz eigener Aktien durch **abhängige oder im Mehrheitsbesitz der AG stehende Unternehmen,** sowie (3) den in S. 2 Alt. 2 geregelten Erwerb oder Besitz eigener Aktien durch **Dritte für Rechnung abhängiger Unternehmen.** Ihre unionsrechtliche Grundlage findet die deutsche Regelung in Art. 60 Abs. 1, 63 Abs. 1 und 66 Abs. 1 GesR-RL (2017/1132/EU). Der übergreifenden Zielsetzung der Norm sind auch die in S. 3–6 enthaltenen Regelungen zu dienen bestimmt (vgl. Begr. RegE Gesetz zur Durchführung der europäischen Kapitalrichtlinie (77/91/EWG), BT-Drs. 8/1678, 16).

2 Von dem nach § 71 Abs. 1 für die AG selbst geltenden grundsätzlichen **Verbot des Erwerbs eigener Aktien** (→ § 71 Rn. 1), macht S. 1 für den Fall des Erwerbs durch mittelbare Stellvertreter **Ausnahmen für die Fälle der Nr. 1–5, 7 und 8,** eine Gegenausnahme gilt nur für den Rückerwerb zum Zweck der Einziehung von Aktien nach Nr. 6. Das gilt nach S. 2 („Gleiches gilt …") auch für den Erwerb durch abhängige oder im Mehrheitsbesitz stehende Unternehmen und deren mittelbare Stellvertreter. Als Erwerb iSv S. 1 kommt nicht nur die dingliche Rechtsübertragung in Betracht, sondern auch bereits der Abschluss eines auf den Erwerb gerichteten schuldrechtlichen Kausalgeschäfts (Spindler/Stilz/*Cahn* Rn. 7). Die Bestimmungen des S. 1 und 2 sind abzugrenzen von § 56 Abs. 2 und 3, der die (erstmalige) Aktienübernahme bzw. Zeichnung von Aktien durch mittelbare Stellvertreter und abhängige Unternehmen betrifft.

3 Was den Erwerb von Aktien durch mittelbare Stellvertreter für Rechnung der AG betrifft, so sind die in S. 3–6 getroffenen Regelungen nach zutreffender hL als **unvereinbar mit § 71a Abs. 2** anzusehen. Der Grund dafür liegt darin, dass S. 3–6 auf der Prämisse beruhen, dass die von dem mittelbaren Stellvertreter erworbenen Aktien der AG zuzurechnen seien, während § 71a Abs. 2 das entsprechende Auftrags- oder Geschäftsbesorgungsverhältnis für nichtig erklärt und damit einer Zurechnung der Aktien die Grundlage entzieht. **§ 71a Abs. 2 gebührt** deshalb der **Vorrang vor S. 3–6.** Ist das Treuhand- bzw. Auftragsverhältnis zwischen der Gesellschaft und dem mittelbaren Stellvertreter nach § 71a Abs. 2 nichtig, weil der autorisierte Erwerb gegen § 71 Abs. 1 oder 2 verstoßen würde (→ § 71a Rn. 16 f.), kommen somit S. 3–6 nicht zur Anwendung (vgl. MüKoAktG/*Oechsler* Rn. 4; KK-AktG/*Lutter/Drygala* Rn. 103, 122; **aA** mit ausführlicher, letztlich angesichts der in § 71a Abs. 2 zum Ausdruck kommenden klaren gesetzlichen Wertung aber nicht überzeugender Begründung Spindler/Stilz/*Cahn* Rn. 16 ff.).

II. Erwerb oder Besitz für Rechnung der AG (S. 1)

4 **1. Erstreckung des Erwerbsverbots auf mittelbare Stellvertreter.** Das nach § 71 Abs. 1 für die AG geltende grundsätzliche Erwerbsverbot (→ § 71 Rn. 1) wird durch S. 1 auf Dritte ausgedehnt, die mit der Gesellschaft über ein Treuhand-, Kommissions-, Geschäftsbesorgungs- oder Auftragsverhältnis verbunden sind und die Aktien für Rechnung der AG erwerben oder besitzen. Die Art des zugrundeliegenden Kausalverhältnisses ist dabei unerheblich. Entscheidend ist, ob der AG aus dem Rechtsgeschäft Herausgabe- oder Erstattungsansprüche zustehen und ob sie letztlich das wirtschaftliche Risiko trägt; insofern gilt das Gleiche wie zu § 71a Abs. 2 (→ § 71a Rn. 17; KK-AktG/*Lutter/Drygala* Rn. 104).

5 **2. Erlaubnistatbestände.** Der Erwerb und der Besitz von Aktien durch einen mittelbaren Stellvertreter der Gesellschaft sind in den Fällen des § 71 Abs. 1 Nr. 1–5, 7 und 8 zulässig. Dabei ist grundsätzlich **ausschlaggebend, ob** im Zeitpunkt des Erwerbs durch den mittelbaren Stellvertreter der besagte **Erwerb der Gesellschaft selbst erlaubt** gewesen wäre (vgl. zum Folgenden grundsätzlich KK-

AktG/*Lutter/Drygala* Rn. 105 ff.). Bei **§ 71 Abs. 1 Nr. 1** muss der schwere Schaden daher nicht dem mittelbaren Stellvertreter, sondern der AG drohen. Im Falle des **§ 71 Abs. 1 Nr. 2** hat der mittelbare Stellvertreter die Aktien zu dem Zweck zu erwerben, sie Arbeitnehmern der AG oder eines mit ihr verbundenen Unternehmens anzubieten. Bei **§ 71 Abs. 1 Nr. 3** kommt es für den Abfindungszweck auf die Gesellschaft und nicht auf den mittelbaren Stellvertreter an. Für **§ 71 Abs. 1 Nr. 4 und 5** kommt es darauf an, ob der mittelbare Stellvertreter unentgeltlich bzw. als Gesamtrechtsnachfolger erwerben soll. Nur wenn nach **§ 71 Abs. 1 Nr. 7** die AG eigene Aktien als Handelsbestand halten darf, ist dies auch dem mittelbaren Vertreter gestattet. Zudem darf der mittelbare Vertreter auch Aktien der AG für eigene Rechnung erwerben oder besitzen, wenn ein entsprechender Ermächtigungsbeschluss der Hauptversammlung nach **§ 71 Abs. 1 Nr. 8** vorliegt.

3. Rechtsfolgen nach S. 3 und 4. Die **10 %-Grenze** des § 71 Abs. 2 S. 1 (→ § 71 Rn. 38 f.) 6
kommt wegen des Geltungsvorrangs von § 71a Abs. 2 vor der in S. 3 ausgesprochenen Verweisung (→ Rn. 3) nur dann zur Anwendung, wenn der Erwerb überhaupt erst nach § 71 Abs. 1 Nr. 1–5, 7 oder 8 der Gesellschaft erlaubt gewesen wäre. Nur dann sind zur Ermittlung dieser Schranken die Aktien des mittelbaren Stellvertreters so wie der AG gehörende Aktien zu behandeln und nur dann kommt auch die Pflicht zur Veräußerung der Aktien binnen einer Dreimonatsfrist nach § 71c Abs. 2 zum Tragen (KK-AktG/*Lutter/Drygala* Rn. 113). Gleiches gilt auch für das in S. 4 angeordnete Eingreifen des Verbots der finanziellen Unterstützung nach § 71a Abs. 1 (KK-AktG/*Lutter/Drygala* Rn. 113), einen Rechtsverlust nach § 71b (vgl. KK-AktG/*Lutter/Drygala* Rn. 111), sowie die Berichtspflicht gegenüber der Hauptversammlung nach § 71 Abs. 3. Umgekehrt greift die in S. 4 in Bezug genommene Nichtigkeitsregelung des § 71 Abs. 4 S. 2 nur im Falle des verbotenen Aktienerwerbs ein (KK-AktG/*Lutter/Drygala* Rn. 122).

III. Erwerb durch oder für ein abhängiges oder im Mehrheitsbesitz stehendes Unternehmen (S. 2)

1. Voraussetzungen. S. 2 betrifft zwei Fallkonstellationen: (1) den Erwerb eigener Aktien der AG 7
durch ein von der Gesellschaft abhängiges oder in deren Mehrheitsbesitz stehendes Unternehmen und (2) den Aktienerwerb durch den mittelbaren Stellvertreter eines solchen abhängigen oder im Mehrheitsbesitz stehenden Unternehmens (→ Rn. 1). Der Terminus **abhängiges oder im Mehrheitsbesitz stehendes Unternehmen** ist dem in § 56 Abs. 2 verwendeten gleichlautenden Begriff vergleichbar (→ § 56 Rn. 4). Das Vorliegen von **Mehrheitsbesitz** richtet sich nach **§ 16.** Als **abhängiges Unternehmen** kommt nach den zu nach **§ 17** geltenden Grundsätzen jedes selbständige Rechtssubjekt mit eigenen Vermögensinteressen in Betracht (OLG München 7.4.1995, DStR 1995, 893). Die Rechtsform des beherrschten Unternehmens ist dabei unerheblich; das Verbot ist rechtsformneutral ausgestaltet. S. 2 erfasst auch die Abhängigkeit auf der Grundlage eines Beherrschungs- und/oder Gewinnabführungsvertrags nach § 291 (BGH 4.3.1974, BGHZ 62, 193 ff.). Zudem erfasst die Vorschrift ihrem Sinn nach die unmittelbare Abhängigkeit und Mehrheitsherrschaft ebenso wie mittelbare Formen. Der umgekehrte Fall, wonach ein herrschendes oder mit Mehrheit beteiligtes Unternehmen Aktien einer abhängigen Tochter übernimmt, ist nach Abs. 2 nicht untersagt (vgl. KK-AktG/*Lutter/Drygala* Rn. 18 ff.; Spindler/Stilz/*Cahn* Rn. 32 ff., mit Differenzierungen im Einzelnen).

Wie die Bezugnahme des S. 2 auf S. 1 zeigt („Gleiches gilt …"), sind der Erwerb und der Besitz von 8
Aktien durch ein abhängiges oder im Mehrheitsbesitz stehendes Unternehmen ebenso wie der Erwerb durch einen mittelbaren Stellvertreter der AG nur in den Fällen des § 71 Abs. 1 Nr. 1–5, 7 und 8 zulässig. Ebenso wie beim Aktienerwerb durch einen für die Gesellschaft agierenden mittelbaren Stellvertreter (→ Rn. 5) ist für das Eingreifen dieser Erlaubnistatbestände **ausschlaggebend, ob** im Zeitpunkt des Erwerbs durch das abhängige oder im Mehrheitsbesitz stehende Unternehmen der besagte **Erwerb der Gesellschaft selbst erlaubt** gewesen wäre (vgl. zum Folgenden KK-AktG/*Lutter/Drygala* Rn. 22 ff.). So muss bei **§ 71 Abs. 1 Nr. 1** der schwere Schaden nicht dem abhängigen oder im Mehrheitsbesitz stehenden Unternehmen, sondern der AG selbst drohen. Im Falle des **§ 71 Abs. 1 Nr. 2** hat das besagte Unternehmen die Aktien zu dem Zweck zu erwerben, sie Arbeitnehmern der AG oder eines mit ihr verbundenen Unternehmens anzubieten. Bei **§ 71 Abs. 1 Nr. 3** kommt es für den Abfindungszweck auf die AG selbst und nicht auf das abhängige oder im Mehrheitsbesitz stehende Unternehmen an. Für **§ 71 Abs. 1 Nr. 5** kommt es darauf an, ob das Tochterunternehmen unentgeltlich bzw. als Gesamtrechtsnachfolger erwerben soll. Nur wenn nach **§ 71 Abs. 1 Nr. 7** die AG eigene Aktien als Handelsbestand halten darf, ist dies auch dem abhängigen oder im Mehrheitsbesitz stehenden Unternehmen gestattet. Zudem darf das besagte Unternehmen auch Aktien der AG für eigene Rechnung erwerben oder besitzen, wenn ein entsprechender Ermächtigungsbeschluss der Hauptversammlung nach **§ 71 Abs. 1 Nr. 8** vorliegt. Schließlich haben die vorstehenden Regeln auch zu gelten, wenn der Aktienerwerb nicht über einen mittelbaren Stellvertreter für die AG selbst erfolgt (S. 1, → Rn. 5), noch auch unmittelbar über ein abhängiges oder im Mehrheitsbesitz stehendes Unternehmen

(S. 2 Alt. 1, → Rn. 8), sondern über einen für ein solches Unternehmen agierenden mittelbaren Stellvertreter (S. 2 Alt. 2, vgl. KK-AktG/*Lutter/Drygala* Rn. 127).

9 **2. Rechtsfolgen nach S. 3 und 4.** Für den in S. 2 Alt. 2 angesprochenen Fall des Erwerbs durch den für ein anhängiges bzw. im Mehrheitsbesitz der AG stehendes Unternehmen agierenden mittelbaren Stellvertreter ist ebenso wie beim Erwerb durch einen für die AG selbst agierenden mittelbaren Stellvertreter (S. 1) die in § 71a Abs. 2 zum Ausdruck kommende gesetzliche Wertung zu berücksichtigen. Auch was den Aktienerwerb nach S. 2 Alt. 2 betrifft, gebührt **§ 71a Abs. 2** der **Vorrang vor S. 3–6** (→ Rn. 3). Somit ist das Treuhand- bzw. Auftragsverhältnis zwischen dem abhängigen oder im Mehrheitsbesitz der AG stehenden Unternehmen und dessen mittelbarem Stellvertreter nach § 71a Abs. 2 nichtig, soweit der betreffende Erwerb gegen § 71 Abs. 1 oder 2 verstoßen würde (→ § 71a Rn. 16 f.). **S. 3–6** sind deshalb hier **nicht anwendbar** (vgl. KK-AktG/*Lutter/Drygala* Rn. 126).

10 Die **10 %-Grenze** des § 71 Abs. 2 S. 1 (→ § 71 Rn. 38 f.) kommt wegen des Geltungsvorrangs von § 71a Abs. 2 vor der in S. 3 ausgesprochenen Verweisung (→ Rn. 12) nur dann zur Anwendung, wenn der Erwerb überhaupt erst nach § 71 Abs. 1 Nr. 1–5, 7 oder 8 der Gesellschaft erlaubt gewesen wäre. Nur dann sind zur Ermittlung dieser Schranke die Aktien des mittelbaren Stellvertreters so wie der AG gehörende Aktien zu behandeln und nur dann kommt auch die Pflicht zur Veräußerung der Aktien binnen einer Dreimonatsfrist nach § 71c Abs. 2 zum Tragen (Spindler/Stilz/*Cahn* Rn. 42, 48). Gleiches gilt auch für das in S. 4 angeordnete Eingreifen des Verbots der finanziellen Unterstützung nach § 71a Abs. 1 (KK-AktG/*Lutter/Drygala* Rn. 113), einen Rechtsverlust nach § 71b (vgl. KK-AktG/*Lutter/Drygala* Rn. 111), sowie die Berichtspflicht gegenüber der Hauptversammlung nach § 71 Abs. 3. Umgekehrt greift die in S. 4 in Bezug genommene Nichtigkeitsregelung des § 71 Abs. 4 S. 2 nur im Falle des verbotenen Aktienerwerbs ein (KK-AktG/*Lutter/Drygala* Rn. 43 f.)

IV. Übertragungs- und Erstattungsansprüche (S. 5 und 6)

11 Der Herausgabeanspruch der AG gegen das ihre eigenen Aktien erwerbende abhängige bzw. im Mehrheitsbesitz stehende Unternehmen und den als Aktienerwerber agierenden mittelbaren Stellvertreter nach S. 5 dient nach der Amtlichen Begründung der **Sicherstellung, dass die AG ihren Veräußerungs- und Einziehungspflichten nach § 71c nachkommen kann** (vgl. Begr. RegE Gesetz zur Durchführung der europäischen Kapitalrichtlinie (77/91/EWG), BT-Drs. 8/1678, 17). Der Anspruch setzt weder die Entstehung derartiger Pflichten der Gesellschaft voraus, noch kommt es dafür darauf an, ob der Ererb unter einen der in S. 1 aufgelisteten Erlaubnistatbestände fällt. Der Anspruch setzt ein entsprechendes Verlangen der AG voraus. Ist der Erwerb wirksam, tritt der Herausgabeanspruch nach S. 5 neben einen Herausgabeanspruch der Gesellschaft gegen den mittelbaren Stellvertreter aus dem zugrundeliegenden Auftrags- bzw. Kommissionsverhältnis nach § 667 BGB, § 394 Abs. 2 HGB (Spindler/Stilz/*Cahn* Rn. 58). Ist das schuldrechtliche Erwerbsgeschäft zwischen dem nachgeordneten Unternehmen (S. 2 Alt. 1) oder dem mittelbaren Stellvertreter (S. 2 Alt. 2) gem. S. 4 iVm § 71 Abs. 4 S. 2 nichtig (→ Rn. 6, 14), hat der Rückübertragungsanspruch des Veräußerers der Aktien gegenüber dem Erwerber nach § 812 Abs. 1 S. 1 Alt. 1 BGB Vorrang vor dem Anspruch der Gesellschaft nach S. 5, da durch die Rückübertragung auf den Veräußerer dem Regelungszweck von S. 5, die Erfüllung der Weiterveräußerungspflicht nach § 71c abzusichern, durch die Gesellschaft unmittelbar Rechnung getragen wird (vgl. KK-AktG/*Lutter/Drygala* Rn. 84).

12 Der in S. 6 geregelte **Anspruch auf Erstattung des Gegenwertes** der an die Gesellschaft nach S. 5 übertragenen Aktien richtet sich im Falle des Aktienerwerbs durch ein abhängiges oder im Mehrheitsbesitz stehendes Unternehmen (S. 2 Alt. 1) auf den **Verkehrswert der Aktien zum Übertragungszeitpunkt.**

V. Auslandssachverhalte

13 Ist die herrschende AG eine deutsche Gesellschaft, ist also ihr Gesellschaftsstatut nach den weitgehend unionsrechtlich geprägten Regeln des deutschen Gesellschaftskollisionsrechts (ausführlich dazu *Paefgen* WM 2018, 993 ff. und WM 2018, 2359 ff.) das deutsche Recht, findet S. 2 auch dann Anwendung, wenn das **abhängige oder im Mehrheitsbesitz stehende Unternehmen** eine **Auslandsgesellschaft** ist. Das folgt aus dem Charakter der Norm als „Schutzgarantie des inländischen Rechts" (vgl. *Wiedemann* FS Kegel, 1977, 187 (190); iErg so auch KK-AktG/*Koppensteiner* Vor § 291 Rn. 183; aA *U. Huber* FS Duden, 1977, 137 (148 ff.)) und gilt unabhängig davon, ob der Aktienerwerb im In- oder Ausland erfolgt und welchem Vertragsstatut das zugrundeliegende Kausalgeschäft unterfällt (KK-AktG/*Lutter/Drygala* Rn. 138). Ebenso finden auf den Erwerb über eine Auslandsgesellschaft auch die S. 3–6 Anwendung, sodass die 10 %-Erwerbsgrenze (S. 3, § 71 Abs. 2 S. 1) und die Nichtigkeitsfolge bei Unterstützung des Erwerbs von Aktien der herrschenden Gesellschaft (S. 3, § 71a) zur Anwendung kommen, verbotswidrig erworbene Aktien zu veräußern oder einzuziehen sind (S. 3, § 71c), die Mitgliedschaftsrechte aus den verbotswidrig erworbenen Aktien ruhen (S. 4, § 71b), sowie auch die Übertragungs- und Erstattungsansprüche nach S. 5 und 6 Geltung erheischen (vgl. KK-AktG/*Lutter/Drygala*

Rn. 139 ff.). Verbotswidrig abgeschlossene Kausalgeschäfte sind nach § 71 Abs. 4 S. 1 nichtig, und zwar wegen des genuin gesellschaftsrechtlichen Charakters dieser Regelung auch dann, wenn Vertragsstatut ein ausländisches Recht ist (zutr. MüKoAktG/*Oechsler* § 71 Rn. 58; aA KK-AktG/*Lutter/Drygala* Rn. 138). Unionsrechtlich findet die Anwendbarkeit von § 71d auf den Aktienerwerb über Auslandsgesellschaften ihre Grundlage in Art. 67 Abs. 1 UAbs. 2 GesR-RL (2017/1132/EU), wo Gesellschaften, die dem Recht eines Drittlandes unterliegen ausdrücklich einbezogen werden (MüKoAktG/*Oechsler* § 71 Rn. 64). Ist das **herrschende Unternehmen** eine **Auslandsgesellschaft,** finden die den Schutz inländischer Gesellschaften bezweckenden S. 2 bis 6 grundsätzlich keine Anwendung (vgl. MüKoAktG/*Oechsler* § 71 Rn. 64; *Benckendorff,* Erwerb eigener Aktien im deutschen und US-amerikanischen Recht, 1998, 278; aA *Einsele* ZGR 1996, 40 (46)).

Inpfandnahme eigener Aktien

71e (1) [1]**Dem Erwerb eigener Aktien nach § 71 Abs. 1 und 2, § 71d steht es gleich, wenn eigene Aktien als Pfand genommen werden.** [2]**Jedoch darf ein Kreditinstitut oder Finanzdienstleistungsinstitut im Rahmen der laufenden Geschäfte eigene Aktien bis zu dem in § 71 Abs. 2 Satz 1 bestimmten Anteil am Grundkapital als Pfand nehmen.** [3]**§ 71a gilt sinngemäß.**

(2) [1]**Ein Verstoß gegen Absatz 1 macht die Inpfandnahme eigener Aktien unwirksam, wenn auf sie der Ausgabebetrag noch nicht voll geleistet ist.** [2]**Ein schuldrechtliches Geschäft über die Inpfandnahme eigener Aktien ist nichtig, soweit der Erwerb gegen Absatz 1 verstößt.**

I. Norminhalt, Normzweck und Normgeschichte

Im grundsätzlichen Einklang mit dem Ziel der Regelung des Erwerbs eigener Aktien in § 71 regelt § 71e Beschränkungen der Inpfandnahme eigener Aktien durch die AG. Nach der Amtlichen Begründung ist der **Normzweck** darin zu sehen, dass mit der Vorschrift die **Inpfandnahme grundsätzlich dem Ererb eigener Aktien gleichgestellt** werden soll, da in Krisenzeiten die Gefahr drohe, dass der Wert des Pfandgegenstandes sinke und zudem das Verbot, eigene Aktien zu erwerben, umgangen werden könne, wenn die Inpfandnahme gestattet werde (vgl. *Kropff* 91 f.). Von diesem Gleichstellungsgrundsatz ausgehend verweist Abs. 1 S. 1 auf die **sinngemäße Anwendung** der für den Erwerb eigener Aktien geltenden Regelungen des **§ 71 Abs. 1 und 2 und** die Regelung des Erwerbs solcher Aktien im Wege der mittelbaren Stellvertretung bzw. durch abhängige Unternehmen in **§ 71d.** Abs. 1 S. 2 statuiert eine **Ausnahme für die Inpfandnahme durch Kreditinstitute im Rahmen der laufenden Geschäfte.** Nach Abs. 1 S. 3 ist das in **§ 71a** geregelte **Verbot finanzieller Unterstützung** des Erwerbs eigener Aktien auf die Inpfandnahme **sinngemäß anzuwenden.** Nach Abs. 2 S. 1 ist die **Inpfandnahme nicht voll eingezahlter Aktien unwirksam** und ein **schuldrechtliches Geschäft** über eine gegen die Vorgaben des Abs. 1 verstoßende Inpfandnahme ist **nichtig.** Normgeschichtlich geht die Vorschrift auf § 215d Abs. 1 HGB 1884 zurück. Die unionsrechtliche Grundlage der Gleichstellung des Erwerbs und der Inpfandnahme eigener Aktien findet sich in Art. 66, 67 Abs. 1 GesR-RL (2017/1132/EU). 1

II. Verbot der Inpfandnahme (Abs. 1)

Mit der in **Abs. 1 S. 1** verwendeten Formulierung „als Pfand genommen werden“ wird klargestellt, dass die Vorschrift nur die **rechtsgeschäftliche Pfandrechtsbestellung** betrifft (§§ 1206, 1274, 1292, 1293 BGB), was grundsätzlich die Bestellung kraft AGB-Regelung sowie auch den akzessorischen Pfandrechtsübergang bei rechtsgeschäftlichen Erwerb einer gesicherten Forderung nach §§ 401, 1250 BGB (dazu *Beeser* AcP 159 (1960), 56 (64 ff.)) einbegreift, nicht dagegen den gesetzlichen Erwerb, wie er etwa nach § 397 HGB stattfindet (vgl. KK-AktG/*Lutter/Drygala* Rn. 7 f.). Dem Letzteren sind die Fälle des Pfändungspfandrechts (§ 804 ZPO) und des Erwerbs von Zurückbehaltungsrechten (§ 273 Abs. 1 BGB) gleichzustellen (KK-AktG/*Lutter/Drygala* Rn. 9). 2

Grundsätzlich ist Abs. 1 S. 1 so zu verstehen, dass die für den Erwerb eigener Aktien geltenden **Erlaubnistatbestände des § 71 Abs. 1 auf die Inpfandnahme nur sinnentsprechend anzuwenden** sind, wie dies auch Abs. 1 S. 3 für die Anwendung von § 71a ausdrücklich anordnet. Von vornherein verboten ist demgemäß die Inpfandnahme zum Zweck der Aktienausgabe an Arbeitnehmer (§ 71 Abs. 1 Nr. 2), zur Abfindung von Gesellschaftern (Abs. 1 Nr. 3), wie auch zur Vorbereitung der Einziehung (§ 71 Abs. 1 Nr. 6, Nr. 8 S. 6). Der Erwerb eines Pfandrechts an eigenen Aktien kraft Gesamtrechtsnachfolge entsprechend § 71 Abs. 1 Nr. 5 ist zwar insbesondere im Rahmen von Verschmelzungen denkbar, er tritt jedoch kraft Gesetzes ein und wird schon deshalb nicht von § 71e erfasst (KK-AktG/*Lutter/Drygala* Rn. 11 f.). Praktisch relevant dürfte dagegen die Inpfandnahme zur Abwendung eines schweren und unmittelbaren Schadens von der Gesellschaft sein (§ 71 Abs. 1 Nr. 1), die 3 dann möglich ist, wenn die AG zur Sicherung gefährdeter Forderungen mangels Verfügbarkeit anderer Sicherheiten eigene Aktien in Pfand nimmt (vgl. GroßkommAktG/*Merkt* Rn. 13). Eine unentgeltliche Inpfandnahme kommt dann in Betracht, wenn der Gesellschaft Aktien zur Sicherung eines Kredits verpfändet werden, ohne das dem Schuldner dafür irgendein Vorteil (Zinsermäßigung, Stundung etc.) eingeräumt würde (KK-AktG/*Lutter/Drygala* Rn. 14).

4 Was die in Abs. 1 S. 1 in Bezug genommenen **Erwerbsvoraussetzungen nach § 71 Abs. 2** betrifft, **so** sind **Inpfandnahmen,** sofern diese nicht unter die Ausnahme des unentgeltlichen Erwerb nach § 71 Abs. 1 Nr. 4 fallen (→ Rn. 3), **auf** die **10 %-Grenze des § 71 Abs. 2 S. 1 anzurechnen,** in Fällen des §§ 1256 Abs. 1 S. 2, Abs. 2 BGB in denen das Zusammentreffen von Eigentum und Pfandrecht nicht zur Konsolidation führt, allerdings nur einmal (vgl. MüKoAktG/*Oechsler* Rn. 18). Die in **§ 71 Abs. 2 S. 2** postulierte Rücklage ist bei der Inpfandnahme eigener Aktien in entsprechender Anwendung von **§ 272 Abs. 4 HGB** als **Rücklage für Pfandrechte an eigenen Aktien in der Bilanz** zu bilden. Maßgeblich für die Höhe der Rücklage ist dabei der Wert des Pfandrechts, dh die Differenz zwischen dem Wert der durch das Pfandrecht an eigenen Aktien gesicherten Forderung und dem geringeren Wert, den die Forderung ohne das Pfandrecht hätte (vgl. K. Schmidt/Lutter/*T. Bezzenberger* Rn. 5). Nach der klaren gesetzlichen Anordnung in Abs. 1 S. 1 iVm § 71 Abs. 2 S. 3 darf die AG in den Fällen des § 71 Abs. 1 Nr. 1, 2, 4, 7 und 8 nur voll eingezahlte Aktien als Pfand nehmen (KK-AktG/*Lutter/Drygala* Rn. 13, mit berechtigten Bedenken de lege ferenda).

5 Durch den Verweis in Abs. 1 S. 1 auf § 71d wird klargestellt, dass die **Inpfandnahme durch mittelbare Stellvertreter und von der AG abhängige Unternehmen** nur zulässig ist, soweit dies der Gesellschaft selbst nach Abs. 1 S. 1 iVm § 71 Abs. 1 und 2 gestattet wäre. Ebenso wie bei der Anwendung von § 71d auf den Erwerb eigener Aktien (→ § 71d Rn. 5) kommt es dabei für das Vorliegen der Erlaubnistatbestände des § 71 Abs. 1 Nr. 1–5, 7 und 8 darauf an, dass deren Voraussetzungen bei der AG selbst vorliegen (KK-AktG/*Lutter/Drygala* Rn. 45).

6 Bezüglich der **Folgen zulässiger Inpfandnahme eigener Aktien** (→ Rn. 2 ff.) ist Dreierlei zu vermerken: (1) im Anhang ist nach § 160 Abs. 1 Nr. 2. über die Inpfandnahme zu berichten; in Anbetracht der gesetzlichen Gleichstellung von Aktienrückerwerb und Inpfandnahme ist zudem in entsprechender Anwendung von § 71 Abs. 3 S. 1 die Hauptversammlung über Inpfandnahmen nach Abs. 1 S. 1 iVm § 71 Abs. 1 Nr. 1 und 8 zu unterrichten (vgl. KK-AktG/*Lutter/Drygala* Rn. 52). (2) Der Rechtsauschluss nach § 71b kommt in Bezug auf die von der AG als Pfand genommenen eigenen Aktien grundsätzlich nicht zur Anwendung, da die verpfändeten Aktien nicht der Gesellschaft, sondern weiter dem diese verpfändenden Aktionär zustehen; für die Verpfändung von Dividendenansprüchen gilt dies allerdings nicht (KK-AktG/*Lutter/Drygala* Rn. 40). (3) Als Pfand genommene eigene Aktie sind auf den Gesamtbestand zulässig erworbener Aktien nach § 71c Abs. 2 anzurechnen; allerdings sind im Falle der Überschreitung der in dieser Bestimmung vorgegebenen Zehnprozentgrenze nicht die zum Pfand genommenen Aktien zu veräußern, sondern solche überzähligen Aktien, die der AG, einem Tochterunternehmen oder einem mittelbarer Stellvertreter zuzurechnen sind (GroßkommAktG/*Merkt* Rn. 35).

7 Für **Kredit-** oder **Finanzdienstleistungsinstitute** (→ § 71a Rn. 9) ist die **Ausnahmeregel** des Abs. 1 S. 2 zu beachten, sie sich unionsrechtlich auf Art. 66 Abs. 2 GesR-RL (2017/1132/EU) gründet; § 71 Abs. 1 Nr. 7 gilt insofern nicht. Eigene Aktien dürfen nach Abs. 2 S. 1 bis zur Höchstgrenze von 10 % des Grundkapitals als Pfand zur Absicherung von Krediten angenommen werden, wenn dies im Rahmen laufender Geschäfte erfolgt. Dabei sind die im Rahmen des laufenden Geschäfts in Pfand genommenen eigenen Aktien zwar auf die 10 %-Grenze des § 71 Abs. 2 S. 1 und den Gesamtbestand eigener Aktien nach § 71c Abs. 2 anzurechnen, jedoch müssen beim Erwerb des Pfandrechts die Voraussetzungen des § 71 Abs. 1, Abs. 2 S. 2 und 3 nicht eingehalten werden (vgl. Spindler/Stilz/*Cahn* Rn. 18 ff.).

8 Bezüglich der in Abs. 1 S. 3 angeordneten sinngemäßen **Anwendung des Verbots finanzieller Unterstützung Dritter beim Erwerb von Aktien der Gesellschaft nach § 71a Abs. 1** ist zu bedenken, dass der isolierte Erwerb von Pfandrechten an eigenen Aktien wegen der Akzessorietät des Pfandrechts (§ 1250 Abs. 1 S. 2, Abs. 2 BGB, § 1252 BGB) nicht möglich ist. Bezogen auf die Inpfandnahme eigener Aktien kann eine sinngemäße Anwendung der Vorschrift deshalb nur bedeuten, dass es der AG verboten ist, Dritte beim Erwerb von Ansprüchen finanziell zu unterstützen, die durch ein Pfandrecht an eigenen Aktien gesichert sind (vgl. GroßkommAktG/*Merkt* Rn. 26). Nach Abs. 1 S. 3 iVm § 71a Abs. 2 ist ein Rechtsgeschäft nichtig, das darauf abzielt, einen Dritten zu berechtigen oder zu verpflichten, ein Pfandrecht an Aktien der AG für deren Rechnung zu erwerben, soweit die Inpfandnahme eigener Aktien durch die Gesellschaft selbst gegen § 71 Abs. 1 oder 2 verstoßen würde (KK-AktG/*Lutter/Drygala* Rn. 39).

III. Sanktionen bei unzulässiger Inpfandnahme (Abs. 2)

9 Erfolgt die **Verpfändung unter Verstoß gegen Abs. 1,** so ist die rechtsgeschäftliche Begründung von Pfandrechten nach Abs. 2 S. 1 nur dann **unwirksam, wenn der Ausgabebetrag der Aktien**

noch nicht voll geleistet ist. An voll eingezahlten Aktien kann dagegen, wie der Umkehrschluss aus Abs. 2 S. 1 erweist, trotz Verstoßes gegen Abs. 1 S. 1, § 71 Abs. 1 und 2 ein Pfandrecht wirksam erworben werden (vgl. KK-AktG/*Lutter/Drygala* Rn. 31 f., die diese gesetzliche Regelung als unverständlich kritisieren). Nach Abs. 2 S. 2 ist ein **schuldrechtliches Geschäft,** das die gegen Abs. 1 verstoßende Inpfandnahme eigener Aktien betrifft, unabhängig von der Teil- oder Volleinzahlung der betreffenden Aktien **in jedem Fall nichtig.** Dabei ist mit dem schuldrechtlichen Geschäft nicht etwa der Vertrag über die Begründung der gesicherten Forderung gemeint, sondern vielmehr die **Sicherungsabrede,** die der Pfandrechtsbestellung zugrunde liegt (vgl. KK-AktG/*Lutter/Drygala* Rn. 33).

Ist die **Sicherungsabrede nichtig,** besteht kein Anspruch auf Bestellung des Pfandrechts und wirksam gewordene Pfandbestellungen an voll eingezahlten Aktien sind nach Bereicherungsrecht rückabzuwickeln. Ist auch die **Pfandbestellung gem. Abs. 2 S. 1 dinglich unwirksam,** kann der Aktionär auf entsprechende Feststellung klagen und dem vermeintlichen Pfandberechtigten ausgehändigte Aktienurkunden nach § 985 BGB herausverlangen (KK-AktG/*Lutter/Drygala* Rn. 34 f.). Zum Abbau von Überbeständen bei Überschreitung der Zehnprozentgrenze des § 71c Abs. 2 → Rn. 5 f. 10

Kraftloserklärung von Aktien im Aufgebotsverfahren

72 (1) [1] **Ist eine Aktie oder ein Zwischenschein abhanden gekommen oder vernichtet, so kann die Urkunde im Aufgebotsverfahren nach dem Gesetz über das Verfahren in Familiensachen und in den Angelegenheiten der freiwilligen Gerichtsbarkeit für kraftlos erklärt werden.** [2] **§ 799 Abs. 2 und § 800 des Bürgerlichen Gesetzbuchs gelten sinngemäß.**

(2) **Sind Gewinnanteilscheine auf den Inhaber ausgegeben, so erlischt mit der Kraftloserklärung der Aktie oder des Zwischenscheins auch der Anspruch aus den noch nicht fälligen Gewinnanteilscheinen.**

(3) **Die Kraftloserklärung einer Aktie nach §§ 73 oder 226 steht der Kraftloserklärung der Urkunde nach Absatz 1 nicht entgegen.**

I. Norminhalt, Normzweck und Normgeschichte

§ 72 ermöglicht in Abs. 1 S. 1 die gerichtliche **Kraftloserklärung von abhandengekommenen oder vernichteten Aktienurkunden** oder Zwischenscheinen (§ 8 Abs. 6) **im Aufgebotsverfahren,** wobei nach Abs. 2 mit der Kraftloserklärung der Aktienurkunde auch die Ansprüche aus noch nicht fällig gewordenen Dividendenscheinen erlöschen. Die Kraftloserklärung im Aufgebotsverfahren ist nach Abs. 3 grundsätzlich **vereinbar mit der Kraftloserklärung auf Antrag der AG** nach § 73 (→ § 73 Rn. 1, 4) **und der Kraftloserklärung zur Zusammenlegung von Aktien** nach § 226. Abs. 1 S. 1 verweist bezüglich der verfahrensrechtlichen Abwicklung des Aufgebots auf die Bestimmungen der **§§ 466 ff. FamFG** zum Aufgebot zur Kraftloserklärung von Urkunden. Ergänzend verweist Abs. 1 S. 2 bezüglich der Auskunftsansprüche bisheriger Inhaber abhandengekommener oder vernichteter Urkunden auf **§ 799 Abs. 2 BGB** und bezüglich des Anspruch auf Erteilung neuer Urkunden auf **§ 800 BGB.** § 72 enthält eine **zwingende Regelung.** Abweichende Satzungsbestimmungen, die Erschwerungen oder Erleichterungen der Kraftloserklärung enthalten. sind unzulässig (§ 23 Abs. 5 S. 1); ebenso unwirksam sind auch abweichende Bestimmungen in den ausgegebenen Aktienurkunden. (KK-AktG/*Lutter/Drygala* Rn. 5). 1

Der **Regelungszweck der Vorschrift** liegt im Schutz der Aktionäre vor Nachteilen, die diesen infolge der Unauffindbarkeit oder der Vernichtung der ihre Mitgliedschaftsrechte dokumentierenden Aktienurkunden entstehen können. Derartige Nachteile drohen insbesondere wegen der Gefahr des gutgläubigen Erwerbs Dritter (§§ 932, 935 Abs. 2 BGB), sowie allfälliger Schwierigkeiten bei der Rechtsausübung, soweit dafür die Legitimation durch Aktienurkunden erforderlich ist. Solchen Gefahren sollen auch die Ansprüche der auf die Vorlage von Aktienurkunden angewiesenen Aktionäre gegen die AG auf Auskunft und Erteilung neuer Urkunden nach Abs. 1 S. 2, §§ 799 Abs. 2, 800 BGB dienen (vgl. KK-AktG/*Lutter/Drygala* Rn. 3). Abs. 2 zieht im Interesse dokumentationsbedürftiger Aktionäre die Konsequenz daraus, dass gem. § 799 Abs. 1 S. 2 BGB Gewinnanteilsscheine nicht selbstständig aufgeboten und danach für kraftlos erklärt werden können (GroßkommAktG/*Merkt* Rn. 30). Die durch Abs. 3 geregelte Vereinbarkeit des Aufgebotsverfahrens mit den Verfahren nach § 73 und § 226 findet ihren Grund darin, dass erst das Ausschlussurteil im Aufgebotsverfahren (→ Rn. 5 ff.) dem einer Aktienurkunde bedürftigen Aktionär die Möglichkeit gibt, sich als „Berechtigter" iSv § 73 Abs. 3 zu legitimieren und die Aushändigung der neuen Urkunde zu verlangen (vgl. *Kropff* 93). Was die **Normgeschichte** betrifft, so entsprechen Abs. 1 und 2 § 66 AktG 1937 und Abs. 3 wurde mit dem AktG 1965 eingeführt. Der Verweis auf das FGG-Verfahren in Abs. 1 S. 1, das an die Stelle des Aufgebotsverfahrens nach §§ 946 ff. ZPO aF tritt, beruht auf dem FGG-Reformgesetz 2008 (BGBl. 2008 I 2586). 2

II. Kraftloserklärung (Abs. 1)

3 **1. Anwendungsbereich.** Das Aufgebotsverfahren findet Anwendung auf **Inhaber- und Namensaktien** sowie auf **Zwischenscheine** (§ 8 Abs. 6), nicht jedoch auf Gewinnanteilscheine (Coupons), für die die Verlustanzeige mit Wirkung des § 804 BGB vorgesehen ist. Erneuerungsscheine (Talons) werden ebenfalls von Abs. 1 nicht erfasst (GroßkommAktG/*Merkt* Rn. 10). Nach zutreffender hL kommt eine Kraftloserklärung nur dann in Frage, soweit es sich um **Aktienurkunden** handelt, **die ein zuvorderst erst einmal wirksam entstandenes Mitgliedschaftsrecht eines Aktionärs verkörpern.** Denn dort, wo ein Mitgliedschaftsrecht nicht zuvorderst als solches entstanden ist, gibt es auch nichts zu beurkunden und in solchen Fällen scheidet auch ein gutgläubiger Erwerb von Mitgliedschaftsrechten durch Dritte von vornherein aus (vgl. KK-AktG/*Lutter/Drygala* Rn. 8; vage krit. dagegen Spindler/Stilz/*Cahn* Rn. 3). Angesichts der in der Wertpapierpraxis weithin üblichen Verbriefung der Mitgliedschaftsrechte von Aktionären in **Globalurkunden** (§ 9a DepotG), die von der Clearstream Banking AG verwahrt werden, hat die Kraftloserklärung im Aufgebotsverfahren erheblich an Bedeutung verloren (vgl. GroßkommAktG/*Merkt* Rn. 7 ff.).

4 Der **Begriff des Abhandenkommens** einer Aktienurkunde iSv Abs. 1 S. 1 ist angesichts des vorrangigen Normzwecks, den Aktionären als Inhabern von Mitgliedschaftsrechten die Ausübung ihrer mitgliedschaftlichen Befugnisse weitestgehend zu ermöglichen und diese präventiv vor der Gefahr gutgläubigen Erwerbs durch Dritte zu schützen (→ Rn. 2), weiter zu fassen, als dies bei der Auslegung der §§ 858 und 935 BGB angezeigt ist, wo es allein um die Abwägung der Interessen des Rechtsinhabers gegenüber denjenigen eines gutgläubigen Erwerbers geht; insofern zeigt sich hier eine Parallelität zum Verständnis des Begriffs des Abhandenkommens in § 799 Abs. 1 S. 1 BGB, § 808 Abs. 2 S. 2 BGB, § 1162 BGB, sowie Art. 90 Abs. 1 S. 1 WG und Art. 59 Abs. 1 S. 1 ScheckG (vgl. Spindler/Stilz/*Cahn* Rn. 4). So kommt es auf die Unfreiwilligkeit des Besitzverlusts nicht an (vgl. KK-AktG/*Lutter/Drygala* Rn. 8, mit dem Beispiel, dass der Berechtigte die Papiere in Faschingslaune wegfliegen lässt). Eine Aktienurkunde ist iSv Abs. 1 S. 1 vielmehr schon dann abhandengekommen, wenn der Aktionär den Besitz derart verloren hat, dass er aus tatsächlichen Gründen nicht mehr auf sie zugreifen kann, und sie auch nicht im Wege der Zwangsvollstreckung erlangen kann, ohne dass dies durch das bessere Recht eines Dritten gerechtfertigt wäre (vgl. OLG München 5.1.2012, NZG 2012, 181 (182 f.); OLG Brandenburg 16.9.2015, BeckRS 2018, 38480 Rn. 3 ff.; sowie zu Art. 90 WG OLG Stuttgart 28.4.1955, NJW 1955, 1154 (1155), wo sich die fraglichen Wechsel in der Sowjetzone befanden). Von einer **Vernichtung** ist bereits dann auszugehen, wenn der wesentliche Inhalt der Urkunde oder bedeutsame Unterscheidungsmerkmale nicht länger zuverlässig erkennbar sind, sodass ein Urkundenaustausch nach § 74 nicht mehr möglich ist (*Schaper* AG 2016, 889 (891 und 893)).

5 **2. Aufgebotsverfahren. Zuständig** für die Durchführung des Aufgebotsverfahrens ist gem. § 23a Abs. 1 Nr. 7 GVG, § 466 Abs. 1 S. 2 FamFG iVm § 17 ZPO das Amtsgericht des Gesellschaftssitzes (Keidel/*Giers* FamFG § 466 Rn. 12). Es gelten die §§ 433 ff. FamFG, insbesondere die **§§ 466 ff. FamFG** (Keidel/*Giers* FamFG § 466 Rn. 9). Das Verfahren wird nur auf Antrag eingeleitet (§ 434 Abs. 1 FamFG). **Antragsberechtigter** ist bei Inhaberaktien und blanko indossierten Namensaktien und Zwischenscheinen (§ 8 Abs. 6) derjenige, der zur Zeit des Verlusts oder der Vernichtung unmittelbar Besitzer der Urkunde war. Das kann auch eine Person sein, bei der sich die Urkunde zur Zeit des Verlustes in Verwahrung befand. Auf die Innehabung des Mitgliedschaftsrechts kommt es dann nicht an (MüKoAktG/*Oechsler* § 72 Rn. 8; *Schaper* AG 2016, 889 (892)). Bei Namensaktien oder Zwischenscheinen ohne Blankoindossament ist derjenige antragsberechtigt, der sich durch Abtretungen oder Indossamente legitimieren kann; dabei kommt es auf die Eintragung als Namensaktionär im Aktienregister nach § 67 Abs. 2 nicht an, da es im Aufgebotsverfahren nicht um die Ausübung von Rechten gegenüber der AG geht (KK-AktG/*Lutter/Drygala* Rn. 10). Das Aufgebotsverfahren kann – anders als das Verfahren nach § 73 (→ § 73 Rn. 6) – nicht von der Gesellschaft initiiert werden. Die Voraussetzungen für die **Antragsbegründung** richten sich nach § 468 FamFG; der Verlust der Urkunden und die Antragsberechtigung sind glaubhaft zu machen und die Versicherung der Angaben an Eides statt ist anzubieten (§ 468 Nr. 2 und 3). Die Verpflichtung der AG, dem Antragsteller nach Abs. 1 S. 2, § 799 Abs. 2 BGB unterstützungsweise Auskünfte z erteilen, bezieht sich auf die diesem nach §§ 468 Nr. 1, 471 Abs. 2, § 472 Abs. 2, 473 S. 2 FamFG obliegenden Angaben gegenüber dem Gericht (vgl. Spindler/Stilz/*Cahn* Rn. 10). Grundsätzlich gilt im Aufgebotsverfahren aber der Amtsermittlungsgrundsatz nach § 26 FamFG (näher dazu OLG München 5.1.2012, NZG 2012, 181 (182)).

6 Ist der Antrag zulässig und sind die materiellen Aufgebotsvoraussetzungen (→ Rn. 3 f.) glaubhaft gemacht, erlässt das Gericht gem. §§ 434 Abs. 2, 469 FamFG in der Form eines **Ausschließungsbeschlusses** ein **Aufgebot.** Der Beschluss enthält die Bezeichnung des Antragstellers, die Aufforderung, die Ansprüche und Rechte des Antragstellers bis zu einem bestimmten Zeitpunkt bei dem Gericht anzumelden (§ 434 Abs. 2 Nr. 2 FamFG) und die Bezeichnung der Rechtsnachteile, die bei Unterbleiben der Anmeldung eintreten können (§ 434 Abs. 2 Nr. 3, FamFG), verbunden mit der **Androhung der Kraftloserklärung** der Urkunde (§ 469 S. 2 FamFG). Die Aufgebotsfrist beträgt gem.

§§ 437, 476 FamFG mindestens sechs Wochen und höchstens ein Jahr (näher dazu Spindler/Stilz/*Cahn* Rn. 7). Der Ausschließungsbeschluss ist im Bundesanzeiger bekannt zu machen (§ 478 Abs. 2 FamFG).

Folge des Ausschließungsbeschlusses ist die Aufhebung der Verbriefung des Mitgliedschaftsrechts 7 in der betroffenen Urkunde; das in der für kraftlos erklärten Urkunde vormals verbriefte Mitgliedschaftsrecht bleibt davon unberührt (KK-AktG/*Lutter/Drygala* Rn. 18). Der Rechtsinhaber kann auch nach dem Ausschließungsbeschluss noch über sein Mitgliedschaftsrecht verfügen, dies jedoch nur im Wege der Zession nach §§ 413, 398 ff. BGB ohne jeglichen Gutglaubensschutz des Erwerbers (KK-AktG/*Lutter/Drygala* Rn. 16). Der Beschluss kann mit der Beschwerde (§ 58 FamFG) angegriffen werden (§ 479 Abs. 2 FamFG). Nach Bestandskraft des Beschlusses kann der betroffene Aktionär seine Rechte gegenüber der AG ohne Vorlage der Urkunde weiter geltend machen und er hat nach § 800 BGB einen Anspruch auf Ausstellung einer neuen Urkunde (vgl. KK-AktG/*Lutter/Drygala* Rn. 17 f.). Wurde der Ausschließungsbeschluss durch einen Nichtberechtigten erwirkt, bleibt der wirklich Berechtigte gleichwohl im Sinne fortwährender Innehabung seines Mitgliedschaftsrechts Aktionär. Der Nichtberechtigte muss gem. § 812 Abs. 1 S. 1 Alt. 2 BGB im Weg der Eingriffskondiktion den Anspruch auf neuerliche Verbriefung des Mitgliedschaftsrechts (Abs. 1 S. 2, § 800 BGB) oder eine ihm ausgestellte neue Urkunde an den wirklichen Rechtsinhaber herausgeben.

Der Antragsteller kann seinen Antrag auf Erlass eines Aufgebots zu Kraftloserklärung von Inhaber- 8 aktien nach § 480 FamFG mit dem Antrag auf Erlass einer **Zahlungssperre** verbinden, die allerdings nach § 490 Abs. 4 FamFG nur nach ihrem Erlass herausgegebene Dividendenscheine erfasst; auch werden davon andere Rechte als das Gewinnbezugsrecht, so insbesondere das Bezugsrecht (§ 186) und das Stimmrecht (§ 134) nicht betroffen.

Für **fällige Gewinnanteilscheine** ist eine Kraftloserklärung bedeutungslos. Für sie ist nach § 804 BGB 9 zu verfahren (Verlustanzeige). Bei noch **nicht fälligen Inhabercoupons** gilt Abs. 2. Mit der Kraftloserklärung der Aktie oder des Zwischenscheins erlischt auch der Anspruch aus den Gewinnanteilscheinen.

III. Konkurrenzen (Abs. 3)

Die Gesellschaft kann auf eigene, wenn auch gerichtlich genehmigte Initiative Aktien mit unrichtig 10 gewordenem Inhalt (§ 73) oder im Zuge einer Kapitalherabsetzung nach § 226 für kraftlos erklären; Abs. 1 steht dem nicht entgegen. Das **gerichtliche Aufgebotsverfahren** bleibt seinem Sinn nach auch nach Kraftloserklärung möglich (→ Rn. 2).

Kraftloserklärung von Aktien durch die Gesellschaft

73 (1) [1] **Ist der Inhalt von Aktienurkunden durch eine Veränderung der rechtlichen Verhältnisse unrichtig geworden, so kann die Gesellschaft die Aktien, die trotz Aufforderung nicht zur Berichtigung oder zum Umtausch bei ihr eingereicht sind, mit Genehmigung des Gerichts für kraftlos erklären.** [2] **Beruht die Unrichtigkeit auf einer Änderung des Nennbetrags der Aktien, so können sie nur dann für kraftlos erklärt werden, wenn der Nennbetrag zur Herabsetzung des Grundkapitals herabgesetzt ist.** [3] **Namensaktien können nicht deshalb für kraftlos erklärt werden, weil die Bezeichnung des Aktionärs unrichtig geworden ist.** [4] **Gegen die Entscheidung des Gerichts ist die Beschwerde zulässig; eine Anfechtung der Entscheidung, durch die die Genehmigung erteilt wird, ist ausgeschlossen.**

(2) [1] **Die Aufforderung, die Aktien einzureichen, hat die Kraftloserklärung anzudrohen und auf die Genehmigung des Gerichts hinzuweisen.** [2] **Die Kraftloserklärung kann nur erfolgen, wenn die Aufforderung in der in § 64 Abs. 2 für die Nachfrist vorgeschriebenen Weise bekanntgemacht worden ist.** [3] **Die Kraftloserklärung geschieht durch Bekanntmachung in den Gesellschaftsblättern.** [4] **In der Bekanntmachung sind die für kraftlos erklärten Aktien so zu bezeichnen, daß sich aus der Bekanntmachung ohne weiteres ergibt, ob eine Aktie für kraftlos erklärt ist.**

(3) [1] **An Stelle der für kraftlos erklärten Aktien sind, vorbehaltlich einer Satzungsregelung nach § 10 Abs. 5, neue Aktien auszugeben und dem Berechtigten auszuhändigen oder, wenn ein Recht zur Hinterlegung besteht, zu hinterlegen.** [2] **Die Aushändigung oder Hinterlegung ist dem Gericht anzuzeigen.**

(4) **Soweit zur Herabsetzung des Grundkapitals Aktien zusammengelegt werden, gilt § 226.**

Übersicht

I. Norminhalt, Normzweck und Normgeschichte

1 § 73 regelt die Voraussetzungen und das Verfahren der **Kraftloserklärung von *Aktienurkunden;*** die durch Urkunden verbrieften ***Mitgliedschaftsrechte* der Aktionäre bleiben** davon **unberührt** (GroßkommAktG/*Merkt* § 73 Rn. 1, s. auch → Rn. 10). Werden **Aktienurkunden unrichtig,** kann die Gesellschaft diese, wenn diese trotz Aufforderung nicht zur Berichtigung oder zum Umtausch bei ihr eingereicht werden, mit gerichtlicher Genehmigung für unwirksam erklären (Abs. 1 S. 1) und dafür neue Aktienurkunden aushändigen (Abs. 3). Das bei der Kraftloserklärung einzuhaltende Verfahren regeln Abs. 2 und Abs. 4, der für den Fall der Zusammenlegung von Aktien zur Herabsetzung des Grundkapitals auf § 226 verweist. Auf den Umtausch von Aktien gem. §§ 73 f. UmwG finden Abs. 1 und 2 stets Anwendung, Abs. 3 und 4 nur dann, wenn es sich bei dem übernehmenden Rechtsträger um eine AG handelt; Gleiches gilt gem. § 248 UmwG für den Formwechsel (vgl. KK-AktG/*Lutter/Drygala* Rn. 3). § 73 enthält **zwingendes Recht.** Abweichende Satzungsregelungen, wie etwa die Derogation des Erfordernisses gerichtlicher Genehmigung oder die Erstreckung der Kraftloserklärung über den Anwendungsbereich der Norm hinaus, sind gem. § 23 Abs. 5 unwirksam (Spindler/Stilz/*Cahn* Rn. 30). Die Kraftloserklärung durch die Gesellschaft ist von der Kraftloserklärung wegen Verlust oder Zerstörung der Urkunde nach § 72 und der Ausgabe neuer Aktienurkunden bei Beschädigung oder Verunstaltung nach § 74 zu unterscheiden.

2 Der **Zweck der Norm** liegt darin, im Wege der Androhung und ultimativen Durchführung der Kraftloserklärung von unrichtigen Aktienurkunden, im Interesse des Rechtsverkehrs die Beseitigung solcher Unrichtigkeiten durch Berichtigung oder Umtausch zu ermöglichen (vgl. MüKoAktG/*Oechsler* Rn. 1). Das praktische Regelungsziel der Norm liegt allerdings nicht in der Kraftloserklärung selbst, sondern in der mit ihrer Androhung erst durchsetzbaren Beseitigung der Unrichtigkeit durch Berichtigung oder Umtausch von Urkunden. Was die **Normgeschichte** anbelangt, so entspricht die Vorschrift weitgehend § 67 AktG 1937 (*Kropff* 94). Der Verweis auf § 10 Abs. 5 in Abs. 3 S. 1 wurde durch das KonTraG 1998 eigeführt und der Rechtsschutz gegen die gerichtliche Entscheidung wurde in Abs. 1 S. 4 durch das FGG-Reformgesetz 2008 (BGBl. 2008 I 2586) neu geregelt.

II. Voraussetzungen der Kraftloserklärung (Abs. 1)

3 Die Kraftloserklärung betrifft **Aktienurkunden jeglicher Art,** gleich ob namens- oder Inhaberaktien, sowie auch die Abs. 1 S. 1 nicht ausdrücklich erwähnten Zwischenscheine (§ 8 Abs. 6). Auf Gewinnanteils- und Erneuerungsscheine ist § 73 dagegen nicht anwendbar, wie der Vergleich mit § 72 zeigt (GroßkommAktG/*Merkt* Rn. 14). Die Kraftloserklärung von **Globalurkunden** (§ 9a DepotG) ist zwar theoretisch möglich, praktisch jedoch irrelevant, da die Clearstream Banking AG als verwahrende Wertpapiersammelbank nach Ziff. X Abs. 2 ihrer AGB verpflichtet ist, der Aufforderung einer AG zur Einreichung einer unrichtig gewordenen Sammelurkunde zum Zweck der Berichtigung oder des Umtausches Folge zu leisten (vgl. Spindler/Stilz/*Cahn* Rn. 4).

4 Die nach Abs. 1 S. 1 für die Kraftloserklärung erforderliche **Unrichtigkeit des Urkundeninhalts** kann verschiedene Gründe haben. Sie kann den in der Urkunde falsch ausgewiesenen Inhaber des Mitgliedschaftsrechts betreffen, aber auch den Inhalt und Umfang der mitgliedschaftlichen Rechte. Im Gesetz ausdrücklich erwähnt sind Änderungen des Nennbetrags (Abs. 1 S. 2) und der Person des Inhabers von Namensaktien (Abs. 1 S. 3). Darüber hinaus seien bespielhaft noch erwähnt: Die Ausgabe von Urkunden über Namensaktien statt Inhaberaktien und umgekehrt, der Übergang von Nennbetrags- zu Stückaktien (§ 8), die Schaffung und Aufhebung von Vorzugsrechten (§§ 139 ff.), Nebenleistungspflichten (§ 55) und Entsendungsrechten (§ 101 Abs. 2), oder auch die Änderung der Firma oder des Sitzes der AG (§ 23 Abs. 3 Nr. 1); zu weiteren Einzelheiten s. KK-AktG/*Lutter/Drygala* Rn. 6 ff. Nach überzeugender hL muss der **Urkundeninhalt erst nach Ausgabe der Urkunde** aufgrund einer Veränderung der rechtlichen Verhältnisse **unrichtig geworden** sein (vgl. KK-AktG/*Lutter/Drygala* Rn. 10). Der Gegenmeinung, die auch Fälle der bereits bei Urkundenausgabe gegebenen Unrichtigkeit erfassen will (vgl. *Schaper* AG 2016, 889 (894)), steht der klare Wortlaut des Abs. 1 S. 1 („Inhalt … unrichtig *geworden*") entgegen. Eine Änderung der rechtlichen Verhältnisse ist nur denkbar, wenn die ausgegebene Urkunde erst einmal richtig war. Schon *Hachenburg* JZ 1952, 13 hat dazu treffend bemerkt: „Tote kann man nicht umbringen."

5 Das Gesetz kennt drei Fallkonstellationen, in denen bezüglich der Möglichkeit der Kraftloserklärung durch die Gesellschaft **besondere Voraussetzungen** zur Geltung kommen: **(1)** Wenn die Unrichtigkeit den **Nennbetrag** der Aktienurkunde betrifft, kann nach Abs. 2 S. 2 die Kraftloserklärung nur erfolgen, wenn der Nennbetrag zur Herabsetzung des Grundkapitals herabgesetzt wurde; damit soll verhindert werden, dass sich an den §§ 222 ff. vorbei praktisch eine Kapitalherabsetzung durchführen ließe (MüKoAktG/*Bayer* Rn. 8). **(2) Namensaktien** können nicht nur deshalb für unwirksam erklärt werden, weil darin die falsche Person als Aktionär bezeichnet wird; damit soll verhindert werden, dass die Möglichkeit der Übertragung von Namensaktien im Wege der Zession (→ § 68 Rn. 3) aufgrund

einer Kraftloserklärung praktisch ausgeschlossen wird (vgl. Spindler/Stilz/*Cahn* Rn. 10). **(3)** Wenn eine **Zusammenlegung von Aktien zum Zweck der Herabsetzung des Grundkapitals** (§ 222 Abs. 4 S. 2) zur Unrichtigkeit der zuvor ausgegebenen Aktienurkunden führt, ist eine Kraftloserklärung nach Abs. 1–3 ausgeschlossen, da hier, wie Abs. 4 klarstellt, dem besonderen Verfahren der Kraftloserklärung nach § 226 als *lex specialis* der Vorrang gebührt (MüKoAktG/*Oechsler* Rn. 10).

III. Verfahren der Kraftloserklärung (Abs. 2)

Als Maßnahme der Geschäftsführung fällt die Entscheidung über die Einleitung des Verfahrens der Kraftloserklärung in die **Zuständigkeit des Vorstands** (§ 76 Abs. 1) und ggf. des Aufsichtsrats (§ 111 Abs. 4 S. 2), während des Liquidationsverfahrens der Abwickler (§ 268 Abs. 2). Der Vorstand entscheidet **nach pflichtgemäßem unternehmerischem Ermessen entsprechend der Business Judgment Rule** (§ 93 Abs. 1 S. 2), ob das Verfahren eingeleitet werden soll (KK-AktG/*Lutter/Drygala* Rn. 3; sinngleich auch *Heider* AG 1998, 1 (6), der treffend bemerkt, es liege möglicherweise kein Pflichtverstoß vor, wenn der Vorstand das Verfahren vorübergehend nicht einleite, weil eine Irreführung nicht zu befürchten sei). Kraft seiner organschaftlichen Legalitätspflicht (→ § 93 Rn. 7a) hat der Vorstand die zwingenden Vorgaben nach Abs. 2 S. 2 und 3 und Abs. 4 (→ Rn. 5) zu beachten. Auch ist der **Gleichbehandlungsgrundsatz** (§ 53a) zu beachten, wobei dem Vorstand allerdings hinsichtlich der Einschätzung eines die willkürliche Behandlung ausschließenden Interesses der Gesellschaft an der Sonderbehandlung einzelner Aktionäre ebenfalls das unternehmerische Ermessen nach § 93 Abs. 1 S. 2 zu Gute kommt (→ § 53a Rn. 10). Da die Einleitung des Verfahrens der Kraftloserklärung im Ermessen des Vorstands liegt und Aktionäre unrichtige Urkunden von sich aus zur Berichtigung einreichen können, haben einzelne Aktionäre gegen die Gesellschaft keinen im Klagewege durchsetzbaren Anspruch darauf, dass die Unrichtigkeit ihrer Aktienurkunden im Rahmen eines Verfahrens nach § 73 beseitigt wird (**aA** MüKoAktG/*Oechsler* Rn. 13; *Söhner* ZIP 2016, 151 (152)); zum Anspruch auf ordnungsgemäße Ermessensausübung bei der Anwendung des aus dem Gleichbehandlungsgrundsatz folgenden Willkürverbots → § 53a Rn. 23. 6

Zur Durchführung einer Kraftloserklärung sind, nachdem die AG sich zunächst ohne Androhung von Zwangsmitteln formlos um die Einreichung unrichtiger Aktienurkunden bemüht hat, die folgenden **Verfahrensschritte** in der entsprechenden zeitlichen Abfolge einzuhaltend (vgl. KK-AktG/*Lutter/Drygala* Rn. 4): **1. Einholung der gerichtlichen Genehmigung** (Abs. 1 S. 1). **2. Aufforderung zur Einreichung der unrichtigen Urkunden unter Androhung der Kraftloserklärung** und Hinweis auf die gerichtliche Genehmigung nach den für das Kaduzierungesverfahren geltenden Regeln (Abs. 2 S. 1 und 2 iVm § 64 Abs. 2), dh dreimalige Aufforderung in den Gesellschaftsblättern mit Fristsetzung, bei vinkulierten Namensaktien einmalige Einzelaufforderung mit Monatsfrist (→ § 64 Rn. 7). **3. Förmliche Kraftloserklärung der trotz Aufforderung nicht eingereichten Urkunden** (Abs. 2 S. 2–4). **4.** Ausgabe neuer Aktienurkunden (Abs. 3 S. 1). 7

Hinsichtlich der **Pflichten des Vorstands bei der Kraftloserklärung** ist Folgendes zu bemerken. Ausweislich des Wortlauts von Abs. 1 S. 1 („kann") steht dem Vorstand bei seiner Entscheidung über die Kraftloserklärung nach fruchtloser Aufforderung zur Einreichung der Urkunden ein **unternehmerischer Ermessensspielraum** zu und die Entscheidung ist zwecks Vermeidung der Verwirkung der Entscheidungsbefugnis des Vorstands binnen angemessener Frist (sechs bis zwölf Monate) zu fällen (vgl. KK-AktG/*Lutter/Drygala* Rn. 22). Dazu, wie auch bezüglich der Anwendung von § 53a gilt das in → Rn. 6 Ausgeführte entsprechend. Hinsichtlich der an die **Bekanntgabe der Entscheidung des Vorstands in den Gesellschaftsblättern** und dabei an die genaue Bezeichnung der für kraftlos erklärten Aktien zu stellenden Anforderungen (Abs. 2 S. 3 und 4) wird auf die Ausführungen zu → § 64 Rn. 8 verwiesen. 8

Das gerichtliche Genehmigungsverfahrens, fällt in die Zuständigkeit des Registergerichts am Sitz der Gesellschaft (§ 14, § 375 Nr. 3 FamFG, §§ 376, 377 FamFG, § 23a Abs. 2 Nr. 4 GVG). Materielle Voraussetzung für die Anwendung von § 73 Abs. 1 ist, dass die AG ihren statutarischen Sitz in Deutschland hat (OLG Frankfurt a. M. 1.2.2016, NZG 2016, 1340 (1341); zum inländischen Satzungssitz, der die Zugehörigkeit zur deutschen Rechtsordnung dokumentiert *Weller* FS Blaurock, 2013, 497 (509 ff.)). In Anbetracht des unternehmerischen Ermessens des Vorstands (→ Rn. 8) hat das Registergericht dessen Entscheidung über die Einleitung der Kraftloserklärung oder deren Unterbleiben nur auf ihre Rechtmäßigkeit, dagegen nicht auf ihre Zweckmäßigkeit hin zu überprüfen (KK-AktG/*Lutter/Drygala* Rn. 12). Gegen den ablehnenden Beschluss des Registergerichts kann die AG gem. Abs. 1 S. 4 Hs. 1 **Beschwerde** und gegen den ablehnenden Beschluss des Beschwerdegerichts zulassungsabhängig die **Rechtsbeschwerde** beim BGH einlegen. Dagegen können betroffene Aktionäre die Erteilung der gerichtlichen Genehmigung nach Abs. 1 S. 4 Hs. 2 nicht anfechten. 9

IV. Rechtsfolgen (Abs. 3)

10 Das Verfahren nach § 73 führt nur zur **Unwirksamkeit der für kraftlos erklärten Aktienurkunden** (BGH 25.9.1989, AG 1990, 1546 (1549)). Die Mitgliedschaft als solche bleibt hingegen davon unberührt, sie bleibt als unverbrieftes Recht bestehen Die Urkunde kann nach der Kraftloserklärung nicht länger als Mittel zur Übertragung des Mitgliedschaftsrechts und als Grundlage für einen gutgläubigen Erwerb dienen. Sie dient dann nur noch der Legitimation gegenüber der AG zum Empfang einer neuen Urkunde nach Abs. 3 (KK-AktG/*Lutter/Drygala* Rn. 26).

11 Wenn die Verbriefung nicht nach § 10 Abs. 5 ausgeschlossen ist, sind dem Berechtigten für die kraftlos erklärten Urkunden **neue Aktienurkunden auszuhändigen.** Abs. 3 S. 1 räumt den betroffenen Aktionären einen Anspruch auf Aushändigung bzw. Hinterlegung solcher neuer, inhaltlich richtiger Aktienurkunden ein. Bei **Namensaktien** gilt nach § 67 Abs. 2 nur derjenige gegenüber der Gesellschaft als empfangslegitimiert, der im Aktienregister eingetragen ist (KK-AktG/*Lutter/Drygala* Rn. 28). Gerät der Berechtigte mit der Entgegennahme der ihm angebotenen neuen Aktienurkunde in Annahmeverzug (§§ 293 ff. BGB) oder ist dieser der AG nicht bekannt, kann die Aushändigung der neuen Aktien im Wege der **Hinterlegung** (§§ 372 ff. BGB erfolgen (Abs. 3 S. 1 aE). Dabei wird die Gesellschaft nach § 378 BGB von ihrer Verpflichtung frei, wenn sie nach § 376 Abs. 2 Nr. 1 BGB auf das Recht zur Rücknahme verzichtet. Aushändigung bzw. Hinterlegung der neuen Aktien sind dem Registergericht am Gesellschaftssitz anzuzeigen (Abs. 3 S. 2); zur Durchsetzung der Mitteilungspflicht kann das Registergericht ein Zwangsgeld verhängen (§ 407 Abs. 1; § 14 HGB; § 388 FamFG).

Neue Urkunden an Stelle beschädigter oder verunstalteter Aktien oder Zwischenscheine

74 **[1]Ist eine Aktie oder ein Zwischenschein so beschädigt oder verunstaltet, daß die Urkunde zum Umlauf nicht mehr geeignet ist, so kann der Berechtigte, wenn der wesentliche Inhalt und die Unterscheidungsmerkmale der Urkunde noch sicher zu erkennen sind, von der Gesellschaft die Erteilung einer neuen Urkunde gegen Aushändigung der alten verlangen. [2]Die Kosten hat er zu tragen und vorzuschießen.**

I. Norminhalt, Normzweck und Normgeschichte

1 § 74 regelt den **Anspruch auf** Erteilung neuer Urkunden als **Ersatz für beschädigte oder verunstaltete Aktienurkunden.** Eine Parallelreglung zum Ersatz von Inhaberschuldverschreibungen findet sich in § 798 BGB. Die Vorschrift ist sorgfältig von den Bestimmungen zur Kraftloserklärung abhanden gekommener und vernichteter Aktienurkunden im Aufgebotsverfahren (§ 72) und zur Kraftloserklärung inhaltlich unrichtig gewordener Urkunden (§ 73) zu unterscheiden. Im Unterschied zu diesen beiden Verfahren der Kraftloserklärung setzt die Geltendmachung des Anspruchs auf Erteilung einer Ersatzurkunde nach § 74 **keinen im FG-Verfahren zu fassenden Gerichtsbeschluss** voraus. Der **Zweck der Norm** liegt darin, die infolge der Beschädigung oder Verunstaltung von Aktienurkunden beeinträchtigte Handelsfähigkeit solcher Aktien wiederherzustellen (vgl. KK-AktG/*Lutter/Drygala* Rn. 2). Dabei handelt es sich um eine **zwingende Regelung,** die statutarisch weder ausgeschlossen noch modifiziert werden kann, was die AG allerdings nicht daran hindert, auch bei einem hinter den gesetzlichen Anforderungen zurückbleibenden Grad der Beschädigung oder Verunstaltung (→ Rn. 3) Ersatzurkunden auszustellen (KK-AktG/*Lutter/Drygala* Rn. 7). § 74 im Wesentlichen entsprechende **Vorgängerregelungen** fanden sich in § 68 AktG 1937 und § 229 HGB.

II. Anspruchsinhaber und -voraussetzungen

2 Die Regelung gilt für **Aktien und Zwischenscheine jeder Art.** Für Erneuerungsscheine (Talons) und Dividendenscheine (Coupons), die auf den Inhaber lauten, gilt § 798 BGB. **Anspruchsinhaber,** im Gesetzeswortlaut als „Berechtigter" bezeichnet, ist im Falle von **Inhaberaktien** der Besitzer der Urkunde. Bei **Namensaktien** kommt es darauf an, dass der Anspruchsteller bei Geltendmachung des Austauschanspruchs im Aktienregister (§ 67 Abs. 2) eingetragen ist; zudem muss der Eingetragene auch in der Lage sein, die zu ersetzende Aktienurkunde der AG zum Austausch vorzulegen, wie dies § 75 aE verlangt (KK-AktG/*Lutter/Drygala* Rn. 6).

3 **Beschädigung der Aktienurkunde,** deren Ersetzung beansprucht wird, setzt voraus, dass substanzielle Mängel der Urkunde die Schnelligkeit oder Klarheit der Identifizierung des wesentlichen Urkundeninhalts (Gesellschaft, Nennbetrag) so wesentlich erschweren, dass die Urkunde zum Umlauf nicht länger geeignet ist (Spindler/Stilz/*Cahn* Rn. 5). Unter solche Substanzschäden der Urkunde fallen insbesondere Risse, Einschnitte, Knicke, Löcher, Radierungen sowie Wasser- oder Brandeinwirkungen. Als **Verunstaltung der Urkunde** kommen insbesondere Überdrucke, Knicke, Aufschriften und Radierungen, möglicherweise aber auch Verschmutzungen infrage (vgl. KK-AktG/*Lutter/Drygala* Rn. 3). Allerdings dürfen die Beschädigungen oder Verunstaltungen nicht so schwerwiegend sein, dass eine

Vernichtung der Urkunde iSv § 72 vorliegt (→ § 72 Rn. 4), was bedeutet, dass Inhalt und Unterscheidungsmerkmale der Urkunde letztlich noch sicher identifizierbar sein müssen (*Schaper* AG 2016, 889 ((891)).

III. Abwicklung des Umtauschanspruchs und Rechtsfolgen

Was die **Abwicklung des Umtauschanspruchs** betrifft, so hat nach S. 2 der Umtauschberechtigte die Kosten der Ausstellung der neuen Urkunde, insbesondere die Druckosten, zu tragen und der AG vorzuschießen. Ein Verzicht der Gesellschaft auf die Kostentragung verstößt gegen § 57 Abs. 1 S. 1; einen zu viel gezahlten Vorschuss kann der Anspruchsteller nach § 812 Abs. 1 S. 1 Alt. 1 BGB zurückverlangen (MüKoAktG/*Oechsler* Rn. 9). Damit eine Täuschung des Rechtsverkehrs infolge des Umlauf von zwei Urkunden über dasselbe Mitgliedschaftsrecht ausgeschlossen ist, darf die AG nicht nur wie im Fall des § 320 BGB auf der Erteilung der neuen Urkunde Zug um Zug gegen Aushändigung der alten Urkunde und Leistung des Kostenvorschusses bestehen (so aber MüKoAktG/*Lutter/Drygala* Rn. 10), vielmehr ist die Gesellschaft schlichtweg nicht berechtigt, von der Einforderung der alten Urkunde abzusehen (zutr. MüKoAktG/*Oechsler* Rn. 8). Die ihr ausgehändigte Alturkunde hat die Gesellschaft zu vernichten; die Bezeichnung der neu erteilten Urkunde als Ersatzstück ist zwar zweckmäßig, jedoch nicht zwingend erforderlich (KK-AktG/*Lutter/Drygala* Rn. 5). 4

Infolge der Ausgabe der neuen Urkunde ersetzt diese die Alturkunde als wertpapierrechtliche Verkörperung des Mitgliedschaftsrechts. Im Tauschakt liegt die **konkludente Kraftloserklärung der alten Urkunde** (vgl. MüKoAktG/*Oechsler* Rn. 11). Wird die alte Urkunde von der AG pflichtwidrig (→ Rn. 4) nicht vernichtet, sondern erneut in Umlauf gebracht, so kommt ein auf sie gestützter gutgläubiger Rechtserwerb nicht mehr in Betracht (zutr. MüKoAktG/*Oechsler* Rn. 11; aA zum Parallelfall des § 798 BGB MüKoBGB/*Habersack* BGB § 798 Rn. 2). 5

Nach einer in der Kommentarliteratur vertretenen Auffassung soll die Verpflichtung der AG nach **§ 74 S. 1,** die Alturkunde einzufordern (→ Rn. 4), **als Schutzgesetz iSd § 823 Abs. 2 BGB** anzusehen sein. Verletzte die AG diese Pflicht und werde ein Anleger durch die alte Urkunde in die Irre geführt, soll daher die AG haften (MüKoAktG/*Oechsler* Rn. 8). In Anbetracht des Normzwecks, die infolge der Beschädigung oder Verunstaltung von Alturkunden beeinträchtigte Handelsfähigkeit der betroffenen Aktien wiederherzustellen (→ Rn. 1), erscheint dies durchaus erwägenswert. 6

Neue Gewinnanteilscheine

75 Gewinnanteilscheine dürfen an den Inhaber des Erneuerungsscheins nicht ausgegeben werden, wenn der Besitzer der Aktie oder des Zwischenscheins der Ausgabe widerspricht; sie sind dem Besitzer der Aktie oder des Zwischenscheins auszuhändigen, wenn er die Haupturkunde vorlegt.

I. Norminhalt, Normzweck und Normgeschichte

§ 75 betrifft sog. **Erneuerungsscheine,** die auch als **Talons** bezeichnet werden, unabhängig davon ob sie zu Aktien oder Zwischenscheinen (§ 8 Abs. 6) ausgegeben werden. Mehrere Wertpapiere die Dividendenansprüche eines Aktionärs (→ § 58 Rn. 28 ff.) verbriefen, in der Wertpapierpraxis als **Gewinnanteilscheide oder Coupons** bezeichnet (vgl. § 72 Abs. 2), werden im hergebrachten System der physischen Ausgabe verbriefter Aktienurkunden (§ 10 Abs. 5) und deren Verwahrung durch den Aktionär selbst oder durch ein Kreditinstitut in Sammelverwahrung (§ 5 DepotG) auf einer als **Bogen** bezeichneten und von der Aktienhauturkunde, dem sog. **Mantel** zu unterscheidenden Seite Papier zusammen gedruckt, die ein Aktionär in alter Zeit zwecks Erhalts seiner Dividenden zur Vorlage bei der AG abschneiden musste (sog. „Couponschneider"). Für den Fall, dass die auf dem Bogen befindlichen Coupons aufgebracht sind, hängt am Ende jeden Bogens der Erneuerungsschein oder Talon an, der gegen einen neuen Bogen mit Gewinnanteilsscheinen eingetauscht werden kann, dem wiederum ein neuer Talon angehängt ist (KK-AktG/*Lutter/Drygala* § 58 Rn. 144). 1

Im Gegensatz zum Coupon, bei dem es sich um ein Wertpapier handelt, an dessen Inhaber der Schuldner des Dividendenanspruch jederzeit gem. § 793 Abs. 1 S. 2 BGB mit befreiender Wirkung leisten kann (KK-AktG/*Lutter/Drygala* § 58 Rn. 147), handelt es sich bei dem Erneuerungsschein nach § 75 nicht um ein Wertpapier wie eine Inhaberschuldverschreibung iSv § 793 BGB. Entsprechend dem **Normzweck** betrifft § 75 vielmehr – genauso wie der Erneuerungsschein für Zins- oder Rentenscheine nach § 805 BGB – ein **Legitimationspapier,** das es dem Inhaber erleichtern soll, den Nachweis seiner Berechtigung zum Erhalt eines neuen Bogens mit Gewinnanteilsscheinen zu führen (RG 9.11.1910, RGZ 74, 349 (341)). Von einer solchen bloßen Legitimationsfunktion geht grundsätzlich auch § 75 Hs. 1 aus. Die **Legitimationswirkung** wird jedoch dadurch **begrenzt,** dass nach Hs. 1 (1) der Widerspruch des Besitzers der Aktie oder des Zwischenscheins dem Erneuerungsschein seine Legitimationswirkung hinsichtlich des Ausweises der Berechtigung des Inhabers nimmt und (2) ***keine Liberations-*** 2

wirkung **bezüglich der Ausgabe der neuen Gewinnanteilsscheine an den Inhaber des Erneuerungsscheins** eintritt (KK-AktG/*Lutter/Drygala* Rn. 7).

3 Ergänzend bestimmt Hs. 2, dass der **Anspruch auf Aushändigung der neuen Gewinnanteilsscheine dem Besitzer der** für die Aktie ausgestellten **Haupturkunde** (des Mantels) **zusteht,** wenn er diese Urkunde der AG vorlegt (KK-AktG/*Lutter/Drygala* Rn. 4; so auch bereits RG 9.10.1911, RGZ 77, 333 (336); anders aber noch RG 19.3.1881, RGZ 4, 138 (141), wo es noch hieß, der Talon sei dazu bestimmt, die Vorlage des Hauptpapiers zum Zweck der Legitimation unnötig zu machen). **Normhistorisch** entspricht der mit dem AktG 1965 eingeführte § 75 im Wesentlichen § 69 AktG 1937. Im Gegensatz zum Parallelfall des § 805 BGB kann die Satzung die **zwingende Regelung** des § 75 weder abbedingen noch modifizieren, § 23 Abs. 5; auch kann die Verwaltung nicht von sich aus Erneuerungsscheine mit abweichenden rechtlichen Wirkungen ausgeben (KK-AktG/*Lutter/Drygala* Rn. 14).

II. Widerspruch (Hs. 1)

4 Zum Widerspruch ist der Besitzer der Aktie oder des Zwischenscheins berechtigt. Dieser muss mit dem Inhaber des Erneuerungsscheins personenverschieden sein. Auf die materielle Verfügungsbefugnis des Urkundenbesitzers kommt es nicht an (MüKoAktG/*Oechsler* Rn. 5). Die **Besitzereigenschaft,** die der AG auf Verlangen nachzuweisen ist (MüKoAktG/*Oechsler* Rn. 5), richtet sich nach §§ 854 ff. BGB. Der mittelbare Besitz (§ 868 BGB) genügt, wie etwa im Fall der Bankverwahrung (KK-AktG/*Lutter/Drygala* Rn. 5), für deren Nachweis eine Bestätigung des verwahrenden Institus genügt (Spindler/Stilz/*Cahn* Rn. 3). Bei **Namensaktien** ist nach zutreffender hL die Eintragung im Aktienregister nach § 67 Abs. 2 weder ausreichend noch auch zusätzlich erforderlich, da es bei dem Widerspruch allein um die Begründung einer Sperrwirkung gegenüber dem Inhaber des Erneuerungsscheins geht; insoweit verdrängt § 75 den § 67 Abs. 2 (vgl. KK-AktG/*Lutter/Drygala* Rn. 5; aA Spindler/Stilz/*Cahn* Rn. 2, 4).

5 Die **Widerspruchserklärung** ist eine einseitige empfangsbedürftige Willenserklärung; sie ist weder formpflichtig noch fristgebunden und sie kann auch konkludent erklärt werden, wenn der Inhaber des Erneuerungsscheins auch Inhaber der Aktienurkunde ist (KK-AktG/*Lutter/Drygala* Rn. 6, 11). Der Widerspruch kann vorsorglich eingelegt werden, so dass er der zukünftigen Aushändigung von Gewinnanteilsscheinen entgegenwirkt und der Widerspruchsberechtigte kann die Erklärung jederzeit mit der Folge zurücknehmen, dass ihre Wirkungen für die Zukunft entfallen (MüKoAktG/*Oechsler* Rn. 5).

6 **Wenn die AG trotz des Widerspruchs** des im Besitz der Haupturkunde befindlichen Aktionärs **Gewinnanteilscheine** an den Inhaber eines Erneuerungsscheins **ausgibt,** verletzt sie die ihr gem. § 75 Hs. 1 erwachsenden Pflichten aus der mitgliedschaftlichen Sonderverbindung zu dem Aktionär. Der Aktionär hat dann zwar keinen Anspruch mehr auf Aushändigung von Gewinnanteilscheinen, da Gewinnanteilscheine nicht selbständig für kraftlos erklärt werden können (§ 799 Abs. 1 S. 2 BGB) und die Gesellschaft wegen § 57 Abs. 3 nicht mehrfach Gewinnanteile für dieselbe Aktie ausschütten darf. Die AG ist dann aber nach § 280 Abs. 1 BGB verpflichtet, dem übergangenen Aktionär Zug um Zug gegen Abtretung von dessen allfälligen Ansprüchen gegenüber dem Empfänger der zu Unrecht ausgegebenen Coupons (§ 255 BGB analog) **Schadensersatz zu leisten. Hat die Gesellschaft entgegen dem Widerspruch eines mittelbaren Besitzes an einen zugleich den unmittelbaren Besitz haltenden Aktionär Gewinnanteilscheine ausgegeben,** ist vorab der Streit zwischen diesen beiden Beteiligten zu klären (vgl. Spindler/Stilz/*Cahn* Rn. 6).

III. Legitimation des Besitzers der Haupturkunde (Hs. 2)

7 Legt der Besitzer der Aktie oder des Zwischenscheins seine Haupturkunde vor, sind ihm die Gewinnanteilscheine auszuhändigen (Vorrang der Haupturkunde). Anders als dies im Zusammenhang mit der Widerspruchsberechtigung nach Hs. 1 der Fall ist (→ Rn. 4), ist in Hs. 2 nur der unmittelbare Besitzer der Haupturkunde von der Norm erfasst; wie der Wortlaut der Vorschrift („… wenn er die Haupturkunde vorlegt") zeigt (KK-AktG/*Lutter/Drygala* Rn. 9). Bei **Inhaberaktien** handelt es sich um einen letztlich auf der Hauturkunde als Inhaberpapier fußenden Anspruch. Bei **Namensaktien** kommt es neben dem unmittelbaren Besitz und der Vorlegung der Haupturkunde nach zutreffender Ansicht auch auf die Eintragung des übergangenen Aktionärs im Aktienregister an. Das Argument der Gegenmeinung, es gehe hier lediglich um das Verhältnis des Inhabers des Erneuerungsscheins zum Besitzer der Haupturkunde, verkennt, dass Hs. 2 unmittelbar die Geltendmachung von Rechten gegenüber der AG betrifft (KK-AktG/*Lutter/Drygala* Rn. 12; aA MüKoAktG/*Oechsler* Rn. 10).

Vierter Teil. Verfassung der Aktiengesellschaft

Erster Abschnitt. Vorstand

Leitung der Aktiengesellschaft

76 **(1) Der Vorstand hat unter eigener Verantwortung die Gesellschaft zu leiten.**

(2) [1]Der Vorstand kann aus einer oder mehreren Personen bestehen. [2]Bei Gesellschaften mit einem Grundkapital von mehr als drei Millionen Euro hat er aus mindestens zwei Personen zu bestehen, es sei denn, die Satzung bestimmt, daß er aus einer Person besteht. [3]Die Vorschriften über die Bestellung eines Arbeitsdirektors bleiben unberührt.

(3) [1]Mitglied des Vorstands kann nur eine natürliche, unbeschränkt geschäftsfähige Person sein. [2]Mitglied des Vorstands kann nicht sein, wer

1. als Betreuter bei der Besorgung seiner Vermögensangelegenheiten ganz oder teilweise einem Einwilligungsvorbehalt (§ 1903 des Bürgerlichen Gesetzbuchs) unterliegt,

2. aufgrund eines gerichtlichen Urteils oder einer vollziehbaren Entscheidung einer Verwaltungsbehörde einen Beruf, einen Berufszweig, ein Gewerbe oder einen Gewerbezweig nicht ausüben darf, sofern der Unternehmensgegenstand ganz oder teilweise mit dem Gegenstand des Verbots übereinstimmt,

3. wegen einer oder mehrerer vorsätzlich begangener Straftaten

a) des Unterlassens der Stellung des Antrags auf Eröffnung des Insolvenzverfahrens (Insolvenzverschleppung),

b) nach den §§ 283 bis 283d des Strafgesetzbuchs (Insolvenzstraftaten),

c) der falschen Angaben nach § 399 dieses Gesetzes oder § 82 des Gesetzes betreffend die Gesellschaften mit beschränkter Haftung,

d) der unrichtigen Darstellung nach § 400 dieses Gesetzes, § 331 des Handelsgesetzbuchs, § 313 des Umwandlungsgesetzes oder § 17 des Publizitätsgesetzes,

e) nach den §§ 263 bis 264a oder den §§ 265b bis 266a des Strafgesetzbuchs zu einer Freiheitsstrafe von mindestens einem Jahr

verurteilt worden ist; dieser Ausschluss gilt für die Dauer von fünf Jahren seit der Rechtskraft des Urteils, wobei die Zeit nicht eingerechnet wird, in welcher der Täter auf behördliche Anordnung in einer Anstalt verwahrt worden ist.

[3]Satz 2 Nr. 3 gilt entsprechend bei einer Verurteilung im Ausland wegen einer Tat, die mit den in Satz 2 Nr. 3 genannten Taten vergleichbar ist.

(4) [1]Der Vorstand von Gesellschaften, die börsennotiert sind oder der Mitbestimmung unterliegen, legt für den Frauenanteil in den beiden Führungsebenen unterhalb des Vorstands Zielgrößen fest. [2]Liegt der Frauenanteil bei Festlegung der Zielgrößen unter 30 Prozent, so dürfen die Zielgrößen den jeweils erreichten Anteil nicht mehr unterschreiten. [3]Gleichzeitig sind Fristen zur Erreichung der Zielgrößen festzulegen. [4]Die Fristen dürfen jeweils nicht länger als fünf Jahre sein.

Übersicht

I. Allgemeines

1 § 76 Abs. 1 weist die Leitung der Gesellschaft dem Vorstand als Kollegialorgan zu und nimmt damit gleichzeitig eine **Kompetenzabgrenzung** zu Aufsichtsrat und Hauptversammlung vor (→ Rn. 8). § 76 Abs. 2 betrifft die **zahlenmäßige Zusammensetzung** des Vorstands, § 76 Abs. 3 die **persönlichen Eignungsvoraussetzungen** für das Vorstandsamt. Der durch das Gesetz für die gleichberechtigte Teilhabe von Frauen und Männern an Führungspositionen in der Privatwirtschaft und im öffentlichen Dienst (BGBl. 2015 I 642) eingeführte § 76 Abs. 4 statuiert eine Verpflichtung zur Festlegung von Zielgrößen für den Frauenanteil in den beiden Führungsebenen unterhalb des Vorstandes (→ § 96 Rn. 1 ff.).

2 Die Leitung der AG ist am **Unternehmensinteresse** auszurichten (→ Rn. 10). Insoweit hat der **DCGK** idF vom 18.6.2009 eine **bemerkenswerte Akzentverlagerung** vollzogen. Während die Präambel bis dahin nur auf die Rechte der Aktionäre abstellte, will der Kodex in der Präambel nunmehr **die Verpflichtung von Vorstand und Aufsichtsrat** verdeutlichen, im Einklang mit den Prinzipien der sozialen Marktwirtschaft für den Bestand des Unternehmens und seine nachhaltige Wertschöpfung zu sorgen (Unternehmensinteresse). In der heutigen Fassung des Kodex vom 16.12.2019 wird das Unternehmensinteresse in der Präambel iSe **interessenpluralistischen Ansatzes** konkretisiert; der Vorstand leitet das Unternehmen mit dem **Ziel nachhaltiger Wertschöpfung** in eigener Verantwortung und im Unternehmensinteresse, also unter Berücksichtigung der Belange der **Aktionäre,** der **Belegschaft** und der **sonstigen mit dem Unternehmen verbundenen Gruppen** (Stakeholder) (besonders informativ zu den aktienrechtlichen Zielvorgaben für die Leitung der Gesellschaft Spindler/Stilz/*Fleischer* Rn. 21 ff.).

II. Vorstand als Leitungsorgan

3 **1. Notwendiges Gesellschaftsorgan und Rechtsstellung.** Der Vorstand ist **notwendiges Gesellschaftsorgan,** da die AG als juristische Person erst durch ihn willens- und handlungsfähig wird. Die Bezeichnung als Vorstand ist zwingend, eine abweichende Bezeichnung würde zur Ablehnung der Eintragung ins Handelsregister nach § 38 Abs. 1 führen (Hüffer/Koch/*Koch* Rn. 6; K. Schmidt/Lutter/*Seibt* Rn. 4; MüKoAktG/*Spindler* Rn. 8).

4 Ob die einzelnen Vorstandsmitglieder von ihrer **Rechtsstellung** her selbst **Organqualität** haben oder nur **Organpersonen** sind, ist streitig, ohne dass klar wäre, ob davon praktisch etwas abhinge (s. etwa Hüffer/Koch/*Koch* Rn. 7; MüKoAktG/*Spindler* Rn. 10; KK-AktG/*Mertens/Cahn* Rn. 80; K. Schmidt/Lutter/*Seibt* Rn. 6). Wesentlich ist, dass Kenntnisse, Handlungen und tatsächliche Zustände, die in der Person auch nur eines Vorstandsmitgliedes vorliegen, der Gesellschaft als eigene Kenntnisse, Handlungen oder Zustände zugerechnet werden, sofern das Gesetz nicht ausnahmsweise auf die Mehrzahl der Organmitglieder abstellt (Hüffer/Koch/*Koch* Rn. 7; K. Schmidt/Lutter/*Seibt* Rn. 6; KK-AktG/*Mertens/Cahn* Rn. 83 ff.).

5 **2. Leitungsaufgabe. a) Leitung der Gesellschaft. aa) Abgrenzung zur Geschäftsführung.** In **Abgrenzung zur Geschäftsführung** iSv § 77 Abs. 1, die jedes Handeln des Vorstands für die Gesellschaft, gleichgültig ob tatsächlicher oder rechtlicher Natur, erfasst (→ § 77 Rn. 2), geht es bei der Leitung iSv § 76 Abs. 1 um die **Führungsfunktion des Vorstandes.** Die Leitung der Gesellschaft stellt dementsprechend nach hM einen **herausgehobenen Teilbereich der Geschäftsführung** iSv § 77 Abs. 1 dar (Spindler/Stilz/*Fleischer* Rn. 14; Hüffer/Koch/*Koch* Rn. 8; MüKoAktG/*Spindler* Rn. 17; KK-AktG/*Mertens/Cahn* Rn. 4 ff.). Die Leitung der Gesellschaft ist zwingend dem Vorstand als **Kollegialorgan** zugewiesen, Leitungsaufgaben können **nicht auf einzelne Vorstandsmitglieder oder nachgeordnete Ebenen** übertragen werden (K. Schmidt/Lutter/*Seibt* Rn. 8, 63 f.; s. dazu auch *Dauner-Lieb* FS Röhricht, 2005, 93 (98 ff.); zu den haftungsrechtlichen Konsequenzen → § 93 Rn. 31).

6 **bb) Gegenstand der Leitungsaufgabe.** Eine genaue und abschließende, **subsumtionsfähige Definition** des Begriffs der Leitung eines Unternehmens ist nicht möglich. Zur Annäherung wird nicht selten eine Orientierung an betriebswirtschaftlichen Erkenntnissen empfohlen (vgl. Hüffer/Koch/*Koch* Rn. 9; MüKoAktG/*Spindler* Rn. 15). Zur Leitungsaufgabe gehören jedenfalls die Aufgaben, die durch das AktG dem **Vorstand als Gesamtorgan** zugewiesen sind, also etwa die Aufgaben aus §§ 83, 90, 91, 92, 110 Abs. 1, § 118 Abs. 2, § 121 Abs. 2, § 124 Abs. 3 S. 1, §§ 170, 245 Nr. 4 (Hüffer/Koch/*Koch* Rn. 9; MüKoAktG/*Spindler* Rn. 15; *Schiessl* ZGR 1992, 64 (67 f.); zu den Grenzen der Leitungsautonomie *Kuntz* AG 2016, 101).

7 Als zentrale Leitungsaufgabe des Vorstands nennt Grundsatz A.2 DCGK die Entwicklung der **strategischen Ausrichtung** des Unternehmens und ihre Umsetzung. Zur Leitungsaufgabe gehören daher die **Festlegung der Unternehmenspolitik** (Investitionen in eine neue Fertigungsanlage zwecks Kapazitätsausweitung, Markteinführung eines neuen Produktes, Erwerb eines ausländischen Großhändlers zur Erschließung des Marktes) sowie die Entscheidung über die zu übernehmenden **geschäftlichen**

und finanziellen Risiken und die Maßnahmen, die der organisatorischen Durchsetzung der **Unternehmenspolitik** dienen, wie etwa Planung, Steuerung und Ausrichtung des Produktionsprozesses, Koordination, Marktanalyse, Sicherung der Rentabilität, Finanzierung und Sozialgestaltung. Weiter zählt zur Leitung auch die **Besetzung von Führungspositionen,** die **Definition der Ziele** für einzelne Unternehmensbereiche (vgl. Hüffer/Koch/*Koch* Rn. 8 f.; K. Schmidt/Lutter/*Seibt* Rn. 8 ff.; Spindler/Stilz/*Fleischer* Rn. 15 ff.; MüKoAktG/*Spindler* Rn. 16; KK-AktG/*Mertens/Cahn* Rn. 4 ff.) sowie Aufbau und Erhaltung der Unternehmensreputation (grundlegend dazu *Klöhn/Schmolke* NZG 2015, 689).

Als Konsequenz der problematischen Entscheidung des LG München I (LG München 10.12.2013, ZIP 2014, 570 – Siemens-Neubürger mAnm *Bachmann;* dazu *Bürkle* CCZ 2015, 52; *Bürgers* ZHR 179 (2015), 173; *Siepelt* BOARD 2014, 107; *Simon/Merkelbach* AG 2014, 318; *Fleischer* NZG 2014, 321) ist die Pflicht zur Schaffung einer Compliance Organisation als zentrale Leitungsaufgabe des Gesamtvorstands in den Fokus der Diskussion gerückt (Hüffer/Koch/*Koch* Rn. 11 ff.; K. Schmidt/Lutter/*Seibt* Rn. 10 ff.; Spindler/Stilz/*Fleischer* § 91 Rn. 47 ff.; zur Leitungsaufgabe *Nietsch* ZHR 180 (2016), 733; zur allgemeinen Sorgfaltspflicht schon *Goette* ZHR 175 (2011), 388; zu den Ausgestaltungspflichten *Hoffmann/Schieffer* NZG 2017, 401). Nach Grundsatz A.5 DCGK hat der Vorstand für die Einhaltung der gesetzlichen Bestimmungen und der unternehmensinternen Richtlinien zu sorgen und auf deren Beachtung durch die Konzernunternehmen hinzuwirken (Compliance). Im Hinblick auf Reichweite und Grenzen dieser Pflicht ist vieles streitig. Die zu stellenden Anforderungen hängen vom Einzelfall, insbesondere von der Größe und der Risikoexposition des Unternehmens, ab. Seit Inkrafttreten der DS-GVO spielt in diesem Zusammenhang auch der Datenschutz eine nicht zu unterschätzende Rolle (*Löschhorn/Fuhrmann* NZG 2019, 161; *Korch/Chatard* AG 2019, 551; generell zur Schaffung und Erhaltung von IT-Sicherheit *Schmidt-Versteyl* NJW 2019, 1637). Eine allgemeine Pflicht zur Einrichtung einer standardisierten Compliance-Organisation ist abzulehnen; dennoch wird ein Vorstand schon aus Gründen der Haftungsprävention über die Implementierung von geeigneten Überwachungsstrukturen und die Bestellung eines Compliance-Beauftragten nachdenken. Compliance kann zwar ressortmäßig einem einzelnen Vorstandsmitglied zugewiesen werden, das ändert aber nichts an der Gesamtverantwortung des Vorstandes, den dann eine entsprechende Prüfungs- und Überwachungspflicht trifft. Auch eine ausgefeilte Compliance-Organisation kann Gesetzeswidrigkeiten nicht vollständig verhindern; daher darf von konkreten Einzelfällen nicht automatisch auf Defizite der Compliance-Organisation rückgeschlossen werden. Systematische Compliance-Verstöße indizieren dagegen strukturelle Schwächen in der Compliance-Organisation. 7a

b) Eigenverantwortlichkeit der Leitung. aa) Weisungsfreiheit. Aus dem Begriff der Eigenverantwortlichkeit iSv § 76 Abs. 1 folgt, dass der Vorstand im Bereich der Leitung der Gesellschaft **weisungsfrei handelt.** Dementsprechend können weder die Hauptversammlung, noch der Aufsichtsrat, noch ein einzelner Aktionär oder ein außenstehender Dritter dem Vorstand Weisungen erteilen (zu den Elementen der Eigenverantwortlichkeit Spindler/Stilz/*Fleischer* Rn. 56 ff.; KK-AktG/*Mertens/Cahn* Rn. 44). 8

Die **Weisungsfreiheit** wird letztendlich auch durch die **zwingende Kompetenzordnung** des AktG gestützt. So trifft den Vorstand in Bezug auf Fragen der Geschäftsführung grundsätzlich keine Pflicht, Hauptversammlungsbeschlüssen zu folgen. Eine Ausnahme gilt nach § 119 Abs. 2 nur dort, wo der Vorstand die Entscheidung der **Hauptversammlung** über eine Geschäftsführungsmaßnahme selbst eingeholt hat (zu den ungeschriebenen Hauptversammlungszuständigkeiten zuletzt OLG Frankfurt a. M. 7.12.2010, NZG 2010, 62 – Erwerb der Dresdner Bank durch die Commerzbank; dazu *Kiefner* ZIP 2011, 545; *Lutter* ZIP 2012, 351; *Nikoleyczik/Gubitz* NZG 2011, 91; *Priester* AG 2011, 654). Dem **Aufsichtsrat** können gem. § 111 Abs. 4 S. 1 keine Maßnahmen der Geschäftsführung übertragen werden. Allerdings ist es nach § 111 Abs. 4 S. 2 möglich, **bestimmte Arten von Geschäften** von der **Zustimmung** des Aufsichtsrats abhängig zu machen und dem Aufsichtsrat auf diese Weise eine Art Vetorecht zu geben (zum Einfluss des Aufsichtsrats *Grunewald* ZIP 2016, 2009). 9

bb) Ausrichtung der Leitung am Unternehmensinteresse. Leitung unter eigener Verantwortung iSv § 76 Abs. 1 bedeutet, dass der Vorstand seine Leitungsentscheidung nach eigenem **Ermessen** zu treffen hat (vgl. BGH 7.3.1994, BGHZ 125, 239 (244) = NJW 1994, 1410; Spindler/Stilz/*Fleischer* Rn. 59; GroßkommAktG/*Kort* Rn. 41; KK-AktG/*Mertens/Cahn* Rn. 9 ff.; grundlegend zum Leitungsermessen *Scholl,* Vorstandshaftung und Vorstandsermessen, 2015). Dabei hat er sich am **Unternehmensinteresse** zu orientieren (grundlegend zur Bestimmung des Unternehmensinteresses Spindler/Stilz/*Fleischer* Rn. 21 ff.; *Arnold,* Die Steuerung des Vorstandshandelns, 2007, 18 ff., 40 ff.). Die hM geht zu Recht von einem **interessenpluralistischen Ansatz** aus, nachdem der Vorstand iR seines Leitungsermessens die Interessen aller **Stakeholder** (Aktionäre, Arbeitnehmer, Öffentlichkeit) zu berücksichtigen hat (vgl. insoweit Hüffer/Koch/*Koch* Rn. 30 ff.; KK-AktG/*Mertens/Cahn* Rn. 15 ff.; NK-AktKapMarktR/*von Ooy/Oltmanns* Rn. 8; zurückhaltend *Wiedemann* ZGR 2011, 183 (193 ff.)). 10

Dies ist auch die Sicht des DCGK idF vom 16.12.2019, die ihren Niederschlag etwa in der **Präambel** gefunden hat. Das bedeutet insbesondere, dass **keiner der genannten Interessen der Vorzug gebührt.** Entscheidend ist vielmehr, die widerstreitenden Interessen gegeneinander **abzuwägen** und zu 11 einem Ausgleich zu bringen (vgl. Hüffer/Koch/*Koch* Rn. 33; *Hopt* ZGR 1993, 534 (536); *Hopt* ZGR 2002, 333 (360)). Allerdings spricht viel dafür, in Zweifelsfällen bei der vorzunehmenden Abwägungsentscheidung den **Aktionärsinteressen** einen gewissen **Vorrang** zu gewähren (zum sog. moderaten Shareholder-Value-Ansatz K. Schmidt/Lutter/*Seibt* Rn. 23 ff.; *Winnen,* Die Innenhaftung des Vorstandes nach dem UMAG, 2009, 211 ff.; *Schmidt/Spindler* FG Kübler, 1997, 515 (516, 547)). Eine weitere **Grenze des Leitungsermessens** ist in der Pflicht des Vorstandes zu sehen, für den **Bestand des Unternehmens** und damit für die **dauerhafte Rentabilität** der Gesellschaft zu sorgen (OLG Hamm 10.5.1995, AG 1995, 512 (514); Hüffer/Koch/*Koch* Rn. 34; KK-AktG/*Mertens/Cahn* Rn. 21 ff.; *Goette* FS 50 Jahre BGH, 2000, 123 (127)).

III. Zahl der Vorstandsmitglieder

12 Nach § 76 Abs. 2 S. 1 kann der Vorstand der Gesellschaft aus **einer oder mehreren Personen** bestehen. § 23 Abs. 3 Nr. 6 bestimmt, dass die Satzung die Anzahl der Mitglieder des Vorstands oder Regeln für ihre Festlegung enthalten muss (vgl. zu den konkreten **Gestaltungsmöglichkeiten** in der Satzung Hüffer/Koch/*Koch* § 23 Rn. 31; MüKoAktG/*Pentz* § 23 Rn. 136 ff.; K. Schmidt/Lutter/*Seibt* Rn. 31). Sofern die Gesellschaft über ein **Grundkapital von mehr als 3 Mio. EUR** verfügt, hat der Vorstand nach § 76 Abs. 2 S. 2 aus **mindestens zwei Personen** zu bestehen, es sei denn die Satzung bestimmt, dass er aus einer Person besteht (Spindler/Stilz/*Fleischer* Rn. 112; K. Schmidt/Lutter/*Seibt* Rn. 32; MüKoAktG/*Spindler* Rn. 117).

13 Für den Fall einer **vorschriftswidrigen Besetzung** ist zwischen der Überbesetzung und der Unterbesetzung zu differenzieren. Im (eher theoretischen) Fall der **Überbesetzung** bleiben Rechtshandlungen gegenüber Dritten ohne Weiteres wirksam (Spindler/Stilz/*Fleischer* Rn. 114; Hüffer/Koch/*Koch* Rn. 56; GroßkommAktG/*Kort* Rn. 198).

14 Im Fall der **Unterbesetzung** soll die Handlungsfähigkeit jedenfalls dann nicht beeinträchtigt sein, solange das Handeln von Vorstandsmitgliedern in **vertretungsberechtigter Zahl** genügt und diese Zahl an Vorstandsmitgliedern auch tatsächlich vorhanden ist (vgl. LG Berlin 30.10.1990, AG 1991, 244 (245); Hüffer/Koch/*Koch* Rn. 56; KK-AktG/*Mertens/Cahn* Rn. 110; K. Schmidt/Lutter/*Seibt* Rn. 33; MüKoAktG/*Spindler* Rn. 118). Sofern der Vorstand allerdings als solcher, dh als **Kollegialorgan,** tätig werden muss, sieht ihn die Rspr. als handlungsunfähig an (BGH 12.11.2001, BGHZ 149, 158 (161) = NJW 2002, 1128; MüKoAktG/*Spindler* Rn. 119). Die Gesellschaft ist jedenfalls dann als handlungsfähig anzusehen, wenn es um bloße Realakte, innergesellschaftliche Verfahrenshandlungen ohne rechtsgeschäftlichen Charakter oder im öffentlichen Interesse liegende Anträge gehe (Spindler/Stilz/*Fleischer* Rn. 115 ff.; Hüffer/Koch/*Koch* Rn. 56; K. Schmidt/Lutter/*Seibt* Rn. 33; *Schäfer* ZGR 2003, 147 (153 f.)).

15 Nach § 76 Abs. 2 S. 3 bleiben die Vorschriften über die Bestellung eines **Arbeitsdirektors** unberührt. Ist ein Arbeitsdirektor zu bestellen, muss der Vorstand also mindestens zwei Mitglieder haben (Spindler/Stilz/*Fleischer* Rn. 118; Hüffer/Koch/*Koch* Rn. 57).

IV. Persönliche Eignungsvoraussetzungen

16 **1. Natürliche, unbeschränkt geschäftsfähige Person.** Nach § 76 Abs. 3 S. 1 sind ausschließlich **natürliche, unbeschränkt geschäftsfähige Personen** vorstandsfähig. Insbesondere dürfen sie gem. § 76 Abs. 3 S. 2 auch nicht unter Betreuung mit Einwilligungsvorbehalt stehen (§§ 1896 ff., 1903 BGB). Mit der Regelung in § 76 Abs. 3 S. 1 ist gleichzeitig klargestellt, dass **juristische Personen** oder andere **Gesellschaften** nicht Vorstandsmitglied sein können (Spindler/Stilz/*Fleischer* Rn. 120; GroßkommAktG/*Kort* Rn. 207; K. Schmidt/Lutter/*Seibt* Rn. 36). Fehlt von Anfang an eine Bestellungsvoraussetzung des § 76 Abs. 3 S. 1 oder S. 2, so ist die Bestellung gem. § 134 BGB **nichtig** (NK-AktKapMarktR/*von Ooy/Oltmanns* Rn. 25; Spindler/Stilz/*Fleischer* Rn. 121). Fällt eine Voraussetzung des § 76 Abs. 3 S. 1, 2 später weg, so führt dies zum **sofortigen Amtsverlust** des Vorstandsmitglieds, ohne dass es hierfür einer Abberufung bedarf (Spindler/Stilz/*Fleischer* Rn. 121). Aufgrund der Geltung des Prinzips der **Fremdorganschaft** muss das Vorstandsmitglied nicht Aktionär der Gesellschaft sein. Die Aktionärseigenschaft steht freilich der Bestellung zum Vorstandsmitglied auch nicht entgegen (hierzu Spindler/Stilz/*Fleischer* Rn. 123).

17 **2. Satzungsmäßige Eignungsvoraussetzungen.** Nach hM kann die **Satzung der Gesellschaft** bestimmte persönliche Eignungsvoraussetzungen festlegen. Solche Regelungen sind allerdings nur soweit zulässig, als sie das **Auswahlermessen des Aufsichtsrates** nicht unverhältnismäßig einengen (Hüffer/Koch/*Koch* Rn. 60; GroßkommAktG/*Kort* Rn. 225; K. Schmidt/Lutter/*Seibt* Rn. 37 f.; MHdB GesR IV/*Wiesner* § 20 Rn. 6; aA KK-AktG/*Mertens/Cahn* Rn. 116, wonach der Aufsichtsrat sich über derartige Satzungsbestimmungen nach pflichtgemäßem Ermessen hinwegsetzen kann; s. zum Streitstand Hüffer/Koch/*Koch* Rn. 60; Spindler/Stilz/*Fleischer* Rn. 129; K. Schmidt/Lutter/*Seibt* Rn. 37; zu mitbestimmten Gesellschaften K. Schmidt/Lutter/*Seibt* Rn. 39; Spindler/Stilz/*Fleischer* Rn. 129). Eine gesetzliche Altersgrenze ist nicht vorgesehen. Allerdings empfiehlt C.2 DCGK die

Festlegung einer Altersgrenze (zu den Folgeproblemen Spindler/Stilz/*Fleischer* Rn. 124; K. Schmidt/Lutter/*Seibt* Rn. 38).

3. Bestellungshindernisse. Die maßgeblichen **Bestellungshindernisse** sind in § 76 Abs. 3 S. 2 geregelt. Diese Regelung wurde durch das **MoMiG** umfassend geändert (*Knapp* DStR 2008, 2371; KK-AktG/*Mertens/Cahn* Rn. 3, 117 ff.). § 76 Abs. 3 S. 2 Nr. 1 sieht nunmehr die Betreuung unter Einwilligungsvorbehalt als Bestellungshindernis an. Darüber hinaus kann nach § 76 Abs. 3 S. 2 Nr. 2 auch derjenige nicht Vorstandsmitglied sein, der aufgrund eines gerichtlichen Urteils oder einer vollziehbaren Entscheidung einer Verwaltungsbehörde einem **Berufsverbot** unterliegt. Insoweit wird an die Regelung aus § 76 Abs. 3 S. 4 aF angeknüpft. Ein Bestellungshindernis besteht ferner nach § 76 Abs. 3 S. 2 Nr. 3, sofern der Betroffene wegen einer oder mehrerer der dort abschließend aufgezählten **Straftatbestände** aufgrund vorsätzlicher Begehung verurteilt worden ist (zur Verfassungsmäßigkeit einer Sperre eines Vorstandes nach dessen Verurteilung OLG München 26.4.2016, ZIP 2016, 1872). Im Vergleich zur aF des Gesetzes wurde in § 76 Abs. 3 S. 2 Nr. 3 lit. a auch die **Insolvenzverschleppung** aufgenommen, sowie unter § 76 Abs. 3 S. 2 Nr. 3 lit. c die Straftaten nach § 399 und § 82 GmbHG. Weiter wurden als Bestellungshindernisse die Straftaten nach § 400, § 331 HGB, § 313 UmwG und § 17 PublizitätsG durch § 76 Abs. 3 S. 2 Nr. 3 lit. d aufgenommen. Nach § 76 Abs. 3 S. 2 Nr. 3 lit. e besteht auch dann ein Bestellungshindernis, sofern eine **Verurteilung zu einer Freiheitsstrafe** von mindestens einem Jahr aufgrund der Straftaten nach §§ 263–264a StGB bzw. §§ 265b–266a StGB erfolgt ist. Die Bestellungshindernisse nach § 76 Abs. 3 S. 2 Nr. 3 gelten nach dem Wortlaut der Vorschrift für die **Dauer von fünf Jahren** seit Rechtskraft des Urteils, wobei die Zeit nicht eingerechnet wird, in welcher der Täter auf behördliche Anordnung in einer Anstalt verwahrt worden ist. Nach § 76 Abs. 3 S. 3 besteht auch dann ein Bestellungshindernis, wenn eine Verurteilung wegen Straftaten, die mit denjenigen in § 76 Abs. 3 S. 2 Nr. 3 vergleichbar sind, im Ausland erfolgt ist (im Einzelnen Hüffer/Koch/*Koch* Rn. 61 f.; Spindler/Stilz/*Fleischer* Rn. 131 ff.; K. Schmidt/Lutter/*Seibt* Rn. 40 ff.). 18

V. Festlegung von Zielgrößen für Frauenanteil in nachgelagerten Führungsebenen

Der neu eingefügte § 76 Abs. 4 (BGBl. 2015 I 642) begründet eine den Leitungsaufgaben zuzurechnende **Pflicht** des Vorstandes von Gesellschaften, die börsennotiert sind oder der Mitbestimmung unterliegen, für den Frauenanteil in den beiden Führungsebenen **Zielgrößen** festzulegen (s. dazu *Seibt* ZIP 2015, 1193; *Wasmann/Rothenburg* DB 2015, 291; *Mense/Klie* GWR 2015, 1; *Jung* DStR 2014, 960; Spindler/Stilz/*Fleischer* Rn. 141 ff.; K. Schmidt/Lutter/*Seibt* Rn. 43 ff.). Die Festlegung der Zielgrößen und der Fristen zu ihrer Erreichung mussten erstmals bis spätestens bis zum 30.9.2015 erfolgen (§ 25 Abs. 1 S. 1 EGAktG). Die erstmals festzulegende Frist zur Erreichung der Zielgrößen durfte nicht länger als bis zum 30.6.2017 dauern (§ 25 Abs. 1 S. 2 EGAktG). Danach dürfen die Fristen nicht länger als fünf Jahre sein (§ 76 Abs. 4 S. 4). 19

Zweck der Regelung ist es, die Anzahl hochqualifizierter Frauen mit Erfahrung im operativen Geschäft zu vergrößern (BT-Drs. 18/3784, 119). Dahinter steht wohl die Vorstellung, dass auf diese Weise die Bildung eines Pools von Frauen beschleunigt wird, die für ein Aufsichtsrats- oder Vorstandsmandat qualifiziert sind. Die bisher möglicherweise unterschätzte Regelung wird – wie ihre große Schwester, die Frauenquote für den Aufsichtsrat – meist (kritisch) in einem gleichstellungspolitischen Kontext diskutiert und mit dem Argument angegriffen, es sei systemwidrig, sozialpolitische Ziele mit den Mitteln des Gesellschaftsrechts zu verfolgen. Nach wie vor zu kurz kommt der gesellschaftsrechtliche Begründungsansatz, der die Bemühung um mehr Diversität in den Leitungsgremien **im Interesse des Unternehmens** als Aufgabe guter Corporate Governance sieht (vgl. A.1 DCGK). 20

Der **Begriff der Führungsebene** ist unklar (ausf. *Thüsing/Fütterer* NZG 2015, 778). Nach der Regierungsbegründung sollen keine betriebswirtschaftlichen Maßstäbe angelegt werden, es soll vielmehr auf die tatsächlich im konkreten Unternehmen unterhalb des Vorstandes existierenden Hierarchieebenen ankommen (BR-Drs. 636/14, 142). Man wird dem Vorstand bei der Abgrenzung der konkreten Führungsebenen einen weiten Ermessenspielraum einräumen müssen (zu möglichen Kriterien K. Schmidt/Lutter/*Seibt* Rn. 46). Der Vorstand kann nach dem Wortlaut unterschiedliche Zielgrößen pro Hierarchieebene festlegen. Die Zielgröße wird üblicherweise in einem Prozentsatz abgebildet werden; zwingend ist dies nach dem Wortlaut aber nicht, sodass auch andere Varianten wie eine Kopfzahl in Betracht kommen, wenn die Differenz zwischen Istzustand und Zielzustand ausreichend transparent wird. Liegt der Frauenanteil bei der Festlegung der Zielgrößen unter 30 %, dann dürfen die weiteren Zielgrößen für die Zukunft den erreichten Anteil nicht mehr unterschreiten (§ 76 Abs. 4 S. 2). 21

Die Festlegungen gem. § 76 Abs. 4 sind gem. § 289a Abs. 2 Nr. 4 HGB in den Lagebericht des Unternehmens aufzunehmen. Entsprechendes gilt für den Bericht, ob die festgelegten Ziele im Berichtszeitraum erreicht worden sind; ist dies nicht der Fall, muss die Abweichung begründet werden. Der Gesetzgeber setzt also wie bei § 161 auf Comply-or-Explain und den mittelbaren Druck eines Reputationsverlustes (zu den Einzelheiten der **Berichts- und Veröffentlichungspflichten** Spindler/Stilz/*Fleischer* Rn. 149). 22

Geschäftsführung

77 (1) [1] **Besteht der Vorstand aus mehreren Personen, so sind sämtliche Vorstandsmitglieder nur gemeinschaftlich zur Geschäftsführung befugt.** [2] **Die Satzung oder die Geschäftsordnung des Vorstands kann Abweichendes bestimmen; es kann jedoch nicht bestimmt werden, daß ein oder mehrere Vorstandsmitglieder Meinungsverschiedenheiten im Vorstand gegen die Mehrheit seiner Mitglieder entscheiden.**

(2) [1] **Der Vorstand kann sich eine Geschäftsordnung geben, wenn nicht die Satzung den Erlaß der Geschäftsordnung dem Aufsichtsrat übertragen hat oder der Aufsichtsrat eine Geschäftsordnung für den Vorstand erläßt.** [2] **Die Satzung kann Einzelfragen der Geschäftsordnung bindend regeln.** [3] **Beschlüsse des Vorstands über die Geschäftsordnung müssen einstimmig gefaßt werden.**

Übersicht

I. Allgemeines

1 § 77 Abs. 1 regelt die **Ausübung der Geschäftsführung durch einen mehrköpfigen Vorstand.** Als Grundregel statuiert er das **Prinzip der Gesamtgeschäftsführung.** Dieses **Kollegialprinzip** hat der Gesetzgeber des AktG 1965 (in Abkehr vom sog. „Führerprinzip") verankert, um eine ausgewogene Entscheidungsfindung unter Berücksichtigung der verschiedenen fachlichen Perspektiven und eine **horizontale Selbstkontrolle** zu erreichen (K. Schmidt/Lutter/*Seibt* Rn. 2). In den Grenzen des § 77 Abs. 1 S. 2 sind abweichende Regelungen möglich. § 77 Abs. 2 regelt die Zuständigkeiten zum Erlass einer Geschäftsordnung.

2 Unter der **Geschäftsführung** iSv § 77 Abs. 1 S. 1 wird jedes Handeln des Vorstandes für die Gesellschaft tatsächlicher oder rechtlicher Natur verstanden (Hüffer/Koch/*Koch* Rn. 3; K. Schmidt/Lutter/*Seibt* Rn. 4). Sie umfasst also die **Unternehmensleitung** iSv § 76 Abs. 1 (→ § 76 Rn. 5) sowie auch Einzelmaßnahmen, die der Vorstand intern oder gegenüber Dritten (dann **rechtsgeschäftliche Vertretung,** § 78) trifft. Die sonst im Gesellschaftsrecht notwendige Abgrenzung von Geschäftsführung und sog. **Grundlagengeschäften,** die grundsätzlich den Gesellschaftern vorbehalten bleiben (vgl. hierzu *Wiedemann* GesR I § 6 III 323), erübrigt sich im Aktienrecht, da die der Hauptversammlung vorgesehenen Maßnahmen in § 119 Abs. 1 aufgezählt sind; zu berücksichtigen ist allerdings die höchstrichterliche Rechtsfortbildung im Zuge der Holzmüller/Gelatine-Rechtsprechung (vgl. Spindler/Stilz/*Fleischer* Rn. 7; Grigoleit/*Vedder* Rn. 2).

II. Grundsatz der Gesamtgeschäftsführung

3 Für einen **mehrköpfigen Vorstand** statuiert § 77 Abs. 1 S. 1 als **gesetzlichen Regelfall** die Gesamtgeschäftsführung. Für jede Entscheidung ist also grundsätzlich die Zustimmung sämtlicher Vorstandsmitglieder notwendig (Spindler/Stilz/*Fleischer* Rn. 8; Hüffer/Koch/*Koch* Rn. 2; K. Schmidt/Lutter/*Seibt* Rn. 5; KK-AktG/*Mertens/Cahn* Rn. 8). Dementsprechend muss eine Geschäftsführungsmaßnahme schon dann unterbleiben, wenn auch nur ein Vorstandsmitglied widerspricht (Spindler/Stilz/*Fleischer* Rn. 8; K. Schmidt/Lutter/*Seibt* Rn. 5).

4 Die notwendige **Zustimmung** der einzelnen Vorstandsmitglieder zu einer Geschäftsführungsmaßnahme kann **ausdrücklich** oder **konkludent** erfolgen (Spindler/Stilz/*Fleischer* Rn. 8; MüKoAktG/*Spindler* Rn. 11). Eine Protokollierung von Beschlüssen ist zwar weder gesetzlich vorgeschrieben noch Wirksamkeitsvoraussetzung, eine Beschlussniederschrift entspricht aber den Geboten organschaftlicher Sorgfalt und den Grundsätzen guter Unternehmensführung und ist daher auch zur Haftungsvermeidung geboten (vgl. Grigoleit/*Vedder* Rn. 8).

5 Bei **Gefahr im Verzug** sind die Vorschriften der § 115 Abs. 2 HGB und § 744 Abs. 2 BGB entsprechend anwendbar (Hüffer/Koch/*Koch* Rn. 6; K. Schmidt/Lutter/*Seibt* Rn. 6). Dementsprechend kann ein Beschluss über eine Geschäftsführungsmaßnahme mit den Stimmen der **Anwesenden oder ansonsten erreichbaren Mitglieder** des Vorstandes gefasst werden (Hüffer/Koch/*Koch* Rn. 6; MHdB GesR IV/*Wiesner* § 22 Rn. 5). Abwesende und nicht erreichbare Vorstandsmitglieder sind

allerdings umgehend zu unterrichten und können der Geschäftsführungsmaßnahme noch **widersprechen,** solange die Durchführung der Maßnahme noch aussteht (Spindler/Stilz/*Fleischer* Rn. 9; Hüffer/Koch/*Koch* Rn. 6; K. Schmidt/Lutter/*Seibt* Rn. 6).

III. Abweichung vom Grundsatz der Gesamtgeschäftsführung

1. Abweichungsmöglichkeiten. § 77 Abs. 1 S. 2 eröffnet die Option, durch **Satzung oder Geschäftsordnung** vom Regelmodell der Gesamtgeschäftsführung abzuweichen und dieses durch eine **flexiblere Lösung** zu ersetzen (KK-AktG/*Mertens/Cahn* Rn. 10 ff.). Aufgrund des **Ausdrücklichkeitserfordernisses** in § 77 Abs. 1 S. 2 reicht eine ständige Übung der Vorstandsmitglieder zu einer Abweichung vom Grundsatz der Gesamtgeschäftsführung nicht aus (Spindler/Stilz/*Fleischer* Rn. 10; GroßkommAktG/*Kort* Rn. 20). Geschäftsführung und Vertretung der Gesellschaft können unterschiedlich ausgestaltet sein, sodass Regelungen zur Vertretung für sich genommen noch **keinen Rückschluss** auf eine parallele Ordnung für die Geschäftsführung erlauben (Spindler/Stilz/*Fleischer* Rn. 10; KK-AktG/*Mertens/Cahn* Rn. 10; Hüffer/Koch/*Koch* Rn. 9). 6

2. Gestaltungsmöglichkeiten hinsichtlich der Geschäftsführung. a) Mehrheitliche Beschlussfassung und Vetorecht. Abweichungen vom Prinzip der Gesamtgeschäftsführung mit Einstimmigkeitserfordernis sind weit verbreitet und in vielen Varianten zulässig, insbesondere die Einführung des **Mehrheitsprinzips** oder eines sog. **Vetorechts** (s. etwa die Überblicke bei Hüffer/Koch/*Koch* Rn. 10; KK-AktG/*Mertens/Cahn* Rn. 10 ff.; K Schmidt/Lutter/*Seibt* Rn. 8 ff.). 7

Satzung oder Geschäftsordnung können für Geschäftsführungsentscheidungen im Vorstand eine **mehrheitliche Beschlussfassung** vorsehen und dabei auch bestimmte **Mehrheitserfordernisse** regeln (einfache oder qualifizierte Mehrheit, Abstufung nach Art oder Bedeutung des Beschlussgegenstandes; vgl. hierzu Hüffer/Koch/*Koch* Rn. 11; Spindler/Stilz/*Fleischer* Rn. 12). Für **Pattsituationen** kann in der Satzung oder Geschäftsordnung vorgesehen werden, dass die Stimme eines bestimmten Vorstandsmitgliedes (meist, aber nicht notwendig die des Vorstandsvorsitzenden, etwa die des Ressortverantwortlichen) den Ausschlag für die Entscheidung geben soll (zum sog. **Stichentscheid** vgl. BGH 14.11.1983, BGHZ 89, 48 (59) = NJW 1984, 733; Hüffer/Koch/*Koch* Rn. 11; GroßkommAktG/*Kort* Rn. 26; KK-AktG/*Mertens/Cahn* Rn. 12; K. Schmidt/Lutter/*Seibt* Rn. 12; *Hofmann-Becking* ZGR 1998, 497 (518)). Im Interesses der Handlungsfähigkeit der Gesellschaft muss dies auch im **zweigliedrigen Vorstand** möglich sein (mit überzeugenden Argumenten *Bürkle* AG 2012, 232; für die bisher herrschende aA OLG Karlsruhe 23.5.2000, AG 2001, 93 (94) = NZG 2001, 93; GroßkommAktG/*Kort* Rn. 26; KK-AktG/*Mertens/Cahn* Rn. 12; K. Schmidt/Lutter/*Seibt* Rn. 12; *Schiessl* ZGR 1992, 64 (70)). 8

Nach hM ist in der nicht mitbestimmten Gesellschaft auch die Regelung eines sog. **Vetorechtes** grundsätzlich zulässig, also das Recht eines Vorstandsmitgliedes, Mehrheitsentscheidungen zu blockieren (OLG Karlsruhe 23.5.2000, AG 2001, 93 (94) = NZG 2001, 93; Hüffer/Koch/*Koch* Rn. 12; GroßkommAktG/*Kort* Rn. 27; KK-AktG/*Mertens/Cahn* Rn. 13; aA *Dose,* Die Rechtsstellung der Vorstandsmitglieder, 1975, 77 f.; *Bezzenberger* ZGR 1996, 661 (665 ff., 680 f.; offenlassend BGH 14.11.1983, BGHZ 89, 48 (58) = NJW 1984, 733). Ein **endgültiges Vetorecht** wird allerdings für **mitbestimmte Gesellschaften,** unter Berufung auf den Grundsatz der Gleichberechtigung des Arbeitsdirektors iSv § 33 MitbestG, abgelehnt (Spindler/Stilz/*Fleischer* Rn. 18; GroßkommAktG/*Kort* Rn. 29; KK-AktG/*Mertens/Cahn* Rn. 14; zur GmbH: BGH 14.11.1983, BGHZ 89, 48 (59) = NJW 1984, 733; aA MHdB GesR IV/*Wiesner* § 22 Rn. 9). Unzulässig („kann jedoch nicht bestimmt werden") sind dagegen Regelungen, die es einem Vorstandsmitglied, auch dem Vorsitzenden gestatten würden, seine Auffassung gegen die Mehrheit der übrigen Vorstandsmitglieder durchzusetzen (Abs. 1 S. 2 Alt. 2). Damit sind der Einführung von CEO-Modellen von vornherein Grenzen gesetzt (zu den Optionen und Grenzen einer Hervorhebung des Vorstandsvorsitzenden vgl. etwa KK-AktG/*Mertens/Cahn* Rn. 18). 9

b) Binnenorganisation und Gesamtleitung. Im Zuge der Binnenorganisation und Geschäftsverteilung kann Vorstandsmitgliedern durch Satzung oder Geschäftsordnung **Einzelgeschäftsführungsbefugnis** eingeräumt werden. Die Geschäftsverteilung kann dabei nach funktionalen, spartenbezogenen, regionalen oder sonstigen Gesichtspunkten oder einer Kombination aus den zuvor genannten Punkten erfolgen (Spindler/Stilz/*Fleischer* Rn. 19, 36 ff.; K. Schmidt/Lutter/*Seibt* Rn. 19 ff.; Hüffer/Koch/*Koch* Rn. 10; KK-AktG/*Mertens/Cahn* Rn. 15 ff.). Im jeweils zugewiesenen Bereich entscheidet das zuständige Vorstandsmitglied über die Geschäftsführung grundsätzlich allein (Spindler/Stilz/*Fleischer* Rn. 19; GroßkommAktG/*Kort* Rn. 23). Die Grenze des **Alleinentscheidungsrechtes** ist allerdings dort zu ziehen, wo es um **Leitungsaufgaben** geht, die zwingend dem Gesamtvorstand zugewiesen sind (→ § 76 Rn. 5). Dazu gehören die strategische Ausrichtung des Unternehmens, Unternehmensplanung, -koordination, -kontrolle, Besetzung von Führungspositionen (Hüffer/Koch/*Koch* Rn. 18; KK-AktG/*Mertens/Cahn* Rn. 22 ff.; zu den haftungsrechtlichen Konsequenzen → § 93 Rn. 30 f.). 10

IV. Geschäftsordnung

11 Die Regelung des § 77 Abs. 2 regelt die Zuständigkeit für den Erlass einer **Geschäftsordnung.** Die Möglichkeit des Erlasses wird als selbstverständlich vorausgesetzt. Die Erlassempfehlung für börsennotierte Gesellschaften iSd **Ziff. 4.2.1 S. 2 DCGK 2017** wurde mit der Reform des Kodex 2020 aufgegeben. Die Erlasskompetenz des Vorstandes ist subsidiär gegenüber der Erlasskompetenz des Aufsichtsrates (Hüffer/Koch/*Koch* Rn. 19).

12 § 77 Abs. 2 macht keine inhaltlichen Vorgaben. Die Geschäftsordnung ist daher gem. § 77 Abs. 2 S. 2 in den Grenzen der Satzung und nach Maßgabe der §§ 77 ff. frei gestaltbar (Hüffer/Koch/*Koch* Rn. 21; KK-AktG/*Mertens/Cahn* Rn. 51 ff.). Üblicherweise enthält eine Geschäftsordnung des Vorstandes **Regelungen über die Geschäftsverteilung,** die vorstandsinterne **Zusammenarbeit** und das **Zusammenwirken von Vorstand und Aufsichtsrat** (s. etwa Spindler/Stilz/*Fleischer* Rn. 61; Muster bei *Happ/Groß* in Happ AktR 8.01).

13 Nach allgM ist die Geschäftsordnung **schriftlich** niederzulegen (s. nur Spindler/Stilz/*Fleischer* Rn. 68; GroßkommAktG/*Kort* Rn. 78).

14 Gemäß § 77 Abs. 2 S. 3 muss der Vorstand über eine Geschäftsordnung einstimmig beschließen. Das Einstimmigkeitserfordernis gilt auch für spätere **Änderungen der Geschäftsordnung** (KK-AktG/*Mertens/Cahn* Rn. 62). Bei Bestellung eines neuen Vorstandsmitgliedes gilt die bisher geltende Geschäftsordnung weiter (Hüffer/Koch/*Koch* Rn. 22).

15 Eine **Geschäftsordnung gilt** grundsätzlich solange, bis sie geändert oder aufgehoben wird (Hüffer/Koch/*Koch* Rn. 22; GroßkommAktG/*Kort* Rn. 74; KK-AktG/*Mertens/Cahn* Rn. 58 ff.). Eine vom Aufsichtsrat erlassene Geschäftsordnung kann von diesem jederzeit geändert, ergänzt oder aufgehoben werden (Spindler/Stilz/*Fleischer* Rn. 69). Sofern der Vorstand die Geschäftsordnung erlassen hat, kann er diese wegen § 77 Abs. 2 S. 3 nur mit Zustimmung aller Organmitglieder ändern oder aufheben (Spindler/Stilz/*Fleischer* Rn. 69). Der Aufsichtsrat kann eine vom Vorstand erlassene nicht ändern, sondern nur durch eine neue Geschäftsordnung ersetzen (Hüffer/Koch/*Koch* Rn. 20).

Vertretung

78 (1) [1]**Der Vorstand vertritt die Gesellschaft gerichtlich und außergerichtlich.** [2]**Hat eine Gesellschaft keinen Vorstand (Führungslosigkeit), wird die Gesellschaft für den Fall, dass ihr gegenüber Willenserklärungen abgegeben oder Schriftstücke zugestellt werden, durch den Aufsichtsrat vertreten.**

(2) [1]**Besteht der Vorstand aus mehreren Personen, so sind, wenn die Satzung nichts anderes bestimmt, sämtliche Vorstandsmitglieder nur gemeinschaftlich zur Vertretung der Gesellschaft befugt.** [2]**Ist eine Willenserklärung gegenüber der Gesellschaft abzugeben, so genügt die Abgabe gegenüber einem Vorstandsmitglied oder im Fall des Absatzes 1 Satz 2 gegenüber einem Aufsichtsratsmitglied.** [3]**An die Vertreter der Gesellschaft nach Absatz 1 können unter der im Handelsregister eingetragenen Geschäftsanschrift Willenserklärungen gegenüber der Gesellschaft abgegeben und Schriftstücke für die Gesellschaft zugestellt werden.** [4]**Unabhängig hiervon können die Abgabe und die Zustellung auch unter der eingetragenen Anschrift der empfangsberechtigten Person nach § 39 Abs. 1 Satz 2 erfolgen.**

(3) [1]**Die Satzung kann auch bestimmen, daß einzelne Vorstandsmitglieder allein oder in Gemeinschaft mit einem Prokuristen zur Vertretung der Gesellschaft befugt sind.** [2]**Dasselbe kann der Aufsichtsrat bestimmen, wenn die Satzung ihn hierzu ermächtigt hat.** [3]**Absatz 2 Satz 2 gilt in diesen Fällen sinngemäß.**

(4) [1]**Zur Gesamtvertretung befugte Vorstandsmitglieder können einzelne von ihnen zur Vornahme bestimmter Geschäfte oder bestimmter Arten von Geschäften ermächtigen.** [2]**Dies gilt sinngemäß, wenn ein einzelnes Vorstandsmitglied in Gemeinschaft mit einem Prokuristen zur Vertretung der Gesellschaft befugt ist.**

Übersicht

I. Allgemeines

Regelungsgegenstand des § 78 ist die Vertretung der Gesellschaft. Sie wird vom Vorstand gerichtlich und außergerichtlich vertreten. Bei einem mehrköpfigen Vorstand gilt entsprechend dem Prinzip der Gesamtgeschäftsführung gem. § 77 grundsätzlich gem. § 78 Abs. 2 S. 1 das **Prinzip der Gesamtvertretung.** Das in Gesamtvertretung und Gesamtgeschäftsführung zum Ausdruck kommende **Kollegialprinzip** dient dem Schutz der AG vor unangemessenen risikogeneigten, unausgewogenen oder übereilten Handlungen im Sinne einer horizontalen Selbstkontrolle (→ § 77 Rn. 1; *Dauner-Lieb* FS Röhricht, 2005, 83 (99 ff.)). In den Abs. 2–4 finden sich Optionen für Abweichungen und Variationen. Der Umfang der Vertretungsmacht ist in § 82 geregelt. 1

II. Vorstand als Vertretungsorgan (Abs. 1)

1. Grundlagen und Wirkung der Vertretung. Die Vertretung der AG durch den Vorstand ist eine **organschaftliche Vertretung** kraft gesetzlicher Vertretungsmacht (vgl. § 26 Abs. 2 S. 1 BGB; die dogmatische Einordnung ist wohl praktisch folgenlos, Hüffer/Koch/*Koch* Rn. 3; *Kort* in Fleischer VorstandsR-HdB § 2 Rn. 30); das Handeln des Vorstandes wird der AG als eigenes Handeln zugerechnet (zur Wissenszurechnung Hüffer/Koch/*Koch* Rn. 24 ff.). 2

Die **Wirkungen** der Vertretung nach § 78 Abs. 1 bestimmen sich grundsätzlich nach §§ 164 ff. BGB (Hüffer/Koch/*Koch* Rn. 9; Spindler/Stilz/*Fleischer* Rn. 5), soweit sich aus dem AktG keine Abweichung ergibt (zu den Modifikationen durch das AktG Bürgers/Körber/*Bürgers/Israel* Rn. 2). Die Grundsätze des Missbrauchs der Vertretungsmacht (MüKoBGB/*Schramm* BGB § 164 Rn. 108 ff.; → § 82 Rn. 9 ff.) und § 177 BGB für das Handeln eines Vertreters ohne Vertretungsmacht sind anwendbar (Hüffer/Koch/*Koch* Rn. 9; GroßkommAktG/*Habersack* Rn. 14; Spindler/Stilz/*Fleischer* Rn. 17). 3

2. Umfang der Vertretungsmacht. Abgedeckt von § 78 sind **Abgabe und Entgegennahme von Willenserklärungen,** rechtsgeschäftsähnliche Handlungen sowie auch körperschaftliche Akte gegenüber Aktionären (GroßkommAktG/*Habersack* Rn. 18; Spindler/Stilz/*Fleischer* Rn. 6; *Kort* in Fleischer VorstandsR-HdB § 2 Rn. 35). Die aus § 78 Abs. 1 folgende Vertretungsmacht ist grundsätzlich **unbeschränkt** und nach § 82 Abs. 1 **unbeschränkbar.** Auch aus dem Gesellschaftszweck, dem Unternehmensgegenstand oder der Satzung ergeben sich keine Beschränkungen der Vertretungsmacht (K. Schmidt/Lutter/*Seibt* Rn. 7; OLG Brandenburg 27.4.2016, BeckRS 2016, 111777). Nicht von § 78 Abs. 1 erfasst werden gesellschaftsinterne Mitwirkungshandlungen und Maßnahmen der organinternen Willensbildung (MüKoAktG/*Spindler* Rn. 6; Spindler/Stilz/*Fleischer* Rn. 6). Von § 78 Abs. 1 ist auch grundsätzlich die **gerichtliche Vertretung** der Gesellschaft erfasst (zu den möglichen Ausnahmen Hüffer/Koch/*Koch* Rn. 4). Die gerichtliche Vertretung der Gesellschaft bezieht sich insbesondere auch auf Anmeldungen zum Handelsregister. 4

3. Grenzen der Vertretungsmacht. Eine wesentliche **Grenze der Vertretungsmacht** ergibt sich aus § 112, wonach die AG gegenüber Vorstandsmitgliedern vom Aufsichtsrat gerichtlich und außergerichtlich vertreten wird. Die Vertretungszuständigkeit des Aufsichtsrats besteht auch gegenüber ausgeschiedenen Vorstandsmitgliedern (LG Frankfurt a. M. 15.7.2010, LGZ 28 = GWR 2010, 480) und dritten Gesellschaften, deren alleiniger Gesellschafter wiederum ein Vorstandsmitglied ist (BGH 15.1.2019, NJW 2019, 1677; dazu *Schubmann/Tolksdorf* AG 2019, 295). Außerdem ist der Aufsichtsrat zur gerichtlichen Vertretung der AG befugt, soweit er im Rahmen seiner Prüfungsrechte gem. § 111 Abs. 2 einen besonderen Sachverständigen beauftragt hat und sich sodann vor Gericht über die Modalitäten des zugrundeliegenden Auftragsverhältnisses gestritten wird (BGH 20.3.2018, ZIP 2018, 926). Weiter wird die AG bei der Bestellung und Abberufung von Aufsichtsratsmitgliedern, sowie bei der Bestellung von Abschlussprüfern und Sonderprüfern durch die Hauptversammlung vertreten (K. Schmidt/Lutter/*Seibt* Rn. 3). 5

Grenzen der Vertretungsmacht des Vorstandes aus § 78 Abs. 1 ergeben sich weiter aus **Mitwirkungs- und Zustimmungserfordernissen** (→ § 82 Rn. 8), wie etwa in den Fällen von § 246 Abs. 2 S. 2, § 249 Abs. 1 S. 1, § 250 Abs. 3, § 251 Abs. 3, § 253 Abs. 2, § 254 Abs. 1 S. 1, § 255 Abs. 3, § 256 Abs. 6 und § 257 Abs. 2 S. 1 (vgl. die Aufzählung bei Spindler/Stilz/*Fleischer* Rn. 15 ff.). Soweit der Vorstand die Grenzen seiner Vertretungsmacht überschreitet, handelt er iSv § 177 Abs. 1 BGB **ohne Vertretungsmacht.** In diesem Fall steht dem an sich zuständigen Organ oder dem übergangenen Organ die Möglichkeit der nachträglichen Genehmigung zu (Spindler/Stilz/*Fleischer* Rn. 17). Die Nichtbeachtung eines Zustimmungsvorbehaltes gem. § 111 Abs. 4 S. 2 hat grundsätzlich keine Außenwirkung und kann daher nur nach den Grundsätzen über einen Missbrauch der Vertretungsmacht relevant werden (→ § 82 Rn. 9 ff.). 6

§ 181 Alt. 1 BGB ist auf Geschäfte zwischen der AG, vertreten durch den Vorstand, und einem Vorstandsmitglied deswegen von vornherein unanwendbar, weil dafür gem. § 112 allein der Aufsichtsrat 7 zuständig ist (Spindler/Stilz/*Fleischer* Rn. 11; KK-AktG/*Mertens/Cahn* Rn. 71 ff.; MüKoAktG/*Spindler* Rn. 120 f.; zu Grundstücksgeschäften *Böhringer* NotBZ 2017, 241). Nimmt ein Vorstandsmitglied gleichwohl im Namen der Gesellschaft mit sich im eigenen Namen ein Rechtsgeschäft vor, so ist dieses Geschäft **schwebend unwirksam** (OLG Celle 25.2.2002, BB 2002, 1438; Spindler/Stilz/*Fleischer* Rn. 11; MüKoAktG/*Spindler* Rn. 121; *Kort* in Fleischer VorstandsR-HdB § 2 Rn. 25).

8 § 181 BGB ist aber dann einschlägig, wenn der Vorstand sowohl im Namen der Gesellschaft als auch im Namen eines Dritten kontrahieren will, also bei sog. **Mehrvertretung** (GroßkommAktG/*Habersack* Rn. 15; Hüffer/Koch/*Koch* Rn. 6; K. Schmidt/Lutter/*Seibt* Rn. 8). Dementsprechend ist der Vorstand zur Mehrvertretung nur befugt, sofern diese entweder gestattet ist oder der Erfüllung einer Verbindlichkeit dient (MüKoAktG/*Spindler* Rn. 122 ff.).

III. Gesetzliche Vertretungsordnung (Abs. 2)

9 **1. Aktivvertretung.** Soweit ein **mehrköpfiger Vorstand** (→ § 76 Abs. 2) besteht, ist gesetzlich durch § 78 Abs. 2 S. 1 bei der Aktivvertretung der Gesellschaft eine **Gesamtvertretung** als Regelfall vorgesehen (KK-AktG/*Mertens/Cahn* Rn. 27 ff.). Ist ein Vorstandsmitglied vorübergehend verhindert, so kann die AG nicht wirksam vertreten werden (BGH 12.12.1960, BGHZ 34, 27 (29) = WM 1961, 80; Spindler/Stilz/*Fleischer* Rn. 23). Der Alleinvorstand hat notwendig Einzelvertretungsmacht. Eine Ausnahme von der Gesamtvertretung sieht § 15 Abs. 1 InsO vor, wonach jedes Vorstandsmitglied zur Stellung eines **Insolvenzantrages** berechtigt ist, insoweit also Einzelvertretungsmacht besteht, wobei das beantragende Vorstandsmitglied den **Insolvenzgrund** gem. § 15 Abs. 2 S. 1 InsO glaubhaft zu machen hat.

10 Bezüglich der **Ausübung der Gesamtvertretungsbefugnis** wird in § 78 Abs. 2 keine Regelung getroffen. Möglich ist daher zum einen die **gemeinsame Abgabe** der Erklärung der einzelnen Vorstandsmitglieder, aber auch eine getrennte Abgabe inhaltlich übereinstimmender Erklärungen (Spindler/Stilz/*Fleischer* Rn. 26; Hüffer/Koch/*Koch* Rn. 12). Darüber hinaus ist auch die Erklärung durch ein einzelnes Vorstandsmitglied unter **nachträglicher Zustimmung** der übrigen Vorstandsmitglieder möglich (Hüffer/Koch/*Koch* Rn. 12; RG 14.2.1913, RGZ 81, 325 (329)).

11 **2. Passivvertretung.** Für die **Passivvertretung** sieht § 78 Abs. 2 S. 2 auch beim mehrköpfigen Vorstand **Einzelvertretung** vor. Insoweit genügt daher die Abgabe einer Willenserklärung oder einer rechtsgeschäftsähnlichen Handlung an ein einzelnes Vorstandsmitglied. Bei einer Klage gegen die AG genügt gem. § 170 Abs. 3 ZPO die Zustellung der Klage an ein Vorstandsmitglied.

12 **3. Sonderfall: Passivvertretung bei Führungslosigkeit.** Durch die Regelung des § 78 Abs. 1 S. 2, die durch das **MoMiG** eingeführt worden ist, wird dem **Aufsichtsrat** in bestimmten Fällen die **Passivvertretung** der Gesellschaft zugewiesen (dazu *Knapp* DStR 2008, 2371; KK-AktG/*Mertens/Cahn* Rn. 31). Danach wird die Gesellschaft für den Fall, dass sie über **keinen Vorstand** (Führungslosigkeit) verfügt, bei dem Zugang von Willenserklärungen oder der Zustellung von Schriftstücken durch den Aufsichtsrat vertreten. § 78 Abs. 2 S. 2 stellt insoweit zusätzlich klar, dass in diesem Fall die Abgabe bzw. der Zugang gegenüber nur einem Aufsichtsratsmitglied ausreichend ist (Einzelheiten bei K. Schmidt/Lutter/*Seibt* Rn. 20 f.)

IV. Abweichende Bestimmungen (Abs. 3)

13 Die Regelung des § 78 Abs. 3 erlaubt es, anstelle der Gesamtvertretung durch alle Vorstandsmitglieder auch **Einzelvertretung** oder sog. **unechte Gesamtvertretung** für die Vertretung der Gesellschaft vorzusehen. Auch ohne ausdrückliche Nennung in § 78 Abs. 3 ist eine Vertretungsregelung zulässig, bei der eine **gemeinschaftliche Vertretung** durch zwei oder mehr Vorstandsmitglieder vorgesehen wird (zu den verschiedenen Spielarten KK-AktG/*Mertens/Cahn* Rn. 33 ff.). Eine Abweichung von dem in § 78 Abs. 2 zugrunde gelegten Prinzip der Gesamtvertretung ist nach § 78 Abs. 3 S. 1 allerdings nur dann zulässig, wenn die **Satzung** dies ausdrücklich vorsieht oder nach § 78 Abs. 3 S. 2 der **Aufsichtsrat** dies bestimmt und die Satzung ihn hierzu **ermächtigt** hat (zu den Anforderungen an eine entsprechende Satzungsregelung Spindler/Stilz/*Fleischer* Rn. 34). Eine **Grenze der Gestaltungsbefugnis** durch die Satzung ist dort zu ziehen, wo ein Vorstandsmitglied völlig von der Vertretungsbefugnis ausgeschlossen wird, da dem betroffenen Vorstandsmitglied hierdurch die Stellung eines verantwortlichen Vorstandsmitglieds genommen würde (Spindler/Stilz/*Fleischer* Rn. 36).

14 Eine teleologisch nicht unproblematische **Einzelvertretung** liegt vor, wenn ein Vorstandsmitglied oder mehrere Vorstandsmitglieder ohne Mitwirkung anderer Vorstandsmitglieder und ohne Mitwirkung von Prokuristen die AG allein vertreten können. Existiert nur ein einzelnes Vorstandsmitglied, hat dieses **notwendigerweise Einzelvertretungsmacht.** Eine inhaltliche Beschränkung der Einzelvertretungsbefugnis ist unzulässig, da dies mit § 82 Abs. 1 unvereinbar wäre (Spindler/Stilz/*Fleischer* Rn. 37; Hüffer/Koch/*Koch* Rn. 15). Sind nur einzelne Vorstandsmitglieder einzelvertretungsbefugt, so bleibt es für die übrigen Vorstandsmitglieder beim Grundsatz der Gesamtvertretung.

15 Nach § 78 Abs. 3 S. 1 Alt. 2 ist auch die sog. **unechte Gesamtvertretung** als Gestaltungsmöglichkeit zulässig. In diesem Fall können einzelne Vorstandsmitglieder in Gemeinschaft mit einem Prokuristen die Gesellschaft vertreten. Die Anordnung einer unechten Gesamtvertretung kommt allerdings nur **zur Erleichterung der Gesamtvertretung** in Betracht, nicht hingegen zur Beschränkung der Einzelvertretungsbefugnis eines Vorstandsmitgliedes (BGH 31.3.1954, BGHZ 13, 61 (65); BGH 6.2.1958, BGHZ 26, 330 (333) = WM 1958, 355; Spindler/Stilz/*Fleischer* Rn. 38; Hüffer/Koch/*Koch* Rn. 18; KK-AktG/*Mertens/Cahn* Rn. 41; aA GroßkommAktG/*Habersack* Rn. 45). Unzulässig sind im Ergebnis solche Gestaltungen, bei denen ein Alleinvorstand oder sämtliche Mitglieder eines mehrköpfigen Vorstands an die Mitwirkung eines Prokuristen zwingend gebunden sind (Spindler/Stilz/*Fleischer* Rn. 38; KK-AktG/*Mertens/Cahn* Rn. 41), die Vertretung der Gesellschaft **allein durch Vorstandsmitglieder** muss möglich sein (Spindler/Stilz/*Fleischer* Rn. 38; Baumbach/Hueck/*Hueck* Rn. 11). Bei der unechten Gesamtvertretung richtet sich die Vertretungsmacht des Prokuristen nicht nach dessen Rechtsstellung als Prokurist, sondern nach der **organschaftlichen Vertretungsmacht** von Vorstandsmitgliedern gem. § 82 Abs. 2 (BGH 31.3.1954, BGHZ 13, 61 (64); BGH 14.2.1976, BGHZ 62, 166 (170) = WM 1974, 480; Hüffer/Koch/*Koch* Rn. 18; K. Schmidt/Lutter/*Seibt* Rn. 21). Keine Anwendung finden daher die Beschränkungen der Prokura iSv § 49 Abs. 2 HGB.

16 Bei der sog. **gemeinschaftlichen Vertretung** wird die Gesellschaft durch zwei (oder mehrere) Vorstandsmitglieder gemeinschaftlich vertreten. Möglich ist auch die Gestaltung als sog. **halbseitige Gesamtvertretung** (zum Begriff Hüffer/Koch/*Koch* Rn. 18; KK-AktG/*Mertens/Cahn* Rn. 40), bei der ein Vorstandsmitglied allein und die übrigen nur zusammen mit diesem für die Gesellschaft handeln können.

V. Einzelermächtigung (Abs. 4)

17 Durch sog. **Einzelermächtigung** nach § 78 Abs. 4 werden einzelne der zur Gesamtvertretung befugten Vorstandsmitglieder ermächtigt, **bestimmte Geschäfte** oder **bestimmte Arten von Geschäften** allein vorzunehmen. Die entsprechende Ermächtigung muss dabei von Vorstandsmitgliedern in jeweils vertretungsberechtigter Zahl ausgesprochen werden, wobei der zu Ermächtigende bei der Entscheidung mitwirken darf (Hüffer/Koch/*Koch* Rn. 20; KK-AktG/*Mertens/Cahn* Rn. 55 ff.). Bei der **unechten Gesamtvertretung** können auch Prokuristen in die Einzelermächtigung einbezogen werden (vgl. § 78 Abs. 4 S. 2). Die Rechtsnatur der Einzelermächtigung ist umstritten. Die heute hM sieht hierin eine Erweiterung der Gesamtvertretungsmacht zur Einzelvertretungsmacht (BGH 6.3.1975, BGHZ 64, 72 (75 = NJW 1975, 1117; BGH 13.6.1984, BGHZ 91, 334 (336) = NJW 1984, 2085; Hüffer/Koch/*Koch* Rn. 19; Spindler/Stilz/*Fleischer* Rn. 42; KK-AktG/*Mertens/Cahn* Rn. 58; K. Schmidt/Lutter/*Seibt* Rn. 28; aA für die Annahme einer Handlungsvollmacht iSv § 54 HGB, RGZ 48, 56 (58); RGZ 80, 180 (182)). Die Einzelermächtigung bedarf keiner besonderen Form (Spindler/Stilz/*Fleischer* Rn. 44; GroßkommAktG/*Habersack* Rn. 51; Hüffer/Koch/*Koch* Rn. 19; *Schwartz* ZGR 2001, 744 (754)). Insbesondere kann sie auch schlüssig oder stillschweigend erteilt werden (OLG Köln 16.11.1976, OLGZ 1977, 343 (345); Hüffer/Koch/*Koch* Rn. 20; KK-AktG/*Mertens/Cahn* Rn. 55; K. Schmidt/Lutter/*Seibt* Rn. 29). Die Erteilung der Ermächtigung kann gegenüber dem erteilenden Vorstandsmitglied, gegenüber dem Dritten oder durch Erklärung gegenüber der Öffentlichkeit erfolgen (K. Schmidt/Lutter/*Seibt* Rn. 29).

18 Vom **Umfang** her kann die Einzelermächtigung aufgrund des eindeutigen Wortlauts des § 78 Abs. 4 nur zur Vornahme **bestimmter Geschäfte** oder **bestimmter Arten von Geschäften** erteilt werden. Eine darüber hinaus gehende Ermächtigung wäre mit der vom Gesetzgeber getroffenen Grundentscheidung zugunsten der Gesamtvertretung nicht vereinbar (vgl. BGH 31.3.1954, BGHZ 13, 61 (65); KK-AktG/*Mertens/Cahn* Rn. 57; GroßkommAktG/*Habersack* Rn. 53; *Schwartz* ZGR 2001, 744 (757)). Notwendig ist vielmehr eine **gegenständliche Beschränkung,** die anhand objektiver Maßstäbe bestimmt werden kann (Spindler/Stilz/*Fleischer* Rn. 45; GroßkommAktG/*Habersack* Rn. 53; Hüffer/Koch/*Koch* Rn. 21; *Schwartz* ZGR 2001, 744 (760)). Nicht ausreichend zur Wahrung dieser Anforderung ist eine lediglich summenmäßige Beschränkung in der Einzelermächtigung (Hüffer/Koch/*Koch* Rn. 21; K. Schmidt/Lutter/*Seibt* Rn. 30).

19 Die Einzelermächtigung kann jederzeit formlos und ohne Begründung **widerrufen** werden (GroßkommAktG/*Habersack* Rn. 56; Hüffer/Koch/*Koch* Rn. 22; K. Schmidt/Lutter/*Seibt* Rn. 31). Hierbei handelt es sich um eine einseitige, empfangsbedürftige Willenserklärung, die mit Zugang beim Ermächtigten wirksam wird. Die Vorschriften der §§ 170–173 BGB gelten dabei sinngemäß (Hüffer/Koch/*Koch* Rn. 22; *Schwartz* ZGR 2001, 744 (774)). Zum Widerruf der Einzelermächtigung berechtigt ist jeder einzelne Gesamtvertreter, der eine Ermächtigung erteilt hat oder an ihrer Erteilung mitgewirkt hat (Spindler/Stilz/*Fleischer* Rn. 47; KK-AktG/*Mertens/Cahn* Rn. 62; *Schwartz* ZGR 2001, 744 (775)).

(aufgehoben)

79

1 § 79 wurde aufgehoben mWv 1.11.2008 durch Art. 5 MoMiG vom 23.10.2008 (BGBl. 2008 I 2026). Die Regelung wurde zum Zwecke der Deregulierung aufgehoben, da der früher mit § 79 erstrebte Normzweck bereits durch §§ 164 ff. BGB sichergestellt wird (vgl. K. Schmidt/Lutter/*Seibt* Rn. 6).

Angaben auf Geschäftsbriefen

80

(1) [1] **Auf allen Geschäftsbriefen gleichviel welcher Form, die an einen bestimmten Empfänger gerichtet werden, müssen die Rechtsform und der Sitz der Gesellschaft, das Registergericht des Sitzes der Gesellschaft und die Nummer, unter der die Gesellschaft in das Handelsregister eingetragen ist, sowie alle Vorstandsmitglieder und der Vorsitzende des Aufsichtsrats mit dem Familiennamen und mindestens einem ausgeschriebenen Vornamen angegeben werden.** [2] **Der Vorsitzende des Vorstands ist als solcher zu bezeichnen.** [3] **Werden Angaben über das Kapital der Gesellschaft gemacht, so müssen in jedem Falle das Grundkapital sowie, wenn auf die Aktien der Ausgabebetrag nicht vollständig eingezahlt ist, der Gesamtbetrag der ausstehenden Einlagen angegeben werden.**

(2) **Der Angaben nach Absatz 1 Satz 1 und 2 bedarf es nicht bei Mitteilungen oder Berichten, die im Rahmen einer bestehenden Geschäftsverbindung ergehen und für die üblicherweise Vordrucke verwendet werden, in denen lediglich die im Einzelfall erforderlichen besonderen Angaben eingefügt zu werden brauchen.**

(3) [1] **Bestellscheine gelten als Geschäftsbriefe im Sinne des Absatzes 1.** [2] **Absatz 2 ist auf sie nicht anzuwenden.**

(4) [1] **Auf allen Geschäftsbriefen und Bestellscheinen, die von einer Zweigniederlassung einer Aktiengesellschaft mit Sitz im Ausland verwendet werden, müssen das Register, bei dem die Zweigniederlassung geführt wird, und die Nummer des Registereintrags angegeben werden; im übrigen gelten die Vorschriften der Absätze 1 bis 3 für die Angaben bezüglich der Haupt- und der Zweigniederlassung, soweit nicht das ausländische Recht Abweichungen nötig macht.** [2] **Befindet sich die ausländische Gesellschaft in Abwicklung, so sind auch diese Tatsache sowie alle Abwickler anzugeben.**

Übersicht

I. Allgemeines

1 § 80 bezweckt die **Publizität** bestimmter Informationen über die Gesellschaft. Geschäftspartner sollen schon im Stadium der Vertragsanbahnung über wesentliche Verhältnisse der Gesellschaft und sie leitende Personen unterrichtet werden, ohne eigene aufwändige Recherchen anstellen zu müssen (K. Schmidt/Lutter/*Seibt* Rn. 1; Spindler/Stilz/*Fleischer* Rn. 1; *Fleischer* NZG 2006, 561 (562 f.)). Die Regelung geht auf die Publizitätsrichtlinie (RL 68/151/EWG; nun RL (EU) 2017/1132) zurück und wurde im Hinblick auf die Zweigniederlassungsrichtlinie (RL 89/666/EWG; nun RL (EU) 2017/1132) um Abs. 4 ergänzt.

II. Geschäftsbrief

2 **1. Begriff des Geschäftsbriefes.** Ein Geschäftsbrief iSd Vorschrift ist jede schriftliche und nach außen gerichtete Mitteilung der Gesellschaft, die an einen bestimmten Empfänger gerichtet ist (Hüffer/Koch/*Koch* Rn. 2; KK-AktG/*Mertens/Cahn* Rn. 13 f.; MüKoAktG/*Spindler* Rn. 15). Der Begriff ist weit auszulegen. Auf die äußere Form kommt es dabei ebenso wenig an, wie auf den Umfang der Mitteilung (Spindler/Stilz/*Fleischer* Rn. 4; GroßkommAktG/*Habersack* Rn. 3; Hüffer/Koch/*Koch* Rn. 2). Insbesondere ist er nicht mit dem engeren Begriff des Handelsbriefes in § 257 Abs. 2 HGB gleichzusetzen, der sich nur auf solche Schriftstücke bezieht, die ein Handelsgeschäft betreffen (MüKo-

AktG/*Spindler* Rn. 15). Unter den Begriff des Geschäftsbriefes fallen daher neben Briefen im postalischen Sinne auch Postkarten, Verkaufsprospekte, Rechnungen, Quittungen, Lieferscheine und Auftrags- und Empfangsbestätigungen (Hüffer/Koch/*Koch* Rn. 2; Spindler/Stilz/*Fleischer* Rn. 4).

Von Geschäftsbriefen **abzugrenzen** sind Mitteilungen rein persönlicher Natur, wie etwa Glückwunschschreiben. Sie fallen mangels geschäftsbezogenen Inhalts nicht unter den Begriff des Geschäftsbriefes (MüKoAktG/*Spindler* Rn. 17). Ebenso nicht erfasst wird rein gesellschaftsinterner Schriftverkehr (GroßkommAktG/*Habersack* Rn. 6), hierunter fallen auch Mitteilungen an Aktionäre, soweit sie ausschließlich deren mitgliedschaftliche Stellung betreffen (Bürgers/Körber/*Bürgers/Israel* Rn. 3; MüKoAktG/*Spindler* Rn. 17; aA KK-AktG/*Mertens/Cahn* Rn. 13). Ohne Einschränkung gilt die Regelung jedoch für Kommunikation zwischen verbundenen Unternehmen (K. Schmidt/Lutter/*Seibt* Rn. 10; KK-AktG/*Mertens/Cahn* Rn. 13). Werberundschreiben, öffentliche Bekanntmachungen, Anzeigen und Mitteilungen, die für einen größeren unbestimmten Personenkreis bestimmt sind, fallen mangels Adressierung an einen bestimmten Empfänger nicht in den Anwendungsbereich des § 80. 3

Die **Art der Übermittlung** spielt keine Rolle, sodass neben Telefaxen, Telegrammen und Fernschreiben (Spindler/Stilz/*Fleischer* Rn. 5; aA für Telegramme und Fernschreiben mit dem Argument, dass der Absender auf ihre Gestaltung keinen Einfluss habe, Bürgers/Körber/*Bürgers/Israel* Rn. 2; K. Schmidt/Lutter/*Seibt* Rn. 8) vor allem auch **E-Mails** unter den Begriff des Geschäftsbriefes fallen (MüKoAktG/*Spindler* Rn. 19; K. Schmidt/Lutter/*Seibt* Rn. 8). Dies ergibt sich insbesondere aus der Ergänzung des § 80 Abs. 1 S. 1 durch das EHUG vom 10.11.2006 durch das Einfügen der Wendung „gleichviel welcher Form". 4

2. Ausnahme für Vordrucke. § 80 Abs. 2 enthält eine Befreiung von der Angabepflicht nach § 80 Abs. 1 S. 1, 2 für Mitteilungen und Berichte, die im Rahmen einer bestehenden Geschäftsverbindung ergehen und für die üblicherweise Vordrucke verwendet werden. Die sich insoweit ergebende Ausnahme ist allerdings vor dem Hintergrund der zugrundeliegenden Publizitätsrichtlinie (nun GesR-RL (RL (EU) 2017/1132)) eng auszulegen, da diese eine entsprechende Ausnahme nicht vorsieht (GroßkommAktG/*Habersack* Rn. 10; MüKoAktG/*Spindler* Rn. 20). Hintergrund dieser Befreiung sind Zweckmäßigkeitserwägungen (K. Schmidt/Lutter/*Seibt* Rn. 9). 5

Der verwendete Vordruck muss dem Üblichen entsprechen und lediglich im Einzelfall die Einfügung besonderer Angaben vorsehen. Hierzu zählen vor allem Auftragsbestätigungen, Abholbenachrichtigungen, Lieferscheine, Rechnungen und standardisierte Mitteilungen. Für E-Mails muss ebenso die Ausnahme des Abs. 2 eingreifen, wenn diese für Korrespondenz genutzt werden, für die üblicherweise Vordruckformulare verwendet würden (MüKoAktG/*Spindler* Rn. 20). Die Üblichkeit der Verwendung von Vordrucken ist branchenspezifisch und einzelfallbezogen zu ermitteln, wobei auch die konkrete Gestaltung des Vordrucks üblich sein muss (Hüffer/Koch/*Koch* Rn. 5; Spindler/Stilz/*Fleischer* Rn. 10). Eine bestehende Geschäftsverbindung im Sinne der Vorschrift liegt vor, wenn der Absender seiner Informationspflicht nach Abs. 1 bereits einmal nachgekommen ist (Hüffer/Koch/*Koch* Rn. 5; KK-AktG/*Mertens/Cahn* Rn. 17; MüKoAktG/*Spindler* Rn. 21; Spindler/Stilz/*Fleischer* Rn. 10). Teilweise wird vor dem Hintergrund der erforderlichen engen Auslegung (→ Rn. 5) angenommen, dass eine erneute Information notwendig wird, wenn die Information nach Abs. 1 bereits länger zurückliegt oder sich die Angaben geändert haben (GroßkommAktG/*Habersack* Rn. 11). 6

3. Bestellscheine. Nach Abs. 3 der Vorschrift gelten **Bestellscheine** immer als Geschäftsbriefe iSv Abs. 1. Insoweit ist die **Ausnahmevorschrift** des Abs. 2 auch dann **unanwendbar,** wenn deren Voraussetzungen an sich erfüllt wären (GroßkommAktG/*Habersack* Rn. 12; Hüffer/Koch/*Koch* Rn. 6). Dies ergibt sich im Ergebnis aus der Publizitätsrichtlinie (nun GesR-RL (RL (EU) 2017/1132)), die insoweit gerade keine Ausnahme zulässt (Spindler/Stilz/*Fleischer* Rn. 11). 7

III. Erforderliche Angaben

Erforderlich sind zunächst Informationen zur Gesellschaft. Vorgeschrieben ist die Angabe der **Rechtsform der Gesellschaft,** die Abkürzung „AG" ist ausreichend. Genannt werden muss der **Sitz der Gesellschaft,** auch wenn der Geschäftsbrief den Ort des Sitzes der Gesellschaft bereits als Absendeort nennt (Hüffer/Koch/*Koch* Rn. 3; Spindler/Stilz/*Fleischer* Rn. 13 ff.). Weiter sind – auch in abgekürzter Form zulässig – das zuständige Registergericht und die Handelsregisternummer zu nennen, unter der die Gesellschaft im Handelsregister eingetragen ist (MüKoAktG/*Spindler* Rn. 10; K. Schmidt/Lutter/*Seibt* Rn. 2 ff.). Darüber hinaus sind Angaben über die Organmitglieder erforderlich. Es sind zwingend alle **Vorstandsmitglieder,** die **stellvertretenden Vorstandsmitglieder** iSv § 94 sowie der **Vorsitzende des Aufsichtsrates** mit Familiennamen und mindestens einem Vornamen zu nennen, wobei der Vorstandsvorsitzende nach Abs. 1 S. 2 der Vorschrift auch als solcher zu bezeichnen ist (Hüffer/Koch/*Koch* Rn. 3; MüKoAktG/*Spindler* Rn. 11; zu den Angaben bei Handeln Dritter *Bredol* NZG 2017, 611; zu den Angaben beim vakanten Aufsichtsratsvorsitz *Haßler* BB 2016, 461). Zulässig, aber nicht zwingend notwendig sind nach Abs. 1 S. 3 **Angaben zum Gesellschaftskapital.** Soweit 8 allerdings Angaben durch die Gesellschaft gemacht werden, müssen das Grundkapital und der Gesamtbetrag der ausstehenden Bareinlagen angegeben werden.

9 In Abs. 4 ist angeordnet, dass auch **Gesellschaften mit Auslandssitz,** die eine **Zweigniederlassung in Deutschland** betreiben, grundsätzlich der Angabepflicht der Abs. 1–3 unterfallen, soweit nicht das ausländische Recht eine Abweichung notwendig macht (Spindler/Stilz/*Fleischer* Rn. 16; zu den Einzelheiten der erforderlichen Angaben vgl. insbesondere K. Schmidt/Lutter/*Seibt* Rn. 6). Die Angabepflicht betrifft sowohl die ausländische Haupt- und die inländische Zweigniederlassung, was im Wortlaut des Abs. 4 S. 1 durch das MoMiG ausdrücklich klargestellt wurde (K. Schmidt/Lutter/*Seibt* Rn. 6).

IV. Rechtsfolgen bei Verstoß

10 Sofern ein Vorstandsmitglied die nach der Vorschrift erforderlichen Angaben nicht, unrichtig oder unvollständig gemacht hat, kann das Registergericht gem. § 407 die ordnungsgemäße Angabe mittels **Zwangsgeld** durchsetzen. Verstöße gegen die Vorschrift führen aber nicht zur Unwirksamkeit der entsprechenden Mitteilung, da es sich um eine reine **Ordnungsvorschrift** handelt.

11 Ein **Zuwiderhandeln** gegen die Vorschrift kann aber zivilrechtlich Bedeutung erlangen (vgl. hierzu ausf. K. Schmidt/Lutter/*Seibt* Rn. 11; Spindler/Stilz/*Fleischer* Rn. 18), etwa unter dem Gesichtspunkt einer Haftung aus § 280 Abs. 1 BGB iVm § 311 Abs. 2 BGB, einer Rechtsscheinhaftung oder einer Irrtumsanfechtung gem. § 119 Abs. 2 BGB.

Änderung des Vorstands und der Vertretungsbefugnis seiner Mitglieder

81 (1) **Jede Änderung des Vorstands oder der Vertretungsbefugnis eines Vorstandsmitglieds hat der Vorstand zur Eintragung in das Handelsregister anzumelden.**

(2) **Der Anmeldung sind die Urkunden über die Änderung in Urschrift oder öffentlich beglaubigter Abschrift beizufügen.**

(3) [1]**Die neuen Vorstandsmitglieder haben in der Anmeldung zu versichern, daß keine Umstände vorliegen, die ihrer Bestellung nach § 76 Abs. 3 Satz 2 Nr. 2 und 3 sowie Satz 3 entgegenstehen, und daß sie über ihre unbeschränkte Auskunftspflicht gegenüber dem Gericht belehrt worden sind.** [2]**§ 37 Abs. 2 Satz 2 ist anzuwenden.**

Übersicht

I. Allgemeines

1 Die Vorschrift statuiert in Abs. 1 die **Pflicht des Vorstands,** Änderungen in dessen **Zusammensetzung** oder der **Vertretungsbefugnis** zum Handelsregister anzumelden. In Abs. 2 sind die der Anmeldung beizufügenden Urkunden genannt. Die Regelung in Abs. 3 betrifft die **Versicherungspflicht neuer Vorstandsmitglieder** hinsichtlich des Nichtbestehens von Bestellungshindernissen iSv § 76 Abs. 3 S. 2 Nr. 2 und 3 sowie S. 3.

2 Zweck der Regelung ist die Gewährleistung der **Publizität des Handelsregisters** im Interesse des Rechtsverkehrs. Es soll sichergestellt werden, dass das Handelsregister jederzeit Aufschluss über die Vorstandsmitglieder und ihre Vertretungsbefugnis gibt (Spindler/Stilz/*Fleischer* Rn. 1).

II. Anmeldepflicht

3 **1. Änderung der personellen Zusammensetzung.** Anmeldepflichtig ist zunächst eine **Änderung der personellen Zusammensetzung** des Vorstandes, also der Eintritt eines neuen oder das Ausscheiden eines bisherigen Vorstandsmitgliedes (Hüffer/Koch/*Koch* Rn. 2). Die Anmeldepflicht betrifft auch stellvertretende (§ 94) und gerichtlich bestellte (§ 85) Vorstandsmitglieder (MüKoAktG/*Spindler* Rn. 4). **Keine Anmeldepflicht** besteht bei Ernennung eines stellvertretenden zu einem ordentlichen Vor-

standsmitglied und der Ernennung zum Vorstandsvorsitzenden, sofern der Betroffene bereits Mitglied des Vorstandes war (ausf. hierzu Spindler/Stilz/*Fleischer* Rn. 5; K. Schmidt/Lutter/*Seibt* Rn. 3).

4 **2. Änderung der Vertretungsbefugnis.** Anmeldepflichtig ist weiterhin jede **Änderung der Vertretungsbefugnis.** Anzumelden ist dementsprechend etwa die **Änderung der Gesamtvertretung** im mehrgliedrigen Vorstand hin zur **Einzelvertretung** oder **unechten Gesamtvertretung,** sowie eine Befreiung vom Verbot der Mehrvertretung gem. § 181 BGB (K. Schmidt/Lutter/*Seibt* Rn. 6; zur Eintragungspflicht einer **Befreiung von § 181 BGB** BGH 28.2.1983, BGHZ 87, 59 (61 f.) = NJW 1983, 1676 f.). Gleiches gilt für die entsprechend umgekehrten Vorgänge. **Die Anmeldepflicht** gilt unabhängig davon, ob alle oder nur einzelne Vorstandsmitglieder von der Änderung betroffen sind (Spindler/Stilz/*Fleischer* Rn. 7). Keine Änderung der Vertretungsbefugnis iSd Vorschrift ist nach hM die Erteilung oder der Widerruf einer **Einzelermächtigung** gem. § 78 Abs. 4, da hierdurch keine generelle Änderung der Vertretungsbefugnis erreicht wird (Spindler/Stilz/*Fleischer* Rn. 7; Hüffer/Koch/*Koch* Rn. 4; KK-AktG/*Mertens/Cahn* Rn. 7; aA neuerdings MüKoAktG/*Spindler* Rn. 10 unter Berufung auf die Anforderungen der Publizitäts-RL; nun GesR-RL (RL (EU) 2017/1132)). Soweit die Änderung der Vertretungsbefugnis durch **Satzungsänderung** erfolgt, bedarf es nur deren Anmeldung gem. § 181 (K. Schmidt/Lutter/*Seibt* Rn. 6). Dies gilt allerdings dann nicht, wenn nach Änderung einer Satzungsbestimmung wieder die **gesetzliche Vertretungsregelung** auflebt (GroßkommAktG/*Habersack* Rn. 5; Hüffer/Koch/*Koch* Rn. 4).

5 **3. Änderung der persönlichen Verhältnisse.** Aus einer teleologischen Auslegung der Vorschrift wird zudem gefolgert, dass **Änderungen der persönlichen Verhältnisse eines Vorstandsmitgliedes** anmeldepflichtig seien (MüKoAktG/*Spindler* Rn. 5), weil sonst der Zweck der Vorschrift, nämlich die Klarstellung der Vertretungsverhältnisse, nicht erreicht werden könne (Hüffer/Koch/*Koch* Rn. 3; MüKoAktG/*Spindler* Rn. 5). Hierunter fallen die **Änderung des Vornamens, des Namens und sonstiger Namensbestandteile** eines Vorstandsmitgliedes. Nicht anmeldepflichtig, sondern nur anmelde- (und somit auch eintragungs-)fähig sind die Ernennung zum Vorstandsvorsitzenden, eine Änderung des Wohnortes oder eine Änderung anderer Angaben iSv § 43 Nr. 4 HRV (Hüffer/Koch/*Koch* Rn. 3; MüKoAktG/*Spindler* Rn. 7).

6 **4. Nachträgliches Entfallen einer Anmeldepflicht.** Soweit ein eintragungspflichtiger Umstand vor Eintragung hinfällig geworden ist, das Handelsregister also hinsichtlich der Tatsache mit den tatsächlichen Umständen übereinstimmt, **entfällt die Anmeldepflicht** nach § 81 (Hüffer/Koch/*Koch* Rn. 2; GroßkommAktG/*Habersack* Rn. 5). Dennoch sollte hier eine Anmeldung der Tatsache zum Handelsregister durch die Gesellschaft erfolgen, um eine mögliche **Haftung über § 15 Abs. 1 HGB** wegen einer fehlenden Voreintragung zu vermeiden (BGH 11.11.1991, BGHZ 116, 37 (44) = NJW 1992, 505; MüKoHGB/*Krebs* HGB § 15 Rn. 35 f.).

III. Zuständigkeit

7 Die Anmeldung muss nach dem Wortlaut der Vorschrift **durch den Vorstand** erfolgen, wobei ein Handeln von Vorstandsmitgliedern in **vertretungsberechtigter Zahl** ausreichend ist (ausf. GroßkommAktG/*Habersack* Rn. 8; Hüffer/Koch/*Koch* Rn. 5; MüKoAktG/*Spindler* Rn. 12). Weil die Anmeldung nach Abs. 1 **keine höchstpersönliche Angelegenheit** ist, kann sich das einzelne Vorstandsmitglied auch durch einen **Bevollmächtigten** vertreten lassen (Spindler/Stilz/*Fleischer* Rn. 8). Die Vollmacht muss allerdings gem. § 12 Abs. 1 S. 2 HGB in **öffentlich beglaubigter Form** erteilt werden.

8 Zur Anmeldung **berechtigt** ist auch das neu **bestellte Vorstandsmitglied** selbst, wobei es allerdings seine **Anmeldebefugnis** gesondert nachweisen muss (KK-AktG/*Mertens/Cahn* Rn. 10; K. Schmidt/Lutter/*Seibt* Rn. 9). **Nicht mehr berechtigt** sein soll das **ausscheidende Vorstandsmitglied** (LG Frankenthal 20.8.2002, AG 2003, 460 (461); Hüffer/Koch/*Koch* Rn. 5; KK-AktG/*Mertens/Cahn* Rn. 10; Spindler/Stilz/*Fleischer* Rn. 9; aA GroßkommAktG/*Habersack* Rn. 9, der eine Selbstanmeldung in engem zeitlichem Zusammenhang für zulässig hält).

9 Soweit die **Änderung** der Vertretungsbefugnis durch **Satzungsänderung** erfolgt, gilt für deren Anmeldung noch die **ursprüngliche Vertretungsregelung,** da die Satzungsänderung gem. § 181 Abs. 3 erst **mit Eintragung** wirksam wird (Spindler/Stilz/*Fleischer* Rn. 10).

IV. Verfahren

10 Die Vorstandsmitglieder müssen die Änderung entweder **persönlich** beim Registergericht anmelden oder die Anmeldung in **öffentlich beglaubigter Form** (§ 12 Abs. 1 HGB) dem Registergericht einreichen (GroßkommAktG/*Habersack* Rn. 11; K. Schmidt/Lutter/*Seibt* Rn. 11; MüKoAktG/*Spindler* Rn. 16). Weiter sind der Anmeldung gem. Abs. 2 die **Urkunden** über die Änderung oder öffentlich beglaubigte Abschriften beizufügen, welche gem. § 37 Abs. 6 beim Registergericht verbleiben (zu den

einzureichenden Urkunden vgl. MüKoAktG/*Spindler* Rn. 19). Diese sollen dem Registergericht die Prüfung der Eintragungsvoraussetzungen ermöglichen (Spindler/Stilz/*Fleischer* Rn. 14).

11 Das **Registergericht** prüft, ob die eingereichten Urkunden die begehrte Eintragung rechtfertigen. Aufgrund des nach § 26 FamFG (bisher: § 12 FGG) geltenden **Amtsermittlungsgrundsatzes** kann das Registergericht auch weitere Unterlagen anfordern, sofern es **Zweifel** an der Richtigkeit der angemeldeten Tatsachen hat (BGH ZIP 2011, 1562 Rn. 10; OLG Düsseldorf 15.12.2000, NZG 2001, 229 (230); Hüffer/Koch/*Koch* Rn. 7; MüKoAktG/*Spindler* Rn. 20). Nicht von der Prüfungskompetenz des Registergerichtes umfasst ist allerdings bei der Abberufung eines Vorstandsmitgliedes die Frage, ob ein wichtiger Grund vorlag, der diese rechtfertigt (K. Schmidt/Lutter/*Seibt* Rn. 12). Zu beachten ist, dass ein, auf die Eintragung eines durch den Aufsichtsrat bestellten Vorstandsmitglieds gerichtetes Anmeldeverfahren, nicht deshalb ausgesetzt werden kann, weil die Bestellung eines Aufsichtsratsmitglieds gerichtlich angefochten wird (KG Berlin 13.12.2016, ZIP 2017, 617). Die **Kosten der Eintragung** sind von der Gesellschaft zu tragen (Hüffer/Koch/*Koch* Rn. 6).

V. Versicherung

12 Neue Vorstandsmitglieder haben gem. Abs. 3 S. 1 zu **versichern,** dass keine ihrer Bestellung nach § 76 Abs. 3 S. 3, 4 **entgegenstehenden Hindernisse** bestehen und dass sie gem. § 37 Abs. 2 über ihre **unbeschränkte Auskunftspflicht** gegenüber dem Gericht **belehrt** worden sind (Hüffer/Koch/*Koch* Rn. 8; MüKoAktG/*Spindler* Rn. 22). Hierbei handelt es sich um eine höchstpersönliche Erklärung, eine **Vertretung ist daher ausgeschlossen** (GroßkommAktG/*Habersack* Rn. 12; Hüffer/Koch/*Koch* Rn. 8). **Falschangaben** sind gem. § 399 Abs. 1 Nr. 6 **strafbar.**

VI. Eintragungswirkungen

13 Die erfolgte Eintragung hat nur **deklaratorische Wirkung,** anderes gilt nur, wenn ein Fall des § 181 Abs. 3 gegeben ist (Hüffer/Koch/*Koch* Rn. 9; K. Schmidt/Lutter/*Seibt* Rn. 15). Die Eintragung führt daher auch nicht zur Heilung fehlerhafter Änderungen. Dritte können sich vor dem Hintergrund der Eintragungspflicht auf **§ 15 HGB** berufen (ausf. hierzu Spindler/Stilz/*Fleischer* Rn. 20 ff.).

Beschränkungen der Vertretungs- und Geschäftsführungsbefugnis

82 (1) **Die Vertretungsbefugnis des Vorstands kann nicht beschränkt werden.**

(2) **Im Verhältnis der Vorstandsmitglieder zur Gesellschaft sind diese verpflichtet, die Beschränkungen einzuhalten, die im Rahmen der Vorschriften über die Aktiengesellschaft die Satzung, der Aufsichtsrat, die Hauptversammlung und die Geschäftsordnungen des Vorstands und des Aufsichtsrats für die Geschäftsführungsbefugnis getroffen haben.**

Übersicht

I. Allgemeines

1 In Ergänzung von §§ 77, 78 regelt § 82 die **Unbeschränkbarkeit der Vertretungsbefugnis.** Die Geschäftsführungsbefugnis, also das Innenverhältnis zur AG, ist dagegen in den Grenzen des § 82 Abs. 2 **beschränkbar.** Aus der differenzierenden Regelung ergibt sich, dass das rechtliche Können und das rechtliche Dürfen des Vorstandes nicht zwingend deckungsgleich sein müssen (sog. **Trennungstheorie**) (K. Schmidt/Lutter/*Seibt* Rn. 1; Spindler/Stilz/*Fleischer* Rn. 1; Hüffer/Koch/*Koch* Rn. 1).

2 Die Vorschrift dient dem **Verkehrsschutz** (Bürgers/Körber/*Bürgers/Israel* Rn. 1; Spindler/Stilz/*Fleischer* Rn. 1; GroßkommAktG/*Habersack* Rn. 1; Hüffer/Koch/*Koch* Rn. 1; K. Schmidt/Lutter/*Seibt* Rn. 2). Damit wird auch für das AktG der allgemeine handelsrechtliche Grundsatz bekräftigt, dass der Schutz des Rechtsverkehrs demjenigen des Vertretenen vorgeht; damit lehnt der Gesetzgeber zugleich die Übernahme der **Ultra-Vires-Lehre** ab, wonach die Rechts- und Verpflichtungsfähigkeit eines Verbandes und damit zugleich die Vertretungsmacht der Organpersonen durch den satzungsmäßigen

Verbandszweck begrenzt werden (Bürgers/Körber/*Bürgers/Israel* Rn. 1; Spindler/Stilz/*Fleischer* Rn. 1; GroßkommAktG/*Habersack* Rn. 1; KK-AktG/*Mertens/Cahn* Rn. 1; *Tieves,* Unternehmensgegenstand, 1998, 270 ff.; *Fleischer* NZG 2005, 529 ff.).

Eine Erstreckung des § 82 Abs. 1 auch auf die **Vor-AG** lehnt die wohl hM ab. Vor **Eintragung der Gesellschaft** bestehe lediglich eine auf das Gründungsnotwendige **beschränkte Vertretungsmacht,** die aber durch Zustimmung der Gründer der Gesellschaft erweiterbar sei (BGH 9.3.1981, BGHZ 80, 129 (139) = NJW 1981, 1373; GroßkommAktG/*Habersack* Rn. 3; Hüffer/Koch/*Koch* Rn. 1; NK-AktKapMarktR/*Oltmanns* Rn. 1; KK-AktG/*Mertens/Cahn* Rn. 3; *Wiedemann* ZIP 1997, 2029 (2032); aA K. Schmidt/Lutter/*Seibt* Rn. 2; MüKoAktG/*Spindler* Rn. 3; *Priester* ZHR 165 (2001), 383 (389)). 3

II. Unbeschränkbarkeit der Vertretungsmacht

1. Grundsätzliches. Die Vorschrift des § 82 Abs. 1, die sich nur auf die **organschaftliche Vertretungsbefugnis** von Vorstandsmitgliedern bezieht, enthält den Grundsatz der **Unbeschränkbarkeit der Vertretungsmacht.** Er gilt für sämtliche Vertretungsakte und umfasst daher auch geschäftsähnliche Handlungen, Prozesshandlungen, Anmeldungen zum Handelsregister und korporationsrechtliche Geschäfte, die durch externe Erklärung in Geltung gesetzt werden (zB die Zustimmung zur Übertragung von Namensaktien nach § 68 Abs. 2 S. 2 oder die Einforderung ausstehender Einlagen nach § 63 Abs. 1; vgl. Spindler/Stilz/*Fleischer* Rn. 4; Hüffer/Koch/*Koch* Rn. 3). 4

Rechtsgeschäfte, die der **Vorstand mit Dritten** abschließt, sind daher für die Gesellschaft grundsätzlich bindend (Spindler/Stilz/*Fleischer* Rn. 5; Hüffer/Koch/*Koch* Rn. 3; K. Schmidt/Lutter/*Seibt* Rn. 3). Zum Kreis der Dritten gehören auch Arbeiter und Angestellte des Unternehmens (BAG 11.7.2017, NZA 2017, 1471). Der Abschluss von Verträgen unter dem erklärten **Vorbehalt,** dass Aufsichtsrat oder Hauptversammlung **nachträglich zustimmen,** ist jedoch **zulässig** (RGZ 125, 296 (302 f.); Hüffer/Koch/*Koch* Rn. 3; KK-AktG/*Mertens/Cahn* Rn. 10; NK-AktKapMarktR/*Oltmanns* Rn. 5), hierbei handelt es sich nicht um eine **Beschränkung der Vertretungsmacht** (vgl. hierzu MüKoAktG/*Spindler* Rn. 14). 5

2. Grenzen der Vertretungsmacht aus Kompetenzverteilung. An einer Vertretungsbefugnis des Vorstandes fehlt es, wenn das Gesetz eine Vertretung der Gesellschaft durch andere Organe vorsieht. Dies gilt insbesondere für die **Bestellung und Abberufung des Vorstandes** (§ 84 Abs. 1 und 3) und die **Vertretung der Gesellschaft gegenüber den Vorstandsmitgliedern** (§ 112). In diesen Fällen hat der Aufsichtsrat die alleinige Vertretungsmacht (vgl. Bürgers/Körber/*Bürgers/Israel* Rn. 3; Spindler/Stilz/*Fleischer* Rn. 9; MüKoAktG/*Spindler* Rn. 19). Auch in den Fällen, in denen die Gesellschaft durch die **Hauptversammlung** vertreten wird, hat der Vorstand keine Vertretungsmacht, wie etwa bei Entscheidungen über die **Vergütung der Aufsichtsratsmitglieder** (§ 113 Abs. 1) oder die **Bestellung von Abschluss- und Sonderprüfern** (§ 119 Abs. 1 Nr. 4 und 7) (vgl. hierzu Hüffer/Koch/*Koch* Rn. 4; K. Schmidt/Lutter/*Seibt* Rn. 4; MüKoAktG/*Spindler* Rn. 18). 6

Die Vertretungsbefugnis des Vorstandes wird auch durch eine notwendige Mitwirkung anderer Organe beschränkt (vgl. hierzu MüKoAktG/*Spindler* Rn. 20 ff.). So bedarf etwa der Vorstand für eine wirksame Vertretung der Gesellschaft der Zustimmung des Aufsichtsrats bei der **Kreditgewährung an Vorstandsmitglieder** (§ 89) oder bei **Verträgen mit Aufsichtsratsmitgliedern** (Bürgers/Körber/*Bürgers/Israel* Rn. 3; Spindler/Stilz/*Fleischer* Rn. 10; Hüffer/Koch/*Koch* Rn. 4). Weiter bedarf der Vorstand für eine wirksame Vertretung der Zustimmung der Hauptversammlung etwa bei der **Nachgründung** (§ 52 Abs. 1), bei der **Verpflichtung zur Übertragung des gesamten Vermögens** (§ 179a), beim Abschluss und der **Änderung von Unternehmensverträgen** (§§ 293, 295) und bei Verschmelzungsverträgen (§§ 13, 65, 73 UmwG) (Bürgers/Körber/*Bürgers/Israel* Rn. 3; Spindler/Stilz/*Fleischer* Rn. 10; MüKoAktG/*Spindler* Rn. 20). Keine Beschränkung der Vertretungsmacht liegt vor in den Fällen der sog. **Holzmüller/Gelatine-Rechtsprechung,** nach der **ungeschriebene Hauptversammlungszuständigkeiten** begründet werden (BGH 25.2.1982, BGHZ 83, 122 (132) = NJW 1982, 1703; BGH 26.4.2004, BGHZ 159, 30 = NJW 2004, 1860 (Gelatine); OLG Frankfurt a. M. 7.12.2010, NZG 2011, 62; OLG Celle 7.3.2001, NZG 2001, 409 = ZIP 2001, 613 (616); GroßkommAktG/*Habersack* Rn. 8; Hüffer/Koch/*Koch* Rn. 4; kritisch *Ekkenga/Schneider* ZIP 2017, 1053). § 111 Abs. 4 S. 2 hat keine Außenwirkung (Hüffer/Koch/*Koch* § 111 Rn. 49). 7

Sofern der Vorstand **ohne die notwendige Zustimmung** eines anderen Gesellschaftsorgans handelt, richten sich die Rechtsfolgen nach **§§ 177 ff. BGB** (Spindler/Stilz/*Fleischer* Rn. 11; Hüffer/Koch/*Koch* Rn. 5; NK-AktKapMarktR/*Oltmanns* Rn. 6). Fehlt dem Vorstand hingegen **jede Vertretungsmacht,** so liegt nach hM ein Verstoß gegen ein **gesetzliches Verbot iSv § 134 BGB** vor, sodass das Geschäft von Anfang an nichtig ist (OLG Stuttgart 20.3.1992, AG 1993, 85 (86); OLG Hamburg 16.5.1986, ZIP 1986, 1249 (1251); Bürgers/Körber/*Bürgers/Israel* Rn. 3; Spindler/Stilz/*Fleischer* Rn. 11; Hüffer/Koch/*Koch* Rn. 5; KK-AktG/*Mertens/Cahn* Rn. 8). 8

3. Missbrauch der Vertretungsmacht. Ein Dritter kann sich nicht auf die Unbeschränkbarkeit der Vertretungsmacht nach § 82 Abs. 1 berufen, sofern die **Grundsätze über den Missbrauch der** 9

Vertretungsmacht eingreifen. In diesem Fall entfällt die **Schutzwürdigkeit des Rechtsverkehrs;** die unbeschränkte Vertretungsmacht des Vorstandes kann der Gesellschaft nicht mehr entgegengehalten werden (Hüffer/Koch/*Koch* Rn. 6 ff.).

10 Die Grundsätze über den **Missbrauch der Vertretungsmacht** greifen zunächst im Fall der **Kollusion.** Sie liegt vor, wenn der Vorstand und ein Geschäftspartner bewusst und gewollt zum Nachteil der Gesellschaft **zusammenwirken.** In diesem Fall geht die hM von der **Nichtigkeit des Rechtsgeschäfts** nach **§ 138 BGB** aus (BGH 25.3.1968, BGHZ 50, 112 (114) = NJW 1968, 1379; BGH 5.11.2003, NZG 2004, 139 (140); Bürgers/Körber/*Bürgers/Israel* Rn. 4; GroßkommAktG/*Habersack* Rn. 11; Hüffer/Koch/*Koch* Rn. 6; KK-AktG/*Mertens/Cahn* Rn. 45; aA (Anwendung von § 177 BGB) Lutter/Hommelhoff/*Kleindiek* GmbHG § 35 Rn. 1, 22, 24).

11 Ein weiterer Unterfall des Missbrauchs der Vertretungsmacht ist die **Evidenz eines Missbrauchs,** wenn der Vorstand die Grenzen seiner Geschäftsführungsbefugnis überschreitet, dabei **bewusst zum Nachteil der Gesellschaft** handelt und der Dritte dies **kannte oder aufgrund massiver Verdachtsmomente,** die ohne Nachforschung **erkennbar waren,** hätte erkennen müssen (BGH 25.10.1994, BGHZ 127, 239 (241) = NJW 1995, 250; BGH 29.6.1999, ZIP 1999, 1303 (1304) = NJW 1999, 2883; Bürgers/Körber/*Bürgers/Israel* Rn. 5; Hüffer/Koch/*Koch* Rn. 7; K. Schmidt/Lutter/*Seibt* Rn. 6; Spindler/Stilz/*Fleischer* Rn. 15). Teilweise wird auf das Merkmal der Kenntnis einer **bewussten Benachteiligung der Gesellschaft** durch den Vorstand verzichtet (BGH 29.6.1999, ZIP 1999, 1303 (1304) = NJW 1999, 2883; GroßkommAktG/*Habersack* Rn. 12).

12 Nach der **hM** kann sich die Gesellschaft im Falle des **evidenten Missbrauchs** der Vertretungsmacht gegenüber dem Dritten auf **§ 242 BGB** berufen (BGH 31.1.1991, BGHZ 113, 315 (320) = NJW 1991, 1812; Hüffer/Koch/*Koch* Rn. 7a; KK-AktG/*Mertens* Rn. 39; NK-AktKapMarktR/*Oltmanns* Rn. 6; aA (§§ 177 ff. BGB) Lutter/Hommelhoff/*Kleindiek* GmbHG § 35 Rn. 12, 22, 24).

III. Beschränkungen der Geschäftsführungsbefugnis

13 **1. Grundsatz.** Vorstandsmitglieder sind nach § 82 Abs. 2 im Verhältnis zur AG verpflichtet, **Beschränkungen ihrer Geschäftsführungsbefugnis** einzuhalten. Solche Beschränkungen können sich aus der **Satzung** ergeben, vom **Aufsichtsrat oder der Hauptversammlung** ausgehen oder ihre Grundlage in **Geschäftsordnungen** von Vorstand oder Aufsichtsrat haben. Sie müssen die Organisationsverfassung der AG, insbesondere die Leitungskompetenz des Vorstands, respektieren (Bürgers/Körber/*Bürgers/Israel* Rn. 10; Hüffer/Koch/*Koch* Rn. 10).

14 **2. Formen der Beschränkung.** Beschränkungen aus der **Satzung** können sich insbesondere im Hinblick auf **Gesellschaftszweck** und **Unternehmensgegenstand** ergeben. Welche Spielräume der Vorstand hat, ist im Einzelfall **durch Auslegung der Satzung** unter Berücksichtigung der branchen- und marktbezogenen Verkehrsauffassung zu ermitteln; solange die Identität des Unternehmens als Marktteilnehmer erhalten bleibt, liegt regelmäßig keine unzulässige Veränderung des Unternehmensgegenstandes vor (Spindler/Stilz/*Fleischer* Rn. 28 ff.; Hüffer/Koch/*Koch* Rn. 9; K. Schmidt/Lutter/*Seibt* Rn. 13 ff.). **Konkretisierende Satzungsbestimmungen** sind zulässig, wenn der Vorstand nicht zum **bloßen Befehlsempfänger** ohne eigenen Handlungsspielraum herabgestuft wird (Spindler/Stilz/*Fleischer* Rn. 33; GroßkommAktG/*Habersack* Rn. 26; ähnlich auch Hüffer/Koch/*Koch* Rn. 10). **Bestimmte Arten von Geschäftsführungsmaßnahmen** können gem. **§ 111 Abs. 4 S. 2** an die **Zustimmung** des Aufsichtsrats gebunden werden, der auf diese Weise ein Vetorecht bekommt (Spindler/Stilz/*Fleischer* Rn. 34; GroßkommAktG/*Habersack* Rn. 28; KK-AktG/*Mertens/Cahn* Rn. 41; NK-AktKapMarktR/*Oltmanns* Rn. 10). Eine Beschränkung der Geschäftsführung des Vorstandes durch die **Hauptversammlung** kommt im Wesentlichen nur bei Entscheidungen der Hauptversammlung nach **§ 119 Abs. 2** in Betracht. Der Vorstand ist an diese Entscheidung gebunden und muss sie gem. § 83 Abs. 2 ausführen. Gebunden ist der Vorstand auch an **Beschränkungen seiner Geschäftsführungsbefugnis** in einer **Geschäftsordnung für den Vorstand,** insbesondere im Hinblick auf die Ressortbildung (→ § 77 Rn. 11 ff.).

15 **3. Rechtsfolgen bei Verstoß.** Sofern der Vorstand seine **Geschäftsführungsbefugnis überschreitet,** hat dies im Verhältnis zu Dritten grundsätzlich keine Bedeutung (→ Rn. 5; Hüffer/Koch/*Koch* Rn. 14; KK-AktG/*Mertens/Cahn* Rn. 44), es sei denn es greifen die Grundsätze über den **Missbrauch der Vertretungsmacht** (→ Rn. 9 ff.). Im Innenverhältnis zur Gesellschaft kann die Überschreitung der Geschäftsführungsbefugnis einen wichtigen Grund für den **Widerruf der Bestellung** nach § 84 Abs. 3 und die **Kündigung des Anstellungsvertrages** bilden, sowie unter den weiteren Voraussetzungen des § 93 Abs. 2 einen **Schadensersatzanspruch** der Gesellschaft begründen (Bürgers/Körber/*Bürgers/Israel* Rn. 12; Spindler/Stilz/*Fleischer* Rn. 37; K. Schmidt/Lutter/*Seibt* Rn. 19).

Vorbereitung und Ausführung von Hauptversammlungsbeschlüssen

83

(1) [1]Der Vorstand ist auf Verlangen der Hauptversammlung verpflichtet, Maßnahmen, die in die Zuständigkeit der Hauptversammlung fallen, vorzubereiten. [2]Das gleiche gilt für die Vorbereitung und den Abschluß von Verträgen, die nur mit Zustimmung der Hauptversammlung wirksam werden. [3]Der Beschluß der Hauptversammlung bedarf der Mehrheiten, die für die Maßnahmen oder für die Zustimmung zu dem Vertrag erforderlich sind.

(2) **Der Vorstand ist verpflichtet, die von der Hauptversammlung im Rahmen ihrer Zuständigkeit beschlossenen Maßnahmen auszuführen.**

I. Allgemeines

§ 83 betrifft das Verhältnis des Vorstandes zur **Hauptversammlung.** Die Regelung soll sicherstellen, dass die in § 119 umschriebenen Kompetenzen der Hauptversammlung nicht leerlaufen, weil diese selbst aufgrund ihrer **Organisationsschwäche** nicht zu den erforderlichen praktischen Maßnahmen in der Lage ist (Spindler/Stilz/*Fleischer* Rn. 1; Hüffer/Koch/*Koch* Rn. 1). 1

II. Vorbereitungspflicht

Die **Vorbereitungspflicht** aus Abs. 1 S. 1 setzt **Zuständigkeit der Hauptversammlung** und von ihr gefassten Weisungsbeschluss (Verlangen) voraus (Hüffer/Koch/*Koch* Rn. 2). Die Zuständigkeit der Hauptversammlung ergibt sich insbesondere aus § 119 Abs. 1 und entsprechenden Satzungsbestimmungen. Sofern der Vorstand nach § 119 Abs. 2 eine Entscheidung der Hauptversammlung über eine **Frage der Geschäftsführung** verlangt, so trifft ihn auch die Pflicht, entsprechende Maßnahmen vorzubereiten (MüKoAktG/*Spindler* Rn. 6; aA KK-AktG/*Mertens/Cahn* Rn. 4). Vor dem Hintergrund des Regelungszwecks der Vorschrift besteht nach hM **keine Vorbereitungspflicht** des Vorstandes, wenn die Entscheidung der Hauptversammlung nur **interne Bedeutung** hat (Spindler/Stilz/*Fleischer* Rn. 4; MüKoAktG/*Spindler* Rn. 2, 8; GroßkommAktG/*Habersack* Rn. 6; Hüffer/Koch/*Koch* Rn. 2; aA KK-AktG/*Mertens/Cahn* Rn. 4). 2

Nach Abs. 1 S. 2 trifft den Vorstand eine Vorbereitungspflicht weiterhin, wenn es um **Verträge** geht, die nur mit **Zustimmung der Hauptversammlung** wirksam werden. Erfasst sind hiervon insbesondere Unternehmens- und Verschmelzungsverträge (§ 293 Abs. 1, §§ 13, 65, 73 UmwG) sowie Vergleich und Verzicht (§§ 50, 53, 93 Abs. 4 S. 3, § 117 Abs. 4) im Zusammenhang mit Ersatzansprüchen der Gesellschaft und Gesamtvermögensgeschäfte (§ 179a, Spindler/Stilz/*Fleischer* Rn. 5). Nach einhelliger Meinung ist der Vorschrift auch ein **Initiativrecht** der Hauptversammlung hinsichtlich solcher Verträge zu entnehmen, sodass der Vorstand diese auch dann vorzubereiten hat, wenn er selbst einen entsprechenden Vertrag für nicht angebracht hält (Bürgers/Körber/*Bürgers/Israel* Rn. 3; Hüffer/Koch/*Koch* Rn. 3; K. Schmidt/Lutter/*Seibt* Rn. 6). 3

Eine Vorbereitungspflicht nach Abs. 1 S. 1, 2 trifft den Vorstand nur dann, wenn die Hauptversammlung einen entsprechenden **Weisungsbeschluss** („Verlangen der Hauptversammlung") gefasst hat. Dieser muss nach Abs. 1 S. 3 immer mit der für die jeweilige Maßnahme (Abs. 1 S. 1) oder den jeweiligen Vertrag (Abs. 1 S. 2) **erforderlichen Mehrheit** gefasst werden. Hierdurch soll sichergestellt werden, dass der Vorstand nicht zu Vorbereitungshandlungen verpflichtet wird, die von Anfang an **überflüssig** sind, weil ein späterer Beschluss mangels erforderlicher Mehrheit nicht gefasst wird (GroßkommAktG/*Habersack* Rn. 9; K. Schmidt/Lutter/*Seibt* Rn. 8). Sofern für die Maßnahme ein **Sonderbeschluss einzelner Aktiengattungen** erforderlich ist, gilt dies auch für den Weisungsbeschluss (Bürgers/Körber/*Bürgers/Israel* Rn. 4). 4

III. Ausführungspflicht

Nach Abs. 2 ist der Vorstand verpflichtet, von der Hauptversammlung im Rahmen ihrer Zuständigkeit beschlossene Maßnahmen auszuführen. Durch diese **Ausführungspflicht** wird dem Umstand Rechnung getragen, dass Hauptversammlungsbeschlüsse teilweise einer Umsetzung bedürfen, um rechtswirksam zu werden (Spindler/Stilz/*Fleischer* Rn. 7; MüKoAktG/*Spindler* Rn. 16 f.). Von der Ausführungspflicht betroffen sind vor allem **Anmeldungen zum Handelsregister** (Spindler/Stilz/*Fleischer* Rn. 7; Hüffer/Koch/*Koch* Rn. 5). Ein gesonderter **Weisungsbeschluss** wie bei Abs. 1 ist nicht mehr erforderlich, die Ausführungspflicht folgt vielmehr bereits aus dem Hauptversammlungsbeschluss selbst (Spindler/Stilz/*Fleischer* Rn. 7). Im Rahmen seiner Ausführungspflicht hat der Vorstand die beschlossene Maßnahme **unverzüglich** innerhalb einer **angemessenen Überlegungs- und Vorbereitungsfrist** auszuführen (MüKoAktG/*Spindler* Rn. 17; *Volhard* ZGR 1996, 55 (56)). 5

Eine Ausführungspflicht besteht wegen § 93 Abs. 4 S. 1 nur bei **gesetzmäßigen Hauptversammlungsbeschlüssen** (ausf. hierzu Spindler/Stilz/*Fleischer* Rn. 8 ff.). Soweit Hauptversammlungsbeschlüsse 6

nichtig oder anfechtbar sind, dürfen sie nicht durch den Vorstand ausgeführt werden (Spindler/Stilz/*Fleischer* Rn. 9). Bei nur anfechtbaren Hauptversammlungsbeschlüssen besteht eine Umsetzungspflicht, wenn die **Anfechtungsfrist (§ 246) abgelaufen** ist (Bürgers/Körber/*Bürgers/Israel* Rn. 5). Ausnahmsweise darf die Ausführung auch nach Ablauf der Anfechtungsfrist noch verweigert werden, wenn der Vorstand mit überzeugenden Gründen annehmen darf, dass er durch die Ausführung der AG und den Gesellschaftsgläubigern gegenüber zum **Schadensersatz** verpflichtet werden würde (GroßkommAktG/*Habersack* Rn. 13; K. Schmidt/Lutter/*Seibt* Rn. 12; MüKoAktG/*Spindler* Rn. 24).

IV. Verletzung der Pflichten

7 Bei schuldhafter Nichtbeachtung von Pflichten aus § 83 macht sich ein Vorstandsmitglied nach § 93 **ersatzpflichtig** (Spindler/Stilz/*Fleischer* Rn. 18; Hüffer/Koch/*Koch* Rn. 6; *Hartlein* ZHR 168 (2004), 437 (450); zur Haftung bei Strukturmaßnahmen und zu den Grenzen des Zustimmungsvorbehalts bei Beschlüssen *Streyl/Schaper* ZIP 2017, 410). Eine Pflichtverletzung stellt einen wichtigen Grund zur **Abberufung** iSv § 84 Abs. 3 dar. Ein Vorstandsmitglied kann jedoch nicht durch **Ordnungsmaßnahmen** zur Erfüllung seiner Pflichten angehalten werden (MüKoAktG/*Spindler* Rn. 26).

8 Nach **hM** kann ein Vorstandsmitglied auf Erfüllung seiner Pflichten gegenüber der Gesellschaft – vertreten durch den Aufsichtsrat (§ 112) – **verklagt werden** (Spindler/Stilz/*Fleischer* Rn. 18 mwN; MüKoAktG/*Spindler* Rn. 27; aA Bürgers/Körber/*Bürgers/Israel* Rn. 6; GroßkommAktG/*Habersack* Rn. 15 f.; Hüffer/Koch/*Koch* Rn. 6; KK-AktG/*Mertens/Cahn* Rn. 12 mit dem Argument, dass ein Organstreit unzulässig sei). Die Vollstreckung richtet sich jeweils nach §§ 887 bzw. 888 Abs. 2 ZPO, bei Abgabe von Willenserklärungen nach §§ 894, 896 ZPO.

Bestellung und Abberufung des Vorstands

84

(1) [1] **Vorstandsmitglieder bestellt der Aufsichtsrat auf höchstens fünf Jahre.** [2] **Eine wiederholte Bestellung oder Verlängerung der Amtszeit, jeweils für höchstens fünf Jahre, ist zulässig.** [3] **Sie bedarf eines erneuten Aufsichtsratsbeschlusses, der frühestens ein Jahr vor Ablauf der bisherigen Amtszeit gefaßt werden kann.** [4] **Nur bei einer Bestellung auf weniger als fünf Jahre kann eine Verlängerung der Amtszeit ohne neuen Aufsichtsratsbeschluß vorgesehen werden, sofern dadurch die gesamte Amtszeit nicht mehr als fünf Jahre beträgt.** [5] **Dies gilt singemäß für den Anstellungsvertrag; er kann jedoch vorsehen, daß er für den Fall einer Verlängerung der Amtszeit bis zu deren Ablauf weitergilt.**

(2) **Werden mehrere Personen zu Vorstandsmitgliedern bestellt, so kann der Aufsichtsrat ein Mitglied zum Vorsitzenden des Vorstands ernennen.**

(3) [1] **Der Aufsichtsrat kann die Bestellung zum Vorstandsmitglied und die Ernennung zum Vorsitzenden des Vorstands widerrufen, wenn ein wichtiger Grund vorliegt.** [2] **Ein solcher Grund ist namentlich grobe Pflichtverletzung, Unfähigkeit zur ordnungsmäßigen Geschäftsführung oder Vertrauensentzug durch die Hauptversammlung, es sei denn, daß das Vertrauen aus offenbar unsachlichen Gründen entzogen worden ist.** [3] **Dies gilt auch für den vom ersten Aufsichtsrat bestellten Vorstand.** [4] **Der Widerruf ist wirksam, bis seine Unwirksamkeit rechtskräftig festgestellt ist.** [5] **Für die Ansprüche aus dem Anstellungsvertrag gelten die allgemeinen Vorschriften.**

(4) **Die Vorschriften des Gesetzes über die Mitbestimmung der Arbeitnehmer in den Aufsichtsräten und Vorständen der Unternehmen des Bergbaus und der Eisen und Stahl erzeugenden Industrie in der im Bundesgesetzblatt Teil III, Gliederungsnummer 801-2, veröffentlichten bereinigten Fassung – Montan-Mitbestimmungsgesetz – über die besonderen Mehrheitserfordernisse für einen Aufsichtsratsbeschluß über die Bestellung eines Arbeitsdirektors oder den Widerruf seiner Bestellung bleiben unberührt.**

Übersicht

I. Allgemeines

§ 84 regelt die **Bestellung und Abberufung** des Vorstandes durch den Aufsichtsrat. Die Vorschrift begründet die ausschließliche **Personalkompetenz** des Aufsichtsrates (Hüffer/Koch/*Koch* Rn. 1; Spindler/Stilz/*Fleischer* Rn. 1 ff.; vgl. zur historischen Entwicklung dieser Kompetenz K. Schmidt/Lutter/*Seibt* Rn. 2). Die **Bestellungsdauer** beträgt **maximal fünf Jahre** mit der Möglichkeit der **Wiederbestellung.** Abs. 2 eröffnet die Möglichkeit, ein Vorstandsmitglied zum Vorsitzenden des Vorstandes zu ernennen. Die Kompetenzzuweisung an den Aufsichtsrat ist zwingend (§ 23 Abs. 5), daher kann auch die Satzung keine Hauptversammlungszuständigkeit begründen (Hüffer/Koch/*Koch* Rn. 1). 1

In § 84 Abs. 1 S. 5, Abs. 3 S. 5 kommt zum Ausdruck, dass zwischen der organschaftlichen Beziehung zwischen Vorstandsmitglied und Gesellschaft, die durch die Bestellung begründet wird, und der schuldrechtlichen Beziehung, die durch den Anstellungsvertrag begründet wird, zu differenzieren ist (**sog. Trennungsprinzip;** Hüffer/Koch/*Koch* Rn. 2 mwN; K. Schmidt/Lutter/*Seibt* Rn. 5; Spindler/Stilz/*Fleischer* Rn. 7). 2

II. Bestellung

1. Begriff und Wirkung der Bestellung. Die Bestellung zum Vorstandsmitglied ist der **körperschaftliche Akt,** durch den die organschaftliche Stellung des Vorstandsmitgliedes begründet wird (Bürgers/Körber/*Bürgers/Israel* Rn. 2; MüKoAktG/*Spindler* Rn. 9). Durch die Bestellung wird die **Rechtsstellung eines Vorstandsmitgliedes** mit den damit verbundenen Rechten und Pflichten im **Innen- und Außenverhältnis** begründet (BGH 11.7.1951, BGHZ 3, 90 (92) = NJW 1951, 881; Spindler/Stilz/*Fleischer* Rn. 5; MüKoAktG/*Spindler* Rn. 9). Umstritten – aber ohne praktische Bedeutung – ist die Frage nach der **Rechtsnatur des Bestellungsaktes.** Die wohl hM ordnet die Bestellung als **mitwirkungsbedürftige Maßnahm**e (zur Mitwirkung des Bestellten → Rn. 4) der organschaftlichen Selbstverwaltung ein (vgl. Spindler/Stilz/*Fleischer* Rn. 5; KK-AktG/*Mertens/Cahn* Rn. 2 f.), andere betonen die rechtsgeschäftliche Dimension (Hüffer/Koch/*Koch* Rn. 4; K. Schmidt/Lutter/*Seibt* Rn. 6). 3

2. Voraussetzungen der Bestellung. Die wirksame Bestellung zum Vorstandsmitglied setzt neben einem **Beschluss des Aufsichtsrates** gem. § 108 auch eine **Bestellungserklärung** gegenüber dem Bestellten und dessen **Annahmeerklärung** voraus (Bürgers/Körber/*Bürgers/Israel* Rn. 2; Spindler/Stilz/*Fleischer* Rn. 5; Hüffer/Koch/*Koch* Rn. 3; K. Schmidt/Lutter/*Seibt* Rn. 6). Der Bestellte muss die entsprechenden **Eignungsvoraussetzungen** besitzen (vgl. hierzu ausf. MüKoAktG/*Spindler* Rn. 26 ff.). 4

Der Bestellungsbeschluss erfolgt ausschließlich und zwingend durch den **Gesamtaufsichtsrat** nach § 108 und kann wegen § 107 Abs. 3 S. 2 **nicht auf einen Ausschuss übertragen werden** (BGH 23.10.1975, BGHZ 65, 190 (192 f.) = NJW 1976, 145; BGH 24.11.1980, BGHZ 79, 38 (42 f.) = NJW 1981, 757; Bürgers/Körber/*Bürgers/Israel* Rn. 3; Hüffer/Koch/*Koch* Rn. 5; KK-AktG/*Mertens/Cahn* Rn. 7). Diese Kompetenz bleibt auch in der **Insolvenz** erhalten (Hüffer/Koch/*Koch* Rn. 5; KK-AktG/*Mertens/Cahn* Rn. 7; *K. Schmidt* AG 2011, 1; aA *Klöckner* AG 2010, 780). Es bedarf immer eines **ausdrücklichen** Beschlusses des Aufsichtsrates, sodass konkludente Beschlüsse etwa in Form der Duldung der Vorstandstätigkeit nicht möglich sind (BGH 6.4.1964, BGHZ 41, 282 (286) = NJW 1964, 1367; BGH 23.10.1975, BGHZ 65, 190 (192) = NJW 1976, 145; OLG Dresden 31.8.2000, AG 2000, 43 (44); Bürgers/Körber/*Bürgers/Israel* Rn. 4; Hüffer/Koch/*Koch* Rn. 5). Inhaltlich muss der Bestellungsbeschluss zwingend nur den **Namen des zu Bestellenden** und die **Zuweisung der Organfunktion** „Vorstand" enthalten; er wird aber regelmäßig auch Angaben zu Beginn und Dauer umfassen (K. Schmidt/Lutter/*Seibt* Rn. 9). Für einen zu bestellenden Arbeitsdirektor (§ 33 MitbestG, § 13 MontanMitbestG; § 13 MitbestErgG) ist kraft Gesetzes zugleich ein unabdingbarer **Mindestzuständigkeitsbereich** zuzuweisen. Sofern mehrere Vorstandsmitglieder bestellt werden sollen, ist jeweils gesondert abzustimmen (MüKoAktG/*Spindler* Rn. 21). 5

Rechtsgeschäftliche Vereinbarungen hinsichtlich der Bestellung, die die Entscheidungsfreiheit des Aufsichtsrates beschränken könnten, sind gem. § 134 BGB **nichtig** (Spindler/Stilz/*Fleischer* Rn. 10 6 mwN). Hierdurch wird das dem Aufsichtsrat bei der Bestellung zustehende **unternehmerische Ermessen** sichergestellt (K. Schmidt/Lutter/*Seibt* Rn. 11; *Goette* FS 50 Jahre BGH, 2000, 123 (129)). Allerdings kann ein unverbindliches Vorschlagsrecht eines anderen Organs oder gar eines einzelnen Aktionärs zulässig sein, sofern hierdurch der Aufsichtsrat nicht in seiner freien Entscheidung **beeinträchtigt** wird (Hüffer/Koch/*Koch* Rn. 5; Bürgers/Körber/*Bürgers/Israel* Rn. 3; Spindler/Stilz/*Fleischer* Rn. 10; MüKoAktG/*Spindler* Rn. 15 ff.; zurückhaltend KK-AktG/*Mertens/Cahn* Rn. 9). Wirksam sein sollen sog. Russian-Roulette- oder shoot-out-Klauseln zur Auflösung von Pattsituationen (OLG Nürnberg 20.12.2013, ZIP 2014, 171; diff. *Schmolke* ZIP 2014, 897).

7 Der Bestellungsbeschluss bedarf der **einfachen Mehrheit;** für nach dem MitbestG mitbestimmte Gesellschaften gelten die **Besonderheiten** des § 31 Abs. 2–4 (MüKoAktG/*Spindler* Rn. 21,22). Sofern ein Aufsichtsratsmitglied zum Vorstandsmitglied bestellt werden soll, ist umstritten, ob das Aufsichtsratsmitglied mitstimmen darf. Mit dem Argument, dass das Gesetz ein **Stimmverbot** nicht vorsieht, wird teilweise angenommen, dass der Betroffene ein Stimmrecht hat (*Mertens* ZGR 1983, 189 (203 ff.); *Nirk* in Ziemons/Binnewies AG-HdB Rn. 625). Überzeugender erscheint jedoch die Gegenansicht, die aus dem **Rechtsgedanken des § 34 BGB** ein **Stimmverbot** herleitet (Hüffer/Koch/*Koch* § 108 Rn. 9; K. Schmidt/Lutter/*Seibt* Rn. 10; MüKoAktG/*Spindler* Rn. 19). Die im Zweifel bestehende Interessenkollision spricht für das Bestehen eines Stimmverbotes.

8 Zur Wirksamkeit der Bestellung muss der Bestellungsbeschluss dem Bestellten kundgegeben werden. Die **Einverständniserklärung** gegenüber dem Aufsichtsrat ist notwendig, sie kann auch konkludent erfolgen (Hüffer/Koch/*Koch* Rn. 3; K. Schmidt/Lutter/*Seibt* Rn. 10; Bürgers/Körber/*Bürgers/Israel* Rn. 2; MüKoAktG/*Spindler* Rn. 25).

9 **3. Dauer der Bestellung.** Nach Abs. 1 S. 1 darf ein Vorstand für **maximal fünf Jahre** (Amts-, nicht Geschäftsjahre) bestellt werden. Eine **wiederholte Bestellung** oder eine **Verlängerung** der Amtszeit ist nach Abs. 1 S. 2 zulässig, darf aber wiederum nur für maximal fünf Jahre erfolgen (Hüffer/Koch/*Koch* Rn. 6). Hierdurch soll sichergestellt werden, dass sich der Aufsichtsrat jedenfalls alle fünf Jahre in **verantwortlicher Beratung über die Weiterbeschäftigung** schlüssig wird (BGH 11.7.1953, BGHZ 10, 187 (194 f.) = NJW 1953, 1465; Hüffer/Koch/*Koch* Rn. 6; KK-AktG/*Mertens/Cahn* Rn. 13; K. Schmidt/Lutter/*Seibt* Rn. 3). Für die Wiederbestellung ist nach Abs. 1 S. 3 ein **erneuter Aufsichtsratsbeschluss** erforderlich, der frühestens ein Jahr vor Ablauf der vorangehenden Amtszeit gefasst werden kann (→ Rn. 12). Maßgeblich für die **Berechnung der Amtszeit** ist allein der Beginn der Amtszeit. Sofern im Bestellungsbeschluss keine Befristung vorgenommen wurde, ist entsprechend § 157 BGB von einer Amtszeit von fünf Jahren auszugehen (Hüffer/Koch/Koch/Rn. 7; Bürgers/Körber/*Bürgers/Israel* Rn. 7; KK-AktG/*Mertens/Cahn* Rn. 16).

10 **Ohne** einen **neuen Bestellungsbeschluss** kann die Amtszeit eines Vorstandes gem. Abs. 1 S. 4 während einer laufenden Amtszeit **verlängert** werden; darin liegt **keine Wiederbestellung** (Bürgers/Körber/*Bürgers/Israel* Rn. 11); allerdings darf die gesamte Amtszeit **nicht mehr als fünf Jahre** betragen. Unzulässig ist hingegen eine automatische Verlängerung über den Zeitraum von fünf Jahren hinaus; entsprechende Vereinbarungen oder Regelungen in der Satzung sind gem. § 134 BGB nichtig (BGH 11.7.1953, BGHZ 10, 187 (194 f.) = NJW 1953, 1465; Hüffer/Koch/*Koch* Rn. 6).

11 Ein **Mindestzeitraum** für die Bestellung ist **nicht vorgesehen,** allerdings wird in der Lit. ein Zeitraum von mindestens einem Jahr angenommen (KK-AktG/*Mertens/Cahn* Rn. 24; MüKoAktG/*Spindler* Rn. 45; zu einer übermäßig kurzen Befristung und einer möglicherweise daraus resultierenden Sorgfaltspflichtverletzung Spindler/Stilz/*Fleischer* Rn. 12). Die Rechtsprechung hat eine Bestellung für einen Zeitraum von acht Monaten für wirksam erklärt (OLG München 12.1.2017, ZIP 2017, 372).

12 Keine Umgehung des § 84 Abs. 1 S. 3 liegt in einer einvernehmlichen Aufhebung der Bestellung unter gleichzeitiger Wiederbestellung und Neufestsetzung der Amtszeit (nach Ablauf von zwei Jahren wird Vorstand erneut für fünf Jahre bestellt; BGH 17.7.2012, AG 2012, 677; Hüffer/Koch/*Koch* Rn. 8; GroßkommAktG/*Kort* Rn. 114; KK-AktG/*Mertens/Cahn* Rn. 23; K. Schmidt/Lutter/*Seibt* Rn. 16; Spindler/Stilz/*Fleischer* Rn. 17ff; grundlegend *Wedemann* ZGR 2013, 316; s. auch *Fleischer* DB 2011, 861; *Bauer/Arnold* DB 2006, 260 (261); *Hölters/Weber* AG 2005, 629 (631 ff.)). Sie ist auch ohne besondere Begründung zulässig Dies ergibt sich nach Auffassung des BGH aus Sinn und Zweck der Regelung: Sie solle eine zu lange vertragliche Bindung der Aktiengesellschaft an einen Vorstand verhindern und eine regelmäßige Befassung des Aufsichtsrates mit der Weiterbeschäftigung des Vorstandsmitglieds sicher stellen, diese Ziele seien durch eine vorzeitige Neubestellung nicht beeinträchtigt (BGH 17.7.2012, AG 2012,677 Rn. 26 ff.). Der Einwand des Rechtsmissbrauches bleibe nur in besonders gelagerten Ausnahmefällen möglich (BGH 17.7.2012, AG 2012, 677 Rn. 31; insoweit diff. *Wedemann* ZGR 2013, 316). Nach B.4 DCGK soll die geschilderte Gestaltungspraxis zwar nicht generell unzulässig sein, eine **vorzeitige Wiederbestellung** indes nur bei Vorliegen besonderer Umstände erfolgen.

13 Soweit die Bestellung eines Vorstandsmitgliedes an einem **Wirksamkeitsmangel** leidet, ist das Organverhältnis bis zur Geltendmachung des Mangels als **wirksam anzusehen** (BGH 6.4.1964, BGHZ 41, 282 (286) = NJW 1964, 1367; hierzu Spindler/Stilz/*Fleischer* Rn. 20; KK-AktG/*Mertens/Cahn* Rn. 30; *Bayer/Lieder* NZG 2012, 1). Zur Beendigung dieser **faktischen Organstellung** bedarf es eines

Beschlusses des Aufsichtsrates, dass die Bestellung unwirksam ist, oder einer Amtsniederlegung (MüKoAktG/*Spindler* Rn. 249; Spindler/Stilz/*Fleischer* Rn. 21).

III. Anstellungsvertrag

1. Trennung von Bestellung und Anstellung. Von der **organschaftlichen Stellung** der Vorstandsmitglieder ist ihre **schuldrechtliche Beziehung** zur Gesellschaft zu unterscheiden. Die sog. **Trennungstheorie** findet in Abs. 1 S. 5 und Abs. 3 S. 5 ihren Niederschlag (Hüffer/Koch/*Koch* Rn. 2; Spindler/Stilz/*Fleischer* Rn. 7; K. Schmidt/Lutter/*Seibt* Rn. 5). Zwischen Bestellung und Anstellung besteht allerdings ein **enger tatsächlicher und rechtlicher Zusammenhang** (BGH 14.7.1980, BGHZ 78, 82 (84 ff.) = NJW 1980, 2415; BGH 24.11.1980, BGHZ 79, 38 (41) = NJW 1981, 757; BGH 14.11.1983, BGHZ 89, 48 (52) = NJW 1984, 733; GroßkommAktG/*Kort* Rn. 25; KK-AktG/*Mertens/Cahn* Rn. 4). Durch den Anstellungsvertrag werden die **Leistungspflichten** des Vorstandsmitgliedes sowie die **Gegenleistung der Gesellschaft** näher bestimmt (Spindler/Stilz/*Fleischer* Rn. 7, 24; *Hueck/Windbichler* GesR § 23 Rn. 7; *Raiser/Veil* KapGesR § 14 Rn. 45). 14

2. Rechtsnatur und Abschluss. Der Anstellungsvertrag ist regelmäßig **Dienstvertrag,** der eine Geschäftsbesorgung zum Gegenstand hat (§§ 611, 675 BGB) (Hüffer/Koch/*Koch* Rn. 14; GroßkommAktG/*Kort* Rn. 272; K. Schmidt/Lutter/*Seibt* Rn. 24); soweit ein Vorstandsmitglied unentgeltlich tätig wird, kann auch ein **Auftragsverhältnis** iSv § 662 BGB gegeben sein. Er kommt nach allgemeinen Regeln zustande, es bedarf dementsprechend des **Zugangs der Annahmeerklärung** beim Aufsichtsrat (K. Schmidt/Lutter/*Seibt* Rn. 23; MüKoAktG/*Spindler* Rn. 59). Der Anstellungsvertrag bedarf **keiner Form,** kann also auch mündlich oder konkludent geschlossen werden (OLG Stuttgart 13.3.2002, AG 2003, 211 (213); Bürgers/Körber/*Bürgers/Israel* Rn. 13; MüKoAktG/*Spindler* Rn. 77). Die Vorschriften des AGG sind auf Vorstandsmitglieder einer AG gem. § 6 Abs. 3 AGG nur eingeschränkt anwendbar. Daran ändert die Danosa-Entscheidung des EuGHs (EuGH 11.11.2010, NJW 2011, 2343) nichts, da Vorstandsmitglieder mangels Weisungsgebundenheit auch im unionsrechtlichen Sinne keine Arbeitnehmer sind (Hüffer/Koch/*Koch* § 76 Rn. 63f; *Bauer/Arnold* ZIP 2012, 597 (598 f.); *Bauer/v. Medem* NZA 2012, 945 (952); *Wilsing/Meyer* NJW 2012, 3211 (3212); *Hohenstatt/Naber* ZIP 2012, 1989 (1990); aA (sehr problematisch) *Ziemons* KSzW 2013, 19 (20)). 15

Sofern der Anstellungsvertrag an einem **Wirksamkeitsmangel** leidet (zB Anstellung ohne Beschluss des Aufsichtsrates), aber durch Aufnahme der Tätigkeit in Vollzug gesetzt wurde, sind die **Grundsätze über das fehlerhafte Arbeitsverhältnis** entsprechend anzuwenden (BGH 6.4.1964, BGHZ 41, 282 (288 ff.) = NJW 1964, 1367; BGH 23.10.1975, BGHZ 65, 190 (195) = NJW 1976, 145; BGH 3.7.2000, NJW 2000, 2983 f.; OLG Schleswig 16.11.2000, AG 2001, 651 (653); Hüffer/Koch/*Koch* Rn. 12 f.; zu Einzelheiten Spindler/Stilz/*Fleischer* Rn. 84 ff.; KK-AktG/*Mertens/Cahn* Rn. 57; K. Schmidt/Lutter/*Seibt* Rn. 38; *Baums,* Der Geschäftsleitervertrag, 1987, 153 ff., 195 ff.). Dementsprechend hat das Vorstandsmitglied seine **dienstvertraglichen Pflichten** zu erfüllen, daneben stehen ihm aber auch die ihm durch (fehlerhaften) Vertrag eingeräumten Rechte zu. 16

3. Zuständigkeit. Laut § 84 Abs. 1 S. 5 gilt S. 1 sinngemäß für den Anstellungsvertrag; zuständig ist also wiederum der **Aufsichtsrat,** der dabei als Vertreter der AG handelt; diese Kompetenz besteht auch in der **Insolvenz** fort (Hüffer/Koch/*Koch* Rn. 15). Von der Zuständigkeit sind nicht nur der **Abschluss** des Anstellungsvertrages und die **inhaltliche Gestaltung** umfasst, sondern auch dessen **Änderung** einschließlich der **Vergütungsvereinbarung** (Hüffer/Koch/*Koch* Rn. 15; vgl. auch *Baums* FS Claussen, 1997, 3 (15)). 17

Da § 84 Abs. 1 S. 5 nicht in § 197 Abs. 3 genannt ist, bestand lange Einigkeit darüber, dass die Entscheidung über den **Anstellungsvertrag** einem Ausschuss überlassen werden kann (BGH 23.10.1975, BGHZ 65, 190 (191) = NJW 1976, 145; GroßkommAktG/*Kort* Rn. 289; KK-AktG/*Mertens/Cahn* Rn. 48). Zwar bleibt § 84 Abs. 1 S. 5 in § 107 auch nach seiner Neugestaltung durch das **VorstAG** unerwähnt. § 107 Abs. 3 S. 3 nF nimmt nunmehr aber auch Bezug auf § 87, sodass die Vergütungsfestsetzung nunmehr dem **Aufsichtsratsplenum vorbehalten** ist. Da sich die Angemessenheit der Vorstandsvergütung nicht losgelöst von den übrigen Bestimmungen des Anstellungsvertrags beurteilen lässt, ist der gesamte Anstellungsvertrag nunmehr im **Aufsichtsratsplenum** zu beraten und zu beschließen (vgl. K. Schmidt/Lutter/*Seibt* Rn. 25). 18

Nicht unproblematisch ist, ob der Anstellungsvertrag statt mit der AG mit einem Dritten abgeschlossen werden kann (sog. **Drittanstellung**), insbesondere bei abhängiger Gesellschaft mit dem herrschenden Unternehmen (K. Schmidt/Lutter/*Seibt* Rn. 26; MüKoAktG/*Spindler* Rn. 79; Hüffer/Koch/*Koch* Rn. 17 ff.; zu Erstattungsvereinbarungen der AG mit dem Dritten s. KG 28.6.2011, NZG 2011, 865). Für den Geschäftsführer einer GmbH hält die Rspr. eine Drittanstellung für zulässig (BGH 25.6.1979, BGHZ 75, 209 (210) = NJW 1980, 595). Bei ausreichender Absicherung der aktienrechtlichen Pflichtenlage gegenüber der Bestellungsgesellschaft bejaht dies die hM auch für den Anstellungsvertrag des Vorstands in der AG (jew. mwN K. Schmidt/Lutter/*Seibt* Rn. 26; *Krieger,* Personalentscheidungen des Aufsichtsrats, 1981, 186 f.; MHdB GesR IV/*Wiesner* § 21 Rn. 4; *Martens* FS Hilger/Stumpf, 19

1983, 437 (442); vgl. auch *Reuter* AG 2011, 274; aA KK-AktG/*Mertens/Cahn* Rn. 56; MüKoAktG/*Spindler* Rn. 76). Aufgrund der verbleibenden Rechtsunsicherheit wird der Praxis von der Konstruktion teilweise abgeraten (so auch Spindler/Stilz/*Fleischer* Rn. 39; Hüffer/Koch/*Koch* Rn. 18; zur Problematik des sog. Interim/Management/Personalleasing Hüffer/Koch/*Koch* Rn. 18; K. Schmidt/Lutter/*Fleischer* Rn. 39a). Der Abschluss des die Vergütung eines Vorstandsmitgliedes betreffenden Vertrags fällt auch dann in die Zuständigkeit des Aufsichtsrates, wenn er von der Gesellschaft nicht mit dem Vorstandsmitglied selbst, sondern einem Dritten abgeschlossen wird und mit dem Dritten eine Vergütung für die Vorstandstätigkeit vereinbart wird (BGH 28.4.2015, ZIP 2015, 1220, in einem ungewöhnlich gelagerten Fall).

20 **4. Rechte und Pflichten.** Das AktG enthält **keine ausdrückliche Regelung** der Rechte und Pflichten, die sich aus dem **Anstellungsvertrag** ergeben (hierzu Spindler/Stilz/*Fleischer* Rn. 43 ff.; MüKoAktG/*Spindler* Rn. 90 ff.; zu einem Vertragsmuster *Happ/Groß,* Aktienrecht, 5. Aufl. 2019, 8.08). Üblicherweise werden neben Vergütungs- und Versorgungsansprüchen des Vorstandsmitgliedes eine Verpflichtung der AG zum **Abschluss einer D&O-Versicherung** zugunsten des Vorstandsmitgliedes vereinbart, wobei nunmehr ein **Selbstbehalt** nach Maßgabe von § 93 Abs. 2 S. 3 vorzusehen ist (→ § 93 Rn. 55 ff.). Darüber hinaus kann der **Anstellungsvertrag** nach Maßgabe des § 87 nF auch Regelungen zu Boni, Provisionen, Stock-Option-Programmen sowie nachvertragliche Wettbewerbsverbote enthalten. **Freistellungs- und Erstattungszusagen** im Hinblick auf Ersatzansprüche der AG, Bußgelder, Geldstrafen sind grundsätzlich im Hinblick auf § 93 Abs. 4 S. 3 unwirksam (wohl hM s. nur Hüffer/Koch/*Koch* Rn. 23; Spindler/Stilz/*Fleischer* Rn. 71 ff.). Unschädlich sollen nur Freistellungserklärungen für solche Haftungsschäden sein, denen im Innenverhältnis keine Pflichtverletzung des Organmitglieds zugrunde liegt; dies wird freilich nur selten der Fall sein (Spindler/Stilz/*Fleischer* Rn. 71/66). Auf dieser Linie hat der BGH in seiner Entscheidung vom 8.7.2014 entschieden, dass die Hauptversammlung entsprechend § 93 Abs. 4 S. 3 einer Übernahme der Geldstrafe, Geldbuße oder Geldauflage durch die Gesellschaft zustimmen muss, wenn das Vorstandsmitglied durch eine Handlung, die Gegenstand eines Ermittlungs- oder Strafverfahrens ist, gleichzeitig seine Pflichten gegenüber der Gesellschaft verletzt hat (BGH 8.7.2014, BB 2014, 2509 mAnm *Krebs;* dazu *Arnold* DB 2014, 2337; *Schmidt-Bendun* DB 2014, 2756).

21 Da Vorstandsmitglieder **keine Arbeitnehmer** der Gesellschaft sind, sondern vielmehr die **Arbeitgeberfunktion** ausüben (BGH 24.11.1980, BGHZ 79, 38 (41) = NJW 1981, 757; jew. mwN Spindler/Stilz/*Fleischer* Rn. 25; GroßkommAktG/*Kort* § 76 Rn. 193; KK-AktG/*Mertens/Cahn* Rn. 35; *Hueck/Windbichler* GesR § 23 Rn. 8; *Raiser/Veil* KapGesR § 14 Rn. 48), stellt sich die Frage, ob und ggf. welche **Arbeitnehmerschutzvorschriften** dennoch zu ihren Gunsten (analog) eingreifen können (Spindler/Stilz/*Fleischer* Rn. 27 ff.; Hüffer/Koch/*Koch* Rn. 24). Eine Anwendung kommt jedenfalls dann in Betracht, wenn die **tatsächliche Stellung** des Vorstandsmitgliedes **arbeitnehmerähnlich** ist (Hüffer/Koch/*Koch* Rn. 24; *Martens* FS Hilger/Stumpf, 1983, 437 (439 ff.)). So ist auf die **ordentliche Kündigung des Anstellungsvertrages** § 622 BGB anwendbar, sofern es keine abweichende Vereinbarung gibt (Hüffer/Koch/*Koch* Rn. 24; KK-AktG/*Mertens/Cahn* Rn. 37). **Nicht anwendbar** sind das ArbGG, das KSchG, das TzBfG sowie die Grundsätze über die beschränkte Arbeitnehmerhaftung (Spindler/Stilz/*Fleischer* Rn. 29). Im Krankheitsfall hat der Vorstand mangels Anwendbarkeit des EFZG nur einen Anspruch aus § 616 BGB (Bürgers/Körber/*Bürgers/Israel* Rn. 17). Das Vorstandsmitglied hat Anspruch auf Erteilung eines **qualifizierten Zeugnisses** (GroßkommAktG/*Kort* Rn. 425).

22 Zugunsten des Vorstandsmitgliedes greifen auch die **Pfändungsschutzvorschriften** der §§ 850 ff. ZPO ein, da hier der Schutz des Lebensunterhalts im Vordergrund steht (Spindler/Stilz/*Fleischer* Rn. 28; K. Schmidt/Lutter/*Seibt* Rn. 32; MHdB GesR IV/*Wiesner* § 21 Rn. 10; *Fleck* FS Hilger/Stumpf, 1983, 197 (209)). Grundsätzlich unterliegen **Versorgungsansprüche** aus dem Anstellungsvertrag auch der **Insolvenzsicherung** nach § 17 Abs. 1 S. 2 BetrAVG (BGH 23.1.2003, NZG 2003, 327 (328); KK-AktG/*Mertens/Cahn* Rn. 68 ff.).

23 Die **Pflichten** des Vorstandsmitgliedes ergeben sich weitgehend aus dem Gesetz. Durch den Anstellungsvertrag werden die **organschaftlichen Pflichten** zugleich **vertragliche Pflichten** (Spindler/Stilz/*Fleischer* Rn. 75; GroßkommAktG/*Kort* Rn. 430). So hat der Vorstand die Gesellschaft unter eigener Verantwortung zu leiten. Ihn treffen die **organschaftliche Treupflicht** und die daraus resultierenden Einzelpflichten (Hüffer/Koch/*Koch* Rn. 10; K. Schmidt/Lutter/*Seibt* Rn. 35).

24 **5. Dauer der Anstellung.** Gemäß Abs. 1 S. 5 (iVm Abs. 1 S. 1) kann der **Anstellungsvertrag** ebenso wie die Bestellung auf **höchstens fünf Kalenderjahre** geschlossen werden. Zulässig ist nach dem Wortlaut der Vorschrift allerdings eine Regelung im Anstellungsvertrag, die dessen **automatische Verlängerung** für den Fall der **Wiederbestellung** vorsieht (Bürgers/Körber/*Bürgers/Israel* Rn. 16). Sofern eine solche Regelung nicht getroffen wurde, bedarf es für die Fortsetzung des Anstellungsvertrages eines **neuen Aufsichtsratsbeschlusses** (Spindler/Stilz/*Fleischer* Rn. 41 mwN). Wegen der Geltung des Trennungsprinzips muss die Dauer des Anstellungsvertrages nicht mit der Dauer der Bestellung übereinstimmen (Hüffer/Koch/*Koch* Rn. 20; K. Schmidt/Lutter/*Seibt* Rn. 28).

IV. Vorstandsvorsitzender

In Abs. 2 wird dem Aufsichtsrat die Möglichkeit eröffnet, bei einem **mehrköpfigen Vorstand** ein Vorstandsmitglied zum **Vorsitzenden** des Vorstandes zu benennen. Eine Pflicht besteht nicht (GroßkommAktG/*Kort* § 77 Rn. 49). Die Soll-Vorgabe nach Ziff. 4.2.1 DCGK 2017, einen Vorsitzenden oder Sprecher zu haben, wurde inzwischen aufgegeben. Wie bei der Bestellung zum Vorstandsmitglied steht die **Kompetenz** zur Bestellung des Vorsitzenden des Vorstandes nur dem **Gesamtaufsichtsrat** zu; eine Übertragung auf einen Ausschuss ist auch hier gem. § 107 Abs. 3 S. 2 nicht möglich (Spindler/Stilz/*Fleischer* Rn. 87; Hüffer/Koch/*Koch* Rn. 28; MüKoAktG/*Spindler* Rn. 116). Ebenso ist ein Einverständnis des Ernannten und eine zeitliche Befristung notwendig (Bürgers/Körber/*Bürgers/Israel* Rn. 21). Die Ernennung erfolgt durch einfachen **Mehrheitsbeschluss des Aufsichtsrates.** Dies gilt auch in der mitbestimmten Gesellschaft (Hüffer/Koch/*Koch* Rn. 28 mwN). Der Widerruf der Ernennung zum Vorsitzenden kann **unabhängig** von einem Widerruf der Bestellung zum Vorstandsmitglied erfolgen (K. Schmidt/Lutter/*Seibt* Rn. 44). 25

Die **Rechtsstellung** des Vorsitzenden des Vorstandes ist im Gesetz **nur im Ansatz geregelt.** In § 80 Abs. 1 S. 2 ist etwa geregelt, dass er auf Geschäftsbriefen als solcher zu bezeichnen ist. Satzung und Geschäftsordnung können ihm **spezielle Aufgaben und Befugnisse** zuweisen (Bürgers/Körber/*Bürgers/Israel* Rn. 22; MüKoAktG/*Spindler* Rn. 117; KK-AktG/*Mertens/Cahn* Rn. 102 ff.). Darüber hinaus stehen ihm die üblichen Rechte eines **Gremienvorsitzenden,** insbesondere die Repräsentation des Kollegiums, die Sitzungsleitung und die Koordination und Überwachung der Arbeit der Vorstandsmitglieder, zu (vgl. zu Einzelheiten Spindler/Stilz/*Fleischer* Rn. 89). Satzung und GO können dem Vorsitzenden das Recht zum **Stichentscheid** oder ein **Vetorecht** geben, ein Vetorecht allerdings nicht in mitbestimmten Gesellschaften (→ § 77 Rn. 9). Einer Heraushebung des Vorstandsvorsitzenden in die Rolle eines CEO amerikanischen Vorbilds sind daher zu Recht Grenzen gesetzt (*Dauner-Lieb* FS Röhricht, 2005, 83 (99 f.); zum Problemkreis ausf. *v. Hein* ZHR 166 (2002), 464); insbesondere ist § 77 Abs. 1 S. 2 Alt. 2 zu beachten. 26

In Abgrenzung zum Vorsitzenden des Vorstandes steht dem durch den Vorstand selbst ernannten gesetzlich nicht geregelten bloßen **Vorstandssprecher** nicht die sachliche Führung der Vorstandsarbeit zu, vielmehr obliegt ihm nur die Sitzungsleitung und die Repräsentation (Hüffer/Koch/*Koch* Rn. 30; MüKoAktG/*Spindler* Rn. 118; K. Schmidt/Lutter/*Seibt* Rn. 43; Spindler/Stilz/*Fleischer* Rn. 91). Der Vorstand kann nur dann einen Vorstandssprecher bestimmen, wenn der Aufsichtsrat keinen Vorsitzenden des Vorstandes bestimmt hat (Spindler/Stilz/*Fleischer* Rn. 91). 27

V. Widerruf der Bestellung

1. Begriff. Die Bestellung zum Vorstandsmitglied und zum Vorsitzenden des Vorstandes kann durch den **Aufsichtsrat** nach Abs. 3 S. 1–4 **widerrufen** werden. Der Widerruf ist wie die Bestellung **körperschaftlicher Akt** und darauf gerichtet, die **organschaftliche Stellung** des Vorstandes zu beseitigen (Bürgers/Körber/*Bürgers/Israel* Rn. 24; Spindler/Stilz/*Fleischer* Rn. 92). Wegen der **Trennungstheorie** (→ Rn. 2, → Rn. 14) ist er von der Kündigung des Anstellungsvertrages zu trennen (KK-AktG/*Mertens/Cahn* Rn. 106 f.); im Widerruf kann jedoch die schlüssige Erklärung einer außerordentlichen Kündigung liegen (Hüffer/Koch/*Koch* Rn. 32). 28

2. Zuständigkeit und Verfahren. Die **Zuständigkeit** für den Widerruf der Bestellung (Abs. 3 S. 1) liegt beim **Gesamtaufsichtsrat** (Hüffer/Koch/*Koch* Rn. 33). Wie bei der Bestellung (→ Rn. 5) selber kann diese Kompetenz wegen § 107 Abs. 3 S. 2 **nicht auf einen Ausschuss übertragen** werden (Spindler/Stilz/*Fleischer* Rn. 94; K. Schmidt/Lutter/*Seibt* Rn. 46). Über den Widerruf entscheidet der Aufsichtsrat gem. § 108 durch **Beschluss** (ausf. auch zu den Folgen eines fehlerhaften Beschlusses Spindler/Stilz/*Fleischer* Rn. 95; GroßkommAktG/*Kort* Rn. 128). In mitbestimmten Gesellschaften ist zudem das in **§ 31 MitbestG** geregelte Verfahren einzuhalten (Bürgers/Körber/*Bürgers/Israel* Rn. 26; Hüffer/Koch/*Koch* Rn. 33). Der Widerruf wird mit dem **Zugang** der Erklärung gegenüber dem betroffenen Vorstandsmitglied wirksam (§ 84 Abs. 3 S. 4; dazu K. Schmidt/Lutter/*Seibt* Rn. 47; MüKoAktG/*Spindler* Rn. 123). Zur Abgabe dieser Erklärung kann der Aufsichtsrat eines seiner Mitglieder **bevollmächtigen** (Hüffer/Koch/*Koch* Rn. 33; Spindler/Stilz/*Fleischer* Rn. 97; MüKoAktG/*Spindler* Rn. 126). 29

3. Vorliegen eines wichtigen Grundes. Der Widerruf der Bestellung ist nach Abs. 3 S. 1 nur aus einem **wichtigen Grund** möglich. Damit soll eine **Abhängigkeit des Vorstandes** vermieden und der ihm obliegenden **eigenverantwortlichen Leitung** (§ 76) Rechnung getragen werden (Hüffer/Koch/*Koch* Rn. 34; K. Schmidt/Lutter/*Seibt* Rn. 48). Abweichungen sind weder aufgrund der Satzung, noch aufgrund eines Beschlusses der Hauptversammlung möglich (KK-AktG/*Mertens/Cahn* Rn. 120). Auch der Vorstand kann auf das Erfordernis des Vorliegens eines wichtigen Grundes nicht verzichten (K. Schmidt/Lutter/*Seibt* Rn. 48). Ein **Beurteilungsspielraum** steht dem Aufsichtsrat bei der Frage nach dem Vorliegen eines wichtigen Grundes nicht zu, das Vorliegen eines wichtigen Grundes ist 30 gerichtlich voll überprüfbar (Hüffer/Koch/*Koch* Rn. 34; KK-AktG/*Mertens/Cahn* Rn. 122; MHdB GesR IV/*Wiesner* § 20 Rn. 51).

31 Ein wichtiger Grund iSv Abs. 3 S. 1 liegt vor, wenn der Gesellschaft eine Fortsetzung des Organverhältnisses mit dem Vorstandsmitglied bis zum Ende seiner Amtszeit **unzumutbar** ist (BGH 23.10.2006, NZG 2007, 189; OLG Stuttgart 13.3.2002, AG 2003, 211 (212); OLG Karlsruhe 4.5.1999, NZG 2000, 264 (265); Hüffer/Koch/*Koch* Rn. 34; Spindler/Stilz/*Fleischer* Rn. 100; GroßkommAktG/*Kort* Rn. 140; KK-AktG/*Mertens/Cahn* Rn. 121; *Raiser/Veil* KapGesR § 14 Rn. 39). Bei der Bestimmung des Begriffs der **Unzumutbarkeit** kommt es dabei auf eine **Abwägung der Interessen der Gesellschaft an einem Widerruf und den Interessen des Betroffenen an einer Fortsetzung der Bestellung** an (OLG Stuttgart 13.3.2002, AG 2003, 211 (212); OLG Hamburg 28.6.1991, ZIP 1991, 1430 (1435 f.); jew. mwN Bürgers/Körber/*Bürgers/Israel* Rn. 28; Hüffer/Koch/*Koch* Rn. 34; GroßkommAktG/*Kort* Rn. 140; KK-AktG/*Mertens/Cahn* Rn. 121; *Säcker* FS Gerhard Müller, 1981, 745 (746 ff.); aA wonach es nur auf eine Berücksichtigung der Interessen der Gesellschaft ankommt und die Interessen des Betroffenen im Rahmen des Anstellungsvertrages zu berücksichtigen sind, jeweils mwN Spindler/Stilz/*Fleischer* Rn. 102; K. Schmidt/Lutter/*Seibt* Rn. 49; MüKoAktG/*Spindler* Rn. 131; MHdB GesR IV/*Wiesner* § 20 Rn. 49; *Krieger,* Personalentscheidungen des Aufsichtsrats, 1981, 132). Entscheidend sind dabei die **konkreten Umstände des Einzelfalles.**

32 In § 84 Abs. 3 S. 2 werden exemplarisch und nicht abschließend („namentlich") als **Bsp.** für das Vorliegen eines wichtigen Grundes **grobe Pflichtverletzung, Unfähigkeit** oder **Vertrauensentzug durch die Hauptversammlung** genannt. Eine **grobe Pflichtverletzung** wird etwa angenommen bei bewusster Nichtbedienung der fälligen Rate eines der Gesellschaft ausgereichten Darlehens (OLG Stuttgart 28.5.2013, AG 2013, 599), bei Veranlassung von Bauarbeiten am Privathaus durch Mitarbeiter der Gesellschaft (OLG Düsseldorf 24.2.2012, AG 2012, 511), der Aneignung von Gesellschaftsvermögen (BGH 17.10.1983, WM 1984, 29; OLG Stuttgart 13.3.2002, AG 2003, 211), bei der Beteiligung an Straftaten, wobei bereits ein starker Verdacht ausreichen kann (BGH 9.1.1967, WM 1967, 251; grundlegend zur Abberufung des Vorstandes auf Verdacht *Schmolke* AG 2014, 377), bei mangelnder Offenheit gegenüber dem Aufsichtsrat (BGH 26.3.1956, BGHZ 20, 239 (246)); bei der Missachtung eines Zustimmungsvorbehaltes nach § 111 Abs. 4 (BGH 13.7.1998, AG 1998, 519) oder bei groben Nachlässigkeiten im kaufmännischen Bereich (vgl. etwa LG Berlin 3.7.2002, AG 2002, 682 für den Fall der Nichteinhaltung der Pflichten aus § 91 Abs. 2). Wertpapieraufsichtsrechtliche Maßnahmen gegen ein Vorstandsmitglied können einen wichtigen Grund zur Abberufung darstellen; die Abberufung kann auch auf das der Maßnahme zugrundeliegende Fehlverhalten gestützt werden (iE *Forst* AG 2013, 279). In den Bereich der **Unfähigkeit** fällt vor allem das Fehlen von notwendigen Kenntnissen (OLG Stuttgart 6.10.1956, GmbHR 1957, 59), die Unfähigkeit zur ordnungsgemäßen Unternehmensführung in der Krise (OLG München 13.10.2005, NZG 2006, 313), die Unzuverlässigkeit im gewerberechtlichen Sinn (OLG Stuttgart 13.3.2002, AG 2003, 211) oder ein Verhalten der Vorstandsmitglieder untereinander, das eine kollegiale Zusammenarbeit gefährdet oder ausschließt (OLG Karlsruhe 4.5.1999, NZG 2000, 264; LG Stuttgart 23.10.2001, AG 2003, 53) (vgl. ausf. hierzu und weiteren Fällen Spindler/Stilz/*Fleischer* Rn. 103 ff.; KK-AktG/*Mertens/Cahn* Rn. 124 ff.). Die Beweislast, dass der **Vertrauensentzug** gegenüber einem Vorstandsmitglied durch die **Hauptversammlung** aus offenbar unsachlichen Gründen erfolgt, liegt grundsätzlich bei dem betroffenen Vorstandsmitglied (OLG Celle 24.3.2016, ZIP 2016, 1773; zu beweis- und verfahrensrechtlichen Fragen bei Abberufung wegen Vertrauensentzug durch die Hauptversammlung *Mielke* BB 2014, 1035; zum Missbrauch des Vertrauensentzugs *Schrader/Felsmann* GWR 2017, 393). Der Hauptversammlungsbeschluss ist nicht schon dann offenbar unsachlich oder willkürlich, wenn sich die Gründe für den Vertrauensentzug als unzutreffend erweisen (BGH 15.11.2016, NZG 2017, 261). Die Anhörung des Vorstandsmitglieds ist grundsätzlich keine Wirksamkeitsvoraussetzung für den Widerruf der Bestellung (BGH 15.11.2016, NZG 2017, 261). Der Hauptversammlungsbeschluss, mit dem einem Vorstandsmitglied das Vertrauen entzogen wird, muss nicht begründet werden (BGH 15.11.2016, NZG 2017, 261). Eine **Neustrukturierung der Geschäftsleitung** in Form einer beabsichtigten Verkleinerung des Vorstandes ist grundsätzlich als wichtiger Grund anzuerkennen, wenn hinreichend plausible und gewichtige Gründe für die Umstrukturierung sprechen (zurückhaltender OLG Frankfurt a. M. 17.2.2015, ZIP 2015, 211; zu recht kritisch *Habersack* DB 2015, 787; vgl. auch Hüffer/Koch/*Koch* Rn. 35; K. Schmidt/Lutter/*Seibt* Rn. 48). Nicht jede Kritik oder Auseinandersetzung im Vorstand kann dazu führen, kritikübende Vorstandsmitglieder wegen einer fehlenden Vertrauensbasis abzuberufen, insbesondere kann ein Vorstandsmitglied auch über Dritte (Rechtsanwälte) kommunizieren, um seine Verpflichtung zur unbedingten Offenheit zu erfüllen (OLG München 28.4.2016, AG 2016, 592).

33 **4. Rechtsschutz des Vorstandsmitgliedes.** Nach § 84 Abs. 3 S 4 ist der Widerruf wirksam, bis die Unwirksamkeit rechtskräftig festgestellt ist. Mit Zugang der Widerrufserklärung ist der Abberufene nicht mehr Vorstandsmitglied. Das abberufene Vorstandsmitglied kann gegen den Widerruf klagen (zu den prozessualen Einzelheiten Hüffer/Koch/*Koch* Rn. 41 f; Spindler/Stilz/*Fleischer* Rn. 131 ff.), die Klage ist gegen die Gesellschaft zu richten. Die Gesellschaft wird gem. § 112 durch den **Aufsichtsrat** ver-

treten. Sofern das abberufene Vorstandsmitglied gegen die Gesellschaft, vertreten durch den Vorstand, klagt, ist diese Klage **unzulässig** (BGH 5.3.1990, WM 1990, 630 (631); Hüffer/Koch/*Koch* Rn. 41; Spindler/Stilz/*Fleischer* Rn. 131; Bürgers/Körber/*Bürgers/Israel* Rn. 34; zur Zulässigkeit von Schiedsgerichtsvereinbarungen KK-AktG/*Mertens/Cahn* Rn. 99; Spindler/Stilz/*Fleischer* Rn. 131).

Bei der Klage des abberufenen Vorstandsmitgliedes handelt es sich um eine **Gestaltungsklage,** wenn die Unwirksamkeit der Abberufung mangels Vorliegens eines wichtigen Grundes begehrt wird, weil hierdurch die Bestellung rückwirkend (vgl. § 84 Abs. 3 S. 4) **wiederhergestellt** wird (Hüffer/Koch/*Koch* Rn. 42; Spindler/Stilz/*Fleischer* Rn. 132; NK-AktKapMarktR/*Oltmanns* Rn. 27; KK-AktG/*Mertens/Cahn* Rn. 135). Hingegen handelt es sich um eine **echte Feststellungsklage,** wenn das Fehlen oder die Ungültigkeit des erforderlichen Aufsichtsratsbeschlusses gerügt wird (Hüffer/Koch/*Koch* Rn. 42; NK-AktKapMarktR/*Oltmanns* Rn. 27; Spindler/Stilz/*Fleischer* Rn. 132). Der Feststellungsantrag ist insoweit geboten, weil ein wirksamer Widerruf letztendlich nicht erfolgt ist. Das erforderliche **Feststellungsinteresse** für die Feststellungsklage **entfällt** jedoch, wenn ein wirksamer Aufsichtsratsbeschluss **nachgeholt** wird (OLG Stuttgart 13.3.2002, AG 2003, 211 (212); KK-AktG/*Mertens/Cahn* Rn. 117; Bürgers/Körber/*Bürgers/Israel* Rn. 34). 34

VI. Beendigung aus sonstigen Gründen

1. Amtsniederlegung. Die Möglichkeit einer **Amtsniederlegung** durch ein Vorstandsmitglied ist anerkannt (BGH 8.2.1993, BGHZ 121, 257 (260) = NJW 1993, 1198; Hüffer/Koch/*Koch* Rn. 44 ff.; GroßkommAktG/*Kort* Rn. 222; Spindler/Stilz/*Fleischer* Rn. 141 ff.; *Thüsing* in Fleischer VorstandsR-HdB § 5 Rn. 35). Die insoweit notwendige **einseitige empfangsbedürftige Willenserklärung** des Vorstandsmitgliedes ist gegenüber der AG, vertreten durch den Aufsichtsrat, abzugeben, wobei der **Zugang** bei einem einzigen Aufsichtsratsmitglied ausreichend ist (Spindler/Stilz/*Fleischer* Rn. 141; Hüffer/Koch/*Koch* Rn. 44; K. Schmidt/Lutter/*Seibt* Rn. 56). Eine gleichzeitige **Kündigung des Anstellungsvertrages** ist nicht erforderlich (NK-AktKapMarktR/*Oltmanns* Rn. 30; *Thüsing* in Fleischer VorstandsR-HdB § 5 Rn. 35; Spindler/Stilz/*Fleischer* Rn. 141). Ob für die Amtsniederlegung ein **wichtiger Grund** notwendig ist, ist umstritten (vgl. Spindler/Stilz/*Fleischer* Rn. 142; die wohl hM lehnt das Erfordernis eines wichtigen Grundes ab, vgl. hierzu Hüffer/Koch/*Koch* Rn. 45). In **Ausnahmefällen** kann die Amtsniederlegung wegen **Rechtsmissbrauchs** unwirksam sein. Dies ist etwa der Fall bei einer **Amtsniederlegung zur Unzeit** (ausf. hierzu Spindler/Stilz/*Fleischer* Rn. 143). Die Amtsniederlegung des Alleinvorstandes ist nicht rechtsmissbräuchlich (OLG Hamburg 27.6.2016, NZG 2016, 1070). 35

2. Einvernehmliches Ausscheiden. Stets zulässig ist die **einvernehmliche Beendigung der Organstellung.** Insbesondere ist hierfür **kein wichtiger Grund erforderlich** (Hüffer/Koch/*Koch* Rn. 47; MHdB GesR IV/*Wiesner* § 20 Rn. 68). Für die Gesellschaft handelt insoweit der **Gesamtaufsichtsrat,** wobei ein Beschluss nach § 108 notwendig ist (K. Schmidt/Lutter/*Seibt* Rn. 57; Hüffer/Koch/*Koch* Rn. 47; MüKoAktG/*Spindler* Rn. 162). 36

3. Suspendierung. Ob eine **vorläufige Amtsaufhebung auf Zeit** in Form einer Suspendierung möglich ist, ist weitgehend umstritten (vgl. hierzu Spindler/Stilz/*Fleischer* Rn. 136; Hüffer/Koch/*Koch* Rn. 43). Dazu entschied das OLG München, dass die Suspendierung eines Vorstandes nach Verurteilung wegen Marktmanipulation in verfassungsrechtlicher Sicht, nicht zu beanstanden ist (OLG München 26.4.2016, ZIP 2016, 1872). 37

VII. Kündigung des Anstellungsvertrages

Hinsichtlich der Beendigung des Anstellungsvertrages wird durch § 83 Abs. 3 S. 5 auf die **allgemeinen Regeln** verwiesen, sodass ein Anstellungsvertrag nach **§ 626 BGB** bei Vorliegen eines **wichtigen Grundes** und unter Beachtung der **Ausschlussfrist** von zwei Wochen gekündigt werden kann (NK-AktKapMarktR/*Oltmanns* Rn. 33; Bürgers/Körber/*Bürgers/Israel* Rn. 37; Hüffer/Koch/*Koch* Rn. 48 ff.). Der Widerruf der Bestellung hat für sich genommen keine Auswirkungen auf die Zahlungsansprüche des Vorstandsmitgliedes (Hüffer/Koch/*Koch* Rn. 48; K. Schmidt/Lutter/*Seibt* Rn. 60). 38

Für die Kündigung zuständig ist gem. § 112 der **Aufsichtsrat,** der gem. § 108 durch **Beschluss** entscheidet (K. Schmidt/Lutter/*Seibt* Rn. 61; MüKoAktG/*Spindler* Rn. 166 ff.). Fehlt ein Beschluss des Aufsichtsrates, so ist die Kündigung unwirksam (OLG Karlsruhe 28.4.2004, ZIP 2004, 2377 (2378); Bürgers/Körber/*Bürgers/Israel* Rn. 37). Die Kündigung des Anstellungsvertrages wird mit **Zugang der Erklärung** gem. § 130 Abs. 1 S. 1 BGB wirksam. Hierdurch wird der Aufsichtsratsbeschluss umgesetzt. Der Aufsichtsrat kann sich bei der Abgabe der Kündigungserklärung eines Erklärungsvertreters oder eines Erklärungsboten bedienen (zum Ganzen Spindler/Stilz/*Fleischer* Rn. 145 ff.; Hüffer/Koch/*Koch* Rn. 48; NK-AktKapMarktR/*Oltmanns* Rn. 33). 39

Gemäß § 626 Abs. 1 BGB ist ein **wichtiger Grund** erforderlich. Ein wichtiger Grund liegt vor, wenn nach **Abwägung** der relevanten Interessen beider Seiten die Fortsetzung des Anstellungsvertrages 40 bis zum planmäßigen Ablauf der Anstellungsfrist für die Gesellschaft **nicht zumutbar** ist (Hüffer/Koch/*Koch* Rn. 50; Bürgers/Körber/*Bürgers/Israel* Rn. 38; MüKoAktG/*Spindler* Rn. 181). Wesentlich ist dabei, dass die Beurteilung, ob ein wichtiger Grund für die Kündigung des Anstellungsvertrages vorliegt, **unabhängig** von der Frage zu beurteilen ist, ob ein wichtiger Grund für den **Widerruf der Organstellung** gegeben ist (BGH 23.10.1995, WM 1995, 2064 (2065); OLG Karlsruhe 28.4.2004, ZIP 2004, 2377 (2379); Hüffer/Koch/*Koch* Rn. 50 ff.; K. Schmidt/Lutter/*Seibt* Rn. 66 f.; MüKoAktG/*Spindler* Rn. 181). Zu beachten ist, dass der wichtige Grund nach § 626 Abs. 1 BGB unter engeren Voraussetzungen erfüllt ist und eine umfassendere Abwägung verlangt als § 84 Abs. 3 AktG, folglich lässt sich argumentieren, dass jeder Grund, der als wichtiger Grund für eine außerordentliche Kündigung des Anstellungsvertrages ausreicht, zugleich auch ein hinreichender Grund für den Widerruf der Bestellung zum Vorstand ist (so LG Münster 12.12.2016, EWiR 2017, 427; Anm. *Wettich* GWR 2017, 199). Allerdings kann die Gesellschaft mit dem Vorstandsmitglied im Anstellungsvertrag vereinbaren, dass ein Bestellungswiderruf stets auch einen wichtigen Grund für die außerordentliche Kündigung des Anstellungsvertrages bildet (KK-AktG/*Mertens/Cahn* Rn. 165; Spindler/Stilz/*Fleischer* Rn. 152, 42). Eine Kündigung ist erforderlich und zwar mit der Frist des § 622 Abs. 2 BGB (MüKoAktG/*Spindler* Rn. 174; KK-AktG/*Mertens/Cahn* Rn. 165). Darüber noch hinausgehend kann auch vereinbart werden, dass der Anstellungsvertrag mit dem Widerruf der Bestellung automatisch endet (sog. Gleichlaufklausel; vgl. dazu MüKoAktG/*Spindler* Rn. 197); es handelt sich dann um eine auflösende Bedingung; das Trennungsprinzip steht dem nach hL nicht entgegen (aA *Eckardt* AG 1989, 431 (432 f.); *Eckardt,* Die Beendigung der Vorstands- und Geschäftsführerstellung in Kapitalgesellschaften, 1989, 152 ff.; Zweifel auch bei *Zöllner* FS Koppensteiner, 2001, 291 (297)). Hauptfall des wichtigen Grundes ist die grobe **Pflichtverletzung** (Hüffer/Koch/*Koch* Rn. 52). Im Rahmen der nach § 626 Abs. 1 BGB vorzunehmenden Interessenabwägung sind vor allem die **Schwere der Pflichtverletzung,** der **Grad des Verschuldens,** das **Ausmaß des Schadens** und eine mögliche **Wiederholungsgefahr** zu berücksichtigen (*Thüsing* in Fleischer VorstandsR-HdB § 5 Rn. 56; NK-AktKapMarktR/*Oltmanns* Rn. 35). In die Abwägung ebenfalls einzustellen sind die sozialen Folgen für das betroffene Vorstandsmitglied (Hüffer/Koch/*Koch* Rn. 50; Spindler/Stilz/*Fleischer* Rn. 153; *Thüsing* in Fleischer VorstandsR-HdB § 5 Rn. 56).

41 Für die außerordentliche Kündigung gilt die **zweiwöchige Ausschlussfrist** des § 626 Abs. 2 BGB (zu Recht krit. Hüffer/Koch/*Koch* Rn. 53). Eine nach Ablauf dieser Frist erklärte Kündigung ist unwirksam. Maßgeblich für den Fristablauf ist die **Kenntnis** von den für die Kündigung maßgeblichen Tatsachen beim Kündigungsberechtigten (Hüffer/Koch/*Koch* Rn. 54; Bürgers/Körber/*Bürgers/Israel* Rn. 39; NK-AktKapMarktR/*Oltmanns* Rn. 37). Entscheidend ist dabei die Kenntnis des **gesamten Sachverhaltes** und nicht einzelner Teilaspekte (BGH 26.2.1996, NJW 1996, 1403 = ZIP 1996, 636; Hüffer/Koch/*Koch* Rn. 54; K. Schmidt/Lutter/*Seibt* Rn. 64). Die hM stellt für den Fristbeginn auf die Kenntnis des **Gesamtaufsichtsrates** als Kollegialorgan ab (BGH 15.6.1998, BGHZ 139, 89 (92) = NJW 1998, 3274; NK-AktKapMarktR/*Oltmanns* Rn. 37; Spindler/Stilz/*Fleischer* Rn. 159 ff.).

42 Auch das Vorstandsmitglied kann den Anstellungsvertrag gem. § 626 BGB aus wichtigem Grund kündigen. Grund hierfür kann etwa das **Ausbleiben von Vergütungszahlungen** oder der grundlose Widerruf der Bestellung sein (umfassend hierzu KK-AktG/*Mertens/Cahn* Rn. 198). Die Kündigung durch ein Vorstandsmitglied muss gegenüber dem **Aufsichtsrat** erklärt werden; dies folgt aus § 112.

VIII. Montanmitbestimmung

43 § 84 Abs. 4 stellt klar, dass die in **§ 13 MontanMitbestG** festgeschriebene Bestellung und Abberufung eines **Arbeitsdirektors** durch § 84 Abs. 1–3 unberührt bleiben (vgl. zu dieser Frage umfassend MüKoAktG/*Spindler* Rn. 212). Der Wortlaut der Vorschrift wurde ohne inhaltliche Änderung durch das Gesetz für die gleichberechtigte Teilhabe von Frauen und Männern an Führungspositionen in der Privatwirtschaft und im öffentlichen Dienst der neuen Rechtslage angepasst.

Bestellung durch das Gericht

85 (1) [1] **Fehlt ein erforderliches Vorstandsmitglied, so hat in dringenden Fällen das Gericht auf Antrag eines Beteiligten das Mitglied zu bestellen.** [2] **Gegen die Entscheidung ist die Beschwerde zulässig.**

(2) **Das Amt des gerichtlich bestellten Vorstandsmitglieds erlischt in jedem Fall, sobald der Mangel behoben ist.**

(3) [1] **Das gerichtlich bestellte Vorstandsmitglied hat Anspruch auf Ersatz angemessener barer Auslagen und auf Vergütung für seine Tätigkeit.** [2] **Einigen sich das gerichtlich bestellte Vorstandsmitglied und die Gesellschaft nicht, so setzt das Gericht die Auslagen und die Vergütung fest.** [3] **Gegen die Entscheidung ist die Beschwerde zulässig; die Rechtsbeschwerde ist ausgeschlossen.** [4] **Aus der rechtskräftigen Entscheidung findet die Zwangsvollstreckung nach der Zivilprozeßordnung statt.**

I. Allgemeines

Die Vorschrift regelt die **gerichtliche Bestellung von Vorstandsmitgliedern** für den Fall, dass ein erforderliches Vorstandsmitglied fehlt. Hierdurch wird die Handlungs- und Prozessfähigkeit der Gesellschaft sichergestellt, da sie als juristische Person nur durch Organe handlungsfähig ist (Hüffer/Koch/*Koch* Rn. 1; Spindler/Stilz/*Fleischer* Rn. 1). Die Regelung geht § 29 BGB als lex specialis vor (K. Schmidt/Lutter/*Seibt* Rn. 1; MüKoAktG/*Spindler* Rn. 3). 1

II. Bestellungsvoraussetzung

Nach Abs. 1 S. 1 wird zunächst vorausgesetzt, dass ein **erforderliches Vorstandsmitglied fehlt.** Ein Vorstandsmitglied **fehlt** iSd Vorschrift, wenn es stirbt, die Bestellung widerrufen wird, das Amt niedergelegt wurde oder ein erforderlicher Arbeitsdirektor nicht bestellt wurde (Bürgers/Körber/*Bürgers/Israel* Rn. 2; KK-AktG/*Mertens/Cahn* Rn. 2; MüKoAktG/*Spindler* Rn. 4). Eine **bloße Verhinderung** genügt hingegen nicht, was aus § 105 Abs. 2 folgt (Spindler/Stilz/*Fleischer* Rn. 5; Hüffer/Koch/*Koch* Rn. 2; KK-AktG/*Mertens/Cahn* Rn. 2). Die darüber hinaus vorausgesetzte **Erforderlichkeit** liegt vor, wenn die Gesellschaft ohne das fehlende Vorstandsmitglied nicht vertreten werden kann oder die notwendige Anzahl der Vorstandsmitglieder unterschritten ist und eine dringende Geschäftsführungsmaßnahme (etwa die Aufstellung des Jahresabschlusses) zu treffen ist (Spindler/Stilz/*Fleischer* Rn. 6; MüKoAktG/*Spindler* Rn. 5 f.; MHdB GesR IV/*Wiesner* § 20 Rn. 29). 2

Weiter setzt die Vorschrift das Vorliegen eines **dringenden Falles** voraus. Dieser ist gegeben, wenn der AG, ihren Aktionären oder Gläubigern, der Belegschaft oder der Öffentlichkeit erhebliche Nachteile drohen und der AR nicht oder nicht schnell genug tätig werden kann (Spindler/Stilz/*Fleischer* Rn. 7; Hüffer/Koch/*Koch* Rn. 3; MüKoAktG/*Spindler* Rn. 7). Die **Dringlichkeit** wurde von der Rspr. für sog. **Spaltgesellschaften** anerkannt, um bei diesen eine Hauptversammlung einberufen zu können (BGH 25.9.1989, ZIP 1989, 1546; jew. mwN Hüffer/Koch/*Koch* Rn. 3; GroßkommAktG/*Kort* Rn. 31; MüKoAktG/*Spindler* Rn. 7). Auch die Möglichkeit der Bestellung eines **Prozesspflegers** nach § 57 ZPO schließt die Dringlichkeit einer Ersatzbestellung nicht generell aus, allerdings entfällt sie iRd Befugnisse eines Prozesspflegers (OLG Celle 6.11.1964, NJW 1965, 504 (505); Spindler/Stilz/*Fleischer* Rn. 7). 3

III. Bestellungsverfahren und Rechtsmittel

Nach Abs. 1 S. 1 entscheidet das Gericht über die Bestellung auf **Antrag eines Beteiligten.** Beteiligter idS ist jeder, der ein schutzwürdiges Interesse an der sofortigen Bestellung eines fehlenden Vorstandsmitgliedes hat (KK-AktG/*Mertens/Cahn* Rn. 7; GroßkommAktG/*Kort* Rn. 39; K. Schmidt/Lutter/*Seibt* Rn. 4). 4

Das Verfahren richtet sich nach §§ 1– 22a, 375 **FamFG** (§ 375 FamFG ersetzt ab dem 1.9.2009 § 145 FGG; dazu KK-AktG/*Mertens/Cahn* Rn. 9 ff.). Der Antrag ist schriftlich oder zur Niederschrift bei dem Amtsgericht am **Sitz der Gesellschaft** (§ 14) einzureichen (Spindler/Stilz/*Fleischer* Rn. 9 ff.). Die Entscheidung erfolgt durch den **Richter** (§ 17 Nr. 2 lit. a RPflG) und ergeht als **Beschluss,** der einer **Begründung** bedarf und mit **Bekanntmachung** wirksam wird (KK-AktG/*Mertens/Cahn* Rn. 11). Gegen die Entscheidung ist nach Abs. 1 S. 2 die Beschwerde nach §§ 58 ff. FamFG (bisher: § 22 FGG) statthaft (K. Schmidt/Lutter/*Seibt* Rn. 8). 5

IV. Rechtsstellung gerichtlich bestellter Vorstandsmitglieder

Das durch Gericht bestellte Vorstandsmitglied hat die **vollen Rechte und Pflichten** eines Vorstandsmitgliedes (GroßkommAktG/*Kort* Rn. 62; K. Schmidt/Lutter/*Seibt* Rn. 9 ff.); ob er **Allein- oder Gesamtvertretungsmacht** hat, richtet sich nach der Vertretungsmacht des fehlenden Vorstandsmitgliedes (Spindler/Stilz/*Fleischer* Rn. 13; Hüffer/Koch/*Koch* Rn. 5). Die **Geschäftsführungsbefugnis** kann durch den Beschluss des Gerichtes jedoch eingeschränkt werden (Spindler/Stilz/*Fleischer* Rn. 14; K. Schmidt/Lutter/*Seibt* Rn. 9). Die Bestellung durch das Gericht **endet** gem. Abs. 2 spätestens mit Behebung des Mangels, bei erfolgter **Befristung** entweder mit Ablauf oder nach Abs. 2 (Spindler/Stilz/*Fleischer* Rn. 15 f.). Darüber hinaus ist auch eine **Abberufung** durch das Gericht möglich, nicht jedoch durch den Aufsichtsrat (MüKoAktG/*Spindler* Rn. 22). Nach Abs. 3 hat der Bestellte einen **Anspruch auf Ersatz angemessener Auslagen** und auf **Vergütung,** die notfalls vom Gericht festzusetzen sind. Schuldner ist stets und nur die AG. Der Bestellte kann Amtsübernahme von Vorschuss abhängig machen. 6

(aufgehoben)

86

1 § 86 regelte die Gewinnbeteiligung der Vorstandsmitglieder; die Norm wurde aufgehoben durch Art. 1 Nr. 4 TransPuG vom 19.7.2002 (BGBl. 2002 I 2681).

Grundsätze für die Bezüge der Vorstandsmitglieder

87

(1) [1] **Der Aufsichtsrat hat bei der Festsetzung der Gesamtbezüge des einzelnen Vorstandsmitglieds (Gehalt, Gewinnbeteiligungen, Aufwandsentschädigungen, Versicherungsentgelte, Provisionen, anreizorientierte Vergütungszusagen wie zum Beispiel Aktienbezugsrechte und Nebenleistungen jeder Art) dafür zu sorgen, dass diese in einem angemessenen Verhältnis zu den Aufgaben und Leistungen des Vorstandsmitglieds sowie zur Lage der Gesellschaft stehen und die übliche Vergütung nicht ohne besondere Gründe übersteigen.** [2] **Die Vergütungsstruktur ist bei börsennotierten Gesellschaften auf eine nachhaltige und langfristige Entwicklung der Gesellschaft auszurichten.** [3] **Variable Vergütungsbestandteile sollen daher eine mehrjährige Bemessungsgrundlage haben; für außerordentliche Entwicklungen soll der Aufsichtsrat eine Begrenzungsmöglichkeit vereinbaren.** [4] **Satz 1 gilt sinngemäß für Ruhegehalt, Hinterbliebenenbezüge und Leistungen verwandter Art.**

(2) [1] **Verschlechtert sich die Lage der Gesellschaft nach der Festsetzung so, dass die Weitergewährung der Bezüge nach Absatz 1 unbillig für die Gesellschaft wäre, so soll der Aufsichtsrat oder im Falle des § 85 Absatz 3 das Gericht auf Antrag des Aufsichtsrats die Bezüge auf die angemessene Höhe herabsetzen.** [2] **Ruhegehalt, Hinterbliebenenbezüge und Leistungen verwandter Art können nur in den ersten drei Jahren nach Ausscheiden aus der Gesellschaft nach Satz 1 herabgesetzt werden.** [3] **Durch eine Herabsetzung wird der Anstellungsvertrag im übrigen nicht berührt.** [4] **Das Vorstandsmitglied kann jedoch seinen Anstellungsvertrag für den Schluß des nächsten Kalendervierteljahrs mit einer Kündigungsfrist von sechs Wochen kündigen.**

(3) **Wird über das Vermögen der Gesellschaft das Insolvenzverfahren eröffnet und kündigt der Insolvenzverwalter den Anstellungsvertrag eines Vorstandsmitglieds, so kann es Ersatz für den Schaden, der ihm durch die Aufhebung des Dienstverhältnisses entsteht, nur für zwei Jahre seit dem Ablauf des Dienstverhältnisses verlangen.**

(4) **Die Hauptversammlung kann auf Antrag nach § 122 Absatz 2 Satz 1 die nach § 87a Absatz 1 Satz 2 Nummer 1 festgelegte Maximalvergütung herabsetzen.**

Übersicht

I. Überblick und Reform

1 § 87 regelt das **Gebot der Angemessenheit** für die Festsetzung der Vorstandsvergütung (§ 87 Abs. 1), die **Herabsetzung** der Vorstandsvergütung bei Verschlechterung der Lage der Gesellschaft (§ 87 Abs. 2) und die **Begrenzung des Schadensersatzanspruchs** des Vorstandsmitglieds bei insolvenzbedingter Kündigung (§ 87 Abs. 3). Für regulierte Branchen gelten Besonderheiten (s. Spindler/Stilz/*Fleischer* Rn. 5 f.; *Annuß/Sammet* BB 2011, 115; *Armbrüster* VersR 2011, 1; *Armbrüster* KSzW 2013, 10; *Diller/Arnold* ZIP 2011, 837). § 87 zielt auf den **Schutz der Gesellschaft** sowie ihrer Gläubiger, Aktionäre und Arbeitnehmer vor einem ungerechtfertigten Abfluss finanzieller Mittel in Form überzogener Vorstandsbezüge (Hüffer/Koch/*Koch* Rn. 1; K. Schmidt/Lutter/*Seibt* Rn. 1; NK-AktKap-

MarktR/*Oltmanns* Rn. 1). Die Verpflichtung des Aufsichtsrats für die Angemessenheit der Vorstandsbezüge zu sorgen, ist Bestandteil seiner **organschaftlichen Sorgfaltspflicht** und bestünde daher auch ohne ausdrückliche Anordnung im Gesetz. § 87 Abs. 1 aF begnügte sich mit einem Hinweis auf die Aufgaben des Vorstandsmitglieds und die Lage der Gesellschaft. DCGK, Rspr. und Schrifttum bemühten sich um Konkretisierung, ohne freilich sicheren Boden schaffen zu können (s. die praxisnahe Übersicht bei *Richardt* in Semler/v. Schenck AR-HdB § 9 Rn. 105 ff., 121 ff.; *Thüsing* ZGR 2003, 457 (505)). Da jeweils eine Einzelentscheidung auf der Grundlage der Würdigung aller Umstände erforderlich war, erschien eine weitergehende, rechtssicherere **Konkretisierung der Angemessenheit** nur begrenzt möglich.

Dennoch hat das **VorstAG** § 87 iSe stärkeren **Verrechtlichung** (und Begrenzung) der Vorstandsgehälter neugestaltet (BR-Drs. 592/09; BT-Drs. 16/13433; BT-Drs. 16/12278; s. die Stellungnahmen im Gesetzgebungsverfahren von *Hirte/Thüsing/Goette* sowie die Stellungnahmen des Handelsrechtsausschusses des *DAV* NZG 2009, 612 und des *DIHK* NZG 2009, 538; grundlegend zur neuen Rechtslage KK-AktG/*Mertens/Cahn* zu § 87; aus dem umfangreichen Aufsatzschrifttum s. insbesondere *Bauer/Arnold* AG 2009, 717; *Bosse* BB 2009, 1650; *Deilmann/Otte* GWR 2009, 261; *Fleischer* NZG 2009, 801; *Gaul/Janz* NZA 2009, 809; *Hoffmann-Becking/Krieger* NZG-Beil. Heft 26/2009, 1; *Hohaus/Weber* DB 2009, 1515; *Hohenstatt* ZIP 2009, 1349; *Hohenstatt/Kuhnke* ZIP 2009, 1981; *Jahn* GWR 2009, 135; *Cannivé/Seebach* Der Konzern 2009, 593; *v. Kann/Keiluweit* DStR 2009, 1587; *Leuner* AG 2009, 622; *Lingemann* BB 2009, 1919; *Nikolay* NJW 2009, 2640; *Peltzer* NZG 2009, 1041; *Seibert* WM 2009, 1489; *Spindler* NJOZ 2009, 3282; *Thüsing* AG 2009, 517; *Wagner/Wittgens* BB 2009, 906; *Wilsing/Paul* 2009, 1391; rechtsvergleichend *Fleischer* RIW 2010, 497). Die Reform war von der Vorstellung geprägt, dass die **bisherige Praxis der Managervergütung** maßgeblich zur aktuellen Wirtschaftskrise beigetragen habe: Die Finanzmarktkrise habe deutlich gemacht, dass von **kurzfristig ausgerichteten Vergütungsinstrumenten** fehlerhafte Leistungsanreize ausgehen könnten. Wer auf die Erreichung solcher kurzfristigen Parameter ausgerichtet sei (Börsenkurs, Auftragsvolumen etc. zu einem bestimmten Stichtag) werde das nachhaltige Wachstum seines Unternehmens aus dem Blick verlieren und zum Eingehen unverantwortlicher Risiken verleitet. Dem Aufsichtsrat sollen daher **schärfere Kriterien der Angemessenheit** vorgegeben werden, um die Anreize in der Vergütungsstruktur in Richtung einer **nachhaltigen und auf Langfristigkeit ausgerichteten Unternehmensführung** zu stärken (BT-Drs. 16/12278 A/B sowie Begründung AT, 5). In diese Richtung zielen auch die Empfehlungen der EU-Kommission vom 30.4.2009 (2009/385 EG). Danach soll die Vergütungsstruktur von Mitgliedern der Unternehmensleitung der **langfristigen Unternehmensentwicklung** dienen und sicherstellen, dass die Vergütung sich an der Leistung orientiert. Variable Vergütungskomponenten sollten deshalb an im Voraus festgelegte **messbare Leistungskriterien** geknüpft werden, die nicht ausschließlich finanzieller Art sein müssen (zur notwendigen Einbeziehung nichtfinanzieller Leistungsindikatoren *Velte* NZG 2016, 294). Der DCGK idF vom 18.6.2009 wurde im Lichte des VorstAG wesentlich neugestaltet (zu den neuen Vorgaben *Hohenstatt* ZIP 2016, 2255). Ein Schwerpunkt der Kodexnovelle vom 10.6.2013 lag erneut auf der Vorstandsvergütung in Ziff. 4.2 DCGK (Hüffer/Koch/*Koch* Rn. 17 ff.; weitere Nachweise → Rn. 47). Am 14.3.2017 hat das EU-Parlament einer Neufassung der EU-Aktionärsrechte-RL 2007/36/EU und der EU-Rechnungslegungs-RL 2013/34/EU zugestimmt (zur Umsetzung dieser Richtlinie → Rn. 9). Demnach sollen sich Aktionäre in einem Turnus von vier Jahren mit der Vergütungspolitik befassen (Say on Pay). Darüber hinaus soll jedes Jahr über den Vergütungsbericht abgestimmt werden. Die Aktionäre sollen festlegen, in welchem Verhältnis die Vergütung der Unternehmensleitung zum durchschnittlichen Gehalt der Arbeitnehmer stehen soll (hierzu *Velte* NZG 2017, 368). 2

Der Gesetzgeber des VorstAG lag auf der Linie derjenigen Konzepte, die in der Vergütung ein zentrales Element der **Steuerung des Vorstandshandelns** iSe guten und erfolgreichen Unternehmensführung sehen und die ihrerseits theoretische Wurzeln in den verschiedenen Spielarten der Principal-Agent-Theorie/Agency-Theorie und Shareholder Value-Modellen haben (ausf. und krit. zu diesen Zusammenhängen *Arnold,* Die Steuerung des Vorstandshandelns, 2007, 115 ff.; krit. zur Überbewertung der „unseligen Anreizwirkung" aus der Sicht der Praxis *Richardt* in Semler/v. Schenck AR-HdB § 9 Rn. 107, 133 ff.; *Semler* FS U. Schneider, 2011, 1227; hellsichtig-skeptisch auch bereits *Thüsing* ZGR 2003, 457 (473 ff.); zurückhaltend auch KK-AktG/*Mertens/Cahn* Rn. 23; grds. krit. zu Regulierungsmaßnahmen bei der Vergütung *Böcking/Wallek/Weßels* Der Konzern 2011, 269; zur Regulierung der Vorstandsvergütung durch das Steuerrecht *Fleischer/Hupka* DB 2010, 601). Insoweit war freilich ein **bemerkenswerter Perspektivenwechsel** zu verzeichnen, der bis heute nicht aufgearbeitet ist: Der Fokus der **Anreizüberlegungen** hat sich vom tendenziell zu risikoaversen auf den nicht ausreichend risikobewussten Manager verlagert (ausf. dazu *Arnold,* Die Steuerung des Vorstandshandelns, 2007, 131 ff.). Die neue Regelung machte die Vorstandsvergütung zu einem obligatorischen Steuerungsinstrument. Sinnvolle Steuerungsparameter können jedoch nur aus der jeweiligen Unternehmensstrategie abgeleitet werden, deren Entwicklung freilich die Kernaufgabe des Vorstands ist. § 87 gerät damit zwangsläufig in ein Spannungsverhältnis zwischen der Leitungskompetenz des Vorstands und der Überwachungsaufgabe des Aufsichtsrates mit der Gefahr einer schleichenden Annäherung an ein Board- 3

System (*Dauner-Lieb/v. Preen/Simon* DB 2010, 377; vgl. auch *Fonk* NZG 2011, 321; aA wohl Hüffer/Koch/*Koch* Rn. 10).

4 **Unterschiede zwischen alter und neuer Fassung** des § 87 bestehen vor allem in folgenden Punkten:

– Ausdrückliche Einbeziehung der sog. **anreizorientierten Vergütungszusagen** in den Begriff der Gesamtbezüge (§ 87 Abs. 1 S. 1 Klammerzusatz);
– Ergänzung des Begriffs der Angemessenheit durch Erweiterung der maßgeblichen Kriterien um die **„Leistung der Vorstandsmitglieder“** und die **„übliche Vergütung“;**
– Postulat der Ausrichtung der Vergütungsstruktur auf eine **„nachhaltige Unternehmensentwicklung“** bei börsennotierten Gesellschaften (§ 87 Abs. 1 S. 2);
– Damit zusammenhängend: Forderung nach einer dann **„mehrjährigen Bemessungsgrundlage“** für (besonders krit. gesehene) variable Vergütungsbestandteile sowie der Vereinbarung von Begrenzungsmöglichkeiten für außerordentliche Entwicklungen (§ 87 Abs. 1 S. 3).
– **Neugestaltung der Herabsetzungsregelung** des § 87 Abs. 2 iSe Soll-Vorschrift unter Einbeziehung der Altersversorgung.

5 **Flankierend** wurde § 193 Abs. 2 Nr. 4 dahingehend geändert, dass **Aktienoptionen** zukünftig erst nach vier und nicht wie bisher nach zwei Jahren eingelöst werden können. In § 93 Abs. 2 wurde für D&O-Versicherungen ein **verbindlicher Selbstbehalt** statuiert. § 116 wird dahingehend geändert, dass der Aufsichtsrat die Entscheidung über die Vorstandsvergütung nicht mehr zur abschließenden Behandlung an einen Ausschuss delegieren kann, sodass sie im **Aufsichtsratsplenum** getroffen werden muss. Im Übrigen wurde in § 116 nunmehr ausdrücklich auf die **Haftung des Aufsichtsrats** auch für Verstöße gegen die Vorgaben des § 87 Abs. 1 hingewiesen. Schließlich wurde in § 120 Abs. 4 als legal transplant aus dem angelsächsischen Raum die Option eines konsultativen Votums der Hauptversammlung über die Vorstandsvergütung eingefügt (zum sog. **„say on pay“** → Rn. 11).

6 Unsicher ist, ob und welche **Ausstrahlungswirkung** das VorstAG **auf die GmbH** hat. Nach der Gesetzesbegründung soll der in § 87 Abs. 1 S. 2 ausdrücklich nur für börsennotierte Gesellschaften normierte Nachhaltigkeitsgedanke grundsätzlich auch von nichtbörsennotierten berücksichtigt werden; hier werde aber von einer ausdrücklichen Regelung abgesehen, da sonst Fragen zum Verhältnis zur GmbH und den Personenhandelsgesellschaften aufgeworfen würden und man es den Eigentümern überlassen könne, die richtigen Instrumente zu finden. Auch über die Verweisungen auf § 116 bei der GmbH mit Aufsichtsrat werde der geänderte § 87 nicht für die GmbH anwendbar (BT-Drs. 16/13 433, 16). Vor diesem Hintergrund hat eine lebhafte Diskussion über die daraus zu ziehenden Schlussfolgerungen eingesetzt (s. nur *Baeck/Götze/Arnold* NZG 2009, 1121; *Döring/Grau* DB 2009, 2139; *Gaul/Janz* GmbHR 2009, 959; *Greven* BB 2009, 2154; *Habersack* ZHR 174 (2010), 2; *Wachter* GmbHR 2009, 953; *Wübbelsmann* GmbHR 2009, 988; grundlegend *Wilhelm,* Die Verrechtlichung von Geschäftsleitervergütungen in Kapitalgesellschaften, 2013).

7 Das VorstAG soll nach weit verbreiteter Auffassung als (in der Selbstwahrnehmung des Gesetzgebers moderates) **politisches Signal** verstanden werden, die Vorstandsarbeit (wieder) stärker auf eine **nachhaltige Unternehmensentwicklung** auszurichten (s. nur *Seibert* WM 2009, 1489; zur Bandbreite der rechtspolitischen Beurteilungen im Schrifttum vgl. einerseits *Thüsing* AG 2009, 517; andererseits *Peltzer* NZG 2009, 1041). Die Koalition habe „in einem sorgfältigen und nüchternen Verhandlungsprozess die Defizite analysiert und sehr moderat und punktgenau reagiert“, lautet die selbstbewusste Kennzeichnung (*Seibert* WM 2009, 1489); auf dieser Linie wurden in der ersten Welle der Überblickspublikationen überwiegend lediglich gewisse Verschiebungen in den Vergütungsstrukturen prognostiziert und keine dramatischen Veränderungen in der Handhabung der Herabsetzung von Vergütungen gem. § 87 Abs. 2 erwartet (s. nur *Hohenstatt* ZIP 2009, 1349 (1357)). Inzwischen wird die Brisanz und Sprengkraft der Neuregelung erkannt. Im Zuge der notwendigen Überprüfung bestehender Vergütungssysteme entdeckt insbesondere die beratungserfahrene Praxis immer neue, gewichtige Probleme, insbesondere bei der Handhabung von § 87 Abs. 1 S. 2 und 3 (s. nur *Hohenstatt/Kuhnke* ZIP 2009, 1981; *Bauer/Arnold* AG 2009, 717; *Hoffmann-Becking/Krieger* NZG-Beil. Heft 26/2009, 1; vgl. aber auch *Thüsing* AG 2009, 517). Auch die auf Klarstellung und Transparenzerhöhung zielende Kodexnovelle vom 10.6.2013 wirft zahlreiche Fragen auf (→ Rn. 47). Da die nunmehr geltende Fassung des § 87 kein klares, systematisch fundiertes teleologisches Konzept hat und in mehrfacher Hinsicht schon ein deutliches Spannungsverhältnis zwischen Wortlaut und Gesetzesbegründung besteht, wird in zentralen Fragen für einen nicht absehbaren Zeitraum **Rechtsunsicherheit** herrschen, möglicherweise mit der Folge eines gesteigerten Haftungsrisikos für die Aufsichtsratsmitglieder (*Dauner-Lieb* Der Konzern 2009, 583; *Cannivé/Seebach* Der Konzern 2009, 593).

8 Notwendig war und bleibt eine Einzelfallentscheidung des Aufsichtsrats unter Berücksichtigung aller Umstände (OLG Stuttgart 1.10.2014, NZG 2015, 194), bei der man ihm sachnotwendig einen **Entscheidungsspielraum** zubilligen muss, der nur eingeschränkt gerichtlich überprüfbar ist (ebenso iErg Hüffer/Koch/*Koch* Rn. 23, K. Schmidt/Lutter/*Seibt* Rn. 16). Anknüpfungspunkt für eine rechtliche Überprüfung einer Aufsichtsratsentscheidung am Maßstab von § 87 kann daher nicht das Ergebnis,

sondern nur das **Verfahren der Vergütungsfestlegung** sein. Dementsprechend wird die Verfeinerung des § 87 auch im Hinblick auf die nunmehr noch deutlicher betonte Haftungsandrohung geradezu zwangsläufig auch zu einer **Verfeinerung des Abwägungsprozesses und seiner Dokumentation** führen und damit möglicherweise eine weitere Bürokratisierung der Aufsichtsratsarbeit auslösen. Dass dies zu einer deutlichen Verbesserung der Abwägungsergebnisse, der Arbeit der Vorstände und der Leistung des Unternehmens **(Ergebnisverbesserung durch Prozessoptimierung?)** führen wird, kann man bezweifeln. **Professionelle externe Vergütungsberatung** wird weiter an Bedeutung gewinnen (*Baums* AG 2010, 53), ist freilich auch nicht ohne Gefahren (dazu *Richardt* in Semler/v. Schenck AR-HdB § 9 Rn. 125). Teilweise wird bereits die Einholung einer unabhängigen Stellungnahme („fairness opinion") als künftiger Sorgfaltsstandard diskutiert (*Bosse* BB 2009, 1650 (1653 f.); *Cannivé/Seebach* Der Konzern 2009, 593; zurückhaltend *Hoffmann-Becking/Krieger* NZG-Beil. Heft 26/2009, 2 Rn. 9). Wird vom Aufsichtsrat zur Beurteilung der Angemessenheit der Vergütung ein externer Vergütungsexperte hinzugezogen, soll nach G.5 DCGK auf dessen Unabhängigkeit vom Vorstand bzw. vom Unternehmen geachtet werden; Entsprechendes gilt für die Einholung rechtlicher Expertise im Hinblick auf eine Herabsetzung gem. § 87 Abs. 2.

Zum 1.1.2020 trat das ARUG II, das Gesetz zur Umsetzung der zweiten Aktionärsrechte-RL (RL 8a (EU) 2017/828) mit etwas Verspätung und mit Überschreitung der Umsetzungsfrist in Kraft (BGBl. 2019 I 2637; für einen Überblick *Bachmann/Pauschinger* ZIP 2019, 1; *Florstedt* ZGR 2019, 630; *Spindler* AG 2020, 61; *Stöber* DStR 2020, 391; *Leuering* NZG 2017, 646; *Dörrwächter/Leuering* NJW-Spezial 2020, 15; *Zwirner/Vordermeier* IRZ 2020, 53; *Arnold/Herzberg/Zeh* AG 2020, 313; *Stenzel* BB 2020, 970; *Löbbe/Fischbach* AG 2019, 373; *DVA-HRA* NZG 2019, 12; *Kell/Barth* GmbHR 2020, 20; bereits zum Entwurf *J. Schmidt* NZG 2019, 1201; *Heldt* AG 2018, 905; zu den Verspätungshintergründen *Florstedt* ZIP 2020, 1;). Erneut wurde ein Anlauf unternommen, ua die Höhe der Vorstandsvergütungen zu begrenzen und diese vermehrt an soziale und ökologische Aspekte zu koppeln. Die Aktionäre **beschließen** nunmehr gem. § 120a **obligatorisch** (nicht mehr lediglich fakultativ § 120a Abs. 4 aF) über ein vom Aufsichtsrat nach **zwingenden Vorgaben** zu gestaltendes **Vergütungssystem** (→ § 87a Rn. 4 ff.) sowie über ein **jährlich zu veröffentlichenden Vergütungsbericht;** sog. **say-on-pay.** Dem Aktionärsvotum **fehlt** es gleichwohl an einer **verbindlichen Wirkung** (pos. bewertend, s. *Florstedt* ZIP 2020, 1 (2); krit. *Bachmann/Pauschinger* ZIP 2019, 1 (5); zurückhaltend *J. Schmidt* NZG 2019, 1201 (1203 f.)); der **Aufsichtsrat bindet** sich lediglich durch die Vorlage des von ihm aufgestellten Vergütungssystems **selbst** (→ § 87a Rn. 11). Einzig über die Herabsetzung der nach § 87a Abs. 1 S. 2 Nr. 1 vorgesehenen Maximalvergütung (→ § 87a Rn. 5) können die Aktionäre **gem. § 87 Abs. 4** unmittelbaren Einfluss auf die Vorstandsvergütung nehmen (→ Rn. 50).

II. Angemessene Gesamtbezüge der Vorstandsmitglieder (Abs. 1)

1. Der Entscheidungsrahmen. Der Aufsichtsrat hat dafür zu sorgen, dass die Vorstandsbezüge in 9 ihrer Gesamtheit die Angemessenheitsgrenze nicht überschreiten; unterhalb dieser Schwelle gibt es eine ganze Bandbreite von angemessenen Bezügen (KK-AktG/*Mertens/Cahn* Rn. 4; *Richardt* in Semler/v. Schenck AR-HdB § 9 Rn. 121; *Lücke* NZG 2005, 692 (693)). Die Festsetzung der Vorstandsbezüge gehört schon wegen des Zusammenhangs mit der Kernaufgabe der Gewinnung eines erstklassigen Vorstands zu seinen **zentralen unternehmerischen Aufgaben,** bei denen ihm ein **autonomer Ermessensspielraum** zusteht (→ Rn. 8). Der Aufsichtsrat ist daher bei der **Gestaltung der Vergütungsstruktur** und **Gewichtung der einzelnen Vergütungsbestandteile** iRd § 87 frei (*Richardt* in Semler/v. Schenck AR-HdB § 9 Rn. 121, zur Thematik der Drittvergütung *Kalb/Fröhlich* NZG 2014, 167; *Diekmann* FS Maier-Reimer, 2010, 75; *Mayer-Uller* AG 2011, 193).

§ 87 enthält **kein Verbotsgesetz** iSv § 134 BGB; daher ist auch die Vereinbarung unangemessener 10 Bezüge bis zur Grenze des § 138 BGB gültig (Hüffer/Koch/*Koch* Rn. 22 f.; K. Schmidt/Lutter/*Seibt* Rn. 17; Spindler/Stilz/*Fleischer* Rn. 57 f.; KK-AktG/*Mertens/Cahn* Rn. 5 mN zur hM zur bisherigen Rechtslage; eine Anwendung von § 134 BGB erwägen aber NK-AktKapMarktR/*Oltmanns* Rn. 6; zur Rückzahlung überhöhter Vorstandsgehälter *Brandes* ZIP 2013, 1107). Jedoch haftet der Aufsichtsrat nach §§ 116, 93, wenn die Entscheidung außerhalb des ihm zuzubilligenden Spielraums liegt (dieser Spielraum wird häufig auf die Business Judgement Rule des § 93 Abs. 1 S. 2 gestützt; aA nunmehr Hüffer/Koch/*Koch* Rn. 23, er nimmt eine Pflichtaufgabe mit Ermessenspielraum an).

Die **Satzung** kann keine Grenzen für die Vorstandsvergütung oder Richtlinien zur Vergütungs- 11 struktur regeln; dies wäre ein Eingriff in eine zentrale Zuständigkeit des Aufsichtsrats, da die Bestellung eines Vorstandsmitglieds untrennbar mit seiner Vergütung verbunden ist. Entsprechendes gilt für die Einführung von der **Hauptversammlung** beschlossenen, verbindlichen Vergütungsrichtlinien (K. Schmidt/Lutter/*Seibt* Rn. 3; *Richardt* in Semler/v. Schenck AR-HdB § 9 Rn. 129; aA Hüffer/Koch/*Koch* Rn. 4; ausf. zum Streitstand Spindler/Stilz/*Fleischer* Rn. 54 ff.). Allerdings eröffnet der in § 120 neu eingefügte Abs. 4 die Möglichkeit, über die Billigung des Vorstandsvergütungssystems in der Hauptversammlung einen Beschluss zu fassen („say on pay"); der Beschluss begründet jedoch weder Rechte noch Pflichten, lässt also die Verpflichtungen des Aufsichtsrats nach § 87 unberührt und ist auch nicht nach § 243 anfechtbar (dazu iE *Verse* NZG 2013, 922; *Fleischer/Bedkowski* AG 2009, 677; *Döll* WM 2010, 103; *Schick* ZIP 2011, 593; *Vetter* ZIP 2009, 2136; *Thüsing* AG 2009, 517 (524 ff.)).

12 Unmittelbaren Niederschlag gefunden hatte die **Anreizphilosophie,** die in der Vergütung ein zentrales Element der Steuerung des Vorstandshandelns sieht, bereits in der **Mannesmann-Entscheidung** (BGH 21.12.2005, NJW 2006, 522; zu den Grundlagen *Brauer* NZG 2004, 502; *Martens* ZHR 169 (2005), 124), die sich auf die äußerst problematische, knappe Formel bringen lässt, dass Vergütung, die **keine Anreizwirkung** entfalten kann, Untreue ist (s. dazu krit. *Poguntke* ZIP 2011, 893). Danach stellt eine im Dienstvertrag mit einem Vorstandsmitglied nicht vorgesehene Sonderzahlung für eine geschuldete Leistung, die **ausschließlich belohnenden Charakter** hat und die der Gesellschaft **keinen zukunftsbezogenen Nutzen** bringen kann (kompensationslose Anerkennungsprämie), eine treuwidrige Verschwendung des anvertrauten Vermögens dar. Ein zukunftsbezogener Nutzen soll immerhin dann in Betracht kommen, wenn die freiwillige Sonderzahlung entweder dem begünstigten Vorstandsmitglied oder zumindest anderen aktiven oder potentiellen Führungskräften signalisiert, dass sich außergewöhnliche Leistungen lohnen, von ihr also eine für das Unternehmen vorteilhafte **Anreizwirkung** ausgeht. Die Konsequenzen dieser Entscheidung für die Vergütungspraxis gelten nach wie vor als nicht abschließend geklärt (s. etwa *Dauner-Lieb* FS Binz, 2014, 152; *Bauer/Arnold* BB 2006, 546; *Dreher* AG 2006, 213; *Hoffmann-Becking* NZG 2006, 127; *Kort* NZG 2006, 131; *Peltzer* ZIP 2006, 205; *Spindler* ZIP 2006, 349; s. nunmehr KK-AktG/*Mertens/Cahn* Rn. 32 ff.; zurückhaltend zur Mannesmann-Rspr. auch Wachter/*Eckert* § 87 Rn. 28). Nachträgliche **vergangenheitsbezogene und belohnende Änderungen eines Dienstvertrages** werden als äußerst gefährlich beurteilt, weil das vom BGH insoweit offen gelassene Schlupfloch der vorteilhaften Anreizwirkung solcher Änderungen für die Zukunft nicht ausreichend rechtssicher und tragfähig erscheint. Immerhin vorsichtig optimistisch beurteilt wird die Zulässigkeit vertraglicher **Änderungen zukunftsbezogener Vergütungen** während der Laufzeit. Als sicherer Weg wird empfohlen, in neuen Dienstverträgen von Anfang an eine Rechtsgrundlage für eine **nachträgliche variable Vergütung** zu schaffen (jährlich wiederkehrende Prämien, die den Verdienst des Vorstandsmitglieds am Geschäftserfolg des vorausgehenden Geschäftsjahres honorieren sollen, Ermessenstantiemen, die Auslobung eines Bonus für ein bestimmtes Projekt; dazu iE aus der Sicht der Praxis *Richardt* in Semler/v. Schenck AR-HdB § 9 Rn. 106 ff. mwN; s. zu den Einzelheiten vor dem Hintergrund der neuen Rechtslage Spindler/Stilz/*Fleischer* Rn. 47 f.; KK-AktG/*Mertens/Cahn* Rn. 32 ff.).

13 **2. Die Angemessenheit der Vergütung (Abs. 1 S. 1).** Das **Angemessenheitsgebot** des § 87 bezieht sich auf die Festsetzung der **Gesamtbezüge.** Gesamtbezüge iSd Gesetzes sind alle Leistungen, die einem aktiven Vorstandsmitglied mit Rücksicht auf seine Tätigkeit für die Gesellschaft versprochen werden (Hüffer/Koch/*Koch* Rn. 2 ff.; KK-AktG/*Mertens/Cahn* Rn. 6; MüKoAktG/*Spindler* Rn. 24; K. Schmidt/Lutter/*Seibt* Rn. 5 ff.; Spindler/Stilz/*Fleischer* Rn. 9 ff.). Durch das VorstAG ist nunmehr klargestellt worden, dass die Leitlinien des § 87 auch für „anreizorientierte Versorgungszusagen wie Aktienbezugsrechte" gelten sollen; dies muss dann auch für Gratisaktien als „Risikopuffer" gelten (zur Gestaltung von Aktienoptionsplänen s. Hüffer/Koch/*Koch* Rn. 19 f.; Spindler/Stilz/*Fleischer* Rn. 42 f.; KK-AktG/*Mertens/Cahn* Rn. 37 ff.). Schon bisher bestand Einigkeit darüber, dass die **Aufzählung in § 87 Abs. 1 nicht abschließend** zu verstehen ist (K. Schmidt/Lutter/*Seibt* Rn. 5; MüKoAktG/*Spindler* Rn. 24) und dass insbesondere die **variable Vergütung** mit einzubeziehen ist (*Hohenstatt* ZIP 2009, 1349 (1350)). Nach der Neufassung werden aber nunmehr die tragenden Elemente der Vorstandsvergütung deutlicher abgebildet (Gehalt, Festvergütung, Basisvergütung, variable Vergütung, Nebenleistungen); hinzu kommt die in § 87 Abs. 1 S. 4 geregelte Altersversorgung.

14 Als **Bezugspunkte der Angemessenheit** nannte § 87 aF bisher die **Aufgaben des Vorstandsmitglieds** und die **Lage der Gesellschaft.** Das VorstAG hat die Regelung um das Kriterium der **Leistung des Vorstandsmitglieds** ergänzt. Die Aufzählung der Kriterien ist nicht abschließend, sodass zusätzliche Gesichtspunkte in die Angemessenheitsbeurteilung einfließen können (K. Schmidt/Lutter/*Seibt* Rn. 5; Hüffer/Koch/*Koch* Rn. 2; *Kort* NJW 2005, 333). Die Angemessenheitskriterien sind kumulativ unter Berücksichtigung der Umstände des Einzelfalls zu beachten (Spindler/Stilz/*Fleischer* Rn. 21 ff.; MüKoAktG/*Spindler* Rn. 42). Dabei hat der Aufsichtsrat einen **weiten Entscheidungsspielraum** (→ Rn. 9).

15 Das Kriterium der **Aufgabe des Vorstands** zielt auf die **Tätigkeitsbereiche,** die ihm durch **Anstellungsvertrag, Satzung oder Geschäftsordnung** zugewiesen sind sowie die Bedeutung seiner Aufgabe für die Gesellschaft (Spindler/Stilz/*Fleischer* Rn. 10; *Kort* NJW 2005, 333; LG Düsseldorf 22.7.2004, NJW 2004, 3275 (3277)). Das Kriterium der **Lage der Gesellschaft** umfasst die **wirtschaftliche, finanzielle, strategische Lage der Gesellschaft** und ihre Reputation sowie die Komplexität der Unternehmensstruktur; dabei sind Vermögenslage, Ertragslage und die zukünftige Entwicklung der Gesellschaft zu berücksichtigen (LG Düsseldorf 22.7.2004, NJW 2004, 3275 (3278); Spindler/Stilz/*Fleischer* Rn. 21 ff.; MüKoAktG/*Spindler* Rn. 53; K. Schmidt/Lutter/*Seibt* Rn. 5; KK-AktG/*Mertens/Cahn* Rn. 4 ff.). Auch im Falle einer **Krise der Gesellschaft** ist die Vereinbarung einer niedrigeren Vergütung nicht zwingend; entscheidend ist, zu welchem Preis ein bestimmter, für die schwierige

Sanierungsaufgabe geeignet erscheinender Kandidat am Markt zu gewinnen ist (KK-AktG/*Mertens/Cahn* Rn. 9; MüKoAktG/*Spindler* Rn. 55; Hüffer/Koch/*Koch* Rn. 3).

Schon bisher bestand Einigkeit darüber, dass der **Leistung** des einzelnen Vorstandsmitglieds und des Gesamtvorstands bei der Bewertung eine entscheidende Rolle zukommt (s. nur KK-AktG/*Mertens/Cahn* Rn. 12; *Richardt* in Semler/v. Schenck AR-HdB § 9 Rn. 123;). Bei der Aufnahme dieses Kriteriums in den § 87 Abs. 1 handelt es sich somit um eine sinnvolle Klarstellung, auch wenn damit **keine Änderung der Rechtslage** verbunden ist (*Hohenstatt* ZIP 2009, 1349 (1350)). Geht man davon aus, dass Vergütung auch Anreize zur Leistungssteigerung setzen soll, lässt sich aus dem neuen Kriterium der Leistungsbezogenheit auch das Erfordernis ableiten, einen Teil der Vergütung variabel zu gestalten und an der persönlichen Leistung des Vorstandsmitglieds bzw. des Gesamtvorstands auszurichten (*Hohenstatt* ZIP 2009, 1349 (1350)). Angesichts der Komplexität unternehmerischer Tätigkeit, die durch Zukunftsbezug und ein Handeln in Ungewissheit gekennzeichnet ist (dazu *Dauner-Lieb* FS Röhricht, 2005, 83), sollten freilich die Möglichkeiten, für einen längeren Zeitraum im Voraus sinnvolle, messbare Leistungskriterien zu formulieren, nicht überschätzt werden (zu den sog. Claw-Back-Klauseln bei bereits erfolgter Auszahlung s. *Poelzig* NZG 2020, 41; *Schockenhoff/Nußbaum* AG 2018, 813; *Raitzsch* ZIP 2019, 104; *Redenius-Hövermann/Siemens* ZIP 2020, 145). Werden Zielvorgaben angesichts notwendiger und sinnvoller Änderungen der Unternehmensstrategie gegenstandslos, so hat der Vorstand einen Anspruch auf Überprüfung und Anpassung seiner Vergütungsvereinbarung (problematisch daher Ziff. 4.2.3 II aE; zur Zulässigkeit von repricing s. *Hohaus/Weber* DB 2009, 1515 (1518). Bei Verfehlung von Zielvorgaben wegen erheblicher Änderungen der wirtschaftlichen Rahmenbedingungen hat der Aufsichtsrat zu prüfen, ob eine Belastung des Vorstands mit dem Risiko der (ihm nicht zurechenbaren) Zielverfehlung der Motivation und Leistungsbereitschaft für die Zukunft zuträglich ist (zu den Chancen und Risiken der Zauberinstrumente Zieltantieme und Zielvereinbarung *Richardt* in Semler/v. Schenck AR-HdB § 9 Rn. 141 ff.). 16

Als **berücksichtigungsfähige persönliche Kriterien** sind berufliche Qualifikation, besondere Fähigkeiten, Kenntnisse und Erfahrungen eines Vorstandsmitglieds, aber auch dessen Marktwert und die konkrete Verhandlungslage anerkannt (K. Schmidt/Lutter/*Seibt* Rn. 7; KK-AktG/*Mertens/Cahn* Rn. 9; Hüffer/Koch/*Koch* Rn. 4); umstritten ist, ob sich die Berücksichtigung familiärer Verhältnisse rechtfertigen lässt (bejahend Hüffer/Koch/*Koch* Rn. 4; skeptisch *Richardt* in Semler/v. Schenck AR-HdB § 9 Rn. 124). 17

§ 87 nimmt nunmehr auch ausdrücklich Bezug auf die **übliche Vergütung.** Der Aufsichtsrat hat bei der Festsetzung der Gesamtbezüge dafür zu sorgen, dass diese die übliche Vergütung **nicht ohne besondere Gründe übersteigen.** Auch die Üblichkeit war bisher schon ein Kriterium, das bei der Angemessenheitsprüfung herangezogen wurde (K. Schmidt/Lutter/*Seibt* Rn. 5; *Hohenstatt* ZIP 2009, 1349 (1350)). Durch die **negative Formulierung** soll der Eindruck vermieden werden, dass stets auch angemessen sei, was üblich ist (BT-Drs. 16/13 433, 15). Ob damit ein „Aufschaukelungseffekt" (BT-Drs. 16/13 433, 15 reSp) vermieden werden kann, erscheint allerdings fraglich. Eine Führungskraft, die auf sich hält, wird sich nicht ohne Weiteres mit einer Vergütung unterhalb der Üblichkeit zufriedengeben. Es ist keineswegs ausgeschlossen, dass eine Veröffentlichung von Einzelheiten der Managervergütung unter der Flagge der Erhöhung der Transparenz gerade nicht zur **Dämpfung des Vergütungsniveaus** führt, sondern im Gegenteil die Vergütung zum Statussymbol macht und daher als Preistreiber wirkt. Aus der Formulierung des Gesetzgebers ergibt sich weiterhin ausdrücklich, dass sich aus einer **unüblichen Vergütung** allein nicht ergibt, dass die Festsetzung unangemessen und damit fehlerhaft war. Ihre Zulässigkeit kann sich etwa daraus ergeben, dass besonders hohe Anforderungen an das Vorstandsmitglied gestellt werden müssen, zB im Hinblick auf eine schwierige Umstrukturierungs- oder Sanierungsaufgabe (s. *Hohenstatt* ZIP 2009, 1349 (1350)). 18

Nach der Gesetzesbegründung (BT-Drs. 16/13433, 10) bezieht sich die Üblichkeit zunächst auf Branchen-, Größen- und Landesüblichkeit **(horizontale Vergleichbarkeit)** (K. Schmidt/Lutter/*Seibt* Rn. 10; Spindler/Stilz/*Fleischer* Rn. 18). Damit ist (sachgerecht) der **Markt für Führungskräfte** angesprochen. Es mag zwar keine Besoldungstabelle für Führungskräfte geben, wohl aber halbwegs belastbare Daten (zB die jährliche Kienbaum-Vergütungsstudie), die darauf hindeuten, dass bestimmende Faktoren tatsächlich Größe, Branche und Konzernstruktur sind (zum Ganzen aus der Sicht der Praxis *Richardt* in Semler/v. Schenck AR-HdB § 9 Rn. 125 f.). Zugängliche Informationen muss der Aufsichtsrat bei der Abwägung verwerten, eventuell unter Einbeziehung professionellen Rates. Letztlich muss er aber doch in **pflichtgemäßer Ausübung seines Ermessens** entscheiden, welchen Preis ihm eine Persönlichkeit für eine bestimmte Aufgabe wert ist bzw. zu welchem Preis eine geeignete Persönlichkeit zu haben ist. Weicht er dabei erkennbar von den im relevanten Markt üblichen Gepflogenheiten ab, ist er gut beraten, dies zu begründen und zu dokumentieren. Der in der Gesetzesbegründung verwendete Begriff der **„Landesüblichkeit"** soll sich auf die Üblichkeit im Geltungsbereich des Gesetzes beziehen (BT-Drs. 16/13433, 10), dies ist systemwidrig und damit nicht sachgerecht. Da sich diese Überlegung im Gesetzeswortlaut nicht niedergeschlagen hat, sollte man auf die Üblichkeit im jeweils **geographisch relevanten Markt** für Führungskräfte abstellen. Ist ein Unternehmen global tätig und steht es tatsächlich im internationalen Wettbewerb um geeignete Führungskräfte, dann sind auch die 19 für diesen Markt üblichen Vergütungsstrukturen und -höhen zu berücksichtigen (ebenso *Hohenstatt* ZIP 2009, 1349 (1350); *Hoffmann-Becking/Krieger* NZG-Beil. Heft 26/2009, 1 Rn. 5).

20 Die Üblichkeit soll sich auch auf das **Lohn- und Gehaltsgefüge im Unternehmen** beziehen **(vertikaler Vergleich).** Es soll darauf geachtet werden, dass die Vergütungsstaffelung im Unternehmen beim Vorstand nicht Maß und Bezug zu den Vergütungsgepflogenheiten und dem Vergütungssystem im Unternehmen verliert (BT-Drs. 16/13433, 10). Die Kodexnovelle vom 10.6.2013 bekräftigt in Ziff. 4.2.2 II die Maßgeblichkeit auch der Vertikalverhältnisse, wobei der Aufsichtsrat festzulegen habe, wie der obere Führungskreis und die relevante Belegschaft abzugrenzen sei (Schrifttum zur Kodexnovelle → Rn. 47). Dies ist schon deshalb problematisch, weil im Regelfall die **Lohnstruktur** eines Unternehmens kein Indikator für Umfang und Schwierigkeit der Aufgabe des zu gewinnenden Vorstandsmitglieds ist (*Hohaus/Weber* DB 2009, 1515 (1516); *Fleischer* NZG 2009, 801 (802); *Wagner/Wittgens* BB 2009, 906 (907); *Hohenstatt* ZIP 2009, 1349 (1351)). Die Angemessenheit der Vorstandsvergütung kann daher nicht maßgeblich danach beurteilt werden, ob sie das 20-, 30- oder 60-fache der Vergütung eines Facharbeiters oder der durchschnittlichen Vergütung im Unternehmen beträgt; letztlich kann für den Aufsichtsrat nur entscheidend sein, ob die zu gewinnende Persönlichkeit diesen Preis wert ist und ob eine qualifizierte Persönlichkeit am Markt billiger zu haben ist. Der Aufsichtsrat wird also auch insoweit auf der Grundlage einzuholender Informationen über die **Vergütungsstruktur im Unternehmen** in pflichtgemäßer Ausübung des Ermessens entscheiden. Dabei wird er allerdings berücksichtigen, ob und wieweit die Akzeptanz und damit die Erfolgschancen einer von außen zu berufenden Persönlichkeit durch eine unübliche Höhe der Vergütung gefährdet werden könnte (*Richardt* in Semler/v. Schenck AR-HdB § 9 Rn. 126). Im Zweifel ist aber dem marktbezogenen, horizontalen Vergleich Priorität vor dem vertikalen Vergleich zu geben (*Hoffmann-Becking/Krieger* NZG-Beil. Heft 26/2009, 2 Rn. 8; *Fleischer* NZG 2009, 801 (802); *Gaul/Janz* NZA 2009, 809 (810); diff. *Thüsing* AG 2009, 517 (518 f.)).

21 Schon aufgrund der Unterschiedlichkeit der Aufgaben der einzelnen Vorstandsmitglieder erscheint **Vergütungs-Differenzierung** zulässig. Auch die personellen Kriterien der Angemessenheit legen Abstufungen nahe. Vorzugswürdig erscheint im Regelfall eine halbwegs **homogene Vergütung für alle Vorstandsmitglieder** außer dem Vorstandsvorsitzenden. Sie erspart dem Aufsichtsrat Diskussionen im Unternehmen und – soweit eine Offenlegung erfolgt – in der Öffentlichkeit über die unterschiedliche Gewichtung der Ressorts, die Qualifikation und Leistung der Ressortinhaber und insbesondere ihren jeweiligen Beitrag zum Gesamterfolg oder -misserfolg. Sie wird im Regelfall auch der Gesamtverantwortung des Vorstandes besser gerecht werden. Aber auch insoweit kommt es auf die Umstände des Einzelfalls an (s. *Richardt* in Semler/v. Schenck AR-HdB § 9 Rn. 127).

22 **3. Langfristige Verhaltensanreize und Caps (Abs. 1 S. 2 und 3).** Mit dem Inkrafttreten des Gesetzes zur Umsetzung der Aktionärsrechterichtlinie (ARUG II) wurde zugleich die Formulierung des § 87 Abs. 1 S. 2 abgeändert. Danach wird der Aufsichtsrat verpflichtet, die Vergütungsstruktur bei börsennotierten Gesellschaften nicht nur auf eine **nachhaltige,** sondern zugleich auch auf eine **langfristige Entwicklung der Gesellschaft** auszurichten. Durch diese begriffliche Veränderung wollte der Ausschuss für Recht und Verbraucherschutz zum Ausdruck bringen, dass der Aufsichtsrat **soziale** und **ökologische** Aspekte bei der Vergütungsfestsetzung zu berücksichtigen habe (BT-Drs. 19/15153, 55; *Velte* NZG 2020, 12). Inhaltliche Änderungen sollen sich daraus gleichwohl nicht ergeben (BT-Drs. 19/9739, 72). Ergänzend fordert § 87 Abs. 1 S. 3, dass daher variable Vergütungsbestandteile eine **mehrjährige Bemessungsgrundlage** haben sollen. Das Postulat der Ausrichtung auf eine nachhaltige und langfristige Entwicklung der Gesellschaft ist eine deutliche Reaktion auf die Finanzkrise und die Auswüchse kurzfristig angelegter Bonussysteme. Das Erfordernis **langfristiger Verhaltensanreize** entspricht der Erhöhung der Mindestausübungsfrist für Aktienoptionen gem. § 193 Abs. 2 Nr. 4 von zwei auf vier Jahre. Dadurch werde dem Begünstigten ein stärkerer Anreiz zu langfristigem Handeln zugunsten des Unternehmens gegeben. Die Vierjahresfrist sei „Auslegungshilfe für die Formulierung langfristiger Verhaltensanreize iSv § 87 Abs. 1 AktG" (BT-Drs. 16/12278, 5). Daher ist bei der Gewährung von Aktien als Vergütungsanteil, bei Phantom-Stocks und bei ähnlichen Instrumenten im Regelfall ebenfalls auf eine entsprechend langfristige Kursentwicklung abzustellen (zu den Einzelheiten *Hohenstatt* ZIP 2009, 1349 (1351 f.); *Lindemann/Heim* JuS 2018, 1121; KK-AktG/*Mertens/Cahn* Rn. 37 ff.). Aus der Vorgabe der mehrjährigen Bemessungsgrundlage soll folgen, dass nicht nur die Auszahlung hinausgeschoben sein darf, sondern dass die variablen Bestandteile auch an negativen Entwicklungen im gesamten Bemessungszeitraum teilnehmen (BT-Drs. 16/13433, 10).

23 Nach § 87 Abs. 1 S. 3 Hs. 2 soll der AR für **außerordentliche Entwicklungen** eine Begrenzungsmöglichkeit vereinbaren (Hüffer/Koch/*Koch* Rn. 16; Spindler/Stilz/*Fleischer* Rn. 37; K. Schmidt/Lutter/*Seibt* Rn. 12b). Dies soll laut Gesetzesbegründung insbesondere bei Unternehmensübernahmen, bei Veräußerungen von Unternehmensteilen, Hebung stiller Reserven oder bei anderen externen Einflüssen gelten, die zu sog. „windfall profits" führen (BT-Drs. 16/13433, 10); dazu *Hohenstatt* ZIP 2009, 1349 (1352); vgl. *Lutter* BB 2009, 1874). Die konkrete Ausgestaltung solcher **Caps** bleibt dem Aufsichtsrat überlassen (BT-Drs. 16/13433, 10). § 87a Abs. 1 S. 2 (→ Rn. 6) sowie G.1 DCGK sehen daher vor, dass der relative Anteil der Festvergütung sowie der relative Anteil der kurzfristig und langfristig variablen

Vergütungsbestandteile in Bezug auf die Ziel-Gesamtvergütung festgelegt werden (dazu iE *Goj* AG 2015, 173).

Aufgrund der Kritik im Gesetzgebungsverfahren (Stellungnahme des Handelsrechtsausschusses des *DAV* NZG 2009, 612 Rn. 6) ist das Postulat der Ausrichtung der Vergütung an der nachhaltigen Unternehmensentwicklung im Gesetzeswortlaut auf **börsennotierte Aktiengesellschaften** beschränkt worden. Laut Gesetzesbegründung soll der Nachhaltigkeitsgedanke freilich auch von nichtbörsennotierten Aktiengesellschaften berücksichtigt werden; hier habe man aber von einer ausdrücklichen Regelung abgesehen, da sonst Fragen zum Verhältnis zur GmbH und der Personenhandelsgesellschaft aufgeworfen würden und man es den Eigentümern überlassen könne, die richtigen Instrumente zu finden (BT-Drs. 16/13433, 10). 24

Die Vorstandsvergütung umfasst üblicherweise fixe und variable Bestandteile; dies empfiehlt auch G.1 DCGK: Bisher setzt sie sich überwiegend aus einer festen Basisvergütung, jährlichen Boni und langfristigen Vergütungskomponenten zusammen (KK-AktG/*Mertens/Cahn* Rn. 22; unter Berufung auf empirische Daten für das Jahr 2015 bei *Kuhner/Hitz/Sabiwalsky,* Managergehälter, 2016, 41 ff.). Vor dem Hintergrund dieser Praxis erklärt sich die Verwendung des Begriffs **Vergütungsstruktur,** der nach dem natürlichen Sprachgebrauch darauf hindeutet, dass sich die Vergütung aus mehreren, unterschiedlichen Elementen zusammensetzt. Sofern die Gewährung einer variablen Vergütung im Dienstvertrag unter einen Freiwilligkeitsvorbehalt gestellt wurde, begründet dies keinen Zahlungsanspruch (BGH 24.9.2019, NZG 2020, 64). 25

Schwierigkeiten macht die Konkretisierung des Tatbestandsmerkmals der **nachhaltigen und langfristigen Entwicklung der Gesellschaft** (schon zur bisherigen Rechtslage krit. zur Begriffsbildung *Fleischer* NZG 2009, 801 (802); Hüffer/Koch/*Koch* Rn. 11; K. Schmidt/Lutter/*Seibt* Rn. 12). Klar ist nur, dass eine **kurzfristige** Unternehmensentwicklung aus der Bemessung ausgeklammert werden soll. Die Verpflichtung auf die Nachhaltigkeit soll den „Zeitpräferenzkonflikt“ der am Unternehmensgewinn beteiligten Vorstandsmitglieder entschärfen und damit einem unternehmerischen „Strohfeuer“ vorbeugen (*Fleischer* NZG 2009, 801 (802)). § 87 Abs. 1 S. 2 will also verhindern, dass durch fehlkonzipierte Vergütungsregelungen Anreize geschaffen werden, die nicht im Einklang mit dem – richtig verstandenen – Unternehmensinteresse stehen; insbesondere soll vermieden werden, dass der Vorstand zur Optimierung seiner Vergütung unverhältnismäßige Risiken eingeht (*Hohenstatt/Kuhnke* ZIP 2009, 1981 (1982); *Thüsing* AG 2009, 517 (520); *Fleischer* NZG 2009, 801 (803); *Bauer/Arnold* AG 2009, 717 (721)). Welche Ziele im positiven Sinne nachhaltig sind, hängt freilich von der strategischen Ausrichtung des jeweiligen Unternehmens ab (Erhaltung der Konzernunabhängigkeit, Ausbau des Marktanteils, Entwicklung und Einführung neuer Produkte, Erschließung neuer globaler Märkte); es kommt also erneut auf die Umstände des Einzelfalls an, bei deren Beurteilung dem Aufsichtsrat wiederum ein weites Ermessen zuzubilligen ist. 26

§ 87 Abs. 1 S. 1 erwähnt in seinem Klammerzusatz ausdrücklich das **Gehalt.** Daraus folgt, dass die **feste Basisvergütung** nach wie vor zulässiger Bestandteil der gesamten Vergütung ist. Das Gehalt dient der Sicherstellung eines der Stellung des Vorstandsmitglieds angemessenen Lebensunterhalts und ist damit Ausdruck einer sinnvollen Variabilität der übrigen Vergütung (*Hohenstatt* ZIP 2009, 1349 (1350)). Für das **angemessene Verhältnis** der festen Bezüge zu den variablen Bezügen kommt es in erster Linie auf die **Höhe der Gesamtbezüge** an; je höher diese sind, umso größer kann auch der Prozentsatz der variablen Vergütung sein (zum Ganzen *Richardt* in Semler/v. Schenck AR-HdB § 9 Rn. 133 ff.). Dies steht nicht im **Widerspruch** zum Postulat der Ausrichtung der Vergütungsstruktur auf eine nachhaltige Unternehmensentwicklung. Ein angemessenes Basisgehalt kann im Gegenteil aus der Sicht des Vorstandsmitglieds die notwendige Grundlage für eine **konsequente Orientierung an einer nachhaltigen und langfristigen Unternehmensentwicklung** unter Überwindung von Durststrecken bilden. Vor diesem Hintergrund erklärt sich, dass sich zunehmend Empfehlungen finden, den prozentualen Anteil der Festvergütung am Gesamt-Vergütungspaket tendenziell wieder **aufzuwerten** (vgl. *Wilsing/Paul* GWR 2010, 364). Hierdurch könnte auch der „Anreiz“ zur Beeinflussung des Geschäftsverlaufs mit dem Ziel einer kurzfristigen Optimierung der eigenen Einkünfte gedämpft werden (*Hohenstatt* ZIP 2009, 1349 (1350)). Es ist auch denkbar, dass der vollständige Verzicht auf variable Vergütungsbestandteile einer nachhaltigen Unternehmensentwicklung dient; unter teleologischen Gesichtspunkten erscheinen daher auch **reine** Festvergütungen nicht unakzeptabel (für eine Zulässigkeit *Fleischer* NZG 2009, 801 (803); *Hohenstatt* ZIP 2009, 1349 (1351); *Hoffmann-Becking/Krieger* NZG-Beil. Heft 26/2009, 2 Rn. 10). Der Begriff der Vergütungsstruktur deutet allerdings darauf hin, dass der Gesetzgeber ganz selbstverständlich davon ausgegangen ist, dass die Vergütung nicht nur aus einer einzigen Komponente besteht. Dies wird durch G.1 DCGK bekräftigt. Daher sollte eine Entscheidung für eine reine Festvergütung unter vollständigem Verzicht auf variable Vergütungsbestandteile gut bedacht und ausreichend begründet werden. 27

Unter Bezugnahme auf das Postulat der Ausrichtung auf eine nachhaltige Unternehmensentwicklung gem. § 87 Abs. 1 S. 2 sollen gem. § 87 Abs. 1 S. 3 Hs. 1 variable Vergütungsbestandteile „daher“ eine mehrjährige Bemessungsgrundlage haben. Diese Regelung führt zu erheblichen Problemen. Zwar lässt sich unter **Bemessungsgrundlage** der Bemessungszeitraum für die variable Vergütung verstehen, in 28

Abgrenzung zur qualitativen Anforderung der Nachhaltigkeit (*Hohenstatt/Kuhnke* ZIP 2009, 1981 (1984) mit instruktiven praktischen Beispielen). Schwierigkeiten bereitet jedoch der Begriff der Mehrjährigkeit. Im Hinblick auf den Wortlaut wird teilweise die Auffassung vertreten, zwei Jahre seien ausreichend (*Hoffmann-Becking/Krieger* NZG-Beil. Heft 26/2009, 3 Rn. 17). Weitergehend wird aus Andeutungen im Gesetzgebungsverfahren, die vierjährige Ausübungsfrist des § 193 Abs. 2 Nr. 4 sei Auslegungshilfe für die Formulierung langfristiger Verhaltensanreize iSd § 87 Abs. 1 (BT-Drs. 16/12 278, 6), gefolgert, „mehrjährig" iSv § 87 Abs. 1 S. 3 Hs. 1 müsse ebenfalls vier Jahre bedeuten (*Seibert* WM 2009, 1489 (1490); ähnlich *Fleischer* NZG 2009, 801 (803); *Gaul/Janz* NZA 2009, 809 (810); vgl. Hüffer/Koch/*Koch* Rn. 12). Schließlich wird unter systematischer und teleologischer Argumentation die Fünf-Jahresfrist des § 84 als Richtschnur empfohlen; Zweck der Norm sei es, den Aufsichtsrat alle fünf Jahre dazu zu veranlassen, sich in einer verantwortlichen Beratung über die Weiterbeschäftigung des Vorstandsmitglieds schlüssig zu werden; damit erkläre das Gesetz implizit, dass dies ein geeigneter Zeitraum für eine sinnvolle Beurteilung eines Vorstandsmitglieds sei (*Thüsing* AG 2009, 517 (521); ähnlich iErg jetzt Spindler/Stilz/*Fleischer* Rn. 31). Der Rückgriff auf § 193 Abs. 2 Nr. 4 überzeugt jedenfalls nicht. Wenn der Gesetzgeber in einer Regelung eine präzise Jahresanzahl benennt und in einer anderen Norm in einem vergleichbaren Kontext einen unbestimmten Rechtsbegriff verwendet, dann liegt systematisch eher der Umkehrschluss nahe, dass hier keine Festlegung auf eine bestimmte Zahl von Jahren erfolgen sollte (überzeugend *Hoffmann-Becking/Krieger* NZG-Beil. Heft 26/2009, 3 Rn. 19). Berücksichtigt man, dass die Beurteilung der Nachhaltigkeit von der konkreten strategischen Ausrichtung des jeweiligen Unternehmens und damit von den Umständen des Einzelfalls abhängt, dann bestehen ganz grundsätzliche Zweifel, ob es für die Auslegung der Regelung einen einheitlichen, schematischen Maßstab geben kann.

29 Nicht ausreichend geklärt erscheint auch die Frage, ob **alle variablen Vergütungsbestandteile** eine **mehrjährige Bemessungsgrundlage** haben müssen. Dafür könnte zunächst der Wortlaut des § 87 Abs. 1 S. 2 sprechen, der keinerlei Ansatz zur Differenzierung gibt. Immerhin erwähnt aber § 87 Abs. 1 S. 1 ausdrücklich „Provisionen" als mögliche Bestandteile der Gesamtbezüge eines Vorstands; bei Provisionen handelt es sich typischerweise um kurzfristig ausgerichtete und auch kurzfristig zur Auszahlung gelangende Vergütungsbestandteile. Daher erlaubt eine systematische Gesamtschau des § 87 Abs. 1 den Schluss, dass kurzfristig wirkende Leistungsanreize nach wie vor zulässig sind (ähnlich Spindler/Stilz/*Fleischer* Rn. 33 ff.; *Hohenstatt/Kuhnke* ZIP 2009, 1981 (1986)). Für diese Auffassung spricht auch die Begründung der Beschlussempfehlung, also die Entstehungsgeschichte und der Wille des Gesetzgebers (BT-Drs. 16/13433, 10). Danach kann das Ziel einer nachhaltigen Unternehmensentwicklung auch mit verschiedenen Vergütungsinstrumenten angestrebt werden. Bei variablen Vergütungsbestandteilen sei auf eine langfristige Wirkung der Verhaltensanreize, die von der Vergütung ausgehen, zu achten. Dabei sei auch eine Mischung aus kurzfristigen und längerfristigen Anreizen möglich, wenn im Ergebnis ein langfristiger Verhaltensanreiz erzeugt werde (BT-Drs. 16/13433, 10). Zu berücksichtigen ist schließlich, dass § 87 Abs. 1 S. 3 als Soll-Vorschrift ausgestaltet ist. Während die Gesetzesbegründung im Zusammenhang mit § 87 Abs. 2 S. 1 ausführt, dass der Aufsichtsrat nur bei Vorliegen besonderer Umstände von einer Herabsetzung absehen kann (BT-Drs. 16/13433, 10) fehlt eine entsprechende Erläuterung für § 87 Abs. 1 S. 3. Daraus ist der (vorsichtige) Umkehrschluss zu ziehen, dass tendenziell insoweit großzügigere Maßstäbe gelten. Vor diesem Hintergrund ist der Schluss erlaubt, dass neben langfristig wirkenden variablen Vergütungsbestandteilen auch kurzfristig wirkende Anreize gesetzt werden dürfen, solange die Kombination dem Ziel der Nachhaltigkeit verpflichtet bleibt (so schon die Stellungnahme des Handelsrechtsausschusses des *DAV* NZG 2009, 612 Rn. 5; *Bauer/Arnold* ZIP 2009, 1981 (1987); *Hoffmann-Becking/Krieger* NZG-Beil. Heft 26/2009, 2 Rn. 11; *Hohaus/Weber* DB 2009, 1515 (1517); *Fleischer* NZG 2009, 801 (803)). **Klassische Jahresboni** bzw. Jahrestantiemen bleiben demnach grundsätzlich zulässig (*Hohenstatt* ZIP 2009, 1349 (1351); *Wilsing/Paul* GWR 2010, 363 f.; Spindler/Stilz/*Fleischer* Rn. 36), solange sie keinen Anreiz zum Eingehen unvernünftiger Risiken bilden.

30 Im Hinblick auf das **Verhältnis der Vergütungsbestandteile untereinander** hat der Aufsichtsrat unter Berücksichtigung der strategischen Ausrichtung des Unternehmens einen weiten Ermessensspielraum. Als zulässig genannt wird eine Aufteilung von 50 % Festvergütung, 20 % kurzfristig variabler und 30 % langfristig variabler Bezüge (*Bauer/Arnold* AG 2009, 717 (722); ähnlich *Lingemann* BB 2009, 1918). Teilweise wird auch als Faustformel formuliert, dass das langfristige Vergütungselement bei realistischer Einschätzung pro anno nicht weniger als die Hälfte aller variablen Vergütungsbestandteile ausmachen sollte (*Hoffmann-Becking/Krieger* NZG-Beil. Heft 26/2009, 2 Rn. 13). Maßgeblich werden aber die Nachhaltigkeitsziele des jeweiligen Unternehmens und damit die Umstände des Einzelfalls sein.

31 Unproblematisch erscheint ein Absehen von einer mehrjährigen Bemessungsgrundlage für variable Vergütungsbestandteile dann, wenn gerade die Ausrichtung auf eine nachhaltige Unternehmensentwicklung **kurzfristige Maßnahmen** des Vorstands erfordert. So kann das Erfordernis einer raschen Sanierung ohne Weiteres kurzfristig angelegte Anreizsysteme legitimieren („turnaround-Prämie"). Auch an den Verlauf kurzfristiger, für den Unternehmenserfolg wesentlicher Projekte (Zusammenschluss-Vorhaben und Unternehmenskauf, Einführung eines neuen Produktes) darf die Zahlung einer Erfolgsprämie geknüpft werden (*Bauer/Arnold* ZIP 2009, 1981 (1987); *Fleischer* NZG 2009, 801 (803); *Thüsing* AG 2009, 1515 (1520); *Gaul/Janz* NZA 2009, 809 (810 f.)).

Ob die verschiedenen Vergütungsbestandteile idS in einem angemessenen Verhältnis stehen, dass die Gesamtvergütung in ihrer Vergütungsstruktur und in ihren Details keinen Anreiz zum Eingehen unvernünftiger Risiken bietet, sondern im Gegenteil Impulse für eine nachhaltige Unternehmensentwicklung setzt, ist aufgrund einer Soll-Betrachtung ex ante zu beurteilen. Es kommt also darauf an, ob die Vergütungsbestandteile bei ihrer Festlegung in einem **ausgeglichenen Verhältnis** zueinander stehen. Daran ändert sich grundsätzlich auch nichts, wenn wegen einer Übererfüllung kurzfristiger Ziele bei gleichzeitiger Untererfüllung langfristiger Ziele eine Ist-Betrachtung ex post ein tatsächliches Übergewicht der aufgrund kurzfristiger Anreize gewährten Vergütung ergibt. Der Aufsichtsrat kann im Zeitpunkt der Festlegung der kurzfristigen und langfristigen Ziele lediglich von einer Soll-Betrachtung ausgehen, weil ihm die tatsächliche Zielerfüllung naturgemäß noch nicht bekannt ist; dies kommt auch im Wortlaut des § 87 Abs. 1 S. 2 („ist … auszurichten") zum Ausdruck. Allerdings sind bei der Gestaltung der Vergütung absehbare Entwicklungsszenarien einzubeziehen. So könnte etwa bei der Vorgabe der kurzfristigen und langfristigen Ziele und der dadurch jeweils zu erzielenden Vergütung eine Deckelung idS vorgesehen werden, dass auch bei verhältnismäßiger Übererfüllung der kurzfristigen Ziele bzw. Untererfüllung der langfristigen Ziele diejenige Vergütung, die auf der Grundlage der Erfüllung von kurzfristigen Zielen erreicht werden kann, insgesamt nicht höher ausfallen darf als diejenige, die im Hinblick auf die Erreichung der langfristigen Ziele gewährt wird. Denkbar erscheint auch, eine entsprechende Deckelung nicht jahresbezogen, sondern über die gesamte Laufzeit des Vorstandsanstellungsvertrages vorzunehmen. 32

Problematisch erscheint, ob bei der Beurteilung einer Gesamtvergütung nach Maßgabe der Vorgaben des § 87 Abs. 1 S. 2 auch Regelungen des Anstellungsvertrags einbezogen werden können, die **keinen Vergütungscharakter** ieS haben. So stellt sich etwa die Frage, ob sog. shareownership-guidelines, welche die Vorstandsmitglieder verpflichten, Aktien am eigenen Unternehmen zu erwerben und dauerhaft zu halten, zugunsten der Nachhaltigkeit berücksichtigt werden und infolgedessen ein Übergewicht an kurzfristig ausgerichteten, variablen Vergütungsbestandteilen kompensieren können (dazu am Rande *Fleischer* NZG 2009, 801 (803); *Hoffmann-Becking/Krieger* NZG-Beil. Heft 26/2009, 2 Rn. 13). Dagegen spricht der Wortlaut des § 87; Instrumente, die keine Leistung der Gesellschaft darstellen, sondern dem jeweiligen Vorstandsmitglied einen eigenen Aufwand abverlangen, stellen keine Bezüge iSv § 87 Abs. 1 S. 1 dar. Andererseits können sie geeignet sein, dem Eingehen unvernünftiger Risiken vorzubeugen und die stärkere Beachtung langfristiger Perspektiven zu fördern. Eine teleologische Sicht könnte daher eine über den Wortlaut hinausgehende, großzügigere Betrachtungsweise akzeptabel erscheinen lassen. 33

Die Grundsätze angemessener Vergütung sind bei der Gestaltung von **Abfindungsregelungen und Change of Control-Klauseln** sinngemäß zu berücksichtigen (Hüffer/Koch/*Koch* Rn. 8, 9 ff.; Spindler/Stilz/*Fleischer* Rn. 46, 53; grundsätzlich zu Abfindungsleistungen an Manager *Bayer/Meier-Wehrsdorfer* AG 2013, 477; vgl. *Korts* BB 2009, 1876; zu Auswirkungen des § 87 auf Aufhebungsvereinbarungen *Jaeger* NZA 2010, 128; zur Einbeziehung von „good leaver"-Klauseln *Jaeger* FS Winter, 2011, 313). G.13 DCGK will Abfindungsleistungen „bei vorzeitiger Beendigung der Vorstandstätigkeit ohne wichtigen Grund" auf zwei Jahresvergütungen beschränken (Abfindungscap) „und nicht mehr als die Restlaufzeit des Anstellungsvertrages vergüten" (krit. dazu *Dauner-Lieb* DB 2008, 567; *Hoffmann-Becking* ZIP 2007, 2101). Nach G.14 DCGK soll eine Zusage für Leistungen aus Anlass der vorzeitigen Beendigung der Vorstandstätigkeit infolge eines Kontrollwechsels (Change of Control) 150 % des Abfindungscaps nicht übersteigen (Einzelheiten *Goj* AG 2015, 173). 34

III. Herabsetzung der Vorstandsbezüge (Abs. 2)

1. Regelungsgegenstand und Normzweck. Das **VorstAG** hat die in § 87 Abs. 2 vorgesehene Möglichkeit **der nachträglichen Herabsetzung** der Vorstandsvergütung, die bisher zu Recht ein Schattendasein führte, **neugestaltet** (s. dazu Hüffer/Koch/*Koch* Rn. 24 ff.; Spindler/Stilz/*Fleischer* Rn. 59 ff.; K. Schmidt/Lutter/*Seibt* Rn. 59 ff.; KK-AktG/*Mertens/Cahn* Rn. 94 ff.; *Bauer/Arnold* AG 2009, 717 (724); *Diller* NZG 2009, 1006; *Hoffmann-Becking/Krieger* NZG-Beil. Heft 26/2009, 4 ff.; *Keiser* RdA 2010, 280; *Klöhn* ZGR 2012, 1; *Oettker* ZHR 175 (2011), 527; *Paschke* FS Reuter, 2010, 1107; *Thüsing* AG 2009, 517 (522 ff.); *Weller* NZG 2010, 7; zur Herabsetzung der Vorstandsvergütung in der Insolvenz OLG Stuttgart 1.10.2014, NZG 2014, 194; *Spindler* DB 2015, 908; *Göcke/Greubel* ZIP 2009, 2086; zur Herabsetzung von Abfindungsleistungen *Krieger* FS Winter, 2011, 369). Die **Voraussetzungen** für eine solche Herabsetzung nach Vertragsschluss und für die Zukunft wurden deutlich abgesenkt; außerdem wurde die Regelung nunmehr auf **Versorgungsbezüge** ausgedehnt und entfaltet insoweit sogar Rückwirkung. Die damit verbundene Aufweichung des Grundsatzes **pacta sunt servanda** ist (auch verfassungsrechtlich) bedenklich (eindringlich die Stellungnahme zum VorstAG des Handelsrechtsausschusses des *DAV* NZG 2009, 612 Rn. 12 ff.). In der Gesetzesbegründung klingt als **Normzweck** der Neuregelung die **Sanktionierung von Vorstandsversagen** an; die Weiterzahlung der Bezüge sei „unbillig", wenn der Vorstand pflichtwidrig gehandelt habe, aber auch dann, wenn ihm kein pflichtwidriges Verhalten vorzuwerfen sei, die Verschlechterung der Lage der Gesellschaft jedoch in 35 die Zeit seiner Vorstandsverantwortung falle und ihm zurechenbar sei (BT-Drs. 16/12278, 7; BT-Drs. 16/13433, 10). Damit deutet sich ein sehr problematischer Paradigmenwechsel hin zu einer Verursachungshaftung/Misserfolgshaftung „im Vorhof" des § 93 an (*Bauer/Arnold* AG 2009, 717 (726)). Diese Sicht findet jedoch in Wortlaut und Systematik der Neuregelung keinen Niederschlag. Die Herabsetzung setzt nach dem Wortlaut der Norm weder die Zurechenbarkeit der Verschlechterung der Lage der Gesellschaft voraus, noch kann sie ohne Weiteres unterstellt werden. Die Neigung, im Hinblick auf eingetretene Misserfolge ex post zu erklären, dass man es ex ante hätte besser wissen müssen und können, ist ebenso populär wie naiv und inzwischen unter dem Begriff „hindsight bias" Gegenstand wissenschaftlicher Untersuchungen (s. nur *Fleischer* ZIP 2004, 685 (686)). Für negative Entwicklungen des Unternehmens kann es neben einem Vorstandsversagen vielfältige Gründe geben. Die angemessene Reaktion auf erwiesenes Vorstandsfehlverhalten oder -versagen wird im Regelfall ohnehin die Abberufung sein. Der neugefasste § 87 Abs. 2 ist daher als Instrument der Anpassung der Vorstandsvergütung an **Veränderungen der wirtschaftlichen Rahmenbedingungen** und an **negative Entwicklungen der Gesellschaft** zu verstehen, die so gravierend sind, dass es mit der Treupflicht des Vorstandsmitglieds gegenüber der Gesellschaft nicht mehr in Einklang zu bringen wäre, wenn die ursprünglich vereinbarten Vorstandsbezüge weitergezahlt würden (*Hohenstatt* ZIP 2009, 1349 (1352 ff., 1357)). Die Herabsetzungsmöglichkeit kann daher **nicht** durch Satzung oder durch **individuelle Vereinbarung** mit dem Vorstandsmitglied **ausgeschlossen** oder erschwert werden (KK-AktG/*Mertens/Cahn* Rn. 96).

36 **2. Herabsetzung auf angemessene Höhe.** Gegenüber § 87 Abs. 2 aF wurden die Voraussetzungen für eine Herabsetzung der Bezüge „entschärft". Während bisher eine **„wesentliche" Verschlechterung** erforderlich war, begnügt sich die Neuregelung mit einer bloßen **Verschlechterung.** Bei einer entsprechenden Verschlechterung soll ein Eingriff in die vereinbarten Bezüge schon zulässig sein, wenn ihre Weitergewährung **unbillig** wäre, während bisher **„schwere" Unbilligkeit** erforderlich war. Begründet werden diese Änderungen mit dem Ziel, die Voraussetzungen für eine Herabsetzung „klarer und schärfer" zu fassen (BT-Drs. 16/12278, 6). Dies ist nicht gelungen. Den bisherigen Tatbestandsmerkmalen der „wesentlichen" Verschlechterung und „schweren" Unbilligkeit ließ sich immerhin entnehmen, dass die Herabsetzung nur in besonderen Ausnahmefällen in Betracht kommen sollte. Mit dem Verzicht auf die klarstellenden und bremsenden Zusätze entsteht zusätzlich **Rechtsunsicherheit.** Nicht ganz fern liegt die Schlussfolgerung, dass es letztlich doch darum geht, die nachträgliche Anpassung „schlechter" Vorstandsverträge durch einseitige Einschnitte in vertragliche Vergütungsvereinbarungen zu erleichtern (*Bauer/Arnold* AG 2009, 717 (726); konkretisierend *Raitzsch* NZG 2019, 495). Die Rechtsprechung hat den Eintritt der Insolvenzreife jedenfalls als eine Verschlechterung angesehen, die die Weiterzahlung der Bezüge unbillig macht, sofern der Eintritt der Insolvenzreife dem Vorstand zurechenbar ist (BGH 27.10.2015, NZG 2016, 264). Ein solcher, weiter als bisher gehender Eingriff in den Grundsatz **pacta sunt servanda** wäre freilich bedenklich: Eine Weitergewährung der vereinbarten Bezüge kann bei Verschlechterung der Lage der Gesellschaft nur dann unbillig sein, wenn es sich um eine Verschlechterung von erheblichem und nachhaltigem Gewicht handelt. Ist die Unbilligkeit nicht offenkundig und handgreiflich, erscheint es nicht gerechtfertigt, der Gesellschaft das Recht zu geben, sich einseitig von vertraglichen Vereinbarungen zu lösen (s. schon *Gaul/Janz* NZA 2009, 809 (812); ähnlich *Hohenstatt* ZIP 2009, 1349 (1352)). Bei der Prüfung einer Unbilligkeit der Weitergewährung sind daher auch die **legitimen Bestandsinteressen** des Vorstands zu berücksichtigen (nunmehr OLG Stuttgart 1.10.2014, NZG 2015, 194). Dies gilt umso mehr, als sich in den variablen Vergütungen eines gut und im Einklang mit den Vorgaben des § 87 gemachten Vorstandsvertrags ein Misserfolg des Unternehmens automatisch niederschlägt, sodass sich die Gesamtvergütung bei Verschlechterung der Lage des Unternehmens ohnehin reduziert (*Bauer/Arnold* AG 2009, 717 (726); KK-AktG/*Mertens/Cahn* Rn. 94).

37 Laut Gesetzesbegründung soll eine relevante Verschlechterung iSv § 87 Abs. 2 allerdings „beispielsweise" schon dann vorliegen, wenn die Gesellschaft **Entlassungen oder Lohnkürzungen** vornehmen muss und keine Gewinne mehr ausschütten kann. Bei **Insolvenz** (dazu jetzt OLG Stuttgart 1.10.2014, NZG 2015, 194; *Spindler* DB 2015, 908) oder unmittelbarer Krise seien die Voraussetzungen stets erfüllt, sie seien aber nicht notwendig (BT-Drs. 16/12278, 7). Das könnte dahingehend missverstanden werden, dass jeder nicht unerhebliche konjunkturelle Einbruch bereits in den Anwendungsbereich des § 87 Abs. 2 fällt (zu Recht warnend etwa *Bauer/Arnold* AG 2009, 717 (725); *Diller* NZG 2009, 1006). Die Gesetzesbegründung nennt jedoch beispielhaft für eine Verschlechterung der Lage, dass *kumulativ* Entlassungen und Lohnkürzungen vorgenommen werden *und* eine Ausschüttung von Gewinnen nicht möglich ist. Außerdem müssen teleologische Erwägungen den Vorrang haben. Für § 87 Abs. 2 ist kein Raum, wenn Entlassungen oder Lohnkürzungen Bestandteil eines Konzepts zur kontinuierlichen Verbesserung des Unternehmenserfolges im Hinblick auf mehr Wettbewerbsfähigkeit sind oder wenn die Thesaurierung von Gewinnen der Finanzierung künftiger Investitionen oder der Vorsorge im Unternehmensinteresse dient (*Diller* NZG 2009, 1006; *Bauer/Arnold* AG 2009, 717 (727); letztlich auch *Thüsing* AG 2009, 517 (522)).

Auch auf der **Rechtsfolgenseite** des § 87 Abs. 2 hat das VorstAG zu einer Änderung geführt. Bisher berechtigte § 87 Abs. 2 S. 1 den Aufsichtsrat zu einer „angemessenen Herabsetzung". Demgegenüber sieht die Neufassung eine Herabsetzung „auf die angemessene Höhe" vor. Laut Gesetzesbegründung soll die Herabsetzung auf das Niveau erfolgen, welches nach § 87 Abs. 1 S. 1 in dieser Situation angemessen wäre (BT-Drs. 16/12 278, 7; in diese Richtung jetzt auch OLG Stuttgart 1.10.2014, NZG 2015, 194). Dieser Maßstab wird jedoch häufig keine Herabsetzung der Vergütung tragen, denn gerade in einer schwierigen Situation eines Unternehmens könnte angesichts der sich stellenden Herausforderungen die Vereinbarung einer höheren Vergütung notwendig und damit angemessen sein (krit. auch *Bauer/Arnold* AG 2009, 717 (727)). Allerdings muss die Herabsetzung auf einen Betrag erfolgen, dessen Gewährung angesichts der Verschlechterung der Lage der Gesellschaft nicht mehr als unbillig angesehen werden kann. Die Vorschrift erlaubt also nur eine Herabsetzung auf einen Betrag, der angesichts der Verschlechterung der Lage der Gesellschaft erforderlich ist (BGH 27.10.2015, NZG 2016, 264). **38**

§ 87 Abs. 2 eröffnet grundsätzlich nur die Möglichkeit einer Herabsetzung für die Zukunft, hat also **keine Rückwirkung,** etwas anderes gilt nur für die deshalb besonders problematische **Einbeziehung der Altersversorgung,** die eine Gegenleistung für bereits erbrachte Dienstleistung darstellt. Daher können rechtmäßig festgesetzte und ausgezahlte Boni nicht zurückgefordert werden (dazu *Diller* NZG 2009, 1006 (1008); *Thüsing* AG 2009, 517 (522)). Eine Neufestsetzung der Vergütung gem. § 87 Abs. 2 ändert auch nichts daran, dass nach dem bisher geltenden Vertrag bereits angefallene Boni aus der Zeit vor der Krise auszuzahlen sind. Weder Wortlaut noch Gesetzesbegründung bieten einen Ansatz für eine Differenzierung zwischen bereits ausgezahlten und noch nicht ausgezahlten Boni. Angesichts ihres problematischen Ausnahmecharakters erlaubt die Einbeziehung der Altersversorgung auch keinen Parallelschluss für eine nach der bisherigen Vertragslage angefallene, aber noch nicht ausgezahlte Vergütung; sehr viel näher liegt ein Umkehrschluss (aA *Thüsing* AG 2009, 517 (522)). **39**

Allerdings ist zu berücksichtigen, dass § 87 Abs. 2 nunmehr als **Soll-Vorschrift** ausgestaltet ist. Auch wenn die Herabsetzungsmöglichkeit damit deutlich flexibler gefasst ist als der Muss-Vorschlag des Fraktionsentwurfes, sollte die Rechtslage deutlich verschärft werden. Die Gesetzesbegründung führt aus, dass der Aufsichtsrat **nur** bei **Vorliegen besonderer Umstände von einer Herabsetzung absehen** könne (BT-Drs. 16/13433, 10). Diese Bemerkung sollte Aufsichtsräte aber auch nicht vorschnell veranlassen, „im Zweifel" die Vorstandsvergütung herabzusetzen. Eine allzu schnelle, schneidige Herabsetzung kann eine Kündigung des Vorstands gem. § 87 Abs. 2 S. 4 provozieren und der Gesellschaft erheblichen Schaden zufügen. Daher muss sich der Aufsichtsrat vor Herabsetzung der Bezüge eine solide Informationsgrundlage verschaffen, insbesondere auch im Hinblick auf die Bereitschaft des Vorstandsmitglieds, seine Tätigkeit trotz Herabsetzung der Vergütung fortzusetzen (*Bauer/Arnold* AG 2009, 717 (731)). Insgesamt ist der Aufsichtsrat daher gut beraten, wenn er im Fall einer Verschlechterung der Lage der Gesellschaft sorgfältig dokumentiert, dass er eine Anwendung des § 87 Abs. 2 in Erwägung gezogen und seine Entscheidung unter rechtskundiger Beratung und unter Berücksichtigung der relevanten rechtlichen Erwägungen und unter Abwägung aller Umstände des Einzelfalls getroffen hat (*Hoffmann-Becking/Krieger* NZG-Beil. Heft 26/2009, 6); den Aufsichtsrat trifft daher nunmehr eine **permanente Beobachtungs- und Prüfungspflicht** (s. nur *Cannivé/Seebach* Der Konzern 2009, 593). **40**

Das Recht zur Herabsetzung ist ein einseitiges Gestaltungsrecht der Aktiengesellschaft, das durch eine Gestaltungserklärung ausgeübt wird, die der Aufsichtsrat in Vertretung der Gesellschaft gegenüber dem Vorstandsmitglied abgibt (BGH 27.10.2015, NZG 2016, 264). Die Entscheidung für oder gegen eine Herabsetzung der Vergütung ist wie ihre Festsetzung bei Vertragsabschluss dem Aufsichtsratsplenum vorbehalten (s. nur KK-AktG/*Mertens/Cahn* Rn. 99). Auch wenn sich die neue ausdrückliche Erwähnung der Schadensersatzpflicht des Aufsichtsrats im Hinblick auf die Handhabung der Vorstandsvergütung in § 116 S. 3 ausdrücklich nur auf § 87 Abs. 1 bezieht, kann ein pflichtwidriges Unterlassen der Herabsetzung gem. § 87 Abs. 2 ebenfalls eine **Schadensersatzpflicht der Aufsichtsratsmitglieder** auslösen (*Bauer/Arnold* AG 2009, 717 (730 f.)). Angesichts der Unwägbarkeiten der Neuregelung ist dem Aufsichtsrat aber ein **weiter Spielraum** zuzubilligen (aA wohl Hüffer/Koch/*Koch* Rn. 27, kein Beurteilungs- und Ermessensspielraum). Allerdings setzt eine wirksame Herabsetzung der Vorstandsvergütung nach § 87 Abs. 2 voraus, dass der Aufsichtsrat eine überlegte Entscheidung über das „Ob" und das „Wie" der Entscheidung trifft. Bei Fehlen einer solchen Entscheidung ist der Herabsetzungsbeschluss unwirksam (OLG Stuttgart 1.10.2014, NZG 2014, 194, das von einer „Ermessensentscheidung" ausgeht; dazu *Spindler* DB 2015, 908). **41**

3. Ruhestandsverhältnisse. Während das **alte Recht** Eingriffe in bereits **bestehende Ruhestandsverhältnisse** überhaupt nicht kannte (§ 87 Abs. 2 aF bezog sich nur auf die Vergütung aktiver Vorstandsmitglieder gem. § 87 Abs. 1 S. 1 aF, nicht dagegen auf § 87 Abs. 1 S. 2 aF), verweist § 87 Abs. 2 S. 1 nF insgesamt auf § 87 Abs. 1 nF und unterwirft damit nunmehr auch **Ruhegehälter, Hinterbliebenenbezüge** und **Leistungen verwandter Art** der **Herabsetzungsregelung.** Dies ist schon deswegen bedenklich, weil dem Grundsatz **pacta sunt servanda** im Recht der Altersversorgung besondere Bedeutung zukommt. Das Vertrauen des Zusageempfängers auf deren Bestand ist besonders schützenswert. Da die Altersversorgung eine Gegenleistung für bereits in der Vergangenheit erbrachte **42**

Dienstleistungen darstellt, entfaltet eine Herabsetzung gem. § 87 Abs. 2 insoweit Rückwirkung (Stellungnahme des *Handelsrechtsausschusses des DAV* NZG 2009, 612 Rn. 16 ff.; zutr. *Hohenstatt* ZIP 2009, 1349 (1353) gegen *Thüsing,* Stellungnahme zum VorstAG, 10; zum Spannungsverhältnis zu den Vorschriften des BetrAVG *Bauer/Arnold* AG 2009, 717 (728 ff.)). Noch problematischer erscheint die Ausdehnung der Herabsetzungsregelung auf Ruhestandsverhältnisse durch die Kombination mit der **Absenkung der Eingriffsschwelle** durch Verzicht auf die Wesentlichkeit der Verschlechterung und die Schwere der Unbilligkeit. Die bloße Verschlechterung/Unbilligkeit dürfte nicht ausreichen, um eine Herabsetzung bereits verdienter Anwartschaften zu rechtfertigen (beachtliche, verfassungsrechtliche Bedenken in der Stellungnahme des *Handelsrechtsausschusses des DAV* NZG 2009, 612 Rn. 19 ff.; s. auch *Hohenstatt* ZIP 2009, 1349 (1353, 1357); *Bauer/Arnold* AG 2009, 717 (728 ff.)). Von der Regelung ist daher (wenn überhaupt) nur äußerst restriktiv Gebrauch zu machen.

43 Möglicherweise unter dem Eindruck der Bedenken, Eingriffe in Ruhestandsverhältnisse könnten verfassungswidrig sein oder jedenfalls im Widerspruch zu grundlegenden Prinzipien des Rechts der betrieblichen Altersversorgung stehen, wurde in die endgültige Fassung des § 87 Abs. 2 die Ergänzung aufgenommen, dass entsprechende Leistungen nur in den **ersten drei Jahren nach dem Ausscheiden** aus der Gesellschaft herabgesetzt werden können (BT-Drs. 16/13433, 10). Gemeint ist trotz des missverständlichen Wortlauts, dass die Entscheidung über die Herabsetzung innerhalb von drei Jahren nach dem Ausscheiden getroffen werden muss (*Hohenstatt* ZIP 2009, 1349 (1353)). Dies wird verknüpft mit der Erwägung, Ruhegehälter könnten nur dann gekürzt werden, wenn die Verschlechterung der Lage der Gesellschaft dem ausgeschiedenen Vorstand im Rahmen der Billigkeitsprüfung zugerechnet werden könne; eine **Zurechnung** könne nicht zeitlich unbegrenzt stattfinden (BT-Drs. 16/13433, 10). Diese Einschränkung hat freilich im Gesetzeswortlaut keinen Niederschlag gefunden. Der Argumentationsansatz geht iÜ aber schon deswegen ins Leere, weil § 87 Abs. 2 kein Instrument zur Sanktion von Vorstandsversagen ist und dementsprechend weder Verschulden noch objektive Zurechenbarkeit der Verschlechterung der Lage der Gesellschaft voraussetzt. Die Einbeziehung von Ruhestandsverhältnissen lässt iÜ das pensionierte Vorstandsmitglied wehrlos, weil es seine Dienstleistung schon erbracht hat und sich infolgedessen nicht mithilfe des Sonderkündigungsrechtes des § 87 Abs. 2 S. 4 gegen eine Verschlechterung seiner Vergütung wehren kann (Stellungnahme des *Handelsrechtsausschusses des DAV* NZG 2009, 612 Rn. 16 und *Hohenstatt* ZIP 2009, 1349 (1353); zu den sich ergebenden Einzelproblemen *Bauer/Arnold* AG 2009, 717 (728 ff.)).

44 **4. Anstellungsvertrag und Kündigung.** Nach § 87 Abs. 2 S. 3 hat die **Herabsetzungserklärung** keine Auswirkungen auf den Bestand des **Anstellungsvertrags.** Allerdings hat das betroffene Vorstandsmitglied gem. § 87 Abs. 2 S. 4 ein Recht zur **außerordentlichen Kündigung** (MüKoAktG/*Spindler* Rn. 219 f.; Hüffer/Koch/*Koch* Rn. 32 f.; Spindler/Stilz/*Fleischer* Rn. 76; K. Schmidt/Lutter/*Seibt* Rn. 21). Eine durch das betroffene Vorstandsmitglied erklärte Kündigung bleibt wirksam, selbst wenn die Gesellschaft die Herabsetzung der Vergütung nachträglich rückgängig macht (KK-AktG/*Mertens/Cahn* Rn. 106). Hat das betroffene Vorstandsmitglied auf Weitergewährung seiner bisherigen Bezüge geklagt, dann läuft nach hM die Frist des § 87 Abs. 2 S. 4 erst ab rechtskräftiger Entscheidung, wenn die Klage innerhalb der Kündigungsfrist erhoben worden war (Hüffer/Koch/*Koch* Rn. 32; KK-AktG/*Mertens/Cahn* Rn. 109).

45 **5. Rückgängigmachung der Kürzung.** § 87 Abs. 2 eröffnet der Gesellschaft die Möglichkeit einer einseitigen Anpassung des Vertrags an eine veränderte wirtschaftliche Situation und relativiert insoweit den Grundsatz **pacta sunt servanda** und zwar weitergehend, als dies nach den Grundsätzen zur Störung der Geschäftsgrundlage (§ 313 BGB) möglich wäre (KK-AktG/*Mertens/Cahn* Rn. 104; aA *Weller* NZG 2010, 7). Zum bisher geltenden Recht ging daher eine hA davon aus, dass eine unbefristete Kürzung nur in Betracht kam, wenn mit einer Besserung der Lage der Gesellschaft auf unabsehbare Zeit nicht zu rechnen war, und dass das Vorstandsmitglied bei tatsächlicher Besserung einen Anspruch auf **Wiedergewährung der ursprünglichen Vergütung** hatte (Spindler/Stilz/*Fleischer* Rn. 73; *Bauer/Arnold* AG 2009, 717 (727 f.)). Schon angesichts des diffusen teleologischen Hintergrunds der Neuregelung muss dies im Ausgangspunkt auch für die Neufassung der Herabsetzungsvorschrift gelten. Die Herabsetzung eines Vorstandsgehalts muss mit einem Anspruch auf Wiedereinräumung des alten Gehaltes verbunden sein, wenn sich die Verhältnisse der Gesellschaft so verbessern, dass die Zahlung dieses Gehalts keine Unbilligkeit mehr darstellt (*Dauner-Lieb/Friedrich* NZG 2010, 688; KK-AktG/*Mertens/Cahn* Rn. 94, 104; *Bauer/Arnold* AG 2009, 717 (727 f.)). Ausnahmen mögen dann denkbar sein, wenn feststeht, dass der wirtschaftliche Einbruch dem betroffenen Vorstandsmitglied nachweisbar zuzurechnen ist, er aber zur Überwindung der Krise nichts beigetragen hat, sondern diese aus anderen Gründen bewältigt wurde, etwa weil die Gesellschaft durch ein finanzstarkes Unternehmen übernommen worden ist (*Bauer/Arnold* AG 2009, 717 (727 f.)).

IV. Insolvenz (Abs. 3)

§ 87 Abs. 3 regelt das Schicksal der Vorstandsvergütung in der **Insolvenz** (zur Herabsetzung der Vorstandsvergütung in der Insolvenz und zum Verhältnis von Insolvenzverwalter und Aufsichtsrat in Fragen der Vorstandsvergütung OLG Stuttgart 1.10.2014, NZG 2015, 194; dazu *Spindler* DB 2015, 908). Übt der **Insolvenzverwalter** der Gesellschaft das Recht zur vorzeitigen Kündigung des Anstellungsverhältnisses nach § 113 Abs. 1 InsO aus (dazu *Göcke/Greubel* ZIP 2009, 2086), ist nach § 87 Abs. 3 nur der **Schaden** ersatzfähig, der dem Vorstandsmitglied bis zum Ablauf von zwei Jahren seit Ablauf des Anstellungsverhältnisses entsteht (dazu Hüffer/Koch/*Koch* Rn. 34; Spindler/Stilz/*Fleischer* Rn. 77; K. Schmidt/Lutter/*Seibt* Rn. 23; KK-AktG/*Mertens/Cahn* Rn. 109). Die **Begrenzung** des § 87 Abs. 3 gilt nur für Leistungen iSv § 87 Abs. 1 S. 1, nicht jedoch für solche iSv § 87 Abs. 1 S. 4 (Hüffer/Koch/*Koch* Rn. 34; Spindler/Stilz/*Fleischer* Rn. 77; K. Schmidt/Lutter/*Seibt* Rn. 23; aA NK-AktKapMarktR/*Oltmanns* Rn. 16). 46

V. Offenlegung der Vorstandsvergütungen

Das VorstOG hat die AG verpflichtet, die Vorstandsbezüge **weitgehend offenzulegen** (Gesetz über die Offenlegung von Vorstandsvergütungen vom 3.8.2005, BGBl. 2005 I 2267; dazu etwa *Fleischer* DB 2005, 1611; *Spindler* NZG 2005, 689; *Thüsing* ZIP 2005, 1389; Hüffer/Koch/*Koch* Rn. 35 ff.: Spindler/Stilz/*Fleischer* Rn. 78 ff.; K. Schmidt/Lutter/*Seibt* Rn. 24 ff.; zu den veränderten Anforderungen an die Publizität von Pensionszusagen *Doetsch* AG 2010, 465). Ob Vergütungstransparenz tatsächlich den Anlegerschutz verbessert und eine Dämpfung des Vergütungsniveaus bewirkt oder umgekehrt zu einer unangemessenen Nivellierung der Vorstandsgehälter auf hohem Niveau führt, wird nach wie vor intensiv diskutiert (s. etwa *Baums* ZIP 2004, 299; *Lutter* ZIP 2003, 737 (741); *Martens* ZHR 169 (2005), 124 (150); *Marsch-Barner* FS Röhricht, 2005, 401 (407 f.); Hüffer/Koch/*Koch* Rn. 35). Durch das VorstOG soll durch Änderungen im HGB die **Transparenz der Vorstandsvergütung** gegenüber den Aktionären und der Öffentlichkeit weiter verbessert werden (BT-Drs. 16/12278 unter A und S. 7; dazu KK-AktG/*Mertens/Cahn* Rn. 87 ff.). Auch die Empfehlungen der Regierungskommission Deutscher Corporate Governance Kodex vom 10.6.2013 in Ziff. 4.2. DCGK zielten auf weitere **Erhöhung der Transparenz,** haben aber auch Folgefragen aufgeworfen und Rechtsunsicherheit erzeugt. Man kann iÜ die ketzerische Frage aufwerfen, was für Signale eine Volkswirtschaft und ihre Akteure bekommen, wenn die zentrale „Gebrauchsanweisung" für gute Unternehmensführung seinen detailliertesten Abschnitt ausgerechnet der Vergütung der Unternehmensleitung widmet. Wie unübersichtlich die Vergütungsthematik geworden ist, zeigte insbesondere die Empfehlung der individualisierten Vergütungsoffenlegung unter Verwendung von Mustertabellen in Ziff. 4.2.5. DCGK (zur **Kodexnovelle 2013** Hüffer/Koch/*Koch* Rn. 17 ff.; *Goj* AG 2015, 173; *Schmidt/Bendun* AG 2014, 177; *Stoll* NZG 2014, 48; *Verse* NZG 2013, 921; *Wilsing/v. der Linden* DStR 2013, 1291; *Klein* AG 2013, 733). Inzwischen wurde der Kodex, insbesondere im Hinblick auf die Gestaltung der Vorstandsvergütung, umfassend reformiert (s. *Hohenstatt/Seibt* ZIP 2019, 11). 47

Nach § 285 S. 1 Nr. 9 lit. a S. 1–3 HGB, § 314 Abs. 1 Nr. 6 HGB trifft jede AG die Pflicht zur **Offenlegung der Gesamtbezüge** des Vorstandes. Diese sind im **Anhang zum Jahresabschluss** bzw. **Konzernabschluss** bekanntzugeben. Nicht verlangt wird allerdings die Ausweisung der Bezüge eines jeden einzelnen Vorstandsmitglieds, notwendig ist nur eine Angabe des Gesamtbetrages (MüKoHGB/*Peotzig* HGB § 285 Rn. 169, 176). Anderes gilt bei **börsennotierten AGen,** die nach § 285 S. 1 Nr. 9 S. 5–9 HGB zur **individualisierten Offenlegung** der Vorstandsbezüge verpflichtet sind. Unter **Namensnennung** des jeweiligen Vorstandsmitglieds ist die Vergütung jeweils differenziert nach festen sowie erfolgsabhängigen Bestandteilen im Anhang zum Jahresabschluss bzw. im Konzernanhang anzugeben. Darüber hinaus sind im Lagebericht auch die Grundzüge des Vergütungssystems zu erörtern (ausf. hierzu *Spindler* NZG 2005, 689 ff.). Allerdings kann die Hauptversammlung mit einer Mehrheit von drei Vierteln des bei der Beschlussfassung vertretenen Grundkapitals gem. § 286 Abs. 5 S. 1 HGB beschließen, dass eine **individualisierte Offenlegung unterbleibt.** Ein derartiger Beschluss kann für maximal fünf Jahre erfolgen. 48

Die Änderungen der § 285 S. 1 Nr. 9 lit. a HGB, § 314 Abs. 1 Nr. 6 lit. a HGB durch das VorstAG betreffen Leistungen, die erst **nach Beendigung der Vorstandstätigkeit** anfallen. Das VorstAG verschärft insoweit die Anforderungen an den Detailgrad der Darstellungen als die Zusagen nunmehr mit ihrem Barwert anzugeben sind. Dies könnte die Praxis vor erhebliche Probleme stellen (dazu *Hohenstatt* ZIP 2009, 1349 (1355 f.); vgl. die Stellungnahme des *Handelsrechtsausschusses des DAV* NZG 2009, 612 Rn. 35 ff.). 49

VI. Herabsetzung der Maximalvergütung durch die Hauptversammlung (Abs. 4)

Gem. § 87 Abs. 4 kann die Hauptversammlung durch einfachen Beschluss die nach § 87a Abs. 1 S. 2 Nr. 1 durch den Aufsichtsrat festgelegte **Maximalvergütung für den Vorstand herabsetzen,** nach- 50 dem das nach § 122 Abs. 2 S. 1 erforderliche Quorum an Aktionären die entsprechende Ergänzung der Tagesordnung beantragt hat (BT-Drs. 19/15153, 56; krit. *Florstedt* ZIP 2020, 1 (3 f.); *Spindler* AG 2020 Rn. 58). Diese Vorschrift wurde durch das ARUG II neu in das AktG eingefügt (BGBl. 2019 I 2637) und stellt einen weiteren Bestandteil beim Ausbau des Vergütungssystems von Vorstandsmitgliedern bei börsennotierten Unternehmen dar. Grundsätzlich gehört die Festsetzung der Vorstandsbezüge zu den **zentralen unternehmerischen Aufgaben des Aufsichtsrats,** bei denen ihm ein **autonomer Ermessensspielraum** zusteht (→ Rn. 9). § 87 Abs. 4 räumt nun den Aktionären insoweit eine **stärkere Kontrollmöglichkeit** über die maximale Vorstandsvergütung ein (BT-Drs. 19/15153, 55). Der Beschluss der Hauptversammlung ist für den Aufsichtsrat **zwingend** und geht der **aktuellen, nicht aber einer späteren** Festlegung gem. § 87a Abs. 1 S. 2 Nr. 1 (→ Rn. 5) **vor** (BT-Drs. 19/15153, 55). Der Aufsichtsrat ist zudem weiterhin befugt, unter den Voraussetzungen des **§ 87a Abs. 2 S. 2** von den Vorgaben des Vergütungssystems **vorrübergehend abzuweichen** (→ Rn. 12; Hüffer/Koch/*Koch* Rn. 66). Die Hauptversammlung kann **ausschließlich die Maximalvergütung** herabsetzen, **nicht aber die inhaltliche Ausgestaltung** bestimmen. Dies obliegt weiterhin dem Aufsichtsrat und ergibt sich aus dem Vergütungssystem, was wiederum die Stabilität des sorgfältig abgestimmten Vergütungssystems gewährleisten soll (BT-Drs. 19/15153, 55). Des Weiteren werden **laufende Verträge** durch den Herabsetzungsbeschluss **nicht berührt.** Der Beschluss entfaltet somit **nur Wirkung** in Bezug auf die **ab diesem Zeitpunkt neu abgeschlossenen Vorstandsverträge,** als dass nun sichergestellt werden muss, dass die neuen Verträge der **herabgesetzten Gesamt-Maximalvergütung entsprechen** (BT-Drs. 19/15153, 55). Derartige Probleme sind allerdings nicht zu erwarten, wenn die Maximalvergütung **für jedes Vorstandsmitglied** festgesetzt wird.

Vergütungssystem börsennotierter Gesellschaften

87a

(1) [1] Der Aufsichtsrat der börsennotierten Gesellschaft beschließt ein klares und verständliches System zur Vergütung der Vorstandsmitglieder. [2] Dieses Vergütungssystem enthält mindestens die folgenden Angaben, in Bezug auf Vergütungsbestandteile jedoch nur, soweit diese tatsächlich vorgesehen sind:

1. **die Festlegung einer Maximalvergütung der Vorstandsmitglieder;**
2. **den Beitrag der Vergütung zur Förderung der Geschäftsstrategie und zur langfristigen Entwicklung der Gesellschaft;**
3. **alle festen und variablen Vergütungsbestandteile und ihren jeweiligen relativen Anteil an der Vergütung;**
4. **alle finanziellen und nichtfinanziellen Leistungskriterien für die Gewährung variabler Vergütungsbestandteile einschließlich**
   - **a) einer Erläuterung, wie diese Kriterien zur Förderung der Ziele gemäß Nummer 2 beitragen, und**
   - **b) einer Darstellung der Methoden, mit denen die Erreichung der Leistungskriterien festgestellt wird;**
5. **Aufschubzeiten für die Auszahlung von Vergütungsbestandteilen;**
6. **Möglichkeiten der Gesellschaft, variable Vergütungsbestandteile zurückzufordern;**
7. **im Falle aktienbasierter Vergütung:**
   - **a) Fristen,**
   - **b) die Bedingungen für das Halten von Aktien nach dem Erwerb und**
   - **c) eine Erläuterung, wie diese Vergütung zur Förderung der Ziele gemäß Nummer 2 beiträgt;**
8. **hinsichtlich vergütungsbezogener Rechtsgeschäfte:**
   - **a) die Laufzeiten und die Voraussetzungen ihrer Beendigung, einschließlich der jeweiligen Kündigungsfristen,**
   - **b) etwaige Zusagen von Entlassungsentschädigungen und**
   - **c) die Hauptmerkmale der Ruhegehalts- und Vorruhestandsregelungen;**
9. **eine Erläuterung, wie die Vergütungs- und Beschäftigungsbedingungen der Arbeitnehmer bei der Festsetzung des Vergütungssystems berücksichtigt wurden, einschließlich einer Erläuterung, welcher Kreis von Arbeitnehmern einbezogen wurde;**
10. **eine Darstellung des Verfahrens zur Fest- und zur Umsetzung sowie zur Überprüfung des Vergütungssystems, einschließlich der Rolle eventuell betroffener Ausschüsse und der Maßnahmen zur Vermeidung und zur Behandlung von Interessenkonflikten;**
11. **im Fall der Vorlage eines gemäß § 120a Absatz 3 überprüften Vergütungssystems:**
    - **a) eine Erläuterung aller wesentlichen Änderungen und**
    - **b) eine Übersicht, inwieweit Abstimmung und Äußerungen der Aktionäre in Bezug auf das Vergütungssystem und die Vergütungsberichte berücksichtigt wurden.**

(2) [1]Der Aufsichtsrat der börsennotierten Gesellschaft hat die Vergütung der Vorstandsmitglieder in Übereinstimmung mit einem der Hauptversammlung nach § 120a Absatz 1 zur Billigung vorgelegten Vergütungssystem festzusetzen. [2]Der Aufsichtsrat kann vorübergehend von dem Vergütungssystem abweichen, wenn dies im Interesse des langfristigen Wohlergehens der Gesellschaft notwendig ist und das Vergütungssystem das Verfahren des Abweichens sowie die Bestandteile des Vergütungssystems, von denen abgewichen werden kann, benennt.

Übersicht

I. Allgemeines

1 Die Vorschrift wurde mit dem Gesetz zur Umsetzung der Aktionärsrechterichtlinie (ARUG II) neu in das AktG eingefügt (→ § 87 Rn. 8a). Dadurch wird der Aufsichtsrat verpflichtet, für **börsennotierte Gesellschaften** ein transparentes Vergütungssystem mit zwingenden, gesetzlichen Mindestvorgaben zu etablieren, das gem. § 120a Abs. 1 nunmehr **obligatorisch** spätestens alle **vier Jahre** der Zustimmung der Hauptversammlung bedarf (Hüffer/Koch/*Koch* Rn. 1; *Stöber* DStR 2020, 391 (394); zur Zuständigkeit des Aufsichtsrates, *Bachmann/Pauschinger* ZIP 2019, 1 (2)). Ziel dieser Regelungen ist, Aktionären eine größere Einflussnahme auf die Vergütungspolitik der Gesellschaft zu ermöglichen. Jedoch begründet gem. § 120a Abs. 1 S. 2 weder ein billigender, noch ein ablehnender Beschluss der Hauptversammlung Rechte oder Pflichten. Der Beschluss verfügt damit lediglich über einen **„beratenden Charakter"**, „dessen Einholung verpflichtend ist" (s. BT-Drs. 19/9739, 74; dazu *Florstedt* ZIP 2020, 1 (2); zur Selbstbindung des Aufsichtsrates (→ Rn. 11). Dieser Ansatz wird zugleich gem. § 162 durch einen jährlich zu veröffentlichenden und durch einen Abschlussprüfer zu prüfenden Vergütungsbericht ergänzt. § 87a Abs. 1 enthält **keine materiellen Vorgaben** zur konkreten Vorstandsvergütung; in diesem Zusammenhang hat sich die Vergütung weiterhin an den Vorgaben von § 87 zu orientieren (BT-Drs. 19/9739, 72). Einzig ordnet § 87a Abs. 2 S. 1 insofern an, dass die Vergütung des Vorstands in Übereinstimmung mit dem zur Billigung vorgelegten, (nicht aber gebilligten) Vergütungssystem übereinstimmen muss. Dadurch bindet sich der Aufsichtsrat durch seinen Vergütungsvorschlag **selbst** (BT-Drs. 19/9739, 72; → Rn. 11).

2 Mit § 26j Abs. 1 S. 1 EGAktG wurde zudem eine Übergangsvorschrift vorgesehen, wonach die erstmalige Beschlussfassung über das Vergütungssystem bis zum Ablauf der ersten ordentlichen Hauptversammlung, die auf den 31.12.2020 folgt, zu erfolgen hat. Gem. 26j Abs. 1 S. 2 EGAktG hat die anschließende Festsetzung der Vergütung durch den Aufsichtsrat iSd § 87a Abs. 2 bis zum Ablauf von zwei Monaten nach erstmaliger Billigung des Vergütungssystems durch die Hauptversammlung zu erfolgen.

II. Beschluss eines Vergütungssystems (Abs. 1)

3 Gem. § 87a Abs. 1 S. 1 hat der Aufsichtsrat ein klares und verständliches Vergütungssystem zu beschließen. Ziel dieser Vorgabe ist es, den Aktionären durch eine nachvollziehbare Bemessungsgrundlage eine **„informierte Entscheidung zu ermöglichen"** (BT-Drs. 19/9739, 72). Es sind jedoch **keine allzu hohen Anforderungen** an die Verständlichkeit zu setzen (*Florstedt* ZGR 2019, 630 (640 f.); insbesondere sind die Grundsätze zum Transparenzgebot aus § 307 Abs. 1 S. 2 BGB nicht übertragbar, s. BT-Drs. 19/9739, 73). Der ursprünglich im Referentenentwurf vorgesehene Begriff der „allgemeinen Verständlichkeit" wurde bewusst aufgegeben, da nicht Jedermann, sondern nur Aktionäre das mitunter komplexe Vergütungssystem verstehen müssen. Dementsprechend ist der **relevante Empfängerhorizont** der des **durchschnittlich informierten,** situationsadäquat aufmerksamen und verständigen Aktionärs (BT-Drs. 17/9739, 72). In der Gesetzesbegründung wird daher die Vermeidung langatmiger Ausführungen mit technischen Begriffen sowie die Verwendung von Schaubildern und Beispielen empfohlen (BT-Drs. 19//9739, 73).

4 Gem. § 87a Abs. 1 S. 2 hat das Vergütungssystem grundsätzlich alle nachfolgenden Angaben zu enthalten. Soweit es sich jedoch um **Vergütungsbestandteile** handelt, die **nicht vereinbart** wurden, müssen diese **nicht aufgeführt** werden (BT-Drs. 19/9739, 72; ebenso Hüffer/Koch/*Koch* Rn. 4; *Spindler* AG 2020, 61 Rn. 11; anders offenbar *Florstedt* ZGR 2019, 630 (646) – „Negativhinweis"). Diese Ausnahme führt wiederum zu **Abgrenzungsschwierigkeiten** zwischen den nicht vereinbarten und daher verzichtbaren Vergütungsbestandteilen und den zwingenden, die Gesamtvergütung betreffenden Angaben. **Nicht verzichtbar** sind dabei solche Vorgaben, die nicht als Vergütungskomponente ausgeschlossen wurden, sondern stattdessen einen **Überblick über die gesamte Vergütungsstruktur**

gewährleisten, zB die **Festlegung der Maximalvergütung** (Nr. 1), die **Angabe aller festen und variablen Vergütungsbestandteile** (Nr. 3) oder die in **Nr. 9, 10** und **11** vorgesehenen Erläuterungen (BT-Drs. 19/15153, 56).

5 **Nr. 1** verlangt nunmehr kraft Gesetzes die Festlegung einer **Maximalvergütung** der Vorstandsmitglieder, was jedoch schon aufgrund der Empfehlungen des DCGK verbreitete Praxis war (aktuell G.1 DCGK). Der Aufsichtsrat ist in der **konkreten Ausgestaltung frei.** Er kann selbst entscheiden, ob er für den gesamten Vorstand oder jedes einzelne Mitglied eine Maximalvergütung vorschreibt (krit. *Arnold/Herzberg/Zeh* AG 2020, 313 Rn. 12 f.). Er kann weiterhin frei entscheiden, ob die Maximalvergütung für **variable** und **fixe** Vergütungsbestandteile **einheitlich oder gesondert** festgeschrieben werden soll (BT-Drs. 19/15153, 56). Im Hinblick auf § 87a Abs. 2 S. 1 wäre es gleichwohl **empfehlenswert,** sich nicht schon im Vorfeld durch eine **zu niedrig angesetzte Maximalvergütung** in seinen Handlungs- bzw. Reaktionsmöglichkeiten **zu beschränken.** So könnte beispielsweise je nach Lage der Gesellschaft die Schaffung eines neuen Vorstandspostens nötig sein (BT-Drs. 19/15156).

6 Nach **Nr. 2** muss dargestellt werden, wie die Vergütung des Vorstands die Geschäftsstrategie und die langfristige Entwicklung der Gesellschaft fördert. Durch diese Vorgabe soll eine zusätzliche Akzentuierung auf eine **nachhaltige Unternehmenspolitik** erreicht werden (krit. *LKV* Aufsichtsrat Rn. 398 „voraussichtlich inhaltsleer"). Daraus ergeben sich gleichwohl gewisse **kompetenzrechtliche Spannungen.** Gem. § 76 Abs. 1 liegt es im Verantwortungsbereich des **Vorstands,** die Geschäftsstrategie festzulegen (*Spindler* AG 2020, 61 Rn. 13). Der **Aufsichtsrat,** der nunmehr auf einen stärkeren Zusammenhang von Vergütung und Geschäftsstrategie herstellen soll, muss daher stärker in die Ausrichtung des Unternehmens involviert werden (*Florstedt* ZGR 2019, 630 (643); vgl. schon *Dauner-Lieb/Preen/ Simon* DB 2010, 377). Nach **Nr. 3** sind alle festen und variablen Vergütungsbestandteile und ihr jeweiliger relativer Anteil an der Vergütung aufzuführen. Dazu gehören auch **atypische Vergütungsbestandteile,** wie zB ein Dienstwagen oder eine Dienstwohnung (*Florstedt* ZGR 2019, 630 (646)). Die Angabe des relativen Anteils an der Gesamtvergütung stellt den Aufsichtsrat deshalb vor **Schwierigkeiten,** weil das Vergütungssystem **ex-ante als Rahmenvorgabe** beschlossen wird und daher die **Gesamtvergütung noch nicht absehbar** ist. Daher soll die Angabe einer **festen Kenngröße** ausreichen. (BT-Drs. 19/9739, 73). Um dem **Geheimhaltungsbedürfnis** des Unternehmens im Hinblick auf die eigene strategische Ausrichtung gerecht zu werden, dürfen die variablen Vergütungsbestandteile **abstrakt** und **ohne Detailtiefen** angegeben werden (BT-Drs. 19/9793, 73).

7 Nach **Nr. 4** sind zu allen finanziellen und nichtfinanziellen Leistungskriterien für die Gewährung variabler Vergütungsbestandteile Angaben zu machen. Zu den nicht finanziellen Leistungskriterien gehört insbesondere die soziale Verantwortung der Gesellschaft (BT-Drs. 19/9793, 73). Außerdem ist zu erläutern, wie diese Kriterien zur Förderung der Geschäftsstrategie und zur langfristigen Entwicklung der Gesellschaft beitragen. Zusätzlich sind aus Vergleichs- und Transparenzgründen die Methoden darzustellen, mit denen die Erreichung der Leistungskriterien festgestellt wird (*Spindler* AG 2020, 61 Rn. 18). Insgesamt ist jedoch **keine allzu große Detailtiefe** vorauszusetzen, da dies sonst Rückschlüsse auf die unternehmerische Strategie zuließe (BT-Drs. 19/9793, 73). Gem. **Nr. 5** sind weiterhin in abstrakter Form die Aufschubzeiten für die Auszahlung von Vergütungsbestandteilen anzugeben. Entsprechend **Nr. 6** sind zudem Möglichkeiten anzugeben, nach denen die Gesellschaft variable Vergütungsbestandteile zurückfordern kann (sog. **Claw-Back-Klauseln,** die nunmehr gesetzlich anerkannt werden, s. BT-Drs. 19/9739, 73; dazu *Poelzig* NZG 2020, 41; *Redenius-Hövermann/Siemens* ZIP 2020, 145). Daraus folgt jedoch selbst noch keine Pflicht derartige Klauseln einzuführen (*Poelzig* NZG 2020, 41 (44); *Löbbe/Fischbach* AG 2019, 373 (377); aA *Spindler* AG 2020, 61 Rn. 20 in Bezug auf § 87 Abs. 1). Sollten diese gleichwohl in den Dienstvertrag mit einem Vorstandsmitglied aufgenommen werden, unterliegen dieser einer Inhaltskontrolle nach §§ 307 ff. BGB (dazu *Redenius-Hövermann/ Siemens* ZIP 2020, 145 (147 f.); *Spindler* AG 2020, 61 Rn. 21).

8 Für den Fall einer **aktienbasierten Vergütung** sieht **Nr. 7** vor, dass Angaben zu den Fristen, den Bedingungen für das Halten von Aktien nach dem Erwerb und zu der Erläuterung, wie diese Vergütung zur Förderung der Ziele gem. Nr. 2 beiträgt. Mit dem Begriff der Fristen werden **sämtliche einschlägige Fristen** wie zB **Wartefristen** (Zeitraum bis zur Ausübbarkeit), **Ausübungsfristen** (Zeitraum ab potentieller Ausübbarkeit bis zur tatsächlichen Ausübungsmöglichkeit), **Halte-** und **Sperrfristen** (Zeitraum zwischen Erwerb und Veräußerung, in dem die Aktie nicht veräußert werden darf) erfasst (G.10 DCGK empfiehlt, dass das Vorstandsmitglied erst nach vier Jahren über die langfristig variablen Gewährungsbeiträge verfügen darf). Der Begriff ist insgesamt weiter als der Begriff der Aufschubzeit aus Nr. 5 (BT-Drs. 19/9739, 73). **Nr. 8** verlangt Angaben in Bezug auf **vergütungsbezogene Rechtsgeschäfte.** Dieser Begriff soll nicht nur vertragliche, sondern auch einseitige Rechtsgeschäfte erfassen, die die **Begründung, Änderung** oder **Aufhebung der Vergütung** oder von **Vergütungsbestandteilen** betreffen (BT-Drs. 19/9739, 73). Konkret sind die Laufzeiten und die Voraussetzungen ihrer Beendigung, einschließlich der jeweiligen Kündigungsfristen, etwaige Zusagen von Entlassungsentschädigungen (Abfindung, Entschädigung oder ähnliche Leistungen, s. BT-Drs. 19/9739, 73) und die Hauptmerkmale der Ruhegehalts- und Vorruhegehaltsregelungen anzugeben. Die Voraussetzungen der gesetzlichen Beendigungsmöglichkeiten gelten hierbei als **bekannt** und sind daher nicht wieder-

zugeben (BT-Drs. 19/9739, 74). Zugleich setzen Rechtsgeschäfte einen **Rechtsbindungswillen** voraus; faktische Zuwendungen an die Vorstandsmitglieder sind somit nicht erfasst (*Bachmann/Pauschinger* ZIP 2019, 1 (3); Hüffer/Koch/*Koch* Rn. 9).

Ferner ist nach **Nr. 9** zu erläutern, wie die Vergütungs- und Beschäftigungsbedingungen der Arbeitnehmer bei der Festsetzung des Vergütungssystems berücksichtigt wurden, insbesondere, welcher Kreis von Arbeitnehmern einbezogen wurde. Diese Regelung soll die gesellschaftliche Forderung nach einer **Konnexitiät von Vorstands- und Arbeitnehmervergütung** befrieden (Hüffer/Koch/*Koch* Rn. 10). Die Wahl der **Vergleichsgruppe,** ob konzernweite Betrachtung oder lediglich Arbeitnehmer der börsennotierten Aktiengesellschaft, ist jedoch **frei wählbar** (BT-Drs. 19/9739, 74). Sofern keine Berücksichtigung stattgefunden hat, ist eine **Erläuterung nicht erforderlich,** wohl aber eine **Fehlanzeige** (BT-Drs. 19/9739, 74; *Spindler* AG 2020, 61 Rn. 24; wohl auch *J. Schmidt* NZG 2018, 1201 (1203); leicht krit. *Löbbe/Fischbach* AG 2019, 373 (377)). Nach **Nr. 10** ist das Verfahren darzustellen, mit dem das Vergütungssystem fest- und umgesetzt sowie überprüft wird. Dazu sind auch die Rollen der eventuell betroffenen Ausschüsse, zB des Personalausschusses (*Spindler* AG 2020, 61 Rn. 26), und die Maßnahmen die die zur Vermeidung und Behandlung von Interessenkonflikten ergriffen werden, darzustellen. Die genaue Angabe, **mit welchen Personen** die Ausschüsse besetzt sind, ist jedoch nicht erforderlich (*Spindler* AG 2020, 61 Rn. 26). 9

Für den Fall, dass die Hauptversammlung ein ursprüngliches Vergütungssystem **abgelehnt** hat, ist nach **Nr. 11** darzulegen, **inwieweit** das bisherige Vergütungssystem **geändert wurde.** Insbesondere ist dabei anzugeben, inwieweit die Einwände der Aktionäre auf das Vergütungssystem und die Vergütungsberichte **berücksichtigt wurden.** Unter den Vergütungsberichten verstehen sich **alle Vergütungsberichte** seit der letzten Abstimmung über das Vergütungssystem durch die Hauptversammlung (BT-Drs. 19/9739, 74). Zugleich ist aber zu beachten, dass zwar die Einholung des Votums gem. § 120a Abs. 1 S. 1 **zwingend vorgeschrieben ist,** die Berücksichtigung des Votums **im Ermessen des Aufsichtsrates** liegt (BT-Drs. 19/9739, 74). Der Aufsichtsrat hat daher lediglich zu erläutern, ob und inwieweit die Abstimmung und Äußerung von Aktionären berücksichtigt wurde. 10

III. Festsetzung des Vergütungssystems (Abs. 2)

Gem. § 87a Abs. 2 S. 1 hat der Aufsichtsrat die Vergütung der Vorstandsmitglieder nach einem System festzusetzen, welches er der Hauptversammlung gem. § 120a Abs. 1 S. 1 zur Billigung vorgelegt hat. Ob das Vergütungssystem **gebilligt** oder **abgelehnt wurde,** ist nicht entscheidend; **einzig entscheidend** ist, dass das Vergütungssystem zur **Abstimmung** vorgelegt wurde (BT-Drs. 19/9739, 74; *Stöber* DStR 2020, 391 (394 f.)). Dementsprechend bereitet es Schwierigkeiten, ein System anzuwenden, welches entsprechend den angemahnten Kritiken der Hauptversammlung **abgeändert, aber noch nicht erneut vorgelegt wurde** (Hüffer/Koch/*Koch* Rn. 13; *DVA-HRA* NZG 2019, 12 Rn. 35; bereits zum Entwurf *Heldt* AG 2018, 905 (908 f.)). Durch die Vorlage des Vergütungssystems **bindet sich der Aufsichtsrat** zunächst einmal **selbst** (BT-Drs. 19/9739, 72; *Bachmann/Pauschinger* ZIP 2019, 1 (4); *Florstedt* ZGR 2019, 630 (650 f.)). Sinn und Zweck dieser Regelung ist es aber, eine gewisse **Vorhersehbarkeit und Transparenz** der Vergütungsstruktur zu gewährleisten. Die nachträgliche Berücksichtigung des in der Hauptversammlung geäußerten Aktionärswillen oder die Umsetzung von geänderten Regularien dürfte daher mit § 87a Abs. 2 S. 1 **vereinbar sein** (ähnlich Hüffer/Koch/*Koch* Rn. 13; ein anderer Lösungsvorschlag findet sich bei *Bachmann/Pauschinger* ZIP 2019, 1 (5 f.)). Weiterhin **entbindet** das zustimmende Votum der Hauptversammlung den Aufsichtsrat **nicht von seiner Pflicht,** ein dem **§ 87 entsprechendes** Vergütungssystem festzusetzen (BT-Drs. 19/9739, 74; *J. Schmidt* NZG 2018, 1201 (1204)). Ob sich der Aufsichtsrat bei der Festsetzung des **jüngst vorgelegten oder eines älteren Vergütungssystems** bedient, steht dabei in seinem Ermessen (BT-Drs. 19/9739, 74 f.; selbst die Verwendung eines nicht gebilligten Systems scheint danach möglich zu sein, s. *Spindler* AG 2020, 61 Rn. 28). Ältere Vergütungssysteme, die noch vor **Inkrafttreten des ARUG II** festgesetzt wurden, dürften jedoch den neueren Anforderungen nicht entsprechen (BT-Drs. 19/9739, 75). 11

Gem. § 87a Abs. 2 S. 2 wird dem Aufsichtsrat die Möglichkeit eröffnet, **vorrübergehend** von dem Vergütungssystem abzuweichen, wenn **dies im Interesse des langfristigen Wohlergehens** der Gesellschaft notwendig ist und **das Vergütungssystem das Verfahren des Abweichens** sowie die Bestandteile des Vergütungssystems, von denen abgewichen werden kann, **benennt.** Damit handelt es sich um eine Ausnahmeregelung für **außergewöhnliche Umstände.** Zur **Konkretisierung** des Begriffs der außergewöhnlichen Umstände greift die Gesetzesbegründung (BT-Drs. 19/9739, 75) auf Erwägungsgrund Nr. 30 der Änderungsrichtlinie (RL (EU) 2017/828, L 6) zurück, wonach **Situationen** erfasst sein sollen, in denen die Abweichung von der Vergütungspolitik notwendig ist, um der **„Tragfähigkeit der Gesellschaft"** insgesamt zu dienen oder **ihre Rentabilität** zu gewährleisten. Denkbar sind Finanzmarktkrisen oder schwerwiegende Unternehmenskrisen, in denen die **Schaffung eines Vorstandspostens** für einen Krisenmanager erforderlich sein könnte (BT-Drs. 19/9739, 75, Hüffer/Koch/*Koch* Rn. 14). In derartigen Konstellationen soll eine **Neuausrichtung und Restrukturierung** einer Gesellschaft nicht durch zu strenge Vorgaben im Vergütungssystem beschränkt werden (BT-Drs. 19/ 12

9739, 75). Allerdings ist der **Ausnahmecharakter** des § 87a Abs. 2 S. 2 dadurch **zu wahren,** indem entsprechende Maßnahmen im Vorfeld zumindest **in Umrissen** berücksichtigt wurden (BT-Drs. 19/9739, 75; krit. *Löbbe/Fischbach* AG 2019, 373 (380)). Die **Verkleinerung** oder **Vergrößerung des Vorstands** bedeutet hingegen kein Abweichen iSd § 87a Abs. 2 S. 2 (BT-Drs. 19/9739, 75). Benötigt der Aufsichtsrat hingegen einen **finanziellen Handlungsspielraum,** um einen **Vorstandskandidaten** anzuwerben, muss er dies bereits bei der **Angabe der Maximalvergütung** nach § 87a Abs. 1 S. 2 Nr. 1 berücksichtigen (ähnlich *J. Schmidt* NZG 2018, 1201 (1205); *Heldt* AG 2018, 905 (909); Hüffer/Koch/*Koch* Rn. 14).

Wettbewerbsverbot

88

(1) [1]**Die Vorstandsmitglieder dürfen ohne Einwilligung des Aufsichtsrats weder ein Handelsgewerbe betreiben noch im Geschäftszweig der Gesellschaft für eigene oder fremde Rechnung Geschäfte machen.** [2]**Sie dürfen ohne Einwilligung auch nicht Mitglied des Vorstands oder Geschäftsführer oder persönlich haftender Gesellschafter einer anderen Handelsgesellschaft sein.** [3]**Die Einwilligung des Aufsichtsrats kann nur für bestimmte Handelsgewerbe oder Handelsgesellschaften oder für bestimmte Arten von Geschäften erteilt werden.**

(2) [1]**Verstößt ein Vorstandsmitglied gegen dieses Verbot, so kann die Gesellschaft Schadenersatz fordern.** [2]**Sie kann statt dessen von dem Mitglied verlangen, daß es die für eigene Rechnung gemachten Geschäfte als für Rechnung der Gesellschaft eingegangen gelten läßt und die aus Geschäften für fremde Rechnung bezogene Vergütung herausgibt oder seinen Anspruch auf die Vergütung abtritt.**

(3) [1]**Die Ansprüche der Gesellschaft verjähren in drei Monaten seit dem Zeitpunkt, in dem die übrigen Vorstandsmitglieder und die Aufsichtsratsmitglieder von der zum Schadensersatz verpflichtenden Handlung Kenntnis erlangen oder ohne grobe Fahrlässigkeit erlangen müssten.** [2]**Sie verjähren ohne Rücksicht auf diese Kenntnis oder grob fahrlässige Unkenntnis in fünf Jahren von ihrer Entstehung an.**

Übersicht

I. Allgemeines

1 Das in § 88 Abs. 1 geregelte **Wettbewerbsverbot** für Vorstandsmitglieder soll sicherstellen, dass diese ihre **gesamte Arbeitskraft** der Gesellschaft widmen (OLG Köln 19.10.2018, ZIP 2019, 1010 (1014)); ferner soll es die Gesellschaft vor **Konkurrenz** durch Vorstandsmitglieder absichern (Bürgers/Körber/*Bürgers/Israel* Rn. 1; Hüffer/Koch/*Koch* Rn. 1; allgemein zu gesellschaftsrechtlichen Wettbewerbsverboten *Weitnauer/Grob* GWR 2014, 185). Bei der Regelung handelt es sich um eine **Ausprägung der Treuepflicht** (vgl. OLG Frankfurt a. M. 5.11.1999, AG 2000, 518 (519)); Hüffer/Koch/*Koch* Rn. 1). Sie ist **dispositiv;** abweichend von den gesetzlichen Regelungen kann der **Anstellungsvertrag** des Vorstandsmitglieds das Wettbewerbsverbot aus § 88 daher modifizieren. § 88 Abs. 2 regelt eine an § 88 Abs. 1 anknüpfende **Schadensersatzpflicht** sowie ein **Eintrittsrecht** der Gesellschaft. § 88 Abs. 3 betrifft Verjährungsfristen.

II. Persönlicher und zeitlicher Anwendungsbereich

2 Von dem in § 88 Abs. 1 geregelten Verbot sind zunächst **Vorstandsmitglieder** und **stellvertretende Vorstandsmitglieder** betroffen. Nicht in den Anwendungsbereich der Vorschrift fallen hingegen Aufsichtsratsmitglieder. In zeitlicher Hinsicht beginnt die Anwendbarkeit des § 88 Abs. 1 mit der **Bestellung** zum Vorstandsmitglied und endet mit der Amtsbeendigung. (Spindler/Stilz/*Fleischer* Rn. 9; Bürgers/Körber/*Bürgers/Israel* Rn. 3). Dementsprechend fallen **ausgeschiedene Vorstandsmitglieder**

nicht mehr in den Anwendungsbereich des § 88 (Hüffer/Koch/*Koch* Rn. 2; KK-AktG/*Mertens/Cahn* Rn. 6; zu Fragen des nicht gekündigten Anstellungsverhältnisses, der bestrittenen Kündigung sowie der Amtsniederlegung Spindler/Stilz/*Fleischer* Rn. 10 ff.).

III. Sachlicher Anwendungsbereich

1. Betrieb eines Handelsgewerbes. Die Regelung des § 88 Abs. 1 S. 1 Fall 1 verbietet dem Vorstand zunächst den **Betrieb eines Handelsgewerbes,** dies richtet sich nach den §§ 1 ff. HGB und zwar **unabhängig** davon, ob das entsprechende Handelsgewerbe im **Geschäftsbereich** der AG betrieben wird oder hierdurch der AG ein **Schaden** entstehen kann (K. Schmidt/Lutter/*Seibt* Rn. 6; Spindler/Stilz/*Fleischer* Rn. 17; GroßkommAktG/*Kort* Rn. 25). Ob die Vorschrift auch ein generelles Verbot hinsichtlich **sonstiger gewerblicher oder freiberuflicher Tätigkeiten** erfasst, ist umstritten (bejahend Bürgers/Körber/*Bürgers/Israel* Rn. 5; KK-AktG/*Mertens/Cahn* Rn. 10; OLG Frankfurt a. M. 5.11.1999, AG 2000, 518 (519); aA Hüffer/Koch/*Koch* Rn. 3 mit der Begründung, dass es ansonsten zu einem kaum bestimmbaren Verbotsumfang kommen würde; diff. MüKoAktG/*Spindler* Rn. 12). 3

2. Geschäfte im Geschäftszweig der Gesellschaft. Durch § 88 Abs. 1 S. 1 Fall 2 wird dem Vorstandsmitglied ferner verboten, für **eigene oder fremde Rechnung Geschäfte zu machen,** sofern diese zum Geschäftszweig der AG gehören. Unter den Begriff des **Geschäftemachens** fällt jede auf Gewinnerzielung gerichtete **Teilnahme am geschäftlichen Verkehr,** die nicht nur zur Befriedigung eigener privater Bedürfnisse erfolgt (NK-AktKapMarktR/*Oltmanns* Rn. 4; Spindler/Stilz/*Fleischer* Rn. 20; K. Schmidt/Lutter/*Seibt* Rn. 7; BGH 17.2.1997, NJW 1997, 2055 (2056); *Thüsing* in Fleischer VorstandsR-HdB § 4 Rn. 89). **Unerheblich** ist dabei, ob das Vorstandsmitglied in **tatsächliche Konkurrenz** zur Gesellschaft tritt oder der Gesellschaft einen **Schaden** zufügt (KK-AktG/*Mertens/Cahn* Rn. 12; MüKoAktG/*Spindler* Rn. 14). Da das Verbot auch Geschäfte auf fremde Rechnung erfasst, darf das Vorstandsmitglied auch nicht im Geschäftszweig der Gesellschaft als Handelsmakler oder Kommissionär tätig werden (KK-AktG/*Mertens/Cahn* Rn. 11; MüKoAktG/*Spindler* Rn. 15). Nicht erfasst wird die **bloße Anlage eigenen Vermögens** in Werte, mit denen auch die Gesellschaft handelt (BGH 17.2.1997, NJW 1997 2055 (2056); Spindler/Stilz/*Fleischer* Rn. 20; MüKoAktG/*Spindler* Rn. 14). 4

Für die Bestimmung des jeweiligen Geschäftszweiges der Gesellschaft ist zunächst der in der Satzung **festgelegte Unternehmensgegenstand** maßgeblich, aber auch die **tatsächliche Geschäftstätigkeit,** wenn diese enger oder weiter ist als der Unternehmensgegenstand (OLG Frankfurt a. M. 5.11.1999, AG 2000, 518 (519); Bürgers/Körber/*Bürgers/Israel* Rn. 6; MüKoAktG/*Spindler* Rn. 16; demgegenüber strenger OLG Köln 19.10.2018, ZIP 2019, 1010 (1012)). 5

3. Tätigkeit in anderer Handelsgesellschaft. Die Regelung des § 88 Abs. 1 S. 2 verbietet einem Vorstand, **Mitglied eines Vorstandes oder Geschäftsführer oder persönlich haftender Gesellschafter einer anderen Handelsgesellschaft** zu sein. Dieses Verbot gilt völlig **unabhängig** von den tatsächlichen **Wettbewerbsverhältnissen** und soll letztendlich den vollen Einsatz der Arbeitskraft zugunsten der Gesellschaft sichern (Bürgers/Körber/*Bürgers/Israel* Rn. 7; Spindler/Stilz/*Fleischer* Rn. 25; Hüffer/Koch/*Koch* Rn. 4; GroßkommAktG/*Kort* Rn. 44). Nicht erfasst wird die Übernahme eines **Aufsichtsratsmandates** bei einer anderen Gesellschaft (KK-AktG/*Mertens/Cahn* Rn. 2; K. Schmidt/Lutter/*Seibt* Rn. 17; *Armbrüster* ZIP 1997, 1269). Erfasst werden **Vorstandsdoppelmandate,** allerdings sind sie mit Einwilligung des Aufsichtsrates zulässig (Spindler/Stilz/*Fleischer* Rn. 25; Hüffer/Koch/*Koch* Rn. 4; MHdB GesR IV/*Wiesner* § 21 Rn. 93). 6

IV. Einwilligung des Aufsichtsrates

Der Vorstand kann entgegen der Verbote des § 88 Abs. 1 S. 1 und S. 2 die entsprechende Tätigkeit aufnehmen, sofern der **Aufsichtsrat eingewilligt** hat. Unter Einwilligung ist dabei die **vorherige Zustimmung** (§ 183 BGB) zu verstehen, über die der Aufsichtsrat gem. § 108 Abs. 1 beschließt. Eine bloß konkludente Einwilligung durch Duldung der Tätigkeit des Vorstandes ist ausgeschlossen (KK-AktG/*Mertens/Cahn* Rn. 16; Hüffer/Koch/*Koch* Rn. 5; NK-AktKapMarktR/*Oltmanns* Rn. 6; *Armbrüster* ZIP 1997, 1269 (1270)). Eine **nachträgliche Genehmigung** iSv § 184 BGB ist nicht möglich (K. Schmidt/Lutter/*Seibt* Rn. 9; KK-AktG/*Mertens/Cahn* Rn. 17; MüKoAktG/*Spindler* Rn. 27 jeweils mit dem Hinweis darauf, dass zu diesem Zeitpunkt bereits ein entsprechender Anspruch nach § 88 Abs. 2 entstanden ist). Nach der Vorschrift des § 88 Abs. 1 S. 3 ist auch eine sog. **Blanko-Einwilligung** unzulässig; der Aufsichtsrat kann vielmehr seine Einwilligung nur für **bestimmte Tätigkeiten** erteilen (GroßkommAktG/*Kort* Rn. 58; Hüffer/Koch/*Koch* Rn. 5; Bürgers/Körber/*Bürgers/Israel* Rn. 9; MüKoAktG/*Spindler* Rn. 26). 7

V. Rechtsfolgen eines Verstoßes

1. Schadensersatz. Bei einem **schuldhaften Verstoß** gegen § 88 Abs. 1 kann die Gesellschaft nach § 88 Abs. 2 S. 1 den **Schaden** ersetzt verlangen, der der Gesellschaft durch den Verstoß des Vorstands- 8 mitglieds entstanden ist. **Verschulden** wird vom Wortlaut des § 88 Abs. 2 S. 1 zwar nicht verlangt, doch folgt dies aus dem Verschuldensprinzip des allgemeinen Haftungsrechts (Hüffer/Koch/*Koch* Rn. 6; GroßkommAktG/*Kort* Rn. 63; NK-AktKapMarktR/*Oltmanns* Rn. 7; Spindler/Stilz/*Fleischer* Rn. 34); § 93 Abs. 2 S. 2 ist anwendbar. **Inhalt und Umfang** des Schadensersatzanspruches richten sich nach **§§ 249 ff. BGB,** weswegen die Gesellschaft auch den möglicherweise entgangenen Gewinn ersetzt verlangen kann (§ 252 BGB). Hinsichtlich des entstandenen Schadens trifft die Gesellschaft die **Darlegungs- und Beweislast** (Hüffer/Koch/*Koch* Rn. 6; KK-AktG/*Mertens/Cahn* Rn. 21; K. Schmidt/Lutter/*Seibt* Rn. 12).

9 **2. Eintrittsrecht. Anstelle** des Schadensersatzes kann die Gesellschaft nach § 88 Abs. 2 S. 2 auch ihr dort geregeltes **Eintrittsrecht** geltend machen, ihr steht insoweit die Befugnis zu, den aus der verbotenen Tätigkeit des Vorstandsmitglieds erzielten Gewinn an sich zu ziehen. Auch dieser Anspruch ist von einem konkreten **Verschulden** des Vorstandsmitgliedes abhängig (K. Schmidt/Lutter/*Seibt* Rn. 13; Spindler/Stilz/*Fleischer* Rn. 37; GroßkommAktG/*Kort* Rn. 74; *Thüsing* in Fleischer VorstandsR-HdB § 4 Rn. 95; aA KK-AktG/*Mertens/Cahn* Rn. 23). Macht die Gesellschaft von ihrem Eintrittsrecht Gebrauch, so hat sie im Vergleich zum Schadensersatzanspruch vor allem den Vorteil, dass sie gegenüber dem Vorstandsmitglied **keinen Schadensnachweis** führen muss (Spindler/Stilz/*Seibt* Rn. 13; Hüffer/Koch/*Koch* Rn. 7; NK-AktKapMarktR/*Oltmanns* Rn. 8). Das Eintrittsrecht kann nicht gelten, wenn die Gesellschaft bei Betätigung des Geschäftes ihrerseits gegen ein gesetzliches Verbot verstoßen hätte (KK-AktG/*Mertens/Cahn* Rn. 22; Hüffer/Koch/*Koch* Rn. 7).

10 Die Ausübung des Eintrittsrechts entfaltet **keine Außenwirkung,** sondern regelt alleine die **internen Folgen einer Pflichtverletzung** zwischen Vorstandsmitglied und Gesellschaft (KK-AktG/*Mertens/Cahn* Rn. 25; NK-AktKapMarktR/*Oltmanns* Rn. 8; Spindler/Stilz/*Fleischer* Rn. 38). Das bedeutet, dass das **Vorstandsmitglied Vertragspartei** bleibt und die Gesellschaft gegenüber dem Dritten weder berechtigt noch verpflichtet wird. Im Hinblick auf das Verhältnis von Schadensersatz und Eintrittsrecht wird teilweise angenommen, dass es sich um einen Fall der **Wahlschuld** handelt und die Gesellschaft an eine entsprechende Erklärung gebunden sei (NK-AktKapMarktR/*Oltmanns* Rn. 7). Die Gegenauffassung nimmt einen Fall der **elektiven Konkurrenz** an (Spindler/Stilz/*Fleischer* Rn. 39; KK-AktG/*Mertens/Cahn* Rn. 20).

11 **3. Sonstige Rechte der Gesellschaft.** Neben dem Anspruch auf Schadensersatz steht der Gesellschaft auch ein selbständiger Anspruch auf **Unterlassung** der nach § 88 Abs. 1 verbotenen Tätigkeit zu (GroßkommAktG/*Kort* Rn. 138; Spindler/Stilz/*Fleischer* Rn. 33). Dieser Anspruch der Gesellschaft ist **verschuldensunabhängig.**

12 Darüber hinaus kann ein Verstoß gegen ein Tätigkeitsverbot nach § 88 Abs. 1 einen wichtigen Grund zum **Widerruf der Bestellung** und zur **Kündigung des Anstellungsvertrags** bilden (K. Schmidt/Lutter/*Seibt* Rn. 14; MüKoAktG/*Spindler* Rn. 39).

VI. Verjährung

13 Für Ansprüche der Gesellschaft, die aus einer Verletzung eines Tätigkeitsverbotes aus § 88 Abs. 1 folgen, enthält § 88 Abs. 3 eine **Sonderregelung der Verjährung.** Die kurze Verjährungsfrist von drei Monaten greift nach § 88 Abs. 3 S. 1 dann ein, wenn sämtliche Vorstands- und Aufsichtsratsmitglieder von der Verletzung des Tätigkeitsverbots **Kenntnis** erlangt haben oder ohne grobe Fahrlässigkeit hätten erlangen müssen. Unabhängig von den zuvor genannten **subjektiven Elementen** tritt die Verjährung nach § 88 Abs. 3 S. 2 nach **fünf Jahren** seit Entstehung des Anspruchs, also nach dem Verstoß gegen das Tätigkeitsverbot ein.

VII. Vertragliche Regelungen

14 Das Tätigkeitsverbot des § 88 Abs. 1 endet grundsätzlich mit dem **Ausscheiden** des Vorstandsmitglieds (→ Rn. 2); aus diesem Grund können **nachvertragliche Wettbewerbsverbote** für Vorstandsmitglieder geboten sein. Ein derartiges nachvertragliches Wettbewerbsverbot ist auch grundsätzlich **zulässig;** allerdings ist Voraussetzung, dass eine entsprechende Vereinbarung **berechtigte Interessen der Gesellschaft** schützt und die wirtschaftliche Betätigung bzw. die Berufsausübung des Betroffenen nicht **unangemessen** behindert (BGH 26.3.1984, BGHZ 91, 1 (5) = NJW 1984, 2366; Bürgers/Körber/*Bürgers/Israel* Rn. 15; Hüffer/Koch/*Koch* Rn. 10; NK-AktKapMarktR/*Oltmanns* Rn. 12; *Lembke* BB 2020, 52). Darüber hinaus ist auch eine **zeitliche Begrenzung** notwendig (GroßkommAktG/*Kort* Rn. 145), bei der eine zeitliche Dauer von zwei Jahren als nicht unangemessen angesehen wurde (BGH 19.10.1993, NJW 1994, 384 (385)). Weiter ist das nachvertragliche Wettbewerbsverbot auch in sachlicher und räumlicher Hinsicht zu begrenzen (vgl. hierzu Hüffer/Koch/*Koch* Rn. 10; Spindler/Stilz/*Fleischer* Rn. 42 ff.; zu konzernweiten nachvertraglichen Wettbewerbsverboten für Vorstandsmitglieder *Korkmaz* NJOZ 2014, 481).

Kreditgewährung an Vorstandsmitglieder

89 (1) [1]**Die Gesellschaft darf ihren Vorstandsmitgliedern Kredit nur auf Grund eines Beschlusses des Aufsichtsrats gewähren.** [2]**Der Beschluß kann nur für bestimmte Kreditgeschäfte oder Arten von Kreditgeschäften und nicht für länger als drei Monate im voraus gefaßt werden.** [3]**Er hat die Verzinsung und Rückzahlung des Kredits zu regeln.** [4]**Der Gewährung eines Kredits steht die Gestattung einer Entnahme gleich, die über die dem Vorstandsmitglied zustehenden Bezüge hinausgeht, namentlich auch die Gestattung der Entnahme von Vorschüssen auf Bezüge.** [5]**Dies gilt nicht für Kredite, die ein Monatsgehalt nicht übersteigen.**

(2) [1]**Die Gesellschaft darf ihren Prokuristen und zum gesamten Geschäftsbetrieb ermächtigten Handlungsbevollmächtigten Kredit nur mit Einwilligung des Aufsichtsrats gewähren.** [2]**Eine herrschende Gesellschaft darf Kredite an gesetzliche Vertreter, Prokuristen oder zum gesamten Geschäftsbetrieb ermächtigte Handlungsbevollmächtigte eines abhängigen Unternehmens nur mit Einwilligung ihres Aufsichtsrats, eine abhängige Gesellschaft darf Kredite an gesetzliche Vertreter, Prokuristen oder zum gesamten Geschäftsbetrieb ermächtigte Handlungsbevollmächtigte des herrschenden Unternehmens nur mit Einwilligung des Aufsichtsrats des herrschenden Unternehmens gewähren.** [3]**Absatz 1 Satz 2 bis 5 gilt sinngemäß.**

(3) [1]**Absatz 2 gilt auch für Kredite an den Ehegatten, Lebenspartner oder an ein minderjähriges Kind eines Vorstandsmitglieds, eines anderen gesetzlichen Vertreters, eines Prokuristen oder eines zum gesamten Geschäftsbetrieb ermächtigten Handlungsbevollmächtigten.** [2]**Er gilt ferner für Kredite an einen Dritten, der für Rechnung dieser Personen oder für Rechnung eines Vorstandsmitglieds, eines anderen gesetzlichen Vertreters, eines Prokuristen oder eines zum gesamten Geschäftsbetrieb ermächtigten Handlungsbevollmächtigten handelt.**

(4) [1]**Ist ein Vorstandsmitglied, ein Prokurist oder ein zum gesamten Geschäftsbetrieb ermächtigter Handlungsbevollmächtigter zugleich gesetzlicher Vertreter oder Mitglied des Aufsichtsrats einer anderen juristischen Person oder Gesellschafter einer Personenhandelsgesellschaft, so darf die Gesellschaft der juristischen Person oder der Personenhandelsgesellschaft Kredit nur mit Einwilligung des Aufsichtsrats gewähren; Absatz 1 Satz 2 und 3 gilt sinngemäß.** [2]**Dies gilt nicht, wenn die juristische Person oder die Personenhandelsgesellschaft mit der Gesellschaft verbunden ist oder wenn der Kredit für die Bezahlung von Waren gewährt wird, welche die Gesellschaft der juristischen Person oder der Personenhandelsgesellschaft liefert.**

(5) **Wird entgegen den Absätzen 1 bis 4 Kredit gewährt, so ist der Kredit ohne Rücksicht auf entgegenstehende Vereinbarungen sofort zurückzugewähren, wenn nicht der Aufsichtsrat nachträglich zustimmt.**

(6) **Ist die Gesellschaft ein Kreditinstitut oder Finanzdienstleistungsinstitut, auf das § 15 des Gesetzes über das Kreditwesen anzuwenden ist, gelten anstelle der Absätze 1 bis 5 die Vorschriften des Gesetzes über das Kreditwesen.**

Übersicht

I. Allgemeines

§ 89 regelt die **Kreditvergabe an Vorstandsmitglieder** und diesen **nahestehenden Personen** sowie an bestimmte **leitende Angestellte** und macht solche Kredite von der **Zustimmung** des **Aufsichtsrates** abhängig (ausf. zum Themenkreis *Fleischer* WM 2004, 1057). Die Regelung zielt auf **Transparenz** zwecks **Vermeidung von Interessenkonflikten** und **Missbräuchen** etwa in Form von **überhöhten Kreditaufnahmen** oder **unangemessenen Konditionen** bei der Kreditvergabe zulasten der AG (Hüffer/Koch/*Koch* Rn. 1; K. Schmidt/Lutter/*Seibt* Rn. 1). Kein unmittelbarer Zweck der Vorschrift ist, anders als bei § 43a GmbHG, die Kapitalerhaltung (Spindler/Stilz/*Fleischer* Rn. 4; NK-AktKapMarktR/*Oltmanns* Rn. 1; K. Schmidt/Lutter/*Seibt* Rn. 1). Die Regelung ist zwingend; Sat- 1 zungsbestimmungen, die die Möglichkeit entsprechender Kreditvergaben beschränken oder unterbinden, sind zulässig (Spindler/Stilz/*Fleischer* Rn. 4).

II. Kredite

2 Im Hinblick auf den Normzweck der **Missbrauchsverhinderung durch Transparenz** ist der Begriff des Kredits iSv § 89 Abs. 1 weit zu verstehen (K. Schmidt/Lutter/*Seibt* Rn. 4). Erfasst werden daher nicht nur **Darlehen** iSv §§ 488, 607 BGB, sondern auch Stundungen, das Bereitstellen von **Sicherheiten,** wie etwa Bürgschaften, Garantien oder Schuldübernahmen, sowie die gem. § 89 Abs. 1 S. 4 dem Kredit **gleichgesetzten Entnahmen,** insbesondere auf noch nicht fällige Vorstandsbezüge (Spindler/Stilz/*Fleischer* Rn. 7; Bürgers/Körber/*Bürgers/Israel* Rn. 2; Hüffer/Koch/*Koch* Rn. 2; KK-AktG/*Mertens/Cahn* Rn. 13; MüKoAktG/*Spindler* Rn. 8 ff.). Nicht erfasst sind angemessene **Auslagenvorschüsse** (KK-AktG/*Mertens/Cahn* Rn. 13; NK-AktKapMarktR/*Oltmanns* Rn. 2; Spindler/Stilz/*Fleischer* Rn. 7).

3 Ausgenommen vom Anwendungsbereich des Zustimmungserfordernisses sind nach § 89 Abs. 1 S. 5 sog. **Kleinkredite,** wobei als Monatsgehalt die Bruttovergütung mit anteiliger, garantierter Gewinnbeteiligung und anteiligen Zusatzleistungen zu verstehen ist (Bürgers/Körber/*Bürgers/Israel* Rn. 3; KK-AktG/*Mertens/Cahn* Rn. 14).

III. Adressaten

4 **1. Vorstandsmitglieder der Gesellschaft.** Adressaten des § 89 Abs. 1 S. 1 sind zunächst alle im Amt befindlichen **Vorstandsmitglieder,** auch **stellvertretende Vorstandsmitglieder** (§ 94) und **gerichtlich bestellte Vorstandsmitglieder** (§ 85), sowie die in den Vorstand nach § 105 Abs. 2 **entsandten Aufsichtsratsmitglieder** (Spindler/Stilz/*Fleischer* Rn. 16). Keine Anwendung findet die Vorschrift auf die Kreditgewährung an ausgeschiedene Vorstandsmitglieder (Grigoleit/*Schwennicke* Rn. 7).

5 **2. Prokuristen und Generalbevollmächtigte.** § 89 Abs. 2 S. 1 dehnt den Regelungsbereich des § 89 auf Kredite an **Prokuristen** und **Generalhandlungsbevollmächtigte** aus. Sonstige leitende Angestellte der Gesellschaft sind nicht einzubeziehen; angesichts des eindeutigen Wortlautes kommt schon im Interesse der Rechtssicherheit eine Analogie nicht in Betracht (Hüffer/Koch/*Koch* Rn. 5; KK-AktG/*Mertens/Cahn* Rn. 5; Spindler/Stilz/*Fleischer* Rn. 17; K. Schmidt/Lutter/*Seibt* Rn. 10).

6 **3. Vertreter eines Konzernunternehmens.** Nach § 89 Abs. 2 S. 2 unterfällt auch eine Kreditgewährung durch eine **herrschende Gesellschaft** dem Zustimmungserfordernis, sofern der Kreditnehmer in dem abhängigen Unternehmen gesetzlicher Vertreter (also Vorstandsmitglied oder Geschäftsführer), Prokurist oder Generalhandlungsbevollmächtigter ist (Hüffer/Koch/*Koch* Rn. 5; NK-AktKapMarktR/*Oltmanns* Rn. 7). Bei der **kreditgewährenden Gesellschaft** muss es sich immer um eine **AG** handeln (Spindler/Stilz/*Fleischer* Rn. 18); die Rechtsform des abhängigen Unternehmens ist irrelevant. Gleiches gilt nach dem Wortlaut des § 89 Abs. 2 S. 2 für die entsprechende Personengruppe eines herrschenden Unternehmens gleich welcher Rechtsform, wenn eine **beherrschte AG** diesem einen Kredit gewähren will (vgl. hierzu Bürgers/Körber/*Bürgers/Israel* Rn. 5).

7 **4. Angehörige und Strohmänner.** § 89 Abs. 2 dehnt zwecks **Umgehungsverhinderung** den Anwendungsbereich der Zustimmungspflicht auf **nahe Angehörige** und **Strohmänner** aus (Spindler/Stilz/*Fleischer* Rn. 19; Hüffer/Koch/*Koch* Rn. 6; GroßkommAktG/*Kort* Rn. 97). Erfasst sind durch § 89 Abs. 3 S. 1 Ehegatten, Lebenspartner oder minderjährige Kinder des Vorstandsmitglieds. Nicht erfasst werden geschiedene Ehegatten oder vormalige Lebenspartner. Darüber hinaus ordnet § 89 Abs. 3 S. 2 die Zustimmungspflicht auch für Kredite an, die einem **mittelbaren Stellvertreter (Strohmann),** der für Rechnung eines Vorstandsmitglieds handelt, gewährt werden. Hierunter können dann auch Kreditgeschäfte mit volljährigen Kindern, Geschwistern, Eltern, Verschwägerten oder Bekannten von Vorstandsmitgliedern fallen (Spindler/Stilz/*Fleischer* Rn. 19; aA KK-AktG/*Mertens/Cahn* Rn. 9).

8 **5. Gesellschaften bei personeller Verflechtung.** Nach § 89 Abs. 4 sind auch solche Kredite zustimmungsbedürftig, die an **Gesellschaften,** bei denen ein Vorstandsmitglied der AG oder ein leitender Angestellter gleichzeitig gesetzlicher Vertreter, Aufsichtsratsmitglied oder Gesellschafter ist, gegeben werden. Schutzzweck dieser Vorschrift ist wiederum die **Vermeidung von Umgehung** (Hüffer/Koch/*Koch* Rn. 7; NK-AktKapMarktR/*Oltmanns* Rn. 9; Spindler/Stilz/*Fleischer* Rn. 20). Darüber hinaus soll die AG vor einer Kreditaufnahme zu unangemessenen Konditionen oder auf Grundlage ungenügender Sicherheiten geschützt werden (Hüffer/Koch/*Koch* Rn. 7). Ausgenommen von der Zustimmungspflicht sind nach § 89 Abs. 4 S. 2 allerdings Kredite an **verbundene Gesellschaften** sowie **übliche Lieferantenkredite** (vgl. zur engen Auslegung dieser Ausnahmen KK-AktG/*Mertens/Cahn* Rn. 11; MüKoAktG/*Spindler* Rn. 33).

IV. Zustimmung des Aufsichtsrates

Sofern der Kredit einem Vorstandsmitglied gewährt wird, folgt die **Zuständigkeit des Aufsichtsrates** bereits aus § 112. Aus dem in § 89 Abs. 1 S. 1 statuierten **Erfordernis eines formellen Beschlusses** folgt, dass eine **konkludente Zustimmung des Aufsichtsrates** nicht möglich ist (Hüffer/Koch/*Koch* Rn. 4; Spindler/Stilz/*Fleischer* Rn. 12; K. Schmidt/Lutter/*Seibt* Rn. 7). Aus § 89 Abs. 5 ergibt sich allerdings mittelbar, dass auch eine **nachträgliche Zustimmung** zulässig ist. Die Entscheidung kann nach § 107 Abs. 3 einem Ausschuss übertragen werden, es sei denn, die Konditionen des Kredits sind so gestaltet, dass diesem Vergütungscharakter zukommt (dazu *Mutter* AG 2012, R 44). Der Aufsichtsrat darf in die Kreditgewährung nicht blanko einwilligen, der Beschluss muss vielmehr nach § 89 Abs. 1 S. 3 **Verzinsung und Rückzahlung** regeln. Der Beschluss nach § 89 Abs. 1 S. 2 kann nicht länger als drei Monate vor der Kreditgewährung gefasst werden. 9

V. Rechtsfolgen bei Verstoß

Eine Kreditgewährung ohne Zustimmung des Aufsichtsrates löst nach § 89 Abs. 5 die **Verpflichtung zur sofortigen Rückgewähr** des Kredites aus. Diese kann entweder in Zahlung an die Gesellschaft oder der Freigabe gestellter Sicherheiten bestehen. Bei dem Rückgewähranspruch handelt es sich **nicht um einen Bereicherungsanspruch,** sondern vielmehr um den **vertraglichen Rückgewähranspruch** mit gesetzlich vorverlagerter Fälligkeit (Spindler/Stilz/*Fleischer* Rn. 24; NK-AktKapMarktR/*Oltmanns* Rn. 10; Hüffer/Koch/*Koch* Rn. 8; KK-AktG/*Mertens/Cahn* Rn. 23). Genehmigt der Aufsichtsrat die Kreditgewährung gem. § 89 Abs. 5, so entfällt die Pflicht zur sofortigen Rückgewähr des Kredites. 10

Ein Verstoß gegen § 89 führt nicht zur **zivilrechtlichen Unwirksamkeit** des geschlossenen Vertrages. Insbesondere ist § 89 **kein Verbotsgesetz** iSv § 134 BGB (Spindler/Stilz/*Fleischer* Rn. 23; KK-AktG/*Mertens/Cahn* Rn. 22; Hüffer/Koch/*Koch* Rn. 8). 11

Berichte an den Aufsichtsrat

90 (1) [1] **Der Vorstand hat dem Aufsichtsrat zu berichten über**

1. **die beabsichtigte Geschäftspolitik und andere grundsätzliche Fragen der Unternehmensplanung (insbesondere die Finanz-, Investitions- und Personalplanung), wobei auf Abweichungen der tatsächlichen Entwicklung von früher berichteten Zielen unter Angabe von Gründen einzugehen ist;**
2. **die Rentabilität der Gesellschaft, insbesondere die Rentabilität des Eigenkapitals;**
3. **den Gang der Geschäfte, insbesondere den Umsatz, und die Lage der Gesellschaft;**
4. **Geschäfte, die für die Rentabilität oder Liquidität der Gesellschaft von erheblicher Bedeutung sein können.**

[2] **Ist die Gesellschaft Mutterunternehmen (§ 290 Abs. 1, 2 des Handelsgesetzbuchs), so hat der Bericht auch auf Tochterunternehmen und auf Gemeinschaftsunternehmen (§ 310 Abs. 1 des Handelsgesetzbuchs) einzugehen.** [3] **Außerdem ist dem Vorsitzenden des Aufsichtsrats aus sonstigen wichtigen Anlässen zu berichten; als wichtiger Anlaß ist auch ein dem Vorstand bekanntgewordener geschäftlicher Vorgang bei einem verbundenen Unternehmen anzusehen, der auf die Lage der Gesellschaft von erheblichem Einfluß sein kann.**

(2) **Die Berichte nach Absatz 1 Satz 1 Nr. 1 bis 4 sind wie folgt zu erstatten:**

1. **die Berichte nach Nummer 1 mindestens einmal jährlich, wenn nicht Änderungen der Lage oder neue Fragen eine unverzügliche Berichterstattung gebieten;**
2. **die Berichte nach Nummer 2 in der Sitzung des Aufsichtsrats, in der über den Jahresabschluß verhandelt wird;**
3. **die Berichte nach Nummer 3 regelmäßig, mindestens vierteljährlich;**
4. **die Berichte nach Nummer 4 möglichst so rechtzeitig, daß der Aufsichtsrat vor Vornahme der Geschäfte Gelegenheit hat, zu ihnen Stellung zu nehmen.**

(3) [1] **Der Aufsichtsrat kann vom Vorstand jederzeit einen Bericht verlangen über Angelegenheiten der Gesellschaft, über ihre rechtlichen und geschäftlichen Beziehungen zu verbundenen Unternehmen sowie über geschäftliche Vorgänge bei diesen Unternehmen, die auf die Lage der Gesellschaft von erheblichem Einfluß sein können.** [2] **Auch ein einzelnes Mitglied kann einen Bericht, jedoch nur an den Aufsichtsrat, verlangen.**

(4) [1] **Die Berichte haben den Grundsätzen einer gewissenhaften und getreuen Rechenschaft zu entsprechen.** [2] **Sie sind möglichst rechtzeitig und, mit Ausnahme des Berichts nach Absatz 1 Satz 3, in der Regel in Textform zu erstatten.**

(5) [1]**Jedes Aufsichtsratsmitglied hat das Recht, von den Berichten Kenntnis zu nehmen.** [2]**Soweit die Berichte in Textform erstattet worden sind, sind sie auch jedem Aufsichtsratsmitglied auf Verlangen zu übermitteln, soweit der Aufsichtsrat nichts anderes beschlossen hat.** [3]**Der Vorsitzende des Aufsichtsrats hat die Aufsichtsratsmitglieder über die Berichte nach Absatz 1 Satz 3 spätestens in der nächsten Aufsichtsratssitzung zu unterrichten.**

Übersicht

I. Allgemeines

1 § 90 betrifft einen wichtigen Ausschnitt der Zusammenarbeit zwischen Vorstand und Aufsichtsrat (ausführlich noch unter Ziff. 3 DCGK 2017; deutlich kürzer Grundsatz D.13 DCGK „vertrauensvolle Zusammenarbeit"). Die **Berichtspflichten des Vorstandes** und die korrespondierenden Informationsrechte des Aufsichtsrates sollen sicherstellen, dass der Aufsichtsrat bei der Überwachung des Vorstandes über eine **ausreichende Informationsgrundlage** verfügt. Die Informationspflicht trifft zwar den Vorstand, der Aufsichtsrat hat jedoch seinerseits sicherzustellen, dass er angemessen informiert wird (deutlich Grundsatz D. II.3.15 DCGK). Dies soll selbst noch in der Insolvenz gelten, soweit es den insolvenzfreien Raum betrifft (OLG München 9.8.2018, ZIP 2018, 1796). Außerdem sollen die Berichtspflichten sicherstellen, dass sich ein Aufsichtsratsmitglied im Schadensersatzfall nicht auf **Unkenntnis** berufen kann (Spindler/Stilz/*Fleischer* Rn. 1; Hüffer/Koch/*Koch* Rn. 1; GroßkommAktG/*Kort* Rn. 1; KK-AktG/*Mertens/Cahn* Rn. 6). Mittelbar können sie eine **fortlaufende Selbstkontrolle** des Vorstands bewirken (MüKoAktG/*Spindler* Rn. 1).

1a Die Auslegung von § 90 hängt maßgeblich davon ab, wie man die Rolle des Aufsichtsrates gegenüber dem Vorstand und den Begriff der Überwachung iSv § 111 versteht: Je deutlicher man die „Anteilnahme des Aufsichtsrates an der Gestaltung der Unternehmenspolitik" nicht nur auf die Auswahl der Vorstandsmitglieder und die „Mitwirkungen an Schlüsselentscheidungen" beschränkt (so sehr eng *Cahn* AG 2014, 525), sondern die Unternehmenslenkung zeitgemäß im „permanenten Dialog zwischen Geschäftsleitung und Aufsichtsgremium" sieht (zutreffend *Reuter* NZG 2015, 249), wird man § 90 eher extensiv handhaben. Plastisch formuliert Grundsatz 13 DCGK: Vorstand und Aufsichtsrat arbeiten zum Wohle des Unternehmens vertrauensvoll zusammen; der Vorstand stimmt die strategische Ausrichtung des Unternehmens mit dem Aufsichtsrat ab. Problematisch erscheint daher die Begründung des OLG Frankfurt a. M. im Fall Deutsche Börse AG zur Information des Aufsichtsrates über ein Fusionsvorhaben, mangels genauerer Vorgaben im Gesetz liege die Vorgehensweise im Ermessen von Vorstand und Aufsichtsratsvorsitzenden (OLG Frankfurt a. M. 1.10.2013, NZG 2014, 249; dazu krit. *Reuter* NZG 2015, 249; *Burgard/Heimann* NZG 2014, 1294; zust. *Cahn* AG 2014, 525; *Rieger/Rothenfusser* NZG 2014, 1012).

2 § 90 ist nicht **abschließend** (K. Schmidt/Lutter/*Krieger/Sailer-Coceani* Rn. 3; KK-AktG/*Mertens/Cahn* Rn. 3). Der Vorstand ist immer dann berichtspflichtig, wenn er einen **Aufsichtsratsbeschluss** herbeiführen will oder muss (vgl. Hüffer/Koch/*Koch* Rn. 2; K. Schmidt/Lutter/*Krieger/Sailer-Coceani* Rn. 3; s. schon *Lutter* Information und Vertraulichkeit AR 18 ff.). Den Vorstand trifft daher ua eine Berichtspflicht beim möglichen Eingreifen eines Wettbewerbsverbotes (§ 88), bei der Kreditgewährung an den Vorstand (§ 89), bei zustimmungspflichtigen Geschäften (§ 111 Abs. 4 S. 2), beim Abschluss von Verträgen mit Aufsichtsratsmitgliedern (§§ 114, 115), bei der Vorlage des Jahresabschlusses an den Aufsichtsrat (§ 170), bei der Ausnutzung von genehmigtem Kapital (§ 203 Abs. 3 S. 2) sowie bei der Vorlage des Abhängigkeitsberichtes (§ 314). D.3 DCGK empfiehlt die Bildung eines Prüfungsausschusses, der sich mit der **Prüfung der Rechnungslegung,** der **Überwachung des** Rechnungslegungsprozesses, der **Wirksamkeit des internen Kontrollsystems,** des **Risikomanagementsystems** und des **internen Revisionssystems** sowie der **Abschlussprüfung** und der **Compliance** befasst.

II. Regelberichte

1. Geschäftspolitik und Unternehmensplanung. In § 90 Abs. 1 S. 1, Abs. 2 ist für bestimmte Berichte eine **periodische Berichterstattung** des Vorstandes an den Aufsichtsrat vorgesehen: 3

Nach § 90 Abs. 1 S. 1, Nr. 1 ist der Vorstand verpflichtet, über die **beabsichtigte Geschäftspolitik und andere grundsätzliche Fragen der Unternehmensplanung** gegenüber dem Aufsichtsrat Bericht zu erstatten. Dies bestätigt und verdeutlicht, dass die **Überwachungsaufgabe** des Aufsichtsrates nicht nur vergangenheitsbezogen, sondern gerade auch zukunftsgerichtet ist (Bürgers/Körber/*Bürgers/Israel* Rn. 8; Spindler/Stilz/*Fleischer* Rn. 16). Was genau unter dem Begriff der **beabsichtigten Geschäftspolitik** zu verstehen ist, wird unterschiedlich beurteilt (vgl. zum Meinungsspektrum Spindler/Stilz/*Fleischer* Rn. 17). Insbesondere ist auch unklar, wie sich der Begriff der **künftigen Geschäftspolitik** von dem Begriff der **Unternehmensplanung** abgrenzt (Hüffer/Koch/*Koch* Rn. 4a; MüKoAktG/*Spindler* Rn. 18). Unter der beabsichtigten Geschäftspolitik wird häufig **grundsätzliche Ausrichtung des Unternehmens** verstanden (Spindler/Stilz/*Fleischer* Rn. 17; NK-AktKapMarktR/*Oltmanns* Rn. 2), vor allem die Entwicklung und Festlegung einer **allgemeinen Zielsetzung** in Bezug auf die Geschäftsfelder des Unternehmens, mögliche Erfolgspotentiale, Kernkompetenzen und Wettbewerbsvorteile des Unternehmens. Grundsatz 2 DCGK spricht treffend von der strategischen Ausrichtung des Unternehmens. § 90 Abs. 1 S. 1 Nr. 1 begründet nicht die Planungspflicht, sie ergibt sich bereits aus der Leitungspflicht nach § 76 Abs. 1 (vgl. hierzu Hüffer/Koch/*Koch* Rn. 4a; K. Schmidt/Lutter/*Krieger/Sailer-Coceani* Rn. 12). Aus dem verdeutlichenden Klammerzusatz ergibt sich, dass eine Unternehmensplanung insbesondere die Finanz-, Investitions- und Personalplanung zu umfassen hat; die **Aufzählung** ist **nicht abschließend** (vgl. zu potentiellen weiteren Berichtsgegenständen Spindler/Stilz/*Fleischer* Rn. 19). Die konkrete Umsetzung der Unternehmensplanung liegt im **Leitungsermessen des Vorstandes** und orientiert sich auch an Größe und Marktsituation des Unternehmens (Bürgers/Körber/*Bürgers/Israel* Rn. 8; K. Schmidt/Lutter/*Krieger/Sailer-Coceani* Rn. 12; ähnlich auch MüKoAktG/*Spindler* Rn. 18). Erforderlich ist jedenfalls eine **Budgetplanung,** die neben einem **kurzfristigen Plan** für das laufende, auch einen Plan für das folgende Geschäftsjahr enthält (Bürgers/Körber/*Bürgers/Israel* Rn. 8; Spindler/Stilz/*Fleischer* Rn. 19; *Altmeppen* ZGR 1999, 291 (305 f.)). Ob darüber hinaus den Vorstand auch die Pflicht zu einer **mittel- und langfristigen Unternehmensplanung** trifft, wird vom Einzelfall abhängen (hierzu Spindler/Stilz/*Fleischer* Rn. 19). 4

Hinsichtlich des Umfangs der Berichterstattung an den Aufsichtsrat ist aufgrund des Wortlauts des § 90 Abs. 1 S. 1 Nr. 1, der von den **grundsätzlichen Fragen der Unternehmensplanung** spricht, ausreichend, dass die **wesentlichen Planungsdaten** mitgeteilt werden (Hüffer/Koch/*Koch* Rn. 4b; GroßkommAktG/*Kort* Rn. 26; KK-AktG/*Mertens/Cahn* Rn. 33; MüKoAktG/*Spindler* Rn. 19). Hieraus wird auch gefolgert, dass keine Notwendigkeit der Einrichtung eines umfassenden **Management-Informationssystems** besteht (Spindler/Stilz/*Fleischer* Rn. 22; Hüffer/Koch/*Koch* Rn. 4b; MüKoAktG/*Spindler* Rn. 19). 5

Darüber hinaus trifft nach § 90 Abs. 1 S. 1 Nr. 1 den Vorstand auch eine Pflicht zur sog. **follow-up-Berichterstattung.** Danach hat der Vorstand die Pflicht, in seinem Bericht auf Abweichungen der tatsächlichen Entwicklung von früher berichteten Zielen unter Angabe von Gründen einzugehen. In der Sache handelt es sich dabei um eine **Klarstellung** des Berichtsumfanges (vgl. Hüffer/Koch/*Koch* Rn. 4c). 6

Der Bericht nach § 90 Abs. 1 S. 1 Nr. 1 ist nach § 90 Abs. 2 Nr. 1 mindestens einmal jährlich zu erstatten. Darüber hinaus muss der Vorstand **unverzüglich** berichten, wenn eine Änderung der Lage eingetreten ist oder neue Fragen eine unverzügliche Berichterstattung gebieten. 7

2. Rentabilität der Gesellschaft. Nach § 90 Abs. 1 S. 1 Nr. 2 hat der Vorstand ferner über die **Rentabilität der Gesellschaft** zu berichten. Dabei hebt der Wortlaut der Vorschrift die **Rentabilität des Eigenkapitals** besonders hervor. 8

Unter Eigenkapital ist die Gesamtsumme der Beträge zu verstehen, die gem. **§ 266 Abs. 3 HGB** unter A. auszuweisen sind (Hüffer/Koch/*Koch* Rn. 5; K. Schmidt/Lutter/*Krieger/Sailer-Coceani* Rn. 17). Da der Wortlaut des Gesetzes nicht abschließend ist, wird der Vorstand dem Aufsichtsrat darüber hinaus regelmäßig auch über den Cash-Flow, die Rentabilität des Gesamtkapitals, den Umsatz und wesentliche Investitionen berichten (Spindler/Stilz/*Fleischer* Rn. 25; Hüffer/Koch/*Koch* Rn. 5; K. Schmidt/Lutter/*Krieger/Sailer-Coceani* Rn. 17 f.; KK-AktG/*Mertens/Cahn* Rn. 36). 9

Der Bericht über die Rentabilität der Gesellschaft nach § 90 Abs. 1 S. 1 Nr. 2 ist nach § 90 Abs. 2 Nr. 2 in der Sitzung des Aufsichtsrates zu erstatten, in der über den **Jahresabschluss verhandelt** wird. Insoweit gilt daher grundsätzlich auch der Jahresturnus. Zweck dieser Regelung ist, dem Aufsichtsrat durch Angaben zur Rentabilität die Entscheidungsfindung über die **Billigung des Jahresabschlusses** zu ermöglichen (K. Schmidt/Lutter/*Krieger/Sailer-Coceani* Rn. 19). 10

3. Gang der Geschäfte. Nach § 90 Abs. 1 S. 1 Nr. 3 trifft den Vorstand die Pflicht, über den **Gang der Geschäfte** an den Aufsichtsrat Bericht zu erstatten. Hierunter ist die **gesamte operative Tätigkeit** 11

der Gesellschaft zu verstehen. Dabei muss der Vorstand entsprechend dem Wortlaut des Gesetzes insbesondere auch **Angaben zum Umsatz** machen. Ferner erfordert der Bericht Angaben zur **Lage der Gesellschaft.**

12 Der Vorstand muss bei seinem Bericht an den Aufsichtsrat stets zur **finanziellen Lage** der Gesellschaft, insbesondere deren Liquidität, Stellung nehmen (Bürgers/Körber/*Bürgers/Israel* Rn. 11; GroßkommAktG/*Kort* Rn. 58; MüKoAktG/*Spindler* Rn. 28). Ferner soll er auf die Ertragslage und besondere Entwicklung im Berichtszeitraum sowie wesentliche aktuelle und künftige Risiken eingehen (Spindler/Stilz/*Fleischer* Rn. 27). Der Bericht muss **sachgerecht gegliedert** sein (Hüffer/Koch/*Koch* Rn. 6; K. Schmidt/Lutter/*Krieger/Sailer-Coceani* Rn. 21). Anders als beim Bericht nach § 90 Abs. 1 S. 1 Nr. 1 sind auch **Planrechnungen** zur Beurteilung des Geschäftsvorgangs notwendig, da ansonsten dieser nicht durch einen Vergleich beurteilt werden kann (Hüffer/Koch/*Koch* Rn. 6; MüKoAktG/*Spindler* Rn. 28; zum sog. Soll-Ist-Vergleich K. Schmidt/Lutter/*Krieger/Sailer-Coceani* Rn. 21). Auch ohne ausdrückliche Erwähnung im Wortlaut der Vorschrift des § 90 Abs. 1 S. 1 Nr. 3 trifft den Vorstand auch insoweit eine Pflicht zur **follow-up-Berichterstattung** (Spindler/Stilz/*Fleischer* Rn. 27; Hüffer/Koch/*Koch* Rn. 6).

13 Der Bericht nach § 90 Abs. 1 S. 1 Nr. 3 über den Gang der Geschäfte und die Lage der Gesellschaft ist nach § 90 Abs. 2 Nr. 3 **regelmäßig** zu erstatten, mindestens jedoch vierteljährlich. Die Pflicht zur vierteljährlichen Berichterstattung bildet dabei nur das **Minimum** eines regelmäßigen Informationsflusses (Spindler/Stilz/*Fleischer* Rn. 35; GroßkommAktG/*Kort* Rn. 81). Ob eine **kürzere Frist** zur Berichterstattung geboten ist, hat der Vorstand nach **pflichtgemäßem Ermessen** zu entscheiden (Spindler/Stilz/*Fleischer* Rn. 35; GroßkommAktG/*Kort* Rn. 81).

14 **4. Geschäfte von erheblicher Bedeutung.** Nach § 90 Abs. 1 S. 1 Nr. 4 hat der Vorstand dem Aufsichtsrat ferner über Geschäfte zu berichten, die für die **Rentabilität oder Liquidität der Gesellschaft von erheblicher Bedeutung** sein können. Wann ein Geschäft von erheblicher Bedeutung für die Rentabilität oder Liquidität der Gesellschaft vorliegt, ist im Gesetz nicht näher bezeichnet und hängt von den **jeweiligen konkreten Umständen** ab, maßgeblich sind ua die Größe, der Gegenstand und die Lage der Gesellschaft (MüKoAktG/*Spindler* Rn. 29), aber auch die **Art des jeweiligen Geschäftes,** das **Ausmaß** und das **Risiko für die Gesellschaft.** Ob ein Geschäft den notwendigen erheblichen Einfluss im Einzelfall hat, muss der Vorstand iR seines Leitungsermessens beurteilen (Bürgers/Körber/*Bürgers/Israel* Rn. 12; Spindler/Stilz/*Fleischer* Rn. 28). Relevant dürften hier insbesondere die **Veräußerung eines Betriebes,** die **Schließung eines Produktionsstandortes** (OLG Frankfurt a. M. 2.5.2019, NJW-RR 2019, 1182 Rn. 44 f.), eine **Beteiligung** oder **die Gründung von Zweigniederlassungen** oder die **Übernahme eines größeren Auftrages** sein (Hüffer/Koch/*Koch* Rn. 7; KK-AktG/*Mertens/Cahn* Rn. 39). Keine Relevanz für die Auslösung der Berichtspflicht hat die Frage, ob die Auswirkungen für die Gesellschaft negativ oder positiv sind (GroßkommAktG/*Kort* Rn. 61; KK-AktG/*Mertens/Cahn* Rn. 38).

15 In zeitlicher Hinsicht hat der Vorstand den Aufsichtsrat bei einem Bericht nach § 90 Abs. 1 S. 1 Nr. 4 gem. § 90 Abs. 2 Nr. 4 möglichst so rechtzeitig zu unterrichten, dass der Aufsichtsrat **vor der Vornahme der Geschäfte** Gelegenheit hat, zu ihnen Stellung zu nehmen. Nach § 90 Abs. 2 Nr. 4 ist daher jeweils ein Bericht für den Einzelfall erforderlich. In den Fällen, in denen die Vornahme des fraglichen Geschäftes keinen Aufschub duldet, kann der Vorstand das Geschäft ausnahmsweise auch **ohne vorherige Berichterstattung** an den Aufsichtsrat vornehmen (zu dieser Ausnahme Spindler/Stilz/*Fleischer* Rn. 37; K. Schmidt/Lutter/*Krieger/Sailer-Coceani* Rn. 29). Allerdings trifft den Vorstand auch dann die Pflicht, den Aufsichtsrat unverzüglich **nachträglich** über das vorgenommene Geschäft **zu informieren** (Hüffer/Koch/*Koch* Rn. 10; GroßkommAktG/*Kort* Rn. 84).

16 **5. Tochter- und Gemeinschaftsunternehmen.** Die Berichtspflicht des Vorstandes erstreckt sich nach § 90 Abs. 1 S. 2 auch auf **Tochterunternehmen** und **Gemeinschaftsunternehmen,** sofern die **AG deren Mutterunternehmen** ist. Dabei ist es nicht relevant, ob ein Konzernabschluss aufzustellen ist (Bürgers/Körber/*Bürgers/Israel* Rn. 13; Spindler/Stilz/*Fleischer* Rn. 29; NK-AktKapMarktR/*Oltmanns* Rn. 12). Die den Gegenstand der Berichtspflicht umfassenden **Informationen** muss der Vorstand in **zumutbarem Rahmen** bei den verbundenen Unternehmen oder Gemeinschaftsunternehmen ermitteln; er kann sich nicht auf bereits vorliegende Informationen beschränken (Spindler/Stilz/*Fleischer* Rn. 30).

17 **6. Sonderberichte.** Nach § 90 Abs. 1 S. 3 ist dem **Aufsichtsratsvorsitzenden** unabhängig von einem zeitlichen Turnus aus **sonstigen wichtigen Anlässen** durch den Vorstand Bericht zu erstatten. Dabei muss der Bericht **unverzüglich,** also ohne schuldhaftes Zögern iSv § 121 BGB, erfolgen (Bürgers/Körber/*Bürgers/Israel* Rn. 14; Hüffer/Koch/*Koch* Rn. 8). Ob ein wichtiger Anlass iSv § 90 Abs. 1 S. 3 vorliegt, ist nach den **Umständen des Einzelfalls** zu beurteilen und richtet sich maßgeblich auch nach Gegenstand und Größe des Unternehmens (Spindler/Stilz/*Fleischer* Rn. 30). IdR wird es sich hierbei um Umstände handeln, die von außen an die Gesellschaft herantreten und sich nachteilig auf diese auswirken können (Hüffer/Koch/*Koch* Rn. 8), insbesondere kommen hier erhebliche Betriebsstörungen, Arbeitskampf, empfindliche behördliche Auflagen, wesentliche Steuernachforderungen, Ge-

fährdung größerer Außenstände und Liquiditätsprobleme in Folge von Kreditkündigungen in Betracht (vgl. hierzu Spindler/Stilz/*Fleischer* Rn. 31; Hüffer/Koch/*Koch* Rn. 8; K. Schmidt/Lutter/*Krieger/Sailer-Coceani* Rn. 33). Ob ein wichtiger Anlass vorliegt, hat der Vorstand nach **pflichtgemäßem Ermessen** zu entscheiden (K. Schmidt/Lutter/*Krieger/Sailer-Coceani* Rn. 35).

III. Anforderungsberichte

Neben den von § 90 Abs. 1, 2 erfassten Regelberichten besteht nach § 90 Abs. 3 die Möglichkeit für 18
den **Aufsichtsrat, jederzeit** einen Bericht über Angelegenheiten der Gesellschaft vom Vorstand zu verlangen. Dabei kann entweder der **Aufsichtsrat** selber nach § 90 Abs. 3 S. 1 einen Bericht verlangen oder **jedes einzelne Aufsichtsratsmitglied** nach § 90 Abs. 3 S. 2 (grundsätzlich zu den Rechten des einzelnen Aufsichtsratsmitglieds *Baumann,* Die Rechte des einzelnen Aufsichtsratsmitglieds zwischen individueller Verantwortung und kollegialschaftlicher Aufgabenerfüllung, 2016). Durch das Anforderungsrecht des Aufsichtsrates wird erreicht, dass dieser nicht auf eine bestimmte Informationspolitik des Vorstandes beschränkt bleibt.

Zunächst steht nach § 90 Abs. 3 S. 1 dem Aufsichtsrat als **Organ** ein Anforderungsrecht zu. Gegen- 19
stand des Berichts sind **Angelegenheiten der Gesellschaft,** ihre rechtlichen und geschäftlichen Beziehungen zu verbundenen Unternehmen sowie geschäftliche Vorgänge bei diesen Unternehmen, die auf die **Lage der Gesellschaft von erheblichem Einfluss** sein können. Insoweit kann sich eine **Überschneidung** mit den Regelberichten nach § 90 Abs. 1 ergeben (Hüffer/Koch/*Koch* Rn. 11).

Das **Verlangen des Aufsichtsrats** setzt einen Beschluss nach § 108 voraus und geht dem Vorstand 20
analog § 78 Abs. 2 S. 2 durch **Zugang** bei einem einzelnen Vorstandsmitglied zu (Bürgers/Körber/*Bürgers/Israel* Rn. 16; Hüffer/Koch/*Koch* Rn. 11; K. Schmidt/Lutter/*Krieger/Sailer-Coceani* Rn. 37). Inhaltlich muss die Anforderung des Aufsichtsrates bezüglich des Berichtsgegenstandes **hinreichend präzise** formuliert sein (OLG Köln 9.5.1986, AG 1987, 25; Spindler/Stilz/*Fleischer* Rn. 41; GroßkommAktG/*Kort* Rn. 85).

Sofern ein **einzelnes Aufsichtsratsmitglied** nach § 90 Abs. 3 S. 2 einen Bericht vom Vorstand 21
anfordert, kann er von diesem nur **Berichterstattung an den Aufsichtsrat als Organ** verlangen. Bei dem Recht des einzelnen Aufsichtsratsmitgliedes aus § 90 Abs. 3 S. 2 handelt es sich um ein sog. **Pflichtrecht** (Spindler/Stilz/*Fleischer* Rn. 46; GroßkommAktG/*Kort* Rn. 103), der Aufsichtsrat ist verpflichtet, die zur Überwachung des Vorstandes erforderlichen Informationen abzufragen. Problematisch wird eine mögliche **missbräuchliche Ausnutzung** des Rechtes aus § 90 Abs. 3 S. 2 gesehen. Sofern tatsächlich eine konkrete **Missbrauchsgefahr** vorliegt, kann der Vorstand nach hM die Erstattung des Berichtes verweigern (umfassend hierzu GroßkommAktG/*Kort* Rn. 110; K. Schmidt/Lutter/*Krieger/Sailer-Coceani* Rn. 45 f.; KK-AktG/*Mertens/Cahn* Rn. 14). Grundsätzlich problematisch ist es, wenn der Vorstand bestimmte Informationen, mögen sie auch unterhalb der Schwellen des § 90 liegen, nur an einzelne Aufsichtsratsmitglieder oder nur an die Anteilseignerbank gibt (zw. daher die Begründung OLG Frankfurt a. M. 1.10.2013, NZG 2014, 249).

IV. Grundsätze der Berichterstattung

Die Regelung des § 90 Abs. 4 betrifft die **Grundsätze der Berichterstattung.** Hier ist angeordnet, 22
dass die Berichte des Vorstandes an den Aufsichtsrat einer **gewissenhaften und getreuen Rechenschaft** zu entsprechen haben. Die vom Vorstand erteilten Berichte müssen danach **inhaltlich vollständig, sachlich zutreffend, übersichtlich gegliedert, nachprüfbar sein** (Bürgers/Körber/*Bürgers/Israel* Rn. 4; Spindler/Stilz/*Fleischer* Rn. 48). Zur sachlichen Richtigkeit des Berichtes des Vorstandes gehört vor allem die **Trennung von Tatsachen und Wertungen** (Hüffer/Koch/*Koch* Rn. 13; KK-AktG/*Mertens/Cahn* Rn. 28). Weiter müssen auch wesentliche Meinungsverschiedenheiten im Vorstand in einem Bericht offengelegt werden (Spindler/Stilz/*Fleischer* Rn. 48; GroßkommAktG/*Kort* Rn. 122; KK-AktG/*Mertens/Cahn* Rn. 28). Sie müssen außerdem **zeitgerecht** sein; mangels näherer gesetzlicher Vorgaben nimmt das OLG Frankfurt a. M. v. 1.10.2013 insoweit ein Ermessen des Vorstands an (OLG Frankfurt a. M. 1.10.2013, NZG 2014, 249).

§ 90 Abs. 4 S. 2 sieht für Berichte als Regelform die **Textform** vor. Insoweit wird Bezug auf § 126b 23
BGB genommen, sodass neben der Schriftform im engeren Sinne auch E-Mails oder Telefax ausreichend sind (Spindler/Stilz/*Fleischer* Rn. 48 ff.; Hüffer/Koch/*Koch* Rn. 13; K. Schmidt/Lutter/*Krieger/Sailer-Coceani* Rn. 57; NK-AktKapMarktR/*Oltmanns* Rn. 17). Von der erforderlichen Textform generell ausgeschlossen sind nach dem Wortlaut des Gesetzes die Berichte nach § 90 Abs. 1 S. 3. Insbesondere über **geheimhaltungswürdige Umstände** kann der Bericht dann mündlich erfolgen (Bürgers/Körber/*Bürgers/Israel* Rn. 5; Spindler/Stilz/*Fleischer* Rn. 59; Hüffer/Koch/*Koch* Rn. 13; GroßkommAktG/*Kort* Rn. 137, 139). Gleiches gilt für die Berichterstattung in Krisensituationen (*Hasselbach* NZG 2012, 41 (44)).

Die Berichte sind gem. § 90 Abs. 4 S. 2 möglichst **rechtzeitig** zu erstellen. Gemeint ist hiermit nicht 24
der Berichtsturnus iSd § 90 Abs. 2, sondern vielmehr der **Zeitraum bis zur Aufsichtsratssitzung**

(Spindler/Stilz/*Fleischer* Rn. 50f). Ein Bericht ist dann rechtzeitig erstellt, wenn er dem Aufsichtsrat vor dessen Sitzung übermittelt wurde und den einzelnen Aufsichtsratsmitglieder noch angemessen Zeit bleibt, **den entsprechenden Bericht zu lesen und gedanklich zu verarbeiten** (BT-Drs. 14/8769, 15; Spindler/Stilz/*Fleischer* Rn. 50; K. Schmidt/Lutter/*Krieger/Sailer-Coceani* Rn. 56).

V. Information innerhalb des Aufsichtsrats (Abs. 5)

25 Die Berichte des Vorstandes sind grundsätzlich an den **Aufsichtsrat als Organ** zu richten, der dabei durch seinen Vorsitzenden vertreten wird. Bei Berichten in Textform reicht dementsprechend die Abgabe gegenüber dem **Aufsichtsratsvorsitzenden** aus. Mündliche Berichte müssen allerdings im Rahmen einer **formellen Sitzung des Aufsichtsrates** erstattet werden (Bürgers/Körber/*Bürgers/Israel* Rn. 18). Nach § 90 Abs. 5 S. 1 hat jedoch jedes Aufsichtsratsmitglied ein **individuelles Recht,** von Berichten Kenntnis zu nehmen. Hieraus folgt, dass jedes Aufsichtsratsmitglied Berichte in Textform lesen und mündliche Berichte anhören darf (Hüffer/Koch/*Koch* Rn. 14). Darüber hinaus kann ein Aufsichtsratsmitglied gem. § 90 Abs. 5 S. 2 auch verlangen, dass ein Bericht in Textform **jedem einzelnen Aufsichtsratsmitglied übermittelt** wird, sofern der Aufsichtsrat nichts Abweichendes beschließt. Ein solcher Beschluss ist etwa dann gerechtfertigt, wenn der Bericht Informationen enthält, die **zwingend vertraulich** bleiben müssen (Spindler/Stilz/*Fleischer* Rn. 59). Werden Berichte nach § 90 Abs. 1 S. 3 unmittelbar an den Aufsichtsratsvorsitzenden erteilt, so hat dieser nach § 90 Abs. 5 S. 3 die übrigen Aufsichtsratsmitglieder über den ihm erstatteten Bericht spätestens in der nächsten Aufsichtsratssitzung zu **unterrichten.** Der Verweis in § 90 Abs. 5 S. 3 auf § 90 Abs. 1 S. 2 ist als **Redaktionsversehen** anzusehen. Der Regelung ist mittelbar das Prinzip der grundsätzlichen informationellen Gleichberechtigung der einzelnen Aufsichtsratsmitglieder zu entnehmen (zur Rechtsstellung der einzelnen Organmitglieder *Baumann,* Die Rechte des einzelnen Aufsichtsratsmitglieds zwischen individueller Verantwortung und kollegialschaftlicher Aufgabenerfüllung, 2016).

VI. Rechtsfolgen bei Verstoß

26 Ein Vorstandsmitglied, das seiner Berichtspflicht aus § 90 nicht folgt, kann nach § 407 Abs. 1 vom Registergericht durch **Festsetzung eines Zwangsgeldes** zur Einhaltung der Berichtspflicht angehalten werden. Das dahingehende Verfahren richtet sich nach §§ 388 ff. FamFG. Das Registergericht handelt **von Amts wegen,** Aufsichtsratsmitglieder können ein gerichtliches Einschreiten nur anregen (Spindler/Stilz/*Fleischer* Rn. 63; GroßkommAktG/*Kort* Rn. 184).

27 Vor allem kommt bei einem Verstoß gegen § 90 eine **Abberufung aus wichtigem Grund** nach § 84 Abs. 3 sowie eine **Kündigung des Anstellungsvertrages** in Betracht (Hüffer/Koch/*Koch* Rn. 15; K. Schmidt/Lutter/*Krieger/Sailer-Coceani* Rn. 60). Unter den weiteren Voraussetzungen des § 93 Abs. 2 S. 1 kann sich das Vorstandsmitglied auch gegenüber der Gesellschaft **schadensersatzpflichtig** machen.

28 Zur klageweisen **Durchsetzung der Berichtspflicht** aus § 90 Abs. 1 und 3 ist der Aufsichtsrat gem. § 112 berufen (vgl. Spindler/Stilz/*Fleischer* Rn. 67; Hüffer/Koch/*Koch* Rn. 15; NK-AktKapMarktR/*Oltmanns* Rn. 24). Die einzelnen Vorstandsmitglieder sind dabei **notwendige Streitgenossen** (Bürgers/Körber/*Bürgers/Israel* Rn. 19; Hüffer/Koch/*Koch* Rn. 15; zu Einzelheiten des Problemfeldes von Organstreitigkeiten s. Hüffer/Koch/*Koch* Rn. 28 ff.; Spindler/Stilz/*Fleischer* Rn. 68 ff.).

VII. Geltendmachung von Individualrechten

29 Die den Aufsichtsratsmitgliedern zustehenden **Individualrechte** aus § 90 können von diesen aus eigenem Recht **eingeklagt** werden (vgl. BGH 28.11.1988, BGHZ 106, 54 (62) = NJW 1989, 979; umfassend zu den Rechten des einzelnen Aufsichtsratsmitglied *Baumann,* Die Rechte des einzelnen Aufsichtsratsmitglieds zwischen individueller Verantwortung und kollegialschaftlicher Aufgabenerfüllung, 2016).

Organisation; Buchführung

91 (1) **Der Vorstand hat dafür zu sorgen, daß die erforderlichen Handelsbücher geführt werden.**

(2) **Der Vorstand hat geeignete Maßnahmen zu treffen, insbesondere ein Überwachungssystem einzurichten, damit den Fortbestand der Gesellschaft gefährdende Entwicklungen früh erkannt werden.**

I. Allgemeines

1 Die Vorschrift des § 91 enthält zwei ganz unterschiedliche Regelungen: Die traditionelle Regelung des Abs. 1. betrifft die **Buchführungspflicht.** Durch das KonTraG wurde dann 1998 als Reaktion auf

die Unternehmenskrisen der 90er-Jahre in Abs. 2 die Verpflichtung des Vorstands begründet, zum Zweck der **Früherkennung bestandsgefährdender Risiken** ein **Überwachungs-/Frühwarnsystem** einzurichten; ein entsprechendes Postulat findet sich in **Grundsatz 5 und A.2 DCGK.** Sie ist als eine **Konkretisierung der Leitungspflicht** des § 76 zu verstehen (Hüffer/Koch/*Koch* Rn. 1; NK-AktKapMarktR/*Oltmanns* Rn. 1). Die Verantwortung für beide Bereiche trägt der Vorstand als **Kollegialorgan** (Spindler/Stilz/*Fleischer* Rn. 1). Zur Gesamtverantwortung des Vorstands soll auch die Einrichtung eines funktionierenden Compliance-Systems gehören (LG München I 10.12.2013, ZIP 2014, 570 – Siemens/Neubürger; → § 76 Rn. 7a).

II. Buchführung

Die Buchführungspflicht der Gesellschaft folgt bereits aus **§ 238 Abs. 1 HGB.** Die wesentliche Bedeutung des § 91 Abs. 1 liegt in der Klarstellung der **Gesamtverantwortung des Vorstandes** (MüKoAktG/*Spindler* Rn. 4; K. Schmidt/Lutter/*Krieger/Sailer-Coceani* Rn. 3; Hüffer/Koch/*Koch* Rn. 2; Bürgers/Körber/*Bürgers/Israel* Rn. 3). Der Vorstand trägt damit im **Außenverhältnis** die Buchführungsverantwortung für die AG; darüber hinaus ist er im Innenverhältnis organschaftlich verpflichtet, die **erforderlichen Maßnahmen** zu ergreifen (Hüffer/Koch/*Koch* Rn. 2). 2

Die Buchführungspflicht trifft **alle Vorstandsmitglieder** einschließlich deren Stellvertreter (Spindler/Stilz/*Fleischer* Rn. 10; Hüffer/Koch/*Koch* Rn. 3; K. Schmidt/Lutter/*Krieger/Sailer-Coceani* Rn. 3; MüKoAktG/*Spindler* Rn. 6). Die Buchführungspflicht **beginnt** mit der **Errichtung der Gesellschaft,** ohne Rücksicht auf deren Eintragung, und **endet** mit der **Löschung der Gesellschaft** (MüKoAktG/*Spindler* Rn. 6). Sofern es im Vorstand eine **ressortmäßige Aufteilung** der Aufgaben gibt, trifft die nicht zuständigen Vorstandsmitglieder eine entsprechende **Überwachungspflicht** (Spindler/Stilz/*Fleischer* Rn. 12 ff.; GroßkommAktG/*Kort* Rn. 12; Bürgers/Körber/*Bürgers/Israel* Rn. 3; MüKoAktG/*Spindler* Rn. 7). Die übrigen Vorstandsmitglieder bleiben daher verpflichtet, die Erledigung der Buchführungsaufgaben **über ihre Ressortgrenzen hinweg zu beobachten** (Hüffer/Koch/*Koch* Rn. 3; NK-AktKapMarktR/*Oltmanns* Rn. 2; Spindler/Stilz/*Fleischer* Rn. 13; *Fleischer* WM 2006, 2021 (2023)). Da der Vorstand nach § 91 Abs. 1 nicht zur eigenhändigen Führung der Bücher verpflichtet ist, kann er deren **technische Durchführung auf nachgeordnete Unternehmensangehörige oder außenstehende Dritte übertragen** (KK-AktG/*Mertens/Cahn* Rn. 5; NK-AktKapMarktR/*Oltmanns* Rn. 2; Spindler/Stilz/*Fleischer* Rn. 16). Die Auslagerung der Buchführung an **unternehmensfremde Dritte,** etwa an ein Rechenzentrum oder entsprechendes Unternehmen, ist nur zulässig, sofern der Vorstand **jederzeit und ungehindert Zugriff auf die Daten** hat (GroßkommAktG/*Kort* Rn. 13 f.; MüKoAktG/*Spindler* Rn. 8; *Fleischer* WM 2006, 2021 (2025)). Aus der Gesamtverantwortung des Vorstandes folgt bei der Delegation an nachgeschaltete Unternehmensebenen oder Dritte eine entsprechende Pflicht zur **ordnungsgemäßen Auswahl und Überwachung** der mit der Buchführung Beauftragten (MüKoAktG/*Spindler* Rn. 8; Spindler/Stilz/*Fleischer* Rn. 17; Hüffer/Koch/*Koch* Rn. 3; Bürgers/Körber/*Bürgers/Israel* Rn. 3). 3

Den Umfang der Buchführungspflicht regelt § 91 Abs. 1 nicht; er folgt vielmehr aus den **allgemeinen Regelungen** für die AG (vgl. hierzu Hüffer/Koch/*Koch* Rn. 3; Bürgers/Körber/*Bürgers/Israel* Rn. 4). 4

Bei Verletzung der Pflicht aus § 91 Abs. 1 kommt eine **Schadensersatzpflicht** des Vorstandes nach § 93 Abs. 2 S. 1 in Betracht. **Mangels Schutzgesetzcharakter** iSv § 823 Abs. 2 BGB können Verstöße gegen § 91 Abs. 1 nicht zu einer **Außenhaftung** führen (MüKoAktG/*Spindler* Rn. 12; Hüffer/Koch/*Koch* Rn. 3; KK-AktG/*Mertens/Cahn* Rn. 10; GroßkommAktG/*Kort* Rn. 82; aA *K. Schmidt* ZIP 1994, 837 (842); umfassend zur zivilrechtlichen Haftung Spindler/Stilz/*Fleischer* Rn. 24 ff.). Über diese zivilrechtliche Haftung hinaus können Verstöße gegen § 91 Abs. 1 auch **strafbewehrt** sein. Als relevante Tatbestände kommen etwa § 283 StGB oder § 331 HGB in Betracht (Spindler/Stilz/*Fleischer* Rn. 21 f.; MüKoAktG/*Spindler* Rn. 12 f.). 5

III. Früherkennung bestandsgefährdender Entwicklungen

§ 91 Abs. 2 enthält zwei Aussagen: Zum einen trifft den Vorstand die Verpflichtung, durch geeignete Maßnahmen eine **frühzeitige Erkennung bestandsgefährdender Entwicklungen für die Gesellschaft** sicherzustellen; zum anderen hat er ein **Überwachungssystem** für die Umsetzung dieser Maßnahmen einzurichten (zur Herleitung aus der Entstehungsgeschichte und dem Wortlaut der Norm K. Schmidt/Lutter/*Krieger/Sailer-Coceani* Rn. 13 ff.; Hüffer/Koch/*Koch* Rn. 8; Spindler/Stilz/*Fleischer* Rn. 34 f.; zu den Ausgestaltungspflichten *Hoffmann/Schieffer* NZG 2017, 401). 6

Unter einer **Entwicklung** idS sind **unternehmensbezogene nachteilige Veränderungen und Prozesse** zu verstehen (K. Schmidt/Lutter/Krieger/*Sailer-Coceani* Rn. 8; GroßkommAktG/*Kort* Rn. 30; Hüffer/Koch/*Koch* Rn. 6; Bürgers/Körber/*Bürgers/Israel* Rn. 9; *Seibert* FS Bezzenberger, 2000, 427 (437)). Um solche Entwicklungen erkennen zu können, ist es erforderlich, dass der Vorstand auch den **Ist-Zustand** erfasst, **Risikopotentiale** erkennt und analysiert und eine **Prognose** abgibt (MüKo- 7

AktG/*Spindler* Rn. 20; K. Schmidt/Lutter/*Krieger/Sailer-Coceani* Rn. 8; Bürgers/Körber/*Bürgers/Israel* Rn. 9). § 91 Abs. 2 bezieht sich nur auf sog. **Bestandsgefährdungen,** erfasst also nicht jede nachteilige Entwicklung (MüKoAktG/*Spindler* Rn. 21; GroßkommAktG/*Kort* Rn. 30; Spindler/Stilz/*Fleischer* Rn. 32; *Spindler* FS Hüffer, 2010, 985 (989)). Eine Bestandsgefährdung idS liegt vor, wenn sich **nachteilige Veränderungen auf die Vermögens-, Finanz- und Ertragslage der Gesellschaft wesentlich auswirken** (MüKoAktG/*Spindler* Rn. 21; Spindler/Stilz/*Fleischer* Rn. 32; Bürgers/Körber/*Bürgers/Israel* Rn. 9). Hierunter fallen nicht nur **risikobehaftete Geschäfte,** sondern auch **Unrichtigkeiten der Rechnungslegung** und **Verstöße gegen gesetzliche Vorschriften** (Hüffer/Koch/*Koch* Rn. 6; MüKoAktG/*Spindler* Rn. 21; Hauschka/*Hauschka,* Corporate Compliance, 2. Aufl. 2010, § 1 Rn. 15 ff.). Es muss sich um ein Risiko handeln, das das **Insolvenzrisiko** der Gesellschaft erheblich steigert oder hervorruft (*Arnold* in Marsch-Barner/Schäfer Börsennotierte AG-HdB § 18 Rn. 14; MüKoAktG/*Spindler* Rn. 21; Spindler/Stilz/*Fleischer* Rn. 32; Bürgers/Körber/*Bürgers/Israel* Rn. 9). **Frühzeitig** ist sie dann, wenn nachteiligen Entwicklungen noch so **rechtzeitig entgegengewirkt** werden kann, dass keine bestandsgefährdenden Ausmaße entstehen (Hüffer/Koch/*Koch* Rn. 7; Bürgers/Körber/*Bürgers/Israel* Rn. 9; GroßkommAktG/*Kort* Rn. 44; K. Schmidt/Lutter/*Krieger/Sailer-Coceani* Rn. 11). Bei Konzernen muss der Vorstand der Obergesellschaft für Tochtergesellschaften und verbundene Unternehmen ein eigenes Überwachungssystem nach § 91 Abs. 2 einrichten (LG Stuttgart 19.12.2017, NZG 2018, 665 Rn. 217; krit. Hüffer/Koch/*Koch* Rn. 6).

8 Um **geeignete Maßnahmen** handelt es sich dann, wenn nach der Erfahrung eines ordentlichen und sorgfältigen Geschäftsleiters davon ausgegangen werden kann, dass der Vorstand die erforderlichen Informationen rechtzeitig erhält; darüber hat der Vorstand iR seines **Leitungsermessens** unter Berücksichtigung der Besonderheiten des betroffenen Unternehmens, insbesondere seiner Größe, Struktur, Lage und Branchenzugehörigkeit sowie seinem Kapitalmarktzugang zu entscheiden (K. Schmidt/Lutter/*Krieger/Sailer-Coceani* Rn. 12; Hüffer/Koch/*Koch* Rn. 7).

9 Zur Früherkennung bestandsgefährdender Entwicklungen hat der Vorstand insbesondere ein **Überwachungssystem** einzurichten. Der Wortlaut des § 91 Abs. 2 könnte also darauf hindeuten, dass das Überwachungssystem eine Konkretisierung der geeigneten Maßnahmen ist, also auf Erkennung bestandsgefährdender Entwicklungen zielt. Aus der Entstehungsgeschichte der Norm ergibt sich jedoch, dass das Überwachungssystem iSv § 91 Abs. 2 nicht die bestandsgefährdenden Entwicklungen entdecken, sondern die Umsetzung und Einhaltung der eingeleiteten Maßnahmen zur Früherkennung kontrollieren soll. Es soll sicherstellen, dass eine interne Revision und ein sachgerechtes Controlling eingerichtet sind, die ihre jeweiligen Kenntnisse zeitnah an den Vorstand weitergeben. Es sind somit klare Zuständigkeiten zu begründen sowie engmaschige Berichts- und Dokumentationspflichten einzuführen. Aus § 91 Abs. 2 folgt daher entgegen Ansichten in der Betriebswirtschaftslehre und der Prüfungspraxis keine Pflicht zur Einrichtung eines allumfassenden Risikomanagements (K. Schmidt/Lutter/*Krieger/Sailer-Coceani* Rn. 13 f.; GroßkommAktG/*Kort* Rn. 50 ff.; Hüffer/Koch/*Koch* Rn. 8; KK-AktG/*Mertens/Cahn* Rn. 26; zur fehlerhaften Ausrichtung der Compliance-Organisation *Balke/Klein* ZIP 2017, 2038).

Vorstandspflichten bei Verlust, Überschuldung oder Zahlungsunfähigkeit

92 (1) **Ergibt sich bei Aufstellung der Jahresbilanz oder einer Zwischenbilanz oder ist bei pflichtmäßigem Ermessen anzunehmen, daß ein Verlust in Höhe der Hälfte des Grundkapitals besteht, so hat der Vorstand unverzüglich die Hauptversammlung einzuberufen und ihr dies anzuzeigen.**

(2) [1] **Nachdem die Zahlungsunfähigkeit der Gesellschaft eingetreten ist oder sich ihre Überschuldung ergeben hat, darf der Vorstand keine Zahlungen leisten.** [2] **Dies gilt nicht von Zahlungen, die auch nach diesem Zeitpunkt mit der Sorgfalt eines ordentlichen und gewissenhaften Geschäftsleiters vereinbar sind.** [3] **Die gleiche Verpflichtung trifft den Vorstand für Zahlungen an Aktionäre, soweit diese zur Zahlungsunfähigkeit der Gesellschaft führen mussten, es sei denn, dies war auch bei Beachtung der in § 93 Abs. 1 Satz 1 bezeichneten Sorgfalt nicht erkennbar.**

Übersicht

I. Allgemeines

Die Vorschrift des § 92 betrifft Vorstandspflichten in einer **Krise der Gesellschaft.** § 92 Abs. 1 verpflichtet den Vorstand bei einem **Verlust iHd Hälfte des Grundkapitals** zu **Einberufung der Hauptversammlung** und **Verlustanzeige.** Diese Regelung dient der **Information** der Hauptversammlung über die krisenhafte Situation der Gesellschaft. Die Aktionäre sollen in die Lage versetzt werden, iRe Hauptversammlung über **Maßnahmen der Krisenabwehr** zu beraten und zu beschließen (Spindler/Stilz/*Fleischer* Rn. 4). Als potentielle Maßnahmen kommen Kapitalerhöhung, Kapitalherabsetzung oder Auflösung der Gesellschaft in Betracht (Hüffer/Koch/*Koch* Rn. 1; Spindler/Stilz/*Fleischer* Rn. 4; Bürgers/Körber/*Pelz* Rn. 2). Die **Information der Öffentlichkeit** ist nicht Zweck der Regelung, aber möglicherweise erwünschte Nebenfolge (K. Schmidt/Lutter/*Krieger/Sailer-Coceani* Rn. 1; GroßkommAktG/*Habersack* Rn. 2; Hüffer/Koch/*Koch* Rn. 1; KK-AktG/*Mertens/Cahn* Rn. 6). 1

Die Regelung des § 92 Abs. 2 entspricht der Regelung des § 92 Abs. 3 idF vor dem MoMiG. Angefügt wurde die Haftungsregel des § 92 Abs. 2 S. 3 (sog. Insolvenzverursachungshaftung). Die in § 92 Abs. 2 idF vor dem MoMiG vorgesehene **Insolvenzantragspflicht** ist nunmehr in **§ 15a InsO** geregelt (→ InsO § 15 Rn. 1 ff.; s. auch Hüffer/Koch/*Koch* Rn. 10 ff.; K. Schmidt/Lutter *Krieger/Sailer-Coceani* Anh. § 92 Rn. 1; umfassend zur Insolvenzantragspflicht nach § 92 Abs. 2 aF Spindler/Stilz/*Fleischer* Rn. 47 ff.; K. Schmidt/Lutter/*Krieger/Sailer-Coceani* Rn. 12 ff.). In der Sache beinhaltet § 92 Abs. 2 ein **Zahlungsverbot,** das den Zweck verfolgt, die **verteilungsfähige Vermögensmasse** einer insolvenzreifen Gesellschaft im Interesse der Gesamtheit ihrer Gläubiger zu erhalten und eine zu ihrem Nachteil gehende bevorzugte Befriedigung einzelner Gläubiger zu verhindern (BGH 29.11.1999, BGHZ 143, 184 (186) = NJW 2000, 668; BGH 8.1.2001, BGHZ 146, 264 (265) = NJW 2001, 1280; GroßkommAktG/*Habersack* Rn. 90; Hüffer/Koch/*Koch* Rn. 32; Spindler/Stilz/*Fleischer* Rn. 50). Dieser Zweck entfällt jedoch, wenn es zu keinem Insolvenzverfahren kommt (LG Frankfurt 19.3.2019, BeckRS 2019, 11222 Rn. 79). 2

II. Verlustanzeigepflicht

1. Verlust iHd Hälfte des Grundkapitals. Die **Anzeigepflicht** des § 92 Abs. 1 wird durch den **Verlust iHd Hälfte des Grundkapitals** ausgelöst. Er ist eingetreten, wenn das Gesellschaftsvermögen nur noch die **Hälfte des Nennkapitals** deckt (Hüffer/Koch/*Koch* Rn. 2; Spindler/Stilz/*Fleischer* Rn. 7; Bürgers/Körber/*Pelz* Rn. 5; K. Schmidt/Lutter/*Krieger/Sailer-Coceani* Rn. 3). Nach aA ist die Verlustanzeigepflicht dann ausgelöst, wenn die Gesellschaft einen **einmaligen Jahresfehlbetrag** iHd hälftigen Grundkapitals ausweist (GroßkommAktG/*Habersack* Rn. 13 ff.). Diese Auffassung ist abzulehnen, da hierbei **Gewinn- und Kapitalrücklagen** außer Betracht blieben (Spindler/Stilz/*Fleischer* Rn. 7; K. Schmidt/Lutter/*Krieger/Sailer-Coceani* Rn. 3). Darüber hinaus ist diese Auffassung auch nicht mit dem Wortlaut des § 92 Abs. 1 vereinbar, da dieser gerade nicht den Begriff des Jahresfehlbetrages verwendet (Hüffer/Koch/*Koch* Rn. 2). 3

2. Ansatz- und Bewertungsfragen. Der maßgebliche Verlust iSv § 92 Abs. 1 muss sich nach dem Wortlaut der Norm bei der **Aufstellung der Jahresbilanz** oder einer **Zwischenbilanz** ergeben oder bei **pflichtgemäßem Ermessen** anzunehmen sein. Dadurch wird klargestellt, dass eine Verlustanzeigepflicht nicht nur dann besteht, wenn eine Krisensituation anlässlich der Aufstellung einer Jahresbilanz oder einer Zwischenbilanz festgestellt wird. Vielmehr obliegt es dem Vorstand stets, darauf zu achten, ob ein Verlust iHd Hälfte des Grundkapitals eingetreten ist. Sofern hierfür Anhaltspunkte bestehen, ist der Vorstand nach **pflichtgemäßem Ermessen** verpflichtet, eine entsprechende Zwischenbilanz aufzustellen (K. Schmidt/Lutter/*Krieger/Sailer-Coceani* Rn. 4). 4

Aufgrund des Wortlauts des § 92 Abs. 1, der auf die **Jahresbilanz** abstellt, ist hinsichtlich Ansatz und Bewertung auf die für die Jahresbilanz geltenden Regeln der **§§ 252 ff. HGB** abzustellen (Hüffer/Koch/*Koch* Rn. 3; Spindler/Stilz/*Fleischer* Rn. 8; GroßkommAktG/*Habersack* Rn. 18; KK-AktG/*Mertens/Cahn* Rn. 8; Bürgers/Körber/*Pelz* Rn. 6). Gemäß § 252 Abs. 1 Nr. 2 HGB ist daher grundsätzlich eine Bewertung zu **Fortführungswerten** geboten, sofern eine **positive Fortbestehensprognose** abgegeben werden kann (Hüffer/Koch/*Koch* Rn. 4; Spindler/Stilz/*Fleischer* Rn. 8; KK-AktG/*Mertens/Cahn* Rn. 10; NK-AktKapMarktR/*Oltmanns* Rn. 3; K. Schmidt/Lutter/*Krieger/Sailer-Coceani* Rn. 5). Im Falle einer **negativen Fortbestehensprognose** müssen allerdings **Liquidationswerte** angesetzt werden (Hüffer/Koch/*Koch* Rn. 4; KK-AktG/*Mertens/Cahn* Rn. 10; K. Schmidt/Lutter/*Krieger/Sailer-Coceani* Rn. 5). 5

Auch hinsichtlich der Behandlung von **stillen Reserven** sind die Regeln über den Jahresabschluss einzuhalten. Dementsprechend dürfen sie nur aufgelöst werden, wenn sie auch im Jahresabschluss aufgelöst werden dürften (GroßkommAktG/*Habersack* Rn. 18; KK-AktG/*Mertens/Cahn* Rn. 9; K. Schmidt/Lutter/*Krieger/Sailer-Coceani* Rn. 5; MüKoAktG/*Spindler* Rn. 14). 6

7 **3. Einberufung der Hauptversammlung.** Für den Fall des Verlustes iHd Hälfte des Grundkapitals ist der Vorstand verpflichtet, die **Hauptversammlung unverzüglich** (vgl. § 121 Abs. 1 S. 1 BGB) **einzuberufen** und eine entsprechende **Verlustanzeige** zu erstatten (Spindler/Stilz/*Fleischer* Rn. 9; Hüffer/Koch/*Koch* Rn. 5; ähnlich auch GroßkommAktG/*Habersack* Rn. 20). Hinsichtlich der Hauptversammlung sind insbesondere die **§§ 121 ff.** zu beachten (vgl. hierzu umfassend Hüffer/Koch/*Koch* Rn. 5; zur Beseitigung des Verlustes vor Durchführung der Hauptversammlung *Plagemann* NZG 2014, 207; zur Absage einer zur Anzeige eines Verlustes der Hälfte des Grundkapitals einberufenen Hauptversammlung *Göcke* AG 2014, 119).

8 **Keine Pflicht** zur Einberufung der Hauptversammlung besteht nach hM, wenn die Gesellschaft bereits **Insolvenzantrag** gestellt hat (Spindler/Stilz/*Fleischer* Rn. 11; GroßkommAktG/*Habersack* Rn. 6; KK-AktG/*Mertens/Cahn* Rn. 15). In diesem Fall fällt der wesentliche Zweck der Vorschrift des § 92 Abs. 1 weg, da die Aktionäre im Falle der Insolvenz nicht mehr über **Maßnahmen der Krisenabwehr** beschließen können. Keine Ausnahme von der Anzeigepflicht kann bei der **Auflösung der Gesellschaft** gemacht werden (so aber KK-AktG/*Mertens/Cahn* Rn. 15 aE), sofern das Unternehmen weitergeführt wird (Spindler/Stilz/*Fleischer* Rn. 11; GroßkommAktG/*Habersack* Rn. 6; NK-AktKapMarktR/*Oltmanns* Rn. 7). Problematisch ist die Frage, ob den Vorstand auch dann eine Anzeigepflicht trifft, wenn er hinreichend konkrete und erfolgversprechende **Sanierungsverhandlungen** führt (vgl. zu dieser Frage Spindler/Stilz/*Fleischer* Rn. 12; Hüffer/Koch/*Koch* Rn. 6).

9 **4. Rechtsfolgen bei Verstoß.** Im Falle eines Verstoßes gegen die Pflicht aus § 92 Abs. 1 macht der Vorstand sich grundsätzlich gegenüber der Gesellschaft nach § 93 Abs. 2 **schadensersatzpflichtig.** Im Falle der Nichteinberufung der Hauptversammlung kann der Vorstand sich auch nicht auf die Business Judgement Rule des § 93 Abs. 1 S. 2 berufen (vgl. hierzu *Winnen,* Die Innenhaftung des Vorstandes nach dem UMAG, 2009, 141 f.). § 92 Abs. 1 ist **kein Schutzgesetz** zugunsten der **Gläubiger** der AG (BGH 9.7.1979, NJW 1979, 1829 (1831); Hüffer/Koch/*Koch* Rn. 7). Umstritten ist, ob die Vorschrift des § 92 Abs. 1 **Schutzgesetz iSv § 823 Abs. 2 BGB** zugunsten der **Aktionäre** ist (so GroßkommAktG/*Habersack* Rn. 25; NK-AktKapMarktR/*Oltmanns* Rn. 15; MHdB GesR IV/*Wiesner* § 25 Rn. 105; abl. Hüffer/Koch/*Koch* Rn. 7; KK-AktG/*Mertens/Cahn* Rn. 21).

III. Zahlungsverbot

10 § 92 Abs. 2 spricht ein **Zahlungsverbot** für den Fall der **Zahlungsunfähigkeit** oder der **Überschuldung** ausgesprochen. Mit dem MoMiG wurde § 92 Abs. 2 S. 3 neu eingeführt. Hierdurch werden Zahlungen verboten, die an Aktionäre erfolgen und die zur Zahlungsunfähigkeit der Gesellschaft führen. Zweck der Regelung des § 92 Abs. 2 ist der **Schutz der Insolvenzmasse vor Schmälerungen** (GroßkommAktG/*Habersack* Rn. 93; Hüffer/Koch/*Koch* Rn. 32; KK-AktG/*Mertens/Cahn* Rn. 22; zur Reichweite von Zahlungsverboten im Hinblick auf Austauschgeschäfte ausf. *Habersack/Foerster* ZHR 178 (2014), 387).

11 Dem **Zahlungsbegriff** iSv § 92 Abs. 2 liegt grundsätzlich ein **weites Verständnis** zugrunde (vgl. Hüffer/Koch/*Koch* Rn. 33). Zunächst fallen unter den Zahlungsbegriff alle **Geldleistungen,** die Vorstandsmitglieder nach Eintritt der Insolvenzreife bewirken (Spindler/Stilz/*Fleischer* Rn. 22 ff.; GroßkommAktG/*Habersack* Rn. 93; NK-AktKapMarktR/*Oltmanns* Rn. 9; Bürgers/Körber/*Pelz* Rn. 33). Darüber hinaus erfasst der Zahlungsbegriff wegen der gebotenen weiten Auslegung (BGH 29.11.1999, BGHZ 143, 184 (186 ff.) = NJW 2000, 668; Spindler/Stilz/*Fleischer* Rn. 22 ff.; GroßkommAktG/*Habersack* Rn. 93) auch **andere Minderungen des Gesellschaftsvermögens,** die nicht als Geldabfluss in Erscheinung treten (Spindler/Stilz/*Fleischer* Rn. 22 ff.; K. Schmidt/Lutter/*Krieger/Sailer-Coceani* Rn. 19; Bürgers/Körber/*Pelz* Rn. 33), etwa die **Lieferung von Waren, die Erbringung von Dienstleistungen oder die Stellung von Sicherheiten.** In Konsequenz erfasst der Zahlungsbegriff des § 92 Abs. 2 daher sämtliche die **Masse schmälernde Leistungen,** die zugunsten einzelner Gläubiger erfolgen (GroßkommAktG/*Habersack* Rn. 93; K. Schmidt/Lutter/*Krieger/Sailer-Coceani* Rn. 19). Umstritten ist, ob daneben auch die **Belastung des Vermögens der Gesellschaft mit neuen Verbindlichkeiten** als Zahlung iSv § 92 Abs. 2 anzusehen ist. Die hM lehnt ein derartiges Begriffsverständnis als zu weit gehend ab (GroßkommAktG/*Habersack* Rn. 93; Hüffer/Koch/*Koch* Rn. 33; K. Schmidt/Lutter/*Krieger/Sailer-Coceani* Rn. 19; MüKoAktG/*Spindler* Rn. 28; aA OLG Hamm 15.10.1979, ZIP 1980, 280 (282); Scholz/*K. Schmidt* GmbHG § 64 Rn. 23). Der hM ist zuzustimmen, da die Begründung einer Verbindlichkeit noch **nicht zu einem Abfluss aus der Masse** führt. Der Einzug einer Forderung auf ein debitorisch geführtes Konto und die anschließende Verrechnung mit einem Sollsaldo ist keine masseschmälernde Zahlung, wenn die eingezogene Forderung vor Eintritt der Insolvenzreife entstanden und werthaltig war, sowie an die kontoführende Bank abgetreten wurde (BGH 14.6.2016, ZInsO 2016, 1934).

12 In **zeitlicher Hinsicht** greift das Zahlungsverbot im Zeitpunkt der **Insolvenzreife** ein, also dem objektiven Eintritt von Überschuldung oder Zahlungsunfähigkeit (Hüffer/Koch/*Koch* Rn. 32; K. Schmidt/Lutter/*Krieger/Sailer-Coceani* Rn. 20; Bürgers/Körber/*Pelz* Rn. 33; *Strohn* NZG 2011, 1161

(1163); eine aA stellt auf den Eintritt der Insolvenzantragspflicht ab (GroßkommAktG/*Habersack* Rn. 93). Uneinheitlich werden die **subjektiven Anforderungen** bezüglich des Zahlungsverbotes des § 92 Abs. 2 beurteilt. Die hM lässt die auf einer **ex ante-Beurteilung beruhende Erkennbarkeit der Insolvenzreife** ausreichen (BGH 29.11.1999, BGHZ 143, 184 (195) = NJW 2000, 668; OLG Karlsruhe 20.6.2002, NZG 2002, 917 (918); Spindler/Stilz/*Fleischer* Rn. 28; GroßkommAktG/*Habersack* Rn. 93; Hüffer/Koch/*Koch* Rn. 33; K. Schmidt/Lutter/*Krieger/Sailer-Coceani* Rn. 20; KK-AktG/*Mertens/Cahn* Rn. 12 f.; die Gegenauffassung verlangt entweder positive Kenntnis oder böswillige Unkenntnis des jeweiligen Vorstandsmitgliedes von der Insolvenzreife (OLG Düsseldorf 20.6.1985, AG 1985, 276 (279); Bürgers/Körber/*Pelz* Rn. 33).

§ 92 Abs. 2 S. 2 enthält eine **Ausnahme vom Zahlungsverbot** des § 92 Abs. 2 S. 1. Danach gilt **13** das Zahlungsverbot nicht für solche Zahlungen, die auch noch nach Eintritt der Insolvenzreife mit der **Sorgfalt eines ordentlichen und gewissenhaften Geschäftsleiters** vereinbar sind. Hiervon erfasst werden insbesondere Zahlungen, denen eine **werthaltige Gegenleistung** gegenübersteht, die daher **masseneutral** sind (K. Schmidt/Lutter/*Krieger/Sailer-Coceani* Rn. 21; Bürgers/Körber/*Pelz* Rn. 34; MüKoAktG/*Spindler* Rn. 32; → § 64 Rn. 19). Ferner werden von der Ausnahme auch Zahlungen erfasst, die im Hinblick auf **hinreichend erfolgversprechende Sanierungsversuche** erbracht werden, sowie die Leistung von Fixkosten, die für die Aufrechterhaltung des Geschäftsbetriebes unbedingt erforderlich sind (GroßkommAktG/*Habersack* Rn. 94; Hüffer/Koch/*Koch* Rn. 34; K. Schmidt/Lutter/*Krieger/Sailer-Coceani* Rn. 21; KK-AktG/*Mertens/Cahn* Rn. 28; *Strohn* NZG 2011, 1161 (1166)). Problematisch ist, ob auch die **Abführung der Arbeitnehmeranteile zur Sozialversicherung** von § 92 Abs. 2 S. 2 umfasst sind (umfassend hierzu MüKoAktG/*Spindler* Rn. 34).

Neu durch das **MoMiG** in das Gesetz eingeführt wurde **§ 92 Abs. 2 S. 3,** wonach auch ein **14** **Zahlungsverbot für Vorstände an Aktionäre** besteht, soweit diese Zahlungen zur Zahlungsunfähigkeit der Gesellschaft führen mussten und dies bei Beachtung der in § 93 Abs. 1 S. 1 bezeichneten Sorgfalt erkennbar war. Durch diese Neuregelung soll die **Möglichkeit von Vermögensverschiebungen** zwischen Gesellschaft und Aktionären verhindert werden, die trotz des allgemeinen Zahlungsverbotes des § 57 zu befürchten sind. Im Ergebnis werden die vom BGH entwickelten Grundsätze zur **Haftung wegen existenzvernichtenden Eingriffs** auf die Mitglieder des Vorstands erweitert (umfassend hierzu MüKoAktG/*Spindler* Rn. 45). **Praktische Bedeutung** könnte die Neuregelung insbesondere für das Cash-Pooling und Leveraged-by-Outs bekommen (*Knapp* DStR 2008, 2371).

Im Falle eines Verstoßes gegen das Zahlungsverbot aus § 92 Abs. 2 steht der Gesellschaft gegen das **15** handelnde Mitglied des Vorstands gem. **§ 93 Abs. 3 Nr. 6** ein **Schadensersatzanspruch** zu, der auf Ausgleich der Minderung der Masse gerichtet ist. Der vom Vorstand nach § 93 Abs. 3 Nr. 6 zu ersetzende Betrag errechnet sich als **Masseschmälerung** aus der Summe der Forderungen, die verbotswidrig nach Insolvenzeintritt befriedigt wurden, unter Abzug der Insolvenzquote, die darauf entfallen wäre (BGH 18.3.1974, NJW 1974, 1088 f.; GroßkommAktG/*Habersack* Rn. 96; KK-AktG/*Mertens/Cahn* Rn. 33; MüKoAktG/*Spindler* Rn. 42). Darüber hinaus stellt § 92 Abs. 2 auch ein **Schutzgesetz** zugunsten der **Gesellschaftsgläubiger** dar (K. Schmidt/Lutter/*Krieger/Sailer-Coceani* Rn. 22; MüKoAktG/*Spindler* Rn. 43).

Sorgfaltspflicht und Verantwortlichkeit der Vorstandsmitglieder

93 (1) [1] **Die Vorstandsmitglieder haben bei ihrer Geschäftsführung die Sorgfalt eines ordentlichen und gewissenhaften Geschäftsleiters anzuwenden.** [2] **Eine Pflichtverletzung liegt nicht vor, wenn das Vorstandsmitglied bei einer unternehmerischen Entscheidung vernünftigerweise annehmen durfte, auf der Grundlage angemessener Information zum Wohle der Gesellschaft zu handeln.** [3] **Über vertrauliche Angaben und Geheimnisse der Gesellschaft, namentlich Betriebs- oder Geschäftsgeheimnisse, die den Vorstandsmitgliedern durch ihre Tätigkeit im Vorstand bekanntgeworden sind, haben sie Stillschweigen zu bewahren.** [4] **Die Pflicht des Satzes 3 gilt nicht gegenüber einer nach § 342b des Handelsgesetzbuchs anerkannten Prüfstelle im Rahmen einer von dieser durchgeführten Prüfung.**

(2) [1] **Vorstandsmitglieder, die ihre Pflichten verletzen, sind der Gesellschaft zum Ersatz des daraus entstehenden Schadens als Gesamtschuldner verpflichtet.** [2] **Ist streitig, ob sie die Sorgfalt eines ordentlichen und gewissenhaften Geschäftsleiters angewandt haben, so trifft sie die Beweislast.** [3] **Schließt die Gesellschaft eine Versicherung zur Absicherung eines Vorstandsmitglieds gegen Risiken aus dessen beruflicher Tätigkeit für die Gesellschaft ab, ist ein Selbstbehalt von mindestens 10 Prozent des Schadens bis mindestens zur Höhe des Eineinhalbfachen der festen jährlichen Vergütung des Vorstandsmitglieds vorzusehen.**

(3) **Die Vorstandsmitglieder sind namentlich zum Ersatz verpflichtet, wenn entgegen diesem Gesetz**

1. **Einlagen an die Aktionäre zurückgewährt werden,**
2. **den Aktionären Zinsen oder Gewinnanteile gezahlt werden,**

3. eigene Aktien der Gesellschaft oder einer anderen Gesellschaft gezeichnet, erworben, als Pfand genommen oder eingezogen werden,
4. Aktien vor der vollen Leistung des Ausgabebetrags ausgegeben werden,
5. Gesellschaftsvermögen verteilt wird,
6. Zahlungen entgegen § 92 Abs. 2 geleistet werden,
7. Vergütungen an Aufsichtsratsmitglieder gewährt werden,
8. Kredit gewährt wird,
9. bei der bedingten Kapitalerhöhung außerhalb des festgesetzten Zwecks oder vor der vollen Leistung des Gegenwerts Bezugsaktien ausgegeben werden.

(4) [1] **Der Gesellschaft gegenüber tritt die Ersatzpflicht nicht ein, wenn die Handlung auf einem gesetzmäßigen Beschluß der Hauptversammlung beruht.** [2] **Dadurch, daß der Aufsichtsrat die Handlung gebilligt hat, wird die Ersatzpflicht nicht ausgeschlossen.** [3] **Die Gesellschaft kann erst drei Jahre nach der Entstehung des Anspruchs und nur dann auf Ersatzansprüche verzichten oder sich über sie vergleichen, wenn die Hauptversammlung zustimmt und nicht eine Minderheit, deren Anteile zusammen den zehnten Teil des Grundkapitals erreichen, zur Niederschrift Widerspruch erhebt.** [4] **Die zeitliche Beschränkung gilt nicht, wenn der Ersatzpflichtige zahlungsunfähig ist und sich zur Abwendung des Insolvenzverfahrens mit seinen Gläubigern vergleicht oder wenn die Ersatzpflicht in einem Insolvenzplan geregelt wird.**

(5) [1] **Der Ersatzanspruch der Gesellschaft kann auch von den Gläubigern der Gesellschaft geltend gemacht werden, soweit sie von dieser keine Befriedigung erlangen können.** [2] **Dies gilt jedoch in anderen Fällen als denen des Absatzes 3 nur dann, wenn die Vorstandsmitglieder die Sorgfalt eines ordentlichen und gewissenhaften Geschäftsleiters gröblich verletzt haben; Absatz 2 Satz 2 gilt sinngemäß.** [3] **Den Gläubigern gegenüber wird die Ersatzpflicht weder durch einen Verzicht oder Vergleich der Gesellschaft noch dadurch aufgehoben, daß die Handlung auf einem Beschluß der Hauptversammlung beruht.** [4] **Ist über das Vermögen der Gesellschaft das Insolvenzverfahren eröffnet, so übt während dessen Dauer der Insolvenzverwalter oder der Sachwalter das Recht der Gläubiger gegen die Vorstandsmitglieder aus.**

(6) **Die Ansprüche aus diesen Vorschriften verjähren bei Gesellschaften, die zum Zeitpunkt der Pflichtverletzung börsennotiert sind, in zehn Jahren, bei anderen Gesellschaften in fünf Jahren.**

Übersicht

I. Allgemeines

Die Vorschrift des § 93 regelt **Sorgfaltspflicht** und **Verantwortlichkeit** der Vorstandsmitglieder und statuiert damit Verhaltens- und Pflichtenstandards guter Unternehmensführung. Die Norm ist kein Sanktionsinstrument, sondern zielt auf **Schadensausgleich** und damit auf den Schutz des Gesellschaftsvermögens ab (BGH 10.7.2018, NJW 2018, 3574 Rn. 44.). Zugleich bezweckt sie aber auch die **Schadensprävention** (GroßkommAktG/*Hopt* Rn. 12; *Fleischer* in Fleischer VorstandsR-HdB § 11 Rn. 4; Hüffer/Koch/*Koch* Rn. 1; zur Organhaftung im Interesse der Verhaltenssteuerung ausf. *Wagner* ZHR 178 (2014), 227; grundlegend und krit. zur Steuerbarkeit des Vorstandshandelns durch Pflichtenstandards und Haftung *Arnold,* Die Steuerung des Vorstandshandelns, 2007, 165 ff.). Dabei kommt der 2005 durch das UMAG in das Gesetz zwecks Begrenzung sonst möglicherweise ausufernder Vorstandshaftung eingeführten sog. **Business Judgement Rule** des § 93 Abs. 1 S. 2 besondere Bedeutung zu. 1

Während § 93 Abs. 1 die Pflichten der Vorstandsmitglieder umschreibt, regelt § 93 Abs. 2 den eigentlichen **Haftungstatbestand** für die **Innenhaftung.** § 93 Abs. 2 ist durch das VorstAG um einen neuen S. 3 ergänzt worden, der beim Abschluss sog. **D&O-Versicherungen** einen zwingenden **Selbstbehalt** anordnet. In Abs. 3 sind besonders wichtige Fälle von Pflichtverletzungen angesprochen. Darüber hinaus enthält die Vorschrift des § 93 in Abs. 4 Regelungen zum **Haftungsausschluss,** zum **Verzicht** und zum **Vergleich.** § 93 Abs. 5 sieht vor, dass **Gläubiger der Gesellschaft** den Innenhaftungsanspruch ihrerseits geltend machen können. 2

Die Haftung aus § 93 Abs. 2 ist **zwingend.** Sie kann weder durch Satzung noch durch den Anstellungsvertrag verschärft oder abgemildert werden (Spindler/Stilz/*Fleischer* Rn. 3 ff.; KK-AktG/*Mertens/Cahn* Rn. 8). § 93 gilt dem Grunde nach auch im **Konzern;** allerdings sind die Sonderregelungen der §§ 310, 318, 323 Abs. 1 S. 1 und 3 zu beachten (vgl. hierzu K. Schmidt/Lutter/*Krieger/Sailer-Coceani* Rn. 4). Eine Garantenstellung gegenüber Dritten zur Verhinderung von Vermögensschäden besteht nicht (BGH 10.7.2012 = NJW 2012, 3439 Rn. 22 f. mwN). 3

Die Organhaftung ist seit einiger Zeit Gegenstand einer intensiven und kontroversen rechtswissenschaftlichen und rechtspolitischen **Diskussion** (grundlegend und umfassend zum Themenfeld *Scholl,* Vorstandshaftung und Vorstandsermessen, 2015). Auslöser und Motor der aktuellen Debatte waren vor allem die problematische Entscheidung des LG München I vom 10.12.2013 zur Haftung des AG-Vorstandes wegen Einrichtung eines mangelhaften Compliance-Systems zur Verhinderung von Schmiergeldzahlungen (BGH ZIP 2014, 570 mAnm *Bachmann; Bürgers* ZHR 179 (2015), 173; *Bürkle* CCZ 2015, 52; *Fleischer* NZG 2014, 321; *Oppenheim* DStR 2014, 1063) und der 70. DJT in Hannover (*Bachmann,* Gutachten zum 70. DJT, 2014). Dabei hat sich eine bemerkenswerte Akzentverlagerung vollzogen (so auch K. Schmidt/*Lutter/Krieger/Sailer-Coceani* Rn. 5): Während lange Zeit Postulate einer schärferen Inanspruchnahme der Leitungsorgane für Schäden und Krisen im Vordergrund standen, werden nun auch die Gefahren eines zu schneidigen Haftungsrechtes thematisiert bis hin zu der Befürchtung einer wirtschaftlichen Existenzvernichtung (s. nur *Fleischer* ZIP 2014, 1305; *Hoffmann* NJW 2012, 1393; *Reichert* ZHR 177 (2013), 756; *Schmitz/Rember* BB 2014, 2701). Vor diesem Hintergrund werden zahlreiche Ansätze zur Haftungsbegrenzung de lege lata und de lege ferenda (*Bachmann* ZIP 2013, 1946; *Bayer* NJW 2014, 2546; *Bayer/Scholz* NZG 2014, 926; *Fleischer* DB 2014, 1971; *Fleischer* ZIP 2014, 1305; *Haarmann/Weiss* BB 2014, 2115; *Habersack,* ZHR 177 (2013), 782; *Spindler* AG 2013, 889; *Paefgen* AG 2014, 554; Peltzer FS Hoffmann-Becking, 2013, 861; zur Regressbeschränkung *Koch* AG 2012, 429; *Koch* AG 2014,513; *Brommer* AG 2013, 121 (127 ff.); *Gaul* AG 2015, 109; krit. *Schöne/Petersen* AG 2012, 700; zu Haftungsbeschränkungsvereinbaren zwischen Vorstand und Gesellschaft *Grunewald* AG 2013, 813; zur Öffnung der Satzung für autonome Regelungen der Organhaftung *Vetter* NZG 2014, 921; zur Haftungsfreistellung für Vorstandsmitglieder *Hasselbach* NZG 2016, 890; zum innerbetrieblichen Schadensausgleich *Wilhelmi* NZG 2017, 681; zur Organhaftung nach den Grundsätzen des Arbeitsrechts *Bachmann* ZIP 2017, 841; zur Haftungsbegrenzung bei Führungskräften *Fritz* NZA 2017, 673) diskutiert. 3a

II. Allgemeine Verhaltens- und Pflichtenstandards (Abs. 1)

1. Grundlagen. § 93 Abs. 1 S. 1 statuiert eine **allgemeine Sorgfaltspflicht,** nach der die Vorstandsmitglieder bei der Geschäftsführung die Sorgfalt eines ordentlichen und gewissenhaften Geschäftsleiters anzuwenden haben. Dazu kommt die **organschaftliche Treupflicht,** die nicht ausdrücklich in § 93 Abs. 1 genannt wird, jedoch ihre Grundlage in der Organstellung hat (Spindler/Stilz/*Fleischer* Rn. 10 ff.; GroßkommAktG/*Hopt* Rn. 144; KK-AktG/*Mertens/Cahn* Rn. 95 ff.; *Fleischer* WM 2003, 1045 (1046)). Weiter hat das Vorstandsmitglied auch eine **Pflicht zur Verschwiegenheit** (§ 93 Abs. 1 S. 3 und 4). 4

§ 93 Abs. 1 regelt lediglich einen **Verhaltensstandard** für Vorstandsmitglieder, ist also **keine eigenständige Anspruchsgrundlage** (vgl. Bürgers/Körber/*Bürgers/Israel* Rn. 2; Hüffer/Koch/*Koch* Rn. 4; aA *Schäfer* ZIP 2005, 1253 (1255)). Anspruchsgrundlage für die Haftung des Vorstandes gegenüber der 5

Gesellschaft für eine Verletzung der in § 93 Abs. 1 angesprochenen Pflichten ist vielmehr § 93 Abs. 2 (Hüffer/Koch/*Koch* Rn. 4; umfassend *Winnen,* Die Innenhaftung des Vorstandes nach dem UMAG, 2009, 58 ff.).

6 Die Regelung des § 93 Abs. 1 S. 1 hat **Doppelfunktion:** Sie beinhaltet einerseits eine **objektive (ggf. haftungsrelevante) Verhaltenspflicht** und andererseits den **Verschuldensmaßstab** für die Haftung aus § 93 Abs. 2 S. 1 (Bürgers/Körber/*Bürgers/Israel* Rn. 2; Hüffer/Koch/*Koch* Rn. 5; K. Schmidt/Lutter/*Krieger/Sailer-Coceani* Rn. 6; MüKoAktG/*Spindler* Rn. 21). Die objektive Verhaltenspflicht des § 93 Abs. 1 S. 1 stellt eine **Generalklausel** dar, aus der sich durch **Konkretisierung** Einzelpflichten ergeben können (Hüffer/Koch/*Koch* Rn. 5; GroßkommAktG/*Hopt* Rn. 19; KK-AktG/*Mertens/Cahn* Rn. 10 f.; MüKoAktG/*Spindler* Rn. 21; *Fleischer* in Fleischer VorstandsR-HdB § 7 Rn. 27; *Raiser/Veil* KapGesR § 14 Rn. 70).

7 **2. Sorgfaltspflicht.** Die **allgemeine Sorgfaltspflicht** eines Vorstandsmitgliedes wird in § 93 Abs. 1 S. 1 dahingehend definiert, dass ein Vorstandsmitglied bei seiner Geschäftsführung die **Sorgfalt eines ordentlichen und gewissenhaften Geschäftsleiters** anzuwenden habe. Bei der Beurteilung der Frage, ob ein Vorstandsmitglied seine Sorgfaltspflicht eingehalten hat, ist maßgeblich, wie der Leiter eines Unternehmens vergleichbarer Art und Größe, der nicht mit eigenen Mitteln wirtschaftet, sondern wie ein **treuhänderischer Verwalter fremden Vermögens** verpflichtet ist, zu handeln hat (BGH 20.2.1995, BGHZ 129, 30 (34) = NJW 1995, 1290; OLG Köln 20.2.2019, BeckRS 2019, 21607 Rn. 11; Hüffer/Koch/*Koch* Rn. 6; KK-AktG/*Mertens/Cahn* Rn. 136 f.; *Raiser/Veil* KapGesR § 14 Rn. 71; *Strohn* CCZ 2013, 177; zur Haftung des Geschäftsleiters für die Verschwendung von Gesellschaftsvermögen *Bachmann* NZG 2013, 1121). Maßgeblich ist, ob die Organmitglieder in der damaligen Situation (ex ante) richtig gehandelt haben (LG Essen 25.4.2012, NZG 2012, 1307 – Arcandor). Der so zu bestimmende Maßstab ist **normativ** zu beurteilen und kann auch durch abweichend tatsächliches Handeln in vergleichbaren Unternehmen nicht verändert werden (Bürgers/Körber/*Bürgers/Israel* Rn. 3). Aus der allgemeinen Sorgfaltspflicht folgen zunächst die Pflicht zur **gesetz- und satzungsmäßigen Organisation** der Gesellschaft (MüKoAktG/*Spindler* Rn. 114) und die Pflicht zur **ordnungsgemäßen Unternehmensleitung** (LG Duisburg 29.4.2019, BeckRS 2019, 28868 Rn. 103 ff.; K. Schmidt/Lutter/*Krieger/Sailer-Coceani* Rn. 7).

7a Inzwischen unbestritten gehört zur allgemeinen Sorgfaltspflicht auch die **Legalitätspflicht** im Sinne einer Pflicht zu eigener Regeltreue und zur Sorge für regelkonformes Verhalten der Gesellschaft und ihrer Mitarbeiter (Hüffer/Koch/*Koch* Rn. 6; Spindler/Stilz/*Fleischer* Rn. 14 ff.; K. Schmidt/Lutter/*Krieger/Sailer-Coceani* Rn. 7 ff.; *Bicker* AG 2014, 8; zur Legalitätspflicht in regulierten Branchen *Langenbucher* ZBB 2013, 16); vordergründig für die Gesellschaft „nützliche" Regelverstöße verstoßen also gegen die allgemeine Sorgfaltspflicht. Aus der Legalitätspflicht ergibt sich letztlich auch die Pflicht, in der Gesellschaft und ihren Konzernunternehmen geeignete Compliance-Institutionen einzurichten (hierzu *Paefgen* WM 2016, 433; auch *Balke/Klein* ZIP 2017, 2038; s. auch Grundsatz 5 und A.2 DCGK.). Die Entscheidung des LG München I (LG München I 10.12.2013, ZIP 2014, 570 – Siemens/Neubürger) stellt sehr weitgehende Anforderungen auf, die in der Praxis für erhebliche Unruhe gesorgt haben (→ Rn. 3a und → Rn. § 76 Rn. 7a). Die Einführung eines Compliance-Systems lässt den Untreuevorsatz iRd § 266 StGB hinsichtlich schwarzer Kassen nicht entfallen (BGH 6.9.2016, AG 2017, 117 – Siemens/Sharef; Anm. *Lorenz* GWR 2017, 12).

8 **3. Treupflicht.** Weiterhin trifft den Vorstand eine **organschaftliche Treupflicht** (GroßkommAktG/*Hopt* Rn. 144 ff.; *Fleischer* in Fleischer VorstandsR-HdB § 11 Rn. 35; *Raiser/Veil* KapGesR § 14 Rn. 80). Anders als die allgemeine Sorgfaltspflicht ist die organschaftliche Treupflicht **nicht ausdrücklich** in § 93 erwähnt, doch ist sie heute **allgemein anerkannt** (so ausdrücklich *Fleischer* in Fleischer VorstandsR-HdB § 9 Rn. 1). Die hM leitet diese Treupflicht dogmatisch aus der **treuhänderischen Natur des Vorstandsamts** ab (Spindler/Stilz/*Fleischer* Rn. 113 ff.; NK-AktKapMarktR/*U. Schmidt* Rn. 30; *Henze* HRR-AktienR Rn. 514; *Raiser/Veil* KapGesR § 14 Rn. 80; ausf. *Fleischer* WM 2003, 1045 ff.).

9 Inhaltlich verlangt die organschaftliche Treupflicht mehr als der allgemeine, sich aus § 242 BGB für den Inhalt und Umfang von Leistungspflichten ergebende Grundsatz von Treu und Glauben (GroßkommAktG/*Hopt* Rn. 72; Hüffer/Koch/*Koch* Rn. 28; MüKoAktG/*Spindler* Rn. 125). Die Treupflicht ist daher so zu verstehen, dass jedem der Vorstandsmitglieder die Pflicht auferlegt wird, in allen Angelegenheiten, die das **Interesse der Gesellschaft** berühren, allein **deren Wohl und nicht den eigenen Nutzen oder den Vorteil anderer** im Auge zu haben (GroßkommAktG/*Hopt* Rn. 145; K. Schmidt/Lutter/*Krieger/Sailer-Coceani* Rn. 21; KK-AktG/*Mertens/Cahn* Rn. 96 f.; *Schäfer/Missling* NZG 1998, 441 (443)). Die organschaftliche Treupflicht wird darüber hinaus teilweise **durch gesetzliche Regelungen konkretisiert,** so etwa durch das **Wettbewerbsverbot** des § 88 (K. Schmidt/Lutter/*Krieger/Sailer-Coceani* Rn. 21; NK-AktKapMarktR/*U. Schmidt* Rn. 30).

10 **4. Verschwiegenheitspflicht.** In § 93 Abs. 1 S. 3 wird die Pflicht für Vorstandsmitglieder begründet, über vertrauliche Angaben und Geheimnisse der Gesellschaft, die ihnen durch ihre Tätigkeit als

Vorstand bekannt geworden sind, **Stillschweigen zu bewahren.** Die wohl hM erkennt in der **Verschwiegenheitspflicht einen Ausfluss der organschaftlichen Treupflicht** (Spindler/Stilz/*Fleischer* Rn. 160 ff.; GroßkommAktG/*Hopt* Rn. 187), weswegen sie weder eingeschränkt noch ausgeschlossen werden kann (Spindler/Stilz/*Fleischer* Rn. 162; GroßkommAktG/*Hopt* Rn. 19; *Körber* in Fleischer VorstandsR-HdB § 10 Rn. 14).

11 In **personaler Hinsicht** trifft die Verschwiegenheitspflicht alle Vorstandsmitglieder, also auch gerichtlich bestellte, stellvertretende, fehlerhaft bestellte und in den Vorstand entsandte Aufsichtsratsmitglieder. Auch faktische Organmitglieder und Arbeitsdirektoren werden in die Verschwiegenheitspflicht einbezogen (vgl. hierzu Bürgers/Körber/*Bürgers/Israel* Rn. 47; Spindler/Stilz/*Fleischer* Rn. 161). Wesentlich ist, dass die Verschwiegenheitspflicht **auch für ausgeschiedene Vorstandsmitglieder** fortgilt (KK-AktG/*Mertens/Cahn* Rn. 122).

12 Gegenstand der Verschwiegenheitspflicht sind in **sachlicher Hinsicht Geheimnisse der Gesellschaft und vertrauliche Angaben.** Unter Geheimnissen der Gesellschaft sind solche Tatsachen zu verstehen, die nicht bereits offenkundig sind und für die ein ausdrücklicher oder mutmaßlicher Geheimhaltungswille der AG und ein objektives Geheimhaltungsinteresse gegeben sind (Bürgers/Körber/*Bürgers/Israel* Rn. 48; Hüffer/Koch/*Koch* Rn. 30; K. Schmidt/Lutter/*Krieger/Sailer-Coceani* Rn. 22 ff.). Hierunter fallen entsprechend dem Wortlaut des Gesetzes insbesondere die sog. **Betriebs- und Geschäftsgeheimnisse.**

13 **Vertrauliche Angaben** sind alle Informationen, die nicht bekannt sind, deren Bekanntwerden aber der AG einen materiellen oder immateriellen Schaden zufügen könnte (Bürgers/Körber/*Bürgers/Israel* Rn. 49; KK-AktG/*Mertens/Cahn* Rn. 113; MüKoAktG/*Spindler* Rn. 133). Eine **Kennzeichnung** der betreffenden Angabe als vertraulich ist dafür **nicht erforderlich** (Hüffer/Koch/*Koch* Rn. 30; K. Schmidt/Lutter/*Krieger/Sailer-Coceani* Rn. 24), vielmehr kann sich der vertrauliche Charakter einer Angelegenheit auch aus der **Natur der Sache** ergeben (MüKoAktG/*Spindler* Rn. 133). Die Vertraulichkeit muss im objektiven Interesse der Gesellschaft liegen.

14 Der Vorstand muss die aus § 93 Abs. 1 S. 3 folgende Verschwiegenheit grundsätzlich **gegenüber jedermann** wahren. Allerdings gibt es **keine Verschwiegenheitspflicht innerhalb des Vorstandes und gegenüber dem Aufsichtsrat** (Bürgers/Körber/*Bürgers/Israel* Rn. 51; Hüffer/Koch/*Koch* Rn. 31; K. Schmidt/Lutter/*Krieger/Sailer-Coceani* Rn. 21; KK-AktG/*Mertens/Cahn* Rn. 116; BGH 6.3.1997, BGHZ 135, 48 (56)). Darüber hinaus ist der Vorstand auch gem. § 93 Abs. 1 S. 4 gegenüber einer nach § 342b HGB **anerkannten Prüfstelle** iRe von dieser durchgeführten Prüfung nicht zur Verschwiegenheit verpflichtet. Darüber hinaus ist der Vorstand nicht an die Verschwiegenheitspflicht gebunden, wenn sich aus dem Gesetz eine **ausdrückliche Veröffentlichungspflicht** ergibt (vgl. etwa § 26 WpHG, dazu K. Schmidt/Lutter/*Krieger/Sailer-Coceani* Rn. 26).

15 Eine **Grenze der Verschwiegenheitspflicht** ist auch dort zu sehen, wo eine Weitergabe der vertraulichen Information im **Unternehmensinteresse** liegt. Ob dies der Fall ist, kann der Vorstand nach **pflichtgemäßem Ermessen** entscheiden (Bürgers/Körber/*Bürgers/Israel* Rn. 52; Hüffer/Koch/*Koch* Rn. 32; *Körber* in Fleischer VorstandsR-HdB § 10 Rn. 18). Als für die Praxis relevante Fälle kommen hier vor allem die Weitergabe von Informationen an externe Berater oder Banken sowie die Weitergabe zum Zweck einer Due-Diligence-Prüfung in Betracht (hierzu Bürgers/Körber/*Bürgers/Israel* Rn. 52; GroßkommAktG/*Hopt* Rn. 213; Hüffer/Koch/*Koch* Rn. 32). Die Hauptversammlung ist nicht befugt, über die Offenbarung vertraulicher Angaben zu befinden (BGH 26.4.2016, NZG 2016, 910). Ein Aufsichtsratsmitglied kann nicht im Voraus für einen Themenbereich von seiner Schweigepflicht entbunden werden (BGH 26.4.2016, NZG 2016, 910). Einer Bank kann das Wissen ihres Prokuristen, das dieser als Mitglied des Aufsichtsrats erlangt hat und das dessen Verschwiegenheitspflicht unterliegt, nicht zugerechnet werden (BGH 26.4.2016, GWR 2016, 341; zur Verschwiegenheitspflicht von Aufsichtsratsmitgliedern als Schranken der Wissenszurechnung *Mülbert/Sajnovits* NJW 2016, 2540).

16 Ein Verstoß gegen die Verschwiegenheitspflicht kann zu einer **zivilrechtlichen Haftung** gegenüber der Gesellschaft nach § 93 Abs. 2 S. 1 führen (→ Rn. 26 ff.). Darüber hinaus kann ein Verstoß gem. § 404 **strafrechtliche Folgen** haben. Im Zivilprozess kann ein Vorstandsmitglied nur als Partei vernommen werden; ausgeschiedene Vorstandsmitglieder können hingegen als Zeugen vernommen werden (Hüffer/Koch/*Koch* Rn. 34).

III. Business Judgement Rule (Abs. 1 S. 2)

17 **1. Grundlagen.** Die Regelung des § 93 Abs. 1 S. 2 wurde durch das **UMAG** neu in das AktG eingeführt. Damit hat der Gesetzgeber die in der **ARAG/Garmenbeck-Entscheidung** des BGH (BGH 21.4.1997, BGHZ 135, 244 ff. = NJW 1997, 1926; BGH 8.7.2014, NZG 2014, 1058; dazu *Mayer* NZG 2014, 1208; s. auch *Casper* ZHR 176 (2012), 617) entwickelten Grundsätze zum nicht nachprüfbaren **unternehmerischen Ermessensspielraum** weitestgehend kodifiziert. Die in § 93 Abs. 1 S. 2 vorgenommene Regelung wird in der Lit. in Anlehnung an die aus dem **anglo-amerikanischen Rechtskreis bekannte Begrifflichkeit als sog. Business Judgement Rule** bezeichnet (Hüffer/Koch/*Koch* Rn. 8 ff.; *Bachmann* WM 2015, 105; *Cahn* Der Konzern 2015, 105; zur BJR im

Transaktionsgeschäft *Cahn* FS Stilz, 2014, 99; *Nauheim/Goette* DStR 2013, 2520; zur BJR bei Kollegialentscheidungen *Löbbe/Fischbach* AG 2014, 717; grundlegend zur BJR *Scholl,* Vorstandshaftung und Vorstandsermessen, 2015; vgl. auch *Winnen,* Die Innenhaftung des Vorstandes nach dem UMAG, 2009, 88 ff.; *Dauner-Lieb* FS Röhricht, 2005, 83 ff.). Sie trägt dem Umstand Rechnung, dass das typische unternehmerische Risiko, dass der Markt die angebotene Ware oder Dienstleistung nicht annimmt, infolge seiner Zukunftsbezogenheit durch Prognosen und nicht justiziable Einschätzungen geprägt wird und im Kern nicht beherrschbar ist (zur haftungsrechtlichen Eigenart unternehmerischer Tätigkeit **als Handeln in Unsicherheit** und zur daraus folgenden, fehlenden Normierbarkeit des richtigen unternehmerischen Handeln s. *Reuter* ZHR 135 (1971), 509 (521 f.); *Dauner-Lieb,* Unternehmen in Sondervermögen, 1998, 14 ff., 20 ff.. 25 ff.; s. auch KK-AktG/*Mertens/Cahn* Rn. 12 ff.).

18 Da der haftungsfreie unternehmerische Entscheidungsspielraum (geradezu sachnotwendig) bereits vor der Kodifizierung in § 93 Abs. 1 S. 2 anerkannt war (BGH 21.4.1997, BGHZ 135, 244 (253) = NJW 1997, 1926), kommt der Regelung vor allem **Klarstellungsfunktion** zu. Es geht darum, **bloße Misserfolge** und diejenigen Fälle, in denen **positive Prognosen nicht Wirklichkeit** geworden sind, weil sich das typische unternehmerische Risiko realisiert hat, ausdrücklich aus dem Bereich haftungsrelevanter Sorgfaltspflichtverletzungen auszuklammern; das Vorstandsmitglied soll **keine Erfolgshaftung** treffen (*Winnen,* Die Innenhaftung des Vorstandes nach dem UMAG, 2009, 89). Da die Business Judgement Rule ohnehin nur eine Selbstverständlichkeit konkretisiert, dass nämlich mangels eines justitiablen Maßstabs für „richtiges unternehmerisches Verhalten" eine in Unsicherheit getroffene Entscheidung keine Haftung auslösen kann, eben weil die Zukunft ungewiss ist, muss sie schon unter Gleichbehandlungsgesichtspunkten auch **leitenden Angestellten** zugutekommen. Wenig glücklich ist die übliche Bezeichnung des unternehmerischen Freiraums als unternehmerisches Ermessen: Der Ermessensbegriff ist eine Zweckschöpfung des Öffentlichen Rechts, der dazu dient, den hoheitlich handelnden Staat zum Schutz der seiner Gewalt unterworfenen Bürger selbst dort noch gerichtlich überprüfbaren Bindungen zu unterwerfen, wo ihm zur Erhaltung der notwendigen Handlungsfreiheit gewisse gesetzlich umschriebene und eingegrenzte Handlungsspielräume offengehalten werden müssen. Er wird damit der Eigenart unternehmerischer Tätigkeit nicht gerecht.

19 Dogmatisch stellt die in § 93 Abs. 1 S. 2 aufgestellte Regelung einen **Tatbestandsausschlussgrund** dar (Bürgers/Körber/*Bürgers/Israel* Rn. 10; *Fleischer* in Fleischer VorstandsR-HdB § 7 Rn. 51; *Winnen,* Die Innenhaftung des Vorstandes nach dem UMAG, 2009, 102 ff.; aA etwa Hüffer/Koch/*Koch* Rn. 14, der eine unwiderlegbare Rechtsvermutung annimmt oder GroßkommAktG/*Hopt/Roth* § 93 Abs. 1 S. 2, 4 nF Rn. 12, die eine Konkretisierung der Sorgfaltspflicht annehmen). Die im Rahmen der Business Judgement Rule kodifizierten Grundsätze, sind auch Maßstab für das Vorliegen einer Pflichtverletzung im Sinne des Untreuetatbestands nach § 266 StGB (BGH 12.10.2016, NZG 2017, 116). Werden die Grundsätze iRe Hauptpflicht gegenüber einem anderen Unternehmen verletzt, ist die Verletzung regelmäßig so gravierend, dass sie zugleich eine Pflichtwidrigkeit nach § 266 StGB begründet (BGH 12.10.2016, NZG 2017, 116; hierzu auch *Baur/Holle* ZIP 2017, 555; zur Abgrenzung unternehmerischer Entscheidungen von pflichtverletzendem Handeln *Goette/Goette* DStR 2016, 815).

20 **2. Unternehmerische Entscheidung.** Der Anwendungsbereich des § 93 Abs. 1 S. 2 wird durch das wesentliche Merkmal der **unternehmerischen Entscheidung** eröffnet (vgl. hierzu insbesondere *Winnen,* Die Innenhaftung des Vorstandes nach dem UMAG, 2009, 106 ff.). Bei der Auslegung ist die **haftungsrechtliche Eigenart** unternehmerischer Tätigkeit, das **Handeln in Unsicherheit,** zu berücksichtigen. Ausgehend vom Begriff der Entscheidung ist zunächst erforderlich, dass dem Vorstand überhaupt **Handlungsalternativen** zur Verfügung stehen, die Gegenstand eines Handelns oder Unterlassens sein können, sodass eine bewusste unternehmerische Entscheidung getroffen werden muss (Bürgers/Körber/*Bürgers/Israel* Rn. 11; Hüffer/Koch/*Koch* Rn. 16; *Kort* ZGR 2006, 769 (784)). Der Begriff der unternehmerischen Entscheidung verlangt darüber hinaus, dass eine **rechtmäßige Entscheidung** getroffen wird; das bedeutet, dass das entscheidende Vorstandsmitglied weder gesetzes-, noch satzungswidrig handelt (zur Legalitätspflicht → Rn. 7a; s. außerdem Bürgers/Körber/*Bürgers/Israel* Rn. 11; Hüffer/Koch/*Koch* Rn. 16; Spindler/Stilz/*Fleischer* Rn. 67 ff.; *Winnen,* Die Innenhaftung des Vorstandes nach dem UMAG, 2009, 126 ff.; *Lutter* ZIP 2007, 841 (843); *Fleischer* ZIP 2004, 685 (690)). Auch vermeintlich **nützliche Pflichtverletzungen** fallen von vornherein aus dem Anwendungsbereich des § 93 Abs. 1 S. 2 heraus, weil eine **gesetzeswidrige Entscheidung keine unternehmerische Entscheidung** sein kann (*Winnen,* Die Innenhaftung des Vorstandes nach dem UMAG, 2009, 162 f.). Aus der Bindung des Vorstandes an die Satzung folgt ua, dass sich die zu treffenden Entscheidungen iRd **Unternehmensgegenstandes** bewegen müssen (BGH 15.1.2013, NJW 2013, 1958; Hüffer/Koch/*Koch* Rn. 16; *Baums* ZGR 2011, 218 (231 f.); *Schäfer* ZIP 2005, 1253 (1256)).

21 Eine unternehmerische Entscheidung ist auch dann zu verneinen, wenn eine durch das Gesetz eindeutig **vorgezeichnete Entscheidung** gegeben ist, mithin eine sog. **gebundene Entscheidung** vorliegt. In diesen Fällen steht dem Vorstand von vornherein **kein schützenswerter Handlungsspielraum** zu (Bürgers/Körber/*Bürgers/Israel* Rn. 11; *Langenbucher* DStR 2005, 2083 (2085)). Weitere Voraussetzung ist, dass es um **Risiken und Prognosen** geht, mithin eine Entscheidung in Unsicherheit

und mit Zukunftsbezug zu fällen ist (Hüffer/Koch/*Koch* Rn. 18; Bürgers/Körber/*Bürgers/Israel* Rn. 11; *Dauner-Lieb* FS Röhricht, 2005, 83 (95); *Winnen,* Die Innenhaftung des Vorstandes nach dem UMAG, 2009, 189 ff.; *Kolb* DZWIR 2006, 50 (53); aA *Langenbucher* DStR 2005, 2083 (2085), die eine Prognoseentscheidung unter Unsicherheit nicht für erforderlich hält).

3. Angemessene Information. Nach dem Wortlaut des § 93 Abs. 1 S. 2 ist für ein Eingreifen des Tatbestandsausschlusses weiterhin erforderlich, dass das Vorstandsmitglied auf der **Grundlage angemessener Informationen** handelte. Der Vorstand muss sich daher eine ausreichende Tatsachengrundlage für die zu treffende unternehmerische Entscheidung schaffen (Hüffer/Koch/*Koch* Rn. 20; K. Schmidt/Lutter/*Krieger/Sailer-Coceani* Rn. 17 ff.; MüKoAktG/*Spindler* Rn. 55); erforderlich ist eine **sorgfältige Ermittlung** der Entscheidungsgrundlagen (Spindler/Stilz/*Fleischer* Rn. 70 ff.; BGH 12.10.2016, NZG 2017, 116). Aus dem Wortlaut der Vorschrift (angemessen) ergibt sich, dass **nicht notwendigerweise alle denkbaren Erkenntnisquellen** ausgeschöpft werden müssen, es reicht vielmehr aus, eine **angemessene** Tatsachenbasis zu schaffen (Spindler/Stilz/*Fleischer* Rn. 70; Hüffer/Koch/*Koch* Rn. 20; K. Schmidt/Lutter/*Krieger/Sailer-Coceani* Rn. 17; *Lutter* ZIP 2007, 841 (844 f.); diff. MüKoAktG/*Spindler* Rn. 55). Ein inhaltlich nicht zu beanstandender Beschluss ist nicht schon deshalb nichtig, weil er auf einer unzureichenden Informationsgrundlage gefasst wurde (OLG München 12.1.2017, ZIP 2017, 372). Von Bedeutung für die iRd Angemessenheitsprüfung vorzunehmende Abwägung ist neben der Art und der Bedeutung der zu treffenden Entscheidung auch der jeweilige zeitliche Vorlauf, die tatsächliche und rechtliche Möglichkeit eines Informationszugangs und der voraussichtliche Nutzen der zu erlangenden Informationen (Spindler/Stilz/*Fleischer* Rn. 70; GroßkommAktG/*Hopt/Roth* § 93 Abs. 1 S. 2, 4 nF Rn. 47; K. Schmidt/Lutter/*Krieger/Sailer-Coceani* Rn. 13; *Kort* ZGR 2006, 769 (789); *Ulmer* DB 2004, 859 (860)). Maßgeblich für die Beurteilung der Angemessenheit ist grundsätzlich die **ex ante-Sicht des Vorstandsmitgliedes.** Allerdings begründet das Gesetz eine gewisse **Objektivierung** dadurch, dass es darauf abstellt, dass das Vorstandsmitglied **„vernünftigerweise annehmen durfte“,** auf Grundlage angemessener Information zu handeln (vgl. hierzu Bürgers/Körber/*Bürgers/Israel* Rn. 13; Hüffer/Koch/*Koch* Rn. 21; MüKoAktG/*Spindler* Rn. 57; *Schäfer* ZIP 2005, 1253 (1258); insbesondere im Hinblick auf Investitionsentscheidungen *Baums* ZGR 2011, 218 (234)). Davon kann nicht mehr die Rede sein, wenn eine Entscheidung **schlechterdings unvertretbar** war (so etwa in OLG Köln 20.2.2019, BeckRS 2019, 21607 Rn. 10 ff., Bürgers/Körber/*Bürgers/Israel* Rn. 13; auf betriebswirtschaftliche Verhaltensmaßstäbe stellt ab *Kort* ZGR 2006, 769 (789)). Die Bereitschaft, unternehmerische Risiken einzugehen, darf nicht in unverantwortlicher Weise überspannt werden (BGH 12.10.2016, NZG 2017, 116). Dem Vorstand steht im Ergebnis daher ein **erheblicher Spielraum** zu, den Informationsbedarf zur Vorbereitung seiner unternehmerischen Entscheidung selbst **abzuwägen** (K. Schmidt/Lutter/*Krieger/Sailer-Coceani* Rn. 17; *Fleischer* in Fleischer VorstandsR-HdB § 7 Rn. 59; *Kort* ZGR 2006, 769 (789)). Dabei ist zu berücksichtigen, dass die entscheidende Unsicherheit, nämlich die künftige Reaktion des für das Unternehmen relevanten Marktes, auch durch noch so breite und gründliche Information nicht zu beseitigen ist; Informationen können lediglich die Grundlage für naturgemäß unsichere Prognosen bilden. Um zu beurteilen, ob diese auf zutreffenden Daten basieren, muss das Gericht mangels eigener Sachkunde idR einen Sachverständigen hinzuziehen (BGH 22.2.2011, NZG 2011, 549 Rn. 16 ff.; dazu *Strohn* DB 2012, 1193 (1194 f.)). 22

4. Handeln zum Wohle der Gesellschaft. Das Vorstandsmitglied muss annehmen dürfen, zum **Wohle der Gesellschaft** zu handeln. Der Begriff des Gesellschaftswohls ist mit dem Begriff des **Unternehmensinteresses** gleichzusetzen, weswegen der Vorstand auf den **Bestand und die dauerhafte Rentabilität des Unternehmens** verpflichtet ist (Bürgers/Körber/*Bürgers/Israel* Rn. 15; Hüffer/Koch/*Koch* Rn. 23; *Kort* ZGR 2006, 769 (789); *Schäfer* ZIP 2005, 1253 (1258); → § 76 Rn. 2, 10). Auch beim Handeln zum Wohle der Gesellschaft kommt es grundsätzlich auf die **ex ante-Perspektive des handelnden Vorstandes** an, jedoch wird auch dieses Merkmal durch den Wortlaut der Norm („vernünftigerweise annehmen dürfte“) in gewisser Weise objektiviert (→ Rn. 22). 23

5. Freiheit von Interessenkonflikten. Ungeschriebene Voraussetzung des § 93 Abs. 1 S. 2 ist, dass das Vorstandsmitglied **ohne Sonderinteressen und sachfremde Einflüsse** handelt, mithin **frei von Interessenkonflikten** ist. Dieses ungeschriebene Merkmal wird aus dem Handeln zum Wohle der Gesellschaft abgeleitet (Spindler/Stilz/*Fleischer* Rn. 73 ff.; krit. K. Schmidt/Lutter/*Krieger/Sailer-Coceani* Rn. 19; *Brömmelmeier* WM 2005, 2065, 2068; ausdrücklich so aber BT-Drs. 15/5092, 11 f.). Ein die Anwendung des § 93 Abs. 1 S. 2 ausschließender **Interessenkonflikt** ist jedenfalls dann gegeben, wenn der Vorstand zum unmittelbaren Eigennutz oder zum Nutzen von ihm nahestehender Personen oder Gesellschaften handelt (Spindler/Stilz/*Fleischer* Rn. 72 ff.; GroßkommAktG/*Hopt* Rn. 83; *Schäfer* ZIP 2005, 1253 (1257)). Eine **Ausnahme** von dem zuvor dargestellten Grundsatz gilt allerdings dort, wo die **Interessen der Gesellschaft und die des Vorstandes in die gleiche Richtung laufen** (Spindler/Stilz/*Fleischer* Rn. 72). Die bloße **Offenlegung** eines Interessenkonflikts kann dagegen nicht ohne Weiteres wieder zur Anwendbarkeit des § 93 Abs. 1 S. 2 führen (Bürgers/Körber/*Bürgers/Israel* Rn. 14; *Schäfer* ZIP 2005, 1253 (1257)). 24

25 **6. Gutgläubigkeit.** Letzte Voraussetzung des § 93 Abs. 1 S. 2 ist ein Handeln des Vorstandsmitgliedes in **gutem Glauben** (zu diesem Merkmal Bürgers/Körber/*Bürgers/Israel* Rn. 16; GroßkommAktG/*Hopt/Roth* § 93 Abs. 1 S. 2, 4 nF Rn. 42; Hüffer/Koch/*Koch* Rn. 24). Maßgeblich für dieses Merkmal ist, dass der Vorstand zum **Zeitpunkt seiner Entscheidung** selber davon **überzeugt** ist, richtig zu handeln, also keine Pflichtverletzung zu begehen. Im Falle fehlender Gutgläubigkeit ist das Vorstandsmitglied nicht schutzwürdig (Hüffer/Koch/*Koch* Rn. 24; *Hauschka* ZRP 2004, 65 (66 f.); *Kort* ZGR 2006, 769 (790); ablehnend *Paefgen* AG 2004, 245 (256)).

IV. Haftungstatbestand (Abs. 2 S. 1)

26 **1. Grundlagen.** § 93 Abs. 2 S. 1 stellt die maßgebliche **Anspruchsgrundlage für die Innenhaftung** von Vorständen gegenüber der Gesellschaft dar (zur Organhaftung bei Banken *Hopt* ZIP 2013, 1793; *Langenbucher* ZBB 2013, 16; zur Organhaftung in der Bauwirtschaft *Freund* NJW 2013, 2545; zur entsprechenden Anwendung von § 93 auf Sparkassen BGH 15.9.2014, NZG 2015, 310; zur Organhaftung des Vereinsvorstands *Leuering/Keßler* NJW-Spezial 2017, 335). Nicht von dieser Vorschrift erfasst wird die sog. **Außenhaftung,** also die Haftung gegenüber Dritten. Bei der Haftung aus § 93 Abs. 2 S. 1 handelt es sich um eine **organschaftliche Haftung.** Aktionäre und Gläubiger der AG können aus § 93 Abs. 2 keine Schadensersatzansprüche herleiten, auch nicht aus § 823 Abs. 2 BGB iVm Abs. 2 (Einzelheiten bei Hüffer/Koch/*Koch* Rn. 36 ff.).

27 **2. Haftungsvoraussetzungen. a) Vorstandsmitglied. Haftungsadressaten,** also Anspruchsgegner der Haftung aus § 93 Abs. 2, können nur Vorstandsmitglieder sein. Die Haftung trifft dabei nicht nur die durch den Aufsichtsrat bestellten Vorstandsmitglieder, sondern vielmehr gerichtlich (§ 85) oder fehlerhaft bestellte Vorstandsmitglieder (GroßkommAktG/*Hopt* Rn. 28; Hüffer/Koch/*Koch* Rn. 37; vgl. zur faktischen Tätigkeit von Vorstandsmitgliedern Bürgers/Körber/*Bürgers/Israel* Rn. 18; *Fleischer* AG 2004, 517 (523 f.)). Bei fehlerhaft bestellten Vorstandsmitgliedern ist allerdings erforderlich, dass sie tatsächlich für die AG tätig geworden sind (BGH 6.4.1964, BGHZ 41, 282 (287) = NJW 1964, 1367; GroßkommAktG/*Hopt* Rn. 44 ff.; Hüffer/Koch/*Koch* Rn. 37; KK-AktG/*Mertens/Cahn* Rn. 43).

28 Die Haftung aus § 93 Abs. 2 S. 1 beginnt mit der **wirksamen Bestellung** des Vorstandsmitgliedes und endet entweder mit **Ablauf der Amtszeit** oder mit **wirksamem Widerruf der Bestellung** (Spindler/Stilz/*Fleischer* Rn. 178 f.; Hüffer/Koch/*Koch* Rn. 37). Ein Schadensersatzanspruch kann auch gegen einen ehemaligen Vorstand bestehen, sofern die anspruchsbegründende Pflichtverletzung zum Zeitpunkt der Vorstandstätigkeit begangen wurde (LG Duisburg 9.11.2016, Der Aufsichtsrat 2017, 116; zur Gerichtsbestimmung bei Ansprüchen gegen frühere Vorstandsmitglieder OLG Hamm 22.8.2016, NZG 2016, 1388).

29 **b) Pflichtverletzung.** Haftungsauslösend ist eine durch das Vorstandsmitglied **begangene Pflichtverletzung.** Der hierfür **relevante Pflichtenkreis** eines Vorstandsmitglieds wird im AktG nicht abschließend geregelt (*Fleischer* in Fleischer VorstandsR-HdB § 11 Rn. 35). Als relevante Pflichten, die Gegenstand einer Pflichtverletzung iSv § 93 Abs. 2 S. 1 sein können, sind vor allem die **allgemeine Sorgfaltspflicht** aus § 93 Abs. 1 S. 1, die **organschaftliche Treuepflicht** sowie auch die daraus resultierende **Verschwiegenheitspflicht** iSv § 93 Abs. 1 S. 3, 4 zu nennen (→ Rn. 4 ff.). Darüber hinaus kann auch die Verletzung von Pflichten aus dem **Anstellungsvertrag** haftungsrelevant sein (GroßkommAktG/*Hopt* Rn. 227 f.; K. Schmidt/Lutter/*Krieger/Sailer-Coceani* Rn. 31; KK-AktG/*Mertens/Cahn* Rn. 124), wobei klarzustellen ist, dass auch über den Anstellungsvertrag **keine Erfolgshaftung** für ein Vorstandsmitglied begründet werden kann (Bürgers/Körber/*Bürgers/Israel* Rn. 19; *Fleischer* in Fleischer VorstandsR-HdB § 11 Rn. 7).

30 Problematisch kann das Merkmal der Pflichtverletzung sein, wenn aufgrund einer Regelung in der Satzung oder durch die Geschäftsordnung eine **Geschäftsverteilung** iSv § 77 Abs. 1 S. 2 im Vorstand vorgesehen ist (vgl. zu dieser Frage MüKoAktG/*Spindler* Rn. 169 ff.; *Fleischer* NZG 2003, 449 (453); *Wicke* NJW 2007, 3755 ff.). Ausgangspunkt ist auch bei einer Verteilung der Aufgaben auf bestimmte Vorstandsressorts der Grundsatz gemeinsamer Verantwortung; Leitung iSv § 76 Abs. 1 ist Gesamtleitung. Leitungsaufgaben, die der Gesetzgeber dem Vorstand zuweist, sind vom Gesamtorgan und nicht von einzelnen Organmitgliedern wahrzunehmen (→ § 77 Rn. 10). Daraus ergibt sich eine immanente Schranke der Selbständigkeit einzelner Geschäftsbereichsleiter. Durch das **Prinzip der Gesamtverantwortung** wird damit für das operative Geschäft, aber auch für die strategischen Überlegungen, ein permanentes **internes Controlling** gewährleistet. Dies stellt eine erhebliche Hemmschwelle für Gesetzesverstöße dar, bedeutet aber vor allem, dass die einzelnen Vorstandsmitglieder ihre Aktivitäten und Konzepte kontinuierlich in einer Runde von Peers zur Diskussion stellen und legitimieren müssen (*Dauner-Lieb* FS Röhricht, 2005, 83 (99 f.); *Hoffmann-Becking* ZGR 1998, 497 (507 f.)).

31 Unterhalb der Ebene der Leitungsaufgaben ist hinsichtlich der Verantwortlichkeit zwischen dem **eigenen Zuständigkeitsbereich** und dem **fremden Zuständigkeitsbereich** zu unterscheiden. Das nach der Geschäftsverteilung zuständige Vorstandsmitglied trifft für den zugewiesenen Aufgabenbereich zunächst die **volle Verantwortung,** es muss dementsprechend die oben aufgezeigten Pflichten voll-

ständig einhalten (GroßkommAktG/*Hopt* Rn. 61; NK-AktKapMarktR/*U. Schmidt* Rn. 118; MüKoAktG/*Spindler* Rn. 169; *Fleischer* NZG 2003, 449 (452)). Hinsichtlich der **fremden Ressorts** tritt eine **gewisse haftungsrechtliche Entlastung** ein, da die einzelnen Vorstandsmitglieder davon ausgehen können, dass die übertragenen Aufgaben durch das jeweils zuständige Vorstandsmitglied sorgfaltsgemäß wahrgenommen werden (MüKoAktG/*Spindler* Rn. 169 f.; *Fleischer* NZG 2003, 449 (452); *Wicke* NJW 2007, 3755 (3756)). Allerdings treffen alle Vorstandsmitglieder **Überwachungspflichten** bezüglich der übrigen Vorstandsmitglieder, denen ein bestimmter Bereich nach der Geschäftsverteilung zugewiesen ist (MüKoAktG/*Spindler* Rn. 169; MHdB GesR IV/*Wiesner* § 22 Rn. 24; *Hoffmann-Becking* ZGR 1998, 497 (512 f.); BGH 15.10.1996, BGHZ 133, 370 (377 f.) = NJW 1997, 130 zur GmbH). Der jeweilige Umfang dieser Überwachungspflicht ist abhängig von den konkreten Umständen des Einzelfalls (GroßkommAktG/*Hopt* Rn. 62; *Bezzenberger* ZGR 1996, 661 (671); *Fleischer* NZG 2003, 449 (453) mit entsprechenden Konkretisierungen). Eine Pflicht zum Einschreiten besteht jedenfalls dann, wenn greifbare Anhaltspunkte dafür gegeben sind, dass das zuständige Vorstandsmitglied seinen Pflichten nicht nachkommt (BGH 15.10.1996, BGHZ 133, 370 (378) = NJW 1997, 130; Hüffer/Koch/*Koch* Rn. 42). Ein Aufsichtsratsmitglied kann ebenfalls eine Pflicht zum Einschreiten treffen (für den Fall, dass sittenwidrige Provisionszahlungen für den Verkauf von neuen Aktien nach einer Kapitalerhöhung nicht verhindert werden BGH 1.12.2015, BeckRS 2016, 02986; zur Haftung für Delikte aus dem Unternehmen, dargestellt am Fall „Dieselgate“ *Altmeppen* ZIP 2016, 97).

c) Verschulden. Nach allgM tritt die Pflicht zum **Schadensersatz** nach § 93 Abs. 3 S. 2 nur bei einem **schuldhaften Verhalten** des Vorstands ein (GroßkommAktG/*Hopt* Rn. 19, 252; *Wellkamp,* Haftung und Haftungsbeschränkung im Gesellschaftsrecht, 1998, 211). Der für die Haftung relevante **Verschuldensmaßstab** wird dabei in § 93 Abs. 1 S. 1 umschrieben (Bürgers/Körber/*Bürgers/Israel* Rn. 21b; Hüffer/Koch/*Koch* Rn. 43; MüKoAktG/*Spindler* Rn. 198; *Fleischer* in Fleischer VorstandsR-HdB § 11 Rn. 55; *Henze* HRR-AktienR Rn. 544; zur Doppelfunktion des § 93 Abs. 1 S. 1 → Rn. 6). Ein schuldhaftes Verhalten des Vorstands liegt daher (Verschuldensfähigkeit und die Zumutbarkeit eines pflichtgemäßen Handelns vorausgesetzt) vor, wenn das Vorstandsmitglied **vorsätzlich oder fahrlässig die Sorgfalt eines ordentlichen und gewissenhaften Geschäftsleiters nicht beachtet hat,** mithin schon bei leicht fahrlässigem Verhalten (Spindler/Stilz/*Fleischer* Rn. 205 ff.; GroßkommAktG/*Hopt* Rn. 253). Dabei handelt es sich um einen **typisierten Verschuldensmaßstab,** sodass individuelle Unfähigkeit nicht exkulpierend wirkt (Hüffer/Koch/*Koch* Rn. 43; *Wellkamp,* Haftung und Haftungsbeschränkung im Gesellschaftsrecht, 1998, 211). Unzulässig ist darüber hinaus auch eine **Abänderung des Verschuldensmaßstabes,** etwa durch die Satzung oder den Anstellungsvertrag (GroßkommAktG/*Hopt* Rn. 25; K. Schmidt/Lutter/*Krieger/Sailer-Coceani* Rn. 34 f.). Auch die arbeitsrechtlichen Grundsätze über die Haftung bei betrieblicher Tätigkeit finden auf Vorstandsmitglieder keine Anwendung (Hüffer/Koch/*Koch* Rn. 51; K. Schmidt/Lutter/*Krieger/Sailer-Coceani* Rn. 34f; KK-AktG/*Mertens/Cahn* Rn. 4; zum innerbetrieblichen Schadensausgleich *Wilhelmi* NZG 2017, 681; zur Organhaftung nach den Grundsätzen des Arbeitsrechts *Bachmann* ZIP 2017, 841; zur Haftungsbegrenzung bei Führungskräften *Fritz* NZA 2017, 673). 32

Zunehmend diskutiert wird die Anwendung des § 93 Abs. 1 S. 2 (analog) auf Konstellationen **rechtlicher Unsicherheit** (s. etwa *Buck-Heeb* BB 2013, 2247; K. Schmidt/Lutter/*Krieger/Sailer-Coceani* Rn. 16). Ob die Prognoseunsicherheiten über die künftige Marktentwicklung mit Unsicherheiten bezüglich einer künftigen höchstrichterlichen Entscheidung tatsächlich zu vergleichen sind, kann dahingestellt bleiben. Dogmatisch handelt es sich beim Problem des Rechtsirrtums und seiner Vermeidbarkeit um eine Frage des Verschuldens (ebenso Hüffer/Koch/*Koch* Rn. 19; vgl. auch Spindler/Stilz/*Fleischer* Rn. 32). Im Mittelpunkt der Diskussion steht daher die Frage, unter welchen Voraussetzungen der eingeholte Rat eines juristischen Experten den Vorstand entlasten kann. Der BGH hat hohe Hürden für eine Exkulpation aufgestellt und vier Kriterien entwickelt, Fachkompetenz und Unabhängigkeit des Beraters, umfassende Information des Beraters durch das Organmitglied und eigene Plausibilitätskontrolle des Rechtsrates durch das Organmitglied (BGH 20.9.2011, NZG 2011, 1271 Rn. 18 – Ision; Hüffer/Koch/*Koch* Rn. 44a; Spindler/Stilz/*Fleischer* Rn. 35a ff.; vgl. auch *Fleischer* KSzW 2013, 3 (5 ff.) mwN; *Kaulich,* Die Haftung von Vorstandsmitgliedern einer Aktiengesellschaft für Rechtsanwendungsfehler, 2012, 238 f.; *Weyland* NZG 2019, 1041; *H. F. Müller* DB 2014, 1301; *Merkt/Mylich* NZG 2012, 525; *U. Schneider* DB 2011, 99; *Strohn* DB 2012, 1193 (1195); *Strohn* ZHR 176 (2012), 137; *E. Vetter* EWiR § 93 AktG 2/11, 793; zur Enthaftung der Leitungsorgane durch Einholung von Rechtsrat bei unklarer Rechtslage *Graewe/Harder* BB 2017, 707; zur Plausibilitätsprüfung bei Vorliegen eines Rechtsrats *Buck-Heeb* BB 2016, 1347; zurückhaltender zur Plausibilitätsprüfung in einem allerdings ungewöhnlich gelagerten Fall BGH 28.4.2015, ZIP 2015, 1220). 32a

Das Vorstandsmitglied hat allerdings nur für **eigenes Verschulden** einzustehen, und nicht zusätzlich für dasjenige von Angestellten. Angestellte sind lediglich Verrichtungs- bzw. Erfüllungsgehilfen der Gesellschaft und nicht des Vorstandsmitglieds, sodass die **§§ 278, 831 BGB keine Anwendung** finden (Hüffer/Koch/*Koch* Rn. 46; NK-AktKapMarktR/*U. Schmidt* Rn. 108; *Fleischer* in Fleischer VorstandsR-HdB § 11 Rn. 57). Unzulässige **Aufgabendelegation** oder unzureichende Überwachung 33 lösen nicht automatisch eine Anwendung des § 278 BGB aus, sind aber als eigene Pflichtverletzung zu beurteilen (Hüffer/Koch/*Koch* Rn. 46). Dies gilt insbesondere für den Bereich der Compliance (→ Rn. 3a)

34 **d) Schaden.** Der für den Anspruch erforderliche Schaden ist nach den **§§ 249 ff. BGB** im Wege der **Differenzhypothese** festzustellen (OLG Düsseldorf 28.11.1996, AG 1997, 231 (237); Spindler/Stilz/*Fleischer* Rn. 211 ff.; GroßkommAktG/*Hopt* Rn. 261, 264; Hüffer/Koch/*Koch* Rn. 47 ff.; NK-AktKapMarktR/*U. Schmidt* Rn. 97; *Wellkamp,* Haftung und Haftungsbeschränkung im Gesellschaftsrecht, 1998, 213). Dabei ist der Schaden **unabhängig** von der Frage zu ermitteln, ob die betr. Vermögensminderung auf die Pflichtverletzung des Organmitglieds hindeutet (vgl. zu dieser Frage GroßkommAktG/*Hopt* Rn. 263; KK-AktG/*Mertens/Cahn* Rn. 59; Hüffer/Koch/*Koch* Rn. 47; *Winnen,* Die Innenhaftung des Vorstandes nach dem UMAG, 2009, 65 f.). Eine Beschränkung des Schadensbegriffes iRd § 93 Abs. 2 S. 1 auf Vermögensbeeinträchtigungen (zwecks Bereinigung um Sozialaufwendungen wie etwa Unternehmensspenden), die dem Unternehmenszweck widersprechen, ist **abzulehnen** (Spindler/Stilz/*Fleischer* Rn. 212).

35 **e) Kausalität.** Zwischen der Pflichtverletzung und dem eingetretenen Schaden muss entsprechend den allgemeinen Grundsätzen ein **Ursachenzusammenhang** bestehen, insbesondere gilt die **Adäquanztheorie** (Spindler/Stilz/*Fleischer* Rn. 215 ff.; Bürgers/Körber/*Bürgers/Israel* Rn. 23; GroßkommAktG/*Hopt* Rn. 266; MüKoAktG/*Spindler* Rn. 196; *Fleischer* in Fleischer VorstandsR-HdB § 11 Rn. 64). Es ist daher zu ermitteln, ob der Schaden außerhalb der **allgemeinen Wahrscheinlichkeit** liegt. Dem Vorstandsmitglied steht der Einwand des **rechtmäßigen Alternativverhaltens** zu, wobei es den sicheren Nachweis erbringen muss, dass der Schaden auch bei rechtmäßigem Verhalten eingetreten wäre (Bürgers/Körber/*Bürgers/Israel* Rn. 23; GroßkommAktG/*Hopt* Rn. 268; MüKoAktG/*Spindler* Rn. 196). Beruft sich etwa ein Vorstandsmitglied auf die hypothetische Einwilligung des Aufsichtsrats, müsste es daher sicher nachweisen, dass der Aufsichtsrat zugestimmt hätte. Dieser Nachweis ist selbst dann möglich, wenn der Aufsichtsrat über einen Entscheidungsspielraum verfügt (BGH 10.7.2018, NJW 2018, 3580 Rn. 51 ff.; dazu *Wilsing/v. der Linden* NZG 2018, 1416). Problematisch kann die Frage der Kausalität bei **Kollegialentscheidungen** sein (vgl. hierzu Bürgers/Körber/*Bürgers/Israel* Rn. 23; Spindler/Stilz/*Fleischer* Rn. 215 ff., 217).

36 **3. Darlegungs- und Beweislast.** Die Verteilung der **Darlegungs- und Beweislast** bezüglich der Haftungsvoraussetzungen des § 93 Abs. 2 S. 1 weicht von den allgemeinen Grundsätzen ab (zu den Grenzen der sekundären Darlegungslast *Pfeiffer* ZIP 2017, 2077). Danach würde grundsätzlich jede Partei die Darlegungs- und Beweislast für die tatsächlichen Voraussetzungen der ihr günstigen Norm tragen (vgl. insoweit im Zusammenhang mit § 93 Abs. 2 S. 1 Hüffer/Koch/*Koch* Rn. 53). Abweichend von diesem Grundsatz trifft nach § 93 Abs. 2 S. 2 die in Anspruch genommenen **Vorstandsmitglieder** die **Beweislast** dafür, dass sie die Sorgfalt eines ordentlichen und gewissenhaften Geschäftsleiters angewendet haben. Diesen Beweis muss das Vorstandsmitglied sowohl in Bezug auf die Pflichtwidrigkeit, als auch auf das Verschulden erbringen (Spindler/Stilz/*Fleischer* Rn. 220 ff.; GroßkommAktG/*Hopt* Rn. 285; Hüffer/Koch/*Koch* Rn. 53; NK-AktKapMarktR/*U. Schmidt* Rn. 111; KK-AktG/*Mertens/Cahn* Rn. 140; *Henze* HRR-AktienR Rn. 547; *Buchta* DStR 2003, 694 (695); zum Einsichtsrecht ausgeschiedener Vorstandsmitglieder s. *Foerster* ZHR 176 (2012), 221; *Grooterhorst* AG 2011, 389). Die **Gesellschaft** hingegen muss Eintritt und Höhe des Schadens sowie die **Handlung** des beklagten Vorstandsmitglieds und die Kausalität zwischen Handlung und Schaden **darlegen und beweisen** (LG Duisburg 29.4.2019, BeckRS 2019, 28868 Rn. 104; Hüffer/Koch/*Koch* Rn. 53; NK-AktKapMarktR/*U. Schmidt* Rn. 112; MüKoAktG/*Spindler* Rn. 208; *Fleischer* in Fleischer VorstandsR-HdB § 11 Rn. 70; *Raiser/Veil* KapGesR § 14 Rn. 92). Die von der **Gesellschaft** zu **beweisende Handlung** betrifft dasjenige Verhalten, das die Gesellschaft dem Vorstand als möglicherweise pflichtwidrig vorwerfen will (BGH 4.11.2002, BGHZ 152, 280 (284) = NJW 2003, 358; Hüffer/Koch/*Koch* Rn. 53; *Goette* ZGR 1995, 648 (671 ff.)). Bei wertneutralen Handlungen muss die Gesellschaft ausreichend Anhaltspunkte dafür liefern, warum die Handlung pflichtwidrig sein könnte (OLG Nürnberg 28.10.2014, AG 2015, 91). Bezüglich der Höhe des Schadens genügt es, wenn die Gesellschaft Tatsachen vorträgt und beweist, die für die Schadensschätzung nach § 287 ZPO hinreichende Anhaltspunkte bieten (BGH 4.11.2002, BGHZ 152, 280 (287) = NJW 2003, 358; *Fleischer* in Fleischer VorstandsR-HdB § 11 Rn. 70; *Thümmel,* Haftung von Managern und Aufsichtsräten, 4. Aufl. 2008, Rn. 200). Sofern sich das Vorstandsmitglied auf der Ebene der Pflichtverletzung auf die **Business Judgement Rule** aus § 93 Abs. 1 S. 2 berufen möchte, trägt es auch insoweit die **Darlegungs- und Beweislast** (Bürgers/Körber/*Bürgers/Israel* Rn. 27; Hüffer/Koch/*Koch* Rn. 54; *Winnen,* Die Innenhaftung des Vorstandes nach dem UMAG, 2009, 279 ff.). Die Beweislastumkehr gilt auch bei **ausgeschiedenen Vorstandsmitgliedern;** dies ist nicht unproblematisch, weil sie zu den maßgeblichen Gesellschaftsunterlagen keinen ungehinderten Zugang mehr haben (Hüffer/Koch/*Koch* Rn. 56 mwN). Gegenüber Rechtsnachfolgern gilt die Beweislastverteilung hingegen nicht (Spindler/Stilz/*Fleischer* Rn. 224; Hüffer/Koch/*Koch* Rn. 56; offen in OLG Köln 1.10.2019, NZG 2020, 110; dazu *Fleischer/Danninger* AG 2020, 193).

4. Gesamtschuld. Verletzen mehrere Vorstandsmitglieder ihre Pflichten, so haften sie der Gesellschaft aus § 93 Abs. 2 S. 1 für den daraus entstandenen Schaden als **Gesamtschuldner** iS der §§ 421 ff. BGB (GroßkommAktG/*Hopt* Rn. 298; Hüffer/Koch/*Koch* Rn. 57; MüKoAktG/*Spindler* Rn. 144; *K. Schmidt* GesR S. 816; *Wellkamp,* Haftung und Haftungsbeschränkung im Gesellschaftsrecht, 1998, 213). Voraussetzung ist aber, dass jedes einzelne Vorstandsmitglied in seiner Person die **Haftungsvoraussetzungen** erfüllt, weil gerade **keine Zurechnung** von Fehlverhalten anderer Organmitglieder erfolgt (MüKoAktG/*Spindler* Rn. 163; *Fleischer* in Fleischer VorstandsR-HdB § 11 Rn. 81). Die Erfüllung der Haftungsvoraussetzungen kann sich dabei einmal daraus ergeben, dass Vorstandsmitglieder **gemeinsam** (pflichtwidrig) gehandelt haben oder bei entsprechender Handlungszuständigkeit nicht tätig geworden sind. Zum anderen kann auch dann Gesamtschuld vorliegen, wenn bei einer **Ressortaufteilung** ein Vorstandsmitglied eine in sein Ressort fallende Pflicht verletzt und ein anderes seine ressortübergreifende **Überwachungspflicht** vernachlässigt hat (Hüffer/Koch/*Koch* Rn. 57; NK-AktKapMarktR/*U. Schmidt* Rn. 116; KK-AktG/*Mertens/Cahn* Rn. 92; MHdB GesR IV/*Wiesner* § 26 Rn. 26; *Bezzenberger* ZGR 1996, 661 (671 f.)). 37

Im **Innenregress** nach § 426 BGB wird grundsätzlich die Haftung **gleichmäßig aufgeteilt,** sofern keine abweichende Aufteilung entsprechend Verschuldensanteilen oder der Art der Pflichtverstöße geboten ist (Bürgers/Körber/*Bürgers/Israel* Rn. 31; GroßkommAktG/*Hopt* Rn. 301; zur Verjährung beim Gesamtschuldnerregress unter Organmitgliedern *Fischer* ZIP 2014,406). 38

V. Sondertatbestände (Abs. 3)

In § 93 Abs. 3 sind **neun besonders wichtige Fälle von Pflichtverletzungen** angesprochen (Spindler/Stilz/*Fleischer* Rn. 260, die „sieben Todsünden"). Nach hM stellen die einzelnen in § 93 Abs. 3 geregelten Fälle **eigenständige Anspruchsgrundlagen** dar (Spindler/Stilz/*Fleischer* Rn. 256 ff.; GroßkommAktG/*Hopt* Rn. 233; Hüffer/Koch/*Koch* Rn. 68). Alle Verstöße gegen § 93 Abs. 3 unterfallen zugleich § 93 Abs. 1 (Bürgers/Körber/*Bürgers/Israel* Rn. 41; GroßkommAktG/*Hopt* Rn. 234; NK-AktKapMarktR/*U. Schmidt* Rn. 122). 39

Der Sache nach gilt für § 93 Abs. 3 ein **eigenständiger Schadensbegriff,** der von den §§ 249 ff. erheblich abweicht: Liegt einer der in § 93 Abs. 3 genannten Pflichtverstöße vor, so wird ein **Schaden der Gesellschaft** in der Höhe **vermutet,** in der Mittel abgeflossen sind oder vorenthalten wurden (Bürgers/Körber/*Bürgers/Israel* Rn. 41; Spindler/Stilz/*Fleischer* Rn. 258; K. Schmidt/Lutter/*Krieger/Sailer-Coceani* Rn. 57). Es findet keine Gesamtvermögensbetrachtung statt, Abfluss und Vorenthaltung sind der Mindestschaden (Hüffer/Koch/*Koch* Rn. 68). 40

VI. Haftungsausschluss durch Hauptversammlungsbeschluss, Verzicht und Vergleich (Abs. 4)

1. Haftungsausschluss durch Hauptversammlungsbeschluss. Gemäß § 93 Abs. 4 S. 1 tritt die Ersatzpflicht gegenüber der Gesellschaft nicht ein, wenn die haftungsbegründende Handlung des Vorstandsmitglieds auf einem **gesetzmäßigen Beschluss der Hauptversammlung** beruht (zur Enthaftung durch Hauptversammlungsbeschluss *Freiherr von Falkenhausen* NZG 2016, 601). Dogmatisch folgt dieser Haftungsausschluss aus dem Grundsatz von Treu und Glauben (Spindler/Stilz/*Fleischer* Rn. 264). Notwendig für ein Eingreifen des § 93 Abs. 4 S. 1 ist ein **formeller Hauptversammlungsbeschluss;** bloße Meinungsäußerungen der Hauptversammlung oder gar einzelner Aktionäre reichen nicht aus (Hüffer/Koch/*Koch* Rn. 73; MüKoAktG/*Spindler* Rn. 278; *Fleischer* in Fleischer VorstandsR-HdB § 11 Rn. 85). Auch eine **konkludente Zustimmung eines Alleinaktionärs** reicht nicht aus (OLG Köln 25.10.2102, AG 2013, 396; zust. *Wolff/Jansen* NJW 2013, 1165) und lässt die Geltendmachung der Ersatzpflicht durch die Gesellschaft grundsätzlich nicht rechtsmissbräuchlich werden (BGH 10.7.2018, NJW 2018, 3574 Rn. 26; dazu *Holle/Mörsdorf* NJW 2018, 3555). Der Beschluss der Hauptversammlung muss nach dem Wortlaut der Vorschrift dem haftungsbegründenden Handeln des Vorstandes **vorangehen;** eine nachträgliche Billigung durch die Hauptversammlung reicht grundsätzlich nicht aus (GroßkommAktG/*Hopt* Rn. 314; Hüffer/Koch/*Koch* Rn. 73). Ein Hauptversammlungsbeschluss, der durch ein Vorstandsmitglied **pflichtwidrig herbeigeführt** wurde, lässt die Haftung unberührt (GroßkommAktG/*Hopt* Rn. 325; Hüffer/Koch/*Koch* Rn. 74). 41

Ein Beschluss der Hauptversammlung ist **nicht gesetzmäßig** iSv § 93 Abs. 4 S. 1, wenn er entweder **nichtig** (§ 241) oder **(noch) anfechtbar** (§§ 243 ff.) ist (Bürgers/Körber/*Bürgers/Israel* Rn. 33; Hüffer/Koch/*Koch* Rn. 73; Spindler/Stilz/*Fleischer* Rn. 269 ff.). 42

Ein **gesetzmäßiger Hauptversammlungsbeschluss** liegt auch dann vor, wenn seine **Nichtigkeit gem. § 242 geheilt** wurde (Bürgers/Körber/*Bürgers/Israel* Rn. 33; GroßkommAktG/*Hopt* Rn. 318 ff.; aA KK-AktG/*Mertens/Cahn* Rn. 155). Sofern ein Beschluss der Hauptversammlung anfechtbar war, wird er gesetzmäßig iSv § 93 Abs. 4 S. 1, wenn eine **Anfechtung** wegen **Fristablauf** (§ 246) nicht mehr möglich ist (Bürgers/Körber/*Bürgers/Israel* Rn. 33; Hüffer/Koch/*Koch* Rn. 73; GroßkommAktG/*Hopt* Rn. 322 f.). 43

44 § 93 Abs. 4 S. 2 stellt klar, dass eine **bloße Billigung des Vorstandshandelns** durch den Aufsichtsrat die Haftung der Vorstandsmitglieder nicht auszuschließen vermag (Hüffer/Koch/*Koch* Rn. 75).

45 **2. Verzicht und Vergleich.** Grundsätzlich ist es der Gesellschaft möglich, sich hinsichtlich eines Ersatzanspruchs mit dem betreffenden Vorstandsmitglied zu **vergleichen** oder auf einen Ersatzanspruch ganz oder teilweise zu **verzichten,** allerdings nur nach Maßgabe der Anforderungen des § 93 Abs. 4 S. 3 (Hüffer/Koch/*Koch* Rn. 76 f.; Spindler/Stilz/*Fleischer* Rn. 276 ff.; *Bayer/Scholz* ZIP 2015, 149; zur Option von Schiedsverfahren *Leuering* NJW 2014, 657; *Dietz-Vellmer* NZG 2011, 248). Unter einem Verzicht ist vor allem ein **Erlassvertrag** iSv § 397 BGB zu verstehen (GroßkommAktG/*Hopt* Rn. 374; Hüffer/Koch/*Koch* Rn. 76; *Thümmel,* Haftung von Managern und Aufsichtsräten, 4. Aufl. 2008, Rn. 298). Unter einem Vergleich ist neben dem **Vergleichsvertrag** iSv § 779 BGB vor allem der **Prozessvergleich** zu verstehen (Hüffer/Koch/*Koch* Rn. 76; *Fleischer* in Fleischer VorstandsR-HdB § 11 Rn. 105).

46 Verzicht oder Vergleich können erst **drei Jahre nach der Entstehung des Ersatzanspruchs** vereinbart werden (das gleiche gilt für Schiedsgutachtenvereinbarungen zwischen der Aktiengesellschaft und einem Vorstandsmitglied OLG München 30.3.2017, AG 2017, 631; Anm. *Stretz* GWR 2017, 357). Rechtshandlungen oder Rechtsgeschäfte, die vorher vorgenommen wurden, bleiben ungültig (OLG München 9.8.2018, BeckRS 2018, 20331; Hüffer/Koch/*Koch* Rn. 76). Für den **Beginn** der Dreijahresfrist ist der Zeitpunkt maßgeblich, in dem **erstmalig die klageweise Durchsetzung des Anspruches** möglich war (zum Beginn der Dreijahresfrist bei nicht abgeschlossener Schadensentstehung *Harbarth/Höfer* NZG 2016, 686). Erforderlich ist gem. § 93 Abs. 4 S. 3 die Zustimmung der Hauptversammlung; **einfache Mehrheit** reicht aus, sofern die Satzung keine größere Mehrheit vorsieht (Spindler/Stilz/*Fleischer* Rn. 279). Allerdings bleibt die Zustimmung der Hauptversammlung, selbst wenn sie mit erforderlicher Mehrheit beschlossen worden ist, wirkungslos, wenn eine **Minderheit Widerspruch zur Niederschrift erhebt,** deren Anteile zusammen den **zehnten Teil des Grundkapitals** erreichen (Bürgers/Körber/*Bürgers/Israel* Rn. 38; K. Schmidt/Lutter/*Krieger/Sailer-Coceani* Rn. 67). Problematisch an dieser **Minderheitenregelung** ist die **fehlende Abstimmung** mit den sonstigen Minderheitenrechten des AktG, insbesondere die fehlende Anpassung an den durch das UMAG eingeführten § 148 Abs. 1 (vgl. hierzu *Winnen,* Die Innenhaftung des Vorstandes nach dem UMAG, 2009, 429 f.). Maßgeblich für das Minderheitenrecht ist der **Widerspruch zur Niederschrift des amtierenden Notars** (Spindler/Stilz/*Fleischer* Rn. 280 f.; die bloße Stimmabgabe gegen den Verzicht oder den Vergleich genügt hingegen nicht; GroßkommAktG/*Hopt* Rn. 364; K. Schmidt/Lutter/*Krieger/Sailer-Coceani* Rn. 67). § 94 Abs. 3 S. 4 ist bei Übernahme einer Geldbuße durch die Gesellschaft jedenfalls dann analog anwendbar, wenn gleichzeitig eine Pflichtverletzung des Vorstandes gegenüber der Gesellschaft iSv § 93 vorliegt (BGH 8.7.2014, BB 2014, 2509 mAnm *Krebs; Arnold* DB 2014, 2237; *Schmidt-Bendun* DB 2014, 2756; → § 84 Rn. 20).

47 Ausnahmsweise gilt die Dreijahresfrist nicht, wenn die Voraussetzungen des § 93 Abs. 4 S. 4 erfüllt sind. Dies ist der Fall, wenn das betroffene Vorstandsmitglied **zahlungsunfähig** ist und sich zur Abwendung des **Insolvenzverfahrens** mit seinen Gläubigern **vergleicht** oder wenn die Ersatzpflicht in einem Insolvenzplan geregelt wird (Hüffer/Koch/*Koch* Rn. 79; K. Schmidt/Lutter/*Krieger/Sailer-Coceani* Rn. 55). Auf eine bloße Nichtgeltendmachung von Haftungsansprüchen ist § 93 Abs. 4 S. 3 nicht anwendbar (*Wilsing* FS Maier-Reimer, 2010, 883 (894 ff.)).

VII. Anspruchsverfolgung durch Gesellschaftsgläubiger (Abs. 5)

48 Nach § 93 Abs. 5 kann der **Ersatzanspruch der Gesellschaft** auch durch **Gläubiger** geltend gemacht werden, sofern diese von der Gesellschaft keine Befriedigung erlangen können. Dogmatisch handelt es sich nach wohl hM nicht um eine Verfolgung des Anspruchs der AG, sondern um einen **eigenen Anspruch der Gläubiger** gegen die betreffenden Vorstandsmitglieder (Spindler/Stilz/*Fleischer* Rn. 294; K. Schmidt/Lutter/*Krieger/Sailer-Coceani* Rn. 68 ff.; KK-AktG/*Mertens/Cahn* Rn. 150). Ein **Gesellschaftsgläubiger** kann daher unter den Voraussetzungen des § 93 Abs. 5 **unmittelbar** gegen ein Vorstandsmitglied vorgehen und **Leistung an sich selbst** verlangen. Hierdurch soll eine **vereinfachte Gläubigerbefriedigung** sichergestellt werden und der Gläubiger vor Verfolgungsschwächen der AG geschützt werden (Bürgers/Körber/*Bürgers/Israel* Rn. 43; Spindler/Stilz/*Fleischer* Rn. 293 f.; Hüffer/Koch/*Koch* Rn. 80).

49 **Voraussetzung** für einen derartigen Anspruch eines Gläubigers gegen den Vorstand ist, dass ihm gegen die Gesellschaft eine Forderung zusteht, die auf Geld gerichtet ist oder in eine Geldforderung übergehen kann (GroßkommAktG/*Hopt* Rn. 404; KK-AktG/*Mertens/Cahn* Rn. 182). § 93 Abs. 5 S. 1 setzt weiter voraus, dass der Gläubiger **von der Gesellschaft keine Befriedigung** erlangen kann. Nicht ausreichend ist hierfür allein die Tatsache, dass eine zahlungsfähige Gesellschaft nicht zahlen will (Hüffer/Koch/*Koch* Rn. 82; NK-AktKapMarktR/*K. Schmidt* Rn. 151; KK-AktG/*Mertens/Cahn* Rn. 182). Erforderlich ist vielmehr, dass die Gesellschaft **objektiv** nicht in der Lage ist, die **Forderung zu begleichen** (Spindler/Stilz/*Fleischer* Rn. 296; GroßkommAktG/*Hopt* Rn. 407). Ein fruchtloser

Vollstreckungsversuch oder eine vorangehende Klageerhebung gegen die Gesellschaft sind nicht notwendig (Spindler/Stilz/*Fleischer* Rn. 296; MüKoAktG/*Spindler* Rn. 305).

Hinsichtlich des der Gesellschaft gegen das Vorstandsmitglied zustehenden **Schadensersatzanspruches** ist vor dem Hintergrund des § 93 Abs. 5 zu differenzieren: Steht der Gesellschaft ein Anspruch aus einem der **Sondertatbestände** des § 93 Abs. 3 (→ Rn. 39 f.) zu, so steht den Gläubigern der Gesellschaft das Verfolgungsrecht des § 93 Abs. 5 S. 1 **unabhängig von der Schwere des Verschuldens** der Vorstandsmitglieder zu (Hüffer/Koch/*Koch* Rn. 82; K. Schmidt/Lutter/*Krieger/Sailer-Coceani* Rn. 70). Ergibt sich der Ersatzanspruch der Gesellschaft allerdings aus **§ 93 Abs. 2 S. 1,** so fordert § 93 Abs. 5 S. 2, dass das betreffende Vorstandsmitglied die Sorgfalt eines ordentlichen und gewissenhaften Geschäftsleiters gröblich verletzt hat. Eine solche Verletzung liegt vor, wenn das Vorstandsmitglied mindestens **grob fahrlässig** gehandelt hat (Spindler/Stilz/*Fleischer* Rn. 298; Hüffer/Koch/*Koch* Rn. 82; MüKoAktG/*Spindler* Rn. 303), zusätzlich greift nach dem Wortlaut des § 93 Abs. 5 S. 2 Hs. 2 die Beweislastumkehr des § 93 Abs. 2 S 2 zulasten des Vorstandsmitglieds ein (vgl. GroßkommAktG/*Hopt* Rn. 409; KK-AktG/*Mertens/Cahn* Rn. 182 f.). 50

Nach § 93 Abs. 5 S. 3 können Verzicht, Vergleich oder ein gesetzmäßiger Beschluss der **Hauptversammlung** der Geltendmachung von Ersatzansprüchen durch Gläubiger nicht entgegengesetzt werden (Hüffer/Koch/*Koch* Rn. 82). 51

Vorstandsmitglieder können prozessual **gleichzeitig** durch die Gesellschaft oder einen Gläubiger in Anspruch genommen werden; insoweit steht dem die Einrede der **anderweitigen Rechtshängigkeit** nicht entgegen (Bürgers/Körber/*Bürgers/Israel* Rn. 45; Hüffer/Koch/*Koch* Rn. 83; K. Schmidt/Lutter/*Krieger/Sailer-Coceani* Rn. 72; zu weiteren prozessualen Fragen vgl. Hüffer/Koch/*Koch* Rn. 83). 52

In der **Insolvenz der Gesellschaft** wird das Verfolgungsrecht der Gläubiger nach § 93 Abs. 5 S. 4 durch den Insolvenzverwalter oder den Sachwalter ausgeübt. In dieser Situation können die **Gläubiger** daher einen Anspruch **nicht mehr verfolgen;** ihnen fehlt insoweit die **Aktivlegitimation** (Hüffer/Koch/*Koch* Rn. 84; Spindler/Stilz/*Fleischer* Rn. 300; GroßkommAktG/*Hopt* Rn. 422). 53

VIII. Verjährung

In § 93 Abs. 6 ist für die Ansprüche aus § 93 eine **Verjährungsfrist** von zehn Jahren bei Gesellschaften, die zum Zeitpunkt der Pflichtverletzung börsennotiert sind und von fünf Jahren bei anderen Gesellschaften vorgesehen (grundsätzlich zur Verjährung von Organhaftungsansprüchen *Fleischer* AG 2014, 457). Die Frist beginnt **unabhängig von der Kenntniserlangung** mit der Entstehung des Anspruches nach § 200 BGB (Spindler/Stilz/*Fleischer* Rn. 303 ff.; Hüffer/Koch/*Koch* Rn. 87; K. Schmidt/Lutter/*Krieger/Sailer-Coceani* Rn. 77; zur Verjährung bei Pflichtverletzung durch Unterlassen LG München I 10.12.2013, ZIP 2014, 570). Lässt der Aufsichtsrat einen Anspruch gegen den Vorstand verjähren, beginnt gem. § 200 S. 1 BGB erst zu diesem Zeitpunkt die Verjährungsfrist für den Anspruch der AG gegen den Aufsichtsrat (BGH 18.9.2018, NJW 2019, 596; dazu *Altmeppen ZIP 2019, 1253; Fleischer* ZIP 2018, 2341; *Bayer/Scholz* NZG 2019, 201).Die Regelung des § 93 Abs. 6 ist nicht disponibel, sodass eine abweichende Regelung weder durch Satzung, noch durch Vertrag möglich ist (Hüffer/Koch/*Koch* Rn. 88; MüKoAktG/*Spindler* Rn. 324, aA *Wahlers/Wolff* AG 2011, 605 (607 ff.)). 54

IX. Vorstandshaftung, D&O-Versicherung, Selbstbehalt (Abs. 2 S. 3)

1. Das gesetzgeberische Konzept. „Directors and Officers Liability (D&O)"-Versicherungen für Organmitglieder und leitende Angestellte, bei denen die Gesellschaft Versicherungsnehmerin ist und dementsprechend auch die Prämie trägt, sind seit langem in der unternehmerischen Praxis weit verbreitet (Überblicke bei Hüffer/Koch/*Koch* Rn. 58 ff.; Spindler/Stilz/*Fleischer* Rn. 225 ff; K. Schmidt/Lutter/*Krieger/Sailer-Coceani* Rn. 49 ff.; aus dem neueren Schrifttum etwa *Weiss* GmbHR 2014, 574; *Melot de Beauregard/Gleich* NJW 2013, 824; zur Verteilung nicht ausreichender Versicherungssummen *Armbrüster* VersR 2014, 1; *Lange* VersR 2014, 1413; zur internationalen Dimension *Wedemann* ZIP 2014, 2469; grundlegend *Scholl,* Vorstandshaftung und Vorstandsermessen, 2015, 482 ff.; *Dilling,* Die Wirksamkeit der Risikoausschlüsse für wissentliche und vorsätzliche Pflichtverletzung in der D&O-Versicherung, 2014; aus der älteren Lit. *Böttcher* NZG 2008, 645; *Dreher/Thomas* ZGR 2009, 31; *Dreher* AG 2008, 429; *Ehlers* VersR 2008, 1173; *Henssler,* RWS-Forum Gesellschaftsrecht, 2001, 131; *Koch* WM 2007, 2173; *Möhrle,* Gesellschaftsrechtliche Probleme der D&O-Versicherung, 2007; *Pammler,* Die gesellschaftsfinanzierte D&O-Versicherung im Spannungsfeld des Aktienrechts, 2006; *Ulmer* FS Canaris Bd. II, 2007, 451; zu den Voraussetzungen für die Inanspruchnahme des D&O-Versicherers in Fällen der Innenhaftung und zur Abtretung des Freistellungsanspruchs BGH 13.4.2016, NJW 2016, 2184; vgl. hierzu auch *Harzenetter* NZG 2016, 728; ebenfalls *Baur/Holle* AG 2017, 141; zu dem Ausschluss einer Inanspruchnahme des D&O-Versicherers bei Ersatzansprüchen „eigener Art" OLG Celle 1.4.2016, BeckRS 2016, 125428 Rn. 38; OLG Düsseldorf 20.7.2018, ZIP 2018, 1542; *Möhrle* AG 2019, 243; *Cyrus* NZG 2018, 7). Sie dienen einerseits den **Interessen des Unternehmens an Absicherung** gegen das Risiko der **Undurchsetzbarkeit der Organhaftung** wegen Insolvenz des 55

Organmitglieds, andererseits dem **Interesse des Organmitglieds** an **Begrenzung des Haftungsrisikos** bei Pflichtwidrigkeit. Der Abschluss solcher Versicherungen durch das Unternehmen wurde lange Zeit überwiegend auch ohne Selbstbehalt für rechtlich unbedenklich gehalten (s. nur *Dreher* AG 2008, 429). Allerdings wurde im Schrifttum teilweise auch die Auffassung vertreten, der Abschluss von D&O-Versicherungen **ohne angemessenen Selbstbehalt** sei bereits de lege lata **unzulässig,** weil dadurch die Haftungsandrohung des § 93 Abs. 2 ihrer präventiven Wirkung beraubt würde (so insbesondere *Pammler,* Die gesellschaftsfinanzierte D&O-Versicherung im Spannungsfeld des Aktienrechts, 2006; ihm folgend *Ulmer* FS Canaris Bd. II, 2007, 451; dagegen *Dreher* AG 2008, 429).

56 Der Gesetzgeber hat diesen Ansatz aufgegriffen und im **VorstAG** auf Empfehlung des Rechtsausschusses des Bundestages eine **Pflicht zur Vereinbarung eines Selbstbehaltes** für den Fall des Abschlusses einer D&O-Versicherung begründet (BR-Drs. 592/09 vom 19.6.2009 auf der Grundlage von Beschlussempfehlung und Bericht des Rechtsausschusses, BT-Drs. 16/13433, 11; s. die Stellungnahmen zum VorstAG von *Thüsing,* Stellungnahme zum VorstAG, 11 ff.; *Hirte,* Stellungnahme zum VorstAG, 3 ff.; *Goette,* Stellungnahme zum VorstAG, 6 f.; zu offenen Fragen der Neuregelung *Dauner-Lieb/Tettinger* ZIP 2009, 1555 mit Rechenbeispielen; *Olbrich/Kassing* BB 2009, 1659; *Fiedler* MDR 2009, 1077; *Hoffmann-Becking/Krieger* NZG-Beil. Heft 26/2009, 6 ff.; *v. Kann* NZG 2009, 1010; *Koch* AG 2009, 637), und zwar trotz gewichtiger **Zweifel an der Steuerbarkeit** von Vorstandsmitgliedern durch Haftungsrisiko und Selbstbeteiligung (so insbesondere *Dreher* AG 2008, 429; *Hirte,* Stellungnahme zum VorstAG, 3 ff.; grds. krit. zu Konzepten der Steuerung des Vorstandshandelns durch Anreize *Arnold,* Die Steuerung des Vorstandshandeln, 2007; aA *Thüsing* AG 2009, 517 (526)). Die neue Regelung flankiere die in § 76 Abs. 1 normierte persönliche Verpflichtung und Verantwortung des Vorstands; zugleich habe die Regelung **verhaltenssteuernde Wirkung.** Die Haftung mit dem Privatvermögen wirke Pflichtverletzungen von Vorstandsmitgliedern präventiv entgegen. Der Gefahr einer korrespondierenden Schutzlücke zulasten der Gesellschaft in Form eines größeren Ausfallrisikos bei Leistungsunfähigkeit des haftenden Vorstandsmitglieds soll durch eine höhenmäßige Beschränkung des notwendigen Selbstbehalts Rechnung getragen werden können. Dementsprechend werden in § 93 Abs. 2 S. 3 **zwei Werte kombiniert:** Eine **prozentuale Quote vom Schaden** und ein **vergütungsbezogener Fixbetrag** sowie die Orientierung des Selbstbehalts an der festen Vergütung sollen der besseren Handhabbarkeit dienen (Beschlussempfehlung und Bericht des Rechtsausschusses, BT-Drs. 16/13433, 11; grundlegend zu einem solchen Kombinationsmodell *Pammler,* Die gesellschaftsfinanzierte D&O-Versicherung im Spannungsfeld des Aktienrechts, 2006, 88 ff., 90).

57 Die Vorschrift setzt den Abschluss einer entsprechenden Versicherung voraus, sie begründet **keine Abschlussverpflichtung** (BT-Drs. 16/13433, 11). Die gesetzliche Bezeichnung der betreffenden Versicherungen lautet gem. § 93 Abs. 2 S. 3 jetzt „Versicherung zur Absicherung eines Vorstandmitglieds gegen Risiken aus dessen beruflicher Tätigkeit für die Gesellschaft".

58 **2. Die gesetzlichen Vorgaben an den Selbstbehalt.** Das gesetzgeberische Konzept kommt im Tatbestand der Regelung nur unzureichend zum Ausdruck. Ausgangspunkt bei der Bestimmung des nunmehr vorgeschriebenen Selbstbehalts ist eine **prozentuale Quote** von mindestens 10 % des Schadens. Bei diesem schadensanteiligen Parameter steht der Gesichtspunkt der **Verhaltenssteuerung** im Vordergrund (dazu *Thüsing,* Stellungnahme zum VorstAG, 14; ausf. bereits *Pammler,* Die gesellschaftsfinanzierte D&O-Versicherung im Spannungsfeld des Aktienrechts, 2006, 89 ff.). In der Formulierung „mindestens zehn Prozent" kommt zum Ausdruck, dass die Vertragsparteien dieses prozentuale Element des Selbstbehalts auch höher ansetzen können.

59 Unklar sind nach dem Wortlaut freilich Inhalt und Funktion des **zweiten Bemessungsparameters** „bis mindestens zur Höhe des Eineinhalbfachen der festen jährlichen Vergütung des Vorstandsmitglieds". Die erneute Verwendung des Wortes „mindestens" könnte auf den ersten Blick so verstanden werden, dass es sich bei dem zweiten Wert um eine weitere Mindestschwelle handelt (so offensichtlich *Hohenstatt* ZIP 2009, 1349 (1354 liSp, Fn. 55)). Das zweite „mindestens" wäre dementsprechend zu lesen als „nicht weniger als", sodass der jeweils höhere der beiden Werte maßgeblich wäre. Dies ist jedoch laut Beschlussempfehlung des Rechtsausschusses nicht gemeint; hier wird von einer Obergrenze gesprochen und die (zutreffende) teleologische Erwägung angedeutet, dass das Ausfallrisiko der Gesellschaft begrenzt werden soll und damit die Deckelung primär in ihrem Interesse liegt (BT-Drs. 16/13433, 11). Maßgeblich erscheint daher die Verknüpfung „von … bis", aus der das Gegenteil einer weiteren Mindestschwelle, nämlich die Option einer **Obergrenze/Deckelung** abzuleiten ist, sodass der jeweils niedrigere Wert entscheidend ist; der schadensanteilige Selbstbehalt kann in der Weise gedeckelt werden, dass die Eigenhaftung jeweils nicht mehr als das Eineinhalbfache der Festvergütung beträgt. Das zweite „mindestens" hat also lediglich die Funktion einer Klarstellung, dass die Vertragsparteien die vergütungsbezogene Obergrenze auch höher ansetzen oder auf eine Deckelung ganz verzichten können (ebenso Hüffer/Koch/*Koch* Rn. 59; Spindler/Stilz/*Fleischer* Rn. 247; *Dauner-Lieb/Tettinger* ZIP 2009, 1555; *Olbrich/Kassing* BB 2009, 1659 (1660)).

60 Nicht ausreichend klar erscheint die **Funktionsweise der Deckelung bei mehreren Schadenfällen.** Hier stellt sich die Frage, ob die vergütungsbezogene Obergrenze auf den einzelnen Schadensfall

oder auf alle Schadensfälle innerhalb einer bestimmten Periode zu beziehen ist. Wollte man allein auf den Gesichtspunkt der Verhaltenssteuerung abstellen, läge eine gleichmäßige, anteilige Beteiligung an den Konsequenzen jeder Pflichtwidrigkeit und damit an jedem einzelnen Schaden nicht ganz fern. Berücksichtigt man dagegen, dass die vergütungsbezogene Obergrenze (zumindest auch) auf eine Begrenzung des Ausfallrisikos der Gesellschaft zielt, dann muss man die Deckelung bei identischem Gesamtschaden unabhängig davon greifen lassen, ob es sich um einen großen Schaden oder mehrere kleine Schadensfälle handelt. Daher erscheint es folgerichtig, dass die Beschlussempfehlung des Rechtsausschusses ganz eindeutig formuliert, dass es sich um eine **„absolute Obergrenze"** handelt, „die für alle Schadensfälle in einem Jahr zusammen gilt" (BT-Drs. 16/13433, 11). Immerhin eine Andeutung für dieses Konzept kann man im Gesetzeswortlaut darin sehen, dass gerade nicht auf den jeweiligen Schadensfall abgestellt wird, sondern auf „zehn Prozent des Schadens". Gar nicht im Wortlaut zum Ausdruck kommt die Zielstellung, die Deckelung jeweils auf eine Periode von einem Jahr zu beziehen; nur mühsam lässt sich von der Maßgeblichkeit der Jahresvergütung für die Höhe der Deckelung auf die Maßgeblichkeit einer Jahresperiode für die zeitliche Reichweite der jeweiligen Deckelung schließen (*Dauner-Lieb/Tettinger* ZIP 2009, 1555; vgl. dazu auch *Fiedler* MDR 2009, 1077 (1078); *Hoffmann-Becking/Krieger* NZG-Beil. 26/2009, 6).

Nach Vorstellung der Beschlussempfehlung des Rechtsausschusses ist die Versicherung je nach **Änderung der Festvergütung** jährlich anzupassen. Das Bezugsjahr für den anzuwendenden Selbstbehalt soll das **Jahr des Pflichtverstoßes** sein (BT-Drs. 16/13433, 11). Von den Vertragsparteien näher zu bestimmen ist, ob das Geschäftsjahr, das Kalenderjahr oder das Jahr der Vertragslaufzeit des Vorstandsvertrags oder Versicherungsvertrags maßgeblich sein soll. 61

Mangels anderweitiger Hinweise im Regelungswortlaut und in den Gesetzesmaterialien ist davon auszugehen, dass sich der Selbstbehalt **nicht auf die Schadensabwehrkosten** beziehen muss (Spindler/Stilz/*Fleischer* Rn. 245; *Dreher* AG 2008, 429 (433); ebenso *Olbrich/Kassing* BB 2009, 1659 (1660); aA *v. Kann* NZG 2009, 1010 (1012)). 62

3. Rechtsfolgen. Die **Folgen einer Nichtbeachtung** der Vorgaben des § 93 Abs. 2 S. 3 werden in Gesetzeswortlaut und Beschlussempfehlung des Rechtsausschusses nicht thematisiert. In Betracht zu ziehen ist zunächst die Einordnung der neuen Regelung als **gesetzliches Verbot iSv § 134 BGB.** Dies läge auf der Linie derjenigen Stimmen, die schon auf der Basis des bisher geltenden Rechts die Auffassung vertreten hatten, der Abschluss von D&O-Versicherungen ohne angemessenen Selbstbehalt verstoße gegen § 93 Abs. 2, 4, S. 3 aF mit der Folge der Nichtigkeit der betreffenden Versicherungsverträge (so insbesondere *Pammler,* Die gesellschaftsfinanzierte D&O-Versicherung im Spannungsfeld des Aktienrechts, 2006, 94 ff. sowie *Ulmer* FS Canaris Bd. II, 2007, 470 f.). Gegen eine Anwendung des § 134 BGB bestehen jedoch erhebliche **systematische und teleologische Bedenken** (so mit ausführlicher Begründung *Fiedler* MDR 2009, 1077 (1079 ff.)): Die Nichtigkeit des Versicherungsvertrags würde zur Abwicklung der erbrachten Leistungen nach Bereicherungsrecht führen, vor allem aber zum Wegfall des gesamten Versicherungsschutzes, auch zulasten der Gesellschaft, die nun das volle Risiko der Zahlungsunfähigkeit des Vorstandsmitgliedes zu tragen hätte, vor dem sie durch den Abschluss der D&O-Versicherung gerade geschützt werden sollte. Daher ist die Regelung nur als **Vorgabe für das gesellschaftsrechtliche Innenverhältnis** zu verstehen, die die Wirksamkeit des Versicherungsvertrags unberührt lässt (Hüffer/Koch/*Koch* Rn. 59; Spindler/Stilz/*Fleischer* Rn. 252 f.; *Dauner-Lieb/Tettinger* ZIP 2009, 1555). 63

4. Zulässigkeit einer Eigenversicherung des Vorstandsmitglieds. Adressat der Neuregelung ist die **Gesellschaft,** nicht das Vorstandsmitglied. Im Gesetzgebungsverfahren ist zwar der Vorschlag gemacht worden, zwecks Unterbindung einer naheliegenden „Umgehung" die Neuregelung dahingehend zu ergänzen, dass ein Vorstandsmitglied, dessen Haftungsrisiko versichert wird, den **gesetzlich vorgeschriebenen Selbstbehalt** nicht anders versichern darf (*Thüsing,* Stellungnahme zum VorstAG, 14). Der Gesetzgeber hat diesen Ansatz nicht aufgegriffen. Daraus ergibt sich im Umkehrschluss die **Zulässigkeit einer Eigenversicherung** des Vorstandsmitgliedes zur Abdeckung des Selbstbehalts (dazu auch *Hohenstatt* ZIP 2009, 1349 (1354); ebenso mit Bedauern *Thüsing* AG 2009, 517 (527); *Bosse* BB 2009, 1650 (1652); *Fiedler* MDR 2009, 1077 (1081); *Hoffmann-Becking/Krieger* NZG-Beil. Heft 26/2009, 7; *v. Kann* NZG 2009, 1010 (1012); *Koch* AG 2009, 637 (646)). Im Hinblick auf die ratio der Neuregelung darf die dafür aufzuwendende Prämie nicht in die Vergütung eingespeist werden, was freilich schwer nachprüfbar sein wird (*Goette,* Stellungnahme zum VorstAG, 7; *Hirte,* Stellungnahme zum VorstAG, 4). Der Neuregelung ist auch **keine Pflicht des Aufsichtsrats** zu entnehmen, dem künftigen Vorstandsmitglied im Anstellungsvertrag die Absicherung von Haftungslücken auf eigene Kosten zu untersagen und Kandidaten abzusagen, die sich einem solchen Ansinnen verweigern. 64

5. Übergangsregelung § 23 Abs. 1 S. 1 EGAktG verlangt, dass **laufende D&O-Versicherungsverträge** bis zum 30.6.2010 an die Neuregelung **angepasst** werden. Besteht aus dem laufenden Anstellungsvertrags des Vorstands eine Versicherung ohne einen vom Gesetz geforderten Selbstbehalt, so bleibt diese Verpflichtung der Gesellschaft bis zum Ablauf des Vorstandsvertrages, also in der Praxis 65 maximal fünf Jahre, erfüllbar (zu den konstruktiven Problemen *Hohenstatt* ZIP 2009, 1349 (1353 liSp)). Die Frage nach den Rechtsfolgen stellt sich für diese Fälle mit besonderer Schärfe; eine Nichtigkeit gem. § 134 BGB wäre noch schwerer zu rechtfertigen (dazu *Thüsing,* Stellungnahme zum VorstAG, 12). Auch dies spricht dafür, § 93 Abs. 2 S. 3 als Regelung des gesellschaftsrechtlichen Innenverhältnisses zu verstehen (→ Rn. 63).

Stellvertreter von Vorstandsmitgliedern

94 Die Vorschriften für die Vorstandsmitglieder gelten auch für ihre Stellvertreter.

1 § 94 stellt für sog. **stellvertretende** Vorstandsmitglieder klar, dass es sich ungeachtet der (irreführenden) Bezeichnung um **vollwertige Vorstandsmitglieder mit allen Rechten und Pflichten** handelt; das stellvertretende Vorstandsmitglied vertritt kein anderes Vorstandsmitglied in dem Sinne, dass es erst im Verhinderungsfall in dessen organschaftliche Stellung einrückt. Die Bezeichnung bringt lediglich eine interne Hierarchie zum Ausdruck (OLG Düsseldorf 31.1.2012, MDR 2012, 902; Hüffer/Koch/*Koch* Rn. 1 f.; Spindler/Stilz/*Fleischer* Rn. 1; GroßkommAktG/*Habersack* Rn. 4; KK-AktG/*Mertens*/*Cahn* Rn. 2 f.).

2 Dementsprechend sind die **§§ 76 ff.** auch auf stellvertretende Vorstandsmitglieder anwendbar (Hüffer/Koch/*Koch* Rn. 3). Die **Bestellung und Abberufung** erfolgt nach den allgemeinen Regeln gem. § 84. Stellvertretende Vorstandsmitglieder sind nach § 80 auf **Geschäftsbriefen** der Gesellschaft wie ordentliche Vorstandsmitglieder zu benennen; die Stellvertretereigenschaft tritt nach außen nicht hervor (vgl. GroßkommAktG/*Habersack* Rn. 3). Das stellvertretende Vorstandsmitglied hat wie jedes andere Vorstandsmitglied **Leitungsverantwortung** iSv § 76 Abs. 1. In der **Praxis** ist allerdings regelmäßig die **Geschäftsführungsbefugnis** für stellvertretende Vorstandsmitglieder **beschränkt.** Dies ändert nichts an der Haftung gem. § 93 (vgl. hierzu Hüffer/Koch/*Koch* Rn. 3; K. Schmidt/Lutter/*Krieger*/*Sailer-Coceani* Rn. 2).

3 Für die **Ernennung eines bisher stellvertretenden zum ordentlichen Vorstandsmitglied** soll der Aufsichtsrat zuständig sein, obwohl mit ihr kein organschaftlicher Bestellungsakt, sondern nur eine Änderung der vorstandsinternen Rangordnung verbunden ist (Spindler/Stilz/*Fleischer* Rn. 4; GroßkommAktG/*Habersack* Rn. 13; K. Schmidt/Lutter/*Krieger*/*Sailer-Coceani* Rn. 3; MüKoAktG/*Spindler* Rn. 10).

4 Umstritten ist, ob in mitbestimmten Gesellschaften die Ernennung eines bisher stellvertretenden zum ordentlichen Vorstandsmitglied den besonderen Regeln des **§ 31 Abs. 2–4 MitbestG** unterliegt (vgl. hierzu Bürgers/Körber/*Bürgers*/*Israel* Rn. 3; MüKoAktG/*Spindler* Rn. 13). Die wohl hM verneint dies im Hinblick auf die nur hierarchische Aufwertung (Hüffer/Koch/*Koch* Rn. 4; K. Schmidt/Lutter/*Krieger*/*Sailer-Coceani* Rn. 4; KK-AktG/*Mertens*/*Cahn* Rn. 7).

Zweiter Abschnitt. Aufsichtsrat

Zahl der Aufsichtsratsmitglieder

95 [1]**Der Aufsichtsrat besteht aus drei Mitgliedern.** [2]**Die Satzung kann eine bestimmte höhere Zahl festsetzen.** [3]**Die Zahl muß durch drei teilbar sein, wenn dies zur Erfüllung mitbestimmungsrechtlicher Vorgaben erfoderlich ist.** [4]**Die Höchstzahl der Aufsichtsratsmitglieder beträgt bei Gesellschaften mit einem Grundkapital**

bis zu	**1 500 000 Euro**	**neun,**
von mehr als	**1 500 000 Euro**	**fünfzehn,**
von mehr als	**10 000 000 Euro**	**einundzwanzig.**

[5]**Durch die vorstehenden Vorschriften werden hiervon abweichende Vorschriften des Mitbestimmungsgesetzes vom 4. Mai 1976 (BGBl. I S. 1153), des Montan-Mitbestimmungsgesetzes und des Gesetzes zur Ergänzung des Gesetzes über die Mitbestimmung der Arbeitnehmer in den Aufsichtsräten und Vorständen der Unternehmen des Bergbaus und der Eisen und Stahl erzeugenden Industrie in der im Bundesgesetzblatt Teil III, Gliederungsnummer 801-3, veröffentlichten bereinigten Fassung – Mitbestimmungsergänzungsgesetz – nicht berührt.**

I. Allgemeines

1 § 95 regelt die zahlenmäßige Besetzung des von ihm vorausgesetzten Aufsichtsrats. Obwohl dies an keiner Stelle des Gesetzes explizit hervorgehoben wird, ist der Aufsichtsrat ein zwingend **notwendiges Organ** der AG. Weder Satzung noch Hauptversammlungsbeschluss können ihn abschaffen. Ebenso

wenig können sie mehrere Aufsichtsgremien vorsehen. Die Einrichtung weiterer beratender Organe, welche die Funktionen des Vorstands und des Aufsichtsrats nicht beeinträchtigen dürfen, ist hingegen zulässig (Hüffer/Koch/*Koch* Rn. 4; Hölters/*Simons* Rn. 9; Grigoleit/*Grigoleit/Tomasic* Rn. 1). Eine andere Bezeichnung des Aufsichtsrats ist unzulässig (MüKoAktG/*Habersack* Rn. 5; Hüffer/Koch/*Koch* Rn. 1; Hölters/*Simons* Rn. 1; beispielsweise als „Verwaltungsrat", KG JW 1932, 2620; dem KG zustimmend *Pinner* JW 1932, 2621 oder „Board", BeckOGK/*Spindler,* 15.1.2020, Rn. 2). Der zwingende Charakter der unternehmensverfassungsrechtlichen Vorschriften umfasst die in S. 1 festgelegte Mindestzahl von drei sowie die in S. 4 vorgegebenen Höchstzahlen (K. Schmidt/Lutter/*Drygala* Rn. 3–4; MüKoAktG/*Habersack* Rn. 7, 9, 13). § 95 bezweckt eine Beschränkung der Gestaltungsmacht der Hauptversammlung. Diese soll nicht durch einfachen Beschluss die Größe des Aufsichtsrats beliebig verändern und so etwa unerwünschte Mitglieder aus ihrem Amt drängen können (MüKoAktG/*Habersack* Rn. 1). Außerdem sollen Effektivität und sachgemäße Aufgabenerfüllung des Aufsichtsgremiums gesichert werden (K. Schmidt/Lutter/*Drygala* Rn. 1).

II. Mitgliederzahl

§ 95 S. 1 legt die gesetzliche Mindestzahl auf **drei Aufsichtsratsmitglieder** fest. Die Satzung darf gem. § 95 S. 2 bis S. 4 eine höhere Mitgliederzahl festsetzen. Variable oder niedrigere Zahlen sind nicht zulässig, erforderlich ist die Festsetzung einer bestimmten höheren Zahl (LG München I 27.2.2017, BB 2017, 976 (978); MüKoAktG/*Habersack* Rn. 9). Höhere Mitgliederzahlen empfehlen sich regelmäßig schon deshalb, weil bereits die Beschlussfähigkeit des Aufsichtsrats nach § 108 Abs. 2 S. 3 die Anwesenheit von drei Mitgliedern voraussetzt (MüKoAktG/*Habersack* Rn. 7, 9; Hölters/*Simons* Rn. 4). Die Gestaltungsmöglichkeiten des Satzungsgebers werden durch die am Grundkapital der Gesellschaft orientierten Höchstzahlen in § 95 S. 4 beschränkt. Als Grundkapital gilt das in der Satzung festgelegte Kapital, das tatsächliche Einzahlungsvolumen bleibt unberücksichtigt (K. Schmidt/Lutter/*Drygala* Rn. 6; MüKoAktG/*Habersack* Rn. 14). Zur **nachträglichen Anhebung** der Zahl der Aufsichtsratsmitglieder kann es nach dem Überschreiten von mitbestimmungsrechtlichen Schwellenwerten, nach Kapitalmaßnahmen oder entsprechender Satzungsänderung kommen. Wird lediglich das Kapital erhöht, bedarf es zur Änderung der Mitgliederzahl zusätzlich einer Anpassung der Satzung (MüKoAktG/*Habersack* Rn. 17; Hüffer/Koch/*Koch* Rn. 5). Eine Erhöhung der Mitgliederzahl zieht Ergänzungswahlen nach sich (Habersack/Henssler/*Henssler* MitbestG § 7 Rn. 29). In mitbestimmten Gesellschaften verlangt das BAG die Durchführung des Statusverfahrens nach § 96 Abs. 2, §§ 97 ff. (BAG 3.10.1989, AP BetrVG 1952 § 76 Nr. 28; aA die hM im gesellschaftsrechtlichen Schrifttum MüKoAktG/*Habersack* Rn. 17 mwN; GroßkommAktG/*Hopt/Roth* Rn. 90). Eine **Reduzierung** der Zahl der Aufsichtsratsmitglieder ist ebenfalls durch Satzungsänderung oder zwingend aufgrund der Herabsetzung des Grundkapitals denkbar (vgl. auch K. Schmidt/Lutter/*Drygala* Rn. 11 ff.). Die überzähligen Mitglieder bleiben in mitbestimmten Aufsichtsräten nach ganz hM bis zum Ablauf der Amtszeit im Amt (OLG Hamburg 26.8.1988, DB 1988, 1941 (1941 f.); OLG Düsseldorf 18.2.1997, ZIP 1997, 589 (591); *Martens* DB 1978, 1065 (1069); Habersack/Henssler/*Henssler* MitbestG § 7 Rn. 28; MüKoAktG/*Habersack* Rn. 19 ff. GroßkommAktG/*Hopt/Roth* Rn. 96; ErfK/*Oetker* Rn. 3; differenzierend Hüffer/Koch/*Koch* Rn. 5; KK-AktG/*Mertens/Cahn* Rn. 25: bei Kapitalherabsetzung endet das Amt mit dem Abschluss des nach dieser Ansicht einzuleitenden Statusverfahrens). In der mitbestimmungsfreien AG ist dagegen zwischen der Reduzierung aufgrund (einfacher, nicht kapitalwirksamer) **Satzungsänderung** oder aufgrund einer Kapitalherabsetzung zu differenzieren. Die mit der Eintragung ins Handelsregister wirksame Satzungsänderung führt zwar zu keinem automatischen Ausscheiden, berechtigt die Hauptversammlung aber zur Abberufung nach § 103 (aA *Oetker* ZHR 149 (1985), 575 (586): Statusverfahren). Eines Statusverfahrens bedarf es nicht, da keine Änderung gesetzlicher Vorschriften erfolgt. Bei einer **Kapitalherabsetzung** bleiben die Mitglieder dagegen bis zum Abschluss des hier einzuleitenden Statusverfahrens nach §§ 97 ff. im Amt (aA MüKoAktG/*Habersack* Rn. 18). 2

III. Teilbarkeit durch drei

Die Aktienrechtsnovelle vom 22.12.2015 (BGBl. 2015 I 2565) hat mit Wirkung vom 31.12.2015 eine Änderung des S. 3 gebracht. Seither muss die Zahl der Mitglieder des Aufsichtsrats nicht mehr (wie bis dato zwingend) durch drei teilbar sein; der Grundsatz der Dreiteilbarkeit bleibt lediglich für AG bestehen, für die das DrittelbG gilt. Das bei einem aus nur drei Mitgliedern bestehenden Aufsichtsrat nicht unerhebliche Risiko der Beschlussunfähigkeit (nach § 108 Abs. 2 S. 3 müssen stets drei Mitglieder an der Beschlussfassung teilnehmen) lässt sich nun reduzieren, indem der Mindestaufsichtsrat iSv S. 1 geringfügig aufgestockt wird. Der bisher nötigen, mit erheblichen Zusatzkosten verbundenen Verdoppelung der Zahl der Aufsichtsratsmitglieder bedarf es nicht mehr (dazu *Paschos/Goslar* NJW 2016, 359 (362)). Die zunächst (versehentlich) unterbliebene Anpassung von § 17 Abs. 1 S. 3 SEAG, der für den Aufsichtsrat einer dualistisch strukturierten SE ebenfalls das Dreiteilbarkeitserfordernis vorsieht, wurde durch das Abschlussprüfungsreformgesetz (AReG) vom 10.5.2016 (BGBl. 2016 I 1142) nach- 3 geholt (kritisch hierzu *Werthmüller,* Staatliche Eingriffe in die Aufsichtsratsbesetzung und die Geschlechterquote, 2017, 221 ff., 294).

IV. Mitbestimmungsrechtliche Vorschriften

4 Mitbestimmungsrechtliche Regelungen, die von § 95 S. 1–4 abweichen, bleiben nach § 95 S. 5 unberührt. Betroffen sind durch die Norm die §§ 7 MitbestG, 4 MontanMitbestG sowie 5 MontanMitbestErgG. § 95 S. 5 bestätigt damit den von § 6 Abs. 2 MitbestG angeordneten **Vorrang** der Mitbestimmungsgesetze. Aufgrund der Spezialität der mitbestimmungsrechtlichen Regelungen, hat § 95 S. 5 insoweit nur klarstellenden Charakter (Hüffer/Koch/*Koch* Rn. 6). Das DrittelbG enthält lediglich Regelungen zum Mitgliederverhältnis, nicht aber zur Mitgliederzahl. Aus diesem Grund bleibt es in § 95 S. 5 unerwähnt (Hölters/*Simons* Rn. 17; Hüffer/Koch/*Koch* Rn. 6). § 7 MitbestG ist rechtspolitisch fragwürdig, weil er zu übertrieben großen und damit schwerfälligen Aufsichtsgremien führt.

V. Rechtsfolgen bei Gesetzes- und Satzungsverstößen

5 Eine § 95 S. 2–4 verletzende Satzungsbestimmung ist **nichtig** (§ 134 BGB). Bei einem Verstoß gegen § 95 S. 2, 3 tritt an die Stelle der Satzung die gesetzliche Regelung, dh. es greift die Regelgröße von drei Mitgliedern, § 95 S. 1 (MüKoAktG/*Habersack* Rn. 23; Hüffer/Koch/*Koch* Rn. 7). Ein Verstoß gegen § 95 S. 4 führt zur Beschränkung der Gremiengröße auf die jeweilige Höchstzahl. Satzungswidrige Hauptversammlungsbeschlüsse sind nach § 243 Abs. 1 nur **anfechtbar** (K. Schmidt/Lutter/*Drygala* Rn. 17). Dagegen führen Gesetzesverstöße nach § 250 Abs. 1 Nr. 3 zur Nichtigkeit. Wird also eine Anzahl von Aufsichtsratsmitgliedern gewählt, die über die Satzung und die gesetzliche Mindestzahl des § 95 S. 1 hinausgeht, liegt die Gremiengröße aber noch innerhalb der von § 95 S. 4 vorgeschriebenen Obergrenze, so zieht dies lediglich die Anfechtbarkeit des Wahlbeschlusses nach sich. Auf die Beschlussfähigkeit wirken sich Über- oder Unterbesetzungen des Gremiums, die nur gegen die Satzung, nicht aber gegen gesetzliche Vorgaben verstoßen, nicht aus (KK-AktG/*Mertens/Cahn* Rn. 19).

Zusammensetzung des Aufsichtsrats

96 (1) **Der Aufsichtsrat setzt sich zusammen**
bei Gesellschaften, für die das Mitbestimmungsgesetz gilt, aus Aufsichtsratsmitgliedern der Aktionäre und der Arbeitnehmer,
bei Gesellschaften, für die das Montan-Mitbestimmungsgesetz gilt, aus Aufsichtsratsmitgliedern der Aktionäre und der Arbeitnehmer und aus weiteren Mitgliedern,
bei Gesellschaften, für die die §§ 5 bis 13 des Mitbestimmungsergänzungsgesetzes gelten, aus Aufsichtsratsmitgliedern der Aktionäre und der Arbeitnehmer und aus einem weiteren Mitglied,
bei Gesellschaften, für die das Drittelbeteiligungsgesetz gilt, aus Aufsichtsratsmitgliedern der Aktionäre und der Arbeitnehmer,
bei Gesellschaften für die das Gesetz über die Mitbestimmung der Arbeitnehmer bei einer grenzüberschreitenden Verschmelzung vom 21. Dezember 2006 (BGBl. I S. 3332) gilt, aus Aufsichtsratsmitgliedern der Aktionäre und der Arbeitnehmer,
bei den übrigen Gesellschaften nur aus Aufsichtsratsmitgliedern der Aktionäre.

(2) **[1] Bei börsennotierten Gesellschaften, für die das Mitbestimmungsgesetz, das Montan-Mitbestimmungsgesetz oder das Mitbestimmungsergänzungsgesetz gilt, setzt sich der Aufsichtsrat zu mindestens 30 Prozent aus Frauen und zu mindestens 30 Prozent aus Männern zusammen. [2] Der Mindestanteil ist vom Aufsichtsrat insgesamt zu erfüllen. [3] Widerspricht die Seite der Anteilseigner- oder Arbeitnehmervertreter auf Grund eines mit Mehrheit gefassten Beschlusses vor der Wahl der Gesamterfüllung gegenüber dem Aufsichtsratsvorsitzenden, so ist der Mindestanteil für diese Wahl von der Seite der Anteilseigner und der Seite der Arbeitnehmer getrennt zu erfüllen. [4] Es ist in allen Fällen auf volle Personenzahlen mathematisch auf- beziehungsweise abzurunden. [5] Verringert sich bei Gesamterfüllung der höhere Frauenanteil einer Seite nachträglich und widerspricht sie nun der Gesamterfüllung, so wird dadurch die Besetzung auf der anderen Seite nicht unwirksam. [6] Eine Wahl der Mitglieder des Aufsichtsrats durch die Hauptversammlung und eine Entsendung in den Aufsichtsrat unter Verstoß gegen das Mindestanteilsgebot ist nichtig. [7] Ist eine Wahl aus anderen Gründen für nichtig erklärt, so verstoßen zwischenzeitlich erfolgte Wahlen insoweit nicht gegen das Mindestanteilsgebot. [8] Auf die Wahl der Aufsichtsratsmitglieder der Arbeitnehmer sind die in Satz 1 genannten Gesetze zur Mitbestimmung anzuwenden.**

(3) [1]**Bei börsennotierten Gesellschaften, die aus einer grenzüberschreitenden Verschmelzung hervorgegangen sind und bei denen nach dem Gesetz über die Mitbestimmung der Arbeitnehmer bei einer grenzüberschreitenden Verschmelzung das Aufsichts- oder Verwaltungsorgan aus derselben Zahl von Anteilseigner- und Arbeitnehmervertretern besteht, müssen in dem Aufsichts- oder Verwaltungsorgan Frauen und Männer jeweils mit einem Anteil von mindestens 30 Prozent vertreten sein.** [2]**Absatz 2 Satz 2, 4, 6 und 7 gilt entsprechend.**

(4) **Nach anderen als den zuletzt angewandten gesetzlichen Vorschriften kann der Aufsichtsrat nur zusammengesetzt werden, wenn nach § 97 oder nach § 98 die in der Bekanntmachung des Vorstands oder in der gerichtlichen Entscheidung angegebenen gesetzlichen Vorschriften anzuwenden sind.**

Übersicht

I. Allgemeines

1 § 96 regelt die **Zusammensetzung des Aufsichtsrats** für alle Formen der AG entsprechend ihrem mitbestimmungsrechtlichen Status. Sofern die in § 96 Abs. 1 zunächst aufgeführten mitbestimmungsrechtlichen Vorschriften im Einzelfall nicht einschlägig sind, wird schließlich auf die gesetzliche Grundform eines ausschließlich mit Anteilseignervertretern zusammengesetzten Aufsichtsrats nach § 101 Abs. 1 S. 1 Alt. 1 verwiesen. Der Sache nach enthält **Abs. 1** für die verschiedenen Systeme also Verweisungen auf mitbestimmungsrechtliche Vorschriften, ohne diese wörtlich zu übernehmen. Ziel ist es, Aktienrecht und Mitbestimmungsrecht derart miteinander zu verzahnen, dass mitbestimmungsrechtlichen Entwicklungen ohne Gesetzesänderung Rechnung getragen werden kann (MüKoAktG/*Habersack* Rn. 1; Hüffer/Koch/*Koch* Rn. 1; kritisch hierzu Grigoleit/*Grigoleit/Tomasic* Rn. 1 „erhebliche Rechtsunsicherheit"). Mitbestimmungsrechtliche Vorschriften sind jedoch gem. § 30 Abs. 2 auf die Zusammensetzung und Bestellung des ersten Aufsichtsrats generell nicht anzuwenden. Die **Abs. 2 und 3** führen eine Geschlechterquote für die dort genannten Gesellschaften ein (vgl. auch § 111 Abs. 5 sowie → § 111 Rn. 24 bis → § 111 Rn. 27). **Abs. 4** kodifiziert das sog. Kontinuitätsprinzip und dient über die Koppelung von Veränderungen der Gremienzusammensetzung an das Statusverfahren der Sicherung der Handlungsfähigkeit des Aufsichtsrats. Nach § 23 Abs. 5 hat § 96 insgesamt zwingenden Charakter.

II. Aufsichtsratssysteme (Abs. 1)

2 § 96 Abs. 1 zählt **sechs mögliche Systeme** auf, nach denen sich der Aufsichtsrat zusammensetzen kann:

3 **1. MitbestG.** Der Aufsichtsrat einer AG, KGaA, GmbH oder Genossenschaft ist gem. § 1 Abs. 1 MitbestG nach Maßgabe des MitbestG zu bilden, wenn die Gesellschaft in der Regel **mehr als 2.000 Arbeitnehmer** beschäftigt. In ausländischen Tochtergesellschaften beschäftigte Arbeitnehmer werden zur Berechnung dieses Schwellenwertes weder mitgezählt noch sind sie wahlberechtigt (Habersack/Henssler/*Henssler* MitbestG § 3 Rn. 43 ff.; zu Einzelheiten Habersack/Henssler/*Henssler* MitbestG § 3 Rn. 40 ff.; zur Vereinbarkeit des Wahlrechtsausschlusses mit dem europäischen Recht jüngst EuGH 18.7.2017, NZA 2017, 1000). Durch die zum 1.4.2017 in Kraft getretene erneute AÜG-Reform und die nunmehr geltenden S. 5 und 6 des § 14 Abs. 2 AÜG, wurde die kontroverse Diskussion um die Einbeziehung von Leiharbeitnehmern beendet. Bei einer Einsatzdauer von mehr als sechs Monaten werden Leiharbeitnehmer nun bei der Berechnung der Schwellenwerte des MitbestG berücksichtigt (zu Entwicklung und Einzelheiten vgl. Habersack/Henssler/*Henssler* MitbestG § 3 Rn. 36 ff.; krit zur 6-Monatsregel *Schubert/Liese* NZA 2016, 1297 (1303); s. auch WKS/*Wißmann* § 1 Rn. 41c; diese Regel ist arbeitsplatzbezogen zu verstehen, BGH 25.6.2019, NJW 2019, 2856). Ausnahmen gelten gem. § 1 Abs. 4 MitbestG für Tendenzunternehmen und Unternehmen von Religionsgemeinschaften (Haber-

sack/Henssler/*Habersack* MitbestG § 1 Rn. 56 ff.). Zu den Voraussetzungen, unter denen einer AG karitative Zwecke der von ihr beherrschten Gesellschaften zuzurechnen sind, vgl. OLG Brandenburg 5.2.2013, ZIP 2013, 1623 ff. In die Berechnung des Schwellenwertes sind die in abhängigen Unternehmen beschäftigten Arbeitnehmer einzubeziehen (§ 5 MitbestG). Der nach dem MitbestG gebildete Aufsichtsrat ist paritätisch mit Anteilseignervertretern und Arbeitnehmervertretern zu besetzen. Die Zahl der Aufsichtsratsmitglieder ist jeweils gerade, die Gremiengröße variiert je nach Belegschaftsstärke zwischen 12 und 20 Mitgliedern (§ 7 MitbestG). Leitenden Angestellten steht gem. § 15 Abs. 2 S. 1 MitbestG mindestens ein Aufsichtsratssitz zu; den im Unternehmen vertretenen Gewerkschaften in Abhängigkeit von der Zahl der Aufsichtsratsmitglieder zwei oder drei Sitze (§ 7 Abs. 2 MitbestG). Das Übergewicht der Anteilseigner wird durch das Doppelstimmrecht des Aufsichtsratsvorsitzenden gewahrt (§ 29 Abs. 2 S. 1 MitbestG), der nicht gegen die Stimmen der Anteilseigner bestellt werden kann (§ 27 Abs. 2 S. 2 MitbestG). Die Zahl der Aufsichtsratsmitglieder kann durch die Satzung ausschließlich nach Maßgabe des § 7 Abs. 1 S. 2 MitbestG verändert werden (Habersack/Henssler/*Henssler* MitbestG § 7 Rn. 17) und ist zur Gewährleistung einer effektiven Gremientätigkeit auf maximal 20 Mitglieder beschränkt.

4 **2. MontanMitbestG.** Gemäß § 1 Abs. 1 S. 1 MontanMitbestG 1951 bestimmt sich die Zusammensetzung des Aufsichtsrats bei Unternehmen in der Rechtsform einer AG oder GmbH mit **mehr als 1.000 Arbeitnehmern** nach dem MontanMitbestG. Der Unternehmenszweck muss zudem überwiegend in der Förderung von Steinkohle, Braunkohle oder Eisenerz oder der Erzeugung von Eisen oder Stahl einschließlich der Herstellung von Walzwerkerzeugnissen bestehen. Das Gesetz erklärt sich historisch vor dem Hintergrund der Entflechtung der Montanbranche durch die Alliierten nach dem 2. Weltkrieg. Von MontanMitbestG und MontanMitbestErgG (→ Rn. 5) werden heute nur noch ca. 40 Unternehmen erfasst. Nach § 4 MontanMitbestG ist der Aufsichtsrat grundsätzlich mit elf Mitgliedern zu besetzen, wobei die Anteilseigner und Arbeitnehmer paritätisch zu berücksichtigen und ein weiteres (elftes) neutrales Mitglied zu ermitteln ist. Alle Mitglieder werden von der Hauptversammlung gewählt, die Arbeitnehmervertreter allerdings aufgrund bindender Vorschläge der Belegschaft, das neutrale Mitglied aufgrund eines Vorschlags der übrigen Aufsichtsratsmitglieder oder nach einem in § 8 Abs. 2–4 MontanMitbestG geregelten Vermittlungsverfahren. Die Satzung kann, abhängig von der Höhe des Grundkapitals, die Anzahl der Gremienmitglieder auf 15 oder 21 erhöhen. Zur Vertiefung: MHdB ArbR/*Uffmann* § 378.

5 **3. MontanMitbestErgG.** Das MontanMitbestErgG 1956 (Holding-Novelle) dient der Konservierung der Montanmitbestimmung trotz des kontinuierlichen Bedeutungsverlustes dieser Branche. Es erfasst herrschende Unternehmen in der Rechtsform einer AG oder GmbH, die zwar selbst den **Voraussetzungen der Montanmitbestimmung** nicht genügen, bei denen aber der Zweck des Unternehmensverbunds durch mindestens ein Unternehmen geprägt ist, das der Montanmitbestimmung unterliegt. Seit einer durch das BVerfG (BVerfG 2.3.1999, BVerfGE 99, 367 = NJW 1999, 1535) erzwungenen Gesetzesänderung (BGBl. 2004 I 974) stellt § 3 Abs. 2 S. 1 Nr. 2 MitbestErgG darauf ab, dass die unter die Montanmitbestimmung fallenden Unternehmen insgesamt mindestens ein Fünftel der Arbeitnehmer sämtlicher Konzernunternehmen beschäftigen. Nach § 5 Abs. 1 S. 1 MontanMitbestErgG setzt sich der Aufsichtsrat aus fünfzehn Mitgliedern zusammen, die sich paritätisch in je sieben Anteilseigner- und Arbeitnehmervertreter aufteilen, ergänzt durch ein neutrales Mitglied. In Abhängigkeit vom Grundkapital kann die Satzung die Gremiengröße auf 21 erhöhen.

6 **4. DrittelbG.** Das DrittelbG erfasst nach § 1 DrittelbG Unternehmen in der Rechtsform der AG, KGaA, GmbH und Genossenschaft sowie des VVaG mit regelmäßig **mehr als 500, aber weniger als 2001 Arbeitnehmern,** die nicht der Montanmitbestimmung unterliegen und keine Tendenzunternehmen sind. Mit Ausnahme von Familienunternehmen erstreckt sich das DrittelbG außerdem unabhängig von der Arbeitnehmeranzahl auf alle AG und KGaA, welche bereits vor dem 10.8.1994 in das Handelsregister eingetragen waren (zu Einzelheiten vgl. Habersack/Henssler/*Habersack* DrittelbG § 1 Rn. 1 ff.). Jedoch werden AG's mit weniger als fünf Arbeitnehmern auch von § 1 Abs. 1 Nr. 1 S. 2 DrittelbG nicht erfasst (teleologische Reduktion, vgl. BGH 7.2.2010, NZG 2012, 421 (422); OLG Jena 14.6.2011, ZIP 2011, 1257; zur Verfassungsmäßigkeit des S. 2 BVerfG 9.1.2014, ZIP 2014, 464; OLG Düsseldorf 27.7.2011, ZIP 2011, 1564). Der Aufsichtsrat einer nach dem DrittelbG mitbestimmten AG muss zu einem Drittel aus Vertretern der Arbeitnehmer bestehen (§ 4 Abs. 1 DrittelbG). Die Zahl der Aufsichtsratsmitglieder richtet sich mangels abweichender Regelung nach § 95. Leitende Angestellte sind hier weder aktiv noch passiv wahlberechtigt, Pflichtsitze gibt es weder für sie noch für Gewerkschaftsvertreter. Die Befugnisse des **Aufsichtsrats einer GmbH** sind beschränkt, insbesondere obliegt ihm nicht die wichtige Kompetenz zur Bestellung und Abberufung der Geschäftsführer (vgl. die Ausklammerung des § 84 aus der Verweisung in § 1 Abs. 1 Nr. 3 DrittelbG). Zu Einzelheiten Habersack/Henssler/*Henssler* DrittelbG Einl.

7 **5. MgVG.** Das Gesetz über die Mitbestimmung der Arbeitnehmer bei einer grenzüberschreitenden Verschmelzung vom 21.12.2006 (BGBl. 2006 I 3332), mit dem die Richtlinie über die Verschmelzung

von Kapitalgesellschaften aus verschiedenen Mitgliedstaaten (Richtlinie RL (EU) 2017/1132 v. 14.6.2017, ABl. 2017 L 169, 46) umgesetzt wurde, erfasst Unternehmen mit **Sitz im Inland,** die aus grenzüberschreitender Verschmelzung hervorgegangen sind. Anders als im Anwendungsbereich des Rechts der SE entsteht aufgrund der Verschmelzung eine **deutsche Gesellschaft,** also eine GmbH, AG oder KGaA. Entsprechend dem schon im SEBG und SCEBG umgesetzten europäischen Mitbestimmungskonzept geht auch das MgVG vom Vorrang der Verhandlungslösung aus. Die Mitbestimmung richtet sich vorrangig nach einer zwischen der Unternehmensleitung und einem besonderen Verhandlungsgremium der Arbeitnehmer geschlossenen Mitbestimmungsvereinbarung. Sie kann eine Erweiterung oder Einschränkung der Arbeitnehmerbeteiligung gegenüber dem für die Rechtsform an sich einschlägigen nationalen Mitbestimmungsrecht vorsehen oder sogar auf eine Beteiligung der Arbeitnehmer im Aufsichtsrat ganz verzichten (zu Einzelheiten *Henssler* ZHR 173 (2009), 222; *Schubert* RdA 2007, 9). Da der Anwendungsbereich des MgVG bereits durch Verschmelzung einer ausländischen Tochter auf eine deutsche Kapitalgesellschaft eröffnet ist, ist im Ergebnis das deutsche Mitbestimmungsrecht dispositiv (*Henssler* ZfA 2018, 174 (179)). Die Zahl der Arbeitnehmervertreter im Aufsichtsrat richtet sich nach der Vereinbarung. Kommt eine Vereinbarung nicht zustande, so greift die Mitbestimmung kraft Gesetzes gem. §§ 23 ff. MgVG. Im Sinne des sog. **„Vorher-Nachher-Prinzips"** wird das bisher höchste Niveau der Arbeitnehmerbeteiligung in einer der an der Verschmelzung beteiligten Gesellschaften konserviert. Der Schutz der Beteiligungsrechte bezieht sich allerdings nur auf den Anteil der Arbeitnehmervertreter, nicht auf die absolute Anzahl der Arbeitnehmersitze im Aufsichtsrat. Die Satzung kann daher eine Verkleinerung gegenüber der mitbestimmungsrechtlich, etwa in § 7 MitbestG, festgeschriebenen Aufsichtsratsgröße vorsehen (vgl. zur parallelen Problematik im SEBG Habersack/Henssler/*Henssler* SEBG Einl. Rn. 152; *Henssler* ZHR 173 (2009), 222 (234)).

6. Mitbestimmungsfreie Gesellschaften. Alle **übrigen AG** sind mitbestimmungsfrei. Ihr Auf- 8
sichtsrat setzt sich nach § 96 Abs. 1 allein aus Anteilseignervertretern zusammen, sofern nicht eine zulässige Form einer freiwilligen Mitbestimmung praktiziert wird. So kann die Hauptversammlung Arbeitnehmer des Unternehmens in den Aufsichtsrat wählen. Bindenden Satzungsregeln, die darauf abzielen, in einer mitbestimmungsfreien AG ein Mitbestimmungsmodell einzuführen oder die Beteiligungsrechte über ein gesetzliches Mitbestimmungsmodell hinaus zu erweitern, sind dagegen durch die aktienrechtliche Satzungsstrenge (§ 23 Abs. 5) enge Grenzen gesetzt. Wegen § 101 Abs. 2 kann der Belegschaft oder den Gewerkschaften kein Entsendungsrecht in den Aufsichtsrat eingeräumt werden (*Ihrig/Schlitt* NZG 1999, 334). Gleiches gilt für eine Verpflichtung der Gesellschaft zur Wahl bestimmter Arbeitnehmer oder dritter Personen in den Aufsichtsrat. Ebenfalls unzulässig sind Satzungsgestaltungen, nach denen ein bestimmter Teil der von der Hauptversammlung zu besetzenden Aufsichtsratssitze Belegschaftsmitgliedern vorbehalten bleibt (*Henssler* FS Westermann, 2008, 1019 (1023)).

III. Gleichberechtigte Teilhabe von Frauen und Männern an Führungspositionen (Abs. 2, 3)

1. Entstehungsgeschichte und Normzweck. Nach dem Gesetz zur gleichberechtigten Teilhabe 9
von Frauen und Männern an Führungspositionen (BGBl. 2015 I 642) soll sich der Aufsichtsrat bei **börsennotierten** Gesellschaften, für die das **MitbestG,** das **Montan-MitbestG** oder das **Montan-MitbestErgG** gilt, jeweils zu mindestens 30 % aus Frauen und Männern zusammensetzen (Abs. 2). Bei börsennotierten Gesellschaften, die aus einer grenzüberschreitenden Verschmelzung hervorgegangen sind und bei denen nach dem **MgVG** das Aufsichts- oder Verwaltungsorgan aus derselben Zahl von Anteilseigner- und Arbeitnehmervertretern besteht, müssen in dem Aufsichts- oder Verwaltungsorgan ferner Frauen und Männer jeweils mit einem Anteil von mindestens 30 % vertreten sein (Abs. 3). Flankierend enthält § 76 Vorgaben für den Frauenanteil in den Führungsebenen unterhalb des Vorstands. Soweit die Abs. 2, 3 nicht anwendbar sind, gilt § 111 Abs. 5. Ziel des bei Neuwahlen und Entsendungen seit dem 1.1.2016 zu beachtenden (vgl. § 25 Abs. 2 S. 1 EG-AktG) Gesetzes ist die Anhebung des Anteils weiblicher Führungskräfte in Spitzenpositionen zur Ermöglichung einer geschlechtergerechten Teilhabe an verantwortungsvollen Positionen (BT-Drs. 18/3784, 1). Letztlich ist eine Geschlechterparität angestrebt, wobei zur Rechtfertigung auf den Verfassungsauftrag aus Art. 3 Abs. 2 S. 2 GG verwiesen wird (BT-Drs. 18/3784, 42). Die Beschränkung des Adressatenkreises ist unterdessen mit Blick auf Art. 3 Abs. 1 GG umstritten (Habersack/Henssler/*Henssler* MitbestG § 7 Rn. 85 mwN, eingehend *Werthmüller,* Staatliche Eingriffe in die Aufsichtsratsbesetzung und die Geschlechterquote, 2017, 122 ff., 133 ff., 293). Zu Erfahrungen mit der Thematik im europäischen Ausland vgl. *Teichmann/Rüb* BB 2015, 259.

2. Einzelheiten. Grundsätzlich genügt es, wenn die Quote für den Aufsichtsrat (Anteilseigner- und 10
Arbeitnehmervertreter) in seiner Gesamtheit erfüllt wird **(Gesamterfüllung).** Widerspricht jedoch eine Seite diesem Vorgehen aufgrund eines Mehrheitsbeschlusses, ist die Quote jeweils getrennt zu erfüllen **(Getrennterfüllung).** Der **Widerspruch** ist für jede Wahl erneut dem Aufsichtsratsvorsitzenden gegenüber zu erklären (vgl. dazu auch *Stüber* DStR 2015, 947 (948)). Der Widerspruch wird seiner

Natur als Willenserklärung nach erst mit Zugang bei dem Aufsichtsratsvorsitzenden wirksam und kann bis dahin widerrufen werden. Nach erfolgtem Zugang ist er allerdings aufgrund seiner gestaltenden Wirkung bis zur Wahl unwiderruflich (*Düwell* FA 2015, 100 (103); *Oetker* ZHR 179 (2015), 723). Umstritten ist, bis zu welchem Zeitpunkt das Widerspruchsrecht auszuüben ist. Dies ist dem missglückten Wortlaut des Abs. 2 S. 3 geschuldet, nach welchem ein solcher Widerspruch „vor der Wahl" zu erfolgen hat. Insoweit könnte die Wirksamkeit eines Widerspruchs davon abhängen, dass er vor der Arbeitnehmervertreter- und Anteilseignerwahl erklärt wurde. Auch ist dem Wortlaut nach denkbar, dass die Erklärung vor jeder dieser Wahlen abgegeben werden könnte und somit nicht davon abhängig wäre, ob eine Seite ihre Wahl bereits vorgenommen hat. Da für die Ausübung des Widerspruchsrechts zugleich Flexibilität und Vertrauensschutz gewährleistet werden muss, sollte aber im Ergebnis jeder Aufsichtsratsseite die wirksame Ausübung vor jedweder Wahl ermöglicht werden (*Kraack/Steiner* ZIP 2018, 49 ff.). Bei der Berechnung der absoluten Personenzahlen ist „mathematisch" zu runden. Dabei soll bis exklusive 0,50 abgerundet und ab 0,50 aufgerundet werden. Ob gesamt oder getrennt erfüllt wird, kann Auswirkungen auf die zu erfüllende absolute Zahl an Aufsichtsratsmitgliedern des jeweiligen Geschlechts haben. Beispiel (nach BT-Drs. 18/3784, 120): Bei einem Aufsichtsrat mit 16 Mitgliedern sind grundsätzlich 4,8, aufgerundet also 5 Frauen zu wählen. Bei getrennter Berechnung wird die Quote auf die jeweilige Bank berechnet und getrennt gerundet, sodass sich 2,4, also 2 Frauen auf jeder Seite und damit insgesamt nur 4 weibliche Mitglieder ergeben (vgl. auch *Stüber* DStR 2015, 947 (949)). Als Folge der Getrennterfüllung und der dadurch zu bildenden Bänke erhalten die jeweiligen Seiten erstmals den rechtlichen Status eines Organteils des Aufsichtsrats (näher *Grobe* AG 2015, 289 (291 ff.); zu Einzelheiten des Wahlverfahrens vgl. Habersack/Henssler/*Henssler* MitbestG § 7 Rn. 89 ff.). Hat eine Seite übererfüllt und der Gesamterfüllung nicht widersprochen, kann im Zeitverlauf die Übererfüllung etwa durch Ablaufen einer Wahlperiode oder durch Ausscheiden eines Mitglieds aus sonstigen Gründen entfallen. Die übererfüllende Seite ist dann nicht verpflichtet, auch künftig wieder überzuerfüllen (*Stüber* DStR 2015, 947 (948)). Vielmehr steht es ihr frei, Widerspruch gegen die Gesamterfüllung einzulegen und unter Einhaltung der 30 %-Quote einen Mann in den Aufsichtsrat aufzunehmen. Nach S. 5 bleibt dann aus Gründen der Verlässlichkeit die Wahl des Aufsichtsratsmitglieds, das unter Inanspruchnahme der Anrechnungsregelung gewählt worden ist, bis zum Ablauf der Wahlperiode wirksam. Bei vorzeitigem Ausscheiden entfällt die Anrechnungswirkung, sodass für eine Ersatzbestellung oder Neuwahl wieder die 30 %-Quote beachtet werden muss.

10a Soweit bei der Wahl der Arbeitnehmervertreter mitbestimmter Gesellschaften in Getrennterfüllung des Geschlechterquorums nach Abs. 2 S. 3 der maßgebliche Geschlechteranteil nicht erreicht wird, erfolgt eine Korrektur nach § 18a MitbestG. In einem mehrstufigen Verfahren wird das Geschlechterverhältnis hergestellt, indem in Abhängigkeit von der Aufsichtsratsgröße den nichtleitenden Arbeitnehmern und den von den Gewerkschaften vorgeschlagenen Aufsichtsratsmitgliedern bestimmte absolute Quoren auferlegt werden (näher Habersack/Henssler/*Henssler* MitbestG § 18a Rn. 6). Leitende Angestellte werden im Rahmen des Verfahrens nach § 18a MitbestG jedoch ausdrücklich nicht berücksichtigt. Sofern die Arbeitnehmerseite die Quote untererfüllt, das gewählte Aufsichtsratsmitglied der Gruppe der leitenden Angestellten aber dem Minderheitengeschlecht angehört, so führt die wortlautgetreue Anwendung des § 18a MitbestG zu einer erheblichen und teleologisch nicht akzeptablen Übererfüllung der Geschlechterquote. Dieses Ergebnis ist zu korrigieren, indem unter Reduzierung des Anwendungsbereichs von § 18a MitbestG vorrangig nur die Gruppe der nichtleitenden Arbeitnehmer zur Ausgleichung heranzuziehen ist. (vgl. Habersack/Henssler/*Henssler* MitbestG § 18a Rn. 9; zust. *Gebhardt/Pfrang* DB 2020, 114 (116 f.)).

11 Bei Gesellschaften, für die das Montan-MitbestG bzw. das Montan-MitbestErgG gilt, werden die „weiteren Mitglieder" (§ 4 Abs. 1 lit. c Montan-MitbestG; § 5 Abs. 1 lit. c MontanMitbestErgG) bei der Berechnung der Mindestquote mit der zweifelhaften Begründung, sie seien neutral und keiner Bank zuzurechnen, nicht berücksichtigt (BT-Drs. 18/3784, 121; kritisch in Bezug auf die mangelhafte Regelungstechnik: *DAV* NZG 2014, 1214 (1223)).

12 Soweit in der Satzung bestimmt ist, dass Teile des Aufsichtsrats auf Anteilseignerseite zu **entsenden** sind, gilt auch eine Art „Gesamterfüllung". Es wird nicht zwischen zu entsendenden und gewählten Mitgliedern differenziert (BT-Drs. 18/3784, 121). Die Entsendung kann damit die Wahl beeinflussen und umgekehrt, je nachdem welcher Schritt zuerst erfolgt (→ § 101 Rn. 10). Zu Recht wird daher kritisiert, dass durch diese gesetzliche Gestaltung ein „Windhundrennen" eingeführt wurde (BeckOGK/*Spindler,* 15.1.2020, Rn. 46), welches den Entscheidungsspielraum der in der zeitlichen Reihenfolge „späteren Gruppe" erheblich verengt (Hölters/*Simons* Rn. 61). Dass dann entsprechend die Wahl- bzw. Entsendungsfreiheit – in Bezug auf die Wahl bzw. Entsendung einer Person eines bestimmten Geschlechts – eingeschränkt ist, wird von der amtlichen Begründung nicht weiter problematisiert (BT-Drs. 18/3784, 121; dazu die Stellungnahme des DAV NZG 2014, 1214 (1224)). Vielmehr überträgt der Gesetzgeber die Verantwortung für eine ausgewogene Regelung den Anteilseignern. Ihnen obliegt es, durch eine entsprechende Satzungsregelung die Aufteilung der jeweils an Frauen und Männer zu vergebenden Sitze zwischen entsandten und nicht entsandten Mitgliedern zu regeln (so explizit BT-Drs. 18/3784, 121; zu Hinweisen für die Praxis vgl. *Wasmann/Rothenburg* DB 2015, 291).

3. Rechtsfolgen bei Verstößen. Eine gegen das Mindestanteilsgebot verstoßende **Wahl** bzw. **Entsendung** ist **nichtig** (Abs. 2 S. 5, § 250 Abs. 1 Nr. 5). Rechtsfolge ist ein bzw. sind mehrere „leere Stühle" (dazu und zum Folgenden BT-Drs. 18/3784, 121 f.; *Grobe* AG 2015, 289 ff.; *Stüber* DStR 2015, 947 (949)). Die für das unterrepräsentierte Geschlecht vorgesehenen Sitze bleiben unbesetzt. Die Kandidaten des unterrepräsentierten Geschlechts sind jedoch wirksam gewählt (*Stüber* DStR 2015, 947 (949)). Bei einer rechtswidrigen **Einzelwahl** wird ein Sitz, bei mehreren Einzelwahlen auch alle folgenden Sitze bis zu einer wirksamen Wahl nicht vergeben. Werden mehrere Stellen in Form einer sog. **Blockwahl** vergeben, bleiben alle Plätze des **überrepräsentierten** Geschlechts unbesetzt. Deshalb sei die Einzelwahl-Methode vorzuziehen (BT-Drs. 18/3784, 122). Das gilt jedoch nur dann, wenn auch nur einzelne Plätze vakant und neu zu besetzen sind. Denn bei einer erstmaligen oder vollständigen Neubesetzung müsste entweder jede erste Einzelwahl nichtig sein – weil sie zu einer 100-prozentigen Quote (Männer oder Frauen) führt – oder letztlich eine Gesamtbetrachtung des TOP „Wahlen" vorgenommen werden, wodurch kein Unterschied zu der Blockwahl-Methode verbleiben würde. Die drohende Nichtbesetzung soll verhaltenssteuernd wirken, weil jede Seite im Aufsichtsrat das Bestreben habe, ihre Plätze zu besetzen. Im nach dem MitbestG mitbestimmten Aufsichtsrat ist anderenfalls die Parität gestört. Falls notwendig, kann eine gerichtliche Bestellung von Aufsichtsratsmitgliedern beantragt werden (vgl. § 104 Abs. 3 Nr. 2 iVm Abs. 5; vgl. auch die Stellungnahme des DAV NZG 2014, 1214 (1224)). 13

Wird die – auf **anderen Gründen** beruhende – Nichtigkeit der Wahl eines Aufsichtsratsmitglieds nachträglich gerichtlich festgestellt (§§ 251 f.) und infolgedessen das Mindestanteilsgebot nicht eingehalten, so soll dies keine Auswirkungen auf zwischenzeitlich erfolgte Wahlen haben (Abs. 2 S. 7). Laut der Beschlussempfehlung des Ausschusses für Familie, Senioren, Frauen und Jugend (BT-Drs. 18/4227, 25) wäre eine solche „Kettenreaktion" unangemessen, wenn im guten Glauben an eine ordnungsgemäße Quotenerfüllung gehandelt würde. S. 7 ist entsprechend anwendbar, wenn ein quotenrelevantes Aufsichtsratsmitglied nachträglich „aus anderen Gründen" ausscheidet und sich damit eine Blockwahl als quotenwidrig erweist. Auf die Regelung der Auswirkungen einer nichtigen Wahl auf Beschlüsse und Rechtshandlungen des „fehlerhaft" besetzten Aufsichtsrats ist bewusst verzichtet worden (BT-Drs. 18/4227, 25). Es handele sich um eine allgemeine Frage der Rechtsfolgen der Wahlnichtigkeit, die nicht für einen speziellen und voraussichtlich sehr seltenen Fall geregelt werden solle. Die Gesetzesmotive stellen aber klar, dass die Nichtigkeit der Wahl zunächst keine Auswirkungen auf die Handlungsfähigkeit des Aufsichtsrats haben soll; insofern wird auf § 108 Abs. 2 S. 2 verwiesen (BT-Drs. 18/3784, 122). Lediglich wenn gerade die Stimme des nicht wirksam gewählten oder bestellten Mitglieds kausal für die (Un-)Wirksamkeit sein könne, sei die Wirksamkeit eines Beschlusses in Frage gestellt. 14

Für die Auswirkung auf bereits gewählte **Ersatzmitglieder** → § 101 Rn. 14. 15

Die amtliche Begründung verweist auf die „allgemeinen zuletzt vom Bundesgerichtshof herausgearbeiteten Regeln über die Wirksamkeit von Aufsichtsratsbeschlüssen im Falle der Wahlanfechtung". Der BGH (BGH 19.2.2013, NZG 2013, 456 (457)) geht im Einklang mit der hM im Schrifttum (→ § 108 Rn. 19) davon aus, dass sich die Nichtigerklärung oder -feststellung eines Wahlbeschlusses grundsätzlich nur dann auf die Rechtsbeziehungen der Gesellschaft und der Mitglieder des Aufsichtsrats auswirkt, wenn die **Beschlussfähigkeit oder** das **Zustandekommen** eines Aufsichtsratsbeschlusses (kausal) **von der Stimme des betroffenen Aufsichtsratsmitglieds abhängt.** Danach ist ein Aufsichtsratsbeschluss nicht mit der erforderlichen Mehrheit gefasst, wenn Nichtmitglieder mitgestimmt haben und ihre Stimmen für die Beschlussfassung oder die Ablehnung eines Beschlussantrags ursächlich geworden sind. 16

4. Sonderfälle. Der neue Abs. 3 S. 1 stellt klar, dass die Geschlechterquote auch bei Gesellschaften greift, die aus einer **grenzüberschreitenden Verschmelzung** unter der Geltung des MgVG hervorgehen (→ Rn. 7). S. 2 erklärt die allgemeinen Regeln für entsprechend anwendbar, nimmt aber Abs. 2 S. 3, 5 von dem Verweis aus. Dies wird damit begründet, dass die Mitbestimmung in solchen Fällen „im Vereinbarungswege" ausgehandelt werde und daher ein Widerspruchsrecht nicht in Betracht komme (BT-Drs. 18/4227, 25). Die Quote ist also gesamt zu erfüllen, ein Widerspruch ist nicht möglich (kritisch hierzu Hölters/*Simons* Rn. 78 „Missgriff de lege lata"). Das gilt unabhängig davon, ob die Mitbestimmung verhandelt wurde (§ 22 MgVG) oder die gesetzliche Auffangregelung gilt (§§ 23 ff. MgVG). 17

Zur Anwendbarkeit der Regelung auf die **Societas Europaea (SE)** sowie auf Auslandsgesellschaften vgl. ausf. *Weller/Harms/Rentsch/Thomale* ZGR 2015, 361 ff. und *Weller/Benz* AG 2015, 467 (468) sowie BGH NZG 2019, 1157 (→ Rn. 20). 18

IV. Kontinuitätsprinzip (Abs. 4)

Nach der **Kontinuitätsregel** des § 96 Abs. 4 bleibt es trotz Geltung neuer oder geänderter Rechtsgrundlagen bei der bisherigen Zusammensetzung des Aufsichtsrats und dem Verbleib der Mitglieder in ihren Ämtern, bis das Überleitungs- oder Statusverfahren der §§ 97–99 durchgeführt wurde (OLG 19

Düsseldorf 10.10.1995, NJW-RR 1996, 677; Hüffer/Koch/*Koch* Rn. 28). Sinn und Zweck der Norm ist es, dem Aufsichtsrat bei Zweifeln über die gesetzlichen Anforderungen an seine Zusammensetzung eine sichere Rechtsgrundlage zu bieten und seine Handlungsfähigkeit zu gewährleisten (MüKoAktG/*Habersack* Rn. 61; BeckOGK/*Spindler*, 15.1.2020, Rn. 2). Abs. 4 dient somit der Rechtssicherheit. Praktische Bedeutung entfaltet er insbesondere bei einem Wechsel mitbestimmungsrechtlicher Vorgaben (zB Mitbestimmungsfreiheit aufgrund des Absinkens der Arbeitnehmer; OLG Frankfurt a. M. 2.11.2010, NZG 2011, 353 (354); LAG Hessen 29.7.2010, Der Konzern 2011, 72), aber auch bei sonstigen Änderungen der gesetzlichen Grundlagen. Die Zusammensetzung des Aufsichtsrats kann nur im Wege der Bekanntmachung des Vorstands oder durch gerichtliche Entscheidung geändert werden, §§ 97, 98. Dies gilt nach dem Status-Quo-Prinzip auch dann, wenn sich alle Beteiligten über die Auslegung der gesetzlichen Grundlagen einig sind (*Oetker* ZGR 2000, 19 (21)).

20 Das BAG greift auf den Rechtsgedanken des Abs. 4 auch bei der Frage zurück, ob in einer GmbH überhaupt erstmals ein obligatorischer Aufsichtsrat gebildet werden muss (BAG 16.4.2008, AP AktG § 98 Nr. 1 = NZA 2008, 1025 = SAE 2009, 134 mAnm *Henssler/Michel*). Aufsichtsratswahlen, die von der Belegschaft ohne Statusverfahren durchgeführt werden, sind nichtig. Die Kontinuitätsregel ist auch bei sonstigen Änderungen der gesetzlichen Grundlagen des Aufsichtsrats anzuwenden: z. B. Änderung der Belegschaftszahl; Umwandlung in eine SE (dazu BGH 23.7.2019, NZG 2019, 1157; OLG Frankfurt a. M. 27.8.2018, NZG 2018, 1254) § 96 Abs. 4 perpetuiert den gesetzlichen Zustand jedoch nur bis zum Abschluss des Statusverfahrens. Sonstigen Einfluss auf das Ergebnis des Statusverfahrens hat die Regelung nach der Rspr. nicht. Dementsprechend richtet sich bei der Umwandlung einer AG in eine SE die Zusammensetzung des Aufsichtsorgans der SE bei Anwendbarkeit der Auffangregelung über die Mitbestimmung kraft Gesetzes (§§ 34 ff. SEBG) und bei erfolgter Einleitung des Statusverfahrens danach, wie der Aufsichtsrat vor der Umwandlung nach den einschlägigen gesetzlichen Vorschriften richtigerweise zusammenzusetzen war, also nach dem Soll- nicht dem Istzustand (BGH 23.7.2019, NZG 2019, 1157).

Bekanntmachung über die Zusammensetzung des Aufsichtsrats

97 (1) [1]**Ist der Vorstand der Ansicht, daß der Aufsichtsrat nicht nach den für ihn maßgebenden gesetzlichen Vorschriften zusammengesetzt ist, so hat er dies unverzüglich in den Gesellschaftsblättern und gleichzeitig durch Aushang in sämtlichen Betrieben der Gesellschaft und ihrer Konzernunternehmen bekanntzumachen.** [2]**In der Bekanntmachung sind die nach Ansicht des Vorstands maßgebenden gesetzlichen Vorschriften anzugeben.** [3]**Es ist darauf hinzuweisen, daß der Aufsichtsrat nach diesen Vorschriften zusammengesetzt wird, wenn nicht Antragsberechtigte nach § 98 Abs. 2 innerhalb eines Monats nach der Bekanntmachung im Bundesanzeiger das nach § 98 Abs. 1 zuständige Gericht anrufen.**

(2) [1]**Wird das nach § 98 Abs. 1 zuständige Gericht nicht innerhalb eines Monats nach der Bekanntmachung im Bundesanzeiger angerufen, so ist der neue Aufsichtsrat nach den in der Bekanntmachung des Vorstands angegebenen gesetzlichen Vorschriften zusammenzusetzen.** [2]**Die Bestimmungen der Satzung über die Zusammensetzung des Aufsichtsrats, über die Zahl der Aufsichtsratsmitglieder sowie über die Wahl, Abberufung und Entsendung von Aufsichtsratsmitgliedern treten mit der Beendigung der ersten Hauptversammlung, die nach Ablauf der Anrufungsfrist einberufen wird, spätestens sechs Monate nach Ablauf dieser Frist insoweit außer Kraft, als sie den nunmehr anzuwendenden gesetzlichen Vorschriften widersprechen.** [3]**Mit demselben Zeitpunkt erlischt das Amt der bisherigen Aufsichtsratsmitglieder.** [4]**Eine Hauptversammlung, die innerhalb der Frist von sechs Monaten stattfindet, kann an Stelle der außer Kraft tretenden Satzungsbestimmungen mit einfacher Stimmenmehrheit neue Satzungsbestimmungen beschließen.**

(3) **Solange ein gerichtliches Verfahren nach §§ 98, 99 anhängig ist, kann eine Bekanntmachung über die Zusammensetzung des Aufsichtsrats nicht erfolgen.**

I. Allgemeines

1 § 97 regelt im Verbund mit §§ 98, 99 das Status- oder Überleitungsverfahren, das bei Unklarheiten über die gesetzes- und satzungskonforme Zusammensetzung des Aufsichtsrats für Rechtssicherheit sorgt, indem es ein geordnetes Verfahren für die Überleitung zu einem neu besetzten Gremium zur Verfügung stellt. §§ 97–99 dienen der Umsetzung des Kontinuitätsprinzips des § 96 Abs. 4. § 97 betrifft das **außergerichtliche Verfahren.** Bei unklarer Rechtslage greift ergänzend das **gerichtliche Verfahren der §§ 98, 99.** Zur gerichtlichen Klärung kommt es, wenn streitig oder ungewiss ist, nach welchen gesetzlichen Vorschriften der Aufsichtsrat zu besetzen oder wenn mit einem Widerspruch seitens eines Antragsberechtigten zu rechnen ist (§ 98 Abs. 2). Die Entscheidung, ob der Weg der Bekanntmachung oder der einer gerichtlichen Entscheidung gewählt wird, liegt im Ermessen des Vorstands.

Eine Neubesetzung des Aufsichtsrats nach vom bisher angewendeten Recht abweichenden Vorschriften kann weder durch den Vorstand noch durch die Hauptversammlung oder die Belegschaft bzw. ihre Vertreter auf andere Weise als dem durch die §§ 97–99 vorgezeichneten Weg erreicht werden. Der Übergang zu einer neuen Aufsichtsratsstruktur erfolgt in zwei Schritten, wobei für den ersten zwei Varianten zur Verfügung stehen. Die Klärung der anwendbaren Vorschriften als erster Schritt erfolgt entweder aufgrund der Bekanntmachung des Vorstands nach § 97 oder auf der Grundlage einer gerichtlichen Entscheidung gem. § 98. Sind die rechtlichen Vorgaben geklärt, werden sie in einem zweiten Schritt umgesetzt, indem Zusammensetzung des Aufsichtsrats und Satzung an sie angeglichen werden. Die Vorschriften sind auch auf die mitbestimmte **GmbH** anzuwenden. (BVerfG 9.1.2014, NZG 2014, 460 Rn. 28; *Henssler/Glindemann* ZIP 2014, 2105; für die Durchführung bei erstmaliger Bildung eines Aufsichtsrats in einer GmbH BAG 16.4.2008, AP AktG § 98 Nr. 1 = SAE 2009, 134 mAnm *Henssler/Michel* sowie OLG Saarbrücken 2.3.2016, NZG 2016, 941 (942); zur Anwendung der §§ 97–99 auf eine von der Aufsichtsratspflicht befreite GmbH LG Berlin 9.1.1997, ZIP 1997, 424). Mitbestimmungsrechtliche Vorschriften (§ 6 Abs. 2 MitbestG, § 3 Abs. 2 MontanMitbestG, § 3 MitbestErgG und § 1 S. 1 Nr. 3 und 5 DrittelbG) verweisen auf §§ 97 ff. 2

II. Bekanntmachung durch den Vorstand (Abs. 1)

1. Vorstandspflicht. Der Vorstand ist verpflichtet, insbesondere anhand der Belegschaftszahlen und des Grundkapitals kontinuierlich die Einhaltung der aktien- und mitbestimmungsrechtlichen Vorschriften über die Zusammensetzung des Aufsichtsrats zu überprüfen. Kommt er zu dem Ergebnis, dass die Zusammensetzung nicht (mehr) den gesetzlichen Vorgaben entspricht, so muss er dies nach § 97 Abs. 1 S. 1 **unverzüglich,** dh ohne schuldhaftes Zögern (§ 121 BGB), bekanntmachen. Eine vorherige Abstimmung mit dem Aufsichtsrat ist zulässig und rechtfertigt keinen Verzögerungsvorwurf (Hüffer/Koch/*Koch* Rn. 4). Das Verfahren nach §§ 97–99 gibt dem Vorstand die Möglichkeit, auf einfache, kostengünstige und rechtssichere Weise die ordnungsgemäße Zusammensetzung zu klären. Relevant sind nur die **gesetzlichen** Vorschriften (OLG Hamburg 26.8.1988, Z 1989, 32 = DB 1988, 1941; K. Schmidt/Lutter/*Drygala* Rn. 5; aA vor allem BAG 3.10.1989, AP BetrVG 1952 § 76 Nr. 28). Wichtigster Anwendungsfall ist ein Wechsel des Aufsichtsratssystems sowie das Über- oder Unterschreiten relevanter Schwellenwerte innerhalb eines solchen Systems (OLG Düsseldorf 20.6.1978, DB 1978, 1358; K. Schmidt/Lutter/*Drygala* Rn. 5; aA *Göz* ZIP 1998, 1523 (1525 f.)). Eine gesetzwidrige Zusammensetzung der Arbeitnehmerbank, etwa Verstöße gegen § 15 Abs. 1 S. 2 MitbestG (Pflichtsitz für leitende Angestellte) oder § 7 Abs. 2 MitbestG (Gewerkschaftssitze), kann weder im Statusverfahren gerügt werden noch bezieht sich die Bekanntmachungspflicht hierauf (Habersack/Henssler/*Henssler* MitbestG § 15 Rn. 130). Abweichungen von Satzungsbestimmungen – etwa nach erfolgter Satzungsänderung – lösen ebenfalls das Prozedere der §§ 97 ff. nicht aus (MüKoAktG/*Habersack* Rn. 14; aA BAG 3.10.1989, AP BetrVG 1952 § 76 Nr. 28 = DB 1990, 1142). Auch für eine analoge Anwendung dieser Vorschriften besteht kein Raum, da die gesetzlich bezweckte Rechtssicherheit bereits durch § 181 Abs. 3 erreicht wird (K. Schmidt/Lutter/*Drygala* Rn. 6). Die Bekanntmachung hat auf der Grundlage eines formellen Beschlusses zu erfolgen, der – sofern Satzung bzw. Geschäftsordnung nichts anderes vorsehen – einstimmig (→ § 77 Rn. 3) zu fassen ist. 3

2. Inhalt und Verfahren. Inhaltlich muss die Bekanntmachung nach § 97 Abs. 1 mehrere Hinweise bzw. Feststellungen enthalten: (1) einen Hinweis, dass der Aufsichtsrat nach Ansicht des Vorstands nicht nach den gesetzlichen Vorgaben zusammengesetzt ist, (2) die Angabe der maßgeblichen gesetzlichen Vorschriften und (3) den Hinweis auf die Folgen bei unterbliebener fristgerechter Anrufung des zuständigen Gerichts und damit verbunden (mittelbar) auch der Hinweis auf die für bestimmte Antragsberechtigte eröffnete Möglichkeit, binnen der Monatsfrist des § 97 Abs. 2 eine gerichtliche Klärung der gesetzeskonformen Zusammensetzung herbeizuführen. Weitere Angaben (zB Angabe des zuständigen Gerichts, Antragsberechtigung) sind fakultativ. Die Bekanntmachung muss in den Gesellschaftsblättern (§ 25), mindestens also im elektronischen Bundesanzeiger (§ 25 S. 1), und nach Abs. 1 außerdem durch Aushang in sämtlichen inländischen Betrieben erfolgen, in denen wahlberechtigte Arbeitnehmer tätig sind (vgl. § 5 MitbestG). Maßgeblich für den Beginn der Einmonatsfrist für die gerichtliche Anrufung ist allein die Bekanntmachung im elektronischen Bundesanzeiger. 4

III. Wirkung der Bekanntmachung (Abs. 2)

Die Wirkungen der Bekanntmachung sind unterschiedlich, je nachdem ob es nach § 97 Abs. 1 S. 3 zu einer gerichtlichen Anfechtung kommt oder nicht. **Unterbleibt ein Antrag** auf gerichtliche Überprüfung, muss der Aufsichtsrat nach den in der Bekanntmachung angegebenen Vorschriften neu zusammengesetzt werden. Der Vorstand ist **an seine eigene Bekanntmachung gebunden** (K. Schmidt/Lutter/*Drygala* Rn. 14; Hüffer/Koch/*Koch* Rn. 5). Gemäß § 97 Abs. 2 S. 2 treten widersprechende Satzungsbestimmungen mit Ablauf der angegebenen Frist außer Kraft, die Satzung muss 5 insofern geändert werden. Die Ämter der bisherigen Aufsichtsratsmitglieder enden auch, wenn noch kein neuer Aufsichtsrat bestellt worden ist.

6 Wird **fristgerecht eine gerichtliche Entscheidung beantragt,** so ersetzt sie die Bekanntmachung des Vorstands und zwar selbst dann, wenn ein örtlich unzuständiges Gericht angerufen wird (vgl. K. Schmidt/Lutter/*Drygala* Rn. 17; aA *v. Falkenhausen* AG 1967, 309 (314)). Die Bekanntmachung wird unwirksam, kann also keine Rechtsfolgen entfalten. Das gilt auch, wenn es zu keiner gerichtlichen Entscheidung kommt (MüKoAktG/*Habersack* Rn. 37), zB aufgrund der Rücknahme des Antrags (K. Schmidt/Lutter/*Drygala* Rn. 17). Dem auf Rechtssicherheit gerichteten Regelungsanliegen wird mit einem neuen Bekanntmachungsverfahren besser Rechnung getragen.

IV. Bekanntmachungssperre (Abs. 3)

7 § 97 Abs. 3 sperrt das außergerichtliche Verfahren der Bekanntmachung durch den Vorstand bei **Anhängigkeit eines gerichtlichen Verfahrens** nach den §§ 98, 99. Es soll eine überflüssige Verfahrensverdopplung vermieden werden. Eine gleichwohl veranlasste Bekanntmachung bleibt wirkungslos (BeckOGK/*Spindler,* 15.1.2020, Rn. 38). Nach zutreffender, im Schrifttum überwiegender Ansicht kann der Vorstand aus Gründen der Rechtssicherheit aber nach einer rechtskräftigen Entscheidung (→ § 99 Rn. 6) jederzeit eine abweichende Bekanntmachung veranlassen (K. Schmidt/Lutter/*Drygala* Rn. 18; MüKoAktG/*Habersack* Rn. 39; aA BeckOGK/*Spindler,* 15.1.2020, Rn. 38). Kommt es aufgrund der Bekanntmachung zu einem erneuten gerichtlichen Verfahren, so sind allerdings Tatsachen, die Gegenstand des ersten Verfahrens waren oder dort hätten vorgebracht werden können, präkludiert (aA Hüffer/Koch/*Koch* Rn. 7, der im Interesse der Rechtssicherheit für ein schrankenloses Bekanntmachungsrecht des Vorstands plädiert).

Gerichtliche Entscheidung über die Zusammensetzung des Aufsichtsrats

98 (1) **Ist streitig oder ungewiss, nach welchen gesetzlichen Vorschriften der Aufsichtsrat zusammenzusetzen ist, so entscheidet darüber auf Antrag ausschließlich das Landgericht, in dessen Bezirk die Gesellschaft ihren Sitz hat.**

(2) [1] **Antragsberechtigt sind**

1. **der Vorstand,**
2. **jedes Aufsichtsratsmitglied,**
3. **jeder Aktionär,**
4. **der Gesamtbetriebsrat der Gesellschaft oder, wenn in der Gesellschaft nur ein Betriebsrat besteht, der Betriebsrat,**
5. **der Gesamt- oder Unternehmenssprecherausschuss der Gesellschaft oder, wenn in der Gesellschaft nur ein Sprecherausschuss besteht, der Sprecherausschuss,**
6. **der Gesamtbetriebsrat eines anderen Unternehmens, dessen Arbeitnehmer nach den gesetzlichen Vorschriften, deren Anwendung streitig oder ungewiß ist, selbst oder durch Delegierte an der Wahl von Aufsichtsratsmitgliedern der Gesellschaft teilnehmen, oder, wenn in dem anderen Unternehmen nur ein Betriebsrat besteht, der Betriebsrat,**
7. **der Gesamt- oder Unternehmenssprecherausschuss eines anderen Unternehmens, dessen Arbeitnehmer nach den gesetzlichen Vorschriften, deren Anwendung streitig oder ungewiss ist, selbst oder durch Delegierte an der Wahl von Aufsichtsratsmitgliedern der Gesellschaft teilnehmen, oder, wenn in dem anderen Unternehmen nur ein Sprecherausschuss besteht, der Sprecherausschuss,**
8. **mindestens ein Zehntel oder einhundert der Arbeitnehmer, die nach den gesetzlichen Vorschriften, deren Anwendung streitig oder ungewiß ist, selbst oder durch Delegierte an der Wahl von Aufsichtsratsmitgliedern der Gesellschaft teilnehmen,**
9. **Spitzenorganisationen der Gewerkschaften, die nach den gesetzlichen Vorschriften, deren Anwendung streitig oder ungewiß ist, ein Vorschlagsrecht hätten,**
10. **Gewerkschaften, die nach den gesetzlichen Vorschriften, deren Anwendung streitig oder ungewiß ist, ein Vorschlagsrecht hätten.**

[2] **Ist die Anwendung des Mitbestimmungsgesetzes oder die Anwendung von Vorschriften des Mitbestimmungsgesetzes streitig oder ungewiß, so sind außer den nach Satz 1 Antragsberechtigten auch je ein Zehntel der wahlberechtigten in § 3 Abs. 1 Nr. 1 des Mitbestimmungsgesetzes bezeichneten Arbeitnehmer oder der wahlberechtigten leitenden Angestellten im Sinne des Mitbestimmungsgesetzes antragsberechtigt.**

(3) **Die Absätze 1 und 2 gelten singemäß, wenn streitig ist, ob der Abschlußprüfer das nach § 3 oder § 16 des Mitbestimmungsergänzungsgesetzes maßgebliche Umsatzverhältnis richtig ermittelt hat.**

(4) [1]**Entspricht die Zusammensetzung des Aufsichtsrats nicht der gerichtlichen Entscheidung, so ist der neue Aufsichtsrat nach den in der Entscheidung angegebenen gesetzlichen Vorschriften zusammenzusetzen.** [2]**§ 97 Abs. 2 gilt sinngemäß mit der Maßgabe, daß die Frist von sechs Monaten mit dem Eintritt der Rechtskraft beginnt.**

I. Allgemeines

§ 98 gestaltet im Verbund mit § 99 das gerichtliche Überleitungs- oder Statusverfahren aus und ergänzt damit die außergerichtliche Bekanntmachung des § 97. Kodifiziert werden Verfahrensfragen, namentlich **Antragsgrundsatz, Antragsbefugnis und örtliche Zuständigkeit.** Bezweckt wird, eine Zuständigkeitszersplitterung zwischen ordentlicher Gerichtsbarkeit und Arbeitsgerichtsbarkeit zu vermeiden, der Gefahr sich widersprechender Entscheidungen vorzubeugen sowie eine zügige Klärung der korrekten Zusammensetzung des Aufsichtsrates (RegBegr. *Kropff* 129; K. Schmidt/Lutter/*Drygala* Rn. 1). 1

II. Anwendungsbereich des Statusverfahrens

Das Statusverfahren nach § 98 setzt voraus, dass streitig oder ungewiss ist, nach welchen Vorschriften der Aufsichtsrat zusammenzusetzen ist und dass eine Veränderung der Zusammensetzung bzw. (etwa bei der mitbestimmten GmbH) die erstmalige Bildung eines Aufsichtsrats angestrebt wird. Es greift damit nicht bei gesellschafts- und konzernrechtlichen Vorfragen, die weder Größe noch Zusammensetzung des Aufsichtsrats betreffen. Beispiele: Anwendungsbereich der § 2 DrittelbG und § 5 MitbestG, sofern sich die Konzernzurechnung nicht auf die Größe des Aufsichtsrats auswirkt (ErfK/*Oetker* Rn. 2 f.); veränderte Zusammensetzung der Belegschaft, die lediglich zu einem anderen Gruppenproporz nach § 15 MitbestG führt (OLG Zweibrücken 20.2.2014, NZG 2014, 740). Die Statusklage ist außerdem von jenen Rechtsbehelfen abzugrenzen, mit denen die Wahl der Aufsichtsratsmitglieder angefochten werden kann (§ 251, § 21 MitbestG, § 11 DrittelbG; vgl. OLG Hamburg 26.8.1988, OLGZ 1989, 32). Hier können Verletzungen des aktiven oder passiven Wahlrechts (etwa von im Ausland beschäftigten Arbeitnehmern, OLG Zweibrücken 20.2.2014, NZG 2014, 740) geltend gemacht werden. Zuständig sind die Arbeitsgerichte nach § 2a Abs. 1 Nr. 3 ArbGG, § 80 ArbGG (hM BeckOGK/*Spindler,* 15.1.2020, Rn. 2; HWK/*Seibt* MitbestG § 6 Rn. 16; aA OLG Düsseldorf 20.6.1978, DB 1978, 1358). Dagegen ist Folge der ausschließlichen Zuständigkeit des Landgerichts nach § 98, dass ein Wahlanfechtungsverfahren nicht mit der Begründung einer gesetzwidrigen Zusammensetzung des Aufsichtsrats betrieben werden kann. Zulässig bleibt aber die Geltendmachung der Nichtigkeit der Aufsichtsratswahl gem. § 250 Abs. 3 S. 1, § 246 Abs. 3 S. 1 vor dem ordentlichen Gericht und die arbeitsgerichtliche Feststellungsklage gem. § 2a Abs. 1 Nr. 3 ArbGG. 2

III. Zuständigkeit

Gemäß § 98 Abs. 1 ist örtlich und sachlich ausschließlich das **Landgericht** des Bezirks zuständig, in dem die Gesellschaft ihren Sitz hat (BAG 16.4.2008, AP AktG § 98 Nr. 1 = NZA 2008, 1025 = SAE 2009, 134 mAnm *Henssler/Michel;* LG Berlin 9.1.1997, ZIP 1997, 424; MüKoAktG/*Habersack* Rn. 7). Im seltenen Fall eines Doppelsitzes ist jedes der beiden Sitzgerichte zuständig (K. Schmidt/Lutter/*Drygala* Rn. 2). Das Gericht kann über die Größe und Zusammensetzung des Aufsichtsrats entscheiden und über arbeitsrechtliche Fragen, wenn diese damit im Zusammenhang stehen. Funktional ist die Kammer für Handelssachen zuständig, sofern beim LG eine solche gebildet wurde (§ 71 Abs. 2 GVG, § 95 Abs. 2 GVG). Die früher in § 98 enthaltene Konzentrationsermächtigung für die Landesregierungen findet sich seit der Änderung der Vorschrift durch das FamFG v. 17.12.2008 (BGBl. 2008 I 2586) in § 71 Abs. 4 GVG. 3

IV. Antragserfordernis und -berechtigung (Abs. 2)

Das gerichtliche Verfahren muss durch – formlosen und nicht begründungsbedürftigen – Antrag eingeleitet werden. Einer vorgeschalteten Bekanntmachung nach § 97 bedarf es nicht, auch nicht, wenn der Vorstand selbst das Verfahren einleitet. Voraussetzung ist im letztgenannten Fall nach Abs. 1 aber, dass entweder der Vorstand selbst im **Zweifel** über die neu anzuwendenden Vorschriften ist oder dass ein konkreter Streit mit Antragsberechtigten droht (BeckOGK/*Spindler,* 15.1.2020, Rn. 7). Dabei genügt es, wenn Gewerkschaft oder Betriebsrat im Rahmen von (Vor-)Besprechungen die Zusammensetzung beanstanden. Der Antrag muss auf eine Änderung der Aufsichtsratszusammensetzung gerichtet sein. Unzulässig ist ein Antrag auf reine Bestätigung des status quo (OLG Saarbrücken 2.3.2016, NZG 2016, 941; MüKoAktG/*Habersack* Rn. 4), denn das Kontinuitätsprinzip (→ § 96 Rn. 19) bietet insoweit Rechtssicherheit. 4

Abs. 2 benennt die Antragsberechtigten abschließend und unterscheidet dabei **zwei Gruppen: Ohne weitere Voraussetzung** antragsberechtigt sind die in **§ 98 Abs. 2 Nr. 1–5** genannten Personen und 5

Gremien. Die Berechtigung ihres Interesses an der korrekten Zusammensetzung des Aufsichtsrats bedarf, weil offensichtlich, keiner näheren Begründung. Antragsberechtigt sind danach der Vorstand (Nr. 1) als gesetzliches Vertretungsorgan auf der Grundlage eines Beschlusses (§ 77); jedes Aufsichtsratsmitglied (Nr. 2), ohne dass es eines Beschlusses des Aufsichtsrats bedürfte; jeder Aktionär (Nr. 3), dessen Anfechtungsrecht nach § 251 durch einen Antrag nicht berührt wird, und schließlich Gesamtbetriebsrat bzw. Betriebsrat als Vertretung der regulären Arbeitnehmer (Nr. 4) respektive Gesamt- oder Unternehmenssprecherausschuss als Vertretung der leitenden Angestellten (Nr. 5). Ein Entfallen der Antragsberechtigung aufgrund rechtsmissbräuchlichen Verhaltens ist in Einzelfällen bei Vorliegen besonderer Umstände denkbar (OLG Düsseldorf 4.6.2018, NZG 2018, 1229 Rn. 25 ff.; Hüffer/Koch/*Koch* Rn. 3).

6 Demgegenüber sind die in **§ 98 Abs. 2 Nr. 6–10** genannten Antragsberechtigten grundsätzlich **nur mittelbar betroffen.** Ihr berechtigtes Interesse kann sich im Einzelfall aus mitbestimmungsrechtlichen Besonderheiten wie der Konzernzurechnung, dem gewerkschaftlichen Vorschlagsrecht oder ihrem Wahlrecht ergeben. Nr. 6 und 7 erfassen die Arbeitnehmervertretung in Unternehmen, deren Belegschaften nach §§ 4, 5 MitbestG, § 2 DrittelbG, § 1 Abs. 4 MontanMitbestG, § 1 MitbestErgG bei der Besetzung des Aufsichtsrats eines herrschenden Unternehmens bzw. unbeschränkt haftenden Gesellschafters mit Arbeitnehmervertretern aktiv und passiv wahlberechtigt sind. Das Antragsrecht der Arbeitnehmer gem. Nr. 8 wird an ein Quorum von 100 Arbeitnehmern bzw. 10 % der wahlberechtigten Belegschaft (einschließlich eventueller verbundener Unternehmen) geknüpft.

7 Nr. 9 und 10 regeln das Antragsrecht der Gewerkschaften und ihrer Dachverbände. Ihre Antragsbefugnis setzt ein Vorschlagsrecht voraus, greift also bei den Einzelgewerkschaften nur im Anwendungsbereich des MitbestG und MontanMitbestG, nicht dagegen in demjenigen des DrittelbG und bei den Dachverbänden sogar nur im engen Bereich des MontanMitbestG (§ 6 Abs. 3 MontanMitbestG, § 9 MontanMitbestG). Eine erweiterte Antragsberechtigung besteht nach Abs. 2 S. 2 nur im Anwendungsbereich des MitbestG für 10 % der jeweils antragsberechtigten Arbeitnehmergruppe. Neben der Regelung in Abs. 2 S. 1 Nr. 8 erklärt sich die Erweiterung aus der dem MitbestG eigenen Trennung zwischen regulären Arbeitnehmern und leitenden Angestellten (vgl. § 3 Abs. 1 MontanMitbestG, § 15 Abs. 1 S. 2 MitbestG). Sie ist insbesondere für die Gruppe der leitenden Angestellten von praktischer Bedeutung (zu ihrer Stellung vgl. Habersack/Henssler/*Henssler* MitbestG § 3 Rn. 73 ff.).

V. Streit über Umsatzverhältnis im Montankonzern (Abs. 3)

8 Besteht **Streit** über das vom Abschlussprüfer (vgl. § 4 Abs. 1 MitbestErgG) ermittelte Umsatzverhältnis, das für die **Bestimmung des Unternehmenszwecks des Konzerns nach § 3 MitbestErgG** relevant ist (→ § 96 Rn. 5) und ist die Zusammensetzung des Aufsichtsrats von dieser Streitfrage abhängig, so können die Feststellungen des Prüfers in entsprechender Anwendung der Abs. 1, 2 gerichtlich überprüft werden. Der Antrag ist nicht fristgebunden, seine praktische Bedeutung minimal.

VI. Wirkungen der gerichtlichen Entscheidung (Abs. 4)

9 Wird der **Antrag** vom Gericht **zurückgewiesen,** so bleibt der Aufsichtsrat bis zum Ende der Amtszeit im Amt (MüKoAktG/*Habersack* Rn. 27; BeckOGK/*Spindler,* 15.1.2020, Rn. 14); der Vorstand hat die Entscheidung unverzüglich zum Handelsregister anzumelden (§ 99 Abs. 5 S. 3). Gibt das Gericht dem Antrag statt, so spricht es aus, dass der Aufsichtsrat nach den im Beschluss näher bezeichneten Vorschriften neu zusammenzusetzen ist. Der Vorstand hat dann rechtzeitig eine Hauptversammlung einzuberufen und eine eventuell erforderliche Satzungsänderung vorzuschlagen (K. Schmidt/Lutter/*Drygala* Rn. 20). Mit Rechtskraft beginnt eine Höchstfrist für die Neubesetzung von sechs Monaten.

Verfahren

99 (1) **Auf das Verfahren ist das Gesetz über das Verfahren in Familiensachen und in den Angelegenheiten der freiwilligen Gerichtsbarkeit anzuwenden, soweit in den Absätzen 2 bis 5 nichts anderes bestimmt ist.**

(2) [1] **Das Landgericht hat den Antrag in den Gesellschaftsblättern bekanntzumachen.** [2] **Der Vorstand und jedes Aufsichtsratsmitglied sowie die nach § 98 Abs. 2 antragsberechtigten Betriebsräte, Sprecherausschüsse, Spitzenorganisationen und Gewerkschaften sind zu hören.**

(3) [1] **Das Landgericht entscheidet durch einen mit Gründen versehenen Beschluss.** [2] **Gegen die Entscheidung des Landgerichts findet die Beschwerde statt.** [3] **Sie kann nur auf eine Verletzung des Rechts gestützt werden; § 72 Abs. 1 Satz 2 und § 74 Abs. 2 und 3 des Gesetzes über das Verfahren in Familiensachen und in den Angelegenheiten der freiwilligen Gerichtsbarkeit sowie § 547 der Zivilprozessordnung gelten sinngemäß.** [4] **Die Beschwerde kann nur durch die Einreichung einer von einem Rechtsanwalt unterzeichneten Beschwerdeschrift eingelegt werden.** [5] **Die Landesregierung kann durch Rechtsverordnung die Entscheidung über die Beschwerde für die Bezirke mehrerer Oberlandesgerichte einem der Oberlandes-**

gerichte oder dem Obersten Landesgericht übertragen, wenn dies der Sicherung einer einheitlichen Rechtsprechung dient. [6]Die Landesregierung kann die Ermächtigung auf die Landesjustizverwaltung übertragen.

(4) **[1]Das Gericht hat seine Entscheidung dem Antragsteller und der Gesellschaft zuzustellen. [2]Es hat sie ferner ohne Gründe in den Gesellschaftsblättern bekanntzumachen. [3]Die Beschwerde steht jedem nach § 98 Abs. 2 Antragsberechtigten zu. [4]Die Beschwerdefrist beginnt mit der Bekanntmachung der Entscheidung im Bundesanzeiger, für den Antragsteller und die Gesellschaft jedoch nicht vor der Zustellung der Entscheidung.**

(5) **[1]Die Entscheidung wird erst mit der Rechtskraft wirksam. [2]Sie wirkt für und gegen alle. [3]Der Vorstand hat die rechtskräftige Entscheidung unverzüglich zum Handelsregister einzureichen.**

(6) **[1]Die Kosten können ganz oder zum Teil dem Antragsteller auferlegt werden, wenn dies der Billigkeit entspricht. [2]Kosten der Beteiligten werden nicht erstattet.**

I. Allgemeines

1 § 99 ergänzt § 98 um Details des dort geregelten gerichtlichen Verfahrens. Sein unmittelbarer Anwendungsbereich beschränkt sich auf die gerichtliche Entscheidung eines **Streits oder einer Ungewissheit über die gesetzliche Zusammensetzung des Aufsichtsrats.** Darüber hinaus verweisen verschiedene aktienrechtliche Vorschriften (so etwa § 31 Abs. 3 S. 2, § 30 Abs. 3 S. 2, § 132 Abs. 3) auf § 99. Vergleichbare Vorschriften finden sich in § 324 HGB und § 51b GmbHG. Grundanliegen ist es, das durch den Amtsermittlungsgrundsatz geprägte Verfahren der freiwilligen Gerichtsbarkeit (§ 26 FamFG) auf den aktienrechtlichen Streit zu übertragen. Die Dispositionsbefugnis der Parteien sowie der Ausschluss eines Anerkenntnis- oder Versäumnisurteils entsprechen nach Ansicht des Gesetzgebers der Eigenart des Statusverfahrens besser als das Verfahren nach der ZPO (RegBegr. *Kropff* 133). Weitere Folge ist die prinzipielle Freistellung vom Anwaltszwang des § 78 ZPO, die allerdings nach Abs. 5 S. 4 nur eingeschränkt für das Rechtsmittelverfahren gilt. Dort besteht der Anwaltszwang nur für die Unterzeichnung der Beschwerdeschrift, nicht für das sonstige Verfahren (GroßkommAktG/*Hopt/Roth* Rn. 13).

II. Anwendung des FamFG, Antragsgrundsatz

2 § 99 Abs. 1 erklärt auf das gerichtliche Verfahren – unter Vorrang der Regelungen in den Abs. 2–4 – die Vorschriften des **FamFG** für anwendbar. Damit gilt grundsätzlich der Amtsermittlungsgrundsatz des § 26 FamFG. Dies enthebt die Beteiligten jedoch nicht der Verpflichtung, durch eingehende Tatsachendarstellung an der Aufklärung des Sachverhalts mitzuwirken, etwa wenn die Anzahl der dauerhaft beschäftigten Mitarbeiter im Streit ist (LG Köln 12.1.2012, BeckRS 2012, 05768). Eingeschränkt ist der Amtsermittlungsgrundsatz insoweit, als das Verfahren gem. § 98 Abs. 1 S. 1, § 99 nur auf Antrag eines nach § 98 Abs. 2 Antragsberechtigten eingeleitet werden kann. Der Antrag kann bis zur Rechtskraft der Entscheidung zurückgenommen werden (§ 22 Abs. 1 S. 1 FamFG; BeckOGK/*Spindler,* 15.1.2020, Rn. 6) mit der Folge der Wirkungslosigkeit einer bereits ergangenen Entscheidung (§ 22 Abs. 2 S. 1 FamFG). Nach Einlassung zur Sache setzt die Rücknahme die **Einwilligung** der AG als Antragsgegnerin nach § 269 Abs. 1 ZPO analog **nicht voraus,** wie sich inzwischen aus § 22 Abs. 1 S. 2 FamFG ergibt (K. Schmidt/Lutter/*Drygala* Rn. 3; MüKoAktG/*Habersack* Rn. 9; Hüffer/Koch/*Koch* Rn. 4; BeckOGK/*Spindler,* 15.1.2020, Rn. 6). Die Antragsfrist ist zu diesem Zeitpunkt meist verstrichen, sodass ein – prinzipiell zulässiger – wiederholter Antrag nicht zu befürchten ist. Bei übereinstimmender Erledigungserklärung ist nur noch über die Kosten zu entscheiden (BayObLG 4.4.2001, NZG 2001, 608 (609)).

III. Verfahrensrechtliche Besonderheiten (Abs. 2–5)

3 **1. Bekanntmachung, Anhörung (Abs. 2).** Das Landgericht muss die Verfahrenseinleitung in den Gesellschaftsblättern, zumindest also im Bundesanzeiger (§ 25), bekannt machen, damit die interessierten Kreise über den Streit über die Zusammensetzung des Aufsichtsrats bzw. die Umsatzverhältnisse informiert werden. Dies gilt selbst bei einem Verzicht der Antragsberechtigten (K. Schmidt/Lutter/*Drygala* Rn. 4). Besondere Erfordernisse, etwa eine schlüssige Antragsbegründung, sieht das Gesetz nicht vor. Abs. 2 S. 2 gewährt den nach § 98 Abs. 2 Antragsbefugten **Anhörungsrechte** mit Ausnahme der Arbeitnehmer, bei denen der Kreis der nach § 98 Abs. 2 S. 1 Nr. 8 Berechtigten (Quorum!) nicht abgrenzbar wäre. Darüber hinaus sind alle, die ein rechtliches Interesse an der gerichtlichen Entscheidung haben, weil sie potentiell unmittelbar betroffen sind, nach der allgemeinen Regelung in § 26 FamFG anzuhören (schon bislang hM OLG Düsseldorf 17.2.1971, NJW 1971, 1567 (1568); K. Schmidt/Lutter/*Drygala* Rn. 5; MüKoAktG/*Habersack* Rn. 14; GroßkommAktG/*Hopt/Roth/Peddinghaus* Rn. 19 f.). Die Anhörungspflicht besteht unabhängig von der Person des Antragstellers. Anhö-

rung bedeutet Gelegenheit zur Stellungnahme, regelmäßig wird in der Bekanntmachung nach Abs. 2 S. 1 zur Stellungnahme binnen festgesetzter (angemessener) Frist aufgefordert. Das genügt, da eine besondere Form nicht vorgeschrieben ist (LG Mannheim 19.10.2001, NZA-RR 2002, 542; K. Schmidt/Lutter/*Drygala* Rn. 5; Hüffer/Koch/*Koch* Rn. 6).

4 **2. Gerichtliche Entscheidung (Abs. 3, 4).** Nach Abs. 3 S. 1 entscheidet das Gericht durch einen mit Gründen zu versehenden **Beschluss,** der dem Antragsteller und der Gesellschaft zuzustellen (Abs. 4 S. 1) und in den Gesellschaftsblättern (§ 25) bekanntzugeben ist (Abs. 4 S. 2). Gegenüber sonstigen Antragsberechtigten erfolgt eine Zustellung nur, sofern sie sich dem Antrag angeschlossen haben. Die **Bekanntmachung** dient dementsprechend der Information weiterer nach Abs. 4 S. 3 beschwerdebefugter Personen.

5 **3. Rechtsmittel.** Gegen die Entscheidung des Landgerichts ist nach Abs. 3 S. 2 und S. 5 die Beschwerde möglich, die nur beim Landgericht eingereicht werden kann, § 64 Abs. 1 FamFG. Nach § 71 Abs. 4 S. 1 und S. 2 GVG können die Landesregierungen bzw. Landesjustizverwaltungen das Beschwerdeverfahren bei einem Oberlandesgericht konzentrieren; so ist in Bayern das OLG München, in NRW das OLG Düsseldorf und in Rheinland-Pfalz das OLG Zweibrücken zuständig (Einzelheiten bei MüKoAktG/*Habersack* Rn. 18). **Beschwerdebefugt** ist jeder Antragsberechtigte sowie als Antragsgegnerin die Gesellschaft (BGH 25.6.2019, NZG 2019, 1102 Rn. 8 ff.). Die Beschwerdefrist beträgt einen Monat (§ 63 Abs. 1 FamFG), beginnend mit der Bekanntmachung (Abs. 4 S. 4) für Antragsteller und -gegner, aber nicht vor Zustellung der Entscheidung. Rechtsmittel ist die Rechtsbeschwerde, weshalb der erstinstanzlich festgestellte Sachverhalt für deren Entscheidung die Grundlage bildet (OLG Hamburg 4.7.2017, ZIP 2017, 1621 (1621 ff.); MüKoAktG/*Habersack* Rn. 21; Hüffer/Koch/*Koch* Rn. 7). Jedoch können unstreitige neue Tatsachen ausnahmsweise berücksichtigt werden, wenn sie erst nach der angefochtenen Entscheidung auftreten und schützenswerte Belange der Gegenpartei der Verwertung nicht entgegenstehen (OLG Saarbrücken NZG 2016, 941). Im Übrigen bestimmt sich der Begriff der Rechtsverletzung nach § 72 Abs. 1 S. 2 FamFG. Eine weitere Beschwerde sieht das FamFG nicht mehr vor; zulässig bleibt zur Sicherung der Rechtsvereinheitlichung jedoch die Rechtsbeschwerde nach § 70 Abs. 2 S. 1 Nr. 2 FamFG, die nach § 70 Abs. 1 FamFG der Zulassung bedarf (vgl. BR-Drs. 309/07, 817).

6 **4. Folgen (Abs. 5).** Mit **Eintritt der Rechtskraft** tritt Wirksamkeit der gerichtlichen Entscheidung ein. Bis dahin bleibt die Zusammensetzung des Aufsichtsrats nach § 96 Abs. 2 unberührt. Rechtskraft erfolgt mit Ablauf der Beschwerdefrist, frühestens vier Wochen nach Veröffentlichung im elektronischen Bundesanzeiger. Die rechtskräftige Entscheidung bindet nach Abs. 5 S. 2 jedermann. Zur Zulässigkeit eines erneuten Bekanntmachungsverfahrens → § 97 Rn. 7.

IV. Kosten (Abs. 6)

7 Durch Art. 26 des zweiten Gesetzes zur Modernisierung des Kostenrechts ist Abs. 6 mit Wirkung vom 1.8.2013 geändert worden (BGBl. 2013 I 2586; s. *Simons* AG 2014, 182 (183 f.)). Gebühren für das gerichtliche Verfahren werden seitdem unmittelbar nach dem GNotKG erhoben (vgl. § 1 Abs. 2 Nr. 1 GNotKG). Nach § 23 Nr. 10 GNotKG ist Kostenschuldner des Verfahrens die Gesellschaft, soweit die Kosten nicht dem Antragsteller auferlegt sind. Dies kommt nach Abs. 6 S. 1 in Betracht, wenn es der Billigkeit entspricht, also etwa bei offensichtlich unzulässigen oder unbegründeten Anträgen (MüKoAktG/*Habersack* Rn. 27 mwN). Gemeint sind nur die Gerichtskosten. Die außergerichtlichen Kosten der Beteiligten sind von diesen selbst zu tragen (Abs. 6 S. 2). Ausgeschlossen ist damit nur ein prozessualer Kostenerstattungsanspruch; materiell-rechtliche Kostenerstattungsansprüche (insbesondere § 40 BetrVG) bleiben unberührt (vgl. LAG SH LAGE § 40 BetrVG 1972 Nr. 53). Der Geschäftswert beträgt 50.000 EUR (§ 75 GNotKG), allerdings nur iSe subsidiären Ausnahmewertes (Korintenberg/*Hellstab,* GNotKG, 21. Aufl. 2020, GNotKG § 75 Rn. 5), also vorbehaltlich anderer Anhaltspunkte gem. § 36 Abs. 1 und 2 GNotKG. Welche Gebühren für die jeweilige Instanz anfallen, ist der Anlage 1 zum GNotKG (Kostenverzeichnis) zu entnehmen. Verfahrenskostenhilfe ist zwar nach §§ 76 ff. FamFG denkbar, wird aber in der Praxis kaum in Betracht kommen, da die Kosten des Betriebsrats/Gesamtbetriebsrats ohnehin vom Arbeitgeber zu tragen sind (§ 40 BetrVG) und einzelne Arbeitnehmer keine Antragsbefugnis haben.

8 Nach § 23 Abs. 3 GNotKG findet das in §§ 22 Abs. 1, 23 Abs. 1 Nr. 10 GNotKG geregelte Regel-Ausnahme-Prinzip der Kostenschuldnerschaft in Statusverfahren im Rechtsmittelverfahren an sich keine Anwendung. Der Antragsteller muss gleichwohl die Gerichtskosten in zweitinstanzlichen Verfahren nicht generell tragen (OLG Stuttgart 8.10.2018, AG 2019, 315 (316): teleologische Reduktion; aA OLG Frankfurt a. M. 25.5.2018, AG 2018, 578 (581)). Die Gesetzesbegründung (vgl. BT-Drs. 17/11471, 162) bietet keine Hinweise für ein Abweichen von der grundsätzlich sachgerechten Kostentragungspflicht der Gesellschaft in der zweiten Instanz (BeckOGK/*Spindler,* 15.1.2020, Rn. 6).

Persönliche Voraussetzungen für Aufsichtsratsmitglieder

100 (1) [1]**Mitglied des Aufsichtsrats kann nur eine natürliche, unbeschränkt geschäftsfähige Person sein.** [2]**Ein Betreuter, der bei der Besorgung seiner Vermögensangelegenheiten ganz oder teilweise einem Einwilligungsvorbehalt (§ 1903 des Bürgerlichen Gesetzbuchs) unterliegt, kann nicht Mitglied des Aufsichtsrats sein.**

(2) [1]**Mitglied des Aufsichtsrats kann nicht sein, wer**

1. bereits in zehn Handelsgesellschaften, die gesetzlich einen Aufsichtsrat zu bilden haben, Aufsichtsratsmitglied ist,
2. gesetzlicher Vertreter eines von der Gesellschaft abhängigen Unternehmens ist,
3. gesetzlicher Vertreter einer anderen Kapitalgesellschaft ist, deren Aufsichtsrat ein Vorstandsmitglied der Gesellschaft angehört, oder
4. in den letzten zwei Jahren Vorstandsmitglied derselben börsennotierten Gesellschaft war, es sei denn, seine Wahl erfolgt auf Vorschlag von Aktionären, die mehr als 25 Prozent der Stimmrechte an der Gesellschaft halten.

[2]**Auf die Höchstzahl nach Satz 1 Nr. 1 sind bis zu fünf Aufsichtsratssitze nicht anzurechnen, die ein gesetzlicher Vertreter (beim Einzelkaufmann der Inhaber) des herrschenden Unternehmens eines Konzerns in zum Konzern gehörenden Handelsgesellschaften, die gesetzlich einen Aufsichtsrat zu bilden haben, inne hat.** [3]**Auf die Höchstzahl nach Satz 1 Nr. 1 sind Aufsichtsratsämter im Sinne der Nummer 1 doppelt anzurechnen, für die das Mitglied zum Vorsitzenden gewählt worden ist.**

(3) **Die anderen persönlichen Voraussetzungen der Aufsichtsratsmitglieder der Arbeitnehmer sowie der weiteren Mitglieder bestimmen sich nach dem Mitbestimmungsgesetz, dem Montan-Mitbestimmungsgesetz, dem Mitbestimmungsergänzungsgesetz, dem Drittelbeteiligungsgesetz und dem Gesetz über die Mitbestimmung der Arbeitnehmer bei einer grenzüberschreitenden Verschmelzung.**

(4) **Die Satzung kann persönliche Voraussetzungen nur für Aufsichtsratsmitglieder fordern, die von der Hauptversammlung ohne Bindung an Wahlvorschläge gewählt oder auf Grund der Satzung in den Aufsichtsrat entsandt werden.**

(5) **Bei Gesellschaften, die kapitalmarktorientiert im Sinne des § 264d des Handelsgesetzbuchs, die CRR-Kreditinstitute im Sinne des § 1 Absatz 3d Satz 1 des Kreditwesengesetzes, mit Ausnahme der in § 2 Absatz 1 Nummer 1 und 2 des Kreditwesengesetzes genannten Institute, oder die Versicherungsunternehmen im Sinne des Artikels 2 Absatz 1 der Richtlinie 91/674/EWG des Rates vom 19. Dezember 1991 über den Jahresabschluß und den konsolidierten Abschluß von Versicherungsunternehmen (ABl. L 374 vom 31.12.1991, S. 7), die zuletzt durch die Richtlinie 2006/46/EG (ABl. L 224 vom 16.8.2006, S. 1) geändert worden ist, sind, muss mindestens ein Mitglied des Aufsichtsrats über Sachverstand auf den Gebieten Rechnungslegung oder Abschlussprüfung verfügen; die Mitglieder müssen in ihrer Gesamtheit mit dem Sektor, in dem die Gesellschaft tätig ist, vertraut sein.**

Übersicht

I. Allgemeines

1 § 100 stellt **persönliche Voraussetzungen** für Aufsichtsratsmitglieder auf. Zweck ist die Sicherung der effektiven Aufgabenwahrnehmung des Aufsichtsrats (K. Schmidt/Lutter/*Drygala* Rn. 1). Die zentralen Anforderungen an die persönliche Befähigung werden in Abs. 1 und 2 fixiert, welche in erheblichem Umfang das Schutzbedürfnis des Unternehmens betreffen (LAG Düsseldorf 22.3.2017, NZA-RR 2017, 435 (438)). Weitere Anforderungen können sich, wie Abs. 3 klarstellt, aus Mitbestimmungsgesetzen ergeben. Abs. 4 eröffnet die Möglichkeit strengerer Satzungsvorgaben. Der 2009 angefügte Abs. 5 verlangte für kapitalmarktorientierte Gesellschaften iSv § 264d HGB die Bestellung mindestens eines unabhängigen Finanzexperten. Wie auch für einen etwaigen Prüfungsausschuss gem. § 107 Abs. 4 wurde durch das AReG das Erfordernis der Unabhängigkeit gestrichen. Der Adressatenkreis von Unternehmen, welche über einen obligatorischen Finanzexperten verfügen müssen, wurde demgegenüber erweitert. Auch müssen nunmehr sämtliche Aufsichtsratsmitglieder mit demjenigen Sektor vertraut sein, in welchem die jeweilige Gesellschaft tätig ist. § 100 ist nach § 23 Abs. 5 zwingend, aber nicht abschließend. Weitere persönliche Voraussetzungen ergeben sich aus § 105. Hinzu treten spezialgesetzliche Vorschriften, zB Art. 55 Abs. 2 GG (Bundespräsident), Art. 66 GG (Bundesminister), § 65 Abs. 1 BBG (Beamte), § 8 Abs. 3 BNotO (Genehmigung der Aufsichtsbehörde).

II. Allgemeine persönliche Voraussetzungen (Abs. 1)

2 **1. Unbeschränkt geschäftsfähige natürliche Person.** Da Aufsichtsratsmitglieder für ihre Amtsführung **persönlich verantwortlich** sind, beschränkt sich das passive Wahlrecht bzw. die Bestellungsmöglichkeit auf natürliche Personen (K. Schmidt/Lutter/*Drygala* Rn. 2). Von juristischen Personen, Handelsgesellschaften, Vereinen, Anstalten, Körperschaften, Stiftungen oder sonstigen Personenvereinigungen können lediglich **persönliche Vertreter** gewählt bzw. bestellt werden (MüKoAktG/*Habersack* Rn. 12).

3 Unbeschränkt geschäftsfähig sind nach § 2 BGB **Volljährige,** die nicht nach § 104 Nr. 2 BGB in der Geschäftsfähigkeit beschränkt sind. Beschränkt Geschäftsfähige sind selbst dann nicht wählbar, wenn die gesetzlichen Vertreter zugestimmt oder eine Ermächtigung nach §§ 112, 113 BGB erklärt haben (K. Schmidt/Lutter/*Drygala* Rn. 3). Nicht wählbar sind gem. Abs. 1 S. 2 auch Betreute (§§ 1896 ff. BGB), die ganz oder teilweise einem Einwilligungsvorbehalt nach §§ 1903 ff. BGB unterliegen. Eine Aufhebung der Betreuung oder eines Einwilligungsvorbehalts nach § 1908d BGB lässt ein verlorenes Aufsichtsratsmandat nicht wieder aufleben. Einer erneuten Bestellung in den Aufsichtsrat nach einer solchen Aufhebung steht jedoch nichts entgegen (Hölters/*Simons* Rn. 7).

4 **2. Fachliche Qualifikation.** Eine besondere **fachliche Qualifikation** wird nur für den Finanzexperten gem. Abs. 5 verlangt. Mit dem BGH (BGH 15.12.1982, BGHZ 85, 293 (295 f.) = NJW 1983, 991) ist allerdings zu fordern, dass jedes Mitglied „diejenigen Mindestkenntnisse und -fähigkeiten besitzen oder sich aneignen muss, die es braucht, um alle normalerweise anfallenden Geschäftsvorgänge auch ohne fremde Hilfe verstehen und sachgerecht beurteilen zu können“. Auch wenn verschiedene aktienrechtliche Vorschriften (vgl. §§ 111 ff.) der Sicherung einer gewissen **Unabhängigkeit** dienen, so kennt das AktG doch kein allgemeines Unabhängigkeitspostulat. Der 2020 neu gefasste C.6 DCGK (→ Rn. 18) definiert die Unabhängigkeit, anders als zuvor noch Ziff. 5.4.2 S. 2 DCGK 2017, **positiv** und erklärt ein Aufsichtsratsmitglied für unabhängig, wenn es unabhängig von der Gesellschaft und deren Vorstand und unabhängig von einem kontrollierenden Aktionär ist. Zur Problematik der Einbeziehung der Abhängigkeit von einem kontrollierenden Aktionär vgl. KK-AktG/*Mertens/Cahn* Rn. 67; *Wilsing/v. der Linden* DStR 2012, 1391 f.; *Bayer* NZG 2013, 1 (11 f.); *Hommelhoff* ZIP 2013, 953 (954 ff.). Zwar führt nach den gesetzlichen Regelungen auch die Mitgliedschaft im Aufsichtsrat eines konkurrierenden Unternehmens nicht automatisch zur Inhabilität (vgl. OLG SH 26.4.2004 AG 2004, 453 (454); dazu *Lutter/Kirschbaum* ZIP 2005, 103; *Wirth* ZGR 2005, 327 (343 ff.); GroßkommAktG/*Hopt/Roth* Rn. 78 ff.; KK-AktG/*Mertens/Cahn* Rn. 14). Zu beachten ist jedoch, dass Aufsichtsratsmitglieder nach der Empfehlung C.12 DCGK keine Organfunktion oder Beratungsaufgabe bei einem wesentlichen Wettbewerber ausüben und nicht in persönlicher Beziehung zu diesem stehen sollen (→ Rn. 18, 20). Zur Abberufung nach § 103 Abs. 3 → § 103 Rn. 14.

III. Hinderungsgründe (Abs. 2)

5 **1. Höchstzahl von Aufsichtsratsmandaten (Nr. 1).** § 100 Abs. 2 S. 1 Nr. 1 begrenzt die Anzahl der Aufsichtsratsmandate einer Person auf **10.** Maßgeblich ist in Analogie zu § 250 Abs. 1 Nr. 4 der Zeitpunkt des Amtsantritts. Das Mitglied soll genügend Zeit und Arbeitskraft für eine ordnungsgemäße Ausübung des Mandates aufbringen können (MüKoAktG/*Habersack* Rn. 21). Zudem soll eine Konzentration der wichtigsten Führungsämter der deutschen Wirtschaft bei Einzelpersonen vermieden werden. Anzurechnen sind Aufsichtsratsmandate einer **Handelsgesellschaft,** die über einen obligatorischen

Aufsichtsrat verfügt (AG, KGaA und SE, bei der letztgenannten gilt dies im Falle einer monistischen Verfassung auch für Verwaltungsratsmandate; GroßkommAktG/*Hopt/Roth* Rn. 57, 53 iVm Fn. 225; einschränkend (nur nicht geschäftsführende Mitglieder) BeckOGK/*Spindler,* 15.1.2020, Rn. 19; MüKoAktG/*Habersack* Rn. 23; Grigoleit/*Grigoleit/Tomasic* Rn. 4). Gleiches gilt für eine Aufsichtstätigkeit für eine GmbH, für die das Mitbestimmungsrecht einen Aufsichtsrat vorschreibt, sowie für Kapitalanlagegesellschaften (MüKoAktG/*Habersack* Rn. 22). Mandate bei Genossenschaften, VVaG, Stiftungen oder öffentlich-rechtlichen Anstalten bleiben ebenso unberücksichtigt (BeckOGK/*Spindler,* 15.1.2020, Rn. 16) wie eine Mitgliedschaft in **freiwilligen Aufsichtsräten,** Verwaltungsräten oder Beiräten (MüKoAktG/*Habersack* Rn. 22) sowie Mandate in Aufsichtsgremien **ausländischer Gesellschaften** (wohl noch hM MHdB GesR IV/*Hoffmann-Becking* § 30 Rn. 7a; Hüffer/Koch/*Koch* Rn. 6; KK-AktG/*Mertens/Cahn* Rn. 29; vordringende **aA** MüKoAktG/*Habersack* Rn. 23; K. Schmidt/Lutter/*Drygala* Rn. 6; GroßkommAktG/*Hopt/Roth* Rn. 39; BeckOGK/*Spindler,* 15.1.2020, Rn. 18; Staudinger/*Großfeld,* 1998, IntGesR Rn. 588; *Mickel/Fleischmann* NZG 2010, 54 (55)).

Nach dem **Konzernprivileg** des § 100 Abs. 2 S. 2 sind bis zu fünf Aufsichtsratsmandate **nicht anzurechnen,** die ein gesetzlicher Vertreter bzw. der Inhaber eines herrschenden Unternehmens iSd § 18 (K. Schmidt/Lutter/*Drygala* Rn. 7) in einer konzernangehörigen Gesellschaft wahrnimmt. Solche Mandate gehören zu den typischen Vorstandsaufgaben im Konzern und sind in der Unternehmensstruktur begründet (BT-Drs. 13/9112, 16). Im mehrstufigen Konzern ist S. 2 nach allerdings sehr umstrittener Ansicht nur auf die Konzernspitze, nicht auf **Teilkonzerne** anwendbar (MüKoAktG/*Habersack* Rn. 27; *E. Vetter* in Marsch-Barner/Schäfer/Vetter AG-HdB Rn. 25.7; aA BeckOGK/*Spindler,* 15.1.2020, Rn. 23; KK-AktG/*Mertens/Cahn* Rn. 30). 6

Das Mandat eines **Aufsichtsratsvorsitzenden** zählt doppelt (§ 100 Abs. 2 S. 3), um dessen zeitlichem Mehraufwand Rechnung zu tragen (K. Schmidt/Lutter/*Drygala* Rn. 8). Der stellvertretende Vorsitzende wird nicht erfasst, selbst wenn er den Vorsitzenden längerfristig vertreten muss (Hüffer/Koch/*Koch* Rn. 8). Im Anwendungsbereich des Konzernprivilegs (S. 2) greift die Doppelzählung gem. S. 3 nicht (Hüffer/Koch/*Koch* Rn. 8). 7

2. Gesetzlicher Vertreter eines abhängigen Unternehmens (Nr. 2). Gesetzliche Vertreter eines abhängigen Unternehmens (§ 17, MüKoAktG/*Habersack* Rn. 31) dürfen nicht in den Aufsichtsrat der übergeordneten AG gewählt werden (§ 100 Abs. 2 Nr. 2). Dies widerspräche dem **natürlichen Ordnungsgefälle** innerhalb eines Konzerns (*Kropff* 136), die Vorstandsmitglieder würden faktisch sich selbst kontrollieren (BeckOGK/*Spindler,* 15.1.2020, Rn. 26). Organe ausländischer Tochtergesellschaften werden ebenfalls erfasst (hM Hüffer/Koch/*Koch* Rn. 9; MüKoAktG/*Habersack* Rn. 32). Der gesetzliche Vertreter einer von der AG abhängigen Gesellschaft ausländischer Rechtsform darf somit nicht dem Aufsichtsrat angehören. Bei monistischer Verfassung sind davon die geschäftsführenden Direktoren betroffen, während die nicht geschäftsführenden Mitglieder des Verwaltungsrats wählbar sind (MüKoAktG/*Habersack* Rn. 32). Zur umgekehrten Konstellation, bei der ein Vorstandsmitglied einer beherrschten deutschen AG im Aufsichtsrat der herrschenden Auslandsgesellschaft sitzt → Rn. 9. Bei deutschen Gesellschaften zählen zu den gesetzlichen Vertretern auch Geschäftsführer und persönlich haftende Gesellschafter (BeckOGK/*Spindler,* 15.1.2020, Rn. 27), nicht dagegen Prokuristen, Generalbevollmächtigte und ähnliche Führungskräfte des Unternehmens. 8

3. Überkreuzverflechtung (Nr. 3). Das Verbot der Überkreuzverflechtung verhindert im Interesse der **unabhängigen und unparteiischen Überwachung** des Vorstands (*Kropff* 136), dass ein Aufsichtsratsmitglied selbst in einem anderen Unternehmen von dem zu beaufsichtigenden Vorstandsmitglied überwacht wird. Gesetzliche Vertreter einer inländischen Kapitalgesellschaft können allerdings, sofern dies das ausländische Recht erlaubt, dem Aufsichtsrat einer ausländischen Kapitalgesellschaft auch dann angehören, wenn gleichzeitig ein gesetzlicher Vertreter der ausländischen Gesellschaft dem Aufsichtsrat der deutschen Gesellschaft angehört. § 100 Abs. 2 Nr. 2 ist insoweit nicht einschlägig und das erwähnte Schutzanliegen des deutschen Rechts greift nicht (KK-AktG/*Mertens/Cahn* Rn. 38; GroßkommAktG/*Hopt/Roth* Rn. 62; K. Schmidt/Lutter/*Drygala* Rn. 11; MüKoAktG/*Habersack* Rn. 37, 32; BeckOGK/*Spindler,* 15.1.2020, Rn. 31). Das Verbot ist nach der eindeutigen Regelung in § 52 Abs. 1 GmbHG (→ GmbHG § 52 Rn. 7) auf die Mitgliedschaft im bloß fakultativen Aufsichtsrat einer GmbH nicht anwendbar. Unzulässig bleibt aber die Wahl des Geschäftsführers einer GmbH in den Aufsichtsrat der AG, wenn ein Vorstandsmitglied der AG dem fakultativen Aufsichtsrat der GmbH angehört (Habersack/Henssler/*Habersack* MitbestG § 6 Rn. 46; Hüffer/Koch/*Koch* Rn. 11). 9

4. Ehemalige Vorstandsmitglieder (Nr. 4). Durch das VorstAG ist Nr. 4 als Reaktion auf die **Finanzmarktkrise** in das AktG aufgenommen worden (*Sünner* AG 2010, 111 (113 f.)). Ehemalige Vorstandsmitglieder sollen über ihre Mitwirkung im Aufsichtsrat nicht die Beseitigung von strategischen Fehlern oder Unregelmäßigkeiten behindern (BT-Drs. 16/13 433, 17). Vorstandsmitglieder dürfen daher grundsätzlich erst nach einer **Karenzzeit** von zwei Jahren in den Aufsichtsrat einziehen. Aus dem Wortlaut der Norm ergibt sich, dass dies nicht nur für Wahlen von Aufsichtsratsmitgliedern, sondern auch für eine etwaige gerichtliche Bestellung gilt (OLG Braunschweig 24.5.2016, BeckRS 2016, 10

15591). Der erzwungene Verzicht auf die Erfahrungen und Kompetenzen ehemaliger Vorstandsmitglieder im Aufsichtsrat ist indes nicht unproblematisch (vgl. *Velte* Der Aufsichtsrat 2009, 160 (161); *Brouwer* NZG 2014, 201 (203)). Dies gilt insbesondere für Familienunternehmen, in denen ein Generationswechsel meist durch einen Wechsel vom Vorstand in den Aufsichtsrat eingeleitet wird (BT-Drs. 16/13433, 18). Die Karenzzeit kennt daher zwei Einschränkungen: Zum einen werden nur börsennotierte Unternehmen erfasst und zum zweiten wird ein Kontrolldefizit (BT-Drs. 16/13433, 18) verneint, wenn die Wahl des ehemaligen Vorstands von Aktionären, die mehr als 25 % der Stimmrechte halten, unterstützt wird (näher dazu *Bungert/Wansleben* DB 2012, 2617 ff.; *Löbbe/Fischbach* AG 2012, 580; kritisch *Sünner* AG 2010, 111 (115 f.)). Bei Versicherungen geht § 7a Abs. 4 S. 3 VAG als lex specialis vor (vgl. § 25d Abs. 3 S. 1 Nr. 2 KWG).

10a Die Empfehlung C.7 DCGK nennt die Vorstandstätigkeit in den letzten zwei Jahren vor der Ernennung als Negativindikator, der gegen die Unabhängigkeit von Aufsichtsratsmitgliedern sprechen kann. Ist das betroffene Aufsichtsratsmitglied trotzdem als unabhängig anzusehen, soll dies gem. C.8 DCGK in der Erklärung zur Unternehmensführung begründet werden. Generell sollen nach C. 11 DCGK maximal zwei ehemalige Vorstandsmitglieder gleichzeitig dem Aufsichtsrat angehören (vgl. im Übrigen → Rn. 18).

IV. Persönliche Voraussetzungen von Arbeitnehmervertretern (Abs. 3)

11 Durch § 100 Abs. 3 werden die Voraussetzungen, welche die **Mitbestimmungsgesetze** für Arbeitnehmervertreter und weitere (etwa das neutrale Mitglied nach dem MontanMitbestG) Mitglieder im Aufsichtsrat aufstellen, aktienrechtlich verbindlich (MüKoAktG/*Habersack* Rn. 53). Das gilt insbesondere für die Tätigkeit als Arbeitnehmer in einem in Deutschland belegenen Betrieb (§ 3 Abs. 1 MitbestG; dazu Habersack/Henssler/*Henssler* MitbestG § 3 Rn. 40). Zudem wird klargestellt, dass die in § 100 Abs. 1, 2 aufgestellten Wählbarkeitsvoraussetzungen auch auf Arbeitnehmervertreter und weitere Mitglieder anzuwenden sind (BeckOGK/*Spindler,* 15.1.2020, Rn. 48).

V. Satzungsbestimmungen (Abs. 4)

12 Die Satzung kann weitere **Wählbarkeitsvoraussetzungen** vorsehen. Allerdings dürfen an Arbeitnehmervertreter keine strengeren Anforderungen gestellt werden. Das „weitere Mitglied" der Anteilseigner nach § 4 Abs. 1 S. 2 lit. a MontanMitbestG wird nach § 5 MontanMitbestG ohne Bindung an einen Wahlvorschlag gewählt, sodass weitere, über § 4 Abs. 2 MontanMitbestG hinausgehende, Wählbarkeitsvoraussetzungen bestimmt werden dürfen (BeckOGK/*Spindler,* 15.1.2020, Rn. 49; GroßkommAktG/*Oetker* MontanMitbestG § 8 Rn. 19). § 5 MontanMitbestG steht auch einer Entsendung von Aufsichtsratsmitgliedern der Anteilseigner nach § 101 Abs. 2 nicht entgegen, wie durch die mit Gesetz v. 24.4.2015 eingefügte Erwähnung der Entsendung klargestellt wurde (WKS/*Wißmann* MontanMitbestG § 5 Rn. 2). Bei der Wahl des „Weiteren Mitglieds" nach § 4 Abs. 1 S. 2 lit. c MontanMitbestG („neutrales Mitglied") ist eine Bindung an Wahlvorschläge nur für den Fall des § 8 Abs. 3 S. 7 MontanMitbestG nicht vorgesehen. Damit kann die Satzung nur für diesen Ausnahmefall Wählbarkeitsvoraussetzungen vorschreiben. Entsprechendes gilt für das MontanMitbestErgG (vgl. § 5 MontanMitbestErgG).

13 Mögliche besondere Voraussetzungen sind **Sachkunde, Altersgrenzen** (kein Verstoß gegen AGG: *Lutter* BB 2007, 725 (730)), Begrenzungen der Zahl von Aufsichtsratsmandaten, der Wiederwahl sowie besondere **Inkompatibilitätsgründe.** Unzulässig sind Anforderungen, die in ihrer Wirkung einem Entsenderecht gleichkommen, etwa die Zugehörigkeit zu einer bestimmten Familie (K. Schmidt/Lutter/*Drygala* Rn. 21). Die Aktionärseigenschaft ist als Kriterium zulässig, soweit ein genügend großer Aktionärskreis zur Auswahl zur Verfügung steht (MüKoAktG/*Habersack* Rn. 58). Nach Einräumung eines Entsendungsrechts können für diesen Sitz weitere persönliche Voraussetzungen nur mit Zustimmung des Entsendeberechtigten beschlossen werden (MüKoAktG/*Habersack* Rn. 57).

VI. Finanzexperte und Sektorvertrautheit (Abs. 5)

14 **1. Streichung der Unabhängigkeitsvorgabe.** Der aufgrund des BilMoG im Mai 2009 angefügte Abs. 5 ordnete an, dass mindestens ein Mitglied des Aufsichtsrats eines kapitalmarktorientierten Unternehmens (§ 264d HGB) unabhängig sein und über Sachverstand auf den Gebieten Rechnungslegung oder Abschlussprüfung verfügen musste. An der nötigen Unabhängigkeit fehlte es unter Verweis auf die Empfehlung der EU-Kommission vom 15.2.2005 (ABl. 2005 L 52, 51; vgl. BT-Drs. 16/10 067, 102; *Habersack* AG 2008, 98 (105)) insbesondere, wenn das Mitglied eine unmittelbare oder mittelbare geschäftliche, finanzielle, familiäre oder sonstige Beziehung (BT-Drs. 16/10 067, 101; ausf. *Gruber* NZG 2008, 12 (13); *Jaspers* AG 2009, 607 ff.; *Schüppen* ZIP 2012, 1317 (1321 ff.)) zu der Gesellschaft, einem Mehrheitsaktionär oder der Geschäftsführung (*Spindler* ZIP 2005, 2033 (2039)) unterhielt. Mit dem AReG wurde rund sieben Jahre später das Erfordernis der Unabhängigkeit des Finanzexperten wieder gestrichen. Raum hierfür bot das Mitgliedstaatenwahlrecht nach Art. 39 Abs. 5 iVm Abs. 1

UAbs. 4 der überarbeiteten Abschlussprüferrichtlinie. Die Streichung der Unabhängigkeitsvorgabe wurde mit einem ohnehin aufgrund der Trennung von Aufsichtsrat und Geschäftsleitung gegebenen, hohen Maß an Unabhängigkeit begründet. Zudem soll auf diese Weise die Diskussion um die Unabhängigkeit von Arbeitnehmervertretern beendet werden. Seit dem Verzicht auf das Unabhängigkeitspostulat kann unstreitig der Finanzexperte auch durch einen Arbeitnehmervertreter gestellt werden (BT-Drs. 18/7219, 56).

2. Sachverstand des Finanzexperten. Die Voraussetzungen an die Kenntnisse des jeweiligen Finanzexperten sind indes von den Veränderungen durch das AReG unberührt geblieben. Über den nötigen **Sachverstand** verfügen insbesondere Wirtschaftsprüfer und Steuerberater, aber auch auf dem Gebiet des Rechnungswesens tätige Rechts- und Wirtschaftswissenschaftler, (ehemalige) Finanzvorstände oder sonstige Fachkräfte aus den Bereichen Rechnungswesen und Controlling (*Eggers/Reiß/Schichold* Der Aufsichtsrat 2009, 157 f.; *Gruber* NZG 2008, 12 (13)). Einer dem Abschlussprüfer gleichwertigen Berufsausbildung bedarf es nicht (OLG München 28.4.2010, NZG 2010, 784); in Betracht kommen auch Personen, die sich die erforderlichen Kenntnisse durch langjährige Tätigkeit oder Weiterbildung angeeignet haben (bspw. Betriebsräte: BT-Drs. 16/10067, 102). Die Person muss über ausreichende Kenntnisse verfügen, um die Aufgaben im Prüfungsausschuss (→ § 107 Rn. 26) wahrnehmen zu können (*Eggers/Reiß/Schichold* Der Aufsichtsrat 2009, 157). Ersichtlich müssen die Mindestanforderungen übertroffen werden, welche ohnehin an alle Aufsichtsratsmitglieder gestellt werden. Sichergestellt werden kann das Fachwissen durch die Teilnahme des Finanzexperten an Fortbildungsmaßnahmen (BegrRegE BilMoG BT-Drs. 16/10067, 102; BeckOGK/*Spindler*, 15.1.2020, Rn. 56; Hölters/*Simons* Rn. 9, 13). Nicht erforderlich ist, dass der Finanzexperte bereits als Organmitglied einer Kapitalgesellschaft oder sonst wie beruflich mit dem Zuständigkeitsbereich Rechnungslegung oder Abschlussprüfung befasst war (OLG Hamm 28.5.2013, NZG 2013, 1099 (1100); LG München I 5.11.2009, BB 2010, 885). Der Aufsichtsrat hat sicherzustellen, dass stets zumindest eines seiner Mitglieder die an den Sachverstand eines Finanzexperten gestellten Anforderungen erfüllt. Diese Voraussetzungen müssen (selbstverständlich) nicht lediglich zu einem bestimmten Stichtag, sondern dauerhaft gegeben sein. Angesichts des Verzichts auf eine klare gesetzliche Vorgabe für das zu fordernde Fachwissen steht den betroffenen Gesellschaften zwangsläufig eine gewisse Einschätzungsprärogative zu. Außerdem wird ein Verstoß gegen Abs. 5 Hs. 1, der ja auf fehlenden Sachverstand bei sämtlichen Aufsichtsratsmitgliedern gestützt werden müsste, in der Praxis nur sehr schwer zu führen sein (Hölters/*Simons* Rn. 72). 15

3. Erweiterung des Adressatenkreises. Durch das AReG wurde der Adressatenkreis derjenigen Gesellschaften erweitert, welche über einen Finanzexperten in ihrem Aufsichtsrat verfügen müssen. War diese Vorgabe durch das BilMoG nur an kapitalmarktorientierte Gesellschaften adressiert, so erweiterte das AReG den Kreis der betroffenen Gesellschaften – gemäß den europäischen Vorgaben – auf alle „Unternehmen von öffentlichem Interesse". Neben den kapitalmarktorientierten Unternehmen müssen nun insbesondere auch Kreditinstitute und Versicherungsunternehmen, die den Kapitalmarkt nicht in Anspruch nehmen, über einen Finanzexperten verfügen (BT-Drs. 18/7219, 56). 16

4. Sektorvertrautheit des gesamten Aufsichtsrats. In Umsetzung der Vorgabe des Art. 39 Abs. 1 UAbs. 3 der überarbeiteten Abschlussprüferrichtlinie enthält Abs. 5 Hs. 2 die Vorgabe, dass sämtliche Aufsichtsratsmitglieder „mit dem Sektor, in dem die Gesellschaft tätig ist, vertraut sein [müssen]" (dazu *Skirk/Wirtz* WPg 2016, 125 (128) und *Schüppen* NZG 2016, 247 (253 f.), der diese Ergänzung für „banal und praktisch bedeutungslos" hält). Nach dem Erwägungsgrund 24 der überarbeiteten Abschlussprüfer-RL soll hierdurch eine Stärkung der fachlichen Kompetenz erreicht werden. Die Regelung betrifft nur solche Aufsichtsräte, die auch in den Anwendungsbereich von Abs. 5 Hs. 1 fallen (Hölters/*Simons* Rn. 18). Weder die Regierungsbegründung zu Abs. 5 Hs. 2 noch die seiner Einführung zugrundeliegende überarbeitete Abschlussprüfer-RL enthalten verwertbare Handlungsanweisungen für die betroffenen Gesellschaften. Die konkreten Anforderungen an die Sektorvertrautheit bleiben somit vage, weshalb auch hier eine gewisse Entscheidungsprärogative der betroffenen Gesellschaften zu bejahen ist. Darüber hinaus wird es im Einzelfall – über die Unklarheiten bezüglich des erforderlichen Umfangs an Fachwissen hinaus – schwerlich möglich sein, den konkreten „Sektor" exakt zu umschreiben, auf den sich die Kenntnisse beziehen müssen. Das Risiko einer Art Marktabgrenzung ist nicht den Unternehmen zu überantworten. Sind demnach nicht allzu hohe Hürden an die Erfüllung von Abs. 5 Hs. 2 zu stellen, so muss dennoch jede betroffene Gesellschaft Anstrengungen unternehmen, um eine gewisse Sachkunde des gesamten Aufsichtsrats behaupten zu können. Dies liegt freilich schon in ihrem ureigenen Interesse und sollte damit gängige Praxis sein. 17

VII. Ergänzende untergesetzliche Bestimmungen und Vorschläge zur guten Unternehmensführung

1. Die Regelungen des DCGK. Nach dem Grundsatz 11 DCGK soll das Mitglied über die für die Aufgabenerfüllung notwendigen Kenntnisse, Fähigkeiten und fachlichen Erfahrungen verfügen. Die 18

Gesellschaft soll nach Empfehlung C.2 DCGK eine Altersgrenze festlegen, die in der Erklärung zur Unternehmensführung anzugeben ist. Zudem soll dem Aufsichtsrat **auf Anteilseignerseite** eine nach seiner Einschätzung angemessene Anzahl **unabhängiger Mitglieder** angehören (C.6 S. 1 DCGK). Diese „angemessene Anzahl" wird konkretisiert: Jedenfalls mehr als die Häfte der Mitglieder soll unabhängig von Gesellschaft und Vorstand sein (C.7 S. 1 DCGK), während eine Unabhängigkeit vom kontrollierenden Aktionär bei einem Aufsichtsrat mit sechs oder weniger Mitgliedern bei mindestens einem bzw. bei einem größeren Aufsichtsrat bei mindestens zwei Anteilseignervertretern gegeben sein soll (C.9 S. 1, 2 DCGK). Der gesetzliche Verzicht auf das aktienrechtliche Unabhängigkeitserfordernis in Abs. 5 hat bei Anwendung des DCGK somit nur eingeschränkte Auswirkungen. Die neu gefasste Empfehlung C.6 S. 2 DCGK enthält eine positive Definition der Unabhängigkeit (→ Rn. 4). Erstmals ist in C.7 DCGK zudem ein Katalog mit **konkreten Indikatoren** zur Beurteilung der Unabhängigkeit der Mitglieder von Gesellschaft und Vorstand enthalten. Diese sollen ausweislich der Begründung der Regierungskommission eine bloße Hilfestellung zur Beurteilung der Unabhängigkeit leisten, nicht aber die Ermessensentscheidung der Anteilseignervertreter ersetzen (umfassend zur Neuregelung *Hopt/Leyens* ZGR 2019, 929 (956 ff.)). Darüber hinaus sollen Personen, die eine Organfunktion oder Beratungsaufgabe bei einem wesentlichen Wettbewerber des Unternehmens innehaben bzw. in persönlicher Beziehung zu einem solchen Wettbewerber stehen, dem Aufsichtsrat nicht angehören (C.12 DCGK).

19 **2. Fachliche Voraussetzungen.** Auch nach der Aufnahme des Erfordernisses der Sektorvertrautheit aller Aufsichtsratsmitglieder in Abs. 5 Hs. 2 entspricht es einer Selbstverständlichkeit, dass die Mitglieder des Aufsichtsrats über die notwendigen Kenntnisse verfügen müssen, um sich insgesamt mit den zu erörternden Sachfragen fundiert auseinandersetzen zu können. Jedes Aufsichtsratsmitglied sollte zudem mindestens in einem Sachgebiet **vertiefte Kenntnisse** vorweisen, sodass sämtliche Aufgabenfelder mit ausreichender Expertise bearbeitet werden können (vgl. die Vorschläge des Roundtable, DB 2007, 297 (298); so auch BGH 15.11.1982, BGHZ 85, 293 (295 f.) = NJW 1983, 993 – Hertie; zu einzelnen Kenntnissen BeckOGK/*Spindler,* 15.1.2020, Rn. 81 f.). Unzureichende Fachkompetenz kann eine Haftung nach sich ziehen (→ § 116 Rn. 4; MüKoAktG/*Habersack* § 116 Rn. 22 ff.). Einschränkend ist jedoch hervorzuheben, dass eine umfassende Expertise jedes einzelnen Aufsichtsratsmitglieds in sämtlichen Geschäftsvorfällen realitätsfremd wäre. Entscheidend ist, ob der Aufsichtsrat in seiner Gesamtheit eine ordnungsgemäße Erfüllung der an ihn gestellten Aufgaben gewährleistet (Hölters/*Simons* Rn. 21). Dementsprechend stellt auch § 100 Abs. 5 Hs. 2 darauf ab, dass die Mitglieder in ihrer Gesamtheit über die notwendige Sektorkenntnis verfügen (dazu BeckOGK/*Spindler,* 15.1.2020, Rn. 80).

20 **3. Unabhängigkeit.** Auf ein gesetzliches Verbot der Tätigkeit in konkurrierenden Unternehmen und eine Kodifizierung der Folgen bestehender Inkompatibilität hat der Gesetzgeber bewusst verzichtet (BT-Drs. 13/9712, 17). Dennoch enthält der DCGK eine Empfehlung zur Einschränkung der Beziehung zu wesentlichen Wettbewerbern (→ Rn. 18). Soweit Interessenskonflikte bestehen, sollte hierauf mit Transparenz und Ruhen des Mandates im konkreten Konfliktfall reagiert werden (Roundtable These 3.6 und 3.10, DB 2007, 297 (300 f.); vgl. auch *Diekmann/Fleischmann* AG 2013, 141 (144 ff.); *Gruber* NZG 2008, 12 (14)). Soweit dauerhafte Interessenkonflikte bestehen, sind diese auch unterjährig (→ § 161 Rn. 18; vgl. auch OLG München 6.8.2008, BB 2009, 232 (233)) nach § 161 bekannt zu machen (LG Hannover 17.3.2010, ZIP 2010, 833 (836 f.)). Die Pflicht zur Aktualisierung der Entsprechenserklärung ist rechtlich von der Beschlussfassung des Aufsichtsrates über den Wahlvorschlag und dem anschließenden Wahlbeschluss der Hauptversammlung zu trennen. Daher kann eine unrichtige Entsprechenserklärung, die aus dem Verstoß eines Wahlvorschlags gegen den DCGK resultiert, nicht zur Anfechtbarkeit des Wahlbeschlusses führen (BGH 9.10.2018, BGHZ 220, 36 Rn. 25 ff. = NZG 2019, 262); so bereits zuvor → § 251 Rn. 2; aA OLG München 6.8.2008, BB 2009, 232 (233); LG Hannover 17.3.2010, ZIP 2010, 833 (835 ff.)). Nach C.7 S. 2 DCGK wird die Unabhängigkeit nur bei einem wesentlichen und dauerhaften Interessenkonflikt verneint. Es genügt allerdings, wenn dieser nur potentiell besteht (Hüffer/Koch/*Koch* Rn. 40; *Kremer/v. Werder* AG 2013, 340 (345)). Besondere Beziehungen zur Gesellschaft, zum Vorstand sowie einem kontrollierenden Aktionär führen zur Inhabilität (→ 4, 18). Zur Frage des Wettbewerbsverbotes umfassend *Langenbucher* ZGR 2007, 571 ff.; zur tatsächlichen Umsetzung der Unabhängigkeit *Bartz/Werder* NZG 2014, 841.

VIII. Rechtsfolgen bei Verstößen

21 Erfüllt ein Aufsichtsratsmitglied im Zeitpunkt der Wahl die Voraussetzungen des Abs. 1 oder Abs. 2 nicht und bestehen die Hinderungsgründe bei Amtsübernahme fort (BGH 15.12.1986, BGHZ 99, 211 (219 f.) = NJW 1987, 902), ist die Wahl nach § 250 Abs. 1 Nr. 4 **nichtig.** Gleiches gilt, wenn der Hinderungsgrund bis zum Beginn der Amtszeit eintritt. Eine Heilung nach Amtsantritt scheidet aus (MüKoAktG/*Habersack* Rn. 59). Entfallen die Wählbarkeitsvoraussetzungen der Abs. 1, 2 nachträglich, erlischt die Mitgliedschaft nach hM kraft Gesetzes. Erfüllt der Aufsichtsratsvorsitzende nicht die Voraussetzungen des Abs. 2 S. 1 Nr. 1 iVm Abs. 2 S. 3, ist der Wahlbeschluss ebenfalls nichtig. Zu den **Folgen der Nichtigkeit** der Wahl für Beschlüsse des Aufsichtsrats → § 108 Rn. 20.

Verstöße gegen **statutarisch** begründete persönliche Voraussetzungen führen zur **Anfechtbarkeit** des Wahlbeschlusses (§ 251 Abs. 1 S. 1) (MüKoAktG/*Habersack* Rn. 61). Nach Ablauf der Anfechtungsfrist ist ebenso wie bei nachträglichem Wegfall der statutarischen Voraussetzung eine Abberufung nach § 103 Abs. 3 möglich (K. Schmidt/Lutter/*Drygala* Rn. 23). **Abs. 5** richtet sich lediglich an das **Gesamtgremium** (*Habersack* AG 2008, 98 (106); *Jaspers* AG 2009, 607 (612 f.)). Erfüllt kein Aufsichtsratsmitglied die Voraussetzungen des Abs. 5, ist die Wahl nach § 243 Abs. 1 **anfechtbar** (vgl. ausf. *Eggers/Reiß/Schichold* Der Aufsichtsrat 2009, 157 (158 f.); aA *Gruber* NZG 2008, 12 (14): nur Offenlegung). Zur Nichtentsprechung von Empfehlungen des DCGK → § 161 Rn. 25 ff. 22

Bestellung der Aufsichtsratsmitglieder

101 (1) [1]**Die Mitglieder des Aufsichtsrats werden von der Hauptversammlung gewählt, soweit sie nicht in den Aufsichtsrat zu entsenden oder als Aufsichtsratsmitglieder der Arbeitnehmer nach dem Mitbestimmungsgesetz, dem Mitbestimmungsergänzungsgesetz, dem Drittelbeteiligungsgesetz oder dem Gesetz über die Mitbestimmung der Arbeitnehmer bei einer grenzüberschreitenden Verschmelzung zu wählen sind.** [2]**An Wahlvorschläge ist die Hauptversammlung nur gemäß §§ 6 und 8 des Montan-Mitbestimmungsgesetzes gebunden.**

(2) [1]**Ein Recht, Mitglieder in den Aufsichtsrat zu entsenden, kann nur durch die Satzung und nur für bestimmte Aktionäre oder für die jeweiligen Inhaber bestimmter Aktien begründet werden.** [2]**Inhabern bestimmter Aktien kann das Entsendungsrecht nur eingeräumt werden, wenn die Aktien auf Namen lauten und ihre Übertragung an die Zustimmung der Gesellschaft gebunden ist.** [3]**Die Aktien der Entsendungsberechtigten gelten nicht als eine besondere Gattung.** [4]**Die Entsendungsrechte können insgesamt höchstens für ein Drittel der sich aus dem Gesetz oder der Satzung ergebenden Zahl der Aufsichtsratsmitglieder der Aktionäre eingeräumt werden.**

(3) [1]**Stellvertreter von Aufsichtsratsmitgliedern können nicht bestellt werden.** [2]**Jedoch kann für jedes Aufsichtsratsmitglied mit Ausnahme des weiteren Mitglieds, das nach dem Montan-Mitbestimmungsgesetz oder dem Mitbestimmungsergänzungsgesetz auf Vorschlag der übrigen Aufsichtsratsmitglieder gewählt wird, ein Ersatzmitglied bestellt werden, das Mitglied des Aufsichtsrats wird, wenn das Aufsichtsratsmitglied vor Ablauf seiner Amtszeit wegfällt.** [3]**Das Ersatzmitglied kann nur gleichzeitig mit dem Aufsichtsratsmitglied bestellt werden.** [4]**Auf seine Bestellung sowie die Nichtigkeit und Anfechtung seiner Bestellung sind die für das Aufsichtsratsmitglied geltenden Vorschriften anzuwenden.**

Übersicht

I. Allgemeines

§ 101 regelt die **Bestellung** des Aufsichtsrats. Sie erfolgt durch Wahlbeschluss der Hauptversammlung (Abs. 1) oder durch Entsendung (Abs. 2). Die Wahl der Arbeitnehmervertreter richtet sich nach dem einschlägigen Mitbestimmungsrecht (Abs. 1). Abs. 3 ermöglicht die Wahl von Ersatzmitgliedern. Der Einfluss der Hauptversammlung auf die Zusammensetzung des Aufsichtsrats kann nur in den Grenzen von § 101 eingeschränkt werden (MüKoAktG/*Habersack* Rn. 3, 10). Die Beteiligung der **Arbeitnehmervertreter** wird durch § 101 Abs. 1 aktienrechtlich legitimiert. Durch die Annahme der Wahl kommt ein **korporationsrechtliches Rechtsverhältnis** zustande, dessen Inhalt durch Gesetz, Satzung und die Festsetzungen der Hauptversammlung bestimmt wird (BeckOGK/*Spindler*, 15.1.2020, Rn. 8). Ein zusätzliches vertragliches Schuldverhältnis iS eines Anstellungsvertrages entsteht nicht (hM, LG München I 27.12.2012, AG 2013, 474; Hüffer/Koch/*Koch* Rn. 2; MüKoAktG/*Habersack* Rn. 67; 1

GroßkommAktG/*Hopt/Roth* Rn. 9; KK-AktG/*Mertens/Cahn* Rn. 5; aA RG 2.11.1934, RGZ 146, 145 (152)).

II. Wahl durch die Hauptversammlung (Abs. 1)

2 **1. Wahl durch die Hauptversammlung. a) Wahlfreiheit.** Die Wahl der Anteilseignervertreter im Aufsichtsrat erfolgt durch Beschluss der Hauptversammlung, die in ihrer Entscheidung grundsätzlich (zum Entsendungsrecht → Rn. 7 ff.) frei und **unabhängig** ist (hM; vgl. ua LG Heidelberg 28.7.2016, BeckRS 2016, 18066; BeckOGK/*Spindler,* 15.1.2020, Rn. 16). Eine Satzungsbestimmung, nach der das Wahlrecht einem anderen Gesellschaftsorgan oder einem Dritten übertragen wird, ist ebenso unwirksam wie die Bindung an ein statutarisches Vorschlagsrecht, an die Zustimmung eines Gesellschaftsorgans oder eines Dritten (MüKoAktG/*Habersack* Rn. 11). Mitbestimmungsvereinbarungen sind damit in der AG enge Grenzen gesetzt (Habersack/Henssler/*Habersack* MitbestG § 1 Rn. 20; *Henssler* FS Westermann, 2008, 1019).

3 **b) Wahlabreden.** Eine durch die Gesellschaft abgeschlossene Wahlabrede ist wegen Verstoßes gegen die Wahlfreiheit nichtig (K. Schmidt/Lutter/*Drygala* Rn. 5). Für Abreden zwischen einem Aktionär und einem Gesellschaftsorgan ergibt sich Entsprechendes aus § 136 Abs. 2. Wahlabreden zwischen Aktionären sind im Umkehrschluss zulässig (BGH 24.11.2008, BGHZ 179, 13 (18 f.) = NJW 2009, 669 (670)). Dies gilt sowohl für die Verpflichtung zur Abstimmung nach Weisung eines **Mitgesellschafters** wie für Mehrheitsentscheidungen eines **Stimmrechtskonsortiums.** Allerdings darf aufgrund der Abrede nicht gegen die Gesellschaftsinteressen gestimmt werden (vgl. *Lutter/Grunewald* AG 1989, 109 (111)). Weitere Grenzen ergeben sich aus der mitgliedschaftlichen Treuepflicht (MüKoAktG/*Habersack* Rn. 13; BeckOGK/*Spindler,* 15.1.2020, Rn. 26). Grundsätzlich zulässig sind auch Wahlabreden zwischen Aktionären und Dritten (BeckOGK/*Spindler,* 15.1.2020, Rn. 24; GroßkommAktG/*Hopt/Roth* Rn. 31).

4 **2. Wahlverfahren.** Die Wahl erfolgt durch **Beschluss** der Hauptversammlung nach §§ 133 ff. Vorschlagsberechtigt sind nach § 124 Abs. 3 der Aufsichtsrat und unter den Voraussetzungen des § 127 jeder Aktionär, nicht dagegen der Vorstand. Erfolgt der Vorschlag laut Bekanntmachung in der Tagesordnung durch Vorstand und Aufsichtsrat, ist dieser Fehler in der Hauptversammlung nicht heilbar (BGH 25.11.2002, BGHZ 153, 32 (35 ff.) = NJW 2003, 970). In der Tagesordnung ist anzugeben, nach welchen gesetzlichen Vorschriften sich der Aufsichtsrat zusammensetzt (§ 124 Abs. 2 S. 1) und ob die Hauptversammlung an Wahlvorschläge gebunden ist. Ohne Wahlvorschlag des Aufsichtsrats darf nach § 124 Abs. 4 S. 1 keine Wahl erfolgen; eine gleichwohl durchgeführte Wahl ist anfechtbar (BeckOGK/*Spindler,* 15.1.2020, Rn. 41). Zur Abstimmung über Aktionärsvorschläge vgl. § 137. Bei der Wahl der Arbeitnehmervertreter nach §§ 6, 8 MontanMitbestG und § 5 MitbestErgG ist die Hauptversammlung an die Wahlvorschläge der Arbeitnehmer gebunden. Abweichungen führen zur Nichtigkeit der Wahl (§ 250 Abs. 1 Nr. 2). Der DCGK enthält in C.13 DCGK die Empfehlung, vor der Wahl die persönlichen und geschäftlichen Beziehungen der zur Wahl in den Aufsichtsrat vorgeschlagenen Kandidaten zum Unternehmen, den Organen der Gesellschaft und einem wesentlich an der Gesellschaft beteiligten Aktionär offen zu legen.

5 Die Wahl kann durch Einzelwahl (empfohlen von C.15 S. 1 DCGK), Simultanwahl oder Listenwahl erfolgen (früher str. für die beiden letztgenannten Wahlformen, heute aber grundsätzlich allgemein anerkannt, K. Schmidt/Lutter/*Drygala* Rn. 10; GroßkommAktG/*Hopt/Roth* Rn. 44). Bei der **Listenwahl** ist der Aktionär gezwungen, die gesamte Liste abzulehnen, wenn er mit einem Kandidaten nicht einverstanden ist. Wurde vom Versammlungsleiter auf die Listenwahl hingewiesen und hat kein Aktionär widersprochen, ist die Listenwahl zulässig (BGH 21.7.2003, BGHZ 156, 38 (41) = NJW 2003, 3412 (3413)). Anerkannt ist, dass durch Mehrheitsbeschluss der Hauptversammlung in jedem Fall die **Einzelwahl** erzwungen werden kann (Hüffer/Koch/*Koch* Rn. 7). Darüber hinaus wird vertreten, dass schon auf Antrag/Widerspruch eines Aktionärs Einzelwahl zwingend sei (so *Henze* BB 2005, 165 (171); *Ramm* NJW 1991, 2753 (2754); Geßler/Hefermehl/*Geßler* Rn. 31) bzw. zunächst über das Wahlverfahren gesondert abgestimmt werden müsse (so LG München 15.4.2004, BB 2004, 958 (959); *Fuhrmann* ZIP 2004, 2081 (2084); BeckOGK/*Spindler,* 15.1.2020, Rn. 37). Hat eine einfache Mehrheit gegen die Liste gestimmt, erfolgt eine Einzelwahl (K. Schmidt/Lutter/*Drygala* Rn. 11). Die Satzung kann die Durchführung einer Listenwahl in das Ermessen des Versammlungsleiters stellen. Die Regelung kann dann nicht durch einen Geschäftsordnungsantrag einzelner Aktionäre, eine Einzelwahl durchzuführen, außer Kraft gesetzt werden (BGH 16.2.2009, NZG 2009, 342).

6 Die **Abstimmung** erfolgt nach Festlegung des Sitzungsleiters entweder durch Handzeichen, Stimmkarten, durch geheime Wahl oder elektronisch. Die Reihenfolge der Abstimmungen wird vom Sitzungsleiter festgelegt (BGH 9.10.2018, BGHZ 220, 36 Rn. 47 = NZG 2019, 262), jedoch ist nach § 137 über Aktionärsvorschläge auf qualifizierten Antrag vorab zu beschließen. Dem Sitzungsleiter steht es zudem frei, mehrere Wahlvorschläge zu einem Abstimmungsvorgang zusammenzufassen (BGH 9.10.2018, BGHZ 220, 36 Rn. 47 = NZG 2019, 262). Die Hauptversammlung hat hinsichtlich der

Festlegung der Wahlmodalitäten allerdings eine vorrangige konkurrierende Kompetenz, die sie durch Beschluss oder Satzungsregelung ausüben kann (Hüffer/Koch/*Koch* Rn. 5; aA MüKoAktG/*Kubis* § 119 Rn. 153 f.; offengelassen von BGH 9.10.2018, BGHZ 220, 36 Rn. 47 = NZG 2019, 262). Zur Wahl genügt die einfache Mehrheit der abgegebenen Stimmen (§ 133 Abs. 1), soweit nicht die Satzung anderes vorschreibt (§ 133 Abs. 2).

III. Entsendungsrechte (Abs. 2)

1. Inhalt und Schranken. Die Satzung kann einem Aktionär ein Entsendungsrecht einräumen 7 (§ 101 Abs. 2 S. 1), maximal aber für **ein Drittel** der **Anteilseignervertreter** (Abs. 2 S. 2). Überschreitet die Satzungsbestimmung diese Schwelle, ist sie nichtig; eine darauf beruhende Ernennung ist unwirksam (K. Schmidt/Lutter/*Drygala* Rn. 19). Wird die Schwelle aufgrund einer Verkleinerung des Aufsichtsrats nachträglich überschritten, erlöschen alle Entsendungsrechte, soweit die Satzung keine Anpassung vorsieht (MüKoAktG/*Habersack* Rn. 56 f.). Ein praktischer Bedarf für Entsendungsrechte besteht bei der Sicherung des Einflusses etwa der öffentlichen Hand in gemein- und gemischtwirtschaftlichen Unternehmen, von Familienstämmen in Familienunternehmen oder von Gesellschaftern, die Sonderleistungen erbringen (*Möslein* AG 2007, 770 (771); kritisch *Wymeersch,* Verhandlungen des 67. Deutschen Juristentags, Band II/1 N 97; dagegen *Krieger* N 35 f.).

Gemäß S. 1 Alt. 1 kann das Entsendungsrecht zunächst einem bestimmten, namentlich in der Satzung 8 bezeichneten **Aktionär** oder einer Gruppe von Aktionären (K. Schmidt/Lutter/*Drygala* Rn. 17) eingeräumt werden. Das **„personengebundene"** Recht erlischt mit Aufgabe der Aktionärsstellung (BeckOGK/*Spindler,* 15.1.2020, Rn. 57) und grundsätzlich auch mit dem Tod des Berechtigten (*Seeling/Zwickel* BB 2008, 622 (626)); die Satzung kann die Vererbung allerdings unter der Voraussetzung erlauben, dass der berechtigte Erbe namentlich benannt wird (BeckOGK/*Spindler,* 15.1.2020, Rn. 59). Die Stellung des entsandten Aufsichtsratsmitglieds bleibt davon unberührt (MüKoAktG/*Habersack* Rn. 36). In montanmitbestimmten Aufsichtsräten steht § 5 MontanMitbestG einer Entsendung von Aufsichtsratsmitgliedern der Anteilseigner nicht entgegen, wie durch die mit Gesetz v. 24.4.2015 eingefügte Erwähnung der Entsendung klargestellt wurde (WKS/*Wißmann* MontanMitbestG § 5 Rn. 2). Das gilt auch für das „weitere Mitglied" iSv § 4 Abs. 1 S. 2 lit. a MontanMitbestG.

Nach Alt. 2 kann ein Entsendungsrecht außerdem **„inhabergebunden"**, allerdings nur für die 9 Inhaber **vinkulierter Namensaktien** gem. § 68 (→ § 68 Rn. 4 ff.), begründet werden. In diesem Fall geht das Recht mit der Übertragung der Aktie auf den Erwerber über. Bei dem Hauptversammlungsbeschluss über die Einräumung eines Entsendungsrechtes unterliegt der begünstigte Aktionär keinem Stimmverbot (OLG Hamm 31.3.2008, AG 2008, 552 (554)). Ist der entsendungsberechtigte Aktionär Mitglied des Aufsichtsrats oder des Vorstands, ruht sein Entsendungsrecht (aA MüKoAktG/*Habersack* Rn. 32; nur für Vorstandsmitglieder: GroßkommAktG/*Hopt/Roth* Rn. 109; offen gelassen durch BGH 5.12.2005, BGHZ 165, 192 (201) = NJW 2006, 510 (513)). Stimmrechtsgebundene Aktien gelten nicht als eigene Gattung iSd § 11 Abs. 2 S. 3.

Entsendungsrechte beeinträchtigen in mitbestimmten AG nicht das Übergewicht der Anteilseigner- 10 vertreter im Aufsichtsrat, verletzen damit kein **höherrangiges Recht** (OLG Hamm 31.3.2008, AG 2008, 552 ff.) Entsprechende Rechte von Minderheitsaktionären führen in paritätisch mitbestimmten AG allerdings zum Verlust der Herrschaft des Mehrheitsaktionärs (zur Problematik *Bayer/Schmid* BB 2008, 454; *Möslein* AG 2007, 770; *Neumann/Ogorek* NZG 2008, 892; *Seeling/Zwickel* BB 2008, 622; *Teichmann/Heise* BB 2007, 2577; *Verse* ZIP 2008, 1754). Die gem. Abs. 2 entsandten Mitglieder sind in die Berechnungsgrundlage für die **Geschlechterquote** des § 96 einzubeziehen (→ § 96 Rn. 12). Allerdings bedarf es keiner gesonderten Einhaltung der Mindestquote durch entsandte Mitglieder. Die zeitlich zuerst stattfindende Handlung (Entsendung oder Wahl) beeinflusst den anderen Besetzungsakt. Die Entsendung eines oder mehrerer Aufsichtsratsmitglieder kann damit festlegen, wie viele Frauen die Hauptversammlung anschließend wählen muss. Da indes nach Abs. 2 S. 4 höchstens ein Drittel der von den Anteilseignern zu besetzenden Mitglieder entsandt werden darf, verbleibt der Hauptversammlung stets ein Rest an Wahlfreiheit. Umgekehrt kann sich bei vorangegangener Wahl der Hauptversammlung ergeben, dass zwingend eine Frau entsandt werden muss (zum Ganzen BT-Drs. 18/3784, 127 f.). Es wird sich damit bei Entsendungsrechten anbieten, die Aufteilung der an das jeweilige Geschlecht zu vergebenden Sitze in der Satzung zu regeln (→ § 96 Rn. 12).

Das Entsendungsrecht begründet ein **Sonderrecht** iSd § 35 BGB, weshalb die Entziehung nur durch 11 Satzungsänderung mit Zustimmung des Betroffenen zulässig ist (MüKoAktG/*Habersack* Rn. 31). Eine Kapitalherabsetzung, die zu einer Verkleinerung des Aufsichtsrats führt und damit die Unwirksamkeit von Entsendungsrechten zur Folge hat, bedarf hingegen nicht der Zustimmung des Entsendungsberechtigten (MüKoAktG/*Habersack* Rn. 57; KK-AktG/*Mertens/Cahn* Rn. 61; aA K. Schmidt/Lutter/*Drygala* Rn. 20, BeckOGK/*Spindler,* 15.1.2020, Rn. 69). Die Rechtsposition kann nur durch Satzungsänderung aufgehoben werden, ein Verzicht des Berechtigten genügt nicht (K. Schmidt/Lutter/*Drygala* Rn. 13). Ausgestaltung, bspw. durch Formulierung persönlicher Voraussetzungen, ist zulässig (K. Schmidt/Lutter/*Drygala* Rn. 13).

12 **2. Ausübung.** Das Entsendungsrecht wird durch **Erklärung** gegenüber dem Vorstand als Vertretungsorgan der Gesellschaft ausgeübt (MüKoAktG/*Habersack* Rn. 44). Der Berechtigte ist nicht zur Entsendung verpflichtet, die Satzung kann aber eine entsprechende Pflicht vorsehen. **Verzichtet** er ausdrücklich auf eine Entsendung, geht das Wahlrecht auf die Hauptversammlung über (aA *Seemling/Zwickel* BB 2008, 622 (626 f.); BeckOGK/*Spindler,* 15.1.2020, Rn. 72). Unterbleibt sie lediglich, kommt nur eine gerichtliche Ersatzbestellung in Betracht (GroßkommAktG/*Hopt/Roth* Rn. 106). Die **Amtszeit** wird durch den Berechtigten im Rahmen der Höchstfrist des § 102 festgelegt, eine erneute Entsendung ist zulässig (K. Schmidt/Lutter/*Drygala* Rn. 23).

13 **3. Rechtsstellung des Entsandten.** Zwischen dem Entsandten und dem Entsender besteht ein **Geschäftsbesorgungsverhältnis** bzw. bei Unentgeltlichkeit ein Auftragsverhältnis. Der Entsandte ist dem Unternehmensinteresse verpflichtet (OLG Hamburg 23.1.1990, AG 1990, 218). Ein **Weisungsrecht** des Entsenders besteht nicht (GroßkommAktG/*Hopt/Roth* Rn. 148), auch nicht für Gebietskörperschaften (BGH 29.1.1962, BGHZ 36, 296 (306) = NJW 1962, 864). Der Entsender haftet weder nach § 278 BGB noch über § 831 BGB für Fehler des Entsandten (BeckOGK/*Spindler,* 15.1.2020, Rn. 74). Die Rechtsstellung des Entsandten in der Gesellschaft entspricht derjenigen der übrigen Aufsichtsratsmitglieder (K. Schmidt/Lutter/*Drygala* Rn. 22).

IV. Ersatzmitglieder (Abs. 3)

14 **1. Funktion der Ersatzmitglieder.** Die Bestellung eines Stellvertreters, der bei Verhinderung eines Mitglieds dieses vertritt, ist nach Abs. 1 S. 1 unzulässig. S. 3 bis 4 ermöglichen aber die Bestellung eines Ersatzmitglieds, das zeitgleich (von der gleichen Hauptversammlung oder durch zeitgleiche Entsendung) mit dem Aufsichtsratsmitglied bestimmt wird und bei dessen Ausscheiden für die restliche Amtszeit **nachrückt** (Hüffer/Koch/*Koch* Rn. 14 f.). Die Bestellung liegt im Ermessen des zuständigen Organs (BayObLG 29.3.2000, AG 2001, 50 (51)). Die Satzung kann die Wahl von Ersatzmitgliedern weder anordnen noch ausschließen (*Heinsius* ZGR 1982, 232 (233); K. Schmidt/Lutter/*Drygala* Rn. 28). Eine **nachträgliche** Wahl von Ersatzmitgliedern ist auch dann nicht möglich, wenn alle Ersatzmitglieder verbraucht sind (*Roussos* AG 1987, 239 (241 f.); MüKoAktG/*Habersack* Rn. 79). Die Mitbestimmungsgesetze kennen für Arbeitnehmervertreter vergleichbare, teils konkretisierte Regelungen (vgl. § 17 MitbestG; § 7 DrittelbG). Aufgrund der Verweisung in Abs. 3 S. 4 sind ab 2016 auch auf Ersatzmitglieder die Regelungen des § 96 Abs. 2 (→ § 96 Rn. 9 ff.) über die Geschlechterquote anzuwenden. In der Praxis kann dies zu Schwierigkeiten führen, weil sich im Zeitpunkt des Wahlbeschlusses noch nicht voraussagen lässt, ob die Bestellung des Ersatzmitglieds im Zeitpunkt des Nachrückens gegen § 96 Abs. 2 verstoßen wird. Kommt es aufgrund des Nachrückens zu einer Verletzung des Gruppenproporzes, ist der Wahlbeschluss ex tunc nichtig (BT-Drs. 18/3784, 128). Es empfiehlt sich daher, als Ersatzmitglied für ein quotenerfüllendes weibliches Mitglied ebenfalls eine Frau vorzusehen. Zum Problem bereits gewählter Ersatzmitglieder vgl. *Stüber* DStR 2015, 947 (950).

15 Die Rechtsstellung des Ersatzmitglieds entspricht derjenigen des ordentlichen Aufsichtsratsmitglieds. Unzulässig ist die Wahl eines Ersatzmitglieds für das weitere Mitglied iSd § 4 Abs. 1 lit. c Montan-MitbestG bzw. § 5 Abs. 1 S. 2 lit. c MitbestErgG. Die Funktion des Ersatzmitglieds ist insbesondere in paritätisch mitbestimmten Gremien bedeutsam, da hier eine Vakanz das Gleichgewicht vorübergehend außer Kraft setzen würde (vgl. *Bommert* AG 1986, 315).

16 Das Ersatzmitglied muss seine **Bestellung** im Zeitpunkt der Wahl/Entsendung annehmen (K. Schmidt/Lutter/*Drygala* Rn. 28) und rückt nach, wenn das ordentlich gewählte Mitglied ausscheidet. Die **persönlichen Voraussetzungen** (§§ 100, 105) müssen daher bereits im Zeitpunkt der Wahl bzw. Entsendung vorliegen. Die Wahl kann aber unter der Bedingung angenommen werden, mögliche Hinderungsgründe beim Eintritt des Ersetzungsfalls abzuwenden (so auch MüKoAktG/*Habersack* Rn. 81; zweifelnd BeckOGK/*Spindler,* 15.1.2020, Rn. 95).

17 Ein Ersatzmitglied kann für ein konkret **benanntes,** ordentliches Mitglied oder für mehrere ordentliche Mitglieder unter Angabe ihrer Reihenfolge bestellt werden (BGH 15.12.1986, BGHZ 99, 211 (213 f.) = NJW 1987, 902; *Rellermeyer* ZGR 1987, 563, 566). Möglich ist es, für einen Anteilseignervertreter auch mehrere Ersatzmitglieder zu bestellen (MüKoAktG/*Habersack* Rn. 84). Bei Arbeitnehmervertretern schränkt das Mitbestimmungsrecht die Mehrfachbestellung ein (vgl. Habersack/Henssler/*Henssler* MitbestG § 17 Rn. 3, 9 ff.). Scheidet das Ersatzmitglied vor Ablauf seiner Wahlperiode wieder aus dem Aufsichtsrat aus, lebt seine Ersatzmitgliedschaft erneut auf (BGH 15.12.1986, BGHZ 99, 211 (218 f.) = NJW 1987, 902 (903 f.)).

18 Das Amt des Ersatzmitglieds endet gemäß der Abs. 3 ergänzenden Synchronisierungsregelung in § 102 Abs. 2 (→ § 102 Rn. 9) spätestens mit dem Ablauf der **Amtszeit** des ordentlichen Aufsichtsratsmitglieds. Ist ein Ersatzmitglied für mehrere Aufsichtsratsmitglieder bestellt, endet die Ersatzmitgliedschaft mit der Amtszeit des am längsten bestellten Mitglieds (BeckOGK/*Spindler,* 15.1.2020, Rn. 105). Die Satzung kann einen vorherigen Ablauf festlegen, etwa den Zeitpunkt der Wahl eines neuen ordentlichen Mitglieds (BeckOGK/*Spindler,* 15.1.2020, Rn. 97). Da eine solche Wahl aber einer

Abberufung gleichkommt, muss die Satzung für die Neuwahl das für eine Abberufung erforderliche Quorum vorschreiben (BGH 15.12.1986, BGHZ 99, 211 (216) = NJW 1987, 902 (903); aA *Rellermeyer* ZGR 1987, 563 (579)). Ein hiervon abweichender Hauptversammlungsbeschluss ist teilnichtig, die Wahl der Ersatzmitglieder bleibt wirksam (BGH 25.1.1988, NJW 1988, 1214).

2. Eintritt des Nachrückfalls. Der Nachrückfall tritt ein, wenn das ordentliche Mitglied vorzeitig ausscheidet und zugleich eine **Lücke** entsteht. Dies ist nicht der Fall, wenn bereits vor dem Ausscheiden des ordentlichen Mitglieds (etwa Rücktritt zum Ende einer ordentlichen Hauptversammlung) ein Nachfolger gewählt worden ist (BGH 29.6.1987, NJW 1988, 260 (261); BeckOGK/*Spindler,* 15.1.2020, Rn. 100; aA *Bommert* AG 1986, 315 (317); *Rellermeyer* ZGR 1987, 563 (574 f.)). 19

Amtszeit der Aufsichtsratsmitglieder

102 (1) [1]**Aufsichtsratsmitglieder können nicht für längere Zeit als bis zur Beendigung der Hauptversammlung bestellt werden, die über die Entlastung für das vierte Geschäftsjahr nach dem Beginn der Amtszeit beschließt.** [2]**Das Geschäftsjahr, in dem die Amtszeit beginnt, wird nicht mitgerechnet.**

(2) **Das Amt des Ersatzmitglieds erlischt spätestens mit Ablauf der Amtszeit des weggefallenen Aufsichtsratsmitglieds.**

I. Allgemeines

§ 102 Abs. 1 bestimmt die maximal zulässige **Amtszeit** eines Aufsichtsratsmitglieds. Die Vorschrift ist zwingendes Recht. Der Aufsichtsrat ist ein kontinuierliches Organ, das über keine Amtsperioden verfügt und auf den das **Diskontinuitätsprinzip nicht anwendbar** ist (BeckOGK/*Spindler,* 15.1.2020, Rn. 1). Für den ersten Aufsichtsrat der AG gilt § 30 Abs. 3 S. 1. § 102 Abs. 2 regelt die Amtszeit des Ersatzmitglieds. 1

II. Amtszeit

1. Gesetzliche Höchstdauer. Nach Abs. 1 S. 1 dürfen Aufsichtsratsmitglieder maximal bis zur Beendigung der Hauptversammlung gewählt werden, die über die Entlastung für das vierte Geschäftsjahr nach dem Beginn der Amtszeit beschließt. Das Geschäftsjahr der Bestellung bleibt unberücksichtigt, sodass sich eine Höchstdauer von **fünf Jahren** ergibt. Die Amtszeit beginnt mit der Annahme der Wahl, soweit Satzung oder Bestellungsbeschluss keinen späteren Zeitpunkt bestimmen (MüKoAktG/*Habersack* Rn. 16; eine solche Bestimmung ist nach BAG 4.11.2015, NZA 2016, 559 regelmäßig gegeben). Rumpfgeschäftsjahre gelten als volle Geschäftsjahre (BeckOGK/*Spindler,* 15.1.2020, Rn. 7). Das Amt endet mit Ablauf der Amtszeit und nicht erst mit der Wahl des Nachfolgers (RG 19.3.1910, RGZ 73, 234 (237)). Bei Fristüberschreitung endet die Amtszeit mit Ablauf der Höchstfrist (BeckOGK/*Spindler,* 15.1.2020, Rn. 9). 2

Erfolgt die Entlastung über das vierte Geschäftsjahr **nicht innerhalb der Frist** des § 120 Abs. 1, dauert die Amtszeit bis zu dem Tag, an dem die Hauptversammlung spätestens über die Entlastung hätte abstimmen müssen (BGH 24.6.2002, AG 2002, 676 (677); OLG München 9.11.2009, NZG 2009, 1430 (1431); MüKoAktG/*Habersack* Rn. 18; KK-AktG/*Mertens/Cahn* Rn. 5; Hüffer/Koch/*Koch* Rn. 3), verlängert sich also nicht bis zum Ende der Hauptversammlung, die über die Entlastung tatsächlich beschließt (so aber AG Essen 4.6.1969, MDR 1970, 336; Hölters/*Simons* Rn. 7). Dies gebieten Rechtssicherheit und Rechtsklarheit sowie die Notwendigkeit, die Hauptversammlung spätestens nach vier Jahren zur erneuten Entscheidung anzuhalten (BGH 24.6.2002, AG 2002, 676 (677)). Findet innerhalb dieser Frist eine Hauptversammlung statt, die keinen Beschluss über die Entlastung fasst, endet das Aufsichtsratsmandat mit dem Ende dieser Hauptversammlung (BeckOGK/*Spindler,* 15.1.2020, Rn. 8). Die Gegenansicht folgert aus § 104 Abs. 2, dass das Aufsichtsratsmandat jedenfalls drei Monate nach Ende der beschlusslosen Hauptversammlung bzw. nach Ablauf der Frist des § 120 Abs. 1 erlischt (Hüffer/Koch/*Koch* Rn. 3). Die Rspr. des BGH ist nicht auf das Kuratorium einer Stiftung des Bürgerlichen Rechs übertragbar (OLG Frankfurt a. M. 27.5.2010, NZG 2010, 1034). 3

2. Abweichende Bestimmungen. Eine **kürzere Wahlperiode** oder eine andere Fristberechnung darf in der Satzung oder im Wahlbeschluss festgelegt werden. Bei einer Satzungsänderung gilt diese noch nicht für die amtierenden Aufsichtsratsmitglieder (MüKoAktG/*Habersack* Rn. 11). Zulässig ist eine **unterschiedliche Amtszeit** der Aufsichtsratsmitglieder (BGH 15.12.1986, BGHZ 99, 211 (215) = NJW 1987, 902 (903)). Ziff. 5.4.6 DCGK 2007, der eine Wahl zu unterschiedlichen Terminen anregte, um Veränderungserfordernissen Rechnung zu tragen, wurde aufgehoben, da ein solches Vorgehen auch zu Belastungen der AG führt (Hüffer/Koch/*Koch* Rn. 4). Die Satzung darf ein turnusmäßiges Ausscheiden der Aufsichtsratsmitglieder vorschreiben (MüKoAktG/*Habersack* Rn. 9). 4

5 Satzungsregelungen über die Amtszeit gelten auch für zu **entsendende** Aufsichtsratsmitglieder, soweit sie nicht von der Regelung ausgenommen sind (MüKoAktG/*Habersack* Rn. 14; GroßkommAktG/*Peddinghaus* Rn. 21; aA KK-AktG/*Mertens/Cahn* Rn. 12; MHdB GesR IV/*Hoffmann-Becking* § 30 Rn. 47). Fehlt eine entsprechende Satzungsregelung, bestimmt der Entsendungsberechtigte frei über die Amtszeit innerhalb der Grenze des Abs. 1 (MüKoAktG/*Habersack* Rn. 14).

6 **3. Wiederbestellung.** Die Wiederbestellung eines Aufsichtsratsmitglieds ist zulässig. Bei Wiederbestellung vor Ablauf seiner Amtszeit kann es nicht für eine **volle Wahlperiode** wiedergewählt werden (hM RG 3.6.1930, RGZ 129, 180 (183 f.); MüKoAktG/*Habersack* Rn. 20; vgl. auch BGH 17.7.2012, AG 2012, 677 zu einem solchen Vorgehen beim Vorstand), die Restlaufzeit muss mit angerechnet werden. Unzulässig ist eine vorherige Wiederbestellung, wenn die Satzung eine bestimmte Amtsdauer vorschreibt.

7 **4. Amtszeit der Arbeitnehmervertreter.** Die Regelung des § 102 gilt auch für die Arbeitnehmervertreter. Dies ergibt sich aus § 15 Abs. 1 MitbestG, § 5 Abs. 1 DrittelbG, § 10c Abs. 1 MitbestErgG und § 6 Abs. 6 MontanMitbestG. Die **Satzung** kann für die Amtszeit der Arbeitnehmervertreter keine eigenständige Regelung treffen (Habersack/Henssler/*Henssler* MitbestG § 15 Rn. 124). Eine Verkürzung der Amtszeit der Anteilseignervertreter im Wahlbeschluss der Hauptversammlung hat keinen Einfluss auf die Amtszeit der Arbeitnehmervertreter (*Jacobs* in Raiser/Veil KapGesR MitbestG § 6 Rn. 32; Habersack/Henssler/*Habersack* MitbestG § 6 Rn. 65). Ebenso wirkt sich eine gesellschaftsrechtlich zulässige Bestimmung über einen turnusmäßigen Wechsel der Aufsichtsratsmitglieder nicht auf die Amtszeit der Arbeitnehmervertreter aus (Habersack/Henssler/*Henssler* MitbestG § 15 Rn. 124).

8 Der Grundsatz der gleichen Berechtigung und Verantwortung aller Aufsichtsratsmitglieder schließt es – wie § 15 Abs. 1 MitbestG bestätigt – aus, für die Arbeitnehmervertreter ohne sachlichen Grund (bspw. Anpassung der Amtsperioden) **kürzere Amtszeiten** vorzusehen (BeckOGK/*Spindler,* 15.1.2020, Rn. 11). Bei unterschiedlich langen Amtszeiten der Anteilseignervertreter muss die notwendig gleiche Amtsdauer der Arbeitnehmervertreter mindestens die durchschnittliche der Anteilseignervertreter erreichen (Habersack/Henssler/*Henssler* MitbestG § 15 Rn. 124; GroßkommAktG/*Peddinghaus* Rn. 59). Nach der Gegenansicht darf die Amtszeit der Arbeitnehmervertreter die Dauer der längsten in der Satzung vorgesehenen Amtszeit eines Anteilseignervertreters nicht unterschreiten (MüKoAktG/*Habersack* Rn. 9; KK-AktG/*Mertens/Cahn* Rn. 8).

9 **5. Amtszeit des Ersatzmitglieds (Abs. 2).** Die Amtszeit des Ersatzmitglieds endet nach Abs. 2 spätestens mit dem Ablauf der Amtszeit des weggefallenen Mitglieds. Das Ersatzmitglied gehört also maximal für die **Restlaufzeit** der Amtszeit des ausgeschiedenen Mitglieds dem Aufsichtsrat an. Die Satzung kann aber festlegen, dass auf der nächsten auf das Ausscheiden folgenden Hauptversammlung eine Nachwahl erfolgt. Mit dem Ende dieser Hauptversammlung ist die Amtsdauer des Ersatzmitglieds dann vorzeitig beendet (KK-AktG/*Mertens/Cahn* Rn. 21; → § 101 Rn. 18).

Abberufung der Aufsichtsratsmitglieder

103 (1) [1] **Aufsichtsratsmitglieder, die von der Hauptversammlung ohne Bindung an einen Wahlvorschlag gewählt worden sind, können von ihr vor Ablauf der Amtszeit abberufen werden.** [2] **Der Beschluß bedarf einer Mehrheit, die mindestens drei Viertel der abgegebenen Stimmen umfaßt.** [3] **Die Satzung kann eine andere Mehrheit und weitere Erfordernisse bestimmen.**

(2) [1] **Ein Aufsichtsratsmitglied, das auf Grund der Satzung in den Aufsichtsrat entsandt ist, kann von dem Entsendungsberechtigten jederzeit abberufen und durch ein anderes ersetzt werden.** [2] **Sind die in der Satzung bestimmten Voraussetzungen des Entsendungsrechts weggefallen, so kann die Hauptversammlung das entsandte Mitglied mit einfacher Stimmenmehrheit abberufen.**

(3) [1] **Das Gericht hat auf Antrag des Aufsichtsrats ein Aufsichtsratsmitglied abzuberufen, wenn in dessen Person ein wichtiger Grund vorliegt.** [2] **Der Aufsichtsrat beschließt über die Antragstellung mit einfacher Mehrheit.** [3] **Ist das Aufsichtsratsmitglied auf Grund der Satzung in den Aufsichtsrat entsandt worden, so können auch Aktionäre, deren Anteile zusammen den zehnten Teil des Grundkapitals oder den anteiligen Betrag von einer Million Euro erreichen, den Antrag stellen.** [4] **Gegen die Entscheidung ist die Beschwerde zulässig.**

(4) **Für die Abberufung der Aufsichtsratsmitglieder, die weder von der Hauptversammlung ohne Bindung an einen Wahlvorschlag gewählt worden sind noch auf Grund der Satzung in den Aufsichtsrat entsandt sind, gelten außer Absatz 3 das Mitbestimmungsgesetz, das Montan-Mitbestimmungsgesetz, das Mitbestimmungsergänzungsgesetz, das Drittelbeteiligungsgesetz, das SE-Beteiligungsgesetz und das Gesetz über die Mitbestimmung der Arbeitnehmer bei einer grenzüberschreitenden Verschmelzung.**

(5) **Für die Abberufung eines Ersatzmitglieds gelten die Vorschriften über die Abberufung des Aufsichtsratsmitglieds, für das es bestellt ist.**

Übersicht

I. Allgemeines

Abs. 1 und 2 betreffen die **Abberufung** von Aufsichtsratsmitgliedern durch die jeweils für die Bestellung zuständigen Gremien/Personen. Abs. 3 regelt die gerichtliche Abberufung. Sondervorschriften für Arbeitnehmervertreter finden sich in Abs. 4. Die Abberufung des Ersatzmitglieds richtet sich gem. Abs. 5 iS des Synchronisierungsprinzips nach den für das ordentliche Mitglied geltenden Regeln. Soweit abweichende Satzungsregeln nicht ausdrücklich zugelassen sind (Abs. 1 S. 3, Abs. 2), ist § 103 zwingendes Recht. 1

II. Abberufung von gewählten Anteilseignervertretern (Abs. 1)

1. Abberufungsbeschluss. Die **Hauptversammlung** kann nach Abs. 1 ein Aufsichtsratsmitglied abberufen, das ohne Bindung an einen Wahlvorschlag gewählt worden ist. Bei Arbeitnehmervertretern (Abs. 4) und entsandten (Abs. 2) sowie gerichtlich bestellten (Abs. 3) Mitgliedern kommt eine derartige Befugnis der Hauptversammlung naturgemäß nicht in Betracht. Auf andere Organe oder Dritte kann das Abberufungsrecht nicht übertragen werden (K. Schmidt/Lutter/*Drygala* Rn. 3). Es verbleibt der Hauptversammlung auch in der Insolvenz (KG 4.8.2005, DB 2005, 2346 (2347)). 2

Die Abberufung bedarf keines **sachlichen Grundes.** Es genügt das Erreichen des Quorums von drei Viertel der abgegebenen Stimmen (S. 2). Sichergestellt werden soll, dass das Aufsichtsratsmitglied jederzeit das Vertrauen des Bestellungsorgans genießt. Zudem eröffnet Abs. 1 die Möglichkeit, veränderte Beteiligungsverhältnisse im Aufsichtsrat widerzuspiegeln (MüKoAktG/*Habersack* Rn. 2). Verweigerte Entlastung gilt nicht als Abberufung (Hüffer/Koch/*Koch* Rn. 3). 3

Die Satzung kann nach S. 3 sowohl **geringere** (zB einfache Mehrheit, Hüffer/Koch/*Koch* Rn. 4) als auch **strengere Mehrheitserfordernisse** (zB Kapitalmehrheit, K. Schmidt/Lutter/*Drygala* Rn. 5) vorsehen. Einer Aktionärsminderheit kann dagegen ein Abberufungsrecht selbst dann nicht zugestanden werden, wenn die Abberufung an einen wichtigen Grund gekoppelt wird (hM OLG Düsseldorf 14.6.1996, WIB 1997, 759; Hüffer/Koch/*Koch* Rn. 4). Das von der Abberufung betroffene Aufsichtsratsmitglied unterliegt keinem Stimmrechtsausschluss (MüKoAktG/*Habersack* Rn. 13; KK-AktG/*Mertens/Cahn* Rn. 10). Unter „weiteren Erfordernissen" iSd S. 3 sind lediglich **Verfahrensvoraussetzungen** wie die Beschlussfähigkeit zu verstehen (BeckOGK/*Spindler,* 15.1.2020, Rn. 11), nicht dagegen materielle Voraussetzungen wie etwa ein wichtiger Grund (MüKoAktG/*Habersack* Rn. 18). Satzungsänderungen gelten bereits für den amtierenden Aufsichtsrat. Ist das Mitglied, über dessen Abberufung beschlossen wird, zugleich Aktionär, so ist es nicht von der Abstimmung ausgeschlossen. 4

Aus der Gleichwertigkeit der Amtsstellung aller Aufsichtsratsmitglieder folgt, dass strengere oder geringere Abberufungsvoraussetzungen für **einzelne Mitglieder** (etwa Familienstämme) unwirksam sind (BGH 15.12.1986, BGHZ 99, 211 (214, 215 f.) = NJW 1987, 902 (903)). Wegen der damit verbundenen Rechtsunsicherheit sind auch abgestufte Quoren, etwa ein abgesenktes Quorum für eine Abberufung aus wichtigem Grund, als unzulässig anzusehen (hM MüKoAktG/*Habersack* Rn. 17; Hüffer/Koch/*Koch* Rn. 4; aA BeckOGK/*Spindler,* 15.1.2020, Rn. 13). 5

2. Vollzug und Wirkung der Abberufung. Die Abberufung wird grundsätzlich mit Zugang der empfangsbedürftigen **Erklärung** des Vorstands gegenüber dem Aufsichtsratsmitglied vollzogen. Eine Erklärung des Aufsichtsratsvorsitzenden oder gar eines Dritten (so K. Schmidt/Lutter/*Drygala* Rn. 6, MHdB GesR IV/*Hoffmann-Becking* § 30 Rn. 55) widerspräche dem rechtsgeschäftlichen Charakter der 6

Erklärung, genügt also nicht. Ist das Mitglied auf der Hauptversammlung präsent, fällt der Vollzug mit der Feststellung des Beschlusses zusammen (Hüffer/Koch/*Koch* Rn. 5).

7 Mit der Zustellung der Abberufungserklärung endet die **Amtsstellung,** folglich enden auch die mit ihr verbundenen Rechte und Pflichten; Nachwirkungen bleiben denkbar. Mit dem Ende des gesetzlichen Schuldverhältnisses (→ § 101 Rn. 1) enden – insoweit abweichend von der Rechtslage bei Vorständen – auch die Vergütungsansprüche des Organmitglieds (RG 31.3.1908, RGZ 68, 223 (225 ff.)). Auf dem Aufsichtsratsmandat basierende Beraterverträge werden nicht berührt, können aber im Einzelfall aus wichtigem Grund gekündigt werden (Hüffer/Koch/*Koch* Rn. 6). Satzung oder Geschäftsordnung können besondere Pflichten anlässlich der Abberufung vorsehen, etwa die Pflicht zur Herausgabe von Unterlagen der Gesellschaft. Eine noch ausstehende Vergütung kann bis zur Erfüllung dieser Pflichten zurückbehalten werden (BGH 7.7.2008, AG 2008, 743 f.; OLG Düsseldorf 22.3.2007, AG 2007, 747 (748 f.)).

III. Abberufung von entsandten Mitgliedern (Abs. 2)

8 Nach Abs. 2 S. 1 ist allein der Entsendungsberechtigte zur Abberufung eines entsandten Aufsichtsratsmitglieds befugt. Er kann dieses Recht **jederzeit** durch Erklärung gegenüber dem Aufsichtsratsmitglied ausüben, **ohne dass es eines sachlichen Grundes** bedürfte (K. Schmidt/Lutter/*Drygala* Rn. 8). Wird das Entsendungsrecht mit einer vinkulierten Namensaktie nach § 68 Abs. 2 übertragen, geht auch das Recht zur Abberufung über (Hüffer/Koch/*Koch* Rn. 7). Eine **Beschränkung** des Rechts zur freien Abberufung durch Satzung oder Vereinbarung mit der Gesellschaft oder dem Entsandten ist ausgeschlossen (MüKoAktG/*Habersack* Rn. 24). Aus der Treuepflicht des Entsendungsberechtigten gegenüber der Gesellschaft kann sich eine Abberufungspflicht ergeben, wenn der Entsandte untragbar geworden ist, bspw. beim Wegfall von Bestellungsvoraussetzungen (MüKoAktG/*Habersack* Rn. 26).

9 Entfallen die **Voraussetzungen** des Entsendungsrechts oder **ruht** das Entsendungsrecht (MüKoAktG/*Habersack* Rn. 29), bleibt das entsandte Aufsichtsratsmitglied im Amt. Allerdings geht mit der Beendigung des Entsendungsrechts die Befugnis zur Abberufung nach Abs. 2 S. 2 auf die **Hauptversammlung** über. Für eine Abberufung genügt in diesem Fall abweichend von Abs. 1 eine einfache Mehrheit. Die Satzung kann der Hauptversammlung ein generelles Abberufungsrecht einräumen (BeckOGK/*Spindler,* 15.1.2020, Rn. 24).

IV. Gerichtliche Abberufung (Abs. 3)

10 **1. Verfahrensvoraussetzungen. a) Allgemeines und Zuständigkeit.** Abs. 3 betrifft alle Arten von Aufsichtsratsmitgliedern. Gerichtlich abberufen werden können also Anteilseigner- und Arbeitnehmervertreter, entsandte und weitere Mitglieder (BeckOGK/*Spindler,* 15.1.2020, Rn. 27). Einer vorherigen Abmahnung bedarf es nicht (MüKoAktG/*Habersack* Rn. 33). Dennoch versteht sich die gerichtliche Abberufung als **ultima ratio** (OLG München 28.8.2018, NZG 2018, 1389 (1390); MüKoAktG/*Habersack* Rn. 33). Für die Entscheidung im unternehmensrechtlichen Verfahren (§ 375 Nr. 3 FamFG) zuständig ist das Amtsgericht (§ 23a Abs. 2 Nr. 4 GVG) des Gesellschaftssitzes (§§ 5, 14).

11 **b) Antragsberechtigung. aa) Aufsichtsrat.** Antragsberechtigt ist grundsätzlich der Aufsichtsrat als Kollegialorgan. Er beschließt mit der einfachen **Mehrheit** der abgegebenen Stimmen (Abs. 3 S. 2) (vgl. MüKoAktG/*Habersack* Rn. 34). Das betroffene Aufsichtsratsmitglied ist (entsprechend § 34 BGB) bei der Abstimmung **nicht stimmberechtigt.** Beruht die Abberufung mehrerer Aufsichtsratsmitglieder auf demselben Grund, sind alle betroffenen Aufsichtsratsmitglieder von der Beschlussfassung ausgeschlossen. Bei verschiedenen Gründen werden unterschiedliche Beschlüsse gefasst, bei denen jeweils das betroffene Mitglied nicht stimmberechtigt ist (MüKoAktG/*Habersack* Rn. 36). Bei einem **dreiköpfigen** Aufsichtsrat kann die fehlende Stimmberechtigung eines Mitglieds gem. § 108 Abs. 2 S. 3 zur Beschlussunfähigkeit führen mit der Folge der Nichtigkeit eines gleichwohl gefassten Beschlusses (BayObLG 28.3.2003, NZG 2003, 691 (693 f.); aA *Priester* AG 2007, 190 (192 f.); *Stadler/Berner* NZG 2003, 49 (51 f.)). Möglich bleibt die Abberufung nach Abs. 2 oder die gerichtliche Ergänzung nach § 104 für die konkrete Abstimmung (BayObLG 28.3.2003, NZG 2003, 691 (693); aA *Stadler/Berner* AG 2004, 27 (28 f.)).

12 **bb) Aktionäre.** Soll ein aufgrund der Satzung **entsandtes** Aufsichtsratsmitglied abberufen werden, ist neben dem Aufsichtsrat auch eine Aktionärsgruppe antragsbefugt, wenn ihr Anteil 10 % des Grundkapitals oder den anteiligen Betrag von einer Million Euro erreicht. Der anteilige Betrag ergibt sich bei Stückaktien (§ 8 Abs. 3 S. 3) aus der Division des Grundkapitals durch die Aktienzahl, bei Nennbetragsaktien (§ 8 Abs. 1, 2) aus dem Nennbetrag. Ein Beschluss der Hauptversammlung ist nicht erforderlich (MüKoAktG/*Habersack* Rn. 38).

13 **2. Abberufungsgründe.** Die gerichtliche Abberufung erfolgt nur aus **wichtigem Grund,** der sich aus der Person des Aufsichtsratsmitglieds ergeben muss. Ein wichtiger Grund liegt vor, wenn die Fortsetzung des Amtsverhältnisses bis zum Ablauf der Amtszeit die Funktionsfähigkeit des Aufsichtsrats

nicht unerheblich beeinträchtigen würde oder eine sonstige Schädigung der Gesellschaft zur Folge haben könnte und daher für die Gesellschaft **unzumutbar** ist (OLG Frankfurt a. M. 1.10.2007, NZG 2008, 272). Entsprechend § 84 Abs. 3 S. 2 (→ § 84 Rn. 32 f.) ist dies insbesondere bei groben Pflichtverletzungen oder der Unfähigkeit zur ordnungsmäßigen Mandatswahrnehmung der Fall. Abzuwägen sind die Schwere des Pflichtenverstoßes, seine Häufigkeit und der mögliche Schaden für die Gesellschaft (BeckOGK/*Spindler,* 15.1.2020, Rn. 33). Das Fehlverhalten muss nicht schuldhaft sein (K. Schmidt/Lutter/*Drygala* Rn. 14).

Eine zur Abberufung berechtigende grobe Pflichtverletzung kann etwa in einem Verstoß gegen die **Verschwiegenheitspflicht** liegen. Unzulässig ist bspw. die vorzeitige Bekanntgabe einer geplanten Dividendenerhöhung und des zugrunde liegenden Abstimmungsverhaltens in einer Betriebsversammlung (BeckOGK/*Spindler,* 15.1.2020, Rn. 34; aA AG München 2.5.1985, ZIP 1985, 1139 (1140)) oder die Offenlegung vertraulicher Informationen als „eigene Schlussfolgerungen" im Betriebsrat (OLG Stuttgart 7.11.2006, NZG 2007, 72 (73); vgl. auch BAG 23.10.2008, AP BetrVG 1972 § 103 Nr. 58 = DB 2009, 1131 (1133), dazu *Henssler/Beckmann* SAE 2010, 60 ff.). Keinen Verstoß stellt dagegen die bereits nach § 394 S. 1 AktG gesetzlich gestattete Informationsweitergabe eines Aufsichtsratsmitglieds an eine Gebietskörperschaft dar, auf deren Veranlassung das Mitglied in den AR gewählt oder entsandt wurde (OLG München 28.8.2018, NZG 2018, 1389 (1390)). Wichtige Gründe sind die dauerhafte Behinderung der **Zusammenarbeit** im Aufsichtsrat (BeckOGK/*Spindler,* 15.1.2020, Rn. 35), die Anmaßung von Kompetenzen des Gesamtgremiums (Einzelfallabwägung, vgl. OLG Frankfurt a. M. 1.10.2007, NZG 2008, 272 (273)), wiederholtes und nicht entschuldigtes Fehlen in Aufsichtsratssitzungen (MüKoAktG/*Habersack* Rn. 41) sofern dieses auf eine Boykotthandlung des Aufsichtsratsmitglieds schließen lässt (OLG München 28.8.2018, NZG 2018, 1389 (1390)), Eingriff in die Geschäftsführung des Unternehmens (AG Pirmasens 9.2.1990, WM 1990, 1387 (1388) und OLG Zweibrücken 28.5.1990, WM 1990, 1388 f.), geheime Stellungnahmen von Arbeitnehmervertretern gegenüber dem Bundeskartellamt (LG Frankfurt a. M. 14.10.1986, AG 1987, 160 f.), Verletzung von Insiderverboten (K. Schmidt/Lutter/*Drygala* Rn. 16), Abgabe einer eigenen Stellungnahme iSd § 142 Abs. 5 S. 1 AktG entgegen Enthaltung des Gesamtaufsichtsrats (OLG Köln 29.8.2019, ZIP 2020, 560). Schwere und dauerhafte **Interessenkonflikte** rechtfertigen ebenfalls eine Abberufung (OLG Hamburg 23.1.1990, AG 1990, 218 (219)), nicht aber die bloße Tätigkeit in einem konkurrierenden Unternehmen (K. Schmidt/Lutter/*Drygala* Rn. 17; → § 100 Rn. 4), soweit nicht die Gefahr eines konkreten Pflichtenverstoßes besteht (BeckOGK/*Spindler,* 15.1.2020, Rn. 36). Die Abberufung eines gerichtlich bestellten Aufsichtsratsmitglieds bedarf keines wichtigen Grundes (AG Berlin-Charlottenburg 5.11.2004, AG 2005, 133). 14

3. Beschluss und Rechtsmittel. Das Gericht entscheidet durch Beschluss. Die Abberufung wird durch **Zustellung** beim Aufsichtsratsmitglied wirksam (§ 40 Abs. 1 FamFG). Gegen den Beschluss ist die **Beschwerde** statthaft (§ 58 Abs. 1 FamFG, § 402 Abs. 1 FamFG, § 103 Abs. 3 S. 4). Ihr kommt keine aufschiebende Wirkung zu (MüKoAktG/*Habersack* Rn. 46), weshalb das Aufsichtsratsmitglied seine Rechtsstellung mit dem Beschluss des Amtsgerichts verliert, sie aber durch eine gegenteilige Beschwerdeentscheidung wiedererlangen kann (BayObLG 28.3.2003, NZG 2003, 691). Das Beschwerdegericht kann durch einstweilige Anordnung (§ 24 Abs. 3 FamFG) die Bestellung eines neuen Mitglieds aufschieben (vgl. OLG Köln 12.10.1988, AG 1989, 205 (207)). Nach erfolgter Neubestellung könnte nämlich das Aufsichtsratsmitglied selbst nach Aufhebung des Abberufungsbeschlusses nicht wieder in den Aufsichtsrat einrücken (OLG Köln 12.10.1988, AG 1989, 205 (206 f.)). Gegen die Beschwerdeentscheidung ist die Rechtsbeschwerde zulässig. 15

V. Abberufung von Arbeitnehmervertretern (Abs. 4)

Nach Abs. 4 können auch die Arbeitnehmervertreter sowie die „weiteren Mitglieder" im Verfahren nach Abs. 3 abberufen werden. Unberührt bleiben (so auch ausdrücklich BT-Dr. 7/4845, 14) die Möglichkeiten einer Abberufung nach den mitbestimmungsrechtlichen Vorschriften der § 23 MitbestG, § 11 MontanMitbestG, § 10m MitbestErgG, § 12 DrittelbG, § 37 SEBG, § 26 Abs. 1 MgVG. Die Vorschriften folgen dem Grundsatz, dass die/das zur Bestellung bzw. Wahl eines Aufsichtsratsmitglieds befugte Person/Gremium das Mitglied auch wieder abberufen kann (Habersack/Henssler/*Henssler* MitbestG § 23 Rn. 1). Wird ein bestimmtes **Quorum** erreicht, kann daher die Belegschaft das von ihr gewählte Aufsichtsratsmitglied abberufen, ohne dass es eines wichtigen Grundes bedürfte. Als Ausgleich sind allerdings die Anforderungen sehr hoch; so bedarf etwa nach § 23 Abs. 1 MitbestG die Abberufung einer doppelten 3/4-Mehrheit sowohl für den Abberufungsantrag als auch für die Abstimmung über die Abberufung (dazu Habersack/Henssler/*Henssler* MitbestG § 23 Rn. 12, 19). Hat das Aufsichtsratsmitglied allerdings sein Amt bereits durch Beschluss der Arbeitnehmer oder der Delegierten nach § 23 Abs. 2 oder 3 MitbestG verloren, erledigt sich das gerichtliche Verfahren nach § 103 Abs. 3. 16

VI. Abberufung des Ersatzmitglieds (Abs. 5)

17 Ersatzmitglieder für von der Hauptversammlung gewählte Aufsichtsratsmitglieder werden nach Abs. 1 abberufen, Ersatzmitglieder für entsandte Mitglieder nach Abs. 2. Abs. 5 betrifft nur die Abberufung des noch **nicht nachgerückten** Ersatzmitglieds. Sobald der Ersatzfall eingetreten ist, sind Abs. 1 und 2 direkt anwendbar (Hüffer/Koch/*Koch* Rn. 15). Abs. 3 gilt für Ersatzmitglieder uneingeschränkt.

VII. Beendigung des Amtes aus sonstigen Gründen

18 Die Amtsstellung endet mit Ablauf der Amtszeit (→ § 102 Rn. 2), mit dem Tod des Mitglieds (Hüffer/Koch/*Koch* Rn. 16), dem Wegfall der gesetzlichen Bestellungsvoraussetzungen (→ § 100 Rn. 21) oder der erfolgreichen Anfechtung des Wahlbeschlusses (K. Schmidt/Lutter/*Drygala* Rn. 23). Zu den gesellschaftsbezogenen Gründen gehören das **Erlöschen** der Gesellschaft nach Auflösung und Liquidation (K. Schmidt/Lutter/*Drygala* Rn. 23) oder in Folge einer Umwandlung (zu Auswirkungen auf den mitbestimmten Aufsichtsrat *Henssler* ZfA 2000, 241 (249 ff.); zum Aufsichtsrat bei einem Rechtsformwechsel von der GmbH zur AG vgl. *Leßmann/Glattfeld* ZIP 2013, 2390 ff.).

19 Schließlich kann das Aufsichtsratsmitglied sein Mandat auch freiwillig **niederlegen.** Die Amtsniederlegung ist nicht gesetzlich geregelt, aber unabhängig vom Vorliegen eines wichtigen Grundes möglich (MüKoAktG/*Habersack* Rn. 59; BeckOGK/*Spindler,* 15.1.2020, Rn. 64; aA Baumbach/Hueck/*Zöllner/Noack* GmbHG § 52 Rn. 52). Eine zur Unzeit erklärte Amtsniederlegung löst Schadensersatzansprüche aus, führt aber nicht zur Unwirksamkeit der Niederlegung (BeckOGK/*Spindler,* 15.1.2020, Rn. 65). Sie ist formlos gegenüber der Gesellschaft, vertreten durch den Vorstand, zu erklären (Hüffer/Koch/*Koch* Rn. 17). Eine Erklärung gegenüber dem Aufsichtsratsvorsitzenden genügt nicht (vgl. aber BGH 21.6.2010, BB 2010, 2397). Von der Hauptversammlung gewählte Mitglieder können die Niederlegung auch gegenüber dieser erklären (BeckOGK/*Spindler,* 15.1.2020, Rn. 66). Die **Satzung** kann nähere Bestimmungen treffen, deren Verletzung die Unwirksamkeit der Niederlegung nach sich zieht (OLG Schleswig 8.12.2005, DB 2006, 146 (149)). Zulässig sind etwa Formvorschriften, die Festlegung eines Adressaten sowie das Erfordernis eines wichtigen Grundes (MüKoAktG/*Habersack* Rn. 62). Das Recht zur Amtsniederlegung darf aber nicht vom Vorliegen abschließend aufgezählter Gründe oder der Zustimmung eines Unternehmensorgans abhängig gemacht oder gar ganz ausgeschlossen werden. Streitig ist, ob eine vertragliche Verpflichtung zur Niederlegung des Amtes begründet werden kann und ob die Amtsniederlegung unter einer Bedingung erklärt werden kann (zu beiden Problemkreisen *Rieckers/Leyendecker-Langner* NZG 2013, 167 (169)).

Bestellung durch das Gericht

104 (1) [1] **Gehört dem Aufsichtsrat die zur Beschlußfähigkeit nötige Zahl von Mitgliedern nicht an, so hat ihn das Gericht auf Antrag des Vorstands, eines Aufsichtsratsmitglieds oder eines Aktionärs auf diese Zahl zu ergänzen.** [2] **Der Vorstand ist verpflichtet, den Antrag unverzüglich zu stellen, es sei denn, daß die rechtzeitige Ergänzung vor der nächsten Aufsichtsratssitzung zu erwarten ist.** [3] **Hat der Aufsichtsrat auch aus Aufsichtsratsmitgliedern der Arbeitnehmer zu bestehen, so können auch den Antrag stellen**

1. **der Gesamtbetriebsrat der Gesellschaft oder, wenn in der Gesellschaft nur ein Betriebsrat besteht, der Betriebsrat, sowie, wenn die Gesellschaft herrschendes Unternehmen eines Konzerns ist, der Konzernbetriebsrat,**
2. **der Gesamt- oder Unternehmenssprecherausschuss der Gesellschaft oder, wenn in der Gesellschaft nur ein Sprecherausschuss besteht, der Sprecherausschuss sowie, wenn die Gesellschaft herrschendes Unternehmen eines Konzerns ist, der Konzernsprecherausschuss,**
3. **der Gesamtbetriebsrat eines anderen Unternehmens, dessen Arbeitnehmer selbst oder durch Delegierte an der Wahl teilnehmen, oder, wenn in dem anderen Unternehmen nur ein Betriebsrat besteht, der Betriebsrat,**
4. **der Gesamt- oder Unternehmenssprecherausschuss eines anderen Unternehmens, dessen Arbeitnehmer selbst oder durch Delegierte an der Wahl teilnehmen, oder, wenn in dem anderen Unternehmen nur ein Sprecherausschuss besteht, der Sprecherausschuss,**
5. **mindestens ein Zehntel oder einhundert der Arbeitnehmer, die selbst oder durch Delegierte an der Wahl teilnehmen,**
6. **Spitzenorganisationen der Gewerkschaften, die das Recht haben, Aufsichtsratsmitglieder der Arbeitnehmer vorzuschlagen,**
7. **Gewerkschaften, die das Recht haben, Aufsichtsratsmitglieder der Arbeitnehmer vorzuschlagen.**

[4] **Hat der Aufsichtsrat nach dem Mitbestimmungsgesetz auch aus Aufsichtsratsmitgliedern der Arbeitnehmer zu bestehen, so sind außer den nach Satz 3 Antragsberechtigten auch je**

ein Zehntel der wahlberechtigten in § 3 Abs. 1 Nr. 1 des Mitbestimmungsgesetzes bezeichneten Arbeitnehmer oder der wahlberechtigten leitenden Angestellten im Sinne des Mitbestimmungsgesetzes antragsberechtigt. [5] Gegen die Entscheidung ist die Beschwerde zulässig.

(2) **[1] Gehören dem Aufsichtsrat länger als drei Monate weniger Mitglieder als die durch Gesetz oder Satzung festgesetzte Zahl an, so hat ihn das Gericht auf Antrag auf diese Zahl zu ergänzen. [2] In dringenden Fällen hat das Gericht auf Antrag den Aufsichtsrat auch vor Ablauf der Frist zu ergänzen. [3] Das Antragsrecht bestimmt sich nach Absatz 1. [4] Gegen die Entscheidung ist die Beschwerde zulässig.**

(3) **Absatz 2 ist auf einen Aufsichtsrat, in dem die Arbeitnehmer ein Mitbestimmungsrecht nach dem Mitbestimmungsgesetz, dem Montan-Mitbestimmungsgesetz oder dem Mitbestimmungsergänzungsgesetz haben, mit der Maßgabe anzuwenden,**

1. **daß das Gericht den Aufsichtsrat hinsichtlich des weiteren Mitglieds, das nach dem Montan-Mitbestimmungsgesetz oder dem Mitbestimmungsergänzungsgesetz auf Vorschlag der übrigen Aufsichtsratsmitglieder gewählt wird, nicht ergänzen kann,**
2. **daß es stets ein dringender Fall ist, wenn dem Aufsichtsrat, abgesehen von dem in Nummer 1 genannten weiteren Mitglied, nicht alle Mitglieder angehören, aus denen er nach Gesetz oder Satzung zu bestehen hat.**

(4) **[1] Hat der Aufsichtsrat auch aus Aufsichtsratsmitgliedern der Arbeitnehmer zu bestehen, so hat das Gericht ihn so zu ergänzen, daß das für seine Zusammensetzung maßgebende zahlenmäßige Verhältnis hergestellt wird. [2] Wenn der Aufsichtsrat zur Herstellung seiner Beschlußfähigkeit ergänzt wird, gilt dies nur, soweit die zur Beschlußfähigkeit nötige Zahl der Aufsichtsratsmitglieder die Wahrung dieses Verhältnisses möglich macht. [3] Ist ein Aufsichtsratsmitglied zu ersetzen, das nach Gesetz oder Satzung in persönlicher Hinsicht besonderen Voraussetzungen entsprechen muß, so muß auch das vom Gericht bestellte Aufsichtsratsmitglied diesen Voraussetzungen entsprechen. [4] Ist ein Aufsichtsratsmitglied zu ersetzen, bei dessen Wahl eine Spitzenorganisation der Gewerkschaften, eine Gewerkschaft oder die Betriebsräte ein Vorschlagsrecht hätten, so soll das Gericht Vorschläge dieser Stellen berücksichtigen, soweit nicht überwiegende Belange der Gesellschaft oder der Allgemeinheit der Bestellung des Vorgeschlagenen entgegenstehen; das gleiche gilt, wenn das Aufsichtsratsmitglied durch Delegierte zu wählen wäre, für gemeinsame Vorschläge der Betriebsräte der Unternehmen, in denen Delegierte zu wählen sind.**

(5) **Die Ergänzung durch das Gericht ist bei börsennotierten Gesellschaften, für die das Mitbestimmungsgesetz, das Montan-Mitbestimmungsgesetz oder das Mitbestimmungsergänzungsgesetz gilt, nach Maßgabe des § 96 Absatz 2 Satz 1 bis 5 vorzunehmen.**

(6) **Das Amt des gerichtlich bestellten Aufsichtsratsmitglieds erlischt in jedem Fall, sobald der Mangel behoben ist.**

(7) **[1] Das gerichtlich bestellte Aufsichtsratsmitglied hat Anspruch auf Ersatz angemessener barer Auslagen und, wenn den Aufsichtsratsmitgliedern der Gesellschaft eine Vergütung gewährt wird, auf Vergütung für seine Tätigkeit. [2] Auf Antrag des Aufsichtsratsmitglieds setzt das Gericht die Auslagen und die Vergütung fest. [3] Gegen die Entscheidung ist die Beschwerde zulässig; die Rechtsbeschwerde ist ausgeschlossen. [4] Aus der rechtskräftigen Entscheidung findet die Zwangsvollstreckung nach der Zivilprozeßordnung statt.**

Übersicht

I. Allgemeines und Normzweck

1 Die Vorschrift regelt die **gerichtliche Ergänzung** des Aufsichtsrats bei Beschlussunfähigkeit (Abs. 1) und Unterbesetzung (Abs. 2). Besonderheiten mitbestimmter Aufsichtsräte werden in Abs. 3 und 4 angesprochen. Im Zuge des Gesetzes für die gleichberechtigte Teilhabe von Frauen und Männern an Führungspositionen in der Privatwirtschaft und im öffentlichen Dienst (→ § 96 Rn. 9) wurde mit Wirkung zum 1.1.2016 ein neuer Abs. 5 eingefügt, um den Geschlechterproporz auch bei gerichtlicher Ergänzung sicherzustellen (→ Rn. 18). Die bisherigen Abs. 5 und 6 wurden dadurch zu Abs. 6 und 7. Sie regeln als Annexe zu Abs. 1 und 2 die Amtszeit (Abs. 6) und die Rechtsstellung des gerichtlich bestellten Aufsichtsratsmitglieds (Abs. 7). **Normzweck** des § 104 ist die **Wiederherstellung der Handlungsfähigkeit** des Aufsichtsrats (BGH 24.6.2002, NZG 2002, 916; OLG Braunschweig 24.5.2016, BeckRS 2016, 15591; OLG Hamburg 27.6.2016, NZG 2016, 1070; Hüffer/Koch/*Koch* Rn. 1). Die gerichtliche Bestellung ist folgerichtig in fakultativen Aufsichtsräten und ähnlichen Gremien (etwa Beiräten) ausgeschlossen (OLG Hamm 20.1.2000, AG 2000, 476; differenzierend Scholz/*Schneider* GmbHG § 52 Rn. 242). Für die GmbH gilt die Vorschrift dementsprechend nur dann, wenn bei ihr aufgrund mitbestimmungsrechtlicher Vorgaben zwingend ein Aufsichtsrat zu bilden ist (s. OLG Frankfurt a. M. 19.11.2013, NZG 2014, 462 (463 f.)). Soweit der fakultative Aufsichtsrat einer GmbH unterbesetzt ist, fallen seine Aufgaben wieder der Gesellschafterversammlung zu (BeckOGK/*Spindler,* 15.1.2020, Rn. 1). Die Ergänzung kann auch während eines Insolvenzverfahrens erfolgen (KG 4.8.2005, AG 2005, 736 f.) oder wenn die Gesellschaft nicht mehr werbend tätig ist (MüKoAktG/*Habersack* Rn. 3). Weiteres Regelungsanliegen ist die **Aufrechterhaltung der Gruppenparität,** namentlich im paritätisch nach dem MitbestG mitbestimmten Aufsichtsrat (MüKoAktG/*Habersack* Rn. 1). Zu den Praxisproblemen vgl. *Wandt* AG 2016, 877.

II. Ergänzung eines beschlussunfähigen Aufsichtsrats (Abs. 1)

2 **1. Verfahrensvoraussetzungen. a) Zuständigkeit.** Der Beschluss über die gerichtliche Bestellung erfolgt im **unternehmensrechtlichen Verfahren** (§ 375 Nr. 3 FamFG). Zuständig ist das Amtsgericht (§ 23a Abs. 2 Nr. 4 GVG) am Sitz der Gesellschaft (§§ 5, 14).

3 **b) Antragsberechtigung.** Antragsberechtigt ist der Vorstand als Gesamtorgan, jedes Aufsichtsratsmitglied sowie jeder Aktionär, nicht dagegen die Gesellschaft selbst. Ebenfalls antragsberechtigt ist der persönlich haftende Gesellschafter einer KGaA, auch wenn § 278 Abs. 3 für diese Rechtsform lediglich die entsprechende Anwendung des § 104 anordnet (OLG Frankfurt a. M. 8.9.2014, ZIP 2015, 170). Für den Antrag des **Vorstands,** der in eigenem Namen tätig wird (Hüffer/Koch/*Koch* Rn. 3), genügt eine vertretungsberechtigte Zahl von Vorstandsmitgliedern, bei unechter Gesamtvertretung auch ein Auftreten gemeinsam mit einem Prokuristen (Hüffer/Koch/*Koch* Rn. 3). Soweit der Aufsichtsrat mit **Arbeitnehmervertretern** besetzt ist, steht auch den in S. 3 Genannten ein Antragsrecht zu. Es bezieht sich auf sämtliche Aufsichtsratsmitglieder, also nicht nur auf die Abberufung von Arbeitnehmervertretern (BeckOGK/*Spindler,* 15.1.2020, Rn. 22). Im Anwendungsbereich des MitbestG können auch ein Zehntel der entweder nach § 3 Abs. 1 Nr. 1 (reguläre Arbeitnehmer) oder Nr. 2 (leitende Angestellte) MitbestG wahlberechtigten Arbeitnehmer den Antrag stellen (S. 4). Zum Problem der massenhaften Beteiligung am Verfahren *Drehsen* AG 2015, 775.

4 **c) Antragspflicht des Vorstands.** Der Vorstand ist nach Abs. 1 S. 2 verpflichtet, den Antrag **unverzüglich** (§ 120 Abs. 1 S. 1 BGB) zu stellen, wenn nicht eine Ergänzung vor der nächsten Aufsichtsratssitzung zu erwarten ist (MüKoAktG/*Habersack* Rn. 17). Das gilt auch bei Beschlussunfähigkeit des Aufsichtsrats aufgrund einer Verletzung des Geschlechterproporzes gem. § 96 Abs. 2. Verletzt der Vorstand seine Antragspflicht, macht er sich schadensersatzpflichtig (§ 93 Abs. 2). Zudem kann das Registergericht nach § 407 Abs. 1 S. 1 ein Zwangsgeld als Beugemaßnahme festsetzen (BeckOGK/*Spindler,* 15.1.2020, Rn. 17).

5 **2. Beschlussunfähigkeit.** Eine gerichtliche Bestellung nach Abs. 1 erfolgt, wenn der Aufsichtsrat beschlussunfähig nach § 108 Abs. 2 ist. Die Vorschrift geht Abs. 2 vor (OLG Düsseldorf 28.1.2010, NZG 2010, 313). Dies ist der Fall, wenn ihm weniger als die Hälfte seiner Mitglieder bzw. weniger als drei Mitglieder angehören. Bei strengerer Satzungsregelung (§ 108 Abs. 2 S. 1) ist diese maßgeblich. Dauernd an der **Amtsausübung gehinderte** Mitglieder werden den nicht besetzten Stellen zugeschlagen (BayObLG 28.3.2003, NZG 2003, 691 (693); ausf. MüKoAktG/*Habersack* Rn. 12 f.), nicht dagegen Mitglieder, die einem Stimmverbot unterliegen oder sich obstruktiv verhalten (Hüffer/Koch/*Koch* Rn. 2, zu letzterem kritisch: *Reichard* AG 2012, 359). Zum dreiköpfigen Aufsichtsrat → § 103 Rn. 11. In (paritätisch) mitbestimmten Organen tritt Beschlussunfähigkeit ein, wenn mehr als die Hälfte der

gesetzlichen Aufsichtsratssitze unbesetzt ist (§ 28 S. 1 MitbestG, § 10 MontanMitbestG, § 11 MitbestErgG).

3. Beschluss. Das Gericht entscheidet durch begründeten Beschluss (Hüffer/Koch/*Koch* Rn. 5). Der Beschluss ist dem Antragsteller und, soweit ein Aufsichtsratsmitglied bestellt wird, diesem schriftlich bekannt zu geben (vgl. § 63 Abs. 3 S. 1 FamFG). Einer förmliche Zustellung bedarf es nur, wenn der Beschluss vom erklärten Willen der Beteiligten abweicht (§ 41 Abs. 1 S. 2 FamFG). Zudem bedarf es einer Bekanntgabe gegenüber der AG, da auch diese beschwerdebefugt ist (BeckOGK/*Spindler,* 15.1.2020, Rn. 31; Hüffer/Koch/*Koch* Rn. 6). 6

Das Gericht ist nicht an die vom Antragsteller vorgeschlagenen Personen gebunden (BayObLG 20.8.1997, NZG 1998, 69 (70); OLG Frankfurt a. M. 8.9.2014, ZIP 2015, 170 ff.; OLG Stuttgart 24.2.2017, ZIP 2017, 671), sondern entscheidet nach eigenem **Ermessen** und richtet seine Entscheidung an den Interessen der Gesellschaft aus (OLG München 2.7.2009, AG 2009, 747; OLG Frankfurt a. M. 8.9.2014, ZIP 2015, 170 ff.; OLG Braunschweig 24.5.2016, BeckRS 2016, 15591). Neben der fachlichen Qualifikation kann auch die Unabhängigkeit der vorgeschlagenen Kandidaten maßgeblich sein, darin liegt kein Ermessensfehler des Gerichts (OLG Hamm 28.5.2013, NZG 2013, 1099; *Beyer* NZG 2014, 61 (62)). Grundsätzlich ist – sofern erkennbar – die Person zu bestellen, die hypothetisch durch die zur Bestellung primär berufene Hauptversammlung gewählt worden wäre (AG Berlin-Charlottenburg 5.11.2004, AG 2005, 133). Das zu bestellende Aufsichtsratsmitglied muss die gesetzlichen Wählbarkeitsanforderungen, insbesondere der § 100 Abs. 2 und § 105 (OLG Schleswig 26.4.2004, NZG 2004, 669), bei Arbeitnehmervertretern aber auch die mitbestimmungsrechtlichen Vorschriften (etwa § 7 Abs. 2 MitbestG) erfüllen und über die hinreichende Qualifikation zur pflichtgemäßen Mandatsausübung verfügen. Generell darf nur eine Persönlichkeit bestellt werden, die auch wählbar wäre (OLG Stuttgart 24.2.2017, AG 2017, 489). Allein der Umstand, dass eine Person vom Vorstand vorgeschlagen wurde, rechtfertigt noch nicht die Annahme einer Abhängigkeit vom Vorstand (OLG Bamberg 19.2.2014, NZG 2014, 497 (498)). Bei etwaigen Interessenkonflikten hat das Gericht zu prüfen, ob die Bestellung im Interesse der Gesellschaft liegt (LG Frankfurt a. M. 16.5.2006, AG 2006, 593 (594)). Ausgeschlossen ist eine Bestellung bei einer schweren, unlösbaren Pflichtenkollision (LG Hannover 12.3.2009, ZIP 2009, 761 (762)). Die Bestellung des Vorstands eines konkurrierenden Unternehmens ist zulässig, soweit die Amtsausübung nicht zu einem dauerhaften, schweren Interessenkonflikt führt (OLG Schleswig 26.4.2004, NZG 2004, 669 (670); OLG Stuttgart 24.2.2017, ZIP 2017, 671 (673)). Das Gericht bestellt nur so viele Mitglieder, wie für die Beschlussfähigkeit erforderlich sind (BeckOGK/*Spindler,* 15.1.2020, Rn. 25), nicht also die Sollzahl. Nicht abschließend geklärt, aber zu bejahen ist die Frage, ob das Gericht in seine Auswahlentscheidung die Vorgaben des Corporate Governance Kodexes einfließen lassen kann (für diese Möglichkeit auch OLG Hamm 28.5.2013, NZG 2013, 1099 (1100); Hüffer/Koch/*Koch* Rn. 5). 7

Die **Kosten** des Verfahrens trägt der Antragsteller, auch wenn es sich hierbei um eine Gewerkschaft handelt (OLG Düsseldorf 1.2.1994, AG 1994, 424). Allerdings hat der Antragsteller einen Ersatzanspruch gegenüber der Gesellschaft nach §§ 683, 670 BGB (BeckOGK/*Spindler,* 15.1.2020, Rn. 30). 8

4. Rechtsmittel. Gegen den Beschluss des Amtsgerichts ist die **Beschwerde** statthaft (§ 58 Abs. 1 FamFG, § 402 Abs. 1 FamFG, § 104 Abs. 6 S. 3). Beschwerdeberechtigt können als in ihren Rechten beeinträchtigte Personen iSv § 59 Abs. 1 FamFG die AG, die übrigen Aufsichtsratsmitglieder sowie die Aktionäre sein. Für die Letztgenannten gilt dies, auch wenn sie am Ausgangsverfahren nicht beteiligt waren, da sie durch die Bestellung eines von ihnen nicht vorgeschlagenen Aufsichtsratsmitglieds eine Beeinträchtigung ihrer Rechte erfahren (OLG Schleswig 26.4.2004, NZG 2004, 669; LG Hannover 12.3.2009, ZIP 2009, 761 (762); *Lutter/Kirschbaum* ZIP 2005, 103 (104); Hüffer/Koch/*Koch* Rn. 7). Die Rechtsmittelfrist beginnt für Aktionäre mit der Bekanntmachung des Beschlusses (§ 106), soweit ihnen dieser nicht zugestellt wurde (LG Berlin 7.11.1979, AG 1980, 139). 9

III. Ergänzung wegen Unterschreitens der Mitgliederzahl (Abs. 2, 3)

1. Verfahrensvoraussetzungen. Die Verfahrensvoraussetzungen entsprechen nach Abs. 2 S. 3 dem Verfahren nach Abs. 1 (→ Rn. 2 ff.). 10

2. Unterschreiten der Mitgliederzahl. Eine Bestellung wegen Unterschreitens der Mitgliederzahl ist nach Ablauf von drei Monaten (Abs. 2 S. 1) oder in dringenden Fällen (Abs. 2 S. 2) möglich. Ein Unterschreiten liegt vor, wenn dem Aufsichtsrat weniger als die nach Gesetz oder Satzung notwendigen Mitglieder angehören. Die **Drei-Monats-Frist** gibt der Hauptversammlung Gelegenheit, den Aufsichtsrat selbst zu ergänzen (K. Schmidt/Lutter/*Drygala* Rn. 12). Sie beginnt mit dem die Unterbesetzung auslösenden Ereignis, § 187 Abs. 1 BGB (K. Schmidt/Lutter/*Drygala* Rn. 12). Ist eine Wahlanfechtungsklage anhängig, liegt kein Unterschreiten vor (OLG Köln 29.3.2007, WM 2007, 822 (823); *Vetter* ZIP 2012, 701 (705); aA *Kocher* NZG 2007, 372 (373 f.)). 11

12 Ein Abwarten der Dreimonatsfrist ist in **dringenden Fällen** entbehrlich. Nach Abs. 3 Nr. 2 liegt ein dringender Fall stets vor, wenn ein nach mitbestimmungsrechtlichen Vorschriften paritätisch zusammengesetzter Aufsichtsrat unterbesetzt ist (Ausnahme: weiteres Mitglied im Montanbereich). Verhindert werden soll eine Störung der **Parität** (LG Hannover 12.3.2009, ZIP 2009, 761 (762); AG Frankfurt a. M. 16.5.2006, AG 2006, 593 f.). Ein dringender Fall liegt auch vor, wenn wesentliche Unternehmensentscheidungen anstehen, bspw. über den Bestand oder die Struktur der AG (OLG Hamm 14.12.2010, AG 2011, 384; AG Wuppertal 23.11.1970, DB 1971, 764; MüKoAktG/*Habersack* Rn. 27) oder in der Krise (AG Detmold 11.11.1981, AG 1983, 24 (25)). Allein der Umstand, dass Entscheidungen durch eine Minderheit gefällt werden könnten, genügt dagegen nicht (*Niewiarra/Servatius* FS Semler, 1993, 217 (225); BeckOGK/*Spindler,* 15.1.2020, Rn. 38; aA GroßkommAktG/*Hopt/Roth* Rn. 59). Allerdings dürfte die Dringlichkeit zu bejahen sein, wenn eine anstehende Bestellung oder Abberufung von Vorstandsmitgliedern durch eine nun überrepräsentierte Interessengruppe beeinflusst würde oder Zufallsergebnisse zu erwarten sind (so auch MüKoAktG/*Habersack* Rn. 27).

13 Abs. 3 Nr. 1 schließt die gerichtliche Bestellung des **weiteren Mitglieds** nach § 8 MontanMitbestG oder § 5 Abs. 2 MitbestErgG aus. Die Regelung trägt dem besonderen Vertrauen Rechnung, welches dieses Mitglied bei Anteilseigner- wie Arbeitnehmervertretern genießen muss (BeckOGK/*Spindler,* 15.1.2020, Rn. 40), sowie dem Umstand, dass § 8 Abs. 3 MontanMitbestG für Fälle, in denen zwischen den beiden Bänken kein Konsens erreicht werden kann, ein eigenständiges, recht kompliziertes gerichtliches Verfahren kennt (dazu und zur Praxis WKS/*Wißmann* MontanMitbestG § 8 Rn. 1, 6).

14 **3. Beschluss.** Für den Beschluss und die Rechtsmittel gilt das zu dem Verfahren nach Abs. 1 Gesagte entsprechend (→ Rn. 6 f.). Da Abs. 2, 3 einer Unterbesetzung entgegenwirken sollen, kann das Gericht hier alle vakanten Aufsichtsratssitze besetzen (MüKoAktG/*Habersack* Rn. 24).

IV. Sonderregelung für mitbestimmte Aufsichtsräte (Abs. 4)

15 **1. Herstellung des zahlenmäßigen Verhältnisses.** Unterliegt die Gesellschaft der Unternehmensmitbestimmung, hat das Gericht das zahlenmäßige Verhältnis von Anteilseigner- und Arbeitnehmervertretern zu wahren (Abs. 4 S. 1). Der Proporz ergibt sich aus dem einschlägigen Mitbestimmungsgesetz. Zu beachten ist sowohl der Anteil der Arbeitnehmersitze als auch – im Bereich des MitbestG – der **Gruppenproporz** im Verhältnis von regulären Arbeitnehmern zu leitenden Angestellten (Habersack/Henssler/*Habersack* MitbestG § 6 Rn. 61). Bei Ergänzungen nach Abs. 1 gilt dies aber nur, soweit dies bei bloßer Herstellung der Beschlussfähigkeit überhaupt möglich ist (Abs. 4 S. 2). Andernfalls ist ein Aufsichtsratsmitglied der benachteiligten Seite zu bestellen (BeckOGK/*Spindler,* 15.1.2020, Rn. 46).

16 **2. Besondere persönliche Voraussetzungen.** Nach Abs. 4 S. 3 müssen die zu bestellenden Aufsichtsratsmitglieder die Wählbarkeitsvoraussetzungen der §§ 100, 105 (K. Schmidt/Lutter/*Drygala* Rn. 18) sowie statutarische Anforderungen erfüllen. Bei Arbeitnehmervertretern bedarf es (Ausnahme: Gewerkschaftssitze) der Tätigkeit als Arbeitnehmer in einem in Deutschland belegenen Betrieb der AG (§ 7 Abs. 3 MitbestG, § 4 Abs. 2, 3 DrittelbG; dazu Habersack/Henssler/*Henssler* MitbestG § 3 Rn. 8 ff., 36 ff.).

17 **3. Vorschlagsrechte.** Soweit Spitzenorganisationen der Gewerkschaften (§ 6 Abs. 3 MontanMitbestG), einer Gewerkschaft (§ 7 Abs. 2 MitbestG, § 16 Abs. 2 MitbestG; § 10d Abs. 2 MitbestErgG) oder einem Betriebsrat (§ 6 DrittelbG) bei der Wahl der Arbeitnehmervertreter ein Vorschlagsrecht zusteht und ein solcher Sitz zu ergänzen ist, soll das Gericht nach Abs. 4 S. 4 einem entsprechenden Vorschlag folgen. Liegen für einen Aufsichtsratssitz mehrere Vorschläge konkurrierender Gewerkschaften vor, kann das Gericht zwischen den Vorschlägen frei auswählen (BayObLG 20.8.1997, NZG 1998, 69 (70); BayObLG 14.12.2004, AG 2005, 351), sollte sich dabei aber von dem voraussichtlichen Ergebnis einer Wahl leiten lassen. Steht bei einer Wahl durch Delegierte den Betriebsräten des Unternehmens ein gemeinsames Vorschlagsrecht zu, hat das Gericht diesen Vorschlägen zu folgen. Soweit einer Bestellung aber überwiegende Belange der AG (bspw. Zweifel an der Bereitschaft, dem Unternehmensinteresse zu dienen; mangelnde Fachkompetenz) oder der Allgemeinheit (bspw. mangelnde Verfassungstreue) entgegenstehen, darf den Vorschlägen nicht gefolgt werden (BeckOGK/*Spindler,* 15.1.2020, Rn. 47).

V. Berücksichtigung des § 96 Abs. 2 S. 1–5 (Abs. 5)

18 Gemäß dem am 6.3.2015 durch den Bundestag verabschiedeten „Gesetz für die gleichberechtigte Teilhabe von Frauen und Männern an Führungspositionen in der Privatwirtschaft und im öffentlichen Dienst" (BT-Drs. 18/4227) wurde in § 104 ein neuer Abs. 5 eingefügt, der § 104 Abs. 4 S. 3 ergänzt. Die Änderung stellt klar, dass die Vorgaben zur Geschlechterquote, die der neue § 96 Abs. 2 S. 1–5 aufstellt, – selbstverständlich – auch bei der gerichtlichen Bestellung von Aufsichtsratsmitgliedern einzuhalten ist (zu den Vorgaben des § 96 Abs. 2 S. 1–5 → § 96 Rn. 9 ff.; ferner BT-Drs. 18/3784; vgl. auch *Stüber* DStR 2015, 947 (948 f.)). Auch bei der Berücksichtigung der Geschlechterquote muss aber die hinreichende Qualifikation des zu bestellenden Mitglieds entsprechend den allgemeinen Besetzungsgrundsätzen gewahrt sein (dazu *Küster/Zimmermann* ArbRAktuell 2015, 264; *Teichmann/Rüb* BB 2015, 898 (901)).

VI. Amtsdauer (Abs. 6)

Die Bestellung als Aufsichtsratsmitglied beginnt mit der Annahme seitens des Bestellten. Da die gerichtliche Ersetzung nur der Überbrückung dient (OLG Frankfurt a. M. 19.11.1985, AG 1987, 159), endet das Amt (*Kropff* 145) mit der **Behebung** des Mangels. Im Einzelfall ist zu differenzieren: Das Amt des nach Abs. 1 bestellten Mitglieds endet, sobald der Aufsichtsrat wieder beschlussfähig, wenn auch noch nicht vollständig besetzt ist (OLG München 12.7.2006, AG 2006, 590 (591)). Bei Bestellung nach Abs. 2 endet das Amt mit der vollständigen Besetzung des Aufsichtsrats. Der Mangel ist jeweils mit der Annahme durch die Gewählten behoben (Hüffer/Koch/*Koch* Rn. 16). Es genügt aber, wenn der Aufsichtsrat verkleinert wird, sodass Beschlussunfähigkeit oder Unterbesetzung entfällt (Hüffer/Koch/*Koch* Rn. 15). Eine gegen den Wahlbeschluss anhängige **Anfechtungsklage** hindert die Behebung des Mangels nicht (MüKoAktG/*Habersack* Rn. 49). Dies gilt entgegen der Regierungsbegründung (*Kropff* 144) auch für offensichtliche Anfechtungsgründe (K. Schmidt/Lutter/*Drygala* Rn. 21), da die Nichtigkeitsfolge erst mit Rechtskraft des stattgebenden Urteils eintritt (§ 252 Abs. 2 S. 1). Das Amt des gerichtlich bestellten Mitglieds endet außerdem mit Ablauf der gesetzlichen Höchstdauer gem. § 102 Abs. 1 (MüKoAktG/*Habersack* Rn. 53). 19

Das Gericht kann die Bestellung befristen (MüKoAktG/*Habersack* Rn. 48). Eine solche Befristung empfiehlt sich, damit das eigentlich zuständige Organ nicht langfristig der Kompetenz zur Aufsichtsratswahl beraubt wird. Auch wenn hierzu keine gesetzliche Vorgabe besteht, ist eine Befristung daher bis zu dem folgenden regulären Bestellungstermin sachgerecht. Insoweit ist für Arbeitgebervertreter auf die nächste Hauptversammlung sowie für Arbeitnehmervertreter auf die nächste Wahl abzustellen. Unberührt von einer solchen Befristung führt die Behebung des Mangels in jedem Fall gem. Abs. 6 dazu, dass das Amt eines gerichtlich bestellten Aufsichtsratsmitglieds erlischt (OLG Frankfurt a. M. 15.5.2017, NZG 2017, 1187). Eine Abberufung durch die Hauptversammlung oder den Wahlkörper der Arbeitnehmer kommt nicht in Betracht (*Vetter* DB 2005, 875 (877)), wohl aber eine gerichtliche Abberufung nach § 103 Abs. 3. Eines wichtigen Grundes bedarf es nicht (AG Berlin-Charlottenburg 5.11.2004, AG 2005, 133 f.; MüKoAktG/*Habersack* Rn. 48; aA *Vetter* DB 2005, 875 (877)). 20

VII. Auslagen und Vergütung (Abs. 7)

Die Rechtsstellung des gerichtlich bestellten Aufsichtsratsmitglieds entspricht derjenigen der regulär bestellten Mitglieder. Ihm steht nach Abs. 7 S. 1 ein Anspruch auf Ersatz aller entgeltlichen Auslagen (bspw. Reisekosten, aber kein Erstattungsanspruch für den Einsatz der eigenen Arbeitskraft) zu (MüKoAktG/*Habersack* Rn. 56), außerdem ein Anspruch auf Vergütung, wenn auch den ordentlich bestellten Mitgliedern eine solche gewährt wird. Anspruchsgegner ist die Gesellschaft. Die Höhe der Auslagen und der Vergütung können auf Antrag des Mitglieds von dem für die Notbestellung zuständigen Gericht **festgesetzt** werden (S. 2), soweit die Gesellschaft die Erfüllung verweigert (BeckOGK/*Spindler,* 15.1.2020, Rn. 60). Die **Vergütungshöhe** entspricht derjenigen der übrigen Aufsichtsratsmitglieder (K. Schmidt/Lutter/*Drygala* Rn. 26). Der Vergütungsanspruch umfasst auch Zusatzentgelte, zB für Ausschusstätigkeit (Hüffer/Koch/*Koch* Rn. 17) sowie variable Bestandteile (BeckOGK/*Spindler,* 15.1.2020, Rn. 60). Das Gericht entscheidet durch Beschluss, gegen den die Beschwerde zulässig ist. Die Rechtsbeschwerde ist ausgeschlossen (S. 4). Der rechtskräftige Beschluss dient als **Vollstreckungstitel** (S. 5). 21

Unvereinbarkeit der Zugehörigkeit zum Vorstand und zum Aufsichtsrat

105

(1) **Ein Aufsichtsratsmitglied kann nicht zugleich Vorstandsmitglied, dauernd Stellvertreter von Vorstandsmitgliedern, Prokurist oder zum gesamten Geschäftsbetrieb ermächtigter Handlungsbevollmächtigter der Gesellschaft sein.**

(2) [1]**Nur für einen im voraus begrenzten Zeitraum, höchstens für ein Jahr, kann der Aufsichtsrat einzelne seiner Mitglieder zu Stellvertretern von fehlenden oder verhinderten Vorstandsmitgliedern bestellen.** [2]**Eine wiederholte Bestellung oder Verlängerung der Amtszeit ist zulässig, wenn dadurch die Amtszeit insgesamt ein Jahr nicht übersteigt.** [3]**Während ihrer Amtszeit als Stellvertreter von Vorstandsmitgliedern können die Aufsichtsratsmitglieder keine Tätigkeit als Aufsichtsratsmitglied ausüben.** [4]**Das Wettbewerbsverbot des § 88 gilt für sie nicht.**

Übersicht

I. Allgemeines

1 § 105 Abs. 1 verbietet die gleichzeitige Mitgliedschaft in Vorstand und Aufsichtsrat, da **Geschäftsführung und Kontrolle** naturgemäß nicht in einer Hand liegen dürfen (vgl. *Kropff* 146). Der Vorstandstätigkeit gleichgestellt ist ein sonstiger wesentlicher Einfluss auf die Unternehmensleitung. Durch die Funktionstrennung von Vorstand und Aufsichtsrat soll eine unvoreingenommene und effektive Überwachung der Geschäftsführung gewährleistet werden. Abs. 2 ermöglicht eine zeitlich begrenzte Ausnahme. § 105 stellt zwingende Mindestanforderungen auf, durch Satzung kann außerdem Abs. 2 weiter eingeschränkt werden (K. Schmidt/Lutter/*Drygala* Rn. 2; aA MüKoAktG/*Habersack* Rn. 3; BeckOGK/*Spindler,* 15.1.2020, Rn. 3). Das Recht des Aufsichtsrats zur Bestellung eines Mitglieds als Stellvertreter für ein Vorstandsmitglied kann durch die Satzung nicht ausgeschlossen werden, da dem Aufsichtsrat dann weitgehend die Möglichkeit genommen würde, auf Notsituationen schnell zu reagieren (aA GroßkommAktG/*Hopt/Roth* Rn. 13 f.).

II. Unvereinbarkeit (Abs. 1)

2 **1. Vorstandsmitglied.** Ein Aufsichtsratsmitglied darf nicht gleichzeitig Mitglied des Vorstands derselben Gesellschaft sein. Das Verbot umfasst auch das stellvertretende Vorstandsmitglied gem. § 94 und den Abwickler gem. § 268 Abs. 2 (MüKoAktG/*Habersack* Rn. 9). Zulässig bleibt die Mitgliedschaft im Vorstand einer anderen Gesellschaft (Hüffer/Koch/*Koch* Rn. 2), selbst wenn diese die AG beherrscht (BeckOGK/*Spindler,* 15.1.2020, Rn. 7; vgl. aber § 100 Abs. 2 S. 1 Nr. 2).

3 **2. Prokurist.** Ein von den Anteilseignern bestelltes Aufsichtsratsmitglied darf generell nicht zugleich Prokurist der Gesellschaft sein. Entscheidend ist allein die **Bestellung** gem. §§ 48 ff. HGB (K. Schmidt/Lutter/*Drygala* Rn. 5). Ob die Prokura im Innenverhältnis auch tatsächlich ausgeübt werden darf (sog. Titularprokura), ist unerheblich (*Brox* FS Ficker, 1967, 95 (108); BeckOGK/*Spindler,* 15.1.2020, Rn. 8). Im Interesse der **leitenden Angestellten** kennt § 6 Abs. 2 S. 1 MitbestG für **Arbeitnehmervertreter** eine Einschränkung. Danach ist ein Prokurist nur dann nicht als **Arbeitnehmervertreter** wählbar, wenn er kumulativ (1) dem Vorstand direkt unterstellt und (2) im Innenverhältnis zur Ausübung der Prokura für den gesamten Geschäftsbereich des Vorstands ermächtigt ist (vgl. Habersack/Henssler/*Habersack* MitbestG § 6 Rn. 52). Eine enger gefasste Prokura ist somit unschädlich. Die ungleiche Behandlung von Anteilseigner- und Arbeitnehmerbank ist verfassungsrechtlich problematisch und rechtspolitisch verfehlt. Die Regelung passt zudem nicht für Freiberuflergesellschaften, in denen die Aktionäre in der Gesellschaft aktiv mitarbeiten und zwar regelmäßig in Leitungsfunktionen. So sollen nach § 45 S. 1 WPO angestellte Wirtschaftsprüfer stets die Stellung von Prokuristen haben, was diese Berufsträger damit von der Mitwirkung als Anteilseignervertreter in den Aufsichtsräten der großen Wirtschaftsprüfungsgesellschaften ausschließt.

4 **3. Handlungsbevollmächtigter.** Weiterhin kann nicht Aufsichtsrat sein, wem eine **Generalhandlungsvollmacht** iSd § 54 Abs. 1 Fall 1 HGB erteilt worden ist. Eine Vollmachtsbeschränkung im Innenverhältnis lässt das Verbot nicht entfallen (*Brox* FS Ficker, 1967, 95 (109)). Die Vorschrift gilt nicht für die Art- und Einzelvollmacht iSd § 54 Abs. 1 Fall 2 und 3 HGB (K. Schmidt/Lutter/*Drygala* Rn. 7). Für **Arbeitnehmervertreter** zwingt die entsprechende Anwendung der Regelung in § 6 Abs. 2 S. 1 MitbestG auch bei generalhandlungsbevollmächtigten Mitarbeitern zu einer **Einschränkung** (hM Habersack/Henssler/*Habersack* MitbestG § 6 Rn. 46, 52a; BeckOGK/*Spindler,* 15.1.2020, Rn. 13). Unvereinbar mit der Mitgliedschaft im Aufsichtsrat ist bei Arbeitnehmervertretern danach nur die Stellung als direkt dem Vorstand unterstellter **„Generalbevollmächtigter"** für den gesamten Geschäftsbereich des Vertretungsorgans.

5 **4. Analoge Anwendung.** Eine analoge Anwendung der Unvereinbarkeitsregel auf alle sonstigen **leitenden Angestellten** kommt nicht in Betracht (MüKoAktG/*Habersack* Rn. 15; BeckOGK/*Spindler,* 15.1.2020, Rn. 14; zust. OLG Stuttgart 24.2.2017, ZIP 2017, 671 (674)). Das Gesetz stellt im Gegensatz

zur Fassung in § 90 Abs. 1 S. 2 AktG 1937 aus Gründen der Rechtssicherheit und Rechtsklarheit nicht mehr allgemein auf den Status als leitender Angestellter ab (*Kropff* 146). Das MitbestG enthält zudem in § 3 Abs. 1 Nr. 1 MitbestG und § 6 Abs. 2 MitbestG eine klare Wertung gegen eine pauschale Unvereinbarkeit.

5. Verstoß gegen die Unvereinbarkeit. Die Rechtsfolgen eines Verstoßes richten sich nach dem **Prioritätsprinzip:** Das bestehende Rechtsverhältnis schließt das neue aus (BeckOGK/*Spindler,* 15.1.2020, Rn. 16). Wird ein Aufsichtsratsmitglied zum Vorstandsmitglied, Prokuristen oder Generalhandlungsbevollmächtigten bestellt und ist eine Verknüpfung von Aufsichtsratsmandat und Vertretungsfunktion gewollt, ist schon der Bestellungsakt nach § 134 BGB nichtig (BeckOGK/*Spindler,* 15.1.2020, Rn. 17). Soll es hingegen nicht auf die Verknüpfung ankommen, kann das Aufsichtsratsmitglied bis zum Antritt der neuen Funktion sein Mandat niederlegen, seine Bestellung ist nur schwebend unwirksam. Endgültige Unwirksamkeit tritt mit Annahme der neuen Funktion ohne vorherige Niederlegung des Aufsichtsratsmandats ein (Hüffer/Koch/*Koch* Rn. 6). Wird umgekehrt eine Person, die eine in Abs. 1 genannte Funktion ausübt, zum Aufsichtsratsmitglied bestellt, ist bei beabsichtigter Funktionsverknüpfung die Bestellung entsprechend § 250 Abs. 1 Nr. 4 nichtig (BeckOGK/*Spindler,* 15.1.2020, Rn. 18). Andernfalls ist der Wahlbeschluss zunächst schwebend, mit Amtsantritt sodann endgültig unwirksam (Hüffer/Koch/*Koch* Rn. 6). 6

III. Vertretung von Vorstandsmitgliedern (Abs. 2)

1. Zulässigkeitsvoraussetzungen. Der in Abs. 1 normierte Grundsatz wird durch Abs. 2 für den Fall durchbrochen, dass ein Aufsichtsratsmitglied nur übergangsweise ein fehlendes oder verhindertes Vorstandsmitglied vertreten soll. Der Aufsichtsrat soll ohne übermäßigen **zeitlichen Druck** ein geeignetes Vorstandsmitglied sorgfältig auswählen können (MüKoAktG/*Habersack* Rn. 2). Die Übergangsbestellung gem. Abs. 2 ist auch dann möglich, wenn für das ausgeschiedene oder verhinderte Vorstandsmitglied ein Stellvertreter bestellt ist (*Heidbüchel* WM 2004, 1317 (1318)). 7

Ein Vorstandsmitglied muss fehlen oder verhindert sein. Ein Vorstandsmitglied **fehlt,** wenn die gesetzliche Mindestzahl (§ 76 Abs. 2 S. 2) oder eine statutarische Fest- oder Mindestzahl unterschritten wird (K. Schmidt/Lutter/*Drygala* Rn. 13). Gleiches gilt, wenn eine Höchstzahl bestimmt, aber nicht ausgeschöpft ist (BeckOGK/*Spindler,* 15.1.2020, Rn. 24; aA *Bulgrin/Wolf* AG 2020, 109 (112), die eine restriktive Anwendung des Abs. 2 fordern). Auch eine neu geschaffene, aber noch nicht besetzte Vorstandsposition kann nach Abs. 2 besetzt werden (MüKoAktG/*Habersack* Rn. 24). **Verhindert** ist ein Vorstandsmitglied, das sein Amt, etwa wegen Krankheit, nicht nur vorübergehend nicht ausüben kann (BeckOGK/*Spindler,* 15.1.2020, Rn. 25). Ausgeschlossen ist eine Bestellung daher, wenn das Vorstandsmitglied aus Rechtsgründen nur an bestimmten Entscheidungen nicht mitwirken kann (MüKoAktG/*Habersack* Rn. 25). 8

Die Bestellung muss im Voraus zeitlich begrenzt sein (Hüffer/Koch/*Koch* Rn. 7). S. 1 erlaubt eine Bestellung für maximal **ein Jahr,** S. 2 eine Wiederwahl, Verlängerung oder wiederholte Bestellung, wenn hierdurch die Jahresfrist nicht überschritten wird. Besteht die Vakanz über die Jahresfrist hinaus, ist auch eine Vertretung durch ein anderes Aufsichtsratsmitglied unzulässig, jedoch kann das Aufsichtsratsmitglied als Vertreter für ein anderes Vorstandsmitglied erneut abgeordnet werden (BeckOGK/*Spindler,* 15.1.2020, Rn. 29). Vorstandsmitglieder von Tochtergesellschaften können trotz § 100 Abs. 2 S. 1 Nr. 2 vertreten werden (MüKoAktG/*Habersack* Rn. 27). 9

2. Bestellung. Die Bestellung erfolgt durch **Beschluss** nach § 108 Abs. 1, in mitbestimmten Gesellschaften nach § 29 MitbestG (vgl. *Heidbüchel* WM 2004, 1317 (1319)). Eine Übertragung auf einen Ausschuss ist unzulässig (MüKoAktG/*Habersack* Rn. 28; GroßkommAktG/*Hopt/Roth* Rn. 56; aA Hüffer/Koch/*Koch* Rn. 9). Das abzuordnende Aufsichtsratsmitglied ist von der Beschlussfassung ausgeschlossen (GroßkommAktG/*Hopt/Roth* Rn. 56; aA *Heidbüchel* WM 2004, 1317 (1319); BeckOGK/*Spindler,* 15.1.2020, Rn. 31). Der Beschluss muss dem bestellten Aufsichtsratsmitglied bekannt gegeben und von diesem angenommen werden. 10

3. Rechtsstellung. Das Aufsichtsratsmitglied tritt in die Stellung des fehlenden oder verhinderten Vorstandsmitglieds ein. Der Umfang seiner **Vertretungsmacht** richtet sich nach derjenigen des zu vertretenden Vorstandsmitglieds (BeckOGK/*Spindler,* 15.1.2020, Rn. 36). Die Vertretungsregelung ist nach § 81 in das Handelsregister einzutragen. Dabei muss auch die Bestellungsdauer eingetragen werden (BGH 10.11.1997, AG 1998, 137 (138) = NJW 1998, 1071; Hüffer/Koch/*Koch* Rn. 10; aA MüKoAktG/*Habersack* Rn. 33; BeckOGK/*Spindler,* 15.1.2020, Rn. 39). Das Interimsmitglied hat einen **Vergütungsanspruch** entsprechend demjenigen der übrigen Vorstandsmitglieder (BeckOGK/*Spindler,* 15.1.2020, Rn. 36). Für die Zeit der Stellvertretung kann das Aufsichtsratsmitglied sein Aufsichtsratsamt nicht ausüben (Abs. 2 S. 3). Das Wettbewerbsverbot nach § 88 gilt für ihn nicht (Abs. 2 S. 4). Fällt der Verhinderungsgrund des vertretenen Vorstandsmitglieds nachträglich weg, bedarf es zur Ablösung des Vertreters eines Abberufungsbeschlusses (BeckOGK/*Spindler,* 15.1.2020, Rn. 31). 11

Bekanntmachung der Änderungen im Aufsichtsrat

106 Der Vorstand hat bei jeder Änderung in den Personen der Aufsichtsratsmitglieder unverzüglich eine Liste der Mitglieder des Aufsichtsrats, aus welcher Name, Vorname, ausgeübter Beruf und Wohnort der Mitglieder ersichtlich ist, zum Handelsregister einzureichen; das Gericht hat nach § 10 des Handelsgesetzbuchs einen Hinweis darauf bekannt zu machen, dass die Liste zum Handelsregister eingereicht worden ist.

I. Allgemeines

1 § 106 sichert die **Publizität** der Zusammensetzung des Aufsichtsrats (K. Schmidt/Lutter/*Drygala* Rn. 1). Nach § 37 Abs. 4 Nr. 3a ist beim Handelsregister eine Liste der Mitglieder des ersten Aufsichtsrats einzureichen. Ergänzend gewährleistet § 106, dass auch bei Änderungen in der personellen Besetzung des Aufsichtsrats stets eine aktualisierte Mitgliederliste beim Handelsregister hinterlegt ist (MüKoAktG/*Habersack* Rn. 1).

II. Einreichungspflicht

2 **1. Änderung in den Personen des Aufsichtsrats.** Die Pflicht zur Einreichung der aktualisierten Liste besteht bei einer „Änderung in den Personen" der Aufsichtsratsmitglieder. Eine solche Änderung liegt vor, wenn ein Mitglied **ausscheidet** oder ein neues Mitglied bzw. Ersatzmitglied **einrückt** (BeckOGK/*Spindler,* 15.1.2020, Rn. 5). Unerheblich ist, ob das Mitglied gewählt, entsandt oder gerichtlich bestellt wurde (K. Schmidt/Lutter/*Drygala* Rn. 2). Bloße Bestätigung eines bestehenden Aufsichtsrats begründet keine Einreichungspflicht (BeckOGK/*Spindler,* 15.1.2020, Rn. 6). Unerheblich sind auch bloße Änderungen des Namens, Berufes oder Wohnortes (MüKoAktG/*Habersack* Rn. 6).

3 **2. Einreichung einer Liste.** Zur unverzüglichen Einreichung verpflichtet ist die Gesellschaft, vertreten durch den Vorstand in vertretungsberechtigter Zahl (Hüffer/Koch/*Koch* Rn. 2). Anzugeben sind auf der Liste der Name, der Vorname, der ausgeübte Beruf und der Wohnort aller Mitglieder. Die Liste zählt zu den nach § 12 Abs. 2 S. 1 HGB in elektronischer Form einzureichenden Dokumenten, bei denen nach § 12 Abs. 2 S. 2 HGB die Übermittlung einer elektronischen Aufzeichnung genügt. Durchsetzbarkeit besteht im Zwangsgeldverfahren nach § 14 HGB.

III. Bekanntmachung des Registergerichts

4 **1. Form.** Die Bekanntmachung erfolgt nach § 10 HGB durch Bekanntmachung des Gerichts in dem durch die jeweilige Landesjustizverwaltung bestimmten **elektronischen Informations- und Kommunikationssystem.** Nicht die Liste selbst, sondern nur der Umstand, dass eine Liste eingereicht wurde, wird bekannt gemacht. Ihre Einsehbarkeit im (elektronisch geführten) **Handelsregister** für jedermann ergibt sich aus § 9 HGB (vgl. MüKoAktG/*Habersack* Rn. 12).

5 **2. Wirkung.** Der Bekanntmachung kommt **keine Publizitätswirkung** zu, da die rechtliche Stellung der Aufsichtsratsmitglieder nicht in das Handelsregister eingetragen wird und § 15 HGB daher nicht anwendbar ist (MüKoAktG/*Habersack* Rn. 13; BeckOGK/*Spindler,* 15.1.2020, Rn. 2). Mangels Eintragung der Aufsichtsratsmitglieder selbst kann die Einreichung der Liste auch keine Heilungswirkung eines nichtigen Bestellungsbeschlusses gem. § 242 Abs. 1 begründen (OLG Frankfurt a. M. 2.5.2019, ZIP 2019, 1168 (1170)).

Innere Ordnung des Aufsichtsrats

107 (1) [1]**Der Aufsichtsrat hat nach näherer Bestimmung der Satzung aus seiner Mitte einen Vorsitzenden und mindestens einen Stellvertreter zu wählen.** [2]**Der Vorstand hat zum Handelsregister anzumelden, wer gewählt ist.** [3]**Der Stellvertreter hat nur dann die Rechte und Pflichten des Vorsitzenden, wenn dieser verhindert ist.**

(2) [1]**Über die Sitzungen des Aufsichtsrats ist eine Niederschrift anzufertigen, die der Vorsitzende zu unterzeichnen hat.** [2]**In der Niederschrift sind der Ort und der Tag der Sitzung, die Teilnehmer, die Gegenstände der Tagesordnung, der wesentliche Inhalt der Verhandlungen und die Beschlüsse des Aufsichtsrats anzugeben.** [3]**Ein Verstoß gegen Satz 1 oder Satz 2 macht einen Beschluß nicht unwirksam.** [4]**Jedem Mitglied des Aufsichtsrats ist auf Verlangen eine Abschrift der Sitzungsniederschrift auszuhändigen.**

(3) [1]**Der Aufsichtsrat kann aus seiner Mitte einen oder mehrere Ausschüsse bestellen, namentlich, um seine Verhandlungen und Beschlüsse vorzubereiten oder die Ausführung seiner Beschlüsse zu überwachen.** [2]**Er kann insbesondere einen Prüfungsausschuss bestellen, der sich mit der Überwachung des Rechnungslegungsprozesses, der Wirksamkeit des inter-**

nen Kontrollsystems, des Risikomanagementsystems und des internen Revisionssystems sowie der Abschlussprüfung, hier insbesondere der Auswahl und der Unabhängigkeit des Abschlussprüfers und der vom Abschlussprüfer zusätzlich erbrachten Leistungen, befasst. [3] Der Prüfungsausschuss kann Empfehlungen oder Vorschläge zur Gewährleistung der Integrität des Rechnungslegungsprozesses unterbreiten. [4] Der Aufsichtsrat der börsennotierten Gesellschaft kann außerdem einen Ausschuss bestellen, der über die Zustimmung nach § 111b Absatz 1 beschließt. [5] An dem Geschäft beteiligte nahestehende Personen im Sinne des § 111a Absatz 1 Satz 2 können nicht Mitglieder des Ausschusses sein. [6] Er muss mehrheitlich aus Mitgliedern zusammengesetzt sein, bei denen keine Besorgnis eines Interessenkonfliktes auf Grund ihrer Beziehungen zu einer nahestehenden Person besteht. [7] Die Aufgaben nach Absatz 1 Satz 1, § 59 Abs. 3, § 77 Abs. 2 Satz 1, § 84 Abs. 1 Satz 1 und 3, Abs. 2 und Abs. 3 Satz 1, § 87 Abs. 1 und Abs. 2 Satz 1 und 2, § 111 Abs. 3, §§ 171, 314 Abs. 2 und 3 sowie Beschlüsse, daß bestimmte Arten von Geschäften nur mit Zustimmung des Aufsichtsrats vorgenommen werden dürfen, können einem Ausschuß nicht an Stelle des Aufsichtsrats zur Beschlußfassung überwiesen werden. [8] Dem Aufsichtsrat ist regelmäßig über die Arbeit der Ausschüsse zu berichten.

(4) **Richtet der Aufsichtsrat einer Gesellschaft, die kapitalmarktorientiert im Sinne des § 264d des Handelsgesetzbuchs, die CRR-Kreditinstitut im Sinne des § 1 Absatz 3d Satz 1 des Kreditwesengesetzes, mit Ausnahme der in § 2 Absatz 1 Nummer 1 und 2 des Kreditwesengesetzes genannten Institute, oder die Versicherungsunternehmen im Sinne des Artikels 2 Absatz 1 der Richtlinie 91/674/EWG ist, einen Prüfungsausschuss im Sinn des Absatzes 3 Satz 2 ein, so müssen die Voraussetzungen des § 100 Absatz 5 erfüllt sein.**

Übersicht

I. Allgemeines

1 § 107 regelt nicht abschließend (→ Rn. 41), aber mit zwingender Wirkung die **innere Ordnung** des Aufsichtsrats. Ergänzend greifen die Verfahrensregelungen der §§ 108–110. Die Vorschrift lässt bewusst einen weiten Gestaltungsspielraum für Organisation und Arbeitsweise des Aufsichtsrats durch **Satzung** (§ 23 Abs. 5 S. 2) und **Geschäftsordnung** (→ Rn. 36 ff.). Der **DCGK** enthält zur inneren Ordnung insbesondere Regelungen, die den Aufsichtsratsvorsitzenden betreffen (Grundsätze 7 und 16, A.3, D.6 DCGK), und Empfehlungen zur Bildung von Ausschüssen (vgl. D.2–D.5 DCGK). Geltung beansprucht § 107 grundsätzlich auch in **mitbestimmten Gesellschaften.** Allerdings enthalten §§ 27–29, 31 und 32 MitbestG Sonderregeln, die §§ 107–111 vorgehen (vgl. § 25 Abs. 1 S. 1 MitbestG; dazu Habersack/Henssler/*Habersack* MitbestG § 25 Rn. 10 mwN).

2 In jüngerer Zeit stand die Norm gleich mehrfach im Blickpunkt aktienrechtlicher Reformbestrebungen. Im Zuge mehrerer Novellierungen wurde Abs. 3 erheblich modifiziert und die Vorschrift zudem um einen Abs. 4 erweitert. Zunächst wurde durch das **BilMoG vom 25.5.2009** (BGBl. 2009 I 1102) **Abs. 3** um einen neuen, inzwischen mit Wirkung vom 17.6.2016 erneut geänderten S. 2 ergänzt, der den Prüfungsausschuss (→ Rn. 26, → Rn. 35) in Umsetzung der Abschlussprüferrichtlinie (Richtlinie 2006/43/EG vom 17.5.2006) besonders hervorhebt und seine Aufgaben umschreibt. Mit dem **AReG vom 10.5.2016** (BGBl. 2016 I 1142) wurde zum 17.6.2016 ein neuer S. 3 eingefügt, der dem Prüfungsausschuss eine aktivere Rolle auch bei der Überwachung des Rechnungslegungsprozesses zuweist. Schließlich wurde Abs. 3 durch das **ARUG II vom 12.12.2019** (BGBl. 2019 I 2637) erneut um die Sätze 4–6 erweitert, die sich mit dem Ausschuss für Related Party Transactions (→ Rn. 26, → Rn. 30a) befassen. Die bisherigen S. 4 (Delegationsverbot) und S. 5 (Berichtspflicht über die Arbeit der Ausschüsse; → Rn. 34) des Abs. 3 wurden in der Folge auf die derzeitigen Sätze 7 und 8 verdrängt (eingehend zur Entstehungsgeschichte der Vorschrift BeckOGK/*Spindler,* 15.1.2020, Rn. 2 ff.).

2a Verschärft wurden die ohnehin gestiegenen Anforderungen an Aufsichtsräte ferner mit dem **VorstAG vom 31.7.2009** (BGBl. 2009 I 2509), wobei allerdings die zweijährige Sperrfrist für ehemalige Vorstandsmitglieder nicht in § 107, sondern in § 100 Abs. 2 S. 1 Nr. 4 verortet wurde (→ § 100 Rn. 10). Zugleich wurde in § 107 das – wie erwähnt – nun in Abs. 3 S. 7 normierte Delegationsverbot auf Fragen der Vorstandsvergütung (§ 87 Abs. 1 und Abs. 2 S. 1) ausgedehnt. Der mit dem **BilMoG** mit Wirkung vom 29.5.2009 (BGBl. 2009 I 1102) eingefügte **Abs. 4** ist im Zusammenhang mit § 100 Abs. 5 zu lesen und überträgt die dort normierten Anforderungen an die Finanzexpertise eines Mitglieds (→ § 100 Rn. 14 ff.) sowie seit dem **AReG** an die Sektorkenntnis aller Mitglieder (→ § 100 Rn. 17) auf den Prüfungsausschuss.

II. Aufsichtsratsvorsitzender und Stellvertreter (Abs. 1)

3 **1. Der Aufsichtsratsvorsitzende. a) Bestellung. aa) Reguläre Wahl durch den Aufsichtsrat.** § 107 **Abs. 1 S. 1** statuiert eine **Pflicht** (**„hat... zu"**; anders etwa § 84 Abs. 2) des Aufsichtsrats, aus seiner Mitte einen Vorsitzenden und (mindestens) einen Stellvertreter als Funktionsträger zu wählen. Sowohl aktives als auch passives Wahlrecht stehen sämtlichen Mitgliedern des Aufsichtsrats zu (**„aus seiner Mitte"**). Jegliche Modifikation dieses Prinzips ist ausgeschlossen (§ 23 Abs. 5; zum Grundsatz der individuell gleichen Berechtigung aller Mitglieder BeckOGK/*Spindler,* 15.1.2020, Rn. 17 ff.). Der Wechsel vom Vorstand in den Aufsichtsratsvorsitz – soweit nach § 100 Abs. 2 Nr. 4 idF des VorstAG überhaupt noch zulässig (→ § 100 Rn. 10) – ist nach dem DCGK 2020 nicht mehr als eine von „der Hauptversammlung zu begründende Ausnahme" (so noch Ziff. 5.4.4 S. 2 DCGK 2017) zu behandeln.

4 Das **Wahlverfahren** richtet sich vorrangig **„nach näherer Bestimmung der Satzung"**, Abs. 1 S. 1 (→ Rn. 11). Diese kann anordnen, dass Stimmenthaltungen als Nein-Stimme gelten, eine relative Mehrheit genügen oder bei Stimmengleichheit das Los entscheiden soll. Nach hM kann sie auch eine qualifizierte Mehrheit fordern (Hüffer/Koch/*Koch* Rn. 4). Nur soweit der Satzungsvorbehalt nicht wahrgenommen wurde, gelten subsidiär die **allgemeinen Regeln** über die Beschlussfassung. Die Wahl erfolgt dann mit einfacher Mehrheit der in der Sitzung abgegebenen Stimmen (MüKoAktG/*Habersack* Rn. 21 f.; → § 108 Rn 5), wobei Kandidaten nicht von der Stimmabgabe ausgeschlossen sind (allgM). Die **Annahme** der Bestellung ist gegenüber dem Aufsichtsratsvorsitzenden zu erklären. Bei paritätisch mitbestimmten Gesellschaften sind § 27 Abs. 1 und 2 MitbestG zu beachten (ausf. Habersack/Henssler/*Habersack* MitbestG § 27 Rn. 3 ff.).

5 **bb) Gerichtliche (Not-)Bestellung.** Bei unterlassener oder gescheiterter Wahl durch den Aufsichtsrat kommt eine Ersatzbestellung durch die Hauptversammlung (oder qua Satzung) nicht in Betracht (inzw. allgM). Das Gesetz verbietet eine solche zwar nicht ausdrücklich. Sie wäre jedoch mit der aktienrechtlichen Kompetenzordnung unvereinbar und würde in der mitbestimmten Gesellschaft außer-

dem die notwendige Beteiligung der Arbeitnehmervertreter umgehen. Mit der hM ist aber eine gerichtliche Notbestellung analog § 104 Abs. 2 anzuerkennen (MüKoAktG/*Habersack* Rn. 25 f.; BeckOGK/*Spindler,* 15.1.2020, Rn. 30 f.) und zwar unabhängig vom Mitbestimmungsstatut.

b) Amtszeit. aa) Reguläre Amtszeit. Die Amtsdauer des Vorsitzenden ist grundsätzlich an seine Amtsperiode als Aufsichtsratsmitglied gekoppelt. Diese ungeschriebene Regel steht zwar unter dem Vorbehalt besonderer Bestimmungen in Satzung, Geschäftsordnung oder Wahlbeschluss (vgl. iE MüKoAktG/*Habersack* Rn. 29). Auch dort wäre jedoch eine Regelung unzulässig, der zufolge der Vorsitzende über die **Dauer seiner Mitgliedschaft** hinaus im Amt bleiben soll. So endet die Amtszeit automatisch mit dem Ausscheiden aus dem Aufsichtsrat, „aus [dessen] Mitte" der Mandatsträger gewählt wurde. Eine Wiederbestellung zum Mitglied ersetzt nach ganz hM nicht die Wiederwahl zum Vorsitzenden, da dies einer Übertragung der Wahlbefugnis auf die Hauptversammlung gleichkäme (BeckOGK/*Spindler,* 15.1.2020, Rn. 33). Möglich ist es, die Amtsdauer in der **Satzung** zu verlängern und den Fortbestand des Amtes so an die Wiederwahl in den Aufsichtsrat zu knüpfen (MüKoAktG/*Habersack* Rn. 32, 36; *LKV* Aufsichtsrat Rn. 665). Dies gilt aber nur für die nicht mitbestimmte AG (§ 27 MitbestG; näher MüKoAktG/*Habersack* Rn. 41). 6

bb) Abberufung und Niederlegung. Die Ernennung zum Vorsitzenden ist **grundsätzlich jederzeit** – im Zweifel mit derselben Mehrheit wie die Wahl (Hüffer/Koch/*Koch* Rn. 7) – auch ohne wichtigen Grund widerruflich. Durch **Satzung oder Geschäftsordnung** kann das freie Widerrufsrecht jedoch ausgeschlossen werden. Für die Abberufung aus wichtigem Grund können hingegen nicht einmal besondere Quoren vereinbart werden; sie ist immer mit einfacher Mehrheit möglich (BGH 20.12.1982, BGHZ 86, 177 (179) = NJW 1983, 938; BGH 9.11.1987, BGHZ 102, 172 (179) = NJW 1988, 969), wobei den Vorsitzenden selbst ein Stimmverbot trifft (BGH 16.3.1961, BGHZ 34, 367 (371) = NJW 1961, 1299; *Säcker* BB 2008, 2252 (2253)). Entsprechend § 84 Abs. 3 S. 4 bleibt eine Abberufung aus wichtigem Grund wirksam, selbst wenn sich später zeigt, dass der Vorsitzende zu Unrecht von der Beschlussfassung ausgeschlossen wurde (hierzu MüKoAktG/*Habersack* Rn. 32 f.). Im mitbestimmten Aufsichtsrat ist § 27 MitbestG zu beachten, der auf die Abberufung spiegelbildlich anzuwenden ist (MüKoAktG/*Habersack* Rn. 42). Der Vorsitzende kann seinerseits das **Amt** jederzeit, grundlos und unabhängig von seiner Mitgliedschaft im Aufsichtsrat **niederlegen.** Die Satzung kann dieses Recht näher (zB Fristen) ausgestalten (BeckOGK/*Spindler,* 15.1.2020, Rn. 41). 7

c) Aufgaben und Befugnisse. aa) Allgemeines. Eine zusammenfassende Regelung der Aufgaben und Befugnisse des Aufsichtsratsvorsitzenden kennt das AktG nicht. Seine Rechtsstellung ist vielmehr **an verschiedenen Stellen** des Gesetzes (vgl. § 184 Abs. 1, § 188 Abs. 1, § 195 Abs. 1, § 207 Abs. 2, §§ 223, 229 Abs. 3, § 237 Abs. 2 [Mitwirkung bei der Anmeldung von Kapitalmaßnahmen zum Handelsregister]; § 90 Abs. 1 S. 3, § 107 Abs. 2 S. 1; § 109 Abs. 2 und § 110 Abs. 1 S. 1) sowie im MitbestG (§ 27 Abs. 3 MitbestG sowie § 29 Abs. 2 MitbestG, § 31 Abs. 4 MitbestG; zu mitbestimmten Gesellschaften iÜ vgl. BeckOGK/*Spindler,* 15.1.2020, Rn. 45), dabei aber **keineswegs erschöpfend geregelt** (*Drinhausen/Marsch-Barner* AG 2014, 337). Ergänzend stehen ihm die üblichen Befugnisse des Leiters eines Kollegialorgans zu, die das Gesetz nur partiell anspricht (K. Schmidt/Lutter/*Drygala* Rn. 18). Näher umschrieben wird seine Rolle als hervorgehobenes Mitglied und Repräsentant des Gremiums mit entsprechend erweitertem Pflichtenprogramm im DCGK (Grundsätze 7 und 16, A.3, D.6 DCGK). Zur Unabhängigkeit → § 100 Rn. 14 f., → § 100 Rn. 18. Zu den Rechten und Pflichten des Vorstands bei Kompetenzüberschreitungen des Aufsichtsratsvorsitzenden *Leyendecker-Langner* NZG 2012, 721. 8

bb) Einberufung und Leitung der Aufsichtsratssitzungen. Aus seiner Rolle als Vorsitzender eines Kollegialorgans folgt die Kompetenz zu Einberufung und Leitung der Sitzungen, die § 110 Abs. 1 S. 1, Abs. 2 voraussetzt (→ § 110 Rn. 3). Zur **Sitzungsvorbereitung** gehören vor allem die Entscheidungen über die teilnehmenden Personen, die Sitzungsmodalitäten (zB die Festlegung der Sprache) und den Tagungsort. **Sitzungsleitung** meint die Diskussionsleitung sowie die Gewährleistung von Recht- und Ordnungsmäßigkeit des Verfahrens (zB durch Sicherstellung der Information der Mitglieder oder der Erstellung von Niederschriften, → Rn. 16 ff.). Unzulässige Beschlussanträge muss der Vorsitzende zurückweisen. Bei Beschlüssen stellt er nach Prüfung das Abstimmungsergebnis fest und verkündet den Beschluss (MüKoAktG/*Habersack* Rn. 54 ff.). Vorrang gebührt indes stets dem **Selbstorganisationsrecht** des Organs, sodass die als Sitzungsleiter vom Vorsitzenden gefällten Entscheidungen durch Beschluss des Plenums aufgehoben oder geändert werden können (Ausnahmen: ausschließliche Entscheidungskompetenzen, etwa nach § 109 Abs. 2, oder die Entscheidung über Protokollberichtigungsverlangen, MüKoAktG/*Habersack* Rn. 53). 9

cc) Repräsentation. Der Vorsitzende repräsentiert den Aufsichtsrat, insbesondere in seiner Funktion als **„Bindeglied"** zwischen Vorstand und Aufsichtsratsplenum (vgl. auch Grundsatz 16, D.6 DCGK; § 90 Abs. 1 S. 3, Abs. 5 S. 3 – Empfang der Vorstandsberichte, K. Schmidt/Lutter/*Drygala* Rn. 20). In der Hauptversammlung stehen ihm dagegen keine originären Repräsentationsbefugnisse zu. Die übliche 10

Übertragung der Versammlungsleitung durch die Satzung folgt nicht aus seiner organschaftlichen Funktion (LG Ravensburg 8.5.2014, NZG 2013, 1233 (1234); MüKoAktG/*Habersack* Rn. 59; *Drinhausen/Marsch-Barner* AG 2014, 757; vgl. aber die Erläuterungspflicht des § 176 Abs. 1 S. 2). Dritten gegenüber wirkt der Aufsichtsratsvorsitzende an der Anmeldung von Kapitalmaßnahmen zur Eintragung in das Handelsregister mit (→ Rn. 8) und ist insoweit **Vertreter** der AG. Außerdem ist er zur Entgegennahme von Willenserklärungen (Passivvertretung) – auch ohne ausdrückliche Ermächtigung – befugt (K. Schmidt/Lutter/*Drygala* Rn. 21). Im Übrigen steht ihm eine organschaftliche Vertretungsmacht nur ausnahmsweise für sog. Hilfsgeschäfte zur Erfüllung seiner Aufgaben zu (zB Maßnahmen zur Vorbereitung der Aufsichtsratssitzungen, BeckOGK/*Spindler,* 15.1.2020, Rn. 47). Auch wenn die Öffentlichkeitsarbeit grundsätzlich Aufgabe des Vorstands ist, kann im Einzelfall auch der Aufsichtsratsvorsitzende für die Kapitalmarktkommunikation zuständig sein, wenn sein Aufgabenbereich betroffen ist (*Leyendecker-Langner* NZG 2015, 44).

11 **dd) Satzung und Geschäftsordnung. Schranken** werden der angesprochenen (→ Rn. 1) Gestaltungsfreiheit durch die zwingenden Vorschriften des Aktien- und Mitbestimmungsrechts gesetzt. Beispielhaft seien im Folgenden einige praktisch bedeutsame **Regelungsgegenstände** aufgeführt. **Unzulässig:** Weisungsrechte gegenüber dem einzelnen Aufsichtsratsmitglied; Delegation von Aufgaben des Gesamtaufsichtsrats an den Vorsitzenden oder – umgekehrt – Übertragung von zwingenden Kompetenzen des Vorsitzenden (vgl. § 107 Abs. 2, § 109 Abs. 2) auf das Plenum oder einen Ausschuss; Zugehörigkeit des Vorsitzenden zu bestimmten Ausschüssen; Einschränkung der Pflicht zur vorherigen Angabe der Gegenstände der Tagesordnung; Vetorecht des Aufsichtsrats- oder Ausschussvorsitzenden oder gar generelle Zweitstimmrechte. **Zulässig:** Übertragung der Leitung der Hauptversammlung (häufig); Verfahrensregelungen zur Weitergabe von Informationen; (in Grenzen) Vertagungs- und Unterbrechungsklauseln; Ergänzungen zu § 29 Abs. 2 MitbestG, § 31 Abs. 4 MitbestG, zB Bindung der Beschlussfähigkeit des Gremiums bei erneuter Abstimmung an die Anwesenheit des Vorsitzenden (str., vgl. Habersack/Henssler/*Habersack* MitbestG § 28 Rn. 6; *Henssler* FS BGH, 2000, 387 (393)); Formalanforderungen an Einberufung und Beschlussfassung nach § 108 Abs. 4; Stichentscheid des Vorsitzenden (im Plenum nur durch Satzung, in Ausschüssen auch durch Geschäftsordnung); vertiefend zum Ganzen MüKoAktG/*Habersack* Rn. 63 ff.; BeckOGK/*Spindler,* 15.1.2020, Rn. 51 ff.

12 **2. Stellvertreter.** Das Aufsichtsratsplenum hat gem. Abs. 1 S. 1 neben dem Vorsitzenden **„mindestens einen"** Stellvertreter zu wählen. Die Höchstzahl kann durch **Satzung** oder Geschäftsordnung limitiert, außerdem kann eine **Rangfolge** mehrerer Stellvertreter festgesetzt werden. Bei Regelungsverzicht richtet sich letztgenannte nach dem Lebensalter (str., vgl. *LKV* Aufsichtsrat Rn. 684; Hüffer/Koch/*Koch* Rn. 10; aA K. Schmidt/Lutter/*Drygala* Rn. 23: ad hoc-Beschluss notwendig). Bei mitbestimmten Gesellschaften hat der nach § 27 MitbestG gewählte („erste") Stellvertreter stets Vorrang (zu dessen Wahl MüKoAktG/*Habersack* Rn. 43). Im Übrigen entsprechen Einzelheiten bzgl. Wahl, Amtszeit, Widerruf der Bestellung und Niederlegung des Amtes denjenigen für den Vorsitzenden (BeckOGK/*Spindler,* 15.1.2020, Rn. 56, 58, 61). Bis zum Eintritt des **Vertretungsfalls** genießt der Stellvertreter keine Sonderrechte.

13 **„Verhinderung"** iS des Abs. 1 S. 1 liegt vor, wenn der Vorsitzende eine ihm obliegende Maßnahme in der verfügbaren Zeit – objektiv (nach hM genügt fehlender Wille zur Amtsausübung nicht: K. Schmidt/Lutter/*Drygala* Rn. 23; GroßkommAktG/*Hopt/Roth* Rn. 215; aA BeckOGK/*Spindler,* 15.1.2020, Rn. 60) – nicht selbst vornehmen kann. **Beispiele:** Krankheit, Ortsabwesenheit, anderweitige terminliche Verpflichtungen, Ruhen des Mandats (§ 105 Abs. 2), Ausscheiden aus dem Aufsichtsrat. Vorübergehende Verhinderung kann je nach Dringlichkeit der Maßnahme ausreichen. Mit Eintritt des Vertretungsfalls übernimmt der Stellvertreter die vollwertige Stellung des Vorsitzenden. Ausnahmen gelten für das Zweitstimmrecht nach § 29 Abs. 2 MitbestG, § 31 Abs. 4 MitbestG sowie für nach der Satzung dem Vorsitzenden vorbehaltene Kompetenzen (ggf. Auslegungsfrage).

14 **3. Anmeldung zum Handelsregister, Angabe auf Geschäftsbriefen.** Nach **Abs. 1 S. 2** hat der Vorstand (§ 78) in **einfacher Schriftform** (da keine Anmeldung „zur Eintragung" iSd § 12 HGB) mit Name und Anschrift zum Handelsregister anzumelden, wer gewählt ist. Öffentlicher Beglaubigung bedarf es nicht (allgM, Hüffer/Koch/*Koch* Rn. 11). Der Publizitätsakt muss auch dann erfolgen, wenn der Wahlbeschluss als fehlerhaft gerügt wird (allgM). Die Anmeldung hat rein **deklaratorische** Bedeutung. Das Registergericht kann sie – anders als die Wahl selbst – erzwingen (§ 14 HGB). Der Aufsichtsratsvorsitzende ist zudem auf den Geschäftsbriefen der AG (auch Telefaxen und E-Mails, vgl. K. Schmidt/Lutter/*Drygala* Rn. 14) mit Vor- und Nachname anzugeben (vgl. § 80).

15 **4. Ehrenvorsitzende und Ehrenmitglieder.** In der Praxis etabliert hat sich die Person des Ehrenvorsitzenden bzw. des Ehrenmitglieds (häufig ehemalige Vorsitzende). Solche dem Gesetz unbekannte Titel sind rechtlich irrelevant. Ist der Ehrenvorsitzende aktuelles Aufsichtsratsmitglied, stehen ihm lediglich die regulären Rechte und Pflichten zu, anderenfalls ist er als Dritter iSd § 109 Abs. 1 S. 2, Abs. 3 zu behandeln. Mit der Ernennung ist dann (zumindest stillschweigend) eine § 116 S. 2 entsprechende Verschwiegenheitspflicht vereinbart (hM, MüKoAktG/*Habersack* Rn. 72; *Johansen-Roth/*

Kießling NZG 2013, 972 (976)). Weitere Befugnisse und der Bezug eines „Ehrensolds" können in der Satzung festgelegt werden. Ernennung kann durch die Hauptversammlung oder den Aufsichtsrat selbst erfolgen (hM; aA *Henneckes/Schiffer* DB 1992, 875; *Lutter* ZIP 1984, 645 (647 ff.): nur Hauptversammlung).

III. Sitzungsniederschriften (Abs. 2)

1. Protokollpflicht. Die Sitzungen des Aufsichtsrats (und der Ausschüsse) sind gem. **§ 107 Abs. 2 S. 1 (zwingend)** zu protokollieren. Die Satzung kann das Protokollierungserfordernis nicht einschränken, den Inhalt der Niederschrift wohl aber präzisieren und sogar erweitern oder Fristen für Änderungsvorschläge vorsehen. Beschlüsse im Verfahren nach § 108 Abs. 4 sind nur insoweit erfasst, als ihr Inhalt nicht bereits aus den entsprechenden Schriftstücken hervorgeht (MüKoAktG/*Habersack* Rn. 76). 16

2. Form und Inhalt; Berichtigung. Der Vorsitzende trägt die Verantwortung für die Erstellung und Verteilung der Niederschrift. Er kann aber durch verfahrensleitende Anordnung (→ Rn. 9) einen nach pflichtgemäßem Ermessen auszuwählenden **Protokollführer** hinzuziehen. Als Dritter iSd § 109 Abs. 1 ist dieser nur zu behandeln, wenn der Aufsichtsrat dies mehrheitlich bestimmt. Der Protokollführer ist zur Verschwiegenheit zu verpflichten. In Streitfällen über den Inhalt der Niederschrift ist die Auffassung des Vorsitzenden maßgeblich. Formal genügt **einfache Schriftform** bzw. äquivalente elektronische Form (§ 126a BGB). **Abs. 2 S. 1** verlangt **Unterzeichnung** durch den Vorsitzenden, die durch die des Protokollführers ergänzt, aber nicht ersetzt werden kann. Die Niederschrift muss weder während der Sitzung abgefasst noch auf einer späteren Sitzung verlesen oder genehmigt werden, solange dies nicht Satzung oder Geschäftsordnung ausdrücklich vorschreiben (zum Ganzen *Hersch* NZG 2017, 854). 17

Den **Mindestinhalt** des Protokolls umreißt **Abs. 2 S. 2. „Wesentliche[r] Inhalt der Verhandlungen"** meint eine zusammenfassende Darstellung der tragenden, das Verständnis der Beschlüsse fördernden Aspekte (zur Gruppenvorbesprechung *Vetter* FS Hüffer, 2009, 1017 (1027 f.)). Eine detaillierte Wiedergabe der Diskussionsbeiträge ist ebenso wenig erforderlich wie deren namentliche Zuordnung. Die von Abs. 2 S. 2 ohnehin verlangte bloße Darstellung der gefassten Beschlüsse genügt dagegen nicht. Die Aufsichtsratsbeschlüsse sind in der Niederschrift im Wortlaut wiederzugeben, neben den Beschlussanträgen und dem Abstimmungsergebnis. Einzelne Aufsichtsratsmitglieder können eine persönliche Zuordnung der Abstimmung angesichts einer möglichen persönlichen Haftung nach § 116 AktG, § 93 AktG verlangen, das gleiche gilt für die ausdrückliche Aufnahme ihres Widerspruchs gegen einen Mehrheitsbeschluss (MüKoAktG/*Habersack* Rn. 81; *Hersch* NZG 2017, 854 (855 f.)). Auch **sonstige Erklärungen** (zB eigene Anträge) können zu Protokoll gegeben werden, wobei ein Anspruch auf Wortlautprotokollierung nur bei schutzwürdigem Interesse (vgl. § 116) besteht (hM, MHdB GesR IV/*Hoffmann-Becking* § 31 Rn. 107). Der Vorsitzende, der für die Richtigkeit des Protokolls verantwortlich zeichnet, ist zur **Berichtigung der Niederschrift** befugt. Den Mitgliedern muss er solche Berichtigungen (nicht rein redaktionellen Charakters) lediglich mitteilen. Satzung oder Geschäftsordnung können eine Genehmigungsfiktion vorsehen. 18

3. Rechtswirkungen. Die unterzeichnete Niederschrift besitzt eine in der Praxis wichtige **Beweisfunktion** (Vermutung der Vollständigkeit und Richtigkeit), hat allerdings im Übrigen nur sehr begrenzte Wirkungen. Maßgeblich ist allein das tatsächliche Beschlussergebnis, dessen Wirksamkeit gem. **Abs. 2 S. 3** von Verstößen gegen S. 1, 2 unberührt bleibt. Denkbar sind lediglich Schadensersatzansprüche gem. §§ 116, 93 wegen fehlender oder fehlerhafter Niederschrift (MüKoAktG/*Habersack* Rn. 85 f.). Der formgültigen Protokollierung kommt auch **keine konstitutive Wirkung** zu, weder Satzung noch Geschäftsordnung können ihr eine solche zuschreiben. Immerhin begründet eine ordnungsgemäß erstellte Niederschrift die Vermutung für die richtige und vollständige Wiedergabe des Sitzungsverlaufs und der gefassten Beschlüsse. Zwar hat das BAG (NZG 2017, 70 Rn. 82) jüngst etwas missverständlich die Unwirksamkeit des Genehmigungsbeschlusses eines Aufsichtsrats nach § 112 damit begründet, dass „weder der Inhalt des Beschlusses noch das Protokoll der Sitzung … erkennen (lasse), dass sich der Aufsichtsrat konkret mit den vom Vorstand zu Gunsten des Klägers vorgenommenen Pfandrechtsbestellungen beschäftigt habe." In der Sache stützt das BAG allerdings die Unwirksamkeit auf einen Verstoß gegen §§ 111, 112 AktG, da der Aufsichtsrat den eigenen Ermessensspielraum verkannt und damit seine Aufgaben nur unzureichend wahrgenommen habe. Die Niederschrift diente dem BAG somit lediglich als Dokumentation dieses Verstoßes (*Hersch* NZG 2017, 854 (857)). 19

4. Erteilung von Abschriften. Nach **Abs. 2 S. 4** kann **jedes Aufsichtsratsmitglied** Abschriften verlangen, ein Recht, das durch die Satzung lediglich erweitert (zB Erteilung ohne **„Verlangen"**), nicht hingegen beschränkt werden kann. Gemäß den Grundsätzen zu § 90 Abs. 5 S. 2 ist es gegen die AG, vertreten durch den Vorstand, geltend zu machen (hM, Hüffer/Koch/*Koch* Rn. 17; aA BeckOGK/*Spindler*, 15.1.2020, Rn. 81; *Peus* ZGR 1987, 545 (546 ff.): Aufsichtsratsvorsitzender als Teilorgan). Protokolle von Ausschusssitzungen sind unabhängig von der Mitgliedschaft im betreffenden Ausschuss 20 erfasst. Voraussetzung ist aber Zugehörigkeit zum Gesamtaufsichtsrat zum Zeitpunkt der Sitzung; für frühere Sitzungen kann nur Einsicht verlangt werden (MüKoAktG/*Habersack* Rn. 88).

21 **5. Verwahrung und Vorlage; Beschlagnahme.** Der Vorsitzende **verwahrt** die Niederschriften entweder als Besitzdiener (§ 855 BGB) der Gesellschaft (hM; aA als Organbesitzer, BeckOGK/*Spindler,* 15.1.2020, Rn. 75) oder er überlässt die Verwahrung – wie in der Praxis üblich – dem Vorstand (MüKoAktG/*Habersack* Rn. 90). **Vorlegen** muss er sie dem Abschlussprüfer nach § 320 Abs. 2 HGB im für die Prüfung unerlässlichen Umfang, sowie den Finanzbehörden, soweit sie für steuerliche Betriebsprüfungen relevant sind. Eine Pflicht zur Vorlage sämtlicher Protokolle besteht nicht, auch nicht im Falle einer **Beschlagnahme** nach § 97 StPO. Eine pauschale Beschlagnahme wird angesichts des Geheimhaltungsinteresses der Gesellschaft idR unverhältnismäßig sein (BeckOGK/*Spindler,* 15.1.2020, Rn. 83). Beschlagnahmeverfügung und Rechtsbehelfe sind gegen die AG, vertreten durch den Vorstand, zu richten bzw. von ihr zu erheben (hM, Hüffer/Koch/*Koch* Rn. 17; aA BeckOGK/*Spindler,* 15.1.2020, Rn. 82; *Peus* ZGR 1987, 545 (546 ff.): Aufsichtsratsvorsitzender).

IV. Aufsichtsratsausschüsse (Abs. 3)

22 **1. Grundlagen.** Erhebliche praktische Bedeutung hat die mehrfach novellierte Regelung der Aufsichtsratsausschüsse in **Abs. 3. S. 1** gewährt zunächst dem Aufsichtsrat die grundsätzliche Befugnis **(„kann“),** Ausschüsse einzurichten. Neben den ausdrücklich genannten Aufgaben der **Vorbereitung** und **Überwachung** der Aufsichtsratsbeschlüsse können diese auch mit eigener Beschlusskompetenz ausgestattet sein (sog. **erledigende Ausschüsse;** Umkehrschluss aus **Abs. 3 S. 7 aE**). Zwingend ist eine Ausschussbildung nur in § 27 Abs. 3 MitbestG vorgeschrieben; selbst der Prüfungsausschuss ist kein zwingend einzurichtendes Gremium, auch wenn mit dem Abschlussprüferreformgesetz (AReG) vom 10.5.2016 die Rolle des Prüfungsausschusses in Umsetzung von Art. 39 Abs. 6 lit. b der Abschlussprüferrichtlinie durch Abs. 3 S. 3 spezifiziert wurde. Auch die insoweit erarbeiteten Empfehlungen sind an den Aufsichtsrat zu richten, dessen Gremium der Prüfungsausschuss ist (BT-Drs. 18/7219, 57). Allerdings haben alle im DAX notierten Gesellschaften einen Prüfungsausschuss, die Gesamtquote zu den diesbezüglichen Empfehlungen in D.3 und D.4 DCGK lag 2015 bei 100 % (*v. Werder/Bartz* DB 2014, 910). Der Grundsatz 14 DCGK sowie die entsprechenden Empfehlungen in D.2–D.5 DCGK zur Ausschussbildung bezwecken eine Effizienzsteigerung durch Zwischenschaltung kleiner, sachkundiger Gremien und passen daher va bei Gesellschaften mit großen Aufsichtsräten.

23 **a) Organisationsautonomie.** Der Ausschuss ist kein besonderes Organ der Gesellschaft, sondern bloße Untergliederung des Aufsichtsrats. Mitgliedschaft setzt demgemäß zwingend einen Aufsichtsratssitz voraus **(„aus seiner Mitte“).** Die Entscheidung über Bildung, Größe und Zusammensetzung der Ausschüsse liegt als Ausprägung der Organisationsautonomie im Ermessen des Aufsichtsrats. Er kann sie jederzeit wieder auflösen oder ihnen Befugnisse entziehen. Die Aufgabendelegation begründet weder endgültige noch ausschließliche Zuständigkeiten (OLG Hamburg 29.9.1995, WM 1995, 2188; K. Schmidt/Lutter/*Drygala* Rn. 37). Eine natürliche Grenze für die Delegation bilden die eigenen Befugnisse des Aufsichtsrats, da sämtliche Handlungen des Ausschusses als solche des Aufsichtsrats selbst gelten.

24 **b) Verhältnis zu Satzung und Geschäftsordnung.** Die Satzung kann die Bildung oder Auflösung eines Ausschusses weder vorschreiben noch verbieten oder erschweren. Ebenso wenig kann sie Einfluss auf Größe und Zusammensetzung nehmen (MüKoAktG/*Habersack* Rn. 97). Raum verbleibt damit nur für **Verfahrensregelungen** (Form und Frist der Einberufung; Beschlussfähigkeit; Mehrheitserfordernisse inklusive Stichentscheid). Die **Besetzung** richtet sich in der Regel nach Vorgaben der Geschäftsordnung. Bildung, Größe und Zusammensetzung können dort umfassend geregelt werden. Regelungen der Beschlussfähigkeit sind der Satzung vorbehalten (§ 108 Abs. 2 S. 1) (MüKoAktG/*Habersack* Rn. 99).

25 **2. Arten von Ausschüssen. a) Überblick.** Ausschüsse lassen sich nach verschiedenen Kriterien systematisieren: Sie können als Dauerausschüsse oder zur Erledigung eines bestimmten Sachverhalts konzipiert sein und vorbereitende, überwachende oder erledigende Aufgaben (→ Rn. 22) wahrnehmen. Überschneidungen sind möglich.

26 **b) Einzelne Ausschüsse.** Unter den Dauerausschüssen sind va Präsidial-, Personal-, Prüfungs- und Investitionsausschüsse, sowie Vermittlungs-, Kredit- und Beteiligungsausschüsse bedeutsam und häufig (zu Tätigkeitsbereichen Hölters/*Hambloch-Gesinn/Gesinn* Rn. 97 ff.; MüKoAktG/*Habersack* Rn. 105 ff.; BeckOGK/*Spindler,* 15.1.2020, Rn. 127 ff.). Die **Empfehlung der EU-Kommission** vom 15.2.2005 (2005/162/EG, ABl. 2005 L 52, 51) regt die Einrichtung mindestens dreier Ausschüsse an, nämlich eines Nominierungs-, eines Vergütungs- und eines Prüfungsausschusses. Immer häufiger gibt es auch neue Erscheinungsformen von Ausschüssen, zB Compliance-, Antikorruptions- oder Integritätsausschüsse (Hölters/*Hambloch-Gesinn/Gesinn* Rn. 97 ff.; Hüffer/Koch/*Koch* Rn. 20; *Dreher* FS Goette,

2011, 43 ff.; *Plagemann* NZG 2013, 1292; *v. Busekist/Keuten* CCZ 2016, 119 (zu Compliance-Ausschüssen)). Zur effektiveren Befassung mit bestimmten Sonderthemen, zB dem Umgang mit einer wirtschaftlichen Krise oder einer feindlichen Übernahme, werden vermehrt kleine Ausschüsse mit besonders fachkundigen Mitgliedern gegründet, sog. Ad-hoc-Ausschüsse (*Hasselbach/Seibel* AG 2012, 114). Der **Prüfungsausschuss** (instruktiv *Altmeppen* ZGR 2004, 390; zu den Rechten des Prüfungsausschusses *Dittmar* NZG 2014, 210 ff.), der mit Fragen der Rechnungslegung, des Risikomanagements, der Compliance und der Abschlussprüfung betraut ist, hat durch das BilMoG eine herausragende Stellung erlangt (→ Rn. 30 f., → Rn. 35; vgl. dazu *Vetter* ZGR 2010, 751 ff.), welche durch das AReG noch einmal verstärkt wurde (vgl. *Meyer/Mattheus* DB 2016, 695). Seine Einrichtung wurde schon zuvor im DCGK (aF Ziff. 5.3.2 S. 1 DCGK 2017) empfohlen. **Abs. 3 S. 2 und 3** betonen die Bedeutung dieses (auch als Finanz-, Bilanzausschuss bzw. Audit Committee bezeichneten) Ausschusses. Während das Audit Committee im monistischen Board eine institutionalisierte Trennung zwischen geschäftsführenden und nicht geschäftsführenden Direktoren gewährleisten soll, steht für die dualistisch verfasste AG der Gedanke der Arbeitsteilung im Vordergrund. Wie die anderen Ausschüsse dient auch der Prüfungsausschuss primär der Steigerung der Effektivität der Aufsichtsratsarbeit. Aus der Aufgabenbeschreibung des Prüfungsausschusses in Abs. 3 S. 2 und 3 lässt sich zwar keine allgemeine Pflicht eines Aufsichtsrats zur Einführung eines **Risikomanagementsystems** ableiten (→ § 111 Rn. 8a), wohl aber eine Pflicht zur Kontrolle der Wirksamkeit eines solchen Systems, sofern es im Unternehmen eingeführt wurde.

Durch das ARUG II wurde weiterhin die Möglichkeit geschaffen, einen Ausschuss zu etablieren, der **26a** in börsennotierten Gesellschaften über die nach § 111b Abs. 1 notwendige Zustimmung zu einem Geschäft mit einer nahestehenden Person (Related Party Transaction) entscheidet (Abs. 3 S. 4–6; dazu *Markworth* AG 2020, 166). Der Ausschuss kann sowohl ad hoc als auch als ständiger Ausschuss eingerichtet werden (RegBegr. BT-Drs. 19/9739, 76). Daneben kann diese Aufgabe einem bereits bestehenden Ausschuss übertragen werden. Nahe liegt in letzterem Fall insbesondere derjenige Ausschuss, der über den Zustimmungsvorbehalt nach § 111 Abs. 4 S. 2 befindet. Der Ausschuss muss gem. Abs. 3 S. 6 mehrheitlich mit Mitgliedern besetzt sein, bei denen keine Besorgnis des Interessenkonflikts aufgrund ihrer Beziehungen zu einer nahestehenden Person besteht (→ Rn. 30a).

c) Verwandte Gremien. Neben Ausschüssen des Aufsichtsrats können in der AG auch **Beiräte** und **27** **vergleichbare Gremien** existieren. Sie nehmen ergänzende Beratungsaufgaben wahr. Vorbereitende und ausführende Tätigkeiten können auch einzelnen Aufsichtsratsmitgliedern übertragen werden (BeckOGK/*Spindler,* 15.1.2020, Rn. 193).

3. Delegationsverbote. Grenzen werden der Aufgabenübertragung auf Ausschüsse durch geschrie- **28** bene und ungeschriebene Delegationsverbote gezogen, die nach hM allerdings nur die Übertragung an „erledigende" Ausschüsse **„zur Beschlussfassung"**, nicht hingegen auf vorbereitende oder ausführende Ausschüsse betreffen (MüKoAktG/*Habersack* Rn. 159). **Abs. 3 S. 7** erklärt zahlreiche bedeutsame Beschlussgegenstände **ausdrücklich für nicht delegierbar.** Hervorzuheben ist die Bestellung und Abberufung von Vorstandsmitgliedern nach § 84 Abs. 1 S. 1 und 3, Abs. 2 und Abs. 3 S. 1. Die Kompetenz zum Abschluss des Anstellungsvertrages ist als bloßer Annex zur Bestellungskompetenz dagegen auf Ausschüsse delegierbar, soweit die Anstellung dem Bestellungsakt nicht entgegensteht oder ihm vorgreift (BGH 24.11.1980, BGHZ 79, 38 (40 ff.) = NJW 1981, 757 (758)). Zur Verbesserung der Transparenz der Vorstandsvergütung wurde im Zuge des VorstAG (→ Rn. 2) auch die Vergütungsfestsetzung durch den Aufsichtsrat nach § 87 Abs. 1 und 2 S. 1 dem Plenum vorbehalten (zur Reichweite dieses Delegationsverbots *Wettich* AG 2013, 374 (378)). Neben diesen kodifizierten **Delegationsverboten** ergeben sich weitere **aus der Natur der Sache.** Anknüpfungspunkte bieten die funktionstypischen Kernkompetenzen sowie die Organisationsautonomie des Aufsichtsrats. Nicht pauschal delegierbar sind folglich die Überwachung des Vorstands oder das Einsichts- und Prüfungsrecht nach § 111 Abs. 2 S. 1, 2 „als Ganzes". Die innere Organisation und Arbeitsweise betreffende Entscheidungen müssen ebenfalls vom Plenum getroffen werden, zB: neben der Wahl des Vorsitzenden und der Stellvertreter (vgl. Abs. 1 S. 1) deren Abberufung; die Beschlussfassung über einen Antrag auf gerichtliche Abberufung nach § 103 Abs. 3 S. 2; Entscheidungsbefugnisse zur Geschäftsordnung oder zur Bildung und Auflösung von Ausschüssen; die Entscheidung über die Abgabe der Entsprechenserklärung nach § 161; die Festlegung von Zielgrößen gem. § 111 Abs. 5 S. 1 (MüKoAktG/*Habersack* Rn. 148). Ausschussbeschlüsse in dem Delegationsverbot unterfallenden Angelegenheiten sind nichtig.

4. Bildung, Besetzung und Auflösung. a) Bildung. Über Bildung, Zusammensetzung und Auf- **29** lösung von Ausschüssen entscheidet der Aufsichtsrat im Rahmen seines pflichtgemäßen Ermessens durch **Beschluss** (§ 108 Abs. 1) oder in der Geschäftsordnung. Weder Hauptversammlung noch Vorstand sind zur Einflussnahme, Blockade oder gar selbst zur Ausschussbildung befugt. Auch die Satzung darf die Ausschussbildung nicht erschweren (BeckOGK/*Spindler,* 15.1.2020, Rn. 91). Die Wahl zum Ausschussmitglied bedarf der **Annahme** (dazu MüKoAktG/*Habersack* Rn. 132). Zur Amtszeit → Rn. 6. Gängige Praxis ist die Bestellung eines **Ausschussvorsitzenden** und eines Stellvertreters. Dem Vorsitzenden kann – außer im Vermittlungsausschuss nach § 27 Abs. 3 MitbestG – durch Satzung oder Aufsichtsratsbeschluss ein Zweitstimmrecht eingeräumt werden.

30 **b) Besetzung.** Die **Mitgliederzahl** ist gesetzlich nicht vorgegeben. Ein Ausschuss setzt aber begrifflich mindestens zwei Mitglieder voraus, bei erledigenden Ausschüssen mit Beschlusskompetenz entsprechend § 108 Abs. 2 S. 3 mindestens drei (BGH 23.10.1975, BGHZ 65, 190 (192 f.)). Im Übrigen hängt die sachgerechte Größe von der Funktion des Ausschusses ab (MüKoAktG/*Habersack* Rn. 136). Gleiches gilt im Grundsatz für die **personelle Besetzung,** die – mit Ausnahme der Sätze 5 und 6 des Abs. 3 (→ Rn. 30a) sowie des Abs. 4 (→ Rn. 35) – nicht geregelt ist. Aspekte wie die hinreichende Qualifikation hat der Aufsichtsrat daher nur im Rahmen seines pflichtgemäßen Ermessens zu berücksichtigen (vgl. auch D.2 DCGK). Im mitbestimmten Aufsichtsrat ist aufgrund des Gebots hinreichender Repräsentanz der Arbeitnehmervertreter ggf. nur eine unabdingbare Mindestqualifikation zu fordern (vgl. BGH 17.5.1993, BGHZ 122, 342 = NJW 1993, 2307). Zur persönlichen Unabhängigkeit vgl. insbesondere C.10 DCGK sowie → § 100 Rn. 14 f., → § 100 Rn. 18.

30a Der durch das ARUG II eingeführte Ausschuss zu Geschäften mit nahestehenden Personen darf nach Abs. 3 S. 5 nicht mit an dem zustimmungspflichtigen Geschäft beteiligten Personen besetzt sein. Die Auslegung des Begriffs „nahestehende Person" richtet sich nach der Definition in § 111a Abs. 1 S. 2 (vgl. RegBegr. BT-Drs. 19/9739, 76). Für die Beurteilung, wer als eine solche Person am Geschäft beteiligt ist, gelten trotz des fehlenden Verweises in Abs. 3 S. 5 dieselben Grundsätze, nach denen bei Zuständigkeit des Gesamtaufsichtsrats beurteilt wird, ob ein Stimmverbot nach § 111b Abs. 2 greift. Gemäß Abs. 3 S. 6 muss der Ausschuss mehrheitlich mit Aufsichtsratsmitgliedern besetzt sein, bei denen keine Besorgnis eines Interessenkonflikts aufgrund ihrer Beziehungen zu einer nahestehenden Person besteht. Der Ausschuss muss also nicht völlig frei von konfliktbelasteten Mitgliedern sein. Dies lässt Raum für eine Umgehung der RPT-Regelungen (näher *Markworth* AG 2020, 166 (169 f.). Die mit einem Interessenkonflikt belastete Ausschussminderheit unterliegt keinem Stimmrechtsausschluss. Ob bei einem Ausschussmitglied ein Interessenkonflikt in Rede steht, bestimmt sich nach den in der RegBegr. zum ARUG II aufgeführten Entscheidungsparametern (RegBegr. BT-Drs. 19/9739, 77 f.). Im Übrigen haben sich die Aufsichtsratsmitglieder nicht an den Unabhängigkeitskriterien des DCGK, sondern an europäischen Vorgaben zu orientieren. Das Vorliegen eines Interessenkonflikts ist objektiv zu bestimmen, die Entscheidung über den Konflikt ist also nicht der Business Judgement Rule zugänglich, sondern voll gerichtlich überprüfbar (RegBegr. BT-Drs. 19/9739, 76). Bei einem Verstoß gegen Abs. 3 S. 5 und 6 ist der Einsetzungsbeschluss nichtig, der auf seiner Grundlage gebildete Ausschuss nicht wirksam eingerichtet. Über die Zustimmung zu einer Related Party Transaction muss daher der Gesamtaufsichtsrat entscheiden. Die durch einen fehlerhaft besetzten Ausschuss gefällten Zustimmungsentscheidungen berühren allerdings nicht die Wirksamkeit des durch die Unternehmensleitung mit der nahestehenden Person abgeschlossenen Geschäfts. Insbesondere sind bei benachteiligenden Related Party Transactions grundsätzlich keine schuldrechtlichen Rückgewähransprüche vorgesehen. In Betracht kommt aber eine Haftung der Aufsichtsratsmitglieder.

31 Die **Mitbestimmungsgesetze** kennen – abgesehen von § 27 Abs. 3 MitbestG – keine Sonderregeln für die Ausschussbesetzung. Nach hM (KK-AktG/*Mertens/Cahn* Rn. 124) ist eine imparitätische Zusammensetzung von Ausschüssen auch in dem MitbestG unterfallenden Unternehmen zulässig, soweit sie sich sachlich (etwa bei Kreditausschüssen von Kreditinstituten) rechtfertigen lässt. Allerdings hat der BGH (BGH 17.5.1993, BGHZ 122, 342 (361 f.) = NJW 1993, 2307 (2311 f.)) eine Beweislastregel angedeutet, nach der eine Diskriminierung nahe liegt, wenn einem Ausschuss nicht wenigstens ein Arbeitnehmervertreter angehört (*Henssler* FS BGH, 2000, 387 (395 f.); BeckOGK/*Spindler,* 15.1.2020, Rn. 106). Bei einem mit sozialpolitischen Fragen befassten Ausschuss sind unter dem Gesichtspunkt der Sachnähe Arbeitnehmervertreter regelmäßig zu berücksichtigen (*LKV* Aufsichtsrat Rn. 771).

32 **c) Auflösung.** Die Auflösung eines Ausschusses, die auch bei auf Dauer eingerichteten Ausschüssen **jederzeit möglich** ist (→ Rn. 23), steht dem Plenum zu.

33 **5. Innere Ordnung.** Der Ausschuss besitzt eine eigene vom Gesamtaufsichtsrat abgeleitete Organisationsautonomie. So kann er sich zB – wenn Satzung oder Aufsichtsrat keine Regelungen getroffen haben – selbst eine Geschäftsordnung geben. Im Übrigen lassen sich die die **Arbeitsweise des Aufsichtsrats** betreffenden Vorschriften (Abs. 2; insbesondere § 108 Abs. 2 S. 3, vgl. BGH 23.10.1975, BGHZ 65, 190 (192); § 110 Abs. 1, 2) **entsprechend** anwenden (MüKoAktG/*Habersack* Rn. 162 ff.). Unterausschüsse können eingerichtet werden.

34 **6. Information.** Nach **Abs. 3 S. 8** ist dem Aufsichtsrat regelmäßig über die (wesentliche) Arbeit der Ausschüsse **zu berichten.** Diese Informationspflicht (zu Inhalt und Umfang BeckOGK/*Spindler,* 15.1.2020, Rn. 123 ff.) besteht gegenüber dem Plenum, nicht gegenüber dem einzelnen ausschussfremden Aufsichtsratsmitglied. Über dem Ausschuss erstattete mündliche Vorstandsberichte muss unterrichtet, schriftliche Vorstandsberichte müssen weitergeleitet werden (*LKV* Aufsichtsrat Rn. 788), da der Vorstand seine Pflicht mit der Information des Ausschusses erfüllt hat. Berichtspflichtig sind die Ausschussmitglieder, häufig übernimmt der Ausschussvorsitzende die Funktion eines Erfüllungsgehilfen.

Nach hM hat die Vorschrift lediglich klarstellende Funktion. Berichts- und Informationspflichten, wie sie sich aus der Funktion vorbereitender Ausschüsse ergeben können, bleiben unberührt (MüKoAktG/*Habersack* Rn. 171). Auf der anderen Seite stehen auch den Ausschüssen im Rahmen ihrer Zuständigkeiten Informationsrechte gegenüber dem Vorstand zu. **§ 90 Abs. 3 S. 1** ist **entsprechend anwendbar.** Weitere Rechte ergeben sich aus § 170 Abs. 3 S. 2, § 171 Abs. 1 S. 2; § 318 Abs. 7 S. 4 HGB. Angesichts des Trends, Aufsichtsratsarbeit zunehmend in Ausschüsse zu verlagern, empfiehlt auch D.2 S. 2 DCGK regelmäßige Berichte des Ausschussvorsitzenden an den Aufsichtsrat.

V. Anforderungen an den Prüfungsausschuss (Abs. 4)

Macht der Aufsichtsrat von der Möglichkeit („kann“) des Abs. 3 S. 2 Gebrauch und richtet er einen Prüfungsausschuss ein, so muss dieser gem. **Abs. 4** über den in § 100 Abs. 5 näher geregelten **Finanzexperten** verfügen (→ § 100 Rn. 14 f.). Mit dem **AReG** neu eingefügt wurde in § 100 Abs. 5 das Erfordernis der Sektorvertrautheit der Aufsichtsräte (→ § 100 Rn. 17). Gleichzeitig wurde auf eine Hervorhebung der Unabhängigkeit des Finanzexperten verzichtet. Dies hatte aber kaum praktische Auswirkungen, da die entsprechende Empfehlung zur Unabhängigkeit des Prüfungsausschussvorsitzenden, der in der Praxis häufig auch die Rolle des Finanzexperten innehat (Hüffer/Koch/*Koch* § 100 Rn. 25), in D.4 S. 1 DCGK fortbesteht. Kapitalgesellschaften im Sinne des § 264d HGB, die keinen Aufsichtsrat – mit entsprechendem Mitglied – haben müssen (insbesondere also eine nicht mitbestimmte, kapitalmarktorientierte GmbH, → GmbHG § 52 Rn. 22, aber auch eine kapitalmarktorientierte GmbH & Co KG oder ein VVaG; dazu Baumbach/Hopt/*Merkt* HGB § 324 Rn. 2 f.), sind nach § 324 HGB verpflichtet, einen Prüfungsausschuss einzurichten, dessen Mitglieder von den Gesellschaftern zu wählen sind und dessen Vorsitzender nicht mit der Geschäftsführung betraut sein darf (ausf. *Nonnenmacher/Pohle/v. Werder* DB 2009, 1447 ff.). Dabei handelt es sich allerdings um einen atypischen „Ausschuss“, der deshalb auch als „alleinstehender“ Prüfungsausschuss bezeichnet wird (RegE, auch: „isolierter“). Er ist ein eigenständiges Organ der Gesellschaft (*Habersack* AG 2008, 100), der in seinem begrenzten Aufgabenbereich die Funktion des in der Gesellschaft nicht (bzw. nicht regelkonform) existierenden Aufsichtsrats übernimmt. 35

VI. Geschäftsordnung des Aufsichtsrats

1. Funktion und Verhältnis zur Satzung. Der Aufsichtsrat ist befugt, sich selbst eine Geschäftsordnung zu geben, ohne dass es hierfür einer Ermächtigung durch die Satzung bedürfte. Das Gesetz regelt eine solche Geschäftsordnung zwar nicht, erwähnt sie aber in § 82 Abs. 2 und setzt sie iÜ voraus. Eine praktisch bedeutsame, unter die „Comply-or-explain“-Regelung des § 161 fallende Vorgabe findet sich in der Empfehlung D.1 DCGK, die seit 2020 auch die Veröffentlichung der Geschäftsordnung auf der Internetseite der AG umfasst. Von Gesetzes wegen muss der Aufsichtsrat seiner Pflicht zur Selbstorganisation nach pflichtgemäßem Ermessen gerecht werden. Dies kann – bei entsprechender Offenlegung – auch ohne Erlass einer Geschäftsordnung geschehen. Die Satzung genießt Vorrang vor der Geschäftsordnung (BGH 5.6.1975, BGHZ 64, 325 (327 f.) = NJW 1975, 1412), soweit sie die Organisationsautonomie des Aufsichtsrats achtet (→ Rn. 37). 36

2. Erlass, Änderung, Aufhebung. Wird die Geschäftsordnung in der Satzung niedergelegt, muss der Satzungsgeber die durch die Organisationsautonomie gezogenen Grenzen beachten, darf also zB nicht die Wahl des Aufsichtsratsvorsitzenden oder die Bildung und Besetzung von Ausschüssen vorgeben. Seine Zuständigkeit beschränkt sich auf organisatorische Grundsätze. Gibt sich der Aufsichtsrat seine Geschäftsordnung selbst, bedarf er keiner satzungsmäßigen Ermächtigung, sondern beschließt sie (anders als der Vorstand, vgl. § 77 Abs. 2 S. 3) nach § 108 Abs. 1 mit einfacher Mehrheit. Auch die Satzung kann keine qualifizierte Mehrheit vorschreiben. 37

3. Geltungsdauer. Die Geschäftsordnung des Aufsichtsrats bleibt wirksam bis sie durch Beschluss des Aufsichtsrats bzw. durch zulässige Satzungsänderung aufgehoben oder modifiziert wird. Ablauf einer Amtsperiode oder Änderungen der personellen Zusammensetzung des Aufsichtsrats sind unbeachtlich. Es gibt weder eine Diskontinuität des Organs noch eine solche der Geschäftsordnung (OLG Hamburg 23.7.1982, WM 1982, 1090 (1092)). 38

4. Zulässiger Inhalt einer Geschäftsordnung. Über die gesetzlichen Vorgaben hinausgehend ist die Geschäftsordnungsautonomie inhaltlich auch durch die Satzung begrenzt. Den von der Satzung vorgegebenen Rahmen muss die Geschäftsordnung wahren, soweit ihr die betreffende Materie nicht ausnahmsweise (→ Rn. 37) vorbehalten ist. Von § 108 Abs. 1, 2 S. 2 abweichende Regeln können nur durch die Satzung getroffen werden. Üblich sind: Regeln über die Sitzungseinladung, Fristen für Tagesordnungspunkte, den Sitzungsablauf oder – in den Grenzen des § 107 Abs. 3 – über Einsetzung, Besetzung und Arbeitsweise von Ausschüssen, näher BeckOGK/*Spindler,* 15.1.2020, Rn. 14 mwN. 39

40 **5. Rechtsfolgen der Verletzung der Geschäftsordnung.** Die Rechtsfolgen einer Verletzung der Geschäftsordnung unterscheiden sich danach, ob diese in der Satzung niedergelegt war (dann gilt → § 108 Rn. 23) oder ob sich der Aufsichtsrat die Geschäftsordnung selbst gegeben hat. Da im letztgenannten Fall kein Rangverhältnis zum Beschluss besteht, bleibt eine Durchbrechung durch den Gesamtaufsichtsrat folgenlos. Ein Ausschuss darf hingegen nur seine eigene Geschäftsordnung „missachten". Ein Verstoß gegen die Geschäftsordnung des Aufsichtsrats führt zur Nichtigkeit des Ausschussbeschlusses.

VII. Abdingbarkeit

41 § 107 ist hinsichtlich der in Abs. 1–3 geregelten Gegenstände grundsätzlich zwingend (§ 23 Abs. 5) (allgM, Hüffer/Koch/*Koch* Rn. 1), in einzelnen Bereichen sind jedoch abweichende Satzungsregelungen zulässig. So ist Abs. 1 S. 1 zwar nicht komplett abdingbar, enthält aber eine Öffnungsklausel für die Modalitäten des Wahlverfahrens. Nach hM ist die Öffnung nicht auf GO-Regelungen auszudehnen (GroßkommAktG/*Hopt/Roth* Rn. 34; aA BeckOGK/*Spindler,* 15.1.2020, Rn. 23). Regelungen zu Aufgaben und Befugnissen sind dispositiv und können durch Satzung und GO ausgestaltet werden (zu den Grenzen → Rn. 11). Abs. 2 kann durch Satzung lediglich präzisiert oder erweitert werden (→ Rn. 16). Die in Abs. 3 zugesprochene Befugnis, Ausschüsse zu bilden, ist satzungsfest. Regelungen der inneren Ordnung sind dagegen möglich (→ Rn. 24). Zum Verhältnis von Satzung und Geschäftsordnung → Rn. 36.

Beschlußfassung des Aufsichtsrats

108

(1) **Der Aufsichtsrat entscheidet durch Beschluß.**

(2) [1]**Die Beschlußfähigkeit des Aufsichtsrats kann, soweit sie nicht gesetzlich geregelt ist, durch die Satzung bestimmt werden.** [2]**Ist sie weder gesetzlich noch durch die Satzung geregelt, so ist der Aufsichtsrat nur beschlußfähig, wenn mindestens die Hälfte der Mitglieder, aus denen er nach Gesetz oder Satzung insgesamt zu bestehen hat, an der Beschlußfassung teilnimmt.** [3]**In jedem Fall müssen mindestens drei Mitglieder an der Beschlußfassung teilnehmen.** [4]**Der Beschlußfähigkeit steht nicht entgegen, daß dem Aufsichtsrat weniger Mitglieder als die durch Gesetz oder Satzung festgesetzte Zahl angehören, auch wenn das für seine Zusammensetzung maßgebende zahlenmäßige Verhältnis nicht gewahrt ist.**

(3) [1]**Abwesende Aufsichtsratsmitglieder können dadurch an der Beschlußfassung des Aufsichtsrats und seiner Ausschüsse teilnehmen, daß sie schriftliche Stimmabgaben überreichen lassen.** [2]**Die schriftlichen Stimmabgaben können durch andere Aufsichtsratsmitglieder überreicht werden.** [3]**Sie können auch durch Personen, die nicht dem Aufsichtsrat angehören, übergeben werden, wenn diese nach § 109 Abs. 3 zur Teilnahme an der Sitzung berechtigt sind.**

(4) **Schriftliche, fernmündliche oder andere vergleichbare Formen der Beschlussfassung des Aufsichtsrats und seiner Ausschüsse sind vorbehaltlich einer näheren Regelung durch die Satzung oder eine Geschäftsordnung des Aufsichtsrats nur zulässig, wenn kein Mitglied diesem Verfahren widerspricht.**

Übersicht

I. Allgemeines

1 Die Vorschrift regelt die Beschlussfassung im Aufsichtsrat. Das AktG 1965 hat die im AktG 1937 noch verstreuten Einzelbestimmungen zusammengeführt. Abs. 4 wurde durch das NaStraG vom 18.1.2001 (BGBl. 2001 I 123) stark gelockert (vgl. BeckOGK/*Spindler,* 15.1.2020, Rn. 3 ff.). Auf Ausschüsse sind neben Abs. 4, der dies ausdrücklich vorsieht, auch die Abs. 1–3 entsprechend anwendbar.

II. Entscheidung durch Beschluss (Abs. 1)

2 **1. Gegenstand und Rechtsnatur.** Das Beschlusserfordernis des **Abs. 1** bezieht sich auf Entscheidungen **(„entscheidet")** des Aufsichtsrats und seiner Ausschüsse, bei denen ein **Organwille** gebildet wird (zB Erklärungen mit Rechtswirkung oder Bescheidung von Anträgen der Aufsichtsratsmitglieder). Eines Beschlusses bedarf es etwa, wenn im Prozess mit einem Vorstandsmitglied ein Vergleich geschlossen, Rechtsmittel eingelegt oder der Anspruch anerkannt werden soll (BGH 29.1.2013, NZG 2013, 297; BGH 16.2.2009, NZG 2009, 466). Auch kann die im Zusammenhang mit § 111 Abs. 4 Satz 2 erforderliche Willensbildung des Aufsichtsrats grundsätzlich nur durch ausdrücklichen Beschluss iSd. Abs. 1 erfolgen (BGH 10.7.2018, NZG 2018, 1189). Demgegenüber begründen tatsächliche Handlungen oder Stellungnahmen auch dann kein Beschlusserfordernis, wenn sie im Zusammenhang mit der Erfüllung gesetzlicher Aufgaben des Aufsichtsrats (etwa Überwachung und Beratung des Vorstands nach § 111 Abs. 1) stehen (vgl. iE MüKoAktG/*Habersack* Rn. 8 ff.). Eine Satzungsbestimmung, die den Vorsitzenden ermächtigt, Willenserklärungen im Namen des Aufsichtsrats abzugeben, begründet keine wirksame Einzelvertretungsmacht des Vorsitzenden dergestalt, dass eine Beschlussfassung entbehrlich würde. Vielmehr setzt eine solche Satzungsregelung einen wirksamen Beschluss voraus und ermächtigt den Vorsitzenden nur zur Umsetzung (OLG München I 27.12.2012, ZIP 2013, 674 (675)). Der Beschluss ist ein mehrseitiges **Rechtsgeschäft sui generis,** das sich aus den Willenserklärungen der Stimmabgaben zusammensetzt (Hüffer/Koch/*Koch* Rn. 3). Er bindet – je nach Mehrheitserfordernis auch überstimmte – und zudem nicht anwesende, aber ordnungsgemäß geladene Organmitglieder.

3 **2. Verfahren. a) Gebot ausdrücklicher Beschlussfassung.** Aus Gründen der Rechtssicherheit kommt, wie auch die Materialien bestätigen (BegrRegE *Kropff* 151), eine konkludente Beschlussfassung nicht in Betracht (BGH 19.12.1988, NJW 1989, 1928 (1929); BGH 21.6.2010, AG 2010, 632; OLG München 19.12.2012, AG 2013, 136). Insbesondere reicht es für die Annahme eines Zustimmungsbeschlusses des Aufsichtsrats zu einem Vertrag mit einem Vorstandsmitglied nicht, wenn einem Aufsichtsratsmitglied Vollmacht zum Vertragsschluss erteilt wurde, der Umfang der Verpflichtung der Gesellschaft zum Zeitpunkt der Vollmachtserteilung aber noch nicht feststand (OLG München 19.12.2012, AG 2013, 136). § 107 Abs. 2 S. 2 unterstreicht dieses **Ausdrücklichkeitsgebot.** Daraus folgt indes nicht, dass für die Auslegung des Beschluss*inhalts* keine außerhalb des Beschlusstextes liegenden Umstände herangezogen werden dürften (iE MüKoAktG/*Habersack* Rn. 13).

4 **b) Zustandekommen.** Neben §§ 107–110 sind für die Beschlussfassung **subsidiär** die **§ 28 Abs. 1 BGB, § 32 Abs. 1 S. 2 und 3 BGB, § 34 BGB analog** heranzuziehen (hM). Grundsätzlich (vgl. aber Abs. 4) erfolgt die Beschlussfassung in der Sitzung, was körperliche **Anwesenheit** verlangt. Telefon- oder Videokonferenzen (hM) fallen demnach unter Abs. 4. Unabdingbare Voraussetzung ist ein (zulässiger) **Antrag,** der den rechtmäßigen Beschlussgegenstand konkretisiert und sich in ordnungsgemäßer Form auf einen Tagesordnungspunkt bezieht. Der Antrag kann von jedem Mitglied gestellt werden. In der Regel wird **offen** abgestimmt, nach heute hM ist aber auch die **geheime Abstimmung** zulässig (K. Schmidt/Lutter/*Drygala* Rn. 18; *LKV* Aufsichtsrat Rn. 723; aA BeckOGK/*Spindler,* 15.1.2020, Rn. 19), obwohl hier das Abstimmungsverhalten nicht dokumentiert wird. Die **Auswahl der Abstimmungsart** trifft als Verfahrensregelung der Vorsitzende im Gesellschaftsinteresse. Eine Aufsichtsratsmehrheit kann geheime Abstimmung erzwingen. Die Ansicht, nach § 90 Abs. 3 S. 2, § 110 Abs. 2

könne jedes Mitglied geheime Abstimmung verlangen (*Peus* DStR 1996, 1656 f.), findet im Gesetz keine Stütze (Hüffer/Koch/*Koch* Rn. 5a; K. Schmidt/Lutter/*Drygala* Rn. 15 mwN).

5 **c) Mehrheitserfordernis.** Entsprechend § 32 Abs. 1 S. 3 BGB bedürfen die Beschlüsse des Aufsichtsrats der **einfachen Mehrheit** der abgegebenen Stimmen (allgM). Stimmenthaltungen und ungültige Stimmen werden nicht mitgezählt, Stimmengleichheit gilt als Ablehnung des Antrags (BeckOGK/*Spindler,* 15.1.2020, Rn. 26). **Ausnahmen** von diesem Grundsatz ergeben sich aus dem Mitbestimmungsrecht (§ 124 Abs. 3 S. 4 AktG; §§ 27, 31, 32, 37 MitbestG; §§ 8, 13 MontanMitbestG; § 5 MitbestErgG). Im Übrigen kann vom Grundsatz der einfachen Mehrheit allenfalls durch die **Satzung,** nicht aber durch die Geschäftsordnung abgewichen werden (MüKoAktG/*Habersack* Rn. 23). Gesetzliche Vorgaben für die Beschlussfassungen dürfen selbst durch die Satzung nicht erschwert werden. Gleiches gilt für Entscheidungen über satzungsmäßige Zustimmungsvorbehalte iSd § 111 Abs. 4 S. 2 (str., vgl. MüKoAktG/*Habersack* Rn. 24) und die Bildung und Auflösung von Ausschüssen.

6 Für ein **qualifiziertes Mehrheitserfordernis** verbleiben danach Fälle durch Satzung zugewiesener Aufgaben sowie die Wahl des Vorsitzenden und seines Stellvertreters nach § 107 Abs. 1 S. 1. Bezüglich **Stimmenthaltungen** kann die Satzung – außer im Anwendungsbereich des § 29 Abs. 1 MitbestG und des Montanmitbestimmungsrechts – sowohl deren Verbot (mit der Folge der Ungültigkeit der Stimmabgabe; aber → Rn. 9) als auch eine Zählung als Ja- oder Nein-Stimme vorsehen (hM; aA etwa K. Schmidt/Lutter/*Drygala* Rn. 26). Möglich ist auch die Einräumung eines **Stichentscheids** (allgM, Hüffer/Koch/*Koch* Rn. 8), nicht dagegen eines **Vetorechts** (→ § 107 Rn. 11). Der Vorsitzende ermittelt Ja- bzw. Nein-Stimmen sowie Stimmenthaltungen und fixiert das Beschlussergebnis in der Niederschrift (→ § 107 Rn. 18). Die übliche Feststellung des Ergebnisses hat nur deklaratorischen Charakter. Entscheidend ist das tatsächliche Ergebnis. Zu Widersprüchen und Berichtigungsanträgen → § 107 Rn. 18.

7 **3. Stimmrecht und Stimmverbot.** Im Grundsatz hat jedes Mitglied das **gleiche** Stimmrecht. Eine Ausnahme bildet das gesetzliche oder satzungsmäßige Recht zum Stichentscheid (→ Rn. 6). Spezifisch aktienrechtliche Stimmverbote bei Interessenkollisionen kennt das Gesetz nicht (allgM), jedoch kommt ein Stimmrechtsausschluss **entsprechend § 34 BGB** in Betracht (hM, BAG NZG 2017, 69 Rn. 77; BeckOGK/*Spindler,* 15.1.2020, Rn. 30). Darüber hinaus gilt ein Stimmverbot nur im Fall des **„Richtens in eigener Sache"** (Abwahl oder Abberufung des Mitglieds aus wichtigem Grund) oder bei der Kandidatur zum Mitglied des Vorstands (str., wie hier Hüffer/Koch/*Koch* Rn. 9; BeckOGK/*Spindler,* 15.1.2020, Rn. 33; aA *LKV* Aufsichtsrat Rn. 348, 733). Eine Stimmabgabe trotz Verbots ist nichtig, der auf ihr beruhende Beschluss fehlerhaft (MüKoAktG/*Habersack* Rn. 33). Bei sonstigen Interessenkonflikten empfehlen **E.1 und E.2 DCGK** Offenlegung. Ein besonderes Stimmverbot besteht nach § 111b Abs. 2 bei Beschlüssen des Plenums einer börsennotierten Gesellschaft über die Zustimmung zu Related Party Transactions (→ § 111b Rn. 17).

III. Beschlussfähigkeit des Aufsichtsrats (Abs. 2)

8 **1. Teilnahme an der Beschlussfassung.** Beschlussfähigkeit setzt Teilnahme **(„teilnimmt")** an der Beschlussfassung, dh die Stimmabgabe (sei es auch durch Stimmenthaltung) voraus. Die bloße Anwesenheit in der Sitzung genügt nicht (allgM), selbst wenn die fehlende Stimmabgabe auf einem Stimmverbot beruht (→ Rn. 7).

9 **2. Regelung durch die Satzung (Abs. 2 S. 1).** Satzungsklauseln zur Beschlussfähigkeit sind zulässig, **„soweit** [diese] **nicht gesetzlich geregelt"** ist, also in den **Grenzen des Abs. 2 S. 3 und 4.** Verschärfen oder lockern kann die Satzung etwa die subsidiären Vorgaben in Abs. 2 S. 2. Im montanmitbestimmten Aufsichtsrat sind die zwingenden und abschließenden **§ 10 MontanMitbestG, § 11 MitbestErgG** zu beachten. Auf Gruppenparität kommt es dabei nicht an. Der Wortlaut („nur") des **§ 28 MitbestG** verdeutlicht, dass im Anwendungsbereich des **MitbestG** hiervon zumindest nicht nach unten abgewichen werden kann. Verschärfungen der Beschlussfähigkeit sind nach dem Regelungsanliegen des § 28 MitbestG aber ebenfalls abzulehnen (Habersack/Henssler/*Habersack* MitbestG § 28 Rn. 4a; *LKV* Aufsichtsrat Rn. 736; aA OLG Hamburg 4.4.1984, BB 1984, 1763 (1765 ff.)). **Generell unzulässig** ist die Verknüpfung der Beschlussfähigkeit mit der Teilnahme bestimmter Personen (MüKoAktG/*Habersack* Rn. 38). Schließlich dürfen Stimmenthaltungen nicht zulasten der Beschlussfähigkeit gehen, da ihnen sonst ein höheres Gewicht als einer Nein-Stimme zukäme und die Beschlussfähigkeit erst nach der Abstimmung festgestellt werden könnte (vgl. KK-AktG/*Mertens/Cahn* § 108 Rn. 81 mwN). Dagegen kann die Satzung – auch in mitbestimmten Unternehmen (insoweit aA Habersack/Henssler/*Habersack* MitbestG § 29 Rn. 6) – bei gegebener Beschlussfähigkeit vorschreiben, dass Stimmenthaltungen als abgegebene Stimmen und damit wie Nein-Stimmen wirken (*LKV* Aufsichtsrat Rn. 735, 736).

3. Gesetzliche Regeln. a) Teilnahme der Hälfte der Mitglieder (Abs. 2 S. 2). Nach Abs. 2 S. 2 ist subsidiär die Hälfte der Mitglieder nach der Sollstärke (**„zu bestehen hat"**) des Aufsichtsrats (vgl. § 95 und die mitbestimmungsrechtlichen Spezialregelungen) erforderlich. 10

b) Teilnahme von mindestens drei Mitgliedern (Abs. 2 S. 3). Mindestens (**„in jedem Fall"**) müssen drei Mitglieder teilnehmen (Abs. 2 S. 3). Zwei Mitglieder sind auch dann nicht beschlussfähig, wenn mit ihnen die Hälfte der Sollstärke erreicht oder überschritten ist. Folglich müssen im dreiköpfigen Aufsichtsrat stets sämtliche Mitglieder an der Beschlussfassung teilnehmen (LG Karlsruhe 5.5.1993, AG 1994, 87). Von einem **Stimmverbot** bleibt die Beschlussfähigkeit jedoch unberührt, solange das betroffene Mitglied überhaupt nur seine Stimme (in Form der Enthaltung) abgibt (BGH 2.4.2007, NJW-RR 2007, 1483 (1485); aA BayObLG 28.3.2003, NZG 2003, 691 (693 f.); OLG Frankfurt a. M. 21.9.2005, AG 2005, 925 (927)). Die Rechtsprechung des BGH sieht sich zwar Bedenken ausgesetzt (näher Hüffer/Koch/*Koch* Rn. 16 mwN), liegt aber im Interesse der Praxis kleiner Aufsichtsräte. 11

c) Unterbesetzung des Aufsichtsrats (Abs. 2 S. 4). Unterbesetzung schadet als solche nicht. Abs. 2 S. 4 trägt der individuell gleichen Berechtigung und Verantwortung sowie der Homogenität mitbestimmter Aufsichtsräte Rechnung. Allerdings kann es sittenwidrig (Folge: Nichtigkeit des Beschlusses) sein, wenn die Unterrepräsentation einer Gruppe zu für diese nachteiligen Entscheidungen ausgenutzt wird (Habersack/Henssler/*Habersack* MitbestG § 28 Rn. 3). 12

IV. Schriftliche Stimmabgabe (Abs. 3)

1. Grundlagen und Anwendungsbereich. Die Möglichkeit einer „**schriftliche**[n] **Stimmabgabe**" (durch sog. Stimmbotenschaft) nach **Abs. 3 S. 1** dient als Ausgleich für das Verbot der Stellvertretung gem. § 101 Abs. 3 S. 1 und den Grundsatz der Höchstpersönlichkeit nach § 111 Abs. 5, in der mitbestimmten AG zudem der Wahrung des Gruppenproporzes (MüKoAktG/*Habersack* Rn. 49). Aufgrund ihres Charakters als Notbehelf ist die zwingende (→ Rn. 25) Regelung eng auszulegen. Der **Umfang** der Erklärung kann vom abwesenden Mitglied bestimmt, etwa auf einzelne Beschlüsse beschränkt werden. Stimmenthaltung ist möglich. 13

2. Überreichen durch Stimmboten. Als Stimmboten kommen neben **anderen Aufsichtsratsmitgliedern (Abs. 3 S. 2)** im satzungsmäßigen Verhinderungsfall nach § 109 Abs. 3 auch **Dritte** in Betracht **(S. 3).** Der Stimmbote **überreicht** die schriftliche Erklärung dem Vorsitzenden. Üblich und ausreichend ist auch die Übermittlung der Stimmabgabe direkt an den Vorsitzenden als Stimmboten „kraft seines Amtes". Dasselbe gilt, wenn der eigentliche Stimmbote verhindert ist, und die Weiterleitung nicht ausdrücklich untersagt wurde (MüKoAktG/*Habersack* Rn. 55). Der Stimmbote ist nicht Stellvertreter, gibt insbesondere keine eigene Willenserklärung ab. Demgemäß kann er zwar die Stimmabgabe erläutern, hat jedoch kein eigenes Rede- und Antragsrecht. Ein **Gestaltungsspielraum** steht ihm **nicht** zu; insbesondere ist es **ihm verwehrt,** selbstständig die Stimme abzugeben und die Erklärung mit dem Namen des Mitglieds zu unterzeichnen (hM; aA KK-AktG/*Mertens/Cahn* Rn. 34); zwischen mehreren unterschiedlichen Stimmabgaben, die ihm überlassen wurden, auszuwählen; ein Blankett auszufüllen (str., wie hier Hüffer/Koch/*Koch* Rn. 19 mwN); zur Abstimmung mit der jeweiligen Mehrheit ermächtigt zu werden. Die Stimmabgabe ist in diesen Fällen unwirksam. Dagegen kann das Mitglied in der Urkunde selbst (eindeutige) Bedingungen der Stimmabgabe (zB für zweiten Wahlgang) vorsehen. 14

3. Schriftformerfordernis. Die Schriftform (§ 126 Abs. 1 BGB) ist nicht durch andere Übermittlungsformen, etwa fernmündliche Stimmabgabe, ersetzbar. **Formerleichterungen** nach Abs. 4 oder § 109 Abs. 3 finden **keine Anwendung.** Eine Analogie (so Hüffer/Koch/*Koch* Rn. 20) scheidet mangels planwidriger Regelungslücke aus. Die Urkunde ist **persönlich zu unterzeichnen** (MüKoAktG/*Habersack* Rn. 52), sodass Stimmabgabe per Telegramm, Telex oder einfache E-Mail (aA OLG Frankfurt a. M. 2.5.2019, ZIP 2019, 1168 (1171)) entfällt. Übermittlung durch **Telefax** ist dagegen aus Praktikabilitätserwägungen und mangels Gefährdung der Höchstpersönlichkeit – anders als etwa bei einer Bürgschaftserklärung (BGH 28.1.1993, BGHZ 121, 224 (228 ff.); BGH 29.2.1996, BGHZ 132, 119 (127)), deren Besonderheiten hier nicht einschlägig sind – zuzulassen (*LKV* Aufsichtsrat Rn. 726; Grigoleit/*Tomasic* Rn. 6; aA MüKoAktG/*Habersack* Rn. 53 mwN). Hierfür sprechen auch die Zulässigkeit telegrafischer Beschlussfassung und die weiteren Möglichkeiten der Beschlussfassung nach Abs. 4 (→ Rn. 16). Zeitgemäß erscheint es zudem, gem. § 126a BGB auch die per digital signierter E-Mail fixierte Stimmabgabe zuzulassen, solange Identität und Authentizität der Nachricht gewährleistet sind (BeckOGK/*Spindler,* 15.1.2020, Rn. 62). 15

V. Beschlussfassung ohne Sitzung (Abs. 4)

1. Grundlagen und Formen der Beschlussfassung. In den von Abs. 4 erfassten Konstellationen findet – anders als nach Abs. 3 – überhaupt **keine Präsenzsitzung** statt. Die Formanforderungen sind dann geringer. Der 2004 durch das NaStraG eingeführte Generaltatbestand der „**andere**[n] **vergleich-** 16

bare[n] **Formen**" verdeutlicht den nicht abschließenden Charakter der Norm. Neben den genannten Medien werden zB die in der Coronakrise üblich gewordenen Videokonferenzen oder die Zuschaltung einzelner Aufsichtsratsmitglieder per Video erfasst. Nach D.8 S. 2 DCGK sollen Telefon- oder Videokonferenzen allerdings weiterhin nicht „die Regel sein". Die gestrichene, weil nicht mehr gebräuchliche telegrafische Beschlussfassung bleibt zulässig. Möglich sind außerdem: mündliche Abstimmungen, Telefax, Telex und Beschlussfassung per E-Mail. **Mischformen** sind denkbar, selbst wenn Satzung oder Geschäftsordnung sie nicht vorsehen. Diese dürfen jedoch keine entgegenstehenden Regelungen enthalten; ob dies der Fall ist, ist durch Auslegung zu ermitteln (hierzu OLG Frankfurt a. M. 2.5.2019, NZG 2019, 1055). Anders als nach Abs. 3 (K. Schmidt/Lutter/*Drygala* Rn. 22; zweifelnd: Hüffer/Koch/*Koch* Rn. 23) kann eine gemischte Beschlussfassung zugelassen werden, bei der abwesende Mitglieder nach Beendigung der Präsenzsitzung abstimmen (hM). Nicht geklärt ist, ob auch bei Beschlussfassung ohne Sitzung Sitzungsgelder zu zahlen sind (bejahend: BeckOGK/*Spindler,* 15.1.2020, Rn. 65; Hüffer/Koch/*Koch* Rn. 24; *Simons* AG 2013, 547; verneinend: *Reichard/Kaubisch* AG 2013, 150). Auch wenn der Aufwand mit demjenigen bei einer Präsenzsitzung nicht vergleichbar sein mag, so erscheint doch umgekehrt eine vollständige Aberkennung des Anspruchs ebenfalls nicht sachgerecht, so dass der Anspruch mangels ausdrücklicher gegenteiliger Satzungsregelung angesichts der Gleichstellung beider Sitzungsformen anzuerkennen ist. Fehlt in der Satzung jede Regelung eines Sitzungsgeldes, ist dagegen nur der tatsächliche Aufwand zu ersetzen (*Gaul* AG 2017, 877 (884)).

17 **2. Voraussetzungen.** Voraussetzung der Beschlussfassung ohne Präsenzsitzung ist, dass **„kein Mitglied diesem Verfahren widerspricht".** Da Videokonferenzen iRd § 110 Abs. 3 der Präsenzsitzung gleichgestellt werden (→ § 110 Rn. 18), sie außerdem inzwischen üblich sind, spricht vieles dafür, hier das Widerspruchsrecht nach Abs. 4 nicht zu gewähren (Hüffer/Koch/*Koch* Rn. 22; GroßkommAktG/*Hopt/Roth* Rn. 136; aA BeckOGK/*Spindler,* 15.1.2020, Rn. 64). Ein Widerspruch muss ausdrücklich erfolgen und sich konkret gegen die vorgeschlagene Art der Beschlussfassung richten (MüKoAktG/*Habersack* Rn. 61). Die Entscheidung obliegt dem **Aufsichtsrats- oder Ausschussvorsitzenden,** der sämtliche Mitglieder von der beabsichtigten Beschlussfassung nach Abs. 4 unterrichten und sie zur Stimmabgabe innerhalb hinreichender Frist außerhalb der Sitzung auffordern muss. Nur wenn diese **Mitteilungen** zugegangen sind, ist die Präsenzsitzung verzichtbar. Zu kurz bemessene Frist setzt angemessene in Gang. Das Widerspruchsrecht bleibt so lange bestehen. Äußert sich ein Mitglied überhaupt nicht, wird es bei Feststellung der Beschlussfähigkeit nicht mitgerechnet. Es gelten insoweit die allgemeinen Regeln (→ Rn. 8). Keine Vorgaben macht das Gesetz hinsichtlich der **Form** der Stimmübermittlung. Insbesondere muss diese nicht für alle Mitglieder einheitlich sein, wenn der Vorsitzende dies nicht ausdrücklich festgelegt hat. Die Stimme muss dann (zB bei Telefonkonferenzen) zwar persönlich, kann aber mündlich abgegeben werden. Stimmabgabe ist schriftlich niederzulegen und wie die übrigen (schriftlichen) Stimmabgaben aufzubewahren (MüKoAktG/*Habersack* Rn. 64 f.).

18 **3. Ausgestaltung durch Satzung oder Geschäftsordnung.** Seit dem NaStraG steht die Regelung des Abs. 4 unter dem Vorbehalt von Satzung oder Geschäftsordnung des Aufsichtsrats (oder eines Ausschusses). Diese können das **Widerspruchsrecht** einerseits entweder gänzlich **ausschließen** (zB durch Befugnis des Vorsitzenden zur verbindlichen Festlegung der Beschlussfassung) oder **einschränken** (zB durch ein Quorum für beachtliche Widersprüche; Widerspruchsfrist). Empfehlenswert ist angesichts der bestehenden Rechtsunsicherheit der ausdrückliche Ausschluss des Widerspruchsrechts gegen Videokonferenzen (→ Rn. 17). Andererseits kann die **Beschlussfassung nach Abs. 4 auch erschwert** (zB Ausschluss von Video- oder Telefonkonferenz) oder **ausgeschlossen** werden. Denkbar sind auch Verfahrensregelungen (zB Unterrichtung über anstehende Beschlussfassung).

VI. Beschlussmängel

19 **1. Grundlagen.** Im Grundsatz ist ein Aufsichtsratsbeschluss **fehlerhaft,** wenn das Beschlussverfahren unter einem Mangel leidet oder der Beschluss gegen Gesetz oder Satzung verstößt (Hüffer/Koch/*Koch* Rn. 25). Nach § 107 Abs. 2 S. 3 lassen Protokollmängel die Wirksamkeit des Aufsichtsratsbeschlusses unberührt. Dagegen ist die Angabe des Gegenstandes einer Beschlussfassung bei der Einberufung analog § 32 Abs. 1 S. 2 BGB Wirksamkeitsvoraussetzung. Die in Ermangelung gesetzlicher Spezialregelung gebotene Anwendung allgemeiner Grundsätze führt im Übrigen zu folgender Differenzierung: Verstöße gegen die **Geschäftsordnung** sind stets **unbeachtlich.** Gleichfalls **unerheblich** für die Wirksamkeit des Beschlusses ist die (nur deklaratorische) **Beschlussfeststellung** (→ Rn. 6). Im Übrigen ist zwischen der Fehlerhaftigkeit des gesamten Beschlusses und Mängeln der einzelnen Stimmabgabe zu unterscheiden: Die **einzelne Stimmabgabe** ist zB nichtig, wenn sie durch ein vom Stimmrecht ausgeschlossenes Mitglied erfolgt (weitere Fälle bei MüKoAktG/*Habersack* Rn. 74). Die nichtige Einzelstimme führt **nur** dann zur **Nichtigkeit** des **Beschlusses,** wenn sie für das Beschlussergebnis kausal, dh rechnerisch ausschlaggebend war, nicht dagegen wenn der Beschluss auch ohne die Stimme zustande gekommen wäre (BGH 17.4.1967, BGHZ 47, 341 (346) = NJW 1967, 1711; MüKoAktG/*Habersack* Rn. 75; BeckOGK/*Spindler,* 15.1.2020, Rn. 73).

2. Die Lehre vom fehlerhaft bestellten Aufsichtsrat. Besonderheiten gelten für die Stimmabgabe eines **nicht ordnungsgemäß bestellten Aufsichtsratsmitglieds.** Zur Lösung der durch eine nichtige Organbestellung aufgeworfenen Probleme ist in Rspr. und Schrifttum die allgemeine Lehre vom fehlerhaft bestellten Organ entwickelt worden, nach der das fehlerhaft bestellte Organmitglied bis zur Amtsniederlegung bzw. bis zum Widerruf der Bestellung im Innen- wie Außenverhältnis in vollem Umfang als wirksam bestelltes Organmitglied zu behandeln ist (BGH 6.4.1964, BGHZ 41, 282 (287); BGH 3.7.2006, BGHZ 168, 188 Rn. 14; *Bayer/Lieder* NZG 2012, 1 (5); MüKoAktG/*Habersack* § 101 Rn. 69 ff.; *Lieder* ZHR 178 (2014), 282). Mit der Lehre lassen sich – unter Wahrung des Bestands- und Kontinuitätsinteresses der Gesellschaft – die Fragen nach Pflichten und Haftung des fehlerhaft bestellten Aufsichtsratsmitglieds, seiner organschaftlichen Rechte sowie seines Vergütungsanspruchs einheitlich beantworten. In einer jüngeren Entscheidung hat der BGH die Lehre allerdings mit wenig überzeugender Begründung nicht auf die Beschlussfassung im fehlerhaft besetzten Aufsichtsrat angewendet (BGH 19.2.2013, NZG 2013, 456 Rn. 20 ff.). Vielmehr sei das Aufsichtsratsmitglied, dessen Wahl nichtig ist oder für nichtig erklärt wird, für die Stimmabgabe und Beschlussfassung wie ein Nichtmitglied zu behandeln. War die Stimme des als Nichtmitglied zu behandelnden Aufsichtsrats für die Beschlussfassung ursächlich, ist der entsprechende Beschluss nicht gefasst, uU kommt sogar eine Umkehrung des Beschlussergebnisses in Betracht (BGH 19.2.2013, NZG 2013, 456 Rn. 21; kritisch *Cziupka* DNotZ 2013, 579; *Höpfner* ZGR 2016, 505; *Kiefner/Seibel* Der Konzern 2013, 310 (313 ff.); *Lieder* ZHR 178 (2014), 282; *Rieckers* AG 2013, 383; *Schürnbrand* NZG 2013, 481; *Theusinger/Guntermann* AG 2019, 678 (679); zustimmend *Schwab* AG 2015, 195 (198); zu den möglichen Reaktionen der Gesellschaft zur Herstellung wirksamer Aufsichtsratsbeschlüsse und dem Schutz des Vertrauens des Vorstands in den Bestand der Beschlüsse des Aufsichtsrats *Buckel/Vogel* ZIP 2014, 58; *Drygala/Gehling* ZIP 2014, 1253). Nur bei fehlender Ursächlichkeit ist der Aufsichtsratsbeschluss danach wirksam. 20

3. Formen der Beschlussmängel. Bei der Beurteilung von Beschlussmängeln ist im Übrigen zwischen **Verfahrensmängeln** (zB Unzuständigkeit des Aufsichtsrats; Beschlussunfähigkeit) und **Inhaltsmängeln** zu unterscheiden. 20a

a) Verfahrensmängel. Verfahrensmängel führen grundsätzlich – entsprechend dem zur einzelnen Stimmabgabe Ausgeführten (→ Rn. 19) – nur dann zur Fehlerhaftigkeit, wenn sie **ergebnisrelevant** sind. Ausnahmen gelten bei Behinderung der Teilnahme- und Mitwirkungsbefugnisse, auf die Geltendmachung solcher Fehler kann jedoch (konkludent) verzichtet werden. Zur Nichtigkeit führen demgegenüber nur wenige, **besonders schwerwiegende** und zudem nicht heilbare Mängel, etwa fehlende Organkompetenz des Aufsichtsrats, Beschlussunfähigkeit, fehlerhafte Einladung oder Verletzung von Mehrheitserfordernissen (weitere Fälle bei MüKoAktG/*Habersack* Rn. 78). Reine Ordnungsverstöße sind entsprechend § 107 Abs. 2 S. 3 stets unbeachtlich. 21

b) Inhaltsmängel. Demgegenüber führen Inhaltsmängel grundsätzlich zur Nichtigkeit, da das Gesetz keine Unterscheidung in „schwere" und „leichte" Verbotsgesetze kennt (BeckOGK/*Spindler,* 15.1.2020, Rn. 77). Als Inhaltsmängel gelten alle Verstöße gegen Gesetz oder Satzung, ferner Beurteilungs- oder Ermessensfehler des Aufsichtsrats (hM, MüKoAktG/*Habersack* Rn. 80; zur zu Unrecht unterlassenen Geltendmachung von Ansprüchen gegen Vorstandsmitglieder BGH 21.4.1997, BGHZ 135, 244 (251 ff.) = NJW 1997, 1926) oder die Bestellung eines Vorstandsmitglieds, das die Voraussetzungen des § 76 Abs. 3 nicht erfüllt (Hüffer/Koch/*Koch* Rn. 27). 22

4. Rechtsfolgen und Geltendmachung des Mangels. a) Nichtigkeit. Teile des Schrifttums und der Instanzgerichte wenden die §§ 241 ff. analog an und kommen so bei leichteren Verstößen zur bloßen Anfechtbarkeit der Beschlüsse. Der BGH lehnt diese Analogie ab (BGH 17.5.1993, BGHZ 122, 342 (347 ff.) = NJW 1993, 2307; BGH 17.7.2012, AG 2012, 677). Fehlerhafte Aufsichtsratsbeschlüsse sind also grundsätzlich **nichtig** (Hüffer/Koch/*Koch* Rn. 28 f.). **Einschränkungen** ergeben sich nur aus der Begrenzung des zur Geltendmachung bestimmter Mängel berechtigten Personenkreises und durch das Institut der Verwirkung, wobei die Monatsfrist des § 246 Abs. 1 als Orientierung herangezogen werden kann (MüKoAktG/*Habersack* Rn. 82). § 139 BGB findet Anwendung. 23

b) Feststellungsklage. Prozessual ist die Nichtigkeit im Wege der Feststellungsklage gem. § 256 Abs. 1 ZPO gegen die AG, vertreten durch den Vorstand, geltend zu machen (BGH 21.4.1997, BGHZ 135, 244 (247) = NJW 1997, 1926). Aufsichtsratsmitglieder verfügen prinzipiell über das erforderliche Feststellungsinteresse, Aktionäre nur, wenn der Beschluss sie potentiell in ihren Mitgliedschaftsrechten verletzt (Beispiel: Zustimmung des Aufsichtsrats zum Bezugsrechtsausschluss). Zu prozessualen Fragen BeckOGK/*Spindler,* 15.1.2020, Rn. 79 ff. 24

VII. Abdingbarkeit

Die Regelung der Beschlussfassung ist nur zum Teil satzungsdispositiv. So kann die Satzung (nicht hingegen die Geschäftsordnung) für einen Beschluss nach Abs. 1 höhere Quoren dann festlegen, wenn 25 erst sie dem Aufsichtsrat die entsprechende Aufgabe zuweist (→ Rn. 5). Die Beschlussfassung nach Abs. 2 wird dagegen vorrangig durch die Satzung geregelt (→ Rn. 9). Die schriftliche Stimmabgabe (Abs. 3) ist weder abdingbar noch darf sie durch die Satzung relativiert werden, während die Beschlussfassung ohne Sitzung unter ausdrücklichem (Geschäftsordnungs- und) Satzungsvorbehalt steht (→ Rn. 18).

Teilnahme an Sitzungen des Aufsichtsrats und seiner Ausschüsse

109 (1) [1] **An den Sitzungen des Aufsichtsrats und seiner Ausschüsse sollen Personen, die weder dem Aufsichtsrat noch dem Vorstand angehören, nicht teilnehmen.** [2] **Sachverständige und Auskunftspersonen können zur Beratung über einzelne Gegenstände zugezogen werden.**

(2) **Aufsichtsratsmitglieder, die dem Ausschuß nicht angehören, können an den Ausschußsitzungen teilnehmen, wenn der Vorsitzende des Aufsichtsrats nichts anderes bestimmt.**

(3) **Die Satzung kann zulassen, daß an den Sitzungen des Aufsichtsrats und seiner Ausschüsse Personen, die dem Aufsichtsrat nicht angehören, an Stelle von verhinderten Aufsichtsratsmitgliedern teilnehmen können, wenn diese sie hierzu in Textform ermächtigt haben.**

(4) **Abweichende gesetzliche Vorschriften bleiben unberührt.**

Übersicht

I. Allgemeines

1 Zweck der Vorschrift ist zum einen die Gewährleistung der Vertraulichkeit von Aufsichtsrats- oder Ausschussberatungen, zum anderen die Absicherung der in § 95 vorgesehenen Höchstzahlen. Dritte sollen – zwecks klarer Abgrenzung des Aufsichtsrats gegenüber Beiräten und ähnlichen Gremien – keine einem Aufsichtsratsmitglied vergleichbare Stellung erhalten, ohne entsprechende Verantwortung zu tragen (Hüffer/Koch/*Koch* Rn. 1). Das korrespondierende Teilnahmerecht des Aufsichtsratsmitglieds wird von der Norm als selbstverständlich vorausgesetzt und nicht eigens geregelt. Aus Zweck und Wortlaut der Vorschrift folgt auch, dass Sitzungen von mehreren Aufsichtsräten innerhalb eines Konzerns nicht ständig zusammengelegt werden können, Ausnahmen sind nach § 109 Abs. 1 S. 2 in Einzelfällen möglich (*Schnorbus/Ganzer* AG 2013, 445 (447)).

II. Teilnahme an den Sitzungen (Abs. 1)

2 **1. Aufsichtsratsmitglieder.** Jedes Aufsichtsratsmitglied hat ein (ungeschriebenes, → Rn. 1) **Recht** und zugleich eine **Pflicht** zur Teilnahme an den Aufsichtsratssitzungen (allgM). Wie sich aus § 108 Abs. 3, § 109 Abs. 3 ergibt, wird diese Pflicht allerdings nicht schon durch ein persönliches Fernbleiben verletzt. Die Mitgliedschaft bestimmt sich allein nach der Gesellschaftszugehörigkeit, sodass auch Aufsichtsräte in anderen Konzerngesellschaften als grundsätzlich nach Abs. 1 S. 1 nicht zur Teilnahme befugte Dritte gelten (MüKoAktG/*Habersack* Rn. 7 f.). Nach der Empfehlung D.8 DCGK soll im Bericht des Aufsichtsrats für jedes Aufsichtsratsmitglied angegeben werden, an wie vielen Sitzungen (auch von Ausschüssen) das Mitglied teilgenommen hat. Hierzu zählen auch Video- und Telefonkonferenzen.

3 Das grundsätzlich unentziehbare (allgM) **Teilnahmerecht** kann nur im Einzelfall **eingeschränkt** werden. Anerkannt ist insofern der Ausschluss einzelner Mitglieder zur Sicherung eines störungsfreien Sitzungsverlaufs oder zur Wahrung wichtiger Belange der Gesellschaft (Hüffer/Koch/*Koch* Rn. 2). Zur

Sicherung eines **störungsfreien Sitzungsverlaufs** kann hierüber – in den Grenzen der Erforderlichkeit – der Aufsichtsratsvorsitzende im Rahmen seiner Sitzungsleitung entscheiden (zur Hauptversammlungsleitung BGH 11.11.1965, BGHZ 44, 245 (248) = NJW 1966, 43). Dagegen bedarf ein Ausschluss zur **Wahrung wichtiger Belange der Gesellschaft** eines Beschlusses des Aufsichtsrats bzgl. eines konkreten Beschlussgegenstandes. Ein solcher Ausschluss ist auch im Übrigen an engere Voraussetzungen geknüpft: So muss nachweislich zu befürchten sein, dass im Falle einer Teilnahme Geschäftsbelange beeinträchtigt werden, das Unternehmenswohl daher gefährdet ist. Beispiele bieten Interessenkollisionen, bei denen zu erwarten ist, dass sie zulasten der Gesellschaft gelöst werden oder eine dringend zu besorgende Verletzung der Verschwiegenheitspflicht (BeckOGK/*Spindler,* 15.1.2020, Rn. 7 ff.).

2. Vorstandsmitglieder. Vorstände können gem. **Abs. 1 S. 1** zu Aufsichtsrats- und Ausschusssitzungen zugelassen werden. Sie haben hierauf jedoch **keinen Anspruch.** Vielmehr kann der Aufsichtsrat auch ohne den Vorstand tagen, wenn seine Überwachungsaufgabe dies gebietet (vgl. auch D.7 DCGK: „soll"). Umgekehrt sind die Vorstandsmitglieder als Ausfluss ihrer Informationspflicht auf Verlangen des Aufsichtsrats oder eines Ausschusses **verpflichtet,** an den Sitzungen teilzunehmen (→ § 93 Rn. 22 näher MüKoAktG/*Habersack* Rn. 12). In der Praxis ist die Teilnahme der Vorstandsmitglieder die Regel. Sie haben dann ein Rederecht und können auch die Niederschrift ihrer Äußerungen verlangen, jedoch kein Antrags- oder Stimmrecht. Einzelheiten kann die **Satzung** regeln, solange kein uneingeschränktes Teilnahmerecht festgeschrieben wird und ein Ausschluss im Einzelfall möglich bleibt. Eine „regelmäßige" Teilnahme kann dagegen vorgesehen werden, ist sie doch Ausdruck sachgerechten Zusammenwirkens zwischen Vorstand und Aufsichtsrat (hM, MüKoAktG/*Habersack* Rn. 15). Inwieweit der Aufsichtsrat dann von seinem Recht, den Vorstand auszuschließen, Gebrauch macht, hängt vom Einzelfall ab. Er hat sich dabei im Rahmen seines Selbstorganisationsrechts vom Gebot der effizienten Wahrnehmung seiner Überwachungsaufgabe leiten zu lassen. 4

3. Sachverständige und Auskunftspersonen. Nicht-Organmitglieder („Dritte") sind im Grundsatz von Aufsichtsratssitzungen ausgeschlossen. **Abs. 1 S. 2** sieht hiervon eine **Ausnahme** vor, die indes auf **„Beratung**[en] **über einzelne Gegenstände"** begrenzt ist. Ein „ständiger Berater" ist damit ausgeschlossen. Vielmehr muss es sich um einen zeitlich und inhaltlich beschränkten Beratungsauftrag handeln, der sich auf eine Tätigkeit bezieht, die über die gewöhnliche Aufsichtsratstätigkeit deutlich hinausgeht (*Seibt/Bulgrin* AG 2018, 417). Dementsprechend kann auch die Satzung einer Gesellschaft mit beschränkter Haftung, bei der ein Aufsichtsrat nach dem Mitbestimmungsgesetz zu bilden ist, nicht festlegen, dass der Aufsichtsrat neben zwanzig stimmberechtigten Aufsichtsratsmitgliedern aus weiteren Mitgliedern mit beratender Funktion besteht (BGH 30.1.2012, NZG 2012, 347). Umgekehrt kann der Aufsichtsrat verpflichtet sein, zu einer Frage externen Rat einzuholen (MüKoAktG/*Habersack* Rn. 16), auch wenn er grundsätzlich selbst hinreichend sachverständig sein muss (zur Einbeziehung von Beratern durch Anteilseigner- und Arbeitnehmervertreter *Erkens/Fuchs* NZG 2019, 651). Die Entscheidung obliegt dem Sitzungsleiter, der sich allerdings einem Gremienbeschluss beugen muss (Hüffer/Koch/*Koch* Rn. 5). 5

Als **Sachverständiger** im Sinne der Vorschrift ist (über §§ 402 ff. ZPO hinaus) anzusehen, wer besondere Sachkunde im Hinblick auf den Beratungsgegenstand besitzt (hM, Hüffer/Koch/*Koch* Rn. 5 mwN; enger MüKoAktG/*Habersack* Rn. 17; zur Teilnahme des Abschlussprüfers → Rn. 14). **Auskunftspersonen** sind Personen, die über bestimmte Vorgänge oder Einzelheiten aus ihrer Tätigkeit für die Gesellschaft berichten sollen oder durch die sich der Aufsichtsrat in sonstiger Weise eine Information zu einem Tagesordnungspunkt verspricht (zB Angestellte der AG, Organmitglieder von Konzerngesellschaften (*Schnorbus/Ganzer* AG 2013, 445 (448)), Gewerkschaftsvertreter oder Berater, MüKoAktG/*Habersack* Rn. 18). Angestellte dürfen grundsätzlich jedoch nur unter Vermittlung des Vorstands zu Sitzungen geladen werden (hM, BeckOGK/*Spindler,* 15.1.2020, Rn. 24). 6

4. Sonstige Dritte. Schließlich können sonstige **Hilfspersonen** – insbesondere Protokollführer, Sekretärinnen oder Dolmetscher – hinzugezogen werden, **soweit** dies aus organisatorischen Gründen **erforderlich** ist und die Erreichung des Normzwecks nicht vereitelt wird. Sie unterstützen lediglich die Durchführung der Sitzung, haben weder Rede- noch Antrags- oder Stimmrecht und sind zur Verschwiegenheit zu verpflichten (MüKoAktG/*Habersack* Rn. 21). 7

III. Teilnahme an Ausschusssitzungen (Abs. 2)

1. Grundsätzliches Teilnahmerecht. In Ausschusssitzungen kommt sämtlichen Aufsichtsratsmitgliedern ein **Teilnahmerecht** zu, nur die Ausschussmitglieder trifft hingegen eine **Teilnahmepflicht.** Zwar müssen ausschussfremde Mitglieder nicht von Amts wegen über die Durchführung der Ausschusssitzungen informiert werden, ihnen kommt auch kein Stimm- oder Antragsrecht zu. Jedoch muss ihnen auf Verlangen Ort und Zeit der Sitzung mitgeteilt werden. In der Sitzung haben sie zudem ein Rederecht und ggf. einen Anspruch auf Protokollierung ihrer Beiträge. Auch können sie Einsicht in die Sitzungsunterlagen nehmen (K. Schmidt/Lutter/*Drygala* Rn. 15; zu Berichtspflichten MüKoAktG/ 8

Habersack Rn. 24). Für die Teilnahme Dritter gelten die unter → Rn. 4 bis → Rn. 7 erörterten Grundsätze entsprechend.

9 **2. Ausschluss ausschussfremder Aufsichtsratsmitglieder.** Nach **Abs. 2 Hs. 2** kann nur der **„Vorsitzende des Aufsichtsrats"** (bei Verhinderung dessen Stellvertreter), nicht aber der Ausschussvorsitzende ausschussfremde Aufsichtsratsmitglieder ausschließen (dh **„anderes"** bestimmen). Das Plenum kann weder diese Kompetenz des Vorsitzenden ausschließen noch dessen Entscheidung aufheben. Auch einer Satzungsregelung ist die Frage nicht zugänglich (Hüffer/Koch/*Koch* Rn. 6; BeckOGK/*Spindler,* 15.1.2020, Rn. 43). Der Aufsichtsratsvorsitzende selbst kann ohnehin keinesfalls von der Teilnahme an Ausschusssitzungen ausgeschlossen werden. Materiell verlangt der Ausschluss einzelner Aufsichtsratsmitglieder trotz des insoweit vorbehaltlosen Wortlauts einen sachlichen Grund (allgM, → Rn. 3). Der Aufsichtsratsvorsitzende entscheidet nach pflichtgemäßem Ermessen (K. Schmidt/Lutter/*Drygala* Rn. 15). Selbst ein generelles Teilnahmeverbot kann im Einzelfall allerdings schon ganz allgemein auf das Interesse an (einstweilen) vertraulicher Behandlung bestimmter Angelegenheiten gestützt werden (MüKoAktG/*Habersack* Rn. 27 (str.), zum Personalausschuss: LG München I 23.8.2007, WM 2007, 1975 (1977 f.)). Dagegen kann der Ausschluss nach Sinn und Zweck sowie Gesetzeshistorie nicht generell, sondern allenfalls für sämtliche Sitzungen eines bestimmten Ausschusses (MüKoAktG/*Habersack* Rn. 28) angeordnet werden (hM). Mit dem Ausschluss von der Ausschusssitzung entfällt auch das Recht auf Einsichtnahme in die Sitzungsunterlagen (→ Rn. 8; zu dessen Umfang BeckOGK/*Spindler,* 15.1.2020, Rn. 43). Ein Ausschluss nur des Einsichtsrechts ist hingegen nicht statthaft. Das ausgeschlossene Mitglied kann gegen die AG vor den ordentlichen Gerichten auf Feststellung seiner Teilnahmeberechtigung klagen (LG München I 23.8.2007, WM 2007, 1975 (1976 f.); Hüffer/Koch/*Koch* Rn. 6).

IV. Teilnahme anstelle verhinderter Aufsichtsratsmitglieder (Abs. 3)

10 **1. Voraussetzungen. Abs. 3** ermöglicht es, die Teilnahme **sog. beauftragter Dritter** (vgl. § 108 Abs. 3 S. 2 und → § 108 Rn. 14) an Aufsichtsrats- oder Ausschusssitzungen **„anstelle von verhinderten Aufsichtsratsmitgliedern"** durch die **Satzung** zuzulassen. Unabdingbare Voraussetzung des Abs. 3 ist zunächst die tatsächliche **Verhinderung** des abwesenden Aufsichtsratsmitglieds (etwa aufgrund Krankheit, Urlaubsabwesenheit, kollidierender Verpflichtungen). Ggf. müssen ergänzende Satzungsbestimmungen (→ Rn. 13) beachtet werden.

11 Zudem muss eine **Ermächtigung** des beauftragten Dritten in **Textform** iSd § 126b BGB vorliegen; anders § 108 Abs. 3 (Schriftform bzgl. der Stimmabgabe), der hiervon unberührt bleibt (→ § 108 Rn. 15). Es genügt also zB eine E-Mail. Die auf einen konkreten Namen lautende Ermächtigung muss grundsätzlich für jeden einzelnen Sitzungstermin, kann aber auch für eine Reihe von Sitzungen erteilt werden, wenn die Verhinderung des Aufsichtsratsmitglieds während eines bestimmten Zeitraums bereits feststeht.

12 **2. Stellung des Beauftragten.** Der systematische Zusammenhang mit § 101 Abs. 3 S. 1, § 111 Abs. 5 und § 108 Abs. 3 verdeutlicht, dass der Beauftragte, der kein Aufsichtsratsmitglied ist, nicht Stellvertreter, sondern nur **Bote** des verhinderten Mitglieds sein kann. Er erhält also nicht alle Rechte des Mitglieds, insbesondere kein eigenes Stimm- oder Antragsrecht (KK-AktG/*Mertens/Cahn* Rn. 41). Nur das verhinderte Aufsichtsratsmitglied selbst kann – nach § 108 Abs. 3 – abstimmen. Anträge müssen von ihm vorformuliert werden. Einer Antragstellung nach eigenem Willen steht die Systematik der § 101 Abs. 3 S. 1, § 108 Abs. 3, § 111 Abs. 5 selbst dann entgegen, wenn diese sich im Ergebnis mit der Stimmabgabe des Auftraggebers deckt (näher MüKoAktG/*Habersack* Rn. 38).

13 **3. Satzungsregelungen.** Zwar bedarf die Teilnahme beauftragter Dritter einer Satzungsregelung, doch kann diese die Mitwirkungsmöglichkeit nicht erweitern. Sie kann das Teilnahmerecht lediglich – zB durch zusätzliche Voraussetzungen – **einschränken** und muss dabei außerdem den Grundsatz der gleichen Berechtigung aller Aufsichtsratsmitglieder beachten.

V. Abweichende Rechtsvorschriften (Abs. 4)

14 Der Vorbehalt **„abweichende**[r] **gesetzliche**[r] **Vorschriften**" in **Abs. 4** meint insbesondere § 171 Abs. 1 S. 2 (Teilnahme des Abschlussprüfers an der Bilanzsitzung des Aufsichtsrats oder Prüfungsausschusses) sowie Regelungen des Aufsichtsrechts, wie zB § 44 Abs. 1 S. 2 KWG (iVm § 3 PfandBG) oder § 83 Abs. 1 Nr. 5 VAG (Teilnahme von Vertretern der zuständigen Aufsichtsbehörden). Für KWG-Institute enthalten § 25d Abs. 6 S. 9, Abs. 11 S. 3 sowie Abs. 12 S. 5 KWG ausdrückliche gesetzliche Anordnungen für die Beauftragung externer Sachverständiger durch die jeweiligen Ausschüsse (dazu *Menkel* AG 2019, 330).

VI. Abdingbarkeit

Bezüglich Abs. 1 kann die Satzung Einzelheiten regeln, jedoch weder ein uneingeschränktes Teilnahmerecht (BGH 30.1.2012, NZG 2012, 347) noch einen generellen Ausschluss des Vorstands vorsehen (→ Rn. 4). Klauseln, die eine generelle Teilnahme Dritter erlauben, sind ebenfalls unwirksam. Die Satzung kann weder die Gründe für den Ausschluss der Teilnahme nach Abs. 2 noch ein generelles Verbot oder die generelle Befugnis zur Teilnahme aussprechen; zu Abs. 3 → Rn. 13. 15

Einberufung des Aufsichtsrats

110 (1) [1]**Jedes Aufsichtsratsmitglied oder der Vorstand kann unter Angabe des Zwecks und der Gründe verlangen, daß der Vorsitzende des Aufsichtsrats unverzüglich den Aufsichtsrat einberuft.** [2]**Die Sitzung muß binnen zwei Wochen nach der Einberufung stattfinden.**

(2) **Wird dem Verlangen nicht entsprochen, so kann das Aufsichtsratsmitglied oder der Vorstand unter Mitteilung des Sachverhalts und der Angabe einer Tagesordnung selbst den Aufsichtsrat einberufen.**

(3) [1]**Der Aufsichtsrat muss zwei Sitzungen im Kalenderhalbjahr abhalten.** [2]**In nichtbörsennotierten Gesellschaften kann der Aufsichtsrat beschließen, dass eine Sitzung im Kalenderhalbjahr abzuhalten ist.**

Übersicht

I. Allgemeines

Die Vorschrift regelt die Einberufung des Aufsichtsrats nicht umfassend, sondern setzt zum einen die grundsätzliche Einberufungs- und Leitungskompetenz des Aufsichtsratsvorsitzenden voraus (→ § 107 Rn. 9) und lässt zum anderen die Förmlichkeiten der Einberufung ungeregelt. Sinn und Zweck des Einberufungsrechts (und des Rechts auf Selbsthilfe nach Abs. 2) liegen in der Sicherstellung einer effektiven und kontinuierlichen (Abs. 3) Überwachungstätigkeit (MüKoAktG/*Habersack* Rn. 2); vgl. auch Grundsatz 16 DCGK. § 110 findet auf Aufsichtsratsausschüsse entsprechende Anwendung. Aufsichtsratssitzungen werden häufig durch Gruppenvorbesprechungen der Arbeitnehmer- und der Anteilseignerseite vorbereitet. Diese sind aktienrechtlich zulässig (*Vetter* FS Hüffer, 2009, 1018 (1022)). 1

Die Vorschrift geht auf § 94 AktG 1937 zurück, wurde aber mehrfach neu gefasst, ua durch BetrVG 1952, AktG 1965, KonTraG und TransPuG (BGBl. 2002 I 2681). Zuletzt ist auf Vorschlag der Regierungskommission Corporate Governance ua die erhöhte Sitzungsfrequenz in Abs. 3 auf nichtbörsennotierte Aktiengesellschaften ausgedehnt worden. 2

II. Einberufung durch den Aufsichtsratsvorsitzenden

3 **1. Zuständigkeit für die Einberufung. a) Regelzuständigkeit.** Abs. 1 setzt die Einberufungskompetenz des „**Vorsitzende**[n] **des Aufsichtsrats**" nach pflichtgemäßem Ermessen voraus, ohne sie eigens zu regeln (→ § 107 Rn. 9). Neben der **Einberufungspflicht** nach § 110 Abs. 1 kommt dem Vorsitzenden – im Rahmen der gesetzlichen und satzungsmäßigen Regelungen – ein **Ermessensspielraum** zu, wann und wie oft er den Aufsichtsrat einberuft. Grundsatz 16 DCGK enthält insoweit eine konkretisierende Empfehlung. Daneben kann der Vorsitzende Sitzungen aufheben, verlegen bzw. nach Beginn analog § 227 ZPO vertagen (MüKoAktG/*Habersack* Rn. 33). Er ist zur Einberufung des Aufsichtsrats verpflichtet, wenn es das Wohl der Gesellschaft (im Hinblick auf die wirtschaftliche Lage, die Entwicklung der Gesellschaft oder die Erfüllung organschaftlicher Pflichten des Aufsichtsrats) erfordert (zB wenn über ein eiliges und zustimmungsbedürftiges Vorhaben des Vorstands Beschluss zu fassen ist). Erlangt er etwa Kenntnis von bevorstehenden, satzungswidrigen Zahlungen an andere Aufsichtsratsmitglieder, muss er in Erfüllung seiner Garantenpflicht den Aufsichtsrat einberufen, um über einen Beschluss nach § 108 Abs. 1 den Vorstand zur Änderung der rechtswidrigen Vorgehensweise anzuhalten (OLG Braunschweig 14.6.2012, NZG 2012, 1196 (1197)). Im Übrigen genügt er seinen Pflichten, wenn er die gesetzlich oder satzungsmäßig festgelegte Mindestzahl an Sitzungen einberuft.

4 **b) Stellvertretender Aufsichtsratsvorsitzender.** Im Verhinderungsfall nach **§ 107 Abs. 1 S. 3** geht die Einberufungskompetenz auf den (ersten) Stellvertreter des Vorsitzenden über.

5 **c) Fehlen eines Vorsitzenden und eines Stellvertreters.** Ist (vorübergehend) kein Vorsitzender oder Stellvertreter im Amt und ist auch kein Interimsvorsitzender bestellt (MüKoAktG/*Habersack* § 107 Rn. 24), sind **analog Abs. 2** (→ Rn. 14 ff.) jedes Aufsichtsratsmitglied und der Vorstand zur Einberufung berechtigt (allgM, vgl. Hüffer/Koch/*Koch* Rn. 2).

6 **d) Einberufung des ersten und des neugewählten Aufsichtsrats.** Nach Gründung einer AG berufen die **Gründer** die **erste Aufsichtsratssitzung** ein, da keine anderen Organe bestehen (BeckOGK/*Spindler,* 15.1.2020, Rn. 52 f.). Bei **Neuwahl** ist der **bisherige Vorsitzende** des Aufsichtsrats zuständig, selbst wenn er diesem nicht mehr angehört. Üblich ist eine Regelung in Satzung oder Geschäftsordnung, nach der die **konstituierende Sitzung** ohne besondere Einladung im Anschluss an die Hauptversammlung, in der die Anteilseignervertreter gewählt werden, stattfindet. Existiert keine entsprechende Regelung und erfolgt auch keine Einladung durch den bisherigen Vorsitzenden, obliegt die Einladung zur konstituierenden Sitzung dem **Vorstand.** Außerdem kann, da noch kein zur Einberufung befugter Vorsitzender bestimmt ist, in konsequenter Weiterentwicklung der allgemeinen Regeln (→ Rn. 7; → Rn. 14) auch jedes Mitglied zur Sitzung einladen (MüKoAktG/*Habersack* Rn. 11).

7 **2. Einberufung durch den Aufsichtsratsvorsitzenden. a) Antragsberechtigte.** Das Recht, einen Antrag auf Einberufungen zu stellen, steht nach **Abs. 1 S. 1** als Organrecht zunächst „**jede[m]** (einzelnen) **Aufsichtsratsmitglied**" zu. Die Ausübung hat sich am Gesellschaftsinteresse zu orientieren. Delegation einer Angelegenheit an einen Ausschuss hindert das Antragsrecht der übrigen Aufsichtsratsmitglieder nicht. Dem **Vorstand** steht das **Antragsrecht** nur insgesamt als Organ, nicht hingegen einzelnen Vorstandsmitgliedern (auch nicht dem Vorstandsvorsitzenden) zu (K. Schmidt/Lutter/*Drygala* Rn. 13).

8 **b) Form, Adressat und Inhalt des Einberufungsverlangens.** Das Einberufungsverlangen ist **formlos** an den **Aufsichtsratsvorsitzenden** (bzw. dessen Stellvertreter) zu richten. Zwingend ist die **„Angabe des Zwecks und der Gründe"** der gewünschten Sitzung. Der **Zweck** wird durch die Bezeichnung der Gegenstände angegeben, über die beraten und/oder beschlossen werden soll. **Gründe** beziehen sich auf Notwendigkeit und Zeitpunkt der Sitzung (Hüffer/Koch/*Koch* Rn. 6). Mit dem Einberufungsantrag können **Ergänzungen der Tagesordnung** verbunden werden. Kommt der Vorsitzende diesen Ergänzungswünschen nicht nach, findet Abs. 2 (→ Rn. 14 ff.) Anwendung. Hiervon zu unterscheiden sind ergänzende Anträge zu bereits angekündigten Tagesordnungspunkten, die auch noch in der Sitzung zu beachten sind.

9 **c) Erfüllung des Einberufungsverlangens.** Rechtsfolge eines berechtigten Einberufungsverlangens ist die Pflicht zur „**unverzüglich**[en]" Einberufung, dh. einer Einberufung ohne schuldhaftes Zögern iSd § 121 BGB (allgM, Hüffer/Koch/*Koch* Rn. 7). Die Einberufungsfrist darf dann gem. **Abs. 1 S. 2** höchstens **zwei Wochen** betragen, kann aber auch kürzer bemessen werden. Satzungsbestimmungen, die eine längere Frist zulassen, sind unwirksam. Ist binnen zwei Wochen ohnehin eine Sitzung angesetzt, genügt allerdings eine Ergänzung der Tagesordnung (BeckOGK/*Spindler,* 15.1.2020, Rn. 26). **Grenzen** der Einberufungspflicht des Vorsitzenden sind erreicht, wenn der Beschluss- oder Beratungsgegenstand außerhalb der Zuständigkeit des Aufsichtsrats liegt bzw. der Antrag einen gesetzes- oder sittenwidrigen Zweck verfolgt oder sonst **rechtsmissbräuchlich** ist. Hierfür genügt, dass ein nachvollziehbares Interesse des Antragstellers an der Einberufung nicht ersichtlich ist (MüKoAktG/*Habersack* Rn. 32,

insbesondere zur erneuten Behandlung bei unveränderter Sachlage). Geringe Erfolgsaussichten eines Antrags rechtfertigen dagegen keine Zurückweisung (Hüffer/Koch/*Koch* Rn. 7).

Der Vorsitzende hat seine Einberufungspflicht auch dann erfüllt, wenn der Aufsichtsrat in der einberufenen Sitzung **nicht beschlussfähig** ist. Der Antrag kann dann erneut gestellt werden, ein Selbsthilferecht nach Abs. 2 besteht dagegen nicht (näher MüKoAktG/*Habersack* Rn. 33). Durch Einleitung einer **Beschlussfassung nach § 108 Abs. 4** kann der Vorsitzende dem Einberufungsverlangen nur mit Einverständnis des Antragstellers nachkommen (K. Schmidt/Lutter/*Drygala* Rn. 6), es sei denn, die Satzung schließt das Recht zum Widerspruch nach § 108 Abs. 4 (→ § 108 Rn. 18) aus oder sieht ausdrücklich ein derartiges Einberufungsrecht vor. 10

d) Modalitäten der Einberufung. aa) Allgemeines. Die Modalitäten der Einberufung regelt die Vorschrift nicht. Möglich ist eine Ausgestaltung durch Geschäftsordnung oder Satzung, anderenfalls legt sie der Aufsichtsratsvorsitzende fest. Es handelt sich um einen **innergesellschaftlichen Verfahrensakt** (BGH 30.3.1987, BGHZ 100, 264 (267) = NJW 1987, 2580 – zur Gesellschafterversammlung einer GmbH). Die Bestimmungen für Rechtsgeschäfte gelten nicht (MüKoAktG/*Habersack* Rn. 15). Die an sämtliche Mitglieder (und ggf. Vorstände) zu richtende **Einladung** muss die AG sowie Ort und Zeitpunkt der Sitzung und sollte Firma und Sitz der Gesellschaft sowie die Person, die die Einladung ausspricht, enthalten (Hüffer/Koch/*Koch* Rn. 4). Als **Einberufungsfrist** ist eine angemessene Zeitspanne zu beachten, die im Einzelfall länger oder kürzer als zwei Wochen sein kann. Abs. 1 S. 2 gilt nur für den Fall des Einberufungsverlangens (hM, K. Schmidt/Lutter/*Drygala* Rn. 9). Eine Abkürzung fester Einberufungsfristen bleibt stets möglich, wenn das Unternehmensinteresse dies gebietet. Aufhebung oder Verlegung der Sitzung bedürfen bei verlangter Einberufung der Zustimmung des Antragstellers. 11

bb) Tagesordnung. Zur Vorbereitung der Sitzung oder einer Stimmabgabe nach § 108 Abs. 3 ist **in angemessener Frist** (bzw. im Rahmen einer festgelegten Frist) entsprechend § 32 Abs. 1 S. 2 BGB eine Tagesordnung inklusive erforderlicher Unterlagen **zu übersenden.** Die Tagesordnungspunkte müssen hinreichend bestimmt bezeichnet sein, damit die Aufsichtsratsmitglieder Gelegenheit zur Vorbereitung haben (hM, MüKoAktG/*Habersack* Rn. 19; Hüffer/Koch/*Koch* Rn. 4). Die Angabe konkreter **Beschlussgegenstände** in der Tagesordnung ist zwar keine Wirksamkeitsvoraussetzung der Einberufung und der nachfolgenden Beschlussfassung, aber Amtspflicht des Vorsitzenden (K. Schmidt/Lutter/*Drygala* Rn. 11). 12

cc) Einberufungsmängel. Die Missachtung von Förmlichkeiten der Einberufung führt nur dann zur **Nichtigkeit** der in der Sitzung gefassten Beschlüsse, wenn der Mangel innerhalb angemessener Frist **gerügt** wird (zu Verfahrensmängeln → § 108 Rn. 21). Ein Widerspruch kann allerdings schon die Abstimmung verhindern. Außerdem muss bei verspäteter oder nicht hinreichend konkreter Ankündigung einzelner Gegenstände ein nachträglicher Widerspruch bzw. eine nachträgliche Stimmabgabe ermöglicht werden (MüKoAktG/*Habersack* Rn. 21). 13

III. Recht zur Selbsthilfe (Abs. 2)

1. Recht und Pflicht zur Einberufung. Das Recht auf Einberufung kann nicht im Klagewege, sondern nur über das Selbsthilferecht geltend gemacht werden. Nach **Abs. 2** greift dieses stets bei Untätigkeit nach Stellung eines Antrags durch einen Berechtigten gem. Abs. 1 **(„wird... nicht entsprochen“).** Seit dem TransPuG (Art. 1 Nr. 8 lit. a TransPuG) treffen Recht und Pflicht jedes **einzelne Aufsichtsratsmitglied.** Erlangen Aufsichtsratsmitglieder etwa Kenntnis von rechtswidrigen Maßnahmen des Vorstands, sind sie gehalten, zunächst den Aufsichtsratsvorsitzenden zur Einberufung des Kontrollgremiums zu veranlassen und – bei Weigerung des Vorsitzenden – den Aufsichtsrat selbst gem. Abs. 2 einzuberufen (OLG Braunschweig 14.6.2012, NZG 2012, 1196 (1197)). Der **Vorstand** muss bei Einberufung durch ihn als Gesamtorgan handeln (→ Rn. 7). Auch das Selbsthilferecht ist Organrecht, das im Gesellschaftsinteresse auszuüben ist. Insbesondere zur Abwendung einer Gefährdung oder Beeinträchtigung des Gesellschaftsinteresses kann es – mit der Folge der §§ 116 S. 1, 93 – zur Einberufungspflicht mutieren. 14

2. Voraussetzungen. Der Gegenstand des fruchtlosen Einberufungsverlangens und der Einberufung nach Abs. 2 müssen sich **decken.** Andernfalls ist die Selbsthilfe unzulässig. Auf der anderen Seite liegt ein **vergeblicher Antrag** nach Abs. 1 vor, wenn die Einberufung zu einem anderen Zweck als beantragt erfolgt (BGH 28.1.1985, WM 1985, 567 (568) – zur GmbH). Solange noch mit einer Einberufung durch den Vorsitzenden zu rechnen ist, darf keine Selbsteinberufung erfolgen. Insbesondere sind selbst gesetzte Fristen abzuwarten (BGH 7.2.1983, BGHZ 87, 1 (3) = NJW 1983, 1677 (1678) – zur GmbH). Nach Ablauf der Frist kann von dem Selbsthilferecht auch ohne ausdrückliche Ablehnung des Einberufungsverlangens Gebrauch gemacht werden. Die Selbsteinberufung muss **unverzüglich** nach Ablehnung des Antrags erfolgen, wie aus dem gebotenen Gleichlauf mit Abs. 1 S. 1 folgt (hM, K. Schmidt/Lutter/*Drygala* Rn. 15). Die Frist des Abs. 1 S. 2 greift nicht (hM; *LKV* Aufsichtsrat Rn. 697; aA BeckOGK/*Spindler*, 15.1.2020, Rn. 41). Eine missbräuchliche Ausübung des Selbsthilfe- 15 rechts führt zur Unbeachtlichkeit der Einberufung für die (übrigen) Aufsichtsratsmitglieder. Schließlich muss nach Abs. 2 der **Sachverhalt mitgeteilt** werden, auf den das Einberufungsrecht gestützt wird (MüKoAktG/*Habersack* Rn. 37).

16 **3. Reichweite des Selbsthilferechts, Kosten der Sitzung.** Erschöpft ist das Selbsthilferecht **mit Einberufung und Durchführung** der Sitzung. Ob einzelnen Beschlussanträgen stattgegeben wurde, ist irrelevant. Zur Verschiebung oder Aufhebung ist allein das Aufsichtsratsplenum, nicht der Vorsitzende befugt. Sitzungsgelder, Reisekosten uÄ hat die Gesellschaft zu tragen. Dies gilt prinzipiell auch für eine missbräuchliche Einberufung. Im Fall erkennbarer Nutzlosigkeit der Sitzung kommt aber ein Schadensersatzanspruch gegen das einberufende Aufsichtsratsmitglied oder den Vorstand in Betracht (MüKoAktG/*Habersack* Rn. 38, 40).

IV. Sitzungsturnus (Abs. 3)

17 **1. Anwendungsbereich.** Abs. 3 dient der effektiven Erfüllung der Überwachungsaufgabe. Seit seiner Änderung durch das **TransPuG** (Art. 1 Nr. 8) müssen grundsätzlich auch **nicht-börsennotierte** Gesellschaften zwei Sitzungen im Halbjahr (nicht zwingend eine pro Quartal) abhalten **(S. 1). S. 2** ermöglicht allerdings eine **Lockerung** (zB drei Sitzungen pro Jahr, nur nicht alle in einem Halbjahr) durch Aufsichtsratsbeschluss, die bei der **börsennotierten** AG nicht greift. Der **Mindestturnus** ist **zwingend,** Satzung oder Geschäftsordnung können ihn nur verschärfen, nicht lockern. Unterschreiten des Mindestturnus begründet Pflichtverletzung des Vorsitzenden (§ 116 S. 1, § 93); zu weiteren Folgen MüKoAktG/*Habersack* Rn. 43.

18 **2. Sitzungen iSd Abs. 3.** Zu zählen sind iRd Abs. 3 nur tatsächlich durchgeführte (nicht wieder abgesetzte) Sitzungen des Aufsichtsratsplenums (nicht der Ausschüsse). Dass Beschlüsse gefasst werden, ist hingegen nicht erforderlich (MüKoAktG/*Habersack* Rn. 44). Die konstituierende Aufsichtsratssitzung ist mitzuzählen. Seit dem TransPuG genügt es, dass der Aufsichtsrat die Sitzung **„abhält"**, unter Einschluss von Telefon-, Video- oder Internetkonferenzen (RegBegr. BT-Drs. 14/8769, 17 liSp: „jedenfalls in begründeten Ausnahmefällen"). In physischer Anwesenheit „zusammentreten" – so der frühere Wortlaut – muss der Aufsichtsrat nicht mehr. Friktionen mit § 108 Abs. 4 (→ § 108 Rn. 17) werden überwiegend dadurch aufgelöst, dass der Ausnahmecharakter betont und, va im Hinblick auf die Bilanzsitzung, zumindest eine Präsenzsitzung im Kalenderhalbjahr gefordert wird (Hüffer/Koch/*Koch* Rn. 11; MüKoAktG/*Habersack* Rn. 45). Der Wertung des Abs. 3 lässt sich nach der hier vertretenen Ansicht dadurch Rechnung tragen, dass das Widerspruchsrecht aus § 108 Abs. 4 nicht greift (→ § 108 Rn. 17).

V. Abdingbarkeit

19 Satzung oder Geschäftsordnung können Einzelheiten des Einberufungsrechts des Vorsitzenden nach Abs. 1 näher regeln, dürfen aber keine grundlegenden Abweichungen von der Norm vorsehen, etwa die Angabe des Zwecks (wohl aber die der Gründe) für verzichtbar erklären oder ein Initiativrecht des einzelnen Mitglieds gewähren (MüKoAktG/*Habersack* Rn. 29). Einberufungs- und Selbsthilferecht können sie weder ausschließen noch erschweren. Lediglich die Sitzungsfrequenz kann erhöht (allgM, Hüffer/Koch/*Koch* Rn. 1) und iRd Abs. 3 S. 2 gesenkt werden. Auch Satzungsregelung, nach der die Mindestsitzungen **ausschließlich** in Form von Präsenzsitzungen stattfinden dürfen, ist seit der Änderung des Abs. 3 unzulässig (BeckOGK/*Spindler,* 15.1.2020, Rn. 10; aA *LKV* Aufsichtsrat Rn. 690).

Aufgaben und Rechte des Aufsichtsrats

111

(1) **Der Aufsichtsrat hat die Geschäftsführung zu überwachen.**

(2) **[1] Der Aufsichtsrat kann die Bücher und Schriften der Gesellschaft sowie die Vermögensgegenstände, namentlich die Gesellschaftskasse und die Bestände an Wertpapieren und Waren, einsehen und prüfen. [2] Er kann damit auch einzelne Mitglieder oder für bestimmte Aufgaben besondere Sachverständige beauftragen. [3] Er erteilt dem Abschlußprüfer den Prüfungsauftrag für den Jahres- und den Konzernabschluß gemäß § 290 des Handelsgesetzbuchs. [4] Er kann darüber hinaus eine externe inhaltliche Überprüfung der nichtfinanziellen Erklärung oder des gesonderten nichtfinanziellen Berichts (§ 289b des Handelsgesetzbuchs), der nichtfinanziellen Konzernerklärung oder des gesonderten nichtfinanziellen Konzernberichts (§ 315b des Handelsgesetzbuchs) beauftragen.**

(3) **[1] Der Aufsichtsrat hat eine Hauptversammlung einzuberufen, wenn das Wohl der Gesellschaft es fordert. [2] Für den Beschluß genügt die einfache Mehrheit.**

(4) **[1] Maßnahmen der Geschäftsführung können dem Aufsichtsrat nicht übertragen werden. [2] Die Satzung oder der Aufsichtsrat hat jedoch zu bestimmen, daß bestimmte Arten von**

Geschäften nur mit seiner Zustimmung vorgenommen werden dürfen. [3]Verweigert der Aufsichtsrat seine Zustimmung, so kann der Vorstand verlangen, daß die Hauptversammlung über die Zustimmung beschließt. [4]Der Beschluß, durch den die Hauptversammlung zustimmt, bedarf einer Mehrheit, die mindestens drei Viertel der abgegebenen Stimmen umfaßt. [5]Die Satzung kann weder eine andere Mehrheit noch weitere Erfordernisse bestimmen.

(5) **[1]Der Aufsichtsrat von Gesellschaften, die börsennotiert sind oder der Mitbestimmung unterliegen, legt für den Frauenanteil im Aufsichtsrat und im Vorstand Zielgrößen fest. [2]Liegt der Frauenanteil bei Festlegung der Zielgrößen unter 30 Prozent, so dürfen die Zielgrößen den jeweils erreichten Anteil nicht mehr unterschreiten. [3]Gleichzeitig sind Fristen zur Erreichung der Zielgrößen festzulegen. [4]Die Fristen dürfen nicht länger als fünf Jahre sein. [5]Soweit für den Aufsichtsrat bereits eine Quote nach § 96 Absatz 2 gilt, sind die Festlegungen nur für den Vorstand vorzunehmen.**

(6) **Die Aufsichtsratsmitglieder können ihre Aufgaben nicht durch andere wahrnehmen lassen.**

Übersicht

I. Allgemeines

1 § 111 legt als eine der Zentralnormen der §§ 95 ff. wichtige Kompetenzen und zugleich Pflichten des Aufsichtsrats fest und grenzt dieses Organ damit zugleich von den beiden anderen Unternehmensorganen, nämlich Vorstand und Hauptversammlung, ab. Als charakterisierend wird in Abs. 1 die nachgelagerte **Kontroll- und Überwachungsfunktion** hervorgehoben. Abs. 2–4 regeln weitere Rechte und Pflichten ohne Anspruch auf Vollständigkeit. **Adressat** der Befugnisse ist der Aufsichtsrat als Organ, nicht die einzelnen Mitglieder des Gremiums (BGH 25.3.1991, BGHZ 114, 127 (130) = NJW 1991, 1830). Als Aufzählung der gesetzlichen Befugnisse ist die Vorschrift **nicht abschließend** (zu weiteren Befugnissen → Rn. 3 f.), dagegen kann die Satzung die Rechte und Pflichten des Aufsichtsrats weder ergänzen noch einschränken. Der zum 1.5.2015 neu eingefügte Abs. 5 verpflichtet den Aufsichtsrat, für Aufsichtsrat und Vorstand Zielgrößen für den Frauenanteil festzulegen. Die Überwachungsaufgabe und die weiteren Befugnisse sind den Aufsichtsratsmitgliedern als höchstpersönliches Amt zugewiesen (Abs. 6).

1a Nach dem CSR-Richtlinie-Umsetzungsgesetz v. 11.4.2017 (BGBl. 2017 I 802) müssen bestimmte Unternehmen des öffentlichen Interesses (Public Interest Entities (PIEs)) für Geschäftsjahre ab dem 1.1.2017 eine nichtfinanzielle Erklärung abgeben. Neben einem Ausweiswahlrecht (Integration in den Lagebericht oder eigenständiger nichtfinanzieller Bericht) haben die betroffenen Unternehmen nach dem neu eingefügten Abs. 2 S. 4 die Möglichkeit, zusätzlich zur formellen Pflichtprüfung der nichtfinanziellen Informationen eine materielle Beurteilung durch eine unabhängige Instanz (zB Wirtschaftsprüfer oder Consultants) vornehmen zu lassen (→ Rn. 13a).

II. Die Befugnisse des Aufsichtsrats – Überblick

2 **1. Grundkonzept.** Nach dem dualistischen System, auf dem das deutsche Aktienrecht beruht, erfolgt eine strikte Trennung zwischen dem Vorstand als dem Geschäftsführungsorgan und dem Aufsichtsrat als Überwachungsorgan. Dem Vorstand obliegt die Leitung der Gesellschaft, der Aufsichtsrat überwacht die Geschäftsführung – nicht die Gesellschaft in ihrer Gesamtheit oder ihre Arbeitnehmer (*Arnold* ZGR 2014, 76 (85), auch zur Zusammenarbeit von Vorstand und Aufsichtsrat bei Compliance-Aufgaben, dazu ferner *Reichert/Ott* NZG 2014, 241; *Blassl* WM 2017, 992). Das dualistische System ist für das Aktienrecht zwingend. Das monistische System bzw. Verwaltungsratssystem des angelsächsischen Rechts, bei dem diese Organkompetenzen in einem einheitlichen Board bzw. Verwaltungsrat gebündelt werden und das über Art. 38 SE-VO für die SE auch in das deutsche Recht eingeführt wurde, kann in der AG auch über die Satzung nicht verwirklicht werden. Zwar sind Modelle denkbar, in denen durch eine starke Stellung des Vorstandsvorsitzenden eine gewisse Annäherung an den CEO des monistischen Systems erfolgt. Die dem Vorstand durch die Kompetenzen des Aufsichtsrats gezogenen Grenzen müssen jedoch als zwingende Vorgaben beachtet werden.

3 **2. Ersatzzuständigkeit bei Führungslosigkeit.** Das MoMiG hat die Anreize für Aufsichtsräte, dafür zu sorgen, dass ein Vorstand tatsächlich im Amt ist, erheblich erhöht. Hat die Gesellschaft keinen Vorstand mehr (Führungslosigkeit), muss bei Zahlungsunfähigkeit und/oder Überschuldung jedes Aufsichtsratsmitglied an dessen Stelle Insolvenzantrag stellen, es sei denn, es hat vom Insolvenzgrund oder von der Führungslosigkeit keine Kenntnis (§ 15a Abs. 3 InsO). Verhindert werden soll, dass die Insolvenzantragspflicht durch das bei sog. „Firmenbestattungen" häufig zu beobachtende „Abtauchen" der Vorstände umgangen wird. Außerdem führt die Führungslosigkeit zu einer passiven Empfangszuständigkeit (§ 78 Abs. 1 S. 2).

4 **3. Einzelne Rechte und Pflichten.** § 111 regelt in Abs. 1 als Recht und Pflicht (→ Rn. 10) des Aufsichtsrats die charakteristische Überwachungsfunktion und in Abs. 2 Einzelkompetenzen, die der effektiven Wahrnehmung der Überwachungsaufgabe dienen. Die in der Praxis wichtigste Aufgabe, nämlich die Personalkompetenz iS der Befugnis zur Bestellung und Abberufung des Vorstands mit der Annexkompetenz zu Abschluss und Beendigung des Anstellungsvertrages, ist dagegen außerhalb der §§ 95–116 in § 84 normiert. Als wichtige, in anderen Vorschriften geregelte Befugnisse sind zu nennen: Erlass einer Geschäftsordnung für den Vorstand (§ 77 Abs. 2 S. 1); Informationsrechte einschließlich des Rechts zur Anforderung und Entgegennahme von Vorstandsberichten (§§ 90, 107 Abs. 2 S. 4, § 170 Abs. 3); Vertretung der AG gegenüber den Vorstandsmitgliedern (§ 112); Prüfung von Rechnungslegung und Gewinnverwendungsvorschlag (§ 171); Feststellung des Jahresabschlusses gemeinsam mit dem Vorstand (§ 172); Kapitalmaßnahmen nach § 204 Abs. 1 S. 2 und die Prüfung des Abhängigkeitsberichts (§ 314). Die Befugnisse stehen den Aufsichtsratsmitgliedern überwiegend nicht als Individualrechte zu, sondern aufgrund ihrer Stellung als Mitglied des Unternehmensorgans Aufsichtsrat (Ausnahme: Teilnahme und Informationsrechte).

5 **4. Teilhabe an der Unternehmensleitung.** Abs. 4 schließt zwar aus, dass Maßnahmen der Geschäftsführung dem Aufsichtsrat übertragen werden. Als rein retrospektiv ausgerichtete Vergangenheitsbewältigung wäre die Überwachungsaufgabe des Aufsichtsrats indes nicht effektiv. Anerkanntermaßen kommt dem Aufsichtsrat daher mit steigender Tendenz eine Beratungsfunktion zu im Sinne einer zukunftsorientierten Gestaltung der Leitlinien der Geschäftspolitik gemeinsam mit dem Vorstand. Der Aufsichtsrat begleitet maW die Unternehmensleitung des Vorstands in Form einer präventiven Kontrolle (BGH 21.4.1997, BGHZ 135, 244 (255) = NJW 1997, 1926). Die Reichweite der Teilhabe an der Unternehmensleitung kann die Satzung, im Übrigen aber auch der Aufsichtsrat nach Abs. 4 S. 2 durch Zustimmungsvorbehalte festlegen. Die Letztentscheidungskompetenz bleibt freilich bei der Hauptversammlung, die eine verweigerte Zustimmung ersetzen kann (Abs. 4 S. 3 und 4).

6 **5. DCGK.** Angesprochen werden die in § 111 normierten Aufsichtsratspflichten in verschiedenen Bestimmungen des DCGK, teilweise handelt es sich allerdings um bloße Wiederholungen des Gesetzesrechts ohne Konkretisierungseffekt. Dies gilt für D.2–D.8 DCGK (Zusammenwirken von Vorstand und Aufsichtsrat) ebenso wie für Grundsatz 6 DCGK (Beratungs- und Überwachungsaufgabe; Personalkompetenz). Die Zusammenarbeit des Aufsichtsrates mit dem Abschlussprüfer wird zusammenfassend in Grundsatz 17 DCGK angesprochen.

7 **6. Mitbestimmung bei Beteiligung an Tochtergesellschaften.** Für paritätisch mitbestimmte Unternehmen binden mitbestimmungsrechtliche Regelungen das Vorstandshandeln gegenüber abhängigen ebenfalls mitbestimmten Gesellschaften an die Zustimmung des Aufsichtsrats. So können nach § 32 MitbestG, § 15 MitbestErgG zentrale Entscheidungsbefugnisse des Vorstands, die sich aus Beteiligungen der AG an einem anderen mitbestimmten Unternehmen ergeben, nur auf der Grundlage von Aufsichtsratsbeschlüssen ausgeübt werden. Dazu zählen neben der Bestellung und Abberufung von Mitgliedern des Aufsichtsrats der Tochtergesellschaft etwa Beschlüsse über die Auflösung oder Umwandlung des

Tochterunternehmens. Die Aufsichtsratsentscheidungen bedürfen nur der Mehrheit der Stimmen der Anteilseignervertreter und sind für den Vorstand bindend (§ 32 Abs. 1 S. 2 MitbestG). Ziel dieser Regelungen ist es, eine Kumulierung und Potenzierung der Mitbestimmungsrechte in **Konzernverbindungen** zu vermeiden (MüKoAktG/*Annuß* MitbestG § 32 Rn. 1; Habersack/Henssler/*Habersack* MitbestG § 32 Rn. 2).

III. Die Überwachungsaufgabe des Aufsichtsrats (Abs. 1)

Abs. 1 bezieht die Überwachungsfunktion (→ Rn. 3) auf die Geschäftsführung als Vorstandsaufgabe 8 (§ 77 Abs. 1). Gemeint ist die allgemeine Aufgabe der Unternehmensleitung, nicht jede Einzelmaßnahme des Vorstands muss also kontrolliert werden. Unter die zu überwachenden Leitungsmaßnahmen fallen neben den **Führungsentscheidungen** auch wesentliche Einzelmaßnahmen, maW alle für die Lage und Entwicklung des Unternehmens bedeutsamen Akte der Geschäftsführung (MüKoAktG/*Habersack* Rn. 19 f.). Zu überwachen sind alle abgeschlossenen Geschäftsführungsvorgänge und zwar auch solche von ehemaligen Vorstandsmitgliedern. Bereits nach Zustellung einer auf angeblich pflichtwidriges Handeln eines Vorstandsmitglieds gestützten Schadensersatzklage muss der Aufsichtsrat den Sachverhalt erforschen und Regressmöglichkeiten gegen das betreffende Vorstandsmitglied eigenverantwortlich prüfen (BGH 16.2.2009, NZG 2009, 342 Rn. 23). Insbesondere muss der Aufsichtsrat dafür sorgen, dass im Fall des Unterliegens der Gesellschaft ein Regress gegen den Vorstand nicht vereitelt wird. Als Mittel stehen ihm hierfür die Streitverkündung an den Vorstand im Prozess mit dem Dritten oder eine Vereinbarung mit den Vorstandsmitgliedern, dass das im Verhältnis zum Dritten ergangene Urteil nicht mehr in Frage gestellt wird, zur Verfügung (*Schwab* NZG 2013, 521 (526)). Werden Führungsentscheidungen und wesentliche Einzelmaßnahmen nicht vom Vorstand selbst getroffen, sondern auf nachgeordnete Managementebenen delegiert, so ist die Leitungstätigkeit auch dieser Entscheidungsträger zu überwachen (BGH 12.7.1979, BGHZ 75, 120 (133) = NJW 1979, 1879; MüKoAktG/*Habersack* Rn. 20 f.; *Roth* ZGR 2012, 343 (346)). Zugleich hat der Aufsichtsrat darauf zu achten, dass der Vorstand seiner Leitungsfunktion grundsätzlich selbst nachkommt. Unmittelbare Kontaktaufnahme zu leitenden Angestellten ist zulässig und kann sich im Einzelfall sogar aufdrängen.

Die genannten Leitungsmaßnahmen sind nicht nur von Fall zu Fall, sondern laufend zu kontrollieren, 8a ohne dass der Aufsichtsrat deshalb ständig tagen müsste. Eine generelle Pflicht des Aufsichtsrats zur Einführung eines **Risikomanagementsystems** besteht nicht, jedoch lässt sich aus § 107 Abs. 3 S. 2 eine Pflicht herleiten, ein solches im Unternehmen eingeführtes System iS einer Wirksamkeitskontrolle zu überwachen (→ § 107 Rn. 26). Im Übrigen hängt die **Kontrolldichte** von der Vermögens-, Finanz- und Ertragslage des Unternehmens ab. Krisensignale führen zu erhöhter Überwachungsintensität (BGH 2.4.2007, NZG 2007, 516 Rn. 27; BGH 16.3.2009, NZG 2009, 550 Rn. 15; OLG Düsseldorf 31.5.2012, AG 2013, 171; OLG Stuttgart 19.6.2012, WM 2012, 2004: GroßkommAktG/*Hopt/Roth* Rn. 313 ff.; vgl. auch *Wardenbach* KSzW 2010, 114 ff.). Der Aufsichtsrat hat auch hier bei seinen Entscheidungen grundsätzlich einen Ermessensspielraum im Sinne der Business Judgement Rule (*Paefgen* WM 2016, 433 (439); Hölters/*Hambloch-Gesinn/Gesinn* Rn. 19). Bei schwerwiegenden Unregelmäßigkeiten und der Verletzung von Rechtsvorschriften muss der Aufsichtsrat einschreiten (→ § 116 Rn. 11; OLG Braunschweig 14.6.2012, NZG 2012, 1196 (1197)). Auch bei einer neu gegründeten Gesellschaft können die Anforderungen an die Überwachungspflichten des Aufsichtsrats gesteigert sein (OLG Stuttgart 19.6.2012, WM 2012, 2004). Gesteigerte Überwachungsintensität mit einer Pflicht des Aufsichtsrats zur eigenen Sachverhaltserfassung und Risikobewertung ist auch bei Geschäften anzunehmen, die wegen ihres Umfangs, der mit ihnen verbundenen Risiken oder ihrer strategischen Bedeutung für die Gesellschaft erheblich sind (OLG Stuttgart 29.2.2012, AG 2012, 298; *Hoffmann* AG 2012, 478). Erhebliche Pflichtverstöße des Vorstands zwingen zur Einwirkung auf die Geschäftsführung.

Die Überwachung erfolgt zwar **schwerpunktmäßig vergangenheitsbezogen,** greift aber zugleich 9 **präventiv.** Der Aufsichtsrat nimmt auf Bestellung, Organisation und Leitungshandeln des Vorstands Einfluss. Als Mittel stehen ihm – mangels Weisungsrechts – unverbindliche Belehrungen, Zustimmungsvorbehalte und die Geltendmachung von Schadensersatz (§ 93) zur Verfügung. Zu Letztgenanntem ist der Aufsichtsrat grundsätzlich verpflichtet, auch wenn dadurch die vertrauensvolle Zusammenarbeit regelmäßig massiv gestört wird. Das gilt insbesondere dann, wenn der Vorstand ohnehin durch eine D&O-Versicherung geschützt ist. Ausnahmsweise kann von der Rechtsverfolgung abgesehen werden, wenn gegen sie gewichtige Gründe des Gemeinwohls sprechen und diese Aspekte zumindest gleichgewichtig zu jenen sind, die für eine Inanspruchnahme des Vorstands sprechen. Umstritten ist, ob diese Verfolgungspflicht infolge der Verschärfung des Maßstabs für Aktionärsklagen in § 148 Abs. 1 S. 2 Nr. 4 ebenfalls nur bei **überwiegenden** Gegengründen entfällt (dafür sprechen sich unter anderem Hüffer/Koch/*Koch* Rn. 9; *Redeke* ZIP 2008, 1449 (1551) aus, dagegen *Reichert* FS Hommelhoff, 2012, 923 ff.; *Goette* ZHR 176 (2012), 588 (599)). Für persönliche Erwägungen ist nur ausnahmsweise Raum (BGH 21.4.1997, BGHZ 135, 244 (254 ff.) = NJW 1997, 1926; GroßkommAktG/*Hopt/Roth* Rn. 361).

9a Die Überwachung und Beratung durch den Aufsichtsrat als Kernaufgaben gewinnen in Krisenzeiten – wie beispielsweise der COVID-19-Pandemie – zusätzlich an Bedeutung. Zwar hat der Aufsichtsrat weiterhin das in Abs. 4 Satz 1 postulierte Geschäftsführungsverbot zu respektieren, jedoch muss er ggf. die Überwachungsintensität anpassen. Maßgeblich sind Faktoren wie die Risikostruktur der Gesellschaft, betroffene Unternehmensbereiche sowie Art und Stadium der Krise (ausführlich *Heusel/Goette* AG 2020, 411 (412 ff.)).

IV. Einsichts- und Prüfungsrecht (Abs. 2 S. 1 und 2)

10 Zur effektiven Wahrnehmung der Überwachungsaufgabe gewährt Abs. 2 S. 1 dem Aufsichtsrat – nicht dem einzelnen Mitglied (OLG Stuttgart 30.5.2007, NZG 2007, 549 (550)) – weitreichende Einsichts- und Prüfungsrechte. Die Vorschrift ergänzt die in § 90 Abs. 1 und 2 verankerte und seit dem TransPuG konkretisierte Pflicht des Vorstands (OLG Frankfurt a. M. 1.10.2013, AG 2014, 373; *Burgard/Heimann* AG 2014, 360), dem Aufsichtsrat aus eigener Initiative und periodisch umfassend Bericht zu erstatten, sowie das Recht des Aufsichtsrats, jederzeit zusätzliche Berichte verlangen zu können (§ 90 Abs. 3). Ebenso wie § 90 normiert auch § 111 Abs. 2 **„Pflichtrechte“.** Der Aufsichtsrat ist somit unabhängig von der Kooperation des Vorstands verpflichtet, sich jene Informationen zu verschaffen, die er für eine ordnungsgemäße Erfüllung seiner Überwachungsaufgabe benötigt (*Hüffer* NZG 2007, 47 (49); *Kropff* FS Raiser, 2005, 225; vgl. *Hopt* ZGR 2019, 507 (529 f.); vgl. auch Grundsatz 15 DCGK).

11 Das **Einsichtsrecht** erstreckt sich auf den gesamten Datenbestand des Unternehmens, einschließlich digitalisierter Berichte. Vermögensgegenstände, insbesondere Betriebsmittel, Grundstücke uÄ, können zur Kontrolle des Vermögensbestands besichtigt werden. Daten konzernverbundener Unternehmen und sonstiger **Dritter** werden nicht erfasst, selbst wenn der Vorstand entsprechende Zugriffsrechte hat. Funktional ist das Einsichtsrecht durch die Aufgabe der Überwachung der Unternehmensleitung begrenzt, der Aufsichtsrat darf sich also nicht zum Revisor der Geschäftsführung aufschwingen. Wohl aber entspricht es seiner Überwachungsaufgabe, wenn er **stichprobenartig** einzelne Geschäftsführungsmaßnahmen prüft, selbst auf die Gefahr einer gewissen Belastung der Zusammenarbeit mit dem Vorstand. Zusätzliche Informationen kann sich der Aufsichtsrat durch die **Befragung** des Vorstands und von Unternehmensmitarbeitern verschaffen. Die Sorge um einen Bruch der **Verschwiegenheitspflicht** durch einzelne Aufsichtsratsmitglieder gibt dem Vorstand kein Geheimhaltungsrecht. In mitbestimmten Unternehmen wird gleichwohl eine restriktive Informationspolitik des Vorstands beklagt, die zulasten der Kontrollfunktion des Aufsichtsrats gehe (*Ulmer* ZHR 166 (2002), 271 (275)). In hochsensiblen Bereichen kann es sich anbieten, die Ausübung des Einsichtsrechts auf einen Ausschuss oder einzelne Personen zu delegieren.

12 In gewissen Fällen kann sich die Ausübung des Einsichtsrechts durch das Plenum als zu schwerfällig bzw. zu aufwändig erweisen. Abs. 2 S. 2 lässt daher unter Durchbrechung der in Abs. 5 normierten Höchstpersönlichkeit der Amtsführung (→ Rn. 28) eine **Delegation der Befugnisse** auf einzelne Mitglieder oder Sachverständige zu, letzteres allerdings nur zeitlich begrenzt (BGH 15.11.1982, BGHZ 85, 293 (296) = NJW 1983, 991). Die Zulässigkeit der Aufgabenübertragung auf Ausschüsse ergibt sich aus § 107 Abs. 3 S. 1. Delegiert der Aufsichtsrat Befugnisse auf Sachverständige, so steht ihm (und nicht etwa dem Vorstand gem. § 78 Abs. 1 S. 1 AktG) die gerichtliche und außergerichtliche Vertretung der Aktiengesellschaft gegenüber dem Sachverständigen bei Streitigkeiten aus dem Auftragsverhältnis zu. (BGH 20.3.2018, NZG 2018, 629; *Menkel* AG 2019, 330 (330); *Vetter* ZGR 2020, 35 (38); *Schnorbus/Ganzer* BB 2019, 258 (269)).

V. Vertretung der Gesellschaft gegenüber dem Abschlussprüfer (Abs. 2 S. 3); Überprüfung der nichtfinanziellen Erklärungen bzw. Berichte (Abs. 2 S. 4)

13 **1. Regelungsanliegen.** Abs. 2 S. 3 weist die Vertretungsmacht zum Abschluss des Geschäftsbesorgungsvertrages mit dem von der Hauptversammlung (§ 119 Abs. 1 Nr. 4) bestellten Abschlussprüfer dem Aufsichtsrat als Gremium zu. Die Vorschrift ist nachträglich durch Art. 1 Nr. 12 KonTraG in § 111 Abs. 2 eingefügt worden. Ziel ist die Stärkung der Unabhängigkeit des Abschlussprüfers gegenüber dem Vorstand, zugleich wird die Funktion des Prüfers als den Aufsichtsrat unterstützender Experte gestärkt (BT-Drs. 13/9712, 16). Da es um die Vertretung der AG geht, gehört die Regelung an sich in den Kontext des § 112, inhaltlich ist sie indes zu begrüßen. Die gesetzliche Befugnis beschränkt sich auf die Ausgestaltung und den Abschluss des Prüfungsauftrags, jedoch kann der Aufsichtsrat auch die Erteilung sonstiger (Beratungs-)Aufträge an den Abschlussprüfer nach Abs. 4 S. 2 an sich ziehen. Auf diese Weise kann eine sensible Paralleltätigkeit des Prüfers als Berater des Unternehmens auch dort unterbunden werden, wo §§ 319, 319a HGB nicht ohnehin schon zur Inhabilität des Prüfers führen (dazu *Henssler* ZHR 171 (2007), 10 ff.). Aufsichtsrechtliche Anzeigepflichten sind vom Vorstand unverzüglich nach der Bestellung, also noch vor Erteilung des Prüfungsauftrags durch den Aufsichtsrat, zu erfüllen (vgl. § 28 KWG; § 58 Abs. 2 VAG). Bestimmt die Aufsichtsbehörde einen Prüfer, so hat der Aufsichtsrat diesem unverzüglich den Auftrag zu erteilen (§ 58 Abs. 2 S. 2 VAG).

Im Zuge der Umsetzung der Richtlinie 2014/95/EU wurden dem Aufsichtsrat mit dem neu eingefügten Abs. 2 S. 4 durch das CSR-RUG v. 11.4.2017 (BGBl. 2017 I 802) erweiterte Kompetenzen zur Beauftragung einer freiwilligen externen Prüfung der nichtfinanziellen Erklärungen/Berichte eingeräumt (eingehend *Velte* IRZ 2017, 325; *Scherb-Da Col,* Die Ausstattung des Aufsichtsrats, 2018, 227 f.). Grundsätzlich müssen die nichtfinanzielle Erklärung bzw. der eigenständige nichtfinanzielle Bericht nach § 317 Abs. 2 S. 4 HGB lediglich formell durch den Abschlussprüfer gewürdigt werden. Dieser bestätigt also nur, „ob" die Erklärung bzw. der Bericht vorliegen. Auf eine materielle Prüfungspflicht wurde aus Kostengründen und vor dem Hintergrund der „Erwartungslücke" beim Abschlussprüfer bewusst verzichtet. Um gleichzeitig aber einer drohenden „Verlässlichkeitslücke" entgegenzuwirken, wird nunmehr die (materielle) Prüfungspflicht des Aufsichtsrats für die nichtfinanzielle Erklärung bzw. für den nichtfinanziellen Bericht in § 171 Abs. 1 explizit herausgestellt. Flankierend wird auf Drängen des Rechtsausschusses durch den neuen Abs. 2 S. 4 das Recht des Aufsichtsrats auf Durchführung einer materiellen Prüfung durch eine externe Instanz verdeutlicht. Dem Aufsichtsrat steht insoweit ein Ermessens- und Gestaltungsspielraum zu. Neben einer Vollprüfung oder einer Prüfung von Teilen der Erklärung bzw. des Berichts bestehen die Optionen einer Prüfung (Positivaussage) oder einer prüferischen Durchsicht (Negativaussage) (*Velte* IRZ 2017, 325 (327)). Die Reform stellt klar, dass die Beauftragung eines externen Prüfers zwar möglich, aber nicht notwendig („kann") ist. Nach der Beschlussempfehlung des Rechtsausschusses ergibt sich dies schon aus dem Zusammenspiel von Abs. 2 S. 4 und § 289b Abs. 4 HGB (BT-Drs. 18/11450, 47). Verzichtet der Aufsichtsrat auf einen externen Prüfer, darf er konsequenterweise nicht erhöhten Haftungsrisiken (§ 116 iVm § 93) unterliegen (BeckOGK/*Spindler,* 15.1.2020 Rn. 62; *Hennrichs* NZG 2017, 841 (845)). Für Geschäftsjahre, die nach dem 31.12.2018 beginnen, knüpft § 289b Abs. 4 HGB an die freiwillige Prüfung eine Pflicht zur Veröffentlichung des Prüfungsurteils. 13a

2. Reichweite. Die Aufsichtsratsbefugnis betrifft sowohl den Abschlussprüfer des Einzelabschlusses der AG als auch – sofern die AG zugleich Muttergesellschaft eines Unternehmensverbunds iSv § 290 HGB ist – den Vertragsschluss mit dem **Konzernabschlussprüfer** (zur Bestellung: § 318 Abs. 1 S. 1 HGB). Bei sonstigen fakultativen Prüfungsaufträgen, etwa § 37w Abs. 5 S. 1 WpHG (Halbjahresfinanzbericht), bietet sich eine entsprechende Anwendung von Abs. 2 S. 3 an (Hüffer/Koch/*Koch* Rn. 26). 14

Der Aufsichtsrat oder der dafür zuständige Ausschuss (zur Delegation auf Ausschüsse → § 107 Rn. 28 und Hüffer/Koch/*Koch* Rn. 27) muss als Gremium über die Auftragserteilung einen Beschluss fassen. Die anschließende Abgabe der Willenserklärung richtet sich nach allgemeinen Regeln, erfolgt also durch einen Erklärungsvertreter, idR den Vorsitzenden. Die entsprechende Vollmacht kann durch Satzung, Geschäftsordnung oder im Aufsichtsratsbeschluss – uU auch konkludent – erteilt werden. Vorbereitende Arbeiten sowie die Verhandlungen über Details des Vertrags, wie das mangels gesetzlicher Gebührenregelung festzulegende Honorar (sonst § 612 Abs. 2 BGB), führt der Aufsichtsratsvorsitzende (→ § 107 Rn. 8), ein Ausschuss oder ein sonst hierzu Bevollmächtigter. Der Aufsichtsrat kann Prüfungsschwerpunkte (Beispiel: Kontrollsysteme im Derivatehandel) vorgeben (BT-Drs. 13/9712, 16 f.). Die Wirksamkeit der Bestellung wird durch etwaige Mängel des Geschäftsbesorgungsvertrages nicht berührt, sodass auch die Wirksamkeit des geprüften Abschlusses nicht in Frage gestellt ist. Der Prüfungsbericht ist nach § 170 Abs. 3 S. 2 jedem Aufsichtsratsmitglied auszuhändigen (→ § 170 Rn. 9 ff.). 15

VI. Pflicht zur Einberufung der Hauptversammlung (Abs. 3)

Abs. 3 S. 1 verpflichtet den Aufsichtsrat zur Einberufung der Hauptversammlung, wenn dies zum Wohl der Gesellschaft geboten ist, und begründet damit zugleich ein entsprechendes Recht des Aufsichtsgremiums. Grundsätzlich ist die Hauptversammlung in diesen Fällen nach § 121 Abs. 2 S. 1, § 175 bereits vom Vorstand einzuberufen. Abs. 3 S. 1 wirkt damit nur ergänzend und gestaltet insoweit die Überwachungsfunktion des Aufsichtsrats aus (GroßkommAktG/*Hopt/Roth* Rn. 543). Zum durch die Hauptversammlungskompetenzen determinierten Begriff des „Wohl der Gesellschaft" → § 121 Rn. 5. In den seltenen Fällen einer Einberufung durch den Aufsichtsrat wird es meist um Konstellationen gehen, in denen Vorstandsmitgliedern das Vertrauen entzogen werden soll (§ 84 Abs. 3). Da die Hauptversammlung nicht in Fragen der Geschäftsführung entscheidet, kommt ihre Einberufung mit dem Ziel der Erörterung der Geschäftspolitik nicht in Betracht. Nur wenn der Vorstand ausnahmsweise verpflichtet ist, die Entscheidung der Hauptversammlung einzuholen, ist daher ein Rückgriff auf Abs. 3 zulässig und geboten. In den Fällen der Einberufung der Hauptversammlung durch den Aufsichtsrat hat dieser auch eine Annexkompetenz für deren Durchführung und Organisation, zB die Beauftragung eines Hauptversammlungsdienstleisters (LG Frankfurt a. M. 16.8.2013, NZG 2014, 1232). 16

Die Einberufung erfolgt auf der Grundlage eines mit einfacher Mehrheit zu fassenden Beschlusses (§ 108 Abs. 1), nicht eines Ausschusses (§ 107 Abs. 3 S. 2). Einzelheiten richten sich nach § 121 Abs. 3 und 4, §§ 123 ff. Pflichtwidriges Verhalten, sei es durch Untätigkeit, sei es durch Einberufung einer überflüssigen Hauptversammlung, ist nach § 116 S. 1 sanktioniert. 17

VII. Mitwirkung an der Geschäftsführung (Abs. 4)

18 **1. Zustimmungsvorbehalte.** Die gesetzliche Funktionsaufteilung zwischen Vorstand und Aufsichtsrat weist die Geschäftsführung allein dem Vorstand zu (§ 77). Konsequent schließt Abs. 4 S. 1 den Aufsichtsrat hiervon grundsätzlich aus. In der Unternehmenspraxis wäre eine strikte Umsetzung dieser Kompetenzabgrenzung freilich weder mit dem Ziel optimierter Corporate Governance noch mit einer effektiven Kontrolltätigkeit zu vereinbaren. Dementsprechend sieht das Gesetz in Abs. 4 S. 2 ausdrücklich die Möglichkeit vor, Geschäftsführungsmaßnahmen an die Zustimmung des Aufsichtsrats zu koppeln (zu Einzelheiten *Fonk* ZGR 2006, 841 (866); *Fleischer* BB 2013, 835; *Schönberger,* Der Zustimmungsvorbehalt des Aufsichtsrates bei Geschäftsführungsmaßnahmen, 2006; *Seebach* AG 2012, 70 (71); *Thiessen* AG 2013, 573). Die Eigenverantwortlichkeit des Vorstands für Maßnahmen des gewöhnlichen Geschäftsbetriebs darf dadurch nicht unterlaufen werden. Die Regelung ist als Pflicht ausgestaltet: Welche Entscheidungen einem Zustimmungsvorbehalt unterworfen werden, entscheidet der Satzungsgeber oder der Aufsichtsrat nach pflichtgemäßem **Ermessen.** Jedoch kann sich das Ermessen zu einer Pflicht verdichten, wenn gesetzwidriges Vorstandshandeln anders nicht verhindert werden kann (BGH 15.11.1993, BGHZ 124, 111 (127) = NJW 1994, 520; KK-AktG/*Mertens/Cahn* Rn. 105; aA GroßkommAktG/*Kort* Vor § 76 Rn. 12). Das Zustimmungsrecht versteht sich als Vetorecht des Aufsichtsrats. Ein Initiativrecht bzw. eine Alleinentscheidungskompetenz des Aufsichtsrats kennt das Gesetz für Geschäftsführungsmaßnahmen nicht; auch die Satzung kann entsprechende Befugnisse nicht einräumen.

19 **2. Zuständigkeit.** Die Pflicht zur Festlegung der zustimmungspflichtigen Geschäfte trifft nach Abs. 4 S. 2 Hauptversammlung und Aufsichtsrat. Die Zuständigkeiten konkurrieren miteinander; beide Organe sind berechtigt Vorbehalte festzulegen, dagegen können sie die Anordnungen des jeweils anderen Organs nicht einschränken. So kann der Aufsichtsrat ohne Weiteres den in der Satzung festgelegten Katalog ergänzen, nicht dagegen die dort geregelten Vorbehalte aufheben (MüKoAktG/*Habersack* Rn. 117).

20 **3. Reichweite.** Nach dem Wortlaut des Abs. 4 S. 2 können „bestimmte Arten von Geschäften" einem Zustimmungserfordernis unterworfen werden. Grundsatz 6 DCGK qualifiziert diese als „Geschäfte von grundlegender Bedeutung". Entsprechend der Kompetenzverteilung zwischen Vorstand und Aufsichtsrat können nur solche Entscheidungen dem Zustimmungsvorbehalt unterworfen werden, die nach Art, Volumen und Risiko für das Unternehmen bedeutsam sind (*Schönberger,* Der Zustimmungsvorbehalt des Aufsichtsrates bei Geschäftsführungsmaßnahmen, 2006, 66 ff.; GroßkommAktG/*Hopt/Roth* Rn. 641; *Fleischer* BB 2013, 835 (839); zu Gestaltungen in der Praxis *Rubner/Leuering* NJW-Spezial 2018, 207). Der Vorbehalt muss sich auf bestimmte, näher bezeichnete Geschäfte beziehen (GroßkommAktG/*Hopt/Roth* Rn. 643; *LKV* Aufsichtsrat Rn. 109); Beispiele: Grundstücksgeschäfte, Beteiligungserwerb, wirtschaftlich bedeutsame Kreditaufnahmen, Kreditvergabe. Auch eine ad hoc Entscheidung, die ein bestimmtes Geschäft betrifft, ist zulässig (hM, BGH 15.11.1993, BGHZ 124, 111 (127) = NJW 1994, 520; *Henze* BB 2005, 165 (166); MüKoAktG/*Habersack* Rn. 130). Unterlassungen fallen nicht unter § 111 Abs. 4 S. 2 (OLG Stuttgart 28.5.2013, AG 2013, 599 (603)). Im Falle einer wesentlichen Veränderung der Informationslage bedarf es einer erneuten Zustimmung des Aufsichtsrats (BGH 10.7.2018, WM 2018, 1889; *Weißhaupt* ZIP 2019, 202 (203)).

21 Zur Geschäftsführung zählt auch die Wahrnehmung der Gesellschafterrechte in abhängigen Gesellschaften. Zustimmungsvorbehalte können folglich auch Leitungsmaßnahmen in Tochtergesellschaften betreffen, soweit entsprechender Einfluss ausgeübt werden kann (Beispiel: Vertrags- oder Eingliederungskonzern gem. §§ 308, 323). Ob ohne ausdrücklichen Konzernbezug Konzernsachverhalte erfasst sind, ist eine Frage der Auslegung von Satzung oder Aufsichtsratsbeschluss. Eine Erstreckung ist im Zweifel anzunehmen, wenn das mit dem Vorbehalt verfolgte Anliegen sonst nicht erreicht würde (zum Ganzen *Lutter* FG Happ, 2006, 143 (145 f.); MüKoAktG/*Habersack* Rn. 132 ff.).

22 **4. Zustimmungserteilung.** Der Zustimmungsvorbehalt verpflichtet den Vorstand, **vor Durchführung des Geschäfts** einen Aufsichtsratsbeschluss herbeizuführen. Die nachträgliche Einholung einer Genehmigung genügt wegen des präventiven Charakters grundsätzlich nicht (hM BGH 10.7.2018, WM 2018, 1889; Hüffer/Koch/*Koch* Rn. 46; MüKoAktG/*Habersack* Rn. 140; *Weißhaupt* ZIP 2019, 202 (203); *Dietz-Vellmer* NZG 2014, 721 (724); aA GroßkommAktG/*Meyer-Landrut* Rn. 16). Ausnahmen können je nach Lage des Einzelfalls bei eilbedürftigen Geschäften anzuerkennen sein (hM *Fonk* ZGR 2006, 841 (871); KK-AktG/*Mertens/Cahn* Rn. 106; aA MüKoAktG/*Habersack* Rn. 141). Ob die Zustimmung erteilt wird, liegt im **Ermessen** des Aufsichtsrats (BGH 11.12.2006, NJW-RR 2007, 390; GroßkommAktG/*Hopt/Roth* Rn. 667). Erteilte Zustimmung entbindet den Vorstand nicht von eigener Sorgfaltspflicht; führt er das Geschäft aber trotz verweigerter Zustimmung aus, handelt er pflichtwidrig. Der Aufsichtsrat kann den Kompetenzübergriff gerichtlich abwehren (*Bork* ZGR 1989, 1 (16)). Die für eine Zustimmungserteilung erforderliche Willensbildung des Aufsichtsrats erfolgt, vorbehaltlich der Übertragung auf einen Ausschuss, nur durch ausdrücklichen Beschluss nach § 108 Abs. 1 und kann

nicht durch eine Entscheidung des Aufsichtsratsvorsitzenden ersetzt werden (BGH 10.7.2018, WM 2018, 1889; *Weißhaupt* ZIP 2019, 202 (203)).

5. Ersetzung der Zustimmung. Verweigert der Aufsichtsrat die Zustimmung, so kann der Vorstand nach S. 3–5 eine Entscheidung der Hauptversammlung herbeiführen. Sie muss mit qualifizierter Stimmenmehrheit von drei Vierteln gefällt werden. Das Mitbestimmungsrecht der Arbeitnehmer kann auf diese Weise mittelbar wieder eingeschränkt werden. Die praktische Bedeutung der Regeln ist allerdings gering. Zur Enthaftung des Vorstands vgl. § 93 Abs. 4 S. 1 (→ § 93 Rn. 41 ff.). 23

VIII. Festlegung der Zielgrößen des § 76 Abs. 4

Mit dem am 6.3.2015 durch den Bundestag verabschiedeten „Gesetz für die gleichberechtigte Teilhabe von Frauen und Männern an Führungspositionen in der Privatwirtschaft und im öffentlichen Dienst" (BT-Drs. 18/4227) wurden in dem neu eingefügten Abs. 5 neue Pflichten des Aufsichtsrats mit Blick auf die Vorgaben des § 76 Abs. 4 eingeführt (vgl. zum Ganzen *Grobe* AG 2015, 289 ff.). Bei mitbestimmungspflichtigen und/oder börsennotierten Unternehmen müssen nunmehr durch Beschluss gem. § 108 Abs. 1 Zielgrößen für die **Geschlechterquote in Aufsichtsrat und Vorstand** sowie Fristen für deren Einführung festgelegt werden. Das gilt für den Aufsichtsrat selbstverständlich nur, sofern nicht ohnehin die gesetzliche Mindestquote des § 96 Abs. 3 einzuhalten ist. Dann bedarf es nur einer Zielvorgabe für den Vorstand. § 25d Abs. 11 KWG gilt als lex specialis fort (BT-Drs. 18/3784, 124). 24

Als Ausgangspunkt muss der Aufsichtsrat zunächst den bisherigen Frauenanteil feststellen (BT-Drs. 18/3784, 122 f.). Bestimmte Mindestziele für die auf dieser Grundlage festzulegenden Quoten sind im Gesetz nicht vorgesehen. Allerdings dürfen die Zielgrößen nicht hinter dem bisherigen Stand zurückbleiben, wenn der Frauenanteil bislang unter 30 % liegt. Der schon erreichte Frauenanteil soll unterhalb der gesetzlichen Zielgröße verbessert, nicht verschlechtert werden (vgl. auch BT-Drs. 18/3784, 123). Außerhalb des **Verschlechterungsverbots** ist der Aufsichtsrat frei, in Extremfällen (zB Leitung der AG durch zwei Gründer) kann auch eine Nullprozentquote nicht zu beanstanden sein. Die Palette der Gestaltungsmöglichkeiten ist auch im Übrigen sehr breit: Denkbar sind stufenweise zu erreichende Endgrößen, konkret festgelegte Erhöhungsschritte, Zielgrößen nur für einzelne Geschäftsjahre oder langfristige Planungen über mehrere Jahre (BT-Drs. 18/3784, 123; *Junker/Schmidt-Pfitzner* NZG 2015, 929 (935)). Der Aufsichtsrat kann seine Festlegung in Form einer Prozentangabe oder einer absoluten Zahl treffen (Hölters/*Hambloch-Gesinn/Gesinn* Rn. 83d; *Schulz/Ruf* BB 2015, 1155 (1161); *Junker/Schmidt-Pfitzner* NZG 2015, 929 (936)). Langfristiges allgemeines Ziel soll nach der amtlichen Begründung die paritätische Besetzung mit Frauen und Männern sein, eine sehr schematische, wenig praxisnahe Wunschvorstellung. Weder frauen- noch männerdominierte Aufsichtsräte sind per se eine Fehlentwicklung, sondern können im Einzelfall durch Sachgründe erklärbar sein. Der Aufsichtsrat ist auch dazu berechtigt, seine Ziele während der bereits laufenden Frist abzuändern (Hölters/*Hambloch-Gesinn/Gesinn* Rn. 83d; *Herb* DB 2015, 964 (970); *Fromholzer/Simons* AG 2015, 457 (464)). 25

Die Pflicht zur Festlegung der Zielgrößen und Umsetzungsfristen kann nicht der Hauptversammlung übertragen werden. Dies entspricht der Verantwortlichkeit des Aufsichtsrats für die Auswahl seiner Mitglieder bei der Erarbeitung der Wahlvorschläge nach § 124 Abs. 3 S. 1 sowie aus Grundsatz 11 DCGK und Empfehlung C.1–C.3 DCGK. Verletzt der Aufsichtsrat diese Pflicht, kann es zu einer Schadensersatzpflicht gem. § 93 Abs. 2 S. 1, § 116 kommen (BT-Drs. 18/3784, 123), in der Praxis ist mit einem Schadenseintritt jedoch selten zu rechnen (Hölters/*Hambloch-Gesinn/Gesinn* Rn. 83g). 26

Nach § 25 EGAktG mussten die Zielgrößen bis spätestens 30.6.2015 mit einer maximalen Umsetzungsfrist von zwei Jahren festgelegt werden. Folgefristen dürfen fünf Jahre nicht überschreiten (BT-Drs. 18/3784, 123). 27

IX. Persönliche Amtsführung (Abs. 6)

Abs. 6 verpflichtet die Aufsichtsratsmitglieder zur persönlichen Wahrnehmung ihres Amtes. Die Teilnahme an Sitzungen oder Beschlussfassungen ist somit nicht delegierbar. Generell dürfen die originären aus § 87 Abs. 1, § 112 Abs. 1 folgenden Aufgaben nicht auf eine Person außerhalb des Gremiums, etwa ein Vorstandsmitglied, übertragen werden (OLG Düsseldorf 30.8.2012, BeckRS 2013, 12051; OLG Düsseldorf NZG 2004, 141). Dass die Hauptversammlung keine Stellvertreter bestellen kann, ergibt sich aus der Parallelvorschrift des § 101 Abs. 3 S. 1 (→ § 101 Rn. 14). Aus Abs. 6 folgt zugleich die Weisungsfreiheit im Rahmen der Aufgabenwahrnehmung. Zulässig bleibt neben den in § 107 Abs. 3 (Delegation auf Ausschüsse), § 108 Abs. 3 (Stimmbotenschaft), § 109 Abs. 1 S. 2 (Sachverständige) und § 109 Abs. 3 (Sitzungsteilnahme Dritter; dazu → § 109 Rn. 5) geregelten Ausnahmen generell die Hinzuziehung von Hilfskräften und Beratern (*Lutter/Krieger* DB 1995, 257 (259)), solange eine eigene Meinungsbildung des Aufsichtsratsmitglieds gewährleistet ist (Hölters/*Hambloch-Gesinn/Gesinn* Rn. 86; *v. Schenck* Liber Amicorum Dolf Weber, 2016, 407 (421); *Erkens/Fuchs* NZG 2019, 651). Auch können 28 vorbereitende Maßnahmen oder die Durchführung von Beschlüssen einzelnen Aufsichtsratsmitgliedern übertragen werden (→ Rn. 12).

Geschäfte mit nahestehenden Personen

111a (1) [1] **Geschäfte mit nahestehenden Personen sind Rechtsgeschäfte oder Maßnahmen,**

1. **durch die ein Gegenstand oder ein anderer Vermögenswert entgeltlich oder unentgeltlich übertragen oder zur Nutzung überlassen wird und**
2. **die mit nahestehenden Personen gemäß Satz 2 getätigt werden.**

[2] **Nahestehende Personen sind nahestehende Unternehmen oder Personen im Sinne der internationalen Rechnungslegungsstandards, die durch die Verordnung (EG) Nr. 1126/2008 der Kommission vom 3. November 2008 zur Übernahme bestimmter internationaler Rechnungslegungsstandards gemäß der Verordnung (EG) Nr. 1606/2002 des Europäischen Parlaments und des Rates (ABl. L 320 vom 29.11.2008, S. 1; L 29 vom 2.2.2010, S. 34), die zuletzt durch die Verordnung (EU) 2019/412 (ABl. L 73 vom 15.3.2019, S. 93) geändert worden ist, in der jeweils geltenden Fassung übernommen wurden.** [3] **Ein Unterlassen ist kein Geschäft im Sinne des Satzes 1.**

(2) [1] **Geschäfte, die im ordentlichen Geschäftsgang und zu marktüblichen Bedingungen mit nahestehenden Personen getätigt werden, gelten nicht als Geschäfte mit nahestehenden Personen im Sinne der §§ 107 und 111a bis 111c.** [2] **Um regelmäßig zu bewerten, ob die Voraussetzungen nach Satz 1 vorliegen, richtet die börsennotierte Gesellschaft ein internes Verfahren ein, von dem die an dem Geschäft beteiligten nahestehenden Personen ausgeschlossen sind.** [3] **Die Satzung kann jedoch bestimmen, dass Satz 1 nicht anzuwenden ist.**

(3) **Nicht als Geschäfte mit nahestehenden Personen im Sinne der §§ 107 und 111a bis 111c gelten ferner**

1. **Geschäfte mit Tochterunternehmen im Sinne der internationalen Rechnungslegungsstandards, die durch die Verordnung (EG) Nr. 1126/2008 übernommen wurden, die unmittelbar oder mittelbar in 100-prozentigem Anteilsbesitz der Gesellschaft stehen oder an denen keine andere der Gesellschaft nahestehende Person beteiligt ist oder die ihren Sitz in einem Mitgliedstaat der Europäischen Union haben und deren Aktien zum Handel an einem in einem Mitgliedstaat gelegenen oder dort betriebenen geregelten Markt im Sinne des Artikels 4 Absatz 1 Nummer 21 der Richtlinie 2014/65/EU des Europäischen Parlaments und des Rates vom 15. Mai 2014 über Märkte für Finanzinstrumente sowie zur Änderung der Richtlinien 2002/92/EG und 2011/61/EU (ABl. L 173 vom 12.6.2014, S. 349; L 74 vom 18.3.2015, S. 38; L 188 vom 13.7.2016, S. 28; L 273 vom 8.10.2016, S. 35; L 64 vom 10.3.2017, S. 116; L 278 vom 27.10.2017, S. 56), die zuletzt durch die Richtlinie (EU) 2016/1034 (ABl. L 175 vom 30.6.2016, S. 8) geändert worden ist, zugelassen sind;**
2. **Geschäfte, die einer Zustimmung oder Ermächtigung der Hauptversammlung bedürfen;**
3. **alle in Umsetzung der Hauptversammlungszustimmung oder -ermächtigung vorgenommenen Geschäfte und Maßnahmen, insbesondere**
   a) **Maßnahmen der Kapitalbeschaffung oder Kapitalherabsetzung (§§ 182 bis 240), Unternehmensverträge (§§ 291 bis 307) und Geschäfte auf Grundlage eines solchen Vertrages,**
   b) **die Übertragung des ganzen Gesellschaftsvermögens gemäß § 179a,**
   c) **der Erwerb eigener Aktien nach § 71 Absatz 1 Nummer 7 und 8 Satzteil vor Satz 2,**
   d) **Verträge der Gesellschaft mit Gründern im Sinne des § 52 Absatz 1 Satz 1,**
   e) **der Ausschluss von Minderheitsaktionären nach den §§ 327a bis 327f sowie**
   f) **Geschäfte im Rahmen einer Umwandlung im Sinne des Umwandlungsgesetzes;**
4. **Geschäfte, die die Vergütung betreffen, die den Mitgliedern des Vorstands oder Aufsichtsrats im Einklang mit § 113 Absatz 3 oder § 87a Absatz 2 gewährt oder geschuldet wird;**
5. **Geschäfte von Kreditinstituten, die zur Sicherung ihrer Stabilität durch die zuständige Behörde angeordnet oder gebilligt wurden;**
6. **Geschäfte, die allen Aktionären unter den gleichen Bedingungen angeboten werden.**

Übersicht

I. Gegenstand und Regelungssystematik der §§ 111a ff.

1 Die mit dem Gesetz zur Umsetzung der Zweiten Aktionärsrechterichtlinie (ARUG II) eingeführten Regelungen zu den **Geschäften mit nahestehenden Personen** (Related Party Transactions, RPT) stellen aus Sicht der betroffenen Gesellschaften eine wesentliche Neuerung dar. Sie haben ihre Grundlage in Art. 9c ARRL II.

2 Der ARRL II liegt die zutreffende Annahme zugrunde, dass derartige Geschäfte für die Gesellschaft und ihre Aktionäre nachteilig sein können, da es auf diese Weise zu **nicht gerechtfertigten Vermögensverschiebungen** zugunsten einer nahestehenden Person kommen kann (sog. *tunneling,* Erwägungsgrund 42 ARRL II). Denn solchen Geschäften ist die Gefahr immanent, dass die nahestehende Person der Gesellschaft keine marktgerechte Gegenleistung für die ihr zustehende Leistung erbringt (*Zipperle/Lingen* BB 2020, 131 (134)). Regelungen zu Geschäften mit nahestehenden Personen sind in den meisten EU-Staaten – in unterschiedlicher Ausprägung und mit unterschiedlicher systematischer Verortung – bereits seit längerer Zeit zu finden (Überblicke bei *Fleischer* BB 2014, 2691 (2692 ff.) sowie – auch außereuropäische Jurisdiktionen erfassend – *Veil* NZG 2017, 521 (524)). Auch im deutschen Recht ließen sich bereits vor der Umsetzung der Richtlinie situativ und vereinzelt Regelungen zu Geschäften mit nahestehenden Personen finden (§ 52 – Verträge mit Gründern, § 112 – Geschäfte mit Vorstandsmitgliedern, §§ 57 ff. – Kapitalerhaltungsvorschriften, namentlich und vor allem im Konzernrecht: §§ 291 ff., 311 ff., § 285 Nr. 21 HGB und § 341 Abs. 1 Nr. 13 HGB – RegBegr. BT-Drs. 19/9739, 36).

3 Art. 9c ARRL II sieht erstmals **europaweite Mindeststandards** für den Umgang mit wesentlichen Geschäften mit nahestehenden Personen in Gestalt eines **Zustimmungserfordernisses sowie einer Offenlegungspflicht** vor. Allerdings lässt die Richtlinie den Mitgliedstaaten erhebliche Umsetzungsspielräume etwa hinsichtlich des Kriteriums der Wesentlichkeit der einzubeziehenden Geschäfte sowie der generellen Ausnahmen vom Regelungsregime. Der deutsche Gesetzgeber hat bei der Umsetzung der Richtlinie erkennbar das Ziel verfolgt, den Anwendungsbereich der Neuregelungen überschaubar zu halten und so die betroffenen Gesellschaften in möglichst geringem Umfang zu belasten. Für nicht börsennotierte Gesellschaften soll es auch in Zukunft mit den bereits vorhanden aktienrechtlichen Schutzinstrumenten sein Bewenden haben (krit. *Barg* AG 2020, 149 (150 f.), die eine modifizierte Einbeziehung auch nicht-börsennotierter Gesellschaften befürwortet).

II. Geschäfte mit nahestehenden Personen

4 Hauptaufgabe des § 111a ist die **Definition des Begriffs** der Geschäfte mit nahestehenden Personen und seiner Ausnahmen. Liegt ein Geschäft mit nahestehenden Personen vor, dient es – unter dort geregelten weiteren Voraussetzungen – als Anknüpfungspunkt für Zustimmungserfordernisse und Transparenzpflichten nach den §§ 111b f.

5 **1. Nahestehende Personen.** Gemäß § 111a Abs. 1 S. 2 hat der Begriff der nahestehenden Unternehmen und Personen dieselbe Bedeutung wie nach den **internationalen Rechnungslegungsstandards,** die gemäß der IFRS-VO80 übernommen wurden. Dies sind primär IAS 24.9 sowie ergänzend IFRS 10, IFRS 11 und IAS 28 (*Zipperle/Lingen* BB 2020, 131 (134); *Barg* AG 2020, 149 (151); *Florstedt* ZHR 184 (2020), 10 (21 ff.)). Die Vorschrift des § 111a Abs. 1 S. 2 enthält einen **dynamischen Verweis** (*Zwirner/Vodermeier* IRZ 2020, 53 (55); *Barg* AG 2020, 149 (151)). Dies und der Umstand, dass die – für Transparenzzwecke geschaffenen – Definitionen in den genannten Rechnungslegungsstandards sehr **weit gefasst** und teilweise auch **unbestimmt** sind, birgt Nachteile für die Rechtsanwendung. Bereits heute kommt es in der Konzernrechnungslegung zu einer **uneinheitlichen Anwendung.** Vorzugswürdig wäre eine aktienrechtliche Definition des Begriffs der nahestehenden Personen gewesen, jedoch ist die im Vorfeld der Neuregelung geäußerte Kritik (vgl. nur *Bayer/Selentin* NZG 2015, 7 (10); *Bungert/Wansleben* DB 2017, 1190; *Lutter* EuZW 2014, 687 (688); *Selzner* ZIP 2015, 753 (758); *Florstedt* ZHR 184 (2020), 10 (21); zum Referentenentwurf *Paschos/Goslar* AG 2018, 857 (866)) vom Gesetzgeber nicht erhört worden.

6 Ausweislich der Gesetzesmaterialien begründen insbesondere **gesellschaftsrechtliche Verbindungen,** wie die **Beherrschung,** die **gemeinschaftliche Führung,** der **maßgebliche Einfluss** auf dieselbe Unternehmensgruppe oder die Zugehörigkeit zu derselben **Unternehmensgruppe** ein Nahestehen iSd § 111a (RegBegr. BT-Drs. 19/9739, 80). Über den Kreis der verbundenen Unternehmen

nach §§ 15 ff. hinaus gelten also vor allem solche Personen als nahestehend, die über einen maßgeblichen Einfluss auf die Finanz- und Geschäftspolitik der Gesellschaft verfügen; gemäß IAS 28 ist dieser maßgebliche Einfluss schon ab einer unmittelbaren oder mittelbaren **Beteiligung von 20 %** der Stimmrechte **widerleglich zu vermuten.** Zur Widerlegung der Vermutung des maßgeblichen Einflusses ist der Nachweis erforderlich, dass die Einflussnahme auf die Finanz- und Geschäftspolitik der Gesellschaft unmöglich ist. In Betracht kommen hier sowohl erhebliche Beteiligungen anderer Gesellschafter oder vertragliche Gestaltungen wie ein Entherrschungsvertrag (RegBegr. BT-Drs. 19/9739, 80; BeckOGK/*Spindler/Seidel,* 1.7.2020, Rn. 17; Hüffer/Koch/*Koch* Rn. 5). Umgekehrt wird unterhalb der Schwelle von 20 % widerleglich vermutet, dass ein maßgeblicher Einfluss und mithin ein iSd § 111a qualifiziertes Näheverhältnis nicht besteht. Auch hier kann im Einzelfall jedoch die Vermutung widerlegt werden, etwa durch Nachweis eines **konzertierten Zusammenwirkens** mehrerer, die in Bezug auf die Gesellschaft eine **langfristig ausgerichtete Stimmrechtsvereinbarung** getroffen haben (RegBegr. BT-Drs. 19/9739, 80, dies ist vergleichbar dem kapitalmarktrechtlichen Konzept des *acting in concert* (vgl. in diese Richtung auch *Kleinert/Mayer* EuZW 2019, 103 (104); allg. zum *acting in concert Süßmann* in ASB KapAnlR-HdB § 14 Rn. 32; *Kiesewetter* in Paschos/Fleischer Übernahme-HdB § 8 Rn. 69).

7 Daneben nennen die Gesetzesmaterialien auch **dienstvertragliche und organschaftliche Verbindungen** zur Gesellschaft oder ihrem Mutterunternehmen als möglichen Anknüpfungspunkt für ein Nahestehen der betreffenden Person. Erfasst sind daher neben **Organmitgliedern** der Gesellschaft bzw. ihres Mutterunternehmens **auch leitende Angestellte.** Ferner zählen zu den nahestehenden Personen auch **nahe Familienangehörige** solcher Personen. Der weite persönliche Anwendungsbereich bei natürlichen Personen wird allerdings durch das Kriterium der Wesentlichkeit des Geschäfts wieder eingeschränkt (→ § 111b Rn. 2 ff.). Letzteres dürfte in diesen Fällen selten erfüllt sein (Hüffer/Koch/*Koch* Rn. 6).

8 Personen, die der Gesellschaft nur im Rahmen ihrer **gewöhnlichen Geschäftsbeziehung** begegnen, also insbesondere **Kapitalgeber, Gewerkschaften, öffentliche Versorgungsunternehmen, Behörden** und **Institutionen einer öffentlichen Stelle** (RegBegr. BT-Drs. 19/9739, 80), sind selbst dann **keine nahestehenden Personen,** wenn sie den Handlungsspielraum der Gesellschaft einengen oder am Entscheidungsprozess mitwirken können (IAS 24.11). Grundsätzlich bleiben diese Personen daher bei der Ermittlung relevanter Geschäfte außen vor, allerdings soll dann etwas anderes gelten, wenn **faktisch ein gesellschaftergleicher Einfluss** auf die Geschicke der Gesellschaft ausgeübt werden kann (RegBegr. BT-Drs. 19/9739, 80).

9 Eine **abschließende Definition** ist **nicht möglich,** da IAS 24.10 bestimmt, dass bei der Betrachtung der möglichen Beziehungen zu nahestehenden Personen auf den **wirtschaftlichen Gehalt** der Beziehung und nicht allein auf die rechtliche Gestaltung abzustellen ist. Erschwerend tritt hinzu, dass der deutsche Gesetzgeber bei der Umsetzung über die EU-rechtlichen Vorgaben hinausgegangen ist (sog. *„goldplating"*), da eine Person nicht zwingend schon im Zeitpunkt des Abschlusses des betreffenden Geschäfts nahestehend sein muss, sondern auch eine **Vor- bzw. Nachwirkung** innerhalb eines ca. sechsmonatigen Zeitraums in Betracht kommt (RegBegr. BT-Drs. 19/9739, 80; *Kleinert/Mayer* EuZW 2019, 103 (104)).

10 Angesichts der Weite des Begriffs der nahestehenden Person stellt es für betroffene Gesellschaften bereits einen **erheblichen Mehraufwand** dar, Geschäfte mit nahestehenden Personen überhaupt ordnungsgemäß und lückenlos zu erfassen, weil die für die Erfassung von Geschäften mit nahestehenden Personen eingerichteten Systeme zum Zwecke der Rechnungslegung auf eine nachlaufende Erfassung ausgerichtet sind, was künftig nicht mehr genügt (BeckOGK/*Spindler/Seidel,* 1.7.2020, Rn. 21).

11 **2. Erfasste Geschäfte.** § 111a erfasst alle Rechtsgeschäfte oder Maßnahmen, durch die ein Gegenstand oder ein anderer Vermögenswert entgeltlich oder unentgeltlich übertragen oder zur Nutzung überlassen wird. Die Gesetzesmaterialien führen als **Beispiel für solche Geschäfte** Käufe, Verkäufe, den Bezug sowie die Erbringung von Dienstleistungen, die Nutzung oder Nutzungsüberlassung von Vermögensgegenständen, Finanzierungen sowie die Gewährung von Sicherheiten auf. Auch Produktionsverlagerungen, Produktionsänderungen, Investitionen, Stilllegungen von Betriebsteilen, Abstimmungen im Ein- oder Verkauf oder die Übernahme der Erfüllung von Verbindlichkeiten zählen zu den erfassten Geschäften, sofern sie zu einer Vermögensübertragung führen (RegBegr. BT-Drs. 19/9739, 79). Dieses **weite, funktionale Verständnis** des **Geschäftsbegriffs** orientiert sich an den zu § 285 Nr. 21 HGB entwickelten Grundsätzen und entspricht weitgehend dem Anwendungsbereich des § 311 Abs. 1 (Hüffer/Koch/*Koch* Rn. 2; MüKoHGB/*Poelzig* § 285 Rn. 362; ausf. zu den Definitionen der einzelnen Rechtsbegriffe *J. Vetter* AG 2019, 853 (854); krit. *Barg* AG 2020, 149 (152)). Ausgenommen sind nach Abs. 1 S. 3 lediglich Unterlassungen. Dem Merkmal der Übertragung oder Überlassung von Vermögenswerten kommt angesichts dieser weiten Auffassung kaum eigenständige Bedeutung zu. Erfasst sind dem Normzweck entsprechend alle potentiell nachteiligen Transaktionen (*Grigoleit* ZGR 2019, 412 (418); *J. Vetter* AG 2019, 853 (855); Hüffer/Koch/*Koch* Rn. 4).

12 Der Geschäftsbegriff umfasst dabei zwar sowohl das **schuldrechtliche** als auch das **dingliche** Rechtsgeschäft. Die ggf. erforderliche **Zustimmung und Offenlegung** sollen aber nur **einmal einheitlich**

für Verpflichtungs- und Verfügungsgeschäft einzuholen bzw. vorzunehmen sein, wobei insoweit auf das **zeitlich vorgelagerte Verpflichtungsgeschäft** abzustellen ist (RegBegr. BT-Drs. 19/9739, 79). Das gleiche gilt bei Dauerschuldverhältnissen, die lediglich einmaliger Zustimmung und Veröffentlichung bedürfen (RegBegr. BT-Drs. 19/9739, 79). **Unwesentliche Änderungen** von Geschäften sollen dagegen **kein eigenes Geschäft** mit nahestehenden Personen iSd § 111a darstellen (RegBegr. BT-Drs. 19/9739, 79). Sie lösen die Pflichten des §§ 111b f. daher nur aus, wenn sie selbstständig (aber ggf. aggregiert mit weiteren Geschäften innerhalb des jeweiligen Geschäftsjahres (→ § 111b Rn. 10), die **Wesentlichkeitsschwelle** erreichen (zu pauschal dagegen *Grigoleit* ZGR 2019, 412 (420) – es ist nicht erkennbar, warum etwa eine für sich genommen die Wesentlichkeitsschwelle nicht erreichende Änderung des Mietzinses nicht der Aggregation unterworfen sein sollte).

III. Ausnahmen

Die ausgesprochen weitgehenden europarechtlichen Vorgaben durch die ARRL II wurden durch den Gesetzgeber in den Regelungen der §§ 111a ff. dadurch entschärft, dass in den Abs. 2 und 3 umfassend von den durch die Richtlinie eingeräumten Möglichkeiten zur **Bestimmung von Ausnahmen** Gebrauch gemacht wurde. Der Gesetzgeber hat so dem Ziel einer **minimalinvasiven** Umsetzung Rechnung getragen, die die **im deutschen Recht bereits bestehenden Schutzkonzepte** (→ Rn. 2) unangetastet lässt (RegBegr. BT-Drs. 19/9739, 36; *Zipperle/Lingen* BB 2020, 131 (135)). Geschäfte, die den Ausnahmetatbeständen in den Abs. 2 und 3 unterfallen, gelten nicht als Geschäfte mit nahestehenden Personen iSd §§ 107 und 111a ff. Sie sind daher weder allein noch aggregiert mit anderen Geschäften relevant für die Pflichten nach §§ 111b f. 13

1. Geschäfte im ordentlichen Geschäftsgang. Nicht als Geschäfte mit nahestehenden Personen gelten daher gem. Abs. 2 S. 1 unabhängig von ihrem Wert solche Geschäfte, die im **ordentlichen Geschäftsgang** und zu **marktüblichen Bedingungen** getätigt werden. Ob ein Geschäft zu marktüblichen Bedingungen – dh *at arm's length* – abgeschlossen wurde, ist im Wege eines **Drittvergleichs** festzustellen (*Grigoleit* ZGR 2019, 412 (432 f.)). Die Gesetzesmaterialien verweisen auf die zu **§ 285 Nr. 21 HGB** entwickelten Maßstäbe (RegBegr. BT-Drs. 19/9739, 81), die Feststellung der Marktüblichkeit kann ergänzend aber auch auf die Grundsätze zu **§ 311 Abs. 1** (Feststellung eines Nachteils) und **§ 57** (Vollwertigkeit des Rückgewähranspruchs) zurückgreifen (Hüffer/Koch/*Koch* Rn. 2; *H.-F. Müller* FS Vetter, 2019, 480 (483)). Wo ermittelbar, sollen **Marktpreise** zugrunde gelegt werden, jedoch lassen die Gesetzesmaterialien ausdrücklich auch den **Rückgriff auf Schätzwerte** zu (RegBegr. BT-Drs. 19/9739, 81). Das weitere Tatbestandsmerkmal des Abschlusses **im ordentlichen Geschäftsgang** beschränkt die Anwendbarkeit der Ausnahme Abs. 2 S. 1 auf typische, sich wiederholende Alltagsgeschäfte. Maßgebende Kriterien sind ausweislich der Gesetzesmaterialien **Inhalt, Umfang und Häufigkeit** derartiger Geschäfte (RegBegr. BT-Drs. 19/9739, 81). Marktübliche Konditionen sind daher keineswegs ausreichend, um Nutzen aus der Ausnahme zu ziehen – jedes Geschäft, das aufgrund seines Umfangs oder seiner besonderen Bedeutung für die Gesellschaft nicht als im ordentlichen Geschäftsgang qualifiziert werden kann, ist dem Anwendungsbereich der Ausnahme entzogen. Nicht ausreichend für die Annahme eines außerordentlichen Geschäfts dürfte es allerdings sein, wenn das fragliche Geschäft zum ersten Mal mit der betreffenden nahestehenden Person abgeschlossen wurde. Für die Außergewöhnlichkeit unter dem Aspekt der „Häufigkeit derartiger Geschäfte“ kann es nur darauf ankommen, wie oft die Gesellschaft derartige Geschäfte überhaupt vornimmt. Der auch nach seiner Herabsetzung in der letztlich Gesetz gewordenen Fassung immer noch signifikante Schwellenwert von 1,5 % der Summe von Anlage- und Umlaufvermögen bringt es mit sich, dass die Ausnahme eher im Bereich aggregierter Geschäfte Anwendung finden wird (zu Schwellenwert und Aggregation im Einzelnen (→ § 111b Rn. 2 ff., 10). Ein Geschäft, das für sich allein genommen den Schwellenwert überschreitet, dürfte in den seltensten Fällen das Merkmal des ordentlichen Geschäftsgangs erfüllen (*Grigoleit* ZGR 2019, 412 (432); Hüffer/Koch/*Koch* Rn. 10). Anders als noch vom Referentenentwurf vorgesehen (vgl. RefE ARUG II, 76) erfasst die Ausnahme auch **typische konzerninterne Geschäfte** wie etwa Verrechnungspreise, Veräußerungen von Beteiligungen, Nutzungsüberlassungen oder Konzernumlagen, wenn sie einem Drittvergleich standhalten bzw. zu für konzerninterne Geschäfte üblichen Konditionen abgeschlossen wurden (RegBegr. BT-Drs. 19/9739, 81). 14

Abs. 2 S. 2 sieht vor, dass die Gesellschaft ein **internes Verfahren** einzurichten hat, um regelmäßig zu bewerten, ob die Voraussetzungen nach S. 1 vorliegen. Die Zuständigkeit für die Einrichtung dieses Verfahrens lässt Abs. 2 S. 2 hingegen offen; sie dürfte jedoch bei richtlinienkonformer Auslegung beim Aufsichtsrat liegen, dessen Informationsbedürfnis das Verfahren letztlich dienen soll (instruktiv *Redeke/Schäfer/Troidl* AG 2020, 159; auch *Barg* AG 2020, 149 (154)). Bei der konkreten Überprüfung eines Geschäfts sind die an dem Geschäft beteiligten **nahestehenden Personen von dem Verfahren ausgeschlossen.** Dies gilt freilich nicht für die Einrichtung des Verfahrens selbst. Wäre jede potentiell nahestehende Person von den entsprechenden Organisationsentscheidungen ausgeschlossen, so wären die Mitglieder des Vorstands und des Aufsichtsrats nicht zur Mitwirkung berechtigt. 15

16 Die Einrichtung derartiger Verfahren sowie die Beurteilung der Fragen, ob ein Geschäft im ordentlichen Geschäftsgang und bejahendenfalls zu marktüblichen Bedingungen getätigt wurde, dürfte für viele Gesellschaften mit einem erheblichen **administrativen Aufwand** verbunden sein, auch wenn, wie teils vertreten wird, nicht jedes Geschäft zu prüfen sein sollte, sondern Stichproben genügen (*Bungert/Wansleben* DB 2017, 1190; *Jung* WM 2014, 2351 (2356); *Kleinert/Mayer* EuZW 2018, 314 (322); *Redeker/Schäfer/Troidl* AG 2020, 159 (161 f.)). Wenig hilfreich ist der Verweis der Gesetzesmaterialien auf die schon bestehende Notwendigkeit, Geschäfte im Rahmen des faktischen Konzerns für Zwecke des Abhängigkeitsberichts zu erfassen, aufzuzeichnen und zu bewerten (RegBegr. BT-Drs. 19/9739, 81). Zwar ist im Grundsatz zutreffend, dass bestehende Verfahren genutzt werden können, allerdings weichen die Parameter im Einzelnen so weit ab, dass für Zwecke der Bewertung nach Abs. 2 erhebliche Adjustierungen erforderlich sind: So erfassen die Regelungen einerseits einen deutlich größeren Personenkreis als nur das faktisch herrschende Unternehmen, andererseits dürfte nur der kleinste Teil der Adressaten – börsennotierte Unternehmen – tatsächlich abhängig sein (*Grigoleit* ZGR 2019, 412 (434)). Ein Rückgriff auf die Bewertung von abhängigen Tochtergesellschaften, um jedenfalls in diesem Verhältnis bereits erhobene Daten nutzbar zu machen, ist ohne Weiteres ebenfalls nicht möglich. Die Bewertung anhand der Kriterien der Marktüblichkeit und des Abschlusses im ordentlichen Geschäftsgang muss aus Sicht der jeweiligen Gesellschaft erfolgen, die dem Regelungsregime der §§ 111a ff. unterliegt.

17 Um die Gesellschaft von diesem Mehraufwand zu befreien, sieht Abs. 2 S. 3 die Möglichkeit eines **satzungsmäßigen Verzichts auf die Anwendung** der Ausnahme nach Abs. 2 S. 1 vor. In diesen Fällen ist auch ein internes Verfahren zur regelmäßigen Bewertung der Marktüblichkeit von Geschäften nicht erforderlich (RegBegr. BT-Drs. 19/9739, 81). Freilich mit der Folge, dass diese Geschäfte dann dem Regelungsregime der § 111b f. unterfallen und potentiell das Zustimmungserfordernis und die Offenlegungspflicht auslösen können. Soweit ein Erreichen der Wesentlichkeitsschwelle nicht sicher ausgeschlossen werden kann, bleibt die Erfassung dieser Geschäfte weiterhin notwendig.

18 **2. Sonstige Ausnahmen.** Von erheblicher praktischer Bedeutung sind die Ausnahmen in Abs. 3. In Umsetzung von Art. 9c Abs. 6 lit. a–e ARRL II werden bestimmte Arten von Geschäften generell von der Einstufung als Geschäft mit nahestehenden Personen ausgenommen. Ausweislich der Gesetzesmaterialien geschieht dies deshalb, weil bei diesen Geschäften ein besonderer Schutz der Minderheit nicht erforderlich oder bereits auf andere Weise sichergestellt sei oder weil diese Geschäfte einem übergeordneten Zweck dienen (RegBegr. BT-Drs. 19/9739, 81). Durch die vollständige Ausnutzung der europarechtlichen Wahlrechte werden die börsennotierten Gesellschaften deutlich entlastet.

19 **a) Tochterunternehmen.** Abs. 3 Nr. 1 regelt insgesamt **drei Ausnahmetatbestände** für Geschäfte mit Tochtergesellschaften. Vom Regelungsregime der §§ 111a ff. ausgenommen sind danach in der ersten Variante Geschäfte mit Tochterunternehmen, an denen die Gesellschaft **unmittelbar oder mittelbar zu 100 %** beteiligt ist. In diesen Fällen ist eindeutig, dass die Gefahr einer ungerechtfertigten Vermögensverschiebung zu Lasten der Gesellschaft und mittelbar ihrer Aktionäre durch das Geschäft nicht besteht, da der übertragene oder überlassene **Vermögenswert den Konsolidierungskreis** nicht verlässt.

20 In der zweiten Variante sind auch solche Geschäfte von der Anwendung ausgenommen, die mit einem Tochterunternehmen abgeschlossen werden, an dem jedenfalls **keine andere der Gesellschaft nahestehende Person beteiligt** ist. Während das Merkmal des „Tochterunternehmens" in der ersten Variante noch in dem Erfordernis einer (ggf. mittelbaren) hundertprozentigen Beteiligung aufgeht, so hat es hier eigenständige Bedeutung. Erforderlich ist gemäß der zugrunde zu legenden Definition der internationalen Rechnungslegungsstandards (IFRS 10, Anhang A), dass die **Gesellschaft den Geschäftspartner beherrscht.** Hinzu tritt die weitere Voraussetzung, dass an dem jeweiligen Tochterunternehmen keine andere der Gesellschaft nahestehende Person beteiligt ist. Anderenfalls bestünde die Gefahr, dass solche Geschäfte nahestehende Personen über ein **konzernfremdes Beteiligungsverhältnis** begünstigen (*Müller* ZGR 2019, 97 (113)), der Anwendbarkeit von §§ 111b f. aber entzogen sind. Auch in dieser Variante wird die Ausnahme dadurch gerechtfertigt, dass das **Vermögen** jedenfalls **nicht den Konsolidierungskreis verlässt.**

21 Erst im Regierungsentwurf wurde die dritte Variante ergänzt, nach der außerdem Geschäfte mit solchen Tochterunternehmen (wiederum ist es also notwendig, den Geschäftspartner zu beherrschen) von der Anwendung ausgenommen sind, die ihren **Sitz in einem Mitgliedstaat der Europäischen Union** haben und deren **Aktien zum Handel an** einem in einem Mitgliedstaat gelegenen oder dort betriebenen **geregelten Markt zugelassen** sind. Der Gesetzgeber rechtfertigt diese weitere Ausnahme mit Art. 9c Abs. 6 lit. a Var. 3 ARRL II, nach dem Ausnahmen auch dann zulässig sind, wenn „im nationalen Recht **Vorschriften zum angemessenen Schutz** der Gesellschaft, der Tochtergesellschaft und ihrer Aktionäre, die weder ein nahestehendes Unternehmen noch eine nahestehende Person sind, einschließlich der Minderheitsaktionäre bei derartigen Geschäften vorgesehen sind". Aufgrund der EU-weiten Umsetzung der ARRL II sei, so die Gesetzesbegründung, von einem solchen Schutz bei

börsennotierten Gesellschaften mit Sitz in der EU auszugehen (in diese Richtung auch *Schmidt* EuZW 2019, 261 (262); krit. *Florstedt* ZHR 184 (2020), 10 (37 f.); *Grigoleit* ZGR 2019, 412 (441)).

22 Allen drei Varianten ist ein **Umgehungsrisiko** gemein (Hüffer/Koch/*Koch* Rn. 16). Nimmt das Tochterunternehmen nämlich seinerseits ein Geschäft mit einer der Gesellschaft nahestehenden Person vor, so findet das Zustimmungserfordernis nach § 111b keine Anwendung mehr (→ § 111b Rn. 12). Mit den **Transparenzpflichten** aus § 111c, die nach dessen Abs. 4 auch für Geschäfte von Tochterunternehmen mit der Gesellschaft nahestehenden Personen Anwendung finden, besteht allerdings ein gewisser Mindestschutz vor Umgehungen (→ § 111c Rn. 14). Darüber hinaus bleiben **allgemeine Umgehungsgrundsätze** anwendbar: Schon die Übertragung des Vermögenswerts auf das Tochterunternehmen bedarf entgegen Abs. 3 Nr. 1 der Zustimmung des Aufsichtsrats, wenn von vorneherein geplant ist, denselben Vermögenswert schlussendlich einer der Gesellschaft nahestehenden Person zuzuwenden (*Müller* ZGR 2019, 97 (114)). Die unterlassene Einholung der Zustimmung hat dann **haftungsrechtliche Konsequenzen** (→ § 111b Rn. 26).

23 **b) Zustimmung oder Ermächtigung der Hauptversammlung.** Gleichfalls von enormer Bedeutung für die Praxis sind Abs. 3 Nr. 2 und 3, die alle Geschäfte, die einer **Zustimmung oder Ermächtigung der Hauptversammlung** bedürfen, sowie alle in **Umsetzung der Hauptversammlungszustimmung oder -ermächtigung** vorgenommenen Geschäfte und Maßnahmen, von der Anwendung des Regelungsregimes ausnehmen. Wesentliche Beispiele sind in Abs. 3 Nr. 3 lit. a–e als nicht abschließender Katalog aufgeführt. Das Gesetz geht insoweit – zutreffend – davon aus, dass in diesen Fällen ein **hinreichender Minderheitenschutz** bereits durch die Mitwirkung der Hauptversammlung sowie durch besondere Mehrheitserfordernisse, Informationspflichten und das Beschlussmängelrecht sowie ggf. durch gesetzliche Abfindungsregelungen und weitere Schutzmechanismen sichergestellt ist (RegBegr. BT-Drs. 19/9739, 82).

24 Dies überzeugt namentlich vor allem für die in Abs. 3 Nr. 3 lit. a vorgesehene vollständige **Ausnahme des Vertragskonzerns** und innerhalb eines Vertragskonzerns abgeschlossener Geschäfte. Die Ausnahme für den Vertragskonzern wird dadurch gerechtfertigt, dass die komplexen Schutzmechanismen des deutschen Vertragskonzernrechtes (Zustimmung der Hauptversammlung (§ 293), Vorlage eines geprüften Berichts (§§ 293a, 293b), Ausgleichspflicht (§ 304 Abs. 1 S. 1)) die von der Richtlinie **erwarteten Schutzstandards erfüllen** bzw. sogar deutlich darüber hinausgehen und ein Unternehmensvertrag letztlich einen **fusionsähnlichen Rechtszustand** begründet, der im Ergebnis mit umwandlungsrechtlichen Sachverhalten vergleichbar ist (*Zipperle/Lingen* BB 2020, 131 (135); *Barg* AG 2020, 149 (151)). Insofern begründen die Schutzvorschriften der §§ 302–305 einen weit umfassenderen Schutz der abhängigen Gesellschaft und ihrer außenstehenden Aktionäre als es das Regelungsregime der §§ 111a ff. vermag. Vor diesem Hintergrund sowie der weitgehend aufgehobenen Vermögensbindung besteht auch kein Anlass, lediglich solche Geschäfte von der Anwendbarkeit auszunehmen, für die ausdrücklich eine Weisung nach § 308 Abs. 1 erteilt wurde (RegBegr. BT-Drs. 19/9739, 82; *Müller* ZGR 2019, 97 (108 f.)). **Keine Ausnahme** ist hingegen für Geschäfte innerhalb eines **faktischen Konzerns** vorgesehen, was § 311 Abs. 3 vorsorglich ausdrücklich klarstellt.

25 **Nicht unproblematisch** ist indes die auch im Übrigen vollständige **Freistellung aller in Umsetzung einer Hauptversammlungsermächtigung** vorgenommenen Geschäfte in Abs. 3 Nr. 3. Zum einen ist fraglich, ob mit dieser Formulierung die Vorgabe von Art. 9c Abs. 6 lit. a ARRL II, welche eine Freistellung für „genau festgelegte Arten von Geschäften, für die nach nationalem Recht die Zustimmung durch die Hauptversammlung erforderlich ist", eingehalten ist. So können ausfüllungsbedürftige Ermächtigungen, insbesondere Geschäfte in Umsetzung einer Ermächtigung zur Erhöhung des Grundkapitals nach §§ 202 ff. unter Ausschluss des Bezugsrechts gegen Sacheinlage, mit **sehr verschiedenem Inhalt** abgeschlossen werden, sodass es insoweit an einer hinreichenden Festlegung iSd Art. 9c Abs. 6 lit. a ARRL II fehlen könnte. Darüber hinaus bestehen bei der Ausnutzung eines genehmigten Kapitals auch nur **eingeschränkte Rechtsschutzmöglichkeiten** der Aktionäre, sodass die Ratio hinter Abs. 3 Nr. 3 insoweit nicht einschlägig ist.

26 Im Wortlaut der Norm schließlich keinen Niederschlag gefunden hat die in der Gesetzesbegründung enthaltene Klarstellung, dass Geschäfte, die auf einer **Zustimmung der Hauptversammlung** auf Vorlage der Entscheidung durch den Vorstand **gem. § 119 Abs. 2** beruhen, von Abs. 3 Nr. 3 **nicht erfasst** sein sollen (RegBegr. BT-Drs. 19/9739, 82). Hierzu führt die Gesetzesbegründung zwar an, dass in diesen Fällen die in § 111b Abs. 4 enthaltene Regelung zur subsidiären Zustimmungskompetenz der Hauptversammlung (unter Ausschluss des Stimmrechts der nahestehenden Personen) umgangen werden könnte. Zwingend ist dies allerdings nicht. Ebenso denkbar wäre es, für Vorlagen nach § 119 Abs. 2, die Geschäfte mit nahestehenden Personen zum Gegenstand haben, den Stimmrechtsausschluss aus § 111b Abs. 4 zur Anwendung zu bringen. Nicht anders liegt der Fall auch bei einer direkten Vorlage von Geschäftsführungsentscheidungen unter „Umgehung" eines Zustimmungsvorbehalts des Aufsichtsrats nach § 111 Abs. 4 S. 2. Auch in diesen Fällen ist eine direkte Vorlage möglich, es wird lediglich das qualifizierte Quorum nach § 111 Abs. 4 S. 4 verlangt (MüKoAktG/*Kubis* § 119 Rn. 24; bei Spindler/Stilz/*Hoffmann* § 119 Rn. 14 nur unter der weiteren Voraussetzung, dass der Aufsichtsrat die Maßnahme

im Rahmen des Beschlussvorschlags ablehnt). Auch die allgemeinen Schutzmechanismen wie das Beschlussmängelrecht greifen im Falle eines Beschlusses nach § 119 Abs. 2 unverändert.

27 **c) Vergütung.** Ebenfalls von der Anwendung des Regelungsregimes ausgeschlossen sind gem. Abs. 3 Nr. 4 **vergütungsbezogene Geschäfte** mit Vorstands- und Aufsichtsratsmitgliedern nach §§ 113 Abs. 3, 87a Abs. 2. Dies ist nur konsequent, sehen doch die genannten Normen, die ebenfalls in Umsetzung der ARRL II in das AktG übernommen wurden, mit dem Vergütungssystem und dem Hauptversammlungsvotum ein eigenes hinreichendes Schutzkonzept vor (RegBegr. BT-Drs. 19/9739, 83; Hüffer/Koch/*Koch* Rn. 23). **Nicht** von der Anwendung **ausgenommen** dürften allerdings solche **vergütungsbezogenen Geschäfte** sein, die (noch) **nicht in Anwendung des neuen Rechts** vorgenommen werden. Da die Vergütungsregeln eine Übergangszeit vorsehen, kann es hier theoretisch zu Anwendungsfällen kommen. Allerdings dürften vergütungsbezogene Geschäfte für sich genommen die Wesentlichkeitsschwelle des § 111b Abs. 1 nicht erreichen.

28 **d) Geschäfte von Kreditinstituten zur Sicherung ihrer Stabilität.** Ferner sollen gem. Abs. 3 Nr. 5 die Regelungen zu Geschäften mit nahestehenden Personen keine Anwendung bei solchen Geschäften finden, die **von Kreditinstituten** vorgenommen werden und **zur Sicherung ihrer Stabilität** durch die zuständige Behörde angeordnet oder gebilligt werden. Die Ausnahme ist dadurch gerechtfertigt, dass Geschäfte dem übergeordneten Ziel der Finanzmarktstabilität dienen und eine behördliche Kontrolle stattgefunden hat (RegBegr. BT-Drs. 19/9739, 83).

29 **e) Angebot an alle Aktionäre zu gleichen Bedingungen.** Schließlich werden nach Abs. 3 Nr. 6 solche Geschäfte von der Anwendbarkeit des Regelungsregimes ausgenommen, die **allen Aktionären unter den gleichen Bedingungen** angeboten werden. Grundsätzlich rechtfertigt sich diese Ausnahme dadurch, dass bei diesen Geschäften bereits sichergestellt ist, dass Minderheitsaktionäre nicht benachteiligt werden (RegBegr. BT-Drs. 19/9739, 83; BeckOGK/*Spindler/Seidel,* 1.7.2020, Rn. 40). Dort, wo dies aufgrund der Gestaltung der Bedingungen nicht zutrifft und Minderheitsaktionäre zwar nicht rechtlich, aber faktisch ausgeschlossen werden, wird man den Ausnahmetatbestand allerdings verneinen müssen (vergleichbar den Überlegungen zum faktischen Bezugsrechtsausschluss (Hüffer/Koch/*Koch* § 186 Rn. 43a; Spindler/Stilz/*Servatius* AktG § 186 Rn. 75; MHdB GesR IV/*Scholz* § 57 Rn. 13)).

Zustimmungsvorbehalt des Aufsichtsrats bei Geschäften mit nahestehenden Personen

111b (1) **Ein Geschäft der börsennotierten Gesellschaft mit nahestehenden Personen, dessen wirtschaftlicher Wert allein oder zusammen mit den innerhalb des laufenden Geschäftsjahres vor Abschluss des Geschäfts mit derselben Person getätigten Geschäften 1,5 Prozent der Summe aus dem Anlage- und Umlaufvermögen der Gesellschaft gemäß § 266 Absatz 2 Buchstabe A und B des Handelsgesetzbuchs nach Maßgabe des zuletzt festgestellten Jahresabschlusses übersteigt, bedarf der vorherigen Zustimmung des Aufsichtsrats oder eines gemäß § 107 Absatz 3 Satz 4 bis 6 bestellten Ausschusses.**

(2) **Bei der Beschlussfassung des Aufsichtsrats nach Absatz 1 können diejenigen Mitglieder des Aufsichtsrats ihr Stimmrecht nicht ausüben, die an dem Geschäft als nahestehende Personen beteiligt sind oder bei denen die Besorgnis eines Interessenkonfliktes auf Grund ihrer Beziehungen zu der nahestehenden Person besteht.**

(3) **Ist die Gesellschaft Mutterunternehmen (§ 290 Absatz 1 und 2 des Handelsgesetzbuchs) und nicht gemäß § 290 Absatz 5 oder den §§ 291 bis 293 des Handelsgesetzbuchs von der Konzernrechnungslegungspflicht befreit, so tritt an die Stelle der Summe des Anlage- und Umlaufvermögens der Gesellschaft die Summe aus dem Anlage- und Umlaufvermögen des Konzerns gemäß § 298 Absatz 1 in Verbindung mit § 266 Absatz 2 Buchstabe A und B des Handelsgesetzbuchs nach Maßgabe des zuletzt gebilligten Konzernabschlusses oder in den Fällen des § 315e des Handelsgesetzbuchs die Summe aus den entsprechenden Vermögenswerten des Konzernabschlusses nach den internationalen Rechnungslegungsstandards.**

(4) [1] **Verweigert der Aufsichtsrat seine Zustimmung, so kann der Vorstand verlangen, dass die Hauptversammlung über die Zustimmung beschließt.** [2] **Die an dem Geschäft beteiligten nahestehenden Personen dürfen ihr Stimmrecht bei der Beschlussfassung der Hauptversammlung weder für sich noch für einen anderen ausüben.**

Übersicht

I. Zustimmungspflichtige Geschäfte

Nicht jedes Geschäft mit einer nahestehenden Person iSd § 111a löst auch die Zustimmungspflicht aus. Erforderlich ist, dass das Geschäft allein oder bei Aggregation mit weiteren Geschäften eine Wesentlichkeitsschwelle überschreitet. 1

1. Wesentlichkeitsschwelle. Ein Geschäft mit einer nahestehenden Person ist dann wesentlich, wenn der wirtschaftliche Wert den Betrag von **1,5 % der Summe aus dem Anlage- und Umlaufvermögen der Gesellschaft** (§ 266 Abs. 2 A und B HGB) übersteigt. Maßgeblich ist insoweit der letzte festgestellte Jahresabschluss (RegBegr. BT-Drs. 19/9739, 83). 2

Im Vorfeld der Gesetzesänderung wurde vielfach **Kritik an der Methodik** zur Feststellung der Wesentlichkeit eines Geschäfts geübt (ausf. zur Wesentlichkeitsgrenze und ihrer empirischen Bedeutung *Florstedt* ZIP 2020, 1 (6 f.)). Dieser Kritik ist zuzugeben, dass sie die Bedeutung eines Geschäfts für die Gesellschaft eher eindimensional erfasst. Wenig überzeugend ist es aber, dabei die **Höhe der Schwelle** anzugreifen. Zum einen wurde diese gegenüber dem Regierungsentwurf (dort noch 2,5 %, RegBegr. BT-Drs. 19/9739, 83) in der Gesetz gewordenen Fassung des Rechtsausschusses noch einmal abgesenkt. Zum anderen findet eine teils befürchtete Privilegierung von Großunternehmen mit sehr hoher Bilanzsumme nicht statt – es ist nur folgerichtig, dass die Wesentlichkeit eines konkreten Geschäftswerts in Relation zur Unternehmensgröße abnimmt. Ob hingegen die nun gefundene Schwelle ausreichend ist, ist eine rechtspolitische Streitfrage, die sich nie zur Zufriedenheit aller beantworten lassen wird. 3

Allerdings bewirkt die **Anknüpfung an die Summe aus Anlage- und Umlaufvermögen** eine ungleichmäßige Belastung im Branchenvergleich (*Florstedt* ZHR 184 (2020), 10 (31); *Barg* AG 2020, 149 (153)). So weisen Unternehmen der Schwerindustrie typischerweise höhere Bilanzsummen aus als solche des Dienstleistungssektors, obwohl sie in gleicher Weise profitabel sein können. 4

Allerdings hat sich der Gesetzgeber zu Recht von dem Motiv leiten lassen, eine **einfach zu handhabende Kenngröße** zu wählen, um die **bürokratische Belastung** der Unternehmen durch die neuen Regelungen möglichst **gering** zu halten (*Hakelmacher* WPg 2020, 243 (247)). Aus Sicht der Gesellschaften ist dies sicherlich zu begrüßen, da sie den internen Aufwand für die Erfassung solcher Geschäfte auf ein vernünftiges Maß beschränkt. Des Weiteren werden Kosten auf Seiten der börsennotierten Gesellschaft vermieden, die andernfalls auch zu Lasten der Minderheitsaktionäre gehen würden, deren Schutz intendiert ist. Auch angesichts bereits bestehender Schutzmechanismen im deutschen Recht (→ § 111a Rn. 2) dürfte die gefundene Lösung angemessen sein (*Lieder/Wernert* ZIP 2019, 989 (992); *Florstedt* ZHR 184 (2020), 10 (30 ff.)). Eine komplexere Regelung wäre nur dann angezeigt, wenn sich zeigen sollte, dass diese erforderlich ist, um verbleibende Schutzlücken zu schließen. 5

Der **wirtschaftliche Wert** des Geschäfts leitet sich nach der Vorstellung des Gesetzgebers in den geeigneten Fällen aus dem **am Markt zu erzielenden Zeitwert** des zu übertragenden bzw. zu erwerbenden Gegenstands ab (RegBegr. BT-Drs. 19/9739, 83; zur Bestimmung des wirtschaftlichen Wertes einzelner Geschäfte *J. Vetter* AG 2019, 853 (856 ff.)). Soweit in den Gesetzesmaterialien ausgeführt wird, dass der Aufsichtsrat zur Bestimmung dieses Zeitwerts kein Gutachten einholen muss, sondern sich auf eine **realistische Schätzung** verlassen kann (RegBegr. BT-Drs. 19/9739, 83), ist dem Aufsichtsrat schon unter **Haftungsgesichtspunkten** nicht zu raten, derart zu verfahren. Allerdings dürfte angesichts der Höhe des vorgesehenen Schwellenwerts in der Mehrzahl entsprechender Transaktionen ohnehin häufig ein externer **Prüfer** eingeschaltet werden, um die **Angemessenheit der Konditionen** des betreffenden Geschäfts zu beurteilen. 6

Überträgt oder überlässt die Gesellschaft einen Vermögensgegenstand zu einem **den Verkehrswert unterschreitenden Preis,** so darf dies die Anwendung der §§ 111a ff. nicht unterlaufen und der **höhere Verkehrswert** des übertragenen Gegenstands ist **maßgeblich** (RegBegr. BT-Drs. 19/9739, 83). Gegenstand der Wertermittlung oder -schätzung ist nach Sinn und Zweck des Gesetzes jedoch immer die Leistung der Gesellschaft. Umgekehrt kommt es daher **nicht auf den Verkehrswert,** sondern **ausschließlich auf den vereinbarten Kaufpreis** an, wenn die Gesellschaft einen **Vermögensgegenstand von einer nahestehenden Person erwirbt** (so auch *J. Vetter* AG 2019, 853 (857)). Ob die Differenz zwischen Verkehrswert und Preis als **unangemessen qualifiziert** werden kann (insoweit ist die Gesetzesbegründung missverständlich, RegBegr. BT-Drs. 19/9739, 83), ist dagegen in allen Fällen allein **Frage der Sachentscheidung** des Aufsichtsrats beziehungsweise seines Ausschusses (→ Rn. 14 ff.). 7

Das Erreichen der Wesentlichkeitsschwelle ist allerdings keine notwendige Bedingung, um das Zustimmungs- und Veröffentlichungsverfahren nach §§ 111b f. anzuwenden. Bei Bewertungsunsicherhei- 8 ten ist der Gesellschaft daher zu raten, dass **Verfahren im Zweifel** freiwillig durchzuführen (BeckOGK/*Spindler/Seidel,* 1.7.2020, Rn. 7).

9 Die Wertbestimmung kann dann Schwierigkeiten bereiten, wenn das Geschäft nicht lediglich einen einfachen, einmaligen Austausch zum Gegenstand hat (*J. Vetter* AG 2019, 853 (856)). Zu nennen sind hier insbesondere **Dauerschuldverhältnisse und Darlehen.** Vertretbare Ergebnisse werden hier erzielt, wenn die Bewertung an den **Maßstäben zur Nachgründung** ausgerichtet wird (MüKoAktG/*Pentz* § 52 Rn. 19, 23; vgl. K. Schmidt/Lutter/*Bayer* § 52 Rn. 25; vgl. *C. Schmidt/Seipp* ZIP 2000, 2089 (2092 f.)). Für Dauerschuldverhältnisse ist daher die Summe der Vergütung bzw. der Verkehrswert der Nutzungsüberlassung **bis zur ersten Kündigungsmöglichkeit** oder – sofern eine solche bestimmt ist – über die gesamte Laufzeit anzusetzen (a. A. *J. Vetter* AG 2019, 853 (857)), für Darlehen als Kapitalnutzungsrecht der Barwert der Summe der bis zu diesem Zeitpunkt **auflaufenden Zinsen** bzw. die am Markt für ein vergleichbares Darlehen erzielbaren Zinsen, nicht etwa der Nominalbetrag (insoweit zustimmend *J. Vetter* AG 2019, 853 (857)). Komplexere Bewertungen sind gegebenenfalls präziser (für solche mit überzeugenden Argumenten etwa *J. Vetter* AG 2019, 853), konterkarieren aber möglicherweise das Ziel einfacher Handhabung. Ob von einer Kündigungsmöglichkeit tatsächlich Gebrauch gemacht wird oder ob das Dauerschuldverhältnis oder Darlehen weitergeführt wird, ist grundsätzlich unerheblich und muss sich nur an allgemeinen Sorgfaltsmaßstäben messen lassen. Praktisch kaum durchführbar dürfte es sein, ein lang laufendes Dauerschuldverhältnis dem Zustimmungsvorbehalt erst dann zu unterwerfen, wenn die Summe aller auf seiner Grundlage getätigten Zahlungen die Wesentlichkeitsschwelle überschreitet (*Tarde* NZG 2019, 488 (489); zust. Hüffer/Koch/*Koch* Rn. 4). Vertreter dieser Ansicht wollen sodann das Erfüllungsgeschäft unter einen Zustimmungsvorbehalt stellen, verkennen dabei aber, dass im Außenverhältnis eine wirksame Verpflichtung der Gesellschaft besteht. Eine Verweigerung der Zustimmung zum Erfüllungsgeschäft entspräche daher einem Zustimmungsvorbehalt für das Unterlassen der Kündigung, da ohne dieselbe die Gesellschaft zu einer Leistung verpflichtet bleibt, die der Vorstand mangels Zustimmung nicht vornehmen dürfte. Ein Zustimmungsvorbehalt für ein Unterlassen ist jedoch zum einen nach allgemeiner Ansicht unzulässig, da er dem Aufsichtsrat ermöglicht, dem Vorstand eine Handlungspflicht aufzuerlegen und damit in das Recht des Vorstands zur eigenverantwortlichen Leitung iSd § 76 Abs. 1 eingreift (Hüffer/Koch/*Koch* § 76 Rn. 25; K. Schmidt/Lutter/*Seibt* § 76 Rn. 21). Zum anderen widerspräche dies auch der eindeutigen gesetzgeberischen Wertung in § 111a Abs. 1 S. 3. Angemessener – und dem Ziel des Gesetzes förderlicher – erscheint es dagegen, die Summe der jährlichen Zahlungen der Aggregation mit anderen, im selben Geschäftsjahr abgeschlossenen Geschäften zu unterwerfen (→ Rn. 10).

10 **2. Aggregation mehrerer Geschäfte. Überschreitet ein Geschäft** mit einer nahestehenden Person **die Wesentlichkeitsschwelle nicht,** so ist es deshalb nicht irrelevant für die Zustimmungspflicht nach § 111b. Gemäß Abs. 1 sind alle Geschäfte der Gesellschaft mit **derselben nahestehenden Person innerhalb eines Geschäftsjahres** zusammenzurechnen (zu aus der personalen Beschränkung resultierenden Umgehungsrisiken BeckOGK/*Spindler/Seidel,* 1.7.2020, Rn. 9; *Grigoleit* ZGR 2019, 412 (425 f.); *Barg* AG 2020, 149 (153)). Von der **Aggregation** auszunehmen sind Geschäfte, die den Ausnahmetatbeständen des § 111a Abs. 2 und 3 unterfallen, da insofern schon kein Geschäft mit einer nahestehenden Person iSd § 111a Abs. 1 vorliegt (*Barg* AG 2020, 149 (153)). Ebenso wenig sind Geschäfte erfasst, für die eine Zustimmung nach Abs. 1 erteilt wurde (*J. Vetter* AG 2019, 853 (861)). Grundsätzlich führt eine eingeholte Zustimmung daher zu einem Neubeginn der Aggregation bis zum Ablauf des Geschäftsjahres (RegBegr. BT-Drs. 19/9739, 83). Hiervon ist nur dann eine Ausnahme zu machen, wenn das Geschäft, für das das Verfahren nach §§ 111b f. durchgeführt wird, die Pflichten bereits ohne Aggregation ausgelöst hat. In diesen Fällen sind vorherige für sich genommen unwesentliche Geschäfte nicht in dem Zustimmungserfordernis aufgegangen und müssen auch nicht offengelegt werden, sind dafür aber weiterhin mit nachfolgenden Geschäften zu aggregieren.

11 **3. Konzernsachverhalte.** Ist die Gesellschaft Mutterunternehmen eines Konzerns iSd § 290 Abs. 1 und 2 HGB und nicht gem. § 290 Abs. 5 oder § 293 HGB von der Konzernrechnungslegungspflicht befreit, tritt gem. Abs. 3 an die Stelle der Summe des Anlage- und Umlaufvermögens aus dem handelsrechtlichen Einzelabschluss die **entsprechende Summe aus der Konzernbilanz nach HGB** oder, in den Fällen des § 315e HGB, aus der **nach internationalen Rechnungslegungsstandards erstellten Konzernbilanz.** Da nur börsennotierte Gesellschaften Adressaten der §§ 111b f. sind, dürfte diese **Sonderregel wohl den Regelfall** darstellen.

12 Für die Zustimmungspflicht nach Abs. 1 sind generell **nur von der Gesellschaft selbst vorgenommene Geschäfte relevant.** Geschäfte von anderen Unternehmen, an denen die Gesellschaft beteiligt ist, insbesondere auch Tochterunternehmen, mit der Gesellschaft nahestehenden Personen bleiben generell unberücksichtigt (zu den daraus folgenden Umgehungsgefahren → § 111a Rn. 22). Für solche Geschäfte von Tochterunternehmen besteht jedoch eine Offenlegungspflicht nach § 111c Abs. 4 (→ § 111c Rn. 14).

II. Zustimmungskompetenz und -verfahren

Die Einzelheiten des Zustimmungsverfahrens richten sich nach dem zuständigen Organ. Um der potentiellen Einflussnahme von der Gesellschaft nahestehenden Personen auf die Zustimmungsentscheidung vorzubeugen, sind je nach Gremium andere Anforderungen zu beachten. Grundsätzlich gilt, dass die **Zustimmung vor dem Abschluss** des Verpflichtungsgeschäfts erteilt werden muss, sofern das Geschäft nicht unter einer **aufschiebenden Bedingung** der Zustimmung nach Abs. 1 abgeschlossen wurde (BeckOGK/*Spindler/Seidel,* 1.7.2020, Rn. 21; *Markworth* AG 2020, 166 (173)). 13

1. Aufsichtsrat. Grundsätzlich liegt die Zustimmungskompetenz nach Abs. 1 beim **Gesamtaufsichtsrat.** Der Gesetzgeber hat sich damit für eine das dualistische System der deutschen Aktiengesellschaft berücksichtigende Umsetzung und gegen die – nach der ARRL II gleichfalls zulässige – Schaffung einer Hauptversammlungszuständigkeit entschieden. Diese Entscheidung ist systemkonform, denn „der Aufsichtsrat, der die Geschäftsführung des Vorstands kontrolliert, ist im deutschen Corporate-Governance-System grundsätzlich das richtige Organ für diese Fragen" (RegBegr. BT-Drs. 19/9739, 79). Sie hat breite Zustimmung gefunden. Gegen eine Hauptversammlungszuständigkeit sprechen – neben konzeptionellen Bedenken – praktische Erwägungen mit Blick auf Flexibilität, Aufwand und Kosten und die sich aus dem Beschlussmängelrecht ergebenden Rechtsunsicherheiten (*Markworth* AG 2020, 166). 14

Beschließt das Aufsichtsratsplenum über ein Geschäft mit nahestehenden Personen, so sind gem. Abs. 2 sowohl **nahestehende Personen, die an dem konkreten Geschäft beteiligt sind** (insoweit kann auf die Ausführungen zu § 111a Abs. 1 verwiesen werden (→ § 111a Rn. 5 ff.), als auch diejenigen **Aufsichtsratsmitglieder, bei denen die Besorgnis eines Interessenkonflikts aufgrund ihrer Beziehung zu der nahestehenden Person** besteht, vom Stimmrecht ausgeschlossen. Ob eine Besorgnis eines Interessenkonflikts besteht, ist objektiv zu beurteilen und es besteht kein Beurteilungsspielraum des Aufsichtsrats (BeckOGK/*Spindler/Seidel,* 1.7.2020, Rn. 23). Entsprechend ist die Einschätzung des Aufsichtsrats gerichtlich voll überprüfbar. 15

Die **Besorgnis eines Interessenkonflikts** besteht, wenn Gründe vorliegen, aufgrund derer das betreffende Aufsichtsratsmitglied seine Entscheidung nicht allein am Unternehmenswohl, sondern (auch) **am Interesse der nahestehenden Person ausrichten** könnte (RegBegr. BT-Drs. 19/9739, 77). Ob dies wahrscheinlich ist oder eine Beeinflussung aufgrund der Beziehung zum Nahestehenden tatsächlich vorliegt, ist dabei ohne Belang. Entscheidend ist allein, dass nicht ausgeschlossen werden kann, dass die Entscheidung des Aufsichtsratsmitglieds durch einen Interessenkonflikt beeinflusst werden könnte (RegBegr. BT-Drs. 19/9739, 77; BeckOGK/*Spindler/Seidel,* 1.7.2020, Rn. 27). 16

Eine solche Konfliktlage begründen vorrangig **geschäftliche bzw. finanzielle Beziehungen** zwischen dem Aufsichtsratsmitglied und der nahestehenden Person. Stehen diese zueinander in geschäftlichem Kontakt, welcher für die Vermögensverhältnisse des Aufsichtsratsmitglieds nicht völlig bedeutungslos ist (bspw. mitgliedschaftliche Beteiligung an der nahestehenden Person, Kreditverhältnisse, sonstige finanzielle oder geldwerte Verpflichtungen oder Leistungen), ist regelmäßig von einem Stimmrechtsausschluss nach Abs. 2 auszugehen (vgl. RegBegr. BT-Drs. 19/9739, 78). **Angestellte der Muttergesellschaft,** welche diese **in den Aufsichtsrat der Tochtergesellschaft entsandt** hat, sind daher bei der Beschlussfassung regelmäßig nicht stimmberechtigt (*Tarde* NZG 2019, 488 (492)). Dies gilt allerdings grundsätzlich nicht schon dann, wenn das Aufsichtsratsmitglied nur **mit den Stimmen des Mehrheitsaktionärs gewählt** wurde (RegBegr. BT-Drs. 19/9739, 77). Andernfalls unterlägen die von der Anteilseignerseite gewählten Mitglieder des Aufsichtsrates regelmäßig einem Stimmverbot nach Abs. 2. Daneben können aber auch **familiäre oder emotionale Beziehungen** zu der nahestehenden Person einen Interessenkonflikt begründen. Hierzu sollen nach Auffassung des Gesetzgebers auch langjährige freundschaftliche Beziehungen zählen können, sofern diese über eine alltägliche Bekanntschaft hinausgehen (RegBegr. BT-Drs. 19/9739, 78). Der Aufsichtsrat kann die für einen Interessenkonflikt sprechenden Kriterien selbst präzisieren. Hierbei empfiehlt sich eine Orientierung an den EU-Empfehlungen zur Unabhängigkeit von Aufsichtsratsmitgliedern (2005/162/EG) und zur Unabhängigkeit des Abschlussprüfers (2002/590/EG) (RegBegr. BT-Drs. 19/9739, 77). 17

2. Aufsichtsratsausschuss. Der Gesamtaufsichtsrat kann, anstatt selbst über die Zustimmung nach Abs. 1 zu entscheiden, auch gem. § 107 Abs. 3 S. 4 einen **beschließenden Ausschuss** mit dieser Aufgabe betrauen (→ § 107 Rn. 26a). Es muss sich dabei nicht um einen dedizierten Ausschuss zur Beurteilung von Geschäften mit nahestehenden Personen handeln. Ebenso kann die Kompetenz auf einen **geeigneten bestehenden Ausschuss** delegiert oder **bei Bedarf *ad hoc*** ein Ausschuss gebildet werden (dazu *Markworth* AG 2020, 166 (167); *H.-F. Müller* ZIP 2019, 2429 (2434 f.)). Der Delegationsbeschluss ist mit einfacher Mehrheit zu fassen, wobei der Stimmrechtsausschluss nach Abs. 2 keine Anwendung findet (vgl. MüKoAktG/*Habersack* § 107 Rn. 130). Eines Stimmrechtsausschlusses bedarf es nicht, da die unzulässige Einflussnahme auf die Sachentscheidung des Ausschusses durch die **Regeln über die Zusammensetzung des Ausschusses** verhindert wird. Wie stets kann das Gesamtorgan die 18

Entscheidung in jeder Lage auch wieder an sich ziehen. Auch hierzu bedarf es nur eines Beschlusses mit einfacher Mehrheit, ohne dass ein Stimmrechtsausschluss eingreift. Die **nachfolgende Sachentscheidung** durch den Aufsichtsrat folgt dann wieder den **allgemeinen Regeln.**

19 Nach § 107 Abs. 3 S. 5 dürfen **Aufsichtsratsmitglieder, die selbst als nahestehende Person an dem Geschäft beteiligt sind, nicht Mitglied des Ausschusses** sein. Gemäß § 107 Abs. 3 S. 6 dürfen aber solche Mitglieder des Aufsichtsrats, bei denen **nur aufgrund ihrer Beziehung zu einer nahestehenden Person** (hiermit dürfte das Gesetz nicht irgendeine, sondern die jeweils im konkreten Fall betroffene nahestehende Person meinen, Hüffer/Koch/*Koch* § 107 Rn. 26c) objektiv die **Besorgnis eines Interessenkonflikts besteht, dem Ausschuss angehören,** solange sie nicht die Mehrheit bilden. Auch das Stimmrecht der einem (potentiellen) Interessenkonflikt unterliegenden Ausschussmitglieder ist dann nicht ausgeschlossen. Da die Zusammensetzung des Ausschusses – anders als die Zusammensetzung des Aufsichtsrats – nach § 107 Abs. 3 reguliert ist, bedarf es keines weiteren Stimmrechtsausschlusses, denn die einem (potentiellen) Interessenkonflikt unterliegenden Aufsichtsratsmitglieder **können allein keine Zustimmungsentscheidung** herbeiführen. Hierdurch wird auch ein Anreiz zur Einrichtung eines solchen Ausschusses geschaffen, in dem die Argumente aller Seiten ausgetauscht werden können (RegBegr. BT-Drs. 19/9739, 79). Die Bildung eines Ausschusses unter Missachtung von § 107 Abs. 3 S. 5 und 6 führt zur Rechtswidrigkeit und damit Nichtigkeit des Einsetzungsbeschlusses (→ § 107 Rn. 30a; zu den Rechtsfolgen → Rn. 25 ff.). Anstelle des Ausschusses obliegt die Zustimmungskompetenz in einem solchen Fall wieder dem Gesamtaufsichtsrat (*Markworth* AG 2020, 166 (170)).

20 Die Möglichkeit der Delegation auf einen beschließenden Ausschuss erleichtert insbesondere in Konzernkonstellationen die Besetzung des Aufsichtsrats erheblich. Wäre nur eine Entscheidung durch den Gesamtaufsichtsrat zulässig, so wären die Spielräume eines herrschenden Unternehmens zur Bestellung von Aufsichtsratsmitgliedern insbesondere in mitbestimmten Unternehmen stark beschränkt – jedes nicht unabhängige Mitglied würde das Stimmgewicht zugunsten der Arbeitnehmerbank verschieben. Ob ein permanenter Ausschuss eingerichtet oder fallbezogen gebildet werden sollte, hängt davon ab, in wie vielen unterschiedlichen Konstellationen Geschäfte mit nahestehenden Personen bei der konkreten Gesellschaft erwartet werden. Je zahlreicher diese Konstellationen sind, desto größer ist die Wahrscheinlichkeit, dass der Gesamtaufsichtsrat die Besetzung eines permanenten Ausschusses adjustieren muss, um im konkreten Fall den Besetzungsregeln zu entsprechen (vgl. *Markworth* AG 2020, 166 (167)).

21 **3. Hauptversammlung.** Erteilt der Aufsichtsrat beziehungsweise der zuständige Ausschuss die Zustimmung nach Abs. 1 nicht, kann der Vorstand nach Abs. 4 verlangen, dass die Hauptversammlung über die Zustimmung beschließt. Diese Möglichkeit ist der „regulären" Zustimmungsersetzung nach § 111 Abs. 3 S. 3 nachempfunden, allerdings mit dem wesentlichen Unterschied, dass der Gesetzgeber sich anstelle eines qualifizierten Mehrheitserfordernisses für eine **Beschlussfassung mit einfacher Mehrheit** und den **Ausschluss des Stimmrechts** am Geschäft beteiligter nahestehender Personen in der Hauptversammlung entschieden hat. Diese Lösung ist sachgerecht, da die Einflussnahme eines am Geschäft beteiligten Großaktionärs so unabhängig von seiner konkreten Beteiligungshöhe ausgeschlossen wird.

22 **4. Zustimmung in der KGaA und SE.** Auch bei einer **Kommanditgesellschaft auf Aktien** ist das grundsätzlich zuständige Gesellschaftsorgan zur Zustimmungserteilung nach Abs. 1 der Aufsichtsrat. Die Gesetzesbegründung folgert die Anwendung der §§ 111a–111c aus der Bestimmung des § 278 Abs. 3 und aus dem Umstand, dass der Aufsichtsrat – ungeachtet der fehlenden Kompetenz für Zustimmungsvorbehalte gem. § 111 Abs. 4 S. 2 – auch in der Kommanditgesellschaft auf Aktien zur Überwachung der Geschäftsführung berufen ist (RegBegr. BT-Drs. 19/9739, 79; krit. *Backhaus/Brouwer* AG 2019, 287, die durch die Neuregelung eher das Rechtsverhältnis nach § 278 Abs. 2 berührt sehen und aktienrechtliche Regelungen für nicht oder jedenfalls nicht unmittelbar anwendbar halten).

23 Für die **dualistische SE** verweist bereits Art. 9 Abs. 1 lit. c ii SE-VO umfassend auf die jeweils anwendbaren nationalen Vorschriften und mithin auf die §§ 111a–111c. In der **monistischen SE,** die über einen Aufsichtsrat nicht verfügt, ist stattdessen der Verwaltungsrat gem. § 22 Abs. 6 SEAG zuständig. Trifft er die Zustimmungsentscheidung, so gilt für seine Mitglieder ebenfalls ein Stimmrechtsausschluss, wenn sie an dem Geschäft beteiligte nahestehende Person sind oder bei ihnen aufgrund ihrer Beziehung zu einer nahestehenden Person die Besorgnis eines Interessenkonflikts besteht. Die Möglichkeit der Delegation der Zustimmungskompetenz auf einen Ausschuss wurde durch § 34 Abs. 4 S. 6 ff. SEAG geschaffen. Der Besonderheit der monistischen SE, dass geschäftsführende Direktoren Mitglied des Verwaltungsrats und damit des Überwachungsorgans sein können, wird durch § 34 Abs. 4 S. 7 SEAG Rechnung getragen. Danach muss der Ausschuss mehrheitlich mit nicht geschäftsführenden Mitgliedern besetzt sein. Diese weitere Besetzungsregel ergänzt die im Übrigen gem. § 34 Abs. 4 S. 8 SEAG entsprechend geltenden Vorschriften zu Aufsichtsratsausschüssen der Aktiengesellschaft nach § 107 Abs. 3 S. 4–6.

III. Entscheidungsmaßstab

Das Gesetz trifft keine Anordnung dazu, an welchem Maßstab die Zustimmungsentscheidung auszurichten ist. Einen Rückschluss erlaubt allerdings § 111c Abs. 2 S. 3, demzufolge die Bekanntmachung **alle wesentlichen Informationen** enthalten muss, die erforderlich sind, um die Angemessenheit des Geschäfts aus Sicht der Gesellschaft und der außenstehenden Gesellschafter zu bewerten (ausf. zur Bedeutung des Angemessenheitskriteriums *H.-F. Müller* FS Vetter, 2019, 481 ff.). Da die Transparenzpflichten letztlich dem Zweck dienen, eine Kontrolle der Aufsichtsratsentscheidung zu ermöglichen, muss es sich hierbei auch um den Maßstab handeln, an dem diese zu messen ist. Eine Geschäft ist dann als angemessen zu bewerten, wenn es einem **Drittvergleich** standhält – das Kriterium findet bereits Anwendung bei der Feststellung der Marktüblichkeit im Rahmen der Ausnahme nach § 111a Abs. 2 sowie bei der Bewertung zum Zwecke der Feststellung der Wesentlichkeit im Rahmen von Abs. 1. Entscheidend ist, ob ein sorgfältiger und gewissenhaft agierender Geschäftsleiter das Geschäft mit einem unabhängigen Dritten zu den gleichen Konditionen abgeschlossen hätte. 24

IV. Rechtsfolgen

Ein **ohne die erforderliche Zustimmung** abgeschlossenes Geschäft mit einer nahestehenden Person bleibt im **Außenverhältnis wirksam.** Ebenso verhält es sich bei einem **verfahrensfehlerhaften** oder **materiell-rechtlich falschen** Zustimmungsbeschluss. Rückgewähransprüche sind grundsätzlich nicht vorgesehen, können sich aber bei gleichzeitigem Vorliegen der entsprechenden Voraussetzungen etwa aus den §§ 52, 57, 62 oder § 826 BGB ergeben (RegBegr. BT-Drs. 19/9739, 84). 25

Die Sanktionierung richtet sich daher über haftungsrechtliche Grundsätze allein an die Organe. Nimmt der Vorstand ohne die erforderliche Zustimmung das Geschäft vor, so verstößt er gegen die Kompetenzordnung und macht sich ggf. schadensersatzpflichtig nach § 93 Abs. 2 S. 1. Für den Aufsichtsrat kommen mehrere haftungsrechtlich relevante Fehler in Betracht, die unterschiedlich zu behandeln sind. Nimmt ein Aufsichtsratsmitglied an der Abstimmung teil, obwohl es gem. Abs. 2 vom Stimmrecht ausgeschlossen ist, so kann es sich gem. §§ 116 S. 1, 93 Abs. 2 schadensersatzpflichtig machen. Dasselbe gilt für die übrigen Aufsichtsratsmitglieder, wenn der Interessenkonflikt erkennbar war (RegBegr. BT-Drs. 19/9739, 85). Die Frage, ob ein Interessenkonflikt vorliegt, ist objektiv zu beantworten und daher gerichtlich voll nachprüfbar (*Markworth* AG 2020, 166 (170)). 26

Ein anderer Maßstab gilt dagegen, wenn der Aufsichtsrat die **Angemessenheit des** Geschäfts im Rahmen der Sachentscheidung beurteilt. Hier – wie auch sonst bei Zustimmungsvorbehalten nach § 111 Abs. 4 S. 2 – wird der Aufsichtsrat **mitunternehmerisch** tätig und wird durch die **Business Judgment Rule** (§ 93 Abs. 1 S. 2) geschützt. Dasselbe sollte dann gelten, wenn der Aufsichtsrat in **Grenzfällen** beurteilen muss, ob ein **Geschäft zu marktüblichen Konditionen** abgeschlossen wurde oder ob der **Wert des Geschäfts** die Wesentlichkeitsschwelle erreicht (iErg auch BeckOGK/*Spindler/Seidel*, 1.7.2020, Rn. 33). Der Schutz der Business Judgment Rule wird in solchen Grenzfällen jedoch regelmäßig nur dann eingreifen, wenn der Aufsichtsrat eine **unabhängige Bewertung** eingeholt hat. Anderenfalls kann er nicht davon ausgehen, auf der **Grundlage angemessener Informationen** zu handeln (Hüffer/Koch/*Koch* § 93 Rn. 20; MüKoAktG/*Spindler* § 93 Rn. 55). Fälle, in denen hierzu nicht ausreichend Zeit bleibt, sind praktisch schwer vorstellbar. 27

Veröffentlichungen von Geschäften mit nahestehenden Personen

111c (1) [1]**Die börsennotierte Gesellschaft hat Angaben zu solchen Geschäften mit nahestehenden Personen, die gemäß § 111b Absatz 1 der Zustimmung bedürfen, unverzüglich gemäß Absatz 2 zu veröffentlichen.** [2]**Ist die Zustimmungsbedürftigkeit eines Geschäfts nach § 111b Absatz 1 durch Zusammenrechnung mehrerer Geschäfte ausgelöst worden, so sind auch diese Geschäfte zu veröffentlichen.**

(2) [1]**Die Veröffentlichung hat in einer Art und Weise zu erfolgen, die der Öffentlichkeit einen leichten Zugang zu den Angaben ermöglicht.** [2]**Die Veröffentlichung hat entsprechend den Regelungen in § 3a Absatz 1 bis 4 der Wertpapierhandelsanzeigeverordnung vom 13. Dezember 2004 (BGBl. I S. 3376), die zuletzt durch Artikel 1 der Verordnung vom 19. Oktober 2018 (BGBl. I S. 1758) geändert worden ist, zu erfolgen.** [3]**Die Veröffentlichung muss alle wesentlichen Informationen enthalten, die erforderlich sind, um zu bewerten, ob das Geschäft aus Sicht der Gesellschaft und der Aktionäre, die keine nahestehenden Personen sind, angemessen ist.** [4]**Dies umfasst mindestens Informationen zur Art des Verhältnisses zu den nahestehenden Personen, die Namen der nahestehenden Personen sowie das Datum und den Wert des Geschäfts.** [5]**Die Angaben sind zudem auf der Internetseite der Gesellschaft für einen Zeitraum von mindestens fünf Jahren öffentlich zugänglich zu machen.**

(3) [1] **Handelt es sich bei dem Geschäft mit einer nahestehenden Person um eine Insiderinformation gemäß Artikel 17 der Verordnung (EU) Nr. 596/2014 des Europäischen Parlaments und des Rates vom 16. April 2014 über Marktmissbrauch (Marktmissbrauchsverordnung) und zur Aufhebung der Richtlinie 2003/6/EG des Europäischen Parlaments und des Rates und der Richtlinien 2003/124/EG, 2003/125/EG und 2004/72/EG der Kommission (ABl. L 173 vom 12.6.2014, S. 1; L 287 vom 21.10.2016, S. 320; L 348 vom 21.12.2016, S. 83), die zuletzt durch die Verordnung (EU) 2016/1033 (ABl. L 175 vom 30.6.2016, S. 1) geändert worden ist, sind die nach Absatz 2 erforderlichen Angaben in die Mitteilung gemäß Artikel 17 der Verordnung (EU) Nr. 596/2014 aufzunehmen.** [2] **In diesem Fall entfällt die Verpflichtung nach Absatz 1.** [3] **Artikel 17 Absatz 4 und 5 der Verordnung (EU) Nr. 596/2014 gilt sinngemäß.**

(4) **Ist die Gesellschaft Mutterunternehmen im Sinne der internationalen Rechnungslegungsstandards, die durch die Verordnung (EG) Nr. 1126/2008 übernommen wurden, gelten Absatz 1 Satz 1 sowie die Absätze 2 und 3 entsprechend für ein Geschäft eines Tochterunternehmens mit der Gesellschaft nahestehenden Personen, sofern dieses Geschäft, wenn es von der Gesellschaft vorgenommen worden wäre, nach § 111b Absatz 1 und 3 einer Zustimmung bedürfte.**

Übersicht

I. Veröffentlichungspflicht

1 Das Zustimmungserfordernis nach § 111b Abs. 1 wird komplementiert durch die Veröffentlichungspflicht nach § 111c. Über die Kontrolle durch den – von der Hauptversammlung mit einfacher Mehrheit gewählten – Aufsichtsrat hinaus ermöglicht die Veröffentlichungspflicht den Aktionären, die Geschäfte der Gesellschaft mit ihr nahestehenden Personen nachzuvollziehen und ggf. einer genaueren Prüfung zu unterziehen.

2 Die Veröffentlichungspflicht ist **kapitalmarktrechtlich** ausgestaltet. So war sie im Referentenentwurf zunächst in § 48 AktG-E geregelt. Zur besseren Verständlichkeit des Regelungskomplexes und der Vereinheitlichung der Begrifflichkeiten ist sie im Regierungsentwurf in die Nachbarschaft der übrigen Regelungen verschoben worden, indes ohne inhaltliche Änderungen zu erfahren.

3 Nach Abs. 1 muss die Gesellschaft **Angaben** (näher → Rn. 9) zu gem. § 111b Abs. 1 zustimmungsbedürftigen Geschäften mit nahestehenden Personen **veröffentlichen.** Ist das Geschäft für sich genommen nicht wesentlich, hat das Zustimmungserfordernis aber durch Aggregation (→ § 111b Rn. 10) ausgelöst, so sind – **rückwirkend – Angaben zu allen Geschäften des Aggregationskomplexes** zu veröffentlichen (RegBegr. BT-Drs. 19/9739, 86). Zustimmungserfordernis und Veröffentlichungspflicht laufen insofern parallel – auch und entgegen der anderslautenden Gesetzesbegründung hinsichtlich des Aggregationszeitraums, der wie bei § 111b das laufende Geschäftsjahr umfasst und nicht die vergangenen zwölf Monate (BeckOGK/*Spindler/Seidel,* 1.7.2020, Rn. 5). Wie das Zustimmungserfordernis gilt auch die Veröffentlichungspflicht ebenfalls für **börsennotierte SE und KGaA** (→ § 111c Rn. 22f.).

II. Zeitpunkt der Veröffentlichung

4 Nach Abs. 1 muss die **Veröffentlichung unverzüglich** erfolgen. Für die Unverzüglichkeit der Bekanntmachung soll ausweislich der Gesetzesbegründung genügen, dass diese **spätestens innerhalb von vier Handelstagen** nach Abschluss des Geschäfts erfolgt (RegBegr. BT-Drs. 19/9739, 86). Zur Begründung heißt es, dass eine Bekanntmachung zum Zeitpunkt des Abschlusses aufgrund technischer Umstände häufig nicht möglich sei. Dies gelte insbesondere für den Fall, dass die für die Aggregation berücksichtigten Geschäfte ebenfalls zu veröffentlichen und daher entsprechende Daten und Unterlagen aufzubereiten sind (RegBegr. BT-Drs. 19/9739, 86). Die Überzeugungskraft des Arguments ist jedoch begrenzt. Geschäfte mit nahestehenden Personen dürften in den seltensten Fällen unter derart hohem Zeitdruck zustande kommen, dass eine Aufbereitung im Vorfeld des Abschlusses nicht möglich ist.

5 In der Regel wird man Gesellschaften, die mit einer bestimmten nahestehenden Person ausreichend viele Geschäfte abgeschlossen haben, dass sie in **gefährliche Nähe zur Wesentlichkeitsschwelle** geraten, abverlangen **können, die notwendigen Informationen entweder bereits ohne konkreten**

Anlass vorausschauend aufzubereiten oder mit dem **Abschluss des Geschäfts solange zu warten,** bis die notwendigen Informationen zusammengetragen sind. Ein solches Vorgehen dürfte schon deshalb geboten sein, weil Zweifel bestehen, dass die – freilich lediglich in der Gesetzesbegründung enthaltene – **Auffassung des Gesetzgebers richtlinienkonform** ist. Denn Art. 9c Abs. 2 S. 1 ARRL II verlangt ausdrücklich eine Bekanntmachung „spätestens zum Zeitpunkt des Abschlusses", sodass dieser den Endpunkt markiert und – nicht wie von der Gesetzesbegründung vorgesehen – erst eine Frist in Gang setzt. Vor diesem Hintergrund wird selbst eine unverzügliche Veröffentlichung (§ 121 Abs. 1 S. 1 BGB) als nicht in jedem Fall rechtzeitig angesehen (ebenso *Tröger/Roth/Strenger* BB 2018, 2946 (2949); *VGR-Stellungnahme* AG 2019, 920 (924); iErg auch BeckOGK/*Spindler/Seidel,* 1.7.2020, Rn. 8 ff.).

Nach Abs. 3 S. 3 gelten die **Regelungen über den Aufschub der Veröffentlichung einer Insiderinformation** (Art. 17 Abs. 1, 4 MAR) **sinngemäß.** Zwar regelt Abs. 3 grundsätzlich den Fall der gleichzeitigen Insiderinformation (→ Rn. 12), indes ergibt sich aus den Gesetzesmaterialien, dass die Möglichkeit zur Selbstbefreiung auch in den Fällen bestehen soll, in denen keine gleichzeitige Insiderinformation vorliegt (RegBegr. BT-Drs. 19/9739, 87). 6

Der Aufschub der Veröffentlichung nach Abs. 3 S. 3 erfordert in entsprechender Anwendung von Art. 17 Abs. 4 MAR, dass die Gesellschaft ein **berechtigtes Interesse** vorweisen kann – insofern kann grundsätzlich auf die **entsprechenden Maßstäbe im Insiderrecht** zurückgegriffen werden. Einschlägig dürfte indes nur die noch ausstehende Zustimmung des Aufsichtsrats sein (§ 6 S. 2 Nr. 2 WpAV), denn die Veröffentlichungspflicht nach § 111c greift erst mit dem Abschluss des Geschäfts. Abseits der ausstehenden Zustimmung des Aufsichtsrats dürften dann aber im Regelfall keine berechtigten Interessen an einem Aufschub der Veröffentlichung nach Abs. 1 mehr bestehen. 7

Ob eine sinngemäße Anwendung des Art. 17 Abs. 4 MAR darüber hinaus auch die weiteren Voraussetzungen der Aufschubentscheidung – **keine Irreführung der Öffentlichkeit** und **Sicherstellung der Vertraulichkeit** – einschließen muss, ist zumindest zweifelhaft. Beide Kriterien zielen darauf ab, die Kapitalmarktteilnehmer gleichzeitig und zutreffend zu informieren, um **informierte Anlageentscheidungen** zu ermöglichen. Da es sich im Fall einer nur sinngemäßen Anwendung des Art. 17 Abs. 4 MAR aber gerade nicht um eine Insiderinformation handelt, liegt kein Sachverhalt vor, dem die Gefahr einer relevanten Informationsasymmetrie innewohnt. 8

III. Inhalt der Veröffentlichung

Nach Abs. 2 S. 3 muss die Veröffentlichung **alle wesentlichen Informationen** enthalten, die erforderlich sind, um die **Angemessenheit des Geschäfts** aus Sicht der Gesellschaft und der (übrigen) Aktionäre beurteilen zu können. Dies umfasst mindestens Informationen zur **Art des Verhältnisses** zu den nahestehenden Personen, die **Namen** der nahestehenden Personen sowie das **Datum** und den **Wert des Geschäfts.** Die im Gesetz gegebenen Mindestbestandteile der Veröffentlichung sind allerdings **nicht abschließend.** Darüber hinaus kommen eine **kurze Beschreibung des Geschäfts** sowie bei Rechtsgeschäften **Angaben zur Leistung und Gegenleistung** und bei anderen Maßnahmen Angaben zu **Vor- und Nachteilen des Geschäfts** in Betracht (RegBegr. BT-Drs. 19/9739, 87). Nur in Ausnahmenfällen sind dabei **spezifische Regelungen eines Vertrags** offenzulegen, wie etwa die Möglichkeit zur einseitigen Verlängerung der Laufzeit, Vertragsstrafen und eine ungewöhnliche Verteilung von Risiken oder Kosten, wenn sie im konkreten Einzelfall einen Einfluss auf die Beurteilung der Angemessenheit haben. 9

IV. Art und Weise der Veröffentlichung

Nach Abs. 2 S. 1 hat die Veröffentlichung in einer Art und Weise zu erfolgen, die der **Öffentlichkeit einen leichten Zugang zu den Angaben** ermöglicht. Eine Veröffentlichung auf der eigenen Website reicht allerdings nicht aus. Vielmehr verweist S. 2 auf die Regelungen in § 3a Abs. 1–4 WpAV. Die Veröffentlichung ist Medien zuzuleiten, bei denen davon ausgegangen werden kann, dass sie die Informationen in der gesamten EU sowie dem EWR verbreiten. Zur Erfüllung der Veröffentlichungspflicht sollte daher auf die bereits **etablierten Dienstleister** zurückgegriffen werden (RegBegr. BT-Drs. 19/9739, 86 f.; *H.-F. Müller* ZIP 2019, 2429 (2436)). 10

Um die leichte Zugänglichkeit der veröffentlichten Informationen zu fördern und eine bessere Übersichtlichkeit zu gewährleisten (RegBegr. BT-Drs. 19/9739, 87), bestimmt Abs. 2 S. 5 darüber hinaus, dass die Angaben **zusätzlich auf der Internetseite der Gesellschaft** für einen Zeitraum von **mindestens fünf Jahren** öffentlich zugänglich gemacht werden müssen. 11

V. Gleichzeitige Insiderinformation

Das vorstehend beschriebene Veröffentlichungsregime erfährt nach Abs. 3 jedoch tiefgreifende Änderungen, wenn es sich bei dem veröffentlichungspflichtigen Geschäft um eine **Insiderinformation iSd Art. 17 MAR** handelt. Das Gesetz meint mit dieser Formulierung nicht lediglich das Vorliegen einer Insiderinformation iSd Art. 7 Abs. 1 MAR, der die Insiderinformation regelt. Erforderlich ist das 12

Bestehen einer *veröffentlichungspflichtigen* Insiderinformation, also zusätzlich das Merkmal der unmittelbaren Betroffenheit des Emittenten. An Letzterer dürfte es indes kaum fehlen, nimmt die Gesellschaft das Geschäft doch selbst vor. In einem solchen Fall der gleichzeitigen Insiderinformation sind die Angaben nach Abs. 2 S. 3 f. zwingend in die Veröffentlichung nach Art. 17 Abs. 1 MAR zu integrieren (der Referentenentwurf sah hier noch ein Wahlrecht vor). Eine gesonderte Veröffentlichung nach § 111c entfällt (*Zipperle/Lingen* BB 2020, 131 (136)).

13 Dabei ist zu berücksichtigen, dass die Veröffentlichung nach § 111c Abs. 1 AktG-RegE nach Auffassung des Gesetzgebers grundsätzlich erst mit Erteilung der Zustimmung erforderlich wird (RegBegr. BT-Drs. 19/9739, 86). Der Gesetzgeber geht insoweit offenbar davon aus, dass ein Geschäft mit einer nahestehenden Person tatsächlich erst nach erfolgter Zustimmung abgeschlossen wird. Jedoch ist es ausweislich der Gesetzesbegründung (RegBegr. BT-Drs. 19/9739, 83) zulässig, dass das zustimmungsbedürftige Geschäft aufschiebend bedingt auf die Zustimmung abgeschlossen wird. In diesem Fall kann, sofern das fragliche Geschäft zugleich eine Insiderinformation darstellt, eine Veröffentlichung nach Art. 17 Abs. 1 MAR nur dann zugleich die Angaben nach Abs. 2 enthalten, wenn die börsennotierte Gesellschaft bis zur Erteilung der Zustimmung durch den Aufsichtsrat bzw. einen Aufsichtsratsausschuss von der Möglichkeit des Aufschubs der Veröffentlichung nach Art. 17 Abs. 4 MAR Gebrauch macht. Dies entspricht freilich ohnehin bereits der gängigen Vorgehensweise und ist, wie § 6 S. 2 Nr. 2 WpAV zeigt, rechtlich grundsätzlich zulässig.

VI. Geschäfte von Tochterunternehmen

14 Eine erhebliche Erweiterung der Publizitätspflicht enthält Abs. 4. Dieser bestimmt für Mutterunternehmen im Sinne der internationalen Rechnungslegungsstandards, dass die **Veröffentlichungspflicht auch für Geschäfte von Tochterunternehmen** mit der Gesellschaft nahestehenden Personen gilt, soweit diese Geschäfte, wenn sie von der Gesellschaft vorgenommen worden wären, publizitätspflichtig gewesen wären. Diese Regelung wirkt dem durch § 111a Abs. 3 Nr. 1 geschaffenen Umgehungsrisiko (→ § 111a Rn. 22) entgegen, indem den Aktionären Geschäfte von Tochterunternehmen zumindest zur Kenntnis gelangen (RegBegr. BT-Drs. 19/9739, 87). Auch die Geschäfte von Tochterunternehmen werden, sofern sie nicht alleine schon die **Wesentlichkeitsschwelle** überschreiten, aggregiert. Eine **konzernweite Aggregation** – mit den Geschäften der Gesellschaft oder anderer Tochterunternehmen – **findet jedoch nicht statt** (RegBegr. BT-Drs. 19/9739, 87). Damit bleibt die Umgehungsprävention unvollständig, wenn z. B. Vermögenswerte zunächst auf mehrere Tochterunternehmen verteilt und anschließend auf nahestehende Personen übertragen werden. Möglich und notwendig bleibt der Schutz unter allgemeinen Umgehungsgesichtspunkten (RegBegr. BT-Drs. 19/9739, 88; hierzu auch → § 111a Rn. 22), die Umgehungsabsicht tritt in einem solchen Fall klar zu Tage. Schwieriger zu beurteilende Fälle sind jedoch denkbar, etwa bei der Veräußerung eines Geschäftsbereichs des Konzerns, dessen Grenzen nicht streng entlang der gesellschaftsrechtlichen Strukturen verlaufen (sog. *Carve-out*). Hier kann es dazu kommen, dass mehrere Konzerngesellschaften als Verkäufer agieren. Da die ursprüngliche Konzernorganisation jedoch nicht von einer Umgehung der §§ 111b f. getrieben war, bestehen dann u. U. weder Zustimmungserfordernis noch Veröffentlichungspflicht. Auch ohne konzernweite Aggregation bedeutet die Ausdehnung der Veröffentlichungspflicht für die betroffenen Gesellschaften, dass sie **Geschäfte mit nahestehenden Personen konzernweit erfassen** müssen, was sich insbesondere in solchen Konzernen, die in vielen auch außereuropäischen Ländern tätig sind, als echte Herausforderung erweisen kann.

VII. Rechtsfolgen

15 Der Verstoß gegen die Veröffentlichungspflicht ist eine Pflichtverletzung, die nach den allgemeinen Regeln zu einer **Schadensersatzpflicht** führen kann, wobei ein **selbstständiger Schaden der Gesellschaft eher unwahrscheinlich** erscheint (abseits allfälliger Bußgelder, dazu sogleich). Dieser wird eher aus dem Abschluss des Geschäfts resultieren, der auch bei ordnungsgemäßer Veröffentlichung nicht mehr verhindert werden kann. Auf die Wirksamkeit des Geschäfts selbst hat die Verletzung der Veröffentlichungspflicht – wie der Abschluss entgegen § 111b Abs. 1 ohne die erforderliche Zustimmung – keinen Einfluss.

16 Wirksameres Sanktionsinstrument – bei vorsätzlichem Handeln (§ 10 OWiG) – ist insoweit die **Bußgeldbewehrung nach § 405 Abs. 2a Nr. 6, Abs. 4,** die einen Sanktionsrahmen von bis zu 500.000 Euro vorsieht (*H.-F. Müller* ZIP 2019, 2429 (2436)). Handelt es sich bei dem Geschäft zugleich um eine veröffentlichungspflichtige Insiderinformation, ist auch § 120 Abs. 15 Nr. 6–11 WpHG mit der Folge anwendbar, dass bereits leichtfertiges Verhalten ausreicht (*Zipperle/Lingen* BB 2020, 131 (138); *H.-F. Müller* ZIP 2019, 2429 (2436)).

Vertretung der Gesellschaft gegenüber Vorstandsmitgliedern

112 **[1] Vorstandsmitgliedern gegenüber vertritt der Aufsichtsrat die Gesellschaft gerichtlich und außergerichtlich. [2] § 78 Abs. 2 Satz 2 gilt entsprechend.**

Übersicht

I. Allgemeines

1 Abweichend von der Grundregel des § 78 (Vertretung durch den Vorstand) sieht § 112 ausnahmsweise eine organschaftliche Vertretungsmacht des Aufsichtsrats vor, begrenzt auf die Vertretung der Gesellschaft gegenüber den Vorstandsmitgliedern (dazu jüngst *Mutter* ZIP 2019, 1655; *Häger/Schlosser* WM 2020, 7). Regelungsziel ist es, eine **unbefangene,** von sachfremden Erwägungen unbeeinflusste **Vertretung** der Gesellschaft sicherzustellen (BGH 8.2.1988, BGHZ 103, 213 (216) = NJW 1988, 413; BGH 26.6.1995, BGHZ 130, 108 (111 f.); BGH 16.10.2006, NJW-RR 2007, 98; GroßkommAktG/*Hopt/Roth* Rn. 4 ff.; KK-AktG/*Mertens* Rn. 2; BeckOGK/*Spindler,* 15.1.2020, Rn. 1). Ähnlich wie bei § 181 BGB geht es um die Vermeidung von Interessenkonflikten, die bei einer Vertretung durch den Vorstand unvermeidlich wären. § 112 geht jedoch noch darüber hinaus, da er auch den am konkreten Geschäft unbeteiligten Vorstandsmitgliedern die Vertretung der AG verbietet (*Cahn* FS Hoffmann-Becking, 2013, 247 (250)). Tatsächliche Befangenheit ist nicht erforderlich. Bezweckt ist ein Schutz vor den abstrakten Gefahren, die bei typisierender Betrachtung von einer Vertretung durch den Vorstand bei Geschäften mit seinen Mitgliedern ausgehen (BGH 29.11.2004, NZG 2005, 276; Hüffer/Koch/*Koch* Rn. 2). Für die **Passivvertretung** ordnet der im Zuge des „Gesetzes zur Modernisierung des GmbH-Rechts und zur Bekämpfung von Missbräuchen" (MoMiG) eingefügte S. 2 im Sinne einer Klarstellung (BT-Drs. 16/6140, 126) die entsprechende Anwendung des § 78 Abs. 2 S. 2 an (kritisch zu diesem Gleichlauf mit der Vorstandsregelung MüKoAktG/*Habersack* Rn. 25). Die Regelung enthält zwingendes Recht.

2 § 112 regelt lediglich einen, allerdings den wichtigsten Fall der Vertretungsmacht des Aufsichtsrates. Alleinvertretungsmacht gewährt das Gesetz ferner in § 111 Abs. 2 S. 2 und 3 (Vertretungsbefugnis bei Rechtsgeschäften und Rechtsstreitigkeiten mit vom Aufsichtsrat beauftragten Sachverständigen, dazu → § 111 Rn. 12); außerdem sehen § 246 Abs. 2 S. 2, § 249 Abs. 1 S. 1, § 250 Abs. 3 S. 1, § 253 Abs. 2, § 254 Abs. 2 S. 1, § 255 Abs. 3, § 256 Abs. 7 S. 1, § 257 Abs. 2 S. 1 und § 275 Abs. 4 S. 1 ein **gemeinschaftliches Vertretungsrecht mit dem Vorstand** vor. Hat die AG keinen Vorstand **(„Führungslosigkeit"),** so ordnet der ebenfalls (→ Rn. 1) neu eingefügte § 78 Abs. 1 S. 2 eine passive Ersatzvertretung für die Abgabe von Willenserklärungen oder die Zustellung von Schriftstücken durch die Mitglieder des Aufsichtsrats an. Auf eine Kenntnis der Aufsichtsratsmitglieder von der Führungslosigkeit kommt es nicht an (BT-Drs. 16/6140, 42).

II. Die Reichweite der Vertretungsmacht des Aufsichtsrats

3 Die Vertretungszuständigkeit besteht gegenüber allen amtierenden und ausgeschiedenen (BGH 1.12.2003, BGHZ 157, 151 (153 f.) = NJW 2004, 1528; BGH 16.2.2009, NJW-RR 2009, 690; BGH 29.1.2013, NZG 2013, 297 Rn. 10; BAG 4.7.2001, AP BGB § 611 Organvertreter Nr. 18; kritisch *Behr/Kindl* DStR 1999, 119 ff.) Vorstandsmitgliedern. Auf die Wirksamkeit der Bestellung kommt es nicht an (*Werner* ZGR 1989, 369 (376 f.); MüKoAktG/*Habersack* Rn. 10); die Vorschrift greift zudem auch dann, wenn das ehemalige Vorstandsmitglied inzwischen dem Aufsichtsrat angehört. Die Anwendung auf Rechtsgeschäfte mit ehemaligen Organmitgliedern setzt – bei typisierender Betrachtung – voraus, dass das Verhalten der amtierenden Vorstandsmitglieder von der Vorstellung beeinflusst werden kann, eines Tages in eine ähnliche Situation zu geraten wie das ehemalige Organmitglied. Steht das Rechtsgeschäft dagegen in keinem Zusammenhang zur früheren Organstellung, verbleibt es bei der Zuständigkeit des Vorstands nach § 78 Abs. 1 (BAG 20.9.2016, NZA 2017, 644). Das gilt auch, wenn im Rahmen eines mehrseitigen Vertrags Gesellschaft und Vorstandsmitglied keine gegenläufigen, sondern parallele Willenserklärungen gegenüber einer anderen Vertragspartei abgeben (BGH 25.7.2017, NJW-RR 2017, 1317). Erfasst werden vom Anwendungsbereich zur Vermeidung von Umgehungsgefahren auch Rechtsgeschäfte mit künftigen Vorstandsmitgliedern, wenn sie im Vorfeld der beabsichtigten Bestellung erfolgen und mit dieser in Zusammenhang stehen (BGH 15.1.2019, NJW 2019, 1677 Rn. 32; *Schatz/Schödel* EWiR 2019, 199 (200)).

4 Geschäfte mit Dritten fallen grundsätzlich nicht unter § 112 (OLG Saarbrücken 30.11.2000, AG 2001, 483; *Fischer* ZNotP 2002, 297 (300 f.)). Wird jedoch mit dem Dritten ein Vertrag über die entgeltliche (sei es auch nur vorübergehende) **Überlassung** einer Person für deren Tätigkeit **als Vorstandsmitglied** einer AG geschlossen, so ist gem. S. 1 ausschließlich der Aufsichtsrat zuständig, wenn später keine sonstigen Vereinbarungen mit dem jeweiligen Vorstandsmitglied selbst getroffen werden (KG 28.6.2011, ZIP 2011, 2059 (2060)). Das Gleiche gilt für Vergütungsvereinbarungen mit einem Dritten, welche die Vorstandstätigkeit betreffen (BGH 28.4.2015, DStR 2015, 1635; Hüffer/Koch/*Koch* Rn. 3; *E. Vetter* FS Hoffmann-Becking, 2013, 1297 (1310)), da nur auf diese Weise der Gleichlauf von Bestellungs- und Anstellungskompetenz gewährleistet werden kann. Unter derartige „Drittanstellungsverträge" fällt bei der Bestellung eines vorübergehenden Vorstandsmitglieds, das in einem Vertragsverhältnis zu einem Dritten steht, auch die Vereinbarung über die Vergütung dieses Dritten für die Vermittlung sowie Stellung des Vorstandsmitglieds und für seine Vorstandstätigkeit (*Krieger* FS Hoffmann-Becking, 2013, 712 (716)). Vom Normzweck (unvoreingenommene, von sachfremden Erwägungen unbeeinflusste Vertretung der AG) erfasst werden außerdem Rechtsgeschäfte mit **Familienmitgliedern** (Beispiel: Witwenrente aus Versorgungsvertrag), die auf dem Vorstandsverhältnis beruhen (BGH 16.10.2006, NJW-RR 2007, 98; MüKoAktG/*Habersack* Rn. 16; KK-AktG/*Mertens/Cahn* Rn. 17; aA OLG München 25.10.1995, WM 1996, 346), nicht dagegen Feststellungsklagen von Aktionären, die sich auf die Vorstandsbesetzung beziehen (BGH 23.9.1996, NJW 1997, 318 f.). § 112 gilt auch für Verfahren gegen ehemalige Geschäftsführer in Fällen, in denen eine GmbH in eine AG umgewandelt wurde (BGH 28.4.1997, NJW 1997, 2324; MüKoAktG/*Habersack* Rn. 12; einschränkend BAG 20.9.2016, NZA 2017, 644).

5 Kontrovers diskutiert wird im Schrifttum, ob § 112 erweiternd dahin auszulegen ist, dass der Aufsichtsrat die AG auch gegenüber Gesellschaften vertritt, in denen ein Vorstandsmitglied maßgeblichen Einfluss hat (Bürgers/Körber/*Israel* Rn. 3; Hölters/*Hambloch-Gesinn/Gesinn* Rn. 7; *Rupietta* NZG 2007, 801 (802 ff.); aA wohl BeckOGK/*Spindler,* 15.1.2020, Rn. 9). Der BGH hatte die Frage lange offengelassen (vgl. BGH 12.3.2013, NZG 2013, 496 Rn. 9; BGH 28.4.2015, NZG 2015, 792 Rn. 32). Kürzlich entschied der BGH, dass der Aufsichtsrat die Aktiengesellschaft auch bei solchen Rechtsgeschäften mit einer Gesellschaft vertritt, deren alleiniger Gesellschafter ein Vorstandsmitglied ist (BGH 15.1.2019, NJW 2019, 1677). Ob dies auch greift, wenn das Vorstandsmitglied nur maßgeblichen Einfluss in der Gesellschaft hat, ließ der Senat offen (BGH 15.1.2019, NJW 2019, 1677 Rn. 17; dazu *Schatz/Schödel* EWiR 2019, 199 (200); *Backhaus/Brouwer* AG 2019, 287 (294); *Häger/Schlosser* WM 2020, 7). Angesichts der Unbestimmtheit des Kriteriums des maßgebenden unternehmerischen Einflusses sprechen Rechtssicherheit und -klarheit insoweit für eine enge Auslegung des Ausnahmetatbestands (MüKoAktG/*Habersack,* Rn. 9; KK-AktG/*Mertens/Cahn* Rn. 18; aA *Stöber* BB 2019, 914 bei 75 % der Stimmrechte). Gravierende Fälle lassen sich über die Grundsätze des Missbrauchs der Vertretungsmacht erfassen (*Jenne/Miller* ZIP 2019, 1052 (1057)).

6 Sachlich erstreckt sich die Befugnis ohne Umfangsbeschränkung auf alle Rechtsgeschäfte und Rechtshandlungen mit Vorstandsmitgliedern, namentlich Aktiv- und Passivprozesse (GroßkommAktG/*Hopt/Roth* Rn. 47 ff.; *Scherb-Da Col,* Die Ausstattung des Aufsichtsrats, 2018, 189). Praktisch relevante Anwendungsfälle sind Streitigkeiten über die Wirksamkeit eines Bestellungswiderrufs sowie Begründung, Ausgestaltung und Beendigung des Anstellungsverhältnisses (BGH 11.5.1981, NJW 1981, 2748). Nach früherer, inzwischen aufgegebener Rspr. des BAG (vgl. BAG 7.10.1993, AP ArbGG § 5 Nr. 16, 8.6.2000, Nr. 49, 14.6.2006, Nr. 62) sollte es bei Bestellung eines Arbeitnehmers zum Organmitglied im Zweifel zum Ruhen des Arbeitsverhältnisses kommen (zu Einzelheiten MüKoBGB/*Henssler* BGB § 623 Rn. 28, MüKoBGB/*Henssler* BGB § 626 Rn. 36). In hieraus folgenden Streitigkeiten, etwa über eine wirksame Kündigung des Arbeitsverhältnisses, wird die AG ebenfalls ausschließlich vom Aufsichtsrat vertreten (BAG 4.7.2001, AP BGB § 611 Organvertreter Nr. 18). Etwas anderes gilt, wenn an die Stelle eines auf der Organmitgliedschaft beruhenden Dienstverhältnisses ein Arbeitsverhältnis zwischen dem früheren Organmitglied und der Aktiengesellschaft getreten ist. Rechtsgeschäfte, die ausschließlich dessen vertragliche Fortentwicklung oder Beendigung regeln, werden nicht von § 112 erfasst (BAG 20.9.2016, NZA 2017, 644).

7 Werden Vorstandsmitglieder in Organe von Tochtergesellschaften gewählt, so greift die Aufsichtsratszuständigkeit nach § 112 nicht (hM, OLG München 8.5.2012, ZIP 2012, 1122 (1123); *Schemmann* NZG 2008, 89; GroßkommAktG/*Hopt/Roth* Rn. 67 ff.; KK-AktG/*Mertens/Cahn* Rn. 4; aA LG Berlin 18.12.1996, NJW-RR 1997, 1534). Es bedarf daher einer Befreiung des Vorstands von der Beschränkung des § 181 BGB.

III. Ausübung und Nachweis der Vertretungsmacht

8 Die Vertretungsbefugnis steht dem Aufsichtsrat als Organ zu, nicht dem einzelnen Mitglied. Wahrnehmung erfolgt dementsprechend durch **Aufsichtsratsbeschluss** (§ 108 Abs. 1; BGH 29.1.2013, NZG 2013, 297 Rn. 11; OLG Zweibrücken 23.6.2010, AG 2010, 918). Beauftragt der Aufsichtsratsvorsitzende – selbst in Eilfällen – einen Rechtsanwalt, ohne zuvor eine Mehrheitsentscheidung des

Aufsichtsrats herbeizuführen, handelt er entsprechend § 177 BGB als Vertreter ohne Vertretungsmacht; der Vertrag kann jedoch auch noch nachträglich genehmigt werden (BGH 14.5.2013, ZIP 2013, 1274 (1276)). Die Erklärung muss bei **Aktivvertretung** als eigene Willenserklärung des Vertreters grundsätzlich im Namen der AG von der Mehrheit der Aufsichtsratsmitglieder gegenüber dem Vorstandsmitglied abgegeben werden (OLG Frankfurt a. M. 28.4.1981, AG 1981, 230 (231); OLG Düsseldorf 24.2.2012, AG 2012, 511 f.; KK-AktG/*Mertens/Cahn* Rn. 31). Ein Aufsichtsratsmitglied (meist der Vorsitzende) kann ermächtigt werden, die Willenserklärung des Gremiums zu übermitteln (GroßkommAktG/*Hopt/Roth* Rn. 84). Es kann aber auch ein **Bote** mit der Übermittlung beauftragt werden (OLG Düsseldorf 24.2.2012, AG 2012, 511 (512)). Bei **Passivvertretung** genügt nach dem klarstellenden Hinweis in S. 2 auf § 78 Abs. 2 S. 2 die Abgabe der Willenserklärung gegenüber einem Mitglied. Zum **Nachweis** der Vertretungsmacht sind gegebenenfalls Geschäftsordnung, Protokoll der Aufsichtsratssitzung oder Ermächtigungsurkunde vorzulegen (OLG Düsseldorf 17.11.2003, AG 2004, 321 (323 f.); *Leuering* NZG 2004, 120 (123)). Wird dies versäumt, so kann der Vorstand in analoger Anwendung des § 174 BGB berechtigt sein, eine Willens-, insbesondere Kündigungserklärung unverzüglich zurückzuweisen (s. OLG Düsseldorf 17.11.2003, AG 2004, 321 (323 f.); aA *Bauer/Krieger* ZIP 2004, 1247 (1248 f.); *Bednarz* NZG 2005, 418 ff.). Ist der Wahlbeschluss des Aufsichtsrats nicht notariell beurkundet, genügen Schriftform und Beglaubigung (*Steiner* BB 1998, 1910 (1911); BeckOGK/*Spindler,* 15.1.2020, Rn. 47).

Übertragung der Vertretungsbefugnis auf **Ausschüsse** ist möglich, allerdings nur soweit auch in der 9
Sache nach § 107 Abs. 3 ein Ausschuss anstelle des Gesamtgremiums entscheiden kann. Auf ein einzelnes Mitglied kann die Willensbildung dagegen nicht übertragen werden. Ein einzelnes Aufsichtsratsmitglied kann lediglich den durch das Gesamtgremium oder einen Ausschuss durch Beschluss gebildeten Willen gegenüber dem Vorstand als Erklärungsvertreter erklären (BGH 24.2.1954, BGHZ 12, 327 (334 ff.) = NJW 1954, 797; OLG Düsseldorf 17.11.2003, AG 2004, 321 (322 f.); *Bauer/Krieger* ZIP 2004, 1247 (1248); *Hüffer* FS Claussen, 1997, 171 (181 ff.); KK-AktG/*Mertens* Rn. 27 f.; krit. *Werner* ZGR 1989, 369 (385 ff.); aA *Leuering* NZG 2004, 120 (122 f.)).

IV. Handeln ohne Vertretungsmacht – Prozessuales

Handelt anstelle des Aufsichtsrats eine nicht vertretungsberechtigte Person – etwa der nicht zuständige 10
Vorstand oder ein einzelnes Aufsichtsratsmitglied –, ist das Geschäft nach der im Vordringen befindlichen Auffassung schwebend unwirksam, nicht dagegen nichtig. Auch der BGH (zum Handeln eines einzelnen Aufsichtsratsmitglieds BGH 14.5.2013, ZIP 2013, 1274 (1276)) hat diese Frage inzwischen in diesem Sinne entschieden, nachdem er sie zuvor mehrfach (in jüngerer Zeit auch noch das BAG 20.9.2016, NZA 2017, 644) offen gelassen hatte [BGH 17.3.2008, NZG 2008, 471 (472); BGH 16.3.2009, NZG 2009, 550 Rn. 34]; OLG München 18.10.2007, AG 2008, 423; dazu Hüffer/Koch/*Koch* Rn. 12; *LKV* Aufsichtsrat Rn. 457; *Schmitt* FS Hopt, 2010, 1313 (1317 ff.); differenzierend KK-AktG/*Mertens/Cahn* Rn. 10 f.; *Fischer/Hoffmann* NZG 2013, 1419). **Analog §§ 177 ff. BGB** kommt eine Genehmigung durch den Aufsichtsrat (nicht den Vorsitzenden!) in Betracht (BGH 14.5.2013, ZIP 2013, 1274 (1276)). Eine nachträgliche Genehmigung eines entgegen § 112 vom Vorstand abgeschlossenen Rechtsgeschäfts durch den Aufsichtsrat setzt voraus, dass sich der Aufsichtsrat im Rahmen seiner nachträglichen Beschlussfassung konkret mit dem Rechtsgeschäft und dessen wesentlichen Bedingungen beschäftigt. Ein Genehmigungsbeschluss des Aufsichtsrats, mit dem pauschal alle ab einem bestimmten Zeitpunkt abgeschlossenen Rechtsgeschäfte des Vorstands vom Aufsichtsrat genehmigt werden, ist dagegen nichtig (BAG 20.9.2016, NZA 2017, 644; dazu *Hersch* NZG 2017, 854).

Eine **Verweigerung der Genehmigung** durch den Aufsichtsrat ist grundsätzlich nicht rechtsmiss- 11
bräuchlich (BGH 22.4.1991, AG 1991, 269 f.; OLG Saarbrücken 11.10.2012, NZG 2012, 1348 (1350)), kann es aber sein (BGH 14.5.2013, ZIP 2013, 1274). *Cahn* (*Cahn* FS Hoffmann-Becking, 2013, 247) hat sich ausführlich mit der Vertretung der AG durch den Aufsichtsrat (Willensbildung sowie der folgenden -erklärung, *Cahn* FS Hoffmann-Becking, 2013, 247 (248–258)) sowie insbesondere mit Auswirkungen von Beschlussmängeln auf Willenserklärungen des Aufsichtsrats und seiner Vertreter beschäftigt (*Cahn* FS Hoffmann-Becking, 2013, 247 (258–281)).

Werden Aktivprozesse der Gesellschaft durch nicht vertretungsberechtigte Personen geführt, ist die 12
Klage unzulässig (GroßkommAktG/*Hopt/Roth* Rn. 112). Bis zum Schluss der mündlichen Verhandlung kann eine Genehmigung durch den Aufsichtsrat diese Sachurteilsvoraussetzung jedoch herbeiführen (→ Rn. 8; vgl. auch OLG Frankfurt a. M. 17.8.2011, ZIP 2011, 2008). Entsprechendes gilt für die **Einlegung von Rechtsmitteln** (dazu BGH AP BGB § 626 Nachschieben von Kündigungsgründen Nr. 6). Ebenfalls unzulässig ist eine von einem Vorstand erhobene Klage, die im Sinne eines Passivprozesses der Gesellschaft gegen die AG, vertreten durch den Vorstand (statt durch den Aufsichtsrat) gerichtet ist (BGH 16.2.2009, NJW-RR 2009, 690). Der Vertretungsmangel, der in der Revisionsinstanz von Amts wegen zu beachten ist, kann allerdings im Verfahren – etwa durch Genehmigung der Prozessführung des Vorstands durch den Aufsichtsrat – geheilt werden (BGH 16.2.2009, NJW-RR 2009, 690).

Vergütung der Aufsichtsratsmitglieder

113 (1) [1]**Den Aufsichtsratsmitgliedern kann für ihre Tätigkeit eine Vergütung gewährt werden.** [2]**Sie kann in der Satzung festgesetzt oder von der Hauptversammlung bewilligt werden.** [3]**Sie soll in einem angemessenen Verhältnis zu den Aufgaben der Aufsichtsratsmitglieder und zur Lage der Gesellschaft stehen.**

(2) [1]**Den Mitgliedern des ersten Aufsichtsrats kann nur die Hauptversammlung eine Vergütung für ihre Tätigkeit bewilligen.** [2]**Der Beschluß kann erst in der Hauptversammlung gefaßt werden, die über die Entlastung der Mitglieder des ersten Aufsichtsrats beschließt.**

(3) [1]**Bei börsennotierten Gesellschaften ist mindestens alle vier Jahre über die Vergütung der Aufsichtsratsmitglieder Beschluss zu fassen.** [2]**Ein die Vergütung bestätigender Beschluss ist zulässig; im Übrigen gilt Absatz 1 Satz 2.** [3]**In dem Beschluss sind die nach § 87a Absatz 1 Satz 2 erforderlichen Angaben sinngemäß und in klarer und verständlicher Form zu machen oder in Bezug zu nehmen.** [4]**Die Angaben können in der Satzung unterbleiben, wenn die Vergütung in der Satzung festgesetzt wird.** [5]**Der Beschluss ist wegen eines Verstoßes gegen Satz 3 nicht anfechtbar.** [6]**§ 120a Absatz 2 und 3 ist sinngemäß anzuwenden.**

Übersicht

I. Allgemeines

1 § 113 stellt klar, dass Aufsichtsratsmitgliedern eine angemessene Vergütung gewährt werden kann (Abs. 1 S. 1, 3) und es hierfür aber einer Entscheidung der Aktionäre entweder in der Satzung oder in Form eines Hauptversammlungsbeschlusses (Abs. 1 S. 2) bedarf. Im Interesse der Aktionäre und Gläubiger der Gesellschaft soll einerseits eine **„Selbstbedienung" der Aufsichtsratsmitglieder,** andererseits aber auch die Entscheidungsbefugnis des Vorstands über die Vergütung seiner Kontrolleure ausgeschlossen werden (BGH 3.7.2006, BGHZ 168, 188 (192 f.) = NJW-RR 2006, 1410 (1411)). Zugleich wird eine gewisse **Publizität** (→ Rn. 19) und – durch die Möglichkeit der Beschlussanfechtung – **Rechtskontrolle** gewährleistet. Abs. 2 enthält eine Sonderregelung für die Vergütung der Mitglieder des ersten Aufsichtsrats. Der durch das **ARUG II vom 12.12.2019** reformierte Abs. 3 sieht für börsennotierte Gesellschaften die Pflicht vor, mindestens **alle vier Jahre** einen **Hauptversammlungsbeschluss** über die Vergütung der Aufsichtsratsmitglieder zu fassen (→ Rn. 14 f.). Zudem muss nun auch bzgl. der Aufsichtsratsvergütung ein abstraktes Vergütungssystem entwickelt werden; auf die insoweit nach Maßgabe des § 87a Abs. 1 S. 2 erforderlichen Angaben ist in dem Beschluss sinngemäß einzugehen (→ Rn. 16). § 113 Abs. 3 aF, der Vorgaben für bestimmte variable Vergütungsanteilte enthielt, wurde ersatzlos aufgehoben (→ Rn. 4).

II. Vergütungsanspruch (Abs. 1)

2 **1. Rechtsgrundlage.** Abs. 1 S. 1 geht von der Zulässigkeit der Vergütung der Aufsichtsratsmitglieder aus, ist aber keine anspruchsbegründende Norm. Rechtsgrund ist allein das **korporationsrechtliche Rechtsverhältnis,** das den Anforderungen des Abs. 1 S. 2 genügen muss, und das darauf beruhende gesetzliche Schuldverhältnis. Ein zusätzliches vertragliches Anstellungsverhältnis besteht nicht (→ § 101 Rn. 1; s. auch *Henssler* FS 50 Jahre BGH, 2000, 387 (416)); ebenso wenig kommt die Begründung eines Vergütungsanspruchs über § 612 Abs. 2 BGB in Betracht. Liegen die Voraussetzungen des Abs. 1 S. 1 nicht vor, hat das Aufsichtsratsmitglied seine Tätigkeit unentgeltlich auszuüben. Dem steht auch nicht das Angemessenheitspostulat des Abs. 1 S. 3 entgegen, das nur eine Ober-, aber keine Untergrenze der

Vergütung bildet (*Kort* FS Hüffer, 2010, 483 (485)). Für „außerhalb der Tätigkeit im Aufsichtsrat" zu erbringende Dienst- und Werkleistungen gilt die Sonderregelung des § 114 (→ § 114 Rn. 3 ff.).

2. Vergütung. a) Grundsätzliches. Vergütung (zur Vergütungspraxis *Hoffmann-Becking* ZHR 169 (2005), 155 (174); *Krieger* FS Röhricht, 2005, 349 ff.) iSd Abs. 1 können alle in § 87 Abs. 1 aufgelisteten Entgeltformen sein. G.18 S. 1 DCGK empfiehlt eine **Festvergütung.** Sollte dennoch eine erfolgsorientierte Vergütung (→ Rn. 4 f.) gewährt werden, ist diese auf die langfristige Entwicklung der Gesellschaft auszurichten (G.18 S. 2 DCGK). Eine aktienkursorientierte Honorierung ist unzulässig (→ Rn. 6). Vergütungsbestandteile sind auch **Nebenleistungen** der Gesellschaft. Hierzu zählt nach der früher ganz hM der Abschluss einer **D&O-Versicherung** auf Kosten der Gesellschaft, sodass er einer Verankerung in der Satzung oder eines Hauptversammlungsbeschlusses bedarf (*Henssler* RWS-Forum 20, 2001, 131 (144 ff.) mwN; K. Schmidt/Lutter/*Drygala* Rn. 12; *Feddersen* AG 2000, 385 (394); *Kästner* AG 2000, 113 (118); *Kästner* DStR 2001, 195; *Seibt* AG 2002, 249 (258); *Ulmer* ZHR 171 (2007), 119 (122)). Die inzwischen wohl hM will dagegen in der D&O Versicherung eine Fürsorgeaufwendung der AG sehen (Hölters/*Hambloch-Gesinn/Gesinn* Rn. 22; Hüffer/Koch/*Koch* Rn. 5; *Mertens* AG 2000, 447 (451); *Vetter* AG 2000, 453 (457); MüKoAktG/*Habersack* Rn. 16; GroßkommAktG/*Hopt/Roth* Rn. 71; *Hemeling* FS Hoffmann-Becking, 2013, 491 (492 f.); MHdB GesR IV/*Hoffmann-Becking* § 33 Rn. 17; KK-AktG/*Mertens/Cahn* Rn. 16; *Dreher* ZGR 2009, 31 (48 ff.); *Lange* ZIP 2001, 1524 (1526 ff.); *Lange* DB 2003, 1833 (1844); *Notthoff* NJW 2003, 1350 (1354); *Thümmel,* Persönliche Haftung von Managern und Aufsichtsräten, 4. Aufl. 2008, Rn. 467). Auch die Finanzverwaltung stuft die Managerversicherung unter bestimmten Voraussetzungen nicht mehr als Vergütung ein (Einzelheiten bei GroßkommAktG/*Hopt/Roth* Rn. 72). 3

Nicht von § 113 erfasst ist der Ersatz **angemessener Auslagen** (Reise-, Übernachtungs-, Verpflegungs-, Telefonkosten), den jedes Aufsichtsratsmitglied auch ohne Satzungsregelung oder Bewilligungsbeschluss analog § 670 BGB verlangen kann (MüKoAktG/*Habersack* Rn. 24 ff.; zur Abgrenzung von Aufwendungen zur Vergütung *Thüsing/Veil* AG 2008, 359 ff.). Die – wegen der fehlenden Abführungspflicht bei Arbeitnehmervertretern beliebten und daher heute zunehmend gewährten – **Sitzungsgelder** sind typischerweise nicht am effektiven Aufwand orientiert, sie zählen daher zur Vergütung (MüKoAktG/*Habersack* Rn. 14; *Reichard/Kaubisch* AG 2013, 150 (151)). Auslagen für Aus- und Fortbildungsmaßnahmen (dazu Empfehlung D.12 DCGK) sind nur dann ersatzfähig, wenn im Unternehmensinteresse spezielle Qualifikationen erworben wurden, die über die allgemeinen von jedem Aufsichtsratsmitglied zu erwartenden Kenntnisse hinausgehen (KK-AktG/*Mertens/Cahn* Rn. 12; BeckOGK/*Spindler,* 15.1.2020, Rn. 11; *Bosse/Malchow* NZG 2010, 972 (973); noch enger *Fonk* NZG 2009, 761 (769); aA *Mutter* AG 2013, R 161 (R 246)). **Pauschalierte Erstattung** ist grundsätzlich zulässig, darf aber keine verdeckte Vergütung darstellen (vgl. BGH 14.12.1987, NJW-RR 1988, 745). Zur Zulässigkeit von **Drittvergütungen** für Aufsichtsratsmitglieder vgl. *Neuhaus/Gllißen* NZG 2011, 1361 ff. 3a

b) Erfolgsabhängige Vergütung. Der durch das ARUG II aufgehobene Abs. 3 aF enthielt Vorgaben für den Fall, dass eine **erfolgsabhängige Vergütung** gewährt werden sollte. Die Berechnung des Anteils am Jahresgewinn erfolgte zwingend nach Maßgabe des Abs. 3 aF, der als Bezugsgröße den Bilanzgewinn vorsah. Im Anschluss an die Aufhebung der Parallelregelung in § 86 aF geriet die Vorschrift zu Recht in Kritik (vgl. *Krieger* FS Röhricht, 2005, 349 (365 ff.); Hüffer/Koch/*Koch,* 9. Aufl. 2010, Rn. 9; MüKoAktG/*Habersack* Rn. 60), sodass ihre Streichung im Sinne der Gestaltungsfreiheit zu begrüßen ist. Praxisrelevanz besaß Abs. 3 aF indes ohnehin kaum, da häufig andere Kennzahlen (→ Rn. 5) als der Bilanzgewinn als Anknüpfungspunkt gewählt wurden (BT-Drs. 19/9739, 91; zur Verhinderung einer Umgehung waren jedoch die Einschränkungen des Abs. 3 aF zu berücksichtigen). Die Gesellschaft kann auch nach der Aufhebung des § 113 Abs. 3 aF eine erfolgsabhängige Vergütung zusagen und dabei hilfsweise auf die zuvor zwingend geltenden Kriterien des Abs. 3 aF zurückgreifen (BeckOGK/*Spindler,* 15.1.2020, Rn. 54). Empfohlen wird in G.18 S. 1 DCGK jedoch eine Festvergütung. Sollte dennoch eine erfolgsorientierte Vergütung gewährt werden, ist diese auf eine **langfristige Unternehmensentwicklung** auszurichten (G.18 S. 2 DCGK; zum zuvor verwendeten Begriff der „nachhaltigen" Unternehmensentwicklung *Ringleb/Kremer/Lutter/v. Werder* NZG 2012, 1081 Rn. 1094a). Eine erfolgsabhängige Vergütung ist insofern nicht sinnvoll, als Arbeitsbelastung und Haftungsrisiko des Aufsichtsrats in wirtschaftlich schwierigen Zeiten eher wachsen (*Wilsing/v. der Linden* DStR 2012, 1391 (1393); vgl. auch *Martinius/Zimmer* BB 2011, 3014 (3015)). Zudem erscheint es zweifelhaft, ob eine variable Vergütung die Effektivität der Kontrollaufgabe tatsächlich steigern kann (dazu KK-AktG/*Mertens/Cahn* Rn. 18; *Reimsbach* BB 2011, 940 ff.). 4

Zulässig sind auch auf die Dividende anteilig gewährte Tantiemen und Vergütungen, die auf Cash Flow, EBT, EBIT, EBITDA und ähnlichen **Kennzahlen der Gesellschaft,** die das Gesamtergebnis des Geschäftsjahres widerspiegeln, basieren. Angeknüpft werden kann ferner an Ergebniskennzahlen des Konzerns. Die bisher bei einer Berechnung anhand von Cash Flow und EBITDA bestehenden praktischen Probleme sind mit Streichung des § 113 Abs. 3 aF ausgeräumt worden, da dessen Vorgaben nicht mehr zu berücksichtigen sind (Hüffer/Koch/*Koch* Rn. 13). 5

6 **c) Orientierung am Börsenkurs. Aktienoptionsprogramme** zu Gunsten von Aufsichtsratsmitgliedern sind bei Unterlegung mit zurückgekauften eigenen Aktien der Gesellschaft (§ 71 Abs. 1 Nr. 8 S. 5) ebenso unzulässig wie bei Unterlegung mit bedingtem Kapital gem. § 192 Abs. 2 Nr. 3 (BGH 16.2.2004, BGHZ 158, 122 (125 ff.) = NJW 2004, 1109 f.). Gleiches gilt für ein Aktienoptionsprogramm für Aufsichtsratsmitglieder über die Begebung von **Wandel- oder Optionsanleihen** nach § 221 (BT-Drs. 15/5092, 25 zur Änderung des § 221 Abs. 4 S. 2; in diese Richtung bereits BGH 16.2.2004, BGHZ 158, 122 (129) = NJW 2004, 1109 (1110); wie hier *Habersack* ZGR 2004, 721 (728 ff.); kritisch *Kort* FS Hüffer, 2010, 483 (498 ff.); Hüffer/Koch/*Koch* Rn. 15; vgl. zum Ganzen zB *Fuchs* WM 2004, 2233 (2235 ff.); *Henze* BB 2005, 165 (173); *Hoffmann-Becking* ZHR 169 (2005), 155 (179 ff.); *Kort* FS Hüffer, 2010, 483 (499); *Maser/Göttle* NZG 2013, 201 (204 f.); *Vetter* AG 2004, 234 (236 ff.); zu sog. **Phantom Stocks** BeckOGK/*Spindler,* 15.1.2020, Rn. 61 ff.; zu Aktienhalteverpflichtungen *Dörrwächter* NZG 2020, 370 (373 ff.)). Im Schrifttum wird dafür plädiert, zumindest solche erfolgsbezogenen Vergütungen, bei denen der Börsenkurs nur ein Parameter von mehreren ist, weiterhin zuzulassen (vgl. *Marsch-Barner* FS Röhricht, 2005, 401 (417); Hüffer/Koch/*Koch* Rn. 15).

7 **3. Zuständigkeit für Festsetzung oder Bewilligung.** Die Vergütung kann in der Satzung festgesetzt oder von der Hauptversammlung bewilligt werden (Abs. 1 S. 2); die Zuständigkeit der Hauptversammlung ist **zwingend** und darf nicht dadurch unterlaufen werden, dass sie den Vorstand zur näheren Ausgestaltung der Vergütungsregelung ermächtigt (LG München I 7.12.2000, NJW-RR 2001, 1118 (1119)). Nicht ausreichend ist es, das „Ob" der Vergütung festzulegen; sie muss der Höhe nach **bestimmt** oder zweifelsfrei bestimmbar sein (*Vetter* ZIP 2008, 1 (2)). Jedoch darf zulässigerweise nur der Gesamtbetrag der jährlichen Vergütung festgelegt und es dem Aufsichtsrat überlassen werden, diesen Betrag unter den Mitgliedern aufzuteilen (RG 22.2.1911, RGZ 75, 308 (310)). Die Bewilligung der Vergütung für die Mitglieder des ersten Aufsichtsrats obliegt der Hauptversammlung, die über deren Entlastung beschließt (Abs. 2 S. 1, 2; → Rn. 13). Satzungsmäßige Festsetzung erlangt Wirksamkeit gem. § 181 Abs. 3 erst mit **Eintragung der Satzungsänderung** in das Handelsregister; Beschluss einer **rückwirkenden** Satzungsänderung (→ § 179 Rn. 24) ist zulässig, wenn er eine Erhöhung der Vergütung vorsieht (zur Herabsetzung → Rn. 10).

8 **4. Angemessenheit.** Nach Abs. 1 S. 3 soll die Vergütung in einem angemessenen Verhältnis zu den Aufgaben der Aufsichtsratsmitglieder und **(kumulativ)** zur Lage der Gesellschaft stehen. Für Vorstandsbezüge gilt nach § 87 Abs. 1 Entsprechendes, sodass für Details auf die dortige Kommentierung (→ § 87 Rn. 9 ff.) verwiesen werden kann. Mit dem **aufgabenbezogenen Angemessenheitspostulat** soll dem zeitlichen Aufwand und der Verantwortlichkeit der Aufsichtsratsmitglieder Rechnung getragen werden. Bei Sitzungsgeldern (→ Rn. 3a) gilt das Angemessenheitserfordernis für den Gesamtbetrag einschließlich der Sitzungsgelder (Hölters/*Hambloch-Gesinn/Gesinn* Rn. 30; *Maser/Göttle* NZG 2013, 201 (203)). Nur überhöhte, nicht hingegen unangemessen niedrige Aufsichtsratsvergütungen sollen verhindert werden, wie schon Abs. 1 S. 1 klarstellt (→ Rn. 2), nach dem den Aufsichtsratsmitgliedern eine Vergütung gewährt werden „kann" (*Habersack* NZG 2018, 127). Zwar ist bei der Festsetzung der Höhe der **Grundsatz der Gleichbehandlung** aller Aufsichtsratsmitglieder (dazu *Haarmann* FS Hüffer, 2010, 243 ff.) zu beachten, eine **Differenzierung nach den wahrgenommenen Funktionen und Aufgaben** ist aber möglich, namentlich bei der Vergütung des Aufsichtsratsvorsitzenden und seines Stellvertreters sowie bei Ausschussvorsitzenden und Mitgliedern von Ausschüssen (vgl. die Empfehlung G.17 DCGK, die an den höheren zeitlichen Aufwand anknüpft). Unzulässig ist dagegen eine Unterscheidung zwischen Anteilseigner- und Arbeitnehmervertretern (vgl. auch § 4 Abs. 3 S. 1 MontanMitbestG; § 5 Abs. 4 MontanMitbestErgG) sowie zwischen gewählten Mitgliedern, entsandten und gerichtlich bestellten Mitgliedern. Zur bis heute nicht abschließend geklärten Problematik der Doppelvergütung von Arbeitnehmervertretern, die zugleich Arbeitnehmer des Unternehmens sind, bei Aufsichtsratstätigkeit während der Arbeitszeit Habersack/Henssler/*Henssler* MitbestG § 26 Rn. 5 ff.; *Schönhöft/Oelze* NZA 2016, 145 (146); GroßkommAktG/*Hopt/Roth* Rn. 165. Nicht statthaft ist auch eine Differenzierung nach persönlicher Qualifikation und „Marktwert" des Aufsichtsratsmitglieds (*Kort* FS Hüffer, 2010, 483 (486 ff.); MüKoAktG/*Habersack* Rn. 43; GroßkommAktG/*Hopt/Roth* Rn. 95).

9 Die **Kontrolle der Vergütungshöhe** obliegt bei **satzungsmäßiger Festsetzung** dem **Registergericht.** Bei einem Verstoß gegen Abs. 1 S. 3 muss es die Eintragung einer Satzungsänderung ablehnen oder bereits eingetragene Satzungsänderungen, wenn veränderte Umstände zur Unangemessenheit der Vergütung geführt haben, nach § 395 FamFG von Amts wegen löschen. Ein entgegen Abs. 1 S. 3 getroffener **Hauptversammlungsbeschluss** ist grundsätzlich **anfechtbar,** im Extremfall nach § 241 Nr. 4 (Sittenwidrigkeit) nichtig (MüKoAktG/*Habersack* Rn. 46).

10 **5. Herabsetzung, Verzicht und Abführung.** Durch das ARUG II wurde § 113 Abs. 1 S. 4 aF, der zur Herabsetzung der Vergütung durch Satzungsänderung einen Beschluss mit einfacher Stimmenmehrheit genügen ließ und damit einen „Fremdkörper im System der satzungsändernden Stimmrechtserfordernisse" darstellte (BT-Drs. 19/9739, 88), ersatzlos gestrichen. Es gilt nun das allgemeine **Mehrheitserfordernis des § 179 Abs. 2.** Da die Grundlage des Vergütungsanspruchs das gesetzliche Schuld-

verhältnis (→ § 101 Rn. 1; → § 113 Rn. 2) ist, bedarf es keiner Zustimmung des Mitglieds (LG München 27.12.2012, NZG 2013, 182). Jedoch ist auch hier der Grundsatz der Gleichbehandlung zu beachten (*Kort* FS Hüffer, 2010, 483 (491 f.)). **Registereintragung** nach § 181 Abs. 3 ist erforderlich. **Herabsetzung einer fixen Vergütung** ist grundsätzlich nur für die Zukunft, nicht dagegen für das laufende Geschäftsjahr und erst recht nicht für zurückliegende Jahre zulässig, da der Vergütungsanspruch mit Beginn des Geschäftsjahrs entsteht (LG München 30.8.2012, NZG 2012, 1310 (1311); MüKo-AktG/*Habersack* Rn. 38, 40; GroßkommAktG/*Hopt/Roth* Rn. 130 f.; MHdB GesR IV/*Hoffmann-Becking* § 33 Rn. 23; *Buckel* AG 2013, 451 (453)). Dagegen soll bei **variabler Vergütung** eine Herabsetzung auch für das laufende Geschäftsjahr zulässig sein (LG München I 27.12.2012, NZG 2013, 182; BeckOGK/*Spindler*, 15.1.2020, Rn. 47; NK-AktR/*Breuer/Fraune* Rn. 9; *Kort* FS Hüffer, 2010, 483 (492); *Wilsing* BB 2013, 398; aA GroßkommAktG/*Hopt/Roth* Rn. 131; Hüffer/Koch/*Koch* Rn. 24: schutzwürdige Anwartschaft). Der (teilweise) **Verzicht** eines Aufsichtsratsmitglieds auf seine Vergütung ist zulässig. Er erfolgt durch Erlassvertrag und bedarf daher der Annahme durch die Gesellschaft, die bei der Erklärung der Annahme durch den Vorstand und nicht durch die Hauptversammlung vertreten wird (*Wettich* NZG 2009, 852).

Mitglieder von DGB-Gewerkschaften sind nach der jeweiligen Gewerkschaftssatzung verpflichtet, 11
wesentliche Teile der Aufsichtsratstantiemen an die Hans-Böckler-Stiftung und andere gewerkschaftsnahe Einrichtungen, wie etwa die ver.di GewerkschaftsPolitische Bildung gemeinnützige Gesellschaft mbH, abzuführen. Das BAG hält diese – rechtspolitisch diskussionswürdige – **Abführungspflicht** für mit § 113 vereinbar (BAG 21.5.2015, NZA 2015, 1319).

6. Rechtsfolgen. Vergütungsregelungen und -absprachen, die gegen § 113 verstoßen, sind gem. 12
§ 134 BGB **nichtig.** Dies gilt wegen des Umgehungsverbots auch für Verträge, durch die Aufsichtsratsmitgliedern eine zusätzliche Vergütung für ihre Aufsichtstätigkeit – auch für Sonderleistungen im Rahmen dieser Aufgaben – gewährt wird (→ § 114 Rn. 3). Bei Vollzug eines entsprechenden Vertrags hat die Gesellschaft gegenüber dem Aufsichtsratsmitglied einen **Rückgewähranspruch** entsprechend § 114 Abs. 2 (→ § 114 Rn. 25).

III. Erster Aufsichtsrat (Abs. 2)

Nach Abs. 2 gelten Besonderheiten für die Vergütung der Mitglieder des von den Gründern nach 13
§§ 30, 31 eingesetzten Aufsichtsrats (sog. erster Aufsichtsrat). Um jeglichen Einfluss der Gründer auf die Festsetzung der Vergütung auszuschließen (Hüffer/Koch/*Koch* Rn. 27), darf die Vergütung nicht von vornherein in der Satzung festgelegt sein. Vielmehr bedarf es eines **gesonderten Beschlusses der Hauptversammlung,** die über die Entlastung des ersten Aufsichtsrats entscheidet (vgl. § 30 Abs. 3 S. 1). Zuvor gefasste Beschlüsse der Hauptversammlung sind ebenso nichtig wie zwischen dem Vorstand oder den Gründern und den Aufsichtsratsmitgliedern getroffene Vergütungsvereinbarungen (MüKo-AktG/*Habersack* Rn. 58; GroßkommAktG/*Hopt/Roth* Rn. 151). Bei einem **Formwechsel** finden die Regeln über die Vergütung des ersten Aufsichtsrats keine Anwendung (vgl. § 197 S. 2 UmwG).

IV. Vergütungsbeschluss (Abs. 3)

Mit dem **ARUG II** wurde, in Umsetzung von Art. 9a der Aktionärsrechterichtlinie, ein neuer Abs. 3 14
eingefügt. Der Richtlinie liegt die Vorstellung zugrunde, dass die Hauptversammlung über die Vergütungspolitik abstimmt, die Entscheidung über die konkrete Vergütung der Aufsichtsratsmitglieder dagegen einem anderen Organ obliegt (*Löbbe/Fischbach* AG 2019, 373 (381)). Gem. Abs. 1 S. 2 steht der Hauptversammlung jedoch ohnehin die Festsetzung der konkreten Vergütung zu. Dass zur Richtlinienumsetzung nun von demselben Organ auch eine abstrakte Vergütungspolitik festgelegt werden muss, erscheint vor diesem Hintergrund „teilweise sinnentleert" (BT-Drs. 19/9739, 88). Zur Verhinderung formalistischer Doppelbeschlüsse und daraus resultierender Schwierigkeiten, die sich z. B. aufgrund unterschiedlicher Mehrheitserfordernisse ergeben könnten, geht die Gesetzesbegründung von einem **einheitlichen Beschluss** über konkrete Festsetzung und abstraktes Vergütungssystem aus (BT-Drs. 19/9739, 88). Die Möglichkeit, getrennte Beschlüsse zu fassen, besteht daneben nicht (*Löbbe/Fischbach* AG 2019, 373 (381); *Paschos/Goslar* AG 2019, 365 (369); in diese Richtung auch Hüffer/Koch/*Koch* Rn. 29; aA *Bachmann/Pauschinger* ZIP 2019, 1 (9)).

Der bei börsennotierten Gesellschaften erforderliche Einheitsbeschluss ist **mindestens alle vier Jahre** 15
zu fassen. Es genügt nach Abs. 3 S. 2 Hs. 1 ein die Vergütung bestätigender Beschluss, bei dem einfache Stimmenmehrheit gem. § 133 Abs. 1 ausreicht (BT-Drs. 19/9739, 89). Dies gilt auch, wenn die Vergütungsfestsetzung ursprünglich durch Satzungsänderung mit qualifizierter Mehrheit erfolgte. Klarstellend ordnet Abs. 3 S. 2 Hs. 2 an, dass zur Vergütungsfestsetzung beide Varianten des Abs. 1 S. 2 in Betracht kommen (Hüffer/Koch/*Koch* Rn. 30). Die Hauptversammlung entscheidet über die Vergütung der Aufsichtsratsmitglieder, Vorbereitung und Vorlage des Vergütungsentwurfs obliegt dagegen gem. § 124 Abs. 3 S. 1 Vorstand und Aufsichtsrat, wodurch gegenseitige Kontrolle der Organe bezweckt wird (*Spindler* AG 2020, 61 (70)). Der **Vergütungsentwurf** ist, anders als beim Vergütungs-

system des Vorstandes, vollständig **gegenantragsfähig** (BT-Drs. 19/9739, 90; kritisch in Bezug auf die Fähigkeit der Aktionäre, ein sachgerechtes Vergütungssystem auszuarbeiten *Löbbe/Fischbach* AG 2019, 373 (382)).

16 Abs. 3 S. 3 verweist bzgl. der im Vergütungssystem zu treffenden Anordnungen auf **§ 87a Abs. 1 S. 2,** der grundsätzlich die Vergütung des Vorstands betrifft (→ § 87a Rn. 4 ff.). Die dort genannten Angaben sind nur **„sinngemäß"** zu machen, da die Vergütung von Vorstand und Aufsichtsrat regelmäßig nicht vergleichbar ist (*Paschos/Goslar* AG 2019, 365 (369)). So ist zB Regelung zur Festlegung einer Maximalvergütung iSv § 87a Abs. 1 S. 2 Nr. 1 nicht entsprechend anzuwenden (BT-Drs. 19/15153, 56). Zur Anwendbarkeit einzelner Angaben des § 87a Abs. 1 S. 2 vgl. BT-Drs. 19/9739, 90. Teilweise wird gefordert, dass bzgl. solcher Punkte, die sich für die Aufsichtsratsvergütung als nicht relevant erweisen, eine „Fehlanzeige" im Vergütungssystem anzugeben ist (BeckOGK/*Spindler,* 15.1.2020, Rn. 29; *Spindler* AG 2020, 60 (71); aA *Löbbe/Fischbach* AG 2019, 373 (382): schlicht nicht in den Beschluss aufzunehmen). Die erforderlichen Angaben können im Beschluss selbst getroffen oder lediglich in Bezug genommen werden (vgl. Abs. 3 S. 3), sofern bei der Bezugnahme dem Erfordernis nach **Klarheit und Verständlichkeit** Rechnung getragen wird. Wenn die Vergütung durch Satzungsänderung festgesetzt wird, müssen gem. Abs. 3 S. 4 Angaben iSv § 87a Abs. 1 S. 2 nicht in die Satzung aufgenommen werden, um den Charakter der Satzung als Vertragswerk zu wahren (BT-Drs. 19/9739, 90).

17 Abs. 3 S. 5 normiert **Ausschluss der Beschlussanfechtbarkeit** bei Verstoß gegen die Pflicht aus Abs. 3 S. 3, dh bei unverständlichen, unvollständigen oder unklaren Angaben bzw. Unstimmigkeiten zwischen Vergütungssystem und konkreter Vergütung (*Löbbe/Fischbach* AG 2019, 373 (383)). Nicht zur Anfechtbarkeit führt konsequenterweise auch vollständiges Fehlen eines abstrakten Vergütungssystems (BeckOGK/*Spindler,* 15.1.2020, Rn. 31; *Löbbe/Fischbach* AG 2019, 373 (383); *Spindler* AG 2020, 61 (71); aA *Florstedt* ZGR 2019, 630 (656)). Anfechtung aus anderen Gründen bleibt nach allgemeinen Regeln zulässig (*Löbbe/Fischbach* AG 2019, 373 (383)). Einheitsbeschluss enthält damit anfechtbare und nicht anfechtbare Teile (BT-Drs. 19/9739, 91). Abs. 3 S. 6 verweist auf § 120a Abs. 2 (→ Rn. 19) und § 120a Abs. 3. Letzterer ordnet die Vorlage eines überprüften Vergütungssystems an, sofern die Hauptversammlung das vorherige nicht gebilligt hat.

V. Steuerrecht und Publizität

18 Aufsichtsratsvergütungen unterliegen als **Einkünfte aus selbstständiger Tätigkeit** iSd § 18 Abs. 1 Nr. 3 EStG der Einkommensteuer (Schmidt/*Wacker* EStG § 18 Rn. 150; zu Einzelheiten MüKoAktG/*Habersack* Rn. 55). Die Aufsichtsratsvergütung und die erstatteten Auslagen unterliegen nach § 1 Abs. 1 Nr. 1 S. 1 UStG, § 10 Abs. 1 S. 2 UStG der **Umsatzsteuer** (BFH 2.10.1986, BFHE 147, 544 (546 ff.) = BeckRS 1986, 22007811), sofern nicht das Kleinunternehmerprivileg des § 19 Abs. 1 UStG greift. Das gilt auch bei einem Aufsichtsratsmitglied einer Aktiengesellschaft, das Angestellter der Konzernmutter ist und in den Aufsichtsrat einer Tochtergesellschaft entsandt wird (FG Münster 26.1.2017, BeckRS 2017, 138131). Das Aufsichtsratsmitglied hat auch ohne explizite Regelung in Satzung oder Hauptversammlungsbeschluss Anspruch auf Erstattung der von ihm zu leistenden Umsatzsteuer (heute hM MüKoAktG/*Habersack* Rn. 56; GroßkommAktG/*Hopt/Roth* Rn. 173; KK-AktG/*Mertens/Cahn* Rn. 58). Die Gesellschaft kann die von ihr an die Aufsichtsratsmitglieder gezahlte Vergütung nur zu **50 % als Betriebsausgabe** im Rahmen ihrer steuerlichen Gewinnermittlung berücksichtigen (§ 10 Nr. 4 KStG). Die Hälfte der gezahlten Aufsichtsratsvergütung wird folglich als steuerlich nicht anerkennungsfähiger Aufwand betrachtet. Damit soll unangemessen hohen Aufsichtsratsvergütungen entgegengewirkt werden (BT-Drs. 7/5310, 8; BVerfG 7.11.1972, BVerfGE 34, 103 ff. = NJW 1973, 500 ff.; BFH 11.3.1981, BFHE 133, 193 (194) = BeckRS 1981, 22005671).

19 Gem. Abs. 3 S. 6 iVm § 120a Abs. 2 sind Hauptversammlungsbeschluss und **Vergütungssystem** zum kostenfreien Abruf auf der Internetseite der Gesellschaft zu veröffentlichen (→ § 120a Rn. 9). Daneben wird die **Publizität** der Aufsichtsratsvergütung durch die Pflicht zur Erstellung eines jährlichen **Vergütungsberichts** gem. § 162 Abs. 1 S. 1 gewährleistet (selbiges ordnet Grundsatz 25 des DCGK an; ausführlich → § 162). Die Gesamtbezüge (nicht aber Auslagen) sind im **Anhang des (Konzern-) Jahresabschlusses** nach § 285 Nr. 9 lit. a HGB, § 314 Abs. 1 Nr. 6 lit. a HGB anzugeben (GroßkommAktG/*Hopt/Roth* Rn. 175 ff.). Zu Rechtstatsachen vgl. *Theisen/Probst* DB 2012, 1553 ff.

VI. Weitere Kosten der Aufsichtsratstätigkeit

20 Neben der Vergütung der Aufsichtsratsmitglieder können dem Unternehmen weitere Kosten für die Aufsichtsratstätigkeit entstehen. Dazu zählen etwa persönliche Aufwendungen eines einzelnen Aufsichtsratsmitglieds wie Reisekosten oder Sach- und Beratungsaufwendungen für das gesamte Gremium wie beispielsweise Aus- und Fortbildungskosten (vgl. dazu ausf. *Vetter* in Gesellschaftsrechtliche Vereinigung, Gesellschaftsrecht in der Diskussion 2014, Jahrestagung der Gesellschaftsrechtlichen Vereinigung [VGR], 2015, 115 ff.), aber auch Kosten für die im Unternehmensinteresse liegenden Vorbesprechun-

gen von „Bänken" bei mitbestimmten Aufsichtsräten. Als Anspruchsgrundlage kommen nach zutreffender, allerdings nicht unumstrittener Meinung die §§ 670, 675 BGB in entsprechender Anwendung in Betracht (MüKoAktG/*Habersack* Rn. 24; MHdB GesR IV/*Hoffmann-Becking* § 33 Rn. 13; MAH AktR/*Schüppen* § 23 Rn. 13; Hüffer/Koch/*Koch* Rn. 7; BeckOGK/*Spindler,* 15.1.2020, Rn. 10 f. mwN auch zu den erstattungsfähigen Auslagen; aA *Bosse/Malchow* NZG 2010, 972; *Fonk* NZG 2009, 761 ff.).

Verträge mit Aufsichtsratsmitgliedern

114 (1) **Verpflichtet sich ein Aufsichtsratsmitglied außerhalb seiner Tätigkeit im Aufsichtsrat durch einen Dienstvertrag, durch den ein Arbeitsverhältnis nicht begründet wird, oder durch einen Werkvertrag gegenüber der Gesellschaft zu einer Tätigkeit höherer Art, so hängt die Wirksamkeit des Vertrags von der Zustimmung des Aufsichtsrats ab.**

(2) [1] **Gewährt die Gesellschaft auf Grund eines solchen Vertrags dem Aufsichtsratsmitglied eine Vergütung, ohne daß der Aufsichtsrat dem Vertrag zugestimmt hat, so hat das Aufsichtsratsmitglied die Vergütung zurückzugewähren, es sei denn, daß der Aufsichtsrat den Vertrag genehmigt.** [2] **Ein Anspruch des Aufsichtsratsmitglieds gegen die Gesellschaft auf Herausgabe der durch die geleistete Tätigkeit erlangten Bereicherung bleibt unberührt; der Anspruch kann jedoch nicht gegen den Rückgewähranspruch aufgerechnet werden.**

Übersicht

I. Allgemeines

§ 114 Abs. 1 soll die Beeinflussung von Aufsichtsratsmitgliedern durch den Vorstand verhindern und sicherstellen, dass jedes Aufsichtsratsmitglied sich nur den Interessen der Gesellschaft verpflichtet fühlt (*Ihrig* ZGR 2013, 417 (427 f.)). Er **flankiert den Schutzzweck des § 113** (→ § 113 Rn. 1), indem er zwischen dem **Vorstand und einzelnen Aufsichtsratsmitgliedern ausgehandelte** Verträge über Dienstleistungen höherer Art, dh insbesondere **Beratungsverträge,** der Zustimmung des Aufsichtsrats unterwirft. Dem Aufsichtsrat obliegt damit die Kontrolle, ob der betreffende Vertrag nur (unproblematische) Dienstleistungen außerhalb der organschaftlichen Tätigkeit oder aber eine verdeckte Sonderzuwendung zum Gegenstand hat. Die letztgenannte fällt grundsätzlich in die **Entscheidungskompetenz der Hauptversammlung** (§ 113 Abs. 1) und ist problematisch, weil sie die Gefahr einer unsachlichen Beeinflussung der Kontrolltätigkeit mit sich bringt. Eine präventive Kontrolle von Beratungsverträgen ist zudem auch deshalb geboten, weil solche Verträge auch außerhalb der Gewährung rechtswidriger Sondervorteile zu **engen Beziehungen und Verflechtungen zwischen dem Vorstand und einzelnen Aufsichtsratsmitgliedern** führen können (BGH 4.7.1994, BGHZ 126, 340 (347 f.) = NJW 1994, 2484 (2486); BGH 3.7.2006, BGHZ 168, 188 (192 f.) = NJW-RR 2006, 1410 (1411); kritisch *Cahn* Der Konzern 2012, 501 (502)). § 114 Abs. 2 sieht für den Fall eines unter Missachtung des Zustimmungserfordernisses geschlossenen Vertrags einen **Rückgewähranspruch der Gesellschaft** vor. 1

II. Dienst- oder Werkvertrag (Abs. 1)

1. Tätigkeit höherer Art. § 114 erfasst entgegen seiner amtlichen Überschrift **nicht sämtliche Verträge mit Aufsichtsratsmitgliedern,** sondern nur die in Abs. 1 näher umschriebenen Dienst- oder Werkverträge (Hüffer/Koch/*Koch* Rn. 1). Andere Austauschverhältnisse (etwa Kauf-, Leasing- und Mietverträge) unterfallen der Norm nicht. Die Verträge dürfen jedoch keinen Vergütungscharakter haben oder dem auch nur nahe kommen, da sie sonst gem. § 134 BGB iVm § 113 nichtig sind (*Ihrig* ZGR 2013, 417 (422)). Für Kreditverträge gilt die Sonderregelung des § 115. Verträge iSd § 114 sind also insbesondere „Beratungsverträge" iSv §§ 611, 631, 675 BGB und sonstige Dienst- und Werkverträge – mit Ausnahme von Arbeitsverträgen –, die den Schuldner zu einer „Tätigkeit höherer Art" verpflichten. Ihre Rechtfertigung findet diese gesetzliche Differenzierung in der Besonderheit, dass für 2 die von Abs. 1 erfassten Dienstleistungen häufig erhebliche Honorare gezahlt werden, denen kein konkret messbares Äquivalent gegenüber steht; ein etwaiges Missverhältnis von Leistung und Gegenleistung ist folglich objektiv schwer erkennbar und belegbar. Unter Tätigkeit höherer Art fällt jede Beratung oder Geschäftsbesorgung, die sich auf Grund **besonderer Kenntnisse** aus dem Alltäglichen heraushebt. Bei Verträgen von Aufsichtsratsmitgliedern wird dies regelmäßig der Fall sein (*Lorenz/Pospiech* NZG 2011, 81 (82)). Die Zustimmungspflicht greift bei der Beratung in finanziellen, wirtschaftlichen, rechtlichen oder technischen Fragen (zum Rechtsanwalt BGH 4.7.2002, NJW 2002, 2774 (2775); *Henssler* RdA 1999, 38 (41); zum Steuerberater BGH 11.2.2010, NJW 2010, 1520 (1521)). Auf die zu § 627 BGB entwickelten Grundsätze (MüKoBGB/*Henssler* BGB § 627 Rn. 21 ff.) kann bei der Auslegung von § 114 zurückgegriffen werden.

3 **2. Außerhalb der Tätigkeit im Aufsichtsrat.** Abs. 1 verlangt die Verpflichtung des Aufsichtsratsmitglieds zu einer Leistung **„außerhalb seiner Tätigkeit im Aufsichtsrat".** Die Aufsichtsratstätigkeit als solche kann von vornherein kein zulässiger Gegenstand eines mit dem Vorstand geschlossenen Vertrags sein. Die Organpflichten eines Aufsichtsratsmitglieds ergeben sich aus dem Gesetz, die Aufsichtsratsvergütung ist abschließend durch § 113 geregelt. Verträge, durch die Aufsichtsratsmitgliedern eine zusätzliche Vergütung für ihre Aufsichtsratstätigkeit – auch für Sonderleistungen im Rahmen dieser Aufgaben – gewährt wird, sind wegen Umgehung des § 113 nach § 134 BGB nichtig (BGH 25.3.1991, NJW 1991, 1830 (1831); BGH 4.7.1994, NJW 1994, 2484 (2485); BGH 3.7.2006, NJW-RR 2006, 1410 (1413); BGH 20.11.2006, NJW 2007, 298 (299)).

4 Grundsätzlich erfasst die Nichtigkeit **den gesamten Vertrag,** weil sich das pauschal vereinbarte Honorar den Aufsichtsratsaufgaben einerseits und aufsichtsratsfremden Tätigkeiten andererseits nicht eindeutig zuordnen lässt (offen gelassen von BGH 25.3.1991, BGHZ 114, 127 (133) = NJW 1991, 1830 (1831 f.)). Nur wenn für einen derart eingeschränkten Beratungsvertrag und die hierauf entfallende Vergütung die Zustimmung des Aufsichtsrats vorliegt (vgl. BGH 3.7.2006, NJW-RR 2006, 1410 (1413)), ist hinsichtlich der mit § 113 vereinbaren Beratungsgegenstände entgegen § 139 BGB eine **Teilwirksamkeit** des Vertrags denkbar (*Benecke* WM 2007, 717 (720); BeckOGK/*Spindler,* 15.1.2020, Rn. 26; aA *Lutter/Kremer* ZGR 1992, 87 (96)). Eine genaue Zuordnung von Leistung und Gegenleistung ist möglich, wenn sich die Vergütung des Beraters nach Stundensätzen oder einer Gebührenordnung richtet, nicht dagegen bei Vereinbarung eines Pauschalhonorars (*Happ* FS Priester, 2007, 175 (196 f.)).

5 Ob es sich im Einzelfall um eine iSd § 114 zustimmungsfähige Tätigkeit handelt, hängt davon ab, wie weit der Kreis der Aufgaben reicht, zu deren Erfüllung das Aufsichtsratsmitglied bereits aufgrund seiner Organstellung verpflichtet ist. **Abgrenzungsschwierigkeiten** ergeben sich fast zwangsläufig, weil die Aufsichtsratstätigkeit die Beratung des Vorstands in Fragen der Zweckmäßigkeit und Wirtschaftlichkeit der Geschäftsführung mit umfasst. Dem Aufsichtsrat kommt heute nicht mehr nur die Funktion eines reinen Überwachungsorgans zu, er ist vielmehr zur aktiven Beratung und Begleitung des Vorstands und zur Mitentscheidung bei wesentlichen Fragen der Unternehmensleitung aufgerufen (vgl. BGH 21.4.1997, BGHZ 135, 244 (254 f.) = NJW 1997, 1926 (1928); → § 111 Rn. 5). Abzustellen ist auf den **Vertragsgegenstand,** nicht auf Umfang und Intensität des nötigen Arbeitseinsatzes und auch nicht auf die persönliche Qualifikation des Aufsichtsratsmitglieds. Erfordern die besonderen Verhältnisse der Gesellschaft einen über den normalen Rahmen hinausgehenden Einsatz, dann muss das Mitglied ihn leisten (BGH 25.3.1991, BGHZ 114, 127 (131) = NJW 1991, 1830 (1831); BGH 4.7.1994, BGHZ 126, 340 (345) = NJW 1994, 2484 (2485); OLG Hamburg 17.1.2007, NZG 2007, 470 (471); MüKoAktG/*Habersack* Rn. 23).

6 Um **Umgehungen des § 113 zu verhindern** und den Aufsichtsrat in die Lage zu versetzen, eine verantwortliche Prüfung und die entsprechende Abgrenzung vorzunehmen, muss ein Beratungsvertrag iSv § **114 eindeutige Aussagen** erlauben, ob die zu erbringende Leistung **außer- oder innerhalb der organschaftlichen Pflichten** des Aufsichtsratsmitglieds liegt und der Vertrag **keine verdeckten Sonderzuwendungen** enthält (BGH 10.7.2012, NJW 2012, 3235 (3236) – Fresenius; → Rn. 18). Die speziellen Beratungsgegenstände und das zu entrichtende Entgelt müssen folglich so konkret bezeichnet werden, dass sich der Aufsichtsrat ein eigenständiges Urteil über Art und Umfang der Leistung sowie über die Höhe und Angemessenheit der Vergütung bilden kann (OLG Köln 31.1.2013, NZG 2013, 548 (550) – Solarworld; OLG Köln 11.7.2019, AG 2019, 844 (845)).

7 Nach diesen Grundsätzen ist eine Rahmenvereinbarung, welche „die anwaltliche Beratung in sämtlichen Angelegenheiten der Gesellschaft" gegen ein Stundenhonorar umfasst, mangels Abgrenzbarkeit gegenüber der Organtätigkeit keiner Zustimmung gem. Abs. 1 zugänglich (BGH 20.11.2006, NJW 2007, 298 (299); OLG Hamburg 17.1.2007, ZIP 2007, 814 (817)). Gleiches gilt für einen Vertrag, nach dem das Aufsichtsratsmitglied die AG oder ein von ihr beherrschtes Unternehmen „in betriebswirtschaftlichen und steuerrechtlichen Fragen beraten" soll (BGH 3.7.2006, NJW-RR 2006, 1410 (1413)). Von vornherein ausgeschlossen ist eine Zustimmung auch bei einer Verpflichtung zur „Beratung der Gesellschaft bei dem Abschluss von Unternehmens- und Beteiligungskaufverträgen und bei der Eingehung strategischer Allianzen (Joint Ventures)", zur „Beratung zu Finanzierungsmodellen zur Ausstattung

mit liquiden Mitteln (Kapitalerhöhungen, Inhaber- und Wandelschuldverschreibungen, Kreditverträge)", zur „Beratung bei sonstigen Kapitalmaßnahmen, zB Aktiensplits", zur „Beratung bei internen Strukturierungen", zur „Beratung zu Kapitalmarkttransaktionen" und zur „allgemeine(n) Beratung: wirtschaftliche Stellungnahme zum Aktienoptionsplan" (BGH 20.11.2006, NJW 2007, 298 (299 f.)).

Die „mitwirkende Beratung" am Jahresabschluss, auch soweit Konzerntöchter betroffen sind, ist grundsätzlich Teil der Prüfungsaufgabe des Aufsichtsrats nach § 171 Abs. 1. Ebenfalls zählt der dem Vorstand erteilte Rat, eine ausländische Vermarktungsgesellschaft zu gründen, als Beratung beim Abschluss von Unternehmens- und Beteiligungskaufverträgen zur Organtätigkeit eines Aufsichtsratsmitglieds (BGH 20.11.2006, BGHZ 170, 60 (66) = NJW 2007, 298 (299)). Gleiches gilt für die Konsultation zur „Bearbeitung der Bemessungsgrundlage" im Zusammenhang mit staatlichen Investitionszuschüssen (= als allgemeine Beratungsleistung betriebswirtschaftlicher Art) (BGH 20.11.2006, NJW 2007, 298 (299)) und für die Mitwirkung an Verhandlungen mit Banken und Börsen anlässlich der Börseneinführung (BGH 27.4.2009, NZG 2009, 1027 (1028)). 8

Außerhalb des Aufgabenbereichs des Aufsichtsrats liegt dagegen eine Tätigkeit, die Fragen eines **besonderen Fachgebiets** betrifft, die üblicherweise von einem spezialisierten Experten beantwortet werden, sofern sich die Beratung nicht auf übergeordnete, in den Rahmen der Organtätigkeit fallende allgemeine Fragen der Unternehmenspolitik bezieht; stets muss es sich um Einzelfragen handeln, die eine besondere „Beratungstiefe" erfordern (BGH 4.7.1994, NJW 1994, 2484 (2485)). Die Rspr. bejaht dies für die Verpflichtung zur Beratung in steuerrechtlichen Fragen (BGH 3.7.2006, NJW-RR 2006, 1410 (1413)) und für Dienste, die umfassende Kenntnisse auf dem Gebiet der Datenverarbeitung erfordern (Entwicklung eines EDV-gestützten Controlling-Systems; OLG Köln 27.5.1994, NJW-RR 1995, 230 (231)). 9

3. Vertragsparteien. a) Aufsichtsratsmitglied. Zustimmungsbedürftig sind nach Abs. 1 Verträge der Gesellschaft mit einem ihrer Aufsichtsratsmitglieder. Ohne Belang ist, ob das Mitglied **Anteilseigner- oder Arbeitnehmervertreter** ist und ob es **gewählt, entsandt** oder **gerichtlich bestellt** ist; selbst eine fehlerhafte Bestellung reicht aus (allgM; GroßkommAktG/*Hopt/Roth* Rn. 30). Verträge, die mit einem **Ersatzmitglied** geschlossen werden, werden erst ab dem Zeitpunkt des Ersatzfalls zustimmungspflichtig (OLG Hamburg 27.1.2007, NZG 2007, 470 (472)). Unerheblich ist, ob es sich um die erstmalige Begründung oder um die Verlängerung eines bereits vor Eintritt in den Aufsichtsrat begründeten Vertragsverhältnisses handelt. Ein inhaltlich von § 114 erfasster Beratungsvertrag bedarf der nachträglichen Zustimmung, wenn der Dienstverpflichtete später zum Aufsichtsratsmitglied bestellt wird. Verweigert der Aufsichtsrat seine Zustimmung (→ Rn. 17 ff.) oder wird der **Altvertrag** dem Aufsichtsrat nicht zur Zustimmung vorgelegt, so verliert der Beratungsvertrag für die Dauer des Mandats seine Wirksamkeit und lebt erst nach dessen Beendigung wieder auf (BGH 4.7.1994, NJW 1994, 2484 (2485 f.); BGH 2.4.2007, NJW-RR 2007, 1483 (1485); vgl. auch BGH 25.3.1991, NJW 1991, 1830 (1832) zu § 113). 10

§§ 113, 114 betreffen auch den Abschluss eines Beratungsvertrages mit einem Unternehmen, an dem ein Aufsichtsratsmitglied (Bsp.: Partner einer Anwalts- oder Steuerberatersozietät) – nicht notwendig beherrschend (BGH 20.11.2006, NZG 2007, 103 Rn. 8; BGH 2.4.2007, NZG 2007, 516 Rn. 11; *Spindler* NZG 2011, 334 (335)) – **beteiligt** ist (BGH 10.7.2012, NJW 2012, 3235 Rn. 14; dazu *Vetter* AG 2006, 173 ff.; MüKoAktG/*Habersack* Rn. 14; BeckOGK/*Spindler,* 15.1.2020, Rn. 9; aA GroßkommAktG/*Hopt/Roth* Rn. 42; nur wenn der Vertrag darauf abzielt, dass das Aufsichtsratsmitglied an der vertraglichen Leistung maßgeblich beteiligt ist, unabhängig von der gesellschaftsrechtlichen Stellung des Aufsichtsratsmitglieds: *Cahn* Der Konzern 2012, 501 (506)). Mit Rücksicht auf das Regelungsanliegen (→ Rn. 1) ist es unerheblich, ob eine ungerechtfertigte Sonderleistung unmittelbar oder nur mittelbar über die Beteiligung an einem Beratungsunternehmen an das Aufsichtsratsmitglied fließt. Die Gefahrenlage ist aus der Sicht der Gesellschaft identisch. Ohne Belang ist der Umfang der Beteiligung des Aufsichtsratsmitglieds an der Vertragspartnerin der AG, ob es zur Geschäftsführung oder Vertretung der Beratungsgesellschaft berechtigt ist und ob es die geschuldeten Vertragsleistungen persönlich zu erbringen hat. 11

§ 115 entfaltet gegenüber einer solchen erweiternden Anwendung **keine Sperrwirkung** (BGH 3.7.2006, NJW 2007, 298; strenger GroßkommAktG/*Hopt/Roth* Rn. 43). Ist allerdings selbst ein nur mittelbarer Zufluss von Beratungshonoraren an das Aufsichtsratsmitglied ausgeschlossen (Bsp.: angestellter Rechtsanwalt, freier Mitarbeiter), ist § 114 nicht einschlägig (anders wohl *Grunewald* AnwBl. 2007, 568 (569); insgesamt gegen die Berücksichtigung der finanziellen Teilhabe des Aufsichtsratsmitglieds *Ihrig* ZGR 2013, 417 (434)). Gleiches gilt, wenn die mittelbare Zuwendung – abstrakt betrachtet – **ganz geringfügig** oder im Vergleich zu der von der Hauptversammlung festgesetzten Aufsichtsratsvergütung zu **vernachlässigen** ist (BGH 10.7.2012, NJW 2012, 3235 Rn. 14; BGH 20.11.2006, NJW 2007, 298; BGH 2.4.2007, NJW-RR 2007, 1483 (1485)). 12

In Anwaltssozietäten sind die **berufsrechtlichen Restriktionen** des § 45 Abs. 1 Nr. 4, Abs. 2 Nr. 2 iVm Abs. 3 BRAO zu beachten (dazu einerseits *Müller* NZG 2002, 797 (799); *Schautes,* Anwaltliche Unabhängigkeit, 2005, 192 ff. und andererseits Henssler/Prütting/*Kilian* BRAO § 45 Rn. 34, 35a; beim 13

Steuerberater fehlt es an einer entsprechenden Regelung, vgl. § 39 Abs. 1 Nr. 4 BOStB). Wirtschaftsprüfer oder vereidigte Buchprüfer sind nach Maßgabe des § 319 Abs. 3 Nr. 2, 3 HGB von der **Abschlussprüfung** ausgeschlossen.

14 **b) Gesellschaft.** Abs. 1 setzt seinem Wortlaut nach einen Dienst- oder Werkvertrag mit der AG voraus; anders als in § 115 Abs. 1 S. 2 fehlt eine **Unternehmensverbindungen** betreffende Regelung. Da § 115 keine Sperrwirkung entfaltet (→ Rn. 12), findet § 114 richtigerweise in Konzernkonstellationen Anwendung, wenn und soweit mit dem Abschluss des Vertrags eine Gefährdung der Unabhängigkeit des Aufsichtsratsmitglieds einhergeht (KG 25.9.1995, AG 1997, 42 (44); OLG Hamburg 17.1.2007, ZIP 2007, 814 (818); für lediglich entsprechende Anwendung bei konkreten Indizien für missbräuchliche Umgehung MHdB GesR IV/*Hoffmann-Becking* § 33 Rn. 41; KK-AktG/*Mertens/Cahn* Rn. 8). Dies ist bei Verträgen zwischen einem Aufsichtsratsmitglied des herrschenden Unternehmens und einem **abhängigen Unternehmen** der Fall (BGH 10.7.2012, NZG 2012, 1064 (1065); OLG Hamburg 17.1.2007, ZIP 2007, 814 (818 f.); *Semler* NZG 2007, 881 (885 f.); *Vetter* ZIP 2008, 1 (9); GroßkommAktG/*Hopt/Roth* Rn. 41, 44; Hüffer/Koch/*Koch* Rn. 4; kritisch *Cahn* Der Konzern 2012, 501 (502 f.)), nicht dagegen, wenn ein Aufsichtsratsmitglied des abhängigen Unternehmens einen Beratungsvertrag mit einem seine AG **beherrschenden Unternehmen** schließt (*Cahn* Der Konzern 2012, 501 (503)). Der zu überwachende Vorstand der abhängigen AG kann ja keinen Einfluss auf die Geschäfte des herrschenden Unternehmens ausüben (wie zuvor, aA MüKoAktG/*Habersack* Rn. 17: entsprechende Anwendung von § 115 Abs. 1 S. 2; zweifelnd BeckOGK/*Spindler,* 15.1.2020, Rn. 7).

15 Abs. 1 kann – anders als in der spiegelverkehrten Konstellation (→ Rn. 11) – nach seinem Wortlaut und angesichts der bewussten Lückenhaftigkeit des Schutzes vor Einflussnahme nicht im Wege der extensiven Auslegung auf Verträge zwischen Aufsichtsratsmitgliedern und einem **Vorstandsmitglied** oder **(Mehrheits-)Aktionär der AG** erstreckt werden (*Hoffmann-Becking* FS K. Schmidt, 2009, 657 (667 ff.); Hüffer/Koch/*Koch* Rn. 4; *Henssler* FS Goette, 2011, 135, aA *Säcker* AG 2004, 180 (183); BeckOGK/*Spindler,* 15.1.2020, Rn. 11; *Spindler* FS Graf v. Westphalen, 2010, 641 (647 ff.); MüKo-AktG/*Habersack* Rn. 17 f.). Da die Person des Beratenen den Inhalt des Beratungsvertrags prägt, ist der Empfänger der Beratungsleistung nicht beliebig austauschbar. Der Berater ist verpflichtet, gerade die Interessen seines Auftraggebers zu vertreten; die Interessen eines Vorstandsmitglieds oder Aktionärs decken sich aber nicht mit denjenigen der Gesellschaft. § 114 erfasst nicht jede irgendwie geartete wirtschaftliche Verflechtung zwischen unternehmerisch tätigen Personen.

16 Als problematisch angesehen werden können unter dem Aspekt der „wirtschaftlichen Einheit" allenfalls Konstellationen, die zur Folge haben, dass die Zuwendung an das Aufsichtsratsmitglied mittelbar aus dem Vermögen der Gesellschaft erbracht wird. Ein entsprechender Vermögensabfluss ist aber nur zu befürchten, wenn Beratungsverträge mit von der „Gesellschaft" abhängigen Gesellschaften (→ Rn. 11) geschlossen werden. Die Leistung eines Vorstandsmitglieds oder Aktionärs an das Aufsichtsratsmitglied führt dagegen zu keiner Vermögensminderung bei der Gesellschaft. Die von Vorstand oder Gesellschafter für die Beratung geleistete Vergütung stellt damit keine Sonderzuwendung der Gesellschaft dar. Dieses restriktive Verständnis wird von § 100 Abs. 2 Nr. 2 gestützt, nach dessen Wertung nur Beratungsverträge mit abhängigen Gesellschaften, nicht aber solche mit (herrschenden) Gesellschaftern als problematisch eingestuft werden können (→ § 100 Rn. 8).

III. Zustimmung des Aufsichtsrats

17 Nach Abs. 1 kann nur der Aufsichtsrat, nicht die Hauptversammlung den von der Vorschrift erfassten Verträgen zur Wirksamkeit verhelfen. Abweichend von § 182 Abs. 2 BGB kann die Zustimmung (Einwilligung oder Genehmigung) wegen § 108 Abs. 1 nur in Form eines **ausdrücklichen Beschlusses** durch das Kollegialorgan erfolgen (OLG Nürnberg 8.3.2017, NZI 2017, 679 (682); → § 108 Rn. 3). Delegation der Entscheidung an einen **Ausschuss** ist möglich, da § 107 Abs. 3 S. 3 nicht auf § 114 verweist. Das betroffene Mitglied ist entsprechend § 34 BGB von der **Abstimmung ausgeschlossen.** Das führt im Fall eines dreiköpfigen Aufsichtsrats nicht zur Beschlussunfähigkeit des Organs gem. § 108 Abs. 2 S. 3 AktG, sondern nur dazu, dass sich das Mitglied der Stimme zu enthalten hat (BGH 2.4.2007, NJW-RR 2007, 1483 (1485); → § 108 Rn. 11).

18 Das Zustimmungserfordernis zwingt zur **Offenlegung** des **wesentlichen Inhalts** des Beratungsvertrags. Zwar muss der Vertrag nicht in vollem Wortlaut den Aufsichtsratsmitgliedern bekannt sein. Unverzichtbar sind nach dem Schutzzweck des § 114 aber Angaben zum Gegenstand der **Leistung** und zur Höhe der **Gegenleistung** (BGH 4.7.1994, BGHZ 126, 340 (347) = NJW 1994, 2484 (2486); OLG Nürnberg 8.3.2017, NZI 2017, 679 (682); OLG Köln 11.7.2019, AG 2019, 844 (846)); → Rn. 6). Die Vereinbarung von **Stunden- oder Tagessätzen** genügt dem Bestimmtheitserfordernis nicht, wenn das Mitglied das Volumen seiner Beratungsleistungen im Wesentlichen selbst bestimmen kann (LG Stuttgart 27.5.1998, ZIP 1998, 1275 (1279)). „In etwa"-Angaben reichen aber aus (OLG Frankfurt a. M. 21.9.2005, NZG 2006, 29 (30); *Happ* FS Priester, 2007, 175 (185 ff.)).

Der Aufsichtsrat entscheidet über die Zustimmung nach **pflichtgemäßem Ermessen;** er hat sich an dem Interesse der Gesellschaft zu orientieren und zwischen dem Interesse an möglichst unbefangener Wahrnehmung der Aufsichtsratstätigkeit und dem Interesse an der Nutzung besonderer Kenntnisse des Aufsichtsratsmitglieds abzuwägen (MüKoAktG/*Habersack* Rn. 30). Das Mitglied hat keinen Anspruch auf Zustimmung, und zwar selbst dann nicht, wenn die angebotenen Konditionen für die Gesellschaft günstig sind. Eine **Zustimmungsverweigerung** löst dementsprechend keinen Schadensersatzanspruch gem. § 280 Abs. 1 BGB iVm § 311 Abs. 2 BGB aus (MüKoAktG/*Habersack* Rn. 37). 19

Verträge im Anwendungsbereich des § 114 sind **schwebend unwirksam** (BGH 10.7.2012, NJW 2012, 3235 Rn. 18; KK-AktG/*Mertens/Cahn* Rn. 25), solange der Aufsichtsrat die Zustimmung nicht erklärt, und endgültig unwirksam, sobald er diese verweigert hat (*Ihrig* ZGR 2013, 417 (422)). Die Zustimmung kann **nach Zahlung der Vergütung und Erbringung der Dienstleistung** erteilt werden (ErfK/*Oetker* Rn. 5; *Benecke* WM 2007, 717 (720); *Bosse* NZG 2007, 172 (174 f.); aA OLG Frankfurt a. M. 21.9.2005, NZG 2006, 29 (30); OLG Frankfurt a. M. 15.2.2011, NZG 2011, 350 (352); zust. *Spindler* NZG 2011, 334 (336 f.)). Das Zustimmungserfordernis entfällt auch dann nicht, wenn das Mitglied nachträglich aus seinem Amt ausscheidet (MüKoAktG/*Habersack* Rn. 28). Wird ohne Einwilligung des Aufsichtsrats ein Vertrag mit einem seiner Mitglieder geschlossen, ist der Vertrag schwebend unwirksam. Ein Vergütungsanspruch entsteht erst mit der Genehmigung (BGH 10.7.2012, NJW 2012, 3235 (3236)). Auch bei nachträglich erteilter Genehmigung bleibt die vorherige Vergütungszahlung durch den Vorstand in aller Regel pflicht- und damit rechtswidrig (BGH 10.7.2012, NJW 2012, 3235 Rn. 19 f.; insoweit zustimmend *Ihrig* ZGR 2013, 417 (430); aA *Drygala* ZIP 2011, 427; *Becker* Der Konzern 2011, 233 (234); *Habersack* NJW 2011, 1234; *Müller/König* CCZ 2011, 116; *Cahn* Der Konzern 2012, 501 (507 f.) nur wenn abzusehen sei, dass etwaige Rückgewähransprüche nicht durchsetzbar sein würden; *Pietzke* BB 2012, 658 (660 ff.); kritisch auch *Spindler* NZG 2012, 1161 (1163)). *Ihrig* (ZGR 2013, 417 (430 f.)) meint sogar, dass der Vorstand Beratungsleistungen vor Zustimmung des Aufsichtsrats nicht in Anspruch nehmen dürfe. Die Unwirksamkeit des Dienst- oder Werkvertrags lässt die Wirksamkeit einer dem Mitglied erteilten **Prozessvollmacht** unberührt (OLG München 13.10.2005, AG 2006, 337 (338); vgl. auch BGH 14.5.2009, NJW-RR 2010, 67 (68); zu § 43a Abs. 4 BRAO). 20

IV. Rechtsfolgen unwirksamer Verträge (Abs. 2)

§ 114 Abs. 2 regelt **unmittelbar** nur den Fall eines **ohne Zustimmung des Aufsichtsrats** geschlossenen Beratungsvertrags, bei dem die vom Aufsichtsratsmitglied geschuldete Leistung **außerhalb seines Aufgabenbereichs** liegt. Nach S. 1 hat das Aufsichtsratsmitglied eine empfangene Vergütung zurückzuzahlen; daraus folgt im Umkehrschluss, dass das Aufsichtsratsmitglied bei fehlender Zustimmung keinen Anspruch auf die vereinbarte Vergütung hat. Der Rückgewähranspruch der Gesellschaft ist **aktienrechtlicher Natur** und **sofort fällig** (BGH 3.7.2006, BGHZ 168, 188 (195) = NJW-RR 2006, 1410 (1412)). Abs. 2 S. 2 soll einen effektiven, von Verrechnungen mit Gegenansprüchen freien Rückgewähranspruch gewährleisten. 21

Über das ausdrücklich normierte Aufrechnungsverbot hinaus enthält die Vorschrift den Rechtsgedanken, dass sich das Aufsichtsratsmitglied auf **keinerlei Einwendungen und Einreden** wie Kenntnis der Nichtschuld nach § 814 BGB, Entreicherung iSd § 818 Abs. 3 BGB, fehlendes Verschulden oder rechtsmissbräuchliche Geltendmachung des Anspruchs berufen kann (für enge Ausnahmen aber OLG Köln 27.5.1994, NJW-RR 1995, 230 (232)). Die **Geltendmachung des Anspruchs** obliegt dem Vorstand, der zugleich der Gesellschaft gegenüber zur Durchsetzung verpflichtet ist, widrigenfalls er der Gesellschaft den entstehenden Schaden zu ersetzen hat (§ 93 Abs. 1, Abs. 2, Abs. 3 Nr. 7; vgl. KG 25.9.1995, AG 1997, 42 (45)). **Anspruchsgegner** ist das Aufsichtsratsmitglied selbst (BGH 3.7.2006, BGHZ 168, 188 (195) = NJW-RR 2006, 1410 (1412)), bei einem Vertragsschluss mit einer Gesellschaft, an der das Aufsichtsratsmitglied beteiligt ist (→ Rn. 11), außerdem auch diese (gesamtschuldnerische Haftung; vgl. BGH 20.11.2006, BGHZ 170, 60 (67) = NJW 2007, 298 (300); *Benecke* WM 2007, 717 (721)). Der Anspruch aus Abs. 2 S. 1 verjährt nach §§ 195, 199 BGB, nicht nach §§ 116, 93 Abs. 6 iVm Abs. 3 Nr. 7 (BGH 3.7.2006, BGHZ 168, 188 (200) = NJW-RR 2006, 1410 (1414)). 22

Hat das Aufsichtsratsmitglied seinerseits Leistungen erbracht, kommt ein **Bereicherungsanspruch** gegen die Gesellschaft in Betracht. Abs. 2 S. 2 enthält insoweit eine **Rechtsgrundverweisung** (AusschussBegr. *Kropff* 159; Hüffer/Koch/*Koch* Rn. 11), die § 814 BGB umfasst. Kenntnis von der Nichtschuld besteht aber nicht bereits dann, wenn das Aufsichtsratsmitglied die Beratung in Erwartung der Zustimmung erbringt (*Happ* FS Priester, 2007, 175 (198); Hüffer/Koch/*Koch* Rn. 11; *Kanzler* AG 2013, 554 (558); aA KK-AktG/*Mertens/Cahn* Rn. 32; BeckOGK/*Spindler,* 15.1.2020, Rn. 29). Zu berücksichtigen sind insoweit die bisherige Genehmigungspraxis der Gesellschaft, das Interesse der Gesellschaft am Erhalt der Leistung und die Angemessenheit der Vergütung (MüKoAktG/*Habersack* Rn. 36). 23

Ein Rückgriff auf § 817 S. 2 BGB scheidet aus, weil das gesetzliche Verbot des § 113 sich nicht gegen die Beratungstätigkeit als solche, sondern gegen die Vergütungsvereinbarung richtet (BGH 2.4.2007, NJW-RR 2007, 1483 (1485); OLG Köln 11.7.2019, AG 2019, 844 (846); *Kanzler* AG 2013, 554 (558): 24

teleologische Reduktion). Die auf Grund eines nichtigen Geschäftsbesorgungsvertrags empfangene Dienstleistung ist nicht wertlos, wenn der Leistungsempfänger eine andere Person beauftragt hätte und dieser eine entsprechende Vergütung hätte bezahlen müssen (BGH 27.4.2009, NZG 2009, 1027). Soweit vorhanden, orientiert sich die Höhe des Bereicherungsanspruchs an gesetzlichen Gebühren (für Anwälte am RVG; *Happ* FS Priester, 2007, 175 (198)). Obwohl in § 114 Abs. 2 S. 2 nicht ausdrücklich erwähnt, kommt auch ein Anspruch aus GoA (§§ 683, 670 BGB) in Betracht (BGH 2.4.2007, NJW-RR 2007, 1483 (1486); BGH 27.4.2009, NZG 2009, 1027 f.; aA MüKoAktG/*Habersack* Rn. 37). Die **Aufrechnung** von Aufwendungs- bzw. Wertersatzansprüchen gegen den Rückgewähranspruch aus Abs. 2 S. 1 ist nach S. 2 ausgeschlossen (→ Rn. 21).

25 Der Anspruch der AG auf Rückgewähr der Vergütung greift in allen Fällen eines gem. §§ 113, 114 unwirksamen Beratungsvertrags, also auch bei **Verträgen, die den Aufgabenbereich des Aufsichtsratsmitglieds betreffen** (→ Rn. 3 ff.). Es wäre widersprüchlich, wollte man für einen nicht genehmigungsfähigen Vertrag schwächere Rechtsfolgen vorsehen als bei einer zwar unterbliebenen, aber immerhin möglichen Genehmigung (BGH 3.7.2006, BGHZ 168, 188 (199 f.) = NJW-RR 2006, 1410 (1413 f.)). Ein Bereicherungsanspruch bzw. ein Anspruch aus GoA ist zwar dem Grunde nach denkbar, scheitert aber regelmäßig daran, dass die AG keine Aufwendungen durch Einschaltung eines Dritten erspart hat (BGH 27.4.2009, NZG 2009, 1027 f.; weitergehend noch BGH 2.4.2007, NJW-RR 2007, 1483 (1486)). Das Mitglied hätte die Leistungen ohnehin aufgrund seiner Organpflichten erbringen müssen (→ Rn. 5).

V. Steuerrecht und Publizität

26 Die Bezüge aus Verträgen iSd § 114 sind Einkünfte aus selbstständiger Tätigkeit und unterliegen der **Einkommensteuer.** Anders als die allgemeine Aufsichtsratsvergütung (→ § 113 Rn. 13) kann die AG die geleistete Vergütung **steuerlich voll in Abzug** bringen; die Abzugsbeschränkung des § 10 Nr. 4 KStG greift nicht (Blümich/*Pfirrmann*, EStG, KStG, GewStG, 149. EL 2019, KStG § 10 Rn. 93). Der Abschluss eines Beratungsvertrages führt zu einem Interessenkonflikt des kontrahierenden AR-Mitglieds, weshalb eine Offenlegung nach **E.1 DCGK** erfolgen sollte (BGH 10.7.2012, NJW 2012, 3235 (3237); Hüffer/Koch/*Koch* Rn. 1; *Kanzler,* Beratungsverträge, 2018, 260 ff.; aA OLG München 24.9.2008, AG 2009, 121 (123)). Der **Anhangspublizität** nach §§ 285 Nr. 9 lit. a HGB, § 314 Abs. 1 Nr. 6 lit. a HGB unterliegen die Beratungsverträge nicht (*Schlauss* AG 1968, 376 (378); GroßkommAktG/*Hopt/Roth* Rn. 63). Gleiches gilt für den Vergütungsbericht nach § 162 AktG, da die Regierungsbegründung auf den Vergütungsbegriff der handelsrechtlichen Vorschriften zur Anhangspublizität verweist (BT-Drs. 19/9739, 111) und dort nur die Vergütung von Organtätigkeiten anzugeben ist (*Rimmelspacher/Roland* WPg 2020, 201 (202 f.)).

Kreditgewährung an Aufsichtsratsmitglieder

115 (1) [1] **Die Gesellschaft darf ihren Aufsichtsratsmitgliedern Kredit nur mit Einwilligung des Aufsichtsrats gewähren.** [2] **Eine herrschende Gesellschaft darf Kredite an Aufsichtsratsmitglieder eines abhängigen Unternehmens nur mit Einwilligung ihres Aufsichtsrats, eine abhängige Gesellschaft darf Kredite an Aufsichtsratsmitglieder des herrschenden Unternehmens nur mit Einwilligung des Aufsichtsrats des herrschenden Unternehmens gewähren.** [3] **Die Einwilligung kann nur für bestimmte Kreditgeschäfte oder Arten von Kreditgeschäften und nicht für länger als drei Monate im voraus erteilt werden.** [4] **Der Beschluß über die Einwilligung hat die Verzinsung und Rückzahlung des Kredits zu regeln.** [5] **Betreibt das Aufsichtsratsmitglied ein Handelsgewerbe als Einzelkaufmann, so ist die Einwilligung nicht erforderlich, wenn der Kredit für die Bezahlung von Waren gewährt wird, welche die Gesellschaft seinem Handelsgeschäft liefert.**

(2) **Absatz 1 gilt auch für Kredite an den Ehegatten, Lebenspartner oder an ein minderjähriges Kind eines Aufsichtsratsmitglieds und für Kredite an einen Dritten, der für Rechnung dieser Personen oder für Rechnung eines Aufsichtsratsmitglieds handelt.**

(3) [1] **Ist ein Aufsichtsratsmitglied zugleich gesetzlicher Vertreter einer anderen juristischen Person oder Gesellschafter einer Personenhandelsgesellschaft, so darf die Gesellschaft der juristischen Person oder der Personenhandelsgesellschaft Kredit nur mit Einwilligung des Aufsichtsrats gewähren; Absatz 1 Satz 3 und 4 gilt sinngemäß.** [2] **Dies gilt nicht, wenn die juristische Person oder die Personenhandelsgesellschaft mit der Gesellschaft verbunden ist oder wenn der Kredit für die Bezahlung von Waren gewährt wird, welche die Gesellschaft der juristischen Person oder der Personenhandelsgesellschaft liefert.**

(4) **Wird entgegen den Absätzen 1 bis 3 Kredit gewährt, so ist der Kredit ohne Rücksicht auf entgegenstehende Vereinbarungen sofort zurückzugewähren, wenn nicht der Aufsichtsrat nachträglich zustimmt.**

(5) **Ist die Gesellschaft ein Kreditinstitut oder Finanzdienstleistungsinstitut, auf das § 15 des Gesetzes über das Kreditwesen anzuwenden ist, gelten anstelle der Absätze 1 bis 4 die Vorschriften des Gesetzes über das Kreditwesen.**

I. Allgemeines

In Ergänzung des § 114 knüpft § 115 die Kreditgewährung der AG an Aufsichtsratsmitglieder und ihnen nahe stehende Personen (Abs. 2) an die Einwilligung des Aufsichtsrats. Vermieden werden soll vorrangig eine das **Unabhängigkeitspostulat** verletzende sachfremde Einflussnahme auf die Aufsichtsratsmitglieder durch Gewährung von über die Vergütung (§ 113) hinausgehenden Vergünstigungen (MüKoAktG/*Habersack* Rn. 2; BeckOGK/*Spindler,* 15.1.2020, Rn. 1). Zugleich geht es dem Gesetz um **Missbrauchsbekämpfung** (RegBegr. *Kropff* 160). Verhindert werden soll, dass das Aufsichtsratsmitglied seine Stellung missbraucht, um sich von der AG Kredite zu günstigen Konditionen oder ohne ausreichende Sicherheit gewähren zu lassen. Parallelen bestehen zu dem weitgehend inhaltsgleichen § 89, der die Kreditgewährung an Vorstandsmitglieder regelt. Ebenso wie in § 89 wird der Abschluss des Kreditvertrags nicht vollständig unterbunden, sondern nur einer Überprüfung durch den Aufsichtsrat unterzogen. Die Regelung ist grundsätzlich **zwingend,** jedoch kann die Satzung weitere Verschärfungen der Kreditvergabe vorsehen, diese sogar vollständig verbieten (GroßkommAktG/*Hopt/Roth* Rn. 4). 1

II. Einzelheiten

Abs. 1 begnügt sich nicht mit dem Einwilligungserfordernis, sondern stellt in S. 3 und 4 inhaltliche Anforderungen an den Beschluss des Aufsichtsrats. Der Aufsichtsrat entscheidet durch Beschluss nach pflichtgemäßem **Ermessen;** Delegation auf einen **Ausschuss** ist möglich (vgl. § 107 Abs. 3 S. 3). Die Einzelheiten entsprechen weitgehend denen der Parallelvorschrift in § 89, sodass auf die dortige Kommentierung verwiesen werden kann. Kein Pendant in § 89 hat naturgemäß die Regelung in § 115 Abs. 1 S. 5. Sie nimmt Warenkredite, welche die AG einem Aufsichtsratsmitglied in dessen Eigenschaft als Inhaber eines **einzelkaufmännischen Unternehmens** (§§ 1–3 HGB) gewährt, von dem Einwilligungserfordernis aus. Die Handelsbeziehungen zwischen der Gesellschaft und ihren unternehmerisch tätigen Aufsichtsratsmitgliedern, die zugleich als Abnehmer der Produkte der AG auftreten, sollen nicht beeinträchtigt werden (RegBegr. *Kropff* 160). Ergänzend werden – ebenso wie von § 89 Abs. 4 S. 2 – durch Abs. 3 S. 2 solche Warenkredite vom Einwilligungserfordernis freigestellt, die einem Aufsichtsratsmitglied gewährt werden, das dem Vertretungsorgan einer juristischen Person angehört oder Gesellschafter einer **Personenhandelsgesellschaft** ist. **Kreditinstitute** werden durch § 115 Abs. 5 – ähnlich wie in § 89 Abs. 6 – vom Einwilligungsgebot ausgenommen. 2

III. Rechtsfolgen und Publizität (Abs. 4)

Abweichend von § 114 (→ § 114 Rn. 20) führt die unterbliebene Einwilligung **nicht zur Unwirksamkeit** des Kreditvertrags. Jedoch ist der Kredit nach Abs. 4 sofort zurückzugewähren (→ § 89 Rn. 10). Ist der Erstattungsanspruch mangels Leistungsfähigkeit des Kreditnehmers nicht durchsetzbar, kann dies **Schadensersatzpflichten** der Vorstands- und Aufsichtsratsmitglieder gem. § 93 Abs. 3 Nr. 8, § 116 S. 1 nach sich ziehen, wenn sie schuldhaft an der unzulässigen Kreditgewährung mitgewirkt haben. 3

Die den Inhalt des Anhangs regelnde Vorschrift des § 285 Nr. 9 lit. c HGB erfasst Aufsichtsratskredite und Vorstandskredite gleichermaßen. Es ist umstritten, ob in den Anhang auch **Mitarbeiterdarlehen** aufzunehmen sind, ob also Publizität auch hinsichtlich der den Arbeitnehmervertretern gewährten Darlehen herzustellen ist (zu Recht bejahend die hM im Gesellschaftsrecht BeckOGK/*Spindler,* 15.1.2020, Rn. 16 mwN; ablehnend Teile des bilanzrechtlichen Schrifttums MüKoBilanzR/*Kessler* HGB § 285 Rn. 125). Beteiligt sich ein Arbeitnehmervertreter an einem allgemein den Arbeitnehmern des Unternehmens offenstehenden Programm, das feststehende Konditionen vorsieht, so ist der Normzweck der Publizitätsvorschrift nicht einschlägig. Börsennotierte Gesellschaften müssen Kredite iSv Abs. 1 außerdem nach Ziff. 15.1 Anh. I der Prospektinformationsverordnung v. 29.4.2004 offenlegen. 4

Sorgfaltspflicht und Verantwortlichkeit der Aufsichtsratsmitglieder

116 **[1] Für die Sorgfaltspflicht und Verantwortlichkeit der Aufsichtsratsmitglieder gilt § 93 mit Ausnahme des Absatzes 2 Satz 3 über die Sorgfaltspflicht und Verantwortlichkeit der Vorstandsmitglieder sinngemäß. [2] Die Aufsichtsratsmitglieder sind insbesondere zur Verschwiegenheit über erhaltene vertrauliche Berichte und vertrauliche Beratungen verpflichtet. [3] Sie sind namentlich zum Ersatz verpflichtet, wenn sie eine unangemessene Vergütung festsetzen (§ 87 Absatz 1).**

Übersicht

I. Allgemeines

1 § 116 S. 1 erklärt für die **Sorgfaltspflicht** und **Verantwortlichkeit** von Aufsichtsratsmitgliedern die für Vorstände geltende Norm des § 93 für sinngemäß anwendbar. Sinn und Zweck der Regelung sind ebenso zu bestimmen wie für die Parallelnorm des § 93, auf die § 116 S. 1 dynamisch verweist (→ § 93 Rn. 1). Sorgfaltspflicht und Verantwortlichkeit von Vorstands- und Aufsichtsratsmitgliedern sind freilich nicht deckungsgleich, wie die Formulierung „sinngemäß" zum Ausdruck bringt. Bei der Konkretisierung der Pflichten sind vielmehr die hinsichtlich Aufgaben, Struktur der Tätigkeiten sowie beruflicher Herkunft bestehenden Unterschiede zwischen Vorstands- und Aufsichtsratsmitgliedern zu berücksichtigen (*Fleck* FS Heinsius, 1991, 89 f.; *Schwark* FS Canaris, 2007, 389 (390 f.); *Fischbach* ZIP 2013, 1153; kritisch *Peltzer* WM 1981, 346 (349): „Leerformel"). Bedeutung erlangt im Rahmen der nur sinngemäßen Anwendung insbesondere der Umstand, dass die Aufsichtsratstätigkeit ihrer Funktion entsprechend nur als **Nebentätigkeit** ausgeübt wird (§ 100 Abs. 2).

2 S. 2 wurde durch das TransPuG v. 19.7.2002 (BGBl. 2002 I 2681) eingefügt und soll die bereits von S. 1 erfasste **Pflicht zur Verschwiegenheit** besonders hervorheben (Begr. BT-Drs. 14/8769, 18). Das VorstAG v. 31.7.2009 (BGBl. 2009 I 2509) führte zur Änderung des S. 1 und der Ergänzung um S. 3. Ziel der nur deklaratorischen Regelung in S. 3 ist die Bewusstseinsschärfung der Aufsichtsratsmitglieder für die Angemessenheit der Vorstandsvergütung (dazu *Fleischer* NZG 2009, 801 (802 ff.); *Nikolay* NJW 2009, 2649; kritisch *Hanau* NJW 2009, 1652 (1653); → § 87 Rn. 9 ff.). Die geplante Regelung eines Mindestschadensersatzes (§ 116 S. 4 AktG-E) (BT-Drs. 16/12278) ist nicht Gesetz geworden. Man befürchtete, der „Mindestschadensersatz" könne als Verpflichtung missverstanden werden, Schadensersatz auch dann leisten zu müssen, wenn nach allgemeinen Regeln keine Ersatzpflicht besteht (BT-Drs. 16/13433, Begr. zu Art. 1 Nr. 5 lit. b.).

3 In der Rechtspraxis scheitert die **Durchsetzung von Schadensersatzansprüchen** oftmals daran, dass der Vorstand die Ansprüche geltend machen muss (→ Rn. 15), dieser aber in vielen Gesellschaften dem Aufsichtsrat eng verbunden ist (*Thümmel* DB 1999, 885 (887); *Wiese* DB 2000, 1901 (1902); BeckOGK/*Spindler,* 15.1.2020, Rn. 3). Durch UMAG v. 22.9.2005 (BGBl. 2005 I 2802) wurde das nach §§ 147 f. erforderliche Quorum zur Klageerzwingung nach der Änderung durch das KonTraG v. 27.4.1998 (BGBl. 1998 I 786) erneut herabgesetzt. Beabsichtigt war eine Erleichterung der Verfolgung von Ersatzansprüchen (vgl. *Lieder,* Der Aufsichtsrat im Wandel der Zeit, 2006, 909 ff. mwN; *Zieglmeier* ZGR 2007, 144 (147 ff., 164 f.)).

II. Verweis auf § 93 Abs. 1: Sorgfaltspflicht

4 **1. Mindeststandard.** Maßstab für die nach § 116 S. 1, § 93 Abs. 1 S. 1 geltende Sorgfaltspflicht ist die Leitfigur des **ordentlichen und gewissenhaften Aufsichtsratsmitglieds.** Im Vordergrund steht dabei die **Überwachungsfunktion** nach § 111 (*Wirth* ZGR 2005, 327 (332); NK-AktR/*Breuer/Fraune* Rn. 2; BeckOGK/*Spindler,* 15.1.2020, Rn. 8; vgl. zudem zur Überwachungspflicht BGH 21.4.1997, BGHZ 135, 244 = NJW 1997, 1926 – ARAG; → § 111 Rn. 8 ff.). Den Aufsichtsrat trifft unter anderem die Verpflichtung, sich von der wirtschaftlichen Situation der Gesellschaft ein genaues Bild zu verschaffen (BGH 16.3.2009, NZG 2009, 550 Rn. 15; OLG Düsseldorf 6.11.2014, BeckRS 2015, 05651). Das gilt auch für Aufsichtsratsmitglieder der Arbeitnehmerseite (hM, vgl. nur BGH 15.11.1982, BGHZ 85, 293 (295 f.) = NJW 1983, 991 – Hertie; *Edenfeld/Neufang* AG 1999, 49 (50 f.); BeckOGK/*Spindler,* 15.1.2020, Rn. 9). Jedes Mitglied muss die erforderlichen Mindestkenntnisse und -fähigkeiten besitzen, die für Verständnis und Beurteilung der normalen Geschäftsgänge erforderlich sind. Dazu gehört insbesondere die Fähigkeit, die Berichte des Vorstandes sowie den Jahres- und Konzernabschluss

beurteilen zu können (MüKoAktG/*Habersack* Rn. 25). Übernimmt ein Mitglied ein Mandat, ohne diese Fähigkeiten zu besitzen, trifft es ein **Übernahmeverschulden** (K. Schmidt/Lutter/*Drygala* Rn. 7; Hüffer/Koch/*Koch* Rn. 4). Sofern ausreichende Kenntnisse im Einzelfall im Aufsichtsrat nicht vorhanden sind, kann zur Haftungsvermeidung die Einholung externen Rates erforderlich sein (Hölters/*Hambloch-Gesinn/Gesinn* Rn. 10; ausf. *Buck-Heeb* BB 2016, 1347 ff.).

Hat ein Mitglied auf einem Gebiet besondere Sachkenntnis, so steigert diese die ihm obliegenden Pflichten (OLG Düsseldorf 8.3.1984, ZIP 1984, 825 (830 f.); LG Hamburg 16.12.1980, ZIP 1981, 194 (197); *Dreher* FS Boujong, 1996, 71 (78 ff., 95 f.); *Henssler* FS BGH, 2000, 387 (415 ff.); *Patzina* in PBSS Haftung Unternehmensorgane Kap. 7 Rn. 9; *Binder* ZGR 2012, 757 (773 f.); *Merkt/Mylich* NZG 2012, 525 (529 f.); gegen eine personenbezogene Differenzierung *Schwark* FS Werner, 1984, 841 (848, 850 ff.); *Wirth* ZGR 2005, 327 (334 ff.) für fahrlässige Handlungen). Das Aufsichtsratsmitglied, das über beruflich erworbene Spezialkenntnisse verfügt, unterliegt, soweit sein Spezialgebiet betroffen ist, einem erhöhten Sorgfaltsmaßstab (BGH 20.9.2011, ZIP 2011, 2097 (2101); kritisch *Selter* AG 2012, 11 (18 f.)). Nach § 116 S. 1, § 93 Abs. 1 S. 2 genügt eine unternehmerische Entscheidung iÜ dann nicht den Sorgfaltsanforderungen, wenn das Mitglied nicht annehmen durfte, auf der Grundlage angemessener Information und zum Wohle der Gesellschaft zu handeln. Das Unternehmensrisiko soll von den Aktionären getragen werden. Für Fehler im Rahmen des unternehmerischen **Ermessensspielraums** muss in Übereinstimmung mit der **„Business Judgement Rule"** (BJR) des anglo-amerikanischen Rechtskreises nicht gehaftet werden (dazu *Hopt* FS Mestmäcker, 1996, 909 (919 ff.); zur Anwendung der BJR bei unklarer Rechtslage *Hasselbach/Ebbinghaus* AG 2014, 871 ff.; zu ihrer Kodifizierung durch § 93 Abs. 1 S. 2 → § 93 Rn. 17 ff.). 5

2. Delegation. Innerhalb des Aufsichtsrats ist es grundsätzlich möglich, Aufgaben an einzelne Ausschüsse zu delegieren (vgl. § 107 Abs. 3). Während bei rein **vorbereitenden Ausschüssen** die Letztverantwortung beim Aufsichtsrat insgesamt verbleibt, muss die Arbeit von **erledigenden Ausschüssen** vom Gesamtorgan lediglich überwacht und über Berichte kontrolliert werden (*LKV* Aufsichtsrat Rn. 999 f.; *Patzina* in PBSS Haftung Unternehmensorgane Kap. 7 Rn. 6). Aufsichtsratsmitglieder, die einem Ausschuss angehören, müssen bezogen auf das jeweilige Fachgebiet erhöhten Anforderungen genügen (MüKoAktG/*Habersack* Rn. 26). Die in § 107 Abs. 3 S. 3 genannten Aufgaben können keinem Ausschuss überantwortet werden. Durch das VorstAG gilt dies nunmehr auch für die Festsetzung und Herabsetzung von Vorstandsbezügen gem. § 87. Der Personalausschuss kann nur noch vorbereitend tätig werden (Begr. BT-Drs. 16/12 278, 6). 6

3. Einzelne Pflichten. Bestandteil der Sorgfaltspflicht sind ua die Pflicht zur (1) Mitarbeit, (2) Hinwirkung auf eine rechtmäßige und effektive Organisation und Arbeitsweise des Aufsichtsrats (vgl. hierzu *Diekmann/Wurst* NZG 2014, 121 ff.), (3) Informationsbeschaffung und -weitergabe, (3) Bildung eines persönlichen Urteils zu allen relevanten Entscheidungen, (4) Meldung von Pflichtwidrigkeiten (vgl. *Edenfeld/Neufang* AG 1999, 49 (50 f.); *LKV* Aufsichtsrat Rn. 885 ff.). Bei Geschäften, die wegen ihres Umfangs, der mit ihnen verbundenen Risiken oder ihrer strategischen Funktion für die AG besonders bedeutsam sind, muss sich jedes Mitglied nach Information über den Sachverhalt ein eigenes Urteil bilden und grundsätzlich eine eigene Risikoanalyse vornehmen (BGH 6.11.2012, NZG 2013, 339 f.; OLG Stuttgart 29.2.2012, ZIP 2012, 625 (630); *Selter* NZG 2012, 660 ff.; zurückhaltend *G. Hoffmann* AG 2012, 478 (482 ff.); für strenge Pflichten bei existenzgefährdenden Risiken *Hasselbach* NZG 2012, 41 ff.). Für **Art und Umfang des notwendigen Arbeitseinsatzes** sind **Art und Größe des Unternehmens** sowie dessen **wirtschaftliche Lage** entscheidend (*Dreher* FS Boujong, 1996, 71 (76 f.); K. Schmidt/Lutter/*Drygala* Rn. 17). 7

4. Treuepflicht. Aufsichtsratsmitglieder unterliegen bereits aufgrund ihrer Bestellung Treuepflichten. Daraus ergibt sich das Verbot, im eigenen Interesse oder im Interesse eines anderen Unternehmens nachteilig auf die Gesellschaft einzuwirken **(Interessenkollision).** Das Aufsichtsratsmitglied darf sein Amt bzw. den damit verbundenen Einfluss nicht ausnutzen, um der Gesellschaft zu Gunsten eigener Interessen oder der Interessen Dritter einen Nachteil zuzufügen (OLG Stuttgart 29.2.2012, ZIP 2012, 625 (630)). Gegebenenfalls muss sich das Mitglied neben der Offenbarung des Konflikts der Stimme enthalten oder als ultima ratio sein Mandat niederlegen (*Möllers* ZIP 2006, 1615 (1619 f.); *Patzina* in PBSS Haftung Unternehmensorgane Kap. 7 Rn. 48; BeckOGK/*Spindler*, 15.1.2020, Rn. 88). Da die Aufsichtsratstätigkeit jedoch eine Nebentätigkeit ist, kommt dem Unternehmensinteresse nicht in jedem Fall unbedingter Vorrang zu (differenzierend: *Ulmer* NJW 1980, 1603 (1606); K. Schmidt/Lutter/*Drygala* Rn. 20 ff.). Vielmehr ist zu unterscheiden, ob der Betroffene in seiner Funktion als Mitglied des Aufsichtsrats auftritt oder außerhalb dieser Tätigkeit handelt. Nur im ersten Fall gebührt dem Unternehmensinteresse Priorität (vgl. Grundsatz 6 DCGK). Eine generelle Pflicht Interessenkollisionen zu vermeiden, wie sie etwa einen Rechtsanwalt trifft (§ 43a Abs. 4 BRAO; dazu *Deckenbrock*, Strafrechtlicher Parteiverrat und berufsrechtliches Verbot der Vertretung widerstreitender Interessen, 2009), hat ein Aufsichtsratsmitglied dagegen nicht. Auch Arbeitnehmervertreter haben ihre Organtätigkeit allein am Unternehmensinteresse auszurichten. Damit ist ihnen zwar nicht die Teilnahme an einem gegen das 8

Unternehmen geführten Streik (Habersack/Henssler/*Henssler* MitbestG § 26 Rn. 34), wohl aber die Initiierung oder aktive Leitung von Streikmaßnahmen unter Verwendung der aus der Aufsichtstätigkeit gewonnenen Erkenntnisse ebenso verwehrt wie eine aktive Parteinahme gegen das Unternehmen (BeckOGK/*Spindler,* 15.1.2020, Rn. 98; zur generellen Vereinbarkeit von Aufsichtsrats- und Gewerkschaftsämtern vgl. Habersack/Henssler/*Henssler* MitbestG § 7 Rn. 79 f.; *Weninger,* Interessenkonflikte von Arbeitnehmervertretern, 2011, 196 ff.; *Velten,* Gewerkschaftsvertreter im Aufsichtsrat, 2010, 124 f.). Die Pflichten als Aufsichtsrat werden generell dann verletzt, wenn das Mitglied seine besondere Funktion ausnutzt, um dem Streik eine besondere Effektivität zu verleihen. Damit würde nämlich zugleich das unmittelbar aus Art. 9 Abs. 3 GG abzuleitende Gebot der Kampfparität verletzt.

9 **5. Verschwiegenheitspflicht.** Aufsichtsratsmitglieder sind bereits nach § 116 S. 1, § 93 Abs. 1 S. 3 zur Verschwiegenheit verpflichtet. § 116 S. 2 hat lediglich klarstellenden Charakter und soll zu einer Verbesserung des Informationsflusses zwischen Vorstand und Aufsichtsrat beitragen (Begr. BT-Drs. 14/8769, 18). Die absolut geltende Verschwiegenheitspflicht ist eine notwendige Voraussetzung des vertrauensvollen Zusammenwirkens von Vorstand und Aufsichtsrat, da der Vorstand seiner Informations- und Berichtspflicht im Interesse der AG nur nachkommen kann, wenn die Inhalte vertraulich behandelt werden (BGH 26.4.2016, NJW 2016, 2569 (2570) „Bankenvertreter im Aufsichtsrat"; *Dittmar* AG 2013, 498; *Reichard* GWR 2017, 72). Sie gilt daher nicht für den Informationsaustausch der Aufsichtsratsmitglieder untereinander und vorbehaltlich besonderer Vertraulichkeitsinteressen im Einzelfall auch nicht im Verhältnis zum Vorstand (hierzu Hölters/*Hambloch-Gesinn/Gesinn* Rn. 68; BeckOGK/*Spindler,* 15.1.2020, Rn. 110). Von der die Anteilseigner- wie Arbeitnehmervertreter gleichermaßen treffenden Pflicht sind alle Geheimnisse, vertrauliche Angaben der Gesellschaft sowie sämtliche Informationen, mit denen die Erwartung der Geheimhaltung verbunden ist, umfasst (Hüffer/Koch/*Koch* Rn. 9 f.; für Arbeitnehmervertreter: *Edenfeld/Neufang* AG 1999, 49 (52); *Henssler/Beckmann* SAE 2010, 60 (61)). Die Verschwiegenheitspflicht der Arbeitnehmervertreter besteht gleichermaßen gegenüber dem Betriebsrat und zwar auch, wenn sie diesem selbst angehören (BAG 23.10.2008, NZA 2009, 855; WKS/*Schubert* MitbestG § 25 Rn. 349 f.). Ob eine bestimmte Information vom Vertraulichkeitsgebot erfasst wird, richtet sich danach, ob die Geheimhaltung im objektiven Unternehmensinteresse liegt, das letztlich durch den Vorstand mit seiner Geschäftsführung und Unternehmenspolitik bestimmt wird. Allein der Vorstand ist daher der „Herr der Gesellschaftsgeheimnisse" (BGH 26.4.2016, NJW 2016, 2569 Rn. 35).

9a Ausnahmen von der Geheimhaltungspflicht gelten, soweit vor einer wichtigen Entscheidung die Einholung von nur außerhalb des Aufsichtsrats zu erlangenden Rats zur sachgemäßen Ausübung des Mandats angezeigt ist. Die Weitergabe von der Schweigepflicht unterfallenden Informationen ist aber auch dann nur zulässig, wenn durch die Auswahl des Beraters einer Weitergabe oder einem sonstigen Missbrauch vertraulicher Mitteilungen vorgebeugt wird (BGH 5.6.1975, BGHZ 64, 325 (331 f.) = NJW 1975, 1412). Eine generelle, im Vorhinein für einen bestimmten Themenbereich erklärte Entbindung von der Schweigepflicht ist unwirksam (BGH 26.4.2016, NJW 2016, 2569 (2571)). Nach § 404 ist die Verletzung der Verschwiegenheitspflicht strafbar. Sie besteht nach Mandatsbeendigung fort (BeckOGK/*Spindler,* 15.1.2020, Rn. 112) und erlischt erst, wenn das Geheimhaltungsinteresse nicht mehr gegeben ist, weil die Tatsache zB öffentlich bekannt gemacht wurde (*LKV* Aufsichtsrat Rn. 285). Zur Vermeidung von Widersprüchen wirkt die Verschwiegenheitspflicht als Schranke der Wissenszurechnung bei Aufsichtsratsmitgliedern, die zugleich Organmitglieder einer anderen Gesellschaft sind (BGH 26.4.2016, NJW 2016, 2569 (2570)). Zu Einzelheiten vgl. *Lutter* Information und Vertraulichkeit; → § 93 Rn. 10 ff.; zur Weitergabe von Informationen im faktischen Aktienkonzern *Dittmar* AG 2013, 498 ff.

9b In **Konzernkonstellationen** kann die Informationsweitergabe gestattet sein (so die hM, K. Schmidt/Lutter/*Drygala* Rn. 31; GroßkommAktG/*Hopt/Roth* Rn. 273 ff.; KK-AktG/*Mertens/Cahn* Rn. 42; *E. Vetter* in Marsch-Barner/Schäfer AG-HdB § 29 Rn. 20; *Dittmar* AG 2013, 498 (500 ff.); aA MüKoAktG/*Habersack* Rn. 60; BeckOGK/*Spindler,* 15.1.2020, Rn. 125 f.). Praktisch relevant sind Fälle multipler Organstellung, in denen Aufsichtsratsmitglieder Sachverhalte, die ihnen als Organ der einen Gesellschaft zur Kenntnis gelangen, an eine andere Gesellschaft, bei der sie ebenfalls als Mitglied eines Organs tätig sind, weitergeben (dazu *Bank* NZG 2013, 801). Möglich ist eine Informationsweitergabe bei entsprechender Gestattung sowohl im Vertragskonzern als auch in faktischen Unternehmensverbindungen; bei letzteren muss der Vorstand allerdings die Zustimmung verweigern, wenn dies im Interesse der Gesellschaft geboten ist. Auch im Konzern kann nach der Wertung des § 311 (Verantwortlichkeit des Vorstands für den Nachteilsausgleich) nur der Vorstand als „Herr des Gesellschaftsgeheimnisses" (→ Rn. 9) die Information erteilen bzw. die Weitergabe durch den Aufsichtsrat gestatten. Allerdings kommt eine konkludente Erteilung des Einverständnisses in Betracht (zum Ganzen MüKoAktG/*Altmeppen* § 311 Rn. 428; KK-AktG/*Mertens/Cahn* Rn. 42; *Bank* NZG 2013, 801 (806)).

III. Verweis auf § 93 Abs. 2–6: Verantwortlichkeit

Nach § 116 S. 1, § 93 Abs. 2–6 sind Aufsichtsratsmitglieder gegenüber der AG bei einer schuldhaften 10
Pflichtverletzung zum Schadensersatz verpflichtet. Anspruchsgrundlage für die **Innenhaftung** ist § 93 Abs. 2 S. 1. Vertragliche Ansprüche der Gesellschaft kommen bei Aufsichtsratsmitgliedern mangels eines Anstellungsvertrages nicht in Betracht (anders bei Vorstandsmitgliedern vgl. MüKoAktG/*Spindler* § 93 Rn. 11). Aktionäre und Gläubiger können aus § 116 S. 1, § 93 Abs. 2–6 keine Rechte ableiten; auch nicht über § 823 Abs. 2 BGB (allgM, vgl. nur MüKoAktG/*Habersack* Rn. 82). Eine Haftung gegenüber Aktionären, Anlegern, Gläubigern oder der Gesellschaft nach anderen Haftungsnormen bleibt allerdings unberührt, vgl. nur § 117 Abs. 2. In Betracht kommt insbesondere die Deliktshaftung eines Aufsichtsratsmitglieds wegen vorsätzlich sittenwidriger Schädigung nach § 826 BGB oder der Verletzung eines Schutzgesetzes iSv § 823 Abs. 2 BGB.

1. Schuldhafte Pflichtverletzung. Verletzt werden muss eine Pflicht, die dem Mitglied gegenüber 11
der Gesellschaft obliegt (BeckOGK/*Spindler,* 15.1.2020, Rn. 131). Eine solche Pflichtverletzung liegt vor bei einem Verstoß gegen die allgemeine Sorgfaltspflicht aus § 93 Abs. 1 S. 1 sowie bei Verstößen gegen die Treue- und Verschwiegenheitspflicht, nicht dagegen bei einem Handeln innerhalb des von § 93 Abs. 1 S. 2 anerkannten Ermessensspielraums (für gerichtlich nur eingeschränkt überprüfbares Entscheidungsermessen bei der Entscheidung über die Durchsetzung von Organhaftungsansprüchen vgl. LG Essen 25.4.2012, ZIP 2012, 2061 – Arcandor; ferner *Bayer/Scholz* ZIP 2015, 149 ff. zu den Pflichten von Aufsichtsrat und Hauptversammlung bei einem Vergleich über Haftungsansprüche gegen Vorstandsmitglieder). § 93 Abs. 3 zählt beispielhaft Handlungen auf, die eine Pflichtverletzung darstellen (→ § 93 Rn. 39 f.). Ist eine beantragte Entscheidung unvertretbar, muss das Mitglied nicht nur mit „Nein“ abstimmen, sondern je nach den Umständen des Einzelfalles den Beschluss ausdrücklich ablehnen und auf Bedenken hinweisen (*Edenfeld/Neufang* AG 1999, 49 (50); *Ulmer* NJW 1980, 1603 (1605); *Patzina* in PBSS Haftung Unternehmensorgane Kap. 7 Rn. 10). Bei erkennbar rechtswidrigem Verhalten des Vorstands muss das einzelne Aufsichtsratsmitglied selbst aktiv werden, und die Einberufung des Aufsichtsrates notfalls über § 110 Abs. 2 initiieren, damit der Vorstand durch Beschluss gem. § 108 zu einer Korrektur veranlasst wird (→ § 110 Rn. 14; OLG Braunschweig 14.6.2012, NZG 2012, 1196 (1197)). Anderenfalls kommt Untreue gem. § 266 StGB durch Unterlassen in Betracht (*Brand/Petermann* WM 2012, 62 ff.). Gang an die Öffentlichkeit ist nur in Extremfällen als ultima ratio zulässig (OLG Stuttgart 29.2.2012, AG 2012, 298 (303); *Lorenz* GWR 2012, 156; MüKoAktG/*Habersack* Rn. 33); kreditgefährdende Äußerungen stellen eine Pflichtverletzung dar.

Ob eine Pflicht zur Aufdeckung eigener Pflichtverstöße besteht, hängt von den Umständen des 11a
Einzelfalls ab (BGH 18.9.2018, NZG 2018, 1301 Rn. 42; grundsätzlich ablehnend *Grunewald* NZG 2013, 841 ff.). Bei Pflichtverstößen des Vorstands kann der Aufsichtsrat jedoch nicht alleine deswegen von der Verfolgung der Ersatzansprüche freigestellt werden, wenn er zugleich eine eigene Pflichtverletzung offenbaren müsste, da ansonsten die Überwachungsfunktion des Aufsichtsrats unterlaufen würde (BGH 18.9.2018, NZG 2018, 1301 Rn. 46; für Offenbarung strafrechtlich relevanten Verhaltens ausdrücklich offengelassen, aber tendenziell bejahend (Rn. 48); Hüffer/Koch/*Koch* Rn. 15; *Bayer/Scholz* NZG 2019, 201 (206 f.); *Jenne/Miller* AG 2019, 112 (121 f.); *Altmeppen* ZIP 2019, 1253 (1258 f.)). Stellt der Aufsichtsrat fest, dass die Gesellschaft **insolvenzreif** ist, hat er darauf hinzuwirken, dass der Vorstand rechtzeitig einen Insolvenzantrag stellt (*Strohn* NZG 2011, 1161 (1163)) und keine Zahlungen leistet, die mit der Sorgfalt eines ordentlichen und gewissenhaften Geschäftsleiters unvereinbar sind; erforderlichenfalls muss er ein ihm unzuverlässig erscheinendes Vorstandsmitglied abberufen (OLG Düsseldorf 31.5.2012, ZIP 2012, 2299 (2300)). Zu Pflichtverletzungen bei Geschäften, die nach **§ 111 Abs. 4 S. 2 zustimmungsbedürftig** sind oder hätten sein müssen, vgl. *Grooterhorst* NZG 2011, 921.

Den **Verschuldensmaßstab** gibt § 93 Abs. 1 S. 1 vor. Zu beachten ist die **Sorgfalt eines ordent-** 11b
lichen und gewissenhaften Aufsichtsratsmitglieds (K. Schmidt/Lutter/*Drygala* Rn. 36; *LKV* Aufsichtsrat Rn. 1008; zur Berücksichtigung besonderer Kenntnisse und Fähigkeiten im Rahmen des Verschuldensmaßstabes → Rn. 5; zur Haftung bei Festsetzung unangemessener Vergütung → Rn. 18). In aller Regel wird aus der Pflichtverletzung angesichts des typisierten Sorgfaltsmaßstabes zugleich das Verschulden folgen. Gehaftet wird nur für eigenes Verschulden. Eine Zurechnung fremden Verschuldens findet nicht statt (MüKoAktG/*Habersack* Rn. 75). Die Pflichtverletzung muss für den nach den allgemeinen Grundsätzen der §§ 249 ff. BGB zu ermittelnden **Schaden** iSd Adäquanztheorie kausal sein, → § 93 Rn. 34 f. Die Mitglieder des Aufsichtsrats haften im Außenverhältnis als **Gesamtschuldner** und im Innenverhältnis grundsätzlich zu gleichen Teilen; allerdings kann sich aus § 254 BGB eine abgestufte Ausgleichspflicht nach dem Grad des Verschuldens bzw. der Verursachung ergeben (vgl. für den Vorstand BGH 13.5.1955, BGHZ 17, 214 (222)).

2. Selbstbehalt bei D&O-Versicherung, Ausklammerung von § 93 Abs. 2 S. 3. Nach dem im 12
Zuge des VorstAG eingefügten § 93 Abs. 2 S. 3 müssen AGs, die eine D&O-Versicherung zur Absicherung der Vorstandsmitglieder gegen Risiken aus beruflicher Pflichtverletzung abschließen, einen Selbst-

behalt vereinbaren. Wird eine entsprechende Versicherung auch für Aufsichtsratsmitglieder abgeschlossen, gilt diese Pflicht nach der Neufassung des S. 1 nicht. Hinweise zum Selbstbehalt bei D&O-Versicherungen enthielt Ziff. 3.8 Abs. 2 DCGK 2017. In der Fassung vom 16.12.2019 sind diese ersatzlos entfallen.

13 **3. Haftungsausschluss.** Nach § 93 Abs. 4 S. 1 ist für Vorstandsmitglieder eine Haftung ausgeschlossen, wenn die pflichtwidrige Handlung auf einem gesetzmäßigen Beschluss der Hauptversammlung beruht. Zwar nimmt § 116 S. 1 den § 93 Abs. 4 S. 1 nicht von dem allgemeinen Verweis aus. Jedoch ist der Aufsichtsrat anders als der Vorstand nicht verpflichtet, Beschlüssen der Hauptversammlung zu folgen. Eine Haftungsbefreiung scheidet daher regelmäßig aus (MüKoAktG/*Habersack* Rn. 76; Hüffer/Koch/*Koch* Rn. 14; ähnlich BeckOGK/*Spindler,* 15.1.2020, Rn. 164). Eine Ausnahme gilt für den verbindlichen Beschluss gem. § 147 Abs. 1, mit dem die Geltendmachung von Ersatzansprüchen gegen Vorstandsmitglieder bejaht wird. Auf eine Billigung der pflichtwidrigen Handlung durch den Vorstand kann sich das haftende Aufsichtsratsmitglied keinesfalls entlastend berufen (vgl. § 93 Abs. 4 S. 2).

14 **4. Darlegungs- und Beweislast.** Im Zweifel muss nicht die AG darlegen, dass ein Aufsichtsratsmitglied unsorgfältig gehandelt hat. Abweichend von dem allgemeinen Grundsatz, dass der Anspruchssteller für alle anspruchsbegründenden Voraussetzungen darlegungs- und beweispflichtig ist, normieren § 116 S. 1, § 93 Abs. 2 S. 2 eine **Beweislastumkehr** (→ § 93 Rn. 36). Aufsichtsratsmitglieder müssen sich sowohl in Bezug auf die Pflichtverletzung als auch das Verschulden entlasten. Dem liegt die Vorstellung zugrunde, dass die Pflichtverletzung objektiv und subjektiv aus der Risikosphäre des Aufsichtsratsmitglieds stammt (*Hopt* FS Mestmäcker, 1996, 909 (921)). Die AG bleibt in Bezug auf den Schadenseintritt sowie die Kausalität zwischen Pflichtverletzung und Schaden beweispflichtig. Geht es um eine Pflichtverletzung iSv § 93 Abs. 3, wird der Schaden der Gesellschaft vermutet (BeckOGK/*Spindler,* 15.1.2020, Rn. 147; BeckOGK/*Fleischer,* 15.1.2020, § 93 Rn. 310).

15 **5. Anspruchsdurchsetzung.** Nach § 78 Abs. 1 sind etwaige Schadensersatzansprüche zunächst vom **Vorstand** durchzusetzen (vgl. zum umgekehrten Fall § 112). Der Vorstand ist zwar entsprechend den Grundsätzen der ARAG-Entscheidung des BGH (BGH 21.4.1997, BGHZ 135, 244 = NJW 1997, 1926) zur Geltendmachung verpflichtet. Bezieht sich allerdings die anspruchsbegründende Sorgfaltspflichtverletzung als Überwachungsverschulden des Aufsichtsrats auf ein sorgfaltswidriges Verhalten des aktuellen Vorstands selbst, muss dieser bei einer Anspruchsdurchsetzung eine eigene Haftung fürchten (*Zieglmeier* ZGR 2007, 144 (147 f.)). Bleibt der Vorstand untätig, kommt eine **Klageerzwingung** unter den Voraussetzungen des § 147 in Betracht. Nach dem im Zuge des UMAG eingeführten § 148 können auch **Aktionäre,** die zusammen 1 % des Grundkapitals oder Anteile im Nennwert von 100.000 EUR halten, Ersatzansprüche im eigenen Namen geltend machen (*Zieglmeier* ZGR 2007, 144 (148 ff.); *LKV* Aufsichtsrat Rn. 1014 ff.). Geschädigte **Gläubiger** der Gesellschaft haben grundsätzlich nur einen Anspruch gegenüber der Gesellschaft, ihnen steht aber nach § 116 S. 1, § 93 Abs. 5 (→ § 93 Rn. 48 ff.; BeckOGK/*Spindler,* 15.1.2020, Rn. 190, 195) ein unmittelbares Klagerecht im eigenen Namen und auf Zahlung an sich gegenüber einem Aufsichtsratsmitglied zu, das der Gesellschaft ersatzpflichtig ist. Umstritten ist, ob es sich um einen Fall der Prozessstandschaft, um ein materielles Eigenrecht der Gläubiger oder – mit der vorzugswürdigen Ansicht (weil Zahlung an den Gläubiger) – um einen Fall der Anspruchsvervielfältigung handelt (zum Ganzen GroßkommAktG/*Hopt/Roth* § 93 Rn. 549).

16 **6. Ende der Haftung.** Scheidet das Mitglied aus dem Aufsichtsrat aus, endet grundsätzlich auch die Verantwortlichkeit. Allerdings kann sich kein Aufsichtsratsmitglied durch eine Amtsniederlegung der Haftung entziehen: Eine während der Aufsichtsratstätigkeit begangene Pflichtverletzung kann auch nach dem Ausscheiden verfolgt werden. Zudem stellt die Niederlegung des Amtes zur Unzeit eine eigenständige Pflichtverletzung dar (→ § 103 Rn. 19). Einzelne Pflichten können auch nach Beendigung der Tätigkeit fortbestehen (→ Rn. 9).

17 **7. Verjährung.** Nach § 116 S. 1, § 93 Abs. 6 gilt eine Verjährungsfrist von fünf Jahren sowohl für Ansprüche der Gesellschaft als auch für Ansprüche der Gläubiger nach § 93 Abs. 5. Die Frist kann weder verlängert noch verkürzt werden (BeckOGK/*Spindler,* 15.1.2020, Rn. 181). Die Verjährung von Schadensersatzansprüchen der Gesellschaft gegen ein Aufsichtsratsmitglied wegen Verjährenlassens von Ersatzansprüchen der Gesellschaft gegen ein Vorstandsmitglied beginnt nach § 200 S. 1 BGB mit dem Zeitpunkt der Verjährung des Ersatzanspruchs der Gesellschaft gegen das Vorstandsmitglied (BGH 18.9.2018, NZG 1301, 1302 Rn. 16 ff.).

IV. Haftung bei Festsetzung unangemessener Vergütung (S. 3)

18 Aufsichtsratsmitglieder haften seit jeher nach der Generalnorm des § 116 S. 1 iVm § 93 Abs. 2, wenn sie eine unangemessen hohe Vergütung festsetzten und so die Gesellschaft schädigten. Diese Haftung wird durch den im Zuge des VorstAG eingeführten S. 3 nunmehr ausdrücklich hervorgehoben. Der Wert der deklaratorischen Regelung bleibt zweifelhaft (*Hanau* NJW 2009, 1652 (1653)). Erwartet wird

eine Verschiebung der Gewichtung innerhalb der Haftungsregelung für Aufsichtsräte (DAV-Stellungnahme zum VorstAG, 11). Die Haftung für die Nichtherabsetzung unangemessen gewordener Vorstandsbezüge bei Schieflage der Gesellschaft (§ 87 Abs. 2) hat ihre Grundlage weiterhin in § 116 S. 1 iVm § 93 Abs. 2. (*Habersack* NZG 2018, 127 (130); MüKoAktG/*Habersack* Rn. 45). Soweit die Hauptversammlung einer börsennotierten AG gem. § 120 Abs. 4 über die Billigung des Vergütungssystems der Vorstandsmitglieder beschließt, bleiben Verpflichtung und Haftung des Aufsichtsrats hinsichtlich der Vergütungsfestsetzung unberührt (→ Rn. 13). Die Einschaltung von Vergütungsberatern erfreut sich zwar zur Haftungsvermeidung zunehmender Beliebtheit, ist aber nicht zwingend erforderlich (*Hüffer* FS Hoffmann-Becking, 2013, 589 (601); *Spindler* NZG 2011, 725 (727)). Der zu ersetzende Schaden ergibt sich aus der Differenz zwischen der gewährten und der angemessenen Vergütung (dazu *Cahn* FS Hopt, 2010, 231 (449 f.); *Eichner/Delehaye* ZIP 2010, 2082 (2085); *Spindler* NZG 2011, 725 (727)).

V. Abdingbarkeit

§ 116 enthält ebenso wie § 93 **zwingendes Recht** (BGH 5.6.1975, BGHZ 64, 325 (326 f.) = NJW 1975, 1412 – Bayer; OLG Düsseldorf 8.3.1984, ZIP 1984, 825 (828); MüKoAktG/*Habersack* Rn. 4). Insbesondere ist keine Abmilderung oder Verschärfung der Haftung möglich. Nach §§ 116 S. 1, 93 Abs. 4 S. 3 und 4 ist bei Zustimmung der Hauptversammlung drei Jahre nach der Entstehung des Anspruches ein **Verzicht** der Gesellschaft auf einen bereits entstandenen Anspruch sowie ein **Vergleich** mit dem haftenden Aufsichtsratsmitglied möglich (→ § 93 Rn. 45 ff.). Zulässig ist eine **Konkretisierung** der für Aufsichtsratsmitglieder geltenden Pflichten. Mit §§ 116, 93 vereinbar sind der Abschluss einer **D&O-Versicherung** (→ Rn. 12 sowie → § 93 Rn. 55 ff. mwN) sowie **Schiedsvereinbarungen** zwischen AG und Aufsichtsratsmitglied (MüKoAktG/*Habersack* Rn. 4). 19

Dritter Abschnitt. Benutzung des Einflusses auf die Gesellschaft

Schadenersatzpflicht

117 (1) [1]**Wer vorsätzlich unter Benutzung seines Einflusses auf die Gesellschaft ein Mitglied des Vorstands oder des Aufsichtsrats, einen Prokuristen oder einen Handlungsbevollmächtigten dazu bestimmt, zum Schaden der Gesellschaft oder ihrer Aktionäre zu handeln, ist der Gesellschaft zum Ersatz des ihr daraus entstehenden Schadens verpflichtet.** [2]**Er ist auch den Aktionären zum Ersatz des ihnen daraus entstehenden Schadens verpflichtet, soweit sie, abgesehen von einem Schaden, der ihnen durch Schädigung der Gesellschaft zugefügt worden ist, geschädigt worden sind.**

(2) [1]**Neben ihm haften als Gesamtschuldner die Mitglieder des Vorstands und des Aufsichtsrats, wenn sie unter Verletzung ihrer Pflichten gehandelt haben.** [2]**Ist streitig, ob sie die Sorgfalt eines ordentlichen und gewissenhaften Geschäftsleiters angewandt haben, so trifft sie die Beweislast.** [3]**Der Gesellschaft und auch den Aktionären gegenüber tritt die Ersatzpflicht der Mitglieder des Vorstands und des Aufsichtsrats nicht ein, wenn die Handlung auf einem gesetzmäßigen Beschluß der Hauptversammlung beruht.** [4]**Dadurch, daß der Aufsichtsrat die Handlung gebilligt hat, wird die Ersatzpflicht nicht ausgeschlossen.**

(3) **Neben ihm haftet ferner als Gesamtschuldner, wer durch die schädigende Handlung einen Vorteil erlangt hat, sofern er die Beeinflussung vorsätzlich veranlaßt hat.**

(4) **Für die Aufhebung der Ersatzpflicht gegenüber der Gesellschaft gilt sinngemäß § 93 Abs. 4 Satz 3 und 4.**

(5) [1]**Der Ersatzanspruch der Gesellschaft kann auch von den Gläubigern der Gesellschaft geltend gemacht werden, soweit sie von dieser keine Befriedigung erlangen können.** [2]**Den Gläubigern gegenüber wird die Ersatzpflicht weder durch einen Verzicht oder Vergleich der Gesellschaft noch dadurch aufgehoben, daß die Handlung auf einem Beschluß der Hauptversammlung beruht.** [3]**Ist über das Vermögen der Gesellschaft das Insolvenzverfahren eröffnet, so übt während dessen Dauer der Insolvenzverwalter oder der Sachwalter das Recht der Gläubiger aus.**

(6) **Die Ansprüche aus diesen Vorschriften verjähren in fünf Jahren.**

(7) **Diese Vorschriften gelten nicht, wenn das Mitglied des Vorstands oder des Aufsichtsrats, der Prokurist oder der Handlungsbevollmächtigte durch Ausübung**

1. **der Leitungsmacht auf Grund eines Beherrschungsvertrags oder**
2. **der Leitungsmacht einer Hauptgesellschaft (§ 319), in die die Gesellschaft eingegliedert ist,**

zu der schädigenden Handlung bestimmt worden ist.

I. Allgemeines

1 Die Vorschrift behandelt die schädigende Einflussnahme von Dritten auf Organe oder Repräsentanten der Gesellschaft. Der Veranlasser der pflichtverletzenden Einflussnahme ist neben den Organmitgliedern und leitenden Angestellten gegenüber der Gesellschaft und den Aktionären zum Schadensersatz verpflichtet. § 117 bezweckt den Schutz der **Autonomie der Willensbildung** in der sich selbst verwaltenden Gesellschaft vor kompetenzwidriger Einflussnahme (K. Schmidt/Lutter/*Witt* Rn. 1; BeckOGK/*Schall,* 15.1.2020, Rn. 5). Im Ergebnis geht es um den **Schutz des Gesellschaftsvermögens** sowie den **Schutz der Aktionäre** für den Fall, dass diese einen über den Schaden der Gesellschaft hinausgehenden eigenen Schaden erleiden (Hüffer/Koch/*Koch* Rn. 1; NK-AktR/*Kleinertz/Walchner* Rn. 2). § 117 stellt nach seinem Wortlaut klar, dass die Einflussnahme auf die Repräsentanten der AG zu gesellschaftsschädlichen Zwecken den **deliktsrechtlichen Tatbestand** einer unerlaubten Handlung erfüllt (Hüffer/Koch/*Koch* Rn. 2; MüKoAktG/*Spindler* Rn. 4). Seine praktische Bedeutung ist gering geblieben.

II. Schädigende Einflussnahme (Abs. 1)

2 **1. Objektiver Tatbestand.** Nach dem objektiven Tatbestand des Abs. 1 muss der Täter seinen **Einfluss** auf die AG eingesetzt haben, um ihre Führungskräfte zur schädigenden Handlung zu bestimmen (K. Schmidt/Lutter/*Witt* Rn. 6). Täter kann jede natürliche oder juristische Person sein (NK-AktR/*Kleinertz/Walchner* Rn. 6). Die Möglichkeit zur Einflussnahme kann, muss aber nicht gesellschaftsrechtlich (zB Aktionärsstellung) vermittelt sein (anders hM zu § 17), sondern kann etwa auf einer tatsächlichen oder vertraglichen Machtstellung, politischen Möglichkeiten oder persönlichen Beziehungen zum Repräsentanten beruhen (BeckOGK/*Schall,* 15.1.2020, Rn. 15; MüKoAktG/*Spindler* Rn. 16). Der Haftungstatbestand greift nur, wenn der Täter seinen Einfluss **benutzt** hat, um Organmitglieder, Prokuristen (§§ 48 ff. HGB) oder Handlungsbevollmächtigte (§ 54 HGB) zu einem Handeln zu **bestimmen** (Hüffer/Koch/*Koch* Rn. 4). Zur Veranlassung des Bestimmenden vgl. Abs. 3 (→ Rn. 7). Anders als die Einwirkung auf sonstige einflussreiche Personen löst auch die Beeinflussung nichtig bestellter Aufsichtsratsmitglieder die Haftung aus. Eine nur mittelbare und für das Handeln des betreffenden Repräsentanten mitursächliche Einflussnahme genügt (K. Schmidt/Lutter/*Witt* Rn. 7). Eines anstößigen oder verwerflichen Verhaltens bedarf es ebenso wenig wie der Verfolgung gesellschaftsfremder Zwecke (Hüffer/Koch/*Koch* Rn. 4). Die Beeinflussung des Organs entspricht der Beeinflussung seiner Mitglieder, ohne dass es einer Individualisierung bedarf. Das initiierte Handeln oder Unterlassen der Organperson bzw. Führungskraft muss **kausal** zu einem **(Vermögens-)Schaden** der Gesellschaft oder ihrer Aktionäre führen. Schaden ist jede Vermögensminderung iSd §§ 249 ff. BGB einschließlich des entgangenen Gewinns BeckOGK/*Schall,* 15.1.2020, Rn. 18).

3 **2. Rechtswidrigkeit.** Nach hM wird die erforderliche Rechtswidrigkeit nicht bereits durch die Tatbestandsmäßigkeit indiziert, sondern ist durch eine Interessenabwägung **positiv festzustellen** (K. Schmidt/Lutter/*Witt* Rn. 10; BeckOGK/*Schall,* 15.1.2020, Rn. 23 f.). Dies rechtfertigt sich aus der Eigenständigkeit des Abs. 2 sowie der abstrakten Formulierung des Haftungstatbestands in Abs. 1.

4 **3. Vorsatz.** Der subjektive Tatbestand setzt bedingten Vorsatz bezüglich aller Merkmale des objektiven Tatbestands, nicht aber des konkreten Schadens (MüKoAktG/*Spindler* Rn. 40 ff.) voraus. Hinsichtlich des Schadens genügt es, dass der Täter die schädigende Wirkung seiner Einflussnahme vorhersieht und sie gleichwohl vornimmt (NK-AktR/*Kleinertz/Walchner* Rn. 10).

5 **4. Haftungsfolgen.** Der Ersatzanspruch steht gem. Abs. 1 S. 1 der AG zu und wird vom Vorstand geltend gemacht (§ 78 Abs. 1). Haften außerdem die Vorstandsmitglieder selbst, ist der Aufsichtsrat (§ 112) zur Geltendmachung berufen. Die Aktionäre sind gem. Abs. 1 S. 2 nur anspruchsberechtigt, soweit sie einen unmittelbaren (BGH 4.3.1985, BGHZ 94, 55 (58) = NJW 1985, 1777) Eigenschaden erleiden, der über den Schaden der Gesellschaft nach Abs. 1 S. 1 hinausgeht. Nicht erfasst ist der bloße „Reflexschaden", der infolge der Wertminderung der Aktie entsteht (BGH 4.3.1985, BGHZ 94, 55 (58) = NJW 1985, 1777; BeckOGK/*Schall,* 15.1.2020, Rn. 19 f.; NK-AktR/*Kleinertz/Walchner* Rn. 13).

III. Mithaftung (Abs. 2 und 3)

6 Gemäß Abs. 2 haften neben dem Veranlasser die verleiteten Mitglieder des Vorstands oder Aufsichtsrats der geschädigten Gesellschaft (nicht aber verleitete Prokuristen und Handlungsbevollmächtigte) **gesamtschuldnerisch (§§ 421 ff. BGB),** wenn sie selbst pflichtwidrig gehandelt haben. Das Gleiche gilt, wenn sie pflichtwidrig die Schädigung nach Abs. 1 nicht abgewendet haben. Die Haftung ergibt sich bereits aus §§ 93, 116 (Hüffer/Koch/*Koch* Rn. 10; BeckOGK/*Schall,* 15.1.2020, Rn. 27). Ist der Veranlasser iSv Abs. 1 (Haupttäter) entlastet, so fehlt es zwar an der für eine Teilnahme notwendigen

Haupttat. Dem Verwaltungsmitglied kommt eine solche Entlastung jedoch aufgrund seiner eigenständigen Schadensersatzpflicht nicht zugute (BeckOGK/*Schall,* 15.1.2020, Rn. 28). Die Verwaltungsmitglieder sind nicht nur der AG, sondern auch den Aktionären (Abs. 1 S. 2) ersatzpflichtig.

Als Gesamtschuldner (§§ 421 ff. BGB) haftet nach Abs. 3 auch der Veranlasser, der die Einflussnahme 7
des Täters iSv Abs. 1 vorsätzlich veranlasst und als **Nutznießer** durch die schädigende Handlung einen Vorteil erlangt hat. Die Voraussetzungen einer Veranlassung iSv Abs. 3 sind geringer als diejenigen einer Anstiftung iSv § 830 Abs. 2 BGB, aus der sich ebenfalls eine (dann vorrangige) Haftung des Veranlassers ergeben kann (Hüffer/Koch/*Koch* Rn. 11; MüKoAktG/*Spindler* Rn. 62 ff.).

IV. Haftungsmodalitäten (Abs. 4–7)

Abs. 4 und 5 beziehen sich auf den Schadensersatz der Gesellschaft nach Abs. 1 S. 1, während die 8
Verjährung nach Abs. 6 auf sämtliche Ansprüche Anwendung findet. **Abs. 4** verweist auf § 93 Abs. 4 S. 3 und 4, sodass Verzicht oder Vergleich bezüglich der Ansprüche der AG erst nach Ablauf von drei Jahren zulässig sind. Nach **Abs. 5** kann der Ersatzanspruch auch von den Gläubigern der AG geltend gemacht werden, soweit sie von der Gesellschaft keinen Ersatz verlangen können. Die Vorschrift entspricht weitgehend § 93 Abs. 5 (→ § 93 Rn. 48 ff.), jedoch kommt es nicht auf eine gröbliche Pflichtverletzung der Organmitglieder an. Gemäß **Abs. 6** verjähren alle in § 117 geregelten Ersatzansprüche in 5 Jahren ab Entstehung des Anspruchs. Maßgeblich ist der Eintritt eines Teilschadens. **Abs. 7** sieht für bestimmte Konzernkonstellationen (Beherrschungsvertrag, Eingliederung) aus Sicht des Konzernrechts folgerichtige Einschränkungen vor, da hier auch nachteilige Weisungen zulässig sind (MüKoAktG/*Spindler* Rn. 67 ff.).

V. Verhältnis zu anderen Haftungstatbeständen

Neben § 117 sind § 823 Abs. 1 BGB und § 826 BGB anwendbar; § 117 ist aber kein Schutzgesetz 9
iSd § 823 Abs. 2 BGB (Hüffer/Koch/*Koch* Rn. 14). Als speziellere Vorschrift geht § 311 bei fristgerechtem Nachteilsausgleich dem § 117 vor. Nachteilszufügung ohne angemessenen Ausgleich (§ 311 Abs. 2) bringt aber neben § 117 eine Haftung nach dem deutlich weitergehenden **§ 317** zur Anwendung (hM BeckOGK/*Schall,* 15.1.2020, Rn. 10; MüKoAktG/*Spindler* Rn. 92; aA NK-AktR/*Kleinertz/Walchner* Rn. 21; *Brüggemeier* AG 1988, 93 (102)).

Vierter Abschnitt. Hauptversammlung

Erster Unterabschnitt. Rechte der Hauptversammlung

Allgemeines

118 (1) [1]**Die Aktionäre üben ihre Rechte in den Angelegenheiten der Gesellschaft in der Hauptversammlung aus, soweit das Gesetz nichts anderes bestimmt.** [2]**Die Satzung kann vorsehen oder den Vorstand dazu ermächtigen vorzusehen, dass die Aktionäre an der Hauptversammlung auch ohne Anwesenheit an deren Ort und ohne einen Bevollmächtigten teilnehmen und sämtliche oder einzelne ihrer Rechte ganz oder teilweise im Wege elektronischer Kommunikation ausüben können.** [3]**Bei elektronischer Ausübung des Stimmrechts ist dem Abgebenden der Zugang der elektronisch abgegebenen Stimme nach den Anforderungen gemäß Artikel 7 Absatz 1 und Artikel 9 Absatz 5 Unterabsatz 1 der Durchführungsverordnung (EU) 2018/1212 von der Gesellschaft elektronisch zu bestätigen.** [4]**Sofern die Bestätigung einem Intermediär erteilt wird, hat dieser die Bestätigung unverzüglich dem Aktionär zu übermitteln.** [5]**§ 67a Absatz 2 Satz 1 und Absatz 3 gilt entsprechend.**

(2) [1]**Die Satzung kann vorsehen oder den Vorstand dazu ermächtigen vorzusehen, dass Aktionäre ihre Stimmen, auch ohne an der Versammlung teilzunehmen, schriftlich oder im Wege elektronischer Kommunikation abgeben dürfen (Briefwahl).** [2]**Absatz 1 Satz 3 bis 5 gilt entsprechend.**

(3) [1]**Die Mitglieder des Vorstands und des Aufsichtsrats sollen an der Hauptversammlung teilnehmen.** [2]**Die Satzung kann jedoch bestimmte Fälle vorsehen, in denen die Teilnahme von Mitgliedern des Aufsichtsrats im Wege der Bild- und Tonübertragung erfolgen darf.**

(4) **Die Satzung oder die Geschäftsordnung gemäß § 129 Abs. 1 kann vorsehen oder den Vorstand oder den Versammlungsleiter dazu ermächtigen vorzusehen, die Bild- und Tonübertragung der Versammlung zuzulassen.**

Übersicht

I. Allgemeines

1 **1. Regelungsgegenstand.** § 118, der den Abschnitt über die Hauptversammlung (= HV) einleitet, hat höchst unterschiedliche Regelungsgegenstände. **Abs. 1** regelt die Stellung der HV im Gefüge der AG, indem er ihr grundsätzlich die Ausübung der Rechte der Aktionäre in Angelegenheiten der Gesellschaft zuweist. **Abs. 2** hat die schriftliche bzw. elektronische Stimmabgabe zum Gegenstand. **Abs. 3** betrifft die Frage der Teilnahme der Mitglieder des Vorstands und des ARs an der HV. **Abs. 4** sieht schließlich die Möglichkeit der Übertragung der HV in Ton und Bild vor.

2 **2. Der Begriff der Hauptversammlung.** Der Begriff der HV wird im AktG in doppelter Weise verwendet. Zum einen ist hiermit die Zusammenkunft der Aktionäre gemeint. Zum anderen versteht man unter HV aber auch das **Mitgliederorgan,** in dem sich die Willensbildung der Aktionäre vollzieht. Der in der HV gebildete Wille ist kraft organisatorischer Zurechnung Wille der Gesellschaft selbst; hierin liegt zugleich die funktionale Abgrenzung zu Vorstand und AR, welche den Willen der AG lediglich vollziehen (MüKoAktG/*Kubis* Rn. 9; die fehlende Trennschärfe der Abgrenzung bemängelnd Hüffer/Koch/*Koch* Rn. 3). Wie AR und Vorstand ist die HV ein ständiges Organ der Gesellschaft, das freilich nur punktuell zusammentritt (MüKoAktG/*Kubis* Rn. 11; Hölters/*Drinhausen* Rn. 10; differenzierend Hüffer/Koch/*Koch* Rn. 6; **aA** noch *Hüffer* Rn. 5). Wegen § 23 Abs. 5 ist die HV zudem satzungsfest; sie kann also weder durch ein anderes Organ ersetzt werden, noch können anderen Organen die Rechte oder Pflichten der HV übertragen werden. Möglich ist es allerdings, rein beratende oder informatorische Gremien zu bilden (MüKoAktG/*Kubis* Rn. 12). Die HV ist nicht das oberste Organ der AG (BVerfG 20.9.1999, NJW 2000, 349 (350)). Kennzeichnend für das Kompetenzgefüge der AG ist vielmehr die Machtbalance zwischen den genannten Organen (Hüffer/Koch/*Koch* Rn. 4).

3 Anlass des Zusammentritts ist regelmäßig die alljährliche ordentliche HV (vgl. § 175), in der vor allem die sog. Regularien, dh die alljährlich wiederkehrenden Routineangelegenheiten – Gewinnverwendung, Entlastung der Organe, Wahl des Abschlussprüfers – abgearbeitet werden. Für die Frage der Einhaltung der Formvorschriften dieses Abschnitts spielt die Unterscheidung zwischen ordentlicher und außerordentlicher HV indes keine Rolle, da diese für beide gleichermaßen gelten. Besonderheiten sind indes gem. § 16 WpÜG zu beachten bei der HV einer Zielgesellschaft im Falle eines öffentlichen Übernahmeangebots (weiterführend Baums/Thoma/*Merkner*/*Sustmann* WpÜG § 16 Rn. 56 ff., 87 ff.).

II. Ausübung der Aktionärsrechte

4 **1. Aktionärsrechte in Gesellschaftsangelegenheiten.** Nach Abs. 1 S. 1 sind die Rechte der Aktionäre in Gesellschaftsangelegenheiten grundsätzlich in der HV auszuüben. Rechte in Gesellschaftsangelegenheiten sind solche Rechte, die aus **der Mitgliedschaft** folgen. Sie sind zu unterscheiden von den Rechten Dritter, insbesondere der Gläubiger der Gesellschaft. Rechte, die zwar ihren Ursprung in der Mitgliedschaft haben, aber keine Versammlungsbezogenheit aufweisen (→ Rn. 8), fallen ebenfalls nicht unter Abs. 1; dies sind bspw. Schadensersatzansprüche aufgrund der Verletzung von Mitgliedschaftsrechten oder Kapital- und Kapitalbezugsrechte (MüKoAktG/*Kubis* Rn. 34).

5 **2. Versammlungsgebundene Aktionärsrechte.** In der HV sind nur die versammlungsgebundenen Aktionärsrechte auszuüben. Die Gebundenheit folgt entweder aus Gesetz, indem dieses die Ausübung in der HV ausdrücklich vorsieht, oder aus der Natur der Sache. So ist es etwa selbstverständlich, dass Teilnahme- und Rederecht nur in der HV selbst ausgeübt werden können (zur Möglichkeit der Online-Teilnahme → Rn. 10). Im Hinblick auf die verbleibenden Aktionärsrechte bestimmt Abs. 1, dass auch diese nur in der HV ausgeübt werden können, wenn nicht das Gesetz ausdrücklich ein anderes bestimmt.

Zu den versammlungsgebundenen Aktionärsrechten gehören demnach: das Teilnahmerecht (→ Rn. 13), das Stimmrecht (§§ 12, 133 ff., s. aber Abs. 2 zur Möglichkeit der Briefwahl), das Auskunftsrecht (§ 131), das Vergütungsvotum bei der börsennotierten AG (vormals § 120 Abs. 4 aF; nunmehr in § 120a nF, der durch das Gesetz zur Umsetzung der zweiten Aktionärsrechterichtlinie (Gesetz v. 12.12.2019, BGBl. 2019 I 2637; ARUG II) eingefügt wurde), das Recht, Widerspruch gegen HV-Beschlüsse zur Niederschrift zu erklären (§ 245 Nr. 1), sowie bestimmte an eine qualifizierte Minderheit gebundene Befugnisse, etwa das Recht auf Geltendmachung von Ersatzansprüchen (§ 147 Abs. 1 S. 1) oder das Recht zum Widerspruch gegen Beschlüsse der HV (vgl. § 93 Abs. 4 S. 3, §§ 116, 302 Abs. 3 S. 3, § 309 Abs. 3 S. 1, § 310 Abs. 4, § 317 Abs. 4, § 318 Abs. 4, § 323 Abs. 1 S. 2) bzw. die Wahl des Abschlussprüfers (§ 318 Abs. 3 S. 2 HGB). Es handelt sich hierbei um **Verwaltungsrechte** – im Gegensatz zu Vermögensrechten – der Aktionäre, deren Verletzung wegen § 241 nicht die Nichtigkeit, sondern die Anfechtbarkeit der betroffenen Beschlüsse zur Folge haben kann (K. Schmidt/Lutter/*Spindler* Rn. 15 f.). 6

Die Ausübung der versammlungsgebundenen Rechte außerhalb der HV ist grundsätzlich unbeachtlich, da die HV zum Tatbestand wirksamer Rechtsausübung gehört (Hüffer/Koch/*Koch* Rn. 8; MHdB GesR IV/*Bungert* § 35 Rn. 1; s. aber Abs. 1 S. 2 Abs. 2 nF). Eine höchstpersönliche Ausübung ist demgegenüber nicht erforderlich (→ Rn. 14). 7

3. Nicht versammlungsgebundene Aktionärsrechte. In Abgrenzung zu den versammlungsgebundenen Aktionärsrechten sind nicht versammlungsgebunden diejenigen Rechte, die entweder kraft Gesetzes oder nach der Eigenart des Rechts nicht in der HV auszuüben sind. Nicht versammlungsgebunden sind demnach in erster Linie sämtliche **Vermögensrechte** der Aktionäre. Aber auch ein **Teil der Verwaltungsrechte** ist nicht versammlungsgebunden. Hierzu gehören vor allem diverse Kontroll- und Informationsrechte der Aktionäre, namentlich die Anfechtungsbefugnis (§ 245), das Recht auf Erhebung einer Nichtigkeitsklage (§ 249) bzw. einer Klage auf Nichtigerklärung der Gesellschaft (§ 275 Abs. 1), das Recht auf Einleitung eines Statusverfahrens nach § 98 Abs. 2 Nr. 3, Ansprüche auf Mitteilung nach § 125 Abs. 2 und 4, das Recht auf Einsichtnahme und Erteilung von Abschriften (§ 175 Abs. 2, § 293f Abs. 2, § 295 Abs. 1 S. 2, § 63 Abs. 1 und 3 UmwG) oder das Recht auf Sonderprüfung im faktischen Konzern (§ 315). Daneben bestehen verschiedene Minderheitsrechte, die außerhalb der HV auszuüben sind, namentlich das Verlangen nach Einberufung der HV und Ergänzung der Tagesordnung (§ 122 Abs. 1 und 2), das Recht auf Sonderprüfung und der hierbei bestehenden Hilfsrechte (§ 142 Abs. 2 und 4, §§ 147 f., 258 Abs. 2) sowie das Anfechtungsrecht bzgl. des Beschlusses über die Verwendung des Bilanzgewinns (§ 254). 8

III. Teilnahme an der Hauptversammlung

1. Allgemeines. Das Teilnahmerecht ist im AktG nicht umfassend geregelt. Abs. 3 erfasst nur einen speziellen Teilaspekt der Teilnahme an der HV, nämlich die des Vorstands und des ARs (→ Rn. 15 f.). Ein Teilnahmerecht der Aktionäre ist nicht normiert, wird aber als selbstverständlich vorausgesetzt. Auch die Teilnahme Dritter (→ Rn. 17 f.) hat keine Regelung erfahren. 9

Das Teilnahmerecht umfasst auch das Rederecht sowie das Recht zur Stellung von Beschlussanträgen (Bürgers/Körber/*Reger* Rn. 6). Das Stimmrecht ist demgegenüber ein selbständiges Recht und daher vom Recht auf Teilnahme zu trennen (ganz hM, vgl. Hüffer/Koch/*Koch* Rn. 20). Das Teilnahmerecht umfasst auch das Recht auf körperliche Präsenz in der HV; eine ausschließliche Durchführung der HV im Internet ist daher grundsätzlich selbst dann nicht zulässig, wenn die Satzung dies vorsieht (RegBegr BT-Drs. 16/11642, 26; *Horn* ZIP 2008, 1558 (1564); *Riegger/Mutter* ZIP 1998, 637 (638); zu den aufgrund der COVID-19-Pandemie zeitweise geltenden Erleichterungen → Rn. 23 ff., insbesondere → Rn. 28 f.). Bereits seit dem ARUG ist den Gesellschaften jedoch gestattet, durch Satzungsbestimmung, die auch eine entsprechende Ermächtigung des Vorstands vorsehen kann, den Aktionären auch eine **elektronische Teilnahme** an der HV anzubieten, namentlich durch eine Direktübertragung der HV und eine elektronische Stimmabgabe (Abs. 1 S. 2). Eine vollständige elektronische Abhaltung der Versammlung ist aber de lege lata grundsätzlich nicht möglich (vgl. zur elektronischen Hauptversammlung *Beck* RNotZ 2014, 160; zur vorübergehend eingeführten Möglichkeit einer solchen Hauptversammlung während der COVID-19-Pandemie → Rn. 23 ff., insbesondere → Rn. 29 f.). 10

Ob und Wie der elektronischen Stimmabgabe werden entweder bereits durch die Satzung bzw. den ermächtigten Vorstand oder, wenn danach eine Online-Abstimmung lediglich *ermöglicht* wird, durch den Versammlungsleiter angeordnet (*Simons* NZG 2017, 567 (568); K. Schmidt/Lutter/*Spindler* Rn. 53, § 134 Rn. 72); dieser wiederum ist an Geschäftsordnungsbeschlüsse der Hauptversammlung über Verfahrensfragen gebunden (K. Schmidt/Lutter/*Spindler* § 134 Rn. 72; insoweit **aA** *Simons* NZG 2017, 567 (568)). Allerdings unterliegt die Frage, ob bei entsprechender Weiterverweisung in der Satzung der Versammlungsleiter die elektronische Stimmabgabe anordnen kann (so *Simons* NZG 2017, 567 (568)), jedenfalls für die börsennotierte AG mit Blick auf § 121 Abs. 3 S. 3 Nr. 2b starken Zweifeln; danach muss die elektronische Stimmabgabe bis spätestens zur Einberufung der HV festgelegt sein (in diesem 10a

Sinne auch für die nicht-börsennotierte AG Spindler/Stilz/*Hoffmann* Rn. 37; Hüffer/Koch/*Koch* Rn. 11; K. Schmidt/Lutter/*Spindler* Rn. 54; *Wicke* FS Kanzleiter, 2010, 415 (419)). Spätere Einschränkungen der auf elektronischem Weg wahrgenommenen Rechte wiederum müssen ggf. gleichermaßen auch die physisch präsenten Aktionäre betreffen (*Drinhausen/Keinath* BB 2008, 1238 (1240)). Bis zum Jahr 2015 hatten nur ca. 30 % der im DAX, MDAX, TecDAX und SDAX notierten Gesellschaften überhaupt die Möglichkeit der elektronischen Briefwahl eingeräumt und hiervon wiederum lediglich 1 % die Möglichkeit einer Online-Teilnahme mit elektronischer Abstimmung (BegrRegE zum ARUG II, BT-Drs. 19/9739, 55). Nach Einschätzungen der Bundesregierung werden von dem durch das ARUG II neu eingefügten Abs. 1 S. 3 nF, der primär der Rechtssicherheit wegen (*Schmidt* NZG 2018, 1201 (1217)) und in Umsetzung des Art. 3c Abs. 2 UAbs. 1 der 2. Aktionärsrechterichtlinie (RL (EU) 2017/828; ARRL II) die Pflicht zur Übersendung einer Eingangsbestätigung bei elektronischer Stimmabgabe statuiert, daher auch noch heute allenfalls die Hälfte aller börsennotierter Gesellschaften betroffen sein. Hinsichtlich der Anforderungen zu Format, Inhalt und Frist gelten die entsprechenden Bestimmungen der Durchführungsverordnung (EU) 2018/1212. Der Verweis auf § 67a Abs. 2 S. 1 dient ferner der Klarstellung, dass die Beauftragung Dritter zulässig ist (BegrRegE zum ARUG II, BT-Drs. 19/9739, 91).

10b Ferner kann die Satzung vorsehen oder den Vorstand dazu ermächtigen vorzusehen, dass Aktionäre ihre Stimmen per Briefwahl abgeben (Abs. 2). Durch die elektronische Teilnahme an der HV sollen die Mitwirkungsmöglichkeit der Aktionäre am Entscheidungsprozess der HV verbessert und „Zufallsmehrheiten" verhindert werden (vgl. BegrRegE zum ARUG, BT-Drs. 16/11642, 37; BeckHdB AG/*Reichert* § 5 Rn. 144a). Der entscheidende Unterschied zwischen der online zugeschaltet erfolgenden Stimmabgabe nach Abs. 1 S. 2 und der Briefwahl nach Abs. 2 liegt darin, dass der Erklärende bei der Briefwahl nicht als „erschienen" oder als „Teilnehmer der Hauptversammlung" qualifiziert wird (RegBegr BT-Drs. 16/11642, 27); der online teilnehmende Aktionär gilt hingegen solange als erschienen, als eine Online-Verbindung tatsächlich besteht. Bei der Briefwahl kann die Stimme zudem, anders als bei der Online-Teilnahme, schon im Vorfeld der Versammlung abgegeben werden (BeckHdB AG/*Reichert* § 5 Rn. 209). Die Abgrenzung ist uU schwierig; in der Praxis sollte daher beim Abstimmungsvorgang klar zwischen den Formen der Online-Teilnahme und -Stimmabgabe einerseits und der (elektronischen) Briefwahl andererseits unterschieden werden (K. Schmidt/Lutter/*Spindler* Rn. 57; *Wicke* FS Kanzleiter, 2010, 415 (424)). Der durch das ARUG II neu eingefügte Abs. 2 S. 2 stellt durch den Verweis auf die Abs. 1 S. 3–5 nF auch für die Briefwahl die beabsichtigte Rechtssicherheit durch Übersendung der Eingangsbestätigung sicher. Während die elektronische Bestätigung dabei nur bei elektronischer Stimmabgabe erforderlich ist, steht der Gesellschaft der – freilich deutlich aufwändigere – Weg offen, sie auch bei schriftlicher Briefwahl zu ermöglichen (BegrRegE zum ARUG II, BT-Drs. 19/9739, 91).

11 Die Neufassung des § 118 Abs. 2 durch das ARUG zog die Änderung von Ziff. 2.3.3 S. 2 DCGK idF v. 26.5.2010 nach sich, wonach die Gesellschaft die Aktionäre „auch bei der Briefwahl unterstützen" sollte. Richtigerweise war dies schon nach dem 2010er DCGK nicht dahingehend zu verstehen, dass eine Briefwahl eingeführt werden muss bzw. dass im Falle des Nichtanbietens der Briefwahlmöglichkeit eine Abweichung vom DCGK erklärt werden muss (*Wettich* NZG 2011, 721 (725); *Kocher/Lönner* BB 2011, 907 ff.). Seit der Fassung v. 15.5.2012 vermied der DCGK derartige Missverständnisse von vornherein (vgl. zuletzt Ziff. 2.3.2 DCGK idF v. 7.2.2017). Mit der Fassung vom 16.12.2019 verzichtet der DCGK aus Gründen der Lesbarkeit vollständig auf einige ehemalige Empfehlungen (vgl. Begr. des DCGK idF v. 16.12.2019, 2); dies führte ua zur Streichung der Ausführungen zum Stimmrecht bzw. zur Stimmrechtsvertretung.

12 Das Teilnahmerecht ist **weder selbstständig auf Dritte übertragbar, noch kann es entzogen werden.** Es steht jedoch unter dem Vorbehalt ordnungsgemäßer Ausübung und kann dementsprechend vom Versammlungsleiter beschränkt werden. Ein Aktionär kann bei nachhaltiger Störung der HV im Einzelfall nach vorheriger Androhung für diese HV auch des Saales verwiesen werden (Hüffer/Koch/*Koch* Rn. 25); die Bevollmächtigung eines Dritten bleibt dabei aber weiter möglich. Erschwernisse in Form von Einlasskontrollen oÄ sind von den Teilnehmern im Rahmen der Verhältnismäßigkeit (vgl. OLG Frankfurt a. M. 16.2.2007, NZG 2007, 310 (311)) ebenfalls zu dulden. Im Fall einer Verletzung des Teilnahmerechts besteht ein Grund zur Anfechtung (§ 243 Abs. 1), zu der gem. § 245 Nr. 2 (auch) der Aktionär, dessen Teilnahmerecht verletzt wurde, befugt ist (zu den aufgrund der COVID-19-Pandemie zT eingeschränkten Anfechtungsmöglichkeiten → Rn. 23 ff., insbesondere → Rn. 30).

13 **2. Teilnahmerecht der Aktionäre.** Das Recht auf Teilnahme steht jedem Aktionär ohne Unterschied zu. Daher sind namentlich auch Inhaber stimmrechtsloser Vorzüge (§ 140 Abs. 1), Inhaber nicht voll eingezahlter Aktien (§ 134 Abs. 2) sowie solche Aktionäre teilnahmeberechtigt, die einem Stimmverbot (§ 136 Abs. 1) unterliegen. Anders verhält es sich nur dann, wenn das Gesetz die Ausübung der Rechte aus der Aktie insgesamt versagt (vgl. § 20 Abs. 7, § 21 Abs. 4 S. 1, §§ 71b, 328 Abs. 1 S. 1). Mit dem Teilnahmerecht der Aktionäre korrespondiert jedoch **keine Teilnahmepflicht;** eine solche kann allenfalls gegenüber einem Dritten aufgrund eines mit diesem abgeschlossenen Stimmbindungsvertrags bestehen (MüKoAktG/*Kubis* Rn. 98).

Das Teilnahmerecht ist **kein höchstpersönliches Recht.** Es kann vielmehr auch ein Vertreter bzw. ein Legitimationsaktionär eingeschaltet werden (§ 129 Abs. 3, § 134 Abs. 3, § 135 Abs. 1 S. 1, § 135 Abs. 8). Allerdings muss sich ein Aktionär entscheiden, ob er an der Hauptversammlung teilnehmen oder sich vertreten lassen will. Nimmt ein Aktionär an der Hauptversammlung teil, kann er sein Rederecht nicht formlos auf einen anderen Anwesenden übertragen. Nimmt der gemeldete Aktionär sein Rederecht nicht wahr, verzichtet er hierauf (OLG München 28.9.2011, AG 2011, 840 (843)). Im Falle der Berechtigung mehrerer an einer Aktie gilt § 69 Abs. 1 (MüKoAktG/*Kubis* Rn. 59). Ist eine Treuhand vereinbart, ist teilnahmeberechtigt nicht der Treugeber, sondern der Treuhänder. Ein Nießbrauch am Gewinnstammrecht begründet kein Teilnahmerecht (Hüffer/Koch/*Koch* Rn. 27). 14

3. Teilnahmerecht und -pflicht der Verwaltungsmitglieder. Mitglieder des Vorstands und des ARs sind an der HV teilnahmeberechtigt, auch wenn sie keine Aktionäre der AG sind. Über den Wortlaut des Abs. 3 hinaus („sollen“) ist anerkannt, dass die Verwaltungsmitglieder auch grundsätzlich **teilnahmeverpflichtet** sind (MHdB GesR IV/*Hoffmann-Becking* § 37 Rn. 1 f.). Die Teilnahmepflicht besteht auch in ihrer Person; eine Vertretung scheidet daher grundsätzlich aus. Nur bei gewichtigen **Verhinderungsgründen** entfällt die Teilnahmepflicht, wozu allerdings auch Terminüberschneidungen sowie Dienstreisen gezählt werden (vgl. K. Schmidt/Lutter/*Spindler* Rn. 41 f.; enger MHdB GesR IV/*Hoffmann-Becking* § 37 Rn. 1). **Ehemalige Verwaltungsmitglieder** sind grundsätzlich weder berechtigt noch verpflichtet, an der HV teilzunehmen. Eine Pflicht zur Teilnahme kann sich im Einzelfall aber als Nachwirkung der Treuepflichten aus dem Organ- und Anstellungsverhältnis ergeben (Hölters/*Drinhausen* Rn. 21; *Vetter* AG 1991, 171; K. Schmidt/Lutter/*Spindler* Rn. 39; **aA** Spindler/Stilz/*Hoffmann* Rn. 26). IÜ kommt nur eine Zulassung der ausgeschiedenen Verwaltungsmitglieder als Gäste in Betracht. 15

Eine Erleichterung sieht Abs. 3 insoweit vor, als die Satzung vorsehen kann, dass in bestimmten Fällen die Teilnahme von Mitgliedern des ARs – nicht also des Vorstands – auch im Wege der **Bild- und Tonübertragung** erfolgen darf. Die Satzung hat die Fallgruppen oder Konstellationen, in denen diese Möglichkeit greifen soll, genau zu bestimmen (MüKoAktG/*Kubis* Rn. 104; zu vorübergehenden Erleichterungen aufgrund der COVID-19-Pandemie → Rn. 23 ff., insbesondere → Rn. 27). Es ist sowohl Bild- als auch Tonübertragung erforderlich, die Beschränkung auf ein Medium ist nicht zulässig (Bürgers/Körber/*Reger* Rn. 9). Des Weiteren muss die Übertragung auch in beide Richtungen erfolgen (MüKoAktG/*Kubis* Rn. 104). 16

4. Teilnahmerecht Dritter. Dritten steht grundsätzlich weder ein Recht zur Teilnahme zu, noch sind sie hierzu verpflichtet. Die HV ist insbesondere **keine öffentliche Veranstaltung,** auch nicht im Fall von Publikumsgesellschaften; ein freier Zugang der **Presse** besteht im Grundsatz daher nicht (Hüffer/Koch/*Koch* Rn. 29). Bestimmten Personen wird jedoch **durch Gesetz ein Recht zur Teilnahme** eingeräumt: Hierzu zählen insbesondere Vertreter der Aufsichtsbehörden der Banken- und Versicherungsaufsicht (§ 44 Abs. 4 KWG, § 3 Abs. 1 BauSparkG, § 83 Abs. 1 S. 1 Nr. 5 VAG) sowie Beauftragte der Aufsichtsbehörde nach dem Urheberrechtswahrnehmungsgesetz (§ 19 Abs. 4 UrhWahrnG). 17

Der Leiter der HV kann jedoch nach pflichtgemäßem Ermessen Dritte, insbesondere Pressevertreter zur HV zulassen. Nach zutreffender Ansicht kann die HV diese Entscheidung jedoch auf Antrag jedes Aktionärs an sich ziehen und so eine Öffnung der HV für – auch einzelne – Dritte verhindern (MüKoAktG/*Kubis* Rn. 114; Spindler/Stilz/*Hoffmann* Rn. 29; **aA** GroßkommAktG/*Mülbert* Rn. 93). Die **Zulassung als Gast** gewährt dem Dritten jedoch keine über die Anwesenheit hinausgehenden Rechte, insbesondere also kein Rede-, Antrags- oder Auskunftsrecht. Der Leiter der HV kann dem Gast jedoch nach pflichtgemäßem Ermessen das Wort erteilen; auch diese Entscheidung kann die HV wiederum an sich ziehen (Spindler/Stilz/*Hoffmann* Rn. 30). 18

5. Regelung der Teilnahme durch Satzung und Geschäftsordnung. Durch die **Satzung** kann eine Beschränkung der gesetzlichen Teilnahmerechte nicht bewirkt werden. Möglich ist allein die Begründung eines Legitimationsnachweises nach § 123 Abs. 3. Zudem können die Modalitäten der Teilnahme geregelt werden (MüKoAktG/*Kubis* Rn. 67). Was das Teilnahmerecht Dritter anbelangt, sind jedoch Regelungen möglich. Die Möglichkeiten, die dem Leiter der HV zustehen (→ Rn. 18), können selbstverständlich auch durch die Satzung vorgezeichnet werden. Über das Teilnahmerecht hinaus können jedoch auch durch die Satzung Dritten keine Rechte eingeräumt werden; möglich erscheint allein eine ausnahmsweise Zulassung von Redebeiträgen Dritter durch den HV-Leiter (Spindler/Stilz/*Hoffmann* Rn. 33). 19

Ist keine entsprechende Satzungsregelung vorhanden, können die entsprechenden Regelungen auch durch die **GeschO** getroffen werden. Dies gilt jedoch nicht für solche Gegenstände, die nach dem Gesetz ausdrücklich in der Satzung zu regeln sind (vgl. etwa § 123 Abs. 3). 20

IV. Bild- und Tonübertragungen

21 Nach Abs. 4 kann die **Satzung oder GeschO** (§ 129 Abs. 1) vorsehen oder den Vorstand oder den Versammlungsleiter dazu ermächtigen vorzusehen, dass die HV in Ton und Bild übertragen werden darf (zu den aufgrund der COVID-19-Pandemie zeitweise geltenden Erleichterungen → Rn. 23 ff., insbesondere → Rn. 27). Im Gegensatz zu Abs. 3 ist eine kumulative Übertragung von Bild und Ton nicht erforderlich, wenngleich zumindest eine reine Bildübertragung nicht sehr sinnvoll scheint (MüKoAktG/*Kubis* Rn. 119). Hinsichtlich des Mediums besteht freie Wahl; insbesondere ist auch eine Übertragung über das Internet zulässig. Dies bedeutet jedoch nicht, dass es nicht der Durchführung einer Präsenz-HV bedürfte (→ Rn. 10).

22 Die Teilnahmeberechtigten haben kein Recht, der Übertragung zu widersprechen. Das gilt namentlich auch für den Zeitraum ihrer Redebeiträge (RegBegr BT-Drs. 14/8769, 19; LG Frankfurt a. M. 7.1.2004, NJW-RR 2005, 837; aus verfassungsrechtlichen Gründen **aA** *Lenz* EWiR 2005, 97 (98)). Die Regelung ist verfassungsgemäß (LG Frankfurt a. M. 7.1.2004, NJW-RR 2005, 837, zur Fassung der Regelung vor dem ARUG).

V. Vorübergehende Rechtslage aufgrund COVID-19-Pandemie

23 Die rasante Ausbreitung des neuartigen SARS-CoV-2-Virus hat im Jahr 2020 zu erheblichen Einschränkungen des Privat- und Wirtschaftslebens geführt. Zur Eindämmung des massiven Anstiegs der Infektionen mit dem Virus haben die Behörden ab März 2020 insbesondere zahlreiche öffentliche „Veranstaltungen" untersagt und „Kontaktverbote" erlassen. Die ergriffenen Schutzmaßnahmen hatten nicht zuletzt auch erhebliche Auswirkungen auf die Handlungsfähigkeit von Unternehmen. Diese waren teilweise nicht mehr in der Lage, auf herkömmlichem Weg Beschlüsse auf den Versammlungen ihrer Organe herbeizuführen. Dies gilt besonders auch für eine große Zahl von Aktiengesellschaften, die sich im März 2020 gezwungen sahen, ihre für das Frühjahr 2020 geplanten und oftmals bereits einberufenen Hauptversammlungen abzusagen und zu verschieben (s. für eine Bestandaufnahme zu diesem Zeitpunkt etwa WiWo v. 26.3.2020, „Coronavirus: Hauptversammlung 2020 werden abgesagt und verschoben"). Es war anfänglich nicht abzusehen, wie lange die Auswirkungen der Pandemie eine Beschlussfassung auf dem herkömmlichen Weg erschweren bzw. unmöglich machen würden (vgl. BT-Drs. 19/18110, 1, 3).

24 Um Unternehmen in die Lage zu versetzen, trotz der beschränkten Versammlungsmöglichkeiten die erforderlichen Beschlüsse zu fassen und somit handlungsfähig zu bleiben, hat der Gesetzgeber ua substanzielle Erleichterungen für die Durchführung von Hauptversammlungen der AG beschlossen. Es wurde in großer Eile ein „Gesetz zur Abmilderung der Folgen der COVID-19-Pandemie im Zivil-, Insolvenz- und Strafverfahrensrecht" (BGBl. 2020 I 569, nachfolgend COVFAG) erlassen. Die das Gesellschaftsrecht und insbesondere die Hauptversammlung betreffenden Regelungen finden sich in Art. 2 COFAG („Gesetz über Maßnahmen im Gesellschafts-, Genossenschafts-, Vereins-, Stiftungs-, und Wohnungseigentumsrecht zur Bekämpfung der Auswirkungen der COVID-19-Pandemie", BGBl. 2020 I 570, nachfolgend COVMG). Dieses Teil-Gesetz trat gem. Art. 6 Abs. 2 COVFAG bereits am Tag nach der Verkündung (somit am 28.3.2020) in Kraft, was mit der besonderen Eilbedürftigkeit begründet wurde (s. BT-Drs. 19/18110, 42). Dieselbe Norm bestimmt, dass das Gesetz mit Ablauf des 31.12.2021 wieder außer Kraft tritt, was damit begründet wird, dass es sich nur um vorübergehende Maßnahmen zur Abmilderung der Auswirkungen der COVID-19-Pandemie handeln soll (s. BT-Drs. 19/18110, 42).

25 In Bezug auf Aktiengesellschaften sind die „wesentlichen Aspekte" (BT-Drs. 19/18110, 19) der „vorübergehenden Erleichterungen" die Möglichkeit, dass der Vorstand der Gesellschaft auch ohne Satzungsermächtigung eine Online-Teilnahme an der Hauptversammlung ermöglichen kann und die Möglichkeit einer „virtuellen" Hauptversammlung mit eingeschränkten Anfechtungsmöglichkeiten (jeweils in Abweichung von § 118), die Möglichkeit der Verkürzung der Einberufungsfrist auf 21 Tage (in Abweichung von § 123, → § 123 Rn. 12 ff., insbesondere → § 123 Rn. 13) sowie die Ermächtigung des Vorstands, auch ohne Satzungsregelung Abschlagszahlungen auf den Bilanzgewinn vorzunehmen (in Abweichung von § 59). Zudem wird die Möglichkeit eröffnet, die Hauptversammlung innerhalb des (gesamten) Geschäftsjahrs durchzuführen (Abweichung von § 175 Abs. 1 S. 2).

26 Die Regelungen betreffend die Hauptversammlung von Aktiengesellschaften finden sich in § 1 COVMG. Sie gelten nach § 7 COVMG zunächst nur für Versammlungen im Jahr 2020. Nach § 8 COVMG hat das BMJV aber die Möglichkeit, die Geltungsdauer – per Verordnung – bis höchstens zum 31.12.2021 zu verlängern, wenn dies aufgrund fortbestehender Auswirkungen der COVID-19-Pandemie geboten erscheint. Die Regelungen sollen – nach dem Willen des Gesetzgebers (BT-Drs. 19/18110, 25) – sowohl für die ordentliche (Jahres-) Hauptversammlung als auch für eine etwaige außerordentliche Hauptversammlung gelten. Solange sie gelten, gehen die Sonderregelungen aus dem COVMG den allgemeinen Regelungen aus dem AktG vor. Nachfolgend werden diejenigen der vorübergehenden Regelungen dargestellt, die den originären Regelungsbereich des § 118 betreffen – und die hier grundsätzlich geltende Gesetzeslage modifizieren.

Gewissermaßen auf der ersten Stufe bestimmt § 1 Abs. 1 COVMG, dass der Vorstand die weitreichenden 27
Möglichkeiten zur Durchführung einer Online-Hauptversammlung auch *ohne die Ermächtigung durch die Satzung oder Geschäftsordnung* nutzen darf – anders als dies § 118 vorsieht. Der Vorstand wird ermächtigt, über die elektronische Teilnahme der Aktionäre (§ 118 Abs. 1 S. 2), die Briefwahl (§ 118 Abs. 2), die Teilnahme von Aufsichtsratsmitgliedern im Wege der Bild- und Tonübertragung (§ 118 Abs. 3 S. 2) und die Zulassung der Bild- und Tonübertragung (§ 118 Abs. 4) zu entscheiden. Nach § 1 Abs. 6 COVMG bedarf diese Entscheidung des Vorstands der Zustimmung des Aufsichtsrats. Der Aufsichtsrat kann diese Entscheidung auch ohne physische Zusammenkunft seiner Mitglieder treffen. Dass der Vorstand nur mit der Zustimmung des Aufsichtsrats entscheiden darf, soll einen möglichen Machtmissbrauch weitestgehend verhindern und die Überwachungskompetenz des Aufsichtsrats gewährleisten (BT-Drs. 19/18110, 27). Zu beachten ist, dass die Online-Hauptversammlung allerdings nur eine Online-Teilnahme *ermöglicht,* sie ändert nichts am Erfordernis einer Präsenz-Hauptversammlung. Die Notfallregelungen für eine Online-Hauptversammlung werden daher voraussichtlich wenig praktische Bedeutung gewinnen.

In einem weiteren Schritt etabliert § 1 Abs. 2 S. 1 COVMG – für die begrenzte Zeit der Geltung des 28
Gesetzes – erstmals (!) die Möglichkeit eine *„virtuelle Hauptversammlung"* ohne physische Präsenz der Aktionäre abzuhalten. Beschließt der Vorstand die Durchführung einer „virtuellen Hauptversammlung", ist die Teilnahme grundsätzlich *nur noch* im Wege der elektronischen Zuschaltung möglich (allein der Stimmrechtsvertreter der Gesellschaft vor Ort bleibt zulässig). Die Entscheidung des Vorstands, eine „virtuelle" Hauptversammlung durchzuführen, bedarf nach § 1 Abs. 6 COVMG ebenfalls einer zustimmenden Entscheidung des Aufsichtsrats, die dieser indes auch ohne physische Zusammenkunft seiner Mitglieder treffen kann. Das Gesetz nennt vier Voraussetzungen für die Durchführung einer virtuellen Hauptversammlung:

1. Bild- und Tonübertragung der gesamten Versammlung;
2. Möglichkeit der Stimmrechtsausübung der Aktionäre über elektronische Kommunikation (Briefwahl oder elektronische Teilnahme) sowie Vollmachtserteilung;
3. Einräumung einer Fragemöglichkeit der Aktionäre im Wege der elektronischen Kommunikation;
4. Möglichkeit zum Widerspruch gegen einen Beschluss der Hauptversammlung für diejenigen Aktionäre, die ihr Stimmrecht ausgeübt haben.

Der Vorstand darf eine Hauptversammlung ohne physische Präsenz der Aktionäre nach dem gesetzgeberischen Willen nur anordnen, wenn die Bild- und Tonübertragung (Nr. 1) der gesamten Versammlung (einschließlich der Generaldebatte und der Abstimmungen!) erfolgt. Die Gesellschaft muss – ausweislich der Gesetzesbegründung – aber keine Gewähr übernehmen, dass die Übertragung im Internet auch technisch ungestört verläuft und somit bei jedem teilnahmeberechtigten Aktionär ankommt. Die Stimmausübung (Nr. 2) ist im Wege der elektronischen Kommunikation sowie im Wege der Vollmachtserteilung zu ermöglichen. Den Aktionären *müssen* also mindestens zwei Wege zur Verfügung stehen: Die (elektronische) Briefwahl *oder* die elektronische Teilnahme – *und* die Erteilung von Vollmacht an einen Vertreter. Die Auswahl einer Variante der „elektronischen Kommunikation" (Briefwahl und Teilnahme) liegt im Ermessen des Vorstands. Es *können* auch beide Möglichkeiten eröffnet werden. Die Briefwahlmöglichkeit und die elektronische Teilnahme stehen auch Gesellschaften offen, die bisher die dafür notwendige Satzungsermächtigung noch nicht eingerichtet haben (→ Rn. 27). Die virtuelle Hauptversammlung soll der Präsenz-Hauptversammlung möglichst gleichgestellt werden, weshalb die Vollmachterteilung richtigerweise bis zum Ende der Generaldebatte und die elektronische Stimmabgabe richtigerweise bis zum Ende des virtuellen Abstimmungsvorgangs zuzulassen ist. Den Aktionären muss eine Fragemöglichkeit (Nr. 3) im Wege der elektronischen Kommunikation eingeräumt werden. Der vollständige Ausschluss des Fragerechts ist nicht zulässig. Das gewählte Verfahren liegt indes im Ermessen des Vorstands. Dieser kann – zur besseren Vorbereitung – etwa vorgeben, dass Fragen bis spätestens zwei Tage vor der Versammlung elektronisch (zB per E-Mail) einzureichen sind. Die Fragemöglichkeit kann auf angemeldete Aktionäre beschränkt oder offen angeboten werden. In Fremdsprachen gestellte Fragen müssen nicht bearbeitet werden. Der Vorstand entscheidet nach pflichtgemäßem freien Ermessen, *welche* Fragen er *wie* beantwortet (dazu auch → Rn. 29). Für Aktionäre, die ihr Stimmrecht (in einem der beschriebenen Verfahren) ausgeübt haben, muss zuletzt die Möglichkeit gegeben sein, Widerspruch gegen Beschlüsse der Hauptversammlung zu erklären (Nr. 4). Das persönliche Erscheinen bzw. die Erklärung zur Niederschrift iSv § 245 Nr. 1 kann indes nicht gefordert werden. Stattdessen ist der Widerspruch – rechtzeitig vor dem Ende der Hauptversammlung – im Wege elektronischer Kommunikation zu erklären. Die Gesellschaft muss dafür eine Möglichkeit zum elektronischen Widerspruch beim Notar vorsehen. Es dürfte im Grundsatz ausreichen, eine E-Mail-Adresse zur Verfügung zu stellen. Der Notar und der Versammlungsleiter sollten vor (gleichem) Ort zugegen sein. (Vgl. insgesamt die Begründungen in BT-Drs. 19/18110, 26). Fraglich scheint, inwiefern die weiterhin bestehende Pflicht zu Anwesenheit zumindest des Vorstands (und des Notars) an *einem* Ort mit den „Kontaktbeschränkungen" zu vereinbaren sind. Zu klären ist auch, auf welche Weise gesichert werden kann, dass tatsächlich nur Aktionäre oder deren Vertreter den Widerspruch erklären (können). Es sei Aktiengesellschaften angeraten, sich frühzeitig damit zu befassen, die technischen Voraussetzungen der (rechtlich nun möglichen) Durchführung einer rein-virtuellen Hauptversammlung zu schaffen.

29 Nach § 1 Abs. 2 S. 2 COVMG entscheidet der Vorstand nach *pflichtgemäßem, freien Ermessen, welche* Fragen er *wie* beantwortet. Das Fragerecht der Aktionäre darf auch bei Ausschluss der physischen Präsenz nicht völlig beseitigt werden. Den Aktionären ist zwar kein Auskunftsrecht einzuräumen, aber zumindest die „Möglichkeit", Fragen zu stellen. Dies soll – nach Ansicht des Gesetzgebers – aber ausdrücklich *kein Recht auf eine Antwort* umfassen. Der Vorstand entscheidet über das Ob und das Wie der Beantwortung vielmehr nach seinem pflichtgemäßen freien Ermessen. Insofern wird also von den Grundsätzen des § 131 abgewichen, sodass der Vorstand nicht auf die in § 131 Abs. 3 geregelten Auskunftsverweigerungsrechte beschränkt ist (→ § 131 Rn. 4a). Der Gesetzgeber will durch diese Erleichterung eine – wohl erwartbare – „große Flut" von (elektronisch eingereichten) Fragen verhindern. Daher muss der Vorstand keinesfalls *alle* gestellten Fragen beantworten. Er kann, so der Gesetzgeber ausdrücklich, ähnliche Fragen zusammenfassen und im Interesse der anderen Aktionäre „sinnvolle" Fragen auswählen. Nicht zuletzt dürfen bestimmte Aktionärsvereinigungen und institutionelle Investoren mit bedeutenden Stimmanteilen bevorzugt werden (BT-Drs. 19/18110, 26). Nicht vollkommen geklärt scheint, ob Aktionäre auch im Rahmen einer virtuellen Hauptversammlung eine Möglichkeit haben *müssen,* Anträge zu stellen. Laut Gesetzesbegründung erfolgt die Beantwortung von Fragen im Fall einer *elektronischen Teilnahme* der Aktionäre „in" der Versammlung (sofern nicht vorab auf der Website FAQ beantwortet wurden). Bei einer Versammlung nur mit *Briefwahl* und Bevollmächtigung, fielen aber „natürlich" alle Antragsrechte „in" der Versammlung weg (BT-Drs. 19/18110, 26). Nach Vorstellung des Gesetzgebers sind Aktionärsanträge also ohnehin nur bei „elektronischer Teilnahme" denkbar. Dies spricht wohl eher dafür, dass die Möglichkeit, eigene Anträge zu stellen, allgemein keine zwingende Voraussetzung für eine virtuelle Hauptversammlung ist. Für diese ungeklärte Frage dürften jedenfalls die Sonderregeln über das eingeschränkte Anfechtungsrecht nach § 1 Abs. 7 COVMG gelten (→ Rn. 30).

30 § 1 Abs. 7 COVMG regelt schließlich, dass die Anfechtung eines Beschlusses der Hauptversammlung unbeschadet der Regelung des § 243 Abs. 3 Nr. 1 nicht auf Verletzungen von § 118 Abs. 1 S. 3–5, Abs. 2 S. 2 oder Abs. 4 gestützt werden kann. Eine Ausnahme gilt nur, wenn der Gesellschaft Vorsatz nachzuweisen ist. Weitestgehend anfechtungsfrei sein soll insbesondere auch die Grundsatzentscheidung zur „virtuellen" Versammlung ohne physische Präsenz nach § 1 Abs. 2 S. 1 COVMG. Diese Beschränkungen des Anfechtungsrechts sollen – laut Gesetzgeber – verhindern, dass die vorgesehenen Erleichterungen von den Gesellschaftern aus Sorge vor etwaigen Anfechtungsklagen in praxi nicht in Anspruch genommen werden. Die Gesellschaften sollen von den in der Notsituation verfügbaren Mitteln möglichst auch Gebrauch machen. Aus selbigem Grund sollen auch fahrlässige Verletzungen der eingeschränkten Auskunftspflicht keine Anfechtungsmöglichkeit begründen. Die über das ARUG II eingefügten Regelungen in § 118 Abs. 1 S. 3–5 sollen zwar erst auf solche Hauptversammlungen Anwendung finden, die nach dem 3.9.2020 einberufen werden. Der Gesetzgeber wollte aber bereits bei Erlass des Gesetzes sicherstellen, dass auch in Fällen, in denen eine Hauptversammlung danach einberufen wird, keine Anfechtung aufgrund der bloß fahrlässigen Verletzung der erleichternden Regelungen möglich ist. (Vgl. zu den Begründungen insgesamt BT-Drs. 19/18110, 27 f.).

Rechte der Hauptversammlung

119

(1) Die Hauptversammlung beschließt in den im Gesetz und in der Satzung ausdrücklich bestimmten Fällen, namentlich über

1. **die Bestellung der Mitglieder des Aufsichtsrats, soweit sie nicht in den Aufsichtsrat zu entsenden oder als Aufsichtsratsmitglieder der Arbeitnehmer nach dem Mitbestimmungsgesetz, dem Mitbestimmungsergänzungsgesetz, dem Drittelbeteiligungsgesetz oder dem Gesetz über die Mitbestimmung der Arbeitnehmer bei einer grenzüberschreitenden Verschmelzung zu wählen sind;**
2. **die Verwendung des Bilanzgewinns;**
3. **das Vergütungssystem und den Vergütungsbericht für Mitglieder des Vorstands und des Aufsichtsrats der börsennotierten Gesellschaft;**
4. **die Entlastung der Mitglieder des Vorstands und des Aufsichtsrats;**
5. **die Bestellung des Abschlußprüfers;**
6. **Satzungsänderungen;**
7. **Maßnahmen der Kapitalbeschaffung und der Kapitalherabsetzung;**
8. **die Bestellung von Prüfern zur Prüfung von Vorgängen bei der Gründung oder der Geschäftsführung;**
9. **die Auflösung der Gesellschaft.**

(2) Über Fragen der Geschäftsführung kann die Hauptversammlung nur entscheiden, wenn der Vorstand es verlangt.

Übersicht

I. Allgemeines

Zweck des § 119 ist es, den Kompetenzbereich der HV zu umschreiben und so die Rolle der HV im Organgefüge der AG zu definieren (Spindler/Stilz/*Hoffmann* Rn. 1). Hierbei beschränkt Abs. 1 die Zuständigkeit der HV zunächst auf die in Gesetz und Satzung bestimmten Fälle. Der Zuständigkeitskatalog des Abs. 1 ist jedoch nicht abschließend. Auch an anderer Stelle sind gesetzliche Zuständigkeitszuweisungen zur HV zu finden. In Ausnahmefällen kommt zudem eine ungeschriebene Kompetenz der HV in Betracht. Ausgenommen von der Zuständigkeit der HV sind nach Abs. 2 ausdrücklich Fragen der Geschäftsführung; allerdings kann der Vorstand der HV insoweit eine Kompetenz verschaffen, indem er der HV Fragen der Geschäftsführung zur Entscheidung vorlegt. 1

Der Wille des Organs HV wird nach dem Wortlaut des Abs. 1 durch **„Beschluss"** gebildet. Der HV-Beschluss ist ein mehrseitiges nichtvertragliches Rechtsgeschäft eigener Art, das sich aus den Stimmabgaben zusammensetzt und notarieller Beurkundung oder einer durch den Vorsitzenden des ARs unterzeichneten Niederschrift (§ 130) bedarf (Hüffer/Koch/*Koch* Rn. 3). Streitig ist, ob es zulässig ist, die HV bloß zu **Informationszwecken** einzuberufen (verneinend KK-AktG/*Zöllner,* 1. Aufl. 1985, § 118 Rn. 8; lediglich die ausnahmsweise Zulässigkeit bejahend *Hüffer* Rn. 4), was von der hM mit Verweis auf den durch das ARUG geänderten § 122 Abs. 2 bejaht wird (Hölters/*Drinhausen* Rn. 4; *Huber* ZIP 1995, 1740; Hüffer/Koch/*Koch* Rn. 4; KK-AktG/*Noack/Zetzsche* § 121 Rn. 28; Spindler/Stilz/*Rieckers* § 121 Rn. 11). Eine Einberufung setzt nicht zwingend voraus, dass Beschlussgegenstände auf der Tagesordnung stehen (vgl. §§ 92, 175). Auch darüber hinaus ist nach heute herrschender Meinung eine beschlusslose HV etwa zu Aussprachezwecken oder um ein Meinungsbild zu erhalten als zulässig anzuerkennen (Hüffer/Koch/*Koch* Rn. 4; *Huber* ZIP 1995, 1740 (1741 ff.); Hölters/*Drinhausen* Rn. 4). 2

II. Gesetzliche Kompetenzen der HV

Die wichtigsten gesetzlichen Kompetenzen der HV finden sich im (nicht abschließenden) Katalog des Abs. 1. Im Zuge des ARUG II neu aufgenommen wurde Abs. 1 Nr. 3 nF, welche die Zuständigkeit für das Vergütungssystem und den Vergütungsbericht für Mitglieder des Vorstands und des Aufsichtsrats börsennotierter Gesellschaften betrifft. Dieser lässt sich nach dem Gegenstand der Zuständigkeit grob in regelmäßig wiederkehrende Routineangelegenheiten und Strukturmaßnahmen unterteilen. 3

Regelmäßig wiederkehrende Maßnahmen (sog. Regularien) betreffen die Nr. 1–5. **Nr. 1:** Wahl der Mitglieder des ARs (vgl. § 101 Abs. 1), soweit sie nicht zu entsenden (§ 101 Abs. 2) oder nach den Gesetzen über die Mitbestimmung zu bestellen sind (vgl. § 101 Abs. 1). **Nr. 2:** Verwendung des Bilanzgewinns (vgl. § 174 Abs. 1). **Nr. 3 nF:** Das Vergütungssystem und den Vergütungsbericht für Mitglieder des Vorstands und des Aufsichtsrats der börsennotierten Gesellschaft (vgl. § 120a). **Nr. 4 (Nr. 3 aF):** Die Entlastung der Mitglieder des Vorstands und des ARs (vgl. § 120 Abs. 1). **Nr. 5 nF (Nr. 4 aF):** Bestellung des Abschlussprüfers; im Fall des Konzernabschlussprüfers durch die HV des Mutterunternehmens (§ 318 Abs. 1 HGB). Im Fall von Versicherungsunternehmen (§ 341k Abs. 2 S. 1 HGB) und Pensionsfonds (§ 341 Abs. 4 HGB) wird der Abschlussprüfer aber vom AR bestimmt. Im ersten Voll- oder Rumpfgeschäftsjahr sind iÜ die Gründer zuständig (§ 30 Abs. 1 S. 1). 4

Als **Strukturmaßnahmen** sind die Nr. 6, 7 und 9 nF (Nr. 5, 6, 8 aF) zu klassifizieren. **Nr. 6 nF (Nr. 5 aF):** Satzungsänderungen (vgl. § 179 Abs. 1). **Nr. 7 nF (Nr. 6 aF):** Maßnahmen der Kapitalbeschaffung (§§ 182 ff.), namentlich auch die Ausgabe von Wandel- und Gewinnschuldverschreibungen (§ 221), und der Kapitalherabsetzung (§§ 222 ff.). **Nr. 9 nF (Nr. 8 aF):** Auflösung der AG (vgl. § 262 Abs. 1 Nr. 2). **Weitere Strukturmaßnahmen** mit Zuständigkeit der HV finden sich außerhalb des Katalogs des Abs. 1: Beschlüsse über die Fortsetzung einer aufgelösten Gesellschaft (§ 274 Abs. 1 und 2); Zustimmung zum Abschluss bzw. der Änderung von Unternehmensverträgen (§ 293 Abs. 1 und 2, § 295 Abs. 1); Eingliederungsbeschlüsse (§ 319 Abs. 1 und 2, § 320 Abs. 1); Squeeze-out (§ 327a Abs. 1); Verschmelzungs- und Spaltungsbeschlüsse (§§ 65, 73, 125 UmwG); Zustimmung zur Übertragung des ganzen Gesellschaftsvermögens (§ 179a, §§ 174 ff. UmwG); Umwandlungsbeschlüsse (§§ 193, 226 ff. UmwG). 5

Nr. 8 nF (Nr. 7 aF) lässt sich nicht unter die genannten Kategorien fassen. Er betrifft die Wahl eines Sonderprüfers (vgl. §§ 142 ff.). Daneben existieren **weitere gesetzliche Sonderfälle:** Verzicht bzw. 6

Vergleich über Ersatzansprüche (§§ 50, 93 Abs. 4, § 116); Zustimmung zu Nachgründungsverträgen (§ 52); Zustimmung zu Erwerb bzw. Veräußerung eigener Aktien (§ 71 Abs. 1 Nr. 8); Beschlüsse über Vorbereitungsverlangen gegenüber dem Vorstand (§ 83 Abs. 1); Vertrauensentzug gegenüber dem Vorstand (§ 84 Abs. 3 S. 2); Abberufung von Mitgliedern des ARs (§ 103 Abs. 1); Zustimmung zu Geschäftsführungsmaßnahmen in den Fällen des § 111 Abs. 4 S. 3; Festsetzung der Vergütung des ARs (§ 113 Abs. 1 und 2); Entscheidung über die Geltendmachung von Ersatzansprüchen (§ 147); ausnahmsweise Feststellung des Jahresabschlusses und Billigung des Konzernabschlusses (§ 173 Abs. 1, § 234 Abs. 2); Verwendung des Ertrags aus der höheren Bewertung in der Sonderprüfung (§ 261 Abs. 3 S. 2); Bestellung anderer Abwickler als der Vorstandsmitglieder (§ 265 Abs. 2); Abberufung von Abwicklern (§ 265 Abs. 5); Regelung der Vertretungsmacht der Abwickler (§ 269 Abs. 2 und 3 – HV als „sonst zuständige Stelle"); Feststellung der Liquidationseröffnungsbilanz und -jahresabschlüsse sowie Entlastung von Abwicklern und AR-Mitgliedern (§ 270 Abs. 2 S. 1); Feststellung des Jahresabschlusses bei der KGaA (§ 286 Abs. 1).

III. Zuständigkeiten der Hauptversammlung kraft Satzung

7 Nach Abs. 1 können weitere Zuständigkeiten auf die HV übertragen werden. Wegen der **zwingenden Kompetenzordnung** (§ 23 Abs. 5) bleibt insoweit aber kein sehr großer Gestaltungsspielraum (Hüffer/Koch/*Koch* Rn. 10). Denn diese verhindert eine Übertragung der Zuständigkeiten von Vorstand und AR auf die HV (MüKoAktG/*Kubis* Rn. 17). Eine Ausnahme besteht dort, wo das Gesetz eine entsprechende Satzungsregelung ausdrücklich zulässt, wie etwa für die Frage der Zustimmung im Fall einer Vinkulierung (vgl. § 68 Abs. 2 S. 3).

IV. Zuständigkeit in Fragen der Geschäftsführung

8 In Fragen der Geschäftsführung hat die HV grundsätzlich keine Zuständigkeit, da diese gesetzlich dem Vorstand zugewiesen ist (§§ 76 f., 111 Abs. 4 S. 1). Eine Zuständigkeit erwächst der HV jedoch dann, wenn der Vorstand – nicht der AR (GroßkommAktG/*Mülbert* Rn. 197; einschr.) – iR seiner Zuständigkeit der HV eine Geschäftsführungsfrage zur Entscheidung vorlegt **(Abs. 2);** die entsprechende Billigung der Maßnahme durch die Hauptversammlung hat grundsätzlich gem. § 93 Abs. 4 S. 1 haftungsbefreiende Wirkung. Gegenstand einer solchen Vorlage einer Geschäftsführungsmaßnahme an die Hauptversammlung kann auch eine Entscheidung über bereits vollzogene Maßnahmen sein (BGH 15.1.2001, BGHZ 146, 288 (293) = NJW 2001, 1277 (1278); Bürgers/Körber/*Reger* Rn. 8; **aA** Spindler/Stilz/*Hoffmann* Rn. 15); vorgelegt werden können auch solche Geschäfte, die gem. § 111 Abs. 4 der Zustimmung des ARs bedürfen. Auf eine entsprechende Vorlage kann auch nicht in der Einpersonen-AG verzichtet werden (Hüffer/Koch/*Koch* Rn. 11). Abs. 2 kann allerdings hinter **speziellere Regelungen** zurücktreten. Ermöglicht das Gesetz etwa eine Übertragung auf die HV kraft Satzungsregelung, kann der Vorstand die entsprechende Geschäftsführungsmaßnahme nicht eigenständig auf die HV übertragen (vgl. etwa § 68 Abs. 2 S. 2).

9 Der Vorstand entscheidet über die Vorlage an die HV nach freiem Ermessen (MüKoAktG/*Kubis* Rn. 22). Er entscheidet durch einstimmigen **Beschluss,** sofern Satzung oder Geschäftsordnung nichts anderes vorsehen (§ 77). Er hat der HV einen entsprechenden Beschlussvorschlag vorzulegen (§ 124 Abs. 3 S. 1) und ihr die **Informationen** zu geben, die für eine sachgerechte Entscheidung erforderlich sind; letzteres gilt auch dann, wenn keine Pflicht zur Befassung bestand (BGH 15.1.2001, BGHZ 146, 288 = NJW 2001, 1277). Gegebenenfalls hat er Einsichtnahme in die relevanten Verträge zu gewähren (BGH 15.1.2001, BGHZ 146, 288 = NJW 2001, 1277).

10 Die **HV entscheidet** über die Vorlage mit einfacher Stimmenmehrheit, wenn nicht die Satzung eine andere Mehrheit vorsieht (§ 133). In Fällen des § 111 Abs. 4 S. 3 bedarf es dagegen einer qualifizierten Mehrheit von drei Vierteln der abgegebenen Stimmen (§ 111 Abs. 4 S. 4), wenn der AR den Antrag gem. § 124 Abs. 3 S. 1 abgelehnt hat; anderenfalls könnte das qualifizierte Mehrheitserfordernis durch direkte Anrufung der HV ausgehebelt werden.

11 Der Beschluss der HV **bindet** den Vorstand, soweit er reicht. Eine Bindung ist lediglich in Ausnahmefällen ausgeschlossen, so zB im Falle des § 111 Abs. 4 S. 3, bei unverlangten HV-Entscheidungen und bei zwischenzeitlicher wesentlicher Änderung der Umstände (MüKoAktG/*Kubis* Rn. 27 f.). Ist der Beschluss der HV fehlerhaft, muss er nicht befolgt werden; im Falle der Anfechtbarkeit jedoch nur dann, wenn er auch tatsächlich angefochten wird (Spindler/Stilz/*Hoffmann* Rn. 20). Die HV muss nicht zwingend in bindender Weise entscheiden. Sie kann sich auch auf **bloße Empfehlungen** beschränken (Hüffer/Koch/*Koch* Rn. 15). In diesem Fall besteht dann allerdings auch nicht die (gegenüber der AG) haftungsbefreiende Wirkung, die ein verbindlicher Beschluss nach § 93 Abs. 4 S. 1 normalerweise entfaltet (*Dietz-Vellmer* NZG 2014, 721; Spindler/Stilz/*Hoffmann* Rn. 16). **Außenwirkung** haben die Beschlüsse der HV nicht (Hüffer/Koch/*Koch* Rn. 15). In gleicher Weise kann die haftungsbeschränkende Wirkung entfallen, wenn die Hauptversammlung vom Vorstand nicht ordnungsgemäß informiert wurde.

V. Ungeschriebene Hauptversammlungs-Zuständigkeiten

1. Holzmüller/Gelatine-Fallgestaltungen. Unter Abs. 2 wurden zunächst auch die Fälle ungeschriebener HV-Zuständigkeiten gefasst. In der sog. **„Holzmüller"-Entscheidung** (BGH 25.2.1982, BGHZ 83, 122 = NJW 1982, 1703) ging der BGH davon aus, dass sich in bestimmten Fällen wesentlicher Geschäftsführungsmaßnahmen das Recht zur Vorlage nach Abs. 2 zu einer entsprechenden Pflicht verdichte. Durch die sog. **„Gelatine"-Entscheidungen** (BGH 26.4.2004, BGHZ 159, 30 = NJW 2004, 1860 = NZG 2004, 571 – Gelatine I; BGH 26.4.2004, NZG 2004, 575 = ZIP 2004, 1001 – Gelatine II) hat der BGH inzwischen klargestellt, dass es sich bei dieser HV-Zuständigkeit um einen Fall offener Rechtsfortbildung handele, und den Anwendungsbereich durch die Konturierung eines qualitativen und eines quantitativen Elements deutlich eingegrenzt. 12

Eine ungeschriebene HV-Zuständigkeit können nur solche Geschäftsführungsmaßnahmen auslösen, die so tief in die Mitgliedsrechte der Aktionäre und deren im Anteilseigentum verkörpertes Vermögensinteresse eingreifen, dass diese Auswirkungen an die Notwendigkeit einer Satzungsänderung heranreichen (BGH 26.4.2004, NZG 2004, 575 = ZIP 2004, 1001 – Gelatine II; OLG Frankfurt a. M. 7.12.2010, AG 2011, 173), der Vorstand also nicht davon ausgehen kann, sie in alleiniger Verantwortung entscheiden zu können. In der „Holzmüller"-Entscheidung nahm der BGH dies für die **Ausgliederung** einer Betriebsabteilung an, die den wertvollsten Teil des Gesellschaftsvermögens bildete. Auch die Übertragung einer unmittelbar gehaltenen **Beteiligung auf eine Tochter** (Verenkelung) könne nach den Umständen eine ungeschriebene Hauptversammlungszuständigkeit auslösen (Gelatine). Grund für das Erfordernis ist jeweils die mit der Maßnahme verbundene **Mediatisierung** des Einflusses der Aktionäre (qualitatives Element). Auch das BVerfG hat für den Fall der Veräußerung eines Unternehmensteils klargestellt, dass es verfassungsrechtlich, insbesondere im Lichte des Art. 14 Abs. 1 GG, nicht zu beanstanden sei, eine ungeschriebene Hauptversammlungskompetenz nicht schon für jede Umstrukturierungsmaßnahme ohne Rücksicht auf ihre wirtschaftliche Bedeutung für die Gesellschaft und damit die Mitgliedsrechte und das Vermögensinteresse der Aktionäre anzunehmen (vgl. BVerfG 7.9.2011, ZIP 2011, 2094 (2096)). 13

Unter Berücksichtigung dieses Zweckes wurden in der Lit. eine Vielzahl **weiterer Fallgestaltungen** diskutiert (vgl. im Überblick BeckHdB AG/*Reichert* § 5 Rn. 31 ff.): Abzulehnen ist eine Zustimmungsbedürftigkeit im Fall des **Beteiligungserwerbs,** da in diesem Fall nicht eine Mediatisierung bereits bestehender Beteiligungen betrieben wird (MHdB GesR IV/*Bungert* § 35 Rn. 58; MHdB GesR IV/*Krieger* § 70 Rn. 10 mwN; jedenfalls, wenn Konzernöffnungsklausel in der Erwerbersatzung enthalten ist: OLG Frankfurt a. M. 7.12.2010, NZG 2011, 62 ff.; **aA** Emmerich/Habersack/*Habersack* Vor § 311 Rn. 42). Eine identische Interessenlage mit dem Ergebnis fehlender Zustimmungsbedürftigkeit besteht im Fall der **Abgabe eines öffentlichen Übernahmeangebotes** (*Reichert* AG 2005, 150 (157); **aA** *Seydel,* Konzernbildungskontrolle bei der Aktiengesellschaft, 1995, 438). Ebenfalls nicht zustimmungsbedürftig ist die **Beteiligungsveräußerung,** da die an die Stelle der Beteiligung tretende Gegenleistung der vollen Kontrolle der Aktionäre unterliegt (OLG Stuttgart 13.7.2005, AG 2005, 693; *Liebscher* ZGR 2005, 1 (24); **aA** *Henze* FS Ulmer, 2003, 211; *Lutter/Leinekugel* ZIP 1998, 225 (229 ff.)); zustimmungspflichtig kann eine Beteiligungsveräußerung jedoch dann sein, wenn bloß eine **wesentliche Drittbeteiligung** geschaffen wird, also ein Anteil bei der AG verbleibt, auf den die Aktionäre aber keinen Einfluss mehr haben (vgl. BeckHdB AG/*Reichert* § 5 Rn. 37). Abzulehnen ist ein Zustimmungserfordernis im Fall eines **IPO.** Zwar knüpfen an die Börsennotierung bestimmte Pflichten der Aktionäre an (vgl. etwa §§ 33 ff. WpHG, Art. 14 MAR). Der Zuwachs an Rechten überwiegt jedoch, weswegen eine Zustimmung nicht erforderlich erscheint (*Reichert* AG 2005, 150 (157); **aA** *Lutter/Leinekugel* ZIP 1998, 805 (806)). Eine HV-Zuständigkeit für die **Zustimmung der Zielgesellschaft zu einem öffentlichen Übernahmeangebot** ist ebenfalls abzulehnen. Denn nach dem Gesetz soll jeder Aktionär selbst entscheiden, ob er seine Aktien andient. Für eine Entscheidung der HV ist daher kein Raum (*Reichert* AG 2005, 150 (157); zum öffentlichen Umtauschangebot nach WpÜG jüngst LG München I 20.12.2018, AG 2019, 225 (227 ff.); zustimmend *Seidel/Kromer* AG 2019, 206). Die **Fremdkapitalaufnahme** ist schließlich eine reine Geschäftsführungsmaßnahme, die Dritten keinen Einfluss auf die Gesellschaft verschafft. Eine Zustimmung der HV ist daher nicht erforderlich (BeckHdB AG/*Reichert* § 5 Rn. 44; **aA** *Vollmer* AG 1991, 94 (100 f.)). Diskutiert wird das Erfordernis einer HV-Zustimmung auch bei der **Übertragung vinkulierter Gesellschaftsanteile** (auch ohne entsprechende Satzungsregelung nach § 68 Abs. 2), wenn der Erwerber hierdurch die Schwellenwerte von 25 %, 50 % oder 75 % überschreitet (*K. Schmidt* FS Beusch, 1993, 759 (768 ff.); ähnlich *Bayer* FS Hüffer, 2010, 35 ff.; **aA** *Seydel,* Konzernbildungskontrolle bei der Aktiengesellschaft, 1995, 108 ff.). Zum **Delisting** → Rn. 17 f. 14

In jedem Fall muss es sich aber um eine für die Gesellschaft **wesentliche Maßnahme** handeln (quantitatives Element). Dies ist nach der Rspr. des BGH nur dann der Fall, wenn die Maßnahme in ihrer Intensität und Bedeutung die Ausmaße der Holzmüller-Entscheidung erreicht. Dort ging es um die Ausgliederung von ca. **80 %** der in den Kernbereich der Unternehmenstätigkeit fallenden Aktiva. Dieser Wert kann als Richtgröße dienen (Orientierung an einem Schwellenwert von rd. 75 %: K. 15

Schmidt/Lutter/*Spindler* Rn. 32; Hüffer/Koch/*Koch* Rn. 18 f.; *Liebscher* ZGR 2005, 1 (15)). Neben den Aktiva sollten auch die Bilanzsumme oder die bilanzmäßigen Aktiva, der Anteil am Grundkapital, der Umsatz sowie die Mitarbeiterzahl berücksichtigt werden. Letztlich hat stets eine Analyse des Einzelfalls im Wege einer Gesamtabwägung zu erfolgen.

16 Liegen die Voraussetzungen für eine HV-Zuständigkeit vor, hat diese über den Gegenstand mit einer Mehrheit von **75 % des vertretenen Grundkapitals** zu entscheiden. Der HV ist es hierbei möglich, das der Gesamttransaktion zugrunde liegende Konzept in Form eines **„Konzeptbeschlusses"** zu genehmigen und den Vorstand zu dessen Durchführung zu ermächtigen (BeckHdB AG/*Liebscher* § 14 Rn. 58).

17 **2. Delisting.** Das **echte Delisting** wurde früher zT auch als Holzmüller/Gelatine-Fall aufgefasst. Der BGH hat dieser Auffassung in seiner ersten **„Macrotron"-Entscheidung** (BGH 25.11.2002, BGHZ 153, 47 = NJW 2003, 1032 – Macrotron) eine Absage erteilt. Dies wurde begrüßt, da es in diesen Fallgestaltungen an der Mediatisierung des Gesellschaftereinflusses fehlte. Der BGH rechtfertigte das Erfordernis einer Zustimmung – so sollte über das Delisting mit **einfacher Mehrheit** zu entscheiden sein (krit. *Liebscher* ZGR 2005, 1 (31) – Dreiviertel-Mehrheit) – vielmehr damit, dass der Verkehrswert und seine jederzeitige Realisierung Eigenschaften des Aktieneigentums seien und wie das Aktieneigentum selbst verfassungsrechtlichen Schutz genössen. **Dagegen** betrachtet das **BVerfG** die durch die Börsenzulassung faktisch gesteigerte Verkehrsfähigkeit einer Aktie als rein wertbildenden Faktor und **nicht** als vom Eigentumsgrundrecht nach **Art. 14 Abs. 1 GG** geschützt (BVerfG 11.7.2012, WM 2012, 1378 ff.). Auch ein Pflichtangebot an die Minderheitsaktionäre sei von Verfassungs wegen nicht geboten (BVerfG 11.7.2012, WM 2012, 1378 ff.). Allerdings erkannte es die Befugnis der Fachgerichte an, ein Pflichtangebot in Gesamtanalogie zu §§ 305, 320b, 327b, §§ 29, 207 UmwG herzuleiten. Nach jener Entscheidung nahm die ganz überwiegende Auffassung in der Lit. an, dass für den Fall eines vollständigen Rückzugs von der Börse weiterhin davon auszugehen sei, dass der Gesellschaft oder ihrem Hauptaktionär ein gerichtlich überprüfbares Pflichtangebot an die übrigen Aktionäre zum Erwerb ihrer Aktien obliegen würde und insofern die Grenzen zulässiger Rechtsfortbildung gewahrt wären (→ 2. Aufl. 2014, Rn. 17). Es folgte jedoch mit der „FROSTA"-, teilweise auch als „Macrotron II" bezeichneten Entscheidung des BGH (BGH 8.10.2013, AG 2013, 877) eine Abkehr und mithin vollständige Verwerfung der gesellschaftsrechtlichen Anforderungen der Macrotron-Entscheidung (*Bayer/Hoffmann* AG 2013, R 371; NK-AktKapMarktR/*Krenek/Pluta* Rn. 37a; Hüffer/Koch/*Koch* Rn. 33; *Schockenhoff* ZIP 2013, 2429 (2432)). So wurden nicht nur das Spruchverfahren, sondern auch das Abfindungsangebot und der HV-Beschluss ausdrücklich für obsolet erklärt, mit der Folge, dass sich der Rechtsschutz der Minderheitsaktionäre vollständig auf die verwaltungsrechtliche Ebene verlagert (NK-AktKapMarktR/*Krenek/Pluta* Rn. 37a; Hüffer/Koch/*Koch* Rn. 33). Zudem wurde zugleich allen anhängigen Delisting-Spruchverfahren die Grundlage entzogen (OLG Karlsruhe 12.3.2015, AG 2015, 366; OLG München 28.1.2015, AG 2015, 277 (278); OLG Stuttgart 17.3.2015, AG 2015, 321 (322); vgl. auch *Glienke/Röder* BB 2014, 899 ff.).

18 Im Fall des **unechten Delistings** – wenn also das Delisting durch Wegfall der Börsennotiz oder Verlust der Börsenfähigkeit erreicht werden soll – kann ein Zustimmungserfordernis aus speziellen Regelungen folgen (vgl. § 179a Abs. 1, § 320 Abs. 1, §§ 13, 65 UmwG). Eine vormals teilweise vertretene analoge Anwendung zur Schließung von Schutzlücken ist seit der FROSTA-Entscheidung nicht mehr möglich (vgl. schon Hüffer/Koch/*Koch*, 11. Aufl. 2014, Rn. 38). Ein Downgrading bzw. die Entscheidung zum Listing von Aktien sind hingegen nicht zustimmungspflichtig (vgl. OLG München 21.5.2008, ZIP 2008, 1137; BVerfG 11.7.2012, WM 2012, 1378 ff.).

Entlastung

120 (1) [1] **Die Hauptversammlung beschließt alljährlich in den ersten acht Monaten des Geschäftsjahrs über die Entlastung der Mitglieder des Vorstands und über die Entlastung der Mitglieder des Aufsichtsrats.** [2] **Über die Entlastung eines einzelnen Mitglieds ist gesondert abzustimmen, wenn die Hauptversammlung es beschließt oder eine Minderheit es verlangt, deren Anteile zusammen den zehnten Teil des Grundkapitals oder den anteiligen Betrag von einer Million Euro erreichen.**

(2) [1] **Durch die Entlastung billigt die Hauptversammlung die Verwaltung der Gesellschaft durch die Mitglieder des Vorstands und des Aufsichtsrats.** [2] **Die Entlastung enthält keinen Verzicht auf Ersatzansprüche.**

(3) **Die Verhandlung über die Entlastung soll mit der Verhandlung über die Verwendung des Bilanzgewinns verbunden werden.**

Übersicht

I. Allgemeines

1 § 120 regelt in Abs. 1–3 die Entlastung der Verwaltungsmitglieder. Diese ist der HV als alljährlich wiederkehrende Aufgabe und Befugnis zugewiesen. **Abs. 1** normiert die für die Entlastung geltenden Abstimmungsmodalitäten. **Abs. 2** stellt die beschränkte Wirkung der Entlastung klar. **Abs. 3** ordnet die Entlastung den sog. Regularien zu. Das vormals in Abs. 4 aF geregelte fakultative Votum der Hauptversammlungen zum Vergütungssystem der Vorstandsmitglieder von börsennotierten Gesellschaften wurde aufgrund des ARUG II nunmehr durch eine obligatorische sog. „say on pay"-Regelung in § 120a Abs. 1 nF ersetzt. Auch die Anpassung der Überschrift stellt eine entsprechende Folgeänderung dar.

2 **Entlastung** – als der zentrale Begriff der Norm – ist die Billigung der Verwaltung (vgl. Abs. 2 S. 1). Sie ist notwendig **vergangenheitsbezogen** (BGH 20.5.1985, BGHZ 94, 324 = NJW 1986, 129). Wenn nicht ein anderes deutlich wird, liegt in der Entlastung zugleich aber auch der **Ausspruch des Vertrauens** für die künftige Geschäftsführung (BGH 20.5.1985, BGHZ 94, 324 = NJW 1986, 129). Sie wird heute überwiegend als **spezifisch gesellschaftsrechtliches Institut** aufgefasst (Hüffer/Koch/*Koch* Rn. 3 mwN) und hat insbesondere keine Auswirkungen auf etwaige Schadensersatzansprüche gegen die Verwaltung (vgl. Abs. 2). Die Rechtsfolge erschöpft sich vielmehr in der Billigung.

II. Entlastungsbeschluss (Abs. 1)

3 Die **ausschließliche Kompetenz** der HV für die Entlastung bezieht sich auf **alle Verwaltungsmitglieder.** Irrelevant ist daher insbesondere, ob ein AR entsendet oder von den Arbeitnehmern bestellt wurde (Hüffer/Koch/*Koch* Rn. 5; MüKoAktG/*Kubis* Rn. 3).

4 Die Entlastung hat in den ersten acht Monaten des Geschäftsjahres zu erfolgen. Diese **Frist** ist identisch mit derjenigen nach § 175 Abs. 1 S. 2 für die Entgegennahme des festgestellten Jahresabschlusses, des Lageberichts und des Gewinnverwendungsbeschlusses. Eine Verkürzung durch entsprechende Satzungsregelung ist nicht möglich (K. Schmidt/Lutter/*Spindler* Rn. 16; Hüffer/Koch/*Koch* Rn. 6; MüKoAktG/*Kubis* Rn. 57; **aA** KK-AktG/*Zöllner*, 1. Aufl. 1985, Rn. 6).

5 Die HV beschließt über die Entlastung mit **einfacher Stimmenmehrheit** (§ 133). Beschließt die HV ausnahmsweise auch über den Jahresabschluss (§ 173), liegt hierin nicht zugleich eine Entlastung (Hüffer/Koch/*Koch* Rn. 7). Sind Mitglieder der Verwaltung zugleich Aktionäre, unterliegen sie dem **Stimmverbot** des § 136. Bei Einzelentlastung dürfen sie jedoch von ihrem Stimmrecht in Bezug auf die anderen Verwaltungsmitglieder Gebrauch machen (vorausgesetzt von BGH 20.1.1986, BGHZ 97, 28 = NJW 1986, 2051; MüKoAktG/*Arnold* § 136 Rn. 8; **aA** KK-AktG/*Zöllner*, 1. Aufl. 1985, § 136 Rn. 8); eine Ausnahme hiervon gilt aber dann, wenn dieses Verwaltungsmitglied möglicherweise an einem Vorgang mitgewirkt hat, der dem anderen Verwaltungsmitglied iR der Entlastung als Pflichtverletzung vorgeworfen wird (BGH 21.9.2009, NZG 2009, 1270 (1271); Hüffer/Koch/*Koch* § 136 Rn. 20; Spindler/Stilz/*Rieckers* § 136 Rn. 8; **aA** Spindler/Stilz/*Hoffmann* Rn. 20). Allerdings findet § 136 bei der **Einpersonengesellschaft** keine Anwendung (BGH 12.7.2011, AG 2011, 702 (703)).

6 Die **Gesamtentlastung** ist der gesetzliche Regelfall (vgl. Abs. 1 S. 2). Gesamtentlastung bedeutet, dass über die Entlastung von Mitgliedern des Vorstands und ARs jeweils – also nicht AR und Vorstand gemeinsam (ganz hM, vgl. MüKoAktG/*Kubis* Rn. 7; **aA** Spindler/Stilz/*Hoffmann* Rn. 14) – einheitlich abgestimmt wird. **Einzelabstimmung** ist durchzuführen, wenn die HV dies beschließt oder eine Minderheit von 10 %, bzw. die nominell 1 Mio. EUR des Grundkapitals hält, dies verlangt (Abs. 1 S. 2). Dieses Verlangen ist in die Niederschrift aufzunehmen (§ 130 Abs. 1 S. 2). Es ist sodann über jede Person gesondert abzustimmen. Die Einzelentlastung kann richtigerweise auch vom **Versammlungsleiter** – von sich aus, jedenfalls aber auf Antrag eines Aktionärs – angeordnet werden (BGH 21.9.2009, BGHZ 182, 272 Rn. 12; BGH 7.12.2009, NZG 2010, 618 (619); Hüffer/Koch/*Koch* Rn. 10; MüKoAktG/*Kubis* Rn. 12; *Petersen/Schulze De la Cruz* NZG 2012, 453 (458 f.); **aA** GHEK/*Eckardt* § 120 Rn. 19). Von Relevanz ist dies insbesondere dann, wenn abzusehen ist, dass eine Gesamtentlastung scheitern wird. Die Wahl der Einzelentlastung bedarf keiner sachlichen Rechtfertigung (BGH 21.9.2009, BGHZ 182, 272 Rn. 12), sodass eine Pflicht zur Gesamtentlastung auch im Hinblick auf eine etwaige Rechtsmissbräuchlichkeit der Wahl der Einzelentlastung nicht gegeben ist (Hüffer/Koch/*Koch* Rn. 10; **aA** OLG München 17.3.1993, NJW-RR 1996, 159 (160)). Die Einzelentlastung kann schließlich auch von vornherein in der Einberufung vorgegeben sein.

7 ZT wird vertreten, dass auch einer **„pflichtvergessenen Verwaltung"** die Entlastung erteilt werden könne; der Beschluss wäre dementsprechend nur dann anfechtbar, wenn die HV über Pflichtverlet-

zungen der Verwaltungen nicht oder nicht zureichend informiert wurde (GHEK/*Eckardt* Rn. 38). Andere sehen den „inhaltlich falschen“ Entlastungsbeschluss stets als anfechtbar an. Der BGH hat sich letzterem insoweit angenähert, als er einen Entlastungsbeschluss jedenfalls dann für anfechtbar hält, wenn eindeutig ein schwerwiegender Gesetzes- oder Satzungsverstoß vorlag (BGH 25.11.2002, BGHZ 153, 47 = NJW 2003, 1032; BGH 26.11.2007, NZG 2008, 309; OLG Stuttgart 17.11.2010, AG 2011, 93; OLG Frankfurt a. M. 15.2.2011, ZIP 2011, 425 (426); MüKoAktG/*Kubis* Rn. 15). Ein derartiger schwerer Verstoß ist etwa anzunehmen, wenn ein Aufsichtsratsmitglied die Risikoanalyse eines bedeutsamen Geschäftes unterlassen hat. Dann ist regelmäßig der Gesamtentlastungsbeschluss hinsichtlich aller Aufsichtsratsmitglieder für nichtig zu erklären (OLG Stuttgart 29.2.2012, AG 2012, 377 ff.). Es genügt hingegen nicht, wenn die Verwaltungsorgane bei einem Beteiligungserwerb keine Zustimmung der HV einholen. Denn in einem derartigen Fall setzen sie sich, da es sich bei den ungeschriebenen Zuständigkeiten der HV um richterliche Rechtsfortbildung handelt, nicht über eine zweifelsfreie Gesetzeslage hinweg (BGH 7.2.2012, ZIP 2012, 515). Auch eine fehlerhafte Entsprechenserklärung nach § 161 kann einen Entlastungsbeschluss anfechtbar machen, wenn die Unrichtigkeit nicht nur einen unwesentlichen Punkt betrifft, dh wenn der Verstoß über einen Formalverstoß hinausgeht und im konkreten Einzelfall Gewicht hat (BGH 21.9.2009, BGHZ 182, 272 Rn. 18).

8 Eine **Teilentlastung** ist nur möglich, soweit sachlich oder zeitlich abgrenzbare Bereiche aus der Entlastung herausgenommen werden (*Sethe* ZIP 1996, 1321 (1322 ff.); **aA** Spindler/Stilz/*Hoffmann* Rn. 7); unzulässig ist sie jedoch, wenn die ausgeklammerten Vorgänge den Kern der Amtsführung betreffen (Hüffer/Koch/*Koch* Rn. 12a). Eine Entlastung hinsichtlich bloß einzelner Geschäftsführungsangelegenheiten ist ebenfalls unzulässig (Hölters/*Drinhausen* Rn. 24).

III. Folgen der (Nicht-)Entlastung (Abs. 2)

9 Eine unmittelbare Rechtswirkung hat die Entlastung nicht. Sie bringt lediglich die **Billigung** der Verwaltung zum Ausdruck. Insbesondere wird nicht auf die Geltendmachung von **Ersatzansprüchen** verzichtet (Abs. 2 S. 2). Auch stellt die Versagung der Entlastung **nicht per se einen wichtigen Grund** zur Abberufung dar (MHdB GesR IV/*Bungert* § 35 Rn. 36). Zwar ist der Entzug des Vertrauens durch die HV ein wichtiger Grund zur Abberufung des Vorstands durch den AR (§ 84 Abs. 3 S. 2 Fall 3), in der Verweigerung der Entlastung liegt jedoch nicht notwendig zugleich ein Vertrauensentzug (MüKoAktG/*Spindler* § 84 Rn. 141; Hüffer/Koch/*Koch* § 84 Rn. 38; **aA** KK-AktG/*Mertens/Cahn* § 84 Rn. 127; *v. den Steinen,* Die verweigerte Organentlastung, 2009, 117 ff.). In Bezug auf den AR bedürfte es zudem eines gesonderten Antrags in der HV auf Abberufung sowie eines entsprechenden Beschlusses (Spindler/Stilz/*Hoffmann* Rn. 33).

10 Eine **Klage auf Erteilung der Entlastung** gegen die Gesellschaft ist nach überwA wegen der fehlenden Rechtsfolgen der (Nicht-)Entlastung nicht möglich (Hüffer/Koch/*Koch* Rn. 19; MüKoAktG/*Kubis* Rn. 39; KK-AktG/*Zöllner,* 1. Aufl. 1985, Rn. 45; vgl. auch zur GmbH: BGH 20.5.1985, BGHZ 94, 324 = NJW 1986, 129; zustimmend mittlerweile auch Hüffer/Koch/*Koch* Rn. 19, wenngleich in der Sache mit Blick auf die Folgen für das persönliche und berufliche Ansehen immer noch krit. ggü. der hM).

IV. Verfahren (Abs. 3)

11 Nach Abs. 3 soll die Entlastung mit der Verhandlung über die Verwendung des Bilanzgewinns (§ 174) **verbunden werden.** Die Punkte sind daher zeitlich zusammenhängend in derselben HV zu verhandeln (Hüffer/Koch/*Koch* Rn. 14). Ein Verstoß macht die Beschlüsse jedoch nicht anfechtbar (MüKoAktG/*Kubis* Rn. 42, 53). Soweit vorhanden, sollte auch die Billigung des Konzernabschlusses verbunden werden (Hüffer/Koch/*Koch* Rn. 14).

Votum zum Vergütungssystem und zum Vergütungsbericht

120a

(1) [1]**Die Hauptversammlung der börsennotierten Gesellschaft beschließt über die Billigung des vom Aufsichtsrat vorgelegten Vergütungssystems für die Vorstandsmitglieder bei jeder wesentlichen Änderung des Vergütungssystems, mindestens jedoch alle vier Jahre.** [2]**Der Beschluss begründet weder Rechte noch Pflichten.** [3]**Er ist nicht nach § 243 anfechtbar.** [4]**Ein das Vergütungssystem bestätigender Beschluss ist zulässig.**

(2) **Beschluss und Vergütungssystem sind unverzüglich auf der Internetseite der Gesellschaft zu veröffentlichen und für die Dauer der Gültigkeit des Vergütungssystems, mindestens jedoch für zehn Jahre, kostenfrei öffentlich zugänglich zu halten.**

(3) **Hat die Hauptversammlung das Vergütungssystem nicht gebilligt, so ist spätestens in der darauf folgenden ordentlichen Hauptversammlung ein überprüftes Vergütungssystem zum Beschluss vorzulegen.**

(4) **Die Hauptversammlung der börsennotierten Gesellschaft beschließt über die Billigung des nach § 162 erstellten und geprüften Vergütungsberichts für das vorausgegangene Geschäftsjahr. Absatz 1 Satz 2 und 3 ist anzuwenden.**

(5) **Bei börsennotierten kleinen und mittelgroßen Gesellschaften im Sinne des § 267 Absatz 1 und 2 des Handelsgesetzbuchs bedarf es keiner Beschlussfassung nach Absatz 4, wenn der Vergütungsbericht des letzten Geschäftsjahres als eigener Tagesordnungspunkt in der Hauptversammlung zur Erörterung vorgelegt wird.**

Übersicht

I. Allgemeines

1. Regelungsgegenstand. Die Vorschrift wurde im Zuge des ARUG II eingefügt und dient der Implementierung der Vorgaben des Art. 9a ARRL II. Zur Umsetzung des darin vorgesehenen „Say on Pay" hat die Hauptversammlung über das Vergütungssystem für die Vorstandsmitglieder zu befinden (krit. *Velte* DStR 2018, 2445 (2448): „Fremdkörper"). Bezweckt werden soll eine weitreichende Transparenz der Vergütung der Vorstandsmitglieder. Eine solche Transparenz war bei zahlreichen Aktiengesellschaften ohnehin Best Practice; freilich ist eine solche Praxis nunmehr gesetzlich verpflichtend. Das „Say on Pay" soll ferner auch einer besseren Verknüpfung von Leistung und Vergütung dienen (*Schmidt* NZG 2018, 1201 (1202)). 1

2. Beratendes Votum. Der Gesetzgeber hat von der durch die Richtlinie eingeräumten Option, das Votum der Hauptversammlung als verbindlich oder empfehlend auszugestalten, dahingehend Gebrauch gemacht, dass lediglich ein **beratendes Votum** vorliegt (RegBegr zum ARUG II BT-Drs. 19/9739, 92; dies befürwortend *Bungert/Wansleben* BB 2019, 1026; *Schmidt* NZG 2018, 1201 (1203 f.)). In der jüngeren Vergangenheit war es ohnehin oft gelebte Praxis von DAX-Unternehmen, ein Vergütungssystem zu entwickeln und der Hauptversammlung zur Billigung vorzulegen (*DAV-Handelsrechtsausschuss* NZG 2019, 12 (19); *Velte* DStR 2018, 2445 (2447)). Strukturell setzt § 120a die Vorgabe des § 87a Abs. 2 S. 1 um, wonach das Vergütungssystem der Hauptversammlung vorgelegen haben muss. Eine Billigung ist nicht erforderlich (*Heldt* AG 2018, 905 (908)), sodass auch ein abgelehntes Vergütungssystem zugrunde gelegt werden kann (*Kuthe/Lingen* CB 2019, 378). Freilich wird der faktische Aktionärsdruck dazu führen, dass nur gebilligte Vergütungssysteme zugrunde gelegt werden (so auch *Schmidt* NZG 2018, 1201 (1203)). Im Hinblick darauf, dass nach Abs. 3 bei fehlender Billigung eine erneute Vorlage notwendig ist, wird im Schrifttum die Einordnung als empfehlendes Votum angezweifelt (*Wentz* WM 2019, 906 (908)). Dabei handelt es sich aber um Wortklauberei. Zwar entstehen aus einer Nicht-Billigung Rechtsfolgen iSd Abs. 3. Im Hinblick auf den Beschlussgegenstand, nämlich das Vergütungssystem, bleibt es aber in jedem Fall dabei, dass der Beschluss – gleich welchen Inhalt er hat – keine Rechtsfolgen zeitigt (so auch *Schick/Voß* WPg 2019, 945 (947)). 2

In terminologischer Hinsicht ist zu unterscheiden: Während das Vergütungssystem die abstrakte Regelung bezeichnet, nach der Vorstandsmitglieder vergütet werden sollen, enthält der Vergütungsbericht die Dokumentation tatsächlich gewährter Vergütungen (LBS EurUnternehmensR 29.139). Der Vergütungsbericht kann deshalb als **Spiegelbild der Vergütungspolitik** bezeichnet werden (so *Diekmann* BB 2018, 3010 (3012)). 3

II. Beschluss der Hauptversammlung

1. Kompetenzverteilung. Abs. 1 S. 1 regelt zunächst, dass das Vergütungssystem allein vom Aufsichtsrat vorgelegt wird; dieser ist somit alleinzuständig (*Löbbe/Fischbach* AG 2019, 373 (378)). Dadurch ist zugleich klargestellt, dass die Vorlage des Vergütungssystems zum Hauptversammlungsbeschluss nicht gegenantragsfähig ist (RegBegr zum ARUG II BT-Drs. 19/9739, 92; *Bungert/Wansleben* BB 2019, 1026; *DAV-Handelsrechtsausschuss* NZG 2019, 12 (19)). Zwar wird mitunter vertreten, ein Gegenantrag sei zulässig, wenn sich der Antrag in der bloßen Ablehnung des Vorschlags des Aufsichtsrats erschöpft (*Schick/Voß* WPg 2019, 945, 946). Diese Ansicht ist allerdings schon deshalb abzulehnen, weil die bloße 4

Negierung eines Verwaltungsvorschlags nach richtiger Auffassung keinen zulässigen Gegenantrag darstellt (→ § 126 Rn. 2). Aus der Kompetenzverteilung in Abs. 1 folgt auch, dass die inhaltliche Ausgestaltung allein dem **Aufsichtsrat** obliegt. Die Befassungskompetenz der Hauptversammlung beschränkt sich damit auf die Billigung oder Nichtbilligung des vorgelegten Vergütungssystems (RegBegr zum ARUG II BT-Drs. 19/9739, 92); freilich ist eine Äußerung in den Redebeiträgen möglich (*Löbbe/Fischbach* AG 2019, 373 (378)). Die Billigung muss sich auf das Vergütungssystem als Ganzes beziehen; eine Teilbilligung ist nicht möglich, da hierdurch die zugunsten des Aufsichtsrats vorgesehene Kompetenzverteilung konterkariert würde (*Bachmann/Pauschinger* ZIP 2019, 1 (4); *Florstedt* ZGR 2019, 630 (650)); die zu § 120 Abs. 4 aF vertretene Minderansicht (*Döll* WM 2010, 103 (109); Grigoleit/*Herrler* § 120 Rn. 26) dürfte überholt sein. Die Mindestfrist von vier Jahren in Abs. 1 S. 1 bezieht sich auf Geschäftsjahre, nicht auf davon möglicherweise abweichende Kalenderjahre (vgl *Diekmann* BB 2018, 3010, 3011; *Heldt* AG 2018, 905 (908)). Bereits die erste Hauptversammlung nach der erstmaligen Aufstellung einer Vergütungspolitik hat einen entsprechenden Tagesordnungspunkt aufzuweisen; der Vierjahreszeitraum beginnt erst danach (*Bachmann/Pauschinger* ZIP 2019, 1 (4); *VGR-Stellungnahme* AG 2018, 920). Wie aus Abs. 1 S. 4 folgt, ist auch ein bestätigender Beschluss zulässig, sodass ein bereits gegenwärtiges Vergütungssystem zur (erneuten) Abstimmung gestellt werden kann.

5 In Abs. 1 S. 2 wird klargestellt, dass es sich lediglich um ein beratendes Votum handelt. In der Sache ergeben sich zum bisherigen fakultativen Votum in § 120 Abs. 4 aF keine Unterschiede. Die Billigung der Hauptversammlung führt auch nicht zur Enthaftung des Aufsichtsrats – was angesichts des bloß beratenden Charakters des Beschlusses Sinn ergibt. Die Verantwortlichkeit des Aufsichtsrats nach § 116 S. 3 bleibt auch bei einer Billigung bestehen (*Florstedt* ZGR 2019, 630 (650)).

6 **2. Wesentliche Änderung.** Wann eine wesentliche Änderung vorliegt, entzieht sich einer generalisierenden Betrachtungsweise. Entscheidend sind die Umstände des Einzelfalls. Im Hinblick auf das Regelungsziel der ARRL II, die Transparenz zwischen Aktionären und der Gesellschaft zu erhöhen (vgl. Erwägungsgrund 3 und 31 ARRL II), wird man den Begriff der „wesentlichen Änderung" allerdings eher **extensiv** auszulegen haben (so zur ARRL auch LBS EurUnternehmensR 29.136). Dies umso mehr, als in der ARRL II gar von einer „Überwachung der Vergütung" gesprochen wird (Erwägungsgrund 33 ARRL II). Der traditionell deutschen Lesart, im Begriff der Wesentlichkeit ein Indiz für eine restriktive Auslegung zu erblicken, kommt angesichts des gegenläufigen Gesetzeszwecks keine entscheidende Bedeutung zu.

7 Als Beispiele für eine wesentliche Änderung werden in der Kommentarliteratur zur ARRL (LBS EurUnternehmensR 29.136) etwa genannt: signifikante Änderungen bei der Fixvergütung, Änderungen bei den maximalen kurz- und langfristigen variablen Vergütungsbestandteilen, Änderungen der Wartefristen für aktienbezogene Vergütungsbestandteile. Entscheidend muss stets der Transparenz- und Kontrollgedanke sein: Handelt es sich um eine Änderung, deren Billigung es im Hinblick auf die bezweckte Transparenz bedarf?

8 **3. Anfechtungsausschluss.** Der vormalige Anfechtungsausschluss in § 120 Abs. 4 S. 3 aF findet sich nunmehr in § 120a Abs. 1 S. 3. Die Erwägungen zu § 120 Abs. 4 S. 3 aF gelten entsprechend (vgl. dazu RegBegr zum ARUG II BT-Drs. 16/13433, 12). Aus dem Rechtsgedanken von § 120 Abs. 1 S. 3 folgt zudem, dass auch eine Nichtigkeitsklage ausgeschlossen ist (so schon *Löbbe/Fischbach* AG 2019, 373 (378); aA *Bachmann/Pauschinger* ZIP 2019, 1 (7); *Florstedt* ZGR 2019, 630 (649)). Ein sachliches Bedürfnis für eine Klage fehlt nämlich im Hinblick auf den bloß empfehlenden Charakter des Beschlusses. Insoweit ergibt sich kein Unterschied zwischen Anfechtungs- und Nichtigkeitsklage.

III. Publikation des Beschlusses (Abs. 2)

9 Abs. 2 der Vorschrift regelt die Publikation des Hauptversammlungsbeschlusses. Der Beschluss muss mit Angabe des Beschlussdatums sowie des Beschlussergebnisses veröffentlicht werden (RegBegr zum ARUG II BT-Drs. 19/9739, 93). Ferner muss – um die bezweckte Transparenz zu gewährleisten – bei mehreren verfügbaren Vergütungssystemen auf der Internetpräsenz der Gesellschaft angegeben werden, welches der Vergütungssysteme aktuell zugrunde gelegt wird. Da auch die Einberufungsunterlagen nach § 124 Abs. 2 S. 3 iVm § 124a Nr. 1 das Vergütungssystem enthalten werden, ist die Veröffentlichungspflicht nach Abs. 2 häufig obsolet. Eigenständige Bedeutung erhält Abs. 2 daher vor allem bei redaktionellen Änderungen des Vergütungssystems (RegBegr zum ARUG II BT-Drs. 19/9739, 93 f.).

IV. Rechtsfolgen des Beschlusses

10 Aus der Regelung in Abs. 3 folgt nicht etwa, dass die Nichtbilligung der Hauptversammlung zu einer Nichtverwendbarkeit des Vergütungssystems führt. Vielmehr ist die Vorschrift in systematischem Zusammenhang zu § 87a Abs. 2 S. 1 zu sehen: Danach kommt es für das Vergütungssystem nur darauf an, ob es der Hauptversammlung zur Billigung **vorgelegen** hat. Auf die Billigung selbst kommt es danach bereits nach der grammatischen Auslegung nicht an (iE ebenso *Schmidt* NZG 2018, 1201 (1204)). Die

Regelung in Abs. 3 ist daher eher als Ausfluss der bezwecken Transparenz aufzufassen. Der Hauptversammlung soll die Möglichkeit einer erneuten Überprüfung gegeben werden.

Ferner darf der Aufsichtsrat von einem befürworteten Vergütungssystem auch nicht abweichen (so auch *Bachmann/Pauschinger* ZIP 2019, 1 (6)). Dies folgt aber nicht etwa aus einer etwaigen Bindungswirkung des Beschlusses, der ja nur empfehlende Wirkung hat. Aus § 87a Abs. 2 S. 1 folgt aber, dass die Vergütung in Übereinstimmung mit einem der Hauptversammlung vorgelegten Vergütungssystem festzusetzen ist. Ändert der Aufsichtsrat nach einem Beschluss die Vergütungspolitik, wurde dieses geänderte Vergütungssystem aber gerade nicht vorgelegt. Gleichermaßen darf der Aufsichtsrat auch kein abgelehntes Vergütungssystem in einer veränderten, der Kritik Rechnung tragenden Fassung verwenden; ein solches Vergütungssystem wurde dann nämlich ebenfalls nicht „vorgelegt" (*Paschos/Goslar* AG 2019, 365 (369)). Im Hinblick auf § 87a liegt insoweit eine gewisse Bindungswirkung vor. Der Aufsichtsrat ist – auch wenn sich zwischenzeitlich die Besetzung geändert hat – daran gebunden, das zu verwendende Vergütungssystem zumindest vorgelegt zu haben (s. auch zur Änderung der Besetzung *Anzinger* ZGR 2019, 39 (83)). 11

Die Vorschrift sieht die Vorlage eines „überprüften" Vergütungssystems vor. In der Begründung des Regierungsentwurfs wird erläutert, das Vergütungssystem müsse nicht zwingend überarbeitet sein (RegBegr zum ARUG II BT-Drs. 19/9739, 94; zweifelnd *Rieckers* BOARD 2019, 97 (98)). Im Hinblick darauf, dass die Vorschrift in erster Linie Transparenz gewährleisten soll, überzeugt dieses Ergebnis. Insbesondere kann es nicht darauf ankommen, dass marginale inhaltliche Änderungen vorgenommen werden, um einem vermeintlichen Korrekturerfordernis zu genügen. Zudem würde andernfalls der an sich nur empfehlende Beschluss eine Art Vetorecht begründen (*Löbbe/Fischbach* AG 2019, 373 (378)). Es kann im Ergebnis also exakt dasselbe Vergütungssystem erneut vorgelegt werden (so auch *Schmidt* NZG 2018, 1201 (1204); aA *Anzinger* ZGR 2019, 39 (82), der allerdings nur verlangt, dass bekundet wird, dass trotz des zuvor ablehnenden Votums der Gesellschafterversammlung am Vergütungssystem festgehalten wird). 12

Durch Abs. 3 erhält die Gesellschaft ein Wahlrecht, ob sie das überprüfte Vergütungssystem erst in der nächsten ordentlichen Hauptversammlung oder aber in einer zwischenzeitlichen außerordentlichen Hauptversammlung thematisiert. Dies kommt durch die Formulierung „spätestens" zum Ausdruck (RegBegr zum ARUG II BT-Drs. 19/9739, 94). Insofern steht es der Gesellschaft offen, eine zwischenzeitliche außerordentliche Hauptversammlung nicht durch Vergütungsthemen zu belasten, sondern jene auf die nächste ordentliche Hauptversammlung zu verschieben (*Bungert/Wansleben* BB 2019, 1026 (1027)). Zu begrüßen ist insoweit die Abweichung zum Referentenentwurf, welcher noch eine Anknüpfung an die „nächste" Hauptversammlung – also ggf. auch eine außerordentliche – vorsah (krit. noch zum Referentenentwurf *DAV-Handelsrechtsausschuss* NZG 2019, 12 (19)). 13

Im Kontext der Änderung eines Vergütungssystems stellt sich die Frage, ob in Vorstandsverträgen Änderungsvorbehalte aufgenommen werden müssen, um eine spätere Anpassung rechtlich zu ermöglichen. Im Hinblick auf den **pacta sunt servanda-Grundsatz** ist dies letztlich zu verneinen. Insbesondere hat sich der Gesetzgeber für ein bloß beratendes Votum entschieden. Vorstandsverträge müssen somit künftig nicht zwingend einen Änderungsvorbehalt enthalten (so auch *Diekmann* BB 2018, 3010 (3011); *Diekmann* WM 2018, 896 (898)). 14

V. Billigung des Vergütungsberichts

Die Regelung in Abs. 4 ist ersichtlich an den Verfahrensgang des Jahresabschlusses angelehnt, welcher ebenfalls zunächst aufgestellt, durch den Abschlussprüfer geprüft und dann festgestellt wird. Abs. 4 S. 1 sieht insofern eine Vorlagepflicht des in formeller Hinsicht geprüften Vergütungsberichts vor. Durch den Verweis auf Abs. 1 S. 2 ist klargestellt, dass auch der Beschluss nach Abs. 4 keine Rechte und Pflichten begründet. Nach Kritik am anderslautenden Referentenentwurf (etwa *Heldt* AG 2018, 905 (912)) ist nun auch der Beschluss über den Vergütungsbericht durch den Verweis auf Abs. 1 S. 3 unanfechtbar. 15

VI. Privilegierung von KMU

In Abs. 5 findet sich eine Privilegierung von kleinen und mittelgroßen börsennotierten Unternehmen bzw. Gesellschaften (KMU). Diese können den Vergütungs**bericht** (nicht das Vergütungssystem!) der Hauptversammlung zur bloßen Erörterung vorlegen, ohne dass es einer Beschlussfassung bedarf. Die Begründung für diese Privilegierung folgt der Erwägung, bei KMU sei die Vorstands- und Aufsichtsratsvergütung für die Öffentlichkeit von geringerer Bedeutung als bei den großen börsennotierten Gesellschaften im Sinne des § 267 Abs. 3 HGB (RegBegr zum ARUG II BT-Drs. 19/9739, 94). 16

Zweiter Unterabschnitt. Einberufung der Hauptversammlung

Allgemeines

121 (1) **Die Hauptversammlung ist in den durch Gesetz oder Satzung bestimmten Fällen sowie dann einzuberufen, wenn das Wohl der Gesellschaft es fordert.**

(2) [1]**Die Hauptversammlung wird durch den Vorstand einberufen, der darüber mit einfacher Mehrheit beschließt.** [2]**Personen, die in das Handelsregister als Vorstand eingetragen sind, gelten als befugt.** [3]**Das auf Gesetz oder Satzung beruhende Recht anderer Personen, die Hauptversammlung einzuberufen, bleibt unberührt.**

(3) [1]**Die Einberufung muss die Firma, den Sitz der Gesellschaft sowie Zeit und Ort der Hauptversammlung enthalten.** [2]**Zudem ist die Tagesordnung anzugeben.** [3]**Bei börsennotierten Gesellschaften hat der Vorstand oder, wenn der Aufsichtsrat die Versammlung einberuft, der Aufsichtsrat in der Einberufung ferner anzugeben:**

1. die Voraussetzungen für die Teilnahme an der Versammlung und die Ausübung des Stimmrechts sowie gegebenenfalls den Nachweisstichtag nach § 123 Absatz 4 Satz 2 und dessen Bedeutung;

2. das Verfahren für die Stimmabgabe

a) durch einen Bevollmächtigten unter Hinweis auf die Formulare, die für die Erteilung einer Stimmrechtsvollmacht zu verwenden sind, und auf die Art und Weise, wie der Gesellschaft ein Nachweis über die Bestellung eines Bevollmächtigten elektronisch übermittelt werden kann sowie

b) durch Briefwahl oder im Wege der elektronischen Kommunikation gemäß § 118 Abs. 1 Satz 2, soweit die Satzung eine entsprechende Form der Stimmrechtsausübung vorsieht;

3. die Rechte der Aktionäre nach § 122 Abs. 2, § 126 Abs. 1, den §§ 127, 131 Abs. 1; die Angaben können sich auf die Fristen für die Ausübung der Rechte beschränken, wenn in der Einberufung im Übrigen auf weitergehende Erläuterungen auf der Internetseite der Gesellschaft hingewiesen wird;

4. die Internetseite der Gesellschaft, über die die Informationen nach § 124a zugänglich sind.

(4) [1]**Die Einberufung ist in den Gesellschaftsblättern bekannt zu machen.** [2]**Sind die Aktionäre der Gesellschaft namentlich bekannt, so kann die Hauptversammlung mit eingeschriebenem Brief einberufen werden, wenn die Satzung nichts anderes bestimmt; der Tag der Absendung gilt als Tag der Bekanntmachung.** [3]**Die Mitteilung an die im Aktienregister Eingetragenen genügt.**

(4a) **Bei börsennotierten Gesellschaften, die nicht ausschließlich Namensaktien ausgegeben haben oder welche die Einberufung den Aktionären nicht unmittelbar nach Absatz 4 Satz 2 übersenden, ist die Einberufung spätestens zum Zeitpunkt der Bekanntmachung solchen Medien zur Veröffentlichung zuzuleiten, bei denen davon ausgegangen werden kann, dass sie die Information in der gesamten Europäischen Union verbreiten.**

(5) [1]**Wenn die Satzung nichts anderes bestimmt, soll die Hauptversammlung am Sitz der Gesellschaft stattfinden.** [2]**Sind die Aktien der Gesellschaft an einer deutschen Börse zum Handel im regulierten Markt zugelassen, so kann, wenn die Satzung nichts anderes bestimmt, die Hauptversammlung auch am Sitz der Börse stattfinden.**

(6) **Sind alle Aktionäre erschienen oder vertreten, kann die Hauptversammlung Beschlüsse ohne Einhaltung der Bestimmungen dieses Unterabschnitts fassen, soweit kein Aktionär der Beschlußfassung widerspricht.**

(7) [1]**Bei Fristen und Terminen, die von der Versammlung zurückberechnet werden, ist der Tag der Versammlung nicht mitzurechnen.** [2]**Eine Verlegung von einem Sonntag, einem Sonnabend oder einem Feiertag auf einen zeitlich vorausgehenden oder nachfolgenden Werktag kommt nicht in Betracht.** [3]**Die §§ 187 bis 193 des Bürgerlichen Gesetzbuchs sind nicht entsprechend anzuwenden.** [4]**Bei nichtbörsennotierten Gesellschaften kann die Satzung eine andere Berechnung der Frist bestimmen.**

Übersicht

I. Allgemeines

1 Die Einberufung der HV ist in den §§ 121–128 geregelt. In § 121 finden sich die grundlegenden Regelungen, namentlich die Einberufungsgründe (Abs. 1), die Einberufungsberechtigten (Abs. 2), der Inhalt der Einberufung (Abs. 3), die Art und Weise der Einberufung (Abs. 4, 4a) und der Ort der HV (Abs. 5). Wichtig ist auch der durch das ARUG eingeführte Abs. 7, der allgemeine Berechnungsregelungen für alle von der HV zurückzuberechnenden Fristen enthält. Die Einberufung ist **innergesellschaftliche Verfahrenshandlung** und hat keinen rechtsgeschäftlichen Charakter (BGH 30.3.1987, BGHZ 100, 264 = NJW 1987, 2580 zur GmbH). Sie ist **Leitungsaufgabe** des Vorstands iSd § 76 Abs. 1 (Hüffer/Koch/*Koch* Rn. 1). Soweit die Regelungen der Satzung keinen Spielraum geben, sind sie **zwingend** (§ 23 Abs. 5). Eine Ausnahme gilt für die **Vollversammlung,** da diese einstimmig auf die Einhaltungen der Bestimmungen dieses Unterabschnitts verzichten kann (Abs. 6).

II. Einberufungsgründe (Abs. 1)

2 Nach Abs. 1 ist die HV in den durch Gesetz oder Satzung bestimmten Fällen einzuberufen sowie dann, wenn es das Wohl der Gesellschaft fordert.

3 Soweit das **Gesetz** die Einberufung vorsieht, ist der Vorstand (vgl. Abs. 2) zur Einberufung nicht nur berechtigt, sondern auch verpflichtet. Dazu gehören in erster Linie die Fälle, in denen das Gesetz ausdrücklich die Einberufung der HV verlangt: Verlust der Hälfte des Grundkapitals (§ 92 Abs. 1); Verlangen einer Minderheit (§ 122 Abs. 1); aufsichtsrechtliche Maßnahmen (§ 44 Abs. 5 S. 1 KWG, § 3 Abs. 1 BausparkG, § 83 Abs. 1 S. 1 Nr. 6 VAG). Daneben existieren Fälle, in denen die Einberufung zwar nicht ausdrücklich vorgesehen ist, eine Einberufung aber aufgrund der Kompetenz der HV (→ § 119 Rn. 3 ff.) erforderlich ist, etwa die Bestellung von AR-Mitgliedern (§ 101 Abs. 1). Hierzu dürften iwS auch die ungeschriebenen HV-Kompetenzen in sog. Holzmüller/Gelatine-Sachverhalten zählen (→ § 119 Rn. 12 ff. und Spindler/Stilz/*Rieckers* Rn. 7).

4 Eine Einberufungspflicht nach der **Satzung** kommt nur dann in Betracht, wenn die HV für den der Einberufung zugrundeliegenden Sachverhalt ohnehin zuständig ist (§ 23 Abs. 5). Der Spielraum für Satzungsregelungen ist daher gering (MüKoAktG/*Kubis* Rn. 8). Der Einberufungsgrund kann zB auf der Satzung beruhen, wenn diese der HV die Zuständigkeit zur Entscheidung über die Übertragung vinkulierter Namensaktien überträgt (vgl. § 68 Abs. 2 S. 3).

5 Eine Einberufung zum **Wohl der Gesellschaft** setzt ebenfalls eine grundsätzlich bestehende Kompetenz der HV voraus. Der Einberufungsgrund darf nicht als Auffangtatbestand verstanden werden und hat daher geringe praktische Bedeutung (Hüffer/Koch/*Koch* Rn. 5).

III. Einberufungsberechtigte (Abs. 2)

6 Nach Abs. 2 S. 1 ist die Einberufung der HV dem **Vorstand** vorbehalten. Der Vorstand entscheidet über die Einberufung durch Beschluss mit einfacher Stimmenmehrheit bezogen auf die abgegebenen Stimmen (Hüffer/Koch/*Koch* Rn. 6; MüKoAktG/*Kubis* Rn. 18). Nach Abs. 2 S. 2 gilt derjenige, der im Handelsregister als Vorstand eingetragen ist, auch als einberufungsbefugt. Hierin liegt eine **unwiderlegbare Vermutung,** die von der Gutgläubigkeit der Aktionäre nicht abhängt (MüKoAktG/*Kubis* Rn. 20). Maßgeblich ist die Eintragung im Zeitpunkt der Einberufung (Hüffer/Koch/*Koch* Rn. 7). Abs. 2 klärt und erweitert damit allerdings nur aus Gründen der Rechtssicherheit den Kreis der Einberufungsberechtigten; ein Einberufungsbeschluss des Vorstandes wird daher nicht dann unwirksam, wenn wirksam bestellte Vorstandsmitglieder mitwirken, die bloß nicht im Handelsregister eingetragen sind (OLG Stuttgart 15.10.2008, AG 2009, 124 (125); MüKoAktG/*Kubis* Rn. 20). Abs. 2 ist nach Auffassung des BGH allerdings weder auf die Einberufung der Gesellschafterversammlung durch eine zu Unrecht im Handelsregister eingetragene persönlich haftende Gesellschafterin einer Publikumskommanditgesellschaft anwendbar, noch ergibt sich aus der Vorschrift eine Einberufungsbefugnis zugunsten einer im Handelsregister noch als Geschäftsführer eingetragenen Person, die als Geschäftsführer einer GmbH wirksam abberufen worden ist (BGH 25.10.2016, NZG 2017, 303 Rn. 39 ff.; BGH 8.11.2016, BGHZ 212, 342 Rn. 21 ff.; offengelassen allerdings hinsichtlich eines im Handelsregister eingetragenen Geschäftsführers der Komplementär-GmbH einer Publikums-KG; eingehend zum Ganzen *Bayer/Illhardt* NZG 2017, 801 ff.; *Liebscher/Steinbrück* GmbHR 2017, 497 ff.).

7 Nach Abs. 2 S. 3 bleibt das **Einberufungsrecht anderer Personen** hiervon unberührt: Ein **gesetzliches Einberufungsrecht** hat nach § 111 Abs. 3 der AR, wenn das Wohl der Gesellschaft es verlangt; das kann insbesondere dann der Fall sein, wenn er einen Vertrauensentzug nach § 84 Abs. 3 S. 2 herbeiführen will. Die Wirksamkeit der Einberufung ist aber unabhängig davon gegeben, ob ein solcher Grund vorlag (LG Frankfurt a. M. 16.8.2013, AG 2015, 252). Ein Einberufungsrecht haben zudem die vom Gericht ermächtigten Aktionäre (§ 122 Abs. 3) sowie die Abwickler der AG (§ 268 Abs. 2 S. 1). Ein **Einberufungsrecht kraft Satzung** kann zugunsten einzelner Aktionäre begründet werden (ganz hM, KK-AktG/*Noack/Zetzsche* Rn. 51) und sogar zugunsten Gesellschaftsfremder (Hüffer/Koch/*Koch* Rn. 8; K. Schmidt/Lutter/*Ziemons* Rn. 22).

8 Wird die HV ohne entsprechende Befugnis einberufen, sind alle gleichwohl gefassten Beschlüsse nach § 241 Nr. 1 **nichtig** (vgl. zur GmbH: BGH 7.2.1983, BGHZ 87, 1 = NJW 1983, 1677).

IV. Inhalt der Einberufung (Abs. 3)

9 Nach Abs. 3 S. 1 muss die Einberufung folgende **Mindestangaben** enthalten: die Firma der AG (vgl. § 4); den Sitz der Gesellschaft (vgl. § 5 und → Rn. 23); die Zeit der HV (→ Rn. 27 f.), dh Datum und Stunde, nicht aber voraussichtliche Dauer (OLG Koblenz 26.4.2001, ZIP 2001, 1093; *Happ/Freitag* AG 1998, 493 (495)); den Ort der HV (→ Rn. 23 ff.), also Anschrift inkl. Versammlungsraum. Obwohl nicht genannt, sind auch die Einberufenden zu benennen, damit die Aktionäre die Einberufungszuständigkeit prüfen können (BeckHdB AG/*Reichert* § 5 Rn. 90).

10 Seit Inkrafttreten des ARUG muss auch die **Tagesordnung** in der Einberufung enthalten sein, also nicht nur „bei der Einberufung" (§ 124 Abs. 1 S. 1 aF), dh gleichzeitig, veröffentlicht werden (Abs. 3 S. 2). Die Tagesordnung ist die Zusammenfassung aller Beschluss- und Verhandlungsgegenstände in der Reihenfolge, in der sie behandelt werden sollen (MüKoAktG/*Kubis* § 121 Rn. 44; zur Bindung des Versammlungsleiters an die Reihenfolge der Tagesordnungspunkte → § 129 Rn. 28). Aus ihr muss ohne Rückfrage zu erkennen sein, worüber verhandelt und beschlossen werden soll; eine bloß formale Eingrenzung genügt nicht (MüKoAktG/*Kubis* § 121 Rn. 44).

11 Nur von **börsennotierten Gesellschaften** sind des Weiteren nach dem durch das ARUG neugefassten, nicht-börsennotierte Gesellschaften entlastenden Angaben nach Abs. 3 S. 3 anzugeben: **Nr. 1:** Bedingungen für die Teilnahme und Ausübung des Stimmrechts (vgl. § 123 Abs. 2 und 3) sowie ggf. der Nachweisstichtag iSv § 123 Abs. 4 S. 2 (sog. „record date"). Nach zT vertretener Ansicht ist eine Erklärung des Stichtags nicht geschuldet (*Seibert/Florstedt* ZIP 2008, 2145 (2147)). Bereits aus Gründen der Vorsicht sollte hierauf jedoch nicht verzichtet werden. Genügen dürfte insoweit allerdings der Hinweis, dass an der HV nur Personen teilnehmen und ihr Stimmrecht ausüben dürfen, die im Zeitpunkt des Stichtags Aktionär der AG sind (ebenso *Drinhausen/Keinath* BB 2009, 2322 (2323); vgl. auch OLG Frankfurt a. M. 21.7.2009, NZG 2009, 1068). Der Eintragungsstopp bei Namensaktien ist demgegenüber kein Fall der Nr. 1 (BGH 21.9.2009, NZG 2009, 1270; Hüffer/Koch/*Koch* Rn. 10 mwN; **aA** LG Köln 5.12.2008, NZG 2009, 467). **Nr. 2:** Das Verfahren für die Stimmabgabe durch einen Bevollmächtigten, durch Briefwahl oder als Online-Teilnehmer. Hinsichtlich der Stimmabgabe durch einen Vertreter ist insbesondere ein Hinweis auf die Formulare für dessen Bestellung (vgl. auch § 48 Abs. 1 Nr. 5 WpHG) sowie die Art und Weise der elektronischen Nachweiserbringung (vgl. § 134 Abs. 3 S. 4) erforderlich (RegBegr BT-Drs. 16/11642, 28). Es sollte auch auf die Sonderregelung über die Form der Vollmacht bei Kreditinstituten hingewiesen werden (vgl. OLG Frankfurt a. M. 15.7.2008, ZIP 2008, 1722 = WM 2008, 2169 – Leica; die Brisanz der stark kritisierten Entscheidung wird aufgrund der Anpassung der Rechtsfolgen im Fall eines Verstoßes, → Rn. 13, jedoch beseitigt, da derart geringe Einberufungsmängel künftig einer positiven Freigabeentscheidung nicht mehr entgegenstehen werden, vgl. *Rothley* GWR 2009, 312). **Nr. 3:** Die Erläuterung der Begleitrechte der Aktionäre (§ 122 Abs. 2, § 126 Abs. 1 sowie §§ 127, 131 Abs. 1), wobei sich die Angaben auf die Fristen beschränken können, wenn auf weitere Informationen auf der Website verwiesen wird. Die Fristen sind konkret zu berechnen und anzugeben; iÜ sind allein die Nennung und allgemeinverständliche Darstellung des Regelungsgehalts, ergänzt um gesellschaftsspezifische Angaben (zB Adressen), nicht also rechtsberatende Ausführungen geschuldet (RegBegr BT-Drs. 16/11642, 28). Die bloße Wiedergabe des Gesetzestextes dürfte allerdings nicht genügen (*Drinhausen/Keinath* BB 2009, 2322 (2323)). **Nr. 4:** Die Website der Gesellschaft, über die Informationen nach § 124a zugänglich sind (Abs. 3 S. 2 Nr. 4).

12 Abs. 3 S. 3 bezieht sich nur auf HV, die vom Vorstand oder vom AR einberufen werden. Wird die **HV von Aktionären einberufen,** die hierzu nach § 122 Abs. 3 ermächtigt wurden, sind die zusätzlichen Angaben nach Abs. 3 S. 3 mithin nicht zu machen (*Drinhausen/Keinath* BB 2009, 2322 (2323)).

13 Die Anforderungen an die Bekanntmachung sind **nicht abdingbar.** Ein Verstoß gegen die in Abs. 3 S. 1 aufgeführten Mindestangaben führt zur **Nichtigkeit** der gefassten Beschlüsse (vgl. § 241 Nr. 1), ein Verstoß gegen Abs. 3 S. 2 und 3 lediglich zur **Anfechtbarkeit** (*Drinhausen/Keinath* BB 2009, 2322 (2323)). Eine Ausnahme gilt nur im Fall des Abs. 6.

V. Art und Weise der Einberufung (Abs. 4, 4a)

1. Bekanntmachung in den Gesellschaftsblättern (Abs. 4 S. 1). Die Einberufung ist unter Beachtung der Frist des § 123 in den **Gesellschaftsblättern bekannt zu machen** (Abs. 4 S. 1), dh im Bundesanzeiger, der seit der Aktienrechtsnovelle 2016 alleiniges Bekanntmachungsmedium der Gesellschaft ist (vgl. § 25). Vor dem 30.12.2015 satzungsmäßig etablierte andere Informationsmedien bleiben zwar zulässig (vgl. § 26h Abs. 3 S. 1 EGAktG). Für den Fristbeginn des § 123 allerdings ist allein die Bekanntmachung im Bundesanzeiger maßgeblich (§ 26h Abs. 3 S. 2 EGAktG); insoweit war vor der Aktienrechtsnovelle 2016 umstritten, ob bei mehreren Gesellschaftsblättern nicht auf das Erscheinen des letzten abzustellen wäre (so MüKoAktG/*Kubis,* 3. Aufl. 2013, Rn. 73; Spindler/Stilz/*Rieckers,* 3. Aufl. 2015, Rn. 49; **aA** K. Schmidt/Lutter/*Ziemons* Rn. 74; KK-AktG/*Noack/Zetzsche* Rn. 113). Die Bekanntmachung in den Börsenpflichtblättern ist gesellschaftsrechtlich ohne Relevanz (MüKoAktG/*Kubis* Rn. 73). 14

2. Einberufung durch eingeschriebenen Brief (Abs. 4 S. 2). Die HV kann nach Abs. 4 S. 2 auch durch **eingeschriebenen Brief** einberufen werden, wenn die Aktionäre namentlich bekannt sind. 15

Namentliche Bekanntheit kommt in erster Linie im Fall von **Namensaktien** in Betracht, da gegenüber der Gesellschaft nur als Aktionär gilt, wer in das Aktienregister eingetragen ist (§ 67 Abs. 2). In Ausnahmefällen kann Abs. 4 S. 2 aber auch bei **Inhaberaktien** Anwendung finden, nämlich dann, wenn der Einberufende alle Aktionäre kennt. Um Irrtümer zu vermeiden, können (schuldrechtliche) Meldeobliegenheiten für den Fall der Veräußerung begründet werden. Da diese nur den veräußernden Aktionär treffen, ist es streitig, ob nur zu vertretende Irrtümer über die einzuberufenden Gesellschafter als Einberufungsmangel anzusehen sind (so noch *Hüffer* Rn. 11d; **aA** Bürgers/Körber/*Reger* Rn. 15; Hüffer/Koch/*Koch* Rn. 11d; MüKoAktG/*Kubis* Rn. 79 mwN). Vorsichtshalber sollte von einer Einberufung per eingeschriebenem Brief bei komplizierten Verhältnissen daher abgesehen werden. Für **unverbriefte Aktien** gilt das Gesagte entsprechend (MüKoAktG/*Kubis* Rn. 80). 16

Die **Briefform** erfordert eine schriftliche, nicht notwendig unterschriebene Erklärung; aus Gründen der Vorsicht sollte jedoch mindestens ein Vorstandsmitglied unterschreiben (Hüffer/Koch/*Koch* Rn. 11f). Ein Übergabe-Einschreiben genügt in jedem Fall den gesetzlichen Anforderungen, wobei auf einen Rückschein verzichtet werden kann (MüKoAktG/*Kubis* Rn. 81); überwiegend sieht man auch ein Einwurf-Einschreiben als ausreichend an (so Hüffer/Koch/*Koch* Rn. 11f; KK-AktG/*Noack/Zetzsche* Rn. 147; so auch BGH 27.9.2016, BGHZ 212, 104 Rn. 11 ff. für § 21 Abs. 1 S. 2 GmbHG; **aA** Hölters/*Drinhausen* Rn. 32). 17

Die **Satzung** kann Erleichterungen vorsehen; die Einberufung kann dann auch durch Fax oder E-Mail erfolgen (Hüffer/Koch/*Koch* Rn. 11f). Ob die Satzung die Einberufung durch eingeschriebenen Brief vollständig ausschließen kann, ist demgegenüber umstritten (dafür KK-AktG/*Noack/Zetzsche* Rn. 156; Spindler/Stilz/*Rieckers* Rn. 61; **aA** Hüffer/Koch/*Koch* Rn. 11f; Bürgers/Körber/*Reger* Rn. 16), ebenso ob die Satzung die namentliche Einberufung stets zwingend – neben der öffentlichen – vorschreiben kann (dafür KK-AktG/*Noack/Zetzsche* Rn. 156; **aA** Spindler/Stilz/*Rieckers* Rn. 61). Eine **Mischung der Bekanntmachungsformen** dahin, dass ein Teil der Einberufung in den einen und der Rest in den anderen Medien erfolgt (zB Einberufung durch Einschreiben, Bekanntmachung der TOP in den Gesellschaftsblättern), ist unzulässig (MüKoAktG/*Kubis* Rn. 81; **aA** KK-AktG/*Noack/Zetzsche* Rn. 157). Höchstfürsorglich können jedoch beide Formen für vollständige Einberufungen nebeneinander eingesetzt werden; die erste Veröffentlichung genügt in diesem Fall. 18

Der Tag der Absendung (Postaufgabe) gilt als **Tag der Bekanntmachung.** Werden die Briefe an unterschiedlichen Tagen verschickt, kommt es auf die Absendung des letzten Briefes an (Hüffer/Koch/*Koch* Rn. 11g). Die Einberufungsfrist richtet sich nach §§ 125–127 (Hüffer/Koch/*Koch* Rn. 11h). 19

3. Adressaten der Einberufung bei Namensaktiengesellschaften (Abs. 4 S. 3 nF). Der durch das ARUG II eingefügte § 121 Abs. 4 S. 3 stellt klar, dass es bei Emittenten mit Namensaktien für die Adressaten der Einberufung der Hauptversammlung weiterhin auf die Eintragung im Aktienregister ankommt, sodass eine Mitteilung an den sog. Nominee genügt (RegE BT-Drs. 19/9739, 94; vgl. *DAV* NZG 2019, 12(13)). Das entspricht auch der bisherigen herrschenden Auffassung (s. Hölters/*Drinhausen* Rn. 33; Hüffer/Koch/*Koch* Rn. 11c; MüKoAktG/*Kubis* Rn. 78; MHdB AG/*Bungert* Rn. 40). 20

4. Pflichten börsennotierter Gesellschaften (Abs. 4a). Nach dem durch das ARUG eingeführten Abs. 4a sind **börsennotierte Gesellschaften,** die nicht ausschließlich Namensaktien ausgegeben haben oder welche die HV nicht durch eingeschriebenen Brief einberufen (Abs. 4 S. 2), zudem (!) verpflichtet, spätestens zum Zeitpunkt der Bekanntmachung der Einberufung iSv Abs. 4 S. 1 die Einberufung solchen Medien zur Veröffentlichung zuzuleiten, bei denen davon ausgegangen werden kann, dass sie die Informationen in der gesamten EU verbreiten. **„Medien"** idS können auch die Gesellschaftsblätter iSd Abs. 4 S. 1 sein, namentlich der Bundesanzeiger, sofern der entsprechende Verbreitungsdienst angeboten wird (RegBegr BT-Drs. 16/11642, 28). Ein Verstoß gegen Abs. 4a stellt eine Ordnungs- 21 widrigkeit dar (§ 405 Abs. 3a Nr. 1), führt aber nicht zur Anfechtbarkeit der in der HV gefassten Beschlüsse (§ 243 Abs. 3 Nr. 2).

22 **Weitere Veröffentlichungspflichten** folgen für Emittenten deutscher Herkunft aus § 49 WpHG, namentlich die Angabe der Gesamtzahl der Aktien und Stimmrechte im Zeitpunkt der Einberufung.

VI. Ort der Hauptversammlung (Abs. 5)

23 Der Ort der HV soll nach Abs. 5 der **Gesellschaftssitz** (§ 5) oder – bei Zulassung der Aktien am regulierten Markt – der **Börsensitz** sein, wenn die Satzung nichts anderes bestimmt. Bestehen mehrere Gesellschaftssitze, kann an jedem einberufen werden (MüKoAktG/*Kubis* Rn. 88). Abs. 5 ist eine „Soll"-Vorschrift. Eine HV an einem **anderen Ort** ist daher möglich, wegen des Ausnahmecharakters aber nur dann, wenn dafür sachliche Gründe bestehen. Dies soll nur dann der Fall sein, wenn der abweichende HV-Ort offenkundig für sämtliche Gesellschafter vorteilhafter ist als der Satzungssitz (BGH 28.1.1985, AG 1985, 188 (189)). Insoweit sollte zurückhaltend agiert werden, da ein unzulässiger HV-Ort einen **Anfechtungsgrund** nach § 243 Abs. 1 darstellt (hM, BGH 28.1.1985, AG 1985, 188; Hüffer/Koch/*Koch* Rn. 12 mwN).

24 Durch die **Satzung** kann ein anderer HV-Ort bestimmt werden als der Gesellschafts- oder Börsensitz. Es ist nicht erforderlich, dass die AG an diesem Ort ihre Haupt- oder eine Zweigniederlassung hat (LG Frankfurt a. M. 2.10.2007, BB 2007, 2362). Die Satzung kann auch mehrere Orte zur Auswahl nennen, bloß geographische („Stadt in BW") oder sogar nur Größenvorgaben („dt. Stadt mit mind. x Einwohnern") machen (hM, MüKoAktG/*Kubis* Rn. 90). Die freie Auswahl des HV-Ortes kann dem Vorstand aber nicht überlassen werden; unzulässig ist daher eine nur scheinbare Eingrenzung („Stadt in der BRD"; „in x, y, z oder einem vergleichbaren Ort") (MüKoAktG/*Kubis* Rn. 90). Unzulässig ist schließlich auch eine Klausel, nach der die jeweils letzte HV über den Ort der nächsten HV zu bestimmen hat (BGH 8.11.1993, NJW 1994, 320; *Brandes* WM 1994, 2177 (2183)).

25 Eine **HV im Ausland** ist zulässig, wenn die Satzung einen entsprechend ausländischen HV-Ort bestimmt (hM, jüngst BGH 21.10.2014, AG 2015, 82 Rn. 14, dazu *Bungert/Leyendecker-Langner* BB 2015, 268 ff.; vgl. iÜ MüKoAktG/*Kubis* Rn. 88, 91; *Linnerz* NZG 2006, 208 (209); **aA** LG Stuttgart 8.11.1991, AG 1992, 236 (237); OLG Hamburg 7.5.1993, NJW-RR 1993, 1317 – „jedenfalls für Länder außerhalb der EG (hier: Zürich)"). Es ist allerdings zu beachten, dass den Erfordernissen des § 130 genügt werden muss (OLG Hamburg 7.5.1993, NJW-RR 1993, 1317). Die Geschäftsform (Wirkungsstatut) kann hierbei nicht durch die Ortsform iSv Art. 11 Abs. 1 Alt. 2 EGBGB ersetzt werden (Hüffer/Koch/*Koch* Rn. 16 mwN, offenlassend BGH 21.10.2014, AG 2015, 82 Rn. 16). Die mit der Fertigung einer notariellen Urkunde verfolgten Zwecke können indes auch durch eine unabhängige ausländische Urkundsperson, deren Stellung mit der eines deutschen Notars vergleichbar ist, erfüllt werden (BGH 21.10.2014, AG 2015, 82 Rn. 82 f.; zur GmbH: BGH 16.2.1981, BGHZ 80, 76 = NJW 1981, 1160). Weiter in ihrer konkreten Ausgestaltung muss eine vom Satzungssitz oder vom deutschen Börsensitz abweichende Bestimmung eines Versammlungsortes in der Satzung eine sachgerechte, am Teilnahmeinteresse der Aktionäre ausgerichtete Vorgabe enthalten, die das Ermessen des Einberufungsberechtigten bindet (BGH 21.10.2014, AG 2015, 82 Rn. 20).

26 Wird eine HV der Zielgesellschaft im Fall eines **öffentlichen Übernahmeangebots** nach Veröffentlichung der Angebotsunterlagen einberufen, ist die AG in der Wahl des HV-Ortes abweichend von Gesetz und Satzung frei (§ 16 Abs. 4 S. 4 WpÜG). Sinn und Zweck ist es, die Vorlaufzeit für die HV zu begrenzen (RegBegr BT-Drs. 14/7034, 47). Die Auswahl darf den Aktionären das Zusammentreten nicht unzumutbar erschweren (Hüffer/Koch/*Koch* Rn. 16a).

VII. Zeit der Hauptversammlung

27 Vorgaben zu Datum und Uhrzeit der HV fehlen. Bestimmt die Satzung hierzu nichts, entscheidet die einberufungsbefugte Person hierüber. Hierbei muss sie sich aber iRd Zumutbaren und der Verkehrssitte halten (Hüffer/Koch/*Koch* Rn. 17). Von vornherein müssen daher – zumindest in Publikumsgesellschaften – Versammlungen an **Sonn- und Feiertagen** ausscheiden (MüKoAktG/*Kubis* Rn. 36 mwN; grundsätzlich zustimmend, aber ausnahmsweise unter besonderen Umständen zulassend Hüffer/Koch/*Koch* Rn. 17; anders noch mit Blick auf die normative Wertung des Abs. 7 S. 2; *Hüffer* Rn. 17). Eine HV an **Samstagen** wird hingegen überwiegend für zulässig gehalten (OLG Koblenz 23.11.2000, ZIP 2001, 1093; MüKoAktG/*Kubis* Rn. 36 mwN; **aA** generell Obermüller/Werner/Winden/*Butzke,* Die HV der Aktiengesellschaft, 5. Aufl. 2010, Rn. B 8). Da für Gesellschaften, deren Aktien im geregelten Markt oder im Freiverkehr gehandelt werden, zT ein anderes vertreten wird, da Kreditinstitute und Aktionärsvereinigungen regelmäßig samstags nicht zur Verfügung stünden (K. Schmidt/Lutter/*Ziemons* Rn. 32), sollte – auch wenn diese Prämisse wenig realistisch erscheint – auf eine Abhaltung am Samstag zumindest in diesen Fällen verzichtet werden.

28 Der **Beginn der HV** sollte unter Berücksichtigung der voraussichtlichen Dauer der HV so gewählt werden, dass eine An- und Abreise der Aktionäre am gleichen Tag möglich erscheint. Der Beginn sollte

demgemäß in keinem Fall vor 8:00 Uhr liegen (Hüffer/Koch/*Koch* Rn. 17); üblich und angemessen ist bei börsennotierten AG ein Beginn zwischen 10:00 und 11:00 Uhr (K. Schmidt/Lutter/*Ziemons* Rn. 33). Das **Ende der HV** sollte nicht nach Mitternacht liegen. Eine Fortführung nach Mitternacht führt allerdings nicht zur Nichtigkeit der gefassten Beschlüsse (OLG München 28.9.2011 AG 2011, 840 (842); Hüffer/Koch/*Koch* Rn. 17; *Linnerz* NZG 2006, 208 (210); **aA** LG Düsseldorf 16.5.2007 ZIP 2007, 1859; MüKoAktG/*Kubis* Rn. 35 mwN, da die HV hierdurch auch an einem (weiteren) Tag stattfinde, für den sie nicht einberufen sei). Führt die Fortführung zu einer unzumutbaren Überlänge der Versammlung, sind die Beschlüsse aber jedenfalls anfechtbar (Hüffer/Koch/*Koch* Rn. 17; K. Schmidt/ Lutter/*Ziemons* Rn. 35; **aA** *Max* AG 1991, 77 (90)). Ist damit zu rechnen, dass die zeitlich zulässigen Grenzen – auch bei Beschränkung des Rede- und Fragerechts – überschritten werden, sollte die HV von vornherein für zwei Tage einberufen werden (LG Düsseldorf 16.5.2007, ZIP 2007, 1859 (1860); K. Schmidt/Lutter/*Ziemons* Rn. 34), auch wenn Leitbild der HV die Durchführung an einem Tag sein sollte (BGH 8.2.2010, BGHZ 184, 239 (250) = NJW 2010, 1604 (1607)).

VIII. Absage/Verlegung/Änderungen

Eine **Absage der HV** kann durch den Einberufungsbefugten erfolgen (BGH 30.6.2015, BGHZ 206, 143 Rn. 22; KK-AktG/*Noack/Zetzsche* Rn. 117; GroßkommAktG/*Butzke* Rn. 106. Das ist (nur) im Falle des § 122 Abs. 3 die Aktionärsminderheit nach entsprechender gerichtlicher Ermächtigung; bei einem (bloßen) Einberufungsverlangen der Minderheit gem. § 122 Abs. 1 verbleiben Einberufungs- wie auch Abberufungskompetenz beim Vorstand (BGH 30.6.2015, BGHZ 206, 143 Rn. 22 f.; *Lieder* NZG 2016, 81 (83)). Umstritten ist, bis zu welchem Zeitpunkt eine Absage zulässig ist. Nach Auffassung des BGH soll der Vorstand eine von ihm einberufene HV dann nicht mehr absagen können, wenn sich die Aktionäre bereits nach dem in der Einberufung für den HV-Beginn angegebenen Zeitpunkt im Versammlungsraum eingefunden haben; ab diesem Zeitpunkt haben die erschienenen Aktionäre über die Durchführung der HV zu entscheiden (BGH 30.6.2015, BGHZ 206, 143 Rn. 28 ff.; zust. Bürgers/ Körber/*Reger* Rn. 28a; **aA** – für förmliche Eröffnung der HV als maßgeblichen Zeitpunkt – KK-AktG/ *Noack/Zetzsche* Rn. 117). Die Rücknahme bedarf nicht derselben Form wie die Einberufung; erforderlich ist aber eine Form, die den Aktionären die Möglichkeit der Kenntnisnahme von der Absage verschafft (OLG Frankfurt a. M. 18.3.2014, AG 2015, 445 Rn. 78; Hüffer/Koch/*Koch* Rn. 18; GroßkommAktG/*Butzke* Rn. 111). Demgegenüber muss die **Verlegung der HV auf einen neuen Termin** wie eine neue Einberufung behandelt werden, insbesondere im Hinblick auf die Einberufungsfrist des § 123 (zur GmbH: BGH 30.3.1987, BGHZ 100, 264 = NJW 1987, 2580). Eine verhältnismäßig kurze Verschiebung des Beginns ist aber nicht als Verlegung zu erachten (Hüffer/Koch/*Koch* Rn. 18). **Sonstige Änderungen,** wie zB die Verlegung des HV-Ortes (nicht aber lediglich des Versammlungslokals) oder die Änderung der Teilnahmebedingungen sind ebenso zu behandeln (Hüffer/Koch/*Koch* Rn. 18; **aA** *Lieder* NZG 2016, 81 (83 f.)). 29

IX. Vollversammlung (Abs. 6)

Verstöße gegen die Vorschriften des Zweiten Unterabschnitts (§§ 121–128) spielen dann keine Rolle, wenn auf der HV alle Aktionäre erschienen oder vertreten sind und kein Aktionär der Beschlussfassung widerspricht (Abs. 6). Die Unbeachtlichkeit von Verstößen erstreckt sich auch auf solche Bekanntmachungen, die § 124 in Bezug nehmen (§ 183 Abs. 1 S. 2, § 186 Abs. 4 S. 1, § 203 Abs. 2 S. 2; vgl. Hüffer/Koch/*Koch* Rn. 23). **Vollständige Präsenz** setzt voraus, dass das gesamte Grundkapital anwesend (ggf. auch durch Legitimationsaktionäre, § 129 Abs. 3) oder doch jedenfalls offen durch gesetzliche Vertreter oder Bevollmächtigte vertreten ist. Auf das Stimmrecht kommt es nicht an; auch Vorzugs-Aktionäre müssen daher anwesend sein (MüKoAktG/*Kubis* Rn. 96). Ob auch eine **Abwesenheit von Vorstand und AR** geheilt werden kann, ist str. (dafür: MüKoAktG/*Kubis* Rn. 98; dagegen: GroßkommAktG/*Werner*, 4. Aufl. 2009, Rn. 67). Jedenfalls wenn hierdurch ein Informationsdefizit entsteht, ist Anfechtbarkeit gegeben (so auch MüKoAktG/*Kubis* Rn. 98). IÜ sollte vorsichtshalber darauf geachtet werden, dass bei der (dann zulässigen) Initiative von Aktionären, eine Vollversammlung herbeizuführen, auch die Verwaltung eingeladen wird, um eine Anfechtung mit der Begründung der Verletzung des Anwesenheitsrechts der Verwaltung (§ 118 Abs. 2) zu vermeiden. 30

X. Fristberechnung (Abs. 7)

Durch das ARUG wurde § 121 ein Abs. 7 hinzugefügt. Dieser enthält nunmehr ein Berechnungsinstrumentarium für alle von der HV zurückzuberechnende Fristen. Durch die Neuregelung sollten einerseits Unklarheiten des § 123 Abs. 4 aF (2005) beseitigt werden, anderseits ein **allgemein gültiges Berechnungsregime** geschaffen werden (RegBegr BT Drs. 16/11 642, 28). 31

Gemäß Abs. 7 S. 1 ist – entsprechend § 123 Abs. 4 aF (2005) – der **Tag der HV** bei der Rückberechnung nicht mitzurechnen. Fällt bei der Rückberechnung der letzte Tag auf einen **Sonntag, Sonnabend oder Feiertag,** kommt nunmehr – abweichend von § 123 Abs. 4 aF (2005) – eine 32

Verlegung des Fristendes auf einen vorausliegenden oder nachfolgenden Werktag nicht in Betracht (Abs. 7 S. 2). Die bei § 123 Abs. 4 aF (2005) streitige Frage der Anwendung der §§ 187 ff. BGB, namentlich einer reziproken Anwendung des § 188 Abs. 1 BGB (hierfür zB *Repgen* ZGR 2006, 121 (129); K. Schmidt/Lutter/*Ziemons,* 1. Aufl. 2007, § 123 Rn. 34), wurde durch Abs. 7 S. 3 mit dem Ergebnis einer **Nichtanwendung der §§ 187 ff. BGB** aufgelöst. Nach Maßgabe der einzelnen Fristbestimmungen (vgl. etwa § 122 Abs. 2 S. 3, § 123 Abs. 1 S. 2, § 123 Abs. 2 S. 3, § 125 Abs. 1 S. 2, § 16 Abs. 4 S. 2 WpÜG) ist der **Tag, an dem die entsprechende Handlung vorgenommen oder ein bestimmter Erfolg bewirkt** sein muss – zB die Einberufung –, gleichwohl nicht mitzuberechnen. Damit ist sichergestellt, dass zwischen HV und entsprechender Handlung bzw. entsprechendem Erfolg jeweils die Anzahl an vollen (!) Kalendertagen liegt, die im Gesetz als Frist benannt ist.

33 Hiervon **abweichende Fristenregelungen** können ausschließlich nicht-börsennotierte Gesellschaften in ihrer Satzung treffen (Abs. 7 S. 4).

34 Durch das ARUG wurde erstmals auch der Begriff des **„Termins"** in das AktG eingeführt. Termine sind juristische Sekunden, die auf den Beginn des errechneten Tages, also 0:00 Uhr, fallen (RegBegr BT-Drs. 16/11 642, 28). Termine sind iR der § 123 Abs. 3, § 125 Abs. 2 und § 128 Abs. 1 maßgebend. Für sie gilt ebenfalls die Berechnung nach Abs. 7 entsprechend der vorstehenden Grundsätze.

Einberufung auf Verlangen einer Minderheit

122 (1) [1] **Die Hauptversammlung ist einzuberufen, wenn Aktionäre, deren Anteile zusammen den zwanzigsten Teil des Grundkapitals erreichen, die Einberufung schriftlich unter Angabe des Zwecks und der Gründe verlangen; das Verlangen ist an den Vorstand zu richten.** [2] **Die Satzung kann das Recht, die Einberufung der Hauptversammlung zu verlangen, an eine andere Form und an den Besitz eines geringeren Anteils am Grundkapital knüpfen.** [3] **Die Antragsteller haben nachzuweisen, dass sie seit mindestens 90 Tagen vor dem Tag des Zugangs des Verlangens Inhaber der Aktien sind und dass sie die Aktien bis zur Entscheidung des Vorstands über den Antrag halten.** [4] **§ 121 Absatz 7 ist entsprechend anzuwenden.**

(2) [1] **In gleicher Weise können Aktionäre, deren Anteile zusammen den zwanzigsten Teil des Grundkapitals oder den anteiligen Betrag von 500 000 Euro erreichen, verlangen, daß Gegenstände auf die Tagesordnung gesetzt und bekanntgemacht werden.** [2] **Jedem neuen Gegenstand muss eine Begründung oder eine Beschlussvorlage beiliegen.** [3] **Das Verlangen im Sinne des Satzes 1 muss der Gesellschaft mindestens 24 Tage, bei börsennotierten Gesellschaften mindestens 30 Tage vor der Versammlung zugehen; der Tag des Zugangs ist nicht mitzurechnen.**

(3) [1] **Wird dem Verlangen nicht entsprochen, so kann das Gericht die Aktionäre, die das Verlangen gestellt haben, ermächtigen, die Hauptversammlung einzuberufen oder den Gegenstand bekanntzumachen.** [2] **Zugleich kann das Gericht den Vorsitzenden der Versammlung bestimmen.** [3] **Auf die Ermächtigung muß bei der Einberufung oder Bekanntmachung hingewiesen werden.** [4] **Gegen die Entscheidung ist die Beschwerde zulässig.** [5] **Die Antragsteller haben nachzuweisen, dass sie die Aktien bis zur Entscheidung des Gerichts halten.**

(4) **Die Gesellschaft trägt die Kosten der Hauptversammlung und im Fall des Absatzes 3 auch die Gerichtskosten, wenn das Gericht dem Antrag stattgegeben hat.**

Übersicht

I. Allgemeines

1 § 122 dient dem **Minderheitenschutz.** Er ermöglicht die Ausübung versammlungsgebundener Rechte, auch wenn Vorstand und AR sich weigern, eine außerordentliche HV einzuberufen. Ein Einberufungsrecht nach § 122 steht selbstverständlich **auch dem Mehrheitsaktionär** zu, der ebenfalls unter den Wortlaut der Norm fällt (vgl. OLG Frankfurt a. M. 19.6.2017, AG 2018, 125). Die Vorschrift

ist **zwingend;** entsprechend ihrem Schutzzweck können die Rechtsfolgen aber an geringere Voraussetzungen gebunden werden (Bürgers/Körber/*Reger* Rn. 2).

II. Einberufungsrecht

1. Quorum. Nach Abs. 1 S. 1 können Aktionäre, deren Anteile zusammen **5 % des Grundkapitals** erreichen, die Einberufung einer HV verlangen. Auch stimmrechtslose Vorzugsaktien (§§ 139 ff.) sind hierbei zu berücksichtigen; ebenso bleibt ein etwaiges Stimmverbot in der konkreten Sache außer Betracht (GroßkommAktG/*Butzke* Rn. 9). Pfandrechtsgläubiger von Aktien sind hingegen nicht einberufungsberechtigt (OLG Celle 4.2.2015, ZIP 2015, 426). Der Ausgabebetrag eigener Aktien ist bei der Berechnung der Höhe des Grundkapitals nicht abzusetzen (ganz hM, MüKoAktG/*Kubis* Rn. 6 mwN). Beschlossene, aber im (maßgeblichen) Zeitpunkt des Verlangens nicht in das Handelsregister eingetragene Kapitalmaßnahmen verändern die Berechnungsgrundlage ebenfalls nicht, soweit jedenfalls die Eintragung nicht lediglich deklaratorische Wirkung hat (MüKoAktG/*Kubis* Rn. 6). Eine Stellvertretung ist möglich, muss sich aber ausdrücklich auf das Einberufungsverlangen erstrecken (Hüffer/Koch/*Koch* Rn. 2; vgl. zum Einberufungsrecht, wenn hinsichtlich eines GmbH-Geschäftsanteils Testamentsvollstreckung angeordnet wird: BGH 13.5.2014, NZG 2014, 945 (948)f.; MüKoGmbHG/*Liebscher* GmbHG § 50 Rn. 6). 2

Die Aktionäre müssen ihre Beteiligung – ggf. auch die Stellvertretung – **nachweisen,** etwa durch die Aktienurkunde, durch Bankbescheinigung oder ihre Eintragung im Aktienregister (vgl. § 67). Nach Abs. 1 S. 3 ist eine mindestens 90-tägige **Aktienbesitzzeit** bzw. **Vorbesitzzeit** erforderlich, die glaubhaft gemacht werden muss. Rückzurechnen ist vom Tag des Zugangs des Einberufungsverlangens; die Frist berechnet sich infolge des Verweises in Abs. 1 S. 4 nach § 121 Abs. 7; hinsichtlich beider Fragen bestanden vor der Aktienrechtsnovelle 2016 – und darüber hinaus auch für vor dem 1.6.2016 zugegangene Einberufungsverlangen, auf die noch § 122 aF anzuwenden war bzw. ist (vgl. § 26h Abs. 4 S. 1 EGAktG) – aufgrund des früheren Verweises auf § 142 Abs. 2 S. 2 beträchtliche Unklarheiten (→ 3. Aufl. 2016, Rn. 4, 10; ferner Hüffer/Koch/*Koch* Rn. 3a). 3

Lehnt der Vorstand das Einberufungsverlangen **ab,** muss das Quorum bis zur gerichtlichen Entscheidung fortbestehen (Abs. 3 S. 5; s. auch Hüffer/Koch/*Koch* Rn. 3a; → Rn. 10). **Gibt** der Vorstand dem Verlangen dagegen **statt,** wurden zu der Frage, welcher Zeitpunkt für die Erfüllung des Quorums maßgeblich ist, vor der Aktienrechtsnovelle 2016 unterschiedliche Auffassungen vertreten (Hüffer/*Koch,* 11. Aufl. 2014, Rn. 3a; BeckHdB AG/*Reichert,* 2. Aufl. 2009, § 5 Rn. 80 mwN – Zeitpunkt des Verlangens; **aA** GroßkommAktG/*Werner,* 4. Aufl. 2008, Rn. 10 – Tag der HV; **aA** K. Schmidt/Lutter/*Ziemons* Rn. 12 – Zeitpunkt der Entscheidung des Vorstands über das Verlangen). Die Aktienrechtsnovelle 2016 erledigt diesen Streit – jedenfalls für alle ab dem 1.6.2016 zugehenden Verlangen (vgl. § 26h Abs. 4 S. 1 EGAktG) –, indem Abs. 1 S. 3 nunmehr festschreibt, dass die Antragsteller zum Zeitpunkt der Vorstandsentscheidung noch Inhaber der Anteile sein müssen. Somit wird in Abs. 1 S. 3 und Abs. 3 einheitlich die Beibehaltung des Quorums vom Zeitpunkt der Antragsstellung bis zur Entscheidung über den jeweiligen Antrag – sog. **Haltefrist** – gefordert (RegBegr BT-Drs. 18/4349, 22; GroßkommAktG/*Butzke* Rn. 15). 4

2. Form und Inhalt des Verlangens. Das Verlangen hat **schriftlich** (§ 126 BGB) bzw. in elektronischer Form (§ 126a BGB) zu erfolgen. Ein Verlangen per Telefax genügt nicht (K. Schmidt/Lutter/*Ziemons* Rn. 15; Bürgers/Körber/*Reger* Rn. 6; **aA** MüKoAktG/*Kubis* Rn. 12; KK-AktG/*Noack*/*Zetzsche* Rn. 47). Abweichende Satzungsregelungen iSv Abs. 1 S. 2 hinsichtlich des Formerfordernisses sind nur in Form von Formerleichterungen zulässig (RegBegr BT-Drs. 14/4987, 30; Hüffer/Koch/*Koch* Rn. 8). Ein gemeinsam unterzeichnetes Papier ist nicht erforderlich; ausreichend sind auch mehrere individuelle Schreiben, solange sie nur koordiniert sind (MüKoAktG/*Kubis* Rn. 12; Spindler/Stilz/*Rieckers* Rn. 18 mwN). **Adressat** des Verlangens ist die AG, vertreten durch den Vorstand (K. Schmidt/Lutter/*Ziemons* Rn. 16). Es genügt analog § 78 Abs. 2 S. 2, wenn das Verlangen einem Vorstandsmitglied zugeht (*Halberkamp*/*Gierke* NZG 2004, 494 (496)). **Inhaltlich** muss der Antrag die Einberufung eindeutig verlangen und den Zweck sowie die Gründe für die Einberufung benennen. Der **Zweck der HV** folgt aus den abzuhandelnden TOP. Zulässig sind nur solche Gegenstände, für die die HV die Kompetenz hat (→ Rn. 6). Beschlussvorschläge brauchen nicht gemacht werden (GroßkommAktG/*Butzke* Rn. 22; *Halberkamp*/*Gierke* NZG 2004, 494 (496); **aA** K. Schmidt/Lutter/*Ziemons* Rn. 20). Die **Gründe für die HV** sollen kurz aufzeigen, warum eine HV jetzt stattfinden soll und nicht die nächste ordentliche HV abgewartet werden kann (Hüffer/Koch/*Koch* Rn. 4). 5

3. Schranken für das Einberufungsverlangen. Ein Einberufungsverlangen, das auf einen Beschlussgegenstand zielt, der nicht in die **Kompetenz der HV** (vgl. § 119) fällt, ist unzulässig (MHdB GesR IV/*Bungert* § 36 Rn. 26). Unzulässig sind demnach insbesondere Einberufungsverlangen mit dem Ziel der Befassung mit Geschäftsführungsmaßnahmen. Letzteres gilt grundsätzlich auch im Falle ungeschriebener HV-Kompetenzen in den Holzmüller-/Gelatine-Fallgestaltungen (→ § 119 Rn. 12 ff.). Ausnahmsweise ist eine Befassung der HV mit einer solchen die ungeschriebene Zuständigkeit der HV 6 auslösenden Maßnahme jedoch zulässig, wenn der Vorstand die Durchführung der Maßnahme ohne die Zustimmung der HV beabsichtigt (Spindler/Stilz/*Rieckers* Rn. 22 mwN; weiter, dh Einberufungsverlangen auch zulässig, wenn lediglich ein den Vorstand nicht bindender Beschluss angestrebt wird: *Halberkamp/Gierke* NZG 2004, 494 (497)). Unzulässigkeit kommt zudem unter dem Gesichtspunkt des **Rechtsmissbrauches** in Betracht (allgM, OLG München 3.5.2019, NZG 2019, 745; OLG Karlsruhe 12.5.2014, BeckRS 2014, 1276; OLG Düsseldorf 5.7.2012, NZG 2013, 546; OLG München 9.11.2009, AG 2010, 84 (85); OLG Stuttgart 25.11.2008, AG 2009, 169 (170); OLG Hamburg 6.11.2002, NZG 2003, 132; *Halberkamp/Gierke* NZG 2004, 494 (497)). Ein Missbrauch kann vorliegen, wenn das Ziel unerreichbar ist (OLG Hamburg 6.11.2002, NZG 2003, 132), wenn keine Dringlichkeit besteht und dem Antragsteller ein Zuwarten bis zur nächsten ordentlichen Hauptverhandlung damit zugemutet werden kann (OLG München 3.5.2019, NZG 2019, 745), wenn über denselben Gegenstand erst kürzlich beschlossen wurde oder wenn der angestrebte Beschluss gesetz- oder satzungswidrig wäre (OLG Karlsruhe 6.6.2014, ZIP 2015, 125 (126); Hüffer/Koch/*Koch* Rn. 6). Es sollte jedoch nicht vorschnell ein Rechtsmissbrauch angenommen werden, um den Minderheitenschutz nicht zu unterlaufen. Vielmehr sind an die Annahme eines Rechtsmissbrauches im Einzelfall strenge Anforderungen zu stellen (KG 25.8.2011, GWR 2012, 13 mAnm *Soudry*). Keine Rechtsmissbräuchlichkeit liegt namentlich darin, dass der angestrebte Beschlussgegenstand voraussichtlich nicht mehrheitsfähig ist. Denn hierüber soll ja gerade die einzuberufende HV entscheiden (KK-AktG/*Noack/Zetzsche* Rn. 70 mwN; **aA** KG 5.12.1935, DNotZ 1935, 592 (593)).

7 **4. Pflichten des Vorstands.** Liegen die genannten Voraussetzungen vor, ist der Vorstand (ohne Ermessen) verpflichtet, unverzüglich die HV einzuberufen (eine Pflicht des Vorstands zur Ablehnung rechtsmissbräuchlicher Einberufungsverlangen ablehnend OLG Düsseldorf 5.7.2012, NZG 2013, 546; zustimmend *Reger* NZG 2013, 536). Die Prüfung der Einberufungsvoraussetzungen sollte, soweit keine schwierigen, komplexen Fragen zu klären sind, nicht länger als ein bis zwei Tage dauern (vgl. auch *Mertens* AG 1997, 481 (486), der dem Vorstand in schwierigen Fällen einen Spielraum von mehreren Tagen zubilligen möchte; nach K. Schmidt/Lutter/*Ziemons* Rn. 26 soll ein Zeitraum von ein bis zwei Wochen jedenfalls nicht überschritten werden). Der Vorstand entscheidet durch Mehrheitsbeschluss (MüKoAktG/*Kubis* Rn. 36). Das Ergebnis einer Entscheidung muss nicht bekanntgegeben werden, bei negativer Entscheidung empfiehlt sich in der Praxis aber zumindest eine Mitteilung an die Minderheit (GroßkommAktG/*Butzke* Rn. 43). Die Einberufung muss die beantragten TOP umfassen, eine Ergänzung um weitere TOP schadet jedoch nicht (Hüffer/Koch/*Koch* Rn. 7).

8 **5. Andere Satzungsbestimmungen.** Die Satzung kann zwar im Hinblick auf Quorum und Form andere Regelungen treffen, wegen des Gesetzeszwecks aber stets nur Erleichterungen im Verhältnis zur gesetzlichen Regelung (vgl. auch RegBegr BT-Drs. 14/4987, 30).

III. Recht zur Ergänzung der Tagesordnung (Abs. 2)

9 Nach Abs. 2 S. 1 kann eine **Aktionärsminderheit** verlangen, dass für eine ohnehin einberufene HV weitere TOP aufgenommen werden. Neben der Minderheit von 5 % des Grundkapitals (wie in Abs. 1) kann dies auch eine Minderheit verlangen, die den anteiligen Betrag von 500.000 EUR des Grundkapitals hält. Auch ein Mehrheitsaktionär ist berechtigt, einen Antrag nach Abs. 2 zu stellen (OLG Frankfurt a. M. 19.6.2017, AG 2018, 125). Für die **Vorbesitzzeit** und die **Haltefrist,** während derer das Quorum bestehen muss, gelten die Regelungen des Abs. 1 („[i]n gleicher Weise"; → Rn. 3 f.; s. auch Hüffer/Koch/*Koch* Rn. 9; für vor dem 1.6.2016 zugegangene Ergänzungsverlangen s. § 26h Abs. 4 S. 2 EGAktG; durch diese Übergangsvorschrift wird insbesondere verhindert, dass die Angaben zu den Rechten der Aktionäre nach § 122 Abs. 2, die börsennotierte Gesellschaften in der Einberufung ihrer HV gemacht haben, durch das zwischenzeitliche Inkrafttreten der Aktienrechtsnovelle 2016 unrichtig werden, RegBegr BT-Drs. 18/4349, 34). Das Begehren hat schriftlich (§ 126 BGB) oder in elektronischer Form (§ 126a BGB) gegenüber dem Vorstand (→ Rn. 5) zu erfolgen. Jedem neuen Gegenstand muss eine **Begründung oder eine Beschlussvorlage** beiliegen (Abs. 2 S. 2). Das Begehren muss der Gesellschaft mindestens 24 Tage, bei börsennotierten Gesellschaften mindestens 30 Tage vor der HV zugehen. Es setzt nicht notwendig eine bereits erfolgte Einberufung voraus, sondern kann auch im Hinblick auf eine erwartete bzw. die nächste reguläre HV gestellt werden (KG 3.12.2002, NZG 2003, 441 (442); Grigoleit/*Herrler* Rn. 13; Hüffer/Koch/*Koch* Rn. 9). Bei der Berechnung der **Frist** wird vom Tag der HV zurückgerechnet, der Tag der HV und der Tag des Zugangs ist nicht mitzuberechnen (Abs. 2 S. 3; zur Fristberechnung → § 121 Rn. 31 ff.). Bei börsennotierten Gesellschaften stellt dies sicher, dass die Aktionäre, die im Besitz von Inhaberaktien sind, mit Blick auf § 123 Abs. 2 und 3 auf die neuen TOP reagieren können (RegBegr BT-Drs. 16/11 642, 29). Eine rechtzeitige Veröffentlichung vor dem Record Date, der gem. § 123 Abs. 4 S. 2 21 Tage vor der HV liegt, ist nämlich angesichts des Anmeldeschlusses für Ergänzungsverlangen, der 30 Tage vor der HV liegt, gewahrt, und zwar auch unter Berücksichtigung einer angemessenen Prüfungszeit des Vorstands und der anschließenden Veröffentlichungsdauer (vgl. OLG München 27.6.2018, AG 2018, 761; OLG Frankfurt a. M.

19.6.2017, AG 2018, 125). Ist die Einberufung bereits erfolgt, werden die TOP gem. § 124 Abs. 1 S. 1 nachträglich bekannt gemacht.

9a Etwas anderes gilt nach § 1 Abs. 3 S. 4 COVMG (Art. 2 COVFAG, „Gesetz zur Abmilderung der Folgen der COVID-19-Pandemie im Zivil-, Insolvenz- und Strafverfahrensrecht" (BGBl. 2020 I 569)) für die Dauer der COVID-19-Pandemie (für eine ausführliche Darstellung zum zugrundeliegenden Gesetz, zur Motivation des Gesetzgebers, zum Geltungszeitraum der Regelungen → § 118 Rn. 23 ff.). § 1 Abs. 3 S. 1 COVMG bestimmt, dass – anders als im Grundsatz nach § 122 Abs. 2 – Ergänzungsverlangen mindestens *14 Tage* vor der Versammlung der Gesellschaft zugehen (müssen), nicht mehr 24 bzw. 30 Tage zuvor. Dies soll dann gelten, wenn die Hauptversammlung selbst mit der verkürzten Einberufungsfrist von 21 Tagen (→ § 123 Rn. 13) einberufen wurde, da sonst keine Zeit für etwaige Ergänzungsverlangen verbliebe.

IV. Rechtsweg (Abs. 3)

10 Kommt der Vorstand dem Einberufungs- oder Ergänzungsverlangen nach Abs. 1 oder 2 nicht oder nicht in angemessener Zeit (MHdB GesR IV/*Bungert* § 36 Rn. 31 mwN) nach, kann das Gericht nach Abs. 3 die Aktionäre **auf Antrag** ermächtigen, die HV selbst einzuberufen bzw. den Beschlussgegenstand selbst bekanntzumachen. Eine **Frist** ist für das Verlangen nicht vorgesehen; der Antrag ist aber unzulässig, wenn wegen Zeitablaufs nicht mehr sicher ist, dass der Vorstand immer noch auf seiner abl. Haltung beharrt (Hüffer/Koch/*Koch* Rn. 10). Das **Quorum** muss bis zur Entscheidung des Gerichts fortbestehen (Abs. 3 S. 5; → Rn. 4). Wird das Quorum durch das Abspringen von Aktionären zwischenzeitlich unterschritten und erst durch das Hinzukommen bislang unbeteiligter Aktionäre wiedererreicht, genügt dies nicht; in diesem Fall muss ein neues Einberufungsverlangen an den Vorstand gerichtet werden (OLG Düsseldorf 16.1.2004, NZG 2004, 239; Hüffer/Koch/*Koch* Rn. 10 mwN; **aA** *Halberkamp/Gierke* NZG 2004, 494 (500)). **Gesamtrechtsnachfolger** stehen insoweit jedoch ihren Rechtsvorgängern gleich (Hüffer/Koch/*Koch* Rn. 10; MüKoAktG/*Kubis* Rn. 45); für **Erwerber kraft Rechtsgeschäft** gilt dies nicht (Hüffer/Koch/*Koch* Rn. 10; K. Schmidt/Lutter/*Ziemons* Rn. 52; MüKoAktG/*Kubis* Rn. 45; **aA** Bürgers/Körber/*Reger* Rn. 18). Erledigung des Verfahrens tritt ein, sobald die HV einberufen und durchgeführt worden ist (BGH 10.10.2017, NZG 2017, 1374 (1380); BGH 8.5.2012, NZG 2012, 793 (794); OLG Düsseldorf 11.4.2013, FGPrax 2013, 221).

11 **Zuständig** für die Entscheidung ist das am Sitz der Gesellschaft zuständige AG im FamFG-Verfahren (§ 375 Nr. 3 FmFG, § 377 FamFG, § 23a Abs. 1 Nr. 2, Abs. 2 Nr. 4 GVG, § 14; s. aber die Zuständigkeitskonzentration nach § 376 FamFG). Es entscheidet durch **Beschluss.** Einen Ermessensspielraum hat das Gericht trotz der Formulierung („kann") nicht (KG 25.8.2011, FGPrax 2012, 28 (29); OLG München 9.11.2009, AG 2010, 84 (85); MHdB GesR IV/*Bungert* § 36 Rn. 33). Nach seinem Ermessen und von Amts wegen kann das Gericht jedoch gem. Abs. 3 S. 2 den **Vorsitzenden der Versammlung bestimmen,** wenn anderenfalls eine unparteiische Verhandlungsführung nicht gewährleistet ist (OLG Köln 16.6.2015, AG 2015, 716 (717); OLG Düsseldorf 11.4.2013, AG 2013, 468 (469); MüKoAktG/*Kubis* Rn. 60; restriktiver *Theusinger/Schilha* NZG 2016, 56 (58)). In Ausnahmefällen ist abweichend vom Wortlaut des § 122 Abs. 3 S. 2 („zugleich") und seiner systematischen Stellung auch eine isolierte, dh von der Entscheidung zur Tagesordnung entkoppelte, Bestellung des Vorsitzenden der HV durch das Gericht möglich (OLG Köln 16.6.2015, AG 2015, 716 (717); OLG Hamburg 16.12.2011, AG 2012, 294 f.; MüKoAktG/*Kubis* Rn. 60a mwN; *Theusinger/Schilha* NZG 2016, 56 (57); differenzierend *Hoffman-Becking* NZG 2017, 281 (283)) Zudem ist ein Verlangen **rechtsmissbräuchlich,** wenn den antragstellenden Aktionären ein Zuwarten bis zur nächsten HV ohne weiteres zugemutet werden kann (OLG Stuttgart 25.11.2008, AG 2009, 169).

12 Das **Rechtsmittel** gegen den Beschluss des Gerichts ist gem. Abs. 3 S. 4 die Beschwerde (§ 58 ff. FamFG), der mangels Regelung im FamFG keine aufschiebende Wirkung zukommt (LG München I, AG 2018, 494). Das Beschwerdegericht kann jedoch die Vollziehung der angefochtenen Entscheidung aussetzen (§ 64 Abs. 3 FamFG).

13 **Einberufen** wird die HV nicht vom Gericht, sondern von den Aktionären. Das Gericht legt auch nicht Ort und Zeit der HV fest (MHdB GesR IV/*Bungert* § 36 Rn. 33). Die Aktionäre haben bei der Einladung auf die Ermächtigung durch das Gericht hinzuweisen („kraft gerichtlicher Ermächtigung", Abs. 3 S. 3). Eine nähere Bezeichnung der Entscheidung ist nicht erforderlich (RG 24.9.1942, RGZ 170, 83 (95 f.) zur Genossenschaft; Hüffer/Koch/*Koch* Rn. 12; vorbehaltlich etwaigen Klarstellungsbedarfs nunmehr auch KK-AktG/*Noack/Zetzsche* Rn. 118). Fehlt der Hinweis, sind gleichwohl gefasste Beschlüsse nach § 243 Abs. 1 anfechtbar (Spindler/Stilz/*Rieckers* Rn. 66). Dieselben Grundsätze gelten für die ergänzende Bekanntmachung von Beschlussgegenständen. Etwaige Fehler des Ermächtigungsbeschlusses selbst hingegen schlagen, soweit die Prüfungskompetenz des erlassenden Amtsgerichts reicht, nicht auf die Beschlüsse der betroffenen HV durch; insoweit ist der streitigen Gerichtsbarkeit in einem Anfechtungsprozess eine vom Ermächtigungsbeschluss der freiwilligen Gerichtsbarkeit abweichende Entscheidung verwehrt (LG München I 14.7.2017, AG 2018, 206 (207); KK-AktG/*Noack/Zetzsche* Rn. 122).

V. Kosten (Abs. 4)

14 Die Gesellschaft trägt nach Abs. 4 die **Kosten der HV,** die aufgrund der gerichtlichen Ermächtigung einberufen wurde. Da die Aktionäre nicht im Namen der Gesellschaft handeln können, haben sie allerdings nur einen Erstattungsanspruch gegen die Gesellschaft (MHdB GesR IV/*Bungert* § 36 Rn. 37; MüKoAktG/*Kubis* Rn. 73). Die AG hat nach Abs. 4 im Falle der Stattgabe des Antrags durch das Gericht zudem die **Gerichtskosten** zu tragen, nicht aber die **außergerichtlichen Kosten** der Antragsteller, es sei denn, das Gericht legt diese der AG gem. § 81 FamFG nach billigem Ermessen auf.

Frist, Anmeldung zur Hauptversammlung, Nachweis

123 (1) **[1]Die Hauptversammlung ist mindestens dreißig Tage vor dem Tage der Versammlung einzuberufen. [2]Der Tag der Einberufung ist nicht mitzurechnen.**

(2) **[1]Die Satzung kann die Teilnahme an der Hauptversammlung oder die Ausübung des Stimmrechts davon abhängig machen, dass die Aktionäre sich vor der Versammlung anmelden. [2]Die Anmeldung muss der Gesellschaft unter der in der Einberufung hierfür mitgeteilten Adresse mindestens sechs Tage vor der Versammlung zugehen. [3]In der Satzung oder in der Einberufung auf Grund einer Ermächtigung durch die Satzung kann eine kürzere, in Tagen zu bemessende Frist vorgesehen werden. [4]Der Tag des Zugangs ist nicht mitzurechnen. [5]Die Mindestfrist des Absatzes 1 verlängert sich um die Tage der Anmeldefrist.**

(3) **Die Satzung kann bestimmen, wie die Berechtigung zur Teilnahme an der Versammlung oder zur Ausübung des Stimmrechts nachzuweisen ist; Absatz 2 Satz 5 gilt in diesem Fall entsprechend.**

(4) **[1]Bei Inhaberaktien börsennotierter Gesellschaften reicht ein Nachweis gemäß § 67c Absatz 3 aus. [2]Der Nachweis des Anteilsbesitzes nach § 67c Absatz 3 hat sich bei börsennotierten Gesellschaften auf den Beginn des 21. Tages vor der Versammlung zu beziehen und muss der Gesellschaft unter der in der Einberufung hierfür mitgeteilten Adresse mindestens sechs Tage vor der Versammlung zugehen. [3]In der Satzung oder in der Einberufung auf Grund einer Ermächtigung durch die Satzung kann eine kürzere, in Tagen zu bemessende Frist vorgesehen werden. [4]Der Tag des Zugangs ist nicht mitzurechnen. [5]Im Verhältnis zur Gesellschaft gilt für die Teilnahme an der Versammlung oder für die Ausübung des Stimmrechts als Aktionär nur, wer den Nachweis erbracht hat.**

(5) **Bei Namensaktien börsennotierter Gesellschaften folgt die Berechtigung zur Teilnahme an der Versammlung oder zur Ausübung des Stimmrechts gemäß § 67 Absatz 2 Satz 1 aus der Eintragung im Aktienregister.**

Übersicht

I. Allgemeines

1 § 123 wurde seit der Jahrtausendwende mehrfach überarbeitet, zunächst durch das UMAG (2005) und das ARUG (2009), später durch die Aktienrechtsnovelle 2016 sowie jüngst durch das ARUG II. Aus der Neufassung des § 123 durch das UMAG resultierten in der Praxis Unsicherheiten hinsichtlich der neugeschaffenen Fristenregelung, die eine grundlegende Überarbeitung durch das ARUG nach sich zogen: So ist die Regelung des Abs. 4a aF zur Fristberechnung vollständig in § 121 Abs. 7 aufgegangen; die Änderungen betrafen zudem die Anmelde- bzw. Legitimationsfrist sowie weitere Details der Fristberechnung (Spindler/Stilz/*Rieckers* Rn. 2). Nach der Aktienrechtsnovelle 2016 stellt sich die grundlegende Struktur des § 123 wie folgt dar: Abs. 1 betrifft die Frist zur Einberufung der HV, Abs. 2 die Möglichkeit, durch Satzung das Erfordernis einer Anmeldung zu schaffen, Abs. 3 die eines Berechtigungsnachweises. Abs. 4 betrifft den zur Berechtigung zur Teilnahme an der HV und zur Stimmausübung ausreichenden Nachweis und macht einer diesbezüglichen Satzungsregelung für Inhaberaktien börsennotierter Gesellschaften inhaltliche Vorgaben. Die hierzu durch das ARUG II bewirkten Ände-

rungen stellen Folgeänderungen zu § 67c Abs. 3 dar. Abs. 5 schließlich stellt klar, dass die Legitimation bei Namensaktien börsennotierter Gesellschaften aus der Eintragung im Aktienregister folgt.

II. Einberufungsfrist (Abs. 1)

Nach Abs. 1 S. 1 ist die HV mindestens **30 Tage** vor dem Tag der HV einzuberufen (zur aufgrund der COVID-19-Pandemie vorübergehend verkürzten Frist → Rn. 12 ff., insbesondere → Rn. 13). § 7 FMStBG stellt gegenüber § 123 Abs. 1 S. 1 eine lex specialis dar; hiernach muss im Anwendungsbereich dieses Gesetzes die Einberufung spätestens am 21. Tag vor der HV erfolgen (OLG Frankfurt a. M. 16.12.2014, AG 2015, 272 Rn. 33). Die **Satzung** kann diese Frist verlängern; die Frist sollte jedoch nicht so großzügig bemessen sein, dass die HV bei den Aktionären zwischenzeitlich wieder in Vergessenheit gerät (GroßkommAktG/*Butzke* § 123 Rn. 13, 18; MüKoAktG/*Kubis* Rn. 6 – nicht länger als 12 Wochen). In den Fällen des Abs. 2 und 3 **verlängert** sich die Einberufungsfrist (→ Rn. 6, → Rn. 8). Maßgeblich für den Tag der Einberufung ist die Bekanntmachung in den Gesellschaftsblättern (→ § 121 Rn. 14). Soweit in Art. 92 GesR-RL bezüglich Verschmelzung oder Art. 138, 140 GesR-RL bezüglich Spaltung von Aktiengesellschaften die frühere Monatsfrist für die Offenlegung vorgesehen ist, sollte Abs. 1 **gemeinschaftskonform** ausgelegt werden und die Monatsfrist maßgebend sein (*J. Schmidt* DB 2006, 375; Hüffer/Koch/*Koch* Rn. 2). In **Übernahmesachverhalten** gilt abweichend von Abs. 1 S. 1 nach § 16 Abs. 4 S. 1 WpÜG für die HV der Zielgesellschaft eine verkürzte Einberufungsfrist von 14 Tagen. 2

Die **Neuregelung des Fristenregimes** (→ § 121 Rn. 31 ff.) beendet den Streit darüber, ob am 30. oder am 31. Tag vor der HV einzuladen ist. Da weder der Tag der HV (§ 121 Abs. 7) noch der Tag der Einberufung (Abs. 1 S. 2 bzw. § 16 Abs. 4 S. 2 WpÜG) mitzuberechnen sind, genügt eine Einberufung am 30. Tag vor der HV nicht. Es ist also (spätestens) am 31. Tag (24 Uhr) vor der HV einzuberufen (RegBegr BT-Drs. 16/11642, 29). Das Fristenregime des § 121 Abs. 7 gilt für die Einberufung einer HV in **Übernahmesachverhalten** entsprechend (§ 16 Abs. 4 S. 3 WpÜG). 3

Es hat sich bewährt, zusätzlich ein/zwei Tage Sicherheitszuschlag einzukalkulieren, da nur eine zu kurze, nicht jedoch eine aktionärsfreundliche längere Frist Anfechtungsgefahren begründet. Die **Vorlaufzeiten des Bundesanzeigers** (laut der AGB des seit dem 1.4.2012 nur noch im Internet veröffentlichten Bundesanzeigers **mindestens zwei** frei bleibende **Werktage**) müssen in praxi zusätzlich berücksichtigt werden. 4

III. Teilnahmevoraussetzungen nach der Satzung (Abs. 2 und 3–5)

1. Anmeldung (Abs. 2). Die Satzung kann die Teilnahme an der HV oder die Ausübung der Stimmrechte von einer Anmeldung abhängig machen (Abs. 2 S. 1). Die Vorschrift gilt für **Namens- und Inhaberaktien** gleichermaßen. Mit der Einführung des Briefwahlrechts (vgl. § 118 Abs. 2) könnte die Unterscheidung zwischen Teilnahme an der HV und Ausübung des Stimmrechts erstmals eine Bedeutung erlangen (hierzu *Noack* WM 2009, 2289 (2290 f.)). Nimmt man dies an, wäre in der Wahl des Briefwahlverfahrens (Anforderung der Unterlagen; Aufruf des Internetdialogs) eine Anmeldung zu sehen (*Noack* WM 2009, 2289 (2291)). Da dann allerdings auch die Anmeldefrist des Abs. 2 gelten würde, empfiehlt sich eine Sonderregelung in der Satzung. Die Anmeldung des Aktionärs wirkt für etwaige Vertreter wie umgekehrt die Anmeldung eines Vertreters für den Aktionär (BGH 19.7.2011, AG 2011, 750; Spindler/Stilz/*Rieckers* Rn. 10). Die Anmeldung muss der Gesellschaft, dh der in der Einladung genannten Stelle, mindestens sechs Tage vor der HV zugehen (Abs. 2 S. 2). Der Tag der HV (§ 121 Abs. 7) und der Tag des Zugangs (Abs. 2 S. 4) sind hierbei nicht mitzuberechnen. Die **Satzung** oder, wenn die Satzung hierzu ermächtigt, die Einberufung können jedoch eine kürzere, in Tagen zu bemessende Frist vorsehen (Abs. 2 S. 3). Mit Blick auf den für die Berechnung der Frist maßgeblichen § 121 Abs. 7 sind Kalender-, nicht Werktage anzusetzen (RegBegr BT-Drs. 16/11642, 29). In einer **Übernahmesituation** wird die gesetzliche und die satzungsmäßige Frist auf vier Tage verkürzt (§ 16 Abs. 4 S. 5 WpÜG). Macht die Satzung keine Vorgaben, kann die Anmeldung in jeder möglichen **Form** erfolgen (OLG Stuttgart 3.12.2008, AG 2009, 204 (211); K. Schmidt/Lutter/*Ziemons* Rn. 24); in der Satzung sollte daher Schriftform vorgeschrieben werden. Die Satzung kann zudem die Angabe von Gattung und Stückzahl der Aktien vorschreiben. 5

Wird ein Anmeldeerfordernis begründet, **verlängert sich die Mindestfrist** des Abs. 1 um die Tage der Anmeldefrist (Abs. 2 S. 5; zur aufgrund der COVID-19-Pandemie vorübergehend verkürzten Frist → Rn. 12 ff., insbesondere → Rn. 13). Bei Geltung einer sechstägigen Anmeldefrist wäre mithin spätestens am 37. Tag vor der HV (24 Uhr) einzuberufen. Die Aktienrechtsnovelle 2016 stellt klar, dass die durch Hinzurechnung der Anmeldefrist verlängerte Einberufungsfrist auch kürzer als 36 Tage sein darf. Der bisherige Verweis in § 123 Abs. 2 S. 5 auf die Anmeldefrist „des Satzes 2" war missverständlich formuliert, da er den Schluss zuließ, dass unabhängig davon, ob die Gesellschaft eine kürzere Anmeldefrist durch ihre Satzung bestimmt hat, die Einberufungsfrist pauschal um sechs Tage verlängert wird (*Merkner/Schmidt-Bendun* DB 2012, 98 (104)). Die jetzige Fassung stellt klar, dass die Einberufungsfrist 6 stets um die konkrete, also entweder um die 6-Tagesfrist nach Abs. 2 S. 2 oder um eine kürzere Frist nach Abs. 2 S. 3 verlängert wird (RegBegr BT-Drs. 18/4349, 22 f.).

7 **2. Berechtigungsnachweis (Abs. 3).** Nach Abs. 3 kann die Satzung zudem den Nachweis einer Berechtigung zur Teilnahme an der HV oder zur Ausübung des Stimmrechts verlangen. Diese Regelung ist seit der Aktienrechtsnovelle 2016 nicht mehr auf Inhaberaktien beschränkt. Ausweislich der RegBegr stellt Abs. 3 klar, dass auch für nicht-börsennotierte Gesellschaften, die Namensaktien ausgeben, durch Satzungsregelung ein Nachweisstichtag eingeführt werden kann (BT-Drs. 18/4349, 23). Für börsennotierte Namensaktien ausgebende Gesellschaften verbleibt es gem. Abs. 5 hingegen bei § 67 Abs. 2 (vgl. BT-Drs. 18/6681, 12).

8 **a) Nicht börsennotierte Gesellschaften.** In der nicht-börsennotierten AG besteht **weitgehend Satzungsfreiheit,** wie der Nachweis der Berechtigung zu erbringen ist. Möglich bleibt hier (bei Verbriefung) namentlich auch die Hinterlegung der Aktien bei einem Notar oder Kreditinstitut bis zum Ende der HV (K. Schmidt/Lutter/*Ziemons* Rn. 39). Fehlt es an der Verbriefung (§ 10 Abs. 5), kann das Hinterlegungserfordernis so ausgestaltet werden, dass ein Nachweis durch das depotführende Kreditinstitut genügt (Hüffer/Koch/*Koch* Rn. 10). Nach Abs. 3 Hs. 2 gilt Abs. 2 S. 5 entsprechend. Die **Einberufungsfrist** verlängert sich daher entsprechend (zur Berechnung → Rn. 3, → Rn. 6).

9 **b) Börsennotierte Gesellschaften.** Bei börsennotierten Gesellschaften ist zwischen Namensaktien und **Inhaberaktien** zu unterscheiden. Nach der bisherigen Gesetzesfassung reichte bei Inhaberaktien nach Abs. 4 S. 1 aF stets ein in Textform (§ 126b BGB) erstellter besonderer Nachweis des Anteilsbesitzes durch das depotführende Kreditinstitut aus. Die Satzung konnte jedoch alternative Legitimationsformen bestimmen (Hüffer/Koch/*Koch* Rn. 11). Abs. 4 S. 1, 2 wurde durch das ARUG II nunmehr dahingehend modifiziert, dass nach § 67c Abs. 3 auf Verlangen des Aktionärs der Letztintermediär diesem den Nachweis des Anteilsbesitzes unverzüglich in Textform auszustellen oder der Gesellschaft zu übermitteln hat. Dieser Nachweis hat sich bei börsennotierten Gesellschaften auf den Beginn des 21. Tages vor der HV zu beziehen (Abs. 4 S. 2; **sog. Record date;** zur aufgrund der COVID-19-Pandemie vorübergehend verkürzten Frist → Rn. 12 ff., inbesondere → Rn. 14), auch wenn er nach diesem Tag erstellt wird (Hüffer/Koch/*Koch* Rn. 12a). Zudem ist irrelevant, ob die Aktien nach dem Stichtag noch bis zur HV gehalten werden (Hüffer/Koch/*Koch* Rn. 12, s. aber K. Schmidt/Lutter/*Ziemons* Rn. 54, die bei Ausübung des Stimmrechts trotz zuvor erfolgter Veräußerung von einem Verstoß gegen § 405 Abs. 3 Nr. 1 ausgeht). Das Recht zur Teilnahme steht mithin demjenigen zu, der am Beginn des Stichtags Inhaber entsprechender Aktien ist und den Nachweis rechtzeitig erbracht hat (Abs. 4 S. 5; → Rn. 10). Der Record date ist ein Termin, keine Frist (BeckHdB AG/*Reichert* § 5 Rn. 87). Da der durch das ARUG eingeführte § 121 Abs. 7 ausdrücklich auch für Termine gilt, hat sich der bisherige Streit über die Berechnung des Record date nunmehr erledigt (zur Berechnung von Terminen → § 121 Rn. 34). Bei **Namensaktien** börsennotierter Gesellschaften folgt die Berechtigung wie bisher gem. § 67 Abs. 2 aus dem Aktienregister (§ 123 Abs. 5). Es konnten jedoch für Namensaktien bereits nach alter Rechtslage durch sog. Umschreibungsstopps der Regelung für Inhaberaktien vergleichbare Wirkungen erzielt werden (K. Schmidt/Lutter/*Ziemons* Rn. 34; → 67 Rn. 17): Der Umschreibungsstopp bewirkt eine Veränderungssperre des Aktienregisters. Die Eintragung neuer Aktionäre darf während einer Bearbeitungszeit unterbleiben, um die Teilnehmerliste und das Aktienregister in Übereinstimmung zu bringen. Es ist daher zulässig, die Umschreibung ab dem Zeitpunkt auszusetzen, in dem der Nachweis im Fall von Inhaberaktien zu erbringen ist bzw. eine Anmeldung nach Abs. 2 zu erfolgen hat (BGH 21.9.2009, ZIP 2009, 2051 = DB 2009, 2422).

10 Der Nachweis, der sich auf den Record date bezieht, hat der AG spätestens sechs Tage vor der HV **zuzugehen,** wenn die Satzung oder – kraft Ermächtigung durch die Satzung – die Einberufung nicht eine kürzere, in Tagen zu bemessende Frist vorsieht (→ Rn. 5). Nach Abs. 3 S. 1 Hs. 2 iVm Abs. 2 S. 5 verlängert sich die **Einberufungsfrist** entsprechend (zur Berechnung → Rn. 3, → Rn. 6).

11 Der RegE zur Aktienrechtsnovelle sah ursprünglich die Einführung eines **einheitlichen Nachweisstichtags für Inhaber- und Namensaktien** börsennotierter Gesellschaften vor. Davon wurde nach einer ablehnenden Beschlussempfehlung des Rechtsausschusses des BT (BT-Drs. 18/6681, 11 f.) abgesehen (krit. auch bereits BR-Drs. 22/15, 1 f.; DAV-Handelsrechtsausschuss NZG 2014, 863). Die Aktienrechtsnovelle 2016 verzichtet auf die Regelung eines Nachweisstichtags für Namensaktien und belässt es insoweit bei der bisherigen Rechtslage (vgl. BT-Drs. 18/6681, 11). Rechtspraktisch begibt man sich mit dem Verzicht auf einen einheitlichen Nachweisstichtag für beide Aktienarten einer verlässlichen, nachvollziehbaren und rechtssicheren Grundlage für die Bestimmung des an der HV teilnahme- und stimmberechtigten Bestandes (vgl. BT-Drs. 18/4349, 23). Es konnte im Gesetzgebungsverfahren indes keine Einigkeit in der Frage erzielt werden, welche Frist für einen einheitlichen Stichtag die richtige ist (BT-Drs. 18/6681, 11 f.). Eine Vereinheitlichung des Record date soll nun **auf europäischer Ebene** erfolgen (vgl. BT-Drs. 18/6681, 12).

IV. Vorübergehende Rechtslage aufgrund COVID-19-Pandemie

§ 1 Abs. 3 S. 1 COVMG (für eine ausführlichere Darstellung zum zugrundliegenden Gesetz, zur Motivation des Gesetzgebers, zum Geltungszeitraum der Regelungen etc → § 118 Rn. 25 ff.) bestimmt, dass der Vorstand – abweichend von § 123 Abs. 1 S. 1 – entscheiden kann, die Hauptversammlung spätestens am *21. Tag* vor dem Tag der Versammlung einzuberufen. Die Mindestfrist verlängert sich – in Abweichung von § 123 Abs. 2 S. 5 – zudem *nicht* um die Anmeldefrist (die Regelungen zur Anwendungsfrist selbst wurden nicht modifiziert). Die zugrundeliegende Entscheidung des Vorstands bedarf nach § 1 Abs. 6 COVMG der zustimmenden Entscheidung des Aufsichtsrats, die dieser indes ohne physisches Zusammentreffen seiner Mitglieder treffen kann. Der Gesetzgeber will Unternehmen durch diese Modifikation ermöglichen, während der Ausnahme-Lage aufgrund der COVID-19-Pandemie Hauptversammlungen mit einer verkürzten Frist von 21 Tagen einzuberufen. Zwingend einzuhalten war vom Gesetzgeber indes die europarechtlich geforderte Mindestfrist von 21 Tagen (vgl. Art. 5 Abs. 1 UAbs. 1 RL 2007/36/EG (ARRL)). Da auch Jahreshauptversammlungen umfasst sind, konnte die verkürzte Frist von 14 Tagen aus Art. 5 Abs. 1 UAbs. 2 ARRL nicht zur Anwendung kommen (BT-Drs. 19/18110, 26 f.). Angesichts dieses Rahmens hat der Gesetzgeber diejenige Regelung gewählt, die den Unternehmen die größtmögliche Flexibilität bietet. 12

Nach § 1 Abs. 3 S. 2 COVMG fällt der Nachweisstichtag (*„Record Date"*) für Inhaberaktien börsennotierter Gesellschaften nun auf den Beginn des *zwölften* Tages vor der Versammlung – anstatt auf den 21. Tag vor der Versammlung, wie in § 123 Abs. 4 S. 2 normiert. Der Nachweis muss der Gesellschaft spätestens am *vierten* Tag vor der Hauptversammlung zugehen, soweit in der Einladung keine kürzere Frist mitgeteilt wurde. Abweichende Satzungsbestimmungen sollen unzulässig sein. Aus dem Wortlaut der Vorschrift geht zwar nicht eindeutig hervor, dass die Verkürzung des *Record Date* nur greift, wenn auch die Hauptversammlung mit der verkürzten Einladungsfrist einberufen wurde. Nach der Begründung des Gesetzgebers ist eine solche Verknüpfung aber auf jeden Fall beabsichtigt: Es wird das Bedürfnis festgestellt, aufgrund der Fristverkürzung für die Einladung auch den Nachweisstichtag zu verschieben. Insofern ist europarechtlich zumindest eine Frist von acht Tagen zwischen dem letzten für die Einberufung zulässigen Tag und dem Nachweisstichtag (Art. 7 Abs. 3 ARRL) vorgeschrieben, wobei die beiden Tage selbst nicht in die Berechnung einbezogen werden (vgl. BT-Drs. 19/18110, 27). Der Gesetzgeber hat sich also auch insoweit für eine erhebliche Verkürzung der Fristen entschieden, wenngleich nicht für die größtmögliche. 13

Die Regelungen sowie die enthaltenen Verweise wurden vom Gesetzgeber absichtlich so formuliert, dass sie sowohl auf Hauptversammlungen Anwendung finden, die *vor* dem 3.9.2020 einberufen werden, als auch auf solche, die erst *danach* einberufen werden. Die im Zuge des ARUG II eingefügten Änderungen, die erst für Hauptversammlungen gelten, die ab dem 3.9.2020 einberufen werden, wurden insoweit also bereits mitberücksichtigt (so auch der klare gesetzgeberische Wille, siehe BT-Drs. 19/18110, 27). 14

Bekanntmachung von Ergänzungsverlangen; Vorschläge zur Beschlussfassung

124 (1) [1] **Hat die Minderheit nach § 122 Abs. 2 verlangt, dass Gegenstände auf die Tagesordnung gesetzt werden, so sind diese entweder bereits mit der Einberufung oder andernfalls unverzüglich nach Zugang des Verlangens bekannt zu machen.** [2] **§ 121 Abs. 4 gilt sinngemäß; zudem gilt bei börsennotierten Gesellschaften § 121 Abs. 4a entsprechend.** [3] **Bekanntmachung und Zuleitung haben dabei in gleicher Weise wie bei der Einberufung zu erfolgen.**

(2) [1] **Steht die Wahl von Aufsichtsratsmitgliedern auf der Tagesordnung, so ist in der Bekanntmachung anzugeben, nach welchen gesetzlichen Vorschriften sich der Aufsichtsrat zusammensetzt; ist die Hauptversammlung an Wahlvorschläge gebunden, so ist auch dies anzugeben.** [2] **Die Bekanntmachung muss bei einer Wahl von Aufsichtsratsmitgliedern börsennotierter Gesellschaften, für die das Mitbestimmungsgesetz, das Montan-Mitbestimmungsgesetz oder das Mitbestimmungsergänzungsgesetz gilt, ferner enthalten:**

1. **Angabe, ob der Gesamterfüllung nach § 96 Absatz 2 Satz 3 widersprochen wurde, und**
2. **Angabe, wie viele der Sitze im Aufsichtsrat mindestens jeweils von Frauen und Männern besetzt sein müssen, um das Mindestanteilsgebot nach § 96 Absatz 2 Satz 1 zu erfüllen.**

[3] **Soll die Hauptversammlung über eine Satzungsänderung, das Vergütungssystem für die Vorstandsmitglieder, die Vergütung des Aufsichtsrats nach § 113 Absatz 3, den Vergütungsbericht oder über einen Vertrag beschließen, der nur mit Zustimmung der Hauptversammlung wirksam wird, so ist bei einer Satzungsänderung der Wortlaut der Satzungsänderung, bei einem vorbezeichneten Vertrag dessen wesentlicher Inhalt, im Übrigen der vollständige**

Inhalt der Unterlagen zu den jeweiligen Beschlussgegenständen bekanntzumachen. [4]Satz 3 gilt auch im Fall des § 120a Absatz 5.

(3) **[1]Zu jedem Gegenstand der Tagesordnung, über den die Hauptversammlung beschließen soll, haben der Vorstand und der Aufsichtsrat, zur Beschlussfassung nach § 120a Absatz 1 Satz 1 und zur Wahl von Aufsichtsratsmitgliedern und Prüfern nur der Aufsichtsrat, in der Bekanntmachung Vorschläge zur Beschlußfassung zu machen. [2]Bei Gesellschaften, die kapitalmarktorientiert im Sinne des § 264d des Handelsgesetzbuchs, die CRR-Kreditinstitute im Sinne des § 1 Absatz 3d Satz 1 des Kreditwesengesetzes, mit Ausnahme der in § 2 Absatz 1 Nummer 1 und 2 des Kreditwesengesetzes genannten Institute, oder die Versicherungsunternehmen im Sinne des Artikels 2 Absatz 1 der Richtlinie 91/674/EWG sind, ist der Vorschlag des Aufsichtsrats zur Wahl des Abschlussprüfers auf die Empfehlung des Prüfungsausschusses zu stützen. [3]Satz 1 findet keine Anwendung, wenn die Hauptversammlung bei der Wahl von Aufsichtsratsmitgliedern nach § 6 des Montan-Mitbestimmungsgesetzes an Wahlvorschläge gebunden ist, oder wenn der Gegenstand der Beschlußfassung auf Verlangen einer Minderheit auf die Tagesordnung gesetzt worden ist. [4]Der Vorschlag zur Wahl von Aufsichtsratsmitgliedern oder Prüfern hat deren Namen, ausgeübten Beruf und Wohnort anzugeben. [5]Hat der Aufsichtsrat auch aus Aufsichtsratsmitgliedern der Arbeitnehmer zu bestehen, so bedürfen Beschlüsse des Aufsichtsrats über Vorschläge zur Wahl von Aufsichtsratsmitgliedern nur der Mehrheit der Stimmen der Aufsichtsratsmitglieder der Aktionäre; § 8 des Montan-Mitbestimmungsgesetzes bleibt unberührt.**

(4) **[1]Über Gegenstände der Tagesordnung, die nicht ordnungsgemäß bekanntgemacht sind, dürfen keine Beschlüsse gefaßt werden. [2]Zur Beschlußfassung über den in der Versammlung gestellten Antrag auf Einberufung einer Hauptversammlung, zu Anträgen, die zu Gegenständen der Tagesordnung gestellt werden, und zu Verhandlungen ohne Beschlußfassung bedarf es keiner Bekanntmachung.**

Übersicht

I. Allgemeines

1 § 124 betrifft die Tagesordnung. Diese ist seit Inkrafttreten des ARUG gem. § 121 Abs. 3 S. 2 Teil der Einberufung. Entgegen der vor dem ARUG geltenden Fassung des § 124 Abs. 1 S. 1 ist sie mithin nicht bloß „bei Einberufung“, also gleichzeitig, bekannt zu machen. § 124 verbleibt eine ergänzende Funktion. Er hat die Bekanntmachung von Ergänzungsverlangen (Abs. 1), ergänzende Bekanntmachungspflichten bei besonderen Beschlussgegenständen (Abs. 2), die Beschlussvorschläge der Verwaltung (Abs. 3) sowie Fehler bei der Bekanntmachung (Abs. 4) zum Gegenstand. Wie die Begründung des Gesetzesentwurfs zur Ergänzung des Abs. 2 S. 3, 4 durch das ARUG II nochmals bekräftigt, bezweckt die Vorschrift die der HV vorgelagerten Information der Aktionäre, sodass diese mit hinreichend Vorkenntnissen ausgestattet über die Beschlussgegenstände abstimmen können (BegrRegE zum ARUG II, BT-Drs. 19/9739, 95).

II. Bekanntmachung von Ergänzungsverlangen (Abs. 1)

2 Hat eine Minderheit nach § 122 Abs. 2 verlangt, dass Gegenstände auf die Tagesordnung gesetzt werden, müssen diese ebenfalls bekanntgemacht werden. Ist dies zeitlich noch möglich, erfolgt die Bekanntmachung wegen § 121 Abs. 3 S. 2 als **Teil der Einberufung** (Abs. 1 S. 1 Fall 1). Liegt das Minderheitsverlangen nicht rechtzeitig zur Einberufung, aber früher als aufgrund der Fristen für ein Minderheitsverlangen gesetzlich nötig vor – bei nicht-börsennotierten Gesellschaften gilt eine verkürzte Frist von 24 Tagen (§ 122 Abs. 2 S. 3), bei börsennotierten Gesellschaften eine 30-Tages-Frist –, sind die TOP **unverzüglich** nach Zugang des Verlangens **separat** öffentlich bekannt zu machen (Abs. 1 S. 1 Fall 2). Eine Bekanntmachung nach Abs. 1 S. 1 Fall 2 kommt va bei aufgrund § 123 Abs. 2 S. 5, Abs. 3 S. 2 verlängerten Einberufungsfristen in Betracht. Insoweit wird man dem Vorstand eine „kurze Frist“ zur Prüfung der Ergänzungsanträge und der Bekanntmachung der geänderten Tagesordnung zugestehen müssen (so ausdrücklich RegBegr BT-Drs. 16/11642, 30). Hiervon sollte allerdings sehr zurückhaltend Gebrauch gemacht werden (*Paschos/Goslar* AG 2009, 14 (18): ca. drei Tage; vgl. auch *Florstedt* ZIP 2010, 761 (765)), da die Aktionäre hinreichend Zeit benötigen, um ggf. noch auf die

geänderte Tagesordnung reagieren zu können, zB durch Anmeldung zur HV, Benennung eines Vertreters oder Abstimmung per Brief (vgl. RegBegr BT-Drs. 16/11642, 30). Dies ist bei börsennotierten Gesellschaften idR gewährleistet, da Ergänzungsverlangen spätestens 30 Tage vor der HV anzumelden sind, sodass die Veröffentlichung regelmäßig rechtzeitig vor dem Record Date bewerkstelligt wird (vgl. OLG Frankfurt a. M. 19.6.2017, AG 2018, 125). Umgekehrt muss bei nicht-börsennotierten Gesellschaften, selbst wenn sie einen solchen Nachweisstichtag in der Satzung vorsehen (vgl. § 21 Abs. 2), die Bekanntmachung der geänderten Tagesordnung nicht zwingend vor diesem statutarischen Record Date erfolgen. Denn Art. 6 Abs. 4, Art. 7 Abs. 1 der Aktionärsrechterichtlinie ist auf nicht-börsennorierte Gesellschaften nicht anwendbar und sonst käme es zu einer nicht hinnehmbaren Verkürzung der (Minderheits-)Rechte aus § 122 Abs. 2 (vgl. OLG Frankfurt a. M. 19.6.2017, AG 2018, 125; zustimmend OLG München 27.6.2018, AG 2018, 761). In Übernahmesituationen genügt eine Bekanntmachung in Kurzform (vgl. § 16 Abs. 4 S. 7 WpÜG).

Werden die Gegenstände **separat bekannt gemacht,** gelten die für die Einberufung maßgeblichen Bekanntmachungspflichten (§ 121 Abs. 4, 4a) entsprechend (Abs. 1 S. 2). Der Hinweis in Abs. 1 S. 3, dass die Bekanntmachung und Zuleitung in der gleichen Weise wie bei der Einberufung zu erfolgen hat, dürfte keine darüber hinausgehende Bedeutung besitzen und allein der Vorgabe des Art. 6 Abs. 4 der Aktionärsrechterichtlinie geschuldet sein (vgl. RegBegr BT-Drs. 16/11642, 30). 3

III. Ergänzende Bekanntmachungspflichten bei besonderen Beschlussgegenständen (Abs. 2)

In den in Abs. 2 genannten Fällen sind ergänzende Angaben bei der Bekanntmachung erforderlich. Im Falle von **AR-Wahlen** ist in der Bekanntmachung anzugeben, nach welchen gesetzlichen Vorschriften sich der AR zusammensetzt, gegebenenfalls (eine Fehlanzeige ist nicht länger erforderlich) auch die Bindung der HV an Wahlvorschläge (RegBegr BT-Drs. 18/4349, 24). Bei der Angabe der gesetzlichen Vorschriften genügt die Nennung der anwendbaren mitbestimmungsrechtlichen Vorschriften, der Norminhalt muss nicht wiedergegeben werden (GroßkommAktG/*Butzke* Rn. 24). Die Bindung an Wahlvorschläge kann sich nach den §§ 6, 8 MontanMitbestG ergeben (§ 101 Abs. 1 S. 2). Entsenderechte werden nicht von der Vorschrift erfasst (MHdB GesR IV/*Bungert* § 36 Rn. 70). Der im Zuge des Gesetzes zur gleichberechtigten Teilhabe von Frauen und Männern an Führungspositionen in der Privatwirtschaft und im öffentlichen Dienst neu eingefügte Abs. 2 S. 2 soll klarstellen, dass der Wahlvorschlag den Anforderungen des § 96 Abs. 2 genügen muss (RegBegr BT-Drs. 18/3784, 124; nähere Einzelheiten zu diesem Gesetz → § 36 Rn. 10 ff.). 4

Bei **Satzungsänderungen** ist auch weiterhin der gesamte Wortlaut der vorgeschlagenen Satzungsänderung bekannt zu machen. Von der noch im Regierungsentwurf zum ARUG II befürworteten Neufassung des Abs. 2 S. 3, in dem zum Zwecke der sprachlichen Straffung die bisherige Formulierung „Wortlaut der vorgeschlagenen Satzungsänderung" durch „vollständiger Inhalt der Unterlagen" ersetzt werden sollte (BegrRegE zum ARUG II, BT-Drs. 19/9739, 95), wurde im Anschluss an den Änderungsvorschlag des Bundesrates wieder Abstand genommen. Dessen Anraten, es jedenfalls für Satzungsänderungen bei der bisherigen Regelung zu belassen, begründete er im Wesentlichen damit, dass die Ausweitung der Bekanntmachungspflicht bei vorgeschlagenen Satzungsänderungen einerseits nicht von der Richtlinie nezessitiert, andererseits im Gesetzesentwurf aber auch nicht anderweitig begründet sei (Stellungnahme des BR vom 17.5.2019, Beschluss zur BR-Drs. 156/19, 5 f.). Wird nur ein Wort oder Satz geändert, genügt die Wiedergabe des entsprechenden Satzes, wenn dies der Verständlichkeit keinen Abbruch tut (K. Schmidt/Lutter/*Ziemons* Rn. 62). Die Bekanntmachung der vorgeschlagenen Satzungsänderung im Wortlaut ist als inhaltliche Ausformung des Beschlussvorschlags und nicht etwa als Konkretisierung der Tagesordnung zu verstehen (MüKoAktG/*Kubis* Rn. 17), sodass auch ein vom Vorschlag abweichender Beschluss möglich bleibt, solange er sich in den Grenzen der bekanntgemachten Tagesordnung hält (OLG Celle 15.7.1992, WM 1992, 1703 (1705); GroßkommAktG/*Butzke* Rn. 31; MüKoAktG/*Kubis* Rn. 17; **aA** GroßkommAktG/*Werner,* 4. Aufl. 2009, Rn. 34). 4a

Im Fall von **zustimmungsbedürftigen Verträgen** ist deren wesentlicher Inhalt wiederzugeben (was wiederum als inhaltliche Ausformung des Beschlussvorschlags zu verstehen ist, s. soeben). Dies gilt auch für die sog. Holzmüller/Gelatine-Fälle (OLG Schleswig 8.12.2005, NZG 2006, 951 (953); MüKoAktG/*Kubis* Rn. 22; zu den Holzmüller/Gelatine-Fällen → § 119 Rn. 12 ff.) sowie das Ersuchen der HV um Zustimmung nach § 119 Abs. 2 (OLG München 26.4.1996, NJW-RR 1997, 544). Bekanntzumachen sind nicht nur abgeschlossene Verträge, sondern auch Vertragsentwürfe sowie die Änderung und Beendigung zustimmungsbedürftiger Verträge (MüKoAktG/*Kubis* Rn. 23). Der wesentliche Inhalt bestimmt sich jeweils nach Sinn und Zweck; zu nennen sind namentlich die Vertragsparteien, Haupt- und Nebenpflichten, Rücktritts- und Kündigungsrechte sowie atypische oder für die Gesellschaft nachteilige Klauseln (K. Schmidt/Lutter/*Ziemons* Rn. 57). Neben dem Wortlaut konnen ggf. weitere Erläuterungen erforderlich sein. Nach teilweise vertretener Ansicht befreit die wörtliche Wiedergabe des Vertragstexts nicht davon, wesentliche Inhalte bekannt zu machen (MüKoAktG/*Kubis* Rn. 25). 4b

4c Für **Kapital- und Strukturmaßnahmen** gilt analog Abs. 2 dasselbe (BGH 9.11.1992, BGHZ 120, 141 = NJW 1993, 400). Hier sind vor allem Angaben zum Bezugsrechtsausschluss notwendig.

4d Neu aufgenommen wurde durch das ARUG II eine Erstreckung der Bekanntmachungsvorgaben zur Vergütung, dh auf das Vergütungssystem für die Vorstandsmitglieder, die Vergütung des Aufsichtsrats nach § 113 Abs. 3 sowie den Vergütungsbericht (§ 124 Abs. 2 S. 3). Soll die HV hierüber beschließen, ist der vollständige Inhalt der diesbezüglichen Unterlagen bekanntzumachen; die Zusammenfassung des lediglich wesentlichen Inhalts reicht e contrario zur Vorgabe zu Verträgen, für dessen Wirksamkeit es der Zustimmung der HV bedarf, gerade nicht aus. Nach dem Gesetzesentwurf der Bundesregierung soll dies ferner alle Dokumente miteinschließen, auf die im jeweiligen Beschlussgegenstand Bezug genommen wird. Der Begriff der Unterlagen ist dabei weit zu verstehen, insbesondere ist sowohl die physische als auch die nicht-physische Inhaltsverkörperung davon umfasst. Ein Vorschlag des Bundesrates im Rahmen seiner Stellungnahme zum Regierungsentwurf dahingehend, dass anstelle der vorgesehenen Neufassung eine Ergänzung des § 124a um die in § 124 Abs. 2 S. 3 geregelten Beschlussgegenstände angebracht sein könnte, fand dagegen nicht den Weg in die finale Gesetzesfassung. Der Bundesrat erwog dies vor dem Hintergrund, dass dem Informationsinteresse der Aktionäre durch eine Zugänglichmachung über die Website nach § 124a bereits genüge getan sein könnte (Stellungnahme des BR vom 17.5.2019, Beschluss zur BR-Drs. 156/19, 5 f.). Der Bundestag lehnte dies in seiner Abstimmung der Beschlussempfehlung des Ausschusses für Recht und Verbraucherschutz folgend jedoch letztlich mit Hinweis auf die aus seiner Sicht systematisch kohärentere Verortung in § 124 Abs. 2 ab (vgl. Beschlussempfehlung und Bericht des Ausschusses für Recht und Verbraucherschutz, BT-Drs. 19/15153, 57). Der ebenfalls neu hinzugefügte S. 4 stellt schließlich klar, dass die Vorgaben zur Bekanntmachung auch dann zur Anwendung gelangen, wenn eine Beschlussfassung über den Vergütungsbericht in Übereinstimmung mit § 120a Abs. 5 nicht notwendig ist (BegrRegE zum ARUG II, BT-Drs. 19/9739, 95).

IV. Beschlussvorschläge der Verwaltung (Abs. 3)

5 Vorstand und AR haben gem. Abs. 3 S. 1 zu jedem TOP in der Bekanntmachung jeweils einen eigenen Beschlussvorschlag in **Form eines Antrags** zu machen. **Alternativ- oder Eventualvorschläge** sind zulässig (hM, vgl. MüKoAktG/*Kubis* Rn. 40; aA K. Schmidt/Lutter/*Ziemons* Rn. 19). Eine Bindung an Beschlussvorschläge tritt durch deren Bekanntmachung grundsätzlich nicht ein. Insbesondere ist es zulässig, Beschlussvorschläge zurückzuziehen und sie damit der Abstimmung in der HV zu entziehen (Spindler/Stilz/*Rieckers* Rn. 26 mwN). Nach wohl hM können Beschlussvorschläge in der HV auch inhaltlich geändert werden, solange sie sich iR der bekanntgegebenen Tagesordnung halten (Spindler/Stilz/*Rieckers* Rn. 26, mit gutem Überblick auch über abw. Auffassungen).

6 Das Vorschlagsrecht zur **Wahl von AR-Mitgliedern oder Prüfern** steht nur dem AR zu (Abs. 3 S. 1). Bei **kapitalmarktorientierten Kapitalgesellschaften** iSv § 264d HGB ist der Vorschlag des AR zur Wahl des Abschlussprüfers auf die Empfehlung des Prüfungsausschusses (sofern eingerichtet; vgl. § 324 HGB) zu stützen (Abs. 3 S. 2). Da es sich hierbei allerdings nur um eine Empfehlung handelt, ist eine Abweichung des AR vom Vorschlag des Prüfungsausschusses in Ausnahmefällen nicht ausgeschlossen; er muss dies allerdings in seinem Vorschlag gegenüber der HV begründen (RegBegr BT-Drs. 16/10067, 103). Der Vorschlag hat den Namen, (konkret) ausgeübten Beruf (vgl. dazu LG Hannover 17.3.2010, NZG 2010, 744 (748 f.)) und Wohnort anzugeben (Abs. 3 S. 4). **Kein Vorschlag ist erforderlich,** soweit die HV ohnehin nach § 6 MontanMitbestG an Wahlvorschläge gebunden ist oder der TOP auf Verlangen einer Minderheit bekanntgegeben wird (Abs. 3 S. 3). Abs. 3 S. 3 ist – trotz seines vermeintlich engen Wortlauts – auch bei einem Mehrheitsverlangen anzuwenden ist (OLG Düsseldorf 5.7.2012, AG 2013, 264 Rn. 86; *v. der Linden* AG 2016, 280 mwN). Dafür spricht, dass § 124 Abs. 3 S. 3 an das Ergänzungsverlangen nach § 122 anknüpft, das nicht ein spezifisches Minderheitenrecht statuiert, sondern (allein) die Erfüllung eines bestimmten Quorums verlangt. Entgegen einer teilweise vertretenen Ansicht regeln die – einheitlich auszulegenden – §§ 122, 124 nicht einen Konflikt zwischen Minderheits- und Mehrheitsgesellschafter, sondern zwischen der beschlusswilligen Aktionärsgruppe und der – mglw. – unwilligen Gesellschafterverwaltung, von deren Mitwirkung Einberufung der HV und Ergänzung der TOP dann nicht abhängen sollen (so überzeugend *v. der Linden* AG 2016, 280 (282 f.)).

6a Neu hinzugefügt – und in Abkehr vom Referentenentwurf und dem Verständnis von § 120 Abs. 4 aF – wurde das alleinige Vorschlagsrecht des AR zur **Beschlussfassung nach § 120a Abs. 1 S. 1.** Diese Ergänzung soll in klarstellender Weise das alleinige Vorlagerecht des AR für das empfehlende Votum der HV im Zusammenhang mit dem Vergütungssystem des Vorstands widerspiegeln. Für die Vergütung des AR sowie den Vergütungsbericht bleibt es indes beim gemeinsamen Vorschlagsrecht. Dies folgt bei ersterem aus dem Umstand, dass dem AR kein alleiniges Vorlagererecht zukommt, da er nicht in eigener Sache richten soll. Hinsichtlich letzterem folgt schon die Vorlagekompetenz der Ausarbeitungskompetenz, die beiden Organen gemeinsam zukommt (BegrRegE zum ARUG II, BT-Drs. 19/9739, 95).

Die Norm richtet sich derzeit an kapitalmarktorientierte Gesellschaften iSd § 264d HGB. Das AReG sieht in Umsetzung der AbschlussprüferRL eine Erstreckung ihres persönlichen Anwendungsbereiches auf CRR-Kreditinstitute iSd § 1 Abs. 3d S. 1 KWG vor. Davon ausgenommen sind die in § 2 Abs. 1 Nr. 1 und 2 KWG genannten Institute oder Versicherungsunternehmen iSd Art. 2 Abs. 1 RL 91/674/EWG. 7

Der Vorschlag bedarf **organintern** jeweils eines wirksamen Beschlusses. Ist der AR mitbestimmt, dürfen bei der Beratung und dem (Sonder-)Beschluss über den Vorschlag zur AR-Wahl nur die AR-Mitglieder der Aktionäre mitwirken (Abs. 3 S. 5). 8

V. Bekanntmachungsfreie Gegenstände (Abs. 4 S. 2)

Nicht bekanntmachungspflichtig sind in der HV gestellte Anträge, die die **Einberufung einer (weiteren) HV** zum Gegenstand haben (Vertagung, ggf. auch Beschluss über Tagesordnung für die kommende HV, vgl. GroßkommAktG/*Butzke* Rn. 104 f.), die **zu ordnungsgemäß bekannt gemachten TOP** gestellt werden (GeschO-Anträge, Gegenanträge, ergänzende Anträge, vgl. OLG Brandenburg 10.11.2010, AG 2011, 418 (419)) sowie die bloße **Verhandlung** ohne Beschlussfassung (Abs. 4 S. 2). 9

VI. Verstöße gegen die Bekanntmachungspflicht (Abs. 4 S. 1)

Über Gegenstände, die nicht ordnungsgemäß bekannt gemacht wurden, darf kein Beschluss gefasst werden (**negative Bindungswirkung,** Abs. 4 S. 1; Ausnahme; Abs. 4 S. 2). Daneben existiert auch eine **positive Bindungswirkung** idS, dass über bekannt gemachte TOP auch verhandelt werden muss (Bürgers/Körber/*Reger* § 121 Rn. 11c). 10

Ein Verstoß **gegen die negative Bindungswirkung** führt zur **Anfechtbarkeit** der gefassten Beschlüsse (BGH 25.11.2002, BGHZ 153, 32 = NJW 2003, 970). Der HV-Leiter kann die Beschlussfassung nach Abwägung des Anfechtungsrisikos gegen den zu erwartenden Schaden durch die Nicht-Beschlussfassung aber zulassen (Bürgers/Körber/*Reger* Rn. 29). IÜ kann der Gesetzesverstoß auch so geringfügig sein, dass ihm die Relevanz fehlt, eine Anfechtbarkeit daher ausgeschlossen ist (vgl. BGH 25.11.2002, BGHZ 153, 32 = NJW 2003, 970; Hüffer/Koch/*Koch* Rn. 28). Ein Verstoß gegen § 49 WpHG (→ § 121 Rn. 22) führt nicht zur Anfechtbarkeit (§ 52 WpHG). 11

Veröffentlichungen auf der Internetseite der Gesellschaft

124a **[1] Bei börsennotierten Gesellschaften müssen alsbald nach der Einberufung der Hauptversammlung über die Internetseite der Gesellschaft zugänglich sein:**

1. der Inhalt der Einberufung;
2. eine Erläuterung, wenn zu einem Gegenstand der Tagesordnung kein Beschluss gefasst werden soll;
3. die der Versammlung zugänglich zu machenden Unterlagen;
4. die Gesamtzahl der Aktien und der Stimmrechte im Zeitpunkt der Einberufung, einschließlich getrennter Angaben zur Gesamtzahl für jede Aktiengattung;
5. gegebenenfalls die Formulare, die bei Stimmabgabe durch Vertretung oder bei Stimmabgabe mittels Briefwahl zu verwenden sind, sofern diese Formulare den Aktionären nicht direkt übermittelt werden.

[2] Ein nach Einberufung der Versammlung bei der Gesellschaft eingegangenes Verlangen von Aktionären im Sinne von § 122 Abs. 2 ist unverzüglich nach seinem Eingang bei der Gesellschaft in gleicher Weise zugänglich zu machen.

I. Allgemeines

§ 124a wurde durch das ARUG eingeführt. Er hat Veröffentlichungen auf der **Internetseite** börsennotierter Gesellschaften nach der Einberufung der HV zum Gegenstand. Durch diese Regelung soll die Internetseite börsennotierter Gesellschaften zum **„zentralen Medium des Informationsaustauschs zwischen Gesellschaft und Aktionär“** ausgebaut werden und der Zugriff auf für die HV relevante Informationen erleichtert werden (RegBegr BT-Drs. 16/11642, 30). 1

§ 124a folgt hiermit dem Beispiel der **Ziff. 2.3.1 DCGK,** nach welcher die vom Gesetz verlangten Berichte und Unterlagen einschließlich des Geschäftsberichts leicht zugänglich auf der Internetseite der Gesellschaft zusammen mit der Tagesordnung veröffentlicht werden sollen. Da dem ohnehin fast alle der börsennotierten Aktiengesellschaften gefolgt sind, bringt § 124a wenig Neues. 2

II. Gegenstand der Veröffentlichungspflicht

3 Durch die Veröffentlichungspflicht nach S. 1 soll den Aktionären die Vorbereitung auf die HV erleichtert werden. Zu veröffentlichen sind: **Nr. 1:** Der Inhalt der Einberufung; dies erstreckt sich auch auf die Tagesordnung (§ 121 Abs. 3) und, obwohl sie eigentlich nicht Inhalt der Einberufung sind, nach der RegBegr zum ARUG auch auf die Beschlussvorschläge zu den einzelnen Punkten (§ 124 Abs. 3; vgl. RegBegr BT-Drs. 16/11642, 30). **Nr. 2:** Eine Erläuterung, sofern zu einem Gegenstand der Tagesordnung kein Beschluss gefasst werden soll, also kein Beschlussvorschlag durch die Verwaltung abzugeben ist (vgl. § 124 Abs. 3 S. 1). Insoweit dürfte eine knappe Beschreibung des Verhandlungsgegenstands ausreichen (zutr. *Drinhausen/Keinath* BB 2009, 2322 (2324)). **Nr. 3:** Sämtliche Unterlagen, die in der HV den Aktionären zugänglich zu machen sind. Dies betrifft namentlich die in § 52 Abs. 2, §§ 176, 179a Abs. 2, § 293g genannten Dokumente (RegBegr BT-Drs. 16/11642, 30). **Nr. 4:** Die Gesamtzahl der Aktien und Stimmrechte im Zeitpunkt der Einberufung, einschließlich getrennter Angaben zur Gesamtzahl für jede Aktiengattung. Eigene Aktien der AG sind hierbei einzurechnen (RegBegr BT-Drs. 16/11642, 30). **Nr. 5:** Existieren von der Gesellschaft verbindlich vorgegebene Formulare für die Stimmabgabe durch einen Bevollmächtigten oder für die Briefwahl, sind diese einzustellen, sofern sie den Aktionären nicht mit der Einberufung direkt übermittelt worden sind. Dies ist freilich nicht erforderlich, wenn entsprechende Rechte ohnehin im Online-Dialog ausgeübt werden (*Paschos/Goslar* AG 2009, 14 (17)).

4 Art. 5 Abs. 4 S. 2 der Aktionärsrechterichtlinie sah die Möglichkeit vor, den Gesellschaften bei technischen Schwierigkeiten die **Bereitstellung der Formulare in Papierform** zu gestatten. Hiervon hat der deutsche Gesetzgeber aufgrund der eher theoretischen Natur derartiger Schwierigkeiten angesichts der heutigen Internetpräsenz **keinen Gebrauch** gemacht. Alternativen zur Veröffentlichung bestehen mithin nicht.

5 Um technische Schwierigkeiten im zuletzt genannten Sinn handelt es sich nicht bei von der Gesellschaft nicht zu vertretenden **vorübergehenden Störungen des Internets sowie kurzzeitigen Unterbrechungen,** zB aufgrund einer Systemwartung. Diese sind grundsätzlich unschädlich (RegBegr BT-Drs. 16/11642, 30). Eine Ausnahme dürfte insoweit nur gelten, sofern die Gesellschaft keine Maßnahmen ergreift, um Störungen zu beheben, obwohl ihr dies möglich und zumutbar ist.

III. Zeitpunkt der Veröffentlichung

6 Die Informationen müssen **„alsbald"** nach der Bekanntmachung der Einberufung der HV auf der Internetseite bekannt gemacht werden. Zeitverluste aufgrund betriebsinterner Abläufe sowie technischer Limitierungen sind hierbei unschädlich (RegBegr BT-Drs. 16/11642, 30). Die Zwischenzeit sollte jedoch durch entsprechende Vorarbeiten (Digitalisierung der Dokumente etc) so kurz wie möglich gehalten werden (*Drinhausen/Keinath* BB 2009, 2322 (2325): am Tag nach der Einberufung).

7 Ein **Ergänzungsverlangen von Aktionären gem. § 122 Abs. 2,** das nicht mehr bei der Einberufung der HV berücksichtigt werden kann (→ § 122 Rn. 9), ist **„unverzüglich"** nach seinem Eingang bei der Gesellschaft zu veröffentlichen. Entsprechend der Veröffentlichungspflicht gem. § 124 Abs. 1 ist dem Vorstand jedoch eine kurze Frist zur Prüfung des Verlangens und zur Durchführung der Veröffentlichung zuzugestehen (→ § 124 Rn. 2; ebenso *Drinhausen/Keinath* BB 2009, 2322 (2325)).

IV. Verstoß gegen die Veröffentlichungspflicht

8 Ein Verstoß gegen § 124a stellt eine **Ordnungswidrigkeit** dar (§ 405 Abs. 3a Nr. 2). Eine Anfechtungsklage lässt sich auf den Verstoß hingegen nicht stützen (§ 243 Abs. 3 Nr. 2).

Mitteilungen für die Aktionäre und an Aufsichtsratsmitglieder

125 (1) [1]**Der Vorstand einer Gesellschaft, die nicht ausschließlich Namensaktien ausgegeben hat, hat die Einberufung der Hauptversammlung mindestens 21 Tage vor derselben wie folgt mitzuteilen:**

1. **den Intermediären, die Aktien der Gesellschaft verwahren,**
2. **den Aktionären und Intermediären, die die Mitteilung verlangt haben, und**
3. **den Vereinigungen von Aktionären, die die Mitteilung verlangt haben oder die in der letzten Hauptversammlung Stimmrechte ausgeübt haben.**

[2]**Der Tag der Mitteilung ist nicht mitzurechnen.** [3]**Ist die Tagesordnung nach § 122 Abs. 2 zu ändern, so ist bei börsennotierten Gesellschaften die geänderte Tagesordnung mitzuteilen.** [4]**In der Mitteilung ist auf die Möglichkeiten der Ausübung des Stimmrechts durch einen Bevollmächtigten, auch durch eine Vereinigung von Aktionären, hinzuweisen.** [5]**Bei börsennotierten Gesellschaften sind einem Vorschlag zur Wahl von Aufsichtsratsmitgliedern Anga-**

ben zu deren Mitgliedschaft in anderen gesetzlich zu bildenden Aufsichtsräten beizufügen; Angaben zu ihrer Mitgliedschaft in vergleichbaren in- und ausländischen Kontrollgremien von Wirtschaftsunternehmen sollen beigefügt werden.

(2) **Die gleiche Mitteilung hat der Vorstand einer Gesellschaft, die Namensaktien ausgegeben hat, den zu Beginn des 21. Tages vor der Hauptversammlung im Aktienregister Eingetragenen zu machen sowie den Aktionären und Intermediären, die die Mitteilung verlangt haben, und den Vereinigungen von Aktionären, die die Mitteilung verlangt oder die in der letzten Hauptversammlung Stimmrechte ausgeübt haben.**

(3) **Jedes Aufsichtsratsmitglied kann verlangen, daß ihm der Vorstand die gleichen Mitteilungen übersendet.**

(4) **Jedem Aufsichtsratmitglied und jedem Aktionär sind auf Verlangen die in der Hauptversammlung gefassten Beschlüsse mitzuteilen.**

(5) [1] **Für Inhalt und Format eines Mindestgehaltes an Informationen in den Mitteilungen gemäß Absatz 1 Satz 1 und Absatz 2 gelten die Anforderungen der Durchführungsverordnung (EU) 2018/1212.** [2] **§ 67a Absatz 2 Satz 1 gilt für die Absätze 1 und 2 entsprechend.** [3] **Bei börsennotierten Gesellschaften sind die Intermediäre, die Aktien der Gesellschaft verwahren, entsprechend den §§ 67a und 67b zur Weiterleitung und Übermittlung der Informationen nach den Absätzen 1 und 2 verpflichtet, es sei denn, dem Intermediär ist bekannt, dass der Aktionär sie von anderer Seite erhält.** [4] **Das Gleiche gilt für nichtbörsennotierte Gesellschaften mit der Maßgabe, dass die Bestimmungen der Durchführungsverordnung (EU) 2018/1212 nicht anzuwenden sind.**

Übersicht

I. Allgemeines

§ 125 normiert vom Vorstand einer AG zu erfüllende Mitteilungspflichten und ist in seinem Anwendungsbereich lex specialis zu § 67a (vgl. § 67a Abs. 1 aE). § 125 aF war hinsichtlich der Mitteilungspflicht gegenüber Kreditinstituten und Aktionärsvereinigungen, Bindeglied zu § 128 aF, nach dem letztere die Mitteilungen an die Kunden bzw. Mitglieder weiterzuleiten haben. Letzter wurde durch das ARUG II aufgehoben und ist nun in angepasster Form vor allem in §§ 67a ff. AfktG-E enthalten. § 125 ist zwingend (§ 23 Abs. 5); eine Erweiterung der Informationspflichten ist jedoch zulässig (MüKoAktG/*Kubis* Rn. 50; GroßkommAktG/*Butzke* Rn. 75; Hüffer/Koch/*Koch* Rn. 1; **aA** noch *Hüffer/Koch*, 11. Aufl. 2014, Rn. 1; Spindler/Stilz/*Rieckers*, 3. Aufl. 2015, Rn. 3). § 125 nF trennt in seinen Abs. 1 und 2 konsequent zwischen Gesellschaften mit (auch) Inhaberaktien und solchen mit Namensaktien. 1

II. Mitteilungspflichten vor der Hauptversammlung

Unter den jeweiligen Voraussetzungen der Abs. 1–3 ist der Vorstand zur Mitteilung der Einberufung und der Tagesordnung an den jeweils Mitteilungsberechtigten verpflichtet. Die Mitteilungen sind Geschäftsführungsmaßnahmen des lediglich als ausführendes Organ fungierenden Vorstandes; **Schuldner der Mitteilungen** ist daher die AG (MüKoAktG/*Kubis* Rn. 3). Der Verweis auf § 67a Abs. 2 S. 1 in Abs. 5 S. 2 stellt aber klar, dass sich die Gesellschaft bei der Informationsweiterleitung und -übermittlung Dritter (etwa Medien und (Medien-)Dienstleister; Bundesanzeiger und WM-Datenservice etc) bedienen kann. Zugleich gewährleistet dies auch weiterhin ewa die Durchführung von Kapitalmaßnahmen gemäß sog. Market Standards for Corporate Actions Processing durch die Beauftratung von Kredit- oder Finanzdienstleistungsinstituten ohne direkte Beteiligung des Emittenten (*Paschos/Goslar* AG 2019, 365 (367); BegrRegE zum ARUG II, BT-Drs. 19/9739, 60 f., 97). 2

1. Mitteilungsberechtigung. Abs. 1 S. 1 erfuhr durch das ARUG II einige Änderungen. Bei AGs mit Inhaberaktien ist die Mitteilungspflicht nunmehr gegenüber Intermediären, die Aktien der Gesellschaft verwahren **(Nr. 1),** Aktionären und Intermediären, die die Mitteilung verlangt haben, **(Nr. 2)** sowie Vereinigungen von Aktionären, die die Mitteilung verlangt haben oder die in der letzten Hauptversammlung Stimmrechte ausgeübt haben, **(Nr. 3)** zu erfüllen. Der ehemalige Begriff der Kredit- 3 institute iSd (§ 1 Abs. 1 KWG, § 2 Abs. 1 KWG) wurde durch den des **Intermediärs** ersetzt. Eine Mitteilungspflicht diesem gegenüber besteht nach dem Wortlaut der **Nr. 1** und ausweislich der Gesetzesbegründung bereits, sobald er Aktien der Gesellschaft verwahrt. Ob dieser in der letzten Hauptversammlung Stimmrechte ausgeübt hat, ist entgegen der bisherigen Gesetzesfassung dagegen unerheblich. Ein solches Verständnis widerspräche der ARRL II; iÜ wäre es freilich auch gar nicht gesichert, dass diese Intermediäre in der kommenden HV immer noch Aktien der Gesellschaft verwahren (*Paschos/Goslar* AG 2019, 365 (367); BegrRegE zum ARUG II, BT-Drs. 19/9739, 96). Ferner kann die Informationsübermittlung auch mittels Intermediärskette durch die Übermittlung an einen Zentralverwahrer oder den ersten Intermediär erfolgen (zur Intermediärskette vgl. § 67a Abs. 5). Neu hinzu treten nach Abs. 1 S. 1 **Nr. 2** als Mitteilungsberechtigte einer AG, die jedenfalls auch Inhaberaktion ausgegeben hat, **Aktionäre** und **Intermediäre,** die die Mitteilung **verlangt** haben. Durch Abs. 5 S. 3 nF wird mittels Verweis auf §§ 67a, 67b die Informationsübermittlung über die Intermediärskette an den Aktionär gewahrt. Durch die Bestimmung, dass der Intermediär dem Aktionär gegenüber nicht zur Informationsweiterleitung verpflichtet ist, sofern ihm die Informationsübermittlung an diesen von anderer Seite bekannt ist, sollen unnötige Kosten durch Mehrfachmitteilungen vermieden werden. Die Vorschrift ist schließlich auch bewusst weit genug konzipiert, um perspektivisch die Einrichtung eines technischen Informationssystems zu gewährleisten, das dem Intermediär einen solche Kenntnisgewinnung erleichtert. **Aktionärsvereinigungen** hingegen erhalten nach Abs. 1 S. 1 **Nr. 3** auch weiterhin lediglich dann eine Mitteilung, sofern sie in der letzten HV (etwa nach § 134) Stimmrechte für Aktionäre ausgeübt haben (Prüfung durch die AG anhand des Teilnehmerverzeichnisses, § 129) oder vor der jeweiligen HV (keine „Daueraufträge", MüKoAktG/*Kubis* Rn. 5) die Mitteilung (form- und fristlos) verlangt haben. Aktionärsvereinigungen sind auf Dauer angelegte Personenzusammenschlüsse, idR in der Rechtsform des Vereins, mit dem Hauptzweck, Aktionärsrechte in organisierter Form auszuüben (Hüffer/Koch/*Koch* Rn. 3). In der Praxis wird sich eine Mitteilung an diese positiv auf die HV-Präsenz auswirken (BegrRegE zum ARUG II, BT-Drs. 19/9739, 96).

4 Die durch das ARUG II bewirkte Neufassung des Abs. 2 regelt die Mitteilungspflicht für eine AG, die (jedenfalls auch) Namensaktien ausgegeben hat. Durch die Aufteilung in inhaber- und namensaktienausgebenden AGs soll eine doppelte Mitteilung vermieden werden. **Aktionären und Intermediären** sind entsprechende Mitteilungen nach Abs. 2 dann zu machen, wenn sie es verlangen; hinsichtlich Aktionären zusätzlich, wenn sie zu Beginn des 21. Tages vor der HV als (Namens-)Aktionär im Aktienregister (§ 67) eingetragen sind. Hierbei handelt es sich um einen **Termin,** der nach § 121 Abs. 7 zu berechnen ist (→ § 121 Rn. 34). Der Termin präkludiert nicht; später eingetragene Aktionäre können daher grundsätzlich an der HV teilnehmen (Hüffer/Koch/*Koch* Rn. 15). Das **Verlangen** kann in elektronischer Form erfolgen; an den Nachweis der Berechtigung kann die Satzung aber dieselben Anforderungen stellen wie in § 123 Abs. 3 (*Schütz* NZG 2005, 5 (8)). Der einmal gestellte Antrag gilt auch für die Zukunft (Hüffer/Koch/*Koch* Rn. 15; *Schütz* NZG 2005, 5 (8)). Namensaktien haltende Aktionäre, die nicht im Akteinregister eingetragen sind, beziehen ihre Informationen letztlich zwar schon vom eingetragenen Intermediär nach § 125 Abs. 5 S. 3, § 67a, § 67b; ihnen ist es jedoch nicht verwehrt, die Mitteilung zu verlangen, die Verpflichtung des Intermediärs entfällt dann nach § 125 Abs. 5 S. 3 aE. **Intermediäre** iSd Vorschrift sind nicht nur diejenigen, die Gesellschaftsanteile verwahren, sondern auch sonstige Intermediäre, ua die für Aktionäre in der HV Stimmrechte Ausübende. In Gesellschaften mit Namens- und Inhaberaktien sind Intermediäre, die bereits nach Abs. 1 S. 1 Mitteilung erhalten haben, aber nicht nochmals gesondert zu informieren.

5 Auch jedem AR-Mitglied sind die Mitteilungen auf (formloses) Verlangen, das auch hier für die Zukunft (gesamte Amtszeit) gestellt werden kann, zu übersenden (Abs. 3). Hierbei handelt es sich um einen Individualanspruch, der nicht durch Beschluss des AR beschränkt werden kann (MüKoAktG/*Kubis* Rn. 30).

6 **2. Inhalt der Mitteilungen.** Für die Mindestvorgaben an Inhalt und Format für börsennotierte Gesellschaften verweist Abs. 5 S. 1 nF, anders als für nichtbörsennotierte (Abs. 5 S. 4), auf die Durchführungsverordnung (EU) 2018/1212 zur ARRL II. Dies umfasst inbesondere Art. 2 Abs. 2 Durchführungsverordnung (EU) 2018/1212 sowie Art. 4 Durchführungsverordnung (EU) 2018/1212. Im Umkehrschluss folgt daraus, dass die AG darüber hinaus zusätzliche Informationen übermitteln kann; hierauf ist die Durchführungsverordnung allerdings nicht mehr anwendbar. Die beschränkte Informationsübermittlung im Wege der bloßen Bereitstellung des URL-Hyperlinks zur Gesellschaftswebsite ist möglich, vgl. Art. 4 Abs. 1 iVm Tabelle 3 Durchführungsverordnung (EU) 2018/1212. Der Vorstand hat die **Einberufung der HV** sowie die **Bekanntmachung der Tagesordnung** mitzuteilen. Letzteres umfasst neben den TOP auch die ggf. nach § 124 Abs. 3 erforderlichen Beschlussvorschläge der Verwaltung. In börsennotierten Gesellschaften sind dem Vorschlag zur Wahl von AR-Mitgliedern Angaben zu deren Mitgliedschaft in anderen gesetzlich zu bildenden Kontrollgremien, also Mitgliedschaften in AR anderer AGs oder mitbestimmter GmbHs, im Zeitpunkt des Wahlvorschlags beizufügen; Aufgaben in vergleichbaren in- und ausländischen Kontrollgremien, also in Verwaltungs- und Beiräten sowie boards von Wirtschaftsunternehmen, sollen ebenfalls angegeben werden (Abs. 1 S. 5). Vorschläge, die

nicht von der Verwaltung stammen, unterliegen dieser erweiterten Mitteilungspflicht nicht (Bürger/Körbers/*Reger* Rn. 10). In der Mitteilung ist darauf **hinzuweisen,** dass sich die Aktionäre durch einen **Bevollmächtigten** (§ 134 Abs. 3) vertreten lassen können, namentlich auch durch eine Aktionärsvereinigung (Abs. 1 S. 4). Dieser Hinweis ist bei allen AGs erforderlich; eine teleologische Reduktion auf börsennotierte Gesellschaften ist nicht angezeigt (OLG München 4.7.2018, AG 2019, 266).

3. Form und Frist. In den **Fällen des Abs. 1 und 2** kann die Mitteilung in jeder **Form,** namentlich auch elektronisch erfolgen. Die in Abs. 2 S. 1 aF vorgesehene Möglichkeit, hinsichtlich der Aktionäre per **Satzung** die Übermittlung auf den Weg elektronischer Kommunikation zu beschränken, etwa auf eine spezifische Art und Weise wie zB ein elektronisches Postfach (Abs. 2 S. 2; vgl. RegBegr BT-Drs. 16/11642, 31), wurde für Namensaktiengesellschaften mit dem ARUG II abgeschafft. Bereits bisher galt jedoch ohnehin schon, dass ein Aktionär einer börsennotierten Gesellschaft die Übersendung an ihn in Papierform durch einen Widerspruch gem. § 49 Abs. 3 S. 1 Nr. 1 lit. d WpHG erzwingen konnte (RegBegr BT-Drs. 16/11642, 31; dort allerdings versehentlich Verweis auf das „WpÜG"), wofür ein Verlangen ohne Angabe einer E-Mail-Adresse genügen kann (*Paschos/Goslar* AG 2009, 14 (17)). Ein kompletter Ausschluss der Papierform bestand daher schon unter der alten Rechtslage nicht. Für die Übermittlung an Intermediäre ist elektronische Kommunikation nach Abs. 5 S. 2, 3, §§ 67a, 67b Pflicht. Nichtbörsennotierte AGs und deren Intermediäre müssen die Vorschriften der Durchführungsverordnung (EU) 2018/1212 gem. Abs. 5 S. 4 dagegen nicht beachten. **Mitteilungen an den AR nach Abs. 3** sind wegen des Wortlauts („übersenden") stets in schriftlicher Form zu machen (MüKoAktG/*Kubis* Rn. 30). Die Übermittlungsform muss in allen Fällen den Zugang erwarten lassen und – im Fall des Abs. 1 – die rechtzeitige Weiterleitung ermöglichen (Hüffer/Koch/*Koch* Rn. 8). 7

Die Mitteilung hat gem. Abs. 1 spätestens 21 Tage vor der HV zu erfolgen; eine Mitteilung zu einem früheren Zeitpunkt ist demnach zulässig (zu den vorübergehend vereinfachten Regeln und verkürzten Fristen für die Mitteilung aufgrund der COVID-19-Pandemie → Rn. 14 ff., insbesondere → Rn. 15). Die Berechnung der **Frist** erfolgt nach § 121 Abs. 7 (→ § 121 Rn. 31 ff.). Der Tag der HV (§ 121 Abs. 7) und der Mitteilung (Abs. 1 S. 2) sind hierbei nicht mitzuberechnen. Die Frist wird durch rechtzeitige Absendung gewahrt (MüKoAktG/*Kubis* Rn. 17; BeckHdB AG/*Reichert* § 5 Rn. 107). Eine Mitteilung muss nicht erfolgen, wenn das Mitteilungsverlangen erst nach Ablauf der Frist aus § 125 Abs. 1 S. 1 geäußert wird (Hüffer/*Koch,* 11. Aufl. 2014, Rn. 10; **aA** Hüffer/Koch/*Koch* Rn. 10; K. Schmidt/Lutter/*Ziemons* Rn. 42). Die Frist gem. Abs. 2 wurde zum Zwecke der Vereinheitlichung der Mitteilungsfrist aus Abs. 1 angepasst (*Paschos/Goslar* AG 2019, 365 (367)). Abweichend von Abs. 1 kommt es hier aber entscheidend auf das sog. Record date, dh die Eintragung im Aktienregister zum Stichtag am 21. Tag vor der HV, an. Diejenigen – unabhängig davon, ob es sich dabei um Intermediäre oder Aktionäre handelt – die an diesem Tag eingetragen sind, erhalten Mitteilung. Denklogisch kann diese erst nach diesem Tag erfolgen, nicht zu einem früheren Zeitpunkt. Die Mitteilung an diejenigen Intermediäre, Aktionäre und Aktionärsvereinigungen, die eine Mitteilung verlangt haben, sowie diejenigen Aktionärsvereinigungen, die in der letzten HV Stimmrechte ausgeübt haben, kann dagegen freilich schon früher erfolgen. Sind sie darüber hinaus am Record date im Aktienregister eingetragen, bedarf es keiner nochmaligen Benachrichtigung. 8

Die Frist von 21 Tagen soll es der AG ermöglichen, **Ergänzungsverlangen** nach § 122 Abs. 2 zu berücksichtigen, um so einen doppelten Versand zu vermeiden (RegBegr BT-Drs. 16/11642, 30). Unproblematisch ist dies im Fall von **börsennotierten Gesellschaften,** bei denen Ergänzungsverlangen gem. § 122 Abs. 2 S. 3 mindestens 30 Tage vor der HV vorliegen müssen. Abs. 1 S. 3 sieht daher für börsennotierte Gesellschaften die Pflicht zur Mitteilung der geänderten Tagesordnung vor. Bei **nichtbörsennotierten Gesellschaften,** bei denen für das Ergänzungsverlangen eine 24-Tages-Frist gilt (§ 122 Abs. 2 S. 3), würden die Änderungen ggf. nicht mehr berücksichtigt werden können. Die Pflicht nach Abs. 1 S. 3 besteht daher in ihrem Fall nicht. Stattdessen genügt die Bekanntmachung nach § 124 Abs. 1 (RegBegr BT-Drs. 16/11642, 31), die unverzüglich nach Zugang des Verlangens zu erfolgen hat (→ § 124 Rn. 2). Ob eine Pflicht zur Mitteilung nach Abs. 1 besteht, wenn das Ergänzungsverlangen gleichwohl früh genug vorliegt (so offenbar RegBegr BT-Drs. 16/11642, 31), ist angesichts des eindeutigen Wortlauts des Abs. 1 S. 3 zweifelhaft. Gegen eine Mitteilung bei rechtzeitigem Vorliegen des Ergänzungsverlangens sprechen indes keine Bedenken, sodass auch nicht-börsennotierte Gesellschaften bei Möglichkeit hiervon Gebrauch machen sollten. 9

Wird in **Übernahmesachverhalten** die Einberufungsfrist des § 123 Abs. 1 unterschritten, sind Mitteilungen nach § 125 Abs. 1 S. 1 „unverzüglich" zu machen (§ 16 Abs. 4 S. 5 WpÜG). Nach Sinn und Zweck des § 125 dürfte eine Pflicht zur unverzüglichen Mitteilung jedoch nur dann bestehen, wenn die HV mit einer Frist von 21 Tagen oder weniger einberufen wurde. Anderenfalls bestünde in Übernahmesachverhalten ein strengerer Maßstab als bei der „gewöhnlichen" HV. Dies spricht für eine teleologische Reduktion des § 16 Abs. 4 S. 5 WpÜG. Aus Vorsichtsgründen sollte jedoch dem strengeren Maßstab genügt werden. Die „Zusendung" (in körperlicher Form) der Mitteilungen kann ganz 10 unterbleiben, wenn der Vorstand mit Zustimmung des Aufsichtsrats zu der Überzeugung gelangt, dass ein rechtzeitiger Eingang bei den Aktionären nicht wahrscheinlich ist (§ 16 Abs. 4 S. 8 WpÜG).

III. Mitteilungspflichten nach der Hauptversammlung

11 Gemäß Abs. 4 sind jedem Aktionär und jedem AR-Mitglied auf Wunsch nach der HV die in der HV gefassten Beschlüsse mitzuteilen. Die Teilnahme an der HV ist weder Voraussetzung, noch schließt sie den Anspruch aus (GroßkommAktG/*Butzke* Rn. 65). Einer besonderen Form bedarf das Verlangen nicht. Die Behauptung, ein Aktionär zu sein, genügt (K. Schmidt/Lutter/*Ziemons* Rn. 50). Mitzuteilen sind **sowohl positive als auch negative Voten** zu dem Beschlussgegenstand (Spindler/Stilz/*Rieckers* Rn. 36; MüKoAktG/*Kubis* Rn. 35; K. Schmidt/Lutter/*Ziemons* Rn. 51); das Abstimmungsergebnis muss aber nicht mitgeteilt werden (MüKoAktG/*Kubis* Rn. 35; K. Schmidt/Lutter/*Ziemons* Rn. 51). Nicht mitteilungsbedürftig sind auch Beschlüsse, die nur das Verfahren betreffen (hM, Hüffer/Koch/*Koch* Rn. 17; KK-AktG/*Noack/Zetzsche* Rn. 181; GroßkommAktG/*Werner,* 4. Aufl. 2008, Rn. 81; **aA** GroßkommAktG/*Butzke* Rn. 67; MüKoAktG/*Kubis* Rn. 35; die hM ob des Wortlauts der Vorschrift bezweifelnd K. Schmidt/Lutter/*Ziemons* Rn. 51). Die Mitteilung hat **unverzüglich,** aber in beliebiger **Form** zu erfolgen (vgl. zur Übertragung per E-Mail in der börsennotierten AG aber § 49 Abs. 3 WpHG; K. Schmidt/Lutter/*Ziemons* Rn. 52).

IV. Rechtsfolgen von Verstößen

12 Verstöße gegen Abs. 1 machen die gefassten HV-Beschlüsse **anfechtbar** mit Ausnahme eines Verstoßes gegen die „Soll"-Vorschrift des Abs. 1 S. 5 Hs. 2, der sanktionslos bleibt (vgl. RegBegr BT-Drs. 13/9712, 17; vgl. zur Anfechtbarkeit wegen Verstoßes gegen Abs. 1 S. 4 OLG München 4.7.2018, AG 2019, 266). Zur Anfechtbarkeit führt auch ein Verstoß gegen Abs. 2, es sei denn, es fehlt ausnahmsweise an der Relevanz des Verstoßes (→ § 243 Rn. 7; zu den aufgrund der COVID-19-Pandemie vorübergehend eingeschränkten Anfechtungsmöglichkeiten → Rn. 14 ff., insbesondere → Rn. 16.). Wegen eines Verstoßes gegen Abs. 3 kann nur das betroffene AR-Mitglied anfechten, nicht aber die Aktionäre (GroßkommAktG/*Werner,* 4. Aufl. 2008, Rn. 94). Erfolgt die **Mitteilung zu spät,** ist mit Blick auf die Relevanz abzuwägen, ob die verbleibende Zeit zur Vorbereitung ausreichend war (MüKoAktG/*Kubis* Rn. 42). Unanfechtbar ist ein Verstoß gegen Abs. 4, da die Mitteilungspflicht hier erst nach der HV verletzt wird.

13 Da sich der Anspruch auf Mitteilung durch die HV erledigt, kommt in praxi eine **Geltendmachung** nur durch einstweilige Verfügung in Betracht (GroßkommAktG/*Butzke* Rn. 74). IÜ kommt grundsätzlich auch ein **Schadensersatzanspruch** der Aktionäre gegen die AG in Betracht, dürfte aber regelmäßig an der Darlegung der Kausalität (MüKoAktG/*Kubis* Rn. 46) und relevanten Schäden (GroßkommAktG/*Butzke* Rn. 74) scheitern. Im Falle kostspieliger Anfechtungsprozesse kann allerdings eine **Haftung des Vorstands** gegenüber der AG bestehen (§ 93).

V. Vorübergehende Rechtslage aufgrund COVID-19-Pandemie

14 § 1 Abs. 3 S. 3 COVMG (für eine ausführlichere Darstellung zum zugrundliegenden Gesetz, zur Motivation des Gesetzgebers, zum Geltungszeitraum der Regelungen etc → § 118 Rn. 25 ff.) bestimmt, dass bei Einberufung der Hauptversammlung mit der (ausnahmsweise) verkürzten Frist nach § 1 Abs. 3 S. 1 COVMG (→ § 123 Rn. 12 ff., insbesondere → § 123 Rn. 13) modifizierte Regelungen – auch für die Mitteilung nach § 125 – gelten: Die Mitteilung nach § 125 Abs. 1 S. 1 hat demnach spätestens *12 Tage* vor der Versammlung zu erfolgen (statt wie sonst: 21 Tage zuvor) und die Mitteilung nach § 125 Abs. 2 ist demensprechend auch an die zu Beginn des *zwölften Tages* vor der Hauptversammlung im Aktienregister Eingetragenen zu bewirken. Für den Fall, dass Gesellschaften von der verkürzten Einberufungsfrist Gebrauch machen, musste der Gesetzgeber die Mitteilungsregelungen in § 125 Abs. 1 und 2 ebenfalls entsprechend anpassen. Denn im Fall der (nun möglichen) Einberufung am 21. Tag vor der Versammlung, wäre eine Mitteilung nach § 125 Abs. 1 „mindestens 21 Tage vor der Versammlung" denklogisch nicht möglich gewesen. Es ging dem Gesetzgeber außerdem darum, dass auch und gerade bei einer Hauptversammlung im Kontext außergewöhnlicher Umstände, Intermediäre genügend Zeit haben, um für die Aktionäre die Mitteilungen aufzubereiten. Dies soll die letztlich Möglichkeit einer Stimmrechtsausübung durch die Intermediäre für die Aktionäre wahren (s. BT-Drs. 19/18110, 27).

15 Nach § 1 Abs. 7 COVMG kann die Anfechtung eines Beschlusses der Hauptversammlung unbeschadet der Regelung des § 243 Abs. 3 S. 1 auch nicht auf die Verletzung einer Formvorschrift für Mitteilungen nach § 125 gestützt werden – es sei denn, der Gesellschaft ist insofern Vorsatz nachzuweisen. Der Gesetzgeber bezweckt damit ausdrücklich, das Anfechtungsrisiko wegen Formverstößen bei Mitteilungen nach § 125 zu reduzieren, damit die betroffenen Unternehmen notfalls vollständig auf elektronische Kommunikationsmittel ausweichen können, ohne die Wirksamkeit von Beschlüssen der Hauptversammlung zu gefährden (s. BT-Drs. 19/18110, 27).

Anträge von Aktionären

126 (1) [1]**Anträge von Aktionären einschließlich des Namens des Aktionärs, der Begründung und einer etwaigen Stellungnahme der Verwaltung sind den in § 125 Abs. 1 bis 3 genannten Berechtigten unter den dortigen Voraussetzungen zugänglich zu machen, wenn der Aktionär mindestens 14 Tage vor der Versammlung der Gesellschaft einen Gegenantrag gegen einen Vorschlag von Vorstand und Aufsichtsrat zu einem bestimmten Punkt der Tagesordnung mit Begründung an die in der Einberufung hierfür mitgeteilte Adresse übersandt hat.** [2]**Der Tag des Zugangs ist nicht mitzurechnen.** [3]**Bei börsennotierten Gesellschaften hat das Zugänglichmachen über die Internetseite der Gesellschaft zu erfolgen.** [4]**§ 125 Abs. 3 gilt entsprechend.**

(2) [1]**Ein Gegenantrag und dessen Begründung brauchen nicht zugänglich gemacht zu werden,**
1. **soweit sich der Vorstand durch das Zugänglichmachen strafbar machen würde,**
2. **wenn der Gegenantrag zu einem gesetz- oder satzungswidrigen Beschluß der Hauptversammlung führen würde,**
3. **wenn die Begründung in wesentlichen Punkten offensichtlich falsche oder irreführende Angaben oder wenn sie Beleidigungen enthält,**
4. **wenn ein auf denselben Sachverhalt gestützter Gegenantrag des Aktionärs bereits zu einer Hauptversammlung der Gesellschaft nach § 125 zugänglich gemacht worden ist,**
5. **wenn derselbe Gegenantrag des Aktionärs mit wesentlich gleicher Begründung in den letzten fünf Jahren bereits zu mindestens zwei Hauptversammlungen der Gesellschaft nach § 125 zugänglich gemacht worden ist und in der Hauptversammlung weniger als der zwanzigste Teil des vertretenen Grundkapitals für ihn gestimmt hat,**
6. **wenn der Aktionär zu erkennen gibt, daß er an der Hauptversammlung nicht teilnehmen und sich nicht vertreten lassen wird, oder**
7. **wenn der Aktionär in den letzten zwei Jahren in zwei Hauptversammlungen einen von ihm mitgeteilten Gegenantrag nicht gestellt hat oder nicht hat stellen lassen.**

[2]**Die Begründung braucht nicht zugänglich gemacht zu werden, wenn sie insgesamt mehr als 5000 Zeichen beträgt.**

(3) **Stellen mehrere Aktionäre zu demselben Gegenstand der Beschlußfassung Gegenanträge, so kann der Vorstand die Gegenanträge und ihre Begründungen zusammenfassen.**

Übersicht

I. Allgemeines

1 § 126 dient der frühzeitigen Information der Aktionäre über Gegenanträge zu den von der Verwaltung nach § 124 bekannt gemachten Beschlussvorschlägen. Durch die Information der in § 125 Abs. 1 genannten Berechtigten wird nämlich die Weitergabe an die Aktionäre gem. §§ 67a, 67b, vormals § 128 gewährleistet. Ergänzt wird § 126 durch § 127, der Wahlvorschläge durch die Aktionäre betrifft. Die Regelung ist zwingend (§ 23 Abs. 5). Unterbleiben kann die Zugänglichmachung aber, wenn in Übernahmesachverhalten der rechtzeitige Eingang zur Überzeugung des Vorstands mit Zustimmung des AR nicht wahrscheinlich ist (§ 16 Abs. 4 S. 8 WpÜG).

II. Pflicht zur Zugänglichmachung (Abs. 1)

2 **1. Gegenanträge.** Die Pflicht zur Zugänglichmachung betrifft **Gegenanträge von Aktionären.** Als **Aktionär** gilt, wer im Aktienregister eingetragen ist (§ 67 Abs. 2). IÜ hat sich der Aktionär zu legitimieren (OLG Schleswig 30.4.2009, BeckRS 2009, 25519; Spindler/Stilz/*Rieckers* Rn. 7 mwN), etwa durch Depotbescheinigung seines Kreditinstituts. Ohne Bedeutung ist, ob der Aktionär in der HV stimmberechtigt ist, ein Teilnahmerecht ist jedoch vorauszusetzen (MüKoAktG/*Kubis* Rn. 6; GroßkommAktG/*Werner,* 4. Aufl. 2008, Rn. 4 ff.; zw. GroßkommAktG/*Butzke* Rn. 10; **aA** K. Schmidt/Lutter/*Ziemons* Rn. 15); bei Ruhen der Rechte aus den Aktien ist eine Antragstellung ausgeschlossen (Spindler/Stilz/*Rieckers* Rn. 5; K. Schmidt/Lutter/*Ziemons* Rn. 15). Der **Antrag** muss sich iRd TOP

halten, sich gegen den Beschlussvorschlag der Verwaltung richten und inhaltlich so bestimmt sein, dass er – ggf. nach Umformulierung – zur Abstimmung gestellt werden kann. Eine bloße Negierung des Verwaltungsvorschlags genügt nicht (K. Schmidt/Lutter/*Ziemons* Rn. 7; Hüffer/Koch/*Koch* Rn. 2; **aA** GroßkommAktG/*Butzke* Rn. 18; MüKoAktG/*Kubis* Rn. 14). Ein Gegenantrag liegt auch nicht vor, wenn der Aktionär sich bei unterschiedlichen Beschlussvorschlägen der Verwaltung nur für den einen und gegen den anderen ausspricht (Hüffer/Koch/*Koch* Rn. 2; **aA** GroßkommAktG/*Butzke* Rn. 19; MüKoAktG/*Kubis* Rn. 12).

3 Der Gegenantrag bedarf nach dem Wortlaut der Vorschrift (vgl. auch § 127 S. 2) einer kurzen (vgl. Abs. 2 S. 2) **Begründung,** an die aber keine überzogenen Anforderungen zu stellen sind. Insbesondere kommt es nicht darauf an, ob diese zutreffend ist (Grigoleit/*Herrler* Rn. 7). Für börsennotierte Gesellschaften wird eine Begründungspflicht aufgrund richtlinienkonformer Auslegung bzw. Rechtsfortbildung im Lichte der Art. 5 Abs. 4 lit. d Hs. 2 ARRL, Art. 6 Abs. 1 S. 1 lit. b ARRL inzwischen freilich mehrheitlich negiert (Hüffer/Koch/*Koch* Rn. 3; MüKoAktG/*Kubis* Rn. 16; KK-AktG/*Noack/Zetzsche* Rn. 33; **aA** Hölters/*Drinhausen* Rn. 7); zum Teil wird diese Sichtweise – über den Anwendungsbereich der Richtlinie hinaus – auch auf nicht-börsennotierte Gesellschaften erstreckt, um eine gespaltene Auslegung zu vermeiden (Hüffer/Koch/*Koch* Rn. 3; MüKoAktG/*Kubis* Rn. 16).

4 Das Petitum ist nach allgM grundsätzlich nicht nur in schriftlicher **Form,** sondern insbesondere auch in elektronischer Form per E-Mail übersendbar (MüKoAktG/*Kubis* Rn. 19). Abs. 1 schränkt dies jedoch insoweit ein, als er nur Übersendung an die hierfür (!) mitgeteilte Adresse zulässt. Die AG kann auf diese Weise die Form beeinflussen. Macht sie hiervon keinen Gebrauch, bestehen alle anerkannten Zugangsmöglichkeiten (MüKoAktG/*Kubis* Rn. 20). Zu adressieren ist in diesem Fall an die Sitzanschrift (MüKoAktG/*Kubis* Rn. 20: möglich sei auch Adressierung an Zweigniederlassung; **aA** Bürgers/Körber/*Reger* Rn. 13). Gibt die AG nur E-Mail und/oder Telefax an, sollte man eine Postsendung allerdings gleichwohl als zulässig erachten (MüKoAktG/*Kubis* Rn. 19); vorsichtshalber sollte aber die explizit genannte Form gewählt werden.

5 Der Aktionär muss den Gegenantrag spätestens **14 Tage vor der HV** übersandt haben. Es kommt auf den rechtzeitigen Zugang bei der Gesellschaft an (Hüffer/Koch/*Koch* Rn. 5); ein Eingang bis 24:00 Uhr genügt (BGH 24.1.2000, BGHZ 143, 339 = NJW 2000, 1328; **zw.** Hüffer/Koch/*Koch* Rn. 5 mwN). Die früher teilweise vertretene **aA** (K. Schmidt/Lutter/*Ziemons,* 1. Aufl. 2007, Rn. 13: rechtzeitige Absendung) hat sich durch den durch das ARUG eingeführten Abs. 1 S. 2 erledigt. Der Tag der HV (§ 121 Abs. 7) und der Tag des Zugangs (Abs. 1 S. 2) sind bei der Berechnung der Frist (→ § 121 Rn. 31 ff.) nicht mitzuberechnen.

6 **2. Zugänglichmachung.** Liegen diese Voraussetzungen vor, muss der Vorstand (unverzüglich; § 121 Abs. 1 S. 1 BGB; ein angemessener Prüfungszeitraum bleibt möglich) den Gegenantrag **den in § 125 Abs. 1–3 (nF)** genannten **Berechtigten** unter den dort genannten Voraussetzungen zugänglich machen.

7 Bei **börsennotierten Gesellschaften** hat die **Zugänglichmachung** gem. dem durch das ARUG eingeführten Abs. 1 S. 3 über die Webseite der AG zu erfolgen. **Nicht-börsennotierten Gesellschaften** steht diese Möglichkeit ebenfalls zur Verfügung, da die Zugänglichmachung nicht der früheren Mitteilungspflicht des § 125 entspricht (vgl. Hüffer/Koch/*Koch* Rn. 6). Alternativ können nicht-börsennotierte AGs aber auch die Gesellschaftsblätter (§ 25) für die Zugänglichmachung verwenden (*Mimberg* ZGR 2003, 21 (25 f.)). Die Zugänglichmachung hat nach Abs. 1 den Antrag, den Namen des Aktionärs, die Begründung des Antrags und eine etwaige Stellungnahme der Verwaltung zu **beinhalten.**

III. Ausnahmen von der Pflicht zur Zugänglichmachung (Abs. 2)

8 Von einer Zugänglichmachung kann in erster Linie abgesehen werden, wenn der Gegenantrag **unter Mängeln leidet,** also nicht den Anforderungen nach Rn. 2 bis 5 entspricht (Hüffer/Koch/*Koch* Rn. 7). Daneben sind in **Abs. 2 S. 1** bestimmte Sachverhalte normiert, in denen von einer Zugänglichmachung eines Gegenantrages und dessen Begründung abgesehen werden kann. Hierbei handelt es sich um **abschließend** (LG Frankfurt a. M. 20.1.1992, AG 1992, 235 (236)) aufgezählte Fälle rechtsmissbräuchlichen Verhaltens. Im Einzelnen:

9 Nach **Nr. 1** muss der Gegenantrag nicht zugänglich gemacht werden, wenn sich der Vorstand hierdurch strafbar machen würde. Nach **Nr. 2** dann nicht, wenn der Gegenantrag zu einem gesetz- oder satzungswidrigen Beschluss der HV führen würde, der Beschluss also offensichtlich anfechtbar oder gar nichtig wäre. Bestehen lediglich Zweifel, muss eine Veröffentlichung des Gegenantrags aber erfolgen (MüKoAktG/*Kubis* Rn. 30). **Nr. 3** enthebt von der Pflicht zur Zugänglichmachung, wenn die Begründung in wesentlichen Punkten offensichtlich falsche oder irreführende Angaben oder gar Beleidigungen enthält. Wesentlich sind die falschen Angaben nur dann, wenn sie für den Entschluss der Aktionäre von ausschlaggebender Bedeutung sind; eine Unrichtigkeit in Nebenpunkten ist deswegen irrelevant (GroßkommAktG/*Butzke* Rn. 66). Daneben muss die Unrichtigkeit auch „offensichtlich" sein, also keinen

vernünftigen Zweifel an der Unzulässigkeit zulassen (GroßkommAktG/*Butzke* Rn. 66). Mit Beleidigung sind die §§ 185 ff. StGB gemeint, also auch üble Nachrede und Verleumdung. Der Aktionär kann jedoch innerhalb der Gegenantragsfrist den Wahrheitsbeweis erbringen oder berechtigte Interessen iSd § 193 StGB darlegen (MüKoAktG/*Kubis* Rn. 35). **Nr. 4** betrifft den Fall, dass ein auf denselben Sachverhalt gestützter Gegenantrag des Aktionärs bereits zu einer HV nach § 125 zugänglich gemacht worden ist. Bspw. kann nicht mit derselben Begründung jedes Jahr die Nichtentlastung des Vorstands beantragt werden. Es genügt insoweit, dass es sich „im Kern um denselben Vorgang" handelt (GroßkommAktG/*Butzke* Rn. 71). Ähnlich ist der Ausschlussgrund der **Nr. 5,** der jedoch nicht an den Sachverhalt, sondern an den Antrag als solchen anknüpft. Hiernach muss der Gegenantrag dann nicht zugänglich gemacht werden, wenn der Antrag des Aktionärs mit wesentlich gleicher Begründung in den letzten fünf Jahren bereits zu mindestens zwei HV der AG nach § 125 zugänglich gemacht wurde und in der HV jeweils weniger als 5 % des Grundkapitals hierfür gestimmt haben. Begründungsidentität liegt vor, wenn die tragenden Gesichtspunkte übereinstimmen (MüKoAktG/*Kubis* Rn. 37). **Nr. 6** geht von einem fehlenden Interesse des Aktionärs aus, wenn dieser (eindeutig) die Absicht zu erkennen gibt, an der HV nicht teilnehmen zu wollen und sich auch nicht vertreten zu lassen. Ähnliches gilt nach **Nr. 7,** wenn der Aktionär in den letzten zwei Jahren zu zwei HV jeweils Gegenanträge mitgeteilt hat, diese in der HV letztlich aber nicht gestellt hat. Hierbei sind nicht nur HV der betroffenen AG mitzuzählen, sondern auch solche anderer AGs (GroßkommAktG/*Butzke* Rn. 81).

Nach **Abs. 2 S. 2** kann zudem wegen **Überlänge** von der Zugänglichmachung der Begründung eines an sich zulässigen Gegenantrags abgesehen werden, wenn diese insgesamt **mehr als 5.000 Zeichen** hat (inkl. Satzzeichen, nicht aber Leerzeichen; vgl. Hüffer/Koch/*Koch* Rn. 9; **aA** K. Schmidt/Lutter/*Ziemons* Rn. 28 – auch inkl. Leerzeichen). Der Vorstand ist berechtigt, nicht aber verpflichtet, eine Kurzfassung herzustellen (Hüffer/Koch/*Koch* Rn. 9; GroßkommAktG/*Butzke* Rn. 83; **aA** MüKoAktG/*Kubis* Rn. 40: kein Kürzungsrecht). Nur die ersten 5.000 Zeichen abzudrucken, ist ihm dagegen verboten (MüKoAktG/*Kubis* Rn. 40), da dies – im Gegensatz zu einer Kürzung – den Sinn verzerren könnte. 10

IV. Zusammenfassung mehrerer Gegenanträge (Abs. 3)

Nach Abs. 3 können (zulässige) Gegenanträge mehrerer Aktionäre zu demselben Beschlussgegenstand einschließlich ihrer Begründung zusammengefasst werden. Entscheidend ist die **Übereinstimmung des Beschlussgegenstandes,** nicht der Anträge. Der Vorstand darf insbesondere Wiederholungen weglassen und Überflüssiges streichen; dies darf jedoch nicht zu einer sachlichen Verfälschung oder Verkürzung führen (Hüffer/Koch/*Koch* Rn. 10). 11

Wahlvorschläge von Aktionären

127 **[1] Für den Vorschlag eines Aktionärs zur Wahl von Aufsichtsratsmitgliedern oder von Abschlußprüfern gilt § 126 sinngemäß. [2] Der Wahlvorschlag braucht nicht begründet zu werden. [3] Der Vorstand braucht den Wahlvorschlag auch dann nicht zugänglich zu machen, wenn der Vorschlag nicht die Angaben nach § 124 Absatz 3 Satz 4 und § 125 Abs. 1 Satz 5 enthält. [4] Der Vorstand hat den Vorschlag eines Aktionärs zur Wahl von Aufsichtsratsmitgliedern börsennotierter Gesellschaften, für die das Mitbestimmungsgesetz, das Montan-Mitbestimmungsgesetz oder das Mitbestimmungsergänzungsgesetz gilt, mit folgenden Inhalten zu versehen:**

1. **Hinweis auf die Anforderungen des § 96 Absatz 2,**
2. **Angabe, ob der Gesamterfüllung nach § 96 Absatz 2 Satz 3 widersprochen wurde und**
3. **Angabe, wie viele der Sitze im Aufsichtsrat mindestens jeweils von Frauen und Männern besetzt sein müssen, um das Mindestanteilsgebot nach § 96 Absatz 2 Satz 1 zu erfüllen.**

Gemäß § 127 S. 1 sind Wahlvorschläge von Aktionären **entsprechend § 126** zugänglich zu machen. Der Gesetzgeber fasst diese also offenbar nicht als Gegenanträge iSd § 126 auf. § 127 sieht zudem in den S. 2 und 3 besondere Regelungen für Wahlvorschläge vor: Nach S. 2 können, müssen Wahlvorschläge aber **nicht begründet** werden. Wird eine Begründung vorgelegt, muss diese aber auch iSd § 126 zugänglich gemacht werden (Hüffer/Koch/*Koch* Rn. 1). Zudem muss der Wahlvorschlag nach S. 3 über § 126 Abs. 2 hinaus dann nicht zugänglich gemacht werden, wenn er nicht die **Angaben nach § 124 Abs. 3 S. 4 und § 125 Abs. 1 S. 5** enthält. Der durch das Gesetz über die gleichberechtigte Teilhabe von Frauen und Männern an Führungspositionen in der Privatwirtschaft und im öffentlichen Dienst neu eingefügte S. 4 gewährleistet wie § 124 Abs. 2 S. 2 eine sachgemäße Vorbereitung auf die quotierte Aufsichtsratswahl (RegBegr BT-Drs. 18/3784, 124; näher zu diesem Gesetz → § 96 Rn. 10 ff.). 1

Aktionärsforum

127a

(1) **Aktionäre oder Aktionärsvereinigungen können im Aktionärsforum des Bundesanzeigers andere Aktionäre auffordern, gemeinsam oder in Vertretung einen Antrag oder ein Verlangen nach diesem Gesetz zu stellen oder in einer Hauptversammlung das Stimmrecht auszuüben.**

(2) **Die Aufforderung hat folgende Angaben zu enthalten:**
1. den Namen und eine Anschrift des Aktionärs oder der Aktionärsvereinigung,
2. die Firma der Gesellschaft,
3. den Antrag, das Verlangen oder einen Vorschlag für die Ausübung des Stimmrechts zu einem Tagesordnungspunkt,
4. den Tag der betroffenen Hauptversammlung.

(3) **Die Aufforderung kann auf eine Begründung auf der Internetseite des Auffordernden und dessen elektronische Adresse hinweisen.**

(4) **Die Gesellschaft kann im Bundesanzeiger auf eine Stellungnahme zu der Aufforderung auf ihrer Internetseite hinweisen.**

(5) **Das Bundesministerium der Justiz und für Verbraucherschutz wird ermächtigt, durch Rechtsverordnung die äußere Gestaltung des Aktionärsforums und weitere Einzelheiten insbesondere zu der Aufforderung, dem Hinweis, den Entgelten, zu Löschungsfristen, Löschungsanspruch, zu Missbrauchsfällen und zur Einsichtnahme zu regeln.**

I. Allgemeines

1 Das Aktionärsforum ist eine **Rubrik des Bundesanzeigers.** Es soll die Kommunikation zwischen den und die Koordination von Aktionären und damit die Wahrnehmung ihrer (Minderheits-)Rechte erleichtern (RegBegr BT-Drs. 15/5092, 15). Die Ausgestaltung des Aktionärsforums ist aufgrund der Ermächtigung in Abs. 5 durch RVO des BMJ geregelt worden, der sog. **AktFoV** vom 22.11.2005 (BGBl. 2005 I 3193). Das Aktionärsforum kann am besten eingesehen werden unter www.bundesanzeiger.de (Button „Aktionärsforum"). Für die Inhalte sind ausschließlich die Auffordernden verantwortlich. Ein Veröffentlichungsanspruch besteht nicht; der Aktionär muss vielmehr mit dem Betreiber einen Vertrag zu dessen Konditionen abschließen (*Spindler* NZG 2005, 825 (828)); ein Kostenerstattungsanspruch gegen die Gesellschaft scheidet laut RegBegr ausdrücklich aus (RegBegr BT-Drs. 15/5092, 17).

II. Aufforderungen im Aktionärsforum

2 Im Aktionärsforum dürfen nach Abs. 1 andere Aktionäre aufgefordert werden, einen Antrag oder ein Verlangen nach dem AktG zu stellen oder in der HV das Stimmrecht in einer bestimmten Weise auszuüben. Der zulässige, aber auch notwendige **Inhalt der Aufforderungen** ergibt sich aus Abs. 2: Den Namen und die Anschrift (auch die E-Mail-Adresse; vgl. § 3 Abs. 3 S. 1 AktFoV) des Aktionärs oder der Aktionärsvereinigung (Nr. 1); die Firma der Gesellschaft (Nr. 2); den Antrag, das Verlangen oder einen Vorschlag für die Ausübung des Stimmrechts zu einem Tagesordnungspunkt (Nr. 3); den Tag der HV (Nr. 4).

3 Im Aktionärsforum selbst dürfen nur Aufforderungen veröffentlicht werden, keine Begründungen oder sonstige Meinungsbekundungen (Bürgers/Körber/*Reger* Rn. 2). Nach Abs. 3 ist es jedoch erlaubt, auf eine **Begründung** auf der Internetseite des Auffordernden sowie auf dessen E-Mail-Adresse hinzuweisen. Der Link muss jedoch unmittelbar zum Ziel führen (§ 5 Abs. 1 AktFoV).

III. Stellungnahme der AG

4 Die AG kann im Bundesanzeiger auf eine Stellungnahme zu der Aufforderung auf ihrer Internetseite **hinweisen** (Abs. 3). Dieser Hinweis soll im räumlichen Zusammenhang zur zugehörigen Aufforderung stehen (§ 4 Abs. 1 S. 2 AktFoV). Wird die Aufforderung gelöscht, sollte dies nicht gleichzeitig die Löschung des Hinweises zur Folge haben, da die AG ein Interesse am Fortbestand haben kann (Bürgers/Körber/*Reger* Rn. 8).

Übermittlung der Mitteilungen

128 aF

Durch das ARUG II vollständig aufgehoben.

Die Aufhebung des § 128 aF ist unmittelbare Folge der Neukonzeption der Informationsweiterleitungspflichten durch das ARUG II. Die vormals an dieser Stelle geregelten Informationsweiterleitungspflichten für börsennotierte sowie nichtbörsennotierte Gesellschaften, ebenso die Vorgaben für die Satzungsregelung der elektronischen Kommunikation, sind nunmehr in §§ 67a, 67b geregelt. Die ehemalige Verordnungsermächtigung hinsichtlich des Aufwendungsersatzes für Kreditinstitute (Abs. 3 aF) findet sich in angepasster Form nun in § 67f Abs. 3 wieder. Diese Anpassung war notwendig, da die KredInstAufwV 2003 weder der neuen Rechtslage noch den mittlerweile veränderten technischen Möglichkeiten gerecht wird (BegrRegE zum ARUG II, BT-Drs. 19/9739, 97). 1

Dritter Unterabschnitt. Verhandlungsniederschrift. Auskunftsrecht

Geschäftsordnung; Verzeichnis der Teilnehmer; Nachweis der Stimmzählung

129 (1) [1]**Die Hauptversammlung kann sich mit einer Mehrheit, die mindestens drei Viertel des bei der Beschlußfassung vertretenen Grundkapitals umfaßt, eine Geschäftsordnung mit Regeln für die Vorbereitung und Durchführung der Hauptversammlung geben.** [2]**In der Hauptversammlung ist ein Verzeichnis der erschienenen oder vertretenen Aktionäre und der Vertreter von Aktionären mit Angabe ihres Namens und Wohnorts sowie bei Nennbetragsaktien des Betrags, bei Stückaktien der Zahl der von jedem vertretenen Aktien unter Angabe ihrer Gattung aufzustellen.**

(2) [1]**Sind einem Intermediär oder einer in § 135 Abs. 8 bezeichneten Person Vollmachten zur Ausübung des Stimmrechts erteilt worden und übt der Bevollmächtigte das Stimmrecht im Namen dessen, den es angeht, aus, so sind bei Nennbetragsaktien der Betrag, bei Stückaktien die Zahl und die Gattung der Aktien, für die ihm Vollmachten erteilt worden sind, zur Aufnahme in das Verzeichnis gesondert anzugeben.** [2]**Die Namen der Aktionäre, welche Vollmachten erteilt haben, brauchen nicht angegeben zu werden.**

(3) [1]**Wer von einem Aktionär ermächtigt ist, im eigenen Namen das Stimmrecht für Aktien auszuüben, die ihm nicht gehören, hat bei Nennbetragsaktien den Betrag, bei Stückaktien die Zahl und die Gattung dieser Aktien zur Aufnahme in das Verzeichnis gesondert anzugeben.** [2]**Dies gilt auch für Namensaktien, als deren Aktionär der Ermächtigte im Aktienregister eingetragen ist.**

(4) [1]**Das Verzeichnis ist vor der ersten Abstimmung allen Teilnehmern zugänglich zu machen.** [2]**Jedem Aktionär ist auf Verlangen bis zu zwei Jahren nach der Hauptversammlung Einsicht in das Teilnehmerverzeichnis zu gewähren.**

(5) [1]**Der Abstimmende kann von der Gesellschaft innerhalb eines Monats nach dem Tag der Hauptversammlung eine Bestätigung darüber verlangen, ob und wie seine Stimme gezählt wurde.** [2]**Die Gesellschaft hat die Bestätigung gemäß den Anforderungen in Artikel 7 Absatz 2 und Artikel 9 Absatz 5 Unterabsatz 2 der Durchführungsverordnung (EU) 2018/1212 zu erteilen.** [3]**Sofern die Bestätigung einem Intermediär erteilt wird, hat dieser die Bestätigung unverzüglich dem Aktionär zu übermitteln.** [4]**§ 67a Absatz 2 Satz 1 und Absatz 3 gilt entsprechend..**

Übersicht

I. Allgemeines

1 Die §§ 129–132 regeln den Ablauf der HV und das gerichtliche Verfahren bei Auskunftsstreitigkeiten. Die Regelungen sind jedoch unvollständig. Sie beschränken sich auf die Geschäftsordnung (→ Rn. 3 ff.), das Teilnehmerverzeichnis (→ Rn. 11 ff.), die Versammlungsniederschrift (s. § 130) und das Auskunftsrecht (s. § 131).

2 § 129 ermöglicht der HV in **Abs. 1,** sich eine **Geschäftsordnung** zu geben, freilich in den sich unmittelbar aus dem Gesetz ergebenden Grenzen (→ Rn. 3 f.). Die HV wird damit in ihrer – schon vor Einführung der Regelung durch das KonTraG anerkannten – Befugnis bestärkt, ihr Verfahren eigenständig zu regeln (RegBegr BT-Drs. 13/9712, 19). Abs. 1 schreibt ferner die Aufstellung eines **Teilnehmerverzeichnisses** vor. Dieses soll (i) die Feststellung der Beschlussfähigkeit ermöglichen, (ii) die Ermittlung des Abstimmungsergebnisses durch Ermöglichung der Anwendung des sog. Subtraktionsverfahrens erleichtern und (iii) Stimmrechtsausschlüsse nachvollziehbar machen. Das Teilnehmerverzeichnis eignet sich dagegen nur sehr eingeschränkt dazu, Beteiligungsverhältnisse feststellbar zu machen (vgl. Hüffer/Koch/*Koch* Rn. 1). In der Praxis dient das Teilnehmerverzeichnis bisweilen auch zur, wenngleich oberflächlichen, Kontrolle der Einhaltung von aktien- und kapitalmarktrechtlichen Meldepflichten, bspw. solcher betreffend sog. *Directors' Dealings.* Der aufgrund des **ARUG II** neugefasste **Abs. 5** bestimmt die Pflicht der Gesellschaft, auf Anfrage des Aktionärs eine Bestätigung über die Stimmzählung zu erteilen. Dies gibt dem Aktionär die Möglichkeit, zu überprüfen, ob seine Stimme wirksam aufgezeichnet und gezählt wurde.

II. Geschäftsordnung (Abs. 1)

3 **1. Inhalt und Rechtsnatur.** In der Geschäftsordnung kann sich die HV Regeln über ihre Vorbereitung und Durchführung geben. Diese müssen sich iRv Gesetz und Satzung bewegen, da die Geschäftsordnung diesen nachrangig ist (→ Rn. 5). Hieraus ergeben sich **erhebliche Einschränkungen** der möglichen Regelungsreichweite. Denn bspw. hinsichtlich der Einberufung (§§ 121–128) und des Stimmrechts (§§ 133–135) bestehen gesetzliche Vorgaben, die in der Geschäftsordnung zwar wiederholt und näher ausgeführt, deren Gegenstände jedoch nicht abweichend geregelt werden können. Ebenso verhält es sich mit allen Regelungsbereichen, die durch Gesetz der Satzung vorbehalten sind, etwa die Bestimmung des Ortes der HV nach § 121 Abs. 5 S. 1, aber auch § 123 Abs. 2 und 3. Hinsichtlich solcher Regelungsgegenstände, die nach dem Gesetz entweder in der Satzung oder in der Geschäftsordnung geregelt werden können, ist für eine Geschäftsordnungsregelung nur Raum, soweit nicht bereits die Satzung den Gegenstand regelt (vgl. NK-AktKapMarktR/*Terbrack/Lohr* Rn. 5). Die gesetzlich eingeräumte Möglichkeit zur unmittelbaren Regelung eines Gegenstandes in der Satzung berechtigt nicht zugleich zu einer Ermächtigung des Satzungsgebers zum Erlass einer Regelung durch die Geschäftsordnung (**hM** Spindler/Stilz/*Wicke* Rn. 4; **aA** *Bachmann* AG 1999, 210 (212)). Nicht einschränken kann die Geschäftsordnung ferner die zwingenden Kompetenzen des Versammlungsleiters. Dieser hat für die sachgerechte Erledigung der Versammlungsgegenstände Sorge zu tragen und ihm stehen die hierfür erforderlichen Rechte zu (BGH 11.11.1965, BGHZ 44, 245 (248) = NJW 1966, 43; Hüffer/Koch/*Koch* Rn. 22). Zu diesen gehören insbesondere die Eröffnung, Schließung und ggf. Unterbrechung der HV, die Erteilung des Wortes, die Festlegung der Abstimmungsreihenfolge, die Feststellung über den Beschlussinhalt, allgemeine Ordnungsmaßnahmen (zB generelle Beschränkung der Redezeit) und spezielle Ordnungsmaßnahmen gegen einzelne HV-Teilnehmer (zB Ordnungsruf, Beschränkung der Redezeit, Wortentziehung und Saalverweis) (vgl. Hüffer/Koch/*Koch* Rn. 24 ff.). Weitere Einschränkungen ergeben sich aus nicht normierten Rechten der Aktionäre (insbesondere aus dem Teilnahme- und Rederecht; → § 118 Rn. 9 ff.).

4 Für den Regelungsbereich der Geschäftsordnung verbleiben insbesondere folgende praktisch bedeutsamen Regelungsgegenstände (vgl. auch MüKoAktG/*Kubis* Rn. 12):
- Zulassung Dritter zur HV, sofern keine gesetzliche Regelung besteht (→ § 118 Rn. 17 f.),
- Absetzung einzelner Versammlungsgegenstände von der Tagesordnung,
- Vertagung der HV,
- Art und Form der Bekanntmachung von Beschlussanträgen,
- Form der Abstimmung,
- Fragen der Protokolleinsicht.

5 Die Geschäftsordnung ist Verfahrensregelung. Sie hat **keinen Satzungscharakter.** Dies folgt zum einen daraus, dass die HV bei ihrem Erlass nicht als Satzungsgeber tätig wird (Hüffer/Koch/*Koch* Rn. 1b; **aA** *Dietrich* NZG 1998, 921 (922 f.)), zum anderen aus der fehlenden Publizität der Geschäftsordnung (MüKoAktG/*Kubis* Rn. 4 f.). Denn die Geschäftsordnung ist im Unterschied zur Satzung nicht zum Handelsregister einzureichen.

6 Die **zeitliche Geltungsdauer** der Geschäftsordnung ist abhängig von ihrer Bestimmung durch die HV. Üblicherweise wird eine ständige Geschäftsordnung erlassen, die von der sie beschließenden HV ab für alle folgenden und deren Vorbereitung gilt, bis eine Änderung oder Aufhebung beschlossen wird.

7 **2. Einführung, Geltung und Rechtsfolgen bei Verstoß.** Über die Einführung einer Geschäftsordnung entscheidet die HV durch **Beschluss.** Dieser bedarf gem. § 133 Abs. 1 einer **einfachen Stimmenmehrheit** und zusätzlich nach Abs. 1 S. 1 einer **Kapitalmehrheit von drei Vierteln.** Die Satzung kann das Mehrheitserfordernis nicht herabsetzen (vgl. Hüffer/Koch/*Koch* Rn. 1d). Aufgrund des Mehrheitserfordernisses bedarf der Beschluss gem. § 130 Abs. 1 S. 1 und 3 unabhängig von der Börsennotierung der Gesellschaft notarieller Beurkundung. Der Beschluss ist gem. § 124 bekanntmachungspflichtig. Die Bekanntmachung muss den wesentlichen Inhalt des Beschlusses gem. § 124 Abs. 2 S. 2 Fall 2 analog, indes nicht den vollen Wortlaut enthalten (hM, Hüffer/Koch/*Koch* Rn. 1d, MüKoAktG/*Kubis* Rn. 9; **aA** K. Schmidt/Lutter/*Ziemons* Rn. 11).

8 Die HV kann die Geschäftsordnung ändern oder aufheben. Für eine **Änderung** ist erneut die qualifizierte Mehrheit des Abs. 1 S. 1 erforderlich, da es sich hierbei um eine (jedenfalls teilweise) Neueinführung einer Geschäftsordnung handelt (Hüffer/Koch/*Koch* Rn. 1e; NK-AktKapMarktR/*Terbrack/Lohr* Rn. 11). Die **Aufhebung** bedarf nur einer einfachen Mehrheit (so auch Hüffer/Koch/*Koch* Rn. 1e; MüKoAktG/*Kubis* Rn. 10; **aA** NK-AktKapMarktR/*Terbrack/Lohr* Rn. 11, die eine entsprechende Anwendung des Abs. 1 S. 1 befürworten). Der bloße Aufhebungsbeschluss ist bei nicht-börsennotierten Gesellschaften wegen § 130 Abs. 1 S. 3 nicht beurkundungspflichtig. Eine Bekanntmachung nach § 124 Abs. 1 S. 1 ist indes erforderlich.

9 Eine **Durchbrechung** der Geschäftsordnung im Einzelfall unter Beibehaltung ihrer generellen Gültigkeit ist durch Beschluss der HV möglich. Die Voraussetzungen dieses Beschlusses sind umstritten. Es wird vertreten, der Beschluss müsse nach den Grundsätzen der Beschlüsse für Aufstellung und Aufhebung der Geschäftsordnung behandelt werden (NK-AktKapMarktR/*Terbrack/Lohr* Rn. 12). Nach der hier vertretenen Auffassung zu den Mehrheitserfordernissen (→ Rn. 8) wäre dann insbesondere die Bekanntmachung nach § 124 Abs. 1 S. 1 zu beachten. Eine andere Meinung lässt unter Hinweis auf die Ausgestaltung der HV als unständiges Organ für Durchbrechungsfälle stets eine einfache Mehrheit genügen und verzichtet auf das Bekanntmachungserfordernis (Hüffer/Koch/*Koch* Rn. 1f; Spindler/Stilz/*Wicke* Rn. 13).

10 Beschlüsse, die in einem der Geschäftsordnung widersprechenden Verfahren zustande kommen, sind **anfechtbar,** wenn der Verstoß gleichzeitig einen Gesetzesverstoß bedeutet. Die Geschäftsordnungsbestimmungen sind gem. § 241 Nr. 3 nichtig, soweit der HV die Befugnis zum Erlass fehlte (MüKoAktG/*Kubis* Rn. 13). Die Wirksamkeit der übrigen Bestimmungen beurteilt sich nach § 139 BGB (MüKoAktG/*Kubis* Rn. 13; laut Spindler/Stilz/*Wicke* Rn. 14 ist im Zweifel nicht von einer Gesamtnichtigkeit auszugehen). Eine Satzungsverletzung kommt mangels Satzungsqualität der Geschäftsordnung nicht in Betracht (Hüffer/Koch/*Koch* Rn. 1g; **aA** K. Schmidt/Lutter/*Ziemons* Rn. 15; MüKoAktG/*Kubis* Rn. 14). Die Möglichkeiten von Treuwidrigkeit und Verstoß gegen § 53a bleiben unberührt.

III. Das Teilnehmerverzeichnis

11 **1. Pflicht zur Aufstellung (Abs. 1).** Abs. 1 S. 2 statuiert die Pflicht zur Aufstellung eines Teilnehmerverzeichnisses. Die Pflicht besteht auch bei vollständigem Erscheinen aller Aktionäre („Vollversammlung") (ganz hM, vgl. nur KK-AktG/*Noack/Zetzsche* Rn. 43). Die Pflicht entfällt in der Einmann-AG (Hüffer/Koch/*Koch* Rn. 5; *Terbrack* RNotZ 2012, 221 (223); **aA** K. Schmidt/Lutter/*Ziemons* Rn. 17).

12 Schuldner der Aufstellungspflicht ist die **Gesellschaft** (NK-AktKapMarktR/*Terbrack/Lohr* Rn. 23; **aA** MüKoAktG/*Kubis* Rn. 16: Versammlungsleiter). Diese muss, vertreten durch den Vorstand, alle erforderlichen Angaben aus dem Aktienregister und den Anmeldungen zusammenstellen. Der **Versammlungsleiter** hat iR seiner Möglichkeiten die Vorbereitung und die Führung des Verzeichnisses im Hinblick auf deren formale Ordnungsmäßigkeit zu überprüfen. Fallen dem Versammlungsleiter hierbei Unregelmäßigkeiten auf, darf er die Versammlung nicht eröffnen bzw. weiterführen (KK-AktG/*Noack/Zetzsche* Rn. 81). Eine Pflicht zur Unterzeichnung des Verzeichnisses durch den Versammlungsleiter besteht nicht (Hüffer/Koch/*Koch* Rn. 7). Das Teilnehmerverzeichnis dient dennoch ggf. als Urkundsbeweis.

13 **2. Verfahren und Inhalt. Im Vorfeld der HV** wird üblicherweise ein Entwurf des Teilnehmerverzeichnisses auf Basis der nach Anmeldung, Hinterlegung oder Eintragung im Aktienregister zu erwartenden Aktionäre erstellt. **Beim Einlass** der Aktionäre wird der Entwurf aktualisiert und berichtigt. Eine Aufteilung des Verzeichnisses, zB nach dem Alphabet, ist möglich. Eine elektronische Ausgestaltung ist zulässig. Es muss lediglich sichergestellt werden, dass der jeweils aktuelle Stand des Verzeichnisses stets auf einem Bildschirm zur Einsicht verfügbar ist. Das Teilnehmerverzeichnis muss dem durchschnittlichen Versammlungsteilnehmer eine sinnvolle Einsicht ermöglichen. **Vor Beginn**

der ersten Abstimmung (→ Rn. 18) ist die Aufstellung abzuschließen und das Teilnehmerverzeichnis nach Abs. 4 S. 1 allen Teilnehmern zugänglich zu machen. Später hinzutretende oder die Versammlung verlassende Teilnehmer werden über Nachträge zum Verzeichnis berücksichtigt. Dies gilt wegen des Zwecks des Teilnehmerverzeichnisses (→ Rn. 2) auch dann, wenn Aktionäre, die die HV verlassen, anderen Teilnehmern Stimmrechtsvollmacht erteilen (NK-AktKapMarktR/*Terbrack/Lohr* Rn. 27).

14 Gemäß Abs. 1 S. 2 sind in das Verzeichnis die erschienenen Aktionäre sowie die vertretenen Aktionäre unter Nennung ihrer Vertreter aufzunehmen („Eigenbesitz", im Teilnehmerverzeichnis üblicherweise mit „E" gekennzeichnet). Hiervon sind nur Fälle der offenen Stellvertretung erfasst (Hüffer/Koch/*Koch* Rn. 2).

15 Einzutragen sind jeweils **Name und Wohnort** der Aktionäre sowie der Stellvertreter. Einzelkaufleute können unter ihrer Firma, dann unter Angabe des Ortes ihrer Handelsniederlassung, eingetragen werden. Handelsgesellschaften treten stets unter ihrer Firma unter Angabe des Sitzes auf. Daneben sind **Umfang und Gattung der gehaltenen oder vertretenen Aktien** anzugeben. Der Umfang bemisst sich bei Nennbetragsaktien nach dem Betrag, bei Stückaktien nach der Zahl der Aktien. Zu den Besonderheiten bei Sonderbeschlüssen → § 138 Rn. 6.

16 **3. Vollmachts- und Fremdbesitz (Abs. 2 und 3).** Im Gegensatz zu Abs. 1 S. 2 betrifft Abs. 2 Fälle der **verdeckten Stellvertretung.** Der Vertreter handelt dabei in fremdem Namen, macht dies jedoch nicht offenkundig („Vollmachtsbesitz", „V"). Im Teilnehmerverzeichnis wird nur der Name des Vertreters geführt. Diese Art der Stellvertretung ist nach Abs. 2 S. 1, § 135 Abs. 8 nur Intermediären (zum aufgrund des ARUG II neu eingeführten und definierten Begriff des Intermediärs → § 67a Rn. 8), Aktionärsvereinigungen, Stimmrechtsberatern und gleichgestellten Personen aufgrund einer Vollmacht gestattet. Andere Vertreter unterliegen der Offenlegungspflicht.

17 Bei der **Legitimationsübertragung** wird ein Dritter ermächtigt, fremde Stimmrechte in eigenem Namen auszuüben („Fremdbesitz", „F"). Abs. 3 setzt die Zulässigkeit dieser Form der Ermächtigung voraus; allerdings wirft diese Gestaltung eine Vielzahl von Rechtsfragen auf, die die Rspr. in der Vergangenheit wiederholt beschäftigt haben (zusammenfassend hierzu *Bayer/Scholz* NZG 2013, 721 ff.). In das Teilnehmerverzeichnis wird der Legitimationsaktionär unter Angabe von Betrag bzw. Zahl sowie Gattung der Legitimationsaktien eingetragen (vgl. *Bayer/Scholz* NZG 2013, 721). Die Eintragung des dahinter stehenden Aktionärs unterbleibt. Der Fremdbesitz ist abzugrenzen von der Übertragung von Stimmrechten und von der Stellvertretung (Hüffer/Koch/*Koch* Rn. 12, vgl. OLG Bremen, 16.8.2012, ZIP 2013, 460). Nach hM ist die Legitimationsübertragung auf Intermediäre wegen § 135 Abs. 1 S. 1 unzulässig (Hüffer/Koch/*Koch* § 135 Rn. 40).

18 **4. Publizität (Abs. 4). Vor der ersten Abstimmung** ist das Verzeichnis allen Teilnehmern zugänglich zu machen. Erfasst ist jede Abstimmung, auch solche über Angelegenheiten der Geschäftsordnung wie Verfahrensanträge oder ggf. die Wahl des Versammlungsleiters (MüKoAktG/*Kubis* Rn. 38). Den Teilnehmern ist eine angemessene Möglichkeit der Kenntnisnahme einzuräumen (RegBegr BT-Drs. 14/4051, 14). Teilweise wird vertreten, dass eine Mindestfrist von 15 Min. zwischen erster Zugänglichmachung des Teilnehmerverzeichnisses und dem Beginn der Abstimmung einzuräumen sei (MüKoAktG/*Kubis* Rn. 39) – dies ist jedoch abzulehnen. Praktisch erfolgt dies entweder – wie es der Pflicht vor der Neufassung durch Art. 1 Nr. 11 lit. d NaStraG entsprach – durch Auslegung eines oder mehrerer Ausdrucke oder durch Bereitstellung auf Bildschirmen. Dritte, denen die Anwesenheit während der HV gestattet worden ist, haben kein Recht auf Einsichtnahme; die Einsichtnahme kann jedoch durch den Versammlungsleiter gestattet werden (vgl. MüKoAktG/*Kubis* Rn. 37).

19 **Nach der HV** haben die Aktionäre sowie die eingetragenen Teilnehmer der HV inklusive der eingetragenen Vertreter noch für einen Zeitraum von zwei Jahren ein Einsichtsrecht (Abs. 4 S. 2; MüKoAktG/*Kubis* Rn. 42). Auch hier genügt wiederum die elektronische Verfügbarkeit. Der Zugang muss am Sitz der Gesellschaft während der üblichen Geschäftszeiten ermöglicht werden (Spindler/Stilz/*Wicke* Rn. 34). Das Einsichtsverlangen ist formfrei an die Gesellschaft zu stellen (Hüffer/Koch/*Koch* Rn. 14). Außerdem besteht ein Anspruch auf Erteilung einer Kopie oder eines Ausdrucks (Spindler/Stilz/*Wicke* Rn. 34). Das Teilnehmerverzeichnis ist nicht mehr als Anlage der notariellen Niederschrift zum Handelsregister einzureichen.

20 **5. Nachweis der Stimmzählung (Abs. 5).** Die im Zuge des ARUG II erfolgte Aufhebung des bisherigen Abs. 5 ist eine Folgeänderung zur Streichung des § 125 Abs. 5 aF und dient der Umsetzung des Art. 3c Abs. 2 UAbs. 2 ARRL II in deutsches Recht. Nach Abs. 5 S. 1 nF kann der Abstimmende von der Gesellschaft eine Bestätigung darüber verlangen kann, ob und wie seine Stimme gezählt wurde. Die Gesellschaft hat dann die Bestätigung gemäß den Anforderungen in Art. 7 Abs. 2 Durchführungsverordnung (EU) 2018/1212 und Art. 9 Abs. 5 UAbs. 2 Durchführungsverordnung (EU) 2018/1212 zu erteilen. Für die Erteilung einer Bestätigung gegenüber dem Aktionär genügt es, wenn die Gesellschaft diese dem Abstimmenden erteilt. Dieser kann die Bestätigung sodann dem Aktionär weiterleiten; dies regelt die Vorschrift zwar nicht ausdrücklich, lässt die ARRL II aber unstr. zu. Dem kommt insbesondere in den Konstellationen der verdeckten Stimmrechtsausübung Relevanz zu (RegE BT-Drs.

19/9739, 97). In Anlehnung an die Anfechtungsfrist des § 246 Abs. 1 beträgt die Frist für eine Anfrage gem. Abs. 5 S. 1 einen Monat nach dem Tag der Hauptversammlung. Für die Berechnung gelten die §§ 187 ff. BGB; § 121 Abs. 7 findet keine Anwendung (RegE BT-Drs. 19/9739, 98, *Bork* NZG 2019, 738 (743)). Ebenso wie im Zusammenhang mit der elektronischen Bestätigung nach § 118 Abs. 1 nF ist der Intermediär zur unverzüglichen Übermittlung an den Aktionär verpflichtet (Abs. 5 S. 3 nF). Eine Beauftragung Dritter ist aufgrund des Verweises in Abs. 5 S. 4 nF auf § 67a Abs. 2 S. 1 nF möglich. Aus dem Verweis auf § 67a Abs. 3 nF ergibt sich, dass die Übermittlungspflicht auch die Intermediäre in der Kette trifft.

6. Rechtsfolgen bei Verstößen. Bei fehlender oder mangelhafter Führung eines Teilnehmerverzeichnisses liegt ein Gesetzesverstoß vor, der die Anfechtbarkeit von betroffenen Beschlüssen nach § 243 Abs. 1 zur Folge haben kann. Die Gesellschaft kann (und hat ggf.) den Beweis (zu) führen, dass die Gesetzesverletzung keinen Einfluss auf die Beschlussfassung hatte (OLG Hamburg 19.5.1989, NJW 1990, 1120 (1121 f.)). Dabei kommt es entgegen der früheren Rspr. nicht auf Kausalitätserwägungen als notwendiges Relevanzkriterium im Hinblick auf das Beschlussergebnis an. Maßgebend ist vielmehr die Relevanz des Verfahrensverstoßes für das Mitgliedschafts- bzw. Mitwirkungsrecht des Aktionärs im Sinne eines dem Beschluss anhaftenden Legitimationsdefizits, das bei einer wertenden Betrachtung die Rechtsfolge der Anfechtbarkeit gem. § 243 Abs. 1 rechtfertigt (BGH 18.10.2004, BGHZ 160, 385 = NJW 2005, 828 (829 f.); MüKoAktG/*Hüffer/Schäfer* § 243 Rn. 27 ff.). Das Relevanzerfordernis ist vom UMAG-Gesetzgeber in § 243 Abs. 4 S. 1 aufgegriffen worden (MüKoAktG/*Hüffer/Schäfer* § 243 Rn. 29). Relevanz ist insbesondere zu bejahen, wenn sich der Verfahrensfehler auf die Stimmzählung erstreckt. Nicht hiervon umfasst sind Fälle fehlender oder falscher Angaben der Aktionäre oder ihrer Vertreter. In Betracht kommt dann aber die Erfüllung eines Ordnungswidrigkeitstatbestandes nach § 405 Abs. 2. Ferner kommen Schadensersatzansprüche über § 823 Abs. 2 BGB iVm § 129 in Betracht; geschützt sind insofern jedoch lediglich die Versammlungsteilnehmer, nicht aber die Gesellschaft selbst (MüKoAktG/*Kubis* Rn. 47). Im Rahmen des § 823 Abs. 2 BGB genügt jede Form des Verschuldens. 21

Nach § 405 Abs. 2a Nr. 7 stellt die fehlende oder mangelhafte Erteilung (Abs. 5 S. 2) oder Übermittlung (Abs. 5 S. 3) der Bestätigung eine Ordnungswidrigkeit dar, die mit einer Geldbuße bis zu 25.000 EUR geahndet werden kann (§ 405 Abs. 4). Eine Beschlussanfechtung kommt bei einem Verstoß gegen die Bestätigungspflicht mangels Relevanz des Verstoßes für die Stimmabgabe nicht in Betracht (*Bork* NZG 2019, 738 (743); *Zetzsche* ZGR 2019, 1 (35)). 22

IV. Anhang: Leitung der Hauptversammlung

1. Allgemeines. Der Ablauf der HV ist in den §§ 129, 130 nur in Ansätzen geregelt. Bestimmungen über den Ablauf können in den Grenzen des Gesetzes mittels Satzung bzw. Geschäftsordnung getroffen werden. IÜ ist auf allgemein anerkannte Grundsätze über die Durchführung von Versammlungen zurückzugreifen (Hüffer/Koch/*Koch* Rn. 17). 23

2. Person des Versammlungsleiters. In aller Regel werden die Person des Versammlungsleiters und für Verhinderungsfälle dessen Vertreter durch die Satzung bzw. Geschäftsordnung bestimmt. Existieren keine Bestimmungen zur Person des Versammlungsleiters, ist dieser von der HV zu wählen (Hüffer/Koch/*Koch* Rn. 20). Einen Sonderfall enthält § 122 Abs. 3 S. 2, wonach die Bestimmung des Versammlungsleiters durch das Gericht erfolgt. Als Versammlungsleiter kommen neben AR-Mitgliedern und Aktionären auch außenstehende Dritte in Betracht; lediglich Mitglieder des Vorstands und der zur Niederschrift bestellte Notar scheiden als Versammlungsleiter aus (MüKoAktG/*Kubis* § 119 Rn. 106). Der Versammlungsleiter muss der deutschen Sprache nicht mächtig sein, erforderlich ist dann jedoch die Übersetzung durch einen Simultandolmetscher (OLG Hamburg 12.1.2001, NZG 2001, 513 (516); Hüffer/Koch/*Koch* Rn. 18; krit. MüKoAktG/*Kubis* § 119 Rn. 107). 24

3. Amtsniederlegung bzw. Abberufung des Versammlungsleiters. Eine Verpflichtung des Versammlungsleiters zum Antritt seines Amtes besteht nicht. Er kann sein Amt jederzeit ohne wichtigen Grund niederlegen (Spindler/Stilz/*Wicke* Anh. § 119 Rn. 4). Eine Abwahl des durch die HV gewählten oder satzungsmäßig festgelegten Versammlungsleiters ist möglich (Spindler/Stilz/*Wicke* Anh. § 119 Rn. 4; MüKoAktG/*Kubis* § 119 Rn. 112; Bürgers/Körber/*Reger* Rn. 38b; diff. K. Schmidt/Lutter/*Ziemons* Rn. 59 einerseits und § 124 Rn. 84 andererseits – nur von der HV gewählter, nicht aber satzungsmäßig berufener Versammlungsleiter kann abgewählt werden; ebenso *Wilsing/v. der Linden* ZIP 2010, 2321 (2327) mwN). Der satzungsmäßig bestimmte Versammlungsleiter kann jedoch nur bei Vorliegen eines wichtigen Grundes (OLG Köln 9.3.2017, NZG 2017, 1344 (1348); OLG Bremen 13.11.2009, AG 2010, 256 (257); OLG Frankfurt a. M. 8.2.2006, AG 2006, 249 (251); MüKoAktG/*Kubis* § 119 Rn. 112 f.; Spindler/Stilz/*Wicke* Anh. § 119 Rn. 4a; Hölters/*Drinhausen* Anh. § 129 Rn. 5; zu **aA** s. den Überblick bei Spindler/Stilz/*Wicke* Anh. § 119 Rn. 4a) und mit einer Drei-Viertel-Kapitalmehrheit abberufen werden (MüKoAktG/*Kubis* § 119 Rn. 112; Spindler/Stilz/*Wicke* Anh. § 119 Rn. 4a mwN auch zur **aA**). Für die Abwahl des von der HV gewählten Versammlungs- 25 leiters ist hingegen kein wichtiger Grund erforderlich (wohl **hM** MüKoAktG/*Kubis* § 119 Rn. 119; Spindler/Stilz/*Wicke* Anh. § 119 Rn. 4; MHdB GesR IV/*Hoffmann-Becking* § 37 Rn. 38; **aA** KK-AktG/*Zöllner*, 1. Aufl. 1985, § 119 Rn. 48) und es bedarf lediglich der einfachen Stimmenmehrheit (Spindler/Stilz/*Wicke* Anh. § 119 Rn. 4; **aA** KK-AktG/*Zöllner*, 1. Aufl. 1985, § 119 Rn. 48). Die Ablehnung eines Abwahlantrags kann mangels Rechtsschutzbedürfnisses nicht mit einer isolierten Anfechtungsklage angegriffen werden. Zulässig ist jedoch eine Anfechtungsklage gegen den ablehnenden Beschluss in Kombination mit einer positiven Feststellungsklage gerichtet auf Feststellung der Abwahl des Versammlungsleiters (OLG Köln 9.3.2017, NZG 2017, 1344 Rn. 245; OLG Stuttgart 8.7.2015, BB 2015, 2258)

26 **4. Aufgaben und Befugnisse des Versammlungsleiters.** Aufgabe des Versammlungsleiters ist es, einen ordnungsgemäßen Ablauf der HV herbeizuführen; alle dafür erforderlichen Rechte gibt ihm das allgemeine verbandsrechtliche Gewohnheitsrecht an die Hand (MüKoAktG/*Kubis* § 119 Rn. 128 ff.; Spindler/Stilz/*Wicke* Anh. § 119 Rn. 5; vgl. auch BGH 11.11.1965, BGHZ 44, 245 = NJW 1966, 43). Die Maßnahmen zur Ausfüllung seiner Aufgabe hat der Versammlungsleiter nach pflichtgemäßem Ermessen zu treffen; dabei ist er insbesondere dem Neutralitätsgebot und dem Gleichbehandlungs- und Verhältnismäßigkeitsgrundsatz verpflichtet (BGH 8.2.2010, ZIP 2010, 575; K. Schmidt/Lutter/*Ziemons* Rn. 63).

27 **5. Aufgaben im Vorfeld der HV.** Der Versammlungsleiter entscheidet insbesondere in Zweifelsfällen über die Zulassung von Aktionären bzw. anderen Teilnahmeberechtigten und Gästen (MüKoAktG/*Kubis* § 119 Rn. 131) und ist insofern insbesondere zur Prüfung der Einhaltung von Anmelde- und Nachweiserfordernissen und der Voraussetzungen etwaiger Vertretungsverhältnisse berufen (Spindler/Stilz/*Wicke* Anh. § 119 Rn. 6). Zudem hat der Versammlungsleiter für den ungehinderten Zugang der Aktionäre zur HV und die Organisation von Sicherheitskontrollen (dazu ausführlich MüKoAktG/*Kubis* § 119 Rn. 132) Sorge zu tragen.

28 **6. Leitung der HV.** Der Versammlungsleiter eröffnet die HV zur in der Einberufung festgelegten Zeit, sofern eine Verschiebung nicht aufgrund von Verzögerungen beim Einlass angezeigt ist. IdR wird iR dessen die Anwesenheit der Organmitglieder sowie die ordnungsgemäße Einberufung der HV festgestellt, wenngleich es sich dabei lediglich um rechtlich nicht relevante Förmlichkeiten handelt (MüKoAktG/*Kubis* § 119 Rn. 134). Bei der Behandlung der einzelnen Gegenstände ist der Versammlungsleiter grundsätzlich nicht an die Reihenfolge in der Tagesordnung gebunden, dh ein Abweichen aus sachlichen Erwägungen ist zulässig (Hüffer/Koch/*Koch* Rn. 22; MHdB GesR IV/*Hoffmann-Becking* § 37 Rn. 56). Im Falle eines entsprechenden Beschlusses der HV allerdings ist ein Abweichen von der Reihenfolge der Tagesordnungspunkte ausgeschlossen (Hölters/*Drinhausen* Anh. 129 Rn. 8; abw. die wohl **hM:** MüKoAktG/*Kubis* § 119 Rn. 137; Spindler/Stilz/*Wicke* Anh. § 119 Rn. 7; K. Schmidt/Lutter/*Ziemons* Rn. 70). Der Versammlungsleiter kann mehrere Verhandlungsgegenstände zusammen aufrufen und somit die umfassende Behandlung der Gegenstände in einer Generaldebatte stattfinden lassen (Hüffer/Koch/*Koch* Rn. 22). Eine allgemeine feststehende Abstimmungsfolge, wie sie in der Ausnahmevorschrift des § 137 zu finden ist, besteht nicht (K. Schmidt/Lutter/*Ziemons* Rn. 72). Die Feststellung über die Beschlussfassung ist nach § 130 Abs. 2 ausdrücklich dem Versammlungsleiter übertragen. Die Kompetenz zur Unterbrechung der HV und zum Wiederaufgreifen bereits behandelter TOP hat allein der Versammlungsleiter; die HV selbst hat keine derartigen Befugnisse (MüKoAktG/*Kubis* § 119 Rn. 139; bzgl. Wiederaufgreifen **aA** Spindler/Stilz/*Wicke* Anh. § 119 Rn. 8). Die Absetzung bzw. Vertagung fällt hingegen in die Kompetenz der HV. Sind alle Tagesordnungspunkte abschließend behandelt worden, ist die HV vom Versammlungsleiter zu schließen; die HV kann jedoch im unmittelbaren Anschluss daran die Fortsetzung der HV mit einfacher Mehrheit beschließen, sofern noch alle Teilnehmer anwesend sind (Spindler/Stilz/*Wicke* Anh. § 119 Rn. 8).

29 **7. Ordnungsmaßnahmen.** Der Versammlungsleiter hat iRd Pflicht zur Überwachung des ordnungsgemäßen Ablaufs der HV auch für die angemessene und zumutbare zeitliche Begrenzung der Veranstaltung zu sorgen (Bürgers/Körber/*Reger* Rn. 45d; zur Zeit der HV auch → § 121 Rn. 27 f.). Das kann im Einzelfall die Beschränkung des Frage- und Rederechts iSv § 131 Abs. 2 S. 2 erforderlich machen (→ § 131 Rn. 13). Bei Nichtbeachtung von Frage- und Redezeitbeschränkungen kommen nach einem vorausgehenden Ordnungsruf bzw. einer sonstigen Abmahnung der Entzug des Wortes und als schärfstes Mittel der Saalverweis in Betracht; dabei sind gerade bei den stärkeren Eingriffen in die mitgliedschaftlichen Rechte der Aktionäre hohe Anforderungen an die Prüfung der Erforderlichkeit und Verhältnismäßigkeit der Ordnungsmaßnahmen zu stellen. Die Befugnis zu derartigen Maßnahmen liegt allein beim Versammlungsleiter; er kann seine Zuständigkeit jedoch an die HV delegieren (MüKoAktG/*Kubis* § 119 Rn. 124; KK-AktG/*Zöllner*, 1. Aufl. 1985, § 119 Rn. 92; zw. BGH 11.11.1965, BGHZ 44, 245 (249); Hüffer/Koch/*Koch* Rn. 26; **aA** Spindler/Stilz/*Wicke* Anh. § 119 Rn. 5; Bürgers/Körber/*Reger* Rn. 45d).

Niederschrift

130 (1) [1]**Jeder Beschluß der Hauptversammlung ist durch eine über die Verhandlung notariell aufgenommene Niederschrift zu beurkunden.** [2]**Gleiches gilt für jedes Verlangen einer Minderheit nach § 120 Abs. 1 Satz 2, § 137.** [3]**Bei nichtbörsennotierten Gesellschaften reicht eine vom Vorsitzenden des Aufsichtsrats zu unterzeichnende Niederschrift aus, soweit keine Beschlüsse gefaßt werden, für die das Gesetz eine Dreiviertel- oder größere Mehrheit bestimmt.**

(2) [1]**In der Niederschrift sind der Ort und der Tag der Verhandlung, der Name des Notars sowie die Art und das Ergebnis der Abstimmung und die Feststellung des Vorsitzenden über die Beschlußfassung anzugeben.** [2]**Bei börsennotierten Gesellschaften umfasst die Feststellung über die Beschlussfassung für jeden Beschluss auch**

1. **die Zahl der Aktien, für die gültige Stimmen abgegeben wurden,**
2. **den Anteil des durch die gültigen Stimmen vertretenen Grundkapitals am eingetragenen Grundkapital,**
3. **die Zahl der für einen Beschluss abgegebenen Stimmen, Gegenstimmen und gegebenenfalls die Zahl der Enthaltungen.**

[3]**Abweichend von Satz 2 kann der Versammlungsleiter die Feststellung über die Beschlussfassung für jeden Beschluss darauf beschränken, dass die erforderliche Mehrheit erreicht wurde, falls kein Aktionär eine umfassende Feststellung gemäß Satz 2 verlangt.**

(3) **Die Belege über die Einberufung der Versammlung sind der Niederschrift als Anlage beizufügen, wenn sie nicht unter Angabe ihres Inhalts in der Niederschrift aufgeführt sind.**

(4) [1]**Die Niederschrift ist von dem Notar zu unterschreiben.** [2]**Die Zuziehung von Zeugen ist nicht nötig.**

(5) **Unverzüglich nach der Versammlung hat der Vorstand eine öffentlich beglaubigte, im Falle des Absatzes 1 Satz 3 eine vom Vorsitzenden des Aufsichtsrats unterzeichnete Abschrift der Niederschrift und ihrer Anlagen zum Handelsregister einzureichen.**

(6) **Börsennotierte Gesellschaften müssen innerhalb von sieben Tagen nach der Versammlung die festgestellten Abstimmungsergebnisse einschließlich der Angaben nach Absatz 2 Satz 2 auf ihrer Internetseite veröffentlichen.**

Übersicht

I. Allgemeines

Die Norm statuiert das Erfordernis einer notariellen Niederschrift über die HV. Eine Ausnahme gilt für nicht-börsennotierte AGs, soweit Beschlussgegenstände der ordentlichen HV betroffen sind. Dann genügt ein privatschriftliches Protokoll mit Unterschrift des Aufsichtsratsvorsitzenden. Die Beurkundungspflicht stellt die **Dokumentation der Willensbildung** in der HV sicher und dient damit der Rechtssicherheit (MüKoAktG/*Kubis* Rn. 1). Die notarielle Niederschrift gewährleistet nach dem Willen des Gesetzgebers gewissermaßen präventiv die Beachtung der gesetzlichen Beschlussfassungsvorgaben für börsennotierte Gesellschaften (MüKoAktG/*Kubis* Rn. 1). Durch die Einreichung zum Handelsregister wird die **Publizität der Niederschrift** hergestellt. Die Regelung ist zwingend nach § 23 Abs. 5. Die notarielle Niederschrift ist öffentliche Urkunde iSd § 415 ZPO. Das privatschriftliche Protokoll findet nach § 286 ZPO Beachtung in der Beweisaufnahme. 1

II. Protokollierungspflicht (Abs. 1)

1. Protokollierungspflichtige Vorgänge. Protokollierungspflichtig ist nach Abs. 1 S. 1 jeder **Beschluss** der HV. Hiervon umfasst sind Beschlüsse jeder Art, auch solche das Verfahren der HV oder Wahlen betreffend. Das Dokumentationserfordernis ist unabhängig von einem positiven oder negativen 2

Ausgang der Abstimmung (hM, MüKoAktG/*Kubis* Rn. 4; Hüffer/Koch/*Koch* Rn. 2; MHdB GesR IV/*Hoffmann-Becking* § 41 Rn. 10).

3 Nach Abs. 1 S. 2 sind **Minderheitsverlangen** in das Protokoll aufzunehmen. Nicht erforderlich ist, dass diese Beschlussantragsqualität haben. Hierhin gehören die Forderung nach gesonderter Abstimmung über die Entlastung einzelner Organmitglieder nach § 120 Abs. 1 S. 2 und die Forderung nach einer Reihenfolge bei der Abstimmung über Wahlvorschläge nach § 137.

4 **Aktienrechtlich** protokollierungspflichtig sind ferner: nicht beantwortete Fragen bei Auskunftsverweigerung unter Angabe des Verweigerungsgrundes (§ 131 Abs. 5), wenn der Aktionär es verlangt (Hüffer/Koch/*Koch* Rn. 4), Widersprüche einer Minderheit von Aktionären gegen den Verzicht auf Ersatz- oder Ausgleichsansprüche (§ 50 S. 1, § 93 Abs. 4 S. 3, 116, § 302 Abs. 3 S. 3, § 309 Abs. 3 S. 1, § 310 Abs. 4, § 317 Abs. 4, § 318 Abs. 4, § 323 Abs. 1 S. 2), Widersprüche nach § 318 Abs. 3 S. 2 HGB, § 29 Abs. 1 UmwG, §§ 125, 207 Abs. 1 UmwG und § 245 Nr. 1. Inwieweit **weitere Vorgänge** protokollierungspflichtig sind, ist streitig. Teilweise wird vertreten, es müssten alle Vorgänge protokolliert werden, die zur Beurteilung der Wirksamkeit eines Beschlusses erheblich sein könnten (*Wilhelmi* BB 1987, 1331 (1334)). Nach aA ist die Protokollierungspflicht auf unmittelbar beschlussrelevante Vorgänge wie Ordnungsmaßnahmen des Vorsitzenden und offensichtliche Verstöße gegen Stimmverbote beschränkt (KK-AktG/*Zöllner,* 1. Aufl. 1985, Rn. 45 ff.). Eine dritte Ansicht hält die Aufzählung in § 130 für abschließend (OLG Düsseldorf 28.3.2003, NZG 2003, 816). Der Auffassung des OLG Düsseldorf ist darin zuzustimmen, dass Nichtigkeit nach § 241 Nr. 2 nur in den gesetzlich vorgeschriebenen Fällen eintreten kann. Die Amtspflicht des Notars kann freilich darüber hinausgehen (Hüffer/Koch/*Koch* Rn. 5). In Betracht kommen auf dieser Grundlage weitere Angaben ua zur Person des Vorsitzenden, zu Ordnungsmaßnahmen und zu Gegenanträgen (K. Schmidt/Lutter/*Ziemons* Rn. 38; KK-AktG/*Noack/Zetzsche* Rn. 255: alle rechtserheblichen Umstände zur Ordnungsmäßigkeit der Einberufung der HV und zur darin abgehandelten Tagesordnung).

5 **2. Notarielle Niederschrift.** Im Grundsatz verlangt Abs. 1 die Errichtung einer notariellen Niederschrift. Hierzu beauftragt der Vorstand einen nach Standesrecht (§ 11 Abs. 2 BNotO, § 10a Abs. 2 BNotO) örtlich zuständigen Notar für die Gesellschaft. Es muss sich bei HV im Inland um einen **deutschen Notar** handeln. Für HV im Ausland ist dies noch weitgehend ungeklärt. Dort ist zwar nicht nur ein deutscher Notar sachlich zuständig. Für die Praxis empfiehlt sich jedoch bis zur Klärung dieser Frage die Hinzuziehung eines solchen (so auch NK-AktKapMarktR/*Terbrack/Lohr* Rn. 12). Der Notar soll nach § 3 BeurkG nicht an der HV mitwirken, wenn er Mitglied des Vorstandes oder des Aufsichtsrates (**hM:** § 3 Abs. 1 Nr. 4 BeurkG) ist oder als Aktionär an der HV teilnimmt bzw. sich vertreten lässt. Aktienbesitz ist unterhalb der Schwelle des § 3 Abs. 1 Nr. 9 BeurkG grundsätzlich unschädlich. Die **Mitwirkung eines ausgeschlossenen Notars** hat allenfalls Anfechtbarkeit der Beschlüsse nach § 243 Abs. 1, nicht jedoch Nichtigkeit zur Folge (Hüffer/Koch/*Koch* Rn. 10). In den Fällen der Einberufung der HV auf Veranlassung einer Minderheit nach § 122 kann auch diese den Notar beauftragen. Ob sie damit wirksam die Gesellschaft verpflichtet, ist streitig. Mangels Vertretungsbefugnis ist dies richtigerweise abzulehnen (vgl. MüKoAktG/*Kubis* Rn. 17), jedoch ist die Gesellschaft zur Kostenerstattung verpflichtet (→ Rn. 10).

6 Das Protokoll muss in Form einer **Niederschrift** angefertigt werden. Diese muss die Angaben des Abs. 2 enthalten und grundsätzlich bereits in der HV geschrieben werden. Hierzu kann auf formularmäßige Entwürfe (etwa bei Happ AktR/*Zimmermann* 10.17) zurückgegriffen werden, die dann in der HV Ergänzung finden. Nach der Rechtsprechung des BGH zufolge muss ein notarielles HV-Protokoll iSd Abs. 1 S. 1 jedoch vom Notar nicht in der HV fertig gestellt, sondern kann auch noch danach im Einzelnen ausgearbeitet und unterzeichnet werden. Urkunde iSd Gesetzes ist dem BGH zufolge erst die von dem Notar autorisierte, unterzeichnete und in den Verkehr gegebene Endfassung (BGH 16.2.2009, NZG 2009, 342 – Kirch/Deutsche Bank; vgl. auch OLG Frankfurt a. M. 5.7.2011, AG 2011, 713 (716)). Nach Schluss der HV unterschreibt der Notar den Entwurf, der ab diesem Zeitpunkt die Niederschrift iSd Abs. 1 darstellt. Wird die Reinschrift verfasst und unterzeichnet, verliert der Entwurf seine Wirksamkeit als Urkunde. Die Niederschrift wird grundsätzlich in deutscher Sprache verfasst, wenn die HV im Inland stattfindet. Das Tatsachenprotokoll wird nicht vorgelesen oder genehmigt.

7 **Berichtigungen offensichtlicher Fehler** sind nach § 44a Abs. 2 BeurkG jederzeit zulässig, auch noch nach Unterschrift und Erteilung der Ausfertigungen (Hüffer/Koch/*Koch* Rn. 11a). **Nicht offensichtliche Fehler zu korrigieren,** ist dem Notar dagegen nur so lange gestattet, wie er noch keine beglaubigten Abschriften oder Ausfertigungen erteilt hat. Denn ab diesem Zeitpunkt hat er einen Vertrauenstatbestand gesetzt. § 44a Abs. 2 S. 3 BeurkG findet keine Anwendung (MüKoAktG/*Kubis* Rn. 24; NK-AktKapMarktR/*Terbrack/Lohr* Rn. 16; aA K. Schmidt/Lutter/*Ziemons* Rn. 71; KK-AktG/*Noack/Zetzsche* Rn. 322; Hüffer/Koch/*Koch* Rn. 11a). Der BGH hat sich nunmehr unter Berufung auf die Funktion des Notars als Person öffentlichen Glaubens indes der anderen Ansicht angeschlossen und hält eine Berichtigung des HV-Protokolls durch eine ergänzende Niederschrift gem. § 44a Abs. 2 S. 3 BeurkG für zulässig, wenn die Änderungen auf eigenen Wahrnehmungen des Notars beruhen, da der Rechtsverkehr ein größeres Interesse an (berichtigten) richtigen Urkunden als an

(unveränderten) unrichtigen Urkunden habe (BGH 10.10.2017, NZG 2017, 1374 Rn. 38 f.; zust. *Wachter* BB 2017, 2896 (2897)). Ob anders – und insoweit in Übereinstimmung mit der hier vertretenen Ansicht – zu entscheiden wäre für den Fall, dass ein Aktionär bereits Dispositionen im Vertrauen auf die unrichtige Niederschrift getroffen hat, lässt der BGH ausdrücklich offen (BGH 10.10.2017, NZG 2017, 1374 Rn. 41; vgl. auch *Seibt* EWiR 2017, 39 (40); *Wachter* BB 2017, 2896 (2897)).

Prüfungs- und Belehrungspflichten des Notars ergeben sich nicht aus § 130 oder aus § 17 BeurkG. Der Notar prüft nicht die Identität, Geschäftsfähigkeit und ggf. Vertretungsbefugnis der Teilnehmer (NK-AktKapMarktR/*Terbrack/Lohr* Rn. 15). Aus der Amtsstellung des Notars ergibt sich jedoch, dass dieser **offensichtliche Rechtsverstöße** nicht hinnehmen darf. Er hat daher jedenfalls die Ordnungsmäßigkeit der Einberufung, Abstimmungsergebnis und Stimmverbote sowie das Teilnehmerverzeichnis zu prüfen (Hüffer/Koch/*Koch* Rn. 12). Stellt der Notar Mängel fest, teilt er diese dem Versammlungsleiter mit. Hilft dieser nicht ab, informiert der Notar die HV selbst und vermerkt dies in der Niederschrift (KK-AktG/*Zöllner*, 1. Aufl. 1985, Rn. 71; einschränkend Spindler/Stilz/*Wicke* Rn. 33; **aA** MüKoAktG/*Kubis* Rn. 39: keine unmittelbare Einwirkung des Notars gegenüber HV-Plenum). 8

Sofern mit einem HV-Beschluss nicht offensichtlich unerlaubte oder unredliche Zwecke verfolgt werden (§ 4 BeurkG), ist der Notar auch zur **Beurkundung** von Beschlüssen **verpflichtet,** die er für fehlerhaft hält, sofern dies trotz eines entsprechenden Hinweises von ihm verlangt wird. Eine Ablehnung der Beurkundung ist dem Notar nach überwiegender Ansicht in der Literatur (nur) gestattet, wenn der zu beurkundende Beschluss **offensichtlich nichtig** ist (MüKoAktG/*Kubis* Rn. 40; KK-AktG/*Noack/Zetzsche* Rn. 121 f.; zw. Hüffer/Koch/*Koch* Rn. 13), nach noch restriktiverer Ansicht des BGH sogar nur bei erkennbarer Sittenwidrigkeit (BGH 21.10.2014, BGHZ 203, 68 Rn. 18). Ist der Beschluss lediglich anfechtbar, hat der Notar kein Recht zur Amtsverweigerung, da er sonst die Anfechtungsentscheidung der Aktionäre vorwegnähme (Hüffer/Koch/*Koch* Rn. 13). 9

Die **Kosten der Niederschrift** trägt die Gesellschaft. Dies gilt nach § 122 Abs. 4 auch bei Beauftragung des Notars durch die einberufende Minderheit (→ Rn. 5). Der Geschäftswert ergibt sich aus § 108 GNotKG. Bei Beratungstätigkeit bestimmt sich der Geschäftswert nach § 120 GNotKG. 10

3. Privatschriftliches Protokoll. Bei **nicht-börsennotierten Gesellschaften** genügt ein privatschriftliches Protokoll, das ohne Mitwirkung eines Notars zustande kommt, sofern **keine** sog. **Grundlagenbeschlüsse** gefasst werden, für die das Gesetz eine Dreiviertel- oder höhere Mehrheit vorschreibt. Die Börsennotierung ist nach § 3 Abs. 2 vom Handel in einem regulierten Markt abhängig (→ § 3 Rn. 3). Für die Grundlagenbeschlüsse ist das Vorhandensein eines Mehrheitserfordernisses gemessen am vertretenen Grundkapital maßgeblich, nicht gemessen an der Stimmenzahl (Hüffer/Koch/*Koch* Rn. 14b). Die Qualifizierung als Grundlagenbeschluss ist nicht deckungsgleich mit den Grundlagenbeschlüssen im Zusammenhang mit der ungeschriebenen HV-Kompetenz nach der Holzmüller/Gelatine-Rspr. (→ § 119 Rn. 12 ff.). Eine generelle notarielle Beurkundung derartiger Beschlüsse ist nicht erforderlich (MüKoAktG/*Kubis* Rn. 28). 11

Stark umstritten ist, ob die Protokollierung teilbar ist, wenn in einer HV sowohl Beschlüsse mit einfacher Mehrheit als auch Grundlagenbeschlüsse gefasst werden (verneinend OLG Jena 16.4.2014, AG 2015, 275 (276); MüKoAktG/*Kubis* Rn. 30; **aA** KK-AktG/*Noack/Zetzsche* Rn. 153). Der BGH hat sich zuletzt gegen einen Grundsatz der Unteilbarkeit des HV-Protokolls ausgesprochen; vielmehr sei es zulässig, die Niederschrift in notariell beurkundete und vom AR-Vorsitzenden unterzeichnete (Abs. 1 S. 3) Abschnitte aufzuteilen (BGH 19.5.2015, BGHZ 205, 319 Rn. 14 ff.; zust. Hüffer/Koch/*Koch* Rn. 14c). Gleichwohl resultieren aus einer doppelten Protokollierung beträchtliche Schwierigkeiten: Zum einen kann schon die Zuordnung zu beurkundungspflichtigen bzw. beurkundungsfreien Sachbeschlüssen Probleme bereiten (MüKoAktG/*Kubis* Rn. 30). Zum anderen können, wenn mehrere Protokolle maßgeblich und zum Handelsregister einzureichen sind, Widersprüche zwischen diesen auftreten. Daher erscheint, auch wenn der BGH die Schwierigkeiten für praktisch handhabbar hält, in kritischen Fällen weiterhin eine einheitliche Beurkundung empfehlenswert, insbesondere wenn sich durch eine partielle Beurkundung im Einzelfall auch keine wesentliche Reduzierung der Notarkosten erzielen ließe. 12

Die **Person des Protokollführers** wird vom HV-Leiter bestimmt, sofern dieser die Funktion nicht selbst übernimmt (Hüffer/Koch/*Koch* Rn. 14d; MüKoAktG/*Kubis* Rn. 31). **Inhalt** und **technische Durchführung** der Niederschrift weichen nicht von der notariellen Niederschrift ab. Bestimmte **Mängel** haben – ebenso wie bei der notariellen Niederschrift – Nichtigkeit des betroffenen Beschlusses nach § 241 Nr. 2 zur Folge (→ Rn. 26). 13

Abs. 1 S. 3 verlangt die **Unterschrift des Aufsichtsratsvorsitzenden** unter die Niederschrift. Hierbei handelt es sich um eine Organpflicht. Der Aufsichtsratsvorsitzende übernimmt die Verantwortung für die inhaltliche Richtigkeit und die ordnungsgemäße Erstellung der Niederschrift. Diese Verantwortung kann nur übernehmen, wer anwesend ist. Das Gesetz geht daher von dem Normalfall aus, dass der Aufsichtsratsvorsitzende gleichzeitig die Versammlungsleitung übernimmt. Daher unterzeichnet 14 bei Abwesenheit des Aufsichtsratsvorsitzenden dessen Stellvertreter, sofern er die Versammlung geleitet hat, andernfalls der Versammlungsleiter (hM, MüKoAktG/*Kubis* Rn. 33; Hüffer/Koch/*Koch* Rn. 14e).

III. Inhalt der Niederschrift (Abs. 2)

15 Die Niederschrift muss Angaben zu **Ort und Tag** der HV beinhalten. Hinsichtlich der Ortsangabe ist die politische Gemeinde ausreichend. Üblich sind indes nähere Angaben, so jedenfalls die Anschrift des Versammlungsraumes (so auch NK-AktKapMarktR/*Terbrack/Lohr* Rn. 25; **aA** MüKoAktG/*Kubis* Rn. 44, der die Angabe der postalischen Anschrift für zwingend erforderlich hält). Der Tag der HV meint das Datum, ggf. auch den mehrere Tage umfassenden Zeitraum unter tagweiser Einordnung der gefassten Beschlüsse. Die Uhrzeit wird üblicherweise, aber nicht notwendigerweise, genannt (Hüffer/Koch/*Koch* Rn. 15; **aA** MüKoAktG/*Kubis* Rn. 45, der die Angabe der Uhrzeit für erforderlich hält).

16 Erforderlich ist außerdem die Angabe des **Namens des Notars.** Streitig ist, ob hierbei der Nachname genügt oder ob auch der Vorname Erwähnung finden muss (s. zum Streitstand Hüffer/Koch/*Koch* Rn. 16). Da die Namensnennung die eindeutige Identifizierung des Notars bezweckt, ist die Erforderlichkeit der Nennung des Vornamens von der Verwechselungsgefahr bei bloßer Nennung des Nachnamens abhängig zu machen (so auch Hüffer/Koch/*Koch* Rn. 16). Üblicherweise findet der Vorname Erwähnung.

17 Die **Art der Abstimmung** (zB Handzeichen oder Stimmkarten) **und der Stimmenauszählung** (zB Zählung oder Subtraktionsverfahren) sind anzugeben. Der Rechtsgrund für die gewählte Abstimmungsart muss hingegen nicht in der Niederschrift bestimmt werden (BGH 10.10.2017, NZG 2017, 1374 Rn. 42). Uneinheitlich wird die Frage beantwortet, ob die **Feststellung der Stimmkraft** auszuführen ist. Hier kommen etwa Zuruf oder Vermerk der Stimmenzahl auf der Stimmkarte in Betracht. Jedenfalls bei unübersichtlichen Stimmverhältnissen ist eine solche Protokollierung erforderlich (Hüffer/Koch/*Koch* Rn. 18). Zu den Besonderheiten bei Sonderbeschlüssen → § 138 Rn. 5. Dem BGH zufolge fällt die Überwachung und Protokollierung des Abstimmungsvorgangs, insbesondere der Stimmenauszählung, nicht unter die zwingenden, mit der Nichtigkeitssanktion des § 241 Nr. 2 bewehrten Protokollierungserfordernisse des § 130 (BGH 16.2.2009, NZG 2009, 342 – Kirch/Deutsche Bank).

18 Zum Abstimmungsergebnis gehört die **Zahl der Ja- und Nein-Stimmen.** Stimmenthaltungen müssen nicht protokolliert werden (hM, MüKoAktG/*Kubis* Rn. 57; **aA** KK-AktG/*Noack/Zetzsche* Rn. 170 f.). Werden statt der Anzahl der Ja- und Nein-Stimmen Prozentzahlen aufgenommen, führt dieser Beurkundungsfehler nicht zur Nichtigkeit, wenn sich aus den Angaben in der Niederschrift das zahlenmäßige Abstimmungsergebnis so errechnen lässt, dass danach keine Zweifel über die Ablehnung oder Annahme des Antrags und die Ordnungsmäßigkeit der Beschlussfassung verbleiben (BGH 10.10.2017, NZG 2017, 1374 Rn. 62). Erforderlich ist ferner die Angabe des **Beschlusswortlautes.** Die **rechtliche Folgerung** aus dem Ergebnis, die Annahme eines Antrages oder seine Ablehnung, muss der Notar nur dann protokollieren, falls seine Einschätzung von der Feststellung des Versammlungsleiters abweicht (hM, Hüffer/Koch/*Koch* Rn. 21; NK-AktKapMarktR/*Terbrack/Lohr* Rn. 31).

19 Die Feststellungen des Notars müssen grundsätzlich auf **eigenen Beobachtungen** beruhen. Nach ganz hM ist die Einschaltung von Hilfspersonen, bspw. zum Auszählen der Stimmen, jedoch zulässig, wenn sich der Notar stichprobenartig von der Ordnungsmäßigkeit der Vorgänge überzeugt.

20 Die **Feststellung des Vorsitzenden über die Beschlussfassung** muss Eingang in die Niederschrift finden; dabei ist die vollständige Angabe des Beschlusstextes nicht erforderlich (Bürgers/Körber/*Reger* Rn. 17 mwN). Erst nach Feststellung und Niederschrift ist der Beschluss wirksam und zwar mit dem vom Versammlungsleiter festgestellten Ergebnis. Stimmt dieses mit dem tatsächlichen Ergebnis nicht überein, so muss der Beschluss durch Anfechtungsklage angegriffen werden (NK-AktKapMarktR/*Terbrack/Lohr* Rn. 33b). Durch das ARUG wurden Abs. 2 S. 2 und 3 in das Gesetz aufgenommen. Demnach umfasst bei **börsennotierten Gesellschaften** die Feststellung über die Beschlussfassung für jeden Beschluss auch die Zahl der Aktien, für die gültige Stimmen abgegeben wurden, den Anteil des durch die gültigen Stimmen vertretenen Grundkapitals sowie die Zahl der für einen Beschluss abgegebenen Stimmen, Gegenstimmen und ggf. die Zahl der Enthaltungen. Abweichend hiervon kann der Versammlungsleiter gem. Abs. 2 S. 3 die Feststellung über die Beschlussfassung für jeden Beschluss darauf beschränken, dass die erforderliche Mehrheit erreicht wurde, falls kein Aktionär eine umfassende Feststellung gem. S. 2 verlangt. Zu beachten ist, dass auch im Falle einer verkürzten Beschlussfeststellung die Angaben nach Abs. 2 S. 2 in der notariellen Niederschrift wiedergegeben werden müssen (*Deilmann/Otte* BB 2010, 722 (724); *Leitzen* ZIP 2010, 1065 (1067); abw. Beschlussempfehlung und Bericht des Rechtsausschusses, BT-Drs. 16/13098, 39). Da der Notar sich insofern bei der verpflichtenden Aufnahme des Ergebnisses der Abstimmung in die Niederschrift offensichtlich nicht auf Angaben des Versammlungsleiters stützen kann, ist sicherzustellen, dass der Notar die erforderlichen Angaben aus anderen Quellen erhält (*Leitzen* ZIP 2010, 1065 (1068); Bürgers/Körber/*Reger* Rn. 16a). Seit dem ARUG müssen börsennotierte Gesellschaften innerhalb von sieben Tagen nach der Versammlung die festgestellten Abstimmungsergebnisse einschließlich der Angaben nach Abs. 2 S. 2 auf ihrer Internetseite veröffentlichen (Abs. 6). Die Aktienrechtsnovelle 2016 erledigte außerdem, durch die Einfügung der

Wörter „am eingetragenen Grundkapital" in den Abs. 2 S. 2 Nr. 2, einen sich am bisherigen Wortlaut aufhängenden Meinungsstreit (zu den vertretenen Ansichten: **hM** KK-AktG/*Noack*/*Zetzsche* Rn. 201 ff.; **aA** *Deilmann*/*Otte* BB 2010, 722). Durch die Novellierung wird klargestellt, dass iRd Feststellung des durch die gültigen Stimmen vertretenen Grundkapitals nicht das bei Beschlussfassung vertretene Grundkapital, sondern vielmehr das gesamte eingetragene Grundkapital anzugeben ist.

IV. Anlagen (Abs. 3)

21 Abs. 3 statuiert, dass die **Belege über die Einberufung** (§ 121 Abs. 3) der Niederschrift als Anlage beizufügen sind. Die Beifügung des Teilnehmerverzeichnisses ist nicht mehr erforderlich und wäre mit der Befreiung desselben von dem Erfordernis der Schriftform auch nicht vereinbar. Die Beifügung geschieht, indem die Belege in der Niederschrift als Anlagen aufgeführt und mit dieser äußerlich dauerhaft verbunden werden. Die Einberufungsbelege können statt der Beifügung auch ihrem Inhalt nach in die Niederschrift aufgenommen werden. Anhand dieser Angaben muss die Ordnungsmäßigkeit der Einberufung nachprüfbar sein (Hüffer/Koch/*Koch* Rn. 24). Bei Anwesenheit aller Aktionäre ist die Beifügung entbehrlich (Hüffer/Koch/*Koch* Rn. 24).

22 Neben den Einberufungsbelegen können auch Vorstandsberichte als Anlage beigefügt werden. Diese können dann zur Auslegung der Beschlüsse der HV herangezogen werden (BGH 30.1.1995, NJW 1995, 2656). Weitere Anlagen ergeben sich teilweise aus dem Gesetz. Zu nennen sind ua der Nachgründungsvertrag (§ 52 Abs. 2 S. 6), der Unternehmensvertrag (§ 293g Abs. 2) und umwandlungsrechtliche Pläne und Verträge. Freiwillige weitere Anlagen sind möglich.

V. Unterschrift des Notars (Abs. 4)

23 Der Notar muss die Niederschrift **eigenhändig unterschreiben** und soll seine Amtsbezeichnung beifügen (§ 13 Abs. 3 BeurkG). Zeitliche Grenzen sind dem Notar hierfür nur durch das Erfordernis unverzüglicher Einreichung zum Handelsregister (Abs. 5, → Rn. 24) gesetzt. Weitere Unterschriften oder Zeugen sind nicht erforderlich.

VI. Einreichung zum Handelsregister (Abs. 5)

24 Beim Handelsregister ist durch den Vorstand unverzüglich nach der HV eine der Zahl der Zweigniederlassungen der Gesellschaft entsprechende Anzahl von **öffentlich beglaubigten Abschriften** der Niederschrift und ihrer Anlagen einzureichen (Abs. 5). Die Urschrift verbleibt gem. § 25 Abs. 1 BNotO bei dem Notar. Die Pflicht zur Anmeldung von HV-Beschlüssen zum Handelsregister besteht neben der Pflicht zur Einreichung der Niederschrift. Beides erfolgt regelmäßig durch den Notar, die Einreichung insoweit im Auftrag des Vorstandes. Wurde ein **privatschriftliches Protokoll** erstellt, wird eine vom Versammlungsleiter unterschriebene Abschrift eingereicht. Eine Prüfung der formellen oder inhaltlichen Richtigkeit der Niederschrift durch das Gericht findet grundsätzlich nicht statt.

25 Jedermann kann ohne weitere Voraussetzungen gem. § 9 Abs. 1 HGB Einsicht in die Niederschrift und ihre Anlagen beim Registergericht nehmen. Das Recht auf (gebührenpflichtige) Erteilung von Abschriften besteht gem. § 9 Abs. 2 HGB ebenso.

VII. Rechtsfolgen bei Verstoß

26 Bei **formellen Fehlern** der Niederschrift (Verstöße gegen Abs. 1, 2 und 4) sind die hiervon betroffenen Beschlüsse nichtig nach § 241 Nr. 2. **Inhaltliche Fehler** der Niederschrift haben ebenfalls die Nichtigkeit der betroffenen Beschlüsse zur Folge (Hüffer/Koch/*Koch* Rn. 30). Vereinzelt wird vertreten, dass bloße Zählfehler in der Stimmenzählung hiervon ausgenommen sind (NK-AktKapMarktR/*Terbrack*/*Lohr* Rn. 40). **Heilung** ist bei eintragungspflichtigen Beschlüssen durch Eintragung in das Handelsregister möglich. **Minderheitsverlangen und Widersprüche** bleiben auch ohne Protokollierung gültig. Der Nachweis wird durch fehlende Protokollierung indes erschwert. Fehlende **Anlagen** haben keinen Einfluss auf die Gültigkeit des Protokolls. Sie stellen insbesondere keinen Nichtigkeitsgrund dar. Vereinzelt wird vertreten, sie eröffneten die Möglichkeit der Anfechtung (*Lamers* DNotZ 1962, 287 (301)). Dies ist jedoch abzulehnen. Ein der Beschlussfassung nachfolgender Gesetzesverstoß genügt für § 243 Abs. 1 nicht (Hüffer/Koch/*Koch* Rn. 32).

Auskunftsrecht des Aktionärs

131 (1) [1]**Jedem Aktionär ist auf Verlangen in der Hauptversammlung vom Vorstand Auskunft über Angelegenheiten der Gesellschaft zu geben, soweit sie zur sachgemäßen Beurteilung des Gegenstands der Tagesordnung erforderlich ist.** [2]**Die Auskunftspflicht erstreckt sich auch auf die rechtlichen und geschäftlichen Beziehungen der Gesellschaft zu einem verbundenen Unternehmen.** [3]**Macht eine Gesellschaft von den Erleichterungen nach**

§ 266 Absatz 1 Satz 3, § 276 oder § 288 des Handelsgesetzbuchs Gebrauch, so kann jeder Aktionär verlangen, dass ihm in der Hauptversammlung über den Jahresabschluss der Jahresabschluss in der Form vorgelegt wird, die er ohne diese Erleichterungen hätte. [4]Die Auskunftspflicht des Vorstands eines Mutterunternehmens (§ 290 Abs. 1, 2 des Handelsgesetzbuchs) in der Hauptversammlung, der der Konzernabschluss und der Konzernlagebericht vorgelegt werden, erstreckt sich auch auf die Lage des Konzerns und der in den Konzernabschluss einbezogenen Unternehmen.

(2) **[1]Die Auskunft hat den Grundsätzen einer gewissenhaften und getreuen Rechenschaft zu entsprechen. [2]Die Satzung oder die Geschäftsordnung gemäß § 129 kann den Versammlungsleiter ermächtigen, das Frage- und Rederecht des Aktionärs zeitlich angemessen zu beschränken, und Näheres dazu bestimmen.**

(3) **[1]Der Vorstand darf die Auskunft verweigern,**

1. **soweit die Erteilung der Auskunft nach vernünftiger kaufmännischer Beurteilung geeignet ist, der Gesellschaft oder einem verbundenen Unternehmen einen nicht unerheblichen Nachteil zuzufügen;**
2. **soweit sie sich auf steuerliche Wertansätze oder die Höhe einzelner Steuern bezieht;**
3. **über den Unterschied zwischen dem Wert, mit dem Gegenstände in der Jahresbilanz angesetzt worden sind, und einem höheren Wert dieser Gegenstände, es sei denn, daß die Hauptversammlung den Jahresabschluß feststellt;**
4. **über die Bilanzierungs- und Bewertungsmethoden, soweit die Angabe dieser Methoden im Anhang ausreicht, um ein den tatsächlichen Verhältnissen entsprechendes Bild der Vermögens-, Finanz- und Ertragslage der Gesellschaft im Sinne des § 264 Abs. 2 des Handelsgesetzbuchs zu vermitteln; dies gilt nicht, wenn die Hauptversammlung den Jahresabschluß feststellt;**
5. **soweit sich der Vorstand durch die Erteilung der Auskunft strafbar machen würde;**
6. **soweit bei einem Kreditinstitut oder Finanzdienstleistungsinstitut Angaben über angewandte Bilanzierungs- und Bewertungsmethoden sowie vorgenommene Verrechnungen im Jahresabschluß, Lagebericht, Konzernabschluß oder Konzernlagebericht nicht gemacht zu werden brauchen;**
7. **soweit die Auskunft auf der Internetseite der Gesellschaft über mindestens sieben Tage vor Beginn und in der Hauptversammlung durchgängig zugänglich ist.**

[2]Aus anderen Gründen darf die Auskunft nicht verweigert werden.

(4) **[1]Ist einem Aktionär wegen seiner Eigenschaft als Aktionär eine Auskunft außerhalb der Hauptversammlung gegeben worden, so ist sie jedem anderen Aktionär auf dessen Verlangen in der Hauptversammlung zu geben, auch wenn sie zur sachgemäßen Beurteilung des Gegenstands der Tagesordnung nicht erforderlich ist. [2]Der Vorstand darf die Auskunft nicht nach Absatz 3 Satz 1 Nr. 1 bis 4 verweigern. [3]Sätze 1 und 2 gelten nicht, wenn ein Tochterunternehmen (§ 290 Abs. 1, 2 des Handelsgesetzbuchs), ein Gemeinschaftsunternehmen (§ 310 Abs. 1 des Handelsgesetzbuchs) oder ein assoziiertes Unternehmen (§ 311 Abs. 1 des Handelsgesetzbuchs) die Auskunft einem Mutterunternehmen (§ 290 Abs. 1, 2 des Handelsgesetzbuchs) zum Zwecke der Einbeziehung der Gesellschaft in den Konzernabschluß des Mutterunternehmens erteilt und die Auskunft für diesen Zweck benötigt wird.**

(5) **Wird einem Aktionär eine Auskunft verweigert, so kann er verlangen, daß seine Frage und der Grund, aus dem die Auskunft verweigert worden ist, in die Niederschrift über die Verhandlung aufgenommen werden.**

Übersicht

I. Allgemeines

1 Die Norm statuiert ein Auskunftsrecht des Aktionärs, das diesen neben den allgemeinen Publizitätsvorschriften in die Lage versetzen soll, seine mitgliedschaftlichen Rechte (besonders das Stimmrecht und Minderheitenrechte) auszuüben (MüKoAktG/*Kubis* Rn. 1). Das Auskunftsrecht ist ein mit der Aktie verbundenes und nicht gesondert übertragbares **Mitverwaltungsrecht** (MHdB GesR IV/*Hoffmann-Becking* § 38 Rn. 5).

II. Träger des Auskunftsrechts und der Auskunftspflicht

2 **Träger des Auskunftsrechts** ist gem. Abs. 1 S. 1 **jeder an der HV teilnehmende, auch vertretene, Aktionär.** Nicht erheblich sind das Aktienvolumen, die Aktiengattung, die Stimmkraft der Aktien (OLG Stuttgart 17.11.2010, AG 2011, 93 (97)), die Erfüllung der Einlagepflicht (Hüffer/Koch/*Koch* Rn. 4) sowie die Entschlossenheit des Aktionärs zu einer bestimmten Stimmabgabe (OLG Düsseldorf 5.11.1987, NJW 1988, 1033 = DB 1987, 2512). Wer nicht Aktionär ist, kann jedoch auch keine Auskunft verlangen, unabhängig von einer etwaigen Teilnahmeberechtigung an der HV (MüKoAktG/*Kubis* Rn. 14). Aufsichtsbehörden haben eigene Auskunftsrechte.

3 **Dritte** können das Auskunftsrecht ausüben, wenn sie für Aktionäre an der HV teilnehmen. Ihre Berechtigung zur Ausübung des Auskunftsanspruchs ist bei Vorliegen einer Stimmrechtsvollmacht oder Legitimationsübertragung anzunehmen (Hüffer/Koch/*Koch* Rn. 5; MüKoAktG/*Kubis* Rn. 15).

4 **Trägerin der Auskunftspflicht** ist die Gesellschaft. Der amtierende Vorstand erteilt die Auskunft für diese (MüKoAktG/*Kubis* Rn. 19), auch für Auskünfte aus dem Geschäftsbereich des Aufsichtsrates (hM, Hüffer/Koch/*Koch* Rn. 7). Der Abschlussprüfer ist dem Aktionär nicht zur Auskunft verpflichtet (§ 176 Abs. 2 S. 3). Die Erteilung der Auskunft ist für den Vorstand eine Geschäftsführungsmaßnahme iSd § 77.

4a Nach § 1 Abs. 2 S. 2 COVMG (BGBl. 2020 I 569) entscheidet der Vorstand „nach pflichtgemäßem Ermessen", welche Fragen er beantwortet. Diese Regelung gilt vorübergehend für die Dauer der COVID-19-Pandemie (für eine ausführliche Darstellung zum zugrundeliegenden Gesetz, zur Motivation des Gesetzgebers, zum Geltungszeitraum der Regelungen → § 118 Rn. 23 ff.). Die Regelung stellt mithin eine Abweichung von den grds. Anforderungen nach § 131 dar, sodass der Vorstand nicht auf die in § 131 Abs. 3 geregelten Auskunftsverweigerungsrechte beschränkt ist (so lautet nicht zuletzt auch der eindeutige Wille des Gesetzgebers, s. BT-Drs. 19/18110, 26). Aktionären wird nach dieser vorübergehenden Rechtslage kein Auskunftsrecht eingeräumt. Sie haben lediglich die Möglichkeit, Fragen zu stellen. Es besteht kein Recht auf eine Antwort.

III. Inhalt des Auskunftsrechts

5 **1. Auskunftsrecht (Abs. 1).** Das Auskunftsrecht des Aktionärs bezieht sich auf **alle Gesellschaftsangelegenheiten** unter Einschluss der **Beziehungen zu verbundenen Unternehmen** (Abs. 1 S. 2, § 15). Umfasst sind auch Beziehungen zu und Vorgänge bei nicht iSd § 15 verbundenen Unternehmen, sofern diese hinreichend starke Auswirkungen auf die Gesellschaft haben. Beschränkt wird das Auskunftsrecht durch die Voraussetzung, dass die Auskunft zur sachgemäßen Beurteilung eines Gegenstandes der Tagesordnung **erforderlich** sein muss (MHdB GesR IV/*Hoffmann-Becking* § 38 Rn. 16).

6 Die **Erforderlichkeit** bestimmt sich objektiv aus der Sicht eines vernünftigen Aktionärs, der ausschließlich über die von der Gesellschaft veröffentlichten Informationen verfügt (OLG Düsseldorf 22.11.2018, AG 2019, 467 (475); OLG Stuttgart 17.11.2010, AG 2011, 93 (97); BayObLG 14.7.1999, BB 1999, 2369; MHdB GesR IV/*Hoffmann-Becking* § 38 Rn. 18; vgl. auch BGH 16.2.2009, NZG 2009, 342 (348)). Art. 9 Abs. 1 S. 1 ARRL zwingt nicht zu einer restriktiven Auslegung des Merkmals der „Erforderlichkeit" (OLG Stuttgart 29.2.2012, AG 2012, 377 (378 f.)). Dem Aktionär ist bis zur Grenze des **Schikaneverbots** (§ 226 BGB) Auskunft zu erteilen (vgl. BVerfG 20.9.1999, NJW 2000, 349 (351)). Die Erforderlichkeit der Auskunft unterliegt **voller richterlicher Kontrolle.** Es besteht kein Beurteilungsspielraum des Vorstandes. Die Rspr. begegnet dieser Weite des Auskunftsrechts durch die Verwendung eines strengen Maßstabes im Zusammenhang mit der Entlastung von Vorstand und AR (LG Frankfurt a. M. 16.9.1994, WM 1994, 1929 f.). Vorgänge ganz untergeordneter Bedeutung werden als nicht erforderlich eingestuft (OLG Frankfurt a. M. 15.4.1986, AG 1986, 233 f.). Umfassende Darstellungen der sehr umfangreichen Kasuistik finden sich bei MHdB GesR IV/*Hoffmann-Becking* § 38 Rn. 21 ff. und bei NK-AktKapMarktR/*Heidel* Rn. 85.

7 **Beispiele,** in denen die Erforderlichkeit der Auskunft **bejaht** wurde, sind: Gesamtvergütung von Mitgliedern eines Group Executive Committee, die nicht zugleich Vorstandsmitglieder sind (OLG Frankfurt a. M. 30.1.2006, AG 2006, 460 f.), relative Zusammensetzung der Vergütungskomponenten im Vorfeld eines Beschlusses betreffend ein Aktienoptionsprogramm (Hüffer/Koch/*Koch* Rn. 38); Mandate von Vorstands- und Aufsichtsratsmitgliedern in anderen Unternehmen (BayObLG 30.11.1995, NJW 1996, 1904 = DB 1996, 130); Verkaufserlös für ein Grundstück, der sich auf etwa zwei Drittel des

Grundkapitals belief (BayObLG 20.3.1996, ZIP 1996, 1251); fünf größte Verlustgeschäfte bei insgesamt negativem Gesamtergebnis aus Wertpapierverkäufen in Höhe des doppelten Grundkapitals (KG 15.2.2001, AG 2001, 421 (422)); Angaben über Konzernverrechnungspreise und Konzernumlagen (OLG Karlsruhe 29.6.1989, AG 1990, 82).

8 Die Erforderlichkeit ist zu **verneinen,** wenn die gewünschte Auskunft ohne Weiteres dem Jahresabschluss zu entnehmen ist, etwa bei einem Auskunftsbegehren über die Gesamtsumme der Vorstands- und Aufsichtsratsbezüge der Gesellschaft wegen § 285 Nr. 9 S. 1–4 HGB. Ein Auskunftsrecht hinsichtlich letzterer Informationen ist auch im Falle eines vorangegangenen HV-Beschlusses gem. § 286 Abs. 5 HGB, § 314 Abs. 3 S. 1 HGB mit dem Ergebnis der Unterbindung der Offenlegung der Angaben ausgeschlossen (zur bis zum 23.7.2015 geltenden identischen Regelung in § 314 Abs. 2 S. 2 HGB Bürgers/Körber/*Reger* Rn. 13 mwN auch zur **aA**).

9 **2. Erweitertes Auskunftsrecht (Abs. 4).** Von der Voraussetzung der Erforderlichkeit unabhängig und auch außerhalb der Gegenstände der Tagesordnung kann jeder Aktionär gem. Abs. 4 Auskünfte verlangen, die einem anderen Aktionär außerhalb der HV in seiner Aktionärseigenschaft erteilt worden sind. Erfasst sind nicht nur Auskünfte aus der HV des vorangegangenen Geschäftsjahres. Auskünfte aufgrund Organmitgliedschaft des Aktionärs oder iRe Geschäftsbeziehung sind jedoch nicht umfasst (Hüffer/Koch/*Koch* Rn. 71). Es fällt auch nicht unter den Regelungsbereich des § 131 Abs. 4, wenn ein Aktionär durch Mitglieder des Aufsichtsrats Informationen erlangt. Der Nachinformationsanspruch des § 131 Abs. 4 ist daher nicht gegeben, wenn einem anderen Aktionär, der nicht Mitglied des Aufsichtsrats ist, die Teilnahme an Aufsichtsratssitzungen ermöglicht wurde (LG Frankfurt a. M. 16.2.2016, NJW-RR 2016, 739 (740)). Die Geltendmachung des erweiterten Auskunftsrechts erfolgt in der HV.

10 **3. Sonderauskunftsrechte.** In gesetzlich bestimmten Sonderfällen hat der Aktionär Sonderauskunftsrechte, etwa bei Abschluss oder Änderung eines Beherrschungs- oder Gewinnabführungsvertrags (§ 293g Abs. 3, § 295 Abs. 1 S. 2); bei Eingliederung einer Gesellschaft (§ 319 Abs. 3 S. 4, § 320 Abs. 1 S. 3, Abs. 4); in Konzernsachverhalten (Abs. 1 S. 4) oder bei Verschmelzungen (§ 64 Abs. 2 UmwG, § 73 UmwG). Ihre Reichweite, Form und Durchsetzung richten sich nach §§ 131 f. (MHdB GesR IV/*Semler,* 3. Aufl. 2007, § 37 Rn. 20).

IV. Ausübung des Auskunftsrechts

11 Das Auskunftsrecht wird **durch den Aktionär** in der HV durch Stellung eines Auskunftsverlangens ausgeübt. Das Auskunftsverlangen muss grundsätzlich nicht angekündigt sein; bei komplizierten Fragestellungen kann die Ankündigung jedoch geboten sein (Hüffer/Koch/*Koch* Rn. 9). Auskünfte außerhalb der HV kann der Aktionär nicht verlangen (Hüffer/Koch/*Koch* Rn. 76).

12 Die Auskunft hat den Grundsätzen einer gewissenhaften und getreuen Rechenschaft zu entsprechen (Abs. 2 S. 1). Der Vorstand muss sich dabei auch auf Fragen vorbereiten, die nicht angekündigt worden sind, die aber in einem engen Verhältnis zu den Gegenständen der Tagesordnung stehen. Eine personelle und sachliche Vorbereitung auf derartige Fragestellungen liegt im Aufgabenbereich des Vorstands (NK-AktKapMarktR/*Heidel* Rn. 19). Kann der Vorstand trotz eingehender Vorbereitung eine unangekündigte Frage nicht (abschließend) beantworten und ist diese derart speziell, dass sie nach der Sachlage nicht geklärt werden kann, erfüllt der Vorstand seine Auskunftsverpflichtung, wenn er die vorhandenen Informationen erteilt und über den Rest schweigt (BGH 7.4.1960, BGHZ 32, 159 (165 f.) = NJW 1960, 1150; OLG Stuttgart 29.2.2012, AG 2012, 377 (380); Hüffer/Koch/*Koch* Rn. 11). Falls demnach eine Auskunft im Einzelfall nicht möglich ist, erlischt das Auskunftsrecht, da dem Wortlaut des Abs. 1 S. 1 nach die Auskunft „in der Hauptversammlung" zu erteilen ist; es kann somit nicht vom Vorstand verlangt werden, die Auskunft nach der HV schriftlich zu geben (OLG Celle 24.11.2004, AG 2005, 438 (440); Hölters/*Drinhausen* Rn. 37; **aA** NK-AktKapMarktR/*Heidel* Rn. 20).

13 Gemäß Abs. 2 S. 2 kann die **Satzung oder die GeschO** den Versammlungsleiter ermächtigen, das Frage- und Rederecht des Aktionärs zeitlich angemessen zu beschränken. Dies geht über die bloße Regelung des Verfahrens oder die Festschreibung einer gesetzeswiederholenden Angemessenheitsklausel hinaus (BGH 8.2.2010, ZIP 2010, 575). Zulässig ist daher insbesondere die Bestimmung von angemessenen konkreten Zeitrahmen für die Gesamtdauer der HV sowie die auf den einzelnen Aktionär entfallende Frage- und Redezeit, welche sodann im Einzelfall vom Versammlungsleiter im pflichtgemäßen Ermessen zu konkretisieren ist; ebenfalls zulässig ist es, einen konkreten Debattenschluss, zB 22:30 Uhr, festzusetzen (BGH 8.2.2010, ZIP 2010, 575). Stellt die Satzung Beschränkungen des Frage- und Rederechts der Aktionäre in das Ermessen des Versammlungsleiters, hat dieser das Ermessen pflichtgemäß auszuüben, sich also insbesondere an den Geboten der Sachdienlichkeit, Verhältnismäßigkeit und Gleichbehandlung zu orientieren, auch wenn dies nicht ausdrücklich in der Satzung oder GeschO festgelegt ist (BGH 8.2.2010, ZIP 2010, 575; → § 129 Rn. 26). Erstellt der Versammlungsleiter vor Beginn der Debatte eine Rednerliste, ergibt sich aus der Aufnahme in diese Liste noch kein rechtlich relevanter Anspruch darauf, in der HV auch tatsächlich zu Wort zu kommen, wenn der Verhandlungs-

leiter aufgrund der Vielzahl der Wortmeldungen gezwungen ist, von seinem pflichtgemäßen Ermessen zur Beschränkung des Frage- und Rederechts Gebrauch zu machen, dh insbesondere die Debatte zu schließen (LG München I 20.1.2011, AG 2011, 211 (218); vgl. auch OLG München 28.9.2011, ZIP 2011, 1955). Der Versammlungsleiter ist nicht verpflichtet, die Wortmeldungen in der Reihenfolge ihrer Eintragung in die Rednerliste aufzurufen (OLG München 28.9.2011, ZIP 2011, 1955). Str. ist, ob für den Fall, dass auf die Frage des Vorstands, ob und ggf. welche Fragen noch nicht beantwortet wurden, keine Reaktion erfolgt, ein Aktionär treuwidrig handelt, wenn er später die unzureichende Beantwortung gestellter Fragen rügt (insofern abl. – und zwar selbst dann, wenn nicht festgestellt werden kann, ob der Aktionär die unzureichende Beantwortung der Frage bereits in der HV erkannt hat – OLG Köln 28.7.2011, NZG 2011, 1150 f.; vgl. auch NK-AktKapMarktR/*Heidel* Rn. 16; für eine Verwirkung des Fragerechts: LG München I 13.4.2006, BeckRS. 2006, 05000; MüKoAktG/*Kubis* Rn. 78; GroßkommAktG/*Decher* Rn. 395).

V. Verweigerung der Auskunft

1. Verweigerung der Auskunft (Abs. 3). Auch bei Bejahung der Erforderlichkeit nach Abs. 1 kann im Einzelfall ein Auskunftsverweigerungsrecht nach Abs. 3 bestehen. Die Verweigerung einer Auskunft ist ebenso wie die Erteilung Geschäftsführungsaufgabe des Vorstands. Dieser muss also grundsätzlich einstimmig Beschluss hierüber fassen. Der Vorstand kann diesen Beschluss auch konkludent fassen, indem er sich die Ablehnung durch den Versammlungsleiter zu eigen macht (Hüffer/Koch/*Koch* Rn. 54). Eine **Pflicht zur Verweigerung** kann sich aus § 93 Abs. 1 ergeben. Wird einem Aktionär die Auskunft verweigert, kann er nach Abs. 5 verlangen, dass seine Frage und der Grund für die Auskunftsverweigerung in die **Niederschrift** aufgenommen wird (→ § 130 Rn. 4). 14

Verweigerungsgrund ist (i) nach Nr. 1 die Eignung der Auskunft, der Gesellschaft oder einem verbundenen Unternehmen einen nicht unerheblichen **Nachteil zuzufügen.** Diese Bewertung erfolgt nach vernünftiger kaufmännischer Beurteilung auf objektiver Grundlage nach Abwägung der Vor- und Nachteile einer Auskunftserteilung für die Gesellschaft (vgl. etwa BGH 16.2.2009, NZG 2009, 342 (348): Diskretionsinteresse bzgl. der Einzelheiten eines nicht öffentlichen Verkaufs einer Beteiligung; OLG Stuttgart 17.11.2010, AG 2011, 93). Der Vorstand muss seine Entscheidung begründen (so auch Hüffer/Koch/*Koch* Rn. 54 mit Hinweis darauf, dass an die Begründung keine hohen Anforderungen zu stellen sind). (ii) Verweigern darf der Vorstand ferner Auskünfte über steuerliche Wertansätze und die Höhe einzelner **Steuern** nach Nr. 2. (iii) Nach Nr. 3 kann der Vorstand auch Angaben betreffend **stille Reserven** verweigern, (iv) ebenso nach Nr. 4 betreffend die Offenlegung von **Bilanzierungs- und Bewertungsmethoden,** (v) nach Nr. 5, sofern sich der Vorstand durch die Auskunftserteilung **strafbar** machen würde und (vi) nach Nr. 6 schließlich darf der Vorstand eines Kredit- oder Finanzdienstleistungsinstituts Angaben über **Bilanzierungs- und Bewertungsmethoden** sowie über für die Rechnungslegung nicht erforderliche **Verrechnungen** verweigern. Aus **anderen Gründen** darf die Auskunft gem. Abs. 3 S. 2 nicht verweigert werden. Dies schließt nach hM einen Rückgriff auf allgemeine Verweigerungsgründe (→ Rn. 16 f.) indes nicht aus (MüKoAktG/*Kubis* Rn. 146; Hüffer/Koch/*Koch* Rn. 54). 15

2. Sonstige Verweigerungsrechte. Sonstige Verweigerungsrechte ergeben sich aus dem **Rechtsmissbrauch**sargument, wenn der Aktionär durch sein Auskunftsbegehren eigene Interessen verfolgt, die denen der Gesellschaft nicht entsprechen (MHdB GesR IV/*Hoffmann-Becking* § 38 Rn. 34) oder er das Auskunftsrecht instrumentalisiert, etwa um Anfechtungsgründe zu provozieren bzw. er das Fragerecht übermäßig (etwa durch Verlesen seitenlanger Fragenkataloge) ausübt (die Grenze ist eine Frage des Einzelfalls, vgl. LG München I 28.5.2010, WM 2010, 1699 (1702) mwN). Ferner stellt die **Unmöglichkeit** eine Grenze des Auskunftsrechts dar. 16

Die Frage, ob **Insidertatsachen** im Spannungsfeld zwischen Art. 14 lit. c MAR und Abs. 1 mitzuteilen sind, ist umstritten. Einerseits wird ein Vorrang des aktienrechtlichen Auskunftsanspruchs angenommen (GroßkommAktG/*Decher* Rn. 325 ff.). Andererseits wird vertreten, die Auskunft könne bzw. müsse verweigert werden (für Auskunftsverweigerungsrecht MüKoAktG/*Kubis* Rn. 134). Letzterem ist zu folgen. Denn wegen § 26 WpHG entstünde anderenfalls ein Widerspruch zwischen dem üblichen Verfahren der ad-hoc-Publizität und der Auskunftserteilung in der HV. 17

VI. Rechtsfolgen bei Verstößen gegen die Auskunftspflicht

Bei Verstößen gegen die Auskunftspflicht kann der Aktionär ein **Auskunftserzwingungsverfahren** nach § 132 einleiten. Sofern die verweigerte Auskunft sich auf einen Beschluss auf der Tagesordnung bezog, ist dieser **anfechtbar** nach § 243 Abs. 1. Die Anfechtbarkeit eines Beschlusses kann neben der unberechtigten Auskunftsverweigerung auch darauf gestützt werden, dass eine erteilte Auskunft unrichtig ist (OLG Stuttgart 17.11.2010, AG 2011, 93 (98)). Inwieweit es einem Aktionär obliegt, die aus seiner Sicht nicht ordnungsgemäße Auskunft noch in der laufenden HV zu rügen, damit seine spätere Anfechtungsklage nicht aufgrund von Rechtsmissbrauch abgewiesen wird, ist jeweils gesondert für den 18

Einzelfall zu beurteilen (OLG Köln 28.7.2011, WM 2012, 409 ff.). Ein Aktionär kann eine Anfechtungsklage auch dann auf die Verletzung seines Rederechts stützen, wenn nachfolgend ein Bestätigungsbeschluss gefasst wurde, sofern dieser erfolgreich angefochten wurde. Der zweite Beschluss entfaltet selbst dann keine Bestätigungswirkung, wenn er den Mangel des ersten Beschlusses vermeidet und nur aus anderen Gründen für nichtig erklärt wurde (OLG Hamburg 23.12.2010, ZIP 2011, 1209). Im Fall von Entlastungsbeschlüssen besteht Anfechtbarkeit, wenn ein Informationsmangel für die Entlastung von Bedeutung ist (Hüffer/Koch/*Koch* Rn. 78). Wegen der Anfechtungsgefahr sollten Fragen in praxi tendenziell großzügig beantwortet und sollte von Verweigerungsrechten zurückhaltend Gebrauch gemacht werden. Gegenüber den Vorstandsmitgliedern können sich Schadensersatzansprüche aus § 93 ergeben. Nach hM können den Fragestellern auch Ersatzansprüche aus § 823 Abs. 2 BGB iVm § 131 (Grigoleit/*Herrler* Rn. 62) oder § 400 Abs. 1 Nr. 1 zustehen (MüKoAktG/*Kubis* Rn. 177; Hüffer/Koch/*Koch* Rn. 78; zw. Hölters/*Drinhausen* Rn. 44). Zum Verhältnis von Anfechtungs- und Auskunftserzwingungsverfahren → § 132 Rn. 2. Vorsätzlich falsche Auskünfte werden zudem durch die Strafvorschrift des § 400 Abs. 1 Nr. 1 sanktioniert.

Gerichtliche Entscheidung über das Auskunftsrecht

132 (1) **Ob der Vorstand die Auskunft zu geben hat, entscheidet auf Antrag ausschließlich das Landgericht, in dessen Bezirk die Gesellschaft ihren Sitz hat.**

(2) [1] **Antragsberechtigt ist jeder Aktionär, dem die verlangte Auskunft nicht gegeben worden ist, und, wenn über den Gegenstand der Tagesordnung, auf den sich die Auskunft bezog, Beschluß gefaßt worden ist, jeder in der Hauptversammlung erschienene Aktionär, der in der Hauptversammlung Widerspruch zur Niederschrift erklärt hat.** [2] **Der Antrag ist binnen zwei Wochen nach der Hauptversammlung zu stellen, in der die Auskunft abgelehnt worden ist.**

(3) [1] **§ 99 Abs. 1, 3 Satz 1, 2 und 4 bis 6 sowie Abs. 5 Satz 1 und 3 gilt entsprechend.** [2] **Die Beschwerde findet nur statt, wenn das Landgericht sie in der Entscheidung für zulässig erklärt.** [3] **§ 70 Abs. 2 des Gesetzes über das Verfahren in Familiensachen und in den Angelegenheiten der freiwilligen Gerichtsbarkeit ist entsprechend anzuwenden.**

(4) [1] **Wird dem Antrag stattgegeben, so ist die Auskunft auch außerhalb der Hauptversammlung zu geben.** [2] **Aus der Entscheidung findet die Zwangsvollstreckung nach den Vorschriften der Zivilprozeßordnung statt.**

(5) **Das mit dem Verfahren befaßte Gericht bestimmt nach billigem Ermessen, welchem Beteiligten die Kosten des Verfahrens aufzuerlegen sind.**

I. Allgemeines

1 Die Norm befasst sich mit der Durchsetzung des Auskunftsanspruchs nach § 131. Sie zielt darauf ab, dem Aktionär effektiven Rechtsschutz zu gewähren und das Verfahren durch Zuweisung zur Freiwilligen Gerichtsbarkeit zu beschleunigen (vgl. Hüffer/Koch/*Koch* Rn. 1).

II. Verfahren

2 Das **Erzwingungsverfahren** nach § 132 besteht **neben** der nach § 243 Abs. 1 statthaften **Anfechtungsklage** und ist von dieser **unabhängig** (BGH 29.11.1985, BGHZ 86, 1 (3 ff.) = NJW 1983, 878; KG 8.3.2001, AG 2001, 355 (356); MüKoAktG/*Hüffer/Schäfer* § 243 Rn. 119). Eine **Bindungswirkung** zwischen beiden Verfahren besteht nicht (Hüffer/Koch/*Koch* Rn. 2; BGH 16.2.2009, NZG 2009, 342 – Kirch/Deutsche Bank; **aA** OLG Stuttgart 7.5.1992, AG 1992, 459; GroßkommAktG/*K. Schmidt* § 243 Rn. 34).

3 **Zuständiges Gericht** für das Auskunftserzwingungsverfahren ist das LG, in dessen Bezirk die Gesellschaft ihren Sitz hat.

4 Nach Abs. 1 findet das Verfahren auf **Antrag** statt. Konkrete Vorgaben für dessen nähere Ausgestaltung fehlen. In der Lit. wird zu Recht empfohlen, einen konkreten Antrag mit Begründung zu stellen (Hüffer/Koch/*Koch* Rn. 4). Eine Rücknahme des Antrags ist zulässig (MüKoAktG/*Kubis* Rn. 19).

5 **Antragsberechtigt** ist jeder Aktionär, der entgegen seinem Verlangen in der HV eine Auskunft nicht oder nicht vollständig erhalten hat; die Aktionärseigenschaft muss dabei sowohl zum Zeitpunkt der HV als auch während des gesamten Verfahrens bestehen (OLG München 26.8.2010, AG 2011, 219 (219 f.) mwN). Bei fehlerhafter Auskunftserteilung ist der Aktionär auf den zivilprozessrechtlichen Weg verwiesen (KG 16.7.2009, WM 2010, 324 (325); LG Dortmund 1.10.1998, AG 1999, 133; **aA** LG München I 28.5.2010, WM 2010, 1699 (1701); Hüffer/Koch/*Koch* Rn. 4a; KK-AktG/*Kersting* Rn. 6; MüKoAktG/*Kubis* Rn. 16; MHdB GesR IV/*Hoffmann-Becking* § 38 Rn. 60). Die Antragsberechtigung ist ausgeschlossen, wenn der Aktionär an der HV nicht teilgenommen hat und nicht vertreten war

(MüKoAktG/*Kubis* Rn. 13). Die Antragsfrist beträgt nach Abs. 2 S. 2 zwei Wochen (materiell-rechtliche Ausschlussfrist).

Das **Verfahren** folgt den Bestimmungen des § 99 Abs. 1, Abs. 3 S. 1, 2 und 4–6, Abs. 5 S. 1 und 3, sowie des FamFG. Das Verfahren findet formlos und nicht öffentlich statt. Anwaltszwang besteht nicht. Es gilt der Amtsermittlungsgrundsatz des § 26 FamFG. Daher greift keine Beweisführungslast, wohl aber eine Prozessförderungspflicht (vgl. § 27 FamFG). Die Kammer entscheidet durch Beschluss mit Gründen. Die Auskunftserteilung hat in Folge eines stattgebenden Beschlusses auch außerhalb der HV zu erfolgen. Der Beschluss wird mit Eintritt der Rechtskraft wirksam und vollstreckbar. Er ist Vollstreckungstitel iSd § 794 Nr. 3 ZPO. Die Zwangsvollstreckung folgt § 888 ZPO. 6

Gegen den Beschluss findet das **Rechtsmittel** der Beschwerde statt, wenn das LG sie für zulässig erklärt. § 70 Abs. 2 FamFG gilt entsprechend (Abs. 3 S. 3). 7

Hinsichtlich der **Kosten** gilt das GNotKG. § 131 Abs. 5 wurde geändert durch das 2. Kostenrechtsmodernisierungsgesetz (2. KostRMoG) v. 23.7.2013 (BGBl. 2013 I 2586). Gebühren für die gerichtliche Entscheidung werden nunmehr unmittelbar nach dem GNotKG erhoben (vgl. § 1 Abs. 2 Nr. 1 GNotKG). Abs. 5 hat auch neben § 81 Abs. 1 S. 1 FamFG, der über § 132 Abs. 3 S. 1 iVm § 99 Abs. 1 Anwendung findet, weiterhin eigenständige Bedeutung, weil er das Gericht zu einer Kostenentscheidung verpflichtet, § 81 Abs. 1 S. 1 FamFG jedoch die Kostenentscheidung selbst in das Ermessen des Gerichts stellt (vgl. RegBegr. BT-Drs. 17/11471, 287). 8

Vierter Unterabschnitt. Stimmrecht

Grundsatz der einfachen Stimmenmehrheit

133 (1) **Die Beschlüsse der Hauptversammlung bedürfen der Mehrheit der abgegebenen Stimmen (einfache Stimmenmehrheit), soweit nicht Gesetz oder Satzung eine größere Mehrheit oder weitere Erfordernisse bestimmen.**

(2) **Für Wahlen kann die Satzung andere Bestimmungen treffen.**

I. Allgemeines

§ 133 befasst sich mit den Mehrheitserfordernissen für das Zustandekommen von HV-Beschlüssen. Die Norm gibt Untergrenzen für Mehrheitserfordernisse vor und macht Vorgaben für Satzungsregelungen. 1

II. Mehrheitserfordernisse

1. Einfache Mehrheit der abgegebenen Stimmen (Abs. 1 Hs. 1). Der Beschluss ist ein Rechtsgeschäft eigener Art, das erst mit der ausdrücklichen Feststellung des Versammlungsleiters über sein Zustandekommen wirksam wird (NK-AktKapMarktR/*Müller* Rn. 3). Das Gesetz fordert für das Zustandekommen von Beschlüssen grundsätzlich die einfache Mehrheit der abgegebenen Stimmen. Stimmenthaltungen werden nicht mitgezählt (Hüffer/Koch/*Koch* Rn. 12), ebenso ungültige Stimmen, etwa aufgrund Stimmverbots (§ 136). 2

Grundlage eines jeden Beschlusses ist ein **Beschlussantrag.** Anträge können von der Verwaltung (§ 124 Abs. 3), von Aktionären (§ 122 Abs. 2, § 126 Abs. 1) bzw. aus der Mitte der HV (§ 124 Abs. 4 S. 2) gestellt werden. Ihre Wirkung hängt dabei von ihrer Formulierung (positiv oder negativ) ab. 3

Die Stimmabgabe ist eine **empfangsbedürftige Willenserklärung.** Sie wird gegenüber der Gesellschaft, vertreten durch den Versammlungsleiter, abgegeben (K. Schmidt/Lutter/*Spindler* Rn. 16). Die Stimmabgabe wird in der Praxis regelmäßig durch Übergabe der Stimmkarte an den Stimmauszähler als Empfangsvertreter oder durch Entgegennahme des Zurufs bzw. Handzeichens durch den Versammlungsleiter wirksam. Widerruf ist vor Zugang der Willenserklärung jederzeit möglich. Nach Zugang gilt dies nur aus wichtigem Grund, zB Treuwidrigkeit der ursprünglich abgegebenen Stimme (K. Schmidt/Lutter/*Spindler* Rn. 18; **aA** Spindler/Stilz/*Rieckers* Rn. 21 mwN). Ob eine uneinheitliche Stimmabgabe zulässig ist, ist umstritten. Eine Ansicht bejaht dies generell für den Fall eines teilbaren Aktienbesitzes (K. Schmidt/Lutter/*Spindler* Rn. 19). Eine aA lässt die Kombination von Ja- oder Nein-Stimme jeweils mit einer Enthaltung zu (BGH 21.3.1988, BGHZ 104, 66 (74) = NJW 1988, 1844; Hüffer/Koch/*Koch* Rn. 20). 4

2. Größere Mehrheiten und weitere Erfordernisse (Abs. 1 Hs. 2). Das **Gesetz** fordert für bestimmte Fälle (satzungsändernde Beschlüsse, § 179 Abs. 2; Eingriffe in die Struktur, etwa § 293 Abs. 1) eine größere als die einfache Mehrheit, meist in Form einer Dreiviertelmehrheit bezogen auf die Stimmen kombiniert mit einer einfachen Mehrheit bezogen auf das Grundkapital. Die **Satzung** kann ebenso größere Mehrheiten vorschreiben, sofern das Gesetz dazu ermächtigt. Als weiteres Erfordernis kommt zB eine Erhöhung des Quorums zur Beschlussfähigkeit in Betracht (NK-AktKapMarktR/*Müller* Rn. 13). 5

6 **3. Wahlentscheidungen (Abs. 2).** Grundsätzlich gilt auch für Wahlen das Erfordernis **einfacher Mehrheit.** Die Satzung kann jedoch abweichende Bestimmungen treffen, insbesondere geringere Mehrheiten vorsehen. Von der Einstimmigkeit bis zur relativen Mehrheit sind alle Gestaltungen zulässig. Bei Stimmengleichheit kann eine **Losentscheidung** vorgesehen werden (Spindler/Stilz/*Rieckers* Rn. 55; **aA** NK-AktKapMarktR/*Müller* Rn. 14). Die Entscheidung bei Stimmengleichheit auf einen **Dritten** zu übertragen, ist jedenfalls dann unzulässig, wenn der Dritte kein Stimmrecht ausübt. Andernfalls würde die Wahl von außen beeinflusst (Spindler/Stilz/*Rieckers* Rn. 55). Die wohl hM hält **Verhältniswahlen** für unzulässig (KK-AktG/*Mertens/Cahn* § 101 Rn. 23). Dem ist jedoch entgegenzuhalten, dass keine zwingenden Gründe gegen die grundsätzlich weit zu fassende Zulässigkeit von Wahlmodi sprechen (so auch Spindler/Stilz/*Rieckers* Rn. 56).

Stimmrecht

134 (1) [1] **Das Stimmrecht wird nach Aktiennennbeträgen, bei Stückaktien nach deren Zahl ausgeübt. [2] Für den Fall, daß einem Aktionär mehrere Aktien gehören, kann bei einer nichtbörsennotierten Gesellschaft die Satzung das Stimmrecht durch Festsetzung eines Höchstbetrags oder von Abstufungen beschränken. [3] Die Satzung kann außerdem bestimmen, daß zu den Aktien, die dem Aktionär gehören, auch die Aktien rechnen, die einem anderen für seine Rechnung gehören. [4] Für den Fall, daß der Aktionär ein Unternehmen ist, kann sie ferner bestimmen, daß zu den Aktien, die ihm gehören, auch die Aktien rechnen, die einem von ihm abhängigen oder ihn beherrschenden oder einem mit ihm konzernverbundenen Unternehmen oder für Rechnung solcher Unternehmen einem Dritten gehören. [5] Die Beschränkungen können nicht für einzelne Aktionäre angeordnet werden. [6] Bei der Berechnung einer nach Gesetz oder Satzung erforderlichen Kapitalmehrheit bleiben die Beschränkungen außer Betracht.**

(2) [1] **Das Stimmrecht beginnt mit der vollständigen Leistung der Einlage. [2] Entspricht der Wert einer verdeckten Sacheinlage nicht dem in § 36a Abs. 2 Satz 3 genannten Wert, so steht dies dem Beginn des Stimmrechts nicht entgegen; das gilt nicht, wenn der Wertunterschied offensichtlich ist. [3] Die Satzung kann bestimmen, daß das Stimmrecht beginnt, wenn auf die Aktie die gesetzliche oder höhere satzungsmäßige Mindesteinlage geleistet ist. [4] In diesem Fall gewährt die Leistung der Mindesteinlage eine Stimme; bei höheren Einlagen richtet sich das Stimmenverhältnis nach der Höhe der geleisteten Einlagen. [5] Bestimmt die Satzung nicht, daß das Stimmrecht vor der vollständigen Leistung der Einlage beginnt, und ist noch auf keine Aktie die Einlage vollständig geleistet, so richtet sich das Stimmenverhältnis nach der Höhe der geleisteten Einlagen; dabei gewährt die Leistung der Mindesteinlage eine Stimme. [6] Bruchteile von Stimmen werden in diesen Fällen nur berücksichtigt, soweit sie für den stimmberechtigten Aktionär volle Stimmen ergeben. [7] Die Satzung kann Bestimmungen nach diesem Absatz nicht für einzelne Aktionäre oder für einzelne Aktiengattungen treffen.**

(3) [1] **Das Stimmrecht kann durch einen Bevollmächtigten ausgeübt werden. [2] Bevollmächtigt der Aktionär mehr als eine Person, so kann die Gesellschaft eine oder mehrere von diesen zurückweisen. [3] Die Erteilung der Vollmacht, ihr Widerruf und der Nachweis der Bevollmächtigung gegenüber der Gesellschaft bedürfen der Textform, wenn in der Satzung oder in der Einberufung auf Grund einer Ermächtigung durch die Satzung nichts Abweichendes und bei börsennotierten Gesellschaften nicht eine Erleichterung bestimmt wird. [4] Die börsennotierte Gesellschaft hat zumindest einen Weg elektronischer Kommunikation für die Übermittlung des Nachweises anzubieten. [5] Werden von der Gesellschaft benannte Stimmrechtsvertreter bevollmächtigt, so ist die Vollmachtserklärung von der Gesellschaft drei Jahre nachprüfbar festzuhalten; § 135 Abs. 5 gilt entsprechend.**

(4) **Die Form der Ausübung des Stimmrechts richtet sich nach der Satzung.**

Übersicht

I. Allgemeines

§ 134 befasst sich mit dem Stimmrecht der Aktionäre. Abs. 1 und 2 betreffen die **Stimmkraft** der Aktionäre, Abs. 3 eröffnet grundsätzlich die Möglichkeit der **Stimmrechtsausübung durch Bevollmächtigte** und Abs. 4 enthält hinsichtlich der Form der Stimmrechtsausübung einen Verweis auf die Satzung. 1

II. Stimmkraft bei erbrachter Einlageleistung (Abs. 1)

1. Stimmrecht nach Nennbeträgen oder Zahl der Aktien. Abs. 1 S. 1 setzt voraus, dass die Einlage vollständig erbracht worden ist. Das Stimmrecht wird dann bei Nennbetragsaktien nach Nennbeträgen, bei Stückaktien nach der Zahl der Aktien ausgeübt. **Mehrstimmrechte** sind nunmehr unzulässig. 2

2. Höchststimmrecht. Bis Juni 2000 gab es die Möglichkeit der Schaffung von Höchststimmrechten in jeder AG. Seitdem sind die Höchststimmrechte für **börsennotierte AGs** abgeschafft. 3

Bei **nicht-börsennotierten Gesellschaften** können hingegen Höchststimmrechte weiterhin angeordnet werden. Diese dürfen jedoch nicht nur die Stimmkraft einzelner Aktionäre beschränken, sondern müssen generell gelten. Eine Zuordnung zu einer Aktiengattung ist indes möglich. Ebenso kann die Wirkung von Höchststimmrechten auf bestimmte Beschlussgegenstände beschränkt werden (MüKoAktG/*Arnold* Rn. 11). Höchststimmrechte werden über die Satzung eingeführt und fallen somit in die ausschließliche Kompetenz der HV (Hüffer/Koch/*Koch* Rn. 7). Ihre Einführung ist auch nachträglich, ohne Sonderbeschlusserfordernis, möglich (BGH 19.12.1977, BGHZ 70, 117 = NJW 1978, 540 – Mannesmann). 4

Die Satzung kann vorsehen, dass Aktienbesitz Dritter aus Gründen des Umgehungsschutzes dem Aktionär bei der Beschränkung der Stimmkraft wie Eigenbesitz zugerechnet wird (Abs. 1 S. 3 und 4). Eine gesetzliche Zurechnung findet nicht statt (Hüffer/Koch/*Koch* Rn. 9). Nach Abs. 1 **S. 3** ist dies möglich für Aktien, die ein Dritter für Rechnung des Aktionärs hält (zB Auftrag oder Geschäftsbesorgung). Gemäß Abs. 1 **S. 4** kann einem **Unternehmensaktionär** gegenüber eine Zurechnung von Anteilen erfolgen, die von einem Inhaber gehalten werden, der zu dem Aktionär in einem **Abhängigkeits- oder Beherrschungsverhältnis** (§ 17) oder in einer **Konzernverbindung** (§ 18) steht. Stimmbindungsverträge stellen keine Umgehung dar. Die Satzung kann sie jedoch ebenso behandeln (*Martens* AG 1993, 495; NK-AktKapMarktR/*Müller* Rn. 18). 5

III. Stimmkraft bei nicht vollständig erbrachter Einlageleistung (Abs. 2)

In der Satzung kann geregelt werden, dass schon vor vollständiger Leistung der Einlage (mit Agio) das Stimmrecht entsteht, wenn eine Mindesteinlage (nicht notwendigerweise die gesetzliche des § 36a Abs. 1) erbracht worden ist. Die Stimmkraft richtet sich dann zwingend nach der Mindesteinlage (Abs. 2 S. 3 und 4). 6

Bestimmungen betreffend Abs. 2 können nach Abs. 2 S. 7 nicht für einzelne Aktionäre oder Gattungen getroffen werden. 7

IV. Ausübung des Stimmrechts durch Dritte (Abs. 3)

Abs. 3 S. 1 gestattet grundsätzlich jede Form der Stimmrechtsvertretung. Diese setzt Vollmachtserteilung voraus, welche unter Beachtung der Textform zu erfolgen hat, wenn in der Satzung oder in der Einberufung auf Grund einer Ermächtigung durch die Satzung nichts Abweichendes und bei börsennotierten Gesellschaften nicht eine Erleichterung bestimmt wird (Abs. 3 S. 3). Nach § 16 Abs. 4 S. 6 WpÜG muss die Gesellschaft bei Übernahmesachverhalten die nach Gesetz und Satzung möglichen Erleichterungen gewähren. 8

Grundsätzlich ist der Aktionär frei, die **Person seines Vertreters** zu wählen. Die Satzung kann diesbezüglich iRd Zumutbarkeit nähere Regelungen zur Person des Vertreters treffen, so zB Aktionärseigenschaft voraussetzen (Hüffer/Koch/*Koch* Rn. 25; **aA** MüKoAktG/*Arnold* Rn. 45 Fn. 138). Auch die Bevollmächtigung mehrerer Vertreter ist bei entsprechendem Aktienbesitz (mindestens eine Aktie pro Vertreter) möglich, ebenso wie die Bevollmächtigung eines Vertreters durch mehrere Aktionäre (K. Schmidt/Lutter/*Spindler* Rn. 60 f.). Bevollmächtigt der Aktionär mehr als eine Person, so kann die Gesellschaft jedoch eine oder mehrere von diesen zurückweisen (Abs. 3 S. 2 in der seit dem ARUG maßgeblichen Fassung). 9

Angehörige der Gesellschaft (Organmitglieder, Angestellte oder sonstige Dritte, die dem Einfluss der Gesellschaft unterliegen) können nur mit ausdrücklicher Weisung hinsichtlich der einzelnen Beschlussgegenstände bevollmächtigt werden (K. Schmidt/Lutter/*Spindler* Rn. 63; **aA** *Kindler* NJW 2001, 1678 (1687)); die Gesellschaft selbst oder ihre Organe hingegen können aufgrund des Rechtsgedankens 10 des § 136 Abs. 2 keinesfalls als Bevollmächtigte auftreten. Für die **Benennung** sonstiger Stimmrechtsvertreter **durch die Gesellschaft** gilt das Gleiche (Hüffer/Koch/*Koch* Rn. 26b).

11 Der Aktionär kann den Bevollmächtigten im Hinblick auf die Stimmrechtsausübungen im beliebigen Umfang Weisungen erteilen (vgl. zur Bevollmächtigung von Intermediären (→ § 135 Rn. 8). Allerdings ist es auch möglich, den Bevollmächtigten zur Stimmrechtsausübung nach eigenem Ermessen zu ermächtigen. Im Falle einer weisungsfreien Stimmrechtsausübung durch den Bevollmächtigten ist bei großen Aktienpaketen börsennotierter Gesellschaften allerdings zu beachten, dass durch eine solche Bevollmächtigung Meldepflichten des Bevollmächtigten gem. §§ 33, 34 Abs. 1 S. 1 Nr. 6 WpHG ausgelöst werden können, deren Nichtbeachtung zu einem Ruhen der Stimmrechte aus den entsprechenden Aktien gem. § 44 WpHG führen können. Zur Zulässigkeit sog. **Legitimationsübertragung** → § 129 Rn. 17.

V. Form der Stimmrechtsausübung (Abs. 4)

12 Die Wahl der **Abstimmungsmethode** (zB Handzeichen oder Stimmkarten) trifft der **Versammlungsleiter.** Sofern diese Kompetenz in der Satzung festgeschrieben ist, verbleibt kein Raum der HV, diesen in einem konkreten Fall an eine bestimmte Abstimmungsmethode zu binden. Der Versammlungsleiter entscheidet ferner über die Modalitäten der Abstimmung, zB über offene oder geheime Abstimmung sowie die Kenntlichmachung der Stimmkraft einzelner Stimmabgaben. Für die Einflussmöglichkeiten der HV gilt das bereits Gesagte entsprechend (Hüffer/Koch/*Koch* Rn. 34 f.).

Begriffsbestimmungen; Anwendungsbereich

134a

(1) **Im Sinne der §§ 134b bis 135 ist**

1. institutioneller Anleger:

a) ein Unternehmen mit Erlaubnis zum Betrieb der Lebensversicherung im Sinne des § 8 Absatz 1 in Verbindung mit Anlage 1 Nummer 19 bis 24 des Versicherungsaufsichtsgesetzes,

b) ein Unternehmen mit Erlaubnis zum Betrieb der Rückversicherung im Sinne des § 8 Absatz 1 und 4 des Versicherungsaufsichtsgesetzes, sofern sich diese Tätigkeiten auf Lebensversicherungsverpflichtungen beziehen,

c) eine Einrichtung der betrieblichen Altersversorgung gemäß den §§ 232 bis 244d des Versicherungsaufsichtsgesetzes;

2. Vermögensverwalter:

a) ein Finanzdienstleistungsinstitut mit Erlaubnis zur Erbringung der Finanzportfolioverwaltung im Sinne des § 1 Absatz 1a Satz 2 Nummer 3 des Kreditwesengesetzes,

b) eine Kapitalverwaltungsgesellschaft mit Erlaubnis gemäß § 20 Absatz 1 des Kapitalanlagegesetzbuchs;

3. Stimmrechtsberater:

a) ein Unternehmen, das gewerbsmäßig und entgeltlich Offenlegungen und andere Informationen von börsennotierten Gesellschaften analysiert, um Anleger zu Zwecken der Stimmausübung durch Recherchen, Beratungen oder Stimmempfehlungen zu informieren.

(2) **Für institutionelle Anleger, Vermögensverwalter und Stimmrechtsberater sind die §§ 134b bis 135 nur anwendbar, soweit sie den folgenden Bestimmungen der Richtlinie 2007/36/EG des Europäischen Parlaments und des Rates vom 11. Juli 2007 über die Ausübung bestimmter Rechte von Aktionären in börsennotierten Gesellschaften (ABl. L 184 vom 14.7.2007, S. 17), die zuletzt durch die Richtlinie (EU) 2017/828 (ABl. L 132 vom 20.5.2017, S. 1) geändert worden ist, unterfallen:**

1. für institutionelle Anleger: Artikel 1 Absatz 2 Buchstabe a und Absatz 6 Buchstabe a,

2. für Vermögensverwalter: Artikel 1 Absatz 2 Buchstabe a und Absatz 6 Buchstabe b, und

3. für Stimmrechtsberater: Artikel 1 Absatz 2 Buchstabe b und Absatz 6 Buchstabe c sowie Artikel 3j Absatz 4.

I. Allgemeines

1 Die Vorschrift des § 134a leitet mit einer begrifflichen Standortbestimmung in die Neuregelungen der §§ 134a–134f ein. § 134a kann gewissermaßen als Allgemeiner Teil des neu geschaffenen Rechts zur Transparenz von Stimmrechtsausübung angesehen werden. Ob die weitgehenden Rechenschafts- und Berichtspflichten tatsächlich zu mehr Transparenz führen oder aufgrund ihrer Unbestimmtheit nur formelhafte Allgemeinaussagen hervorrufen, wird die Zukunft zeigen (krit. etwa *DAV-Handelsrechts-*

ausschuss NZG 2019, 12 (20)). Zu begrüßen ist jedenfalls die Legaldefinition insbesondere des Begriffs des institutionellen Anlegers. Bis dato existierten im Schrifttum zahlreiche voneinander abweichende Definitionsansätze (s. *Wentz* WM 2019, 906 (914) mwN) und damit einhergehend eine gewisse Unsicherheit.

II. Personeller Anwendungsbereich

In Nr. 1 wird der Begriff des institutionellen Anlegers so definiert, wie bereits in Art. 2 lit. e ARRL II vorgesehen. In Nr. 2 findet sich die Legaldefinition der Vermögensverwalter, wobei alternativ eine Erlaubnis nach § 1 Abs. 1a S. 2 Nr. 3 KWG oder nach § 20 Abs. 1 KAGB notwendig ist. Hinsichtlich des Begriffs des Stimmrechtsberaters ist zu beachten, dass zumindest die deutsche Fassung der ARRL II nur „juristische Personen" in Bezug nimmt. Gleichwohl dürfte – mit der Regierungsbegründung (vgl. RegBegr zum ARUG II BT-Drs. 19/9739, 99) – näherliegen, bereits nach dem Verständnis der ARRL II auch natürliche Personen/Personengesellschaften als Stimmrechtsberater zu klassifizieren. Stimmrechtsberater können deshalb auch **Personengesellschaften und natürliche Personen** sein. Dieses Verständnis legt darüber hinaus bereits der Wortlaut der Vorschrift nahe, wo lediglich von „Unternehmen" die Rede ist – ein Begriff, der nach deutschem Verständnis jegliche Unternehmensform erfasst. Im Hinblick auf die tatsächliche Struktur von Stimmrechtsberatern ist diese Frage allerdings wohl nur selten von Belang (*Schockenhoff/Nußbaum* ZGR 2019, 163 (176 f.); *Tröger* ZGR 2019, 126 (154)). 2

Hinsichtlich der Stimmrechtsberater ist zudem zu beachten, dass die Beratung **gewerbsmäßig** und **entgeltlich** sein muss. Danach sind ausdrücklich solche Anbieter nicht erfasst, die ihre Informationen kostenfrei etwa auf ihrer Homepage veröffentlichen (*Schockenhoff/Nußbaum* ZGR 2019, 163 (177)). Der Begriff der Entgeltlichkeit geht im Übrigen auch nicht in der Gewerbsmäßigkeit auf, sondern hat eigenen Gehalt: Wenn ein Anbieter sich etwa über Werbeeinnahmen finanziert, der Informationsabruf allerdings kostenfrei ist, so handelt der Anbieter gewerbsmäßig, aber nicht entgeltlich. Die Gewerbsmäßigkeit und Entgeltlichkeit müssen kumulativ vorliegen. 3

Nach der Gesetzesbegründung sind Kreditinstitute oder Intermediäre, die nach § 135 für ihre Kunden Stimmrechte ausüben, keine Stimmrechtsberater iSd Abs. 1. Die Begründung hebt darauf ab, derartige Stimmrechtsausübungen erfolgten nicht gewerblich und entgeltlich (RegBegr zum ARUG II BT-Drs. 19/9739, 99). Dies ist zutreffend, zumal der Wortlaut der Vorschrift dafürspricht, dass die Tätigkeit als Stimmrechtsberater ein gewisses Maß an Eigenständigkeit voraussetzt. Sollte im Einzelfall allerdings eine zusätzliche entgeltliche Ausübung von Stimmrechten erfolgen, so ist nicht ersichtlich, weshalb nicht auch Kreditinstitute Stimmrechtsberater iSd Abs. 1 sein sollen. 4

III. Sachlicher Anwendungsbereich (Abs. 2)

Hinsichtlich des sachlichen Anwendungsbereichs differenziert Abs. 2 zwischen einerseits institutionellen Anlegern und Vermögensverwaltern sowie andererseits Stimmrechtsberatern. Für institutionelle Anleger und Vermögensverwalter kommt es mithin auf Art. 1 Abs. 2 lit. a ARRL II an, sodass der Zulassungsort maßgeblich ist. Der Anwendungsbereich ist bezüglich Kapitalverwaltungsgesellschaften auch dann eröffnet, wenn sich entweder bloß der Zulassungsort des Verwalters oder der Sitz des Fonds innerhalb der Bundesrepublik Deutschland befindet; ein **kumulativer Zulassungsort** innerhalb der Bundesrepublik ist daher **nicht** erforderlich (RegBegr zum ARUG II BT-Drs. 19/9739, 99). Auch Vermögensverwalter mit Auslandssitz unterfallen daher den §§ 134a ff., soweit ein inländischer Fonds verwaltet wird. **Kumulativ** ist aber erforderlich, dass die institutionellen Anleger entweder direkt oder indirekt in Aktien investieren, die auf einem geregelten Markt gehandelt werden (Art. 1 Abs. 6 lit. a ARRL II); für Vermögensverwalter ist erforderlich, dass diese im Namen von Anlegern in solche Aktien investieren (Art. 1 Abs. 6 lit. b ARRL II). Für die Definition, wann ein geregelter Markt vorliegt, ist die MiFID II-RL (RL 2014/65/EU des Europäischen Parlaments und des Rates vom 15. Mai 2014 über Märkte für Finanzinstrumente sowie zur Änderung der RL 2002/92/EG und 2011/61/EU) von Bedeutung. Danach ist ein „geregelter Markt" ein von einem Marktbetreiber betriebenes oder verwaltetes multilaterales System, das die Interessen einer Vielzahl Dritter am Kauf und Verkauf von Finanzinstrumenten innerhalb des Systems und nach seinen nichtdiskretionären Regeln in einer Weise zusammenführt oder das Zusammenführen fördert, die zu einem Vertrag in Bezug auf Finanzinstrumente führt, die gemäß den Regeln oder den Systemen des Marktes zum Handel zugelassen wurden, sowie eine Zulassung erhalten hat und ordnungsgemäß und gemäß Titel III der MiFID II funktioniert. Der Anwendungsbereich ist dabei nicht auf Aktien von Gesellschaften beschränkt, die ihren Sitz in einem Mitgliedsstaat der EU oder innerhalb des EWR haben. 5

Sofern institutionelle Anleger und Vermögensverwalter von ARUG II-Umsetzungsvorschriften mehrerer Mitgliedsstaaten betroffen sein sollten, wird durch die Erfüllung der ausländischen Publizitätsvorschriften zugleich die deutsche Regelung erfüllt, da von der Gleichwertigkeit der Umsetzungsbestrebung ausgegangen werden kann (RegBegr zum ARUG II BT-Drs. 19/9739, 100). 6

7 Für Stimmrechtsberater gelten andere Maßstäbe. Im Wesentlichen muss einer der drei genannten Fälle gegeben sein (RegBegr zum ARUG II BT-Drs. 19/9739, 100), wobei hierarchisch zu prüfen ist, um die Anwendbarkeit mehrerer Rechtsordnungen auszuschließen: (1) Der Satzungssitz muss sich im Inland befinden oder (2) die Hauptverwaltung muss sich im Inland befinden oder (3) es muss eine Niederlassung im Inland existieren, über die Tätigkeiten ausgeübt werden (Art. 1 Abs. 2 lit. b, 3j Abs. 4 ARRL II). Zusätzlich müssen Leistungen im Hinblick auf Aktien von Gesellschaften erbracht werden, die ihren Sitz in einem EU- oder EWR-Mitgliedsstaat haben (Art. 1 Abs. 6 lit. c ARRL II).

8 Ungeklärt ist dagegen, welche Pflichten Stimmrechtsberater treffen, die weder einen Sitz noch eine Niederlassung innerhalb der EU bzw. des EWR unterhalten (so auch *Schockenhoff/Nußbaum* ZGR 2019, 163 (189)). Zwar sind die derzeitigen Marktführer allesamt mit Niederlassungen innerhalb der EU vertreten. Im Hinblick auf Vermeidungsstrategien, um die Regulierungen der ARRL II zu umgehen, erscheinen Bestrebungen denkbar, nur noch außereuropäische Niederlassungen vorzuweisen. Die **direkte Anwendung** der §§ 134a ff. ist angesichts des geregelten sachlichen Anwendungsbereichs ausgeschlossen. Soweit eine Sitzverlegung ersichtlich mit dem Ziel erfolgt, die EU-Regularien zu umgehen (etwa wenn ein Anbieter mit großem Marktanteil in der EU seinen Sitz verlegt, ohne dass die Geschäftstätigkeit innerhalb der EU reduziert wird), spricht zwar der effet-utile-Grundsatz aus Art. 4 Abs. 3 AEUV durchaus dafür, dass die Regelungen der §§ 134a ff. entsprechend zumindest in abgeschwächter Form anwendbar sind. Näher liegt allerdings, letztlich **keine Anwendung** der §§ 134a ff. anzunehmen (so auch *Tröger* ZGR 2019, 126 (154)). Hierfür spricht nämlich, dass es dem Richtlinien-Gesetzgeber durchaus frei gestanden hätte, als sachlichen Anknüpfungspunkt eine bloße Tätigkeit im EU- bzw. EWR-Raum genügen zu lassen. Dass aber letztlich an den Niederlassungsort angeknüpft wurde, ist als wertende Entscheidung samt den daraus folgenden Konsequenzen hinzunehmen. Nur bei den Vermögensverwaltern und institutionellen Anlegern hat sich der Gesetzgeber für eine globale Steuerung entschieden, nicht aber bei den Stimmrechtsberatern (*Tröger* ZGR 2019, 126 (154)). Einen schädlichen „Wettbewerb der Rechtsordnungen" zu befürchten, ginge ohnehin zu weit, zumal auch in anderem Kontext (Ltd. und LLP) letztlich keine Einbußen für den inländischen Rechtsverkehr entstanden sind. Die vermeintliche Missbrauchsgefahr solcher Konstruktionen wird gemeinhin überschätzt. Zudem werden sich namhafte Stimmrechtsberater, die sich idR bereits freiwilligen Kodizes unterworfen haben, von den ARRL II-Regelungen kaum zu einer Sitzverlegung bewegen lassen, zumal die Regelungen nur unwesentlich über entsprechende Kodex-Regelungen hinausgehen.

Mitwirkungspolitik, Mitwirkungsbericht, Abstimmungsverhalten

134b (1) **Institutionelle Anleger und Vermögensverwalter haben eine Politik, in der sie ihre Mitwirkung in den Portfoliogesellschaften beschreiben (Mitwirkungspolitik), und in der insbesondere folgende Punkte behandelt werden, zu veröffentlichen:**

1. die Ausübung von Aktionärsrechten, insbesondere im Rahmen ihrer Anlagestrategie
2. die Überwachung wichtiger Angelegenheiten der Portfoliogesellschaften,
3. der Meinungsaustauch mit den Gesellschaftsorganen und den Interessenträgern der Gesellschaft,
4. die Zusammenarbeit mit anderen Aktionären sowie
5. der Umgang mit Interessenkonflikten.

(2) [1] **Institutionelle Anleger und Vermögensverwalter haben jährlich über die Umsetzung der Mitwirkungspolitik zu berichten.** [2] **Der Bericht enthält Erläuterungen allgemeiner Art zum Abstimmungsverhalten, zu den wichtigsten Abstimmungen und zum Einsatz von Stimmrechtsberatern.**

(3) **Institutionelle Anleger und Vermögensverwalter haben ihr Abstimmungsverhalten zu veröffentlichen, es sei denn, die Stimmabgabe war wegen des Gegenstands der Abstimmung oder des Umfangs der Beteiligung unbedeutend.**

(4) **Erfüllen institutionelle Anleger und Vermögensverwalter eine oder mehrere der Vorgaben der Absätze 1 bis 3 nicht oder nicht vollständig, haben sie zu erklären, warum sie dies nicht tun.**

(5) [1] **Die Informationen nach den Absätzen 1 bis 4 sind für mindestens drei Jahre auf der Internetseite der institutionellen Anleger und der Vermögensverwalter öffentlich zugänglich zu machen und mindestens jährlich zu aktualisieren.** [2] **Davon abweichend können institutionelle Anleger auf die Internetseite der Vermögensverwalter oder andere kostenfrei und öffentlich zugängliche Internetseiten verweisen, wenn dort die Informationen nach den Absätzen 1 bis 4 verfügbar sind.**

Übersicht

I. Allgemeines

1 Die Vorschrift des § 134b ist die „zentrale Bestimmung" zur Mitwirkungspolitik (RegBegr zum ARUG II BT-Drs. 19/9739, 101; *Dahmen* GWR 2019, 117 (118)). Im Sinne der durch die ARRL II eingeführten **„comply or explain"-Maxime** sind nunmehr die Motivationen für das Abstimmungsverhalten von institutionellen Anlegern und Vermögensverwaltern offenzulegen, sodass private Anleger beurteilen können, ob das Abstimmverhalten ihren Interessen entspricht (zweifelnd LBS EurUnternehmensR 29.41: „information overload").

II. Inhalt der Mitwirkungspolitik (Abs. 1)

2 Abs. 1 S. 1 enthält eine Legaldefinition der Mitwirkungspolitik, die als „Politik, in der sie ihre Mitwirkung in den Portfoliogesellschaften beschreiben", umschrieben wird. **Portfoliogesellschaften** sind Gesellschaften, in die institutionelle Anleger oder Vermögensverwalter investieren (RegBegr zum ARUG II BT-Drs. 19/9739, 101). Dabei sind sowohl direkte als auch indirekte Investments erfasst (vgl. RegBegr zum ARUG II BT-Drs. 19/9739, 102). Denn auch bei indirekten Investments kann sich ein institutioneller Anleger oder Vermögensverwalter die Ausübung von Stimmrechten vorbehalten. Wie aus der Wendung „insbesondere" folgt, ist die Aufzählung der Bestandteile der Mitwirkungspolitik **nicht abschließend.** Ob ein unbenannter Aspekt in der Mitwirkungspolitik aufzuzählen ist, bestimmt sich danach, ob der Umstand für einen verständigen Anleger bei künftigen Anlageentscheidungen von Bedeutung sein kann. Dieser Auslegungshorizont erklärt sich durch den Schutzzweck der ARRL II, wonach für Anleger eine höhere Transparenz erzielt werden soll. Als Anhaltspunkt können die „Codes for external governance" der EFAMA herangezogen werden, die bisher bereits als Grundlage für die Veröffentlichung von Daten zur Ausübung von Aktionärsrechten dienten (so auch *Dahmen* GWR 2019, 117 (118 f.)).

3 Nr. 1 nennt die Ausübung von Aktionärsrechten, insbesondere im Rahmen ihrer Anlagestrategie. Daraus folgt implizit, dass auch die Anlagestrategie jedenfalls holzschnittartig dargestellt werden muss. Auch die Formulierung der ARRL II geht in diese Richtung („Mitwirkung der Aktionäre in ihre Anlagestrategie integrieren", s. Art. 3g Abs. 1 lit. a S. 1 ARRL II): Bereits denklogisch muss dafür nämlich die Anlagestrategie bekannt sein.

4 Wichtige Angelegenheiten der Portfoliogesellschaften iSd Nr. 2 sind gemäß der Konkretisierung durch Art. 3g Abs. 1 lit. a ARRL II Angelegenheiten in Bezug auf Strategie, finanzielle und nicht finanzielle Leistung und Risiko, Kapitalstruktur, soziale und ökologische Auswirkungen und Corporate-Governance. Diese Aufzählung ist indes nicht abschließend; so zählt die ARRL II selbst die genannten Aspekte lediglich paradigmatisch auf („**auch** in Bezug auf").

5 In Nr. 3 werden die Aspekte des Meinungsaustauschs mit Gesellschaftsorganen und anderen Interessenträgern genannt. Der Begriff der Interessenträger entspricht dem klassischen Verständnis von Stakeholdern (RegBegr zum ARUG II BT-Drs. 19/9739, 101; zust. *Paschos/Goslar* AG 2018, 857 (872)).

6 Nach Nr. 4 ist die Zusammenarbeit mit anderen Aktionären ebenfalls berichtspflichtig. Der Anleger muss beurteilen können, inwiefern die Praxis der Berichtspflichtigen mit seinen Interessen übereinstimmt. Dazu gehört konsequenterweise auch der Umgang mit Interessenkonflikten (Nr. 5).

III. Berichtspflicht (Abs. 2)

7 Nach Abs. 2 S. 1 besteht eine jährliche Berichtspflicht hinsichtlich der Umsetzung der Mitwirkungspolitik. Jährlich bezieht sich auf einen Zwölfmonatezeitraum, sodass ein neuer Bericht spätestens innerhalb von 12 Monaten zu erfolgen hat. S. 2 konkretisiert die Anforderungen an den Bericht; insbesondere sind Erläuterungen zu den wichtigsten Abstimmungen und zum Einsatz von Stimmrechtsberatern vorzunehmen. Hinsichtlich des Begriffs der „wichtigsten" Abstimmungen kommt es darauf an, welche Bedeutung die Abstimmung für das Portfolio des institutionellen Anlegers oder Vermögensverwalters hat. Insoweit besteht eine gewisse Einschätzungsprärogative der Adressaten (vgl. RegBegr zum ARUG II BT-Drs. 19/9739, 101 f.). Jene darf freilich nicht überdehnt werden, dient die Vorschrift doch der Transparenz.

8 Zum Zwölfmonatszeitraum wird vertreten, es sei keine taggenaue Berechnung anzustellen; vielmehr genüge es, wenn der Bericht in dem Monat veröffentlicht wird, der dem Monat entspricht, in welchem

ein Jahr zuvor ein Bericht veröffentlicht wurde (so *Paschos/Goslar* AG 2018, 857 (872)). Indes sind die für § 161 geltenden Maßstäbe (hierzu BGH 7.12.2009, NZG 2010, 618 (619)) nicht entsprechend anzuwenden. In der Gesetzesbegründung wird ausdrücklich auf den Zeitpunkt „spätestens innerhalb von zwölf Monaten" abgestellt (RegBegr zum ARUG II BT-Drs. 19/9739, 101). Das schließt es aus, lediglich faustformelartig die Monatszahl heranzuziehen, weil dadurch im Extremfall ein fast dreizehnmonatiger Zeitraum entstehen kann. Ein Verweis in der Gesetzesbegründung auf den Streitstand von § 161 fehlt ebenfalls, was zusätzlich gegen die Übertragung des dortigen Meinungsstands spricht.

IV. Veröffentlichungspflicht (Abs. 3)

9 In Abs. 3 wird verdeutlicht, dass es sich um eine Veröffentlichungs**pflicht** der Adressaten handelt. Eine Ausnahme ist kraft Gesetzes nur zulässig, wenn die Stimmabgabe wegen des Gegenstands der Beteiligung oder wegen des Umfangs der Beteiligung **unbedeutend** war. Die Gesetzesbegründung nennt als Beispiel für einen unbedeutenden Gegenstand etwa Beschlussfassungen zu verfahrensrechtlichen Angelegenheiten. Richtigerweise können aber auch bloß verfahrensrechtliche Angelegenheiten bedeutsam sein, etwa im Fall von Vertagungsanträgen (*DAV-Handelsrechtsausschuss* NZG 2019, 12 (20); ähnl *Tröger* ZGR 2019, 126 (144)). Die Gesetzesbegründung kann daher nicht dahingehend verstanden werden, verfahrensrechtliche Angelegenheiten seien stets unbedeutend; auch hier muss es auf den jeweiligen Einzelfall ankommen. Für eine unbedeutende Beteiligung soll es auf einen Vergleich mit den übrigen Beteiligungen der Adressaten ankommen (vgl. RegBegr zum ARUG II BT-Drs. 19/9739, 101); hier wird eine wertmäßige Betrachtungsweise sinnvoller sein als eine rein prozentuale Sicht (so auch *Paschos/Goslar* AG 2018, 857 (872)). Auch hier gesteht die Gesetzesbegründung den Adressaten einen gewissen Spielraum zu, welche Kriterien verwendet werden, um eine bedeutende von einer unbedeutenden Stimmabgabe zu unterscheiden (RegBegr zum ARUG II BT-Drs. 19/9739, 101 f.). Jene Kriterien müssen dann aber konsequent angewendet werden. Betont werden muss hierbei, dass grundsätzlich eine **enge Auslegung** des Ausnahmetatbestands vorzugswürdig erscheint. Andernfalls droht die bezweckte Transparenz vom Gutdünken der Adressaten, die im Regelfall eigene finanzielle Motivationen verfolgen, allzu abhängig zu sein.

V. „Explain" (Abs. 4)

10 Abs. 4 manifestiert das zweite Standbein der „comply or explain"-Maxime. Soweit eine Vorgabe in Abs. 1–3 nicht befolgt wird, muss erklärt werden, weshalb abgewichen wird. Diese Erklärungspflicht konstituiert ein Spannungsfeld zwischen dem Informationsinteresse der Aktionäre und den berechtigten Interessen der Adressaten, insbesondere im Hinblick auf Geschäftsgeheimnisse. Keinesfalls darf die Veröffentlichungspflicht dafür sorgen, dass Umstände veröffentlicht werden müssen, die das wirtschaftliche Fortkommen der Adressaten erschweren – denn damit ist den Aktionären auch nicht gedient. So wird paradigmatisch in der Gesetzesbegründung der Fall eines indirekten Investments als Anwendungsfall von Abs. 4 genannt: Soweit kein Stimmrecht oÄ vorbehalten wird, ist eine Mitwirkung des Normadressaten nicht möglich. Dann genügt auch eine kurze Erklärung, dass wegen des Umstands des indirekten Investments keine eigene Mitwirkung erfolgt (vgl. RegBegr zum ARUG II BT-Drs. 19/9739, 102).

11 Art. 3g Abs. 1 ARRL II sieht vor, dass eine „unmissverständliche und mit Gründen versehene Erklärung" erfolgen muss. Damit ist die Erklärung grundsätzlich mit dem Ziel höchstmöglicher Verständlichkeit zu verfassen. Im Hinblick auf Geschäftsgeheimnisse oder Vertraulichkeitsvereinbarungen kann der Detailierungsgrad aber variieren (vgl. RegBegr zum ARUG II BT-Drs. 19/9739, 102). Der notwendige Detailierungsgrad sinkt somit mit steigenden (berechtigten) Interessen der Adressaten an der Geheimhaltung.

VI. Bereitstellungspflicht (Abs. 5)

12 In Abs. 5 wird eine Bereitstellungspflicht der Adressaten normiert. Danach sind die Informationen nach Abs. 1–4 für mindestens drei Jahre auf der Internetseite bereitzustellen und jährlich zu aktualisieren. Auch hier meint jährlich den Ablauf eines Zwölfmonatszeitraums nach der Veröffentlichung der Information (vgl. RegBegr zum ARUG II BT-Drs. 19/9739, 102). In Abs. 5 S. 2 ist zudem geregelt, dass eine Verweisung auf die Internetseite der Vermögensverwalter oder andere kostenfrei und öffentlich zugängliche Internetseiten möglich ist, sofern dort die Informationen nach Abs. 1–4 vorhanden sind. Dieses Verweisungsprivileg kommt jedoch nur institutionellen Anlegern zugute. Dem liegt die folgende Überlegung zugrunde: Sofern institutionelle Anleger allein über Vermögensverwalter indirekt investieren, wird auf diese Weise eine Doppelveröffentlichung vermieden, da bereits der Vermögensverwalter Adressat von Veröffentlichungspflichten ist. Im Hinblick auf die Transparenz ist es dann nicht als wesentliche Einbuße zu werten, wenn auf der Internetseite der institutionellen Anleger eine bloße Verweisung enthalten ist – zumal bei einem indirekten Investment wegen des Eingreifens des Ausnahmetatbestands in Abs. 4 ohnehin häufig eine für wenig Transparenz sorgende reduzierte Erklärung erfolgen wird.

Vermögensverwaltern dagegen ist es **nicht** möglich, die Bereithaltungspflicht an andere öffentlich zugängliche Internetseiten mittels Verweises abzugeben. Die Gesetzesbegründung verhält sich hierzu nicht. Bereits der Wortlaut von Abs. 5 S. 2 spricht aber klar dagegen. Für eine **Analogie** dürfte es an einer planwidrigen Regelungslücke fehlen: Für die besondere Privilegierung der institutionellen Anleger besteht ein besonderer Sachgrund (→ Rn. 11). Für Vermögensverwalter ist ein solcher Sachgrund – abgesehen von geringerem bürokratischen Aufwand – nicht zu erblicken. 13

Offenlegungspflichten von institutionellen Anlegern und Vermögensverwaltern

134c (1) **Institutionelle Anleger haben offenzulegen, inwieweit die Hauptelemente ihrer Anlagestrategie dem Profil und der Laufzeit ihrer Verbindlichkeiten entsprechen und wie sie zur mittel- bis langfristigen Wertentwicklung ihrer Vermögenswerte beitragen.**

(2) **[1] Handelt ein Vermögensverwalter für einen institutionellen Anleger, hat der institutionelle Anleger solche Angaben über die Vereinbarungen mit dem Vermögensverwalter offenzulegen, die erläutern, wie der Vermögensverwalter seine Anlagestrategie und Anlageentscheidungen auf das Profil und die Laufzeit der Verbindlichkeiten des institutionellen Anlegers abstimmt. [2] Die Offenlegung umfasst insbesondere Angaben**

1. **zur Berücksichtigung der mittel- bis langfristigen Entwicklung der Gesellschaft bei der Anlageentscheidung,**
2. **zur Mitwirkung in der Gesellschaft, insbesondere durch Ausübung der Aktionärsrechte, einschließlich der Wertpapierleihe,**
3. **zu Methode, Leistungsbewertung und Vergütung des Vermögensverwalters,**
4. **zur Überwachung des vereinbarten Portfolioumsatzes und der angestrebten Portfolioumsatzkosten durch den institutionellen Anleger,**
5. **zur Laufzeit der Vereinbarung mit dem Vermögensverwalter.**

[3] Wurde zu einzelnen Angaben keine Vereinbarung getroffen, hat der institutionelle Anleger zu erklären, warum dies nicht geschehen ist.

(3) **[1] Institutionelle Anleger haben die Informationen nach den Absätzen 1 und 2 im Bundesanzeiger oder auf ihrer Internetseite für einen Zeitraum von mindestens drei Jahren öffentlich zugänglich zu machen und mindestens jährlich zu aktualisieren. [2] Die Veröffentlichung kann auch durch den Vermögensverwalter auf dessen Internetseite oder auf einer anderen kostenfrei und öffentlich zugänglichen Internetseite erfolgen; in diesem Fall genügt die Angabe der Internetseite, auf der die Informationen zu finden sind.**

(4) **[1] Vermögensverwalter, die eine Vereinbarung nach Absatz 2 geschlossen haben, haben den institutionellen Anlegern jährlich zu berichten, wie ihre Anlagestrategie und deren Umsetzung mit dieser Vereinbarung im Einklang stehen und zur mittel- bis langfristigen Wertentwicklung der Vermögenswerte beitragen. [2] Statt des Berichts an den institutionellen Anleger kann auch eine Veröffentlichung des Berichts entsprechend Absatz 3 Satz 2 erfolgen. [3] Der Bericht enthält Angaben**

1. **über die wesentlichen mittel- bis langfristigen Risiken,**
2. **über die Zusammensetzung des Portfolios, die Portfolioumsätze und die Portfolioumsatzkosten,**
3. **zur Berücksichtigung der mittel- bis langfristigen Entwicklung der Gesellschaft bei der Anlageentscheidung,**
4. **zum Einsatz von Stimmrechtsberatern,**
5. **zur Handhabung der Wertpapierleihe und zum Umgang mit Interessenkonflikten im Rahmen der Mitwirkung in den Gesellschaften, insbesondere durch Ausübung von Aktionärsrechten.**

Übersicht

I. Allgemeines

1 Die Vorschrift des § 134c dient der Umsetzung von Art. 3h ARRL II. Die dahinterstehende Erwägung folgt aus Erwägungsgrund 16 ARRL II: Bezweckt werden soll eine „Sensibilisierung der Anleger"; zudem soll Endbegünstigten ermöglicht werden, eine optimale Anlageentscheidung zu treffen (zweifelnd LBS EurUnternehmensR 29.41: „information overload"). Im Hinblick auf eine gesunde wirtschaftliche Balance soll eine Kongruenz zwischen Strategie und langfristigen Verbindlichkeiten erreicht werden (vgl. RegBegr zum ARUG II BT-Drs. 19/9739, 103).

II. Grundlegende Offenlegungspflicht (Abs. 1)

2 Abs. 1 richtet sich an institutionelle Anleger. Diese müssen offenlegen, inwieweit die Anlagestrategie dem Profil und der Laufzeit ihrer Verbindlichkeiten entspricht und inwiefern sie zur mittel- und langfristigen Wertentwicklung ihrer Vermögenswerte beitragen. Erfasst sind institutionelle Anleger unabhängig davon, ob sie ausschließlich direkt oder in Vermögensverwalter investieren (vgl. RegBegr zum ARUG II BT-Drs. 19/9739, 103). Hinsichtlich der Offenlegung der **Anlagestrategie** soll ein gewisses **Ermessen** bestehen: Sowohl die Darstellung als Aktienanlagestrategie als auch als Gesamtportfolioanlagestrategie sei zulässig (vgl. RegBegr zum ARUG II BT-Drs. 19/9739, 103). Diese Lesart ist zutreffend: Es kann von institutionellen Anlegern auch nicht erwartet werden, eine Anlagestrategie vollständig offenzulegen.

3 Soweit lediglich indirekt über Vermögensverwalter investiert wird, entfaltet regelmäßig nur die Angabe, inwiefern die Anlagestrategie zu einer mittel- bis langfristigen Wertentwicklung beiträgt, eigenständige Bedeutung (vgl. RegBegr zum ARUG II BT-Drs. 19/9739, 103). Die sonstigen Offenlegungspflichten werden dann nämlich durch Abs. 2 erfasst.

III. Offenlegung der Kongruenz (Abs. 2)

4 Auch Abs. 2 richtet sich an institutionelle Anleger. Die konkrete Verwaltungsform – Einzelkundenmandat mit Ermessensspielraum oder Verwaltung eines Organismus für gemeinsame Anlagen – ist unerheblich; entscheidend ist allein das Tätigwerden des Vermögensverwalters (vgl. RegBegr zum ARUG II BT-Drs. 19/9739, 103).

5 Bei der Beurteilung der Entwicklung der Portfoliogesellschaften sind neben finanziellen auch nichtfinanzielle Entwicklungen einzubeziehen; namentlich werden in der Gesetzesbegründung Reputationsschäden genannt, die aus der Behandlung von Mitarbeitern oder Umwelt resultieren können (vgl. RegBegr zum ARUG II BT-Drs. 19/9739, 103). Im Fall von Investmentketten braucht der institutionelle Anleger allein die Vereinbarungen des mit ihm verbundenen Vermögensverwalters offenlegen (*Dahmen* GWR 2019, 117 (119)); was für Vereinbarungen der Vermögensverwalter mit Dritten trifft, ist nicht Gegenstand der Offenlegungspflicht des institutionellen Anlegers (Relativität der Schuldverhältnisse).

6 In Abs. 2 werden sodann – nicht abschließend, wie aus der Wendung „insbesondere" folgt – einige Aspekte aufgezählt, die von der Offenlegung erfasst sind. Nennenswert ist insbesondere Nr. 3, wonach die Vergütung des Vermögensverwalters angegeben werden soll. Entgegen des insoweit überschießenden Wortlauts ist dabei nicht zwingend die Bekanntgabe der genauen Vergütungshöhe erforderlich (s. RegBegr zum ARUG II BT-Drs. 19/9739, 104). Entscheidend ist, ob durch die verlautbarten Informationen ersichtlich wird, welche finanziellen Anreize für den Vermögensverwalter bestehen. Der in Nr. 4 genannte Begriff der „Portfolioumsatzkosten" ist nicht deckungsgleich mit dem Begriff der Transaktionskosten in § 165 Abs. 3 Nr. 6 KAGB. Der Begriff der Portfolioumsatzkosten ist umfassender und erfasst – so explizit die Gesetzesbegründung – etwa auch den Bid/Ask spread (RegBegr zum ARUG II BT-Drs. 19/9739, 104). Nach der Auffassung des Gesetzgebers sollen so alle bezifferbaren nachteiligen Folgen eines aus Sicht der institutionellen Anleger und der Endbegünstigten interessewidrigen Portfolioumschlags im Bericht aufgeführt werden.

7 Von Bedeutung ist zudem auch hier, dass der institutionelle Anleger zu erklären hat, weshalb zu einzelnen Angaben keine Vereinbarungen getroffen wurden (Abs. 2 S. 3). Der Detailierungsgrad der Erklärung variiert, je nachdem, ob schutzwürdige Interessen des institutionellen Anlegers einer umfassenderen Offenlegung entgegenstehen (RegBegr zum ARUG II BT-Drs. 19/9739, 104). Bezweckt werden soll, dass der Vermögensverwalter im Hinblick auf drohende Offenlegungen seine Anlagestrategie auf die Interessen des institutionellen Anlegers abstimmt.

IV. Bereithaltungspflicht (Abs. 3)

8 Abs. 3 regelt die Bereitstellung der Informationen nach Abs. 1 und 2. Der institutionelle Anleger hat die freie Wahl, ob die Information im Bundesanzeiger oder auf der eigenen Internetpräsenz zugänglich gemacht werden (S. 1); die Aufnahme in den Jahresabschluss soll genügen. Die jährliche Aktualisierungspflicht soll nach der Gesetzesbegründung nur bei wesentlichen Änderungen eingreifen (RegBegr zum ARUG II BT-Drs. 19/9739, 104). Vorzugswürdig erscheint dagegen, jedenfalls bei einer nicht erfolgten

Aktualisierung eine Hinweispflicht anzunehmen, wonach anzumerken ist, dass Änderungen nicht eingetreten sind. Andernfalls könnte ein unbefangener Adressat nicht beurteilen, ob die fehlende Aktualisierung auf Nachlässigkeit beruht oder einer unterbliebenen sachlichen Änderung geschuldet ist. Mit Blick auf die bezweckte Transparenz wäre das ein missliches Ergebnis.

Alternativ kann nach Abs. 3 S. 2 die Information auch kostenfrei(!) durch den Vermögensverwalter veröffentlicht werden. Es bedarf dann lediglich eines Verweises hierauf auf der Internetpräsenz des institutionellen Anlegers. Auch wenn der Vermögensverwalter dem Recht eines anderen EU-Mitgliedsstaat unterfällt, kann nach der Gesetzesbegründung von einer zulässigen Ersetzung der Veröffentlichung ausgegangen werden, da von gleichwertigen Umsetzungsbestrebungen aller Mitgliedsstaaten ausgegangen werden könne (RegBegr zum ARUG II BT-Drs. 19/9739, 104). 9

V. Rechenschaftspflicht (Abs. 4)

Abs. 4 erlegt Vermögensverwaltern eine Berichtspflicht hinsichtlich der Vereinbarung nach Abs. 2 auf. Dabei haben Vermögensverwalter die Wahl, ob sie entweder nur einen Bericht an den institutionellen Anleger übersenden oder eine Veröffentlichung nach Abs. 3 S. 2 vornehmen; im letztgenannten Fall enthält der Bericht dann nur einen Verweis auf die Internetpräsenz. Die Berichtspflicht überrascht auf den ersten Blick, soll der Vermögensverwalter doch über Umstände berichten, die der institutionelle Anleger als Vertragspartner ohnehin kennen sollte. Die Gesetzesbegründung stellt zur Rechtfertigung auf kleinere und weniger erfahrene institutionelle Anleger ab (RegBegr zum ARUG II BT-Drs. 19/9739, S. 105). Es soll dem institutionellen Anleger ermöglicht werden, zu beurteilen, ob der Vermögensverwalter im Interesse der Anleger handelt und ob er eine Strategie verfolgt, die eine effiziente Mitwirkung der Aktionäre beinhaltet (*Schmidt* NZG 2018, 1201 (1219)). 10

Abs. 4 enthält keine Vorschriften zur individuellen Vermögensverwaltung durch Wertpapierfirmen. Diesen soll auch weiterhin größtmögliche Freiheit dahingehend gewährt werden, selbst eine Entscheidung darüber zu treffen, auf welchem Weg die Berichterstattung erfolgt. 11

Offenlegungspflichten der Stimmrechtsberater

134d (1) [1] **Stimmrechtsberater haben jährlich zu erklären, dass sie den Vorgaben eines näher bezeichneten Verhaltenskodex entsprochen haben und entsprechen oder welche Vorgaben des Verhaltenskodex sie nicht eingehalten haben und einhalten und welche Maßnahmen sie stattdessen getroffen haben.** [2] **Wenn Stimmrechtsberater keinen Verhaltenskodex einhalten, haben sie zu erklären, warum nicht.**

(2) **Stimmrechtsberater veröffentlichen jährlich Informationen**

1. **zu den wesentlichen Merkmalen der eingesetzten Methoden und Modelle sowie ihren Hauptinformationsquellen,**
2. **zu den zur Qualitätssicherung sowie zur Vermeidung und zur Behandlung von potentiellen Interessenkonflikten eingesetzten Verfahren,**
3. **zur Qualifikation der an der Stimmrechtsberatung beteiligten Mitarbeiter,**
4. **zur Art und Weise, wie nationale Marktbedingungen sowie rechtliche, regulatorische und unternehmensspezifische Bedingungen berücksichtigt werden,**
5. **zu den wesentlichen Merkmalen der verfolgten Stimmrechtspolitik für die einzelnen Märkte,**
6. **dazu, wie und wie oft das Gespräch mit den betroffenen Gesellschaften und deren Interessenträgern gesucht wird.**

(3) **Die Informationen nach den Absätzen 1 und 2 sind gesondert oder gebündelt auf der Internetseite des Stimmrechtsberaters für mindestens drei Jahre öffentlich zugänglich zu machen und jährlich zu aktualisieren.**

(4) **Stimmrechtsberater haben ihre Kunden unverzüglich über Interessenkonflikte sowie über diesbezügliche Gegenmaßnahmen zu informieren.**

Übersicht

I. Allgemeines

1 Auch bezüglich der Stimmrechtsberater kommt die „comply or explain"-Maxime zur Anwendung. Schutzzweck der Regelung ist, dass Anleger und Endbegünstigte besser über die Ausübung der Aktionärsrechte in den Gesellschaften, in die investiert wurde, informiert werden. Letztlich sollen Anleger und Endbegünstigte für ihre eigenen Anlageentscheidungen besser informiert werden (RegBegr zum ARUG II BT-Drs. 19/9739, 98; *Schmidt* NZG 2018, 1201 (1219)).

II. Kodexpflicht (Abs. 1)

2 Durch Abs. 1 S. 1 wird nunmehr eine Kodexpflicht für Stimmrechtsberater eingeführt. Eine Industriearbeitsgruppe hat auf Initiative der Europäischen Wertpapier- und Marktaufsichtsbehörde („European Securities and Markets Authority", ESMA) einen Verhaltenskodex („Best Practice Principles for Shareholder Voting Research") erarbeitet, der in der Praxis mitunter bereits bei den branchenführenden Stimmrechtsberatungsunternehmen zum Einsatz kommt (vgl. *Schmidt* NZG 2018, 1201 (1219)). Die Stimmrechtsberater können entweder diesen Kodex zugrunde legen oder einen eigenen Kodex entwickeln; es besteht ein freies Wahlrecht. Wie aus der Wendung „näher bezeichnet" folgt, muss auch der Kodex veröffentlicht werden oder zumindest identifizierbar bezeichnet werden, da andernfalls eine Übereinstimmung oder Abweichung nicht überprüft werden könnte. Sollte kein Verhaltenskodex existieren, muss nach S. 2 das Fehlen erklärt werden (comply or explain).

3 Im Schrifttum wurde zum Referentenentwurf mitunter diskutiert, ob eine Abweichung auch dann kundgegeben werden muss, wenn sie unterjährig geschehen ist, zum Berichtszeitpunkt allerdings keine Abweichung mehr vorliegt (*Schockenhoff/Nußbaum* ZGR 2019, 163 (178 f.)). Hier spricht bereits der Wortlaut eine klare Sprache: Durch das Nebeneinander von „entsprochen haben" und „entsprechen" ist klargestellt, dass der Gesetzgeber auch in diesem Fall eine Kundgabe erwartet. Denn der Stimmrechtsberater hat dann ja zumindest zeitweise nicht dem Kodex entsprochen. Selbiges Ergebnis ergibt sich, wenn man auf den Schutzzweck der Vorschrift – weitreichende Transparenz durch Offenlegung – abstellt, weil andernfalls Verstöße durch eine geschickte Wahl des Berichtszeitpunkts geheilt werden könnten (iE wie hier *Schockenhoff/Nußbaum* ZGR 2019, 163 (178 f.)).

III. Veröffentlichungspflicht (Abs. 2)

4 Abs. 2 setzt Art. 3j Abs. 2 ARRL II um. Es werden weitgehende Offenlegungspflichten für Stimmrechtsberater eingeführt. Zweck der Vorschrift ist es, eine angemessene Information der Kunden der Stimmrechtsberater über die Professionalität und Zuverlässigkeit ihrer Tätigkeiten sicherzustellen (s. RegBegr zum ARUG II BT-Drs. 19/9739, 106). Die Information hat öffentlich zu erfolgen, sodass eine Information bloß der Kunden nicht genügt.

5 Bei der Auslegung der einzelnen Begriffe ist der Bedeutungsgehalt von Art. 3j Abs. 2 ARRL II zugrundezulegen. Die dortige Aufzählung wurde lediglich sprachlich zusammengefasst, ohne dass damit eine inhaltliche Änderung verbunden ist (RegBegr zum ARUG II BT-Drs. 19/9739, 106).

6 Nr. 1 soll mittels der Bezugnahme auf die „wesentlichen Merkmale" und die „Hauptinformationsquellen" sicherstellen, dass Kunden einerseits die Informationen erhalten, die für eine Beurteilung notwendig und wichtig sind. Andererseits sollen Stimmrechtsberater nicht zur Preisgabe sensibler Informationen gezwungen werden, weshalb gerade nur die wesentlichen und nicht sämtliche Merkmale offenzulegen sind.

7 Nr. 2 nimmt Qualitätssicherungsverfahren und Strategien zur Vermeidung von Interessenkonflikten in den Blick. Die Qualitätssicherungsverfahren beziehen sich ebenfalls auf die Recherchen, Beratungen und Stimmempfehlungen der Stimmrechtsberater, ohne dass dies ausdrücklich im Wortlaut aufgenommen wurde (RegBegr zum ARUG II BT-Drs. 19/9739, 106). Die Gesetzesbegründung betont ferner, dass die Information zu Interessenkonflikten sich nur auf potentielle Interessenkonflikte bezieht. Verhindert werden soll nämlich, dass durch die Preisgabe von konkreten Interessenkonflikten der Konflikt für Mitarbeiter „hinter Informationsbarrieren" erst bekannt werden könnte (RegBegr zum ARUG II BT-Drs. 19/9739, 106). Es soll also insofern gewährleistet werden, dass noch unbefangene Mitarbeiter nicht durch die Preisgabe „infiziert" werden.

8 Die Offenbarungspflicht hinsichtlich der Mitarbeiterqualifikation in Nr. 3 erstreckt sich ausweislich der Gesetzesbegründung nur auf die unmittelbar an der Stimmrechtsberatung beteiligten Mitarbeiter. Dagegen ist die Qualifikation sonstiger Mitarbeiter (zB Bürokräfte) unerheblich (RegBegr zum ARUG II BT-Drs. 19/9739, 106).

9 Nr. 4 und 5 setzen Art. 3j Abs. 2 lit. d, e ARRL II um. Der Begriff der Interessenträger der Gesellschaft in Nr. 6 ist deckungsgleich mit dem Begriff der Stakeholder; die Ausführungen zu § 134b gelten entsprechend.

IV. Bereitstellungspflicht (Abs. 3)

1. Allgemeines. Abs. 3 regelt den Veröffentlichungsmodus sowie die Aktualisierungspflicht in Bezug auf die Pflichten nach Abs. 1 und 2. Die Informationen sind danach für mindestens drei Jahre öffentlich zugänglich zu machen. Öffentlich zugänglich in diesem Sinne ist ein Zugang nur dann, wenn er kostenlos möglich ist und die Information über den gesamten Zeitraum hinweg abrufbar ist (RegBegr zum ARUG II BT-Drs. 19/9739, 106). Von besonderer Bedeutung ist hierbei, dass auch die Kodexerklärung während des gesamten Zeitraums zu speichern ist. In der Gesetzesbegründung wird betont, dass dadurch die Kodexdurchsetzung auf privatrechtlichem Weg erleichtert werde (RegBegr zum ARUG II BT-Drs. 19/9739, 106). 10

2. Sanktionierung. a) Bußgeldbewehrung. Die Vorschriften zur Stimmrechtsausübung sind bußgeldbewehrt, wie aus § 405 Abs. 2a Nr. 10, 11 folgt. Gleichwohl dürfte die drohende Geldbuße von maximal TEURO 25. kaum abschreckende Wirkung entfalten, zumal der notwendige Vorsatz (§ 10 OWiG) nur schwer nachweisbar sein wird (ebenso *Schockenhoff/Nußbaum* ZGR 2019, 163 (184)). Eine Anfechtung von Hauptversammlungsbeschlüssen aufgrund fehlerhafter Stimmrechtsberatung kommt nach der Gesetzesbegründung nicht in Betracht (RegBegr zum ARUG II BT-Drs. 19/9739, 106 f.), da die Stimmrechtsberatung lediglich im Innenverhältnis zwischen Auftraggeber und Stimmrechtsberater dient. Zudem wird in der Gesetzesbegründung ausdrücklich offengelassen, ob und in welchem Umfang daneben eine **zivilrechtliche Haftung** in Betracht kommt (RegBegr zum ARUG II BT-Drs. 19/9739, 106). 11

b) Haftungsrisiken. Recht unproblematisch ist eine Haftung des Stimmrechtsberaters gegenüber dem **Auftraggeber** (idR Vermögensverwalter oder sonstige institutionelle Anleger). Hier ergibt sich eine Haftung aus §§ 280 Abs. 1, 675 BGB (*Schockenhoff/Nußbaum* ZGR 2019, 163 (185)). Die Veröffentlichungspflichten sind insoweit als in Gesetzesform gegossene Pflichten von Stimmrechtsberatern nach § 241 Abs. 2 BGB in Form von leistungsbezogenen Nebenpflichten aufzufassen. Diese Pflichten gelten selbstredend gegenüber den Auftraggebern. 12

Eine zivilrechtliche Haftung gegenüber sonstigen Dritten (insbesondere Anlegern) ist nach hier vertretener Auffassung nur in engem Rahmen möglich. Ein Schadensersatzanspruch aus einem Vertrag mit Schutzwirkung zugunsten Dritter kommt nicht in Betracht, da der Stimmrechtsberatungsvertrag **keine Schutzwirkungen** zugunsten der Anleger oder der Aktiengesellschaft enthält (anders *Schockenhoff/Nußbaum* ZGR 2019, 163 (185); *Vaupel* AG 2011, 63 (66 f.); unentschieden *Fleischer* AG 2012, 2 (9)). Bereits die Gläubigernähe ist sehr zweifelhaft. Dass ein Interesse des Auftraggebers besteht, auch Dritte wie Anleger oder sonstige Aktionäre in den Schutzbereich des Vertrags mitaufzunehmen, ist kaum anzunehmen. Es fehlt zudem an der Erkennbarkeit einer solchen Einbeziehung, da der Stimmrechtsberater naturgemäß keinen Überblick über die Vertragsverhältnisse des Auftraggebers haben kann. Der Kreis an potentiell einbezogenen Personen wäre nämlich unüberschaubar groß; allenfalls bei Aktionären ließe sich etwas anderes vertreten. Dort fehlt es indes an der Schutzbedürftigkeit. Wenn überhaupt, hat nämlich die Aktiengesellschaft einen Anspruch gegen den Stimmrechtsberater. Die Aktionäre bedürfen daher keines parallelen gesonderten Anspruchs. 13

In Betracht kommt allenfalls eine Haftung aus **§ 823 Abs. 2 BGB.** Bekanntermaßen ist für die Qualifikation als Schutzgesetz erforderlich, dass das Gesetz nicht nur Allgemeininteressen dient, sondern gewisse Individualinteressen vor einer bestimmten Art der Verletzung schützen soll (allgM, s. BGH 13.12.2011, NZG 2012, 263 (265); MüKoBGB/*Wagner* BGB § 823 Rn. 498). Hier ist fraglich, ob die Vorschrift des § 134d allein den Interessen der Auftraggeber dient oder auch den Interessen von sonstigen Anlegern und Emittenten. Im Hinblick auf den Schutzzweck der ARUG II-Vorschriften und der ARRL II liegt es näher, auch einen Schutz von Anlegern anzunehmen. Immerhin dienen die Vorschriften vornehmlich der Transparenz (vgl. RegBegr zum ARUG II BT-Drs. 19/9739, 98). Es soll Privatanlegern ermöglicht werden, das Tätigwerden von Stimmrechtsberatern im Hinblick auf das eigene Investment zu bewerten. Dass die Vorschriften gerade auch Privatanleger schützen sollen, kann daher noch angeneommen werden (so auch *Schockenhoff/Nußbaum* ZGR 2019, 163 (175)). Hinsichtlich der Aktiengesellschaft selbst dürfte dies entsprechend gelten. Auch sie soll von der höheren Transparenz profitieren. Weitere Voraussetzung für eine Haftung nach § 823 Abs. 2 BGB ist allerdings, dass sie sich bruchlos in das jeweilige Haftungssystem einfügt bzw. „im Lichte des haftpflichtrechtlichen Gesamtsystems tragbar" erscheint, damit eine ausufernde Fahrlässigkeitshaftung für reine Vermögensschäden vermieden wird (stRspr, s. BGH 13.12.2011, NZG 2012, 263 (265); vgl. MüKoBGB/*Wagner* BGB § 823 Rn. 503 f. mwN). Gegen diese Annahme spricht hier schon die immense und unvorhersehbare Anzahl potenzieller Anspruchsinhaber (so auch *Koch* ZGR 2020, 1 (8)). Dies liegt gerade in der Natur solcher kapitalmarktrechtlicher Transparenzvorschriften; nach der Rechtsprechung steht ihrer Anerkennung als Schutzgesetz nach § 823 Abs. 2 BGB daher vielfach entgegen, dass diese nicht in das deutsche Haftungssystem passen, auch wenn sie im Einzelfall drittschützend sein mögen (vgl. insbesondere die Rspr. des BGH zu den §§ 31 ff. WpHG aF, so BGH 17.9.2013, WM 2013, 1983 (1985); vgl. dazu auch 14

MüKoBGB/*Wagner* BGB § 823 Rn. 511 ff. mwN; mittlerweile sind die Transparenzpflichten in den §§ 63 ff. WpHG normiert). Im Ergebnis dürfte die Schutzgesetzqualität des § 134d daher **zu verneinen** sein. Freilich ist darüber hinaus eine Haftung aus § 826 BGB denkbar. Im Hinblick auf die hohen Voraussetzungen dieser Haftungsnorm dürfte aber regelmäßig kein Anspruch bestehen (*Koch* ZGR 2020, 1 (8)).

15 Neben den Tatbestandsvoraussetzungen einer Haftungsvorschrift erweist sich zusätzlich der **Schadens- und Kausalitätsnachweis** als problematisch (*Fleischer* AG 2012, 2 (9); Hüffer/Koch/*Koch* § 135 Rn. 51; *Schockenhoff/Nußbaum* ZGR 2019, 163 (185)). Hier kann auch keine Vermutungswirkung – etwa unter Rückgriff auf die Vermutung für aufklärungsrichtiges Verhalten (hierzu etwa BGH 12.5.2009, NJW 2009, 2298 (2300)) – fruchtbar gemacht werden. Zwar können die Begriffe der Aufklärung und der Stimmrechtsberatung noch als miteinander verwandt angesehen werden. Die Vermutung wurzelt aber im besonderen vertraglichen (Vertrauens-)Verhältnis, welches bei einer außervertraglichen Haftung von vornherein fehlt. Der Kausalitätsnachweis wird ferner dadurch erschwert, dass die Pflichtverletzung als solche nicht der Interessenkonflikt, sondern die fehlende Offenbarung ist. Der Nachweis, dass bei zutreffender Offenlegung der Stimmrechtsempfehlung nicht gefolgt worden wäre, dürfte kaum zu führen sein, zumal zahlreiche Investoren offen bekunden, den Empfehlungen ohne eingehende Prüfung zu folgen (*Schockenhoff/Nußbaum* ZGR 2019, 163 (185)). Da zudem der Unternehmenswert multiple Ursachen hat, kann auch kaum bewiesen werden, dass der Gesellschaft durch das konkrete Abstimmverhalten ein Schaden entstanden ist (*Schockenhoff/Nußbaum* ZGR 2019, 163 (185)).

V. Informationspflicht (Abs. 4)

16 Abs. 4 ist in systematischem Zusammenhang zu § 135 Abs. 8 zu lesen, wonach auch für Stimmrechtsberater die Pflicht besteht, das **Aktionärsinteresse** zu wahren. Die Informationspflicht hinsichtlich der Interessenkonflikte erstreckt sich sowohl auf potentielle Interessekonflikte als auch auf aktuelle Interessenkonflikte (RegBegr zum ARUG II BT-Drs. 19/9739, 107), was der Regelung in der ARRL II entspricht (Art. 3j Abs. 3 ARRL II). Die Gesetzesfassung ist aber insoweit schlanker als die Formulierung der ARRL II, als das dort (Art. 3j Abs. 3 ARRL II) genannte Regelbeispiel der Geschäftsbeziehungen, die die Vorbereitung ihrer Recherchen, Beratungen und Stimmempfehlungen beeinflussen können, nicht übernommen wurde. Dadurch soll betont werden, dass **jegliche Form** von Interessenkonflikten erfasst ist. Inhaltlich besteht – auch in Bezug auf die genannten Gegenmaßnahmen – Deckungsgleichheit mit der Bestimmung in der ARRL II (RegBegr zum ARUG II BT-Drs. 19/9739, 107). Zu berücksichtigen ist, dass aus einem Interessenkonflikt kein Tätigkeitsverbot folgt; vielmehr besteht nur eine Informationspflicht und es bleibt sodann dem institutionellen Anleger anheimgestellt, ob er sich dennoch auf die Empfehlung des Stimmrechtsberaters verlassen möchte (*Schockenhoff/Nußbaum* ZGR 2019, 163 (181)).

17 Interessenkonflikte können vor allem dann bestehen, wenn der Stimmrechtsberater zugleich Corporate-Governance-Beratung für Emittenten anbietet (*Fleischer* AG 2012, 2 (4); LBS EurUnternehmensR 29.56; *Wentz* WM 2019, 906 (914)) oder auch dann, wenn der Stimmrechtsberater seinerseits von Finanzinvestoren kontrolliert wird (*Schockenhoff/Nußbaum* ZGR 2019, 163 (170)). Wann darüber hinaus ein Interessenkonflikt besteht, ist eine Frage des Einzelfalls. Im Hinblick darauf, dass die Vorschrift entsprechend der Vorgabe in der ARRL II sowohl potentielle als auch aktuelle Interessenkonflikte erfasst, liegt allerdings eine Sichtweise nahe, die an einen potentiellen Interessenkonflikt keine allzu hohen Anforderungen stellt. Denn es wird die gesetzgeberische Intention deutlich, bereits den **„bösen Schein"** einer interessenkonfliktbehafteten Entscheidung zu vermeiden.

18 Wie indes mit einem bestehenden Interessenkonflikt aus Sicht der Stimmrechtsberater umzugehen ist, wurde durch die gesetzliche Novellierung nicht geklärt. Ein allgemeines Verbot von Interessenkonflikten besteht nicht (*Schockenhoff/Nußbaum* ZGR 2019, 163 (188)), was bereits daraus folgt, dass das Gesetz eine bloße Offenlegung fordert, den Konflikt aber ansonsten ungeregelt lässt und insbesondere nicht missbilligt. Allerdings sieht der Gesetzgeber den Stimmrechtsberater in der Pflicht, Vorkehrungen gegen mögliche Interessenkonflikte zu treffen (RegBegr zum ARUG II BT-Drs. 19/9739, 108). Im Grundsatz erscheint in Anlehnung an das anwaltliche Berufsrecht ratsam, einen Interessenkonflikt schnellstmöglich aus der Welt zu schaffen. Dies vor allem wegen einer möglichen Haftung aus §§ 280 Abs. 1, 675 BGB, weil die Nicht-Aufklärung über einen Interessenwiderstreit die Rücksichtnahmepflicht aus § 241 Abs. 2 BGB sowie den allgemeinen Loyalitätsgedanken der Geschäftsbesorgung verletzen dürfte (vgl. *Tröger* ZGR 2019, 126 (157)). Freilich sind auch dort Schadens- und Kausalitätsnachweis schwierig zu führen. Im Vergleich zur Rechtslage bei Rechtsanwälten sind die Stimmrechtsberater insoweit benachteiligt, als ein Rechtsanwaltsvertrag bei einer Interessenkollision unwirksam ist (BGH 12.5.2016, NJW 2016, 2561) und nur deliktischer Schadensersatz verlangt werden kann. Hingegen kommen die Auftraggeber bei Stimmrechtsberatern in den Genuss der Vorzüge einer Vertragshaftung. Anders als im anwaltlichen Berufsrecht – § 43a Abs. 4 BRAO ist nicht dispositiv (BGH 12.5.2016, NJW 2016, 2561 (2562) mwN) – dürfte der Interessenkonflikt aber zur Disposition der Beteiligten stehen. Wenn also die jeweiligen Beteiligten (Auftraggeber und Emittenten) informiert werden und ihr

Einverständnis erklären, entfällt der Interessenkonflikt. Während nämlich bei § 43a Abs. 4 BRAO neben den Parteiinteressen noch Aspekte der objektiven Rechtsstaatlichkeit zu beachten sind, fehlt eine solche überindividuelle Rechtfertigung bei Interessenkonflikten von Stimmrechtsberatern.

Ausübung des Stimmrechts durch Intermediäre und geschäftsmäßig Handelnde

135 (1) [1]**Ein Intermediär darf das Stimmrecht für Aktien, die ihm nicht gehören und als deren Inhaber es nicht im Aktienregister eingetragen ist, nur ausüben, wenn es bevollmächtigt ist. [2]Die Vollmacht darf nur einem bestimmten Intermediär erteilt werden und ist von diesem nachprüfbar festzuhalten. [3]Die Vollmachtserklärung muss vollständig sein und darf nur mit der Stimmrechtsausübung verbundene Erklärungen enthalten. [4]Erteilt der Aktionär keine ausdrücklichen Weisungen, so kann eine generelle Vollmacht nur die Berechtigung des Intermediärs zur Stimmrechtsausübung**

1. entsprechend eigenen Abstimmungsvorschlägen (Absätze 2 und 3) oder
2. entsprechend den Vorschlägen des Vorstands oder des Aufsichtsrats oder für den Fall voneinander abweichender Vorschläge den Vorschlägen des Aufsichtsrats (Absatz 4)

vorsehen. [5]Bietet der Intermediär die Stimmrechtsausübung gemäß Satz 4 Nr. 1 oder Nr. 2 an, so hat es sich zugleich zu erbieten, im Rahmen des Zumutbaren und bis auf Widerruf einer Aktionärsvereinigung oder einem sonstigen Vertreter nach Wahl des Aktionärs die zur Stimmrechtsausübung erforderlichen Unterlagen zuzuleiten. [6]Der Intermediär hat den Aktionär jährlich und deutlich hervorgehoben auf die Möglichkeiten des jederzeitigen Widerrufs der Vollmacht und der Änderung des Bevollmächtigten hinzuweisen. [7]Die Erteilung von Weisungen zu den einzelnen Tagesordnungspunkten, die Erteilung und der Widerruf einer generellen Vollmacht nach Satz 4 und eines Auftrags nach Satz 5 einschließlich seiner Änderung sind dem Aktionär durch ein Formblatt oder Bildschirmformular zu erleichtern.

(2) [1]**Ein Intermediär, der das Stimmrecht auf Grund einer Vollmacht nach Absatz 1 Satz 4 Nr. 1 ausüben will, hat dem Aktionär rechtzeitig eigene Vorschläge für die Ausübung des Stimmrechts zu den einzelnen Gegenständen der Tagesordnung zugänglich zu machen. [2]Bei diesen Vorschlägen hat sich der Intermediär vom Interesse des Aktionärs leiten zu lassen und organisatorische Vorkehrungen dafür zu treffen, dass Eigeninteressen aus anderen Geschäftsbereichen nicht einfließen; es hat ein Mitglied der Geschäftsleitung zu benennen, das die Einhaltung dieser Pflichten sowie die ordnungsgemäße Ausübung des Stimmrechts und deren Dokumentation zu überwachen hat. [3]Zusammen mit seinen Vorschlägen hat der Intermediär darauf hinzuweisen, dass es das Stimmrecht entsprechend den eigenen Vorschlägen ausüben werde, wenn der Aktionär nicht rechtzeitig eine andere Weisung erteilt. [4]Gehört ein Vorstandsmitglied oder ein Mitarbeiter des Intermediärs dem Aufsichtsrat der Gesellschaft oder ein Vorstandsmitglied oder ein Mitarbeiter der Gesellschaft dem Aufsichtsrat des Intermediärs an, so hat der Intermediär hierauf hinzuweisen. [5]Gleiches gilt, wenn der Intermediär an der Gesellschaft eine Beteiligung hält, die nach § 33 des Wertpapierhandelsgesetzes meldepflichtig ist, oder einem Konsortium angehörte, das die innerhalb von fünf Jahren zeitlich letzte Emission von Wertpapieren der Gesellschaft übernommen hat.**

(3) [1]**Hat der Aktionär dem Intermediär keine Weisung für die Ausübung des Stimmrechts erteilt, so hat der Intermediär im Falle des Absatzes 1 Satz 4 Nr. 1 das Stimmrecht entsprechend seinen eigenen Vorschlägen auszuüben, es sei denn, dass es den Umständen nach annehmen darf, dass der Aktionär bei Kenntnis der Sachlage die abweichende Ausübung des Stimmrechts billigen würde. [2]Ist der Intermediär bei der Ausübung des Stimmrechts von einer Weisung des Aktionärs oder, wenn der Aktionär keine Weisung erteilt hat, von seinem eigenen Vorschlag abgewichen, so hat es dies dem Aktionär mitzuteilen und die Gründe anzugeben. [3]In der eigenen Hauptversammlung darf der bevollmächtigte Intermediär das Stimmrecht auf Grund der Vollmacht nur ausüben, soweit der Aktionär eine ausdrückliche Weisung zu den einzelnen Gegenständen der Tagesordnung erteilt hat. [4]Gleiches gilt in der Versammlung einer Gesellschaft, an der es mit mehr als 20 Prozent des Grundkapitals unmittelbar oder mittelbar beteiligt ist; für die Berechnung der Beteiligungsschwelle bleiben mittelbare Beteiligungen im Sinne des § 35 Absatz 3 bis 6 des Wertpapierhandelsgesetzes außer Betracht.**

(4) [1]**Ein Intermediär, der in der Hauptversammlung das Stimmrecht auf Grund einer Vollmacht nach Absatz 1 Satz 4 Nr. 2 ausüben will, hat den Aktionären die Vorschläge des Vorstands und des Aufsichtsrats zugänglich zu machen, sofern dies nicht anderweitig erfolgt. [2]Absatz 2 Satz 3 sowie Absatz 3 Satz 1 bis 3 gelten entsprechend.**

(5) [1]**Wenn die Vollmacht dies gestattet, darf der Intermediär Personen, die nicht seine Angestellten sind, unterbevollmächtigen. [2]Wenn es die Vollmacht nicht anders bestimmt,**

übt der Intermediär das Stimmrecht im Namen dessen aus, den es angeht. [3] Ist die Briefwahl bei der Gesellschaft zugelassen, so darf der bevollmächtigte Intermediär sich ihrer bedienen. [4] Zum Nachweis seiner Stimmberechtigung gegenüber der Gesellschaft genügt bei börsennotierten Gesellschaften die Vorlegung eines Berechtigungsnachweises gemäß § 123 Abs. 3; im Übrigen sind die in der Satzung für die Ausübung des Stimmrechts vorgesehenen Erfordernisse zu erfüllen.

(6) **[1] Ein Intermediär darf das Stimmrecht für Namensaktien, die ihm nicht gehören, als deren Inhaber es aber im Aktienregister eingetragen ist, nur auf Grund einer Ermächtigung ausüben. [2] Auf die Ermächtigung sind die Absätze 1 bis 5 entsprechend anzuwenden.**

(7) **Die Wirksamkeit der Stimmabgabe wird durch einen Verstoß gegen Absatz 1 Satz 2 bis 7, die Absätze 2 bis 6 nicht beeinträchtigt.**

(8) **Die Absätze 1 bis 7 gelten sinngemäß für Aktionärsvereinigungen, für Stimmrechtsberater sowie für Personen, die sich geschäftsmäßig gegenüber Aktionären zur Ausübung des Stimmrechts in der Hauptversammlung erbieten; dies gilt nicht, wenn derjenige, der das Stimmrecht ausüben will, gesetzlicher Vertreter, Ehegatte oder Lebenspartner des Aktionärs oder mit ihm bis zum vierten Grad verwandt oder verschwägert ist.**

(9) **Die Verpflichtung des Intermediärs, der Stimmrechtsberater sowie der Personen, die sich geschäftsmäßig gegenüber Aktionären zur Ausübung des Stimmrechts in der Hauptversammlung erbieten, zum Ersatz eines aus der Verletzung der Absätze 1 bis 6 entstehenden Schadens kann im Voraus weder ausgeschlossen noch beschränkt werden.**

Übersicht

I. Allgemeines

1 Im Zuge des **ARUG II** wurde die Vorschrift im Hinblick auf die Neuregelungen zu Stimmrechtsberatern in § 134d angepasst. Nunmehr ersetzt der Begriff des „Intermediärs" (§ 67a Abs. 4 nF) durchgängig den bisherigen Begriff des Kreditinstituts. Zudem erstreckt sich die sinngemäße Anwendung der Regelungen der Abs. 1–7 auch den in Abs. 8 nF aufgenommenen „Stimmrechtsberater". Durch die Aufnahme der geschäftsmäßigen Stimmrechtsvertreter und Stimmrechtsberater in Abs. 9 nF wird ein haftungsrechtlicher Gleichlauf gewährleistet. Abs. 10 aF entfiel hingegen ersatzlos als Folgeänderung zur Anpassung des § 125 Abs. 5 aF, auf den er vormals verwies.

2 Die Norm stärkt die Einflussnahme der Aktionäre und bindet die Stimmausübung der Intermediäre (→ Rn. 2), die nach neuer Rechtslage ein Vollmachtsstimmrecht darstellt (Abs. 1), grundsätzlich an die Unterbreitung von Vorschlägen (s. aber Abs. 1 S. 4 Nr. 2 nF) oder an Weisungen der Aktionäre. Geschäftsmäßig handelnde Aktionärsvertreter, insbesondere Aktionärsvereinigungen, sowie Stimmrechtsberater werden ebenso diesen Regelungen unterworfen (Abs. 8). Die Vorschrift wurde durch das **ARUG** neu gefasst. Der Kern der Neuregelung findet sich in Abs. 1 S. 4 und 5. Gemäß Abs. 1 S. 4 kann ein Intermediär die generelle Stimmabgabe nach **eigenen Vorschlägen** (Nr. 1, Abs. 2 und 3) oder auch nach den **Vorschlägen der Verwaltung** (Nr. 2, Abs. 4) anbieten. Wenn er eine (oder beide) der Alternativen wählt, muss er sich zugleich erbieten, iRd Zumutbaren und bis auf Widerruf die zur Stimmabgabe „erforderlichen Unterlagen" an eine Aktionärsvereinigung oder einen sonstigen Vertreter nach Wahl des Aktionärs zuzuleiten (Abs. 1 S. 5). Die Neuregelung gibt dem Aktionär damit eine Wahlmöglichkeit, entsprechend welcher Abstimmungsvorschläge für ihn abgestimmt werden soll (s. hierzu *Seibert/Florstedt* ZIP 2008, 2145 (2150 f.) sowie im Einzelnen Hüffer/Koch/*Koch* Rn. 17 ff.). Für die Erteilung und die Ausübung der Vollmacht gelten dabei folgende Grundsätze:

II. Fremde Aktien (Abs. 1–5)

1. Vollmachtserfordernis. Intermediäre bedürfen für die Ausübung des Stimmrechts fremder Aktien einer **Vollmacht.** Eine Legaldefinition des Begriffs des **Intermediärs** findet sich in § 67a Abs. 4 (vgl. Art. 1 Abs. 5 ARRL II und Art. 2 lit. d ARRL II). Der territoriale Anwendungsbereich ist auf solche Intermediäre beschränkt, die Dienstleistungen der Verwahrung oder Verwaltung von Wertpapieren oder der Führung von Depotkonten in Bezug auf Aktien einer von der ARRL erfassten Gesellschaft erbringen – nicht relevant ist hingegen, ob der Satzungssitz und/oder Hauptverwaltung des Intermediärs im EU/EWR-Raum liegen (vgl. *Schmidt* NZG 2018, 1201 (1214); *Stiegler* WM 2019, 620 (622 f.)). Ferner konkretisiert § 67a Abs. 5 nF, dass Intermediär in der Kette eine Person ist, die Aktien der Gesellschaften für einen anderen Intermediär verwahrt, und Letztintermediär ist, wer als Intermediär die Aktien einer Gesellschaft für den Aktionär verwahrt. 3

Die Voraussetzung der **fremden Aktien** liegt nur vor, wenn der Intermediär nicht Aktionär und bei Namensaktien nicht als Inhaber eingetragen ist. Ist der Intermediär Treuhänder, hält es die Aktien im Eigenbesitz. (Ver-)Pfändung der Aktien ordnet diese nicht dem Intermediär zu. 4

2. Vollmachtserklärung. Die Erteilung der Vollmacht erfolgt üblicherweise formularmäßig. Das nach früherem Recht bestehende Schriftformerfordernis ist durch Art. 1 Nr. 14 lit. a NaStraG aufgehoben worden. Streitig ist jedoch, ob nicht auf Basis der Aktionärsrichtlinie (RL 2007/36/EG v. 11.7.2007) eine richtlinienkonforme Auslegung dahingehend vorzunehmen ist, dass zumindest Textform zu verlangen ist (so Bürgers/Körber/*Holzborn* Rn. 6 mwN; **aA** Spindler/Stilz/*Rieckers* Rn. 16 f.). Jedenfalls erforderlich ist wegen Abs. 1 S. 2 Hs. 2 die Dokumentationsfähigkeit der Vollmachtserklärung, um die Nachvollziehbarkeit zu gewährleisten (Hüffer/Koch/*Koch* Rn. 10; Spindler/Stilz/*Rieckers* Rn. 17; vgl. auch *Ratschow* DStrR 2007, 1402 (1407 f.)). Ein Schriftformerfordernis kann nicht mittels entsprechender Satzungsbestimmung eingeführt werden (Hüffer/Koch/*Koch* Rn. 9; Bürgers/Körber/*Holzborn* Rn. 6; **aA** LG Berlin 11.3.2009, BB 2009, 1265; LG Frankfurt a. M. 28.10.2008, BB 2009, 406 (407 f.)). Die Vollmachtserklärung darf wegen Abs. 1 S. 3 **nicht** mit anderen Erklärungen, etwa AGB, **verbunden** werden. Das Vollmachtsformular muss einen Hinweis auf **andere Vertretungsmöglichkeiten** enthalten. 5

Eine **Legitimationsübertragung** auf einen Intermediär ist nach hM unzulässig (→ § 129 Rn. 17). Es besteht jedoch die Möglichkeit der Ausübung des Stimmrechts für den, den es angeht nach Abs. 5 S. 2, § 129 Abs. 2; dies gilt gem. Abs. 5 S. 2 immer dann, wenn die Vollmacht es nicht anders bestimmt. Die Vollmacht darf **nur einem** in der Vollmachtserklärung näher bezeichneten Intermediär übertragen werden. Die Vollmacht kann **unbefristet** erteilt werden, ist aber **jederzeit widerruflich** (Hüffer/Koch/*Koch* Rn. 7 f.). 6

3. Formen der Vollmachtsausübung, Untervollmacht und Vollmachtsübertragung. Nach Abs. 5 S. 2 sind zwei Formen der Vollmachtsausübung möglich, (i) die Stimmabgabe im Namen des Aktionärs und (ii) die Stimmabgabe unter Offenlegung der Vertretung unter Wahrung der Anonymität des Aktionärs (→ § 129 Rn. 16). Letztere Form ist immer dann zu wählen, wenn es die Vollmacht nicht anders bestimmt (Abs. 5 S. 2). Ist Briefwahl bei der Gesellschaft zugelassen, darf der bevollmächtigte Intermediär sich ihrer bedienen (Abs. 5 S. 3). Zur Legitimation des Intermediärs bei der Stimmabgabe genügt bei börsennotierten Gesellschaften die Vorlegung eines Berechtigungsnachweises gem. § 123 Abs. 3; iÜ sind die in der Satzung für die Ausübung des Stimmrechts vorgesehenen Erfordernisse zu erfüllen. 7

Der Intermediär darf seinen Angestellten stets **Untervollmacht** erteilen. Soll darüber hinaus Untervollmacht erteilt werden, muss gem. Abs. 5 S. 1 eine ausdrückliche und in die Vollmachtsurkunde aufgenommene Gestattung durch den Aktionär vorliegen (vgl. Hüffer/Koch/*Koch* Rn. 39). 8

4. Weisungen. Die Weisungen des Aktionärs an den Intermediär müssen bestimmte Gegenstände der Tagesordnung betreffen. Sie müssen ausdrücklich erfolgen. Mit Ausnahme des Abs. 3 S. 1 Hs. 2 (ggf. iVm Abs. 4 S. 2) ist der Intermediär an die Weisungen gebunden. Ein abweichendes Verhalten kann zulässig sein, wenn die Befolgung der Weisung aufgrund veränderter Sach- und Antragslage **evident gesellschaftsschädlich** wäre (LG Düsseldorf 4.6.1991, AG 1991, 409; offenlassend OLG Düsseldorf 17.5.1994, AG 1994, 421 (422)) oder den **Interessen des Aktionärs offensichtlich zuwider** liefe (*Henssler* ZHR 157 (1993), 91 (103 ff.)). In diesen Fällen besteht **Berichtspflicht** nach § 665 BGB. 9

5. Stimmrechtsausübung in der eigenen Hauptversammlung. Aktienbanken dürfen das Stimmrecht ihrer Aktionäre in der eigenen HV gem. Abs. 3 S. 3 (ggf. iVm Abs. 4 S. 2) nur ausüben, soweit der Aktionär eine **ausdrückliche Weisung** zu den einzelnen Versammlungsgegenständen erteilt hat. Die Weisungen müssen nicht unter Einhaltung eines Formerfordernisses erteilt werden (MüKoAktG/*Arnold* Rn. 137). 10

6. Beschränkungen bei eigener Beteiligung. Hält der Intermediär an einer Gesellschaft, in deren HV es als Vertreter Stimmabgaben vornehmen will, mehr als 20 % des Grundkapitals unter Berück- 11 sichtigung von Anteilen abhängiger Unternehmen, bedarf es **ausdrücklicher Weisungen** seiner Kunden zu den einzelnen Gegenständen der Tagesordnung. Gemäß dem mit Gesetz zur Umsetzung der Transparenzrichtlinie-Änderungsrichtlinie eingefügten Abs. 3 S. 4 Hs. 2 bleiben für die Berechnung der Beteiligungsschwelle mittelbare Beteiligungen iSd ebenfalls neu geschaffenen § 22a Abs. 3–6 WpHG außer Betracht. Bisher fanden sich diese Regelungen in § 94 Abs. 2–4 KAGB aF (näher *Burgard/Heimann* WM 2015, 1445 (1449)). Beabsichtigt der Intermediär, seine eigenen Stimmrechte statt derer der Kunden auszuüben, ist er benachrichtigungspflichtig nach § 665 S. 2 BGB.

12 **7. Rechtsfolgen bei Verstoß.** Gemäß Abs. 7 führt nur ein Verstoß gegen Abs. 1 S. 1 zur Unwirksamkeit der Stimmabgabe. Eine Anfechtbarkeit des HV-Beschlusses besteht in diesem Fall aber nur dann, wenn es für das Beschlussergebnis auf die betroffenen Stimmen ankommt (Hüffer/Koch/*Koch* Rn. 46). Vgl. zudem § 405 Abs. 3 Nr. 5.

III. Fremde Namensaktien (Abs. 6)

13 Abs. 6 regelt den Fall, in dem der Intermediär als Inhaber der fremden Aktien in das Register eingetragen ist. Fehlt die Eintragung, muss sich der Intermediär durch Vollmacht legitimieren. Besteht die Eintragung, gilt für die Aktionärseigenschaft des Intermediärs die unwiderlegliche Vermutung des § 67 Abs. 2. Daher ist eine Ermächtigung zur Stimmrechtsausübung erforderlich.

IV. Mitteilungs- und Begründungspflichten (Abs. 3 S. 2)

14 Ist eine unerwartete Abweichung des Verhaltens des Intermediärs von den Weisungen des Aktionärs erforderlich (→ Rn. 8), besteht neben der Berichtspflicht aus § 665 BGB eine Rechenschaftspflicht nach Abs. 3 S. 2 (ggf. iVm Abs. 4 S. 2). Die Rechenschaft ist unverzüglich abzulegen (MüKoAktG/*Arnold* Rn. 135).

V. Stimmrechtsberater und geschäftsmäßig Handelnde (Abs. 8)

15 Zum Schutz der Aktionärsinteressen stellt Abs. 8 **Aktionärsvereinigungen, Stimmrechtsberater** und **geschäftsmäßig Handelnde** den Intermediären gleich. Geschäftsmäßig Handelnde müssen in Wiederholungsabsicht handeln (vgl. OLG Hamm 8.10.2012, NZG 2013, 302 (303)). Ein berufliches oder gewerbliches Betreiben der Stimmrechtausübung ist nicht vorausgesetzt (Hüffer/Koch/*Koch* Rn. 48). Ausgenommen sind Angehörige, da hier die Interessen des Aktionärs nicht gefährdet erscheinen. Abs. 1–7 gelten entsprechend.

16 Die aufgrund des **ARUG II** erfolgte Einbeziehung des Stimmrechtsberaters in die in Abs. 8 angeordnete sinngemäße Anwendung der Abs. 1–7 trägt dem Spektrum der Geschäftsmodelle der Stimmrechtsberater Rechnung. Dies ist kein Novum, soweit der Stimmrechtsberater die Stimmrechtsausübung für Dritte als Dienstleistung anbietet. Denn dann liegt bereits eine geschäftsmäßige Stimmrechtsvertretung vor, die von § 135 Abs. 8 aF erfasst wurde (vgl. *Schmidt* NZG 2018, 1201 (1220)). Beschränkt sich der Stimmrechtsberater demgegenüber auf die in § 134a Abs. 1 Nr. 3 genannte Aktivität, war die (entsprechende) Anwendbarkeit des § 135 aF str. (s. hierzu *Tröger* ZGR 2019, 126 (157 f.) mwN). Aus der Neufassung des Abs. 8 ergibt sich, dass sich die entsprechende Anwendung der Abs. 1–7 in diesen Fällen auf diejenigen Regelungen beschränkt, die nach Sinn und Zweck auch bei Stimmrechtsvorschlägen ohne nachfolgende Stimmrechtsausübung anzuwenden sind, also insbesondere Abs. 2 S. 2 und 4 (RegE BT-Drs. 19/9739, 107 f.). Die damit zusammenhängenden Berichtspflichten folgen hingegen aus § 134d Abs. 4.

VI. Sanktionen (Abs. 9)

17 Eine Schadensersatzpflicht kann sich aus § 280 Abs. 1 BGB, § 826 BGB oder – nach hM (K. Schmidt/Lutter/*Spindler* Rn. 55) – aus § 823 Abs. 2 BGB iVm § 135 ergeben. Diese kann im Voraus weder ausgeschlossen noch beschränkt werden. Die Aufnahme der geschäftsmäßigen Stimmrechtsvertreter aufgrund des ARUG II dient in erster Linie der Vermeidung einer haftungsrechtlichen Schlechterstellung der Intermediäre (RegE BT-Drs. 19/9739, 108) und beendet den Streit darüber, ob Abs. 9 bei den Normadressaten des Abs. 8 analog angewendet werden sollte.

Ausschluß des Stimmrechts

136 (1) [1]**Niemand kann für sich oder für einen anderen das Stimmrecht ausüben, wenn darüber Beschluß gefaßt wird, ob er zu entlasten oder von einer Verbindlichkeit zu befreien ist oder ob die Gesellschaft gegen ihn einen Anspruch geltend machen soll.** [2]**Für Aktien, aus denen der Aktionär nach Satz 1 das Stimmrecht nicht ausüben kann, kann das Stimmrecht auch nicht durch einen anderen ausgeübt werden.**

(2) [1] **Ein Vertrag, durch den sich ein Aktionär verpflichtet, nach Weisung der Gesellschaft, des Vorstands oder des Aufsichtsrats der Gesellschaft oder nach Weisung eines abhängigen Unternehmens das Stimmrecht auszuüben, ist nichtig.** [2] **Ebenso ist ein Vertrag nichtig, durch den sich ein Aktionär verpflichtet, für die jeweiligen Vorschläge des Vorstands oder des Aufsichtsrats der Gesellschaft zu stimmen.**

Übersicht

I. Allgemeines

Die Norm behandelt Stimmverbote (Abs. 1) und die Nichtigkeit von Stimmbindungsverträgen gegenüber der AG oder ihrer Verwaltung (Abs. 2). Abs. 1 soll die Stimmausübung aufgrund von Individualinteressen verhindern, die typischerweise im Konflikt zu den Gesellschaftsinteressen stehen. Abs. 2 sucht zu verhindern, dass die Verwaltung aufgrund eigener Interessen die Beschlussfassung beeinflusst. Die HV soll also möglichst ungebunden von den Interessen der Verwaltung agieren (vgl. Hüffer/Koch/*Koch* Rn. 1 f.; K. Schmidt/Lutter/*Spindler* Rn. 2). Hinsichtlich der Stimmverbote ist zu beachten, dass eine Verkürzung der Stimmverbote durch die Satzung nicht möglich ist. Eine Erweiterung der Regelung des Abs. 1, dh die Regelung zusätzlicher Stimmverbote mittels Satzungsbestimmung, ist nur in Bereichen zulässig, in denen die Satzung neue Zuständigkeiten der HV schafft (MüKoAktG/*Arnold* Rn. 30; **aA** Spindler/Stilz/*Rieckers* Rn. 2). Die Regelung ist im Grundsatz abschließend, insbesondere kommt nicht in Betracht, sie allgemein bei Interessenkonflikten anzuwenden (näher hierzu etwa Spindler/Stilz/*Rieckers* Rn. 15 ff.). Gemäß § 286 Abs. 5 S. 3 HGB gilt Abs. 1 allerdings entsprechend bei der Beschlussfassung über einen Verzicht auf die erweiterte Offenlegungspflicht für Vorstandsgehälter nach § 285 S. 1 Nr. 9a S. 5–9 HGB für einen Aktionär, dessen Bezüge als Vorstandsmitglied von der Beschlussfassung betroffen sind. Der Wortlaut des § 286 Abs. 5 HGB ist eindeutig, Vorstandsmitglieder, die nicht selbst Aktionär sind, dürfen das Stimmrecht mithin für Dritte ausüben (Spindler/Stilz/*Rieckers* Rn. 2; MüKoAktG/*Arnold* Rn. 17). 1

II. Stimmrechtsausschluss (Abs. 1)

1. Verbotsadressaten. a) Aktionäre. Adressaten des Verbots aus Abs. 1 sind zunächst die Aktionäre, wenn darüber Beschluss gefasst wird, sie selbst zu entlasten, sie von einer Verbindlichkeit zu befreien oder ob gegen sie Ansprüche geltend gemacht werden sollen. In Übertragung der Wertung des Stimmverbots aus § 47 Abs. GmbHG ist ein Stimmrechtsausschluss nach Alt. 3 zwar grundsätzlich auch für nur mittelbar von der Beschlussfassung betroffene Aktionäre denkbar; so etwa bei der Beschlussfassung über Ansprüche gegen Vorstands- und AR-Mitglieder. Dies gilt aber allenfalls dann, wenn nicht nur wegen desselben Sachverhalts Ansprüche gegen diese Organträger und den Aktionär im Raum stehen, sondern der Anspruch zusätzlich auch auf einer gemeinsam begangenen Pflichtverletzung basiert (OLG Karlsruhe 14.3.2018, AG 2018, 367 (373 f.); **aA** K. Schmidt/Lutter/*Spindler* § 147 Rn. 14). Ausnahmen vom Stimmrechtsausschluss gelten indes für die Einmann-AG (BGH 12.7.2011, AG 2011, 702 (703); OLG München 3.3.2010, NZG 2010, 503 (505) mwN; Hüffer/Koch/*Koch* Rn. 5; NK-AktKapMarktR/*Krenek*/*Pluta* Rn. 14) und die gleichmäßige Befangenheit aller Aktionäre (Hüffer/Koch/*Koch* Rn. 5). 2

b) Vertreter. Das Verbot gilt auch dann, wenn der ausgeschlossene Aktionär als Vertreter für einen anderen handelt (MüKoAktG/*Arnold* Rn. 32). Es gilt ferner für Vertreter, die das Stimmrecht für ausgeschlossene Aktionäre ausüben wollen (Abs. 1 S. 2). Die Art der Vertretung (→ § 129 Rn. 15 ff.) ist nicht maßgebend. Das Stimmverbot gilt selbst dann, wenn der Vertreter seinerseits nicht Aktionär ist, als solcher jedoch einem Stimmverbot unterläge (BGH 12.6.1989, BGHZ 108, 21 = NJW 1989, 2694 (zur GmbH)). Ist der Vertreter wegen eines Stimmverbotes ausgeschlossen, kann er auch keine Untervollmacht erteilen (Hüffer/Koch/*Koch* Rn. 6; **aA** RG 2.2.1923, RGZ 106, 258 (263)). 3

4 **c) Nahe Angehörige.** Nahe Angehörige und in sonstiger Weise mit dem von der Stimmrechtsausübung ausgeschlossenen Aktionär nah verbundene Personen sind nicht von dem Stimmverbot umfasst (ganz hM, BGH 16.2.1981, BGHZ 80, 69 (71) = NJW 1981, 1512; MüKoAktG/*Arnold* Rn. 35).

5 **d) Sicherheitengeber.** Dem Stimmrechtsverbot unterliegt auch ein Sicherheitengeber des Schuldners, sofern es um die Befreiung des Schuldners von einer Verpflichtung geht, die die Befreiung von der Sicherheit für den Sicherheitengeber zur Folge hätte (MüKoAktG/*Arnold* Rn. 37).

6 **e) Beteiligung anderer Gesellschaften.** Bei Beteiligung anderer Gesellschaften kommen mehrere Konstellationen in Betracht. Zunächst ist die **Rechtsform der beteiligten Gesellschaft** zu betrachten. Verfehlt ist hier der Ansatz, vor dem Hintergrund des Abs. 1 Personengesellschaften anderen Gesamthands- und Bruchteilsgemeinschaften gleichzustellen und in Bezug auf juristische Personen eine Durchgriffsproblematik zu diskutieren. Vielmehr sind Personengesellschaften aufgrund ihrer Rechtsfähigkeit (str., s. MüKoBGB/*Schäfer* BGB § 705 Rn. 289 ff.) mit juristischen Personen gemeinsam zu betrachten und von anderen Gemeinschaften zu unterscheiden (Hüffer/Koch/*Koch* Rn. 8; MüKoAktG/*Arnold* Rn. 40 ff.).

7 Unterschieden werden muss zwischen Stimmverboten, die sich **gegen die Drittgesellschaft** richten und auf deren Mitglieder ausstrahlen (→ Rn. 8) und solchen, die sich **gegen einzelne Mitglieder der Drittgesellschaft** richten und auf die Gesellschaft wirken (→ Rn. 9). Zu der ähnlichen Problematik bezogen auf **Organmitglieder** der Drittgesellschaft → Rn. 10.

8 Das **gegen die Drittgesellschaft** wirkende Stimmverbot erfasst auch deren Mitglieder hinsichtlich der Stimmausübung aus persönlichem Aktienbesitz, wenn zwischen den Mitgliedern und der Drittgesellschaft eine stärkere gesellschaftsrechtlich fundierte, wirtschaftliche und **nachhaltige Interessenverknüpfung** besteht als zwischen den Mitgliedern und der AG. In diesen Fällen liegt nämlich nahe, dass das jeweilige Mitglied die Interessen der Drittgesellschaft in der HV stärker berücksichtigen würde als diejenigen der AG selbst (überwM, Hüffer/Koch/*Koch* Rn. 12; MüKoAktG/*Arnold* Rn. 42; *M. Winter,* Mitgliedschaftliche Treuebindungen im GmbH-Recht, 1988, 104 Fn. 42). Hiervon umfasst sind bspw. Fälle, in denen das Mitglied persönlich haftender Gesellschafter der Drittgesellschaft ist oder, falls es sich bei dieser um eine Kapitalgesellschaft handelt, er diese (alleine) kontrolliert (MüKoAktG/*Arnold* Rn. 43; Hüffer/Koch/*Koch* Rn. 13).

9 Richtet sich das Stimmverbot **gegen einzelne Mitglieder der Drittgesellschaft,** wirkt dieses zu ihren Lasten nur, wenn die betroffenen Mitglieder **maßgeblichen Einfluss** auf sie haben (hM, Hüffer/Koch/*Koch* Rn. 10; MüKoAktG/*Arnold* Rn. 45; NK-AktKapMarktR/*Krenek/Pluta* Rn. 18). Anderenfalls ist die Durchsetzung von Individualinteressen nicht zu befürchten. Höhere Anforderungen (vollständige Beherrschung der Drittgesellschaft) sind ebenso wie niedrigere Anforderungen (bloße Mitgliedschaft eines von einem Stimmverbot betroffenen Mitglieds) angesichts des Schutzzwecks des Abs. 1 abzulehnen (Hüffer/Koch/*Koch* Rn. 10), wobei allein die abstrakte Beeinflussungsgefahr maßgeblich ist und nicht etwa die tatsächliche Beeinflussung (Hüffer/Koch/*Koch* Rn. 10; vgl. auch *Happ/Bednarz* FS Hoffmann-Becking, 2013, 433 (443); *Villeda* AG 2013, 57 (59)). In Betracht kommen zB Fälle, in denen der vom Stimmverbot betroffene Gesellschafter Alleingesellschafter einer AG oder einziger Komplementär einer KG ist (s. auch MüKoAktG/*Arnold* Rn. 45).

10 Vergleichbar mit den genannten Konstellationen sind die Fallgestaltungen mit Betroffenheit von **Organmitgliedern** der Drittgesellschaft. In Betracht kommen etwa Fälle, in denen ein Vorstands- oder Aufsichtsratsmitglied der AG zugleich Vorstands- oder Aufsichtsratsmitglied des beherrschenden Aktionärs ist. Denkbar sind wiederum zwei Konstellationen: das Stimmverbot kann sich **gegen das Organmitglied** oder **gegen die Drittgesellschaft** richten. Im ersten Fall ist nach hM wiederum eine **maßgebliche Einflussmöglichkeit** des Organmitglieds auf die Drittgesellschaft entscheidend (MüKoAktG/*Arnold* Rn. 47; Hüffer/Koch/*Koch* Rn. 14; NK-AktKapMarktR/*Krenek/Pluta* Rn. 19). Diese dürfte bei Vorstandsmitgliedern je nach interner Aufgabenverteilung häufig, bei Aufsichtsratsmitgliedern dagegen typischerweise nicht bestehen, wobei es im Einzelfall auch darauf ankommt, ob die Drittgesellschaft dem MitbestG unterliegt und inwieweit der Zustimmungsvorbehalt zugunsten des Aufsichtsrats in § 111 Abs. 4 etabliert wurden (eingehend hierzu *Petersen/Schulze de la Cruz* NZG 2012, 453). Im zweiten Fall kommt es nach wohl hM parallel zu den Fällen betreffend Mitglieder der Drittgesellschaft auf eine **nachhaltige Interessenverknüpfung** der Organmitglieder an (MüKoAktG/*Arnold* Rn. 46; Hüffer/Koch/*Koch* Rn. 14).

11 **f) Gemeinschaftliche Berechtigung.** Bei gemeinschaftlicher Berechtigung (etwa bei Erbengemeinschaften oder Ehegatten in Gütergemeinschaft) trifft das Stimmverbot nicht zwingend auch den Mitberechtigten. Dies ist nur der Fall, wenn der von dem Stimmverbot betroffene Teilhaber die Stimmabgabe maßgeblich beeinflussen kann (hM, MüKoAktG/*Arnold* Rn. 52). Dies ist zB der Fall, wenn der Betroffene einen Nachlass verwaltet.

12 **g) Verpflichteter aus Stimmbindungsvertrag mit Befangenem.** Hat ein Aktionär einen Stimmbindungsvertrag mit dem Befangenen geschlossen, ist er von dieser Verpflichtung zur festgelegten Stimmabgabe frei, soweit die Befangenheit besteht (MüKoAktG/*Arnold* Rn. 54).

2. Sachliche Voraussetzungen. Sachlich muss einer der drei in Abs. 1 genannten Fälle vorliegen: Entlastung, Befreiung von einer Verbindlichkeit oder Geltendmachung eines Anspruchs. 13

Entlastung ist iSd § 120 zu verstehen. Nicht erfasst sind Anträge auf Abberufung von Aufsichtsratsmitgliedern oder Vertrauensentzug gegen Vorstandsmitglieder (NK-AktKapMarktR/*Krenek/Pluta* Rn. 6). Bei Gesamtentlastung eines Organs sind alle Mitglieder des betreffenden Organs von der Stimmabgabe ausgeschlossen, jedoch nicht die Mitglieder anderer Organe (Hüffer/Koch/*Koch* Rn. 19 f.). 14

Befreiung von einer Verbindlichkeit meint den Erlass, einen Vergleich oder eine Stundung der Forderung (NK-AktKapMarktR/*Krenek/Pluta* Rn. 8), nicht jedoch eine Kapitalherabsetzung zur Befreiung der Aktionäre von Einlagepflichten (hM, Hüffer/Koch/*Koch* Rn. 22). Die Herkunft der Verbindlichkeit ist unerheblich. 15

Unter **Geltendmachung eines Anspruchs** ist jede Form der gerichtlichen und außergerichtlichen Anspruchsverfolgung zu verstehen. Umfasst sind ferner beendende Prozesshandlungen wie der Vergleichsschluss oder die Klagrücknahme (K. Schmidt/Lutter/*Spindler* Rn. 28). Die Herkunft des Anspruchs ist unerheblich. 16

3. Rechtsfolgen verbotswidriger Stimmabgabe. Entgegen Abs. 1 abgegebene Stimmen sind gem. § 134 BGB **nichtig.** Wirken sich nichtige Stimmen fälschlicherweise auf einen HV-Beschluss aus, ist dieser **anfechtbar** (OLG Düsseldorf 20.12.2018, AG 2018, 348 (352); OLG Frankfurt a. M. 16.9.1999, NJW-RR 2001, 466 (467)). Der AG kann bei Verschulden ein **Schadensersatzanspruch** entstehen (Hüffer/Koch/*Koch* Rn. 24). Eine **Ordnungswidrigkeit** nach § 405 Abs. 3 Nr. 5 kann in Betracht kommen. 17

III. Nichtigkeit von Stimmbindungen (Abs. 2)

Mit Abs. 2 stellt der Gesetzgeber sicher, dass die Verwaltung nicht über Stimmbindungen für ein ihr günstiges Abstimmungsverhalten in der HV sorgen kann und somit die Kontrollfunktion der HV beeinträchtigt wird. 18

Erfasst sind Stimmbindungen an **Weisungen** (Abs. 2 S. 1) oder an **Verwaltungsvorschläge** (Abs. 2 S. 2). **Vertragspartner** des Aktionärs kann jedermann sein. **Weisungsberechtigt** können die Gesellschaft selbst, der Vorstand oder der AR sein. Durch wen die Gesellschaft hierbei vertreten wird (Vorstand, Prokurist, Dritter), ist nicht entscheidend. Sieht die (nichtige) Weisungsvereinbarung eine Weisung durch den Vorstand oder AR vor, meint sie damit eine Weisung durch die Mitglieder des Organs. Denn die Organe selbst sind nicht rechtsfähig und daher keine tauglichen Vertragspartner. Fraglich ist, ob eine Vereinbarung vorsehen kann, dass nur einzelne Mitglieder eines Organs der Gesellschaft die Weisung erteilen. Sind diese rechtlich in der Lage, die Willensbildung in dem jeweiligen Organ zu bestimmen, genügt dies für die Nichtigkeit des Stimmbindungsvertrages (Hüffer/Koch/*Koch* Rn. 26; MüKoAktG/*Arnold* Rn. 79). Darüber hinaus tritt in diesen Fällen Nichtigkeit nur bei Hinzutreten eines Umgehungstatbestands ein (MüKoAktG/*Arnold* Rn. 79). 19

Abstimmung über Wahlvorschläge von Aktionären

137 Hat ein Aktionär einen Vorschlag zur Wahl von Aufsichtsratsmitgliedern nach § 127 gemacht und beantragt er in der Hauptversammlung die Wahl des von ihm Vorgeschlagenen, so ist über seinen Antrag vor dem Vorschlag des Aufsichtsrats zu beschließen, wenn es eine Minderheit der Aktionäre verlangt, deren Anteile zusammen den zehnten Teil des vertretenen Grundkapitals erreichen.

§ 137 befasst sich mit der Reihenfolge der Abstimmung über Wahlvorschläge von Aktionären für den AR nach § 127. Wird der Vorschlag von einer Minderheit unterbreitet, die wenigstens 10 % des vertretenen Grundkapitals hält, wird er vorrangig zur Abstimmung gestellt. Bezweckt ist eine Erhöhung der Erfolgsaussichten (Hüffer/Koch/*Koch* Rn. 1; Spindler/Stilz/*Rieckers* Rn. 1). 1

Voraussetzung für die vorrangige Behandlung des Wahlvorschlages ist, dass es sich um einen **Vorschlag nach § 127** handelt. Hierfür ist erforderlich, dass der Vorschlag nach § 126 mitteilungspflichtig ist. Erforderlich ist ferner die Erklärung des Aktionärs, er wolle dem Wahlvorschlag des Aufsichtsrates widersprechen. Die Frist des § 126 Abs. 1 ist zu berücksichtigen. Ein auf den vorgeschlagenen Kandidaten bezogener **Antrag** des vorschlagenden Aktionärs **in der HV** muss gestellt werden. Die **Priorität** muss neben der Antragstellung – nicht notwendigerweise vom Antragsteller – **in Anspruch genommen** werden. Vorher ist der Versammlungsleiter nicht verpflichtet, eine vorherige Abstimmung durchzuführen und nach der Unterstützung der Minderheit für den Vorschlag zu fragen. 2

Bei Vorliegen der Voraussetzungen muss der Versammlungsleiter die hierdurch festgelegte Abstimmungsreihenfolge beachten. Bei Vorschlägen mehrerer Aktionäre ist der Versammlungsleiter frei, die 3

Reihenfolge unter diesen zu bestimmen (Hüffer/Koch/*Koch* Rn. 4). Der Vorrang vor dem Vorschlag des Aufsichtsrates bleibt bestehen.

4 Ein Verstoß gegen § 137 hat die Anfechtbarkeit der Wahl nach § 243 S. 1, § 251 Abs. 1 S. 1 zur Folge. Anderes gilt, wenn die Wahl nicht auf dem Verstoß beruht.

Fünfter Unterabschnitt. Sonderbeschluß

Gesonderte Versammlung. Gesonderte Abstimmung

138 **[1]In diesem Gesetz oder in der Satzung vorgeschriebene Sonderbeschlüsse gewisser Aktionäre sind entweder in einer gesonderten Versammlung dieser Aktionäre oder in einer gesonderten Abstimmung zu fassen, soweit das Gesetz nichts anderes bestimmt. [2]Für die Einberufung der gesonderten Versammlung und die Teilnahme an ihr sowie für das Auskunftsrecht gelten die Bestimmungen über die Hauptversammlung, für die Sonderbeschlüsse die Bestimmungen über Hauptversammlungsbeschlüsse sinngemäß. [3]Verlangen Aktionäre, die an der Abstimmung über den Sonderbeschluß teilnehmen können, die Einberufung einer gesonderten Versammlung oder die Bekanntmachung eines Gegenstands zur gesonderten Abstimmung, so genügt es, wenn ihre Anteile, mit denen sie an der Abstimmung über den Sonderbeschluß teilnehmen können, zusammen den zehnten Teil der Anteile erreichen, aus denen bei der Abstimmung über den Sonderbeschluß das Stimmrecht ausgeübt werden kann.**

I. Allgemeines

1 Bestimmte Beschlüsse der HV oder Geschäftsführung bedürfen der Zustimmung bestimmter Aktionäre. § 138 sieht für solche Sonderbeschlüsse zwei grundsätzlich gleichermaßen zulässige Beschlussverfahren vor, (i) die **gesonderte Versammlung** und (ii) die **gesonderte Abstimmung.** Über das geeignete Verfahren entscheidet der Vorstand, sofern nicht eine qualifizierte Minderheit nach S. 3 Alt. 1 eine gesonderte Versammlung verlangt.

2 **Gesetzlich vorgeschriebene** Sonderbeschlüsse finden sich in §§ 141, 179 Abs. 3 S. 2, § 182 Abs. 2 S. 2 (ggf. durch Verweisung nach § 193 Abs. 1 S. 3, § 202 Abs. 2 S. 4, § 221 Abs. 1 S. 4), § 222 Abs. 2 S. 2 (§ 229 Abs. 3, § 237 Abs. 2 S. 1), § 295 Abs. 2, § 296 Abs. 2, § 297 Abs. 2, § 302 Abs. 3 S. 3, § 309 Abs. 3 S. 1, § 310 Abs. 4, § 317 Abs. 4, § 318 Abs. 4. Wegen § 23 Abs. 5 sind **satzungsmäßig** vorgeschriebene Sonderbeschlüsse praktisch bedeutungslos (Hüffer/Koch/*Koch* Rn. 2).

3 Sonderbeschlüsse sind materiell-rechtlich **Zustimmungserklärungen.** Diese können entweder nach § 183 BGB als Einwilligung oder nach § 184 BGB als Genehmigung erteilt werden (Spindler/Stilz/*Rieckers* Rn. 4). Sonderbeschlüsse sind erforderlich, wo das Gesetz oder die Satzung diese vorschreibt. In einigen Fällen ist die Fassung eines positiven Sonderbeschlusses Wirksamkeitsvoraussetzung für einen **HV-Beschluss.** Der HV-Beschluss ist dann bis zum Erlass des Sonderbeschlusses schwebend unwirksam (OLG Stuttgart 11.2.1992, DB 1992, 566). Der Sonderbeschluss allein bleibt wirkungslos (Hüffer/Koch/*Koch* Rn. 7). Diese Fälle betreffen zB die §§ 141, 179 Abs. 3, § 182 Abs. 2, § 222 Abs. 2, § 295 Abs. 2. In anderen Fällen ist der Sonderbeschluss für eine **Maßnahme im Zuständigkeitsbereich der Verwaltung** erforderlich. Dies sind Fälle, in denen außenstehende Aktionäre dem Verwaltungshandeln zustimmen müssen, etwa in den Fällen der § 296 Abs. 2, § 297 Abs. 2, § 302 Abs. 3 S. 3, § 309 Abs. 3 S. 1, § 310 Abs. 4, § 317 Abs. 4, § 318 Abs. 4.

II. Sinngemäße Geltung der Regeln über die Hauptversammlung

4 Für die **gesonderte Versammlung** gelten nach S. 2 die Vorschriften über die Einberufung der HV (§§ 121–126, 128), die Teilnahme (§§ 118, 129) und das Auskunftsrecht (§§ 131, 132) analog. Ebenso gelten die Vorschriften über die Beschlüsse (§§ 130, 133 ff.) und die Nichtigkeit und Anfechtbarkeit von Beschlüssen (§§ 241–249, 255). Nichtigkeitsklage können alle Aktionäre, nicht nur diejenigen, die an dem Sonderbeschluss mitwirkungsberechtigt sind, erheben. Anfechtungsklage dagegen können nur die Mitglieder des Vorstands und der Vorstand selbst (§ 245 Nr. 4 und 5) sowie die an dem Sonderbeschluss mitwirkungsberechtigten Aktionäre unter den Voraussetzungen des § 245 Nr. 1–3 erheben.

5 Eine gesonderte Versammlung ist in zwei Fällen **zwingend gesetzlich vorgeschrieben:** (i) bei Verlangen einer Minderheit von am Sonderbeschluss mitwirkungsberechtigten Aktionären, die zusammen 10% der im Hinblick auf den Sonderbeschluss stimmberechtigten Anteile halten und (ii) bei Aufhebung oder Beschränkung des Vorzugs der Vorzugsaktionäre ohne Stimmrecht und der Ausgabe neuer Vorzugsaktien, die den bereits bestehenden Vorzugsaktien gleichstehen oder vorgehen (§ 141 Abs. 3 S. 1).

6 In allen anderen Fällen genügt eine **gesonderte Abstimmung** iRe HV. Diese ist als eigener Tagesordnungspunkt anzusetzen und anzukündigen (Hüffer/Koch/*Koch* Rn. 5). Das **Teilnehmerverzeichnis** muss die an der gesonderten Abstimmung teilnahmeberechtigten Aktionäre erkennen lassen. Hierfür

ist auch die Führung eines zweiten Teilnehmerverzeichnisses möglich. Die **Niederschrift** muss Informationen darüber enthalten, wie sichergestellt wurde, dass nur stimmberechtigte Aktionäre sich an der Abstimmung über den Sonderbeschluss beteiligt haben.

Nach § 122 Abs. 1 und 2 iVm § 138 S. 2 kann eine **Minderheit** von Aktionären, die mindestens 5 % des Grundkapitals hält (bzw. die im Falle des § 122 Abs. 2 den anteiligen Betrag von 500.000 EUR hält), die Einberufung einer gesonderten Versammlung oder die Bekanntmachung von Gegenständen zur gesonderten Abstimmung verlangen. Diese Regelung besteht neben der des Satzes 3. Danach stehen die gleichen Rechte einer Minderheit zu, die 10 % der stimmberechtigten Anteile hält. 7

Sechster Unterabschnitt. Vorzugsaktien ohne Stimmrecht

Wesen

139 (1) [1]**Für Aktien, die mit einem Vorzug bei der Verteilung des Gewinns ausgestattet sind, kann das Stimmrecht ausgeschlossen werden (Vorzugsaktien ohne Stimmrecht).** [2]**Der Vorzug kann insbesondere in einem auf die Aktie vorweg entfallenden Gewinnanteil (Vorabdividende) oder einem erhöhten Gewinnanteil (Mehrdividende) bestehen.** [3]**Wenn die Satzung nichts anderes bestimmt, ist eine Vorabdividende nachzuzahlen.**

(2) **Vorzugsaktien ohne Stimmrecht dürfen nur bis zur Hälfte des Grundkapitals ausgegeben werden.**

I. Allgemeines

Vorzugsaktien ohne Stimmrecht sind nach § 12 Abs. 1 S. 2 zulässig und stellen eine besondere Gattung nach § 11 dar. Sie schaffen einen **Anreiz für (Klein-)Aktionäre,** die kein Interesse an Mitsprache, dafür an einer idR höheren, jedenfalls vorrangigen wirtschaftlichen Beteiligung haben (KK-AktG/*Zöllner* Rn. 37). Bei der Ausgabe neuer Aktien in Form von Vorzugsaktien kann das Eigenkapital erhöht werden, ohne bestehende Mehrheitsverhältnisse anzutasten (GroßkommAktG/*Bezzenberger* Rn. 6). Abs. 2 begrenzt die Zahl der stimmrechtslosen Aktien, um zu **vermeiden,** dass sich die **Macht** bei wenigen Stammaktionären zu sehr **konzentriert.** Diese Regelung ist nach § 23 Abs. 5 zwingender Natur (Hüffer/Koch/*Koch* Rn. 1). Die Aktienrechtsnovelle 2016 brachte zuletzt beträchtlich erweiterte Spielräume bei der Ausgestaltung von stimmrechtslosen Vorzugsaktien mit sich, die vorher zwingend mit einem nachzuzahlenden Vorzug bei der Gewinnverteilung auszustatten waren (→ Rn. 2, → Rn. 5 f., zur Bewertung → § 140 Rn. 12). 1

II. Stimmrechtslose Vorzugsaktien (Abs. 1)

1. Begriff und Einführung. In Abs. 1 S. 1 ist der Begriff der stimmrechtslosen Vorzugsaktien legaldefiniert. Sie sind gekennzeichnet durch einen Vorzug bei Ausschluss des Stimmrechts. Der Stimmrechtsausschluss ist an einen Vorzug bei der Verteilung des Bilanzgewinns geknüpft, wobei der Vorzug insbesondere in einer **vorrangigen** Befriedigung vor den Stammaktionären liegen kann (**Vorabdividende,** S. 2 Var. 1). Dies gilt auch dann, wenn der Bilanzgewinn nicht ausreicht, um auch den Stammaktionären eine Dividende zu zahlen (*T. Bezzenberger,* Vorzugsaktien ohne Stimmrecht, 1991, 43). Das Stimmrecht kann seit der Aktienrechtsnovelle 2016 auch bei einem als **Mehrdividende,** dh einem erhöhten Gewinnanteil pro Aktie, ausgestalteten Vorzug entfallen (S. 2 Var. 2). Weitere Gestaltungsmöglichkeiten, insbesondere eine Kombination von Vorab- und Mehrdividende, die vor der Aktienrechtsnovelle 2016 realiter die Regel bildete, sind denkbar (*Ihrig/Wandt* BB 2016, 6 (14)). 2

Zur **Einführung** von stimmrechtslosen Vorzugsaktien bedarf es einer entsprechenden Satzungsregelung nach § 12 Abs. 1 S. 2, § 60 Abs. 3. Werden Vorzugsaktien iRe **Kapitalerhöhung** neu geschaffen, bedarf es der Einzelzustimmung aller Altaktionäre nicht, weil nicht in bestehende Mitgliedsrechte eingegriffen wird. Demgegenüber müssen betroffene Aktionäre zustimmen, wenn bisherige Stammaktien in Vorzugsaktien **umgewandelt** werden bzw. bei bereits bestehenden Vorzugsaktien mit Stimmrecht das Stimmrecht nachträglich ausgeschlossen werden soll (BGH 19.12.1977, BGHZ 70, 117 (122) = NJW 1978, 540). Die Zustimmung ist von der bloßen Bejahung der Umwandlung zu unterscheiden. Wegen § 53a ist ein Zustimmungserfordernis auch hinsichtlich der nicht von der Umwandlung der Aktien betroffenen Aktionäre zu bejahen (Spindler/Stilz/*Bormann* Rn. 36; KK-AktG/*Zöllner* Rn. 191; Hüffer/Koch/*Koch* Rn. 16; GroßkommAktG/*Bezzenberger* Rn. 41). 3

2. Voraussetzungen. a) Vorzugsdividende. Hinsichtlich der Höhe des Vorzugs ist ein fester Prozentsatz des Nennbetrags bei Nennbetragsaktien ebenso denkbar wie ein Festbetrag oder ein anteiliger Betrag des Grundkapitals sowie eine Koppelung an eine variable Bezugsgröße wie den Basiszinssatz nach § 247 BGB (Spindler/Stilz/*Bormann* Rn. 12). Sofern der Vorzug nachzuzahlen ist, muss die Höhe des Vorzugs **objektiv bestimmbar** sein (hM, MüKoAktG/*Arnold* Rn. 12; Hüffer/Koch/*Koch* Rn. 11; **aA** Hölters/*Hirschmann* Rn. 9). Eine Verknüpfung mit der Höhe des jeweiligen Bilanzgewinns ist indes 4 unzulässig, weil anderenfalls die Nachzahlungspflicht für gewinnlose Geschäftsjahre entfiele (MüKoAktG/*Arnold* Rn. 12; Spindler/Stilz/*Bormann* Rn. 11; **aA** Hölters/*Hirschmann* Rn. 9).

5 Nach bisheriger Rechtslage konnte die Satzung zusätzlich zur Priorität eine **Mehrdividende,** dh einen höheren Dividendenanspruch im Vergleich zu den Stammaktionären, vorsehen; diese bildete aber nicht den Vorzug iSd Abs. 1 und konnte daher allein eine Versagung des Stimmrechts nicht rechtfertigen (Hüffer/Koch/*Koch* Rn. 7). Die Neufassung des Abs. 1 S. 2 durch die Aktienrechtsnovelle 2016 räumt weitere statutarische Gestaltungsmöglichkeiten ein. Der Vorzug muss insbesondere nicht mehr zwingend als Vorabdividende ausgestaltet werden; vielmehr ist auch eine Ausgestaltung als erhöhter Gewinnanteil in Form einer Mehr- oder Zusatzdividende möglich.

6 **b) Anspruch auf Nachzahlung.** Wenn die Vorzugsdividende in einem Jahr wegen unzureichenden Bilanzgewinns nicht oder nur teilweise gezahlt werden kann, hatte der Vorzugsaktionär nach bisheriger Rechtslage einen Anspruch auf Nachzahlung in den folgenden Geschäftsjahren. Auch hinsichtlich des Nachzahlungsanspruchs waren die Vorzugsaktionäre vor den Stammaktionären zu befriedigen. Eine Befristung dergestalt, dass der Nachzahlungsanspruch ohne Zahlung nach gewissem Zeitablauf erlischt, war unzulässig (MüKoAktG/*Schröer,* 3. Aufl. 2013, Rn. 14). Möglich blieb indes eine zukünftig wirkende Befristung, wenn die Aktionäre zugleich das Stimmrecht erhielten (allgM, KK-AktG/*Zöllner,* 1. Aufl. 1985, Rn. 13). Ebenso war eine Beendigung mit Wirkung ex nunc durch entsprechende Bedingung möglich, wenn zugleich das Stimmrecht gewährt wurde (hM, Hüffer/Koch/*Koch* Rn. 13, **aA** KK-AktG/*Zöllner,* 1. Aufl. 1985, Rn. 13). Angesichts des eindeutigen Wortlauts mussten sich Vorzugsdividende und Nachzahlungsanspruch betragsmäßig entsprechen, insbesondere durfte letzterer nicht niedriger ausfallen (hM, Hüffer/Koch/*Koch,* 11. Aufl. 2014, Rn. 10, KK-AktG/*Zöllner,* 1. Aufl. 1985, Rn. 17).

7 Infolge der Aktienrechtsnovelle 2016 ist hingegen keine zwingende Nachzahlung des Vorzugs mehr vorgesehen; vielmehr kann die nur noch als Regelfall vorgesehene Nachzahlung in der Satzung der Gesellschaft ganz ausgeschlossen werden (Abs. 1 S. 3; zu den Hintergründen der Regelung → 4. Aufl. 2019, Rn. 10). Aus dieser weitreichenden Gestaltungsfreiheit wird heute einhellig im Wege eines argumentum a fortiori geschlossen, dass auch bloße Beschränkungen der Nachzahlungen zulässig sind, also insbesondere auch eine höhenmäßige Beschränkung, zeitliche Streckung, Befristung oder auflösende Bedingung der Nachzahlungspflicht, sprich: eine inkongruente Ausgestaltung von Vorzug und Nachzahlungspflicht, ohne dass zugleich das Stimmrecht wieder aufleben muss (MüKoAktG/*Arnold* Rn. 17; Grigoleit/*Herrler* Rn. 19; Hüffer/Koch/*Koch* Rn. 14). Dies flexibilisiert die Gestaltungsmöglichkeiten gegenüber der früheren Rechtslage (→ 2. Aufl. 2014, Rn. 6) erheblich, die grundsätzlich von einem dauerhaften Recht auf vollständige Nachzahlung ausging (vgl. Hüffer/Koch/*Koch* Rn. 13). Besteht aber – entsprechend der bisherigen Rechtslage – ein Nachzahlungsanspruch (vgl. Abs. 1 S. 3), sind die Vorzugsaktionäre vor den Stammaktionären zu befriedigen (zur Reihenfolge der Zahlungen Hölters/*Hirschmann* Rn. 17 ff.). Sowohl die Vorzugsdividende als auch der Nachzahlungsanspruch sind Mitgliedsrechte (BGH 22.4.1953, BGHZ 9, 279 (283 f.) = NJW 1953, 1021). Der Nachzahlungsanspruch wird erst mit dem Gewinnverwendungsbeschluss zu einer Forderung gegen die Gesellschaft (BGH 15.4.2010, NZG 2011, 75 (76); MüKoAktG/*Arnold* Rn. 18).

8 **3. Ausschluss des Stimmrechts.** Satzungsändernde HV-Beschlüsse, die das Stimmrecht entgegen Abs. 1 ohne Gewährung eines Gewinnvorzugs ausschließen wollen, sind gem. § 241 Nr. 3 nichtig. Sind aber die Voraussetzungen des Abs. 1 erfüllt, dh räumt die Satzung einen – nicht notwendig nachzuzahlenden – Gewinnvorzug ein, ist das Stimmrecht **insgesamt** ausgeschlossen. Ein beschränktes Stimmrecht ist ebenso wenig zulässig wie ein Minderstimmrecht, dh eine Verringerung der Stimmkraft (Spindler/Stilz/*Bormann* Rn. 31; MüKoAktG/*Arnold* Rn. 7). Nach neuer Rechtslage kommt es für den (vollständigen) Stimmrechtsausschluss nicht mehr auf eine Ausstattung der Vorzugsaktien mit Vorabdividende und Nachzahlungsrecht an (allerdings wirkt sich das Bestehen eines Nachzahlungsrechts gem. § 140 Abs. 2 darauf aus, unter welche Voraussetzungen das Stimmrecht wieder auflebt, vgl. MüKoAktG/*Arnold* Rn. 17; → § 140 Rn. 3 f.). Vor der Aktienrechtsnovelle 2016 blieb demgegenüber, wenn die Satzung iFe zwingenden Nachzahlung keinen Gewinnvorzug oder kein Nachzahlungsrecht (insoweit str., hM) einräumte, das Stimmrecht bestehen; entsprechende satzungsändernde HV-Beschlüsse waren nach § 241 Nr. 3 nichtig (Hüffer/Koch/*Koch,* 11. Aufl. 2014, Rn. 19). Die alte Rechtslage ist, unbeschadet der neuen Möglichkeiten zur Änderung der statutarischen Regelungen zu stimmrechtslosen Vorzugsaktien, ferner auch für Altfälle maßgeblich, dh für Satzungen, die vor der Aktienrechtsnovelle 2016 aufgestellt worden sind. Für solche „Altsatzungen" besteht, auch wenn sie insoweit keine ausdrückliche Regelung getroffen haben, gem. Abs. 1 S. 3 eine nachzuzahlende Vorabdividende auch weiterhin, sodass Vorzüge bei Vorzugsaktien, die vor Inkrafttreten der Aktienrechtsnovelle 2016 ausgegeben worden sind, auch weiterhin nachzuzahlen sind (MüKoAktG/*Arnold* Rn. 15; Hölters/*Hirschmann* Rn. 12). Das Bundesverfassungsgericht erachtet den Stimmrechtsausschluss der Vorzugsaktionäre auch im Fall des Squeeze-out für verfassungsgemäß (BVerfG 28.8.2007, WM 2007, 1884).

III. Höchstgrenzen (Abs. 2)

Stimmrechtslose Vorzugsaktien dürfen nur bis zur Hälfte des Grundkapitals ausgegeben werden, um die Mehrheit von Kapitalgebern vor einer etwaigen Stimmrechtsübermacht einer Minderheit zu schützen (MüKoAktG/*Arnold* Rn. 26; KK-AktG/*Zöllner* Rn. 158). Maßgeblicher **Zeitpunkt** bei nachträglichen Kapitalveränderungen ist die **Ausgabe;** nach nicht unumstrittener Ansicht gilt dies auch im Fall der nachträglichen Herabsetzung von stimmberechtigtem Kapital (hM, KK-AktG/*Zöllner* Rn. 167; Hüffer/Koch/*Koch* Rn. 22). Bei einem Verstoß gegen Abs. 2 ist der entsprechende Beschluss der HV nach § 241 Nr. 3 nichtig, da die Höchstgrenze im öffentlichen Interesse liegt (Spindler/Stilz/*Bormann* Rn. 51). 9

Rechte der Vorzugsaktionäre

140 (1) **Die Vorzugsaktien ohne Stimmrecht gewähren mit Ausnahme des Stimmrechts die jedem Aktionär aus der Aktie zustehenden Rechte.**

(2) [1] **Ist der Vorzug nachzuzahlen und wird der Vorzugsbetrag in einem Jahr nicht oder nicht vollständig gezahlt und im nächsten Jahr nicht neben dem vollen Vorzug für dieses Jahr nachgezahlt, so haben die Aktionäre das Stimmrecht, bis die Rückstände gezahlt sind.** [2] **Ist der Vorzug nicht nachzuzahlen und wird der Vorzugsbetrag in einem Jahr nicht oder nicht vollständig gezahlt, so haben die Vorzugsaktionäre das Stimmrecht, bis der Vorzug in einem Jahr vollständig gezahlt ist.** [3] **Solange das Stimmrecht besteht, sind die Vorzugsaktien auch bei der Berechnung einer nach Gesetz oder Satzung erforderlichen Kapitalmehrheit zu berücksichtigen.**

(3) **Soweit die Satzung nichts anderes bestimmt, entsteht dadurch, dass der nachzuzahlende Vorzugsbetrag in einem Jahr nicht oder nicht vollständig gezahlt wird, noch kein durch spätere Beschlüsse über die Gewinnverteilung bedingter Anspruch auf den rückständigen Vorzugsbetrag.**

Übersicht

I. Allgemeines

§ 140 betrifft die Rechtstellung der Vorzugsaktionäre ohne Stimmrecht (vgl. § 139). Insbesondere dient Abs. 2 der Durchsetzung des Vorzugs, indem das Stimmrecht wieder auflebt, wenn die Vorzugsdividende nicht gezahlt wird (Spindler/Stilz/*Bormann* Rn. 1). Da der Vorzug infolge der mit der Aktienrechtsnovelle 2016 bewirkten Flexibilisierung der Ausgestaltungsmöglichkeiten nicht mehr zwingend zurückzuzahlen ist, bedurfte es hinsichtlich der Frage des Auflebens des Stimmrechts nunmehr einer differenzierten Regelung (RegBegr BT-Drs. 18/4349, 25 f.). 1

II. Rechte (Abs. 1)

Abs. 1 stellt lediglich klar, dass Inhaber stimmrechtsloser Vorzugsaktien **dieselben Mitgliedsrechte** genießen wie alle anderen Aktionäre **mit Ausnahme des Stimmrechts.** Insbesondere können sie an der HV teilnehmen, Auskünfte nach § 131 verlangen, Anträge stellen und HV-Beschlüsse anfechten. Bei der Ausübung von quotengebundenen Minderheitenrechten (zB § 93 Abs. 4 S. 3, § 142 Abs. 2) werden sie mitgezählt, nicht aber bei der Berechnung des vertretenen Kapitals (Hüffer/Koch/*Koch* Rn. 3). Umgekehrt sind die Inhaber stimmrechtsloser Vorzugsaktien gegenüber den Stammaktionären durch den Dividendenvorzug (ggf. auch durch eine Zusatzdividende) zwar bessergestellt, haben aber iÜ die gleichen Vermögensrechte (Hölters/*Hirschmann* Rn. 7). 2

III. Rückstand beim Dividendenvorzug (Abs. 2)

Die mit der Aktienrechtsnovelle 2016 installierte Neuregelung des Abs. 2 differenziert bezüglich des für das Erwachen und Erlöschen des Stimmrechts erforderlichen Zahlungsrückstandes zwischen den verschiedenen Arten von Vorzügen und trifft insoweit für nachzuzahlende Vorzüge einerseits und für nicht nachzuzahlende Vorzüge andererseits jeweils unterschiedliche Regelungen. Für Vorzüge mit Nachzahlung bleibt es demnach bei der bisherigen Rechtslage (S. 1), während für Vorzugsaktien, bei 3 denen keine Nachzahlung vorgesehen ist, eine angepasste Regelung mit einem schnelleren Erwachen und einem erleichterten Erlöschen des Stimmrechts getroffen wurde (S. 2). Das trägt – in konsequenter Fortschreibung des gesetzlichen Konzepts, wonach ein Stimmrechtsausschluss durch eine Bevorzugung bei der Gewinnverteilung kompensiert wird – dem Umstand Rechnung, dass eine nachzuzahlende Vorzugsdividende den Vorzugsaktionären auch über das Jahr, in dem der Vorzug nicht bedient wird, hinaus erhalten bleibt, während eine nicht nachzuzahlende Vorzugsdividende bereits bei einmaliger Nichtzahlung endgültig ausfällt (vgl. Hölters/*Hirschmann* Rn. 11).

4 Wird bei einem **nachzahlbaren Vorzug** die Vorzugsdividende in einem Jahr nicht oder nur teilweise gezahlt und wird dies im nächsten Jahr einschließlich des Vorzugs für das laufende Jahr nicht vollständig nachgeholt, hat der entstandene **Rückstand** ein **Aufleben des Stimmrechts zur Folge (S. 1).** Daraus wird deutlich, dass die Vorzugsdividende mit dem Ausschluss des Stimmrechts konditional verknüpft ist (MüKoAktG/*Arnold* Rn. 8). Auf diese Weise soll vermieden werden, dass grundlos Gewinnausweisungen in der Bilanz sowie Ausschüttungen unterbleiben und damit der Vorzug nicht realisiert wird (MüKoAktG/*Arnold* Rn. 8). Dabei umfasste der zu zahlende Vorzug nach bisheriger Rechtslage nur die vorrangige Zahlung iSd § 139, nicht aber eine etwaige Mehrdividende (Spindler/Stilz/*Bormann,* 3. Aufl. 2015, Rn. 17; → § 139 Rn. 2, → § 139 Rn. 6). Dem entspricht § 139 Abs. 1 S. 3 nF, wonach (nur) eine Vorabdividende nachzuzahlen ist. Der Grund für die Nichtzahlung ist irrelevant. Das Stimmrecht lebt in diesem Fall **vollumfänglich** wieder auf. Ein satzungsmäßiges Höchststimmrecht gilt auch hierfür, kann aber nicht nur für den Fall des Abs. 2 S. 1 statuiert werden (Hüffer/Koch/*Koch* Rn. 6; KK-AktG/*Zöllner* Rn. 101).

5 Das Stimmrecht entsteht in dem **Zeitpunkt,** in dem feststeht, dass der Vorzug zum zweiten Mal in Folge nicht vollständig gezahlt werden wird. Dabei ist zu differenzieren: Auf den Zeitpunkt der Billigung des Jahresabschlusses durch den AR nach § 172 ist abzustellen, wenn bereits die Vorlage des Jahresabschlusses keinen hinreichenden Bilanzgewinn zur Zahlung der Vorzugsdividenden ausweist. Dies hat zur Folge, dass die Vorzugsaktionäre schon in der HV über diesen Jahresabschluss mitstimmen können (allgM, GroßkommAktG/*Bezzenberger* Rn. 23; Spindler/Stilz/*Bormann* Rn. 22). Wird hingegen ein ausreichender Bilanzgewinn ausgewiesen, aber von der Verwaltung vorgeschlagen, diesen nicht als Dividende auszuschütten, ist umstritten, wann das Stimmrecht entsteht: ZT wird anhand von § 130 Abs. 1 argumentiert, dass das Stimmrecht erst entsteht, nachdem die HV dem Vorschlag zugestimmt hat und das Protokoll seitens des Notars unterzeichnet worden ist, mit der Folge, dass die Vorzugsaktionäre erst in der folgenden HV stimmberechtigt sind (MüKoAktG/*Arnold* Rn. 12). Nach aA sind die Vorzugsaktionäre noch in derselben HV nach Feststellung des Beschlussergebnisses durch den Vorsitzenden stimmberechtigt, da der Beschluss im Verhältnis der Aktionäre untereinander bereits mit Feststellung und Verkündung Wirkung entfaltet (GroßkommAktG/*Bezzenberger* Rn. 24; Hüffer/Koch/*Koch* Rn. 5; Spindler/Stilz/*Bormann* Rn. 22).

6 Bei vollständiger Nachzahlung **erlischt** das Stimmrecht automatisch. Der bloße Gewinnverwendungsbeschluss, für den die Vorzugsaktionäre im Fall des Rückstandes stimmberechtigt sind, genügt nicht (Spindler/Stilz/*Bormann* Rn. 30).

7 Hat die Gesellschaft von den neuen mit der Aktienrechtsnovelle 2016 eröffneten Gestaltungsmöglichkeiten Gebrauch gemacht (→ § 139 Rn. 7, → § 139 Rn. 9) und ist daher eine **Nachzahlung der Vorzüge nicht vorgesehen** und wird der Vorzugsbetrag in einem Jahr nicht oder nicht vollständig bezahlt **(S. 2),** sieht die Neuregelung ein sofortiges Aufleben des Stimmrechts vor. Dies gilt solange, bis der Vorzug in einem Jahr vollständig gezahlt ist; nicht gezahlte Vorzüge aus vorangegangenen anderen Geschäftsjahren stehen dem mit dieser Zahlung eintretenden automatischen Erlöschen des Stimmrechts nicht entgegen (Hölters/*Hirschmann* Rn. 17).

8 **S. 3** regelt, dass die stimmrechtslosen Vorzugsaktien, die grundsätzlich bei der Berechnung von Kapitalmehrheiten nicht mitgezählt werden, im Falle des Auflebens des Stimmrechts mitzuzählen sind.

IV. Nachzahlungsanspruch (Abs. 3)

9 Der Nachzahlungsanspruch ist, solange noch kein Gewinnverwendungsbeschluss gefasst ist, der ihn bedient, nach Abs. 3 **unselbstständiger** Teil des **Mitgliedsrechts** (RG 8.4.1913, RGZ 82, 138 (140)) daher nicht selbstständig verkehrsfähig, dh er kann nicht isoliert ohne die Aktie abgetreten werden (Spindler/Stilz/*Bormann* Rn. 32; Hölters/*Hirschmann* Rn. 18). Er kann nur durch eine Änderung der Satzung nach §§ 179 ff. eingeschränkt werden, wozu es einer Zustimmung der Vorzugsaktionäre durch einen Sonderbeschluss nach § 141 Abs. 1 bedarf.

10 Allerdings ist Abs. 3 dispositiv mit der Folge, dass die Satzung einen **selbstständigen** Nachzahlungsanspruch normieren kann, der als Zahlungsanspruch unmittelbar mit dem Ausfall der Vorzugsdividende entsteht (RG 8.4.1913, RGZ 82, 138 (140); Hölters/*Hirschmann* Rn. 19). Ein solcher ist durch den Gewinnverwendungsbeschluss gem. § 174 aufschiebend bedingt (BGH 8.10.1952, BGHZ 7, 263 (264 f.); BGH 22.4.1953, BGHZ 9, 279 (283 f.); Hüffer/Koch/*Koch* Rn. 10). Dabei handelt es sich um ein **Gläubigerrecht,** welches abgetreten werden kann und nicht automatisch mit der Übertragung der Aktie übergeht (BGH 15.4.2010, NZG 2011, 75 (76); Spindler/Stilz/*Bormann* Rn. 33). Auch eine

nachträgliche Satzungsänderung vermag es nicht mehr zu beseitigen (RG 8.4.1913, RGZ 82, 138 (141); Hüffer/Koch/*Koch* Rn. 10), sondern – aufgrund der erworbenen Gläubigereigenschaft – allenfalls eine individualvertragliche Vereinbarung (MüKoAktG/*Arnold* Rn. 17).

Im **Zweifelsfall** handelt es sich um einen dem gesetzlichen Normalfall entsprechend unselbstständigen Nachzahlungsanspruch, wenn sich ein anderes nicht eindeutig aus der Satzung ergibt (MüKoAktG/*Arnold* Rn. 18; Spindler/Stilz/*Bormann* Rn. 35). 11

Die auf die Aktienrechtsnovelle 2016 zurückgehende Neuregelung der §§ 139, 140 wird im Grundsatz einhellig begrüßt (vgl. DAV-Handelsrechtsausschuss NZG 2014, 863 (864)), aber zT als nicht weitgehend genug angesehen. So wird mit Blick auf bestehende Instrumente in anderen Mitgliedstaaten der EU gefordert, permanent stimmrechtslose Vorzugsaktien ohne Recht auf Nachzahlung auch in Deutschland zu ermöglichen. Andernfalls bestünde für deutsche Kreditinstitute in der Form der AG ein Wettbewerbsnachteil bei der Kapitalbeschaffung (BR-Drs. 22/15, 3). Insbesondere Kreditinstitute mit geschlossenem Aktionärskreis haben nämlich uU kein Interesse an einer Einflussnahme durch Dritte infolge eines Auflebens von deren Stimmrecht. Damit werden aber für sie die Vorzugsaktien ohne Nachzahlungsrecht als Kernkapitalinstrument unattraktiv (BR-Drs. 22/15, 3). 12

Aufhebung oder Beschränkung des Vorzugs

141 (1) **Ein Beschluß, durch den der Vorzug aufgehoben oder beschränkt wird, bedarf zu seiner Wirksamkeit der Zustimmung der Vorzugsaktionäre.**

(2) [1] **Ein Beschluß über die Ausgabe von Vorzugsaktien, die bei der Verteilung des Gewinns oder des Gesellschaftsvermögens den Vorzugsaktien ohne Stimmrecht vorgehen oder gleichstehen, bedarf gleichfalls der Zustimmung der Vorzugsaktionäre.** [2] **Der Zustimmung bedarf es nicht, wenn die Ausgabe bei Einräumung des Vorzugs oder, falls das Stimmrecht später ausgeschlossen wurde, bei der Ausschließung ausdrücklich vorbehalten worden war und das Bezugsrecht der Vorzugsaktionäre nicht ausgeschlossen wird.**

(3) [1] **Über die Zustimmung haben die Vorzugsaktionäre in einer gesonderten Versammlung einen Sonderbeschluß zu fassen.** [2] **Er bedarf einer Mehrheit, die mindestens drei Viertel der abgegebenen Stimmen umfaßt.** [3] **Die Satzung kann weder eine andere Mehrheit noch weitere Erfordernisse bestimmen.** [4] **Wird in dem Beschluß über die Ausgabe von Vorzugsaktien, die bei der Verteilung des Gewinns oder des Gesellschaftsvermögens den Vorzugsaktien ohne Stimmrecht vorgehen oder gleichstehen, das Bezugsrecht der Vorzugsaktionäre auf den Bezug solcher Aktien ganz oder zum Teil ausgeschlossen, so gilt für den Sonderbeschluß § 186 Abs. 3 bis 5 sinngemäß.**

(4) **Ist der Vorzug aufgehoben, so gewähren die Aktien das Stimmrecht.**

Übersicht

I. Allgemeines

Mit dieser zwingenden Regelung wird ein **Schutz der Vorzugsaktionäre gegen Maßnahmen, die** ihre **Vorzugsdividende beeinträchtigen, bezweckt,** indem etwaige Beeinträchtigungen an ein Zustimmungserfordernis nicht jedes einzelnen Vorzugsaktionärs, aber der Vorzugsaktionäre insgesamt durch einen Sonderbeschluss geknüpft werden (Hüffer/Koch/*Koch* Rn. 1). § 141 ist abschließend und lex specialis im Verhältnis zu § 179 Abs. 3 (Hüffer/Koch/*Koch* Rn. 23). 1

II. Aufhebung oder Beschränkung des Vorzugs (Abs. 1)

1. Voraussetzungen. Ein **satzungsändernder Beschluss** der HV, der den Vorzug aufhebt oder beschränkt, bedarf der **Zustimmung** der Vorzugsaktionäre. Dieser ist gem. § 179 Abs. 2 mit qualifizierter Mehrheit zu fassen sowie nach § 181 Abs. 3 im Handelsregister einzutragen, wobei die Vorzugsaktionäre an dem Beschluss selbst nicht mitwirken (Hüffer/Koch/*Koch* Rn. 2). Der Beschluss muss eine 2

Aufhebung oder Beschränkung des Vorzugs zum Gegenstand haben und kann sich dabei auf den **Dividendenvorzug ebenso wie** auf den **Nachzahlungsanspruch** erstrecken (allgM, KK-AktG/*Zöllner,* 1. Aufl. 1985, Rn. 4; MüKoAktG/*Arnold* Rn. 3). Beschränkungen hinsichtlich einer etwaigen Mehrdividende fielen nach bisher hM nicht unter Abs. 1 (Spindler/Stilz/*Bormann,* 3. Aufl. 2015, Rn. 5; Hüffer/Koch/*Koch,* 11. Aufl. 2014, Rn. 3; MüKoAktG/*Schröer,* 3. Aufl. 2013, Rn. 3; *T. Bezzenberger* Vorzugsaktien ohne Stimmrecht 136). Nachdem der mit der Aktienrechtsnovelle neu eingefügte § 139 Abs. 1 S. 2 aber gerade auch die Mehrdividende als „Vorzug" definiert, ist die Regelung insoweit anwendbar (vgl. Hüffer/Koch/*Koch* Rn. 3; MüKoAktG/*Arnold* Rn. 3). Auch Vorrechte bei der Verteilung des Liquidationserlöses könnten erfasst sein, da dessen mittelbare Beeinträchtigung durch die Ausgabe vor- oder gleichrangiger Vorzugsaktien nach Abs. 2 S. 1 zustimmungsbedürftig ist und daher der Fall der unmittelbaren Beeinträchtigung nicht zustimmungsfrei bleiben kann (KK-AktG/*Zöllner,* 1. Aufl. 1985, Rn. 4; Spindler/Stilz/*Bormann* Rn. 5). Dieser Erst-Recht-Schluss aus Abs. 2 S. 1 ist jedoch nicht zwingend, da der Schutz der Vorzugsaktionäre schon durch § 179 Abs. 3 gewährleistet wird (Hüffer/Koch/*Koch* Rn. 3; ebenso MüKoAktG/*Arnold* Rn. 4, wonach für diese Auslegung auch spricht, dass der Gesetzgeber nun die Mehrdividende in § 139 Abs. 1 S. 2 als Vorzug definiert, den Vorzug hinsichtlich des Liquidationserlöses aber gerade nicht).

3 Abs. 1 erfasst nur **unmittelbare Beeinträchtigungen** (hM, OLG Schleswig 15.10.2007, ZIP 2007, 2162 (2164); KK-AktG/*Zöllner* Rn. 33), dh solche, die in den Vorzug selbst eingreifen und mit Ausnahme des Abs. 2 nicht nur nachteilige wirtschaftliche Auswirkungen haben (OLG Frankfurt a. M. 23.12.1992, DB 1993, 272 (273); Hüffer/Koch/*Koch* Rn. 4).

4 Die **Zustimmung** wird gem. Abs. 3 durch **Sonderbeschluss** erteilt (→ Rn. 11 ff.). Bis dahin ist der satzungsändernde HV-Beschluss schwebend unwirksam. Der Zustimmung bedarf es auch dann, wenn das Stimmrecht nach § 140 Abs. 2 wieder aufgelebt ist, da anderenfalls allein ein Dividendenrückstand die Zustimmung entfallen ließe (KK-AktG/*Zöllner* Rn. 22, 170). Entbehrlich ist die Zustimmung nur, wenn der Vorzug zulässig bedingt bzw. befristet ausgestaltet war und die Bedingung bzw. der Fristablauf eintritt.

5 **2. Einzelfälle. a) Beispiel für Abs. 1.** Abs. 1 ist **erfüllt,** wenn die Vorzugsdividende oder der Nachzahlungsanspruch aufgehoben, beschränkt, auflösend bedingt werden soll oder die einseitige Aufhebung durch die HV vorbehalten wird (MüKoAktG/*Arnold* Rn. 6). Ebenfalls erfasst sind Zwangseinziehungen der Vorzugsaktien (MüKoAktG/*Arnold* Rn. 14) sowie die Umwandlung des Nachzahlungsanspruchs von einem selbstständigen in ein unselbstständiges Recht (Hüffer/Koch/*Koch* Rn. 5).

6 **b) Beispiel für lediglich mittelbare Beeinträchtigungen. Nicht** von Abs. 1 **erfasst** sind folgende, nur mittelbare Beeinträchtigungen: Liquidationsbeschlüsse (OLG Frankfurt a. M. 23.12.1992, DB 1993, 272 (273); *Werner* AG 1971, 69), die Verschmelzung, weil die Rechtsposition der Vorzugsaktionäre der übernehmenden Gesellschaft nicht verändert wird und die Vorzugsaktionäre der übertragenden gem. § 20 Abs. 1 Nr. 3 UmwG, § 23 UmwG Vorzugsaktien der übernehmenden AG erhalten (MüKoAktG/*Arnold* Rn. 8), sowie der Gewinnverwendungsbeschluss nach § 58 Abs. 3, die Feststellung des Jahresabschlusses durch die HV nach § 173 und der Abschluss eines Gewinnabführungsvertrags gem. § 291 Abs. 1 S. 1, weil es sich dabei nicht um Satzungsänderungen handelt (MüKoAktG/*Arnold* Rn. 8). Außerdem nicht erfasst ist die Auflösung der AG nach § 262 (Hüffer/Koch/*Koch* Rn. 6), die Umwandlung in die KGaA (OLG Schleswig 15.10.2007, ZIP 2007, 2162 (2163)) sowie der Rückkauf nach § 71 Abs. 1 Nr. 8 (*Hillebrandt/Schremper* BB 2001, 533 (536 f.)). Bei einer Kapitalerhöhung aus Gesellschaftsmitteln erfolgt zwar nach § 216 Abs. 1 eine Herabsetzung, diese hat aber lediglich einen Vorzugssplit zur Folge. Insgesamt betrachtet steht der Vorzugsaktionär danach nicht schlechter, sodass Abs. 1 nicht einschlägig ist (OLG Stuttgart 11.2.1992, AG 1993, 94 f.; Hüffer/Koch/*Koch* Rn. 7).

7 **c) Streitfall Kapitalherabsetzung.** Umstritten ist indes der Fall der Kapitalherabsetzung. Dabei handelt es sich im Ergebnis auch um eine **lediglich mittelbare** Beeinträchtigung (hM, MüKoAktG/*Arnold* Rn. 11 ff., Hüffer/Koch/*Koch* Rn. 9; **aA** *Frey/Hirte* DB 1989, 2465 (2469); NK-AktKapMarktR/*Roth* Rn. 6). Dies wird selbst dann bejaht, wenn der Vorzugsbetrag nicht absolut, sondern als prozentualer Anteil am Grundkapital oder Nennwert ausgestaltet ist. Der Prozentsatz selbst wird nicht verändert und der Begriff des Vorzugs – nur in diesen darf nicht eingegriffen werden – darf nicht mit dem des Vorzugsbetrages vermengt werden (OLG Frankfurt a. M. 23.12.1992, DB 1993, 272 (273); **aA** *Frey/Hirte* DB 1989, 2465 (2469)).

III. Ausgabe von Vorzugsaktien (Abs. 2)

8 Abs. 2 S. 1 ist der einzige gesetzlich normierte Fall einer **zustimmungsbedürftigen mittelbaren Beeinträchtigung** des Vorzugs. Eine Zustimmung ist nur bei der Ausgabe neuer Vorzugsaktien, nicht aber bei der Ausgabe neuer Stammaktien notwendig, da nur die ersteren den Vorzug überhaupt beeinträchtigen können, es sei denn den Stammaktien werden nachträglich vor- oder gleichrangige Rechte eingeräumt, die die Vorzugsaktien bei der Verteilung des Gewinns oder des Gesellschaftsvermögens beeinträchtigen

(MüKoAktG/*Arnold* Rn. 23). Unerheblich ist hingegen, ob es sich um Vorzugsaktien mit oder ohne Stimmrecht handelt, da die Erhaltung des Vermögensrechts bezweckt ist (ganz hM, MüKoAktG/*Arnold* Rn. 22; GroßkommAktG/*Bezzenberger* Rn. 26) oder ob ein Gewinnvorzug iSd § 139 Abs. 1 oder ein sonstiges Vorrecht betroffen ist (Hüffer/Koch/*Koch* Rn. 13). Ebenfalls von Abs. 2 S. 1 erfasst ist die Umwandlung von Stamm- in Vorzugsaktien, da die Wirkung auf den Vorzug dieselbe wie bei Ausgabe neuer Vorzugsaktien ist (hM, GroßkommAktG/*Bezzenberger* Rn. 26; Hüffer/Koch/*Koch* Rn. 13).

Die Beeinträchtigung der alten Vorzugsaktien muss in der Vor- oder Gleichrangigkeit hinsichtlich der Verteilung des Gewinns oder des Gesellschaftsvermögens liegen. Sind diese nachrangig oder ist lediglich der Vorzugsbetrag höher, der Vorzug selbst aber zugleich nachrangig gegenüber den alten Aktien, greift das Zustimmungserfordernis nicht. Betrifft der Vorzug der alten Aktien nur die Verteilung des Gewinns, der Vorzug der neuen Aktien aber nur das Gesellschaftsvermögen und umgekehrt, ist ebenfalls keine Zustimmung erforderlich, da kein bestehendes Vorzugsrecht beeinträchtigt wird und damit die Schutzwürdigkeit fehlt (MüKoAktG/*Arnold* Rn. 24; Hüffer/Koch/*Koch* Rn. 14). 9

Die **Ausnahme** des Abs. 2 **S. 2** verlangt zweierlei: Zum einen muss die Ausgabe neuer Vorzugsaktien bei Einräumung des Vorzugs oder bei späterer Ausschließung des Stimmrechts **ausdrücklich vorbehalten** worden sein und zum anderen darf das Bezugsrecht (§ 186 Abs. 1) nicht ausgeschlossen werden. Der Vorbehalt muss ausdrücklich in den Satzungstext (KK-AktG/*Zöllner* Rn. 147), nicht aber in die Aktienurkunde aufgenommen werden (Hüffer/Koch/*Koch* Rn. 16). 10

IV. Sonderbeschluss (Abs. 3)

Nach Abs. 3 **S. 1** ist § 138 S. 1 Alt. 2, dh eine gesonderte Abstimmung innerhalb der HV ausgeschlossen; ansonsten findet § 138 Anwendung, soweit Abs. 3 keine Regelung enthält. Die Einberufung richtet sich nach § 138 S. 2, §§ 122 ff. und kann zugleich mit der Einberufung zur HV erfolgen, wenn durch getrennte Texte hinreichend deutlich wird, dass eine **gesonderte Versammlung** stattfindet (*Werner* AG 1971, 69 (73)). **Zutritts- und teilnahmeberechtigt** sind nur die Vorzugsaktionäre (MüKoAktG/*Arnold* Rn. 34), teilnahme**verpflichtet** sind zudem der Vorstand und der AR nach § 118 Abs. 2 analog (Hüffer/Koch/*Koch* Rn. 19). 11

Abs. 3 **S. 2** fordert eine Mehrheit von mindestens drei Viertel der abgegebenen Stimmen. Regelungen über die Stimmkraft wie Höchst- oder Mehrstimmrechte sind unanwendbar (MüKoAktG/*Arnold* Rn. 36; KK-AktG/*Zöllner,* 1. Aufl. 1985, Rn. 20). Abweichungen durch die Satzung sind unzulässig **(S. 3).** 12

Abs. 3 **S. 4** verweist auf § 186 Abs. 3–5, wenn der Beschluss zur Ausgabe neuer, hinsichtlich der Verteilung des Gewinns oder des Gesellschaftsvermögens vor- oder gleichrangiger Vorzugsaktien das **Bezugsrecht** der alten Vorzugsaktionäre ganz oder teilweise ausschließt. Dies hat zur Folge, dass es zusätzlich zur Stimmenmehrheit des Abs. 3 S. 2 der Kapitalmehrheit des § 186 Abs. 3 S. 2 bedarf und der Sonderbeschluss neben der Ausgabe gerade auch den Ausschluss des Bezugsrechts zum Gegenstand haben muss (MüKoAktG/*Arnold* Rn. 38). 13

V. Stimmrecht bei Aufhebung des Vorzugs (Abs. 4)

Vor der Aktienrechtsnovelle 2016 folgte aus aus Abs. 4 kraft Gesetzes das Stimmrecht aus Vorzugsaktien, wenn der nachzahlbare Vorzug iSd § 139 Abs. 1 entweder hinsichtlich des Nachzahlungsanspruchs oder hinsichtlich des Gewinnvorzugs aufgehoben wird (hM, Hüffer/Koch/*Koch,* 11. Aufl. 2014, Rn. 22; **aA** KK-AktG/*Zöllner,* 1. Aufl. 1985, Rn. 25 Nichtigkeit des Teilausschlusses). Das Stimmrecht lebt unter der novellierten Rechtslage jedenfalls auf, wenn der gesamte Vorzug iSd § 139 Abs. 1, dh Vorzugs- oder Mehrdividende, gestrichen wird (MüKoAktG/*Arnold* Rn. 41). Das bloße Streichen eines Nachzahlungsrechts führt demgegenüber nicht mehr zum Aufleben des Stimmrechts, da nunmehr auch stimmrechtslose Vorzugsaktien ohne nachzuzahlende Vorzüge geschaffen werden können (MüKoAktG/*Arnold* Rn. 42; Hölters/*Hirschmann* Rn. 33; Hüffer/Koch/*Koch* Rn. 22). Das Stimmrecht wird im Gegensatz zu § 140 Abs. 2 endgültig erworben; die Rückverwandlung ist daher von der Zustimmung jedes Betroffenen abhängig (KK-AktG/*Zöllner,* 1. Aufl. 1985, Rn. 27). Eine bloße Beschränkung genügt für Abs. 4 nicht (Hüffer/Koch/*Koch* Rn. 22; Hölters/*Hirschmann* Rn. 34). 14

Siebenter Unterabschnitt. Sonderprüfung. Geltendmachung von Ersatzansprüchen

Bestellung der Sonderprüfer

142 (1) [1]**Zur Prüfung von Vorgängen bei der Gründung oder der Geschäftsführung, namentlich auch bei Maßnahmen der Kapitalbeschaffung und Kapitalherabsetzung, kann die Hauptversammlung mit einfacher Stimmenmehrheit Prüfer (Sonderprüfer) bestellen.** [2]**Bei der Beschlußfassung kann ein Mitglied des Vorstands oder des Aufsichtsrats weder für sich noch für einen anderen mitstimmen, wenn die Prüfung sich auf Vorgänge erstrecken soll, die mit der Entlastung eines Mitglieds des Vorstands oder des Aufsichtsrats oder der Einleitung eines Rechtsstreits zwischen der Gesellschaft und einem Mitglied des Vorstands**

oder des Aufsichtsrats zusammenhängen. [3] Für ein Mitglied des Vorstands oder des Aufsichtsrats, das nach Satz 2 nicht mitstimmen kann, kann das Stimmrecht auch nicht durch einen anderen ausgeübt werden.

(2) **[1] Lehnt die Hauptversammlung einen Antrag auf Bestellung von Sonderprüfern zur Prüfung eines Vorgangs bei der Gründung oder eines nicht über fünf Jahre zurückliegenden Vorgangs bei der Geschäftsführung ab, so hat das Gericht auf Antrag von Aktionären, deren Anteile bei Antragstellung zusammen den hundertsten Teil des Grundkapitals oder den anteiligen Betrag von 100 000 Euro erreichen, Sonderprüfer zu bestellen, wenn Tatsachen vorliegen, die den Verdacht rechtfertigen, dass bei dem Vorgang Unredlichkeiten oder grobe Verletzungen des Gesetzes oder der Satzung vorgekommen sind; dies gilt auch für nicht über zehn Jahre zurückliegende Vorgänge, sofern die Gesellschaft zur Zeit des Vorgangs börsennotiert war. [2] Die Antragsteller haben nachzuweisen, dass sie seit mindestens drei Monaten vor dem Tag der Hauptversammlung Inhaber der Aktien sind und dass sie die Aktien bis zur Entscheidung über den Antrag halten. [3] Für eine Vereinbarung zur Vermeidung einer solchen Sonderprüfung gilt § 149 entsprechend.**

(3) **Die Absätze 1 und 2 gelten nicht für Vorgänge, die Gegenstand einer Sonderprüfung nach § 258 sein können.**

(4) **[1] Hat die Hauptversammlung Sonderprüfer bestellt, so hat das Gericht auf Antrag von Aktionären, deren Anteile bei Antragstellung zusammen den hundertsten Teil des Grundkapitals oder einen anteiligen Betrag von 100 000 Euro erreichen, einen anderen Sonderprüfer zu bestellen, wenn dies aus einem in der Person des bestellten Sonderprüfers liegenden Grund geboten erscheint, insbesondere, wenn der bestellte Sonderprüfer nicht die für den Gegenstand der Sonderprüfung erforderlichen Kenntnisse hat, seine Befangenheit zu besorgen ist oder Bedenken wegen seiner Zuverlässigkeit bestehen. [2] Der Antrag ist binnen zwei Wochen seit dem Tage der Hauptversammlung zu stellen.**

(5) **[1] Das Gericht hat außer den Beteiligten auch den Aufsichtsrat und im Fall des Absatzes 4 den von der Hauptversammlung bestellten Sonderprüfer zu hören. [2] Gegen die Entscheidung ist die Beschwerde zulässig. [3] Über den Antrag gemäß den Absätzen 2 und 4 entscheidet das Landgericht, in dessen Bezirk die Gesellschaft ihren Sitz hat.**

(6) **[1] Die vom Gericht bestellten Sonderprüfer haben Anspruch auf Ersatz angemessener barer Auslagen und auf Vergütung für ihre Tätigkeit. [2] Die Auslagen und die Vergütung setzt das Gericht fest. [3] Gegen die Entscheidung ist die Beschwerde zulässig; die Rechtsbeschwerde ist ausgeschlossen. [4] Aus der rechtskräftigen Entscheidung findet die Zwangsvollstreckung nach der Zivilprozeßordnung statt.**

(7) **Ist für die Gesellschaft als Emittentin von zugelassenen Wertpapieren im Sinne des § 2 Absatz 1 des Wertpapierhandelsgesetzes mit Ausnahme von Anteilen und Aktien an offenen Investmentvermögen im Sinne des § 1 Absatz 4 des Kapitalanlagegesetzbuchs die Bundesrepublik Deutschland der Herkunftsstaat (§ 2 Absatz 13 des Wertpapierhandelsgesetzes), so hat im Falle des Absatzes 1 Satz 1 der Vorstand und im Falle des Absatzes 2 Satz 1 das Gericht der Bundesanstalt für Finanzdienstleistungsaufsicht die Bestellung des Sonderprüfers und dessen Prüfungsbericht mitzuteilen; darüber hinaus hat das Gericht den Eingang eines Antrags auf Bestellung eines Sonderprüfers mitzuteilen.**

(8) **Auf das gerichtliche Verfahren nach den Absätzen 2 bis 6 sind die Vorschriften des Gesetzes über das Verfahren in Familiensachen und in den Angelegenheiten der freiwilligen Gerichtsbarkeit anzuwenden, soweit in diesem Gesetz nichts anderes bestimmt ist.**

Übersicht

I. Allgemeines

1 Die Sonderprüfung bezweckt zweierlei: Zum einen dient sie der Aufklärung der tatsächlichen **Grundlagen für Ersatzansprüche** der Gesellschaft (KK-AktG/*Rieckers/Vetter* Rn. 2, 20), zum anderen wirkt die Existenz der Norm **präventiv** entsprechenden Pflichtwidrigkeiten entgegen (MüKoAktG/*Arnold* Rn. 5). Darüber hinaus dient die Antragsbefugnis nach Abs. 2 auch dem **Minderheitenschutz** (*Hirte* ZIP 1988, 953 (954)).

II. Bestellung von Sonderprüfern (Abs. 1)

2 **1. Voraussetzungen. a) Bestimmter Vorgang.** Gegenstand der Sonderprüfung können nur bestimmte, gegenständlich beschränkte Vorgänge, nicht hingegen ganze Zeitabschnitte sein (RG 22.1.1935, RGZ 146, 385 (393 f.); OLG Hamburg 23.12.2010, AG 2011, 677 (679); OLG Düsseldorf 15.2.1991, WM 1992, 14 (22); Spindler/Stilz/*Mock* Rn. 48).

3 **b) Prüfungsgegenstände.** Nachprüfbare Vorgänge bei der **Gründung** iSd **Abs. 1 S. 1** erfassen Maßnahmen bis zur Eintragung nach § 41 sowie Nachgründungsvorgänge nach § 52. Die Gründung insgesamt unterliegt der Gründungsprüfung nach §§ 33 ff. Eine Sonderprüfung bestimmter Vorgänge ist auch nach durchgeführter Gründungsprüfung möglich (Spindler/Stilz/*Mock* Rn. 54).

4 Vorgänge bei der **Geschäftsführung** umfassen den Verantwortungsbereich des **Vorstands** nach § 77 Abs. 1 ebenso wie die Tätigkeit des **Aufsichtsrats** (OLG Düsseldorf 9.12.2009, ZIP 2010, 28 (29); Hüffer/Koch/*Koch* Rn. 5), die mit der Geschäftsführung zusammenhängt, dh die Überwachung (§ 111 Abs. 1), die Zustimmungskompetenz (§ 111 Abs. 4 S. 2) sowie alle Maßnahmen, die sich auf Angelegenheiten des Vorstands beziehen (OLG Düsseldorf 9.12.2009, ZIP 2010, 28 (29); MüKoAktG/*Arnold* Rn. 20; KK-AktG/*Rieckers/Vetter* Rn. 113, 117) wie **bspw.** die Bestellung bzw. Abberufung von Vorstandsmitgliedern (§ 84), die Festsetzung der Bezüge (§ 87), die Befreiung vom Wettbewerbsverbot (§ 88), die Kreditgewährung (§ 89) und die Geltendmachung von Schadensersatzansprüchen gegenüber Vorstandsmitgliedern (MüKoAktG/*Arnold* Rn. 24; Hüffer/Koch/*Koch* Rn. 5). Eine Sonderprüfung hinsichtlich des **Jahresabschlusses** als solchem ist nicht zulässig, da insoweit die Abschlussprüfung nach §§ 316 ff. HGB vorgesehen ist (hM, Spindler/Stilz/*Mock* Rn. 62; KK-AktG/*Rieckers/Vetter* Rn. 121). Vorgänge, die die **Einbeziehung einzelner Posten** in den Jahresabschluss betreffen, können hingegen Prüfungsgegenstand sein (LG München I 30.12.2010, AG 2011, 760 (761); Hüffer/Koch/*Koch* Rn. 6). Sofern es dabei um Vorgänge der Gesellschaft geht, können auch Geschäftsbeziehungen zu verbundenen Unternehmen den Prüfungsgegenstand bilden (OLG Düsseldorf 15.1.2010, NZG 2010, 1069 (1070)).

5 Explizit genannt sind in Abs. 1 S. 1 außerdem die **Kapitalbeschaffung** und **Kapitalherabsetzung.** Gemeint sind die vorbereitende und ausführende Verwaltungstätigkeit, nicht hingegen die entsprechenden HV-Beschlüsse (MüKoAktG/*Arnold* Rn. 27; Spindler/Stilz/*Mock* Rn. 67).

6 **c) Hauptversammlungsbeschluss.** Zur Bestellung des Sonderprüfers bedarf es eines Beschlusses der HV, für welchen wegen § 23 Abs. 5 zwingend die lediglich einfache Stimmenmehrheit nach § 133 Abs. 1 gilt. Der Beschluss muss inhaltlich den **Prüfungsgegenstand umschreiben** und den oder die **Prüfer namentlich** nennen (ganz hM, OLG Hamm 1.9.2010, AG 2011, 90 (92); MüKoAktG/*Arnold* Rn. 47; hinsichtlich Letzterem **aA** *Baumbach/Hueck* AktG Rn. 6). Ist der Beschluss unvollständig, ist er nach § 243 Abs. 1 anfechtbar.

7 **d) Stimmverbote.** Gemäß Abs. 1 **S. 2** sind Verwaltungsmitglieder, die zugleich Aktionäre sind, dann nicht stimmberechtigt, wenn der Gegenstand der Sonderprüfung mit der Entlastung eines Verwaltungsmitglieds oder der Einleitung eines Rechtsstreits zwischen der Gesellschaft und dem Verwaltungsmitglied zusammenhängt. Insoweit genügt ein mittelbarer Zusammenhang (RG 24.10.1933, RGZ 142, 123 (132)). Liegt der entsprechende Vorgang in ihrer Amtszeit, sind **ehemalige** Vorstands- und Aufsichtsratsmitglieder nicht stimmberechtigt (Spindler/Stilz/*Mock* Rn. 99; nur wenn sie gegen die Sonderprüfung stimmen (tel. Reduktion): LG Dortmund 25.6.2009, NZG 2009, 1111). **Aktuelle** Organmitglieder sind auch dann nicht stimmberechtigt, wenn die zu prüfenden Vorgänge zeitlich vor ihrer Amtszeit liegen (ganz hM, GroßkommAktG/*Bezzenberger* Rn. 31; nur für den Fall, dass mindestens ein aktuelles Organmitglied an den Vorgängen beteiligt war, *Baumbach/Hueck* AktG Rn. 4). Ebenfalls nicht stimmberechtigt sind **Personengesellschaften oder juristische Personen** als Aktionäre, an denen das Verwaltungsmitglied beteiligt ist (RG 22.1.1935, RGZ 146, 385 (391); BGH 29.1.1962, BGHZ 36, 296 (313)). Nach Abs. 1 **S. 3** umfasst das Stimmverbot eines Verwaltungsmitglieds auch die Ausübung seines Stimmrechts durch einen Dritten (vgl. dazu und insbesondere auch zu

Stimmverboten von Aktionären im Falle der rechtsgeschäftlichen Umgehung des Abs. 1 S. 2 OLG Brandenburg 10.11.2010, BeckRS 2010, 28564).

8 Wirkt ein ausgeschlossenes Verwaltungsmitglied bei der Abstimmung mit und wäre der Beschluss ohne die Mitwirkung nicht zustande gekommen, ist er nach § 243 Abs. 1 anfechtbar. Zudem wird bei verbotener Stimmabgabe eine Ordnungswidrigkeit nach § 405 Abs. 3 Nr. 5 verwirklicht.

9 **e) Keine Frist.** Die Sonderprüfung nach **Abs. 1 S. 1** ist im Gegensatz zu derjenigen nach Abs. 2 S. 1 **nicht fristgebunden** und unterliegt auch sonst keiner zeitlichen Beschränkung außer der des **Rechtsmissbrauchs,** zB bei Verjährung der Ersatzansprüche (MüKoAktG/*Arnold* Rn. 29). Rechtsmissbräuchlichkeit eines Sonderprüfungsantrags kann auch dann in Betracht kommen, wenn das entsprechende Unternehmen etwa im Zusammenhang mit einem im Unternehmensbereich verwirklichten Compliance-Verstoß bereits umfangreichen eigenen, behördlichen und staatsanwaltlichen Ermittlungen ausgesetzt ist, sodass durch die Einsetzung eines Sonderprüfers kein wesentlicher Erkenntnisgewinn mehr zu erwarten ist (diesen Umstand berücksichtigend im konkreten Einzelfall die Verhältnismäßigkeit eines Antrags nach Abs. 2 verneinend LG Hannover 23.6.2017, nicht veröffentlicht – aA OLG Celle 8.11.2017, NZG 2017, 1381, → Rn. 14).

10 **f) Widerruf der Bestellung.** Der Widerruf ist nicht explizit geregelt. Er kann als actus contrarius durch Beschluss der HV nach Abs. 1 erfolgen, wobei die Stimmverbote nach Abs. 1 S. 2 und 3 entsprechend gelten (Spindler/Stilz/*Mock* Rn. 120). Ein gerichtlich bestellter Sonderprüfer kann nur vom Gericht bei Vorliegen eines Ablehnungsgrundes nach Abs. 4 S. 1 abberufen werden (MüKoAktG/*Arnold* Rn. 134). Die Ansprüche des Sonderprüfers auf Aufwendungsersatz und Vergütung bleiben vom Widerruf unberührt (MüKoAktG/*Arnold* Rn. 135).

11 **2. Prüfungsvertrag.** Der Hauptversammlungsbeschluss ist zur Bestellung des Sonderprüfers nicht ausreichend. Es bedarf des Abschlusses eines Prüfungsvertrages (MüKoAktG/*Arnold* Rn. 66). Dieser ist ein auf eine **Werkleistung gerichteter entgeltlicher Geschäftsbesorgungsvertrag** zwischen dem Sonderprüfer und der Gesellschaft. Die **Vertretungsmacht** liegt bei der HV (Hölters/*Hirschmann* Rn. 28; Bürgers/Körber/*Holzborn/Jänig* Rn. 11; K. Schmidt/*Lutter/Spindler* Rn. 35; Hüffer/Koch/*Koch* Rn. 11: Annexkompetenz; **aA** KK-AktG/*Rieckers/Vetter* Rn. 193; MüKoAktG/*Arnold* Rn. 69: alleinige Vertretungsmacht des Vorstands); sie geht analog § 318 Abs. 1 S. 4 HGB mit dem Ende der HV auf den Vorstand über bzw. es erfolgt eine (konkludente) Bevollmächtigung des Vorstands (vgl. Hüffer/Koch/*Koch* Rn. 11; nach KK-AktG/*Kronstein/Zöllner,* 1. Aufl. 1985, Rn. 20, wird der Vorstand bei Vertragsschluss nur als Bote der HV tätig). Die HV kann die Vertretungsbefugnis auch auf Dritte, zB den Versammlungsleiter oder den zugezogenen Notar, übertragen (Hüffer/Koch/*Koch* Rn. 11).

III. Gerichtliche Bestellung (Abs. 2)

12 **1. Voraussetzungen.** Erforderlich ist ein die Bestellung von Sonderprüfern **abl. HV-Beschluss** (Abs. 2 S. 1). Wird dieser trotz ordnungsgemäßem Antrag nach Abs. 1 nicht gefasst oder wird ein gefasster Beschluss wieder aufgehoben (OLG Düsseldorf 9.12.2009, AG 2010, 126), steht dies einem abl. Beschluss gleich (Spindler/Stilz/*Mock* Rn. 136 f.). Ob das Gericht bei seiner Entscheidung an den ursprünglichen Antrag nach Abs. 1 gebunden ist oder ob es seinen Ausspruch auf einzelne Teile davon beschränken oder von dem vorgeschlagenen Sonderprüfer abweichen und eine andere Person bestellen kann, ist umstritten (verneinend LG Frankfurt a. M. 23.2.2016, NZG 2016, 830 (831) = EWiR 2016, 335 mablAnm *Mock,* wonach dies einen Eingriff in die Kompetenz der HV darstellen würde; bejahend die hLit, vgl. Hüffer/Koch/*Koch* Rn. 32; Spindler/Stilz/*Mock* Rn. 179, wonach das Gericht bei der Auswahl des Sonderprüfers nicht an die Vorschläge der Beteiligten gebunden ist).

13 Des Weiteren muss es sich um einen **sonderprüfungsfähigen Vorgang** handeln. Geschäftsführungsvorgänge unterliegen zudem einer **Fünfjahresfrist,** die ausgehend vom Tag des abl. HV-Beschlusses zurückzurechnen ist. Bei zeitlich gestreckten Vorgängen genügt ein teilweises Hineinreichen des Vorgangs in die Frist (OLG Düsseldorf 9.12.2009, AG 2010, 126; KK-AktG/*Rieckers/Vetter* Rn. 267). Es müssen **Tatsachen** vorliegen, die den Verdacht rechtfertigen, dass es bei dem zu prüfenden Vorgang zu **Unredlichkeiten oder groben Verletzungen** des Gesetzes oder der Satzung gekommen ist (OLG Stuttgart 25.10.2018, AG 2019, 527 (528 ff.); diese materiellen Anforderungen sollen laut *Bayer/Hoffmann* AG 2018, 337 (338) auch auf die gerichtliche Bestellung eines besonderen Vertreters nach § 147 Abs. 2 S. 2 erstreckt werden). Das Verfahren zielt darauf ab, die tatsächlichen Grundlagen für mögliche rechtliche Konsequenzen aufzuklären, es dient hingegen nicht dazu, eine zwischen den Beteiligten umstrittene Rechtsfrage aufzuklären (KG 5.1.2012, ZIP 2012, 672 f.). Stehen die vom Antragssteller behaupteten Tatsachen unstreitig fest, fehlt für den Antrag nach § 142 Abs. 2 das Rechtsschutzbedürfnis (KG 5.1.2012, ZIP 2012, 672 f.). Die Tatsachen müssen weder bewiesen noch glaubhaft gemacht, sondern lediglich behauptet werden (OLG München 25.3.2010, ZIP 2010, 1127 (1128)); die Äußerung eines bloßen Verdachts genügt indes nicht (OLG Celle 8.11.2017, NZG 2017, 1381 Rn. 32; Spindler/Stilz/*Mock* Rn. 152). Das Gericht wird bei hinreichenden Indizien von der Amtsermittlung nach § 26

FamFG Gebrauch machen und dem Antrag stattgeben, wenn nach seiner Überzeugung hinreichende Tatsachen vorliegen, die den Verdacht von Unredlichkeiten oder groben Verletzungen des Gesetzes oder der Satzung begründen, wobei an die Überzeugung des Gerichts hohe Anforderungen zu stellen sind (OLG Frankfurt a. M. 15.6.2011, AG 2011, 755 (756); OLG Stuttgart 15.6.2010, NZG 2010, 864 (865); BT-Drs. 15/5092, 18). Neben der Voraussetzung der groben Verletzung wird das Antragsrecht auch durch eine allgemeine Verhältnismäßigkeitsprüfung begrenzt (**hM,** OLG Düsseldorf 9.12.2009, ZIP 2010, 28 (30); Spindler/Stilz/*Mock* Rn. 155 mwN; **aA** *Fleischer* NJW 2005, 3525 (3527); Bürgers/Körber/*Holzborn/Jänig* Rn. 15b; zweifelnd auch K. Schmidt/Lutter/*Spindler* Rn. 52); die Kosten und negativen Auswirkungen der Sonderprüfung für die Gesellschaft müssen in angemessenem Verhältnis zu dem durch das Fehlverhalten ausgelösten Schaden stehen (RegBegr UMAG, BT-Drs. 15/5092, 18).

Der Antrag ist unbegründet, wenn er eine **illoyale, grob eigennützige Rechtsausübung** darstellt 14
(OLG Düsseldorf 9.12.2009, AG 2010, 126; AG Düsseldorf 4.5.1988, WM 1988, 1668 f.; Spindler/Stilz/*Mock* Rn. 166 f.) bzw. der Antrag zweck- und folgenlos ist (OLG München 25.3.2010, ZIP 2010, 1127 (1129)). Eine Sonderprüfung wird nicht bereits dadurch obsolet, dass die Gesellschaft interne Ermittlungen durchführen lässt, solange Prüfungsumfang und Eröffnung der Prüfungsergebnisse einer Sonderprüfung funktional nicht gleichkommen (vgl. OLG Celle 8.11.2017, NZG 2017, 1381 Rn. 39; zur verfassungsrechtlichen Revisibilität im Eilrechtsschutz und dem hierfür geltenden strengen Maßstab an die Substantiierungspflicht bei der Behauptung eines unverhältnismäßigen grundrechtsspezifischen Eingriffs in das Recht der Gesellschaft durch Veröffentlichung eines Prüfungsberichts vgl. *Mohamed* CCZ 2018, 152).

Demgegenüber ist dem Antrag ohne weiteres zu entsprechen, wenn dieser, der in der HV wegen der 15
Stimmverbote des § 142 Abs. 1 S. 2, Abs. 3 die Mehrheit gefunden hatte, vom Versammlungsleiter jedoch rechtswidrigerweise nicht zur Abstimmung zugelassen wurde. Denn ein solches rechtswidriges Handeln des Versammlungsleiters kann nicht dazu führen, dass hieraus höhere Anforderungen an die Begründung des Antrages resultieren, als nach rechtmäßigem Alternativverhalten bestanden hätten.

Der Antrag kann von einer qualifizierten Minderheit gestellt werden, die mindestens 1 % des Grund- 16
kapitals oder den anteiligen Betrag von 100.000 EUR erreicht. Der anteilige Betrag berechnet sich aus dem Grundkapital dividiert durch die Anzahl aller Aktien. Aktien ohne Stimmrecht sind in das Grundkapital einzurechnen (Spindler/Stilz/*Mock* Rn. 132). Bei Nennbetragsaktien ist der Nennbetrag entscheidend (Hüffer/Koch/*Koch* Rn. 22). Stimmrechtslose Vorzugsaktionäre sind auch antragsberechtigt (Hüffer/Koch/*Koch* Rn. 22). Eine Ablehnung des Beschlussantrags in der HV ist ebenso wenig erforderlich wie die Teilnahme an der HV (KK-AktG/*Rieckers/Vetter* Rn. 225).

2. (Fort-)Dauer des Aktienbesitzes. Nach Abs. 2 **S. 2** müssen die Antragsteller nachweisen, dass 17
sie seit mindestens drei Monaten vor dem Tag der die Sonderprüfung abl. HV im Besitz der Aktien sind und der Aktienbesitz bis zur Entscheidung fortdauert. Der Nachweis wird durch eine Depotbescheinigung mit Sperrvermerk oder mit einer Verpflichtungserklärung des depotführenden Kreditinstituts, das Gericht von Veränderungen zu unterrichten (Spindler/Stilz/*Mock* Rn. 143), geführt. Die Antragsteller verlieren ihre Antragsbefugnis auch dann, wenn sie ihre Aktionärsstellung unfreiwillig durch einen Squeeze-Out verlieren (OLG München 11.5.2010, NZG 2010, 866).

3. Vereinbarungen. Aus Abs. 2 **S. 3** ergibt sich, dass Vereinbarung zur Vermeidung von Sonder- 18
prüfungen möglich sind, aber den Voraussetzungen des § 149 unterliegen und die Konditionen daher insbesondere der Bekanntmachung nach § 149 Abs. 2 unterliegen.

IV. Subsidiarität gegenüber § 258 (Abs. 3)

Vorgänge, die Gegenstand einer Sonderprüfung nach **§ 258** wegen unzulässiger Unterbewertung sind, 19
unterliegen nach **Abs. 3** nicht der Sonderprüfung nach Abs. 1 oder 2. IÜ sind die §§ 142 ff. **neben § 315** anwendbar (Spindler/Stilz/*Mock* Rn. 27).

V. Anderer Sonderprüfer (Abs. 4)

Voraussetzung für die gerichtliche Bestellung eines anderen Sonderprüfers ist ein in der Person des 20
bestellten Sonderprüfers liegender Grund, der insbesondere in mangelnder Sachkunde, der Besorgnis der Befangenheit oder Bedenken wegen seiner Zuverlässigkeit liegen kann. Die **antragsberechtigte qualifizierte Minderheit** ist dieselbe wie für die gerichtliche Erstbestellung nach Abs. 2 (→ Rn. 16). Die **Frist von zwei Wochen** nach Abs. 4 **S. 2** berechnet sich nach §§ 187, 188 BGB und ist eine zwingende materiell-rechtliche Ausschlussfrist, dh ohne die Möglichkeit der Wiedereinsetzung in den vorigen Stand (MüKoAktG/*Arnold* Rn. 118).

VI. Anhörung und sofortige Beschwerde (Abs. 5)

Nach Abs. 5 **S. 1** sind der Antragsteller sowie die Gesellschaft, vertreten durch den Vorstand, als 21
Antragsgegnerin sowie der AR und im Fall des Abs. 4 der bestellte Sonderprüfer **anzuhören.**

22 Gegen gerichtliche Entscheidungen nach Abs. 2 und 4 ist das Rechtsmittel der **Beschwerde** gegeben, Abs. 5 **S. 2. Beschwerdeberechtigt** sind – soweit beschwert – der Antragsteller, die Antragsgegnerin sowie die ggf. nach Abs. 4 ersetzten Sonderprüfer. Die **Beschwerdefrist** richtet sich nach § 63 FamFG.

23 Die **Zuständigkeit** ergibt sich aus Abs. 5 **S. 3.** Danach ist grundsätzlich das LG am Sitz der Gesellschaft örtlich und sachlich zuständig. Das Gericht entscheidet durch Beschluss und hat die Sonderprüfer **namentlich** zu bezeichnen (OLG Frankfurt a. M. 9.10.2003, AG 2004, 104 (105)) und die zu prüfenden Vorgänge zu benennen (Hüffer/Koch/*Koch* Rn. 32).

VII. Auslagen und Vergütung (Abs. 6)

24 Durch die gerichtliche Bestellung eines Sonderprüfers entsteht ein vertragsähnliches Schuldverhältnis mit der Gesellschaft als Schuldnerin (hM, Hüffer/Koch/*Koch* Rn. 32). Wurde keine Vereinbarung getroffen (s. aber Spindler/Stilz/*Mock* Rn. 238: unzulässig, abschließende gerichtliche Kompetenz zur Festsetzung von Vergütung und Auslagenersatz), ist die übliche Vergütung nach § 632 Abs. 2 BGB, § 675 BGB zu zahlen (MüKoAktG/*Arnold* Rn. 126 f.). Nach Abs. 6 S. 2 setzt das Gericht die Auslagen sowie die Vergütung auf Antrag fest. Dagegen ist das Rechtsmittel der Beschwerde ohne die weitere Möglichkeit der Rechtsbeschwerde statthaft (Abs. 6 S. 3). Gemäß Abs. 6 S. 4 findet aus dem Beschluss die Zwangsvollstreckung nach § 794 Abs. 1 Nr. 3 ZPO statt.

VIII. Mitteilungen an die BaFin (Abs. 7)

25 Im Falle der Prüferbestellung durch die HV hat der Vorstand die Bestellung und den Prüfungsbericht der BaFin mitzuteilen. Bei gerichtlicher Bestellung des Sonderprüfers teilt das Gericht den Eingang des entsprechenden Antrags, die Bestellung des Sonderprüfers und den Prüfbericht mit. Nach § 108 Abs. 3 WpHG unterrichtet die BaFin ggf. die Prüfstelle, prüft aber bei Durchführung der Sonderprüfung nicht selbst (§ 107 Abs. 3 WpHG) (Hüffer/Koch/*Koch* Rn. 35). Aufgrund des ARUG II bestehen die Mitteilungspflichten künftig für solche Gesellschaften, für die als Emittenten von zugelassenen Wertpapieren im Sinne des § 2 Abs. 1 WpHG die Bundesrepublik Deutschland der Herkunftsstaat ist. Durch die Anpassung wird ein Gleichlauf der aktienrechtlichen Mitteilungspflichten zu den Aussetzungspflichten der BaFin nach § 107 Abs. 3 WpHG und der Deutschen Prüfstelle für Rechnungslegung (DPR) nach § 342b Abs. 3 HGB hergestellt (RegE BT-Drs. 19/9739, 108). Hierdurch erhalten BaFin und DPR Informationen über sämtliche Fälle notwendiger Verfahrensaussetzungen, was den Amtsermittlungsaufwand reduziert und eine einheitliche Rechtsanwendung ermöglicht (RegE BT-Drs. 19/9739, 36).

IX. FamFG-Verfahren (Abs. 8)

26 Abs. 8 bestimmt, dass das gerichtliche Verfahren nach Abs. 2–6 dem FamFG unterliegt, soweit keine andere gesetzliche Bestimmung getroffen ist. Folge ist insbesondere, dass für den Antrag auf gerichtliche Bestellung eines Sonderprüfers grundsätzlich kein Anwaltszwang besteht (Spindler/Stilz/*Mock* Rn. 203).

Auswahl der Sonderprüfer

143

(1) Als Sonderprüfer sollen, wenn der Gegenstand der Sonderprüfung keine anderen Kenntnisse fordert, nur bestellt werden

1. Personen, die in der Buchführung ausreichend vorgebildet und erfahren sind;
2. Prüfungsgesellschaften, von deren gesetzlichen Vertretern mindestens einer in der Buchführung ausreichend vorgebildet und erfahren ist.

(2) [1]Sonderprüfer darf nicht sein, wer nach § 319 Abs. 2, 3, § 319a Abs. 1, § 319b des Handelsgesetzbuchs nicht Abschlußprüfer sein darf oder während der Zeit, in der sich der zu prüfende Vorgang ereignet hat, hätte sein dürfen. [2]Eine Prüfungsgesellschaft darf nicht Sonderprüfer sein, wenn sie nach § 319 Abs. 2, 4, § 319a Abs. 1, § 319b des Handelsgesetzbuchs nicht Abschlußprüfer sein darf oder während der Zeit, in der sich der zu prüfende Vorgang ereignet hat, hätte sein dürfen.

I. Allgemeines

1 **Normzweck** ist die Sicherstellung einer **sachkundigen** (Abs. 1) und **unvoreingenommenen** (Abs. 2) Prüfung durch typisierte Ausschlusstatbestände (GroßkommAktG/*Bezzenberger* Rn. 3). Wegen § 23 Abs. 5 ist die Regelung **zwingend.**

II. Geeignetheit (Abs. 1)

2 Geeignet ist, wer über ausreichende Vorbildung und Erfahrung im Bereich der Buchführung verfügt. Bei Prüfungsgesellschaften ist auf die gesetzlichen Vertreter (Geschäftsführer, Vorstandsmitglied) ab-

zustellen. Erfordert der zu prüfende Vorgang anderweitiges Spezialwissen, sind dementsprechende Qualifikationen ausschlaggebend, auf Kenntnisse in der Buchführung kann dann verzichtet werden (MüKoAktG/*Arnold* Rn. 9). § 319 Abs. 1 HGB ist nicht anwendbar (Spindler/Stilz/*Mock* Rn. 6), allerdings sind Wirtschaftsprüfer und vereidigte Buchprüfer idR geeignet (§§ 2, 129 WPO).

III. Bestellungsverbote (Abs. 2)

Abs. 2 S. 1 verweist auf § 319 Abs. 2, 3 sowie § 319a Abs. 1 HGB und § 319b HGB. Diese enthalten Ausschlussgründe für Abschlussprüfer. Maßgeblicher Zeitpunkt ist die Bestellung bzw. ihr Wirksamwerden sowie der Zeitpunkt des zu prüfenden Vorgangs (Hüffer/Koch/*Koch* Rn. 3; Spindler/Stilz/*Mock* Rn. 17). 3

IV. Sanktionen

1. Ungeeignetheit. Bei Ungeeignetheit des bestellten Prüfers nach Abs. 1 ist der HV-Beschluss gem. § 243 Abs. 1 anfechtbar, aber nicht nichtig (hM, Spindler/Stilz/*Mock* Rn. 9; MüKoAktG/*Arnold* Rn. 12; Hüffer/Koch/*Koch* Rn. 5; KK-AktG/*Rieckers/Vetter* Rn. 26). Die vor allem vormalig vertretene Gegenansicht versteht Abs. 1 als bloße Sollvorschrift, deren Verletzung durch einen Antrag der Minderheit nach § 142 Abs. 4 geltend gemacht werden kann (*Baumbach/Hueck* AktG, 13. Aufl. 1968, Rn. 2; GroßkommAktG/*Barz,* 3. Aufl. 1973, Rn. 3). Diese Ansicht überzeugt aus zweierlei Gründen nicht: Zum einen stehen Minderheitenrechte und die Anfechtung als Individualrecht nebeneinander (GroßkommAktG/*Bezzenberger* Rn. 8) und zum anderen handelt es sich um einen zu gravierenden Rechtsverstoß (Hüffer/Koch/*Koch* Rn. 5). 4

2. Bestellungsverbot. Verstößt die Bestellung eines Sonderprüfers gegen Abs. 2, ist der **Beschluss der HV nichtig** (wohl hM, *Baumbach/Hueck* AktG, 13. Aufl. 1968, Rn. 3; KK-AktG/*Rieckers/Vetter* Rn. 152; Hüffer/Koch/*Koch* Rn. 6; **aA** Spindler/Stilz/*Mock* Rn. 39 anfechtbar). Folge der Nichtigkeit ist, dass er einem abl. HV-Beschluss gleichsteht und daher die Möglichkeit eines Antrags auf gerichtliche Bestellung nach § 142 Abs. 2 eröffnet (Hüffer/Koch/*Koch* Rn. 6). Wurde der Prüfer **gerichtlich bestellt,** ist der Gerichtsbeschluss auf die Beschwerde aufzuheben, anderenfalls wird er rechtsverbindlich (Spindler/Stilz/*Mock* Rn. 43 f.; MüKoAktG/*Arnold* Rn. 29; GroßkommAktG/*Bezzenberger* Rn. 29). Nach aA ist der Gerichtsbeschluss nichtig (GroßkommAktG/*Barz,* 3. Aufl. 1973, Rn. 4 aE; *Baumbach/Hueck* AktG Rn. 4; Hüffer/Koch/*Koch* Rn. 6; KK-AktG/*Rieckers/Vetter* Rn. 168); Diese Ansicht ist schon deshalb abzulehnen, weil es dann des vorgesehenen Rechtsmittels der Beschwerde in § 142 Abs. 5 S. 2 nicht bedürfte. 5

Verantwortlichkeit der Sonderprüfer

144 **§ 323 des Handelsgesetzbuchs über die Verantwortlichkeit des Abschlußprüfers gilt sinngemäß.**

§ 323 Abs. 1 S. 1 HGB statuiert die Pflicht zur gewissenhaften und unparteiischen Prüfung sowie zur Verschwiegenheit. § 323 Abs. 1 S. 2 HGB enthält ein Verwertungsverbot für Geschäfts- und Betriebsgeheimnisse, die die Prüfer bei ihrer Tätigkeit erfahren haben. Nach § 323 Abs. 1 S. 3 und 4 HGB hat die Gesellschaft einen Anspruch auf Schadensersatz bei Pflichtverletzung, der im Falle der Fahrlässigkeit nach § 323 Abs. 2 HGB der Höhe nach auf eine 1 Mio. EUR beschränkt ist. Gemäß § 323 Abs. 4 HGB kann die Ersatzpflicht vertraglich nicht beschränkt werden. Die Strafvorschriften der §§ 403, 404 gelten auch für den Sonderprüfer. Vgl. iÜ § 323 HGB. 1

Rechte der Sonderprüfer. Prüfungsbericht

145 (1) **Der Vorstand hat den Sonderprüfern zu gestatten, die Bücher und Schriften der Gesellschaft sowie die Vermögensgegenstände, namentlich die Gesellschaftskasse und die Bestände an Wertpapieren und Waren, zu prüfen.**

(2) **Die Sonderprüfer können von den Mitgliedern des Vorstands und des Aufsichtsrats alle Aufklärungen und Nachweise verlangen, welche die sorgfältige Prüfung der Vorgänge notwendig macht.**

(3) **Die Sonderprüfer haben die Rechte nach Absatz 2 auch gegenüber einem Konzernunternehmen sowie gegenüber einem abhängigen oder herrschenden Unternehmen.**

(4) **Auf Antrag des Vorstands hat das Gericht zu gestatten, dass bestimmte Tatsachen nicht in den Bericht aufgenommen werden, wenn überwiegende Belange der Gesellschaft dies gebieten und sie zur Darlegung der Unredlichkeiten oder groben Verletzungen gemäß § 142 Abs. 2 nicht unerlässlich sind.**

(5) [1]**Über den Antrag gemäß Absatz 4 entscheidet das Landgericht, in dessen Bezirk die Gesellschaft ihren Sitz hat.** [2]**§ 142 Abs. 5 Satz 2, Abs. 8 gilt entsprechend.**

(6) [1]**Die Sonderprüfer haben über das Ergebnis der Prüfung schriftlich zu berichten.** [2]**Auch Tatsachen, deren Bekanntwerden geeignet ist, der Gesellschaft oder einem verbundenen Unternehmen einen nicht unerheblichen Nachteil zuzufügen, müssen in den Prüfungsbericht aufgenommen werden, wenn ihre Kenntnis zur Beurteilung des zu prüfenden Vorgangs durch die Hauptversammlung erforderlich ist.** [3]**Die Sonderprüfer haben den Bericht zu unterzeichnen und unverzüglich dem Vorstand und zum Handelsregister des Sitzes der Gesellschaft einzureichen.** [4]**Auf Verlangen hat der Vorstand jedem Aktionär eine Abschrift des Prüfungsberichts zu erteilen.** [5]**Der Vorstand hat den Bericht dem Aufsichtsrat vorzulegen und bei der Einberufung der nächsten Hauptversammlung als Gegenstand der Tagesordnung bekanntzumachen.**

I. Allgemeines

1 Dem Sonderprüfer werden umfangreiche Auskunfts- und Einsichtnahmerechte (Abs. 1–3) eingeräumt, um die Effizienz der Sonderprüfung zu gewährleisten. Der zu fertigende Sonderprüfungsbericht (Abs. 4–6) dient der Publizität der Ergebnisse (MüKoAktG/*Arnold* Rn. 3 f.).

II. Auskunfts- und Einsichtnahmerechte

2 **Abs. 1** normiert umfassende **Einsichtnahmerechte** des Sonderprüfers in Unterlagen der Gesellschaft. Dabei ist der Vorstand über die bloße Duldung hinaus zur Mitwirkung verpflichtet (Spindler/Stilz/*Mock* Rn. 13). Da eine sorgfältige Prüfung Umfeldwissen voraussetzt, ist der Umfang nicht durch den zu prüfenden Vorgang beschränkt, es sei denn, ein Zusammenhang fehlt offensichtlich (hM, MüKoAktG/*Arnold* Rn. 16 f.; KK-AktG/*Rieckers/Vetter* Rn. 50 f.; Hüffer/Koch/*Koch* Rn. 2; OLG Düsseldorf 25.3.2011, BeckRS 2011, 11600). Für die Rechtsmissbräuchlichkeit ist der Vorstand beweispflichtig (MüKoAktG/*Arnold* Rn. 17). Notwendige Arbeitsmittel wie Büroräume und technische Hilfsmittel sind zur Verfügung zu stellen (Spindler/Stilz/*Mock* Rn. 13).

3 Nach **Abs. 2** sind der Vorstand und der AR aufklärungspflichtig. Die **Aufklärungspflicht** trifft jedes einzelne Mitglied, nicht das Organ als solches. Ehemalige Mitglieder sind gegenüber dem Sonderprüfer nicht auskunftspflichtig, allerdings kann sich ein Auskunftsanspruch der Gesellschaft aus nachwirkender organschaftlicher Treuepflicht ergeben (Hüffer/Koch/*Koch* Rn. 3; MüKoAktG/*Arnold* Rn. 21, der allerdings auf den Ausnahmecharakter hinweist). Die Auskunftspflicht besteht dann nicht, wenn die Auskunftspflichtigen sich dadurch selbst oder nahe Angehörige der Gefahr einer Strafverfolgung aussetzen (Spindler/Stilz/*Mock* Rn. 17; GroßkommAktG/*Bezzenberger* Rn. 20; **aA** Bürgers/Körber/*Holzborn/Jänig* Rn. 6). Angestellte können durch Weisung des Vorstands iR ihres Dienstverhältnisses zur Auskunft verpflichtet sein (Hüffer/Koch/*Koch* Rn. 3).

4 Im Gegensatz zu Abs. 1 schränkt Abs. 2 das Auskunftsrecht ein. Es können nur solche Auskünfte verlangt werden, die für den zu prüfenden Vorgang notwendig sind.

5 **Abs. 3** erstreckt die Auskunftsverpflichtungen auch auf Konzernunternehmen (§ 18) und abhängige oder herrschende Unternehmen (§ 17). Dabei gelten die Voraussetzungen des Abs. 2.

6 Bei **Meinungsverschiedenheiten** zwischen dem Auskunftspflichtigen und dem Sonderprüfer ist weder § 35 Abs. 2 noch § 324 HGB entsprechend anwendbar (MüKoAktG/*Arnold* Rn. 33). Die Auskunft kann auch nicht durch Klage oder einstweilige Verfügung erzwungen werden (KK-AktG/*Rieckers/Vetter* Rn. 76; Spindler/Stilz/*Mock* Rn. 24). Lediglich gegenüber Vorstandsmitgliedern ist ein Zwangsgeldverfahren nach § 407 Abs. 1 S. 1 möglich (MüKoAktG/*Arnold* Rn. 34). Eine falsche Auskunft hat bei Vorstands- und Aufsichtsratsmitgliedern die Strafbarkeit nach § 400 Abs. 1 Nr. 2 sowie Schadensersatzansprüche der Gesellschaft nach §§ 93, 116 zur Folge (MüKoAktG/*Arnold* Rn. 35 f.).

III. Sonderprüfungsbericht

7 **Abs. 4** impliziert, dass ein Prüfungsbericht zu fertigen ist. Der Inhalt kann auf Antrag durch **gerichtlichen Beschluss,** der nach Abs. 5 S. 2, § 142 Abs. 5 S. 2, Abs. 8 im **FamFG-Verfahren** ergeht, eingeschränkt werden. Dabei ist iRe **Abwägung** zu ermitteln, ob überwiegende Belange der Gesellschaft einer Aufnahme der streitgegenständlichen Tatsachen im Prüfungsbericht entgegenstehen und die Aufnahme zur Darlegung von Pflichtverletzungen nach § 142 Abs. 2 nicht notwendig erscheint. **Zuständig** ist gem. **Abs. 5** S. 1 das LG am Sitz der Gesellschaft. **Rechtsmittel** ist die Beschwerde (Abs. 5 S. 2, § 142 Abs. 5 S. 2).

8 In **formaler** Hinsicht ist der Prüfungsbericht schriftlich mit Unterschrift der Sonderprüfer zu erstellen (**Abs. 6** S. 1, 3). Er ist unverzüglich (§ 121 Abs. 1 S. 1 BGB) beim Vorstand und dem nach § 14 zuständigen Registergericht einzureichen (Abs. 6 S. 3). Trotz des uneindeutigen Wortlauts ist davon auszugehen, dass der Abschlussbericht nicht gleichzeitig beim Vorstand und zum Handelsregister einge-

reicht, sondern zunächst nur dem Vorstand zugeleitet wird, um diesem die Einleitung des Schwärzungsverfahrens gem. § 145 Abs. 4 zu ermöglichen (BVerfG 20.12.2017, NJW 2018, 381 (383) OLG Düsseldorf 26.11.2015, AG 2016, 295 (297)). Der Vorstand erteilt den Aktionären auf Verlangen Abschriften, legt den Bericht dem AR vor und macht ihn bei der Einberufung der nächsten HV als Gegenstand der Tagesordnung bekannt (Abs. 6 S. 4, 5).

Abs. 6 S. 2 stellt klar, dass auch für die Gesellschaft **nachteilige** Tatsachen in den Sonderprüfungsbericht aufzunehmen sind. Auf eine Schutzklausel wie in § 131 Abs. 3 S. 1 Nr. 1 hat der Gesetzgeber bewusst verzichtet (RegBegr *Kropff* 211 f.; krit. *Forster* AG 1962, 233 (236); *Obermüller* BB 1962, 546 (547)). Die Geheimhaltungsinteressen der Gesellschaft sind allerdings dann vorrangig, dh die entsprechende Tatsache ist nicht in den Sonderprüfungsbericht aufzunehmen, wenn sie im Hinblick auf den Zweck der Sonderprüfung, Ersatzansprüche oder personelle Konsequenzen zu forcieren, keine Bedeutung haben kann (Hüffer/Koch/*Koch* Rn. 8; MüKoAktG/*Arnold* Rn. 44). 9

Kosten

146 **[1]Bestellt das Gericht Sonderprüfer, so trägt die Gesellschaft die Gerichtskosten und die Kosten der Prüfung. [2]Hat der Antragsteller die Bestellung durch vorsätzlich oder grob fahrlässig unrichtigen Vortrag erwirkt, so hat der Antragsteller der Gesellschaft die Kosten zu erstatten.**

I. Allgemeines

Bezweckt wird der **Minderheitenschutz,** indem ein unter Umständen abschreckendes Kostenrisiko vermieden wird. Denn eine Sonderprüfung, die Unregelmäßigkeiten sowie Grundlagen eines Ersatzanspruches aufdeckt, ist dem Gesellschaftsinteresse dienlich (MüKoAktG/*Arnold* Rn. 4). Die Norm ist zwingend (MüKoAktG/*Arnold* Rn. 2). 1

II. Gerichtliche Bestellung (S. 1)

In den Fällen der **gerichtlichen Bestellung** eines Sonderprüfers nach § 142 Abs. 2 und 4 fallen die **Gerichtskosten** und die **Kosten der Sonderprüfung** (§ 142 Abs. 6) im Außenverhältnis der Gesellschaft zur Last. Die Verteilung der **außergerichtlichen Kosten** richtet sich nach § 81 FamFG, dh grundsätzlich tragen diese die Beteiligten selbst (vgl. auch MüKoAktG/*Arnold* Rn. 1, 8). Das Gericht kann die Kosten gem. § 81 FamFG nach billigem Ermessen, aber auch einem der Beteiligten ganz oder teilweise auferlegen. 2

III. Anspruch auf Kostenerstattung (S. 2)

Die Gesellschaft hat gegen den Antragsteller einen Anspruch auf Erstattung der Kosten, wenn dieser die Bestellung des Sonderprüfers durch vorsätzlich oder grob fahrlässig falschen Vortrag erwirkt hat. Mit diesem Kostenrisiko wird missbräuchlichen Anträgen entgegengewirkt (BR-Drs. 3/05, 38). 3

Daneben bestehen weiterhin der lediglich einfache Fahrlässigkeit voraussetzende Anspruch wegen Verletzung der Treuepflicht und der Schadensersatzanspruch aus § 826 BGB (BR-Drs. 3/05, 38; Handelsrechtsausschuss des DAV NZG 2004, 555 (560); GroßkommAktG/*Bezzenberger* Rn. 9 ff.). Werden durch die Sonderprüfung Pflichtverletzungen von Verwaltungsmitgliedern aufgedeckt, können die entstandenen Kosten zudem als Schaden im Wege der §§ 93, 116 geltend gemacht werden (Hüffer/Koch/*Koch* Rn. 3; *Bode* AG 1995, 261 (264)). 4

Geltendmachung von Ersatzansprüchen

147 (1) **[1]Die Ersatzansprüche der Gesellschaft aus der Gründung gegen die nach den §§ 46 bis 48, 53 verpflichteten Personen oder aus der Geschäftsführung gegen die Mitglieder des Vorstands und des Aufsichtsrats oder aus § 117 müssen geltend gemacht werden, wenn es die Hauptversammlung mit einfacher Stimmenmehrheit beschließt. [2]Der Ersatzanspruch soll binnen sechs Monaten seit dem Tage der Hauptversammlung geltend gemacht werden.**

(2) **[1]Zur Geltendmachung des Ersatzanspruchs kann die Hauptversammlung besondere Vertreter bestellen. [2]Das Gericht (§ 14) hat auf Antrag von Aktionären, deren Anteile zusammen den zehnten Teil des Grundkapitals oder den anteiligen Betrag von einer Million Euro erreichen, als Vertreter der Gesellschaft zur Geltendmachung des Ersatzanspruchs andere als die nach den §§ 78, 112 oder nach Satz 1 zur Vertretung der Gesellschaft berufenen Personen zu bestellen, wenn ihm dies für eine gehörige Geltendmachung zweckmäßig erscheint. [3]Gibt das Gericht dem Antrag statt, so trägt die Gesellschaft die Gerichtskosten.**

⁴Gegen die Entscheidung ist die Beschwerde zulässig. ⁵Die gerichtlich bestellten Vertreter können von der Gesellschaft den Ersatz angemessener barer Auslagen und eine Vergütung für ihre Tätigkeit verlangen. ⁶Die Auslagen und die Vergütung setzt das Gericht fest. ⁷Gegen die Entscheidung ist die Beschwerde zulässig; die Rechtsbeschwerde ist ausgeschlossen. ⁸Aus der rechtskräftigen Entscheidung findet die Zwangsvollstreckung nach der Zivilprozeßordnung statt.

Übersicht

I. Allgemeines

1 Die Regelung **bezweckt** die Sicherung der Geltendmachung von Ersatzansprüchen. Denn es steht zu befürchten, dass die zuständigen Organmitglieder Ansprüche, die sich gegen sie selbst oder gegen Ersatzpflichtige, denen sie sich loyal verbunden fühlen, nicht verfolgen werden (MüKoAktG/*Arnold* Rn. 16; Hüffer/Koch/*Koch* Rn. 1). Die Regelung ist **zwingend** (§ 23 Abs. 5) (Hüffer/Koch/*Koch* Rn. 1).

2 Der BGH hat zudem eine Pflicht des Aufsichtsrates anerkannt, Schadensersatzansprüche gegen Vorstandsmitglieder zu prüfen und, soweit durchsetzbar, geltend zu machen, wenn nicht eine Interessenabwägung ergibt, dass gewichtige Gründe des Gesellschaftswohls einer Rechtsverfolgung entgegenstehen (BGH 21.4.1997, BGHZ 135, 244 (252 ff.) = NJW 1997, 1926 – ARAG/Garmenbeck).

II. Ersatzansprüche

3 § 147 bezieht sich lediglich auf **(Schadens-)Ersatzansprüche, nicht aber Erfüllungsansprüche** der Gesellschaft (GroßkommAktG/*Bezzenberger* Rn. 12 ff.; Spindler/Stilz/*Mock* Rn. 21 f.). Ansprüche gegen ausgeschiedene Verwaltungsmitglieder sind ebenfalls erfasst (MüKoAktG/*Arnold* Rn. 29). Im Wege der erweiternden Auslegung fallen auch die dazugehörigen **Hilfsansprüche** (Auskunft, Rechenschaft) (BGH 13.2.1975, NJW 1975, 977 = BB 1975, 578; Spindler/Stilz/*Mock* Rn. 21) und Ansprüche auf **Unterlassung** gesellschaftsschädlicher Maßnahmen ebenso wie **andere Ausgleichsansprüche** (bspw. aus § 88 Abs. 2, GoA) unter § 147, weil die faktische Durchsetzung der Ansprüche auch hier gefährdet ist (GroßkommAktG/*Bezzenberger* Rn. 12 ff.; Grigoleit/*Herrler* Rn. 4; zw. für Unterlassungsansprüche, die sich auf Geschäftsführungsmaßnahmen beziehen, Hüffer/Koch/*Koch* Rn. 2; **aA** MüKoAktG/*Arnold* Rn. 23 ff., der insgesamt für eine restriktive Auslegung plädiert). Umstritten ist indes die Anwendbarkeit auf **konzernrechtliche Ansprüche** aus §§ 308, 309, 310, 317 (befürwortend OLG Düsseldorf 20.12.2018, AG 2019, 348 (355); OLG Köln 9.3.2017, BeckRS 2017, 106344 Rn. 181; OLG München 28.11.2007, NZG 2008, 230 (232); MüKoAktG/*Arnold* Rn. 26 f.; *Bayer/Hoffmann* AG 2018, 337).

4 **Anspruchsgegner** sind die aus der Gründung nach §§ 46–48, der Nachgründung nach § 53 verpflichteten Personen, gegenwärtige und auch bereits ausgeschiedene (OLG München 28.11.2007, NZG 2008, 230 (233)) Mitglieder von Vorstand und AR wegen Ersatzansprüchen aus der Geschäftsführung sowie Schadensersatzpflichtige aus § 117. Der Gründungsprüfer nach § 49 ist indes nicht einbezogen. Ein besonderer Vertreter kann nach § 147 hingegen nicht ermächtigt werden, Ansprüche der Gesellschaft gegen Aktionäre nach § 62 Abs. 1 oder nach § 823 Abs. 2 BGB iVm § 20 AktG geltend zu machen (OLG Karlsruhe 14.3.2018, AG 2018, 367 (370 f.)).

5 **Anspruchstellerin** ist die Gesellschaft (Spindler/Stilz/*Mock* Rn. 18). Die Aktionäre selbst können lediglich im Wege der Nebenintervention nach § 66 ZPO im Prozess tätig werden (*Trescher* DB 1995, 661 (663)). Richtet sich der Ersatzanspruch gegen ein gegenwärtiges oder ausgeschiedenes Mitglied des Vorstands, vertritt der AR (§ 112) statt des Vorstands (§ 78) die Gesellschaft (BGH 22.4.1991, WM 1991, 941).

III. Pflicht zur Geltendmachung (Abs. 1)

6 Eine Pflicht zur Geltendmachung von Ersatzansprüchen besteht nach **Abs. 1 S. 1,** wenn die **HV** einen entsprechenden **Beschluss** mit einfacher Mehrheit nach § 133 Abs. 1 fasst. Hinsichtlich des HV-Beschlusses gelten die allgemeinen Vorschriften (§§ 118 ff.), insbesondere ist der Antrag nicht bekanntmachungsfrei nach § 124 Abs. 4 S. 2 Var. 2, wenn nur Entlastung auf der Tagesordnung angekündigt

ist, wohl aber, wenn sich Ersatzansprüche aus einem Sonderprüfungsbericht ergeben und dieser nach § 124 Abs. 1 S. 1, § 145 Abs. 4–6 bekannt gemacht wurde (MüKoAktG/*Arnold* Rn. 34; KK-AktG/*Rieckers/Vetter* Rn. 171). Die Anspruchsgegner der Ersatzansprüche sind nach § 136 Abs. 1 S. 1 Var. 3 vom Stimmrecht ausgeschlossen (Hüffer/Koch/*Koch* Rn. 4; BGH 20.1.1986, BGHZ 97, 28 (34) = NJW 1986, 2051 zur GmbH). Der Beschluss muss die geltend zu machenden Ansprüche hinsichtlich Anspruchsgegner und zugrunde liegendem Lebenssachverhalt hinreichend individualisieren (MüKo-AktG/*Arnold* Rn. 36). Bestimmbarkeit genügt (OLG Frankfurt a. M. 9.10.2003, NJW-RR 2004, 686; OLG Köln 9.3.2017, NZG 2017, 1344 Rn. 152; offengelassen von BGH 8.10.2019, AG 2020, 126; **aA** zuvor LG Köln 14.1.2016, AG 2016, 513 (514), wonach zusätzlich zur Bestimmtheit erforderlich sei, dass die Beschlussfassung auf der Grundlage eines Sachverhalts erfolgt, aus dem sich der geltend zu machende Anspruch schlüssig ergibt, jedenfalls aber eine konkrete Wahrscheinlichkeit hierfür besteht (ähnlich OLG Düsseldorf 20.12.2018, AG 2019, 348 (354 ff.)).

Nach **Abs. 1 S. 2** soll der Ersatzanspruch binnen 6 Monaten seit dem Tag der HV geltend gemacht 7
werden. Die Fristberechnung richtet sich nach §§ 187, 188 BGB (Spindler/Stilz/*Mock* Rn. 57). Eine **Fristversäumung** hat nur für das Innenverhältnis Bedeutung (Spindler/Stilz/*Mock* Rn. 57) und kann eine **Schadensersatzpflicht,** insbesondere hinsichtlich etwaiger Zinsschäden, nach §§ 93, 116 für das zuständige Organmitglied zur Folge haben (GroßkommAktG/*Bezzenberger* Rn. 40). Die gerichtliche Geltendmachung (Mahnverfahren oder Klageerhebung) innerhalb der Frist ist ausreichend, nicht aber ergebnisloses außergerichtliches Tätigwerden (Hüffer/Koch/*Koch* Rn. 9).

IV. Besondere Vertreter (Abs. 2)

1. Bestellung durch die Hauptversammlung (S. 1). Die **Aufgabe, Ersatzansprüche geltend** 8
zu machen, kann von der HV mit einfacher Stimmenmehrheit (§ 133 Abs. 1) auf einen oder mehrere **besondere Vertreter übertragen** werden. Dabei ist eine Individualisierung der Ansprüche erforderlich. Ist der zu bestellende Vertreter selbst Aktionär, ist er nicht vom Stimmrecht ausgeschlossen; dagegen ist derjenige, gegen den sich der Anspruch richtet, nach § 136 Abs. 1 S. 3 Var. 3 nicht stimmberechtigt (BGH 20.1.1986, BGHZ 97, 28 (34) = NJW 1986, 2051 zur GmbH). Ebenso ist das herrschende Unternehmen nach § 136 Abs. 1 S. 1 nicht zur Stimmabgabe für die Bestellung eines besonderen Vertreters bei der Tochtergesellschaft berechtigt, soweit Ersatzansprüche gegen das herrschende Unternehmen bzw. dessen Verwaltungsmitglieder geltend gemacht werden sollen (*Bayer/Hoffmann* AG 2018, 337). Die Bestellung wird mit der **Annahme** seitens des besonderen Vertreters wirksam, wozu er aber auch **als Aktionär nicht verpflichtet** ist (Spindler/Stilz/*Mock* Rn. 100; KK-AktG/*Rieckers/Vetter* Rn. 436, 438). Im Falle einer nichtigen Bestellung findet die Lehre der fehlerhaften Organstellung Anwendung (BGH 27.9.2011, NZG 2011, 1383; Spindler/Stilz/*Mock* Rn. 78; eingehend *Bayer/Lieder* NZG 2012, 1 ff.; **aA** *Schürnbrand,* Organschaft im Recht privater Verbände, 2007, 293).

2. Bestellung durch das Gericht (S. 2–8). Zur gerichtlichen Bestellung eines besonderen Ver- 9
treters bedarf es eines Beschlusses der HV zur Geltendmachung eines Ersatzanspruchs sowie eines Antrags einer qualifizierten Minderheit von Aktionären, deren Anteile zusammen 10 % des Grundkapitals oder den anteiligen Betrag in Höhe von mindestens 1 Mio. EUR erreichen. Die Berechnung des Anteils am Grundkapital richtet sich nach § 8 Abs. 4 (GroßkommAktG/*Bezzenberger* Rn. 44, 29). Die Bestellung muss dem Gericht „für eine gehörige Geltendmachung **zweckmäßig**" erscheinen. Dabei prüft das Gericht nicht die Erfolgsaussichten der Ansprüche, sondern das Vorliegen eines Grundes für die Bestellung eines besonderen Vertreters, der dann zu bejahen ist, wenn eine sachgerechte Geltendmachung der Ansprüche durch die gesetzlichen Vertreter der Gesellschaft nicht zu erwarten ist (OLG Frankfurt a. M. 9.10.2003, NJW-RR 2004, 686). An Vorschläge der Beteiligten ist das Gericht nicht gebunden (AG Nürtingen 14.10.1993, AG 1995, 287 f.). Nach §§ 375 Nr. 3, 376 Abs. 1 FamFG ist (mangels abw. Landesregelung gem. § 376 Abs. 2 FamFG) das Gericht, in dessen Bezirk ein LG seinen Sitz hat, für den Bezirk dieses LG zuständig. Die Entscheidung ist nach § 17 Nr. 2 lit. a RPflG dem Richter vorbehalten. Rechtsmittel ist die **Beschwerde** (Abs. 2 **S. 4**). Nach Abs. 2 **S. 3** hat die Gesellschaft im Falle der Stattgabe des Antrags die **Gerichtskosten** zu tragen; die Verteilung der außergerichtlichen Kosten regelt § 81 FamFG. Die Regelungen über **Auslagenersatz- und Vergütungsanspruch** der besonderen Vertreter (Abs. 2 **S. 5–8**) entsprechen § 142 Abs. 6 (→ § 142 Rn. 24). Nach § 147 Abs. 2 S. 2 kann auch für den Fall, dass bereits ein besonderer Vertreter durch einen Beschluss der HV bestellt wurde, die Ersetzung dieses Vertreters durch einen anderen besonderen Vertreter beantragt werden, ohne dass zunächst der vorherige Beschluss zur Bestellung des Vertreters durch die HV angefochten werden muss (KG 16.12.2011, GWR 2012, 87 mAnm *Plückelmann*).

3. Rechtsstellung des besonderen Vertreters. Der besondere Vertreter ist iRd Geltendmachung 10
von Ersatzansprüchen gesetzlicher Vertreter der Gesellschaft (BGH 18.12.1980, NJW 1981, 1097 (1098)); ob er auch als Gesellschaftsorgan anzusehen ist, ist str. (bejahend: BGH 27.9.2011, ZIP 2011, 2195; OLG Köln 9.3.2017, AG 2017, 351, 353; offengelassen von BGH 8.10.2019, AG 2020, 126; Hüffer/Koch/*Koch* Rn. 8, der im Ausgangspunkt zustimmt, die damit einhergehenden Einzelbefugnisse

aber von der jeweils einschlägigen Funktion abhängig machen will; Spindler/Stilz/*Mock* Rn. 121 mwN; **aA** *Balthasar/Hamelmann* WM 2010, 589 (593)).

11 Er hat diejenigen Rechte, die er zur Erfüllung seiner Aufgaben bedarf, insbesondere stehen ihm Informations- und Einsichtnahmeansprüche auch gegen den Willen des Vorstands zu (LG München I 6.9.2007, BB 2007, 2030 (2031); RG 4.11.1913, RGZ 83, 248 (250)). Dabei kommt dem besonderen Vertreter ein weiter Ermessensspielraum hinsichtlich der Auswahl der einzusehenden Unterlagen zu, der nur der Missbrauchsschranke unterliegt (OLG Köln 4.12.2015, NZG 2016, 147 Rn. 32; LG München I 6.9.2007, BB 2007, 2030). Dazu gehört auch das Recht auf Einsicht in die Vorstands- und Aufsichtsratsprotokolle insoweit, als die Protokolle den Vorgang betreffen, für den Ersatz verlangt werden soll (LG Heidelberg 4.12.2015, AG 2016, 182). Der besondere Vertreter kann nach § 260 Abs. 1 BGB ein Bestandsverzeichnis der benötigten Unterlagen von der Gesellschaft und dem Vorstand verlangen (LG Duisburg 9.6.2016, AG 2016, 795 (796 f.)). Ansprüche auf ungehinderten Zugang zu Räumlichkeiten der Gesellschaft sowie Direktionsbefugnisse gegenüber der Belegschaft werden verneint (OLG München 28.11.2007, NZG 2008, 230). Entsprechende Ansprüche macht der besondere Vertreter im eigenen Namen gegen die Gesellschaft geltend (Hüffer/Koch/*Koch* Rn. 16), ggf. im Wege der einstweiligen Verfügung (OLG München 28.11.2007, NZG 2008, 230).

12 Ist der Vertreterbestellung eine Sonderprüfung vorangegangen, ist der besondere Vertreter grundsätzlich an die Feststellungen des Sonderprüfers gebunden. Er ist kein „Super-Sonderprüfer", sondern dazu berufen, den Ergebnissen der Sonderprüfung Rechnung zu tragen. Allerdings muss er die Erfolgsaussichten eines Vorgehens gegen die Betroffenen, einschließlich der Durchsetzbarkeit und der Realisierbarkeit entsprechender Ansprüche selbständig beurteilen, zumal der Sonderprüferbeschluss hierzu regelmäßig keine Feststellungen enthält.

Klagezulassungsverfahren

148 **(1) [1] Aktionäre, deren Anteile im Zeitpunkt der Antragstellung zusammen den einhundertsten Teil des Grundkapitals oder einen anteiligen Betrag von 100 000 Euro erreichen, können die Zulassung beantragen, im eigenen Namen die in § 147 Abs. 1 Satz 1 bezeichneten Ersatzansprüche der Gesellschaft geltend zu machen. [2] Das Gericht lässt die Klage zu, wenn**

1. die Aktionäre nachweisen, dass sie die Aktien vor dem Zeitpunkt erworben haben, in dem sie oder im Falle der Gesamtrechtsnachfolge ihre Rechtsvorgänger von den behaupteten Pflichtverstößen oder dem behaupteten Schaden auf Grund einer Veröffentlichung Kenntnis erlangen mussten,
2. die Aktionäre nachweisen, dass sie die Gesellschaft unter Setzung einer angemessenen Frist vergeblich aufgefordert haben, selbst Klage zu erheben,
3. Tatsachen vorliegen, die den Verdacht rechtfertigen, dass der Gesellschaft durch Unredlichkeit oder grobe Verletzung des Gesetzes oder der Satzung ein Schaden entstanden ist, und
4. der Geltendmachung des Ersatzanspruchs keine überwiegenden Gründe des Gesellschaftswohls entgegenstehen.

(2) [1] Über den Antrag auf Klagezulassung entscheidet das Landgericht, in dessen Bezirk die Gesellschaft ihren Sitz hat, durch Beschluss. [2] Ist bei dem Landgericht eine Kammer für Handelssachen gebildet, so entscheidet diese anstelle der Zivilkammer. [3] Die Landesregierung kann die Entscheidung durch Rechtsverordnung für die Bezirke mehrerer Landgerichte einem der Landgerichte übertragen, wenn dies der Sicherung einer einheitlichen Rechtsprechung dient. [4] Die Landesregierung kann die Ermächtigung auf die Landesjustizverwaltung übertragen. [5] Die Antragstellung hemmt die Verjährung des streitgegenständlichen Anspruchs bis zur rechtskräftigen Antragsabweisung oder bis zum Ablauf der Frist für die Klageerhebung. [6] Vor der Entscheidung hat das Gericht dem Antragsgegner Gelegenheit zur Stellungnahme zu geben. [7] Gegen die Entscheidung findet die sofortige Beschwerde statt. [8] Die Rechtsbeschwerde ist ausgeschlossen. [9] Die Gesellschaft ist im Zulassungsverfahren und im Klageverfahren beizuladen.

(3) [1] Die Gesellschaft ist jederzeit berechtigt, ihren Ersatzanspruch selbst gerichtlich geltend zu machen; mit Klageerhebung durch die Gesellschaft wird ein anhängiges Zulassungs- oder Klageverfahren von Aktionären über diesen Ersatzanspruch unzulässig. [2] Die Gesellschaft ist nach ihrer Wahl berechtigt, ein anhängiges Klageverfahren über ihren Ersatzanspruch in der Lage zu übernehmen, in der sich das Verfahren zur Zeit der Übernahme befindet. [3] Die bisherigen Antragsteller oder Kläger sind in den Fällen der Sätze 1 und 2 beizuladen.

(4) [1] Hat das Gericht dem Antrag stattgegeben, kann die Klage nur binnen drei Monaten nach Eintritt der Rechtskraft der Entscheidung und sofern die Aktionäre die Gesellschaft nochmals unter Setzung einer angemessenen Frist vergeblich aufgefordert haben, selbst Klage

zu erheben, vor dem nach Absatz 2 zuständigen Gericht erhoben werden. ²Sie ist gegen die in § 147 Abs. 1 Satz 1 genannten Personen und auf Leistung an die Gesellschaft zu richten. ³Eine Nebenintervention durch Aktionäre ist nach Zulassung der Klage nicht mehr möglich. ⁴Mehrere Klagen sind zur gleichzeitigen Verhandlung und Entscheidung zu verbinden.

(5) **¹Das Urteil wirkt, auch wenn es auf Klageabweisung lautet, für und gegen die Gesellschaft und die übrigen Aktionäre. ²Entsprechendes gilt für einen nach § 149 bekannt zu machenden Vergleich; für und gegen die Gesellschaft wirkt dieser aber nur nach Klagezulassung.**

(6) **¹Die Kosten des Zulassungsverfahrens hat der Antragsteller zu tragen, soweit sein Antrag abgewiesen wird. ²Beruht die Abweisung auf entgegenstehenden Gründen des Gesellschaftswohls, die die Gesellschaft vor Antragstellung hätte mitteilen können, aber nicht mitgeteilt hat, so hat sie dem Antragsteller die Kosten zu erstatten. ³Im Übrigen ist über die Kostentragung im Endurteil zu entscheiden. ⁴Erhebt die Gesellschaft selbst Klage oder übernimmt sie ein anhängiges Klageverfahren von Aktionären, so trägt sie etwaige bis zum Zeitpunkt ihrer Klageerhebung oder Übernahme des Verfahrens entstandene Kosten des Antragstellers und kann die Klage nur unter den Voraussetzungen des § 93 Abs. 4 Satz 3 und 4 mit Ausnahme der Sperrfrist zurücknehmen. ⁵Wird die Klage ganz oder teilweise abgewiesen, hat die Gesellschaft den Klägern die von diesen zu tragenden Kosten zu erstatten, sofern nicht die Kläger die Zulassung durch vorsätzlich oder grob fahrlässig unrichtigen Vortrag erwirkt haben. ⁶Gemeinsam als Antragsteller oder als Streitgenossen handelnde Aktionäre erhalten insgesamt nur die Kosten eines Bevollmächtigten erstattet, soweit nicht ein weiterer Bevollmächtigter zur Rechtsverfolgung unerlässlich war.**

Übersicht

I. Allgemeines

§ 148 verfolgt das **Ziel,** Ersatzansprüche der Gesellschaft durch Zulassung einer Minderheitenklage durchzusetzen und gleichzeitig missbräuchlichen Klagen entgegenzuwirken (BR-Drs. 3/05, 39 f.). Die Aktionärsklage ist dementsprechend **zweistufig** ausgestaltet: Vor der eigentlichen Klage (Abs. 4 und 5) findet ein besonderes Zulassungsverfahren statt (Abs. 1 und 2). 1

Einer **actio pro socio** in Form eines individuellen Klagerechts eines jeden Aktionärs steht § 148 als kollektives Minderheitenrecht und lex specialis entgegen (*K. Schmidt* NZG 2005, 796 (799); Hüffer/Koch/*Koch* Rn. 2). 2

II. Klagezulassungsverfahren (Abs. 1 und 2)

1. Voraussetzungen (Abs. 1). a) Quorum. Eine Aktionärsminderheit, die uU nur aus einem Aktionär bestehen kann, ist nach Abs. 1 **S. 1** antragsberechtigt, wenn ihr Anteil 1 % des Grundkapitals oder einen anteiligen Betrag von 100.000 EUR erreicht. Das Quorum entspricht § 142 Abs. 2 S. 1 (→ § 142 Rn. 16). Maßgeblich ist der Zeitpunkt der Antragstellung (Hüffer/Koch/*Koch* Rn. 4; K. Schmidt/Lutter/*Spindler* Rn. 11; **aA** GroßkommAktG/*Bezzenberger*/*T. Bezzenberger* Rn. 173 ff.). Mehrere Aktionäre bilden im Regelfall eine BGB-Innengesellschaft (BR-Drs. 3/05, 43, 46; Spindler/Stilz/*Mock* Rn. 56). 3

b) Zeitpunkt des Aktienerwerbs. Nach Abs. 1 **S. 2 Nr. 1** muss bei Antragstellung seitens der Antragsteller nachgewiesen werden, dass der Aktienerwerb zeitlich vor der erlangten oder möglichen Kenntnis von der behaupteten Pflichtverletzung und des Schadens liegt. Der Nachweis kann durch Depotauszüge oder Kaufunterlagen geführt werden (BR-Drs. 3/05, 43). Derjenige, der aus einer Veröffentlichung der Gesellschaft in Breitenmedien, der Wirtschaftspresse, weit verbreiteten Online- 4

Diensten (BR-Drs. 3/05, 43) Kenntnis hatte oder haben musste, kann im Quorum keine Berücksichtigung finden. Damit werden Aktienankäufe mit dem Zweck missbräuchlicher Klagen vermieden (BR-Drs. 3/05, 43).

5 **c) Fristsetzung.** Die Aktionäre müssen gem. Abs. 1 **S. 2 Nr. 2** nachweisen, dass die Aufforderung unter angemessener Fristsetzung an die Gesellschaft, die Ersatzansprüche selbst einzuklagen, vergeblich geblieben ist. Auf eine Identität der fristsetzenden und antragstellenden Aktionäre kommt es indes nicht an (BR-Drs. 3/05, 43). Die Erklärung muss einem Mitglied des Organs zugehen, dem die Anspruchsverfolgung obliegt (*Paschos/Neumann* DB 2005, 1779 (1780)), dh bei Ersatzansprüchen gegen ein Mitglied des Vorstands dem AR. Hinsichtlich der **Angemessenheit der Frist** finden die allgemeinen Regeln, insbesondere über die Entbehrlichkeit bei ernsthafter und endgültiger Verweigerung, Anwendung. Im Regelfall ist eine Frist von zwei Monaten angemessen (BR-Drs. 3/05, 43 f.). Auf eine fristgerecht eingereichte Klage hat die Gesellschaft hinzuweisen (BR-Drs. 3/05, 44).

6 **d) Verdacht eines Schadens durch unredliches oder rechtswidriges Verhalten.** Nach Abs. 1 **S. 2 Nr. 3** müssen nach gerichtlicher Würdigung Tatsachen vorliegen, die den Verdacht eines Schadens der Gesellschaft durch Unredlichkeit oder grobe Verletzung des Gesetzes oder der Satzung rechtfertigen. Die Voraussetzungen entsprechen § 142 Abs. 2 S. 1 (→ § 142 Rn. 13). Damit setzt der Verdacht eines hierdurch entstandenen Schadens insbesondere Tatsachen voraus, die diesen nicht bloß möglich, sondern wahrscheinlich erscheinen lassen (OLG Köln 19.10.2018, AG 2019, 395 (397); OLG Köln 22.2.2010, AG 2010, 414 (415)). **Unredlichkeiten** sind ins Kriminelle reichende Treuepflichtverstöße (BR-Drs. 3/05, 44). Eine **grobe Verletzung** von Gesetz oder Satzung ist bei evidenten, nicht hinnehmbaren Verstößen zu bejahen (Hüffer/Koch/*Koch* Rn. 8). Einer Beweisführung oder Glaubhaftmachung seitens der Antragsteller für die den Verdacht rechtfertigenden Tatsachen bedarf es nicht (*K. Schmidt* NZG 2005, 796 (800); Spindler/Stilz/*Mock* Rn. 85; **aA** Hüffer/Koch/*Koch* Rn. 8, wonach Antragsteller die volle Beweislast tragen, da das Klagezulassungsverfahren den Regeln der ZPO unterliegt; so auch KK-AktG/*Rieckers/Vetter* Rn. 333; MüKoAktG/*Arnold* Rn. 44; Schmidt/Lutter/*Spindler* Rn. 28), pauschale Verdächtigungen genügen indes nicht (KK-AktG/*Rieckers/Vetter* Rn. 332).

7 **e) Keine überwiegenden Gründe des Gesellschaftswohls.** Im Gegensatz zur ARAG/Garmenbeck-Entscheidung des BGH (BGH 21.4.1997, BGHZ 135, 244 (252 ff.) = NJW 1997, 1926) wird **nicht** auf **„gewichtige", sondern** auf **„überwiegende"** Gründe abgestellt. Bei Vorliegen der Voraussetzungen des Abs. 1 S. 2 Nr. 1–3 ist die Klage im Regelfall zuzulassen, Nr. 4 dient demgegenüber lediglich als Korrektiv, wenn eine Abwägung ergibt, dass überwiegende Gründe des Gesellschaftswohls nach Abs. 1 **S. 2 Nr. 4** einer Klagezulassung entgegenstehen (BR-Drs. 3/05, 45). Überwiegende Gründe des Gesellschaftswohls können im **Einzelfall sehr geringe Schadenssummen, die ausgeschlossene Beitreibbarkeit der Forderung oder Mehrfachklagen** sein (BR-Drs. 3/05, 45). Betriebs- oder Geschäftsgeheimnisse bilden keine ausreichenden Gründe des Gesellschaftswohls (Spindler/Stilz/*Mock* Rn. 93).

8 **2. Gerichtliches Verfahren (Abs. 2).** Bei hinreichender Erfolgswahrscheinlichkeit ist die Klage zuzulassen (Spindler/Stilz/*Mock* Rn. 102). Ausschließlich (Hüffer/Koch/*Koch* Rn. 12) zuständig ist das **LG** am Sitz der Gesellschaft, ggf. die Kammer für Handelssachen (S. 1 und 2), soweit keine Konzentration stattgefunden hat (S. 3 und 4). Die Antragstellung bewirkt eine **Verjährungshemmung** (S. 5) (zur Hemmung vgl. § 209 BGB). Die Entscheidung ergeht, nach Gelegenheit zur Stellungnahme für den Antragsgegner (S. 6), durch **Beschluss** (S. 1). **Rechtsmittel** ist die sofortige Beschwerde (S. 7), die Rechtsbeschwerde ist hingegen ausgeschlossen (S. 8). Die Gesellschaft ist im Zulassungs- und Klageverfahren **beizuladen** (S. 9). Der **Antragsgegner** ist nicht normiert, kann aber nur der Organwalter als der angebliche Haftungsschuldner sein, nicht aber das für die Rechtsverfolgung eigentlich zuständige Organ, da die Aktionärsminderheit nicht das Organ zur Klageerhebung zwingt, sondern im Wege der gesetzlichen Prozessstandschaft zur eigenen Rechtsverfolgung zugelassen wird (Hüffer/Koch/*Koch* Rn. 11). Es handelt sich um ein summarisches Verfahren eigener Art, welches der ZPO unterliegt, soweit § 148 keine Regelungen enthält (Hüffer/Koch/*Koch* Rn. 10).

III. Subsidiarität (Abs. 3)

9 Die **Gesellschaft** kann den ihr zustehenden Anspruch **jederzeit selbst** gerichtlich geltend machen. Dazu hat die Gesellschaft nach Abs. 3 **zwei Möglichkeiten:** Zum einen kann sie eine **neue Klage** erheben (Abs. 3 S. 1). Der Zulassungsantrag bzw. die zugelassene Klage werden dann unzulässig. Dabei ist umstritten, ob der Antrag bzw. die Klage als unzulässig abzuweisen ist (Hüffer/Koch/*Koch* Rn. 13, der den Aktionären deshalb zu einer Rücknahme rät) oder die Rechtshängigkeit automatisch wegfällt (*Paschos/Neumann* DB 2005, 1779 (1782)). Bisherige Prozessergebnisse entfalten der Gesellschaft gegenüber dann keine Wirkung und eine Beweisaufnahme ist zu wiederholen (*Bork* ZIP 2005, 66 (67)). Zum anderen kann sie nach Abs. 3 S. 2 die **anhängige Klage übernehmen.** Damit findet ein gesetzlicher Parteiwechsel statt, der nicht an die Zustimmung des Beklagten oder der Aktionäre gebunden ist

(*Paschos/Neumann* DB 2005, 1779 (1782)). In diesem Fall ist die Gesellschaft an die Verfahrenshandlungen der Aktionärsminderheit (Spindler/Stilz/*Mock* Rn. 137) und eine bereits durchgeführte Beweisaufnahme gebunden (Hüffer/Koch/*Koch* Rn. 14). Die Aktionärsminderheit ist in jedem Fall nach Abs. 3 **S. 3 beizuladen.** Im Klageverfahren der Gesellschaft (Abs. 3) finden bei einer **Rücknahme** der Klage § 93 Abs. 4 S. 3 und 4 mit Ausnahme der Sperrfrist Anwendung **(Abs. 6 S. 4).**

IV. Klageverfahren (Abs. 4 und 5)

1. Haftungsklage (Abs. 4). Nach erfolgreicher Zulassung klagen die Aktionäre im Wege der **gesetzlichen Prozessstandschaft** (BR-Drs. 3/05, 45) **im eigenen Namen auf Leistung an die Gesellschaft (S. 2).** Die **Klagefrist** beträgt 3 Monate und beginnt erst mit Rechtskraft des Zulassungsbeschlusses. Erforderlich ist außerdem eine erneute Aufforderung unter angemessener Fristsetzung zur Klageerhebung an die Gesellschaft. Des Zulassungsquorums bedarf es bei Klageerhebung nicht mehr (MüKoAktG/*Arnold* Rn. 86; Spindler/Stilz/*Mock* Rn. 153; Hüffer/Koch/*Koch* Rn. 16; *Seibt* WM 2004, 2137 (2142); **aA** GroßkommAktG/*Bezzenberger/T. Bezzenberger* Rn. 173 ff.). **Zuständig** ist das Gericht des Zulassungsverfahrens **(S. 1),** dh das LG am Sitz der Gesellschaft. Das gilt auch im Fall der Übernahme oder eigenen Klage der Gesellschaft nach Abs. 3 (Hüffer/Koch/*Koch* Rn. 17). **Beklagte** sind die in § 147 Abs. 1 genannten Personen **(S. 2).** Eine Nebenintervention durch Aktionäre ist gem. Abs. 4 **S. 3** nach Zulassung der Klage ausgeschlossen, da diese nicht das gerichtliche Zulassungsverfahren durchlaufen haben (BR-Drs. 3/05, 46). Ein Beitritt vor Klagezulassung ist möglich, wenn der Beitretende die Voraussetzung des Abs. 1 S. 2 Nr. 1 nachweisen kann (BR-Drs. 3/05, 46). Klagen verschiedener Aktionärsgruppen sind zu verbinden **(S. 4).** 10

2. Bindungswirkung des Urteils (Abs. 5). Nach Abs. 5 **S. 1** wirkt ein klageabweisendes ebenso wie ein stattgebendes **Urteil** für und gegen die Gesellschaft und die übrigen Aktionäre. Dies gilt auch für den Fall einer Klage der Gesellschaft nach Abs. 3 (Hüffer/Koch/*Koch* Rn. 19). Die **Rechtskrafterstreckung** dient dem Schutz des Schuldners, der nicht erneut wegen derselben Forderung in Anspruch genommen werden kann (BR-Drs. 3/05, 47). Für einen **Vergleich,** welcher nach § 149 bekanntzumachen ist, gilt dasselbe; für die Gesellschaft wirkt er aber nur nach Klagezulassung **(S. 2),** da anderenfalls Aktionäre ohne Vorliegen der Voraussetzungen des Abs. 1 S. 2 über Ansprüche der Gesellschaft disponieren könnten (Hüffer/Koch/*Koch* Rn. 20). Der Abschluss eines Vergleichs unterliegt mit Ausnahme der Sperrfrist den Beschränkungen des § 93 Abs. 4 S. 3 (Handelsrechtsausschuss des DAV NZG 2005, 388 (391); Spindler/Stilz/*Mock* Rn. 173, 143, 167). 11

V. Kosten (Abs. 6)

Die Kosten des **Zulassungsverfahrens** trägt im Falle der **Abweisung** des Antrags der Antragsteller **(S. 1),** es sei denn, die Abweisung beruht auf Gründen des Gesellschaftswohls, die die Gesellschaft dem Antragsteller vor Antragstellung hätte mitteilen können, aber nicht mitgeteilt hat. Dann hat die Gesellschaft dem Antragsteller die Kosten zu erstatten **(S. 2).** Bei Klagezulassung ergeht keine Kostenentscheidung. Denn sie ist dem Endurteil vorbehalten **(S. 3).** Im Fall des **Abs. 3** trägt die Gesellschaft die Kosten des Antragstellers, die bis zum Zeitpunkt der **Klageerhebung oder Übernahme** entstanden sind **(S. 4).** Bei **Klageabweisung** werden die Kläger in die Kosten verurteilt. Abs. 6 **S. 5** enthält aber einen **materiell-rechtlichen Kostenerstattungsanspruch der Kläger gegen die Gesellschaft,** soweit die Kläger die Zulassung nicht durch vorsätzlich oder grob fahrlässig falschen Vortrag erwirkt haben. Treten mehrere Antragsteller oder Kläger auf, können sie im Grundsatz nur die Kosten eines Bevollmächtigten erstattet erhalten **(S. 6).** Unterschiedliche Wohnorte begründen nicht die Unerlässlichkeit eines weiteren Bevollmächtigten. Dazu bedarf es krasser Interessensgegensätze zwischen Antragsteller und Streitgenossen, derentwegen das Verfahren durch einen Bevollmächtigten allein überhaupt nicht betrieben werden kann (BR-Drs. 3/05, 49). 12

Bekanntmachungen zur Haftungsklage

149 (1) **Nach rechtskräftiger Zulassung der Klage gemäß § 148 sind der Antrag auf Zulassung und die Verfahrensbeendigung von der börsennotierten Gesellschaft unverzüglich in den Gesellschaftsblättern bekannt zu machen.**

(2) [1]**Die Bekanntmachung der Verfahrensbeendigung hat deren Art, alle mit ihr im Zusammenhang stehenden Vereinbarungen einschließlich Nebenabreden im vollständigen Wortlaut sowie die Namen der Beteiligten zu enthalten.** [2]**Etwaige Leistungen der Gesellschaft und ihr zurechenbare Leistungen Dritter sind gesondert zu beschreiben und hervorzuheben.** [3]**Die vollständige Bekanntmachung ist Wirksamkeitsvoraussetzung für alle Leistungspflichten.** [4]**Die Wirksamkeit von verfahrensbeendigenden Prozesshandlungen bleibt hiervon unberührt.** [5]**Trotz Unwirksamkeit bewirkte Leistungen können zurückgefordert werden.**

(3) **Die vorstehenden Bestimmungen gelten entsprechend für Vereinbarungen, die zur Vermeidung eines Prozesses geschlossen werden.**

I. Allgemeines

1 Mit der Bekanntmachung des **Zulassungsantrags** wird die Kenntniserlangung der übrigen Aktionäre von der Zulassung **bezweckt** (Spindler/Stilz/*Mock* Rn. 1). Die Bekanntmachungspflicht der **Verfahrensbeendigung** soll eine abschreckende Wirkung auf missbräuchliche Klagen und auf Vergleichsleistungen, die eine verbotene Einlagenrückgewähr darstellen, haben (BR-Drs. 3/05, 50).

II. Bekanntmachung

2 **1. Allgemeine Formalien.** Bekanntmachungspflichtig ist nur die **börsennotierte** Gesellschaft, da in der sog. kleinen AG üblicherweise andere Kommunikationskanäle innerhalb des geschlossenen Gesellschafterkreises vorhanden sind (BR-Drs. 3/05, 50). Die Bekanntmachung ist **unverzüglich** (§ 121 Abs. 1 S. 1 BGB) in den **Gesellschaftsblättern,** dh nach § 25 Abs. 1 S. 1 jedenfalls im Bundesanzeiger, vorzunehmen.

3 **2. Antrag auf Zulassung (Abs. 1).** Der Zulassungsantrag ist erst nach **rechtskräftiger Zulassung** bekanntzumachen, dh dem Antrag muss zum einen stattgegeben worden sein und zum anderen muss entweder die Rechtsmittelfrist für die sofortige Beschwerde nach § 148 Abs. 2 S. 7 verstrichen oder das Rechtsbehelfsverfahren abgeschlossen sein.

4 **3. Verfahrensbeendigung (Abs. 1 und 2).** Hinsichtlich der Anforderungen an die Bekanntmachung der Verfahrensbeendigung enthält **Abs. 2** diverse Konkretisierungen. **Inhaltlich** ist zunächst die Art der Beendigung anzugeben, zB für den Haftungsprozess Urteil, Vergleich, Rücknahme, Erledigungserklärung (Hüffer/Koch/*Koch* Rn. 3). Die Bekanntmachung hat zudem alle mit der Beendigung des Verfahrens im Zusammenhang stehende Vereinbarungen und Nebenabreden im vollständigen Wortlaut sowie die Namen der Beteiligten, einschließlich ihrer Verfahrensvertreter (Hüffer/Koch/*Koch* Rn. 3), zu enthalten (Abs. 2 **S. 1**). Nach Abs. 2 **S. 2** sind **Leistungen** zu beschreiben und hervorzuheben. Erfasst sind insbesondere alle in den Vergleich einbezogenen Formen von Prozesskosten- und Aufwandserstattungen, einvernehmliche Ansetzung des Vergleichswerts, Schadensersatzzahlungen, Honorare für Beratungsleistungen, Gutachten, wissenschaftliche Ausarbeitungen aller Art sowie sonstige Zuwendungen, gleich in welcher Form (BR-Drs. 3/05, 50). Dabei ist es unerheblich, ob die vermögenswerte Leistung den Anfechtungsklägern mittelbar oder unmittelbar zukommt (BR-Drs. 3/05, 50).

5 Nach Abs. 2 **S. 3** zieht die unvollständige oder fehlende Bekanntmachung die **Unwirksamkeit der Leistungspflicht** nach sich. Da die ordnungsgemäße Bekanntmachung aufschiebende Bedingung für die Leistungspflicht ist, führt die spätere vollständige Nachholung zur Wirksamkeit (Spindler/Stilz/*Mock* Rn. 16, 18). Auf die **verfahrensbeendigenden Prozesshandlungen** hat die Unwirksamkeit der Leistungspflicht aus Gründen der Verfahrenssicherheit (BR-Drs. 3/05, 51) allerdings keinen Einfluss (Abs. 2 **S. 4**). Abs. 2 **S. 5** normiert einen **Rückforderungsanspruch** für trotz Unwirksamkeit geleistete Zahlungen. Es handelt sich hierbei um einen Sonderfall der Leistungskondiktion, bei dem § 814 BGB keine Anwendung findet. Das Unterlassen der Rückforderung stellt eine Sorgfaltspflichtverletzung des Vorstandes dar (BR-Drs. 3/05, 51). Daneben kommt die Nichtigkeit des Vollzugsgeschäfts wegen eines Verstoßes gegen § 57 in Betracht mit der Folge entsprechend dinglicher Herausgabeansprüche und des Rückerstattungsanspruchs aus § 62 (Hüffer/Koch/*Koch* Rn. 4).

III. Vereinbarungen zur Vermeidung eines Prozesses (Abs. 3)

6 Auf Vereinbarungen zur Vermeidung eines Prozesses finden nach **Abs. 3** die Abs. 1 und 2 entsprechende Anwendung, weil hier ebenso wie bei Vergleichen eine Missbrauchsgefahr gegeben ist. Unter Abs. 3 fallen Vereinbarungen über die Nichtbeantragung (Spindler/Stilz/*Mock* Rn. 23) sowie die Rücknahme des Zulassungsantrags (§ 148 Abs. 1) oder das Unterbleiben der Klageerhebung trotz erfolgreicher Zulassung (Hüffer/Koch/*Koch* Rn. 5).

Fünfter Teil. Rechnungslegung. Gewinnverwendung

Erster Abschnitt. Jahresabschluss und Lagebericht. Entsprechenserklärung

Gesetzliche Rücklage. Kapitalrücklage

150 (1) **In der Bilanz des nach den §§ 242, 264 des Handelsgesetzbuchs aufzustellenden Jahresabschlusses ist eine gesetzliche Rücklage zu bilden.**

(2) **In diese ist der zwanzigste Teil des um einen Verlustvortrag aus dem Vorjahr geminderten Jahresüberschusses einzustellen, bis die gesetzliche Rücklage und die Kapitalrücklagen nach § 272 Abs. 2 Nr. 1 bis 3 des Handelsgesetzbuchs zusammen den zehnten oder den in der Satzung bestimmten höheren Teil des Grundkapitals erreichen.**

(3) **Übersteigen die gesetzliche Rücklage und die Kapitalrücklagen nach § 272 Abs. 2 Nr. 1 bis 3 des Handelsgesetzbuchs zusammen nicht den zehnten oder den in der Satzung bestimmten höheren Teil des Grundkapitals, so dürfen sie nur verwandt werden**

1. **zum Ausgleich eines Jahresfehlbetrags, soweit er nicht durch einen Gewinnvortrag aus dem Vorjahr gedeckt ist und nicht durch Auflösung anderer Gewinnrücklagen ausgeglichen werden kann;**
2. **zum Ausgleich eines Verlustvortrags aus dem Vorjahr, soweit er nicht durch einen Jahresüberschuß gedeckt ist und nicht durch Auflösung anderer Gewinnrücklagen ausgeglichen werden kann.**

(4) [1] **Übersteigen die gesetzliche Rücklage und die Kapitalrücklagen nach § 272 Abs. 2 Nr. 1 bis 3 des Handelsgesetzbuchs zusammen den zehnten oder den in der Satzung bestimmten höheren Teil des Grundkapitals, so darf der übersteigende Betrag verwandt werden**

1. **zum Ausgleich eines Jahresfehlbetrags, soweit er nicht durch einen Gewinnvortrag aus dem Vorjahr gedeckt ist;**
2. **zum Ausgleich eines Verlustvortrags aus dem Vorjahr, soweit er nicht durch einen Jahresüberschuß gedeckt ist;**
3. **zur Kapitalerhöhung aus Gesellschaftsmitteln nach den §§ 207 bis 220.**

[2] **Die Verwendung nach den Nummern 1 und 2 ist nicht zulässig, wenn gleichzeitig Gewinnrücklagen zur Gewinnausschüttung aufgelöst werden.**

I. Allgemeines

Die Vorschrift steht im Zeichen des Gläubigerschutzes, indem sie zur Kapitalsicherung und Kapital- 1
stärkung einen **Betrag von 10 %** des Grundkapitals **als gesetzlichen Reservefonds** verlangt und sowohl dessen Aufbau und Dotierung als auch die Verwendung regelt. Die faktische Leistungsfähigkeit der gesetzlichen Rücklage bei finanziellen Existenzrisiken ist allerdings marginal (K. Schmidt/Lutter/*Kleindiek* Rn. 3).

II. Bildung der gesetzlichen Rücklage (Abs. 1)

Die Gesellschaft ist nach § 150 Abs. 1 verpflichtet, in den Gewinnrücklagen eine gesetzliche Rück- 2
lage zu bilden, die in der Bilanz als **Passivposten** im Rahmen des Eigenkapitals (§ 266 Abs. 3 HGB) auszuweisen ist.

III. Dotierung der gesetzlichen Rücklage (Abs. 2)

Zur Dotierung der gesetzlichen Rücklage sind jeweils **jährlich 5 %** des um einen Verlustvortrag aus 3
dem Vorjahr gekürzten Jahresüberschusses heranzuziehen, bis die gesetzliche Rücklage zuzüglich der nach § 272 Abs. 2 Nr. 1–3 HGB gebildeten Kapitalrücklage **zusammen 10 % des Grundkapitals** oder den in der Satzung bestimmten höheren Anteil erreichen. Der Vorstand hat den Mindestbetrag der Rücklagendotierung bereits bei der Aufstellung des Jahresabschlusses zu berücksichtigen (KK-AktG/*Ekkenga* Rn. 12; Hüffer/Koch/*Koch* Rn. 4). Die von Vorstand und Aufsichtsrat zu beachtende jährliche Zuführungsgrenze von 5 % kann nach § 58 Abs. 3 S. 1 durch den Beschluss der Hauptversammlung über die Gewinnverwendung (§ 174 Abs. 2 Nr. 3) unter Berücksichtigung der Grenze von § 254 überschritten werden, wenn die gesetzliche oder satzungsmäßige Obergrenze der gesetzlichen Rücklage schneller erreicht werden soll (K. Schmidt/Lutter/*Kleindiek* Rn. 10).

IV. Bildung der Kapitalrücklage (§ 272 Abs. 3 HGB)

4 Die Kapitalrücklage umfasst die Zuführungen nach § 272 Abs. 2 Nr. 1–3 HGB. Dabei handelt es sich sowohl um das **Aufgeld bei der Ausgabe von Aktien** (Agio) als auch um den **Mehrerlös bei der Ausgabe von Wandel- oder Optionsanleihen.** Über den Gesetzeswortlaut hinaus („Redaktionsversehen") sind nach hM auch Beträge, die aus einer **Kapitalherabsetzung** stammen (§ 229 Abs. 1, §§ 231, 232, 237 Abs. 5) dem Reservefonds zuzuschlagen (*Ebeling* WPg 1988, 502 (503); KK-AktG/*Ekkenga* Rn. 20; Hüffer/Koch/*Koch* Rn. 6; aA GK-AktG/*Mock* Rn. 75). **Freiwillige Zuzahlungen** nach § 272 Abs. 2 Nr. 4 HGB bleiben jedoch außer Betracht und stehen für Ausschüttungen an die Aktionäre zur Verfügung.

V. Verwendung des Mindestbetrags der Rücklage (Abs. 3)

5 Der Mindestbetrag der gesetzlichen Rücklage von 10 % des Grundkapitals oder der satzungsmäßig höhere Reservefonds stehen für Gewinnausschüttungen an die Aktionäre nicht zur Verfügung und dürfen ausschließlich zu den in § 150 Abs. 3 genannten Zwecken herangezogen werden. Die Beschränkung gilt jedoch nicht für die nach § 272 Abs. 2 Nr. 4 HGB gebildete Kapitalrücklage (KK-AktG/*Ekkenga* Rn. 20; MüKoAktG/*Hennrichs/Pöschke* Rn. 24). Der Mindestbetrag darf nach § 150 Abs. 3 Nr. 1 nur **zum Ausgleich eines Jahresfehlbetrages** verwandt werden, wenn der Jahresfehlbetrag weder durch einen Gewinnvortrag aus dem Vorjahr noch durch Auflösung anderer Gewinnrücklagen ausgeglichen werden kann. Andere Gewinnrücklagen sind nicht nur Posten gem. § 266 Abs. 3 A III Nr. 4 HGB, sondern alle auflösbaren Gewinnrücklagen (K. Schmidt/Lutter/*Kleindiek* Rn. 12) einschließlich satzungsmäßiger Rücklagen, für deren Verwendung notfalls die Satzung geändert werden muss (Hüffer/Koch/*Koch* Rn. 9). Der Betrag in Höhe der hypothetischen **Rücklage für eigene Aktien** (§ 71 Abs. 2 S. 2) ist von der Ausschüttungssperre nicht erfasst (*Kropff* FS Hüffer, 2010, 539 (547)). Nach § 150 Abs. 3 Nr. 2 darf die Mindestreserve auch zur **Deckung eines Verlustvortrages aus dem Vorjahr** genutzt werden, sofern dieser nicht durch den Jahresüberschuss oder die Auflösung von Gewinnrücklagen deckt werden kann, dh andere frei verfügbare Rücklagen sind aufzulösen, bevor der gesetzliche Reservefonds in Anspruch genommen werden darf (KK-AktG/*Ekkenga* Rn. 29; Hüffer/Koch/*Koch* Rn. 10).

VI. Verwendung des übersteigenden Betrags der Rücklage (Abs. 4)

6 Auch die den gesetzlichen Mindestbetrag von 10 % des Grundkapitals oder den satzungsmäßig höheren Betrag übersteigenden Rücklagen bleiben **Bestandteil des gebundenen Vermögens** und stehen deshalb für Ausschüttungen nicht zur Verfügung (KK-AktG/*Ekkenga* Rn. 33; Hüffer/Koch/*Koch* Rn. 11). Ein Mehrbetrag kann aber direkt zum **Ausgleich eines nicht durch Gewinnvortrag abgedeckten Jahresfehlbetrags** (§ 150 Abs. 4 S. 1 Nr. 1) sowie **eines nicht durch Jahresüberschuss gedeckten Verlustvortrags** (§ 150 Abs. 4 S. 1 Nr. 2) herangezogen werden. Schließlich kann der übersteigende Betrag der Rücklagen nach § 150 Abs. 4 S. 1 Nr. 3 auch zur **Kapitalerhöhung aus Gesellschaftsmitteln** nach §§ 207 ff. dienen (GK-AktG/*Mock* Rn. 102).

VII. Rechtsfolgen eines Verstoßes

7 Missachten Vorstand und Aufsichtsrat oder im Ausnahmefall des § 173 die Hauptversammlung den zwingenden Gläubigerschutz der Vorschrift des § 150 und erfolgt entgegen § 150 Abs. 2 keine oder zu geringe Rücklagendotierung, ergibt sich die **Nichtigkeit des Jahresabschlusses** aus § 256 Abs. 1 Nr. 1 (KK-AktG/*Ekkenga* Rn. 34; Bürgers/Körber/*Schulz* Rn. 9;) mit Heilungsmöglichkeit nach drei Jahren. Soweit teilweise Nichtigkeit nach § 256 Abs. 1 Nr. 1 angenommen wird (Hüffer/Koch/*Koch* Rn. 13; anders Hüffer/Koch/*Koch* § 256 Rn. 15; MüKoAktG/*Hennrichs/Pöschke* Rn. 37; wohl auch K. Schmidt/Lutter/*Kleindiek* Rn. 17) wird übersehen, dass § 256 Abs. 1 Nr. 4 lex specialis gegenüber § 256 Abs. 1 Nr. 1 ist (GK-AktG/*Mock* Rn. 107; Spindler/Stilz/*Rölike* § 256 Rn. 41). Nichtigkeit nach § 256 Abs. 1 Nr. 4 gilt auch bei Entnahmen aus den Rücklagen unter Verstoß gegen die Kapitalschutzvorschrift des § 150 Abs. 3 oder Abs. 4. Die **Heilungsfristen** bei diesen Verstößen betragen nach § 256 Abs. 6 S. 1 sechs Monate (GK-AktG/*Mock* Rn. 107; Spindler/Stilz/*Rölike* § 256 Rn. 41; K. Schmidt/Lutter/*Kleindiek* Rn. 17: drei Jahre). Rücklagenzuführungen, die die gesetzlichen Grenzen von § 150 Abs. 2 übersteigen, sowie Verstöße gegen die Regelungen der Satzung zur Rücklagendotierung lassen den Gläubigerschutz unberührt. Sie führen ebenfalls zur Nichtigkeit des Jahresabschlusses (§ 256 Abs. 1 Nr. 4). Heilung ist in diesen Fällen gleichfalls nach sechs Monaten möglich (Hüffer/Koch/*Koch* Rn. 13; K. Schmidt/Lutter/*Kleindiek* Rn. 17).

(aufgehoben)

150a, 151

Vorschriften zur Bilanz

152 (1) [1]**Das Grundkapital ist in der Bilanz als gezeichnetes Kapital auszuweisen.** [2]**Dabei ist der auf jede Aktiengattung entfallende Betrag des Grundkapitals gesondert anzugeben.** [3]**Bedingtes Kapital ist mit dem Nennbetrag zu vermerken.** [4]**Bestehen Mehrstimmrechtsaktien, so sind beim gezeichneten Kapital die Gesamtstimmenzahl der Mehrstimmrechtsaktien und die der übrigen Aktien zu vermerken.**

(2) **Zu dem Posten „Kapitalrücklage" sind in der Bilanz oder im Anhang gesondert anzugeben**
1. **der Betrag, der während des Geschäftsjahrs eingestellt wurde;**
2. **der Betrag, der für das Geschäftsjahr entnommen wird.**

(3) **Zu den einzelnen Posten der Gewinnrücklagen sind in der Bilanz oder im Anhang jeweils gesondert anzugeben**
1. **die Beträge, die die Hauptversammlung aus dem Bilanzgewinn des Vorjahrs eingestellt hat;**
2. **die Beträge, die aus dem Jahresüberschuß des Geschäftsjahrs eingestellt werden;**
3. **die Beträge, die für das Geschäftsjahr entnommen werden.**

(4) [1]**Die Absätze 1 bis 3 sind nicht anzuwenden auf Aktiengesellschaften, die Kleinstkapitalgesellschaften im Sinne des § 267a des Handelsgesetzbuchs sind, wenn sie von der Erleichterung nach § 266 Absatz 1 Satz 4 des Handelsgesetzbuchs Gebrauch machen.** [2]**Keine Aktiengesellschaften im Sinne des § 267 Absatz 1 des Handelsgesetzbuchs haben die Absätze 2 und 3 mit der Maßgabe anzuwenden, dass die Angaben in der Bilanz zu machen sind.**

I. Allgemeines

Die Vorschrift bildet die rechtsformspezifische Ergänzung zu den allgemeinen Gliederungsvorschriften der §§ 266 und 272 HGB und dient der Präzisierung des Eigenkapitalausweises auf der Passivseite der Bilanz. 1

II. Ausweis des Grundkapitals (Abs. 1)

1. Gezeichnetes Kapital. Das Grundkapital ist nach § 152 Abs. 1 S. 1 ebenso wie nach § 272 Abs. 1 S. 1 HGB als **gezeichnetes Kapital** auszuweisen. Hierdurch soll die Verständlichkeit und internationale Vergleichbarkeit verbessert werden (RegBegr BT-Drs. 10/317, 103). 2

2. Verschiedene Aktiengattungen. Hat die AG **Aktien verschiedener Gattungen** ausgegeben, ist der auf jede Aktiengattung entfallende Betrag des Grundkapitals gesondert anzugeben. Gemeint sind **Stamm- und Vorzugsaktien** (KK-AktG/*Ekkenga* Rn. 7; Hüffer/Koch/*Koch* Rn. 3). Keine Aktien unterschiedlicher Gattungen sind **Inhaber- und Namensaktien.** Unterschiedliche Nennbeträge der einzelnen Aktien begründen ebenfalls keine eigene Gattung. 3

3. Bedingtes Kapital. Das **bedingte Kapital** (§ 192) ist mit dem Nennbetrag anzugeben. Die Angabe macht ersichtlich, in welcher Höhe sich das Grundkapital ohne Einflussmöglichkeit der AG (§§ 192, 200) erhöhen kann. Entscheidend für die Angabepflicht ist der Beschluss der Hauptversammlung innerhalb des Geschäftsjahres (GK-AktG/*Mock* Rn. 21; K. Schmidt/Lutter/*Kleindiek* Rn. 4). Nicht erforderlich ist seine Eintragung im Handelsregister (Hüffer/Koch/*Koch* Rn. 4). 4

4. Mehrstimmrechtsaktien. Bestehen gem. § 5 Abs. 1 EGAktG über den 1.6.2003 hinaus **Mehrstimmrechtsaktien,** nämlich Vorzugsaktien, die bezogen auf ihren Anteil am Grundkapital ein höheres Stimmrecht als andere Aktien gewähren, so sind nach § 152 Abs. 1 S. 4 die Gesamtstimmen der Mehrstimmrechtsaktien und die Gesamtstimmen der übrigen Aktien anzugeben, sodass über die Stimmrechtsmacht der Mehrstimmrechtsaktien im Verhältnis zu den übrigen Stammaktien Transparenz besteht (KK-AktG/*Ekkenga* Rn. 8). 5

III. Angaben zur Kapitalrücklage (Abs. 2)

1. Transparenzgebot. § 152 Abs. 2 bezweckt die **Transparenz der Entwicklung der Kapitalrücklage** im abgelaufenen Geschäftsjahr. Deshalb sind sowohl diejenigen Beträge **in der Bilanz oder im Anhang** gesondert anzugeben, die während des Geschäftsjahres in die Kapitalrücklage eingestellt, als 6 auch die, die aus der Kapitalrücklage entnommen worden sind. Die Entscheidung obliegt dem Vorstand, der sie aus Gründen der Übersichtlichkeit für § 152 Abs. 2 und 3 sowie § 158 und für alle Posten nur einheitlich treffen kann (GK-AktG/*Mock* Rn. 25; KK-AktG/*Ekkenga* Rn. 33).

7 **2. Veränderungen der Kapitalrücklage.** Die einzelnen **Einstellungen in die Kapitalrücklage** ergeben sich aus § 272 Abs. 2 HGB sowie aus den § 229 Abs. 1, §§ 231, 232 und 237 Abs. 5. Soweit Beträge der Kapitalrücklage zum gesetzlichen Reservefonds gem. § 150 gehören, können **Entnahmen aus der Kapitalrücklage** nur zum Ausgleich des Jahresfehlbetrages oder zur Deckung eines Verlustvortrages herangezogen werden (§ 150 Abs. 3 und Abs. 4). Darüber hinaus greifen die strengen Regeln nicht, sodass die Verwendung dieser Beträge zB auch für die Durchführung einer Kapitalerhöhung aus Gesellschaftsmitteln nach § 150 Abs. 4 Nr. 3 anzugeben ist.

IV. Angaben zur Gewinnrücklage (Abs. 3)

8 Die Vorschrift bezweckt die **Transparenz der Entwicklung der Gewinnrücklagen** in der Bilanz oder im Anhang (→ Rn. 6). Die Ausweispflicht nach § 152 Abs. 3 Nr. 1 erstreckt sich auf die von der **Hauptversammlung aus dem Bilanzgewinn des Vorjahres** in die Gewinnrücklage eingestellten Beträge (§ 58 Abs. 3 S. 1 Fall 1, § 174 Abs. 2 Nr. 3). Nach § 152 Abs. 3 Nr. 2 anzugeben sind ferner die Beträge, die **Vorstand und Aufsichtsrat aus dem Jahresüberschuss des Geschäftsjahres** im Zusammenhang mit der Feststellung des Jahresabschlusses nach § 58 Abs. 2 und 58 Abs. 2a in andere Gewinnrücklagen eingestellt haben. Schließlich wird auch die durch die **Satzung** bestimmte Dotierung der Gewinnrücklagen nach § 58 Abs. 1 erfasst für den Fall, dass die Hauptversammlung den Jahresabschluss feststellt (§ 173 Abs. 1).

9 Nach § 152 Abs. 3 Nr. 3 sind die **Entnahmen für das Geschäftsjahr** anzugeben, die **aus den anderen Gewinnrücklagen** vorgenommen wurden, zB zur Gewinnausschüttung, zum Ausgleich eines Jahresfehlbetrages sowie zur Deckung eines Verlustvortrages oder auch zur Kapitalerhöhung aus Gesellschaftsmitteln nach §§ 207 ff. (Hüffer/Koch/*Koch* Rn. 7; K. Schmidt/Lutter/*Kleindiek* Rn. 7).

V. Erleichterungen (Abs. 4)

10 Abs. 4 S. 1 ist neu eingeführt durch das MicroBilG. Die Kleinst-Aktiengesellschaft iSv § 267a HGB, die von den handelsrechtlich eingeräumten Erleichterungen Gebrauch macht, wird auch von den zusätzlichen aktienrechtlichen Anforderungen befreit (*Zwirner* BB 2012, 2231 (2232)). Abs. 4 S. 2 ist eingeführt durch das BildRVG und sieht für die kleine AG, die nur einen verkürzten Anhang zu erstellen hat, Erleichterungen vor.

(aufgehoben)

153-157

Vorschriften zur Gewinn- und Verlustrechnung

158

(1) [1]**Die Gewinn- und Verlustrechnung ist nach dem Posten „Jahresüberschuß/Jahresfehlbetrag" in Fortführung der Numerierung um die folgenden Posten zu ergänzen:**

1. Gewinnvortrag/Verlustvortrag aus dem Vorjahr
2. Entnahmen aus der Kapitalrücklage
3. Entnahmen aus Gewinnrücklagen
   a) aus der gesetzlichen Rücklage
   b) aus der Rücklage für Anteile an einem herrschenden oder mehrheitlich beteiligten Unternehmen
   c) aus satzungsmäßigen Rücklagen
   d) aus anderen Gewinnrücklagen
4. Einstellungen in Gewinnrücklagen
   a) in die gesetzliche Rücklage
   b) in die Rücklage für Anteile an einem herrschenden oder mehrheitlich beteiligten Unternehmen
   c) in satzungsmäßige Rücklagen
   d) in andere Gewinnrücklagen
5. Bilanzgewinn/Bilanzverlust.

[2]**Die Angaben nach Satz 1 können auch im Anhang gemacht werden.**

(2) [1] **Von dem Ertrag aus einem Gewinnabführungs- oder Teilgewinnabführungsvertrag ist ein vertraglich zu leistender Ausgleich für außenstehende Gesellschafter abzusetzen; übersteigt dieser den Ertrag, so ist der übersteigende Betrag unter den Aufwendungen aus Verlustübernahme auszuweisen.** [2] **Andere Beträge dürfen nicht abgesetzt werden.**

(3) **Die Absätze 1 und 2 sind nicht anzuwenden auf Aktiengesellschaften, die Kleinstkapitalgesellschaften im Sinne des § 267a des Handelsgesetzbuchs sind, wenn sie von der Erleichterung nach § 275 Absatz 5 des Handelsgesetzbuchs Gebrauch machen.**

I. Allgemeines

Die Vorschrift bildet die rechtsformspezifische Ergänzung zu § 275 HGB und führt das allgemeine GuV-Gliederungsschema fort, indem vom Posten Jahresüberschuss/Jahresfehlbetrag (§ 275 Abs. 2 Nr. 20 bzw. Abs. 3 Nr. 19 HGB) auf den Posten Bilanzgewinn/Bilanzverlust übergeleitet wird. Abs. 2 enthält Regelungen zum Ausweis der Zahlungen bei Gewinnabführungs- und Teilgewinnabführungsverträgen. 1

II. Ergänzung der GuV (Abs. 1)

Die Nummerierung von § 275 Abs. 2 Nr. 20 bzw. Abs. 3 Nr. 19 HGB ist um die Posten Nr. 1–5 fortzuführen. 2

1. Zusätzliche Posten der GuV. Im Anschluss an den Gliederungsposten Jahresüberschuss/Jahresfehlbetrag ist zuerst ein **Gewinnvortrag/Verlustvortrag** auszuweisen. 3

2. Entnahmen aus der Kapitalrücklage. Entnahmen aus der Kapitalrücklage sind in einem Posten auszuweisen, unabhängig davon, ob sie zum Ausgleich eines Jahresfehlbetrages oder eines Verlustvortrages aus dem Vorjahr (§ 150 Abs. 3, 4 Nr. 1 und 2) verwandt werden. 4

3. Entnahmen aus den Gewinnrücklagen. Entnahmen aus der Gewinnrücklage sind gesondert auszuweisen, und zwar jeweils unterteilt als Entnahmen aus der gesetzlichen Rücklage (§ 150), aus der Rücklage für Anteile an einem herrschenden oder mehrheitlich beteiligten Unternehmen (§ 272 Abs. 4 HGB), aus den satzungsmäßigen Rücklagen (§ 58 Abs. 1, 2 und 3) sowie aus den anderen Gewinnrücklagen. Die Rücklage für eigene Aktien ist durch das BilMoG beseitigt worden. Bei eigenen Aktien erfolgt der Bilanzausweis durch Korrektur in Vorspalte des Postens „Gezeichnetes Kapital" in Höhe des Nennbetrags oder anteiligen Betrags am Grundkapital (§ 272 Abs. 1a HGB). 5

4. Einstellungen in die Gewinnrücklagen. Einstellungen in die Gewinnrücklagen, die der Vorstand mit Zustimmung des Aufsichtsrats vorgenommen werden, sind in der GuV unter diesen Posten gemäß der vorgeschriebenen Aufgliederung auszuweisen. Einstellungen, die die Hauptversammlung im Rahmen der Gewinnverwendung (§ 58 Abs. 3) beschließt, lassen die GuV unberührt (§ 174 Abs. 3) und sind erst im Folgejahr anzugeben (GK-AktG/*E. Vetter* § 174 Rn. 108). 6

5. Bilanzergebnis. Die Gliederung schließt ab mit dem Posten **Bilanzgewinn/Bilanzverlust,** der unabhängig davon zu ermitteln ist, ob er aus ordnungsmäßigen oder ordnungswidrigen Geschäften herrührt (BGH 29.4.2014, NZG 2014, 661 Rn. 25). Der hier auszuweisende Bilanzgewinn ist Gegenstand des Gewinnverwendungsvorschlags des Vorstands (§ 170 Abs. 2) bzw. des Gewinnverwendungsbeschlusses der Hauptversammlung (§ 174). Er muss mit dem entsprechenden Posten der Bilanz übereinstimmen (GK-AktG/*Mock* Rn. 40). 7

6. Wahlrecht zu Zusatzangaben. Die nach Abs. 1 S. 1 erforderlichen ergänzenden Angaben können wahlweise statt in der GuV auch im Anhang erfolgen. Die Entscheidung obliegt dem Vorstand, der sie aus Gründen der **Übersichtlichkeit** für § 152 und § 158 und **für alle Posten nur einheitlich** treffen kann (Hüffer/Koch/*Koch* Rn. 7). 8

III. Vertragliche Ausgleichsleistungen (Abs. 2)

Hat die Gesellschaft als herrschendes Unternehmen aus einem **Gewinnabführungsvertrag** (§ 291 Abs. 1) regelmäßige Ausgleichsleistungen nach § 304 an außenstehende Aktionäre oder im Fall eines **Teilgewinnabführungsvertrages** (§ 292 Abs. 1 Nr. 2) an Gewinnberechtigte zu leisten, sind diese gesondert auszuweisen. Sie führen nach Abs. 2 S. 1 zu einer Saldierung mit dem aufgrund dieser Verträge abgeführten Gewinn (GK-AktG/*Mock* Rn. 45; K. Schmidt/Lutter/*Kleindiek* Rn. 11). 9

IV. Erleichterungen (Abs. 3)

Der neue Absatz beruht auf der Gesetzesänderung durch das MicroBilG. Die Kleinst-Aktiengesellschaft iSv § 267a HGB ist nicht zur Aufschlüsselung der Gewinn- und Verlustrechnung nach Abs. 1 und 10

2 verpflichtet, wenn die Darstellung der Gewinn- und Verlustrechnung gemäß den Anforderungen von § 275 Abs. 5 HGB erfolgt (*Zwirner* BB 2012, 2231 (2232)).

(aufgehoben)

159

Vorschriften zum Anhang

160

(1) **In jedem Anhang sind auch Angaben zu machen über**

1. **den Bestand und den Zugang an Aktien, die ein Aktionär für Rechnung der Gesellschaft oder eines abhängigen oder eines im Mehrheitsbesitz der Gesellschaft stehenden Unternehmens oder ein abhängiges oder im Mehrheitsbesitz der Gesellschaft stehendes Unternehmen als Gründer oder Zeichner oder in Ausübung eines bei einer bedingten Kapitalerhöhung eingeräumten Umtausch- oder Bezugsrechts übernommen hat; sind solche Aktien im Geschäftsjahr verwertet worden, so ist auch über die Verwertung unter Angabe des Erlöses und die Verwendung des Erlöses zu berichten;**
2. **den Bestand an eigenen Aktien der Gesellschaft, die sie, ein abhängiges oder im Mehrheitsbesitz der Gesellschaft stehendes Unternehmen oder ein anderer für Rechnung der Gesellschaft oder eines abhängigen oder eines im Mehrheitsbesitz der Gesellschaft stehenden Unternehmens erworben oder als Pfand genommen hat; dabei sind die Zahl dieser Aktien und der auf sie entfallende Betrag des Grundkapitals sowie deren Anteil am Grundkapital, für erworbene Aktien ferner der Zeitpunkt des Erwerbs und die Gründe für den Erwerb anzugeben. Sind solche Aktien im Geschäftsjahr erworben oder veräußert worden, so ist auch über den Erwerb oder die Veräußerung unter Angabe der Zahl dieser Aktien, des auf sie entfallenden Betrags des Grundkapitals, des Anteils am Grundkapital und des Erwerbs- oder Veräußerungspreises, sowie über die Verwendung des Erlöses zu berichten;**
3. **die Zahl der Aktien jeder Gattung, wobei zu Nennbetragsaktien der Nennbetrag und zu Stückaktien der rechnerische Wert für jede von ihnen anzugeben ist, sofern sich diese Angaben nicht aus der Bilanz ergeben; davon sind Aktien, die bei einer bedingten Kapitalerhöhung oder einem genehmigten Kapital im Geschäftsjahr gezeichnet wurden, jeweils gesondert anzugeben;**
4. **das genehmigte Kapital;**
5. **die Zahl der Bezugsrechte gemäß § 192 Absatz 2 Nummer 3;**
6. ***[aufgehoben]***
7. **das Bestehen einer wechselseitigen Beteiligung unter Angabe des Unternehmens;**
8. **das Bestehen einer Beteiligung, die nach § 20 Abs. 1 oder Abs. 4 dieses Gesetzes oder nach § 33 Absatz 1 oder Absatz 2 des Wertpapierhandelsgesetzes mitgeteilt worden ist; dabei ist der nach § 20 Abs. 6 dieses Gesetzes oder der nach § 40 Absatz 1 des Wertpapierhandelsgesetzes veröffentlichte Inhalt der Mitteilung anzugeben.**

(2) **Die Berichterstattung hat insoweit zu unterbleiben, als es für das Wohl der Bundesrepublik Deutschland oder eines ihrer Länder erforderlich ist.**

(3) [1] **Absatz 1 Nummer 1 und 3 bis 8 ist nicht anzuwenden auf Aktiengesellschaften, die kleine Kapitalgesellschaften im Sinne des § 267 Absatz 1 des Handelsgesetzbuchs sind.** [2] **Absatz 1 Nummer 2 ist auf diese Aktiengesellschaften mit der Maßgabe anzuwenden, dass die Gesellschaft nur Angaben zu von ihr selbst oder durch eine andere Person für Rechnung der Gesellschaft erworbenen und gehaltenen eigenen Aktien machen muss und über die Verwendung des Erlöses aus der Veräußerung eigener Aktien nicht zu berichten braucht.**

Übersicht

I. Allgemeines

Die Vorschrift enthält rechtsformspezifische Ergänzungen zu den allgemeinen Vorschriften über die Ausweis- und Erläuterungspflichten im Anhang nach §§ 284 ff. HGB sowie zu den § 240 S. 3, § 261 Abs. 1 S. 3 und 4. Sie dienen der Information der Aktionäre, Gläubiger und der Öffentlichkeit über die Zusammensetzung des Grundkapitals, die Zusammensetzung und Verteilung der Aktien sowie das Veränderungspotential durch bedingtes und genehmigtes Kapital und möglicher Einflussfaktoren auf die Vermögens- und Ertragslage der Gesellschaft. Durch das BilRUG sind zur Umsetzung der Richtlinie 2013/54/EU Änderungen in Abs. 1 und 3 erfolgt. 1

Bei den Angaben im Anhang sind dieselben allgemeinen Grundanforderungen (Klarheit, Übersichtlichkeit, Stetigkeit) wie beim Jahresabschluss zu beachten, mit dem der Anhang eine Einheit bildet (§§ 243, 264 Abs. 2 HGB) (Hüffer/Koch/*Koch* Rn. 3). Er hat die nach § 160 Abs. 1 geforderten Angaben zwingend zu enthalten, auch wenn keine Abweichung gegenüber dem Vorjahr besteht. Pflicht entfällt nur zu einzelner Position (GK-AktG/*Mock* Rn. 25). 2

II. Erforderliche Angaben (Abs. 1)

1. Vorratsaktien (Nr. 1). Die Angabepflicht bildet eine Ergänzung zu § 56 und erfasst **Bestand sowie Zu- und Abgang** von Aktien, die ein Aktionär als Gründer oder Zeichner (§ 56 Abs. 3) oder infolge eines Umtausch- oder Bezugsrechts im Rahmen einer bedingten Kapitalerhöhung (§ 56 Abs. 2) jeweils für Rechnung der AG oder eines abhängigen oder in Mehrheitsbesitz stehenden Unternehmens übernommen hat. Sind Vorratsaktien im Berichtsjahr durch Verkauf, Tausch oder unentgeltlich verwertet worden, ist über den Preis und die tatsächliche und bilanzielle Behandlung des Abgangs zu berichten. Ein Ausweis unter Saldierung von Zu- und Abgängen ist unzulässig (Hüffer/Koch/*Koch* Rn. 5; K. Schmidt/Lutter/*Kleindiek* Rn. 3). 3

2. Eigene Aktien (Nr. 2). Die Regelung knüpft an § 71 an und begründet eine Angabepflicht für den **Bestand** von eigenen Aktien, die die AG oder ein ihr zuzurechnender Dritter (abhängiges oder in Mehrheitsbesitz stehendes Unternehmen) für Rechnung der AG oder eines abhängigen oder in Mehrheitsbesitz stehenden Unternehmens erworben oder als Pfand genommen haben. Anzugeben sind die Zahl dieser Aktien mit dem anteiligen Betrag am Grundkapital und dem prozentualen Anteil am Grundkapital unter Angabe des Erwerbszeitpunktes und des Erwerbsgrunds. Bei **Zu- und Abgang** im Berichtsjahr ist hierüber gesondert unter Angabe des Erwerbs- oder Veräußerungspreises zu berichten. 4

3. Aktiengattungen (Nr. 3). Anzugeben sind die Zahl, bei Nennbetragsaktien der Nennbetrag und bei Stückaktien der jeweilige rechnerische Wert jeder Aktiengattung (vgl. dazu § 152). Eine Angabepflicht besteht nur, sofern sich diese Angaben nicht bereits aus der Bilanz ergeben. Ebenfalls aufzuführen sind Aktien, die im Berichtsjahr aus bedingtem oder genehmigtem Kapital ausgegeben wurden. 5

4. Genehmigtes Kapital (Nr. 4). Die Angabepflicht bezieht sich auf das am Bilanzstichtag noch bestehende genehmigte Kapital (§§ 202 ff.). Anzugeben ist die Höhe des noch nicht ausgenutzten genehmigten Kapitals nebst Datum und Inhalt der von der Hauptversammlung beschlossenen Ermächtigung des Vorstands. 6

5. Aktienoptionen, Wandelschuldverschreibungen (Nr. 5). Anzugeben sind die Zahl der am Bilanzstichtag noch nicht ausgenutzten Bezugsrechte (Stock Options) nach § 192 Abs. 2 Nr. 3, der Wandelschuldverschreibungen nach § 221 Abs. 1 S. 1 und vergleichbarer Rechte (zB Gewinnschuldverschreibungen). Anzugeben sind auch Anleihen der Tochter, wenn sich das Umtauschrecht auf Aktien der Mutter bezieht (GK-AktG/*Mock* Rn. 60; Hüffer/Koch/*Koch* Rn. 12). 7

6. Wechselseitige Beteiligungen (Nr. 7). Besteht eine wechselseitige Beteiligung, ist diese wegen der besonderen Risiken der Kapitalverwässerung wie auch der Verwaltungsstimmrechte anzugeben (Hüffer/Koch/*Koch* Rn. 17). Anzugeben ist das Bestehen der Beteiligung am Bilanzstichtag unter namentlicher Nennung des anderen Unternehmens. Die Vorschrift ergänzt die Regelung in § 19 und erfasst deshalb nur Beteiligungen an Unternehmen mit Sitz im Inland (vgl. BGH 6.10.1992, BGHZ 119, 346 (355) = NJW 1993, 1265). Die Angabe der Höhe der Beteiligung wird nicht verlangt (K. Schmidt/Lutter/*Kleindiek* Rn. 9; GK-AktG/*Mock* Rn. 64). 8

7. Mitgeteilte Beteiligungen (Nr. 8). Anzugeben sind Beteiligungen an der AG, die ihr nach § 33 Abs. 1 oder Abs. 2 WpHG oder § 20 Abs. 1 oder 4 mitgeteilt worden sind. Eine anderweitig erlangte Kenntnis des Vorstands über eine bestehende Beteiligung löst keine Angabepflicht aus (Hüffer/Koch/ 9

Koch Rn. 18; GK-AktG/*Mock* Rn. 67). Die Angabepflicht erfasst auch den Inhalt der von der AG bekanntgemachten Mitteilung nach § 40 Abs. 1 WpHG oder § 20 Abs. 6. Für Gesellschaften, die einen organisierten Markt iSv § 2 Abs. 7 WpÜG in Anspruch nehmen, bestehen im Lagebericht weitergehende Mitteilungspflichten nach § 289 Abs. 4 Nr. 3 HGB.

III. Schutzklausel (Abs. 2)

10 Die nach Abs. 1 erforderlichen Angaben können Staatsinteressen berühren. Deshalb müssen sie unterbleiben, wenn dies im Interesse der Bundesrepublik Deutschland oder der Länder erforderlich ist. Ob im seltenen Ausnahmefall die Befreiungsvoraussetzungen vorliegen, hat der Vorstand nach pflichtgemäßem Ermessen zu entscheiden.

IV. Erleichterungen (Abs. 3)

11 Der neu gefasste Abs. 3 beruht auf der Gesetzesänderung durch das BilRUG. Eine kleine AG erfährt eine Erleichterung hinsichtlich der Angaben. Die bisherige weitere Erleichterung für die Kleinst-Aktiengesellschaft wurde aufgegeben.

Erklärung zum Corporate Governance Kodex

161 (1) [1]**Vorstand und Aufsichtsrat der börsennotierten Gesellschaft erklären jährlich, dass den vom Bundesministerium der Justiz und für Verbraucherschutz im amtlichen Teil des Bundesanzeigers bekannt gemachten Empfehlungen der „Regierungskommission Deutscher Corporate Governance Kodex" entsprochen wurde und wird oder welche Empfehlungen nicht angewendet wurden oder werden und warum nicht.** [2]**Gleiches gilt für Vorstand und Aufsichtsrat einer Gesellschaft, die ausschließlich andere Wertpapiere als Aktien zum Handel an einem organisierten Markt im Sinn des § 2 Absatz 11 des Wertpapierhandelsgesetzes ausgegeben hat und deren ausgegebene Aktien auf eigene Veranlassung über ein multilaterales Handelssystem im Sinn des § 2 Absatz 8 Satz 1 Nummer 8 des Wertpapierhandelsgesetzes gehandelt werden.**

(2) **Die Erklärung ist auf der Internetseite der Gesellschaft dauerhaft öffentlich zugänglich zu machen.**

Übersicht

I. Allgemeines

1 **1. Regelungsgegenstand und Entstehungsgeschichte.** Die Vorschrift wurde durch das TransPuG im Jahre 2002 eingeführt und geht auf eine Empfehlung der Regierungskommission Corporate Governance zurück, die nicht nur die Erarbeitung eines einheitlichen Corporate Governance Kodex empfohlen hatte, sondern auch die Einführung einer gesetzlichen Verpflichtung der Unternehmensorgane zur Information über die Einhaltung der Empfehlungen des Kodex (*Baums,* Bericht der Regierungskommission Corporate Governance, 2001, Rn. 16 ff.). Die Umsetzung von Art. 46a Abs. 1 lit. a und b Bilanz-RL führten 2009 zur Änderung der Vorschrift durch das BilMoG. Die Vorschrift will mit besonderen Transparenzanforderungen das Vertrauen des Kapitalmarktes fördern.

2 **2. Internationale Entwicklungen.** Die Corporate Governance-Debatte entspricht einer breiten internationalen Entwicklung (vgl. *Hopt* FS Wiedemann, 2002, 1013 (1020); GK-AktG/*Leyens* Rn. 79 ff.; *Radke,* Entsprechenserklärung zum Deutschen Corporate Governance Kodex nach § 161 AktG, 2004, 21 ff.). Die EU-Kommission hat von einer EU-weiten Vereinheitlichung Abstand genommen. Mit Art. 46a der Abänderungsrichtlinie vom 14.6.2006 (ABl. 2006 L 224, 1) wird allerdings die Transparenz hinsichtlich der Einhaltung der Empfehlungen der jeweiligen Kodex-Regelungen EU-weit vereinheitlicht.

II. Deutscher Corporate Governance Kodex

3 **1. Aufbau und Inhalt.** Der am 20.3.2020 veröffentlichte Kodex, der den bisherigen seit seiner Einführung im Jahre 2002 in seiner Grundstruktur unveränderten Kodex ablöst, weist eine neue Struktur auf. Er enthält neben den Empfehlungen und Anregungen als neue Kategorie sog. **Grundsätze,** die wesentliche rechtliche Vorgaben verantwortungsvoller Unternehmensführung enthalten und den Anlegern und anderen Stakeholdern als Information dienen sollen. Der Aufbau des neuen Kodex orientiert sich nun an den Aufgaben von Vorstand und Aufsichtsrat.

3a **Materiell** befasst sich der Kodex mit vier Komplexen aus dem Bereich einer AG. Regelungsgegenstand sind Leitung und Überwachung, Zusammensetzung des Aufsichtsrats, Besetzung des Vorstands und Vergütung von Vorstand und Aufsichtsrat. Aus **formeller Sicht** ist zwischen Empfehlungen und Anregungen zu unterscheiden. **Empfehlungen** – im Kodex durch „soll" gekennzeichnet – zielen auf ein bestimmtes Verhalten der Organe oder Organmitglieder ab. **Anregungen** – im Kodex durch „sollte" gekennzeichnet – stellen schwächere Erwartungen hinsichtlich des Verhaltens auf. Krit. zu Rechtsnatur und demokratischer Legitimation des Kodex *Hoffmann-Becking* FS Hüffer, 2010, 337.

4 **2. Rechtsnatur.** Beim Kodex handelt es sich um eine **neuartige Form der Rechtsquelle,** und zwar weder um ein Gesetz noch um eine Rechtsverordnung (Hüffer/Koch/*Koch* Rn. 3). Ebenso wenig ist er bislang Handelsbrauch oder Gewohnheitsrecht (OLG Schleswig 26.4.2004, NZG 2004, 669 (670); *Seibt* AG 2002, 249 (251); *Ulmer* ZHR 166 (2002) 150 (159)). Ihm kommt auch keine satzungsgleiche Wirkung zu (OLG München 6.8.2008, NZG 2009, 508). Er wird von der Regierungskommission Corporate Governance regelmäßig – meist jährlich – unter Berücksichtigung nationaler wie internationaler Entwicklungen auf Aktualisierungsbedarf überprüft und ggf. angepasst. Änderungen werden vom Bundesjustizministerium im Bundesanzeiger veröffentlicht; zuletzt Fassung vom 12.5.2012 am 15.6.2012. Der Kodex hat sowohl eine **Informationsfunktion** gegenüber dem Kapitalmarkt als auch eine **Ordnungs- und Regulierungsfunktion** gegenüber den betroffenen Gesellschaften und ihren Organen (*Ederle* NZG 2010, 655 (656); K. Schmidt/Lutter/*Spindler* Rn. 6). Letztere stützt sich auf die verhaltenssteuernde Wirkung der Entsprechenserklärung, indem Vorstand und Aufsichtsrat zwar nicht verpflichtet sind, Kodex-Empfehlungen zu befolgen, aber Abweichungen in der Entsprechenserklärung anzugeben und seit Inkrafttreten des BilMoG auch zu begründen haben. Im Hinblick darauf wird der Kodex vielfach als *Soft Law* bezeichnet.

5 Eine Befolgung der Empfehlungen führt nicht zur Beweislastumkehr zugunsten der Mitglieder von Vorstand und Aufsichtsrat iSv § 93 Abs. 2 S. 2 (*Bachmann* WM 2002, 2137 (2139); K. Schmidt/Lutter/*Spindler* Rn. 66; aA *Seibt* AG 2002, 249 (251); weitergehend *Hanfland,* Haftungsrisiken im Zusammenhang mit § 161 AktG und dem Deutschen Corporate Governance Kodex, 2007, 105: Beweis des ersten Anscheins). Ebenso wenig begründet Nichtbeachtung der Empfehlungen automatisch eine Pflichtverletzung (*Hanfland,* Haftungsrisiken im Zusammenhang mit § 161 AktG und dem Deutschen Corporate Governance Kodex, 2007, 106; GK-AktG/*Leyens* Rn. 530).

6 **3. Adressatenkreis.** Der Kodex wendet sich an **börsennotierte Gesellschaften** wegen ihrer Inanspruchnahme des Kapitalmarktes und des daraus resultierenden besonderen Informationsbedarfs. Nach dem Selbstverständnis der Kodex-Kommission will der Kodex aber auch nichtbörsennotierten Gesellschaften Informationen über Standards einer guten Corporate Governance vermitteln (Präambel vorletzter S.). Die Erklärungspflicht erfasst seit Inkrafttreten des BilMoG auch Gesellschaften, die ausschließlich andere Wertpapiere als Aktien zum Handel an einem organisierten Markt iSv § 2 Abs. 11

WpHG ausgegeben haben und deren ausgegebene Aktien auf eigene Veranlassung über ein multilaterales Handelssystem iSv § 2 Abs. 8 S. 1 Nr. 8 WpHG gehandelt werden (*Kuthe/Geiser* NZG 2008, 172).

7 **4. Nichtbefolgung von Empfehlungen.** Die Empfehlungen sind **keine verbindlichen Verhaltensanweisungen,** sondern unverbindliche Empfehlungen. Die Verwaltungsorgane sind in Entscheidung über Beachtung der Kodex-Empfehlungen frei; eine erklärte **Nichtbeachtung stellt kein haftungsbegründendes Verhalten** dar (*Bachmann* WM 2002, 2137 (2138); K. Schmidt/Lutter/*Spindler* Rn. 66; *E. Vetter* DNotZ 2003, 748 (761); einschränkend *Lutter* ZHR 166 (2002), 523 (542)). Organe müssen aber in der Entsprechenserklärung angeben und begründen und damit dem Kapitalmarkt gegenüber offenlegen, inwieweit sie den Empfehlungen Beachtung schenken oder nicht. Damit ist ein gewisser wirtschaftlicher Druck zur Beachtung der Empfehlungen verbunden (MüKoAktG/*Goette* Rn. 38). Dies ist politisch gewollt (RegE BT-Drs. 14/8769, 21; *Ihrig/Wagner* BB 2002, 789 (791)).

III. Entsprechungserklärung nach § 161

8 **1. Normadressat.** Die Verpflichtung zur Abgabe der Entsprechenserklärung trifft nicht die AG (§ 3 Abs. 2) selbst, sondern ihre Organe Vorstand und Aufsichtsrat (Hüffer/Koch/*Koch* Rn. 6; KK-AktG/*Lutter* Rn. 38; aA *Schürnbrand* FS U. H. Schneider, 2011, 1197 (1202)).

9 **2. Erklärungsinhalt.** Die Entsprechenserklärung ist eine Stichtagserklärung bezogen auf die zum Erklärungszeitpunkt geltende Kodex-Fassung (*Goette* FS Hüffer, 2010, 225 (230); *E. Vetter* BB 2005, 1689 (1694)). Der Gesetzeswortlaut macht deutlich, dass sich die Erklärung einerseits auf das **Verhalten der Organe in der Vergangenheit** bezieht, also auf die Angabe, ob den **Kodex-Empfehlungen** für die abgelaufene Rechenschaftsperiode gefolgt worden ist. Insoweit liegt stets **Wissenserklärung** hinsichtlich eigenen Verhaltens sowie des Verhaltens des jeweils anderen Organs vor (*Borges* ZGR 2003, 508 (528); *E. Vetter* DNotZ 2003, 748 (756)). Die Erklärung enthält andererseits auch einen **in die Zukunft gerichteten Teil,** nämlich die Erklärung am Stichtag, künftig den Empfehlungen folgen zu wollen. Neben der **Wissenserklärung** ist sie **auch Absichtserklärung des jeweils zuständigen Organs über das eigene künftige Verhalten** (Spindler/Stilz/*Bayer/Scholz* Rn. 39; Hüffer/Koch/*Koch* Rn. 20; *E. Vetter* DNotZ 2003, 748 (755); gegen diese Differenzierung GK-AktG/*Leyens* Rn. 167; *Ederle* NZG 2010, 655 (657)). Abweichungen gegenüber den Kodex-Empfehlungen müssen in der Entsprechenserklärung offengelegt und begründet werden („Comply or explain").

10 **3. Kodex-Anregungen.** § 161 bezieht sich ausdrücklich nur auf Kodex-Empfehlungen. Auf das Verhalten der Organe gegenüber Kodex-Anregungen muss in der Entsprechenserklärung nicht eingegangen werden, entsprechende Aussagen sind aber zulässig (*Ihrig/Wagner* BB 2002, 789 (790)). Ausführungen zu Anregungen können auch in den Corporate Governance Bericht aufgenommen werden.

11 **4. Rechtsnatur.** Zu unterscheiden ist zwischen der **Wissenserklärung für die Vergangenheit** und der **Absichtserklärung für die Zukunft.** Letztere bezieht sich sowohl auf die Absicht des künftigen eigenen Verhaltens des konkret zuständigen Organs wie auch auf eine eventuelle Umsetzung in gesellschaftsinterne Regeln.

12 Die Entsprechenserklärung hinsichtlich der künftigen Beachtung der Kodex-Empfehlungen ist eine **freiwillige Selbstbindung der Organe zum Stichtag auf jederzeitigen Widerruf.** Sie verlangt Beachtung der jeweils anerkannten Regelungen, bis eine Korrektur erklärt wird (BGH 16.2.2009 BGHZ 180, 9 Rn. 19 = NZG 2009, 342; OLG München 6.8.2008, NZG 2009, 508 (509); GK-AktG/*Leyens* Rn. 72; KK-AktG/*Lutter* Rn. 126; K. Schmidt/Lutter/*Spindler* Rn. 41; *E. Vetter* NZG 2008, 121 (123)). Über den Widerruf der Absichtserklärung hat primär das Organ zu beschließen, an das sich die jeweilige Kodex-Empfehlung richtet (KK-AktG/*Lutter* Rn. 97).

13 Bei der **Wissenserklärung** haben sich Vorstand und Aufsichtsrat jeweils nach bestem Wissen am Stichtag über die Einhaltung der Kodex-Empfehlungen in der Vergangenheit zu erklären; die Erklärung muss **wahrheitsgemäß** sein. Das Verhalten des jeweils eigenen Organs ist im Regelfall bekannt. Soweit es auf das persönliche Verhalten einzelner Organmitglieder ankommt, trifft diese eine besondere **Informationspflicht** (zB Offenlegung von Interessenkonflikten). Hinsichtlich des Verhaltens des anderen Organs besteht jeweils eine **Erkundungspflicht** (*Krieger* FS Ulmer, 2003, 365 (372); GK-AktG/*Leyens* Rn. 192); aktive Nachforschung ist nicht erforderlich (*E. Vetter* NZG 2009, 561 (563); KK-AktG/*Lutter* Rn. 54). Diese Grundsätze gelten grundsätzlich auch für Vorstand und Aufsichtsrat hinsichtlich der **Absichtserklärung des jeweils anderen Organs** unabhängig von der Zuständigkeit des Adressaten der einzelnen Verhaltensempfehlung nach der aktienrechtlichen Kompetenzordnung, denn eine Unrichtigkeit der Erklärung fällt jedem Mitglied der Verwaltung zur Last, das die Unrichtigkeit kannte oder kennen musste (BGH 16.2.2009, BGHZ 180, 9 Rn. 27 = NZG 2009, 342; KK-AktG/*Lutter* Rn. 39; K. Schmidt/Lutter/*Spindler* Rn. 65; *E. Vetter* NZG 2009, 561 (563)).

5. Begründungspflicht. Nach § 161 Abs. 1 S. 1 muss ein Abweichen von den Kodex-Empfehlungen jeweils plausibel und prägnant begründet werden. Der Begründungsumfang hat sich am verständigen Investor zu orientieren (K. Schmidt/Lutter/*Spindler* Rn. 42). 14

6. Verfahren. Die Entsprechenserklärung ist **keine gemeinsame Erklärung von Vorstand und Aufsichtsrat.** Beide Organe haben die jährliche Erklärung jeweils unabhängig voneinander abzugeben und hierüber durch **Beschluss** nach den jeweiligen Regeln zu entscheiden (*Seibt* AG 2002, 249 (253); *Semler/Wagner* NZG 2003, 553 (554)). Wenn zwischen Vorstand und Aufsichtsrat Einigkeit besteht, können die Erklärungen auch zu einer gemeinsamen Erklärung zusammengefasst werden. Zwingend ist dies nicht (*Krieger* FS Ulmer, 2003, 365 (369); K. Schmidt/Lutter/*Spindler* Rn. 19; aA *Schüppen* ZIP 2002, 1269 (1271)). Der Aufsichtsrat kann die Entscheidung nicht auf einen Ausschuss delegieren, sondern muss über Entsprechenserklärung zwingend im **Aufsichtsratsplenum** beschließen (Hüffer/Koch/*Koch* Rn. 13; KK-AktG/*Lutter* Rn. 41). Im Vorstand ist eine **Entscheidung des Gesamtvorstands** erforderlich (MHdB GesR IV/*Hoffmann-Becking* § 29 Rn. 62; *Krieger* FS Ulmer, 2003, 365 (376)). 15

7. Unterzeichnung der Entsprechenserklärung. Die Unterzeichnung der Entsprechenserklärung durch sämtliche Vorstands- und Aufsichtsratsmitglieder ist in § 161 nicht vorgesehen. Eine Forderung nach Unterzeichnung durch Vorstandsmitglieder in vertretungsberechtigter Zahl sowie durch den Vorsitzenden des Aufsichtsrats (*Gelhausen/Hönsch* AG 2002, 529 (533); aA Spindler/Stilz/*Bayer/Scholz* Rn. 69; *Krieger* FS Ulmer, 2003, 365 (376)) lässt sich auch mit dem Verpflichtungscharakter der Erklärung nicht begründen. Auch für eine Unterschrift durch den Vorsitzenden des Vorstands und des Aufsichtsrats (KK-AktG/*Lutter* Rn. 101; K. Schmidt/Lutter/*Spindler* Rn. 45) besteht keine Rechtsgrundlage. Die Einreichung zum Handelsregister gem. § 325 Abs. 1 S. 3 HGB bedingt nur die Verkörperung der Erklärung in einer Form, die Einreichung erlaubt. Unterzeichnung ist deshalb nicht erforderlich, jedoch zur Dokumentationszwecken in der Praxis üblich (MHdB GesR IV/*Hoffmann-Becking* § 29 Rn. 67; Hüffer/Koch/*Koch* Rn. 22; *Marsch-Barner* in Marsch-Barner/Schäfer AG-HdB Rn. 2.72). Von der Entsprechenserklärung nach § 161 zu unterscheiden ist der jeweilige **Organbeschluss über die Abgabe der Entsprechenserklärung** und dessen ordnungsgemäße Dokumentation (vgl. *Kirschbaum,* Entsprechenserklärungen zum englischen Combined Code und zum Deutschen Corporate Governance Kodex, 2006, 193). 16

8. Zeitliche Vorgaben. Die Entsprechenserklärung ist (mindestens) **einmal jährlich** abzugeben. Nach hM bedeutet dies einmal im Geschäftsjahr (Hüffer/Koch/*Koch* Rn. 15; MHdB GesR IV/*Hoffmann-Becking* § 29 Rn. 64; GK-AktG/*Leyens* Rn. 360; *Radke,* Entsprechenserklärung zum Deutschen Corporate Governance Kodex nach § 161 AktG, 2004, 100; *E. Vetter* NZG 2009, 561 (562); aA OLG München 23.1.2008, NZG 2008, 337; *Kleindiek* FS Goette, 2011, 239 (243); KK-AktG/*Lutter* Rn. 90; zeitlicher Abstand zwischen zwei aufeinanderfolgende Erklärungen darf ein Jahr nicht überschreiten). Verbreitet und sachlich naheliegend ist die zeitliche Verknüpfung mit der Feststellung des Jahresabschlusses in der Bilanzsitzung. Die Gesetzliche Regelung verlangt nicht, dass vorangegangene Erklärungen zugänglich bleiben müssen. Der Kodex selbst empfiehlt, **frühere Entsprechenserklärungen** für eine Dauer von fünf Jahren zugänglich zu machen (Ziff. 3.10 DCGK), was auch aus Transparenzgründen zu empfehlen ist (*E. Vetter* BB 2005, 1689 (1694)). 17

Bei einer **Änderung des Kodex besteht keine Aktualisierungspflicht** hinsichtlich der aktuellen Entsprechenserklärung als Stichtagserklärung (MHdB GesR IV/*Hoffmann-Becking* § 29 Rn. 66; KK-AktG/*Lutter* Rn. 94; *E. Vetter* DB 2007, 1963 (1968)). Davon zu unterscheiden ist die **Aktualisierungspflicht bei Änderung der verlautbarten Absicht** zur künftigen Einhaltung der Kodex-Empfehlungen (*Ihrig/Wagner* BB 2002, 2509 (2510); K. Schmidt/Lutter/*Spindler* Rn. 43; *E. Vetter* NZG 2008, 121 (123)). In diesem Fall ist umgehend eine Aktualisierung der Entsprechenserklärung vorzunehmen (BGH 16.2.2009, BGHZ 180, 9 Rn. 19 = NZG 2009, 342; BGH 21.9.2009, BGHZ 182, 272 Rn. 19 = NZG 2009, 1270; *Goette* FS Hüffer, 2010, 225 (230); *Goslar/v. der Linden* NZG 2009, 1337 (1338); Spindler/Stilz/*Bayer/Scholz* Rn. 71; *E. Vetter* NZG 2009, 561 (564); aA *Ederle* NZG 2010, 655 (658)). Die Aktualisierungsverantwortung trifft grundsätzlich Vorstand und Aufsichtsrat und deren Mitglieder in gleicher Weise, unabhängig von deren aktienrechtlicher Zuständigkeit, denn eine Unrichtigkeit der Erklärung fällt jedem Mitglied der Verwaltung zur Last, das die Unrichtigkeit kannte oder kennen musste (BGH 16.2.2009 BGHZ 180, 9 Rn. 27 = NZG 2009, 342). Im Ausnahmefall kann bei einer Aktualisierung zusätzlich noch eine Ad-hoc-Mitteilung nach Art. 17 Abs. 1 MAR erforderlich werden (*Radke,* Entsprechenserklärung zum Deutschen Corporate Governance Kodex nach § 161 AktG, 2004, 133; *Semler/Wagner* NZG 2003, 553 (556)). 18

Umstritten ist, ob sich die Entsprechenserklärung bei Kodex-Änderungen seit der letzten Erklärung stets **auf die bei Abgabe der Erklärung aktuelle Kodex-Fassung beziehen** muss oder ob hinsichtlich der vergangenheitsbezogenen Erklärung und der zukunftsbezogenen Aussage zu differenzieren ist. Für eine unterschiedliche Bezugsbasis geben Gesetzeswortlaut und Gesetzesbegründung nichts her. Auch die Klarheit der Kapitalmarktinformation verlangt die am Erklärungstag geltende Kodex-Fassung 19 als einheitliche Bezugsbasis (*Gelhausen/Hönsch* AG 2003, 367 (369); Hüffer/Koch/*Koch* Rn. 15; *IdW* PS 345 WPg 2003, 1002 (1003); *Ihrig* ZIP 2009, 853 (854); *E. Vetter* BB 2005, 1689 (1695); aA *Seibt* AG 2003, 465 (477). Der Gesellschaft steht frei, weitergehende Aussagen zu einer früheren Kodex-Fassung auf ihrer Internetseite zugänglich zu machen und in den Corporate Governance Bericht aufzunehmen (*E. Vetter* BB 2005, 1689 (1695)).

20 **9. Dauerhaftes Zugänglichmachen (Abs. 2).** Die **aktuelle Entsprechungserklärung** muss auf der **Internetseite der Gesellschaft** dauerhaft öffentlich zugänglich gemacht werden. Als Medium für das Zugänglichmachen ist die Homepage der Gesellschaft zwingend vorgeschrieben. Eine Veröffentlichung im Bundesanzeiger ist nicht ausreichend. Auch eine Angabe allein im Geschäftsbericht genügt nicht (so bereits zum früheren Recht OLG München 23.1.2008, NZG 2008, 337 (339)).

21 **10. Anderweitige Publizität.** Der Vorstand hat im **Anhang zum Jahresabschluss** anzugeben, dass die Entsprechenserklärung abgegeben und wo sie zugänglich gemacht worden ist (§ 285 Nr. 16 HGB, § 314 Abs. 1 Nr. 8 HGB). Den **Abschlussprüfer** trifft nach § 317 Abs. 1 S. 2 HGB nur eine Prüfungspflicht in formaler Hinsicht, ob Vorstand und Aufsichtsrat die Erklärung gem. § 161 abgegeben haben und ob eine Angabe im Anhang erfolgt und die Erklärung dauerhaft zugänglich ist. Zur inhaltlichen Überprüfung der Entsprechenserklärung ist er nicht verpflichtet (*Gelhausen/Hönsch* AG 2002, 529 (534); GK-AktG/*Leyens* Rn. 439; Spindler/Stilz/*Bayer/Scholz* Rn. 83). § 289f Abs. 2 Nr. 1 HGB verlangt weiterhin die Aufnahme der Entsprechenserklärung in die **Erklärung zur Unternehmensführung,** die entweder in den Lagebericht aufzunehmen oder als gesonderter Bericht auf der Internetseite der Gesellschaft öffentlich zugänglich zu machen ist (*Kuthe/Geiser* NZG 2008, 172 (173)). Im Lagebericht ist diese Internetseite anzugeben.

IV. Umsetzung von Kodex-Empfehlungen

22 **1. Allgemeines.** Viele der Kodex-Empfehlungen bedürfen einer Transformation in innergesellschaftsrechtliche Regelwerke. Dafür kommen zB neben der Satzung die Geschäftsordnung des Aufsichtsrats und des Vorstands als auch der Anstellungsvertrag der Vorstandsmitglieder in Betracht (*Hanfland,* Haftungsrisiken im Zusammenhang mit § 161 AktG und dem Deutschen Corporate Governance Kodex, 2007, 136 ff.; *Semler/Wagner* NZG 2003, 553 (557)). Die Übernahme einer Kodex-Empfehlung in ein internes Regelwerk begründet für die Organe und Organmitglieder eine echte gesellschaftsrechtliche Verhaltenspflicht, deren Missachtung einen Sorgfaltsverstoß gem. §§ 93, 116 darstellt (*Ettinger/Grützediek* AG 2003, 353 (355); *Hanfland,* Haftungsrisiken im Zusammenhang mit § 161 AktG und dem Deutschen Corporate Governance Kodex, 2007, 196; KK-AktG/*Lutter* Rn. 123).

23 **2. Zuständigkeiten.** Über die Absicht der künftigen Beachtung von Kodex-Empfehlungen oder ihrer Ablehnung nebst Begründung hat dasjenige Organ zu entscheiden, an das sich die jeweilige Empfehlung richtet (Hüffer/Koch/*Koch* Rn. 10; KK-AktG/*Lutter* Rn. 49; *E. Vetter* DNotZ 2003, 748 (760); Spindler/Stilz/*Bayer/Scholz* Rn. 39). Diese bestimmt sich nach der **aktienrechtlichen Kompetenzordnung.** Über die Zusammensetzung sowie Vergütung des Vorstands entscheidet der Aufsichtsrat. Für die Zusammensetzung und Vergütung des Aufsichtsrats ist der Aufsichtsrat zuständig, da er der Hauptversammlung Beschlussvorschläge vorzulegen hat (§ 124 Abs. 3). Empfehlungen zu Ausschüssen treffen allein den Aufsichtsrat.

24 **3. Form der Umsetzung.** § 161 schreibt keine bestimmte Form der Umsetzung vor, sondern setzt auf der bestehenden Organisationsstruktur der AG an. Vorstand und Aufsichtsrat können sich in ihrem jeweiligen Zuständigkeitsbereich **durch einfachen Beschluss** zur künftigen Beachtung der Kodex-Empfehlungen bekennen. In diesem Fall ist eine Selbstverpflichtung durch neuen Beschluss und Korrektur der Entsprechenserklärung jederzeit leicht zu korrigieren. Verbreitet ist demgegenüber eine dauerhafte Umsetzung der Empfehlungen. Soweit die Vorstandsorganisation betroffen ist, erfolgt die Umsetzung nach § 77. Beim Aufsichtsrat kann eine Regelung zB in die Aufsichtsratsgeschäftsordnung aufgenommen werden, über die das Aufsichtsratsplenum beschließt. Gleiches gilt zB für die Altersgrenze der Aufsichtsratsmitglieder oder die Ausschussbildung. Sind die Kodex-Empfehlungen in interne Regelwerke der AG aufgenommen worden, bedarf ein Widerruf der entsprechenden Änderung des Regelwerkes nach den maßgeblichen Verfahrensregelungen. Bis dahin bleibt die Verhaltenspflicht kraft gesellschaftsrechtlichem Organisationsakt bestehen. Eine geänderte Entsprechenserklärung beseitigt nur den Verstoß gegen § 161 (KK-AktG/*Lutter* Rn. 166).

V. Rechtsfolgen des Verstoßes gegen § 161

25 **1. Allgemeines.** Anerkennung oder Ablehnung der Kodex-Empfehlungen stehen in unternehmerischem Ermessen von Vorstand und Aufsichtsrat (Hüffer/Koch/*Koch* Rn. 16; GK-AktG/*Leyens* Rn. 194; KK-AktG/*Lutter* Rn. 79). Sie können einzelne Empfehlungen oder den Kodex in toto ablehnen, müssen dies aber gem. § 161 kommunizieren. Totalverweigerung dürfte sich kaum begründen lassen.

Verstöße gegen die Pflicht zur Abgabe der Entsprechenserklärung stellen ebenso wie die Abgabe einer falschen oder unvollständigen Erklärung – dazu zählt auch eine fehlende Begründung – einen Sorgfaltsverstoß gem. § 93 Abs. 1, § 116 dar (LG Krefeld 20.12.2006, ZIP 2007, 730; *v. Falkenhausen/Kocher* ZIP 2009, 1149 (1150); KK-AktG/*Lutter* Rn. 157).

2. Hauptversammlungsbeschlüsse. Haben Vorstand und Aufsichtsrat keine, eine unrichtige oder eine verspätete Entsprechenserklärung abgegeben oder nicht ordnungsgemäß zugänglich gemacht, liegt ein Verstoß gegen § 161 Abs. 1 S. 1 vor, der, sofern es sich um einen nicht unwesentlichen Punkt handelt, die **Entlastungsbeschlüsse der Hauptversammlung hinsichtlich Vorstand und Aufsichtsrat anfechtbar** macht (BGH 21.9.2009, BGHZ 182, 272 Rn. 16 = NZG 2009, 1270; BGH 16.2.2009, BGHZ 180, 9 Rn. 19 = NZG 2009, 342; OLG München 23.1.2008, NZG 2008, 337 (339); LG München I 31.1.2008, NZG 2008, 350; Hüffer/Koch/*Koch* Rn. 31; GK-AktG/*Leyens* Rn. 530). **Geringfügige Verstöße** sind jedoch unbeachtlich (BGH 14.5.2013, NZG 2013, 783; BGH 21.9.2009, BGHZ 182, 272 = NZG 2009, 1270 (1272); OLG Frankfurt a. M. 1.10.2013, NZG 2014, 1017 (1019); LG Krefeld 20.12.2006, ZIP 2007, 730; *Goette* FS Hüffer, 2010, 225 (233); Hüffer/Koch/*Koch* Rn. 31; KK-AktG/*Lutter* Rn. 66; K. Schmidt/Lutter/*Spindler* Rn. 61). Bei nicht offengelegter Kodex-Abweichung eines Vorschlags des Aufsichtsrats zur Wahl von Aufsichtsratsmitgliedern ist der Wahlvorschlag an die Hauptversammlung nach Ansicht des BGH (kritisch dazu zB *Bayer* JZ 2019, 677 (678); *Habersack* NJW 2019, 675 ff.; *E. Vetter* NZG 2019, 379 ff.) gleichwohl wirksam (BGH 9.10.2018, NZG 2019, 262 Rn. 29; aA früher zB *E. Vetter* NZG 2008, 121 (123)); es liegt auch kein zur Anfechtbarkeit führender Informationsmangel vor (BGH 9.10.2018, NZG 2019, 262 Rn. 36; aA früher zB *Bayer/Scholz* ZHR 181 (2017), 861 (897 ff.); *Habersack* FS Goette, 2011, 121 (123)). Das BGH-Urteil mag Streitfrage geklärt haben, enthält aber zB keine Aussage dazu, welche Rechte dem einzelnen Aufsichtsratsmitglied zustehen, wenn Aufsichtsrat Wahlvorschlag in Kenntnis der nicht offengelegten Kodex-Abweichung unter Ablehnung der Korrektur der Entsprechenserklärung beschließt. 26

3. Haftung. a) Haftung der Gesellschaft. § 161 begründet für Vorstand und Aufsichtsrat die Pflicht zur Abgabe der Entsprechenserklärung. Dies beinhaltet auch die **Pflicht, die Einhaltung der akzeptierten Kodex-Empfehlungen sorgfältig zu prüfen** und, soweit eine Nichterfüllung einer übernommenen Empfehlung festgestellt werden sollte oder die Absicht zur Beachtung einer anerkannten Kodex-Empfehlung aufgegeben wird, umgehend eine entsprechende Korrektur der Entsprechenserklärung vorzunehmen (*Goette* FS Hüffer, 2010, 225 (235); *Lutter* ZHR 166 (2002), 523 (541)). Dazu kann im seltenen Fall der Kurserheblichkeit eine Ad-hoc-Mitteilung nach Art. 17 Abs. 1 MAR erforderlich sein (*Ihrig/Wagner* BB 2002, 2509 (2514); zu weitgehend *Lutter* ZHR 166 (2002), 523 (535)). 27

b) Außenhaftung der Organmitglieder. Eine Haftung der Organmitglieder aus § 823 Abs. 1 BGB wegen Eingriffs in das Mitgliedschaftsrecht der Aktionäre als sonstiges Recht kommt nicht in Betracht (*Radke,* Entsprechenserklärung zum Deutschen Corporate Governance Kodex nach § 161 AktG, 2004, 217; *Seibt* AG 2002, 249 (256)), da Kursverluste als mittelbare Beeinträchtigung keine Verletzung des Mitgliedschaftsrechts als absolutes Recht darstellen (LG Bonn 15.5.2001, AG 2001, 484 (485); GK-AktG/*Hopt* § 93 Rn. 471; *Kort* FS Raiser, 2005, 203 (206); *E. Vetter* DNotZ 2003, 748 (762)). 28

Eine **deliktische Haftung** der Organmitglieder aus § 823 Abs. 2 BGB scheidet aus, da § 161 kein Schutzgesetz iSv § 823 Abs. 2 BGB ist (*Bachmann* WM 2002, 2137 (2142); *Ulmer* ZHR 166 (2002), 150 (168)). § 161 zielt auf den Schutz des Kapitalmarktes als Institution ab, nicht aber auf den Schutz der Anleger als einem abgegrenzten Personenkreises. 29

Sieht man vom Fall der Haftung für vorsätzliche Falschinformation ab, bei der die Entsprechenserklärung bewusst als Instrument der Irreführung in der Öffentlichkeitsarbeit eingesetzt wird, scheidet die Anwendung der Grundsätze der **zivilrechtlichen Prospekthaftung** auf die Organmitglieder wegen ihrer falschen Entsprechenserklärung, für die schon leichte Fahrlässigkeit ausreicht, aus. Die Entsprechenserklärung ist keine marktbezogene auf die konkrete Anlegerentscheidung ausgerichtete Erklärung, wie dies typischerweise für den Prospekt zutrifft, sondern sie beruht auf einer gesetzlichen Verpflichtung, sodass ihr die Prospektqualität fehlt (Hüffer/Koch/*Koch* Rn. 30; *Kort* FS Raiser, 2005, 203 (219); *Radke,* Entsprechenserklärung zum Deutschen Corporate Governance Kodex nach § 161 AktG, 2004, 254; *E. Vetter* DNotZ 2003, 748 (763); aA *Hanfland,* Haftungsrisiken im Zusammenhang mit § 161 AktG und dem Deutschen Corporate Governance Kodex, 2007, 284; nicht eindeutig GK-AktG/*Leyens* Rn. 561 ff.). 30

c) Innenhaftung der Organmitglieder. Haben Vorstand oder Aufsichtsrat keine oder unrichtige Entsprechenserklärung abgegeben, haben sie die Aktualisierungspflicht missachtet oder ist die Erklärung nicht dauerhaft zugänglich, liegt eine Sorgfaltspflichtverletzung nach §§ 93, 116 vor. Sofern der Gesellschaft hierdurch ein Schaden entstanden ist, was in der Praxis höchst selten der Fall sein wird, kommt eine Haftung der Organmitglieder in Betracht. Eine Haftung kann gleichfalls begründet sein, wenn die Organmitglieder die Verhaltensempfehlungen des Kodex, die in gesellschaftsinterne Pflichten transformiert worden sind, missachten oder wenn sie vorsätzlich oder fahrlässig dazu beitragen, dass eine 31 falsche Entsprechenserklärung abgeben wird (*Bachmann* WM 2002, 2137 (2142); *Schüppen* ZIP 2002, 1269 (1272); *Seibert* BB 2002, 581 (584)).

Zweiter Abschnitt. Prüfung des Jahresabschlusses

Erster Unterabschnitt. Prüfung durch Abschlußprüfer

Vergütungsbericht

162 (1) [1] **Vorstand und Aufsichtsrat der börsennotierten Gesellschaft erstellen jährlich einen klaren und verständlichen Bericht über die im letzten Geschäftsjahr jedem einzelnen gegenwärtigen oder früheren Mitglied des Vorstands und des Aufsichtsrats von der Gesellschaft und von Unternehmen desselben Konzerns (§ 290 des Handelsgesetzbuchs) gewährte und geschuldete Vergütung.** [2] **Der Vergütungsbericht hat unter Namensnennung der in Satz 1 genannten Personen die folgenden Angaben zu enthalten, soweit sie inhaltlich tatsächlich vorliegen:**

1. **alle festen und variablen Vergütungsbestandteile, deren jeweiliger relativer Anteil sowie eine Erläuterung, wie sie dem maßgeblichen Vergütungssystem entsprechen, wie die Vergütung die langfristige Entwicklung der Gesellschaft fördert und wie die Leistungskriterien angewendet wurden;**
2. **eine vergleichende Darstellung der jährlichen Veränderung der Vergütung, der Ertragsentwicklung der Gesellschaft sowie der über die letzten fünf Geschäftsjahre betrachteten durchschnittlichen Vergütung von Arbeitnehmern auf Vollzeitäquivalenzbasis, einschließlich einer Erläuterung, welcher Kreis von Arbeitnehmern einbezogen wurde;**
3. **die Anzahl der gewährten oder zugesagten Aktien und Aktienoptionen und die wichtigsten Bedingungen für die Ausübung der Rechte, einschließlich Ausübungspreis, Ausübungsdatum und etwaiger Änderungen dieser Bedingungen;**
4. **Angaben dazu, ob und wie von der Möglichkeit Gebrauch gemacht wurde, variable Vergütungsbestandteile zurückzufordern;**
5. **Angaben zu etwaigen Abweichungen vom Vergütungssystem des Vorstands, einschließlich einer Erläuterung der Notwendigkeit der Abweichungen, und der Angabe der konkreten Bestandteile des Vergütungssystems, von denen abgewichen wurde;**
6. **eine Erläuterung, wie der Beschluss der Hauptversammlung nach § 120a Absatz 4 oder die Erörterung nach § 120a Absatz 5 berücksichtigt wurde;**
7. **eine Erläuterung, wie die festgelegte Maximalvergütung der Vorstandsmitglieder eingehalten wurde.**

(2) **Hinsichtlich der Vergütung jedes einzelnen Mitglieds des Vorstands hat der Vergütungsbericht ferner Angaben zu solchen Leistungen zu enthalten, die**

1. **einem Vorstandsmitglied von einem Dritten im Hinblick auf seine Tätigkeit als Vorstandsmitglied zugesagt oder im Geschäftsjahr gewährt worden sind,**
2. **einem Vorstandsmitglied für den Fall der vorzeitigen Beendigung seiner Tätigkeit zugesagt worden sind, einschließlich während des letzten Geschäftsjahres vereinbarter Änderungen dieser Zusagen,**
3. **einem Vorstandsmitglied für den Fall der regulären Beendigung seiner Tätigkeit zugesagt worden sind, mit ihrem Barwert und dem von der Gesellschaft während des letzten Geschäftsjahres hierfür aufgewandten oder zurückgestellten Betrag, einschließlich während des letzten Geschäftsjahres vereinbarter Änderungen dieser Zusagen,**
4. **einem früheren Vorstandsmitglied, das seine Tätigkeit im Laufe des letzten Geschäftsjahres beendet hat, in diesem Zusammenhang zugesagt und im Laufe des letzten Geschäftsjahres gewährt worden sind.**

(3) [1] **Der Vergütungsbericht ist durch den Abschlussprüfer zu prüfen.** [2] **Er hat zu prüfen, ob die Angaben nach den Absätzen 1 und 2 gemacht wurden.** [3] **Er hat einen Vermerk über die Prüfung des Vergütungsberichts zu erstellen.** [4] **Dieser ist dem Vergütungsbericht beizufügen.** [5] **§ 323 des Handelsgesetzbuchs gilt entsprechend.**

(4) **Der Vergütungsbericht und der Vermerk nach Absatz 3 Satz 3 sind nach dem Beschluss gemäß § 120a Absatz 4 Satz 1 oder nach der Vorlage gemäß § 120a Absatz 5 von der Gesellschaft zehn Jahre lang auf ihrer Internetseite kostenfrei öffentlich zugänglich zu machen.**

(5) [1] **Der Vergütungsbericht darf keine Daten enthalten, die sich auf die Familiensituation einzelner Mitglieder des Vorstands oder des Aufsichtsrats beziehen.** [2] **Personenbezogene Angaben zu früheren Mitgliedern des Vorstands oder des Aufsichtsrats sind in allen Vergütungsberichten, die nach Ablauf von zehn Jahren nach Ablauf des Geschäftsjahres, in dem**

das jeweilige Mitglied seine Tätigkeit beendet hat, zu erstellen sind, zu unterlassen. [3]Im Übrigen sind personenbezogene Daten nach Ablauf der Frist des Absatzes 4 aus Vergütungsberichten zu entfernen, die über die Internetseite zugänglich sind.

(6) **[1]In den Vergütungsbericht brauchen keine Angaben aufgenommen zu werden, die nach vernünftiger kaufmännischer Beurteilung geeignet sind, der Gesellschaft einen nicht unerheblichen Nachteil zuzufügen. [2]Macht die Gesellschaft von der Möglichkeit nach Satz 1 Gebrauch und entfallen die Gründe für die Nichtaufnahme der Angaben nach der Veröffentlichung des Vergütungsberichts, sind die Angaben in den darauf folgenden Vergütungsbericht aufzunehmen.**

Übersicht

I. Allgemeines

1. Vergütungstransparenz. Die Vorschrift ist neu und dient der Umsetzung der Art. 9a und 9b Aktionärsrechte-RL (Richtlinie (EU) 2017/828 v. 17.5.2017, ABl. 2017 L 132/1). Sie will bei **börsennotierten Gesellschaften** die Transparenz der Vergütung von Vorstand und Aufsichtsrat des abgelaufenen Geschäftsjahrs verbessern und steht im engen Zusammenhang mit dem Beschluss der Hauptversammlung über das nach den Vorgaben der Aktionärsrechterichtlinie ebenfalls neu geregelte Vorstandsvergütungssystem gem. § 87a (→ § 87a Rn. 1 ff.). Während das Vergütungssystem durch seine Zukunftsorientierung geprägt ist, stellt der Vergütungsbericht die konkrete **jährliche Rückschau** dar, die den **Soll-Ist-Vergleich** ex post ermöglichen soll. Er ist deshalb zutreffend als Spiegelbild des Vergütungssystems bezeichnet worden (*Diekmann* BB 2018, 3010 (3012)). **Berichtszeitraum** ist das abgelaufene Geschäftsjahr. 1

2. Kontrollfunktion des Vergütungsberichts. Systematisch baut der Vergütungsbericht auf den Regelungen der Vorstands- und Aufsichtsratsvergütung (§§ 87a, 113 Abs. 3 und 120a) und dient der **Umsetzungskontrolle** des von der Hauptversammlung nach § 120a Abs. 1 **beschlossenen Vergütungssystems** durch die Aktionäre (*Anzinger* ZGR 2019, 39 (84); *Leuering* NZG 2017, 646 (649)) und der Information der übrigen Stakeholder (*Anzinger* ZGR 2019, 39 (84)). Eine Befreiung von der Offenlegungspflicht der individuellen Vorstandsvergütung im Wege des „opt-out" durch Hauptversammlungsbeschluss ist nicht möglich, da §§ 286 Abs. 5, 314 Abs. 3 S. 1 HGB entfallen sind. 2

II. Gemeinsame Berichterstattung von Vorstand und Aufsichtsrat (Abs. 1)

1. Eigenständiges Informationsinstrument. Der Vergütungsbericht ist ein von der handelsrechtlichen Rechnungslegung gesondertes Informationsinstrument (*Velte* DStR 2018, 2445). Er muss **klar und verständlich** sein. Empfängerhorizont ist – wie beim Vergütungssystem nach § 87a – der durchschnittlich informierte, situationsadäquat aufmerksame und verständige Aktionär (BR-Drs. 156/19, 123) oder sonstige interessierte Akteur (Erwägungsgrund 33 S. 3 Aktionärsrechte-RL). Auf allgemeine Verständlichkeit mit dem durchschnittlichen Verbraucher kommt es nicht an (*Spindler* AG 2020, 61 (64)). 3

2. Berichtsinhalt. Zum Berichtsinhalt verlangt Abs. 1 S. 2 Nr. 1–7 detaillierte **enumerativ genannte Angaben.** Im Fall der uneingeschränkten Entsprechenserklärung nach § 161 sind auch die Empfehlungen des Deutschen Corporate Governance Kodex G.1–G.18 zu berücksichtigen. Anzugeben 4 ist sowohl die an gegenwärtigen als auch die an – **namentlich anzugebende** – früheren Mitglieder des Vorstands und des Aufsichtsrats gewährte, geschuldete oder zugesagte Vergütung (Abs. 1 S. 1 und S. 2 Nr. 3). Nach den Präzisierungen im Gesetzgebungsverfahren (BT-Drs. 19/15153, 60) soll das Merkmal der **gewährten Vergütung** den faktischen Zufluss des Vergütungsbestandteils, d. h. die Erfüllung einer Verbindlichkeit wie geschuldet und die sonstige Leistung, die rechtsgrundlos oder als Schlecht- oder Teilerfüllung erfolgt ist, erfassen. Als **geschuldete Vergütung** gelten alle rechtlich bestehenden Verbindlichkeiten über Vergütungsbestandteile, die fällig sind, aber noch nicht erfüllt wurden. Als **zugesagte Vergütung** sind alle rechtlich bestehenden Verbindlichkeiten über Vergütungsbestandteile zu verstehen, die fällig oder noch nicht fällig sind und noch nicht erfüllt sind. Anzugeben sind z. B. die gewährten oder zugesagten Aktien oder aktienbezogene Leistungen. Soweit Rechte zur Rückforderung von variablen Vergütungsbestandteilen (Claw-Back-Klauseln) vereinbart wurden und im Berichtsjahr **Rückforderungsrechte tatsächlich ausgeübt** wurden, ist hierüber zu berichten (*Böcking/Bundle* Der Konzern 2020, 15 (23); *Poelzig* NZG 2020, 41 (44)). Eventuelle **Abweichungen** vom Vergütungssystem des Vorstands nach § 87a Abs. 2 S. 2 sind anzugeben und zu begründen (Abs. 1 Nr. 5).

5 **3. Negativmeldungen.** § 162 bestimmt nur Mindestanforderungen. Negativmeldungen (Fehlanzeige) sind nicht erforderlich, sodass die Angaben im Bericht über bestimmte Vergütungsbestandteile nur vorzunehmen sind, wenn die jeweiligen Elemente im Berichtszeitraum auch tatsächlich vorgelegen haben (BR-Drs. 156/19, 124). Zu **Claw-Back-Klauseln** ist in jedem Fall zu berichten (*Florstedt* ZGR 2019, 630 (659)).

6 **4. Aufgliederung der Vergütung.** Dabei ist im Bericht die jeweilige **Vergütung aufzugliedern in die variablen und fixen Vergütungsbestandteile,** ihr relativer Anteil an der Gesamtvergütung wie auch die Ableitung der einzelnen Komponenten aus dem bestehenden Vergütungssystem (§ 87a) anzugeben und ihre Wirkung zur Förderung der langfristigen Entwicklung der Gesellschaft zu erläutern. Soweit sich zu variablen Vergütungsbestandteilen infolge einer **mehrjährigen Bemessungsgrundlage** keine genauen Angaben machen lassen, ist dies unter Angabe eines geeigneten Bezugspunkts zu umschreiben (BR-Drs. 156/19, 127). Die Veränderung der jährlichen Vergütung ist im Vergleich zur Ertragsentwicklung der Gesellschaft und zur Entwicklung der durchschnittlichen Vergütung der Arbeitnehmer auf Vollzeitäquivalenz darzustellen. Die Angaben müssen auch hier nur in den Bericht aufgenommen werden, soweit sie im Berichtsjahr auch vorlagen (BR-Drs. 156/19, 123). Zur vom Aufsichtsrat nach § 87a Abs. 1 S. 2 Nr. 1 festzulegenden **Maximalvergütung der Vorstandsmitglieder** ist im Vergütungsbericht gem. Abs. 1 S. 2 Nr. 7 zum Zwecke der Überprüfbarkeit durch die Aktionäre zu erläutern, ob die festgelegte Maximalvergütung eingehalten wurde (BT-Drs. 19/15153, 57).

7 **5. Adressat der Berichtspflicht.** Die Pflicht zur Erstellung des Vergütungsberichts trifft **Vorstand und Aufsichtsrat** nach dem klaren Gesetzeswortlaut im Sinne einer **Doppelkompetenz.** Dies ist ein aktienrechtliches Novum. Die gemeinsame Zuständigkeit begründet eine **gegenseitige Kontrolle der beiden Organe** über den Bericht hinsichtlich Rechtmäßigkeit und Zweckmäßigkeit sowie Klarheit und Verständlichkeit (BR-Drs. 156/19, 124). Die praktische Hauptlast der Berichtsvorbereitung liegt allerdings beim Vorstand, der allein den direkten Zugang zu den relevanten Unternehmensdaten hat (*E. Vetter* FS Krieger, 2020, 997 (1006)). Beide Organe unterliegen hinsichtlich des Vergütungsberichts einem **Einigungszwang** (*E. Vetter* FS Krieger, 2020, 1045 (1055)). Über die Schlussfassung des Vergütungsberichts haben Vorstand und Aufsichtsrat jeweils ausdrücklich einen **eigenen Beschluss** zu fassen (*E. Vetter* FS Krieger, 2020, 1045 (1054)). Der Aufsichtsrat kann die Erstellung des Vergütungsberichts **mangels Delegationsverbots** in § 107 Abs. 3 S. 7 an einen **Aufsichtsratsausschuss** zur abschließenden Erledigung delegieren. Dies ist aus Gründen des Zeitmanagements zu empfehlen. Eine **Unterzeichnung des Vergütungsberichts** durch Vorstand und Aufsichtsrat ist im Gesetz nicht vorgesehen, aber zulässig.

III. Zusätzliche Berichtsangaben (Abs. 2)

8 **1. Drittvergütung.** Anzugeben sind die wegen der Vorstandstätigkeit **von Dritten zugesagte oder gewährte Vergütung** (Abs. 2 Nr. 1). Dadurch soll Konfliktpotential der Vorstandsmitglieder zB aus Geschäften mit nahestehenden Personen transparent werden. Für Aufsichtsratsmitglieder besteht keine korrespondierende Angabepflicht. Dritte sind zB auch **Konzerngesellschaften** sowie Aktionäre oder Geschäftspartner.

9 **2. Abfindungszahlungen.** Einem Vorstandsmitglied **zugesagte Abfindungszahlungen** im Fall **vorzeitiger Beendigung der Tätigkeit** (Abs. 2 Nr. 2 AktG) wie auch seine Ansprüche bei regulärem Ausscheiden sind mit ihrem Barwert sowie dem dafür aufgewandten Betrag oder dem Rückstellungswert (Abs. 2 Nr. 3 AktG) anzugeben. Damit wird zudem erkennbar, ob die Anregung von G.14 DCGK, die sich gegen die Vereinbarung von Leistungszusagen im Fall des Kontrollwechsels (Change of Control) ausspricht, Rechnung getragen wurde.

IV. Prüfung durch den Abschlussprüfer (Abs. 3)

1. Eingeschränkte Prüfung. Der Vergütungsbericht ist ein gegenüber dem (Konzern-)Lagebericht **eigenständiges originär aktienrechtliches Publizitätsinstrument** über das abgelaufene Geschäftsjahr (BR-Drs. 156/19, 123) und unterliegt als von der handelsrechtlichen Rechnungslegung gesondertes **Publizitätsinstrument** nicht der Abschlussprüfung iSv § 316 Abs. 1 S. 1, Abs. 2 S. 1 HGB; vielmehr hat der Abschlussprüfer nach Abs. 3 S. 1 nur zu prüfen, ob die Angaben nach Abs. 2 und 3 gemacht wurden (*E. Vetter* FS Krieger, 2020, 1045 (1058)). Der hierüber zu erstellende **Vermerk des Abschlussprüfers** ist dem Vergütungsbericht beizufügen und nimmt an dessen öffentlicher Zugänglichkeit teil. Es findet **keine inhaltliche Prüfung** des Vergütungsberichts durch den Abschlussprüfer statt (kritisch: *Böcking/Bundle* Der Konzern 2018, 496 (504) „gesetzlicher Rückschritt"). 10

2. Freiwillige Erweiterung der Prüfung. Die Beauftragung zur weitergehenden inhaltlichen Prüfung ist zulässig (BT-Drs. 19/15153, 60); ausgehend vom Rechtsgedanken des § 111 Abs. 2 S. 3 ist hierfür der **Aufsichtsrat zuständig** (aA *Orth/Oser/Philippsen/Sultana* DB 2019, 2814 (2818)). Die Notwendigkeit zur externen inhaltlichen Prüfung wird nur im Ausnahmefall geboten sein (aA unter Hinweis auf „etwaige Haftungsfragen" *Böcking/Bundle* Der Konzern 2020, 15 (23)). Überzogen erscheint dem Aufsichtsrat im Hinblick auf das Strafbarkeitsrisiko bei falscher Berichtsangaben eine Prüfung durch den Abschlussprüfer nahezulegen (aA *Florstedt* ZGR 2019, 630 (663)). 11

3. Vorlage an Hauptversammlung. Der gemeinsame Vergütungsbericht von Vorstand und Aufsichtsrat sowie der Vermerk des Abschlussprüfers nach Abs. 3 S. 3 sind gem. § 124 Abs. 2 S. 3 **der Hauptversammlung vorzulegen,** die über die Billigung des Vergütungsberichts nach § 120a Abs. 4 S. 1 beschließt (*Liebscher* → § 120a Rn. 15). 12

V. Berichtstransparenz (Abs. 4)

Vergütungsbericht und Prüfungsvermerk sind nach der Beschlussfassung der Hauptversammlung gem. § 120a Abs. 4 S. 1 oder bei kleinen und mittelgroßen Gesellschaften nach der Vorlage gem. § 120a Abs. 5 für einen Zeitraum von zehn Jahren auf der **Internetseite der AG** kostenfrei öffentlich zugänglich zu machen, auf der auch das geltende Vergütungssystem nebst Billigungsbeschluss der Hauptversammlung zu finden sind. Die Veröffentlichung hat, auch wenn dies dem Gesetz entgegen § 120a Abs. 2 nicht zu entnehmen ist, **unverzüglich** zu erfolgen; Fristwahrung iSv § 130 Abs. 6 genügt (BR-Drs. 156/19, 129). Die Integration in den Lagebericht oder die Aufnahme in den Anhang ist nicht vorgesehen (*Böcking/Bundle* Der Konzern 2020, 15 (18)). Wird der Vergütungsbericht in den Lagebericht aufgenommen, hat der Abschlussprüfer gesteigert Prüfungspflichten (*Orth/Oser/Philippsen/Sultana* DB 2019, 2814 (2818)). In jedem Fall ist in der Erklärung zur Unternehmensführung nach § 289f Abs. 2 Nr. 1a HGB auf die entsprechende Internetseite der Gesellschaft hinzuweisen. 13

VI. Datenschutz (Abs. 5)

Das Gesetz ist um einen Ausgleich zwischen dem Schutz personenbezogener Daten von Organmitgliedern gegenüber dem schützenswerten Informationsinteresse der Aktionäre und interessierter Dritter bemüht. Deshalb dürfen im Vergütungsbericht keine **Daten bezüglich der Familiensituation** der Mitglieder von Vorstand und Aufsichtsrat enthalten. Abstrakte Beschreibungen genügen (BR-Drs. 156/19, 127). Personenbezogene Angaben über ehemalige Organmitglieder sind zehn Jahre nach dem Ausscheiden des Mitglieds in künftigen Berichten zu unterlassen. Die in den übrigen im Internet zugänglichen Berichten enthaltenen personenbezogenen Daten sind zehn Jahre nach Fristablauf gem. Abs. 4 zu entfernen (*Anzinger* ZGR 2019, 39 (91)). 14

VII. Dispens von der Angabepflicht (Abs. 6)

Soweit konkrete Angaben über die Vergütung geeignet sind der Gesellschaft bei vernünftiger kaufmännischer Beurteilung einen **nicht unerheblichen Nachteil** zuzufügen, müssen sie nicht in den Bericht aufgenommen werden. Vorstand und Aufsichtsrat müssen sich hierüber im Einzelfall verständigen. Auch wenn das Gesetz insoweit schweigt, wird man im Interesse größtmöglicher Offenlegung der Vorstandsvergütung (s. dazu *Bachmann/Pauschinger* ZIP 2019, 1 (8)) davon ausgehen müssen, dass analog § 286 Abs. 2 HGB im Bericht oder im Anhang – ohne weitergehende Angaben – anzugeben ist, dass von der Befreiungsmöglichkeit Gebrauch gemacht worden ist (*Anzinger* ZGR 2019, 39 (91): erst im Folgejahr). Im Übrigen lebt bei Wegfall der Gründe für die fehlende Offenlegung die gesetzliche Angabepflicht wieder auf und die fehlenden Angaben sind in den nächsten Vergütungsbericht aufzunehmen. 15

VIII. Rechtsfolgen

16 Der Beschluss der Hauptversammlung über die Billigung des Vergütungsberichts nach § 120a Abs. 4 iVm Abs. 1 S. 2 und 3 begründet **keine Rechte und Pflichten** und ist auch **nicht anfechtbar.** Insoweit sind die Rechtfolgen eines fehlerhaften Hauptversammlungsbeschlusses über die Billigung des Vergütungssystems nach §§ 120a Abs. 4, 87a und des korrespondierenden Vergütungsberichts nach § 162 gleich. Generell zu den Rechtsfolgen der fehlerhaften Berichterstattung oder von Mängeln des Hauptversammlungsbeschlusses näher (*Liebscher* → § 120a Rn. 8). Der Verstoß gegen die Offenlegungspflicht nach Abs. 4 kann als Ordnungswidrigkeit geahndet werden (*Orth/Oser/Philippsen/Sultana* DB 2019, 2814 (2820)).

IX. Inkrafttreten

17 Der Vergütungsbericht nach § 162 ist gem. Art. 26j Abs. 2 S. 1 EGAktG erstmals für das nach dem 31.12.2020 beginnende Geschäftsjahr zu erstellen. Der obligatorische Hauptversammlungsbeschluss nach § 120a Abs. 4 iVm Abs. 1 S. 2 und 3 über die Billigung des Vergütungsberichts findet gem. § 26j Abs. 2 S. 3 EGAktG erstmals in der Hauptversammlungssaison 2022 statt (*Böcking/Bundle* Der Konzern 2020, 15 (19)). Die freiwillige Anwendung von § 162 für frühere Geschäftsjahre ist nach Art. 83 Abs. 1 S. 3 EGHGB möglich und führt zur Befreiung von den handelsrechtlichen Angabepflichten (*Böcking/Bundle* Der Konzern 2020, 15 (19)).

(aufgehoben)

163-169

Zweiter Unterabschnitt. Prüfung durch den Aufsichtsrat

Vorlage an den Aufsichtsrat

170 (1) [1]**Der Vorstand hat den Jahresabschluß und den Lagebericht unverzüglich nach ihrer Aufstellung dem Aufsichtsrat vorzulegen.** [2]**Satz 1 gilt entsprechend für einen Einzelabschluss nach § 325 Abs. 2a des Handelsgesetzbuchs sowie bei Mutterunternehmen (§ 290 Abs. 1, 2 des Handelsgesetzbuchs) für den Konzernabschluss und den Konzernlagebericht.** [3]**Nach Satz 1 vorzulegen sind auch der gesonderte nichtfinanzielle Bericht (§ 289b des Handelsgesetzbuchs) und der gesonderte nichtfinanzielle Konzernbericht (§ 315b des Handelsgesetzbuchs), sofern sie erstellt wurden.**

(2) [1]**Zugleich hat der Vorstand dem Aufsichtsrat den Vorschlag vorzulegen, den er der Hauptversammlung für die Verwendung des Bilanzgewinns machen will.** [2]**Der Vorschlag ist, sofern er keine abweichende Gliederung bedingt, wie folgt zu gliedern:**
1. Verteilung an die Aktionäre ....
2. Einstellung in Gewinnrücklagen ....
3. Gewinnvortrag ....
4. Bilanzgewinn ....

(3) [1]**Jedes Aufsichtsratsmitglied hat das Recht, von den Vorlagen und Prüfungsberichten Kenntnis zu nehmen.** [2]**Die Vorlagen und Prüfungsberichte sind auch jedem Aufsichtsratsmitglied oder, soweit der Aufsichtsrat dies beschlossen hat, den Mitgliedern eines Ausschusses zu übermitteln.**

Übersicht

I. Allgemeines

Die Vorschrift steht im Zusammenhang mit dem Überwachungsauftrag und den Prüfungspflichten des Aufsichtsrats und regelt die Vorlagepflichten des Vorstands, die der Vorbereitung der Prüfung der Jahresabschlussunterlagen durch den Aufsichtsrat dienen. Jüngste Änderungen erfolgten 2017 durch das CRS-Richtlinie-Umsetzungsgesetz. 1

II. Vorlagen an den Aufsichtsrat (Abs. 1)

1. Vorzulegende Unterlagen. Vorzulegen sind der **Jahresabschluss mit Bilanz und GuV** (§ 242 Abs. 2 HGB) nebst **Anhang** (§ 264 Abs. 1 HGB) und der **Lagebericht** (§ 289 HGB). Gleiche Vorlagepflicht besteht, sofern sich die AG für Zwecke der Offenlegung für einen kumulativen Abschluss nach § 325 Abs. 2a HGB entscheidet (Hüffer/Koch/*Koch* Rn. 2a). Im Lagebericht ist nach § 289b HGB auch zu den nichtfinanziellen Aspekten der Geschäftstätigkeit zu berichten, sofern nicht ein gesonderter nichtfinanzieller Bericht erstellt wird. Der **CSR-Berichterstattung** unterliegen **börsennotierte Gesellschaften mit mehr als 500 Mitarbeitern.** Zum inhaltlichen Gestaltung der Berichterstattung siehe die von der EU-Kommission erstellten unverbindlichen Leitlinien für die Berichterstattung über nichtfinanzielle Informationen (2017/C 215/01) ABl. 2017 C 215). Wird der Abschluss vom Abschlussprüfer geprüft, hat dieser seinen Prüfungsbericht unmittelbar dem Aufsichtsrat zuzuleiten (§ 321 Abs. 5 S. 2 HGB). Der Vorstand kann zu dem Bericht des Abschlussprüfers eine Stellungnahme abgeben, die ebenfalls an den Aufsichtsrat zu richten ist (K. Schmidt/Lutter/*Drygala* Rn. 4). Ist die AG Mutterunternehmen nach § 289 HGB, ist auch der Konzernabschluss bzw. der Konzernprüfungsbericht vorzulegen. Nach Abs. 1 S. 4 ist auch der gesonderte nichtfinanzielle Bericht (§ 289b Abs. 3 HGB) dem Aufsichtsrat vorzulegen. Für Mutterunternehmen gelten nach § 315b HGB entsprechende Berichtspflichten hinsichtlich der nichtfinanziellen Aspekte im Konzern. 2

Im **faktischen Konzern** hat der Vorstand der abhängigen AG dem Aufsichtsrat auch den **Bericht über die Beziehungen zu verbundene Unternehmen** (sog. Abhängigkeitsbericht) vorzulegen (§ 314 Abs. 1 S. 1). Wird die AG durch einen Abschlussprüfer geprüft, hat dieser seinen Prüfungsbericht gem. § 313 Abs. 2 S. 3 unmittelbar dem Aufsichtsrat vorzulegen (K. Schmidt/Lutter/*Drygala* Rn. 4; KK-AktG/*Ekkenga* Rn. 18). 3

2. Empfänger der Unterlagen. Die Vorlagepflicht trifft den Vorstand gegenüber dem Aufsichtsrat als Organ (Hüffer/Koch/*Koch* Rn. 4). Die Übergabe an den Aufsichtsratsvorsitzenden genügt, da dieser als empfangsberechtigt gilt (KK-AktG/*Ekkenga* Rn. 10; GK-AktG/*E. Vetter* Rn. 55). Der Aufsichtsratsvorsitzende hat die Unterlagen unverzüglich an die übrigen Aufsichtsratsmitglieder weiterzuleiten. 4

III. Vorlage des Vorschlags zur Verwendung des Bilanzgewinns (Abs. 2)

Neben den Jahresabschlussunterlagen hat der Vorstand dem Aufsichtsrat den Gewinnverwendungsvorschlag für die Hauptversammlung vorzulegen. Bei der Aufstellung des Vorschlags für die Hauptversammlung, der nicht der Prüfung durch den Abschlussprüfer unterliegt (GK-AktG/*E. Vetter* Rn. 107), steht dem Vorstand freies Ermessen zu, ohne an den Grundsatz von § 58 Abs. 2 gebunden zu sein (KK-AktG/*Ekkenga* Rn. 20). Er hat allerdings wegen des Anfechtungsrisikos die Mindestausschüttung nach § 254 Abs. 1 zu bedenken. 5

Der Vorstand hat die in Abs. 2 S. 2 **vorgeschriebene Gliederung** zu beachten, die inhaltlich im Grundsatz dem Gewinnverwendungsbeschluss nach § 174 Abs. 2 entspricht. Der Gewinnverwendungsvorschlag muss den im festgestellten Jahresabschluss ausgewiesenen Bilanzgewinn in voller Höhe nach der Gliederungsvorgabe erfassen. Die Hauptversammlung ist nicht an den Vorschlag der Verwaltung gebunden. Hält die Gesellschaft **eigene Aktien,** die bis zur Hauptversammlung nicht veräußert werden sollen, ist dies wegen § 71b bei der Festlegung des Ausschüttungsbetrags zu berücksichtigen (KK-AktG/*Ekkenga* Rn. 28; MüKoAktG/*Hennrichs/Pöschke* Rn. 59). Bei Veränderungen bis zum Tag der Hauptversammlung ist der Vorschlag zu korrigieren (K. Schmidt/Lutter/*Drygala* Rn. 11). 6

IV. Informationsrechte der Aufsichtsratsmitglieder (Abs. 3)

Abs. 3 regelt die Individualrechte der Aufsichtsratsmitglieder, die in ein Recht auf Kenntnisnahme und ein Recht auf Aushändigung zu trennen sind. 7

1. Recht auf Kenntnisnahme. Abs. 3 S. 1 räumt jedem Aufsichtsratsmitglied das durch Satzung oder Aufsichtsratsbeschluss **nicht entziehbare Recht** ein, von den vom Vorstand vorzulegenden Unterlagen sowie dem Prüfungsbericht **Kenntnis zu nehmen** (Hüffer/Koch/*Koch* Rn. 12). Dazu ist erforderlich, dass das Aufsichtsratsmitglied in ausreichendem zeitlichem Abstand vor der Bilanzsitzung des Aufsichtsrats in den Geschäftsräumen der AG ein eigenes Bild machen kann und die Möglichkeit zur Einsichtnahme der Unterlagen und zur Erstellung von Notizen erhält, um sich ein eigenes Bild zu 8 machen. Ein Recht auf Hinzuziehung eines Sachverständigen besteht nicht (BGH 15.11.1982, BGHZ 85, 293 (295) = NJW 1983, 991; K. Schmidt/Lutter/*Drygala* Rn. 16). Ein Vorlauf von zwei Wochen genügt (GK-AktG/*E. Vetter* Rn. 189). Eine Einsichtnahme erst unmittelbar vor oder eine Auslage in der Aufsichtsratssitzung ist im Regelfall mit der Überwachungsaufgabe des Aufsichtsrats und der Prüfungsverantwortung des einzelnen Aufsichtsratsmitglieds nicht vereinbar (K. Schmidt/Lutter/*Drygala* Rn. 16; KK-AktG/*Ekkenga* Rn. 45; Hüffer/Koch/*Koch* Rn. 14).

9 **2. Recht auf Übermittlung.** Das Recht der Aufsichtsratsmitglieder auf Übermittlung der Unterlagen steht gem. Abs. 3 S. 2 unter dem **Vorbehalt,** dass der Aufsichtsrat im Rahmen der Selbstorganisation oder **aus sachlichen Gründen der Geheimhaltung eine Beschränkung auf Ausschussmitglieder beschließt** (K. Schmidt/Lutter/*Drygala* Rn. 18; KK-AktG/*Ekkenga* Rn. 51; Spindler/Stilz/*Euler/Klein* Rn. 51). Zur rechtspolitischen Kritik vgl. GK-AktG/*E. Vetter* Rn. 163. Die Einschränkungsmöglichkeit betrifft – im Wege der teleologischen Reduktion – nur den Prüfungsbericht (MüKoAktG/*Hennrichs/Pöschke* Rn. 98). Eine gleiche Regelung besteht für den Abhängigkeitsbericht (§ 314 Abs. 1 S. 2). In Betracht kommt sowohl ein genereller Ausschluss der Übermittlung der Vorlagen an Aufsichtsratsmitglieder als auch nur bestimmter Vorlagen (zB Prüfungsbericht). Eine Beschränkung gilt für Aufsichtsratsmitglieder der Anteilseigner und Arbeitnehmer gleichermaßen, da Differenzierungen mit dem Grundsatz der Gleichbehandlung der Aufsichtsratsmitglieder nicht zu vereinbaren ist (KK-AktG/*Ekkenga* Rn. 51). Die Mitglieder des mit der Prüfung des Jahresabschlusses beauftragten Ausschusses – typischerweise des Präsidiums oder des Prüfungsausschusses – müssen die Vorlagen erhalten.

10 **Übermittlung** bedeutet Versand, Aushändigung, elektronische Übermittlung oder Zugang zu einem virtuellem Datenraum (GK-AktG/*E. Vetter* Rn. 169). Die Verantwortung für die Übermittlung liegt beim Aufsichtsratsvorsitzenden, der damit auch den Vorstand beauftragen kann. Auch wenn die Beschränkung der Übermittlung auf Ausschussmitglieder nicht in § 107 Abs. 3 S. 2 erwähnt ist, ist doch ein **Beschluss des Aufsichtsratsplenums** erforderlich (K. Schmidt/Lutter/*Drygala* Rn. 18; *E. Vetter* in Marsch-Barner/Schäfer AG-HdB Rn. 29.67). Das Recht auf Übermittlung begründet kein Recht auf dauerhaften Verbleib bei den Aufsichtsratsmitgliedern. Die Satzung oder Aufsichtsratsgeschäftsordnung kann eine Rückgabepflicht anordnen (BGH 7.7.2008, NZG 2008, 834 (835); Hüffer/Koch/*Koch* Rn. 14).

11 **3. Rechtsdurchsetzung.** Die Aufsichtsratsmitglieder können ihr **Individualrecht auf Kenntnisnahme oder Übermittlung im Wege der Klage im eigenen Namen durchsetzen.** Einzelheiten sind umstritten. Eine Klage soll nach hM (BGH 15.11.1982, BGHZ 85, 293 (295) = 1983, 991; Hüffer/Koch/*Koch* Rn. 15; MüKoAktG/*Spindler* § 90 Rn. 62) gegen die AG vertreten durch den Vorstand zu richten sein. Nach aA besteht eine Passivlegitimation des Aufsichtsratsvorsitzenden (*Bork* ZGR 1989, 1 (32); *E. Vetter* in Marsch-Barner/Schäfer AG-HdB Rn. 29.84; offengelassen in BGH 15.11.1982, BGHZ 85, 293 (295) = NJW 1983, 991).

Prüfung durch den Aufsichtsrat

171 (1) [1] **Der Aufsichtsrat hat den Jahresabschluß, den Lagebericht und den Vorschlag für die Verwendung des Bilanzgewinns zu prüfen, bei Mutterunternehmen (§ 290 Abs. 1, 2 des Handelsgesetzbuchs) auch den Konzernabschluß und den Konzernlagebericht.** [2] **Ist der Jahresabschluss oder der Konzernabschluss durch einen Abschlussprüfer zu prüfen, so hat dieser an den Verhandlungen des Aufsichtsrats oder des Prüfungsausschusses über diese Vorlagen teilzunehmen und über die wesentlichen Ergebnisse seiner Prüfung, insbesondere wesentliche Schwächen des internen Kontroll- und des Risikomanagementsystems bezogen auf den Rechnungslegungsprozess, zu berichten.** [3] **Er informiert über Umstände, die seine Befangenheit besorgen lassen und über Leistungen, die er zusätzlich zu den Abschlussprüfungsleistungen erbracht hat. Der Aufsichtsrat hat auch den gesonderten nichtfinanziellen Bericht (§ 289b des Handelsgesetzbuchs) und den gesonderten nichtfinanziellen Konzernbericht (§ 315b des Handelsgesetzbuchs) zu prüfen, sofern sie erstellt wurden.**

(2) [1] **Der Aufsichtsrat hat über das Ergebnis der Prüfung schriftlich an die Hauptversammlung zu berichten.** [2] **In dem Bericht hat der Aufsichtsrat auch mitzuteilen, in welcher Art und in welchem Umfang er die Geschäftsführung der Gesellschaft während des Geschäftsjahrs geprüft hat; bei börsennotierten Gesellschaften hat er insbesondere anzugeben, welche Ausschüsse gebildet worden sind, sowie die Zahl seiner Sitzungen und die der Ausschüsse mitzuteilen.** [3] **Ist der Jahresabschluß durch einen Abschlußprüfer zu prüfen, so hat der Aufsichtsrat ferner zu dem Ergebnis der Prüfung des Jahresabschlusses durch den Abschlußprüfer Stellung zu nehmen.** [4] **Am Schluß des Berichts hat der Aufsichtsrat zu erklären, ob nach dem abschließenden Ergebnis seiner Prüfung Einwendungen zu erheben sind und ob er den vom Vorstand aufgestellten Jahresabschluß billigt.** [5] **Bei Mutterunternehmen (§ 290 Abs. 1, 2 des**

Handelsgesetzbuchs) finden die Sätze 3 und 4 entsprechende Anwendung auf den Konzernabschluss.

(3) [1]**Der Aufsichtsrat hat seinen Bericht innerhalb eines Monats, nachdem ihm die Vorlagen zugegangen sind, dem Vorstand zuzuleiten.** [2]**Wird der Bericht dem Vorstand nicht innerhalb der Frist zugeleitet, hat der Vorstand dem Aufsichtsrat unverzüglich eine weitere Frist von nicht mehr als einem Monat zu setzen.** [3]**Wird der Bericht dem Vorstand nicht vor Ablauf der weiteren Frist zugeleitet, gilt der Jahresabschluß als vom Aufsichtsrat nicht gebilligt; bei Mutterunternehmen (§ 290 Abs. 1, 2 des Handelsgesetzbuchs) gilt das Gleiche hinsichtlich des Konzernabschlusses.**

(4) [1]**Die Absätze 1 bis 3 gelten auch hinsichtlich eines Einzelabschlusses nach § 325 Abs. 2a des Handelsgesetzbuchs.** [2]**Der Vorstand darf den in Satz 1 genannten Abschluss erst nach dessen Billigung durch den Aufsichtsrat offen legen.**

Übersicht

I. Allgemeines

Die Vorschrift konkretisiert die allgemeine Überwachungs- und Prüfungspflicht des Aufsichtsrats 1
(§ 111 Abs. 1) hinsichtlich der Rechnungslegung des Vorstands. Die Prüfung des Jahresabschlusses durch den Aufsichtsrat ist unverzichtbare Voraussetzung für die Billigung des Jahresabschlusses und die damit regelmäßig verbundene Feststellung. Jüngste Änderungen erfolgten im Zusammenhang mit der Prüfung der CSR-Berichterstattung (*E. Vetter* FS Marsch-Barner, 2018, 559 (561)).

II. Prüfung durch den Aufsichtsrat (Abs. 1)

1. Prüfungsgegenstand. Die Prüfungspflicht des Aufsichtsrats bezieht sich auf **Jahresabschluss,** 2
Lagebericht sowie den Gewinnverwendungsvorschlag, die der Vorstand vorzulegen hat. Sie erfasst darüber hinaus verschiedene Verfahrensabläufe, nämlich den Rechnungslegungsprozess, das interne Kontroll- und Risikomanagementsystem hinsichtlich ihrer Funktionsfähigkeit (KK-AktG/*Ekkenga* Rn. 17; *E. Vetter* ZGR 2010, 751 (766)) wie auch die Tätigkeit des Abschlussprüfers. Bei Mutterunternehmen erstreckt sich die Prüfungspflicht auch auf den **Konzernabschluss und Konzernlagebericht.** Die Prüfung durch den Aufsichtsrat dient insoweit der Überwachung der Konzernführung der Geschäftsführung der Obergesellschaft (*Hoffmann-Becking* ZHR 159 (1995), 325 (327); Hüffer/Koch/*Koch* Rn. 2). Die Prüfung durch den Aufsichtsrat ist auch dann vorzunehmen, wenn die Feststellung des Jahresabschlusses durch die Hauptversammlung nach § 172 erfolgen soll (OLG Düsseldorf 6.11.2014, AG 2015, 434 (436)). Sofern von der Gesellschaft ein **gesonderter nichtfinanzieller Bericht** erstellt wird (→ § 170 Rn. 2), unterliegt dieser ebenfalls der Prüfung durch den Aufsichtsrat, der sich dabei insoweit nicht auf einen eingehenden Prüfungsbericht des Abschlussprüfers stützen kann, wie sich aus § 317 Abs. 2 S. 4 HGB ergibt. Angesichts der begrenzten Ressourcen des Aufsichtsrats und der bloßen Nebentätigkeit seiner Mitglieder ist davon auszugehen, dass der Prüfungsumfang und die Prüfungstiefe der Prüfung der nichtfinanziellen Berichtserstattung durch den Aufsichtsrats nicht die fehlende Prüfung des Abschlussprüfers kompensieren soll (*Hennrichs/Pöschke* NZG 2017, 121 (127); *Ekkenga* FS E. Vetter, 2019, 115 (131 ff.); *E. Vetter* FS Marsch-Barner, 2018, 559 (571); aA *Naumann/Siegel* Wpg 2017, 1170). Neben der formalen Prüfung, ob zu den nichtfinanziellen Aspekten der Geschäftstätigkeit berichtet worden ist, muss sich die Prüfung des Aufsichtsrats auf die kritische Auseinandersetzung der Berichterstattung im Verhältnis zu den strategischen Zielen des Unternehmens auseinandersetzen. In der Regel beschränkt sich die Prüfung auf eine Vollständigkeits- und Plausibilitätsprüfung (*Hecker/Bröcker* AG 2017, 761 (766); MüKoAktG/*Hennrichs/Pöschke* Rn. 59a; *Hennrichs* NZG 2017, 841 (845 f.); GK-AktG/*E. Vetter* Rn. 77; aA K. Schmidt/Lutter/*Drygala* Rn. 6; kritisch auch *Ekkenga* FS E. Vetter, 2019,

115 (119 ff.)). Im Fall von Widersprüchen hat sich der Aufsichtsrat allerdings intensiver mit der Berichterstattung zu befassen und gegebenenfalls gem. § 111 Abs. 2 S. 4 AktG auch die Hilfe sachverständiger Dritter in Anspruch zu nehmen. Eine quasi automatische Beauftragung des Abschlussprüfers zur Entlastung der Mitglieder des Aufsichtsrats ist nicht geboten (*Hennrichs/Pöschke* NZG 2017, 121 (127); *Hommelhoff* NZG 2017, 1361 (1365)).

3 **2. Prüfungsmaßstab.** Während ein Abschlussprüfer den Jahresabschluss nur auf Rechtmäßigkeit zu prüfen hat, reicht die **Prüfungsverantwortung des Aufsichtsrats** weiter und umfasst sowohl die **Rechtmäßigkeit als auch die Zweckmäßigkeit** (*Clemm* ZGR 1980, 455 (457); K. Schmidt/Lutter/*Drygala* Rn. 4; *E. Vetter* ZGR 2010, 751 (763)). Bei der Beurteilung der Zweckmäßigkeit entscheidet der Aufsichtsrat vor dem Hintergrund des dem Vorstand eingeräumten unternehmerischen Ermessens. Die **erweiterte Kontrollbefugnis** begründet für die Aufsichtsratsmitglieder jedoch **keine Änderungsbefugnis** hinsichtlich des Jahresabschlusses (GK-AktG/*E. Vetter* Rn. 60).

4 **3. Rechtmäßigkeit.** Die Rechnungslegung muss gesetzliche Vorschriften (zB HGB, AktG) und Satzungsbestimmungen beachten. Der Aufsichtsrat schuldet **keine zweite Abschlussprüfung.** Er darf sich aber auf das uneingeschränkte Testat des Abschlussprüfers (§ 322 Abs. 1 HGB) nicht blindlings verlassen, sondern hat Jahresabschluss und Lagebericht eigenständig auf Stimmigkeit und Widerspruchsfreiheit zu prüfen (OLG Düsseldorf 6.11.2014, AG 2015, 434 (436); Hüffer/Koch/*Koch* Rn. 5; MüKoAktG/*Hennrichs/Pöschke* Rn. 35). Der Aufsichtsrat hat bei seiner Entscheidung auch den Bericht eines bestehenden Prüfungsausschusses zu berücksichtigen. Der Gewinnverwendungsbeschluss muss gesetzliche Vorgaben (zB §§ 58, 60, 71b) und Satzungsbestimmungen beachten.

5 **4. Zweckmäßigkeit.** Der Aufsichtsrat hat im Rahmen seiner Mitverantwortung für den Jahresabschluss (*Forster* FS Kropff, 1997, 71 (84)) **bilanzpolitische Ermessensentscheidungen des Vorstands** auf Zweckmäßigkeit zu überprüfen. Dies betrifft sowohl die Rücklagenbildung nach § 58 Abs. 2 wie die Ausübung von bilanziellen Wahlrechten als auch die Bildung und Auflösung stiller Reserven (Hüffer/Koch/*Koch* Rn. 7; *E. Vetter* ZGR 2010, 751 (763)). Zur Prüfung des Lageberichts, vgl. GK-AktG/*E. Vetter* Rn. 64. Beim Gewinnverwendungsvorschlag sind das Ausschüttungsinteresse der Aktionäre und die Erwartungen des Kapitalmarkts gegenüber dem Selbstfinanzierungsinteresse der AG abzuwägen (*Lutter* AG 2008, 1 (4); vgl. auch *Habersack* FS K. Schmidt, 2009, 523 (542); GK-AktG/*E. Vetter* Rn. 97). Erhöhte Vorsicht ist bei unüberschaubaren Risiken der künftigen Geschäftsentwicklung geboten (*E. Vetter* AG 2020, 401 ff.).

III. Teilnahme des Abschlussprüfers (Abs. 1 S. 2)

6 **1. Teilnahmepflicht.** Ein Abschlussprüfer sowie ggf. ein Konzernabschlussprüfer hat an den **Beratungen des Aufsichtsratsplenums oder eines Ausschusses** – meist des Prüfungsausschusses – über die Vorlagen gem. § 171 Abs. 1 S. 1 teilzunehmen. Eine Berichterstattung allein an den Aufsichtsratsvorsitzenden genügt den gesetzlichen Anforderungen nicht. Bei einer Teilnahme des Abschlussprüfers nur an der Ausschusssitzung kommt der **Berichterstattung des Ausschusses im Plenum** nach § 107 Abs. 3 S. 3 besonderes Gewicht zu. Sinnvoll ist in jedem Fall die Berichterstattung des Abschlussprüfers in beiden Sitzungen (MHdB GesR IV/*Hoffmann-Becking* § 45 Rn. 2; *E. Vetter* in Marsch-Barner/Schäfer AG-HdB Rn. 26.68; zurückhaltender KK-AktG/*Ekkenga* Rn. 52). Bei einer WP-Gesellschaft als Abschlussprüfer ist die Teilnahme des verantwortlichen Prüfers erforderlich (MüKoAktG/*Hennrichs/Pöschke* Rn. 128). Der Aufsichtsrat handelt pflichtwidrig, wenn er von einer Teilnahme des Abschlussprüfers absieht. Ein Verstoß gegen die Teilnahmepflicht lässt aber die Gültigkeit des festgestellten Abschlusses unberührt (Hüffer/Koch/*Koch* Rn. 14).

7 **2. Berichtspflicht.** Der Prüfer hat in der Bilanzsitzung über **wesentliche Ergebnisse der Abschlussprüfung** zu berichten und Fragen der Aufsichtsratsmitglieder zu beantworten. Dies gilt insbes. für Schwächen des internen Kontroll- und des Risikomanagementsystems bezogen auf den Rechnungslegungsprozess (KK-AktG/*Ekkenga* Rn. 58; *E. Vetter* ZGR 2010, 751 (767)). Bei Mutterunternehmen erstreckt sich die Berichtspflicht auch auf den **Konzernabschluss.** Eine **mündliche Berichterstattung** ist die Ergänzung zum schriftlichen Prüfungsbericht und dient dem Aufsichtsrat zur Beurteilung der Ordnungsmäßigkeit der Rechnungslegung des Vorstands. Darüber hinaus hat der Prüfer dem Aufsichtsrat über die Vorgänge, die Gegenstand der Abschlussprüfung waren, Auskunft zu erteilen (MüKoAktG/*Hennrichs/Pöschke* Rn. 145). Die Berichtspflicht des Abschlussprüfers erstreckt sich auch auf Umstände seiner möglichen Befangenheit sowie Beratungsleistungen außerhalb der Abschlussprüfung. Sie kann nach Wahl des Aufsichtsrats im Plenum oder im Ausschuss erfüllt werden (GK-AktG/*E. Vetter* Rn. 148).

IV. Bericht des Aufsichtsrats (Abs. 2)

1. Allgemeines. Der Aufsichtsrat hat die Hauptversammlung über die Wahrnehmung seiner Überwachungsaufgabe schriftlich zu informieren. Dies schließt einen Bericht über das Prüfungsergebnis wie auch über eine eigene Überwachungstätigkeit ein. Die Berichterstattung ist **Teil der Überwachungsaufgabe des Aufsichtsrats** durch Selbstkontrolle und Eigenkontrolle (*Lutter* AG 2008, 1 (5); *E. Vetter* ZIP 2006, 256 (258)). Der Bericht bedarf der **Beschlussfassung im Aufsichtsratsplenum** und der **Unterzeichnung durch den Aufsichtsratsvorsitzenden** (BGH 21.6.2010, NZG 2010, 943 (944); Hüffer/Koch/*Koch* Rn. 17; *Lutter* AG 2008, 1 (10)). Eine Delegation an einen Ausschuss, zB Präsidium oder Bilanzausschuss, kommt nur für die Vorbereitung des Berichts in Betracht (*E. Vetter* ZIP 2006, 256 (263)). Zur weitergehenden Berichtspflicht im Fall des faktischen Konzerns vgl. § 314 Abs. 2 und 3 (BGH 25.11.2002, BGHZ 153, 47 (52) = NJW 2003, 1032; LG Berlin 13.12.2004, DB 2005, 1320; LG München I 31.5.2001, DB 2001, 1714; *Lutter* AG 2008, 1 (7); *E. Vetter* ZIP 2006, 256 (259)). 8

2. Berichtsinhalt. Der Bericht muss das **Ergebnis seiner Prüfung der Rechnungslegung** des Vorstands wiedergeben und kurz darlegen, wie diese erfolgt ist (*Lutter* AG 2008, 1 (3)). Soweit der Aufsichtsrat keine Einwendungen erhebt, genügt die Wiedergabe der Schlusserklärung gem. Abs. 2 S. 4. Weicht die Ansicht des Aufsichtsrats von der des Vorstands ab, sind Einwendungen näher darzulegen, um der Hauptversammlung eine eigene Beurteilung zu ermöglichen (Hüffer/Koch/*Koch* Rn. 19). Wird der Abschluss von einem Abschlussprüfer geprüft, hat der Aufsichtsrat auch **zum Ergebnis der Abschlussprüfung Stellung zu nehmen.** Bei einem uneingeschränktem Testat kann sich der Aufsichtsrat auf eine bloße Zustimmung beschränken (KK-AktG/*Ekkenga* Rn. 81; Hüffer/Koch/*Koch* Rn. 22; aA *Lutter* AG 2008, 1 (4); *Theisen* BB 2007, 2493 (2500)). Enthält der Prüfungsbericht gravierende Kritik oder ist das Testat eingeschränkt oder gar verweigert, muss der Aufsichtsrat in seinem Bericht die eigene Ansicht darlegen (*Lutter* AG 2008, 1 (4); *Maser/Bäumker* AG 2005, 906 (907)). Dies gilt erst recht, wenn er den Jahresabschluss gleichwohl billigt (MHdB GesR IV/*Hoffmann-Becking* § 44 Rn. 19). 9

Der Aufsichtsrat muss auch über die **laufende Überwachung der Geschäftsleitung** iÜ berichten und hat dabei auch auf **durchgeführte Überwachungsmaßnahmen** einzugehen. Standardisierte und formelhafte Ausführungen sind unzureichend (*E. Vetter* in Marsch-Barner/Schäfer AG-HdB Rn. 26.55). Andererseits ist die Vertraulichkeit der Beratungen des Aufsichtsrats zu respektieren (*Priester* ZIP 2011, 2081 (2083)). Anzugeben sind auch personelle Veränderungen im Vorstand und Aufsichtsrat. Die Berichtsintensität hängt von der Lage der Gesellschaft und besonderen Entwicklungen ab (OLG Stuttgart 15.3.2006, NZG 2006, 472 (474); OLG Hamburg 12.1.2001, NZG 2001, 513 (516); LG München I 5.4.2007, AG 2007, 417 (418); KK-AktG/*Ekkenga* Rn. 68; *E. Vetter* ZIP 2006, 952 (953)). **Weitergehende Berichtspflichten treffen den Aufsichtsrat der börsennotierten AG,** der eingesetzte Ausschüsse und die Zahl der Sitzungen von Plenum und Ausschüssen anzugeben hat (OLG München 24.9.2008, AG 2009, 121 (123); *E. Vetter* ZIP 2006, 256 (260)). Auch über die Prüfung der CSR-Berichterstattung hat der Aufsichtsrat zu berichten (*E. Vetter* FS Seibert, 2019, 1007 (1016 ff.)). Zusätzliche Berichtserfordernisse enthalten Ziff. 5.3.3, 5.4.6 DCGK und speziell zu Interessenkonflikten Ziff. 5.5.3 DCGK. Zu den Rechtsfolgen von Berichtsdefiziten im Zusammenhang mit der Entsprechenserklärung nach § 161: BGH 16.2.2009, BGHZ 180, 9 (19) = NZG 2009, 342; BGH 21.9.2009, NZG 2009, 1270 (1272); GK-AktG/*Leyens* § 161 Rn. 474; *E. Vetter* NZG 2009, 561 (564). 10

Hat der Vorstand einer abhängigen AG einen Bericht über die Beziehungen zu verbundenen Unternehmen **(Abhängigkeitsbericht)** aufzustellen (§ 312), hat der Aufsichtsrat auch das Ergebnis seiner Prüfung des Berichts mitzuteilen und auch zum Ergebnis der Prüfung des Abhängigkeitsberichts durch den Abschlussprüfer Stellung zu nehmen. Dessen Bestätigungsvermerk ist nach § 314 Abs. 2 S. 3 im genauen Wortlaut in den Bericht aufzunehmen (BGH 25.11.2002, BGHZ 153, 47 (53) = NJW 2003, 1032; OLG Stuttgart 14.5.2003, NZG 2003, 778 (781); OLG Dresden 23.4.2003, AG 2003, 433 (436); Hüffer/Koch/*Koch* § 314 Rn. 5). 11

3. Schlusserklärung. Der Aufsichtsrat muss mitteilen, ob er nach dem **Ergebnis der eigenen Prüfung Einwendungen gegen den Jahresabschluss** erhebt, die zu erläutern sind, oder ob der **aufgestellte Jahresabschluss gebilligt** wird. Eine Erklärung der Billigung (oder Nichtbilligung) ist unverzichtbar, da zweifelsfrei feststehen muss, ob für den Einzelabschluss Feststellungswirkung nach § 172 S. 1 eingetreten ist oder ob insoweit die Hauptversammlung beschließen soll. Der Aufsichtsrat hat auch das Ergebnis seiner Prüfung des **Konzernabschlusses** und des **Konzernprüfungsberichts** mitzuteilen. Wird die Billigung des Konzernabschlusses abgelehnt, muss ebenfalls die Hauptversammlung entscheiden (§ 173 Abs. 1 S. 2). 12

Fehlerhafte Berichterstattung des Aufsichtsrats kann **Schadensersatzansprüche** nach §§ 116, 93 begründen und macht einen **Entlastungsbeschluss der Hauptversammlung anfechtbar** (BGH 4.3.1974, BGHZ 62, 193 (195) = NJW 1974, 855; BGH 26.11.2007, AG 2008, 83 (84); BGH 16.2.2009, BGHZ 180, 9 (19) = NZG 2009, 342; OLG Stuttgart 14.5.2003, NZG 2003, 778 (781); LG 13

München I 10.3.2005, ZIP 2005, 1031 (1033); MüKoAktG/*Hennrichs/Pöschke* Rn. 225). Zu den strafrechtlichen Folgen einer unrichtigen Berichterstattung des Aufsichtsrats vgl. *Trescher* DB 1998, 1016 ff.

V. Fristen (Abs. 3)

14 Im Interesse der zeitgerechten Einberufung der Hauptversammlung hat der Aufsichtsrat seinen Bericht dem Vorstand **binnen Monatsfrist ab Zugang der vollständigen Vorstandsvorlagen** zuzuleiten (OLG Düsseldorf 6.11.2014, AG 2015, 434 (436)). Kommt der Aufsichtsrat der Pflicht nicht nach, muss der Vorstand eine **Nachfrist** von höchstens einem Monat setzen. Die Pflicht des Vorstands ist zwangsgeldbewährt (§ 407 Abs. 1). Bei erfolglosem Verstreichen der **Notfrist** gilt gem. Abs. 3 S. 3 der Jahresabschluss als vom Aufsichtsrat nicht gebilligt, sodass die Kompetenz zur Feststellung des Jahresabschlusses iSv § 173 Abs. 1 Alt. 2 auf die Hauptversammlung übergeht. Ein nachträglicher Eingang des Berichts kann dies nicht ändern (MüKoAktG/*Hennrichs/Pöschke* Rn. 218). Liegt der Aufsichtsratsbericht nicht ab Einberufung der Hauptversammlung in ordnungsgemäßer Form vor, ist der Entlastungsbeschluss anfechtbar.

VI. Kumulativer Einzelabschluss (Abs. 4)

15 **Kapitalmarktorientierte Gesellschaften** müssen zwar für Ausschüttungszwecke in jedem Fall einen Einzelabschluss nach dem HGB erstellen. Für die Offenlegung des Einzelabschlusses nach § 325 HGB eröffnet jedoch § 325 Abs. 2a HGB dem Vorstand ein **Wahlrecht zwischen den Regeln des HGB oder IFRS.** Für die **Prüfungspflichten des Aufsichtsrats** bestätigt Abs. 4 ausdrücklich die Geltung der Abs. 1–3. Für den IFRS-Einzelabschluss kommt jedoch nur die Möglichkeit der Billigung in Betracht. Mangels Relevanz für die Ausschüttung scheidet die Anwendung der §§ 172 und 173 aus. Wurde der IFRS-Einzelabschluss vom Aufsichtsrat nicht gebilligt, geht das Billigungsrecht auf die Hauptversammlung über (K. Schmidt/Lutter/*Drygala* Rn. 19).

Dritter Abschnitt. Feststellung des Jahresabschlusses. Gewinnverwendung

Erster Unterabschnitt. Feststellung des Jahresabschlusses

Feststellung durch Vorstand und Aufsichtsrat

172 **[1]Billigt der Aufsichtsrat den Jahresabschluß, so ist dieser festgestellt, sofern nicht Vorstand und Aufsichtsrat beschließen, die Feststellung des Jahresabschlusses der Hauptversammlung zu überlassen. [2]Die Beschlüsse des Vorstands und des Aufsichtsrats sind in den Bericht des Aufsichtsrats an die Hauptversammlung aufzunehmen.**

Übersicht

I. Allgemeines

1 Die Vorschrift regelt die Kompetenzen von Vorstand und Aufsichtsrat bei der Feststellung des Jahresabschlusses und die damit verbundenen Berichtspflichten.

II. Feststellung durch Vorstand und Aufsichtsrat

2 **1. Rechtsinstitut der Feststellung.** Das Rechtsinstitut der Festsetzung wird vom Gesetz vorausgesetzt. Die Feststellung bildet die **förmliche Erklärung der Übereinstimmung des Jahresabschlusses mit den gesetzlichen und satzungsmäßigen Anforderungen** und die **verbindliche**

Festlegung des Erfolgs der abgelaufenen Rechnungsperiode sowohl für die Verwaltung als auch im Verhältnis der Gesellschaft zu den Aktionären (MüKoAktG/*Hennrichs/Pöschke* Rn. 10). Die Feststellung ist zu unterscheiden von der **Aufstellung des Jahresabschlusses.** Darunter ist das Ergebnis der Rechnungslegung zum Geschäftsjahresende aus der Übernahme des Zahlenwerks aus der Buchhaltung und der bilanzpolitischen Entscheidungen gemeint (*Priester* FS Kropff, 1997, 591 (598)). Für die Aufstellung ist allein der Vorstand verantwortlich ist (§§ 242, 264 HGB), der bis zur Feststellung noch Änderungen am Jahresabschluss vornehmen kann (*Ulmer* FS Hefermehl, 1976, 207 (210)).

2. Rechtsnatur. Die Feststellung ist ein **korporatives Rechtsgeschäft eigener Art** (BGH 15.11.1993, BGHZ 124, 111 (116) = NJW 1994, 520; OLG Frankfurt a. M. 21.11.2006, AG 2007, 282; MüKoAktG/*J. Koch* § 256 Rn. 6), an dem Vorstand und Aufsichtsrat und im Sonderfall des § 173 zusätzlich auch die Hauptversammlung iSe Gesamtkompetenz mitzuwirken haben. 3

3. Vorstandsbeschluss. Ein Element des korporativen Rechtsgeschäfts bildet der Beschluss des Vorstands über die Verabschiedung des Jahresabschlusses in der vorgelegten Form als gesetz- und satzungsgemäß. Der Beschluss ist ein **Akt der Geschäftsführung,** für die eine Mehrheitsentscheidung genügt, sofern Satzung oder Geschäftsordnung dies zulassen (§ 77 Abs. 1 S. 2). Der Vorstandsbeschluss enthält die konkludente Erklärung, dass der Jahresabschluss dem Aufsichtsrat zur Feststellung vorgelegt werden soll, soweit der Vorstand die Feststellung nicht ausdrücklich der Hauptversammlung überlassen will. Die Zuleitung an den Aufsichtsrat ist ein Realakt, stellt aber keine rechtsgeschäftliche Erklärung dar (Hüffer/Koch/*Koch* Rn. 3). Bis zur Entscheidung des Aufsichtsrats kann der Vorstand den vorgelegten Abschluss ändern, was dem Aufsichtsrat mitzuteilen ist. Auch der Abschlussprüfer ist wegen erforderlicher Nachtragsprüfung zu informieren (§ 316 Abs. 3 HGB). 4

4. Aufsichtsratsbeschluss. Weiteres korporatives Element ist der Billigungsbeschluss des Aufsichtsrats, der **zwingend vom Aufsichtsratsplenum** gefasst werden muss. Der Ausschuss kann nur vorbereitend tätig werden, aber Entscheidung des Gesamtorgans nicht ersetzen (§ 107 Abs. 3 S. 2). Soweit die AG prüfungspflichtig ist, ist eine vorherige Durchführung der Abschlussprüfung erforderlich (§ 316 Abs. 1 S. 2 HGB). Der Beschluss muss auf die **Billigung des Jahresabschlusses in der vorgelegten Form** gerichtet sein und dem Vorstand mitgeteilt werden (KK-AktG/*Ekkenga* Rn. 13). Der Beschluss erfolgt üblicherweise in der **Bilanzsitzung** unter Anwesenheit des Vorstands, sodass keine weitere Ausführungsmaßnahme erforderlich ist. 5

5. Billigung mit Auflagen. Eine Billigung des Jahresabschlusses unter der Auflage der Änderung einzelner Positionen durch den Vorstand scheidet nach hM ebenso aus wie der Vorbehalt, dass der Vorstand die Feststellung der Hauptversammlung überlässt. Mit dem Beschluss des Aufsichtsrats muss Rechtssicherheit bestehen über die inhaltliche Billigung des vorgelegten Jahresabschlusses und seine endgültige Verbindlichkeit (K. Schmidt/Lutter/*Drygala* Rn. 15; MüKoAktG/*Hennrichs/Pöschke* Rn. 30; aA *ADS* Rn. 18; Bürgers/Körber/*Schulz* Rn. 4). Dem Aufsichtsrat bleibt nur die Möglichkeit mit dem Vorstand rechtzeitig eine Verständigung über eine Änderung zu erzielen oder die Billigung abzulehnen und dadurch gem. § 173 Abs. 1 S. 1 Alt. 2 die Feststellungskompetenz der Hauptversammlung zu begründen (K. Schmidt/Lutter/*Drygala* Rn. 15; KK-AktG/*Ekkenga* Rn. 15 MüKoAktG/*Hennrichs/Pöschke* Rn. 30). Bei Änderung des Abschlusses ist eine **Nachtragsprüfung durch den Abschlussprüfer** nach § 316 Abs. 3 HGB durchzuführen, da andernfalls Nichtigkeit nach § 256 Abs. 1 Nr. 2 droht. 6

6. Beschlussmängel. Die Rechtsfolgen **fehlerhafter Beschlüsse von Vorstand und Aufsichtsrat** sind im Wesentlichen in § 256 geregelt. Haben Vorstand oder Aufsichtsrat nicht ordnungsgemäß an der Feststellung des Jahresabschlusses mitgewirkt, ist der **Jahresabschluss nichtig** (§ 256 Abs. 2). Ein Nichtigkeitsgrund kann jedoch nach Ablauf von sechs Monaten nach Bekanntmachung des Jahresabschlusses im Bundesanzeiger nicht mehr geltend gemacht werden. Diese Ausschlussfrist gilt sowohl hinsichtlich Mängeln des jeweiligen Beschlusses als auch der einzelnen Stimmabgabe (MüKoAktG/*Hennrichs/Pöschke* Rn. 39). **Inhaltliche Mängel** des festgestellten Jahresabschlusses führen nur unter den in § 256 aufgezählten Voraussetzungen zur Nichtigkeit (→ § 256 Rn. 1 ff.). 7

7. Feststellungswirkung. Die Feststellung macht den Jahresabschluss für Vorstand und Aufsichtsrat verbindlich und keines der beiden Organe kann einseitig sein Einverständnis mit dem festgestellten Abschluss rückgängig machen (MHdB GesR IV/*Hoffmann-Becking* § 45 Rn. 2). Mit der Feststellung treten die Wirksamkeit der vom Vorstand im aufgestellten Jahresabschluss getroffenen **bilanzpolitischen Entscheidungen** und die von ihm vorgesehenen Einstellungen und Auflösungen von Rücklagen ein. Darüber hinaus schafft die Feststellung die Grundlage der in § 252 Abs. 1 Nr. und 6 HGB angeordneten formellen und materiellen **Bilanzkontinuität** (KK-AktG/*Ekkenga* Rn. 12; Hüffer/Koch/*Koch* Rn. 5). 8

Weist der Jahresabschluss einen Bilanzgewinn aus, haben die Aktionäre einen Rechtsanspruch auf Herbeiführung eines **Gewinnverwendungsbeschlusses** (BGH 15.11.1993, BGHZ 124, 111 (123) = NJW 1994, 520; KK-AktG/*Ekkenga* Rn. 12; GK-AktG/*E. Vetter* Rn. 11). Da die Hauptversammlung 9 in der Verwendung des ausgewiesenen Bilanzgewinns nicht an den Gewinnverwendungsvorschlag von Vorstand und Aufsichtsrat gebunden ist, kommt der **Dividendenanspruch der Aktionäre** erst mit dem Beschluss über die Gewinnverwendung zur Entstehung (BGH 14.9.1998, NJW 1998, 3646 (3647); Bürgers/Körber/*Schulz* Rn. 7).

III. Feststellung durch Hauptversammlung

10 Vorstand und Aufsichtsrat können die Feststellung des Jahresabschlusses der Hauptversammlung überlassen. Diese Zuständigkeit der Hauptversammlung stellt eine **Ausnahme gegenüber der Zuständigkeit von Vorstand und Aufsichtsrat** dar und kann jeweils nur für den aktuellen Jahresabschluss beschlossen werden. Satzung und Geschäftsordnung des Aufsichtsrats können keine (dauerhafte) Zuständigkeit der Hauptversammlung begründen (Hüffer/Koch/*Koch* Rn. 7; GK-AktG/*E. Vetter* Rn. 12). Die Zuständigkeit der Hauptversammlung wird nach § 172 S. 1 durch die **gegenseitige Abstimmung beider Organe** und entsprechende Beschlüsse herbeigeführt, die neben dem jeweiligen Billigungsbeschluss gefasst werden müssen.

11 Der Aufsichtsrat allein kann nicht den Jahresabschluss billigen und die Feststellungskompetenz der Hauptversammlung herbeiführen, da mit seiner Billigung die Feststellung automatisch kraft Gesetzes eintritt (K. Schmidt/Lutter/*Drygala* Rn. 18). Lehnt der Vorstand seine Mitwirkung ab, bleibt dem Aufsichtsrat nur der Ausweg, die Billigung des Jahresabschlusses abzulehnen und die Zuständigkeit der Hauptversammlung nach § 173 Abs. 1 S. 1 Alt. 2 herbeizuführen. Der Aufsichtsrat kann den Beschluss zur Begründung der Feststellungskompetenz der Hauptversammlung **nicht an einen Ausschuss** delegieren, auch wenn § 107 Abs. 3 S. 2 insoweit schweigt (K. Schmidt/Lutter/*Drygala* Rn. 20; GK-AktG/*E. Vetter* Rn. 42). Ausnahmsweise besteht nach § 234 Abs. 2 S. 1 eine **zwingende Feststellungskompetenz** der Hauptversammlung bei einer Kapitalherabsetzung mit Rückwirkung nach § 234 Abs. 2 sowie im Fall der Abwicklung nach § 270 Abs. 2.

IV. Berichtserfordernisse (S. 2)

12 § 171 Abs. 2 S. 4 schreibt bereits den Billigungsbeschluss als **Bestandteil des Aufsichtsratsberichts** vor. § 172 S. 2 sieht darüber hinaus vor, dass auch die Beschlüsse von Vorstand und Aufsichtsrat, die Feststellung des Jahresabschlusses ausnahmsweise der Hauptversammlung zu überlassen, in den Bericht aufzunehmen sind (Hüffer/Koch/*Koch* Rn. 8; *E. Vetter* ZIP 2006, 257 (259)).

V. Feststellungskompetenz der Hauptversammlung

13 Vorstand und Aufsichtsrat können die Feststellung des Jahresabschlusses der Hauptversammlung überlassen. Diese Zuständigkeit der Hauptversammlung stellt eine **Ausnahme gegenüber der Zuständigkeit von Vorstand und Aufsichtsrat** dar und kann jeweils **nur für den aktuellen Jahresabschluss** beschlossen werden. Die Prüfungsverantwortung des Aufsichtsrats wird dadurch nicht gemindert (OLG Düsseldorf 6.11.2014, AG 2015, 434 (436)). Satzung und Geschäftsordnung des Aufsichtsrats können keine (dauerhafte) Zuständigkeit der Hauptversammlung begründen (GK-AktG/*E. Vetter* Rn. 44). Die Zuständigkeit der Hauptversammlung wird nach § 172 S. 1 im Wege gegenseitiger Abstimmung beider Organe und entsprechender Beschlüsse herbeigeführt, die neben dem jeweiligen Beschluss über die Aufstellung bzw. Billigung des Jahresabschlusses gefasst werden müssen. Der Aufsichtsrat allein kann nicht den Jahresabschluss billigen und die Feststellungskompetenz der Hauptversammlung herbeiführen, da mit dem Billigungsbeschluss die Feststellung des Jahresabschlusses automatisch kraft Gesetzes eintritt (K. Schmidt/Lutter/*Drygala* Rn. 18). Lehnt der Vorstand seine Mitwirkung ab, bleibt dem Aufsichtsrat nur der Ausweg, die Billigung des Jahresabschlusses abzulehnen und die Zuständigkeit der Hauptversammlung nach § 173 Abs. 1 S. 1 Alt. 2 herbeizuführen.

VI. Unterzeichnung des Jahresabschlusses

14 Nach der Feststellung ist der Jahresabschluss nach hM **durch sämtliche Vorstandsmitglieder** einschließlich der stellvertretenden Mitglieder (§ 94), die am Tag der Feststellung im Amt sind, unter Angabe des Datums (§ 245 S. 1 HGB) zu unterzeichnen (BGH 28.1.1985, AG 1985, 188 (189); OLG Karlsruhe 21.11.1986, WM 1987, 533 (536); Staub/*Hüffer* HGB § 245 Rn. 10; aA *Küting/Kaiser* WPg 2000, 577 (585)). Die Unterzeichnung ist eine öffentlich-rechtliche Verpflichtung (OLG Karlsruhe 21.11.1986, WM 1987, 533 (536)). Ihr Fehlen berührt die Wirksamkeit der Aufstellung nicht (MüKo-AktG/*J. Koch* § 256 Rn. 39; aA NK-AktR/*Heidel* § 256 Rn. 20).

15 Die **Aktionäre** haben ab Einberufung der Hauptversammlung einen **Anspruch auf Kenntnisnahme des Jahresabschlusses** (s. dazu Kommentierung zu § 175 Abs. 2 → § 175 Rn. 1 ff.).

Feststellung durch die Hauptversammlung

173 (1) [1] **Haben Vorstand und Aufsichtsrat beschlossen, die Feststellung des Jahresabschlusses der Hauptversammlung zu überlassen, oder hat der Aufsichtsrat den Jahresabschluß nicht gebilligt, so stellt die Hauptversammlung den Jahresabschluß fest.** [2] **Hat der Aufsichtsrat eines Mutterunternehmens (§ 290 Abs. 1, 2 des Handelsgesetzbuchs) den Konzernabschluss nicht gebilligt, so entscheidet die Hauptversammlung über die Billigung.**

(2) [1] **Auf den Jahresabschluß sind bei der Feststellung die für seine Aufstellung geltenden Vorschriften anzuwenden.** [2] **Die Hauptversammlung darf bei der Feststellung des Jahresabschlusses nur die Beträge in Gewinnrücklagen einstellen, die nach Gesetz oder Satzung einzustellen sind.**

(3) [1] **Ändert die Hauptversammlung einen von einem Abschlußprüfer auf Grund gesetzlicher Verpflichtung geprüften Jahresabschluß, so werden vor der erneuten Prüfung nach § 316 Abs. 3 des Handelsgesetzbuchs von der Hauptversammlung gefaßte Beschlüsse über die Feststellung des Jahresabschlusses und die Gewinnverwendung erst wirksam, wenn auf Grund der erneuten Prüfung ein hinsichtlich der Änderungen uneingeschränkter Bestätigungsvermerk erteilt worden ist.** [2] **Sie werden nichtig, wenn nicht binnen zwei Wochen seit der Beschlußfassung ein hinsichtlich der Änderungen uneingeschränkter Bestätigungsvermerk erteilt wird.**

I. Allgemeines

Die Vorschrift regelt den Ausnahmefall der Feststellung des Jahresabschlusses, dass abweichend vom Normalfall die gemeinsame Feststellung durch Vorstand und Aufsichtsrat nach § 172 nicht zustande kommt und deshalb iSe Subsidiärkompetenz die Hauptversammlung den Jahresabschluss feststellt. 1

II. Zuständigkeit der Hauptversammlung (Abs. 1)

1. Jahresabschluss. Die Vorschrift begründet die Feststellungskompetenz der Hauptversammlung als Ausnahme in drei Sonderkonstellationen. Liegt keine dieser Konstellationen vor, ist ein gleichwohl gefasster Hauptversammlungsbeschluss mangels Feststellungskompetenz der Hauptversammlung nach § 256 Abs. 1 Nr. 3 nichtig (K. Schmidt/Lutter/*Drygala* Rn. 3; MüKoAktG/*Hennrichs/Pöschke* Rn. 22). Vorstand und Aufsichtsrat können die Zuständigkeit der Hauptversammlung stets **einvernehmlich beschließen.** Der Aufsichtsrat hat die Beschlüsse in den Aufsichtsratsbericht (§ 172 Abs. 2) aufzunehmen. Eine fehlende Angabe im Bericht hindert aber die Zuständigkeit der Hauptversammlung nicht (MüKoAktG/*Hennrichs/Pöschke* Rn. 12). Typischer Anwendungsfall der Feststellungskompetenz der Hauptversammlung ist die **rückwirkende Kapitalherabsetzung,** für die § 234 Abs. 2 die Zuständigkeit der Hauptversammlung zwingend vorschreibt. **Lehnt der Aufsichtsrat die Feststellung des Jahresabschlusses in der vorgelegten Form ab** und können die unterschiedlichen Auffassungen über den Jahresabschluss zwischen Vorstand und Aufsichtsrat nicht auf andere Weise beseitigt werden, besteht eine „Notkompetenz" der Hauptversammlung (Hüffer/Koch/*Koch* Rn. 1) als Auffanglösung. Der Aufsichtsrat muss Ablehnungsgründe im Aufsichtsratsbericht niederlegen (Bürgers/Körber/*Schulz* Rn. 2). Eine generelle Begründung der Zuständigkeit der Hauptversammlung durch die Satzung ist nicht zulässig (GK-AktG/*Brönner* Rn. 6). Die Zuständigkeit für die Feststellung des Jahresabschlusses geht auch dann (unwiderruflich) auf die Hauptversammlung über, wenn der **Billigungsbeschluss des Aufsichtsrats trotz Nachfrist nicht zustande gekommen** ist. Die Ablehnung der Billigung wird in diesem Fall fingiert (K. Schmidt/Lutter/*Drygala* Rn. 3). 2

In der Hauptversammlung trifft den Vorstand gegenüber den Aktionären hinsichtlich der stillen Reserven sowie der Bilanzierungs- und Bewertungsmethoden eine **erweiterte Auskunftspflicht** (§ 131 Abs. 3 Nr. 3 und 4). Mit Wirksamkeit des Feststellungsbeschlusses der Hauptversammlung wird der Jahresabschluss verbindlich. 3

2. Verfahren. Ist die Feststellungskompetenz der Hauptversammlung gegeben, haben Vorstand und Aufsichtsrat gleichwohl Beschlussvorschläge vorzulegen (§ 124 Abs. 3 S. 1). Bei **unterschiedlichen Beschlussvorschlägen besteht besonderer Erläuterungsbedarf.** Ergänzend kann auch der Abschlussprüfer eine Stellungnahme abgeben (K. Schmidt/Lutter/*Drygala* Rn. 3). Für den Beschluss reicht mangels anderweitiger Regelungen der Satzung nach § 133 Abs. 1 die einfache Stimmenmehrheit der Hauptversammlung aus (Spindler/Stilz/*Euler/Klein* Rn. 7). 4

Der Billigungsbeschluss der Hauptversammlung hinsichtlich des Jahresabschlusses unterliegt **bei formellen Fehlern** den allgemeinen Regeln des Beschlussanfechtung nach § 243, auf die § 257 Abs. 1 S. 1 klarstellend verweist. Bei **inhaltlichen Mängeln** des Jahresabschlusses kommt eine Nichtigkeit nur unter den Voraussetzungen von § 256 in Betracht. 5

Eine **Anfechtungsklage** ist nach § 243 auch bei dem Beschluss der Hauptversammlung über die **Billigung des Konzernabschlusses** eröffnet (MüKoAktG/*Hennrichs/Pöschke* Rn. 75). Auf einen 6

Konzernabschluss sind jedoch Nichtigkeitsgründe nach § 256 sowie die Nichtigkeitsklage nach § 256 Abs. 7 nicht analog anwendbar (BGH 14.1.2008, AG 2008, 325; aA K. Schmidt/Lutter/*Schwab* § 256 Rn. 3).

7 **3. Bilanzrechtliche Vorgaben (Abs. 2). a) Bindung an das materielle Bilanzrecht.** Die Befugnis der Hauptversammlung erstreckt sich auf die **Aufstellung** und die **Feststellung des Jahresabschlusses** (KK-AktG/*Ekkenga* Rn. 2; GK-AktG/*E. Vetter* Rn. 44). Dabei ist die Hauptversammlung, wie Abs. 2 S. 1 klarstellt, **an die Normen des materiellen Bilanzrechts (§§ 242 ff. und 264 ff. HGB) gebunden,** die auch der Vorstand bei der Aufstellung des Jahresabschlusses zu beachten hat (KK-AktG/*Ekkenga* Rn. 14; Hölters/*Waclawik* Rn. 5). Bei Fragen der **Wertaufhellung** ist auf den Zeitpunkt der Hauptversammlung abzustellen (Bürgers/Körber/*Schulz* Rn. 5; *Kropff* WPg 2000, 1137 (1143)). Bei den bilanzpolitischen Entscheidungen besteht jedoch keine Bindung an die vom Vorstand getroffenen Entscheidungen; insbes. ist die Hauptversammlung frei, **nach eigenem Ermessen die bilanzpolitischen Entscheidungen (Wahlrechte, Bewertungsspielräume) vorzunehmen** (KK-AktG/*Ekkenga* Rn. 14; GK-AktG/*E. Vetter* Rn. 47). Dies erklärt das erweiterte Auskunftsrecht der Aktionäre nach § 131 Abs. 3 Nr. 3 und 4. Die Änderungsbefugnis der Hauptversammlung erstreckt sich auch auf den Anhang als Teil des Jahresabschlusses (§ 264 Abs. 1 S. 1 HGB). Der Lagebericht bleibt unverändert allein in der Verantwortung des Vorstands (Spindler/Stilz/*Euler/Klein* Rn. 13; Bürgers/Körber/*Schulz* Rn. 5).

8 **b) Bildung und Auflösung von Rücklagen.** Bei der Feststellung des Jahresabschlusses ist die Hauptversammlung hinsichtlich der Einstellung in die Gewinnrücklagen wie auch bei Entnahmen **ebenso wie die Verwaltung an Gesetz und Satzung gebunden** (§ 58 Abs. 1 und 3, § 150 Abs. 2; § 272 Abs. 4 HGB). Im Rahmen der Gewinnverwendung nach § 174 kann die Hauptversammlung hingegen darüber hinaus weitere Beträge in Gewinnrücklagen einstellen (GK-AktG/*E. Vetter* Rn. 52; krit. Hüffer/Koch/*Koch* Rn. 5). Bei Beschlüssen über die Feststellung des Jahresabschlusses und der Gewinnverwendung handelt es sich um getrennte Vorgänge, die unter eigenen Tagesordnungspunkten behandelt und entschieden werden müssen (KK-AktG/*Ekkenga* Rn. 15).

9 **4. Nachtragsprüfung (Abs. 3).** Die Vorschrift betrifft nur die AG, soweit sie **kraft Gesetzes prüfungspflichtig** ist (§ 316 Abs. 1 S. 1 HGB) und steht in Zusammenhang mit dem Recht der Hauptversammlung, den vom Vorstand aufgestellten und vom Abschlussprüfer mit dem Bestätigungsvermerk versehenen Jahresabschluss zu ändern. Stellt die Hauptversammlung einen geänderten Jahresabschluss fest, bedarf es einer **Nachtragsprüfung hinsichtlich der Änderungen** (§ 316 Abs. 3 HGB); andernfalls werden weder der Beschluss über die Feststellung des Jahresabschlusses noch der Gewinnverwendungsbeschluss verbindlich. Für die Nachtragsprüfung besteht im Interesse der Klarheit und Rechtssicherheit ein **enger Zeitrahmen.** Ein uneingeschränkter Bestätigungsvermerk muss **binnen zwei Wochen** erteilt werden, andernfalls sind der Feststellungs- und Gewinnverwendungsbeschluss der Hauptversammlung nichtig. Eine **Fristüberschreitung wirkt wie eine Versagung** (KK-AktG/*Ekkenga* Rn. 22; MüKoAktG/*Hennrichs/Pöschke* Rn. 52). Der Vermerk kann sich abweichend von § 322 HGB auf eine Aussage zur Nachtragsprüfung beschränken (MüKoAktG/*Hennrichs/Pöschke* Rn. 47; GK-AktG/*E. Vetter* Rn. 64). Die gleiche Rechtsfolge tritt ein, wenn der Bestätigungsvermerk eingeschränkt oder versagt wird (Hüffer/Koch/*Koch* Rn. 8; GK-AktG/*E. Vetter* Rn. 70). In diesem Fall scheidet eine Heilung durch Zeitablauf nach § 256 Abs. 6 aus (Hüffer/Koch/*Koch* Rn. 8).

10 **5. Konzernabschluss.** Hat der Aufsichtsrat eines Mutterunternehmens (§ 290 HGB) die Billigung des Konzernabschlusses abgelehnt oder innerhalb der Nachfrist keinen Beschluss gefasst, geht die Kompetenz wie beim Einzelabschluss auf die Hauptversammlung über (§ 173 Abs. 1 S. 1). Der Beschluss zielt auf die **Billigung des Konzernabschlusses,** da das Gesetz die **Feststellung des Konzernabschlusses nicht vorgesehen** hat. Findet die Billigung in Hauptversammlung keine Mehrheit, ist die Beschlusskompetenz gleichwohl ausgeübt (K. Schmidt/Lutter/*Drygala* Rn. 3; Hüffer/Koch/*Koch* Rn. 2). Die Konsequenzen der fehlenden Billigung sind ungeklärt (vgl. MüKoAktG/*Hennrichs/Pöschke* Rn. 11; GK-AktG/*E. Vetter* Rn. 114).

Zweiter Unterabschnitt. Gewinnverwendung

[Beschluss über Gewinnverwendung]

174 (1) [1] **Die Hauptversammlung beschließt über die Verwendung des Bilanzgewinns.** [2] **Sie ist hierbei an den festgestellten Jahresabschluß gebunden.**

(2) **In dem Beschluß ist die Verwendung des Bilanzgewinns im einzelnen darzulegen, namentlich sind anzugeben**

1. der Bilanzgewinn;
2. der an die Aktionäre auszuschüttende Betrag oder Sachwert;
3. die in Gewinnrücklagen einzustellenden Beträge;

4. ein Gewinnvortrag;

5. der zusätzliche Aufwand auf Grund des Beschlusses.

(3) **Der Beschluß führt nicht zu einer Änderung des festgestellten Jahresabschlusses.**

Übersicht

I. Allgemeines

Die Vorschrift regelt im Unterschied zu den materiellen Fragen der Gewinnverwendung, die im Wesentlichen in § 58 geregelt sind, ergänzend das formelle Recht der Gewinnverwendung, das in den Händen der Hauptversammlung liegt (vgl. auch § 119 Abs. 1 Nr. 2). Für den Beschluss reicht, soweit Satzung nichts anderes bestimmt, die einfache Mehrheit. 1

II. Zuständigkeit (Abs. 1)

Über die Gewinnverwendung entscheidet allein die Hauptversammlung. Die Zuständigkeit bezieht sich auf den **Bilanzgewinn,** wie er als letzter Posten in der nach § 158 Abs. 1 S. 1 fortgeführten GuV oder im Anhang ausgewiesen wird. Die **Zuständigkeit der Hauptversammlung ist zwingend** und kann durch die Satzung nicht delegiert werden (MüKoAktG/*Hennrichs/Pöschke* Rn. 4; GK-AktG/*E. Vetter* Rn. 15). Die Satzung kann allerdings den Vorstand ermächtigen, nach Geschäftsjahresende **Abschlagszahlungen** auf den voraussichtlichen Bilanzgewinn vorzunehmen (§ 59). Diese Zahlungen bleiben bei der Beschlussfassung der Hauptversammlung über die Gewinnverwendung außer Betracht (Hüffer/Koch/*Koch* Rn. 2). 2

Bei der Gewinnverwendung ist nach § 174 Abs. 1 S. 2 die **Hauptversammlung an den festgestellten Jahresabschluss mit dem ausgewiesenen Bilanzgewinn gebunden;** dies gilt unabhängig davon, ob Vorstand und Aufsichtsrat (§ 172) oder die Hauptversammlung (§ 173) den Jahresabschluss festgestellt haben. Soweit Vorstand und Aufsichtsrat **Einstellungen in die Gewinnrücklagen nach § 58 Abs. 2** vorgenommen haben, sind diese Beträge mit der Feststellung des Jahresabschlusses gebunden, sodass der Hauptversammlung der Zugriff versagt ist (GK-AktG/*Brönner* Rn. 11; MüKoAktG/*Hennrichs/Pöschke* Rn. 8). Keine Bindung besteht hinsichtlich des Gewinnverwendungsvorschlags; die Hauptversammlung kann insoweit eine **abweichende Gewinnverwendung** beschließen (KK-AktG/*Ekkenga* Rn. 9; K. Schmidt/Lutter/*Drygala* Rn. 4). 3

Bei einem **Bilanzverlust** entfällt die Notwendigkeit eines Hauptversammlungsbeschlusses über die Ergebnisverwendung (Spindler/Stilz/*Euler/Klein* Rn. 9; *Rousseau/Wasse* NZG 2010, 535 (536)). Der Bilanzverlust geht automatisch als **Verlustvortrag** in die GuV des Folgejahres ein (§ 158 Abs. 1 Nr. 1) (GK-AktG/*E. Vetter* Rn. 26). 4

III. Gewinnverwendungsbeschluss

1. Beschlussinhalt (Abs. 2). Der Gewinnverwendungsbeschluss hat aus Gründen der Klarheit der Gliederung gem. Abs. 2 zu folgen, wobei jeweils nur die Positionen aufzuführen sind, die bei der Verwendung tatsächlich berücksichtigt werden (Spindler/Stilz/*Euler/Klein* Rn. 11; GK-AktG/*E. Vetter* Rn. 79). 5

Bilanzgewinn (Abs. 2 Nr. 1) ist der nach § 158 Abs. 1 S. 1 Nr. 5 in der GuV oder im Anhang genannte Betrag, der sich als Saldo aus den einzelnen GuV-Positionen ergibt. 6

Auszuschüttender Betrag oder Sachwert (Abs. 2 Nr. 2): Anzugeben ist der Gesamtbetrag, der an die Aktionäre ausgeschüttet werden soll (BGH 28.6.1982, BGHZ 84, 303 (311) = NJW 1983, 282). Die in der Praxis verbreitete Angabe der **Dividende pro Aktie** dient ausschließlich Informationszwecken und kann nicht zu einer Änderung des Gesamtausschüttungsbetrags führen (BGH 29.4.2014, DStR 2014, 2470 (2471); K. Schmidt/Lutter/*Drygala* Rn. 7). Auf **eigene Aktien** kann keine Ausschüttung erfolgen. Der **Erwerb eigener Aktien** nach Veröffentlichung der Hauptversammlungs-Tagesordnung führt bei einem unverminderten Ausschüttungsbetrag zu einer höheren Dividende pro Aktie. Ist dies nicht gewollt oder nicht praktikabel, ist der Ausschüttungsgesamtbetrag zugunsten des Gewinnvortrags zu kürzen (MüKoAktG/*Hennrichs/Pöschke* Rn. 27). Wird eine **Sachdividende** auf Grund bestehender Satzungsermächtigung (§ 58 Abs. 5) beschlossen, sind die auszuschüttenden Gegenstände im Beschluss, für den ebenfalls einfache Mehrheit genügt, nach Art und Zahl anzugeben (K. Schmidt/Lutter/*Fleischer* 7

§ 58 Rn. 59; *W. Müller* NZG 2002, 752 (758)). Zusätzlich ist der **Wert der Sachausschüttung** in einem Geldbetrag anzugeben (MüKoAktG/*Hennrichs/Pöschke* Rn. 25).

8 Erklärt der Mehrheitsaktionär vollständigen oder teilweisen **Dividendenverzicht,** was als Verzicht auf den künftigen Gewinnauszahlungsanspruch zu qualifizieren ist, erhöht der Verzichtsbetrag ohne weiteres das an die übrigen Aktionäre auszuschüttende Dividendenvolumen, ohne dass zunächst für den Mehrheitsaktionär ein Auszahlungsanspruch entsteht (MHdB GesR IV/*Hoffmann-Becking* § 46 Rn. 25; *Horbach* AG 2001, 78 (83)). Ein Verzicht ist im Zweifel nicht als Dauerregelung zu qualifizieren (Bürgers/Körber/*Schulz* Rn. 4; GK-AktG/*E. Vetter* Rn. 91).

9 **Einstellungen in die Gewinnrücklagen (Abs. 2 Nr. 3):** Die Hauptversammlung ist frei, inwieweit sie Gewinnrücklagen bildet (Spindler/Stilz/*Euler/Klein* Rn. 10). Sie kann zusätzlich zu den von Vorstand und Aufsichtsrat nach § 58 Abs. 2 gebildeten Gewinnrücklagen weitere Beträge in Gewinnrücklagen einstellen (§ 272 Abs. 3 S. 2 HGB).

10 **Gewinnvortrag (Abs. 2 Nr. 4)** ergibt sich als Restgröße aus Ausschüttung, Einstellungen in Gewinnrücklagen, zusätzlichem Aufwand und anderweitige Verwendung nach § 58 Abs. 3 S. 2. Der Gewinnvortrag steht als Teil des Bilanzgewinns im Folgejahr automatisch (§ 158 Abs. 1 S. 1 Nr. 1) wieder zur Disposition der Hauptversammlung (KK-AktG/*Ekkenga* § 170 Rn. 40; MüKoAktG/*Hennrichs/Pöschke* Rn. 32).

11 **Zusätzlicher Aufwand (Abs. 2 Nr. 5)** kann sich bei einem von dem Gewinnverwendungsvorschlag der Verwaltung **abweichenden Gewinnverwendungsbeschluss der Hauptversammlung** ergeben. Wegen des dadurch entstehenden höheren Steueraufwands sind Steuerrückstellungen zu bilden, die den Bilanzgewinn mindern. Es können dadurch zB auch höhere Tantieme-Ansprüche für die Mitglieder des Vorstands und des Aufsichtsrats sowie höhere Ausschüttungen auf Gewinnschuldverschreibungen oder Genussscheine entstehen. Dieser höhere Aufwand geht zulasten des Bilanzgewinns (MüKoAktG/*Hennrichs/Pöschke* Rn. 33).

12 **2. Beschlussfolgen (Abs. 3).** Die Vorschrift stellt klar, dass die beschlossene Gewinnverwendung **keine Änderung des festgestellten Jahresabschlusses** zur Folge hat. Von der Hauptversammlung etwa beschlossene Einstellungen in Rücklagen lassen den Jahresabschluss unberührt. Sie gehen erfolgsneutral in die GuV des Folgejahres ein (§ 158 Abs. 1) und sind nach § 152 Abs. 3 Nr. 1 erst im Jahresabschluss oder Anhang des Folgejahres auszuweisen (OLG Stuttgart 14.5.2003, NZG 2003, 778 (780); Hüffer/Koch/*Koch* Rn. 8; GK-AktG/*E. Vetter* Rn. 109). Die **nachträgliche Änderung des Gewinnverwendungsbeschlusses** ist grundsätzlich möglich (vgl. K. Schmidt/Lutter/*Drygala* Rn. 13; *Priester* ZIP 2000, 261 (264)). Zum Dividendenbeschluss in Krisenzeiten (*E. Vetter* AG 2020, 401 (406 ff.).

13 Beschließt die Hauptversammlung die **Ausschüttung einer Dividende,** erwirbt der Aktionär mit der Beschlussfassung der Hauptversammlung einen **individuellen einklagbaren Zahlungsanspruch** gegen die AG (Spindler/Stilz/*Cahn/v. Spannenberg* § 58 Rn. 94; Hüffer/Koch/*Koch* § 58 Rn. 28). **Fälligkeit** tritt nach § 58 Abs. 4 S. 2 AktG am dritten Tag nach dem Hauptversammlungsbeschluss ein, soweit sich nicht aus der Hauptversammlung oder der Satzung eine spätere Fälligkeit ergibt (Hüffer/Koch/*Koch* § 58 Rn. 28; Hölters/*Waclawik* § 58 Rn. 29). Der Anspruch kann durch einen späteren Hauptversammlungsbeschluss nicht mehr entzogen oder reduziert werden (BGH 24.1.1957, BGHZ 23, 150 (154) = NJW 1957, 588). Auch wenn der Dividendenanspruch verbandsrechtlichen Ursprungs ist, will ihn die hM von der Aktionärsstellung getrennt betrachten (vgl. Kritik bei Spindler/Stilz/*Cahn/v. Spannenberg* § 58 Rn. 97). Unstreitig kann der Anspruch nach dem Beschluss der Hauptversammlung zB selbstständig an Dritte abgetreten werden (BGH 3.11.1975, BGHZ 65, 230 (234) = NJW 1976, 241; BGH 1.12.1998, BGHZ 137, 378 (381) = NJW 1998, 1559; OLG München 17.9.2014, AG 2014, 864 (865); K. Schmidt/Lutter/*Drygala* Rn. 12; MüKoAktG/*Hennrichs/Pöschke* Rn. 43). Die sog. **Scripdividend** stellt der Sache nach eine Kapitalerhöhung gegen Sacheinlage dar (*Krause* ZHR 181 (2017) 641 (646); GK-AktG/*E. Vetter* Rn. 126).

14 **3. Beschlussmängel.** Der Gewinnverwendungsbeschluss ist den **allgemeinen Anfechtungs- und Nichtigkeitsgründen** (§§ 241 ff.) ausgesetzt wie jeder andere Hauptversammlungsbeschluss auch.

15 **Besonderer Nichtigkeitsgrund** besteht im Fall der Nichtigkeit des Jahresabschlusses nach § 256, da der Gewinnverwendungsbeschluss notwendigerweise nach § 253 Abs. 1 die Wirksamkeit des Jahresabschlusses voraussetzt (OLG Frankfurt a. M. 21.11.2006, AG 2007, 282; OLG Stuttgart 14.5.2003, NZG 2003, 778 (780)). Die Heilung der Nichtigkeit des Jahresabschlusses durch Zeitablauf (§ 256 Abs. 6) wirkt nach § 253 Abs. 1 S. 2 auch auf den Gewinnverwendungsbeschluss zurück (K. Schmidt/Lutter/*Schwab* § 256 Rn. 36; GK-AktG/*E. Vetter* Rn. 162). Nichtigkeit liegt nach § 241 Nr. 3 auch vor, wenn der Verwendungsbeschluss einen höheren Bilanzgewinn erfasst, als die Bilanz ausweist (BGH 19.5.2015, AG 2015, 669 Rn. 24). Ein Beschluss, der Aktionäre trotz Rechtverlusts nach § 44 WpHG berücksichtigt, ist nicht wegen Inhaltsmangels anfechtbar (BGH 29.4.2014, DStR 2014, 2470 (2471)). Ein **besonderer Anfechtungsgrund** ergibt sich aus § 254, sofern eine **Thesaurierung durch Rücklagenbildung der Hauptversammlung** (nicht durch Vorstand und Aufsichtsrat) erfolgt, die nach den Verhältnissen der Gesellschaft bei vernünftiger kaufmännischer Beurteilung nicht erforderlich ist, bzw. nicht eine Mindestausschüttung in Höhe von 4 % des eingezahlten Grundkapitals beschlossen wird (s.

die Kommentierung zu § 254 → § 254 Rn. 1 ff.). Ebenso besteht entsprechend § 254 Abs. 1 ein Anfechtungsgrund, wenn die Hauptversammlung einen **Gewinnvortrag in übermäßiger Höhe** beschließt (KK-AktG/*Ekkenga* § 170 Rn. 40; K. Schmidt/Lutter/*Drygala* Rn. 17). Missachtung der Gliederungsvorgaben nach Abs. 2 führen nur zur Anfechtbarkeit.

Ist die **Auszahlung der Dividende trotz nichtigen Hauptversammlungsbeschlusses** erfolgt, 16 schulden die Aktionäre die Rückzahlung der erhaltenen Beträge nur bei Kenntnis oder fahrlässiger Unkenntnis der Nichtigkeit (§ 62 Abs. 1 S. 2). Der Vorstand hat deshalb vor Auszahlung der Dividende den Beschluss sorgfältig auf Nichtigkeitsgründe und Anfechtungsrisiken zu prüfen und bei ernsthaften Risiken ggf. die Anfechtungsfrist abzuwarten (vgl. K. Schmidt/Lutter/*Drygala* Rn. 18; *Kropff* FS Budde, 1995, 341 (359)). Gegebenenfalls hat er auch selbst den Beschluss anzufechten (*Haertlein* ZHR 168 (2004), 437 (449)).

Dritter Unterabschnitt. Ordentliche Hauptversammlung

Einberufung

175 (1) [1]**Unverzüglich nach Eingang des Berichts des Aufsichtsrats hat der Vorstand die Hauptversammlung zur Entgegennahme des festgestellten Jahresabschlusses und des Lageberichts, eines vom Aufsichtsrat gebilligten Einzelabschlusses nach § 325 Abs. 2a des Handelsgesetzbuchs sowie zur Beschlußfassung über die Verwendung eines Bilanzgewinns, bei einem Mutterunternehmen (§ 290 Abs. 1, 2 des Handelsgesetzbuchs) auch zur Entgegennahme des vom Aufsichtsrat gebilligten Konzernabschlusses und des Konzernlageberichts, einzuberufen.** [2]**Die Hauptversammlung hat in den ersten acht Monaten des Geschäftsjahrs stattzufinden.**

(2) [1]**Der Jahresabschluss, ein vom Aufsichtsrat gebilligter Einzelabschluss nach § 325 Absatz 2a des Handelsgesetzbuchs, der Lagebericht, der Bericht des Aufsichtsrats und der Vorschlag des Vorstands für die Verwendung des Bilanzgewinns sind von der Einberufung an in dem Geschäftsraum der Gesellschaft zur Einsicht durch die Aktionäre auszulegen.** [2]**Auf Verlangen ist jedem Aktionär unverzüglich eine Abschrift der Vorlagen zu erteilen.** [3]**Bei einem Mutterunternehmen (§ 290 Abs. 1, 2 des Handelsgesetzbuchs) gelten die Sätze 1 und 2 auch für den Konzernabschluss, den Konzernlagebericht und den Bericht des Aufsichtsrats hierüber.** [4]**Die Verpflichtungen nach den Sätzen 1 bis 3 entfallen, wenn die dort bezeichneten Dokumente für denselben Zeitraum über die Internetseite der Gesellschaft zugänglich sind.**

(3) [1]**Hat die Hauptversammlung den Jahresabschluss festzustellen oder hat sie über die Billigung des Konzernabschlusses zu entscheiden, so gelten für die Einberufung der Hauptversammlung zur Feststellung des Jahresabschlusses oder zur Billigung des Konzernabschlusses und für das Zugänglichmachen der Vorlagen und die Erteilung von Abschriften die Absätze 1 und 2 sinngemäß.** [2]**Die Verhandlungen über die Feststellung des Jahresabschlusses und über die Verwendung des Bilanzgewinns sollen verbunden werden.**

(4) [1]**Mit der Einberufung der Hauptversammlung zur Entgegennahme des festgestellten Jahresabschlusses oder, wenn die Hauptversammlung den Jahresabschluß festzustellen hat, der Hauptversammlung zur Feststellung des Jahresabschlusses sind Vorstand und Aufsichtsrat an die in dem Bericht des Aufsichtsrats enthaltenen Erklärungen über den Jahresabschluß (§§ 172, 173 Abs. 1) gebunden.** [2]**Bei einem Mutterunternehmen (§ 290 Abs. 1, 2 des Handelsgesetzbuchs) gilt Satz 1 für die Erklärung des Aufsichtsrats über die Billigung des Konzernabschlusses entsprechend.**

I. Allgemeines

Die Vorschrift enthält wesentliche Regelungen über die Vorbereitung sowohl des Normalfalls der 1 ordentlichen Hauptversammlung, die den festgestellten Jahresabschluss und den Lagebericht entgegennimmt, als auch des Ausnahmefalls, dass die Hauptversammlung den Jahresabschluss selbst feststellt (§ 173). Die Regelung gilt in Ergänzung zu den allgemeinen Vorschriften über die Einberufung der Hauptversammlung gem. §§ 120 ff.

II. Zeitrahmen für die Einberufung der Hauptversammlung (Abs. 1)

Einberufungspflicht des Vorstands. Der Vorstand hat die Hauptversammlung unverzüglich (§ 121 2 Abs. 1 BGB) nach Erhalt des **Berichts des Aufsichtsrats an die Hauptversammlung** (§ 171 Abs. 2) einzuberufen. Die Vorschrift will eine rechtzeitige Information der Aktionäre sicherstellen, deshalb darf der Vorstand die Hauptversammlung nicht einberufen, solange ihm der Aufsichtsratsbericht nicht vorliegt; andernfalls sind die Beschlüsse der Hauptversammlung anfechtbar. Wenn der Aufsichtsrat seiner Berichtspflicht nicht fristgemäß nachkommt, hat der Vorstand entsprechend § 171 Abs. 3 vorzugehen und die Hauptversammlung unverzüglich nach fruchtlosem Ablauf der Nachfrist zur Feststellung des Jahresabschlusses einzuberufen (Hüffer/Koch/*Koch* Rn. 3; MüKoAktG/*Hennrichs/Pöschke* Rn. 12).

3 Nach § 175 Abs. 1 S. 2 muss die Hauptversammlung **in den ersten acht Monaten des neuen Geschäftsjahres** stattfinden. Die Verwaltung hat diesen Endtermin, der durch Satzung nicht verändert werden kann, bei allen Planungen und Vorbereitungsmaßnahmen zu berücksichtigen. Eine **Fristüberschreitung** lässt die Wirksamkeit der Hauptversammlungsbeschlüsse unberührt (Hüffer/Koch/*Koch* Rn. 4; GK-AktG/*E. Vetter* Rn. 33). Der Vorstand kann allerdings durch Zwangsgeldverfahren nach § 407 Abs. 1 zur Einberufung angehalten werden. Der Vorstand setzt sich iÜ bei schuldhafter Fristüberschreitung Schadensersatzansprüchen der Aktionäre wegen verspäteter Dividendenausschüttung aus (KK-AktG/*Ekkenga* Rn. 13). Daran fehlt es aber, wenn die verzögerte Einberufung auf berechtigten Gründen beruht wie zB bei einem für den Jahresabschluss oder die Agenda der Hauptversammlung maßgeblichen Gerichtsurteil (MüKoAktG/*Hennrichs/Pöschke* Rn. 18).

III. Informationspflichten der Gesellschaft (Abs. 2)

4 Die rechtzeitige Information der Aktionäre über die in der Hauptversammlung zu behandelnden Vorlagen ist eine wesentliche Voraussetzung für die Ausübung der Aktionärsrechte in der Hauptversammlung. Deshalb hat der Vorstand einen vom Aufsichtsrat festgestellten **Jahresabschluss,** den **Lagebericht,** den **Aufsichtsratsbericht** und im Fall eines Bilanzgewinns den **Gewinnverwendungsvorschlag auszulegen.** Bei **Mutterunternehmen** kommen nach § 175 Abs. 1 S. 1 der **Konzernabschluss** und **Konzernlagebericht** hinzu. Der Vorstand hat den Aktionären die Informationsmöglichkeit **ab der Einberufung der Hauptversammlung** zu eröffnen. Zeitgleich ist auch der Vergütungsbericht nach § 162 zugänglich zu machen, auch wenn das Gesetz insoweit schweigt.

5 Der Vorstand erfüllt seine Informationspflichten durch **Auslegung der maßgeblichen Unterlagen** in vollständiger Form (LG Karlsruhe 11.5.2000, AG 2001, 204 (205)). Die Auslage von einfachen Abschriften zur Einsichtnahme der Aktionäre genügt (MüKoAktG/*Hennrichs/Pöschke* Rn. 29). Die Auslage hat in den Geschäftsräumen der AG zu erfolgen; dies ist der **Ort ihrer Hauptverwaltung,** nicht der in der Satzung bestimmte Sitz (LG München I 9.6.2005, AG 2005, 623 (624)). Jedem Aktionär ist ab Einberufung auf Verlangen, das formlos auch mündlich erfolgen kann (MüKoAktG/*Hennrichs/Pöschke* Rn. 34), unverzüglich eine **Abschrift zu erteilen.** Die Gesellschaft kann die Legitimation des Aktionärs verlangen (LG Hagen 8.12.1964, AG 1965, 82; Hüffer/Koch/*Koch* Rn. 5). Bei Inhaberaktien kommt eine Depotbescheinigung oder ein satzungsmäßiger Nachweis (§ 123 Abs. 3 S. 1) in Betracht, bei Namensaktien ist eine Eintragung im Aktienbuch ausreichend (K. Schmidt/Lutter/*Drygala* Rn. 29; *Leuering* ZIP 2000, 2053 (2055)). **Kosten** für Abschrift und Versand sind nach hM von der Gesellschaft zu tragen (Hüffer/Koch/*Koch* Rn. 7; MüKoAktG/*Hennrichs/Pöschke* Rn. 37; *Leuering* ZIP 2000, 2053 (2057); aA *Mutze* AG 1966, 173 (176)).

6 § 175 Abs. 2 S. 4 erlaubt die Information der Aktionäre über die maßgeblichen Unterlagen durch die **Internetseite der Gesellschaft** (s. auch Veröffentlichungspflicht nach § 124a). Mit dem Zugänglichmachen der Dokumente auf der Internetseite im Zeitraum zwischen Einberufung und Hauptversammlung sind die in § 175 Abs. 2 S. 1–3 genannten Informationspflichten erfüllt, sodass nach § 175 Abs. 2 S. 4 die **Pflicht zur Auslegung und Erteilung von Abschriften im Vorfeld der Hauptversammlung entfällt.** Das Zugänglichmachen der Dokumente auf der Internetseite ist von der Gesellschaft zu Nachweiszwecken festzuhalten (*Bosse* DB 2007, 39 (42)). Der Zugriff auf Dokumente in elektronischer Form muss ohne größeren Suchaufwand gewährleistet sein (K. Schmidt/Lutter/*Drygala* Rn. 10).

IV. Vorbereitung der Hauptversammlung zur Feststellung des Jahresabschlusses (Abs. 3)

7 Im Ausnahmefall der Feststellung des Jahresabschlusses und der Billigung des Konzernabschlusses durch die Hauptversammlung nach § 173 sind für die Einberufung der Hauptversammlung und die Information der Aktionäre nach § 175 Abs. 3 S. 1 dieselben Vorgaben zu beachten, wie wenn der Hauptversammlung nur der bereits festgestellte Jahresabschluss und der gebilligte Konzernabschluss vorgelegt werden. Ausdrücklich bestimmt § 175 Abs. 3 S. 2 aus Gründen der Sachnähe, dass die Verhandlungen über die Feststellung des Jahresabschlusses und die Beschlussfassung über die Gewinnverwendung verbunden, dh in derselben Hauptversammlung und in gemeinsamer Aussprache aber mit getrennten Beschlüssen abgewickelt werden sollen. Eine Behandlung in verschiedenen Hauptversammlungen lässt aber Wirksamkeit der Beschlüsse unberührt (GK-AktG/*Brönner* Rn. 21; MüKoAktG/*Hennrichs/Pöschke* Rn. 22). Auch wenn der Konzernabschluss nicht Grundlage für den Gewinnverwendungsbeschluss ist, empfiehlt sich die Billigung ebenfalls in derselben Hauptversammlung zu behandeln.

V. Bindung der Verwaltung (Abs. 4)

8 Die Vorschrift begründet eine **Bindung von Vorstand und Aufsichtsrat** an die im Aufsichtsratsbericht enthaltene **Erklärung über die Billigung oder Nichtbilligung des Jahresabschlusses** (GK-AktG/*E. Vetter* Rn. 99). Zugleich wird die **Entscheidung über die Zuständigkeit für Feststellung des Jahresabschlusses** unabänderlich (KK-AktG/*Ekkenga* Rn. 17; *Mutze* AG 1966, 173 (176)). Die Bindung tritt ein mit Einberufung der Hauptversammlung entweder durch Veröffentlichung im Bundesanzeiger oder mit Versand der Einladung gem. § 121 Abs. 4 (KK-AktG/*Ekkenga* Rn. 34). Die Bindungswirkung erstreckt sich nach § 175 Abs. 4 S. 2 auch auf die Erklärung zur **Billigung des Konzernabschlusses,** ohne die Möglichkeit der inhaltlichen Änderung zu beschränken (MüKoAktG/*Hennrichs/Pöschke* Rn. 46).

9 Die Bindungswirkung erstreckt sich nicht auf den **Inhalt des Jahresabschlusses.** Insoweit ist eine Änderung des durch Vorstand und Aufsichtsrat festgestellten Abschlusses bei Vorliegen gewichtiger wirtschaftlicher oder rechtlicher Gründe zulässig (MHdB GesR IV/*Hoffmann-Becking* § 45 Rn. 17; MüKoAktG/*Hennrichs/Pöschke* Rn. 51; GK-AktG/*E. Vetter* Rn. 105). Bei gravierenden Risiken, zB infolge neuerer Erkenntnisse, kann für die Verwaltung eine Pflicht zur Änderung des Jahresabschlusses bestehen (MHdB GesR IV/*Hoffmann-Becking* § 45 Rn. 17; *H. P. Müller* FS Quack, 1991, 345 (355); *Schön* FS 50 Jahre BGH, Bd. II, 2000, 153 (164)). Wegen der zwingenden Auslegungsfrist nach § 175 Abs. 2 S. 1 ist allerdings regelmäßig eine Verlegung und erneute Einberufung der Hauptversammlung unumgänglich, wenn Anfechtungsrisiken vermieden werden sollen (MüKoAktG/*Hennrichs/Pöschke* Rn. 52; MHdB GesR IV/*Hoffmann-Becking* § 45 Rn. 14).

VI. Rechtsfolgen eines Verstoßes

10 Kommt der Vorstand seiner Pflicht zur rechtzeitigen Information der Aktionäre (Auslegung und Erteilung von Abschriften) nicht rechtzeitig und ordnungsgemäß nach, führt dies grundsätzlich zur **Anfechtbarkeit der Hauptversammlungsbeschlüsse** (vgl. BGH 25.11.2002, BGHZ 153, 32 (36); MüKoAktG/*Hennrichs/Pöschke* Rn. 42). Bei unvollständiger Erteilung von Abschriften trifft jedoch den Aktionär die Pflicht, Unterlagen auf Vollständigkeit zu prüfen und einen fehlenden Teil nachzufordern. Andernfalls entfällt sein Anfechtungsrecht (LG Frankfurt a. M. 13.11.2001, AG 2002, 356; Bürgers/Körber/*Reger* Rn. 10). Sind Unterlagen entgegen der Verlautbarung in der Hauptversammlungseinladung nicht auf der Internetseite der Gesellschaft zugänglich, hat der Aktionär die Gesellschaft darauf hinzuweisen, will er sich auf mangelnde Zugänglichkeit berufen.

Vorlagen. Anwesenheit des Abschlußprüfers

176 (1) [1] **Der Vorstand hat der Hauptversammlung die in § 175 Abs. 2 genannten Vorlagen sowie bei börsennotierten Gesellschaften einen erläuternden Bericht zu den Angaben nach den §§ 289a und § 315a des Handelsgesetzbuchs zugänglich zu machen.** [2] **Zu Beginn der Verhandlung soll der Vorstand seine Vorlagen, der Vorsitzende des Aufsichtsrats den Bericht des Aufsichtsrats erläutern.** [3] **Der Vorstand soll dabei auch zu einem Jahresfehlbetrag oder einem Verlust Stellung nehmen, der das Jahresergebnis wesentlich beeinträchtigt hat.** [4] **Satz 3 ist auf Kreditinstitute nicht anzuwenden.**

(2) [1] **Ist der Jahresabschluß von einem Abschlußprüfer zu prüfen, so hat der Abschlußprüfer an den Verhandlungen über die Feststellung des Jahresabschlusses teilzunehmen.** [2] **Satz 1 gilt entsprechend für die Verhandlungen über die Billigung eines Konzernabschlusses.** [3] **Der Abschlußprüfer ist nicht verpflichtet, einem Aktionär Auskunft zu erteilen.**

I. Allgemeines

1 Die Vorschrift regelt die Behandlung der Vorlagen der Verwaltung an die ordentliche Hauptversammlung zur Information der Aktionäre sowie die Teilnahmepflicht des Abschlussprüfers. Die letzte Gesetzesänderung zur Einführung elektronischer Kommunikationsmedien erfolgte durch das ARUG.

II. Pflicht zur Zugänglichmachung und Erläuterung

2 **1. Pflicht zur Zugänglichmachung (Abs. 1 S. 1).** Es reicht aus, wenn der Vorstand der Hauptversammlung die in § 175 Abs. 2 erwähnten Vorlagen (Jahresabschluss, Lagebericht, Bericht des Aufsichtsrats und Gewinnverwendungsvorschlag) und bei Mutterunternehmen auch den Konzernabschluss und den Konzernlagebericht sowie bei börsennotierten Gesellschaften zusätzlich den Bericht nach § 289a HGB und § 315a HGB **zugänglich** macht. Ein Anspruch auf Aushändigung besteht nicht, freie Zugänglichkeit genügt (OLG Stuttgart 5.11.2008, DB 2009, 1521 (1527)). Die **elektronische Einsichtnahme** im Versammlungsraum oder einem den Aktionären zugänglichen Nebenraum genügt.

Eine Präsentation **an Bildschirmen** in ausreichender Zahl, um den erschienenen Aktionären und Aktionärsvertretern Einsicht in angemessener Zeit zu gewähren, genügt (*Horn* ZIP 2008, 1558 (1566)). Die **Auslage von Papierversionen** ist weiterhin möglich (*Seibert/Florstedt* ZIP 2008, 2145 (2148)). Nachdem bisher die Auslage von Kopien in ausreichender Zahl zur Einsichtnahme durch erschienene Aktionäre genügte und eine Pflicht zur Ausgabe von Exemplaren zum Verbleib bei den Aktionären nicht bestand, kann die Möglichkeit zum Dokumentenausdruck nicht verlangt werden. Die **Verlesung der Vorlagen** in der Hauptversammlung ist weder erforderlich noch empfehlenswert und praktikabel (K. Schmidt/Lutter/*Drygala* Rn. 2; aA GK-AktG/*Brönner* Rn. 4). Die Unterlagen müssen in der Hauptversammlung bis zum Gewinnverwendungsbeschluss zugänglich sein (OLG Stuttgart 5.11.2008, DB 2008, 1521 (1527); GK-AktG/*E. Vetter* Rn. 29).

3 **2. Erläuterungspflicht des Vorstands (Abs. 1 S. 2 Hs. 1). a) Allgemeine Erläuterungspflicht.** Die Erläuterung des Vorstands soll eine **zusammenfassende schwerpunktmäßige Darstellung der Vorlagen** sein, die sich keinesfalls auf alle Einzelpunkte der Vorlagen bezieht, sondern die nach Ansicht des Vorstands und dem zu erwartenden Informationsbedarf der Aktionäre wesentliche Positionen, Ereignisse und Entwicklungen umfasst (KK-AktG/*Ekkenga* Rn. 9; MüKoAktG/*Hennrichs/Pöschke* Rn. 13).

4 **b) Besondere Angaben.** Eine ausdrückliche Erläuterungspflicht besteht nach § 176 Abs. 1 S. 3 hinsichtlich eines **Jahresfehlbetrags** (§ 275 Abs. 2 Nr. 20, Abs. 3 Nr. 19 HGB), um Aktionäre frühzeitig über negative Entwicklungen zu informieren. Daneben hat der Vorstand auf **Verluste** einzugehen, die das **Jahresergebnis wesentlich belastet** haben. Dies erfasst z B Verluste einzelner Sparten, belastende Sonderereignisse wie der negative Ausgang von Rechtsstreitigkeiten, Verlustübernahmen aus Unternehmensverträgen nach § 302 (KK-AktG/*Claussen/Korth* Rn. 7). Eine Sonderregelung für Banken rechtfertigt sich aus der Verrechnungsmöglichkeit nach § 340f Abs. 3 HGB.

5 **3. Erläuterungspflicht des Aufsichtsratsvorsitzenden (Abs. 1 S. 2 Hs. 2).** Die Erläuterung des Aufsichtsratsberichts ist **persönliche Amtspflicht** des Aufsichtsratsvorsitzenden, zu der der Aufsichtsrat keine Vorgaben beschließen kann. Die Ausführungen sollen über den schriftlichen Bericht hinausgehen und zusätzliche Informationen zu den Gegenständen des Aufsichtsratsberichts enthalten (MüKoAktG/*Hennrichs/Pöschke* Rn. 21; *E. Vetter* ZIP 2006, 257 (263)).

6 **4. Sanktionen bei Verstößen. Die Verletzung der Vorlagepflicht** des Vorstands nach § 176 Abs. 1 S. 1 führt zur Anfechtbarkeit der zu den Vorlagen gefassten Hauptversammlungsbeschlüsse (K. Schmidt/Lutter/*Drygala* Rn. 9; Hüffer/Koch/*Koch* Rn. 6). Eine **Missachtung der Erläuterungspflicht** des Vorstands nach § 176 Abs. 1 S. 1 bleibt, wie die Sollvorschrift deutlich macht, ohne Auswirkung auf die Wirksamkeit der Hauptversammlungsbeschlüsse (K. Schmidt/Lutter/*Drygala* Rn. 9; MüKoAktG/*Hennrichs/Pöschke* Rn. 24; GK-AktG/*E. Vetter* Rn. 67). Gleiches gilt, wenn der Aufsichtsratsvorsitzende seiner Informationspflicht nicht nachkommt (GK-AktG/*E. Vetter* Rn. 69; *E. Vetter* in Marsch-Barner/Schäfer AG-HdB Rn. 26.59). Bei unrichtigen Erläuterungen kommt eine Strafbarkeit in Betracht (§ 400 Abs. 1 Nr. 1). Die Missachtung der Erläuterungspflicht lässt das Auskunftsrecht der Aktionäre nach § 131 unberührt.

III. Teilnahmepflicht des Abschlussprüfers (Abs. 2)

7 **1. Teilnahmepflicht.** Ist ausnahmsweise die Zuständigkeit der Hauptversammlung zur Feststellung des Jahresabschlusses gegeben, ist der Abschlussprüfer zur Teilnahme an der Hauptversammlung verpflichtet. Gemeint ist die Teilnahme des verantwortlichen Prüfungsleiters (K. Schmidt/Lutter/*Drygala* Rn. 15; MüKoAktG/*Hennrichs/Pöschke* Rn. 28). Die Teilnahmepflicht beschränkt sich auf **Verhandlungen zum Tagesordnungspunkt Feststellung des Jahresabschlusses** (Hüffer/Koch/*Koch* Rn. 7), selbst dann, wenn die Verhandlungen mit Verhandlungen über Gewinnverwendung und Entlastung verbunden werden, wie dies § 175 Abs. 3 S. 2, § 120 Abs. 3 als Regelfall vorsehen (MüKoAktG/*Hennrichs/Pöschke* Rn. 26). Eine Teilnahmepflicht des Abschlussprüfers besteht auch, wenn die Hauptversammlung ausnahmsweise über die **Billigung des Konzernabschlusses** zu beschließen hat. Der Abschlussprüfer nimmt entsprechend guter Unternehmenspraxis üblicherweise an einer ordentlichen Hauptversammlung auch teil, wenn der Jahresabschluss bereits vom Aufsichtsrat festgestellt worden ist und die Hauptversammlung den Jahresabschluss nur entgegennimmt (*Hommelhoff* BB 1998, 2625 (2630)). Das AktG räumt ihm jedoch **kein Teilnahmerecht** ein (vgl. § 118). Der Versammlungsleiter kann den Abschlussprüfer zulassen, was regelmäßig konkludent geschieht. Im Streitfall muss die Hauptversammlung über seine Teilnahme entscheiden (Hüffer/Koch/*Koch* Rn. 8; MüKoAktG/*Hennrichs/Pöschke* Rn. 33).

8 **2. Auskunftserteilung.** Aktionären kommt nach § 176 Abs. 2 S. 3 kein Auskunftsrecht gegenüber dem Abschlussprüfer zu. Eine **Auskunftspflicht trifft stets nur Vorstand,** der bei Fragen zur Feststellung des Jahresabschlusses oder der Billigung des Konzernabschlusses den Abschlussprüfer

ansprechen oder ihn zur Beantwortung ermächtigen kann. Der Abschlussprüfer hat jedoch **kein eigenständiges Rederecht,** sondern bedarf der Erlaubnis durch den Vorstand (MüKoAktG/*Hennrichs/Pöschke* Rn. 37; GK-AktG/*E. Vetter* Rn. 81; aA *Hommelhoff* BB 1998, 2625 (2631)). Gegenüber dem Vorstand ist der Abschlussprüfer zur Auskunft hinsichtlich der Prüfung von Jahresabschluss und Konzernabschluss verpflichtet (MüKoAktG/*Hennrichs/Pöschke* Rn. 43; GK-AktG/*E. Vetter* Rn. 83).

3. Sanktionen. Die Verletzung der Teilnahmepflicht des Abschlussprüfers kann zur **Anfechtbarkeit des Feststellungsbeschlusses** der Hauptversammlung führen (KK-AktG/*Ekkenga* Rn. 19; GK-AktG/*E. Vetter* Rn. 85; aA Bürgers/Körber/*Reger* Rn. 12). Eine Relevanz des Verstoßes ist regelmäßig zu bejahen (K. Schmidt/Lutter/*Drygala* Rn. 18). Gleiches gilt, wenn der Vorstand dem Abschlussprüfer die Ermächtigung zur Auskunft versagt (Hüffer/Koch/*Koch* Rn. 10). IÜ haftet der Abschlussprüfer der Gesellschaft auf **Schadensersatz** im Rahmen von § 323 HGB (MüKoAktG/*Hennrichs/Pöschke* Rn. 47; GK-AktG/*E. Vetter* Rn. 87). 9

Vierter Abschnitt. Bekanntmachung des Jahresabschlusses

(aufgehoben)

177, 178

Sechster Teil Satzungsänderung. Maßnahmen der Kapitalbeschaffung und Kapitalherabsetzung

Erster Abschnitt. Satzungsänderung

Beschluß der Hauptversammlung

179 (1) [1]**Jede Satzungsänderung bedarf eines Beschlusses der Hauptversammlung.** [2]**Die Befugnis zu Änderungen, die nur die Fassung betreffen, kann die Hauptversammlung dem Aufsichtsrat übertragen.**

(2) [1]**Der Beschluß der Hauptversammlung bedarf einer Mehrheit, die mindestens drei Viertel des bei der Beschlußfassung vertretenen Grundkapitals umfaßt.** [2]**Die Satzung kann eine andere Kapitalmehrheit, für eine Änderung des Gegenstands des Unternehmens jedoch nur eine größere Kapitalmehrheit bestimmen.** [3]**Sie kann weitere Erfordernisse aufstellen.**

(3) [1]**Soll das bisherige Verhältnis mehrerer Gattungen von Aktien zum Nachteil einer Gattung geändert werden, so bedarf der Beschluß der Hauptversammlung zu seiner Wirksamkeit der Zustimmung der benachteiligten Aktionäre.** [2]**Über die Zustimmung haben die benachteiligten Aktionäre einen Sonderbeschluß zu fassen.** [3]**Für diesen gilt Absatz 2.**

Übersicht

I. Allgemeines

1 **1. Bedeutung der Norm.** Während der Abschluss des Gesellschaftsvertrages – der Satzung – nach § 23 übereinstimmende Willenserklärungen aller Gründer voraussetzt, ist eine Änderung grundsätzlich durch Mehrheitsbeschluss möglich. Der **Grundsatz der Abänderbarkeit** ist in § 179 niedergelegt. Insoweit ist die Vorschrift zwingend. Eine Satzungsklausel, nach der die Satzung oder eine einzelne ihrer Bestimmungen nicht abänderbar sein soll, ist nichtig. Sie kann ggf. dahin umgedeutet werden, dass ein einstimmiger Beschluss der Hauptversammlung erforderlich ist (GK-AktG/*Wiedemann* Rn. 4). Weiter bestimmt § 179 die **Alleinzuständigkeit der Hauptversammlung** für die Änderung der Satzung. Die Hauptversammlung kann die Zuständigkeit nicht auf ein anderes Gremium übertragen. Von diesem Grundsatz gibt es gesetzliche Ausnahmen, etwa die Möglichkeit, Fassungsänderungen nach Abs. 1 S. 2 auf den Aufsichtsrat zu delegieren.

2 Die Satzungsänderung hat fünf **Voraussetzungen:** Eine ordnungsgemäße **Bekanntmachung** des Beschlussgegenstandes nach § 121 Abs. 3 S. 2, § 124 Abs. 2 S. 2, § 124a, eine Stimmenmehrheit in der Hauptversammlung nach § 133 Abs. 1, eine qualifizierte **Kapitalmehrheit** nach § 179 Abs. 1, 2, eine notarielle Niederschrift nach § 130 und eine **Eintragung** im Handelsregister nach § 181. Einzelne Aktiengattungen werden durch **§ 179 Abs. 3** geschützt. Bei **§ 180** geht es dagegen um den Schutz des einzelnen Aktionärs vor unfreiwilligen Nebenverpflichtungen iSd § 55.

3 **2. Anwendungsbereich.** In der **Vor-AG** sind §§ 179, 180 f. nicht anwendbar (Hüffer/Koch/*Koch* § 41 Rn. 7, aA *Gummert* zum vergleichbaren Fall der Vor-GmbH → GmbHG § 53 Rn. 13). Die Satzung kann insoweit nur durch einstimmige Willenserklärungen aller Gründer geändert werden. In der **Liquidation** gelten §§ 179, 180 f. dagegen. Nach § 264 Abs. 3 sind aber Satzungsänderungen, die dem Zweck der Liquidation zuwiderlaufen, etwa eine Ausdehnung des Unternehmensgegenstandes, unzulässig (BGH 23.5.1957, BGHZ 24, 279 (286) = NJW 1957, 1279). Auch während des **Insolvenzverfahrens** kann die Satzung von der Hauptversammlung der Schuldnerin geändert werden. Keine Satzungsänderung ist die Festlegung des Geschäftsjahres so, wie es in der Satzung der AG nach § 155 InsO festgelegt ist (BGH 14.10.2014, NZG 2015, 157 Rn. 10 ff.). Die Zuständigkeiten der Hauptversammlung und des Insolvenzverwalters können sich überschneiden, so etwa bei einer Änderung der Firma im Rahmen von deren Verwertung. Dabei handelt es sich um eine Satzungsänderung. Für sie bleibt die Hauptversammlung zuständig, und die Satzungsänderung muss in das Handelsregister eingetragen werden. Dabei bleibt es auch in der Insolvenz. Zugleich ist diese Firmenänderung eine Verwertungshandlung im Rahmen der Insolvenzverwaltung. In diesem **Überschneidungs- oder Kooperationsbereich** ist auch der Insolvenzverwalter zuständig. Beide – Hauptversammlung und Insolvenzverwalter – können deshalb – abgesehen vom Insolvenzplanverfahren – nur gemeinsam handeln (BGH 26.11.2019, NZG 2020, 223 Rn. 38; MüKoAktG/Koch § 264 Rn. 44; KK-AktG/Zetzsche Rn. 162).

II. Satzungsänderung

4 **1. Formelle – materielle Satzungsänderung.** Satzungsänderung iwS ist jedes Einwirken auf den Text der Satzungsurkunde durch Einfügen oder Aufheben einer Bestimmung oder durch deren inhaltliche oder formale Veränderung (Hüffer/Koch/*Koch* Rn. 4). Soweit davon echte, **materielle Satzungsbestandteile** (→ § 23 Rn. 5) betroffen sind, richtet sich das Verfahren nach §§ 179, 180 f. Str. ist, ob das auch für eine Änderung bloß unechter, **formeller Satzungsbestandteile** (→ § 23 Rn. 5; → GmbHG § 53 Rn. 5 f.) gilt. Aus Gründen der Rechtssicherheit erstreckt ein Teil der Lehre die §§ 179, 180 f. auf jede Art der Satzungsänderung (MüKoAktG/*Stein* Rn. 32 f.; Hüffer/Koch/*Koch* Rn. 5 f.). Die wohl hM nimmt dagegen an, dass zur Änderung formeller Satzungsbestandteile ein Hauptversammlungsbeschluss mit **einfacher Mehrheit** genügt (KK-AktG/*Zetzsche* Rn. 199; K. Schmidt/Lutter/*Seibt* Rn. 9; GK-AktG/*Wiedemann* Rn. 51; → § 52 GmbHG Rn. 3; für Anfechtbarkeit *Drescher* → § 243 Rn. 5; zur GmbH s. BGH 2.7.2019; BGHZ 222, 323 Rn. 61 ff. = NZG 2019, 979; 6.6.1988, NJW 1989, 168 (169)), der in das Handelsregister einzutragen ist; insoweit für die GmbH aA UHL/*Ulmer* GmbHG § 53 Rn. 31 f.; insgesamt krit. *Meier* ZGR 2020, 124). Davon zu unterscheiden ist die Frage, ob ein solcher Beschluss zu einer Veränderung der Rechtslage führt. Das ist nur dann anzunehmen, wenn die Aufnahme einer individualvertraglichen Vereinbarung in die Satzung ausdrücklich oder im Wege der Auslegung auch eine Regelungskompetenz der Hauptversammlung begründen sollte. Im Übrigen gelten für die formellen Satzungsbestandteile die **allgemeinen Regeln.** Individual-

vertragliche Absprachen zwischen Aktionären oder zwischen der AG und Aktionären können also nur durch übereinstimmende Erklärungen der daran Beteiligten geändert werden, wobei für die AG der Vorstand handeln muss. Eine namentliche Erwähnung der Vorstandsmitglieder in der Satzung kann von der Hauptversammlung gestrichen werden; dadurch verlieren die Vorstandsmitglieder aber nicht ihr Amt. Das kann nur der Aufsichtsrat nach § 84 bewirken. Umgekehrt ist die Hauptversammlung nicht verpflichtet, gegenstandslos gewordene Satzungsbestandteile zu beseitigen.

2. Satzungsdurchbrechung. Von einer Satzungsdurchbrechung spricht man, wenn die Hauptversammlung mit einem Beschluss bewusst von der Satzung abweicht, ohne die Satzung iÜ ändern zu wollen (→ GmbHG § 53 Rn. 9 ff.). Das kann eine **punktuelle** Satzungsdurchbrechung sein, bei der sich der Satzungsverstoß in einem einmaligen Akt ohne längere zeitliche Wirkung erschöpft – etwa eine einmalige Sachausschüttung entgegen § 58 Abs. 5. Daneben gibt es die **zustandsbegründende** Satzungsdurchbrechung, bei der ein satzungswidriger Zustand für eine gewisse zeitliche Dauer begründet wird – etwa die Berufung eines Aufsichtsratsmitglieds, das die satzungsmäßig erforderlichen persönlichen Voraussetzungen nicht erfüllt. Ohne weiteres wirksam ist ein solcher Beschluss, wenn die Satzung – ggf. nach Auslegung – eine derartige Abweichung zulässt. 5

Ansonsten ist nach allgM jedenfalls die zustandsbegründende Satzungsdurchbrechung **unwirksam,** wenn nicht die **formellen Voraussetzungen** einer Satzungsänderung (→ Rn. 14 ff.) eingehalten sind (BGH 2.7.2019, BGHZ 122, 323 Rn. 70 = NZG 2019, 979, BGH 7.6.1993, BGHZ 123, 15 (19 f.) = NJW 1993, 2246 jeweils für die GmbH; OLG Köln 26.10.2000, AG 2001, 426). Das Gleiche nimmt die noch hM auch für punktuelle Satzungsdurchbrechungen an (GK-AktG/*Wiedemann* Rn. 97 ff.; KK-AktG/*Zetzsche* Rn. 211 ff.; aA bezüglich Eintragung *Priester* ZHR 151 (1987), 40 (53 f.); aA wohl auch BGH 25.11.2002, NZG 2003, 127 (128); offengelassen von BGH 7.6.1993, BGHZ 123, 15 (19 f.) = NJW 1993, 2246, jew. zur GmbH; krit. zum Ganzen *Leuschner* ZHR 180 (2016) 422; *Meyer* ZGR 2019, 973). Damit ist der Beschluss unwirksam, solange er nicht in das Handelsregister eingetragen ist. Insoweit bedarf es keiner Anfechtung. Wird er dagegen eingetragen, müssen etwaige weitere Mängel mit der Anfechtungsklage geltend gemacht werden (Spindler/Stilz/*Holzborn* Rn. 52; → § 243 Rn. 5). Eine Umdeutung des fehlerhaften Beschlusses in eine schuldrechtliche Nebenabrede der Aktionäre ist dagegen in engen Grenzen möglich und führt dann nicht zu einer Satzungsänderung (BGH 7.6.1993, BGHZ 123, 15 (19 f.) = NJW 1993, 2246). 6

Besteht nur objektiv eine Abweichung von der Satzung, hat die Hauptversammlung aber subjektiv die Satzung nicht durchbrechen wollen, handelt es sich um eine **unbewusste Satzungsverletzung.** Der Beschluss ist wirksam, aber anfechtbar, und zwar unabhängig von einer Eintragung im Handelsregister (OLG Frankfurt a. M. 9.11.1985, NJW-RR 1987, 158; KK-AktG/*Zetzsche* Rn. 19; zT abw. OLG Dresden 9.11.2011, NZG 2012, 507 für die GmbH; MüKoAktG/*Stein* Rn. 42). Insoweit ist die unbewusste Satzungsverletzung gegenüber der – bewussten – Satzungsdurchbrechung privilegiert. 7

3. Faktische Satzungsänderung. Dieser Begriff ist irreführend. Er meint nicht eine Satzungsänderung, sondern einen **Verstoß eines Verwaltungsorgans** gegen die Satzung, etwa eine Geschäftstätigkeit des Vorstands außerhalb des in der Satzung festgelegten Unternehmensgegenstandes (BGH 25.2.1982, BGHZ 83, 122 (130) = NJW 1982, 1703). Dadurch wird die Satzung nicht geändert. Das Organ verhält sich pflichtwidrig. Dennoch ist sein Handeln im Außenverhältnis idR wirksam. Es ist allerdings verpflichtet, sein satzungswidriges Verhalten abzustellen, was ggf. schonend zu geschehen hat. Das verantwortliche Organmitglied macht sich schadensersatzpflichtig und kann abberufen werden. Ist die satzungswidrige Geschäftstätigkeit für die Gesellschaft besonders vorteilhaft, kommt eine Pflicht der Aktionäre in Betracht, die Satzung entsprechend anzupassen (Hüffer/Koch/*Koch* Rn. 9). 8

Wird der in der Satzung festgelegte **Unternehmensgegenstand** durch den Vorstand **nicht ausgeschöpft,** kann auch das eine faktische Satzungsänderung sein (OLG Stuttgart 14.5.2003, ZIP 2003, 1981 (1987 ff.); OLG Köln 15.1.2009, ZIP 2009, 1469; *Feldhaus* BB 2009, 562 (563 ff.); *Kiesewetter/Spengler* Der Konzern 2009, 451 (457 ff.)). Dann muss der Satzung – ggf. im Wege der Auslegung – allerdings entnommen werden können, dass die Angaben über den Unternehmensgegenstand nicht nur Begrenzungsfunktion haben, sondern den Vorstand verpflichten sollen, den festgelegten Unternehmensgegenstand dauerhaft auszufüllen (OLG Stuttgart 13.7.2005, ZIP 2005, 1415). Ob der Unternehmensgegenstand durch eine Geschäftsführungsmaßnahme – etwa einen Beteiligungserwerb – **geändert** wird, hängt ebenfalls von einer Auslegung der Satzung ab (OLG Frankfurt a. M. 27.4.2007 – 5 U 34/07, juris Rn. 20 f.). 9

4. Gleichgestellte Geschäftsführungsmaßnahmen. Der BGH nimmt im Wege der offenen Rechtsfortbildung eine außerordentliche Zuständigkeit der Hauptversammlung für Geschäftsführungsmaßnahmen an, die so bedeutsam sind, dass ihre Auswirkungen einem Zustand **nahezu entsprechen,** der allein durch eine Satzungsänderung herbeigeführt werden kann (BGH 26.4.2004, BGHZ 159, 30 (42 ff.) = NJW 2004, 1860 – Gelatine; s. auch BGH 25.2.1982, BGHZ 83, 122 = NJW 1982, 1703 – Holzmüller; OLG Stuttgart 14.5.2003, ZIP 2003, 1981 (1987 ff.); OLG Stuttgart 13.7.2005, ZIP 2005, 1415; *Strohn* ZHR 182 (2018), 114 (144 ff.). In Betracht kommt dafür etwa eine Umgestaltung des von 10 der Gesellschaft beherrschten Konzerns dergestalt, dass bisherige Tochtergesellschaften zu Enkelgesellschaften werden und sich dadurch der Einfluss der Aktionäre der Muttergesellschaft „mediatisiert" (BGH 26.4.2004, BGHZ 159, 30 (47)). In den engen Grenzen dieser Rspr. bedarf es für die Geschäftsführungsmaßnahme eines Hauptversammlungsbeschlusses mit einer zwingenden 3/4-Kapitalmehrheit, ohne dass die Vertretungsmacht des Vorstands dadurch begrenzt würde. Das Gleiche gilt, wenn der Vorstand das Unternehmen ohne eine entsprechende Satzungsklausel in einen Konzern eingliedern will (*Strohn* ZHR 182 (2018), 114 (128 ff.)).

III. Zuständiges Organ (Abs. 1)

11 **1. Hauptversammlung.** Für die Satzungsänderung ist gem. Abs. 1 die Hauptversammlung zuständig. Davon lässt das Gesetz in engen Grenzen Ausnahmen zu, etwa in Abs. 1 S. 2 oder in § 202 Abs. 1, § 237 Abs. 6. Im Übrigen ist die Zuständigkeit der Hauptversammlung **zwingend.** Sie kann nicht auf ein anderes Organ übertragen werden. Ebenso wenig kann die Anmeldung einer Satzungsänderung nach § 181 in das Ermessen des Vorstands gestellt werden (LG Frankfurt a. M. 29.1.1990, ZIP 1990, 230; KK-AktG/*Zetzsche* Rn. 356). Eine Ausnahme bildete **Art. 2 § 3 FMStG.** Nach dieser Vorschrift war der Vorstand eines Unternehmens des Finanzsektors ermächtigt, mit Zustimmung des Aufsichtsrats und ohne Beteiligung der Hauptversammlung das Grundkapital bis zu 50 % zu erhöhen (abgedruckt in ZIP 2008, 2040 ff.; krit. zur Vereinbarkeit mit Art. 14 GG und Art. 25 GesR-RL *Seiler/Wittgens* ZIP 2008, 2245 (2247 ff.)).

12 **2. Aufsichtsrat.** Nach Abs. 1 S. 2 kann die Hauptversammlung die Befugnis zu Änderungen der Satzung, die nur die Fassung betreffen, auf den Aufsichtsrat übertragen. Der Hauptversammlungsbeschluss bedarf nach hM der Mehrheit des Abs. 2 (Hüffer/Koch/*Koch* Rn. 11). Die Ermächtigung kann auch schon in der Ursprungssatzung enthalten sein. Sie kann für einen **Einzelfall** oder – nach hM – **generell** erteilt werden (GK-AktG/*Wiedemann* Rn. 108). Sie betrifft den Aufsichtsrat als Gesamtorgan, kann aber auch auf einen bestimmten Aufsichtsratsausschuss bezogen sein. Nach hM kann dagegen nur der Aufsichtsrat selbst einen seiner Ausschüsse mit der Fassungsänderung betrauen (K. Schmidt/Lutter/*Seibt* Rn. 23, 25).

13 Unter Fassungsänderungen sind solche Veränderungen des Satzungstextes zu verstehen, die der Satzung keinen anderen Sinn geben. Darunter fallen **sprachliche Anpassungen,** etwa an eine geänderte Rechtschreibung, und die Streichung von **gegenstandslos gewordenen** Bestimmungen, etwa eines genehmigten Kapitals nach Ablauf der Frist des § 202 Abs. 1 oder einer bedingten Kapitalerhöhung nach Ausfall der Bedingung (OLG München 31.7.2014, NZG 2014, 1105). Die Abgrenzung ist fließend. In Zweifelsfällen ist die Übertragung unzulässig. Entsprechend anwendbar ist Abs. 1 S. 2 auf die **Formulierung** eines in der Hauptversammlung schon gefassten, aber noch nicht ausformulierten Beschlusses (LG Köln 7.3.2001, ZIP 2001, 572 (574)).

IV. Mehrheitserfordernis

14 **1. Gesetzliche Mehrheit (Abs. 2 S. 1).** Nach der allgemeinen Regel des § 133 Abs. 1 bedarf jeder Hauptversammlungsbeschluss der Mehrheit der abgegebenen **Stimmen.** Für den satzungsändernden Beschluss verlangt Abs. 2 S. 1 zusätzlich eine Mehrheit von ¾ des bei der Beschlussfassung vertretenen **Grundkapitals.** Bei Mehrstimmrechtsaktien (s. § 12 Abs. 2 iVm § 5 Abs. 1–6 EGAktG) kann die einfache Stimmenmehrheit, nicht aber auch die qualifizierte Kapitalmehrheit erreicht sein, bei Höchststimmrechten (s. § 134 Abs. 1 S. 2) ist das umgekehrte Ergebnis möglich (BGH 28.11.1974, NJW 1975, 212). Bezugsgröße für Abs. 2 S. 1 ist nach hM das bei der konkreten Beschlussfassung mit ja oder nein stimmende Kapital, nicht die Stimmenthaltungen und nicht das Kapital, das aus freiwilligen oder gesetzlichen Gründen nicht an der Abstimmung teilnimmt (Hüffer/Koch/*Koch* Rn. 14). Soll der **Gesellschaftszweck geändert** werden, also etwa die erwerbswirtschaftliche durch eine karitative Zweckrichtung ersetzt werden, ist nach hM gem. § 33 Abs. 1 S. 2 BGB die Zustimmung aller Aktionäre erforderlich, soweit die Satzung nicht für diesen Fall nach § 40 BGB eine andere Mehrheit vorsieht (MüKoAktG/*Stein* Rn. 132; offen gelassen von KG 3.9.2004, NZG 2005, 88 (89)). In bestimmten Fällen ordnet das Gesetz dagegen eine einfache Stimmenmehrheit an, zB in § 97 Abs. 2 S. 4 oder § 113 Abs. 1 S. 4.

15 **2. Satzungsmäßige Mehrheit (Abs. 2 S. 2).** Gem. Abs. 2 S. 2 kann die Satzung für Änderungsbeschlüsse eine andere **Kapitalmehrheit** bestimmen. Die Veränderung der Stimmen- (nicht Kapital-)mehrheit (→ Rn. 2) richtet sich dagegen nach § 133 (→ § 133 Rn. 1 ff.). Zu beachten sind zwingende Gesetzesbestimmungen, etwa § 97 Abs. 2 S. 4 oder § 113 Abs. 1 S. 4. Der Wille, eine andere Kapitalmehrheit zu bestimmen, muss sich **eindeutig** aus der Satzung ergeben. Die bloße Anordnung, dass die einfache Mehrheit der abgegebenen Stimmen genügen solle, soweit nicht zwingende gesetzliche Vorschriften entgegenstehen, reicht nicht (BGH 28.11.1974, NJW 1975, 212; s. auch BGH 29.6.1987, NJW 1988, 260 (261); problematisch die Differenzierung des LG Frankfurt a. M. 13.11.2001, AG 2002,

356 (357): „einfache Mehrheit der Stimmen" soll genügen). Anders ist es, wenn zwischen der Stimmenmehrheit und der Kapitalmehrheit unterschieden wird (BGH 13.3.1980, BGHZ 76, 191 (194 f.) = NJW 1980, 1465).

Aus der Formulierung „Kapitalmehrheit" ergibt sich, dass die **einfache Kapitalmehrheit** nicht unterschritten werden darf (BGH 28.11.1974, NJW 1975, 212 (213)). Erhöht werden darf die erforderliche Kapitalmehrheit dagegen grundsätzlich bis zur **Einstimmigkeit** aller abstimmenden oder auch aller in der Hauptversammlung anwesenden Aktionäre (MüKoAktG/*Stein* Rn. 95 ff.). Bei einer Publikumsgesellschaft wäre dann aber eine Satzungsänderung praktisch unmöglich. Deshalb hält die hM insoweit ein Einstimmigkeitserfordernis für unzulässig (Spindler/Stilz/*Holzborn* Rn. 124). Wird Einstimmigkeit aller, auch der nicht anwesenden Aktionäre verlangt, handelt es sich um ein „weiteres Erfordernis" iSd Abs. 2 S. 3 (→ Rn. 20). Auch die **Bezugsgröße** für die Kapitalmehrheit kann geändert werden. So kann etwa eine (qualifizierte) Mehrheit des gesamten stimmberechtigten Grundkapitals – an Stelle des in der Hauptversammlung vertretenen – verlangt werden (KK-AktG/*Zetzsche* Rn. 377 ff.). Für die Änderung des **Unternehmensgegenstandes** – und erst Recht des Gesellschaftszwecks – darf gem. Abs. 2 S. 2 nur eine größere Kapitalmehrheit bestimmt werden. 16

Bezieht sich die Anordnung einer höheren Mehrheit nur auf einzelne Beschlussgegenstände, ist ihre **Änderung** im Zweifel – ebenso wie bei der generellen Anordnung einer höheren Mehrheit – auch nur mit der höheren Mehrheit möglich (diff. für Personengesellschaften BGH 16.10.2012, NZG 2013, 63 Rn. 10 ff. = ZIP 2013, 65). Die einzelfallbezogene Anordnung einer geringeren Mehrheit kann dagegen im Zweifel nur mit der gesetzlichen oder der allgemein in der Satzung festgelegten Mehrheit abgeändert werden (MüKoAktG/*Stein* Rn. 121 f.). Vorrangig ist die Auslegung der Satzung. 17

3. Aufsichtsratsmehrheit. Wird die Fassungsänderung dem Aufsichtsrat übertragen, entscheidet er – als Plenum oder durch einen Ausschuss (→ Rn. 12) – mit einfacher Mehrheit. Der Beschluss bedarf keiner notariellen Beurkundung, ist aber in die Niederschrift nach § 107 Abs. 2 aufzunehmen (Hüffer/Koch/*Koch* Rn. 12). Ändert der Aufsichtsrat die Satzung auch inhaltlich, ist der Beschluss nichtig und darf nicht ins Handelsregister eingetragen werden. 18

V. Weitere Erfordernisse

1. Gesetzliche Erfordernisse. Weitere Erfordernisse für eine Satzungsänderung können sich aus dem Gesetz ergeben. So verlangt etwa **§ 180** die Zustimmung der betroffenen Aktionäre, soweit ihnen Nebenverpflichtungen auferlegt werden sollen. Das Gleiche gilt, wenn in Sonderrechte einzelner Aktionäre eingegriffen werden soll. 19

2. Satzungsmäßige Erfordernisse (Abs. 2 S. 3). Gemäß Abs. 2 S. 3 kann auch die Satzung weitere Erfordernisse für eine Satzungsänderung aufstellen. So kann die Abstimmung von einem bestimmten **Quorum** abhängig gemacht werden, etwa der Anwesenheit von Aktionären, die mindestens die Hälfte oder ¾ oder gar 100 % des Grundkapitals vertreten. Nach hM kann grundsätzlich auch die **Zustimmung aller,** also auch der in der Hauptversammlung nicht anwesenden **Aktionäre** vorgesehen werden (GK-AktG/*Wiedemann* Rn. 120). Die Satzung darf dadurch aber nicht im Ergebnis unabänderbar werden. Daher wird man die Anordnung der Zustimmung aller Aktionäre ebenso wie die eines Quorums von 100 % bei Publikumsgesellschaften nicht zulassen können (→ Rn. 16). Es können auch die **Modalitäten** der Abstimmung verschärft werden. So kann eine Wiederholung der Abstimmung angeordnet werden. 20

Wegen Verstoßes gegen den Grundsatz der Satzungsautonomie der Hauptversammlung ist eine Satzungsbestimmung **nichtig,** nach der für eine Satzungsänderung die **Zustimmung eines anderen Gremiums,** etwa des Aufsichtsrats oder eines Beirats, oder eines gesellschaftsfremden Dritten erforderlich sein soll. Nach hM soll das auch gelten für die Anordnung, dass eine Satzungsänderung einer geringeren als der sonst erforderlichen Mehrheit bedarf, wenn sie vom Aufsichtsrat vorgeschlagen oder gebilligt ist (MüKoAktG/*Stein* Rn. 148; aA OLG Stuttgart 16.6.1967, AG 1967, 265). 21

VI. Grenzen der Satzungsänderung

1. Keine Abweichung von zwingendem Recht. Durch eine Satzungsänderung können gem. **§ 23 Abs. 5** keine Bestimmungen in die Satzung aufgenommen werden, die von zwingenden Vorschriften des AktG abweichen. Ebenso wenig dürfen Satzungsbestandteile ersatzlos gestrichen werden, die nach § 23 Abs. 2, 3 in der Satzung enthalten sein müssen. Soweit verschiedene Aktiengattungen bestehen, ist Abs. 3 zu beachten. 22

2. Befristung/Bedingung. Die Satzungsänderung kann **befristet** werden. Dabei muss der Beginn bzw. das Ende der Wirksamkeit ohne Schwierigkeiten anhand eindeutiger Umstände für Dritte **erkennbar** sein (MüKoAktG/*Stein* Rn. 47). Die Satzungsänderung kann bereits vor dem Wirksamkeitszeitpunkt im Handelsregister eingetragen werden. Möglich ist auch ein **aufschiebend bedingter Hauptversammlungsbeschluss,** der bis zum Eintritt der Bedingung schwebend unwirksam ist und so lange 23 nicht ins Handelsregister eingetragen werden kann (LG Duisburg 9.12.1988, GmbHR 1990, 85 (86); Hüffer/Koch/*Koch* Rn. 26). Von dem bedingten Hauptversammlungsbeschluss zu unterscheiden ist die **bedingte Satzungsänderung.** Sie ist unzulässig, weil der Satzungsinhalt stets aus sich heraus feststellbar sein muss (GK-AktG/*Wiedemann* Rn. 161). Die hM nimmt aber an, dass eine bedingte Satzungsänderung eingetragen werden kann, wenn die Bedingung bereits eingetreten ist (*Lutter* FS Quack, 1991, 301 (314 f.); → GmbHG § 53 Rn. 17). Die Hauptversammlung kann den Vorstand auch anweisen, den satzungsändernden Beschluss erst nach Ablauf einer bestimmten Frist oder nach dem Eintritt eines bestimmten Ereignisses zur Eintragung **anzumelden** (sog. unechte Befristung oder Bedingung). Dabei darf dem Vorstand aber kein Ermessensspielraum eingeräumt werden (LG Frankfurt a. M. 29.1.1990, ZIP 1990, 230; *Grunewald* AG 1990, 133 (138)). Ist die Befristung oder Bedingung bis zur nächsten Hauptversammlung nicht eingetreten, muss ein neuer Beschluss gefasst werden.

24 **3. Rückwirkung.** Ob einem satzungsändernden Beschluss – von gesetzlichen Ausnahmen, etwa §§ 234 f., abgesehen – Rückwirkung beigelegt werden kann, richtet sich nach den **allgemeinen Grundsätzen** (GK-AktG/*Wiedemann* Rn. 163). Danach ist eine Rückwirkung unzulässig, wenn die Aktionäre oder Dritte auf den Bestand der Satzungsbestimmung **vertrauen** dürfen, was im Regelfall anzunehmen ist. So kann das Geschäftsjahr nicht rückwirkend geändert werden (OLG Schleswig 17.5.2000, NJW-RR 2000, 1425; zu § 155 InsO s. aber BGH 14.10.2014, NZG 2015, 157 Rn. 10 ff. = ZIP 2015, 88: keine Satzungsänderung), ebenso wenig die Vertretungsregeln für den Vorstand und die Festlegung zustimmungsbedürftiger Geschäfte nach § 111 Abs. 4 S. 2. Die Vergütung der Aufsichtsratsmitglieder kann nicht rückwirkend herabgesetzt werden, wohl aber kann sie rückwirkend erhöht werden.

VII. Aktiengattungen (Abs. 3)

25 **1. Allgemeines.** Durch Abs. 3 werden einerseits die Aktionäre vor einseitigen Eingriffen in die mit ihrer Aktiengattung verbundenen Vorteile geschützt, andererseits werden solche Eingriffe **erleichtert.** Ohne die Vorschrift wäre die Zustimmung sämtlicher betroffener Aktionäre erforderlich. Nach Abs. 3 reicht dagegen ein mit Mehrheit gefasster Sonderbeschluss.

26 **Verdrängt** wird Abs. 3 durch § 182 Abs. 2, § 222 Abs. 2. Danach bedarf es bei Kapitalveränderungen eines Sonderbeschlusses unabhängig von einer Benachteiligung der Gattung. Auch § 141, wonach bei der Aufhebung oder Beschränkung eines Vorzugs ein Sonderbeschluss der Vorzugsaktionäre erforderlich ist, geht dem Abs. 3 vor (OLG Köln 20.9.2001, NZG 2002, 966 (967)). Erforderlich ist daneben aber ein Beschluss der Stammaktionäre nach § 179 Abs. 2 (MüKoAktG/*Stein* Rn. 181).

27 **2. Voraussetzungen.** Ein Sonderbeschluss kommt nur in Betracht, wenn schon verschiedene **Aktiengattungen** (→ § 11 Rn. 6) bestehen, nicht aber, wenn sie erst gebildet werden sollen.

28 Voraussetzung ist weiter eine **Veränderung** im Verhältnis der Gattungen zueinander. Dazu muss entweder das Umfangsverhältnis durch Vergrößerung oder Verkleinerung einer Gattung verändert werden, oder die Änderung muss sich auf die rechtliche Ausgestaltung einer Gattung durch Beseitigung, Beschränkung, Hinzufügung oder Verstärkung von Rechten beziehen (K. Schmidt/Lutter/*Seibt* Rn. 51). Durch eine Kapitalerhöhung aus Gesellschaftsmitteln ändert sich das Verhältnis zwischen Stamm- und Vorzugsaktien zulasten der Stammaktien nur dann, wenn nicht gleichzeitig der Vorzugsdividendensatz entsprechend reduziert wird (OLG Stuttgart 11.2.1992, AG 1993, 94 (95)).

29 Die Änderung muss für eine Gattung **nachteilig** sein. Der bisherige rechtliche Status der Gattung muss sich verschlechtern. Das ist etwa bei der Umwandlung von stimmrechtslosen Vorzugsaktien in Stammaktien der Fall, weil dadurch das Stimmgewicht der alten Stammaktionäre „verwässert" wird (OLG Köln 20.9.2001, NZG 2002, 966 (967)). Nicht ausreichend ist eine Verbesserung der Rechte, die lediglich hinter der weitergehenden Verbesserung der Rechte anderer Gattungen zurückbleibt Dadurch kann allerdings der Gleichbehandlungsgrundsatz verletzt sein (OLG Celle 30.10.2002, NZG 2003, 184 (185); KK-AktG/*Zetzsche* Rn. 417).

30 Nach hM muss der Nachteil **unmittelbar** auf die Satzungsänderung zurückzuführen sein (MüKo-AktG/*Stein* Rn. 187 f.). Daran fehlt es etwa, wenn Gewinnchancen verringert werden (OLG Celle 30.10.2002, NZG 2003, 184 (185 f.)). Dagegen ist Unmittelbarkeit gegeben, wenn die Gewinnquote oder der prozentuale Stimmrechtseinfluss herabgesetzt wird (GK-AktG/*Wiedemann* Rn. 145).

31 Sind **mehrere Gattungen** betroffen, bedarf es mehrerer – getrennter – Sonderbeschlüsse. Wegen der **Warnfunktion** ist ein Sonderbeschluss selbst dann nötig, wenn die Satzungsänderung einstimmig beschlossen worden ist. In der Einmann-AG dürfte dagegen ein Sonderbeschluss entbehrlich sein (Hüffer/Koch/*Koch* Rn. 45; aA GK-AktG/*Wiedemann* 148).

32 **3. Verfahren.** Das Verfahren ist in **§ 138** geregelt (→ § 138 Rn. 1 ff.). Die Mehrheitsanforderungen richten sich nach § 179 Abs. 2. Sie können mit denen für die Satzungsänderung übereinstimmen, aber auch davon abweichend festgelegt sein. Als „weiteres Erfordernis" kann die Satzung etwa bestimmen,

dass der Sonderbeschluss innerhalb einer bestimmten Frist nach dem Satzungsänderungsbeschluss gefasst werden muss.

Der Sonderbeschluss ist ein zusätzliches Wirksamkeitserfordernis für die Satzungsänderung. Fehlt er, ist der Satzungsänderungsbeschluss **schwebend** – nach Verweigerung der Zustimmung endgültig – **unwirksam** (OLG Stuttgart 11.2.1992, AG 1993, 94) und darf nicht ins Handelsregister eingetragen werden. 33

Verpflichtung zur Übertragung des ganzen Gesellschaftsvermögens

179a (1) [1] **Ein Vertrag, durch den sich eine Aktiengesellschaft zur Übertragung des ganzen Gesellschaftsvermögens verpflichtet, ohne daß die Übertragung unter die Vorschriften des Umwandlungsgesetzes fällt, bedarf auch dann eines Beschlusses der Hauptversammlung nach § 179, wenn damit nicht eine Änderung des Unternehmensgegenstandes verbunden ist.** [2] **Die Satzung kann nur eine größere Kapitalmehrheit bestimmen.**

(2) [1] **Der Vertrag ist von der Einberufung der Hauptversammlung an, die über die Zustimmung beschließen soll, in dem Geschäftsraum der Gesellschaft zur Einsicht der Aktionäre auszulegen.** [2] **Auf Verlangen ist jedem Aktionär unverzüglich eine Abschrift zu erteilen.** [3] **Die Verpflichtungen nach den Sätzen 1 und 2 entfallen, wenn der Vertrag für denselben Zeitraum über die Internetseite der Gesellschaft zugänglich ist.** [4] **In der Hauptversammlung ist der Vertrag zugänglich zu machen.** [5] **Der Vorstand hat ihn zu Beginn der Verhandlung zu erläutern.** [6] **Der Niederschrift ist er als Anlage beizufügen.**

(3) **Wird aus Anlaß der Übertragung des Gesellschaftsvermögens die Gesellschaft aufgelöst, so ist der Anmeldung der Auflösung der Vertrag in Ausfertigung oder öffentlich beglaubigter Abschrift beizufügen.**

Übersicht

I. Allgemeines

Die Norm dient dem **Schutz der Aktionäre** bei der Übertragung des ganzen Gesellschaftsvermögens außerhalb der Fallgestaltungen des UmwG (BGH 25.2.1982, BGHZ 83, 122 (128) = NJW 1982, 1703 – Holzmüller, zu § 361 aF). Vor allem bei einer Übertragung auf den Mehrheitsaktionär mit gleichzeitiger Auflösung der AG (sog. **übertragende Auflösung,** → Rn. 13) besteht die Gefahr, dass eine unangemessene Gegenleistung vereinbart und so die Minderheitsaktionäre ohne vollen Ausgleich aus der Gesellschaft gedrängt werden. Durch die Beschränkung der Vertretungsmacht des Vorstands (→ Rn. 10 f.) und das Erfordernis eines Hauptversammlungsbeschlusses mit den Bindungen, denen auch der Mehrheitsaktionär unterliegt (→ Rn. 8), wird einem missbräuchlichen Verhalten vorgebeugt (BGH 16.11.1981, BGHZ 82, 188 (191 ff.) = NJW 1982, 933, zu § 361 aF). Die Minderheitsaktionäre können sich mit der Anfechtungsklage wehren (zum Spruchverfahren → Rn. 13). Die Vorschrift ist durch Art. 6 Nr. 3 UmwBerG 1994 eingefügt worden und hat den § 361 aF ersetzt. Ihre Stellung im Abschnitt der §§ 179 ff. ist unglücklich, weil die Vermögensübertragung nicht notwendig eine Satzungsänderung darstellt. 1

Eine Analogie zum Recht der **GmbH** hat der BGH entgegen der hM abgelehnt (BGH 8.1.2019, BGHZ 220, 354 Rn. 9 ff. = NZG 2019, 505; *Bredthauer* NZB 2008, 816 (818 f.); *Zintl/Singbartl* GWR 2015, 375 ff. aA *Hüren* RNotZ 2014, 77 (85 ff.); *Decker* NZG 2018, 447; *Werner* GmbHR 2018, 888). Er wendet stattdessen die Grundsätze des Missbrauchs der Vertretungsmacht an. Aus der Bedeutsamkeit des Geschäfts leitet er eine ungeschriebene Zuständigkeit der Gesellschafterversammlung ab. Kennt der Vertragspartner diese Zuständigkeit und ihre Verletzung durch den Geschäftsführer oder müssen sie sich 2 ihm geradezu aufdrängen, kann er keine Rechte aus dem Geschäft herleiten. Es bleibt abzuwarten, ob der BGH diese Überlegung auch auf die **KGaA** (dafür *Bergmann* FS E. Vetter, 2019, 79) und auf sonstige **Personengesellschaften** überträgt (anders noch BGH 9.1.1995, NJW 1995, 596; OLG Frankfurt a. M. 8.3.2019, ZinsO 2019, 1329; OLG Düsseldorf 23.11.2017, ZIP 2018, 72 (75 f.), auch zur Zustimmungspflicht aufgrund der Treuepflicht); *Meyer* GmbHR 2019, 973 (977); *Heckschen* AG 2019, 420 (422)). Im **Insolvenzverfahren** gilt § 179a nicht (weitergehend, auch nicht bei Insolvenzreife, *Brocker/Schulenburg* BB 2015, 1993 (1997 f.)).

II. Übertragung des ganzen Vermögens

3 **1. Verpflichtungsvertrag.** Zustimmungsbedürftig ist nur der Verpflichtungsvertrag. Die Erfüllungsgeschäfte können dagegen ohne Zustimmung abgeschlossen werden. Die Erfüllungsgeschäfte sind erforderlich, weil – anders als bei den Tatbeständen des UmwG – keine Gesamtrechtsnachfolge stattfindet.

4 **2. Vertragsgegenstand.** Die Gesellschaft muss sich verpflichten, ihr ganzes Vermögen zu übertragen. Im Gegensatz zu § 174 UmwG, wo es um die Übertragung des Vermögens „als Ganzes" geht, reicht bei § 179a die Übertragung des **wesentlichen Teils des Vermögens** aus. Die Vorschrift ist auch dann anwendbar, wenn unwesentliche einzelne Vermögensteile bei der Gesellschaft verbleiben (aA *Bredthauer* NZG 2008, 816 (817)). Unwesentlich ist das zurückbehaltene Vermögen, wenn die Gesellschaft damit nicht mehr in der Lage ist, entsprechend ihrem in der Satzung festgelegten **Unternehmensgegenstands** weiterhin, wenn auch in eingeschränktem Umfang, tätig zu sein; es reicht nicht, dass ein wesentlicher oder sogar den Schwerpunkt der bisherigen Unternehmenstätigkeit bildender, aber das Betriebsvermögen nicht ausschöpfender Vermögensteil übertragen wird (BGH 25.2.1982, BGHZ 83, 122 (128 f.) = NJW 1982, 1703 – Holzmüller, zu § 361 aF; aA MüKoAktG/*Stein* Rn. 18 f.). Entscheidend ist, ob – auch bei einer Mehrheit von Unternehmensgegenständen – jedenfalls ein wesentlicher Unternehmensbereich weiterbetrieben werden kann (OLG Düsseldorf 23.11.2017, ZIP 2018, 72 (76); *Hüren* RNotZ 2014, 77 (81); Hüffer/Koch/*Koch* Rn. 5). Dementsprechend kommt es nicht auf eine Übertragung auch des Passivvermögens an. Wird der Unternehmensgegenstand im zeitlichen Zusammenhang mit der Vermögensübertragung geändert, setzt § 179a voraus, dass der alte Unternehmensgegenstand mit dem verbleibenden Vermögen nicht hätte weiterverfolgt werden können (Hüffer/Koch/*Koch* Rn. 5, aA OLG Düsseldorf 9.12.1993, AG 1994, 228 (231 f.)). Nach § 242 BGB kann es einer Obergesellschaft verwehrt sein geltend zu machen, dass sich lediglich eine Tochtergesellschaft zur Übertragung ihres gesamten Vermögens verpflichtet habe (*Bayer/Lieder/Hoffmann* AG 2017, 717 (721)), Die Erstreckung des § 179a auf den wesentlichen Teil des Vermögens hat nachteilige Folgen für den Vertragspartner der Gesellschaft. Er kann oft nicht erkennen, ob die übertragenen Vermögensgegenstände das wesentliche Vermögen der Gesellschaft sind. Zu der vergleichbaren Norm des § 419 BGB aF hatte der BGH die Auffassung vertreten, der Erwerber müsse die Verhältnisse kennen, aus denen sich ergebe, dass er das gesamte Vermögen oder einen dem gleichgestellten Teil zu erwerben beabsichtige (BGH 19.2.1976, NJW 1976, 1398 (1400)). Diese Rspr. soll nach einer in der Lit. vertretenen Meinung auch auf § 179a zu übertragen sein (*Hüren* RNotZ 2014, 77 (82); aA *Stellmann/Stoeckle* WM 2011, 1983 (1986)).

5 **3. Kein Tatbestand des UmwG.** Die Vermögensübertragung darf nicht in den Rechtsformen des UmwG erfolgen. Es darf also **keine Gesamtrechtsnachfolge,** etwa in Form der Vermögensübertragung iSd § 174 UmwG, stattfinden, sondern der Vertrag muss auf die Übertragung der einzelnen Vermögensgegenstände nach den allgemeinen Vorschriften, etwa §§ 929 ff. BGB, gerichtet sein. Grundsätzlich kommt auch eine analoge Anwendung von Bestimmungen des UmwG auf die Verträge iSd § 179a nicht in Betracht. Zur möglichen Ausnahme bei der übertragenden Auflösung → Rn. 13.

III. Zustimmung der Hauptversammlung

6 **1. Allgemeines.** Die Zustimmung der Hauptversammlung muss sich auf den **gesamten Vertrag** einschließlich aller Nebenabreden beziehen, gleich ob der Vertragstext in einer einzigen Urkunde enthalten oder auf mehrere Urkunden aufgeteilt ist und ob an dem Vertrag auf einer oder beiden Seiten mehrere Parteien beteiligt sind (BGH 16.11.1981, BGHZ 82, 188 (195 ff.) = NJW 1982, 933, zu § 361 aF). Die Hauptversammlung kann sowohl in einen noch zu schließenden Vertrag **einwilligen** als auch einen bereits geschlossenen Vertrag **genehmigen** (BGH 16.11.1981, BGHZ 82, 188 (193 f.)). Soll die Vermögensübertragung zugleich eine **Satzungsänderung** darstellen, sind zwei Beschlüsse erforderlich, einer nach § 179 und einer nach § 179a (MüKoAktG/*Stein* Rn. 46 f.; Hüffer/Koch/*Koch* Rn. 9; aA KK-AktG/*Zetzsche* Rn. 79). Zusammengefasst werden können die Beschlussfassungen nur dann, wenn bei Ablehnung der Beschlussvorlage getrennte Beschlussfassungen vorgesehen sind, der Versammlungsleiter darauf hinweist und kein Aktionär dagegen Einwände erhebt (BGH 21.7.2003, BGHZ 156, 38 (41) = NJW 2003, 3412).

Erforderlich ist gem. § 133 Abs. 1 die **einfache Stimmenmehrheit** und gem. § 179a Abs. 1 S. 1 mindestens eine **¾-Kapitalmehrheit** (→ § 179 Rn. 2). Die Satzung kann nach § 179a Abs. 1 S. 2 nur eine größere Kapitalmehrheit vorsehen. Außerdem kann sie weitere Erfordernisse iSd § 179 Abs. 2 S. 3 aufstellen (Spindler/Stilz/*Holzborn* Rn. 21). Stimmberechtigt ist jeder Aktionär. Der Mehrheitsaktionär, auf den das Gesellschaftsvermögen übertragen werden soll, unterliegt **keinem Stimmverbot** (ebenso wie bei § 293, → § 293 Rn. 6). 7

2. Grenzen der Zustimmung. Der Mehrheitsaktionär, der mit seiner Hauptversammlungsmehrheit eine Zustimmung nach § 179a erteilt, braucht dafür **keine sachliche Rechtfertigung.** Das gilt auch dann, wenn das Vermögen auf ihn selbst übertragen werden soll (Hüffer/Koch/*Koch* Rn. 10). Dabei ist sicherzustellen, dass die **Gegenleistung** für die Vermögensübertragung dem marktüblichen Preis entspricht. Ist das nicht der Fall, kommt eine Anfechtung des Hauptversammlungsbeschlusses nach **§ 243 Abs. 2** in Betracht (zum Spruchverfahren → Rn. 13). Daneben ist ein Schadensersatzanspruch nach § 826 BGB oder **§§ 317 f.** gegen den Mehrheitsaktionär und die Organe möglich. Dagegen sind § 117 und § 62 Abs. 1 S. 1 nur eingeschränkt anwendbar, weil in einem Abhängigkeitsverhältnis – wie es in Bezug auf den Mehrheitsaktionär nach § 17 Abs. 2 vermutet wird – §§ 62, 117 durch § 311 weitgehend ausgeschlossen werden (BGH 31.5.2011, BGHZ 190, 7 Rn. 48 = NJW 2011, 2719; → § 311 Rn. 36 f.). Zur übertragenden Auflösung → Rn. 13. 8

3. Informationspflichten (Abs. 2). Abs. 2 ordnet eine Information der Aktionäre über den Beschlussgegenstand an. Der **gesamte Vertrag** einschließlich aller Nebenabreden muss ausgelegt (BGH 16.11.1981, BGHZ 82, 188 (195 ff.) = NJW 1982, 933) oder über die Internetseite der Gesellschaft zugänglich gemacht werden. Ein **Geheimhaltungsinteresse** der AG oder des Vertragspartners ist nicht anzuerkennen (BGH 15.1.2001, BGHZ 146, 288 (296 f.) = NJW 2001, 1277 – Altana/Milupa). Geht es um die Einwilligung in einen künftigen Vertragsschluss, ist der Vertragsentwurf auszulegen oder über die Internetseite zugänglich zu machen. Nach OLG Dresden (23.4.003, AG 2003, 433) soll bei einem Verkauf von Unternehmensbeteiligungen auch ein – deutschsprachiges – Bewertungsgutachten auszulegen sein, damit die Aktionäre die Angemessenheit des Kaufpreises beurteilen können. Bei einer **übertragenden Auflösung** werden teilw. auch ein Vorstandsbericht und eine Prüfung der Angemessenheit der Gegenleistung analog §§ 8 f. UmwG verlangt (*Henze* FS Peltzer, 2001, 181 (193 f.)). Entsprechend anwendbar ist Abs. 2, wenn der Vorstand einen Vermögensübertragungsvertrag einer Tochtergesellschaft gem. **§ 119 Abs. 2** zur Entscheidung der Hauptversammlung stellt (BGH 15.1.2001, BGHZ 146, 288 (294) = NJW 2001, 1277). § 179a Abs. 2 entspricht weitgehend den **§§ 293f, 293g** (→ § 293f Rn. 1 ff. und → § 293g Rn. 1 ff.). 9

IV. Rechtsfolgen

1. Wirksamkeitsvoraussetzung. Die Zustimmung der Hauptversammlung ist Wirksamkeitsvoraussetzung für den schuldrechtlichen Vermögensübertragungsvertrag. Die **Vertretungsmacht** des Vorstands ist insoweit **eingeschränkt** (Hüffer/Koch/*Koch* Rn. 1 f.). Bis zur Zustimmung ist der schon geschlossene Vertrag schwebend unwirksam, mit Verweigerung der Zustimmung wird er endgültig unwirksam (Hüffer/Koch/*Koch* Rn. 13). Der Zustimmungsbeschluss kann mit der Nichtigkeits- und **Anfechtungsklage** angegriffen werden. Die Anfechtung kann etwa auf Verstöße gegen die Informationspflichten aus Abs. 2 oder auf § 243 Abs. 2 gestützt werden. Zum Vorrang eines Spruchverfahrens → Rn. 13. Wird der Zustimmungsbeschluss für nichtig erklärt, ist der Vertrag nach **§ 812 BGB** rückabzuwickeln. 10

2. Vertragsschluss. Solange der Zustimmungsbeschluss nach § 179a fehlt, hat der Vorstand keine Vertretungsmacht für den Abschluss des Vermögensübertragungsvertrages (→ Rn. 10). Hat die Hauptversammlung dagegen zugestimmt, ist der Vorstand gem. § 83 Abs. 2 verpflichtet, den Vertrag zu schließen. Dabei ist nach § 311b Abs. 3 BGB die **notarielle Beurkundung** erforderlich (*Hüren* RNotZ 2014, 77 (91 ff.)). Die dinglichen Erfüllungsgeschäfte sind ebenfalls vom Vorstand abzuschließen. Eine Gesamtrechtsnachfolge findet nicht statt (→ Rn. 5). Die Gegenleistung tritt an die Stelle des weggegebenen Vermögens (*Brocker/Schulenburg* BB 2015, 1993 (1996)) und unterliegt den gleichen Bindungen, etwa nach § 57 oder §§ 311, 317. 11

V. Vermögensübertragung und Auflösung (Abs. 3)

1. Allgemeines. Abs. 3 ergänzt den § 263 S. 1. Im Falle einer gleichzeitigen Auflösung und Veräußerung des gesamten Gesellschaftsvermögens ist nicht nur die Auflösung zum **Handelsregister** anzumelden. Es ist auch eine Ausfertigung oder öffentlich beglaubigte Abschrift des Vermögensübertragungsvertrages beizufügen. Im Übrigen ist die Gegenleistung iRd Abwicklung nach §§ 271 f. an die Aktionäre zu verteilen. Auch auf Vermögensübertragungen **während der Liquidation** ist § 179a anwendbar (Hüffer/Koch/*Koch* Rn. 24). 12

13 **2. Übertragende Auflösung.** Nach hM kann ein Auflösungsbeschluss auch mit einem Beschluss über die Zustimmung zur Übertragung des gesamten Gesellschaftsvermögens **auf den Mehrheitsaktionär** oder eine von ihm abhängige Gesellschaft verbunden werden (sog. **übertragende Auflösung,** BVerfG 23.8.2000, NJW 2001, 279 – Moto Meter AG; *Lutter/Drygala* FS Kropff, 1997, 191; einschr. Lutter UmwG/*Lutter* UmwG Einl. Rn. 55). Das soll allerdings treuwidrig sein, wenn die Minderheitsaktionäre nicht die rechtliche Möglichkeit haben, ihrerseits das Gesellschaftsvermögen aus der Liquidationsmasse zu erwerben (BGH 1.2.1988, BGHZ 103, 184 (193 ff.) = NJW 1988, 1579 – Linotype; *Henze* ZIP 1995, 1473; einschr. OLG Stuttgart 21.12.1993, ZIP 1995, 1515 (1519 f.)). Darüber hinaus ist die Schranke des **Art. 14 GG** zu beachten. Danach darf das in den Aktien verbriefte Vermögensrecht der Minderheitsaktionäre durch eine von dem Mehrheitsaktionär erzwungene Maßnahme nur dann beeinträchtigt werden, wenn dafür ein **voller Ausgleich** geleistet wird (s. etwa BVerfG 19.9.2007, ZIP 2007, 2121). Das BVerfG hat klargestellt, dass die Angemessenheit der für die Vermögensübertragung gewährten Gegenleistung einer **Wertkontrolle** unterliegen muss (BVerfG 23.8.2000, NJW 2001, 279 (280 f.) – Moto Meter). Dementsprechend nimmt ein Teil des Schrifttums an, dass bei einer übertragenden Auflösung das herrschende Unternehmen in Analogie zu konzern- und umwandlungsrechtlichen Vorschriften eine Barabfindung zu zahlen habe, deren Angemessenheit analog § 305 Abs. 5 und §§ 176, 34 UmwG im **Verfahren nach dem SpruchG** nachzuprüfen sei (*Wiedemann* ZGR 1999, 857 (865 ff.); Hüffer/Koch/*Koch* Rn. 22). Die Rspr. folgt dem bisher nicht, sondern prüft die Angemessenheit der Gegenleistung im Rahmen des **Anfechtungsprozesses** (BayObLG 17.9.1998, NJW-RR 1999, 1559; OLG Stuttgart 4.12.1996, ZIP 1997, 362; offengelassen von BGH 16.11.1981, BGHZ 82, 188 (193) = NJW 1982, 933 zu § 361 aF; s. auch BGH 8.10.2013, NZG 2013, 1342 zur Ablehnung des Verfahrens nach dem SpruchG beim Delisting und BVerfG 5.11.2015, NZG 2016, 61). Das hat – neben der ungünstigeren Beweislage für den Anfechtungskläger – vor allem den Nachteil, dass bei Unangemessenheit der Gegenleistung der Beschluss insgesamt für nichtig erklärt wird, während allen Beteiligten besser gedient wäre, wenn nur der Gegenleistungsanspruch entsprechend erhöht würde, iÜ aber die Zustimmung und damit der Vertrag bestehen bliebe. Ein Spruchverfahren ohne ein Pflichtangebot oder einen ergänzenden Barabfindungsanspruch der Aktionäre, in dem nur die vertraglich vereinbarte und der Gesellschaft geschuldete Gegenleistung auf ihre Marktüblichkeit geprüft werden könnte (so MüKoAktG/*Stein* Rn. 87 f.; Spindler/Stilz/*Holzborn* Rn. 44 f.), ist dagegen systemfremd und daher abzulehnen (im Erg. ebenso – aber mit Einschränkung – Spindler/Stilz/*Drescher* SpruchG § 1 Rn. 19). Mit einer Prüfung im Spruchverfahren einher ginge jedenfalls der Ausschluss der Anfechtungsklage hins. der Angemessenheit der Gegenleistung analog den entsprechenden konzern- und umwandlungsrechtlichen Vorschriften – etwa § 305 Abs. 5 oder § 32 UmwG.

Zustimmung der betroffenen Aktionäre

180 (1) **Ein Beschluß, der Aktionären Nebenverpflichtungen auferlegt, bedarf zu seiner Wirksamkeit der Zustimmung aller betroffenen Aktionäre.**

(2) **Gleiches gilt für einen Beschluß, durch den die Übertragung von Namensaktien oder Zwischenscheinen an die Zustimmung der Gesellschaft gebunden wird.**

I. Allgemeines

1 § 180 bezweckt in Ergänzung zu § 179 den **Schutz** der Aktionäre vor einer Auferlegung oder Vermehrung von Nebenverpflichtungen und vor einer Einschränkung der Umlauffähigkeit ihrer Aktien. Insoweit sind nicht nur die Anforderungen an eine Satzungsänderung nach § 179 einzuhalten, sondern sämtliche betroffenen Aktionäre müssen der Maßnahme zustimmen. Soll in **Sonderrechte** einzelner Aktionäre eingegriffen werden, etwa in ihr Recht auf Entsendung eines Aufsichtsratsmitglieds nach § 101 Abs. 2, bedarf es ebenfalls einer Zustimmung der betroffenen Aktionäre.

II. Nebenverpflichtungen (Abs. 1)

2 Von § 180 werden nur satzungsmäßige Nebenverpflichtungen iSd **§ 55** erfasst (→ § 55 Rn. 1 ff.). Rein schuldrechtliche Pflichten können ohnehin nicht durch Beschluss der Hauptversammlung begründet werden (→ § 179 Rn. 4). Die Nebenverpflichtungen müssen den Aktionären durch eine Satzungsänderung **auferlegt** werden. Gleich zu behandeln ist eine **nachteilige Veränderung** der Rechtsstellung der Aktionäre, etwa durch Vermehrung ihrer Pflichten (BGH 20.9.2004, BGHZ 160, 253 (258 f.) = NJW 2004, 3561) oder Reduzierung der Gegenleistung. Nach hM steht dem die Verlängerung der satzungsmäßigen Dauer einer Nebenleistungs-AG gleich (Hüffer/Koch/*Koch* Rn. 3). Bloß **vorteilhafte** oder neutrale Veränderungen werden von § 180 nicht erfasst. Ebenso wenig greift die Vorschrift ein, wenn die AG von einem in der Satzung enthaltenen Leistungsbestimmungsrecht iSd §§ 315 ff. BGB Gebrauch macht.

Werden durch eine **Kapitalerhöhung** aus Gesellschaftsmitteln Aktien mit Nebenverpflichtungen geschaffen, bedarf es der Zustimmung aller Aktionäre, weil diese Aktien den Aktionären nach § 212 automatisch zuwachsen. Bestehen die Nebenverpflichtungen dagegen schon, ändert sich gem. § 216 Abs. 3 S. 2 durch die Kapitalerhöhung an der Gesamtlast nichts, so dass es jedenfalls insoweit keiner Zustimmung bedarf (MüKoAktG/*Stein* Rn. 7). Haben die Aktionäre ein Bezugsrecht aus einer realen Kapitalerhöhung, sollen sie nach hM der Schaffung von allein mit den neuen Aktien verbundenen Nebenverpflichtungen nicht zustimmen müssen, da es ihnen freistehe, das Bezugsrecht auszuüben (MüKoAktG/*Stein* Rn. 7; aber → Rn. 5). 3

III. Vinkulierung (Abs. 2)

Von Abs. 2 wird die nachträgliche, nicht schon in der Ursprungssatzung angeordnete Vinkulierung von Aktien oder Zwischenscheinen nach **§ 68 Abs. 2, 4** erfasst. Gleichgestellt ist – wie bei Abs. 1 – die Verschärfung der Bedingungen der Vinkulierung, etwa die Streichung von Voraussetzungen für die Verweigerung der Zustimmung zu der Aktienübertragung (KK-AktG/*Zetzsche* Rn. 22) oder der Möglichkeit, Aktien zustimmungsfrei auf Mitaktionäre zu übertragen (OLG München 23.1.2008, GmbHR 2008, 541 (542)). Sollen bei einer **Verschmelzung** die Aktien der aufnehmenden AG vinkuliert werden, bedarf es der Zustimmung der davon betroffenen Aktionäre. Wegen § 29 Abs. 1 S. 2 UmwG nicht zustimmungsbedürftig ist dagegen die Vinkulierung von Aktien, die den Aktionären der übertragenden AG angeboten werden sollen (Hüffer/Koch/*Koch* Rn. 6). Von weiteren Voraussetzungen, etwa einer Unterschriftsbeglaubigung, darf die Aktienübertragung nicht abhängig gemacht werden (BGH 20.9.2004, BGHZ 160, 253 = NJW 2004, 3561). 4

Eine **Kapitalerhöhung,** bei der die neu ausgegebenen Aktien vinkuliert werden, bedarf keiner Zustimmung der Altaktionäre, wenn auch schon die Altaktien vinkuliert waren. Waren sie teilw. vinkuliert, müssen diejenigen Aktionäre nach § 180 Abs. 2 zustimmen, die nicht vinkulierte Altaktien haben und ein Bezugsrecht auf vinkulierte Neuaktien erhalten. Wird bei den Neuaktien **erstmals** eine Vinkulierung eingeführt, müssen die Altaktionäre zustimmen, es sei denn, ihr Bezugsrecht ist ausgeschlossen (GK-AktG/*Wiedemann* Rn. 14 ff.). Schutzbedürftig sind jeweils nur die Altaktionäre, nicht die gesellschaftsfremden Zeichner der Neuaktien. 5

IV. Zustimmung

Die Zustimmung nach § 180 kann formlos, auch außerhalb der Hauptversammlung, erteilt werden. Sie muss von **jedem** betroffenen Aktionär erklärt werden. Ein Mehrheitsbeschluss genügt nicht. Bis zum Vorliegen sämtlicher Zustimmungen ist der Satzungsänderungsbeschluss **schwebend unwirksam** und darf nicht im Handelsregister eingetragen werden. Verweigert auch nur ein Aktionär die Zustimmung, ist der Beschluss endgültig unwirksam (BGH 20.9.2004, BGHZ 160, 253 (258 f.) = NJW 2004, 3561). Bei einem Kapitalerhöhungsbeschluss mit Vinkulierung der Neuaktien ist allerdings nur die **Vinkulierung** unwirksam, nicht auch die Kapitalerhöhung (KK-AktG/*Zetzsche* Rn. 30). Der Beschluss kann auch so gefasst werden, dass die Nebenverpflichtungen oder die Vinkulierung nur für die Aktionäre gelten sollen, die zugestimmt haben (Spindler/Stilz/*Holzborn* Rn. 16). Das **Registergericht** prüft, ob die erforderlichen Zustimmungen erteilt worden sind. Dabei kann nach hM eine entsprechende Bescheinigung des Vorstands zum Nachweis genügen (Hüffer/Koch/*Koch* Rn. 10). Bei der Einführung oder Verschärfung einer Nebenverpflichtung werden die Aktienurkunden wegen § 55 Abs. 1 S. 3 unrichtig. Sie sind anzupassen. Gegebenenfalls ist nach **§ 73** vorzugehen. 6

Eintragung der Satzungsänderung

181 (1) [1]**Der Vorstand hat die Satzungsänderung zur Eintragung in das Handelsregister anzumelden.** [2]**Der Anmeldung ist der vollständige Wortlaut der Satzung beizufügen; er muß mit der Bescheinigung eines Notars versehen sein, daß die geänderten Bestimmungen der Satzung mit dem Beschluß über die Satzungsänderung und die unveränderten Bestimmungen mit dem zuletzt zum Handelsregister eingereichten vollständigen Wortlaut der Satzung übereinstimmen.**

(2) **Soweit nicht die Änderung Angaben nach § 39 betrifft, genügt bei der Eintragung die Bezugnahme auf die beim Gericht eingereichten Urkunden.**

(3) **Die Änderung wird erst wirksam, wenn sie in das Handelsregister des Sitzes der Gesellschaft eingetragen worden ist.**

Die Vorschrift steht im Zusammenhang mit §§ 36 ff. und §§ 8 ff. HGB und bewirkt auch für Satzungsänderungen **Registerkontrolle** und **Publizität.** Zuständig für die Anmeldung ist grundsätzlich der Vorstand. Ergänzende Bestimmungen gelten für Kapitalveränderungen. Sie sind gem. §§ 184, 188, 1

195, 207, 223, 229, 237 von Vorstand und Aufsichtsratsvorsitzendem gemeinsam anzumelden. Neben dem Wortlaut der geänderten Satzung ist die Niederschrift über die Satzungsänderung nach § 130 einzureichen. Darin sollte der Text des gefassten Beschlusses enthalten sein. Es genügt aber, wenn sich der Text aus der Einladung ergibt und darauf in der Niederschrift Bezug genommen wird (OLG Frankfurt a. M. 10.5.2010, MittBayNot 2011, 165 f.). Bei einer „Neufassung" der Satzung ist zu prüfen, ob nicht doch nur einzelne Satzungsbestimmungen geändert worden sind (BGH 19.5.2015, NZG 2015, 867 Rn. 35). Zur notwendigen Konkretisierung des Inhalts der Eintragung OLG Düsseldorf 18.2.2014, NZG 2015, 202. Im Übrigen entspricht § 181 der Regelung des **§ 54 GmbHG.** Auf die Erläuterungen dort (→ GmbHG § 54 Rn. 1 ff.) wird verwiesen.

Zweiter Abschnitt. Maßnahmen der Kapitalbeschaffung

Erster Unterabschnitt. Kapitalerhöhung gegen Einlagen

Voraussetzungen

182 (1) [1] **Eine Erhöhung des Grundkapitals gegen Einlagen kann nur mit einer Mehrheit beschlossen werden, die mindestens drei Viertel des bei der Beschlußfassung vertretenen Grundkapitals umfaßt.** [2] **Die Satzung kann eine andere Kapitalmehrheit, für die Ausgabe von Vorzugsaktien ohne Stimmrecht jedoch nur eine größere Kapitalmehrheit bestimmen.** [3] **Sie kann weitere Erfordernisse aufstellen.** [4] **Die Kapitalerhöhung kann nur durch Ausgabe neuer Aktien ausgeführt werden.** [5] **Bei Gesellschaften mit Stückaktien muß sich die Zahl der Aktien in demselben Verhältnis wie das Grundkapital erhöhen.**

(2) [1] **Sind mehrere Gattungen von stimmberechtigten Aktien vorhanden, so bedarf der Beschluß der Hauptversammlung zu seiner Wirksamkeit der Zustimmung der Aktionäre jeder Gattung.** [2] **Über die Zustimmung haben die Aktionäre jeder Gattung einen Sonderbeschluß zu fassen.** [3] **Für diesen gilt Absatz 1.**

(3) **Sollen die neuen Aktien für einen höheren Betrag als den geringsten Ausgabebetrag ausgegeben werden, so ist der Mindestbetrag, unter dem sie nicht ausgegeben werden sollen, im Beschluß über die Erhöhung des Grundkapitals festzusetzen.**

(4) [1] **Das Grundkapital soll nicht erhöht werden, solange ausstehende Einlagen auf das bisherige Grundkapital noch erlangt werden können.** [2] **Für Versicherungsgesellschaften kann die Satzung etwas anderes bestimmen.** [3] **Stehen Einlagen in verhältnismäßig unerheblichem Umfang aus, so hindert dies die Erhöhung des Grundkapitals nicht.**

Übersicht

I. Allgemeines

1 § 182 ist die **Grundnorm für die ordentliche Kapitalerhöhung gegen Einlagen.** Ihr wesentlicher Regelungsgehalt besteht zum einen in der Definition der Zuständigkeit der Hauptversammlung, die iÜ auch gemeinschaftsrechtlich vorgegeben ist (so Art. 25 Kapital-RL 1977 (RL 77/91/EWG), ABl. 1977 L 26, 1). Die Zuständigkeit der Hauptversammlung folgt ferner daraus, dass jegliche Veränderung des satzungsgemäßen Grundkapitals der Gesellschaft eine Änderung der Satzung der Gesellschaft dar-

stellt, mithin die Vorgaben der §§ 179 ff. einzuhalten sind. Darüber hinaus regelt die Norm die Einzelheiten der bei der Beschlussfassung zu beachtenden Förmlichkeiten und sachlichen Vorgaben. Hieraus ergibt sich nach dem gesetzlichen Modell konkret folgender Ablauf einer Kapitalerhöhung gegen Einlagen, der in der Praxis allerdings im Einzelfall auch in noch näher darzustellendem Umfang modifiziert sein kann: In einem ersten Schritt beschließt die Hauptversammlung die Erhöhung des Grundkapitals mit der in § 182 Abs. 1 geforderten Mehrheit. Dieser Beschluss ist gem. § 184 von Vorstand und vom Aufsichtsratsvorsitzenden zur Eintragung in das Handelsregister anzumelden. Vor, zeitgleich mit oder auch nach dieser Handelsregisteranmeldung erfolgt die Zeichnung der neuen Aktien durch diejenigen, die im Kapitalerhöhungsbeschluss zur Übernahme neuer Aktien zugelassen wurden. Diese Zeichnung stellt den ersten Schritt der Durchführung der Kapitalerhöhung iSv § 188 Abs. 1 dar. Im Anschluss an die Zeichnung sind die im Zeichnungsvertrag zu erbringenden Einlagen zu leisten und die in § 188 Abs. 2 und 3 genannten Unterlagen beizubringen. Nach deren Vorliegen haben der Vorstand und der Vorsitzende des Aufsichtsrats gem. § 188 die Durchführung der Erhöhung des Grundkapitals zur Eintragung in das Handelsregister anzumelden. Mit Eintragung der Durchführung der Erhöhung des Grundkapitals in das Handelsregister ist das Grundkapital gem. § 189 erhöht. Im Anschluss an die Eintragung in das Handelsregister können gem. § 191 die neuen Anteilsrechte übertragen oder neue Aktien ausgegeben werden. In der Praxis kommt es allerdings nicht selten vor, dass die Anmeldung des Beschlusses über die Kapitalerhöhung iSv § 184 und die Anmeldung der Durchführung über die Erhöhung des Grundkapitals miteinander verbunden werden, was insbesondere dann sachgerecht und sinnvoll sein kann, wenn die Einzahlung der Erhöhungsbeträge zeitlich kurz nach dem Beschluss über die Kapitalerhöhung erfolgen soll. Liegt ein größerer Zeitraum zwischen dem Beschluss der Hauptversammlung über die Erhöhung des Grundkapitals und deren Durchführung, bietet es sich in der Praxis an, beide Handelsregisteranmeldungen separat voneinander vorzunehmen. Bei Publikumsgesellschaften ist es häufig auch so, dass Platzierungsrisiken in der Weise aufgefangen werden sollen, dass sich die in die Durchführung der Kapitalerhöhung eingebundenen Banken bereits vor dem Kapitalerhöhungsbeschluss gegenüber der Gesellschaft zur Zeichnung der neuen Aktien verpflichten und diese dann an übernahmewillige Aktionäre und Dritte veräußern (vgl. hierzu auch Grigoleit/*Rieder/Holzmann* Rn. 4). Die Rechtsbeziehungen zwischen der Gesellschaft und der Emissionsbank werden bei einer derartigen **Fremdemission** im sogenannten Übernahmevertrag geregelt, in dem die Emissionsbank (mit unterschiedlicher Bindungswirkung im Einzelnen) sich verpflichtet, die Kapitalmaßnahme durchzuführen (vgl. hierzu iE MüKoAktG/*Schürnbrand* Rn. 7).

II. Der Beschluss über die Kapitalerhöhung

Der Hauptversammlungsbeschluss über die Kapitalerhöhung schafft den **gesellschaftsrechtlichen Rahmen** für die beabsichtigte Kapitalmaßnahme. Dieser Rahmen wird anschließend (ganz oder teilweise) durch die rechtsgeschäftlichen Zeichnungserklärungen der zur Zeichnung zugelassenen Personen ausgefüllt und registerlich vollzogen. Wirksam und unanfechtbar ist der Kapitalerhöhungsbeschluss, wenn er die formellen und materiellen Vorgaben des Gesetzes und ggf. der Satzung beachtet. 2

1. Die formellen Anforderungen an den Kapitalerhöhungsbeschluss. In **formeller Hinsicht** sind die Beachtung der Formvorschriften, die Mehrheitserfordernisse, die Notwendigkeit etwaiger Sonderbeschlüsse sowie etwaige satzungsgemäße formelle Vorgaben zu beachten. 3

a) Das Erfordernis der notariellen Beurkundung. Da jede Veränderung des Grundkapitals der AG zugleich eine Satzungsänderung ist, muss der Beschluss den **allgemeinen Anforderungen an Satzungsänderungen gem. §§ 179 ff. genügen.** In Übereinstimmung hiermit bestimmt § 182 Abs. 1 S. 1 dass die Erhöhung des Grundkapitals nur mit einer Mehrheit beschlossen werden kann, die mindestens ¾ des bei der Beschlussfassung vertretenen Grundkapitals umfasst. In Folge dessen muss jede Erhöhung des Grundkapitals – und zwar auch bei nicht börsennotierten Gesellschaften, da die Voraussetzungen des § 130 Abs. 1 S. 3 gerade nicht vorliegen – notariell beurkundet werden. Als Maßnahme, die die Gesellschaftsstruktur verändert und im Handelsregister verlautbart wird, muss die **Beurkundung durch einen deutschen Notar** erfolgen. Das Erfordernis der notariellen Beurkundung dient unter anderem der formellen und materiellen Richtigkeitsgewähr, die ihrerseits die Richtigkeit des Handelsregisters und zugleich eine Entlastung der staatlichen Stellen der vorsorgenden Rechtspflege gewährleistet (BGH 24.10.1988, BGHZ 105, 324 (338); Scholz/*Priester* GmbHG § 53 Rn. 75). Dieses Ziel kann nur durch Einschaltung einer Person erreicht werden, deren hinreichende Kenntnis des deutschen Rechts feststeht und die vom Staat zur Erfüllung eben dieser Aufgabe eingesetzt wurde. Die Beurkundung durch einen ausländischen Notar genügt diesen Anforderungen nicht (vgl. dazu für die GmbH auch MHLS/*Hermanns* GmbHG § 55 Rn. 7). 4

Hinsichtlich des **Beurkundungsverfahrens** hat der Notar die Wahl, ob er das Protokoll nach den Vorschriften über die Beurkundung von Willenserklärungen gem. §§ 8 ff. BeurkG oder als Tatsachenprotokoll nach §§ 36 ff. BeurkG durchführt. Entscheidet sich der Notar – wie bei börsennotierten Aktiengesellschaften regelmäßig – für das Verfahren der Tatsachenbeurkundung nach §§ 36 ff. BeurkG, 5 muss allerdings zwingend darauf geachtet werden, dass das Protokoll nicht zugleich beurkundungsbedürftige Willenserklärungen – etwa Verzichtserklärungen oder Zustimmungserklärungen, die der Beurkundung bedürfen – enthält, da diese im Verfahren nach §§ 36 ff. BeurkG nicht ordnungsgemäß und wirksam beurkundet wären. Auch wenn eine solche Willenserklärung in einem Tatsachenprotokoll nach §§ 36 ff. BeurkG nicht wirksam beurkundet (und damit formunwirksam) ist, gibt das Tatsachenprotokoll doch Beweis darüber, dass die Erklärung überhaupt abgegeben wurde, sodass der Beweis der Abgabe einer solchen Willenserklärung auch durch die Vorlage eines solchen, die Willenserklärung berichtenden Tatsachenprotokolls geführt werden kann; dies mag in der Praxis, insbesondere in Fällen von Bedeutung sein, in denen die Willenserklärung ihrerseits nicht formbedürftig ist, es also nicht darauf ankommt, dass sie wirksam in *Beurkundungsform* abgegeben wurde.

6 **b) Die Mehrheitserfordernisse.** § 182 Abs. 1 S. 1 schreibt für den Kapitalerhöhungsbeschluss eine **¾-Mehrheit** des bei der Beschlussfassung vertretenen Grundkapitals vor. Bei der Berechnung dieser Mehrheit ist mithin auf das bei der Beschlussfassung vertretene Grundkapital abzustellen, sodass Aktien, deren Inhaber in der Hauptversammlung nicht erschienen oder vertreten sind, nicht zu berücksichtigen sind (MüKoAktG/*Schürnbrand* Rn. 24).

7 **Darüber hinaus** ist – wie bei jedem Beschluss – das Erfordernis einer **einfachen Mehrheit gem. § 133 Abs. 1** zu beachten. Hierbei handelt es sich um die einfache Mehrheit der zu diesem Tagesordnungspunkt abgegebenen Stimmen, wobei insoweit nur Ja- und Nein-Stimmen zu berücksichtigen sind, nicht jedoch Enthaltungen (MüKoAktG/*Schürnbrand* Rn. 23). Praktisch bedeutsam werden können die durch § 182 Abs. 1 S. 1 und § 133 Abs. 1 gestellten doppelten Anforderungen insbesondere, wenn Aktien mit Mehrstimmrechten ausgestattet sind, da in diesem Fall durchaus die einfache oder auch eine höhere Mehrheit der abgegeben Stimmen, nicht jedoch eine ¾-Mehrheit des vertretenen Grundkapitals erreicht sein kann (Spindler/Stilz/*Servatius* Rn. 14). Stehen einem Aktionär entsprechend § 134 Abs. 1 S. 2 weniger Stimmrechte zu als es seiner Beteiligung am Grundkapital entspricht, ist auch der umgekehrte Fall denkbar, dass zwar eine ¾-Mehrheit des vertretenen Grundkapitals erreicht ist, nicht jedoch die einfache Mehrheit der abgegebenen Stimmen.

8 § 182 Abs. 1 S. 2 eröffnet die Möglichkeit, per **Satzung eine andere Kapitalmehrheit** vorzusehen. Dies bedeutet, dass sowohl eine größere als auch eine geringere Kapitalmehrheit in der Satzung vorgesehen werden können oder dass Grundlage der Mehrheitsberechnung nicht das bei der Beschlussfassung vertretene Grundkapital, sondern etwa das gesamte Grundkapital ist. Zu beachten ist allerdings, dass § 182 Abs. 1 S. 2 lediglich die Bestimmung einer anderen *Kapital*mehrheit zulässt, mithin das Erfordernis der relativen Stimmenmehrheit aus § 133 Abs. 1 nicht per Satzung verändert werden kann. Aus dem Wortlaut, dass die Satzung eine andere Kapital*mehrheit* zulassen kann, wird iÜ allgemein abgeleitet, dass eine geringere als die einfache Kapitalmehrheit nicht in der Satzung zugelassen werden kann (vgl. etwa Hüffer/Koch/*Koch* Rn. 8). Eine Satzungsbestimmung, die allgemein für Satzungsänderungen eine geringere Kapitalmehrheit ausreichen lässt, erfasst – jedenfalls wenn keine anderweitigen Anhaltspunkte ersichtlich sind – auch Kapitalmaßnahmen (BGH 13.3.1980, NJW 1980, 1465; zust. GK-AktG/*Wiedemann* § 179 Rn. 118; Hüffer/Koch/*Koch* § 179 Rn. 18). Eine allgemein gefasst Satzungsbestimmung, wonach für Hauptversammlungsbeschlüsse die einfache Mehrheit der abgegebenen Stimmen ausreicht, würde demgegenüber die vor dem Hintergrund des § 182 Abs. 1 S. 2 erforderliche Bestimmtheit nicht erreichen. Für die Ausgabe von Vorzugsaktien ohne Stimmrecht kann die Satzung nach dem Wortlaut von § 182 Abs. 1 S. 2 nur eine größere Kapitalmehrheit bestimmen. Große praktische Relevanz scheint die (eingeschränkte) Satzungsdispositivität nicht zu haben.

9 **c) Die Notwendigkeit von Sonderbeschlüssen.** § 182 Abs. 2 bestimmt für den Fall des Vorhandenseins **mehrerer Gattungen von stimmberechtigten Aktien,** dass der Beschluss der Hauptversammlung zu seiner Wirksamkeit der Zustimmung der Aktionäre jeder Gattung bedarf. Die Bestimmung setzt das Vorhandensein mehrerer Gattungen von *stimmberechtigten* Aktien voraus. Durch das Erfordernis der Stimmberechtigung sind Vorzugsaktien ohne Stimmrecht aus dem Anwendungsbereich der Vorschrift herausgenommen (MüKoAktG/*Schürnbrand* Rn. 27). Allerdings kann sich das Erfordernis eines Sonderbeschlusses bei Vorhandensein von stimmrechtslosen Vorzugsaktien aus § 141 ergeben (Spindler/Stilz/*Servatius* Rn. 27). Im Übrigen knüpft § 182 Abs. 2 mit dem Begriff der Aktiengattung an § 11 an. Hiernach bedarf es eines Sonderbeschlusses vor Allem bei Aktien, die mit besonderen Vorzügen bei der Gewinnbeteiligung oder bei der Verteilung eines etwaigen Liquidationserlöses verbunden sind. Es kommt nicht darauf an, ob eine der vorhandenen Aktiengattungen durch die Kapitalerhöhung rechtlich oder wirtschaftlich benachteiligt wird (MüKoAktG/*Schürnbrand* Rn. 27). Ferner ist ein Sonderbeschluss auch dann erforderlich, wenn der Kapitalerhöhungsbeschluss in der Hauptversammlung einstimmig, also auch mit Zustimmung der Sonderaktionäre, getroffen wurde. Eine Ausnahme vom Erfordernis des Sonderbeschlusses wird richtigerweise nur dann gemacht, wenn die AG lediglich einen Aktionär hat, da hier eine ungewollte Benachteiligung – welcher Art auch immer – begrifflich ausscheidet (Hüffer/Koch/*Koch* Rn. 18; MüKoAktG/*Schürnbrand* Rn. 29).

10 Sind mehrere Aktiengattungen im vorstehend beschriebenen Sinne vorhanden, müssen die **Aktionäre jeder Gattung einen Sonderbeschluss** fassen (§ 182 Abs. 2 S. 2), für den die förmlichen Erforder-

nisse des § 182 Abs. 1 maßgeblich sind (§ 182 Abs. 2 S. 3). Dies gilt sowohl für die Mehrheitserfordernisse als auch für die Notwendigkeit der notariellen Beurkundung. Hinsichtlich des Verfahrens iÜ gelten die Vorgaben des § 138. Dies bedeutet, dass Sonderbeschlüsse entweder in einer gesonderten Versammlung der Aktionäre jeder Gattung oder in gesonderten Abstimmungen iRe einheitlichen Hauptversammlung zu fassen sind, was vor oder nach dem Hauptversammlungsbeschluss erfolgen kann (MüKoAktG/*Schürnbrand* Rn. 31).

Fehlt ein erforderlicher Sonderbeschluss, ist der Beschluss der Hauptversammlung über die Kapitalerhöhung schwebend unwirksam (Hüffer/Koch/*Koch* Rn. 21; GK-AktG/*Wiedemann* Rn. 11). Bis zum Ergehen des Sonderbeschlusses darf die Kapitalerhöhung nicht in das Handelsregister eingetragen werden, da ein Wirksamkeitserfordernis fehlt. Ist der Sonderbeschluss fehlerhaft, sind die allgemeinen Vorschriften über die Geltendmachung und Rechtsfolgen von Beschlussmängeln anwendbar (§ 138 S. 2 iVm §§ 241 ff.). 11

d) Das Verbot der Kapitalerhöhung bei ausstehenden Einlagen (Abs. 4). § 182 Abs. 4 S. 1 bestimmt, dass das Grundkapital der Gesellschaft nicht erhöht werden soll, solange ausstehende Einlagen auf das bisherige Grundkapital noch erlangt werden können. Die gesetzliche Regelung ist Ausdruck der **Subsidiarität der Kapitalerhöhung gegenüber der Realisierung noch offener Einlageverpflichtungen der Aktionäre.** Soweit seit der Gründung oder aus früheren Kapitalerhöhungen noch Sach- oder Geldeinlagen nicht erbracht sind, sollen die Aktionäre nicht mit neuen Einlagepflichten belastet werden (Spindler/Stilz/*Servatius* Rn. 59). Eine ausstehende Einlage iSd Vorschrift ist auch ein bislang nicht erbrachtes, durch einen früheren Kapitalerhöhungsbeschluss jedoch festgesetztes korporatives Agio (nicht jedoch ein rein schuldrechtliches Agio), sodass auch dieses zunächst eingefordert werden muss (Hüffer/Koch/*Koch* Rn. 26; MüKoAktG/*Schürnbrand* Rn. 60; Spindler/Stilz/*Servatius* Rn. 60). Bereits aus dem Gesetzeswortlaut ergibt sich, dass der beschriebene Grundsatz der Subsidiarität nicht eingreift, wenn die Einlagen zwar noch ausstehen, jedoch nicht mehr zu erlangen sind, etwa wegen Insolvenz oder Vermögenslosigkeit des Einlageschuldners oder weil die Einlageverpflichtung noch nicht fällig ist (wie hier K. Schmidt/Lutter/*Veil* Rn. 37; Spindler/Stilz/*Servatius* Rn. 61; aA Hüffer/Koch/*Koch* Rn. 27; MüKoAktG/*Schürnbrand* Rn. 61). Im Interesse des Grundsatzes der Verhältnismäßigkeit bestimmt § 182 Abs. 4 S. 3, dass die Erhöhung des Grundkapitals nicht ausgeschlossen ist, wenn Einlagen in verhältnismäßig unerheblichem Umfang ausstehen. Bei Auslegung dieser Bestimmung kann entweder auf das Verhältnis von ausstehenden Einlagen zum Grundkapital (so GK-AktG/*Wiedemann* Rn. 88) oder auf das Verhältnis von ausstehenden zu bisher geleisteten Einlagen (so Hüffer/Koch/*Koch* Rn. 27; MüKoAktG/*Schürnbrand* Rn. 62) oder auf das Verhältnis der ausstehenden Einlagen zur geplanten Kapitalerhöhung abgestellt werden (so Spindler/Stilz/*Servatius* Rn. 62). Im Schrifttum werden zur Konkretisierung des Merkmals der Unerheblichkeit Grenzwerte von 5 % (bei einem Grundkapital von bis zu 250.000 EUR) bzw. von 1 % (bei einem höheren Grundkapital) genannt (vgl. etwa K. Schmidt/Lutter/*Veil* Rn. 40). IRe Verschmelzung durch Aufnahme ist eine Kapitalerhöhung gem. § 69 Abs. 1 S. 1 UmwG trotz ausstehender Einlagen zulässig. Gleiches gilt gem. § 182 Abs. 4 S. 2 für Versicherungsgesellschaften, wenn die Satzung etwas anderes bestimmt. Ein Verstoß gegen § 182 Abs. 4 S. 1 begründet nach überwiegender Ansicht ein Eintragungshindernis und eine Anfechtbarkeit des Kapitalerhöhungsbeschlusses (vgl. hierzu iE MüKoAktG/*Schürnbrand* Rn. 73 f.). Üblicherweise wird im Rahmen der Handelsregisteranmeldung versichert, dass Einlagen auf das bisherige Grundkapital nicht ausstehen. 12

2. Die inhaltlichen Anforderungen an den Kapitalerhöhungsbeschluss – der obligatorische Beschlussinhalt. Inhaltlich muss sich der Kapitalerhöhungsbeschluss zum einen zu bestimmten Aspekten zwingend verhalten. Zum anderen kann der Beschluss fakultativ weitere Aspekte zum Gegenstand haben. 13

a) Der obligatorische Beschlussinhalt. Aus § 23 Abs. 3 Nr. 3, der die gesetzlichen Mindestanforderungen an die das Grundkapital betreffenden Satzungsbestimmungen definiert, ergibt sich, welchen **Inhalt der Kapitalerhöhungsbeschluss** zwingend haben muss: 14

b) Erhöhungsbetrag. Zum einen muss im Beschluss der Erhöhungsbetrag selbst angegeben werden. Entweder kann ein fester Erhöhungsbetrag bestimmt werden oder es wird ein Höchstbetrag definiert oder es wird ein Mindest- und Höchstbetrag vorgegeben. Die Festlegung lediglich eines Höchstbetrages empfiehlt sich insbesondere dann, wenn bei Fassung des Kapitalerhöhungsbeschlusses noch keine festen Zeichnungszusagen vorliegen, mithin das Risiko besteht, dass die Kapitalerhöhung scheitert, wenn der zunächst ins Auge gefasste Erhöhungsbetrag nicht erreicht wird (GK-AktG/*Wiedemann* Rn. 55; MüKoAktG/*Schürnbrand* Rn. 40); erreichen die abgegebenen Zeichnungserklärungen einen fest definierten Erhöhungsbetrag nicht, kann der Kapitalerhöhungsbeschluss insgesamt nicht durchgeführt werden. Eine teilweise Umsetzung etwa in Höhe der abgegebenen Zeichnungserklärungen wäre in diesem Fall nicht zulässig (Hüffer/Koch/*Koch* Rn. 12). Wird kein fest definierter Erhöhungsbetrag vorgegeben, muss der Verwaltung eine Durchführungsfrist gesetzt werden, da anderenfalls die Grenzen zum genehmigten Kapital, bei dem die Verwaltung gerade in den Stand gesetzt werden soll, selbst über die Ausnutzung zu entscheiden, verwischt werden; überwiegend wird eine Durchführungsfrist von bis zu sechs Monaten für angemessen erachtet (K. Schmidt/Lutter/*Veil* Rn. 16). In der einzigen ersichtlichen obergericht- 15 lichen Entscheidung wird eine Frist von fünf Monaten ohne Weiteres für zulässig erachtet (OLG Hamburg 29.10.1999, NZG 2000, 549). Fehlt eine Durchführungsfrist im Kapitalerhöhungsbeschluss, ist der Kapitalerhöhungsbeschluss anfechtbar. Wird im Kapitalerhöhungsbeschluss lediglich ein Mindest- und ein Höchstbetrag festgesetzt (sog. „bis-zu-Kapitalerhöhung"), kann die Hauptversammlung Mindest- und Höchstbetrag nach freiem Ermessen festsetzen; für die Festlegung des Korridors existieren keine gesetzlichen Vorgaben (vgl. hierzu im Einzelnen MüKoAktG/*Schürnbrand* Rn. 42). Auch bei einer solchen „bis-zu-Kapitalerhöhung" muss klar definiert sein, in welchem Zeitraum Zeichnungserklärungen abgegeben werden können und dem Aufsichtsrat muss – wenn nicht bereits allgemein in der Satzung geschehen – die Befugnis eingeräumt werden, den Satzungswortlaut entsprechend dem Vorliegen der Anzahl von Zeichnungserklärungen anzupassen.

16 **c) Art der auszugebenden Aktien.** Aus § 23 Abs. 3 Nr. 4 folgt, dass sich der Erhöhungsbeschluss auch zur Art der auszugebenden Aktien verhalten muss. Gemäß § 8 Abs. 1 müssen die neuen Aktien Nennbetragsaktien sein, wenn auch die bisherigen Aktien auf einen Nennbetrag lauteten; die neuen Aktien müssen Stückaktien sein, wenn auch die bisherigen Aktien Stückaktien waren. § 8 Abs. 1 verbietet ein gleichzeitiges Vorhandensein von Nennbetrags- und Stückaktien. Fehlt eine ausdrückliche Bezeichnung der neuen Aktien, wird man den Beschluss allerdings wohl dahin auslegen können, dass die neuen Aktien den bisher ausgegebenen Aktien entsprechen sollen, mithin die Vorgaben des § 8 Abs. 1 eingehalten sind.

17 **d) Neue Aktien auf den Inhaber oder den Namen.** Aus § 23 Abs. 3 Nr. 5 ergibt sich, dass im Kapitalerhöhungsbeschluss auch festzulegen ist, ob die neuen Aktien auf den Inhaber oder auf den Namen lauten sollen. Anders als bei der Zerlegung des Grundkapitals in Nennbetrags- oder Stückaktien ist eine Aufteilung der Aktien in Inhaber- und Namensaktien möglich (Spindler/Stilz/*Servatius* Rn. 9). Eine Regelung iRd Kapitalerhöhungsbeschlusses ist nur dann verzichtbar, wenn bereits die Satzung eine Regelung enthält, dass neue Aktien einer bestimmten Kategorie angehören müssen. Sollen neue Aktien in Abweichung von einer etwaigen Satzungsvorgabe ausgegeben werden, ist dies nicht möglich, ohne zuvor die Satzung entsprechend geändert zu haben. Es dürfte möglich sein, beide Satzungsänderungen in derselben Hauptversammlung zu beschließen und sie mit der Maßgabe zur Eintragung in das Handelsregister anzumelden, dass zunächst die Satzungsänderung zur Kategorie der neuen Aktien und alsdann die Kapitalerhöhung in das Handelsregister eingetragen werden. Schließlich müssen die neuen Aktien bei Vorhandensein mehrerer Aktiengattungen iSv § 11 einer der vorhandenen Gattungen zugeordnet werden oder wenn eine neue Gattung geschaffen werden soll, muss dies im Beschluss ausdrücklich angeordnet sein.

18 **e) Ausgabebetrag.** § 182 Abs. 3 bestimmt darüber hinaus, dass der Kapitalerhöhungsbeschluss den Ausgabebetrag der neuen Aktien bestimmen muss, wenn die neuen Aktien über dem geringsten Ausgabebetrag ausgegeben werden sollen. Der geringste Ausgabebetrag ist bei Nennbetragsaktien der Nennbetrag und bei Stückaktien der Betrag, der sich aus einer Division des Grundkapitals durch die Zahl der vorhandenen Stückaktien ergibt (K. Schmidt/Lutter/*Veil* Rn. 19). Eine solche Pari-Emission wird in der Regel bei börsennotierten Gesellschaften gewählt, wenn die Übernahme der neuen Aktien zunächst durch eine Emissionsbank erfolgt. Diese zeichnet die neuen Aktien nämlich regelmäßig zum geringsten Ausgabebetrag (also zu Pari) und verpflichtet sich zugleich, den angestrebten höheren Preis, der am Markt erzielt werden kann, an die Gesellschaft abzuführen (vgl. hierzu im Einzelnen MüKoAktG/*Schürnbrand* Rn. 51). Ebenfalls ein Unterfall der Pari-Emission ist die Festsetzung eines schuldrechtlichen Agio, also die Begründung einer schuldrechtlichen Verpflichtung der Zeichner, eine zusätzliche Leistung zu erbringen. Ein solches schuldrechtliches Agio ist zulässig (vgl. hierzu im Einzelnen MüKoAktG/*Schürnbrand* Rn. 52) und unterliegt nicht den gesetzlichen Kapitalaufbringungsregeln und deren Kontrolle. Wird ein korporatives Agio festgesetzt, wird es bilanziell regelmäßig in die Kapitalrücklage gem. § 272 Abs. 2 Nr. 1 HGB eingestellt; ein rein schuldrechtliches Agio dürfte auch in die Rücklage gem. § 272 Abs. 2 Nr. 4 HGB eingestellt werden können. Eine Emission der neuen Aktien unter dem geringsten Ausgabebetrag (sog. Unterpari-Emission) ist auch bei der Kapitalerhöhung unzulässig (§ 9 Abs. 1). Ein konkreter Ausgabebetrag muss auch dann festgesetzt werden, wenn die Aktien mit einem korporativem Agio, nämlich zu einer dem Nominalwert entsprechenden Bareinlage zuzüglich einer ins Agio einzustellenden Sacheinlage, zB Gesellschaftsanteile an anderen Gesellschaften, ausgegeben werden. Auch bei einer derartigen Sachverhaltskonstellation dürfte es nicht zulässig sein, den Wert des Agio nicht festzusetzen, denn das Registergericht muss in die Lage versetzt werden zu prüfen, ob der Wert der Sacheinlage den Ausgabebetrag der dafür zu gewährenden Aktien deckt (MüKoAktG/*Schürnbrand* § 188 Rn. 49). Im Aktienrecht ist das Registergericht nämlich berechtigt und verpflichtet, die Leistung und Werthaltigkeit eines Aufgeldes zu überprüfen (§ 188 Abs. 2, § 36a Abs. 2 S. 3).

19 Die Ausgabe der neuen Aktien zu einem höheren Betrag als dem geringsten Ausgabebetrag (sog. **Überpari-Emission** oder Ausgabe mit Agio) kann im Kapitalerhöhungsbeschluss in verschiedener Weise gestaltet werden:

aa) Bestimmung des Ausgabebetrages neuer Aktien durch die Hauptversammlung. Selbstverständlich ist es der Hauptversammlung möglich, den Ausgabebetrag der neuen Aktien selbst zu bestimmen. Hierbei ist allerdings – soweit das Bezugsrecht der Aktionäre ausgeschlossen wird – § 255 Abs. 2 S. 1 zu beachten, wonach der Ausgabebetrag der neuen Aktien nicht unangemessen niedrig sein darf, also dem wahren Wert der neuen Aktien entsprechen muss (K. Schmidt/Lutter/*Veil* Rn. 21). Wird das Bezugsrecht der Aktionäre nicht ausgeschlossen, muss diese Vorgabe nicht eingehalten werden und die Hauptversammlung hat weitestgehende Gestaltungsfreiheit bei der Festsetzung des Agio. 20

bb) Festsetzung des Ausgabebetrages durch die Verwaltung. Die Hauptversammlung kann sich auch darauf beschränken, die Verwaltung, also entweder den Vorstand, den Aufsichtsrat oder beide Organe gemeinsam zu beauftragen, den Ausgabebetrag festzusetzen (Hüffer/Koch/*Koch* Rn. 24; K. Schmidt/Lutter/*Veil* Rn. 22). Allerdings muss die Hauptversammlung gem. § 182 Abs. 3 den Mindestausgabebetrag festsetzen. Dieses Verfahren der Delegation der Festsetzung des Ausgabebetrages an die Verwaltung ist in der Praxis nicht selten, da im Moment des Hauptversammlungsbeschlusses häufig noch nicht im Einzelnen absehbar ist, welcher Ausgabebetrag, also welcher Preis, für die neuen Aktien am Markt zu erzielen sein wird. Insbesondere bei Schaffung eines genehmigten Kapitals sind die Marktverhältnisse im Zeitpunkt von dessen Ausnutzung regelmäßig noch nicht absehbar, sodass die Festsetzung des Ausgabebetrages an Vorstand und Aufsichtsrat delegiert wird. In derartigen Fällen ist der Vorstand der Gesellschaft verpflichtet, die Aktien zum höchstmöglichen am Markt erzielbaren Kurs auszugeben (Spindler/Stilz/*Servatius* Rn. 51). Legt die Hauptversammlung – was möglich ist – einen Mindest- und einen Höchstausgabebetrag fest, ist der Vorstand an diese Vorgabe selbstverständlich gebunden. Eine andere Frage ist, ob der Beschluss der Hauptversammlung mit der Festlegung des Höchstausgabebetrages den Anforderungen des § 255 Abs. 2 S. 1 genügt (→ Rn. 20). 21

cc) Fehlen der Festsetzung des Mindestausgabebetrages im Kapitalerhöhungsbeschluss. 22
Fehlt im Kapitalerhöhungsbeschluss die Festsetzung des Mindestausgabebetrages iSv § 182 Abs. 3, ist zunächst im Ansatz davon auszugehen, dass die Aktien zum geringsten Ausgabebetrag ausgegeben werden sollen, mithin eine Platzierung der Aktien mit Agio nicht zulässig ist. Nur wenn sich eindeutige Anhaltspunkte dafür ergeben, dass eine Ausgabe der neuen Aktien zum geringstmöglichen Ausgabebetrag nicht dem durch Auslegung zu ermittelnden Inhalt des Kapitalerhöhungsbeschlusses entspricht, stellt sich die Frage, ob der Vorstand berechtigt ist, in diesem Fall den Ausgabebetrag unter Berücksichtigung der Vorgaben des § 255 Abs. 2 S. 1 nach seinem pflichtgemäßen Ermessen zu bestimmen. Da der Kapitalerhöhungsbeschluss in diesem Fall wegen der fehlenden Angaben nach § 182 Abs. 3 anfechtbar ist (so Hüffer/Koch/*Koch* Rn. 17; Spindler/Stilz/*Servatius* Rn. 57), muss der Vorstand vor Ausgabe der neuen Aktien zunächst den Ablauf der Anfechtungsfrist abwarten. Wird der Beschluss innerhalb der Frist nicht angefochten, wird er bestandskräftig und ist als solcher auch vom Vorstand zu behandeln, mithin umzusetzen. Dies bedeutet konkret, dass der Vorstand nach Ablauf der Anfechtungsfrist berechtigt, aber auch verpflichtet ist, die neuen Aktien zu einem den Vorgaben des § 255 Abs. 2 S. 1 genügenden Ausgabebetrag zu platzieren (iE sehr str.; vgl. etwa MüKoAktG/*Schürnbrand* Rn. 54 f.; K. Schmidt/Lutter/*Veil* Rn. 23; Spindler/Stilz/*Servatius* Rn. 57).

dd) Aktien mit unterschiedlichem Ausgabebetrag. Schließlich ist es auch möglich, dass bei einer Kapitalerhöhung die neuen Aktien mit einem unterschiedlichen Ausgabebetrag ausgegeben werden. Die Vereinbarung eines unterschiedlichen Agios kann iRd § 53a etwa zulässig sein, wenn die Höhe des Agios danach differenziert, ob die neuen Aktien von Altaktionären oder von Dritten übernommen werden und hierfür eine statutarische Grundlage geschaffen wird. 23

III. Die Änderung und die Aufhebung des Kapitalerhöhungsbeschlusses

Als besondere Form der Satzungsänderung wird der Kapitalerhöhungsbeschluss gem. § 181 erst **mit Eintragung in das Handelsregister wirksam.** Vor Eintragung der Kapitalerhöhung in das Handelsregister können die Aktionäre daher den Erhöhungsbeschluss prinzipiell jederzeit wieder aufheben. Hierfür reicht, da der Aufhebungsbeschluss bis zum Zeitpunkt der Eintragung der Kapitalerhöhung in das Handelsregister keine satzungsändernde Qualität hat, die einfache Mehrheit des § 133 Abs. 1 aus (Hüffer/Koch/*Koch* Rn. 16; K. Schmidt/Lutter/*Veil* Rn. 31). Wurde bereits der Beschluss über die Kapitalerhöhung in das Handelsregister eingetragen, nicht jedoch deren Durchführung, stellt sich die Frage, ob der Beschluss auch hier mit einfacher Mehrheit aufgehoben werden kann oder ob bereits – entsprechend § 222 Abs. 1 – die Voraussetzungen der Herabsetzung des Grundkapitals eingehalten werden müssen, mithin eine Mehrheit von mindestens ¾ des bei der Beschlussfassung vertretenen Grundkapitals erforderlich ist. Gemäß § 189 ist die Kapitalerhöhung in diesem Fall mangels Eintragung der Durchführung der Erhöhung des Grundkapitals noch nicht wirksam geworden. Mangels Wirksamwerden der Kapitalerhöhung stellt eine Veränderung der Grundkapitalziffer demzufolge auch keine Herabsetzung des Grundkapitals dar, sodass es zu weit geht, an den Aufhebungsbeschluss in diesem Fall die Anforderungen des § 222 zu stellen. Die Rechtslage ist hier anders als bei der GmbH, bei der eine gesonderte Eintragung der 24

Durchführung der Kapitalerhöhung nicht erfolgt, mithin die Kapitalerhöhung mit Eintragung des Beschlusses über die Kapitalerhöhung wirksam ist, sodass bei der GmbH Änderungen nach Eintragung nur im Wege des Verfahrens der Kapitalherabsetzung möglich sind (vgl. dazu etwa MHLS/*Hermanns* GmbHG § 55 Rn. 34). Für die Änderung eines gefassten Kapitalerhöhungsbeschlusses gelten die vorstehenden Grundsätze entsprechend (Spindler/Stilz/*Servatius* Rn. 37). Zu beachten ist allerdings, dass der **Beschluss über die Änderung eines Kapitalerhöhungsbeschlusses** den gleichen Anforderungen wie dieser unterliegt, da er zu seiner Wirksamkeit noch des Registervollzuges bedarf und daher – wie jeder im Register zu vollziehende Satzungsänderungsbeschluss – das zweistufige Prüfungsverfahren durch Notar und Registergericht zu durchlaufen hat. Dies bedeutet, dass auch vor Eintragung der Durchführung der Kapitalerhöhung eine Änderung eines Kapitalerhöhungsbeschlusses nur mit der in § 182 Abs. 1 vorgesehenen Mehrheit möglich ist und der Eintragung in das Handelsregister bedarf. War im Kapitalerhöhungsbeschluss eine Durchführungsfrist idS vorgesehen, dass der Kapitalerhöhungsbeschluss nach Ablauf der Frist unwirksam wird, sofern er bis zu diesem Zeitpunkt nicht vollzogen wurde (→ Rn. 15), kommt auch eine Änderung des Kapitalerhöhungsbeschlusses nur bis zum Ablauf der Frist in Betracht; nach Fristablauf ist der Kapitalerhöhungsbeschluss automatisch unwirksam und kann nicht mehr geändert werden. Ein in der Praxis nicht seltener Fall der Änderung eines bereits gefassten Kapitalerhöhungsbeschlusses ist der der Verlängerung der Zeichnungsfrist. Wenn kurz vor Ablauf der ursprünglich gesetzten Zeichnungsfrist noch nicht die gewünschte Anzahl von Zeichnungen erfolgt ist, kann die Zeichnungsfrist durch eine Änderung des Kapitalerhöhungsbeschlusses (in notariell beurkundeter Form) verlängert werden; auch in diesem Fall ist allerdings zu beachten, dass die neue Durchführungsfrist so bemessen sein muss, dass die Grenzen zum genehmigten Kapital nicht verwischt werden (→ Rn. 15). Es dürfte nichts dagegen sprechen, jedenfalls bei einer einmaligen Verlängerung, eine Verlängerung in der ursprünglich zulässigen Dauer, also um erneut von bis zu sechs Monaten, zuzulassen. In der Praxis ist in diesem Zusammenhang zu beachten, dass bereits abgegebene Zeichnungserklärungen, die sich auf den ursprünglichen Kapitalerhöhungsbeschluss bezogen, unwirksam werden und daher nach der Änderung des Kapitalerhöhungsbeschlusses bestätigt oder neu abgegeben werden müssen (vgl. hierzu iE MüKoAktG/*Schürnbrand* Rn. 39).

Kapitalerhöhung mit Sacheinlagen; Rückzahlung von Einlagen

183 (1) [1] **Wird eine Sacheinlage (§ 27 Abs. 1 und 2) gemacht, so müssen ihr Gegenstand, die Person, von der die Gesellschaft den Gegenstand erwirbt, und der Nennbetrag, bei Stückaktien die Zahl der bei der Sacheinlage zu gewährenden Aktien im Beschluß über die Erhöhung des Grundkapitals festgesetzt werden.** [2] **Der Beschluß darf nur gefaßt werden, wenn die Einbringung von Sacheinlagen und die Festsetzungen nach Satz 1 ausdrücklich und ordnungsgemäß bekanntgemacht worden sind.**

(2) **§ 27 Abs. 3 und 4 gilt entsprechend.**

(3) [1] **Bei der Kapitalerhöhung mit Sacheinlagen hat eine Prüfung durch einen oder mehrere Prüfer stattzufinden.** [2] **§ 33 Abs. 3 bis 5, die §§ 34, 35 gelten sinngemäß.**

Übersicht

I. Allgemeines

1 **1. Der Inhalt der Bestimmung.** Die Vorschrift ergänzt § 182, indem sie **ergänzende Vorgaben für die Kapitalerhöhung mit Sacheinlagen** statuiert (§ 183 Abs. 1) sowie eine Sacheinlageprüfung im Vorfeld des gerichtlichen Eintragungsverfahrens anordnet (§ 183 Abs. 3). Ergänzt wird die Bestimmung durch die seit Inkrafttreten des ARUG geltende Vorschrift des § 183a, welche vorsieht, dass unter bestimmten Voraussetzungen von einer Prüfung der Sacheinlage gem. § 183 Abs. 3 abgesehen werden kann. Die gesetzlich angeordneten Voraussetzungen für eine Sachkapitalerhöhung sind zwingenden Rechts; sie stehen weder zur Disposition des Satzungsgebers noch der Hauptversammlung (K. Schmidt/Lutter/*Veil* Rn. 2).

2 **2. Das systematische Verhältnis zu anderen gesetzlichen Bestimmungen.** Systematisch ist das Verhältnis zu § 183 von den Bestimmungen über die Nachgründung (§ 52) und **von den Sachübernahmevorschriften in § 27 abzugrenzen.** Diese Abgrenzung ist von erheblicher praktischer Relevanz, da sich hieraus der Anwendungsbereich der jeweiligen Vorschrift und damit die im Einzelnen zu beachtenden gesetzlichen Vorgaben ergeben.

3 **a) Das Verhältnis zu den Nachgründungsvorschriften (§ 52).** Gemäß § 52 können Verträge eines Aktionärs mit der Gesellschaft in den ersten zwei Jahren seit Eintragung der Gesellschaft in das Handelsregister den **Vorschriften über die Nachgründung in § 52** unterliegen. § 52 setzt den Erwerb von Vermögensgegenständen eines Aktionärs durch die Gesellschaft für eine den zehnten Teil des Grundkapitals übersteigende Vergütung voraus. Fraglich ist, ob die Einbringung eines Gegenstandes im Wege einer Sachkapitalerhöhung ebenfalls einen Nachgründungsvorgang darstellen kann oder ob § 183 und § 52 in einem Spezialitätsverhältnis zueinander stehen. Während der Zweck der §§ 182 ff. in erster Linie die Sicherung der Kapitalaufbringung ist (Hüffer/Koch/*Koch* § 52 Rn. 1), beziehen sich die Bestimmungen des § 52 nicht auf die Ordnungsmäßigkeit der Kapitalaufbringung und auf die bei der Einlageleistung auf das erhöhte Kapital zu beachtenden Kautelen, sondern bezwecken einen Umgehungsschutz dagegen, dass die bei der Gründung zu beachtenden Vorschriften des § 27 durch der Gründung nachgelagerte Austauschgeschäfte innerhalb der Zwei-Jahres-Frist des § 52 unterlaufen werden (BGH 9.7.2007, BGHZ 173, 145; BGH 18.2.2008, NZG 2008, 425 (427)). Ziel der Regelungen des § 52 ist daher die Vermeidung einer verdeckten Sachgründung (BGH 9.7.2007, BGHZ 173, 145; BGH 18.2.2008, NZG 2008, 425 (427)). Dieser Schutzzweck des § 52 spricht entscheidend gegen eine Anwendung der Vorschrift iRd offenen Sachkapitalerhöhung. Die in § 183 geregelte Einbringung von Gegenständen im Wege der Kapitalerhöhung gegen Gewährung von Aktien birgt kein Umgehungspotential hinsichtlich der Gründungsvorschriften. Demzufolge kommt eine Anwendung des § 52 iRd offenen Sachkapitalerhöhung – bei der außer der Gewährung neuer Aktien keine weitere Gegenleistung der Gesellschaft erfolgt (zur gemischten Sacheinlage → Rn. 7) – nicht in Betracht (offen gelassen in BGH 9.7.2007, BGHZ 173, 145; wie hier K. Schmidt/Lutter/*Veil* Rn. 7; Spindler/Stilz/*Servatius* Rn. 59; aA (also eine Anwendung des § 52 befürwortend) Hüffer/Koch/*Koch* Rn. 5 mwN). Richtigerweise entschieden wurde vom BGH allerdings, dass eine verdeckte Sacheinlage auch dann in Betracht kommt, wenn der Vorgang den Nachgründungsvorschriften der §§ 52 f. unterliegt; die Grundsätze der verdeckten Sacheinlage werden mithin nicht durch die Nachgründungsvorschriften verdrängt (BGH 9.7.2007, BGHZ 173, 145). Bei der gemischten Sacheinlage (zum Begriff → Rn. 7) erscheint eine Anwendung des § 52 neben den §§ 182 ff. sachgerecht, da sich die gemischte Sacheinlage gerade dadurch auszeichnet, dass die Gegenleistung der Gesellschaft nicht alleine in der Gewährung von Mitgliedschaftsrechten besteht, sondern die Gesellschaft eine darüber hinaus gehende Gegenleistung zu erbringen hat, sodass hier durchaus Anlass besteht, einer möglichen Umgehung der Gründungsvorschriften innerhalb des Zwei-Jahres-Zeitraums zu begegnen (ebenso Spindler/Stilz/*Servatius* Rn. 60).

4 **b) Das Verhältnis zu den Sachübernahmevorschriften in § 27.** § 27 Abs. 1 S. 1 definiert den **Tatbestand der Sachübernahme** dahin, dass die Gesellschaft vom Gesellschafter vorhandene Vermögensgegenstände übernehmen soll. Nach allgA findet § 27 lediglich im Gründungsrecht Anwendung (Hüffer/Koch/*Koch* Rn. 2; K. Schmidt/Lutter/*Veil* Rn. 4). Erfolgen der Sachübernahme vergleichbare Erwerbe von Vermögensgegenständen iRe Kapitalerhöhung, unterliegen sie nicht dem Regime des § 27, sondern stellen möglicherweise eine verdeckte Sacheinlage oder – wenn dessen Voraussetzungen erfüllt sind und man nicht der hier vertretenen Ansicht des Vorrangs des § 183 folgt (→ Rn. 3) – einen Nachgründungstatbestand iSv § 52 dar.

5 **3. Besondere Erscheinungsformen der Sacheinlage.** In der Praxis haben sich verschiedene Sonderformen der Sacheinlage herausgebildet, die zT besonderen Regeln unterliegen:

6 **a) Die Mischeinlage.** Bei der Mischeinlage erbringt der Gesellschafter die von ihm übernommene **Einlage zT durch Bareinzahlung und zT in Sachwerten.** Die Barzahlung dient dazu, die bestehende Differenz zwischen dem Wert des Einlagegegenstandes und dem (höheren) Ausgabebetrag der Aktien auszugleichen. Bei der Mischeinlage liegt der Wert des Einlagegegenstandes also *unter* dem Betrag der

übernommenen Stammeinlage. Es ist unstreitig und konsequent, dass § 183 hinsichtlich des Sacheinlageteils ohne Weiteres Anwendung findet. Eine Mischeinlage kann in der Praxis auch in der Form vorkommen, dass die der Gesellschaft zu übertragenden Sachwerte als Agio einzubringen sind und als solche (→ Rn. 18) der Registerkontrolle unterliegen.

7 **b) Die gemischte Sacheinlage.** Von der Mischeinlage abzugrenzen ist die gemischte Sacheinlage. Bei der **gemischten Sacheinlage liegt eine Kombination von Sacheinlage und Sachübernahme** vor, die dadurch gekennzeichnet ist, dass der Gesellschafter einen den Betrag seiner Einlageverpflichtung übersteigenden Sachwert zT gegen Gewährung von Aktien, zT gegen ein sonstiges Entgelt auf die Gesellschaft überträgt (BGH 9.7.2007, BGHZ 173, 145; BGH 18.2.2008, NZG 2008, 425 (427)). Dieses Rechtsgeschäft unterliegt insgesamt den für Sacheinlagen geltenden Regelungen, im Falle einer Kapitalerhöhung also denjenigen des § 183 (BGH 9.7.2007, BGHZ 173, 145; BGH 18.2.2008, NZG 2008, 425 (427); zur Notwendigkeit der Angabe eines Ausgabebetrages in diesen Fällen → § 182 Rn 18). Der hiergegen erhobene Einwand, die Sachübernahme falle gerade nicht unter § 183 (Spindler/Stilz/*Servatius* Rn. 9), verkennt, dass die die Anwendung des § 27 iRv Kapitalerhöhungen ablehnende hM sich lediglich gegen eine Anwendung der Vorschrift des § 27 wendet, nicht jedoch leugnet, dass in Fällen der beschriebenen Art de facto (auch) eine Sachübernahme vorliegt. Der Vorschlag, das Geschäft aufzuspalten und die Regeln der Sachkapitalerhöhung nur insoweit zur Anwendung zu bringen, als der Zeichner Aktien als Gegenleistung erhält und die Vorschriften über die Sachübernahme insoweit anzuwenden, als er eine andere Gegenleistung erhält, dürfte in der Praxis häufig, wenn nicht gar in der Regel, daran scheitern, dass eine solche Aufspaltung dem Parteiwillen widersprechen dürfte. Nur wenn die Parteien den Sacheinlageteil und den Sachübernahmeteil selbst klar voneinander getrennt haben und beide Teile in Wirksamkeit und Vollzug voneinander unabhängig sein sollen, dürfte es richtig und vertretbar sein, auf den Sacheinlageteil allein Kapitalerhöhungsrecht und auf den Sachübernahmeteil die Anforderungen des § 27 anzuwenden (weitergehend für eine Trennung etwa vgl. hierzu iE MüKoAktG/*Schürnbrand* Rn. 11).

8 **c) Die verdeckte Sacheinlage.** Von einer verdeckten Sacheinlage wird gesprochen, wenn die gesetzlichen **Regeln zu Sacheinlagen objektiv dadurch unterlaufen werden,** dass zwar eine Bareinlage beschlossen wird, die Gesellschaft aber bei wirtschaftlicher Betrachtung von dem Einleger aufgrund eines vor oder bei Übernahme der Einlage abgeschlossenen Erwerbsgeschäfts einen Sachwert erhalten soll. § 27 Abs. 3 GmbHG definiert die verdeckte Sacheinlage legal dahin, dass es sich hierbei um eine Geldeinlage eines Gesellschafters handelt, die bei wirtschaftlicher Betrachtung und aufgrund einer im Zusammenhang mit der Übernahme der Geldeinlage getroffenen Abrede vollständig oder teilweise als Sacheinlage zu bewerten ist. Bei einer solchen Aufspaltung des wirtschaftlich zusammengehörigen Vorgangs in eine Barzeichnung und in ein Erwerbsgeschäft wird der Gesellschaft zwar formal zunächst Bargeld als Einlage zugeführt, dieses jedoch im Zusammenhang mit einem zweiten Rechtsgeschäft gegen die Zuführung eines anderen Gegenstands zurückgewährt, mit dem die Gesellschaft im wirtschaftlichen Ergebnis keine Bar-, sondern eine Sacheinlage erhält (vgl. dazu BGH 18.2.2008, NZG 2008, 425 (426)). Im Einzelnen müssen folgende Merkmale erfüllt sein, damit eine verdeckte Sacheinlage vorliegt:

9 **aa) Vorliegen einer Barkapitalerhöhung.** Erstes von drei notwendigen Tatbestandsmerkmalen der verdeckten Sacheinlage ist das **Vorliegen einer Barkapitalerhöhung.** Wird demgegenüber eine offene Sachkapitalerhöhung beschlossen und entsprechende Zeichnungsverträge geschlossen, scheidet die Anwendung der Grundsätze der verdeckten Sacheinlage von vorneherein aus. Die gegenteilige Ansicht (*Bunnemann* NZG 2005, 955), die befürwortet, dass jeder Gegenstand, der im unmittelbaren sachlichen und zeitlichen Zusammenhang mit einer Kapitalerhöhung (also auch einer Sachkapitalerhöhung) auf die Gesellschaft übertragen wird und der eine negative Auswirkung auf die Kapitalaufbringung haben kann, der für Sacheinlagen geltenden Prüfung unterzogen werden soll, überzeugt nicht, da die befürchteten negativen Auswirkungen auf die Kapitalaufbringung iRd offenen Sachkapitalerhöhung gerade durch die vorgeschriebenen Prüfungsmechanismen – etwa die Werthaltigkeitsprüfung – und die Regeln der Kapitalerhaltung verhindert werden.

10 **bb) Entgeltliche Zuwendung eines Vermögensgegenstandes.** Zweites notwendiges Merkmal einer verdeckten Sacheinlage ist die **entgeltliche** Zuwendung eines Vermögensgegenstandes durch den Gesellschafter an die Gesellschaft. Auch gewöhnliche Umsatzgeschäfte iRd laufenden Geschäftsverkehrs sind nicht per se vom Anwendungsbereich der Regeln über die verdeckte Sacheinlage ausgenommen (BGH 20.11.2006, BGHZ 170, 47 (60)). Die Abgrenzung zwischen zulässigen Umsatzgeschäften zwischen dem Aktionär und der Gesellschaft einerseits und schädlichen Verkehrsgeschäften, die zur Annahme einer verdeckten Sacheinlage führen können, muss durch das Merkmal der für eine verdeckte Sacheinlage erforderlichen Verwendungsabsprache erfolgen (BGH 4.3.1996, BGHZ 132, 133 (139); BGH 11.2.2008, DStR 2008, 831 (832)). Diese Verwendungsabsprache, der bei Ein-Personen-Gesellschaften ein entsprechendes „Vorhaben" des alleinigen Gesellschafters gleichzustellen ist (BGH 11.2.2008, DStR 2008, 831 (832)) verklammert die ursprünglich vereinbarte Bareinlage mit dem

Verkehrsgeschäft und ermöglicht daher die Erkenntnis, dass statt der ursprünglich vereinbarten Bareinlage bei wirtschaftlicher Betrachtung vom Einleger ein Sachwert an die Gesellschaft geleistet werden sollte. Inwieweit ein Verkehrsgeschäft, das die Annahme einer verdeckten Sacheinlage zu begründen in der Lage ist, nicht nur zwischen der Gesellschaft und dem Inferenten selbst, sondern zwischen der Gesellschaft und einem Dritten, der mit dem Inferenten verbunden ist, vorliegen kann, ist derzeit noch nicht vollständig klar. Nach der Rspr. des BGH setzt der Tatbestand einer Umgehung der Kapitalaufbringungsregeln – und damit auch der Tatbestand einer verdeckten Sacheinlage – eine personelle Identität zwischen dem Inferenten und dem Rückzahlungsempfänger nicht unbedingt voraus. Ausreichend, aber auch erforderlich ist demnach vielmehr bei Weiterleitung der Einlagemittel an einen Dritten, dass der Inferent dadurch in gleicher Weise begünstigt wird wie durch eine unmittelbare Leistung an ihn selbst; dies gilt insbesondere bei Leistung an ein von dem Inferenten beherrschtes Unternehmen (BGH 5.2.2007, DNotZ 2007, 707 (709); BGH 2.12.2002, BGHZ 153, 107 (111)). Unter Umständen kann auch ein Rückfluss der Einlagemittel an ein Unternehmen, von dem der Inferent seinerseits abhängig ist, die Annahme einer verdeckten Sacheinlage begründen (vgl. dazu BGH 5.2.2007, DNotZ 2007, 707 (709); vgl. hierzu eingehend zum GmbH-Recht MHLS/*Hermanns* GmbHG § 56 Rn. 12).

In der Lit. wird nicht einheitlich beurteilt, ob eine verdeckte Sacheinlage nur dann in Betracht kommt, wenn der Gegenstand des Verkehrsgeschäfts zwischen dem Inferenten und der Gesellschaft eine **sacheinlagefähige Leistung** ist (bejahend *Meilicke* BB 1991, 579 (585); *Joost* ZIP 1990, 557 (558); Lutter/Hommelhoff/*Bayer* GmbHG § 5 Rn. 54; verneinend Scholz/*Winter* GmbHG § 5 Rn. 78). Von praktischer Bedeutung ist diese Streitfrage insbesondere bei der Erbringung entgeltlicher Dienstleistungen des Gesellschafters an die Gesellschaft. In der Entscheidung vom 16.2.2009 (BGH ZIP 2009, 713) hat der BGH nunmehr ausdrücklich entschieden, dass die Grundsätze der verdeckten Sacheinlage auf Dienstleistungen, welche ein GmbH-Gesellschafter nach Leistung einer Bareinlage entgeltlich erbringen soll, keine Anwendung finden. Damit ist der dargestellte Meinungsstreit jedenfalls für die Praxis erledigt. Erläuternd führt der BGH aus, dass zum einen eine Anwendung der Regeln über die verdeckte Sacheinlage eine Umgehungshandlung voraussetze, eine solche aber gerade – mangels sacheinlagefähiger Leistung – nicht vorliege. Zum anderen hätten bei Annahme einer verdeckten Sacheinlage der oder die Gesellschafter, welche sich an einer Barkapitalerhöhung oder Bargründung beteiligen, keine Möglichkeit, anschließend als Geschäftsführer der GmbH oder als Vorstand der AG entgeltlich tätig zu werden, sondern müssten einen Fremdgeschäftsführer einstellen. Für die Gläubiger der Gesellschaft sei hierdurch nichts gewonnen. 11

Nicht einheitlich wird schließlich die Frage beurteilt, ob die **Herkunft der Mittel,** die die Gesellschaft zur Bezahlung des Inferenten verwendet, für die Annahme einer verdeckten Sacheinlage von Relevanz ist. Werden exakt die vom Gesellschafter eingezahlten Mittel an diesen zurückgezahlt, kommt unstreitig die Annahme einer verdeckten Sacheinlage in Betracht. Auch iÜ dürfte es für die Annahme einer verdeckten Sacheinlage unerheblich sein, ob die von der Gesellschaft iRd Verkehrsgeschäfts eingesetzten Barmittel identisch mit den vom Einleger eingezahlten Geldmitteln sind. Auch wenn die Gesellschaft nicht mit den Einlagemitteln identische Mittel weggibt, wird der durch das Verbot der verdeckten Sacheinlage bezweckte Umgehungsschutz in gleicher Weise tangiert (ebenso Spindler/Stilz/*Benz/Herrler* § 27 Rn. 147). Keine höchstrichterliche Entscheidung liegt bislang zu der Frage vor, ob eine verdeckte Sacheinlage auch dann in Betracht kommt, wenn die Gegenleistung der Gesellschaft an den Gesellschafter vollständig fremdfinanziert ist. Hier verbleibt die vom Gesellschafter an die Gesellschaft erbrachte Bareinlage unangetastet in deren Vermögen, während die von der Gesellschaft erbrachte Gegenleistung vollständig aus kreditfinanzierten Mitteln stammt. In derartigen Fallkonstellationen wird man das Vorliegen einer verdeckten Sacheinlage nicht von vorneherein ausschließen können, da das unangetastete Vorhandensein der Bareinlage im Vermögen der Gesellschaft durch die gleichzeitige Belastung des Gesellschaftsvermögens mit den Finanzierungsverbindlichkeiten gleichsam neutralisiert wird, mithin einem unmittelbaren Rückfluss der Bareinlage an den Gesellschafter gleichzustellen sein dürfte (ähnlich Spindler/Stilz/*Benz/Herrler* § 27 Rn. 147). Eine Begleichung der Gegenleistung aus Mitteln, die ins Agio der Gesellschaft gem. § 272 Abs. 2 Nr. 1 HGB gebucht wurden, steht der Annahme einer verdeckten Sacheinlage jedenfalls dann nicht entgegen, wenn dieses Agio im Rahmen der Kapitalerhöhung erbracht wurde, deren Ordnungsgemäßheit nun gerade überprüft wird. Dieses Agio unterliegt – wie der Nominalbetrag der Kapitalerhöhung – den Grundsätzen der ordnungsgemäßen Kapitalaufbringung (iErg ebenso Hölters/*Apfelbacher/Niggemann* Rn. 8). 12

cc) Existenz einer Verwendungsabsprache. Drittes Merkmal für das Vorliegen einer verdeckten Sacheinlage ist die Existenz einer Verwendungsabsprache zwischen Gesellschaft und Gesellschafter. Sie stellt das verklammernde Glied und damit zugleich das eingrenzende Korrektiv der verschiedenen Merkmale der verdeckten Sacheinlage dar. Inhalt der Abrede ist die im Zeitpunkt der Übernahme der Einlageverpflichtung getroffene Übereinkunft, dass die vom Gesellschafter zu leistende Bareinlage wieder an diesen als Gegenleistung für ein mit diesem geschlossenes Verkehrsgeschäft zurückfließen soll und damit die Einlage des Gesellschafters im wirtschaftlichen Ergebnis durch eine andere Leistung als in 13

Geld erbracht werden soll oder kann (BGH 4.3.1996, BGHZ 132 (133)). Das Vorliegen einer Verwendungsabsprache wird widerleglich vermutet, wenn das Verkehrsgeschäft in nahem zeitlichen Zusammenhang mit der Barkapitalerhöhung vorgenommen wird; regelmäßig wird hier ein Zeitraum von bis zu sechs Monaten als eine die Vermutung rechtfertigende zeitliche Nähe genannt. Ein Zeitraum von acht Monaten wurde vom BGH als zu lange angesehen, um das Vorliegen einer Verwendungsabsprache zu vermuten (BGH 16.9.2002, ZIP 2002, 2045). Allerdings kann eine verdeckte Sacheinlage auch dann vorliegen, wenn das Verkehrsgeschäft später als sechs Monate nach der Einlageerbringung vorgenommen wird. Das Vorliegen einer Verwendungsabsprache kann in diesen Fällen nur nicht vermutet werden, sondern ist ggf. vom Anspruchsteller zu beweisen.

14 **d) Die verdeckte gemischte Sacheinlage.** Von einer **verdeckten gemischten Sacheinlage** wird gesprochen, wenn im Anschluss an eine von den Gesellschaftern beschlossene Barkapitalerhöhung ein Verkehrsgeschäft zwischen der Gesellschaft und dem Gesellschafter (oder einer diesem nahe stehenden Person) geschlossen wird, aufgrund dessen der Gesellschafter einen den Betrag seiner Einlageverpflichtung übersteigenden Sachwert, und zwar zu einem Entgelt, das über der vom Aktionär erbrachten Barleistung liegt, auf die Gesellschaft überträgt (BGH 18.2.2008, DStR 2008, 1052 (1054); BGH 9.7.2007, DNotZ 2008, 208 (209 f.)). Von der einfachen verdeckten Sacheinlage unterscheidet sich die gemischte verdeckte Sacheinlage also in der Weise, dass ein den Betrag der Einlageverpflichtung übersteigender Sachwert auf die Gesellschaft übertragen wird, mithin nicht nur die Einlage an den Gesellschafter zurückfließt, sondern die Gesellschaft eine den Einlagebetrag übersteigende Gegenleistung an den Gesellschafter zu erbringen hat. Das Vorliegen einer verdeckten Sacheinlage ist in diesen Fällen nicht deswegen ausgeschlossen, weil das von der Gesellschaft zu erbringende Entgelt den Betrag der Einlageverpflichtung des Gesellschafters um ein Vielfaches übersteigt (BGH 9.7.2007, DNotZ 2008, 208). Richtigerweise sind derartige Vorgänge in der Weise zu gestalten, dass eine Sacheinlage mit einer Sachübernahme beschlossen wird (BGH 18.2.2008, DStR 2008, 1052 (1054); BGH 9.7.2007, DNotZ 2008, 208 (209 f.)).

15 **e) Die Rechtsfolgen der verdeckten Sacheinlage.** Ebenso wie im GmbH-Recht sind die Rechtsfolgen der verdeckten Sacheinlage auch für das Aktienrecht gesetzlich bestimmt: § 183 Abs. 2 iVm § 27 Abs. 3 bestimmt, dass die verdeckte Sacheinlage den Aktionär nicht von seiner Einlageverpflichtung befreit, jedoch die Verträge über die Sacheinlage und die Rechtshandlungen zu ihrer Ausführung – anders als nach früherem Recht – nicht unwirksam sind. Auf die fortbestehende Geldeinlagepflicht des Aktionärs wird bei Gründung der Wert des Vermögensgegenstandes im Zeitpunkt der Anmeldung der Gesellschaft zur Eintragung in das Handelsregister oder im Zeitpunkt seiner Überlassung an die Gesellschaft, falls diese später erfolgt, angerechnet. Die Anrechnung erfolgt nicht vor Eintragung der Gesellschaft in das Handelsregister. Die Beweislast für die Werthaltigkeit des Vermögensgegenstandes trägt der Aktionär. Diese Bestimmungen wird man für den Fall der Kapitalerhöhung dahin zu lesen haben, dass es hinsichtlich des Wertes des Vermögensgegenstandes auf den Zeitpunkt der *Anmeldung der Kapitalerhöhung* zur Eintragung in das Handelsregister oder den Zeitpunkt der Überlassung des Gegenstandes an die Gesellschaft, falls diese später erfolgt, ankommt. Darüber hinaus bestimmt § 27 Abs. 2 S. 2, dass die Verträge über die Sacheinlage und die Rechtshandlungen zu ihrer Ausführung nicht unwirksam sind. Mit der Anerkennung der Wirksamkeit der zur Erbringung der Sacheinlage geschlossenen Verträge und der Anrechnungslösung folgt der Gesetzgeber der Erkenntnis, dass der Gesellschaft ein Vermögensgegenstand mit einem bestimmten Wert zugewendet wurde, der auch den Gläubigern der Gesellschaft zur Verfügung steht. In Höhe des tatsächlichen Wertes des zugewendeten Vermögensgegenstandes erfolgt mithin eine Anrechnung auf die Einlagepflicht des Gesellschafters. Wegen der weiteren Einzelheiten kann insoweit auf die Kommentierung der Gründungsvorschriften verwiesen werden (→ § 27 Rn. 10). Eine Heilung einer verdeckten Sacheinlage ist mit Wirkung ex nunc möglich, wenn ein erneuter Hauptversammlungsbeschluss gefasst wird und die bislang unterbliebene Werthaltigkeitsprüfung nachgeholt wird (MüKoAktG/*Schürnbrand* Rn. 47).

II. Die ergänzenden Anforderungen an den Kapitalerhöhungsbeschluss (Abs. 1)

16 Die **Anforderungen des § 183 Abs. 1 treten neben die allgemeinen Vorgaben des § 182** und ergänzen diese. Sie sind gem. § 183 Abs. 1 S. 1 zu beachten, wenn eine Sacheinlage iSv § 27 Abs. 1 und 2 *gemacht* ist. Der Anwendungsbereich ist also eröffnet, wenn entweder bereits im Kapitalerhöhungsbeschluss festgesetzt ist, dass der Aktionär seine Einlage nicht durch Einzahlung des Ausgabebetrages leisten soll oder wenn die Gesellschaft gemäß dem Kapitalerhöhungsbeschluss Vermögensgegenstände übernehmen soll oder wenn weder das eine noch das andere im Kapitalerhöhungsbeschluss vorgesehen ist, tatsächlich das Verfahren aber in der beschriebenen Weise *gemacht* – so der Gesetzeswortlaut – wird. Die Sacheinlagevorschriften erheischen Anwendung also stets dann, wenn entweder der Kapitalerhöhungsbeschluss eine Sacheinlage oder eine Sachübernahme vorsieht oder – in Ermangelung einer solchen Vorsehung im Kapitalerhöhungsbeschluss – ein Verfahren geübt wird, das im wirtschaftlichen

Ergebnis einer Sacheinlage oder einer Sachübernahme gleichkommt. Ist das eine oder das andere der Fall, sind die folgenden Voraussetzungen zu beachten:

1. Festsetzungen (Abs. 1 S. 1). Der **Gegenstand der Sacheinlage,** die **Person,** von der die Gesellschaft den Gegenstand erwirbt, und der **Nennbetrag,** bei Stückaktien die Zahl der bei der Sacheinlage zu gewährenden Aktien, müssen im Beschluss über die Erhöhung des Grundkapitals **festgesetzt** werden. Die gesetzlich geforderten Angaben müssen so vollständig und genau sein, dass der Schutzzweck, der in der Information der Aktionäre und der Gläubiger besteht, erreicht wird. Darüber hinaus muss auch der Mindestausgabebetrag der Aktien bestimmt werden (str.). Zwar folgt diese Anforderung nicht aus § 183 Abs. 1, ergibt sich aber unmittelbar aus § 182 Abs. 3, dessen Voraussetzungen – wie gesagt – neben die ihn ergänzenden des § 183 treten (wie hier K. Schmidt/Lutter/*Veil* Rn. 13; Spindler/Stilz/*Servatius* Rn. 15; aA BGH 13.3.1978, BGHZ 71, 40 (50 f.); Hüffer/Koch/*Koch* Rn. 9; MüKoAktG/*Schürnbrand* Rn. 37). Konkret festzusetzen ist der Gegenstand der Sacheinlage, und zwar in einer Weise, dass der Gegenstand objektiv bestimmbar ist (Spindler/Stilz/*Servatius* Rn. 12). Anzugeben ist ferner die Person des Veräußerers mit Namen und Anschrift bzw. bei einer juristischen Person mit Firma, Sitz und nach Möglichkeit Handelsregisterdaten. Schließlich sind anzugeben der Nennbetrag oder – bei Stückaktien – die Zahl der zu gewährenden Aktien. Diese Angaben konkretisieren die Gegenleistung der Gesellschaft und sind iRd vorgerichtlichen und gerichtlichen Prüfungsverfahrens Maßstab für die Frage, ob die vom Einleger erbrachte Sachleistung werthaltig ist. Werden neue Aktien gegen Bareinlage und gegen Sacheinlage ausgegeben, entweder in Form der Mischeinlage oder in der Form, dass einzelne Aktien gegen Bareinlage ausgegeben werden, andere gegen Sacheinlage, muss im Kapitalerhöhungsbeschluss festgesetzt werden, in welcher Höhe Bareinlagen zu leisten sind und auf welchen Teil der Einlagepflicht Sacheinlagen zu leisten sind. Nur bei einer derart genauen Angabe und Differenzierung ist die erforderliche Prüfung möglich, ob auch der Teil der Einlagepflicht, der durch Sacheinlage zu leisten ist, vollständig gedeckt und erbracht ist. 17

Ob auch bei einer Sachkapitalerhöhung die Möglichkeit besteht, im Kapitalerhöhungsbeschluss keinen festen Kapitalerhöhungsbetrag, sondern lediglich einen **Mindest- und einen Höchstbetrag** festzusetzen, ist nicht vollständig klar. Geht man vom Wortlaut des § 183 Abs. 1 aus, spricht dies gegen eine derartige Möglichkeit, da dieser die Festsetzung des Nennbetrags und bei Stückaktien die Zahl der bei der Sacheinlage zu gewährenden Aktien verlangt. Dieses Erfordernis sollte man jedoch auch dann als erfüllt ansehen, wenn der Nennbetrag bzw. – bei Vorhandensein von Stückaktien – die Zahl der zu gewährenden Aktien durch Angabe von Mindest- und Höchstbeträgen definiert ist; auch in diesem Fall ist eine Festsetzung durch die Hauptversammlung erfolgt, sodass der Zweck des § 183 Abs. 1 erfüllt ist. In der Praxis wird eine solche Bis-Zu-Kapitalerhöhung mit Sacheinlagen nur dann in Betracht kommen, wenn die verschiedenen Sacheinlagegegenstände teilbar sind und sich aus einer Vielzahl rechtlich gleicher Teilgegenstände zusammensetzen, zB also bei der Einbringung von Gesellschaftsanteilen und Forderungen (vgl. hierzu iE MüKoAktG/*Schürnbrand* Rn. 36). 18

2. Ordnungsgemäße Bekanntmachung (Abs. 1 S. 2). Der Beschluss über die Sachkapitalerhöhung darf nur gefasst werden, wenn die Einbringung von Sacheinlagen und die nach S. 1 erforderlichen Festsetzungen **ausdrücklich und ordnungsgemäß bekannt gemacht worden sind.** Wenn von dem erleichterten Verfahren des § 183a Gebrauch gemacht werden soll, müssen zudem die Angaben des § 183a Abs. 2 bekannt gemacht werden (→ § 183a Rn. 3). 19

III. Die Rechtsfolgen fehlerhafter Festsetzungen (Abs. 2)

In § 183 Abs. 2 bestimmt der Gesetzgeber durch Verweis auf § 27 Abs. 3 und 4, welche Rechtsfolgen bei Rückzahlung der Einlage oder bei Vorliegen einer verdeckten Sachkapitalerhöhung eintreten sollen. 20

1. Die Rechtsfolgen bei Vorliegen einer verdeckten Sachkapitalerhöhung oder bei Rückzahlung der Einlage. Gemäß § 27 Abs. 4 wird der Aktionär bei Erbringung einer verdeckten Sacheinlage nicht von seiner Einlageverpflichtung befreit, jedoch sind die Verträge über die Sacheinlage und die Rechtshandlungen zu ihrer Ausführung nicht unwirksam (→ Rn. 15 sowie → § 27 Rn. 10). Liegt eine Rückzahlung der vom Aktionär erbrachten Bareinlage vor, so wird der Aktionär von seiner Einlageverpflichtung in diesem Fall nur dann befreit, wenn die Voraussetzungen des § 27 Abs. 4 vorliegen. Diese Vorschrift führt nunmehr auch für das Aktienrecht eine **bilanzielle Betrachtungsweise** ein: Die der Gesellschaft zugeführten Barmittel können durch einen vollwertigen und voll liquiden Rückzahlungsanspruch gegen den Gesellschafter ersetzt werden. Es müssen die folgenden Voraussetzungen hierfür erfüllt sein: Zum einen muss vor der Einlageleistung eine Vereinbarung zwischen Gesellschaft und Gesellschafter getroffen worden sein, dass die Leistung des Gesellschafters an die Gesellschaft dem Gesellschafter zurückgewährt werden soll. Welchen Inhalt diese Vereinbarung zwischen Gesellschaft und Gesellschafter im einzeln haben muss, ist nicht festgelegt. Es reicht aus, wenn die Vereinbarung im Ergebnis dazu führt, dass die an die Gesellschaft geleistete Bareinlage wieder an den Gesellschafter zurück zu gewähren ist. Ohne eine Vereinbarung iSv § 27 Abs. 4 werden auch künftig 21 die Fälle des Hin- und Herzahlens nicht zu einer wirksamen Einlageleistung führen. Zwar hat die Gesellschaft durch die faktische Rückzahlung der Einlage an den Gesellschafter auch bei Fehlen einer entsprechenden Vereinbarung idR einen bereicherungsrechtlichen Rückforderungsanspruch gegen den Gesellschafter und dieser mag auch vollwertig sein, es fehlt aber an der durch § 27 Abs. 4 ausdrücklich verlangten Vereinbarung (ebenso für das GmbH-Recht *Bormann* GmbHR 2007, 897 (902); *Büchel* GmbHR 2007, 1065 (1067); *Wälzholz* GmbHR 2008, 841 (845)). Die Gegenansicht (*Maier-Reimer/Wenzel* ZIP 2008, 1449 (1453)), die auch bei Fehlen einer Vereinbarung eine Anwendbarkeit des § 27 Abs. 4 annimmt, setzt sich nicht nur in Widerspruch zum eindeutigen Gesetzeswortlaut, sondern überzeugt auch normativ nicht. Es ist nicht ersichtlich, warum in den Fällen, in denen die Rückzahlung an den Gesellschafter ohne zugrunde liegendes Schuldverhältnis vorgenommen wird, die Gesellschaft also nur einen bereicherungsrechtlichen Rückforderungsanspruch hat, die Privilegierung des § 27 Abs. 4 eingreifen soll. Wird die **Vereinbarung zwischen Gesellschaft und Gesellschafter,** dass die erfolgte Einlageleistung an die Gesellschaft von dieser an den Gesellschafter zurückfließen soll, ***nach* der Einlageleistung getroffen,** dürfte diese Fallkonstellation nicht unter die die Kapitalaufbringung regelnde Vorschrift des § 27 Abs. 4 fallen, sondern den Kapitalerhaltungsregeln unterliegen (ebenso auch *Büchel* GmbHR 2007, 1065 (1067)). Der Vorgang darf zum Zweiten keine verdeckte Sacheinlage iSv § 27 Abs. 3 darstellen. Das Hin- und Herzahlen iSv § 27 Abs. 4 ist damit subsidiär gegenüber dem Institut der verdeckten Sacheinlage (zum Begriff der verdeckten Sacheinlage → Rn. 8 ff.). Drittens muss der Gegenleistungs- oder Rückgewähranspruch der Gesellschaft gegen den Gesellschafter vollwertig sein. Durch dieses Erfordernis wird ein angemessener Ausgleich zwischen Gesellschaft- und Gläubigerinteressen als erreicht angesehen. Der Begriff der Vollwertigkeit ist ein unbestimmter und ausfüllungsbedürftiger Rechtsbegriff. Er bedeutet, dass die Kreditwürdigkeit des Gesellschafters absehbar nicht in Frage gestellt ist, also bilanziell für die Forderung kein Abwertungsbedarf besteht (*Winter* DStR 2007, 1484 (1486)). Maßgebend für diese Beurteilung ist der Zeitpunkt der Rückgewähr der Einlage an den Gesellschafter. Eine nachträgliche Verschlechterung der Bonität des Gesellschafters führt nicht nachträglich zur Unwirksamkeit der Einlageleistung (*Drygalla/Kremer* ZIP 2007, 1289 (1293)). Entscheidender Zeitpunkt für die Beurteilung der Vollwertigkeit ist mithin der Zeitpunkt der Mittelausreichung. Verschlechtert sich die Liquidität der Gesellschaft nachträglich, kann den Vorstand eine Rückforderungspflicht treffen. Neben der Vollwertigkeit des Rückgewähranspruchs verlangt das Gesetz, dass der Anspruch entweder jederzeit fällig ist oder durch fristlose Kündigung durch die Gesellschaft jederzeit fällig werden kann. Diese Notwendigkeit der jederzeitigen Fälligkeit bzw. der Möglichkeit, die jederzeitige Fälligkeit herbeizuführen, ist bei Ausgestaltung der Vereinbarung zwischen Gesellschaft und Gesellschafter zu berücksichtigen. Sie trägt dem Umstand Rechnung, dass der Vorstand der Gesellschaft jederzeit in der Lage sein muss, den vollwertigen Anspruch der Gesellschaft zu realisieren. Nur wenn eine jederzeitige Fälligkeit gegeben ist oder herbeigeführt werden kann, ist der Vorstand in der Lage, auf etwa eintretende Veränderungen in der Vermögenslage des Gesellschafters angemessen zu reagieren. Schließlich ist die erfolgte Rückzahlung oder die Vereinbarung einer solchen in der Anmeldung zum Handelsregister anzugeben. Dem Handelsregister gegenüber ist also offen zu legen, dass vor der Einlage eine Leistung an den Gesellschafter vereinbart worden ist, die wirtschaftlich einer Rückzahlung der Einlage entspricht und die nicht als verdeckte Sacheinlage iSv § 27 Abs. 3 zu beurteilen ist. Darüber hinaus wird der Vorstand zu versichern haben, dass die Leistung durch einen vollwertigen Rückgewähranspruch gedeckt ist, der jederzeit fällig ist oder durch fristlose Kündigung durch die Gesellschaft fällig gestellt werden kann. Durch Entscheidung vom 20.7.2009 (BGH 20.7.2009, ZIP 2009, 1561 (1563)) hat der BGH nunmehr entschieden, dass die Offenlegung der verdeckten Finanzierung der Einlagemittel durch die Gesellschaft Voraussetzung für die Erfüllung der Einlageschuld ist. Ist eine Offenlegung gegenüber dem Handelsregister also nicht erfolgt, tritt eine Tilgung nach § 27 Abs. 4 nicht ein. Fraglich ist, ob auch eine Kapitalerhöhung, die im Wege des Schütt-aus-hol-zurück-Verfahrens durchgeführt wird, als ein Fall des Hin- und Herzahlens nach § 27 Abs. 4 eingeordnet werden kann. Bei einer so bezeichneten Kapitalerhöhung erfolgt im ersten Schritt eine Gewinnausschüttung an den Gesellschafter und alsdann eine Einlage entsprechender Geldmittel als Einlageleistung auf eine beschlossene Kapitalerhöhung. Kennzeichen dieses Vorgehens ist es, dass es vorab zwischen Gesellschaft und Gesellschafter verabredet ist. Aufgrund dieser Vorabsprache dürfte es sich bei dem beschriebenen Vorgehen um eine verdeckte Sacheinlage handeln, der gegenüber die Regelungen des Hin- und Herzahlens nach § 27 Abs. 4 subsidiär sind. Besteht demzufolge eine entsprechende Vorabsprache, fällt die Kapitalerhöhung im Schütt-aus-hol-zurück-Verfahren nicht unter § 27 Abs. 4, und zwar unabhängig davon, ob den dort geregelten Fällen des Hin- und Herzahlens die Fälle des Her- und Hinzahlens (wie zB bei der Kapitalerhöhung im Schütt-aus-hol-zurück-Verfahren) gleichzustellen sind. Selbstverständlich ist es möglich, eine derartige Kapitalerhöhung als offene Sachkapitalerhöhung durch Einbringung des Gewinnanspruchs in die Gesellschaft durchzuführen oder entsprechend der Rspr. des BGH, indem dieses Verfahren gegenüber dem Registergericht offen gelegt und die Voraussetzungen einer Kapitalerhöhung aus Gesellschaftsmitteln eingehalten werden (→ § 207 Rn. 12).

2. Die Rechtsfolgen für die Ausführungsverträge. Gemäß § 27 Abs. 3 S. 3 sind die **Verträge über die Sacheinlage und die Rechtshandlungen zu ihrer Ausführung nicht unwirksam.** Mit dieser Anordnung beendet der Gesetzgeber den Meinungsstreit über die Wirksamkeit der schuldrechtlichen und dinglichen Verträge, die im Zusammenhang mit der Erbringung der verdeckten Sacheinlage geschlossen wurden idS, dass diese Verträge als wirksam behandelt werden. Dies bedeutet rechtspraktisch, dass die vom Inferenten an die Gesellschaft geleisteten Gegenstände auf schuldrechtlich wirksamer Rechtsgrundlage und mit uneingeschränkter dinglicher Wirkung an die Gesellschaft übergehen. Die Behandlung der Ausführungsverträge als wirksame Verträge ist folgerichtig und logische Voraussetzung für die vom Gesetzgeber gewählte Anrechnungslösung, da nur die Übertragung solcher Vermögensgegenstände auf die Einlagepflicht angerechnet werden kann, die wirksam erfolgt ist. 22

IV. Die Sacheinlageprüfung (Abs. 3)

Im Interesse der Entlastung des Registergerichts bestimmt § 183 Abs. 3, dass **idR eine externe sachverständige Sacheinlagenprüfung** stattzufinden hat. Auf diese Prüfung sind die in § 183 Abs. 3 S. 2 bezeichneten Gründungsvorschriften anzuwenden. Da der Zweck der Sacheinlageprüfung zum einen – wie vorstehend dargestellt – in einer Entlastung der staatlichen Gerichte von dieser Prüfungstätigkeit liegt, zum anderen aber auch den Schutz der Aktionäre und Gesellschaftsgläubiger zum Gegenstand hat, wird man den Prüfungsmaßstab für den externen Prüfer nicht idS beschränken können, dass dieser lediglich die Deckung des geringsten Ausgabebetrags der Aktien zu überprüfen und zu bescheinigen hat, sondern die Deckung eines etwa iRd Kapitalerhöhung festgesetzten korporativen Agio ebenfalls Gegenstand seiner Prüfung ist (K. Schmidt/Lutter/*Veil* Rn. 28; Spindler/Stilz/*Servatius* Rn. 31 f.; aA Hüffer/Koch/*Koch* Rn. 16; MüKoAktG/*Schürnbrand* Rn. 63); ist das Agio lediglich zwischen den Aktionären (etwa in einer Aktionärsvereinbarung) vereinbart, hat die AG hierauf jedoch keinen Anspruch, handelt es sich um ein schuldrechtliches Agio, dessen Leistung weder Gegenstand der registerlichen noch der Sachverständigenprüfung ist. Liegt ein korporatives Agio vor, besteht auch der gesetzliche Differenzhaftungsanspruch – in Übereinstimmung mit den vorstehend dargestellten Grundsätzen –, soweit der Wert der Sacheinlage zwar den geringsten Ausgabebetrag (§ 9 Abs. 1), aber nicht das Aufgeld (§ 9 Abs. 2) deckt (BGH 6.12.2011, BB 2012, 405). Unter den Voraussetzungen des § 183a kann von einer externen Prüfung der Sacheinlage abgesehen werden. Eine Prüfung der Sacheinlage durch einen Notar (entsprechend § 183 Abs. 3, § 33 Abs. 3 S. 1) kann nicht stattfinden, sondern es ist eine externe Prüfung durch Personen iSv § 33 Abs. 4 durchzuführen. Zum einen sollte nämlich die erleichterte Gründungsprüfung durch den Notar nach der Gesetzesbegründung ausschließlich bei Gründungsvorgängen (und damit nicht bei Kapitalerhöhungsvorgängen) ermöglicht werden und zum anderen liegt bei der Sachkapitalerhöhung stets ein Fall des § 33 Abs. 2 Nr. 4 vor, sodass der Notar als Gründungsprüfer gem. § 33 Abs. 3 nicht in Betracht kommt. 23

Kapitalerhöhung mit Sacheinlagen ohne Prüfung

183a (1) [1] **Von einer Prüfung der Sacheinlage (§ 183 Abs. 3) kann unter den Voraussetzungen des § 33a abgesehen werden.** [2] **Wird hiervon Gebrauch gemacht, so gelten die folgenden Absätze.**

(2) [1] **Der Vorstand hat das Datum des Beschlusses über die Kapitalerhöhung sowie die Angaben nach § 37a Abs. 1 und 2 in den Gesellschaftsblättern bekannt zu machen.** [2] **Die Durchführung der Erhöhung des Grundkapitals darf nicht in das Handelsregister eingetragen werden vor Ablauf von vier Wochen seit der Bekanntmachung.**

(3) [1] **Liegen die Voraussetzungen des § 33a Abs. 2 vor, hat das Amtsgericht auf Antrag von Aktionären, die am Tag der Beschlussfassung über die Kapitalerhöhung gemeinsam fünf vom Hundert des Grundkapitals hielten und am Tag der Antragstellung noch halten, einen oder mehrere Prüfer zu bestellen.** [2] **Der Antrag kann bis zum Tag der Eintragung der Durchführung der Erhöhung des Grundkapitals (§ 189) gestellt werden.** [3] **Das Gericht hat vor der Entscheidung über den Antrag den Vorstand zu hören.** [4] **Gegen die Entscheidung ist die Beschwerde gegeben.**

(4) **Für das weitere Verfahren gelten § 33 Abs. 4 und 5, die §§ 34, 35 entsprechend.**

I. Allgemeines

In seiner bis vor Inkrafttreten des ARUG gültigen Fassung verlangte das AktG sowohl für die Sach- und Nachgründung als auch für die Kapitalerhöhung gegen Sacheinlagen die zwingende Durchführung einer externen Werthaltigkeitsprüfung. Der externe Prüfer wird gem. § 183 Abs. 3 vom Gericht bestellt. Dieses Erfordernis beruhte auf europarechtlichen Vorgaben, nämlich auf Art. 10 Abs. 1–3 Kapital-RL 1977 (*Merkner/Decker* NZG 2009, 887). Dann wurden in die vorbezeichnete Kapitalrichtlinie zwei neue Art. 10a und 10b Kapital-RL 1977eingefügt, die es den Mitgliedsstaaten ermöglichen, unter bestimmten 1

Voraussetzungen Ausnahmen von den in Art. 10 Abs. 1–3 Kapital-RL 1977 enthaltenen Regelung zu schaffen. Diese Ausnahmemöglichkeiten nutzt der Gesetzgeber mit Inkrafttreten des ARUG im Jahre 2009: In § 33a ist geregelt, **dass von einer Prüfung durch externe Gründungsprüfer abgesehen werden kann,** wenn entweder übertragbare Wertpapiere zum Durchschnittspreis eingebracht werden (Nr. 1) oder andere Vermögensgegenstände eingebracht werden, wenn eine Bewertung durch einen Sachverständigen, die nicht älter als sechs Monate ist, vorliegt (Nr. 2). Diese vereinfachten Verfahren zur Bewertung von Sacheinlagen können allerdings aus Gründen des Kapitalschutzes dann nicht mehr eingreifen, wenn die am Markt gebildeten Preise oder die iRe zuvor erfolgten Bewertung ermittelten Werte der einzubringenden Vermögensgegenstände aufgrund besonderer bzw. neuer Umstände nicht mehr repräsentativ für den aktuellen Wert der einzubringenden Gegenstände sind (*Merkner/Decker* NZG 2009, 887 (888)). In diesen Fällen ist gem. § 33a Abs. 2 dann doch eine externe Werthaltigkeitsprüfung – also wie nach altem Recht – durchzuführen. Das im Rahmen einer Sachkapitalerhöhung ohne externe Prüfung nach § 183a vorgelegte Gutachten wird vom Registergericht im Regelfall keiner eigentlichen inhaltlichen Prüfung unterzogen, weil diese Aufgabe exklusiv dem Sachverständigen, der im Einklang mit den Vorgaben des § 183a eingesetzt wurde, obliegt. Die Bewertung durch den Sachverständigen ist einer ergänzenden Bewertung durch das Gericht grundsätzlich versperrt, weil dem Gericht hierfür die erforderliche Sachkunde fehlt (KG 12.10.2015, NZG 2016, 620).

II. Die Voraussetzungen der vereinfachten Kapitalerhöhung gegen Sacheinlagen

2 Hinsichtlich der **Voraussetzungen für eine vereinfachte Kapitalerhöhung gegen Sacheinlagen** verweist das Gesetz zunächst auf § 33a, dessen Abs. 1 und Abs. 2 regelt, wann von einer externen Sacheinlageprüfung abgesehen werden kann. Wie im Gründungsstadium müssen auch bei Kapitalerhöhungen gegen Sacheinlagen die Voraussetzungen des § 33a Abs. 1 vorliegen und die (negativen) Voraussetzungen des § 33a Abs. 2 dürfen nicht vorliegen. Insoweit ergeben sich keine Besonderheiten gegenüber dem Gründungsstadium, sodass auf die Erläuterungen zu § 33a verwiesen werden kann (→ § 33a Rn. 2 ff.).

3 Ergänzend verlangt § 183a Abs. 2, dass der Vorstand das **Datum des Beschlusses über die Kapitalerhöhung sowie die Angaben nach § 37a Abs. 1 und 2 in den Gesellschaftsblättern bekannt macht.** Die Durchführung der Erhöhung des Grundkapitals darf nicht in das Handelsregister eingetragen werden vor Ablauf von vier Wochen seit der Bekanntmachung. Die Bekanntmachung muss inhaltlich die Angaben nach § 37a Abs. 1 und 2 sowie das Datum des Beschlusses über die Kapitalerhöhung enthalten. Dies bedeutet hinsichtlich der Angaben nach § 37a Abs. 1 und 2, dass in der Bekanntmachung zu erklären ist, dass von einer externen Gründungsprüfung abgesehen werden soll. Ferner ist der Gegenstand der Sacheinlage zu beschreiben und die Bekanntmachung muss die Erklärung enthalten, dass der Wert der Sacheinlage den geringsten Ausgabebetrag der dafür zu gewährenden Aktien erreicht. Schließlich muss nach § 37a Abs. 1 der Wert, die Quelle der Bewertung sowie die angewandte Bewertungsmethode angegeben werden. Hinsichtlich § 37a Abs. 2 muss ferner versichert werden, dass dem Vorstand außergewöhnliche Umstände, die den gewichteten Durchschnittspreis der einzubringenden Wertpapiere oder Geldmarktinstrumente iSd § 33a Abs. 1 Nr. 1 während der letzten drei Monate vor dem Tag der tatsächlichen Einbringung erheblich beeinflusst haben könnten, oder Umstände, die darauf hindeuten, dass der beizulegende Zeitwert der Vermögensgegenstände iSv § 33a Abs. 1 Nr. 2 am Tag der tatsächlichen Einbringung aufgrund neuer oder neu bekannt gewordener Umstände erheblich niedriger ist als der vom Sachverständigen angenommene Wert, nicht bekannt geworden sind. Wenn der Vorstand also vom vereinfachten Verfahren der Kapitalerhöhung mit Sacheinlagen Gebrauch machen möchte, ergibt sich folgender zeitlicher Ablauf: In einem ersten Schritt wird von der Hauptversammlung der Gesellschaft der Kapitalerhöhungsbeschluss gefasst, alsdann erfolgt die Bekanntmachung iSv § 183a Abs. 2 S. 1, bevor schließlich die Eintragung der Durchführung der Erhöhung des Grundkapitals in das Handelsregister erfolgen kann. § 183a Abs. 2 fordert nicht, dass auch die *Anmeldung* des Kapitalerhöhungsbeschlusses und dessen Durchführung erst nach Ablauf der Vier-Wochen-Frist erfolgen darf. Geht der Vorstand mit einiger Sicherheit davon aus, dass ein Antrag nach § 183a Abs. 3 nicht gestellt werden wird – etwa weil sämtliche Aktionäre auf ihr Recht, einen Antrag iSv § 183a Abs. 3 zu stellen, verzichtet haben, kann ohne weiteres unmittelbar im Anschluss an den Kapitalerhöhungsbeschluss und nach Erledigung der Durchführungsmaßnahmen der Beschluss über die Kapitalerhöhung und deren Durchführung zur Eintragung in das Handelsregister angemeldet werden; eines Abwartens der Vier-Wochen-Frist bedarf es für die Anmeldung nicht.

4 Negativ verlangt § 183a Abs. 3, dass ein **Antrag von Aktionären,** die am Tag der Beschlussfassung über die Kapitalerhöhung gemeinsam 5 vom Hundert des Grundkapitals hielten und am Tag der Antragstellung noch halten, einen oder mehrere Prüfer zu bestellen, nicht gestellt wird. Dieser Antrag kann bis zum Tag der Eintragung der Durchführung der Erhöhung des Grundkapitals (§ 189) gestellt werden. Da die Eintragung der Durchführung der Erhöhung des Grundkapitals gem. § 183a Abs. 2 nicht vor Ablauf von vier Wochen seit der Bekanntmachung iSv § 183a Abs. 2 erfolgen darf, steht den Aktionären ein Zeitraum von vier Wochen seit Bekanntmachung iSv § 183a Abs. 2 zur Verfügung.

Wird ein Antrag iSv § 183a Abs. 3 gestellt, *hat* das AG einen oder mehrere externe Prüfer zu bestellen. Die in § 183a Abs. 3 S. 3 vorgesehene Anhörung des Vorstandes vor der amtsgerichtlichen Entscheidung kann demzufolge nur die Bedeutung haben, dem Vorstand Gelegenheit zu geben, entweder die tatbestandlichen Voraussetzungen für eine Antragsbefugnis iSv § 183a Abs. 3 zu bestreiten und/oder zur Person des zu bestellenden Prüfers Stellung zu nehmen.

Fraglich ist, ob das Verfahren gem. § 183a Abs. 2 und Abs. 3 auch dann eingehalten werden muss, wenn – etwa in einer Universalversammlung – **sämtliche Aktionäre** der Durchführung der Sachkapitalerhöhung im vereinfachten Verfahren zustimmen und **ausdrücklich auf ihr Recht der Antragstellung gem. § 183a Abs. 3 verzichten.** Da das Recht der Antragstellung nach § 183a Abs. 3 ausschließlich im Interesse der Aktionäre besteht – was sich etwa daran zeigt, dass Gesellschaftsgläubiger nicht antragsberechtigt sind – sind die Aktionäre auch befugt, auf dieses Antragsrecht zu verzichten. Da die Bekanntmachung iSv § 183a Abs. 2 allein der Unterrichtung der Aktionäre darüber dient, dass der Vorstand vom vereinfachten Verfahren nach § 183a Abs. 1 Gebrauch machen möchte und sie auf ihr Antragsrecht nach § 183a Abs. 3 aufmerksam zu machen, muss das Verfahren nach § 183a Abs. 2 und Abs. 3 nicht eingehalten werden, wenn sämtliche Aktionäre einen Verzicht auf das Antragsrecht nach § 183a Abs. 3 erklären. 5

III. Das Verfahren der vereinfachten Kapitalerhöhung

Für das Verfahren der vereinfachten Kapitalerhöhung verweist § 183a Abs. 4 auf § 33 Abs. 4 und 5 sowie §§ 34, 35 und ordnet deren entsprechende Geltung an. Dies bedeutet, dass für die **Auswahl der Prüfer im vereinfachten Verfahren** die persönlichen Anforderungen des § 33 Abs. 4 und die Ausschlussgründe des § 33 Abs. 5 gelten. Der Verweis auf § 34 legt den Umfang und den Inhalt der Prüfung im vereinfachten Verfahren fest. Demgegenüber bedeutet der Verweis auf § 34 nicht, dass stets auch eine Prüfung der Sacheinlage durch die Mitglieder des Vorstands und des Aufsichtsrats zu erfolgen habe. Wer zu prüfen hat, ist abschließend in § 183a Abs. 1 iVm § 33a geregelt, während § 183a Abs. 4 lediglich das Verfahren der Prüfung durch die nach vorstehenden Vorschriften zur Prüfung berufenen Personen regelt. 6

Anmeldung des Beschlusses

184 (1) [1]**Der Vorstand und der Vorsitzende des Aufsichtsrats haben den Beschluss über die Erhöhung des Grundkapitals zur Eintragung in das Handelsregister anzumelden.** [2]**In der Anmeldung ist anzugeben, welche Einlagen auf das bisherige Grundkapital noch nicht geleistet sind und warum sie nicht erlangt werden können.** [3]**Soll von einer Prüfung der Sacheinlage abgesehen werden und ist das Datum des Beschlusses der Kapitalerhöhung vorab bekannt gemacht worden (§ 183a Abs. 2), müssen die Anmeldenden in der Anmeldung nur noch versichern, dass ihnen seit der Bekanntmachung keine Umstände im Sinne von § 37a Abs. 2 bekannt geworden sind.**

(2) **Der Anmeldung sind der Bericht über die Prüfung von Sacheinlagen (§ 183 Abs. 3) oder die in § 37a Abs. 3 bezeichneten Anlagen beizufügen.**

(3) [1]**Das Gericht kann die Eintragung ablehnen, wenn der Wert der Sacheinlage nicht unwesentlich hinter dem geringsten Ausgabebetrag der dafür zu gewährenden Aktien zurückbleibt.** [2]**Wird von einer Prüfung der Sacheinlage nach § 183a Abs. 1 abgesehen, gilt § 38 Abs. 3 entsprechend.**

I. Allgemeines

Anders als bei der GmbH sieht das Gesetz bei der AG ein **zweistufiges Anmelde- und Eintragungsverfahren** bei Kapitalerhöhungen vor. Dieses zweistufige Verfahren ermöglicht es, frühzeitig die Rechtmäßigkeit des Kapitalerhöhungsbeschlusses klären zu lassen (K. Schmidt/Lutter/*Veil* Rn. 1). Zunächst ist gem. § 184 der Beschluss über die Erhöhung des Grundkapitals zum Handelsregister anzumelden. Anschließend ist gem. § 188 die Durchführung der Erhöhung des Grundkapitals anzumelden. Die Eintragung der Durchführung der Kapitalerhöhung informiert das Publikum darüber, dass die Einlagen im gesetzlich gebotenen Umfang erbracht worden sind; mit der Eintragung der Durchführung der Erhöhung des Grundkapitals ist das Grundkapital erhöht (§ 189; vgl. dazu auch Fleischhauer/Wochner/*Hermanns,* Handelsregisterrecht, 4. Aufl. 2019, Abschn. L Rn. 14). Regelungssystematisch ist § 184 Sonderregelung zu § 181 Abs. 1 S. 1 für die Anmeldung von Kapitalerhöhungen. Im Gefolge der Einführung des Verfahrens der vereinfachten Kapitalerhöhung durch Sacheinlagen regelt § 184 Abs. 1 S. 3 den insoweit erforderlichen ergänzenden Inhalt der Handelsregisteranmeldung, wenn von diesem Verfahren Gebrauch gemacht werden soll. 1

II. Das Anmeldeverfahren im Einzelnen

2 Die Anmeldung muss gem. § 12 Abs. 1 HGB **elektronisch in öffentlich beglaubigter Form** eingereicht werden; etwa beizufügende Anlagen sind gem. § 12 Abs. 2 S. 2 mit einem einfachen elektronischen Zeugnis iSv § 39a BeurkG – einer Signatur – zu übermitteln, wenn ein notariell beurkundetes Dokument oder eine öffentlich beglaubigte Abschrift einer Urkunde einzureichen ist. Im Übrigen, also wenn eine Urschrift oder eine Abschrift eines Dokuments, das nicht in notariell beurkundeter oder beglaubigter Form vorliegt, einzureichen ist, genügt die Übermittlung einer einfachen elektronischen Aufzeichnung (vgl. hierzu auch OLG Düsseldorf 20.3.2019, NZG 2019, 820).

3 **1. Der Inhalt der Anmeldung.** Inhaltlich ist gem. § 184 Abs. 1 S. 1 der **Beschluss über die Erhöhung des Grundkapitals** zur Eintragung in das Handelsregister anzumelden. Beizufügen sind der Anmeldung all die Unterlagen, die das Registergericht in die Lage versetzen, das ordnungsgemäße Zustandekommen des Beschlusses zu überprüfen. Hierzu gehören unter anderem eine Ausfertigung des Beschlussprotokolls, ggf. auch über etwa gem. § 182 Abs. 2 gefasste Sonderbeschlüsse oder – bei einer Sachkapitalerhöhung – der Bericht über die Prüfung von Sacheinlagen gem. § 183 Abs. 3 bzw. – bei einer vereinfachten Sachkapitalerhöhung – die in § 37a Abs. 3 bezeichneten Unterlagen zur Wertermittlung.

4 Gemäß § 184 Abs. 1 S. 2 müssen sich die Anmeldepflichtigen darüber **erklären, welche Einlagen** auf das bisherige Grundkapital **noch nicht geleistet sind** und warum sie nicht erlangt werden können. Diese Vorschrift steht im Zusammenhang mit § 182 Abs. 4 S. 1, welcher bestimmt, dass das Grundkapital nicht erhöht werden soll, solange ausstehende Einlagen auf das bisherige Grundkapital noch erlangt werden können. Kann in der Anmeldung also nicht angegeben werden, dass keine Einlagen auf das bisherige Grundkapital ausstehen, müssen die Angaben über etwa ausstehende Einlagen und über den Grund des Ausstehens so präzise und konkret sein, dass das Registergericht in die Lage versetzt wird, zu überprüfen, ob die Eintragungsvoraussetzungen insoweit erfüllt sind (→ § 182 Rn. 12).

5 Obwohl die Erhöhung des Grundkapitals erst nach Durchführung der Kapitalerhöhung in das Handelsregister eingetragen wird, ist es üblich, bereits mit der Anmeldung des Beschlusses über die Kapitalerhöhung Ausgangs-, Erhöhungs- und Endbetrag des Grundkapitals ausdrücklich zu nennen. Bei einer Bis-Zu-Kapitalerhöhung (zum Begriff → § 182 Rn. 15) ist dieser Beschluss (also mit dem zulässigen Korridor der Kapitalerhöhungsbeträge) zur Eintragung in das Handelsregister anzumelden.

6 Wenn eine Sachkapitalerhöhung im vereinfachten Verfahren durchgeführt werden soll und eine vorherige Bekanntmachung iSv § 183a Abs. 2 stattgefunden hat, muss in der Anmeldung **von den Anmeldenden nur noch versichert werden,** dass ihnen seit der Bekanntmachung keine Umstände iSv § 37a Abs. 2 bekannt geworden sind (§ 184 Abs. 1 S. 4), dh die Anmeldenden müssen erklären, dass ihnen seit der Bekanntmachung – im Falle des § 33a Abs. 1 Nr. 1 – außergewöhnliche Umstände, die den gewichteten Durchschnittspreis der einzubringenden Wertpapiere oder Geldmarktinstrumente iSv § 33 Abs. 1 Nr. 1 während der letzten drei Monate vor dem Tag ihrer tatsächlichen Einbringung erheblich beeinflusst haben, oder – im Falle des § 33a Abs. 1 Nr. 2 – Umstände, die darauf hindeuten, dass der beizulegende Zeitwert der Vermögensgegenstände iSv § 33a Abs. 1 Nr. 2 am Tag ihrer tatsächlichen Einbringung aufgrund neuer oder neu bekannt gewordener Umstände erheblich niedriger ist als der von dem Sachverständigen angenommene Wert, nicht bekannt geworden sind. Wurde von sämtlichen Aktionären auf das Antragsrecht iSv § 183a Abs. 3 verzichtet und ist infolgedessen eine Bekanntmachung nach § 183a Abs. 2 unterblieben (→ § 183a Rn. 5), müssen die Anmeldepflichtigen die entsprechenden Erklärungen gem. § 37a Abs. 1 und 2 vollständig abgeben.

7 **2. Die anmeldepflichtigen Personen.** Gemäß § 184 Abs. 1 S. 1 ist der Beschluss über die Kapitalerhöhung vom **Vorstand und vom Vorsitzenden des Aufsichtsrates** anzumelden. Auf Vorstandsseite ist ausreichend und erforderlich eine Unterzeichnung der Handelsregisteranmeldung durch Vorstandsmitglieder in vertretungsberechtigter Zahl; anders als bei der GmbH ist es nicht erforderlich, dass sämtliche Mitglieder des Vorstands die Anmeldung unterzeichnen. Eine Anmeldung durch Bevollmächtigte ist wegen der strafrechtlichen Verantwortlichkeit gem. § 399 Abs. 1 Nr. 4 nicht möglich (Fleischhauer/Wochner/*Hermanns,* Handelsregisterrecht, 4. Aufl. 2019, Abschn. L Rn. 14; Hüffer/Koch/*Koch* § 134 Rn. 4). Streitig ist, ob eine Anmeldung in unechter Gesamtvertretung iSv § 78 Abs. 3 zulässig ist. Hiergegen spricht, dass die Prokura nichts anderes als eine von der Gesellschaft erteilte Vollmacht, die einen besonderen standardisierten Umfang genießt, darstellt, sodass in konsequenter Anwendung des Grundsatzes, dass eine Anmeldung durch Bevollmächtigte nicht möglich ist, auch eine Anmeldung in unechter Gesamtvertretung ausscheiden dürfte (ebenso GK-AktG/*Wiedemann* Rn. 11; Spindler/Stilz/*Servatius* Rn. 13; aA Hüffer/Koch/*Koch* Rn. 3). Seitens des Aufsichtsrates verlangt § 184 Abs. 1 eine Anmeldung durch dessen Vorsitzenden. Unter den Voraussetzungen des § 107 Abs. 1 S. 3 –

also im Falle der Verhinderung des Aufsichtsratsvorsitzenden – kann die Anmeldung auch durch den stellvertretenden Aufsichtsratsvorsitzenden unterzeichnet werden.

3. Die Ablehnung der Eintragung (Abs. 3). Gemäß § 184 Abs. 3 kann das **Gericht die Eintragung ablehnen,** wenn der Wert der Sacheinlage nicht unwesentlich hinter dem geringsten Ausgabebetrag der dafür zu gewährenden Aktien zurückbleibt. Die durch das ARUG in Kraft getretene Vorschrift bestätigt die bereits bisher hA, dass nur unwesentliche Wertdifferenzen kein Eintragungshindernis darstellen (vgl. zum früheren Recht Hüffer/Koch/*Koch* § 181 Rn. 18). Ausweislich des Gesetzeswortlauts hat das Gericht den Wert der Sacheinlage (lediglich) mit dem geringsten Ausgabebetrag der zu gewährenden Aktien zu vergleichen. Ein korporatives Agio nimmt an der gerichtlichen Prüfung teil (wie hier BayObLG 27.2.2002, NZG 2002, 583; OLG München 27.9.2006, BB 2006, 2711; ebenso BGH 6.12.2011, DNotZ 2012, 623 für die vergleichbare Frage betreffend die Differenzhaftung bei nicht vollständig erbrachtem Aufgeld; aA Spindler/Stilz/*Servatius* Rn. 52; KK-AktG/*Ekkenga* Rn. 52). Ein unter den Aktionären vereinbartes schuldrechtliches Agio, das der Gesellschaft selbst keinen Anspruch auf Leistung vermittelt, nimmt unstreitig nicht an der gerichtlichen Prüfung teil. Wird vom Verfahren der vereinfachten Sachkapitalerhöhung Gebrauch gemacht, und enthält die Anmeldung die erforderlichen Erklärungen nach § 184 Abs. 1 S. 4, ist der Prüfungsumfang des Gerichts nach § 184 Abs. 3 S. 2 iVm § 38 Abs. 3 idS beschränkt, dass das Gericht hinsichtlich der Werthaltigkeit der Sacheinlagen ausschließlich zu prüfen hat, ob die Voraussetzungen des § 37a erfüllt sind, dh das Gericht muss prüfen, ob nach § 33a von einer externen Gründungsprüfung abgesehen werden konnte und ob die weiteren nach § 37a Abs. 1 erforderlichen Informationen gegeben wurden. Betreffend die Bewertung der Sacheinlage darf das Gericht die Eintragung nur bei einer offenkundigen *und* erheblichen Überbewertung ablehnen. Dies bedeutet, dass auch der Prüfungsmaßstab des Gerichts beim Verfahren der vereinfachten Kapitalerhöhung nochmals deutlich gelockert wurde gegenüber der Kapitalerhöhung im nicht vereinfachten Verfahren (vgl. hierzu iE KG 12.10.2015, NZG 2016, 620; zu diesem Beschluss → § 183a Rn. 1). 8

4. Kosten. Bei der Anmeldung einer Kapitalerhöhung zur Eintragung in das Handelsregister handelt es sich um eine **Anmeldung mit einem bestimmten Geldwert iSv § 105 Abs. 1 Nr. 4a GNotKG;** der Geschäftswert der Handelsregisteranmeldung ist demzufolge der Erhöhungsbetrag. Hieraus sind für die Handelsregisteranmeldungen Notarkosten gem. § 119 Abs. 1 GNotKG, §§ 105, 106 GNotKG in Höhe einer 0,5 Gebühr (maximaler Geschäftswert jedoch 1.000.000 EUR) und für die Beurkundung des Erhöhungsbeschlusses eine 2,0 Gebühr gem. § 97 Abs. 1 GNotKG, § 108 Abs. 1 GNotKG – mit einem Höchstgeschäftswert von 5.000.000 EUR – zu erheben. Die Gerichtskosten betragen 170 EUR (§ 1 HRegGebV iVm Nr. 2400 Gebührenverzeichnis). 9

Zeichnung der neuen Aktien

185 (1) [1] **Die Zeichnung der neuen Aktien geschieht durch schriftliche Erklärung (Zeichnungsschein), aus der die Beteiligung nach der Zahl und bei Nennbetragsaktien dem Nennbetrag und, wenn mehrere Gattungen ausgegeben werden, der Gattung der Aktien hervorgehen muß.** [2] **Der Zeichnungsschein soll doppelt ausgestellt werden.** [3] **Er hat zu enthalten**

1. **den Tag, an dem die Erhöhung des Grundkapitals beschlossen worden ist;**
2. **den Ausgabebetrag der Aktien, den Betrag der festgesetzten Einzahlungen sowie den Umfang von Nebenverpflichtungen;**
3. **die bei einer Kapitalerhöhung mit Sacheinlagen vorgesehenen Festsetzungen und, wenn mehrere Gattungen ausgegeben werden, den auf jede Aktiengattung entfallenden Betrag des Grundkapitals;**
4. **den Zeitpunkt, an dem die Zeichnung unverbindlich wird, wenn nicht bis dahin die Durchführung der Erhöhung des Grundkapitals eingetragen ist.**

(2) **Zeichnungsscheine, die diese Angaben nicht vollständig oder die außer dem Vorbehalt in Absatz 1 Nr. 4 Beschränkungen der Verpflichtung des Zeichners enthalten, sind nichtig.**

(3) **Ist die Durchführung der Erhöhung des Grundkapitals eingetragen, so kann sich der Zeichner auf die Nichtigkeit oder Unverbindlichkeit des Zeichnungsscheins nicht berufen, wenn er auf Grund des Zeichnungsscheins als Aktionär Rechte ausgeübt oder Verpflichtungen erfüllt hat.**

(4) **Jede nicht im Zeichnungsschein enthaltene Beschränkung ist der Gesellschaft gegenüber unwirksam.**

Übersicht

I. Allgemeines

1 Der Zeichnungsschein enthält die **Willenserklärung der zeichnenden Person,** die der Übernahmeerklärung im GmbH-Recht entspricht und die nach (ggf. konkludenter) Annahme durch die Gesellschaft den Zeichnungsvertrag zwischen Gesellschaft und Zeichner zustande bringt, auf dessen Grundlage der Zeichner zur Erbringung der Einlage und Übernahme der Aktien verpflichtet ist (Hüffer/Koch/*Koch* Rn. 4; MHLS/*Hermanns* GmbHG § 55 Rn. 67 ff. zur GmbH; K. Schmidt/Lutter/*Veil* Rn. 1). § 185 Abs. 1 bestimmt die formalen Anforderungen, denen der Zeichnungsschein genügen muss. § 185 Abs. 2 und 3 regeln die Rechtsfolgen, wenn diesen Anforderungen nicht genügt wurde. § 185 Abs. 4 gewährleistet, dass außerhalb des Zeichnungsscheins keine wirksamen Beschränkungen der Leistungspflicht gegenüber der Gesellschaft vereinbart werden können.

2 Das Erfordernis eines Zeichnungsscheins gilt **bei jeder Kapitalerhöhung, bei der eine Einlage zu erbringen** ist, mithin sowohl bei Bar- als auch bei Sachkapitalerhöhungen sowie bei Ausnutzung des genehmigten Kapitals, nicht jedoch bei einer bedingten Kapitalerhöhung, bei einer Kapitalerhöhung aus Gesellschaftsmitteln oder bei einer Kapitalerhöhung, die zum Zwecke der Durchführung einer Verschmelzung erfolgt.

II. Die Zeichnung der neuen Aktien durch den Zeichnungsvertrag

3 Ähnlich der Übernahmeerklärung iSv § 55 GmbHG stellt die Zeichnungserklärung das **Angebot des Zeichners an die Gesellschaft zum Erwerb** der neuen Aktien dar. Dieses Angebot muss zum Zustandekommen des Zeichnungsvertrages von der Gesellschaft (ggf. konkludent) angenommen werden. Durch den Zeichnungsvertrag wird der Zeichner verpflichtet, die Aktien zu übernehmen und die auf ihn entfallende Einlage zu erbringen, die Gesellschaft wird verpflichtet, nach Eintragung der Durchführung der Kapitalerhöhung dem Zeichner die im Zeichnungsvertrag bezeichneten Aktien zuzuteilen (K. Schmidt/Lutter/*Veil* Rn. 4). Aus dem Zeichnungsschein muss sich darüber hinaus eindeutig ergeben, welche Einlage (ggf. mit Agio) der Zeichner zu erbringen sich verpflichtet. Im Falle einer Sacheinlage hat der Zeichner zu erklären, welchen Gegenstand er einbringen wird (KK-AktG/*Ekkenga* Rn. 43; K. Schmidt/Lutter/*Veil* Rn. 12).

4 Die Erklärung des Zeichners bedarf der **Schriftform** und muss gem. § 185 Abs. 1 S. 1 die Beteiligung nach der Zahl und bei Nennbetragsaktien den Nennbetrag und ggf. die Gattung der Aktien angeben. Ist das Schriftformerfordernis nicht eingehalten, führt dies zur Nichtigkeit der Zeichnungserklärung gem. § 125 S. 1 BGB (Hüffer/Koch/*Koch* Rn. 7). Eine Verletzung des Gebots, den Zeichnungsschein doppelt auszustellen (§ 185 Abs. 1 S. 2) führt demgegenüber nicht zur Fehlerhaftigkeit der in dem Zeichnungsschein enthaltenen Erklärungen. Üblicherweise erfolgt die Zeichnung im Zeitraum zwischen dem Beschluss der Hauptversammlung über die Kapitalerhöhung und der Anmeldung der Durchführung der Kapitalerhöhung gem. § 188. Eine **Zeichnung** ist auch **vor dem Beschluss der Hauptversammlung** über die Kapitalerhöhung möglich, wenn der Tag der geplanten Hauptversammlung bereits feststeht, sodass dieser gem. § 185 Abs. 1 S. 3 Nr. 1 im Zeichnungsschein angegeben werden kann. Zwar geht die genannte Bestimmung für den Regelfall davon aus, dass die Erhöhung des Grundkapitals bei Abgabe der Zeichnungserklärung bereits „beschlossen worden ist". Es sprechen jedoch weder aus Gläubiger- noch aus Aktionärssicht überzeugende normative Argumente gegen eine Zeichnung bereits vor dem Hauptversammlungsbeschluss (wie hier Hüffer/Koch/*Koch* Rn. 6; *Kley* RNotZ 2003, 17 (30); KK-AktG/*Ekkenga* Rn. 25; aA GK-AktG/*Wiedemann* Rn. 2). Die Zeichnungserklärung steht dann selbstverständlich unter der – ggf. konkludent erklärten – aufschiebenden Bedingung, dass der Hauptversammlungsbeschluss an dem geplanten Tag auch tatsächlich zustande kommt. Wird der Hauptversammlungsbeschluss nach Abgabe von Zeichnungserklärungen geändert, ist zu beachten, dass die neue Durchführungsfrist so bemessen sein muss, dass die Grenzen zum genehmigten Kapital nicht verwischt werden (→ Rn. 11). Es dürfte nichts dagegen sprechen, jedenfalls bei einer einmaligen Verlängerung, eine Verlängerung in der ursprünglich zulässigen Dauer, also um erneut von bis zu sechs Monaten, zuzulassen. In der Praxis ist in diesem Zusammenhang zu beachten, dass bereits abgegebene Zeichnungserklärungen, die sich auf den ursprünglichen Kapitalerhöhungsbeschluss bezo-

gen, unwirksam werden und daher nach der Änderung des Kapitalerhöhungsbeschlusses bestätigt oder neu abgegeben werden müssen (vgl. hierzu iE MüKoAktG/*Schürnbrand* Rn. 39).

Das Gesetz enthält keine Vorgaben über die **Person des Zeichners.** Zeichner kann daher jede natürliche oder juristische Person oder teilrechtsfähige Vereinigung sein, die von der Gesellschaft verschieden ist (§ 56 Abs. 1) und zu der Gesellschaft nicht in einem Abhängigkeitsverhältnis gem. § 56 Abs. 2 steht. Da der Zeichnungsvertrag Rechtsgrund für die Einlageleistung des Gesellschafters ist, ist das Registergericht selbstverständlich auch befugt, die Wirksamkeit des Zeichnungsvertrages, insbesondere der Zeichnungserklärung, zu überprüfen. Zu dieser Prüfung kann im Einzelfall, insbesondere bei Zeichnung durch (ausländische) Gesellschaften, gehören, die Existenz und ordnungsgemäße Vertretung dieser Gesellschaft zu überprüfen. Auf Nachfrage können diese Umstände dem Registergericht entweder durch Notarbescheinigung oder beglaubigte Handelsregisterauszüge oder durch andere im Heimatstaat der Gesellschaft übliche und geeignete Unterlagen nachgewiesen werden. 5

1. Die ergänzenden Erfordernisse (Abs. 1 S. 3). § 185 Abs. 1 S. 3 definiert **ergänzende Anforderungen an den Inhalt** des Zeichnungsscheins, deren Nichtbeachtung zur Unwirksamkeit desselben gem. § 185 Abs. 2 führt. Die Nichtigkeit der Zeichnungserklärung führt zur Nichtigkeit des Zeichnungsvertrages von Anfang an. Aus einem nichtigen Zeichnungsvertrag ergeben sich vorbehaltlich einer Heilung durch Eintragung der Durchführung der Kapitalerhöhung nach § 185 Abs. 3 keinerlei Rechte und Pflichten (KK-AktG/*Ekkenga* Rn. 52; MüKoAktG/*Schürnbrand* Rn. 58). 6

a) Tag der Erhöhung des Grundkapitals. Der Zeichnungsschein muss zunächst den Tag, an dem die Erhöhung des Grundkapitals beschlossen worden ist, enthalten (§ 185 Abs. 1 S. 3 Nr. 1). Wurde die Zeichnungserklärung zulässigerweise (→ Rn. 4) vor dem Kapitalerhöhungsbeschluss abgegeben, ist der geplante Tag des Hauptversammlungsbeschlusses im Zeichnungsschein anzugeben und zu verdeutlichen, dass die Zeichnung vor diesem Tag erfolgte. 7

b) Ausgabebetrag der Aktien. Gemäß § 185 Abs. 1 S. 3 Nr. 2 muss im Zeichnungsschein ferner der Ausgabebetrag der Aktien, der Betrag der **festgesetzten Einzahlungen** und der Umfang etwaiger **Nebenverpflichtungen** angegeben sein. Ein etwa festgesetztes – korporatives, nicht jedoch ein bloßes schuldrechtliches – Agio ist Teil des Ausgabebetrages (K. Schmidt/Lutter/*Veil* Rn. 16; Spindler/Stilz/*Servatius* Rn. 27). Etwaige korporative – nicht jedoch schuldrechtliche – weitere Nebenverpflichtungen iSv § 55 Abs. 1, § 180 Abs. 1 sind ebenfalls anzugeben. 8

c) Festsetzungen bei Kapitalerhöhungen mit Sacheinlagen. Das Erfordernis, bei einer Kapitalerhöhung mit Sacheinlagen die vorgesehenen Festsetzungen im Zeichnungsschein auszuweisen (§ 185 Abs. 1 S. 3 Nr. 3), nimmt auf § 183 Abs. 1 S. 1 Bezug; der Zeichnungsschein muss demzufolge die nach § 183 Abs. 1 S. 1 erforderlichen Festsetzungen rezipieren. 9

Werden **unterschiedliche Gattungen von Aktien** ausgegeben, muss der Zeichnungsschein darüber hinaus den auf jede Aktiengattung entfallenden Betrag des Grundkapitals ausweisen, nach dem eindeutigen Wortlaut des Gesetzes also auch die auf diejenigen Gattungen entfallenden Beträge, von denen der Zeichner keine Aktien erwirbt. 10

d) Zeitpunkt des Unverbindlichwerdens der Zeichnung. Schließlich muss der Zeichnungsschein den Zeitpunkt enthalten, an dem die Zeichnung unverbindlich wird, wenn nicht bis dahin die Durchführung der Erhöhung des Grundkapitals eingetragen ist (§ 185 Abs. 1 S. 3 Nr. 4). Sinn der Bestimmung ist es, dem Zeichner eine Möglichkeit zu geben, sein Angebot zeitlich zu befristen. Die im Zeichnungsschein angegebene Frist deckt sich idR mit der Durchführungsfrist für die Kapitalerhöhung, die regelmäßig sechs Monate nicht überschreiten sollte (→ § 182 Rn. 15). Es ist allerdings nicht zwingend erforderlich, dass beide Zeitpunkte zusammenfallen: Es kann durchaus so sein, dass der Vorstand ein Enddatum setzt, bis zu dessen Erreichen Zeichnungserklärungen bei der Gesellschaft eingehen können, während die Zeichner ein später liegendes Enddatum iSv § 185 Abs. 1 S. 4 benennen. Es ist erforderlich und hinreichend, wenn der Endzeitpunkt der Bindung kalendermäßig *bestimmbar* ist, etwa durch die Formulierung „vier Monate nach dem Tag des Hauptversammlungsbeschlusses über die Kapitalerhöhung". Es wird allgemein gefordert, dass der Endzeitpunkt der Bindungsfrist für alle Zeichner gleich lauten muss (Hüffer/Koch/*Koch* Rn. 14; K. Schmidt/Lutter/*Veil* Rn. 18; Spindler/Stilz/*Servatius* Rn. 33). Dies scheint nicht zwingend erforderlich, sondern unterschiedlich bestimmte Fristen in den Zeichnungsscheinen dürften dann unschädlich sein, wenn die Durchführung der Erhöhung des Grundkapitals innerhalb der am kürzesten bestimmten Frist in das Handelsregister eingetragen wird. Nach Ablauf der vom Zeichner gesetzten Frist wird die Zeichnungserklärung unwirksam und kann nur durch eine neue Zeichnungserklärung, sofern sich diese noch im Rahmen der für dir Durchführung der Kaitalerhöhung gesetzten Frist bewegt, ersetzt werden. 11

2. Fehlerhafte Zeichnungen (Abs. 2 und 3). § 185 Abs. 2 bestimmt, dass Zeichnungsscheine, die die Angaben des § 185 Abs. 1 (also nicht nur die Angaben des § 185 Abs. 1 S. 3 Nr. 14) nicht oder nicht vollständig enthalten oder die in Abs. 1 nicht vorgesehene Vorbehalte aufweisen, **nichtig** sind. Vor Feststellung der Nichtigkeit ist allerdings zu klären, ob eine im Zeichnungsschein ausdrücklich nicht 12 enthaltene Angabe dem Zeichnungsschein gleichwohl im **Wege der Auslegung** entnommen werden kann (K. Schmidt/Lutter/*Veil* Rn. 21). Kann die Fehlerhaftigkeit oder Unvollständigkeit des Zeichnungsscheins auch im Wege der Auslegung nicht behoben werden, ist der Zeichnungsschein gem. § 185 Abs. 2 nichtig. Auf diese Nichtigkeit kann sich der Zeichner jedoch nur bis zur Eintragung der Durchführung der Erhöhung des Grundkapitals in das Handelsregister berufen. Nach diesem Zeitpunkt ist eine Berufung auf die Unwirksamkeit gem. § 185 Abs. 3 nur noch möglich, wenn der Zeichner aufgrund des Zeichnungsscheins weder als Aktionär Rechte ausgeübt noch Verpflichtungen erfüllt hat. Eine Ausübung von Rechten aus dem Zeichnungsschein stellt etwa schon die Entgegennahme von Aktienurkunden dar oder die Ausübung des Bezugsrechts oder die Teilnahme an einer Hauptversammlung (K. Schmidt/Lutter/*Veil* Rn. 22). Die Erfüllung von Verpflichtungen aus dem Zeichnungsschein ist etwa die Erbringung der geschuldeten Einlage. Ist ein Zeichnungsschein nichtig, bleibt es der Gesellschaft allerdings unbenommen, den nichtigen Zeichnungsschein durch einen wirksamen Zeichnungsschein zu ersetzen, sofern der Zeichner zur Abgabe einer erneuten Zeichnungserklärung bereit ist. In einem solchen Fall, aber auch dann, wenn ein Zeichnungsschein wegen des Ablaufs der Befristung unwirksam geworden ist und infolgedessen – was zulässig ist – ein neuer Zeichnungsschein ausgestellt wurde, kann die Kapitalerhöhung im Handelsregister vollzogen werden, wenn eine erneute Handelsregisteranmeldung unterzeichnet und eingereicht wird (OLG Stuttgart 18.4.2012, DStR 2012, 216). Eines neuerlichen Kapitalerhöhungsbeschlusses bedarf es in diesem Fall nicht. Inwieweit allerdings bereits vor Abgabe der neuen Zeichnungserklärung erbrachte Einlagen für den Leistenden befreiend wirken, ist nicht eindeutig zu beurteilen: Etwa bereits geleistete Einzahlungen sind aufgrund der Nichtigkeit des Zeichnungsscheines iSv § 812 Abs. 1 S. 1 BGB ohne Rechtsgrund erfolgt und können daher kondiziert werden. Es spricht Vieles dafür, diesen Sachverhalt mit den Fällen zu vergleichen, in denen die Einlageleistung bereits vor der eigentlichen Beschlussfassung über die Kapitalerhöhung erfolgte. Derartige Voreinzahlungen auf eine künftige Kapitalerhöhung haben nach der Rspr. (BGH 15.3.2004, DNotZ 2004, 867; BGH 26.6.2006, DNotZ 2007, 138) jedenfalls dann schuldtilgende Wirkung, wenn der eingezahlte Betrag als solcher im Vermögen der Gesellschaft vorhanden ist.

13 **3. Ausschluss weiterer Beschränkungen (Abs. 4).** § 185 Abs. 4 bestimmt, dass jede nicht im Zeichnungsschein enthaltene **Beschränkung der Gesellschaft gegenüber unwirksam** ist. Im Verbund mit § 185 Abs. 2, die außer dem Vorbehalt des § 185 Abs. 1 S. 3 Nr. 4 keine weiteren Beschränkungen zulässt, führt § 185 Abs. 4 dazu, dass der Gesellschaft ausschließlich die zeitliche Befristung der Zeichnung gem. § 185 Abs. 1 S. 3 Nr. 4 entgegen gehalten werden kann.

III. Der Zeichnungsvorvertrag

14 Ein Zeichnungsvorvertrag ist eine **Vereinbarung zwischen dem künftigen Zeichner und der Gesellschaft,** oder auch lediglich zwischen Gesellschaftern, mit dem sich ein Zeichnungsinteressent zur späteren Zeichnung verpflichtet (Hüffer/Koch/*Koch* Rn. 31; K. Schmidt/Lutter/*Veil* Rn. 29). Nach der Rspr. (OLG Frankfurt a. M. 4.4.2001, NZG 2001, 758) ist § 185 entsprechend auf Zeichnungsvorverträge anwendbar, sodass auch der Zeichnungsvorvertrag die in § 185 Abs. 1 S. 3 Nr. 14 enthaltenen Angaben abdecken muss. Die im Zeichnungsvorvertrag vom Zeichnungsinteressenten abgegebene Erklärung muss soweit konkretisiert sein, dass es möglich ist, auf Abschluss des Hauptvertrages zu klagen und notfalls nach § 894 ZPO zu vollstrecken. Dies bedeutet, dass der Vorvertrag grundsätzlich auch die Angaben enthalten muss, die § 185 als Erfordernis für die Wirksamkeit einer Zeichnungserklärung voraussetzt (vgl. zu OLG Frankfurt a. M. 4.4.2001, NZG 2001, 758 auch *Hergeth/Eberl* NZG 2003, 205 ff.). Weist der Vorvertrag die formellen und inhaltlichen Anforderungen des § 185 nicht auf, ist er entsprechend § 185 Abs. 2 nichtig (K. Schmidt/Lutter/*Veil* Rn. 29). Eine Heilung gem. § 185 Abs. 3 erfasst auch etwaige Mängel des Zeichnungsvorvertrages.

Bezugsrecht

186 (1) [1]**Jedem Aktionär muß auf sein Verlangen ein seinem Anteil an dem bisherigen Grundkapital entsprechender Teil der neuen Aktien zugeteilt werden.** [2]**Für die Ausübung des Bezugsrechts ist eine Frist von mindestens zwei Wochen zu bestimmen.**

(2) [1]**Der Vorstand hat den Ausgabebetrag oder die Grundlagen für seine Festlegung und zugleich eine Bezugsfrist gemäß Absatz 1 in den Gesellschaftsblättern bekannt zu machen und gemäß § 67a zu übermitteln.** [2]**Sind nur die Grundlagen der Festlegung angegeben, so hat er spätestens drei Tage vor Ablauf der Bezugsfrist den Ausgabebetrag in den Gesellschaftsblättern und über ein elektronisches Informationsmedium bekannt zu machen.**

(3) [1]**Das Bezugsrecht kann ganz oder zum Teil nur im Beschluß über die Erhöhung des Grundkapitals ausgeschlossen werden.** [2]**In diesem Fall bedarf der Beschluß neben den in Gesetz oder Satzung für die Kapitalerhöhung aufgestellten Erfordernissen einer Mehrheit, die mindestens drei Viertel des bei der Beschlußfassung vertretenen Grundkapitals umfaßt.** [3]**Die**

Satzung kann eine größere Kapitalmehrheit und weitere Erfordernisse bestimmen. [4]Ein Ausschluß des Bezugsrechts ist insbesondere dann zulässig, wenn die Kapitalerhöhung gegen Bareinlagen zehn vom Hundert des Grundkapitals nicht übersteigt und der Ausgabebetrag den Börsenpreis nicht wesentlich unterschreitet.

(4) [1]**Ein Beschluß, durch den das Bezugsrecht ganz oder zum Teil ausgeschlossen wird, darf nur gefaßt werden, wenn die Ausschließung ausdrücklich und ordnungsgemäß bekanntgemacht worden ist.** [2]**Der Vorstand hat der Hauptversammlung einen schriftlichen Bericht über den Grund für den teilweisen oder vollständigen Ausschluß des Bezugsrechts zugänglich zu machen; in dem Bericht ist der vorgeschlagene Ausgabebetrag zu begründen.**

(5) [1]**Als Ausschluß des Bezugsrechts ist es nicht anzusehen, wenn nach dem Beschluß die neuen Aktien von einem Kreditinstitut oder einem nach § 53 Abs. 1 Satz 1 oder § 53b Abs. 1 Satz 1 oder Abs. 7 des Gesetzes über das Kreditwesen tätigen Unternehmen mit der Verpflichtung übernommen werden sollen, sie den Aktionären zum Bezug anzubieten.** [2]**Der Vorstand hat dieses Bezugsangebot mit den Angaben gemäß Absatz 2 Satz 1 und einen endgültigen Ausgabebetrag gemäß Absatz 2 Satz 2 bekannt zu machen; gleiches gilt, wenn die neuen Aktien von einem anderen als einem Kreditinstitut oder Unternehmen im Sinne des Satzes 1 mit der Verpflichtung übernommen werden sollen, sie den Aktionären zum Bezug anzubieten.**

Übersicht

I. Allgemeines

1 § 186 Abs. 1 S. 1 begründet den Anspruch jedes Aktionärs, dass ihm im Falle der Erhöhung des Grundkapitals der Gesellschaft ein seinem Anteil am bisherigen Grundkapital entsprechender Teil der neuen Aktien zugeteilt wird. Dieses Bezugsrecht jedes Aktionärs ist eines seiner mitgliedschaftlichen Grundrechte, welches ihn vor einer **Verwässerung seiner Einflussmöglichkeiten** in der AG bei deren Grundkapitalerhöhung **schützt.** Ohne das gesetzliche Bezugsrecht würde der Anteil des einzelnen Aktionärs am Grundkapital im Falle von dessen Erhöhung prozentual sinken und seine Stimmkraft entsprechend reduziert werden (vgl. Hüffer/Koch/*Koch* Rn. 2). § 186 Abs. 2 auferlegt dem Vorstand bestimmte Bekanntmachungen, die der Information der Aktionäre, für die eine Ausübung des Bezugsrechts in Betracht kommt, dient; ferner sind nach Inkrafttreten des ARUG II diese Informationen auch gem. § 67a zu übermitteln. § 186 Abs. 3 und Abs. 4 stellen klar, dass und unter welchen formalen Anforderungen das Bezugsrecht der Aktionäre ausgeschlossen werden kann; die gesetzlichen Bestimmungen werden insoweit durch die ergänzenden Anforderungen der Rspr. vervollständigt. § 186 Abs. 5 schließlich regelt, dass ein zunächst erfolgender Bezug der neuen Aktien durch ein Kreditinstitut dann keinen Ausschluss des Bezugsrechts darstellt, wenn das Kreditinstitut die Verpflichtung übernommen hat, die neuen Aktien den (Alt-)Aktionären zum Bezug anzubieten.

2 § 186 gilt nach seiner systematischen Stellung bei der **Kapitalerhöhung gegen Einlagen,** ist jedoch durch den Verweis in § 203 Abs. 1 **auch beim genehmigten Kapital** zu beachten. Bei der bedingten Kapitalerhöhung besteht ein gesetzliches Bezugsrecht der Aktionäre wegen der mit dieser Kapitalerhöhungsform verfolgten besonderen Zwecke (§ 192 Abs. 2) nicht. Bei der Kapitalerhöhung aus Gesellschaftsmitteln ist ein zwingender Bezug der neuen Aktien, und zwar ohne Dispositionsmöglichkeit der Hauptversammlung, durch § 212 sichergestellt.

II. Das Bezugsrecht der Aktionäre

3 § 186 Abs. 1 bestimmt, dass **jedem Aktionär ein Bezugsrecht** zusteht. Maßgeblicher Zeitpunkt für die Aktionärseigenschaft ist der Zeitpunkt der Beschlussfassung über die Kapitalerhöhung (Spindler/Stilz/*Servatius* Rn. 9). Ist die Aktie mit dinglichen Rechten belastet, etwa einem Nießbrauch oder einem Pfandrecht, ändern diese dinglichen Belastungen nichts an der ausschließlichen Bezugsberechtigung des Aktionärs. Eine andere und hiervon zu trennende Frage ist, ob auch die neuen Aktien der dinglichen Belastung unterliegen. Insoweit kommt es darauf an, ob das dingliche Recht nach dem Inhalt der Bestellungsvereinbarung auch künftige aus einer Kapitalerhöhung stammende Aktien erfassen soll, was ggf. durch Auslegung der Bestellungsvereinbarung zu ermitteln ist. Die Gesellschaft selbst hat aus den

von ihr gehaltenen eigenen Aktien gem. § 71b kein Bezugsrecht; gleiches gilt im Falle des § 71d S. 4. Nicht unstreitig, aber aus Gründen des eindeutigen Gesetzeswortlautes zu verneinen, ist die Frage, ob den Aktionären der Muttergesellschaft bei einer Kapitalerhöhung der Tochtergesellschaft Bezugsrechte zustehen (wie hier Hüffer/Koch/*Koch* Rn. 5a; K. Schmidt/Lutter/*Veil* Rn. 5; aA *Lutter* AG 2000, 342).

4 Der **Umfang des Bezugsrechts** bestimmt sich nach der bisherigen Beteiligung des Aktionärs am Grundkapital der Gesellschaft. Diese proportionale Beteiligung an der Kapitalerhöhung garantiert, dass eine Verwässerung von Aktionärsrechten oder eine Verschiebung von Stimmrechtsquoten nicht stattfindet. Sind einzelne Aktionäre nicht bezugsberechtigt – wie etwa die Gesellschaft selbst – erhöht sich das Bezugsrecht der übrigen Aktionäre proportional (K. Schmidt/Lutter/*Veil* Rn. 7). Führt die proportionale Beteiligung der Aktionäre am Kapitalerhöhungsvolumen nicht zu glatten, also durch 1 teilbaren Bezugsrechten, so kann jeder Aktionär ganze Bezugsrechte oder Teile derselben veräußern oder hinzu erwerben (Spindler/Stilz/*Servatius* Rn. 11).

5 Das Gesetz bezeichnet die **Bezugserklärung des Aktionärs** in § 186 Abs. 1 als dessen *Verlangen*. Dieses Verlangen ist an keine Form gebunden und ist die Erklärung des Aktionärs, sein Bezugsrecht ausüben zu wollen und eine entsprechende Zeichnungserklärung abzugeben. Im Beschluss über die Kapitalerhöhung kann eine Ausübungsfrist für die Bezugserklärung bestimmt werden, die gem. § 186 Abs. 1 S. 2 eine Frist von zwei Wochen nicht unterschreiten darf. Diese Frist ist gem. § 186 Abs. 2 S. 1 mit dem Ausgabebetrag oder den Grundlagen für dessen Festlegung bekanntzumachen. Sind nur die Grundlagen der Festlegung angegeben, muss der Vorstand gem. § 186 Abs. 2 S. 2 zusätzlich spätestens drei Tage vor Ablauf der Bezugsfrist den Ausgabebetrag in den Gesellschaftsblättern und über ein elektronisches Informationsmedium bekanntmachen; diese Angaben sind gem. § 67a auch an die Aktionäre zu übermitteln. Bezugserklärungen, die bei der Gesellschaft nach Ablauf einer ordnungsgemäß bestimmten und bekannt gemachten Bezugsfrist eingehen, sind unwirksam und begründen keinen Zuteilungsanspruch des Aktionärs (Hüffer/Koch/*Koch* Rn. 6; MüKoAktG/*Schürnbrand* Rn. 55; K. Schmidt/Lutter/*Veil* Rn. 9).

6 Das mit dem Beschluss der Hauptversammlung über die Kapitalerhöhung entstehende **Bezugsrecht des Aktionärs** ist sowohl vor als auch nach der Bezugserklärung **übertragbar** (Spindler/Stilz/*Servatius* Rn. 18 f.). Eine etwa im Kapitalerhöhungsbeschluss bestimmte oder sich aus der Satzung ergebende Vinkulierung der neuen Aktien greift bereits auf das Bezugsrecht vor, sodass das Bezugsrecht in diesem Fall auch nur übertragen werden kann, wenn die Erfordernisse der Vinkulierungsklausel erfüllt sind. Vor dem Beschluss der Hauptversammlung über die Kapitalerhöhung besteht ein selbständig veräußerbares Bezugsrecht des Aktionärs noch nicht. Einer Veräußerung dieser Rechts- und Vermögensposition an einen Dritten steht der Wortlaut des § 186 Abs. 1 entgegen, welcher das Bezugsrecht nur in der Person des Aktionärs entstehen lässt. Dieser Wortlaut und das Verbot der selbständigen Abspaltung von Mitgliedschaftsrechten schließen es aus, das Bezugsrecht vor dem Beschluss der Hauptversammlung über die Kapitalerhöhung an einen Dritten zu übertragen (Spindler/Stilz/*Servatius* Rn. 20). Hiervon unberührt bleibt die Möglichkeit des Aktionärs, seine nach dem Beschluss der Hauptversammlung über die Kapitalerhöhung stehende Rechtsposition unter der aufschiebenden Bedingung des Beschlusses der Hauptversammlung an einen Dritten zu übertragen.

III. Der Ausschluss des Bezugsrechts

7 Das Bezugsrecht des Aktionärs kann als mitgliedschaftliches Grundrecht und wegen seiner immensen rechtlichen und wirtschaftlichen Bedeutung für den Aktionär nur **unter strengen formellen und materiellen Voraussetzungen ausgeschlossen** werden. Insoweit werden die gesetzlichen Anforderungen in § 186 Abs. 3 und Abs. 4 ergänzt durch im Wege der Rechtsfortbildung gewonnene Erfordernisse.

8 **1. Die formellen Anforderungen an einen Bezugsrechtsausschluss.** § 186 Abs. 3 bestimmt zunächst, dass das Bezugsrecht **nur im Beschluss über die Erhöhung** des Grundkapitals ausgeschlossen werden kann. Die alleinige Kompetenz, Aktionären das Bezugsrecht zu entziehen oder dieses zu verkürzen, liegt damit bei den Aktionären selbst. Eine Delegation dieser Befugnis an ein anderes Gesellschaftsorgan ist – vom Sonderfall des genehmigten Kapitals abgesehen – unzulässig. Der Beschluss der Hauptversammlung bedarf einer Mehrheit von mindestens ¾ des bei der Beschlussfassung vertretenen Grundkapitals bzw. wenn Gesetz oder Satzung für die (einfache) Kapitalerhöhung weitere Erfordernisse begründen, die Einhaltung auch dieser Erfordernisse; eine Erleichterung durch Festsetzung einer geringeren Kapitalmehrheit oder durch Verzicht auf die iÜ bei einer Kapitalerhöhung zu beachtenden Erfordernisse ist gem. § 186 Abs. 3 S. 3 nicht zulässig.

9 Das Gesetz stellt im Wesentlichen **zwei Anforderungen an die Vorbereitung der Hauptversammlung,** die über die Kapitalerhöhung und den Bezugsrechtsausschluss entscheiden soll: Zum einen muss die beabsichtigte Ausschließung des Bezugsrechts gem. § 186 Abs. 4 S. 1 ausdrücklich und ordnungsgemäß bekannt gemacht worden sein. Die Bekanntmachung muss in den Gesellschaftsblättern und idR gleichzeitig mit der Einberufung der Hauptversammlung und Bekanntmachung der Tages-

ordnung erfolgen. Sind diese Erfordernisse nicht eingehalten, ist der Kapitalerhöhungsbeschluss anfechtbar (K. Schmidt/Lutter/*Veil* Rn. 15). Wird die Kapitalerhöhung iRe Universalversammlung beschlossen und sind die weiteren Voraussetzungen des § 121 Abs. 6 erfüllt, sodass die Bekanntmachung entbehrlich ist, muss auch die besondere Bekanntmachung des § 186 Abs. 4 S. 1 nicht erfolgen (Hüffer/Koch/*Koch* Rn. 22). Nicht unmittelbar vom Vollversammlungsprivileg erfasst ist der Vorstandsbericht zum Bezugsrechtsausschluss nach § 186 Abs. 4 S. 2, da es sich bei dieser Verpflichtung des Vorstands nicht um eine auf § 124 Abs. 1 S. 1 bezugnehmende Bekanntmachungsvorschrift handelt. Gleiches gilt für die Pflicht zur Auslegung des Vorstandsberichts während der Hauptversammlung (Spindler/Stilz/*Servatius* Rn. 31 f.f). Dies bedeutet, dass auf diese Formalitäten durch die Hauptversammlung ausdrücklich und allseitig verzichtet werden muss, wenn von den genannten Vorschriften abgewichen werden soll (MüKoAktG/*Schürnbrand* Rn. 80; Spindler/Stilz/*Servatius* Rn. 33).

Zweites formelles Erfordernis zur Vorbereitung des Hauptversammlungsbeschlusses ist der in § 186 10
Abs. 4 S. 2 vorgeschriebene **schriftliche Bericht des Vorstandes** über den Grund für den teilweise oder vollständigen Ausschluss des Bezugsrechts, in dem der Vorstand auch den vorgeschlagenen Ausgabebetrag zu begründen hat. Der Sinn dieses Berichts besteht darin, die Hauptversammlung zu befähigen, sich ein Urteil über die Rechtfertigung des vom Vorstand vorgeschlagenen Bezugsrechtsausschlusses zu bilden. Der Bericht des Vorstands muss so detailliert und konkret sein, dass der Hauptversammlung eine sachgerechte Entscheidung ermöglicht wird (BGH 19.4.1982, BGHZ 83, 319 (326)). Abstrakte Umschreibungen der Ziele, die mit dem Bezugsrechtsausschluss verfolgt werden, oder floskelhafte Begründungen genügen den Anforderungen des § 186 Abs. 4 S. 2 nicht. Einschränkungen der Berichtspflicht können sich in analoger Anwendung des § 131 Abs. 3 ergeben, wenn der Vorstand gezwungen wäre, im Bericht Umstände zu offenbaren, zu denen er bei einer entsprechenden Frage des Aktionärs in der Hauptversammlung gem. § 131 Abs. 3 die Auskunft verweigern dürfte (Hüffer/Koch/*Koch* Rn. 24; zur Verzichtbarkeit des Berichtes → Rn. 9).

Der Bericht muss entsprechend § 175 Abs. 2 S. 1 von der Einberufung der Hauptversammlung an **in** 11
den Geschäftsräumen der Gesellschaft ausliegen und ist entsprechend § 175 Abs. 2 S. 2 einem dies verlangenden Aktionär in Abschrift zu übersenden (Hüffer/Koch/*Koch* Rn. 23). Eine Bekanntmachung des Wortlautes des Vorstandsberichts ist nach hM nicht erforderlich; vielmehr ist lediglich der wesentliche Inhalt des Berichtes bekanntzumachen (BGH 9.11.1992, BGHZ 120, 141 (155 f.); Hüffer/Koch/*Koch* Rn. 23). Eine Mitteilungspflicht des Vorstands entsprechend § 125 besteht nicht (Hüffer/Koch/*Koch* Rn. 23; zur Verzichtbarkeit der Auslage → Rn. 9).

2. Die materiellen Anforderungen an den Bezugsrechtsausschluss. Da das Gesetz selbst der 12
(qualifizierten) Mehrheit der Aktionäre Freiheit zu geben scheint, über den Ausschluss des Bezugsrechts zu entscheiden, war die Rspr. angesichts der erheblichen Bedeutung des Bezugsrechts für die rechtliche und wirtschaftliche Wertigkeit seiner Beteiligung aufgerufen, ihrerseits **materielle Anforderungen an den Bezugsrechtsausschluss** zu stellen. Die Rspr. ist diesem Aufruf im Wesentlichen durch eine **strenge und konsequente Anwendung des Grundsatzes der Verhältnismäßigkeit** gefolgt. Konkret darf der Bezugsrechtsausschluss nur einem Ziel dienen, das iRd Unternehmensgegenstandes geeignet ist, den Gesellschaftszweck zu fördern (Hüffer/Koch/*Koch* Rn. 26). Nicht relevant ist in diesem Zusammenhang das besondere Interesse einzelner Aktionäre oder ein Konzerninteresse, sondern maßgeblich ist allein das Interesse der Gesellschaft, deren Kapital erhöht werden soll. Auf der zweiten Prüfungsstufe wird erörtert, ob der Bezugsrechtsausschluss geeignet ist, das im Gesellschaftsinteresse liegende Ziel zu erreichen und ob er zur Erreichung dieses Zieles erforderlich ist, mithin ob das angestrebte Ziel nicht mit milderen Mitteln erreicht werden kann. Schließlich ist auf der dritten Stufe der Verhältnismäßigkeitsprüfung zu erörtern, ob der Bezugsrechtsausschluss auch verhältnismäßig im engeren Sinne ist, ob also das angeführte Gesellschaftsinteresse höher zu bewerten ist als das Interesse der Aktionäre am Erhalt ihrer Rechtsposition (BGH 13.3.1978, BGHZ 71, 40 (46); BGH 19.4.1982, BGHZ 83, 319 (321)). Auf dieser Prüfungsstufe ist eine umfassende Interessenabwägung vorzunehmen; je schwerer der Eingriff in die Rechte der Aktionäre wiegt, desto gewichtiger muss das Interesse der Gesellschaft an dem mit dem Bezugsrechtsausschluss verfolgten Vorhaben sein (BGH 13.3.1978, BGHZ 71, 40 (45); K. Schmidt/Lutter/*Veil* Rn. 34). Eine besonders schwere Beeinträchtigung der Rechte der Aktionäre kommt etwa beim Verlust einer Sperrminorität in Betracht (Hüffer/Koch/*Koch* Rn. 28; GK-AktG/*Wiedemann* Rn. 28). Auch ein Teilausschluss des Bezugsrechts ist bei Einhaltung der übrigen formellen und materiellen Voraussetzungen zulässig, und zwar auf zwei unterschiedliche Arten: Entweder kann beschlossen werden, einen Teil des Betrags der Kapitalerhöhung gegen Bezugsrechtsausschluss durchzuführen oder einzelne Aktionäre können vom Bezugsrecht ausgeschlossen werden. Beide Varianten setzen voraus, dass die formellen und materiellen Grenzen eines Bezugsrechtsausschlusses (und im zweiten Fall der Grundsatz der Gleichbehandlung der Aktionäre) eingehalten werden (Spindler/Stilz/*Servatius* Rn. 62). Versuche, die sich aus der Anwendung des Grundsatzes der Verhältnismäßigkeit ergebenden Erfordernisse zu konkretisieren, unterscheiden regelmäßig zwischen den Fällen einer Sachkapitalerhöhung und einer Barkapitalerhöhung:

13 Bei der **Kapitalerhöhung gegen Sacheinlagen** kann ein erhebliches Interesse der Gesellschaft bestehen, den Vermögensgegenstand, der von einem Aktionär oder einem Dritten in die Gesellschaft eingebracht werden soll, von diesem Aktionär zu erwerben und ihm als Gegenleistung Mitgliedschaftsrechte zu gewähren. Je einzigartiger dieser Vermögensgegenstand ist, umso eher wird ein Interesse der Gesellschaft angenommen werden können, dem Erwerb dieses Vermögensgegenstandes gegen Gewährung von Aktien den Vorrang einzuräumen vor dem Recht der Aktionäre, ihre Beteiligungsquoten beizubehalten.

14 Wird eine **Kapitalerhöhung gegen Bareinlagen** beschlossen, kann der den Ausschluss des Bezugsrechts rechtfertigende Umstand nicht in der Besonderheit der vom Einleger zu erbringenden Leistung liegen. Vielmehr müssen die Umstände, die ein Zurückdrängen der Interessen der Aktionäre begründen können, außerhalb dieser Leistung gesucht werden. Solche Umstände können etwa die Gewährung von Belegschaftsaktien an Arbeitnehmer sein oder die Notwendigkeit, die neuen Aktien en bloc zu vergeben, um eine Sanierung der Gesellschaft zu ermöglichen (vgl. etwa K. Schmidt/Lutter/*Veil* Rn. 38 mit weiteren Beispielen).

15 **3. Erleichterter Bezugsrechtsausschluss (Abs. 3 S. 4).** Nach § 186 Abs. 3 S. 4 ist ein Ausschluss des Bezugsrechts insbesondere dann zulässig, wenn die **Kapitalerhöhung gegen Bareinlagen 10 v. H. des Grundkapitals nicht übersteigt** und der Ausgabebetrag den Börsenpreis nicht wesentlich unterschreitet. Sind die Voraussetzungen der genannten Bestimmung erfüllt, bedarf der Bezugsrechtsausschluss keiner Prüfung unter dem Gesichtspunkt des Grundsatzes der Verhältnismäßigkeit (K. Schmidt/Lutter/*Veil* Rn. 39). Das Erfordernis, dass der Ausgabebetrag der Aktien den Börsenpreis nicht wesentlich unterschreiten darf, kann nur erfüllt sein, wenn bereits Aktien der Gesellschaft im amtlichen Handel (§§ 30 ff. BörsG), im geregelten Markt (§§ 49 ff. BörsG) oder im Freiverkehr (§ 57 BörsG) zugelassen und tatsächlich gehandelt werden (Spindler/Stilz/*Servatius* Rn. 58). Lässt sich ein Referenzkurs nicht feststellen oder findet kein Börsenhandel im vorbezeichneten Sinne statt, kommt eine Erleichterung gem. § 186 Abs. 3 S. 4 nicht in Betracht. Auch in den Fällen des erleichterten Bezugsrechtsausschlusses ist ein Vorstandsbericht erforderlich, der inhaltlich allerdings deutlich geringeren Anforderungen genügen muss als beim regulären Bezugsrechtsausschluss (Spindler/Stilz/*Servatius* Rn. 60). Ob der nach dem Wortlaut der Vorschrift anzunehmende Anwendungsbereich durch eine ungeschriebene Zulässigkeitsvoraussetzung einzuschränken ist, ist umstritten: Zum Teil wird verlangt, dass die Möglichkeit der vom Bezugsrecht ausgeschlossenen Aktionäre bestehen müsse, Aktien im Wege eines freien Zukaufs an der Börse oder auf sonstige Weise zu erwerben („faktisches Bezugsrecht") und § 186 Abs. 3 S. 4 insoweit einer teleologischen Reduktion bedürfe (Hüffer/Koch Rn. 39g mwN). Jedenfalls muss auch ein unter § 186 Abs. 3 S. 4 fallender Bezugsrechtsausschluss dem Gleichbehandlungsgebot der Aktionäre gem. § 53a genügen (BGH 10.7.2018, NJW 2018, 2796).

16 **4. Das mittelbare Bezugsrecht (Abs. 5).** § 186 Abs. 5 bestimmt, dass ein Ausschluss des Bezugsrechts nicht vorliegt, wenn die **Aktien** nach dem Inhalt des Kapitalerhöhungsbeschlusses von einem **Kreditinstitut** oder einem vergleichbaren Unternehmen iSd Vorschrift mit der Verpflichtung **übernommen werden** sollen, sie den Aktionären zum Bezug anzubieten. Da in der Praxis neue Aktien regelmäßig unter Einschaltung eines der bezeichneten Kreditinstitute begeben werden, im Ergebnis jedoch – vermittelt durch das Kreditinstitut – den Aktionären zum Bezug angeboten werden, ist es sachgerecht, wenn die notwendige und vermittelnde Tätigkeit des Kreditinstituts nicht als Bezugsrechtsausschluss behandelt wird.

17 Erforderlich ist, dass der Beschluss über die Kapitalerhöhung bereits festlegt, dass die neuen Aktien von einem Kreditinstitut **mit der Verpflichtung übernommen** werden sollen, sie den Aktionären zum Bezug anzubieten. Das Kreditinstitut muss im Beschluss noch nicht namentlich bezeichnet werden (K. Schmidt/Lutter/*Veil* Rn. 46). Der Vorstand hat das Bezugsangebot gem. § 186 Abs. 5 S. 2 mit den in dieser Bestimmung genannten Angaben und den endgültigen Ausgabebetrag bekanntzumachen.

18 Sind die Voraussetzungen des **§ 186 Abs. 5** erfüllt, liegt per gesetzlicher Definition ein Bezugsrechtsausschluss nicht vor, sodass die **Vorgaben des § 186 Abs. 3 und Abs. 4 nicht eingehalten werden müssen.** Aus dem Vertrag zwischen dem übernehmenden Kreditinstitut und der Gesellschaft, der ein Vertrag zu Gunsten der Aktionäre iSv § 328 BGB ist, haben die Aktionäre einen Anspruch gegen das Kreditinstitut auf Gewährung eines proportionalen Anteils der neuen Aktien (K. Schmidt/Lutter/*Veil* Rn. 49).

Zusicherung von Rechten auf den Bezug neuer Aktien

187 (1) **Rechte auf den Bezug neuer Aktien können nur unter Vorbehalt des Bezugsrechts der Aktionäre zugesichert werden.**

(2) **Zusicherungen vor dem Beschluß über die Erhöhung des Grundkapitals sind der Gesellschaft gegenüber unwirksam.**

I. Allgemeines

Der **Zweck** des § 187 besteht darin, **die Entscheidungsfreiheit der Hauptversammlung** iRd Kapitalerhöhung, insbesondere nach der Entscheidung über den Ausschluss eines Bezugsrechts, zu sichern (GK-AktG/*Wiedemann* Rn. 3; K. Schmidt/Lutter/*Veil* Rn. 1). Darüber hinaus soll die Gesellschaft davor geschützt werden, dass Zusicherungen, die vor dem Beschluss über die Erhöhung des Grundkapitals gemacht wurden und möglicherweise nicht mehr eingehalten werden können, zu Schadenersatzansprüchen gegen die Gesellschaft führen (§ 187 Abs. 2). Aus der Systematik der Vorschrift ergibt sich, dass eine Zusicherung vor dem Kapitalerhöhungsbeschluss gegenüber der Gesellschaft unwirksam ist, mit anderen Worten eine Zusicherung nur zeitlich nach dem Kapitalerhöhungsbeschluss wirksam sein kann. Diese steht dann unter dem Vorbehalt des § 187 Abs. 1 (Hölters/*Apfelbacher/Niggemann* Rn. 3) Beide Absätze der Bestimmung sind gem. § 203 Abs. 1 auch beim genehmigten Kapital anzuwenden, lediglich § 187 Abs. 2 bei der bedingten Kapitalerhöhung (§ 193 Abs. 1 S. 3). 1

II. Der Inhalt der Vorschrift im Einzelnen

§ 187 Abs. 1 bestimmt, dass Zusicherungen auf den Bezug neuer Aktien nur vorbehaltlich des Bezugsrechts der Aktionäre erklärt werden können. Eine **Zusicherung ist jede Erklärung der Gesellschaft, durch die die Gesellschaft sich gegenüber einem Dritten verpflichtet,** diesem Rechte auf den Bezug neuer Aktien zu verschaffen. Der gesetzlich angeordnete Vorbehalt des Bezugsrechts der Aktionäre führt dazu, dass – wenn die Gesellschaft über die Bezugsrechte nicht verfügen kann, weil die Aktionäre der Gesellschaft weder auf ihr Bezugsrecht verzichtet haben noch dieses ausgeschlossen werden konnte – die Gesellschaft durch ihre Zusicherungserklärung nicht verpflichtet wird. Der in § 187 Abs. 1 angeordnete Vorbehalt ergibt sich unmittelbar aus dem Gesetz und beansprucht Geltung unmittelbar durch das Gesetz, sodass eine ausdrückliche Aufnahme des Vorbehaltes in die Zusicherungserklärung der Gesellschaft nicht erforderlich ist (wie hier Hüffer/Koch/*Koch* Rn. 4; K. Schmidt/Lutter/*Veil* Rn. 7; aA GK-AktG/*Wiedemann* Rn. 14 f.). Dies hat praktisch die Konsequenz, dass die Gesellschaft – auch bei vorbehaltloser Zusicherung – zugesicherte Bezugsrechte bedienen darf, wenn die Aktionäre ihre gesetzlichen Bezugsrechte nicht ausgeübt haben, da die von der Gesellschaft erklärte Zusicherung auch ohne den ausdrücklichen Vorbehalt des § 187 Abs. 1 wirksam ist. Eine andere und hiervon zu unterscheidende Frage ist, ob es nicht gleichwohl sinnvoll ist, den in § 187 Abs. 1 angeordneten Vorbehalt auch ausdrücklich in die Zusicherungserklärung der Gesellschaft aufzunehmen, da anderenfalls möglicherweise Ansprüche gegen die Gesellschaft oder gegen deren Vorstandsmitglieder wegen culpa in contrahendo geltend gemacht werden könnten (vgl. dazu K. Schmidt/Lutter/*Veil* Rn. 8). 2

Da die Vorschrift **lediglich Zusicherungen durch die Gesellschaft erfasst** (vgl. etwa K. Schmidt/Lutter/*Veil* Rn. 4; Spindler/Stilz/*Servatius* Rn. 5), sind Verpflichtungen der Zeichner durch den Zeichnungsvertrag oder durch Zeichnungsvorverträge, neue Aktien zu übernehmen oder anderen Personen zu übertragen, nicht vom Anwendungsbereich der Vorschrift erfasst. 3

III. Zusicherungen vor dem Kapitalerhöhungsbeschluss (Abs. 2)

§ 187 Abs. 2 bestimmt, dass Zusicherungen, die zeitlich vor dem Beschluss über die Erhöhung des Grundkapitals erfolgen, der Gesellschaft gegenüber unwirksam sind. Die Bestimmung soll verhindern, dass die Gesellschaft auf Schadenersatz in Anspruch genommen werden kann, wenn von ihr zugesicherte Bezugsrechte nicht bedient werden können oder die Gesellschaft sich entscheidet, anderweitig über die Bezugsrechte zu disponieren (Hüffer/Koch/*Koch* Rn. 5). Die in § 187 Abs. 2 bestimmte Rechtsfolge ist die **relative Unwirksamkeit der Zusicherung der Gesellschaft** dieser selbst gegenüber. Angesichts des eindeutigen Wortlauts von § 187 Abs. 2 einerseits und von § 187 Abs. 1 andererseits wird die (relative) Unwirksamkeit auch nicht dadurch ausgeschlossen, dass die Zusicherung iSv § 187 Abs. 2 mit einem Vorbehalt iSd § 187 Abs. 1 versehen wird. Für Zusicherungen vor dem Beschluss über die Erhöhung des Grundkapitals ordnet § 187 Abs. 2 ein generelles Verbot an. 4

Der von § 187 Abs. 2 beabsichtigte Schutz der Gesellschaft für den Fall, dass sie von ihr erklärte Zusicherungen nicht einhalten kann, ist **nicht erforderlich, wenn alle Aktionäre der von der Gesellschaft erklärten Zusicherung zustimmen,** da in diesem Fall weder der Schutz der Willensentschließungsfreiheit der Aktionäre durch die Zusicherung der Gesellschaft tangiert wird noch zu besorgen ist, dass die Gesellschaft die von ihr erklärte Zusicherung nicht erfüllen kann. Weitergehende teleologische Reduktionen des Anwendungsbereichs der Vorschrift, etwa im Zusammenhang mit Business-Combination-Agreements (vgl. dazu Spindler/Stilz/*Servatius* Rn. 19 ff.), sind mit Wortlaut und Zweck der Vorschrift nicht ohne weiteres zu vereinbaren und überzeugen daher de lege lata nicht. 5

Anmeldung und Eintragung der Durchführung

188 (1) **Der Vorstand und der Vorsitzende des Aufsichtsrats haben die Durchführung der Erhöhung des Grundkapitals zur Eintragung in das Handelsregister anzumelden.**

(2) [1]**Für die Anmeldung gelten sinngemäß § 36 Abs. 2, § 36a und § 37 Abs. 1.** [2]**Durch Gutschrift auf ein Konto des Vorstands kann die Einzahlung nicht geleistet werden.**

(3) **Der Anmeldung sind beizufügen**

1. **die Zweitschriften der Zeichnungsscheine und ein vom Vorstand unterschriebenes Verzeichnis der Zeichner, das die auf jeden entfallenden Aktien und die auf sie geleisteten Einzahlungen angibt;**
2. **bei einer Kapitalerhöhung mit Sacheinlagen die Verträge, die den Festsetzungen nach § 183 zugrunde liegen oder zu ihrer Ausführung geschlossen worden sind;**
3. **eine Berechnung der Kosten, die für die Gesellschaft durch die Ausgabe der neuen Aktien entstehen werden.**

(4) **Anmeldung und Eintragung der Durchführung der Erhöhung des Grundkapitals können mit Anmeldung und Eintragung des Beschlusses über die Erhöhung verbunden werden.**

Übersicht

I. Allgemeines

1 Mit den Bestimmungen über die **Anmeldung der Durchführung der Kapitalerhöhung** regelt § 188 Abs. 1 den **zweiten Teil des zweistufigen Anmeldeverfahrens** hinsichtlich der Kapitalerhöhung bei der AG. Im ersten Schritt wird gem. § 184 der Beschluss über die Kapitalerhöhung zur Eintragung in das Handelsregister angemeldet, der die Durchführung der Kapitalerhöhung vorbereitet. Die zweite Stufe des Anmeldeverfahrens stellt sicher, dass das erhöhte Kapital der Gesellschaft auch tatsächlich aufgebracht wurde und verfolgt damit im Wesentlichen Zwecke des Gläubigerschutzes (K. Schmidt/Lutter/*Veil* Rn. 2).

2 § 188 Abs. 1 bestimmt die Anmeldepflichtigen, während § 188 Abs. 2 durch Verweis auf bestimmte Vorschriften des Gründungsrechts dem **Gebot der realen Kapitalaufbringung Rechnung** trägt. § 188 Abs. 3 unterstützt die Bestimmungen des Abs. 2 durch die Anordnung, welche weiteren Unterlagen beigebracht werden müssen. § 188 Abs. 4 schließlich ermöglicht es, die Anmeldung der Durchführung der Erhöhung des Grundkapitals mit der Anmeldung des Beschlusses über die Kapitalerhöhung (§ 184) zu verbinden.

II. Die Anmeldung der Durchführung der Kapitalerhöhung im Einzelnen

3 **1. Die anmeldepflichtigen Personen (Abs. 1).** Gemäß § 188 Abs. 1 muss die Durchführung der Erhöhung des Grundkapitals vom **Vorstand und vom Vorsitzenden des Aufsichtsrats** zur Eintragung in das Handelsregister angemeldet werden. Es gelten insoweit die gleichen Anforderungen wie bei der Anmeldung des Beschlusses über die Kapitalerhöhung gem. § 184 Abs. 1. Erforderlich und ausreichend ist die Anmeldung durch den Vorstand in vertretungsberechtigter Zahl; eine Anmeldung durch Bevollmächtigte kommt aufgrund der strafrechtlichen Verantwortlichkeit gem. § 399 Abs. 1 Nr. 4 nicht in Betracht; aus diesem Grund scheidet auch eine Anmeldung in unechter Gesamtvertretung, also durch ein Vorstandsmitglied gemeinsam mit einem Prokuristen, aus (→ § 184 Rn. 7). Die Mitwirkung des Aufsichtsratsvorsitzenden stellt sicher, dass auch dieser die Verantwortung für die Verlautbarung der ordnungsgemäßen Durchführung der Kapitalerhöhung gegenüber den Gesellschaftsgläubigern übernimmt. Im Falle der Verhinderung des Aufsichtsratsvorsitzenden kann dieser im Anmeldeverfahren durch seinen Stellvertreter vertreten werden (§ 107 Abs. 1 S. 3).

4 **2. Die reale Kapitalaufbringung als Voraussetzung der Anmeldung der Durchführung der Kapitalerhöhung (Abs. 2).** Durch den **Verweis auf die Gründungsvorschriften** der §§ 36 Abs. 2,

36a und 37 Abs. 1 wird das **Gebot der realen Kapitalaufbringung** auch iRd Kapitalerhöhung umgesetzt. Voraussetzung jeder Anmeldung einer Kapitalerhöhung ist, dass der im Kapitalerhöhungsbeschluss bezeichnete Erhöhungsbetrag vollständig und wirksam gezeichnet worden ist. Wurde der Kapitalerhöhungsbetrag im Beschluss ohne weitere Angaben festgesetzt, so muss dieser Betrag vollständig gezeichnet worden sein. Wurde demgegenüber eine „bis-zu-Kapitalerhöhung" beschlossen, reicht jede Zeichnungserklärung, egal welcher Höhe, zur (Teil-)Anmeldung der Kapitalerhöhung aus. Wurde die „bis-zu-Kapitalerhöhung" mit der Bestimmung eines Mindestbetrages verbunden, muss dieser durch Zeichnungserklärungen erreicht sein, bevor die (erste) Durchführungsanmeldung iSv § 188 vorgenommen werden kann.

a) Die Anmeldevoraussetzungen bei einer Barkapitalerhöhung. Bei einer Barkapitalerhöhung darf die Anmeldung gem. § 36 Abs. 2 erst erfolgen, **wenn der eingeforderte Betrag eingezahlt wurde** und endgültig zur freien Verfügung des Vorstands steht. Der eingeforderte Betrag muss gem. § 36a Abs. 1 mindestens ¼ des geringsten Ausgabebetrages zuzüglich Agio (dieses in voller Höhe) umfassen. Sofern das Agio auf rein schuldrechtlicher Grundlage vereinbart wird, ist die Erbringung dieses schuldrechtlichen Agio iRd Kapitalerhöhung nicht nachzuweisen. Die Art und Weise der ordnungsgemäßen Einzahlung bestimmt sich nach § 37 Abs. 1 iVm § 54 Abs. 3 dahin, dass die einzuzahlenden Beträge nur in gesetzlichen Zahlungsmitteln oder durch Gutschrift auf ein Konto der Gesellschaft bei einem Kreditinstitut der in § 54 Abs. 3 bestimmten Qualität erfolgen muss. Wenn die Kapitalerhöhung in der Weise durchgeführt wird, dass zunächst ein Kreditinstitut alle neuen Aktien zeichnet und sie später am Markt unterbringen soll (sog. „Fremdemission"), leistet dieses Kreditinstitut die Mindesteinlage in der Regel durch Gutschrift auf ein bei ihm für die Gesellschaft geführtes Sonderkonto. Hiergegen ist rechtlich nichts einzuwenden (ebenso vgl. hierzu iE MüKoAktG/*Schürnbrand* Rn. 16), da Zeichner und gutschreibendes Kreditinstitut personenidentisch sein können. 5

Die eingezahlten Beträge müssen gem. § 188 Abs. 2, § 36 Abs. 2 S. 1 **endgültig zur freien Verfügung des Vorstands stehen.** Insoweit gelten die gleichen Voraussetzungen wie für die Aufbringung des Grundkapitals im Gründungsstadium der Gesellschaft (vgl. daher im Einzelnen die Erläuterungen zu § 36 Abs. 2 → § 36 Rn. 1 ff.). Besonderheiten der Kapitalaufbringung gegenüber dem Gründungsstadium ergeben sich daraus, dass die Gesellschaft als werbende Gesellschaft tätig ist und die zur Kapitalerhöhung eingezahlten Mittel möglicherweise in den Zahlungsverkehr der Gesellschaft einbezogen werden. Während nach der früheren Rspr. von einer ordnungsgemäßen Einzahlung nur auszugehen war, wenn die der Gesellschaft zugewendeten Einlagemittel im Anmeldezeitpunkt noch vorhanden waren, wird diese Anforderung nach der jüngeren Rspr. nicht mehr gestellt (BGH 18.3.2002, BGHZ 150, 197 (199 f.)). Nach dieser Rspr. darf der Vorstand der Gesellschaft nach ordnungsgemäßer Einzahlung der zu leistenden Einlagen über diese verfügen und für Zwecke der Gesellschaft verwenden. Der Vorgang der Mittelaufbringung sei ordnungsgemäß abgeschlossen, wenn das der Deckung der erhöhten Kapitalziffer dienende Vermögen unmittelbar der Gesellschaft zugeflossen sei. Von diesem Zeitpunkt an sei der Vorstand berechtigt und verpflichtet, iR seiner unternehmerischen Entscheidungsfreiheit und im Interesse der Gesellschaft über das eingebrachte Vermögen zu verfügen (BGH 18.3.2002, BGHZ 150, 197 (199 f.)). Hiervon unberührt bleibt das Verbot, die an die Gesellschaft geleisteten Mittel an die Einzahler zurückzugewähren. In diesem Fall ist eine Leistung zur freien Verfügung des Vorstands nicht erfolgt, was insbesondere in den in der Praxis nicht seltenen Cash-Pooling-Systemen einer ordnungsgemäßen Kapitalaufbringung im Wege stehen kann (K. Schmidt/Lutter/*Veil* Rn. 11). Bei Cash-Pooling-Systemen unterscheidet der BGH (BGH 20.7.2009, NZG 2009, 944) danach, ob die Weiterleitung der an die Gesellschaft geleisteten Einlage auf ein Zentralkonto erfolgt, dessen Saldo ausgeglichen oder zugunsten der Gesellschaft positiv ist, oder auf ein Zentralkonto, dessen Saldo zulasten der Gesellschaft negativ ist. Im erstgenannten Fall behandelt der BGH die Weiterleitung der Einlagemittel als reines Hin- und Herzahlen iSv § 27 Abs. 4, während er in der Weiterleitung der Einlagemittel auf ein Zentralkonto mit negativem Saldo eine verdeckte Sacheinlage iSv § 27 Abs. 3 sieht, da die Gesellschaft hier im wirtschaftlichen Ergebnis einen Sachwert erhalte, nämlich eine Befreiung von einer Verbindlichkeit aus der Cash-Pool-Vereinbarung. Gemäß § 27 Abs. 3 ist hier der Wert des Vermögensgegenstandes (also der Wert der Darlehensforderung des Gesellschafters) auf die Bareinlagepflicht des Gesellschafters anzurechnen. Wenn die Gesellschaft als Einlagegläubigerin bei Weiterleitung der Einlageleistung an das Zentralkonto mithin solvent und liquide war, der Inferent also einen vollwertigen Anspruch gegen die Gesellschaft auf Darlehensrückzahlung hatte, von dem diese befreit wurde, hat die Gesellschaft als Einlagegläubigerin durch die Anrechnung einen Sachwert im Nominalbetrag ihrer Verbindlichkeit gegenüber dem Zentralkonto erhalten (*Altmeppen* ZIP 2009, 1545 (1547)). Erfolgt die Gutschrift der eingezahlten Beträge durch eine die Aktien übernehmende Bank (sog. „Fremdemissionen") auf ein bei dieser Bank geführtes Sonderkonto, muss sichergestellt sein, dass der Vorstand der Gesellschaft zu jeder Zeit über die auf dem Sonderkonto eingezahlten Beträge frei verfügen kann und in seiner Verfügungsbefugnis insbesondere nicht durch vertragliche Abreden zwischen der Gesellschaft und der Emissionsbank eingeschränkt ist (vgl. hierzu iE MüKoAktG/*Schürnbrand* Rn. 16). 6

7 In nicht wenigen Fällen der Praxis stellt sich darüber hinaus die Frage, ob und unter welchen Voraussetzungen eine ordnungsgemäße Kapitalaufbringung angenommen werden kann, wenn der Gesellschaft das zuzuführende Kapital bereits vor Fassung des Kapitalerhöhungsbeschlusses geleistet worden ist (sog. **Voreinzahlungsfälle**). Insoweit sind zwei Fallgruppen zu unterscheiden, nämlich zum einen die Voreinzahlung in Sanierungsfällen und zum anderen die sonstige Voreinzahlung. In Sanierungsfällen werden der Gesellschaft typischerweise vor einer Kapitalmaßnahme Barmittel zugeführt, die kurzfristig in den Zahlungsverkehr der Gesellschaft einbezogen werden und im Zeitpunkt der Anmeldung der Kapitalerhöhung zum Handelsregister oder deren Eintragung nicht mehr – weder gegenständlich noch dem Werte nach – zur Verfügung stehen. Der BGH (BGH 26.6.2006, DNotZ 2007, 138) lässt eine Voreinzahlung in Sanierungsfällen zu und erkennt deren schuldtilgende Wirkung an, wenn sich die Gesellschaft in einer Krisensituation befindet, der Gesellschafter mit Sanierungswillen gehandelt hat, die Voreinzahlung eindeutig und für Dritte erkennbar mit dem Tilgungszweck der künftig noch zu beschließenden Kapitalerhöhung verbunden wurde, ein enger zeitlicher Zusammenhang zwischen der Voreinzahlung und der folgenden formgerechten Kapitalerhöhung bestand und dass schließlich das Voreinzahlungsverfahren im Kapitalerhöhungsbeschluss und in der Anmeldung zum Handelsregister offen gelegt wurde (vgl. zum Ganzen eingehend zum GmbH-Recht MHLS/*Hermanns* GmbHG § 56a Rn. 18 ff.). Unabhängig von den genannten Sanierungsfällen hat der Gesellschafter seine Einlageverpflichtung auch dann erfüllt, wenn der voreingezahlte Betrag bei Anmeldung der Kapitalerhöhung zum Handelsregister zur freien Verfügung des Geschäftsführers stand (zur GmbH: BGH 10.6.1996, DNotZ 1997, 495 (496)). Hierbei kommt es – so der BGH – nicht darauf an, dass der Gesellschaft der Einzahlungsbetrag noch unversehrt als Bargeld zur Verfügung steht, sondern es reicht aus, wenn die Voreinzahlung ursprünglich als Bargeld oder als tilgungsgeeignete Überweisung geleistet wurde und zum maßgebenden Zeitpunkt ein dem Einzahlungsbetrag entsprechende Wert noch vorhanden war. Konkret verlangt der BGH, dass der eingezahlte Betrag sich entweder noch in der Kasse der Gesellschaft befindet oder – wenn der Gesellschafter auf ein Konto der Gesellschaft einzahlt – dieses anschließend und fortdauernd bis zum maßgeblichen Zeitpunkt der Anmeldung zum Handelsregister ein Guthaben in entsprechender Höhe ausweist.

8 **b) Die Anmeldevoraussetzungen bei Sacheinlagen. Sacheinlagen** müssen gem. § 188 Abs. 2, § 36a Abs. 2 **vollständig geleistet** sein. Sie müssen vor der Anmeldung erbracht worden sein (MüKoAktG/*Schürnbrand* Rn. 22; K. Schmidt/Lutter/*Veil* Rn. 12). Besteht die Sacheinlage gem. § 36a Abs. 2 S. 2 in der Verpflichtung, einen Vermögensgegenstand auf die Gesellschaft zu übertragen, so muss diese Leistung innerhalb von fünf Jahren nach Eintragung der Kapitalerhöhung in das Handelsregister zu bewirken sein. Zu beachten ist, dass die genannte Bestimmung nur den Fall regelt, dass die genannte *Verpflichtung* Gegenstand der Sacheinlage ist. In diesem Fall verfolgt die Bestimmung den Zweck, auch den Vollzug der Verpflichtung innerhalb der angegebenen Frist zu gewährleisten. Ist Sacheinlagegegenstand demgegenüber nicht die Verpflichtung, einen Gegenstand einzubringen, sondern ist der Einleger verpflichtet, als Sacheinlage den Gegenstand zu übereignen, dann muss diese Sacheinlage vor der Anmeldung bewirkt worden sein, sodass es insoweit nicht auf die in § 36 Abs. 2 S. 2 genannte Frist ankommt.

9 **3. Der Inhalt der Anmeldung.** Wie jede Handelsregisteranmeldung ist auch die Anmeldung der Durchführung der Kapitalerhöhung ein **Antrag an das Gericht, die entsprechende Eintragung im Handelsregister vorzunehmen.** Dieser Antrag muss bestimmte inhaltliche Vorgaben erfüllen: Die Erklärung von Vorstand und Aufsichtsratsvorsitzendem muss zunächst erkennen lassen, die Durchführung welcher Kapitalerhöhung angemeldet wird. Wurde bereits zuvor der Beschluss über die Kapitalerhöhung angemeldet, empfiehlt es sich, iRd Anmeldung der Durchführung der Kapitalerhöhung auf diese erste Stufe der Handelsregisteranmeldung Bezug zu nehmen. Es muss darüber hinaus gem. § 188 Abs. 2, § 37 Abs. 1 S. 1 erklärt werden, dass die Voraussetzungen des § 36 Abs. 2 und des § 36a erfüllt sind; dabei sind der Betrag, zu dem die Aktien ausgegeben werden, und der darauf eingezahlte Betrag anzugeben. Der von § 188 Abs. 2, § 37 Abs. 1 S. 2 geforderte Nachweis, dass der eingezahlte Betrag endgültig zur freien Verfügung des Vorstands steht, ist im Regelfall der Einzahlung des Betrages auf ein Konto der Gesellschaft durch eine Bestätigung des kontoführenden Instituts zu führen (§ 188 Abs. 2, § 37 Abs. 1 S. 3). Im Rahmen der von § 37 Abs. 1 S. 1 geforderten Erklärung, dass die Voraussetzungen des § 36 Abs. 2 und des § 36a erfüllt sind, reicht es aus, wenn bei Bareinlagen der Ausgabebetrag der Aktien und der darauf eingezahlte Betrag angegeben werden (§ 188 Abs. 2, § 37 Abs. 1 S. 1 Hs. 2) und iÜ allgemein erklärt wird, dass die Voraussetzungen des § 36 Abs. 2 und des § 36a erfüllt sind. Bei Sacheinlagen muss darüber hinaus gem. § 188 Abs. 2, § 36a Abs. 2 erklärt werden, dass diese vollständig geleistet wurden und dass ihr Wert dem geringsten Ausgabebetrag und bei Ausgabe der Aktien für einen höheren als diesen auch dem Mehrbetrag entspricht (§ 188 Abs. 2, § 36a Abs. 2 S. 3).

10 Schließlich muss die mit der Kapitalerhöhung verbundene **Fassungsänderung der Satzung,** also die Änderung des Wortlauts einer bestimmten Satzungsbestimmung, angemeldet werden.

III. Die der Anmeldung beizufügenden Unterlagen (Abs. 3)

In Ergänzung von § 181 bestimmt Abs. 3, welche Unterlagen der Anmeldung der Durchführung der Kapitalerhöhung beizufügen sind. **Neben** diesen wegen der Besonderheiten einer Kapitalerhöhung beizubringenden Unterlagen sind die bei jeder Satzungsänderung der Anmeldung beizufügenden Unterlagen vorzulegen, insbesondere der **vollständige Satzungswortlaut** mit der Bescheinigung des Notars nach § 181. Die folgenden Unterlagen sind darüber hinaus beizubringen: 11

Nach Abs. 3 Nr. 1 sind der Anmeldung der Durchführung der Kapitalerhöhung die **Zweitschriften der Zeichnungsscheine** beizufügen. Die Vorlage der Zeichnungsscheine ermöglicht dem Registergericht die Prüfung, ob der Kapitalerhöhungsbetrag im gebotenen Umfang durch Zeichnungserklärungen gedeckt ist. Fehlt es an dieser Voraussetzung, muss die Kapitalerhöhung zurückgewiesen werden, da ein ausreichender Anspruch der Gesellschaft auf Erbringung des erhöhten Grundkapitals nicht besteht. Das Registergericht überprüft, ob die Zeichnungsscheine den Vorgaben des § 185, insbesondere des § 185 Abs. 1 Nr. 1–4 und § 185 Abs. 2 entsprechen. Neben den Zeichnungsscheinen ist ein vom Vorstand (also nicht vom Aufsichtsratsvorsitzenden) unterzeichnetes Verzeichnis der Zeichner vorzulegen, das die auf jeden Zeichner entfallenden Aktien und die auf sie geleisteten Einzahlungen angibt. Dieses Verzeichnis soll dem Registergericht die Überprüfung erleichtern, ob für jeden Zeichner die Voraussetzungen der § 36 Abs. 2, § 36a Abs. 1 erfüllt sind; die Unterschriften der Vorstandsmitglieder (in vertretungsberechtigter Zahl) müssen nicht notariell beglaubigt sein. 12

Nach Abs. 3 Nr. 2 müssen bei einer **Sachkapitalerhöhung Verträge, die den Festsetzungen nach § 183 zugrunde liegen** oder zu ihrer Ausführung geschlossen worden sind, vorgelegt werden. Mit dieser etwas umständlichen Formulierung meint das Gesetz die Vereinbarungen, die (schuldrechtlich) zur Erbringung der Sacheinlagen und (dinglich) zum Vollzug derselben, also zur Übertragung der Sacheinlage auf die Gesellschaft, geschlossen werden (K. Schmidt/Lutter/ *Veil* Rn. 28). 13

Die nach Abs. 3 Nr. 3 beizufügende **Kostenberechnung,** enthaltend die Kosten, die für die Gesellschaft durch die Ausgabe der neuen Aktien entstehen werden, ermöglicht dem Gericht und den Gläubigern der Gesellschaft die Überprüfung, inwieweit der durch die Kapitalerhöhung aufzubringende Betrag schon durch die Kosten derselben aufgezehrt ist. Zu den in die Kostenberechnung aufzunehmenden Kosten gehören jedenfalls die mit dem Kapitalerhöhungsbeschluss und den Anmeldungen zum Handelsregister verbundenen Notarkosten, die Gerichtskosten für Eintragung und Veröffentlichung, etwaige Leistungen an eine Emissionsbank und die Kosten für eine externe sachverständige Prüfung (K. Schmidt/Lutter/ *Veil* Rn. 29). Die genannten Kosten sind vom Vorstand zu schätzen. Etwaige weitere Beraterkosten sind ebenfalls anzugeben, wobei auch hier eine Schätzung möglich ist. Vor allzu großer Unbefangenheit iRd zulässigen Schätzungen ist allerdings zu warnen, da bewusst falsche Angaben zu einer Strafbarkeit nach § 399 Abs. 1 Nr. 4 führen können, jedenfalls dann, wenn die unrichtigen Angaben in der Kostenberechnung zu unrichtigen Angaben über die Erbringung des neuen Kapitals führen. Die Kosten der Kapitalerhöhung dürfen auch dann von der Gesellschaft getragen werden, wenn dies im Kapitalerhöhungsbeschluss nicht ausdrücklich festgesetzt ist, da die Gesellschaft insoweit als „natürlicher Kostenschuldner" angesehen wird (GK-AktG/ *Wiedemann* § 182 Rn. 107 ff.; Hüffer/ Koch/ *Koch* § 182 Rn. 34a). Hinsichtlich der zulässigen Höhe der Kosten enthält das Gesetz keine Vorgabe. Aus dem Gebot der realen Kapitalaufbringung dürfte sich indes ergeben, dass der Kapitalerhöhungsaufwand jedenfalls nicht größer sein darf als das der Gesellschaft zugeführte Reinvermögen (vgl. hierzu *Heinze* ZIP 2011, 1848). 14

IV. Verbindung beider Stufen der Handelsregisteranmeldung (Abs. 4)

Abs. 4 ermöglicht es, die **Anmeldung der Durchführung der Kapitalerhöhung** gem. § 188 **mit der Anmeldung des Beschlusses über die Kapitalerhöhung** gem. § 184 zu **verbinden.** In der Praxis bietet sich eine derartige Verbindung an, wenn die Durchführungsvoraussetzungen (→ Rn. 4 ff.) bald nach dem Beschluss über die Kapitalerhöhung erfüllt werden können. Da eine bestimmte Frist, innerhalb derer der Beschluss über die Kapitalerhöhung gem. § 184 angemeldet werden muss, nicht besteht, können beide Anmeldungen aber auch dann miteinander verbunden werden, wenn ein längerer Zeitraum zwischen dem Beschluss über die Kapitalerhöhung und dessen Durchführung liegt. Von der Möglichkeit der Verbindung beider Handelsregisteranmeldungen wird in der Praxis wohl weniger wegen der vergleichsweise geringen Kostenersparnis, sondern vielmehr wegen der häufig eingeschränkten zeitlichen Verfügbarkeit von Vorstandsmitgliedern und Aufsichtsratsvorsitzendem Gebrauch gemacht. 15

Wirksamwerden der Kapitalerhöhung

189 **Mit der Eintragung der Durchführung der Erhöhung des Grundkapitals ist das Grundkapital erhöht.**

I. Allgemeines

1 § 189 beschränkt sich auf die Feststellung, dass **mit der Eintragung der Durchführung** der Erhöhung des Grundkapitals das **Grundkapital erhöht** ist. Der wesentliche Erkenntnisgewinn aus dieser gesetzgeberischen Anordnung besteht darin, dass vor dem genannten Zeitpunkt die Wirksamkeit der Erhöhung des Grundkapitals nicht gegeben ist, mithin **vorher keine Mitgliedschaftsrechte** der neuen Aktionäre entstanden sind und die entsprechende Satzungsänderung nicht wirksam ist. Gemeinsam mit den Bestimmungen über die Voraussetzungen zur Anmeldung der Kapitalerhöhung (→ § 188 Rn. 5 ff.) stellt die Vorschrift sicher, dass erst nach Beachtung des Gebots der realen Kapitalaufbringung das Grundkapital tatsächlich erhöht wird.

II. Die Rechtsfolgen der Eintragung im Einzelnen

2 Mit der Eintragung der Durchführung der Erhöhung des Grundkapitals **entstehen die neuen Mitgliedschaftsrechte** und die Zeichner werden mit den von ihnen gezeichneten Aktien Aktionäre der Gesellschaft. Die AG hat die neue Grundkapitalziffer als gezeichnetes Kapital zu passivieren (§ 266 Abs. 3 A I HGB; vgl. dazu auch Hüffer/Koch/*Koch* Rn. 2). Darüber hinaus wird mit der Eintragung der Durchführung der Kapitalerhöhung auch die von der Hauptversammlung oder vom Aufsichtsrat, sofern dieser eine entsprechende Kompetenz hat, beschlossene Änderung des Satzungswortlautes wirksam. Bei Namensaktien, die ein Aktionär im Wege der Kapitalerhöhung erwirbt, gilt darüber hinaus ergänzend die Rechtsausübungsschranke des § 67 Abs. 2, das heißt Mitgliedschaftsrechte, zB Teilnahme- und Stimmrechte, bestehen nicht, solange die erforderliche Aktienregistereintragung noch nicht stattgefunden hat; hierauf kann sich die Gesellschaft nur im Ausnahmefall nicht berufen, wenn die Berufung auf den genannten Grundsatz gegen Treu und Glauben verstieße (GK-AktG/*Merkt* § 67 Rn. 75). Die Rechtsausübungsschranke des § 67 Abs. 2 überlagert daher im Verhältnis des Aktionärs zur Gesellschaft die allgemeinen Vorschriften.

3 **Mängel des Kapitalerhöhungsverfahrens** werden durch die Eintragung der Durchführung der Kapitalerhöhung **grundsätzlich nicht geheilt** (Spindler/Stilz/*Servatius* Rn. 4). Ist der Kapitalerhöhungsbeschluss anfechtbar oder gar nichtig, bleibt es bei den allgemeinen Regeln über die gerichtliche Geltendmachung dieser Fehler gem. §§ 241 ff. Sind die Zeichnungserklärungen fehlerhaft, so bestimmen sich die hieraus ergebenden Rechtsfolgen aus § 185 Abs. 3, der entsprechende Anordnungen trifft (→ § 185 Rn. 12).

4 In der Praxis kann sich im Einzelfall die Frage stellen, inwieweit sich **Fehler einer ersten Kapitalerhöhung** auf eine im zeitlichen Anschluss an diese **beschlossene zweite Kapitalerhöhung auswirken.** Eine Fortsetzung des Mangels der ersten Kapitalerhöhung auf die zweite Kapitalerhöhung wird ohne Weiteres nur dann angenommen werden können, wenn beide Kapitalerhöhungen in einem wirtschaftlichen Zusammenhang derart stehen, dass die zweite Kapitalerhöhung nicht ohne die erste beschlossen worden wäre. In diesem Fall kann der Beschluss über die zweite Kapitalerhöhung idS auszulegen sein, dass er (aufschiebend oder auflösend) bedingt durch die Wirksamkeit bzw. Unwirksamkeit der ersten Kapitalerhöhung ist. Ist eine derartige Verbindung nicht festzustellen, besteht kein Anlass, Mängel der ersten Kapitalerhöhung, die als solche in der zweiten Kapitalerhöhung nicht aufgetreten sind, in diese fortzuschreiben (im Ergebnis wie hier *Zöllner* AG 1993, 68 (69); *Zöllner* FS Hadding, 2004, 725 (727 f.); DNotI-Report 2005, 29 ff.; aA – also für Nichtigkeit des zweiten Kapitalerhöhungsbeschlusses – *Trendelenburg* NZG 2003, 860 (861)). Eine hiervon zu unterscheidende Frage ist, ob es die Auslegung des zweiten Kapitalerhöhungsbeschlusses ermöglicht, diesen vom Wortlaut her in der Weise zu korrigieren, dass die in ihm ggf. genannte Ausgangs- und Endziffer der Kapitalerhöhung, die mit der Unwirksamkeit des ersten Kapitalerhöhungsbeschlusses unzutreffend sind, korrigiert werden können. Eine solche Korrektur wird man für zulässig erachten dürfen, wenn eine Verbindung der beiden Kapitalerhöhungsarten nach dem vorstehend Gesagten (→ Rn. 4) nicht besteht. Zur entsprechenden Fassungsänderung der Satzung ist unter den Voraussetzungen des § 179 Abs. 1 S. 2 ohnedies der Aufsichtsrat berechtigt.

190 (weggefallen)

Verbotene Ausgabe von Aktien und Zwischenscheinen

191 **[1]Vor der Eintragung der Durchführung der Erhöhung des Grundkapitals können die neuen Anteilsrechte nicht übertragen, neue Aktien und Zwischenscheine nicht ausgegeben werden. [2]Die vorher ausgegebenen neuen Aktien und Zwischenscheine sind**

nichtig. [3] **Für den Schaden aus der Ausgabe sind die Ausgeber den Inhabern als Gesamtschuldner verantwortlich.**

I. Allgemeines

1 § 191 zieht für die von ihm geregelten Verfügungen und Ausgaben die notwendige **Konsequenz aus der Anordnung des § 189,** dass die Kapitalerhöhung erst mit der Eintragung der Durchführung in das Handelsregister wirksam wird. Demzufolge kann vor der Eintragung der Durchführung eine Übertragung von Anteilsrechten nicht stattfinden und neue Aktien und Zwischenscheine können nicht ausgegeben werden. Für einen etwa entstandenen Schaden wird den Inhabern ein eigener Schadenersatzanspruch gegen die Ausgeber in § 191 S. 3 gewährt.

II. Das Verfügungsverbot (S. 1 Var. 1)

2 § 191 S. 1 Var. 1 begründet ein **absolutes Verfügungsverbot** mit dem Zweck, den Kreis der Anleger bis zum Wirksamwerden der Kapitalerhöhung nicht zu verändern und einer möglichen Vorspiegelung von Scheinrechten entgegenzuwirken (MüKoAktG/*Schürnbrand* Rn. 1). Die Bestimmung betrifft alle Verfügungen, die zeitlich vor Eintragung der Durchführung der Kapitalerhöhung in das Handelsregister vorgenommen werden, und zwar sowohl unbedingte (was selbstverständlich erscheint) als auch durch die Eintragung der Durchführung der Kapitalerhöhung in das Handelsregister bedingte Verfügungen (MüKoAktG/*Schürnbrand* Rn. 4; vgl. dazu aA Spindler/Stilz/*Servatius* Rn. 11). Erfasst sind sämtliche Verfügungen, also etwa Veräußerungen, Verpfändungen oder die Bestellung von Nießbrauchsrechten.

3 **Nicht vom Anwendungsbereich der Bestimmung erfasst sind schuldrechtliche Verpflichtungen** zur Vornahme von Verfügungen, die jedoch erst nach Eintragung der Durchführung der Erhöhung des Grundkapitals (dinglich) erfüllt werden können. Im Einzelfall können – sofern keine gegenteiligen Anhaltspunkte vorliegen – schuldrechtliche Verpflichtungen, die ohne weitere Einschränkung geschlossen worden sind, dahingehend auszulegen sein, dass sie für den Fall der Eintragung der Durchführung der Kapitalerhöhung gelten und nach diesem Zeitpunkt erfüllt werden sollen (MüKoAktG/*Schürnbrand* Rn. 5). Nicht einheitlich beurteilt wird die Frage, ob die Bestimmung eine Übertragung der Stellung aus dem Zeichnungsvertrag erlaubt. Dies wird zT befürwortet (vgl. etwa Spindler/Stilz/*Servatius* Rn. 10), zT aber auch abgelehnt (MüKoAktG/*Schürnbrand* Rn. 4). Angesichts des Zwecks der Bestimmung, den Kreis der Anleger gegenüber der Gesellschaft bis zum Wirksamwerden der Kapitalerhöhung nicht zu verändern (→ Rn. 2), muss sie auch die Übertragung der Rechtsposition aus den Zeichnungsverträgen erfassen, da eine solche Übertragung gerade zu einer Veränderung im Anlegerkreis führt.

4 **Rechtsfolge** eines Verstoßes gegen das Verfügungsverbot ist die **absolute Unwirksamkeit** der vorgenommenen Verfügung. Die Verfügung wird auch mit Eintragung der Durchführung der Kapitalerhöhung nicht wirksam, sondern muss ggf. erneut vorgenommen werden.

III. Das Ausgabeverbot (S. 1 Var. 2)

5 § 191 S. 1 Var. 2 **verbietet darüber hinaus die Ausgabe neuer Aktien** und Zwischenscheine **vor Eintragung der Durchführung** der Erhöhung des Grundkapitals. Der Begriff der Zwischenscheine nimmt auf § 8 Abs. 6 Bezug, welcher Zwischenscheine als solche Anteilsscheine definiert, die den Aktionären vor Ausgabe der Aktien erteilt werden. Die Vorschrift will verhindern, dass neue Aktien oder Zwischenscheine bereits zu einem Zeitpunkt in den Verkehr geraten, zu dem die Kapitalerhöhung noch nicht wirksam geworden ist und Anleger im Vertrauen auf die Wirksamkeit dieser Urkunden bereits Erwerbsgeschäfte tätigen. Die Ausgabe der genannten Papiere ist unwirksam und der Gesellschaft verboten. Handlungen, die der Ausgabe der neuen Aktien vorausgehen, wie etwa die Herstellung der Urkunden oder andere vorbereitende Handlungen, sind zulässig und verstoßen nicht gegen § 191 S. 1 Var. 2.

6 Wird gegen das **Verbot von § 191 S. 1 Var. 2 verstoßen,** sind die vorher ausgegebenen neuen Aktien oder Zwischenscheine nach § 191 S. 2 **nichtig.** Eine gültige wertpapierrechtliche Verbriefung des Anteilsrechts erfolgt nicht (Hüffer/Koch/*Koch* Rn. 4). Demzufolge ist auch ein gutgläubiger Erwerb der nichtigen Aktien oder Zwischenscheine nicht möglich (Hüffer/Koch/*Koch* Rn. 4). Eine Heilung der Nichtigkeit durch die Eintragung der Durchführung der Kapitalerhöhung erfolgt nicht (OLG Frankfurt a. M. 30.11.2005, AG 2006, 798 (799)).

7 § 191 S. 3 begründet eine **verschuldensunabhängige** (Hüffer/Koch/*Koch* Rn. 6) **Haftung** der Ausgeber gegenüber den Inhabern der ausgegebenen Aktien für den Schaden, der im Vertrauen auf die Gültigkeit der Urkunde entstanden ist (Hüffer/Koch/*Koch* Rn. 6). Inhaber der Aktien iSd Vorschrift ist derjenige, der berechtigt wäre, wenn die Aktien wirksam ausgegeben worden wären (MüKoAktG/*Schürnbrand* Rn. 10); die Innehabung der tatsächlichen Sachherrschaft ist hierzu weder erforderlich noch ausreichend (Hüffer/Koch/*Koch* Rn. 5).

8 Ob § 191 S. 3 auch auf den Fall der Aktienausgabe aufgrund eines **nichtigen oder unwirksamen Kapitalerhöhungsbeschlusses** anzuwenden ist, ist streitig (siehe dazu Hüffer/Koch/*Koch* Rn. 7; K. Schmidt/Lutter/*Veil* Rn. 8). Der die entsprechende Anwendung verneinenden Ansicht ist zu folgen, da im Falle des unwirksamen Kapitalerhöhungsbeschlusses die Ausgabe der Aktien immerhin nach Eintragung der Durchführung der Kapitalerhöhung erfolgte, sodass ein die Garantiehaftung der Ausgeber rechtfertigender Verstoß gegen § 191 S. 1 nicht vorliegt.

Zweiter Unterabschnitt. Bedingte Kapitalerhöhung

Voraussetzungen

192 (1) **Die Hauptversammlung kann eine Erhöhung des Grundkapitals beschließen, die nur so weit durchgeführt werden soll, wie von einem Umtausch- oder Bezugsrecht Gebrauch gemacht wird, das die Gesellschaft hat oder auf die neuen Aktien (Bezugsaktien) einräumt (bedingte Kapitalerhöhung).**

(2) **Die bedingte Kapitalerhöhung soll nur zu folgenden Zwecken beschlossen werden:**

1. zur Gewährung von Umtausch- oder Bezugsrechten auf Grund von Wandelschuldverschreibungen;

2. zur Vorbereitung des Zusammenschlusses mehrerer Unternehmen;

3. zur Gewährung von Bezugsrechten an Arbeitnehmer und Mitglieder der Geschäftsführung der Gesellschaft oder eines verbundenen Unternehmens im Wege des Zustimmungs- oder Ermächtigungsbeschlusses.

(3) [1] **Der Nennbetrag des bedingten Kapitals darf die Hälfte und der Nennbetrag des nach Absatz 2 Nr. 3 beschlossenen Kapitals den zehnten Teil des Grundkapitals, das zur Zeit der Beschlußfassung über die bedingte Kapitalerhöhung vorhanden ist, nicht übersteigen.** [2] **§ 182 Abs. 1 Satz 5 gilt sinngemäß.** [3] **Satz 1 gilt nicht für eine bedingte Kapitalerhöhung nach Absatz 2 Nummer 1, die nur zu dem Zweck beschlossen wird, der Gesellschaft einen Umtausch zu ermöglichen, zu dem sie für den Fall ihrer drohenden Zahlungsunfähigkeit oder zum Zweck der Abwendung einer Überschuldung berechtigt ist.** [4] **Ist die Gesellschaft ein Institut im Sinne des § 1 Absatz 1b des Kreditwesengesetzes, gilt Satz 1 ferner nicht für eine bedingte Kapitalerhöhung nach Absatz 2 Nummer 1, die zu dem Zweck beschlossen wird, der Gesellschaft einen Umtausch zur Erfüllung bankaufsichtsrechtlicher oder zum Zweck der Restrukturierung oder Abwicklung erlassener Anforderungen zu ermöglichen.** [5] **Eine Anrechnung von bedingtem Kapital, auf das Satz 3 oder Satz 4 Anwendung findet, auf sonstiges bedingtes Kapital erfolgt nicht.**

(4) **Ein Beschluß der Hauptversammlung, der dem Beschluß über die bedingte Kapitalerhöhung entgegensteht, ist nichtig.**

(5) **Die folgenden Vorschriften über das Bezugsrecht gelten sinngemäß für das Umtauschrecht.**

Übersicht

I. Allgemeines

1 § 192 ermöglicht die Schaffung eines **Kapitals, welches nur zur Erreichung bestimmter Zwecke eingesetzt werden darf.** Der Beschluss der Hauptversammlung über diese Kapitalerhöhung ist unbedingt, der Vollzug der Kapitalerhöhung bedingt durch die Abgabe von Bezugserklärungen der zum Bezug Berechtigten. § 192 Abs. 2 bestimmt abschließend, zu welchen Zwecken ein bedingtes Kapital geschaffen werden kann, § 192 Abs. 3 legt weitere formale Voraussetzungen fest. § 192 Abs. 4 dient dem Schutz der zum Umtausch oder Bezug Berechtigten und § 192 Abs. 5 stellt klar, dass die Vor-

schriften über das Bezugsrecht iRd Vorschriften über die bedingte Kapitalerhöhung sinngemäß für das Umtauschrecht gelten.

Das bedingte Kapital ist eine **aktienrechtliche Besonderheit,** die bei anderen Gesellschaftsformen in dieser Form nicht bekannt ist. Die mit einer bedingten Kapitalerhöhung zulässigerweise verfolgten Zwecke des § 192 Abs. 2 können iRe einfachen Kapitalerhöhung oder mit Hilfe eines genehmigten Kapitals nicht ohne Weiteres erreicht werden, da insoweit nicht selten das Bezugsrecht der Aktionäre und die besonderen Voraussetzungen für dessen Ausschluss entgegen stehen werden. Demgegenüber besteht **bei der bedingten Kapitalerhöhung ein gesetzliches Bezugsrecht der Aktionäre nicht,** da anderenfalls der Zweck der §§ 192 ff. nicht erreicht werden könnte (Hüffer/Koch/*Koch* Rn. 3; K. Schmidt/Lutter/*Veil* Rn. 5). Wegen des fehlenden Bezugsrechts der Aktionäre muss der Ausgabebetrag grundsätzlich angemessen sein (§ 255), es sei denn, dass das bedingte Kapital zur Bedienung von Wandel- oder Optionsanleihen dient, bei deren Ausgabe die Aktionäre ein Bezugsrecht nach § 221 Abs. 4 hatten (MHdB GesR IV/*Scholz* § 58 Rn. 22). Im Übrigen finden die allgemeinen Vorschriften über die Kapitalerhöhung (§§ 182 ff.) nur iRd Verweisungen in § 192 Abs. 3 S. 2 und § 193 Abs. 1 S. 3 Anwendung (Hüffer/Koch/*Koch* Rn. 6; K. Schmidt/Lutter/*Veil* Rn. 8). Ferner unterliegt das Verfahren der bedingten Kapitalerhöhung ausschließlich den Anforderungen der §§ 192 ff. § 192 ist nicht idS abschließend zu verstehen, dass die dort genannten Zwecke nur über eine bedingte Kapitalerhöhung angestrebt werden dürfen. So kann etwa ein Unternehmenszusammenschluss auch über ein genehmigtes Kapital vorbereitet werden oder Bezugsrechte an Arbeitnehmer können auch durch ein genehmigtes Kapital bedient werden (Hüffer/Koch/*Koch* § 221 Rn. 59). Mit der Aktienrechtsnovelle 2016 wurde § 192 Abs. 1 dahin klargestellt, dass Wandelschuldverschreibungen auch in der Form ausgegeben werden können, dass sowohl dem Gläubiger als auch der Gesellschaft eine Umtausch- bzw. Bezugsberechtigung eingeräumt wird. Mit dieser partiellen Regelung umgekehrter Wandelschuldverschreibungen soll nach der Gesetzesbegründung ausdrücklich keine Aussage über die Zulässigkeit oder Unzulässigkeit anderer, im Gesetz nicht genannter Gestaltungsformen getroffen werden. Ferner wurde § 192 Abs. 3 im Zuge der Aktienrechtsnovelle 2016 um einen neuen S. 3 ergänzt, nach dem die Betragsgrenzen für das bedingte Kapital, das der Gewährung von Umtausch- oder Bezugsrechten aufgrund von Wandelschuldverschreibungen dient, nicht gelten, wenn die bedingte Kapitalerhöhung nur zu dem Zweck beschlossen wird, der Gesellschaft einen Umtausch für den Fall ihrer drohenden Zahlungsunfähigkeit oder zum Zweck der Abwendung einer Überschuldung zu ermöglichen. Durch diese Erleichterung soll der Gesellschaft ein sinnvolles Instrument an die Hand gegeben werden, um eine Unternehmenskrise zu verhindern oder zu bewältigen. 2

II. Der Beschluss über die bedingte Kapitalerhöhung (Abs. 1)

Gemäß Abs. 1 setzt eine bedingte Kapitalerhöhung einen **Beschluss der Hauptversammlung** voraus, dessen Anforderungen sich im Einzelnen aus § 193 ergeben. Der Beschluss der Hauptversammlung hat den Inhalt, dass eine Erhöhung des Grundkapitals beschlossen wird, die nur insoweit durchgeführt werden soll, wie von einem Umtausch- oder Bezugsrecht Gebrauch gemacht wird. Von einem Umtauschrecht wird dann gesprochen, wenn der Gläubiger des Rechts berechtigt ist, seinen eigentlichen Zahlungsanspruch durch Ausübung einer Ersetzungsbefugnis in einen Anspruch auf Gewährung von Aktien umzuwandeln (Spindler/Stilz/*Servatius* Rn. 16). Demgegenüber ist unter einem Bezugsrecht das Recht auf Abschluss eines Zeichnungsvertrages zu verstehen (Spindler/Stilz/*Servatius* Rn. 16). Da gem. § 192 Abs. 5 die Vorschriften über das Bezugsrecht sinngemäß auch für das Umtauschrecht gelten, kommt der Unterscheidung zwischen Umtausch- und Bezugsrecht iRd Rechtsanwendung der §§ 192 ff. keine praktische Bedeutung zu. 3

Nicht einheitlich wird die Frage beantwortet, ob ein **bedingtes Kapital auch schon in der Gründungssatzung der Gesellschaft** vorgesehen werden kann (bejahend Hüffer/Koch/*Koch* Rn. 7; verneinend etwa Spindler/Stilz/*Servatius* Rn. 19). Das Argument, eine Aufnahme in die Gründungssatzung sei – anders als beim genehmigten Kapital in § 202 Abs. 1 und Abs. 2 – gerade nicht vorgesehen und deswegen zu verneinen, ist zwar gesetzessystematisch überzeugend. Normativ ist aber kein Grund ersichtlich, aus welchem Grund in der Gründungssatzung ein bedingtes Kapital nicht soll geschaffen werden können. Zwar sind Anwendungsfälle des § 192 Abs. 2 Nr. 1 und 2, die schon bei Gründung der Gesellschaft erkennbar sind, schwer vorstellbar, die Fälle des § 192 Abs. 2 Nr. 3 können demgegenüber auch schon im Gründungsstadium relevant erscheinen. 4

III. Die mit einer bedingten Kapitalerhöhung verfolgten zulässigen Zwecke (Abs. 3)

Abs. 2 bestimmt abschließend die Zwecke, denen eine bedingte Kapitalerhöhung dienen *soll.* Eine analoge Anwendung auf andere Zwecke kommt dann in Betracht, wenn der konkret in Rede stehende Zweck einem der in § 192 Abs. 2 Nr. 1–3 genannten Zwecke in Inhalt und Auswirkungen weitgehend entspricht (Hüffer/Koch/*Koch* Rn. 8; Spindler/Stilz/*Servatius* Rn. 26). Eine darüber hinaus gehende, zT befürwortete erweiternde Auslegung der Bestimmung kommt insbesondere angesichts des 5

Ausschlusses des gesetzlichen Bezugsrechts der Aktionäre nicht in Betracht (wie hier Spindler/Stilz/*Servatius* Rn. 25; aA für weitergehende Analogie *Hoffmann* AG 1973, 47 (56 f.); *Werner* AG 1972, 137 (142)).

6 **1. Die Gewährung von Umtausch- oder Bezugsrechten an Gläubiger von Wandelschuldverschreibungen.** § 192 Abs. 2 Nr. 1 erlaubt es, ein bedingtes Kapital zur Gewährung von Umtausch- oder Bezugsrechten **an Gläubiger von Wandelschuldverschreibungen** zu schaffen. Wandelschuldverschreibungen iSv § 192 Abs. 2 sind alle Schuldverschreibungen der Gesellschaft, bei denen den Gläubigern oder der Gesellschaft ein Umtausch- oder Bezugsrecht auf Aktien eingeräumt wird (§ 221 Abs. 1; zur Begriffsbestimmung → § 221 Rn. 2 ff.). Kennzeichen derartiger Schuldverschreibungen ist es, dass die Gesellschaft Schuldnerin einer Geldforderung des Gläubigers ist, die dieser oder die Gesellschaft im Wege der eingeräumten Ersetzungsbefugnis in eine Forderung auf Gewährung einer bestimmten Art von Aktien zu wandeln berechtigt ist. Auch zur Bedienung von Optionsanleihen, Anleihen also, die den Gläubigern außer dem Anspruch auf Rückzahlung des zur Verfügung gestellten Kapitals das Recht gewähren, eine bestimmte Anzahl von Aktien der Gesellschaft zu erwerben, kommt die Schaffung eines bedingten Kapitals in Betracht (K. Schmidt/Lutter/*Veil* Rn. 12). Um den Anwendungsbereich des § 221, der auch die Ausgabe von Gewinnschuldverschreibungen zulässt, mit dem des § 192 Abs. 2 zu harmonisieren, muss letzterer schließlich auch die Schaffung eines bedingten Kapitals zur Bedienung von Gewinnschuldverschreibungen erlauben (ganz hM, vgl. nur Hüffer/Koch/*Koch* Rn. 9; K. Schmidt/Lutter/*Veil* Rn. 12).

7 Wird das **bedingte Kapital** geschaffen, **um Wandelschuldverschreibungen im vorstehend beschriebenen Sinne bedienen** zu können, muss die Hauptversammlung der Gesellschaft zum einen einen Beschluss über die Ausgabe der Wandelschuldverschreibungen und zum anderen einen Beschluss über die Schaffung des bedingten Kapitals fassen. Diese Beschlüsse können selbstverständlich in einer Hauptversammlung gemeinsam gefasst werden. Wird zunächst der Beschluss über die Ausgabe einer Wandelschuldverschreibung gefasst, werden die Aktionäre hierdurch im Hinblick auf die anstehende Beschlussfassung über die Schaffung eines bedingten Kapitals nicht gebunden (GK-AktG/*Frey* Rn. 55; Hüffer/Koch/*Koch* Rn. 13). Kommt der Beschluss über die Schaffung des bedingten Kapitals nicht zustande, ist die Gesellschaft nicht in der Lage, die Wandelungsrechte der Gläubiger zu bedienen. Die Möglichkeit einer Haftung der Gesellschaft wegen Nichterfüllung der Ansprüche aus der Wandelschuldverschreibung ist in diesem Fall allerdings streitig (vgl. hierzu Spindler/Stilz/*Seiler* § 221 Rn. 84). Eine Pflicht zur Absicherung der Wandelschuldverschreibung durch bedingtes Kapital besteht nach überwA nicht (Hüffer/Koch/*Koch* § 187 Rn. 5; Spindler/Stilz/*Seiler* § 221 Rn. 84; aA GK-AktG/*Wiedemann* § 187 Rn. 8).

8 § 192 Abs. 2 Nr. 1 geht davon aus, dass die **Schuldnerin der Wandelschuldverschreibung und die Gesellschaft,** bei der das bedingte Kapital geschaffen wird, **identisch** sind (K. Schmidt/Lutter/*Veil* Rn. 13). Fraglich ist demzufolge, ob ein bedingtes Kapital auch geschaffen werden kann, wenn eine andere Gesellschaft, etwa eine ausländische Tochtergesellschaft, eine Wandelschuldverschreibung begibt, die eine Ersetzungsbefugnis des Gläubigers in Aktien der Muttergesellschaft vorsieht. Derartige **Warrant-Anleihen,** die der Konzernfinanzierung dienen, werden im Schrifttum unter differenzierenden Voraussetzungen überwiegend für zulässig erachtet (vgl. zum Meinungsstand etwa Hüffer/Koch/*Koch* Rn. 11). Eine unmittelbare Anwendung des § 192 Abs. 2 Nr. 1 scheidet aus. Eine analoge Anwendung der Vorschrift kommt in Betracht, wenn eine vergleichbare Interessenlage wie bei der Emission einer eigenen Wandelschuldverschreibung der Gesellschaft besteht. Dieses wird überwiegend dann angenommen, wenn zwischen der Mutter- und der Tochtergesellschaft ein Konzernverhältnis iSv § 18 besteht und die Muttergesellschaft ein eigenes Finanzierungsinteresse verfolgt (vgl. dazu etwa Hüffer/Koch/*Koch* Rn. 12).

9 **2. Die Schaffung eines bedingten Kapitals zur Vorbereitung eines Unternehmenszusammenschlusses.** § 192 Abs. 2 Nr. 2 erlaubt die Schaffung eines bedingten Kapitals auch zur **Vorbereitung des Zusammenschlusses mehrerer Unternehmen.** Zu diesem Zweck kann die Schaffung eines bedingten Kapitals etwa dann sinnvoll sein, wenn der Erwerb eines anderen Unternehmens durch die Gewährung eigener Aktien der Gesellschaft finanziert werden soll (K. Schmidt/Lutter/*Veil* Rn. 15). Ein Unternehmenszusammenschluss iSv § 192 Abs. 2 Nr. 2 kann auch eine konzerninterne Umstrukturierung sein, etwa wenn infolge des Zustandekommens eines Vertragskonzerns die Gewährung von Aktien an die außen stehenden Aktionäre vorgesehen ist (vgl. § 305 Abs. 2).

10 Die Schaffung eines bedingten Kapitals zur Erreichung des beschriebenen Zwecks ist nur zulässig, wenn bereits ein **bestimmtes anderes Unternehmen** als Partner des Unternehmenszusammenschlusses **individualisiert** wurde; dieses ist auch im Kapitalerhöhungsbeschluss entsprechend zu bezeichnen. Diese konkrete Bezeichnungspflicht führt für die bedingte Kapitalerhöhung zu dem Nachteil, dass sie eine frühzeitige Offenbarung des Zusammenschlussvorhabens nach sich zieht (Spindler/Stilz/*Servatius* Rn. 36).

11 Auf die **Rechtsform der sich zusammenschließenden Unternehmen** kommt es nicht an. Nicht erfasst ist die Verschmelzung durch Neugründung, da die beteiligten Rechtsträger hier Anteile an der

neuen Gesellschaft erhalten (allgM, vgl. nur Hüffer/Koch/*Koch* Rn. 14; K. Schmidt/Lutter/*Veil* Rn. 17; Spindler/Stilz/*Servatius* Rn. 38).

3. Bezugsrechte für Arbeitnehmer und Geschäftsführungsmitglieder. Schließlich eröffnet § 192 Abs. 2 Nr. 3 die Möglichkeit, ein bedingtes Kapital **zur Gewährung von Bezugsrechten an Arbeitnehmer** und Mitglieder der Geschäftsführung der Gesellschaft oder eines verbundenen Unternehmens im Wege des Zustimmungs- oder Ermächtigungsbeschlusses zu fassen. Arbeitnehmer iSd Vorschrift sind alle Beschäftigte der Gesellschaft; ehemalige Beschäftigte sind keine Arbeitnehmer iSv § 192 Abs. 2 Nr. 3. Mitglieder der Geschäftsführung sind alle Mitglieder des Vorstands der Gesellschaft, nicht jedoch Aufsichtsratsmitglieder (BGH 16.2.2004, DNotZ 2004, 862). Der Begriff des verbundenen Unternehmens, deren Arbeitnehmer und Geschäftsführungsmitglieder ebenfalls gem. § 192 Abs. 2 Nr. 3 zum begünstigten Personenkreis zählen, ist gem. § 15 zu verstehen. Bei der Auslegung des Begriffs der Geschäftsführungsmitglieder ist auch bei den verbundenen Unternehmen darauf zu achten, dass nur Mitglieder von deren Geschäftsführung, nicht jedoch von einem Kontrollorgan oder einem Beirat des verbundenen Unternehmens, begünstigt sein können (Hüffer/Koch/*Koch* Rn. 20). 12

Die Gewährung von Bezugsrechten an den in § 192 Abs. 2 Nr. 3 begünstigten Personenkreis kann **im Wege des Zustimmungs- oder Ermächtigungsbeschlusses** erfolgen. Gemeint ist hiermit, dass die Hauptversammlung im Beschluss über die bedingte Kapitalerhöhung den Vorstand entweder anweisen kann, die beschlossene Maßnahme auszuführen oder die Entscheidung über die Ausführung des Aktienoptionsprogramms in das pflichtgemäße Ermessen des Vorstands stellen kann (K. Schmidt/Lutter/*Veil* Rn. 24). 13

IV. Die Grenzen der bedingten Kapitalerhöhung (Abs. 3)

In keinem Fall darf der **Nennbetrag des bedingten Kapitals** gem. § 192 Abs. 3 die Hälfte und der Nennbetrag des nach Abs. 2 Nr. 3 beschlossenen Kapitals den zehnten Teil des Grundkapitals, das zur Zeit der Beschlussfassung über die bedingte Kapitalerhöhung vorhanden ist, übersteigen. *Vorhanden* iSd Bestimmung ist das Grundkapital, das zum Zeitpunkt der Beschlussfassung in das Handelsregister eingetragen ist; etwa beschlossene, jedoch noch nicht im Handelsregister vollzogene Kapitalerhöhungen bleiben außer Betracht. Hat die Gesellschaft das Kapital allerdings schon zuvor bedingt erhöht, ist das Grundkapital gem. § 200 mit der Ausgabe der neuen Bezugsaktien erhöht, und zwar unabhängig von einem Vollzug im Handelsregister; insoweit kommt es also auf die im Handelsregister verlautbarte Grundkapitalziffer nicht an. Überschreitet der von der Hauptversammlung der Gesellschaft beschlossene Nennbetrag des bedingten Kapitals den gesetzlich zulässigen Höchstbetrag iSd § 192 Abs. 3 S. 1, führt dies zur Gesamtnichtigkeit des die bedingte Kapitalerhöhung betreffenden Teils des Beschlusses. Auch eine Eintragung in das Handelsregister in Höhe des gesetzlich zulässigen Betrages ist nicht zulässig (OLG München vom 14.9.2011, NZG 2012, 350). Die Betragsgrenzen des § 192 Abs. 3 S. 1 gelten nicht, wenn eine bedingte Kapitalerhöhung iSv Abs. 2 Nr. 1 nur zu dem Zweck beschlossen wird, der Gesellschaft einen Umtausch zu ermöglichen, zu dem sie für den Fall ihrer drohenden Zahlungsunfähigkeit oder zum Zweck der Abwendung einer Überschuldung berechtigt ist. Der Gesellschaft soll hier für den Fall ihrer Krise eine Möglichkeit zur Beseitigung oder Verhinderung derselben an die Hand gegeben werden. 14

Der gem. § 192 Abs. 3 S. 2 für sinngemäß anwendbar erklärte § 182 Abs. 1 S. 5 bestimmt, dass **bei Gesellschaften mit Stückaktien sich die Zahl der Aktien in demselben Verhältnis wie das Grundkapital erhöhen muss.** Die Bezugsaktien müssen demzufolge so gestückelt sein, dass nach ihrer vollständigen Ausgabe iSv § 199 die Erhöhung der Aktienzahl der Erhöhung des Grundkapitals entspricht (Hüffer/Koch/*Koch* Rn. 25; K. Schmidt/Lutter/*Veil* Rn. 28). 15

V. Der Schutz der Berechtigten (Abs. 4)

Abs. 4 begründet eine **Nichtigkeit für Beschlüsse** der Hauptversammlung, die dem Beschluss über die **bedingte Kapitalerhöhung entgegenstehen.** Ein entgegenstehender Beschluss iSv Abs. 4 ist jeder Beschluss, der die Durchsetzung der vertraglich eingeräumten Umtausch- oder Bezugsrechte erschwert (Hüffer/Koch/*Koch* Rn. 27; K. Schmidt/Lutter/*Veil* Rn. 30). Unwirksam ist daher etwa ein Beschluss, der den eingetragenen Erhöhungsbeschluss aufhebt oder den Erhöhungsbetrag herabsetzt, nicht jedoch ein Beschluss, der nur die Wertigkeit der Bezugs- oder Umtauschrechte in der Weise mindert, dass vor Umtausch oder Bezug eine weitere Kapitalerhöhung beschlossen wird, die die Bezugsrechte verwässert (Hüffer/Koch/*Koch* Rn. 27; MüKoAktG/*Fuchs* Rn. 127). Ein Verstoß gegen § 192 Abs. 4 liegt demgegenüber dann nicht vor, wenn es gar keine zu schützenden Bezugsberechtigten mehr gibt, die durch eine Aufhebung des Beschlusses über das bedingte Kapital negativ betroffen sein könnten. Dies ist beispielsweise dann der Fall, wenn die Wandel- bzw. Optionsanleihen mit einer Befristung verknüpft waren und die Frist zur Ausübung der Bezugsrechte bereits fruchtlos abgelaufen ist (MüKoAktG/*Fuchs* Rn 157). Ebenso wenig ist ein besonderer Bestandsschutz nach § 192 Abs. 4 dann gerechtfertigt, wenn sämtliche Berechtigten auf ihren Schutz verzichten oder dem Beschluss über die Abänderung oder die 16

Aufhebung des bedingten Kapitals zustimmen (MüKoAktG/*Fuchs* Rn 157). Es empfiehlt sich, ggf. klarzustellen, aus welchen Gründen ein die bedingte Kapitalerhöhung möglicherweise beeinträchtigender Beschluss tatsächlich nicht mit dieser kollidiert.

VI. Sinngemäße Anwendung der Vorschriften über das Bezugsrecht (Abs. 5)

17 Abs. 5 bestimmt, dass die §§ 192–201, in denen jeweils lediglich vom Bezugsrecht die Rede ist, sinngemäß auch für ein Umtauschrecht gelten.

Erfordernisse des Beschlusses

193 (1) [1]**Der Beschluß über die bedingte Kapitalerhöhung bedarf einer Mehrheit, die mindestens drei Viertel des bei der Beschlußfassung vertretenen Grundkapitals umfaßt.** [2]**Die Satzung kann eine größere Kapitalmehrheit und weitere Erfordernisse bestimmen.** [3]**§ 182 Abs. 2 und § 187 Abs. 2 gelten.**

(2) **Im Beschluß müssen auch festgestellt werden**

1. **der Zweck der bedingten Kapitalerhöhung;**
2. **der Kreis der Bezugsberechtigten;**
3. **der Ausgabebetrag oder die Grundlagen, nach denen dieser Betrag errechnet wird; bei einer bedingten Kapitalerhöhung für die Zwecke des § 192 Abs. 2 Nr. 1 genügt es, wenn in dem Beschluss oder in dem damit verbundenen Beschluss nach § 221 der Mindestausgabebetrag oder die Grundlagen für die Festlegung des Ausgabebetrags oder des Mindestausgabebetrags bestimmt werden; sowie**
4. **bei Beschlüssen nach § 192 Abs. 2 Nr. 3 auch die Aufteilung der Bezugsrechte auf Mitglieder der Geschäftsführungen und Arbeitnehmer, Erfolgsziele, Erwerbs- und Ausübungszeiträume und Wartezeit für die erstmalige Ausübung (mindestens vier Jahre).**

I. Allgemeines

1 **§ 193 ergänzt gesetzessystematisch § 192,** in dem diese Bestimmung weitere formelle und materielle Beschlusserfordernisse zu dem Beschluss der Hauptversammlung über die Schaffung des bedingten Kapitals bestimmt. § 193 Abs. 1 definiert hierbei die formellen Anforderungen an den Kapitalerhöhungsbeschluss, während § 193 Abs. 2 – in Ergänzung zu § 192 Abs. 1 – den erforderlichen Beschlussinhalt konkretisiert. Durch Inkrafttreten des ARUG ist § 193 Abs. 2 Nr. 3 – so der Gesetzgeber – an die Bedürfnisse des modernen Kapitalmarkes angepasst worden.

II. Die formellen Erfordernisse (Abs. 1)

2 Abs. 1 bestimmt zum einen, dass der Beschluss über die bedingte Kapitalerhöhung einer **Mehrheit** bedarf, die mindestens ¾ des bei der Beschlussfassung vertretenen Grundkapitals umfasst. Ebenso muss die einfache Stimmenmehrheit gem. § 133 Abs. 1 erreicht sein; die Satzung der Gesellschaft kann gem. § 193 Abs. 1 S. 2 zwar eine größere Kapitalmehrheit, nicht jedoch eine geringere Kapitalmehrheit bestimmen. Mit dieser Einschränkung der Beschlussfreiheit der Hauptversammlung trägt der Gesetzgeber dem Umstand Rechnung, dass bei der bedingten Kapitalerhöhung ein gesetzliches Bezugsrecht der Aktionäre nicht besteht (→ § 192 Rn. 2); diesem größeren Schutzbedürfnis wird durch das höhere Mehrheitserfordernis und die Einschränkung der Beschlussfreiheit Rechnung getragen (K. Schmidt/Lutter/*Veil* Rn. 2). Durch den Verweis des § 193 Abs. 1 S. 3 auf § 182 Abs. 2 wird klargestellt, dass bei Vorhandensein mehrerer Gattungen stimmberechtigter Aktien die Zustimmung der Aktionäre jeder Gattung erforderlich ist; diese Zustimmung ist gem. § 182 Abs. 2 S. 2 in einem Sonderbeschluss zu erteilen, für den § 182 Abs. 1 gilt (→ § 182 Rn. 9 ff.).

3 Der Verweis des § 193 Abs. 1 S. 3 auf **§ 187 Abs. 2 stellt sicher, dass Zusicherungen,** die vor dem Beschluss über die Erhöhung des Grundkapitals über die Ausgabe von Aktien abgegeben werden, der Gesellschaft gegenüber **unwirksam** sind. Dies bedeutet konkret, dass eine Verpflichtung der Hauptversammlung, eine bedingte Kapitalerhöhung zu beschließen, auch dann nicht besteht, wenn die Hauptversammlung zuvor über die Ausgabe von Wandelanleihen beschlossen hat. Wurde eine Zusicherung abgegeben, steht sie unter dem Vorbehalt des wirksamen Zustandekommens eines Kapitalerhöhungsbeschlusses und wird demzufolge wirksam, wenn der Beschluss ordnungsgemäß zustande gekommen ist (K. Schmidt/Lutter/*Veil* Rn. 3; → § 192 Rn. 7).

III. Die ergänzenden inhaltlichen Anforderungen an den Kapitalerhöhungsbeschluss (Abs. 2)

Abs. 2 definiert **ergänzende inhaltliche Mindestanforderungen,** denen der Beschluss der Hauptversammlung über die bedingte Kapitalerhöhung genügen muss. Die Vorschrift dient damit jedenfalls auch dem Schutzinteresse der vom Bezugsrecht ausgeschlossenen Aktionäre, indem im Beschluss abschließend festgelegt wird, welchem Zweck die durch die bedingte Kapitalerhöhung geschaffenen Aktien dienen dürfen und zu welchen Bedingungen sie ausgegeben werden. Im Interesse der hinreichenden inhaltlichen Bestimmtheit muss der Kapitalerhöhungsbeschluss über die Konkretisierungen des § 193 Abs. 2 hinaus folgenden Anforderungen genügen: Im Beschluss muss zunächst angegeben sein, dass eine bedingte Erhöhung des Grundkapitals der Gesellschaft beschlossen wird, der Beschluss hat also die Anweisung an den Vorstand zu enthalten, Umtausch- oder Bezugsrechte zu den in § 193 Abs. 2 genannten Zwecken zu gewähren (MüKoAktG/*Fuchs* Rn. 7; Schmidt/Lutter/*Veil* Rn. 4). Die bedingte Kapitalerhöhung ist immer eine Höchstbetragskapitalerhöhung, da im Moment der Beschlussfassung nicht feststeht, in welchem Umfang Umtausch- oder Bezugsrechte tatsächlich ausgeübt werden; der Charakter als Höchstbetragskapitalerhöhung sollte ebenfalls im Beschluss klargestellt werden. Ob es zulässig ist, einen Mindestbetrag der bedingten Kapitalerhöhung, also eine Mindestausübungsquote, festzulegen, ist streitig (bejahend etwa K. Schmidt/Lutter/*Veil* Rn. 4; verneinend etwa Hüffer/Koch/*Koch* Rn. 4). Da eine Verpflichtung zur Schaffung eines bedingten Kapitals nicht besteht, dürfte der Hauptversammlung die Freiheit, eine bestimmte Mindestausübungsquote festzulegen, wohl nicht versagt werden können. Schließlich sind im Beschluss über die bedingte Kapitalerhöhung die allgemeinen Anforderungen, die an jeden Kapitalerhöhungsbeschluss zu stellen sind, zu beachten (→ § 182 Rn. 2 ff.). Möglich, nicht jedoch notwendig, ist es auch, im Beschluss über die bedingte Kapitalerhöhung zu konkretisieren, wie die Bezugs- oder Umtauschrechte auszuüben sind, etwa durch Angabe eines frühesten oder spätesten Ausübungszeitpunkts oder sonstiger Kautelen (Hüffer/Koch/*Koch* Rn. 4). 4

1. Angabe des Zwecks der bedingten Kapitalerhöhung (Abs. 2 Nr. 1). § 193 Abs. 2 Nr. 1 schreibt vor, den **Zweck der bedingten Kapitalerhöhung** im Beschluss festzustellen. Die Vorschrift nimmt damit auf § 192 Abs. 2 Bezug, der bestimmte mögliche Zwecke der bedingten Kapitalerhöhung erlaubt. Im Interesse der nicht zum Bezug der aus der bedingten Kapitalerhöhung stammenden Aktien berechtigten Aktionäre muss der Zweck der bedingten Kapitalerhöhung konkret angegeben werden. Bei einer einen Unternehmenszusammenschluss iSv § 192 Abs. 2 Nr. 2 vorbereitenden bedingten Kapitalerhöhung muss etwa das Unternehmen, mit dem ein Zusammenschluss geplant ist, konkret benannt werden. Auch die Art des ins Auge gefassten Zusammenschlusses (Bildung eines Vertragskonzerns, Verschmelzung etc) ist anzugeben (K. Schmidt/Lutter/*Veil* Rn. 6). Dient die bedingte Kapitalerhöhung dem Zweck des § 192 Abs. 2 Nr. 1 (Bedienung von Wandelschuldverschreibungen), genügt es, auf einen in gleicher Urkunde oder in anderer Urkunde gefassten Beschluss über die Begebung dieser Wandelschuldverschreibungen Bezug zu nehmen. 5

2. Angabe des Kreises der Bezugsberechtigten (Abs. 2 Nr. 2). Die **Bezugsberechtigten** der aus der bedingten Kapitalerhöhung geschaffenen Aktien müssen **eindeutig bestimmbar** sein, nicht jedoch namentlich bezeichnet werden (Hüffer/Koch/*Koch* Rn. 5). Dient die bedingte Kapitalerhöhung etwa der Bedienung von Wandelschuldverschreibungen, reicht es für die Bezeichnung iSv § 193 Abs. 2 Nr. 2 aus, wenn als Bezugsberechtigte die Gläubiger der konkret bezeichneten Wandelschuldverschreibungen genannt werden. Bei beabsichtigten Unternehmenszusammenschlüssen ist die Angabe erforderlich, wer iR dieses Unternehmenszusammenschlusses ein Bezugsrecht erhalten soll (K. Schmidt/Lutter/*Veil* Rn. 7). 6

3. Angabe des Ausgabebetrages oder von dessen Berechnungsgrundlagen (Abs. 2 Nr. 3). Gemäß Abs. 2 Nr. 3 ist der **Ausgabebetrag oder dessen Berechnungsgrundlagen** anzugeben. Der Ausgabebetrag darf nicht unter dem Nennbetrag, bei Stückaktien nicht unter dem anteiligen Betrag des Grundkapitals liegen (§ 9 Abs. 1). Bei Umtauschrechten ist anzugeben, in welchem Verhältnis Schuldverschreibungen der Gesellschaft in Aktien getauscht werden können (Hüffer/Koch/*Koch* Rn. 6). 7

Ausreichend ist es auch, wenn im Beschluss über die bedingte Kapitalerhöhung nicht der Ausgabebetrag, sondern lediglich die **Grundlagen, nach denen dieser Betrag errechnet wird,** angegeben sind. Die Kalkulationsgrundlagen müssen so genau angegeben sein, dass sich aus ihnen ein konkreter Ausgabebetrag errechnen lässt. Die bloße Festsetzung eines Mindestausgabebetrages genügt den Anforderungen der Vorschrift jedenfalls im Anwendungsbereich des § 221 Abs. 2 (Ermächtigung des Vorstandes zur Ausgabe von Wandelschuldverschreibungen), da ansonsten die von dieser Vorschrift angestrebte Flexibilität des Vorstands bei der Gestaltung des Ausgabebetrages unterlaufen würde (wie hier Hüffer/Koch/*Koch* Rn. 6b; Spindler/Stilz/*Servatius* Rn. 15; aA K. Schmidt/Lutter/*Veil* Rn. 9). Mit der Neufassung von Nr. 3 durch das ARUG beabsichtigt der Gesetzgeber, eine seit längerem in der Praxis erprobte und bewährte Gestaltung bei der Ausgabe von Wandelschuldverschreibungen, nämlich 8 der Ermittlung des Ausgabepreises für die jungen Aktien iRd sog. Bookbuilding-Verfahrens mit hinreichender Rechtssicherheit anzuerkennen. Eine optimale Platzierung von Wandelschuldverschreibungen setze einen marktnahen Preis voraus. Ein solcher könne – so der Gesetzgeber – in aller Regel nicht erzielt werden, wenn die Hauptversammlung selbst den Preis – ggf. lange vor der Ausgabe der Anleihe – festsetzen müsse. Daher solle die Hauptversammlung die Möglichkeit erhalten, bei der Kapitalerhöhung gegen Einlagen nur darüber zu entscheiden, welcher Betrag der Gesellschaft mindestens zufließen müsse. Dafür genüge die Bestimmung eines Mindestausgabebetrages oder der Grundlagen für dessen Festsetzung im Bookbuilding-Verfahren. Die Vermögensinteressen der Aktionäre seien hinreichend geschützt. Der Vorstand könne nämlich bei der Ermittlung des endgültigen Preises nur nach oben abweichen, der Gesellschaft fließe also ggf. ein höherer Betrag zu. Da für die Ermächtigung des Vorstands sowohl ein Beschluss nach § 193 als auch nach § 221 erforderlich sei, spiele es keine Rolle, in welchem von beiden die Angaben zum Ausgabebetrag enthalten seien (Referentenentwurf eines Gesetzes zur Umsetzung der Aktionärsrechte-Richtlinie (ARUG), 56 f.).

9 **4. Die ergänzenden Angaben bei Aktienoptionsprogrammen für Mitarbeiter (Abs. 2 Nr. 4).** Bei Beschlüssen nach § 192 Abs. 2 Nr. 3 müssen gem. § 193 Abs. 2 Nr. 4 auch die **Aufteilung der Bezugsrechte auf Mitglieder der Geschäftsführung und Arbeitnehmer,** Erfolgsziele, Erwerbs- und Ausübungszeiträume und die Wartezeit für die erstmalige Ausübung (die mindestens zwei Jahre betragen muss) angegeben sein. Demnach ist die numerische oder prozentuale Verteilung der Bezugsrechte zwischen den Mitgliedern der Geschäftsführung und den Arbeitnehmern anzugeben, wobei zwischen dem Vorstand der Gesellschaft, der Geschäftsführung von Tochtergesellschaften und sonstigen Führungskräften unterschieden werden muss; eine namentliche Bezeichnung der begünstigten Personen ist selbstverständlich nicht erforderlich (K. Schmidt/Lutter/*Veil* Rn. 11). Ferner sind die Erfolgsziele anzugeben, wobei insoweit ein erheblicher Ermessensbereich der Hauptversammlung bezüglich der Festlegung dieser Ziele besteht (K. Schmidt/Lutter/*Veil* Rn. 13). Schließlich muss der Beschluss die Wartezeit für die erstmalige Ausübung, die vier Jahre nicht unterschreiten darf, feststellen. Hiermit soll die langfristige Anreizwirkung von Aktienoptionen gewährleistet werden (K. Schmidt/Lutter/*Veil* Rn. 14); die genannte Vierjahresfrist ist erst mit dem ARUG durch die Verdoppelung der vormaligen Zweijahresfrist in das Gesetz eingefügt worden. Im Übrigen sieht das Gesetz eine bestimmte Haltefrist für die bezogenen Aktien nicht vor. Eine solche Haltefrist kann selbstverständlich auch im Beschluss der Hauptversammlung festgesetzt werden, um die angestrebte Langzeitwirkung zu verstärken.

Bedingte Kapitalerhöhung mit Sacheinlagen; Rückzahlung von Einlagen

194 (1) [1] **Wird eine Sacheinlage gemacht, so müssen ihr Gegenstand, die Person, von der die Gesellschaft den Gegenstand erwirbt, und der Nennbetrag, bei Stückaktien die Zahl der bei der Sacheinlage zu gewährenden Aktien im Beschluß über die bedingte Kapitalerhöhung festgesetzt werden.** [2] **Als Sacheinlage gilt nicht der Umtausch von Schuldverschreibungen gegen Bezugsaktien.** [3] **Der Beschluß darf nur gefaßt werden, wenn die Einbringung von Sacheinlagen ausdrücklich und ordnungsgemäß bekanntgemacht worden ist.**

(2) **§ 27 Abs. 3 und 4 gilt entsprechend; an die Stelle des Zeitpunkts der Anmeldung nach § 27 Abs. 3 Satz 3 und der Eintragung nach § 27 Abs. 3 Satz 4 tritt jeweils der Zeitpunkt der Ausgabe der Bezugsaktien.**

(3) **Die Absätze 1 und 2 gelten nicht für die Einlage von Geldforderungen, die Arbeitnehmern der Gesellschaft aus einer ihnen von der Gesellschaft eingeräumten Gewinnbeteiligung zustehen.**

(4) [1] **Bei der Kapitalerhöhung mit Sacheinlagen hat eine Prüfung durch einen oder mehrere Prüfer stattzufinden.** [2] **§ 33 Abs. 3 bis 5, die §§ 34, 35 gelten sinngemäß.**

(5) **§ 183a gilt entsprechend.**

I. Allgemeines

1 § 194 bestimmt die **Besonderheiten, die bei einer bedingten Kapitalerhöhung mit Sacheinlagen** zu beachten sind. Abs. 1 regelt die besonderen Anforderungen an den Kapitalerhöhungsbeschluss, Abs. 2 definiert die Rechtsfolgen, die im Falle der Rückzahlung der Einlage oder bei Vorliegen einer verdeckten Sachkapitalerhöhung eintreten. Abs. 3 erleichtert die Einbringung von Geldforderungen, die Arbeitnehmern der Gesellschaft aus ihnen von der Gesellschaft eingeräumten Gewinnbeteiligungen zustehen in der Weise, dass für derartige Einbringungsvorgänge die besonderen Anforderungen einer bedingten Kapitalerhöhung mit Sacheinlagen nicht beachtet werden müssen. Schließlich bestimmt Abs. 4 – in Übereinstimmung mit § 183 Abs. 3 – die grundsätzliche Notwendigkeit einer Sacheinlagenprüfung. Der durch das ARUG eingefügte Abs. 5 erweitert den Anwendungsbereich der vereinfachten Sachkapitalerhöhung auch auf das bedingte Kapital.

II. Die besonderen Anforderungen an den Kapitalerhöhungsbeschluss (Abs. 1)

Abs. 1 bestimmt – in wesentlicher Übereinstimmung mit § 183 Abs. 1 – die **besonderen inhaltlichen Anforderungen an den Beschluss der Hauptversammlung** über die bedingte Kapitalerhöhung mit Sacheinlagen. Hinsichtlich der Einzelheiten kann insoweit vollständig auf die Erläuterungen zu § 183 verwiesen werden (→ § 183 Rn. 16 ff.). Auch die Pflicht zur Bekanntmachung (§ 194 Abs. 1) entspricht derjenigen bei der einfachen Kapitalerhöhung mit Sacheinlagen (→ § 183 Rn. 19). 2

Klarstellend regelt § 194 Abs. 1 S. 2, dass **als Sacheinlage nicht der Umtausch von Schuldverschreibungen gegen Bezugsaktien** gilt. Die Bestimmung hat Relevanz für die bedingte Kapitalerhöhung zur Gewährung von Umtausch- oder Bezugsrechten an Gläubiger von Wandelschuldverschreibungen (§ 192 Abs. 2 Nr. 1), denen eine Ersetzungsbefugnis hinsichtlich der ihnen (eigentlich) zustehenden Forderungen auf Geldleistung zu Gunsten eines Anspruchs auf Gewährung von Aktien zusteht (→ § 192 Rn. 6 ff.). Macht ein Gläubiger von dieser Ersetzungsbefugnis Gebrauch, gibt er seine durch die Schuldverschreibung begründete Geldforderung gegen den Anspruch auf Gewährung von Aktien hin, was – fehlte es an der Regelung des § 194 Abs. 1 S. 2 – als Sacheinlage anzusehen wäre. Damit wäre in nahezu jedem Fall einer bedingten Kapitalerhöhung mit dem Zweck des § 192 Abs. 2 Nr. 1 eine bedingte Kapitalerhöhung mit Sacheinlagen gegeben. Zur Vermeidung dieses Ergebnisses stellt der Gesetzgeber den beschriebenen Vorgang in § 194 Abs. 1 S. 2 von den Sacheinlagevorschriften frei (zur Dogmatik → § 221 Rn. 3 ff.). Dies bedeutet, dass die Werthaltigkeit der Forderung des Gläubigers im Zeitpunkt der Ausübung des Wandlungsrechtes nicht relevant ist, da das Gesetz die Wahrnehmung der Ersetzungsbefugnis nicht als Sacheinlage ansieht, mithin als Bareinlage gelten lässt; gerechtfertigt ist dies durch die ursprünglich für die Schuldverschreibung geleistete Bareinzahlung, die rückwirkend als vollständig wirksame Einlage, mithin als antizipierte Einlage auf das Kapital angesehen wird (MüKoAktG/*Fuchs* Rn. 7; K. Schmidt/Lutter/*Veil* Rn. 5). § 194 Abs. 1 S. 2 regelt idS daher einen zulässigen Fall der Voreinzahlung auf eine Kapitalerhöhung. Hieraus erhellt, dass die Freistellung des § 194 Abs. 1 S. 2 auch nur dann gilt, wenn auf die ursprüngliche Schuldverschreibung eine Barzahlung geleistet wurde, nicht jedoch wenn die ursprüngliche Schuldverschreibung bereits gegen Sachleistung ausgegeben wurde (hM GK-AktG/*Frey* Rn. 28; MüKoAktG/*Fuchs* Rn. 8; K. Schmidt/Lutter/*Veil* Rn. 5). 3

§ 194 Abs. 2 verweist auf § 27 Abs. 3 und 4 mit der Folge, dass die Fälle der Rückzahlung der Geldeinlage sowie der verdeckten Sacheinlage nach diesen Vorschriften zu behandeln sind (→ § 183 Rn. 20 ff.). Die genannten Vorschriften werden allerdings in der Weise modifiziert, dass es zur Feststellung des Wertes des Vermögensgegenstandes und hinsichtlich des Zeitpunktes der Anrechnung nicht auf den Zeitpunkt der Anmeldung zum Handelsregister bzw. die Eintragung der Gesellschaft in das Handelsregister ankommt, sondern an die Stelle dieser Zeitpunkte jeweils der Zeitpunkt der Ausgabe der Bezugsaktien tritt. 4

In gleicher Weise wie die Wahrnehmung von Umtauschrechten stellt § 194 Abs. 3 auch die **Einlage von Geldforderungen, die Arbeitnehmern** der Gesellschaft aus einer ihnen von der Gesellschaft eingeräumten Gewinnbeteiligung **zustehen,** von den Anforderungen des § 194 Abs. 1 und Abs. 2 frei. Hierdurch soll die Ausgabe von Bezugsaktien an Arbeitnehmer erleichtert werden (K. Schmidt/Lutter/*Veil* Rn. 6), da – so die Auffassung des Gesetzgebers (vgl. BegrRegE § 194, *Kropff* 300) – hier auf die strengen Formvorschriften verzichtet werden könne, da am Wert der Sacheinlagen kein Zweifel bestehe. Allerdings hat der Gesetzgeber es überraschenderweise versäumt, auch Abs. 4 von der Anwendung der Sacheinlagevorschriften auszunehmen, sodass eine externe Werthaltigkeitsprüfung auch bei der Einlage der in § 194 Abs. 3 bezeichneten Geldforderungen von Arbeitnehmern stattzufinden hat (K. Schmidt/Lutter/*Veil* Rn. 6). 5

Die bei der bedingten Kapitalerhöhung mit Sacheinlagen durch § 194 Abs. 4 grundsätzlich vorgeschriebene externe Werthaltigkeitsprüfung hat den Anforderungen zu genügen, die bei jeder Kapitalerhöhung mit Sacheinlagen zu beachten sind; auf die entsprechenden Erläuterungen zu § 183 Abs. 3 kann daher verwiesen werden (→ § 183 Rn. 23). Soll eine bedingte Kapitalerhöhung gegen noch zu begebende Wandelschuldverschreibungen erfolgen, zu deren Ausgabe – auch – gegen Sacheinlage der Vorstand durch die Hauptversammlung ermächtigt ist, erfordert die Eintragung des Beschlusses über die bedingte Kapitalerhöhung in das Handelsregister nicht, dass die Sacheinlageverträge und der Sachprüfungsbericht vorgelegt werden (OLG München 19.9.2013, DNotZ 2013, 955). 6

§ 194 Abs. 5 stellt klar, dass die Möglichkeit der vereinfachten Sachkapitalerhöhung auch beim bedingten Kapital zur Verfügung steht. Eine Sacheinlage iSd § 33a Abs. 1, auf die das vereinfachte Eintragungsverfahren Anwendung findet, kommt nach der Vorstellung des Gesetzgebers bei einer bedingten Kapitalerhöhung vor allem in Betracht zur Vorbereitung des Zusammenschlusses mehrerer Unternehmen iSv § 192 Abs. 2 Nr. 2, insbesondere wenn die an einem geregelten Markt gehandelten Aktien eines anderen Unternehmens gegen Gewährung von Bezugsaktien erworben werden sollen *(share for share exchange).* Wenn eine externe Prüfung nicht stattfinden soll, tritt an deren Stelle das in § 183a geregelte Verfahren. 7

Anmeldung des Beschlusses

195 (1) [1]**Der Vorstand und der Vorsitzende des Aufsichtsrats haben den Beschluß über die bedingte Kapitalerhöhung zur Eintragung in das Handelsregister anzumelden.** [2]**§ 184 Abs. 1 Satz 3 gilt entsprechend.**

(2) **Der Anmeldung sind beizufügen**

1. **bei einer bedingten Kapitalerhöhung mit Sacheinlagen die Verträge, die den Festsetzungen nach § 194 zugrunde liegen oder zu ihrer Ausführung geschlossen worden sind, und der Bericht über die Prüfung von Sacheinlagen (§ 194 Abs. 4) oder die in § 37a Abs. 3 bezeichneten Anlagen;**
2. **eine Berechnung der Kosten, die für die Gesellschaft durch die Ausgabe der Bezugsaktien entstehen werden.**

(3) [1]**Das Gericht kann die Eintragung ablehnen, wenn der Wert der Sacheinlage nicht unwesentlich hinter dem geringsten Ausgabebetrag der dafür zu gewährenden Aktien zurückbleibt.** [2]**Wird von einer Prüfung der Sacheinlage nach § 183a Abs. 1 abgesehen, gilt § 38 Abs. 3 entsprechend.**

I. Allgemeines

1 § 195 regelt das **Verfahren der Anmeldung des Beschlusses über die bedingte Kapitalerhöhung** zur Eintragung in das Handelsregister. § 195 Abs. 1 bestimmt insoweit die anmeldepflichtigen Personen und § 195 Abs. 2 regelt, welche Unterlagen dieser Anmeldung – in Ergänzung zu den mit jeder Satzungsänderung einzureichenden Unterlagen – beizufügen sind.

2 Im Zusammenhang mit der bedingten Kapitalerhöhung sind **drei verschiedene Anmeldungen zu unterscheiden:** Soll das bedingte Kapital in den Satzungstext aufgenommen werden, muss die entsprechende Satzungsänderung nach § 181 zur Eintragung in das Handelsregister angemeldet werden. Diese Anmeldung kann – was in der Praxis auch regelmäßig geschieht – mit der Anmeldung nach § 195 verbunden werden (Hüffer/Koch/*Koch* Rn. 1). Zum Zweiten muss der Vorstand gem. § 201 die Ausgabe von Bezugsaktien zur Eintragung in das Handelsregister anmelden. Mit der Ausgabe dieser Bezugsaktien ist das Grundkapital gem. § 200 erhöht, sodass zum Dritten die entsprechende Änderung der Grundkapitalziffer zur Eintragung anzumelden ist. Diese Anmeldung wiederum kann mit der Anmeldung nach § 201 verbunden werden. Keine Verbindung ist möglich zwischen der Anmeldung nach § 195 und der Anmeldung nach § 201, da § 197 eine Ausgabe von Bezugsaktien vor Eintragung des Beschlusses über die bedingte Kapitalerhöhung verbietet.

II. Die Anmeldung des Beschlusses (Abs. 1)

3 Abs. 1 bestimmt, dass der **Vorstand und der Vorsitzende des Aufsichtsrates** den Beschluss über die bedingte Kapitalerhöhung zur Eintragung in das Handelsregister anmelden müssen. Erforderlich und ausreichend ist seitens des Vorstandes eine Anmeldung in vertretungsberechtigter Zahl (K. Schmidt/Lutter/*Veil* Rn. 4), für den Aufsichtsratsvorsitzenden kann im Falle von dessen Verhinderung sein Vertreter anmelden (§ 107 Abs. 1 S. 3). Da die Anmeldung des Beschlusses über eine bedingte Kapitalerhöhung – anders als die Anmeldung der Ausgabe von Bezugsaktien, die gem. § 200 das Grundkapital der Gesellschaft unmittelbar erhöht – keine Anmeldung der Erhöhung des Grundkapitals iSv § 399 Abs. 1 Nr. 4 darstellt und damit keine strafbewehrten Erklärungen iSd genannten Bestimmung enthält, ist auch eine Anmeldung durch Bevollmächtigte, desgleichen eine Anmeldung in unechter Gesamtvertretung unter Mitwirkung eines Prokuristen, zulässig (str.; wie hier Happ/*Ihrig* Muster Nr. 12.04 Rn. 18; aA GK-AktG/*Frey* Rn. 12; K. Schmidt/Lutter/*Veil* Rn. 4). Durch den Verweis auf § 184 Abs. 1 S. 3 wird angeordnet, dass die Anmeldepflichtigen in der Anmeldung eine ergänzende Erklärung gem. § 184 Abs. 1 S. 3 abzugeben haben, wenn der Vorstand vom Verfahren der vereinfachten Kapitalerhöhung Gebrauch machen möchte und vorab das Datum des Beschlusses über die Kapitalerhöhung und die Angaben nach § 37a gem. § 194 Abs. 5 veröffentlicht hat.

III. Die nach Abs. 2 beizufügenden Unterlagen

4 Die **Unterlagen, die der Anmeldung des Beschlusses über die bedingte Kapitalerhöhung beizufügen** sind, sind – soweit sie über die allgemeinen, der Anmeldung jeder Satzungsänderung beizufügenden Unterlagen hinausgehen – abschließend in Abs. 2 aufgezählt. Sie entsprechen – mit Ausnahme der bei der bedingten Kapitalerhöhung nicht erforderlichen Zeichnungsscheine, da diese durch die Bezugserklärungen ersetzt werden – den Unterlagen, die regelmäßig gem. § 188 Abs. 3 der Anmeldung der Durchführung einer einfachen Kapitalerhöhung beizufügen sind. Auf die diesbezüglichen Erläuterungen kann daher Bezug genommen werden (→ § 188 Rn. 11 ff.). Der gem. § 195 Abs. 2 Nr. 1 der Anmeldung beizufügende Bericht über die Prüfung von Sacheinlagen iSv § 194

Abs. 4, der gem. § 188 Abs. 3 der Anmeldung der Durchführung der einfachen Kapitalerhöhung nicht beizufügen ist, wird bei der einfachen Kapitalerhöhung gem. § 184 Abs. 1 S. 2 bereits mit der Anmeldung des Beschlusses über die Erhöhung des Grundkapitals überreicht. Wird vom Verfahren der vereinfachten Kapitalerhöhung Gebrauch gemacht, müssen die in § 37a Abs. 3 bezeichneten Anlagen der Anmeldung beigefügt werden.

Das **Gericht kann die Eintragung** unter den Voraussetzungen des § 195 Abs. 3 **ablehnen** (→ § 184 Rn. 8). 5

(aufgehoben)

196

Verbotene Aktienausgabe

197

[1] Vor der Eintragung des Beschlusses über die bedingte Kapitalerhöhung können die Bezugsaktien nicht ausgegeben werden. [2] Ein Anspruch des Bezugsberechtigten entsteht vor diesem Zeitpunkt nicht. [3] Die vorher ausgegebenen Bezugsaktien sind nichtig. [4] Für den Schaden aus der Ausgabe sind die Ausgeber den Inhabern als Gesamtschuldner verantwortlich.

I. Allgemeines

§ 197 nimmt auf die in § 195 geregelte Anmeldung des Beschlusses über die bedingte Kapitalerhöhung zur Eintragung in das Handelsregister Bezug und bestimmt, dass vor registerrechtlichem Vollzug dieser Anmeldung, **also vor Eintragung des Beschlusses über die bedingte Kapitalerhöhung, Bezugsaktien nicht ausgegeben werden können.** Ansprüche des Bezugsberechtigten können vor diesem Zeitpunkt gem. § 197 S. 2 nicht bestehen, vorher ausgegebene Bezugsaktien sind gem. § 197 S. 3 nichtig. Die Vorschrift bezweckt, Schwindelemissionen zu verhindern. 1

II. Das Verbot der Aktienausgabe

Da der Beschluss über die bedingte Kapitalerhöhung erst mit dessen Eintragung in das Handelsregister wirksam wird, bestimmt S. 1 folgerichtig, dass vor diesem Zeitpunkt Bezugsaktien nicht ausgegeben werden können. **Eine Ausgabe iSd Vorschrift** liegt vor, wenn Urkunden durch Handlungen oder Unterlassungen der Gesellschaft in den Verkehr gelangen (Hüffer/Koch/*Koch* Rn. 2). Der Ausgabe vorgelagerte Vorbereitungshandlungen, etwa der Druck von Aktienurkunden oder ähnliche Maßnahmen, stellen keine gegen § 197 verstoßende Ausgabe dar. Werden Aktien unter Verstoß gegen S. 1 bereits vor Eintragung des Beschlusses über die bedingte Kapitalerhöhung ausgegeben, sind diese Aktien nichtig, dh sie verbriefen nicht in wertpapierrechtlich gültiger Weise das in ihnen verlautbarte Mitgliedschaftsrecht (Hüffer/Koch/*Koch* § 198 Rn. 3). Eine spätere Heilung des Vorgangs durch Eintragung des Beschlusses über die bedingte Kapitalerhöhung oder ein gutgläubiger Erwerb der unter Verstoß gegen S. 1 ausgegebenen Aktien findet nicht statt (vgl. etwa Hüffer/Koch/*Koch* § 198 Rn. 3; MüKoAktG/*Fuchs* § 198 Rn. 9). Die in S. 4 begründete Schadenersatzpflicht der Ausgeber gegenüber den Inhabern der (nichtigen) Bezugsaktien ist der entsprechenden Sanktion in § 191 S. 3 nachgebildet, sodass auf die dortigen Erläuterungen verwiesen werden kann (→ § 191 Rn. 7). 2

III. Der Anspruch des Bezugsberechtigten

S. 2 regelt, dass ein **Anspruch des Bezugsberechtigten** auf die Ausgabe von Aktien **vor der Eintragung des Beschlusses** über die bedingte Kapitalerhöhung **nicht entstehen kann.** Das Entstehen des Anspruchs setzt nach hM ein Rechtsgeschäft zwischen der AG und dem Bezugsberechtigten voraus (Hüffer/Koch/*Koch* Rn. 5; MüKoAktG/*Schürnbrand* Rn. 18 f.), das Bezugsrecht folgt also nicht unmittelbar aus dem durch die Eintragung wirksam gewordenen Beschluss über die bedingte Kapitalerhöhung (aA GK-AktG/*Frey* Rn. 38). § 197 S. 2 ist nicht in der Weise zu verstehen, dass vor dem dort bezeichneten Zeitpunkt der Handelsregistereintragung die genannten Rechtsgeschäfte zwischen der Gesellschaft und dem Bezugsberechtigten über die Ausgabe von Bezugsaktien nicht geschlossen werden dürfen, sondern etwa vor dem Zeitpunkt der Registereintragung geschlossene Rechtsgeschäfte stehen unter der aufschiebenden Bedingung der Eintragung des Beschlusses über die bedingte Kapitalerhöhung in das Handelsregister. Es ist sogar möglich, vor Zustandekommen des Beschlusses der Hauptversammlung über die bedingte Kapitalerhöhung Rechtsgeschäfte zwischen der Gesellschaft und dem (künftigen) Bezugsberechtigten zu schließen, diese stehen dann allerdings unter der doppelten aufschiebenden 3

Bedingung des wirksamen Zustandekommens des Hauptversammlungsbeschlusses und dessen registerrechtlichen Vollzugs (K. Schmidt/Lutter/*Veil* Rn. 5).

Bezugserklärung

198 (1) ¹**Das Bezugsrecht wird durch schriftliche Erklärung ausgeübt.** ²**Die Erklärung (Bezugserklärung) soll doppelt ausgestellt werden.** ³**Sie hat die Beteiligung nach der Zahl und bei Nennbetragsaktien dem Nennbetrag und, wenn mehrere Gattungen ausgegeben werden, der Gattung der Aktien, die Feststellungen nach § 193 Abs. 2, die nach § 194 bei der Einbringung von Sacheinlagen vorgesehenen Festsetzungen sowie den Tag anzugeben, an dem der Beschluß über die bedingte Kapitalerhöhung gefaßt worden ist.**

(2) ¹**Die Bezugserklärung hat die gleiche Wirkung wie eine Zeichnungserklärung.** ²**Bezugserklärungen, deren Inhalt nicht dem Absatz 1 entspricht oder die Beschränkungen der Verpflichtung des Erklärenden enthalten, sind nichtig.**

(3) **Werden Bezugsaktien ungeachtet der Nichtigkeit einer Bezugserklärung ausgegeben, so kann sich der Erklärende auf die Nichtigkeit nicht berufen, wenn er auf Grund der Bezugserklärung als Aktionär Rechte ausgeübt oder Verpflichtungen erfüllt hat.**

(4) **Jede nicht in der Bezugserklärung enthaltene Beschränkung ist der Gesellschaft gegenüber unwirksam.**

I. Allgemeines

1 Die in § 198 hinsichtlich ihrer Formalitäten und ihres Inhalts geregelte **Bezugserklärung entspricht** in ihrer Funktion und ihrer Wirkung der **Zeichnungserklärung** bei der einfachen Kapitalerhöhung. Die Bezugserklärung stellt das an die Gesellschaft gerichtete Angebot des Bezugsberechtigten auf Abschluss eines Zeichnungsvertrages dar, der mit der Annahmeerklärung der Gesellschaft zustande kommt (K. Schmidt/Lutter/*Veil* Rn. 1). § 198 Abs. 1 regelt, dass die Bezugserklärung schriftlich abzugeben ist und welchen zwingenden Inhalt sie aufzuweisen hat. § 198 Abs. 2 regelt die Rechtsfolgen der Nichteinhaltung der Vorgaben des Abs. 1. § 198 Abs. 3 und Abs. 4 entsprechen in ihren Rechtsfolgen der Regelung bei der einfachen Kapitalerhöhung in § 187 Abs. 3 und Abs. 4.

2 Von der in § 198 Abs. 1 geregelten Bezugserklärung ist begrifflich **zu unterscheiden das Bezugs*recht*** des Berechtigten. Das Bezugsrecht ist die Rechtsposition desjenigen, der die Voraussetzungen für den Bezug von Aktien gemäß dem Beschluss über die bedingte Kapitalerhöhung erfüllt und demzufolge gegen die Gesellschaft einen Anspruch auf Abschluss eines Zeichnungsvertrages hat. Dieser Zeichnungsvertrag kommt durch die – im Regelfall als Angebot aufzufassende – Bezugserklärung des Berechtigten iSd § 198 Abs. 1 und die – im Regelfall zeitlich später erfolgende – Annahmeerklärung der Gesellschaft zustande. Mit wirksamem Abschluss des Zeichnungsvertrages hat der bezugsberechtigte Zeichner einen Anspruch gegen die Gesellschaft auf Gewährung der Mitgliedschaftsrechte und ist seinerseits verpflichtet, den der Gesellschaft versprochenen Gegenwert zu leisten (K. Schmidt/Lutter/*Veil* Rn. 4).

II. Die Bezugserklärung (§ 198 Abs. 1)

3 § 198 Abs. 1 S. 1 begründet zunächst ein **besonderes Formerfordernis** für die Bezugserklärung, dessen Nichteinhaltung zur Formunwirksamkeit der Erklärung gem. § 125 S. 1 BGB führt. Das Schriftformerfordernis des § 198 Abs. 1 S. 1 bedeutet, dass der gesamte Inhalt der Erklärung schriftlich formuliert und eigenhändig unterschrieben werden muss (K. Schmidt/Lutter/*Veil* Rn. 5). Die zum wirksamen Zustandekommen des Zeichnungsvertrages erforderliche Erklärung der Gesellschaft unterliegt den Formanforderungen des § 198 Abs. 1 S. 1 nicht und kann auch formlos abgegeben werden. Nicht selten wird der Bezugsberechtigte gem. § 151 BGB auf den Zugang der Annahmeerklärung sogar verzichtet haben. Das Gebot der doppelten Ausstellung der Bezugserklärung gem. § 198 Abs. 1 S. 2 flankiert § 201 Abs. 2, der die Einreichung einer Zweitschrift der Bezugserklärung zum Handelsregister verlangt; die Erstschrift verbleibt üblicherweise bei den Akten der Gesellschaft.

4 § 198 Abs. 1 S. 3 konkretisiert, welche **inhaltlichen Mindestanforderungen** die Bezugserklärung zu erfüllen hat. Diese Anforderungen entsprechen – soweit die Zahl und die Art der zu beziehenden Aktien betroffen ist – den Erfordernissen, denen auch ein Zeichnungsschein gem. § 185 Abs. 1 S. 1 genügen muss; auf die diesbezüglichen Erläuterungen kann daher insoweit verwiesen werden (→ § 185 Rn. 6 ff.). Darüber hinaus muss die Bezugserklärung die Feststellungen nach § 193 Abs. 2 enthalten, mithin den Zweck der bedingten Kapitalerhöhung angeben und den Kreis der Bezugsberechtigten bezeichnen sowie entweder den Ausgabebetrag oder die diesbezüglichen Berechnungsgrundlagen reflektieren. Die Feststellungen des § 193 Abs. 2 Nr. 4, die lediglich der Information der Hauptversammlung dienen, müssen in der Bezugserklärung nicht enthalten sein (Hüffer/Koch/*Koch* Rn. 9; K. Schmidt/Lutter/*Veil* Rn. 7; aA GK-AktG/*Frey* Rn. 28). Bei der Einbringung von Sacheinlagen sind darüber hinaus die nach § 194 vorgesehenen Festsetzungen in die Bezugserklärung aufzunehmen,

mithin der Gegenstand der Sacheinlage, die Person des Einlegers und der Nennbetrag bzw. die Zahl der Aktien, die dem Einleger gewährt werden, darzustellen. Schließlich ist der Tag anzugeben, an dem der Beschluss über die bedingte Kapitalerhöhung gefasst worden ist.

Ist die **Bezugserklärung** formal und inhaltlich ordnungsgemäß abgegeben worden, hat sie gem. § 198 Abs. 2 die **gleiche Wirkung wie eine Zeichnungserklärung,** dh sie bringt – im Falle der Annahme der Gesellschaft – einen Zeichnungsvertrag zwischen Gesellschaft und Bezugsberechtigtem zustande, der die Gesellschaft zur Verschaffung der geschuldeten Mitgliedschaftsrechte und den Bezugsberechtigten zur Erbringung der von ihm zugesagten Gegenleistung verpflichtet. Erfüllt die Bezugserklärung nicht die Anforderungen des § 198 Abs. 1 oder enthält sie im Gesetz nicht vorgesehene Beschränkungen der Verpflichtung des Erklärenden, ist sie gem. § 198 Abs. 2 S. 2 nichtig. Fraglich und umstritten ist, ob eine Bezugserklärung auch schon vor der Beschlussfassung über das bedingte Kapital abgegeben werden kann. Hiergegen spricht, dass nach § 198 Abs. 1 S. 3 in der Bezugserklärung auch der Tag anzugeben ist, an dem der Beschluss über die bedingte Kapitalerhöhung gefasst worden ist, was nicht möglich ist, wenn ein solcher Beschluss noch nicht existiert. Demzufolge wird die Ausübung des Bezugsrechts vor dem Beschluss über die Kapitalerhöhung überwiegend für unwirksam gehalten (GHEK/*Bungeroth,* 1. Aufl. 1989, § 198 Rn. 20). Nach aA ist die Abgabe einer Bezugserklärung vor Beschlussfassung über das bedingte Kapital zulässig; in diesem Fall stehe die Bezugserklärung dann unter dem Vorbehalt einer entsprechenden Kapitalerhöhung (so K. Schmidt/Lutter/*Veil* Rn. 12). 5

III. Die Heilung nichtiger Bezugserklärungen (Abs. 3)

Der erklärende Bezugsberechtigte kann sich auf die Nichtigkeit seiner Bezugserklärung nicht berufen, wenn Bezugsaktien von der Gesellschaft ausgegeben wurden und wenn der Bezugsberechtigte aufgrund der Bezugserklärung als Aktionär Rechte ausgeübt oder Verpflichtungen erfüllt hat. Auch hinsichtlich dieser **Heilungsvoraussetzungen** unterscheidet sich die Regelung bei der bedingten Kapitalerhöhung nicht von der entsprechenden Regelung bei der einfachen Kapitalerhöhung in § 185 Abs. 3, sodass insoweit auf die diesbezüglichen Erläuterungen verwiesen werden kann (→ § 185 Rn. 12). Eine Ausübung von Aktionärsrechten aufgrund der Bezugserklärung wird man nicht bereits in der Annahme der Bezugsaktien sehen können (so aber GK-AktG/*Frey* Rn. 56), sondern etwa erst in der Teilnahme an einer Hauptversammlung oder im Bezug von Dividenden auf die Bezugsaktien (wie hier Hüffer/Koch/*Koch* Rn. 12; K. Schmidt/Lutter/*Veil* Rn. 17). Ist eine Heilung eingetreten, wird der Zeichnungsvertrag mit rückwirkender Wirkung wirksam. Etwa in der Bezugserklärung enthaltene gesetzeswidrige Beschränkungen werden selbstverständlich nicht wirksam (GK-AktG/*Frey* Rn. 55; Hüffer/Koch/*Koch* Rn. 12). 6

Die **Unwirksamkeit von vorbehaltenen oder vereinbarten Beschränkungen,** die nicht in der Bezugserklärung selbst enthalten sind (§ 198 Abs. 4) entspricht der diesbezüglichen Rechtsfolge beim Zeichnungsschein gem. § 185 Abs. 4 (→ § 185 Rn. 13). 7

Ausgabe der Bezugsaktien

199 **(1) Der Vorstand darf die Bezugsaktien nur in Erfüllung des im Beschluß über die bedingte Kapitalerhöhung festgesetzten Zwecks und nicht vor der vollen Leistung des Gegenwerts ausgeben, der sich aus dem Beschluß ergibt.**

(2) [1]Der Vorstand darf Bezugsaktien gegen Wandelschuldverschreibungen nur ausgeben, wenn der Unterschied zwischen dem Ausgabebetrag der zum Umtausch eingereichten Schuldverschreibungen und dem höheren geringsten Ausgabebetrag der für sie zu gewährenden Bezugsaktien aus einer anderen Gewinnrücklage, soweit sie zu diesem Zweck verwandt werden kann, oder durch Zuzahlung des Umtauschberechtigten gedeckt ist. [2]Dies gilt nicht, wenn der Gesamtbetrag, zu dem die Schuldverschreibungen ausgegeben sind, den geringsten Ausgabebetrag der Bezugsaktien insgesamt erreicht oder übersteigt.

I. Allgemeines

§ 199 regelt, **unter welchen Voraussetzungen der Vorstand die Bezugsaktien ausgeben** darf. Hierbei ist in § 199 Abs. 1 vorgegeben, dass der Vorstand die Zweckbindung der Ausgabe der Bezugsaktien zu beachten hat und die vom Bezugsberechtigten zu erbringende Gegenleistung real erbracht ist. § 199 Abs. 2 stellt eine Sonderregelung dar für bedingte Kapitalerhöhungen, die dem Zweck des § 192 Abs. 2 Nr. 1 dienen und betrifft insoweit den Sonderfall der Unterpari-Emission (K. Schmidt/Lutter/*Veil* Rn. 1). 1

Eine **Ausgabe** iSd Vorschrift liegt vor, wenn die Urkunde über die zu beziehende Aktie ausgestellt und ein Begebungsvertrag zwischen dem Bezugsberechtigten und der Gesellschaft geschlossen wurde. Der Begebungsvertrag muss jedenfalls die sachenrechtliche Übereignung der Aktienurkunde bzw. die (dingliche) Abtretung der Mitgliedschaftsrechte enthalten. 2

II. Die allgemeinen Voraussetzungen der Aktienausgabe (Abs. 1)

3 Abs. 1 setzt zwei Erfordernisse fest, die bei jeder Ausgabe von Bezugsaktien zu beachten sind: Zum einen darf der Vorstand die Bezugsaktien **nur in Erfüllung** des im Beschluss über die bedingte Kapitalerhöhung **festgesetzten Zwecks** ausgeben. Durch diese Vorgabe wird sichergestellt, dass die Entscheidung der Hauptversammlung, die Bezugsaktien zu einem bestimmten Zweck auszugeben, auch tatsächlich vom Vorstand bei Umsetzung des Beschlusses beachtet wird. Selbstverständlich darf der Vorstand die Bezugsaktien auch nur an den im Beschluss festgesetzten Personenkreis ausgeben (GK-AktG/*Frey* Rn. 27; Hüffer/Koch/*Koch* Rn. 6). Zum Zweiten schreibt § 199 Abs. 1 dem Vorstand vor, dass er die Bezugsaktien **nicht vor der vollen Leistung des Gegenwertes,** der sich aus dem Beschluss ergibt, ausgeben darf. Die vom Inferenten zu erbringende Gegenleistung muss also mindestens Zug um Zug gegen Ausgabe der Aktien erfolgen (K. Schmidt/Lutter/*Veil* Rn. 7). Dient die bedingte Kapitalerhöhung der Vorbereitung eines Unternehmenszusammenschlusses, so muss auch hier die an die Gesellschaft zu erbringende Gegenleistung erbracht sein, bevor der Vorstand berechtigt ist, die Bezugsaktien auszugeben. Eine in Händen des Bezugsberechtigten befindliche Wandelanleihe muss der Gesellschaft ausgehändigt werden (K. Schmidt/Lutter/*Veil* Rn. 7). Allgemein gesprochen muss die gesamte der Gesellschaft zu erbringende Gegenleistung (einschließlich eines etwaigen Aufgeldes) an die Gesellschaft geleistet sein, bevor der Vorstand die Bezugsaktien ausgeben darf.

4 Neben den beiden in Abs. 1 nochmals gesondert angesprochenen Ausgabevoraussetzungen müssen selbstverständlich auch die **allgemeinen Voraussetzungen der Ausgabe** von Bezugsaktien erfüllt sein: So muss der Beschluss über die bedingte Kapitalerhöhung in das Handelsregister eingetragen sein (§ 197) und es muss ein wirksamer Zeichnungsvertrag zwischen der Gesellschaft und dem Bezugsberechtigten zustande gekommen sein, konkret muss die Bezugserklärung des Bezugsberechtigten den Anforderungen des § 198 genügen (→ § 198 Rn. 3).

III. Die besonderen Ausgabevoraussetzungen bei Wandelschuldverschreibungen (Abs. 2)

5 **Gegen Wandelschuldverschreibungen** darf der Vorstand über die allgemeinen Voraussetzungen des Abs. 1 hinaus **Bezugsaktien nur ausgeben,** wenn zusätzlich die Anforderungen des Abs. 2 erfüllt sind. Abs. 2 hat praktische Relevanz im Sonderfall der Unterpari-Emission, wenn also der geringste Ausgabebetrag der Bezugsaktien niedriger ist als der tatsächliche Ausgabebetrag der zu wandelnden Anleihe. Der Begriff des geringsten Ausgabebetrages ist in § 9 dahin definiert, dass er bei Nennbetragsaktien dem Nennbetrag entspricht und bei Stückaktien der Betrag ist, der dem auf die einzelne Stückaktie entfallenden anteiligen Betrag des Grundkapitals entspricht. Ist dieser geringste Ausgabebetrag höher als der Ausgabebetrag der zum Umtausch eingereichten Schuldverschreibungen, dürfen Bezugsaktien – vorbehaltlich der Einschränkung in § 199 Abs. 2 S. 2 – nur ausgegeben werden, wenn der Differenzbetrag entweder aus einer anderen Gewinnrücklage entnommen werden kann oder durch eine Zuzahlung des Umtauschberechtigten gedeckt ist. Hierbei ist der Ausgabebetrag der Wandelanleihe der darauf von dem konkret Berechtigten tatsächlich geleistete festgesetzte Betrag. Soweit dem Berechtigten Skonti oder Rückvergütungen oder andere Vorteile gewährt wurden, mindern diese den Ausgabebetrag entsprechend (GK-AktG/*Frey* Rn. 43; Hüffer/Koch/*Koch* Rn. 11). Bleibt der so errechnete Ausgabebetrag hinter dem geringsten Ausgabebetrag der Bezugsaktie zurück, kann die Differenz einer anderen Gewinnrücklage (§ 266 Abs. 3 A. III. Nr. 4 HGB) entnommen werden, wenn diese nicht für andere Zwecke gebunden ist. Ein Gewinnvortrag gem. § 266 Abs. 3 A. IV. HGB dürfte angesichts des eindeutigen Wortlauts von § 199 Abs. 2 zu dieser Verwendung wohl nicht in Betracht kommen (wie hier MüKoAktG/*Fuchs* Rn. 24; aA K. Schmidt/Lutter/*Veil* Rn. 21), ebenso wenig der Jahresgewinn (unstr., vgl. etwa Hüffer/Koch/*Koch* Rn. 12). Möglich ist es selbstverständlich auch, dass der Inferent den Differenzbetrag durch bare Zuzahlung ausgleicht.

6 Das **Deckungserfordernis des Abs. 2 S. 1 besteht gem. Abs. 2 S. 2 nicht,** wenn der Gesamtbetrag, zu dem die Schuldverschreibungen ausgegeben sind, den geringsten Ausgabebetrag der Bezugsaktien insgesamt erreicht oder übersteigt. Zu vergleichen ist also die Summe der Ausgabebeträge der Schuldverschreibungen (zur Berechnung dieser Ausgabebeträge → Rn. 5) mit der Summe der geringsten Ausgabebeträge aller Bezugsaktien. Praktische Relevanz hat Abs. 2 S. 2, wenn die Ausgabebeträge von Schuldverschreibungen zT unter dem geringsten Ausgabebetrag der Bezugsaktien liegen und zT höher als dieser sind. Hier kommt es im Wege einer Gesamtsaldierung darauf an, ob das Agio insgesamt das Disagio erreicht oder übersteigt (Spindler/Stilz/*Rieckers* Rn. 25). Der Gesamtbetrag umfasst insoweit nicht nur die bereits eingetauschten, sondern alle ursprünglich umtauschbaren Schuldverschreibungen, sodass insoweit das Verbot der Unterpari-Emission (§ 9) durch die bloße Erwartung, dass auch die Schuldverschreibungen mit höherem Ausgabebetrag eingetauscht werden, außer Kraft gesetzt wird. Eine Gesamtbetrachtung iSd § 199 Abs. 2 S. 2 kommt allerdings nur im Hinblick auf eine einzelne Kapital-

erhöhung in Betracht; eine Saldierung mit Schuldverschreibungen, die iR anderer bedingter Kapitalerhöhungen einzubringen sind, findet nicht statt (Spindler/Stilz/*Rieckers* Rn. 26).

Wirksamwerden der bedingten Kapitalerhöhung

200 Mit der Ausgabe der Bezugsaktien ist das Grundkapital erhöht.

1 § 200 bestimmt, dass das Grundkapital der Gesellschaft **mit der Ausgabe der Bezugsaktien erhöht** ist. Die Vorschrift hat eine doppelte Aussagekraft: Zum einen stellt die Bestimmung klar, dass das Grundkapital *erst* mit der Ausgabe der Bezugsaktien erhöht ist, nicht also etwa bereits mit Abgabe der Bezugserklärung oder deren Annahme durch die Gesellschaft oder gar bereits mit dem Beschluss über die bedingte Kapitalerhöhung. Zum anderen wird klargestellt, dass das Grundkapital *schon* mit der Ausgabe der Bezugsaktien erhöht ist, insbesondere also unabhängig von einer späteren Verlautbarung der Kapitalerhöhung im Handelsregister. Das Grundkapital erhöht sich also außerhalb des Handelsregisters sukzessive mit jeder Ausgabe von Aktien an einen Bezugsberechtigten (K. Schmidt/Lutter/*Veil* Rn. 1).

2 Eine **Ausgabe** iSd Vorschrift liegt vor, wenn die Urkunde über die zu beziehende Aktie ausgestellt und ein Begebungsvertrag zwischen dem Bezugsberechtigten und der Gesellschaft geschlossen wurde. Der Begebungsvertrag muss jedenfalls die sachenrechtliche Übereignung der Aktienurkunde bzw. die (dingliche) Abtretung der Mitgliedschaftsrechte enthalten. Liegt eine Ausgabe idS vor, wirkt diese konstituierend für eine Erhöhung des Grundkapitals; die spätere Verlautbarung im Handelsregister hat lediglich deklaratorische Wirkung.

Anmeldung der Ausgabe von Bezugsaktien

201 (1) **Der Vorstand meldet ausgegebene Bezugsaktien zur Eintragung in das Handelsregister mindestens einmal jährlich bis spätestens zum Ende des auf den Ablauf des Geschäftsjahrs folgenden Kalendermonats an.**

(2) [1] **Der Anmeldung sind die Zweitschriften der Bezugserklärungen und ein vom Vorstand unterschriebenes Verzeichnis der Personen, die das Bezugsrecht ausgeübt haben, beizufügen.** [2] **Das Verzeichnis hat die auf jeden Aktionär entfallenden Aktien und die auf sie gemachten Einlagen anzugeben.**

(3) **In der Anmeldung hat der Vorstand zu erklären, daß die Bezugsaktien nur in Erfüllung des im Beschluß über die bedingte Kapitalerhöhung festgesetzten Zwecks und nicht vor der vollen Leistung des Gegenwerts ausgegeben worden sind, der sich aus dem Beschluß ergibt.**

I. Allgemeines

1 § 201 verpflichtet den Vorstand, **innerhalb eines Monats nach Ablauf des Geschäftsjahres** zur Eintragung in das Handelsregister anzumelden, in welchem Umfang im abgelaufenen Geschäftsjahr Bezugsaktien ausgegeben worden sind. Das Gesetz will auf diese Weise sicherstellen, dass die effektiv bereits eingetretene Erhöhung des Grundkapitals (→ § 200 Rn. 1) auch im Handelsregister nachvollzogen und damit für Dritte nachvollziehbar wird. Die Eintragung hat aus den oben genannten Gründen (→ § 200 Rn. 1) nur deklaratorischen Charakter. § 201 Abs. 2 bestimmt, welche Unterlagen der Anmeldung beizufügen sind und § 201 Abs. 3 verpflichtet den Vorstand zu erklären, dass die Bezugsaktien nur in Erfüllung des im Beschluss über die bedingte Kapitalerhöhung festgesetzten Zwecks und nicht vor der vollen Leistung des Gegenwertes ausgegeben worden sind, der sich aus dem Beschluss ergibt. Diese Bestimmung dient dazu, sicherzustellen, dass die Gebote des § 199 Abs. 1 beachtet werden.

II. Die Anmeldung der Aktienausgabe im Einzelnen

2 Die Anmeldung des § 201 ist **nur vom Vorstand** – also nicht vom Aufsichtsratsvorsitzenden – zu zeichnen und beinhaltet die Mitteilung, in welchem Umfang (besser: in welcher Zahl) im abgelaufenen Geschäftsjahr Bezugsaktien ausgegeben worden sind. Im Hinblick auf die Strafandrohung in § 399 Abs. 1 Nr. 4 kann die Anmeldung nur durch Vorstandsmitglieder persönlich, nicht jedoch durch Bevollmächtigte oder durch Prokuristen, auch nicht in unechter Gesamtvertretung, erfolgen (GK-AktG/*Wiedemann* § 188 Rn. 1; Happ/Groß/*Ihrig*, Aktienrecht, 3. Aufl. 2007, Muster 12.04 Rn. 27; aA KK-AktG/*Ekkenga* § 188 Rn. 6).

3 Das Gesetz sieht nunmehr vor, dass die Anmeldung der Aktienausgabe einmal jährlich – egal zu welchem Zeitpunkt – bis spätestens zum Ende des auf den Ablauf des Geschäftsjahres folgenden

Kalendermonats zu erfolgen hat. Die früher diskutierte Streitfrage, ob auch unterjährige Anmeldungen der Aktienausgabe zulässig und möglich sind, ist damit durch die Aktienrechtsnovelle 2016 gegenstandslos geworden. Der nunmehr geltende Gesetzestext dürfte allerdings nicht in dem Sinne zu verstehen sein, dass jeweils nur einmal im Jahr die Ausgabe von Bezugsaktien angemeldet werden darf. Jedenfalls bei Vorliegen eines sachlichen Grundes muss es zulässig sein, die im Handelsregister eingetragene Grundkapitalziffer auch mehrmals jährlich an die wirkliche Rechtslage anzupassen. Werden etwa zeitlich nach der ersten Anmeldung der Ausgabe von Bezugsaktien im laufenden Geschäftsjahr weitere Kapitalmaßnahmen beschlossen, müssen diese Kapitalmaßnahmen, um der bereits eingetretenen Kapitalerhöhung aus bedingtem Kapital Rechnung zu tragen, vom erhöhten Grundkapital ausgehen. Dies wiederum setzt voraus, dass die Durchführung der bedingten Kapitalerhöhung zeitlich vor diesen weiteren Kapitalmaßnahmen zum Handelsregister angemeldet und eingetragen werden kann. In diesen Fällen muss es auch möglich sein, mehrmals jährlich die erfolgte Ausgabe von Bezugsaktien und die damit bereits eingetretene Veränderung des Grundkapitals der Gesellschaft im Handelsregister verlautbaren zu lassen.

III. Die der Anmeldung beizufügenden Unterlagen

4 Die der Anmeldung der Ausgabe von Bezugsaktien im Besonderen beizufügenden Unterlagen sind in § 201 Abs. 2 bestimmt. Es handelt sich hierbei um Zweitschriften der Bezugserklärungen und ein Verzeichnis der Zeichner, dessen Anforderungen denen des § 188 Abs. 3 Nr. 1 entsprechen; auf die diesbezüglichen Erläuterungen kann daher verwiesen werden (→ § 188 Rn. 11 ff.).

IV. Erklärung des Vorstands (Abs. 3)

5 Der Vorstand hat gem. Abs. 3 zu erklären, dass die Bezugsaktien nur in Erfüllung des im Beschluss über die bedingte Kapitalerhöhung festgesetzten Zwecks und nicht vor der vollen Leistung des Gegenwerts ausgegeben worden sind, der sich aus dem Beschluss ergibt. Auf diese Weise soll gewährleistet werden, dass die Voraussetzungen für die Ausgabe von Bezugsaktien, die § 199 Abs. 1 stellt, auch tatsächlich eingehalten werden (Hüffer/Koch/*Koch* Rn. 5). Es ist auch möglich, die Erklärung des Abs. 3 in einer von der Handelsregisteranmeldung gesonderten Erklärung abzugeben; auch in diesem Fall bedarf sie der Form des § 12 HGB (Fleischhauer/Wochner/*Hermanns,* Handelsregisterrecht, 4. Aufl. 2019, Abschn. L III Rn. 18, Anm. 9).

Dritter Unterabschnitt. Genehmigtes Kapital

Voraussetzungen

202 (1) **Die Satzung kann den Vorstand für höchstens fünf Jahre nach Eintragung der Gesellschaft ermächtigen, das Grundkapital bis zu einem bestimmten Nennbetrag (genehmigtes Kapital) durch Ausgabe neuer Aktien gegen Einlagen zu erhöhen.**

(2) [1]**Die Ermächtigung kann auch durch Satzungsänderung für höchstens fünf Jahre nach Eintragung der Satzungsänderung erteilt werden.** [2]**Der Beschluß der Hauptversammlung bedarf einer Mehrheit, die mindestens drei Viertel des bei der Beschlußfassung vertretenen Grundkapitals umfaßt.** [3]**Die Satzung kann eine größere Kapitalmehrheit und weitere Erfordernisse bestimmen.** [4]**§ 182 Abs. 2 gilt.**

(3) [1]**Der Nennbetrag des genehmigten Kapitals darf die Hälfte des Grundkapitals, das zur Zeit der Ermächtigung vorhanden ist, nicht übersteigen.** [2]**Die neuen Aktien sollen nur mit Zustimmung des Aufsichtsrats ausgegeben werden.** [3]**§ 182 Abs. 1 Satz 5 gilt sinngemäß.**

(4) **Die Satzung kann auch vorsehen, daß die neuen Aktien an Arbeitnehmer der Gesellschaft ausgegeben werden.**

Übersicht

I. Allgemeines

Die Vorschriften zum genehmigten Kapital erlauben es dem Vorstand, **kurzfristig auf die Notwendigkeit der Beschaffung von Kapital reagieren** zu können. Das genehmigte Kapital ist ein Institut, das es den Gesellschaften erlaubt, auf dem nationalen oder internationalen Markt rasch und erfolgreich auf vorteilhafte Angebote oder sich ansonsten bietende Gelegenheiten zu reagieren und Möglichkeiten zu Unternehmenserweiterungen – etwa durch Erwerb von Unternehmen oder Unternehmensbeteiligungen gegen Ausgabe von Aktien – nutzen zu können (BGH 23.6.1997, BGHZ 136, 133 (136); K. Schmidt/Lutter/*Veil* Rn. 2). Zu diesem Zweck wird eine Möglichkeit geboten, das neue Eigenkapital in zwei Schritten zu schaffen: Zunächst wird die zugrunde liegende Entscheidung der Hauptversammlung darüber getroffen, ob ein genehmigtes Kapital geschaffen werden soll und anschließend kann der Vorstand – mit Zustimmung des Aufsichtsrats gem. § 202 Abs. 3 S. 2 – iR seiner Geschäftsführungskompetenz darüber entscheiden, ob der von der Hauptversammlung geschaffene Rahmen ausgenutzt werden soll oder nicht. Eine Pflicht des Vorstandes, den von der Hauptversammlung geschaffenen Rahmen auszunutzen, besteht von Gesetzes wegen nicht und kann von der Hauptversammlung auch nicht begründet werden (Spindler/Stilz/*Wamser* Rn. 4). In der Praxis werden nicht selten genehmigte Kapitalia I und II voneinander unterschieden: Während beim genehmigten Kapital I regelmäßig ein Bezugsrecht der Aktionäre besteht, kann dieses beim genehmigten Kapital II ausgeschlossen werden oder wurde bereits in der Ermächtigung selbst ausgeschlossen. Die satzungsgemäße Trennung beider genehmigter Kapitalia dient dazu, die üblichen Anfechtungsrisiken, die mit dem Bezugsrechtsausschluss beim genehmigten Kapital II verbunden sein mögen, nicht auf das genehmigte Kapital I durchschlagen zu lassen. 1

Das **Verfahren zur Schaffung und Ausnutzung** eines genehmigten Kapitals gestaltet sich – wenn das genehmigte Kapital nicht bereits in der Satzung vorgesehen ist – üblicherweise wie folgt: Im Anschluss an die Entscheidung des Vorstands, ein genehmigtes Kapital schaffen zu wollen, beschließt die Hauptversammlung der Gesellschaft, die Satzung durch Aufnahme einer Bestimmung zu ergänzen, dass der Vorstand ermächtigt ist, das Grundkapital der Gesellschaft bis zu einem bestimmten Nennbetrag zu erhöhen. Diese Satzungsänderung, die zunächst nicht zu einer Änderung des eingetragenen Grundkapitals der Gesellschaft führt, ist als einfache Satzungsänderung zum Handelsregister anzumelden. Nach Eintragung des genehmigten Kapitals in das Handelsregister ist die entsprechende Ergänzung der Satzung und damit die Ermächtigung des Vorstands wirksam geworden. Nunmehr ist der Vorstand in der Lage, das durch die Hauptversammlung geschaffene genehmigte Kapital auszunutzen und kann im Anschluss an eine entsprechend positive Entscheidung Zeichnungsverträge abschließen und das übliche Verfahren zur Ausgabe neuer Aktien durchführen. Nach Durchführung der Kapitalerhöhung aus genehmigtem Kapital ist diese gem. § 202 Abs. 3 S. 3, § 188 zur Eintragung in das Handelsregister anzumelden. 2

II. Die Satzungsermächtigung zum genehmigten Kapital

Das genehmigte Kapital kann entweder bereits in der **ursprünglichen Satzung** der Gesellschaft vorgesehen sein oder nachträglich durch **Satzungsänderung** geschaffen werden. Die spätere Ermächtigung durch Satzungsänderung muss den allgemeinen Anforderungen, die an jede Satzungsänderung zu stellen sind, genügen. Der Beschluss bedarf mithin einer Mehrheit, die mindestens ¾ des bei der Beschlussfassung vertretenen Grundkapitals umfasst, es sei denn, die Satzung bestimmt eine größere Kapitalmehrheit oder weitere Erfordernisse (§ 202 Abs. 2 S. 3). Gemäß § 202 Abs. 2 S. 4 ist darüber hinaus § 182 Abs. 2 anzuwenden, sodass bei Vorhandensein mehrerer Gattungen stimmberechtigter Aktien der Beschluss der Hauptversammlung zu seiner Wirksamkeit der Zustimmung der Aktionäre jeder Gattung bedarf. Über die Zustimmung haben die Aktionäre jeder Gattung einen Sonderbeschluss zu fassen, für den § 182 Abs. 1 gilt (→ § 182 Rn. 9 ff.). In jedem Fall muss Grundlage für das genehmigte Kapital die Satzung der Gesellschaft selbst sein. Diese Ermächtigung muss die folgenden inhaltlichen Vorgaben berücksichtigen: 3

1. Dauer der Ermächtigung. Die Ermächtigung an den Vorstand, das genehmigte Kapital auszunutzen, kann **höchstens fünf Jahre** nach Eintragung der Gesellschaft bzw. nach Eintragung der Satzungsänderung erteilt werden (§ 202 Abs. 1). Hierfür ist es entweder erforderlich, dass die Satzungsermächtigung ein konkretes Enddatum für die Geltungsdauer der Ermächtigung angibt („Der Vorstand ist bis zum 31. Dezember 2016 ermächtigt …") oder einen ohne Weiteres berechenbaren Zeitraum für die Dauer der Ermächtigung bestimmt („Der Vorstand ist für die Dauer von fünf Jahren ab Eintragung der Satzungsänderung zum genehmigten Kapital in das Handelsregister ermächtigt …"). Eine bloße Wiederholung des Gesetzeswortlauts des § 202 genügt den gesetzlichen Anforderungen nicht, da aus dem Handelsregister selbst ersichtlich oder zumindest bestimmbar sein soll, bis zu welchem Zeitpunkt die Ermächtigung des Vorstands Gültigkeit hat (K. Schmidt/Lutter/*Veil* Rn. 17). Eine Bestimmung des Inhalts, dass die Ermächtigung des Vorstands zur Ausnutzung des genehmigten Kapitals nicht bereits mit dessen Eintragung im Handelsregister, sondern erst zu einem späteren Zeitpunkt entsteht, 4 ist zulässig, wenn auf diese Weise nicht die Fünf-Jahres-Frist des § 202 Abs. 1 überschritten wird, also die „Vorlaufzeit" zwischen Eintragung des genehmigten Kapitals im Handelsregister und Beginn der Ermächtigung des Vorstands auf die Fünf-Jahres-Frist angerechnet wird (Spindler/Stilz/*Wamser* Rn. 64). Die Fristberechnung bestimmt sich in jedem Fall nach den allgemeinen Vorschriften des BGB (§§ 187 ff. BGB). Eine Verlängerung der Ausübungsfrist durch erneuten Beschluss der Hauptversammlung ist ebenfalls möglich, soweit das genehmigte Kapital noch nicht ausgenutzt wurde und die Ermächtigungsdauer noch nicht abgelaufen ist. Insgesamt (also einschließlich der Verlängerungsfrist) darf die gesetzliche Höchstfrist selbstverständlich nicht überschritten werden (vgl. hierzu iE MüKo-AktG/*Bayer* Rn. 63).

5 **2. Nennbetrag des genehmigten Kapitals.** Die Satzungsermächtigung muss gem. § 202 Abs. 1 den konkreten Nennbetrag des genehmigten Kapitals bestimmen. Dies bedeutet, dass eine **konkrete Ziffer anzugeben** ist (K. Schmidt/Lutter/*Veil* Rn. 19); die Angabe etwa eines Prozentsatzes des zum Zeitpunkt der Beschlussfassung vorhandenen Grundkapitals reicht insoweit nicht aus. Gemäß § 202 Abs. 3 S. 1 darf der Nennbetrag des genehmigten Kapitals die Hälfte des Grundkapitals, das zur Zeit der Ermächtigung vorhanden ist, nicht übersteigen. Abzustellen ist insoweit auf den Betrag des Grundkapitals, der zum Zeitpunkt der Beschlussfassung gültig ist. Dies ist im Regelfall der im Handelsregister eingetragene Betrag des Grundkapitals, kann hiervon im Einzelfall aber abweichen, wenn eine Erhöhung des Grundkapitals – wie etwa beim bedingten Kapital gem. § 200 – unabhängig von der Eintragung im Handelsregister wirksam geworden ist. Bereits in der Satzung vorhandene genehmigte Kapitalia dürfen insgesamt die Schwelle des § 202 Abs. 3 S. 1 nicht überschreiten; nicht ausgenutzte genehmigte Kapitalia sind demgegenüber als *Grundkapital* bei Berechnung der 50%-Schwelle nicht zu berücksichtigen. Da sowohl das genehmigte Kapital als auch ein bedingtes Kapital jeweils bis zu einer Höchstgrenze von 50% des Grundkapitals geschaffen werden dürfen und beide Kapitalia gleichzeitig nebeneinander bestehen können, können die Aktionäre im Ergebnis Ermächtigungen in Höhe des gesamten Grundkapitals der Gesellschaft an den Vorstand erteilen (vgl. hierzu iE MüKoAktG/*Bayer* Rn. 70).

6 **3. Genehmigtes Kapital gegen Sacheinlagen.** Ist vorgesehen, dass die **Ausnutzung des genehmigten Kapitals gegen Sacheinlagen** erfolgen soll, muss dies gem. § 205 in der Satzungsermächtigung vorgesehen sein (vgl. dazu im Einzelnen die Erläuterungen zu § 205 → § 205 Rn. 1 ff.). Schließlich muss berücksichtigt werden, dass sich bei Gesellschaften mit Stückaktien die Zahl der Aktien in demselben Verhältnis wie das Grundkapital erhöht (§ 202 Abs. 3 S. 2, § 182 Abs. 1 S. 5).

7 **4. Ausschluss des Bezugsrechts beim genehmigten Kapital.** Soll das **Bezugsrecht** der Aktionäre bei Ausnutzung des genehmigten Kapitals **ausgeschlossen** werden, stehen hierfür **zwei Wege** zur Verfügung: Entweder kann bereits die Satzung selbst oder der Ermächtigungsbeschluss der Hauptversammlung das Bezugsrecht ausschließen (§ 203 Abs. 1 S. 1, § 186 Abs. 3) oder der Vorstand kann ermächtigt werden, über den Ausschluss des Bezugsrechts zu entscheiden (§ 203 Abs. 1 S. 1; vgl. hierzu iE die Erläuterungen zu § 203 → § 203 Rn. 1 ff.).

III. Die Ausnutzung des genehmigten Kapitals durch den Vorstand

8 Die Ausnutzung des genehmigten Kapitals erfolgt durch **Entscheidung des Vorstands als Teil seiner Geschäftsführungskompetenz.** Der Beschluss des Vorstands als solcher wird nicht in das Handelsregister eingetragen, sondern erst die spätere Durchführung der Kapitalerhöhung aus genehmigtem Kapital. Eine Bindung des Vorstands durch den Beschluss der Hauptversammlung, etwa idS, dass das genehmigte Kapital nach Ablauf einer bestimmten Frist ausgenutzt werden muss, ist nicht zulässig (Hüffer/Koch/*Koch* Rn. 20; K. Schmidt/Lutter/*Veil* Rn. 13). Ob und ggf. in welchem Umfang das genehmigte Kapital ausgenutzt wird, entscheidet der Vorstand iR seines pflichtgemäßen Geschäftsführungsermessens. Er ist selbstverständlich berechtigt, das genehmigte Kapital auch in mehreren Tranchen auszuüben (Hüffer/Koch/*Koch* Rn. 20); in der Regel wird dies im Rahmen des Ermächtigungsbeschlusses ausdrücklich klargestellt. Zulässig ist es auch, dass der Vorstand bei Ausnutzung des genehmigten Kapitals keinen festen Erhöhungsbetrag festschreibt, sondern ebenso wie etwa bei einer normalen Kapitalerhöhung durch die Hauptversammlung nur einen Höchstbetrag nennt („Bis-Zu-Kapitalerhöhung"). Eine solche Kapitalerhöhung ist auch bei Ausnutzung eines genehmigten Kapitals zulässig (MüKoAktG/*Bayer* § 203 Rn. 22). In diesem Fall kann dann die Durchführung der Kapitalerhöhung auch lediglich in Teilbeträgen zum Handelsregister angemeldet und dort eingetragen werden (GK-AktG/*Hirte* § 203 Rn. 35). Einer Fristbestimmung, innerhalb der die auf den Ausnutzungsbeschluss auszugebenden neuen Aktien zu zeichnen sind, bedarf es durch den Vorstand nicht. Eine Ausübung des genehmigten Kapitals kommt demgegenüber nicht mehr in Betracht, wenn entweder die Ermächtigungsfrist abgelaufen ist oder die Ermächtigung durch die Hauptversammlung aufgehoben oder geändert wurde. Auch wenn eine derartige Änderung der Ermächtigungsgrundlage – da sie Satzungsänderung ist – erst mit ihrer Eintragung in das Handelsregister wirksam wird, wird man den Vorstand

im Regelfall für verpflichtet halten müssen, auch einen noch nicht im Handelsregister vollzogenen Aufhebungs- oder Änderungsbeschluss zu beachten. Etwas anderes wird wiederum nur dann gelten können, wenn der Aufhebungs- oder Änderungsbeschluss wegen offenkundiger Rechtsunwirksamkeit nicht im Handelsregister vollzogen werden kann.

Die **Ausgabe der neuen Aktien** soll gem. § 202 Abs. 3 S. 2 nur **mit Zustimmung des Aufsichtsrates** erfolgen. Die Zustimmung des Aufsichtsrates muss konkret erteilt werden, bei Ausnutzung in mehreren Tranchen also für die Ausgabe jeder Tranche (K. Schmidt/Lutter/*Veil* Rn. 22). Ein Verstoß gegen das Zustimmungserfordernis des § 203 Abs. 3 S. 2 führt nicht zur Unwirksamkeit der Aktienausgabe, sondern betrifft lediglich das Innenverhältnis zwischen Vorstand und Aufsichtsrat (GK-AktG/*Hirte* Rn. 252; K. Schmidt/Lutter/*Veil* Rn. 22). 9

IV. Die Ausgabe der Aktien an Arbeitnehmer (Abs. 4)

Abs. 4 bestimmt, dass die Satzung auch vorsehen kann, die **neuen Aktien an Arbeitnehmer** der Gesellschaft auszugeben. Die Vorschrift bezweckt eine Erleichterung der Ausgabe von Belegschaftsaktien (Hüffer/Koch/*Koch* Rn. 23). Der der Ausgabe von Belegschaftsaktien innewohnende Ausschluss des Bezugsrechts der Aktionäre ist durch § 202 Abs. 4 materiell gerechtfertigt, sodass eine iÜ beim Bezugsrechtsausschluss vorzunehmende Interessenabwägung nicht mehr erforderlich ist (Hüffer/Koch/*Koch* Rn. 23; K. Schmidt/Lutter/*Veil* Rn. 27). Gleichwohl ist ein Beschluss über den Ausschluss des Bezugsrechts erforderlich (K. Schmidt/Lutter/*Veil* Rn. 28), dieser bedarf nur nicht der strengen sachlichen Rechtfertigung wie beim sonstigen Bezugsrechtsausschluss. 10

Die Aktien müssen **an Arbeitnehmer der Gesellschaft** oder an Arbeitnehmer von verbundenen Unternehmen (vgl. § 71 Abs. 1 Nr. 2, § 192 Abs. 2 Nr. 3) ausgegeben werden. Ein Bezugsrecht der Arbeitnehmer besteht vor der Ausübungsentscheidung des Vorstands allerdings nicht, da der Vorstand nicht verpflichtet ist, die ihm eingeräumte Ermächtigung auch tatsächlich auszuüben. Allerdings kann der Vorstand durch die Ermächtigung verpflichtet werden, im Falle einer positiven Ausübungsentscheidung die neuen Aktien ausschließlich oder teilweise an Arbeitnehmer der Gesellschaft auszugeben (Hüffer/Koch/*Koch* Rn. 26), die Ermächtigung kann dem Vorstand insoweit aber auch nur eine Option eröffnen. Ohne eine ausdrückliche Ermächtigung zur Ausgabe von Belegschaftsaktien an Arbeitnehmer iSv § 202 Abs. 4 kann der Vorstand Aktien aus genehmigtem Kapital an Arbeitnehmer dann ausgeben, wenn die allgemeinen Voraussetzungen an einen Ausschluss des Bezugsrechts der Aktionäre erfüllt sind (GK-AktG/*Hirte* Rn. 178; aA Spindler/Stilz/*Wamser* Rn. 106). In diesem Fall müssen daher auch die materiellen Anforderungen, die üblicherweise an einen Bezugsrechtsausschluss zu stellen sind, eingehalten sein. 11

Nicht einheitlich wird die Frage beurteilt, ob ein genehmigtes Kapital auch für einen **Aktienoptionsplan für Vorstandsmitglieder** genutzt werden kann. Unstreitig ist, dass Organe der Gesellschaft, mithin auch der Vorstand, nicht deren Arbeitnehmer sind, demzufolge die Privilegierungen des § 202 Abs. 4 nicht anzuwenden sind. Würde man § 202 Abs. 4 eine Sperrwirkung idS beimessen, dass eine Aktienausgabe aus genehmigtem Kapital nur an die dort bezeichneten Arbeitnehmer, nicht jedoch an andere „Beschäftigte" der Gesellschaft erfolgen darf, wäre ein genehmigtes Kapital zur Bedienung von Aktienoptionsprogrammen nicht geeignet. Eine derartige Sperrwirkung des § 202 Abs. 4 wird jedoch überwiegend nicht vertreten, sondern Aktienoptionsprogramme auch außerhalb des Anwendungsbereichs dieser Vorschrift für zulässig erachtet (GK-AktG/*Hirte* Rn. 178). Auf der Grundlage dieser – zutreffenden – Auffassung bleibt zu beachten, inwieweit die Aktienausgabe durch den Vorstand an einzelne Vorstandsmitglieder gegen § 84 Abs. 1 S. 5, § 112 verstößt. Hüffer/Koch/*Koch* ist insoweit der Ansicht, dass dem Vorstand selbst die Aktienausgabe zugute komme, demzufolge nach den genannten Vorschriften nicht in seinen Händen liegen dürfe (Hüffer/Koch/*Koch* ZHR 161 (1997), 214, 221). Denkbar ist demzufolge lediglich ein Hauptversammlungsbeschluss, der sämtliche Bedingungen der Aktienausgabe schon in der Ermächtigung festlegt, mithin keine Entscheidungsfreiheit des Vorstands mehr besteht. Die differenzierende Ansicht von *Rombach* (*Rombach* MittRhNotK 2000, 313 (321)), welcher die Entscheidung über die Ausübung des genehmigten Kapitals als rein innergesellschaftliche Maßnahme der Kompetenz des Vorstandes unterstellt und lediglich die Ausgabe der Aktien selbst gem. § 84 Abs. 1 S. 5, § 112 allein durch den Aufsichtsrat erfolgen dürfe, erscheint nicht vollauf überzeugend, da letztlich durch die Entscheidung des Vorstands über die Ausübung des genehmigten Kapitals die Weichen für eine Ausgabe an den Vorstand gestellt sind, mithin auch hier schon die Interessenkollision, die durch § 112 gerade vermieden werden soll, auftreten kann. 12

Ausgabe der neuen Aktien

203 (1) [1]**Für die Ausgabe der neuen Aktien gelten sinngemäß, soweit sich aus den folgenden Vorschriften nichts anderes ergibt, §§ 185 bis 191 über die Kapitalerhöhung gegen Einlagen.** [2]**An die Stelle des Beschlusses über die Erhöhung des Grundkapitals tritt die Ermächtigung der Satzung zur Ausgabe neuer Aktien.**

(2) [1]**Die Ermächtigung kann vorsehen, daß der Vorstand über den Ausschluß des Bezugsrechts entscheidet.** [2]**Wird eine Ermächtigung, die dies vorsieht, durch Satzungsänderung erteilt, so gilt § 186 Abs. 4 sinngemäß.**

(3) [1]**Die neuen Aktien sollen nicht ausgegeben werden, solange ausstehende Einlagen auf das bisherige Grundkapital noch erlangt werden können.** [2]**Für Versicherungsgesellschaften kann die Satzung etwas anderes bestimmen.** [3]**Stehen Einlagen in verhältnismäßig unerheblichem Umfang aus, so hindert dies die Ausgabe der neuen Aktien nicht.** [4]**In der ersten Anmeldung der Durchführung der Erhöhung des Grundkapitals ist anzugeben, welche Einlagen auf das bisherige Grundkapital noch nicht geleistet sind und warum sie nicht erlangt werden können.**

(4) **Absatz 3 Satz 1 und 4 gilt nicht, wenn die Aktien an Arbeitnehmer der Gesellschaft ausgegeben werden.**

Übersicht

I. Allgemeines

1 § 203 regelt das Verfahren der **Aktienausgabe beim genehmigten Kapital** durch Verweis auf die Vorschriften der Kapitalerhöhung gegen Einlagen (§§ 185–191). Eine darüber hinaus gehende rechtliche Bedeutung erfährt die Vorschrift durch die Anerkennung eines gesetzlichen Bezugsrechts der Aktionäre auf die neuen Aktien gem. § 203 Abs. 1 iVm § 186. Sie regelt in § 203 Abs. 2 S. 1, dass nicht allein die Hauptversammlung selbst über den Ausschluss des Bezugsrechts entscheiden kann, sondern diese die Entscheidung auch dem Vorstand der Gesellschaft überantworten kann.

II. Die sinngemäße Anwendung der §§ 185–191

2 Gemäß § 203 Abs. 1 S. 1 gelten die §§ 185–191 für die Ausgabe der neuen Aktien aus dem genehmigten Kapital sinngemäß, soweit sich nicht aus den §§ 203–206 Besonderheiten ergeben. Dies bedeutet zum einen konkret, dass die neuen Aktien durch eine den Anforderungen des § 185 genügende Zeichnungserklärung, den **Zeichnungsschein,** übernommen werden müssen. Hinsichtlich des Erfordernisses, im Zeichnungsschein den Tag anzugeben, an dem die Erhöhung des Grundkapitals beschlossen worden ist (§ 185 Abs. 1 S. 3 Nr. 1) bestimmt § 203 Abs. 1 S. 2, dass an die Stelle des Beschlusses über die Erhöhung des Grundkapitals die Ermächtigung der Satzung zur Ausgabe neuer Aktien tritt. Demzufolge ist im Zeichnungsschein insoweit der Tag anzugeben, an dem die Gesellschaft – bei Vorhandensein der Ermächtigung bereits in der Gründungssatzung – oder der Satzungsänderungsbeschluss – bei Schaffung der Ermächtigung durch späteren satzungsändernden Hauptversammlungsbeschluss – im Handelsregister eingetragen wurde (Hüffer/Koch/*Koch* Rn. 4; K. Schmidt/Lutter/*Veil* Rn. 7). Im Übrigen gelten für den Zeichnungsschein iRd Durchführung einer Kapitalerhöhung aus genehmigtem Kapital keine Besonderheiten gegenüber einem Zeichnungsschein iRe Kapitalerhöhung gegen Einlagen, sodass insoweit auf die entsprechenden Erläuterungen verwiesen werden kann (→ § 185 Rn. 6 ff.).

III. Der Ausschluss des Bezugsrechts iRd Kapitalerhöhung aus genehmigtem Kapital

3 Soll das Bezugsrecht der Aktionäre iRe Kapitalerhöhung aus genehmigtem Kapital ausgeschlossen werden, eröffnet § 203 hierfür drei Möglichkeiten:

4 **1. Ausschluss des Bezugsrechts iRd Gründungssatzung.** Zum einen kann das Bezugsrecht der Aktionäre bereits in der **Gründungssatzung der Gesellschaft ausgeschlossen** werden. Da die Gründungsvereinbarung mit der Zustimmung aller Gründungsaktionäre geschlossen wird und da später der AG beitretende Aktionäre die in der zum Zeitpunkt ihres Beitritts gültigen Satzung enthaltenen Bestimmungen als verbindlich vorgegeben vorfinden, handelt es sich in diesem Fall nicht im eigentlichen Sinne um einen Ausschluss des Bezugsrechts, sondern eher um einen Verzicht auf dasselbe. Aus diesem

Grund sind die formellen und materiellen Erfordernisse des § 186 nicht anwendbar. Ebenso wenig müssen die von der Rspr. entwickelten materiellen Voraussetzungen des Bezugsrechtsausschlusses erfüllt sein (Hüffer/Koch/*Koch* Rn. 9; Spindler/Stilz/*Wamser* Rn. 61). Fraglich ist, ob die Erfordernisse des § 186 und die von der Rspr. entwickelten Anforderungen zum Bezugsrechtsausschluss dann beachtet werden müssen, wenn in der Gründungssatzung nicht bereits das Bezugsrecht der Aktionäre ausgeschlossen wird, sondern der Vorstand ermächtigt wird, iR seiner Entscheidung über die Ausübung des genehmigten Kapitals das Bezugsrecht der Aktionäre auszuschließen. Da in diesen Fällen ein Bezugsrecht der Aktionäre – mangels Verzicht in der Gründungssatzung – grundsätzlich entsteht, wird man die Anwendbarkeit von § 186 und die Notwendigkeit einer sachlichen Rechtfertigung nicht ohne Weiteres verneinen können. Dies bedeutet, dass der Vorstand iR seiner Entscheidung über die Ausübung des Bezugsrechts denselben Maßstab zu beachten hat, wie er sich auch bei einer durch spätere Satzungsänderung geschaffenen Möglichkeit, das Bezugsrecht auszuschließen, darstellt (ebenso Spindler/Stilz/*Wamser* Rn. 61).

2. Ausschluss des Bezugsrechts durch spätere Satzungsänderung. Wurde das Bezugsrecht der Aktionäre für die Ausübung des genehmigten Kapitals nicht bereits in der Gründungssatzung ausgeschlossen, kann es in dem das genehmigte Kapital schaffenden **Satzungsänderungsbeschluss ausgeschlossen** werden. Soll dies geschehen, müssen die folgenden Anforderungen formeller und materieller Art beachtet werden: 5

a) Die formellen Erfordernisse des Bezugsrechtsausschlusses. Der Bezugsrechtsausschluss ist zunächst ein notwendiger Bestandteil des Ermächtigungsbeschlusses (§ 186 Abs. 3 S. 1), der den formellen Anforderungen des § 186 genügen muss (→ § 186 Rn. 8 ff.). Der Inhalt des nach § 186 Abs. 4 S. 2 vom Vorstand zu erstattenden Berichts über den Grund für den Bezugsrechtsausschluss muss sich an den nachstehend dargestellten (→ Rn. 7) materiellen Anforderungen an den Bezugsrechtsausschluss orientieren und in allgemein gehaltener Form darlegen, dass der Ausschluss des Bezugsrechts im wohlverstandenen Interesse der Gesellschaft liegt (Hüffer/Koch/*Koch* Rn. 11; MüKoAktG/*Bayer* Rn. 145 ff.; → Rn. 7). Die vom Vorstand mit dem Bezugsrechtsausschluss beabsichtigte Maßnahme muss im Bericht allgemein umschrieben und so der Hauptversammlung bekannt gegeben werden. Es reicht aus, wenn das verfolgte Vorhaben der Hauptversammlung in generell-abstrakter Umschreibung zur Kenntnis gebracht wird (BGH 23.6.1997, BGHZ 136, 133 (138 ff.); Hüffer/Koch/*Koch* Rn. 11). Soweit teilweise in der Lit. vertreten wird, eine Berichtspflicht gem. § 186 Abs. 4 S. 2 bestehe beim genehmigten Kapital von vorneherein nicht (*Hirte,* Bezugsrechtsausschluss und Konzernbildung, 1986, 120 ff.; *Kindler* ZGR 1998, 35 (63); *Lutter* DB 1981, 861 (863)), wird verkannt, dass § 203 Abs. 2 S. 2 insgesamt auf § 186 Abs. 4 und damit auch auf dessen S. 2 verweist. 6

b) Die materiellen Erfordernisse des Bezugsrechtsausschlusses. In materieller Hinsicht entspricht es im Anschluss an die Siemens/Nold-Entscheidung des BGH (BGH 23.6.1997, BGHZ 136, 133) der hA, dass der Bezugsrechtsausschluss beim genehmigten Kapital zwar der sachlichen Rechtfertigung bedarf, diese jedoch bereits dann gegeben ist, wenn das mit der Ausnutzung des genehmigten Kapitals und dem Bezugsrechtsausschluss verfolgte Vorhaben im wohlverstandenen Interesse der Gesellschaft liegt (ebenso Hüffer/Koch/*Koch* Rn. 11a; K. Schmidt/Lutter/*Veil* Rn. 24; für strengere Anforderungen Spindler/Stilz/*Wamser* Rn. 82 ff.). In der genannten Entscheidung hat der BGH ausgeführt, dass gerade das Institut des genehmigten Kapitals der Gesellschaft die gebotene Flexibilität geben soll, um kurzfristig auf etwaige Erfordernisse des Kapitalmarktes reagieren zu können. Mit diesem gesetzgeberischen Ziel sei die strenge Anwendung der üblicherweise – iRd unmittelbaren Anwendung des § 186 Abs. 4 – anzuwendenden materiellen Kriterien für den Bezugsrechtsausschluss nicht vereinbar. Dies gelte sowohl für den Bezugsrechtsausschluss durch die Hauptversammlung selbst als auch für die Entscheidung des Vorstandes, über den Ausschluss des Bezugsrechts zu entscheiden. Hieraus leitet die hA in der Lit. ab, dass nicht zu prüfen sei, ob der Bezugsrechtsausschluss zur Förderung des Gesellschaftszwecks geeignet und erforderlich sowie nach Abwägung verhältnismäßig ist (vgl. etwa Hüffer/Koch/*Koch* Rn. 27; K. Schmidt/Lutter/*Veil* Rn. 24). Diese hA überzeugt jedenfalls insoweit nicht, als eine etwa fehlende Eignung des Bezugsrechtsausschlusses zur Erreichung des angestrebten Zwecks unschädlich sein soll. Ist der Ausschluss des Bezugsrechts für Aktionäre nicht einmal geeignet, um den im Gesellschaftsinteresse liegenden Zweck zu erreichen, kann der im Bezugsrechtsausschluss liegende Eingriff in die Rechte der Aktionäre auch unter Berücksichtigung der in der Siemens/Nold-Entscheidung definierten geringeren materiellen Anforderungen nicht gerechtfertigt werden. Es ist nicht ersichtlich, warum die vom Bezugsrecht ausgeschlossenen Aktionäre diesen Bezugsrechtsausschluss hinnehmen sollen, obwohl er nichts dazu beitragen kann, um den im Gesellschaftsinteresse liegenden Zweck zu erreichen. Unabhängig von dieser Frage muss ein Bezugsrechtsausschluss (selbst im Anwendungsbereich des vereinfachten Bezugsrechtsausschlusses gem. § 186 Abs. 3 S. 4) dem Gebot der Gleichbehandlung der Aktionäre nach § 53a genügen. Werden demzufolge nur einzelne Aktionäre vom Bezugsrecht ausgeschlossen, muss die Gesellschaft darlegen, dass diese Ungleichbehandlung der Aktionäre sachlich gerechtfertigt ist (BGH 10.7.2018, NZG 2018, 1019). 7

8 **3. Bezugsrechtsausschluss durch Vorstandsentscheidung.** Es ist schließlich möglich, dass die Hauptversammlung die Entscheidung über den **Ausschluss des Bezugsrechts** der Aktionäre nicht selbst trifft, sondern diese Entscheidung gem. § 203 Abs. 2 S. 1 **dem Vorstand überantwortet;** will der Vorstand von der ihm übertragenen Entscheidungsbefugnis Gebrauch machen und das Bezugsrecht der Aktionäre ausschließen, bedarf diese Entscheidung gem. § 204 Abs. 1 S. 2 der Zustimmung des Aufsichtsrats. Wird eine Ermächtigung durch Satzungsänderung erteilt, ist gem. § 203 Abs. 2 S. 2 § 186 Abs. 4 sinngemäß anzuwenden. Die folgenden formellen und materiellen Vorgaben sind bei der Vorstandsentscheidung zu berücksichtigen:

9 **a) Formelle Erfordernisse der Vorstandsentscheidung.** Der Vorstand muss in formeller Hinsicht entweder durch die Ursprungssatzung oder den Satzungsänderungsbeschluss wirksam zum Ausschluss des Bezugsrechts ermächtigt worden sein (Hüffer/Koch/*Koch* Rn. 34). Eines schriftlichen Vorabberichts des Vorstands über den Bezugsrechtsausschluss und dessen Gründe bedarf es nicht (BGH 10.10.2005, BGHZ 164, 241 (244 ff.); zust. Hüffer/Koch/*Koch* Rn. 36, *Wilsing* ZGR 2006, 722 (724 ff.)).

10 **b) Materielle Erfordernisse der Vorstandsentscheidung.** In materieller Hinsicht bedarf der Ausschluss des Bezugsrechts durch Vorstandsentscheidung der sachlichen Rechtfertigung idS, dass er einem im Gesellschaftsinteresse liegenden Zweck dient und hierfür geeignet ist (K. Schmidt/Lutter/*Veil* Rn. 28; ähnlich Spindler/Stilz/*Wamser* Rn. 96). Diese Frage muss der Vorstand aufgrund sorgfältiger und gewissenhafter Prüfung der gesamten, ggf. ihm allein bekannten Umstände prüfen und kann bejahendenfalls alsdann in Erfüllung seiner Geschäftsführungspflicht von der Ermächtigung Gebrauch machen (vgl. BGH 23.6.1997, BGHZ 136, 133 (139 f.); K. Schmidt/Lutter/*Veil* Rn. 28). In konsequenter Fortführung der Siemens-Nold-Entscheidung (BGH 23.6.1997, BGHZ 136, 133) ist es auch bei einem Bezugsrechtsausschluss durch Vorstandsentscheidung nicht geboten, diesen Bezugsrechtsausschluss an den allgemeinen, strengen materiellen Voraussetzungen für einen Bezugsrechtsausschluss zu messen, insbesondere an den Geboten der Erforderlichkeit und der Verhältnismäßigkeit im engeren Sinne (aA Hüffer/Koch/*Koch* Rn. 35). Es erscheint nicht überzeugend, wenn iRe Bezugsrechtsausschlusses eines hierzu ermächtigten Vorstandes ein anderes Schutzkonzept zugrunde gelegt wird als bei einem Bezugsrechtsausschluss durch den Hauptversammlungsbeschluss selbst (wie hier GK-AktG/*Hirte* Rn. 64). Hätte die Hauptversammlung das Bezugsrecht unmittelbar ausschließen können, wäre sie hierbei nur an das Erfordernis eines sachlichen Grundes und die Notwendigkeit der Eignung des Bezugsrechtsausschlusses für die Erreichung des angestrebten Zieles gebunden gewesen. Hieran kann sich durch die Delegation der Entscheidungsbefugnis der Hauptversammlung an den Vorstand nichts ändern, es kann demzufolge kein anderer Prüfungsmaßstab gelten, sondern der ursprünglich an den Hauptversammlungsbeschluss anzulegende Maßstab trifft nun den Vorstand iR seiner Entscheidung.

IV. Verbot der Ausgabe neuer Aktien (Abs. 3)

11 In Übereinstimmung mit § 182 Abs. 4 bestimmt § 203 Abs. 3, dass neue Aktien nicht ausgegeben werden sollen, solange ausstehende Einlagen auf das bisherige Grundkapital noch erlangt werden können. Die Bestimmung soll sicherstellen, dass eine Kapitalerhöhung aus genehmigtem Kapital nur durchgeführt wird, wenn hierfür auch ein Bedürfnis besteht, nicht jedoch, wenn anderweitig noch ausstehende Einlagen zu erlangen sind (Hüffer/Koch/*Koch* Rn. 41; → § 182 Rn. 12). Dieses Verbot gilt gem. § 203 Abs. 4 nicht, wenn die Aktien an Arbeitnehmer der Gesellschaft ausgegeben werden sollen. In diesem Fall können neue Aktien also auch bei ausstehenden Auslagen ausgegeben werden, weil hier nicht die Kapitalbeschaffung, sondern die Beteiligung der Arbeitnehmer im Vordergrund der Maßnahme steht (Hüffer/Koch/*Koch* Rn. 45).

Bedingungen der Aktienausgabe

204 (1) [1] **Über den Inhalt der Aktienrechte und die Bedingungen der Aktienausgabe entscheidet der Vorstand, soweit die Ermächtigung keine Bestimmungen enthält.** [2] **Die Entscheidung des Vorstands bedarf der Zustimmung des Aufsichtsrats; gleiches gilt für die Entscheidung des Vorstands nach § 203 Abs. 2 über den Ausschluß des Bezugsrechts.**

(2) **Sind Vorzugsaktien ohne Stimmrecht vorhanden, so können Vorzugsaktien, die bei der Verteilung des Gewinns oder des Gesellschaftsvermögens ihnen vorgehen oder gleichstehen, nur ausgegeben werden, wenn die Ermächtigung es vorsieht.**

(3) [1] **Weist ein Jahresabschluß, der mit einem uneingeschränkten Bestätigungsvermerk versehen ist, einen Jahresüberschuß aus, so können Aktien an Arbeitnehmer der Gesellschaft auch in der Weise ausgegeben werden, daß die auf sie zu leistende Einlage aus dem Teil des Jahresüberschusses gedeckt wird, den nach § 58 Abs. 2 Vorstand und Aufsichtsrat in andere Gewinnrücklagen einstellen können.** [2] **Für die Ausgabe der neuen Aktien gelten die Vorschriften über eine Kapitalerhöhung gegen Bareinlagen, ausgenommen § 188 Abs. 2.** [3] **Der**

Anmeldung der Durchführung der Erhöhung des Grundkapitals ist außerdem der festgestellte Jahresabschluß mit Bestätigungsvermerk beizufügen. [4]Die Anmeldenden haben ferner die Erklärung nach § 210 Abs. 1 Satz 2 abzugeben.

Übersicht

I. Allgemeines

§ 204 Abs. 1 **grenzt die Aufgaben zwischen den verschiedenen Gesellschaftsorganen,** insbesondere zwischen Vorstand und Aufsichtsrat sowie zwischen Vorstand und Hauptversammlung, voneinander ab und bestimmt, dass der Vorstand über den Inhalt der Aktienrechte und die Bedingungen der Aktienausgabe mit Zustimmung des Aufsichtsrats zu entscheiden hat, soweit der zur Ausübung des genehmigten Kapitals ermächtigende Beschluss keine Vorgaben enthält. § 204 Abs. 2 dient dem Schutz der Inhaber bereits vorhandener Vorzugsaktien ohne Stimmrecht und beschränkt zu deren Schutz die Entscheidungsfreiheit der Verwaltung. § 204 Abs. 3 stellt eine Sonderregelung für die Ausgabe von Belegschaftsaktien dar, deren wesentlicher Inhalt darin besteht, dass auf derartige Aktien durch die bezugsberechtigten Arbeitnehmer keine Einlage geleistet werden muss, sondern diese aus dem Jahresüberschuss gedeckt werden kann. 1

II. Die Festsetzung des Inhalts der Aktienrechte und der Bedingungen der Aktienausgabe durch den Vorstand

Gemäß § 204 Abs. 1 S. 1 iVm S. 2 ist der **Vorstand berechtigt, mit Zustimmung des Aufsichtsrats** über den Inhalt der Aktienrechte und die Bedingungen der Aktienausgabe **zu entscheiden,** soweit die Ermächtigung zur Ausgabe neuer Aktien keine diesbezüglichen Vorgaben enthält. Es liegt auf der Hand, dass diese Befugnis des Vorstands nur iRd zwingenden gesetzlichen Vorschriften ausgeübt werden kann, sodass auch anderweitige zwingende gesetzliche Bestimmungen vorgreiflich sind. 2

1. Festsetzung des Inhalts der Aktienrechte. Bei Festsetzung des Inhalts der Aktienrechte bestimmt der Vorstand die mit der Innehabung der **Aktie verbundenen Rechte und Pflichten** nach Erwerb der Aktie (Spindler/Stilz/*Wamser* Rn. 6). Hierzu gehören im Besonderen die Festsetzung der Aktienart iSv § 10 Abs. 1 (Inhaber- oder Namensaktien), die Bestimmung der Aktiengattung iSv § 11 Abs. 1, die Definition der Form der Aktien als Nennbetragsaktien oder Stückaktien iSv § 8 Abs. 1 und die Verbindung der Aktie mit einem Mehrstimmrecht iRv § 134 (K. Schmidt/Lutter/*Veil* Rn. 6). Zur Festlegung einer rückwirkenden Gewinnbeteiligung der neuen Aktien für ein abgelaufenes oder für das bereits begonnene laufende Geschäftsjahr ist der Vorstand iR seiner Kompetenz aus § 204 Abs. 1 dann befugt, wenn die Hauptversammlung für das in Rede stehende Geschäftsjahr einen Gewinnverwendungsbeschluss noch nicht gefasst hat (K. Schmidt/Lutter/*Veil* Rn. 6; Spindler/Stilz/*Wamser* Rn. 9 f.). Die sich auf ein argumentum e contrario zu § 217 Abs. 2 stützende Gegenansicht (MHdB GesR IV/*Scholz* § 58 Rn. 31; MüKoAktG/*Bayer* Rn. 10) verkennt, dass diese Vorschrift eine Sonderregelung iRd Bestimmungen über die Kapitalerhöhung aus Gesellschaftsmitteln ist, die besondere Voraussetzungen statuiert, die erfüllt sein müssen, damit die neuen Aktien bereits am Gewinn des letzten vor der Beschlussfassung über die Kapitalerhöhung abgelaufenen Geschäftsjahres teilnehmen können. 3

2. Festsetzung der Bedingungen der Aktienausgabe. Die vom Vorstand mit Zustimmung des Aufsichtsrats festzusetzenden Bedingungen der Aktienausgabe betreffen die **Bedingungen, unter denen ein Zeichnungsinteressent die neuen Aktien erwerben kann** (Spindler/Stilz/*Servatius* Rn. 12). Dies sind etwa der Zeitpunkt der Aktienausgabe, die Fälligkeit der Einlageverpflichtung oder die Höhe des Ausgabebetrages (Hüffer/Koch/*Koch* Rn. 5). Bei Festsetzung des Ausgabebetrages bestimmt der Vorstand, in welchem Umfang der Gesellschaft Eigenkapital durch die Kapitalerhöhung zufließt (Spindler/Stilz/*Servatius* Rn. 14). Haben alle Aktionäre ein Bezugsrecht iRd Ausübung des genehmigten Kapitals, ist der Vorstand – abgesehen vom Verbot der Unterpari-Emission gem. § 9 Abs. 1 – in der Festlegung des Ausgabebetrages frei. Wurde das Bezugsrecht der Aktionäre im Ermächtigungsbeschluss oder durch Entscheidung des Vorstands ausgeschlossen, sind die Vorgaben des § 255 zu 4 beachten (Hüffer/Koch/*Koch* Rn. 5; K. Schmidt/Lutter/*Veil* Rn. 9; Spindler/Stilz/*Servatius* Rn. 17). Ein mittelbares Bezugsrecht der Aktionäre stellt gem. § 186 Abs. 5 iVm § 203 Abs. 1 S. 1 keinen Bezugsrechtsausschluss dar.

5 **3. Zustimmungserfordernis des Aufsichtsrats.** Gemäß § 204 Abs. 1 S. 2 bedarf die Entscheidung des Vorstands der Zustimmung des Aufsichtsrats. **Fehlt es an der Zustimmung des Aufsichtsrates,** so ist in der Lit. umstritten, welche Folgen eine trotz dieses Mangels erfolgte Eintragung der Kapitalerhöhung im Handelsregister hat. Nach hM erfolgt spätestens mit der Eintragung in das Handelsregister die Heilung des genannten Mangels (GK-AktG/*Hirte* Rn. 21; Hüffer/Koch/*Koch* Rn. 8 ff.). Nach aA (NK-AktKapMarktR/*Groß*/*T. Fischer* Rn. 21 und 23) ist die Entscheidung des Vorstands bis zur Erteilung der Zustimmung des Aufsichtsrates schwebend unwirksam; dieser Rechtszustand ist durch die Eintragung der Durchführung der Kapitalerhöhung in das Handelsregister nicht geändert, es gelten jedoch die Grundsätze der fehlerhaften Gesellschaft. Die Gegenansicht überzeugt nicht, da es sich bei der Zustimmung des Aufsichtsrates gem. § 204 Abs. 1 S. 2 – wie auch bei § 202 Abs. 3, bei der dies unstreitig ist – um ein rein internes Zustimmungserfordernis handelt, dessen Verletzung jedenfalls durch Eintragung im Handelsregister geheilt wird.

III. Die Beschränkung des Abs. 2 bei der Ausgabe von Vorzugsaktien

6 Wenn bereits **Vorzugsaktien ohne Stimmrecht** iSv § 139 vorhanden sind, können neue Vorzugsaktien, die den bereits bestehenden Vorzugsaktien bei der Gewinnverteilung oder bei der Verteilung des Gesellschaftsvermögens vorgehen sollen, nur ausgegeben werden, wenn die Ermächtigung dies entsprechend vorsieht. § 204 Abs. 2 schränkt damit die Befugnis des Vorstands, gem. § 204 Abs. 1 S. 1 über den Inhalt der Aktienrechte zu entscheiden, im Interesse der Inhaber bereits vorhandener Vorzugsaktien ohne Stimmrecht ein. Beschließt die Hauptversammlung gem. § 141 Abs. 2 über die Ausgabe von neuen Vorzugsaktien, bedarf dies der Zustimmung der Vorzugsaktionäre, die gem. § 121 Abs. 3 in einer gesonderten Versammlung per Sonderbeschluss zu fassen ist. Damit diese Erfordernisse nicht bei Festlegung des Inhalts der Aktienrechte durch den Vorstand umgangen werden können, transferiert § 204 Abs. 2 die Anforderungen des § 141 auf Ebene der Vorstandsentscheidung (Hüffer/Koch/*Koch* Rn. 10). Die Norm ist gemäß ihrem Wortlaut nur bei Vorhandensein von Vorzugsaktien ohne Stimmrecht anwendbar, auf Vorzugsaktien mit Stimmrecht demgegenüber nicht (Hüffer/Koch/*Koch* Rn. 10). Sie findet demzufolge keine Anwendung zu Gunsten von Aktionären, die Inhaber von Aktien mit einem Gewinnvorzug sind, wenn diese Aktien zugleich mit Stimmrecht verbunden sind. Im Falle seiner Anwendbarkeit gebietet § 204 Abs. 2, dass neue Vorzugsaktien mit einem den vorhandenen Vorzugsaktien vorgehenden oder gleichstehenden Gewinn- oder Gesellschaftsvermögensverteilungsrecht nur ausgegeben werden können, wenn die Ermächtigung – also entweder die Ermächtigung der Gründungssatzung oder die durch späteren Hauptversammlungsbeschluss geschaffene Ermächtigung – dies ausdrücklich vorsieht. Ist dies nicht der Fall, können die neuen Vorzugsaktien nur mit einem nachrangigen Gewinn- und Gesellschaftsvermögensverteilungsrecht geschaffen werden.

IV. Besonderheiten bei der Ausgabe von Belegschaftsaktien (Abs. 3)

7 Bei **Ausgabe von Belegschaftsaktien** kann der Vorstand bei Vorliegen der Voraussetzungen des Abs. 3 bestimmen, dass auf die Leistung von Einlagen durch die Arbeitnehmer verzichtet wird und die Einlagen aus einem Teil des Jahresüberschusses gedeckt werden sollen. In der Sache handelt es sich dabei um eine Kapitalerhöhung aus Gesellschaftsmitteln, sodass das Gesetz folgerichtig gem. Abs. 3 S. 4 im Anmeldeverfahren eine Erklärung nach § 210 Abs. 1 S. 2 verlangt. Die gesetzlichen Besonderheiten dienen der Erleichterung des Aktienerwerbs durch die Arbeitnehmer der Gesellschaft.

8 **1. Die Voraussetzungen der Aktienausgabe (Abs. 3).** Der Begünstigte einer Aktienausgabe nach Abs. 3 muss **Arbeitnehmer der Gesellschaft** sein. Es muss sich demzufolge um eine Person handeln, die zum Zeitpunkt der Kapitalerhöhung mit der Gesellschaft in einem Arbeits- oder Dienstverhältnis steht (K. Schmidt/Lutter/*Veil* Rn. 16). Vorstands- und Aufsichtsratsmitglieder der Gesellschaft sind keine Arbeitnehmer iSd Vorschrift (Hüffer/Koch/*Koch* Rn. 13). Vor dem Hintergrund des § 71 Abs. 1 Nr. 2 und wegen § 192 Abs. 2 Nr. 3 können auch Arbeitnehmer verbundener Unternehmen gem. § 204 Abs. 3 begünstigt werden (Hüffer/Koch/*Koch* Rn. 13).

9 Die **Ermächtigung des Vorstands** zur Erhöhung des Grundkapitals muss gem. § 202 Abs. 4 **vorsehen,** dass die **neuen Aktien an Arbeitnehmer** der Gesellschaft ausgegeben werden. Eine ausdrückliche Ermächtigung, diese Ausgabe im Verfahren des § 204 Abs. 3, also durch Umwandlung von Gewinnrücklagen, vorzunehmen, ist demgegenüber nicht erforderlich (Spindler/Stilz/*Wamser* Rn. 53). Fraglich ist, ob darüber hinaus eine Aktienausgabe im Verfahren nach § 204 Abs. 3 auch dann zulässig ist, wenn die Ermächtigung die Ausgabe der neuen Aktien an Arbeitnehmer nicht ausdrücklich vorsieht, sondern beispielsweise lediglich das Bezugsrecht der Aktionäre ausschließt oder den Ausschluss in die Entscheidungsbefugnis des Vorstandes stellt. Da einerseits anerkannt ist, dass eine Aktienausgabe

an Arbeitnehmer grundsätzlich auch ohne eine ausdrückliche Bestimmung iSv § 202 Abs. 4 möglich ist (→ § 202 Rn. 11) und andererseits § 204 Abs. 3 nur von einer Ausgabe von Aktien an die Arbeitnehmer spricht, seinem Wortlaut nach jedoch nicht eine diesbezügliche ausdrückliche Ermächtigung verlangt, dürfte nichts dagegen sprechen, eine Aktienausgabe an Arbeitnehmer im Verfahren nach § 204 Abs. 3 auch dann durchzuführen, wenn die Hauptversammlung eine Aktienausgabe an Arbeitnehmer nicht ausdrücklich vorgesehen hat.

Der **Jahresabschluss der Gesellschaft** muss mit einem uneingeschränkten Bestätigungsvermerk versehen sein und einen Jahresüberschuss ausweisen. Dieser Jahresüberschuss muss nach § 58 Abs. 2 von Vorstand und Aufsichtsrat in andere Gewinnrücklagen eingestellt werden können. 10

2. Das Verfahren der Einlageerbringung (Abs. 3). Die Leistung der auf die Belegschaftsaktien zu erbringenden Einlagen erfolgt durch **Umbuchung eines als Jahresüberschuss ausgewiesenen Betrages,** der gem. § 58 Abs. 2 von Vorstand und Aufsichtsrat anderenfalls in andere Gewinnrücklagen eingestellt werden könnte. Die Forderung, vor dieser Umbuchung müsse zuvor eine Sonderrücklage gebildet worden sein (vgl. etwa Hüffer/Koch/*Koch* Rn. 15; K. Schmidt/Lutter/*Veil* Rn. 18) ist jedenfalls insoweit missverständlich, als eine vorherige Zuweisung des Jahresüberschusses zu anderen Rücklagen gerade nicht erfolgt sein darf (Hüffer/Koch/*Koch* Rn. 15). 11

Von der vorstehend beschriebenen Besonderheit abgesehen, wird auch das Verfahren der Aktienausgabe nach § 204 Abs. 3 **vom Gesetz als Barkapitalerhöhung klassifiziert** (§ 204 Abs. 3 S. 2), für die allerdings § 188 Abs. 2 – natürlich – nicht gilt. Dies bedeutet, dass der Anmeldung auch die in § 188 Abs. 3 genannten Unterlagen beizufügen sind, insbesondere auch ein Zeichnungsschein erstellt werden muss. Dieser muss beinhalten, dass die Einlage gem. § 204 Abs. 3 aus dem Jahresüberschuss erbracht wird, da der zeichnende Arbeitnehmer anderenfalls zur regulären Einlageleistung verpflichtet wird (Hüffer/Koch/*Koch* Rn. 16). In Anlehnung an die Vorschriften zur Kapitalerhöhung aus Gesellschaftsmitteln müssen die Anmeldenden iRd Anmeldung zum Handelsregister gem. § 204 Abs. 3 S. 4 die Erklärungen nach § 210 Abs. 1 S. 2 abgeben, dass nach ihrer Kenntnis seit dem Stichtag der zugrunde gelegten Bilanz bis zum Tag der Anmeldung keine Vermögensminderung eingetreten ist, die der Kapitalerhöhung entgegen stünde, wenn sie am Tag der Anmeldung geschlossen worden wäre. 12

Ausgabe gegen Sacheinlagen; Rückzahlung von Einlagen

205 (1) **Gegen Sacheinlagen dürfen Aktien nur ausgegeben werden, wenn die Ermächtigung es vorsieht.**

(2) [1]**Der Gegenstand der Sacheinlage, die Person, von der die Gesellschaft den Gegenstand erwirbt, und der Nennbetrag, bei Stückaktien die Zahl der bei der Sacheinlage zu gewährenden Aktien sind, wenn sie nicht in der Ermächtigung festgesetzt sind, vom Vorstand festzusetzen und in den Zeichnungsschein aufzunehmen.** [2]**Der Vorstand soll die Entscheidung nur mit Zustimmung des Aufsichtsrats treffen.**

(3) **§ 27 Abs. 3 und 4 gilt entsprechend.**

(4) **Die Absätze 2 und 3 gelten nicht für die Einlage von Geldforderungen, die Arbeitnehmern der Gesellschaft aus einer ihnen von der Gesellschaft eingeräumten Gewinnbeteiligung zustehen.**

(5) [1]**Bei Ausgabe der Aktien gegen Sacheinlagen hat eine Prüfung durch einen oder mehrere Prüfer stattzufinden; § 33 Abs. 3 bis 5, die §§ 34, 35 gelten sinngemäß.** [2]**§ 183a ist entsprechend anzuwenden.** [3]**Anstelle des Datums des Beschlusses über die Kapitalerhöhung hat der Vorstand seine Entscheidung über die Ausgabe neuer Aktien gegen Sacheinlagen sowie die Angaben nach § 37a Abs. 1 und 2 in den Gesellschaftsblättern bekannt zu machen.**

(6) **Soweit eine Prüfung der Sacheinlage nicht stattfindet, gilt für die Anmeldung der Durchführung der Kapitalerhöhung zur Eintragung in das Handelsregister (§ 203 Abs. 1 Satz 1, § 188) auch § 184 Abs. 1 Satz 3 und Abs. 2 entsprechend.**

(7) [1]**Das Gericht kann die Eintragung ablehnen, wenn der Wert der Sacheinlage nicht unwesentlich hinter dem geringsten Ausgabebetrag der dafür zu gewährenden Aktien zurückbleibt.** [2]**Wird von einer Prüfung der Sacheinlage nach § 183a Abs. 1 abgesehen, gilt § 38 Abs. 3 entsprechend.**

I. Allgemeines

Die Vorschrift betrifft den **Sonderfall des genehmigten Kapitals bei Erbringung von Sacheinlagen.** Die Vorschrift ist inhaltlich an §§ 183 und 194 angelehnt und weist in den Einzelheiten diesen gegenüber nur geringe Besonderheiten auf. Eigenständige Bedeutung hat § 205 Abs. 1, welcher die Ausgabe von Aktien gegen Sacheinlagen nur dann erlaubt, wenn die Ermächtigung dies ausdrücklich 1 vorsieht, und § 205 Abs. 4, der – wie schon § 203 Abs. 4 und § 204 Abs. 3 – Erleichterungen für die Ausgabe von Belegschaftsaktien gewährt.

2 § 205 ist anwendbar, wenn Aktien iRe Ausübung eines genehmigten Kapitals gegen Sacheinlagen ausgegeben werden sollen. Eine **Sacheinlage** ist gem. § 27 Abs. 1 eine Einlage, die **nicht durch Einzahlung des Ausgabebetrages** der Aktien zu leisten ist. Da auch die gemischte Sacheinlage partiell Sacheinlagecharakter hat, erfasst § 205 auch diese (Hüffer/Koch/*Koch* Rn. 2). Die Sachübernahme fällt nach dem Wortlaut des § 205 Abs. 1 nicht in den Anwendungsbereich der Vorschrift (Hüffer/Koch/*Koch* Rn. 2; K. Schmidt/Lutter/*Veil* Rn. 3). Liegt eine verdeckte Sacheinlage vor (zum Tatbestand der verdeckten Sacheinlage → § 183 Rn. 8 ff.), so gelten die allgemein sich hierfür ergebenden Rechtsfolgen unter Berücksichtigung der Anordnungen in § 205 Abs. 5–7; auch bei der Ausnutzung genehmigten Kapitals gegen Sacheinlagen steht das Verfahren der vereinfachten Kapitalerhöhung, also ohne externe Sacheinlageprüfung, zur Verfügung (§ 205 Abs. 5 S. 2).

II. Die Ermächtigung zur Aktienausgabe gegen Sacheinlagen (Abs. 1)

3 Abs. 1 bestimmt, dass Aktien gegen Sacheinlagen nur ausgegeben werden dürfen, **wenn die Ermächtigung** es vorsieht. Ermächtigung kann entweder die Gründungssatzung der Gesellschaft oder ein späterer satzungsändernder Beschluss sein; ist die Ermächtigung bereits in der Gründungssatzung enthalten, sind darüber hinaus die Anforderungen des § 206 zu beachten. In welchem Umfang die Ermächtigung dem Vorstand die Befugnis einräumt, Aktien gegen Sacheinlagen auszugeben, ist nicht vorgegeben: So kann die Ermächtigung etwa bestimmen, dass nur ein Teil der Aktien gegen Sacheinlagen ausgegeben werden darf, sie kann bestimmen, dass nur alle Aktien gegen Sacheinlagen ausgegeben werden dürfen oder sie kann die Entscheidung, ob die Aktien gegen Bar- oder Sacheinlagen ausgegeben werden, vollständig in die Entscheidungskompetenz des Vorstandes stellen (GK-AktG/*Hirte* Rn. 7; Hüffer/Koch/*Koch* Rn. 3; Spindler/Stilz/*Servatius* Rn. 13). Möglich ist es auch, dass die Ermächtigung inhaltlich bestimmt, dass nur bestimmte Arten von Sacheinlagen oder eine im Einzelnen bezeichnete Sacheinlage eingebracht werden kann (Spindler/Stilz/*Servatius* Rn. 13). Fehlt eine den Anforderungen des § 205 Abs. 1 genügende Ermächtigung zur Aktienausgabe gegen Sacheinlagen, ergeben sich die Rechtsfolgen aus § 205 Abs. 3 iVm § 27 Abs. 3 und 4.

III. Die Anforderungen des § 205 Abs. 2 und Abs. 5

4 § 205 Abs. 2 verlangt auch bei der Sachkapitalerhöhung aus genehmigtem Kapital die Festsetzungen, die § 183 Abs. 1 bei der einfachen Sachkapitalerhöhung vorschreibt; auf die diesbezüglichen Erläuterungen kann daher verwiesen werden (→ § 183 Rn. 17 f.). Ist die Ermächtigung bereits in der Gründungssatzung enthalten, müssen die Festsetzungen gem. § 206 S. 1 bereits in dieser getroffen werden. Anderenfalls sind sie entweder in den die Ermächtigung enthaltenden Hauptversammlungsbeschluss aufzunehmen oder – sofern sie dort nicht enthalten sind – gem. § 205 Abs. 2 S. 1 vom Vorstand zu treffen und in den Zeichnungsschein aufzunehmen. In diesem Fall soll der Vorstand seine Entscheidung nur mit Zustimmung des Aufsichtsrats treffen (§ 205 Abs. 2 S. 2). Das Vorliegen der Zustimmung des Aufsichtsrats ist nach allgA keine Wirksamkeitsvoraussetzung für die Festsetzung (Hüffer/Koch/*Koch* Rn. 4; K. Schmidt/Lutter/*Veil* Rn. 6).

5 Auch das Verfahren der externen Sacheinlageprüfung nach § 205 Abs. 5 ist exakt an das entsprechende Verfahren bei der einfachen Kapitalerhöhung gegen Sacheinlagen angelehnt (§ 183 Abs. 3); auf die diesbezüglichen Erläuterungen wird daher verwiesen (→ § 183 Rn. 23 f.).

6 Gemäß § 205 Abs. 5 S. 2 ist § 183a entsprechend anzuwenden. Dies bedeutet, dass auch beim genehmigten Kapital gegen Sacheinlagen das Verfahren der vereinfachten Sachkapitalerhöhung anwendbar ist, mithin eine externe Sacheinlageprüfung nicht stattfinden muss, wenn die Voraussetzungen des § 33a vorliegen. Die nach § 183a Abs. 2 erforderliche Bekanntmachung durch den Vorstand ist in der Weise modifiziert, dass anstelle des Datums des Beschlusses über die Kapitalerhöhung vom Vorstand seine Entscheidung über die Ausgabe neuer Aktien gegen Sacheinlagen sowie die Angaben nach § 37a Abs. 1 und 2 in den Gesellschaftsblättern bekannt zu machen sind (§ 205 Abs. 5 S. 4). Zum Inhalt der erforderlichen Bekanntmachung kann iÜ auf die Erläuterungen zu § 183a verwiesen werden (→ § 183a Rn. 3).

IV. Die Rechtsfolgen bei Vorliegen einer Einlagenrückgewähr oder einer verdeckten Sachkapitalerhöhung aus genehmigtem Kapital

7 Bei Vorliegen einer Einlagenrückgewähr sowie bei Vorliegen einer verdeckten Sachkapitalerhöhung verweist § 205 Abs. 3 auf § 27 Abs. 3 und 4 und ordnet deren entsprechende Geltung an. Der Verweis entspricht inhaltlich dem gleichgerichteten Verweis in § 183 Abs. 2 für die einfache Sachkapitalerhöhung, sodass auf die diesbezüglichen Erläuterungen verwiesen werden kann (→ § 183 Rn. 20 ff.).

V. Besonderheiten bei der Ausgabe von Belegschaftsaktien (Abs. 4)

Abs. 4 beabsichtigt, die Ausgabe von Belegschaftsaktien zu privilegieren, indem die erforderlichen Festsetzungen des § 205 Abs. 2 und die externe Prüfung des § 205 Abs. 3 für die Einlage von Geldforderungen, die Arbeitnehmer aus einer ihnen von der Gesellschaft eingeräumten Gewinnbeteiligung zustehen, generell für entbehrlich erklärt werden. Wie auch die übrigen, die Ausgabe von Belegschaftsaktien privilegierenden Vorschriften der §§ 202 ff. – § 203 Abs. 4 und § 204 Abs. 3 – gilt § 205 Abs. 5 nicht nur für Arbeitnehmer der Gesellschaft selbst, sondern auch für Arbeitnehmer von verbundenen Unternehmen. Da § 205 Abs. 4 lediglich § 205 Abs. 2 und Abs. 3 bei der Ausgabe von Belegschaftsaktien für nicht anwendbar erklärt, müssen die Erfordernisse des § 205 Abs. 1 auch im Verfahren nach § 205 Abs. 4 beachtet werden, dh die Ermächtigung muss ausdrücklich die Ausgabe von Aktien gegen Sacheinlagen vorsehen. Einlagefähig sind Geldforderungen der Arbeitnehmer aus einer ihnen von der Gesellschaft eingeräumten Gewinnbeteiligung. Die Bestimmung wird überwiegend weit ausgelegt, sodass als einlagefähige Ansprüche Ansprüche auf Beteiligung am Umsatz, Gratifikationen oder sonstige Leistungsprämien gesehen werden (GK-AktG/*Hirte* Rn. 25; Hüffer/Koch/*Koch* Rn. 10; K. Schmidt/Lutter/*Veil* Rn. 13). Die Einbringung des dem Arbeitnehmer zustehenden Anspruchs erfolgt entweder durch Aufrechnung oder durch Erlassvertrag oder durch Abtretung des Anspruchs an die Gesellschaft mit der Folge der Konfusion. 8

VI. Anmeldung der Durchführung der Kapitalerhöhung aus genehmigten Kapital gegen Sacheinlagen

Die Anmeldung der Durchführung der Erhöhung des Grundkapitals aus genehmigtem Kapital entspricht konzeptionell der Anmeldung der Durchführung einer „einfachen" Kapitalerhöhung. Der einzige Unterschied besteht darin, dass deren Grundlage unmittelbar ein Hauptversammlungsbeschluss ist, während sich die Durchführung der Kapitalerhöhung aus dem genehmigten Kapital nur mittelbar auf einen Beschluss der Hauptversammlung und unmittelbar auf einen entsprechenden Beschluss des Vorstands stützt. Der Inhalt der Anmeldung und deren Anlagen entsprechen daher in vielem der Anmeldung einer einfachen Kapitalerhöhung gegen Einlagen. Der Vorstand und der Aufsichtsratsvorsitzende haben die Durchführung der Kapitalerhöhung aus genehmigtem Kapital gemeinsam zur Eintragung in das Handelsregister anzumelden (§ 203 Abs. 1 iVm § 188 Abs. 1). Für die Anmeldung der Durchführung der Kapitalerhöhung aus genehmigtem Kapital gegen Sacheinlagen bestimmt § 205 Abs. 6 nunmehr, dass – soweit vom Verfahren der vereinfachten Kapitalerhöhung gegen Sacheinlagen, also ohne Prüfung durch einen gerichtlich bestellten Prüfer, Gebrauch gemacht wird – auch § 184 Abs. 1 S. 3 und Abs. 2 entsprechend gilt. Dies bedeutet, dass – sofern eine vorherige ordnungsgemäße Bekanntmachung iSv § 183a Abs. 2 stattgefunden hat – die Anmeldepflichtigen nur noch versichern müssen, dass ihnen seit der Bekanntmachung keine Umstände iSv § 37a Abs. 2 bekannt geworden sind. Darüber hinaus sind die in § 184 Abs. 2 bestimmten Unterlagen der Anmeldung beizufügen. 9

Der Prüfungsmaßstab des Gerichts entspricht den allgemeinen Grundsätzen, die nunmehr bei der Kapitalerhöhung gegen Sacheinlagen im vereinfachten Verfahren gelten (§ 205 Abs. 7). Auf die diesbezüglichen Erläuterungen zu § 184 kann daher verwiesen werden (→ § 184 Rn. 8). 10

Verträge über Sacheinlagen vor Eintragung der Gesellschaft

206 **[1] Sind vor Eintragung der Gesellschaft Verträge geschlossen worden, nach denen auf das genehmigte Kapital eine Sacheinlage zu leisten ist, so muß die Satzung die Festsetzungen enthalten, die für eine Ausgabe gegen Sacheinlagen vorgeschrieben sind. [2] Dabei gelten sinngemäß § 27 Abs. 3 und 5, die §§ 32 bis 35, 37 Abs. 4 Nr. 2, 4 und 5, die §§ 37a, 38 Abs. 2 und 3 sowie § 49 über die Gründung der Gesellschaft. [3] An die Stelle der Gründer tritt der Vorstand und an die Stelle der Anmeldung und Eintragung der Gesellschaft die Anmeldung und Eintragung der Durchführung der Erhöhung des Grundkapitals.**

I. Allgemeines

§ 206 betrifft den Sonderfall, dass die **Ermächtigung des Vorstands** zur Erhöhung des Grundkapitals **bereits in der Gründungssatzung** enthalten ist und bestimmt, dass in diesem Fall die Erfordernisse des § 205 in der Satzung enthalten sein müssen sowie bestimmte Gründungsvorschriften anwendbar sind. 1

Die Vorschrift hat einen **geringen praktischen Anwendungsbereich** und betrifft die nicht eben häufig vorkommende Konstellation, dass zum einen die Gründungssatzung bereits zur Ausübung eines genehmigten Kapitals gegen Sacheinlagen ermächtigt und zum anderen schon vor Eintragung der Gesellschaft in das Handelsregister Verträge (mit den künftigen Einlegern) über die Erbringung der Sacheinlage geschlossen werden. Als möglicher praktischer Anwendungsfall wird die Umwandlung einer 2

Personengesellschaft mit daran beteiligten stillen Gesellschaftern in eine AG, bei der die Umwandlung der stillen Beteiligungen in eine Sacheinlage vereinbart wird, beschrieben (*Semler* FS Werner, 1985, 855 (865 ff.)).

II. Erfordernis der Festsetzung in der Satzung (S. 1)

3 Da die Gesellschaft bereits vor ihrer Eintragung als **Vorgesellschaft** rechtsfähig ist, kann sie schon im eigenen Namen Verträge schließen. Sie kann daher auch bereits vor ihrer Eintragung in das Handelsregister **vereinbaren,** dass auf das in der Gründungssatzung vorgesehene genehmigte Kapital eine **Sacheinlage zu leisten** ist. In genau diesem Fall verlangt S. 1, dass die Satzung die Festsetzungen des § 205 Abs. 2 enthält. Die Vorschrift erfasst sowohl schuldrechtliche als auch dingliche Verträge zwischen der Gesellschaft auf der einen und ihren Gründern oder Dritten auf der anderen Seite, die die Erbringung einer Sacheinlage iRe genehmigten Kapitals betreffen (GK-AktG/*Hirte* Rn. 6; MüKoAktG/*Bayer* Rn. 4; K. Schmidt/Lutter/*Veil* Rn. 2). Festzusetzen sind also der Gegenstand der Sacheinlage, die Person des Einlegers und bei Nennbetragsaktien der Nennbetrag, bei Stückaktien die Zahl der Aktien, die für eine Sacheinlage gewährt werden. Da § 206 ausdrücklich die Gründungssatzung selbst als Regelungsort für diese Festsetzungen vorschreibt, kann der Vorstand die entsprechenden Festsetzungen nicht treffen (Hüffer/Koch/*Koch* Rn. 2).

III. Die Anwendung der in S. 2 bezeichneten Gründungsvorschriften

4 Für den **Fall fehlender oder fehlerhafter Festsetzungen** verweist S. 2 auf bestimmte Vorschriften des Gründungsrechts für die Sachgründung mit der durch S. 3 bestimmten Maßgabe, dass an die Stelle der Gründer der Vorstand und an die Stelle der Anmeldung und Eintragung der Gesellschaft die Anmeldung und Eintragung der Durchführung der Erhöhung des Grundkapitals tritt. Im Einzelnen werden für anwendbar erklärt § 27 Abs. 3 und 5, sodass die durch das ARUG eingeführten Vorschriften zur verdeckten Sacheinlage auch hier Anwendung finden. Ferner sind die in § 33 bezeichneten Berichte zu erstatten und Prüfungen vorzunehmen (vgl. iE K. Schmidt/Lutter/*Veil* Rn. 5). In die Verweisung einbezogen ist auch § 33a, welcher unter den dort genannten Voraussetzungen eine Prüfung der Sacheinlage durch einen gerichtlich bestellten, externen Gründungsprüfer für entbehrlich erklärt. In diesem Fall muss bei der Anmeldung § 37a berücksichtigt werden und die dort bezeichneten Erklärungen abgegeben und Unterlagen beigefügt werden. Bei der Anmeldung des genehmigten Kapitals sind die in § 37 Abs. 4 Nr. 2, 4 und 5 definierten Vorgaben zu beachten. Demnach müssen die Verträge, die den Festsetzungen zugrunde liegen oder zu ihrer Ausführung geschlossen worden sind, der Anmeldung beigefügt werden sowie die Berichte der Mitglieder des Vorstands und des Aufsichtsrats und der externen Prüfer.

Vierter Unterabschnitt. Kapitalerhöhung aus Gesellschaftsmitteln

Voraussetzungen

207 (1) **Die Hauptversammlung kann eine Erhöhung des Grundkapitals durch Umwandlung der Kapitalrücklage und von Gewinnrücklagen in Grundkapital beschließen.**

(2) [1]**Für den Beschluß und für die Anmeldung des Beschlusses gelten § 182 Abs. 1, § 184 Abs. 1 singemäß.** [2]**Gesellschaften mit Stückaktien können ihr Grundkapital auch ohne Ausgabe neuer Aktien erhöhen; der Beschluß über die Kapitalerhöhung muß die Art der Erhöhung angeben.**

(3) **Dem Beschluß ist eine Bilanz zugrunde zu legen.**

Übersicht

I. Allgemeines

1 Die Kapitalerhöhung aus Gesellschaftsmitteln wird **vielfach als „nominelle Kapitalerhöhung“ bezeichnet.** Die Bezeichnung trägt dem Umstand Rechnung, dass der Gesellschaft bei der Kapitalerhöhung aus Gesellschaftsmitteln – anders als bei der Kapitalerhöhung gegen Einlagen – keine neuen

Mittel zugeführt werden. Im Wege eines Passivtauschs findet lediglich eine Umwidmung bereits vorhandenen, jedoch bislang frei verfügbaren bilanziellen Eigenkapitals der Gesellschaft in gebundenes Kapital statt. Bislang der freien Ausschüttung zugängliches Gesellschaftsvermögen steht der Gesellschaft und ihren Gläubigern nunmehr als gebundenes Kapital zur Verfügung. Die Kapitalerhöhung aus Gesellschaftsmitteln stellt sich als Maßnahme der Innenfinanzierung der Gesellschaft dar.

Die Grundgedanken der gesetzlichen Regelung ergeben sich aus dem Gebot, dass die **reale Kapitalaufbringung** auch bei der Kapitalerhöhung aus Gesellschaftsmitteln sichergestellt sein muss, sowie aus der Erkenntnis, dass sich die bisherige Beteiligung an den freien Rücklagen wirtschaftlich durch deren Umwidmung nicht verschieben darf. Dem Gebot der realen Kapitalaufbringung wird in der Weise Rechnung getragen, dass sich das Vorhandensein umwandelbarer Rücklagen aus testierten Bilanzen ergeben muss (§§ 208 f.); die wirtschaftlich gleiche Beteiligung der Gesellschafter am Eigenkapital des Unternehmens wird durch den zwingenden Grundsatz beteiligungsproportionaler Zuordnung der neuen Aktien (§ 212) sichergestellt. 2

Der **Ablauf des Kapitalerhöhungsverfahrens** stellt sich wie folgt dar: Vor der Beschlussfassung über die Kapitalerhöhung aus Gesellschaftsmitteln muss der Jahresabschluss für das letzte vor dem Beschluss abgelaufene Geschäftsjahr festgestellt und über die Ergebnisverwendung Beschluss gefasst worden sein; diese Bilanz muss geprüft und testiert sein (§ 209). Sind diese Vorgaben erfüllt, kann der Erhöhungsbeschluss gefasst, anschließend zum Handelsregister angemeldet und schließlich im Register eingetragen und bekannt gemacht werden. Die beschriebene Reihenfolge ist zwingend vorgegeben. 3

II. Der Beschluss der Hauptversammlung über die Kapitalerhöhung aus Gesellschaftsmitteln

1. Die formellen Erfordernisse des Hauptversammlungsbeschlusses. § 207 Abs. 1 bestimmt, dass die Hauptversammlung eine Erhöhung des Grundkapitals durch Umwandlung der Kapitalrücklage und von Gewinnrücklagen in Grundkapital beschließen kann. Wie jede Kapitalerhöhung ist auch die Kapitalerhöhung aus Gesellschaftsmitteln stets eine **Satzungsänderung** und muss daher den allgemeinen Anforderungen der §§ 179 ff. genügen. Dies bedeutet, dass der Beschluss der Hauptversammlung einer Mehrheit bedarf, die mindestens ¾ des bei der Beschlussfassung vertretenen Grundkapitals umfasst. Darüber hinaus verweist § 207 Abs. 2 hinsichtlich der formellen Anforderungen auf § 182 Abs. 1, allerdings mit der Besonderheit, dass gem. § 207 Abs. 2 S. 2 Gesellschaften mit Stückaktien ihr Grundkapital auch ohne Ausgabe neuer Aktien erhöhen können. In diesem Fall erhöht sich der rechnerische Anteil jeder Stückaktie am Grundkapital proportional. Der Beschluss über die Kapitalerhöhung muss bei Vorhandensein von Stückaktien angeben, ob neue Aktien ausgegeben werden oder ob hierauf verzichtet wird (§ 207 Abs. 2 S. 2 Hs. 2). 4

Nach § 207 Abs. 3 ist dem **Erhöhungsbeschluss eine Bilanz zugrunde zu legen.** Dies kann entweder die letzte Jahresbilanz nach § 209 Abs. 1 oder eine Erhöhungssonderbilanz nach § 209 Abs. 2 sein. Stets ist erforderlich, dass die Bilanz im Moment der Beschlussfassung bereits geprüft und bestätigt wurde (§ 209 Abs. 1 und Abs. 2). Die geprüfte Bilanz weist die Rücklagen aus, die in Stammkapital umgewandelt werden sollen. Sie ist damit gleichsam die Bescheinigung über das Vorhandensein des Erhöhungsbetrages; als solche verwirklicht sie das Gebot der realen Kapitalaufbringung (GK-AktG/*Hirte* Rn. 92). 5

2. Der Inhalt des Kapitalerhöhungsbeschlusses. Inhaltlich setzt sich der Kapitalerhöhungsbeschluss aus obligatorischen sowie regelmäßig weiteren fakultativen Bestandteilen zusammen. 6

a) Betrag der Kapitalerhöhung. Wie jeder Kapitalerhöhungsbeschluss muss auch der Beschluss über eine Kapitalerhöhung aus Gesellschaftsmitteln eindeutig angeben, um welchen **Betrag das Grundkapital der Gesellschaft erhöht** wird. Da das Ausmaß der Inanspruchnahme der Rücklagen feststehen muss, kann der Erhöhungsbetrag – anders als bei der Kapitalerhöhung gegen Einlagen – nicht variabel, etwa als Höchstbetrag, bestimmt werden. Der Verpflichtung, einen konkreten Betrag festzulegen, kann sich die Hauptversammlung auch nicht dadurch entziehen, dass sie einen Rahmen für die Kapitalerhöhung beschließt und den Vorstand ermächtigt, über die konkrete Erhöhungssumme zu entscheiden. Die Entscheidung über den Umfang der Kapitalerhöhung aus Gesellschaftsmitteln ist durch § 207 Abs. 1 alleine der Hauptversammlung überantwortet. 7

Neben dem Erhöhungsbetrag muss ausdrücklich bestimmt werden, dass die **Kapitalerhöhung durch Umwandlung von Rücklagen** erfolgt; die dem Beschluss zugrunde gelegte Bilanz ist anzugeben. Wird gegen § 207 Abs. 3 verstoßen, dem Beschluss über die Kapitalerhöhung aus Gesellschaftsmitteln also keine Bilanz zugrunde gelegt, ist der Kapitalerhöhungsbeschluss nach allgM nichtig (GK-AktG/*Hirte* Rn. 93; Hüffer/Koch/*Koch* Rn. 17; MüKoAktG/*Arnold* Rn. 32). Sind mehrere zur Kapitalerhöhung aus Gesellschaftsmitteln grundsätzlich geeignete Rücklagen vorhanden und schöpft die Erhöhung nicht alle Rücklagen aus, muss darüber hinaus festgelegt werden, mit welchem Betrag welche Rücklage in Anspruch genommen werden soll. Schließlich muss der Beschluss sich bei Vorhandensein von Stückaktien darüber verhalten, ob die Kapitalerhöhung durch die Ausgabe neuer Aktien erfolgen oder ob 8 hierauf verzichtet werden soll (§ 207 Abs. 2 S. 2 Hs. 2). Eine Kombination beider Arten der Kapitalerhöhung ist nicht zulässig. Wird von der Möglichkeit Gebrauch gemacht, bei Vorhandensein von Stückaktien auf eine Ausgabe neuer Aktien zu verzichten, ist eine genaue Bezifferung des Aufstockungsbetrages nicht erforderlich, da sich dieser durch einfache Division des Grundkapitals durch die Anzahl der vorhandenen Stückaktien ergibt.

9 **b) Fakultative Bestandteile des Kapitalerhöhungsbeschlusses.** Das Gesetz eröffnet der Hauptversammlung darüber hinaus verschiedene Gestaltungsvarianten für die Durchführung der Kapitalerhöhung. Will sie hiervon Gebrauch machen, muss dies im Erhöhungsbeschluss festgelegt werden. So kann die Hauptversammlung etwa festlegen, dass die neuen Aktien nicht – wie von § 217 Abs. 1 grundsätzlich vorgesehen – am Gewinn des gesamten Geschäftsjahres teilnehmen, oder kann gem. § 217 Abs. 2 bestimmen, dass die neuen Aktien bereits am Gewinn des letzten vor der Beschlussfassung über die Kapitalerhöhung abgelaufenen Geschäftsjahres teilnehmen.

10 **c) Kombination verschiedener Kapitalerhöhungsarten.** Im Einzelfall kann auch ein Interesse der Gesellschaft daran bestehen, die Kapitalerhöhung aus Gesellschaftsmitteln **mit einer Kapitalerhöhung gegen Einlagen zu verbinden.** Eine solche Verbindung kommt insbesondere dann in Betracht, wenn die vorhandenen Rücklagen nicht ausreichen, um den Kapitalbedarf der Gesellschaft zu decken. Das Kombinationsbedürfnis kann sich ferner daraus ergeben, dass die vorhandenen Rücklagen im Wege der Kapitalerhöhung aus Gesellschaftsmitteln zwingend den Altgesellschaftern zugutekommen müssen (§ 212), zugleich aber neue Gesellschafter im Wege der Kapitalerhöhung gegen Einlagen aufgenommen werden sollen. Eine derartige Verbindung von effektiver und nomineller Kapitalerhöhung ist jedenfalls in der Weise möglich, dass in einer Hauptversammlung zwei getrennte Beschlüsse über eine Kapitalerhöhung gegen Einlagen und eine Kapitalerhöhung aus Gesellschaftsmitteln gefasst werden (GK-AktG/*Hirte* Rn. 148; MüKoAktG/*Arnold* Rn. 37). Welcher der beiden Erhöhungsbeschlüsse zunächst gefasst wird, ist unerheblich. Jeder der beiden Beschlüsse ist trotz des Zustandekommens in einer Hauptversammlung rechtlich vom jeweils anderen unabhängig und selbständig an den jeweils maßgeblichen gesetzlichen Voraussetzungen zu messen. Aufgrund ihrer Selbständigkeit werden beide Erhöhungen auch unabhängig voneinander angemeldet und eingetragen. Hat die Gesellschaft ein Interesse daran, die Kapitalerhöhung aus Gesellschaftsmitteln nur dann wirksam werden zu lassen, wenn auch die effektive Kapitalerhöhung durchgeführt wird, hat die Hauptversammlung die Möglichkeit, den Vorstand im Beschluss über die Kapitalerhöhung aus Gesellschaftsmitteln anzuweisen, diese Kapitalerhöhung nur dann zum Handelsregister anzumelden, wenn auch die effektive Kapitalerhöhung gezeichnet und anmeldefähig ist. Demgegenüber ist es unzulässig, die Teilnahme an der Kapitalerhöhung aus Gesellschaftsmitteln davon abhängig zu machen, dass ein Gesellschafter auch neue Einlagen übernimmt. Dies würde gegen das Gebot der beteiligungsproportionalen Zuordnung der neuen Aktien aus der nominellen Kapitalerhöhung verstoßen (§ 212; vgl. ebenso GK-AktG/*Hirte* Rn. 149). Eine Kombination einer Kapitalerhöhung aus Gesellschaftsmitteln mit einer Kapitalerhöhung gegen Einlagen idS, dass in einem Beschlussgegenstand die Erhöhung des Grundkapitals teils durch Umwandlung von Rücklagen, teils gegen Einlagen beschlossen wird, ist nach ganz überwA unzulässig (MüKoAktG/*Arnold* Rn. 35; aA GK-AktG/*Hirte* Rn. 145). In der Praxis dürfte für eine Kombination idS regelmäßig auch kein Bedürfnis bestehen, da es nach dem oben Gesagten (→ Rn. 10) ohne Weiteres möglich ist, die genannten Beschlüsse in einer Hauptversammlung zu fassen.

11 Nicht unzweifelhaft ist, ob eine Kapitalerhöhung aus Gesellschaftsmitteln auch in der Weise durchgeführt werden kann, dass **eine zuvor durch eine Sacheinlage eines Aktionärs gebildete Kapitalrücklage im Verfahren nach den §§ 207 ff. in Eigenkapital umgewandelt wird.** Hat also der Aktionär zunächst eine offene Sacheinlage an die Gesellschaft erbracht und hat die Gesellschaft den Wert dieser Sacheinlage in die Kapitalrücklage gebucht, ist fraglich, ob die – durch die Sacheinlage gebildete – Kapitalrücklage nun im Wege der Kapitalerhöhung aus Gesellschaftsmitteln in Kapital umgewandelt werden kann. Bedenken bestehen insbesondere dann, wenn dieses Verfahren von den Beteiligten von vorneherein so geplant und beabsichtigt war, demzufolge also die Schlussfolgerung nahe liegt, dass es sich bei wirtschaftlicher Betrachtungsweise um eine Kapitalerhöhung gegen Sacheinlagen handelt (so OLG Hamm 22.1.2008, ZIP 2008, 1475 (1476)). Ob bei einer Kapitalerhöhung aus Gesellschaftsmitteln die Kapitalaufbringung in gleicher Weise sichergestellt werden kann, wie bei der Kapitalerhöhung mit Sacheinlagen, ist durchaus zweifelhaft, da die bei Sacheinlagen grundsätzlich vorgesehene Prüfung durch externe Prüfer gem. § 183 Abs. 3, § 33 eine spezifischere, auf die Wertigkeit der Sacheinlagen gerichtete Prüfung darstellt als die allgemeine Prüfung der Jahresbilanz, die von § 209 Abs. 1 gefordert wird. Darüber hinaus ist zu berücksichtigen, dass sich die in § 183 Abs. 3 vorgesehene Sacheinlageprüfung auf den aktuellen Wert der Sacheinlage bezieht, während die die Wertigkeit der Kapitalrücklage ausweisende Bilanz und deren Prüfung bis zu acht Monate zurückliegen kann. Auch das vereinfachte Verfahren der Sachkapitalerhöhung, wenn also ein externer Prüfer nicht vom Gericht bestellt wird, verlangt in § 33a, dass das Sachverständigengutachten nicht länger als sechs Monate vor dem Tag der tatsächlichen Einbringung erstellt werden darf. Sogar diese erleichterten Voraussetzungen könnten umgangen werden, wenn planmäßig eine Sacheinlage zunächst in die Kapitalrücklage gebucht wird und alsdann aus dieser

Kapitalrücklage im Wege der Kapitalerhöhung aus Gesellschaftsmitteln in Grundkapital umgewandelt wird. Der Entscheidung des OLG Hamm (OLG Hamm 22.1.2008, ZIP 2008, 1475), die das beschriebene Verfahren als beanstandungsfrei ansieht, ist dementsprechend nicht zu folgen.

Schließlich ist es auch möglich, eine Kapitalerhöhung im „Schütt-aus-Hol-zurück-Verfahren" durchzuführen, bei dem Gewinnansprüche des Aktionärs mit dessen Einlageverpflichtung verrechnet werden. Nach der Rspr. des BGH müssen die Voraussetzungen einer Sachkapitalerhöhung nicht eingehalten werden, wenn das Schütt-aus-hol-zurück-Verfahren gegenüber dem Registergericht offen gelegt wird und die Voraussetzungen einer Kapitalerhöhung aus Gesellschaftsmitteln entsprechend angewendet und eingehalten werden (BGH 26.5.1997, DNotZ 1998, 149; BGH 16.9.2002, DStR 2002, 2088). Demzufolge muss im Kapitalerhöhungsbeschluss ausdrücklich klargestellt werden, dass die Einlageverbindlichkeit durch Stehenlassen oder Wiedereinzahlen der Dividende getilgt werden kann. Entsprechend § 209 Abs. 1 ist ein testierter Jahresabschluss zugrunde zu legen, der einerseits nicht älter als acht Monate sein darf, andererseits indes keine ansonsten vom Gesetz geforderte Rücklage ausweisen muss. Dieses Erfordernis wird durch den Umstand ersetzt, dass ein Dividendenanspruch zur Erbringung der Einlage verwendet wird. Drittens muss in der Anmeldung dieses Verfahren offen gelegt werden. Teile der Lit. sprechen sich gegen die Zulässigkeit dieses Verfahrens aus, wenn die Dividende tatsächlich bereits an den Aktionär ausgezahlt wurde und von diesem wieder eingelegt wird und halten dieses Verfahren der Kapitalerhöhung nur dann für zulässig, wenn eine Verrechnung stattfindet (so etwa GK-AktG/*Hirte* § 207 Rn. 11; *Luther/Zöllner* ZGR 1996, 164 (180 ff.)). Nach dieser Ansicht muss in den Fällen der bereits erfolgten Auszahlung der Dividende eine effektive Kapitalerhöhung durchgeführt werden ggf. unter Beachtung der Regelungen über das Hin- und-Her-Zahlen gem. § 27 Abs. 3, die auf den hier vorliegenden Fall des Her-und-Hin-Zahlens entsprechend anwendbar sein dürften. 12

Umwandlungsfähigkeit von Kapital- und Gewinnrücklagen

208 (1) [1]**Die Kapitalrücklage und die Gewinnrücklagen, die in Grundkapital umgewandelt werden sollen, müssen in der letzten Jahresbilanz und, wenn dem Beschluß eine andere Bilanz zugrunde gelegt wird, auch in dieser Bilanz unter „Kapitalrücklage" oder „Gewinnrücklagen" oder im letzten Beschluß über die Verwendung des Jahresüberschusses oder des Bilanzgewinns als Zuführung zu diesen Rücklagen ausgewiesen sein.** [2]**Vorbehaltlich des Absatzes 2 können andere Gewinnrücklagen und deren Zuführungen in voller Höhe, die Kapitalrücklage und die gesetzliche Rücklage sowie deren Zuführungen nur, soweit sie zusammen den zehnten oder den in der Satzung bestimmten höheren Teil des bisherigen Grundkapitals übersteigen, in Grundkapital umgewandelt werden.**

(2) [1]**Die Kapitalrücklage und die Gewinnrücklagen sowie deren Zuführungen können nicht umgewandelt werden, soweit in der zugrunde gelegten Bilanz ein Verlust einschließlich eines Verlustvortrags ausgewiesen ist.** [2]**Gewinnrücklagen und deren Zuführungen, die für einen bestimmten Zweck bestimmt sind, dürfen nur umgewandelt werden, soweit dies mit ihrer Zweckbestimmung vereinbar ist.**

Übersicht

I. Allgemeines

§ 208 beabsichtigt, das **Gebot der realen Kapitalaufbringung** auch bei der Kapitalerhöhung gegen Gesellschaftsmittel umzusetzen. Bei dieser Form der Kapitalerhöhung werden der Gesellschaft keine Mittel zugeführt, über die sie vorher nicht verfügte, sondern vorhandenes Vermögen wird in Grundkapital, also gebundenes Vermögen, umgewandelt. Mithin muss geprüft werden, ob die Gesellschaft tatsächlich über Vermögen verfügt, das in gebundenes Grundkapital umgewandelt werden kann. Das Gesetz regelt, welche Vermögenspositionen grundsätzlich in Grundkapital umgewandelt werden können und welche Voraussetzungen für eine solche Umwandlung erfüllt sein müssen. Die entsprechende **Prüfung des Jahresabschlusses ist funktionelles Äquivalent zur Aufbringungskontrolle** bei der Kapitalerhöhung gegen Einlagen (GK-AktG/*Hirte* Rn. 4). § 208 Abs. 1 bestimmt die bilanziellen 1

Voraussetzungen der Umwandlung bisher freien Vermögens in Stammkapital. § 208 Abs. 2 definiert Umwandlungsschranken im Interesse des Gläubigerschutzes (§ 208 Abs. 2 S. 1) und zum Bestandsschutz anderweitig begründeter Zweckbindungen (§ 208 Abs. 2 S. 2).

II. Die formellen Umwandlungsvoraussetzungen (Abs. 1)

2 Im Interesse des Gläubigerschutzes und mit dem Ziel der besseren Überprüfbarkeit sind die bilanziellen Voraussetzungen einer Umwandlung von Rücklagen in Grundkapital streng formalisiert.

3 **1. Die umwandlungsfähigen Eigenkapitalpositionen.** Die **Eigenkapitalpositionen, die in Grundkapital umgewandelt werden können,** sind **abschließend in § 208 Abs. 1 genannt.** Eine entsprechende Anwendung auf andere Bilanzpositionen kommt im Interesse des Gläubigerschutzes und angesichts der vom Gesetzgeber bewusst formalisierten Regeln für den Bilanzausweis nicht in Betracht (GK-AktG/*Hirte* Rn. 3f.). Zwei Eigenkapitalpositionen werden vom Gesetzgeber als grundsätzlich umwandlungsfähig anerkannt: Die Kapitalrücklage und die Gewinnrücklage.

4 **a) Die Kapitalrücklage (§ 266 Abs. 3 A. II. HGB, § 272 Abs. 2 HGB). § 272 Abs. 2 HGB** beschreibt die Vorgänge, die der Bildung einer Kapitalrücklage zugrunde liegen können. Von praktischer Bedeutung sind vor allem Aufgeldzahlungen, die bei der Gründung der Gesellschaft oder anlässlich einer Kapitalerhöhung an die Gesellschaft geleistet werden, und die nach § 272 Abs. 2 Nr. 1 HGB in die Kapitalrücklage einzustellen sind (Baumbach/Hopt/*Merkt* HGB § 272 Rn. 5 ff.). In der Kapitalrücklage ferner auszuweisen sind Beträge, die bei der Ausgabe von Schuldverschreibungen für Wandlungsrechte und Optionsrechte zum Erwerb von Anteilen erzielt werden (§ 272 Abs. 2 Nr. 2 HGB). Mitunter werden von einzelnen Gesellschaftern auch Aufgeldzahlungen als „Entgelt" für die Gewährung von Sondervorteilen geleistet, die nach § 272 Abs. 2 Nr. 3 HGB als Kapitalrücklage auszuweisen sind. Mit ihrer Einstellung in die Kapitalrücklage soll verhindert werden, dass sie als Bestandteil des Jahresüberschusses zur Verteilung kommen. Schließlich sind sonstige Zahlungen, die die Gesellschafter in das Eigenkapital leisten, nach § 272 Abs. 2 Nr. 4 HGB zwingend in die Kapitalrücklage einzustellen. Sonstige Zuzahlungen iSd Bestimmung sind Zuzahlungen der Gesellschafter, welche diese freiwillig in das Eigenkapital leisten, ohne dass ihnen dafür ein Vorzug seitens der Gesellschaft gewährt wird. Diese Zuzahlungen können sowohl als Bar- als auch als Sachleistungen erbracht werden. Inwieweit allerdings die Erbringung einer offenen Sacheinlage und deren Buchung in die Kapitalrücklage mit dem Ziel der unverzüglichen Umwandlung in Eigenkapital im Wege der Kapitalerhöhung aus Gesellschaftsmitteln den gesetzlichen Anforderungen genügt, ist zweifelhaft (→ § 207 Rn. 11; bejahend OLG Hamm 22.1.2008, ZIP 2008, 1475). Auch sind Leistungen in Gestalt eines Forderungserlasses denkbar. Die anderen Zuzahlungen dürfen nicht iVm den Leistungen gem. § 272 Abs. 2 Nr. 1–3 HGB stehen; Nr. 4 ist insoweit ein Auffangtatbestand.

5 **b) Die Gewinnrücklage (§ 266 Abs. 3 A. III. HGB, § 272 Abs. 3 HGB).** Die **Bestandteile der Gewinnrücklage werden in § 266 Abs. 3 A. III. HGB genannt.** Ergänzend präzisiert § 272 Abs. 3 S. 1 HGB, dass als Gewinnrücklage nur Beträge ausgewiesen werden dürfen, die im Geschäftsjahr oder in einem früheren Geschäftsjahr aus dem Ergebnis gebildet worden sind. Gewinnrücklagen bilden rechtstatsächlich den Schwerpunkt der zur Umwandlung in Stammkapital herangezogenen Rücklagen (GK-AktG/*Hirte* Rn. 9).

6 Eine **gesetzliche Rücklage** iSv § 266 Abs. 3 A. III. Nr. 1 HGB ist bei der AG etwa nach § 150 zu bilden. Sie ist Teil der Gewinnrücklage und damit grundsätzlich umwandlungsfähig.

7 Eine **Rücklage für eigene Anteile** iSv § 266 Abs. 3 A. III. Nr. 2 HGB kann bei allen Kapitalgesellschaften gebildet werden. Der Zweck der Rücklage ist eine Ausschüttungssperre. Mit der Rücklage soll bilanzrechtlich sichergestellt werden, dass der Erwerb eigener Anteile nicht zur Rückzahlung von Stammkapital führen kann. Die ganz hM verneint die Umwandlungsfähigkeit der Rücklage für eigene Anteile: Der Zweck, den aktivierten Wert der eigenen Anteile zu neutralisieren, entfalle erst, wenn die eigenen Anteile nicht mehr aktiviert werden müssen. Bis dahin sei die Einlage zweckgebunden und komme gem. § 208 Abs. 2 S. 2 für eine Umwandlung in Grundkapital nicht in Betracht. Diese Wertung steht in Übereinstimmung mit der Entscheidung des BGH vom 20.9.2011 (NZG 2011, 1271), der zufolge eigene Aktien der Gesellschaft kein tauglicher Sacheinlagegegenstand sein können. Mit dieser Wertung wäre es unvereinbar, die für die eigenen Aktien gebildete Rücklage als umwandlungsfähig für eine Kapitalerhöhung aus Gesellschaftsmitteln anzusehen.

8 **Satzungsmäßige Rücklagen** iSv § 266 Abs. 3 A. III. Nr. 3 HGB sind Gewinnrücklagen, die auf dem Gesellschaftsvertrag idS beruhen, dass die Rücklage nach der Satzung unter bestimmten Voraussetzungen gebildet werden muss. Satzungsmäßige Rücklagen können zweckfrei oder zweckgebunden gebildet werden. Zweckfreie satzungsmäßige Rücklagen können ohne weiteres für eine Kapitalerhöhung aus Gesellschaftsmitteln verwendet werden; bei zweckgebundenen Rücklagen muss demgegenüber nach § 208 Abs. 2 S. 2 geprüft werden, ob die Umwandlung mit der Zweckbestimmung der Rücklage vereinbar ist.

Andere Gewinnrücklagen iSv § 266 Abs. 3 A. III. Nr. 4 HGB sind alle übrigen freien Gewinnrücklagen, die nicht unter die gesetzliche Rücklage, die satzungsmäßige Rücklage oder die Rücklage für eigene Anteile fallen. Im Rahmen von § 208 Abs. 2 S. 2 können diese Rücklagen in Grundkapital umgewandelt werden. 9

2. Formeller Ausweis der Rücklagen. Entsprechend dem Zweck von § 208 Abs. 1, das Gebot der realen Kapitalaufbringung nachprüfbar durchzusetzen, verlangt das Gesetz, dass die für die Umwandlung ins Auge gefassten Beträge in der zugrunde gelegten Bilanz **formell als Rücklagen** oder im letzten Ergebnisverwendungsbeschluss als Zuführung zu den Rücklagen **ausgewiesen sind.** Hierdurch ist sowohl die Umwandlung jeder Art von stiller Rücklage als auch die Verwendung künftiger Rücklagen ausgeschlossen. Angesichts des Gebots, dass die für die Umwandlung ins Auge gefassten Beträge in der zugrunde gelegten Bilanz formell als Rücklage oder im letzten Ergebnisverwendungsbeschluss als Zuführung zu den Rücklagen ausgewiesen sein müssen, kann ein **Gewinnvortrag ebenfalls nicht zu einer Kapitalerhöhung aus Gesellschaftsmitteln genutzt** werden. Ein Gewinnvortrag wird aus Gewinnen gebildet, die durch den Verwendungsbeschluss von der Verteilung unter den Gesellschaftern ausgeschlossen wurden. Von den Rücklagen, die ebenfalls aus nicht verteilten Gewinnen stammen, unterscheiden sich Gewinnvorträge durch ihre Zweckbestimmung. Während Rücklagen grundsätzlich auf Dauer angelegt werden, soll der auf neue Rechnung vorgetragene Gewinn nur vorläufig von der Verteilung ausgeschlossen werden. Daher erhöht ein Gewinnvortrag regelmäßig den Jahresüberschuss des nächsten Jahres und ist deshalb mit diesem zu verteilen. Gewinnvorträge stellen demnach nur vorübergehende Rücklagen für die Zeit bis zum nächsten Verwendungsbeschluss dar. Bevor ein Gewinnvortrag für eine Kapitalerhöhung aus Gesellschaftsmitteln genutzt werden kann, müssen demnach aus dem Gewinn entsprechende Rücklagen gebildet oder muss ein Beschluss über die Bildung von Rücklagen gefasst werden. Erst im Anschluss hieran kann der Gewinnvortrag für eine Kapitalerhöhung aus Gesellschaftsmitteln genutzt werden. Die umwandlungsfähigen Rücklagen müssen entweder in der letzten Jahresbilanz als solche ausgewiesen sein oder die zur Kapitalerhöhung ins Auge gefassten Beträge müssen im letzten Beschluss über die Verwendung des Jahresüberschusses oder des Bilanzgewinns als Zuführung zu diesen Rücklagen ausgewiesen sein. 10

III. Die materiellen Umwandlungsschranken (Abs. 2)

Abs. 2 begründet Umwandlungsschranken, mit denen zwei voneinander unabhängige Zwecke verfolgt werden. Während Abs. 2 S. 1 im Interesse der **realen Kapitalaufbringung** die Umwandlung solcher Rücklagen verbietet, die ganz oder teilweise durch Verluste „aufgezehrt" sind, schränkt S. 2 die Umwandlungsfähigkeit von Rücklagen ein, die einem bestimmten Zweck zu dienen bestimmt sind. Hierdurch wird verhindert, dass sich die umwandlungswillige Mehrheit ohne weiteres über vormals festgelegte **Zweckbindungen** hinwegsetzt. 11

1. Das Umwandlungsverbot bei Verlustausweis (Abs. 2 S. 1). Abs. 2 S. 1 verbietet eine Umwandlung von Rücklagen, soweit in der zugrunde gelegten Bilanz ein Verlust, einschließlich eines Verlustvortrags, ausgewiesen ist. **Verlust ist der Jahresfehlbetrag** iSv § 275 Abs. 2 Nr. 20 HGB, also der Betrag, der sich aus der Gewinn- und Verlustrechnung als Überschuss der Aufwendungen über die Erträge ergibt; ein Verlustvortrag ist der Bilanzverlust des Vorjahres. Nach dem klaren Wortlaut von § 208 Abs. 2 S. 1 beurteilt sich das Vorhandensein von Verlusten alleine nach der zugrunde gelegten Bilanz. Dies ist entweder die letzte Jahresbilanz oder die Erhöhungssonderbilanz. Wird eine Erhöhungssonderbilanz zugrunde gelegt, kommt es nur darauf an, ob in dieser Bilanz ein Verlust ausgewiesen ist. Ein Verlustausweis in der vorher gehenden Jahresbilanz ist demgegenüber unschädlich. Da der Vorstand nach § 210 Abs. 1 S. 2 zu versichern hat, dass bis zum Tag der Anmeldung keine weiteren Vermögensminderungen eingetreten sind, muss eine Umwandlung auch dann unterbleiben, wenn ein Verlust zwar nicht in der zugrunde gelegten Bilanz ausgewiesen, für die Beteiligten als zwischenzeitlich eingetreten aber erkennbar ist. 12

2. Das Umwandlungsverbot bei entgegenstehender Zweckbestimmung (Abs. 2 S. 2). Die Umwandlung von Rücklagen in Grundkapital ist auch dann unzulässig, wenn dies mit dem **Zweck, für den die Rücklagen gebildet worden sind, nicht vereinbar** wäre (§ 208 Abs. 2 S. 2). Auch dieses Umwandlungsverbot gilt umfassend; obwohl das Gesetz nur von Gewinnrücklagen spricht, schränkt die Bestimmung nicht nur die Umwandlungsfähigkeit dieser Rücklagen ein. Wenn Kapitalrücklagen einem bestimmten Zweck zu dienen bestimmt sind, etwa die Gesellschafter zur Erreichung eines bestimmten Zwecks Zuzahlungen in das Eigenkapital geleistet haben, kommt eine Umwandlung nur infrage, soweit dies mit der Zweckbestimmung vereinbar ist. 13

Die einer Umwandlung entgegen stehende **Zweckbestimmung kann sich aus dem Gesetz, der Satzung oder einem Beschluss** der Hauptversammlung ergeben (GK-AktG/*Hirte* Rn. 44). Der Zweck einer Rücklage steht der Umwandlung entgegen, wenn ihre künftige Bindung im Grundkapital der vormals beabsichtigten Verwendung widerspricht (GK-AktG/*Hirte* Rn. 49). Eine vormals von den 14

Gesellschaftern festgelegte Zweckbindung kann selbstverständlich auch wieder aufgehoben und eine vormals gebundene Rücklage damit für eine Kapitalerhöhung nutzbar gemacht werden. Zuständig für die Aufhebung der Zweckbindung ist das Gesellschaftsorgan, das die Zweckbindung begründet hat (GK-AktG/*Hirte* Rn. 46 f.). Beruhte die Bindung also auf einem einfachen Beschluss der Hauptversammlung, kann sie zugleich mit dem Erhöhungsbeschluss – auch konkludent – aufgehoben werden. Ergibt sich die Zweckbindung aus einer Satzungsbestimmung, ist zur Aufhebung eine Satzungsänderung im dafür vorgesehenen Verfahren nötig. Die Kapitalerhöhung kann zugleich mit der Satzungsänderung beschlossen werden. Ob eine sich aus der Satzung ergebende Zweckbindung auch im Wege der einmaligen Satzungsdurchbrechung – also ohne Satzungsänderung – für den Einzelfall aufgehoben werden kann, ist zweifelhaft, dürfte aber wohl zu verneinen sein.

Zugrunde gelegte Bilanz

209 (1) **Dem Beschluß kann die letzte Jahresbilanz zugrunde gelegt werden, wenn die Jahresbilanz geprüft und die festgestellte Jahresbilanz mit dem uneingeschränkten Bestätigungsvermerk des Abschlußprüfers versehen ist und wenn ihr Stichtag höchstens acht Monate vor der Anmeldung des Beschlusses zur Eintragung in das Handelsregister liegt.**

(2) [1] **Wird dem Beschluß nicht die letzte Jahresbilanz zugrunde gelegt, so muß die Bilanz §§ 150, 152 dieses Gesetzes, §§ 242 bis 256a, 264 bis 274a des Handelsgesetzbuchs entsprechen.** [2] **Der Stichtag der Bilanz darf höchstens acht Monate vor der Anmeldung des Beschlusses zur Eintragung in das Handelsregister liegen.**

(3) [1] **Die Bilanz muß durch einen Abschlußprüfer darauf geprüft werden, ob sie §§ 150, 152 dieses Gesetzes, §§ 242 bis 256a, 264 bis 274a des Handelsgesetzbuchs entspricht.** [2] **Sie muß mit einem uneingeschränkten Bestätigungsvermerk versehen sein.**

(4) [1] **Wenn die Hauptversammlung keinen anderen Prüfer wählt, gilt der Prüfer als gewählt, der für die Prüfung des letzten Jahresabschlusses von der Hauptversammlung gewählt oder vom Gericht bestellt worden ist.** [2] **Soweit sich aus der Besonderheit des Prüfungsauftrags nichts anderes ergibt, sind auf die Prüfung § 318 Abs. 1 Satz 3 und 4, § 319 Abs. 1 bis 4, § 319a Abs. 1, § 319b Abs. 1, § 320 Abs. 1, 2, §§ 321, 322 Abs. 7 und § 323 des Handelsgesetzbuchs entsprechend anzuwenden.**

(5) [1] **Bei Versicherungsgesellschaften wird der Prüfer vom Aufsichtsrat bestimmt; Absatz 4 Satz 1 gilt sinngemäß.** [2] **Soweit sich aus der Besonderheit des Prüfungsauftrags nichts anderes ergibt, ist auf die Prüfung § 341k des Handelsgesetzbuchs anzuwenden.**

(6) **Im Fall der Absätze 2 bis 5 gilt für das Zugänglichmachen der Bilanz und für die Erteilung von Abschriften § 175 Abs. 2 sinngemäß.**

I. Allgemeines

1 **§ 209 konkretisiert § 207 Abs. 3,** welcher vorschreibt, dass dem Beschluss über die Erhöhung des Grundkapitals eine Bilanz zugrunde zu legen ist. Alle genannten Bestimmungen tragen dem das gesamte Kapitalerhöhungsrecht prägenden **Grundsatz der realen Kapitalaufbringung** Rechnung und dienen damit dem Gläubigerschutz (GK-AktG/*Hirte* Rn. 8). § 209 Abs. 1 regelt den Fall, dass dem Kapitalerhöhungsbeschluss die letzte Jahresbilanz zugrunde gelegt wird, § 209 Abs. 2 normiert die Anforderungen an eine gesondert aufgestellte Erhöhungssonderbilanz. § 209 Abs. 3 begründet die Notwendigkeit der Prüfung durch einen Abschlussprüfer, dessen Auswahl sich nach § 209 Abs. 4 richtet.

II. Die letzte Jahresbilanz als Basisbilanz

2 Regelmäßig wird dem Beschluss über die Erhöhung des Grundkapitals die **letzte Jahresbilanz** zugrunde gelegt. Grundlage des Beschlusses ist nach dem Wortlaut des Gesetzes die letzte Jahresbilanz, nicht der letzte Jahresabschluss. Der Anhang sowie die Gewinn- und Verlustrechnung sind daher insoweit für die Kapitalerhöhung aus Gesellschaftsmitteln ohne Belang. Der Inhalt der letzten Jahresbilanz unterliegt den allgemeinen Anforderungen; es ergeben sich keine inhaltlichen Besonderheiten daraus, dass die Bilanz einer Kapitalerhöhung aus Gesellschaftsmitteln zugrunde gelegt werden soll. Auch die Zulässigkeit der Bildung von Rücklagen richtet sich nach den allgemeinen Grundsätzen; §§ 207 ff. regeln nur deren Verwendbarkeit für eine Kapitalerhöhung.

3 § 209 Abs. 1 verlangt, dass die letzte Jahresbilanz **geprüft und mit dem uneingeschränkten Bestätigungsvermerk des Abschlussprüfers versehen** ist. Hiermit soll gewährleistet werden, dass die der Kapitalerhöhung zugrunde gelegte Bilanz die Vermögensverhältnisse der Gesellschaft zutreffend wiedergibt und die umzuwandelnden Rücklagen tatsächlich vorhanden sind. Durch die Übertragung der Prüfungskompetenz auf besonders sachverständige Prüfer sollen zudem die weiteren am Erhöhungsverfahren beteiligten Stellen, etwa der Notar oder der Registerrichter, von eigenen Prüfungspflichten

hinsichtlich der Richtigkeit der Bilanz entbunden werden (MHLS/*Hermanns* GmbHG § 57e Rn. 3 zur entsprechenden Regelung im GmbH-Recht).

Die festgestellte Jahresbilanz muss mit dem **uneingeschränkten Prüfungsvermerk des Abschlussprüfers** versehen sein. Hat der Prüfer keine Einwendungen zur Jahresbilanz zu erheben, muss er den Bestätigungsvermerk mit dem Wortlaut des § 322 Abs. 1 S. 3 HGB erteilen. Da sich der uneingeschränkte Bestätigungsvermerk nur auf die Jahresbilanz beziehen muss, hindern Mängel im Anhang oder in der Gewinn- und Verlustrechnung eine Kapitalerhöhung aus Gesellschaftsmitteln nicht, wenn der Abschlussprüfer in seinem Vermerk entsprechend differenziert. Wird die Bilanz nachträglich geändert, muss auch eine neue Prüfung vorgenommen und ein neuer Bestätigungsvermerk erteilt werden. 4

Die letzte Jahresbilanz kann der Kapitalerhöhung nur dann zugrunde gelegt werden, wenn ihr **Stichtag höchstens acht Monate vor Anmeldung** des Beschlusses über die Kapitalerhöhung zur Eintragung in das Handelsregister liegt. Ist der Bilanzstichtag der 31.12., muss die Anmeldung also spätestens am 31. 8. des Folgejahres beim Registergericht eingehen. Angesichts des klaren Wortlauts des Gesetzes ist die Eintragung schon bei geringer Fristüberschreitung zurückzuweisen (Hüffer/Koch/*Koch* § 210 Rn. 8). Maßgeblich ist das Datum des Eingangs derjenigen Anmeldung bei Gericht, auf deren Grundlage schließlich die Eintragung im Handelsregister vorgenommen wird. Werden also Mängel der rechtzeitig eingegangenen Anmeldung nach gerichtlicher Zwischenverfügung behoben, schadet dies grundsätzlich nicht. Anders ist nur der Fall zu beurteilen, dass eine Anmeldung nur *pro forma* – also gleichsam fristwahrend – vorgenommen wird, die Anmeldevoraussetzungen aber im Anmeldezeitpunkt noch nicht vorliegen, etwa der Gesellschafterbeschluss über die Kapitalerhöhung noch nicht gefasst wurde. Hier wird man von einer wirksamen und damit rechtzeitigen Anmeldung nicht ausgehen können (vgl. zum Ganzen auch GK-AktG/*Hirte* Rn. 28; MüKoAktG/*Arnold* Rn. 20, die zT strengere Anforderungen idS stellen, dass auch nur geringfügige Mängel in der Handelsregisteranmeldung, die vor Ablauf der Acht-Monats-Frist nicht mehr beseitigt werden können, die Verwendbarkeit der Bilanz ausschließen). Auch wenn die ursprünglich rechtzeitige Anmeldung zurückgenommen oder zurückgewiesen wird und anschließend – später als acht Monate nach dem genannten Stichtag – eine neue Anmeldung erfolgt, ist die Jahresbilanz nicht mehr verwendbar. 5

III. Erstellung einer Erhöhungssonderbilanz für die Kapitalerhöhung

§ 209 Abs. 2 ermöglicht es, dem Beschluss über die Kapitalerhöhung **eine andere Bilanz als die letzte Jahresbilanz zugrunde zu legen.** Dies kann etwa geboten sein, wenn seit dem Stichtag der letzten Jahresbilanz Verluste abgebaut werden konnten. Die Neubildung von und die Erhöhung vorhandener Rücklagen kann demgemäß kein Anlass für die Erstellung einer Zwischenbilanz zu Kapitalerhöhungszwecken sein. Angesichts des eindeutigen Wortlauts von § 208 Abs. 1 können Rücklagen auf der Grundlage einer Zwischenbilanz nur dann umgewandelt werden, wenn sie bereits in der letzten Jahresbilanz ausgewiesen waren. Demgegenüber steht es einer Kapitalerhöhung nicht entgegen, wenn die in der letzten Jahresbilanz ausgewiesenen Rücklagen in der Zwischenzeit nicht mehr in voller Höhe vorhanden sind. Hier können die Rücklagen in noch vorhandener Höhe ohne weiteres in Grundkapital umgewandelt werden, da sie in dieser Höhe sowohl in der Jahresbilanz als auch in der Zwischenbilanz ausgewiesen sind. Aus Rechtsgründen kann die Aufstellung einer Erhöhungssonderbilanz ferner veranlasst sein, weil bereits die Acht-Monats-Frist seit dem letzten Bilanzstichtag abgelaufen ist. 6

Die Erhöhungssonderbilanz unterliegt den **gleichen formellen und inhaltlichen Anforderungen wie die übliche Jahresbilanz.** § 209 Abs. 2 S. 1 stellt dies durch den entsprechenden Verweis auf die maßgeblichen Vorschriften der §§ 150 und 152 sowie der §§ 242–256, 264–274 und 279–283 HGB sicher. Als Zwischenbilanz muss sie insbesondere dem Grundsatz der Bilanzkontinuität Rechnung tragen (§ 252 Abs. 1 Nr. 1 und 6 HGB) und die Geschäftsvorfälle seit dem letzten Bilanzstichtag berücksichtigen. Einer gesonderten Gewinn- und Verlustrechnung bedarf es nicht, da § 209 Abs. 2 nur das Vorhandensein einer aktuellen Bilanz, nicht aber einen kompletten Jahresabschluss iSv § 242 Abs. 3 HGB verlangt. Obschon § 209 Abs. 2 eine Feststellung der Bilanz nicht ausdrücklich verlangt, kann hierauf nicht verzichtet werden. Vor der Feststellung ist die Bilanz lediglich ein Entwurf des Vorstands; erst durch Feststellung wird sie verbindlich. 7

Auch die **Erhöhungssonderbilanz muss geprüft und uneingeschränkt testiert** werden. Eine Beschränkung des Prüfungsinhalts, etwa idS, dass lediglich die Einhaltung der Regeln für die Rücklagenbildung kontrolliert wird, lässt sich dem Gesetz nicht entnehmen. Auch die Erhöhungssonderbilanz muss, soll sie taugliche Grundlage einer Kapitalerhöhung aus Gesellschaftsmitteln sein, mit dem uneingeschränkten Bestätigungsvermerk der Abschlussprüfer versehen sein. Wie die Jahresbilanz kann auch die Erhöhungssonderbilanz nur dann Grundlage einer Kapitalerhöhung aus Gesellschaftsmitteln sein, wenn ihr Stichtag bei Anmeldung nicht länger als acht Monate zurückliegt. 8

IV. Die Auswahl des Prüfers

9 Abs. 4 regelt, dass für die **Prüfung einer Erhöhungssonderbilanz** der Prüfer als gewählt gilt, der für die Prüfung des letzten Jahresabschlusses von der Hauptversammlung gewählt und vom Gericht bestellt worden ist. Die Hauptversammlung kann selbstverständlich auch einen anderen Prüfer wählen. Durch die vom Gesetz für den Regelfall angeordnete personelle Kontinuität ist für diesen Fall sichergestellt, dass bei Aufstellung der Erhöhungssonderbilanz der mit den Verhältnissen der Gesellschaft vertraute Abschlussprüfer mit dem Testat befasst wird. Bei Versicherungsgesellschaften wird der Prüfer gem. § 209 Abs. 5 S. 1 vom Aufsichtsrat bestimmt; bestimmt der Aufsichtsrat keinen Prüfer, gilt der Prüfer als bestimmt, der für die Prüfung des letzten Jahresabschlusses zuständig war. Der Verweis auf § 341k HGB stellt sicher, dass die dort genannten Erfordernisse auch bei Aufstellung einer Erhöhungssonderbilanz beachtet werden. Schließlich verweist § 209 Abs. 6 für die Erhöhungssonderbilanz auf § 175 Abs. 2 mit dem Zweck, den Aktionären durch Auslegung der Bilanz und die Erteilung von Abschriften auf Verlangen die Möglichkeit der Kenntnisnahme zu geben.

Anmeldung und Eintragung des Beschlusses

210 (1) [1]**Der Anmeldung des Beschlusses zur Eintragung in das Handelsregister ist die der Kapitalerhöhung zugrunde gelegte Bilanz mit Bestätigungsvermerk, im Fall des § 209 Abs. 2 bis 6 außerdem die letzte Jahresbilanz, sofern sie noch nicht nach § 325 Abs. 1 des Handelsgesetzbuchs eingereicht ist, beizufügen.** [2]**Die Anmeldenden haben dem Gericht gegenüber zu erklären, daß nach ihrer Kenntnis seit dem Stichtag der zugrunde gelegten Bilanz bis zum Tag der Anmeldung keine Vermögensminderung eingetreten ist, die der Kapitalerhöhung entgegenstünde, wenn sie am Tag der Anmeldung beschlossen worden wäre.**

(2) **Das Gericht darf den Beschluß nur eintragen, wenn die der Kapitalerhöhung zugrunde gelegte Bilanz auf einen höchstens acht Monate vor der Anmeldung liegenden Stichtag aufgestellt und eine Erklärung nach Absatz 1 Satz 2 abgegeben worden ist.**

(3) **Das Gericht braucht nicht zu prüfen, ob die Bilanzen den gesetzlichen Vorschriften entsprechen.**

(4) **Bei der Eintragung des Beschlusses ist anzugeben, daß es sich um eine Kapitalerhöhung aus Gesellschaftsmitteln handelt.**

I. Allgemeines

1 Auch die Kapitalerhöhung aus Gesellschaftsmitteln ist Satzungsänderung und bedarf zu ihrer Wirksamkeit gem. § 181 Abs. 3 der **Eintragung in das Handelsregister.** Im Grundsatz unterliegt die Anmeldung der Kapitalerhöhung aus Gesellschaftsmitteln den gleichen Anforderungen wie die Anmeldung einer Kapitalerhöhung gegen Einlagen; auf die diesbezüglichen Erläuterungen zu § 184 kann daher verwiesen werden (→ § 184 Rn. 3 ff.). Besonderheiten ergeben sich allerdings insbesondere daraus, dass bei der Kapitalerhöhung aus Gesellschaftsmitteln Zeichnungserklärungen von den Aktionären nicht abgegeben werden.

II. Der Inhalt der Anmeldung

2 § 210 verhält sich über den erforderlichen Inhalt der Anmeldung nicht. Aus § 210 Abs. 4 ergibt sich allerdings, dass die **Anmeldung anzugeben hat, dass eine Kapitalerhöhung aus Gesellschaftsmitteln** zur Eintragung angemeldet wird. Wie bei jeder Kapitalerhöhung muss darüber hinaus entweder der Erhöhungsbetrag oder die neue Ziffer des Grundkapitals in der Anmeldung eindeutig bezeichnet werden. Schließlich wird regelmäßig noch die durch die neue Grundkapitalziffer veranlasste Änderung der entsprechenden Satzungsbestimmung zur Eintragung angemeldet.

III. Die Versicherung (Abs. 1 S. 2)

3 Ergänzend zur Anmeldung müssen die Anmeldenden, also Vorstand und Aufsichtsvorsitzender, nach § 210 Abs. 1 S. 2 dem Registergericht gegenüber **erklären,** dass nach ihrer Kenntnis seit dem Stichtag der zugrunde gelegten Bilanz **keine der Kapitalerhöhung entgegen stehende Vermögensminderung eingetreten** ist, die der Kapitalerhöhung entgegen stünde, wenn sie am Tag der Anmeldung beschlossen worden wäre. Diese Erklärung wird regelmäßig zugleich mit und im gleichen Schriftstück wie die Anmeldung abgegeben. Sie kann indes auch – in notariell beglaubigter Form – außerhalb der Anmeldung vorgenommen werden. Die genannte Versicherung ist eine höchst persönliche Erklärung des Anmeldenden; eine Stellvertretung durch einen Dritten kommt hinsichtlich dieser Versicherung

nicht in Betracht. Die Anmeldenden können die geforderte Erklärung abgeben, wenn nach ihrer Kenntnis bei Erstellung einer Bilanz am Anmeldungstag die für die Kapitalerhöhung erforderlichen Rücklagen vorhanden wären. Hiervon müssen sie sich nach entsprechender Prüfung positive Gewissheit verschaffen; es reicht daher nicht aus, wenn sie – gleichsam negativ – erklären, keine Kenntnis von entsprechenden Vermögensminderungen zu haben.

IV. Die Anlagen zur Anmeldung

Der Anmeldung der Kapitalerhöhung aus Gesellschaftsmitteln ist – wie bei jeder Anmeldung einer Kapitalerhöhung – das notarielle Beschlussprotokoll in Ausfertigung und der vollständige Wortlaut des **Gesellschaftsvertrags mit der Bescheinigung des Notars nach § 181** beizufügen. In Ergänzung hierzu verlangt § 210 Abs. 1 S. 1, dass der Anmeldung auch die mit dem uneingeschränkten Bestätigungsvermerk versehene Basisbilanz der Kapitalerhöhung und – bei Zugrundelegung einer Erhöhungssonderbilanz – auch die letzte Jahresbilanz beigefügt wird (diese allerdings nur, wenn sie dem Handelsregister noch nicht eingereicht wurde). **Zeichnungserklärungen oder eine Liste der Zeichner sind nicht einzureichen,** da bei der Kapitalerhöhung aus Gesellschaftsmitteln gerade keine Einlagen übernommen worden sind. 4

V. Die Eintragung der Kapitalerhöhung

Wie bei jeder Kapitalerhöhung (mit Ausnahme der bedingten Kapitalerhöhung, bei der das Grundkapital gem. § 200 bereits mit der Ausgabe der Bezugsaktien – also unabhängig von der Eintragung im Handelsregister – erhöht ist) **vervollständigt die Eintragung im Handelsregister den Kapitalerhöhungsvorgang.** Das Registergericht prüft, ob die formellen und materiellen Eintragungsvoraussetzungen erfüllt sind; insoweit ergeben sich keine Besonderheiten gegenüber der Prüfung bei üblichen Satzungsänderungen und Kapitalerhöhungsvorgängen. Die der Kapitalerhöhung zugrunde gelegte Bilanz muss das Registergericht nur eingeschränkt überprüfen: Es muss kontrollieren, ob der Bilanzstichtag am Tag der Anmeldung – also am Tag des Eingangs der Anmeldung beim Registergericht – nicht länger als acht Monate zurücklag (§ 210 Abs. 2) und ob die Bilanz mit dem uneingeschränkten Bestätigungsvermerk der Abschlussprüfer versehen ist. War die Acht-Monats-Frist am Tag des Eingangs der Anmeldung bereits abgelaufen, muss der Eintragungsantrag zurückgewiesen werden, da ein nicht behebbarer Mangel vorliegt (Hüffer/Koch/*Koch* Rn. 8). Zwar könnte eine neue – und damit nicht verfristete Bilanz – erstellt werden, diese könnte aber gem. § 207 Abs. 3 dem Kapitalerhöhungsbeschluss nicht mehr zugrunde gelegt werden. Hier bleibt keine andere Möglichkeit, als die Kapitalerhöhung auf der Grundlage einer neuen Bilanz erneut zu beschließen. Bei Zugrundelegung einer Sonderbilanz müssen die umzuwandelnden Rücklagen bereits in der letzten Jahresbilanz ausgewiesen sein. Inhaltlich muss das Registergericht die der Kapitalerhöhung zugrunde gelegte Bilanz lediglich daraufhin überprüfen, ob die umzuwandelnden Rücklagen ausgewiesen und umwandlungsfähig sind. Im Übrigen muss das Gericht nicht ermitteln, ob die Bilanz den gesetzlichen Vorschriften entspricht (§ 210 Abs. 3). Schließlich muss das Gericht überprüfen, ob eine Erklärung nach § 210 Abs. 1 S. 2 mit dem gebotenen Inhalt von den Anmeldenden abgegeben worden ist. 5

Wirksamwerden der Kapitalerhöhung

211 (1) **Mit der Eintragung des Beschlusses über die Erhöhung des Grundkapitals ist das Grundkapital erhöht.**

(2) **(aufgehoben)**

§ 211 bestimmt, dass mit der Eintragung des Beschlusses über die Erhöhung des Grundkapitals in das Handelsregister das Grundkapital erhöht ist. Das Gesetz stellt damit klar, dass es nach registerlichem Vollzug **weiterer Vollzugsakte der Gesellschaft** oder der Aktionäre **nicht bedarf.** Insbesondere müssen keine neuen Aktien ausgegeben werden und die Aktionäre müssen von der erfolgten Eintragung in das Handelsregister keine Kenntnis erhalten. Die Kapitalerhöhung ist durch den bloßen Vollzug im Handelsregister wirksam und durchgeführt. 1

Aus der Kapitalerhöhung Berechtigte

212 [1]**Neue Aktien stehen den Aktionären im Verhältnis ihrer Anteile am bisherigen Grundkapital zu.** [2]**Ein entgegenstehender Beschluß der Hauptversammlung ist nichtig.**

I. Allgemeines

1 § 212 regelt die **Verteilung der neuen Aktien** und stellt fest, dass die neuen Aktien den Aktionären *zustehen,* dass also ein Erwerb der neuen Aktien unmittelbar stattfindet. Zum anderen wird die beteiligungsproportionale Zuordnung der neuen Aktien mit Nichtigkeitssanktion im Falle des Verstoßes vorgegeben. Die Bestimmung regelt also die Modalitäten des Rechtserwerbs und schützt zugleich das Interesse der Aktionäre am wirtschaftlichen Erhalt ihrer Beteiligung.

II. Der Erwerb der neuen Aktien

2 § 212 verhält sich zum **Modus des Erwerbs** der neuen Aktien. Da die Bestimmung von den neuen Aktien spricht, ist sie ihrem Wortlaut nach nicht auf den Fall anwendbar, dass die Hauptversammlung gem. § 207 Abs. 2 S. 2 Hs. 2 von der Befugnis Gebrauch macht, auf die Ausgabe neuer Aktien zu verzichten. Dieses enge Verständnis würde der Bedeutung, die der Gesetzgeber der Vorschrift beigemessen hat, allerdings nicht gerecht. Man wird die Bestimmungen daher auch auf den Fall der Kapitalerhöhung ohne Ausgabe neuer Aktien entsprechend anzuwenden haben.

3 Der Modus des Erwerbs der neuen Aktien ist in § 212 S. 1 unpräzise dargestellt. Wenn nämlich vorgesehen ist, dass die neuen Aktien den Aktionären *zustehen,* könnte dies den Eindruck vermitteln, als hätten die Aktionäre lediglich einen schuldrechtlichen Anspruch auf die neuen Aktien. Dies würde allerdings dem zutreffenden Verständnis der Vorschrift nicht entsprechen: Nach allgA **entstehen die neuen Aktien mit der Eintragung des Erhöhungsbeschlusses** im Handelsregister **automatisch in der Person der Aktionäre.** Ein Bezugsrecht der Aktionäre, das dem bei der Kapitalerhöhung gegen Einlagen entspricht, besteht daher bei der Kapitalerhöhung aus Gesellschaftsmitteln nicht. Es ist daher auch *nicht* möglich, ein solches Bezugsrecht vor Eintragung der Kapitalerhöhung im Handelsregister mit der Folge zu veräußern, dass die neuen Aktien mit der Eintragung unmittelbar in der Person des Erwerbers entstehen. Waren die Aktien vor der Kapitalerhöhung bereits mit dinglichen Rechten Dritter belastet, ist fraglich, ob sich diese dinglichen Rechte an den neuen Aktien ohne Weiteres fortsetzen. Die Frage wird weithin mit dem Argument bejaht, dass die Rechtsstellung des Inhabers des dinglichen Rechts – etwa des Pfandgläubigers oder des Nießbrauchsberechtigten – anderenfalls wirtschaftlich ausgehöhlt werde (zum Modus der Erstreckung des dinglichen Rechts vgl. im Einzelnen MHLS/*Hermanns* GmbHG § 57j Rn. 5 zur entsprechenden Bestimmung des GmbHG).

III. Der Grundsatz des beteiligungsproportionalen Erwerbs

4 Die neuen Aktien stehen den Aktionären im Verhältnis ihrer Anteile am bisherigen Grundkapital zu. Eigene Aktien der Gesellschaft werden gem. § 215 Abs. 1 mitgezählt; gleiches gilt für teileingezahlte Aktien gem. § 215 Abs. 2. § 212 S. 2 lässt eine **beteiligungsdisproportionale Zuordnung** der neuen Aktien durch Beschluss der Hauptversammlung ***nicht* zu.** Der Wortlaut der Bestimmung ist eindeutig und uneingeschränkt, sodass eine beteiligungsdisproportionale Zuordnung jedenfalls gegen den Willen des benachteiligten Gesellschafters nicht möglich ist (so die ganz hA: vgl. MüKoAktG/*Arnold* Rn. 11; aA K. Schmidt/Lutter/*Veil* Rn. 2 bei einstimmigem Beschluss der Hauptversammlung). Die ganz überwiegende Auffassung lehnt angesichts des uneingeschränkten Wortlautes der Bestimmung eine solche – beteiligungsdisproportionale – Zuordnung auch dann ab, wenn der Hauptversammlungsbeschluss einstimmig, dh insbesondere mit Zustimmung des benachteiligten Gesellschafters, gefasst wird (vgl. zB MüKoAktG/*Arnold* Rn. 11; OLG Dresden 9.2.2001, AG 2001, 532). Da die Adressaten des Schutzes der Vorschrift indes alleine die Aktionäre selbst sein können, ist nicht vollständig überzeugend, warum diese nicht auch auf den Schutz der beteiligungsproportionalen Zuordnung sollen verzichten können. Eine Zuordnung abweichend von den Beteiligungsquoten kann zB dann gerechtfertigt oder sogar geboten sein, wenn die in der Kapitalrücklage gebuchten und nunmehr umzuwandelnden Rücklagen wirtschaftlich nicht den Gesellschaftern gemäß ihren Beteiligungsquoten zuzuordnen sind, sondern die Aktionäre hiervon abweichend wirtschaftlich berechtigt sind, zB wenn sie Leistungen in die Kapitalrücklage zu Quoten erbracht haben, die nicht ihrer Beteiligung am Grundkapital entsprechen. In einem solchen Fall wäre es nicht gerechtfertigt, die Kapitalrücklage in der Weise in Grundkapital umzuwandeln, dass alle Aktionäre entsprechend ihrer Beteiligung am Grundkapital an der Kapitalerhöhung teilnehmen. § 212 ist daher teleologisch zu reduzieren und so zu lesen, dass von der Bestimmung nur durch einstimmigen Beschluss der Hauptversammlung abgewichen werden kann (ebenso K. Schmidt/Lutter/*Veil* Rn. 2). In jedem Fall unberührt bleibt die Möglichkeit der Aktionäre, nach Wirksamwerden einer Kapitalerhöhung die neuen Aktien an andere Gesellschafter oder Dritte zu veräußern.

5 Auch **mittelbare Erwerbshindernisse** haben vor § 212 S. 2 keinen Bestand. So kann die Teilnahme an der Kapitalerhöhung aus Gesellschaftsmitteln nicht etwa davon abhängig gemacht werden, dass der Aktionär weitere Verpflichtungen gegenüber der Gesellschaft übernimmt (zur Verknüpfung der nominellen Kapitalerhöhung mit einer Kapitalerhöhung gegen Einlagen → § 207 Rn. 10).

Ein Beschluss der Hauptversammlung, der **gegen § 212 S. 2 verstößt, ist nichtig** und darf nicht in das Handelsregister eingetragen werden. 6

Teilrechte

213 (1) **Führt die Kapitalerhöhung dazu, daß auf einen Anteil am bisherigen Grundkapital nur ein Teil einer neuen Aktie entfällt, so ist dieses Teilrecht selbständig veräußerlich und vererblich.**

(2) **Die Rechte aus einer neuen Aktie einschließlich des Anspruchs auf Ausstellung einer Aktienurkunde können nur ausgeübt werden, wenn Teilrechte, die zusammen eine volle Aktie ergeben, in einer Hand vereinigt sind oder wenn sich mehrere Berechtigte, deren Teilrechte zusammen eine volle Aktie ergeben, zur Ausübung der Rechte zusammenschließen.**

I. Allgemeines

1 Der Regelungsgegenstand von § 213 ist notwendige Konsequenz der bei Vorhandensein von Nennbetragsaktien im Einzelfall mathematisch miteinander unvereinbaren Gebote von § 8 Abs. 2 S. 4 (Aktiennennbeträge müssen auf volle Euro lauten) einerseits und § 212 andererseits. Die durch § 212 gebotene beteiligungsproportionale Aufteilung des Erhöhungsbetrages wird im Einzelfall dazu führen, dass der auf eine Aktie entfallende **Teilbetrag nicht auf volle Euro** lautet oder auf einen Anteil am bisherigen Grundkapital nur ein Teil einer neuen Aktie entfällt. Über die Behandlung dieser Teilrechte verhält sich § 213. § 213 Abs. 1 bestimmt, dass die gebildeten Teilrechte selbständig veräußerlich und vererblich sind, während § 213 Abs. 2 regelt, dass die Rechte aus einer neuen Aktie aus Teilrechten nur ausgeübt werden können, wenn so viele Teilrechte in einer Hand vereinigt sind oder mehrere Berechtigte sich zur Ausübung der Rechte aus den Teilrechten zusammenschließen, sodass zusammen die Rechte aus einer vollen Aktie ausgeübt werden können. § 213 verhält sich demgegenüber nicht zu der Frage, unter welchen Voraussetzungen Teilrechte zulässigerweise gebildet werden dürfen. Beschränkungen ergeben sich insoweit aus dem Verbot der Teilrechtsbildung bei Nennwerterhöhungen gem. § 215 Abs. 2 S. 4 (→ § 215 Rn. 6) und wegen der sich aus der Treuepflicht der Aktionäre ergebenden Verpflichtung, dass die Hauptversammlung den Erhöhungsbetrag oder die Stückelung der neuen Aktien so wählt, dass nicht mehr Teilrechte als notwendig entstehen (GK-AktG/*Hirte* § 207 Rn. 113). § 213 erlaubt lediglich die Bildung von Teilrechten, ist jedoch kein Beleg für die Zulässigkeit von *Teilaktien.* Eine Teil-Stückaktie, die etwa zu einer geringeren Beteiligung am Grundkapital führt als die übrigen Aktien, ist wegen des Verstoßes gegen § 8 Abs. 3 S. 3 nicht zulässig und kann nicht gebildet werden. § 213 erlaubt nur die Bildung von Teilrechten, aus denen Aktienrechte nur ausgeübt werden können, wenn sie in einer Hand vereinigt sind oder sich mehrere Teilrechtsinhaber zusammengeschlossen haben.

II. Die Rechtsfolgen der Entstehung von Teilrechten

2 Das Gesetz beschäftigt sich in zweierlei Hinsicht mit entstandenen Teilrechten. Zum einen bestimmt § 213 Abs. 1, dass die Teilrechte **selbständig veräußerlich** oder vererblich sind, und zum anderen beschränkt § 213 Abs. 2 die Ausübung der mit ihnen verbundenen Mitgliedschaftsrechte.

3 Die mit der Eintragung der Kapitalerhöhung im Handelsregister entstehenden Teilrechte können wie vollwertige Aktien veräußert und vererbt werden. Sie sind wie **vollwertige Aktien** pfändbar und können wie diese gepfändet werden (GK-AktG/*Hirte* Rn. 3 ff.; Hüffer/Koch/*Koch* Rn. 3; MHdB GesR IV/*Scholz* § 59 Rn. 42).

4 Die mit einem Teilrecht verbundenen **Mitgliedschaftsrechte können nicht selbständig ausgeübt** werden, sondern nur nach Vereinigung mehrerer Teilrechte, die zusammen eine Aktie ausmachen, in einer Hand oder nach Zusammenschluss mehrerer Teilrechtsinhaber. Dieser Grundsatz gilt für alle Mitgliedschaftsrechte, die mit den Teilrechten verbunden sind. Praktische Bedeutung hat er indes nur für solche Rechte, die eine quantitative Dimension idS haben, dass eine höhere Beteiligung am Grundkapital eine gesteigerte Teilhabemöglichkeit vermittelt. So können vor Vereinigung oder Zusammenschluss aus dem Teilrecht keine Gewinnansprüche und kein Stimmrecht abgeleitet werden (K. Schmidt/Lutter/*Veil* Rn. 3). Keine Bedeutung hat § 213 Abs. 2 demgegenüber für diejenigen Gesellschafterrechte, die die beschriebene quantitative Dimension nicht aufweisen. Dies sind zB Informationsrechte oder Klagerechte des Aktionärs, die in ihrem Bestand und ihrem Umfang unabhängig davon sind, mit welchen quantitativen Anteilen der Aktionär am Grundkapital beteiligt ist.

Aufforderung an die Aktionäre

214 (1) [1]**Nach der Eintragung des Beschlusses über die Erhöhung des Grundkapitals durch Ausgabe neuer Aktien hat der Vorstand unverzüglich die Aktionäre aufzufor-**

dern, die neuen Aktien abzuholen. [2]Die Aufforderung ist in den Gesellschaftsblättern bekanntzumachen und gemäß § 67a zu übermitteln. [3]In der Bekanntmachung ist anzugeben,
1. um welchen Betrag das Grundkapital erhöht worden ist,
2. in welchem Verhältnis auf die alten Aktien neue Aktien entfallen.

[4]In der Bekanntmachung ist ferner darauf hinzuweisen, daß die Gesellschaft berechtigt ist, Aktien, die nicht innerhalb eines Jahres seit der Bekanntmachung der Aufforderung abgeholt werden, nach dreimaliger Androhung für Rechnung der Beteiligten zu verkaufen.

(2) **[1]Nach Ablauf eines Jahres seit der Bekanntmachung der Aufforderung hat die Gesellschaft den Verkauf der nicht abgeholten Aktien anzudrohen. [2]Die Androhung ist dreimal in Abständen von mindestens einem Monat in den Gesellschaftsblättern bekanntzumachen. [3]Die letzte Bekanntmachung muß vor dem Ablauf von achtzehn Monaten seit der Bekanntmachung der Aufforderung ergehen.**

(3) **[1]Nach Ablauf eines Jahres seit der letzten Bekanntmachung der Androhung hat die Gesellschaft die nicht abgeholten Aktien für Rechnung der Beteiligten zum Börsenpreis und beim Fehlen eines Börsenpreises durch öffentliche Versteigerung zu verkaufen. [2]§ 226 Abs. 3 Satz 2 bis 6 gilt sinngemäß.**

(4) **[1]Die Absätze 1 bis 3 gelten sinngemäß für Gesellschaften, die keine Aktienurkunden ausgegeben haben. [2]Die Gesellschaften haben die Aktionäre aufzufordern, sich die neuen Aktien zuteilen zu lassen.**

I. Allgemeines

1 § 214 ist eine eher **technische Regelung,** deren Notwendigkeit sich daraus ergibt, dass das Grundkapital mit Eintragung des Beschlusses über die Erhöhung des Grundkapitals in das Handelsregister erhöht ist, und zwar unabhängig von der Ausgabe neuer Aktien an die Aktionäre. § 214 **soll sicherstellen,** dass die neu entstandenen **Aktien tatsächlich auch an die Aktionäre gelangen** (K. Schmidt/Lutter/*Veil* Rn. 1).

II. Das Verfahren zur Abholung der Aktien durch die Aktionäre

2 Abs. 1 bestimmt, dass der Vorstand nach Eintragung des Beschlusses über die Erhöhung des Grundkapitals die **Aktionäre unverzüglich aufzufordern** hat, die neuen Aktien abzuholen und diese Aufforderung in den Gesellschaftsblätter bekanntzumachen hat. Die Bekanntmachung muss den Inhalt des Abs. 1 S. 3 haben und den Hinweis des Abs. 1 S. 4 enthalten, dass die Gesellschaft berechtigt ist, Aktien, die nicht innerhalb eines Jahres seit der Bekanntmachung der Aufforderung abgeholt werden, nach dreimaliger Androhung für Rechnung der Beteiligten verkauft werden.

3 Sind die Aktien **nicht** aufforderungsgemäß innerhalb eines Jahres seit der Bekanntmachung **abgeholt worden,** muss die Gesellschaft den Verkauf der nicht abgeholten Aktien androhen; diese Androhung ist gem. Abs. 2 S. 2 dreimal in Abständen von mindestens einem Monat in den Gesellschaftsblättern bekanntzumachen; die letzte Bekanntmachung muss vor dem Ablauf von 18 Monaten seit der Bekanntmachung der Aufforderung ergehen.

4 Schließlich muss die Gesellschaft nach Abs. 3 die nach Ablauf eines Jahres seit der letzten Bekanntmachung der Androhung nicht abgeholten Aktien für Rechnung der Beteiligten zum Börsenpreis oder durch öffentliche Versteigerung **verkaufen.**

5 **Wurden keine Aktienurkunden ausgegeben,** muss die Gesellschaft die Aktionäre gem. Abs. 4 auffordern, sich die neuen Aktien zuteilen zu lassen. Zuteilung bedeutet in diesem Zusammenhang, dass die Gesellschaft den Inhaber der neu entstandenen Mitgliedsrechte als Aktionär anerkennt (MüKoAktG/*Arnold* Rn. 39; K. Schmidt/Lutter/*Veil* Rn. 11). Die Zuteilung setzt eine schriftliche Bestätigung der Gesellschaft voraus (Hüffer/Koch/*Koch* Rn. 12; K. Schmidt/Lutter/*Veil* Rn. 12).

Eigene Aktien. Teileingezahlte Aktien

215

(1) **Eigene Aktien nehmen an der Erhöhung des Grundkapitals teil.**

(2) **[1]Teileingezahlte Aktien nehmen entsprechend ihrem Anteil am Grundkapital an der Erhöhung des Grundkapitals teil. [2]Bei ihnen kann die Kapitalerhöhung nicht durch Ausgabe neuer Aktien ausgeführt werden, bei Nennbetragsaktien wird deren Nennbetrag erhöht. [3]Sind neben teileingezahlten Aktien volleingezahlte Aktien vorhanden, so kann bei volleingezahlten Nennbetragsaktien die Kapitalerhöhung durch Erhöhung des Nennbetrags der Aktien und durch Ausgabe neuer Aktien ausgeführt werden; der Beschluß über die Erhöhung des Grundkapitals muß die Art der Erhöhung angeben. [4]Soweit die Kapitalerhöhung durch Erhöhung des Nennbetrags der Aktien ausgeführt wird, ist sie so zu bemessen, daß durch sie**

auf keine Aktie Beträge entfallen, die durch eine Erhöhung des Nennbetrags der Aktien nicht gedeckt werden können.

I. Allgemeines

1 Die wesentliche Aussage des § 215 liegt darin, dass sowohl eigene Aktien der Gesellschaft als auch teileingezahlte Aktien im Grundsatz uneingeschränkt an der Kapitalerhöhung aus Gesellschaftsmitteln teilnehmen. § 215 stellt sich demzufolge als **konsequente Umsetzung des Gebots der beteiligungsproportionalen Zuordnung** der neuen Aktien (§ 212) dar.

II. Eigene Aktien in der Kapitalerhöhung

2 Die Gesellschaft darf eigene Aktien erwerben, wenn die gesetzlichen Voraussetzungen des § 71 hierfür erfüllt sind. Nach dem zulässigen Erwerb eigener Aktien ruhen grundsätzlich nach **§ 71b** die mit diesen Anteilen verbundenen Mitgliedschaftsrechte. Von diesem Grundsatz macht **§ 215 Abs. 1 eine Ausnahme,** indem er ausdrücklich bestimmt, dass eigene Aktien an der Kapitalerhöhung aus Gesellschaftsmitteln teilnehmen. Der Grund liegt zum einen im Gebot der beteiligungsproportionalen Zuordnung der neuen Aktien, der auch zu Gunsten eigener Anteile der Gesellschaft gilt, zum anderen darin, dass ein Ausschluss der eigenen Aktien von der Kapitalerhöhung zu einer Minderung des Wertes dieser Aktien führen würde. Eine solche Wertminderung würde als Minderung eines Aktivpostens (§ 266 Abs. 2 B. III. Nr. 2 HGB) bilanziell auch die Minderung des Eigenkapitals, nämlich die Minderung der Rücklage für eigene Anteile (§ 266 Abs. 3 A. III. 2. HGB, § 272 Abs. 4 HGB), zur Folge haben. Für die Durchführung der Kapitalerhöhung gelten auch bei Vorhandensein eigener Aktien keine Besonderheiten. Es kann sowohl eine Nennwertaufstockung als auch die Ausgabe neuer Aktien beschlossen werden. Allerdings hat die Gesellschaft bei der Beschlussfassung über die Kapitalerhöhung aus den eigenen Aktien kein Stimmrecht. Wenn die Kapitalerhöhung wirksam beschlossen und anschließend im Handelsregister eingetragen ist, tritt die Nennwertaufstockung oder die Bildung neuer Aktien automatisch und ohne weiteres Zutun der Gesellschaft ein.

III. Teileingezahlte Aktien in der Kapitalerhöhung

3 **Auch teileingezahlte Aktien nehmen gem. § 215 Abs. 2 an der Kapitalerhöhung aus Gesellschaftsmitteln teil.** Das ist konsequent, da die Inhaber teileingezahlter Anteile regelmäßig in gleichem Umfang zur Rücklagenbildung beigetragen haben wie die Inhaber voll eingezahlter Aktien. Die fehlende Volleinzahlung hat für die Bildung der umzuwandelnden Rücklagen keinerlei Relevanz. Daher nehmen teileingezahlte Aktien auch dann uneingeschränkt an der Kapitalerhöhung aus Gesellschaftsmitteln teil, wenn in der Satzung ausdrücklich bestimmt ist, dass sie Rechte nur entsprechend den tatsächlich eingezahlten Einlagen vermitteln. In diesem Fall richten sich die Rechte der Inhaber der teileingezahlten Aktien im Anschluss an die Kapitalerhöhung nach § 216 Abs. 2.

4 Bei Durchführung der Kapitalerhöhung sind bei Vorhandensein teileingezahlter Aktien **zwei Besonderheiten** zu beachten: Zum einen darf – man möchte fast sagen, selbstverständlich – nicht der Versuch unternommen werden, die ausstehende Einlage in der Weise zu leisten, dass der Gesellschafter auf eine Nennwertaufstockung verzichtet und stattdessen gegen die noch offene Einlageforderung der Gesellschaft mit dem ihm zustehenden anteiligen Betrag aus der nominellen Kapitalerhöhung aufrechnet. Ein derartiges Verfahren würde gegen das zwingende Gebot der beteiligungsproportionalen Zuordnung von § 212 verstoßen. Zum anderen schreibt § 215 Abs. 2 S. 2 vor, dass die Kapitalerhöhung bei teileingezahlten Aktien nur durch Nennwertaufstockung durchgeführt werden kann. Der Sinn dieser Vorgabe liegt darin, dass vermieden werden soll, dass die Höhe der offenen Einlagen unübersichtlich und die Haftung für ihre Erfüllung gem. §§ 65, 66 gefährdet wird (GK-AktG/*Hirte* Rn. 14; K. Schmidt/Lutter/*Veil* Rn. 5). Wie sich die Erhöhung vollzieht, bestimmt sich danach, ob Stückaktien oder Nennbetragsaktien ausgegeben sind. Bei teileingezahlten Stückaktien werden die Grundkapitalziffer und der rechnerische Betrag, den die einzelne Aktie am Grundkapital vermittelt, erhöht. Bei Nennbetragsaktien wird deren Nennbetrag erhöht (§ 215 Abs. 2 S. 2 Hs. 2).

5 Sind **teileingezahlte Aktien und voll eingezahlte Aktien vorhanden,** so kann gem. Abs. 2 S. 3 bei voll eingezahlten Nennbetragsaktien die Kapitalerhöhung – als Ausnahme von § 207 Abs. 2 S. 2, der dies grundsätzlich nur bei Stückaktien zulässt – durch Erhöhung des Nennbetrags der Aktien und – wahlweise – durch Ausgabe neuer Aktien ausgeführt werden. Der Beschluss über die Erhöhung des Grundkapitals muss die Art der Erhöhung angeben. Sieht der Beschluss die Ausgabe von neuen Aktien vor, so gilt diese Bestimmung nur für die voll eingezahlten Aktien, da nur insoweit ein Wahlrecht der Hauptversammlung besteht; § 215 Abs. 2 S. 2 verbietet bei teileingezahlten Aktien die Neuausgabe von Aktien.

6 Abs. 2 S. 4 bestimmt, dass bei Ausführung der Kapitalerhöhung durch Nennbetragserhöhung die **Erhöhungsbeträge so zu bemessen** sind, dass durch sie auf keine Aktie Beträge entfallen, die durch eine Erhöhung des Nennbetrags der Aktie nicht gedeckt werden könnten. Die Vorschrift ist bei

unbefangener Lektüre kaum verständlich. Sie kann sprachlogisch zweierlei meinen: Zum einen kann sie die Bedeutung haben, dass der auf jede einzelne Aktie entfallende Erhöhungsbetrag durch volle Euro teilbar sein muss und zum anderen kann die Bestimmung rein sprachlich auch dahin verstanden werden, dass lediglich das Ergebnis der Aufstockung dem Teilbarkeitsgebot durch volle Euro genügen muss, nicht jedoch der Erhöhungsbetrag selbst. Die Auslegung im erstgenannten Sinne würde in vielen Fällen dazu führen, dass aufgrund der zwingenden Vorgabe von § 212 S. 2 eine vollständige Kapitalerhöhung durch Aufstockung nicht möglich wäre, sondern für freie Spitzen neue Teilrechte nach § 213 Abs. 1 gebildet werden müssen. Das Gebot der beteiligungsproportionalen Zuordnung gem. § 212 und das Gebot, auch die Erhöhungsbeträge so zu bemessen, dass sie durch volle Euro teilbar sind, werden sich nämlich in nicht wenigen Fällen mathematisch ausschließen, weil eine beteiligungsproportionale Zuordnung gerade nicht zu einer Zuordnung von auf volle Euro lautenden Erhöhungsbeträgen führen wird. Es sind keine überzeugenden Argumente ersichtlich, die gegen eine Auslegung sprechen, dass nicht die Erhöhungsbeträge selbst durch volle Euro teilbar sein müssen, sondern nur die nach Erhöhung entstandenen neuen Nennbeträge.

Wahrung der Rechte der Aktionäre und Dritter

216 (1) **Das Verhältnis der mit den Aktien verbundenen Rechte zueinander wird durch die Kapitalerhöhung nicht berührt.**

(2) [1] **Soweit sich einzelne Rechte teileingezahlter Aktien, insbesondere die Beteiligung am Gewinn oder das Stimmrecht, nach der auf die Aktie geleisteten Einlage bestimmen, stehen diese Rechte den Aktionären bis zur Leistung der noch ausstehenden Einlagen nur nach der Höhe der geleisteten Einlage, erhöht um den auf den Nennbetrag des Grundkapitals berechneten Hundertsatz der Erhöhung des Grundkapitals zu.** [2] **Werden weitere Einzahlungen geleistet, so erweitern sich diese Rechte entsprechend.** [3] **Im Fall des § 271 Abs. 3 gelten die Erhöhungsbeträge als voll eingezahlt.**

(3) [1] **Der wirtschaftliche Inhalt vertraglicher Beziehungen der Gesellschaft zu Dritten, die von der Gewinnausschüttung der Gesellschaft, dem Nennbetrag oder Wert ihrer Aktien oder ihres Grundkapitals oder sonst von den bisherigen Kapital- oder Gewinnverhältnissen abhängen, wird durch die Kapitalerhöhung nicht berührt.** [2] **Gleiches gilt für Nebenverpflichtungen der Aktionäre.**

I. Allgemeines

1 Ebenso wie § 212 setzt § 216 das Anliegen des Gesetzgebers um, durch eine Kapitalerhöhung aus Gesellschaftsmitteln **keine wirtschaftliche Änderung der gesellschaftsinternen Beteiligungsstrukturen** eintreten zu lassen. Während § 212 gewährleistet, dass das Erhöhungsvolumen als solches den Gesellschaftern beteiligungsproportional zugeordnet wird, stellt § 216 sicher, dass die Kapitalerhöhung nicht zu einer Bevorzugung oder Benachteiligung solcher Aktionäre führt, die besondere Rechte genießen oder besondere Pflichten zu tragen haben. Die gesellschaftsinterne Vorgabe wird durch Abs. 3 der Bestimmung ergänzt, der klarstellt, dass die Kapitalerhöhung auch für Dritte nicht zu einer wirtschaftlichen Änderung ihrer Rechtsposition führt.

II. Die Unveränderlichkeit der Rechtsbeziehungen zwischen den Gesellschaftern (Abs. 1)

2 Da die Kapitalerhöhung nicht von einzelnen Aktionären finanziert, sondern aus den gemeinschaftlich erwirtschafteten Mitteln aufgebracht wird, ist es konsequent, dass sie **nicht zu einer Bevorzugung oder Benachteiligung einzelner Aktionäre führen darf.** Dieses berechtigte Anliegen des Gesetzgebers wird im Regelfall bereits durch § 212 umgesetzt, der dafür sorgt, dass das Erhöhungsvolumen den bisherigen Aktionären beteiligungsproportional zugeordnet wird. Ergänzend hierzu ordnet § 216 Abs. 1 an, dass die Kapitalerhöhung das Verhältnis der mit den Aktien verbundenen Rechte zueinander nicht berührt. Die Bestimmung erhält praktische Bedeutung, wenn einzelne Gesellschafter Sonderrechte genießen oder Sonderpflichten zu tragen haben. § 216 Abs. 1 S. verlangt in diesen Fällen, dass das Verhältnis der mit den Aktien verbundenen Rechte und Pflichten zueinander unberührt bleibt. Demzufolge erhält jeder Aktionär neue Aktien seiner Gattung. Es dürfen keine neuen Aktiengattungen durch die Kapitalerhöhung aus Gesellschaftsmitteln geschaffen werden. Bei Vorhandensein von Vorzugsaktien mit Dividendenvorzug muss dieser in demselben Verhältnis gekürzt werden, wie die Stammaktien an Stimmkraft verlieren (K. Schmidt/Lutter/*Veil* Rn. 5).

III. Besonderheiten bei teileingezahlten Anteilen

Die Anwendung von Abs. 2 setzt voraus, dass sich **einzelne Rechte teileingezahlter Aktien nach der auf die Aktie geleisteten Einlage** bestimmen; dies kann der Fall sein insbesondere in den Fällen des § 60 Abs. 2 und Abs. 3 oder des § 134 Abs. 2 S. 2 und Abs. 2 S. 4 (K. Schmidt/Lutter/*Veil* Rn. 8). § 216 Abs. 2 S. 1 bestimmt nun, dass sich die Rechte in dem Prozentsatz erhöhen, der dem Verhältnis des Erhöhungsbetrages aus der Kapitalerhöhung zum vorherigen (nicht erhöhten) Grundkapital entspricht. Werden weitere Einzahlungen geleistet, erweitern sich die Rechte gem. § 216 Abs. 2 S. 2 entsprechend. Die Bestimmungen bewirken, dass die Aktionäre so gestellt werden, als wäre die Nennwerterhöhung zum selben Prozentsatz eingezahlt worden wie die von den Aktionären auf die Altaktie geleistete Einlage (K. Schmidt/Lutter/*Veil* Rn. 9). Im Falle des § 271 Abs. 3 (also bei Abwicklung der Gesellschaft) gelten die Erhöhungsbeträge gem. § 216 Abs. 2 S. 3 als voll eingezahlt, sodass bei einer Liquidation der Gesellschaft die Erhöhungsbeträge und die geleisteten Einlagen zunächst an die Aktionäre erstattet werden müssen und erst ein danach verbleibender Überschuss verteilt werden darf (§ 271 Abs. 3 S. 1). 3

IV. Die Unveränderlichkeit der Rechtsbeziehungen zu Dritten (Abs. 3)

Die Kapitalerhöhung aus Gesellschaftsmitteln kann auch für **Rechtsbeziehungen zu Vertragspartnern der Gesellschaft** von Bedeutung sein, wenn sich die Rechte des Vertragspartners nach dem Betrag des Grundkapitals oder nach Aktienbeträgen richten. Abs. 3 schreibt insoweit den Programmsatz von Abs. 1 auch insoweit fort und bestimmt, dass sich die Veränderung der Grundkapitalziffer auf die Verhältnisse zu Dritten nicht auswirken soll. 4

Bestehende Vertragsbeziehungen der Gesellschaft zu Dritten bleiben durch die Kapitalerhöhung gem. Abs. 3 **unberührt.** Wenn sich die Rechte eines Dritten nach der Grundkapitalziffer bemessen, würden sie sich rechnerisch im Falle einer Grundkapitalerhöhung vermehren. Hat etwa ein stiller Gesellschafter einen Gewinnanspruch in Höhe eines bestimmten Prozentsatzes des Grundkapitals der Gesellschaft, so verändert sich der an ihn auszukehrende Betrag gem. Abs. 3 S. 1 auch nach einer Erhöhung des Grundkapitals aus Gesellschaftsmitteln nicht. 5

Praktische Relevanz hat Abs. 3 S. 1 auch bei **Wandelschuldverschreibungen iSd § 221 Abs. 1.** Wenn ein Gläubiger gegenüber der Gesellschaft das Recht hat, statt einer Rückzahlung der von ihm hingegebenen Geldmittel eine bestimmte Zahl von Aktien zu erhalten, würde dies ohne Anpassung zu einer Benachteiligung des Gläubigers führen, da die ihm zuzuteilenden Aktien eine geringere Beteiligung am Grundkapital der Gesellschaft vermittelten. Demzufolge passen sich die Rechtsbeziehungen der Gesellschaft zu dem Gläubiger der Wandelschuldverschreibung gem. § 216 Abs. 3 S. 1 ohne Weiteres in der Weise an, dass der Gläubiger berechtigt ist, ohne Aufpreis weitere Aktien zu beziehen oder zu erwerben (Hüffer/Koch/*Koch* Rn. 14; K. Schmidt/Lutter/*Veil* Rn. 15). Ähnliche Anpassungen treten bei Gewinnschuldverschreibungen und Genussrechten ein (vgl. dazu iE K. Schmidt/Lutter/*Veil* Rn. 16 ff.). 6

Abs. 3 S. 2 stellt schließlich klar, dass für **Nebenverpflichtungen der Aktionäre das Gleiche gilt** wie für vertragliche Beziehungen der Gesellschaft zu Dritten, dh sie werden durch die Kapitalerhöhung nicht erhöht, sondern bleiben unverändert. Konkret werden die Nebenverpflichtungen gleichmäßig auf die alten und die neuen Aktien der Aktionäre verteilt (GK-AktG/*Hirte* Rn. 83; Hüffer/Koch/*Koch* Rn. 17; K. Schmidt/Lutter/*Veil* Rn. 21). 7

Beginn der Gewinnbeteiligung

217 (1) **Neue Aktien nehmen, wenn nichts anderes bestimmt ist, am Gewinn des ganzen Geschäftsjahrs teil, in dem die Erhöhung des Grundkapitals beschlossen worden ist.**

(2) [1]**Im Beschluß über die Erhöhung des Grundkapitals kann bestimmt werden, daß die neuen Aktien bereits am Gewinn des letzten vor der Beschlußfassung über die Kapitalerhöhung abgelaufenen Geschäftsjahrs teilnehmen.** [2]**In diesem Fall ist die Erhöhung des Grundkapitals zu beschließen, bevor über die Verwendung des Bilanzgewinns des letzten vor der Beschlußfassung abgelaufenen Geschäftsjahrs Beschluß gefaßt ist.** [3]**Der Beschluß über die Verwendung des Bilanzgewinns des letzten vor der Beschlußfassung über die Kapitalerhöhung abgelaufenen Geschäftsjahrs wird erst wirksam, wenn das Grundkapital erhöht ist.** [4]**Der Beschluß über die Erhöhung des Grundkapitals und der Beschluß über die Verwendung des Bilanzgewinns des letzten vor der Beschlußfassung über die Kapitalerhöhung abgelaufenen Geschäftsjahrs sind nichtig, wenn der Beschluß über die Kapitalerhöhung nicht binnen drei Monaten nach der Beschlußfassung in das Handelsregister eingetragen worden ist.** [5]**Der Lauf der Frist ist gehemmt, solange eine Anfechtungs- oder Nichtigkeitsklage rechtshängig ist.**

I. Allgemeines

1 § 217 regelt eine gesellschafterinterne Frage, indem die Bestimmung sich damit befasst, **ab welchem Zeitpunkt** die aus der Kapitalerhöhung entstehenden neuen Aktien **am Gewinn der Gesellschaft teilnehmen.** § 217 Abs. 1 stellt hierfür eine gesetzliche Regelung auf, von der unter Beachtung bestimmter formeller Vorgaben (§ 217 Abs. 2) abgewichen werden kann.

II. Die Gewinnberechtigung der neuen Anteile nach der gesetzlichen Regelung (Abs. 1)

2 Nach der gesetzlichen Regelung nehmen die **neuen Aktien am Gewinn des ganzen Geschäftsjahres teil,** in dem die Kapitalerhöhung beschlossen wurde. Maßgebend ist der Zeitpunkt der Beschlussfassung über die Kapitalerhöhung; der Zeitpunkt ihrer Eintragung ist nicht erheblich (Hüffer/*Koch* Rn. 2). Die Bestimmung hat geringe praktische Bedeutung, da das Verhältnis der Aktien zueinander – und damit auch der Gewinnverteilungsschlüssel – bereits wegen § 212 und § 216 Abs. 1 durch die Kapitalerhöhung nicht verändert wird. Praktische Auswirkungen und Beratungsbedarf können sich dann ergeben, wenn die neuen Anteile im Erhöhungsjahr zeitlich nach dem Beschluss über die Kapitalerhöhung veräußert werden sollen. Hier führt § 217 Abs. 1 mangels abweichender Festsetzung dazu, dass der Erwerber der neuen Aktien am Gewinn des gesamten Geschäftsjahres teilnimmt; eine zeitanteilige Gewinnberechnung ist damit entbehrlich.

III. Abweichende Festsetzungen (Abs. 2)

3 Von der **gesetzlichen Regelung abweichende Festsetzungen** können dann sachgerecht sein, wenn im Moment des Kapitalerhöhungsbeschlusses bereits absehbar ist, dass die mit Eintragung der Kapitalerhöhung im Handelsregister entstehenden neuen Anteile veräußert werden sollen. Hier kommt entweder eine Hinausschiebung oder eine Vorverlagerung der Gewinnberechtigung in Betracht. Grundsätzlich sind derartige Gestaltungen iRv § 217 Abs. 2 und darüber hinaus gehend zulässig, da diese Bestimmung nur einen gesetzlich geregelten Sonderfall (Vorverlagerung der Gewinnberechtigung für das letzte Geschäftsjahr vor der Beschlussfassung über die Kapitalerhöhung) ohne Verbotswirkung für andere Gestaltungen (zB Hinausschieben der Gewinnberechtigung) darstellt (GK-AktG/*Hirte* Rn. 31).

4 **1. Das Hinausschieben der Gewinnberechtigung.** Ein **Hinausschieben der Gewinnberechtigung** kann von Interesse sein, wenn die neuen Anteile noch im laufenden Geschäftsjahr an einen Dritten veräußert werden sollen. In diesem Fall führt ein Ausschluss der Gewinnberechtigung für das laufende Geschäftsjahr dazu, dass der Jahresgewinn ausschließlich unter den Altgesellschaftern verteilt wird. Bei derartigen Gestaltungen ist in formeller Hinsicht erforderlich, dass der Aufschub der Gewinnberechtigung im Erhöhungsbeschluss selbst mit der hierfür erforderlichen satzungsändernden Mehrheit beschlossen wird. Wurde ein Aufschub der Gewinnberechtigung der neuen Anteile beschlossen, muss der Veräußerer den Erwerber auf diesen Umstand iRd Aktienveräußerung hinweisen.

5 **2. Die Vorverlagerung der Gewinnberechtigung.** Auch an einer **Vorverlagerung der Gewinnberechtigung** kann in der Praxis nur dann ein Interesse bestehen, wenn die neuen Anteile an einen Dritten veräußert werden sollen. Den Altaktionären ist es gleichgültig, ob sie den Vorjahresgewinn auf ihre alten Anteile oder im gleichen Verhältnis auf die neuen Anteile beziehen. Für den Erwerber der neuen Anteile kann es demgegenüber von erheblicher wirtschaftlicher Bedeutung sein, ob die Anteile für das Vorjahr noch gewinnberechtigt sind. Wenn von der Möglichkeit der Vorverlagerung Gebrauch gemacht werden soll, müssen die zwingenden formellen Vorgaben von § 217 Abs. 2 beachtet werden.

- Die Vorverlagerung der Gewinnberechtigung auf das letzte vor der Beschlussfassung abgelaufene Geschäftsjahr muss im Kapitalerhöhungsbeschluss bestimmt werden.
- Der Kapitalerhöhungsbeschluss muss gefasst werden, *bevor* über die Ergebnisverwendung für das letzte Geschäftsjahr Beschluss gefasst worden ist (§ 217 Abs. 2 S. 2). Dies ist selbstverständlich, denn nach der Beschlussfassung über die Ergebnisverwendung ist der Gewinnanspruch der Altgesellschafter aus ihren bisherigen Anteilen bereits entstanden und kann ohne ihre Zustimmung nicht wieder entzogen werden.
- Der Beschluss über die Kapitalerhöhung muss binnen drei Monaten nach Beschlussfassung in das Handelsregister eingetragen werden (§ 217 Abs. 2 S. 4), wobei der Lauf der Frist gehemmt ist, solange eine Anfechtungs- oder Nichtigkeitsklage rechtshängig ist oder eine zur Kapitalerhöhung beantragte staatliche Genehmigung noch nicht erteilt ist (§ 217 Abs. 2 S. 5).

Bedingtes Kapital

218 **[1]Bedingtes Kapital erhöht sich im gleichen Verhältnis wie das Grundkapital. [2]Ist das bedingte Kapital zur Gewährung von Umtauschrechten an Gläubiger von Wandelschuldverschreibungen beschlossen worden, so ist zur Deckung des Unterschieds zwischen dem Ausgabebetrag der Schuldverschreibungen und dem höheren geringsten Ausgabebetrag der für sie zu gewährenden Bezugsaktien insgesamt eine Sonderrücklage zu bilden, soweit nicht Zuzahlungen der Umtauschberechtigten vereinbart sind.**

I. Allgemeines

§ 218 schreibt den Grundsatz des § 216 Abs. 3 S. 1 **(Unwandelbarkeit der Rechtsbeziehungen der Gesellschaft zu Dritten)** insoweit fort, als die Bestimmung anordnet, dass sich ein beschlossenes bedingtes Kapital im gleichen Verhältnis wie das Grundkapital erhöht, damit die Gesellschaft in der Lage ist, die ggf. erhöhten Ansprüche Dritter auf Bezug oder Umtausch von Aktien zu erfüllen. § 218 S. 2 bezweckt, eine Unterpari-Emission zu verhindern. 1

II. Die Erhöhung des bedingten Kapitals (S. 1)

§ 218 S. 1 ordnet an, dass sich ein **bedingtes Kapital im gleichen Verhältnis wie das Grundkapital erhöht.** Wenn das bedingte Kapital zum Zeitpunkt des Wirksamwerdens der Kapitalerhöhung aus Gesellschaftsmitteln wirksam beschlossen ist, erhöht es sich kraft Gesetzes, sodass ein Beschluss der Hauptversammlung nicht erforderlich ist (K. Schmidt/Lutter/*Veil* Rn. 2). Etwa entstehende Spitzenbeträge stellen Teilrechte iSv § 213 dar. Ist das bedingte Kapital in der Satzung der Gesellschaft vermerkt, muss die Änderung des bedingten Kapitals auch im Satzungstext verlautbart werden, was ggf. durch den Aufsichtsrat gem. § 179 Abs. 1 S. 2 beschlossen werden kann. Schließlich muss die Berichtigung beim bedingten Kapital ebenfalls zur Eintragung in das Handelsregister angemeldet werden (Hüffer/Koch/*Koch* Rn. 3). Die Anmeldung erfolgt allein durch den Vorstand (ohne Mitwirkung des Aufsichtsratsvorsitzenden) und kann zugleich mit dem Beschluss über die Kapitalerhöhung aus Gesellschaftsmitteln erfolgen (MüKoAktG/*Arnold* Rn. 10). 2

III. Bildung einer Sonderrücklage zur Vermeidung einer Unterpari-Emission (S. 2)

Wurde das **bedingte Kapital zur Gewährung von Umtauschrechten** an Gläubiger von Wandelschuldverschreibungen beschlossen, muss zur Deckung des Unterschieds zwischen dem Ausgabebetrag der Schuldverschreibungen (zu diesem Begriff → § 199 Rn. 6) und dem ggf. höheren geringsten Ausgabebetrag der zu gewährenden Bezugsaktien insgesamt eine Sonderrücklage gebildet werden. Von der Bildung dieser Sonderrücklage darf nur abgesehen werden, wenn entsprechende Zuzahlungen der Umtauschberechtigten zur Vermeidung einer Unterpari-Emission vereinbart wurden. Die Bestimmung ist erforderlich, da die durch § 218 S. 1 erfolgende Korrektur des bedingten Kapitals zur Folge haben kann, dass sich für die Bezugsaktien ein geringster Ausgabebetrag ergibt, der höher als der Ausgabebetrag der Schuldverschreibungen ist. Wurden die Wandelanleihen also zum Nennwert ausgegeben und berechtigt jede Wandelanleihe zum Bezug einer Aktie, so führt eine Kapitalerhöhung aus Gesellschaftsmitteln, die eine Verdoppelung des Grundkapitals zur Folge hat, gem. § 218 S. 1 dazu, dass auch das bedingte Kapital sich verdoppelt und der Wandlungsberechtigte einen Anspruch auf Bezug von zwei neuen Aktien hat. In diesem Fall würden die neuen Aktien nur zu 50% des geringsten Ausgabebetrages ausgegeben. Hier ist die Bildung einer Sonderrücklage erforderlich, weil anderenfalls die Aktienausgabe entgegen § 9 Abs. 1 erfolgte (zum Ganzen vgl. auch K. Schmidt/Lutter/*Veil* Rn. 4). Die Sonderrücklage muss spätestens im Zeitpunkt des Beschlusses über die Kapitalerhöhung gebildet werden und ist in der Bilanz des nächsten Jahresabschlusses auszuweisen (Hüffer/Koch/*Koch* Rn. 6). Die in dieser Rücklage gebundenen Mittel können nicht im Wege der Kapitalerhöhung aus Gesellschaftsmitteln in Grundkapital umgewandelt werden (K. Schmidt/Lutter/*Veil* Rn. 5). 3

Verbotene Ausgabe von Aktien und Zwischenscheinen

219 **Vor der Eintragung des Beschlusses über die Erhöhung des Grundkapitals in das Handelsregister dürfen neue Aktien und Zwischenscheine nicht ausgegeben werden.**

§ 219 entspricht inhaltlich § 197 und § 191 sowie § 203. Auf die diesbezüglichen Erläuterungen kann demzufolge verwiesen werden (→ § 191 Rn. 5 ff.). Anders als die zitierten Vorschriften formuliert der Gesetzgeber in § 219 allerdings, dass vor Eintragung des Beschlusses in das Handelsregister neue 1

Aktien nicht ausgegeben werden *dürfen,* während die zitierten anderen Vorschriften jeweils bestimmen, dass neue Aktien nicht ausgegeben werden *können.* Die überwA folgert hieraus, dass vor der Eintragung ausgegebene Aktien demzufolge nicht nichtig sind, jedoch noch keine Mitgliedsrechte vermitteln (K. Schmidt/Lutter/*Veil* Rn. 3). Die künftigen Mitgliedsrechte können vor der Eintragung des Beschlusses übertragen werden (im Unterschied zur Kapitalerhöhung gegen Einlagen, bei der § 191 dies verbietet; → § 191 Rn. 2 ff.).

Wertansätze

220 **[1] Als Anschaffungskosten der vor der Erhöhung des Grundkapitals erworbenen Aktien und der auf sie entfallenen neuen Aktien gelten die Beträge, die sich für die einzelnen Aktien ergeben, wenn die Anschaffungskosten der vor der Erhöhung des Grundkapitals erworbenen Aktien auf diese und auf die auf sie entfallenen neuen Aktien nach dem Verhältnis der Anteile am Grundkapital verteilt werden. [2] Der Zuwachs an Aktien ist nicht als Zugang auszuweisen.**

I. Allgemeines

1 § 220 regelt, mit welchen **Anschaffungskosten** die neuen und die alten Aktien bilanziell angesetzt werden müssen. Sie hat handels- und steuerbilanzielle Bedeutung, wenn ein Gesellschafter seine Aktien im Betriebsvermögen hält. Sie beeinflusst ferner die Höhe des Veräußerungsgewinns im Falle der steuerpflichtigen Veräußerung von Aktien.

II. Die Anschaffungskosten der alten und der neuen Aktien

2 § 220 verhält sich zu den **Anschaffungskosten der alten und der neuen Aktien.** Der Inhalt der Bestimmung ist nicht überraschend und hätte sich möglicherweise auch ohne ausdrückliche gesetzgeberische Anordnung erschlossen. Die Anschaffungskosten der alten und der neuen Aktien sind in der Weise zu berechnen, dass die Anschaffungskosten der Altanteile – vermindert um zwischenzeitlich vorgenommene Abschreibungen – nach einer Kapitalerhöhung aus Gesellschaftsmitteln auf die Altaktien und die Neuaktien im Verhältnis ihrer Nennbeträge zu verteilen sind.

3 In der zutreffenden Erkenntnis, dass dem Aktionär durch die Kapitalerhöhung aus Gesellschaftsmitteln kein neuer wirtschaftlicher Wert zufließt, bestimmt § 220 S. 2, dass der **Zuwachs an Aktien nicht als Zugang auszuweisen ist.** Anderenfalls würde der Gesellschafter einen tatsächlich nicht eingetretenen Gewinn ausweisen müssen. Selbstverständlich muss der Gesellschafter eine Zugangsbuchung vornehmen, wenn er außerhalb der Kapitalerhöhung neue Rechte, etwa weitere Teilrechte, erwirbt.

Fünfter Unterabschnitt. Wandelschuldverschreibungen. Gewinnschuldverschreibungen

[Wandel-, Gewinnschuldverschreibungen]

221 (1) **[1] Schuldverschreibungen, bei denen den Gläubigern oder der Gesellschaft ein Umtausch- oder Bezugsrecht auf Aktien eingeräumt wird (Wandelschuldverschreibungen), und Schuldverschreibungen, bei denen die Rechte der Gläubiger mit Gewinnanteilen von Aktionären in Verbindung gebracht werden (Gewinnschuldverschreibungen), dürfen nur auf Grund eines Beschlusses der Hauptversammlung ausgegeben werden. [2] Der Beschluß bedarf einer Mehrheit, die mindestens drei Viertel des bei der Beschlußfassung vertretenen Grundkapitals umfaßt. [3] Die Satzung kann eine andere Kapitalmehrheit und weitere Erfordernisse bestimmen. [4] § 182 Abs. 2 gilt.**

(2) **[1] Eine Ermächtigung des Vorstandes zur Ausgabe von Wandelschuldverschreibungen kann höchstens für fünf Jahre erteilt werden. [2] Der Vorstand und der Vorsitzende des Aufsichtsrats haben den Beschluß über die Ausgabe der Wandelschuldverschreibungen sowie eine Erklärung über deren Ausgabe beim Handelsregister zu hinterlegen. [3] Ein Hinweis auf den Beschluß und die Erklärung ist in den Gesellschaftsblättern bekanntzumachen.**

(3) **Absatz 1 gilt sinngemäß für die Gewährung von Genußrechten.**

(4) **[1] Auf Wandelschuldverschreibungen, Gewinnschuldverschreibungen und Genußrechte haben die Aktionäre ein Bezugsrecht. [2] Die §§ 186 und 193 Abs. 2 Nr. 4 gelten sinngemäß.**

Übersicht

I. Allgemeines

1 § 221 regelt die Ausgabe bestimmter **Finanzierungsinstrumente der Gesellschaft, die im Wesentlichen der Beschaffung von Fremdkapital** der Gesellschaft dienen. Insofern unterscheiden sie sich von den Regelungen der §§ 182 ff., die die Eigenkapitalbasis der Gesellschaft stärken. Die Notwendigkeit der gesonderten Regelung ergibt sich aus der potenziellen Kollision der Ausgabe der genannten Finanzierungsinstrumente mit Aktionärsinteressen, da die diesen Finanzierungsinstrumenten innewohnende Möglichkeit zum Aktienbezug in Konkurrenz zum Bezugsrecht der Aktionäre stehen kann. Ferner können auch die Vermögensrechte der Aktionäre, also die Rechte auf Bezug von Dividende oder auf Beteiligung am Liquidationserlös, beeinträchtigt werden, wenn etwa die Inhaber von Genussrechten oder Gewinnschuldverschreibungen vorrangig vor den Aktionären befriedigt werden sollen.

II. Begriffsbestimmungen

2 § 221 trifft in Abs. 1 Regelungen für **Wandelschuldverschreibungen und Gewinnschuldverschreibungen sowie in Abs. 3 für Genussrechte.** Während Wandel- und Gewinnschuldverschreibungen sich durch ein Nebeneinander einer schuldrechtlichen Abrede und einem Aktienerwerbsrecht bzw. – bei Gewinnschuldverschreibungen – einem Zahlungsanspruch auszeichnen, gewährt ein Genussrecht unmittelbar mitgliedschaftliche Vermögensrechte, ohne dass es des Erwerbs einer Mitgliedschaft selbst bedarf.

3 **1. Die Wandelschuldverschreibung (Abs. 1).** Abs. 1 definiert die **Wandelschuldverschreibung** dahin, dass es sich hierbei um eine Schuldverschreibung handelt, bei der dem **Gläubiger oder die Gesellschaft ein Umtausch- oder Bezugsrecht auf Aktien** eingeräumt wird. Die Wandelschuldverschreibung setzt sich also zusammen aus einer rein schuldrechtlichen Schuldverschreibung (§§ 793 ff. BGB) und einem Aktienerwerbsrecht (K. Schmidt/Lutter/*Merkt* Rn. 14). Begrifflich werden innerhalb der Wandelschuldverschreibungen die Wandelanleihen und die Optionsanleihen unterschieden (Hüffer/Koch/*Koch* Rn. 3).

4 **a) Die Wandelanleihen.** Kennzeichen der **Wandelanleihen** ist es, dass sie aus einer Schuldverschreibung und einem damit zusammenhängenden Recht besteht, die Schuldverschreibung gegen Aktien der Gesellschaft einzulösen. Die Schuldverschreibung enthält das Versprechen der Gesellschaft, an den Inhaber bei Fälligkeit eine bestimmte Leistung, hier die Zahlung einer bestimmten Geldsumme nebst etwa vereinbarter Zinsen, zu bewirken (§ 793 Abs. 1 BGB; vgl. auch K. Schmidt/Lutter/*Merkt* Rn. 22). Die Bedingungen der Schuldverschreibung können im Einzelnen im Wesentlichen frei vereinbart werden: Die Zinshöhe, die Fälligkeit der Zinsen, der Rückzahlungszeitpunkt und auch das Recht zum Aktienerwerb können iRd Vertragsfreiheit von den Vertragsparteien ausgestaltet werden (KK-AktG/*Florstedt* Rn. 103 f.). Das Recht zum Aktienerwerb berechtigt den Gläubiger, gegen Hingabe der Schuldverschreibung und unter Aufgabe der darin verbrieften Rechte Aktien der emittierenden AG zu beziehen (K. Schmidt/Lutter/*Merkt* Rn. 23). Die Rechte aus der Schuldverschreibung und die Ausübung des Aktienbezugsrechts stehen also *alternativ* nebeneinander. Zur Ausübung dieses Wandelungsrechts muss der Gläubiger eine Wandelungs- oder Umtauscherklärung abgeben, deren Wirkungen gem. § 192 Abs. 5 einer Bezugserklärung entsprechen. Konkret handelt es sich hierbei um eine auf Abschluss eines Zeichnungsvertrages gerichtete Willenserklärung, die entweder Vertragsangebot oder Annahme eines von der Gesellschaft bereits erklärten Vertragsangebotes sein kann (MüKoAktG/*Habersack* Rn. 23), wenn die Optionsbedingungen den Zeichnungsvertrag bereits hinreichend konkretisiert haben. Die Leistung einer Einlage ist im Anschluss an die Wandlungserklärung des Gläubigers nicht mehr erforderlich, da der Gläubiger bereits den Anleihebetrag an die Gesellschaft abgeführt hat und dieser Anleihebetrag nach Ausübung der Wandelung die Einlage auf die Aktien darstellt (K. Schmidt/Lutter/*Merkt* Rn. 26). Der ursprünglich auf die Anleihe gezahlte Betrag wird dogmatisch zur Einlage umgewidmet mit der Folge, dass diese als Bareinlage anzusehen ist (→ § 194 Rn. 3). Das Mitgliedschaftsrecht des Gläubigers entsteht gem. § 200 mit der Ausgabe der Bezugsaktien an ihn aus dem bedingten Kapital, welches gem. § 192 Abs. 2 Nr. 1 gerade für diese Zwecke geschaffen wurde. Mit der Aktienrechts-

novelle 2016 wurde auch die Möglichkeit geschaffen, der Gesellschaft (also nicht nur dem Gläubiger) ein Umtauschrecht einzuräumen, damit auch die Gesellschaft die Möglichkeit hat, darüber zu entscheiden, ob die Schuldverschreibung gegen Aktien der Gesellschaft eingelöst werden soll. Die Regierungsbegründung zur Aktienrechtsnovelle 2016 führt hierzu aus, dass ein Umtauschrecht der Gesellschaft, mit dem diese die Anleihen gegen Gewährung von Anteilen in Grundkapital umwandeln könne, ein sinnvolles Instrument darstellen könne, um eine Unternehmenskrise zu verhindern oder zu bewältigen.

5 Die jüngere Zeit hat in der Praxis die Variante entwickelt, Wandelschuldverschreibungen nicht nur mit einem Bezugsrecht, sondern mit einer Bezugspflicht, also mit einer sog. **Pflichtwandlung,** auszugeben. Diese Variante birgt für den Emittenten den Vorteil, dass er die Wandelschuldverschreibung nicht in bar zurückzahlen muss, sondern sicher davon ausgehen kann, einer Rückzahlungspflicht durch Wandlung von Aktien nachkommen zu können. Die Begebung einer solchen Pflichtwandelanleihe ist anerkannt (grundlegend *Rozijn* ZBB 1998, 77 (85 ff.); ebenso GK-AktG/*Frey* § 192 Rn. 84; MüKoAktG/*Habersack* Rn. 52). Rechtstechnisch wird in diesem Fall die Grundlage einer solchen Bezugs- bzw. Wandlungspflicht iRd Abschlusses eines Vorvertrages iRd Ausgabe der Wandelschuldverschreibung begründet (MüKoAktG/*Habersack* Rn. 52).

6 **b) Die Optionsanleihen.** Die **Optionsanleihen** unterscheiden sich von den Wandelanleihen in der Weise, dass bei ihnen die Schuldverschreibung, die dem Gläubiger das Recht auf Rückzahlung der eingezahlten Mittel nebst etwa vereinbarter Zinsen gibt, kombiniert ist mit einem Optionsrecht, innerhalb eines bestimmten Zeitraums zu einem festgelegten Entgelt eine bestimmte Zahl von Aktien zu erwerben (MüKoAktG/*Habersack* Rn. 31). Während der Schuldverschreibungsteil bei Wandel- und Optionsanleihen demzufolge identisch ist, besteht der Unterschied zwischen den beiden Finanzierungsinstrumenten in dem vorhandenen bzw. fehlenden Alternativverhältnis von Rechten aus der Schuldverschreibung und dem Wandelungsrecht: Im Gegensatz zur Wandelanleihe stehen iRd Optionsanleihe Schuldverschreibung und Aktienbezugsrecht nämlich nicht in einem derartigen Alternativverhältnis. Der Gläubiger der Schuldverschreibung hat ein von den Rechten aus der Schuldverschreibung unabhängiges Optionsrecht auf Aktienbezug. Macht er von diesem Recht Gebrauch, erwirbt er Aktien zusätzlich zu den Rechten aus der Schuldverschreibung (K. Schmidt/Lutter/*Merkt* Rn. 28). Die Ausübung des Optionsrechts ist Bezugserklärung iSv § 198, sodass dessen Voraussetzungen eingehalten sein müssen. Da eine Umwandlung der ursprünglichen Kapitalhingabe in eine Einlageleistung mangels Aufgabe der Gläubigerposition aus der Schuldverschreibung nicht erfolgt, muss der Optionsberechtigte mit Abgabe der Bezugserklärung auch seine Einlage erbringen; insoweit gelten die allgemeinen Vorschriften über die Bar- oder – wenn die Einlage nicht in bar erbracht werden muss – die Sacheinlage. Sehen die Optionsbedingungen vor, dass die Einlage bei einer Optionsanleihe auch durch Inzahlunggabe der Schuldverschreibung erfolgen kann, handelt es sich hierbei eigentlich um eine Sacheinlage, die gem. § 194 Abs. 1 S. 2 vom Gesetzgeber definitorisch als Bareinlage klassifiziert wird.

7 **2. Die Gewinnschuldverschreibung. Gewinnschuldverschreibungen** werden gem. § 221 Abs. 1 dahin definiert, dass es sich um Schuldverschreibungen handelt, bei denen die Rechte der Gläubiger mit Gewinnanteilen von Aktionären in Verbindung gebracht werden. Es handelt sich hierbei um Anleihen, die zusätzlich zum Rückzahlungsanspruch des Gläubigers Rechte gewähren, die sich an den Gewinnansprüchen der Aktionäre, etwa der Höhe des Dividendenbezugs durch diese, orientieren (Hüffer/Koch/*Koch* Rn. 8). Gewinnschuldverschreibungen sind damit rein schuldrechtliche Beziehungen zwischen der Gesellschaft und dem Gläubiger und vermitteln – anders als die Wandelschuldverschreibungen – weder eine mitgliedschaftliche Beteiligung an der Gesellschaft noch ein Recht zum Erwerb einer solchen noch ein mitgliedschaftliches Gewinnbezugsrecht (K. Schmidt/Lutter/*Merkt* Rn. 37). Die Besonderheit der Gewinnschuldverschreibung liegt in der Variabilität der dem Gläubiger zustehenden Verzinsung, deren Höhe sich nach den Gewinnanteilen der Aktionäre berechnet. Hierbei wird der Begriff der Gewinnbeteiligung weit ausgelegt und umfasst nicht nur eine Anbindung der Verzinsung an das Dividendenbezugsrecht der Aktionäre, sondern auch eine Anknüpfung an den Bilanzgewinn der Gesellschaft, an den Jahresüberschuss oder an andere ergebnisorientierte Faktoren (MüKoAktG/*Habersack* Rn. 56; K. Schmidt/Lutter/*Merkt* Rn. 40).

8 **3. Die Genussrechte (Abs. 3).** Der in Abs. 3 verwendete Begriff der **Genussrechte wird vom Gesetzgeber nicht definiert.** Allgemein verbriefen Genussrechte schuldrechtliche Ansprüche auf aktionärstypische Vermögensrechte (K. Schmidt/Lutter/*Merkt* Rn. 41), wie etwa die Beteiligung am Gewinn oder Liquidationserlös der Gesellschaft. Die Rechtsbeziehung zwischen Gesellschaft und Genussrechtsinhaber ist nach überwA ein Schuldverhältnis sui generis (BGH 5.10.1992, BGHZ 119, 305), das keinen mitgliedschaftlichen Charakter hat, sondern ein Drittverhältnis zwischen Gesellschaft und Genussrechtsinhaber darstellt. Möglich ist die Ausgestaltung der Genussrechte als Genussrechte mit und ohne Verlustteilnahme des Genussrechtsinhabers. Maßgebliches Unterscheidungskriterium hierfür ist, ob dem Genussrechtsinhaber jedenfalls die Rückzahlung des Nennbetrags seiner Einlage garantiert wird oder ob er auch dieser nach den Genussrechtsbedingungen verlustig gehen kann. Umstritten ist in

der Lit. (die Rspr. konnte diese Frage bislang offenlassen; vgl. BGH 5.10.1992, BGHZ 119, 305 (311 f.)), inwieweit bei Genussrechten das Genusskapital eigenkapitalähnlich ausgestaltet werden darf oder ob insoweit eine Sperrwirkung des aktienrechtlichen Instituts der Vorzugsaktien gem. §§ 139 ff. besteht. Überwiegend verneint wird die Zulässigkeit, wenn die Genussrechte eine ausschließlich dividendenabhängige Teilhabe am Gewinn vermitteln, Rückzahlungsansprüche betreffend der erbrachten Geldleistung ausgeschlossen sind und eine Beteiligung am Liquidationserlös vorgesehen ist (Hüffer/Koch/*Koch* Rn. 33, der sich allerdings für die Zulässigkeit von Genussrechten mit Eigenkapitalcharakter ausspricht). Wird nach Begebung von Genussrechten ein Beherrschungs- und Gewinnabführungsvertrag geschlossen, der die Gesellschaft verpflichtet, ihren Gewinn an ein anderes Unternehmen abzuführen (sodass Ausschüttungsansprüche von Aktionären eigentlich nicht mehr entstehen können), müssen Genussrechte unabhängig von der tatsächlichen Ertragsentwicklung jährlich bedient werden und sind bei Fälligkeit in Höhe des Nennbetrages zurückzuzahlen (OLG Frankfurt a. M. 13.12.2011, ZIP 2012, 79).

III. Die allgemeinen Voraussetzungen für die Ausgabe der Finanzierungsinstrumente des § 221

Sowohl die Ausgabe von Wandelschuldverschreibungen (beider Spielarten) als auch die Ausgabe von Gewinnschuldverschreibungen wie auch die Ausgabe von Genussrechten (§ 221 Abs. 3) darf gem. § 221 Abs. 1 nur aufgrund eines **Beschlusses der Hauptversammlung** erfolgen. Dieser Beschluss bedarf gem. § 221 Abs. 1 S. 2 einer Mehrheit von mindestens ¾ des bei der Beschlussfassung vertretenen Grundkapitals, sofern die Satzung nicht gem. § 221 Abs. 1 S. 3 eine andere Kapitalmehrheit oder weitere Erfordernisse bestimmt. Der Beschluss der Hauptversammlung ist inhaltlich keine Satzungsänderung und ist weder in das Handelsregister eintragungsfähig noch – bedürftig. 9

Inhaltlich enthält das Gesetz keine Vorgaben für den Hauptversammlungsbeschluss. Der Beschluss kann daher den Vorstand lediglich ermächtigen, von den genannten Finanzierungsinstrumenten Gebrauch zu machen, er kann aber auch eine Verpflichtung des Vorstandes hierzu begründen (Hüffer/Koch/*Koch* Rn. 9). Anzugeben ist im Beschluss die Art der Anleihe (Wandelanleihe, Optionsanleihe, Gewinnschuldverschreibung oder Genussrecht) und im Falle der Ermächtigung des Vorstandes eine Befristung auf fünf Jahre gem. § 221 Abs. 2 S. 1. Der Beschluss ist gem. § 221 Abs. 2 S. 2 vom Vorstand und vom Aufsichtsratsvorsitzenden beim Handelsregister zu hinterlegen. Ein Hinweis auf den Beschluss und die Erklärung über die Ausgabe von Wandelschuldverschreibungen ist in den Gesellschaftsblättern gem. § 221 Abs. 2 S. 3 bekannt zu machen. 10

IV. Das Bezugsrecht der Aktionäre (Abs. 4)

Gemäß Abs. 4 haben die **Aktionäre** auf Wandelschuldverschreibungen, Gewinnschuldverschreibungen und Genussrechte ein **Bezugsrecht,** auf das die §§ 186 und 193 Abs. 2 Nr. 4 gem. § 221 Abs. 4 S. 2 sinngemäß anwendbar sind. Der Aktionär hat demzufolge Anspruch auf Zuteilung einer seiner bisherigen Beteiligung entsprechenden Quote an dem auszugebenden Finanzierungsinstrument. Wie beim Bezugsrecht auf Aktien aus einer Kapitalerhöhung kann die Hauptversammlung indes auch mit qualifizierter Mehrheit das Bezugsrecht des § 221 ganz oder teilweise ausschließen oder den Vorstand hierzu im Falle der Ermächtigung nach § 221 Abs. 2 S. 1 ermächtigen. Der Bezugsrechtsausschluss bzw. die Ermächtigung des Vorstands hierzu bedarf eines ausdrücklichen Beschlusses der Hauptversammlung, für den eine Mehrheit von ¾ des bei der Beschlussfassung vertretenen Grundkapitals erforderlich ist. Materiell muss der Ausschluss des Bezugsrechts einem Zweck dienen, der im Interesse der Gesellschaft liegt und zur Erreichung dieses Zweckes geeignet, erforderlich und verhältnismäßig ist (BGH 13.3.1978, BGHZ 71, 40; K. Schmidt/Lutter/*Merkt* Rn. 98). Wenn die Hauptversammlung den Vorstand ermächtigt, über den Bezugsrechtsausschluss zu entscheiden, reicht es aus, wenn der Bezugsrechtsausschluss bei generell-abstrakter Betrachtung im wohlverstandenen Interesse der Gesellschaft liegt; der Vorstand ist verpflichtet, iRd Ausübung der ihm übertragenen Kompetenz zu prüfen, ob der Ausschluss des Bezugsrechts in concreto sachlich gerechtfertigt ist. 11

Dritter Abschnitt. Maßnahmen der Kapitalherabsetzung

Erster Unterabschnitt. Ordentliche Kapitalherabsetzung

Voraussetzungen

222 (1) [1]**Eine Herabsetzung des Grundkapitals kann nur mit einer Mehrheit beschlossen werden, die mindestens drei Viertel des bei der Beschlußfassung vertretenen Grundkapitals umfaßt.** [2]**Die Satzung kann eine größere Kapitalmehrheit und weitere Erfordernisse bestimmen.**

(2) [1]**Sind mehrere Gattungen von stimmberechtigten Aktien vorhanden, so bedarf der Beschluß der Hauptversammlung zu seiner Wirksamkeit der Zustimmung der Aktionäre jeder Gattung.** [2]**Über die Zustimmung haben die Aktionäre jeder Gattung einen Sonderbeschluß zu fassen.** [3]**Für diesen gilt Absatz 1.**

(3) **In dem Beschluß ist festzusetzen, zu welchem Zweck die Herabsetzung stattfindet, namentlich ob Teile des Grundkapitals zurückgezahlt werden sollen.**

(4) [1]**Die Herabsetzung des Grundkapitals erfordert bei Gesellschaften mit Nennbetragsaktien die Herabsetzung des Nennbetrags der Aktien.** [2]**Soweit der auf die einzelne Aktie entfallende anteilige Betrag des herabgesetzten Grundkapitals den Mindestbetrag nach § 8 Abs. 2 Satz 1 oder Abs. 3 Satz 3 unterschreiten würde, erfolgt die Herabsetzung durch Zusammenlegung der Aktien.** [3]**Der Beschluß muß die Art der Herabsetzung angeben.**

Übersicht

I. Allgemeines

1 Die Vorschrift des § 222 stellt die **zentralen Voraussetzungen** der ordentlichen Kapitalherabsetzung dar. Neben den formellen Erfordernissen, wie etwa den zu fassenden Beschlüssen, enthält die Vorschrift auch Regelungen zur Durchführung der ordentlichen Kapitalherabsetzung.

2 Neben der ordentlichen Kapitalherabsetzung besteht die Möglichkeit der **vereinfachten Kapitalherabsetzung** (§ 229) und der **Kapitalherabsetzung durch Einziehung von Aktien** (§ 237). Dabei findet § 222 in Teilen sowohl auf die vereinfachte Kapitalherabsetzung (§ 229 Abs. 3) als auch auf die Kapitalherabsetzung durch Einziehung von Aktien (§ 237 Abs. 2 S. 1) Anwendung. Die ordentliche Kapitalherabsetzung kann zu jedem Zweck durchgeführt werden (§ 222 Abs. 3). Im Gegensatz dazu dient die vereinfachte Kapitalherabsetzung lediglich Sanierungszwecken (§ 229 Abs. 1 S. 1) mit der Folge, dass Gläubigerschutzbestimmungen nur in reduziertem Maße einzuhalten sind (vgl. § 225 für die ordentliche Kapitalherabsetzung und § 233 für die vereinfachte Kapitalherabsetzung). Die Kapitalherabsetzung durch Einziehung von Aktien vernichtet Mitgliedschaftsrechte und dient nicht zwangsläufig der Herabsetzung des Grundkapitals, sondern insbesondere der Vernichtung von Mitgliedschaftsrechten einzelner Aktionäre.

3 Das **bilanzielle Ziel der Kapitalherabsetzung** liegt darin, durch die Verringerung des Grundkapitals einen **Buchertrag** zu erzeugen, der in der Gewinn- und Verlustrechnung entsprechend auszuweisen ist. Folge der Kapitalherabsetzung ist somit, dass den Gläubigern der Gesellschaft nominell Haftungsmasse entzogen wird, da sich die strengen Kapitalerhaltungsvorschriften (vgl. §§ 57, 62, 71 ff.) nicht auf den Herabsetzungsbetrag erstrecken. Aus diesem Grunde ist eine **Sicherung der Gesellschaftsgläubiger** vonnöten (vgl. §§ 225, 230, 233, 237 Abs. 2). Des Weiteren werden auch die Interessen der Aktionäre berührt, da die Summe der geringsten Ausgabebeträge der Aktien der Grundkapitalziffer entsprechen muss (§ 9 Abs. 1 S. 1, Abs. 2).

II. Kapitalherabsetzungsbeschluss

4 **1. Formelle Voraussetzungen. a) Allgemeines.** Die **Zuständigkeit** für den Kapitalherabsetzungsbeschluss nach § 222 Abs. 1 liegt ausschließlich bei der Hauptversammlung, da die Herabsetzung des Grundkapitals eine Satzungsänderung darstellt (vgl. § 23 Abs. 3 Nr. 3 und Nr. 4). Eine Ermächtigung des Vorstands zur Durchführung von Kapitalherabsetzungsmaßnahmen ist anders als beim genehmigten Kapital (vgl. § 202 Abs. 1) nicht möglich. Nach § 124 Abs. 2 S. 2 ist der Beschlussvorschlag dem Wortlaut nach bekanntzumachen. Demnach müssen die **Höhe** des Herabsetzungsbetrages, der **Zweck** der Kapitalherabsetzung und die **Art** der Durchführung publik gemacht werden.

5 **b) Mehrheitserfordernisse.** § 222 Abs. 1 S. 1 fordert einen Beschluss der Hauptversammlung mit **mindestens drei Viertel** des bei der Beschlussfassung vertretenen Grundkapitals. Hierbei sind die Erläuterungen zu § 179 Abs. 2 S. 1 (→ § 179 Rn. 14) zu beachten, dh in die Berechnung einbezogen

werden die abgegebenen Ja- und Nein-Stimmen. Stimmenthaltungen finden keine Berücksichtigung. Des Weiteren ist auch die Bestimmung des § 133 Abs. 1 zu beachten, wonach Beschlüsse der Hauptversammlung der **einfachen Stimmenmehrheit** bedürfen. § 222 Abs. 1 S. 1 ist insoweit halbzwingend, als dass eine geringere Kapitalmehrheit nicht zugelassen wird, die Satzung jedoch eine höhere Kapitalmehrheit, bzw. weitere Erfordernisse, festlegen kann. Umstritten ist, ob die allgemeine **Erhöhung der satzungsändernden Mehrheit** gem. § 179 Abs. 2 S. 2 auch den Kapitalherabsetzungsbeschluss mit einschließt, da bei der Kapitalherabsetzung der Sanierungsfall im Vordergrund stehe und regelmäßig nicht von einer entsprechenden Satzungsregelung umfasst werde (vgl. dazu MüKoAktG/*Oechsler* Rn. 16). Um dem Problem zu entgehen, sollte der Kapitalherabsetzungsbeschluss daher bei Erhöhung der satzungsändernden Mehrheit in der Satzung explizit genannt werden. Die Satzung kann sogar vorsehen, dass ein Kapitalherabsetzungsbeschluss einstimmig gefasst werden muss, was sicherlich nur bei einem überschaubaren Aktionärskreis Sinn macht; allerdings darf dadurch die Kapitalherabsetzung nicht ausgeschlossen werden. Im Zweifel sind dann die in der ***Girmes*-Entscheidung** des BGH (BGH 20.3.1995, BGHZ 129, 136 = NJW 1995, 1739) aufgeführten Grundsätze zu beachten, wonach ein Minderheitsaktionär eine mehrheitlich angestrebte Sanierung der Gesellschaft nicht aus eigennützigen Interessen verhindern darf.

c) Weitere Erfordernisse. Die Satzung kann neben den Mehrheitserfordernissen zusätzliche Erfor- 6
dernisse (vgl. § 222 Abs. 1 S. 2), wie etwa das Erfordernis einer weiteren Hauptversammlung, aufstellen (→ § 179 Rn. 20).

d) Inhalt. Der **Betrag,** um den das Grundkapital herabgesetzt werden soll, ist **konkret zu beziffern** 7
und darf nicht in das Ermessen des Vorstands gestellt werden. Dies gilt nicht, wenn sich der Herabsetzungsbetrag zweifelsfrei bestimmen lässt, zB aus einer künftigen Unterbilanz. In diesem Fall verbleibt die Entscheidungskompetenz bei der Hauptversammlung. Nach hM ist auch ein **bedingter Kapitalherabsetzungsbeschluss** in der Weise möglich, dass den Aktionären erlaubt wird, einer Kapitalherabsetzung durch freiwillige Zuzahlungen entgegen zu wirken (vgl. Hüffer/Koch/*Koch* Rn. 5). Hierbei ist jedoch der **Gleichbehandlungsgrundsatz** nach § 53a zu beachten. Des Weiteren ist in dem Hauptversammlungsbeschluss der Zweck der Kapitalherabsetzung gem. § 222 Abs. 3 anzugeben. Als Bsp. nennt das Gesetz in § 222 Abs. 3 die Rückzahlung von Teilen des Grundkapitals. Auch die **Art** der Herabsetzung ist in dem Beschluss mitzuteilen (vgl. § 222 Abs. 4 S. 3), namentlich ob das Grundkapital durch Herabsetzung der Nennbeträge der Aktien und/oder durch Zusammenlegung der Aktien erfolgt.

2. Materielle Voraussetzungen. Nach der hM bedarf der Kapitalherabsetzungsbeschluss **keiner** 8
sachlichen Rechtfertigung (BGH 9.2.1998, BGHZ 138, 71 = NJW 1998, 2054), da ein Eingriff in die mitgliedschafts- und vermögensrechtliche Stellung der Aktionäre durch die **Subsidiarität** des Verfahrens der Zusammenlegung von Aktien gegenüber dem Verfahren der Herabsetzung des Nennbetrages der Aktien verhindert werde (vgl. § 222 Abs. 4). Sofern das Grundkapital zunächst mittels Herabsetzung der Nennbeträge reduziert wurde und danach immer noch eine Zusammenlegung der Aktien erfolgen musste, bleibt dem betroffenen Aktionär die Möglichkeit, *„sein Teilrecht durch den Zukauf weiterer Teilrechte zum Vollrecht erstarken zu lassen oder unter Verzicht auf die Mitgliedschaft zu veräußern"* (vgl. BGH 9.2.1998, BGHZ 138, 71 = NJW 1998, 2054). Der BGH hat jedoch die Frage, ob auf eine sachliche Rechtfertigung verzichtet werden könne, für den Fall ausdrücklich offen gelassen, dass durch eine vereinfachte Kapitalherabsetzung die Überschuldung nicht komplett beseitigt werden kann und die Kapitalherabsetzung nicht gleichzeitig mit einer Kapitalerhöhung verbunden wird (vgl. § 235). Weiterhin muss das in § 53a enthaltene **Gebot der Gleichbehandlung aller Aktionäre beachtet werden.** Die Kapitalherabsetzung muss alle Aktionäre in gleicher Weise treffen und einzelne Aktionäre dürfen durch die Kapitalherabsetzung ohne ihre Zustimmung nicht unverhältnismäßig hart getroffen werden.

3. Aufhebung und Änderung. Ein **Beschluss,** durch den die **Abänderung** des bereits gefassten 9
Kapitalherabsetzungsbeschlusses erfolgen soll, bedarf der **qualifizierten Mehrheit** des § 222 Abs. 1 S. 1. Umstritten ist, ob ein **Aufhebungsbeschluss** vor Wirksamwerden gem. § 224 nur der einfachen Mehrheit (so Hüffer/Koch/*Koch* Rn. 16; MüKoAktG/*Oechsler* Rn. 28) oder ebenfalls der qualifizierten Mehrheit bedarf (so unter anderem K. Schmidt/Lutter/*Veil* Rn. 22). Eine einfache Mehrheit soll ausreichen, sofern in der Satzung nichts anderes geregelt ist, weil durch die Aufhebung nur eine Rückkehr zur bisherigen, bereits gebilligten Satzung vorliege (Bürgers/Körber/*Becker* Rn. 17; Hüffer/Koch/*Koch* Rn. 16 und § 179 Rn. 40; MüKoAktG/*Oechsler* Rn. 28). Andererseits spricht vieles dafür, auch den Aufhebungsbeschluss der qualifizierten Mehrheit zu unterstellen, da andernfalls ein bereits mit qualifizierter Mehrheit zustande gekommener Kapitalherabsetzungsbeschluss mit einfacher Mehrheit beseitigt werden könnte. Sowohl die Abänderung als auch die Aufhebung des bereits gefassten Kapitalherabsetzungsbeschlusses kann nur **bis zum Wirksamwerden** der Kapitalherabsetzung nach § 224 erfolgen. Nach Eintragung der Satzungsänderung kann die Kapitalherabsetzung nur durch eine Kapitalerhöhung „rückgängig" gemacht werden.

III. Sonderbeschluss

10 Neben dem Kapitalherabsetzungsbeschluss nach § 222 Abs. 1 ist ein **Sonderbeschluss** vonnöten, wenn mehr als eine stimmberechtigte **Aktiengattung** besteht (vgl. § 222 Abs. 2). Der Wortlaut der Bestimmung entspricht § 182 Abs. 2. Dies gilt selbst dann, wenn die Kapitalherabsetzung einstimmig beschlossen wird (RG 21.6.1935, RGZ 148, 175 (178 ff.)). Aktionäre mit **Vorzugsaktien ohne Stimmrecht** haben nach dem Wortlaut des § 222 Abs. 2 S. 1 keinen Sonderbeschluss zu fassen. Sie sind lediglich durch § 141 geschützt, wonach sie einer Aufhebung oder Beschränkung des Vorzugs zuzustimmen haben. Umstritten ist dabei nur, wann eine Beschränkung des Vorzugs vorliegt. Nach richtiger Ansicht kommt eine Beschränkung zumindest bei Herabsetzung der Nennbeträge nicht in Betracht, da die Dividendenquote prozentual unverändert bleibt (LG Frankfurt a. M. 25.4.1991, DB 1991, 1162).

11 Der Sonderbeschluss unterliegt einem **zweifachen Mehrheitserfordernis,** dh er muss mit einer Kapitalmehrheit von drei Vierteln des bei der Beschlussfassung vertretenen Grundkapitals (§ 222 Abs. 2 S. 3 iVm § 222 Abs. 1 S. 1) sowie der einfachen Stimmenmehrheit (§ 138 S. 2 iVm § 133 Abs. 1) gefasst werden. Bei dem Sonderbeschluss handelt es sich um ein zusätzliches **Wirksamkeitserfordernis,** sodass der Kapitalherabsetzungsbeschluss bei Fehlen des Sonderbeschlusses **schwebend unwirksam** ist (RG 21.6.1935, RGZ 148, 175 (186 f.)).

IV. Zweck der Kapitalherabsetzung

12 Nach § 222 Abs. 3 ist in dem Kapitalherabsetzungsbeschluss der **Zweck** der Kapitalherabsetzung anzugeben. Diesbezüglich steht der Hauptversammlung ein großer **Entscheidungsspielraum** zu. Im Prinzip ist jeder von der Hauptversammlung angegebene Zweck zulässig. Die Kapitalherabsetzung kann also insbesondere zum Zweck der Rückzahlung des herabgesetzten Betrages an die Aktionäre erfolgen, einschließlich einer Sachausschüttung durch Ausgabe von Aktien an einer zuvor abgespaltenen Gesellschaft (vgl. Hüffer/Koch/*Koch* Rn. 20). Es handelt sich dabei um keine verbotene Einlagenrückgewähr nach § 57 Abs. 1 S. 1 oder Abs. 3. Auch kann eine Kapitalherabsetzung zum Zwecke der **Befreiung von Einlageverbindlichkeiten** erfolgen, allerdings ist dazu neben dem Kapitalherabsetzungsbeschluss auch ein **Erlassvertrag** zwischen der Gesellschaft und dem einzelnen Aktionär erforderlich (vgl. § 397 BGB). Ebenso ist es zulässig, mehrere Zwecke miteinander zu verbinden, soweit die Zwecke im Einzelnen angegeben und publiziert werden.

13 Fehlt die Festsetzung des Zwecks, so ist der Hauptversammlungsbeschluss gem. § 243 Abs. 1 anfechtbar, jedoch nicht nichtig. Sofern der angegebene Zweck bereits im Zeitpunkt der Beschlussfassung erkennbar nicht erreicht werden konnte, ist dieser **anfechtbar** (vgl. Hüffer/Koch/*Koch* Rn. 17; MüKoAktG/*Oechsler* Rn. 41). Nach Eintragung des Kapitalherabsetzungsbeschlusses (§ 224) wird die Kapitalherabsetzung jedoch wirksam. Der Vorstand ist allerdings daran gehindert, den Buchertrag aus der erfolgten Kapitalherabsetzung nach freiem Ermessen zu verwenden, da dies alleine der Hauptversammlung obliegt (§ 222 Abs. 1–3).

V. Art der Kapitalherabsetzung

14 Durch die Kapitalherabsetzung wird es notwendig, die ausgegebenen Aktien an die geänderte Grundkapitalziffer **anzupassen.** Bei den in § 222 Abs. 4 S. 1 angesprochenen **Nennbetragsaktien** (§ 8 Abs. 2) erfolgt dies durch Anpassung der Nennbeträge. **Stückaktien** (§ 8 Abs. 3) müssen hingegen nicht angepasst werden, da sie an dem Grundkapital in gleicher Höhe beteiligt sind, ohne einen bestimmten Nennbetrag auszuweisen. Bei beiden Aktienformen (Nennbetragsaktien und Stückaktien) ist jedoch die Vorschrift des § 8 zu beachten. Nennbetragsaktien müssen nach § 8 Abs. 2 S. 1 auf mindestens 1 EUR lauten. Stückaktien dürfen nach § 8 Abs. 3 S. 3 einen geringsten anteiligen Betrag von 1 EUR nicht unterschreiten. Sollte die Höhe der Kapitalherabsetzung jedoch eine Anpassung der Nennbeträge unter 1 EUR erforderlich machen bzw. würde der geringste anteilige Betrag der einzelnen Stückaktie unter 1 EUR fallen, so bedarf es weiterer Schritte zur Umsetzung der Kapitalherabsetzung.

15 In diesem Fall erfolgt die Anpassung an die reduzierte Grundkapitalziffer durch **Zusammenlegung der Aktien** (§ 222 Abs. 4 S. 2). Die bisher vorhandenen Aktien werden zu einer geringeren Zahl neuer Aktien zusammengefasst. Durch die Zusammenlegung gehen zwar keine Mitgliedsrechte verloren, allerdings verlieren die bisherigen Aktien ihre rechtliche Selbständigkeit. Davon werden insbesondere Kleinaktionäre betroffen, die nur wenige Aktien halten und nach der Zusammenlegung von Aktien ggf. ausschließlich Teilrechte halten, die sie nur durch Zuzahlung zum Vollrecht erstarken lassen können. Soweit ein Zukauf zB aus finanziellen Gründen nicht in Betracht kommt, bleibt dem betroffenen Aktionär nur noch der Verkauf seiner Teilrechte. Da die Zusammenlegung von Aktien einen starken **Eingriff in die Mitgliedsrechte** der betroffenen Aktionäre darstellt, hat der Gesetzgeber die Zusammenlegung nur als **letztes Mittel** zugelassen (§ 222 Abs. 4 S. 2). Eine Zusammenlegung von Aktien kommt erst dann in Betracht, wenn eine Herabsetzung des Nennbetrages bzw. der geringste anteilige Betrag der Stückaktie gegen § 8 Abs. 2 S. 1 bzw. § 8 Abs. 3 S. 3 verstößt (vgl. dazu auch BGH

5.7.1999, BGHZ 142, 167 (170) = NJW 1999, 3197; BGH 9.2.1998, BGHZ 138, 71 (76) = NJW 1998, 2054).

Der Vorstand ist verpflichtet, nach Möglichkeit die **Bildung von Spitzen** (also Teilrechten) zu vermeiden und den Eingriff in die Mitgliedsrechte möglichst gering zu halten (vgl. Hüffer/Koch/*Koch* Rn. 23; K. Schmidt/Lutter/*Veil* Rn. 35). Aus diesem Grunde muss der Vorstand soweit möglich Nennbetragsherabsetzung und Zusammenlegung der Aktien kombinieren (vgl. das Beispiel bei Hüffer/Koch/*Koch* Rn. 23). 16

Anmeldung des Beschlusses

223 Der Vorstand und der Vorsitzende des Aufsichtsrats haben den Beschluß über die Herabsetzung des Grundkapitals zur Eintragung in das Handelsregister anzumelden.

1. Allgemeines. § 223 regelt die **Anmeldung des Kapitalherabsetzungsbeschlusses** zur Eintragung im Handelsregister. Mit Eintragung wird die Kapitalherabsetzung wirksam (§ 224). Gemäß § 227 Abs. 2 kann die Anmeldung und Eintragung des Herabsetzungsbeschlusses mit der Anmeldung und Eintragung der **Durchführung** (§ 227 Abs. 1) verbunden werden. 1

2. Anmeldepflicht. Die Anmeldung wird durch **den Vorstand und den Aufsichtsratsvorsitzenden** im Namen der AG vorgenommen. Für den Fall, dass der Vorstand aus mehreren Mitgliedern besteht, erfolgt die Anmeldung durch Vorstandsmitglieder in vertretungsberechtigter Zahl. Unechte Gesamtvertretung ist zulässig (§ 78 Abs. 3). Sofern die Form des § 12 Abs. 1 HGB (öffentlich beglaubigt) gewahrt ist, kann eine Anmeldung ebenfalls durch rechtsgeschäftlich **bevollmächtigte Dritte** erfolgen, da, anders als bei einer Kapitalerhöhung, im Falle der Kapitalherabsetzung keine strafrechtlich relevanten Angaben zu machen sind (MüKoAktG/*Oechsler* Rn. 2; K. Schmidt/Lutter/*Veil* Rn. 3). Die Vertretung des Aufsichtsratsvorsitzenden erfolgt gem. § 107 Abs. 1 S. 3. Die Anmeldenden können ihre Erklärung sowohl gemeinsam als auch getrennt abgeben (Hüffer/Koch/*Koch* Rn. 3; MüKoAktG/*Oechsler* Rn. 2). Die Anmeldeberechtigten sind gegenüber der AG zur Anmeldung verpflichtet. Zwar verhindert § 407 Abs. 2 eine Erzwingung der Anmeldung durch Zwangsgeld, allerdings kann eine Verletzung der Anmeldepflicht sowohl zu Schadensersatzansprüchen (§§ 93, 116) als auch zu einer Abberufung (§ 84 Abs. 3, § 103 Abs. 3) führen. Die Anmeldepflicht entfällt bei Nichtigkeit des Beschlusses, bei bloßer Anfechtbarkeit bleibt sie jedoch bestehen (MüKoAktG/*Oechsler* Rn. 3). 2

3. Verfahren. Das Amtsgericht des Satzungssitzes ist das für die Eintragung zuständige Gericht (§ 14 iVm § 377 Abs. 1 FamFG). Die Anmeldung hat in **öffentlich beglaubigter Form** (§ 129 BGB, §§ 39 ff. BeurkG) zu erfolgen (§ 12 HGB). Die Anmeldenden haben der Anmeldung alle zur Prüfung des Beschlusses **notwendigen Unterlagen** beizufügen. Dazu gehören vor allem eine notarielle Niederschrift des HV-Beschlusses (§ 130) sowie ggf. die Niederschrift über Sonderbeschlüsse nach § 222 Abs. 2 und alle anderen, die Wirksamkeit des Herabsetzungsbeschlusses nachweisenden Unterlagen. Da durch das ARUG die § 181 Abs. 1, § 188 Abs. 3 Nr. 4 aufgehoben wurden, ist der Anmeldung eine staatliche Genehmigungsurkunde nicht mehr beizufügen. **Eintragungsgegenstand** ist die herabgesetzte Grundkapitalziffer. Die Eintragung des Kapitalherabsetzungsbeschlusses ist im Bundesanzeiger **bekanntzumachen** (§ 10 Abs. 1 HGB). Neben dem herabgesetzten Betrag ist der Nennbetrag der Aktien, die Anzahl der neuen Aktien jeden Nennbetrags sowie ggf. die Aktiengattung und die Zahl der Aktien jeder Gattung bekanntzumachen (Hüffer/Koch/*Koch* Rn. 6). Ebenfalls ist auf das Recht der Gläubiger zur Verlangung von Sicherheiten hinzuweisen (§ 225 Abs. 1 S. 2). 3

4. Gerichtliche Prüfung. Das Registergericht prüft das ordnungsgemäße Zustandekommen des Beschlusses. Prüfungsmaßstab sind das Gesetz und die Satzung der AG (Hüffer/Koch/*Koch* Rn. 5). **Nichtigkeitsgründe** sind von Amts wegen zu beachten und für den Fall ihres Vorliegens ist die Eintragung zu versagen. **Anfechtungsgründe** sind dagegen nur dann zu beachten, wenn Drittinteressen betroffen sind, also nicht wenn der Anfechtungsgrund bloß die Interessen der Aktionäre berührt (MüKoAktG/*Oechsler* Rn. 6; K. Schmidt/Lutter/*Veil* Rn. 5). Für den Fall, dass die Kapitalherabsetzung unter einer **Bedingung** beschlossen wurde, ist der Bedingungseintritt durch geeignete Unterlagen nachzuweisen, sodass die entsprechende Höhe der Herabsetzung eingetragen werden kann (MüKoAktG/*Oechsler* Rn. 10). Gleiches gilt für den Fall, dass der Herabsetzungsbeschluss nur einen Höchstbetrag enthält. Hier hat der Vorstand nach hM den Betrag vor der Anmeldung genau zu beziffern (Hüffer/Koch/*Koch* Rn. 2; KK-AktG/*Lutter* Rn. 13). Ein Rechtsmittel gegen die fehlerhaft erfolgte Eintragung besteht nicht (nur Berichtigung und Löschung, vgl. § 395 Abs. 1 FamFG, § 398 FamFG). Sollte die Eintragung abgelehnt werden, kann innerhalb eines Monats Beschwerde beim Registergericht eingelegt werden (vgl. §§ 58, 63 FamFG). 4

Wirksamwerden der Kapitalherabsetzung

224 **Mit der Eintragung des Beschlusses über die Herabsetzung des Grundkapitals ist das Grundkapital herabgesetzt.**

1 **1. Allgemeines.** Das Ziel der Vorschrift ist es **Rechtssicherheit** zu schaffen. Mit Eintragung des Beschlusses ins Handelsregister wird die Kapitalherabsetzung **wirksam** und die AG hat eine neue Grundkapitalziffer. Die Eintragung wirkt **konstitutiv.** § 224 ist zwingend. Nach hM kann also die Eintragung nicht mit einer Bedingung oder Befristung versehen werden, da sonst der Zeitpunkt der endgültigen Wirksamkeit über den des § 224 hinausreichen würde. Dementsprechend ist auch eine Rückbeziehung der Kapitalherabsetzung ausgeschlossen (MüKoAktG/*Oechsler* Rn. 3).

2 **2. Konstitutive Wirkung der Eintragung. a) Rechtsfolgen von Fehlern.** Für den Fall, dass der Beschluss gänzlich fehlt, nichtig ist oder ein Sonderbeschluss nach § 222 Abs. 2 fehlt, tritt die konstitutive Wirkung der Eintragung nicht ein (RG 13.3.1934, RGZ 144, 138 (141); MüKoAktG/*Oechsler* Rn. 4; K. Schmidt/Lutter/*Veil* Rn. 1). **Sonstige Mängel** ändern dagegen nichts an den Rechtswirkungen der Eintragung (Hüffer/Koch/*Koch* Rn. 9; MüKoAktG/*Oechsler* Rn. 4). Ausnahmsweise kann in entsprechender Anwendung von § 20 Abs. 2 UmwG ein nichtiger Kapitalherabsetzungsbeschluss durch die Eintragung geheilt werden, wenn die Kapitalherabsetzung derart eng mit einer gleichzeitig beschlossenen Verschmelzung verknüpft ist, dass der Beschluss einen unselbständigen Annex zum Verschmelzungsbeschluss darstellt (OLG Frankfurt a. M. 24.1.2012, NZG 2012, 596 (597)).

3 **b) Zweckänderungen.** Eine nachträgliche Änderung des Verwendungszwecks – zB weil die erlangten Mittel zu dem ursprünglich festgelegten Zweck nicht vollständig benötigt werden – ist nach hM zulässig (Hüffer/Koch/*Koch* Rn. 3; K. Schmidt/Lutter/*Veil* Rn. 4). Voraussetzung ist jedoch, dass nachträglich ein anderer Zweck iSd § 222 Abs. 2 durch Beschluss festgesetzt wird, der wiederum analog § 224 ins Handelsregister eingetragen wird. Zusätzlich müssen alle Aktionäre, die Rechte aus dem vorangegangenen Kapitalherabsetzungsbeschluss verlieren würden, der Zweckänderung zustimmen (MüKoAktG/*Oechsler* Rn. 6; K. Schmidt/Lutter/*Veil* Rn. 4).

4 **c) Ertrag aus der Kapitalherabsetzung.** Der aus der Kapitalherabsetzung erlangte Buchertrag sowie die neue Grundkapitalziffer sind unverzüglich auf die entsprechenden Konten zu verbuchen (MüKoAktG/*Oechsler* Rn. 13) und in die Gewinn- und Verlustrechnung einzustellen (§ 240 S. 1). Der Betrag ist gem. seiner Zweckbestimmung zu verwenden (§ 222 Abs. 3). Ist mit der Herabsetzung eine Auszahlung an Aktionäre bezweckt, erhalten diese einen durch § 225 aufschiebend bedingten und aufschiebend befristeten **Auszahlungsanspruch** gegen die AG (Hüffer/Koch/*Koch* Rn. 7; MüKoAktG/*Oechsler* Rn. 14). Ist der Zweck der Herabsetzung der Erlass einer Gesellschaftsverbindlichkeit, tritt dieser nicht automatisch ein, sondern es entsteht ein Anspruch auf Abschluss eines Erlassvertrages gem. § 397 BGB.

5 **3. Rechtswirkungen der Eintragung. a) Auswirkungen auf Mitgliedsrechte.** Erfolgt die Herabsetzung durch **Änderung der Aktiennennbeträge,** verkörpern die Nennbetragsaktien (auch die nicht eingetauschten Aktienurkunden) nur noch den herabgesetzten Betrag (BGH 30.9.1991, NJW-RR 1992, 168 (169)). Bei einer Kapitalherabsetzung durch **Zusammenlegung von Aktien** gilt Ähnliches: Mit der Zusammenlegung der Aktien entstehen Teilrechte, welche von der Gesellschaft durch Zusammenlegung im Wege eines einseitigen Rechtsgeschäftes zu Vollrechten verbunden werden (§ 226). Die alten Aktienurkunden verbriefen nach hM ein anteiliges Mitgliedsrecht und legitimieren auch zur Ausübung dieses Rechts (zB des Stimmrechts) (vgl. BGH 30.9.1991, NJW-RR 1992, 168 (169, 170)). Sollten durch die Zusammenlegung der Aktien **Spitzen** entstehen, können nach der hM bis zur Zusammenlegung auch aus den Bruchteilen Rechte hergeleitet werden (K. Schmidt/Lutter/*Veil* Rn. 5 mwN). Fraglich ist, wie **Zweiterwerber** der unberichtigten Aktienurkunden zu behandeln sind. Nach hM besteht kein Gutglaubensschutz im Hinblick auf Bestehen und Umfang eines Mitgliedsrechts (MüKoAktG/*Oechsler* Rn. 17). Ein gutgläubiger Zweiterwerb ist mithin nicht möglich.

6 **b) Auswirkungen auf schuldrechtliche Vereinbarungen mit der AG.** Fraglich ist, welchen Einfluss die Kapitalherabsetzung auf schuldrechtliche Vereinbarungen der AG mit Dritten hat. Praktisch relevant wird das Problem vor allem beim Bestehen von Wandelschuldverschreibungen, Optionsanleihen, Genussrechten, Dividendengarantien etc. Grundsätzlich gilt, dass die AG von ihren Pflichten gegenüber Gläubigern nie durch einseitigen Akt frei werden kann (BGH 5.10.1992, BGHZ 119, 305 (315) = NJW 1993, 57, 59). Sollte der Vertrag keine (auch keine konkludente) Regelung über eine etwaige Vertragsanpassung enthalten, ist nach den Maßstäben der **ergänzenden Vertragsauslegung** zu ermitteln, wie zu verfahren ist. So ist zB bei Vorliegen einer Dividendengarantie davon auszugehen, dass die Garantie im Zweifel sämtliche Beeinträchtigungen des Dividendenanspruches umfassen soll (RG 8.2.1935, RGZ 147, 42 (49)). Umstritten ist, wie zu verfahren ist, wenn auch durch die ergänzende Vertragsauslegung kein Ergebnis erzielt werden kann. Diesbezüglich wird insbesondere eine Vertrags-

anpassung wegen Störung der Geschäftsgrundlage nach § 313 BGB (so Hüffer/Koch/*Koch* Rn. 10, § 189 Rn. 9) oder eine Analogie zu § 216 Abs. 3, § 23 UmwG befürwortet, deren Anwendung zu einer automatischen Vertragsanpassung der Vertragsverhältnisse führen würde (zum Meinungsstand vgl. iE MüKoAktG/*Oechsler* Rn. 20 ff.). Aufgrund der unterschiedlichen Zweckrichtung der Bestimmungen dürfte eine automatische Vertragsanpassung von Gesetzes wegen jedoch nicht unproblematisch sein.

Gläubigerschutz

225 (1) [1] **Den Gläubigern, deren Forderungen begründet worden sind, bevor die Eintragung des Beschlusses bekanntgemacht worden ist, ist, wenn sie sich binnen sechs Monaten nach der Bekanntmachung zu diesem Zweck melden, Sicherheit zu leisten, soweit sie nicht Befriedigung verlangen können.** [2] **Die Gläubiger sind in der Bekanntmachung der Eintragung auf dieses Recht hinzuweisen.** [3] **Das Recht, Sicherheitsleistung zu verlangen, steht Gläubigern nicht zu, die im Fall des Insolvenzverfahrens ein Recht auf vorzugsweise Befriedigung aus einer Deckungsmasse haben, die nach gesetzlicher Vorschrift zu ihrem Schutz errichtet und staatlich überwacht ist.**

(2) [1] **Zahlungen an die Aktionäre dürfen auf Grund der Herabsetzung des Grundkapitals erst geleistet werden, nachdem seit der Bekanntmachung der Eintragung sechs Monate verstrichen sind und nachdem den Gläubigern, die sich rechtzeitig gemeldet haben, Befriedigung oder Sicherheit gewährt worden ist.** [2] **Auch eine Befreiung der Aktionäre von der Verpflichtung zur Leistung von Einlagen wird nicht vor dem bezeichneten Zeitpunkt und nicht vor Befriedigung oder Sicherstellung der Gläubiger wirksam, die sich rechtzeitig gemeldet haben.**

(3) **Das Recht der Gläubiger, Sicherheitsleistung zu verlangen, ist unabhängig davon, ob Zahlungen an die Aktionäre auf Grund der Herabsetzung des Grundkapitals geleistet werden.**

I. Allgemeines

Die Vorschrift dient dem **Sicherungsbedürfnis** der Gläubiger, um den durch die Kapitalherabsetzung erzielten **Buchertrag** vorläufig zu binden. Denn Gläubiger dürfen davon ausgehen, dass die Gesellschaft über die im Handelsregister eingetragene Haftungsmasse verfügt. Reduziert sich die Haftungsmasse nachträglich, so muss der Anspruch des betroffenen Gläubigers gesichert werden. Erst nach Ablauf der in § 225 Abs. 2 S. 1 bestimmten **Sperrfrist** ist eine Auszahlung des Buchertrags bzw. der Erlass von ausstehenden Einlageforderungen zulässig. Die Norm findet gem. § 237 Abs. 2 auch auf die Kapitalherabsetzung durch Einziehung von Aktien Anwendung. Bei der vereinfachten Kapitalherabsetzung gem. §§ 229 ff. werden die Ansprüche der Gläubiger durch die §§ 230–233 gesichert. 1

II. Anspruch auf Sicherheitsleistung

1. Voraussetzungen. a) Forderung gegen AG. aa) Begriff. Der Anspruch auf Sicherheitsleistung setzt zunächst eine Forderung des Gläubigers gegen die Gesellschaft voraus. Forderungen umfassen dabei **schuldrechtliche Ansprüche jeder Art,** unabhängig davon, ob sie vertraglicher oder gesetzlicher Natur sind (Hüffer/Koch/*Koch* Rn. 2; K. Schmidt/Lutter/*Veil* Rn. 6). Lediglich dingliche Rechte (zB Nießbrauch) werden nicht von der Norm erfasst (vgl. Hüffer/Koch/*Koch* Rn. 2; K. Schmidt/Lutter/*Veil* Rn. 6). 2

bb) Zeitpunkt. Die Forderung muss vor Eintragung der Bekanntmachung begründet worden sein. Nach § 10 HGB kommt es dabei auf die **Bekanntmachung** in dem von der Landesjustizverwaltung bestimmten elektronischen Informations- und Kommunikationssystem an (neugefasst durch das Gesetz über elektronische Handelsregister und Genossenschaftsregister sowie das Unternehmensregister (EHUG) vom 10.11.2006). Alle Ansprüche, die vor diesem Zeitpunkt begründet worden sind, also auch zwischen Beschlussfassung und Bekanntmachung, unterfallen daher der Norm (vgl. Hüffer/Koch/*Koch* Rn. 3; K. Schmidt/Lutter/*Veil* Rn. 9; einschr. MüKoAktG/*Oechsler* Rn. 6, der ein Sicherungsbedürfnis verneint, wenn der Gläubiger von dem Kapitalherabsetzungsbeschluss Kenntnis hatte). Ein Anspruch ist begründet worden, wenn der Rechtsgrund geschaffen worden ist. Bei vertraglichen Ansprüchen ist dazu der Vertragsschluss notwendig. Fälligkeit (vgl. § 271 Abs. 1 BGB) muss noch nicht eingetreten sein. Soweit mit dem zu sichernden Anspruch eine **Befristung** oder eine **auflösende Bedingung** verbunden ist, ist dies für den Sicherheitsleistungsanspruch unerheblich (Hüffer/Koch/*Koch* Rn. 3; K. Schmidt/Lutter/*Veil* Rn. 7). Dies gilt auch für die **aufschiebende Bedingung** (vgl. Hüffer/Koch/*Koch* Rn. 3; KK-AktG/*Lutter* Rn. 10; MüKoAktG/*Oechsler* Rn. 8; K. Schmidt/Lutter/*Veil* Rn. 7; GK-AktG/*Sethe* Rn. 19). Der Eintritt der aufschiebenden Bedingung innerhalb einer überschaubaren Frist sollte jedoch wahrscheinlich sein, andernfalls verfügt der Gläubiger über kein ausreichendes Sicherungsbedürfnis (vgl. hierzu MüKoAktG/*Oechsler* Rn. 8, der Eintritt der Bedingung sollte innerhalb der Frist des § 225 3

Abs. 2 S. 1 absehbar sein). Ebenso fallen Ansprüche aus Dauerschuldverhältnissen unter die Norm, allerdings muss der Anspruch konkretisiert sein (zB fortlaufende Mietzinszahlung) (Hüffer/Koch/*Koch* Rn. 4; MüKoAktG/*Oechsler* Rn. 9 f.).

4 **cc) Bestrittene Forderungen.** Ein Anspruch auf Sicherungsleistung entfällt, wenn der vermeintliche Anspruch des Gläubigers offensichtlich unbegründet ist oder der Vorstand nach sorgfältiger Prüfung (ggf. durch Einholung eines Rechtsgutachtens) davon ausgehen durfte, dass der Anspruch nicht oder nicht in der angegebenen Höhe besteht (Hüffer/Koch/*Koch* Rn. 5; MüKoAktG/*Oechsler* Rn. 12). Der Gläubiger hat die Möglichkeit, seinen Sicherungsanspruch auch gerichtlich durchzusetzen (auch Unterlassungsanspruch auf Auszahlung an Aktionäre kann bestehen) (vgl. Hüffer/Koch/*Koch* Rn. 5 und 12).

5 **b) Fristgerechte Meldung.** Die Gläubiger haben sich innerhalb der in § 225 Abs. 1 S. 1 bestimmten Frist an die Gesellschaft (nicht an das Registergericht) zu wenden, also innerhalb von sechs Monaten nach Bekanntmachung der Eintragung des Kapitalherabsetzungsbeschlusses. Es handelt sich um eine **materiell-rechtliche Ausschlussfrist,** dh nach Verstreichenlassen des in § 225 Abs. 1 S. 1 angegebenen Zeitraums besteht kein Anspruch mehr auf Sicherheitsleistung (MüKoAktG/*Oechsler* Rn. 15). Der Fristlauf berechnet sich nach den §§ 187 ff. BGB (Hüffer/Koch/*Koch* Rn. 7). Eine Meldung des Gläubigers vor der Bekanntmachung ist möglich, allerdings entsteht der Anspruch auf Sicherheitsleistung erst mit Bekanntmachung (Hüffer/Koch/*Koch* Rn. 7; KK-AktG/*Lutter* Rn. 18). Die Frist des § 225 Abs. 1 S. 1 kann durch den Kapitalherabsetzungsbeschluss verlängert, jedoch nicht verkürzt werden (Hüffer/Koch/*Koch* Rn. 7; MüKoAktG/*Oechsler* Rn. 16 f.). Eine **fehlerhafte Bekanntmachung** des Sicherungsanspruchs durch das Registergericht kann der Gesellschaft nicht zugerechnet werden und lässt den Fristlauf unberührt (Hüffer/Koch/*Koch* Rn. 7; KK-AktG/*Lutter* Rn. 15; MüKoAktG/*Oechsler* Rn. 19).

6 **c) Kein Gefährdungsnachweis.** Unabhängig vom Zweck der Kapitalherabsetzung (vgl. § 222 Abs. 3) steht den Gläubigern ein Anspruch auf Sicherheitsleistung zu; selbst dann, wenn eine Auszahlung des durch die Kapitalherabsetzung erzielten Buchertrags an die Aktionäre nicht bezweckt ist (vgl. § 225 Abs. 3). Der Nachweis einer Gefährdung der Gläubigerinteressen ist also gerade nicht erforderlich, eine solche Gefährdung wird durch die Kapitalherabsetzung **unwiderleglich vermutet** (anders bei § 22 Abs. 1 S. 2 UmwG). Eine Vermeidung der Gläubigersicherung kann lediglich bei der vereinfachten Kapitalherabsetzung erzielt werden (vgl. §§ 229 ff.).

7 **d) Höhe der Sicherheitsleistung.** Unklar, weil gesetzlich nicht geregelt, ist, in welcher Höhe Sicherheit zu leisten ist. Dabei richtet sich die Höhe wohl nach der jeweiligen Forderung (so K. Schmidt/Lutter/*Veil* Rn. 16). Damit einhergehen soll jedoch regelmäßig die Stellung von Sicherheiten in voller Höhe der zu sichernden Forderung, was die Kapitalherabsetzungsmaßnahme allerdings unnötig erschweren könne (so *Beuthien* GmbHR 2016, 729 (730); s. auch MüKoAktG/*Oechsler* Rn: 26). Insoweit wird vertreten, dass unter Zugrundelegung des begrenzten Schutzzwecks der Norm, keine Besserstellung der vormals ungesicherten Gläubiger bezweckt werden solle, sodass bloß eine anteilige Sicherheitsleistung in Abhängigkeit von der Haftkapitalverminderung verlangt werden könne (*Beuthien* GmbHR 2016, 729 (730)).

8 **e) Ausschluss.** Das Recht Sicherheit zu verlangen entfällt, wenn der Gläubiger **aa)** ein Recht auf vorzugsweise Befriedigung aus einer Deckungsmasse hat (vgl. § 225 Abs. 1 S. 3, nähere Ausführungen in MüKoAktG/*Oechsler* Rn. 27 ff.), **bb)** Erfüllung verlangen kann, also insbesondere Fälligkeit vorliegt (vgl. Hüffer/Koch/*Koch* Rn. 9), oder **cc)** bereits durch die §§ 232 ff. BGB gesichert ist (vgl. Hüffer/Koch/*Koch* Rn. 11).

9 **2. Auszahlungssperre.** Aufgrund der Kapitalherabsetzung dürfen Auszahlungen an die Aktionäre erst vorgenommen werden, wenn seit der Bekanntmachung des Kapitalherabsetzungsbeschlusses **sechs Monate** verstrichen sind und den Gläubigern, die sich rechtzeitig gemeldet haben, **Befriedigung oder Sicherheit** gewährt worden ist (vgl. § 225 Abs. 2 S. 1). Das Gesetz stellt klar, dass dies auch für die Befreiung des Aktionärs von einer Einlageleistung gilt (vgl. § 225 Abs. 2 S. 2). Zahlungen, die nicht aufgrund des aus der Kapitalherabsetzung erzielten Buchertrags erfolgen, zB aus erwirtschafteten Gewinnen der Vorjahre, sind ohne Verstoß gegen § 225 Abs. 2 möglich (Hüffer/Koch/*Koch* Rn. 15). Auszahlungen, die unter Verstoß gegen § 225 Abs. 2 vorgenommen werden, sind zwar wirksam, allerdings ist der Vorstand bzw. der Aufsichtsrat gem. § 93 Abs. 3, § 116 schadensersatzpflichtig, da eine verbotene Auszahlung an die Aktionäre erfolgt ist (MüKoAktG/*Oechsler* Rn. 37).

Kraftloserklärung von Aktien

226 (1) [1] **Sollen zur Durchführung der Herabsetzung des Grundkapitals Aktien durch Umtausch, Abstempelung oder durch ein ähnliches Verfahren zusammengelegt werden, so kann die Gesellschaft die Aktien für kraftlos erklären, die trotz Aufforderung nicht bei ihr eingereicht worden sind.** [2] **Gleiches gilt für eingereichte Aktien, welche die zum Ersatz**

durch neue Aktien nötige Zahl nicht erreichen und der Gesellschaft nicht zur Verwertung für Rechnung der Beteiligten zur Verfügung gestellt sind.

(2) [1]**Die Aufforderung, die Aktien einzureichen, hat die Kraftloserklärung anzudrohen.** [2]**Die Kraftloserklärung kann nur erfolgen, wenn die Aufforderung in der in § 64 Abs. 2 für die Nachfrist vorgeschriebenen Weise bekanntgemacht worden ist.** [3]**Die Kraftloserklärung geschieht durch Bekanntmachung in den Gesellschaftsblättern.** [4]**In der Bekanntmachung sind die für kraftlos erklärten Aktien so zu bezeichnen, daß sich aus der Bekanntmachung ohne weiteres ergibt, ob eine Aktie für kraftlos erklärt ist.**

(3) [1]**Die neuen Aktien, die an Stelle der für kraftlos erklärten Aktien auszugeben sind, hat die Gesellschaft unverzüglich für Rechnung der Beteiligten zum Börsenpreis und beim Fehlen eines Börsenpreises durch öffentliche Versteigerung zu verkaufen.** [2]**Ist von der Versteigerung am Sitz der Gesellschaft kein angemessener Erfolg zu erwarten, so sind die Aktien an einem geeigneten Ort zu verkaufen.** [3]**Zeit, Ort und Gegenstand der Versteigerung sind öffentlich bekanntzumachen.** [4]**Die Beteiligten sind besonders zu benachrichtigen; die Benachrichtigung kann unterbleiben, wenn sie untunlich ist.** [5]**Bekanntmachung und Benachrichtigung müssen mindestens zwei Wochen vor der Versteigerung ergehen.** [6]**Der Erlös ist den Beteiligten auszuzahlen oder, wenn ein Recht zur Hinterlegung besteht, zu hinterlegen.**

I. Allgemeines

1 Der **Hauptanwendungsbereich** der Vorschrift liegt auf Kapitalherabsetzungen, bei denen das Grundkapital durch **Zusammenlegung von Aktien** gem. § 222 Abs. 4 S. 2 reduziert wurde. Daneben findet § 226 kraft **Verweisung** auch Anwendung auf die **vereinfachte Kapitalherabsetzung** (§ 229 Abs. 3) sowie auf den **Umtausch von Aktien** bei Verschmelzungen (§ 72 UmwG). Die Norm findet hingegen keine Anwendung, soweit lediglich der Nennbetrag herabgesetzt wurde (vgl. Hüffer/Koch/*Koch* Rn. 2). § 226 ist **zwingend,** sodass die Satzung die Kraftloserklärung weder verbieten noch erleichtern darf (MüKoAktG/*Oechsler* Rn. 2). Die Kraftloserklärung bewirkt zwar das Ende der wertpapiermäßigen Verbriefung, jedoch nicht das des Mitgliedsrechts (MüKoAktG/*Oechsler* Rn. 17).

II. Zusammenlegungsverfahren

2 **1. Aufforderung durch den Vorstand.** Nach § 83 Abs. 2 ist der **Vorstand** für die Zusammenlegung der Aktien und der sich daran ggf. anschließenden Kraftloserklärung von Aktien zuständig. Der Vorstand ist an die im Kapitalherabsetzungsbeschluss enthaltenen Durchführungsbestimmungen gebunden (vgl. MüKoAktG/*Oechsler* Rn. 3). Zunächst hat der Vorstand die Aktionäre aufzufordern, die alten Aktienurkunden einzureichen (§ 226 Abs. 2 S. 1). Sofern dieser Aufforderung alle Aktionäre nachkommen und der Gesellschaft die Aktien, welche die zum Umtausch erforderliche Zahl nicht erreichen, zur Verwertung zur Verfügung gestellt werden, bedarf es keiner Kraftloserklärung nach § 226.

3 **2. Vorstandsentscheidung.** Die Zusammenlegung bedarf einer Entscheidung des Vorstands, welche die Aktien bestimmt, die zu einem einheitlichen Mitgliedsrecht zusammengelegt werden sollen. Bei der **Zusammenlegungsentscheidung** handelt es sich um ein **einseitiges Rechtsgeschäft,** welches durch eine nicht empfangsbedürftige Willenserklärung erfolgt (*Bork* FS Claussen, 1997, 52; Hüffer/Koch/*Koch* Rn. 4; KK-AktG/*Lutter* Rn. 7; MüKoAktG/*Oechsler* Rn. 5; NK-AktKapMarktR/*Terbrack* Rn. 7; GK-AktG/*Sethe* Rn. 31). Im Anschluss erfolgt die **Berichtigung** der alten Aktienurkunden bzw. der **Austausch** durch neue Aktienurkunden. Soweit die Mitgliedsrechte nicht verbrieft sind, erfolgt die Zusammenlegung durch **Umbuchung** der Nennbeträge.

III. Kraftloserklärung

4 **1. Sachliche Anforderungen.** Eine Kraftloserklärung von Aktien kommt nur in Betracht, wenn **a)** die Aktien trotz Aufforderung nicht innerhalb der gesetzten Frist eingereicht werden (§ 226 Abs. 1 S. 1) oder **b)** die Zahl der eingereichten Aktien zu gering ist, um sie durch neue Aktien zu ersetzen und der Gesellschaft keine Verwertungsbefugnis für Rechnung der Beteiligten eingeräumt wird (§ 226 Abs. 1 S. 2).

5 **2. Formelle Voraussetzungen.** Die Kraftloserklärung kann nur erfolgen, wenn ihr eine **Aufforderung zur Einreichung der Aktien** vorausgegangen ist (§ 226 Abs. 1 S. 1). In der Aufforderung muss eine **Frist** zur Einreichung der Aktien und **Androhung** der Kraftloserklärung enthalten sein (§ 226 Abs. 2 S. 1, 2, § 64 Abs. 2). Dabei muss die Aufforderung nebst Androhung mindestens **dreimal in den Gesellschaftsblättern** (zumindest Bundesanzeiger, vgl. § 25) bekannt gemacht werden. Die Einzelheiten zur ordnungsgemäßen Durchführung der **Bekanntmachung** ergeben sich aus § 64 Abs. 2 (beachte Sondervorschrift für vinkulierte Namensaktien, vgl. § 64 Abs. 2 S. 4).

6 **3. Kraftloserklärung.** Bei der Kraftloserklärung handelt es sich um ein **einseitiges Rechtsgeschäft,** welches durch eine nicht empfangsbedürftige Willenserklärung erfolgt (Hüffer/Koch/*Koch* Rn. 11; MüKoAktG/*Oechsler* Rn. 17). Die Kraftloserklärung ist nach § 226 Abs. 2 S. 3 in den Gesellschaftsblättern **bekannt zu machen,** im Gegensatz zu der Aufforderung nach § 226 Abs. 2 S. 2 jedoch nur **einmal.** In der Bekanntmachung müssen die für kraftlos erklärten Aktien genau bezeichnet werden (§ 226 Abs. 2 S. 4). Eine darüber hinausgehende individuelle Benachrichtigung der betroffenen Aktionäre ist hingegen nicht erforderlich. Entgegen dem Wortlaut von § 226 Abs. 1 S. 1 („kann") ist der Vorstand verpflichtet, die Kraftloserklärung vorzunehmen (BGH 30.9.1991, NJW-RR 1992, 168).

7 **4. Rechtsfolgen.** Mit der Kraftloserklärung wird die **wertpapiermäßige Verbriefung** der weiterhin bestehenden Mitgliedsrechte **beendet** (MüKoAktG/*Oechsler* Rn. 17). Im Anschluss an die Kraftloserklärung kann die Gesellschaft **neue Aktienurkunden** ausgeben, welche die zusammengelegten Mitgliedsrechte verbriefen (vgl. iE dazu Hüffer/Koch/*Koch* Rn. 12). Eine **fehlerhafte Kraftloserklärung,** etwa bei Verstoß gegen die Voraussetzungen des § 226 Abs. 2, zeitigt keine Wirkung, sodass die für kraftlos erklärten Aktien weiterhin das Mitgliedsrecht verbriefen und die neu ausgegebenen Aktienurkunden wertlos sind (MüKoAktG/*Oechsler* Rn. 21).

8 **5. Verwertung.** Nach der Zusammenlegung hat der Vorstand unverzüglich die Verwertung der neuen Aktien zu betreiben (vgl. § 226 Abs. 3 S. 1). Bei der Norm handelt es sich um ein **Schutzgesetz** iSd § 823 Abs. 2 BGB (KK-AktG/*Lutter* Rn. 26). Die neuen Aktien sind für Rechnung der Beteiligten, also der Aktionäre, zum amtlichen Börsenpreis zu verwerten. Ist ein Börsenpreis nicht vorhanden, so sind die Aktien öffentlich zu versteigern. Sollten unverwertbare **Aktienspitzen** vorhanden sein, so sind diese durch **Barabfindung** zu kompensieren (Hüffer/Koch/*Koch* Rn. 15). Der Verwertungserlös ist den Berechtigten unverzüglich auszukehren. Die Gesellschaft ist aufgrund des auftragsähnlichen Verhältnisses berechtigt, Aufwendungsersatz gem. § 670 BGB zu verlangen (Hüffer/Koch/*Koch* Rn. 15; KK-AktG/*Lutter* Rn. 25).

Anmeldung der Durchführung

227 (1) **Der Vorstand hat die Durchführung der Herabsetzung des Grundkapitals zur Eintragung in das Handelsregister anzumelden.**

(2) **Anmeldung und Eintragung der Durchführung der Herabsetzung des Grundkapitals können mit Anmeldung und Eintragung des Beschlusses über die Herabsetzung verbunden werden.**

1 **1. Allgemeines.** Die Vorschrift des § 227 regelt die Anmeldung der Durchführung der Herabsetzung des Grundkapitals zur Eintragung in das Handelsregister. Anders als bei § 224 ist die Eintragung **rein deklaratorisch** (Hüffer/Koch/*Koch* Rn. 1; MüKoAktG/*Oechsler* Rn. 1). Die Anmeldung der Durchführung kann mit der Anmeldung des Herabsetzungsbeschlusses verbunden werden (§ 227 Abs. 2). Dies ist allerdings nur möglich, wenn die Kapitalherabsetzung durch Herabsetzung der Nennbeträge und nicht durch Zusammenlegung der Aktien erfolgt, da andernfalls die zur Durchführung erforderlichen Maßnahmen die Wirksamkeit der Kapitalherabsetzung voraussetzen (Hüffer/Koch/*Koch* Rn. 8; K. Schmidt/Lutter/*Veil* Rn. 6). Trotz Verbindung handelt es sich nicht um einen einheitlichen Antrag, der Registerrichter kann weiterhin **getrennt über die Anträge entscheiden** (MüKoAktG/*Oechsler* Rn. 7).

2 **2. Durchführung der Kapitalherabsetzung. a) Begriffsbestimmung.** Die Anmeldung ist **unverzüglich** nach der Durchführung vorzunehmen. Die Kapitalherabsetzung ist durchgeführt, wenn die Höhe des neuen Grundkapitals und die Summe der Aktiennennbeträge einander angepasst sind (Hüffer/Koch/*Koch* Rn. 2; MüKoAktG/*Oechsler* Rn. 2). Bei der Zusammenlegung von Aktien (§ 222 Abs. 2 S. 2) bestehen die Durchführungsmaßnahmen aus der **Zusammenlegungsentscheidung** (§ 226) sowie der **Kraftloserklärung** alter Aktien nach § 226 Abs. 2. Bei der Kapitalherabsetzung durch Änderung der Aktiennennbeträge (§ 222 Abs. 4 S. 1) sind Durchführungsmaßnahmen hingegen nicht erforderlich. Hier erfolgt die **Durchführung mit Eintragung** des Herabsetzungsbeschlusses in das Handelsregister (Hüffer/Koch/*Koch* Rn. 2; MüKoAktG/*Oechsler* Rn. 2; K. Schmidt/Lutter/*Veil* Rn. 2).

3 **b) Eintragungsverfahren. aa) Allgemeines.** Das Amtsgericht des Satzungssitzes ist das für die Eintragung zuständige Gericht (§ 14 iVm § 377 Abs. 1 FamFG). Die Anmeldung hat in öffentlich beglaubigter Form (§ 129 BGB, §§ 39 ff. BeurkG) zu erfolgen (§ 12 HGB). Der Anmeldung sind keine weiteren Unterlagen beizufügen (Hüffer/Koch/*Koch* Rn. 4).

4 **bb) Anmeldepflicht.** Im Gegensatz zu § 223 trifft die Anmeldepflicht nur den **Vorstand** und nicht auch den Aufsichtsratsvorsitzenden. Etwas anderes gilt für den Fall, dass die Anmeldung mit der Anmeldung des Herabsetzungsbeschlusses nach § 227 Abs. 2 verbunden wird. Die Anmeldung erfolgt

durch Vorstandsmitglieder in vertretungsberechtigter Zahl. Unechte Gesamtvertretung ist zulässig (§ 78 Abs. 3). Sofern die Form des § 12 Abs. 1 HGB gewahrt ist, kann eine Anmeldung ebenfalls durch rechtsgeschäftlich bevollmächtigte Dritte erfolgen. Gegenüber der AG sind die Anmeldeberechtigten zur Anmeldung verpflichtet. Die Anmeldung kann durch Zwangsgeld erzwungen werden (§ 14 HGB iVm § 407, anders bei der Anmeldung nach § 223). Eine Verletzung der Pflicht zur Anmeldung kann sowohl zu Schadensersatzansprüchen (§§ 93, 116), als auch zu einer Abberufung (§ 84 Abs. 3, § 103 Abs. 3) führen. § 227 ist kein Schutzgesetz iSd § 823 Abs. 2 BGB.

c) Gerichtliche Prüfung. Das Registergericht ist zur formellen und materiellen Prüfung der Durchführung berechtigt und verpflichtet. IRd materiellen Prüfung entscheidet der Richter, ob die Kapitalherabsetzung ordnungsgemäß durchgeführt wurde. Eine Plausibilitätsprüfung ist ausreichend. Eine weitergehende Prüfung ist nur dann erforderlich, wenn Anlass zu Zweifeln an der ordnungsgemäßen Durchführung besteht (Hüffer/Koch/*Koch* Rn. 6). Der Inhalt der Eintragung ist gem. § 10 Abs. 1 HGB im BAnz bekanntzumachen. 5

Herabsetzung unter den Mindestnennbetrag

228 (1) **Das Grundkapital kann unter den in § 7 bestimmten Mindestnennbetrag herabgesetzt werden, wenn dieser durch eine Kapitalerhöhung wieder erreicht wird, die zugleich mit der Kapitalherabsetzung beschlossen ist und bei der Sacheinlagen nicht festgesetzt sind.**

(2) [1]**Die Beschlüsse sind nichtig, wenn sie und die Durchführung der Erhöhung nicht binnen sechs Monaten nach der Beschlußfassung in das Handelsregister eingetragen worden sind.** [2]**Der Lauf der Frist ist gehemmt, solange eine Anfechtungs- oder Nichtigkeitsklage rechtshängig ist.** [3]**Die Beschlüsse und die Durchführung der Erhöhung des Grundkapitals sollen nur zusammen in das Handelsregister eingetragen werden.**

1. Allgemeines. Hauptanwendungsbereich der Norm liegt in der **Sanierungserleichterung.** § 228 stellt eine **Ausnahme** von § 7 dar. Ausnahmsweise ist eine Unterschreitung des in § 7 festgesetzten Mindestnennbetrages des Grundkapitals von 50.000 EUR möglich, wenn zugleich eine Kapitalerhöhung beschlossen wird, durch welche der in § 7 festgesetzte Betrag wieder erreicht wird (§ 228 Abs. 1). Kraft **Verweisung** gilt die Norm auch bei der **vereinfachten Kapitalherabsetzung** (vgl. § 229 Abs. 3). 1

2. Unterschreiten des Mindestnennbetrages. a) Voraussetzungen. Ein Unterschreiten des in § 7 festgelegten Mindestnennbetrages ist nur möglich, wenn zugleich mit der Kapitalherabsetzung eine **Kapitalerhöhung** beschlossen wird, durch welche der Mindestnennbetrag wieder erreicht wird. Diesbezüglich ist es ausreichend, wenn in **derselben Hauptversammlung** zwei **selbstständige Beschlüsse** gefasst werden (Hüffer/Koch/*Koch* Rn. 2; MüKoAktG/*Oechsler* Rn. 4; K. Schmidt/Lutter/*Veil* Rn. 2). Die Kapitalerhöhung muss eine reguläre nach den §§ 182 ff. sein; eine Kapitalerhöhung aus genehmigtem Kapital (§ 202), eine bedingte Kapitalerhöhung (§ 192) und eine Kapitalerhöhung aus Gesellschaftsmitteln kommen nicht in Betracht (Hüffer/Koch/*Koch* Rn. 2; KK-AktG/*Lutter* Rn. 8). Es ist zulässig, mit der Kapitalherabsetzung das **Grundkapital auf Null** herabzusetzen (noch zu DM-Zeiten: BGH 5.7.1999, BGHZ 142, 167 (169 f.) = NJW 1999, 3197; BGH 5.10.1992, BGHZ 119, 305 (306, 319 f.) = NJW 1993, 57). Die Kapitalerhöhung darf **nicht ausschließlich mit Sacheinlagen** erfolgen, zumindest die Erreichung des **Mindestnennbetrages** nach § 7 ist mit **Barmitteln** sicherzustellen, um damit Bewertungsprobleme zu vermeiden (Hüffer/Koch/*Koch* Rn. 3; KK-AktG/*Lutter* Rn. 7; K. Schmidt/Lutter/*Veil* Rn. 2; diesbezüglich kritisch bei einem Debt-Equity-Swap *Hölzle/Beyß* ZIP 2016, 1461 (1467)). Bei einem Kapitalschnitt durch Kapitalherabsetzung auf Null und nachfolgender Kapitalerhöhung gebietet die **Treuepflicht** dem Mehrheitsaktionär zudem, die neuen Aktien in Höhe des gesetzlichen Mindestbetrages zu stückeln, um möglichst allen Aktionären den Verbleib in der Gesellschaft zu eröffnen und das Entstehen unverhältnismäßig hoher Spitzen zu vermeiden (BGH 5.7.1999, BGHZ 142, 167 (170) = NJW 1999, 3197; OLG Dresden 30.3.2006, AG 2006, 671). 2

b) Rechtsfolgen bei Verstoß. Ein Verstoß gegen die Norm des § 228 stellt zugleich einen Verstoß gegen § 7 dar und führt zur **Nichtigkeit** des Kapitalherabsetzungsbeschlusses nach § 241 Nr. 3. Sofern dennoch eine Eintragung erfolgt sein sollte, kommt eine Heilung nach § 242 Abs. 2 in Betracht. Fraglich ist, ob die Nichtigkeit des Kapitalherabsetzungsbeschlusses auch zwangsweise die Nichtigkeit des Kapitalerhöhungsbeschlusses zur Folge hat. Dies wird vereinzelt im Hinblick auf § 139 BGB und § 228 Abs. 1 (wegen des Wortes „zugleich") sowie Abs. 2 S. 1, der auf die Eintragung des Herabsetzungsbeschlusses abstellt (Hüffer/Koch/*Koch* Rn. 4 mwN), vertreten. Allerdings bejaht die wohl hM die isolierte Wirksamkeit des Kapitalerhöhungsbeschlusses zu Recht, sofern erkennbar sei, dass die Kapitalerhöhung auch ohne die Kapitalherabsetzung beschlossen worden wäre (so auch MüKoAktG/*Oechsler* Rn. 9; K. Schmidt/Lutter/*Veil* Rn. 3). 3

4 **3. Eintragungsverfahren.** Sowohl der Kapitalherabsetzungsbeschluss als auch der Kapitalerhöhungsbeschluss sind nichtig, wenn sie nicht binnen **sechs Monaten** nach der Beschlussfassung, also dem Tag der Hauptversammlung, in das Handelsregister eingetragen worden sind (§ 228 Abs. 2 S. 1). Dies ist der Fall, wenn entweder der Kapitalherabsetzungsbeschluss (vgl. § 224), der Beschluss über die Kapitalerhöhung (vgl. § 184) oder die Durchführung der Kapitalerhöhung (vgl. § 188) nicht innerhalb der Frist eingetragen worden ist (Hüffer/Koch/*Koch* Rn. 5). Die Frist berechnet sich nach §§ 187 ff. BGB. Sollte eine gegen den Kapitalherabsetzungs-Erhöhungsbeschluss gerichtete Anfechtungs- oder Nichtigkeitsklage (§§ 248, 249) rechtshängig sein, so wird der Lauf der **Sechsmonatsfrist gehemmt** (§ 228 Abs. 2 S. 2). Sollten die **drei erforderlichen Anmeldungen** nicht gleichzeitig erfolgt sein, so ist das Registergericht nach § 228 Abs. 2 S. 3 daran gehindert, die beantragte Eintragung vorzunehmen, da dies einen Verstoß gegen § 228 Abs. 2 S. 1 zur Folge haben würde und ansonsten das Handelsregister ein Grundkapital ausweisen würde, welches unter dem Mindestnennbetrag des § 7 zurückbliebe. Eine **Ausnahme** kann nur zugelassen werden, wenn der Kapitalherabsetzungsbeschluss nichtig sein sollte und die isolierte Kapitalerhöhung dennoch Geltung beansprucht.

Zweiter Unterabschnitt. Vereinfachte Kapitalherabsetzung

Voraussetzungen

229 (1) [1]**Eine Herabsetzung des Grundkapitals, die dazu dienen soll, Wertminderungen auszugleichen, sonstige Verluste zu decken oder Beträge in die Kapitalrücklage einzustellen, kann in vereinfachter Form vorgenommen werden.** [2]**Im Beschluß ist festzusetzen, daß die Herabsetzung zu diesen Zwecken stattfindet.**

(2) [1]**Die vereinfachte Kapitalherabsetzung ist nur zulässig, nachdem der Teil der gesetzlichen Rücklage und der Kapitalrücklage, um den diese zusammen über zehn vom Hundert des nach der Herabsetzung verbleibenden Grundkapitals hinausgehen, sowie die Gewinnrücklagen vorweg aufgelöst sind.** [2]**Sie ist nicht zulässig, solange ein Gewinnvortrag vorhanden ist.**

(3) **§ 222 Abs. 1, 2 und 4, §§ 223, 224, 226 bis 228 über die ordentliche Kapitalherabsetzung gelten sinngemäß.**

I. Allgemeines

1 Die Norm stellt die Voraussetzungen des **praktisch wichtigen Falls** der vereinfachten Kapitalherabsetzung dar. Im Gegensatz zu der ordentlichen Kapitalherabsetzung ist sie nur zu den in § 229 Abs. 1 S. 1 angegebenen **Sanierungszwecken** zulässig. Aus diesem Grunde ist im Gegensatz zur ordentlichen Kapitalherabsetzung (vgl. § 225) nur ein **vereinfachter Gläubigerschutz** vorgesehen (vgl. § 233). Des Weiteren sind vor Beschlussfassung die gesetzlichen Rücklagen und die Kapitalrücklage sowie die Gewinnrücklagen und die Gewinnvorträge aufzulösen (§ 229 Abs. 2). Oftmals wird die vereinfachte Kapitalherabsetzung zusammen mit einer ordentlichen Kapitalerhöhung (§ 182) verbunden (sog. **Kapitalschnitt**), um der Gesellschaft Liquidität zuzuführen.

II. Voraussetzungen

2 **1. Zweck.** Die vereinfachte Kapitalherabsetzung ist nur zum **Ausgleich von Wertminderungen,** zur **Deckung sonstiger Verluste** oder zur **Einstellung von Beträgen in die Kapitalrücklage** zulässig (§ 229 Abs. 1 S. 1). Verschiedene Zwecke können grundsätzlich miteinander kombiniert werden, soweit die Voraussetzungen des § 229 für jeden verfolgten Zweck vorliegen (Hüffer/Koch/*Koch* Rn. 6; K. Schmidt/Lutter/*Veil* Rn. 5). Bei der **Kombination mehrerer Zwecke** muss der Kapitalherabsetzungsbeschluss bestimmen bzw. bestimmbar festlegen, welcher Teil des Kapitalherabsetzungsbetrages auf welchen Zweck entfällt (Hüffer/Koch/*Koch* Rn. 6; *Terbrack* RNotZ 2003, 89 (100 f.)). Der Kapitalherabsetzungsbeschluss muss den **verfolgten Zweck ausdrücklich und konkret benennen,** zumindest sollten dabei die gesetzlichen Formulierungen wiederholt werden (Hüffer/Koch/*Koch* Rn. 10). Die in § 229 Abs. 1 angegebenen Zwecke der vereinfachten Kapitalherabsetzung sind **abschließend,** dh andere Zwecke dürfen mit der vereinfachten Kapitalherabsetzung nicht verfolgt werden.

3 **Wertminderungen** bzw. **sonstige Verluste** müssen im Zeitpunkt der Beschlussfassung **tatsächlich vorliegen.** Dabei muss der bilanzielle Verlust zwar keine bestimmte Höhe aufweisen, allerdings muss er so beschaffen sein, dass er nach **kaufmännischen Grundsätzen** eine dauernde Veränderung des Grundkapitals rechtfertigt (OLG Frankfurt a. M. 10.5.1988, NJW-RR 1989, 546). Die **tatsächliche Entwicklung** der Folgejahre hat **keinen Einfluss** auf die Wirksamkeit des Kapitalherabsetzungsbeschlusses, da allein die **gewissenhafte Prognose** im Zeitpunkt der Beschlussfassung maßgeblich ist (OLG Frankfurt a. M. 10.5.1988, NJW-RR 1989, 546). Sofern die vereinfachte Kapitalherabsetzung dazu dienen soll, Beträge in die Kapitalrücklage einzustellen, so ist § 231 zu beachten. Sollten im

Zeitpunkt der Beschlussfassung die Voraussetzungen des § 229 nicht vorliegen, also insbesondere kein ausreichender Verlust vorliegen, so ist der Beschluss **anfechtbar** (Hüffer/Koch/*Koch* Rn. 8).

2. Auflösung der Rücklagen. § 229 Abs. 2 dient dem **Schutz der Aktionäre** und der **Gläubiger** (MüKoAktG/*Oechsler* Rn. 32). Die vereinfachte Kapitalherabsetzung ist nur möglich, wenn vorweg der Betrag der gesetzlichen Rücklage und der Kapitalrücklage zusammen auf **zehn vom Hundert** des nach der Herabsetzung **verbleibenden Grundkapitals** reduziert wurde und die darüber hinausgehenden Rücklagen aufgelöst wurden. Eine etwaig gleichzeitig mit der Kapitalherabsetzung beschlossene Kapitalerhöhung bleibt bei der Berechnung außer Betracht, dh maßgeblich ist allein das nach der Kapitalherabsetzung bestehende Grundkapital (Hüffer/Koch/*Koch* Rn. 13). Sollte das Mindestgrundkapital des § 7 aufgrund einer gleichzeitig beschlossenen Kapitalerhöhung unterschritten werden, so ist entsprechend § 231 S. 2 von dem in § 7 angegebenen **Mindestgrundkapital** als maßgeblicher Größe auszugehen (MüKoAktG/*Oechsler* Rn. 36; K. Schmidt/Lutter/*Veil* Rn. 10). 4

Im Übrigen darf **kein Gewinnvortrag** (§ 266 Abs. 3 A IV HGB) mehr vorhanden sein. Satzungsmäßige Rücklagen sind wohl ebenso aufzulösen (vgl. Hüffer/Koch/*Koch* Rn. 14; ebenso MüKoAktG/*Oechsler* Rn. 40). Stille Reserven müssen hingegen nicht aufgedeckt werden (K. Schmidt/Lutter/*Veil* Rn. 9). Ebenso wenig sind Rückstellungen (§§ 249, 266 Abs. 3 HGB) aufzulösen (K. Schmidt/Lutter/*Veil* Rn. 9). 5

3. Verweis. § 229 Abs. 3 ordnet an, dass die Vorschriften über die ordentliche Kapitalherabsetzung bis auf zwei Ausnahmen entsprechend anzuwenden sind. Die beiden **Ausnahmen** sind **a) § 222 Abs. 3** (stattdessen gilt § 229) und **b) § 225** (stattdessen gelten § 229 Abs. 2, §§ 230 ff.). Die Anmeldung der vereinfachten Kapitalherabsetzung zum Handelsregister erfolgt nach den für die ordentliche Kapitalherabsetzung geltenden Regeln. Dabei hat das Registergericht insbesondere zu prüfen, ob ein Verlust iHd Herabsetzungsbetrages besteht oder zu erwarten ist. Sollte sich die Prognose der Verwaltung als nach kaufmännischen Grundsätzen vertretbar erweisen, so hat das Registergericht die Eintragung vorzunehmen. 6

Verbot von Zahlungen an die Aktionäre

230 **[1] Die Beträge, die aus der Auflösung der Kapital- oder Gewinnrücklagen und aus der Kapitalherabsetzung gewonnen werden, dürfen nicht zu Zahlungen an die Aktionäre und nicht dazu verwandt werden, die Aktionäre von der Verpflichtung zur Leistung von Einlagen zu befreien. [2] Sie dürfen nur verwandt werden, um Wertminderungen auszugleichen, sonstige Verluste zu decken und Beträge in die Kapitalrücklage oder in die gesetzliche Rücklage einzustellen. [3] Auch eine Verwendung zu einem dieser Zwecke ist nur zulässig, soweit sie im Beschluß als Zweck der Herabsetzung angegeben ist.**

1. Allgemeines. Die Vorschrift ergänzt § 229 und stellt sicher, dass die Beträge die aus der Kapitalherabsetzung und der Auflösung der Kapital- und Gewinnrücklagen gewonnen worden sind, nicht an die Aktionäre ausgezahlt bzw. zur Befreiung der Aktionäre von einer Einlageverpflichtung verwendet werden. Die **Norm schützt sowohl die Gläubiger** (§ 230 S. 1) als auch die **Aktionäre** (§ 230 S. 2 und 3). 1

2. Ausschüttungsverbot. Von dem Ausschüttungsverbot werden neben dem aus der Kapitalherabsetzung gewonnenen Betrag ebenfalls die durch die Auflösung der Kapital- oder Gewinnrücklagen gewonnenen Beträge erfasst. Mit dem Begriff **Gewinnrücklage** wird ebenso die bei § 229 Abs. 2 erwähnte gesetzliche Rücklage umfasst. Die einbezogenen Beträge dürfen weder an die Aktionäre ausgezahlt werden noch zur Befreiung von einer Einlageverpflichtung verwendet werden. Eine Ausschüttung an die Aktionäre darf in keiner Form erfolgen und gilt zeitlich unbeschränkt. Das **Verbot** gilt nicht für die Ausschüttung von regulär erwirtschafteten Gewinnen und für die Auszahlung von Beträgen aus gebundenem Vermögen, die aufgrund eines anderen Rechtsverhältnisses (zB Kauf, Miete) erfolgt sind, soweit darin keine verbotene Einlagenrückgewähr zu sehen ist (vgl. Hüffer/Koch/*Koch* Rn. 3). Werden Beträge entgegen § 230 ausgeschüttet, so **haften** die Aktionäre nach § 62 und Verwaltungsmitglieder nach §§ 93, 116. Ein Jahresabschluss, der von § 230 erfasste Beträge als Gewinn ausweist, ist ebenso wie der darauf aufbauende Gewinnverwendungsbeschluss **nichtig** (§ 256 Abs. 1 Nr. 1 für den Jahresabschluss, § 241 Nr. 3 für den Gewinnverwendungsbeschluss). 2

3. Verwendungsgebot. Die von § 230 erfassten Beträge dürfen nur für die in § 230 S. 2 angegebenen **Zwecke** verwandt werden. Diese Zwecke müssen allerdings auch in dem **Kapitalherabsetzungsbeschluss** angegeben worden sein (vgl. § 230 S. 3). Die Norm stellt eine Ergänzung zu § 229 S. 2 dar und bindet den Vorstand an den entsprechenden Inhalt des Kapitalherabsetzungsbeschlusses. Dem Vorstand steht insoweit **kein eigener Ermessensspielraum** zu (vgl. Hüffer/Koch/*Koch* Rn. 5). Sofern der durch die Kapitalherabsetzung freigesetzte Betrag nicht in voller Höhe für die in dem Beschluss angegebenen Zwecke verwendet werden kann, zB weil der Verlust nicht in der erwarteten Höhe 3 eingetreten ist, muss der **Unterschiedsbetrag** gem. § 232 in die Kapitalrücklage eingestellt werden. Verstoßen Verwaltungsmitglieder gegen das in § 230 S. 3 normierte Verwendungsgebot, machen sie sich nach §§ 93, 116 haftbar. Eine zweckwidrige Einstellung des Unterschiedsbetrages in die Bilanz macht den Jahresabschluss zwar **fehlerhaft,** aber nicht nichtig (vgl. Hüffer/Koch/*Koch* Rn. 7).

Beschränkte Einstellung in die Kapitalrücklage und in die gesetzliche Rücklage

231 **[1] Die Einstellung der Beträge, die aus der Auflösung von anderen Gewinnrücklagen gewonnen werden, in die gesetzliche Rücklage und der Beträge, die aus der Kapitalherabsetzung gewonnen werden, in die Kapitalrücklage ist nur zulässig, soweit die Kapitalrücklage und die gesetzliche Rücklage zusammen zehn vom Hundert des Grundkapitals nicht übersteigen. [2] Als Grundkapital gilt dabei der Nennbetrag, der sich durch die Herabsetzung ergibt, mindestens aber der in § 7 bestimmte Mindestnennbetrag. [3] Bei der Bemessung der zulässigen Höhe bleiben Beträge, die in der Zeit nach der Beschlußfassung über die Kapitalherabsetzung in die Kapitalrücklage einzustellen sind, auch dann außer Betracht, wenn ihre Zahlung auf einem Beschluß beruht, der zugleich mit dem Beschluß über die Kapitalherabsetzung gefaßt wird.**

1 **1. Allgemeines.** Die Norm **beschränkt die Zulässigkeit der Einstellung** der aus der vereinfachten Kapitalherabsetzung erzielten Beträge auf **10 % des Grundkapitals.** Maßgeblich ist bei der Ermittlung des zulässigen Betrages die Grundkapitalziffer, die sich aus der beschlossenen Kapitalherabsetzung ergibt (vgl. § 231 S. 2). Die Norm dient vorwiegend den **Interessen der Aktionäre** (MüKoAktG/*Oechsler* Rn. 1).

2 **2. Einstellungsbetrag.** § 231 S. 1 regelt die **Umbuchung zwischen Eigenkapitalkonten.** Die in S. 1 angesprochenen anderen Gewinnrücklagen (§ 266 Abs. 3 A III Nr. 4 HGB) werden in die gesetzliche Rücklage (§ 266 Abs. 3 A III Nr. 1 HGB) eingestellt und das gezeichnete Kapital oder Grundkapital (§ 266 Abs. 3 A I HGB) wird in die Kapitalrücklage (§ 266 Abs. 3 A II HGB) eingestellt. Zusätzlich sind die in § 231 S. 1 nicht erwähnten **satzungsmäßigen Rücklagen** (§ 266 Abs. 3 A III Nr. 3 HGB) ebenfalls vom Normzweck erfasst (Hüffer/Koch/*Koch* Rn. 4). Die Umbuchungen sind jedoch nur bis zur Auffüllung des in § 150 enthaltenen gesetzlichen **Reservefonds** zulässig. Sollte der gesetzliche Reservefonds durch bloße Umbuchungen aufgefüllt werden können, so ist eine **vereinfachte Kapitalherabsetzung von vornherein unzulässig** (vgl. Hüffer/Koch/*Koch* Rn. 2). Die vereinfachte Kapitalherabsetzung ist nur zulässig, wenn zum einen die in § 231 S. 1 beschriebenen Umbuchungen erfolgt sind und zum anderen ein Unterschiedsbetrag zwischen der dadurch erzielten Summe aus gesetzlicher Rücklage und Kapitalrücklage einerseits und dem gesetzlichen Reservefonds von 10 % der neu beschlossenen Grundkapitalziffer andererseits verbleibt. Die Differenz zwischen diesen beiden Beträgen bildet den **Höchstbetrag** der vereinfachten Kapitalherabsetzung. **Maßgeblicher Zeitpunkt** für die Ermittlung der entsprechenden Werte ist der Zeitpunkt der **Beschlussfassung** durch die Hauptversammlung (vgl. Hüffer/Koch/*Koch* Rn. 3; KK-AktG/*Lutter* Rn. 6). § 231 S. 3 stellt klar, dass die bei der Kombination von Kapitalherabsetzung und Kapitalerhöhung (vgl. § 228) durch Ausgabe der neuen Aktien zu einem höheren Betrag als dem Nennbetrag erzielten Beträge bei den Umbuchungen des § 231 S. 1 unberücksichtigt bleiben (vgl. MüKoAktG/*Oechsler* Rn. 8).

3 **3. Rechtsfolgen bei Verstoß.** Ein Verstoß gegen § 231 hat nur die **Anfechtbarkeit** und nicht die Nichtigkeit des Kapitalherabsetzungsbeschlusses zur Folge. Sofern keine Anfechtung erfolgt, wird das Registergericht den Beschluss eintragen und der überschießende Betrag ist analog § 232 in die Kapitalrücklage einzustellen (vgl. Hüffer/Koch/*Koch* Rn. 7).

Einstellung von Beträgen in die Kapitalrücklage bei zu hoch angenommenen Verlusten

232 **Ergibt sich bei Aufstellung der Jahresbilanz für das Geschäftsjahr, in dem der Beschluß über die Kapitalherabsetzung gefaßt wurde, oder für eines der beiden folgenden Geschäftsjahre, daß Wertminderungen und sonstige Verluste in der bei der Beschlußfassung angenommenen Höhe tatsächlich nicht eingetreten oder ausgeglichen waren, so ist der Unterschiedsbetrag in die Kapitalrücklage einzustellen.**

1 **1. Allgemeines.** Die Norm regelt den Fall, dass sich nach Fassung des Kapitalherabsetzungsbeschlusses herausstellt, dass die bei der Beschlussfassung trotz ordnungsgemäßer Prognose **erwarteten Verluste** nicht in der entsprechenden Höhe eingetreten sind. Hierfür stellt die Vorschrift klar, dass der **Unterschiedsbetrag** zwischen den erwarteten Verlusten und den **tatsächlich eingetretenen Verlusten** in die Kapitalrücklage (gemeint ist Bilanzposten des § 266 Abs. 3 A II HGB) einzustellen ist. Die Norm dient daher dem **Gläubigerschutz** (vgl. auch BGH 5.10.1992, BGHZ 119, 305 (322) = NJW 1993, 57).

2. Voraussetzungen. Die Norm betrifft vom Anwendungsbereich unmittelbar nur die **vereinfachte Kapitalherabsetzung** zum Ausgleich von Wertminderungen bzw. zur Deckung sonstiger Verluste (§ 229 Abs. 1 S. 1). Voraussetzung ist, dass der **Herabsetzungsbetrag** nicht in voller Höhe zum Ausgleich der **prognostizierten Verlustdeckung** erforderlich ist, weil zB der Verlust niedriger ausgefallen ist als erwartet. Ermittelt wird der **tatsächlich eingetretene Verlust** durch Vergleich einer **fiktiven Jahresbilanz** zum Stichtag der Beschlussfassung mit der tatsächlichen Jahresbilanz und der sich daraus ergebenden **Differenz** (MüKoAktG/*Oechsler* Rn. 5). Unbeachtlich ist, ob der prognostizierte Grund des Verlusteintritts (zB Forderungen werden nicht erfüllt, die zunächst durchsetzbar erschienen) auch tatsächlich eingetreten ist; es kommt lediglich darauf an, dass Verluste in der angenommenen Höhe eingetreten sind (Hüffer/Koch/*Koch* Rn. 3). Nach Beschlussfassung eingetretene Verluste bleiben für die Verlustermittlung im Zeitpunkt der Beschlussfassung **unberücksichtigt** (Hüffer/Koch/*Koch* Rn. 4). Die aus der Kapitalherabsetzung gewonnenen Beträge dürfen nicht zur **Deckung von Verlusten** verwendet werden, die nach Beschlussfassung eingetreten sind (K. Schmidt/Lutter/*Veil* Rn. 4). Die Norm findet für einen **Zeitraum von drei Jahren** nach der Beschlussfassung Anwendung, sodass der ermittelte Unterschiedsbetrag in die entsprechende Jahresbilanz einzustellen ist. 2

Die Norm findet **analoge Anwendung,** wenn die Höhe der beschlossenen Kapitalherabsetzung bei ordnungsgemäßer Prognose zur Verlustdeckung nicht erforderlich war (dann ist der Beschluss nur anfechtbar, → § 229 Rn. 3) und bei einer vereinfachten Kapitalherabsetzung zwecks Rücklagendotierung, wenn der Herabsetzungsbetrag höher ist, als gesetzlich zulässig (vgl. MüKoAktG/*Oechsler* Rn. 10 ff.). 3

3. Rechtsfolgen. Eine Rechtsfolge des § 232 ist, dass der Unterschiedsbetrag in der Bilanz als **außerordentlicher** Ertrag (Überschuss nach Verlustdeckung) aus vereinfachter Kapitalherabsetzung ausgewiesen wird. Die **Wertgrenze** des § 231 findet hierauf keine Anwendung (*Kropff* RegBegr. 321). Die so eingestellten Beträge sind nunmehr gem. § 150 Abs. 3 und 4 gebunden. Bei einem Verstoß gegen § 232 ist der Jahresabschluss nach § 256 Abs. 1 Nr. 1 und Nr. 4 nichtig (bei Feststellung durch die HV nach § 241 Nr. 3). 4

Gewinnausschüttung. Gläubigerschutz

233 (1) [1]**Gewinn darf nicht ausgeschüttet werden, bevor die gesetzliche Rücklage und die Kapitalrücklage zusammen zehn vom Hundert des Grundkapitals erreicht haben.** [2]**Als Grundkapital gilt dabei der Nennbetrag, der sich durch die Herabsetzung ergibt, mindestens aber der in § 7 bestimmte Mindestnennbetrag.**

(2) [1]**Die Zahlung eines Gewinnanteils von mehr als vier vom Hundert ist erst für ein Geschäftsjahr zulässig, das später als zwei Jahre nach der Beschlußfassung über die Kapitalherabsetzung beginnt.** [2]**Dies gilt nicht, wenn die Gläubiger, deren Forderungen vor der Bekanntmachung der Eintragung des Beschlusses begründet worden waren, befriedigt oder sichergestellt sind, soweit sie sich binnen sechs Monaten nach der Bekanntmachung des Jahresabschlusses, auf Grund dessen die Gewinnverteilung beschlossen ist, zu diesem Zweck gemeldet haben.** [3]**Einer Sicherstellung der Gläubiger bedarf es nicht, die im Fall des Insolvenzverfahrens ein Recht auf vorzugsweise Befriedigung aus einer Deckungsmasse haben, die nach gesetzlicher Vorschrift zu ihrem Schutz errichtet und staatlich überwacht ist.** [4]**Die Gläubiger sind in der Bekanntmachung nach § 325 Abs. 2 des Handelsgesetzbuchs auf die Befriedigung oder Sicherstellung hinzuweisen.**

(3) **Die Beträge, die aus der Auflösung von Kapital- und Gewinnrücklagen und aus der Kapitalherabsetzung gewonnen sind, dürfen auch nach diesen Vorschriften nicht als Gewinn ausgeschüttet werden.**

1. Allgemeines. Die Norm ist zentrale **Gläubigerschutzvorschrift** bei der vereinfachten Kapitalherabsetzung. Sie **verbietet die Ausschüttung** von Gewinnen an die Aktionäre, bevor die gesetzliche Rücklage und die Kapitalrücklage zusammen **10 % des nach der Beschlussfassung beschlossenen Grundkapitals** (Mindestnennbetrag des § 7, spätere Kapitalerhöhungen bleiben außer Betracht) erreicht haben. Die festgeschriebene Quote von 10 % ist zwingend, sodass auch Satzungsbestimmungen, die eine höhere Einstellungsquote vorsehen, unbeachtlich sind (vgl. GK-AktG/*Sethe* Rn. 3). 1

2. Verbot der Gewinnausschüttung. Aus Gründen des Gläubigerschutzes dürfen Gewinne erst ausgeschüttet werden, wenn der **Reservefonds** des § 150 Abs. 2 aufgefüllt wurde (§ 233 Abs. 1 S. 1). Dabei verpflichtet § 233 Abs. 1 S. 1 nicht zur Einstellung von erzielten Gewinnen in die gesetzliche Rücklage, insoweit gilt ausschließlich § 150 Abs. 2. Umstritten ist, ob auch die Ausschüttung aufgrund eines Gewinnabführungsvertrages als Fall der **unzulässigen Gewinnausschüttung** zählt. Dies ist aufgrund der bereits in § 302 vorgesehenen Ausgleichspflicht schon fraglich. Auch sollen nach § 300 Nr. 1 die Vorschriften über die Reservebildung (wie § 233 Abs. 1) ohnehin nicht anwendbar sein (MüKoAktG/*Oechsler* Rn. 6; ähnlich Bürgers/Körber/*Becker* Rn. 5). Nach hM soll die Norm jedoch auch 2

Zahlungen aufgrund eines Gewinnabführungsvertrages erfassen, da die genannten Vorschriften nur den Bestand der Gesellschaft schützen sollen, dies mache aber nicht den Schutz der Gläubiger entbehrlich (Hüffer/Koch/*Koch* Rn. 3; K. Schmidt/Lutter/*Veil* Rn. 3). Sofern der Gesellschaft Gegenleistungen gewährt werden, liegt ggf. keine unzulässige Gewinnausschüttung vor (zB bei der Gewinngemeinschaft). Ebenfalls zulässig sind Auszahlungen an Aktionäre, soweit sich die Gesellschaft und der Aktionär wie Dritte gegenüberstehen (vgl. Hüffer/Koch/*Koch* Rn. 3). Betroffen sind die **Bilanzposten der § 266 Abs. 3 A II, III Nr. 1 HGB.** Das Ausschüttungsverbot endet, wenn der Reservefonds aufgefüllt wurde. Sollte die Höhe des Reservefonds später wieder unter die Grenze des § 233 Abs. 1 fallen, so lebt das Ausschüttungsverbot nicht wieder auf (Hüffer/Koch/*Koch* Rn. 5).

3 Für den Fall, dass der Reservefonds innerhalb der ersten zwei Geschäftsjahre nach der Kapitalherabsetzung vollständig aufgefüllt wurde, greift das Verbot des § 233 Abs. 2 S. 1, wonach eine Gewinnausschüttung von mehr als 4 % (Durchschnittswert) des Grundkapitals während dieses Zeitraums nicht erfolgen darf. Anders als bei § 233 Abs. 1 kommt es bei der **Ermittlung des Durchschnittswertes** auf die im Zeitpunkt des Gewinnverwendungsbeschlusses vorhandene Grundkapitalziffer an (Hüffer/Koch/*Koch* Rn. 6). Die Berechnung der **Dauer des Ausschüttungsverbotes** beginnt mit dem Wirksamwerden der Kapitalherabsetzung (vgl. § 229 Abs. 3, § 224) und endet mit Ablauf des zweiten Geschäftsjahres nach dem Ende des Geschäftsjahres, in welchem die Kapitalherabsetzung beschlossen wurde.

4 Das Ausschüttungsverbot des § 233 greift nicht, wenn die Gläubiger entsprechend § 233 Abs. 2 S. 2 befriedigt oder sichergestellt sind. Die Norm ist insoweit vergleichbar mit § 225. Das **Verbot endet** mit Ablauf der in § 233 Abs. 2 S. 2 erwähnten **Halbjahresfrist.** § 233 Abs. 3 stellt klar, dass § 230 S. 1 uneingeschränkt gilt.

5 **3. Rechtsfolgen.** Bei Verstoß gegen § 233 ist der Gewinnverwendungsbeschluss nach § 253 Abs. 1, § 243 Abs. 1 Nr. 3 **nichtig.** Entgegen § 233 geleistete Zahlungen sind **zurückzuzahlen,** wobei die Aktionäre nach § 62 und die Verwaltung nach §§ 93, 116 haften.

Rückwirkung der Kapitalherabsetzung

234 (1) **Im Jahresabschluß für das letzte vor der Beschlußfassung über die Kapitalherabsetzung abgelaufene Geschäftsjahr können das gezeichnete Kapital sowie die Kapital- und Gewinnrücklagen in der Höhe ausgewiesen werden, in der sie nach der Kapitalherabsetzung bestehen sollen.**

(2) [1] **In diesem Fall beschließt die Hauptversammlung über die Feststellung des Jahresabschlusses.** [2] **Der Beschluß soll zugleich mit dem Beschluß über die Kapitalherabsetzung gefaßt werden.**

(3) [1] **Die Beschlüsse sind nichtig, wenn der Beschluß über die Kapitalherabsetzung nicht binnen drei Monaten nach der Beschlußfassung in das Handelsregister eingetragen worden ist.** [2] **Der Lauf der Frist ist gehemmt, solange eine Anfechtungs- oder Nichtigkeitsklage rechtshängig ist.**

1 **1. Allgemeines.** Die Norm unterstützt den **Sanierungszweck,** der durch die vereinfachte Kapitalherabsetzung erreicht werden soll. Danach ist ausnahmsweise eine Abweichung von dem **Stichtagsprinzip** des § 252 Abs. 1 Nr. 3 HGB zulässig, sodass schon im Jahresabschluss vor der Beschlussfassung der Kapitalherabsetzung die entsprechenden Werte angesetzt werden können. Die Vorschrift ist nur bei der **vereinfachten Kapitalherabsetzung** anwendbar (vgl. Hüffer/Koch/*Koch* Rn. 2).

2 **2. Rückwirkung.** Die bilanzielle Rückwirkung ist nur für den dem Kapitalherabsetzungsbeschluss vorangegangenen **Jahresabschluss** möglich. Durch die Norm können die Bilanzposten **gezeichnetes Kapital** (§ 266 Abs. 3 A I HGB) sowie die **Kapital- und Gewinnrücklagen** (§ 266 Abs. 3 A II, III HGB) rückwirkend abgeändert werden. Die Wirksamkeit des Kapitalherabsetzungsbeschlusses ist von der eröffneten bilanziellen Rückwirkungsmöglichkeit nicht betroffen, sodass die Wirksamkeit der Kapitalherabsetzung einzig von § 229 Abs. 3, § 224 abhängt. § 234 ist auch anwendbar, wenn die Gesellschaft im abgelaufenen Geschäftsjahr noch GmbH war (vgl. Hüffer/Koch/*Koch* Rn. 2).

3 **3. Feststellung des Jahresabschlusses.** Im Gegensatz zur Grundregel des § 172 beschließt die **Hauptversammlung** über die Feststellung des Jahresabschlusses (vgl. § 234 Abs. 2 S. 1). Es bedarf insoweit keines Vorlagebeschlusses der Verwaltung nach § 173, allerdings entscheidet die Verwaltung darüber, ob von der Möglichkeit des § 234 Gebrauch gemacht werden soll. Die Verwaltung ist also befugt, den Jahresabschluss festzustellen, wenn von der Möglichkeit des § 234 nach Ansicht der Verwaltung kein Gebrauch gemacht werden soll (Hüffer/Koch/*Koch* Rn. 4). Die Hauptversammlung ist jedoch berechtigt, die Verwaltung anzuweisen, ihr den Jahresabschluss zur Feststellung gem. § 234 vorzulegen. Erfolgt dennoch eine pflichtwidrige Feststellung des Jahresabschlusses durch die Verwaltung, kommt eine Haftung nach §§ 93, 116 in Betracht. Der Beschluss des § 234 soll **zugleich mit dem Kapitalherabsetzungsbeschluss** gefasst werden (§ 234 Abs. 2 S. 2), dh auf einer Hauptversammlung.

Nach zutreffender hM ist bei einem **Verstoß** gegen diese „Sollvorschrift" der Beschluss weder anfechtbar noch nichtig (vgl. K. Lutter/Schmidt/*Veil* Rn. 9; MüKoAktG/*Oechsler* Rn. 13; NK-AktKapMarktR/*Terbrack* Rn. 16; aA Anfechtbarkeit des Jahresabschlusses gegeben LG Frankfurt a. M. 13.10.2003, DB 2003, 2541 (2542)).

4. Fristgerechte Eintragung. Sofern der Kapitalherabsetzungsbeschluss nicht **binnen drei Monaten** nach Beschlussfassung in das Handelsregister eingetragen worden ist, ist sowohl der Kapitalherabsetzungsbeschluss als auch der Beschluss nach § 234 Abs. 2 S. 1 **nichtig** (vgl. § 234 Abs. 3 S. 1). Die Frist beginnt mit dem Tag der Hauptversammlung, die über die Kapitalherabsetzung beschlossen hat. Einzig die rechtzeitige **Eintragung** des Beschlusses in das Handelsregister (§ 229 Abs. 3, § 224) verhindert die Nichtigkeitsfolge des § 234 Abs. 3 S. 1 (ggf. besteht ein Anspruch aus Amtspflichtverletzung bei schuldhafter Pflichtverletzung des Registergerichts). Die **Dreimonatsfrist** wird in den Fällen des § 234 Abs. 3 S. 2 **gehemmt,** dh die bereits begonnene Frist läuft weiter, sobald der Hemmungsgrund wegfällt. 4

5. Rechtsfolge. Bei **Fristüberschreitung** ist sowohl der Kapitalherabsetzungsbeschluss als auch der Jahresabschluss **von Anfang an nichtig** („die Beschlüsse", vgl. § 234 Abs. 3 S. 1). Umstritten ist, ob die Hauptversammlung bereits in dem Kapitalherabsetzungsbeschluss bestimmen kann, dass die Kapitalherabsetzung unabhängig von der bilanziellen Rückwirkung wirksam werden soll. Dies wird von der hM zu Recht befürwortet (vgl. Hüffer/Koch/*Koch* Rn. 9; MHdB GesR IV/*Scholz* § 62 Rn. 41; MüKoAktG/*Oechsler* Rn. 17; aA K. Schmidt/Lutter/*Veil* Rn. 12, der einen bestätigenden Kapitalherabsetzungsbeschluss fordert). Bei Eintragung des nichtigen Kapitalherabsetzungsbeschlusses durch das Registergericht ist eine **Heilung** nach § 242 Abs. 3, § 242 Abs. 2 möglich. Obgleich eine entsprechende Vorschrift für den Jahresabschluss fehlt, tritt nach allgemeiner Ansichtauch eine Heilung des Jahresabschlusses ein (vgl. Hüffer/Koch/*Koch* Rn. 10; KK-AktG/*Lutter* Rn. 20; MüKoAktG/*Oechsler* Rn. 18). 5

Rückwirkung einer gleichzeitigen Kapitalerhöhung

235 (1) [1] **Wird im Fall des § 234 zugleich mit der Kapitalherabsetzung eine Erhöhung des Grundkapitals beschlossen, so kann auch die Kapitalerhöhung in dem Jahresabschluß als vollzogen berücksichtigt werden.** [2] **Die Beschlußfassung ist nur zulässig, wenn die neuen Aktien gezeichnet, keine Sacheinlagen festgesetzt sind und wenn auf jede Aktie die Einzahlung geleistet ist, die nach § 188 Abs. 2 zur Zeit der Anmeldung der Durchführung der Kapitalerhöhung bewirkt sein muß.** [3] **Die Zeichnung und die Einzahlung sind dem Notar nachzuweisen, der den Beschluß über die Erhöhung des Grundkapitals beurkundet.**

(2) [1] **Sämtliche Beschlüsse sind nichtig, wenn die Beschlüsse über die Kapitalherabsetzung und die Kapitalerhöhung und die Durchführung der Erhöhung nicht binnen drei Monaten nach der Beschlußfassung in das Handelsregister eingetragen worden sind.** [2] **Der Lauf der Frist ist gehemmt, solange eine Anfechtungs- oder Nichtigkeitsklage rechtshängig ist.** [3] **Die Beschlüsse und die Durchführung der Erhöhung des Grundkapitals sollen nur zusammen in das Handelsregister eingetragen werden.**

1. Allgemeines. Die Vorschrift ergänzt § 234, soweit mit der Kapitalherabsetzung gleichzeitig eine Kapitalerhöhung beschlossen wird. Die Norm dient ebenso wie § 234 der **Erleichterung** von Sanierungsmaßnahmen und eröffnet die Möglichkeit zur **Abweichung vom Stichtagsprinzip.** Aus diesem Grunde kann auch die beschlossene Kapitalerhöhung im Jahresabschluss vor der Beschlussfassung der Kapitalherabsetzung und der Kapitalerhöhung berücksichtigt werden, indem die jeweiligen Werte in dem entsprechenden Jahresabschluss abgebildet werden. Die Ausführungen zu § 234 gelten im Grundsatz auch für den Fall des § 235. 1

2. Rückwirkung. Die bilanzielle Rückwirkung hat nicht gleichzeitig auch die Wirksamkeit des Kapitalerhöhungsbeschlusses zur Folge. Dieser wird erst mit Eintragung der Durchführung der Kapitalerhöhung gem. § 189 wirksam. Bilanziell wird das **gezeichnete Kapital** (§ 266 Abs. 3 A I HGB) bzw. ein etwaiges Agio in der Kapitalrücklage auf der Passivseite so ausgewiesen, als ob die Kapitalerhöhung schon durchgeführt worden wäre (§ 266 Abs. 3 A II HGB, § 272 Abs. 2 Nr. 1 HGB). Ebenso wie bei § 234 besteht **keine Pflicht,** die bilanzielle Rückwirkung zu beschließen. 2

3. Feststellung des Jahresabschlusses. Der Kapitalerhöhungsbeschluss ist **gleichzeitig** mit der Kapitalherabsetzung und dem Beschluss nach § 234 zu beschließen (§ 235 Abs. 1 S. 1), dh auf einer Hauptversammlung (Hüffer/Koch/*Koch* Rn. 4). Neben der Norm des § 235 sind daher immer auch die Voraussetzungen des § 234 einzuhalten. 3

4. Reguläre Kapitalerhöhung. Die Beschlussfassung ist nur zulässig, wenn die neuen Aktien gezeichnet, keine Sacheinlagen festgesetzt sind und auf jede Aktie die Einzahlung geleistet ist, die nach 4

§ 188 Abs. 2 bewirkt sein muss (vgl. § 235 Abs. 1 S. 2). Damit fallen bedingte Kapitalerhöhung (§ 192), genehmigtes Kapital (§ 202) und Kapitalerhöhung aus Gesellschaftsmitteln (§ 207) nicht unter den Anwendungsbereich des § 235. Es muss sich um eine **Kapitalerhöhung gegen Geldeinlage** handeln (vgl. dazu OLG Düsseldorf 25.6.1981, ZIP 1981, 847), wobei die Zeichner vorleistungspflichtig sind. Über § 188 Abs. 2 finden die Vorschriften der § 36 Abs. 2, §§ 36a und 37 Abs. 1 entsprechende Anwendung. Hat der Vorstand auch den **Restbetrag** geltend gemacht (§ 36 Abs. 2), so umfasst die Einzahlungspflicht auch diesen Betrag (BGH 13.4.1992, BGHZ 118, 83 (88) = NJW-RR 1992, 1315). Zwar muss der eingezahlte Betrag normalerweise auch noch im Zeitpunkt der Anmeldung der Kapitalerhöhung zur freien Verfügung des Vorstands stehen, allerdings ist es für die Sanierungszwecke des § 235 Abs. 1 S. 2 ausreichend, wenn der eingezahlte Betrag **zur freien Verfügung des Vorstands stand** (vgl. OLG Düsseldorf 25.6.1981, ZIP 1981, 847). Fraglich ist lediglich, ob sich dies nur auf die Mindesteinlage bezieht oder auch für den vom Vorstand darüber hinaus eingeforderten Restbetrag gilt (so OLG Düsseldorf 25.6.1981, ZIP 1981, 847; zustimmend Bürgers/Körber/*Becker* Rn. 9; Hüffer/Koch/*Koch* Rn. 7; MüKoAktG/*Oechsler* Rn. 11; K. Schmidt/Lutter/*Veil* Rn. 6). Dem Notar sind die Zeichnung und die Zahlung der Mindesteinlage vor Beurkundung des Kapitalerhöhungsbeschlusses in geeigneter Form **nachzuweisen** (§ 235 Abs. 1 S. 3). Dies geschieht in der Regel durch **Vorlage der Zeichnungsscheine** und der entsprechenden **Einzahlungsbelege** oder Bankbestätigungen.

5 **5. Fristgerechte Eintragung.** Ebenso wie bei § 234 müssen die Beschlüsse innerhalb von **drei Monaten** nach dem Tag der Beschlussfassung in das Handelsregister eingetragen worden sein, andernfalls greift die **Nichtigkeitsfolge** des § 235 Abs. 2 S. 1 ein. Die Ausführungen zu § 234 gelten entsprechend. Das Erfordernis der gleichzeitigen Eintragung stellt zwar lediglich eine **Ordnungsvorschrift** dar, ist aber für das Registergericht zwingend, sodass nach fruchtlosem Ablauf einer durch Zwischenverfügung gesetzten Frist die Eintragung gem. § 235 Abs. 2 S. 3 abzulehnen ist.

Offenlegung

236 Die Offenlegung des Jahresabschlusses nach § 325 des Handelsgesetzbuchs darf im Fall des § 234 erst nach Eintragung des Beschlusses über die Kapitalherabsetzung, im Fall des § 235 erst ergehen, nachdem die Beschlüsse über die Kapitalherabsetzung und Kapitalerhöhung und die Durchführung der Kapitalerhöhung eingetragen worden sind.

1 Die Norm ändert den in § 325 HGB enthaltenen **Offenlegungszeitpunkt** in den Fällen der **bilanziellen Rückwirkung** (§§ 234, 235) aus Gründen des Gläubigerschutzes und des Schutzes zukünftiger Aktionäre ab. Durch Verbot der Offenlegung vor dem Zeitpunkt der Beschlusseintragung über Kapitalherabsetzung (bzw. auch einer damit kombinierten Kapitalerhöhung) und deren Durchführung soll der Eindruck vermieden werden, dass die entsprechenden Beschlüsse trotz Nichteintragung und der laufenden Fristen der § 234 Abs. 3, § 235 Abs. 2 wirksam sind.

2 Die Offenlegung durch den Vorstand hat daher bis zur Eintragung der entsprechenden Beschlüsse zu unterbleiben. Die Norm ist **Schutzgesetz** iSd § 823 Abs. 2 BGB (vgl. MüKoAktG/*Oechsler/Bachner* Rn. 3).

Dritter Unterabschnitt. Kapitalherabsetzung durch Einziehung von Aktien. Ausnahme für Stückaktien

Voraussetzungen

237 (1) [1]**Aktien können zwangsweise oder nach Erwerb durch die Gesellschaft eingezogen werden.** [2]**Eine Zwangseinziehung ist nur zulässig, wenn sie in der ursprünglichen Satzung oder durch eine Satzungsänderung vor Übernahme oder Zeichnung der Aktien angeordnet oder gestattet war.**

(2) [1]**Bei der Einziehung sind die Vorschriften über die ordentliche Kapitalherabsetzung zu befolgen.** [2]**In der Satzung oder in dem Beschluß der Hauptversammlung sind die Voraussetzungen für eine Zwangseinziehung und die Einzelheiten ihrer Durchführung festzulegen.** [3]**Für die Zahlung des Entgelts, das Aktionären bei einer Zwangseinziehung oder bei einem Erwerb von Aktien zum Zwecke der Einziehung gewährt wird, und für die Befreiung dieser Aktionäre von der Verpflichtung zur Leistung von Einlagen gilt § 225 Abs. 2 sinngemäß.**

(3) **Die Vorschriften über die ordentliche Kapitalherabsetzung brauchen nicht befolgt zu werden, wenn Aktien, auf die der Ausgabebetrag voll geleistet ist,**

1. der Gesellschaft unentgeltlich zur Verfügung gestellt oder

2. zu Lasten des Bilanzgewinns oder einer frei verfügbaren Rücklage, soweit sie zu diesem Zweck verwandt werden können, eingezogen werden oder

3. Stückaktien sind und der Beschluss der Hauptversammlung bestimmt, dass sich durch die Einziehung der Anteil der übrigen Aktien am Grundkapital gemäß § 8 Abs. 3 erhöht; wird der Vorstand zur Einziehung ermächtigt, so kann er auch zur Anpassung der Angabe der Zahl in der Satzung ermächtigt werden.

(4) [1] **Auch in den Fällen des Absatzes 3 kann die Kapitalherabsetzung durch Einziehung nur von der Hauptversammlung beschlossen werden.** [2] **Für den Beschluß genügt die einfache Stimmenmehrheit.** [3] **Die Satzung kann eine größere Mehrheit und weitere Erfordernisse bestimmen.** [4] **Im Beschluß ist der Zweck der Kapitalherabsetzung festzusetzen.** [5] **Der Vorstand und der Vorsitzende des Aufsichtsrats haben den Beschluß zur Eintragung in das Handelsregister anzumelden.**

(5) **In den Fällen des Absatzes 3 Nr. 1 und 2 ist in die Kapitalrücklage ein Betrag einzustellen, der dem auf die eingezogenen Aktien entfallenden Betrag des Grundkapitals gleichkommt.**

(6) [1] **Soweit es sich um eine durch die Satzung angeordnete Zwangseinziehung handelt, bedarf es eines Beschlusses der Hauptversammlung nicht.** [2] **In diesem Fall tritt für die Anwendung der Vorschriften über die ordentliche Kapitalherabsetzung an die Stelle des Hauptversammlungsbeschlusses die Entscheidung des Vorstands über die Einziehung.**

Übersicht

I. Allgemeines

Die Norm regelt die dritte **Form der Kapitalherabsetzung** (→ § 222 Rn. 2). Im Gegensatz zu § 34 GmbHG verändert sich bei § 237 nicht lediglich der Nennbetrag der vorhandenen Geschäftsanteile, sondern die **Höhe des Grundkapitals** (beachte aber § 5 Abs. 3 GmbHG). Neben der Einziehung nach § 237 besteht die Möglichkeit zur Einziehung nach § 71 Abs. 1 Nr. 8. Die Norm dient insbesondere auch dem **Gläubigerschutz** und so findet über § 237 Abs. 2 S. 1 die Vorschrift des § 225 Anwendung. Gleichzeitig werden die von der Einziehung betroffenen Aktionäre durch Ausgestaltung der Einziehung als spezielle Kapitalherabsetzungsform geschützt (vgl. § 237 Abs. 1 S. 2). Die Einziehung ist von der **Kaduzierung** (§ 64), der **Kraftloserklärung von Aktien** (§§ 72, 73, 226), dem **Erwerb eigener Aktien** (§ 71) und der **Auslosung von Aktien** (Verpflichtung zur Übertragung der Mitgliedsrechte) zu unterscheiden. 1

Aufgrund § 23 Abs. 3 Nr. 3 und 4 beinhaltet die Einziehung von Aktien gleichzeitig auch eine **Satzungsänderung,** sodass die §§ 179 ff. ergänzend Anwendung finden. Die Kapitalherabsetzung durch Einziehung ist **zu jedem gesetzlich zulässigen Zweck möglich.** Der Zweck der Einziehung ist in dem Beschluss anzugeben (vgl. § 222 Abs. 3 iVm § 237 Abs. 2 S. 1, Abs. 4 S. 4). 2

II. Zwangseinziehung und Einziehung nach Erwerb

3 Den beiden Einziehungsfällen des § 237 Abs. 1 ist gemein, dass durch die Einziehung die **Mitgliedsrechte vernichtet** werden (vgl. Hüffer/Koch/*Koch* Rn. 5). Die **Zwangseinziehung** nach § 237 Abs. 1 Alt. 1 unterscheidet sich von der **Einziehung nach Erwerb** durch die Gesellschaft gem. § 237 Abs. 1 Alt. 2 dadurch, dass bei der Zwangseinziehung Mitgliedsrechte betroffen sind, die nicht der Gesellschaft zustehen. Im zweiten Fall ist die Gesellschaft Inhaberin der Mitgliedsrechte. Eine Einziehung nach Erwerb durch die Gesellschaft kann dabei auch ohne entsprechende Satzungsermächtigung beschlossen werden, da Aktionärsrechte nicht betroffen sind.

4 **1. Zwangseinziehung. a) Voraussetzungen.** Die Möglichkeit der **Zwangseinziehung** muss entweder in der **ursprünglichen Satzung** oder aber durch eine **Satzungsänderung vor Übernahme oder Zeichnung** der Aktien angeordnet oder gestattet gewesen sein (vgl. § 237 Abs. 1 S. 2). Die Zwangseinziehung kann sich auf **alle Aktienarten** (zB Namens- und Inhaberaktien) beziehen. Bei Gründungsaktien muss bereits in der Gründungssatzung die Zwangseinziehung geregelt gewesen sein, oder aber die betroffenen Aktionäre müssen einer Zwangseinziehung zugestimmt haben. Bei der nachträglichen Satzungsänderung werden nur nach der Satzungsänderung übernommene oder gezeichnete Aktien von der Möglichkeit der Zwangseinziehung getroffen (vgl. MüKoAktG/*Oechsler* Rn. 19). **Zeichnung** bedeutet schriftliche Erklärung nach § 185. **Übernahme** erfasst den originären Erwerb von Aktien, wie zB bei Kapitalerhöhung aus Gesellschaftsmitteln (MüKoAktG/*Oechsler* Rn. 21). Zeichnung bzw. Übernahme muss nach Wirksamwerden der Satzungsänderung erfolgen. Dafür ist die Eintragung in das Handelsregister notwendig (vgl. Hüffer/Koch/*Koch* Rn. 7).

5 Sofern die betroffenen Aktionäre zustimmen, ist eine Zwangseinziehung auch ohne Einhaltung der vorstehenden Grundsätze möglich, dies betrifft sowohl die erstmalige Aufnahme einer Satzungsermächtigung als auch deren nachträgliche Abänderung (vgl. Hüffer/Koch/*Koch* Rn. 8 f.). Bei einer nachträglichen Erschwerung oder Beseitigung der Zwangseinziehung wirkt die Satzungsänderung für alle Mitgliedsrechte ohne Rücksicht auf den Zeitpunkt der Zeichnung oder Übernahme (KK-AktG/*Lutter* Rn. 31).

6 **b) Angeordnete Zwangseinziehung.** Die Zwangseinziehung ist angeordnet, wenn aufgrund von Satzungsbestimmungen die Einziehung der Aktien zu erfolgen hat. Es darf mithin **kein Entscheidungsspielraum** für die Verwaltung bestehen (OLG München 12.5.2016, BeckRS 2016, 123004 Rn. 51; vgl. MüKoAktG/*Oechsler* Rn. 28). Die Funktion der Verwaltung beschränkt sich auf die Ausführung der durch die Satzung angeordneten Zwangseinziehung. Aus diesem Grunde ist nach dem Gesetz ein Hauptversammlungsbeschluss auch entbehrlich, da die Hauptversammlung bereits bei Aufnahme des entsprechenden Satzungswortlauts beteiligt war. Die Satzung muss auch festlegen, in welcher Höhe ein **Einziehungsentgelt** zu gewähren ist und zu welchem **Zeitpunkt** die Einziehung zu erfolgen hat. Enthält die Satzung eine angeordnete Zwangseinziehung, so ist die Gesellschaft **zur Einziehung verpflichtet.**

7 Die Hauptversammlung ist in der Festlegung der in der Satzung enthaltenen **Einziehungsgründe** (zB Einziehung auf Verlangen des Aktionärs, Insolvenz des Aktionärs) grundsätzlich frei. Allerdings kann die Nichtleistung der Einlage nicht mit der Zwangseinziehung sanktioniert werden, da hierfür allein die Folgen der §§ 63 ff. vorgesehen sind. Ebenso wenig kann die Zwangseinziehung zur Durchsetzung von nicht durch §§ 54, 55 gedeckten Nebenverpflichtungen und Zusatzleistungen angeordnet werden (vgl. Hüffer/Koch/*Koch* Rn. 13).

8 **c) Gestattete Zwangseinziehung.** Eine gestattete Zwangseinziehung liegt vor, wenn die Satzung zwar eine Einziehungsmöglichkeit eröffnet, allerdings das Verfahren nicht beschreibt. Dabei müssen noch nicht einmal spezielle Einziehungsgründe genannt werden (vgl. MüKoAktG/*Oechsler* Rn. 42). Aus diesem Grunde obliegt die Entscheidung, ob aufgrund gestatteter Zwangseinziehung Aktien tatsächlich eingezogen werden sollen, allein der Hauptversammlung (§ 237 Abs. 6 S. 1 findet nur auf die angeordnete Zwangseinziehung Anwendung). Der **Beschluss der Hauptversammlung** muss das **Gleichbehandlungsgebot** des § 53a beachten und darf nicht willkürlich einzelne Aktionäre belasten. Bei einem Verstoß ist der Hauptversammlungsbeschluss anfechtbar. Umstritten ist, ob ein Ausschluss des Aktionärs aus wichtigem Grund auch dann möglich ist, wenn die Satzung keine entsprechende Einziehungsgestattung nach § 237 Abs. 1 S. 2 vorsieht. Dies wird von der hM zu Recht befürwortet, sofern die beschlossene Einziehung im **Gesellschaftsinteresse** liegt und **erforderlich** sowie **verhältnismäßig** ist (vgl. nur K. Schmidt/Lutter/*Veil* Rn. 14 mwN; vgl. zur Einziehung aus wichtigem Grund insgesamt auch *Punte/Klemens* BB 2019, 647 ff.).

9 **d) Einziehungsentgelt.** Da das Gesetz die Höhe des Einziehungsentgeltes nicht regelt, sind bei der angeordneten Zwangseinziehung Fragen zum Einziehungsentgelt **zwingend in der Satzung** zu regeln. Eine Delegation auf die Verwaltung ist unzulässig (OLG München 12.5.2016, BeckRS 2016, 123004 Rn. 52; vgl. auch Hüffer/Koch/*Koch* Rn. 17;). In der Satzung kann sowohl ein den tatsächlichen Wert

der Aktien übersteigendes Einziehungsentgelt, als auch ein niedrigeres Entgelt angegeben werden. Fraglich ist, ob ein Einziehungsentgelt ganz ausgeschlossen werden kann (vgl. zum Meinungsstand MüKoAktG/*Oechsler* Rn. 65). Sollte die Satzung keine Regelungen zur Höhe des Einziehungsentgeltes enthalten, so ist die Gesellschaft gleichwohl zur Zahlung eines **angemessenen Entgeltes** verpflichtet (so auch Hüffer/Koch/*Koch* Rn. 18; KK-AktG/*Lutter* Rn. 72; MüKoAktG/*Oechsler* Rn. 66).

2. Einziehung nach Erwerb. Die Gesellschaft kann eigene Aktien **ohne Ermächtigung** in der Satzung durch einen entsprechenden Hauptversammlungsbeschluss einziehen. Dabei kann die Satzung die Möglichkeit der Einziehung eigener Aktien der Gesellschaft zwar beschränken, aber nicht ausschließen (vgl. Hüffer/Koch/*Koch* Rn. 19). Zuständig ist die **Hauptversammlung** (Umkehrschluss aus § 237 Abs. 6). Die Gesellschaft kann ausnahmsweise auch zur Einziehung verpflichtet sein (vgl. § 71c Abs. 3). Voraussetzung der Einziehung eigener Aktien ist, dass die Gesellschaft **Inhaberin der einzuziehenden Aktien** ist. Entscheidend ist dabei die **dingliche Rechtslage.** Sowohl der Rechtsgrund des Erwerbs als auch die etwaige Unwirksamkeit des Verpflichtungsgeschäfts sind dabei ohne Bedeutung (vgl. Hüffer/Koch/*Koch* Rn. 20). Der Fall des § 71d ermöglicht keine Einziehung eigener Aktien, da die Aktien nicht unmittelbar von der Gesellschaft gehalten werden. 10

III. Ordentliches Einziehungsverfahren

1. Allgemeines. Das ordentliche Einziehungsverfahren richtet sich nach § 237 Abs. 2, wobei insbesondere die Vorschriften der **ordentlichen Kapitalherabsetzung** Anwendung finden (vgl. § 237 Abs. 2 S. 1). Insoweit wird auf die Kommentierung zu §§ 222 ff. verwiesen. Nach § 222 Abs. 1 S. 1 iVm § 237 Abs. 2 S. 1 bedarf es eines **Hauptversammlungsbeschlusses** mit einer Kapitalmehrheit von mindestens drei Vierteln des bei der Beschlussfassung vertretenen Grundkapitals sowie der einfachen Stimmenmehrheit gem. § 133 Abs. 1. Gegebenenfalls ist ein **Sonderbeschluss** vonnöten (vgl. § 222 Abs. 2 iVm § 237 Abs. 2 S. 1). Grundsätzlich sind Aktionäre, die von der Einziehung betroffen sind, stimmberechtigt. Fraglich ist, ob etwas anderes gilt, wenn die Hauptversammlung über eine Zwangseinziehung aus wichtigem Grund in der Person des Aktionärs entscheidet (so KK-AktG/*Lutter* Rn. 83; K. Schmidt/Lutter/*Veil* Rn. 27; *Punte/Klemens* BB 2019, 647 (650)). Allerdings wird vertreten, dass eine solche Ausnahme in § 136 Abs. 1 keine Stütze finde, da die Norm anders als § 47 Abs. 4 S. 2 Fall 1 GmbHG kein **Stimmverbot** für Rechtsgeschäfte vorsehe (vgl. Hüffer/Koch/*Koch* Rn. 23a; MüKo-AktG/*Oechsler* Rn. 79; vgl. auch Bürgers/Körber/*Becker* Rn. 31 mit Verweis auf die gesetzgeberische Entscheidung, Stimmrechtsausschlüsse nur auf wenige Fälle zu beschränken). 11

2. Beschlussinhalt. Der Beschluss muss den Hinweis enthalten, dass das Grundkapital durch Einziehung von Aktien **herabgesetzt** werden soll und um welche **Art der Einziehung** es sich nach § 237 Abs. 1 S. 1 handelt. Im Übrigen gelten die Anforderungen des § 222: der **Zweck der Einziehung** und die **Höhe des Herabsetzungsbetrages** sind in dem Beschluss anzugeben. Umstritten ist, ob eine Kapitalherabsetzung auf Null möglich ist. Dies wird nach der wohl hM mit dem Hinweis darauf abgelehnt, dass ansonsten eine Keinmann-AG entstehe, da alle Mitgliedsrechte vernichtet würden (so Hüffer/Koch/*Koch* Rn. 24). Die Gegenansicht hält eine Kapitalherabsetzung auf Null auch bei der Kapitalherabsetzung durch Einziehung für zulässig, da die ehemaligen Aktionäre durch das Bezugsrecht nach § 228 Abs. 2 S. 1 iVm § 186 geschützt würden (vgl. MüKoAktG/*Oechsler* Rn. 81; K. Schmidt/Lutter/*Veil* Rn. 28; vgl. auch Bürgers/Körber/*Becker* Rn. 33). Der Hauptversammlungsbeschluss muss alle Einzelheiten der Durchführung der Kapitalherabsetzung festsetzen, sofern dies noch nicht in der Satzung geschehen ist. 12

3. Anmeldung und Eintragung. Die Anmeldung des Hauptversammlungsbeschlusses zum Handelsregister richtet sich nach § 223 iVm § 237 Abs. 2 S. 1. Die **Kontrolle durch das Registergericht** erstreckt sich dabei auf die Frage, ob die Zwangseinziehung durch die Satzung gedeckt ist. § 224 wird von § 228 verdrängt. Im Übrigen gelten die Ausführungen zur ordentlichen Kapitalherabsetzung. 13

4. Gläubigerschutz. Über § 237 Abs. 2 S. 1 findet die **Gläubigerschutzvorschrift des § 225** Anwendung (s. auch § 237 Abs. 2 S. 3). Das Einziehungsentgelt kann daher erst gezahlt werden, wenn seit Bekanntmachung der Eintragung **sechs Monate verstrichen** sind und den Gläubigern **Befriedigung oder Sicherheit** gewährt worden ist. Auch hier gelten die Ausführungen zur ordentlichen Kapitalherabsetzung entsprechend. Ein gegen § 237 Abs. 2 S. 3 verstoßender Gewinnverwendungsbeschluss ist gem. § 241 Nr. 3, § 253 Abs. 1 S. 1 **nichtig** (vgl. Hüffer/Koch/*Koch* Rn. 28). 14

IV. Vereinfachtes Einziehungsverfahren

1. Allgemeines. Bei Vorliegen der in § 237 Abs. 3 genannten Voraussetzungen ist das **vereinfachte Einziehungsverfahren** zulässig. Es müssen **Volleinzahlung** und **unentgeltlicher Aktienerwerb** durch die Gesellschaft oder **entgeltlicher Erwerb vorliegen,** soweit das Entgelt aus **bestimmten Gewinnposten** erbracht wird oder die **Einziehung von Stückaktien** ohne Herabsetzung des Grund- 15 kapitals erfolgt. Es handelt sich um ein vereinfachtes Verfahren, da die Vorschriften über die ordentliche Kapitalherabsetzung nicht befolgt werden müssen (vgl. § 237 Abs. 3). Das vereinfachte Einziehungsverfahren kann sowohl auf die Zwangseinziehung als auch auf die Einziehung eigener Aktien anwendbar sein. Es darf nicht mit der vereinfachten Kapitalherabsetzung nach §§ 229 ff. verwechselt werden.

16 **2. Voraussetzungen. a) Volleingezahlte Aktien.** Volleinzahlung, dh auf jede Aktie muss der **Ausgabebetrag voll geleistet** sein, ist im Zeitpunkt des Wirksamwerdens der Kapitalherabsetzung notwendig.

17 **b) Unentgeltlichkeit.** Unentgeltlichkeit liegt vor, wenn der Gesellschaft die Aktien **ohne Gegenleistung** zur Verfügung gestellt worden sind. Als Gegenleistung werden dabei nicht nur Geldzahlungen erfasst, sondern zB auch Dienstleistungen. Unentgeltlichkeit muss im Zeitpunkt des Wirksamwerdens der Einziehung vorliegen (vgl. Hüffer/Koch/*Koch* Rn. 32).

18 **c) Einziehung zulasten Bilanzgewinn oder frei verfügbare Rücklage.** Der Bilanzgewinn (§ 158 Abs. 1 Nr. 5) bzw. die frei verfügbare Rücklage müssen die **Erwerbskosten** oder die Zahlung des **Einziehungsentgeltes** abdecken. Der Bilanzgewinn ist nicht mehr verfügbar, wenn bereits ein Gewinnverwendungsbeschluss gefasst wurde oder eine Gewinnabführungsverpflichtung besteht. Ein entgegenstehender Beschluss eröffnet die Möglichkeit der **Anfechtung** (vgl. Hüffer/Koch/*Koch* Rn. 34). Durch das CSR-Richtlinie-Umsetzungsgesetz wurde 2017 der vormalige Begriff „andere Gewinnrücklage" durch „frei verfügbare Rücklage" ersetzt, um ein Redaktionsversehen zu beseitigen. Die ursprüngliche Formulierung war zu eng angelegt. Die nunmehr weite Formulierung soll klarstellen, dass die sonstige Rücklage nicht bereits gebunden sein darf. Die frei verfügbare Rücklage darf weder von einem Gewinnabführungsvertrag oder einem Gewinnverwendungsbeschluss erfasst noch für eine andere Verwendung vorgesehen sein (vgl. BT-Drs. 18/9982, 65).

19 **d) Einziehung von Stückaktien.** Der Fall des § 237 Abs. 3 Nr. 3 stellt **keinen Fall der Kapitalherabsetzung** dar, da sich lediglich der Anteil der verbleibenden Aktien am Grundkapital erhöht (vgl. § 8 Abs. 3). Es handelt sich also um eine bloße **Reduzierung der Anzahl der ausgegebenen Aktien** (Amortisation). Aus diesem Grunde wird die Vorschrift rechtssystematisch eher dem Regelungsbereich der Mitgliedschaft zugeordnet (vgl. etwa K. Schmidt/Lutter/*Veil* Rn. 41).

20 **3. Beschluss.** Zuständig für die vereinfachte Kapitalherabsetzung durch Einziehung von Aktien ist nach § 237 Abs. 4 S. 1 **ausschließlich die Hauptversammlung.** Obwohl es sich um eine Satzungsänderung handelt, ist nach § 237 Abs. 4 S. 2 eine **einfache Stimmenmehrheit** ausreichend. Gegebenenfalls ist ein Sonderbeschluss gem. § 179 Abs. 3 notwendig. Die Satzung kann größere Stimmenmehrheiten und weitere Erfordernisse aufstellen. Der Beschluss muss erkennen lassen, dass es sich um eine Kapitalherabsetzung durch Einziehung von Aktien in vereinfachter Form handelt. Der **Zweck** ist gem. § 237 Abs. 4 S. 4 ebenfalls anzugeben.

21 **4. Anmeldung und Eintragung.** Nach § 237 Abs. 4 S. 5 ist der Beschluss vom **Vorstand und dem Vorsitzenden des Aufsichtsrats** zur Eintragung in das Handelsregister anzumelden. Das Registergericht prüft, ob das vereinfachte Einziehungsverfahren nach § 237 Abs. 3 zulässig ist, ggf. ist die Eintragung abzulehnen (zB wenn Volleinzahlung nicht vorliegt).

22 **5. Gläubigerschutz.** Nach § 237 Abs. 5 ist in den Fällen des § 237 Abs. 3 Nr. 1 und Nr. 2 ein Betrag in die **Kapitalrücklage** einzustellen, der dem Betrag des Grundkapitals gleichkommt, welcher auf die eingezogenen Aktien entfällt. § 225 findet also keine Anwendung. Im Fall des § 237 Abs. 3 Nr. 3 bedarf es keines Gläubigerschutzes, da das Grundkapital nicht herabgesetzt wird. Die Norm bewirkt, dass das Gesellschaftsvermögen iHd Herabsetzungsbetrages der **Bindung nach § 150 Abs. 3 und 4** unterfällt. Die Einstellung muss **im Zeitpunkt des Wirksamwerdens** der Kapitalherabsetzung erfolgen.

V. Einziehung durch den Vorstand

23 Soweit die Satzung die **Zwangseinziehung** anordnet, bedarf es keines Hauptversammlungsbeschlusses (vgl. § 237 Abs. 6 S. 1). In diesem Fall tritt die **Entscheidung des Vorstands** an die Stelle des Hauptversammlungsbeschlusses (vgl. § 237 Abs. 6 S. 2). Die Verlagerung auf den Vorstand gilt nur bei **angeordneter Zwangseinziehung,** nicht auch bei gestatteter Zwangseinziehung und Einziehung nach Erwerb durch die Gesellschaft, da der Vorstand nur bei der angeordneten Zwangseinziehung in der Entscheidung gebunden ist. Der Vorstand kann jedoch die Hauptversammlung nach § 119 Abs. 2 einschalten (vgl. K. Schmidt/Lutter/*Veil* Rn. 51). Die an die Stelle des Hauptversammlungsbeschlusses getretene Vorstandsentscheidung ist nicht zum Handelsregister anzumelden (allgA Hüffer/Koch/*Koch* Rn. 41; MüKoAktG/*Oechsler* Rn. 115; K. Schmidt/Lutter/*Veil* Rn. 52).

VI. Rechtsfolgen bei fehlerhafter Einziehung

Der Beschluss der Hauptversammlung ist nach § 241 Nr. 3 **nichtig,** wenn Aktien **ohne Ermächtigung** in der Satzung eingezogen werden oder wenn bei dem vereinfachten Einziehungsverfahren die Voraussetzungen des § 237 Abs. 3 Nr. 1 und 2 nicht erfüllt sind (vgl. Hüffer/Koch/*Koch* Rn. 42 f.; K. Schmidt/Lutter/*Veil* Rn. 53). Nur **anfechtbar** ist der Beschluss dann (§ 243 Abs. 1), wenn die durch die Satzung aufgestellten Grenzen nicht eingehalten werden oder wenn zB der Beschluss sachlich nicht gerechtfertigt ist. 24

Wirksamwerden der Kapitalherabsetzung

238 **[1] Mit der Eintragung des Beschlusses oder, wenn die Einziehung nachfolgt, mit der Einziehung ist das Grundkapital um den auf die eingezogenen Aktien entfallenden Betrag herabgesetzt. [2] Handelt es sich um eine durch die Satzung angeordnete Zwangseinziehung, so ist, wenn die Hauptversammlung nicht über die Kapitalherabsetzung beschließt, das Grundkapital mit der Zwangseinziehung herabgesetzt. [3] Zur Einziehung bedarf es einer Handlung der Gesellschaft, die auf Vernichtung der Rechte aus bestimmten Aktien gerichtet ist.**

1. Allgemeines. § 238 regelt das Wirksamwerden der Kapitalherabsetzung durch Einziehung von Aktien. Anders als bei § 224 wird hier die Kapitalherabsetzung nicht schon mit Eintragung in das Handelsregister wirksam, sondern erst wenn auch die Einziehung erfolgt ist (§ 238 S. 1). Die Einziehungshandlung ist somit echtes **Wirksamkeitserfordernis.** Der Zeitpunkt der Einziehung ist gesetzlich nicht geregelt, sodass auch ein Teil der Einziehungshandlungen vor und ein anderer nach der Eintragung erfolgen kann (Hüffer/Koch/*Koch* Rn. 3; MüKoAktG/*Oechsler* Rn. 2). Gemäß § 238 S. 2 erfolgt im Falle einer angeordneten Zwangseinziehung (§ 237 Abs. 6 S. 2) die Kapitalherabsetzung durch eine Entscheidung des Vorstandes. Da die Entscheidung des Vorstandes nicht eintragungsfähig ist, tritt die Wirksamkeit der Kapitalherabsetzung bereits mit der Zwangseinziehung ein. Allein wenn der Vorstand von seinem Entscheidungsrecht nach § 237 Abs. 6 S. 2 keinen Gebrauch macht und stattdessen die Herabsetzung durch die Hauptversammlung beschlossen wird, gilt § 238 S. 1. Die Kapitalherabsetzung wird auch dann erst mit Eintragung und Einziehung wirksam (Hüffer/Koch/*Koch* Rn. 4; MüKoAktG/*Oechsler* Rn. 4; K. Schmidt/Lutter/*Veil* Rn. 3). Eine **Rückwirkung** der Kapitalherabsetzung analog § 234 ist nach hM zu Recht nicht möglich (Hüffer/Koch/*Koch* Rn. 6; K. Schmidt/Lutter/*Veil* Rn. 4). 1

2. Einziehungshandlung. Zur Einziehung bedarf es einer Handlung, die auf die Vernichtung der Rechte aus bestimmten Aktien gerichtet ist (§ 238 S. 3). Zuständig ist der Vorstand. Seine Zuständigkeit ergibt sich bei dem Herabsetzungsbeschluss der Hauptversammlung aus § 82 Abs. 2 und bei Vorliegen einer Vorstandsentscheidung aus § 237 Abs. 6. Die Einziehungshandlung ist eine **empfangsbedürftige Willenserklärung** gegenüber dem Inhaber der betroffenen Aktien, die auf die Rechtsfolge der Vernichtung eines Mitgliedsrechts gerichtet ist (Hüffer/Koch/*Koch* Rn. 8; MüKoAktG/*Oechsler* Rn. 5). Die Erklärung muss dem Empfänger nach den allgemeinen Vorschriften des BGB zugehen, wobei handelsrechtliche Besonderheiten zu berücksichtigen sind. So kann der Zugang der Erklärung auch durch die **Veröffentlichung in den Gesellschaftsblättern** erfolgen (Hüffer/Koch/*Koch* Rn. 8; MüKoAktG/*Oechsler* Rn. 5). Die Einziehungserklärung muss die betroffenen Aktien genau bezeichnen. Eine Vernichtung der Aktienurkunden ist nicht erforderlich, sollte sie jedoch erfolgen, ist darin eine konkludente Einziehungshandlung zu sehen (Hüffer/Koch/*Koch* Rn. 9). Die Einziehungshandlung ist unwirksam, wenn ein wirksamer Hauptversammlungsbeschluss nicht vorliegt oder die Satzung eine Maßnahme nach § 237 Abs. 6 nicht deckt (K. Schmidt/Lutter/*Veil* Rn. 8). 2

3. Rechtsfolgen der Einziehung. Mit Wirksamwerden der Kapitalherabsetzung hat die AG eine neue Grundkapitalziffer. Die in den eingezogenen Aktien verbrieften **Mitgliedsrechte gehen unter** (BGH 14.9.1998, BGHZ 139, 299 (302) = NJW 1998, 3646; Hüffer/Koch/*Koch* Rn. 5; K. Schmidt/Lutter/*Veil* Rn. 5). Nur solche Gewinnansprüche, die vor der Einziehung entstanden sind, können als schuldrechtliche Gläubigerforderungen geltend gemacht werden (Hüffer/Koch/*Koch* Rn. 5; MüKoAktG/*Oechsler* Rn. 8). Ab der Einziehung verkörpern die Aktienurkunden einen obligatorischen Anspruch der Inhaber auf Zahlung des Einziehungsentgeltes (Hüffer/Koch/*Koch* Rn. 5; K. Schmidt/Lutter/*Veil* Rn. 6). Dieses muss die AG nur Zug um Zug (§ 797 Abs. 1 BGB analog) gegen Aushändigung der Urkunde zahlen, sie hat jedoch keinen eigenen, einklagbaren Anspruch auf Aushändigung der Urkunde (MüKoAktG/*Oechsler* Rn. 8; NK AktKapMarktR/*Terbrack* Rn. 10). Die Urkunden können nach § 73 für kraftlos erklärt werden. 3

§ 240 S. 4 AktG ordnet für kleine Kapitalgesellschaften iSd § 267 Abs. 1 HGB das Entfallen der Berichtspflicht nach S. 3 an. S. 4 wurde durch das EU-Bilanzrichtlinie-Umsetzungsgesetz eingefügt und soll kleine Unternehmen entlasten. 4

Anmeldung der Durchführung

239 (1) [1]**Der Vorstand hat die Durchführung der Herabsetzung des Grundkapitals zur Eintragung in das Handelsregister anzumelden.** [2]**Dies gilt auch dann, wenn es sich um eine durch die Satzung angeordnete Zwangseinziehung handelt.**

(2) **Anmeldung und Eintragung der Durchführung der Herabsetzung können mit Anmeldung und Eintragung des Beschlusses über die Herabsetzung verbunden werden.**

1 **1. Allgemeines.** Die Vorschrift des § 239 regelt die Anmeldung der Durchführung der Kapitalherabsetzung zur Eintragung in das Handelsregister. Die Eintragung ist rein **deklaratorisch.** Sie bezweckt die Publizität der Durchführung. Gemäß § 239 Abs. 2 kann die Anmeldung der Durchführung mit der Anmeldung des Kapitalherabsetzungsbeschlusses verbunden werden. Nach zutreffender hM ist eine **Verbindung** auch mit einem Kapitalherabsetzungsbeschluss, der die Einziehung noch zu erwerbender, eigener Aktien vorsieht, möglich (Hüffer/Koch/*Koch* Rn. 9; NK-AktKapMarktR/*Terbrack* Rn. 11). Trotz Verbindung handelt es sich nicht um einen einheitlichen Antrag, der Richter kann weiterhin getrennt über die Anträge entscheiden (MüKoAktG/*Oechsler* Rn. 7; K. Schmidt/Lutter/*Veil* Rn. 8).

2 **2. Eintragung der Kapitalherabsetzung. a) Begriffsbestimmung.** Die Anmeldung ist unverzüglich nach der Durchführung vorzunehmen. Die Kapitalherabsetzung ist durchgeführt, wenn die Gesamtheit aller notwendigen Einziehungshandlungen erfolgt ist (Hüffer/Koch/*Koch* Rn. 2; K. Schmidt/Lutter/*Veil* Rn. 2).

3 **b) Eintragungsverfahren. aa) Allgemeines.** Das Amtsgericht des Satzungssitzes ist das für die Eintragung zuständige Gericht (§ 14 iVm § 377 Abs. 1 FamFG). Die Anmeldung hat in öffentlich beglaubigter Form (§ 129 BGB, §§ 39 ff. BeurkG) zu erfolgen (§ 12 HGB). Der Anmeldung sind keine weiteren Unterlagen beizufügen (Hüffer/Koch/*Koch* Rn. 3).

4 **bb) Anmeldepflicht.** Die Anmeldepflicht trifft nur den **Vorstand** und nicht den Aufsichtsratsvorsitzenden. Die Anmeldung erfolgt durch Vorstandsmitglieder in vertretungsberechtigter Zahl (MüKoAktG/*Oechsler* Rn. 3). Unechte Gesamtvertretung ist zulässig (§ 78 Abs. 3). Sofern die Form des § 12 Abs. 1 HGB gewahrt ist, kann eine Anmeldung ebenfalls durch rechtsgeschäftlich bevollmächtigte Dritte erfolgen. Gegenüber der AG sind die Anmeldeberechtigten zur Anmeldung verpflichtet. Die Anmeldung kann durch **Zwangsgeld** erzwungen werden (§ 14 HGB iVm § 407). Eine Verletzung der Pflicht zur Anmeldung kann sowohl zu Schadensersatzansprüchen (§§ 93, 116), als auch zu einer Abberufung (§ 84 Abs. 3, § 103 Abs. 3) führen. § 239 ist **kein Schutzgesetz** iSd § 823 Abs. 2 BGB (K. Schmidt/Lutter/*Veil* Rn. 4). Die Pflicht zur Anmeldung besteht auch im Falle einer angeordneten Zwangseinziehung nach § 237 Abs. 6 (§ 239 Abs. 1 S. 2). Die Vorschrift des § 239 Abs. 1 S. 2 hat allein klarstellende Wirkung und soll vor allem dem Publizitätsgedanken Rechnung tragen. Bei der angeordneten Zwangseinziehung fehlt ein Kapitalherabsetzungsbeschluss, der durch Eintragung in das Handelsregister publik würde. Daher ist die Anmeldung der Durchführung notwendig, um die Öffentlichkeit von der Kapitalherabsetzung zu informieren (Hüffer/Koch/*Koch* Rn. 5; MüKoAktG/*Oechsler* Rn. 4; K. Schmidt/Lutter/*Veil* Rn. 5).

5 **c) Gerichtliche Prüfung.** Das Gericht prüft summarisch die formelle und materielle Richtigkeit der Durchführung. Zur materiellen Prüfung gehören vor allem der ordnungsgemäße Abschluss der Durchführung sowie die Frage, ob der Herabsetzungsbetrag dem auf die eingezogenen Aktien entfallenden Betrag entspricht (MüKoAktG/*Oechsler* Rn. 5; K. Schmidt/Lutter/*Veil* Rn. 6). Im Falle des § 239 Abs. 1 S. 2 ist zusätzlich die Richtigkeit des Zustandekommens der Vorstandsentscheidung zu prüfen. Diese Prüfung entfällt beim Vorliegen eines Kapitalherabsetzungsbeschlusses, da dieser schon vor seiner Eintragung geprüft worden ist (Hüffer/Koch/*Koch* Rn. 6; MüKoAktG/*Oechsler* Rn. 5). Eine weitergehende Prüfung ist nur dann erforderlich, wenn Anlass zu Zweifeln besteht (K. Schmidt/Lutter/*Veil* Rn. 6).

Vierter Unterabschnitt. Ausweis der Kapitalherabsetzung

[Gesonderte Ausweisung]

240 [1]**Der aus der Kapitalherabsetzung gewonnene Betrag ist in der Gewinn- und Verlustrechnung als „Ertrag aus der Kapitalherabsetzung" gesondert, und zwar hinter dem Posten „Entnahmen aus Gewinnrücklagen", auszuweisen.** [2]**Eine Einstellung in die Kapitalrücklage nach § 229 Abs. 1 und § 232 ist als „Einstellung in die Kapitalrücklage nach den Vorschriften über die vereinfachte Kapitalherabsetzung" gesondert auszuweisen.** [3]**Im Anhang ist zu erläutern, ob und in welcher Höhe die aus der Kapitalherabsetzung und aus der Auflösung von Gewinnrücklagen gewonnenen Beträge**

1. zum Ausgleich von Wertminderungen,
2. zur Deckung von sonstigen Verlusten oder
3. zur Einstellung in die Kapitalrücklage

verwandt werden. [4]Ist die Gesellschaft eine kleine Kapitalgesellschaft (§ 267 Absatz 1 des Handelsgesetzbuchs), braucht sie Satz 3 nicht anzuwenden.

Die Norm erfasst **alle drei Formen der Kapitalherabsetzung** (ordentliche Kapitalherabsetzung, vereinfachte Kapitalherabsetzung und Kapitalherabsetzung durch Einziehung von Aktien). Sie dient der **Information der Gläubiger und der Aktionäre.** Betroffen ist der Jahresabschluss, in dem die Kapitalherabsetzung wirksam wird (vgl. §§ 224, 229 Abs. 3, § 238). Im Falle der vereinfachten Kapitalherabsetzung mit bilanzieller Rückwirkung ist dies jedoch das Geschäftsjahr, auf das die Kapitalherabsetzung zurückwirkt (vgl. § 234). 1

Nach § 240 S. 1 ist der aus der Kapitalherabsetzung gewonnene Betrag in der Gewinn- und Verlustrechnung als „Ertrag aus der Kapitalherabsetzung" gesondert auszuweisen. Die Ausweisung hat hinter dem Posten „Entnahmen aus Gewinnrücklagen" zu erfolgen (vgl. § 158 Abs. 1 Nr. 3). Das Wahlrecht des § 158 Abs. 1 S. 2 findet dabei keine Anwendung (so die hM Hüffer/Koch/*Koch* Rn. 3; MüKo-AktG/*Oechsler* Rn. 3). Bei der **vereinfachten Kapitalherabsetzung** ergänzt § 240 S. 2 die Vorschrift, wodurch ein **Gegenposten** in der Gewinn- und Verlustrechnung geschaffen wird. Die Norm ist entsprechend auf den Fall des **§ 237 Abs. 5** anzuwenden (vgl. Hüffer/Koch/*Koch* Rn. 5). 2

Im **Anhang** ist nach § 240 S. 3 über die **Verwendung des Buchertrags** zu berichten, da in der Gewinn- und Verlustrechnung keine Aussagen über den **Verwendungszweck** getroffen werden. Die in § 240 S. 3 aufgeführten Tatbestände betreffen die gesetzlich zulässigen Zwecke einer vereinfachten Kapitalherabsetzung nach § 229 Abs. 1 S. 1, allerdings ist die Norm auch auf die Fälle des § 222 und des § 237 anwendbar. Bei einem **Verstoß** gegen § 240 ist der Bestätigungsvermerk nach § 322 HGB zu versagen. 3

§ 240 S. 4 AktG ordnet für kleine Kapitalgesellschaften iSd § 267 Abs. 1 HGB das Entfallen der Berichtspflicht nach S. 3 an. S. 4 wurde durch das EU-Bilanzrichtlinie-Umsetzungsgesetz eingefügt und soll kleine Unternehmen entlasten. 4

Siebenter Teil. Nichtigkeit von Hauptversammlungsbeschlüssen und des festgestellten Jahresabschlusses. Sonderprüfung wegen unzulässiger Unterbewertung

Erster Abschnitt. Nichtigkeit von Hauptversammlungsbeschlüssen

Erster Unterabschnitt. Allgemeines

Nichtigkeitsgründe

241 **Ein Beschluß der Hauptversammlung ist außer in den Fällen des § 192 Abs. 4, §§ 212, 217 Abs. 2, § 228 Abs. 2, § 234 Abs. 3 und § 235 Abs. 2 nur dann nichtig, wenn er**

1. in einer Hauptversammlung gefaßt worden ist, die unter Verstoß gegen § 121 Abs. 2 und 3 Satz 1 oder Abs. 4 einberufen war,
2. nicht nach § 130 Abs. 1 und 2 Satz 1 und Abs. 4 beurkundet ist,
3. mit dem Wesen der Aktiengesellschaft nicht zu vereinbaren ist oder durch seinen Inhalt Vorschriften verletzt, die ausschließlich oder überwiegend zum Schutze der Gläubiger der Gesellschaft oder sonst im öffentlichen Interesse gegeben sind,
4. durch seinen Inhalt gegen die guten Sitten verstößt,
5. auf Anfechtungsklage durch Urteil rechtskräftig für nichtig erklärt worden ist,
6. nach § 398 des Gesetzes über das Verfahren in Familiensachen und in den Angelegenheiten der freiwilligen Gerichtsbarkeit auf Grund rechtskräftiger Entscheidung als nichtig gelöscht worden ist.

Übersicht

I. Allgemeines

1 **1. Überblick.** Die §§ 241–255 regeln das aktienrechtliche Beschlussmängelrecht, sowohl wann ein Beschluss mangelhaft ist (§§ 241–244) als auch wie die Mangelhaftigkeit geltend gemacht wird (§ 245–249). §§ 250–255 betreffen Spezialfälle (Aufsichtsratswahl, Verwendung des Bilanzgewinns, Kapitalerhöhung), §§ 256 ff. enthalten Sondervorschriften zum Jahresabschluss.

2 **2. Anwendungsbereich. a) AG, KGaA und SE.** Die Regelung in den §§ 241 ff. betrifft unmittelbar die Hauptversammlungsbeschlüsse der AG. Andere Klagen – etwa Streitigkeiten zwischen den Organen, sonstige Klagen der Aktionäre gegen die Gesellschaft – werden nicht erfasst. Über § 278 Abs. 3 gelten die Vorschriften auch für die Hauptversammlung der KGaA, über Art. 9 Abs. 1 lit. c, 53 SE-VO auch für die SE mit Sitz in Deutschland (BGH 21.10.2014, NJW 2015, 336 Rn. 7; BGH 10.7.2012, BGHZ 194, 14 = NJW 2012, 3235 Rn. 8; OLG Frankfurt a. M. 15.2.2011, NJW 2011, 1231; → IntGesR Rn. 308; *Göz* ZGR 2008, 593 (609)).

3 **b) GmbH.** Das Beschlussmängelrecht und die Vorschriften über die Anfechtungs- und Nichtigkeitsklage sind bei der GmbH mit Modifikationen **entsprechend anwendbar** (BGH 16.12.1953, BGHZ 11, 231 = NJW 1954, 386; BGH 20.1.1986, BGHZ 97, 28 = NJW 1986, 2051; BGH 1.6.1987, BGHZ 101, 113 = NJW 1987, 2514; BGH 21.3.1988, BGHZ 104, 66 = NJW 1988, 1844; BGH 17.2.1997, BGHZ 134, 364 = NJW 1997, 1510; BGH 29.4.2014, BGHZ 201, 65 = NZG 2014, 820 Rn. 8). Voraussetzung einer Anfechtungs- oder Nichtigkeitsklage ist, dass der **Beschluss** durch einen **Versammlungsleiter festgestellt** ist (BGH 21.3.1988, BGHZ 104, 66 = NJW 1988, 1844; BGH 13.11.1995, NJW 1996, 259; BGH 1.3.1999, NJW 1999, 2268; BGH 4.5.2009, ZIP 2009, 2195 Rn. 6; BGH 24.3.2016, NZG 2016, 552 Rn. 20 und Rn. 32). Die Befugnis zur Beschlussfeststellung muss nicht ausdrücklich oder stillschweigend zusätzlich zur Funktion als Versammlungsleiter beschlossen werden oder sich aus der Satzung ergeben (OLG Brandenburg GmbHR 2017, 408 (411); *Wicke* GmbHR 2017, 777 (785); Lutter/Hommelhoff/*Bayer* GmbHG § 48 Rn. 17; *Böttcher/Grewe* NZG 2002, 1086 (1089); aA KG 12.10.2016, NZG 2016, 384 (385); Baumbach/Hueck/*Zöllner/Noack* GmbHG § 48 Rn. 17b). Anstelle der Feststellung durch einen Versammlungsleiter kann es auch genügen, wenn durch ein von den Gesellschaftern unterzeichnetes Protokoll zwischen ihnen Klarheit über den Beschlussinhalt besteht (BGH 24.3.2016, NZG 2016, 552 Rn. 33; BGH 11.2.2008, NJW-RR 2008, 706 Rn. 24). Ist der Beschluss nicht festgestellt, so ist die Feststellung, dass ein Beschluss gefasst

oder nicht gefasst ist, auf Klage eines Gesellschafters durch die **allgemeine Feststellungsklage** nach § 256 ZPO gegen die Gesellschaft zu treffen (BGH 21.3.1988, BGHZ 104, 66 = NJW 1988, 1844; BGH 13.11.1995, NJW 1996, 259; BGH 1.3.1999, NJW 1999, 2268; BGH 4.5.2009, ZIP 2009, 2195 Rn. 6; BGH 24.3.2016, NZG 2016, 552 Rn. 32; zur Klagefrist → § 246 Rn. 4). Auf die Feststellungsklage hin ist auch zu klären, ob der Beschluss gesetzes- und satzungskonform ist (BGH 4.5.2009, ZIP 2009, 2195 Rn. 20).

c) Genossenschaft. Zur Anfechtung von Beschlüssen der Generalversammlung enthält § 51 GenG eine spezielle Vorschrift. Da dort nur die Anfechtbarkeit geregelt ist, werden für die **Nichtigkeit** §§ 241, 242 ergänzend herangezogen (BGH 26.10.1955, BGHZ 18, 334 = NJW 1955, 1917; BGH 23.5.1960, BGHZ 32, 318 = NJW 1960, 1447; BGH 23.2.1978, BGHZ 70, 384 = NJW 1978, 1325). 4

d) Personengesellschaft. Bei Personengesellschaften sind die §§ 241–249 **nicht anwendbar;** Beschlussmängel führen stets zur Nichtigkeit und sind durch **Feststellungsklage** gegen die **Mitgesellschafter** geltend zu machen (BGH 13.2.1995, NJW 1995, 1218; BGH 27.4.2009, NJW 2009, 2300 Rn. 25; BGH 1.3.2011, NJW 2011, 2578 Rn. 19; BGH 21.6.2011, NJW 2011, 2648 Rn. 15; BGH 19.7.2011, ZIP 2011, 1906 Rn. 8; BGH 13.5.2014, BGHZ 201, 216 = NZG 2014, 945 Rn. 15; aA GK-AktG/*K. Schmidt* Rn. 41). Im Gesellschaftsvertrag kann vorgesehen werden, dass wie in §§ 246, 249 die Feststellungsklage gegen die Gesellschaft selbst innerhalb einer Klagefrist erhoben werden muss (BGH 19.7.2011, ZIP 2011, 1906 Rn. 8; BGH 21.6.2011, NJW 2011, 2648 Rn. 15; BGH 1.3.2011, NJW 2011, 2578 Rn. 19; BGH 24.3.2003, NJW 2003, 1729; BGH 25.11.2002, NJW-RR 2003, 826; BGH 7.6.1999, NJW 1999, 3113; BGH 13.2.1995, NJW 1995, 1218; BGH 11.12.1989, NJW-RR 1990, 474; BGH 30.6.1966, WM 1966, 1036). Allein dass eine Klagefrist vorgesehen ist, genügt für eine Übernahme des kapitalgesellschaftsrechtlichen Systems nicht (BGH 1.3.2011, NJW 2011, 2178 Rn. 21; BGH 25.11.2002, NJW-RR 2003, 826; BGH 7.6.1999, NJW 1999, 3113). Allerdings setzt eine Klagefrist voraus, dass ein Beschlussergebnis festgestellt ist, weil es sonst keinen eindeutigen Gegenstand einer Beschlussmängelklage gibt (BGH 25.10.2016, NJW 2017, 1467 Rn. 20). 5

e) Verein. Im Vereinsrecht kann die Unwirksamkeit von Beschlüssen nur durch **Feststellungsklage** gegen den Verein geltend gemacht werden, eine entsprechende Anwendung der §§ 241 ff. scheidet aus (BGH 9.11.1972, BGHZ 59, 369 = NJW 1973, 235; BGH 2.7.2007, NJW 2008, 69 Rn. 36). 6

f) Organbeschlüsse. Auf die Beschlüsse der einzelnen Organe oder von Teilgremien (Aufsichtsrat, Aufsichtsratsausschüsse, Vorstand, Geschäftsführer) sind die §§ 241 ff. **nicht** entsprechend **anwendbar;** hier ist die **Feststellungsklage** des Organmitglieds gegen die Gesellschaft der richtige Weg (BGH 17.7.2012, NZG 2012, 1027 Rn. 10; BGH 21.4.1997, BGHZ 135, 244 = NJW 1997, 1926; BGH 15.11.1993, BGHZ 124, 111 = NJW 1994, 520; BGH 17.5.1993, BGHZ 122, 342 = NJW 1993, 2307; zum Vorstand OLG Frankfurt a. M. 4.2.2003, NZG 2003, 331). Der **Aktionär** kann nicht entsprechend §§ 241 ff. gegen Beschlüsse der anderen Organe (Vorstand, Aufsichtsrat) vorgehen, sondern in einzelnen Fällen gegen die Gesellschaft gegen pflichtwidriges oder kompetenzüberschreitendes Handeln eines Organs mit der allgemeinen **Feststellungsklage** (BGH 10.10.2005, BGHZ 164, 249 = NJW 2006, 374; BGH 10.7.2018, BGHZ 219, 215 = NJW 2018, 2796 Rn. 17) oder der **Unterlassungsklage** (BGH 5.5.2019, NJW 2019, 2777 Rn. 16) vorgehen. Eine solche Klage ist zwar nicht in der Monatsfrist des § 246 Abs. 1, aber ohne unangemessene Verzögerung mit zumutbarer Beschleunigung zu erheben (BGH 10.7.2018, BGHZ 219, 215 = NJW 2018, 2796 Rn. 27; BGH 5.5.2019, NJW 2019, 2777 Rn. 16). 7

II. Beschluss

1. Beschlussarten. a) Beschlusstatbestand. Beschluss ist eine im Wege der **Abstimmung** getroffene Bestimmung, die der AG als organschaftliche Willensbildung und Willensäußerung zugerechnet wird. Er ist ein mehrseitiges korporatives Rechtsgeschäft eigener Art, auf das die Vorschriften des BGB über Willenserklärungen nicht unmittelbar anwendbar sind (vgl. BGH 18.9.1975, BGHZ 65, 93 = NJW 1976, 49). Entscheidungen des Versammlungsleiters, die nicht auf einer Abstimmung beruhen, wie der Wortentzug, das Entfernen aus dem Versammlungsraum etc, sind keine Beschlüsse, nicht selbständig anfechtbar und können nur zur Anfechtung eines darauf beruhenden Beschlusses führen. 8

Das Beschlussmängelrecht betrifft **vom Versammlungsleiter festgestellte** Beschlüsse mit dem Inhalt, den er festgestellt hat (vgl. § 130 Abs. 2). Wenn der Versammlungsleiter einen Beschluss feststellt, obwohl er in Wirklichkeit nicht gefasst ist, sei es weil ein Antrag, eine Abstimmung oder die Mehrheit fehlt, liegt ein – mangelbehafteter – Beschluss vor (BGH 12.12.2005, NJW-RR 2006, 472). Das gilt auch beim **stimmrechtslosen Beschluss,** wenn keiner der Abstimmenden – etwa wegen § 44 Abs. 1 S. 1 WpHG oder § 20 Abs. 7 – ein Stimmrecht hatte (BGH 22.3.2011, BGHZ 189, 32 = NZG 2011, 669 Rn. 24; BGH 24.4.2006, BGHZ 167, 204 (213) = NJW-RR 2006, 1110; OLG Frankfurt a. M. 2.5.2019, NZG 2019, 1055 Rn. 23; aA *Semler/Asmus* NZG 2004, 881). Ist eine Abstimmung durchgeführt worden, hat der Versammlungsleiter aber das Zustandekommen eines Beschlusses nicht fest- 9 gestellt, etwa nur Stimmen gezählt, ohne ein Ergebnis festzustellen, fehlt es an der für eine Anfechtungsklage notwendigen Beschlussfeststellung (BGH 4.5.2009, ZIP 2009, 2193 Rn. 6; BGH 4.5.2009, ZIP 2009, 2195 Rn. 24 zur GmbH; BayObLG 16.11.1972, NJW 1973, 250). Dem Aktionär bleibt dann nur eine Feststellungsklage, dass kein Beschluss zustande gekommen ist. Bei der GmbH, bei der die Feststellung eines Beschlussergebnisses nicht vorgeschrieben ist, kommt auch eine Feststellungsklage des Gesellschafters in Frage, dass der Beschluss gefasst wurde (BGH 28.1.1980, BGHZ 76, 154 = NJW 1980, 1527; → Rn. 3).

10 Der **Beschlussinhalt** ist der **Auslegung** zugänglich. Maßgeblich ist ein objektives Verständnis, in erster Linie der **Wortlaut** (vgl. BGH 12.12.2005, NJW-RR 2006, 472), Zusammenhang und Zweck (vgl. BGH 6.3.2018, NZG 2018, 658 Rn. 17). Wenn ein Beschlussmangel behauptet wird, ist der Beschluss zunächst auszulegen und zu überprüfen, ob er nach dem Auslegungsergebnis nichtig oder anfechtbar ist. Davon zu unterscheiden ist ein Beschluss, der selbst die Satzung auslegt. Gegen ihn ist die Anfechtungs- oder Nichtigkeitsklage statthaft, mit der überprüft werden kann, ob die Auslegung der Satzung entspricht (BGH 25.11.2002, NJW-RR 2003, 826; BGH 29.4.2014, BGHZ 201, 65 = NZG 2014, 820 Rn. 8). Wenn nicht der Beschluss oder seine Wirksamkeit selbst streitig ist, sondern seine inhaltliche Tragweite oder der Eintritt der Beschlusswirkungen, ist die Feststellungsklage der richtige Rechtsbehelf (BGH 24.10.2005, NJW-RR 2006, 182; BGH 1.3.1999, NJW 1999, 2268).

11 **b) Abgelehnte Anträge.** Wird ein Antrag abgelehnt und dies vom Versammlungsleiter festgestellt, ist das ebenfalls ein Beschluss **(negativer Beschluss).** Die Rechtswirkung bleibt auf die Ablehnung beschränkt und hindert einen neuen Antrag in einer neuen Hauptversammlung nicht, auch wenn der Antragsteller keine Anfechtungs- oder Nichtigkeitsklage erhoben hat (BGH 15.5.1972, WM 1972, 931). Wenn der Antragsteller erreichen will, dass sein Antrag angenommen wird, muss er neben einer Anfechtungs- oder Nichtigkeitsklage auch die positive Beschlussfeststellungsklage erheben (→ § 246 Rn. 51). Der Erfolg setzt voraus, dass der begehrte Beschluss entweder bei richtiger Stimmenzählung zustande gekommen wäre oder eine Abstimmung gegen den Beschluss der Treuepflicht widerspricht (vgl. BGH 27.4.2009, NJW 2009, 2300 Rn. 27 ff.).

12 **c) Übergangene Anträge.** Wird ein Beschlussantrag übergangen, fehlt ein Beschluss, sodass auch kein Beschlussmangel vorliegt (KK-AktG/*Noack/Zetzsche* Rn. 8; aA LG Köln 6.7.2005, AG 2005, 696). Das Übergehen eines Antrags kann allerdings Auswirkungen auf Folgebeschlüsse haben.

13 **d) Sonderbeschlüsse.** Für Sonderbeschlüsse bestimmter Aktionärsgruppen (§ 141 Abs. 3, § 182 Abs. 2, § 222 Abs. 2, § 295 Abs. 2 S. 1, § 296 Abs. 2, § 297 Abs. 2, § 302 Abs. 3 S. 3, § 309 Abs. 3 S. 1) gelten über § 138 Abs. 2 die §§ 241 ff.

14 **2. Beschlussmängel und -wirkung. a) Nichtige Beschlüsse.** Nichtig sind Beschlüsse außer in den die Kapitalerhöhung betreffenden § 192 Abs. 4, §§ 212, 217 Abs. 2 und die Kapitelherabsetzung betreffenden § 228 Abs. 2, § 234 Abs. 3, § 235 Abs. 2 **nur in den in § 241 aufgeführten Fällen,** in denen besonders schwere Mängel vorliegen. Auch Beschlüsse bei der GmbH sind nur in den Fällen des § 241 nichtig (BGH 17.2.1997, BGHZ 134, 364 = NJW 1997, 1510). Nichtige Beschlüsse haben keine Rechtswirkungen und sind vom Vorstand, dem Aufsichtsrat oder den Geschäftsführern nicht zu beachten (MüKoAktG/*Spindler* § 83 Rn. 18; aA KK-AktG/*Noack/Zetzsche* Rn. 13), auch nicht unter gleichzeitiger Erhebung der Nichtigkeitsklage auszuführen (so NK-AktG/*Heidel* Rn. 14). Anders ist dies nach Heilung (§ 242, MüKoAktG/*Spindler* § 83 Rn. 21) oder nach Eintragung aufgrund eines Freigabebeschlusses (§ 246a).

15 **b) Anfechtbare Beschlüsse.** Anfechtbar sind Beschlüsse nach § 243, wenn sie nicht nichtig sind, aber gegen Satzung oder Gesetz verstoßen. Anfechtbare Beschlüsse sind wirksam und zu beachten, solange sie nicht durch Urteil für nichtig erklärt worden sind (§ 241 Nr. 5). Mit dem Urteil werden sie rückwirkend nichtig (→ § 248 Rn. 8). Ist in der Gesellschafterversammlung einer GmbH das Zustandekommen eines bestimmten Beschlusses vom Versammlungsleiter festgestellt worden, so ist der Beschluss mit dem festgestellten Inhalt ebenfalls vorläufig verbindlich (BGH 21.3.1988, BGHZ 104, 66 = NJW 1988, 1844; BGH 3.5.1999, NJW 1999, 2115 (2116); BGH 11.2.2008, NZG 2008, 317 Rn. 22; BGH 21.6.2010, NJW 2010, 3027 Rn. 16; BGH 2.7.2019, NJW 2019, 3155 Rn. 31 und 73) und bis zur Entscheidung über die Beschlussanfechtungsklage als gültig zu behandeln (BGH 30.6.2020, NZG 2020, 1025 Rn. 18; BGH 2.7.2019, NJW 2019, 3155 Rn. 73; vgl. zur WEG BGH 4.4.2014, ZMR 2015, 235 Rn. 6 f.; BGH 26.10.2018, NJW 2019, 1216 Rn. 24), umgekehrt auch bei Ablehnung als nicht gefasst (BGH 2.7.2019, NJW 2019, 3155 Rn. 31; BGH 21.3.1988, BGHZ 104, 66 (69) = NJW 1988, 1844).

16 **c) Unwirksame Beschlüsse.** Unwirksam sind Beschlüsse, die neben der Zustimmung der Hauptversammlung **weitere Wirksamkeitsvoraussetzungen** haben. Sie sind bis zur Erfüllung dieser zusätzlichen Voraussetzungen **schwebend unwirksam** (BGH 10.11.1954, BGHZ 15, 177 = NJW 1955, 178; BGH 13.7.1967, BGHZ 48, 141 = NJW 1967, 2159; RG 21.6.1935, RGZ 148, 175). Das betrifft bei der **AG** Fälle, in denen ein Sonderbeschluss bestimmter Gesellschaftergruppen erforderlich ist

(→ Rn. 13), einzelne Gesellschafter wie bei der Aufhebung von Vorzügen oder ihrer Beschränkung (§ 141 Abs. 1), der Auferlegung von Nebenpflichten (§ 180 Abs. 1), der Veränderung des Gattungsverhältnisses von Aktien (§ 179 Abs. 3) oder bei Kapitalmaßnahmen (§ 182 Abs. 2, § 222 Abs. 2 S. 2) zustimmen müssen oder eine behördliche Genehmigung notwendig ist.

Bei der **GmbH** gibt es **schwebend unwirksame** Beschlüsse wegen eines Zustimmungsvorbehalts in Umwandlungsfällen (§ 13 Abs. 2 UmwG, §§ 43, 50 Abs. 2 UmwG, § 51 Abs. 1 UmwG, §§ 128, 233 Abs. 1 und 2 UmwG), bei Änderung des Gesellschaftszwecks, beim Abschluss eines Beherrschungs- und Gewinnabführungsvertrags (MüKoGmbHG/*Drescher* GmbHG § 47 Rn. 60). Die Zustimmung des betroffenen Gesellschafters ist notwendig zur Verkürzung und Abschaffung von Sonderrechten (MüKoGmbHG/*Drescher* GmbHG § 47 Rn. 60), zur nachträglichen Einziehungsmöglichkeit nach § 34 Abs. 2 GmbHG, zur nachträglichen Auferlegung oder Vermehrung von Nebenpflichten und Nachschusspflichten (MüKoGmbHG/*Drescher* GmbHG § 47 Rn. 60), zur nachträglichen Vinkulierung von Geschäftsanteilen (OLG Dresden 10.5.2004, GmbHR 2004, 1080; OLG München 23.1.2008, GmbHR 2008, 541) und zur Einführung von Vorkaufsrechten für Gesellschaftsanteile (OLG Dresden 10.5.2004, GmbHR 2004, 1080). Die Satzung kann weitere Zustimmungserfordernisse insbesondere als Sonderrechte vorsehen (vgl. OLG Hamm 21.12.2015, ZIP 2016, 1481 (1482)). 17

Unwirksame Beschlüsse sind nur **schwebend unwirksam,** solange die weiteren Tatbestandsvoraussetzungen, insbesondere eine **Zustimmungserklärung,** nicht eingetreten sind (BGH 10.11.1954, BGHZ 15, 177 = NJW 1955, 178; BGH 13.7.1967, BGHZ 48, 141 = NJW 1967, 2159; RG 21.6.1935, RGZ 148, 175). Tritt die weitere Tatbestandsvoraussetzung ein, wird bei Zustimmungserfordernissen die Zustimmung erklärt oder die behördliche Genehmigung erteilt, wird der Beschluss wirksam; steht fest, dass die Voraussetzungen nicht eintreten, ist er endgültig unwirksam, etwa nach Verweigerung der Genehmigung (BGH 10.11.1954, BGHZ 15, 177 = NJW 1955, 178). Entsprechend § 108 Abs. 2 BGB, § 177 Abs. 2 BGB kann die Gesellschaft zur Genehmigung auffordern, nach Ablauf der Frist gilt sie als verweigert (MüKoGmbHG/*Drescher* GmbHG § 47 Rn. 63). Die Unwirksamkeit wird nicht mit der Anfechtungs- oder Nichtigkeits-, sondern der **allgemeinen Feststellungsklage** geltend gemacht (→ § 249 Rn. 2). 18

d) Ordnungswidrige Beschlüsse. Als ordnungswidrige Beschlüsse werden Beschlüsse bezeichnet, die gegen Ordnungsvorschriften in Gesetz oder Satzung verstoßen. Der Verstoß in diesen Fällen soll folgenlos bleiben (MüKoAktG/*Hüffer/Schäfer* § 243 Rn. 18 f.). 19

e) Perplexe Beschlüsse. Perplex sind Beschlüsse, die in sich widersprüchlich sind und so keinen vernünftigen Sinn entfalten. Sie sind nach § 241 Nr. 3 nichtig (MüKoAktG/*Hüffer/Schäfer* Rn. 67). 20

f) Wirkungslose und Scheinbeschlüsse. Scheinbeschlüsse sollen Beschlüsse sein, die so krass fehlerhaft sind, dass nicht einmal die **Mindestanforderungen an Beschlüsse** gewahrt sind wie die vom Mann auf der Straße mit zufälligen Passanten anberaumte Hauptversammlung (BGH 10.11.1954, BGHZ 15, 177 = NJW 1955, 178). Eine Sonderbehandlung ist nicht notwendig, weil derartige Beschlüsse nach § 241 Nr. 1 oder 3 nichtig sind (MüKoAktG/*Hüffer/Schäfer* Rn. 11). Das gilt auch für Beschlüsse einer Scheinversammlung, zu der sich einige Gesellschafter von der Versammlung nach gescheiterter Abwahl des Versammlungsleiters abgespalten haben (BGH 21.6.2010, NJW 2010, 3027 Rn. 12). Wenn nur in Frage steht, ob das Zustandekommen eines Beschlusses richtig festgestellt ist oder die Stimmen falsch gezählt sind, liegt kein Scheinbeschluss, sondern ein anfechtbarer Beschluss vor. 21

Als **wirkungslos** werden Beschlüsse bezeichnet, die ohne weiteres unbeachtlich oder ohne Rechtswirkung sein sollen, etwa mit denen die Hauptversammlung ihre Kompetenz überschreitet. Derartige Beschlüsse sind aber nach § 241 Nr. 3 oder 4 nichtig, sodass es einer besonderen Kategorie nicht bedarf (MüKoAktG/*Hüffer/Schäfer* Rn. 62). 22

g) Eintragungswidrige Beschlüsse. Eintragungswidrig sind Beschlüsse, deren Eintragung das Registergericht von Amts wegen zu verweigern hat. Die registerrechtliche Prüfung hat auf die Anfechtung eines Beschlusses durch den Aktionär oder Gesellschafter keine unmittelbaren Auswirkungen. 23

III. Nichtigkeit

1. Einberufungsmangel. a) Einberufungsberechtigung. Ein Hauptversammlungsbeschluss ist nach Nr. 1 iVm § 121 Abs. 2 nichtig, wenn die Versammlung **nicht vom Vorstand** oder durch sonstige nach Gesetz und Satzung berufene Organe **einberufen** wurde. Zu den Einberufungsberechtigten → § 121 Rn. 6. Nichtigkeit soll auch eintreten, wenn der Vorstand zwar einberufen hat, aber er in der Mehrheit nicht wirksam bestellt war (BGH 26.10.1955, BGHZ 18, 334 = NJW 1955, 1917; OLG Stuttgart 15.10.2008, AG 2009, 124). Auf die Wirksamkeit des Einberufungsbeschlusses kommt es dagegen nicht an. Das gilt auch für die ausnahmsweise Einberufung durch den Aufsichtsrat. Bei der Einberufung durch eine Aktionärsminderheit muss der **Ermächtigungsbeschluss des Gerichts** nach § 122 Abs. 3 zum Zeitpunkt der Einberufung noch bestehen (MüKoAktG/*Hüffer/Schäfer* Rn. 29). Nicht zur Nichtigkeit führt, wenn die Voraussetzungen des § 122 für den Ermächtigungsbeschluss nicht 24 vorlagen (BGH 8.5.2012, NZG 2012, 793 Rn. 9; OLG Frankfurt a. M. 19.5.2015, AG 2016, 252 (253)) oder bei der Einberufung nicht auf die gerichtliche Ermächtigung hingewiesen wurde (MüKoAktG/*Hüffer/Schäfer* Rn. 29; GK-AktG/*K. Schmidt* Rn. 45; Hüffer/Koch/*Koch* Rn. 10; aA Hölters/*Englisch* Rn. 23; zur Anfechtbarkeit → § 243 Rn. 8). Die einmal erteilte gerichtliche Ermächtigung ist erst erschöpft, wenn eine Hauptversammlung gesetzes- und satzungsgemäß einberufen und durchgeführt worden ist (BGH 10.10.2017, BGHZ 216, 110 = NJW 2018, 52 Rn. 68). Wenn niemand einberufen hat (Spontanversammlung), sind die Beschlüsse nichtig, außer es handelt sich um eine Vollversammlung.

25 Bei der **GmbH** führt die Einberufung durch eine **nicht** dazu **berechtigte Person** entsprechend § 241 Nr. 1 zur Nichtigkeit (BGH 8.11.2016, BGHZ 212, 342 = NJW 2017, 1471 Rn. 13; BGH 24.3.2016, NZG 2016, 552 Rn. 21; BGH 13.5.2014, BGHZ 201, 216 = NZG 2014, 945 Rn. 12; BGH 21.6.2010, NJW 2010, 3027 Rn. 12; BGH 7.2.1983, BGHZ 87, 1 = NJW 1983, 1677; BayObLG 2.7.1999, NJW-RR 2000, 181; KG 4.3.1997, GmbHR 1997, 1001). Zur Einberufungsbefugnis → GmbHG § 49 Rn. 2. Die Voraussetzungen für das Einberufungsverlangen der Minderheit nach § 50 Abs. 1 GmbHG müssen im Zeitpunkt der Einberufung vorliegen, insbesondere muss eine angemessene Frist abgewartet sein, ob der Geschäftsführer tätig wird (BGH 7.2.1983, BGHZ 87, 1 = NJW 1983, 1677), und beim Einberufungsverlangen Zweck und Gründe angegeben sein (OLG Köln 20.3.1998, NJW-RR 1999, 979). Die **fehlerhafte Ausübung** des Einberufungsrechts führt allenfalls zur Anfechtbarkeit (BGH 7.2.1983, BGHZ 87, 1 = NJW 1983, 1677). Ausnahmsweise kann sie bei Rechtsmissbrauch zur Nichtigkeit führen, wenn etwa durch den Ausschluss des anderen Gesellschafters eine auf einen späteren Zeitpunkt einberufene Versammlung ausgehebelt werden soll (Baumbach/Hueck/*Zöllner/Noack* GmbHG § 51 Rn. 36). Die **fehlende Einberufung** führt zur Nichtigkeit, wenn sich nicht die Gesellschafter zur jederzeit möglichen Vollversammlung treffen. Der Einmann-Gesellschafter oder sein Vertreter müssen aus diesem Grund nie einberufen (BGH 27.3.1995, NJW 1995, 1750).

26 **b) Einberufung.** Nach Nr. 1 iVm § 121 Abs. 3 S 1 führt es zur Nichtigkeit, wenn in der Einberufung **Firma, Sitz, Zeit und Ort** der Hauptversammlung nicht genannt sind (BGH 24.3.2016, NZG 2016, 552 Rn. 21 zur GmbH). Inhaltliche Mängel bei diesen Angaben führen nur dann zur Nichtigkeit, wenn dies einer Nichtnennung (z. B. mehrdeutiger Ort, nicht existentes Datum) oder einer Nichtladung wie die kurzfristige Einladung auf den folgenden Tag (BGH 13.2.2006, NJW-RR 2006, 831 zur GmbH) gleich steht (BGH 24.3.2016, NZG 2016, 552 Rn. 21 zur GmbH). Im Übrigen sind Beschlüsse nach **unrichtigen Angaben** nicht nichtig (OLG Jena 30.7.2014, ZIP 2014, 2501; OLG München 12.11.1999, NJW-RR 2000, 336; OLG Frankfurt a. M. 19.2.1991, NJW-RR 1991, 805; → § 121 Rn. 13). Bei der virtuellen Hauptversammlung nach § 1 Abs. 2 COVMG kann kein physischer Versammlungsort angegeben werden, sodass eine unterlassene Ortsangabe die Einberufung auch nicht nichtig macht (BeckOGK/*Drescher,* 1.7.2020, Rn. 171; *Simons/Hauser* NZG 2020, 488; aA *Herrler* GWR 2020, 191 (192)).Verstöße gegen die **Einberufungsfrist** (BGH 30.3.1987, BGHZ 100, 264 = NJW 1987, 2580) im Übrigen, die Mitteilung der **Tagesordnung** (BGH 25.11.2002, BGHZ 153, 32 = NJW 2003, 970; OLG Brandenburg 10.11.2010, AG 2011, 418), die Pflicht zu Beschlussvorschlägen (OLG Jena 30.7.2014, ZIP 2014, 2501) oder die Voraussetzungen für die Teilnahme oder die Ausübung des Stimmrechts (BGH 19.7.2011, NZG 2011, 1105 Rn. 15; BGH 13.12.2011, BeckRS 2012, 11540 Rn. 9; KG 21.9.2009, NZG 2009, 1389) haben die Anfechtbarkeit zur Folge, aber nur, wenn der Fehler relevant ist.

27 **c) Bekanntmachung.** Nach Nr. 1 iVm § 121 Abs. 4 ist auch ein Beschluss nichtig, wenn die Einberufung nicht bekannt gemacht wird (BGH 20.4.2009, NJW 2009, 2458 Rn. 2). Ein Mangel liegt vor, wenn die Hauptversammlung nicht in allen **vorgeschriebenen Blättern** bekannt gemacht wird, dagegen nicht bei unterlassener Bekanntmachung in üblichen, aber nicht vorgeschriebenen Medien (MüKoAktG/*Hüffer/Schäfer* Rn. 30). Wird ausnahmsweise durch **eingeschriebenen Brief** geladen (§ 121 Abs. 4 S. 2), sind die Hauptversammlungsbeschlüsse nichtig, wenn ein Aktionär vergessen wurde und er den Beschluss nicht genehmigt (§ 242 Abs. 2 S. 4), es sei denn, das Übergehen des Aktionärs ist von der Gesellschaft nicht zu vertreten (MüKoAktG/*Hüffer/Schäfer* Rn. 32; aA *Hoffmann-Becking* ZIP 1995, 1 (6)). Nur die Einladung, nicht auch ihr nachgewiesener Zugang ist notwendig (KK-AktG/*Noack/Zetzsche* Rn. 51). Verstöße gegen §§ 125–127, auf die § 121 Abs. 4 weiter verweist, können allenfalls zur Anfechtbarkeit führen (GK-AktG/*K. Schmidt* Rn. 48).

28 Bei der **GmbH** können Mängel der Ladung nach § 51 Abs. 1 GmbHG (oder entsprechende Vorgaben der Satzung) zur Nichtigkeit führen, so wenn nicht **alle Gesellschafter geladen** werden (BGH 14.12.1961, BGHZ 36, 207 (211) = WM 1962, 198; BGH 17.10.1988, NJW-RR 1989, 347; BGH 13.2.2006, NZG 2006, 349 Rn. 9; BGH 24.3.2016, NZG 2016, 552 Rn. 21; BGH 2.7.2019, NJW 2019, 3155 Rn. 33; BayObLG 28.8.1997, NJW-RR 1998, 1254; OLG Düsseldorf 9.11.1989, NJW-RR 1990, 806; OLG Frankfurt a. M. 26.8.1983, BB 1983, 2139). Auch das Fehlen der Unterschrift soll zur Nichtigkeit führen (BGH 24.3.2016, NZG 2016, 552 Rn. 21; BGH 17.10.1988, NJW-RR 1989, 347). Wenn nur durch gewöhnlichen, nicht durch **eingeschriebenen Brief** geladen wurde und die Satzung eine solche Ladung nicht vorsieht, führt das als Nichtladung ebenfalls zur Nichtigkeit, wenn

nicht die Gesellschaft den Zugang der Ladung beweist; bei Zugang ist der Formfehler idR ohne Relevanz (MHLS/*Römermann* GmbHG Anh. § 47 Rn. 271). Auch der **nicht stimmberechtigte Gesellschafter** muss zur Vermeidung der Nichtigkeitsfolge geladen sein (BGH 28.1.1985, WM 1985, 567; BGH 2.7.2019, NJW 2019, 3155 Rn. 33). Diese Grundsätze gelten auch für Umlaufbeschlüsse (BGH 2.7.2019, NJW 2019, 3155 Rn. 33). Maßgebend für die Gesellschafterstellung ist nach § 16 Abs. 1 GmbHG die Gesellschafterliste (BGH 20.11.2018, BGHZ 220, 207 = NJW 2019, 993 Rn. 23; BGH 2.7.2019, NJW 2019, 3155 Rn. 35). Die Nichtigkeit wird durch Genehmigung des Gesellschafters entsprechend § 242 Abs. 2 S. 4 geheilt (OLG Frankfurt a. M. 26.8.1983, BB 1983, 2139). Ebenso begründet das Fehlen von Angaben zu **Ort und Zeit** der Versammlung Nichtigkeit; bei unklaren Angaben („am üblichen Ort zur gewohnten Zeit") ist entscheidend, ob den Gesellschaftern die Ladung verständlich ist. Die Ladung an einen **unzumutbaren Versammlungsort** (BGH 24.3.2016, NZG 2016, 552 Rn. 27; OLG Düsseldorf 31.7.2003, NZG 2003, 976; OLG Celle 12.5.1997, GmbHR 1997, 748) oder auf eine **unzumutbare Zeit** (BGH 27.4.2009, NJW 2009, 2300 Rn. 17) sowie ein **Unterschreiten der Ladungsfrist** (BGH 30.3.1987, BGHZ 100, 264 = NJW 1987, 2580) führen zur Anfechtbarkeit, es sei denn die Verkürzung der Ladungsfrist (BGH 13.2.2006, NJW-RR 2006, 831) oder die Wahl eines nicht zumutbar erreichbaren Ortes kommen einer Nichtladung gleich (BGH 24.3.2016, NZG 2016, 552 Rn. 27). Auch die fehlerhafte Angabe des **Beschlussgegenstandes** führt zur Anfechtbarkeit. Wenn nur die Abberufung des Geschäftsführers aus wichtigem Grund angekündigt ist, ist die Abberufung ohne Grund anfechtbar (BGH 28.1.1985, WM 1985, 567); anders, wenn zur Abberufung ohne Zusatz geladen wird (BGH 30.11.1961, NJW 1962, 393), ebenso wenn nur zu Geschäftsführerangelegenheiten eingeladen wird (BGH 29.5.2000, NJW-RR 2000, 1278).

d) Heilung durch Vollversammlung. Ein Einberufungsmängel liegt nach § 121 Abs. 6 nicht vor, wenn in der Versammlung alle Aktionäre/Gesellschafter vertreten sind und keiner widerspricht (BGH 10.10.2017, BGHZ 216, 110 = NJW 2018, 52 Rn. 66 zur AG; BGH 27.4.2009, NJW 2009, 2300 Rn 19 zur GmbH). Eine Vollversammlung ist auch möglich, wenn keiner der Aktionäre Stimmrechte hat (OLG Frankfurt a. M. 2.5.2019, NZG 2019, 1055 Rn. 23). Die Vollversammlung hat vor allem bei der **GmbH** Bedeutung. Bei der AG müssen dazu nicht auch Aufsichtsrat und Vorstand vertreten sein, deren Fehlen nur wegen fehlender Auskünfte oder Berichte zur Anfechtbarkeit führen kann. Wenn sich der Gesellschafter die Rüge des Einberufungsmangels erhalten will, muss er vor Beschlussfassung widersprechen; ein Widerspruch danach beseitigt die Heilungswirkung nicht (BGH 25.11.2002, NJW-RR 2003, 826). Nimmt der Gesellschafter nach einem solchen Widerspruch an der Versammlung teil, ist es nicht widersprüchlich, wenn er sich später auf Einberufungsmängel beruft. Auch die Beschlüsse einer Vollversammlung sind nichtig, wenn zur Beschlussfassung rechtsmissbräuchlich ein vorübergehender Stimmrechtsverlust eines Aktionärs treuwidrig ausgenutzt wird (BGH 20.4.2009, NJW 2009, 2458 Rn. 3). 29

2. Beurkundungsmangel. Der Hauptversammlungsbeschluss ist nach § 241 Nr. 2 nichtig, wenn überhaupt nicht beurkundet wird (§ 130 Abs. 1 S. 1 und 3), **Ort und Tag** der Verhandlung, der **Name des Notars** oder im Fall des § 130 Abs. 1 S. 3 des Aufsichtsratsvorsitzenden, Art (Handzeichen, Stimmkarte etc, BGH 10.10.2017, BGHZ 216, 110 = NJW 2018, 52 Rn. 22; str. das Zählverfahren LG München I 30.8.2012, ZIP 2012, 2209) und das rechtliche und rechnerische Ergebnis der **Abstimmung** in Stimmen (BGH 10.10.2017, BGHZ 216, 110 = NJW 2018, 52 Rn. 43) sowie die **Feststellung des Versammlungsleiters** (BGH 4.7.1994, NJW-RR 1994, 1250) nicht angegeben sind (§ 130 Abs. 2) oder die **Unterschrift** des Notars bzw. des Aufsichtsratsvorsitzenden fehlt (§ 130 Abs. 4, OLG Stuttgart 21.3.2014, AG 2015, 282). Der Notar hat die Feststellungen des Versammlungsleiters festzuhalten, sie aber nicht auf Richtigkeit zu überprüfen (BGH 14.10.2014, NJW 2015, 336 Rn. 18; BGH 16.2.2009, BGHZ 180, 9 = NJW 2009, 2207 Rn. 16; OLG Frankfurt a. M. 20.10.2010, NZG 2010, 1426; OLG Stuttgart 10.11.2004, NZG 2005, 432; OLG Düsseldorf 28.3.2003, NZG 2003, 816; OLG Oldenburg 30.9.2002, NZG 2003, 691), auch nicht die Stimmberechtigung oder Stimmkraft zu prüfen oder nachzuzählen (BGH 16.2.2009, BGHZ 180, 9 = NJW 2009, 2207 Rn. 16; OLG Frankfurt a. M. 26.2.2007, AG 2007, 867; OLG Stuttgart 10.11.2004, NZG 2005, 432). Eine **Rechtmäßigkeitskontrolle** ist jedenfalls keine aktienrechtliche Pflicht, deren Verletzung die Nichtigkeit des Beschlusses nach sich zieht (BGH 14.10.2014, NJW 2015, 336 Rn. 18; OLG Stuttgart 10.11.2004, NZG 2005, 432). Die Beurkundung gibt nur die Wahrnehmung des Notars über das Geschehen wieder (BGH 10.10.2017, BGHZ 216, 110 = NJW 2018, 52 Rn. 26; BGH 14.10.2014, NJW 2015, 336 Rn. 19). Trotz unzureichender Beurkundung ist ein Beschluss nicht nichtig, wenn sich aus den Angaben in der Niederschrift das Abstimmungsergebnis so errechnen lässt, dass danach keine Zweifel über die Ablehnung oder Annahme des Antrags und die Ordnungsmäßigkeit der Beschlussfassung verbleiben (BGH 10.10.2017, BGHZ 216, 110 = NJW 2018, 52 Rn. 62). Die **verspätete Einreichung** der notariellen Urkunde beim Registergericht (§ 130 Abs. 5) führt nicht zur Nichtigkeit (OLG Frankfurt a. M. 18.3.2008, NZG 2008, 429; OLG Stuttgart 10.1.2014, AG 2015, 283). Die notarielle Urkunde ist erst errichtet, wenn der Notar, der einen Entwurf fertigen darf, sie endgültig fertig stellt und in den Verkehr gibt (BGH 10.10.2017, BGHZ 216, 110 = NJW 2018, 52 Rn. 36; BGH 16.2.2009, BGHZ 180, 9 = 30

NJW 2009, 2207 Rn. 11). Auch danach kann sie nach § 44a Abs. 2 BeurkG vom Notar berichtigt werden (BGH 10.10.2017, BGHZ 216, 110 = NJW 2018, 52 Rn. 38; *Krieger* NZG 2003, 366). Soweit der Aufsichtsratsvorsitzende die Niederschrift fertigen darf, kann er sie auch berichtigen (Hüffer/Koch/*Koch* § 130 Rn. 14e; *Drescher* FS 25 Jahre DNotI, 2018, 443 (451); *Reger/Schilha* AG 2018, 65 (68 f.); aA MüKoAktG/*Kubis* § 130 Rn. 25; *Schrick* AG 2001, 646 (647); *Hupka* ZGR 2018, 688 (699); *Heckschen/Kreußlein* NZG 2018, 401 (411)). Jedenfalls wenn die Unterschrift nicht bewusst unterblieben ist, kann sie nachgeholt werden (OLG Stuttgart 21.3.2014, AG 2015, 282; OLG Stuttgart 10.1.2014, AG 2015, 283). Solange ein Beschluss berichtigt oder die Unterschrift nachgeholt werden kann, steht seine Nichtigkeit nicht fest, sodass die Verwaltung bis zur Berichtigung den Beschluss umsetzen, insbesondere Dividende zahlen kann (Hüffer/Koch/*Koch* Rn. 13d; *Drescher* FS Bergmann 2018, 169 (179 f.)). Nicht zur Nichtigkeit führt die unterbliebene Aufnahme des Rechtsgrunds der gewählten Abstimmungsart (BGH 10.10.2017, BGHZ 216, 110 = NJW 2018, 52 Rn. 42), von Frage und Verweigerungsgrund nach § 131 Abs. 5 (BGH 19.5.2015, NZG 2015, 867 Rn. 25; OLG Frankfurt a. M. 20.10.2010, NZG 2010, 1426; OLG Frankfurt a. M. 16.12.2014, AG 2015, 272) oder eines Widerspruchs (BGH 19.5.2015, NZG 2015, 867 Rn. 25; OLG Frankfurt a. M. 16.12.2014, AG 2015, 272).

31 Bei der **GmbH** ist eine **Beurkundung** nur nach § 53 Abs. 2 GmbHG für **Satzungsänderungen** vorgeschrieben. Das Fehlen einer Beurkundung der Satzungsänderung führt entsprechend § 241 Nr. 2 zur Nichtigkeit des Änderungsbeschlusses; andere Beurkundungsmängel haben keine Auswirkungen. Nur zur Anfechtbarkeit führt die Missachtung von statutarischen Beurkundungserfordernissen (UHL/*Raiser* GmbHG Anh. § 47 Rn. 48). Auch die unterlassene Protokollierung von Beschlüssen der Einmann-GmbH entgegen § 48 Abs. 3 GmbHG hat nicht die Nichtigkeit oder Anfechtbarkeit des Beschlusses zur Folge (MüKoGmbHG/*Liebscher* GmbHG § 48 Rn. 192; offengelassen BGH 27.3.1995, NJW 1995, 1750; für Anfechtbarkeit UHL/*Raiser* GmbHG Anh. § 47 Rn. 48).

32 **3. Inhaltsmangel. a) Verstoß gegen gläubigerschützende Vorschriften.** Maßgebend ist, ob der **Inhalt** des Beschlusses gegen gläubigerschützende Vorschriften verstößt. Auf eine Absicht, Gläubiger zu benachteiligen, kommt es nicht an. Nichtig sind Beschlüsse, die gegen §§ 225, 233 (Sicherheitsleistung und Gewinnverteilung bei Kapitalherabsetzung), § 272 (Verteilungsverbot vor Gläubigerbefriedigung), §§ 303, 321 (Sicherheitsleistung bei Beendigung eines Beherrschungs- oder Gewinnabführungsvertrags oder bei der Eingliederung) verstoßen. Nichtig sind auch Verstöße gegen Vorschriften, die nicht ausdrücklich und ausschließlich, aber überwiegend dem Schutz von Gläubigern dienen (KK-AktG/*Noack/Zetzsche* Rn. 103; MüKoAktG/*Hüffer/Schäfer* Rn. 55), so gegen die der Kapitalerhaltung dienenden Vorschriften § 57 (Verbot der Einlagenrückgewähr) wie etwa die Zustimmung zu einer Beteiligungsveräußerung an einen Aktionär unter Wert (BGH 26.6.2012, NZG 2012, 1030 Rn. 13), § 58 Abs. 4 (gesetzwidrige Gewinnverteilung), §§ 71 ff. (Erwerb eigener Aktien) (BGH 19.5.2015, BGHZ 205, 319 = NZG 2015, 867 Rn. 36; BGH 9.12.1954, BGHZ 15, 391 = WM 1955, 68; OLG Jena 30.7.2014, ZIP 2014, 2501), Verstoß gegen die Vorschriften zur Rücklagenbildung (§§ 150, 300, 301) und das Verbot des Verzichts auf Ansprüche nach §§ 50, 93 Abs. 4, § 120 Abs. 2, § 302 Abs. 3.

33 Bei der **GmbH** zählen zu den gläubigerschützenden Vorschriften § 19 Abs. 2, 3 und 4, §§ 21–24 (vgl. § 25), §§ 30–33, 55 Abs. 4 (vgl. BGH 9.12.1954, BGHZ 15, 391 = WM 1955, 68), § 57e (OLG Jena GmbHR 2016, 291 (292)), § 58. Zu den gläubigerschützenden Vorschriften zählt auch § 34 Abs. 3, sodass der Einziehungsbeschluss nichtig ist, wenn bei Beschlussfassung feststeht, dass das Einziehungsentgelt nicht aus dem ungebundenen Vermögen geleistet werden kann (BGH 10.5.2016, BGHZ 210, 186 = NZG 2016, 742 Rn. 13; BGH 24.1.2012, BGHZ 192, 236 = NZG 2012, 259 Rn. 7; BGH 5.4.2011, NJW 2011, 2294 Rn. 13; BGH 8.12.2008, NZG 2009, 221 Rn. 7; BGH 19.6.2000, BGHZ 144, 365 = NJW 2000, 2819). Die Nichtigkeit erfasst auch einen gleichzeitig gefassten Ausschlussbeschluss (BGH 5.4.2011, NJW 2011, 2294 Rn. 19).

34 **b) Verstoß gegen Vorschriften im öffentlichen Interesse.** Satzungsänderungen, die gegen **zwingendes Gesetzesrecht** verstoßen, sind, wie sich aus § 23 Abs. 5 ergibt, nichtig (GK-AktG/*Röhricht/Schall* § 23 Rn. 261; GK-AktG/*K. Schmidt* Rn. 54; aA MüKoAktG/*Hüffer/Schäfer* Rn. 60; KK-AktG/*Noack/Zetzsche* Rn. 126; offengelassen BGH 25.2.1982, BGHZ 83, 106 = NJW 1982, 1525; BGH 15.12.1986, BGHZ 99, 211 = NJW 1987, 902; BGH 29.6.1987, NJW 1988, 260). Soweit das Gesetz der Satzung Regelungsbefugnisse belässt, führt eine Überschreitung der gesetzlichen Grenzen durch die Satzungsregelung aber nur zur Anfechtbarkeit, etwa bei der unzureichenden Festlegung eines Hauptversammlungsorts (vgl. BGH 14.10.2014, NJW 2015, 336 Rn. 20).

35 Im öffentlichen Interesse bestehen auch die Vorschriften, die die **rechtlichen Strukturen** der Gesellschaft bestimmen und die unverzichtbare **Rechte der Aktionäre** schützen (KK-AktG/*Noack/Zetzsche* Rn. 108; MüKoAktG/*Hüffer/Schäfer* Rn. 59). Die Gesellschaft muss **die vorgegebenen Organe** haben und die Aufsichtsratsmitglieder gleich behandeln. Unterschiedliche Quoren für die **Abberufung** einzelner **Aufsichtsratsmitglieder** sind nicht zulässig (BGH 15 12.1986, BGHZ 99, 211 = NJW 1987, 902). Eine Satzungsregelung, nach der die Zahl der Aufsichtsratsmitglieder ins Ermessen der Hauptversammlung gestellt wird, soll ebenfalls nichtig sein (LG München I 27.2.2017, AG 2017, 591 (592)). Ein Ermächtigungsbeschluss zur Gewährung von **Genussrechten,** der den Nennbetrag entgegen § 8 nicht

bestimmt, ist nichtig (BGH 26.9.1994, NJW 1995, 260), ebenso ein Ermächtigungsbeschluss zum **Erwerb eigener Aktien** nach § 71 Abs. 1 Nr. 8 ohne Befristung (BGH 19.5.2015, BGHZ 205, 319 = NZG 2015, 867, Rn. 37). Eine Einschränkung der freien **Übertragbarkeit des Mitgliedschaftsrechts** außerhalb der zulässigen Vinkulierung ist nichtig (BGH 20.9.2004, BGHZ 160, 253 = NJW 2004, 3561; LG München I 27.2.2017, AG 2017, 591 (592)). Nichtig sind **kompetenzüberschreitende Beschlüsse,** mit denen die Hauptversammlung in die Geschäftsführungsrechte des Vorstands außerhalb von § 119 Abs. 2 oder des Aufsichtsrats eingreift (OLG Stuttgart 28.7.2004, NZG 2004, 1002; OLG Karlsruhe 14.3.2018, NZG 2018, 508 Rn. 62; MüKoAktG/*Hüffer/Schäfer* Rn. 62). Beschließt die Hauptversammlung, nach § 147 Ersatzansprüche gegen den Vorstand geltend zu machen, ist der Beschluss nichtig, wenn die Ersatzansprüche nicht individualisiert sind (BGH 30.6.2020, NZG 2020, 1025 Rn. 24). Wenn den Anforderungen an die Tatsachengrundlage nicht genügt ist, führt das nicht zur Nichtigkeit wegen Kompetenzüberschreitung (BGH 30.6.2020, NZG 2020, 1025 Rn. 30). Über § 147 kann die Hauptversammlung auch beschließen, Ersatzansprüche gegen ein herrschendes Unternehmen und seine Vertreter nach § 317 Abs. 1 S. 1 geltend zu machen (BGH 30.6.2020, NZG 2020, 1025 Rn. 35). Im öffentlichen Interesse bestehen auch die Vorschriften des **MitbestG,** sodass Verstöße dagegen den Beschluss nichtig machen (BGH 25.2.1982, BGHZ 83, 106 = NJW 1982, 1525; BGH 25.2.1982, BGHZ 83, 151 = NJW 1982, 1530; BGH 14.11.1983, BGHZ 89, 48 = NJW 1984, 733). Nichtig sind auch **Satzungsdurchbrechungen,** Beschlüsse, die die Satzung ohne Beachtung der Förmlichkeiten einer Satzungsänderung dauerhaft verändern, während punktuelle Verstöße nur die Anfechtbarkeit begründen (BGH 7.6.1993, BGHZ 123, 15 = NJW 1993, 2246; OLG Köln 26.10.2000, DB 2000, 2465; OLG Köln 11.10.1995, NJW-RR 1996, 1439).

Bei der **GmbH** sind nichtig Verstöße gegen § 4 GmbHG bei der **Firmierung** oder die **Bestellung** 36 eines nach § 6 ausgeschlossenen **Geschäftsführers** (OLG Naumburg 10.11.1999, ZIP 2000, 622). Nichtig ist die kompetenzordnungswidrige Wahl des Geschäftsführers zum Aufsichtsrat (OLG Frankfurt a. M. 21.11.1986, NJW-RR 1987, 482). Nichtig sind wie bei der AG Verstöße gegen das **MitbestG.**

c) Wesensverstöße. Gegen das Wesen der AG verstoßen Beschlüsse, wenn sie weder gegen gläubi- 37 gerschützende noch im öffentlichen Interesse gegebene Vorschriften verstoßen, aber dennoch ersichtlich keinen Bestand haben können (MüKoAktG/*Hüffer/Schäfer* Rn. 66). Verzichtbare Vorschriften im Aktionärsinteresse zählen nicht dazu, sie begründen nur die Anfechtbarkeit. Ob damit überhaupt ein Anwendungsbereich bleibt, ist fraglich. Nicht unvereinbar mit dem Wesen der AG ist ein Verfahrensverstoß, wenn die Teilnahme von Nichtaktionären nicht ausgeschlossen war (vgl. BGH 25.9.1989, NJW-RR 1990, 166). Auch die Verletzung des rechtlichen Gehörs einzelner Aktionäre führt nur zur Anfechtbarkeit (BGH 26.2.1996, BGHZ 132, 84 = NJW 1996, 1756).

4. Sittenwidrigkeit. Nach Nr. 4 sind Beschlüsse nichtig, deren **Inhalt** gegen die guten Sitten 38 verstößt. Sittenwidriges **Zustandekommen** des Beschlusses etwa durch Stimmrechtsmissbrauch, Treuepflichtverletzung o. ä. genügt **nicht** (BGH 1.6.1987, BGHZ 101, 113 = NJW 1987, 2514; OLG Karlsruhe 10.4.2001, NJW-RR 2001, 1326). Eine Beeinträchtigung der Aktionäre führt nur dann zur Sittenwidrigkeit, wenn in unverzichtbare Positionen eingegriffen wird; dann liegt aber bereits ein Nichtigkeitsfall nach Nr. 3 vor (→ Rn. 35). Praktischer Anwendungsfall sind Gläubigerschädigungen, die nicht schon von Nr. 3 erfasst sind (BGH 8.12 1954, BGHZ 15, 382 = WM 1955, 63).

Auch bei der **GmbH** ist maßgeblich, ob der **Beschlussinhalt** gegen die guten Sitten verstößt, nicht 39 das Verfahren oder die Beweggründe. Daher ist etwa die Benutzung eines nur zum Schein abgegebenen Schuldanerkenntnisses zur Einziehung nur anfechtbar (BGH 1.6.1987, BGHZ 101, 113 = NJW 1987, 2514). Sittenwidrig können nachteilige, für eine Gesellschaft zugunsten einer Neugründung zur „Firmenbestattung" abgeschlossene Verträge sein (BGH 8.12.1954, BGHZ 15, 382 = WM 1955, 63) oder Schädigung eines Erwerbers durch Beschlüsse des Noch-Alleingesellschafters (OLG Dresden 14.7.1999, NZG 1999, 1109). Dagegen sind die Abberufung des alten und Bestellung eines neuen Geschäftsführers zu einer Firmenbestattung nicht nichtig, weil der Inhalt des Beschlusses nicht gegen das Gesetz verstößt (OLG Karlsruhe 19.4.2013, ZIP 2013, 1915; aA OLG Saarbrücken 27.8.2013, NZG 2013, 1113). Auch der Beschluss zu einem **existenzvernichtenden Eingriff** ist sittenwidrig, sofern er nicht schon wegen Verstoßes gegen die Kapitalerhaltungsvorschriften nach Nr. 3 nichtig ist. Sittenwidrig und nichtig sind idR Beschlüsse, die einem ausgeschlossenen Gesellschafter eine **Abfindung** versagen (BGH 2.6.1997, BGHZ 135, 387 (390) = NJW 1997, 2592; BGH 29.4.2014, BGHZ 201, 65 = NZG 2014, 820 Rn. 12). Das gilt auch, wenn die Satzung selbst eine nichtige Bestimmung enthält und der Beschluss darauf aufbaut (BGH 29.4.2014, BGHZ 201, 65 = NZG 2014, 820 Rn. 10).

5. Anfechtungsurteil. § 241 Nr. 5 stellt klar, dass dem rechtskräftigen Urteil, das einen Beschluss für 40 nichtig erklärt, Gestaltungswirkung zukommt (→ § 248 Rn. 7).

6. Löschung. Nach § 398 FamFG kann ein im Handelsregister **eingetragener Beschluss** gelöscht 41 werden, wenn er durch seinen **Inhalt** zwingende gesetzliche Vorschriften verletzt und seine Beseitigung im öffentlichen Interesse erforderlich erscheint. Eine Heilung ist nicht möglich, auch Beschlüsse, deren Nichtigkeit nach § 242 geheilt ist, können nach Abs. 2 S. 3 von Amts wegen gelöscht werden. In Frage kommen nichtige Satzungsänderungen (BGH 15.7.2014, BGHZ 202, 87 = NJW-RR 2015, 162 Rn. 13), Zustimmungen zu Unternehmensverträgen, Eingliederungen (OLG Hamm 8.12.1993, NJW-RR 1994, 548, s. aber § 319 Abs. 7), Beschlüsse zur Kapitalausstattung (OLG Karlsruhe 18.12.1985, ZIP 1986, 711) und Auflösungsbeschlüsse. Eine Sonderregel gilt nach § 319 Abs. 6 und 7 und § 20 Abs. 2 UmwG, §§ 125, 202 Abs. 3 UmwG, wonach Beschlussmängel aller Art die Wirksamkeit der Beschlüsse unberührt lassen, ebenso nach § 242 Abs. 2 S. 5 Hs. 2 nach einem Freigabeverfahren nach § 246a.

42 § 398 FamFG erfasst nur Beschlüsse, die durch ihren Inhalt gegen zwingendes Recht verstoßen (wie § 241 Nr. 3 und 4); aufgrund von **Verfahrensverstößen** beim Zustandekommen des Beschlusses (§ 241 Nr. 1) kann ein Beschluss nicht von Amts wegen gelöscht werden (BayObLG 18.7.1991, DB 1991, 1976). Auch wenn geltend gemacht wird, der Beschluss sei gar nicht gefasst worden, scheidet eine Löschung nach § 398 FamFG aus (aA BayObLG 19.9.1991, NJW-RR 1992, 295; BayObLG 25.6.1992, GmbHR 1992, 672; OLG Karlsruhe 10.4.2001, NJW-RR 2001, 1326), ebenso wenn das Registergericht beim Eintragungsverfahren Fehler gemacht hat wie eine Eintragung ohne Nachweis, ohne Antrag etc (OLG Hamburg 20.8.2003, NZG 2003, 981; OLG Frankfurt a. M. 29.10.2001, NZG 2002, 91; OLG Karlsruhe 10.4.2001, NJW-RR 2001, 1326; OLG Hamm 27.11.2000, ZIP 2001, 569). Möglich bleibt eine Löschung nach § 395 FamFG (vgl. RG 26.6.1914, RGZ 85, 205; MüKoAktG/*Hüffer/Schäfer* Rn. 81; UHL/*Raiser* GmbHG Anh. § 47 Rn. 66).

43 Zusätzlich muss die **Beseitigung** des Beschlusses **im öffentlichen Interesse** liegen (OLG Frankfurt a. M. 29.10.2001, NZG 2002, 91; OLG Karlsruhe 10.4.2001, NJW-RR 2001, 1326; aA GK-AktG/*K. Schmidt* Rn. 86). Ob öffentliches Interesse vorliegt und zu löschen ist, ist Rechtsfrage und eröffnet mit „kann" in § 398 FamFG kein Ermessen des Registergerichts (MüKoAktG/*Hüffer/Schäfer* Rn. 80; UHL/*Raiser* GmbHG Anh. § 47 Rn. 62).

44 Das Verfahren ist **von Amts wegen** durchzuführen, Anträge – außer dem Antrag eines berufsständischen Organs nach § 395 Abs. 1 FamFG, § 380 Abs. 1 FamFG – sind nur Anregungen (BGH 15.7.2014, BGHZ 202, 87 = NJW-RR 2015, 162 Rn. 10). Zuständig ist das Registergericht. Das Gericht hat die Gesellschaft von der beabsichtigten Löschung zu unterrichten und eine angemessene **Frist** zur Erhebung eines Widerspruchs zu bestimmen (§ 395 Abs. 2 FamFG, § 394 Abs. 2 FamFG). Gegen die Ablehnung der Amtslöschung ist ein antragstellendes berufsständisches Organ beschwerdebefugt (BGH 15.7.2014, BGHZ 202, 87 = NJW-RR 2015, 162 Rn. 17), dagegen jedenfalls nach Ablauf der Heilungsfrist von § 242 nicht ein Aktionär (BGH 15.7.2014, BGHZ 202, 87 = NJW-RR 2015, 162 Rn. 16). Das Gericht kann den Widerspruch der Gesellschaft zurückweisen, dagegen steht dieser die befristete Beschwerde nach § 63 Abs. 1 FamFG (§ 395 Abs. 2 FamFG, § 393 Abs. 2 FamFG) zu. Mit der Zurückweisung kann gleichzeitig die **Löschung** verfügt werden, ausgeführt werden darf sie aber erst nach Rechtskraft des Beschlusses oder wenn kein Widerspruch eingelegt wurde (§ 393 Abs. 4 FamFG). Mit der Löschung tritt ex tunc Nichtigkeit nach § 241 Nr. 6 ein, Gericht kann nach vorangegangener Heilung (§ 242) Wirkung ex nunc anordnen (Hüffer/Koch/Koch Rn. 30). Das **Löschungsverfahren und** eine **Nichtigkeitsklage** können parallel geführt werden, sinnvollerweise setzt das Registergericht entsprechend § 21 Abs. 1 FamFG bis zur Entscheidung über die Nichtigkeitsklage aus (MüKoAktG/*Hüffer/Schäfer* Rn. 87). Ein der Nichtigkeitsklage stattgebendes Urteil ist wegen der inter-omnes-Wirkung auch vom Registergericht zu beachten, das Löschungsverfahren erledigt sich. Ein die Nichtigkeitsklage abweisendes Urteil hindert das Registergericht rechtlich nicht, von Nichtigkeit auszugehen (MüKoAktG/*Hüffer/Schäfer* Rn. 87), und hat allenfalls faktisch präjudizielle Wirkung.

IV. Rechtsfolgen

45 **1. Nichtigkeit und Teilnichtigkeit.** Nichtige Beschlüsse sind unabhängig von der Nichtigkeitsfeststellung von Anfang an nichtig. Enthält ein Beschluss mehrere Regelungen, so erstreckt sich die Nichtigkeit oder **Nichtigerklärung** entsprechend **§ 139 BGB** auf alle Regelungen, wenn nicht anzunehmen ist, dass die anderen Regelungen auch ohne den nichtigen Teil getroffen worden wären (vgl. BGH 2.7.2019, NJW 2019, 3155 Rn. 71; BGH 19.5.2015, BGHZ 205, 319 = NZG 2015, 867 Rn. 30; BGH 15.11.1993, BGHZ 124, 111 = NJW 1994, 520; BGH 25.1.1988, NJW 1988, 1214; BGH 21.7.2008, ZIP 2008, 1818 Rn. 24; OLG Stuttgart 29.2.2012, ZIP 2012, 625; OLG Hamburg 11.4.2003, NZG 2003, 539). **Gesamtnichtigkeit** liegt nahe, wenn die Beschlussgegenstände zusammengehören und aufeinander aufbauen. Wenn mehrere Beschlussgegenstände etwa bei einer Blockabstimmung erst vom Versammlungsleiter zusammengefasst werden, ist von Teilbarkeit und Teilnichtigkeit auszugehen (vgl. BGH 2.7.2019, NJW 2019, 3155 Rn. 71). Wegen der Überwachungspflicht soll das auf die Gesamtentlastung, wenn nur für die Entlastung eines Organmitglieds Nichtigkeitsgründe bestehen, nicht zutreffen (zweifelhaft) (OLG Stuttgart 29.2.2012, ZIP 2012, 625). Die Nichtigkeit des Beschlusses, dass nach § 147 Ansprüche gegen Aktionäre wegen verbotener Einlagenrückzahlung geltend gemacht werden sollen, soll den Beschluss auch zu anderen Anspruchsgrundlagen und die Bestellung eines besonderen Vertreters erfassen (OLG Karlsruhe 14.3.2018, NZG 2018, 508 Rn. 72 und 90). Bei der Zusammenfassung von mehreren Satzungsänderungen in einem Beschluss ist ent-

scheidend, ob ein innerer Zusammenhang zwischen den Regelungen besteht (BGH 19.5.2015, BGHZ 205, 319 = NZG 2015, 867 Rn. 33; LG München I 27.2.2017, AG 2017, 591 (594). Dagegen strahlt die Nichtigkeit eines Beschlusses nicht über § 139 BGB auf andere in derselben Versammlung gefasste Beschlüsse aus (vgl. BGH 19.5.2015, BGHZ 205, 319 = NZG 2015, 867 Rn. 36; OLG Frankfurt a. M. 21.4.2009, AG 2009, 631).

2. Nichtigkeitsfeststellung und -erklärung. a) Durch Klage. Beschlussmängel werden nach §§ 245 ff. durch Klage geltend gemacht. Die Hauptversammlung bzw. bei der GmbH die Gesellschafterversammlung kann nicht bindend selbst befinden, ob Beschlüsse nichtig oder anfechtbar sind. Sie kann durch die Bestätigung anfechtbarer Beschlüsse nach § 244 einen Mangel beseitigen oder einen mangelhaften Beschluss aufheben. Beides führt zur Erledigung einer bereits erhobenen Klage (→ § 244 Rn. 9). Auch der Versammlungsleiter hat keine Befugnis, inhaltliche Mängel von Beschlüssen mit bindender Wirkung festzustellen. 46

b) Durch Notar. Der Notar darf einen erkennbar sittenwidrigen Beschluss nicht beurkunden, weil er nach § 4 BeurkG und § 14 Abs. 2 BNotO die Beurkundung zu versagen hat, wenn er hierdurch unerlaubten oder unredlichen Zwecken dient (BGH 14.10.2014, BGHZ 203, 68 = NJW 2015, 336 Rn. 18). Aus anderen Gründen evident nichtige Beschlüsse **muss** er aber aufgrund seiner Beurkundungspflicht **beurkunden** und darf nicht anstelle des nach §§ 245 ff. berufenen Richters die Mangelhaftigkeit von Beschlüssen feststellen (BGH 21.10.2014, BGHZ 203, 68 = NJW 2015, 336 Rn. 18; OLG Düsseldorf 28.3.2003, NZG 2003, 816; Hüffer/Koch/*Koch* Rn. 32; GK-AktG/*Mülbert* § 130 Rn. 53 f.; aA MüKoAktG/*Hüffer/Schäfer* Rn. 96; K. Schmidt/Lutter/*Schwab* Rn. 41). Gegebenenfalls kann der Notar Bedenken in der Niederschrift anmelden (Hüffer/Koch/*Koch* Rn. 32). 47

c) Durch Registergericht. Das Registergericht hat bei eintragungsbedürftigen Beschlüssen im öffentlichen Interesse zu **überprüfen,** ob sie nichtig sind (BGH 24.6.1982, BGHZ 84, 285 = NJW 1983, 222; BayObLG 2.7.1999, NJW-RR 2000, 181; OLG Karlsruhe 17.7.2001, OLGR Karlsruhe 2002, 234). Auch bei anfechtbaren Beschlüssen besteht ein inhaltliches Prüfungsrecht; nicht mehr zu prüfen ist aber ohne erfolgreiche Anfechtung, ob ein Beschluss zustande gekommen ist (weitergehend BayObLG 2.7.1999, NJW-RR 2000, 181; OLG Köln 9.6.1981, BB 1982, 579; OLG Köln 1.7.1981, GmbHR 1982, 187; in der Tendenz auch BayObLG 29.10.1992, NJW-RR 1993, 494; aA MüKo-AktG/*Hüffer/Schäfer* § 243 Rn. 139). Vor Ablauf der Anfechtungsfrist und nach Erhebung einer Anfechtungsklage kann das Registergericht das Eintragungsverfahren nach § 21 FamFG aussetzen (vgl. BGH 2.7.1990, BGHZ 112, 9 = NJW 1990, 2747). Diese faktische Registersperre kann nach § 246a durch ein Freigabeverfahren behoben werden. Soweit eine Negativerklärung erforderlich ist (§ 319 Abs. 5, § 16 Abs. 2 UmwG, § 176 Abs. 1 UmwG), hat das Gericht bei ihrem Fehlen die Eintragung zurückzuweisen; zur Überwindung der Registersperre → § 246a Rn. 4 ff. 48

d) Durch außenstehende Dritte. Durch außenstehende Dritte kann die Nichtigkeit im Weg der **allgemeinen Feststellungsklage** geltend gemacht werden (→ § 249 Rn. 4), aber auch darüber hinaus kann sich jeder auf Nichtigkeit berufen. Dagegen fehlt Dritten die **Anfechtungsbefugnis** (s. § 245), sie können sich auch nicht anderweitig auf die Anfechtbarkeit berufen. 49

Heilung der Nichtigkeit

242 (1) **Die Nichtigkeit eines Hauptversammlungsbeschlusses, der entgegen § 130 Abs. 1 und 2 Satz 1 und Abs. 4 nicht oder nicht gehörig beurkundet worden ist, kann nicht mehr geltend gemacht werden, wenn der Beschluß in das Handelsregister eingetragen worden ist.**

(2) **[1]Ist ein Hauptversammlungsbeschluß nach § 241 Nr. 1, 3 oder 4 nichtig, so kann die Nichtigkeit nicht mehr geltend gemacht werden, wenn der Beschluß in das Handelsregister eingetragen worden ist und seitdem drei Jahre verstrichen sind. [2]Ist bei Ablauf der Frist eine Klage auf Feststellung der Nichtigkeit des Hauptversammlungsbeschlusses rechtshängig, so verlängert sich die Frist, bis über die Klage rechtskräftig entschieden ist oder sie sich auf andere Weise endgültig erledigt hat. [3]Eine Löschung des Beschlusses von Amts wegen nach § 398 des Gesetzes über das Verfahren in Familiensachen und in den Angelegenheiten der freiwilligen Gerichtsbarkeit wird durch den Zeitablauf nicht ausgeschlossen. [4]Ist ein Hauptversammlungsbeschluß wegen Verstoßes gegen § 121 Abs. 4 Satz 2 nach § 241 Nr. 1 nichtig, so kann die Nichtigkeit auch dann nicht mehr geltend gemacht werden, wenn der nicht geladene Aktionär den Beschluß genehmigt. [5]Ist ein Hauptversammlungsbeschluss nach § 241 Nr. 5 oder § 249 nichtig, so kann das Urteil nach § 248 Abs. 1 Satz 3 nicht mehr eingetragen werden, wenn gemäß § 246a Abs. 1 rechtskräftig festgestellt wurde, dass Mängel des Hauptversammlungsbeschlusses die Wirkung der Eintragung unberührt lassen; § 398 des**

Gesetzes über das Verfahren in Familiensachen und in den Angelegenheiten der freiwilligen Gerichtsbarkeit findet keine Anwendung.

(3) **Absatz 2 gilt entsprechend, wenn in den Fällen des § 217 Abs. 2, § 228 Abs. 2, § 234 Abs. 3 und § 235 Abs. 2 die erforderlichen Eintragungen nicht fristgemäß vorgenommen worden sind.**

I. Allgemeines

1 **1. Normzweck.** Die Vorschrift verhilft nichtigen Beschlüssen trotz des Mangels zur Gültigkeit und dient der Rechtssicherheit (BGH 15.12.1986, BGHZ 99, 211 = NJW 1987, 902). Der Rechtsverkehr soll auf die Eintragung vertrauen können.

2 **2. Anwendungsbereich.** § 242 ist bei nach § 241 **nichtigen Beschlüssen** anwendbar, außerdem in den Fällen des Abs. 3. In den Nichtigkeitsfällen der § 192 Abs. 4 und § 212 ist keine Heilung möglich, in den anderen in § 241 S. 1 aufgelisteten Sonderfällen nur nach Abs. 3. Geheilt werden können auch Beschlüsse über Satzungsänderungen (BGH 15.7.2014, BGHZ 202, 87 = NJW-RR 2015, 162 Rn. 14). Auf Mängel der Ursprungssatzung ist § 242 entsprechend anwendbar (BGH 19.6.2000, BGHZ 144, 365 = NJW 2000, 2819). Für nichtige Jahresabschlüsse enthält § 256 Abs. 6 eine spezielle Regelung. **Entsprechend** § 242 kann auch die **Unwirksamkeit** eines Beschlusses geheilt werden (OLG Schleswig 16.3.2000, NZG 2000, 895; aA K. Schmidt/Lutter/*Schwab* Rn. 21). Auf die **Genossenschaft** und die **GmbH** (BGH 23.3.1981, BGHZ 80, 212 = NJW 1981, 2125; BGH 6.11.1995, NJW 1996, 257; BGH 19.6.2000, BGHZ 144, 365 = NJW 2000, 2819) ist die Vorschrift entsprechend anwendbar.

II. Heilungsvoraussetzungen

3 **1. Bei Beurkundungsmängeln (Abs. 1).** Ein Beschlussmangel nach § 241 Nr. 2 wird schon durch die **Eintragung** des Beschlusses geheilt, seine Bekanntmachung oder der Ablauf einer Frist sind nicht notwendig. Eine Heilung ohne Eintragung gibt es nicht (BGH 16.12.1953, BGHZ 11, 231 = NJW 1954, 385; BGH 29.10.1956, BGHZ 22, 101 = NJW 1956, 1873). Dass der eingereichte Beschluss zu den Akten genommen wird, genügt nicht. Geheilt werden können auch nicht eintragungspflichtige Beschlüsse und eintragungsunfähige Beschlüsse (BeckOGK/*Casper,* 1.7.2020, Rn. 6; aA MüKoAktG/*Hüffer/Schäfer* Rn. 4; Hüffer/Koch/*Koch* Rn. 2). Der Beschluss muss in das Handelsregister des nach § 14 zuständigen Gerichts eingetragen sein; bei Sitzverlegung ist die Eintragung am neuen Sitz maßgeblich (§ 45 Abs. 2 S. 4). Die Eintragung am Sitz der Zweigniederlassung genügt nicht (MüKoAktG/*Hüffer/Schäfer* Rn. 5).

4 **2. Bei Einberufungs- und Inhaltsmängeln (Abs. 2).** Die Heilung setzt die **Eintragung** ins Handelsregister voraus (→ Rn. 3), abgesehen vom Sonderfall der fehlerhaften Ladung durch eingeschriebenen Brief nach Abs. 2 S. 4, und den **Ablauf der dreijährigen Frist.** Sie betrifft nur die Nichtigkeit nach § 241 Nr. 1, 3 und 4. Die Nichtigkeit nach § 241 Nr. 2 wird bereits durch die Eintragung geheilt, die Nichtigkeit nach § 241 Nr. 5 und 6 kann nicht geheilt werden. Für andere als die in Abs. 3 aufgezählten Nichtigkeitsgründe kommt keine Heilung nach § 242 in Frage. Für den Fristbeginn, das Ende und den Fristlauf gelten §§ 186 ff. BGB. Die Frist beginnt mit der Eintragung, nicht der Eintragungsverfügung oder der Bekanntmachung, und selbst dann, wenn dem Beschluss noch andere Wirksamkeitsvoraussetzungen fehlen (OLG Schleswig 16.3.2000, NZG 2000, 895). § 193 BGB ist nicht anwendbar (OLG Düsseldorf 5.4.2001, NZG 2001, 1036; aA GK-AktG/*K. Schmidt* Rn. 11; Hüffer/Koch/*Koch* Rn. 3). Eine Wiedereinsetzung nach § 233 ZPO ist ausgeschlossen, da es sich um eine materiell-rechtliche Frist handelt.

5 Durch eine **Klageerhebung verlängert** sich die Frist. Die Klage bewirkt weder eine Ablaufhemmung noch eine Unterbrechung (BGH 14.11.1988, NJW 1989, 904). Die Frist wird nur durch die Erhebung der Nichtigkeitsklage nach § 249, nicht durch eine allgemeine Feststellungsklage nach § 256 ZPO verlängert (MüKoAktG/*Hüffer/Schäfer* Rn. 8; aA K. Schmidt/Lutter/*Schwab* Rn. 7). Die Einreichung der Klage genügt, wenn die Zustellung nach § 167 ZPO demnächst erfolgt (BGH 14.11.1988, NJW 1989, 904), ebenso der Antrag auf Prozesskostenhilfe (MüKoAktG/*Hüffer/Schäfer* Rn. 10). Die Verlängerung endet mit der Rechtskraft einer Entscheidung oder der endgültigen Erledigung der Klage durch Klagerücknahme, Prozessvergleich oder übereinstimmender Erledigungserklärung (BeckOGK/*Casper,* 1.7.2020, Rn. 10; MüKoAktG/*Hüffer/Schäfer* Rn. 12).

6 Bei der **Einberufung durch eingeschriebenen Brief** nach § 121 Abs. 4 S. 2 tritt zur Heilungsmöglichkeit durch Fristablauf die Genehmigung der übergangenen Aktionäre nach Abs. 2 S. 4. Da Abs. 2 S. 4 keine Genehmigung des Beschlusses, sondern eine Heilungsvoraussetzung ist, ist der Beschluss nicht bis zur Genehmigung schwebend unwirksam, sodass § 108 Abs. 2 BGB, § 177 Abs. 2 BGB (Aufforderung zur Genehmigung) im Unterschied zur Genehmigung unwirksamer Beschlüsse (→ § 241 Rn. 18) nicht gelten (MüKoAktG/*Hüffer/Schäfer* Rn. 16; aA GK-AktG/*K. Schmidt* Rn. 19).

Die Verweigerung der Genehmigung wirkt endgültig (MüKoAktG/*Hüffer/Schäfer* Rn. 17; aA GK-AktG/*K. Schmidt* Rn. 19).

3. Bei verspäteter Eintragung (Abs. 3). In den in Abs. 3 genannten Fällen muss ein Beschluss innerhalb einer Frist eingetragen werden. Die mit Fristablauf eingetretene Nichtigkeit oder Unwirksamkeit wird unter den Voraussetzungen von Abs. 2 drei Jahre nach einer verspäteten Eintragung geheilt. 7

III. Heilungswirkung

1. Wirksamkeit des Beschlusses. Mit der Heilung wird der nichtige Beschluss wirksam und gesetzesgemäß (BGH 14 11.1988, NJW 1989, 904). Der Nichtigkeitsgrund wird rückwirkend beseitigt und der Beschluss ab dem Zeitpunkt seiner Eintragung im Handelsregister wirksam. Die **Heilungswirkung** tritt **für alle Organe** der AG (MüKoAktG/*Hüffer/Schäfer* Rn. 21) und Aktionäre (BGH 15.7.2014, BGHZ 202, 87 = NJW-RR 2015, 162 Rn. 14), aber auch für Dritte ein (inter-omnes-Wirkung) (MüKoAktG/*Hüffer/Schäfer* Rn. 20). Die Nichtigkeit kann auch in anderer Weise als durch die Nichtigkeitsklage nicht mehr geltend gemacht werden. Eine allgemeine Feststellungsklage nach § 256 ZPO wird unbegründet (vgl. OLG Brandenburg 18.8.1998, NZG 1999, 219; BeckOGK/*Casper,* 1.7.2020, Rn. 14). Verständliche Versuche, die materiell-rechtliche Heilungswirkung wegen unhaltbarer Ergebnisse zu relativieren, widersprechen der klaren Gesetzeslage (Hüffer/Koch/*Koch* Rn. 7 mwN). 8

Der **Vorstand,** der grundsätzlich einen nichtigen Beschluss nicht befolgen darf, haftet nicht mehr für die Befolgung des Beschlusses und macht sich damit bei Befolgung auch nicht schadensersatzpflichtig (§ 93 Abs. 4 S. 1) (vgl. BGH 6.10.1960, BGHZ 33, 175 = NJW 1961, 26; BeckOGK/*Fleischer,* 15.1.2020, § 93 Rn. 322; MüKoAktG/*Spindler* § 93 Rn. 238; aA K. Schmidt/Lutter/*Schwab* Rn. 17). Die Heilungswirkung auch für den Vorstand kann nicht dadurch unterlaufen werden, dass der Ersatzanspruch auf eine unterlassene rechtzeitige Beschlussmängelklage gestützt wird (BeckOGK/*Casper,* 1.7.2020, Rn. 17; aA MüKoAktG/*Hüffer/Schäfer* Rn. 22; BeckOGK/*Fleischer,* 15.1.2020, § 93 Rn. 325). § 246a Abs. 4 lässt als spezielle Vorschrift Schadensersatzansprüche auch nach Heilung zu (BeckOGK/*Casper,* 1.7.2020, Rn. 22). 9

2. Aufhebung der Heilungswirkung (Abs. 2 S. 3). Die Heilungswirkung wird aufgehoben und der Beschluss ist nach § 241 Nr. 6 von Anfang an nichtig, wenn seine Eintragung von Amts wegen gelöscht wird (→ § 241 Rn. 41), es sei denn, ein Freigabeverfahren ist vorausgegangen (Abs. 2 S. 5). 10

Anfechtungsgründe

243 (1) **Ein Beschluß der Hauptversammlung kann wegen Verletzung des Gesetzes oder der Satzung durch Klage angefochten werden.**

(2) [1]**Die Anfechtung kann auch darauf gestützt werden, daß ein Aktionär mit der Ausübung des Stimmrechts für sich oder einen Dritten Sondervorteile zum Schaden der Gesellschaft oder der anderen Aktionäre zu erlangen suchte und der Beschluß geeignet ist, diesem Zweck zu dienen.** [2]**Dies gilt nicht, wenn der Beschluß den anderen Aktionären einen angemessenen Ausgleich für ihren Schaden gewährt.**

(3) **Die Anfechtung kann nicht gestützt werden:**

1. **auf die durch eine technische Störung verursachte Verletzung von Rechten, die nach § 118 Abs. 1 Satz 2, Abs. 2 Satz 1 und § 134 Abs. 3 auf elektronischem Wege wahrgenommen worden sind, es sei denn, der Gesellschaft ist grobe Fahrlässigkeit oder Vorsatz vorzuwerfen; in der Satzung kann ein strengerer Verschuldensmaßstab bestimmt werden,**
2. **auf eine Verletzung der §§ 67a, 67b, 121 Absatz 4a oder des § 124a,**
3. **auf Gründe, die ein Verfahren nach § 318 Abs. 3 des Handelsgesetzbuchs rechtfertigen.**

(4) [1]**Wegen unrichtiger, unvollständiger oder verweigerter Erteilung von Informationen kann nur angefochten werden, wenn ein objektiv urteilender Aktionär die Erteilung der Information als wesentliche Voraussetzung für die sachgerechte Wahrnehmung seiner Teilnahme- und Mitgliedschaftsrechte angesehen hätte.** [2]**Auf unrichtige, unvollständige oder unzureichende Informationen in der Hauptversammlung über die Ermittlung, Höhe oder Angemessenheit von Ausgleich, Abfindung, Zuzahlung oder über sonstige Kompensationen kann eine Anfechtungsklage nicht gestützt werden, wenn das Gesetz für Bewertungsrügen ein Spruchverfahren vorsieht.**

Übersicht

I. Allgemeines

1 **1. Normzweck.** Die Vorschrift stellt klar, dass gesetz- oder satzungswidrige Beschlüsse nicht hingenommen werden müssen, und schränkt die Anfechtungsbefugnis in Abs. 2–4 zur Rechtssicherheit ein. Die Anfechtung ist in §§ 245–246 weiter eingegrenzt: anfechtungsbefugt ist nicht jedermann, sondern nur der Aktionär, der Vorstand oder der Aufsichtsrat (s. § 245). Auch zeitlich ist die Anfechtbarkeit nach § 246 beschränkt, sodass sich eine Heilungsvorschrift wie § 242 über die Bestätigung nach § 244 hinaus erübrigt.

2 **2. Anwendungsbereich.** Abs. 2 regelt einen Spezialfall und ist neben Abs. 1 anwendbar. Abs. 3 und Abs. 4 beziehen sich sowohl auf Abs. 1 als auch Abs. 2. § 243 ist auf Hauptversammlungsbeschlüsse und Sonderbeschlüsse bestimmter Aktionärsgruppen nach § 138 Abs. 2 bei der AG und KGaA anwendbar (→ § 241 Rn. 13). Organbeschlüsse sind dagegen nicht anfechtbar (→ § 241 Rn. 7). Auf Beschlüsse der Gesellschafterversammlung der **GmbH** ist § 243 entsprechend anwendbar, soweit der Beschluss festgestellt wurde (→ § 241 Rn. 3). Für die Generalversammlung der **Genossenschaft** enthält § 51 GenG eine spezielle Vorschrift. Beschlüsse von **Personengesellschaften** und von **Vereinen** sind nicht anfechtbar, sondern bei einem Gesetzesverstoß nichtig. Ihre Nichtigkeit ist nicht durch Nichtigkeits- oder Anfechtungsklage, sondern durch Feststellungsklage geltend zu machen (→ § 241 Rn. 5 f.).

II. Verletzung von Gesetz und Satzung

3 **1. Beschluss.** Anfechtbar sind Beschlüsse. Zum Beschlusstatbestand, ihrer Einteilung, und zu den Beschlusswirkungen → § 241 Rn. 8 ff.

4 **2. Gesetz, Satzung, Stimmbindungsverträge. Gesetz** ist jede **Rechtsnorm** (Art. 2 EGBGB). Ein Verstoß ist auch die Verletzung von Sollvorschriften (RG 24.9.1942, RGZ 170, 83), wenn es sich nicht nur um Ordnungsvorschriften wie § 118 Abs. 2, § 120 Abs. 3 S. 1, § 175 Abs. 3 S. 2, § 234 Abs. 2 S. 2 handelt (KK-AktG/*Noack/Zetzsche* Rn. 139; MüKoAktG/*Hüffer/Schäfer* Rn. 19).

5 Verstöße gegen die **Satzung,** die einen von der Satzung abw. rechtlichen Zustand begründen **(Satzungsdurchbrechungen),** sind mangels Einhaltung der für eine Satzungsänderung geltenden Formvorschriften **nichtig** (BGH 7.6.1993, BGHZ 123, 15 = NJW 1993, 2246), etwa die Bestimmung einer satzungswidrigen Amtszeit des Aufsichtsrats durch einfachen Beschluss oder die satzungswidrige Rücklagenbildung (OLG Dresden 9.11.2011, NZG 2012, 507). **Punktuelle Abweichungen** von der Satzung, die gegen Satzungsbestimmungen mit korporativem Charakter verstoßen, sind **anfechtbar,** dagegen nicht Verstöße gegen unechte Satzungsbestimmungen, die zwar in der Satzung enthalten sind, aber schuldrechtlichen Charakter haben (→ § 23 Rn. 5 und → GmbHG § 53 Rn. 5).

6 Verstöße gegen **schuldrechtliche Vereinbarungen,** auch wenn sie in der Satzung enthalten sind, oder Verträge begründen die Anfechtbarkeit grundsätzlich nicht. Insbesondere führt der Verstoß gegen einen **Stimmbindungsvertrag** nicht zur Anfechtbarkeit, anfechtbar soll dagegen der Verstoß gegen die von allen Gesellschaftern eingegangene Stimmbindung sein (BGH 20.1.1983, NJW 1983, 1910; BGH

27.10.1986, NJW 1987, 1890; OLG Hamm 12.4.2000, NZG 2000, 1036; OLG Karlsruhe 30.12.1998, OLGR Karlsruhe 1999, 358; Scholz/*K. Schmidt* GmbHG § 47 Rn. 53; GK-AktG/*K. Schmidt* Rn. 19 f.; KK-AktG/*Noack/Zetzsche* Rn. 201; K. Schmidt/Lutter/*Schwab* Rn. 19; Grigoleit/*Ehmann* Rn. 5; Bürgers/Körber/*Göz* Rn. 5; offengelassen BGH 7.6.1993, BGHZ 123, 15 = NJW 1993, 2246; aA OLG Stuttgart 7.2.2001, DB 2001, 854; UHL/*Hüffer/Schürnbrand* GmbHG § 47 Rn. 192; MüKo-AktG/*Hüffer/Schäfer* Rn. 24; Hüffer/Koch/*Koch* Rn. 10; Hölters/*Englisch* Rn. 50). Umgekehrt kann eine schuldrechtliche Vereinbarung aller Gesellschafter die Anfechtbarkeit ausschließen (BGH 15.3.2010, NJW 2010, 3718 Rn. 8). Kein Verstoß gegen Gesetz oder Satzung ist ein Verstoß gegen die Geschäftsordnung oder eine Abweichung vom **Deutschen Corporate Governance Kodex.** Die unterlassene Berichtigung der Entsprechenserklärung kann aber zu einem Verstoß gegen § 161 führen (BGH 16.2.2009, BGHZ 180, 9 = NJW 2009, 2207 Rn. 19; BGH 21.9.2009, BGHZ 182, 272 = NZG 2009, 1270 Rn. 16; BGH 9.10.2018, BGHZ 220, 36 = NJW 2019, 669 Rn. 23).

3. Verfahrensverstöße. a) Relevanz. Verfahrensmängel, die für das Beschlussergebnis nicht relevant sind, führen nicht zur Anfechtbarkeit (BGH 10.10.2017, BGHZ 216, 110 = NJW 2018, 52 Rn. 74; BGH 18.10.2004, BGHZ 160, 385 = NJW 2005, 828; BGH 21.6.2010, NZG 2010, 943 Rn. 20). Die Person des Versammlungsleiters ist für die Beschlussergebnisse nicht relevant, nur vom Versammlungsleiter zu verantwortende Durchführungsmängel (BGH 20.11.2018, BGHZ 220, 207 = NJW 2019, 993 Rn. 61). Gesetzes- oder Satzungsverletzungen sind relevant, wenn Teilhabeinteressen der Gesellschafter verletzt sind. Relevant sind idR **Vorbereitungs- und Durchführungsmängel.** An der Relevanz kann es bei einem überschaubaren Aktionärskreis fehlen, wenn den Aktionären die anzugebenden Tatsachen bekannt waren (BGH 10.10.2017, BGHZ 216, 110 = NJW 2018, 52 Rn. 76; OLG Frankfurt a. M. 19.5.2015, AG 2016, 252 (253 f.)). Bei **Informationsmängeln** ist darauf abzustellen, ob aus der Sicht eines objektiv urteilenden Aktionärs die sachgerechte Ausübung des Mitgliedschaftsrechts beschnitten ist (Abs. 4, vgl. BGH 21.6.2010, NZG 2010, 943 Rn. 20; BGH 21.9.2009, BGHZ 182, 272 = NZG 2009, 1270 Rn. 24; BGH 16.2.2009, BGHZ 180, 9 = NJW 2009, 2207 Rn. 39; BGH 18.10.2004, BGHZ 160, 385 = NJW 2005, 828; BGH 12.11.2001, BGHZ 149, 158 = NJW 2002, 1128). 7

b) Vorbereitungsmängel. Vorbereitungsmängel sind Verstöße gegen die Einberufungsvorschriften und eine mangelhafte Bekanntmachung der Tagesordnung. Die **Einberufung** durch Unbefugte führt zur Nichtigkeit (→ § 241 Rn. 24). Dagegen führt die unterlassene Bekanntgabe des Einberufungsorgans oder der unterlassene Hinweis auf den Ermächtigungsbeschluss bei der Einberufung durch die Minderheit zur Anfechtbarkeit (MüKoAktG/*Hüffer/Schäfer* Rn. 32; aA GK-AktG/*K. Schmidt* § 241 Rn. 45). Darauf, dass der Ermächtigungsbeschluss zu Unrecht ergangen ist, kann die Anfechtung nicht mehr gestützt werden (BGH 8.5.2012, NJW-RR 2012, 997 Rn. 9). Zur Anfechtbarkeit kann die Einberufung an einen anderen **Ort** als den Sitz der Gesellschaft oder den durch die Satzung benannten Ort führen, die Einberufung zur **Unzeit,** die Nichteinhaltung der **Einberufungsfrist** (BGH 30.3.1987, BGHZ 100, 264 = NJW 1987, 2580), **Bekanntmachungsmängel** der Tagesordnung wie ein Vorschlag des Vorstandes statt des Aufsichtsrats für die Wahl der Abschlussprüfer (BGH 25.11.2002, BGHZ 153, 32 = NJW 2003, 970) (→ § 241 Rn. 26), das Fehlen eines Beschlussvorschlags (OLG Jena 30.7.2014, ZIP 2014, 2501; KG 29.10.2010, NZG 2011, 146; OLG München 28.7.2010, AG 2010, 842), bei Aufsichtsratswahlen die fehlende Angabe über die Zusammensetzung des Aufsichtsrats (BGH 10.10.2017, BGHZ 216, 110 = NJW 2018, 52 Rn. 75) oder die Aufhebung eines früheren Beschlusses, wenn lediglich ein Vorstandsbericht angekündigt wurde (OLG Brandenburg 10.11.2010, AG 2011, 418), Verstöße gegen die Mitteilungspflichten für Aktionäre und von Aktionärsanträgen (§§ 125 ff.) (BGH 24.1.2000, BGHZ 143, 339 = NJW 2000, 1328) oder das Fehlen des nach § 125 Abs. 1 S. 4 gebotenen Hinweis auf die Möglichkeit der Ausübung des Stimmrechts durch einen Bevollmächtigten, auch durch eine Vereinigung von Aktionären (OLG München 4.7.2018, AG 2019, 266 (268)). Keine Anfechtbarkeit begründet ein Verstoß von Intermediären gegen die Pflicht zur Weitergabe von Mitteilungen nach §§ 67a, 67b, bei fehlerhafter Bekanntmachung in der EU nach § 121 Abs. 4a und im Internet nach § 124a (§ 243 Abs. 3 Nr. 2, → Rn. 31; zur COVID-19-Pandemie → Rn. 31a). Nicht zur Anfechtbarkeit führen auch zutreffende Hinweise in der Bekanntmachung (BGH 21.9.2009, BGHZ 182, 272 = NZG 2009, 1270 Rn. 10). Dagegen kann es zur Anfechtung führen, wenn die Einladung ausdrücklich darauf hinweist, dass sich der Aktionär in der Anmeldefrist anmelden und in der Nachweisfrist legitimieren muss, die Gesellschaft dann aber verspätete Anmeldungen berücksichtigt (BGH 9.10.2018, BGHZ 220, 36 = NJW 2019, 669 Rn. 13). Bekanntmachungsmängel sind regelmäßig relevant für die Beschlussfassung (BGH 10.10.2017, BGHZ 216, 110 = NJW 2018, 52 Rn. 75; BGH 20.9.2004, BGHZ 160, 253 (256) = NJW 2004, 3561; BGH 12.11.2001, BGHZ 149, 158 (165) = NJW 2002, 1128; OLG Jena 30.7.2014, ZIP 2014, 2501). Das gilt auch für die verspätete Bekanntmachung von Minderheitsanträgen (BGH 14.7.2020, NZG 2020, 1106, 34). Ausnahmen sind in der Rspr. anerkannt, wenn die Angabe zu Zusammensetzung des Aufsichtsrats fehlt und sie dem überschaubaren Aktionärskreis bekannt sein musste (BGH 10.10.2017, NJW 2018, 52 Rn. 76; OLG Frankfurt a. M. 19.5.2015, AG 2016, 252 (253 f.)). Der fehlerhaften Bekanntmachung der Bedingungen für 8 die Stimmrechtsvertretung kann die Relevanz für die Beschlussfassung fehlen (KG 21.9.2009, NZG 2009, 1389).

9 Bei der **GmbH** gilt entsprechendes, insbesondere führen die **Einberufung** in ein unzumutbares **Versammlungslokal** (zB Büroräume des Bevollmächtigten des Gegners oder die Wohnung des verfeindeten Gesellschafters, BGH 24.3.2016, NZG 2016, 552 Rn. 25), zu einer unzumutbaren **Zeit** oder die Unterschreitung der **Einladungsfrist** sowie die fehlerhafte **Angabe der Tagesordnung** zur Anfechtbarkeit (→ § 241 Rn. 28). Die Ladung an einen anderen Ort als den Sitz der Gesellschaft führt nicht zur Anfechtbarkeit, wenn dort kein geeignetes Versammlungslokal vorhanden ist, die Verkehrsverbindung gestört ist oder der gewählte Ort bei überschaubarem Gesellschafterkreis für alle besser erreichbar ist (BGH 28.1.1985, WM 1985, 567). Zur Anfechtbarkeit führt es, wenn unangekündigte Beschlüsse gefasst werden oder der Beschlussgegenstand von der Ankündigung abweicht (→ § 241 Rn. 28).

10 **c) Durchführungsmängel. aa) Teilnahmerecht.** Der Anfechtung unterliegen Beschlüsse, wenn Aktionäre unzulässig ausgeschlossen wurden (BGH 25.9.2018, NJW 2019, 219 Rn. 12), auch bei der **Legitimationsprüfung** (vgl. BGH 21.9.2009, BGHZ 182, 272 = NZG 2009, 1270 Rn. 9 zur Zulässigkeit eines Umschreibungsstopps), der **Einlasskontrolle,** durch unberechtigten **Wortentzug** oder **Saalverweis** (s. §§ 129–131; BVerfG 20.9.1999, NJW 2000, 349; BGH 11.11.1965, BGHZ 44, 245 = NJW 1966, 43) oder eine ungerechtfertigte Verkürzung der **Redezeit** (BGH 11.11.1965, BGHZ 44, 245 = NJW 1966, 43). Zur ordnungsgemäßen Durchführung der Hauptversammlung erforderliche Beschränkungen der Redezeit sind aber zulässig (BGH 8.2.2010 BGHZ 184, 239 = NJW 2010, 1604 Rn. 29; OLG Frankfurt a. M. 16.12.2014, AG 2015, 272; OLG Stuttgart 2.4.2014, AG 2015, 163). Wenn die Redebeiträge nicht auch im sog. gesamten Präsenzbereich akustisch wahrnehmbar sind, liegt keine Beeinträchtigung des Teilnahmerechts vor (BGH 8.10.2013 AG 2013, 880; OLG Frankfurt a. M. 16.12.2014, AG 2015, 272; aA LG München I 1.4.2010, AG 2011, 263). Auch führt allein die Zulassung nicht teilnahmeberechtigter Dritter nicht zur Anfechtbarkeit, soweit sie keinen Einfluss auf die Beschlussfassung genommen haben (OLG Nürnberg 29.6.1971, BB 1971, 1478). Fehler im Teilnehmerverzeichnis sind nur von Bedeutung, wenn sie sich auf das Abstimmungsergebnis auswirken. Eine unberechtigte Absage der Versammlung kann das Teilnahmerecht beeinträchtigen (BGH 30.6.2015, BGHZ 206, 143 = NZG 2015, 1227 Rn. 39). Wenn die Rechte im Wege der **elektronischen Kommunikation** wahrgenommen werden, schließt Abs. 3 Nr. 1 eine Anfechtung bei Störungen ohne grobes Verschulden der Gesellschaft aus, etwa bei einer Funktionsstörung der Internetverbindung. Die Anfechtung ist selbst bei grobem Verschulden oder Vorsatz ausgeschlossen, wenn die Stimmabgabe im Weg der Fernkommunikation betroffen ist und sich die fehlenden Stimmen rechnerisch auf das Ergebnis nicht auswirken (*Noack* WM 2009, 2289 (2292)).

11 Bei der **GmbH** führt der **Ausschluss** eines teilnahmeberechtigten Gesellschafters unabhängig von seinem Stimmrecht ebenfalls zur Anfechtbarkeit (OLG Dresden 17.7.1996, GmbHR 1997, 946). Dem steht gleich, dass auf einen sich verspätenden Gesellschafter nicht angemessen gewartet wurde (OLG Dresden 15.11.1999, NJW-RR 2000, 565). Auch zur Beschränkung der Redezeit und der Teilnahme von nicht teilnahmeberechtigten Personen gilt dasselbe wie bei der AG. Soweit die Verfahrensvorschriften zur Disposition der Gesellschafter stehen, schließt ihr Einverständnis – etwa mit der Anwesenheit Dritter – schon den Verfahrensverstoß aus. Unter Umständen kann von einem Einverständnis auch schon auszugehen sein, wenn kein Gesellschafter Protest erhebt.

12 **bb) Information und Auskunft.** Die unberechtigte **Verweigerung** oder die unvollständige Erteilung von Informationen ist unabhängig von der Möglichkeit des Verfahrens nach § 132 ein Anfechtungsgrund (BGH 29.11.1982, BGHZ 86, 1 = NJW 1983, 878; BGH 16.2.2009, BGHZ 180, 9 = NJW 2009, 2207 Rn. 35; BGH 21.9.2009, BGHZ 182, 272 = NZG 2009, 1270 Rn. 22). Ein Beschluss ist anfechtbar, wenn die verweigerte oder unvollständige Information iSv Abs. 4 S. 1 **relevant** ist. Ob die Hauptversammlungsmehrheit oder ein objektiv denkender Aktionär denselben Beschluss auch bei rechtzeitiger und gehöriger Information gefasst hätte, ist ohne Bedeutung (BGH 18.10.2004, BGHZ 160, 385 = NJW 2005, 828), vielmehr kommt es darauf an, ob er die Information als wesentliche Voraussetzung für die Wahrnehmung seiner Rechte angesehen hätte (vgl. BGH 21.6.2010, NZG 2010, 943 Rn. 20 ff.; OLG Frankfurt a. M. 20.10.2010, NZG 2010, 1426). Keine Informationspflichtverletzung, sondern eine Gesetzesverletzung ist die unterlassene Anpassung der Entsprechenserklärung nach § 161 (BGH 21.9.2009, BGHZ 182, 272 = NZG 2009, 1270 Rn. 16). Aus § 161 folgt auch im Übrigen keine Informationspflicht, bei Aufsichtsratswahlen gibt es auch keine Pflicht zur Erklärung, dass eventuell nach der Wahl eine Änderung der Entsprechenserklärung erforderlich würde (BGH 9.10.2018, BGHZ 220, 36 = NJW 2019, 669 Rn. 42).

13 Bei der **Beantwortung von Aktionärsfragen** liegt ein relevanter Verstoß gegen das Teilnahme- und Mitwirkungsrecht eines Aktionärs vor, wenn ihm Auskünfte vorenthalten oder unrichtig erteilt werden, die zur sachgerechten Beurteilung eines Beschlussgegenstandes – meist ist das der Entlastungsbeschluss – **nach § 131 erforderlich** sind (BGH 18.10.2004, BGHZ 160, 385 = NJW 2005, 828; BGH 21.9.2009, BGHZ 182, 272 = NZG 2009, 1270 Rn. 24); entscheidend für die Relevanz in

diesem Sinn ist aber nicht nur, dass die Auskunft für die Beurteilung des Tagesordnungspunktes erforderlich (s. § 131), sondern auch eine für die Ausübung der Rechte wesentliche Information ist (OLG Frankfurt a. M. 20.10.2010, NZG 2010, 1426). Hinsichtlich der Entlastungentscheidung muss sich das Auskunftsbegehren daher auf Vorgänge von einigem Gewicht richten (vgl. BGH 18.10.2004, BGHZ 160, 385 (389 f.) = NJW 2005, 828 (829); BGH 10.7.2012, BGHZ 194, 14 = NJW 2012, 3235 Rn. 37; OLG Stuttgart 8.7.2015, AG 2016, 370 (379); OLG Stuttgart 17.11.2010, AG 2011, 93 (97)). Bei einem großen Umfang von Fragen oder pauschalen Fragen hat der Aktionär bei seiner Auffassung nach unzureichender Beantwortung eine Nachfrageobliegenheit (BGH 5.11.2013, BGHZ 198, 354 = NJW 2014, 541 Rn. 44). Er kann sein Anfechtungsrecht verlieren, wenn er sich auf die ausdrückliche Nachfrage des Versammlungsleiters nicht meldet, ob noch Fragen offen geblieben sind (OLG Düsseldorf 22.6.2017, AG 2017, 900 (904); LG München I 28.8.2008, AG 2008, 904 (909); LG Krefeld 20.8.2008, AG 2008, 754 (757); LG München I 13.4.2006, AG 2007, 255 (257); KK-AktG/*Noack/Zetzsche* Rn. 70 und 740; aA OLG Köln NZG 2011, 1150 (1151); Hüffer/Koch/*Koch* § 131 Rn. 35a; K. Schmidt/Lutter/*Schwab* Rn. 12), es sei denn, der Vorstand hat die Beantwortung der Frage verweigert (OLG Köln 28.7.2011, NZG 2011, 1150 (1151)). Zum Anfechtungsausschluss durch § 1 Abs. 7 COVMG im Zuge der COVID-19-Pandemie → Rn. 31a.

Als **Informationsverletzung** kommt beim Beschluss über die **Entlastung** (§ 171 Abs. 2, § 176 Abs. 1, § 120 Abs. 3 S. 2 und 3) die Verletzung von Pflichten zur Vorlage oder Auslage des Jahresabschlusses, des Lageberichts und Berichts des Aufsichtsrats in Frage (BGH 21.6.2010, NZG 2010, 943 Rn. 23; OLG Stuttgart 15.3.2006, NZG 2006, 472) oder das Fehlen des Abhängigkeitsberichts bzw. seiner Prüfung nach § 314 (BGH 25.11.2002, BGHZ 153, 47 = NJW 2003, 1032), bei der **Aufsichtsrats(wieder)wahl** das Fehlen des Aufsichtsratsberichts (BGH 21.6.2010, NZG 2010, 943 Rn. 28), beim Beschluss über die **Feststellung des Jahresabschlusses** oder die Verwendung des Bilanzgewinns (§ 175 Abs. 3, § 174 Abs. 1) die unterlassene Auslage des Jahresabschlusses, beim Beschluss über einen **Bezugsrechtsausschluss** bei der Kapitalerhöhung gegen Einlagen (§ 186 Abs. 4) oder beim genehmigten Kapital (§ 203 Abs. 2 S. 2) die unterlassene Vorlage des Berichts über die Gründe des Bezugsrechtsausschlusses (BGH 19.4.1982, BGHZ 83, 319 = NJW 1982, 2444), bei der **Übertragung** des gesamten **Gesellschaftsvermögens** (§ 179a Abs. 2) die unterlassene Auslage des Übertragungsvertrags, bei Beschlüssen über Unternehmensverträge nach früherer Rspr. die fehlende Auslage der vorgeschriebenen Berichte von Vorstand und Vertragsprüfern (§ 293f Abs. 1, § 293g Abs. 1), ebenso bei anderen Strukturmaßnahmen wie der Eingliederung (§ 319 Abs. 3, § 320 Abs. 3), Ausschließung (§ 327c Abs. 3 und 4) oder Verschmelzung (§§ 8, 64 UmwG, s. BGH 22.5.1989, BGHZ 107, 296 = NJW 1989, 2689; OLG Frankfurt a. M. 20.3.2012, ZIP 2012, 766). Der fehlenden Auslage und Vorlage können ausnahmsweise inhaltlich oberflächliche Berichte gleichstehen (vgl. OLG Frankfurt a. M. 20.3.2012, ZIP 2012, 766). **14**

Soweit gesetzlich ein **Spruchverfahren** vorgesehen ist (§ 1 SpruchG), **scheidet** die **Anfechtung** wegen unrichtiger, unzureichender oder unvollständiger Auskunft zu Bewertungsfragen – auch in Altfällen vor Änderung des Abs. 4 (BGH 16.3.2009, BGHZ 180, 154 = NJW-RR 2009, 828) – **aus** (Abs. 4 S. 2). Das gilt nicht nur für den Beschluss zur Strukturmaßnahme, sondern auch, wenn der Entlastungsbeschluss oder andere Beschlüsse mit der Behauptung angegriffen werden, Informationen zu Bewertungsfragen bei Strukturmaßnahmen seien unvollständig beantwortet. Wird jede Information verweigert, bleibt der Beschluss anfechtbar. Im Fall von §§ 210, 212 UmwG ist ungeachtet Abs. 4 S. 2 die Anfechtbarkeit wegen Informationsfehlern ausgeschlossen (vgl. BGH 18.12.2000, BGHZ 146, 179 = NJW 2001, 1425; BGH 29.1.2001, NJW 2001, 1428). Der Ausschluss der Anfechtbarkeit nach Abs. 4 S. 2 für Bewertungsrügen bei Strukturmaßnahmen, in denen ein Spruchverfahren stattfindet (→ Rn. 14), bezieht sich dem Wortlaut nach zwar nur auf Auskünfte in Hauptversammlungen und erfasst die Auslage- und Vorlagepflichten vor einer Hauptversammlung nicht. Allerdings ist die Rspr., nach der bei Strukturmaßnahmen eine Informationspflichtverletzung auch vor der Hauptversammlung die Anfechtung ausschließt, wenn ein Spruchverfahren stattfindet, weiterhin anwendbar (vgl. BGH 16.3.2009, BGHZ 180, 154 = NZG 2009, 585 Rn. 36; OLG Frankfurt a. M. 6.4.2009, AG 2010, 39 (41 f.); KK-AktG/*Noack/Zetzsche* Rn. 731; aA Hölters/*Englisch* Rn. 92; Hüffer/Koch/*Koch* Rn. 47c; K. Schmidt/Lutter/*Schwab* Rn. 38). Die Anfechtung kann auf die unterlassene Übersendung von Berichten jedenfalls dann nicht gestützt werden, wenn der Aktionär sie nicht moniert und von der Gelegenheit, die ausgelegten Unterlagen zur Kenntnis zu nehmen, keinen Gebrauch macht (LG München I 30.12.2010, AG 2011, 760). Das völlige Fehlen eines Umwandlungsberichts soll aber zur Anfechtbarkeit führen (LG Mannheim 19.12.2013, ZIP 2014, 970). Mängel des Berichts des unabhangigen **sachverständigen Prüfers** können die Anfechtung nicht begründen, weil die Gesellschaft für ihren Inhalt nicht verantwortlich ist (OLG Frankfurt a. M. 5.11.2007, AG 2008, 167 (170); OLG Karlsruhe 29.6.2006, AG 2007, 92). Das völlige Fehlen seines Berichts führt jedoch zur Anfechtbarkeit der Strukturmaßnahme (BGH 16.3.2009, BGHZ 180, 154 = NZG 2009, 585 Rn. 36). **15**

Auch bei der **GmbH** ist die unzureichende, unvollständige oder unrichtige **Beantwortung** von Fragen unabhängig von der Auskunftsmöglichkeit nach § 51a GmbHG ein Anfechtungsgrund und idR **16** für einen dazu in Bezug stehenden Beschluss relevant. Der Gesellschafter muss sich aber bei als unzureichend empfundenen Antworten um Ergänzung in der Gesellschafterversammlung bemühen.

17 **cc) Beschlussfeststellung.** Die fehlerhafte Feststellung des Beschlussergebnisses durch den Versammlungsleiter führt zur Anfechtbarkeit des Beschlusses, wenn sich der Fehler rechnerisch auf das Zustandekommen oder die Ablehnung des Beschlusses ausgewirkt hat (BGH 21.3.1988, BGHZ 104, 66 = NJW 1988, 1844; BGH 22.1.1990, NJW-RR 1990, 530). Neben **Zählfehlern** kommt in Betracht, dass der Versammlungsleiter irrig eine **qualifizierte Mehrheit** für (nicht) notwendig erachtete (BGH 13.3.1980, BGHZ 76, 191 = NJW 1980, 1465), dass die Stimmen **nicht stimmberechtigter Gesellschafter** gem. § 130 (BGH 21.3.1988, BGHZ 104, 66 = NJW 1988, 1844; BGH 20.1.1986, BGHZ 97, 28 = NJW 1986, 2051, jeweils zu § 47 Abs. 4 GmbHG), § 59 WpÜG oder § 44 Abs. 1 S. 1 WpHG oder § 20 Abs. 7 oder § 71b (BGH 29.4.2014, AG 2014, 624 Rn. 8; BGH 19.7.2011, BGHZ 190, 291 = NZG 2011, 1147 Rn. 35; BGH 22.3.2011, BGHZ 189, 32 = NZG 2011, 669 Rn. 24; BGH 24.4.2006, BGHZ 167, 204 = NJW-RR 2006, 1110; OLG Köln 13.1.2014, ZIP 2014, 263; OLG Düsseldorf 20.12.2018, ZIP 2019, 1112, 1118) oder zu Unrecht zugelassener Gesellschafter (BGH 9.10.2018, BGHZ 220, 36 = NJW 2019, 669 Rn. 18) mitgezählt wurden oder stimmberechtigte Gesellschafter nicht berücksichtigt wurden, Stimmen nur vermeintlich Bevollmächtigter zu Unrecht mitgezählt oder Stimmen Bevollmächtigter zu Unrecht nicht berücksichtigt sind (BGH 21.3.1988, BGHZ 104, 66 = NJW 1988, 1844 zur GmbH). Anfechtbar ist der Beschluss auch, wenn der Versammlungsleiter Stimmen trotz eines **Treuepflichtverstoßes** berücksichtigt oder wegen eines irrig angenommenen Verstoßes nicht berücksichtigt hat (BGH 26.10.1983, BGHZ 88, 328 = NJW 1984, 489; BGH 19.11.1990, NJW 1991, 846; BGH 12.7.1993, NJW-RR 1993, 1253 zur GmbH; aA K. Schmidt/Lutter/*Schwab* Rn. 5).

18 Bei der **GmbH** gilt ebenfalls, dass Beschlüsse nicht nur bei Zählfehlern, sondern auch im Falle unberechtigter Berücksichtigung oder Nichtberücksichtigung von Stimmen bei der erforderlichen Mehrheit, den Stimmverboten nach § 47 Abs. 4 GmbHG oder bei Treuepflichtverstößen anfechtbar sind (→ Rn. 17).

19 **4. Inhaltliche Verstöße. a) Gesetzes- und Satzungsverstöße.** Anfechtbar sind Beschlüsse, die gegen Gesetze verstoßen, soweit sie nicht bereits zur Nichtigkeit führen, also nicht schon gegen gläubigerschützende Vorschriften oder Vorschriften im öffentlichen Interesse verstoßen (→ § 241 Rn. 32 ff.). Als Faustregel gilt: nichtig sind Verstöße gegen Vorschriften, die selbst dann, wenn sich alle Gesellschafter einig sind, durchzusetzen sind (BeckOGK/*Drescher,* 1.7.2020, § 241 Rn. 230; K. Schmidt/Lutter/*Schwab* Rn. 17, 20). Zur Anfechtbarkeit führen unzulässige **Bezugsrechtsausschlüsse** bei Kapitalerhöhungen (BGH 13.3.1978, BGHZ 71, 40 = NJW 1978, 1316; OLG Köln 13.1.2014, ZIP 2014, 263) und die Auswahl eines **befangenen Abschlussprüfers** entgegen § 319 Abs. 2 (BGH 25.11.2002, BGHZ 153, 32 = NJW 2003, 970; vgl. aber Abs. 3 Nr. 3). Ein inhaltlicher Verstoß liegt auch vor, wenn ein **Entlastungsbeschluss** gefasst wird, obwohl dem Organ eindeutige und schwerwiegende Gesetzesverstöße zur Last zu legen sind (BGH 10.7.2012, BGHZ 194, 14 = NJW 2012, 3235 Rn. 9; BGH 7.2.2012, NZG 2012, 347; BGH 9.11.2009, ZIP 2009, 2436; BGH 21.9.2009, BGHZ 182, 272 = NZG 2009, 1270 Rn. 18; BGH 18.10.2004, BGHZ 160, 385 = NJW 2005, 828; BGH 25.11.2002, BGHZ 153, 47 = NJW 2003, 1032; OLG Stuttgart 8.7.2015, AG 2016, 370 (373); OLG Frankfurt a. M. 1.10.2013, AG 2014, 373; OLG Stuttgart 29.2.2012, ZIP 2012, 625 (627); OLG Stuttgart 17.11.2010, AG 2011, 93). Ein Gesetzesverstoß ist nur eindeutig, wenn die Rechtslage eindeutig geklärt ist und kein Meinungsstreit besteht (BGH 10.7.2012, BGHZ 194, 14 = NJW 2012, 3235 Rn. 23; BGH 9.11.2009, AG 2010, 79; OLG Stuttgart 8.7.2015, AG 2016, 370 (373); OLG Stuttgart 29.2.2012, ZIP 2012, 625 (627); OLG Stuttgart 17.11.2010, AG 2011, 93; OLG München 7.5.2008, ZIP 2008, 1237 (1240)). Die Hauptversammlung muss die Vorgänge, die den Gesetzesverstoß begründen sollen, zumindest erkennen können (OLG Stuttgart 29.2.2012, ZIP 2012, 625 (632); OLG Stuttgart 17.11.2010, AG 2011, 93 (94); OLG Köln 9.7.2009, NZG 2009, 1110; OLG Frankfurt a. M. 16.5.2006, ZIP 2007, 26 (27)). Sie dürfen auch grundsätzlich nicht in einem vergangenen Zeitraum liegen, für den die Entlastung bereits erteilt ist (OLG Stuttgart 17.11.2010, AG 2011, 93 (94)). Besteht der Gesetzesverstoß in einer unrichtigen oder nicht angepassten Entsprechenserklärung (§ 161), ist die Entlastung anfechtbar, wenn der in der unrichtigen Entsprechenserklärung liegende Verstoß über einen Formalverstoß hinausgeht und auch im konkreten Einzelfall Gewicht hat (BGH 10.7.2012, NJW 2012, 3235 Rn. 28; BGH 21.9.2009, BGHZ 182, 272 = NZG 2009, 1270 Rn. 18; BGH 16.2.2009, BGHZ 180, 9 = NJW 2009, 2207 Rn. 19). Anfechtbar sind außerdem Satzungsverstöße. §§ 251–255 enthalten Sondervorschriften zur Aufsichtsratswahl, zum Gewinnverwendungsbeschluss und zur Kapitalerhöhung.

20 Bei der **GmbH** gilt dasselbe, zu §§ 251–255s. jeweils dort. Bei Beschlüssen zur **Einziehung** gegen den Willen des betroffenen Gesellschafters oder zur **Ausschließung** ist zu unterscheiden: wird sie beschlossen, obwohl die Satzung eine solche Maßnahme nicht vorsieht, ist der Beschluss nichtig. Sieht sie die Satzung vor, liegt aber der statutarische Grund nicht vor, ist er anfechtbar (BGH 20.9.1999, NJW 1999, 3779). Anfechtbar ist bei der GmbH auch ein Beschluss zur Feststellung des Jahresabschlusses, der

nicht schon entsprechend § 256 nichtig ist (BGH 12.1.1998, ZIP 1998, 467; BGH 21.7.2008, ZIP 2008, 1818).

b) Sittenwidrigkeit. Beschlüsse, die durch ihren Inhalt gegen die guten Sitten verstoßen, sind nichtig (→ § 241 Rn. 38). Anfechtbar sind Beschlüsse, deren Begleitumstände sie sittenwidrig machen, etwa durch einen Macht- oder Rechtsmissbrauch oder durch Einschüchterung der Gesellschafter (BGH 28.1.1953, BGHZ 8, 348; BGH 1.6.1987, BGHZ 101, 113 = NJW 1987, 2514), wobei idR bereits der gleichzeitige Treuepflichtverstoß zur Anfechtung berechtigt (UHL/*Raiser* GmbHG Anh. § 47 Rn. 125). 21

c) Treuepflicht. Ein Verstoß der Gesellschafter gegen die Treuepflicht führt zur Nichtigkeit der abgegebenen Stimmen, die Treuepflicht selbst uU zu positiven Stimmpflichten (→ Rn. 17) und zur **Anfechtbarkeit.** Auch bei der AG sind solche Treuepflichten anerkannt, sowohl zwischen den Aktionären und der Gesellschaft als auch zwischen den Aktionären untereinander; Mitgliedsrechte, insbesondere Mitverwaltungs- und Kontrollrechte, sind unter angemessener Berücksichtigung der gesellschaftsbezogenen Interessen der anderen Aktionäre auszuüben. Daran kann es fehlen, wenn der Mehrheitsaktionär bereits vor der Auflösung mit dem Vorstand eine Vereinbarung über die Verwertung des wertvollsten Teils des Vermögens getroffen hat (BGH 1.2.1988, BGHZ 103, 184 = NJW 1988, 1579), wenn Minderheitsaktionäre eine mehrheitlich angestrebte und sinnvolle Sanierung der Gesellschaft aus eigennützigen Gründen verhindern (BGH 20.3.1995, BGHZ 129, 136 = NJW 1995, 1739) oder der Mehrheitsaktionär eine Kapitalherabsetzung mit anschließender Kapitalerhöhung so gestaltet, dass eine große Anzahl von Kleinaktionären ausscheidet (BGH 5.7.1999, BGHZ 142, 167 = NJW 1999, 3197). Dagegen ist es kein Treuepflichtverstoß, wenn die Aktionäre dem Vorstand das Vertrauen entziehen (OLG Hamm 7.7.2010, AG 2010, 789). 22

Auch bei der **GmbH** ist ein Beschluss anfechtbar, wenn treuwidrig abgegebene Stimmen mitgezählt werden. Ein Treuepflichtverstoß wurde angenommen bei der **Befreiung** von einem statutarischen **Wettbewerbsverbot,** die nicht im Interesse der GmbH lag (BGH 16.2.1981, BGHZ 80, 69 = NJW 1981, 1512), der **Bestellung** eines **Geschäftsführers,** bei dem ein wichtiger Grund zur Abberufung vorliegt oder der erst kurz zuvor aus wichtigem Grund abberufen wurde (BGH 19.11.1990, NJW 1991, 846; BGH 12.7.1993, NJW-RR 1993, 1253), der Ablehnung der Verfolgung von offensichtlich bestehenden **Schadensersatzansprüchen** gegen Geschäftsführer (BGH 21.7.2008, ZIP 2008, 1818 Rn. 20), seiner **Entlastung** trotz einer schweren Pflichtverletzung, wenn keine andere Entscheidung als die Versagung denkbar ist und die Entlastung missbräuchlich ist (BGH 4.5.2009, ZIP 2009, 2194 Rn. 20; OLG München 22.7.2015, ZIP 2015, 1582 (1585); OLG Düsseldorf 8.3.2001, NZG 2001, 991), der **Auflösung,** um das Unternehmen zu übernehmen und die Minderheitsgesellschafter hinauszudrängen (BGH 28.1.1980, BGHZ 76, 352 = NJW 1980, 1278). Die Treuepflicht kann es gebieten, einem Beschluss zu einer angemessenen **Vergütung** des Geschäftsführers zuzustimmen (BGH 10.6.1965, BGHZ 44, 40 = WM 1965, 744; BGH 11.12.2006, NJW 2007, 917 Rn. 11), der **Abberufung** eines Geschäftsführers, wenn ein wichtiger Grund vorliegt (BGH 19.11.1990, NJW 1991, 846; BGH 12.7.1993, NJW-RR 1993, 1253), der **Ausschließung** eines Gesellschafters (BGH 28.4.1975, BGHZ 64, 253 = WM 1975, 774), einer **Satzungsänderung** zur Beseitigung eines gesetzwidrigen Zustands (OLG Stuttgart 29.10.1997, NZG 1998, 603) oder bei **Vinkulierung** der Übertragung von Anteilen (OLG Düsseldorf 23.1.1987, NJW-RR 1987, 732). Bei der Kapitalherabsetzung mit anschließender Kapitalerhöhung gebietet es die Treuepflicht nicht, jede Kleinstbeteiligung zu erhalten (BGH 18.4.2005, NZG 2005, 551). 23

d) Gleichbehandlungsgebot. Nach § 53a darf die Gesellschaft ihre Aktionäre nicht willkürlich in ihren Rechten ohne rechtfertigenden Grund ungleich behandeln. Ein Verstoß dagegen führt zur **Anfechtbarkeit** eines Beschlusses, mit dem ein Aktionär bevorzugt wird, aber nicht dazu, dass dann, wenn die Gesellschaft einem Aktionär etwas zu Unrecht gewährt hat, auch die anderen Aktionäre einen Anspruch auf die Vergünstigung erhalten (BGH 22.10.2007, NZG 2008, 149 Rn. 3). 24

Das Gleichbehandlungsgebot gilt auch bei der **GmbH.** Verstöße liegen insbesondere bei ungleichen, meist **verdeckten Gewinnausschüttungen** vor, wie bei der Gewährung einer unangemessen hohen **Geschäftsführervergütung** an einen Gesellschafter (vgl. BGH 14.5.1990, BGHZ 111, 224 = NJW 1990, 2625; BGH 11.12.2006, NJW 2007, 917 Rn. 10; BGH 21.7.2008, ZIP 2008, 1818 Rn. 18) (→ GmbHG § 29 Rn. 63). 25

e) Sachliche Rechtfertigung. Auf ihre sachliche Rechtfertigung sind Beschlüsse dagegen grundsätzlich nicht zu überprüfen. Ausnahmen in der Rspr beim Ausschluss des Bezugsrechts bei der **Kapitalerhöhung** gegen Einlagen (BGH 13.3.1978, BGHZ 71, 40 = NJW 1978, 1316; OLG Schleswig 18.12.2003, NZG 2004, 281) sind aufgegeben, wenn der Hauptversammlung jedenfalls in abstrakter Form dargelegt wird, dass der Ausschluss im wohlverstandenen Interesse der Gesellschaft liegt, und sie dies prüfen konnte (BGH 23.6.1997, BGHZ 136, 133 = NJW 1997, 2815; BGH 10.10.2005, BGHZ 164, 241 = NJW 2006, 371; BGH 21.11.2005, NJW-RR 2006, 471; BGH 11.6.2007, NJW-RR 2008, 289 Rn. 4). Der Vorstand kann nachträglich zur Rechenschaft gezogen werden, ggf. durch 26 eine Feststellungsklage ein missbräuchliches Verhalten festgestellt werden (BGH 10.10.2005, BGHZ 164, 249 = NJW 2006, 374). Auch bei der **Auflösung** (BGH 1.2.1988, BGHZ 103, 184 = NJW 1988, 1579), dem Ausschluss des Bezugs von **Genussrechten** (BGH 9.11.1992, BGHZ 120, 141 = NJW 1993, 400) und der **Kapitalherabsetzung** (BGH 9.2.1998, BGHZ 138, 71 = NJW 1998, 2054) wird ein Beschluss nicht auf seine sachliche Rechtfertigung überprüft.

27 **5. Heilung.** Anfechtbare Beschlüsse, denen ein Verfahrensmangel zugrunde liegt, können durch einen Bestätigungsbeschluss (§ 244) geheilt werden. Liegt ein Inhaltsmangel zugrunde, bleibt nur eine fehlerfreie Neuvornahme.

III. Sondervorteile

28 **1. Anfechtbarkeit.** Nach Abs. 2 sind Beschlüsse, die Sondervorteile gewähren, anfechtbar. Die Vorschrift gilt entsprechend für die **GmbH.** Inhaltlich handelt es sich um einen Treuepflichtverstoß, bei dem gleichzeitig gegen das **Gleichbehandlungsgebot** und damit gegen den daneben anwendbaren Abs. 1 verstoßen wird, sodass die praktische Bedeutung als Spezialvorschrift gering ist. Sondervorschriften, die die Anwendung von § 243 Abs. 2 ausschließen, bestehen beim Beherrschungs- und Gewinnabführungsvertrag (§ 304 Abs. 3 S. 2, § 305 Abs. 5 S. 1; BGH 15.6.1992, BGHZ 119, 1 = NJW 1992, 2760), bei der Ausschließung (§ 327f S. 1) und der Eingliederung (§ 320b Abs. 2 S. 1). Dagegen ist Abs. 2 nicht ausgeschlossen bei sonstigen Unternehmensverträgen (§ 292) und trotz § 311 im faktischen Konzern (MüKoAktG/*Hüffer/Schäfer* Rn. 105).

29 **Sondervorteile** sind Vorteile, die bei einer Gesamtwürdigung als sachwidrige, mit den Interessen der Gesellschaft oder der anderen Aktionäre unvereinbare Bevorzugung erscheinen (BGH 9.2.1998, BGHZ 138, 71 = NJW 1998, 2054; OLG Köln 13.1.2014, ZIP 2014, 263), sowohl materielle Vorteile als auch die Stärkung der Stellung in der Gesellschaft. Dazu zählen unangemessene Tantiemen und **Vergütungen** (BGH 4.10.1976, WM 1976, 1226, GmbH; OLG München 14.12.2011, NZG 2012, 261) oder **Vertragskonditionen** (OLG Frankfurt a. M. 28.2.1973, AG 1973, 136), die **Entlastung** nach der Übernahme von Geschäftsfeldern (BGH 10.2.1977, WM 1977, 361, GmbH), die **Unternehmensübernahme** (BGH 1.2.1988, BGHZ 103, 184 = NJW 1988, 1579; BGH 28.11.1980, BGHZ 76, 352 = NJW 1980, 1278), die **Verschmelzung** einer gegenüber der Großaktionärin verschuldeten und überschuldeten Schwestergesellschaft (OLG Frankfurt a. M. 20.3.2012, ZIP 2012, 766); dagegen **nicht Steuervorteile** aus einem Formwechsel (BGH 9.5.2005, NZG 2005, 722) oder der Verschmelzung (OLG Frankfurt a. M. 8.2.2006, NZG 2006, 227), die Ausgabe von **Genussrechten** statt junger Aktien (BGH 9.11.1992, BGHZ 120, 141 = NJW 1993, 400), die **Kapitalherabsetzung** ohne Ausgleich von Spitzen bei den Minderheitsaktionären (BGH 9.2.1998, BGHZ 138, 71 = NJW 1998, 2054), die **Wahl in den Aufsichtsrat** (OLG Hamburg 5.5.1972, AG 1972, 183), die Gewinnung von Informationen für einen Schadenersatzanspruch gegen den Vorstand durch eine **Sonderprüfung** (LG München I 30.12.2010, AG 2011, 760). Dagegen liegt im Ausschluss des Bezugsrechts bei einer Kapitalerhöhung insbesondere bei Sanierungsbedürftigkeit kein Sondervorteil (OLG Köln 13.1.2014, ZIP 2014, 263). Subjektiv ist bedingter Vorsatz des Aktionärs erforderlich (MüKoAktG/*Hüffer/Schäfer* Rn. 85).

30 **2. Ausgleich.** Nach Abs. 2 S. 2 entfallen die Rechtswidrigkeit des Sondervorteils und die Anfechtbarkeit, wenn im Beschluss rechtsverbindlich ein Ausgleich vorgesehen ist. Ist die Gesellschaft geschädigt und nicht ihre Aktionäre, muss der Ausgleich für die Gesellschaft vorgesehen sein (MüKoAktG/*Hüffer/Schäfer* Rn. 95). Auch im faktischen Konzern muss trotz § 311 der Ausgleich bereits im Hauptversammlungsbeschluss und nicht erst am Ende des Geschäftsjahres vorgesehen sein (BGH 26.6.2012, NZG 2012, 1030 Rn. 15). Der Ausgleich muss angemessen sein. Eine Abfindung ist kein angemessener Ausgleich (GK-AktG/*K. Schmidt* Rn. 60).

IV. Anfechtungsausschluss (Abs. 3)

31 Kein Anfechtungsgrund ist nach Abs. 3 Nr. 1 die technische Störung bei der Online-teilnahme, nach Abs. 3 Nr. 2 Verletzung der Weitergabeverpflichtung für Mitteilungen nach § 67a, 67b, 121 Abs. 4a (→ 67a Rn. 11, → § 121 Rn. 21) oder die Pflicht zur Internetöffentlichkeit (→ § 124a Rn. 8) und die Bestellung eines Abschlussprüfers, für den Ausschlussgründe bestehen (§ 318 Abs. 3 HGB, § 319, 319a HGB). Die Anfechtung ist außerdem nach § 120a Abs. 1 S. 3 für das Say on Pay ausgeschlossen (→ § 120a Rn. 8) und nach § 52 WpHG für Pflichtverletzungen nach §§ 48 ff. WpHG.

31a Mit § 1 Abs. 7 COVMG wurde für die elektronische Teilnahme und die Briefwahl ein weitgehender Anfechtungsausschluss für im Jahr 2020 stattfindende Hauptversammlungen eingeführt. Die Anfechtung eines Beschlusses der Hauptversammlung kann danach unbeschadet der Regelung in § 243 Abs. 3 Nr. 1 auch nicht auf Verletzungen von § 118 Abs. 1 S. 3–5, Abs. 2 S. 2 oder Abs. 4, die Verletzung von Formerfordernissen für Mitteilungen nach § 125 sowie nicht auf eine Verletzung von § 1 Abs. 2 COVMG gestützt werden, es sei denn, der Gesellschaft ist Vorsatz nachzuweisen. § 1 Abs. 2 COVMG betrifft die Ermessensentscheidung des Vorstands für eine elektronische Teilnahme (dazu LG München I

26.4.2020, ZIP 2020, 1241) und Fehler bei der Beantwortung von Fragen. Für technische Störungen bleibt es bei der Haftung für grobe Fahrlässigkeit nach Abs. 3 Nr. 1 (BeckOGK/*Drescher*, 1.7.2020, Rn. 244; *Tröger* BB 2020, 1091 (1097); aA – Haftung auch insoweit nur bei Vorsatz – *Schäfer* NZG 2020, 481 (486); *Götze/Roßkopf* DB 2020, 768 (772)).

V. Prozessuales

Die Anfechtungsgründe können nur von den dazu befugten (§ 245) Personen durch die befristete **Anfechtungsklage** (§ 246) geltend gemacht werden. Dritte können sie nicht geltend machen. Zum Prüfungsrecht des Notars und des Registergerichts → § 241 Rn. 47. Die **Beweislast** für einen Beschlussmangel liegt beim Anfechtungs- oder Nichtigkeitskläger, auch für Verfahrensmängel (BGH 14.5.1990, BGHZ 111, 224 = NJW 1990, 2625; BGH 21.7.2008, ZIP 2008, 1818 Rn. 19; BGH 26.6.2012, NZG 2012, 1030 Rn. 28; OLG Stuttgart 8.7.2015, AG 2016, 370 (374)). Eine Ausnahme ist zu machen, wenn mit dem Beschluss einer Schadenersatzpflicht wegen eines Sondervorteils die Grundlage entzogen werden soll, den sich ein Gesellschafter bereits genommen hat (BGH 21.7.2008, ZIP 2008, 1818 Rn. 19). Im Übrigen kann die Gesellschaft – insbesondere bei behaupteten Einberufungs- und Bekanntmachungsmängeln – eine sekundäre Darlegungslast treffen, sodass sie konkrete Tatsachen in einen Prozess einführen muss und sich nicht auf bloßes Bestreiten beschränken kann. Allein dass der Aktionär die Vorgänge bei der Gesellschaft nicht kennen muss, führt aber nicht dazu, dass die Darlegungslast bei der Gesellschaft liegt (OLG Stuttgart 8.7.2015, AG 2016, 370 (374)). Ist bei der **GmbH** die Abberufung des Geschäftsführers oder die Kündigung seines Anstellungsvertrags aus wichtigem Grund betroffen oder steht die Einziehung eines Geschäftsanteils aus wichtigem Grund zur Diskussion, trifft die Beweislast denjenigen, der sich auf den wichtigen Grund beruft (BGH 4.4.2017, NZG 2017, 700 Rn. 14; BGH 27.4.2009, ZIP 2009, 1158 Rn. 35). 32

Bestätigung anfechtbarer Hauptversammlungsbeschlüsse

244 **[1]Die Anfechtung kann nicht mehr geltend gemacht werden, wenn die Hauptversammlung den anfechtbaren Beschluß durch einen neuen Beschluß bestätigt hat und dieser Beschluß innerhalb der Anfechtungsfrist nicht angefochten oder die Anfechtung rechtskräftig zurückgewiesen worden ist. [2]Hat der Kläger ein rechtliches Interesse, daß der anfechtbare Beschluß für die Zeit bis zum Bestätigungsbeschluß für nichtig erklärt wird, so kann er die Anfechtung weiterhin mit dem Ziel geltend machen, den anfechtbaren Beschluß für diese Zeit für nichtig zu erklären.**

Übersicht

I. Allgemeines

1. Geltungsbereich. Die Vorschrift betrifft anfechtbare, nicht aber nichtige Beschlüsse (BGH 26.6.2012, NZG 2012, 1030 Rn. 10; BGH 15.12.2003, BGHZ 157, 206 = NJW 2004, 1165) und gilt auch für die Anfechtung in der **GmbH,** dagegen nicht bei der Personengesellschaft. Sie gilt auch für die Bestätigung von Aufsichtsratswahlen (§ 251 Abs. 1 S. 3, → § 251 Rn. 5). 1

2. Normzweck. Aktionäre bzw. Gesellschafter sollen schnell **Rechtssicherheit** und Klarheit schaffen können, wenn die Wirksamkeit eines Beschlusses zweifelhaft ist. Die Aktionäre/Gesellschafter sollen nicht entweder den mit Fehlern behafteten Beschluss hinnehmen oder einen mit Zeitverlusten verbundenen Prozess anstrengen müssen (BGH 15.12.2003, BGHZ 157, 206 = NJW 2004, 1165). 2

3 **3. Anderweitige Beschlusskorrektur.** Anstelle der Bestätigung kommt auch die sofortige **Neuvornahme** in Betracht, wenn alle Aktionäre noch anwesend sind. Damit können aber weder materiell-rechtliche Fehler noch Einberufungsfehler korrigiert werden, sodass praktisch nur Zählfehler oder Verstöße gegen die Auskunftspflicht auf diese Weise behoben werden können (BeckOGK/*Drescher,* 1.7.2020, Rn. 12). Ein Beschluss kann von der Hauptversammlung oder der Gesellschafterversammlung der GmbH jederzeit **aufgehoben** werden. Eine bereits erhobene Anfechtungsklage ist, wenn das Klärungsinteresse des Klägers entfällt, für erledigt zu erklären, weil das Rechtsschutzbedürfnis entfallen ist (BGH 27.9.2011, NZG 2011, 1383).

II. Bestätigung

4 **1. Anfechtbarer Erstbeschluss.** Der Bestätigungsbeschluss setzt voraus, dass der Erstbeschluss anfechtbar ist. Nach § 241 **nichtige Beschlüsse** können nicht bestätigt werden (BGH 22.3.2011, BGHZ 189, 32 = NZG 2011, 669 Rn. 27; BGH 20.9.2004, BGHZ 160, 253 = NJW 2004, 3561; BGH 15.12.2003 BGHZ 157, 206 = NJW 2004, 1165; OLG Stuttgart 10.11.2004, NZG 2005, 432). Bei ihnen kommt nur eine fehlerfreie Neuvornahme in Betracht. Die Bestätigung kommt zu spät, wenn der Ausgangsbeschluss bereits aufgrund einer Anfechtungsklage **rechtskräftig für nichtig erklärt** ist. Sie scheidet auch aus, wenn der Erstbeschluss nicht mehr anfechtbar ist, etwa weil die Anfechtungsfrist versäumt ist oder die **Anfechtungsklage rechtskräftig abgewiesen** ist. Ist über die Anfechtungsklage gegen den Erstbeschluss noch nicht rechtskräftig entschieden, besteht keine Zeitgrenze für einen Bestätigungsbeschluss und er muss nicht schon in der folgenden Versammlung gefasst werden (OLG München 8.8.1997, ZIP 1997, 1743).

5 **2. Bestätigung.** Der Bestätigungsbeschluss ist ein Hauptversammlungsbeschluss, in dem der Wille zum Ausdruck gebracht wird, einen früheren, in seiner Wirksamkeit zweifelhaften Beschluss für verbindlich zu erklären. Das Wort „Bestätigung" muss nicht verwendet werden. Er ist keine Neuvornahme (OLG Hamm 12.12.2005, ZIP 2005, 214). Das Gemeinte ist ggf. durch Auslegung zu ermitteln. Wenn die Nichtigkeit eines Beschlusses im Raum steht, ist eher eine Neuvornahme gewollt. Der Beschluss kann auch hilfsweise als Neuvornahmebeschluss gefasst werden und ggf. umgedeutet werden (GK-AktG/*K. Schmidt* Rn. 6). Der Bestätigungsbeschluss muss mit dem Ausgangsbeschluss identisch sein, Ergänzungen oder Erweiterungen führen im Zweifel nur einen zusätzlichen zweiten Beschlussgegenstand ein.

5a Die **Voraussetzungen** für einen wirksamen Beschluss müssen auch beim Bestätigungsbeschluss vorliegen. Bereits beantwortete **Fragen** und durch Zeitablauf überholte Fragen müssen nicht nochmals beantwortet werden, dagegen in der ersten Versammlung nicht beantwortete und aktualisierende Fragen (OLG München 8.8.1997, ZIP 1997, 1743; *Kocher* NZG 2006, 1 (4); aA *Grobecker/Kuhlmann* NZG 2007, 1 (5)). Berichte müssen nicht aktualisiert werden (BGH 21.7.2008, NZG 2009, 589 Rn. 12; OLG Karlsruhe 13.11.1998, NZG 1999, 604; KG 16.11.2006, NZG 2008, 29). Für die materiell-rechtliche Beurteilung des Bestätigungsbeschlusses kommt es auf die Gesetzes- und Satzungslage zum **Zeitpunkt** des Ausgangsbeschlusses an (BGH 15.12.2003, BGHZ 157, 206 = NJW 2004, 1165). Der Bestätigungsbeschluss muss nicht von denselben Aktionären wie der Ausgangsbeschluss gefasst werden (BGH 22.3.2011, BGHZ 189, 32 = NZG 2011, 669 Rn. 22).

6 **3. Wirkungen. a) Voraussetzungen.** Der Bestätigungsbeschluss zeitigt erst Wirkungen auf den Erstbeschluss, wenn er bestandskräftig geworden ist. Er geht ins Leere, wenn der **Ausgangsbeschluss** zuvor **bestandskräftig** geworden ist, sei es aufgrund rechtskräftiger Abweisung der Anfechtungsklage oder ihrer Rücknahme. Er hat keine Wirkung mehr, wenn der **Ausgangsbeschluss** rechtskräftig für **nichtig** erklärt ist oder seine Nichtigkeit festgestellt ist. Die unzulässige oder rechtsmissbräuchliche Anfechtungsklage gegen den Bestätigungsbeschluss hindert die Heilung des Ausgangsbeschlusses bis zur rechtskräftigen Entscheidung (MüKoAktG/*Hüffer/Schäfer* Rn. 7). Die Klage gegen den Bestätigungsbeschluss muss nicht vom Kläger des Ausgangsverfahrens erhoben werden (GK-AktG/*K. Schmidt* Rn. 17). Der für nichtig erklärte Bestätigungsbeschluss heilt den Ausgangsbeschluss nicht, auch wenn der Ausgangsbeschluss nicht an demselben Mangel wie der Bestätigungsbeschluss leidet (OLG Hamburg 23.12.2010, ZIP 2011, 1209).

7 **b) Heilungswirkung.** Zu den behebbaren Mängeln zählt neben **Verfahrensfehlern** die fehlerhafte Feststellung des **Abstimmungsergebnisses** im Erstbeschluss (BGH 12.12.2005, NJW-RR 2006, 472; OLG Stuttgart 10.11.2004, NZG 2005, 432; LG Köln 22.4.2009, NZG 2009, 1150; aA K. Schmidt/Lutter/*Schwab* Rn. 4). Dem Bestätigungsbeschluss haftet ein materiell-rechtlicher Mangel des Ausgangsbeschlusses ebenfalls an, sodass er auf Anfechtungsklage für nichtig zu erklären ist und keine Heilungswirkung eintritt (BGH 15.12.2003, BGHZ 157, 206 = NJW 2004, 1165; BGH 12.12.2005, NJW-RR 2006, 472; BGH 26.6.2012, NZG 2012, 1030 Rn. 10). Ein bestandskräftig gewordener Bestätigungsbeschluss kann jedoch Heilungswirkung entfalten, selbst wenn er am selben inhaltlichen Mangel wie der Ausgangsbeschluss leidet (MüKoAktG/*Hüffer/Schäfer* Rn. 10; Hüffer/Koch/*Koch* Rn. 2a; *Kocher* NZG

2006, 1 (2); unklar BGH 26.6.2012, NZG 2012, 1030 Rn. 27; BGH 22.3.2011, BGHZ 189, 32 = NZG 2011, 669 Rn. 23 und 27; BGH 21.7.2008, NZG 2009, 589 Rn. 10; BGH 9.10.2006, BGHZ 169, 221 = NJW 2007, 300 Rn. 25; aA BGH 27.9.1956, BGHZ 21, 354 = NJW 1956, 1753; → 3. Aufl. 2016, Rn. 7). Zwar leidet ein reiner Bestätigungsbeschluss am selben inhaltlichen Mangel wie der Ausgangsbeschluss. Der Wortlaut von S. 1 ist aber eindeutig, und es entspricht dem Zweck der Bestätigung, etwaige Zweifel auszuräumen.

Die Heilung wirkt **ex nunc** (mit der Fassung des Bestätigungsbeschlusses) und hat keine Rückwirkung auf den Zeitpunkt der Fassung des Ausgangsbeschlusses (BGH 15.12.2003, BGHZ 157, 206 = NJW 2004, 1165). Sie ist nicht ausgeschlossen, wenn der Kläger gegen den Ausgangsbeschluss zwischenzeitlich aus der Gesellschaft ausgeschieden ist und den Bestätigungsbeschluss nicht mehr anfechten kann (BGH 22.3.2011, BGHZ 189, 32 = NZG 2011, 669 Rn. 22; *Bungert* BB 2005, 1345 (1347); aA GK-AktG/*K. Schmidt* Rn. 8). 8

III. Prozessuale Auswirkungen

1. Anfechtungsklage gegen Erstbeschluss. a) Bestandskraft des Bestätigungsbeschlusses. Der Bestätigungsbeschluss hat auf die Anfechtungsklage erst Auswirkungen, wenn er bestandskräftig wird. Die Anfechtungsklage wird unbegründet, weil der Erstbeschluss wirksam wird. Dem Anfechtungskläger bleibt dann nur die **Erledigungserklärung.** Erledigendes Ereignis ist die mit Bestandskraft eintretende Heilungswirkung des Bestätigungsbeschlusses. Die Gesellschaft muss sich der Erledigungserklärung nicht anschließen; dann ist festzustellen, ob sich die Hauptsache erledigt hat, dh ob die Anfechtungsklage bis zum Bestätigungsbeschluss zulässig und begründet war (KK-AktG/*Noack/Zetzsche* Rn. 97). Schließt sie sich an, ist nach § 91a ZPO über die Kosten zu entscheiden. Ohne Erledigungserklärung ist die Anfechtungsklage als unbegründet abzuweisen, weil der Ausgangsbeschluss bestandskräftig wurde. Das ist auch noch in der Revisionsinstanz zu berücksichtigen, wenn es unstreitig ist (MüKoAktG/*Hüffer/Schäfer* Rn. 24). Soweit ein rechtliches Interesse besteht, kann anstelle der Anfechtungsklage nach § 244 S. 2 die Anfechtung mit vollem Kostenrisiko weiterhin für die Vergangenheit geltend gemacht werden (→ Rn. 14). Dagegen ist – auch wenn in erster Linie die Nichtigkeit des Erstbeschlusses geltend gemacht wurde – keine hilfsweise Erledigungserklärung zulässig (BGH 8.2.2011, NZG 2011, 506 Rn. 22; BGH 16.8.2010, AG 2010, 749 Rn. 4; aA OLG Frankfurt a. M. 22.7.2008, ZIP 2008, 2286). 9

b) Anfechtung des Bestätigungsbeschlusses. Der Bestätigungsbeschluss kann im Wege der **Klagerweiterung** im Anfechtungsverfahren des Erstbeschlusses angefochten werden. Eine Klageerweiterung ist sachdienlich und damit jedenfalls nach § 263 ZPO, wenn nicht schon nach § 264 Nr. 2 ZPO zulässig, auch in der Berufungsinstanz (OLG Stuttgart 10.11.2004, NZG 2005, 432). Wenn eine eigenständige Anfechtungsklage gegen den Bestätigungsbeschluss erhoben wird, kann das Gericht beide Klagen nach § 147 ZPO verbinden, auch wenn die Kläger verschieden sind (KK-AktG/*Noack/Zetzsche* Rn. 91), und so ebenfalls ein einheitliches Verfahren führen. Eine solche Verbindung ist nicht mehr möglich, wenn die Verfahren in verschiedenen Instanzen anhängig sind (BGH 15.12.2003, BGHZ 157, 206 = NJW 2004, 1165). 10

Im einheitlichen Verfahren kann das Gericht einheitlich über Erst- und Bestätigungsbeschluss entscheiden (OLG Düsseldorf 31.7.2003, NZG 2003, 975). Ist der Bestätigungsbeschluss wirksam und heilt er den Erstbeschluss, ist die Klage insgesamt abzuweisen. Ist der Bestätigungsbeschluss anfechtbar, muss auch über den Erstbeschluss entschieden werden. Ein Teilurteil nur über den Erstbeschluss ist mangels Widerspruchsfreiheit nicht möglich, wohl aber über den Bestätigungsbeschluss. 11

Wenn es **nicht** zu einem **einheitlichen Verfahren** kommt, ist das Gericht trotz des Bestätigungsbeschlusses und seiner Anfechtung nicht gehindert, das Verfahren zum Erstbeschluss fortzusetzen. Dabei sollte das Gericht von der Möglichkeit der **Aussetzung** nach § 148 ZPO Gebrauch machen, wenn der Bestätigungsbeschluss nicht offensichtlich nichtig oder anfechtbar ist und nicht etwa in einer Kaskade von Bestätigungsbeschlüssen der Verfahrensverzögerung dient. Auszusetzen ist auch, wenn der Rechtsstreit in der Berufungs- oder Revisionsinstanz anhängig ist. Die rechtskräftige Abweisung der Anfechtungsklage gegen den Bestätigungsbeschluss erledigt den Anfechtungsprozess gegen den Erstbeschluss. Daher ist es in der Regel sachgerecht, zuerst über den Bestätigungsbeschluss zu befinden (BeckOGK/*Drescher,* 1.7.2020, Rn. 45 f.). Hat die Anfechtungsklage gegen den Bestätigungsbeschluss Erfolg, ist ein ausgesetztes Verfahren wieder aufzunehmen. 12

2. Anfechtungsklage gegen den Bestätigungsbeschluss. Wird rechtskräftig die **Nichtigkeit des Ausgangsbeschlusses** festgestellt oder er für nichtig erklärt, geht der Bestätigungsbeschluss ins Leere. Die Anfechtungsklage gegen den Bestätigungsbeschluss hat dann unabhängig davon Erfolg, ob der Bestätigungsbeschluss aus anderen Gründen anfechtbar war oder ob er den Mangel des Erstbeschlusses hätte heilen können. Wird die Anfechtungsklage gegen den **Erstbeschluss rechtskräftig** abgewiesen, kann der Bestätigungsbeschluss nichts mehr heilen. Insoweit ist von einem erledigenden Ereignis auszugehen, das die Anfechtungsklage gegen den Bestätigungsbeschluss unbegründet macht. Sie ist daher abzuweisen, im Fall einer übereinstimmenden Erledigungserklärung trägt der Kläger die Kosten nach 13

§ 91a ZPO (BeckOGK/*Drescher*, 1.7.2020, Rn. 53). Zwar kann im Hinblick auf diese Folgen auch die Aussetzung des Anfechtungsverfahrens zum Bestätigungsbeschluss nach § 148 ZPO in Betracht kommen; da der Bestätigungsbeschluss gerade dazu dient, Mängel des Erstbeschlusses zu beseitigen, widerspricht dies aber dem Zweck von § 244 und damit der Intention des Gesetzgebers. Eine Aussetzung des Verfahrens zum Bestätigungsbeschluss wird daher nur in Betracht kommen, wenn er allein der Verzögerung eines entscheidungsreifen Verfahrens zum Erstbeschluss dient.

IV. Nichtigkeitsfeststellung für die Vergangenheit

14 § 244 S. 2 ermöglicht die Fortsetzung der Anfechtungsklage trotz des Bestätigungsbeschlusses, wenn ein **schutzwürdiges Interesse** an der Feststellung der Anfechtbarkeit des Ausgangsbeschlusses besteht. Das bloße Interesse an der Klärung der Rechtslage (BGH 16.8.2010, AG 2010, 749 Rn. 3) oder gar das Kosteninteresse genügt nicht (BGH 8.2.2011, NZG 2011, 506 Rn. 24). Der Beschluss muss vielmehr Wirkungen gehabt haben, die eine nachträgliche Klarstellung rechtfertigen. Das ist etwa der Fall, wenn aufgrund des anfechtbaren Beschlusses weitere Beschlüsse gefasst wurden, etwa aufgrund einer anfechtbaren Satzungsänderung weitere Beschlüsse gefasst wurden (KK-AktG/*Noack/Zetzsche* Rn. 118; K. Schmidt/Lutter/*Schwab* Rn. 20), oder wenn aufgrund des anfechtbaren Beschlusses in die Mitgliedschaftsrechte eingegriffen wurde, etwa bei einer Dividendenherabsetzung (MüKoAktG/*Hüffer/Schäfer* Rn. 15). Die anfechtbare Aufsichtsratswahl zählt nicht notwendig dazu (OLG Stuttgart 10.11.2004, NZG 2005, 432).

15 Der Anfechtungskläger muss einen **Antrag** stellen, eine Entscheidung von Amts wegen ist nicht vorgesehen (KK-AktG/*Noack/Zetzsche* Rn. 124; aA GK-AktG/*K. Schmidt* Rn. 24). Der Antrag kann neben der Erledigungserklärung gestellt werden, auch hilfsweise neben dem Anfechtungsantrag für den Fall der Wirksamkeit des Bestätigungsbeschlusses.

Anfechtungsbefugnis

245 Zur Anfechtung ist befugt

1. jeder in der Hauptversammlung erschienene Aktionär, wenn er die Aktien schon vor der Bekanntmachung der Tagesordnung erworben hatte und gegen den Beschluß Widerspruch zur Niederschrift erklärt hat;

2. jeder in der Hauptversammlung nicht erschienene Aktionär, wenn er zu der Hauptversammlung zu Unrecht nicht zugelassen worden ist oder die Versammlung nicht ordnungsgemäß einberufen oder der Gegenstand der Beschlußfassung nicht ordnungsgemäß bekanntgemacht worden ist;

3. im Fall des § 243 Abs. 2 jeder Aktionär, wenn er die Aktien schon vor der Bekanntmachung der Tagesordnung erworben hatte;

4. der Vorstand;

5. jedes Mitglied des Vorstands und des Aufsichtsrats, wenn durch die Ausführung des Beschlusses Mitglieder des Vorstands oder des Aufsichtsrats eine strafbare Handlung oder eine Ordnungswidrigkeit begehen oder wenn sie ersatzpflichtig werden würden.

Übersicht

I. Allgemeines

1. Normzweck. Die Vorschrift gewährleistet das **Anfechtungsrecht** und schränkt gleichzeitig den Personenkreis ein, der Anfechtungsklage erheben kann. Eine Anfechtungsklage außenstehender Personen ist ausgeschlossen. § 245 kann durch die Satzung weder eingeschränkt noch erweitert werden. 1

2. Anfechtungsbefugnis. Die Anfechtungsbefugnis ist ein materiell-rechtliches privates Gestaltungsrecht, nicht nur eine **Sachurteilsvoraussetzung** (BGH 24.4.2006, BGHZ 167, 204 = NJW-RR 2006, 1110; BGH 25.2.1965, BGHZ 43, 261 = NJW 1965, 1378; aA GK-AktG/*K. Schmidt* Rn. 6). Fehlt sie, ist die Klage als unbegründet, nicht als unzulässig abzuweisen (BGH 11.6.2007, NJW-RR 2008, 289 Rn. 6). Die Anfechtung dient der Rechtmäßigkeitskontrolle durch die Aktionäre und steht Aktionären und Organen auch zu, wenn sie kein besonderes Rechtsschutzbedürfnis haben (→ § 246 Rn. 32). Gleichzeitig handelt es sich auch um ein subjektives Recht (Verwaltungsrecht), das die individuellen Interessen des Aktionärs oder des Organmitglieds schützt (BGH 9.10.2006, BGHZ 169, 221 = NJW 2007, 300 Rn. 15). 2

3. Anwendungsbereich. § 245 gilt für die **AG** und über § 278 Abs. 3 für die KGaA, bei der an die Stelle des Vorstands die geschäftsführungsbefugten Komplementäre treten (§ 283 Nr. 13, BGH 30.6.2015, BGHZ 206, 143 = NZG 2015, 1227 Rn. 45), und für die SE mit Modifikationen vor allem bei monistischer Verfassung (*Göz* ZGR 2008, 593 (596)). Die Grundsätze der Anfechtungsbefugnis gelten auch in der **GmbH.** Ob auch § 245 Nr. 3–5 für die GmbH gelten, ist umstritten (→ Rn. 22). 3

II. Anfechtungsbefugnis bei der AG

1. Aktionäre. a) Aktionärseigenschaft. Jeder Inhaber **einer** Aktie ist anfechtungsbefugt. Anfechtungsbefugt ist auch der Aktionär, der kein Stimmrecht hat, weil er vom Stimmrecht nach § 136 Abs. 1 ausgeschlossen ist oder stimmrechtslose Vorzugsaktien hat. Die Anfechtungsbefugnis fehlt aber, wenn alle Rechte aus Aktien ruhen wie im Fall von § 20 Abs. 7, § 59 S. 1 WpÜG oder § 44 Abs. 1 S. 1 WpHG (BGH 19.7.2011, BGHZ 190, 291 = NZG 2011, 1147 Rn. 19 ff.; BGH 24.4.2006, BGHZ 167, 204 = NJW-RR 2006, 1110; OLG Stuttgart 10.11.2004, NZG 2005, 432), außer im Fall von Nr. 3, wenn die Meldung bis zur Klageerhebung nachgeholt wird (BGH 20.4.2009, NJW 2009, 2458; zu Unrecht auch ohne Nachholung OLG Schleswig 31.5.2007, ZIP 2007, 2214). Bei der BGB-Außengesellschaft steht die Anfechtungsbefugnis der Gesellschaft und nicht den Gesellschaftern zu. Der AG selbst steht aus ihren eigenen Aktien kein Anfechtungsrecht zu (§ 71b). Im Fall der **Insolvenz** des Aktionärs ist der Insolvenzverwalter klagebefugt (vgl. BGH 31.5.2011, BGHZ 190, 45 = NZG 2011, 902 Rn. 7). 4

Mehrere Berechtigte, denen eine Aktie zusteht (Bruchteilsgemeinschaft, Erbengemeinschaft, BGB-Innengesellschaft), können nur durch einen **gemeinsamen Vertreter** anfechten (§ 69 Abs. 1). Bei der **Erbengemeinschaft** kann ein Miterbe das Anfechtungsrecht allein für die gesamte Gemeinschaft ausüben (BGH 12.6.1989, BGHZ 108, 21 = NJW 1989, 2694). Bei der **Treuhand** ist allein der Treuhänder, nicht der Treugeber anfechtungsbefugt (BGH 15.4.1957, BGHZ 24, 119 = NJW 1957, 951; BGH 25.4.1966, NJW 1966, 1458). Bei der Verpfändung bleibt das Anfechtungsrecht beim Verpfänder (MüKoAktG/*Hüffer/Schäfer* Rn. 31), beim Nießbrauch erwirbt es nicht der Nießbraucher (GK-AktG/*K. Schmidt* Rn. 16; diff. – ggf. gemeinsame Ausübung nach § 69 AktG – zum Anteilsnießbrauch MüKoAktG/*Hüffer/Schäfer* Rn. 32; KK-AktG/*Noack/Zetzsche* Rn. 28). Der **Legitimationsaktionär** ist nicht originär anfechtungsbefugt (LG München I 30.7.2009, WM 2009, 1976), kann aber als Prozessstandschafter aufgrund einer Ermächtigung nach § 185 BGB für den Aktionär Anfechtungsklage erheben (OLG Stuttgart 23.7.2003, NJW-RR 2003, 1619; OLG Stuttgart 22.5.2001, NZG 2001, 854; BayObLG 9.9.1996, ZIP 1996, 1945; aA KK-AktG/*Noack/Zetzsche* Rn. 35). Die Ermächtigung zur Stimmabgabe in der Hauptversammlung umfasst nicht automatisch die Klagebefugnis. Zur Wahrung der Anfechtungsfrist muss bis zu ihrem Ende offenbar werden, dass es sich um eine Klage in Prozessstandschaft handelt (OLG Stuttgart 23.7.2003, NJW-RR 2003, 1619). 5

Der Kläger muss bereits im **Zeitpunkt der Beschlussfassung** Aktionär gewesen sein, im Fall der Nr. 1 sogar bereits vor Bekanntgabe der Tagesordnung. Auch bei Einzelrechtsnachfolge genügt nicht, dass er es erst bei Klageerhebung ist (MüKoAktG/*Hüffer/Schäfer* Rn. 26; KK-AktG/*Noack/Zetzsche* Rn. 52, diff. GK-AktG/*K. Schmidt* Rn. 17), anders ist dies nur beim Gesamtrechtsnachfolger. Der Kläger muss außerdem auch noch bei **Zustellung seiner Klage** Aktionär sein (BGH 22.3.2011, BGHZ 189, 32 = NZG 2011, 669 Rn. 6). Der Aktionär, der durch Ausschluss vor Zustellung der Klage seine Aktionärsstellung verliert, bleibt aber zur Anfechtung des Ausschlussbeschlusses befugt (BVerfG 9.12.2009, NZG 2010, 902; BGH 22.3.2011, BGHZ 189, 32 = NZG 2011, 669 Rn. 7; aA OLG Köln 27.8.2009, NZG 2010, 184). Zu den Auswirkungen eines Verlustes der Aktionärsstellung auf den Prozess → § 246 Rn. 48. Besondere Vorschriften für den Nachweis der Anfechtungsbefugnis bestehen nicht. Der **Namensaktionär** muss ins Namensregister eingetragen sein (§ 67 Abs. 2). 6

7 **b) Erschienener Aktionär (Nr. 1).** Nr. 1 verlangt, dass der **Aktionär** oder ein Vertreter (OLG Hamm 2.11.2000, NZG 2001, 563; OLG Nürnberg 14.10.1998, NZG 1999, 409) in der Hauptversammlung **erschienen** war. Er muss die Aktien bereits **vor der Bekanntmachung** der Tagesordnung erworben haben. Für den Aktienerwerb und die Klageerhebung vor dem 1.11.2005 gilt diese Voraussetzung nicht (BGH 16.3.2009, BGHZ 180, 154 = NJW-RR 2009, 828).

8 Außerdem muss er in der Hauptversammlung **Widerspruch** zur Niederschrift erhoben haben, ggf. durch einen Vertreter (OLG Hamm 2.11.2000, NZG 2001, 563; OLG München 31.5.2000, AG 2001, 482; OLG Nürnberg 14.10.1998, NZG 1999, 409). Der Begriff **Widerspruch** muss nicht verwendet werden, es genügt jede Erklärung, aus der sich ergibt, dass der Aktionär einen Beschluss nicht für rechtmäßig hält (MüKoAktG/*Hüffer/Schäfer* Rn. 38). Die Stimmabgabe gegen den Beschluss oder das Äußern von Bedenken genügt nicht. Eine Begründung ist nicht erforderlich (OLG München 4.7.2018, AG 2019, 266 (269)). Der Widerspruch kann auch von dem erhoben werden, der sich enthalten hat, aber nicht wirksam von dem, der für einen Beschlussvorschlag gestimmt hat (BGH 21.6.2010, NZG 2010, 943 Rn. 37; aA Hüffer/Koch/*Koch* Rn. 13). Er kann bereits vor Fassung des Beschlusses (BGH 11.6.2007, NJW-RR 2008, 289 Rn. 6; KG 9.6.2008, ZIP 2009, 1223) und auch nach Erledigung des betreffenden Tagesordnungspunktes, aber nur bis zum Ende der Hauptversammlung erhoben werden (OLG München 4.7.2018, AG 2019, 266 (269)). Der Widerspruch muss zur **Niederschrift** erklärt werden, aber nicht tatsächlich in die Niederschrift aufgenommen sein (OLG Jena 30.7.2014, ZIP 2014, 2501). Der Notar muss einen Widerspruch aufnehmen, weil es sich um einen beurkundungspflichtigen Vorgang handelt, und ggf. nachfragen, ob eine Äußerung als Widerspruch zu verstehen ist (MüKoAktG/*Hüffer/Schäfer* Rn. 39). Die Beweislast für den Widerspruch liegt beim Aktionär, weil er Voraussetzung der Anfechtungsbefugnis ist (OLG Jena 30.7.2014, ZIP 2014, 2501).

9 Ein **Widerspruch** ist **entbehrlich,** wenn der Aktionär ihn nicht erheben kann, weil er unberechtigt des Saales verwiesen worden ist (BGH 11.11.1965, BGHZ 44, 245 = NJW 1966, 43), wenn die Hauptversammlung so abrupt geschlossen wird, dass kein Widerspruch möglich ist, oder wenn der Anfechtungsgrund während der Hauptversammlung nicht erkennbar ist (hM MüKoAktG/*Hüffer/Schäfer* Rn. 37; KK-AktG/*Noack/Zetzsche* Rn. 83 ff.). Dagegen ist ein Widerspruch des Briefwählers oder des Online-Teilnehmers nicht entbehrlich (KK-AktG/*Noack/Zetzsche* Rn. 91; *Noack* WM 2009, 2289 (2291 f.)). Der Briefwähler, der nicht auch auf der Hauptversammlung erschienen ist, kann daher keine Anfechtungsklage erheben; beim Onlineteilnehmer hängt es von den konkreten Teilnahmebedingungen ab, ob er online zur Niederschrift des Notars Widerspruch einlegen darf (*Bosse* NZG 2009, 807 (809); *Noack* WM 2009, 2289 (2293)).

10 **c) Nicht erschienener Aktionär (Nr. 2).** Wenn der **Aktionär nicht** in der Hauptversammlung **erschienen** ist, ist er anfechtungsbefugt, wenn er zu Unrecht **nicht** zur Hauptversammlung **zugelassen** wurde oder die Hauptversammlung nicht ordnungsgemäß einberufen oder der Gegenstand der Beschlussfassung nicht ordnungsgemäß **bekannt gemacht** war. Die Anfechtung kann auf jeden Beschlussmangel gestützt werden, nicht nur die in Nr. 2 aufgeführten Mängel. Der erschienene Aktionär ist nur nach Nr. 1 anfechtungsbefugt, also nach Erklärung eines Widerspruchs. Das gilt auch bei verspätetem Erscheinen oder vorzeitigem Verlassen der Hauptversammlung, außer es wird nach Verlassen der Versammlung ein nicht ordnungsgemäß angekündigter Beschluss gefasst – dann besteht die Anfechtungsbefugnis nach Nr. 2.

11 Der Aktionär ist zu Unrecht nicht zur Hauptversammlung zugelassen, wenn ihm oder seinem Vertreter trotz eines bestehenden Teilnahmerechts der **Zutritt verweigert** wird. Nicht zugelassen ist ein Aktionär auch, wenn ihm die vom Vorstand ermöglichte Online-Teilnahme verweigert wird; technische Zugangsprobleme sind keine Zutrittsverweigerung (vgl. § 243 Abs. 3 Nr. 1). Das Teilnahmerecht fehlt dem Aktionär, der keine Rechte aus seinen Aktien ausüben darf (§ 59 WpÜG, § 44 Abs. 1 S. 1 WpHG, § 20 Abs. 7, § 71b) (vgl. BGH 25.9.2018, NJW 2019, 219 Rn. 12) oder der die formellen Voraussetzungen nach § 123 Abs. 2 und 3 nicht erfüllt. Die Teilnahme wird auch dem Aktionär zu Unrecht verweigert, der nach Beginn unberechtigt von der Versammlung ausgeschlossen wird (Saalverweis) (BGH 11.11.1965, BGHZ 44, 245 = NJW 1966, 43; OLG München 28.7.2010, AG 2010, 842). Da er gehindert wird, Widerspruch einzulegen, ist er auch für die vor seinem Ausschluss gefassten Beschlüsse ohne Widerspruch anfechtungsbefugt. Ist der Aktionär zurecht ausgeschlossen worden, ist er nur nach Nr. 1, also nach Widerspruch anfechtungsbefugt (BGH 11.11.1965, BGHZ 44, 245 = NJW 1966, 43).

12 Die Hauptversammlung ist nicht ordnungsgemäß **einberufen,** wenn gegen §§ 121–123 oder die Mitteilungspflichten nach §§ 125–127 verstoßen wird. Kein Einberufungsmangel ist ein Verstoß eines Intermediärs gegen die Weitergabepflicht nach § 67b (MüKoAktG/*Hüffer/Schäfer* Rn. 48). Bei der unberechtigten Absage einer doch durchgeführten Hauptversammlung ist der Aktionär, der nicht erschienen oder gegangen ist, nach Nr. 2 anfechtungsbefugt, wenn die Wirksamkeit der Absage plausibel erschien (KK-AktG/*Noack/Zetzsche* Rn. 117; *Lieder* NZG 2016, 81 (89 f.). Der Gegenstand der Beschlussfassung ist nicht ordnungsgemäß bekanntgemacht, wenn gegen § 121 Abs. 3 S. 2 iVm Abs. 4, § 124 Abs. 1–3 verstoßen worden ist.

13 **d) Sondervorteile (Nr. 3).** Im Fall des § 243 Abs. 2 **(Sondervorteile)** ist jeder Aktionär unabhängig von Teilnahme oder Widerspruch anfechtungsbefugt, wenn er bereits vor der Bekanntmachung der Tagesordnung Aktien erworben hatte, selbst nach einem Ruhen der Rechte aus den Aktien nach § 44 Abs. 1 S. 1 WpHG, wenn die Meldung nachgeholt wird (BGH 20.4.2009, NJW 2009, 2458 Rn. 4). Die Anfechtungsbefugnis ist hier auf den Anfechtungsgrund nach § 243 Abs. 2 beschränkt. Weitere Beschlussmängel kann der Aktionär nur geltend machen, wenn die Voraussetzungen von Nr. 1 oder Nr. 2 vorliegen. Auf Verstöße gegen den Gleichbehandlungsgrundsatz nach § 53a und die gesellschafterliche Treuepflicht ist die Vorschrift nicht entsprechend anwendbar (MüKoAktG/*Hüffer/Schäfer* Rn. 51; BeckOGK/*Vatter,* 1.7.2020, Rn. 45; aA GK-AktG/*K. Schmidt* Rn. 30; KK-AktG/*Noack/Zetzsche* Rn. 123).

14 **2. Vorstand.** Anfechtungsberechtigt nach **Nr. 4** ist der Vorstand als **Organ,** nicht das einzelne Vorstandsmitglied, bei der KGaA über § 283 Nr. 13 der Komplementär (BGH 30.6.2015, BGHZ 206, 143 = NZG 2015, 1227 Rn. 45). Der Vorstand ist insoweit als Kollegialorgan aktiv parteifähig und vertritt nicht die Gesellschaft (BGH 30.6.2015, BGHZ 206, 143 = NZG 2015, 1227 Rn. 45; OLG Düsseldorf 24.4.1997, ZIP 1997, 1153; MüKoAktG/*Hüffer/Schäfer* Rn. 67; KK-AktG/ *Noack/Zetzsche* Rn. 124). Der Vorstand muss die Klageerhebung mit der nach § 77 Abs. 1 erforderlichen Mehrheit beschließen. Der Vorstand muss weder vollzählig an der Hauptversammlung teilgenommen noch Widerspruch erhoben haben; er kann den von ihm angefochtenen Beschluss sogar selbst vorgeschlagen haben (BGH 30.6.2015, BGHZ 206, 143 = NZG 2015, 1227 Rn. 45; MüKoAktG/*Hüffer/Schäfer* Rn. 65). In der Liquidation tritt das Kollektiv der Abwickler an die Stelle des Vorstands. In der Insolvenz wird der Insolvenzverwalter anstelle des Vorstands nur dann anfechtungsbefugt, wenn der Beschluss Auswirkungen auf die Insolvenzmasse hat (hM MüKoAktG/*Hüffer/Schäfer* Rn. 71; KK-AktG/*Noack/Zetzsche* Rn. 145; aA GK-AktG/*K. Schmidt* Rn. 37; vgl. für die Nichtigkeitsklage BGH 21.4.2020, AG 2020, 540 Rn. 22; BGH 21.4.2020, AG 2020, 545 Rn. 27). Zu den Auswirkungen auf die Insolvenzmasse → § 246 Rn. 12. Die Anfechtungsbefugnis des Vorstands fehlt auch nicht, wenn er den Gesetzes- oder Satzungsverstoß selbst herbeigeführt hat, außer er handelt rechtsmissbräuchlich (BGH 30.6.2015, NZG 2015, 1227 Rn. 46 ff.). **Beklagte** ist die Gesellschaft. Die **Kosten** fallen auch bei einer Niederlage der Gesellschaft zur Last, sodass ihr Kostenfestsetzungsantrag unzulässig ist (BeckOGK/*Vatter,* 1.7.2020, Rn. 50; MüKoAktG/*Hüffer/Schäfer* Rn. 69). In der Entscheidung sind sie dennoch dem Vorstand als der unterlegenen Partei aufzuerlegen (BGH 8.10.2019, AG 2020, 126 Rn. 8; aA K. Schmidt/Lutter/*Schwab* Rn. 33).

15 **3. Vorstands- und Aufsichtsratsmitglieder.** Die Anfechtungsbefugnis **nach Nr. 5** steht den **Organmitgliedern** zu, die zum Zeitpunkt der Klageerhebung Organmitglied sind. Ob sie es bereits bei Beschlussfassung waren, ist ohne Bedeutung (allgM). Sie besteht fort, wenn das Organmitglied nach Klageerhebung ausscheidet. Partei ist das Mitglied selbst; es ist nicht Prozessstandschafter der Gesellschaft (MüKoAktG/*Hüffer/Schäfer* Rn. 76).

16 Die Anfechtungsbefugnis setzt voraus, dass ein **ausführungsbedürftiger** Beschluss vorliegt. Ausführungsbedürftig ist auch ein Beschluss, der zur Eintragung ins Handelsregister anzumelden ist. Die Anfechtungsbefugnis entfällt nicht mit dem Vollzug des Beschlusses (MüKoAktG/*Hüffer/Schäfer* Rn. 74). An die Beschlussausführung müssen sich **Sanktionen** gegen das Organmitglied richten. Es muss nicht gerade das klagende Organmitglied betroffen sein, vielmehr genügen Sanktionen gegen jedes beliebige Organmitglied. Die Sanktion muss sich auch nicht aus einem speziell aktienrechtlichen Tatbestand ergeben und das Organ kein Verschulden treffen. Wenn die Anfechtungsbefugnis besteht, kann die Klage auch auf andere Gesetzes- oder Satzungsverstöße gestützt werden (MüKoAktG/*Hüffer/Schäfer* Rn. 75). Die **Kosten** fallen bei Misserfolg dem klagenden Organmitglied zur Last, das bei berechtigter Erfolgsaussicht aber einen Freistellungsanspruch gegen die Gesellschaft hat (GK-AktG/*K. Schmidt* Rn. 44).

17 **4. Missbrauch. a) Voraussetzungen.** Der Anfechtungskläger erhebt die Anfechtungsklage missbräuchlich mit der Folge, dass sie unbegründet ist, wenn er sie mit dem Ziel erhebt, die Gesellschaft in **grob eigennütziger Weise** zu einer Leistung zu veranlassen, auf die er keinen Anspruch hat, wobei er sich von der Vorstellung leiten lässt, die Gesellschaft werde die Leistung erbringen, um den Eintritt anfechtungsbedingter Nachteile und Schäden zu vermeiden oder zumindest gering zu halten (BGH 22.5.1989, BGHZ 107, 296 = NJW 1989, 2689; BGH 25.9.1989, NJW 1990, 322; BGH 18.12.1989, NJW-RR 1990, 350; BGH 29.10.1990, NJW-RR 1991, 358; BGH 14.10.1991, NJW 1992, 569; OLG Stuttgart 10.1.2001, NJW-RR 2001, 970; OLG Stuttgart 23.1.2002, NZG 2003, 1170; OLG Frankfurt a. M. 22.12.1995, NJW-RR 1996, 417). Das betrifft Fälle, in denen der Aktionär von sich aus die Initiative ergreift, um sich den **Lästigkeitswert** einer Klage abkaufen zu lassen (BGH 22.5.1989, BGHZ 107, 296 = NJW 1989, 2689) oder damit in einem anderen Rechtsstreit mit der Gesellschaft eine ihm günstige Entscheidung erzwingen will (OLG Frankfurt a. M. 22.12.1995, NJW-RR 1996, 417), aber auch Fälle, in denen wegen entsprechenden **Verhaltens in früheren Verfahren** auf einen solchen Rechtsmissbrauch zu schließen ist (BGH 22.5.1989, BGHZ 107, 296 = NJW 1989, 2689). Allein die häufige Erhebung von Klagen und ihre Beendigung durch Vergleiche genügt nicht (BGH 15.6.1992,

NJW-RR 1992, 1388; KG 29.10.2010, NZG 2011, 146; OLG Stuttgart 28.1.2004, NZG 2004, 463), ebenso wenig die Rüge lediglich formeller Beschlussmängel (KG 29.10.2010, NZG 2011, 146). Die Klage wird auch missbräuchlich, wenn sich der Kläger erst nach Klageerhebung entschließt, ungerechtfertigte Sondervorteile zu erhalten (BGH 14.10.1991, NJW 1992, 569). Dass der Aktienerwerb erst kurz vor der Hauptversammlung erfolgt ist, genügt nicht (BGH 8.12.1989, NJW-RR 1990, 350), zumal idR die Aktien vor Bekanntmachung der Tagesordnung erworben sein müssen (§ 245 Nr. 1), ebenso wenig geringer Aktienbesitz (KG 29.10.2010, NZG 2011, 146). Weitere Indizien sind etwa, dass sich ein Kläger der Korrektur von Beschlussmängeln widersetzt oder quasi berufsmäßig Anfechtungsklage führt (OLG Stuttgart 10.1.2001, NJW-RR 2001, 970), vor allem aber die Vereinbarung hoher Abstandssummen, mögen sie auch als Beraterhonorar, Kostenerstattung o. ä. bezeichnet sein (BGH 14.10.1991, NJW 1992, 569). Die Beweislast liegt bei der Gesellschaft (BGH 22.5.1989, BGHZ 107, 296 = NJW 1989, 2689).

18 **b) Rechtsfolgen.** Die missbräuchlich erhobene Anfechtungsklage macht die **Klage unbegründet** (BGH 22.5.1989, BGHZ 107, 296 = NJW 1989, 2689; BGH 2.7.1990, BGHZ 112, 9 = NJW 1990, 2747; BGH 15.6.1992, NJW-RR 1992, 1388; KG 29.10.2010, NZG 2011, 146; OLG Stuttgart 10.1.2001, NJW-RR 2001, 970). Eine missbräuchlich erhobene Nichtigkeitsklage soll dagegen unzulässig sein (OLG Stuttgart 10.1.2001, NJW-RR 2001, 970), was angesichts des identischen Streitgegenstandes fraglich scheint. **Zahlungen** an einen Aktionär, der sein Anfechtungsrecht missbraucht, sind verbotene Einlagenrückgewähr (§ 57 Abs. 1) und nach § 62 Abs. 1 zurückzuzahlen (BGH 14.5.1992, NJW 1992, 2821). Er schuldet – ebenso wie uU Berater oder Bevollmächtigte – Schadensersatz nach § 826 BGB (OLG Hamburg 20.10.2010, ZIP 2011, 126) und ggf. § 823 Abs. 2 BGB iVm § 253 StGB (BGH 14.5.1992, NJW 1992, 2821). Auch gegen den Vorstand, der die Zahlungen vornimmt, kommen Schadensersatzansprüche in Betracht (*Poelzig* WM 2008, 1009).

III. Die Anfechtungsbefugnis bei der GmbH

19 **1. Gesellschafter.** Der Gesellschafter ist **immer anfechtungsbefugt** und unterliegt nicht den Beschränkungen eines Aktionärs nach § 245 Nr. 1–3. Es ist ohne Bedeutung, ob er an der Versammlung teilgenommen hat, geladen war oder Widerspruch eingelegt hat. Die Anfechtungsbefugnis kann fehlen, wenn der Gesellschafter nach Beschlussfassung zu erkennen gegeben hat, dass er das Beschlussergebnis anerkennt, oder wenn er auf die Anfechtung verzichtet hat. Sie fehlt idR wegen eines widersprüchlichen Verhaltens, wenn der Gesellschafter für den Beschluss gestimmt hat (Baumbach/Hueck/*Zöllner*/*Noack* GmbHG Anh. § 47 Rn. 137).

20 Die **Stellung als Gesellschafter** muss der Anfechtungskläger bei Beschlussfassung und bei Klageerhebung haben (BGH 2.7.2007, NJW 2008, 69 Rn. 64; BGH 29.1.2019, BeckRS 2019, 2668). Die Anfechtungsbefugnis bleibt dem Gesellschafter für die Klage gegen seinen **Ausschluss** oder die Einziehung seines Geschäftsanteils trotz sofortiger Wirksamkeit und trotz Löschung in der Gesellschafterliste erhalten (BGH 19.9.1977, NJW 1977, 2316; BGH 24.1.2012, BGHZ 192, 236 = NZG 2012, 259 Rn. 24; BGH 29.1.2019, BeckRS 2019, 2668; BGH 2.7.2019, NJW 2019, 3155 Rn. 38; OLG Jena 30.5.2018, GmbHR 2020, 443). Bei Veräußerung zwischen Beschlussfassung und Klageerhebung steht das Anfechtungsrecht dem **Erwerber** zu (BGH 25.2.1965, BGHZ 43, 261 = WM 1965, 422; OLG Schleswig 16.3.2000, NZG 2000, 895). Schon die Verpflichtung zur Veräußerung des Geschäftsanteils soll ein Rechtsschutzbedürfnis für die Anfechtung entfallen lassen können (OLG Celle 22.1.2014, ZIP 2014, 1529). Werden mehrere Geschäftsanteile veräußert oder werden sie geteilt und übertragen, hat jeder Erwerber die Anfechtungsbefugnis (Baumbach/Hueck/*Zöllner*/*Noack* GmbHG Anh. § 47 Rn. 138; aA OLG Schleswig 16.3.2000, NZG 2000, 895). Maßgebend für die Gesellschafterstellung ist nach § 16 Abs. 1 GmbHG die Gesellschafterliste (BGH 20.11.2018, BGHZ 220, 207 = NJW 2019, 993 Rn. 23; BGH 2.7.2019, NJW 2019, 3155 Rn. 35; OLG Düsseldorf 24.6.2016, NZG 2017, 264 (265); OLG Düsseldorf 24.8.1995, NJW-RR 1996, 607). Der Erwerber ist erst mit Aufnahme in die Gesellschafterliste anfechtungsbefugt (MüKoGmbHG/*Wertenbruch* GmbHG Anh. § 47 Rn. 181). Er muss sich einen Verzicht seines Vorgängers nicht zurechnen lassen (OLG Schleswig 16.3.2000, NZG 2000, 895).

21 Die Anfechtungsbefugnis kommt nur dem rechtlichen, nicht auch dem wirtschaftlichen (mittelbaren) Gesellschafter (BGH 13.10.2008, NJW 2009, 230 Rn. 11; BGH 26.6.2018, NJW 2018, 3014 Rn. 20; BGH 2.7.2019, NJW 2019, 3155 Rn. 58). Bei **Mitberechtigung** (Gemeinschaft oder Erbengemeinschaft) steht die Anfechtungsbefugnis jedem Mitberechtigten zu (§ 744 Abs. 2 BGB, § 2038 Abs. 1 S. 2 BGB) (BGH 12.6.1989, BGHZ 108, 21 = NJW 1989, 2694). Ist eine **BGB-Außengesellschaft** Gesellschafter, steht die Anfechtungsbefugnis der Gesellschaft zu, nicht dem einzelnen BGB-Gesellschafter (BGH 26.6.2018, NJW 2018, 3014 Rn. 20). Die Vertretung richtet sich nach § 714 BGB. Dem einzelnen BGB-Gesellschafter kann ein Notgeschäftsführungsrecht für die Anfechtung zukommen, wenn eine Gefahr für die Gesellschaft durch den Beschluss besteht und rasches Handeln erforderlich ist. Eine Gefahr für Rechte des BGB-Gesellschafters genügt nicht (BGH 26.6.2018, NJW 2018, 3014

Rn. 24). Der **Treugeber** ist nicht Gesellschafter und kann daher nicht anstelle oder neben dem Treuhänder anfechten (BGH 25.4.1966, NJW 1966, 1458; BGH 13.10.2008, NJW 2009, 230 Rn. 11), ebenso wenig der **Nießbraucher.** Wenn der Geschäftsanteil wie idR in die Insolvenzmasse fällt, ist der **Insolvenzverwalter** anfechtungsbefugt (BGH 31.5.2011, BGHZ 190, 45 = NZG 2011, 902 Rn. 7; BGH 24.10.2017, NZG 2018, 32 Rn. 15; OLG München 24.8.2010, NZG 2010, 1314; OLG Düsseldorf 24.8.1995, NJW-RR 1996, 607). Wenn für die Ausübung des Stimmrechts Testamentsvollstreckung angeordnet ist, ist der **Testamentsvollstrecker** anfechtungsbefugt, doch können die Erben Beschlüsse anfechten, bei denen der Testamentsvollstrecker einem Stimmverbot unterlag (BGH 12.6.1989, BGHZ 108, 21 = NJW 1989, 2694) (→ Rn. 5).

2. Geschäftsführer. Der Geschäftsführer einer GmbH, der nicht Gesellschafter ist, hat **kein Anfechtungsrecht** (BGH 28.1.1980, BGHZ 76, 139 = NJW 1980, 1527; BGH 11.2.2008, NJW-RR 2008, 706), auch nicht entsprechend § 245 Nr. 5, wenn er sich durch die Ausführung des Beschlusses schadensersatzpflichtig oder strafbar machen würde (MHLS/*Römermann* GmbHG Anh. § 47 Rn. 430; MüKoGmbHG/*Wertenbruch* GmbHG Anh. § 47 Rn. 177; aA *Fleischer* GmbHR 2008, 673 (677); UHL/*Raiser* GmbHG Anh. § 47 Rn. 179; noch weiter Scholz/*K. Schmidt* GmbHG § 45 Rn. 134). Ein solcher Beschluss ist im Zweifel entsprechend § 241 Nr. 4 nichtig, sodass der Geschäftsführer die allgemeine Feststellungsklage gegen die Weisung erheben kann (MüKoGmbHG/*Wertenbruch* GmbHG Anh. § 47 Rn. 178). Der Geschäftsführer, der nicht Gesellschafter ist, kann sich insbesondere nicht mit der Anfechtungsklage gegen einen Abberufungsbeschluss oder einen Beschluss zur Kündigung des Anstellungsvertrages wenden; er kann nur Feststellungsklage nach § 256 ZPO gegen den Beschluss erheben, soweit der Beschluss nichtig ist (BGH 11.2.2008, NJW-RR 2008, 706 Rn. 34; BGH 2.7.2019, NJW 2019, 3155 Rn. 58). Gegen seine Kündigung kann er die allgemeine Feststellungsklage erheben, dass der Dienstvertrag nicht beendet ist (nicht die Beschlüsse unwirksam sind). 22

3. Aufsichtsrat. Der Aufsichtsrat oder das einzelne Aufsichtsratsmitglied haben kein Anfechtungsrecht, auch nicht im Fall von § 245 Nr. 5 (→ Rn. 22). 23

Anfechtungsklage

246

(1) **Die Klage muß innerhalb eines Monats nach der Beschlußfassung erhoben werden.**

(2) **1 Die Klage ist gegen die Gesellschaft zu richten. 2 Die Gesellschaft wird durch Vorstand und Aufsichtsrat vertreten. 3 Klagt der Vorstand oder ein Vorstandsmitglied, wird die Gesellschaft durch den Aufsichtsrat, klagt ein Aufsichtsratsmitglied, wird sie durch den Vorstand vertreten.**

(3) **1 Zuständig für die Klage ist ausschließlich das Landgericht, in dessen Bezirk die Gesellschaft ihren Sitz hat. 2 Ist bei dem Landgericht eine Kammer für Handelssachen gebildet, so entscheidet diese an Stelle der Zivilkammer. 3 § 148 Abs. 2 Satz 3 und 4 gilt entsprechend. 4 Die mündliche Verhandlung findet nicht vor Ablauf der Monatsfrist des Absatzes 1 statt. 5 Die Gesellschaft kann unmittelbar nach Ablauf der Monatsfrist des Absatzes 1 eine eingereichte Klage bereits vor Zustellung einsehen und sich von der Geschäftsstelle Auszüge und Abschriften erteilen lassen. 6 Mehrere Anfechtungsprozesse sind zur gleichzeitigen Verhandlung und Entscheidung zu verbinden.**

(4) **1 Der Vorstand hat die Erhebung der Klage unverzüglich in den Gesellschaftsblättern bekanntzumachen. 2 Ein Aktionär kann sich als Nebenintervenient nur innerhalb eines Monats nach der Bekanntmachung an der Klage beteiligen.**

Übersicht

I. Allgemeines

1 **1. Normzweck.** § 246 regelt Besonderheiten der Anfechtungsklage. Die **Befristung** dient der Rechtssicherheit, weil Aktionäre, Vorstand und Aufsichtsrat rasch Gewissheit erhalten müssen, ob die gefassten Beschlüsse Bestand behalten. Diesem Zweck dient auch, dass die Klage gegen die Gesellschaft gerichtet wird und nicht wie bei der Personengesellschaft die Gesellschafter oder die Organe den Streit unter sich ausmachen. Mit der **Zuständigkeitsregelung** in Abs. 3 wird verhindert, dass konkurrierende Verfahren begonnen werden können. Die **Bekanntmachungspflicht** dient der Information der anderen Aktionäre und der Gesellschaftsgläubiger.

2 **2. Geltungsbereich.** Die Vorschrift gilt neben der **AG** und der KGaA auch mit Modifikationen für die **GmbH** und die **SE** (BGH 10.7.2012, NJW 2012, 3235 Rn. 8; *Göz* ZGR 2008, 593 (596)). Sie gilt, von Ausnahmen bei der Frist abgesehen, nicht bei der Personengesellschaft (→ § 241 Rn. 5). Auf fehlerhafte Aufsichtsratsbeschlüsse ist sie nicht anwendbar (→ § 241 Rn. 7). § 20 Abs. 3 S. 2 SchVG ordnet die entsprechende Anwendung von § 246 Abs. 3 S. 2–6 auf Beschlüsse der Gläubigerversammlung an.

II. Klagefrist

3 **1. Fristlauf.** Die Frist beginnt mit dem **Tag der Hauptversammlung.** Bei einer mehrtägigen Hauptversammlung ist der letzte Tag der Hauptversammlung maßgebend, zumal auch der Widerspruch bis zum Ende der Hauptversammlung eingelegt werden kann. Die Frist **beginnt** unabhängig davon, ob der Kläger von dem Beschluss Kenntnis hat (MüKoAktG/*Hüffer/Schäfer* Rn. 39). Für die Fristberechnung gelten die §§ 187 ff. BGB. Der (letzte) Tag der Hauptversammlung wird nicht eingerechnet (§ 187 Abs. 1 BGB). Die Frist **endet** damit mit dem Ablauf des Tages, der im Folgemonat dem Tag der Hauptversammlung entspricht, und wenn dieser fehlt, am letzten Tag des Folgemonats (§ 188 Abs. 2 und 3 BGB). Wenn das Fristende auf einen Sonnabend, Sonntag oder Feiertag fällt, endet die Frist mit dem Ablauf des nächsten Werktags (§ 193 BGB).

4 Bei der **GmbH** muss die Anfechtungsklage ebenfalls innerhalb einer Frist von einem Monat erhoben werden (BGH 13.7.2009, NZG 2009, 1110; BGH 18.4.2005, NZG 2005, 551; BGH 14.3.2005, ZIP 2005, 706; BGH 12.1.1998, BGHZ 137, 378 = NJW 1998, 1559; OLG Hamm 21.12.2015, ZIP 2016,

1481 (1485); aA OLG Düsseldorf 20.12.2006, DB 2007, 848). Wird die Monatsfrist überschritten, kommt es darauf an, ob zwingende Umstände den Gesellschafter an einer früheren Geltendmachung gehindert haben (BGH 13.7.2009, NZG 2009, 1110), wozu auch Vergleichsverhandlungen zählen können (OLG Bremen 9.4.2010, GmbHR 2010, 1152). Die **Frist beginnt** mit der **Beschlussfassung** (BGH 18.4.2005, NZG 2005, 551; aA Baumbach/Hueck/*Zöllner/Noack* GmbHG Anh. § 47 Rn. 153), falls die Satzung keine abweichende Regelung enthält. Wenn der Gesellschafter von der Versammlung mangels Ladung nichts wusste, führt dieser Mangel idR zur Nichtigkeit, sodass es auf die Frist für die Anfechtungsklage nicht ankommt (MHLS/*Römermann* GmbHG Anh. § 47 Rn. 470). Die Satzung kann die Frist regeln, darf sie aber nicht unter einen Monat verkürzen (BGH 21.3.1988, BGHZ 104, 66 = NJW 1988, 1844; BGH 13.2.1995, NJW 1995, 1218). Sie kann daher eine Frist von einem Monat ab Zugang des Protokolls (BGH 15.6.1998, NJW 1998, 3344), aber auch ab Absendung des Protokolls vorsehen (OLG Hamm 14.2.2000, NJW-RR 2001, 108; aA OLG Düsseldorf 8.7.2005, NZG 2005, 980). Für eine **Feststellungsklage,** die ohne Feststellung des Beschlusses durch einen Versammlungsleiter anstelle einer Anfechtungsklage zu erheben ist (→ § 241 Rn. 3), gilt die Monatsfrist nicht; in Betracht kommt nur Verwirkung (BGH 24.3.2016, NZG 2016, 552 Rn. 32; BGH 1.3.1999, NJW 1999, 2268).

2. Fristwahrung. Die Frist wird mit der Erhebung der Anfechtungsklage gewahrt. Nach § 167 ZPO genügt die rechtzeitige **Einreichung** bei Gericht, wenn die Klage **demnächst zugestellt** wird. Demnächst wird die Klage zugestellt, wenn sie nach einer den Umständen nach angemessenen Frist zugestellt wird. Das kann auch eine längere Zeit sein, wenn der Kläger alles für eine Zustellung Erforderliche getan hat und keine schutzwürdigen Belange der Gegenseite entgegenstehen (BGH 10.12.2019, NZG 2020, 238 Rn. 8; BGH 8.2.2011, NZG 2011, 506 Rn. 13; BGH 16.2.2009, BGHZ 180, 9 = NJW 2009, 2207 Rn. 53; BGH 27.5.1999, NJW 1999, 3125). Zeitversäumnisse, die nicht auf ein Verschulden des Klägers zurückgehen, sind herauszurechnen (BGH 10.12.2019, NZG 2020, 238 Rn. 8; BGH 16.2.2009, BGHZ 180, 9 = NJW 2009, 2207 Rn. 51; KG 11.2.2005, AG 2005, 583). Voraussetzung ist, dass die Klage den richtigen **Zustellungsadressaten** demnächst zugestellt wird (BGH 27.5.1974, NJW 1974, 1557; zu den richtigen Zustellungsadressaten → Rn. 14 und zur Zustellung → Rn. 41). Wenn eine längere Verzögerung der Zustellung auf die fehlende oder schuldhaft fehlerhafte Angabe der Zustellungsanschrift zurückzuführen ist, ist die Zustellung nicht mehr „demnächst" (BGH 16.12.1991, BGHZ 116, 359 = NJW 1992, 892; OLG Frankfurt a. M. 13.12.1983, ZIP 1984, 110). Nach Einreichung der Klage kann der Kläger zunächst eine angemessene Zeit die Einforderung des Gerichtskostenvorschusses abwarten (BGH 10.12.2019, NZG 2020, 238 Rn. 10; BGH 16.2.2009, BGHZ 180, 9 = NJW 2009, 2207 Rn. 53; OLG Hamm 22.9.2010, NZG 2011, 148; OLG München 26.3.2008, NZG 2008, 599). Nach Zugang der Gerichtskostenanforderung ist zur Bewirkung der Einzahlung in der Regel eine Frist von einer Woche zuzugestehen (BGH 10.12.2019, NZG 2020, 238 Rn. 11). Danach darf die Verzögerung durch die Einzahlung die Grenze von 14 Tagen nicht überschreiten (BGH 10.12.2019, NZG 2020, 238 Rn. 11; BGH 25.10.2016, NJW 2017, 1467 Rn. 24 f.). Ein Zuwarten über mehrere Monate in der irrigen Ansicht, wegen der bereits geleisteten Kostenvorschüsse anderer Kläger selbst keinen Vorschuss einzahlen zu müssen, ist schuldhaft. Die zwingende Prozessverbindung führt nicht dazu, dass nur der erste Kläger den Vorschuss einbezahlen muss (BGH 8.2.2011, NZG 2011, 506 Rn. 13). Ein Befangenheitsantrag gegen das Gericht lässt die Verpflichtung zur Vorschusszahlung nicht entfallen (BGH 8.2.2011, NZG 2011, 506 Rn. 14). Nach Einzahlung des Gerichtskostenvorschusses muss sich der Kläger grundsätzlich nicht ständig nach dem weiteren Fortgang erkundigen (BGH 16.2.2009, BGHZ 180, 9 = NJW 2009, 2207 Rn. 54). 5

Die Einreichung der Klage beim **unzuständigen Gericht** wahrt – abgesehen von Missbrauchsfällen wie der bewussten Einreichung bei einem Gericht des falschen Rechtswegs – die Frist, wenn der Rechtsstreit später verwiesen wird (OLG Karlsruhe 26.3.2008, OLGR 2008, 527; MüKoAktG/*Hüffer/Schäfer* Rn. 41; KK-AktG/*Noack/Zetzsche* Rn. 113). Überhaupt ist zur Wahrung der Klagefrist nicht erforderlich, dass die Klage zulässig ist, wenn sich der Fehler später beheben lässt (OLG Stuttgart 10.11.2004, NZG 2005, 432). Bei der Klageerhebung durch einen Ermächtigten ist Voraussetzung, dass die Ermächtigung innerhalb der Monatsfrist offengelegt wird oder die Ermächtigung allen Beteiligten bekannt ist (OLG Stuttgart 23.7.2003, NJW-RR 2003, 1619). Diese Grundsätze gelten auch bei der **GmbH.** Der Anfechtungskläger muss beweisen, dass er die Klage rechtzeitig erhoben hat, ggf. auch den Fristbeginn. 6

3. Prozesskostenhilfe. Es genügt, wenn der mit den notwendigen Unterlagen nach § 117 Abs. 2 ZPO versehene **Prozesskostenhilfeantrag innerhalb der Frist** beim Gericht eingeht, die Entscheidung darüber nicht durch den Antragsteller verzögert wird, insbesondere vom Gericht angeforderte Auskünfte erteilt oder Ergänzungen unverzüglich gemacht werden, und alsbald nach der Entscheidung über den Prozesskostenhilfeantrag die Klageschrift eingereicht und zugestellt wird (BGH 21.3.1991, NJW 1991, 1745; OLG Frankfurt a. M. 28.10.1993, OLGR Frankfurt a. M. 1994, 154; Hüffer/Koch/*Koch* Rn. 25; MüKoAktG/*Hüffer/Schäfer* Rn. 42; Grigoleit/*Ehmann* Rn. 8; NK-AktG/*Heidel* Rn. 29; K. Schmidt/Lutter/*Schwab* Rn. 14; BeckOGK/*Vatter,* 1.7.2020, Rn. 19; aA OLG Celle 25.3.2010, ZIP 7

2010, 1198; OLG Karlsruhe 17.5.2013, NZG 2013, 942; KK-AktG/*Noack/Zetzsche* Rn. 31; Hölters/*Englisch* Rn. 24; *Kaufmann* NZG 2015, 336 (339)). Aus der Möglichkeit der Streitwertspaltung nach § 247 ergibt sich nichts anderes, weil die Möglichkeit der Prozesskostenhilfe daneben besteht und § 247 nicht nur die bedürftige Partei im Auge hat. Nach Ablehnung der Prozesskostenhilfe muss die Klage entsprechend 234 Abs. 1 ZPO innerhalb einer Frist von zwei Wochen eingereicht werden (BGH 21.3.1991, NJW 1991, 1745).

8 **4. Folgen der Fristversäumung.** Die verspätet erhobene Klage ist bei AG und GmbH unbegründet, weil die Anfechtungsfrist eine materielle Klagevoraussetzung ist (BGH 15.6.1998, NJW 1998, 3344; OLG Frankfurt a. M. 13.12.1983, ZIP 1984, 110), und kann nur noch als Nichtigkeitsklage Erfolg haben (BGH 8.2.2011, NZG 2011, 506 Rn. 12).

9 **5. Nachschieben von Gründen.** Mit der Klageerhebung bestimmt der Kläger den Streitgegenstand der Anfechtungsklage (auch bei der GmbH). Dazu gehört nicht nur der konkrete Beschluss, sondern auch der konkrete Lebenssachverhalt, auf den die Anfechtungsklage gestützt wird. Innerhalb dieses Streitgegenstandes sind auch nach Ablauf der Anfechtungsfrist Ergänzungen möglich. Dagegen sind **Anfechtungsgründe,** die über den eingeführten Kern hinausgreifen, nach Ablauf der Klagefrist **präkludiert** (BGH 23.5.1960, BGHZ 32, 318 = NJW 1960, 1447; BGH 9.11.1992, BGHZ 120, 141 = NJW 1993, 400; BGH 26.9.1994, NJW 1995, 260; BGH 14.3.2005, ZIP 2005, 706; insoweit klarstellend zu BGH 22.7.2002, BGHZ 152, 1 = NJW 2002, 3465; BGH 7.12.2009, NZG 2010, 618 Rn. 3; BGH 21.6.2010, NZG 2010, 943 Rn. 31; BGH 8.2.2011, NZG 2011, 506 Rn. 12; BGH 19.7.2011, NZG 2011, 1105 Rn. 16; BGH 13.12.2011, BeckRS 2012, 11540; OLG Frankfurt a. M. 19.6.2017, ZIP 2017, 1714 (1716); OLG Hamm 7.7.2010, AG 2010, 789; KG 9.12.2005, AG 2006, 200; OLG München 15.11.2000, NZG 2001, 616; aA KK-AktG/*Noack/Zetzsche* Rn. 34). Ergeben sich die Anfechtungsgründe aus einer Anlage zur Klageschrift, muss diese innerhalb der Frist beim Gericht eingegangen sein (LG Frankfurt a. M. 26.2.2013, NZG 2013, 1181). Verspätet vorgetragene Gründe sind nur noch beachtlich, wenn sie Nichtigkeitsgründe sind, die nur nach § 242 präkludiert sein können (BGH 22.3.2011, BGHZ 189, 32 = NZG 2011, 669 Rn. 13; BGH 8.2.2011, NZG 2011, 506 Rn. 12; BGH 26.9.1994, NJW 1995, 260; BGH 23.5.1960, BGHZ 32, 318 (324) = NJW 1960, 1447). Außerdem kommt dem Kläger der rechtzeitig vorgebrachte Anfechtungsgrund eines notwendigen Streitgenossen zugute, sofern dieser noch am Verfahren beteiligt ist (BGH 22.3.2011, BGHZ 189, 32 = NZG 2011, 669 Rn. 13; BGH 8.2.2011, NZG 2011, 506 Rn. 12; BGH 16.2.2009, BGHZ 180, 9 = NJW 2009, 2207 Rn. 55; BGH 5.4.1993, BGHZ 122, 211 = NJW 1993, 1976). Die Anfechtung eines Hauptversammlungsbeschlusses wegen Informationspflichtverletzungen setzt daher die konkrete Angabe der angeblich in der Hauptversammlung nicht beantworteten Fragen innerhalb der Frist voraus (BGH 16.2.2009, AG 2009, 285 Rn. 34; OLG Stuttgart 2.12.2014, AG 2015, 163 (170)). Wird die Unrichtigkeit einer erteilten Antwort gerügt, muss auch die Antwort, die der Anfechtungskläger für unrichtig hält, vor Ablauf der Anfechtungsfrist vorgetragen werden (OLG Stuttgart 2.12.2014, AG 2015, 163; OLG Stuttgart 17.11.2010, AG 2011, 93).

III. Parteien

10 **1. Kläger.** Die Klagebefugnis regelt § 245. Gegen die Übertragung nach § 327a ff. kann auch der Aktionär klagen, der wegen vorzeitiger Eintragung die Stellung als Aktionär verloren hat (BVerfG 9.12.2009, ZIP 2010, 571; BGH 22.3.2011, BGHZ 189, 32 = NZG 2011, 669 Rn. 7). Mehrere Kläger sind prozessrechtlich **notwendige Streitgenossen** (§ 62 Abs. 1 Alt. 1 ZPO), weil ein Urteil für und gegen alle Aktionäre und Vorstands- sowie Aufsichtsratsmitglieder wirkt (BGH 22.3.2011, BGHZ 189, 32 = NZG 2011, 669 Rn. 13; BGH 8.2.2011, NZG 2011, 506 Rn. 15; BGH 5.4.1993, BGHZ 122, 211 = NJW 1993, 1976; OLG Stuttgart 23.1.2002, AG 2003, 165). Es ist nicht erforderlich, dass alle Streitgenossen die Klage gemeinsam erheben; zur Streitgenossenschaft kommt es auch, wenn mehrere Anfechtungsklagen nach Abs. 3 S. 3 verbunden werden. Die notwendige Streitgenossenschaft besteht nur, wenn sich die Klagen gegen denselben Hauptversammlungsbeschluss richten (BeckOGK/*Vatter,* 1.7.2020, Rn. 24; GroßkommAktG/*K. Schmidt* Rn. 29) und solange die Streitgenossen noch am Verfahren beteiligt sind (BGH 22.3.2011, BGHZ 189, 32 = NZG 2011, 669 Rn. 13; BGH 8.2.2011, NZG 2011, 506 Rn. 15). Kein notwendiger Streitgenosse wird der Kläger, der die Anfechtungsfrist versäumt hat (BGH 16.3.2009, BGHZ 180, 154 = NJW-RR 2009, 828).

11 Bei der **GmbH** ist nur der Gesellschafter anfechtungsbefugt, nicht auch der Geschäftsführer oder der Aufsichtsrat (→ § 245 Rn. 22). Mehrere klagende Gesellschafter sind notwendige Streitgenossen, wenn ihre Klagen sich gegen denselben Beschluss richten.

12 **2. Beklagte. a) Partei.** Die Klage richtet sich gegen die **Gesellschaft,** deren Hauptversammlung den angefochtenen Beschluss gefasst hat (Abs. 2 S. 1). Das gilt auch nach dem Auflösungsbeschluss, der die Identität der Gesellschaft nicht berührt (BGH 10.3.1960, BGHZ 32, 114 = NJW 1960, 1006; BGH 14.12.1961, BGHZ 36, 207 = NJW 1962, 538). Bei der **Umwandlung** ist die Anfechtungsklage gegen

die bisherige Gesellschaft zu richten, sofern sie fortbesteht. Ansonsten ist die Klage nach einer Verschmelzung gegen die übernehmende Gesellschaft zu richten (§ 36 Abs. 1 UmwG, § 28 UmwG). Bei der Aufspaltung auf mehrere Gesellschaften ist die Klage gegen alle neuen Gesellschaften zu richten als notwendige Streitgenossen, wenn die Gesellschaft, deren Hauptversammlungsbeschluss angefochten wird, erlischt (MüKoAktG/*Hüffer/Schäfer* Rn. 52; KK-AktG/Noack/Zetzsche Rn. 73). Nach einem **Formwechsel** richtet sich die Klage gegen die Gesellschaft neuer Rechtsform, selbst wenn nach deren Recht eine Anfechtungsklage nicht vorgesehen ist (MüKoAktG/*Hüffer/Schäfer* Rn. 52). Nach der **Insolvenz** ist die Klage gegen den Insolvenzverwalter als Partei kraft Amtes zu erheben, wenn der angefochtene Beschluss und damit die Klage Auswirkungen auf die Insolvenzmasse hat (BGH 19.7.2011, BGHZ 190, 291 = NZG 2011, 1147 Rn. 9; BGH 21.11.2005, NJW-RR 2006, 471; BGH 10.3.1960, BGHZ 32, 114 = NJW 1960, 1006; aA GK-AktG/*K. Schmidt* Rn. 34, 41). Wenn der Beschluss insolvenzneutral ist, ist die Gesellschaft der richtige Gegner (BGH 10.3.1960, BGHZ 32, 114 = NJW 1960, 1006; LG Hamburg 22.12.2008, ZIP 2009, 686). Ein Beschluss hat Auswirkungen auf die Insolvenzmasse, wenn durch die angefochtenen Beschlüsse bei ihrer Wirksamkeit Ansprüche der Masse begründet werden oder Verbindlichkeiten wegfallen (BGH 21.4.2020, AG 2020, 540 Rn. 23; BGH 21.4.2020, AG 2020, 545 Rn. 28; BGH 19.7.2011, BGHZ 190, 291 = NZG 2011, 1147 Rn. 9). Dagegen hat ein Beschluss keine Auswirkungen, wenn er masseneutral ist oder die Insolvenzmasse verringert, weil der Insolvenzverwalter nicht gezwungen werden darf, einen für die Masse nachteiligen Beschluss zu verteidigen (BGH 19.7.2011, BGHZ 190, 291 = NZG 2011, 1147 Rn. 9). **Masseneutral** sind Entlastungsbeschlüsse, die Wahl der Abschlussprüfer, Kapitalherabsetzung, Aufhebung einer bedingten Kapitalerhöhung, Ausgabe von Wandelschuldverschreibungen (BGH 19.7.2011, BGHZ 190, 291 = NZG 2011, 1147 Rn. 11 ff.). Zu einer **Verringerung** der Insolvenzmasse führt die Erhöhung der Aufsichtsratsvergütung (BGH 19.7.2011, BGHZ 190, 291 = NZG 2011, 1147 Rn. 14). Eine Klage des Insolvenzverwalters wegen negativer Auswirkung eines Beschlusses auf die Insolvenzmasse ist dagegen die Gesellschaft, vertreten durch Vorstand und Aufsichtsrat, zu richten (BGH 21.4.2020, AG 2020, 540 Rn. 40; BGH 21.4.2020, AG 2020, 545 Rn. 38). Zu Veränderungen nach Klageerhebung → Rn. 45 ff.

13 Bei der **GmbH** ist die Klage immer gegen die Gesellschaft zu richten, auch in der zweigliedrigen Gesellschaft nicht gegen den anderen Gesellschafter (BGH 1.3.2011, NJW 2011, 2578 Rn. 2; OLG Hamm 7.5.1984, GmbHR 1985, 119). Auch eine an die Stelle der Anfechtungsklage tretende Feststellungsklage (→ § 241 Rn. 3) ist gegen die Gesellschaft zu richten.

14 **b) Vertretung.** Gegen die Klage eines Aktionärs wird die Gesellschaft durch **Vorstand und Aufsichtsrat** vertreten (Abs. 2 S. 2: Doppelvertretung) (BGH 10.3.1960, BGHZ 32, 114 = NJW 1960, 1006). Damit soll eine Kollusion zwischen Aktionär und Vorstand verhindert werden, die aber nicht Voraussetzung der Doppelvertretung ist (OLG Karlsruhe 26.3.2008, OLGR 2008, 527). Jedes Organ bildet seinen Willen für sich und kann entsprechend Prozessvollmacht erteilen (OLG Hamburg 6.2.2003, NZG 2003, 478); das hindert sie nicht, denselben Prozessbevollmächtigten zu bestellen. An die Stelle des Vorstands, nicht auch des Aufsichtsrats treten bei einer Abwicklungsgesellschaft die Abwickler nach § 269 Abs. 1 (BGH 10.3.1960, BGHZ 32, 114 = NJW 1960, 1006). Eine Zustellung an einen abberufenen Aufsichtsrat kann entsprechend § 171 Abs. 2 BGB iVm § 106 noch wirksam sein, solange noch keine neue Liste der Aufsichtsratsmitglieder eingereicht ist (BGH 21.4.2020, AG 2020, 545 Rn. 64). Die **KGaA** wird durch die geschäftsführenden **Komplementäre und** den **Aufsichtsrat** (RG 20.4.1907, RGZ 66, 37) vertreten, bei Klagen der Gesamtheit der Aktionäre gegen den persönlich haftenden Gesellschafter werden diese durch den Aufsichtsrat vertreten (§ 287 Abs. 2). Ist der einzige persönlich haftende Gesellschafter etwa wegen Eröffnung des Insolvenzverfahrens über sein Vermögen aus der Gesellschaft ausgeschieden, ist sie führungslos geworden und sie wird zur Zustellung vom Aufsichtsrat allein vertreten, § 78 Abs. 1 (BGH 21.4.2020, AG 2020, 540 Rn. 49).

15 Bei **Anfechtungsklagen des Vorstands** (§ 245 Nr. 4) oder eines Vorstandsmitglieds (§ 245 Nr. 5) wird die Gesellschaft alleine durch den Aufsichtsrat, bei Anfechtungsklagen eines Aufsichtsratsmitglieds (§ 245 Nr. 5) alleine durch den Vorstand vertreten (Abs. 2 S. 3). Das gilt auch, wenn das klagende Vorstands- oder Aufsichtsratsmitglied zugleich Aktionär ist (MüKoAktG/*Hüffer/Schäfer* Rn. 66). Klagt der Insolvenzverwalter für die Gesellschaft anstelle des Vorstands, wird die Gesellschaft dagegen von Vorstand und Aufsichtsrat vertreten, weil Doppelvertretung die gesetzliche Regel ist (BGH 21.4.2020, AG 2020, 540 Rn. 48; BGH 21.4.2020, AG 2020, 545 Rn. 44; OLG Dresden 7.12.2017, ZIP 2018, 137 (138); OLG Dresden 9.2.2017, ZIP 2017, 2003 (2006)).

16 Klagen **Aktionäre und Vorstand** oder Vorstandsmitglieder, wird die Gesellschaft allein vom Aufsichtsrat, klagen Aktionäre und Aufsichtsratsmitglieder, wird sie allein vom Vorstand vertreten. Bei getrennt erhobenen Klagen gelten bis zur Prozessverbindung aber die allgemeinen Regeln, also ggf. Doppelvertretung plus Einzelvertretung (OLG Hamburg 6.2.2003, NZG 2003, 478). Klagen Vorstandsmitglieder/Vorstand und Aufsichtsratsmitglieder, kann die Gesellschaft weder vom Vorstand noch vom Aufsichtsrat vertreten werden. Dann muss nach § 57 Abs. 1 ZPO vom Prozessgericht ein Prozesspfleger bestellt werden (OLG Hamburg 6.2.2003, NZG 2003, 478). Außerdem kann die Hauptversammlung

einen besonderen Vertreter nach § 147 Abs. 2 S. 1 bestellen, mit dessen Eintritt in den Prozess das Amt des Prozesspflegers endet (Zöller/*Vollkommer* ZPO § 57 Rn. 9). Der besondere Vertreter vertritt die Gesellschaft aber nicht automatisch im Prozess um seine Bestellung (BGH 28.4.2015, NZG 2015, 835 Rn. 16). Zur Vertretung bei Insolvenz oder Liquidation → Rn. 46 f.

17 Bei der **GmbH** sind grundsätzlich die **Geschäftsführer** der Vertreter der Gesellschaft, bei Klagen eines Gesellschafter-Geschäftsführers die anderen Geschäftsführer, es sei denn, die Gesellschafter bestellen wirksam einen besonderen Vertreter (vgl. BGH 22.3.2016, ZIP 2016, 2413 Rn. 10; BGH 2.2.2016, NZG 2016, 429 Rn. 13; BGH 2.7.2019, NJW 2019, 3155 Rn. 52). Bei Klagen des einzigen Gesellschafter-Geschäftsführers, der nicht zugleich Vertreter sein kann (vgl. BGH 2.7.2019, NJW 2019, 3155 Rn. 55), muss ohne Bestellung eines neuen Geschäftsführers ein besonderer Vertreter nach § 46 Nr. 8 GmbHG bestellt werden, was in der Zwei-Mann-Gesellschaft der andere Gesellschafter auch ohne besonderen Beschluss kann (BGH 4.2.1991, NJW 1991, 1884). Wenn dies nicht geschieht, muss das Gericht einen Prozesspfleger bestellen, bis entsprechend § 29 BGB ein Notgeschäftsführer bestellt ist (OLG Naumburg 28.6.2001, NZG 2001, 1043). Die Gesellschafter können nach § 35 Abs. 1 S. 2 GmbHG bei Führungslosigkeit die Gesellschaft nur bei der Zustellung vertreten (BGH 25.10.2010, NJW-RR 2011, 115 Rn. 13) Bei der Klage gegen eine Geschäftsführerbestellung ist derjenige Vertreter, der bei Wirksamkeit des Beschlusses Geschäftsführer wäre (BGH 10.11.1980, NJW 1981, 1041; BGH 14.12.1961, BGHZ 36, 207 = WM 1962, 198; KG 4.3.1997, GmbHR 1997, 1001), auch in der Kombination von Abberufung und Neubestellung. Ein obligatorischer oder fakultativer Aufsichtsrat ist bei der Beschlussanfechtung nicht zur Vertretung berufen (BGH 1.3.1962, GmbHR 1962, 134), kann allerdings sich zum besonderen Vertreter bestimmen (vgl. BGH 2.2.2016, NZG 2016, 429 Rn. 13). Für die Vertretung in der Insolvenz und bei der Liquidation (BGH 14.12.1961, BGHZ 36, 207 = WM 1962, 198) gilt dasselbe wie für die AG (→ Rn. 46 f.).

IV. Nebenintervention

18 **1. Beitrittsinteresse.** Da die Entscheidung für oder gegen alle **Aktionäre oder Gesellschaftsorgane** wirkt, besteht für diese ein rechtliches Interesse am Ausgang des Rechtsstreits im Sinn des § 66 Abs. 1 ZPO (BGH 23.4.2007, BGHZ 172, 136 = NJW-RR 2007, 1634; BGH 26.5.2008, NZG 2008, 630). Sie können daher als **Streithelfer** dem Rechtsstreit beitreten. Die Beitrittsmöglichkeit dient dazu, den von der Rechtskraftwirkung Betroffenen das rechtliche Gehör zu gewähren, und ist verfassungsrechtlich unabdingbar (BVerfG 9.2.1982, BVerfGE 60, 7 = NJW 1982, 1635; BGH 23.4.2007, BGHZ 172, 136 = NJW-RR 2007, 1634; BGH 26.5.2008, NZG 2008, 630 Rn. 11). **Dritten,** die weder Aktionäre noch Organe der Gesellschaft sind, fehlt idR ein rechtliches Interesse (GK-AktG/*K. Schmidt* Rn. 43); ihr wirtschaftliches Interesse genügt nicht. Ein Beitritt Dritter kommt aber nach allgemeinen Regeln in Frage, wenn der Beschluss ihre Rechtsstellung berührt, etwa die andere Partei bei Unternehmens- oder Verschmelzungsverträgen (OLG Düsseldorf AG 2004, 677 (678); Hüffer/Koch/*Koch* Rn. 6; KK-AktG/*Noack/Zetzsche* Rn. 217), bei Regressrisiko als Prüfer (MüKoAktG/*Hüffer/Schäfer* Rn. 10; Hüffer/Koch/*Koch* Rn. 6; KK-AktG/*Noack/Zetzsche* Rn. 217) oder für den Bestellungsbeschluss der besondere Vertreter (BGH 8.10.2019, AG 2020, 126 Rn. 9; BGH 28.4.2015, NZG 2015, 835 Rn. 17; OLG Köln 9.3.2017, ZIP 2017, 1211 (1214); aA OLG München 7.10.2008, NZG 2009, 305). Dritte haben aber als Streithelfer nicht die Stellung notwendiger Streitgenossen (→ Rn. 25), sondern die normaler Streitgehilfen (BGH 8.10.2019, AG 2020, 126 Rn. 9; BGH 28.4.2015, NZG 2015, 835 Rn. 18).

19 Im Anfechtungsprozess in der **GmbH** ist ebenfalls eine Nebenintervention möglich, hier allerdings nur der übrigen **Gesellschafter.** Der Geschäftsführer hat andere Funktionen als ein Vorstand und kann als Dritter mangels rechtlichem Interesse idR nicht beitreten, sofern er nicht Gesellschafter ist.

20 **2. Beitritt. a) Streithilfebefugnis.** Ein Beitritt kommt je nach Interesse sowohl aufseiten des **Anfechtungsklägers** als auch aufseiten der **Gesellschaft** (BGH 15.6.2009, NZG 2009, 948 Rn. 9; OLG Nürnberg 17.7.2009, AG 2009, 748) in Betracht. Die Aktionäre, Mitglieder des Vorstands oder des Aufsichtsrats sind parteifähig und können daher selbst beitreten. Der Vorstand als Organ ist aktiv anfechtungsbefugt und kann daher aufseiten des/der Kläger beitreten (vgl. BGH 8.10.2019, AG 2020, 126 Rn. 8), dagegen nicht aufseiten der Gesellschaft (MüKoAktG/*Hüffer/Schäfer* Rn. 9; aA *Austmann* ZHR 158 (1994), 495 (500)). Da das Vorstandsmitglied bzw. der Vorstand oder das einzelne Mitglied des Aufsichtsrats nicht auf beiden Seiten am Prozess teilnehmen kann, führt ein Beitritt auf Klägerseite dazu, dass die Gesellschaft nur noch vom anderen Organ vertreten wird (MüKoAktG/*Hüffer/Schäfer* Rn. 9).

21 **b) Anfechtungsbefugnis.** Die Anfechtungsbefugnis nach § 245 muss **nicht vorliegen.** Anfechtungsklage und Nebenintervention unterscheiden sich. Der beitretende Aktionär muss daher weder Widerspruch eingelegt (BGH 23.4.2007, BGHZ 172, 136 = NJW-RR 2007, 1634 Rn. 17; BGH 26.5.2008, NZG 2008, 630 Rn. 9) noch die Vorbesitzzeit eingehalten haben noch überhaupt an der

Hauptversammlung teilgenommen haben. Mitglieder des Vorstands oder des Aufsichtsrats können auch außerhalb der in § 245 Nr. 5 geregelten Fälle beitreten.

c) Beitrittserklärung. Der Beitritt geschieht durch **Einreichen eines Schriftsatzes** mit einer entsprechenden Erklärung bei Gericht (§ 70 Abs. 1 S. 1 ZPO). Es besteht Anwaltszwang (MüKoZPO/*Schultes* ZPO § 70 Rn. 3). Der Streithelfer muss erklären, welcher Partei er beitritt, bei mehreren Klägern auch, welcher Klage, da die Klagen unterschiedliche Streitgegenstände haben können, beispielsweise bei der Anfechtung verschiedener Beschlüsse einer Hauptversammlung. 22

d) Beitrittsfrist. Der Aktionär, der aufseiten des Anfechtungsklägers beitreten will, kann dies nach Abs. 4 S. 2 nur **innerhalb eines Monats** ab Bekanntmachung der Klageerhebung, auch beim Beitritt zu einer Nichtigkeitsklage (OLG Frankfurt a. M. 22.3.2010, NZG 2010, 785; KK-AktG/*Noack*/*Zetzsche* Rn. 213). Die Frist beginnt mit jeder Klageerhebung, für die eine Bekanntmachung erfolgt, gesondert (KK-AktG/*Noack*/*Zetzsche* Rn. 211; aA K. Schmidt/Lutter/*Schwab* Rn. 37). Fristwahrend ist der Eingang des Schriftsatzes mit der Beitrittserklärung bei Gericht, die Zustellung kann später erfolgen (§ 70 Abs. 1 ZPO, § 167 ZPO). Zur Fristwahrung genügt auch ein PKH-Antrag. Für einen Beitritt des Aktionärs aufseiten der Gesellschaft, den Beitritt von Vorstand, Vorstands- und Aufsichtsratsmitgliedern gilt keine Frist (vgl. BGH 15.6.2009, NZG 2009, 948 Rn. 9). Der Beitritt ist bis zur Rechtskraft der Entscheidung möglich (BGH 16.7.2010, ZIP 2010, 1822 Rn. 3); wenn ausnahmsweise die Voraussetzungen einer Wiedereinsetzung vorliegen, auch danach (BGH 16.7.2010, ZIP 2010, 1822 Rn. 6; BGH 8.11.2004, NZG 2005, 138; BGH 21.4.1997, NJW-RR 1997, 865). 23

Bei der **GmbH** bestehen **keine Beitrittsfristen** (aA MüKoGmbHG/*Wertenbruch* GmbHG Anh. § 47 Rn. 203; *Rensen* NZG 2011, 569 (571)). Die Klageerhebung muss nicht bekannt gemacht werden, doch muss der Geschäftsführer die übrigen Gesellschafter über die Klage und den Verhandlungstermin informieren, damit sie ihr Recht zum Beitritt wahrnehmen können (BGH 20.1.1986, BGHZ 97, 28 (32) = NJW 1986, 2051; BGH 31.3.2008, NJW 2008, 1889 Rn. 11). Unterlässt er dies, kommt ein Beitritt auch nach einer Entscheidung zusammen mit einer Wiedereinsetzung in Betracht (BGH 31.3.2008, NJW 2008, 1889 Rn. 14). Das Gericht muss die Gesellschafter nicht von Amts wegen beiladen (BGH 21.4.1997, NJW-RR 1997, 865; BGH 8.11.2004, NZG 2005, 138; BGH 31.3.2008, NJW 2008, 1889 Rn. 11). 24

3. Rechtsstellung. Aktionäre, Vorstand- und Aufsichtsratsmitglieder sind **streitgenössische Nebenintervenienten** nach § 69 ZPO, weil die Entscheidung zwischen ihnen nach § 248 Abs. 1 Rechtskraftwirkung hat (BGH 8.10.2019, AG 2020, 126 Rn. 8; BGH 15.6.2009, NZG 2009, 948 Rn. 12; BGH 31.3.2008, NJW 2008, 1889 Rn. 8; BGH 23.4.2007, BGHZ 172, 136 = NJW-RR 2007, 1634 Rn. 9; BGH 28.9.1998, NJW-RR 1999, 28; BGH 14.12.1998, NZG 1999, 260; BGH 12.7.1993, NJW-RR 1993, 1253; BGH 21.4.1997, NJW-RR 1997, 865). Der Nebenintervenient auf Klägerseite kann nach Ablauf der Anfechtungsfrist keine neuen Anfechtungsgründe vorbringen (OLG Stuttgart 2.12.2014, AG 2015, 163). Der Nebenintervenient kann unabhängig von der Hauptpartei **Rechtsmittel** einlegen (BGH 30.6.2020, NZG 2020, 1025 Rn. 15; BGH 31.3.2008, NJW 2008, 1889 Rn. 8; BGH 28.9.1998, NJW-RR 1999, 28; BGH 21.4.1997, NJW-RR 1997, 865), auch gegen deren Widerspruch (BGH 30.6.2020, NZG 2020, 1025 Rn. 15; BGH 31.3.2008, NJW 2008, 1889 Rn. 8; BGH 30.4.2001, NJW 2001, 2638; BGH 14.12.1998, NZG 1999, 260;) und nach ihrem Rechtsmittelverzicht (BGH 31.3.2008, NJW 2008, 1889 Rn. 8) oder ihrem Anerkenntnis (BGH 30.6.2020, NZG 2020, 1025 Rn. 15; BGH 17.5.2010, ZIP 2010, 1821 Rn. 10; BGH 31.3.2008, NJW 2008, 1889 Rn. 8). Die Berufungsfrist beginnt mit der Zustellung an ihn, nicht mit der Zustellung an die Hauptpartei (BGH 31.3.2008, NJW 2008, 1889 Rn. 10; OLG München 15.11 2000, NZG 2001, 616). Ist er in erster Instanz nicht beigetreten, kann er auch mit der Rechtsmitteleinlegung beitreten, sofern die Beitrittsfrist nach Abs. 4 S. 2 nicht versäumt ist (BGH 30.6.2020, NZG 2020, 1025 Rn. 15). Die Rechtsmittelfrist beginnt dann mit der Zustellung an die Hauptpartei (BGH 16.7.2010, ZIP 2010, 1822 Rn. 3; BGH 31.3.2008, NJW 2008, 1889 Rn. 10; BGH 8.11.2004, NZG 2005, 138; BGH 21.4.1997, NJW-RR 1997, 865). Versäumt er die Rechtsmittelfrist, kommt es für die **Wiedereinsetzung** darauf an, ob ihn ein Verschulden trifft (BGH 31.3.2008, NJW 2008, 1889 Rn. 14). 25

Sein Widerspruch beim Beitritt auf der Beklagtenseite verhindert, dass ein **Anerkenntnis** der Gesellschaft wirksam wird (BGH 31.3.2008, NJW 2008, 1889 Rn. 8; BGH 21.4.1997, NJW-RR 1997, 865; BGH 12.7.1993, NJW-RR 1993, 1253), nach einem Beitritt auf Klägerseite kann er umgekehrt trotz eines Klageverzichts den Prozess fortsetzen (MüKoZPO/*Schultes* ZPO § 69 Rn. 13). Dagegen kann er nach der **Klagerücknahme** den Prozess nicht fortführen, weil er nicht über die Klage disponieren kann (OLG Köln 26.6.2003, NZG 2004, 46). Auch einem **Vergleich** kann er nicht widersprechen. Bei der **Kostenentscheidung** ist über die außergerichtlichen Kosten des Nebenintervenienten nach § 101 Abs. 2 ZPO, § 100 ZPO unabhängig von denen der Hauptpartei zu entscheiden (BGH 8.10.2019, AG 2020, 126 Rn. 12; BGH 15.9.2014, WM 2014, 2222 Rn. 6; BGH 14.6.2010, ZIP 2010, 1771 Rn. 9; BGH 15.6.2009, NZG 2009, 948 Rn. 12; BGH 18.6.2007, NJW-RR 2007, 1577 Rn. 7). Der streitgenössische Nebenintervenient haftet allerdings in der Regel mit der Hauptpartei nach Kopfteilen 26

(BGH 8.10.2019, AG 2020, 126 Rn. 12; BGH 14.5.2013, NJW 2013, 2686 Rn. 12). Ist der Streithelfer alleiniger Rechtsmittelführer, fallen ihm bei Erfolglosigkeit die Kosten des Rechtsmittelfahrens gem. § 97 Abs. 1 ZPO allein zur Last (BGH 8.10.2019, AG 2020, 126 Rn. 12). Nimmt der Anfechtungskläger die Klage aufgrund einer vergleichsweisen Einigung mit der beklagten Gesellschaft zurück, hat der Streithelfer des Anfechtungsklägers seine außergerichtlichen Kosten gem. § 269 Abs. 3 S. 2 ZPO selbst zu tragen, wenn die beklagte Gesellschaft sich im Vergleich nur verpflichtet hat, die Kosten des Klägers zu übernehmen (BGH 15.9.2014, WM 2014, 2222 Rn. 7; BGH 18.6.2007, ZIP 2007, 1337 Rn. 9). Auch wenn die Parteien den Rechtsstreit durch einen Vergleich beenden, hat der Streithelfer des Anfechtungsklägers seine Kosten selbst zu tragen (BGH 15.9.2014, WM 2014, 2222 Rn. 8). Der Anfechtungskläger, der seine Klage zurücknimmt, hat die Kosten eines aufseiten der Gesellschaft beigetretenen Streithelfers zu tragen (BGH 14.6.2010, ZIP 2010, 1771 Rn. 9; BGH 15.6.2009, NZG 2009, 948 Rn. 12). Sind auch aufseiten des Anfechtungsklägers Streithelfer beigetreten, sind die Kosten des Streithelfers auf der Beklagtenseiten zwischen ihnen zu teilen (BGH 28.4.2015, NJW-RR 2015, 992 Rn. 21).

27 Bei der **GmbH** bestehen hinsichtlich der Rechtsstellung des Nebenintervenienten keine Besonderheiten gegenüber der AG (vgl. BGH 12.7.1993, NJW-RR 1993, 1253; BGH 30.4.2001, NJW 2001, 2638; BGH 31.3.2008, NJW 2008, 1889 Rn. 8 ff.).

V. Anfechtungsklage

28 **1. Klageart.** Die Anfechtungsklage ist eine prozessuale **Gestaltungsklage** (MüKoAktG/*Hüffer/Schäfer* Rn. 14), mit der die materielle Rechtslage gestaltet werden soll: der Hauptversammlungsbeschluss soll für nichtig erklärt werden. Sie unterscheidet sich damit trotz des gleichen Streitgegenstandes (BGH 17.2.1997, BGHZ 134, 364 = NJW 1997, 1510) von der Nichtigkeitsfeststellungsklage, die eine Sonderform der Feststellungsklage ist und keine gestaltende kassatorische Klage (aA GK-AktG/*K. Schmidt* Rn. 5).

29 **2. Streitgegenstand.** Mit der Anfechtungsklage begehrt der Kläger ebenso wie mit der Nichtigkeitsklage die richterliche **Klärung der Wirksamkeit** eines Gesellschafterbeschlusses. Der Richter hat den angegriffenen Beschluss anhand des gesamten von der Klägerseite vorgetragenen Sachverhalts auf seine Nichtigkeit hin zu überprüfen, unabhängig davon, ob die Klägerseite die Gründe unter dem Gesichtspunkt der Nichtigkeit oder der Anfechtbarkeit vorgetragen hat (BGH 22.7.2002, BGHZ 152, 1 = NJW 2002, 3465; BGH 17.2.1997, BGHZ 134, 364 = NJW 1997, 1510; BGH 1.3.1999, NJW 1999, 1638). Der Antrag, die Nichtigkeit des Beschlusses festzustellen, umfasst daher auch die Anfechtungsklage, mit der der Beschluss für nichtig erklärt werden soll, und umgekehrt. Die Anträge müssen nicht als Haupt- und Hilfsantrag gestellt werden; wenn sie so gestellt werden, liegt kein echter Eventualantrag, sondern ein einheitlicher Antrag vor (BGH 20.9.2004, BGHZ 160, 253 = NJW 2004, 3561; BGH 7.2.1997, BGHZ 134, 364 = NJW 1997, 1510). Ein **Teilurteil** nur über den Anfechtungsantrag oder nur über den Nichtigkeitsantrag ist nicht zulässig (BGH 1.3.1999, NJW 1999, 1638). Der Übergang vom Nichtigkeitsantrag zum Anfechtungsantrag ist keine Klageänderung. Die Entscheidung, ob ein Beschluss für nichtig zu erklären ist oder seine Nichtigkeit festzustellen ist, ist eine Rechtsfrage, die unabhängig vom Antrag auch noch in der Revisionsinstanz durch das Gericht zu entscheiden ist (BGH 20.9.2004, BGHZ 160, 253 = NJW 2004, 3561; BGH 17.2.1997, BGHZ 134, 364 = NJW 1997, 1510; BGH 1.3.1999, NJW 1999, 1638; OLG Düsseldorf 8.7.2005, NZG 2005, 980).

30 Eine **neuerliche Klage** – sowohl eine Anfechtungs- als auch eine Nichtigkeitsklage – ist unzulässig, wenn ein rechtskräftiges Sachurteil über eine Anfechtungs- oder eine Nichtigkeitsklage vorliegt. Anders ist dies nur, wenn andere Anfechtungs- oder Nichtigkeitsgründe geltend gemacht werden (BGH 17.2.1997, BGHZ 134, 364 = NJW 1997, 1510; BGH 1.3.1999, NJW 1999, 1638; BGH 20.11.2018, BGHZ 220, 207 = NJW 2019, 993 Rn. 68).

31 Der **Streitgegenstand** wird neben dem auf einen konkreten Beschluss („Tagesordnungspunkt") bezogenen Antrag vom dazu gehörenden **Lebenssachverhalt** bestimmt: der Beschlussgegenstand, der Inhalt des Beschlusses sowie die Vorgänge, die für den Ablauf des zur Beschlussfassung führenden Verfahrens maßgebend sind („Beschlussmängelgründe") (BGH 20.11.2018, BGHZ 220, 207 = NJW 2019, 993 Rn. 68; BGH 30.6.2015, BGHZ 206, 143 = NZG 2015, 1227 Rn. 43; BGH 8.2.2011, NZG 2011, 506 Rn. 10; BGH 22.7.2002, BGHZ 152, 1 = NJW 2002, 3465; aA KK-AktG/*Noack/Zetzsche* Rn. 34). Insoweit kann er über den Tagesordnungspunkt und die Verhandlungen dazu hinausgreifen. Das führt aber nicht dazu, dass alle möglichen Mängelgründe, auch soweit sie nicht Gegenstand der Klage sind, zum Streitgegenstand gehören; zum Streitgegenstand gehört der abgetrennte Teil des Lebenssachverhalts, den der Kläger zur Begründung seines Klageantrags vorgetragen hat (BGH 30.6.2015, BGHZ 206, 143 = NZG 2015, 1227 Rn. 43; BGH 8.2.2011, NZG 2011, 506 Rn. 10; BGH 14.3.2005, ZIP 2005, 706). Die Entstehung des Beschlusses umfasst die Vorbereitung des Beschlusses bis hin zur Beschlussfassung selbst (BGH 30.6.2015, BGHZ 206, 143 = NZG 2015, 1227 Rn. 43; BGH 22.7.2002, BGHZ 152, 1 = NJW 2002, 3465). Ob der Kläger den vorgetragenen

Sachverhalt richtig im Sinn eines Nichtigkeits- oder Anfechtungsgrunds gewürdigt hat, ist ohne Bedeutung (BGH 30.6.2015, BGHZ 206, 143 = NZG 2015, 1227 Rn. 43).

3. Rechtsschutzbedürfnis. Ein besonderes **Interesse** des Klägers an der Vernichtung des Beschlusses ist **nicht notwendig.** Die Anfechtungsklage dient der Kontrolle der Rechtmäßigkeit der Beschlüsse der Gesellschaft. Sie ist damit ein aus der Mitgliedschaft selbst folgendes Recht und bedarf keiner besonderen Rechtfertigung durch eine persönliche Betroffenheit des anfechtungsbefugten Klägers (BGH 27.4.2009, NJW 2009, 2300 Rn. 13; BGH 14.10.1991, NJW 1992, 569; BGH 22.5.1989, BGHZ 107, 296 = NJW 1989, 2689; BGH 19.12.1977, BGHZ 70, 117 = NJW 1978, 980; BGH 25.2.1965, BGHZ 43, 261 = NJW 1965, 1378). Es kann nur ausnahmsweise dort fehlen, wo ein Beschluss keine Wirkung mehr entfalten kann, auch nicht für die Vergangenheit, also etwa wenn er aufgehoben ist (BGH 27.9.2011, NZG 2011, 1383), vom Alleingesellschafter ohne weiteres aufgehoben werden kann (BGH 26.6.2018, NJW 2018, 3014 Rn. 28; BGH 8.1.2019, AG 2019, 682, Rn. 4), er überholt ist (OLG Hamm 28.10.2015, ZIP 2016, 1071 (1073) [GmbH]) oder ein mangelhafter Beschluss ohne den Fehler neu gefasst wird (OLG Nürnberg 25.8.1999, NZG 2000, 700 [GmbH]). Das Rechtsschutzbedürfnis für die Anfechtung der Bestellung eines besonderen Vertreters entfällt, mit der Verschmelzung auf einen neuen Rechtsträger, weil das Amt mit der Verschmelzung erlischt und Rechtshandlungen für die Vergangenheit wirksam bleiben (BGH 8.1.2019, AG 2019, 682 Rn. 2; BGH 18.6.2013, AG 2013, 634 Rn. 3). Fehlt das Rechtsschutzbedürfnis, ist die Klage unzulässig. 32

4. Schiedsfähigkeit. Auch Beschlussmängelstreitigkeiten sind grundsätzlich **schiedsfähig** (BGH 6.4.2009, BGHZ 180, 221 = NJW 2009, 1962 Rn. 10 ff.). Voraussetzung einer wirksamen Schiedsvereinbarung ist, dass jeder Gesellschafter und die Gesellschaft über die Einleitung und den Verlauf des Schiedsverfahrens informiert werden, jeder Gesellschafter dem Verfahren zumindest als Nebenintervenient beitreten und an der Auswahl und Bestellung der Schiedsrichter mitwirken kann, wenn sie nicht durch eine neutrale Stelle bestimmt werden, und alle denselben Streitgegenstand betreffenden Beschlussmängelstreitigkeiten bei einem Schiedsgericht konzentriert werden (BGH 6.4.2009, BGHZ 180, 221 = NJW 2009, 1962 Rn. 19 ff.; OLG Frankfurt a. M. 9.9.2010, NZG 2011, 629). Alle Gesellschafter müssen der Schiedsvereinbarung zustimmen, entweder in der Satzung oder unter Mitwirkung aller Beteiligten – auch der Gesellschaft – außerhalb der Satzung (zur Rechtskrafterstreckung *Nolting* GmbHR 2011, 1017). Ob auch bei der **AG** eine statutarische Schiedsvereinbarung möglich ist, ist ungeklärt. Die hM hält sie für ausgeschlossen, weil § 23 Abs. 5 kein Abweichen der Satzung vom Gesetz erlaubt, wo dies nicht ausdrücklich vorgesehen ist (MüKoAktG/*Hüffer/Schäfer* Rn. 33; Hüffer/Koch/*Koch* Rn. 18; BeckOGK/*Vatter,* 1.7.2020, Rn. 12; Hölters/*Englisch* Rn. 62; aA K. Schmidt/Lutter/*Schwab* Rn. 33; KK-AktG/*Noack/Zetzsche* Rn. 145; *Bosse* NZG 2010, 481; *Zöllner* AG 2000, 145 (150)). In §§ 246 ff. ist ohne Ausnahme ein Verfahren vor einem staatlichen Gericht vorgesehen. Bei bestehenden Gesellschaften mit Aktien in Streubesitz dürfte außerdem die Zustimmung aller Gesellschafter unerreichbar bleiben. Ein schiedsrichterliches Verfahren kommt aber bei einer Vereinbarung unter allen Aktionären und mit der AG in Betracht (*K. Schmidt* BB 2001, 1857 (1859); BeckOGK/*Vatter,* 1.7.2020, Rn. 13; Grigoleit/*Ehmann* Rn. 29). Bei der **GmbH** ist eine statutarische Schiedsvereinbarung möglich (BGH 6.4.2009, BGHZ 180, 221 = NJW 2009, 1962 Rn. 10; OLG Frankfurt a. M. 9.9.2010, NZG 2011, 629). 33

VI. Anfechtungsprozess

1. Zuständigkeit. Sachlich und örtlich ausschließlich zuständig ist das **LG,** in dessen Bezirk die Gesellschaft bei Klageerhebung ihren **Sitz** hat (Abs. 3 S. 1), funktionell die Kammer für Handelssachen (Abs. 3 S. 2). Durch landesrechtliche Vorschriften kann nach Abs. 3 S. 3 iVm § 148 Abs. 2 S. 3 und 4 die **örtliche Zuständigkeit** für den Bezirk mehrerer LG auf ein LG **konzentriert** werden: BW: LG Mannheim für OLG-Bezirk Karlsruhe, LG Stuttgart für OLG-Bezirk Stuttgart (§ 13 Abs. 2 Nr. 7a ZuVOJu); BY: LG München I für OLG-Bezirk München, LG Nürnberg-Fürth für OLG-Bezirk Bamberg und Nürnberg (§ 15a GZVJu); HE: LG Frankfurt a. M. (§ 1 VO vom 6.4.2006); MV: LG Rostock (§ 4 Abs. 1 Nr. 5 KonzVO); NI: LG Hannover (§ 11 Nr. 7 ZustVO-Justiz); NRW: LG Düsseldorf, LG Dortmund, LG Köln (§ 1 Nr. 9 KonzentrationsVO Gesellschaftsrecht); SN: LG Leipzig (§ 10 Nr. 12 JOrgVO). 34

Maßgebend ist der **Satzungssitz** (§ 5). Bei einer Sitzverlegung entscheidet, wo die Gesellschaft im Zeitpunkt der Zustellung der Klage eingetragen ist (OLG Hamm 17.11.2003, AG 2004, 147). Hat die Gesellschaft einen Doppelsitz, ist das Gericht zuständig, an dem der Verwaltungssitz liegt (MüKoAktG/*Hüffer/Schäfer* Rn. 72; aA KG 31.1.1996, AG 1996, 421, wohl auch KK-AktG/*Noack/Zetzsche* Rn. 109). Das sachlich oder örtlich unzuständige Gericht hat die Klage nach § 281 ZPO zu verweisen. Die Klagefrist ist dennoch eingehalten (→ Rn. 6). Ist die Zivilkammer angerufen, hat diese von Amts wegen an die Kammer für Handelssachen zu verweisen (BeckOGK/*Vatter,* 1.7.2020, Rn. 42). 35

Auf die **GmbH** sind die Vorschriften der § 246 Abs. 3, § 249 Abs. 1 **entsprechend** anwendbar, sodass örtlich und sachlich das LG am Sitz der Gesellschaft ausschließlich zuständig ist (BGH 29.10.1956, 36

BGHZ 22, 101 = WM 1956, 1428) und nach Abs. 3 S. 2 funktionell die Kammer für Handelssachen (OLG München 14.9.2007, NZG 2007, 947; MüKoGmbHG/*Wertenbruch* GmbHG Anh. § 47 Rn. 222). Die **Konzentrationsvorschriften** sind dagegen **nicht** analog anzuwenden.

37 **2. Klageerhebung. a) Klageschrift.** Die Klage wird durch Zustellung der Klageschrift erhoben. Sie muss den Gegenstand und Grund des erhobenen Anspruchs genau bezeichnen und einen bestimmten Antrag enthalten. Daher ist der **Beschluss** genau zu bezeichnen. Der **Antrag** lautet dahin, den Beschluss für nichtig zu erklären. Ein Hilfsantrag, die Nichtigkeit des Beschlusses festzustellen (Nichtigkeitsklage), ist wegen des identischen Streitgegenstandes nicht erforderlich, aber auch nicht schädlich. Die Erhebung der Anfechtungsklage als Widerklage ist wegen der Vertretung durch Vorstand und Aufsichtsrat nicht zulässig (MüKoAktG/*Hüffer/Schäfer* Rn. 13; anders bei GmbH, MüKoGmbHG/*Wertenbruch* GmbHG Anh. § 47 Rn. 235).

38 **b) Zustellung.** Die Klage muss je nach Kläger an Vorstand oder Aufsichtsrat, bei **Doppelvertretung** (→ Rn. 14) an beide (BGH 13.4.1992, NJW 1992, 2099; OLG Stuttgart 28.7.2004, NZG 2004, 1002) zugestellt werden. Dabei genügt die Zustellung an jeweils ein Mitglied des Organs. Eine Zustellung an den Vorstand kann in den Geschäftsräumen der Gesellschaft bewirkt werden (BGH 22.5.1989, BGHZ 107, 296 = NJW 1989, 2689), dort auch an den Aufsichtsrat bzw. dessen Vorsitzenden, wenn dieser dort eigene Geschäftsräumlichkeiten für die Aufsichtsratstätigkeit hat (KK-AktG/Noack/Zetzsche Rn. 124 bei „professionellem Aufsichtsratsbüro"; offen BGH 16.2.2009, BGHZ 180, 9 = NJW 2009, 2207 Rn. 52; aA BGH 22.5.1989, BGHZ 107, 296 = NJW 1989, 2689 (vor dem ZustRG)KG 11.2.2005, AG 2005, 583; OLG Brandenburg 22.4.2008, AG 2008, 497; BeckOGK/*Vatter,* 1.7.2020, Rn. 49; Hüffer/Koch/*Koch* Rn. 34; MüKoAktG/*Hüffer/Schäfer* Rn. 61). An die Aufsichtsräte muss in den übrigen Fällen unter ihrer Privatanschrift oder, wenn sie ein Geschäft betreiben, dort zugestellt werden. Ein **Zustellungsmangel** kann nach § 189 ZPO geheilt werden (BGH 13.4.1992, NJW 1992, 2099), nicht aber die Versäumung der Anfechtungsfrist. Zur Heilung genügt die bloße Unterrichtung des anderen Organs nicht (BGH 13.4.1992, NJW 1992, 2099), das zuzustellende Schriftstück muss zugehen (OLG Karlsruhe 26.3.2008, OLGR 2008, 527). Eine verspätete Zustellung an den Aufsichtsrat genügt zur Wahrung der Anfechtungsfrist, wenn das Versäumnis vom Gericht verschuldet ist, § 167 ZPO (BGH 16.2.2009, BGHZ 180, 9 = NJW 2009, 2207 Rn. 52; OLG München 26.3.2008, NZG 2008, 599).

39 Bei der **GmbH** ist Zustellungsadressat die GmbH, die dabei von dem Vertretungsberechtigten vertreten wird (→ Rn. 17). An den Geschäftsführer kann im Geschäftslokal zugestellt werden; an einen besonderen Vertreter muss an dessen Privatanschrift zugestellt werden.

40 **3. Bekanntmachung.** Nach Abs. 4 muss der Vorstand die **Klageerhebung** in den Gesellschaftsblättern (§ 25) bekannt machen. Mitzuteilen ist die Erhebung der Klage unter Bezeichnung des angefochtenen Beschlusses, auch, bei welchem Gericht Klage erhoben worden ist. Kläger und Aktenzeichen müssen nicht genannt werden, daher genügt auch bei mehreren Klagen die einmalige Mitteilung, außer mit einer weiteren Klage wird ein anderer Beschluss angefochten (KK-AktG/*Noack/Zetzsche* Rn. 238). Bei einer Verletzung der Pflicht können nach § 407 Zwangsgelder verhängt werden, außerdem kann sich der Vorstand schadensersatzpflichtig machen, nach § 93 gegenüber der Gesellschaft, nach § 823 Abs. 2 BGB wegen der Verletzung des in Abs. 4 enthaltenen Schutzgesetzes gegenüber den Aktionären (MüKoAktG/*Hüffer/Schäfer* Rn. 79). Außerdem wird die **Beitrittsfrist** nicht in Lauf gesetzt, was dazu führen kann, dass der Beitritt – zusammen mit einer Rechtsmitteleinlegung – auch noch nach Erlass eines Urteils nachgeholt werden kann, ggf. auch nach seiner Rechtskraft (vgl. BGH 16.7.2010, ZIP 2010, 1822 Rn. 6). Bei der **GmbH** gibt es keine Bekanntmachungspflichten, der Geschäftsführer hat die anderen Gesellschafter zu informieren (BGH 20.1.1986, BGHZ 97, 28 = NJW 1986, 2051; BGH 31.3.2008, NJW 2008, 1889 Rn. 11), er macht sich andernfalls auch schadensersatzpflichtig. Die auf die AG zugeschnittene Beitrittsfrist von Abs. 4 S. 2 gilt nicht (aA *Rensen* NZG 2011, 569 (571); MüKoGmbHG/*Wertenbruch* GmbHG Anh. § 47 Rn. 203). Zu den Folgen der unterlassenen Benachrichtigung/Bekanntmachung für die Wiedereinsetzung des Streithelfers in den vorigen Stand → Rn. 23 f.

41 **4. Prozessverbindung.** Mehrere Anfechtungsprozesse, auch bei der GmbH, sind zwingend nach Abs. 3 S. 6 zur gleichzeitigen Verhandlung und Entscheidung zu verbinden, wenn sie **denselben Beschluss** betreffen. Ob dieselben Anfechtungsgründe geltend gemacht werden, ist ohne Bedeutung (MüKoAktG/*Hüffer/Schäfer* Rn. 75; aA GK-AktG/*K. Schmidt* Rn. 66). Auch Nichtigkeitsklagen und Anfechtungsklagen, die denselben Beschluss betreffen, sind zu verbinden. § 249 Abs. 2 S. 2 sieht die Verbindung nur fakultativ vor, wegen des identischen Streitgegenstandes ist die Verbindung aber zur Vermeidung widersprechender Entscheidungen zwingend (GK-AktG/*K. Schmidt* § 249 Rn. 27). Sind verschiedene Beschlüsse derselben Versammlung betroffen, ist die Verbindung nach § 147 ZPO fakultativ (GK-AktG/*K. Schmidt* Rn. 66), aber in aller Regel sachdienlich. Die Verbindung geschieht, wenn die verschiedenen Klagen bei Eingang nicht zum selben Aktenzeichen genommen werden, durch Beschluss spätestens vor der ersten mündlichen Verhandlung.

5. Terminierung. Nach Abs. 3 S. 4 darf ein Termin erst nach Ablauf der Monatsfrist stattfinden. Damit sollen widersprechende Entscheidungen vermieden und die Prozessverbindung ermöglicht werden. Ein schriftliches Vorverfahren wird dadurch nicht ausgeschlossen. Eine Entscheidung im schriftlichen Verfahren sollte auch nicht vor Ablauf der Frist ergehen. Insbesondere sollte mit dem Erlass eines Anerkenntnisurteils abgewartet werden, ob sich nicht ein Aktionär als Nebenintervenient auf Beklagtenseite meldet. Eine vorzeitig ergangene Entscheidung ist aber nicht unwirksam. 42

6. Dispositionsbefugnis. a) Klägerseite. Der Kläger kann durch **Klagerücknahme, Verzicht** oder **Vergleich** über die Klage disponieren, ebenso – auch bei notwendiger Streitgenossenschaft mit anderen Klägern selbständig – seinen Rechtsstreit für erledigt erklären (BGH 8.2.2011, NZG 2011, 506 Rn. 19; OLG Frankfurt a. M. 22.7.2008, ZIP 2008, 2286). Ein **Versäumnisurteil** gegen den Kläger ist ebenfalls möglich. Da mehrere Kläger zu einem Beschluss notwendige Streitgenossen aus prozessualen Gründen sind, hindert die Anwesenheit eines von ihnen die Säumnisentscheidung (§ 62 Abs. 1 ZPO). Der Kläger kann ein **Rechtsmittel** zurücknehmen oder darauf verzichten. Der Nebenintervenient kann der Klagerücknahme nicht widersprechen, aber durch seine Anwesenheit eine Säumnisentscheidung oder durch Fortsetzung ein Verzichtsurteil verhindern (§§ 69, 62 ZPO). Bei Klagerücknahme hat der Nebenintervenient auf Beklagtenseite einen Kostenerstattungsanspruch nach § 269 Abs. 3 ZPO (BGH 15.6.2009, NZG 2009, 948 Rn. 12; BGH 14.6.2010, ZIP 2010, 1771 Rn. 9), während der Nebenintervenient auf Klägerseite ohne Kostenerstattungsanspruch bleibt und seine außergerichtlichen Kosten selbst zu tragen hat (BGH 18.6.2007, NJW-RR 2007, 1577 Rn. 8). 43

b) Beklagtenseite. Die Gesellschaft kann die vorgetragenen Tatsachen bestreiten, aber auch ein **Geständnis** abgeben. Auch ein **Versäumnisurteil** ist gegen sie möglich (MüKoAktG/*Hüffer/Schäfer* Rn. 28; aA K. Schmidt/Lutter/*Schwab* Rn. 20). Einen **Vergleich** kann die Gesellschaft schließen, soweit die rechtliche Wirksamkeit des Beschlusses darin nicht in Frage gestellt wird, aber nicht darüber hinaus, weil Vorstand und Aufsichtsrat/Geschäftsführer die rechtlichen Wirkungen eines Beschlusses nicht beseitigen können (MüKoAktG/*Hüffer/Schäfer* Rn. 30; KK-AktG/*Noack/Zetzsche* Rn. 174; zur GmbH MüKoGmbHG/*Wertenbruch* GmbHG Anh. § 47 Rn. 241; Scholz/*K. Schmidt* GmbHG § 45 Rn. 159). Sie kann jedoch ein **Anerkenntnis** abgeben, wenn die vorgetragenen Tatsachen die Anfechtung rechtfertigen, weil sie auch die der Anfechtungsklage zugrunde liegenden Tatsachen nicht bestreiten muss (OLG Düsseldorf 20.12.2018, ZIP 2019, 1112 (1114); OLG Stuttgart 23.1.2002, NZG 2003, 1170; MüKoAktG/*Hüffer/Schäfer* Rn. 29; KK-AktG/*Noack/Zetzsche* Rn. 171; BeckOGK/*Vatter*, 1.7.2020, Rn. 55; aA OLG München 27.3.1996, NJW-RR 1997, 988; Hüffer/Koch/*Koch* Rn. 17; Scholz/*K. Schmidt* GmbHG § 45 Rn. 159; MüKoGmbHG/*Wertenbruch* GmbHG Anh. § 47 Rn. 244; offen BGH 12.7.1993, NJW-RR 1993, 1253). Die dem Beschluss zustimmenden Gesellschafter können dies durch eine Nebenintervention aufseiten der Gesellschaft verhindern (→ Rn. 20). Um diese Möglichkeiten nicht zu unterlaufen und ein kollusives Zusammenwirken von Organen und Anfechtungskläger zu verhindern, sind die Gerichte gehalten, nicht sofort auf ein Anerkenntnis nach Klagezustellung ein Anerkenntnisurteil zu erlassen, sondern bei Aktiengesellschaften die Veröffentlichung und dann eine gewisse Frist abzuwarten. Der Aktionär/Gesellschafter kann auf der Seite der Gesellschaft auch noch nach Erlass eines Anerkenntnisurteils durch Einlegung der Berufung innerhalb der Berufungsfrist beitreten und ggf. sogar Wiedereinsetzung erhalten (→ Rn. 23). 44

7. Veränderungen auf Beklagtenseite. a) Umwandlung/Eingliederung. In Umwandlungsfällen, auch bei Spaltung, wird die Klage gegen die alte Gesellschaft ohne Unterbrechung fortgesetzt, wenn sie erhalten bleibt. Ansonsten wird die Klage bei **Verschmelzung** gegen die neue Gesellschaft entsprechend §§ 239, 246 ZPO fortgeführt (KK-AktG/*Noack/Zetzsche* Rn. 72), bei **Spaltung** gegen die neuen Gesellschaften in Streitgenossenschaft (KK-AktG/*Noack/Zetzsche* Rn. 73). Beim **Formwechsel** besteht Identität zwischen alter und neuer Gesellschaft, die Klage ist gegen die Gesellschaft in neuer Rechtsform ohne Unterbrechung mit Rubrumsberichtigung fortzuführen. Für die Vertretung gelten die Regeln über die organschaftliche **Vertretung** der neuen Gesellschaft bei Beschlussanfechtungsklagen, bei einer AG vertreten also ggf. Vorstand und Aufsichtsrat, bei einer GmbH nur noch die Geschäftsführer. 45

b) Insolvenz. Bei der Eröffnung des Insolvenzverfahrens über das Vermögen der AG kommt es nach § 240 ZPO zur Unterbrechung und nach §§ 85, 86 InsO zur Aufnahme durch den **Insolvenzverwalter,** wenn der Beschluss die Insolvenzmasse betrifft (→ Rn. 12; BGH 19.7.2011, BGHZ 190, 291 = NZG 2011, 1147 Rn. 9). Andernfalls kommt es nicht zu einer Unterbrechung, auch die Vertretung bleibt bei Vorstand und Aufsichtsrat (BGH 21.11.2005, NJW-RR 2006, 471). Gegebenenfalls hat das Gericht auf Antrag durch Beschluss über eine Unterbrechung zu entscheiden. 46

c) Liquidation. An die Stelle des Vorstands treten nach § 269 Abs. 1 die **Abwickler als Vertreter,** ohne dass es bei anwaltlicher Vertretung zu einer Unterbrechung des Prozesses kommt (§§ 241, 246 ZPO). Im Übrigen ändert sich an der seitherigen Vertretungsregelung nichts (Doppelvertretung oder Einzelvertretung) (BGH 10.3.1960, BGHZ 32, 114 = NJW 1960, 1006). 47

48 **8. Veränderungen auf Klägerseite. a) Veräußerung und Übertragung.** Die **Veräußerung** der Aktien hat nach § 265 Abs. 2 ZPO keinen Einfluss auf den Prozess und führt nicht zum Wegfall des Anfechtungsrechts (BGH 9.10.2006, BGHZ 169, 221 = NJW 2007, 300 Rn. 14; BGH 25.2.1965, BGHZ 43, 261 = NJW 1965, 1378; OLG Stuttgart 16.11.2005, ZIP 2006, 27). Beim zwangsweisen Verlust etwa durch **Übertragung** der Aktien auf den Hauptaktionär hat der Anfechtungskläger ein Fortsetzungsinteresse jedenfalls dann, wenn der Anfechtungsprozess auf die Höhe der Barabfindung Auswirkungen haben kann (BGH 26.6.2012, NZG 2012, 1030 Rn. 26; BGH 9.10.2006, BGHZ 169, 221 = NJW 2007, 300 Rn. 19), für die Klage gegen den Übertragungsbeschluss hat er es immer (BGH 22.3.2011, BGHZ 189, 32 = NZG 2011, 669 Rn. 10). § 265 Abs. 2 ZPO gilt auch nach der Veräußerung von Gesellschaftsanteilen einer **GmbH,** jedenfalls wenn sich der Veräußerer das Anfechtungsrecht gegenüber dem Erwerber vorbehalten hat (BGH 9.10.2006, BGHZ 169, 221 = NJW 2007, 300 Rn. 15; BGH 12.7.1993, NJW-RR 1993, 1253; BGH 25.2.1965, BGHZ 43, 261 = NJW 1965, 1378). Mit der Wirksamkeit einer Einziehung bzw. der Löschung des Gesellschafterliste entfällt das Anfechtungsrecht (MHLS/*Römermann* GmbHG Anh. § 47 Rn. 403; Scholz/*K. Schmidt* GmbHG § 45 Rn. 130; offen BGH 12.7.1993, NJW-RR 1993, 1253), soweit nicht der Einziehungsbeschluss selbst betroffen ist (BGH 19.9.1977, NJW 1977, 2316; BGH 24.1.2012, BGHZ 192, 236 = NZG 2012, 259 Rn. 24; BGH 29.1.2019, BeckRS 2019, 2668) oder der Prozess Auswirkungen auf die Höhe des Einziehungsentgelts hat.

48a **b) Insolvenz.** Die Eröffnung des Insolvenzverfahrens über das Vermögen des Aktionärs oder Gesellschafters führt nach § 240 ZPO zur **Unterbrechung** des Anfechtungsrechtsstreits, weil die mit dem Anteil verbundenen Teilhaberechte dem Vermögen zuzurechnen sind und daher unter die Verwaltungsbefugnis des Insolvenzverwalters fallen (BGH 24.10.2017, NZG 2018, 32 Rn. 15). Bei mehreren Anfechtungsklägern, zwischen denen nur eine prozessrechtlich notwendige Streitgenossenschaft vorliegt, betrifft die Unterbrechung nur den Prozess des insolventen Streitgenossen, sodass das Verfahren ggf. ohne ihn fortzusetzen ist.

49 **9. Entscheidung und Rechtsmittel.** Ist die Anfechtungsklage begründet, so ist der Beschluss für nichtig zu erklären (vgl. § 241 Nr. 5), andernfalls die Klage abzuweisen. Da mehrere Anfechtungskläger zu einem Beschluss notwendige Streitgenossen aus prozessualen Gründen sind, hat auch die Klage der Anfechtungskläger zu einem Beschluss Erfolg, die selbst andere, erfolglose Anfechtungsgründe vorgebracht haben (BGH 22.3.2011, BGHZ 189, 32 = NZG 2011, 669 Rn. 13; BGH 16.2.2009, BGHZ 180, 9 = NJW 2009, 2207 Rn. 55; BGH 5.4.1993 BGHZ 122, 211 = NJW 1993, 1976). Die **Kostenentscheidung** richtet sich bei mehreren Klägern nach § 100 ZPO, auch bei Klägern und Nebenintervenienten (§ 101 Abs. 2 ZPO), sodass im Fall des Unterliegens die Gerichtskosten und die außergerichtlichen Kosten des Gegners unter ihnen zu teilen sind, ebenso bei Erfolg zwischen Nebenintervenienten und Gesellschaft auf der Beklagtenseite. Da mehrere Anfechtungs- und Nichtigkeitsklagen vor einer Verbindung der Prozesse nach Abs. 3 S. 6 gebührenrechtlich selbstständig sind, fallen die für das Verfahren im Allgemeinen nach KV 1210 GKG zu erhebenden Gerichtskosten nach § 6 Abs. 1 Nr. 1 GKG mit der Einreichung der jeweiligen Klage an und bleiben die vor der Verbindung entstandenen Gerichtskosten auch nach der Prozessverbindung bestehen (BGH 14.5.2013, NJW 2013, 2824 Rn. 17). **Rechtsmittel** kann jeder der Kläger und ihrer Nebenintervenienten aus eigenem Recht einlegen; es gilt jeweils eine eigene Rechtsmittelfrist (vgl. BGH 31.3.2008, NJW 2008, 1889 Rn. 10; BGH 21.4.1997, NJW-RR 1997, 865). Rechtsmittelführer – auch für die Rechtsmittelkosten (§ 97 Abs. 1 ZPO) – sind aber nur diejenigen, die ein zulässiges Rechtsmittel eingelegt haben.

VII. Positive Beschlussfeststellungsklage

50 Die Beseitigung des Beschlusses durch die Anfechtungsklage führt den Anfechtungskläger nicht zum Ziel, wenn der angegriffene Beschluss ein negativer Beschluss ist, mit dem ein beantragter Beschluss abgelehnt worden ist (→ § 241 Rn. 11), und er der Ansicht ist, richtigerweise – bei korrekter Stimmenzählung oder Stimmrechtsausübung – hätte der beantragte Beschluss gefasst werden müssen. In diesen Fällen kann und muss der Anfechtungskläger seine Anfechtungsklage mit dem Antrag auf Feststellung verbinden, dass ein anderer Beschluss zustande gekommen ist (**positive Beschlussfeststellungsklage,** BGH 13.3.1980, BGHZ 76, 191 = NJW 1980, 1465; BGH 26.10.1983, BGHZ 88, 320 = NJW 1984, 489; BGH 20.1.1986, BGHZ 97, 28 = NJW 1986, 2051; BGH 10.5.2001, BGHZ 147, 394 = NJW 2001, 2176; BGH 13.1.2003, NJW-RR 2003, 470; BGH 27.4.2009, NJW 2009, 2300 Rn. 27). Für eine isolierte Anfechtungsklage ohne Feststellungsantrag fehlt das Rechtsschutzbedürfnis, ebenso für eine isolierte Feststellungsklage ohne Anfechtungsantrag (vgl. BGH 26.10.1983, BGHZ 88, 320 = NJW 1984, 489; OLG Stuttgart 8.7.2015, AG 2016, 370 (371); OLG Hamburg 17.8.2001, NZG 2002, 244). Für eine Klage auf Feststellung der Ablehnung eines Antrags fehlt neben der Anfechtungsklage das Rechtsschutzbedürfnis, wenn der Beschluss vom Versammlungsleiter als zustande gekommen festgestellt war (BGH 13.1.2003, NJW-RR 2003, 470; BGH 21.3.1988, BGHZ 104, 66 = NJW 1988, 1844). Das

Gericht hat aber auf eine richtige Antragstellung hinzuwirken (BGH 27.4.2009, NJW 2009, 2300 Rn. 36).

51 Auf die positive Beschlussfeststellungsklage sind die Vorschriften über die **Anfechtungsklage entsprechend** anzuwenden, sowohl hinsichtlich der Klagefrist, der Vertretung als auch der Bekanntmachung (BGH 20.1.1986, BGHZ 97, 28 = NJW 1986, 2051). Der Widerspruch in der Hauptversammlung genügt, es muss nicht ausdrücklich die Feststellung des begehrten Beschlusses geltend gemacht werden (BGH 13.3.1980, BGHZ 76, 191 = NJW 1980, 1465). Die Klagefrist wird auch durch eine Anfechtungsklage gewahrt, wenn das Begehren, einen bestimmten Beschluss festgestellt zu erhalten, sich aus der Begründung ergibt (GK-AktG/*K. Schmidt* Rn. 109; aA wohl MüKoAktG/*Hüffer*/*Schäfer* Rn. 87). Der festzustellende Beschluss muss gesetzes- und satzungskonform sein (BGH 13.3.1980, BGHZ 76, 191 = NJW 1980, 1465; BGH 20.1.1986, BGHZ 97, 28 = NJW 1986, 2051). Die übrigen Aktionäre können aufseiten der Gesellschaft beitreten, um die Gesetzes- oder Satzungswidrigkeit des begehrten Beschlusses einzuwenden (vgl. *Heer* ZIP 2012, 803). Dem Feststellungsurteil kommt wie dem Urteil im Anfechtungsprozess rechtsgestaltende Kraft zu (BGH 20.1.1986, BGHZ 97, 28 = NJW 1986, 2051; BGH 10.5.2001, NJW 2001, 2176). Bei der **GmbH** gelten die gleichen Grundsätze.

VIII. Einstweiliger Rechtsschutz

52 **1. Grundsatz.** Einstweiliger Rechtsschutz ist bei Beschlüssen in der Form der **einstweiligen Verfügung** nach §§ 935 ff. ZPO möglich. Sie scheidet nicht schon von vorneherein aus, weil sie einer endgültigen Regelung gleich käme. Abgesehen davon, dass statt endgültiger Regelungen auch Anordnungen, deren Wirkung hinter einer Unwirksamerklärung des Beschlusses zurückbleiben, in Betracht kommen, ist eine jedenfalls bis zur Entscheidung in der Hauptsache befristete, der Hauptsache gleichkommende Wirkung dem einstweiligen Verfügungsverfahren nicht fremd. Zu unterscheiden sind grundsätzlich zwei zeitlich unterschiedliche Bereiche: die einstweilige Verfügung vor und die einstweilige Verfügung nach Beschlussfassung. Eine **Sonderregelung** enthalten § 246a, § 319 Abs. 6 und § 16 Abs. 3 UmwG für die AG bei bestimmten Hauptversammlungsbeschlüssen, die in ihrem Anwendungsbereich eine einstweilige Verfügung ausschließen.

53 **2. Vor Beschlussfassung.** Bevor ein Beschluss gefasst ist, kommt eine einstweilige Verfügung des Gesellschafters **allenfalls** in **Ausnahmefällen** (aA – nie – MüKoAktG/*Hüffer*/*Schäfer* § 243 Rn. 153) in Betracht. Regelmäßig fehlt schon ein **Verfügungsanspruch.** Abgesehen davon, dass ungewiss ist, wie die Abstimmung ausfallen wird, besteht kein Anspruch auf ein bestimmtes Stimmverhalten (OLG Düsseldorf 18.5.2005, NZG 2005, 633). Das ist nur dann anders, wenn die Treuepflicht eine Abstimmung in einem bestimmten Sinn verlangt, was vor allem bei der GmbH in Betracht kommen kann. Die Abstimmungspflicht aufgrund einer Stimmbindung führt – abgesehen von der Stimmbindung aller Gesellschafter in der GmbH – nicht zu einem Anspruch gegen die Gesellschaft, sondern nur gegen den Vertragspartner der Stimmbindung. Wo ausnahmsweise ein Anspruch anzunehmen ist, scheitert eine einstweilige Verfügung fast immer am fehlenden **Verfügungsgrund,** weil der Beschluss abgewartet und gegen ihn vorgegangen werden kann (OLG München 13.9.2006, NZG 2007, 152; KG 19.10.2004, NZG 2005, 83; OLG Jena 4.12.2001, NZG 2002, 89; OLG Stuttgart 7.3.1997, GmbHR 1997, 1107; OLG Koblenz 25.10.1990, NJW 1991, 1119; OLG Stuttgart 20.2.1987, NJW 1987, 2449; aA OLG München 20.7.1998, NZG 1999, 407; OLG Hamburg 28.6.1991, NJW 1992, 186).

54 Umgekehrt kann auch die **Gesellschaft** oder für sie im Wege der actio pro socio ein Gesellschafter vor Beschlussfassung keine einstweilige Verfügung erwirken, selbst wenn eine Anfechtungsklage angekündigt ist. In **Ausnahmefällen** kann die Frist bis zur Gesellschafterversammlung nicht abgewartet werden und müssen die Wirkungen eines Beschlusses vorgezogen werden, etwa wenn einem ungetreuen Geschäftsleiter die Führung der Geschäfte oder der Zutritt sofort untersagt werden muss (Baumbach/Hueck/*Zöllner*/*Noack* GmbHG § 38 Rn. 71). Der Verfügungsanspruch liegt im erwarteten Beschluss, sodass ein Anspruch auf entsprechende Beschlussfassung bestehen und die Treuepflicht einen Beschluss gebieten muss. Die einstweilige Verfügung darf aber nicht die Regelung des Beschlusses vorwegnehmen, also beispielsweise nicht auf Entfernung aus dem Amt lauten, sondern kann einstweilig nur Sicherungsmaßnahmen wie Tätigkeits- oder Betretungsverbote anordnen.

55 Der Gesellschafter kann **nicht** im Wege der einstweiligen Verfügung die anderen Gesellschafter verpflichten, eine **Gesellschafterversammlung** zu **unterlassen** (OLG Jena 4.12.2001, NZG 2002, 89), oder bestimmte **Personen zuzulassen** (OLG Stuttgart 7.3.1997, GmbHR 1997, 1107). Auch zur Durchsetzung eines **Stimmverbots** im Wege der einstweiligen Verfügung fehlt ein Verfügungsgrund, weil hier die Beschlussanfechtung verbunden mit der positiven Beschlussfeststellungsklage möglich sind und ggf. nach Beschlussfassung einstweilige Maßnahmen getroffen werden können (aA OLG Hamburg 28.6.1991, NJW 1992, 186).

56 **3. Nach Beschlussfassung. a) Zur Beschlussdurchführung.** Eine einstweilige Verfügung kommt in Betracht, wenn eine **Eintragung** ermöglicht werden soll. In diesem Bereich verdrängen bei der AG §§ 246a, 319 Abs. 6 und § 16 Abs. 3 UmwG die einstweilige Verfügung (*Schlitt*/*Seiler* ZHR 166 (2002),

544 (566); aA *Kort* NZG 2007, 169 (171)). In verbleibenden Fällen, vor allem bei der **GmbH,** kommt eine einstweilige Verfügung dahin in Betracht, dass eine erhobene Anfechtungs- oder Nichtigkeitsklage der Eintragung nicht entgegensteht. Auch sonst kann es erforderlich sein, etwa nach Abberufung des Geschäftsführers, zur Sicherung der Beschlusswirkung einstweilige Maßnahmen zu erwirken wie Tätigkeitsverbote (OLG Hamm 7.10.1992, GmbHR 1993, 743; OLG Stuttgart 26.10.2005, GmbHR 2006, 1258) oder Zutrittsverbote. Der **Verfügungsgrund** liegt vor, wenn der Gesellschaft durch das Abwarten der Hauptsacheentscheidung ein nicht wieder gutzumachender Schaden droht, die Interessen des widersprechenden Gesellschafters geringer wiegen und die vorläufige Wirksamkeit des Beschlusses nicht ausreicht, den Schaden zu vermeiden. Im Wege der einstweiligen Verfügung kann aber nicht erreicht werden, dass der Beschluss für wirksam erklärt wird (Scholz/*K. Schmidt* GmbHG § 45 Rn. 183). Antragsteller ist die Gesellschaft oder im Fall der Verhinderung des Geschäftsleiters ein im Wege der actio pro socio handelnder Gesellschafter, Antragsgegner der betroffene oder widersprechende Gesellschafter. Zuständig ist als Gericht der Hauptsache (§ 935 ZPO) das für die Anfechtungsklage zuständige LG.

57 **b) Verbot der Beschlussausführung.** Der **Verfügungsanspruch** liegt in der Anfechtungsklage. Sie muss erhoben oder zumindest angekündigt sein, weil der Beschluss zunächst als wirksam zu betrachten ist und er mit Ablauf der Anfechtungsfrist bestandskräftig wird. Die Klage muss außerdem Aussicht auf Erfolg haben. Ein **Verfügungsgrund** liegt vor, wenn das Abwarten der Entscheidung in der Hauptsache zu einem nicht wieder gutzumachenden Schaden des Anfechtungsklägers führen würde und die Interessen der Gesellschaft geringer wiegen. Zwischen Nichtigkeits- und Anfechtungsgründen oder eintragungsbedürftigen und nicht eintragungsbedürftigen Beschlüssen ist nicht zu unterscheiden (MHLS/*Römermann* GmbHG Anh. § 47 Rn. 615; aA UHL/*Raiser* GmbHG Anh. § 47 Rn. 290). Antragsteller ist der Anfechtungskläger, Antragsgegner wie sonst die Gesellschaft. Zuständiges Gericht ist als Gericht der Hauptsache (§ 935 ZPO) das für die Anfechtungsklage zuständige Gericht.

58 Eine einstweilige Verfügung kommt etwa in Betracht, um Vorstand oder Geschäftsführern die Anmeldung des Beschlusses zur **Eintragung** ins Handelsregister zu **untersagen** (BVerfG 13.10.2004, WM 2004, 2354) oder den Antrag wieder zurückzunehmen. Dagegen kann der Beschluss nicht im Weg der einstweiligen Verfügung für unwirksam erklärt werden (*Lutz* BB 2000, 833 (835)).

Freigabeverfahren

246a (1) [1] **Wird gegen einen Hauptversammlungsbeschluss über eine Maßnahme der Kapitalbeschaffung, der Kapitalherabsetzung (§§ 182 bis 240) oder einen Unternehmensvertrag (§§ 291 bis 307) Klage erhoben, so kann das Gericht auf Antrag der Gesellschaft durch Beschluss feststellen, dass die Erhebung der Klage der Eintragung nicht entgegensteht und Mängel des Hauptversammlungsbeschlusses die Wirkung der Eintragung unberührt lassen.** [2] **Auf das Verfahren sind § 247, die §§ 82, 83 Abs. 1 und § 84 der Zivilprozessordnung sowie die im ersten Rechtszug für das Verfahren vor den Landgerichten geltenden Vorschriften der Zivilprozessordnung entsprechend anzuwenden, soweit nichts Abweichendes bestimmt ist.** [3] **Über den Antrag entscheidet ein Senat des Oberlandesgerichts, in dessen Bezirk die Gesellschaft ihren Sitz hat.**

(2) **Ein Beschluss nach Absatz 1 ergeht, wenn**

1. **die Klage unzulässig oder offensichtlich unbegründet ist,**
2. **der Kläger nicht binnen einer Woche nach Zustellung des Antrags durch Urkunden oder durch einen Nachweis nach § 67c Absatz 3 belegt hat, dass er seit Bekanntmachung der Einberufung einen anteiligen Betrag von mindestens 1000 Euro hält oder**
3. **das alsbaldige Wirksamwerden des Hauptversammlungsbeschlusses vorrangig erscheint, weil die vom Antragsteller dargelegten wesentlichen Nachteile für die Gesellschaft und ihre Aktionäre nach freier Überzeugung des Gerichts die Nachteile für den Antragsgegner überwiegen, es sei denn, es liegt eine besondere Schwere des Rechtsverstoßes vor.**

(3) [1] **Eine Übertragung auf den Einzelrichter ist ausgeschlossen; einer Güteverhandlung bedarf es nicht.** [2] **In dringenden Fällen kann auf eine mündliche Verhandlung verzichtet werden.** [3] **Die vorgebrachten Tatsachen, auf Grund deren der Beschluss ergehen kann, sind glaubhaft zu machen.** [4] **Der Beschluss ist unanfechtbar.** [5] **Er ist für das Registergericht bindend; die Feststellung der Bestandskraft der Eintragung wirkt für und gegen jedermann.** [6] **Der Beschluss soll spätestens drei Monate nach Antragstellung ergehen; Verzögerungen der Entscheidung sind durch unanfechtbaren Beschluss zu begründen.**

(4) [1] **Erweist sich die Klage als begründet, so ist die Gesellschaft, die den Beschluss erwirkt hat, verpflichtet, dem Antragsgegner den Schaden zu ersetzen, der ihm aus einer auf dem Beschluss beruhenden Eintragung des Hauptversammlungsbeschlusses entstanden ist.** [2] **Nach der Eintragung lassen Mängel des Beschlusses seine Durchführung unberührt; die Beseitigung dieser Wirkung der Eintragung kann auch nicht als Schadensersatz verlangt werden.**

Übersicht

I. Allgemeines

1 **1. Normzweck.** Die **Freigabe** soll die Eintragung eines Hauptversammlungsbeschlusses trotz Anfechtungsklage ermöglichen. Eine Anfechtungsklage verhindert jedenfalls faktisch die Eintragung und bietet damit Erpressungspotential, wenn das Unternehmen auf eine schnelle Umsetzung des Beschlusses angewiesen ist. Dieser Gefahr begegnet § 246a mit dem Konzept, dass das Unternehmen iRd anhängigen Verfahrens die Eintragung trotz fehlender Bestandskraft des Beschlusses erreichen kann. Die Freigabe war zunächst in § 16 Abs. 3 UmwG und in § 319 Abs. 6 geregelt, mit dem UMAG wurde sie in § 246a auf weitere Strukturmaßnahmen ausgedehnt. Mit dem ARUG wurden die Freigabevoraussetzungen erneut (parallel auch in § 319 Abs. 6 und § 16 Abs. 3 UmwG) verändert.

2 Während § 319 Abs. 5 und § 16 Abs. 2 S. 2 UmwG ausdrücklich eine **Registersperre** anordnen, die durch die Feststellung des Gerichts, dass eine Klage der Eintragung nicht entgegensteht, überwunden werden kann, sieht § 246a nur die **Unbedenklichkeitsbescheinigung** vor, an die das Registergericht im Gegensatz zu § 319 Abs. 6 und § 16 UmwG ausdrücklich gebunden wird. Die sachlichen Voraussetzungen sind teilweise identisch: die Freigabeentscheidung darf ergehen, wenn die Klage unzulässig oder offensichtlich unbegründet ist, kein Aktienbesitz von 1.000 EUR belegt ist oder wenn ein überwiegendes Interesse die Eintragung den Interessen der Kläger vorrangig erscheinen lässt.

3 **2. Anwendungsbereich.** Die Vorschrift ist auf Hauptversammlungsbeschlüsse über eine Maßnahme der **Kapitalbeschaffung** (OLG Nürnberg 14.2.2018, ZIP 2018, 527 (528): Bezugsrechtsausschluss bei genehmigtem Kapital), der **Kapitalherabsetzung** (OLG München 26.3.2015, NZG 2015, 1027) und einen **Unternehmensvertrag** anwendbar, auch bei der SE (OLG Frankfurt a. M. 30.3.2010, NZG 2010, 824). Auf den Fortsetzungsbeschluss nach § 274 Abs. 1 ist sie nicht entsprechend anwendbar (LG München I 12.7.2007, WM 2008, 77). Für die **Eingliederung** enthält § 319 Abs. 6 eine ähnliche Vorschrift, auf die § 327e Abs. 2 für die **Ausschließung** verweist. § 16 Abs. 3 UmwG enthält für Maßnahmen nach dem UmwG ebenfalls eine ähnlich lautende Vorschrift, die aber nur Beschlussmängelklagen, nicht dagegen Klagen auf Feststellung der Unwirksamkeit von Übernahme- oder Spaltungsverträgen betrifft (OLG Düsseldorf 22.6.2017, AG 2017, 900 (901 f.)). § 20 Abs. 3 S. 4 SchVG verweist für Beschlüsse der **Gläubigerversammlung** auf § 246a. Auf die **GmbH** ist die Vorschrift **nicht** anwendbar (KG 23.6.2011, NZG 2011, 1068; Scholz/*K. Schmidt* GmbHG § 45 Rn. 137; Hüffer/Koch/*Koch* Rn. 3; MüKoGmbHG/*Wertenbruch* GmbHG Anh. § 47 Rn. 191; *Sauerbruch* GmbHR 2007, 189; *Fleischer* DB 2011, 2132; Baumbach/Hueck/*Zöllner/Noack* GmbHG § 54 Rn. 28; aA UHL/*Raiser* GmbHG Anh. § 47 Rn. 13, 189, 207; *Harbarth* GmbHR 2005, 966 (968); *Bayer/Lieder* NZG 2011, 1170). Sie ist auf die AG mit Kleinaktionären zugeschnitten. Für die analoge Anwendung besteht auch kein Bedarf, weil die seit langem im GmbH-Gesellschafterstreit bewährten Regeln des einstweiligen Rechtsschutzes nach §§ 935 ff. ZPO anwendbar und für die gebotene Interessenabwägung besser geeignet sind (vgl. MüKoZPO/*Drescher* ZPO § 935 Rn. 48).

II. Freigabevoraussetzungen

4 **1. Unzulässigkeit.** Die Klage ist unzulässig, wenn sie nicht den Anforderungen des § 253 ZPO genügt oder eine Prozessvoraussetzung fehlt. Bei behebbaren Mängeln wie der Unzuständigkeit des Gerichts ist nach § 139 Abs. 3 ZPO Gelegenheit zur Behebung zu geben; eine Freigabeentscheidung kommt aus diesem Grund erst in Betracht, wenn der Mangel nicht innerhalb der gesetzten Frist behoben ist (MüKoAktG/*Grunewald* § 319 Rn. 34). Da das Gericht der Anfechtungsklage nicht auch für das Freigabeverfahren zuständig ist, muss das zuständige Oberlandesgericht ggf. eine Abhilfefrist setzen.

5 **2. Offensichtliche Unbegründetheit.** Die Anfechtungsklage ist **unbegründet,** wenn die Kläger nicht **anfechtungsbefugt** sind (OLG Jena 12.10.2006, NZG 2007, 147; OLG Stuttgart 13.5.2005, AG

2005, 662), sie die Klage **rechtsmissbräuchlich** (OLG Köln 6.10.2003, ZIP 2004, 760) bzw. **verspätet** erhoben haben (OLG Hamm 22.9.2010, NZG 2011, 148) oder **keine Anfechtungs- oder Nichtigkeitsgründe** bestehen. Dabei sind nur von den Klägern vorgebrachte Anfechtungs- oder Nichtigkeitsgründe zu berücksichtigen, deren Klage zulässig ist und die das Quorum nach Nr. 2 erreichen (*Verse* NZG 2009, 1127 (1129); offen OLG München 6.7.2011, ZIP 2011, 2199). Die Klage ist **offensichtlich** unbegründet, wenn sie nach der Rechtsauffassung des Gerichts aufgrund des unstreitigen Sachverhalts unbegründet ist oder sie, sofern ihr Erfolg von einer Beweisaufnahme abhängt, bei Würdigung der vorgelegten Beweise (Abs. 3 S. 2 verlangt Glaubhaftmachung) mit eindeutig überwiegender Wahrscheinlichkeit keinen Erfolg haben wird (OLG Stuttgart 2.12.2014, ZIP 2015, 1120). Nur zur Beweiswürdigung ist die Prüfung vorläufig (OLG Hamburg 29.9.2004, NZG 2005, 86). Wie in anderen zivilprozessualen Eilverfahren ist die Möglichkeit einer abw. Rechtsmeinung im Instanzenzug nicht zu berücksichtigen. **Rechtsfragen** sind nicht nur summarisch, sondern umfassend zu prüfen; die Rechtslage muss nicht schon ins Auge springen (BGH 29.5.2006, BGHZ 168, 48 = NJW 2006, 2924; BGH 2.7.1990, BGHZ 112, 9 = NJW 1990, 2747; OLG München 6.7.2011, ZIP 2011, 2199; OLG Hamm 22.9.2010, NZG 2011, 148; OLG Karlsruhe 7.12.2006, ZIP 2007, 270; OLG München 16.11.2005, NZG 2006, 398; OLG Hamm 17.3.2005, ZIP 2005, 1457; OLG Saarbrücken 11.2.2005, AG 2005, 366; OLG Hamburg 29.9.2004, NZG 2005, 86; OLG Düsseldorf 16.1.2004, NZG 2004, 328; OLG Köln 6.10.2003, ZIP 2004, 760; OLG Hamburg 11.8.2003, AG 2003, 696; OLG Hamburg 11.4.2003, NZG 2003, 539; einschr. OLG Jena 12 10.2006, NZG 2007, 147; aA OLG Hamm 19.8.2005, NZG 2005, 897). Strittige und in der höchstrichterlichen Rspr. ungeklärte Rechtsfragen hindern die Feststellung der offensichtlichen Unbegründetheit nicht (OLG Düsseldorf 22.6.2017, AG 2017, 900 (902); OLG Karlsruhe 7.12.2006, ZIP 2007, 270; OLG Düsseldorf 16.1.2004, NZG 2004, 328; aA OLG München 14.12.2011, NZG 2012, 261). Das Ergebnis der Sach- und Rechtsprüfung muss entgegen einer verbreiteten Formulierung nicht so eindeutig sein, dass eine andere Beurteilung nicht oder kaum vertretbar erscheint (so aber OLG Düsseldorf 22.6.2017, AG 2017, 900 (902); OLG München 16.1.2014, ZIP 2014, 472; OLG Bremen 16.8.2012, ZIP 2013, 460; OLG Frankfurt a. M. 20.3.2012, ZIP 2012, 766; OLG Frankfurt a. M. 26.2.2007, AG 2007, 867; OLG Karlsruhe 7.12.2006, ZIP 2007, 270; OLG Hamburg 16.11.2005, NZG 2006, 398) oder dass die Klage von vorneherein unschlüssig ist (so BGH 29.5.2006, BGHZ 168, 48 = NJW 2006, 2924; BGH 2.7.1990, BGHZ 112, 9 = NJW 1990, 2747). Die Offensichtlichkeit bezieht sich nicht auf etwaige Rechtsfragen, sondern auf den Sachverhalt, der offensichtlich sein muss.

6 **3. Verfehlen des Quorums.** Der Kläger muss Aktien für mindestens **1000 Euro** halten. Maßgebend ist nicht der aktuelle Börsenwert oder Verkehrswert der Aktien, sondern bei Nennbetragsaktien (§ 8 Abs. 2) der kumulierte **Nennwert,** bei Stückaktien (§ 8 Abs. 3) der kumulierte, auf die einzelne Aktie entfallende anteilige Betrag des Grundkapitals (OLG Stuttgart 19.10.2009, ZIP 2009, 2337). Die Anteile mehrerer Kläger in verbundenen Verfahren sind nicht zusammenzurechnen (OLG Bremen 16.8.2012, ZIP 2013, 460; OLG München 6.7.2011, ZIP 2011, 2199; OLG Stuttgart 19.10.2009, ZIP 2009, 2337; OLG Frankfurt a. M. 30.3.2010, ZIP 2010, 986; OLG Hamburg 11.12.2009, AG 2010, 215; OLG Hamburg 11.12.2009, NZG 2010, 666; vgl. BT-Drs. 16/13098, 60). Aktionäre können ihre Anteile aber bei einem Kläger – etwa durch Wertpapierleihe – bündeln (*Verse* NZG 2009, 1127 (1129)).

6a Vor den Änderungen durch das ARUG II galt: Das Quorum muss von der **Bekanntgabe der Einberufung** (§ 121 Abs. 4) **bis** zum **Nachweis** (OLG Nürnberg 27.9.2010, ZIP 2010, 2498; für Einleitung der Beschlussmängelklage KK-AktG/*Noack/Zetzsche* Rn. 112, für Zustellung des Freigabeantrags OLG Bamberg NZG 2014, 306; K. Schmidt/Lutter/*Schwab* Rn. 18), nicht auch bis zur Entscheidung gehalten werden (OLG Saarbrücken 7.12.2010, NZG 2011, 358; KG 2.2.2015, ZIP 2015, 974). Der Zeitpunkt kann nicht vor Zustellung des Freigabeantrags liegen, muss aber – was auch gar nicht möglich wäre – nicht den folgenden Eingang des Nachweises bei Gericht abdecken. Für die Zeit ab Bekanntgabe der Einberufung müssen Aktien zur Anfechtungsbefugnis gehalten worden sein. Da der Freigabeantrag auch nicht der Anfechtungsklage auf dem Fuß folgen muss, ist auch die möglicherweise lange in der Vergangenheit liegende Klageerhebung angesichts der Verwendung des Präsens im Gesetz kein geeigneter Zeitpunkt, um das aktuelle Beteiligungsinteresse zu dokumentieren. Ein Nachweis für die Zeit vor der Bekanntgabe der Einberufung kann nicht verlangt werden (OLG Frankfurt a. M. 2.12.2010, NZG 2012, 351). Bei einer Vollversammlung (§ 121 Abs. 6) tritt der Zeitpunkt der Hauptversammlung an die Stelle der Bekanntgabe der Einberufung.

6b Mit dem Inkrafttreten der Änderungen durch das **ARUG II** für Hauptversammlungen ab 3.9.2020 dürfte sich das geändert haben und der **Nachweisstichtag** für die Hauptversammlung, auf der der angefochtene Beschluss gefasst wurde, maßgeblich sein. Seither kann das Quorum statt durch Urkunden auch durch einen Nachweis nach § 67c Abs. 3 belegt werden. Dieser Nachweis bezieht sich bei börsennotierten Gesellschaften auf den Nachweisstichtag für die Hauptversammlung (§ 123 Abs. 4 S. 2), aber auch bei nichtbörsennotierten Gesellschaften auf die Einladung zu Hauptversammlung. Der Nachweis nach § 67c Abs. 3 ist ein Nachweis in Textform gemäß den Anforderungen nach Art. 5 Durchführungsverordnung (EU) 2018/1212, der dem Aktionär für die Ausübung seiner Rechte in der Hauptversammlung auszustellen hat. Nach Art. 5 Abs. 1 Durchführungsverordnung (EU) 2018/1212 bestätigt der letzte Intermediär, in der Regel die Depotbank, auf Ersuchen dem Aktionär die in seinen Aufzeichnungen ausgewiesene berechtigte Position. Tabelle 4 im Anhang, auf die zur Form dieses Nachweises verwiesen wird (Art. 5 Abs. 2 Durchführungsverordnung (EU) 2018/1212), verlangt eine eindeutige Kennung der einberufenen Hauptversammlung. Damit lässt der Nachweis nach § 67c Abs. 3 nur Raum für die Angabe zur Hauptversammlung, auf der der angefochtene Beschluss gefasst wurde, und kann sich nur darauf beziehen, nicht aber auf einen späteren Zeitpunkt. Zur Ausstellung anderer Nachweise verpflichtet § 67c Abs. 3 nicht. Wenn auch ein solcher, auf den Zeitpunkt der Hauptversammlung bezogener Nachweis ausreicht, kann schwerlich verlangt werden, dass sich eine andere Urkunde, mit der das Quorum gleichfalls nachgewiesen werden kann, auf einen längeren Zeitraum bezieht (aA *Schatz* in Hirte/Heidel Neues AktR Rn. 9). Da Abs. 2 Nr. 2 Quorum und Nachweis nicht trennt, genügt somit, dass das Quorum für den Nachweisstichtag belegt wird, wo ein solcher nicht vorgesehen ist, der Tag der Hauptversammlung. Ob der Gesetzgeber des ARUG II § 67c Abs. 3 irrtümlich für eine Regelung gehalten hat, die generell für die Ausübung von Aktionärsrechten gilt (vgl. BT-Drs. 19/9739, 115), und den zeitlichen Hauptversammlungsbezug verkannt hat, ist allerdings unklar. Das ändert aber nichts daran, dass § 67c Abs. 3 sich nur auf die Wahrnehmung der Rechte in der Hauptversammlung beziehen lässt und die Bescheinigung nur zeitpunktbezogen ist.

Inhaltlich muss eine Urkunde die Zahl der gehaltenen Aktien, nicht auch ihren Nennwert oder das Grundkapital (OLG Saarbrücken 7.12.2010, NZG 2011, 358), und den Namen des Aktionärs angeben; auch eine Rechtsnachfolge muss ggf. urkundlich belegt werden (OLG München 16.6.2010, AG 2010, 715). Sie musste bisher auch den gesamten Zeitraum von der Bekanntgabe der Einberufung jedenfalls bis zur Zustellung des Freigabeantrags abdecken; nur der Zeitraum ab dem Nachweisstichtag nach § 123 Abs. 3 S. 3 genügte nicht (OLG Nürnberg 27.9.2010, ZIP 2010, 2498; OLG Bamberg 9.12.2013, NZG 2014, 306; aA KG 2.2.2015, ZIP 2015, 974). Nachgewiesen werden musste, dass der Antragsgegner die Aktien hält, nicht nur gehalten hat. Eine Erklärung wie nach § 142 Abs. 2 S. 2, dass die Aktien bis zur Entscheidung im Freigabeverfahren gehalten werden und das Gericht über Veränderungen informiert wird, musste der Nachweis nicht enthalten (OLG Saarbrücken 7.12.2010, NZG 2011, 358; KG 2.2.2015, ZIP 2015, 974). Durch den Verweis auf § 67c Abs. 3 muss sich der Nachweis auch durch Urkunden aber nur noch auf den Nachweisstichtag beziehen (→ Rn. 6b). Der Nachweis kann durch den Nachweis nach § 67c Abs. 3 in Textform gemäß den Anforderungen nach Art. 5 Durchführungsverordnung (EU) 2018/1212, dort im Einzelnen wie im Anhang Tabelle 4, oder **durch Urkunden** erbracht werden. Damit ist nicht Urkundenqualität iSv §§ 415, 416 ZPO verlangt, vielmehr eine verkörperte Wissenserklärung; eine Depotbescheinigung (OLG Hamm 6.6.2011, NZG 2011, 1031; OLG Saarbrücken 7.12.2010, NZG 2011, 358) oder bei Namensaktien ein Auszug aus dem Aktienregister genügen. Dass ein Antragsgegner erst nach der Hauptversammlung eingetragen wird, soll unschädlich sein, wenn die Aktien bereits davor gehalten wurden (OLG München 10.4.2013, ZIP 2013, 931). Schon angesichts der knappen Frist, aber auch wegen des Nachweiszwecks erfüllt eine (Fern-) Kopie die Nachweisanforderung, jedenfalls wenn der Inhalt nicht zweifelhaft ist (OLG München 6.7.2011, ZIP 2011, 2199; KK-AktG/*Noack/Zetzsche* Rn. 97; aA OLG Bamberg 9.12.2013, NZG 2014, 306; OLG Frankfurt a. M. 30.3.2010, NZG 2010, 824; offen gelassen bei OLG Köln 13.1.2014, ZIP 2014, 263), zudem genügt nach § 67c Abs. 3 ausdrücklich Textform. Dagegen genügt ein Auszug aus dem Teilnehmerverzeichnis der Hauptversammlung nicht (OLG Hamm 6.6.2011, NZG 2011, 1031; aA KG 2.2.2015, ZIP 2015, 974). 7

Der **Beleg** ist **entbehrlich,** wenn das Erreichen des **Quorums unstreitig** ist (OLG Frankfurt a. M. 20.3.2012, ZIP 2012, 766; OLG Frankfurt a. M. 2.12.2010, NZG 2012, 351; OLG Frankfurt a. M. 30.3.2010, NZG 2010, 824; OLG Nürnberg 27.9.2010, ZIP 2010, 2498; KK-AktG/*Noack/Zetzsche* Rn. 119; aA OLG München 29.1.2019, AG 2019, 525 (526); OLG Bamberg 9.12.2013, NZG 2014, 306 (307); OLG Nürnberg 25.7.2012, ZIP 2012, 2052; OLG Hamm 6.6.2011, NZG 2011, 1031; KG 6.12.2010 NZG 2011, 305; MüKoAktG/*Hüffer/Schäfer* Rn. 24; Hüffer/Koch/*Koch* Rn. 203; BeckOGK/*Vatter,* 1.7.2020, Rn. 27). Nicht der fehlende Nachweis, sondern das Nichterreichen des Quorums ist das Freigabekriterium (OLG Frankfurt a. M. 30.3.2010, NZG 2010, 824 (826); KK-AktG/*Noack/Zetzsche* Rn. 87). Das folgt jetzt auch aus dem Verweis auf den Nachweis nach § 67c Abs. 3. Art. 5 Abs. 2 Durchführungsverordnung (EU) 2018/1212, auf die dort verwiesen wird, besagt ausdrücklich, dass die Bestätigung durch den Letztintermediär nicht erforderlich ist, wenn die berechtigte Position dem Emittenten bekannt ist oder diesem gegebenenfalls vom ersten Intermediär übermittelt wird. Wenn bei Namensaktien die Gesellschaft das Aktienregister führt, und den Aktienbestand des Klägers bereits im Antrag mitteilt, erübrigt sich ein Nachweis bei einem über dem Quorum liegenden Aktienbesitz (aA OLG Nürnberg 25.7.2012, ZIP 2012, 2052) ebenso wie wenn die Antragstellerin iÜ einen entsprechenden Aktienbesitz des Antragsgegners vorträgt (aA OLG Nürnberg 25.7.2012, ZIP 2012, 2052; OLG Hamm 6.6.2011, NZG 2011, 1031). Der Nachweis ist kein Selbstzweck, sondern soll das Gericht entlasten, indem er aufwändige Aufklärung überflüssig macht. Er ist schon deshalb kein „materielles Freigabekriterium", weil die Freigabe nicht dem materiellen Recht zuzuordnen ist (Kraft NZG 2016, 1370 (1372); aA OLG München 29.1.2019, AG 2019, 525 (526); KG 6.12.2010, NZG 7a

2011, 305; *Reichard* NZG 2011, 775), und selbst dann wäre die Nichterfüllung des Quorums, nicht der Nachweis das materielle Kriterium. Jedenfalls muss die Frist nicht eingehalten werden, wenn bei Namensaktien die Erteilung von Abschriften aus dem Register verweigert wird (OLG Nürnberg 25.7.2012, ZIP 2012, 2052; aA OLG Hamm 6.6.2011, NZG 2011, 1031). Einen Nachweis durch Teilnahmeverzeichnisse oder Ähnliches sieht das Gesetz nicht vor (aA KG 2.2.2015, ZIP 2015, 974). Schwierigkeiten bei der Beschaffung des Nachweises ist dadurch zu begegnen, dass es genügt, wenn der Nachweis später bis zur Entscheidung des Oberlandesgerichts erbracht wird.

7b Der **Beleg** muss **innerhalb einer Woche** nach Zustellung des Freigabeantrags beim Gericht eingegangen sein. Da nach § 67c Abs. 3 der Nachweis nach § 67c Abs. 3 auch an die Gesellschaft übersandt werden kann, muss auch der Eingang innerhalb der Frist bei der Gesellschaft genügen, wenn sie nicht aufgrund des Nachweises für die Hauptversammlung bereits informiert ist (→ Rn. 7a). Eine **Wiedereinsetzung** ist nicht möglich, weil keine der in § 233 ZPO genannten Fristen betroffen ist (iE OLG Nürnberg 27.9.2010, ZIP 2010, 2498). Andererseits ist die Frist auch **keine materiell-rechtliche Ausschlussfrist** zur Wahrnehmung von Rechten (KK-AktG/*Noack/Zetzsche* Rn. 101; K. Schmidt/Lutter/*Schwab* Rn. 18; *Kraft* NZG 2016, 1370 (1373); aA OLG München 29.1.2019, AG 2019, 525 (526); OLG Nürnberg 27.9.2010, ZIP 2010, 2498; KG 6.12.2010, NZG 2011, 305; MüKoAktG/*Hüffer/Schäfer* Rn. 24; Hüffer/Koch/*Koch* Rn. 20), da der Antragsgegner kein Recht wahrnimmt. Es handelt sich daher um eine prozessuale Frist für einen Nachweis, sodass – schon zur Wahrung des rechtlichen Gehörs und arg. ex. § 356 ZPO – ein **bis zur Entscheidung des Gerichts** beigebrachter **Nachweis** noch **zu berücksichtigen** ist (vgl. OLG Frankfurt a. M. 30.3.2010, ZIP 2010, 986; KK-AktG/*Noack/Zetzsche* Rn. 101; K. Schmidt/Lutter/*Schwab* Rn. 18; *Kraft* NZG 2016, 1370 (1373); aA OLG München 29.1.2019, AG 2019, 525 (526); OLG Nürnberg 27.9.2010, ZIP 2010, 2498; KG 6.12.2010, NZG 2011, 305; MüKoAktG/*Hüffer/Schäfer* Rn. 24; Hüffer/Koch/*Koch* Rn. 20). Die Nachweisfrist soll das Verfahren vereinfachen und beschleunigen, aber nicht einen Aktionär, der das Quorum erfüllt, rechtlos stellen. Wenn der Nachweis als nicht erbracht angesehen wird, wird selbst bei einem offensichtlich nichtigen Beschluss die Abwägung nach Abs. 2 Nr. 3 nicht eröffnet. Die rein formale Handhabung der Nachweisfrist erleichtert es, Aktionäre durch Manipulationen und Überrumpelung treuwidrig zu benachteiligen (vgl. etwa den Fall OLG München 28.7.2010, AG 2010, 842) oder durch die verzögerte Erteilung von Nachweisen durch die Gesellschaft das Freigabeverfahren zu sabotieren, und lässt sich mit dem Justizgewährungsanspruch nicht in Einklang bringen, da die Entscheidung im Freigabeverfahren faktisch endgültig ist und die Anfechtungsklage wirkungslos macht. Eine Aufforderung zur Vorlage des Nachweises durch das Gericht ist aber nicht erforderlich.

8 **4. Überwiegende Vollzugsinteressen.** Dem Unbedenklichkeitsantrag ist auch stattzugeben, wenn die Anfechtungs- oder Nichtigkeitsklage wahrscheinlich begründet ist, aber kein besonders schwerer Rechtsverstoß vorliegt und die wesentlichen Nachteile für die Gesellschaft und ihre Aktionäre die Nachteile für den Antragsgegner überwiegen. Bei der Abwägung der Nachteile sind lediglich **wirtschaftliche Nachteile** gegeneinander abzuwägen, die Schwere des Rechtsverstoßes ist erst in einer zweiten Stufe zu prüfen (OLG Köln 13.1.2014, ZIP 2014, 263; BT-Drs. 16/13098, 60). **Nachteile der Gesellschaft** und ihrer Aktionäre sind kumulativ zu berücksichtigen; es müssen aber nicht für beide Nachteile zu befürchten sein. Nachteile sind Nachteile, die aus dem Unterbleiben, nicht nur der zeitlichen Verzögerung, der beabsichtigten Strukturmaßnahme folgen; weitere Maßnahmen, etwa die Aufgabe von Vorzügen, die mit der Maßnahme verbunden sind, haben außer Betracht zu bleiben (OLG Frankfurt a. M. 2.12.2010, NZG 2012, 351). Die Nachteile können auch darin bestehen, dass sicher zu erwartende wirtschaftliche Vorteile entgehen.

8a **Nachteile sind** drohende Insolvenz, insbesondere bei Kapitalerhöhungen (OLG Saarbrücken 7.12.2010, NZG 2011, 358; KG 6.12.2010 NZG 2011, 305; KG 12.3.2010, AG 2010, 497), wobei allerdings Sanierungsaussichten bestehen müssen (OLG München 16.1.2014, ZIP 2014, 472), die Verzögerung weiterer wirtschaftlich vorteilhafter Strukturmaßnahmen (OLG Hamm 16.5.2011, AG 2011, 624), Entgehen von Kosteneinsparungen oder Synergieeffekten (OLG Köln 5.5.2014 AG 2015, 39; OLG Hamm 11.11.2013, ZIP 2014, 125; OLG München 14.12.2011, NZG 2012, 261; OLG Saarbrücken 7.12.2010, NZG 2011, 358), Verlust verbesserter Kreditbedingungen (OLG Hamm 16.5.2011, AG 2011, 624), Zinsverluste (vgl. OLG Jena 12.10.2006, NZG 2007, 147), steuerliche Nachteile (OLG Hamm 16.5.2011, AG 2011, 624; OLG München 19.5.2006, DB 2006, 1608), aber auch das Interesse, Hauptversammlungskosten oder Börsenkosten einzusparen (OLG Hamm 16.5.2011, AG 2011, 624; OLG Hamm 22.9.2010, NZG 2011, 148; OLG Saarbrücken 7.12.2010, NZG 2011, 358; BT-Drs. 16/13098, 60). Bei der Übertragung nach §§ 327a ff. genügt dies als einziger Nachteil aber nicht, weil es regelmäßige Folge der Übertragung ist (OLG Bremen 16.8.2012, ZIP 2013, 460; OLG Frankfurt a. M. 11.4.2011, BeckRS 2011, 24255). Das Interesse, Minderheitsaktionäre auszuschließen, genügt für sich allein nicht (OLG Saarbrücken 11.2.2005, AG 2005, 366).

8b Die wirtschaftlichen **Nachteile** mehrerer **Antragsgegner,** die das Quorum erreichen, sind zusammenzurechnen, Nachteile von Klägern, die das Quorum nicht erreichen, bleiben unberücksichtigt (*Verse* NZG 2009, 1127 (1130)). Bei der **Abwägungsentscheidung** hat das Gericht ein Abwägungs**ermes-**

sen. Die Nachteile für die Gesellschaft und ihre Aktionäre müssen nach dem Wortlaut des Gesetzes überwiegen, aber nicht deutlich oder erheblich überwiegen. Ergibt die Abwägung ausnahmsweise, dass die Nachteile für die Antragsgegner überwiegen oder gleichgewichtig sind, ist die Freigabe abzulehnen, ohne dass es auf die Schwere des wahrscheinlichen Rechtsverstoßes ankommt. Die Freigabe ist auch abzulehnen, wenn keine Nachteile für die Gesellschaft festgestellt werden können (OLG München 14.12.2011, NZG 2012, 261). Dagegen ist es kein Abwägungsgesichtspunkt, ob die Gesellschaft mit dem Antrag zugewartet hat, sofern die Verzögerung nicht die wirtschaftlichen Nachteile der Gesellschaft vermindert hat (KK-AktG/*Noack/Zetzsche* Rn. 62; aA OLG München 4.11.2009, AG 2010, 170).

Wenn die Nachteile für die Gesellschaft und ihre Aktionäre überwiegen, ist dem Antrag stattzugeben, 9 wenn nicht eine **besondere Schwere des Rechtsverstoßes** vorliegt. Die für die besondere Schwere des Rechtsverstoßes zugrunde zu legenden Tatsachen hat der Kläger, nicht die Gesellschaft glaubhaft zu machen. Gemeint sind Fälle, in denen elementare Aktionärsrecht so massiv verletzt wurden, dass sie durch Schadensersatz nicht angemessen kompensiert werden können (BT-Drs. 16/13098, 61). Dass der Beschluss nach § 241 nichtig ist, genügt allein nicht (KG 6.12.2010 NZG 2011, 305; OLG Köln 13.1.2014, ZIP 2014, 263). In Betracht kommen daher nur eklatante Mängel wie eine Geheimversammlung (OLG Saarbrücken 7.12.2010, NZG 2011, 358), grob fehlerhafter Ausschluss des Mehrheitsaktionärs von der Versammlung (OLG München 28.7.2010, AG 2010, 842), Nichtbeurkundung der gesamten Versammlung oder eines Verschmelzungsvertrags (OLG Saarbrücken 7.12.2010, NZG 2011, 358), schwere Verstöße gegen die Gleichbehandlungs- oder die Treuepflicht (OLG Saarbrücken 7.12.2010, NZG 2011, 358; KG 18.5.2010, ZIP 2010, 1849: wertlose Sacheinlage bei Kapitalerhöhung), die Verletzung elementarer aktienrechtlicher Regeln wie eine Kapitalherabsetzung unter 50.000 EUR (*Verse* NZG 2009, 1127 (1130)), eine nach § 57 verbotene Ausschüttung (OLG Hamm 16.5.2011, AG 2011, 624; KG 18.5.2010, AG 2010, 494: Rückgewähr eines eigenkapitalersetzenden Darlehens durch Sacheinlage bei Kapitalerhöhung), klares Verfehlen einer erforderlichen Mehrheit, etwa durch willkürlichen Stimmrechtsausschluss (OLG München 28.7.2010, AG 2010, 842). **Kein besonders schwerer Rechtsverstoß** sind die gesetzwidrige Übernahme der Versammlungsleitung durch den beurkundenden Notar (KG 6.12.2010 NZG 2011, 305), zur Anfechtbarkeit führende Ladungs- oder Bekanntmachungsmängel (KG 12.3.2010, AG 2010, 497).

III. Freigabeverfahren

1. Antrag. Das Freigabeverfahren setzt einen Antrag voraus (Abs. 1, ebenso § 319 Abs. 6 S. 1, § 16 10 Abs. 3 S. 1 UmwG). Der Antrag, für den nach § 78 Abs. 1 ZPO **Anwaltszwang** besteht, kann gestellt werden, sobald eine Klage gegen den Beschluss erhoben, also der Gesellschaft **zugestellt** worden ist. Vor Zustellung einer Klage fehlt das Rechtsschutzbedürfnis für den Antrag (Hüffer/Koch/*Koch* Rn. 5; offen OLG München 16.1.2014, ZIP 2014, 472; aA KK-AktG/*Noack/Zetzsche* Rn. 139), der dennoch angebracht werden kann, solange die Klage nur eingereicht oder wie bei einem PKH-Antrag nur angekündigt ist. Wird danach die Klage zugestellt, wird der vorsorglich gestellte Antrag zulässig (Hüffer/Koch/*Koch* Rn. 5). Er kann vor Ablauf der einmonatigen Klagefrist nach § 246 Abs. 1 gestellt werden und auch, wenn die Klage erst nach Ablauf der Klagefrist erhoben wird. Eine **Klageerwiderung** in der Hauptsache muss weder vorliegen noch gleichzeitig vorgelegt werden (KG 15.2.2007, WM 2007, 1374). Der Antrag kann bis zur Rechtskraft der Entscheidung über die Klage gestellt werden. Tritt die Rechtskraft während des Freigabeverfahrens ein, ist es erledigt. Eine besondere Eilbedürftigkeit besteht nicht, sodass der Antrag auch längere Zeit nach dem Hauptversammlungsbeschluss zulässig ist (KG 12.3.2010, AG 2010, 497; aA – allerdings unter dem Gesichtspunkt des Vollzugsinteresses – OLG München 4.11.2009, AG 2010, 170).

Ein Antrag kann auch gestellt werden, nachdem der Beschluss im Handelsregister **eintragen** worden 11 ist, weil erst die damit begehrte Feststellung dazu führt, dass eventuelle Mängel des Hauptversammlungsbeschlusses die Wirkung der Eintragung unberührt lassen (OLG Celle 27.11.2007, ZIP 2008, 318; LG Frankfurt a. M. 29.1.2008, ZIP 2008, 1180; aA LG Hannover 4.7.2007, ZIP 2007, 2218). Dem Antrag fehlt nicht das Rechtsschutzbedürfnis, wenn das Registergericht Beanstandungen erhoben hat und deshalb vorerst nicht mit einer Eintragung zu rechnen ist, weil dieser Mangel jederzeit behoben werden kann (KG 15.2.2007, WM 2007, 1374). Nach einem **Bestätigungsbeschluss** kann ein neues Freigabeverfahren zum noch nicht rechtskräftig entschiedenen Ausgangsverfahren, nicht im Verfahren gegen den Bestätigungsbeschluss beantragt werden (OLG Frankfurt a. M. 5.11.2007, NZG 2008, 78; OLG München AG 2013, 173 (174)).

Klage kann eine **Anfechtungsklage** oder eine **Nichtigkeitsklage,** nicht aber die allgemeine Fest- 12 stellungsklage eines Dritten sein, weil ihr keine Sperrwirkung zukommt (aA Emmerich/Habersack/*Habersack* § 319 Rn. 27; Hüffer/Koch/*Koch* § 319 Rn. 14 für Klage auf Feststellung der Unwirksamkeit). **Zuständig** ist ein Zivilsenat des Oberlandesgerichts, in dessen Bezirk die Gesellschaft ihren Sitz hat, unabhängig davon, ob die Beschlussmängelklage bei einem LG in seinem Bezirk anhängig ist und ob aufgrund der Zuständigkeitskonzentration nach § 246 Abs. 3 S. 3 die Berufung in der Hauptsache zu ihm gelangen könnte. Bei einem Doppelsitz entscheidet das zuerst angerufene Oberlandesgericht.

13 **2. Parteien. Antragsteller** kann nur die **Gesellschaft** sein, die regelmäßig im Hauptsacheverfahren die Beklagte ist. Sie wird dabei nicht nach § 246 Abs. 2 durch Vorstand und Aufsichtsrat, sondern nach § 78 Abs. 1 nur durch den Vorstand vertreten (OLG München 20.3.2015, NZG 2015, 1027; OLG Frankfurt a. M. 20.3.2012, ZIP 2012, 766; OLG Bremen AG 2009, 412 (413); OLG Karlsruhe 7.12.2006, ZIP 2007, 270; OLG Hamm 17.3.2005, ZIP 2005, 1457; KK-AktG/*Noack/Zetzsche* Rn. 144; Hüffer/Koch/*Koch* Rn. 6; MüKoAktG/*Hüffer/Schäfer* Rn. 9; K. Schmidt/Lutter/*Schwab* Rn. 36; BeckOGK/*Vatter,* 1.7.2020, Rn. 12; NK-AktR/*Schatz* Rn. 14; aA OLG Köln 14.12.2017, ZIP 2017, 2468 (2469); OLG Düsseldorf 16.1.2004, NZG 2004, 328; LG München I 12.7.2007, WM 2008, 77; MHdB GesR VII/*Gehle* § 9 Rn. 108), außer der Vorstand ist selbst Kläger; dann wird die Gesellschaft entsprechend § 112 durch den Aufsichtsrat vertreten. Ein auf der Seite der Beklagten beigetretener Nebenintervenient kann den Antrag nicht stellen. Er kann dem Freigabeverfahren aber beitreten, ebenso ein anderer Aktionär der Gesellschaft (OLG Hamm 22.9.2010, NZG 2011, 148).

14 **Antragsgegner** sind die **Kläger,** nicht auch die auf Klägerseite beigetretenen Nebenintervenienten (OLG Frankfurt a. M. 13.3.2008, AG 2008, 667; OLG Jena 12.10.2006, NZG 2007, 147; OLG Düsseldorf 29.6.2005, WM 2005, 1948; OLG Stuttgart 13.5.2005, AG 2005, 662; KK-AktG/*Noack/Zetzsche* Rn. 147; aA K. Schmidt/Lutter/*Schwab* Rn. 15), die ebenso wenig beizuladen sind (OLG Stuttgart 13.5.2005, AG 2005, 662) wie die auf Beklagtenseite beigetretenen Nebenintervenienten (KG 10.12.2009, NZG 2010, 224). Sie können dem Verfahren jedoch aus eigenem Antrieb beitreten (OLG Bremen ZIP 2013, 460 (465); OLG Hamm 18.1.2007, NZG 2007, 879; aA Hüffer/Koch/*Koch* Rn. 10), auch wenn sie das Quorum nicht erreichen (KK-AktG/*Noack/Zetzsche* Rn. 79; aA Hüffer/Koch/*Koch* Rn. 10). Der Antrag muss sich gegen alle Kläger richten, weil nur einheitlich entschieden werden kann (OLG Jena 12.10.2006, NZG 2007, 147), ggf. ist ein Freigabeantrag sukzessive um neu hinzutretende Kläger zu erweitern. Mehrere eingeleitete Freigabeverfahren sind zu verbinden. Damit erübrigt sich (entgegen BT-Drs. 16/13098, 60) eine Aussetzung der Verfahren gegen die Kläger, die das Quorum nicht erreichen; ihre Anfechtungs- oder Nichtigkeitsgründe sind aber nicht zu berücksichtigen (→ Rn. 5).

15 **3. Verfahren.** Für das Verfahren gelten grundsätzlich die Vorschriften der ZPO (Abs. 1 S. 2) (so schon BGH 29.5.2006, BGHZ 168, 48 = NJW 2006, 2924). Der Antrag ist den Antragsgegnern zuzustellen. Die in der Hauptsache erteilte **Prozessvollmacht** wirkt auch im Freigabeverfahren entsprechend § 82 ZPO, Abs. 1 S. 2. Ein schriftliches Vorverfahren ist nicht durchzuführen, den Antragsgegnern ist aber rechtliches Gehör zu gewähren. Bei der Bemessung einer **Stellungnahmefrist** sind der Eilcharakter des Verfahrens und der Bezug zum bereits anhängigen Hauptverfahren zu berücksichtigten. Die Begründung sowohl des Antrags als auch der Erwiderung kann sich auf die Schriftsätze im Hauptverfahren beziehen, weil sie allen Beteiligten bekannt sind und das Oberlandesgericht die Akte beiziehen kann. **Glaubhaftmachung** genügt und ist – außer bei unstreitigen oder aus anderen Gründen nicht beweisbedürftigen Tatsachen – erforderlich (Abs. 3 S. 2, § 319 Abs. 6 S. 5, § 16 Abs. 3 S. 5 UmwG). Damit sind nur präsente Beweismittel, aber auch die eidesstattliche Versicherung zulässig. Eine Beweisaufnahme im Hauptsacheverfahren kann durch Vorlage des Vernehmungsprotokolls eingeführt werden.

16 Eine **mündliche Verhandlung** ist obligatorisch, wenn nicht ausnahmsweise die Entscheidung so eilbedürftig ist, dass nicht einmal ein kurzfristig anberaumter Termin abgewartet werden kann (Abs. 3 S. 1, § 319 Abs. 6 S. 3, § 16 Abs. 3 S. 3 UmwG) (OLG Stuttgart 13.5.2005, AG 2005, 662; OLG München 4.12.2003, ZIP 2004, 237; aA OLG Frankfurt a. M. 10.2.2003, ZIP 2003, 1654). Ein von der Antragstellerin durch einen späten Antrag geschaffener Zeitdruck rechtfertigt den Verzicht auf die mündliche Verhandlung nicht. Besondere Eilbedürftigkeit besteht bei einer zur Sanierung dringend erforderlichen Kapitalerhöhung (OLG Köln 13.1.2014, ZIP 2014, 263). Abs. 3 S. 6, § 319 Abs. 6 S. 4, § 16 Abs. 3 S. 4 UmwG sieht vor, dass der Beschluss spätestens drei Monate nach Antragstellung ergeht, sonst muss das Gericht in einem nicht anfechtbaren, gleichwohl begründeten, überflüssigen Beschluss, der keine mündliche Verhandlung erfordert, die Gründe für die Fristüberschreitung mitteilen. Eine mündliche Verhandlung ist auch notwendig, wenn kein Kläger das Quorum erreicht. Wenn aus diesem Grund die Beschlussmängelklage zurückgenommen und das Freigabeverfahren für erledigt erklärt wird, kann aber nach §§ 91a, 128 Abs. 4 ZPO eine mündliche Verhandlung unterbleiben (OLG Stuttgart 19.10.2009, ZIP 2009, 2337).

17 **4. Entscheidung.** Die Entscheidung ergeht durch **Beschluss.** Wird er nicht am Ende der mündlichen Verhandlung verkündet oder fand ausnahmsweise keine mündliche Verhandlung statt, ist ein Verkündungstermin anzuberaumen (§ 329 Abs. 1 ZPO, § 310 Abs. 1 ZPO). Der Beschluss sollte schon wegen der Beschlusswirkungen und zur Orientierung für den Beschlussmängelprozess begründet werden, auch wenn kein Rechtsmittel gegeben ist. Er muss nach § 329 Abs. 3 ZPO nicht zugestellt werden, weil er keinen Vollstreckungstitel bildet und unanfechtbar ist (KK-AktG/*Noack/Zetzsche* Rn. 165; aA MüKoAktG/*Hüffer/Schäfer* Rn. 32). Der Beschluss hat eine Kostenentscheidung nach §§ 91 ff. ZPO zu enthalten, weil das Freigabeverfahren ein eigenes Verfahren ist, als Beschluss aber – unabhängig vom fehlenden vollstreckbaren Inhalt – keine Entscheidung zur vorläufigen Vollstreckbarkeit. Auf die Kostenentscheidung ist § 93 ZPO entsprechend anzuwenden, wenn ein Antragsgegner, der das Quorum

nicht erreicht, den Antrag anerkennt; er hat sonst keine Möglichkeit, sich der Kostentragungslast zu entziehen, obwohl er es nicht beeinflussen kann (OLG Köln 14.12.2017, MDR 2018, 101). Gegen den Beschluss findet kein Rechtsmittel statt (Abs. 3 S. 4). Eine Anhörungsrüge nach § 321a ZPO ist möglich.

5. Beschlusswirkungen. Das **Registergericht** ist nach Abs. 3 S. 4, § 319 Abs. 6 S. 1, § 16 Abs. 3 S. 1 UmwG an den rechtskräftigen Beschluss **gebunden.** Es darf die Eintragung nicht wegen Beschlussmängel ablehnen, bei einem Freigabeverfahren nach einer Anfechtungsklage auch nicht wegen Nichtigkeit des Beschlusses. Aus anderen Gründen als solchen, die im Freigabeverfahren geprüft wurden, darf es die Eintragung ablehnen, insbesondere daher auch, wenn nur wegen Nichterreichens des Quorums oder wegen Unzulässigkeit der Anfechtungsklage ohne Sachprüfung die Freigabe erteilt wurde (KK-AktG/*Noack/Zetzsche* Rn. 190). 18

Abs. 3 S. 5 ordnet außerdem an, dass die Feststellung der Bestandskraft der Eintragung **für und gegen jedermann** wirkt. Gemeint ist damit der Freigabebeschluss, nicht die Eintragung selbst. In § 319 Abs. 6 und § 16 Abs. 3 UmwG fehlen entsprechende Regelungen. Das auf die Anfechtungs- oder Nichtigkeitsklage hin ergehende Urteil ändert an der Eintragung nichts mehr (§ 248 Abs. 1 S. 3, § 242 Abs. 2 S. 5, § 20 Abs. 2 UmwG, § 16 Abs. 3 S. 6 UmwG, § 319 Abs. 6 S. 11). Der Kläger kann nur einen Schadensersatzanspruch geltend machen; Abs. 4 S. 1, § 319 Abs. 6 S. 9, § 16 Abs. 3 S. 8 UmwG, aber nicht im Wege der Naturalrestitution die Rückgängigmachung der Maßnahme, Abs. 4 S. 2, § 319 Abs. 6 S. 11, § 16 Abs. 3 S. 8 UmwG. Der Anfechtungsprozess ist, wie sich aus Abs. 4 ergibt, mit dem Freigabeverfahren nicht erledigt. 19

Wird die **Freigabe abgelehnt,** dauert die Registersperre nach § 319 Abs. 6, § 16 Abs. 3 UmwG bis zur Entscheidung in der Hauptsache fort. Wird ein Bestätigungsbeschluss gefasst, ist ein neues Freigabeverfahren zulässig (→ Rn. 10). Wie bei anderen Eilverfahren ist auch nach einem rechtskräftigen ablehnenden Beschluss ein neues Freigabeverfahren möglich, wenn sich die zugrundeliegenden Tatsachen verändert haben, insbesondere sich die Beweislage geändert hat und statt einer Abwägungsentscheidung die Anfechtungs- oder Nichtigkeitsklage jetzt offensichtlich unbegründet ist (vgl. KK-AktG/*Noack/Zetzsche* Rn. 176). 20

6. Kosten und Streitwert. Der Streitwert für das gerichtliche Verfahren richtet sich nach § 247. Da das Freigabeverfahren die Wirkungen des Hauptsacheverfahrens weitgehend vorwegnimmt, ist der Streitwert nicht nur mit einem kleinen Bruchteil anzusetzen, sondern mit dem Wert des Hauptverfahrens (OLG Stuttgart 19.10.2009, AG 2010, 89 (91); OLG Düsseldorf 14.5.2019, AG 2019, 770). Die Anwaltsgebühren richten sich nach dem gerichtlich festgesetzten Streitwert (OLG München 17.7.2007, OLGR München 2007, 781). 21

Streitwert

247 (1) [1]**Den Streitwert bestimmt das Prozeßgericht unter Berücksichtigung aller Umstände des einzelnen Falles, insbesondere der Bedeutung der Sache für die Parteien, nach billigem Ermessen.** [2]**Er darf jedoch ein Zehntel des Grundkapitals oder, wenn dieses Zehntel mehr als 500 000 Euro beträgt, 500 000 Euro nur insoweit übersteigen, als die Bedeutung der Sache für den Kläger höher zu bewerten ist.**

(2) [1]**Macht eine Partei glaubhaft, daß die Belastung mit den Prozeßkosten nach dem gemäß Absatz 1 bestimmten Streitwert ihre wirtschaftliche Lage erheblich gefährden würde, so kann das Prozeßgericht auf ihren Antrag anordnen, daß ihre Verpflichtung zur Zahlung von Gerichtskosten sich nach einem ihrer Wirtschaftslage angepaßten Teil des Streitwerts bemißt.** [2]**Die Anordnung hat zur Folge, daß die begünstigte Partei die Gebühren ihres Rechtsanwalts ebenfalls nur nach diesem Teil des Streitwerts zu entrichten hat.** [3]**Soweit ihr Kosten des Rechtsstreits auferlegt werden oder soweit sie diese übernimmt, hat sie die von dem Gegner entrichteten Gerichtsgebühren und die Gebühren seines Rechtsanwalts nur nach dem Teil des Streitwerts zu erstatten.** [4]**Soweit die außergerichtlichen Kosten dem Gegner auferlegt oder von ihm übernommen werden, kann der Rechtsanwalt der begünstigten Partei seine Gebühren von dem Gegner nach dem für diesen geltenden Streitwert beitreiben.**

(3) [1]**Der Antrag nach Absatz 2 kann vor der Geschäftsstelle des Prozeßgerichts zur Niederschrift erklärt werden.** [2]**Er ist vor der Verhandlung zur Hauptsache anzubringen.** [3]**Später ist er nur zulässig, wenn der angenommene oder festgesetzte Streitwert durch das Prozeßgericht heraufgesetzt wird.** [4]**Vor der Entscheidung über den Antrag ist der Gegner zu hören.**

Übersicht

I. Allgemeines

1 Die Vorschrift regelt den **Kostenstreitwert** und die **Rechtsmittelbeschwer** (BGH 28.9.1981, ZIP 1981, 1335) für die aktienrechtliche Anfechtungs- und die Nichtigkeitsklage. Für die Nichtigkeitsklage verweisen § 249, für die Klage auf Nichtigkeit des Jahresabschlusses § 256 Abs. 7, für die Anfechtung besonderer Beschlüsse § 251 Abs. 3, § 254 Abs. 2 S. 1, § 255 Abs. 3, § 257 Abs. 2 S. 1, für die Klage auf Nichtigerklärung § 275 Abs. 4 auf § 247. **Entsprechend anwendbar** ist die Norm auf die **positive Beschlussfeststellungsklage** (BGH 12.10.1992, DB 1992, 2336) und eine **allgemeine Feststellungsklage** (offen BGH 12.10.1992, DB 1992, 2336). Sie gilt auch für die Aktionärsklage in Gelatine/Holzmüller-Fällen (OLG Düsseldorf 31.8.2000, NJW-RR 2001, 250).

2 Bei der **GmbH** ist § 247 nur eingeschränkt anwendbar. Nur Abs. 1 S. 1, nicht auch S. 2 ist auf die entsprechenden Klagen in der GmbH anwendbar (OLG Saarbrücken 4.1.2013, NZG 2013, 341; OLG Karlsruhe 9.9.1994, GmbHR 1995, 302; *Bloching* GmbHR 2009, 1265; offen BGH 10.11.2009, NZG 2009, 1438; BGH 5.7.1999, NJW-RR 1999, 1485; BGH 10.11.2009, NZG 2009, 1438; aA Scholz/*K. Schmidt* GmbHG § 45 Rn. 153). Bei der **Genossenschaft** wird die Vorschrift entsprechend angewandt (OLG Naumburg 14.9.1998, JurBüro 1999, 310; OLG Schleswig 6.10.2008, NZG 2009, 434). Für **Personengesellschaften** (BGH 21.2.2002, NJW-RR 2002, 823) und Vereine (BGH 25.5.1992, NJW-RR 1992, 1209) gilt die Vorschrift nicht, kann allerdings bei Publikums-Personengesellschaften entsprechend angewendet werden (BGH 21.6.2011, NZG 2011, 997).

II. Regelstreitwert

3 **1. Festsetzung.** Der Regelstreitwert ist wie nach § 3 ZPO unter **Berücksichtigung aller Umstände** nach Ermessen festzusetzen. Dabei ist nicht nur auf das Interesse des (Rechtsmittel-)Klägers, sondern auch auf das **Interesse der Gesellschaft** und der anderen Aktionäre abzustellen. Zu berücksichtigen ist neben dem Umfang der Sache die **Bedeutung** der Sache für beide Parteien. Bedeutung ist im Wesentlichen die wirtschaftliche Bedeutung. Für den einzelnen **Aktionär** ist auf seinen Aktienbesitz und den Wert einer Beschlussaufhebung abzustellen (BGH 6.4.1992, NJW-RR 1992, 1122; OLG Jena 22.3.2006, NZG 2006, 467; OLG Stuttgart 11.1.1995, BB 1995, 2442; OLG Frankfurt a. M. 24.1.1984, WM 1984, 1470). Die Sache kann für den Anfechtungskläger, wenn er Aktionär ist, bei geringem Aktienbesitz nur von geringem wirtschaftlichen Belang sein (BGH 6.4.1992, NJW-RR 1992, 1122; OLG Frankfurt a. M. 24.1.1984, WM 1984, 1470; OLG Jena 22.3.2006, NZG 2006, 467). Dass eine Anlegervereinigung idR die Interessen mehrerer Aktionäre vertritt, führt nicht zu einer Streitwerterhöhung über den von ihr vertretenen Aktienbesitz hinaus (OLG Frankfurt a. M. 6.10.2004, AG 2005, 122). Nach § 247 ist auch die meist wesentlich höhere Bedeutung für die Gesellschaft zu berücksichtigen. Eine Streitwertbemessung allein nach dem Interesse des Aktionärs am unteren Rahmen entspricht nicht dem Gesetz.

4 Die Bedeutung für die **Gesellschaft** orientiert sich am wirtschaftlichen Gewicht der Sache für die Gesellschaft. Maßgebend ist ihr Interesse an der Aufrechterhaltung des Beschlusses, damit idR auch ihre **Größe,** die Höhe des **Grundkapitals** und die **Bilanzsumme** (BGH 6 4.1992, NJW-RR 1992, 1122; OLG Rostock 31.1.2014, NZG 2014, 1350; OLG Jena 22.3.2006, NZG 2006, 467; OLG Stuttgart 28.1.2004, NZG 2004, 463; OLG Stuttgart 23.1.2002, NZG 2003, 1170; OLG Stuttgart 11.1.1995, BB 1995, 2442). Bei **Strukturmaßnahmen** richtet sich das Interesse an der Aufrechterhaltung des Beschlusses auch nach dem ohne die Maßnahme eintretenden Schaden. Da die Interessen beider Parteien zu berücksichtigen sind, ist auch eine Orientierung allein an den Interessen der Gesellschaft nicht gesetzeskonform (OLG Frankfurt a. M. 21.6.2001, DB 2001, 2139).

5 **2. Höchstgrenzen.** § 247 Abs. 1 S. 2 begrenzt den Streitwert auf ein Zehntel des Grundkapitals. Maßgebend ist das im Zeitpunkt der Erhebung der Klage oder der Einlegung des Rechtsmittels im Handelsregister eingetragene Grundkapital (MüKoAktG/*Hüffer/Schäfer* Rn. 16). **Maximal** beträgt der Streitwert **500.000 EUR,** selbst wenn ein Zehntel des Grundkapitals mehr ist, es sei denn, die Bedeutung für den Kläger ist höher. In diesem Fall kann der Streitwert auch höher als ein Zehntel des Grundkapitals festgesetzt werden. Bei der Aktiengesellschaft richtet sich der Wert auch dann nicht

uneingeschränkt nach den Interessen der Parteien, sondern ist nur die Obergrenze erhöht (OLG Düsseldorf 14.5.2019, AG 2019, 770). Ein höheres Interesse trifft vor allem auf Klagen gegen Beschlüsse bei der **GmbH** zu (vgl. OLG Saarbrücken 4.1.2013, NZG 2013, 341), bei der aber Abs. 1 S. 2 schon grundsätzlich nicht anwendbar ist (offen BGH 10.11.2009, NZG 2009, 1438 Rn. 3).

3. Klagehäufung. Betrifft die Anfechtungsklage **verschiedene Beschlüsse** derselben Hauptversammlung, sind die Werte zu **addieren** (§ 5 ZPO bzw. § 39 Abs. 1 GKG), sofern keine wirtschaftliche Identität vorliegt (BGH 6.4.1992, NJW-RR 1992, 1122; OLG Rostock 31.1.2014, NZG 2014, 1350; OLG Jena 22.3.2006, NZG 2006, 467; OLG Stuttgart 23.1.2002, NZG 2003, 1170; OLG Frankfurt a. M. 21.6.2001, DB 2001, 2139). Die Höchstgrenzen von S. 2 gelten für jeden Anspruch gesondert, der Gesamtwert kann darüber liegen (OLG Frankfurt a. M. 24.1.1984, WM 1984, 1470). Haupt- und Hilfsanträge sind nach denselben Kriterien zu addieren, wenn eine Entscheidung über den Hilfsantrag ergeht; wenn sie denselben Gegenstand betreffen, ist der Wert des ggf. gem. S. 2 begrenzten höheren Antrags maßgebend (§ 45 Abs. 1 S. 2 und 3 GKG). 6

Bei **mehreren Klägern** oder dem Zusammentreffen von Parteien und Nebenintervenienten sind die Werte nicht zu addieren (BGH 30.4.2001, NJW 2001, 2638). Wenn die Werte unterschiedlich sind, was wegen § 247 möglich ist (aA möglicherweise OLG München 28.5.2019, AG 2019, 848), ist der Wert der höchsten Klage entsprechend § 45 Abs. 1 S. 3 GKG maßgebend (OLG Stuttgart 14.2.2001, NZG 2001, 522). Auf Antrag ist nach § 33 Abs. 1 RVG für die Gebühren des Prozessbevollmächtigten jeweils ein eigener Geschäftswert festzusetzen (OLG Stuttgart 14.2.2001, NZG 2001, 522). Bereits eingezahlte Gerichtsgebühren werden nach der Verfahrensverbindung nicht auf die verschiedenen Kläger verteilt (OLG Koblenz 22.4.2005, NZG 2005, 817). 7

III. Streitwertspaltung

Zur Kostenentlastung des Aktionärs aus sozialen Gründen lässt Abs. 2 die Festsetzung des **Teilstreitwerts für eine Partei** zu. Der Teilstreitwert wird nur auf Antrag festgesetzt, für den nach Abs. 3 iVm § 78 Abs. 3 ZPO kein Anwaltszwang besteht und der vor der Verhandlung zur Hauptsache, also vor Stellung der Sachanträge, gestellt werden muss. Später kann er, innerhalb angemessener Frist, nur noch gestellt werden, wenn das Prozessgericht den bis dahin angenommenen Streitwert heraufsetzt. Nach rechtskräftiger Beendigung des Verfahrens kann er nicht mehr gestellt werden, auch nicht in Verfahren ohne mündliche Verhandlung (BGH 22.2.2012, BeckRS 2012, 06003). Der Antragsteller muss darlegen und glaubhaft machen, dass bei **Festsetzung des Regelstreitwerts** seine wirtschaftliche Lage erheblich **gefährdet** würde. Diese Voraussetzung liegt vor, wenn er ein erhebliches Vermögensopfer bringen müsste oder seine laufenden Einkünfte erheblich reduziert würden (OLG Celle 9.10.1991, DB 1992, 466). Anders als bei der Bewilligung von Prozesskostenhilfe sind die Erfolgsaussichten grundsätzlich ohne Bedeutung, doch kann der Antrag abgelehnt werden, wenn die Klage zweifelsfrei erfolglos oder mutwillig ist (BGH 4.7.1991, NJW-RR 1992, 484; BGH 22.2.2012, BeckRS 2012, 06003; OLG Hamm 29.7.1992, WM 1993, 1283; OLG Hamm 6.5.1992, AG 1993, 93; OLG Frankfurt a. M. 30.1.1990, ZIP 1990, 268; OLG Hamm 18.1.1977, DB 1977, 763). Weder schließt die Bewilligung von Prozesskostenhilfe den Antrag nach Abs. 2 aus noch umgekehrt die Ablehnung (OLG Frankfurt a. M. 28.8.1984, WM 1984, 1471; zweifelhaft OLG Frankfurt a. M. 30.1.1990, ZIP 1990, 268). Abs. 2 entlastet ohne Berücksichtigung der Erfolgsaussichten, aber nicht vollständig, während die Prozesskostenhilfe vollständig entlasten kann, aber Erfolgsaussichten bestehen müssen. 8

Ein Teilstreitwert wird für **jede Instanz gesondert** festgesetzt, die Festsetzung wirkt nur für die Instanz, in der sie angeordnet ist (BGH 12.10.1992, NJW-RR 1993, 222; OLG Karlsruhe 1.2.1991, ZIP 1991, 930). Die Entscheidung ergeht nach Anhörung des Gegners in einem Beschluss, gegen den nach § 68 GKG beide Parteien, nach § 32 Abs. 2 RVG der Prozessbevollmächtigte des Begünstigten und die Staatskasse Beschwerde einlegen können (MüKoAktG/*Hüffer/Schäfer* Rn. 31). Für mehrere Aktionäre ist auch ein Teilstreitwert getrennt festzusetzen. Die Gerichtskosten wie die Gebühren des Rechtsanwalts der begünstigten Partei richten sich nach dem geringeren Teilstreitwert. Unterliegt sie, gilt der geringere Teilstreitwert auch für den Kostenerstattungsanspruch des Gegners. Das führt dazu, dass der Gesellschaft die Gebühren ihres Prozessbevollmächtigten nur teilweise, nämlich iHd geringeren Teilstreitwerts ersetzt werden (Abs. 2 S. 3). Umgekehrt kann der Prozessbevollmächtigte der begünstigten Partei im Fall des Obsiegens Kostenerstattung aus dem vollen Streitwert verlangen (Abs. 2 S. 4). Die Gerichtskosten errechnen sich dann ebenfalls aus dem vollen Wert (BeckOGK/*Vatter,* 1.7.2020, Rn. 24; Hüffer/Koch/*Koch* Rn. 19). 9

IV. Einzelfälle

1. AG. Aufsichtsratswahl. Aktionärsvertreter 125.000 DM (BGH 6.4.1992, NJW-RR 1992, 1122); Wahl des **Abschlussprüfers** 75.000 DM (BGH 6.4.1992, NJW-RR 1992, 1122). **Entlastung** 200.000 DM (= 100.000 EUR) bei großer Gesellschaft (BGH 6.4.1992, NJW-RR 1992, 1122), bei AG in der Krise 5.000 EUR (OLG Stuttgart 23.1.2002, NZG 2003, 1170) bzw. 3.000 EUR (OLG 10

Rostock 31.1.2014, NZG 2014, 1350), geringer auch bei öffentlich bereits bekannten Vorwürfen (OLG Stuttgart 11.1.1995, BB 1995, 2442). Auslegung von **Berichten** 10.000 EUR (OLG Jena 22.3.2006, NZG 2006, 467). **Kapitalherabsetzung** und anschließende Barkapitalerhöhung 100.000 DM (OLG Frankfurt a. M. 6.10.2004, AG 2005, 122).

11 **2. GmbH. Abberufung des Geschäftsführers.** Am Interesse der Gesellschaft, das Organ von der Leitung der Gesellschaft fernzuhalten, bzw. umgekehrt am Interesse des Organs, weiterhin Leitungsmacht auszuüben, zu bemessen, sofern nicht gleichzeitig der Anstellungsvertrag zur Debatte steht (BGH 22.5.1995, NJW-RR 1995, 1502; BGH 28.5.1990, NJW-RR 1990, 1123), maximal Wert der Gesellschaftsanteile (BGH 28.6.2011, NZG 2011, 911; BGH 2.3.2009, GmbHR 2009, 995). Ein Geheimhaltungsinteresse des Geschäftsführers oder Folgeansprüche der Gesellschaft sind ohne Bedeutung (BGH 28.5.1990, NJW-RR 1990, 1123). **Anstellungsvertrag des Geschäftsführers:** An Vergütung zu bemessen. Entsprechend § 9 ZPO das Dreieinhalbfache des Jahresbezugs, wenn die Bezugszeit nicht wegen einer Befristung des Dienstverhältnisses geringer ist (BGH 28.5.1990, NJW-RR 1990, 1123; BGH 17.1.1994, GmbHR 1994, 244; BGH 15.6.1978, WM 1978, 1106; BGH 28.11.1955, BGHZ 19, 172 = NJW 1956, 182; aA BGH 24.11.1980, NJW 1981, 2465) (anders aber, § 42 Abs. 3 Satz 1 GKG, bei Klage des Fremdgeschäftsführers). **Ausschließung/Einziehung:** Wert des betroffenen Gesellschaftsanteils (BGH 17.7.2006, DStR 2006, 1900; BGH 8.12.2008, NZG 2009, 518; BGH 2.3.2009, GmbHR 2009, 995; anders BGH 8.11.1955, BGHZ 19, 172 = NJW 1956, 182 zur OHG). **Entlastung:** Da mit Verzicht auf Ersatzansprüche verbunden, bis zum Wert der Ansprüche. **Firmenlogo:** 5 Mio. DM bei Beteiligung von 31 Mio. DM (BGH 5.7.1999, NJW-RR 1999, 1485). **Satzungsregelungen über Vinkulierungen:** 25 % des Anteilswertes (OLG München 18.12.2007, GmbHR 2008, 1267).

Urteilswirkung

248 (1) [1] **Soweit der Beschluß durch rechtskräftiges Urteil für nichtig erklärt ist, wirkt das Urteil für und gegen alle Aktionäre sowie die Mitglieder des Vorstands und des Aufsichtsrats, auch wenn sie nicht Partei sind.** [2] **Der Vorstand hat das Urteil unverzüglich zum Handelsregister einzureichen.** [3] **War der Beschluß in das Handelsregister eingetragen, so ist auch das Urteil einzutragen.** [4] **Die Eintragung des Urteils ist in gleicher Weise wie die des Beschlusses bekanntzumachen.**

(2) **Hatte der Beschluß eine Satzungsänderung zum Inhalt, so ist mit dem Urteil der vollständige Wortlaut der Satzung, wie er sich unter Berücksichtigung des Urteils und aller bisherigen Satzungsänderungen ergibt, mit der Bescheinigung eines Notars über diese Tatsache zum Handelsregister einzureichen.**

Übersicht

I. Allgemeines

1 **Zweck** der Vorschrift ist, mit der Erstreckung der Urteilswirkungen über die Parteien des Prozesses hinaus Rechtssicherheit für die Gesellschaft zu schaffen. An die Entscheidung werden auch die nicht am Prozess beteiligten Aktionäre, der Vorstand und der Aufsichtsrat gebunden.

2 § 248 findet Anwendung auf die **Anfechtungsklage** und nach § 249 Abs. 1 S. auf die **Nichtigkeitsklage.** Die Norm ist auf die **positive Beschlussfeststellungsklage** entsprechend anwendbar. Sie gilt für die entsprechenden Klagen gegen Beschlüsse in der **GmbH,** aber nicht bei einer an die Stelle einer Anfechtungsklage tretenden (→ § 241 Rn. 3) Feststellungsklage (UHL/*Raiser* GmbHG Anh. § 47 Rn. 283; aA OLG München 27.3.1996, NJW-RR 1997, 988).

II. Urteilswirkungen

1. Rechtskräftiges Urteil. a) Urteil. Es ist ohne Bedeutung, ob es sich um ein streitiges Urteil, ein Anerkenntnis- oder Versäumnisurteil handelt (MüKoAktG/*Hüffer/Schäfer* Rn. 10). Dagegen ist die Vorschrift auf andere verfahrensbeendigende Entscheidungen – etwa einen Beschluss nach § 91a ZPO – oder einen Vergleich nicht anwendbar. Die Gesellschaft kann sich zwar verpflichten, einen Beschluss nicht auszuführen (MüKoAktG/*Hüffer/Schäfer* Rn. 38), doch kommt dem keine umfassende Wirkung zu. 3

b) Rechtskraft. Das Urteil muss formell rechtskräftig nach § 705 ZPO sein, also ein Rechtsmittel nicht (weiter) zulässig oder nicht eingelegt sein. Die Anhörungsrüge nach § 321a ZPO zählt nicht zu den Rechtsmitteln. 4

c) Urteilsinhalt. § 248 gilt nur für das der Klage **stattgebende Urteil,** das den Beschluss für nichtig erklärt (Anfechtungsklage) oder seine Nichtigkeit feststellt (Nichtigkeitsklage). Wenn der für nichtig erklärte Beschluss nicht wörtlich im Urteil wider gegeben ist, muss das Urteil ausgelegt werden. Das **klageabweisende** Urteil wirkt nicht über die Parteien des Rechtsstreits hinaus. Wird die Nichtigkeit oder Unwirksamkeit eines Beschlusses auf die Klage eines Dritten hin festgestellt (allgemeine Feststellungsklage), gilt § 248 ebenfalls nicht. 5

2. Rechtskraftwirkung. Abs. 1 S. 1 ordnet an, dass das rechtskräftige Urteil materielle Rechtskraftwirkung über die Parteien des Rechtsstreits hinaus für alle **Aktionäre,** den **Vorstand** und den **Aufsichtsrat** gilt. Abs. 1 S. 1 bezieht sich auf die materielle Rechtskraft, nicht die Gestaltungswirkung (BGH 29.3.1996, BGHZ 132, 278 = NJW 1996, 1753). Damit ist nicht nur ein neues Verfahren ausgeschlossen, sondern auch eine Klage, mit der das Gegenteil festgestellt werden soll. Für **Dritte** gilt diese Rechtskraftwirkung nicht, doch entfällt bei ihnen wegen der Gestaltungswirkung das Rechtsschutzbedürfnis für eine neue Klage (BeckOGK/*Vatter,* 1.7.2020, Rn. 20). Die Rechtskraftwirkung über die Parteien hinaus für alle Aktionäre, Vorstand und Aufsichtsrat gilt nicht nach einer Klagabweisung, die nur zwischen den Parteien wirkt (MüKoAktG/*Hüffer/Schäfer* Rn. 35). Nach Abweisung der Anfechtungsklage kann ein anderer Aktionär eine nicht fristgebundene Nichtigkeitsklage erheben. Da die Nichtigkeit bereits im Anfechtungsprozess geprüft wurde und der Kläger sich daran hätte beteiligten können, kann die neuerliche Klage aber missbräuchlich sein. 6

3. Gestaltungswirkung. a) Umfang. Das Urteil, das einen Beschluss für nichtig erklärt, führt nach § 241 Nr. 5 zur Nichtigkeit des Beschlusses. Die Nichtigerklärung wirkt daher für und gegen alle, über den in Abs. 1 S. 1 bestimmten Umfang der Rechtskraftwirkung für Aktionäre, Vorstand und Aufsichtsrat hinaus (Gestaltungswirkung) (BGH 23.4.2007, BGHZ 172, 136 = NJW-RR 2007, 1634 Rn. 9; BGH 17.2.1997, BGHZ 134, 364 = NJW 1997, 1510; aA K. Schmidt/Lutter/*Schwab* Rn. 5). Die Wirkung ist materiell-rechtlich (OLG Zweibrücken 2.3.2004, NZG 2004, 382). 7

b) Wirkung. Die Nichtigkeitserklärung hat **Rückwirkung** (OLG Zweibrücken 2.3.2004, NZG 2004, 382; OLG Köln 21.6.1999, AG 1999, 471), dh der Beschluss ist von Anfang an nichtig. Die Nichtigkeit erfasst nicht automatisch die aufgrund des nichtigen Beschlusses getätigten Ausführungsgeschäfte. Soweit der Vorstand nach außen tätig geworden ist, bleibt sein Handeln aufgrund der nicht beschränkten Vertretungsmacht nach § 82 Abs. 1 wirksam. Das gilt auch dann, wenn ein Beschluss der Hauptversammlung notwendig war (Gelatine-Beschlüsse, vgl. BGH 25.2.1982, BGHZ 83, 122 = NJW 1982, 1703; MüKoAktG/*Hüffer/Schäfer* Rn. 24; KK-AktG/*Noack/Zetzsche* Rn. 36; aA NK-AktR/*Heidel* Rn. 7). Wenn die Wirksamkeit eines Vertrages gesetzlich von der **Zustimmung** der Hauptversammlung abhängig ist, führt die Nichtigkeit des Zustimmungsbeschlusses zur Nichtigkeit des Vertrags, etwa bei der Verpflichtung zur Veräußerung des gesamten Gesellschaftsvermögens (§ 179a) oder bei einem Nachgründungsvertrag nach § 52 Abs. 1 (BeckOGK/*Vatter,* 1.7.2020, Rn. 11). Bei **Verschmelzung,** Spaltung und Formwechsel führt umgekehrt die Nichtigerklärung wegen § 20 Abs. 2 UmwG nach Eintragung ins Handelsregister nicht zur Nichtigkeit (BeckOGK/*Vatter,* 1.7.2020, Rn. 13). Eine Strukturmaßnahme, die nach einem **Freigabeverfahren** nach § 246a/§ 20 Abs. 2 UmwG ins Handelsregister eingetragen wurde, wird nicht rückwirkend beseitigt, auch nicht als Schadensersatz im Wege der Naturalrestitution (§ 246a Abs. 4 S. 2) (→ § 246a Rn. 19). Bei der Eingliederung und der Ausschließung, bei denen ein Freigabeverfahren vorgesehen ist, ist eine rückwirkende Beseitigung ausgeschlossen, ebenfalls § 319 Abs. 6 S. 11. Ansonsten sind auf vollzogene Maßnahmen die Grundsätze der fehlerhaften Gesellschaft anzuwenden (MüKoAktG/*Hüffer/Schäfer* Rn. 23; KK-AktG/*Noack/Zetzsche* Rn. 38; offengelassen BGH 22.3.2011, BGHZ 189, 32 = NZG 2011, 669 Rn. 9). Bei der **GmbH** führt die erfolgreiche Anfechtung eines Zustimmungsbeschlusses nicht zur Unwirksamkeit eines von den Geschäftsführern im Rahmen ihrer Vertretungsmacht abgeschlossenen Vertrags. Wird die Bestellung zum Geschäftsführer für nichtig erklärt, sind Vertragspartner der Gesellschaft über § 15 Abs. 3 HGB geschützt (MHLS/*Römermann* GmbHG Anh. § 47 Rn. 544). Für Unternehmensverträge gelten die Grundsätze der fehlerhaften Gesellschaft. 8

9 **4. Positive Beschlussfeststellungsklage.** Ihr kommt neben der Rechtskraftwirkung nach Abs. 1 S. 1 auch die Gestaltungswirkung nach § 241 Nr. 5 zu (BGH 10.5.2001, BGHZ 147, 394 = NJW 2001, 2176; BGH 20 1.1986, BGHZ 97, 28 = NJW 1986, 2051).

III. Registerverfahren

10 **1. Einreichung und Bekanntmachung (Abs. 1).** Der Vorstand muss das Urteil nach einer **erfolgreichen Anfechtungsklage** ohne schuldhaftes Zögern beim Handelsregister einreichen. Die Verpflichtung beginnt mit der Rechtskraft. Einzureichen ist das vollständige Urteil, nicht nur Rubrum und Tenor. Das Urteil wird zu den Handelsregisterakten der Gesellschaft genommen (§ 8 HRV). Über § 14 HGB, § 388 Abs. 1 FamFG kann das Registergericht die Vorlage durch Zwangsgeld durchsetzen.

11 Wenn der **Beschluss** ins Handelsregister **einzutragen** war, ist auch das Urteil einzutragen (Abs. 1 S. 3). Nach § 44 HRV vermerkt das Registergericht in der Spalte, in der der Beschluss eingetragen ist, seine Nichtigerklärung. Der Beschluss wird nicht gelöscht. Nach einem Freigabeverfahren kann die Nichtigkeit nach § 242 Abs. 2 S. 5 nicht mehr eingetragen werden. Das ist folgerichtig, weil der Bestand des Beschlusses vom späteren Urteil nicht mehr berührt wird. Die Eintragung ist in gleicher Weise (Abs. 1 S. 4) wie der Beschluss nach § 10 HGB bekannt zu machen.

12 **2. Erweiterte Einreichungspflicht.** Bei einer **Satzungsänderung** ist zusätzlich der vollständige Wortlaut der Satzung unter Berücksichtigung des Urteils und etwaiger wirksamer Satzungsänderungen samt einer dies bestätigenden notariellen Bescheinigung vorzulegen, entsprechend dem Vorgehen bei der Satzungsänderung nach § 181 Abs. 1 S. 2. Die erweiterte Pflicht besteht nicht nur, wenn die für nichtig erklärte Satzungsänderung bereits eingetragen war, sondern auch, wenn es dazu noch gar nicht gekommen war, aber die Änderung bereits angemeldet war. Dagegen entfällt die Pflicht nach Abs. 2, nicht die nach Abs. 1 S. 2, wenn die für nichtig erklärte Satzungsänderung noch nicht einmal angemeldet war (MüKoAktG/*Hüffer/Schäfer* Rn. 33), damit nicht gleichzeitig zwei verschiedene Varianten der Satzung bei den Registerakten sind.

Bekanntmachungen zur Anfechtungsklage

248a [1]**Wird der Anfechtungsprozess beendet, hat die börsennotierte Gesellschaft die Verfahrensbeendigung unverzüglich in den Gesellschaftsblättern bekannt zu machen.** [2]**§ 149 Abs. 2 und 3 ist entsprechend anzuwenden.**

I. Allgemeines

1 Mit der Vorschrift sollen missbräuchliche Anfechtungsklagen und ein stillschweigender Abschluss von Vereinbarungen verhindert werden. Die Vorschrift gilt nur für börsennotierte Gesellschaften nach § 3 Abs. 2 (BeckOGK/*Vatter,* 1.7.2020, Rn. 3) und nicht für die GmbH (*Fleischer* GmbHR 2008, 673 (680)).

II. Bekanntmachung

2 **1. Anlass.** Bekannt zu machen ist **jede Verfahrensbeendigung.** Betroffen ist nicht nur die erfolgreiche Anfechtungs- oder Nichtigkeitsklage, sondern über § 248 Abs. 1 hinaus auch die Klageabweisung, der Vergleich, die übereinstimmende Erledigungserklärung, sogar die Klagerücknahme oder der Klageverzicht. Wegen der Wirkungen auf eine Gegenleistung für die Verfahrensbeendigung muss auch das sukzessive Ausscheiden einzelner Kläger bekannt geben werden, nicht erst das Ende des gesamten Prozesses (*Meyer/Ulbrich* NZG 2010, 246; K. Schmidt/Lutter/*Schwab* Rn. 1; MüKoAktG/*Hüffer/Schäfer* Rn. 3; aA *Schnabl* ZIP 2008, 1667).

3 **2. Inhalt.** Bekannt zu machen sind die **Art** der Verfahrensbeendigung und über die Verweisung auf § 149 Abs. 2 und 3 alle damit in Zusammenhang stehenden **Vereinbarungen** im vollen Wortlaut einschließlich aller Nebenabreden (→ § 149 Rn. 4). Bekannt zu machen sind auch **Vereinbarungen im Vorfeld** eines Anfechtungsprozesses (§ 149 Abs. 3), etwa zur Abwendung des Verfahrens.

III. Rechtsfolgen unterlassener Bekanntmachung

4 Die Bekanntmachung ist nach § 149 Abs. 2 S. 3 **Wirksamkeitsvoraussetzung** für die eingegangene Leistungspflicht, die damit aufschiebend bedingt ist. Die gegenseitigen Verpflichtungen sind bis zur Veröffentlichung unwirksam und müssen jedenfalls auf der Seite der Gesellschaft nach § 812 Abs. 1 S. 1 Alt. 1 BGB zurückverlangt werden (→ § 149 Rn. 5). Die Wirksamkeit der **Verfahrensbeendigung** wird nicht berührt (§ 149 Abs. 2 S. 4). Das Registergericht kann außerdem den Vorstand nach § 407 Abs. 1 durch Verhängung eines Zwangsgeldes zur Bekanntmachung anhalten.

Nichtigkeitsklage

249 (1) [1]**Erhebt ein Aktionär, der Vorstand oder ein Mitglied des Vorstands oder des Aufsichtsrats Klage auf Feststellung der Nichtigkeit eines Hauptversammlungsbeschlusses gegen die Gesellschaft, so finden § 246 Abs. 2, Abs. 3 Satz 1 bis 5, Abs. 4, §§ 246a, 247, 248 und 248a entsprechende Anwendung.** [2]**Es ist nicht ausgeschlossen, die Nichtigkeit auf andere Weise als durch Erhebung der Klage geltend zu machen.** [3]**Schafft der Hauptversammlungsbeschluss Voraussetzungen für eine Umwandlung nach § 1 des Umwandlungsgesetzes und ist der Umwandlungsbeschluss eingetragen, so gilt § 20 Abs. 2 des Umwandlungsgesetzes für den Hauptversammlungsbeschluss entsprechend.**

(2) [1]**Mehrere Nichtigkeitsprozesse sind zur gleichzeitigen Verhandlung und Entscheidung zu verbinden.** [2]**Nichtigkeits- und Anfechtungsprozesse können verbunden werden.**

Übersicht

I. Allgemeines

1. Normzweck. Die Nichtigkeitsklage ist eine besondere **Form der Feststellungsklage** (BGH 17.2.1997, BGHZ 134, 364 = NJW 1997, 1510), keine Gestaltungsklage (aA GK-AktG/*K. Schmidt* Rn. 4). Sie ist von der allgemeinen Feststellungsklage nach § 256 zu unterscheiden, die jeder Dritte erheben kann. 1

2. Anwendungsbereich. Die entsprechende Anwendung von § 249 wird in § 253 Abs. 2 und § 256 Abs. 7 ausdrücklich angeordnet. Anwendbar ist § 249 auch auf Unwirksamkeitsgründe nach ausdrücklicher gesetzlicher Anordnung (§ 173 Abs. 3, § 217 Abs. 2, § 228 Abs. 2, § 234 Abs. 3, § 235 Abs. 2). In anderen Fällen der Unwirksamkeit ist die Vorschrift nicht entsprechend anwendbar (Hölters/*Englisch* Rn. 9; aA – nicht bei behebbarer Unwirksamkeit MüKoAktG/*Hüffer/Schäfer* Rn. 38; Hüffer/Koch/*Koch* Rn. 21; aA – immer analog – GK-AktG/*K. Schmidt* Rn. 9; KK-AktG/*Noack/Zetzsche* Rn. 62), hier bleibt nur die allgemeine Feststellungsklage, die ein besonderes Feststellungsinteresse nach § 256 ZPO voraussetzt (zur GmbH: OLG Hamm 21.12.2015, ZIP 2016, 1481 (1483)). Auf fehlerhafte Beschlüsse des Aufsichtsrats ist die Vorschrift nicht zu übertragen (→ § 241 Rn. 7). 2

Bei Beschlüssen der Gesellschafterversammlung einer **GmbH** und Generalversammlungsbeschlüssen einer **Genossenschaft** ist § 249 entsprechend anwendbar (→ § 241 Rn. 3 f.). Auf Beschlüsse von Personengesellschaften ist die Vorschrift nicht entsprechend anwendbar, soweit nicht der Gesellschaftsvertrag ausdrücklich eine Klage gegen die Gesellschaft innerhalb einer Frist vorsieht (→ § 241 Rn. 5). 3

3. Allgemeine Feststellungsklage. § 249 ist eine **besondere Form** der Feststellungsklage, bei der kein Feststellungsinteresse vorausgesetzt wird (BGH 21.4.2020, AG 2020, 540 Rn. 28; BGH 21.4.2020, AG 2020, 545 Rn. 28; BGH 25.2 1965, BGHZ 43, 261 (265) = NJW 1965, 1378). Wer keine Klage nach § 249 erheben kann, kann mit der allgemeinen Feststellungsklage die Nichtigkeit der Beschlüsse feststellen lassen, wenn er ein Feststellungsinteresse nach § 256 ZPO hat (OLG Hamburg 31.5.1995, NJW-RR 1996, 1065; OLG Naumburg 6.2.1997, GmbHR 1998, 382). Wer nach § 249 klagen kann, kann nicht auch die allgemeine Feststellungsklage erheben (BGH 23.2.1978, BGHZ 70, 384 = NJW 1978, 1325). 4

II. Nichtigkeitsklage

1. Kläger. Klagebefugt sind **Aktionäre** (BGH 10.10.2017, NJW 2018, 52 Rn. 19), der **Vorstand** bzw. bei der KGaA der **persönlich haftende Gesellschafter** (BGH 21.4.2020, AG 2020, 540 Rn. 18), **Vorstands-** und **Aufsichtsratsmitglieder,** insoweit gilt § 245 entsprechend. An der Stelle des Vorstands kann in der Insolvenz der Gesellschaft auch der **Insolvenzverwalter** die Klage erheben, soweit 5 die Klage die Insolvenzmasse betrifft (BGH 21.4.2020, AG 2020, 540 Rn. 18; BGH 21.4.2020, AG 2020, 545 Rn. 23; OLG Dresden 9.2.2017, AG 2017, 482 (483)). Erhebt eine Person eine Klage auf Feststellung der Nichtigkeit, die nicht in diesem Sinne klagebefugt ist, handelt es sich um eine allgemeine Feststellungsklage nach § 256 ZPO (BGH 13.10.2008, NJW 2009, 230). Die Klagebefugnis ist eine Einordnungsfrage, nicht eine Sachurteilsvoraussetzung (MüKoAktG/*Hüffer/Schäfer* Rn. 10; aA GK-AktG/*K. Schmidt* Rn. 12). Aus diesem Grund liegt auch bei einem Rechtsverlust nach § 20 Abs. 7, § 44 Abs. 1 S. 1 WpHG oder § 59 S. 1 WpÜG nur eine allgemeine Feststellungsklage vor (offen BGH 19.7.2011, BGHZ 190, 291 = NZG 2011, 1147 Rn. 35; aA KK-AktG/*Noack/Zetzsche* Rn. 23), bis die Mitteilung nachgeholt wird (→ Rn. 7). Die besonderen Voraussetzungen von § 245 müssen nicht vorliegen (Hüffer/Koch/*Koch* Rn. 4).

6 Bei der **GmbH** kann nur ein **Gesellschafter** (BGH 13.10.2008, NJW 2009, 230 Rn. 8) oder der **Aufsichtsrat** bei einer **mitbestimmten GmbH** (BGH 14.11.1983, BGHZ 89, 48 = NJW 1984, 733) die Nichtigkeitsklage erheben; sie können keine allgemeine Feststellungsklage erheben (OLG Hamburg 31.5.1995, NJW-RR 1996, 1065). Der **Geschäftsführer** ist auf die allgemeine Feststellungsklage verwiesen (aA Scholz/*K. Schmidt* GmbHG § 45 Rn. 134). Der **fakultative Aufsichtsrat** kann keine Nichtigkeitsklage erheben (aA Scholz/*K. Schmidt* GmbHG § 45 Rn. 134). Auch der **Betriebsrat** ist nicht klagebefugt (OLG Naumburg 6.2.1997, GmbHR 1998, 382).

7 Die **Eigenschaft als Aktionär**/Gesellschafter muss in der letzten mündlichen Verhandlung vorliegen (OLG Celle 7.9.1983, ZIP 1984, 594; OLG Stuttgart 10.1.2001, NJW-RR 2001, 970; MüKoAktG/*Hüffer/Schäfer* Rn. 11). Wenn die Klage von einem Nichtaktionär oder Nichtgesellschafter erhoben wurde und er Aktien erwirbt, wird sie zur Klage nach § 249 (MüKoAktG/*Hüffer/Schäfer* Rn. 12; aA GK-AktG/*K. Schmidt* Rn. 14) mit der Folge, dass die Gesellschaft statt vom Vorstand von Vorstand und Aufsichtsrat vertreten wird (BeckOGK/*Vatter,* 1.7.2020, Rn. 10), ebenso wenn nach Rechtsverlust gem. § 20 Abs. 7 WpHG, § 44 Abs. 1 S. 1 WpHG, § 59 S. 1 WpÜG die Mitteilung nachgeholt wird. Bei Verlust der Gesellschafter/Aktionärsstellung bleibt der Kläger unter den Voraussetzungen von § 265 ZPO weiterhin klagebefugt (BGH 26.6.2012, NZG 2012, 1030 Rn. 26; BGH 9.10.2006, BGHZ 169, 221 = NJW 2007, 300 Rn. 19; BGH 25.2.1965, BGHZ 43, 261 = NJW 1965, 1378; BGH 12.7.1993, NJW-RR 1993, 1253; → § 246 Rn. 48).

8 **2. Beklagte.** Die Nichtigkeitsklage richtet sich gegen die **Gesellschaft.** Die **AG** wird wie bei der Anfechtungsklage vertreten (→ § 246 Rn. 14), bei der Aktionärsklage in Doppelvertretung durch Vorstand und Aufsichtsrat. Bei Doppelvertretung muss auch an beide zugestellt werden (BGH 23.2.1978, BGHZ 70, 384 = NJW 1978, 1325; BGH 13.4.1992, NJW 1992, 2099; → § 246 Rn. 38). Auch bei der **GmbH** richtet sich die Klage gegen die Gesellschaft. Für die Vertretung gelten dieselben Regeln wie bei der Anfechtungsklage (→ § 246 Rn. 17).

9 **3. Klagefrist.** Eine Klagefrist für die Erhebung der Nichtigkeitsklage besteht **nicht** (BGH 23 2.1978, BGHZ 70, 384 = NJW 1978, 1325). Die Nichtigkeit kann aber nach § 242 geheilt werden. Außerdem kann die Nichtigkeitsklage eines Gesellschafters **verwirkt** werden (vgl. BGH 19.5.2015, NZG 2015, 867 Rn. 38). Eine Ausnahme gilt für die Klage auf Nichtigerklärung eines Verschmelzungsbeschluss, einer Spaltung, des Formwechsels und der Vermögensübertragung. Nach § 14 Abs. 1 UmwG muss die Klage innerhalb eines Monats nach Beschlussfassung erhoben werden. Abs. 1 S. 3 ordnet an, dass die Wirkungen der Eintragung des Umwandlungsbeschlusses erhalten bleiben, wenn gegen einen gleichzeitigen Kapitalerhöhungsbeschluss erfolgreich die Nichtigkeitsklage erhoben wurde.

10 **4. Zuständigkeit.** Abs. 1 S. 1 verweist auf § 246 Abs. 3 S. 1–5, sodass das LG – Kammer für Handelssachen – am Sitz der Gesellschaft ausschließlich zuständig ist bzw. – nur bei der AG – das Konzentrationsgericht nach § 246 Abs. 3 S. 3 iVm § 142 Abs. 5 S. 5 und 6. Bei fehlender Zuständigkeit ist auf Antrag zu verweisen (→ § 246 Rn. 35).

11 **5. Verfahren.** Für das Verfahren gilt weitgehend dasselbe wie bei der Anfechtungsklage, insbesondere zur Bekanntmachung (→ § 246 Rn. 40), der Dispositionsbefugnis (→ § 246 Rn. 43), Nebenintervention (→ § 246 Rn. 18), insbesondere die Interventionsfrist (OLG Frankfurt a. M. 22.3.2010, NZG 2010, 785). Für den Streitwert gilt § 247, für das Freigabeverfahren § 246a.

12 **6. Prozessverbindung.** Mehrere Nichtigkeitsklagen gegen denselben Hauptversammlungsbeschluss sind nach Abs. 2 zu verbinden. Eine Verbindung von Anfechtungs- und Nichtigkeitsklage ist trotz des Wortlauts von Abs. 2 S. 2 wegen des gleichen Streitgegenstandes **zwingend** (GK-AktG/*K. Schmidt* Rn. 27; KK-AktG/*Noack/Zetzsche* Rn. 68). Die Nichtigkeitsklage kann nach § 147 ZPO mit einer allgemeinen Feststellungsklage zum selben Beschluss verbunden werden. Die Verbindung von Nichtigkeitsklagen zu verschiedenen Beschlüssen derselben Hauptversammlung ist nach § 147 ZPO ebenfalls möglich und zweckmäßig, aber nicht zwingend. Wenn die Nichtigkeitsklage eines Gesellschafters und eines Dritten verbunden werden, ist kein Teilurteil möglich (BGH 13.10.2008, NJW 2009, 230).

13 **7. Urteil.** Das stattgebende Urteil, mit dem die Nichtigkeit festgestellt wird, bewirkt nach § 249 Abs. 1 S. 1 iVm § 248 Abs. 1 S. 1 materielle **Rechtkraft** für den dort genannten Personenkreis

(→ § 248 Rn. 6) und hat darüber hinaus Wirkung **für und gegen alle** (BGH 21.4.2020, AG 2020, 545 Rn. 26; BGH 21.4.2020, AG 2020, 540 Rn. 21; BGH 13.10.2008, NJW 2009, 230 Rn. 8; BGH 17.2.1997, BGHZ 134, 364 (366) = NJW 1997, 1510; → § 248 Rn. 7). Ein klageabweisendes Urteil wirkt nur zwischen den Parteien (→ § 248 Rn. 6). Für das Registerverfahren gelten über Abs. 1 S. 1 § 248 Abs. 1 S. 2–4, Abs. 2 (→ § 248 Rn. 10).

III. Anderweitige Geltendmachung der Nichtigkeit

Nach Abs. 1 S. 2 kann die Nichtigkeit auch anders als durch Klage geltend gemacht werden, also außerprozessual oder im Prozess mit anderem Streitgegenstand als Einrede (GK-AktG/*K. Schmidt* Rn. 7). Auch die Gesellschaft kann sich auf die Nichtigkeit eines Beschlusses berufen. 14

Zweiter Unterabschnitt. Nichtigkeit bestimmter Hauptversammlungsbeschlüsse

Nichtigkeit der Wahl von Aufsichtsratsmitgliedern

250 (1) **Die Wahl eines Aufsichtsratsmitglieds durch die Hauptversammlung ist außer im Falle des § 241 Nr. 1, 2 und 5 nur dann nichtig, wenn**

1. **der Aufsichtsrat unter Verstoß gegen § 96 Absatz 4, § 97 Abs. 2 Satz 1 oder § 98 Abs. 4 zusammengesetzt wird;**
2. **die Hauptversammlung, obwohl sie an Wahlvorschläge gebunden ist (§§ 6 und 8 des Montan-Mitbestimmungsgesetzes), eine nicht vorgeschlagene Person wählt;**
3. **durch die Wahl die gesetzliche Höchstzahl der Aufsichtsratsmitglieder überschritten wird (§ 95);**
4. **die gewählte Person nach § 100 Abs. 1 und 2 bei Beginn ihrer Amtszeit nicht Aufsichtsratsmitglied sein kann;**
5. **die Wahl gegen § 96 Absatz 2 verstößt.**

(2) **Für die Klage auf Feststellung, daß die Wahl eines Aufsichtsratsmitglieds nichtig ist, sind parteifähig**

1. **der Gesamtbetriebsrat der Gesellschaft oder, wenn in der Gesellschaft nur ein Betriebsrat besteht, der Betriebsrat, sowie, wenn die Gesellschaft herrschendes Unternehmen eines Konzerns ist, der Konzernbetriebsrat,**
2. **der Gesamt- oder Unternehmenssprecherausschuss der Gesellschaft oder, wenn in der Gesellschaft nur ein Sprecherausschuss besteht, der Sprecherausschuss sowie, wenn die Gesellschaft herrschendes Unternehmen eines Konzerns ist, der Konzernsprecherausschuss,**
3. **der Gesamtbetriebsrat eines anderen Unternehmens, dessen Arbeitnehmer selbst oder durch Delegierte an der Wahl von Aufsichtsratsmitgliedern der Gesellschaft teilnehmen, oder, wenn in dem anderen Unternehmen nur ein Betriebsrat besteht, der Betriebsrat,**
4. **der Gesamt- oder Unternehmenssprecherausschuss eines anderen Unternehmens, dessen Arbeitnehmer selbst oder durch Delegierte an der Wahl von Aufsichtsratsmitgliedern der Gesellschaft teilnehmen, oder, wenn in dem anderen Unternehmen nur ein Sprecherausschuss besteht, der Sprecherausschuss,**
5. **jede in der Gesellschaft oder in einem Unternehmen, dessen Arbeitnehmer selbst oder durch Delegierte an der Wahl von Aufsichtsratsmitgliedern der Gesellschaft teilnehmen, vertretene Gewerkschaft sowie deren Spitzenorganisation.**

(3) [1]**Erhebt ein Aktionär, der Vorstand, ein Mitglied des Vorstands oder des Aufsichtsrats oder eine in Absatz 2 bezeichnete Organisation oder Vertretung der Arbeitnehmer gegen die Gesellschaft Klage auf Feststellung, dass die Wahl eines Aufsichtsratsmitglieds nichtig ist, so gelten § 246 Abs. 2, Abs. 3 Satz 1 bis 4, Abs. 4, §§ 247, 248 Abs. 1 Satz 2, §§ 248a und 249 Abs. 2 sinngemäß.** [2]**Es ist nicht ausgeschlossen, die Nichtigkeit auf andere Weise als durch Erhebung der Klage geltend zu machen.**

I. Allgemeines

1. Normzweck. Die Vorschriften der §§ 250–252 regeln speziell die Unwirksamkeit der **Wahl der Aufsichtsratsmitglieder.** Allgemeine Nichtigkeits- und Anfechtungsgründe sind nur heranzuziehen, soweit dies nach den einzelnen Regelungen ausdrücklich ermöglicht wird. Die Vorschriften dienen der Rechtssicherheit. Abs. 2 erstreckt die Parteifähigkeit über § 50 ZPO hinaus auf bestimmte Arbeitnehmerorganisationen und soll damit die Arbeitnehmer vor Verletzungen ihres Mitbestimmungsrechts schützen (MüKoAktG/*J. Koch* Rn. 2). 1

2. Anwendungsbereich. § 250 betrifft nur die Wahl der Aufsichtsratsmitglieder durch die Hauptversammlung, auch soweit sie an Wahlvorschläge gebunden ist (§ 101 Abs. 1 S. 2). Die Vorschrift gilt 2 nicht, wo ein Mitglied in den Aufsichtsrat aufgrund einer Satzungsklausel entsandt wird (§ 101 Abs. 2 S. 1) (BGH 5.12.2005, BGHZ 165, 192 = NJW 2006, 510), außerhalb der Hauptversammlung in mitbestimmungspflichtigen Unternehmen (Arbeitnehmerseite) durch Urwahl bestimmt wird (§ 9 Abs. 2 MitbestG, § 18 MitbestG, § 5 DrittelbG) oder durch Wahlmänner gewählt wird (§ 9 Abs. 1 MitbestG). Die Anfechtung der Wahl von Vertretern der Arbeitnehmerseite findet nach eigenen Regeln (vgl. BAG 15.5.2019, NZG 2019, 1388 Rn. 32) vor den Arbeitsgerichten statt (§ 22 MitbestG, § 11 DrittelbG). Bei der **SE** gelten über § 17 Abs. 3 und 4 SEAG bei der dualen Verfassung §§ 250 ff. entsprechend, während §§ 31–33 SEAG bei monistischer Verfassung eigene, aber ähnliche Bestimmungen treffen (*Göz* ZGR 2008, 593 (622)). § 250 gilt grundsätzlich auch bei der **GmbH** (Baumbach/Hueck/*Zöllner/Noack* GmbHG Anh. § 47 Rn. 61).

II. Nichtigkeitsgründe

3 **1. Allgemeine Nichtigkeitsgründe.** § 250 Abs. 1 verweist nur auf die allgemeinen Nichtigkeitsgründe nach § 241 Nr. 1 (Einberufungsmängel), Nr. 2 (Beurkundungsfehler) und Nr. 5 (erfolgreiche Anfechtungsklage). Andere allgemeine Nichtigkeitsgründe, insbesondere § 241 Nr. 3 und Nr. 4 (Inhaltsmängel und Sittenverstoß) sowie Nr. 6 (Nichtigkeit kraft Löschung) bestehen nicht.

4 **2. Besondere Nichtigkeitsgründe.** Abs. 1 Nr. 1 schützt nicht die formell richtige Zusammensetzung, sondern die Beachtung der Vorschriften über die Zusammensetzung, also den **Kontinuitätsgrundsatz** nach § 97 Abs. 2, solange nicht die in §§ 97 ff. genannten Verfahren über eine Veränderung abgeschlossen sind (BeckOGK/*Stilz,* 1.7.2020, Rn. 11). Abs. 1 Nr. 2 sanktioniert die Abweichung von bindenden **Wahlvorschlägen** nach dem MontanMitbestG mit der Nichtigkeitsfolge (zu gesetzwidrigen Wahlvorschlägen § 251 Abs. 1 S. 2).

5 Nach Abs. 1 Nr. 3 führt die **Überschreitung** der gesetzlichen Höchstzahl der Aufsichtsratsmitglieder (nach § 95 S. 4 und 5, ggf. iVm § 7 Abs. 1 MitbestG, § 4 Abs. 1 S. 1 Montan-MitbestG, § 5 Abs. 1 S. 1 MontanMitbestErgG) zur Nichtigkeit. Die Überschreitung einer in der Satzung festgelegten niedrigeren Zahl von Aufsichtsräten oder der gesetzlichen Regelzahl ist unerheblich (LG Flensburg 7.4.2004, NZG 2004, 677). Bei Einzelwahl ist die Wahl des die Höchstzahl überschreitenden Mitglieds nichtig, bei Blockwahl die gesamte Wahl (BeckOGK/*Stilz,* 1.7.2020, Rn. 15). Werden zuerst mehr Aktionärsvertreter gewählt als gesetzlich zulässig, ist diese Wahl und nicht erst die der Arbeitnehmervertreter, mit denen die Höchstzahl überschritten wird, nichtig (BeckOGK/*Stilz,* 1.7.2020, Rn. 16).

6 Nichtig ist auch die Wahl eines Aufsichtsratsmitglied, dem die **persönlichen Voraussetzungen** nach § 100 Abs. 1 und 2 fehlen (Abs. 1 Nr. 4). Zu den persönlichen Voraussetzungen → § 100 Rn. 2 ff. Die Vorschrift ist auf die Inkompatibilität nach § 105 entsprechend anwendbar (vgl. LG München I 15.4.2004, NZG 2004, 626; MüKoAktG/*J. Koch* Rn. 20). Maßgeblicher Zeitpunkt ist auch für Ersatzmitglieder (BGH 15.12.1986, BGHZ 99, 211 = NJW 1987, 902) der Beginn der Amtszeit, nicht der Wahlbeschluss. Verliert der Gewählte die persönlichen Voraussetzungen bis zum Amtsantritt, endet sein Amt, weil der Beschluss nichtig wird (GK-AktG/*K. Schmidt* Rn. 26).

7 Nichtig ist die Wahl auch, wenn sie gegen die **Quotenregelung** nach § 96 Abs. 2 verstößt (Abs. 1 Nr. 5). Die Wahl von Ersatzmitgliedern soll ebenfalls ex tunc nichtig werden, wenn durch das Nachrücken die Quote nicht mehr erfüllt wird. Es empfiehlt sich daher, als Ersatzmitglied für eine Frau ebenfalls eine Frau zu wählen (vgl. BT-Drs. 18/3784, 122; Hüffer/Koch/*Koch* Rn. 11).

8 **3. Rechtsfolgen der Nichtigkeit.** Die nichtig gewählte Person wird **nicht Mitglied** des Aufsichtsrats, bei Blockwahl ist im Zweifel der gesamte Aufsichtsrat betroffen. Teilnichtigkeit ist möglich (BGH 25.1.1988, NJW 1988, 1214: gleichzeitig nichtiger Abberufungsbeschluss). Betreffen die Nichtigkeitsgründe nur eine Person, ist nur deren Wahl nichtig (vgl. BGH 11.11.1993, BGHZ 124, 86 = NJW 1994, 453 zum Gläubigerausschuss). Das unwirksam bestellte Organ haftet nach §§ 116, 93 und ist nach § 399 strafrechtlich verantwortlich (BeckOGK/*Stilz,* 1.7.2020, Rn. 22). Auf sein Verhältnis zur Gesellschaft und die Wirkungen nach außen sind – ggf. mit Modifikationen – die Grundsätze über das fehlerhafte Bestellungsverhältnis anwendbar (GK-AktG/*K. Schmidt* Rn. 30; noch weiter *Bayer/Lieder* NZG 2012, 1 (6 f.); vgl. zum Vorstand BGH 23.10.1975, BGHZ 65, 190 = WM 1975, 1237; zum besonderen Vertreter BGH 27.9.2011, NZG 2011, 1383; aA *E. Vetter* ZIP 2012, 701). Eine Heilung nach § 242 scheidet mangels Eintragung aus (OLG Frankfurt a. M. 2.5.2019, NZG 2019, 1055 Rn. 26).

9 Die **Stimmabgabe** des nichtig gewählten Aufsichtsratsmitglieds ist nichtig; die Auswirkung auf Aufsichtsratsbeschlüsse hängt davon ab, ob die Stimme für die Mehrheit entscheidend ist (BGH 19.2.2013, NJW 2013, 1535 Rn. 17; BGH 17.4.1967, BGHZ 47, 341 = NJW 1967, 1711). Ist der gesamte Aufsichtsrat unwirksam gewählt, liegt ein nichtiger Beschluss vor (GK-AktG/*K. Schmidt* Rn. 21), der keine bindenden Wirkungen etwa gegenüber dem Vorstand entfaltet, Vorschläge des anfechtbar gewählten Aufsichtsrats nach § 124 bleiben aber auch nach Nichtigerklärung wirksam (BGH 19.2.2013, NJW 2013, 1535 Rn. 25).

III. Nichtigkeitsklage

Nach Abs. 3 gilt für die Nichtigkeitsklage im Ergebnis dasselbe wie für die allgemeine Nichtigkeitsklage nach § 249 Abs. 1, auf dessen Kommentierung (→ § 249 Rn. 1 ff.) verwiesen wird. Das gilt auch für die Doppelvertretung durch Vorstand und Aufsichtsrat (MüKoAktG/*J. Koch* Rn. 39). Abs. 2 erweitert die **Parteifähigkeit** auf Betriebsräte. Daraus ist gleichzeitig zu entnehmen, dass auch sie und die (als parteifähig anerkannten) Gewerkschaften bei mitbestimmten Unternehmen ein Rechtsschutzbedürfnis haben und klagebefugt sind (MüKoAktG/*J. Koch* Rn. 38; GK-AktG/*K. Schmidt* Rn. 37; KK-AktG/*Kiefner* Rn. 66; BeckOGK/*Stilz,* 1.7.2020, Rn. 24). 10

Anfechtung der Wahl von Aufsichtsratsmitgliedern

251 (1) [1]**Die Wahl eines Aufsichtsratsmitglieds durch die Hauptversammlung kann wegen Verletzung des Gesetzes oder der Satzung durch Klage angefochten werden.** [2]**Ist die Hauptversammlung an Wahlvorschläge gebunden, so kann die Anfechtung auch darauf gestützt werden, daß der Wahlvorschlag gesetzwidrig zustande gekommen ist.** [3]**§ 243 Abs. 4 und § 244 gelten.**

(2) [1]**Für die Anfechtungsbefugnis gilt § 245 Nr. 1, 2 und 4.** [2]**Die Wahl eines Aufsichtsratsmitglieds, das nach dem Montan-Mitbestimmungsgesetz auf Vorschlag der Betriebsräte gewählt worden ist, kann auch von jedem Betriebsrat eines Betriebs der Gesellschaft, jeder in den Betrieben der Gesellschaft vertretenen Gewerkschaft oder deren Spitzenorganisation angefochten werden.** [3]**Die Wahl eines weiteren Mitglieds, das nach dem Montan-Mitbestimmungsgesetz oder dem Mitbestimmungsergänzungsgesetz auf Vorschlag der übrigen Aufsichtsratsmitglieder gewählt worden ist, kann auch von jedem Aufsichtsratsmitglied angefochten werden.**

(3) **Für das Anfechtungsverfahren gelten die §§ 246, 247, 248 Abs. 1 Satz 2 und § 248a.**

I. Allgemeines

Normzweck ist in **Ergänzung von § 250** die Regelung der Besonderheiten der Aufsichtsratswahl. 1 Die allgemeinen Vorschriften zur Anfechtbarkeit (§ 243) sind nur anwendbar, soweit § 251 darauf verweist. Die Vorschrift weitet zur Durchsetzung der mitbestimmungsrechtlichen Regelungen die Anfechtungsbefugnis in Abs. 2 S. 2 aus. Zum Anwendungsbereich → § 250 Rn. 2.

II. Anfechtungsgründe

1. Allgemeine Anfechtungsgründe. Abs. 1 S. 1 verweist auf die allgemeinen Anfechtungsgründe 2 von § 243 Abs. 1. Als Gesetzesverstoß kommt vor allem der Verstoß gegen die Pflicht zur Bekanntgabe von Wahlvorschlägen (§§ 126, 127), die Pflicht zur Angabe über die Zusammensetzung des Aufsichtsrats (BGH 10.10.2017, NJW 2018, 52 Rn. 75) oder die Abstimmungsreihenfolge (§ 137) in Betracht. Der Verstoß des Wahlvorschlags gegen den DCGK ist kein Gesetzesverstoß und führt nicht zur Anfechtung, ein mit einer unterbliebenen Berichtigung der Entsprechenserklärung einhergehender Gesetzesverstoß macht den Wahlvorschlag nicht unwirksam und ist nicht ursächlich für die Wahlentscheidung (BGH 9.10.2018, BGHZ 220, 36 = NJW 2019, 669 Rn. 23; aA OLG München 6.8.2008, NZG 2009, 658; LG Hannover 17.3.2010, ZIP 2010, 833; → § 161 Rn. 26). Die Wahl von mehr als in § 4 Abs. 1 DrittelbG vorgesehenen Arbeitnehmervertretern führt nicht zur Anfechtbarkeit (BGH 3.7.1975, NJW 1975, 1657; OLG Bremen 22.3.1977, NJW 1977, 1153). Weder ist die Wahl von Vertretern des herrschenden Unternehmens noch der Verstoß gegen Wahlabreden ein Anfechtungsgrund (MüKoAktG/*J. Koch* Rn. 4). Auch ein Verstoß gegen § 100 Abs. 5 (Sachverstand auf den Gebieten der Rechnungslegung oder Abschlussprüfung bei einem Aufsichtsratsmitglied und Sektorenkenntnis des Gesamtaufsichtsrat bei kapitalmarktorientierten Gesellschaften) ist kein Anfechtungsgrund, weil der Verstoß nicht auf die Wahl eines einzelnen Mitglieds durchschlägt (Hüffer/Koch/*Koch* Rn. 2; aA KK-AktG/*Kiefner* Rn. 35). Als Satzungsverstoß kommt insbesondere in Betracht, wenn der Betroffene die in einer Satzungsregelung über § 100 Abs. 1 und 2 hinaus aufgestellten persönlichen Voraussetzungen nicht erfüllt, die nach § 104 Abs. 4 aber nicht für Arbeitnehmervertreter festgelegt werden können.

Die Verfolgung von **Sondervorteilen** (§ 243 Abs. 2) ist kein Anfechtungsgrund (MüKoAktG/ 3 *J. Koch* Rn. 13; BeckOGK/*Stilz,* 1.7.2020, Rn. 2, KK-AktG/*Kiefner* Rn. 7). Nach § 243 Abs. 3, der trotz der fehlenden Erwähnung in § 251 Abs. 1 anwendbar ist (MüKoAktG/*J. Koch* Rn. 15), kann die Anfechtung auch nicht auf die Verletzung der Weitergabepflichten nach § 128 gestützt werden. Nach Abs. 1 S. 3 ist auch die Verletzung des Informationsrechts unter den einschränkenden Voraussetzungen von § 243 Abs. 4 ein Anfechtungsgrund (BGH 21.6.2010, NZG 2010, 943 Rn. 28 zum fehlenden Aufsichtsratsbericht).

4 **2. Besondere Anfechtungsgründe.** Nach Abs. 1 S. 2 ist es ein Anfechtungsgrund, wenn ein mitbestimmungsrechtlich bindender Wahlvorschlag gesetzwidrig zustande gekommen ist. Voraussetzung ist eine Verletzung wesentlicher Wahlvorschriften wie in § 11 Abs. 1 DrittelbG, § 22 Abs. 1 MitbestG und § 8 Abs. 2 MontanMitbestErgG (KK-AktG/*Kiefner* Rn. 6).

5 **3. Bestätigungsbeschluss.** Abs. 1 S. 3 stellt mit dem Verweis auf § 244 klar, dass die Aufsichtsratswahl mit der Wirksamkeit eines Bestätigungsbeschlusses gültig wird (OLG Frankfurt a. M. 20.10.2010, NZG 2010, 1426; OLG Stuttgart 10.11.2004, NZG 2005, 432). Ein Interesse an der Feststellung der Nichtigkeit für die Vergangenheit (§ 244 S. 2) kann bestehen, wenn das Zustandekommen eines Aufsichtsratsbeschlusses, der den Aktionär betrifft, von der Stimme des zunächst anfechtbar Gewählten abhängt (→ § 244 Rn. 14).

III. Anfechtungsklage

6 **1. Verfahren.** Für das Verfahren verweist Abs. 3 auf die allgemeinen Vorschriften (§§ 246–248). Anstelle von § 248 Abs. 1 S. 1 gilt § 252.

7 **2. Anfechtungsbefugnis.** Für die Anfechtungsbefugnis verweist Abs. 2 auf § 245 Nr. 1, 2 und 4, nicht jedoch auf § 245 Nr. 3 und Nr. 5; sodass einzelnen Vorstands- oder Aufsichtsratsmitgliedern die Anfechtungsbefugnis fehlt. Abs. 2 S. 2 und 3 erweitert wie § 250 Abs. 2 die Anfechtungsbefugnis. Die Anfechtungsbefugnis soll auch der in S. 2 nicht genannte Gesamtbetriebsrat haben (Großkomm-AktG/K. *Schmidt* Rn. 17; aA BeckOGK/*Stilz*, 1.7.2020, Rn. 17; KK-AktG/*Kiefner* Rn. 59; Hüffer/Koch/*Koch* Rn. 9). Die Anfechtungsbefugnis der Wahl des neutralen Mitglieds nach § 4 Abs. 1 S. 2 lit. c MontanMitbestG bzw. § 5 Abs. 1 S. 2 lit. c MitbestErgG wird in Abs. 2 S. 3 auf jedes Aufsichtsratsmitglied erweitert, nicht die Anfechtungsbefugnis von Betriebsräten etc beschränkt (heute hM, MüKoAktG/*J. Koch* Rn. 18).

Urteilswirkung

252 **(1) Erhebt ein Aktionär, der Vorstand, ein Mitglied des Vorstands oder des Aufsichtsrats oder eine in § 250 Abs. 2 bezeichnete Organisation oder Vertretung der Arbeitnehmer gegen die Gesellschaft Klage auf Feststellung, daß die Wahl eines Aufsichtsratsmitglieds durch die Hauptversammlung nichtig ist, so wirkt ein Urteil, das die Nichtigkeit der Wahl rechtskräftig feststellt, für und gegen alle Aktionäre und Arbeitnehmer der Gesellschaft, alle Arbeitnehmer von anderen Unternehmen, deren Arbeitnehmer selbst oder durch Delegierte an der Wahl von Aufsichtsratsmitgliedern der Gesellschaft teilnehmen, die Mitglieder des Vorstands und des Aufsichtsrats sowie die in § 250 Abs. 2 bezeichneten Organisationen und Vertretungen der Arbeitnehmer, auch wenn sie nicht Partei sind.**

(2) [1] Wird die Wahl eines Aufsichtsratsmitglieds durch die Hauptversammlung durch rechtskräftiges Urteil für nichtig erklärt, so wirkt das Urteil für und gegen alle Aktionäre sowie die Mitglieder des Vorstands und Aufsichtsrats, auch wenn sie nicht Partei sind. [2] Im Fall des § 251 Abs. 2 Satz 2 wirkt das Urteil auch für und gegen die nach dieser Vorschrift anfechtungsberechtigten Betriebsräte, Gewerkschaften und Spitzenorganisationen, auch wenn sie nicht Partei sind.

I. Allgemeines

1 § 252 tritt an die Stelle von § 248 Abs. 1 S. 1 und § 249 Abs. 1 S. 1. Die Vorschrift dient der Rechtssicherheit und -klarheit, weil sie die Urteilswirkungen auch auf die Arbeitnehmerseite erstreckt.

II. Urteil bei Nichtigkeitsklage

2 Das Urteil, das die Nichtigkeit der Wahl feststellt, hat **Gestaltungswirkung** für und gegen jedermann. Abs. 1 betrifft nicht die Gestaltungswirkung, sondern die materielle Rechtskraft und erstreckt sie auf Arbeitnehmer etc. Für das klageabweisende Urteil gilt sie nicht (→ § 249 Rn. 13).

III. Urteil bei Anfechtungsklage

3 Das Urteil, das die Wahl für nichtig erklärt, hat ebenfalls **Gestaltungswirkung** für und gegen jedermann (→ § 248 Rn. 7) und hat insoweit Rückwirkung (BeckOGK/*Stilz*, 1.7.2020, Rn. 6). Abs. 2 erweitert die davon zu unterscheidende Rechtskraftwirkung (§ 248 Rn. 6) auf den genannten Personenkreis und gilt entsprechend im Fall des § 251 Abs. 2 S. 3 (MüKoAktG/*J. Koch* Rn. 16). Zu den Folgen der Nichtigerklärung → § 250 Rn. 7 f.

Nichtigkeit des Beschlusses über die Verwendung des Bilanzgewinns

253 (1) [1]**Der Beschluß über die Verwendung des Bilanzgewinns ist außer in den Fällen des § 173 Abs. 3, des § 217 Abs. 2 und des § 241 nur dann nichtig, wenn die Feststellung des Jahresabschlusses, auf dem er beruht, nichtig ist.** [2]**Die Nichtigkeit des Beschlusses aus diesem Grunde kann nicht mehr geltend gemacht werden, wenn die Nichtigkeit der Feststellung des Jahresabschlusses nicht mehr geltend gemacht werden kann.**

(2) **Für die Klage auf Feststellung der Nichtigkeit gegen die Gesellschaft gilt § 249.**

I. Allgemeines

Abs. 1 enthält eine abschließende Zusammenstellung der Nichtigkeitsgründe für den Beschluss über die Verwendung des Bilanzgewinns. Er ist nichtig, wenn der zugrunde liegende Beschluss über die Feststellung des Jahresabschlusses nichtig ist, außerdem wenn für den Beschluss selbst Nichtigkeitsgründe vorliegen (§ 173 Abs. 3, § 217 Abs. 2 und § 241). Die Vorschrift gilt auch für die GmbH (BGH 21.7.2008, ZIP 2008, 1818 Rn. 23; OLG Stuttgart 11.2.2004, NZG 2004, 675; OLG Hamm 17.4.1991, BB 1991, 2122; → GmbHG § 29 Rn. 45). 1

II. Nichtigkeitsgründe

1. Allgemeine Nichtigkeitsgründe. Der Gewinnverwendungsbeschluss kann nach § 241 aus allgemeinen Gründen nichtig sein. Insbesondere liegt der Nichtigkeitsgrund des § 241 Nr. 3 vor, wenn gegen die Bindung an den festgestellten Jahresabschluss verstoßen wird (BeckOGK/*Stilz,* 1.7.2020, Rn. 8; Hüffer/Koch/*Koch* Rn. 3). 2

2. Besondere Nichtigkeitsgründe. Nach § 173 Abs. 3 wird, wenn die Hauptversammlung ausnahmsweise für die **Feststellung** des **Jahresabschlusses** zuständig ist und sie den geprüften Jahresabschluss abändert, der Feststellungsbeschluss nichtig, wenn er nicht innerhalb von zwei Wochen ein Testat erhält. Folgerichtig wird dann auch der Gewinnverwendungsbeschluss nichtig. Nach § 217 Abs. 2 ist der mit einer **Kapitalerhöhung** zusammen hängende Gewinnverwendungsbeschluss, der die rückwirkende Teilnahme neuer Aktien vorsieht, nichtig, wenn der Kapitalerhöhungsbeschluss nicht innerhalb von drei Monaten ins Handelsregister eingetragen wird. 3

Nichtig ist der Gewinnverwendungsbeschluss, wenn der **Jahresabschluss** nach § 256 **nichtig** ist (BGH 21.4.2020, AG 2020, 540 Rn. 34 und 65; BGH 21.4.2020, AG 2020, 545 Rn. 30 und 73; OLG Stuttgart 14.5.2003, NZG 2003, 778; OLG Stuttgart 16.11.2005, WM 2006, 292; OLG Frankfurt a. M. 18.3.2008, ZIP 2008, 738), bei der GmbH auch nach einer erfolgreichen Anfechtungsklage gegen den Beschluss zur Feststellung des Jahresabschlusses (BGH 21.7.2008, ZIP 2008, 1818). Die Darlegungs- und Beweislast trägt, wer sich auf die Nichtigkeit des Jahresabschlusses beruft (OLG München 12.11.1993, BB 1994, 323). 4

3. Rechtsfolgen der Nichtigkeit. Folge der Nichtigkeit des Gewinnverwendungsbeschlusses ist, dass der Rechtsgrund für die **Dividendenzahlung** entfällt (vgl. BGH 3.11.1975, BGHZ 65, 230 = WM 1976, 12; BGH 12.1.1998, BGHZ 137, 378 = NJW 1998, 1559; OLG Stuttgart 11.2.2004, NZG 2004, 675). Bereits bezahlte Dividenden sind nach § 62 Abs. 1 zurückzuzahlen, bei der GmbH nach § 812 Abs. 1 BGB (OLG Stuttgart 11.2.2004, NZG 2004, 675). Wird die Feststellung des Jahresabschlusses nach der Nichtigkeit des ersten Jahresabschlusses wiederholt, muss wegen seiner Nichtigkeit auch der Gewinnverwendungsbeschluss wiederholt werden, selbst wenn der Gewinn sich nicht verändert (MüKoAktG/*J. Koch* Rn. 9). 5

4. Heilung. Nach Abs. 1 S. 2 kann die Nichtigkeit des Gewinnverwendungsbeschlusses nicht mehr geltend gemacht werden, wenn nach § 256 Abs. 6 die Nichtigkeit des Jahresabschlusses nicht mehr geltend gemacht werden kann. Die Nichtigkeitsklage gegen den Gewinnverwendungsbeschluss hemmt die Heilung des Jahresabschlusses nach § 256 Abs. 6 nicht (OLG Stuttgart 16.11.2005, WM 2006, 292). Über Abs. 1 S. 2 hinaus kann der Gewinnverwendungsbeschluss nach § 242 geheilt werden. Für § 217 Abs. 2 enthält § 242 Abs. 3 eine eigene Heilungsregelung (→ § 242 Rn. 7). 6

III. Nichtigkeitsklage

Für die Nichtigkeitsklage gilt nach Abs. 2 dasselbe wie für die allgemeine Nichtigkeitsklage nach § 249 Abs. 1. Die Nichtigkeit kann auch auf andere Weise geltend gemacht werden (§ 249 Abs. 1 S. 2), sodass sie als Vorfrage bei der Klage auf (Rück-)Zahlung der Dividende zu prüfen ist. Die Rechtskraft eines Urteils, das die Nichtigkeit des Gewinnverwendungsbeschlusses feststellt, erstreckt sich nicht auf die Nichtigkeit des Jahresabschlusses (BeckOGK/*Stilz,* 1.7.2020, Rn. 22). 7

Anfechtung des Beschlusses über die Verwendung des Bilanzgewinns

254 (1) **Der Beschluß über die Verwendung des Bilanzgewinns kann außer nach § 243 auch angefochten werden, wenn die Hauptversammlung aus dem Bilanzgewinn Beträge in Gewinnrücklagen einstellt oder als Gewinn vorträgt, die nicht nach Gesetz oder Satzung von der Verteilung unter die Aktionäre ausgeschlossen sind, obwohl die Einstellung oder der Gewinnvortrag bei vernünftiger kaufmännischer Beurteilung nicht notwendig ist, um die Lebens- und Widerstandsfähigkeit der Gesellschaft für einen hinsichtlich der wirtschaftlichen und finanziellen Notwendigkeiten übersehbaren Zeitraum zu sichern und dadurch unter die Aktionäre kein Gewinn in Höhe von mindestens vier vom Hundert des Grundkapitals abzüglich von noch nicht eingeforderten Einlagen verteilt werden kann.**

(2) [1] **Für die Anfechtung gelten die §§ 244 bis 246, 247 bis 248a.** [2] **Die Anfechtungsfrist beginnt auch dann mit der Beschlußfassung, wenn der Jahresabschluß nach § 316 Abs. 3 des Handelsgesetzbuchs erneut zu prüfen ist.** [3] **Zu einer Anfechtung nach Absatz 1 sind Aktionäre nur befugt, wenn ihre Anteile zusammen den zwanzigsten Teil des Grundkapitals oder den anteiligen Betrag von 500 000 Euro erreichen.**

I. Allgemeines

1 Die Vorschrift soll die Minderheit der Aktionäre davor schützen, dass sie von der Mehrheit durch eine übermäßige Gewinnthesaurierung ausgehungert werden. Zur Anwendung auf die **GmbH** → GmbHG § 29 Rn. 45.

II. Anfechtungsgründe

2 **1. Allgemeine Anfechtungsgründe.** Abs. 1 stellt ausdrücklich klar, dass Gewinnverwendungsbeschlüsse nach § 243 wegen eines Gesetzes- oder Satzungsverstoßes anfechtbar sind. Dafür kommt etwa ein Verstoß gegen § 58 Abs. 3, gegen eine Ausschüttungshöchstgrenze in der Satzung (OLG Düsseldorf 11.3.1982, WM 1982, 649) oder gegen die Dokumentationspflicht nach § 174 Abs. 2 in Betracht.

3 **2. Besondere Anfechtungsgründe.** Besonderer Anfechtungsgrund nach Abs. 1 ist die **übermäßige Gewinnthesaurierung.** Sie setzt voraus, dass weniger als 4 % des Grundkapitals ausgeschüttet werden – maßgebend ist die Gesamtausschüttung unter alle Aktionärsgruppen (MüKoAktG/*J. Koch* Rn. 10) – und die Hauptversammlung Teile des Bilanzgewinns in Gewinnrücklagen einstellt oder als Gewinn vorträgt. Andere ausschüttungsmindernde Gewinnverwendungen fallen nicht darunter (BeckOGK/*Stilz,* 1.7.2020, Rn. 7) und können nur eine Anfechtung nach § 243 begründen.

4 Die zur Ausschüttung zur Verfügung stehenden Beträge müssen **verteilungsfähig** sein, dh sie dürfen nicht schon nach Gesetz oder Satzung von der Verteilung unter die Aktionäre ausgeschlossen sein. Statutarische Ausschüttungsbeschränkungen sind zulässig (BGH 28.6 1982, BGHZ 83, 303 = NJW 1983, 282). Zur Ausschüttung nicht zur Verfügung steht auch der nicht verteilungsfähige **Spitzenbetrag,** der bei der Verteilung der Dividende übrig bleibt (BeckOGK/*Stilz,* 1.7.2020, Rn. 9; Hüffer/Koch/*Koch* Rn. 5).

5 Schließlich darf die Thesaurierung nicht wirtschaftlich notwendig sein, um die Substanz und den relativen Stand der Gesellschaft für einen übersehbaren Zeitraum von bis zu fünf Jahren zu sichern. Maßgebend ist eine **kaufmännische Betrachtungsweise,** die einen Beurteilungsspielraum der Gesellschaft umfasst (BeckOGK/*Stilz,* 1.7.2020, Rn. 10). Die Darlegungs- und Beweislast für die wirtschaftliche Notwendigkeit liegt bei der Gesellschaft (MüKoAktG/*J. Koch* Rn. 14).

III. Anfechtungsklage

6 Für die Anfechtungsklage gelten die **allgemeinen Vorschriften.** Die Anfechtungsfrist beginnt mit der Hauptversammlung, auch wenn nach § 316 Abs. 3 HGB eine Nachtragsprüfung notwendig ist. Der Tag der Hauptversammlung wird nach § 187 BGB nicht mitgerechnet, was Abs. 2 S. 2 nicht in Frage stellt.

7 Die **Anfechtungsbefugnis** richtet sich nach § 245, doch stellt Abs. 2 S. 1 ein zusätzliches Erfordernis für eine auf Abs. 1, nicht aber für die auf § 243 gestützte Klage auf. Bei der Berechnung des Quorums sind nur die Anfechtungskläger zusammenzuzählen, die nach § 245 Nr. 1 oder 2 anfechtungsbefugt sind (GK-AktG/*K. Schmidt* Rn. 12; aA MüKoAktG/*J. Koch* Rn. 20) und die Klage auf Abs. 1 gründen. Das Quorum muss bei der letzten mündlichen Verhandlung erreicht sein (BeckOGK/*Stilz,* 1.7.2020, Rn. 18; Hüffer/Koch/*Koch* Rn. 9), nicht aber schon bei der regelmäßig sukzessiven Klageerhebung jedes einzelnen. Es genügt, wenn alle Kläger, die innerhalb der Anfechtungsfrist Klage eingereicht haben und deren Klagen alsbald zugestellt werden, zusammengerechnet das Quorum erreichen. Mitzuzählen ist wegen des Fortbestands der Anfechtungsbefugnis (→ § 246 Rn. 48) auch, wer seine Aktien während des Prozesses veräußert (MüKoAktG/*J. Koch* Rn. 21), sodass im Ergebnis nur

die Klagerücknahme dem einmal erreichten Quorum schadet (KK-AktG/*Arnold* Rn. 24; aA Hölters/*Waclawik* Rn. 7).

Anfechtung der Kapitalerhöhung gegen Einlagen

255 (1) **Der Beschluß über eine Kapitalerhöhung gegen Einlagen kann nach § 243 angefochten werden.**

(2) [1]**Die Anfechtung kann, wenn das Bezugsrecht der Aktionäre ganz oder zum Teil ausgeschlossen worden ist, auch darauf gestützt werden, daß der sich aus dem Erhöhungsbeschluß ergebende Ausgabebetrag oder der Mindestbetrag, unter dem die neuen Aktien nicht ausgegeben werden sollen, unangemessen niedrig ist.** [2]**Dies gilt nicht, wenn die neuen Aktien von einem Dritten mit der Verpflichtung übernommen werden sollen, sie den Aktionären zum Bezug anzubieten.**

(3) **Für die Anfechtung gelten die §§ 244 bis 248a.**

I. Allgemeines

Die Vorschrift stellt in Abs. 1 und 3 klar, dass für die Anfechtung eines Kapitalerhöhungsbeschlusses 1
die **allgemeinen Vorschriften** gelten. Aus allgemeinen Gründen anfechtbar sind über Abs. 1 hinaus alle Beschlüsse über Kapitalerhöhungen, sodass insoweit kein Unterschied zwischen einer Kapitalerhöhung gegen Bar- oder Sacheinlagen besteht. Bei einer Kapitalerhöhung aus Gesellschaftsmitteln nach §§ 207 ff. ist der Beschluss nach § 212 S. 2 nichtig, wenn die neuen Aktien den Aktionären nicht gleichmäßig zugewiesen werden.

In **Abs. 2** wird die **Anfechtungsmöglichkeit erweitert,** um die Vermögensinteressen der Alt- 2
aktionäre vor einer Verwässerung ihrer Beteiligung zu schützen. Abs. 2 ist unmittelbar auf die Kapitalerhöhung gegen Bareinlagen nach § 182, auch auf die bedingte Kapitalerhöhung nach § 192 und das genehmigte Kapital nach § 202 bei Vorgaben im Sinn eines Ausgabe- oder Mindestbetrags (OLG Karlsruhe 28.8.2002, NZG 2002, 959) anwendbar, analog aber auch auf Sachkapitalerhöhungen (BGH 13.3.1978, BGHZ 71, 40 = NJW 1978, 1316), gemischte Bar- und Sachkapitalerhöhungen (OLG Jena 12.10.2006, NZG 2007, 147) und andere Formen der Kapitalzuführung (GK-AktG/*K. Schmidt* Rn. 6) wie die Ausgabe von Genussscheinen (OLG Bremen 22.8.1991, WM 1991, 1920; KK-AktG/*Arnold* Rn. 19; offengelassen BGH 9.11.1992, BGHZ 120, 141 = NJW 1993, 400). Dagegen scheidet eine analoge Anwendung beim Rückerwerb eigener Aktien nach § 71 Abs. 1 Nr. 8 aus (BeckOGK/*Stilz,* 1.7.2020, Rn. 13; aA *Paefgen* ZIP 2002, 1509 (1512); OLG Stuttgart 25.10.2018, AG 2019, 527 (538)).

II. Anfechtungsgründe

1. Allgemeine Anfechtungsgründe. Der nach Abs. 2 anfechtbare Kapitalerhöhungsbeschluss ist 3
wie jeder andere Kapitalerhöhungsbeschluss aus den allgemeinen Anfechtungsgründen anfechtbar. Abs. 2 verdrängt auch nicht die Anfechtung wegen Sondervorteilen nach § 243 Abs. 2 (BeckOGK/*Stilz,* 1.7.2020, Rn. 4; KK-AktG/*Arnold* Rn. 5; aA GK-AktG/*K. Schmidt* Rn. 1). Die **sachliche Rechtfertigung** eines Beschlusses, mit dem der Vorstand zum Bezugsrechtsausschluss ermächtigt wird, wird nicht im Wege der Anfechtungsklage überprüft (BGH 23.6.1997, BGHZ 136, 133 = NJW 1997, 2815; BGH 10.10.2005, BGHZ 164, 241 = NJW 2006, 371; BGH 11.6.2007, NJW-RR 2008, 289).

2. Anfechtungsgrund der Verwässerung (Abs. 2). a) Bezugsrechtsausschluss. Die Anfechtung 4
nach Abs. 2 setzt voraus, dass der Aktionär vom Bezugsrecht mindestens teilweise wirksam ausgeschlossen ist. Wird die Entscheidung über einen Bezugsrechtsausschluss dem **Vorstand** überlassen (§ 203 Abs. 2), scheidet eine Anfechtung des Bezugsrechtsausschlusses aus, die Kontrolle des Vorstands findet über die allgemeine Feststellungsklage statt (BGH 10.10.2005, BGHZ 164, 249 = NJW 2006, 374). Ist ein Kreditinstitut bezugsberechtigt, ist das unter den Voraussetzungen von § 186 Abs. 5 S. 1 kein Bezugsrechtsausschluss. Ein Ausschluss soll auch bei der einheitlichen gemischten **Bar- und Sachkapitalerhöhung** vorliegen, wenn nur ein Teil der Aktionäre an der Sachkapitalerhöhung teilnehmen darf (OLG Jena 12.10.2006, NZG 2007, 147). Wenn das Bezugsrecht zwar ausgeschlossen ist, der Bezugsberechtigte die Aktien aber den Altaktionären anbieten muss, schließt Abs. 2 S. 2 die Anfechtbarkeit aus. Ist das Bezugsrecht nicht ausgeschlossen, kommt eine Anfechtung nach § 243 Abs. 1 wegen eines Treuepflichtverstoßes in Betracht, wenn der zu niedrige Ausgabekurs zu einem faktischen Bezugszwang führt (OLG Stuttgart 1.12.1999, NZG 2000, 156).

b) Ausgabe- oder Mindestbetrag. Im Erhöhungsbeschluss muss grundsätzlich ein Ausgabe- oder 5
Mindestbetrag festgesetzt sein, damit Abs. 2 anwendbar ist. Schweigt der Beschluss nach § 182 dazu, ist der Nennbetrag jedenfalls als Mindestbetrag anzusehen (BeckOGK/*Stilz,* 1.7.2020, Rn. 8). Bei der bedingten Kapitalerhöhung ist Abs. 2 entsprechend anzuwenden, wenn nach § 193 Abs. 2 Nr. 3 nur die Grundlagen festgestellt sind, nach denen der Ausgabebetrag errechnet wird, wobei der nach diesen

Grundlagen errechnete Betrag als Ausgabebetrag anzusehen ist (MüKoAktG/*J. Koch* Rn. 13). Der Ermächtigungsbeschluss für genehmigtes Kapital nach § 202 unterliegt nur dann entsprechend Abs. 2 der Anfechtbarkeit, wenn er Betragsangaben enthält (BGH 21.7.2008, NZG 2009, 589; OLG Karlsruhe 28.8.2002, NZG 2002, 959). Bei der **Sachkapitalerhöhung** ist Abs. 2 analog anzuwenden und der objektive Wert des Einlagegegenstands als Ausgabebetrag heranzuziehen (BGH 13.3.1978, BGHZ 71, 40 = NJW 1978, 1316; OLG Frankfurt a. M. 1.7.1998, NZG 1999, 119; OLG Köln 13.1.2014, ZIP 2014, 263), ebenso bei einer gemischten Bar- und Sachkapitalerhöhung (OLG Jena 12.10.2006, NZG 2007, 147).

6 **c) Unangemessen niedriger Betrag.** Eine zur Nichtigerklärung führende Verwässerung liegt vor, wenn der Ausgabebetrag unangemessen unter dem Anteilswert liegt. Beim **Börsenkurs** ist idR davon auszugehen, dass er dem am Markt durchsetzbaren Anteilswert entspricht (BeckOGK/*Stilz,* 1.7.2020, Rn. 24; aA – widerlegbare Vermutung – MüKoAktG/*J. Koch* Rn. 25). Ansonsten ist der Anteilswert nach dem anteiligen **Verkehrswert** des Gesamtunternehmens als dem regelmäßigen Verkehrswert des Anteils zu bestimmen (OLG Frankfurt a. M. 1.7.1998, NZG 1999, 119). Dass der Ausgabebetrag den Anteilswert unterschreitet, genügt noch nicht, weil die Unterschreitung auch unangemessen sein muss. Dazu ist auch das Interesse der Gesellschaft am neuen Aktionär oder bei einer Sacheinlage an dieser zu berücksichtigen (MüKoAktG/*J. Koch* Rn. 17; aA KK-AktG/*Arnold* Rn. 26). Der Ausgabekurs darf den Börsenkurs geringfügig unterschreiten (vgl. OLG Stuttgart 25.10.2018, AG 2019, 527 (539); KK-AktG/*Arnold* Rn. 25; BeckOGK/*Stilz,* 1.7.2020, Rn. 19; aA NK-AktR/*Heidel* Rn. 10; *Bayer* ZHR 168 (2004), 132 (141)). Die Darlegungs- und Beweislast liegt beim Anfechtungskläger (OLG Karlsruhe 28.8.2002, NZG 2002, 959; OLG Frankfurt a. M. 1.7.1998, NZG 1999, 119). War zwar der Mindestbetrag unangemessen niedrig, hat der Vorstand jedoch dann bindend einen angemessenen Ausgabebetrag festgesetzt, entfällt die Anfechtbarkeit und die Anfechtungsklage ist für erledigt zu erklären (MüKoAktG/*J. Koch* Rn. 19).

III. Anfechtungsklage

7 Für die Anfechtung nach Abs. 2 gelten, wie Abs. 3 klarstellt, die allgemeinen Vorschriften über die Anfechtungsklage. Die Anfechtungsklage nach Abs. 2 muss sich gegen den Kapitalerhöhungsbeschluss wenden und kann nicht nur die Bewertung angreifen; ein Spruchverfahren ist nicht vorgesehen. Nach § 246a kann der Beschluss über die Kapitalerhöhung durch Einlagen trotz erhobener Anfechtungsklage eingetragen werden (OLG Jena 12.10.2006, NZG 2007, 147). Die Ermächtigung zum Bezugsrechtsausschluss ist ein nach § 243 selbständig anfechtbarer Streitgegenstand (BGH 11.6.2007, NJW-RR 2008, 289).

Zweiter Abschnitt. Nichtigkeit des festgestellten Jahresabschlusses

Nichtigkeit

256 **(1) Ein festgestellter Jahresabschluß ist außer in den Fällen des § 173 Abs. 3, § 234 Abs. 3 und § 235 Abs. 2 nichtig, wenn**

1. er durch seinen Inhalt Vorschriften verletzt, die ausschließlich oder überwiegend zum Schutze der Gläubiger der Gesellschaft gegeben sind,

2. er im Falle einer gesetzlichen Prüfungspflicht nicht nach § 316 Abs. 1 und 3 des Handelsgesetzbuchs geprüft worden ist,

3. er im Falle einer gesetzlichen Prüfungspflicht von Personen geprüft worden ist, die nach § 319 Absatz 1 des Handelsgesetzbuchs oder nach Artikel 25 des Einführungsgesetzes zum Handelsgesetzbuch nicht Abschlussprüfer sind oder aus anderen Gründen als den folgenden nicht zum Abschlussprüfer bestellt sind:

a) Verstoß gegen § 319 Absatz 2, 3 oder 4 des Handelsgesetzbuchs,

b) Verstoß gegen § 319a Absatz 1 oder Absatz 3 des Handelsgesetzbuchs,

c) Verstoß gegen § 319b Absatz 1 des Handelsgesetzbuchs,

d) Verstoß gegen die Verordnung (EU) Nr. 537/2014 des Europäischen Parlaments und des Rates vom 16. April 2014 über spezifische Anforderungen an die Abschlussprüfung bei Unternehmen von öffentlichem Interesse und zur Aufhebung des Beschlusses 2005/909/EG der Kommission (ABl. L 158 vom 27.5.2014, S. 77; L 170 vom 11.6.2014, S. 66),

4. bei seiner Feststellung die Bestimmungen des Gesetzes oder der Satzung über die Einstellung von Beträgen in Kapital- oder Gewinnrücklagen oder über die Entnahme von Beträgen aus Kapital- oder Gewinnrücklagen verletzt worden sind.

(2) **Ein von Vorstand und Aufsichtsrat festgestellter Jahresabschluß ist außer nach Absatz 1 nur nichtig, wenn der Vorstand oder der Aufsichtsrat bei seiner Feststellung nicht ordnungsgemäß mitgewirkt hat.**

(3) **Ein von der Hauptversammlung festgestellter Jahresabschluß ist außer nach Absatz 1 nur nichtig, wenn die Feststellung**

1. **in einer Hauptversammlung beschlossen worden ist, die unter Verstoß gegen § 121 Abs. 2 und 3 Satz 1 oder Abs. 4 einberufen war,**
2. **nicht nach § 130 Abs. 1 und 2 Satz 1 und Abs. 4 beurkundet ist,**
3. **auf Anfechtungsklage durch Urteil rechtskräftig für nichtig erklärt worden ist.**

(4) **Wegen Verstoßes gegen die Vorschriften über die Gliederung des Jahresabschlusses sowie wegen der Nichtbeachtung von Formblättern, nach denen der Jahresabschluß zu gliedern ist, ist der Jahresabschluß nur nichtig, wenn seine Klarheit und Übersichtlichkeit dadurch wesentlich beeinträchtigt sind.**

(5) [1] **Wegen Verstoßes gegen die Bewertungsvorschriften ist der Jahresabschluß nur nichtig, wenn**

1. **Posten überbewertet oder**
2. **Posten unterbewertet sind und dadurch die Vermögens- und Ertragslage der Gesellschaft vorsätzlich unrichtig wiedergegeben oder verschleiert wird.**

[2] **Überbewertet sind Aktivposten, wenn sie mit einem höheren Wert, Passivposten, wenn sie mit einem niedrigeren Betrag angesetzt sind, als nach §§ 253 bis 256a des Handelsgesetzbuchs zulässig ist.** [3] **Unterbewertet sind Aktivposten, wenn sie mit einem niedrigeren Wert, Passivposten, wenn sie mit einem höheren Betrag angesetzt sind, als nach §§ 253 bis 256a des Handelsgesetzbuchs zulässig ist.** [4] **Bei Kreditinstituten oder Finanzdienstleistungsinstituten sowie bei Kapitalverwaltungsgesellschaften im Sinn des § 17 des Kapitalanlagegesetzbuchs liegt ein Verstoß gegen die Bewertungsvorschriften nicht vor, soweit die Abweichung nach den für sie geltenden Vorschriften, insbesondere den §§ 340e bis 340g des Handelsgesetzbuchs, zulässig ist; dies gilt entsprechend für Versicherungsunternehmen nach Maßgabe der für sie geltenden Vorschriften, insbesondere der §§ 341b bis 341h des Handelsgesetzbuchs.**

(6) [1] **Die Nichtigkeit nach Absatz 1 Nr. 1, 3 und 4, Absatz 2, Absatz 3 Nr. 1 und 2, Absatz 4 und 5 kann nicht mehr geltend gemacht werden, wenn seit der Bekanntmachung nach § 325 Abs. 2 des Handelsgesetzbuchs in den Fällen des Absatzes 1 Nr. 3 und 4, des Absatzes 2 und des Absatzes 3 Nr. 1 und 2 sechs Monate, in den anderen Fällen drei Jahre verstrichen sind.** [2] **Ist bei Ablauf der Frist eine Klage auf Feststellung der Nichtigkeit des Jahresabschlusses rechtshängig, so verlängert sich die Frist, bis über die Klage rechtskräftig entschieden ist oder sie sich auf andere Weise endgültig erledigt hat.**

(7) [1] **Für die Klage auf Feststellung der Nichtigkeit gegen die Gesellschaft gilt § 249 sinngemäß.** [2] **Ist für die Gesellschaft als Emittentin von zugelassenen Wertpapieren im Sinne des § 2 Absatz 1 des Wertpapierhandelsgesetzes mit Ausnahme von Anteilen und Aktien an offenen Investmentvermögen im Sinne des § 1 Absatz 4 des Kapitalanlagegesetzbuchs die Bundesrepublik Deutschland der Herkunftsstaat (§ 2 Absatz 13 des Wertpapierhandelsgesetzes), so hat das Gericht der Bundesanstalt für Finanzdienstleistungsaufsicht den Eingang einer Klage auf Feststellung der Nichtigkeit sowie jede rechtskräftige Entscheidung über diese Klage mitzuteilen.**

Übersicht

I. Allgemeines

1 An der Gültigkeit festgestellter Jahresabschlüsse besteht aus Gründen der Sicherheit im Rechtsverkehr ein über das Interesse der Aktionäre hinausreichendes allgemeines Interesse. Dies begründet das Bedürfnis, nicht jeden festgestellten Jahresabschluss, der gegen Gesetze oder die Satzung verstößt, automatisch für nichtig zu erklären. Der Gesetzgeber hat deshalb die Möglichkeit der Nichtigerklärung eines festgestellten Jahresabschlusses nicht nur stark begrenzt und auf bestimmte Inhalts-, Prüfungs- und Verfahrensfehler von besonderem Gewicht beschränkt, sondern im Interesse des Bestandsschutzes auch besondere Heilungsmöglichkeiten durch Zeitablauf vorgesehen. Die **Nichtigkeitstatbestände von § 256 sind abschließend** (BGH 15.11.1993, BGHZ 124, 111 (116) = NJW 1994, 520; *Balthasar,* Die Bestandskraft handelsrechtlicher Jahresabschlüsse, 1999, 187; *Habersack* NZG 2003, 659 (661)). Durch das geplante Abschlussprüferreformgesetz (AReG) ist eine Erweiterung der Nichtigkeitsgründe in § 256 Abs. 1 Nr. 3 zu erwarten, nämlich Verstöße gegen § 319a Abs. 3 HGB und gegen die Verordnung (EU) Nr. 537/2014.

2 Bei einer **börsennotierten AG** tritt neben das aktienrechtliche Bilanzkontrollverfahren nach § 342b HGB und § 107 WpHG das **Enforcementverfahren** zur Überprüfung von Jahresabschluss und Konzernabschluss (vgl. zB *Hennrichs* ZHR 168 (2004), 383 (399); *W. Müller* ZHR 168 (2004), 414). Ist eine Nichtigkeitsklage nach § 256 Abs. 7 anhängig, kann bis zum rechtskräftigen Abschluss das Enforcementverfahren nicht betrieben werden (§ 342b Abs. 3 HGB, § 107 Abs. 3 WpHG).

3 Gegenstand der Nichtigkeitsregeln ist der **festgestellte Jahresabschluss,** gemeint ist nicht das Zahlenwerk und der Wortbericht, sondern **das die Feststellungswirkung auslösende Rechtsgeschäft** (MüKoAktG/*J. Koch* Rn. 6; *Weilep/Weilep* BB 2006, 147). Nur Mängel des Jahresabschlusses bestehend aus Bilanz, GuV sowie ggf. Anhang, die zusammen als Einheit betrachtet werden müssen (§ 264 Abs. 1 S. 2 HGB), können eine Nichtigkeit begründen. Mängel oder völliges Fehlen des Lageberichts (§ 289 HGB) oder des Berichts über Beziehungen zu verbundenen Unternehmen (§ 312) lassen die Gültigkeit des Jahresabschlusses unberührt (BGH 15.11.1993, BGHZ 124, 111 (122) = NJW 1994, 520; OLG Köln 24.11.1992, AG 1993, 86 (87); aA *Timm* ZIP 1993, 114 (116)). Ein fehlender Konzernabschluss des Mutterunternehmens lässt die Gültigkeit des Jahresabschlusses unberührt (OLG Karlsruhe 22.11.1986, AG 1989, 35 (37)).

4 Die Mehrzahl der Nichtigkeitsgründe und die Heilungswirkung von § 256 sind **analog auf den Jahresabschluss der GmbH** anwendbar (BGH 12.1.1998, BGHZ 137, 378 (380) = NJW 1998, 1559; BGH 30.4.1992, BGHZ 118, 142 (149) = NJW 1992, 2021; BGH 1.3.1982, BGHZ 83, 341 (347) = NJW 1983, 42; OLG Stuttgart 11.2.2004, NZG 2004, 675; OLG Hamm 17.4.1991, AG 1992, 233 (234); *Gessler* FS Goerdeler, 1987, 127 ff.; Baumbach/Hueck/*Haas* GmbHG § 42a Rn. 25 ff.; Spindler/Stilz/*Rölike* Rn. 5).

II. Nichtigkeit wegen Inhalts- und Prüfungsmängeln (Abs. 1)

5 Die Vorschrift verweist eingangs auf Nichtigkeitstatbestände außerhalb von § 256, nämlich Änderung des Jahresabschlusses nach § 173 Abs. 2 S. 2 sowie Kapitalherabsetzung (§ 234 Abs. 3) und Kapitalerhöhung (§ 235 Abs. 2) jeweils mit rückwirkender Kraft. Bei diesen Tatbeständen tritt (endgültige) Nichtigkeit erst nach Zeitablauf und Ausbleiben der weiteren gesetzlichen Voraussetzungen ein. Heilung nach § 256 Abs. 6 scheidet deshalb aus (Hüffer/Koch/*Koch* Rn. 5).

6 **1. Missachtung von gläubigerschützenden Bestimmungen (Abs. 1 Nr. 1).** Nichtigkeit setzt die Verletzung gläubigerschützender Vorschriften voraus. Verstöße gegen Satzungsbestimmungen reichen nicht aus (MüKoAktG/*J. Koch* Rn. 12; K. Schmidt/Lutter/*Schwab* Rn. 9). **Gläubigerschutz muss alleiniger oder schwerpunktmäßiger Regelungszweck** sein. Die Verletzung muss auf dem Inhalt des Jahresabschlusses beruhen (BGH 15.11.1993, BGHZ 124, 111 (122) = NJW 1994, 520). Die Bestimmung bildet nach hM die **Generalklausel für Inhaltsmängel des Jahresabschlusses,** die durch die Nichtigkeitsgründe in § 256 Abs. 4 und Abs. 5 S. 1 Nr. 1 konkretisiert wird (BGH 15.11.1993, BGHZ 124, 111 (118) = NJW 1994, 520; *Balthasar,* Die Bestandskraft handelsrechtlicher Jahresabschlüsse, 1999, 189). Die eigenständige Bedeutung der Vorschrift ist deshalb gering (*Balthasar,* Die Bestandskraft handelsrechtlicher Jahresabschlüsse, 1999, 191; aA *Schulze-Osterloh* ZIP 2008, 2241 (2242)). Verstöße gegen die in § 238 HGB verankerten **Grundsätze ordnungsmäßiger Buchführung** sind Gesetzesverstöße iSd Vorschrift (Hüffer/Koch/*Koch* Rn. 7; *H.-P. Müller* FS Budde, 1996, 431 (443); Spindler/Stilz/*Rölike* Rn. 21). **Fehlende Bestandteile des Jahresabschlusses** wie zB der Anhang (§ 264 Abs. 1 S. 1 HGB) führen zur Nichtigkeit des Jahresabschlusses (BGH 15.11.1993,

BGHZ 124, 111 (121) = NJW 1994, 520; BGH 11.10.1999, BGHZ 142, 382 (384) = NJW 2000, 210; OLG Stuttgart 11.2.2004, NZG 2004, 675; K. Schmidt/Lutter/*Schwab* Rn. 8).

7 **2. Prüfungsmängel (Abs. 1 Nr. 2).** Unterliegt die AG der gesetzlichen Prüfungspflicht nach § 316 Abs. 1 HGB, § 267 Abs. 1 HGB, ist der festgestellte Jahresabschluss nach § 256 Abs. 1 Nr. 2 nichtig, wenn eine **Prüfung nach § 316 Abs. 1 und 3 HGB nicht stattgefunden** hat oder wenn der Prüfungsbericht dem Aufsichtsrat beim Billigungsbeschluss nicht vorlag (OLG Stuttgart 5.11.2008, DB 2009, 1521 (1525)). Neben dem wohl nur theoretischen Fall der vollkommen unterbliebenen Prüfung, sei es weil der Bestellungsbeschluss völlig fehlt oder der bestellte Prüfer untätig geblieben ist, greift der Nichtigkeitsgrund vor allem wegen **fehlender Nachtragsprüfung** (§ 316 Abs. 3 HGB), nachdem der Vorstand den Jahresabschluss nach § 170 Abs. 1 aufgestellt und nach Prüfung durch den Abschlussprüfer vor oder nach der Vorlage an den Aufsichtsrat geändert hat und die Änderung vom Abschlussprüfer nicht mehr geprüft worden ist (GK-AktG/*Bezzenberger* Rn. 170; MüKoAktG/*J. Koch* Rn. 24). Schon geringfügige Änderungen begründen die Nichtigkeit, da das Gesetz **keine Bagatellklausel** enthält (Spindler/Stilz/*Rölike* Rn. 28). Völlig **unzureichende Prüfungshandlungen** führen ebenfalls zur Nichtigkeit (OLG Stuttgart 5.11.2008, DB 2009, 1521 (1524); OLG Hamburg 11.1.2002, AG 2002, 460 (461)). Fehlt der **Bestätigungsvermerk** gem. § 322 HGB oder ist er nicht unterzeichnet, ist der Jahresabschluss nichtig (OLG Stuttgart 5.11.2008, DB 2009, 1521 (1525); OLG Stuttgart 1.7.2009, NZG 2009, 951; GK-AktG/*Bezzenberger* Rn. 139; MüKoAktG/*J. Koch* Rn. 23); **Einschränkung oder Versagung des Testats** lassen die Gültigkeit des Abschlusses jedoch unberührt (MüKoAktG/*J. Koch* Rn. 23; Spindler/Stilz/*Rölike* Rn. 32).

8 **3. Fehlende Prüfereigenschaft (Abs. 1 Nr. 3).** Abs. 1 Nr. 3 ist 2016 durch das Abschlussprüfungsreformgesetz (AReG) geändert worden. Ist die Gesellschaft nach § 316 Abs. 1 HGB, § 267 Abs. 1 HGB prüfungspflichtig und verfügt der bestellte Prüfer nicht über die **Prüferbefähigung nach § 319 Abs. 1 S. 1 HGB** (Wirtschaftsprüfer oder Wirtschaftsprüfergesellschaft), führt dies zur Nichtigkeit des Jahresabschlusses. Ebenso ist der Bestellungsbeschluss nichtig (K. Schmidt/Lutter/*Schwab* Rn. 24).

8a Infolge der Gesetzesänderung durch das AReG ist die Nichtigkeit des Jahresabschlusses auch gegeben, wenn die Voraussetzungen von § 319a Abs. 3 HGB nicht erfüllt sind oder die Vorgaben der VO (EU) Nr. 537/2014 – speziell die Regelungen zum Auswahl- und Bestellungsverfahren – missachtet worden sind (KK-AktG/*A. Arnold* Rn. 35).

9 Ist der Abschlussprüfer von der Hauptversammlung (§ 119 Abs. 1 Nr. 4) oder bei Versicherungsunternehmen vom Aufsichtsrat (§ 341k Abs. 2 HGB) **nicht wirksam bestellt,** zB weil der Bestellungsbeschluss der Hauptversammlung nichtig ist oder rückwirkend erfolgreich angefochten wurde, ist der festgestellte Jahresabschluss nichtig (AG Wolfsburg 19.12.1989, AG 1992, 205; MüKoAktG/*J. Koch* Rn. 24). Gleiches gilt, wenn der Abschlussprüfer **von einem unzuständigen Organ bestellt** ist. Maßgeblicher Zeitpunkt für die Wirksamkeit der Bestellung ist die Vorlage des Prüfungsberichts an den Aufsichtsrat nach § 321 Abs. 5 S. 2 HGB (GK-AktG/*Bezzenberger* Rn. 146; MüKoAktG/*J. Koch* Rn. 26; Spindler/Stilz/*Rölike* Rn. 36; aA NK-AktR/*Heidel* Rn. 17a). Ggf. kommt bei einem angefochtenen Bestellungsbeschluss vorsorgliche die **gerichtliche Bestellung** eines anderen, uU auch desselben, Abschlussprüfers nach § 318 Abs. 3 und 4 HGB in Betracht (AG Wolfsburg 19.12.1989, AG 1992, 205; GK-AktG/*Bezzenberger* Rn. 156 ff.; *v. Falkenhausen/Kocher* ZIP 2005, 602). Die Unwirksamkeit des vom Aufsichtsrat nach § 111 Abs. 2 S. 3 zu erteilenden Prüfungsauftrages lässt den Jahresabschluss unberührt (MüKoAktG/*J. Koch* Rn. 26; Spindler/Stilz/*Rölike* Rn. 37).

10 **Besorgnis der Befangenheit des Abschlussprüfers** und ähnliche Ausschlussgründe (§ 319 Abs. 2, 3 und 4 HGB, § 319a Abs. 1 HGB, § 319b Abs. 1 HGB) machen zwar den **Bestellungsbeschluss anfechtbar** (BGH 25.11.2002, BGHZ 153, 32 (43) = NZG 2003, 216) und führen zur **Nichtigkeit des Prüfungsauftrags** (BGH 30.4.1992, BGHZ 118, 142 (149) = NJW 1992, 2021; MüKoAktG/*J. Koch* Rn. 32), lassen nach § 256 Abs. 1 Nr. 3 Fall 2 aber die **Wirksamkeit des Jahresabschlusses unberührt** (LG München I 9.6.2005, AG 2005, 623 (625); Hüffer/Koch/*Koch* Rn. 13; Spindler/Stilz/*Rölike* Rn. 39). Zur Rechtslage vor 2004 vgl. *Habersack* NZG 2003, 659.

11 **4. Fehlerhafte Rücklagenbildung (Abs. 1 Nr. 4).** Werden die gesetzlichen oder satzungsmäßigen Bestimmungen über die **Einstellung in die Kapitalrücklagen** (§ 150 Abs. 3 und 4, § 173 Abs. 2) oder **Gewinnrücklagen** nach § 58 (vgl. OLG Stuttgart 14.5.2003, NZG 2003, 778 (779)) oder die Rücklage für eigene Anteile nach § 272 Abs. 4 HGB (LG Mainz 16.10.1990, AG 1991, 30 (32); MüKoAktG/*J. Koch* Rn. 31) missachtet, führt der Inhaltsmangel zur Nichtigkeit des Jahresabschlusses. Gleiches gilt für vorschriftswidrige **Entnahmen** aus den Kapitalrücklagen oder Gewinnrücklagen. Die Vorschrift erfasst nicht die unzulässige **Bildung stiller Reserven** (K. Schmidt/Lutter/*Schwab* Rn. 21).

III. Nichtigkeit wegen Mängeln der Feststellung (Abs. 2)

12 Die **nicht ordnungsgemäße Mitwirkung von Vorstand oder Aufsichtsrat** führt zur Nichtigkeit des festgestellten Jahresabschlusses.

13 **1. Nicht ordnungsgemäße Mitwirkung des Vorstands.** Eine **fehlerhafte Mitwirkung des Vorstands** liegt zB vor, wenn die Aufstellung durch den Vorstand als Kollegialorgan nicht unter Beteiligung aller Mitglieder einschließlich der stellvertretenden Vorstandsmitglieder oder nicht mit der erforderlichen Mehrheit beschlossen worden ist (OLG Karlsruhe 21.11.1986, AG 1989, 35 (37); GK-AktG/*Bezzenberger* Rn. 174; Spindler/Stilz/*Rölike* Rn. 45). Nichtigkeit liegt auch bei der Aufstellung durch den vorschriftswidrig unterbesetzten Vorstand vor (KG 29.10.2011, NZG 146, 147; OLG Dresden 31.8.1999, NZG 2000, 426, 428; Hüffer/Koch/*Koch* Rn. 18; K. Schmidt/Lutter/*Schwab* Rn. 27; aA GK-AktG/*Bezzenberger* Rn. 177; *Priester* FS Kropff, 1997, 591 (603)). Die Mitwirkung eines unwirksam bestellten Vorstandsmitglieds führt nur zur Nichtigkeit, wenn die Stimme dieses Vorstandsmitglieds für den Beschluss ausschlaggebend ist. Der Billigungsbeschluss des Aufsichtsrats nach § 172 S. 1 kann die Nichtigkeit wegen fehlerhafter Mitwirkung des Vorstands nicht verhindern oder beseitigen (NK-AktR/*Heidel* Rn. 20).

14 **2. Nicht ordnungsgemäße Mitwirkung des Aufsichtsrats.** Eine **fehlerhafte Mitwirkung des Aufsichtsrats** liegt bei nichtigem Aufsichtsratsbeschluss vor zB, wenn der Billigungsbeschluss von einem beschlussunfähigen Aufsichtsrat gefasst wurde oder der Beschluss wegen Einberufungsfehlern unwirksam ist (LG Karlsruhe 5.5.1993, AG 194, 87; MüKoAktG/*J. Koch* Rn. 41). Ein Verfahrensfehler ist auch zu bejahen, wenn für den Billigungsbeschluss eine nichtige Stimmabgabe oder die Stimmabgabe eines unwirksam gewählten Aufsichtsratsmitglieds ausschlaggebend war (OLG Stuttgart 5.11.2008, DB 2009, 1521 (1523); OLG Hamburg 11.1.2002, AG 2002, 460 (461); OLG Karlsruhe 21.11.1986, AG 1989, 35 (37); Spindler/Stilz/*Rölike* Rn. 51; *E. Vetter* ZIP 2012, 701 (710); s. auch BGH 19.2.2013, NZG 2013, 456 (459)). Beispiele für Unwirksamkeitsgründe von Aufsichtsratsbeschlüssen zB bei *E. Vetter* in Marsch-Barner/Schäfer AG-HdB Rn. 27.78 ff. Die mangelhafte Prüfung des Jahresabschlusses durch den Aufsichtsrat steht der ordnungsgemäßen Mitwirkung des Aufsichtsrats iSv Abs. 2 nicht entgegen (OLG Stuttgart 5.11.2008, DB 2009, 1521 (1524); GK-AktG/*Bezzenberger* Rn. 182). Nimmt der Abschlussprüfer an der Sitzung des Aufsichtsrats oder Prüfungsausschusses entgegen § 171 Abs. 1 S. 1 nicht teil, berührt dies die Wirksamkeit des Jahresabschlusses nur, wenn die Nichtigkeit des Billigungsbeschlusses des Aufsichtsrats gerichtlich festgestellt wurde (GK-AktG/*E. Vetter* § 171 Rn. 163).

15 **3. Fehlende Mitwirkung eines Organs. Die vollkommen fehlende Mitwirkung von Vorstand oder Aufsichtsrat** ist von der **nicht ordnungsgemäßen Mitwirkung eines Organs** zu unterscheiden, da für diesen Fall **keine Heilungsmöglichkeit** nach § 256 Abs. 6 besteht (MüKoAktG/*J. Koch* Rn. 43; Spindler/Stilz/*Rölike* Rn. 44; aA NK-AktR/*Heidel* Rn. 23). An der erforderlichen Mitwirkung fehlt es, wenn Vorstand oder Aufsichtsrat als Kollegialorgan überhaupt nicht mitgewirkt haben. Ist zB die Aufstellung nicht durch Vorstand beschlossen, sondern durch ein einzelnes Vorstandsmitglied (zB Vorstandsvorsitzender oder Finanzvorstand) erklärt worden, fehlt es an der **Mitwirkung des Vorstands** überhaupt (Grigoleit/*Ehmann* Rn. 11; K. Schmidt/Lutter/*Schwab* Rn. 28). Die Vorlage des vom Vorstand aufgestellten Jahresabschlusses an den Aufsichtsrat durch ein Vorstandsmitglied allein ist unschädlich. Unerheblich ist auch, wenn der festgestellte Jahresabschluss nicht von allen Vorstandsmitgliedern unterzeichnet ist (OLG Stuttgart 5.11.2008, DB 2009, 1521 (1522); OLG Karlsruhe 21.11.1986, AG 1989, 35 (37); MüKoAktG/*J. Koch* Rn. 39; aA NK-AktR/*Heidel* Rn. 20). Die Mitwirkung des Vorstands fehlt jedoch, wenn dem Aufsichtsrat nicht der vom Vorstand aufgestellte Jahresabschluss, sondern eine andere Fassung zugeleitet worden ist (MüKoAktG/*J. Koch* Rn. 44; K. Schmidt/Lutter/*Schwab* Rn. 28). Bloße Schreib- und Rechenfehler sind jedoch unschädlich (ebenso wohl Spindler/Stilz/*Rölike* Rn. 45). An der **gänzlichen Mitwirkung des Aufsichtsrats** fehlt es zB, wenn der Feststellungsbeschluss entgegen § 107 Abs. 3 S. 7 von einem **Aufsichtsratsausschuss** – etwa dem Prüfungsausschuss – getroffen worden ist und dieser das Gesamtorgan nur über seinen Beschluss unterrichtet hat (MHdB GesR IV/*Hoffmann-Becking* § 45 Rn. 2; *Priester* FS Kropff, 1997, 591 (600); einschränkend Spindler/Stilz/*Rölike* Rn. 45). Ebenso hat der Aufsichtsrat nicht mitgewirkt, dessen Amtszeit abgelaufen war (aA *Fortun/Knies* DB 2007, 1451 (1452)). Ein fehlender Aufsichtsratsbericht nach § 171 Abs. 2 ist unschädlich (GK-AktG/*Bezzenberger* Rn. 183).

IV. Nichtigkeit wegen Mängeln der Feststellung durch die Hauptversammlung (Abs. 3)

16 Die Vorschrift setzt die Feststellung des Jahresabschlusses durch die Hauptversammlung in den **Ausnahmefällen** der § 173 Abs. 1, § 234 Abs. 2, § 235 Abs. 2, § 270 Abs. 2, § 286 Abs. 1 voraus (GK-AktG/*E. Vetter* § 173 Rn. 5). Die Vorschrift enthält Nichtigkeitstatbestände, die der Generalnorm des § 241 entnommen sind (→ § 241 Rn. 1 ff.).

17 Stellt die **unzuständige Hauptversammlung** den Jahresabschluss fest, liegt nach hM ein Nichtigkeitsgrund nach § 256 Abs. 1 Nr. 1 vor mit Heilungsmöglichkeit nach drei Jahren gem. § 256 Abs. 6 S. 1 (GK-AktG/*Bezzenberger* Rn. 206; NK-AktR/*Heidel* Rn. 23; Spindler/Stilz/*Rölike* Rn. 55; KK-AktG/*A. Arnold* Rn. 59; aA K. Schmidt/Lutter/*Schwab* Rn. 31). Stellen Vorstand und Aufsichtsrat den Jahresabschluss **trotz Zuständigkeit der Hauptversammlung** fest, ist ebenfalls Nichtigkeit mit

Heilungsmöglichkeit gegeben (NK-AktR/*Heidel* Rn. 23; Spindler/Stilz/*Rölike* Rn. 55; aA Hüffer/Koch/*Koch* Rn. 17; K. Schmidt/Lutter/*Schwab* Rn. 30).

V. Nichtigkeit wegen Gliederungsmängeln (Abs. 4)

Die Vorschriften über die Gliederung des Jahresabschlusses haben besondere Bedeutung für die Aussagefähigkeit der Rechnungslegung, was auch dem öffentlichen Interesse dient. **Verstoß gegen Gliederungsvorschriften** meint vor allem die § 243 Abs. 2 HGB, § 246 Abs. 2 HGB, §§ 265, 266, 268, 269 und 272–278 HGB sowie die aktienrechtlichen Ergänzungen in §§ 152, 158, 240, 261 Abs. 2 und § 286 Abs. 2. Auch ein Verstoß gegen nach § 330 HGB vorgesehene **Formblätter** reicht aus. 18

Die **Gliederungsfehler müssen wesentlich sein,** da nicht jeder Fehler die Informationsfunktion des Abschlusses beeinträchtigt. Bagatellverstöße reichen deshalb nicht aus (BGH 15.11.1993, BGHZ 124, 111 (117) = NJW 1994, 520; *Balthasar,* Die Bestandskraft handelsrechtlicher Jahresabschlüsse, 1999, 191; KK-AktG/*A. Arnold* Rn. 63). Der Verstoß muss die Klarheit und Übersichtlichkeit des Abschlusses iSv § 243 Abs. 2 HGB beeinträchtigen und dem Leser dadurch ein **falsches Bild über die Verhältnisse der AG** vermitteln, zB unzureichende Gliederungstiefe von Bilanz oder GuV ebenso Ausweis von Aktiva oder Passiva an falscher Stelle (LG Stuttgart 11.4.1994, AG 1994, 473; Hüffer/Koch/*Koch* Rn. 23). Gliederungsfehler können uU durch weitergehende Angaben im Anhang kompensiert werden (OLG Düsseldorf 22.3.1977, AG 1977, 195 (196); Spindler/Stilz/*Rölike* Rn. 59; *Timm* AG 1977, 197 (198)). Die **quantitative Bedeutung** des Verstoßes bemisst sich nicht an der absoluten Höhe des falsch ausgewiesenen Betrages, sondern **relativ zur betroffenen Bilanzposition und zur Bilanzsumme** (OLG Hamm 17.4.1991, AG 1992, 233 (234) zur GmbH; LG Frankfurt a. M. 19.6.2008, NZG 2009, 149 (150); LG Frankfurt a. M. 3.5.2001, AG 2002, 297 (298); Spindler/Stilz/*Rölike* Rn. 59). 19

VI. Nichtigkeit wegen Bewertungsmängeln (Abs. 5)

1. Allgemeines. Der in der Praxis wichtigste Nichtigkeitsgrund erfasst den **fehlerhaften Ansatz und unrichtige Bewertungen.** Überbewertungen sollen nach dem Gesetzeswortlaut stets zur Nichtigkeit führen (Abs. 5 S. 1 Nr. 1), bei Unterbewertungen ist erforderlich, dass eine fehlerhafte Darstellung zu einer vorsätzlich unrichtigen Wiedergabe oder zu einer Verschleierung der Vermögens-, Ertrags- und Finanzlage führen muss (Abs. 5 S. 1 Nr. 2). Über den Gesetzeswortlaut hinaus verlangt die hM, dass die fehlerhafte Bewertung die **Bilanzdarstellung wesentlich beeinträchtigen** muss (BGH 15.11.1993, BGHZ 124, 111 (117) = NJW 1994, 520; BGH 1.3.1982, BGHZ 83, 341 (347) = NJW 1983, 42 zur GmbH; OLG München 7.1.2008, AG 2008, 509; LG Frankfurt a. M. 3.5.2001, AG 2002, 297 (298); LG Stuttgart 29.12.2000, DB 2001, 1025; *Balthasar,* Die Bestandskraft handelsrechtlicher Jahresabschlüsse, 1999, 196; MüKoAktG/*J. Koch* Rn. 55; K. Schmidt/Lutter/*Schwab* Rn. 15; *Schulze-Osterloh* ZIP 2008, 2241 (2243); aA NK-AktR/*Heidel* Rn. 35; *Kowalski* AG 1993, 502 (503)). Maßgeblich ist die Überspannung des Ausschüttungsspielraums (GK-AktG/*Bezzenberger* Rn. 88; *Schulze-Osterloh* ZIP 2008, 2241 (2243)). Eine unterlassene Passivierung, die einen ausgewiesenen Bilanzgewinn in einen Bilanzverlust verwandelt, ist nicht per se wesentlich (OLG Frankfurt a. M. 18.3.2008, NZG 2008, 429 (431); aA *Schulze-Osterloh* ZIP 2008, 2241 (2245)). 20

2. Überbewertung. § 256 Abs. 5 S. 1 Nr. 1 dient dem **Gläubigerschutz.** Danach führt die Überbewertung eines Bilanzpostens einschränkungslos zur Nichtigkeit des Jahresabschlusses, sofern der Verstoß wesentlich ist (BGH 1.3.1982, BGHZ 83, 341 (347) = NJW 1983, 42 zur GmbH; OLG Frankfurt a. M. 20.10.2010, AG 2011, 36 (37); OLG Frankfurt a. M. 18.3.2008, NZG 2008, 429 (430); LG Frankfurt a. M. 3.5.2001, AG 2002, 297 (298); Spindler/Stilz/*Rölike* Rn. 64; *Weilep/Weilep* BB 2006, 147 (148); differenzierend K. Schmidt/Lutter/*Schwab* Rn. 16; NK-AktR/*Heidel* Rn. 35: jede Überbewertung). Wegen gleicher Wirkung erfasst die Vorschrift auch **Verstöße gegen Ansatzverbote und Ansatzgebote** wie zB die Aktivierung von nicht vorhandenen Vermögensgegenständen (LG Stuttgart 29.12.2000, DB 2001, 1025 (1026); LG Düsseldorf 26.2.1988, AG 1989, 140 (141); GK-AktG/*Bezzenberger* Rn. 84) oder die gebotene und unterbliebene Passivierung von Verbindlichkeiten (BGH 1.3.1982, BGHZ 83, 341 (347) = NJW 1983, 42 zur GmbH; OLG Frankfurt a. M. 7.11.2006, AG 2007, 401 (402); LG Stuttgart 11.4.1994, AG 1994, 473 (474)) oder die nach § 249 Abs. 1 HGB gebotene Rückstellungsbildung. 21

3. Unterbewertung. Der Nichtigkeitsgrund nach § 256 Abs. 5 S. 1 Nr. 2 dient dem **Schutz der Aktionäre** (BGH 12.1.1998, BGHZ 137, 378 (385) = NJW 1998, 1559; *Balthasar,* Die Bestandskraft handelsrechtlicher Jahresabschlüsse, 1999, 200; *Weilep/Weilep* BB 2006, 147 (151)). Dazu reichen aus Ansatzfehler wie die unberechtigte Passivierung (BGH 23.9.1991, AG 1992, 58 (59)) oder die gebotene und unterbliebene Aktivierung (BGH 15.11.1993, BGHZ 124, 111 (119) = NJW 1994, 520; BGH 1.12.1998, BGHZ 137, 378 (384) = NJW 1998, 1559; MüKoAktG/*J. Koch* Rn. 60; *Jasper* WiB 1994, 157; *Kropff* ZGR 1994, 628 (636)). Das **Vorsatzerfordernis** bezieht sich auf die für die Aufstellung und Feststellung primär verantwortlichen Mitglieder der zuständigen Organe (OLG München 7.1.2008, 22

AG 2008, 509; OLG Düsseldorf 22.3.1977, AG 1977, 195 (196); GK-AktG/*Bezzenberger* Rn. 98; K. Schmidt/Lutter/*Schwab* Rn. 20; enger *Kropff* ZGR 1994, 628 (639)).

23 **4. Kompensation innerhalb eines Bilanzpostens.** Die Über- oder Unterbewertung muss sich innerhalb eines Bilanzpostens (Gliederungsposten iSv § 266 HGB) niederschlagen. Bewertungsfehler bei einzelnen Gegenständen innerhalb eines Postens reichen nicht aus, wenn sich die Über- oder Unterbewertung gegenseitig neutralisieren (OLG Celle 7.9.1983, AG 1984, 266 (269); *Balthasar,* Die Bestandskraft handelsrechtlicher Jahresabschlüsse, 1999, 199; K. Schmidt/Lutter/*Schwab* Rn. 17; *Kowalski* AG 1993, 502 (503); NK-AktR/*Heidel* Rn. 34). Bei Bewertungsfehlern in verschiedenen Bilanzposten scheidet die wechselseitige Neutralisierung aus (LG Stuttgart 29.12.2000, DB 2001, 1025; *Balthasar,* Die Bestandskraft handelsrechtlicher Jahresabschlüsse, 1999, 200; NK-AktR/*Heidel* Rn. 34).

VII. Rechtsfolgen der Nichtigkeit des Jahresabschlusses

24 Bei Nichtigkeit des Jahresabschlusses ist die Pflicht der Verwaltung zur Rechnungslegung über das abgelaufene Geschäftsjahr nicht erfüllt. Vorstand und Aufsichtsrat haben den **Jahresabschluss neu aufzustellen** verbunden mit einer neuen Prüfung (*Balthasar,* Die Bestandskraft handelsrechtlicher Jahresabschlüsse, 1999, 219; *Habersack* NZG 2003, 659 (561); *Lutter* FS Helmrich 1994, 685 (694); *Weilep/Weilep* BB 2006, 147 (151)). Wird die Nichtigkeit von niemandem geltend gemacht, können sie die Heilung abwarten, wenn die Heilungswirkung schneller zu erwarten ist als eine Neuaufstellung (Hüffer/Koch/*Koch* Rn. 33; *Kowalski* AG 1993, 502 (504); *Lutter* FS Helmrich, 1994, 685 (694); KK-AktG/*A. Arnold* Rn. 94; aA *Balthasar,* Die Bestandskraft handelsrechtlicher Jahresabschlüsse, 1999, 219 ff.; *Barz* FS Schilling, 1973, 127 (132)).

25 Die Nichtigkeit des Jahresabschlusses führt auch zur **Nichtigkeit des Gewinnverwendungsbeschlusses** der Hauptversammlung nach § 253 Abs. 1 S. 1 (OLG Frankfurt a. M. 21.11.2006, AG 2007, 282; OLG Hamm 17.4.1991, AG 1992, 233 (234) zur GmbH; LG Stuttgart 11.4.1994, AG 1994, 473; *Hennrichs* ZHR 168 (2004), 383 (390); K. Schmidt/Lutter/*Schwab* Rn. 42). Dividendenausschüttung an Aktionäre sind wegen eines fehlenden Rechtsgrundes zurückzugewähren, sofern nicht die Voraussetzungen des Gutglaubensschutzes nach § 62 Abs. 1 S. 2 vorliegen (*Hense* WPg 1993, 716 (720); *Kowalski* AG 1993, 502 (507)). Dividendenbezogene Vergütungsansprüche von Vorstand und Aufsichtsrat sind nicht entstanden (K. Schmidt/Lutter/*Schwab* § 253 Rn. 7).

26 Die Nichtigkeit des Jahresabschlusses führt zur **Nichtigkeit des Folgeabschlusses,** sofern dort der gleiche Fehler (zB Ansatz- oder Bewertungsfehler) wiederholt wird (OLG Köln 17.2.1998, ZIP 1998, 994 (996); KK-AktG/*A. Arnold* Rn. 95). Wird die Nichtigkeit des Jahresabschlusses nicht beseitigt, ist der Folgeabschluss wegen eines Verstoßes gegen den **Grundsatz der formellen Bilanzkontinuität** (§ 252 Abs. 1 Nr. 1 HGB) nichtig, sofern nicht zwischenzeitlich Heilung eingetreten ist (*Kropff* FS Budde, 1995, 341 (342); Spindler/Stilz/*Rölike* Rn. 95; K. Schmidt/Lutter/*Schwab* Rn. 41; KK-AktG/*A. Arnold* Rn. 96; aA *W. Müller* ZHR 168 (2004), 424).

VIII. Heilung (Abs. 6)

27 Das Gesetz sieht für bestimmte Nichtigkeitsgründe die Möglichkeit der **Heilung der Nichtigkeit des Jahresabschlusses durch Zeitablauf** vor. Dies bedeutet, dass der Jahresabschluss nachträglich unangreifbar und die materielle Rechtslage rückwirkend **(ex tunc)** umgestaltet werden. Nach Heilung gilt er als fehlerfreier Abschluss, sodass der Vorstand nicht zur Einreichung eines fehlerfreien Abschlusses aufgefordert werden kann (Spindler/Stilz/*Rölike* Rn. 74). Die **Heilungswirkung** erfasst sowohl den darauf aufbauenden **Gewinnverwendungsbeschluss** der Hauptversammlung (§ 174 Abs. 1) als auch die durch den Grundsatz der Bilanzidentität im Grundsatz betroffenen **Jahresabschlüsse der Folgejahre** (BGH 30.9.1996, NJW 1997, 196 (197) zur GmbH; *Kropff* FS Budde, 1995, 341 (349)); der Vorstand ist jedoch verpflichtet in den Folgeabschlüssen die Fehler zu beseitigen (KK-AktG/*A. Arnold* Rn. 85; K. Schmidt/Lutter/*Schwab* Rn. 37). Ist Nichtigkeitsklage nach § 256 Abs. 7 erhoben, scheidet eine Heilung aus, wenn der Klage auch nach Ablauf der Frist stattgegeben wird (*Kowalski* AG 1993, 502 (503)).

28 Die in § 256 Abs. 6 nicht aufgeführten Nichtigkeitsgründe sind von der Heilungsmöglichkeit ausgenommen. Dies gilt für die Gründe nach § 256 Abs. 1 Eingangssatz, Abs. 1 Nr. 2 und Abs. 3 Nr. 3 (*Hense* WPg 1993, 716 (717); K. Schmidt/Lutter/*Schwab* Rn. 33). Die **Heilungsfrist von drei Jahren** erfasst Verstöße gegen Gliederungsvorschriften (§ 256 Abs. 4) sowie Ansatz- und Bewertungsvorschriften (§ 256 Abs. 1 Nr. 1 und Abs. 5). In allen übrigen Fällen beträgt die **Heilungsfrist sechs Monate.** Die Bekanntmachung des Jahresabschlusses setzt die **Frist in Gang.** Klageerhebung und Zustellung vor Fristablauf führen zu einer **Fristverlängerung** (K. Schmidt/Lutter/*Schwab* Rn. 34).

IX. Verfahrensfragen

Nichtigkeitsklage. § 256 Abs. 7 S. 1 verweist auf § 249, der weitgehend auf die Regeln der Anfechtungsklage Bezug nimmt. **Klagebefugt** sind Aktionär, Vorstand und jedes Verwaltungsmitglied. Ein besonderes Feststellungsinteresse der Aktionäre ist nicht erforderlich (OLG Celle 7.9.1983, AG 1984, 266 (267); OLG Köln 17.2.1998, NZG 1998, 553; MüKoAktG/*J. Koch* Rn. 71). Die Klage richtet sich gegen die Gesellschaft, vertreten durch den Vorstand oder Aufsichtsrat. Bei Klage des Vorstands wird die Gesellschaft durch den Aufsichtsrat vertreten. Der **Klageantrag** muss auf Feststellung der Nichtigkeit des festgestellten Jahresabschluss lauten. Richtet sich der Klageantrag gegen den der Feststellung zugrundeliegenden Aufsichtsratsbeschluss, kommt eine Umdeutung des Klageantrags in Betracht (OLG Stuttgart 14.5.2003, NZG 2003, 778 (780); Spindler/Stilz/*Rölike* Rn. 80; aA MüKo-AktG/*J. Koch* Rn. 72). Die Klageerhebung und der Termin zur mündlichen Verhandlung sind **in den Gesellschaftsblättern bekanntzumachen** (§ 256 Abs. 7, § 249 Abs. 1 S. 1, § 246 Abs. 4 S. 1). Bei **börsennotierten Gesellschaften** ist darüber hinaus auch die BaFin zu unterrichten (§ 256 Abs. 7 S. 2). Für Aktionäre besteht Möglichkeit der **Nebenintervention.** 29

Ein stattgebendes **Urteil** wirkt mit festgestellten Mängeln inter omnes (MüKoAktG/*J. Koch* Rn. 72). 30
Es erfasst nur den angegriffenen Jahresabschluss, nicht Folgeabschlüsse mit identischem Fehler (Spindler/Stilz/*Rölike* Rn. 80). Die Verwaltungsorgane haben den Jahresabschluss neu aufzustellen und festzustellen (*Balthasar,* Die Bestandskraft handelsrechtlicher Jahresabschlüsse, 1999, 219; K. Schmidt/Lutter/*Schwab* Rn. 40).

Die Nichtigkeitsfestellungsklage nach § 256 Abs. 7 hindert nicht die **allgemeine Feststellungsklage** 31
nach § 256 ZPO (MüKoAktG/*J. Koch* Rn. 73; Spindler/Stilz/*Rölike* Rn. 81), für die ein besonderes Feststellungsinteresse erforderlich ist. Ein Urteil entfaltet keine Wirkung *inter omnes* (GK-AktG/*Bezzenberger* Rn. 245; Hüffer/Koch/*Koch* Rn. 31; *Kowalski* AG 1993, 502 (504)). Im Übrigen kann die Nichtigkeit auch außerhalb des Verfahrens nach § 256 Abs. 7 bis zur Heilung inzident geltend gemacht werden (OLG Frankfurt a. M. 7.11.2006, AG 2007, 401 (402)).

X. Nichtigkeit des Konzernabschlusses

Der Konzernabschluss hat keine unmittelbare Rechtswirkung auf die Stellung der Aktionäre, sondern 32
dient vor allem als **Informationsinstrument.** Für die Gewinnermittlung und Dividendenausschüttung ist er ohne Bedeutung. Deshalb kommt eine **analoge Anwendung von § 256 auf den Konzernabschluss nicht in Betracht** (BGH 14.1.2008, AG 2008, 325; OLG Köln 17.2.1998, NZG 1998, 553; OLG Frankfurt a. M. 21.11.2006, AG 2007, 282; LG München I 12.4.2007, BB 2007, 2510 (2511); LG Frankfurt a. M. 31.5.2005, AG 2005, 665; *Hennrichs* ZHR 168 (2004), 383 (397); aA K. Schmidt/Lutter/*Schwab* Rn. 3). Ebenso scheidet für Aktionäre im Unterschied zu den Organmitgliedern die **allgemeine Feststellungsklage** nach § 256 ZPO aus (OLG Frankfurt a. M. 21.11.2006, AG 2007, 282 (283); GK-AktG/*Bezzenberger* Rn. 38; aA NK-AktR/*Heidel* Rn. 7a).

Anfechtung der Feststellung des Jahresabschlusses durch die Hauptversammlung

257 (1) [1]**Die Feststellung des Jahresabschlusses durch die Hauptversammlung kann nach § 243 angefochten werden.** [2]**Die Anfechtung kann jedoch nicht darauf gestützt werden, daß der Inhalt des Jahresabschlusses gegen Gesetz oder Satzung verstößt.**

(2) [1]**Für die Anfechtung gelten die §§ 244 bis 246, 247 bis 248a.** [2]**Die Anfechtungsfrist beginnt auch dann mit der Beschlußfassung, wenn der Jahresabschluß nach § 316 Abs. 3 des Handelsgesetzbuchs erneut zu prüfen ist.**

I. Allgemeines

Im Interesse der Rechtsklarheit und Rechtssicherheit begrenzt die Vorschrift die Rechtsschutzmög- 1
lichkeiten bei fehlerhaften Jahresabschlüssen und bezweckt eine **Vereinheitlichung des Rechtsschutzes** unabhängig davon, ob der Jahresabschluss durch Vorstand und Aufsichtsrat (§ 172) oder durch die Hauptversammlung (§ 173) festgestellt worden ist.

II. Anfechtungstatbestände

1. Mängel des Hauptversammlungsbeschlusses (Abs. 1 S. 1). Die Anfechtbarkeit des Feststel- 2
lungsbeschlusses der Hauptversammlung ist eröffnet wie auch bei anderen **formellen Fehlern** eines Hauptversammlungsbeschlusses zB wegen Einberufungs-, Bekanntmachungs- oder Verfahrensfehlern. Dies stellt die Verweisung auf § 243 klar. Zu beachten ist zB § 175 Abs. 3, der für die Vorbereitung und Durchführung der Hauptversammlung zur Feststellung des Jahresabschlusses auf die Regelungen zur rechtzeitigen und ordnungsgemäßen Information der Aktionäre nach § 175 Abs. 1 und 2 verweist.

Besonderes Gewicht kommt auch der **Anfechtung wegen unzureichender Information** durch den Vorstand über stille Reserven sowie in Bilanzierungs- und Bewertungsfragen zu, da die Auskunftsrechte der Aktionäre im Fall der Feststellung des Jahresabschlusses durch die Hauptversammlung insoweit nach § 131 Abs. 3 S. 1 Nr. 3 und 4 nicht beschränkt werden dürfen (Hüffer/Koch/*Koch* Rn. 3). Besondere Bedeutung kommt der Pflicht des Vorstands zur Erläuterung nach § 176 Abs. 1 S. 2 zu. Die Aktionäre können bei unzureichender oder gar vollkommen fehlender **Erläuterung des Abschlusses** nicht auf die Möglichkeit der Ablehnung der Feststellung verwiesen werden (NK-AktR/*Heidel* Rn. 6; K. Schmidt/Lutter/*Schwab* Rn. 3; KK-AktG/*A. Arnold* Rn. 9; aA MüKoAktG/*J. Koch* Rn. 8; Spindler/Stilz/*Rölike* Rn. 13). Anfechtungsgrund kann auch die **fehlende Teilnahme des Abschlussprüfers** an der Hauptversammlung nach § 176 Abs. 2 S. 3 sein, auch wenn diesen selbst gegenüber Aktionären keine Auskunftspflicht trifft (Spindler/Stilz/*Rölike* Rn. 11; KK-AktG/*A. Arnold* Rn. 11). Schließlich kann der Feststellungsbeschluss auch wegen der rechtswidrigen Zielsetzung (zB Mehrheitsmissbrauch, Erstreben von Sondervorteilen) anfechtbar sein (MüKoAktG/*J. Koch* Rn. 10; K. Schmidt/Lutter/*Schwab* Rn. 4).

3 **2. Inhaltliche Mängel des Jahresabschlusses (Abs. 1 S. 2).** Inhaltliche Mängel des Jahresabschlusses gegen Gesetz oder Satzung lassen eine Anfechtung nicht zu. Dies gilt zB für inhaltliche **Mängel der Bilanz, der GuV sowie des Anhangs** (Spindler/Stilz/*Rölike* Rn. 8; KK-AktG/*A. Arnold* Rn. 6). Ein fehlerhafter **Lagebericht,** der als selbstständige Informationsquelle (BGH 26.11.2007, NZG 2008, 309) neben den Jahresabschluss tritt, kann jedoch eine Anfechtbarkeit des Hauptversammlungsbeschlusses begründen (KK-AktG/*A. Arnold* Rn. 9; Hüffer/Koch/*Koch* Rn. 6; Bürgers/Körber/*Schulz* Rn. 3; aA Spindler/Stilz/*Rölike* Rn. 14). Gleiches gilt bei Fehlen des Berichts über die Beziehungen zu verbundenen Unternehmen gem. § 312 (Emmerich/Habersack/*Habersack* § 312 Rn. 20; Spindler/Stilz/*H.-F. Müller* § 312 Rn. 22). Bei schweren Mängeln des Jahresabschlusses kommt Nichtigkeit in Betracht, sofern die Voraussetzungen von § 256 erfüllt sind. Bei Unterbewertungen steht den Aktionären zusätzlich auch das Verfahren zur Bestellung von Sonderprüfern nach §§ 258 ff. offen, sofern sie das Quorum von § 142 Abs. 2 S. 1 erfüllen.

III. Verfahren (Abs. 2)

4 Die Vorschrift stellt klar, dass für die Anfechtungsklage gegen den Hauptversammlungsbeschluss über die Feststellung des Jahresabschlusses die **allgemeinen Regeln über das Anfechtungsverfahren** anzuwenden sind. Ausgenommen ist lediglich die Vorschrift über das Freigabeverfahren nach § 246a, da eine Eintragung des Hauptversammlungsbeschlusses im Handelsregister nicht stattfindet (Hüffer/Koch/*Koch* Rn. 7). S. 2 stellt klar, dass die **Monatsfrist** zur Erhebung der Anfechtungsklage auch dann mit dem Tag der Beschlussfassung der Hauptversammlung beginnt, wenn noch eine Nachtragsprüfung des Jahresabschlusses gem. § 316 Abs. 3 HGB durchgeführt wird. Die endgültige Fassung des Bestätigungsvermerks des Abschlussprüfers ist damit für den Fristbeginn nicht ausschlaggebend (Hüffer/Koch/*Koch* Rn. 8; K. Schmidt/Lutter/*Schwab* Rn. 5).

Dritter Abschnitt. Sonderprüfung wegen unzulässiger Unterbewertung

Bestellung der Sonderprüfer

258 (1) [1]**Besteht Anlaß für die Annahme, daß**

1. in einem festgestellten Jahresabschluß bestimmte Posten nicht unwesentlich unterbewertet sind (§ 256 Abs. 5 Satz 3) oder

2. der Anhang die vorgeschriebenen Angaben nicht oder nicht vollständig enthält und der Vorstand in der Hauptversammlung die fehlenden Angaben, obwohl nach ihnen gefragt worden ist, nicht gemacht hat und die Aufnahme der Frage in die Niederschrift verlangt worden ist,

so hat das Gericht auf Antrag Sonderprüfer zu bestellen. [2]**Die Sonderprüfer haben die bemängelten Posten darauf zu prüfen, ob sie nicht unwesentlich unterbewertet sind.** [3]**Sie haben den Anhang darauf zu prüfen, ob die vorgeschriebenen Angaben nicht oder nicht vollständig gemacht worden sind und der Vorstand in der Hauptversammlung die fehlenden Angaben, obwohl nach ihnen gefragt worden ist, nicht gemacht hat und die Aufnahme der Frage in die Niederschrift verlangt worden ist.**

(1a) **Bei Kreditinstituten oder Finanzdienstleistungsinstituten sowie bei Kapitalverwaltungsgesellschaften im Sinn des § 17 des Kapitalanlagegesetzbuchs kann ein Sonderprüfer nach Absatz 1 nicht bestellt werden, soweit die Unterbewertung oder die fehlenden Angaben im Anhang auf der Anwendung des § 340f des Handelsgesetzbuchs beruhen.**

(2) [1] **Der Antrag muß innerhalb eines Monats nach der Hauptversammlung über den Jahresabschluß gestellt werden. [2] Dies gilt auch, wenn der Jahresabschluß nach § 316 Abs. 3 des Handelsgesetzbuchs erneut zu prüfen ist. [3] Er kann nur von Aktionären gestellt werden, deren Anteile zusammen den Schwellenwert des § 142 Abs. 2 erreichen. [4] Die Antragsteller haben die Aktien bis zur Entscheidung über den Antrag zu hinterlegen oder eine Versicherung des depotführenden Instituts vorzulegen, dass die Aktien so lange nicht veräußert werden, und glaubhaft zu machen, daß sie seit mindestens drei Monaten vor dem Tage der Hauptversammlung Inhaber der Aktien sind. [5] Zur Glaubhaftmachung genügt eine eidesstattliche Versicherung vor einem Notar.**

(3) [1] **Vor der Bestellung hat das Gericht den Vorstand, den Aufsichtsrat und den Abschlußprüfer zu hören. [2] Gegen die Entscheidung ist die Beschwerde zulässig. [3] Über den Antrag gemäß Absatz 1 entscheidet das Landgericht, in dessen Bezirk die Gesellschaft ihren Sitz hat.**

(4) [1] **Sonderprüfer nach Absatz 1 können nur Wirtschaftsprüfer und Wirtschaftsprüfungsgesellschaften sein. [2] Für die Auswahl gelten § 319 Abs. 2 bis 4, § 319a Abs. 1 und § 319b Abs. 1 des Handelsgesetzbuchs sinngemäß. [3] Der Abschlußprüfer der Gesellschaft und Personen, die in den letzten drei Jahren vor der Bestellung Abschlußprüfer der Gesellschaft waren, können nicht Sonderprüfer nach Absatz 1 sein.**

(5) [1] **§ 142 Abs. 6 über den Ersatz angemessener barer Auslagen und die Vergütung gerichtlich bestellter Sonderprüfer, § 145 Abs. 1 bis 3 über die Rechte der Sonderprüfer, § 146 über die Kosten der Sonderprüfung und § 323 des Handelsgesetzbuchs über die Verantwortlichkeit des Abschlußprüfers gelten sinngemäß. [2] Die Sonderprüfer nach Absatz 1 haben die Rechte nach § 145 Abs. 2 auch gegenüber dem Abschlußprüfer der Gesellschaft.**

Übersicht

I. Allgemeines

Die Sonderprüfung dient der **Durchsetzung** der **Bewertungsvorschriften,** soweit sie eine Unterbewertung verbieten, und schützt damit den Gewinnanspruch des Aktionärs. Sie ergänzt § 256, weil eine Unterbewertung von Bilanzposten nur bei vorsätzlicher unrichtiger Wiedergabe oder Verschleierung der Vermögensverhältnisse nach § 256 Abs. 5 zur Nichtigkeit des Jahresabschlusses führt. § 258 regelt die Bestellung der Sonderprüfer. Für die **GmbH** gelten die §§ 258 ff. nicht. 1

Die Bestellung von **Sonderprüfern** kommt **neben** einer **Nichtigkeitsklage** nach § 256 in Frage. Die **allgemeine Sonderprüfung** wird nach § 142 Abs. 3 von der Möglichkeit der Sonderprüfung nach §§ 258 ff. verdrängt, auch wenn sie nicht stattfindet (BayObLG 15.9.2004, ZIP 2004, 2285; LG Frankfurt a. M. 23.2.2016, ZIP 2016, 575 (577); aA *Wilsing/Neumann* DB 2006, 31). Ein **Enforcementverfahren** wird gesperrt, soweit der Prüfgegenstand der Sonderprüfung reicht (§ 342b Abs. 3 S. 2 HGB, § 107 Abs. 3 S. 2 WpHG). 2

II. Antrag

1. Sachliche Voraussetzungen. a) Konkrete Anhaltspunkte. Abs. 1 verlangt „Anlass zur Annahme". Der Antragsteller muss konkrete **Tatsachen** vortragen, die den **Verdacht** einer nicht unwesentlichen Unterbewertung oder fehlender Angaben **rechtfertigen,** also einen entsprechenden Schluss nahe legen (vgl. OLG München 20.6.2006, NZG 2006, 628; OLG München 3.2.2009, ZIP 2009, 1524). 3

Die bloße Behauptung, ein Posten sei unterbewertet, genügt nicht. Die Sonderprüfung ist erst möglich, wenn ein festgestellter Jahresabschluss vorliegt (OLG München 20.6.2006, NZG 2006, 628).

4 **b) Unterbewertung.** Die Unterbewertung muss nach § 256 Abs. 5 S. 3 **Bilanzposten** iSv § 266 HGB betreffen. Diese Bilanzposten müssen nicht unwesentlich unterbewertet sein. Dazu ist nach dem Gesetzeswortlaut auf die Bilanzposten abzustellen, nicht auf die Gesamtverhältnisse wie Bilanzsumme, Jahresergebnis oder Grundkapital (MüKoAktG/*J. Koch* Rn. 21); wenn der Aufwand der Sonderprüfung aber den Ertrag aus der Unterbewertung eines unbedeutenden Postens von vorneherein klar übersteigt, ist ein Prüfungsantrag treuwidrig (aA KK-AktG/*Arnold* Rn. 28). Feste Prozentgrenzen sind abzulehnen (MüKoAktG/*J. Koch* Rn. 22 mwN). Die Überbewertung von Passivposten kann nicht zur Sonderprüfung führen (LG München I 30.12.2010, AG 2011, 760).

5 **c) Unvollständiger Anhang.** Eine Sonderprüfung findet auch statt, wenn vorgeschriebene Angaben im Anhang (§§ 284 ff. HGB) fehlen oder unvollständig sind und in der Hauptversammlung nicht ergänzt wurden. **Falsche Angaben** sollen unvollständigen Angaben gleichstehen (KK-AktG/*Arnold* Rn. 31). Der Anhang ist nicht unvollständig, wenn die fehlenden oder unvollständigen Angaben in der Hauptversammlung ergänzt wurden (KK-AktG/*Arnold* Rn. 32). Sonderprüfer können erst bestellt werden, wenn nicht einmal auf eine Frage ausreichend geantwortet wird, deren Aufnahme in die Niederschrift verlangt wurde. Dass die Frage in der Niederschrift festgehalten wurde, ist nicht notwendig (MüKoAktG/*J. Koch* Rn. 29). Fragesteller und Antragsteller müssen nicht identisch sein.

6 **d) Kredit- und Finanzdienstleistungsinstitute.** Die Sonderprüfung ist nach Abs. 1a bei Kredit- und Finanzdienstleistungsinstituten sowie bei Kapitalverwaltungsgesellschaften iSd § 17 KAGB ausgeschlossen, wenn die Unterbewertung auf der Vorsorge für allgemeine Bankrisiken nach § 340f HGB beruht. Soweit § 340f HGB verletzt wurde, ist eine Sonderprüfung möglich (MüKoAktG/*J. Koch* Rn. 36).

7 **2. Formelle Voraussetzungen. a) Antrag.** Der Antrag bedarf keiner besonderen Form, Anwaltszwang besteht nicht; er kann auch zur Niederschrift der Geschäftsstelle gestellt werden (§ 25 FamFG). Zuständig ist nach Abs. 3 S. 3 das LG am Sitz der Gesellschaft, ggf. nach § 71 Abs. 4 GVG das Konzentrationsgericht, nach § 71 Abs. 2 Nr. 4b GVG, § 93 Abs. 2 Nr. 2 GVG die KfH.

8 **b) Antragsfrist.** Der Antrag muss innerhalb eines Monats nach dem letzten Tag der Hauptversammlung gestellt werden, unabhängig von einer Nachtragsprüfung nach § 316 Abs. 3 HGB, Abs. 2 S. 2. Die materiell-rechtliche **Ausschlussfrist** kann nicht verlängert werden, Wiedereinsetzung kann auch nach dem Wortlaut des zu weit geratenen (vgl. BT-Drs. 16/6308, 183) § 17 Abs. 1 FamFG nicht gewährt werden. Für die Fristberechnung gelten §§ 187 ff. BGB. Der Eingang bei einem unzuständigen Gericht wahrt die Frist bei Verweisung oder Abgabe (MüKoAktG/*J. Koch* Rn. 42). Ein vor Fristbeginn gestellter Antrag wird mit Fristbeginn (Hauptversammlung) zulässig, wenn er nicht zuvor abgewiesen oder zurückgenommen wurde (OLG München 20.6.2006, NZG 2006, 628).

9 **c) Quorum.** Der Antragsteller oder mehrere unabhängig voneinander handelnde Antragsteller müssen zusammen ein Quorum von 1 % des Grundkapitals oder einen anteiligen Betrag von 100.000 EUR erreichen (Abs. 2 S. 3 iVm § 142 Abs. 2; → § 142 Rn. 16).

10 **d) Haltefrist.** Die Antragsteller müssen die Aktien **hinterlegen** oder eine **Versicherung** des depotführenden Instituts gegenüber dem Gericht (OLG München 20.6.2006, NZG 2006, 628) vorlegen, dass die Aktien bis zur Entscheidung über den Antrag, nicht bis zum Ende der Sonderprüfung (OLG München 3.2.2009, ZIP 2009, 1524), gehalten werden. Dabei muss, da das Institut die Veräußerung entgegen dem Wortlaut des Gesetzes nicht verhindern kann, genügen, dass das Depotinstitut sich verpflichtet, das Gericht von einer Veräußerung zu unterrichten (BayObLG 15.9.2004, ZIP 2004, 2285; OLG München 20.6.2006, NZG 2006, 628). Keine Hinterlegung ist bei Vinkulierung der Aktien erforderlich, weil die Gesellschaft dann eine Übertragung selbst feststellen und rügen kann (OLG München 3.2.2009, ZIP 2009, 1524).

11 **e) Mindestbesitzzeit.** Die Antragsteller müssen darüber hinaus glaubhaft machen, dass sie mindestens seit drei Monaten vor der Hauptversammlung Aktionäre sind. Für die Fristberechnung gilt § 123 Abs. 4 analog. Die Mindestbesitzzeit kann insbesondere durch Vorlage eines Depotauszugs glaubhaft gemacht werden. Die Glaubhaftmachung ist nicht auf die eidesstattliche Versicherung vor dem Notar beschränkt, vielmehr kann auch eine privatschriftliche eidesstattliche Versicherung genügen (OLG München 3.2.2009, ZIP 2009, 1524).

III. Entscheidung

12 **1. Verfahren.** Das LG hat Vorstand, Aufsichtsrats und Abschlussprüfer anzuhören (Abs. 3 S. 1). Es hat nicht zu prüfen, ob Unterbewertung oder unvollständiger Anhang vorliegt, sondern nur, ob Anlass zu einer entsprechenden Annahme besteht (OLG München 3.2.2009, ZIP 2009, 1524; ähnlich MüKo-

AktG/*J. Koch* Rn. 11; weiter KK-AktG/*Arnold* Rn. 36). Nur dazu, nicht zur Unterbewertung selbst, kann es ausnahmsweise im Wege der **Amtsermittlung** einen Sachverständigen beauftragen, sofern nicht wie regelmäßig die Bilanzierungsfragen nur Rechtsfragen sind (MüKoAktG/*J. Koch* Rn. 50; aA – keine Vorermittlung mit Hilfe von Sachverständigen – KK-AktG/*Arnold* Rn. 60). Außerdem kann es den Prüfungsbericht nach § 321 HGB anfordern. Bei Gesellschaften, deren Aktien zum regulierten Markt zugelassen sind, ist der Antrag nach § 261a der BaFin mitzuteilen.

2. Entscheidung. Das Gericht entscheidet durch einen mit Gründen versehenen **Beschluss.** Er muss bei Anordnung der Sonderprüfung die Person des Sonderprüfers mit Anschrift und den Prüfungsgegenstand mit dem zu prüfenden Bilanzposten genau bezeichnen (MüKoAktG/*J. Koch* Rn. 55). Bei Gesellschaften, deren Aktien zum regulierten Markt zugelassen sind, ist die Entscheidung nach § 261a der BaFin mitzuteilen. Gegen die Entscheidung findet die nach § 63 Abs. 1 FamFG befristete Beschwerde zum OLG statt. Beschwerdebefugt sind bei Ablehnung die Antragsteller, bei Anordnung die AG. Zur Kostentragung verweist Abs. 5 S. 1 auf § 146 S. 1 und 2 (→ § 146 Rn. 2 ff.). 13

IV. Prüferauswahl

Die **Auswahl** des Sonderprüfers ist **Sache des Gerichts.** Es kann nur ein Wirtschaftsprüfer oder eine Wirtschaftsprüfungsgesellschaft sein (§ 1 WiPrO). Die **Ausschlussgründe** nach § 319 Abs. 2–4 HGB und § 319a Abs. 1 HGB – fehlende Unabhängigkeit, Befangenheit – gelten auch für Sonderprüfer (Abs. 4 S. 2). Ausgeschlossen ist nach Abs. 4 S. 3, wer den angegriffenen Jahresabschluss geprüft hat oder für das laufende oder ein späteres Geschäftsjahr Abschlussprüfer ist; außerdem darf nach Abs. 4 S. 3 nicht bestellt werden, wer in den letzten drei Jahren (MüKoAktG/*J. Koch* Rn. 61; KK-AktG/*Arnold* Rn. 75; aA – Geschäftsjahre – ADS Rn. 50) vor der Bestellung Abschlussprüfer war. 14

V. Prüfungsauftrag

Der Sonderprüfer handelt als Organ der AG. Ein **Geschäftsbesorgungsvertrag** kommt durch die gerichtliche Bestellung als Hoheitsakt und die – freigestellte – Annahme durch den Sonderprüfer zustande (MüKoAktG/*J. Koch* Rn. 62; aA KK-AktG/*Arnold* Rn. 78). Der Bestellungsbeschluss legt den Prüfungsauftrag fest, auf den sich der Sonderprüfer zu beschränken hat. Für die auf diesen Umfang beschränkte Prüfung gelten dieselben Grundsätze wie für den Jahresabschluss (BeckOGK/*Euler/Sabel,* 1.7.2020, Rn. 36 ff.; MüKoAktG/*J. Koch* Rn. 31), außerdem ist ein Prüfbericht nach § 259 zu erstellen. Der Sonderprüfer kann entsprechend § 145 Abs. 1–3 Auskünfte verlangen (→ § 145 Rn. 2 ff.), auch vom Abschlussprüfer (Abs. 5 S. 2). Für seine Verantwortlichkeit gilt § 323 HGB. Zu Auslagenersatz und Vergütung verweist Abs. 5 auf § 142 Abs. 6 (→ § 142 Rn. 24). 15

Prüfungsbericht. Abschließende Feststellungen

259 (1) [1] **Die Sonderprüfer haben über das Ergebnis der Prüfung schriftlich zu berichten.** [2] **Stellen die Sonderprüfer bei Wahrnehmung ihrer Aufgaben fest, daß Posten überbewertet sind (§ 256 Abs. 5 Satz 2), oder daß gegen die Vorschriften über die Gliederung des Jahresabschlusses verstoßen ist oder Formblätter nicht beachtet sind, so haben sie auch darüber zu berichten.** [3] **Für den Bericht gilt § 145 Abs. 4 bis 6 sinngemäß.**

(2) [1] **Sind nach dem Ergebnis der Prüfung die bemängelten Posten nicht unwesentlich unterbewertet (§ 256 Abs. 5 Satz 3), so haben die Sonderprüfer am Schluß ihres Berichts in einer abschließenden Feststellung zu erklären,**

1. **zu welchem Wert die einzelnen Aktivposten mindestens und mit welchem Betrag die einzelnen Passivposten höchstens anzusetzen waren;**
2. **um welchen Betrag der Jahresüberschuß sich beim Ansatz dieser Werte oder Beträge erhöht oder der Jahresfehlbetrag sich ermäßigt hätte.**

[2] **Die Sonderprüfer haben ihrer Beurteilung die Verhältnisse am Stichtag des Jahresabschlusses zugrunde zu legen.** [3] **Sie haben für den Ansatz der Werte und Beträge nach Nummer 1 diejenige Bewertungs- und Abschreibungsmethode zugrunde zu legen, nach der die Gesellschaft die zu bewertenden Gegenstände oder vergleichbare Gegenstände zuletzt in zulässiger Weise bewertet hat.**

(3) **Sind nach dem Ergebnis der Prüfung die bemängelten Posten nicht oder nur unwesentlich unterbewertet (§ 256 Abs. 5 Satz 3), so haben die Sonderprüfer am Schluß ihres Berichts in einer abschließenden Feststellung zu erklären, daß nach ihrer pflichtmäßigen Prüfung und Beurteilung die bemängelten Posten nicht unzulässig unterbewertet sind.**

(4) [1] **Hat nach dem Ergebnis der Prüfung der Anhang die vorgeschriebenen Angaben nicht oder nicht vollständig enthalten und der Vorstand in der Hauptversammlung die fehlenden Angaben, obwohl nach ihnen gefragt worden ist, nicht gemacht und ist die Aufnahme der**

Frage in die Niederschrift verlangt worden, so haben die Sonderprüfer am Schluß ihres Berichts in einer abschließenden Feststellung die fehlenden Angaben zu machen. [2]Ist die Angabe von Abweichungen von Bewertungs- oder Abschreibungsmethoden unterlassen worden, so ist in der abschließenden Feststellung auch der Betrag anzugeben, um den der Jahresüberschuß oder Jahresfehlbetrag ohne die Abweichung, deren Angabe unterlassen wurde, höher oder niedriger gewesen wäre. [3]Sind nach dem Ergebnis der Prüfung keine Angaben nach Satz 1 unterlassen worden, so haben die Sonderprüfer in einer abschließenden Feststellung zu erklären, daß nach ihrer pflichtmäßigen Prüfung und Beurteilung im Anhang keine der vorgeschriebenen Angaben unterlassen worden ist.

(5) **Der Vorstand hat die abschließenden Feststellungen der Sonderprüfer nach den Absätzen 2 bis 4 unverzüglich in den Gesellschaftsblättern bekanntzumachen.**

I. Allgemeines

1 Die Norm verpflichtet den Sonderprüfer, konkrete Feststellungen zu treffen und darüber zu berichten. Bei Unterbewertungen sind die richtigen Bewertungen nachzuholen, Berichtslücken sind zu schließen. Außerdem wird eine gerichtliche Entscheidung nach § 260 vorbereitet und erleichtert.

II. Prüfungsbericht

2 **1. Form und Inhalt.** Der Bericht, für den dasselbe wie für den Sonderprüfungsbericht nach § 145 Abs. 4–6 gilt (→ § 145 Rn. 7), ist **schriftlich** abzufassen. Er muss die Feststellungen nach Abs. 2–4 in einer umfassenden Erläuterung enthalten und soll aus sich heraus verständlich sein. Abs. 1 S. 2 erweitert die Berichtspflicht auf anlässlich der Sonderprüfung festgestellte Überbewertungen, Gliederungsfehler und die Nichtbeachtung von Formblättern. Der Prüfungsauftrag wird dadurch nicht erweitert, andere Fehler sind nicht zu berichten.

3 **a) Unterbewertung.** Maßgebend ist der **Stichtag** des Jahresabschlusses, doch sind nachträgliche wertaufhellende Entwicklungen im Rahmen von § 252 Abs. 1 Nr. 4 HGB zu berücksichtigen. Der Sonderprüfer ist nach Abs. 2 S. 3 an zulässigerweise von der Gesellschaft ausgeübte **Bilanzierungswahlrechte** und ausgeschöpfte Bewertungsspielräume gebunden. Stellt der Sonderprüfer eine nicht unwesentliche Unterbewertung der bemängelten Posten fest, muss er die Bewertung iRd Unvermeidlichen korrigieren (MüKoAktG/*J. Koch* Rn. 12; KK-AktG/*Arnold* Rn. 19) und die Auswirkungen auf den Jahresüberschuss bzw. den Jahresfehlbetrag ohne Korrekturen durch anlässlich der Prüfung festgestellte Überbewertungen oder durch Steuern (MüKoAktG/*J. Koch* Rn. 13 mwN) angeben. Stellt der Sonderprüfer keine oder nur eine unwesentliche Unterbewertung fest, hat er ein Negativtestat nach Abs. 3 zu erteilen.

4 **b) Anhang.** Stellt der Sonderprüfer eine **Berichtslücke** fest, muss er die Feststellung nachholen (Abs. 4 S. 1), und bei unterlassener Angabe von Abweichungen von Bewertungs- oder Abschreibungsmethoden auch den Unterschiedsbetrag angeben (Abs. 4 S. 2). Wenn er die fehlende Nachfrage oder die Beantwortung der Frage feststellt, hat er darauf hinzuweisen (BeckOGK/*Euler/Sabel,* 1.7.2020, Rn. 12; weitergehend MüKoAktG/*J. Koch* Rn. 15: Anregung, den Beschluss aufzuheben). Hat die Gesellschaft die Berichtspflichten erfüllt, hat der Sonderprüfer ein Negativtestat zu erteilen (Abs. 4 S. 3).

5 **2. Verfahren.** Der Bericht ist dem Vorstand vorzulegen und beim Handelsregister des Gesellschaftssitzes einzureichen (§ 145 Abs. 6 S. 3). Der Vorstand, der jedem Aktionär auf Verlangen eine Abschrift zu erteilen hat (§ 146 Abs. 6 S. 4) hat den Bericht dem Aufsichtsrat vorzulegen und bei der nächsten Hauptversammlung als Gegenstand der Tagesordnung bekannt zu machen (§ 145 Abs. 6 S. 5). Der Vorstand hat den Prüfbericht außerdem unverzüglich in den Gesellschaftsblättern (§ 25) bekannt zu machen, wozu er durch Zwangsgeld angehalten werden kann (§ 407 Abs. 1 S. 1). Das Registergericht hat bei Gesellschaften, deren Aktien zum regulierten Markt zugelassen sind, den Prüfbericht nach § 261a der BaFin mitzuteilen.

Gerichtliche Entscheidung über die abschließenden Feststellungen der Sonderprüfer

260 (1) **[1]Gegen abschließende Feststellungen der Sonderprüfer nach § 259 Abs. 2 und 3 können die Gesellschaft oder Aktionäre, deren Anteile zusammen den zwanzigsten Teil des Grundkapitals oder den anteiligen Betrag von 500 000 Euro erreichen, innerhalb eines Monats nach der Veröffentlichung im Bundesanzeiger den Antrag auf Entscheidung durch das nach § 132 Abs. 1 zuständige Gericht stellen. [2]§ 258 Abs. 2 Satz 4 und 5 gilt sinngemäß. [3]Der Antrag muß auf Feststellung des Betrags gerichtet sein, mit dem die im Antrag zu bezeichnenden Aktivposten mindestens oder die im Antrag zu bezeichnenden Passivposten höchstens anzusetzen waren. [4]Der Antrag der Gesellschaft kann auch auf Fest-**

stellung gerichtet sein, daß der Jahresabschluß die in der abschließenden Feststellung der Sonderprüfer festgestellten Unterbewertungen nicht enthielt.

(2) [1]**Über den Antrag entscheidet das Gericht unter Würdigung aller Umstände nach freier Überzeugung.** [2]**§ 259 Abs. 2 Satz 2 und 3 ist anzuwenden.** [3]**Soweit die volle Aufklärung aller maßgebenden Umstände mit erheblichen Schwierigkeiten verbunden ist, hat das Gericht die anzusetzenden Werte oder Beträge zu schätzen.**

(3) [1]**§ 99 Abs. 1, Abs. 2 Satz 1, Abs. 3 und 5 gilt sinngemäß.** [2]**Das Gericht hat seine Entscheidung der Gesellschaft und, wenn Aktionäre den Antrag nach Absatz 1 gestellt haben, auch diesen zuzustellen.** [3]**Es hat sie ferner ohne Gründe in den Gesellschaftsblättern bekanntzumachen.** [4]**Die Beschwerde steht der Gesellschaft und Aktionären zu, deren Anteile zusammen den zwanzigsten Teil des Grundkapitals oder den anteiligen Betrag von 500 000 Euro erreichen.** [5]**§ 258 Abs. 2 Satz 4 und 5 gilt sinngemäß.** [6]**Die Beschwerdefrist beginnt mit der Bekanntmachung der Entscheidung im Bundesanzeiger, jedoch für die Gesellschaft und, wenn Aktionäre den Antrag nach Absatz 1 gestellt haben, auch für diese nicht vor der Zustellung der Entscheidung.**

(4) [1]**Die Kosten sind, wenn dem Antrag stattgegeben wird, der Gesellschaft, sonst dem Antragsteller aufzuerlegen.** [2]**§ 247 gilt sinngemäß.**

I. Allgemeines

Die Vorschrift soll zu einer abschließenden Entscheidung führen, wenn die Feststellungen der Sonderprüfer angezweifelt werden. Eine allgemeine Feststellungsklage ist daneben nicht zulässig (MüKoAktG/*J. Koch* Rn. 3). § 260 ist auf Feststellungen zur Unterbewertung beschränkt (§ 259 Abs. 2 und 3); die Sonderprüfung zum Anhang kann nicht angegriffen werden. 1

II. Antrag

1. Antragsberechtigung. Antragsberechtigt sind nur die **Gesellschaft,** vertreten durch den Vorstand (§ 78), und **Aktionäre,** wenn sie zusammen das gegenüber § 258 Abs. 2 S. 3 höhere Quorum von 5 % des Grundkapitals oder 500.000 EUR erreichen. Die Aktionäre haben ihre Aktien bis zur gerichtlichen Entscheidung erster Instanz zu hinterlegen oder die Versicherung nach § 258 Abs. 2 S. 4 beizubringen (→ § 258 Rn. 10) sowie die dreimonatige Mindestbesitzzeit – maßgebend ist der Tag der Hauptversammlung (KK-AktG/*Arnold* Rn. 15; aA – Antragstellung – Hölters/*Waclawik* Rn. 10) glaubhaft zu machen (→ § 258 Rn. 11). Sie müssen nicht mit denjenigen identisch sein, die den Antrag auf die Sonderprüfung gestellt haben. Aktionäre können aber – arg. e. Abs. 1 S. 4 – den Antrag nur auf Höherbewertung, nicht auf Verringerung der Unterbewertung stellen (BeckOGK/*Euler/Sabel,* 1.7.2020, Rn. 3; KK-AktG/*Arnold* Rn. 11; aA MüKoAktG/*J. Koch* Rn. 9; K. Schmidt/Lutter/*Kleindiek* Rn. 8; Hölters/*Waclawik* Rn. 9). 2

2. Antragsfrist. Der Antrag muss **innerhalb eines Monats** nach der Veröffentlichung der Feststellungen der Sonderprüfer im Bundesanzeiger bei Gericht eingehen. Zuständig ist nach § 132 Abs. 1 das LG am Gesellschaftssitz, ggf. das Konzentrationsgericht nach § 71 Abs. 4 GVG. Der Eingang bei einem unzuständigen Gericht wahrt nach Abgabe die Frist (→ § 258 Rn. 8). 3

3. Antragsinhalt. Besondere Formvorschriften bestehen nicht (→ § 258 Rn. 7). Der Antrag der Aktionäre muss den Posten der Unterbewertung und den begehrten richtigen Betrag nennen (Abs. 1 S. 3) (MüKoAktG/*J. Koch* Rn. 10; KK-AktG/*Arnold* Rn. 12), der Antrag der Gesellschaft kann auf Feststellung einer zu beziffernden niedrigeren oder einer nicht vorhandenen Unterbewertung gerichtet sein (Abs. 1 S. 4). 4

III. Gerichtliches Verfahren

1. Verfahrensgrundsätze. Das Verfahren ist ein **Streitverfahren** der freiwilligen Gerichtsbarkeit (§ 99 Abs. 1), für das die KfH zuständig ist (§ 71 Abs. 2 Nr. 4b GVG, § 95 Abs. 2 Nr. 2 GVG). Das Gericht hat den Antrag in den Gesellschaftsblättern bekannt zu machen (§ 99 Abs. 2 S. 1). Es hat den Sachverhalt von Amts wegen zu ermitteln, kann dazu die Abschlussprüfer oder die Sonderprüfer hören und auch ein Sachverständigengutachten anfertigen lassen. Das Gericht hat nach freier Überzeugung zu entscheiden und kann notfalls schätzen, muss aber wie die Sonderprüfer die zulässigen Bewertungsmethoden der AG und den Stichtag nach § 259 Abs. 2 S. 2 und 3 zugrunde legen. Über den gestellten Antrag darf es nicht hinausgehen (MüKoAktG/*J. Koch* Rn. 13; KK-AktG/*Arnold* Rn. 19; aA Hölters/*Waclawik* Rn. 11). 5

2. Entscheidung. Das Gericht entscheidet durch einen mit Gründen versehenen **Beschluss** (§ 99 Abs. 3 S. 1). Der Tenor richtet sich bei einem erfolgreichen Antrag nach Abs. 1 S. 3 bzw. 4 (näher 6

MüKoAktG/*J. Koch* Rn. 17), die Auswirkungen auf den Jahresüberschuss oder Jahresfehlbetrag gehören nicht dazu. An die Gesellschaft und die antragstellenden Aktionäre ist die Entscheidung zuzustellen (Abs. 3 S. 2), außerdem ist der Tenor in den Gesellschaftsblättern bekannt zu machen (Abs. 3 S. 3). Nach Rechtskraft hat der Vorstand die Entscheidung beim Handelsregister einzureichen (§ 99 Abs. 5 S. 3). Das Gericht hat bei Gesellschaften, deren Aktien zum regulierten Markt zugelassen sind, seine Entscheidung nach Rechtskraft gem. § 261a der BaFin mitzuteilen.

7 **3. Rechtsmittel.** Gegen die Entscheidung findet die nach § 63 Abs. 1 FamFG befristete **Beschwerde** zum OLG statt (§ 99 Abs. 3 S. 2), die nur auf eine Rechtsverletzung gestützt werden kann und die von einem Rechtsanwalt unterzeichnet sein muss. Die Beschwerdefrist beginnt der Bekanntmachung im Bundesanzeiger, aber nicht vor der Zustellung. Beschwerdeberechtigt sind die AG und, wenn sie Quorum und Haltefrist erfüllen, die Aktionäre (→ Rn. 2). Gegen die Entscheidung des Oberlandesgerichts findet nur nach Zulassung die Rechtsbeschwerde statt (§ 70 Abs. 1 FamFG).

8 **4. Kosten.** Für die Gebühren gilt das **GNotKG.** Der Geschäftswert ist in entsprechender Anwendung von § 247 festzusetzen. Die Aktionäre haben die gerichtlichen Kosten zu tragen, wenn ihr Antrag erfolglos bleibt, iÜ fallen sie der Gesellschaft zur Last. Da auf § 99 Abs. 6 S. 2 nicht verwiesen wird, soll entsprechend § 81 FamFG eine Anordnung zur Erstattung außergerichtlicher Kosten möglich sein (näher MüKoAktG/*J. Koch* Rn. 24).

Entscheidung über den Ertrag auf Grund höherer Bewertung

261 (1) **[1] Haben die Sonderprüfer in ihrer abschließenden Feststellung erklärt, daß Posten unterbewertet sind, und ist gegen diese Feststellung nicht innerhalb der in § 260 Abs. 1 bestimmten Frist der Antrag auf gerichtliche Entscheidung gestellt worden, so sind die Posten in dem ersten Jahresabschluß, der nach Ablauf dieser Frist aufgestellt wird, mit den von den Sonderprüfern festgestellten Werten oder Beträgen anzusetzen. [2] Dies gilt nicht, soweit auf Grund veränderter Verhältnisse, namentlich bei Gegenständen, die der Abnutzung unterliegen, auf Grund der Abnutzung, nach §§ 253 bis 256a des Handelsgesetzbuchs oder nach den Grundsätzen ordnungsmäßiger Buchführung für Aktivposten ein niedrigerer Wert oder für Passivposten ein höherer Betrag anzusetzen ist. [3] In diesem Fall sind im Anhang die Gründe anzugeben und in einer Sonderrechnung die Entwicklung des von den Sonderprüfern festgestellten Wertes oder Betrags auf den nach Satz 2 angesetzten Wert oder Betrag darzustellen. [4] Sind die Gegenstände nicht mehr vorhanden, so ist darüber und über die Verwendung des Ertrags aus dem Abgang der Gegenstände im Anhang zu berichten. [5] Bei den einzelnen Posten der Jahresbilanz sind die Unterschiedsbeträge zu vermerken, um die auf Grund von Satz 1 und 2 Aktivposten zu einem höheren Wert oder Passivposten mit einem niedrigeren Betrag angesetzt worden sind. [6] Die Summe der Unterschiedsbeträge ist auf der Passivseite der Bilanz und in der Gewinn- und Verlustrechnung als „Ertrag auf Grund höherer Bewertung gemäß dem Ergebnis der Sonderprüfung" gesondert auszuweisen. [7] Ist die Gesellschaft eine kleine Kapitalgesellschaft (§ 267 Absatz 1 des Handelsgesetzbuchs), hat sie die Sätze 3 und 4 nur anzuwenden, wenn die Voraussetzungen des § 264 Absatz 2 Satz 2 des Handelsgesetzbuches und Berücksichtigung der nach diesen Abschnitt durchgeführten Sonderprüfung vorliegen.**

(2) **[1] Hat das gemäß § 260 angerufene Gericht festgestellt, daß Posten unterbewertet sind, so gilt für den Ansatz der Posten in dem ersten Jahresabschluß, der nach Rechtskraft der gerichtlichen Entscheidung aufgestellt wird, Absatz 1 sinngemäß. [2] Die Summe der Unterschiedsbeträge ist als „Ertrag auf Grund höherer Bewertung gemäß gerichtlicher Entscheidung" gesondert auszuweisen.**

(3) **[1] Der Ertrag aus höherer Bewertung nach Absätzen 1 und 2 rechnet für die Anwendung des § 58 nicht zum Jahresüberschuß. [2] Über die Verwendung des Ertrags abzüglich der auf ihn zu entrichtenden Steuern entscheidet die Hauptversammlung, soweit nicht in dem Jahresabschluß ein Bilanzverlust ausgewiesen wird, der nicht durch Kapital- oder Gewinnrücklagen gedeckt ist.**

I. Allgemeines

1 Die Vorschrift regelt die Folgen der Feststellung einer Unterbewertung. Korrigiert wird nicht der fehlerhafte Jahresabschluss, sondern in laufender Rechnung. Die Verwendung des Ertrags bestimmt nach Abs. 3 dann die Hauptversammlung.

II. Korrektur festgestellter Unterbewertung

Voraussetzung der Korrektur ist, dass die Unterbewertung feststeht, sei es, weil die Feststellung der Sonderprüfer nicht angegriffen wird (Abs. 1) oder die gerichtliche Entscheidung rechtskräftig ist (Abs. 2). Die Korrektur ist im ersten darauf aufgestellten Jahresabschluss vorzunehmen (zum Aufstellungszeitpunkt MüKoAktG/*J. Koch* Rn. 5 mwN). Dabei sind **Veränderungen** der Verhältnisse nach Maßgabe von Abs. 1 S. 2 zu berücksichtigen (näher BeckOGK/*Euler/Sabel,* 1.7.2020, Rn. 8). Veränderte Verhältnisse liegen auch vor, wenn der Vorstand zwischenzeitlich die Unterbewertung selbst korrigiert hat, sodass nichts mehr zu korrigieren ist. Ein Wechsel der Bewertungsmethoden ist nur möglich, wenn die Gesellschaft ihn zulässigerweise auch iÜ vollzieht (MüKoAktG/*J. Koch* Rn. 10; KK-AktG/*Arnold* Rn. 13; aA – nie – ADS Rn. 10). Nach dem Abgang von Vermögenswerten aus dem Umlaufvermögen oder kurzfristigen Verbindlichkeiten bleibt nur ein Vermerk im Anhang (Abs. 1 S. 4). 2

Nach Abs. 1 S. 5 sind bei den **einzelnen Posten** die Unterschiedsbeträge zu vermerken, eine Aufnahme in den Anhang genügt nicht. Die **Summe** der Unterschiedsbeträge ist auf der Passivseite als „Ertrag aufgrund höherer Bewertung gemäß dem Ergebnis der Sonderprüfung" bzw. „… gemäß gerichtlicher Entscheidung" nach dem Posten Jahresüberschuss/ Jahresfehlbetrag (§ 266 HGB) oder dem Posten Bilanzgewinn/Bilanzverlust (§ 268 Abs. 1 HGB) als Bruttobetrag auszuweisen (MüKoAktG/*J. Koch* Rn. 14). 3

III. Verwendung des Ertrags

Der Ertrag rechnet nicht zum Jahresüberschuss (Abs. 3 S. 1) und steht damit in voller Höhe zur **Disposition der Hauptversammlung.** Einstellungen in die gesetzliche Rücklage nach §§ 150, 300 sind ggf. vorzunehmen (K. Schmidt/Lutter/*Kleindiek* Rn. 11; aA KK-AktG/*Arnold* Rn. 22). 4

Über die **Verwendung** des Ertrags entscheidet die Hauptversammlung mit einfacher Mehrheit. Vorab sind die auf den Bruttobetrag entfallenden Steuern abzuziehen, deren Höhe der Vorstand zu ermitteln hat. Soweit ein nicht gedeckter Bilanzverlust ausgewiesen wird, muss der Ertrag zwingend zur Verlustdeckung verwendet werden (Abs. 3 S. 2). 5

Mitteilungen an die Bundesanstalt für Finanzdienstleistungsaufsicht

261a Das Gericht hat der Bundesanstalt für Finanzdienstleistungsaufsicht den Eingang eines Antrags auf Bestellung eines Sonderprüfers, jede rechtskräftige Entscheidung über die Bestellung von Sonderprüfern, den Prüfungsbericht sowie eine rechtskräftige gerichtliche Entscheidung über abschließende Feststellungen der Sonderprüfer nach § 260 mitzuteilen, wenn für die Gesellschaft als Emittentin von zugelassenen Wertpapieren im Sinne des § 2 Absatz 1 des Wertpapierhandelsgesetzes mit Ausnahme von Anteilen und Aktien an offenen Investmentvermögen im Sinne des § 1 Absatz 4 des Kapitalanlagegesetzbuchs die Bundesrepublik Deutschland der Herkunftsstaat (§ 2 Absatz 13 des Wertpapierhandelsgesetzes) ist.

Die Mitteilung des Gerichts, die jeden Verfahrensschritt betrifft, soll die BaFin frühzeitig von einem Sonderprüfungsverfahren in Kenntnis setzen und die Abstimmung mit dem Enforcement-Verfahren nach § 342b Abs. 3 S. 2 HGB und § 107 Abs. 3 S. 2 WpHG ermöglichen. Voraussetzung ist, dass die Gesellschaft Wertpapiere ausgegeben hat und diese an einem organisierten Markt iSv § 2 Abs. 11 WpHG im Inland oder einem anderen Mitgliedstaat der Europäischen Union oder einem anderen Vertragsstaat des Abkommens über den Europäischen Wirtschaftsraum zugelassen sind. In Deutschland erfüllt der regulierte Markt nach § 32 BörsG diese Voraussetzungen. Für Gesellschaften, deren Aktien nur nach § 33 BörsG in den Handel einbezogen sind oder im Freiverkehr gehandelt werden, gilt die Mitteilungspflicht nicht. 1

Achter Teil. Auflösung und Nichtigerklärung der Gesellschaft

Erster Abschnitt. Auflösung

Erster Unterabschnitt. Auflösungsgründe und Anmeldung

Auflösungsgründe

262 (1) **Die Aktiengesellschaft wird aufgelöst**
1. durch Ablauf der in der Satzung bestimmten Zeit;
2. durch Beschluß der Hauptversammlung; dieser bedarf einer Mehrheit, die mindestens drei Viertel des bei der Beschlußfassung vertretenen Grundkapitals umfaßt; die Satzung kann eine größere Kapitalmehrheit und weitere Erfordernisse bestimmen;
3. durch die Eröffnung des Insolvenzverfahrens über das Vermögen der Gesellschaft;
4. mit der Rechtskraft des Beschlusses, durch den die Eröffnung des Insolvenzverfahrens mangels Masse abgelehnt wird;
5. mit der Rechtskraft einer Verfügung des Registergerichts, durch welche nach § 399 des Gesetzes über das Verfahren in Familiensachen und in den Angelegenheiten der freiwilligen Gerichtsbarkeit ein Mangel der Satzung festgestellt worden ist;
6. durch Löschung der Gesellschaft wegen Vermögenslosigkeit nach § 394 des Gesetzes über das Verfahren in Familiensachen und in den Angelegenheiten der freiwilligen Gerichtsbarkeit.

(2) **Dieser Abschnitt gilt auch, wenn die Aktiengesellschaft aus anderen Gründen aufgelöst wird.**

Übersicht

I. Allgemeines

1 **1. Ende der AG.** Unter Auflösung ist nicht die Beendigung der Gesellschaft, sondern nur zu verstehen, dass sich der Gesellschaftszweck von der werbenden Gesellschaft zur **Abwicklungsgesellschaft** wandelt (BGH 18.9.2006, NJW-RR 2007, 99). Mit der Auflösung beginnt die Liquidation (§§ 264 ff.), die schließlich zur Löschung der Gesellschaft führt. Die Identität der Gesellschaft bleibt mit der Auflösung erhalten (BGH 6.7.1954, BGHZ 14, 163 (168) = NJW 1954, 1682; BGH 23.5.1957, BGHZ 24, 279 = NJW 1957, 1279; BGH 18.9.2006, NJW-RR 2007, 99). Wenn der Rechtsträger nach Beendigung der Liquidation untergeht, spricht man von Vollbeendigung. Bedarf es keiner Abwicklung, fallen Auflösung und Vollbeendigung zusammen, etwa bei der Verschmelzung auf einen neuen Rechtsträger.

2 **2. Normzweck und Anwendungsbereich.** Zweck des § 262 ist, die Auflösungsgründe aufzuzählen. Die Norm ist, wie sich schon aus Abs. 2 ergibt, unvollständig; so fehlen beispielsweise die Auflösungsgründe nach § 275. §§ 262 ff. gelten für die AG und die SE (Art. 63 SE-VO), nicht für die KGaA (§ 289) und nicht für die GmbH, für die eigene, teilweise gleichlautende Vorschriften existieren (§§ 60 ff. GmbHG). Auf die **Vor-AG** sind die Auflösungsvorschriften entsprechend anzuwenden, soweit

sie nicht die Eintragung im Handelsregister voraussetzen (BGH 23.10.2006, BGHZ 169, 270 = NJW 2007, 589).

II. Auflösungstatbestände nach Abs. 1

1. Zeitablauf. Der Auflösungsgrund entspricht § 60 Abs. 1 Nr. 1 GmbHG (→ GmbHG § 60 Rn. 9). 3

2. Hauptversammlungsbeschluss. Der Auflösungsgrund entspricht § 60 Abs. 1 Nr. 2 GmbHG. 4
Zu den Beschlussvoraussetzungen und möglichen Beschlussinhalten → GmbHG § 60 Rn. 14. Der Beschluss, der ansonsten keinen Besonderheiten unterliegt, muss mit einer **Mehrheit von drei Vierteln** gefasst werden und ist nach § 130 Abs. 1 S. 1 notariell zu beurkunden. Einer inhaltlichen Rechtfertigung bedarf er nicht (BGH 1.2.1988, BGHZ 103, 184 = NJW 1988, 1579; BGH 20.3.1995, BGHZ 129, 137 = NJW 1995, 1739). Ausnahmsweise kann aus der Treuepflicht eine Pflicht zur Zustimmung zur Auflösung herzuleiten sein (BeckOGK/*Bachmann,* 15.1.2020, Rn. 32). Umgekehrt kann der Auflösungsbeschluss wegen Verfolgung von Sondervorteilen ausnahmsweise anfechtbar sein (BGH 1.2.1988, BGHZ 103, 184 = NJW 1988, 1579). Zur übertragenden Auflösung (Übertragung der Vermögensgegenstände auf eine vom Mehrheitsaktionär kontrollierte Gesellschaft und Auflösung der AG) → § 179a Rn. 13.

3. Insolvenzeröffnung. Auflösungsgrund ist nicht der Insolvenzantrag, sondern erst die Eröffnung 5
des Insolvenzverfahrens (→ GmbHG § 60 Rn. 23). Wird das Insolvenzverfahren mangels Masse nicht eröffnet, ist dies ein selbständiger Auflösungsgrund nach Nr. 4. Zur Abwicklung nach Insolvenzeröffnung, dem Fortbestand und den Befugnissen der Gesellschaftsorgane → § 264 Rn. 8. Die Auflösung endet mit der Aufhebung des Insolvenzverfahrens auf Rechtsmittel, mit einem Fortsetzungsbeschluss nach Einstellung wegen Wegfalls des Eröffnungsgrundes (§ 274 Abs. 2 Nr. 1, §§ 213, 214 InsO) oder mit einem Fortsetzungsbeschluss nach Aufhebung wegen Rechtskraft eines Beschlusses zur Bestätigung eines Insolvenzplans (§ 274 Abs. 2 Nr. 1, § 258 InsO). Wenn das eröffnete Insolvenzverfahren mangels Masse eingestellt wird, wird die Auflösung nach Nr. 4 fortgesetzt.

4. Masselosigkeit. Der Auflösungsgrund entspricht § 60 Abs. 1 Nr. 5 GmbHG; zu den Voraus- 6
setzungen → GmbHG § 60 Rn. 26.

5. Feststellung eines Satzungsmangels. Nach § 399 FamFG kann das Registergericht, wenn der 7
Satzung eine nach § 23 Abs. 3 Nr. 1, 4, 5 oder 6 notwendige Bestimmung fehlt (Firma und Sitz, Zerlegung des Grundkapitals in Aktien oder Aktienzahl, Bestimmung zu Inhaber- oder Namensaktien, Zahl der Vorstandsmitglieder), eine dieser Bestimmungen oder die Bestimmung nach § 23 Abs. 3 Nr. 3 (Höhe des Grundkapitals) nichtig ist, die Gesellschaft zu einer Satzungsänderung auffordern, die den Mangel behebt. Kommt die Gesellschaft der Aufforderung nicht nach, hat das Gericht den Satzungsmangel festzustellen. Diese Feststellung führt nach Nr. 5 zur Auflösung. Die Auflösung betrifft nicht nur nachträglich erkannte Satzungsmängel, sondern auch Mängel, die nachträglich – etwa durch eine nichtige Sitzverlegung – entstehen (BGH 2.6.2008, WM 2008, 1653). Die fehlende Angabe zum Grundkapital (§ 23 Abs. 3 Nr. 3) oder zum Unternehmensgegenstand (§ 23 Abs. 3 Nr. 2) führen nicht zur Auflösung nach Nr. 5, sondern ermöglichen die Nichtigkeitsklage nach § 275 Abs. 1. Andere Satzungsmängel führen nicht zur Auflösung der Gesellschaft, wie der Umkehrschluss aus § 262 Abs. 1 Nr. 5 zeigt.

Für das **Verfahren** nach § 399 FamFG ist das Registergericht am Satzungssitz (§ 14) zuständig, das 8
von Amts wegen tätig wird. Auch Anträge, insbesondere der IHK, setzen nach § 399 Abs. 1 S. 1 FamFG das Verfahren in Gang. Das Gericht fordert die Gesellschaft unter Fristsetzung und Hinweis auf die Rechtsfolge der Auflösung zur Anmeldung einer den Mangel behebenden Satzungsänderung auf (§ 399 Abs. 1 S. 2 FamFG). Die Frist muss so bemessen sein, dass zu einer Hauptversammlung eingeladen werden kann, also länger als 30 Tage sein (§ 123 Abs. 1). In der Regel sollte sie – wie früher in § 141 Abs. 1 S. 2 FGG, § 144 Abs. 3 FGG bestimmt – mindestens drei Monate betragen. Sie kann verlängert werden.

Gegen die Aufforderung kann formlos **Widerspruch** zur Rechtfertigung des Satzungsmangels einge- 9
legt werden (§ 399 Abs. 1 S. 1 FamFG), der begründet werden muss (BeckOGK/Stilz/*Bachmann,* 15.1.2020, Rn. 58). Das Gericht kann den Widerspruch zurückweisen (§ 399 Abs. 2 S. 1 FamFG). Gegen die Zurückweisung findet die befristete Beschwerde nur der AG, nicht auch des Aktionärs statt (BeckOGK/*Bachmann,* 15.1.2020, Rn. 58) (§ 399 Abs. 3 FamFG).

Wenn innerhalb der Frist der Mangel nicht behoben wird, kein Widerspruch eingelegt wird oder er 10
zurückgewiesen wird, hat das Gericht den Mangel festzustellen (§ 399 Abs. 2 S. 1 FamFG). Die **Mangelfeststellung** kann mit der Zurückweisung des Widerspruchs verbunden werden (§ 399 Abs. 2 S. 1 FamFG), das Registergericht muss daher nicht zuerst den Widerspruch bescheiden und die Rechtskraft dieses Beschlusses abwarten. Gegen die Feststellung des Satzungsmangels kann die AG, nicht der Aktionär sofortige Beschwerde einlegen, sofern nicht schon gegen die Zurückweisung des Widerspruchs

Beschwerde eingelegt war (BeckOGK/*Bachmann,* 15.1.2020, Rn. 59). Gegen die Zurückweisung ihres Antrags kann die IHK nach § 399 Abs. 3 FamFG Beschwerde einlegen. Mit Rechtskraft des Beschlusses, der den Mangel feststellt, ist die Gesellschaft aufgelöst. Bis dahin, auch während des Beschwerdeverfahrens, kann der Satzungsmangel behoben werden (BayObLG 7.2.2001, NJW-RR 2001, 1047; OLG Schleswig 25.5.2000, NJW-RR 2001, 30).

11 **6. Löschung wegen Vermögenslosigkeit.** Nach § 394 Abs. 1 FamFG wird die AG von Amts wegen bei Vermögenslosigkeit gelöscht. Nr. 6 ist überflüssig, weil nach der Löschung mangels Vermögen keine Abwicklung stattfindet. Aus Nr. 6 ist aber zu entnehmen, dass eine gelöschte Gesellschaft, wenn sich nachträglich noch Vermögen herausstellt, nicht werbend tätig sein darf, sondern abgewickelt wird (BeckOGK/*Bachmann,* 15.1.2020, Rn. 60). Zu den Voraussetzungen und dem Verfahren der Löschung → GmbHG § 60 Rn. 35.

III. Weitere Auflösungsgründe

12 Die **Verschmelzung** wird in § 2 UmwG als Auflösung ohne Abwicklung bezeichnet. Eine Zweckänderung findet aber nicht statt, da der Gesamtrechtsnachfolger die werbende Tätigkeit fortsetzt. Die **Nichtigkeitsfeststellung nach § 275** führt zur Abwicklung (§ 277) und ist ebenfalls ein Auflösungsgrund. Wenn die AG alle Aktien an sich selbst hält **(Keinmann-AG),** ist dies nach hM ein Auflösungsgrund (MüKoAktG/*J. Koch* Rn. 103; aA BeckOGK/*Bachmann,* 15.1.2020, Rn. 65). Nach § 396 Abs. 1 kann eine AG auf Antrag der obersten Landesbehörde durch Urteil wegen **Gemeinwohlgefährdung** aufgelöst werden, wenn sie durch gesetzwidriges Verhalten ihrer Verwaltungsträger das Gemeinwohl gefährdet und der Aufsichtsrat und die Hauptversammlung nicht für eine Abberufung der Verwaltungsträger sorgen. Dabei handelt es sich ebenso um einen Auflösungsgrund (§ 396 Abs. 2), wie beim **Verbot** der AG nach § 3 VereinsG. In der Verbotsverfügung wird die Auflösung angeordnet, die Abwicklung richtet sich aber nach §§ 3, 11, 13 VereinsG (BeckOGK/*Bachmann,* 15.1.2020, Rn. 63). Ferner führt die **Entziehung der Geschäftserlaubnis** nach § 38 Abs. 1 S. 1 KWG bei einem Kredit- oder Finanzdienstleistungsinstitut zur Abwicklung. Die Verfügung wirkt wie ein Auflösungsbeschluss (§ 38 Abs. 1 S. 2 KWG), sodass – vorbehaltlich von Weisungen der Aufsichtsbehörde nach § 38 Abs. 2 S. 1 KWG – nach §§ 264 ff. abzuwickeln ist.

IV. Keine Auflösungsgründe

13 Dass der **Gesellschaftszweck erreicht** ist oder dies unmöglich wird, führt anders als nach § 726 BGB nicht zur Auflösung (BeckOGK/*Bachmann,* 15.1.2020, Rn. 70). Die Aktionäre sind frei, nach Abs. 1 Nr. 2 die Auflösung zu beschließen oder die Satzung zu ändern und einen neuen Zweck zu bestimmen. Eine **Kündigung** durch den Aktionär oder die Gesellschaft ist nicht möglich (BGH 23.10.2006, BGHZ 169, 270 = NJW 2007, 589). Kündigungsrechte können auch nicht durch die Satzung geschaffen werden (BeckOGK/*Bachmann,* 15.1.2020, Rn. 72; MüKoAktG/*J. Koch* Rn. 19). Eine **Auflösungsklage** entsprechend § 61 GmbHG ist bei der AG nicht vorgesehen. Dafür besteht auch kein praktisches Bedürfnis, weil der einzelne Aktionär seinen Anteil ohne weiteres veräußern und ausscheiden kann. Der Rspr., die in der **Sitzverlegung ins Ausland** einen Auflösungsgrund sah (BayObLG 7.5.1992, NJW-RR 1993, 43), ist durch den Wegfall von § 5 Abs. 2 die Grundlage entzogen.

V. Folgen der Auflösung

14 **1. Abwicklung.** Die Gesellschaft wandelt sich in der Folge der Auflösung von einer werbenden in eine **Abwicklungsgesellschaft.** Die Abwicklung geschieht nach §§ 265 ff., soweit keine Auflösung infolge Insolvenzeröffnung vorrangig ist (§ 264 Abs. 1), oder ausnahmsweise eine automatische Vollbeendigung durch Gesamtrechtsnachfolge eintritt (→ Rn. 11). Die Abwicklung tritt mit dem Auflösungstatbestand ohne weiteres Zutun der Gesellschafter oder des Vorstands ein. Die Gesellschafter können aber mit der allgemeinen Feststellungsklage feststellen lassen, dass die Gesellschaft aufgelöst ist (BGH 23.10.2006, BGHZ 169, 270 = NJW 2007, 589). Sie können auch, solange die Abwicklung andauert, die Fortsetzung oder eine Umwandlung beschließen.

15 **2. Rechtsfolgen.** Die Auflösung hat keine Auswirkungen auf die Rechtsfähigkeit der AG, sie besteht als identische **Liquidationsgesellschaft** fort (BGH 18.9.2006, NJW-RR 2007, 99 Rn. 10). Prokura und Vollmachten bleiben – außer bei Insolvenzeröffnung, § 117 InsO – bestehen (BeckOGK/*Bachmann,* 15.1.2020, Rn. 85). Die AG bleibt **parteifähig,** der Wechsel der Vertretungsbefugnis auf die Liquidatoren hat grundsätzlich keine Auswirkungen auf den Prozess, weil die AG durch ihre Liquidatoren vertreten wird und eine noch zuvor erteilte Prozessvollmacht fortwirkt (BGH 31.3.2008, NJW 2008, 2441 Rn. 7). Eine vermögenslose Gesellschaft darf aber nicht mehr fremde Rechte in Prozessstandschaft einklagen (BGH 24.10.1985, BGHZ 96, 151 = NJW 1986, 850; BGH 3.4.2003, NJW 2003, 2231), außer die Vermögenslosigkeit tritt während des Prozesses ein (BGH 29.9.2011, NJW-RR 2011,

1690 Rn. 20). Die Auflösung ist nicht immer ein Grund für die Kündigung von Dauerschuldverhältnissen (BGH 23.5.1957, BGHZ 24, 279 = NJW 1957, 1279). Sie führt nicht automatisch zur Beendigung der Börsenzulassung, sondern ist nur ein Grund für ihren Widerruf (BVerwG 13.4.2005, NJW-RR 2005, 1207). Nach Art. 17 MAR muss sie als ad-hoc-Mitteilung mitgeteilt werden (BeckOGK/*Bachmann,* 15.1.2020, Rn. 90).

3. Fortsetzung. Nach § 274 kann die Gesellschaft fortgesetzt werden, also wieder zur werbenden 16
Tätigkeit zurückkehren. Eine Fortsetzung der werbenden Tätigkeit ohne die Voraussetzungen des § 274 ist nicht möglich und führt zur Schadensersatzpflicht des Vorstandes (BeckOGK/*Bachmann,* 15.1.2020, Rn. 92). Der Aktionär kann die Abwicklung durch Klage auf Anmeldung der Auflösung zum Handelsregister durchsetzen (RG 29.4.1932, RGZ 136, 185; MüKoAktG/*J. Koch* Rn. 28).

4. Löschung. Die AG verliert ihre Eigenschaft als rechts- und parteifähige Person erst mit der 17
Löschung (Vollbeendigung). Falls sich herausstellt, dass noch Vermögen vorhanden ist, hat eine Nachtragsliquidation stattzufinden (§ 264 Abs. 2, § 273 Abs. 4).

Anmeldung und Eintragung der Auflösung

263 **[1]Der Vorstand hat die Auflösung der Gesellschaft zur Eintragung in das Handelsregister anzumelden. [2]Dies gilt nicht in den Fällen der Eröffnung und der Ablehnung der Eröffnung des Insolvenzverfahrens (§ 262 Abs. 1 Nr. 3 und 4) sowie im Falle der gerichtlichen Feststellung eines Mangels der Satzung (§ 262 Abs. 1 Nr. 5). [3]In diesen Fällen hat das Gericht die Auflösung und ihren Grund von Amts wegen einzutragen. [4]Im Falle der Löschung der Gesellschaft (§ 262 Abs. 1 Nr. 6) entfällt die Eintragung der Auflösung.**

I. Allgemeines

Die Anmeldung der Auflösung und ihre Eintragung dienen dem **Gläubigerschutz.** Die Auflösung 1
muss nur in den Fällen von § 262 Abs. 1 Nr. 1 (Zeitablauf) und Nr. 2 (Hauptversammlungsbeschluss) angemeldet werden. Bei Eröffnung oder Ablehnung der Eröffnung eines Insolvenzverfahrens (§ 262 Abs. 1 Nr. 3 und 4) und bei Feststellung eines Satzungsmangels (§ 262 Abs. 1 Nr. 5) veranlasst das Gericht die Eintragung von Amts wegen. Bei der Löschung wegen Vermögenslosigkeit (§ 262 Abs. 1 Nr. 6) entfällt die Eintragung der Auflösung. Die Auflösung aus anderen als den in § 262 Abs. 1 aufgeführten Gründen wird nicht eingetragen und muss nicht angemeldet werden.

II. Anmeldung

Anzumelden ist die **Auflösung** der Gesellschaft, nach S. 3 nicht ihr Grund. Um dem Gericht die 2
Prüfung zu ermöglichen, sollte der Auflösungsgrund bei der Anmeldung aber angegeben werden (MüKoAktG/*J. Koch* Rn. 4). Anzumelden ist in öffentlich beglaubigter Form (§ 12 HGB), Anlagen – insbesondere der Hauptversammlungsbeschluss nach § 262 Abs. 1 Nr. 2 – müssen nicht beigefügt werden. Anmeldepflichtig ist der ehemalige Vorstand, nicht der Abwickler (BeckOGK/*Bachmann,* 15.1.2020, Rn. 7; MüKoAktG/*J. Koch* Rn. 7).

Zur **Eintragung von Amts** wegen bei Auflösung nach § 262 Abs. 1 Nr. 3 und 4 hat das Insolvenz- 3
gericht dem Registergericht nach § 31 InsO eine Ausfertigung des Beschlusses mit der Entscheidung über die Verfahrenseröffnung zu übersenden; in den Fällen von § 262 Abs. 1 Nr. 5 hat das Registergericht bereits Kenntnis.

III. Eintragung

Eingetragen wird der **Umstand der Auflösung.** Bei der Eintragung nach Anmeldung nach S. 1 4
kann der Grund eingetragen werden. Bei der Eintragung nach S. 2 muss er angegeben werden, außerdem die Tatsache, dass von Amts wegen eingetragen wird (§ 19 Abs. 2 HRV). Die Eintragung wird nach § 10 HGB bekannt gemacht, auch die Auflösung infolge Insolvenzeröffnung, auch wenn bereits die Insolvenzeröffnung bekannt gemacht ist (BeckOGK/*Bachmann,* 15.1.2020, Rn. 12). Die Eintragung hat nur deklaratorische Bedeutung (MüKoAktG/*J. Koch* Rn. 10). In der Beziehung zu Dritten findet § 15 HGB Anwendung (BeckOGK/*Bachmann,* 15.1.2020, Rn. 14; MüKoAktG/*J. Koch* Rn. 11).

Zweiter Unterabschnitt. Abwicklung

Notwendigkeit der Abwicklung

264 (1) **Nach der Auflösung der Gesellschaft findet die Abwicklung statt, wenn nicht über das Vermögen der Gesellschaft das Insolvenzverfahren eröffnet worden ist.**

(2) [1]**Ist die Gesellschaft durch Löschung wegen Vermögenslosigkeit aufgelöst, so findet eine Abwicklung nur statt, wenn sich nach der Löschung herausstellt, daß Vermögen vorhanden ist, das der Verteilung unterliegt.** [2]**Die Abwickler sind auf Antrag eines Beteiligten durch das Gericht zu ernennen.**

(3) **Soweit sich aus diesem Unterabschnitt oder aus dem Zweck der Abwicklung nichts anderes ergibt, sind auf die Gesellschaft bis zum Schluß der Abwicklung die Vorschriften weiterhin anzuwenden, die für nicht aufgelöste Gesellschaften gelten.**

Übersicht

I. Allgemeines

1 **1. Normzweck.** Die Vorschrift stellt klar, wann eine Abwicklung stattfindet. Damit sollen Gläubiger und Aktionäre geschützt werden (MüKoAktG/*J. Koch* Rn. 2). In den genannten Fällen kann die Abwicklung nicht durch die Satzung ausgeschlossen oder anders gestaltet werden (BeckOGK/*Bachmann,* 15.1.2020, Rn. 3). Eine **stille Liquidation** („Firmenbestattung") ist rechtswidrig (BeckOGK/*Bachmann,* 15.1.2020, Rn. 8) und führt zur Schadensersatzpflicht von Vorstand und Aufsichtsrat.

2 **2. Anwendungsbereich.** Die Abwicklung nach §§ 264 ff. erfasst alle **Aktiengesellschaften,** auch die AG ohne Vermögen, solange sie nicht gelöscht ist. Auch die **Vor-AG** ist nach den §§ 264 ff. abzuwickeln, soweit die Vorschriften nicht die Eintragung voraussetzen (BGH 23.10.2006, BGHZ 169, 270 = NJW 2007, 589).

II. Abwicklung nach AktG

3 **1. Anwendungsbereich.** Eine Abwicklung nach den §§ 265 ff. findet statt, soweit nicht das Insolvenzverfahren eröffnet wird oder die Gesellschaft wegen Vermögenslosigkeit gelöscht wird (§ 262 Abs. 1 Nr. 6), auch wenn das Insolvenzverfahren mangels Masse nicht eröffnet wird (§ 262 Abs. 1 Nr. 4) oder wenn der Insolvenzverwalter nach eröffnetem Insolvenzverfahren Gegenstände freigibt (BeckOGK/*Bachmann,* 15.1.2020, Rn. 9).

4 **2. Recht der werbenden AG.** Soweit §§ 265 ff. keine Regelungen enthalten, gelten die allgemeinen Vorschriften (Abs. 3). Die AG bleibt **rechts- und parteifähig.** Ihre Firma (§ 4) ändert sich nicht, doch ist der Zusatz „i. L." vorgeschrieben (§ 269 Abs. 6). Satzungsänderungen – auch zu Firma und Sitz – sind weiterhin möglich, soweit der Abwicklungszweck nicht entgegensteht (BGH 23.5.1957, BGHZ 24, 279 = NJW 1957, 1279).

5 **a) Aktionäre und Hauptversammlung.** Aktionäre müssen noch **Einlagen** leisten, soweit sie zur Abwicklung erforderlich sind, dh nicht wegen eines verbleibenden Überschusses wieder zurückzugewähren sind (§ 271 Abs. 3). **Dividenden** werden nicht mehr gezahlt, da keine Gewinne mehr gemacht werden (MüKoAktG/*J. Koch* Rn. 22). **Hauptversammlungen** sind nach wie vor möglich, zur Einberufung sind die Abwickler zuständig (§ 268 Abs. 2 S. 1). Ihre Beschlüsse müssen mit dem Abwicklungszweck vereinbar sein (BGH 23.5.1957, BGHZ 24, 279 = NJW 1957, 1279; OLG Hamburg 6.11.2002, NZG 2003, 132).

6 **b) Vorstand und Aufsichtsrat.** Der Vorstand verliert mit der Auflösung sein Amt, seine Funktion übernehmen die Abwickler (§ 268 Abs. 2 S. 1), die idR mit dem Vorstand personenidentisch sind (§ 265 Abs. 1). Der Geschäftsbesorgungsvertrag des einzelnen Vorstandsmitglieds wird von der Auflösung nicht berührt und besteht fort. Der **Aufsichtsrat** bleibt im Amt (BGH 10.3.1960, BGHZ 32,

114 = NJW 1960, 1006). Er setzt seine **Überwachungsaufgabe** gegenüber den Abwicklern fort, kann zu ihnen aber keine personellen Entscheidungen treffen (§ 265 Abs. 2). Auch die Feststellung des Jahresabschlusses fällt nicht mehr in seinen Aufgabenbereich (§ 270 Abs. 2). Bei Beschlussmängelstreitigkeiten bleibt er – ggf. neben den Liquidatoren – Vertreter der AG (BGH 10.3.1960, BGHZ 32, 114 = NJW 1960, 1006), ebenso gegenüber dem Vorstand (→ § 268 Rn. 7).

c) Strukturmaßnahmen. Strukturmaßnahme sind weiterhin möglich, soweit ihnen nicht der Abwicklungszweck entgegensteht; so **Kapitalerhöhung** gegen Einlagen (BGH 23.5.1957, BGHZ 24, 279 = NJW 1957, 1279); **Kapitalherabsetzung** (BGH 9.2.1998, BGHZ 138, 71 = NJW 1998, 2054); **Umwandlung** (MüKoAktG/*J. Koch* Rn. 27); **Ausschließung** (BVerfG 19.9.2007, ZIP 2007, 2121; BGH 18.9.2006, NJW-RR 2007, 99; einschr. BeckOGK/*Bachmann,* 15.1.2020, Rn. 41). 7

III. Abwicklung im Insolvenzverfahren

1. Auswirkungen auf die Organe. Mit der Eröffnung des Insolvenzverfahrens wird die Organstruktur der AG durch die insolvenzrechtlichen Normen überlagert (BGH 18.12.1980, NJW 1981, 1097; BGH 26.11.2019, NZG 2020, 223 Rn. 37; KG 4.8.2005, ZIP 2005, 1553; BayObLG 10.3.1988, NJW-RR 1988, 929). Der **Vorstand** bleibt im Amt, doch steht dem Insolvenzverwalter die ausschließliche Verwaltungs- und Verfügungsbefugnis zu (§ 80 InsO), sodass die Zuständigkeit des Vorstands nur den verbleibenden Restbereich erfasst (BGH 28.3.1996, NJW 1996, 2035 zur GmbH). Der Vorstand wird nicht zum Abwickler nach § 265 (BayObLG 10.3.1988, NJW-RR 1988, 929), obwohl die Abwicklung nicht die vordringliche Aufgabe des Insolvenzverwalters ist, der für die Gläubigerbefriedigung zu sorgen hat (BGH 5.7.2001, BGHZ 148, 252 = NJW 2001, 2966). Auch der **Aufsichtsrat** bleibt im Amt und hat weiterhin gegenüber dem Vorstand die aktienrechtlichen Befugnisse, nicht aber gegenüber dem Insolvenzverwalter (RG 14.2.1913, RGZ 81, 332; *K. Schmidt* AG 2011, 1 (4); aA *Klöckner* AG 2010, 780). In der Eigenverwaltung sind seine Befugnisse eingeschränkt (§ 276a InsO). Der Aufsichtsrat kann noch nach § 104 neu bestellt werden (KG 4.8.2005, ZIP 2005, 1553). Ein Vergütungsanspruch gegen die Masse steht ihm aber nicht zu (RG 14.2.1913, RGZ 81, 332; KG 4.8.2005, ZIP 2005, 1553). Auch die **Hauptversammlung** behält grundsätzlich ihre Zuständigkeit, die jedoch ebenfalls von der Verfügungsbefugnis des Insolvenzverwalters überlagert wird. Sie ist etwa weiterhin für die Wahl von Aufsichtsratsmitgliedern zuständig (OLG Düsseldorf 11.4.2013, ZIP 2013, 1022). Außerdem bleibt sie für Änderungen der Satzung, etwa der Firma, zuständig (BGH 26.11.2019, NZG 2020, 223 Rn. 38). Soweit der Insolvenzverwalter die Aufnahme eines Prozesses ablehnt oder Gegenstände aus der Masse freigibt, lebt die Zuständigkeit der Organe wieder auf (BGH 18.12.1980, NJW 1981, 1097). 8

2. Organkompetenzen. Während die Vertretungs- und Verfügungsbefugnis auf den Insolvenzverwalter übergeht, bleibt den Organen der Gesellschaft neben der Wahrnehmung der **Schuldnerrechte** im Insolvenzverfahren (BayObLG 10.3.1988, NJW-RR 1988, 929; *K. Schmidt* AG 2011, 1 (3)) die gesellschaftsinterne Sphäre (BGH 26.11.2019, NZG 2020, 223 Rn. 38; MüKoAktG/*J. Koch* Rn. 66 ff.). Der Insolvenzverwalter darf über die Vermögenswerte ohne Zustimmung der Organe verfügen und auch ohne Zustimmung der Hauptversammlung Unternehmensteile oder Tochtergesellschaften veräußern, ebenso die Firma (BGH 27.9.1982, BGHZ 85, 221 = WM 1983, 149; BGH 26.11.2019, NZG 2020, 223 Rn. 10;MüKoAktG/*J. Koch* Rn. 57). Er ist zur Kündigung des Dienstvertrags mit dem Vorstand befugt (§ 87 Abs. 3), für Vergütungsfragen (Hüffer/Koch/*Koch* § 87 Rn. 30; offengelassen BGH 27.10.2015, BGHZ 207, 190 = NJW 2016, 1236 Rn. 26) und für die Verfolgung von Haftungsansprüchen gegen Vorstand oder Aufsichtsrat zuständig (BGH 18 12.1980, NJW 1981, 1097). Die Hauptversammlung hat keine Entscheidungsbefugnis in Geschäftsführungsangelegenheiten mehr (§ 119 Abs. 2). 9

Dagegen zählt zur **gesellschaftsinternen Sphäre,** in der die Organe ihre Befugnisse behalten, die Bestellung, die Anstellung, die Überwachung und die Abberufung des Vorstands durch den Aufsichtsrat (OLG Nürnberg 20.3.1990, NJW-RR 1992, 230), die Befugnis des Vorstands bzw. des Aufsichtsrats zur Einberufung und Bekanntmachung der Hauptversammlung (BGH 12.11.2001, BGHZ 149, 158, 162 = NJW 2002, 1128; RG 14.2.1913, RGZ 81, 332; BayObLG 10.3.1988, NJW-RR 1988, 929; KG 4.8.2005, ZIP 2005, 1553), auch durch Aktionäre nach § 122 (OLG München, 14.5.2018, AG 2018, 581), und die Vertretung der Gesellschaft bei Beschlussmängelstreitigkeiten, soweit nicht vermögensrechtliche Interessen betroffen sind (→ § 246 Rn. 12). Die Kosten dürfen allerdings nicht der Masse zur Last fallen ohne Zustimmung des Insolvenzverwalters (*Thole* ZIP 2018, 1565). Die Hauptversammlung bleibt für Satzungsänderungen zuständig (BGH 26.11.2019, NZG 2020, 223 Rn. 38). In der Eigenverwaltung sind die Befugnisse des Aufsichtsrats und der Hauptversammlung aber beschränkt (§ 276a InsO). Der Vorstand bleibt auch für die Erfüllung aktienrechtlicher und kapitalmarktrechtlicher Meldepflichten verantwortlich (BVerwG 13.4.2005, NJW-RR 2005, 1207). Für Kapitalmaßnahmen verbleibt es ebenfalls bei der Zuständigkeit der Organe der AG, auch der Hauptversammlung, sofern die Maßnahmen nicht in einem Insolvenzplan nach § 225a Abs. 3 InsO enthalten sind. 10

11 **3. Beendigung des Insolvenzverfahrens.** Nach Durchführung des Insolvenzverfahrens ist die AG von Amts wegen zu **löschen,** soweit keine Anhaltspunkte dafür bestehen, dass die Gesellschaft noch Vermögens besitzt (§ 394 Abs. 1 FamFG). Das Insolvenzverfahren ist mit der Schlussverteilung (§ 196 InsO) bzw. Nachtragsverteilung durchgeführt, auf den Aufhebungsbeschluss (§ 200 InsO) kommt es nicht an (Hüffer/Koch/*Koch* Anh. § 262 Rn. 6). Ein Liquidationsüberschuss ist an die Aktionäre zu verteilen (§ 199 S. 2 InsO) und die Gesellschaft wegen Vermögenslosigkeit zu löschen. Stellt sich nachträglich heraus, dass die Gesellschaft noch Vermögen hat, findet eine **Nachtragsverteilung** statt (§ 203 Abs. 1 Nr. 3 InsO); mit der Löschung ist dann zuzuwarten. Nur wenn keine insolvenzrechtliche Nachtragsverteilung angeordnet wird, findet die Abwicklung nach den §§ 264 ff. statt (OLG Hamm 5.5.2011, NZG 2011, 1309), ebenso nach Freigabe eines Vermögensgegenstandes durch den Insolvenzverwalter (Hüffer/Koch/*Koch* Rn. 6).

12 **4. Sanierung und Fortsetzung.** Der Insolvenzverwalter kann das Unternehmen oder Teile aufgrund seiner Verfügungsbefugnis **veräußern.** § 225a Abs. 3 InsO erlaubt dem Insolvenzverwalter darüber hinaus im Rahmen eines Insolvenzplans gesellschaftsrechtliche Maßnahmen ohne Zustimmung der Anteilseigner, auch Satzungsänderungen (BGH 26.11.2019, NZG 2020, 223 Rn. 39). Nach § 217 S. 2 InsO können aber auch die Anteilseigner in den Plan einbezogen werden, etwa bei Kapitalschnitt und -erhöhung zur Sanierung. Außerhalb eines Insolvenzplans gelten die allgemeinen Regeln. Ein Kapitalschnitt (Herabsetzung des verlorenen Kapitals nach §§ 229 ff. und Kapitalerhöhung nach §§ 182 ff. zur Zuführung neuen Eigenkapitals) verlangt dann die **Zustimmung der Hauptversammlung.** Zustimmungspflichten der Aktionäre können sich nur aus der Treuepflicht ergeben (BGH 20.3.1995, BGHZ 129, 136 = NJW 1995, 1739). Außerdem muss die Fortsetzung der Gesellschaft beschlossen werden (§ 274 Abs. 2 Nr. 1). Eine bereits vor Insolvenzeröffnung beschlossene Kapitalerhöhung kann noch durchgeführt werden (BeckOGK/*Bachmann,* 15.1.2020, Rn. 24).

IV. Nachtragsliquidation (Abs. 2)

13 **1. Voraussetzungen.** Die Nachtragsliquidation nach Abs. 2 setzt die Löschung nach § 394 FamFG ohne Liquidation voraus; die Nachtragsliquidation nach § 273 Abs. 4 findet im Gegensatz dazu nach einer Liquidation statt. Beide folgen aber im Wesentlichen denselben Regeln (→ § 273 Rn. 13). Eine Nachtragsliquidation verlangt, dass noch verteilungsfähiges Vermögen vorhanden ist (Abs. 2) oder aus anderen Gründen **Abwicklungsbedarf** entsteht (§ 273 Abs. 4 analog) (MüKoAktG/*J. Koch* Rn. 12; zur GmbH BGH 10.10.1988, BGHZ 105, 259 = NJW 1989, 220). Die Nachtragsverteilung nach § 203 InsO geht vor. Vermögen ist insbesondere vorhanden, wenn die AG noch Ansprüche (vor allem gegen Organe) hat; dass sie Verbindlichkeiten hat, begründet keinen Abwicklungsbedarf (MüKoAktG/*J. Koch* Rn. 11). Ohne Bedeutung ist, ob das Vermögen bei Löschung bekannt oder bereits vorhanden war (OLG Düsseldorf 19.2.2013, ZIP 2013, 877 (878) zu § 273; BeckOGK/*Bachmann,* 15.1.2020, Rn. 32).

14 **2. Nachtragsabwicklung.** Auf Antrag werden durch das Registergericht Liquidatoren bestellt (Abs. 2 S. 2). **Antragsberechtigt** sind Gläubiger, ehemalige Aktionäre und der Vorstand (BeckOGK/*Bachmann,* 15.1.2020, Rn. 33). Eine gesonderte **Entscheidung** zur Anordnung einer Nachtragsliquidation findet nicht statt; das Gericht bestellt Abwickler oder lehnt ihre Bestellung ab. Über die Person der Abwickler entscheidet es nach pflichtgemäßem Ermessen (BGH 23.2.1970, BGHZ 53, 264 = NJW 1970, 1044). Gegen die Entscheidung ist die Beschwerde gegeben (§ 273 Abs. 5; BGH 10.12.2007, NJW-RR 2008, 482 Rn. 9; OLG Schleswig 23.12.1999, NJW-RR 2000, 769; OLG München 7.5.2008, NZG 2008, 555 unter Aufgabe von OLG München 26.7.2005, NJW-RR 2005, 1561). Für die Abwicklung gelten grundsätzlich die §§ 265 ff., wenn größere Restvermögen zu verteilen sind. Bei Einzelmaßnahmen, insbesondere wenn auf Veranlassung eines Gläubigers ein Anspruch geltend gemacht werden soll, ist eine reguläre Abwicklung mit Gläubigeraufruf, Eröffnungsbilanz, Sperrjahr etc nicht notwendig (BeckOGK/*Bachmann,* 15.1.2020, Rn. 34; MüKoAktG/*J. Koch* Rn. 15). In beiden Fällen richtet sich die Vergütung nach § 265 Abs. 4 (OLG Düsseldorf NZG 2019, 1311 Rn. 9). Die gelöschte AG ist zur Abwicklung nicht wieder einzutragen, ebenso wenig die Abwickler selbst. Eine Fortsetzung scheidet aus (→ § 274 Rn. 7).

Abwickler

265

(1) **Die Abwicklung besorgen die Vorstandsmitglieder als Abwickler.**

(2) [1]**Die Satzung oder ein Beschluß der Hauptversammlung kann andere Personen als Abwickler bestellen.** [2]**Für die Auswahl der Abwickler gilt § 76 Abs. 3 Satz 2 und 3 sinngemäß.** [3]**Auch eine juristische Person kann Abwickler sein.**

(3) **[1] Auf Antrag des Aufsichtsrats oder einer Minderheit von Aktionären, deren Anteile zusammen den zwanzigsten Teil des Grundkapitals oder den anteiligen Betrag von 500 000 Euro erreichen, hat das Gericht bei Vorliegen eines wichtigen Grundes die Abwickler zu bestellen und abzuberufen. [2] Die Aktionäre haben glaubhaft zu machen, daß sie seit mindestens drei Monaten Inhaber der Aktien sind. [3] Zur Glaubhaftmachung genügt eine eidesstattliche Versicherung vor einem Gericht oder Notar. [4] Gegen die Entscheidung ist die Beschwerde zulässig.**

(4) **[1] Die gerichtlich bestellten Abwickler haben Anspruch auf Ersatz angemessener barer Auslagen und auf Vergütung für ihre Tätigkeit. [2] Einigen sich der gerichtlich bestellte Abwickler und die Gesellschaft nicht, so setzt das Gericht die Auslagen und die Vergütung fest. [3] Gegen die Entscheidung ist die Beschwerde zulässig; die Rechtsbeschwerde ist ausgeschlossen. [4] Aus der rechtskräftigen Entscheidung findet die Zwangsvollstreckung nach der Zivilprozeßordnung statt.**

(5) **[1] Abwickler, die nicht vom Gericht bestellt sind, kann die Hauptversammlung jederzeit abberufen. [2] Für die Ansprüche aus dem Anstellungsvertrag gelten die allgemeinen Vorschriften.**

(6) **Die Absätze 2 bis 5 gelten nicht für den Arbeitsdirektor, soweit sich seine Bestellung und Abberufung nach den Vorschriften des Montan-Mitbestimmungsgesetzes bestimmen.**

Übersicht

I. Allgemeines

Die Vorschrift regelt die **Bestellung, Abberufung und Vergütung** der Abwickler. Mit den Vorstandsmitgliedern als geborenen Abwicklern sichert die Vorschrift die Handlungsfähigkeit der AG. Die gerichtliche Bestellung nach Abs. 3 schützt die Aktionärsminderheit. Die Abwickler sind ein eigenes Organ der Gesellschaft, doch können Lücken grundsätzlich mit der entsprechenden Anwendung von Vorschriften über den Vorstand geschlossen werden, hilfsweise mit den Vorschriften anderer Gesetze über die Abwickler (§ 66 GmbHG, §§ 146 f. HGB, § 48 Abs. 1 BGB) (BeckOGK/*Bachmann,* 15.1.2020, Rn. 3). Die Vorschrift gilt für die Vor-AG entsprechend (BGH 23.10.2006, BGHZ 169, 270 = NJW 2007, 589). 1

II. Bestellung und Abberufung

1. Geborene Abwickler. Abwickler sind, solange keine andere Bestimmung getroffen wird, **kraft Gesetzes** die zum Zeitpunkt der Auflösung amtierenden **Vorstandsmitglieder.** Ob der Vorstand der in § 76 Abs. 2 vorausgesetzten Zahl entspricht, ist ohne Bedeutung (MüKoAktG/*J. Koch* Rn. 5). Die Abwickler bleiben im Amt, bis die Abwicklung beendet ist (§ 273 Abs. 1). 2

2. Gekorene Abwickler. a) Satzung. Die Hauptversammlung kann in der Satzung **andere Abwickler** bestimmen. Die Bestimmung kann sich darauf beschränken, Vorstandsmitglieder von der Abwicklung auszuschließen. Wenn alle Vorstandsmitglieder ausgeschlossen werden, muss zugleich eine positive Bestimmung getroffen werden. Die Satzung muss selbst den Abwickler bestimmen, Bestimmbarkeit durch Dritte genügt nicht (MüKoAktG/*J. Koch* Rn. 9; aA BeckOGK/*Bachmann,* 15.1.2020, Rn. 11). Die Bestimmung kann nicht Dritten (dem Aufsichtsrat, einem Behördenleiter, dem Registergericht) übertragen werden (RG 3.7.1934, RGZ 145, 99; MüKoAktG/*J. Koch* Rn. 9; aA BeckOGK/*Bachmann,* 15.1.2020, Rn. 11). Für den Arbeitsdirektor nach dem MitbestErgG bzw. MitbestG gelten Abs. 1–5, der Arbeitsdirektor nach dem Montan-Mitbestimmungsgesetz steht nicht zur Disposition (Abs. 6). 3

b) Beschluss der Hauptversammlung. Die Hauptversammlung kann jederzeit mit einfacher Mehrheit geborene oder durch Satzung gekorene Abwickler bestimmen und auswechseln (Abs. 2, Abs. 5 4

S. 1), auch im Zusammenhang mit dem Auflösungsbeschluss. Sie kann sich dabei auch mit einfacher Mehrheit über Satzungsvorgaben hinwegsetzen (Spindler/Stilz/*Bachmann* Rn. 9). Der Beschluss unterliegt wie andere Beschlüsse der Anfechtung, die Eintragung von durch die Hauptversammlung bestellten Abwicklern kann durch einstweilige Verfügung untersagt werden (OLG Frankfurt a. M. 16.2.2004, NZG 2004, 526). Gerichtlich bestellte Abwickler können von der Hauptversammlung nicht abberufen oder ausgewechselt werden (Abs. 5 S. 1). Auch der Arbeitsdirektor nach dem Montan-Mitbestimmungsgesetz kann nicht von der Hauptversammlung ausgetauscht werden (Abs. 6).

5 **c) Gericht.** Das Gericht kann Abwickler bestellen und geborene oder gekorene Liquidatoren abberufen. Voraussetzung ist ein **Antrag** des **Aufsichtsrats** oder einer qualifizierten **Aktionärsminderheit.** Ein von allen Aufsichtsratsmitgliedern unterzeichneter Beschluss genügt (§ 108 Abs. 4) (BeckOGK/*Bachmann,* 15.1.2020, Rn. 15; MüKoAktG/*J. Koch* Rn. 14). Der Schwellenwert für den Antrag der Aktionärsminderheit von Abs. 3 S. 1 kann durch die Satzung weiter herabgesetzt werden (BeckOGK/*Bachmann,* 15.1.2020, Rn. 14). Die Mindesthaltezeit von drei Monaten muss glaubhaft gemacht werden. Wenn ansonsten die AG vertretungslos wäre, genügt entsprechend § 85 Abs. 1 ausnahmsweise die Anregung eines Aktionärs oder Gläubigers (BeckOGK/*Bachmann,* 15.1.2020, Rn. 15; MüKoAktG/*J. Koch* Rn. 30; aA KK-AktG/*Winnen* Rn. 28). Die Bestellung oder Abberufung setzt einen **wichtigen Grund** voraus. Er liegt vor, wenn dauerhaft Abwickler fehlen oder die Amtsführung durch die bisherige Liquidation den Gläubigern oder den Aktionären unzumutbar ist. Die Unzumutbarkeit muss nicht verschuldet sein. Sie kommt bei Unfähigkeit, grober Pflichtverletzung oder Zerstörung des Vertrauensverhältnisses in Betracht (→ GmbHG § 66 Rn. 29). Die Satzung kann die Unzumutbarkeit näher bestimmen (RG 3.7.1934, RGZ 145, 99). Gegebenenfalls ist trotz des damit verbundenen Zeitverlustes die Entscheidung einer Hauptversammlung abzuwarten.

6 Das **Verfahren** richtet sich nach §§ 375 ff. FamFG. Die AG ist, vertreten durch die bisherigen Abwickler oder den Vorstand, zu beteiligen. Bei der Auswahl der Abwickler ist das Gericht frei. Der vom Gericht in Erwägung gezogene Abwickler kann die Übernahme des Amtes ablehnen (BayObLG 12.6.1996, NJW-RR 1997, 419). Gegen die Entscheidung ist nach § 402 Abs. 1 FamFG die befristete Beschwerde möglich. Beschwerdebefugt sind die AG bzw. bei Ablehnung die Antragsteller (§ 59 Abs. 2 FamFG), dagegen nicht jeder Aktionär (MüKoAktG/*J. Koch* Rn. 25). Eine Entscheidung durch einstweilige Anordnung ist nach § 49 Abs. 1 FamFG möglich (BeckOGK/*Bachmann,* 15.1.2020, Rn. 16; MüKoAktG/*J. Koch* Rn. 26).

7 **3. Bestellungshindernisse.** Vorstandsmitglieder und über Abs. 2 S. 2 auch andere Personen können nur bestellt werden, wenn sie den Anforderungen des § 76 Abs. 3 S. 2 und 3 entsprechen. Der Abwickler darf auch nicht in der Geschäftsfähigkeit beschränkt sein oder unter Betreuung stehen (§ 76 Abs. 3 S. 1). Auch der Aufsichtsrat kann nicht Abwickler sein (§ 264 Abs. 3 iVm § 105) (BeckOGK/*Bachmann,* 15.1.2020, Rn. 4; KK-AktG/*Winnen* Rn. 19). Eine **juristische Person** darf Abwickler sein (Abs. 2 S. 3), auch **Personengesellschaften** wie OHG oder KG (MüKoAktG/*J. Koch* Rn. 11; BeckOGK/*Bachmann,* 15.1.2020, Rn. 7; aA KK-AktG/*Winnen* Rn. 23), sodass auch eine Wirtschaftsprüfungsgesellschaft oder eine Rechtsanwaltsgesellschaft in Betracht kommen. Ein Grund, BGB-Gesellschaften auszunehmen, besteht nicht (MüKoAktG/*J. Koch* Rn. 11; aA BeckOGK/*Bachmann,* 15.1.2020, Rn. 7). Fachliche Qualifikationen verlangt das Gesetz nicht; darauf zu achten ist Sache der Besteller.

8 **4. Annahme und Niederlegung.** Außer beim Vorstand ist die Annahme des Amts durch den Abwickler notwendig. Eine **ausdrückliche Annahmeerklärung** ist nicht notwendig (BeckOGK/*Bachmann,* 15.1.2020, Rn. 19; MüKoAktG/*J. Koch* Rn. 12), im unterlassenen Widerspruch nach Mitteilung liegt die Annahme. Der Abwickler darf sein Amt jederzeit niederlegen, aber nicht zur Unzeit oder rechtsmissbräuchlich (BeckOGK/*Bachmann,* 15.1.2020, Rn. 20; MüKoAktG/*J. Koch* Rn. 36). Die Erklärung muss gegenüber der Gesellschaft, vertreten durch den Aufsichtsrat, abgegeben werden (MüKoAktG/*J. Koch* Rn. 36), nach gerichtlicher Bestellung gegenüber dem Gericht.

III. Vergütung

9 **1. Vorstandsmitglieder.** Sie erhalten keine gesonderte Vergütung, vielmehr bleiben die Bestimmungen ihres Anstellungsvertrages weiter gültig. Die Auflösung berechtigt nicht zur Kündigung, doch kann sie etwa bei Masselosigkeit Anlass für eine Vergütungsanpassung sein (§ 87 Abs. 2) (BeckOGK/*Bachmann,* 15.1.2020, Rn. 21; MüKoAktG/*J. Koch* Rn. 7). Für die Kündigung des Anstellungsvertrags bleibt der Aufsichtsrat zuständig, der aber eine Abberufungsentscheidung der Hauptversammlung nicht vorwegnehmen darf (BGH 2.3.2009, NZG 2009, 664 Rn. 3).

10 **2. Gekorene Abwickler.** Die von der Hauptversammlung oder durch Satzung bestellten Abwickler, die nicht Vorstand sind, erhalten eine vertraglich vereinbarte, ansonsten die **übliche Vergütung** (§ 612 BGB). Zuständig für den Abschluss des Dienstvertrags und seine Kündigung ist der Aufsichtsrat (MüKoAktG/*J. Koch* Rn. 33; einschränkend BeckOGK/*Bachmann,* 15.1.2020, Rn. 22), der aber die

Abberufungsentscheidung der Hauptversammlung mit einer Kündigung nicht vorwegnehmen darf (BGH 2.3.2009, NZG 2009, 664 Rn. 3).

11 Der **vom Gericht bestellte Abwickler** hat nach Abs. 4 S. 1 einen Anspruch auf **Auslagenersatz und Vergütung.** Er muss zunächst eine Einigung mit der AG versuchen, die vom Aufsichtsrat vertreten wird (BeckOGK/*Bachmann,* 15.1.2020, Rn. 25; MüKoAktG/*J. Koch* Rn. 28). Das Gericht entscheidet im Verfahren nach § 375 FamFG nur, wenn keine Einigung erzielt wird. Für die Vergütungshöhe ist bei Abwicklern auf die Maßstäbe des § 87 Abs. 1 zurückzugreifen (BGH 13.6.1996, BGHZ 133, 90 = NJW 1996, 2499). Bei einem Nachtragsabwickler einer wegen Vermögenslosigkeit gelöschten Gesellschaft kann sich das Gericht dagegen an der Regelvergütung nach § 2 InsVV orientieren (OLG Düsseldorf NZG 2019, 1311 Rn. 13). Gegen die Entscheidung des Gerichts findet die befristete Beschwerde nach § 63 Abs. 1 FamFG, aber keine Rechtsbeschwerde statt (Abs. 4 S. 3 und 4). Beschwerdebefugt sind der Abwickler und die AG, vertreten durch ihren Aufsichtsrat. Die rechtskräftige Entscheidung ist nach Abs. 4 S. 5 Vollstreckungstitel nach § 794 Abs. 1 Nr. 3 ZPO gegen die AG. Die Vergütung zahlt nicht das Gericht, das auch nicht von Amts wegen vollstreckt. Es kann die Bestellung der Abwickler von einem Vorschuss der Antragsteller oder der AG abhängig machen (BeckOGK/*Bachmann,* 15.1.2020, Rn. 25; MüKoAktG/*J. Koch* Rn. 29).

Anmeldung der Abwickler

266 (1) **Die ersten Abwickler sowie ihre Vertretungsbefugnis hat der Vorstand, jeden Wechsel der Abwickler und jede Änderung ihrer Vertretungsbefugnis haben die Abwickler zur Eintragung in das Handelsregister anzumelden.**

(2) **Der Anmeldung sind die Urkunden über die Bestellung oder Abberufung sowie über die Vertretungsbefugnis in Urschrift oder öffentlich beglaubigter Abschrift beizufügen.**

(3) [1] **In der Anmeldung haben die Abwickler zu versichern, daß keine Umstände vorliegen, die ihrer Bestellung nach § 265 Abs. 2 Satz 2 entgegenstehen, und daß sie über ihre unbeschränkte Auskunftspflicht gegenüber dem Gericht belehrt worden sind.** [2] **§ 37 Abs. 2 Satz 2 ist anzuwenden.**

(4) **Die Bestellung oder Abberufung von Abwicklern durch das Gericht wird von Amts wegen eingetragen.**

I. Allgemeines

1 § 266 dient mit der Publizität der Vertretungsverhältnisse dem **Verkehrsschutz.** Die Vorschrift ähnelt § 67 GmbHG und entspricht inhaltlich § 81. Die Eintragung der Abwickler hat deklaratorische Bedeutung (BeckOGK/*Bachmann,* 15.1.2020, Rn. 14; MüKoAktG/*J. Koch* Rn. 9) und wirkt nicht konstitutiv. Gemäß § 15 Abs. 2 HGB können aber Dritte nicht einwenden, von einer eingetragenen Änderung der Vertretungsbefugnis keine Kenntnis zu haben.

II. Anmeldung der Abwickler

2 Anzumelden sind die **Abwickler** (Vorname, Familienname, Geburtsdatum und Wohnort bzw. Firma, Rechtsform, Vertretung und Sitz) und ihre **Vertretungsbefugnis** (§ 269). Auch wenn Vorstandsmitglieder Abwickler werden, sind sie als solche anzumelden. Eine von der Hauptversammlung bestimmte Person muss angemeldet werden, sobald der Beschluss bestandskräftig ist, nicht bei gegenläufiger einstweiliger Verfügung (OLG Frankfurt a. M. 16.2.2004, NZG 2004, 526). Zur Anmeldung verpflichtet ist der Vorstand; spätere Veränderungen – auch der Vertretungsbefugnis – sind von den bisherigen Abwicklern anzumelden. Ein Abwickler kann auch selbst sein Ausscheiden anmelden (BeckOGK/*Bachmann,* 15.1.2020, Rn. 8; aA MüKoAktG/*J. Koch* Rn. 7). Beizufügen sind die in Abs. 2 genannten Urkunden, bei anderen Ereignissen – Namenswechsel – auch die zu deren Nachweis erforderlichen Urkunden. Die Beifügung von Urkunden erübrigt sich, wenn die Urkunden – zB Satzung, Beschlussprotokoll – dem Gericht bereits vorliegen. Die Anmeldung kann nach § 14 HGB durch Zwangsgeld erzwungen werden. Gerichtlich bestellte Abwickler werden von Amts wegen eingetragen und müssen nicht von den seitherigen Abwicklern angemeldet werden. Das Gericht hat dann auch das Ausscheiden der seitherigen Abwickler von Amts wegen einzutragen.

III. Versicherung

3 Die Abwickler müssen erklären, dass kein Bestellungshindernis vorliegt und dass sie über ihre unbeschränkte Auskunftspflicht belehrt sind. Das entspricht § 37 Abs. 2 S. 1 (→ § 37 Rn. 6).

Aufruf der Gläubiger

267 [1]**Die Abwickler haben unter Hinweis auf die Auflösung der Gesellschaft die Gläubiger der Gesellschaft aufzufordern, ihre Ansprüche anzumelden.** [2]**Die Aufforderung ist in den Gesellschaftsblättern bekanntzumachen.**

I. Allgemeines

1 Der Gläubigeraufruf dient dem **Verkehrsschutz** und steht im Zusammenhang mit dem Sperrjahr nach § 272. Die Verpflichtung der Abwickler zum Gläubigeraufruf besteht gegenüber der AG, nicht gegenüber den Gläubigern (MüKoAktG/*J. Koch* Rn. 4; aA BeckOGK/*Bachmann,* 15.1.2020, Rn. 2). Der Aufruf soll entbehrlich sein, wenn die AG kein Vermögen mehr hat (BeckOGK/*Bachmann,* 15.1.2020, Rn. 2; MüKoAktG/*J. Koch* Rn. 1; aA Scholz/*K. Schmidt* GmbHG § 65 Rn. 12 zur GmbH). § 65 Abs. 2 GmbHG enthält eine Parallelvorschrift.

II. Aufruf

2 Zur Anspruchsanmeldung ist **unverzüglich nach** der **Auflösung** aufzufordern, auch wenn § 267 im Gegensatz zu § 65 Abs. 2 GmbHG keine Zeit vorgibt. Die Eintragung und Bekanntmachung der Auflösung müssen nicht, dürfen aber abgewartet werden (BeckOGK/*Bachmann,* 15.1.2020, Rn. 5; MüKoAktG/*J. Koch* Rn. 5; aA Bürgers/Körber/*Füller* Rn. 3). Der Aufruf muss von den Abwicklern ausgehen; sie selbst müssen aber nicht genannt werden (BeckOGK/*Bachmann,* 15.1.2020, Rn. 4; MüKoAktG/*J. Koch* Rn. 3). Inhaltlich muss er die Auflösung mitteilen und zur Anmeldung von Ansprüchen auffordern. Der Auflösungszeitpunkt und der Auflösungsgrund müssen nicht angegeben werden (BeckOGK/*Bachmann,* 15.1.2020, Rn. 3; MüKoAktG/*J. Koch* Rn. 3).

3 Die Aufforderung ist in den Gesellschaftsblättern (§ 25) **bekannt zu machen.** Einzelne Gläubiger müssen nicht gesondert benachrichtigt werden, ihre Benachrichtigung ersetzt den Aufruf nicht (MüKoAktG/*J. Koch* Rn. 4).

III. Rechtsfolgen

4 Der Aufruf setzt den **Lauf des Sperrjahres** nach § 272 Abs. 1 in Gang. Erzwungen werden muss und kann er vom Registergericht nicht (Hüffer/Koch/*Koch* Rn. 1); vielmehr verzögert sich der Zeitpunkt der Vermögensverteilung an die Aktionäre. Diese können daher ggf. Schadensersatzansprüche gegen die Abwickler geltend machen; ebenso nach § 93 Abs. 3 Nr. 5 die AG (MüKoAktG/*J. Koch* Rn. 8; aA BeckOGK/*Bachmann,* 15.1.2020, Rn. 8).

5 **Aufgebotswirkung** hat der Aufruf nicht, sodass Gläubiger nicht mangels einer Anmeldung mit ihren Forderungen ausgeschlossen werden und ihre Forderungen auch ohne Anmeldung zu berücksichtigen sind. Wenn die Gläubiger der AG bekannt waren, aber nicht befriedigt werden, kommen Ersatzansprüche oder Rückzahlungsansprüche des Gläubigers gegen die Abwickler oder die Aktionäre in Betracht (BGH 13.3.2018, BGHZ 218, 80 = NZG 2018, 625 Rn. 30 ff. zur GmbH; BeckOGK/*Bachmann,* 15.1.2020, Rn. 10). Die Forderungen unbekannter Gläubiger werden aber jedenfalls faktisch mit der Vollbeendigung wertlos (→ § 273 Rn. 6).

Pflichten der Abwickler

268 (1) [1]**Die Abwickler haben die laufenden Geschäfte zu beenden, die Forderungen einzuziehen, das übrige Vermögen in Geld umzusetzen und die Gläubiger zu befriedigen.** [2]**Soweit es die Abwicklung erfordert, dürfen sie auch neue Geschäfte eingehen.**

(2) [1]**Im übrigen haben die Abwickler innerhalb ihres Geschäftskreises die Rechte und Pflichten des Vorstands.** [2]**Sie unterliegen wie dieser der Überwachung durch den Aufsichtsrat.**

(3) **Das Wettbewerbsverbot des § 88 gilt für sie nicht.**

(4) [1]**Auf allen Geschäftsbriefen, die an einen bestimmten Empfänger gerichtet werden, müssen die Rechtsform und der Sitz der Gesellschaft, die Tatsache, daß die Gesellschaft sich in Abwicklung befindet, das Registergericht des Sitzes der Gesellschaft und die Nummer, unter der die Gesellschaft in das Handelsregister eingetragen ist, sowie alle Abwickler und der Vorsitzende des Aufsichtsrats mit dem Familiennamen und mindestens einem ausgeschriebenen Vornamen angegeben werden.** [2]**Werden Angaben über das Kapital der Gesellschaft gemacht, so müssen in jedem Falle das Grundkapital sowie, wenn auf die Aktien der Ausgabebetrag nicht vollständig eingezahlt ist, der Gesamtbetrag der ausstehenden Einlagen angegeben werden.** [3]**Der Angaben nach Satz 1 bedarf es nicht bei Mitteilungen oder Berichten, die im Rahmen einer bestehenden Geschäftsverbindung ergehen und für die üblicher-**

weise Vordrucke verwendet werden, in denen lediglich die im Einzelfall erforderlichen besonderen Angaben eingefügt zu werden brauchen. [4]Bestellscheine gelten als Geschäftsbriefe im Sinne des Satzes 1; Satz 3 ist auf sie nicht anzuwenden.

I. Allgemeines

Die Vorschrift regelt **Befugnisse und Pflichten der Abwickler.** Abs. 1 legt ihre Tätigkeit auf den Liquidationszweck fest, während Abs. 2 ihnen iÜ die Organstellung des Vorstandes und damit der Geschäftsleitung zuweist. Abs. 4 wiederholt im wesentlichen § 80. Bei der GmbH sind die entsprechenden Vorschriften auf §§ 70, 71 Abs. 4 und 5 GmbHG verteilt. 1

II. Abwicklungsaufgabe

1. Abwicklungsermessen. Abs. 1 geht davon aus, dass die AG durch **Zerschlagung** abgewickelt wird. Anstelle der Zerschlagung dürfen die Abwickler durch Veräußerung des Unternehmens oder von Teilen abwickeln, um im Interesse der Gläubiger wie auch der Aktionäre einen maximalen Erlös zu erzielen (vgl. BGH 1.2.1988, BGHZ 103, 184 (192) = NJW 1988, 1579). Insoweit haben die Abwickler ein unternehmerisches **Ermessen,** auch im zeitlichen Ablauf (MüKoAktG/*J. Koch* Rn. 3). Von der in Abs. 1 vorgeschriebenen Umsetzung in Geld und Verteilung des Überschusses kann nur eingeschränkt durch die Satzung oder Mehrheitsbeschluss abgewichen werden (→ § 271 Rn. 7). Ein bei der werbenden AG bestehendes Zustimmungserfordernis der Hauptversammlung, wie es insbesondere im Fall der Veräußerung des gesamten Gesellschaftsvermögens nach § 179a oder in Holzmüller/Gelatine-Fällen besteht, entfällt bei der aufgelösten Gesellschaft nicht (zur Liquidation der LPG BGH 19.6.2012, NZG 2012, 1189 Rn. 24; BGH 28.11.2008, ZIP 2009, 264 Rn. 35 ff.; BGH 20.9.2004, ZIP 2004, 2186; BeckOGK/*Bachmann,* 15.1.2020, Rn. 12; MüKoAktG/*J. Koch* Rn. 14). Ein Zustimmungserfordernis besteht auch für Maßnahmen, die der Fortsetzung gleichkommen (arg. e. § 274 Abs. 1), dagegen nicht für die Verpflichtung zur Veräußerung der Firma (BeckOGK/*Bachmann,* 15.1.2020, Rn. 12; MüKoAktG/*J. Koch* Rn. 9) oder über § 179a hinaus für die Veräußerung des Unternehmens an eine einem Gesellschafter nahestehende Person oder Gesellschaft (MüKoAktG/*J. Koch* Rn. 6; aA BeckOGK/*Bachmann,* 15.1.2020, Rn. 13). 2

2. Abwicklung durch Zerschlagung. Die Abwickler haben die laufenden Geschäfte zu beenden. Dazu sind **Dauerschuldverhältnisse** aufzulösen, Verträge abzuwickeln, Verhandlungen abzuschließen und **Verfahren** zu Ende zu führen. Forderungen sind, wie Abs. 1 ausdrücklich hervorhebt, einzuziehen, was aber auch durch Forderungsverkauf geschehen kann (BeckOGK/*Bachmann,* 15.1.2020, Rn. 5; MüKoAktG/*J. Koch* Rn. 17). Zur Befriedigung der Gläubiger noch nicht fälliger Forderungen kommen **Hinterlegung oder Sicherheitsleistung** in Frage (§ 272 Abs. 2 und 3). Nach der Befriedigung aller Gläubiger verbliebenes Vermögen ist in Geld umzusetzen, wenn nicht statt der Verteilung von Geld eine Teilung in Natur zulässig ist (→ § 271 Rn. 7). Die Befugnis, neue Geschäfte einzugehen, ist nicht auf Geschäfte beschränkt, die notwendig sind, vorhandene Vermögensgegenstände zu Geld zu machen, sondern ermöglicht es den Abwicklern auch, die werbende Tätigkeit mit Blick auf eine optimale Verwertung vorläufig fortzusetzen (BeckOGK/*Bachmann,* 15.1.2020, Rn. 8). 3

3. Abwicklung durch Unternehmensveräußerung. Zur Abwicklung kann auch das Unternehmen ganz oder teilweise durch Veräußerung in Geld umgesetzt werden (→ Rn. 2). Zu diesem Zweck sind Strukturmaßnahmen (Spaltung, Formwechsel, Verschmelzung) möglich und gehört auch die Errichtung neuer Gesellschaften zur Vorbereitung einer Unternehmensveräußerung (MüKoAktG/*J. Koch* Rn. 10). 4

III. Stellung der Abwickler

1. Verhältnis zum Vorstand. Die Abwickler treten an die **Stelle des Vorstands** und haben dessen Rechte und Pflichten (Abs. 2). Wer als Vorstand nicht Abwickler wird, ist ohne Funktion; das kann die Kündigung seines Dienstvertrages rechtfertigen. §§ 76 ff. sind anwendbar, soweit §§ 264 ff. keine speziellen Regelungen enthalten wie in § 265 (zu § 76 Abs. 1, §§ 84, 85; → § 265 Rn. 3 ff.), § 266 (zu § 81; → § 266 Rn. 2), § 268 Abs. 3 und 4 (zu §§ 80, 88; → Rn. 9 f.) und § 269 (zu §§ 78, 79, 82 Abs. 1). Dagegen sind auch auf die Abwickler anwendbar: § 77 (Geschäftsführung), wobei Beschränkungen, denen der Vorstand unterlag (§ 82 Abs. 2, § 111 Abs. 4 S. 2), nicht ohne weiteres auch die Abwickler erfassen (MüKoAktG/*J. Koch* Rn. 26); § 83 (Vorbereitung der Hauptversammlung); § 87 (Vergütung), §§ 89–91; 92 Abs. 1 (Einberufungspflicht bei Verlust, BeckOGK/*Bachmann,* 15.1.2020, Rn. 18; MüKoAktG/*J. Koch* Rn. 26); § 92 Abs. 2 (Zahlungsverbot, s. § 401 Abs. 1 Nr. 2, vgl. BGH 28.2.2012, NJW-RR 2012, 813 Rn. 9), § 93 Abs. 1 S. 3 (Geheimhaltungspflicht, s. § 404 Abs. 1 Nr. 1); § 246 (Vertretung im Anfechtungsprozess, → § 246 Rn. 14). Eine Übertragung der Aufgaben als Abwickler auf Dritte ist nicht statthaft (MüKoAktG/*J. Koch* Rn. 25). 5

6 Die Abwickler **haften** nach § 93 Abs. 2–6 wie ein Vorstand gegenüber der Gesellschaft (BGH 28.2.2012, NJW-RR 2012, 813 Rn. 9) und nach § 93 Abs. 5 gegenüber Gläubigern; ein Anspruchsverzicht soll schon vor Ablauf der Drei-Jahresfrist in § 93 Abs. 4 S. 3 möglich sein (MüKoAktG/*J. Koch* Rn. 27). Der Aufsichtsrat kann nicht nach § 93 Abs. 4 S. 2 durch Billigung die Haftung ausschließen. Gegenüber Gläubigern kommt dagegen keine Haftung nach § 823 Abs. 2 BGB iVm §§ 267, 272 in Frage (BGH 13.3.2018, BGHZ 218, 80 = NZG 2018, 625 Rn. 15 zur GmbH; aA BeckOGK/*Bachmann,* 15.1.2020, Rn. 23; zweifelnd MüKoAktG/*J. Koch* § 272 Rn. 34), uU aber aus § 826 BGB wegen eines sittenwidrigen Eingriffs in das im Interesse der Gläubiger zweckgebundene Gesellschaftsvermögen (BGH 9.2.2009, BGHZ 179, 344 = NJW 2009, 2127 zur GmbH).

7 **2. Verhältnis zum Aufsichtsrat.** Der Aufsichtsrat bleibt bestehen, er verliert aber seine Bestellungs- und Abberufungskompetenz (→ § 265 Rn. 3 ff.), nicht aber die **Vertretungskompetenz** nach § 112 gegenüber den Abwicklern (→ § 265 Rn. 10; MüKoAktG/*J. Koch* § 269 Rn. 9; diff. BeckOGK/*Bachmann,* 15.1.2020, Rn. 20). Seine **Überwachungskompetenz** bleibt. Der Aufsichtsrat bleibt im Beschlussmängelstreit neben den Abwicklern zur Vertretung der AG befugt (→ § 246 Rn. 14).

8 **3. Verhältnis zur Hauptversammlung.** Die Zuständigkeit der Hauptversammlung, insbesondere für Strukturmaßnahmen, bleibt (→ Rn. 2). Weitere Befugnisse hat die Hauptversammlung nur, wo sie im Gesetz vorgesehen sind (§ 265 Abs. 2, § 270 Abs. 2, 274 Abs. 1). Sie kann insbesondere nicht darüber hinaus den Abwicklern Weisungen erteilen (MüKoAktG/*J. Koch* Rn. 29).

IV. Wettbewerbsverbot

9 Nach Abs. 3 unterliegen die Abwickler **keinem Wettbewerbsverbot.** Das vereinbarte Wettbewerbsverbot des Vorstandsmitglieds setzt sich außer bei ausdrücklicher Vereinbarung nicht fort, wenn er Abwickler wird (MüKoAktG/*J. Koch* Rn. 31; aA Bürgers/Körber/*Füller* Rn. 10). Ein Wettbewerbsverbot im Anstellungsvertrag des gekorenen Abwicklers ist möglich.

V. Angaben auf Geschäftsbriefen

10 Abs. 4 wiederholt im wesentlichen § 80 (s. dazu § 80). Der Firma ist der Zusatz „i. L." oder „i. A." (für „in Abwicklung") hinzuzufügen; statt der Vorstandsmitglieder sind die Abwickler aufzulisten.

Vertretung durch die Abwickler

269

(1) **Die Abwickler vertreten die Gesellschaft gerichtlich und außergerichtlich.**

(2) [1] **Sind mehrere Abwickler bestellt, so sind, wenn die Satzung oder die sonst zuständige Stelle nichts anderes bestimmt, sämtliche Abwickler nur gemeinschaftlich zur Vertretung der Gesellschaft befugt.** [2] **Ist eine Willenserklärung gegenüber der Gesellschaft abzugeben, so genügt die Abgabe gegenüber einem Abwickler.**

(3) [1] **Die Satzung oder die sonst zuständige Stelle kann auch bestimmen, daß einzelne Abwickler allein oder in Gemeinschaft mit einem Prokuristen zur Vertretung der Gesellschaft befugt sind.** [2] **Dasselbe kann der Aufsichtsrat bestimmen, wenn die Satzung oder ein Beschluß der Hauptversammlung ihn hierzu ermächtigt hat.** [3] **Absatz 2 Satz 2 gilt in diesen Fällen sinngemäß.**

(4) [1] **Zur Gesamtvertretung befugte Abwickler können einzelne von ihnen zur Vornahme bestimmter Geschäfte oder bestimmter Arten von Geschäften ermächtigen.** [2] **Dies gilt sinngemäß, wenn ein einzelner Abwickler in Gemeinschaft mit einem Prokuristen zur Vertretung der Gesellschaft befugt ist.**

(5) **Die Vertretungsbefugnis der Abwickler kann nicht beschränkt werden.**

(6) **Abwickler zeichnen für die Gesellschaft, indem sie der Firma einen die Abwicklung andeutenden Zusatz und ihre Namensunterschrift hinzufügen.**

I. Allgemeines

1 Die Norm regelt die **Vertretungsmacht der Abwickler** und entspricht insoweit § 78 Abs. 1–4, §§ 79, 82 Abs. 1, Damit wird die Handlungsfähigkeit der Gesellschaft sichergestellt, durch die unbeschränkte und unbeschränkbare Vertretungsmacht wird der Rechtsverkehr geschützt.

II. Vertretungsmacht (Abs. 1)

2 Wegen der wörtlichen Übereinstimmung kann zur Vertretungsmacht auf die Kommentierung zu § 78 (→ § 78 Rn. 1 ff.) verwiesen werden. Die Beschränkung nach § 181 BGB gilt auch für Abwickler; eine

den Vorstandsmitgliedern erteilte Befreiung setzt sich in der Abwicklung nicht fort, es sei denn, die Satzung bestimmt etwas anderes (MüKoAktG/*J. Koch* Rn. 11; aA BeckOGK/*Bachmann,* 15.1.2020, Rn. 6). Gegenüber den Abwicklern selbst wird die Gesellschaft durch den Aufsichtsrat vertreten (§ 112). Gegenüber ausgeschiedenen Vorstandsmitgliedern vertritt weiter der Aufsichtsrat die AG (BeckOGK/*Bachmann,* 15.1.2020, Rn. 7; aA OLG Brandenburg 24.10.2001, NZG 2002, 1024; OLG Köln 12.6.2002, NZG 2002, 1062).

Die **rechtsgeschäftliche Vertretung** ist auch in der Abwicklung möglich (BGH 9.11.2004, NJW-RR 2005, 268). Bestehende Vollmachten werden durch die Auflösung nicht beendet, die Neuerteilung ist möglich. Das gilt auch für die Prokura und Handlungsvollmachten nach § 54 HGB. 3

III. Ausgestaltung

Grundsätzlich besteht **Gesamtvertretung** wie nach § 78 Abs. 2. Die Abgabe einer Willenserklärung gegenüber einem Abwickler genügt jedoch (Abs. 2 S. 2), ebenso die Zustellung an einen (§ 170 Abs. 3 ZPO). Die Gesamtvertretung wird durch das Ausscheiden des vorletzten Abwicklers nicht zur Einzelvertretungsmacht (BGH 8.2.1993, BGHZ 121, 263 = NJW 1993, 1654). Abweichungen von der Gesamtvertretung können in der Satzung vorgesehen werden, etwa Einzelvertretung oder unechte Gesamtvertretung (Abs. 3), oder von der Hauptversammlung bzw. vom Gericht getroffen werden, wenn es nach § 265 Abs. 3 die Abwickler bestimmt (MüKoAktG/*J. Koch* Rn. 18). Wenn die Satzung für den Vorstand eine von der Gesamtvertretung abweichende Regelung vorsieht, setzt sich diese bei den Abwicklern nicht automatisch fort, auch nicht beim Vorstand als geborenen Abwicklern (BGH 27.10.2008, NZG 2009, 72 zur GmbH; MüKoAktG/*J. Koch* Rn. 17; aA BeckOGK/*Bachmann,* 15.1.2020, Rn. 11). Eine Einzelermächtigung nach Abs. 4 ist wie in § 78 Abs. 4 möglich. 4

IV. Unbeschränkbarkeit

Die Vertretungsmacht ist durch den Abwicklungszweck nicht beschränkt und kann auch nicht durch die Satzung oder einen Hauptversammlungsbeschluss beschränkt werden (Abs. 5). Beschränkungen aus dem Innenverhältnis haben im Außenverhältnis keine Wirkung. Grenzen zieht nur der **Missbrauch** der Vertretungsmacht, bei kollusivem Zusammenwirken oder Evidenz des Missbrauchs (MüKoAktG/*J. Koch* Rn. 10). Ein Geschäftspartner muss auch bei Kenntnis von der Auflösung nicht nachforschen. 5

V. Zeichnung

Abs. 5 entspricht § 79 (iE s. § 79). Im Unterschied zu § 79 müssen Abwickler stets die Firma der Unterschrift hinzufügen und eine den Abwicklung andeutenden **Zusatz** wie „**i. L.**" oder „i. A." (für „in Abwicklung") der Firma hinzufügen. Das Weglassen des Liquidationszusatzes hat – im Gegensatz zum Weglassen des Rechtsformzusatzes – idR keine Haftungsfolgen; anders kann dies allenfalls bei Geschäften mit einer insolventen AG sein (BeckOGK/*Bachmann,* 15.1.2020, Rn. 16; MüKoAktG/*J. Koch* Rn. 20). 6

Eröffnungsbilanz. Jahresabschluß und Lagebericht

270 (1) **Die Abwickler haben für den Beginn der Abwicklung eine Bilanz (Eröffnungsbilanz) und einen die Eröffnungsbilanz erläuternden Bericht sowie für den Schluß eines jeden Jahres einen Jahresabschluß und einen Lagebericht aufzustellen.**

(2) [1]**Die Hauptversammlung beschließt über die Feststellung der Eröffnungsbilanz und des Jahresabschlusses sowie über die Entlastung der Abwickler und der Mitglieder des Aufsichtsrats.** [2]**Auf die Eröffnungsbilanz und den erläuternden Bericht sind die Vorschriften über den Jahresabschluß entsprechend anzuwenden.** [3]**Vermögensgegenstände des Anlagevermögens sind jedoch wie Umlaufvermögen zu bewerten, soweit ihre Veräußerung innerhalb eines übersehbaren Zeitraums beabsichtigt ist oder diese Vermögensgegenstände nicht mehr dem Geschäftsbetrieb dienen; dies gilt auch für den Jahresabschluß.**

(3) [1]**Das Gericht kann von der Prüfung des Jahresabschlusses und des Lageberichts durch einen Abschlußprüfer befreien, wenn die Verhältnisse der Gesellschaft so überschaubar sind, daß eine Prüfung im Interesse der Gläubiger und Aktionäre nicht geboten erscheint.** [2]**Gegen die Entscheidung ist die Beschwerde zulässig.**

I. Allgemeines

1. Normzweck. Die Vorschrift regelt die **Rechnungslegung der Abwicklungsgesellschaft.** 1
Abs. 1 schreibt eine Eröffnungsbilanz vor, um das Beiseiteschaffen von Vermögensgegenständen oder die Fiktion von Schulden zum Schutz der Gläubiger (OLG Stuttgart 7.12.1994, NJW-RR 1995, 805) und der Aktionäre zu erschweren. Die Abwicklungsbilanzen liefern außerdem Informationen über das

zu erwartende Abwicklungsergebnis und dienen der Rechnungslegung der Abwickler (BeckOGK/*Euler/Binger,* 1.7.2020, Rn. 1).

2 **2. Anwendungsbereich.** Die Vorschrift gilt in allen Fällen der Auflösung außer der Insolvenzeröffnung (§ 264 Abs. 1). Für das letzte Geschäftsjahr der werbenden Gesellschaft ist durch die Abwickler noch nach den allgemeinen Vorschriften (§ 268 Abs. 2 iVm §§ 242, 264 Abs. 1 HGB) Rechnung zu legen. Nach Abwicklungsende haben sie eine Schlussrechnung zu erstellen (§ 273 Abs. 1).

II. Schlussbilanz der werbenden Gesellschaft

3 Die Abwickler haben den letzten **Jahresabschluss** der werbenden Gesellschaft zu erstellen (BayObLG 14.1.1994, DB 1994, 524; BeckOGK/*Euler/Binger,* 1.7.2020, Rn. 23; aA *Förschle/Kropp/Deubert* DB 1994, 998). Er ist nicht mit der Liquidationseröffnungsbilanz identisch, sondern entspricht einem gewöhnlichen Jahresabschluss. Bei der Auflösung während des laufenden Geschäftsjahres ist er für das **Rumpfgeschäftsjahr** zu erstellen (BFH 17.7.1974, BFHE 113, 112 = BB 1974, 1285; BFH 27.3.2007, BFHE 217, 467 = DB 2007, 1501). Stichtag ist dann der Tag vor Auflösung. Er ist Aufgabe der Abwickler, weil kein Vorstand mehr besteht (MüKoAktG/*J. Koch* Rn. 11). Die Feststellung soll entsprechend 270 Abs. 2 eine Angelegenheit der Hauptversammlung sein (BeckOGK/*Euler/Binger,* 1.7.2020, Rn. 24), was zweifelhaft ist, weil der Aufsichtsrat fortbesteht (§ 172 S. 1, § 171 Abs. 2 S. 4), und an die Stelle des Vorstands in § 172 S. 1 die Abwickler treten; andererseits vereinfacht es die Abwicklung, wenn der letzte Jahresabschluss und die Eröffnungsbilanz vom selben Organ festgestellt werden. Dividendenansprüche, die nicht vor Auflösung entstanden sind, können wegen der Ausschüttungssperre von § 272 nicht mehr neu begründet werden (BeckOGK/*Euler/Binger,* 1.7.2020, Rn. 26 ff.).

III. Liquidationseröffnungsbilanz

4 **1. Eröffnungsbilanz.** Die Liquidationseröffnungsbilanz ist zwingend vorgeschrieben; sie wird auch nicht durch eine zeitgleich erstellt Schlussbilanz ersetzt. Zu Inhalt und Gliederung verweist Abs. 2 auf die Vorschriften zum **Jahresabschluss** (§§ 150, 152, §§ 243–256, 264–274, 279–283 HGB). Bilanzstichtag ist der Tag der Auflösung (BFH 17.7.1974, BFHE 113, 112 = BB 1974, 1285). Die Bilanz ist innerhalb von drei Monaten ab Auflösung aufzustellen (§ 264 Abs. 1 HGB). Die Verlängerung für kleine Kapitalgesellschaften auf sechs Monate (§ 264 Abs. 1 S. 3 HGB) soll wegen des Abwicklungszwecks nicht gelten (MüKoAktG/*J. Koch* Rn. 18; → GmbHG § 71 Rn. 5). Zur Änderung der Gliederung, zu Ansatz- und Bewertungsfragen, die sich bei der GmbH gleichermaßen stellen, wird auf → GmbHG § 71 Rn. 7 verwiesen. Die Liquidationseröffnungsbilanz hat auch einen Erläuterungsbericht zu enthalten (§ 270 Abs. 1), auf den §§ 284 ff. HGB entsprechend anzuwenden sind (§ 270 Abs. 2 S. 2) (näher BeckOGK/*Euler/Binger,* 1.7.2020, Rn. 87 ff.).

5 **2. Aufstellung, Prüfung und Feststellung.** Die Liquidationseröffnungsbilanz ist von den **Abwicklern** aufzustellen (OLG Stuttgart 7.12.1994, NJW-RR 1995, 805). Sie muss nach § 270 Abs. 2 S. 2 iVm §§ 170 ff. vom Aufsichtsrat geprüft werden. Die Befreiung von der Prüfung nach Abs. 3 bezieht sich nicht auf den Aufsichtsrat, sondern die Pflichtprüfung nach §§ 316 ff. HGB (BeckOGK/*Euler/Binger,* 1.7.2020, Rn. 91). Nach § 171 Abs. 2 und 3 muss der Aufsichtsrat der Hauptversammlung mitteilen, ob er die Vorlagen bzw. externen Prüfungsergebnisse billigt oder Einwendungen bestehen (→ § 171 Rn. 8). Sobald der Bericht des Aufsichtsrats vorliegt, haben die Abwickler die Hauptversammlung einzuberufen. Die **Feststellung** der Eröffnungsbilanz ist allein Sache der Hauptversammlung (§ 270 Abs. 2 S. 1). Abweichende Satzungsregelungen sind nicht wirksam. Die Einzelheiten richten sich nach §§ 175, 176 (§ 270 Abs. 2 S. 2). Eine Feststellung durch den Aufsichtsrat ist ausgeschlossen und kann nicht nach § 256 Abs. 6 geheilt werden (MüKoAktG/*J. Koch* Rn. 22), seine Billigung ist nur eine Begründung zum Beschlussvorschlag (BeckOGK/*Euler/Binger,* 1.7.2020, Rn. 94). Die Hauptversammlung kann nach § 173 Abs. 2 und 3 die Eröffnungsbilanz ändern. Dies erfordert eine erneute Prüfung und ggf. einen neuen Bestätigungsvermerk innerhalb von zwei Wochen, andernfalls ist der Beschluss der Hauptversammlung nichtig (§ 173 Abs. 3).

6 **3. Abschlussprüfer.** Vor der Prüfung durch den Aufsichtsrat ist eine externe Prüfung durch einen Abschlussprüfer (§ 316 HGB) erforderlich, wenn die Gesellschaft nicht klein ist (§ 316 Abs. 1 HGB, § 267 Abs. 1 HGB) (BGH 26.3.1990, WM 1990, 1065) und das nach § 375 Nr. 3 FamFG zuständige Registergericht (BGH 26.3.1990, WM 1990, 1065) nicht davon befreit hat (Abs. 3), auch im Insolvenzfall (OLG München 9.1.2008, NJW-RR 2008, 775). Entscheidend für eine Befreiung sind Größe der Gesellschaft und Stand der Abwicklung (BeckOGK/*Euler/Binger,* 1.7.2020, Rn. 99 ff.). Die Bestellung des Abschlussprüfers ist Sache der Hauptversammlung (§ 318 HGB, § 119 Abs. 1 Nr. 4). Wenn zum Bilanzstichtag – also ggf. mit dem Auflösungsbeschluss – kein Prüfer gewählt wurde, hat nach § 318 Abs. 4 S. 1 HGB das Gericht einen Prüfer zu ernennen, dessen Bestellung mit einem späteren Hauptversammlungsbeschluss hinfällig wird (BeckOGK/*Euler/Binger,* 1.7.2020, Rn. 104).

4. Offenlegung. Die Vorschriften zur Offenlegung nach § 325 HGB gelten auch für die Eröffnungsbilanz, auch im Fall einer Befreiung von der Abschlussprüfung nach Abs. 3 durch das Gericht (BeckOGK/*Euler/Binger,* 1.7.2020, Rn. 107). Die Pflicht ist bußgeldbewehrt (§ 335 Abs. 1 HGB). 7

IV. Jahresabschluss

Zum Ende eines **jeden Geschäftsjahres** müssen die Abwickler auch einen Jahresabschluss aufstellen, wozu die Eröffnungsbilanz fortzuschreiben ist (MüKoAktG/*J. Koch* Rn. 54). Für den Abwicklungsjahresabschluss gelten aber die Vorschriften über den Jahresabschluss werbender Gesellschaften, soweit sich aus dem Abwicklungszweck nichts anderes ergibt. Geschäftsjahr ist das mit der Auflösung beginnende Abwicklungsjahr (OLG Frankfurt a. M. 6.10.1976, BB 1977, 312), doch darf die Gesellschaft auch durch einen Hauptversammlungsbeschluss das bisherige Geschäftsjahr beibehalten (MüKoAktG/*J. Koch* Rn. 55), sodass ein Rumpfgeschäftsjahr bis zur Auflösung und eines danach entsteht. Die Bilanz muss einen Anhang enthalten (§ 270 Abs. 1) und einen Lagebericht (§ 270 Abs. 1), soweit keine Ausnahme nach § 264 Abs. 1 S. 3 iVm § 267 Abs. 1 HGB eingreift (s. BeckOGK/*Euler/Binger,* 1.7.2020, Rn. 116 ff.). Für Aufstellung, Prüfung, Feststellung und Offenlegung gilt dasselbe wie für die Liquidationseröffnungsbilanz (→ Rn. 5 ff.). 8

V. Abwicklungsschlussbilanz und Schlussrechnung

Vor der **Verteilung des Vermögens** ist für das letzte Abwicklungsgeschäftsjahr nach allgemeinen Vorschriften ein Abschluss zu erstellen. Der Stichtag wird durch die Verteilungsreife bestimmt. Für den Inhalt gelten keine weiteren Besonderheiten, doch ist ein Lagebericht idR nicht mehr notwendig (BeckOGK/*Euler/Binger,* 1.7.2020, Rn. 124). Die Feststellung der **Schlussbilanz** ist Sache der Abwickler, weil die Hauptversammlung nach Abs. 2 dazu keine Kompetenz hat. 9

Eine **Schlussrechnung** (§ 273 Abs. 1) erstellen die Abwickler nach Verteilung des Restvermögens. Sie ist Rechenschaftslegung gegenüber den Aktionären und muss nur eine geordnete Zusammenstellung von Einnahmen und Ausgaben (§ 259 BGB) enthalten (BeckOGK/*Euler/Binger,* 1.7.2020, Rn. 125). Sie muss weder festgestellt noch geprüft noch offengelegt, aber von der Hauptversammlung mittels Entlastung gebilligt werden (MüKoAktG/*J. Koch* § 273 Rn. 7). Sie ist nicht erforderlich, wenn eine Abwicklungsschlussbilanz aufgestellt ist und sich seither außer der veranschlagten Verteilung nichts geändert hat (→ GmbHG § 74 Rn. 9). 10

Verteilung des Vermögens

271 (1) **Das nach der Berichtigung der Verbindlichkeiten verbleibende Vermögen der Gesellschaft wird unter die Aktionäre verteilt.**

(2) **Das Vermögen ist nach den Anteilen am Grundkapital zu verteilen, wenn nicht Aktien mit verschiedenen Rechten bei der Verteilung des Gesellschaftsvermögens vorhanden sind.**

(3) [1] **Sind die Einlagen auf das Grundkapital nicht auf alle Aktien in demselben Verhältnis geleistet, so werden die geleisteten Einlagen erstattet und ein Überschuß nach den Anteilen am Grundkapital verteilt.** [2] **Reicht das Vermögen zur Erstattung der Einlagen nicht aus, so haben die Aktionäre den Verlust nach ihren Anteilen am Grundkapital zu tragen; die noch ausstehenden Einlagen sind, soweit nötig, einzuziehen.**

I. Allgemeines

1. Normzweck. § 271 begründet ein Recht der Aktionäre auf **Beteiligung am Abwicklungserlös** und legt gleichzeitig den **Verteilungsmaßstab** fest. Die Vorschrift hebt zusammen mit § 272 das Verbot der Einlagenrückgewähr (§ 57) auf, allerdings nur nachrangig gegenüber den Ansprüchen der Gesellschaftsgläubiger. 1

2. Anwendungsbereich. Die Vorschrift gilt für die Abwicklung der AG auch bei einem Überschuss nach Insolvenz, wobei an Stelle der Abwickler der Insolvenzverwalter die Verteilung vorzunehmen hat (§ 199 S. 2 InsO). Für die GmbH trifft § 72 GmbHG eine eigene Bestimmung. 2

II. Vermögensverteilung

1. Abwicklungsüberschuss. Verteilungsfähig ist das Vermögen, das nach Befriedigung der Gläubiger verbleibt. Das setzt eine Abwicklungsschlussbilanz (→ § 270 Rn. 9) voraus (MüKoAktG/*J. Koch* Rn. 10 mwN), die nach Berichtigung der Verbindlichkeiten noch vorhandenes Vermögen ausweist. Das Vermögen muss, wenn Verteilung in Natur möglich ist, nicht in Geld umgesetzt sein. 3

2. Verteilung. a) Verteilungsverfahren. Die Verteilung ist **Sache der Abwickler,** andere Organe – insbesondere die Hauptversammlung – sind nicht beteiligt. Sie verfahren nach Ermessen, soweit die 4

Verteilung nicht in der Satzung zulässigerweise geregelt ist (dazu *Sethe* ZIP 1998, 770 (772)). Bei nicht überschaubaren Verhältnissen ist eine **Aufforderung an die Aktionäre** notwendig, ihre Ansprüche geltend zu machen, etwa durch Aufruf in den Gesellschaftsblättern (MüKoAktG/*J. Koch* Rn. 13). Die Aktionäre können sich durch die Aktie, eine Hinterlegungsbescheinigung oder bei Namensaktien durch die Eintragung im Aktienregister legitimieren (MüKoAktG/*J. Koch* Rn. 14). Die Abwickler müssen verhindern, dass doppelt kassiert wird, sodass nur Zug-um-Zug gegen Aushändigung der Urkunde oder Quittung gezahlt werden sollte. Für Empfänger, die nicht zu ermitteln sind oder den Betrag nicht entgegen nehmen, ist zu hinterlegen (MüKoAktG/*J. Koch* Rn. 19).

5 **b) Verteilungsmaßstab.** Sind die Einlagen wie im Regelfall vollständig geleistet, wird der Verteilungserlös nach dem Anteil am Grundkapital verteilt (Abs. 2). Bei Nennbetragsaktien (§ 8 Abs. 2) ist das Verhältnis des Nennbetrags zum Grundkapital maßgeblich, bei Stückaktien (§ 8 Abs. 3) kann der Überschuss durch die Aktienzahl geteilt werden. Eigene Aktien der AG bleiben außer Ansatz (§ 71b). Vorzüge sind bevorzugt zu berücksichtigen, innerhalb der Klasse gilt § 271 Abs. 2 (§ 11 S. 1). Zu berücksichtigten sind auch Aktionäre, die gegen die Mitteilungspflichten nach § 20 Abs. 1, § 35 Abs. 1 oder 2 WpÜG oder § 33 Abs. 1 oder 2 WpHG verstoßen haben, sofern das nicht vorsätzlich geschehen ist und die Mitteilung nachgeholt wird (§ 20 Abs. 7 S. 2, § 59 S. 2 WpÜG, § 44 Abs. 1 S. 2 WpHG). Bei unterschiedlicher Einlageleistung (Abs. 3) ist, wenn ein Überschuss erzielt, ist, dieser nach Rückerstattung der Einlage nach Abs. 2 zu verteilen, bei ausgeglichener Schlussbilanz sind nur die Einlagen zu erstatten. Wenn ein Fehlbetrag bleibt, ist der auf die einzelne Aktie entfallende Fehlbetrag mit dem Anspruch auf Einlagerückerstattung zu verrechnen (Abs. 3 S. 2). Der nach Verrechnung verbleibende Fehlbetrag muss nachgezahlt werden.

6 **c) Zeitpunkt.** Mit der Verteilung kann erst **nach Ablauf des Sperrjahres** nach § 272 Abs. 1 begonnen werden. Im Übrigen liegt der Zeitpunkt im Ermessen der Abwickler. Haben sie das Vermögen in Geld umgesetzt und die Verbindlichkeiten berichtigt, dürfen sie nach Ablauf des Sperrjahres nicht mehr beliebig zuwarten.

III. Anspruch auf Liquidationserlös

7 **1. Recht auf Beteiligung.** Die Aktionäre haben ein mitgliedschaftliches Recht auf Beteiligung am Liquidationserlös. Es ist einerseits ein **unentziehbares Stammrecht,** andererseits mit dem Eintritt der Verteilungsreife ein Gläubigerrecht (Auszahlungsanspruch). Hat sich das Stammrecht mit der Verteilungsreife in einen Auszahlungsanspruch umgewandelt, ist es nur noch durch (Teil-)Verzicht des einzelnen Aktionärs entziehbar oder modifizierbar. Das Stammrecht ist dagegen grundsätzlich durch die Satzung einschränkbar. Eine disquotale Beteiligung kann nicht durch eine schuldrechtliche Vereinbarung erreicht werden, sondern nur durch eine Satzungsbestimmung (LG Frankfurt a. M. 23.12.2014, NZG 2015, 482). Einschränkungen sind nur in der ursprünglichen Satzung möglich, spätere Satzungsänderungen sind nur noch mit der Zustimmung aller Aktionäre möglich (MüKoAktG/*J. Koch* Rn. 7). Das gilt auch für die Umwandlung des Liquidationsanspruchs in einen Anspruch auf Teilung in Natur (BeckOGK/*Bachmann,* 15.1.2020, Rn. 7 und 9; KK-AktG/*Winnen* Rn. 10; aA *Sethe* ZIP 1998, 770 (772)). Eine Ausnahme (Mehrheitsentscheidung) wird für liquide Sachwerte wie Wertpapiere (BeckOGK/*Bachmann,* 15.1.2020, Rn. 7; zweifelnd MüKoAktG/*J. Koch* § 268 Rn. 20; aA KK-AktG/*Winnen* Rn. 10) oder für die Gewährung von Anteilsrechten an einer anderen Gesellschaft (vgl. BGH 20.9.2004, NZG 2005, 69 zur LPG) gemacht, sofern dies dem Aktionär zumutbar ist. In die ursprünglichen Satzung kann ein Ausschluss oder eine Modifikation der Beteiligung am Liquidationserlös jedenfalls bei einer gemeinnützigen AG aufgenommen werden (allgM.), wegen § 58 Abs. 3 und 4 aber auch bei anderen AG (BeckOGK/*Bachmann,* 15.1.2020, Rn. 6; aA MüKoAktG/*J. Koch* Rn. 6).

8 **2. Verjährung.** Der Auszahlungsanspruch kann verjähren. Er verjährt nach §§ 195, 199 BGB **in drei Jahren.** Er entsteht mit Verteilungsreife. Die Verjährung beginnt danach mit dem Schluss des Jahres, in dem der Aktionär von der Verteilungsreife Kenntnis erlangt oder ohne grobe Fahrlässigkeit erlangen musste (§ 199 Abs. 1 Nr. 2 BGB). Die Verjährung für Inhaberaktien endet nicht nach § 801 Abs. 1 BGB erst zwei Jahre nach Ablauf der dort genannten dreißigjährigen **Vorlegungsfrist** (so aber hM K. Schmidt/Lutter/*Riesenhuber* Rn. 12 – wie hier MüKoAktG/*J. Koch* Rn. 18; KK-AktG/*Winnen* Rn. 21) oder für Inhaber- und Namensaktien nach § 801 Abs. 2 BGB zwei Jahre nach Ablauf einer vierjährigen Vorlegungsfrist (so BeckOGK/*Bachmann,* 15.1.2020, Rn. 11). In der Aktie ist keine Forderung, sondern die Mitgliedschaft verbrieft, sodass §§ 793 ff. BGB nicht unmittelbar anwendbar sind (Staudinger/*Marburger,* 2015, BGB § 793 Rn. 6). Gegen eine analoge Anwendung spricht, dass § 271 für die Abwicklung spezielle Regeln enthält und eine Vorlage der Aktie darin nicht gefordert wird. Die Satzung kann die Verjährungsfrist, auch die nach der hM bestehende Vorlagefrist, verkürzen (MüKoAktG/*J. Koch* Rn. 18).

9 **3. Rechtsfolgen.** Die Aktionäre können ihren Auszahlungsanspruch gegen die AG, vertreten durch die Abwickler, durch **Leistungsklage** geltend machen. Die Darlegungs- und Beweislast für das Vor-

liegen der Verteilungsreife und seine Anspruchshöhe hat der klagende Aktionär (MüKoAktG/*J. Koch* Rn. 20; aA BeckOGK/*Bachmann,* 15.1.2020, Rn. 16), jedenfalls solange die Abwickler ihrer jährlichen Rechnungslegungspflicht nachkommen. Zu Unrecht ausbezahlte Beträge sind nach § 62 zurückzuzahlen.

Gläubigerschutz

272 (1) **Das Vermögen darf nur verteilt werden, wenn ein Jahr seit dem Tage verstrichen ist, an dem der Aufruf der Gläubiger bekanntgemacht worden ist.**

(2) **Meldet sich ein bekannter Gläubiger nicht, so ist der geschuldete Betrag für ihn zu hinterlegen, wenn ein Recht zur Hinterlegung besteht.**

(3) **Kann eine Verbindlichkeit zur Zeit nicht berichtigt werden oder ist sie streitig, so darf das Vermögen nur verteilt werden, wenn dem Gläubiger Sicherheit geleistet ist.**

I. Allgemeines

Das in Abs. 1 angeordnete Sperrjahr bis zur Verteilung soll den Gläubigern Gelegenheit bieten, sich 1 zu melden und ihre Ansprüche geltend zu machen. Das **Thesaurierungsgebot** (BeckOGK/*Bachmann,* 15.1.2020, Rn. 3; MüKoAktG/*J. Koch* Rn. 2) schützt die Gläubiger, für die die Masse gesichert werden soll. Die Möglichkeit der Hinterlegung und Besicherung schützt die Gläubiger und beschleunigt die Abwicklung.

II. Sperrjahr

Das Sperrjahr **beginnt** mit dem Tag nach der Bekanntmachung des Gläubigeraufrufs nach § 267 und 2 **endet** gem. § 188 Abs. 2 BGB mit Ablauf des Tages des zwölften Monats, der durch seine Benennung dem Tag der Bekanntmachung des Gläubigeraufrufs entspricht. Bis dahin ist jede Vermögensverteilung verboten. Vermögensverteilung ist jede Übertragung von Gesellschaftsvermögen an die Aktionäre. Vom Auszahlungsverbot werden auch Umgehungsgeschäfte, Abschläge oder verdeckte Auszahlungen (überhöhte Entgelte) erfasst. Ausgenommen sind **Drittgläubigeransprüche** einzelner Aktionäre und Dividendenansprüche aus einem vor Auflösung gefassten Gewinnverwendungsbeschluss, soweit durch seine Erfüllung Grundkapital und gesetzliche Rücklage nicht angegriffen werden (MüKoAktG/*J. Koch* Rn. 7). Zu den Drittgläubigeransprüchen zählen auch Ansprüche der Gesellschafter auf Darlehensrückzahlung (MüKoAktG/*J. Koch* Rn. 12). Auf das Sperrjahr kann weder bei Zustimmung aller Gläubiger noch durch die Satzung verzichtet werden (BeckOGK/*Bachmann,* 15.1.2020, Rn. 2; MüKoAktG/*J. Koch* Rn. 3).

III. Hinterlegung

Eine Hinterlegung kommt nur in Frage, wenn der Gläubiger seine **Mitwirkung verweigert** oder 3 seine **Identität unbekannt** ist (§ 372 BGB), weil alle Gläubiger unabhängig von ihrer Anmeldung befriedigt werden müssen (MüKoAktG/*J. Koch* Rn. 18). Entgegen Abs. 2 kommt es daher nicht darauf an, ob der Gläubiger bekannt ist und sich nicht meldet (BeckOGK/*Bachmann,* 15.1.2020, Rn. 9). Da nur durch den Verzicht auf die Rücknahme die Befriedigungswirkung erreicht (§ 378 BGB) und die Gesellschaft vollbeendigt werden kann (§ 271 Abs. 1, § 273 Abs. 1), ist bei Vorliegen der Voraussetzungen zwingend so zu hinterlegen (aA BeckOGK/*Bachmann,* 15.1.2020, Rn. 10; MüKoAktG/*J. Koch* Rn. 17). Der Gläubiger hat keinen Anspruch auf Hinterlegung (MüKoAktG/*J. Koch* Rn. 19).

IV. Sicherheitsleistung

Sicherheit ist für **betagte** oder **bedingte** bzw. für **streitige Forderungen** zu leisten. Streitig ist die 4 Forderung, wenn sie von der Gesellschaft plausibel bestritten ist, offensichtlich unbegründete Forderungen müssen überhaupt nicht berücksichtigt werden (MüKoAktG/*J. Koch* Rn. 21). Bei eingeklagten Forderungen kommt es auf die Wahrscheinlichkeit einer Verurteilung an (BeckOGK/*Bachmann,* 15.1.2020, Rn. 11). Die Art der Sicherheitsleistung bestimmen §§ 232 ff. BGB. Abs. 3 gibt dem Gläubiger keinen Anspruch auf Sicherheitsleistung (BeckOGK/*Bachmann,* 15.1.2020, Rn. 11).

V. Rechtsfolgen von Verstößen

Droht eine Auszahlung entgegen § 272, können die Gläubiger einen **Arrest** nach § 916 ZPO 5 erwirken. Darüber hinaus kann keine einstweilige Verfügung auf Unterlassung der Verteilung erwirkt werden (BeckOGK/*Bachmann,* 15.1.2020, Rn. 13; aA MüKoAktG/*J. Koch* Rn. 27; *K. Schmidt* ZIP 1981, 1 (5)). Es fehlt schon an einem Verfügungsanspruch auf Unterlassen, außerdem sind Geldansprüche durch Arrest zu sichern. Arrestgrund ist die Gefährdung des Anspruchs durch die Verteilung des Vermögens an die Aktionäre.

6 **Ansprüche** von Gläubigern, die nicht befriedigt werden, bleiben bestehen, doch sind sie nach der Verteilung **wertlos.** Die Aktionäre sind nicht verpflichtet, erhaltene Beträge zurückzuzahlen, sofern bei der Auszahlung §§ 267–272 beachtet wurden (MüKoAktG/*J. Koch* Rn. 31). Bei **verbotenen Auszahlungen** besteht gegen die Gesellschafter nur der Anspruch nach § 62. Die Vorschriften sind keine Verbotsgesetze nach § 134 BGB, sodass ein bereicherungsrechtlicher Rückzahlungs- oder Rückgabeanspruch ausscheidet (MüKoAktG/*J. Koch* Rn. 29), außer bei sittenwidrigem kollusiven Zusammenwirken von Abwickler und Aktionär (BGH 4.7.1973, NJW 1973, 1695).

7 Zahlen die Abwickler entgegen den §§ 267–272 aus, machen sie sich nach § 93 **schadensersatzpflichtig** (vgl. BGH 13.3.2018, BGHZ 218, 80 = NZG 2018, 625 Rn. 60 zur GmbH; BGH 9.2.2009, BGHZ 179, 344 = NJW 2009, 2127 Rn. 11 zur GmbH), was von den Gläubigern nach § 93 Abs. 5 direkt geltend gemacht werden kann (BGH 13.3.2018, BGHZ 218, 80 = NZG 2018, 625 Rn. 46 ff. zur GmbH). Für die Ersatzpflicht des Aufsichtsrats gilt § 116 (§ 264 Abs. 3). Daneben kommt kein Anspruch nach § 823 Abs. 2 BGB in Betracht, weil § 272 kein Schutzgesetz zugunsten der Gläubiger ist (BGH 13.3.2018, BGHZ 218, 80 = NZG 2018, 625 Rn. 15 zur GmbH; MüKoAktG/*J. Koch* Rn. 34; aA BeckOGK/*Bachmann,* 15.1.2020, Rn. 15; *K. Schmidt* ZIP 1981, 1 (8)). Daneben kann auch der Gesellschaft ein Anspruch nach § 826 BGB wegen Verletzung der Liquidationsvorschriften zustehen (BGH 9.2.2009, BGHZ 179, 344 = NJW 2009, 2172 Rn. 39).

Schluß der Abwicklung

273 (1) [1]**Ist die Abwicklung beendet und die Schlußrechnung gelegt, so haben die Abwickler den Schluß der Abwicklung zur Eintragung in das Handelsregister anzumelden.** [2]**Die Gesellschaft ist zu löschen.**

(2) **Die Bücher und Schriften der Gesellschaft sind an einem vom Gericht bestimmten sicheren Ort zur Aufbewahrung auf zehn Jahre zu hinterlegen.**

(3) **Das Gericht kann den Aktionären und den Gläubigern die Einsicht der Bücher und Schriften gestatten.**

(4) [1]**Stellt sich nachträglich heraus, daß weitere Abwicklungsmaßnahmen nötig sind, so hat auf Antrag eines Beteiligten das Gericht die bisherigen Abwickler neu zu bestellen oder andere Abwickler zu berufen.** [2]**§ 265 Abs. 4 gilt.**

(5) **Gegen die Entscheidungen nach den Absätzen 2, 3 und 4 Satz 1 ist die Beschwerde zulässig.**

Übersicht

I. Allgemeines

Abs. 1 verhindert, dass die AG nach ihrer Vollbeendigung als Mantel bestehen bleibt und begründet eine **Pflicht** der Abwickler **zur Löschung.** Die Möglichkeit der Nachtragsliquidation nach Abs. 4 dient dem Gläubigerschutz. Die Vorschrift ist auch nach der Abwicklung nach einem Insolvenzverfahren anzuwenden. Abs. 4 hat besondere praktische Bedeutung nach Ablehnung der Insolvenzeröffnung mangels Masse, wenn Gläubiger Ansprüche der Gesellschaft gegen Organe oder Gesellschafter geltend machen wollen. Für die Amtslöschung nach § 394 FamFG gilt Abs. 1 nicht, Abs. 2 und 3 sind entsprechend anwendbar (vgl. MüKoAktG/*J. Koch* Rn. 18), statt Abs. 4 sieht § 263 Abs. 2 eine Nachtragsabwicklung vor. 1

II. Löschung

1. Beendigung der Abwicklung. Die Abwicklung ist beendet, wenn die laufenden Geschäfte einschließlich laufender Prozesse beendet sind und das **Vermögen** der AG **verteilt** ist. Lediglich ein Spitzenbetrag, der vernünftigerweise nicht zu verteilen ist, muss nicht ausgeteilt sein (Hüffer/Koch/*Koch* Rn. 2). Auf die Befriedigung aller Gläubiger kommt es nicht an, weil § 272 Abs. 2 die Hinterlegung für betagte und befristete Verbindlichkeiten und Abs. 3 Sicherheitsleistung erlaubt. Nur die Sicherheitsleistung für streitige Forderungen führt nicht zur Beendigung, weil laufende Geschäfte und Prozesse erst beendet werden müssen (MüKoAktG/*J. Koch* Rn. 4). Außerdem ist das Sperrjahr abzuwarten (§ 272 Abs. 1), auch wenn die Gesellschaft bereits vor der Verteilung vermögenslos und keine weitere Abwicklung erforderlich scheint (aA OLG Köln 5.11.2004, NZG 2005, 83; OLG Naumburg 27.5.2002, ZIP 2002, 1529; BeckOGK/*Bachmann,* 15.1.2020, Rn. 4; Hüffer/Koch/*Koch* Rn. 2; → 4. Aufl. 2019, Rn. 2). Die schnelle Löschung vor Ablauf des Sperrjahrs unter der Behauptung von Vermögenslosigkeit erschwert den Gläubigern, ihre Ansprüche gegen die Gesellschaft und danach Ersatzansprüche der Gesellschaft gegen Organe oder Aktionäre geltend zu machen bzw. zu vollstrecken. Davor soll das Sperrjahr gerade schützen. Die Gesellschaft ist nicht vermögenslos, wenn die Abwickler vor Ablauf des Sperrjahres das Vermögen verteilt haben, weil dann Rückzahlungsansprüche gegen die Gesellschafter oder Schadensersatzansprüche gegen die Abwickler bestehen (vgl. OLG Düsseldorf 23.1.2004, NZG 2005, 363; → § 272 Rn. 6 f.). 2

2. Schlussrechnung. Außerdem verlangt Abs. 1, dass die Schlussrechnung (zum Inhalt → § 270 Rn. 11) gelegt ist. Sie wirkt wie eine **Entlastung** nach § 120 Abs. 2 (BeckOGK/*Bachmann,* 15.1.2020, Rn. 6; MüKoAktG/*J. Koch* Rn. 8), auf die kein einklagbarer Anspruch besteht (BeckOGK/*Bachmann,* 15.1.2020, Rn. 6; MüKoAktG/*J. Koch* Rn. 7). 3

3. Anmeldung. Die Abwickler haben in vertretungsberechtigter Zahl den **Schluss der Abwicklung,** nicht die Löschung anzumelden. Das Erlöschen der Firma muss entgegen § 31 Abs. 2 HGB nicht angemeldet werden (MüKoAktG/*J. Koch* Rn. 9), auch nicht entgegen § 53 Abs. 3 HGB das Erlöschen der Prokuren (OLG Karlsruhe 1.4.1969, NJW 1969, 1724; LG Oldenburg 9.5.1996, NJW-RR 1996, 1180). Die Anmeldung kann nach § 407 Abs. 1 S. 1 Hs. 2 iVm § 14 HGB durch Zwangsgeld gegen die Abwickler durchgesetzt werden. 4

4. Löschungsverfahren. Das Gericht prüft formell, ob die Schlussrechnung gelegt ist und die Anmeldung ordnungsgemäß ist, insbesondere das Sperrjahr eingehalten ist, und materiell, ob die Abwicklung beendet ist (MüKoAktG/*J. Koch* Rn. 11). Dagegen muss das Gericht nicht prüfen, ob die gesamte Abwicklung ordnungsgemäß durchgeführt ist. Das Gericht darf sich grundsätzlich auf die Angaben der Abwickler verlassen, wenn sie die tatsächlichen Verhältnisse näher darlegen (OLG Köln 5.11.2004, NZG 2005, 83). **Eingetragen** wird, dass die Abwicklung beendet ist und dass die Gesellschaft erloschen oder gelöscht ist. Die Eintragung ist nach § 10 HGB bekannt zu machen. Das Erlöschen der Firma muss nicht eingetragen werden. 5

5. Wirkungen der Löschung. a) Materiell-rechtliche Folgen. Mit der Löschung hört die AG als juristische Person auf zu existieren. Wenn kein verwertbares Vermögen mehr vorhanden ist und kein Abwicklungsbedarf besteht, geht die AG auch als Rechtsträger unter. Ihre Verbindlichkeiten gehen mangels Schuldner unter (MüKoAktG/*J. Koch* Rn. 14) oder sind wegen des latenten Fortbestands nach Abs. 4 nicht mehr durchsetzbar (BeckOGK/*Bachmann,* 15.1.2020, Rn. 13; offengelassen BGH 29.9.1967, BGHZ 48, 303 = NJW 1968, 297; BGH 5.4.1979, BGHZ 74, 212 = NJW 1979, 1592; BGH 24.10.1985, BGHZ 96, 151 = NJW 1986, 850; BGH 28.1.2003, BGHZ 153, 337 = NJW 2003, 1250; BGH 28.2.2012, NJW 2012, 1645 Rn. 11). Akzessorische **Sicherungsrechte** wie Bürgschaft, Hypothek, oder Vormerkung bestehen schon wegen des Sicherungszwecks unabhängig davon fort, ob die Forderung gegen die gelöschte AG mangels Schuldner entfällt oder nur nicht durchsetzbar ist (BGH 28.2.2012, NJW 2012, 1645 Rn. 12; BGH 28.1.2003, BGHZ 153, 337 = NJW 2003, 1250; BGH 10.10.1988, BGHZ 105, 259 = NJW 1989, 220; BGH 25.11.1981, BGHZ 82, 323 = NJW 1982, 875). 6

7 **b) Wirkung auf Prozesse.** Eine **neue Klage** der gelöschten AG oder gegen die gelöschte AG ist unzulässig, weil die AG nicht parteifähig, jedenfalls nicht prozessfähig ist (vgl. BGH 5.4.1979, BGHZ 74, 212 = NJW 1979, 1592; BGH 4.5.2004, BGHZ 159, 94 = NJW 2004, 2523). Soweit nach Behauptung des Klägers noch Vermögen vorhanden ist, muss zunächst die Nachtragsliquidation nach Abs. 4 betrieben und ein neuer Abwickler eingesetzt werden. Wenn die AG bzw. ihr Abwickler die Löschung vorprozessual verschwiegen hatte, ist einem Kläger jedenfalls nach Aufdeckung Gelegenheit zu geben, den Zustellungsmangel durch den Antrag auf Nachtragsliquidation beim Registergericht zu beheben.

8 Für einen **laufenden Prozess** hat die Löschung nicht immer Folgen. Wird die AG während eines laufenden **Aktivprozesses** gelöscht, bleibt sie parteifähig, weil sie mit dem geltend gemachten Anspruch noch behauptetes Vermögen hat und eine Nachtragsliquidation nach Abs. 4 stattfindet (vgl. BGH 29.9.1967, BGHZ 48, 303 = NJW 1968, 297; BGH 8.10.1979, BGHZ 75, 178 = NJW 1980, 233; BGH 25.10.2010, NJW-RR 2011, 115 Rn. 22; BGH 5.7.2012, NZG 2012, 916 Rn. 27). Der Prozess wird bis zur Bestellung eines Nachtragsliquidators gem. § 241 ZPO unterbrochen, sofern keine anwaltliche Vertretung stattfindet, 246 ZPO (BGH 8.2.1993, BGHZ 121, 263 = NJW 1993, 1654). Bei anwaltlicher Vertretung kann der Prozess während der Bestellung eines Nachtragsliquidators fortgesetzt werden.

9 Im **Passivprozess** wird die Klage gegen die AG mit Löschung grundsätzlich unzulässig, weil sie parteiunfähig wird (BGH 5.4.1979, BGHZ 74, 212 = NJW 1979, 1592; BGH 6.2.1991, NJW-RR 1991, 660; BGH 25.10.2010, NJW-RR 2011, 115 Rn. 22; BGH 20.5.2015, NJW 2015, 2424 Rn. 19; aA BAG 9.7.1981, NJW 1982, 1831), außer es kommt eine **Nachtragsliquidation** in Frage. Das ist dann der Fall, wenn noch Vermögen vorhanden ist, wozu eine schlüssige Behauptung des Klägers genügt (BGH 29.9.1967, BGHZ 48, 303 = NJW 1968, 297; BGH 25.10.2010, NJW-RR 2011, 115 Rn. 22; BGH 5.7.2012, NZG 2012, 916 Rn. 27), oder wenn aus anderen Gründen Abwicklungsbedarf besteht, etwa weil die Klage auf eine Erklärung der AG gerichtet ist (BAG 9.7.1981, NJW 1982, 1831, → Rn. 13). Wertlose Aktiva oder Forderungen, in die nicht vollstreckt werden kann, genügen nicht (BGH 20.5.2015, NJW 2015, 2424 Rn. 19). Die Beweislast für Vermögenslosigkeit liegt bei der Gesellschaft, weil die Abwickler das Verfahren nach § 271 nicht eingehalten haben.

10 Von **vorhandenem Vermögen** ist auszugehen, wenn die Abwickler vor Prozesserledigung (oder Sicherheitsleistung) Vermögen verteilt haben (→ § 272 Rn. 6 und 7; BAG 4.6.2003, NZA 2003, 1049) oder wenn die Abwickler vor der Verteilung keine Abwicklungsschlussbilanz vorgelegt haben (BAG 4.6.2003, NZA 2003, 1049). Vorhandenes Vermögen ist auch ein **Kostenerstattungsanspruch** im laufenden Prozess (BGH 4.5.2004, BGHZ 159, 94 = NJW 2004, 2523; BGH 21.10.1985, NJW-RR 1986, 394; BGH 6.2.1991, NJW-RR 1991, 660; OLG München 6.7.2017, NZG 2017, 1071 Rn. 20), allerdings genügt der mit der Klageerhebung gegen die AG erworbene bedingte Kostenerstattungsanspruch, der für den Fall des Obsiegens besteht, noch nicht (BGH 10.10.2007, NJW 2008, 528 Rn. 8). Wenn die AG gegen eine Verurteilung ein Rechtsmittel einlegt, behauptet sie das Bestehen eines Kostenerstattungsanspruchs und damit Vermögen (BGH 4.5.2004, BGHZ 159, 94 = NJW 2004, 2523; BGH 6.2.1991, NJW-RR 1991, 660; verkannt bei OLG Oldenburg 29.6.1995, NJW-RR 1996, 161). Vermögen kann auch der Deckungsanspruch gegen einen Haftpflichtversicherer sein (OLG Frankfurt a. M. 14.10.2014, NZG 2015, 626 Rn. 23).In den Fällen, in denen der Kläger kein weiteres vorhandenes Vermögen der gelöschten AG behauptet und behaupten kann, muss er für erledigt erklären, weil die beklagte AG nicht mehr parteifähig ist (BGH 5.4.1979, BGHZ 74, 212 = NJW 1979, 1592; BGH 29.9.1981, NJW 1982, 238; OLG Rostock 28.6.2001, NJW-RR 2002, 828; aA OLG Koblenz 1.4.1998, NJW-RR 1999, 39; MüKoZPO/*Lindacher* ZPO § 50 Rn. 16; BeckOGK/*Bachmann,* 15.1.2020, Rn. 15). Vermögen in Form eines Kostenerstattungsanspruchs der AG kann der Kläger insbesondere nicht behaupten, wenn seiner Ansicht nach die Klage begründet ist. Auf sein Interesse an der Feststellung seiner Forderung kann kein sonstiges Abwicklungsinteresse gestützt werden, weil ihm durch die Entscheidung über die Erledigung genügt wird. Im Erledigungsstreit ist die gelöschte Gesellschaft als parteifähig zu behandeln (vgl. BGH 21.10.1985, NJW-RR 1986, 394). Wenn vom Fortbestand der Gesellschaft im Passivprozess auszugehen ist, wird der Prozess nicht nach § 241 ZPO unterbrochen, weil die Vollmacht nach § 86 ZPO fortwirkt (BayObLG 21.7.2004, NZG 2004, 1164; vgl. auch BGH 8.2.1993, BGHZ 121, 263 = NJW 1993, 1654). Dennoch ist ein Nachtragsliquidator zu bestellen (OLG Frankfurt a. M. 14.10.2014, NZG 2015, 626). Für die Kostenerstattung und -festsetzung ist die AG als fortbestehend anzusehen, auch wenn sie erloschen und die Klage unzulässig war (BGH 10.10.2007, NJW 2008, 528 Rn. 16).

III. Aufbewahrung von Unterlagen

11 **1. Aufbewahrung.** Aufzubewahren sind die in § 257 HGB genannten Unterlagen, das **Aktienregister** und **Unterlagen über die Abwicklung** (BayObLG 14.6.1967, NJW 1968, 56) einschließlich der Schlussrechnung. Die aufbewahrungspflichtigen Abwickler können dazu durch Zwangsgeld angehalten werden (§ 407). Die Abwickler sind auch nach Beendigung eines Insolvenzverfahrens auf-

bewahrungspflichtig (OLG Stuttgart 30.9.1998, NZG 1999, 31). Den Ort der Aufbewahrung bestimmt auf Vorschlag der Abwickler das Gericht. Die zehnjährige Aufbewahrungsfrist beginnt mit der Hinterlegung. Die Kosten der Aufbewahrung trägt die AG. Die Abwickler haben einen Verwahrungsvertrag abzuschließen (BeckOGK/*Bachmann,* 15.1.2020, Rn. 20; aA MüKoAktG/*J. Koch* Rn. 20, der ein öffentlich-rechtliches Verwahrungsverhältnis annimmt), nach dem sich die Höhe der aus dem Vermögen zurückzuhaltenden Kosten richtet.

2. Einsicht. Ein Einsichtsrecht steht nach Abs. 3 auch ohne Nachweis eines berechtigten Interesses (BeckOGK/*Bachmann,* 15.1.2020, Rn. 21; aA OLG Celle 22.1.2018, NZG 2018, 265 (266) zur GmbH; MüKoAktG/*J. Koch* Rn. 22) unberücksichtigten **Gläubigern** und ehemaligen **Aktionären** zu, soweit das Einsichtsrecht nicht missbraucht wird. Geschäftsgeheimnisse der gelöschten Gesellschaft stehen nicht mehr entgegen. Die vom Gericht gestattete Einsicht kann gemäß § 95 Abs. 1 Nr. 3 FamFG iVm § 888 ZPO unmittelbar beim Verwahrer erzwungen werden (MüKoAktG/*J. Koch* Rn. 28; aA – nach § 35 FamFG – KK-AktG/*Winnen* Rn. 21). Der Anspruch richtet sich nicht gegen die gelöschte AG oder gegen den Abwickler (OLG Hamm 8.5.2001, NJW-RR 2002, 324). Dritte können Einsicht nach § 810 BGB erhalten (MüKoAktG/*J. Koch* Rn. 24) und müssen sie ggf. durch Klage durchsetzen (MüKoAktG/*J. Koch* Rn. 27). 12

IV. Nachtragsliquidation

1. Abwicklungsbedarf. Wenn noch verwertbares Vermögen oder sonstiger Abwicklungsbedarf besteht, muss die AG trotz Löschung weiter abgewickelt werden. **Vermögen** besteht schon dann, wenn die gelöschte Gesellschaft durch Klageeinreichung einen entsprechenden Anspruch behauptet (BayObLG 23.9.1993, NJW-RR 1994, 230). Vermögen besteht auch dann, wenn ein Gläubiger durch die Abwickler vor der Verteilung übergangen worden ist, weil die Gesellschaft dann Ansprüche gegen die Gesellschafter oder Abwickler hat (BGH 10.10.1988, BGHZ 105, 259 = NJW1989, 220; BayObLG 21.7.2004, NZG 2004, 1164). **Sonstiger Abwicklungsbedarf** besteht, wenn ein Bedürfnis für die Tätigkeit eines Nachtragsliquidators besteht (BGH 10.10.1988, BGHZ 105, 259 = NJW1989, 220; BayObLG 21.7.2004, NZG 2004, 1164). Ein Abwicklungsbedarf besteht vor allem, wenn noch Erklärungen für die gelöschte Gesellschaft abzugeben sind wie Zustimmungen zur Eintragung ins Grundbuch (BGH 10.10.1988, BGHZ 105, 259 = NJW1989, 220; KG 7.7.1998, NZG 1999, 163), Löschungsbewilligungen (KG 13.2.2007, DB 2007, 851), Erklärungen im Hinterlegungsverfahren (OLG Frankfurt a. M. 15.7.1982, WM 1982, 1266), Zustellung einer öffentlich-rechtlichen Entscheidung wie eines Steuerbescheids oder Erfüllung steuerlicher Pflichten (BFH 1.10.1992, NJW 1993, 2133; OLG München 7.5.2008, DB 2008, 1311; BayObLG 31.5.1983, ZIP 1983, 938), Zeugniserteilung (KG 9.1.2001, GmbHR 2001, 252), Erstellung des Jahresabschlusses (OLG Stuttgart 7.12.1994, NJW-RR 1995, 805), Fortführung eines Prozesses (OLG Frankfurt a. M. 14.10.2014, NZG 2015, 626; KG 6.6.2018, AG 2019, 431 (432)), auch eines Anwaltsprozesses, wenn Bedarf für einen Vollstreckungsversuch besteht (aA BayObLG 21.7.2004, NZG 2004, 1164), nicht dagegen zur Gewährleistung des Einsichtsrechts nach Abs. 3 (OLG Hamm 8.5.2001, NJW-RR 2002, 324) oder zur Verteilung hinterlegter Beträge unter die Gesellschafter (KG 28.9.2018, NZG 2019, 1227). 13

2. Abwickler. a) Bestellungsverfahren. Für die Bestellung von Nachtragsabwicklern ist nach §§ 375 Nr. 3, 376 Abs. 1 FamFG, § 377 Abs. 1 FamFG das Registergericht des letzten Sitzes der Gesellschaft zuständig (BGH 8.1.2007, AG 2007, 166). Es wird auf formlosen **Antrag** eines Antragsberechtigten, nicht von Amts wegen tätig (OLG Bremen 12.2.2016, NZG 2016, 626 (627)). Antragsberechtigt sind frühere Aktionäre, die im Zeitpunkt der Löschung noch Aktionäre waren (OLG Jena 30.11.2000, NZG 2001, 417; KG 7.7.1998, NZG 1999, 163), Gesellschaftsgläubiger (OLG Jena 30.11.2000, NZG 2001, 417; KG 9.1.2001, GmbHR 2001, 252) oder frühere Organmitglieder, insbesondere Abwickler, sowie sonstige Personen, die an der Abgabe einer Erklärung der AG ein Interesse haben (OLG Jena 30.11.2000, NZG 2001, 417). Schon vor Löschung ausgeschiedene Aktionäre gehören nicht dazu (vgl. OLG Jena 30.11.2000, NZG 2001, 417). Die **Gesellschaft** ist **anzuhören,** sie wird dabei durch den früheren Abwickler vertreten (OLG München 26.7.2005, NJW-RR 2005, 1561). Das Gericht hat dem Antrag zu entsprechen, wenn es vom Abwicklungsbedarf überzeugt ist. Die bloße Behauptung des Antragstellers genügt nicht, es sind vielmehr konkrete Tatsachen vorzutragen, die noch Vermögen vermuten lassen oder einen Abwicklungsbedarf (KG 13.2.2007, DB 2007, 851; OLG Frankfurt a. M. 27.6.2005, NZG 2007, 431; KG 9.1.2001, GmbHR 2001, 252; OLG Stuttgart 24.3.1994, NJW-RR 1994, 1064). 14

b) Person. Die **Auswahl** des Abwicklers steht im Ermessen des Gerichts. Der frühere Liquidator wird nicht automatisch wieder Abwickler, sein Amt lebt nicht auf (BGH 2.6.2003, BGHZ 155, 121 – NJW 2003, 2676; 23.2.1970, BGHZ 53, 264 = WM 1970, 520; BayObLG 10.1.2001, NZG 2001, 408; OLG München 26.7.2005, NJW-RR 2005, 1561; OLG Hamm 8.5.2001, NJW-RR 2002, 324; OLG Stuttgart 7.12.1994, NJW-RR 1995, 805). Er ist nicht verpflichtet, das Amt wieder zu übernehmen 15

(KG 9.1.2001, GmbHR 2001, 252), ausgenommen es geht um eine Erklärung, die nur er abgeben kann, oder eine Handlung, die nur er vornehmen kann. Seiner nach Abs. 4 S. 1 möglichen Neubestellung steht in anderen Fällen regelmäßig die Gefahr entgegen, dass er nur im eigenen Interesse handelt (BGH 2.6.2003, BGHZ 155, 121 = NJW 2003, 2676). Wenn mit der Nachtragsliquidation Schadensersatzansprüche gegen ihn geltend gemacht werden sollen, scheidet seine Bestellung aus. Die Person des Nachtragsabwicklers kann in der Satzung nicht präjudiziert werden (BGH 2.6.2003, BGHZ 155, 121 = NJW 2003, 2676). Er kann aus wichtigem Grund, insbesondere wenn die Voraussetzungen für seine Bestellung fehlten, durch das Gericht wieder abberufen werden (§ 265 Abs. 3 analog) (KG 30.8.2005, NZG 2005, 934; OLG Köln 6.1.2003, NZG 2003, 340; OLG Jena 30.11.2000, NZG 2001, 417).

16 **c) Rechte und Pflichten.** Die Nachtragsliquidation ist auf den konkreten Abwicklungszweck zu beschränken (OLG München 7.5.2008, NZG 2008, 555; KG 7.7.1998, NZG 1999, 163; aA OLG Koblenz 9.3.2007, NZG 2007, 431), umfasst aber alle Maßnahmen, die zu diesem beschränkten Abwicklungszweck erforderlich sind. Die **Vertretungsmacht** ist entgegen § 269 entsprechend beschränkt (KG 7.7.1998, NZG 1999, 163; BayObLG 31.5.1983, ZIP 1983, 938). Über Abs. 4 S. 2 wird klargestellt, dass der Abwickler eine Vergütung erhält (§ 265 Abs. 4) (→ § 265 Rn. 11). Wenn kein Vermögen vorhanden ist, hat das Gericht die Bestellung von einem Kostenvorschuss abhängig zu machen (OLG Stuttgart 7.12.1994, NJW-RR 1995, 805). Er haftet entsprechend § 268 Abs. 2 iVm § 93 (BGH 24.7.2012, NZG 2012, 1076 Rn. 17). Der Nachtragsabwickler unterliegt nicht der Überwachung durch den Aufsichtsrat, der nicht mehr existiert.

17 **d) Eintragung.** Entsprechend § 266 Abs. 4 sind die **Nachtragsabwickler** einzutragen, soweit ihre Tätigkeit nicht ganz auf den Einzelfall beschränkt ist (OLG München 21.10.2010, NZG 2011, 38; MüKoAktG/*J. Koch* Rn. 40; aA BeckOGK/*Bachmann,* 15.1.2020, Rn. 32). Die AG ist dagegen nicht wieder einzutragen (BGH 23.2.1970, BGHZ 53, 264 = WM 1970, 520; OLG Hamm 8.5.2001, NJW-RR 2002, 324; BayObLG 10.1.2001, NZG 2001, 408; BayObLG 6.4.2000, NJW-RR 2000, 1348; offen BayObLG 14.10.1993, NJW 1994, 594; BayObLG 12.1.1995, NJW-RR 1996, 417). Eine Wiedereintragung kann auch nicht durch Löschung des Löschungsvermerks statt der Nachtragsabwicklung erreicht werden (OLG Hamm 8.5.2001, NJW-RR 2002, 324). Eine **Amtslöschung** des Löschungsvermerks soll allerdings bei schwerwiegenden Verfahrensfehlern in Frage kommen (BayObLG 12.1.1995, NJW-RR 1996, 417; BayObLG 6.4.2000, NJW-RR 2000, 1348; zur vorangegangenen Löschung nach § 394 FamFG: BayObLG 4.6.1997, NJW-RR 1998, 613; OLG Frankfurt a. M. 4.8.1997, NJW-RR 1998, 612; OLG Frankfurt a. M. 11.11.1992, GmbHR 1993, 298; OLG Hamm 12.11.1992, NJW-RR 1993, 547).

18 **3. Nachtragsabwicklung. a) Fortbestand der Gesellschaft.** Über die dogmatische Einordnung herrscht Streit. Teilweise wird wegen des zum Verlust der Rechtsfähigkeit erforderlichen Doppeltatbestandes von Vermögenslosigkeit und Löschung die AG als insgesamt fortbestehend (GroßkommAktG/*K. Schmidt* Rn. 2; K. Schmidt/Lutter/*Riesenhuber* Rn. 15), teilweise vermittelnd als teilrechtsfähige Nachgesellschaft fortbestehend (BeckOGK/*Bachmann,* 15.1.2020, § 262 Rn. 93; MüKoAktG/*J. Koch* Rn. 92) angesehen. Praktische Konsequenzen sollte der Streit nicht haben. Die Nachabwicklungsgesellschaft behält **Sitz und Firma** mit einem die Nachtragsabwicklung kennzeichnenden Zusatz (BeckOGK/*Bachmann,* 15.1.2020, Rn. 29). Nach Bestellung eines Nachtragsliquidators für die gelöschte Gesellschaft ist sie als partei- und prozessfähig zu betrachten, weil dieser Abwicklungszweck bereits im Bestellungsverfahren zu prüfen war. Die Regeln für bei Löschung laufende Verfahren (→ Rn. 8) sind nach der Bestellung von Nachtragsliquidatoren nicht mehr anwendbar (aA BeckOGK/*Bachmann,* 15.1.2020, Rn. 33).

19 **b) Organe.** Einziges Organ in der Nachtragsabwicklung ist der Abwickler. Weder Hauptversammlung noch Aufsichtsrat werden automatisch reaktiviert. Die Überwachung ist Aufgabe des Gerichts. Direktansprüche von Gläubigern, etwa nach § 93 Abs. 5, können auch außerhalb der Nachtragsabwicklung verfolgt werden (BeckOGK/*Bachmann,* 15.1.2020, Rn. 31).

20 **c) Abwicklung.** Der Nachtragsabwickler hat im Rahmen seiner Aufgabe das aufgefundene Vermögen zu verwerten. Der Vorrang der Gläubigerbefriedigung gilt auch in der Nachtragsabwicklung, sodass an Aktionäre nur verteilt werden kann, was nicht zur Befriedigung von Gläubigern benötigt wird. Eine **gleichmäßige Befriedigung** der Gläubiger ist aber nicht Aufgabe des Nachtragsabwicklers (BeckOGK/*Bachmann,* 15.1.2020, Rn. 31), sodass der einzelne Gläubiger, der einen Gegenstand aufgefunden hat und den Vorschuss geleistet hat, davon auch profitieren kann. Weder ist ein Gläubigeraufruf (§ 267) notwendig noch muss das Sperrjahr eingehalten werden (§ 272). Zu einer Eröffnungsbilanz, Jahresabschlüssen und einer Schlussbilanz (§ 270) besteht keine Verpflichtung. Am Ende der Nachtragsabwicklung hat der Abwickler den Schluss der Abwicklung anzumelden (§ 273 Abs. 1), damit endet sein Amt. Die Schlussrechnung ist überflüssig, weil sie nicht durch eine Hauptversammlung gebilligt werden kann. Eine Fortsetzung nach § 274 scheidet aus (→ § 274 Rn. 7).

V. Rechtsmittel

Die nach § 63 Abs. 1 FamFG befristete **Beschwerde** findet durch Abwickler (bis zur Löschung der AG als deren Vertreter) gegen die Bestimmung des **Aufenthaltsorts** nach Abs. 2 statt und gegen die Entscheidung über die **Akteneinsicht** durch den Antragsteller bzw. – bei Gestattung – durch den Abwickler (MüKoAktG/*J. Koch* Rn. 49). Die befristete Beschwerde findet außerdem statt gegen die **Bestellung von Nachtragsabwicklern** und als actus contrarius gegen deren Abberufung (OLG Köln 6.1.2003, NZG 2003, 340). Abs. 5 ist insoweit auch bei der GmbH entsprechend anzuwenden (BGH 10.12.2007, NJW-RR 2008, 482; OLG München 7.5.2008, NZG 2008, 555). Bei Ablehnung ist der Antragsteller beschwerdebefugt, wenn er in seinen Rechten beeinträchtigt ist, § 59 Abs. 1 und 2 FamFG (KG 28.9.2018, NZG 2019, 1227), bei Stattgabe die gelöschte AG, die dabei durch die früheren Abwickler vertreten wird (BayObLG 31.5.1983, ZIP 1983, 938; OLG München 26.7.2005, NJW-RR 2005, 1561; OLG Hamm 5.9.1996, NJW 1997, 32). Der Nachtragsabwickler kann aus eigenem Recht Beschwerde einlegen, wenn er mit seiner Bestellung nicht einverstanden ist (OLG Hamm 5.9.1996, NJW 1997, 32; aA BayObLG 12.6.1996, NJW-RR 1997, 419 wegen der Ablehnungsmöglichkeit), jedenfalls wenn Streit darum besteht, ob er zur Annahme verpflichtet ist (OLG München 7.5.2008, NZG 2008, 555). Der einzelne frühere Aktionär hat, wenn er nicht Antragsteller war, keine Beschwerdebefugnis (aA BeckOGK/*Bachmann,* 15.1.2020, Rn. 38). Auch der Schuldner, gegen den der Nachtragsabwickler vorgehen soll, hat keine Beschwerdebefugnis. Bei der Ablehnung einer Abberufung ist der Antragsteller, bei Erfolg der Nachtragsabwickler beschwerdebefugt (OLG Köln 6.1.2003, NZG 2003, 340). Gegen eine nachträgliche Beschränkung des Aufgabenbereichs ist der Liquidator beschwerdebefugt, weil sie einer Teilabberufung gleichkommt (OLG Düsseldorf 19.11.2013, NZG 2014, 230). Gegen die Entscheidung nach Abs. 1, mit der die Eintragung des Abwicklungsendes zurückgewiesen wird, findet nach Abs. 5 iVm § 63 Abs. 1 FamFG die befristete Beschwerde statt (BeckOGK/*Bachmann,* 15.1.2020, Rn. 36; MüKoAktG/*J. Koch* Rn. 49). 21

Fortsetzung einer aufgelösten Gesellschaft

274 (1) [1]**Ist eine Aktiengesellschaft durch Zeitablauf oder durch Beschluß der Hauptversammlung aufgelöst worden, so kann die Hauptversammlung, solange noch nicht mit der Verteilung des Vermögens unter die Aktionäre begonnen ist, die Fortsetzung der Gesellschaft beschließen.** [2]**Der Beschluß bedarf einer Mehrheit, die mindestens drei Viertel des bei der Beschlußfassung vertretenen Grundkapitals umfaßt.** [3]**Die Satzung kann eine größere Kapitalmehrheit und weitere Erfordernisse bestimmen.**

(2) **Gleiches gilt, wenn die Gesellschaft**

1. **durch die Eröffnung des Insolvenzverfahrens aufgelöst, das Verfahren aber auf Antrag des Schuldners eingestellt oder nach der Bestätigung eines Insolvenzplans, der den Fortbestand der Gesellschaft vorsieht, aufgehoben worden ist;**
2. **durch die gerichtliche Feststellung eines Mangels der Satzung nach § 262 Abs. 1 Nr. 5 aufgelöst worden ist, eine den Mangel behebende Satzungsänderung aber spätestens zugleich mit der Fortsetzung der Gesellschaft beschlossen wird.**

(3) [1]**Die Abwickler haben die Fortsetzung der Gesellschaft zur Eintragung in das Handelsregister anzumelden.** [2]**Sie haben bei der Anmeldung nachzuweisen, daß noch nicht mit der Verteilung des Vermögens der Gesellschaft unter die Aktionäre begonnen worden ist.**

(4) [1]**Der Fortsetzungsbeschluß wird erst wirksam, wenn er in das Handelsregister des Sitzes der Gesellschaft eingetragen worden ist.** [2]**Im Falle des Absatzes 2 Nr. 2 hat der Fortsetzungsbeschluß keine Wirkung, solange er und der Beschluß über die Satzungsänderung nicht in das Handelsregister des Sitzes der Gesellschaft eingetragen worden sind; die beiden Beschlüsse sollen nur zusammen in das Handelsregister eingetragen werden.**

I. Allgemeines

Mit der Fortsetzung wird der Zweck der Gesellschaft wieder in eine **werbende Gesellschaft** geändert. § 274 begrenzt die Fortsetzungsmöglichkeiten (BeckOGK/*Bachmann,* 15.1.2020, Rn. 2; MüKoAktG/*J. Koch* Rn. 2). Die Vorschrift verhindert die Umgehung von Gründungvorschriften und dient sowohl dem Schutz der Aktionäre als auch der Gläubiger (MüKoAktG/*J. Koch* Rn. 2). Auf die Fortsetzung der GmbH ist die Vorschrift entsprechend anwendbar (→ GmbHG § 60 Rn. 61). 1

II. Fortsetzungsvoraussetzungen

1. Fortsetzungsbeschluss. Die Fortsetzung setzt nach Abs. 1 einen ausdrücklichen Fortsetzungsbeschluss der Hauptversammlung mit einer **Dreiviertelmehrheit** (→ § 179 Rn. 14) voraus. Ein Be- 2 schluss über eine Kapitalerhöhung genügt nicht (BeckOGK/*Bachmann,* 15.1.2020, Rn. 4). Die Satzung kann eine größere Kapitalmehrheit verlangen (Abs. 1 S. 3), aber die notwendige Mehrheit nicht unter die Dreiviertelgrenze senken. Eine zusätzliche Satzungsänderung ist für die Fortsetzung nicht notwendig. Eine Pflicht, für die Fortsetzung zu stimmen, besteht grundsätzlich nicht; ausnahmsweise kann sie aus der Treuepflicht folgen. Eine Ausnahme vom Beschlusserfordernis für die Fortsetzung gilt für die Fortsetzung durch Verschmelzung auf eine aufnehmende werbende Gesellschaft (§ 3 Abs. 3 UmwG), wenn keine Fortsetzungshindernisse bestehen, nicht aber für den umgekehrten Fall einer Verschmelzung auf die aufgelöste AG (OLG Naumburg 12.2.1997, NJW-RR 1998, 178, → UmwG § 3 Rn. 12).

3 **2. Fortsetzungsvoraussetzungen.** Die Gesellschaft kann unabhängig vom Auflösungsgrund (BGH 8.4.2020, ZIP 2020, 1124 Rn. 38 zur Insolvenzeröffnung) nur fortgesetzt werden, solange noch **nicht** mit der **Verteilung des Vermögens** unter die Aktionäre begonnen worden ist. Danach kann die Fortsetzung auch nicht mehr nach Rückführung des bereits verteilten Vermögens beschlossen werden (MüKoAktG/*J. Koch* Rn. 20). Wenn kein verteilungsfähiges Vermögen vorhanden ist, ist eine Fortsetzung ausgeschlossen. Dagegen ist nicht erforderlich, dass das Grundkapital noch vollständig vorhanden ist, solange keine Überschuldung vorliegt (OLG Dresden 13.6.2001, ZIP 2001, 1539). Anders ist dies jedoch dann, wenn die Liquidationstätigkeit eingestellt war. Dann kann in der Fortsetzung eine wirtschaftliche Neugründung liegen, zu der das Stammkapital vorhanden sein muss (BGH 10.12.2013, NZG 2014, 264 Rn. 10).

4 **3. Fortsetzungshindernisse. a) Auflösung durch Zeitablauf oder durch Hauptversammlungsbeschluss (Abs. 1, § 262 Abs. 1 Nr. 1 und Nr. 2).** Die Fortsetzung unterliegt in diesen Fällen der freiwilligen Auflösung keiner weiteren Hindernisse, soweit nicht in der Satzung Beschränkungen enthalten sind (Abs. 1 S. 3).

5 **b) Auflösung durch Eröffnung des Insolvenzverfahrens (Abs. 2 Nr. 1, § 262 Abs. 1 Nr. 3).** Wenn der Auflösungsgrund in der Eröffnung des Insolvenzverfahrens liegt, kann die Gesellschaft nur fortgesetzt werden, wenn entweder das Verfahren auf Antrag der AG eingestellt wurde (§ 213 InsO) oder nach der Bestätigung eines **Insolvenzplans** nach § 258 InsO aufgehoben wurde. Der notwendige Fortsetzungsbeschluss kann vor Eintritt dieser Fortsetzungsbedingungen gefasst werden, insbesondere nach einem bedingten Plan (§ 249 InsO). Nachzahlungsansprüche von Vorzugsaktionären erlöschen, sofern im Insolvenzplan nichts Abweichendes geregelt ist (BGH, 15.4.2010, BGHZ 185, 206 = NZG 2011, 75 Rn. 30). In anderen Fällen ist eine Fortsetzung nach Eröffnung des Insolvenzverfahrens nicht möglich (BGH 28.4.2015, NZG 2015, 872 Rn. 9 ff. zur GmbH).

6 **c) Auflösung durch Feststellung eines Satzungsmangels (Abs. 2 Nr. 2, § 262 Abs. 1 Nr. 5).** Wenn die AG infolge eines Satzungsmangels nach § 399 FamFG aufgelöst wurde, muss spätestens mit dem Fortsetzungsbeschluss der Satzungsmangel durch eine **Satzungsänderung** behoben werden. Ein zuvor gefasster Fortsetzungsbeschluss ist nicht möglich. Abs. 2 Nr. 2 wird auf die Nichtigkeitserklärung der Satzung nach § 275 oder die Amtslöschung nach § 397 FamFG entsprechend angewendet (MüKoAktG/*J. Koch* Rn. 12).

7 **4. Ausschluss der Fortsetzung.** In anderen Fällen ist die Fortsetzung durch Fortsetzungsbeschluss ausgeschlossen (BeckOGK/*Bachmann,* 15.1.2020, Rn. 14). Das betrifft insbesondere die Auflösung durch Ablehnung der Insolvenzeröffnung mangels Masse (§ 262 Abs. 1 Nr. 4), durch Löschung wegen Vermögenslosigkeit (§ 262 Abs. 1 Nr. 6) und andere Fälle eines eröffneten Insolvenzverfahrens wie Einstellung mangels Masse (§ 207 InsO) (BGH 28.4.2015, NZG 2015, 872 Rn. 9 ff. zur GmbH; BGH 25.10.2002, NZG 2003, 532; OLG Köln 22.2.2010, NZG 2010, 507; BayObLG 12.1.1995, NJW-RR 1996, 417; BayObLG 14.10.1993, NJW 1994, 594; KG 22.9.1998, NJW-RR 1999, 475). Bei einer gelöschten AG steht eventuell vorhandenes Vermögen nur einer Nachtragsliquidation zur Verfügung. Die Fortsetzung ist auch bei einer wegen Gemeinwohlgefährdung nach § 396 gelöschten AG ausgeschlossen, nicht aber bei der allein aus öffentlich-rechtlichen Gründen, durch finanzaufsichtsrechtliche Maßnahme oder Vereinsverbot gelöschten AG nach Aufhebung des Verwaltungsaktes (BeckOGK/*Bachmann,* 15.1.2020, Rn. 16; MüKoAktG/*J. Koch* Rn. 12).

III. Pflichten der Abwickler

8 Die Abwickler müssen den Fortsetzungsbeschluss zur Eintragung anmelden; bei Fortsetzung nach Insolvenzeröffnung ist das Aufgabe des Vorstandes, der Insolvenzverwalter ist nicht zuständig (MüKoAktG/*J. Koch* Rn. 28). Die **Anmeldung** sollte mit der Mitteilung der neuen Vorstandsmitglieder verbunden werden. Der **Nachweis** erfordert idR eine Bescheinigung von Wirtschaftsprüfern; ausnahmsweise kann auch eine eidesstattliche Versicherung genügen (BeckOGK/*Bachmann,* 15.1.2020, Rn. 20; aA MüKoAktG/*J. Koch* Rn. 29). Falsche Angaben sind nach § 399 Abs. 1 Nr. 5 strafbewehrt.

IV. Eintragung

9 Das nach § 14 zuständige Registergericht prüft das Vorliegen der Voraussetzungen der Fortsetzung und trägt den **Fortsetzungsbeschluss** ein, wenn es die Überzeugung gewinnt, dass die Voraussetzungen vorliegen und keine Hindernisse entgegenstehen. Zusätzlich ist auch die Fortsetzung einzutragen (BeckOGK/*Bachmann,* 15.1.2020, Rn. 21; MüKoAktG/*J. Koch* Rn. 30 f.). Die Eintragung ist nach § 10 HGB bekannt zu machen. Bei der Fortsetzung nach Auflösung durch einen Satzungsmangel muss auch die Satzungsänderung zur Beseitigung des Satzungsmangels eingetragen werden, weil sie erst damit wirksam wird und das Fortsetzungshindernis entfällt (Abs. 4 S. 2).

V. Wirkungen

10 Der Fortsetzungsbeschluss wird erst mit seiner Eintragung wirksam, ein Fortsetzungsbeschluss nach Feststellung eines Satzungsmangels erst mit der Eintragung der Satzungsänderung (Abs. 4 S. 2). Damit ändert sich der Gesellschaftszweck, die AG wird wieder zu einer werbenden Gesellschaft. Das Amt der **Abwickler** und die **Liquidation enden** ohne Anmeldung nach § 266 (MüKoAktG/*J. Koch* Rn. 34). Entsprechend § 273 Abs. 1 haben die Abwickler Schlussrechnung zu legen. Hauptversammlung und Aufsichtsrat, die fortbestanden, gewinnen alle Kompetenzen der werbenden Gesellschaft zurück, deren Satzung weiter gilt. Der Vorstand, der Abwickler war, wird wieder Vorstand; iÜ muss der Aufsichtsrat ihn neu bestellen (MüKoAktG/*J. Koch* Rn. 35). Der Vorstand muss eine Eröffnungsbilanz erstellen (BeckOGK/*Bachmann,* 15.1.2020, Rn. 22; KK-AktG/*Winnen* Rn. 63).

Zweiter Abschnitt. Nichtigerklärung der Gesellschaft

Klage auf Nichtigerklärung

275 (1) [1] **Enthält die Satzung keine Bestimmungen über die Höhe des Grundkapitals oder über den Gegenstand des Unternehmens oder sind die Bestimmungen der Satzung über den Gegenstand des Unternehmens nichtig, so kann jeder Aktionär und jedes Mitglied des Vorstands und des Aufsichtsrats darauf klagen, daß die Gesellschaft für nichtig erklärt werde.** [2] **Auf andere Gründe kann die Klage nicht gestützt werden.**

(2) **Kann der Mangel nach § 276 geheilt werden, so kann die Klage erst erhoben werden, nachdem ein Klageberechtigter die Gesellschaft aufgefordert hat, den Mangel zu beseitigen, und sie binnen drei Monaten dieser Aufforderung nicht nachgekommen ist.**

(3) [1] **Die Klage muß binnen drei Jahren nach Eintragung der Gesellschaft erhoben werden.** [2] **Eine Löschung der Gesellschaft von Amts wegen nach § 397 Abs. 1 des Gesetzes über das Verfahren in Familiensachen und in den Angelegenheiten der freiwilligen Gerichtsbarkeit wird durch den Zeitablauf nicht ausgeschlossen.**

(4) [1] **Für die Anfechtung gelten § 246 Abs. 2 bis 4, §§ 247, 248 Abs. 1 Satz 1, §§ 248a, 249 Abs. 2 sinngemäß.** [2] **Der Vorstand hat eine beglaubigte Abschrift der Klage und das rechtskräftige Urteil zum Handelsregister einzureichen.** [3] **Die Nichtigkeit der Gesellschaft auf Grund rechtskräftigen Urteils ist einzutragen.**

I. Allgemeines

1 Die Vorschrift betrifft nach Eintragung festgestellte **Gründungsmängel.** Nach § 397 FamFG können sie zur Amtslöschung führen, iÜ bleibt nur die Klage nach § 275. Die Vorschrift soll vor allem den Rechtsverkehr schützen, weil sie die Möglichkeiten einschränkt, die Unwirksamkeit der Satzung und damit der AG nach Eintragung geltend zu machen (BeckOGK/*Bachmann,* 15.1.2020, Rn. 2; MüKoAktG/*J. Koch* Rn. 5). § 275 ist auf die eingetragene AG anwendbar, auch auf die durch Umwandlung (BeckOGK/*Bachmann,* 15.1.2020, Rn. 6; MüKoAktG/*J. Koch* Rn. 13) oder die durch eine unzulässige Eintragung, etwa ohne Anmeldung (MüKoAktG/*J. Koch* Rn. 11) entstandene Gesellschaft. § 75 GmbHG enthält eine Parallelvorschrift für die GmbH.

II. Satzungsmangel

2 **1. Höhe des Grundkapitals.** Die Nichtigkeitsklage ist nur eröffnet, wenn die Satzung überhaupt **keine Bestimmung** über die **Höhe des Grundkapitals** enthält. Ist sie unklar, nicht beziffert, lautet sie nicht auf Euro oder unterschreitet sie den Mindestnennbetrag (§§ 6, 7), scheidet die Nichtigkeitsklage aus, nur das Registergericht kann nach § 399 FamFG vorgehen.

3 **2. Unternehmensgegenstand.** Die Nichtigkeitsklage ist außerdem eröffnet, wenn die Satzungsbestimmungen über den **Unternehmensgegenstand fehlen oder nichtig** sind. Zum Unternehmens-

gegenstand wird auf → § 23 Rn. 13 verwiesen. Zur Nichtigkeit können nur Inhaltsmängel wie ein verbotener Gegenstand führen, nicht aber fehlende Individualisierung oder eine Abweichung des tatsächlichen Gewerbes vom statutarischen Unternehmensgegenstand (EuGH 13.11.1990, Slg. 1990, 4135). Die Vorratsgründung – Vermögensverwaltung als Unternehmensgegenstand – ist nicht verboten (BGH 16.3.1992, BGHZ 117, 323 = NJW 1992, 1824; BGH 9.12.2002, BGHZ 153, 158 = NJW 2003, 892).

4 **3. Sonstige Mängel.** Auf sonstige Mängel kann die Nichtigkeitsklage nach Abs. 1 S. 2 nicht gestützt werden. Mängel der Firma, des Sitzes, der Aktien oder des Vorstands könne daher nur nach § 399 FamFG zur Amtsauflösung führen oder nach § 256 ZPO mit der allgemeinen Feststellungsklage geltend gemacht werden (BeckOGK/*Bachmann,* 15.1.2020, Rn. 13; MüKoAktG/*J. Koch* Rn. 33).

III. Klage

5 **1. Klagebefugnis.** Klagebefugt sind **Aktionäre, Vorstands- und Aufsichtsratsmitglieder** (Abs. 1); dem Abwickler fehlt idR ein Rechtsschutzbedürfnis, weil § 275 auch nur zur Abwicklung führt (MüKoAktG/*J. Koch* Rn. 48; aA K. Schmidt/Lutter/*Riesenhuber* Rn. 10). Mehrere Kläger sind notwendige Streitgenossen (§ 62 Abs. 1 Fall 1 ZPO). Keine Klagebefugnis haben Dritte. Die Klage kann in den Fällen des § 276 (Mangel des Unternehmensgegenstandes) erst nach **Aufforderung zur Mangelbeseitigung** erhoben werden (Abs. 2). Die verfrühte Klage ist als derzeit unbegründet abzuweisen, es sei denn innerhalb der Dreimonatsfrist läuft die Klagefrist nach Abs. 3 ab (MüKoAktG/*J. Koch* Rn. 44). Mangelbeseitigung ist auch nach Klageerhebung noch möglich, der Kläger muss dann für erledigt erklären.

6 **2. Klagefrist.** Die Klage muss **binnen drei Jahren** nach der Eintragung erhoben werden. Die nach §§ 187 ff. BGB zu berechnende Frist ist eine materiell-rechtliche Ausschlussfrist, sodass weder Hemmung noch Wiedereinsetzung noch eine Fristverlängerung möglich sind (MüKoAktG/*J. Koch* Rn. 50). Zur Fristwahrung → § 246 Rn. 5 ff.

7 **3. Verfahren und Urteil.** Für das Verfahren verweist Abs. 4 auf die Vorschriften zur Anfechtungs- und Nichtigkeitsklage (s. §§ 246 ff.). Das rechtskräftige Urteil, das auf Nichtigerklärung lautet, bewirkt rechtsgestaltend nach § 277 die Auflösung der AG. Außerdem hat es nach Abs. 4 S. 1 iVm § 248 Abs. 1 S. 1 Rechtskraftwirkung für alle Aktionäre und Vorstandsmitglieder (→ § 248 Rn. 6). Das abweisende Urteil bindet nur die Parteien. Nach Abs. 4 S. 2 hat der Vorstand Klage und Urteil, auch das klageabweisende (MüKoAktG/*J. Koch* Rn. 60; aA – nur bei börsennotierten Gesellschaften – BeckOGK/*Bachmann,* 15.1.2020, Rn. 24), samt Rechtskraftzeugnis einzureichen. Wenn das Urteil die Gesellschaft für nichtig erklärt, ist dies einzutragen.

IV. Amtslöschung

8 **1. Voraussetzungen.** Nach § 397 FamFG kann eine AG als nichtig gelöscht werden, wenn die Voraussetzungen vorliegen, unter denen nach §§ 275, 276 die Klage auf Nichtigkeit erhoben werden kann. Erfasst sind die **Satzungsmängel** nach § 275 Abs. 1 S. 1 (→ Rn. 2 f.), dagegen nicht sonstige Mängel (→ Rn. 4). Voraussetzung ist auch, dass der Mangel nicht nach § 276 rechtzeitig geheilt ist, die Fristen von Abs. 2 und 3 gelten jedoch nicht (Abs. 3 S. 2). Das **öffentliche Interesse** an einer Löschung von Amts wegen kann aber durch Zeitablauf entfallen (MüKoAktG/*J. Koch* Rn. 67). Die Amtslöschung nach 397 FamFG ist von der Löschung nach § 395 FamFG wegen schwerer Verfahrensfehler zu unterscheiden. Antragsberechtigt für das Amtslöschungsverfahren sind nach § 397 Abs. 1 FamFG, § 395 Abs. 1 FamFG auch die berufsständischen Organe nach § 380 Abs. 1 FamFG.

9 **2. Verfahren.** Für das Verfahren gelten nach § 397 S. 1 FamFG die § 395 Abs. 2 und 3 FamFG, § 393 Abs. 3–5 FamFG. Zuständig ist das Registergericht (§ 395 Abs. 1 FamFG). Das Gericht hat danach die AG von der Löschungsabsicht zu informieren und eine angemessene Frist zum Widerspruch zu bestimmen (§ 395 Abs. 2 FamFG). Die Dauer der Frist ist nicht bestimmt; die Beschwerdefrist nach § 63 Abs. 1 FamFG ist wegen der Notwendigkeit, ggf. die Hauptversammlung einberufen zu müssen, zu knapp (MüKoFamFG/*Krafka* FamFG § 397 Rn. 17). Die Fristsetzung ersetzt die Aufforderung zur Mängelbeseitigung. Zum weiteren Verfahren wird auf → § 262 Rn. 9 verwiesen. Die Nichtigkeitsklage nach Abs. 1 bleibt daneben möglich. Die Amtslöschung erledigt sie; ein rechtskräftiges, die AG für nichtig erklärendes Urteil bindet den Registerrichter auch, wenn er zuvor die Amtslöschung abgelehnt hat, und führt zur Löschung. Dagegen führt das klagabweisende Urteil nicht zu einer Bindung (BeckOGK/*Bachmann,* 15.1.2020, Rn. 28; Hüffer/Koch/*Koch* Rn. 34; aA KK-AktG/*Winnen* Rn. 77).

Heilung von Mängeln

276 **Ein Mangel, der die Bestimmungen über den Gegenstand des Unternehmens betrifft, kann unter Beachtung der Bestimmungen des Gesetzes und der Satzung über Satzungsänderungen geheilt werden.**

I. Allgemeines

1 § 276 bezieht sich auf § 275, ermöglicht die **Heilung** durch Satzungsänderung und verhindert, dass die Satzung insgesamt neu errichtet werden muss. Auf die fehlende Bestimmung zum Grundkapital ist die Vorschrift nicht anwendbar (MüKoAktG/*J. Koch* Rn. 5).

II. Voraussetzungen

2 Die Heilung verlangt eine **Satzungsänderung** (§ 179). Der Vorstand ist verpflichtet, eine Hauptversammlung zur Satzungsänderung einzuberufen, wenn ein nach § 275 Abs. 1 S. 1 Klageberechtigter zur Mängelbeseitigung aufgefordert hat. Aufgrund der Treuepflicht können die Aktionäre ausnahmsweise zu einer solchen Satzungsänderung verpflichtet sein (BeckOGK/*Bachmann,* 15.1.2020, Rn. 6; MüKoAktG/*J. Koch* Rn. 10).

III. Rechtsfolgen der Satzänderung

3 Mit der Wirksamkeit der Satzänderung durch ihre Eintragung nach § 181 Abs. 3 wird die **Nichtigkeitsklage unbegründet** (§ 275 Abs. 1). Die erhobene Nichtigkeitsklage muss für erledigt erklärt werden; bereits nach dem Hauptversammlungsbeschluss kann das Gericht bis zur Eintragung nach § 148 ZPO das Verfahren aussetzen. Wenn der Nichtigkeitsklage bereits rechtskräftig stattgegeben wurde, kann zusammen mit der Satzungsänderung die Fortsetzung der aufgelösten Gesellschaft beschlossen werden, wenn noch nicht mit der Verteilung begonnen wurde (§ 274 Abs. 2) (MüKoAktG/*J. Koch* Rn. 11).

Wirkung der Eintragung der Nichtigkeit

277 (1) **Ist die Nichtigkeit einer Gesellschaft auf Grund rechtskräftigen Urteils oder einer Entscheidung des Registergerichts in das Handelsregister eingetragen, so findet die Abwicklung nach den Vorschriften über die Abwicklung bei Auflösung statt.**

(2) **Die Wirksamkeit der im Namen der Gesellschaft vorgenommenen Rechtsgeschäfte wird durch die Nichtigkeit nicht berührt.**

(3) **Die Gesellschafter haben die Einlagen zu leisten, soweit es zur Erfüllung der eingegangenen Verbindlichkeiten nötig ist.**

I. Allgemeines

1 § 277 ergänzt § 275 sowie § 397 FamFG und regelt die Rechtsfolge der erfolgreichen Nichtigkeitsklage bzw. Nichtigkeitsfeststellung.

II. Eintragung der Nichtigkeit

2 Der Vorstand muss nach § 275 Abs. 4 das **Nichtigkeitsurteil** zur Eintragung ins Handelsregister **anmelden.** Neben der Nichtigkeit der Gesellschaft wird die Auflösung eingetragen und nach § 10 HGB bekannt gemacht. Die Eintragung ist konstitutiv (BeckOGK/*Bachmann,* 15.1.2020, Rn. 7; MüKoAktG/*J. Koch* Rn. 5; aA – Wirkung mit Urteil – K. Schmidt/Lutter/*Riesenhuber* Rn. 2). Wenn dem Registergericht gleichzeitig eine nach § 276 heilende Satzungsänderung vorliegt, hat es von der Eintragung der Nichtigkeit und der Auflösung abzusehen (BeckOGK/*Bachmann,* 15.1.2020, Rn. 4; aA – nur Fortsetzungsbeschluss möglich – K. Schmidt/Lutter/*Riesenhuber* Rn. 3). Die **Amtslöschung** nach § 397 FamFG besteht in einer Eintragung, die die AG als nichtig bezeichnet. Mit ihr ist die Auflösung einzutragen.

III. Rechtsfolgen der Eintragung

3 Mit der Auflösung wandelt sich die AG in eine **Abwicklungsgesellschaft,** die nach den §§ 264 ff. abzuwickeln ist. Zeitpunkt der Auflösung und damit der Zweckänderung ist nach dem eindeutigen Wortlaut von § 277 Abs. 1 die Eintragung, auch bei der Nichtigkeitsklage nicht schon die Rechtskraft des Urteils (BeckOGK/*Bachmann,* 15.1.2020, Rn. 7; KK-AktG/*Winnen* Rn. 6; aA K. Schmidt/Lutter/*Riesenhuber* Rn. 2). War die Gesellschaft bereits aufgelöst, hat die Eintragung der Nichtigkeit keine

weiteren Folgen, außer dass im Fall der Fortsetzung neben dem Fortsetzungsbeschluss auch eine Satzungsänderung (§ 276) notwendig wird (BeckOGK/*Bachmann,* 15.1.2020, Rn. 6).

4 Für die **Abwicklung** gelten keine Besonderheiten. An die Stelle des Vorstands treten die Abwickler, die – falls nicht mit dem Vorstand identisch – ggf. mit der Anmeldung des Nichtigkeitsurteils bereits mitgeteilt werden können. Abs. 2, wonach die Wirksamkeit von Geschäften durch die Nichtigkeit nicht berührt wird, ist eine Selbstverständlichkeit. Auf die Rechtsfähigkeit der AG hat sie keine Auswirkungen. Das gleiche gilt für Abs. 3. Die Leistung von ausstehenden Einlagen richtet sich nach § 271 Abs. 3.

Zweites Buch. Kommanditgesellschaft auf Aktien

Wesen der Kommanditgesellschaft auf Aktien

278 (1) **Die Kommanditgesellschaft auf Aktien ist eine Gesellschaft mit eigener Rechtspersönlichkeit, bei der mindestens ein Gesellschafter den Gesellschaftsgläubigern unbeschränkt haftet (persönlich haftender Gesellschafter) und die übrigen an dem in Aktien zerlegten Grundkapital beteiligt sind, ohne persönlich für die Verbindlichkeiten der Gesellschaft zu haften (Kommanditaktionäre).**

(2) **Das Rechtsverhältnis der persönlich haftenden Gesellschafter untereinander und gegenüber der Gesamtheit der Kommanditaktionäre sowie gegenüber Dritten, namentlich die Befugnis der persönlich haftenden Gesellschafter zur Geschäftsführung und zur Vertretung der Gesellschaft, bestimmt sich nach den Vorschriften des Handelsgesetzbuchs über die Kommanditgesellschaft.**

(3) **Im übrigen gelten für die Kommanditgesellschaft auf Aktien, soweit sich aus den folgenden Vorschriften oder aus dem Fehlen eines Vorstands nichts anderes ergibt, die Vorschriften des Ersten Buchs über die Aktiengesellschaft sinngemäß.**

Übersicht

I. Allgemeines

1 **1. Rechtsnatur.** Die KGaA ist eine **Mischform** zwischen AG und KG. Gemäß § 278 Abs. 1 ist sie eine Gesellschaft mit eigener Rechtspersönlichkeit, bei der mindestens ein Gesellschafter, der sogenannte Komplementär, den Gesellschaftsgläubigern unbeschränkt haftet und die übrigen Gesellschafter an dem in Aktien zerlegten Grundkapital beteiligt sind, ohne persönlich für die Verbindlichkeiten der Gesellschaft zu haften (Kommanditaktionäre). Wie in der AG gibt es Aufsichtsrat und Hauptversammlung. An die Stelle des Vorstands treten jedoch der oder die persönlich haftenden Gesellschafter. Diese sind wie in der KG das Geschäftsführungs- und Vertretungsorgan der Gesellschaft. Dieser hybriden Natur entspricht die gesetzliche Regelung: Die §§ 278 ff. enthalten nur wenige Regelungen. Im Übrigen sind nach Abs. 3 grundsätzlich die Vorschriften über die AG sinngemäß anwendbar. Eine Ausnahme besteht für das Rechtsverhältnis der Komplementäre untereinander, gegenüber der Gesamtheit der Kommanditaktionäre sowie gegenüber Dritten: Hier gelten nach § 278 Abs. 2 die Vorschriften über die KG.

2 **2. Vor- und Nachteile.** Kennzeichnend für die KGaA ist ihre **personalistische Führungsstruktur.** Der Komplementär ist kraft seiner Gesellschafterstellung ohne zeitliche Begrenzung zur Leitung der Gesellschaft berufen. Selbst wenn die KGaA der Unternehmensmitbestimmung nach dem MitbestG unterliegt, hat der Aufsichtsrat keinen Einfluss auf die Besetzung der Geschäftsleitung, wie § 31 Abs. 1 S. 2 MitbestG klarstellt. Zudem gilt der Grundsatz der Satzungsstrenge (§ 23 Abs. 5) nicht, soweit nach § 278 Abs. 2 die Vorschriften über die KG anwendbar sind. Vielmehr besteht wegen § 163 HGB

partielle Gestaltungsfreiheit. Dem steht als Hauptnachteil die persönliche Haftung des Komplementärs gegenüber. Sie kann jedoch praktisch ausgeschlossen werden, wenn eine Kapitalgesellschaft wie zB eine GmbH als Komplementärin zwischengeschaltet wird. Ein weiteres Hindernis wird freilich vielfach in der Unübersichtlichkeit der gesetzlichen Regelung gesehen (BeckOGK/*Bachmann,* 15.1.2020, Rn. 7).

3. Praktische Bedeutung. Die praktische Bedeutung der KGaA ist bislang gering. Zwar ist nach Zulassung einer juristischen Person als Komplementär (→ Rn. 6) vielfach vertreten worden, dass die KGaA die ideale Rechtsform für börsenwillige Familienunternehmen darstelle, wenn die Familie durch den Börsengang den Einfluss auf das Unternehmen nicht verlieren wolle (*Hartel* DB 1992, 2329 (2330); *Hasselbach/Ebbinghaus* DB 2015, 1269 ff.; *Hennerkes/Lorz* DB 1997, 1388 (1394); s. auch *Reichert* ZIP 2014, 1957 ff.). Dennoch bleibt die Verbreitung der KGaA überschaubar. Derzeit bestehen ca. 300 Gesellschaften (näher *Fett/Stütz* NZG 2017, 1121 und BeckOGK/*Bachmann,* 15.1.2020, Rn. 13 mwN). 3

II. Wesen und Gesellschaftergruppen (Abs. 1)

1. Struktur. Die KGaA ist **als juristische Person rechtsfähig.** Sie ist nach § 278 Abs. 3, § 3 Abs. 1 Formkaufmann und besitzt nach § 278 Abs. 3, § 6 ein in Aktien zerlegtes Grundkapital. Nach § 278 Abs. 1 besteht sie zwingend aus zwei Gesellschaftergruppen, den Kommanditaktionären und mindestens einem Komplementär. Kommanditisten iSv § 161 HGB sind als dritte Gesellschaftergruppe nicht statthaft (Hüffer/Koch/*Koch* Rn. 5). Die Komplementäre können sich aber gleichzeitig als Kommanditaktionäre an der Gesellschaft beteiligen. Möglich ist daher eine **Einpersonengesellschaft,** bei der der einzige Komplementär zugleich alle Kommanditaktien hält (MüKoAktG/*Perlitt* § 280 Rn. 10; Grigoleit/*Servatius* Rn. 3). Daneben können sich die Komplementäre mit einer nicht auf das Grundkapital geleisteten Vermögenseinlage beteiligen (→ § 281 Rn. 3). 4

2. Organe. Die Organe der KGaA sind der oder die Komplementäre und – gem. § 278 Abs. 3 – der Aufsichtsrat als Kontrollorgan sowie die Hauptversammlung. Die in § 278 Abs. 2 – und § 287 Abs. 2 – genannte „Gesamtheit der Kommanditaktionäre" ist kein weiteres Organ der Gesellschaft und auch kein rechtsfähiger Verband. Die Gesamtheit der Kommanditaktionäre ist vielmehr organisatorisch in der Hauptversammlung zusammengefasst, die neben den aktien- auch die kommanditrechtlichen Befugnisse wahrnimmt (KK-AktG/*Mertens/Cahn* Rn. 49). Die Verwendung des Begriffs ist allein historisch zu erklären (K. Schmidt/Lutter/*K. Schmidt* Rn. 10). Dagegen ist es zulässig, als weiteres Organ in der KGaA einen **Beirat** oder Gesellschafterausschuss einzurichten (s. *Habersack* FS Hellwig, 2010, 143; *Schnorbus* Liber amicorum M. Winter, 2011, 627). Zweck eines solchen Beirats kann es sein, den Aufsichtsrat von seiner Ausführungs- und Vertretungskompetenz nach § 287 Abs. 1 und 2 zu befreien und damit Konflikten vorzubeugen, die sich aus seiner Doppelfunktion als im Unternehmensinteresse agierendes Überwachungsorgan und als Interessenvertretung der Kommanditaktionäre ergeben können (MüKoAktG/*Perlitt* § 287 Rn. 80 f.). Zwingende Befugnisse anderer Organe wie etwa die nach § 278 Abs. 3, § 23 Abs. 5 zwingend dem Aufsichtsrat zugewiesene Überwachungsaufgabe dürfen einem Beirat aber nicht übertragen werden (GroßkommAktG/*Assmann/Sethe* § 287 Rn. 96). 5

3. Komplementär. Jede natürliche Person kann Komplementär sein. Dabei spielt die Geschäftsfähigkeit keine Rolle, auch wenn es sich um einen geschäftsführungsbefugten Komplementär handelt (str., BeckOGK/*Bachmann,* 15.1.2020, Rn. 41; aA KK-AktG/*Mertens/Cahn* Rn. 16). Wenn auch im Personengesellschaftsrecht geschäftsunfähige Personen Gesellschafter werden können (vgl. MüKoHGB/*K. Schmidt* § 105 Rn. 83), kann wegen § 278 Abs. 2 für die KGaA nichts anderes gelten. Seit der Entscheidung des BGH vom 24.2.1997 (BGHZ 134, 392 = NJW 1997, 1923) ist zudem geklärt, dass auch **Körperschaften und Personenhandelsgesellschaften Komplementäre** sein können; dies hat der Gesetzgeber durch Schaffung des § 279 Abs. 2 inzwischen nachvollzogen. Komplementäre können damit etwa AG, SE (dazu *Mayer-Uellner/Otte* NZG 2015, 737 ff.; *Seibt/v. Rimon* AG 2019, 753), KGaA, GmbH, UG (haftungsbeschränkt), eV, eG, eine GmbH & Co. KG und eine Auslandsgesellschaft sein (K. Schmidt/Lutter/*K. Schmidt* Rn. 21). Gleiches sollte für Außengesellschaften bürgerlichen Rechts gelten (K. Schmidt/Lutter/*K. Schmidt* Rn. 20; zu Folgefragen *Heinze* DNotZ 2012, 426 ff.). Die Komplementärsrechte werden in diesem Fall vom zuständigen Organ der beteiligten Gesellschaft wahrgenommen. Zu beachten ist freilich, dass die §§ 278 ff. nicht auf Körperschaften als Komplementär zugeschnitten sind und daher gelegentlich modifiziert angewendet werden müssen (eingehend *Arnold* GmbH & Co. KGaA). Insbesondere hat bereits der BGH (BGH 24.2.1997, BGHZ 134, 392 (399 f.) = NJW 1997, 1923 (1925)) angedeutet, dass Satzungsgestaltungen zulasten der Kommanditaktionäre bei derartigen Gesellschaften nur in engerem Umfang zulässig sein könnten. Eine derartige **Inhaltskontrolle** ist im Einzelfall tatsächlich geboten, da die Kommanditaktionäre bei der Übertragung von Rechten auf eine Körperschaft als Komplementär – anders als bei einer natürlichen Person – nicht absehen können, wer diese später wahrnehmen wird (str., *Arnold* GmbH & Co. KGaA 56 ff.; für eine 6

Inhaltskontrolle auch *Ihrig/Schlitt* in Ulmer, Die GmbH & Co. KGaA nach dem Beschluß BGHZ 134, 392, ZHR-Sonderheft 67/1998, 33 (57 ff.); BeckOGK/*Bachmann,* 15.1.2020, Rn. 32; aA *Herfs* VGR 1999, 23 (32 ff.); GroßkommAktG/*Assmann/Sethe* Rn. 7; KK-AktG/*Mertens/Cahn* Vor § 278 Rn. 16).

7 Erworben wird die Komplementärsstellung entweder bei der Gründung oder durch späteren Beitritt, der eine **Satzungsänderung** darstellt und sowohl der Zustimmung der Hauptversammlung (§ 179) als auch der Komplementäre (§ 285 Abs. 2) bedarf; abw. Satzungsregeln sind möglich (eingehend KK-AktG/*Mertens/Cahn* Rn. 23 f.). Möglich ist mit Zustimmung der Komplementäre und der Hauptversammlung auch eine Übertragung der Komplementärsstellung (BeckOGK/*Bachmann,* 15.1.2020, Rn. 55). Zum Ausscheiden → § 289 Rn. 4 f.

8 **4. Kommanditaktionäre.** Die Rechtsstellung der Kommanditaktionäre entspricht grundsätzlich der der Aktionäre in der AG. Wegen § 278 Abs. 1 trifft sie keine Haftung nach §§ 171 f. HGB. Auch wird § 166 HGB durch die aktienrechtlichen Prüfungsrechte des Aufsichtsrats und der HV bei der KGaA praktisch überlagert (MüKoAktG/*Perlitt* Rn. 218). Das Auskunftsrecht nach § 131 erstreckt sich auch auf Angelegenheiten einer Komplementärgesellschaft, soweit dies zur sachgerechten Beurteilung eines Tagesordnungspunkts erforderlich ist (*Arnold* GmbH & Co. KGaA 140; GroßkommAktG/*Assmann/Sethe* Rn. 83). Ferner gelten auch die Einschränkungen nach § 131 Abs. 2 Nr. 3 und 4 nicht, da nach § 286 die HV für die Feststellung des Jahresabschlusses zuständig ist (BeckOGK/*Bachmann,* 15.1.2020, § 285 Rn. 11).

III. Das Rechtsverhältnis der Komplementäre (Abs. 2)

9 **1. Allgemeines.** Nach Abs. 2 bestimmt sich das Rechtsverhältnis des persönlich haftenden Gesellschafters gegenüber der Gesamtheit der Kommanditaktionäre und Dritten nach den Vorschriften des HGB über die KG. Der Komplementär ist damit nach § 161 Abs. 2 HGB, §§ 114 f., 125 HGB das geborene Geschäftsführungs- und Vertretungsorgan der Gesellschaft. Ihm können Aufwendungsersatzansprüche nach § 110 HGB gegen die Gesellschaft zustehen, und er hat nach § 168 HGB ein Recht auf Gewinnbeteiligung; insoweit werden die Einzelheiten regelmäßig in der Satzung geregelt. Hauptpflicht ist die persönliche Haftung (§ 161 Abs. 2 HGB, § 128 HGB). Eintretende Komplementäre haften nach § 130 HGB, austretende haften nach § 160 HGB nach. Weitere Pflichten ergeben sich aus §§ 283 f. Im Übrigen soll der Komplementär nach älterer Auffassung Kaufmann sein (Baumbach/Hueck/*Hueck* Rn. 2). Nach neuerer, zutreffender Auffassung gilt dies aber nur eingeschränkt. Der Komplementär ist nur partiell für den Bereich der KGaA Kaufmann (BeckOGK/*Bachmann,* 15.1.2020, Rn. 52; MüKoAktG/*Perlitt* Rn. 41).

10 **2. Geschäftsführung und Grundlagengeschäfte.** Während den Komplementären nach §§ 125 f. HGB umfassende Vertretungsmacht zusteht, ist ihre Geschäftsführungsbefugnis gem. § 278 Abs. 3, § 116 HGB auf Handlungen beschränkt, die der Betrieb eines Handelsgewerbes gewöhnlich mit sich bringt. Bei außergewöhnlichen Geschäften ist § 164 HGB zu beachten, der auch bei der KGaA erweiternd als **Zustimmungserfordernis** verstanden wird (Hüffer/Koch/*Koch* Rn. 13). Erst recht bedürfen Grundlagengeschäfte, die die Struktur der Gesellschaft verändern, eines übereinstimmenden Beschlusses aller Gesellschafter, also der Komplementäre und der Gesamtheit der Kommanditaktionäre. Die Mitwirkungsbefugnis der Komplementäre bei derartigen Beschlüssen sichert § 285 Abs. 2 S. 1.

11 Die Vorschriften zur Geschäftsführung sind dispositiv. Zulässig ist es, die Geschäftsführungsbefugnis der Komplementäre einzuschränken oder einzelne Komplementäre von der Geschäftsführung auszuschließen. Häufiger dürften Erweiterungen der Geschäftsführungsbefugnis der Komplementäre sein. Sie sind grundsätzlich auch zulässig. Insbesondere soll es möglich sein, **§ 164 HGB abzubedingen** (MüKoAktG/*Perlitt* Rn. 230). Bei **Grundlagengeschäften** ist zu differenzieren: Für Gegenstände, die dem Aktienrecht unterfallen (zB Kapitalerhöhungen), besteht nach Abs. 3 iVm der jeweiligen zwingenden aktienrechtlichen Norm keine Satzungsautonomie (GroßkommAktG/*Sethe/Assmann* Rn. 124). Soweit das HGB betroffen ist (zB Aufnahme neuer Komplementäre, Veränderungen der Vermögenseinlage), soll dagegen grundsätzlich eine Einschränkung des Zustimmungsrechts der Kommanditaktionäre möglich sein (KK-AktG/*Mertens/Cahn* Rn. 91; enger BeckOGK/*Bachmann,* 15.1.2020, Rn. 74: nur Verlagerung auf den Aufsichtsrat möglich).

12 Offen ist, ob auf die KGaA die **Holzmüller/Gelatine**-Grundsätze (BGH 25.2.1982, BGHZ 83, 122 (133 ff.) = NJW 1982, 1703; BGH 26.4.2004, BGHZ 159, 30 ff. = NJW 2004, 1860) Anwendung finden, nach denen Umstrukturierungen wie etwa die Ausgliederung des wertvollsten Teilbetriebs der Zustimmung der HV bedürfen, wenn sie Veränderungen nach sich ziehen, die denen zumindest nahe kommen, die nur durch eine Satzungsänderung herbeigeführt werden können (so Hüffer/Koch/*Koch* Rn. 17a; K. Schmidt/Lutter/*K. Schmidt* Rn. 39; *Ihrig/Schlitt* in Ulmer, Die GmbH & Co. KGaA nach dem Beschluß BGHZ 134, 392, ZHR-Sonderheft 67/1998, 33 (69); aA Grigoleit/*Servatius* Rn. 10; *Fett/Förl* NZG 2004, 210 ff.). Der Streit beruht darauf, dass unklar ist, ob solche Strukturänderungen als aktien- oder personengesellschaftsrechtlich zu qualifizieren sind (für letzteres offenbar OLG Stuttgart 14.5.2003, NZG 2003, 778 (783), das die Frage aber offenlassen konnte). Da die ungeschriebenen

Zuständigkeiten der HV aus der Parallele zu Strukturänderungen abgeleitet werden, die auch in der KGaA einen Beschluss der HV voraussetzen, müssen sie auch für die KGaA gelten (BeckOGK/*Bachmann,* 15.1.2020, Rn. 76 f.). § 179a, nach dem bei AG Verträge über die Übertragung des gesamten Gesellschaftsvermögens der Zustimmung der Hauptversammlung bedürfen, ist dagegen auf die KGaA nicht anwendbar (*Bergmann* FS Vetter, 2019, 79 (81 ff.); aA *Bachmann* FS Marsch-Barner, 2018, 13 (17)); denn die Vorschrift beschränkt der Sache nach die Vertretungsmacht der Geschäftsleitung, die sich in der KGaA aber gem. § 278 Abs. 2 nach den Vorschriften des HGB über die KG bestimmt. Im Personengesellschaftsrecht dürfte § 179a aber, nachdem der BGH auch eine analoge Anwendung auf die GmbH verneint hat (BGH 8.1.2019, NJW 2019, 1512 Rn. 14), wohl nicht entsprechend gelten (anders für § 361 aF noch BGH 9.1.1995, NJW 1995, 596).

Unklar ist, ob in der GmbH & Co. KGaA § 164 HGB ersatzlos abbedungen werden kann. Der BGH (BGH 24.2.1997, BGHZ 134, 392 (399 f.) = NJW 1997, 1923, 1925) hat angedeutet, dass derartige Regelungen einer Inhaltskontrolle nicht standhalten könnten. Die überwiegende Auffassung steht dem freilich abl. gegenüber (KK-AktG/*Mertens/Cahn* Rn. 86; MüKoAktG/*Perlitt* Rn. 359 f.; BeckOGK/*Bachmann,* 15.1.2020, Rn. 68). Doch erscheint aus den in Rn. 6 genannten Gründen eine derartige Beschränkung der Satzungsautonomie geboten (eingehend *Arnold* GmbH & Co. KGaA 65 ff.; *Ihrig/Schlitt* in Ulmer, Die GmbH & Co. KGaA nach dem Beschluß BGHZ 134, 392, ZHR-Sonderheft 67/1998, 33 (64 ff.)). Freilich ist nur der **vollständige Ausschluss des Zustimmungsvorbehalts,** nicht aber etwa dessen Übertragung auf den Aufsichtsrat oder einen Beirat unzulässig. 13

Dem Komplementär kann die Geschäftsführungs- und Vertretungsbefugnis nach Abs. 2 iVm §§ 117, 127, 161 Abs. 2 HGB aus wichtigem Grund entzogen werden. Voraussetzung ist ein entsprechender Hauptversammlungsbeschluss (BGH 15.12.2015, BeckRS 2016, 00462). In Betracht kommt ein derartiges Vorgehen auch gegenüber dem einzigen geschäftsführungs- und vertretungsberechtigten Komplementär (RG 24.10.1910, RGZ 74, 297 (299 ff.); BGH 15.12.2015, BeckRS 2016, 00462). Die übrigen Gesellschafter sind aber nicht berechtigt, im Wege eines sog. **„Abberufungsdurchgriffs"** den Geschäftsleiter einer Komplementärgesellschaft abzuberufen (*Arnold* GmbH & Co. KGaA 83 ff.; MüKo-AktG/*Perlitt* Rn. 372; *Fett/Stütz* NZG 2017, 1121 (1126); *Marsch-Barner* FS Hoffmann-Becking, 2013, 777 (789); aA K. Schmidt/Lutter/*K. Schmidt* § 287 Rn 22; *Schaumburg* DStZ 1998, 525 (531)). 14

IV. Anwendbarkeit aktienrechtlicher Vorschriften (Abs. 3)

Nach Abs. 3 sind die aktienrechtlichen Vorschriften des ersten Buches auf die KGaA anwendbar, soweit sich aus Abs. 2, §§ 279–290 und dem Fehlen eines Vorstands nichts Abweichendes ergibt. Anwendbar sind damit zB die Vorschriften über die Gründung und Kapitalerhöhung (zur verdeckten Sacheinlage OLG Dresden 12.1.2017, NZG 2017, 985), den Aufsichtsrat, Geschäfte mit nahestehenden Personen (dazu RegE ARUG II, BT-Drs. 19/9739, 79 und → § 288 Rn. 3), die Hauptversammlung und die Rechtsstellung des einzelnen Aktionärs. Insoweit gilt auch § 23 Abs. 5 und damit der **Grundsatz der Satzungsstrenge.** Nicht gesondert verwiesen wird dagegen auf das dritte Buch. Doch schließen die konzernrechtlichen Vorschriften die KGaA ausdrücklich in ihren Anwendungsbereich ein (vgl. § 291 Abs. 1, § 311 Abs. 1, § 327a Abs. 1, § 328 Abs. 1). Dies gilt allerdings nicht für die Eingliederung (für eine Anwendbarkeit aber K. Schmidt/Lutter/*K. Schmidt* Rn. 47). Im Übrigen sind auch die Vorschriften des vierten Buchs regelmäßig anwendbar, vgl. §§ 396, 408. 15

Firma

279 (1) **Die Firma der Kommanditgesellschaft auf Aktien muß, auch wenn sie nach § 22 des Handelsgesetzbuchs oder nach anderen gesetzlichen Vorschriften fortgeführt wird, die Bezeichnung „Kommanditgesellschaft auf Aktien" oder eine allgemein verständliche Abkürzung dieser Bezeichnung enthalten.**

(2) **Wenn in der Gesellschaft keine natürliche Person persönlich haftet, muß die Firma, auch wenn sie nach § 22 des Handelsgesetzbuchs oder nach anderen gesetzlichen Vorschriften fortgeführt wird, eine Bezeichnung enthalten, welche die Haftungsbeschränkung kennzeichnet.**

Die § 4 entsprechende Vorschrift regelt nur die Notwendigkeit eines Rechtsformzusatzes. Für die Bildung der Firma gelten iÜ die §§ 18 ff. HGB. Zulässig sind demnach **Sach-, Personal- und Phantasiefirmen.** Unklar ist allein, ob – außerhalb des § 22 HGB – die Firma auch den Namen eines Kommanditaktionärs enthalten darf (zurückhaltend BeckOGK/*Bachmann,* 15.1.2020, Rn. 3; dafür Grigoleit/*Servatius* Rn. 3). Doch wird man hierin idR keinen Verstoß gegen § 18 Abs. 2 HGB sehen können, da der Rechtsverkehr nach dem HRRefG nicht mehr damit rechnen kann, dass ein Name in der Firma auf einen persönlich haftenden Gesellschafter verweist (so für die KG OLG Saarbrücken 25.2.2006, NJW-RR 2006, 902). 1

2 Der nach Abs. 1 erforderliche Rechtsformzusatz kann dem Firmenkern auch vorangehen und muss **nicht ausgeschrieben** sein. Zulässig sind etwa „Kommanditgesellschaft aA", „KG auf Aktien" und „KGaA". Ungebräuchlich und daher unzulässig sind dagegen Begriffe wie „Kommanditaktiengesellschaft", „Aktienkommanditgesellschaft" oder Abkürzungen wie „KGA", „Komm AG" und „KoAG". Gleichfalls ist das Kürzel „KAG" unzulässig, da es auch für die Kapitalanlagegesellschaft stand (im einzelnen MüKoAktG/*Perlitt* Rn. 4).

3 Abs. 2 entspricht weitgehend § 19 Abs. 2 HGB und betrifft den Fall, dass auf keiner Stufe eine natürliche Person für die Schulden der KGaA haftet. Ein Zusatz ist also auch dann entbehrlich, wenn in der Komplementärgesellschaft eine natürliche Person unbeschränkt haftet. Für den Haftungsbeschränkungszusatz genügt es, wenn der Rechtsformzusatz des Komplementärs in die Firma aufgenommen wird. Ein unmittelbares Zusammentreffen beider Rechtsformzusätze ist jedoch wegen Irreführungsgefahr unzulässig. Eine KGaA mit einer GmbH als einziger Komplementärin muss daher als **„GmbH & Co. KGaA"** firmieren. Dies genügt auch, wenn eine GmbH & Co. KG Komplementärin ist. Irreführend und damit unzulässig dürfte die Firmierung als „KGaA mbH" sein (ausführlich GroßkommAktG/*Assmann/Sethe* Rn. 17 ff.).

Feststellung der Satzung. Gründer

280 (1) [1] **Die Satzung muß durch notarielle Beurkundung festgestellt werden.** [2] **In der Urkunde sind bei Nennbetragsaktien der Nennbetrag, bei Stückaktien die Zahl, der Ausgabebetrag und, wenn mehrere Gattungen bestehen, die Gattung der Aktien anzugeben, die jeder Beteiligte übernimmt.** [3] **Bevollmächtigte bedürfen einer notariell beglaubigten Vollmacht.**

(2) [1] **Alle persönlich haftenden Gesellschafter müssen sich bei der Feststellung der Satzung beteiligen.** [2] **Außer ihnen müssen die Personen mitwirken, die als Kommanditaktionäre Aktien gegen Einlagen übernehmen.**

(3) **Die Gesellschafter, die die Satzung festgestellt haben, sind die Gründer der Gesellschaft.**

1 §§ 280–282 enthalten Sonderregeln für die Gründung der KGaA. Sie modifizieren die iÜ gem. § 278 Abs. 3 anwendbaren §§ 6–13, 23–53. Abs. 1 hat dabei nur klarstellenden Charakter, da er mit § 23 Abs. 1, 2 Nr. 2 übereinstimmt. Die zusätzliche Anordnung, dass die Satzung von mindestens fünf Personen festgestellt werden muss, ist durch das UMAG gestrichen worden. Damit ist auch bei der KGaA eine **Einpersonengründung** möglich, wenn der einzige Komplementär gleichzeitig alle Kommanditaktien übernimmt. Dem steht auch § 285 Abs. 1 S. 2 nicht entgegen, der den Komplementär in bestimmten Fällen von der Stimmabgabe ausschließt. Die HV wird dadurch nicht handlungsunfähig, da die Norm bei der Einpersonengesellschaft mangels Interessenkollision keine Anwendung findet (KK-AktG/*Mertens/Cahn* Rn. 6).

2 An der Feststellung der Satzung müssen sich nach Abs. 2 alle Komplementäre und Kommanditaktionäre beteiligen; sie sind nach Abs. 3 die Gründer der Gesellschaft. Für die weiteren Gründungsschritte gelten die aktienrechtlichen Regeln. Zu beachten ist, dass nach § 283 Nr. 2 die Komplementäre an der Gründungsprüfung teilnehmen und damit nach § 33 Abs. 2 Nr. 1 auch eine externe Gründungsprüfung notwendig ist (BeckOGK/*Bachmann,* 15.1.2020, Rn. 8 f.; Grigoleit/*Servatius* Rn. 10).

Inhalt der Satzung

281 (1) **Die Satzung muß außer den Festsetzungen nach § 23 Abs. 3 und 4 den Namen, Vornamen und Wohnort jedes persönlich haftenden Gesellschafters enthalten.**

(2) **Vermögenseinlagen der persönlich haftenden Gesellschafter müssen, wenn sie nicht auf das Grundkapital geleistet werden, nach Höhe und Art in der Satzung festgesetzt werden.**

1 Die Vorschrift ergänzt im Hinblick auf den notwendigen Inhalt der Satzung den grundsätzlich auch bei der KGaA anwendbaren § 23 Abs. 3 und 4. Da Angaben über den Vorstand (§ 23 Abs. 3 Nr. 6) bei der KGaA nicht in Betracht kommen, sieht Abs. 1 stattdessen vor, dass Name, Vorname und Wohnort jedes Komplementärs anzugeben sind. Ist eine Gesellschaft Komplementärin, sind deren Firma und Sitz einzutragen (KK-AktG/*Mertens/Cahn* Rn. 4).

2 Für **Satzungsänderungen** gelten grundsätzlich die §§ 179 ff. Satzungsänderungen personengesellschaftsrechtlichen Inhalts (zB Geschäftsführung, Erhöhung der Einlage, Aufnahme neuer Komplementäre) können aber auch auf andere Organe übertragen werden. Unklar ist, ob bei einer Beteiligung der HV in diesem Fall das Mehrheitserfordernis des § 179 disponibel ist (so *Cahn* AG 2001, 579 (582)) oder sogar von vornherein nur § 133 gilt (NK-AktR/*Wichert* Rn. 23; *Fett/Stütz* NZG 2017, 1121 (1127)). Richtigerweise ist aber auch hier § 179 zwingend, weil die Willensbildung der Gesamtheit der Kom-

manditaktionäre nicht dem Personengesellschaftsrecht unterliegt und daher für Satzungsänderungen § 179 Abs. 2 gilt (GroßkommAktG/*Assmann/Sethe* § 278 Rn. 99; K. Schmidt/Lutter/*K. Schmidt* Rn. 15).

3 Der Komplementär kann sich mit einer nicht auf das Grundkapital geleisteten Vermögenseinlage beteiligen, die insbes. für seine Gewinnbeteiligung von Bedeutung ist (§ 278 Abs. 2 iVm §§ 168, 121 HGB). Da die Einlage schon nach ihrem Begriff einen Vermögenswert haben soll, gilt § 27, und Dienstleistungen können nicht eingelegt werden (str., KK-AktG/*Mertens/Cahn* Rn. 10; Grigoleit/*Servatius* Rn. 8; aA MüKoAktG/*Perlitt* Rn. 21, der Verbuchbarkeit für ausreichend hält). Eine Sachgründungsprüfung (§ 33 Abs. 2 Nr. 4) findet für die Einlage aber nicht statt (str., NK-AktR/*Wichert* Rn. 15; *Masuch* NZG 2003, 1048 (1050); aA KK-AktG/*Mertens/Cahn* § 280 Rn. 10). Art und Höhe der Einlage sind nach Abs. 2 in der Satzung festzuhalten; Änderungen stellen damit eine Satzungsänderung dar, doch kann die Einlage auch als **Rahmengröße** festgelegt werden (zu den Schranken KK-AktG/*Mertens/Cahn* Rn. 14 ff.; BeckOGK/*Bachmann,* 15.1.2020, Rn. 13). Ein einseitiges Recht des Komplementärs zur Erhöhung seiner Einlage bei einer Kapitalerhöhung kann vereinbart werden; ein Recht zur Umwandlung der Einlage in Grundkapital kann dagegen nur über genehmigtes, nicht aber bedingtes Kapital abgesichert werden (str., *Arnold* GmbH & Co. KGaA 144 ff.; aA NK-AktR/*Wichert* Rn. 20 ff.; BeckOGK/*Bachmann,* 15.1.2020, Rn. 14).

Eintragung der persönlich haftenden Gesellschafter

282 **[1] Bei der Eintragung der Gesellschaft in das Handelsregister sind statt der Vorstandsmitglieder die persönlich haftenden Gesellschafter anzugeben. [2] Ferner ist einzutragen, welche Vertretungsbefugnis die persönlich haftenden Gesellschafter haben.**

1 Für die Anmeldung und Eintragung der Gesellschaft gelten die §§ 36 ff. § 282 wandelt § 39 dahingehend ab, dass bei der Eintragung anstelle des Vorstands die Komplementäre anzugeben sind. Ihre Vertretungsbefugnis ist auch dann einzutragen, wenn sie von der gesetzlichen Regel nicht abweicht. Bei einer juristischen Person als Komplementär sind deren organschaftliche Vertreter nicht einzutragen, bei einer GbR als Komplementärin (zur Zulässigkeit → § 278 Rn. 6) wohl aber entsprechend § 161 Abs. 1 S. 2 HGB auch deren Gesellschafter (K. Schmidt/Lutter/*K. Schmidt* Rn. 5). Weitergehend wird in diesem Fall auch die Eintragung der in der GbR geltenden Vertretungsregelung gefordert (NK-AktR/*Wichert* § 278 Rn. 30; *Heinze* DNotZ 2012, 426 (431 ff.)). Nicht einzutragen sind die Sondereinlagen der Komplementäre gem. § 281 Abs. 2 (KK-AktG/*Mertens/Cahn* Rn. 2).

Persönlich haftende Gesellschafter

283 **Für die persönlich haftenden Gesellschafter gelten sinngemäß die für den Vorstand der Aktiengesellschaft geltenden Vorschriften über**

1. **die Anmeldungen, Einreichungen, Erklärungen und Nachweise zum Handelsregister sowie über Bekanntmachungen;**
2. **die Gründungsprüfung;**
3. **die Sorgfaltspflicht und Verantwortlichkeit;**
4. **die Pflichten gegenüber dem Aufsichtsrat;**
5. **die Zulässigkeit einer Kreditgewährung;**
6. **die Einberufung der Hauptversammlung;**
7. **die Sonderprüfung;**
8. **die Geltendmachung von Ersatzansprüchen wegen der Geschäftsführung;**
9. **die Aufstellung, Vorlegung und Prüfung des Jahresabschlusses und des Vorschlags für die Verwendung des Bilanzgewinns;**
10. **die Vorlage und Prüfung des Lageberichts, eines gesonderten nichtfinanziellen Berichts sowie eines Konzernabschlusses, eines Konzernlageberichts und eines gesonderten nichtfinanziellen Konzernberichts;**
11. **die Vorlegung, Prüfung und Offenlegung eines Einzelabschlusses nach § 325 Abs. 2a des Handelsgesetzbuchs;**
12. **die Ausgabe von Aktien bei bedingter Kapitalerhöhung, bei genehmigtem Kapital und bei Kapitalerhöhung aus Gesellschaftsmitteln;**
13. **die Nichtigkeit und Anfechtung von Hauptversammlungsbeschlüssen;**
14. **den Antrag auf Eröffnung des Insolvenzverfahrens.**

1 Die Vorschrift erklärt für den Komplementär bestimmte Vorschriften des AktG für den Vorstand für entsprechend anwendbar und schränkt insoweit die Verweisung des § 278 Abs. 2 auf das Personengesellschaftsrecht ein. § 283 gilt auch für nicht geschäftsführungsbefugte Komplementäre, soweit die ent-

sprechenden Vorschriften – wie etwa Nr. 4, 6, 9–12 – nicht Geschäftsführungsbefugnis voraussetzen (Hüffer/Koch/*Koch* Rn. 1). Die Norm ist zwar **abschließend** (so – ohne jede Einschränkung – BGH 24.2.1997, BGHZ 134, 392 (394) = NJW 1997, 1923; ferner nur MüKoAktG/*Perlitt* Rn. 6). Im Einzelfall kann allerdings auch die entsprechende Anwendung anderer, in § 283 nicht genannter Vorschriften erforderlich sein. So ist etwa auch der Komplementär zur Antragstellung nach § 104 Abs. 1 und 2 berechtigt (OLG Frankfurt a. M. 8.9.2014, ZIP 2015, 170 (171)). Ferner wird man § 76 Abs. 4, der das Leitungsorgan zur Festsetzung von Zielgrößen zum Frauenanteil in den beiden darunter liegenden Führungsebenen verpflichtet, entsprechend dem gesetzgeberischen Willen (siehe BT-Drs. 18/3784, 46) trotz fehlender ausdrücklicher Verweisung auch auf geschäftsführende Komplementäre anwenden müssen (ebenso BeckOGK/*Bachmann,* 15.1.2020, Rn. 4; aA *Johannsen-Roth/Kießling* FS Marsch-Barner, 2018, 273 (277)).

2 Anwendbar sind nach **Nr. 1** für den Registerverkehr §§ 36, 37, 37a, 81, 106, 130, 181, 184, 188. Nach **Nr. 2** gelten §§ 32 f. für die Gründungsprüfung (→ § 280 Rn. 2). Die **Haftung der Komplementäre** richtet sich gem. **Nr. 3** nicht nach § 161 Abs. 2 HGB, § 105 Abs. 3 HGB, § 708 BGB, sondern § 93. Ist eine GmbH Komplementärin, haftet deren Geschäftsführer nach § 43 GmbHG auch gegenüber der KGaA (*Arnold* GmbH & Co. KGaA 92 ff.; MüKoAktG/*Perlitt* § 278 Rn. 318; anders *Bachmann* NZG 2013, 1121 (1127): Erstreckung des § 93 Abs. 2 auch auf den Geschäftsführer; einschränkend *Fett/Stütz* NZG 2017, 1121 (1126), nach denen ein Direktanspruch nur besteht, wenn sich die Aufgabe der Komplementärgesellschaft im Wesentlichen auf die Führung der Geschäfte der KGaA beschränkt). Nach **Nr. 4** ist im Hinblick auf den Aufsichtsrat § 90 anwendbar, nach **Nr. 5** für die Kreditgewährung § 89 (s. dazu OLG Stuttgart 28.7.2004, NZG 2004, 1002). Weiterhin anwendbar sind: nach **Nr. 6** §§ 121 ff. und § 92 (heute unstr., s. nur Hüffer/Koch/*Koch* Rn. 2); damit obliegt den geschäftsführungs- und vertretungsbefugten Komplementären auch die Formulierung von Beschlussvorschlägen gem. § 124 Abs. 3 (LG München I 29.8.2013, NZG 2014, 700 (702)). Ferner gelten nach **Nr. 7** die Vorschriften zur Sonderprüfung (§§ 142 ff., 258 ff.) und nach **Nr. 8** die §§ 147 ff.

3 Die Rechnungslegung behandeln **Nr. 9–11:** Der Komplementär hat Jahresabschluss und Lagebericht – und evtl. einen Konzernabschluss oder einen Abhängigkeitsbericht – zu erstellen und dem Aufsichtsrat nach § 170 einschließlich eines Gewinnverwendungsvorschlags vorzulegen. Die Prüfung richtet sich nach §§ 316 ff. HGB. Gemäß **Nr. 12** gelten bei der Kapitalerhöhung auch für den Komplementär die §§ 199, 203, 214. Nach **Nr. 13** iVm § 245 Nr. 4 und 5 ist auch der Komplementär zur Anfechtungsklage befugt, und zwar auch der nicht zur Geschäftsführung befugte (KK-AktG/*Mertens/Cahn* Rn. 20). Ferner gilt auch § 246 Abs. 2 S. 2, wegen § 286 Abs. 1 aber nicht § 256 Abs. 2. Zur Stellung des Insolvenzantrags **(Nr. 14)** sind nach § 15 InsO alle Komplementäre berechtigt, auch die nicht geschäftsführenden. Die Insolvenzantragspflicht nach § 15a InsO trifft aber idR nur die geschäftsführenden Komplementäre; allein diese unterliegen auch dem Zahlungsverbot nach § 92 (gegen eine solche Einschränkung Grigoleit/*Servatius* Rn. 22).

Wettbewerbsverbot

284 (1) [1]**Ein persönlich haftender Gesellschafter darf ohne ausdrückliche Einwilligung der übrigen persönlich haftenden Gesellschafter und des Aufsichtsrats weder im Geschäftszweig der Gesellschaft für eigene oder fremde Rechnung Geschäfte machen noch Mitglied des Vorstands oder Geschäftsführer oder persönlich haftender Gesellschafter einer anderen gleichartigen Handelsgesellschaft sein.** [2]**Die Einwilligung kann nur für bestimmte Arten von Geschäften oder für bestimmte Handelsgesellschaften erteilt werden.**

(2) [1]**Verstößt ein persönlich haftender Gesellschafter gegen dieses Verbot, so kann die Gesellschaft Schadenersatz fordern.** [2]**Sie kann statt dessen von dem Gesellschafter verlangen, daß er die für eigene Rechnung gemachten Geschäfte als für Rechnung der Gesellschaft eingegangen gelten läßt und die aus Geschäften für fremde Rechnung bezogene Vergütung herausgibt oder seinen Anspruch auf die Vergütung abtritt.**

(3) [1]**Die Ansprüche der Gesellschaft verjähren in drei Monaten seit dem Zeitpunkt, in dem die übrigen persönlich haftenden Gesellschafter und die Aufsichtsratsmitglieder von der zum Schadensersatz verpflichtenden Handlung Kenntnis erlangen oder ohne grobe Fahrlässigkeit erlangen müssten.** [2]**Sie verjähren ohne Rücksicht auf diese Kenntnis oder grob fahrlässige Unkenntnis in fünf Jahren von ihrer Entstehung an.**

1 Die Vorschrift ist an § 88 angelehnt. Anders als dieser untersagt sie dem Komplementär nicht generell den Betrieb eines Handelsgewerbes, sondern nur die Konkurrenztätigkeit. Die Vorschrift soll der Gesellschaft nicht die ungeschmälerte Arbeitskraft des Komplementärs erhalten, sondern nur **Interessenkonflikten** vorbeugen und konkretisiert die zwischen Komplementären und Gesellschaft bestehende Treuepflicht (MüKoAktG/*Perlitt* Rn. 3).

Erfasst werden vom Wettbewerbsverbot die Komplementäre der Gesellschaft, und zwar nach hM auch die von der Geschäftsführung ausgeschlossenen (K. Schmidt/Lutter/*K. Schmidt* Rn. 8; einschr. Hüffer/Koch/*Koch* Rn. 1). Ist eine Gesellschaft Komplementärin, unterliegen auch ihre Geschäftsführer und ihre beherrschenden Gesellschafter dem Wettbewerbsverbot (*Arnold* GmbH & Co. KGaA 95, 99; KK-AktG/*Mertens/Cahn* Rn. 3; s. auch *Hoffmann-Becking* ZHR 175 (2011), 597 ff.). Nicht in den Anwendungsbereich des § 284 fallen dagegen die gesetzlichen Vertreter einer natürlichen Person, die Komplementär ist. Ebenso sind Kommanditaktionäre nicht erfasst, die nicht gleichzeitig persönlich haftende Gesellschafter sind (BeckOGK/*Bachmann,* 15.1.2020, Rn. 5). 2

Unzulässig sind nach Abs. 1 Geschäfte im Geschäftszweig der Gesellschaft. Erforderlich ist damit eine Abgrenzung des räumlich und sachlich relevanten Marktes, wobei es auf die tatsächlich ausgeübte Tätigkeit ankommt (BeckOGK/*Bachmann,* 15.1.2020, Rn. 6; weiter Grigoleit/*Servatius* Rn. 7, der auf den Unternehmensgegenstand abstellt). Ebenso schadet die Stellung als Vorstand, Aufsichtsrat oder persönlich haftender Gesellschafter in einer anderen Gesellschaft nur, wenn es sich um eine Konkurrenzgesellschaft handelt. Das Merkmal der „Gleichartigkeit" bezieht sich nicht auf die Rechtsform, sondern auf den relevanten Markt (K. Schmidt/Lutter/*K. Schmidt* Rn. 13). Die bloße Kapitalbeteiligung an einer Konkurrenzgesellschaft ist dagegen zulässig, es sei denn, der Gesellschafter übt über diese Beteiligung die tatsächliche Herrschaft über das andere Unternehmen aus (GroßkommAktG/*Assmann/Sethe* Rn. 18; strenger Grigoleit/*Servatius* Rn. 8). Hinsichtlich der weiteren Einzelheiten kann auf § 88 verwiesen werden. 3

Über die Einwilligung nach Abs. 1 hinaus soll § 284 **abdingbar** sein (Hüffer/Koch/*Koch* Rn. 2; MüKoAktG/*Perlitt* Rn. 26 f.; aA BeckOGK/*Bachmann,* 15.1.2020, Rn. 10). Zulässig sind auch in den Grenzen der § 138 BGB, § 1 GWB Erweiterungen (KK-AktG/*Mertens/Cahn* Rn. 22). 4

Hauptversammlung

285 (1) [1]**In der Hauptversammlung haben die persönlich haftenden Gesellschafter nur ein Stimmrecht für ihre Aktien.** [2]**Sie können das Stimmrecht weder für sich noch für einen anderen ausüben bei Beschlußfassungen über**

1. die Wahl und Abberufung des Aufsichtsrats;
2. die Entlastung der persönlich haftenden Gesellschafter und der Mitglieder des Aufsichtsrats;
3. die Bestellung von Sonderprüfern;
4. die Geltendmachung von Ersatzansprüchen;
5. den Verzicht auf Ersatzansprüche;
6. die Wahl von Abschlußprüfern.

[3]**Bei diesen Beschlußfassungen kann ihr Stimmrecht auch nicht durch einen anderen ausgeübt werden.**

(2) [1]**Die Beschlüsse der Hauptversammlung bedürfen der Zustimmung der persönlich haftenden Gesellschafter, soweit sie Angelegenheiten betreffen, für die bei einer Kommanditgesellschaft das Einverständnis der persönlich haftenden Gesellschafter und der Kommanditisten erforderlich ist.** [2]**Die Ausübung der Befugnisse, die der Hauptversammlung oder einer Minderheit von Kommanditaktionären bei der Bestellung von Prüfern und der Geltendmachung von Ansprüchen der Gesellschaft aus der Gründung oder der Geschäftsführung zustehen, bedarf nicht der Zustimmung der persönlich haftenden Gesellschafter.**

(3) [1]**Beschlüsse der Hauptversammlung, die der Zustimmung der persönlich haftenden Gesellschafter bedürfen, sind zum Handelsregister erst einzureichen, wenn die Zustimmung vorliegt.** [2]**Bei Beschlüssen, die in das Handelsregister einzutragen sind, ist die Zustimmung in der Verhandlungsniederschrift oder in einem Anhang zur Niederschrift zu beurkunden.**

1. Allgemeines. Wie die AG hat auch die KGaA eine Hauptversammlung. Sie hat eine **Doppelfunktion:** Einerseits wird sie in den Angelegenheiten tätig, für die auch die HV in der AG zuständig ist. Andererseits nimmt sie als Versammlung der Kommanditaktionäre die Rechte wahr, die in der KG den Kommanditisten zustehen. Im Einzelnen gelten die §§ 118 ff., ferner auch die Regeln zur Beschlussanfechtung (§§ 241 ff.). 1

2. Stimmrecht und Stimmverbot (Abs. 1). Die Komplementäre haben in der HV nur dann ein Stimmrecht, wenn sie gleichzeitig als Kommanditaktionäre beteiligt sind. Ihnen steht aber, auch wenn sie nicht gleichzeitig als Kommanditaktionäre beteiligt sind, nach § 118 Abs. 2 ein **Teilnahmerecht** zu, auch wenn sie nicht geschäftsführungsbefugt sind; regelmäßig besteht sogar Teilnahmepflicht (im Einzelnen K. Schmidt/Lutter/*K. Schmidt* Rn. 4 f.). 2

Ausgeschlossen ist das Stimmrecht der Komplementäre in den Fällen des Abs. 1 S. 2 Nr. 1–6. Dieses Stimmverbot beruht nicht allein auf möglichen Interessenkollisionen mit der Vorstandsfunktion der Komplementäre, sondern auch darauf, dass der Aufsichtsrat die Beschlüsse der Kommanditaktionäre 3 ausführt (§ 287) und daher nicht von den Komplementären abhängen soll (MüKoAktG/*Perlitt* Rn. 25). Das Stimmverbot nach § 136 und ungeschriebene personengesellschaftsrechtliche Stimmverbote wegen eigener Betroffenheit (§§ 117, 127, 140 HGB) bleiben unberührt (KK-AktG/*Mertens/Cahn* Rn. 25 ff.).

4 Das Stimmverbot erfasst auch mit der Beschlussfassung sachlich zusammenhängende Verfahrensanträge; das Teilnahmerecht bleibt dagegen bestehen (Hüffer/Koch/*Koch* Rn. 1). In persönlicher Hinsicht werden regelmäßig auch nicht geschäftsführende Komplementäre erfasst; bei Nr. 4, 5 sind auch die Komplementäre von der Beschlussfassung ausgeschlossen, gegen die sich der Ersatzanspruch nicht richtet (K. Schmidt/Lutter/*K. Schmidt* Rn. 19). Ist eine Gesellschaft Komplementärin, so sind auch deren geschäftsleitendes Organ und maßgeblich an der Komplementärin beteiligte Gesellschafter erfasst (str., *Arnold* GmbH & Co. KGaA 101 ff.; MüKoAktG/*Perlitt* § 278 Rn. 325; *Fett/Stütz* NZG 2017, 1121 (1135); siehe auch *Hennemann* ZHR 182 (2018), 157 (185); gegen jede Erstreckung auf Gesellschafter KK-AktG/*Mertens/Cahn* Rn. 8; Grigoleit/*Servatius* Rn. 4; für Gesellschafter auch zweifelnd BeckOGK/*Bachmann,* 15.1.2020, Rn. 27; vgl. auch das Parallelproblem bei § 287, → § 287 Rn. 2). Nach Abs. 1 S. 2 gilt das Stimmverbot auch dann, wenn der Komplementär für einen anderen – also als Vertreter – das Stimmrecht ausübt. Ebenso ist nach S. 3 die Stimmrechtsausübung durch einen anderen unzulässig. Erfasst sind damit etwa Treuhandverhältnisse. Dagegen soll die Übertragung an eine nahestehende Person, die frei entscheiden kann, nicht erfasst sein (BGH 5.1.2005, BGHZ 165, 192 Rn. 24 = NJW 2006, 510). Sind alle Aktien in der Hand der Komplementäre, gilt das Stimmverbot mangels Interessenkonflikts nicht (K. Schmidt/Lutter/*K. Schmidt* Rn. 13; *Schnülle* NZG 2017, 1056 (1057 f.); *Hennemann* ZHR 182 (2018), 157 (186)).

5 **3. Zustimmungsrecht (Abs. 2).** Nach Abs. 2 bedürfen Grundlagenbeschlüsse wie Satzungsänderungen, Kapitalmaßnahmen oder die Aufnahme eines neuen Komplementärs (OLG Stuttgart 27.11.2002, NZG 2003, 293) und außergewöhnliche Geschäfte (§ 164 HGB) der Zustimmung aller Komplementäre. Ebenso soll eine Zustimmung bei einem Beschluss über die Ermächtigung zum Erwerb und zur Verwendung eigener Aktien (§ 71 Abs. 1 Nr. 8) erforderlich sein (*Mense* GWR 2014, 320 (321)). Bis zur Erteilung der Zustimmung ist der Beschluss schwebend unwirksam (KK-AktG/*Mertens/Cahn* Rn. 48). Das Zustimmungsrecht ist grundsätzlich abdingbar. Möglich sollen auch – vorbehaltlich Abs. 2 S. 2 und der Stimmverbote nach Abs. 1 – Erweiterungen sein (GroßkommAktG/*Assmann/Sethe* Rn. 80 ff.; → § 286 Rn. 1).

6 **4. Einreichung zum Handelsregister.** Abs. 3 S. 1 ist eine reine **Ordnungsvorschrift** und ordnet keine Registereinreichung an, sondern setzt eine entsprechende Pflicht voraus. Die Zustimmung kann nachgeholt werden (Hüffer/Koch/*Koch* Rn. 4). Wird die Form nach Abs. 3 S. 2 nicht beachtet, ist der Beschluss schwebend unwirksam (K. Schmidt/Lutter/*K. Schmidt* Rn. 32). Die Erklärung des Komplementärs in der notariell beglaubigten Anmeldung zum Handelsregister, die Zustimmung liege vor, genügt nicht (OLG Stuttgart 27.11.2002, NZG 2003, 293).

Jahresabschluß. Lagebericht

286 (1) [1] **Die Hauptversammlung beschließt über die Feststellung des Jahresabschlusses.** [2] **Der Beschluß bedarf der Zustimmung der persönlich haftenden Gesellschafter.**

(2) [1] **In der Jahresbilanz sind die Kapitalanteile der persönlich haftenden Gesellschafter nach dem Posten „Gezeichnetes Kapital" gesondert auszuweisen.** [2] **Der auf den Kapitalanteil eines persönlich haftenden Gesellschafters für das Geschäftsjahr entfallende Verlust ist von dem Kapitalanteil abzuschreiben.** [3] **Soweit der Verlust den Kapitalanteil übersteigt, ist er auf der Aktivseite unter der Bezeichnung „Einzahlungsverpflichtungen persönlich haftender Gesellschafter" unter den Forderungen gesondert auszuweisen, soweit eine Zahlungsverpflichtung besteht; besteht keine Zahlungsverpflichtung, so ist der Betrag als „Nicht durch Vermögenseinlagen gedeckter Verlustanteil persönlich haftender Gesellschafter" zu bezeichnen und gemäß § 268 Abs. 3 des Handelsgesetzbuchs auszuweisen.** [4] **Unter § 89 fallende Kredite, die die Gesellschaft persönlich haftenden Gesellschaftern, deren Ehegatten, Lebenspartnern oder minderjährigen Kindern oder Dritten, die für Rechnung dieser Personen handeln, gewährt hat, sind auf der Aktivseite bei den entsprechenden Posten unter der Bezeichnung „davon an persönlich haftende Gesellschafter und deren Angehörige" zu vermerken.**

(3) **In der Gewinn- und Verlustrechnung braucht der auf die Kapitalanteile der persönlich haftenden Gesellschafter entfallende Gewinn oder Verlust nicht gesondert ausgewiesen zu werden.**

(4) **§ 285 Nr. 9 Buchstabe a und b des Handelsgesetzbuchs gilt für die persönlich haftenden Gesellschafter mit der Maßgabe, daß der auf den Kapitalanteil eines persönlich haftenden Gesellschafters entfallende Gewinn nicht angegeben zu werden braucht.**

1. Feststellungskompetenz (Abs. 1). Die Vorschrift enthält Spezialregelungen für den Jahresabschluss der KGaA. Anders als in der AG ist in der KGaA die HV **zwingend** für die Feststellung des Jahresabschlusses zuständig (GroßkommAktG/*Assmann/Sethe* Rn. 6). Weiterhin ist die Zustimmung der Komplementäre erforderlich. Stimmt ein Komplementär nicht zu, wird eine **Leistungsklage** der Gesamtheit der Kommanditaktionäre gegen ihn auf Erteilung der Zustimmung für möglich gehalten; gleiches soll auch umgekehrt gelten, wenn die Kommanditaktionäre dem Jahresabschluss nicht zustimmen (str., MüKoAktG/*Perlitt* Rn. 69 ff. mwN). Für den Gewinnverwendungsbeschluss ist nach § 278 Abs. 3, § 174 allein die HV zuständig. Ein Zustimmungsvorbehalt zugunsten der Komplementäre kann nicht vorgesehen werden (Bürgers/Körber/*Förl/Fett* § 285 Rn. 9; *Arnold* GmbH & Co. KGaA 153; aA LG München I 29.8.2013, NZG 2014, 700 (701); MüKoAktG/*Perlitt* Rn. 45; BeckOGK/*Bachmann,* 15.1.2020, Rn. 36; OLG München 17.9.2014, AG 2014, 864 (865) lässt die Frage im Ergebnis offen). 1

2. Jahresbilanz (Abs. 2). Für den Jahresabschluss gelten die §§ 264 ff. HGB. Unklar ist, ob zur Gewinnverteilung zwischen Kommanditaktionären und Komplementären, die sich nach den dispositiven §§ 168, 121 HGB richtet, eine zweite, interne Bilanz nach den für die KG geltenden Bilanzierungsgrundsätzen aufzustellen ist (vgl. nur KK-AktG/*Mertens/Cahn* Rn. 5 ff.). Die praktische Bedeutung des Streits ist freilich schon deshalb gering, da die handelsbilanziellen Bewertungsvorschriften rechtsformunabhängig gelten. Ferner sind bei der Ermittlung des Gewinnanteils des Komplementärs unstreitig Gewinn- und Verlustvorträge nicht zu berücksichtigen, und der Komplementär muss sich auch nicht an den zu bildenden Rücklagen beteiligen (*Schlütter* StuW 1978, 295 (296 f.)). Im Übrigen gilt für die **Rücklagenbildung** § 58 Abs. 2 entsprechend: Komplementär und HV können ohne Satzungsbestimmung bis zu 50 % des Jahresüberschusses thesaurieren (MüKoAktG/*Perlitt* Rn. 53 ff.). 2

Der **Kapitalanteil** nach Abs. 2 ist nicht mit der Vermögenseinlage identisch, sondern eine bilanzielle Rechnungsziffer, die den Stand der Einlage eines Gesellschafters im Verhältnis zum Grundkapital und etwaigen anderen Komplementären wiedergibt (K. Schmidt/Lutter/*K. Schmidt* Rn. 5). Da der Kapitalanteil nicht der Bindung nach § 57 unterliegt, ist er nach Abs. 2 S. 1 vom Grundkapital zu trennen. Die Zusammenfassung mehrerer Kapitalanteile ist zulässig, nicht jedoch die Saldierung positiver und negativer Konten (Hüffer/Koch/*Koch* Rn. 3). Verluste sind zwingend vom Kapitalkonto abzuschreiben; ein den Kapitalanteil übersteigender Verlust ist gesondert auszuweisen (Abs. 2 S. 2 und 3). Nicht zwingend vorgeschrieben ist die Zuschreibung von Gewinnen (§ 120 Abs. 2, vgl. BeckOGK/*Bachmann,* 15.1.2020, Rn. 10). Kredite an Komplementäre und ihnen nahestehende Personen sind aus Transparenzgründen gesondert auszuweisen (Abs. 2 S. 4). 3

3. Gewinn- und Verlustrechnung (Abs. 3). Die GuV bestimmt sich nach §§ 275 ff. HGB. Abs. 3 gibt den Komplementären ein **Wahlrecht,** ob ihr Gewinn ausgewiesen werden soll. Optieren sie dagegen, sind Gewinn- oder Verlustanteile als sonstige betriebliche Erträge/Aufwendungen zu erfassen (MüKoAktG/*Perlitt* Rn. 91; Grigoleit/*Servatius* Rn. 6; aA KK-AktG/*Mertens/Cahn* Rn. 44). Den Kommanditaktionären muss aber in der HV auf Verlangen über den Komplementärsgewinn Auskunft erteilt werden (OLG Hamm 11.4.1969, AG 1969, 295). 4

4. Angabe der Gesamtbezüge. Abs. 4 modifiziert die in § 285 Nr. 9 verankerte Pflicht zum Ausweis der Gesamtvergütung von gegenwärtigen und früheren Organmitgliedern im Anhang: Bei Komplementären sind nur etwaige Tätigkeitsvergütungen, nicht aber Gewinnanteile auszuweisen. Bei börsennotierten Gesellschaften ist aber zusätzlich nach § 162 ein Vergütungsbericht zu erstellen (→ § 288 Rn. 5). 5

Aufsichtsrat

287 (1) **Die Beschlüsse der Kommanditaktionäre führt der Aufsichtsrat aus, wenn die Satzung nichts anderes bestimmt.**

(2) [1]**In Rechtsstreitigkeiten, die die Gesamtheit der Kommanditaktionäre gegen die persönlich haftenden Gesellschafter oder diese gegen die Gesamtheit der Kommanditaktionäre führen, vertritt der Aufsichtsrat die Kommanditaktionäre, wenn die Hauptversammlung keine besonderen Vertreter gewählt hat.** [2]**Für die Kosten des Rechtsstreits, die den Kommanditaktionären zur Last fallen, haftet die Gesellschaft unbeschadet ihres Rückgriffs gegen die Kommanditaktionäre.**

(3) **Persönlich haftende Gesellschafter können nicht Aufsichtsratsmitglieder sein.**

1. Allgemeines. Nach § 278 Abs. 3 hat die KGaA wie die AG einen Aufsichtsrat. Dieser hat eine **Doppelfunktion.** Er übt die aktienrechtlichen Kontrollbefugnisse aus, nimmt aber auch die Interessen der Kommanditaktionäre gegenüber dem Komplementär wahr (Abs. 1 und 2). Auch im letztgenannten Fall agiert er aber nach heute wohl hM als Organ der Gesellschaft und nicht etwa der Gesamtheit der Kommanditaktionäre (K. Schmidt/Lutter/*K. Schmidt* Rn. 2). 1

2 **2. Zusammensetzung.** Für die Zusammensetzung gelten die §§ 95 ff. und die mitbestimmungsrechtlichen Sonderregeln; ebenso sind die fixe Geschlechterquote im Aufsichtsrat nach § 96 Abs. 2 und die aus § 111 Abs. 5 folgende Pflicht zur Festlegung von Zielgrößen für den Frauenanteil im Aufsichtsrat zu beachten (*Habersack/Kersten* BB 2014, 2819 (2820)). Komplementäre können nach Abs. 3 nicht Mitglieder des Aufsichtsrats sein (einschränkend für nicht geschäftsführungsbefugte Komplementäre *Hennemann* ZHR 182 (2018), 157 (165)). Ihnen kann auch **kein Entsenderecht** zustehen (MüKoAktG/*Perlitt* § 278 Rn. 18). Ist eine Gesellschaft Komplementärin, gelten diese Inkompatibilitätsregeln auch für ihr Leitungsorgan, nicht aber für jeden mehr als nur unwesentlich an der Komplementärin beteiligten Gesellschafter (BGH 5.12.2005, BGHZ 165, 192 Rn. 14 = NJW 2006, 510; Hüffer/Koch/*Koch* Rn. 4). Nur eine Anwendung auf Gesellschafter, die die Komplementärin beherrschen, ist denkbar (*Arnold* GmbH & Co. KGaA 107; *Fett/Stütz* NZG 2017, 1121 (1124); s. auch *Hennemann* ZHR 182 (2018), 157 (173 f.); offen lassend BGH 5.12.2005, BGHZ 165, 192 Rn. 14 = NJW 2006, 510; gegen jede Anwendung *Mertens* FS Ulmer, 2003, 419 (421 ff.); *Bachmann* AG 2019, 581 (582 ff.); *Habersack* ZIP 2019, 1453 (1459 ff.)). Ausgeschlossen ist danach auch der Mehrheitsgesellschafter einer Komplementär-AG; das fehlende Weisungsrecht gegenüber dem Vorstand steht dem im Hinblick auf die sonstigen Einflussmöglichkeiten des Mehrheitsaktionärs nicht entgegen (aA *Wollburg* FS Hoffmann-Becking, 2013, 1425 (1433); Hüffer/Koch/*Koch* Rn. 4; wie hier *Hennemann* ZHR 182 (2018), 157 (176)). Ferner kann nach diesen Grundsätzen auch der Vorstand der Alleingesellschafterin einer Komplementär-GmbH nicht in den Aufsichtsrat entsandt werden (OLG Frankfurt 28.5.2013, BeckRS 2014, 02429). Dagegen kann ein Mitglied des Aufsichtsrats der Komplementär-AG auch dem Aufsichtsrat der KGaA angehören (*Wollburg* FS Hoffmann-Becking, 2013, 1425 (1430 f.)). Ein gegen Abs. 3 verstoßender Wahlbeschluss ist nichtig (MüKoAktG/*Perlitt* Rn. 32; K. Schmidt/Lutter/*K. Schmidt* Rn. 11).

3 **3. Kompetenzen. a) aktienrechtliche Befugnisse.** Der Aufsichtsrat hat auch in der KGaA die Informations- und Kontrollrechte nach §§ 90, 111 Abs. 1 und 2. Ferner vertritt er nach § 112 die Gesellschaft gegenüber den Komplementären, und zwar auch gegenüber ehemaligen (BGH 29.11.2004, NZG 2005, 276). Eine abweichende Satzungsregelung ist nicht möglich (BeckOGK/*Bachmann*, 15.1.2020, Rn. 19; aA *Habersack* ZIP 2019, 1453 (1455)). § 112 gilt auch für die Vertretung der KGaA gegenüber dem Geschäftsführer der Komplementärgesellschaft (*Ihrig/Schlitt* in Ulmer, Die GmbH & Co. KGaA nach dem Beschluß BGHZ 134, 392, ZHR-Sonderheft 67/1998, 33 (56); *Habersack* ZIP 2019, 1453 (1456)). Eine Erstreckung der Vorschrift auch auf Geschäfte der KGaA mit Gesellschaftern der Komplementärgesellschaft ist dagegen nur denkbar, soweit es sich um den Alleingesellschafter oder einen Gesellschafter mit beherrschendem Einfluss handelt (*Arnold* GmbH & Co. KGaA 130; *Wichert* AG 2000, 268 (274); generell gegen eine Anwendung des § 112 *Bachmann* AG 2019, 581 (591 ff.); *Habersack* ZIP 2019, 1453 (1456 ff.)). Ist die KGaA durch Ausscheiden eines Komplementärs führungslos, ist nach § 78 Abs. 1 S. 2 der Aufsichtsrat Empfangsvertreter (BGH 21.4.2020, ZIP 2020, 1118 Rn. 53).

3a Dagegen kann der Aufsichtsrat **keine Zustimmungsvorbehalte** nach § 111 Abs. 4 S. 2 begründen (unstr., MüKoAktG/*Perlitt* § 278 Rn. 211). Ein gesetzlicher Zustimmungsvorbehalt zugunsten des Aufsichtsrats soll allein aus § 111b für Geschäfte mit nahestehenden Personen folgen (so RegE ARUG II BT-Drs. 19/9739, 79; aA *Backhaus/Brouwer* AG 2019, 287; *Fiebelkorn* ZIP 2020, 953 (957): Zuständigkeit der Kommanditaktionäre). Ferner ist er nicht für die Besetzung der Geschäftsleitung zuständig, da der Komplementär das geborene Leitungsorgan ist. Dies gilt auch bei mitbestimmten Gesellschaften (vgl. § 31 Abs. 1 S. 2 MitbestG), selbst wenn eine Gesellschaft Komplementärin ist (BGH 24.2.1997, BGHZ 134, 392 (400) = NJW 1997, 1923). Nicht abschließend geklärt ist allerdings, ob sich eine Mitbestimmung in der Komplementärgesellschaft über eine Zurechnung der Arbeitnehmer der KGaA nach §§ 4, 5 MitbestG ergeben kann (dagegen OLG Celle 9.10.2014, ZIP 2015, 123 = BeckRS 2014, 21494; dafür Habersack/Henssler/*Habersack* MitbestG § 1 Rn. 40a). Wäre eine dieser Regelungen anwendbar, so würde ein mitbestimmter Aufsichtsrat bei der Komplementärin deren – auch für die Geschäfte der KGaA zuständiges – Leitungsorgan bestimmen. Doch dürfte diese Frage kaum einmal praktische Bedeutung erlangen, da regelmäßig weder die nach § 4 MitbestG analog erforderliche Beteiligungsidentität zwischen KGaA und Komplementärin noch das von § 5 MitbestG verlangte Konzernverhältnis vorliegen dürften (*Arnold* GmbH & Co. KGaA 118 ff.). Da der Komplementär kraft Gesellschafterstellung geborenes Leitungsorgan der KGaA ist, gilt ferner § 111 Abs. 5 nicht, soweit die Norm dem Aufsichtsrat die Festlegung von Zielgrößen für die Frauenquote im Leitungsorgan vorschreibt (K. Schmidt/Lutter/*Drygala* § 111 Rn. 67c; *Fromholzer/Simons* AG 2015, 457 (459)). Diese Vorgabe kann für den Fall der Kapitalgesellschaft & Co. KGaA auch nicht auf die Komplementärgesellschaft übertragen werden (*Fromholzer/Simons* AG 2015, 457 (459); *Johannsen-Roth/Kießling* FS Marsch-Barner, 2018, 273 (280)). Für diese kann sich eine Pflicht zur Festlegung einer Zielgröße für den Frauenanteil in der Geschäftsleitung nur unmittelbar aus § 52 Abs. 2 GmbHG oder – soweit es sich um eine AG handelt – § 111 Abs. 5 ergeben.

4 **b) Befugnisse nach HGB.** Nach Abs. 1 führt der Aufsichtsrat die Beschlüsse der Kommanditaktionäre aus. Gemeint sind Beschlüsse, durch die die HV als Versammlung der Kommanditaktionäre Rechte geltend macht, die **nach dem Recht der KG** den Kommanditisten gegenüber den Kom-

plementären zustehen wie der Ausschluss eines Komplementärs von der Geschäftsführung und Vertretung oder sein Ausschluss aus der Gesellschaft. Beschlüsse nach AktG sind vom Komplementär auszuführen (Hüffer/Koch/*Koch* Rn. 1). Abs. 1 ist dispositiv. Üblich ist die Verlagerung dieser Kompetenzen auf einen Beirat (→ § 278 Rn. 5).

Die Vertretung in Rechtsstreitigkeiten gegen den Komplementär (Abs. 2) betrifft nur Streitigkeiten nach dem Recht der KG. Es handelt sich nicht um eine Vertretung der – gar nicht parteifähigen – Gesamtheit der Kommanditaktionäre, sondern der Gesellschaft (KK-AktG/*Mertens/Cahn* Rn. 20; Grigoleit/*Servatius* Rn. 4). Da sich die Vertretungsmacht schon aus § 112 ergibt, stellt Abs. 2 S. 1 eine reine **Kompetenznorm** dar. Abs. 2 S. 2 ist damit hinsichtlich der Pflicht der Gesellschaft zur Tragung der Prozesskosten rein deklaratorisch. Der von Abs. 2 S. 2 vorgesehene Rückgriff gegen die Kommanditaktionäre soll nur bei pflichtwidriger Klagerhebung möglich sein (Hüffer/Koch/*Koch* Rn. 3). 5

Entnahmen der persönlich haftenden Gesellschafter. Kreditgewährung

288 (1) [1]**Entfällt auf einen persönlich haftenden Gesellschafter ein Verlust, der seinen Kapitalanteil übersteigt, so darf er keinen Gewinn auf seinen Kapitalanteil entnehmen.** [2]**Er darf ferner keinen solchen Gewinnanteil und kein Geld auf seinen Kapitalanteil entnehmen, solange die Summe aus Bilanzverlust, Einzahlungsverpflichtungen, Verlustanteilen persönlich haftender Gesellschafter und Forderungen aus Krediten an persönlich haftende Gesellschafter und deren Angehörige die Summe aus Gewinnvortrag, Kapital- und Gewinnrücklagen sowie Kapitalanteilen der persönlich haftenden Gesellschafter übersteigt.**

(2) [1]**Solange die Voraussetzung von Absatz 1 Satz 2 vorliegt, darf die Gesellschaft keinen unter § 286 Abs. 2 Satz 4 fallenden Kredit gewähren.** [2]**Ein trotzdem gewährter Kredit ist ohne Rücksicht auf entgegenstehende Vereinbarungen sofort zurückzugewähren.**

(3) [1]**Ansprüche persönlich haftender Gesellschafter auf nicht vom Gewinn abhängige Tätigkeitsvergütungen werden durch diese Vorschriften nicht berührt.** [2]**Für eine Herabsetzung solcher Vergütungen gilt § 87 Abs. 2 Satz 1 und 2 sinngemäß.**

1. Entnahmesperre. Zweck der Vorschrift ist der Kapitalschutz. Dazu beschränkt sie das – aus § 122 HGB folgende – Entnahmerecht des Komplementärs. Eine Entnahme ist nach Abs. 1 unzulässig, wenn der Verlustanteil des Komplementärs den Kapitalanteil überwiegt (S. 1). Gleiches gilt, wenn die Entnahme die in S. 2 genannte Grenze übersteigt. Dabei ist nicht auf den einzelnen Komplementär, sondern auf den **Gesamtbetrag** abzustellen (Hüffer/Koch/*Koch* Rn. 4). Dennoch geleistete Zahlungen sind zurückzugewähren; ein Gutglaubensschutz entsprechend § 62 Abs. 1 S. 2 besteht für die Komplementäre nicht (KK-AktG/*Mertens/Cahn* Rn. 34). 1

2. Kredite. Abs. 2 beschränkt über §§ 283 Nr. 5, 89 die **Kreditgewährung** an den Komplementär, indem er sie der Entnahmesperre nach Abs. 1 unterwirft. Trotzdem gewährte Kredite sind nach Abs. 2 S. 2 zurückzuzahlen. Da der Aufsichtsrat für die Kreditvergabe zuständig ist, ist ferner eine Haftung seiner Mitglieder nach §§ 93, 116 möglich (Hüffer/Koch/*Koch* Rn. 5). 2

3. Tätigkeitsvergütungen. Abs. 3 trägt dem Umstand Rechnung, dass zwischen KGaA und dem Komplementär ein Anstellungsvertrag abgeschlossen werden kann. Die Vereinbarung einer Vergütung bedarf wegen § 26 allerdings einer **Ermächtigung in der Satzung** (GroßkommAktG/*Assmann/Sethe* Rn. 78). Wird eine gewinnunabhängige Vergütung gezahlt, fällt sie nach Abs. 3 nicht unter die Entnahmesperren nach § 288. Ergebnisabhängige Vergütungen (Tantiemen) sind im Gegenschluss erfasst (teilweise anders Grigoleit/*Servatius* Rn. 6). Aktienoptionen fallen nicht unter die Entnahmesperren, da sie das Vermögen der Gesellschaft nicht mindern (KK-AktG/*Mertens/Cahn* Rn. 39). 3

Gewinnunabhängige Vergütungen können nach Abs. 3 S. 2 iVm § 87 Abs. 2 gemindert werden. Für Tantiemen gilt die Bestimmung nach ihrem klaren Wortlaut nicht (str., BeckOGK/*Bachmann,* 15.1.2020, Rn. 15; aA GroßkommAktG/*Assmann/Sethe* Rn. 90). Hierfür besteht auch kein Bedürfnis, da sie ohnehin der Sperre nach Abs. 1 unterliegen. 4

§ 87 Abs. 1, der den Aufsichtsrat zur Festsetzung einer angemessenen Vergütung verpflichtet, ist auf die KGaA aufgrund des Umkehrschlusses aus Abs. 3 S. 2 sowie aufgrund der fehlenden Verweisung in § 283 nicht anwendbar (überzeugend BeckOGK/*Bachmann,* 15.1.2020, Rn. 13). Entsprechendes gilt auch für §§ 87 Abs. 4, 87a (*Backhaus* AG 2020, 462 (465)). Dagegen ist auch in der börsennotierten KGaA nunmehr nicht nur im Hinblick auf den Aufsichtsrat, sondern auch den Komplementär ein Vergütungsbericht zu erstellen (§ 162, so schon *Orth/Oser/Philippsen/Sultana* DB 2019, 2814 (2815); *Rimmelspacher/Roland* WPg 2020, 201 (202)). Zwar setzt die Norm nach ihrem Wortlaut das Vorhandensein eines Vorstands voraus, der bei der KGaA fehlt. Indes beruht die Vorschrift auf den Vorgaben der Aktionärsrechte-RL, die auch für die KGaA gilt und in Art. 9b Aktionärsrechte-RL lediglich auf die Mitglieder der Unternehmensleitung abstellt. Aus dem gleichen Grund müssen auch § 87a (Beschluss eines Vergütungssystems durch den Aufsichtsrat) und § 120a (Votum der Hauptversammlung) Anwendung finden. 5

Auflösung

289 (1) **Die Gründe für die Auflösung der Kommanditgesellschaft auf Aktien und das Ausscheiden eines von mehreren persönlich haftenden Gesellschaftern aus der Gesellschaft richten sich, soweit in den Absätzen 2 bis 6 nichts anderes bestimmt ist, nach den Vorschriften des Handelsgesetzbuchs über die Kommanditgesellschaft.**

(2) **Die Kommanditgesellschaft auf Aktien wird auch aufgelöst**

1. **mit der Rechtskraft des Beschlusses, durch den die Eröffnung des Insolvenzverfahrens mangels Masse abgelehnt wird;**
2. **mit der Rechtskraft einer Verfügung des Registergerichts, durch welche nach § 399 des Gesetzes über das Verfahren in Familiensachen und in den Angelegenheiten der freiwilligen Gerichtsbarkeit ein Mangel der Satzung festgestellt worden ist;**
3. **durch die Löschung der Gesellschaft wegen Vermögenslosigkeit nach § 394 des Gesetzes über das Verfahren in Familiensachen und in den Angelegenheiten der freiwilligen Gerichtsbarkeit.**

(3) [1] **Durch die Eröffnung des Insolvenzverfahrens über das Vermögen eines Kommanditaktionärs wird die Gesellschaft nicht aufgelöst.** [2] **Die Gläubiger eines Kommanditaktionärs sind nicht berechtigt, die Gesellschaft zu kündigen.**

(4) [1] **Für die Kündigung der Gesellschaft durch die Kommanditaktionäre und für ihre Zustimmung zur Auflösung der Gesellschaft ist ein Beschluß der Hauptversammlung nötig.** [2] **Gleiches gilt für den Antrag auf Auflösung der Gesellschaft durch gerichtliche Entscheidung.** [3] **Der Beschluß bedarf einer Mehrheit, die mindestens drei Viertel des bei der Beschlußfassung vertretenen Grundkapitals umfaßt.** [4] **Die Satzung kann eine größere Kapitalmehrheit und weitere Erfordernisse bestimmen.**

(5) **Persönlich haftende Gesellschafter können außer durch Ausschließung nur ausscheiden, wenn es die Satzung für zulässig erklärt.**

(6) [1] **Die Auflösung der Gesellschaft und das Ausscheiden eines persönlich haftenden Gesellschafters ist von allen persönlich haftenden Gesellschaftern zur Eintragung in das Handelsregister anzumelden.** [2] **§ 143 Abs. 3 des Handelsgesetzbuchs gilt sinngemäß.** [3] **In den Fällen des Absatzes 2 hat das Gericht die Auflösung und ihren Grund von Amts wegen einzutragen.** [4] **Im Falle des Absatzes 2 Nr. 3 entfällt die Eintragung der Auflösung.**

1 **1. Allgemeines.** Die Vorschrift regelt, in welchen Fällen es zur Auflösung der KGaA kommt. Es wird also wie bei anderen Gesellschaften zwischen Auflösung, Abwicklung (vgl. § 290) und Beendigung unterschieden. § 289 nimmt auf die Auflösungsgründe für die KG Bezug, ist aber nicht an das HRRefG angepasst worden. Hieraus resultieren diverse Auslegungsprobleme (→ Rn. 3 f.). Eine Fortsetzung der aufgelösten Gesellschaft ist gem. § 278 Abs. 3, § 274 möglich. Sie setzt die Zustimmung aller Komplementäre und der Gesamtheit der Kommanditaktionäre mit qualifizierter Mehrheit voraus.

2 **2. Auflösungsgründe (Abs. 1–4).** Abs. 1 erklärt die handelsrechtlichen Auflösungsgründe nach § 161 Abs. 2 HGB, § 131 HGB für entsprechend anwendbar. Auflösungsgründe sind demnach nach § 131 Abs. 1 HGB Zeitablauf (Nr. 1), ein Gesellschafterbeschluss (Nr. 2), der eines Hauptversammlungsbeschlusses mit Dreiviertelmehrheit (Abs. 4) und eines – vorbehaltlich abweichender Regelungen – einstimmigen Beschlusses der Komplementäre bedarf (BeckOGK/*Bachmann,* 15.1.2020, Rn. 4 f.), die Eröffnung des Insolvenzverfahrens (Nr. 3) und eine gerichtliche Entscheidung (Nr. 4 iVm § 133 HGB); antragsbefugt sind dabei jeder Komplementär als auch die Gesamtheit der Kommanditaktionäre (str., MüKoAktG/*Perlitt* Rn. 26; aA KK-AktG/*Mertens/Cahn* Rn. 17). Daneben sieht Abs. 2 in Anlehnung an § 262 als weitere Auflösungsgründe die Ablehnung der Eröffnung des Insolvenzverfahrens mangels Masse (vgl. § 262 Abs. 1 Nr. 3), die Feststellung eines Satzungsmangels (vgl. § 262 Abs. 1 Nr. 5) und die Amtslöschung wegen Vermögenslosigkeit (vgl. § 262 Abs. 1 Nr. 6) vor. Weitere Auflösungsgründe sind die Nichtigerklärung der Gesellschaft (§ 275), die Auflösung wegen Gemeinwohlgefährdung (§ 396), die Entziehung der Erlaubnis nach § 38 KWG und das Ausscheiden des einzigen Komplementärs (→ Rn. 5); die Satzung kann die Regelung des § 131 HGB modifizieren, darüber hinaus aber keine weiteren Auflösungsgründe vorsehen (BeckOGK/*Bachmann,* 15.1.2020, Rn. 10).

3 **Keine Auflösungsgründe** sind wegen § 131 Abs. 3 HGB der Tod, die Insolvenz oder die Kündigung durch einen Gläubiger des Gesellschafters, gleich ob es sich um einen Komplementär oder Kommanditaktionär handelt. Abs. 3 ist durch das HRRefG überflüssig geworden. Nicht zur Auflösung führen ferner das Zusammenfallen aller Aktien und Komplementäranteile in einer Person (→ § 280 Rn. 1) und die Entziehung der Geschäftsführungs- oder Vertretungsbefugnis des einzigen Komplementärs (str., GroßkommAktG/*Assmann/Sethe* Rn. 139 ff. mwN). Ebenso kann die Gesamtheit der Kommanditaktionäre entgegen dem Wortlaut des Abs. 4 nicht einseitig die Auflösung herbeiführen (BeckOGK/*Bachmann,* 15.1.2020, Rn. 15; Grigoleit/*Servatius* Rn. 5; *Veil* NZG 2000, 72; aA *Mertens* AG

2004, 333 ff.). Abs. 4 ist insoweit obsolet, da die von ihm vorausgesetzte Auflösungskündigung eines Gesellschafters bei der KG durch das HRRefG gestrichen wurde.

3. Ausscheiden von Gesellschaftern. Nach Abs. 5 scheint ein Ausscheiden eines **Komplementärs** nur im Falle der Ausschließungsklage (§ 140 HGB) und bei entsprechender Satzungsregelung möglich. Das beruht indes nur auf der fehlenden Anpassung an das HRRefG, das in § 131 Abs. 3 HGB weitere Ausscheidensgründe verankert hat. Abs. 5 ist so zu lesen, dass ein Komplementär **außer nach Abs. 1 iVm § 131 Abs. 3 HGB, § 140 HGB** nur austreten kann, wenn die Satzung dies vorsieht (KK-AktG/*Mertens/Cahn* Rn. 33; *Veil* NZG 2000, 72 (75)). Komplementäre scheiden also nach § 131 Abs. 3 Nr. 1 HGB auch durch Tod aus. Wie bei der KG sind Nachfolgeklauseln möglich. Ist eine Gesellschaft Komplementärin, soll sie erst bei ihrer Beendigung ausscheiden (KK-AktG/*Mertens/Cahn* Rn. 45; aA K. Schmidt/Lutter/*K. Schmidt* Rn. 25). Weitere Austrittsgründe nach § 131 Abs. 3 HGB sind die Insolvenz des Komplementärs (Nr. 2), die Kündigung durch ihn (Nr. 3) oder einen Gläubiger (Nr. 4), weitere satzungsmäßige Gründe (Nr. 5) und ein Beschluss der Gesellschafter (Nr. 6). Nach § 738 BGB wächst der Anteil des austretenden Komplementärs den verbleibenden zu, und der Austretende hat einen Anspruch auf Abfindung. Seine Nachhaftung richtet sich nach § 160 HGB. 4

Scheidet der **einzige Komplementär** aus, führt dies zur Auflösung der Gesellschaft (→ Rn. 2). Es gibt weder eine auflösungsfreie Übergangszeit, noch kommt es zur automatischen Umwandlung in eine AG (BeckOGK/*Bachmann*, 15.1.2020, Rn. 27 mwN; zur Möglichkeit einer Umwandlung in eine AG durch Gesellschafterbeschluss MüKoAktG/*Perlitt* Rn. 157 ff.). Ein Austrittsrecht einzelner Kommanditaktionäre besteht nicht (Hüffer/Koch/*Koch* Rn. 3). Ebenso lässt sich schon wegen der völlig unklaren Rechtsfolgen aus Abs. 4 kein Recht der Gesamtheit der Kommanditaktionäre ableiten, aus der KGaA auszutreten (so überzeugend BeckOGK/*Bachmann*, 15.1.2020, Rn. 32; aA GroßkommAktG/*Assmann/Sethe* Rn. 72 ff.). 5

4. Anmeldung und Eintragung. Nach Abs. 6 sind Auflösung und Ausscheiden von allen Komplementären – auch den nicht geschäftsführenden (allgM) – anzumelden. Scheidet ein Komplementär aus, muss auch er mitwirken. Beim Tod eines Komplementärs gilt § 143 Abs. 3 HGB entsprechend, Abs. 6 S. 2; Abs. 6 S. 3 und 4 entsprechen praktisch § 263 S. 2–4. 6

Abwicklung

290 (1) **Die Abwicklung besorgen alle persönlich haftenden Gesellschafter und eine oder mehrere von der Hauptversammlung gewählte Personen als Abwickler, wenn die Satzung nichts anderes bestimmt.**

(2) **Die Bestellung oder Abberufung von Abwicklern durch das Gericht kann auch jeder persönlich haftende Gesellschafter beantragen.**

(3) [1]**Ist die Gesellschaft durch Löschung wegen Vermögenslosigkeit aufgelöst, so findet eine Abwicklung nur statt, wenn sich nach der Löschung herausstellt, daß Vermögen vorhanden ist, das der Verteilung unterliegt.** [2]**Die Abwickler sind auf Antrag eines Beteiligten durch das Gericht zu ernennen.**

Die Vorschrift regelt Besonderheiten bei der Auflösung der KGaA. Diese folgt grundsätzlich den §§ 265 ff. (eingehend GroßkommAktG/*Assmann/Sethe* Rn. 4 ff.). Dies gilt auch für das **Sperrjahr** (§ 272); eine Ausnahme im Hinblick auf mit einer Vermögenseinlage beteiligte Komplementäre kommt nicht in Betracht, da § 272 das gesamte Vermögen der Gesellschaft dem Sperrjahr unterwirft (str., GroßkommAktG/*Assmann/Sethe* Rn. 27 ff.; aA MüKoAktG/*Semler/Perlitt* Rn. 8 f.). Nur die Verteilung des Liquidationserlöses zwischen Komplementären und Kommanditaktionären richtet sich nach Handelsrecht. 1

Abs. 1 modifiziert § 265 Abs. 1, indem er die Komplementäre zu Abwicklern bestimmt. Erfasst sind auch die nicht geschäftsführungsbefugten Komplementäre (allgM). Daneben wählt die HV einen weiteren Abwickler. Dabei sind Komplementäre, die gleichzeitig Aktionäre sind, mangels Stimmverbot stimmberechtigt. Eine Zustimmung der Komplementäre nach § 285 Abs. 2 ist nicht erforderlich (allgM). Im Übrigen kann die Satzung Abweichendes bestimmen. 2

Abs. 2 billigt auch den Komplementären ein Antragsrecht hinsichtlich der Bestellung und Abberufung von Abwicklern zu und ergänzt damit § 265 Abs. 3. Abs. 3 entspricht dem – nach § 278 Abs. 3 anwendbaren – § 264 Abs. 2 und ist eigentlich überflüssig (Hüffer/Koch/*Koch* Rn. 3). 3

Drittes Buch. Verbundene Unternehmen

Erster Teil. Unternehmensverträge

Erster Abschnitt. Arten von Unternehmensverträgen

Beherrschungsvertrag. Gewinnabführungsvertrag

291 (1) [1]**Unternehmensverträge sind Verträge, durch die eine Aktiengesellschaft oder Kommanditgesellschaft auf Aktien die Leitung ihrer Gesellschaft einem anderen Unternehmen unterstellt (Beherrschungsvertrag) oder sich verpflichtet, ihren ganzen Gewinn an ein anderes Unternehmen abzuführen (Gewinnabführungsvertrag).** [2]**Als Vertrag über die Abführung des ganzen Gewinns gilt auch ein Vertrag, durch den eine Aktiengesellschaft oder Kommanditgesellschaft auf Aktien es übernimmt, ihr Unternehmen für Rechnung eines anderen Unternehmens zu führen.**

(2) **Stellen sich Unternehmen, die voneinander nicht abhängig sind, durch Vertrag unter einheitliche Leitung, ohne daß dadurch eines von ihnen von einem anderen vertragschließenden Unternehmen abhängig wird, so ist dieser Vertrag kein Beherrschungsvertrag.**

(3) **Leistungen der Gesellschaft bei Bestehen eines Beherrschungs- oder eines Gewinnabführungsvertrags gelten nicht als Verstoß gegen die §§ 57, 58 und 60.**

Übersicht

I. Der Vertragskonzern im System des Konzernrechts

1. Gegenstand und Regelungssystematik des Dritten Buches. Gegenstand des dritten Buches (Verbundene Unternehmen – §§ 291–328) ist das materielle Konzernrecht, daneben finden sich konzernrechtliche Vorschriften in den §§ 15–19 und den §§ 20–22. Die Gesetzessystematik folgt der Einteilung in Vertragskonzerne (§§ 291 ff.), faktische Konzerne (§§ 311 ff.) und Eingliederungen (§§ 319 ff.). Regelungsgegenstand des Ersten Teils (§§ 291–307) des dritten Buches sind Unternehmensverträge. Dieser beginnt einleitend mit der Definition der verschiedenen Unternehmensvertragsarten (§§ 291, 292), enthält Regelungen zu Abschluss, Änderung und Beendigung von Unternehmensverträgen (§§ 293–299), zur Sicherung der Gesellschaft und ihrer Gläubiger (§§ 300–303) sowie außenstehender Aktionäre bei Bestehen eines Beherrschungs- und Gewinnabführungsvertrags (§§ 304–307). Der Zweite Teil (§§ 308–318) behandelt in seinem ersten Abschnitt die Leitungsmacht und Verantwortlichkeit des herrschenden Unternehmens bei Bestehen eines Beherrschungsvertrags (§§ 308–310), in einem zweiten Abschnitt dessen Verantwortlichkeit bei Fehlen eines Beherrschungsvertrags, dh bei sonstigen Abhängigkeitsverhältnissen (§§ 311–318). Regelungsgegenstand des Dritten Teils (§§ 319–327) des dritten Buches ist die Eingliederung von Gesellschaften, des Vierten Teils, an systematisch fragwürdiger Stelle (vgl. Spindler/Stilz/*Veil* Vor § 291 Rn. 2), der Ausschluss von Minderheitsaktionären (§§ 327a–327f). Der Fünfte Teil enthält nach Ausgliederung der Vorschriften über die Konzernrechnungslegung in das HGB (vgl. §§ 290 ff. HGB) durch das Bilanzrichtliniengesetz (BiRiLiG vom 19.12.1985, BGBl. 1985 I 2355) nur noch eine Vorschrift über wechselseitig beteiligte Unternehmen (§ 328). 1

2. Regelungszweck des Konzernrechts. Dem Konzernrecht kommt als Schutzrecht und Organisationsrecht eine doppelte Funktion zu: Als **Schutzrecht** dient es der Abwehr von Gefahren für Minderheitsaktionäre und Gläubiger der beherrschten Gesellschaft, die sich aus ihrer drohenden Instrumentalisierung für die Zwecke des Mehrheitsaktionärs ergeben (BGH 13.10.1977, BGHZ 69, 334 (337) = NJW 1978, 104; Hüffer/Koch/*Koch* Rn. 3; K. Schmidt/Lutter/*Langenbucher* Rn. 7). Als konzernbezogenes **Organisationsrecht** schafft es für die Verfolgung von Konzerninteressen einen organisatorischen Rahmen, der die Besonderheiten der Konzerngesellschaft gegenüber einer unabhängigen Gesellschaft im Blick hat. Da nur die wenigsten Vorschriften des Konzernrechts an den „Konzern" an sich anknüpfen (*Schmidt* FS Lutter, 2000, 1167 (1170)), handelt es sich hierbei in erster Linie um Regeln für die Ausübung der Leitungsmacht durch die Konzernobergesellschaft (vgl. K. Schmidt/Lutter/*Langenbucher* Rn. 10 mwN). 2

II. Allgemeines

1. Normzweck. § 291 führt den Oberbegriff der Unternehmensverträge ein, der die in § 291 Abs. 1 und § 292 Abs. 1 geregelten Vertragstypen umfasst (§ 291 Abs. 1: Beherrschungs-, Gewinnabführungs- und Geschäftsführungsvertrag; § 292 Abs. 1: Gewinngemeinschafts-, Teilgewinnabführungs-, Betriebspacht- und Betriebsüberlassungsvertrag). Abs. 1 S. 1 enthält eine Legaldefinition des Beherrschungs- und des Gewinnabführungsvertrags und ordnet die Gleichstellung von Geschäftsführungs- und Gewinnabführungsvertrag an. Zentrales Kennzeichen dieser Verträge ist das Bestehen eines Abhängigkeitsverhältnisses zwischen den Vertragsparteien. Hiervon grenzt Abs. 2 den Gleichordnungskonzernvertrag ab, durch den ein Abhängigkeitsverhältnis nicht begründet wird: Er ist kein Beherrschungsvertrag und damit auch kein Unternehmensvertrag. Abs. 3 statuiert schließlich bei Bestehen eines Beherrschungs- oder Gewinnabführungsvertrags ein Konzernprivileg für Leistungen der Untergesellschaft an die Obergesellschaft. Im Vertragskonzern stellen diese keinen Verstoß gegen die gesetzlichen Kapitalbindungsvorschriften der §§ 57, 58 und 60 dar. 3

2. Rechtsnatur der Unternehmensverträge. Die Unternehmensverträge des § 291 verändern die rechtliche und wirtschaftliche Struktur der Untergesellschaft (MüKoAktG/*Altmeppen* Rn. 27 ff. mwN) und wirken bei dieser infolge der Überlagerung des Gesellschaftsinteresses durch das Konzerninteresse wie eine zeitlich begrenzte Satzungsänderung (BGH 24.10.1988, BGHZ 105, 324 (331) = NJW 1989, 295; BGH 14.12.1987, BGHZ 103, 1 (4) = NJW 1988, 1326). Aufgrund des einhergehenden Eingriffs in die Organisations- und Finanzverfassung der Untergesellschaft (BGH 24.10.1988, BGHZ 105, 324 (331) = NJW 1989, 295; BGH 14.12.1987, BGHZ 103, 1 (4) = NJW 1988, 1326) werden sie als 4

Organisationsverträge verstanden (BGH 24.10.1988, BGHZ 105, 324 (331) = NJW 1989, 295; BGH 14.12.1987, BGHZ 103, 1 (4 f.) = NJW 1988, 1326; *Flume* DB 1957, 439 ff.; *Würdinger* DB 1958, 1447 (1451 f.); heute hM statt vieler: Hüffer/Koch/*Koch* Rn. 17, MüKoAktG/*Altmeppen* Rn. 27 mwN). Daneben enthalten die Unternehmensverträge des § 291 auch **schuldrechtliche Bestandteile** (hM statt vieler: Hüffer/Koch/*Koch* Rn. 18; ausf. Emmerich/Habersack/*Emmerich* Rn. 27 mwN; aA GroßkommAktG/*Würdinger* Anm. 13: keine schuldrechtlichen Bestandteile), die im Synallagma stehen und einklagbar sind (§§ 320 ff. BGB) (hM KK-AktG/*Koppensteiner* Vor § 291 Rn. 157; MüKoAktG/*Altmeppen* Rn. 37 mwN). Demgegenüber werden die Unternehmensverträge des § 292 überwiegend zutreffend als rein **schuldrechtliche Austauschverträge** qualifiziert (vgl. K. Schmidt/Lutter/*Langenbucher* Rn. 19).

5 **3. Vertragsparteien. a) Untergesellschaft.** Nach dem Wortlaut des § 291 können sowohl eine AG als auch eine KGaA Untergesellschaft eines Beherrschungs-, Gewinnabführungs- oder Geschäftsführungsvertrags sein. Gleiches gilt nach Art. 9 Abs. 1 lit. c ii SE-VO für eine SE mit Sitz im Inland, da hiernach § 291 als Vorschrift des deutschen Aktienrechts subsidiär zur Anwendung gelangt. Daneben können Unternehmensverträge mit einer GmbH (BGH 24.10.1988, BGHZ 105, 324 (330 f.) = NJW 1989, 295; *Lutter/Hommelhoff* GmbHG Anh. § 13 Rn. 42; Hüffer/Koch/*Koch* Rn. 6; Spindler/Stilz/*Veil* Rn. 4; *Timm* GmbHR 1989, 11), einer Genossenschaft (K. Schmidt/Lutter/*Langenbucher* Rn. 21) oder einer Personengesellschaft (BGH 5.2.1979, NJW 1980, 231; zuletzt OLG München 8.2.2011, BB 2011, 724; GK-HGB/*Ulmer* Anh. § 105 Rn. 13 ff.; *Emmerich/Habersack* KonzernR § 34 II f., dagegen noch aA *Reuter* ZHR 146 (1982), 1 (15 ff.); *Reuter* AG 1986, 130, 135 ff.) als Untergesellschaften geschlossen werden. Jedenfalls aus gesellschaftsrechtlicher Sicht spricht auch nichts dagegen, eine öffentlich-rechtliche Anstalt durch einen Beherrschungs- oder Gewinnabführungsvertrag zu binden (*Bezzenberger/Schuster* ZGR 1996, 481 (498 f.); K. Schmidt/Lutter/*Langenbucher* Rn. 21; Spindler/Stilz/*Veil* Rn. 4; mit Einschränkungen *Raiser* ZGR 1996, 458 (470 f.); *Neumann/Rux* DB 1996, 1659 (1662); aA dagegen LAG Berlin 27.10.1995, AG 1996, 140 (142 f.)). Die §§ 291 ff. sind in diesen Fällen analog anzuwenden, soweit nicht die Organisations- und Finanzverfassung der jeweiligen Untergesellschaft entgegensteht (Hüffer/Koch/*Koch* Rn. 6; Spindler/Stilz/*Veil* Rn. 4). Erforderlich ist allerdings, dass die Untergesellschaft ihren Sitz im Inland hat, da die Schutzvorschriften der §§ 291 ff. nur iRd deutschen Gesellschaftsstatuts zur Anwendung gelangen (BGH 13.12.2004, NZG 2005, 214 (215) = NJW-Spezial 2005, 124 f. liSp; MüKoAktG/*Altmeppen* Rn. 17; Hüffer/Koch/*Koch* Rn. 5; KK-AktG/*Koppensteiner* Vor § 291 Rn. 182 f.; K. Schmidt/Lutter/*Langenbucher* Rn. 21 mwN). Diesem Kriterium genügen ebenfalls deutsche Kapitalgesellschaften, die ihren Verwaltungssitz abweichend vom Satzungssitz im Ausland haben (vgl. Hölters/*Deilmann* Rn. 8).

6 **b) Obergesellschaft.** Die Obergesellschaft (oder in der Terminologie des Gesetzes das „andere Unternehmen") unterliegt nach § 291 keinem bestimmten Rechtsformerfordernis. Der Unternehmensbegriff des § 291 entspricht demjenigen des § 15 (MüKoAktG/*Altmeppen* Rn. 3 mwN, → § 15 Rn. 1). Danach können alle natürlichen und juristischen Personen sowie Personenhandelsgesellschaften, die neben der Beteiligung an der Untergesellschaft eine anderweitige wirtschaftliche Interessensbindung aufweisen, Obergesellschaft eines Unternehmensvertrags sein. Im Umkehrschluss folgt hieraus, dass ein Unternehmensvertrag mit einem privaten Mehrheitsaktionär, der nicht bereits bei Abschluss des Unternehmensvertrags (hM Spindler/Stilz/*Veil* Rn. 7; KK-AktG/*Koppensteiner* Rn. 8; MüKoAktG/*Altmeppen* Rn. 3 ff.; *Raiser/Veil* KapGesR § 62 Rn. 15; aA Emmerich/Habersack/*Emmerich* Rn. 9a; Hüffer/Koch/*Koch* Rn. 8; MHdB GesR IV/*Krieger* § 71 Rn. 9) Unternehmen iSd § 15 ist, wegen Verstoßes gegen § 134 BGB iVm §§ 57 ff., 76 nichtig ist (Spindler/Stilz/*Veil* Rn. 7; KK-AktG/*Koppensteiner* Rn. 14). Nicht erforderlich ist es, dass es sich bei der Obergesellschaft um ein Unternehmen mit Sitz im Inland handelt, denn die §§ 291 ff. dienen dem Schutz der Untergesellschaft sowie ihrer Gesellschafter und Gläubiger (Hüffer/Koch/*Koch* Rn. 8; MüKoAktG/*Altmeppen* Rn. 26; Spindler/Stilz/*Veil* Rn. 6). Ebenso wenig muss die Obergesellschaft an der Untergesellschaft beteiligt sein (KK-AktG/*Koppensteiner* Rn. 7; MüKoAktG/*Altmeppen* Rn. 18; aA *van Venrooy* BB 1986, 612 (615 ff.)), obgleich dies regelmäßig der Fall sein dürfte.

7 **4. Auslegung von Unternehmensverträgen.** Die organisationsrechtlichen Bestandteile der Unternehmensverträge des § 291 sind wegen ihres satzungsähnlichen Charakters **objektiv** auszulegen (hM OLG München 9.12.2008, DB 2009, 168 (168 f.); Hüffer/Koch/*Koch* Rn. 17; MüKoAktG/*Altmeppen* Rn. 35; K. Schmidt/Lutter/*Langenbucher* Rn. 18; teilw. krit. *Grunewald* ZGR 2009, 647 (650 ff.); KK-AktG/*Koppensteiner* Vor § 291 Rn. 158; aA offenbar OLG Schleswig 27.8.2008, NZG 2008, 868 (870): durchgängige Anwendung der §§ 133, 157 BGB, Emmerich/Habersack/*Emmerich* Rn. 27a; krit. zu dieser Auffassung *Kort* NZG 2009, 364 (365)). Dies gilt bspw. für das exakte Ausmaß der Leitungsübertragung oder für die vertraglichen Bestimmungen über ihr Wirksamwerden (vgl. OLG München 9.12.2008, DB 2009, 168 (168 f.) zum Fall einer außerordentlichen Kündigung). Bei der Auslegung darf daher ausschließlich auf Wortlaut, den systematischen Zusammenhang der jeweiligen Regelung und den Sinn und Zweck abgestellt werden (zur Satzungsauslegung ausf.: Hüffer/Koch/*Koch* § 23 Rn. 39).

Allgemein zugängliche Dokumente wie die zum Handelsregister angemeldete Satzung oder vorausgegangene Unternehmensverträge können berücksichtigt werden. Die Auslegung ist vom Revisionsgericht uneingeschränkt überprüfbar (BGH 11.10.1993, BGHZ 123, 347 (350) = NJW 1994, 51; BGH 16.12.1991, BGHZ 116, 359 (366) = NJW 1992, 892). Die **schuldrechtlichen Bestandteile** sind wie die individualrechtlichen Bestandteile von Satzungen nach **§§ 133, 157 BGB** auszulegen (BGH 11.10.1993, BGHZ 123, 347 (350f.) = NJW 1994, 51; BGH 11.11.1985, BGHZ 96, 245 (250) = NJW 1986, 1033 (1034)).

III. Beherrschungsvertrag

1. Begriff und Inhalt. a) Begriff. Durch den Beherrschungsvertrag unterstellt eine AG oder KGaA ihre Leitung einer anderen Gesellschaft (§ 291 Abs. 1 Alt. 1) (Vertragsmuster: MVHdB I GesR/*Hoffmann-Becking* 1377). 8

b) Mindestinhalt. Der Mindestinhalt eines Beherrschungsvertrags lässt sich Abs. 1 S. 1 und § 308 entnehmen, dh durch den Beherrschungsvertrag muss die Untergesellschaft ihre Leitung einem anderen Unternehmen unterstellen. 9

aa) Leitung. Der **Leitungsbegriff** deckt sich mit demjenigen in § 76 (RegBegr AktG *Kropff* 403): Gemeint sind die Führungsfunktionen des Vorstands als herausgehobener Teilbereich der Geschäftsführung, namentlich Unternehmensplanung, -koordination, -kontrolle und Besetzung von Führungspositionen (→ § 76 Rn. 7 und Hüffer/Koch/*Koch* § 76 Rn. 9 mwN sowie Hüffer/Koch/*Koch* § 291 Rn. 10). 10

Eine vollständige Übertragung der Führungsfunktionen ist nach hM nicht erforderlich; auch ein **Teilbeherrschungsvertrag,** der nur einen Teil der unternehmerischen Leitungsfunktionen auf die Obergesellschaft überträgt, fällt unter § 291 (hM Hüffer/Koch/*Koch* Rn. 15; MHdB GesR IV/*Krieger* § 71 Rn. 5; K. Schmidt/Lutter/*Langenbucher* Rn. 30; MüKoAktG/*Altmeppen* Rn. 90 ff.; aA KK-AktG/*Koppensteiner* Rn. 49; GroßkommAktG/*Würdinger* Anm. 8; krit. auch *Däubler* NZG 2005, 617 (618), insbesondere wenn personelle und soziale Angelegenheiten von dem Leitungstransfer auf die Obergesellschaft ausgenommen sind). Zwingend erforderlich ist jedoch, dass die Obergesellschaft durch den Leitungstransfer in die Lage versetzt wird, eine **einheitliche Konzernleitung** auszuüben. Dies setzt nach allgemeinen Regeln (→ § 18 Rn. 3) voraus, dass zumindest eine der unternehmerischen Zentralfunktionen (Einkauf, Vertrieb, Personalpolitik, Forschung, Finanzwesen, etc) dem herrschenden Unternehmen unterstellt wird (Überblick über den Streitstand bei *Däubler* NZG 2005, 617 ff. und *Veil,* Unternehmensverträge, 2003, 12 ff.). Ist der Beherrschungsvertrag demgegenüber auf einzelne Betriebe oder Unternehmensteile beschränkt, ist eine einheitliche Konzernleitungsmacht der Obergesellschaft nur schwer vorstellbar. Derartige Verträge fallen daher grundsätzlich nicht unter § 291 (*Bachmann/Veil* ZIP 1999, 348 (353); KK-AktG/*Koppensteiner* Rn. 45; Emmerich/Habersack/*Emmerich* Rn. 21a; aA *Grobecker* DStR 2002, 1953 (1954 f.)). 11

bb) Weisungsgebundenheit. Die Leitung der Untergesellschaft muss der Obergesellschaft vertraglich **unterstellt** sein (Abs. 1 S. 1 Fall 1). Das hierdurch zum Ausdruck kommende Über-/Unterordnungsverhältnis materialisiert sich in dem **Weisungsrecht der Obergesellschaft** (§ 308 Abs. 1) (allein) gegenüber dem Vorstand der Untergesellschaft (vgl. aber § 308 Abs. 3). Es führt zu einer Verfassungsänderung der Untergesellschaft, die nicht rückwirkend herbeigeführt werden kann (vgl. OLG Hamburg 13.7.1990, NJW 1990, 3024; OLG Hamburg 6.10.1989, NJW 1990, 521; *Kort* DZWiR 1993, 292 f.; K. Schmidt/Lutter/*Langenbucher* Rn. 26; Hüffer/Koch/*Koch* Rn. 11; Spindler/Stilz/*Veil* Rn. 10; offengelassen in BGH 5.4.1993, BGHZ 122, 211 (223 f.)). Eine dennoch vereinbarte **Rückwirkung** dürfte allerdings regelmäßig nur die Teilnichtigkeit des Beherrschungsvertrags zur Folge haben (§ 139 BGB, Emmerich/Habersack/*Emmerich* Rn. 15). 12

Einigkeit besteht darüber, dass das Weisungsrecht der Obergesellschaft kraft Gesetzes besteht (§ 308) und keiner ausdrücklichen Erwähnung im Beherrschungsvertrag bedarf (Hüffer/Koch/*Koch* Rn. 11 aE). Ausreichend (aber auch erforderlich) ist, dass sich dem Vertrag im Wege der Auslegung die Möglichkeit des herrschenden Unternehmens entnehmen lässt, die Interessen der verbundenen Unternehmen im Sinne eines Konzerninteresses auszurichten und gegenüber der Leitung der Tochter rechtlich durchzusetzen (vgl. OLG Schleswig 27.8.2008, NZG 2008, 868; Emmerich/Habersack/*Emmerich* Rn. 14; Hüffer/Koch/*Koch* Rn. 11; *Kort* NZG 2009, 364 (365); KK-AktG/*Koppensteiner* Rn. 22). Umstritten ist allerdings, ob das gesetzlich bestehende **Weisungsrecht vertraglich ausgeschlossen** werden kann, sodass sich die Rechtsfolge des „Beherrschungsvertrags" gem. Abs. 3 in der Befreiung von den Vermögensbindungsvorschriften der §§ 57, 58 und 60 erschöpft. Während eine Mindermeinung dies unter Berufung auf ein praktisches Bedürfnis, etwa aus „optischen" Gründen, zulassen will (*Exner* Beherrschungsvertrag und Vertragsfreiheit 20 ff.; MüKoAktG/*Altmeppen* Rn. 99 ff.), ist nach hM das Weisungsrecht richtigerweise unverzichtbares Merkmal des Beherrschungsvertrags (LG München I 2.5.2000, AG 2001, 318; *Veil,* Unternehmensverträge, 2003, 14 ff.; Hüffer/Koch/*Koch* Rn. 11; KK-AktG/*Koppen-* 13 *steiner* Rn. 22; MHdB GesR IV/*Krieger* § 71 Rn. 6). **Einschränkungen des Weisungsrechts** werden dagegen bei nachteiligen Weisungen gesetzlich ausdrücklich zugelassen (§ 308 Abs. 1 S. 2). Sie sind auch darüber hinaus zulässig (Hüffer/Koch/*Koch* § 308 Rn. 1, 13; für ein Bsp. aus der Praxis s. *Veil*, Unternehmensverträge, 2003, 15 Fn. 65).

14 **c) Weiterer Vertragsinhalt.** In den meisten Beherrschungsverträgen finden sich zusätzliche Abreden, die allerdings nicht zum unverzichtbaren Mindestinhalt gehören. Dies gilt zunächst für die **Ausgleichs- und Abfindungsregeln** iSv §§ 304, 305; zwar ist die Ausgleichsregelung nach § 304 grundsätzlich eine Wirksamkeitsvoraussetzung (vgl. § 304 Abs. 3 S. 1), sie gehört aber nicht zu den Begriffsmerkmalen des Beherrschungsvertrags, wie sich aus § 304 Abs. 1 S. 3 ergibt (ebenso Hüffer/Koch/*Koch* Rn. 12). Die **Verlustausgleichspflicht** iSv § 302 ergibt sich bereits aus dem Gesetz und bedarf keiner ausdrücklichen vertraglichen Regelung, obschon dies – ebenso wie eine Regelung der Vertragslaufzeit – der ganz überwiegenden Praxis entspricht. Erst recht sind Klauseln zur Leitungsstruktur des Konzerns oder Regelungen zu Überlebenshilfen für die Untergesellschaft nach Vertragsende (MüKoAktG/*Altmeppen* Rn. 60 ff. mwN) kein obligatorischer Mindestvertragsbestandteil. Es ist auch nicht erforderlich, für den Vertragsschluss mit einer ausländischen Obergesellschaft die Geltung deutschen Rechts zu vereinbaren, da für den organisationsrechtlichen (Mindest-)Bestandteil keine Rechtswahlfreiheit besteht (Hüffer/Koch/*Koch* Rn. 13). Eine Bezeichnung des Vertrags als Beherrschungsvertrag ist nach inzwischen ganz hM entbehrlich (KG 30.6.2000, AG 2001, 186; LG Hamburg 29.1.1991, AG 1991, 365 (366); Hüffer/Koch/*Koch* Rn. 13; MHdB GesR IV/*Krieger* § 71 Rn. 7 mwN; aA noch Geßler/Hefermehl/Eckardt/Kropff/*Geßler*, AktG, 1975, § 293 Rn. 43 mwN; KK-AktG/*Koppensteiner* § 293 Rn. 50 f. mwN).

15 **d) Atypische/verschleierte Beherrschungsverträge?** Verträge, die in ihren Wirkungen einem Beherrschungsvertrag nahekommen, dessen gesetzliche Kriterien jedoch nicht erfüllen, werden gemeinhin unter dem Begriff atypische bzw. verschleierte Beherrschungsverträge behandelt (hierzu Hüffer/Koch/*Koch* Rn. 14; K. Schmidt/Lutter/*Langenbucher* Rn. 28; Spindler/Stilz/*Veil* Rn. 26). In der Sache geht es regelmäßig um die Abgrenzung von Beherrschungsverträgen zu Betriebspacht-, Betriebsüberlassungs- und Betriebsführungsverträgen (→ § 292 Rn. 16) und darauf aufsetzend um die Abgrenzung zwischen Vertragskonzern und faktischem Konzern. Auch schuldrechtliche Vereinbarungen zwischen zwei Gesellschaften, die in der Praxis regelmäßig im Zusammenhang mit einem beabsichtigten Unternehmenszusammenschluss bzw. einem freiwilligen öffentlichen Übernahmeangebot getroffen werden (sog. Business Combination Agreements), werden in diesem Zusammenhang thematisiert (*Decher* FS Hüffer, 2010, 145 ff.; *Ederle* AG 2010, 273 ff., *Emmerich* FS Hüffer, 2010, 179 ff.; Spindler/Stilz/*Veil* Rn. 69 f.). Der Vorschlag, diese Verträge im Wege der Analogiebildung als Beherrschungsverträge zu behandeln (Spindler/Stilz/*Veil* Rn. 28), wird von der hM zu Recht abgelehnt: Es kommt allein darauf an, ob der jeweilige Vertrag den Mindestinhalt eines Beherrschungsvertrags enthält, dh eine – zumindest teilweise – Übertragung der Führungsfunktionen der Unter- auf die Obergesellschaft erfolgt (OLG München 18.7.2012, AG 2012, 802 (803); OLG Schleswig 27.8.2008, NZG 2008, 868 (872) und Anm. *Kort* NZG 2009, 364 (365 ff.); OLG München 24.6.2008, NZG 2008, 753 (754); LG München I 19.10.2007, ZIP 2008, 242 (Vorinstanz); LG München I 31.1.2008, ZIP 2008, 555 (559 f.); hierzu krit. *Goslar* DB 2008, 800 (802); LG Flensburg 7.4.2004, DB 2004, 1253 ff.; *Hirte/Schall* Konzern 2006, 243 (244 ff.); Hüffer/Koch/*Koch* Rn. 14 f.; MüKoAktG/*Altmeppen* Rn. 43, 46). Entscheidende Bedeutung kommt hierbei der Frage zu, ob der zu beurteilende Vertrag dem Unternehmen lediglich eine Position vergleichbar derjenigen im Falle faktischer Konzernierung verschafft oder ob hierdurch durchsetzbare, initiative Einflussmöglichkeiten vermittelt werden, die über das im faktischen Konzern übliche Maß hinausgehen (*Goslar* DB 2008, 800 (802 ff.); zum Umfang der zulässigen Selbstbindung des Vorstands mittels BCA *Paschos* NZG 2012, 1142 ff.).

16 **e) Fehlerhafte Beherrschungsverträge. aa) Willens-, Form- oder Inhaltsmängel.** Die Folgen von Willens-, Form- oder Inhaltsmängeln eines Beherrschungsvertrags bestimmen sich nach den allgemeinen Vorschriften des BGB. Ob die Nichtigkeit von Teilen des Beherrschungsvertrags zur Gesamtnichtigkeit führt, richtet sich nach § 139 BGB (*Exner* AG 1981, 175 (178); KK-AktG/*Koppensteiner* § 293 Rn. 54; Hüffer/Koch/*Koch* § 293 Rn. 12; MHdB GesR IV/*Krieger* § 71 Fn. 18). Fraglich ist, wann ein wegen Willens-, Form- oder Inhaltsmängeln unwirksamer Beherrschungsvertrag nach den **Rechtsgrundsätzen über die fehlerhafte Gesellschaft** als wirksam zu behandeln ist.

17 Während die Rspr. zum GmbH-Recht teilweise die **tatsächliche Durchführung des Vertrags** genügen lässt (BGH 11.11.1991, BGHZ 116, 37 (39 ff.) = NJW 1992, 505 – Stromlieferung; BGH 5.11.2001, AG 2002, 240), ist im Aktienrecht wegen der Bestimmung des § 294 Abs. 2 **zusätzlich seine Eintragung in das Handelsregister** erforderlich (OLG Schleswig 27.8.2008, NZG 2008, 868 (872 ff.); OLG München 24.6.2008, NZG 2008, 754 (755); OLG Hamburg 1.11.2004, NZG 2005, 604 (605); *Henze* KonzernR Rn. 314 ff.; *Hommelhoff* ZHR 158 (1994), 11 (15); Hüffer/Koch/*Koch* Rn. 21; Spindler/Stilz/*Veil* Rn. 64; *Krieger* ZHR 158 (1994), 35 (41); MüKoAktG/*Altmeppen* Rn. 194 ff., 198; MHdB GesR IV/*Krieger* § 71 Rn. 13, 19, 55). Wegen der Nichtigkeitsfolge des § 304 Abs. 3 S. 1 gilt

dies insbesondere auch dann, wenn der Vertrag überhaupt keinen Ausgleich für die außenstehenden Aktionäre vorsieht (Spindler/Stilz/*Veil* Rn. 67; wohl auch MHdB GesR IV/*Krieger* § 71 Rn. 19). Da Vorstände von Untergesellschaften ihr Verhalten häufig auch dann faktisch an den Interessen der Obergesellschaft ausrichten, wenn diese von ihrem Weisungsrecht nach § 308 keinen Gebrauch macht, wird man von einer tatsächlichen Durchführung des Vertrags bereits dann ausgehen können, wenn der Beherrschungsvertrag nach Meinung der Parteien wirksam geworden ist (ähnlich *Kort* Bestandsschutz 149 f.). Die Rspr. verlangt dagegen, dass das herrschende Unternehmen bereits nachweislich in die Geschäftsleitung eingegriffen oder die Verluste bei der abhängigen Gesellschaft tatsächlich ausgeglichen hat (OLG Hamburg 1.11.2004, NZG 2005, 604 (605); BGH 11.11.1991, BGHZ 116, 37 (39 ff.) = NJW 1992, 505 für die GmbH).

bb) Erfolgreiche Anfechtung des Zustimmungsbeschlusses. Ob die Grundsätze der fehlerhaften Gesellschaft auch dann Anwendung finden, wenn der eingetragene Zustimmungsbeschluss der Hauptversammlung erfolgreich angefochten wurde oder nichtig ist, wird uneinheitlich beurteilt (keine Anwendung der Grundsätze der fehlerhaften Gesellschaft mangels Einverständnis der Aktionäre zur Durchführung des Vertrags: OLG Schleswig 27.8.2008, NZG 2008, 868 (874); OLG Zweibrücken 2.3.2004, NZG 2004, 382 (384); *Kort* NZG 2009, 364 (368); *Kort* Bestandsschutz 147 f.; *Lauber-Nöll,* Rechtsfolgen fehlerhafter Unternehmensverträge, 1993, 76 ff.; Hüffer/Koch/*Koch* Rn. 21; aA Emmerich/Habersack/*Emmerich* Rn. 30; Spindler/Stilz/*Veil* Rn. 67; MHdB GesR IV/*Krieger* § 71 Rn. 53; *Krieger* ZHR 158 (1994), 35 (37 f.); *Hommelhoff* ZHR 158 (1994), 11 (16); *Bredow/Tribulowsy* NZG 2002, 841 (842)). Ein Bedürfnis für die Anwendung der Grundsätze der fehlerhaften Gesellschaft ergibt sich bereits daraus, dass eine Rückabwicklung des Vertrags nach erfolgreicher Anfechtung oder rechtskräftiger Feststellung der Nichtigkeit praktisch kaum möglich ist (MHdB GesR IV/*Krieger* § 71 Rn. 55). Die ärgsten Nöte der Praxis werden durch das **Freigabeverfahren** gem. **§ 246a** gelindert. Eine Freigabe nach § 246a führt dazu, dass die Eintragung des Beherrschungsvertrags bestandskräftig wird und „für und gegen jedermann" wirkt, unabhängig von dem Schicksal des angefochtenen Zustimmungsbeschlusses (§ 246a Abs. 3 S. 5 Hs. 2). Das Verfahren kann zudem auch nach erfolgter Eintragung durchgeführt werden, weil sich mit der Freigabe die Rechtswirkung der Eintragung ändert und sie danach Bestandsschutz genießt (OLG Frankfurt a. M. 30.3.2010, GWR 2010, 192; OLG Düsseldorf 15.12.2008, AG 2009, 538; OLG Frankfurt a. M. 21.7.2008, ZIP 2008, 1966 = EWiR 2009, 97 Ls. mAnm *v. der Linden/Paul;* OLG Celle 27.11.2007, ZIP 2008, 217 f.; *Hüffer* ZHR 172 (2008), 572 (586); *Hirte* NJW 2009, 415 (421); *Veil* AG 2005, 567 (523); *Kort* BB 2005, 1577 (1581); s. auch *Handelsrechtsausschuss des DAV* NZG 2005, 388 (393)). 18

cc) Geltendmachung der Fehlerhaftigkeit im Wege der Kündigung. Greifen die Grundsätze über die fehlerhafte Gesellschaft ein, so hat dies zur **Folge,** dass die Fehlerhaftigkeit des Vertrags nur noch für die Zukunft geltend gemacht werden kann, und zwar nach hM durch Kündigung aus wichtigem Grund (§ 297 Abs. 1 S. 1), wobei die Fehlerhaftigkeit einen außerordentlichen Kündigungsgrund darstellt (MüKoAktG/*Altmeppen* Rn. 197, Spindler/Stilz/*Veil* Rn. 68; *Timm* GmbHR 1987, 8 (12); aA Emmerich/Habersack/*Emmerich* Rn. 32 mwN, der für die Beendigung des fehlerhaften Vertrags die Berufung auf die Nichtigkeit genügen lässt). 19

2. Mehrgliedrige Unternehmensverbindungen. Beherrschungsverträge, die in **mehrstufigen Abhängigkeitsbeziehungen** abgeschlossen werden (etwa: Beherrschungsvertrag der Enkelgesellschaft sowohl mit der Mutter als auch deren Tochter) sind zulässig (hM LG Frankfurt a. M. 8.1.1990, DB 1990, 624; Hüffer/Koch/*Koch* Rn. 15, Emmerich/Habersack/*Emmerich* Rn. 38 mwN; KK-AktG/*Koppensteiner* Rn. 67 f. mwN; MHdB GesR IV/*Krieger* § 71 Rn. 10; exemplarisch KG 9.6.2008, AG 2009, 30 ff.; aA MüKoAktG/*Altmeppen* Rn. 108 f.: nur mit Modifikationen anwendbar; *Pentz,* Die Rechtsstellung der Enkel-AG in einer mehrstufigen Unternehmensverbindung, 1994, 172 ff., 175). Sie ermöglichen Weisungen sowohl der Mutter- als auch der Tochtergesellschaft an den Vorstand der Enkelgesellschaft. Im Verhältnis der Enkelgesellschaft zu beiden Obergesellschaften wird die Anwendbarkeit der §§ 311 ff. ausgeschlossen (ausf. zu diesen Konstellationen *Krieger* FS Schmidt, 2009, 999 ff.; KK-AktG/*Koppensteiner* Rn. 67 f., zur alternativen Delegation des Weisungsrechts in diesen Fällen → § 308 Rn. 4). 20

Eine **Mehrmütterherrschaft** kann hergestellt werden, indem alle Muttergesellschaften Vertragspartner des Beherrschungsvertrags werden. Alternativ kann neben dem Abschluss des Beherrschungsvertrags der Tochtergesellschaft mit nur einer Muttergesellschaft ein Innengesellschaftsvertrag abgeschlossen werden, in dem sich die vertragsschließende Muttergesellschaft gegenüber den übrigen Muttergesellschaften zur Ausübung der Leitungsmacht in einer bestimmten Art und Weise verpflichtet. Darüber hinaus besteht die Möglichkeit, die zwischen den Muttergesellschaften zum Zwecke der einheitlichen Leitung bestehende GbR zum Vertragspartner zu machen. Dieses Vorgehen ist nach der Anerkennung der Teilrechtsfähigkeit der GbR (BGH 29.1.2001, BGHZ 146, 341 = NJW 2001, 1056) zulässig (KK-AktG/*Koppensteiner* Rn. 58 ff.; MüKoAktG/*Altmeppen* Rn. 115; aA MHdB GesR IV/*Krieger* § 71 Rn. 11; Hüffer/Koch/*Koch* Rn. 16, die die GbR nicht als tauglichen Vertragspartner 21 ansehen, weil sie nicht herrschendes Unternehmen sein könne und daher als Anspruchsschuldnerin den Unternehmen nicht wirtschaftlich gleichgestellt sei). Nach Aufhebung von § 14 Abs. 2 KStG aF (idF vom 19.12.2001, BGBl. 2001 I 3858 ff.) und § 2 Abs. 2 GewStG aF (idF vom 15.10.2002, BGBl. 2002 I 4167 ff.) hat diese Konstruktion indes ihre praktische Bedeutung eingebüßt.

22 Beim Abschluss von Beherrschungsverträgen mit mehreren Obergesellschaften ist stets erforderlich, dass die Verträge Regelungen über das Verhalten der Untergesellschaft bei widersprüchlichen Weisungen enthalten (KK-AktG/*Koppensteiner* Rn. 67; MHdB GesR IV/*Krieger* § 71 Rn. 10; Hüffer/Koch/*Koch* Rn. 15; aA MüKoAktG/*Altmeppen* Rn. 108 ff.).

23 **3. Wirkungen des Beherrschungsvertrags. a) Vermögensbindung.** Der Beherrschungsvertrag hebt die Vermögensbindung der Untergesellschaft auf (Abs. 3): Leistungen der Gesellschaft bei Bestehen eines Beherrschungsvertrags gelten nicht als Verstoß gegen die §§ 57, 58, 60 (sog. Konzernprivileg). Die Sicherung der Untergesellschaft und ihrer Gläubiger wird durch die §§ 300, 302 und 303, die der außenstehenden Aktionäre durch die §§ 304–307 gewährleistet.

24 Durch das Konzernprivileg wird daher etwa ein **konzernweites Cash Management ermöglicht** (*Hüffer* AG 2004, 416 f.; *Maier-Reimer,* VGR, Gesellschaftsrecht in der Diskussion, 2005, 127, 143; einschr. *Habersack/Schürnbrand* NZG 2004, 689 (690 f.); *Henze* WM 2005, 717 (723); *Jula/Breitbarth* AG 1997, 256 (262 ff.)), das durch das MoMiG (G. vom 23.10.2008, BGBl. 2008 I 2026) nach der zu begrüßenden Intention des Gesetzgebers weiter erleichtert wurde (*Kindler* NJW 2008, 3249 (3253); RegBegr BT-Drs. 16/6140, 41). Nach der durch das **MoMiG** erfolgten **Änderung** in Abs. 3 (Ersetzung „auf Grund" durch „bei Bestehen") sind nun eindeutig *alle* Leistungen, die bei Bestehen eines Beherrschungs- oder Gewinnabführungsvertrags erfolgen, vom Konzernprivileg erfasst: Der Gesetzeswortlaut fordert keine Kausalbeziehung mehr zwischen dem jeweiligen Unternehmensvertrag und der erbrachten Leistung. Erforderlich ist nur noch eine zeitliche Parallele zwischen Leistung und Vertragsbeziehung. Bei Bestehen eines isolierten Gewinnabführungsvertrags gilt das Konzernprivileg nun auch für andere Leistungen als die Abführung des Gewinns (MüKoAktG/*Altmeppen* Rn. 234; Emmerich/Habersack/*Emmerich* Rn. 77; Spindler/Stilz/*Cahn/v. Spangenberg* § 57 Rn. 136 und *Veil* § 291 Rn. 72 ff.; *Winter* DStR 2007, 1484 (1490); *Kiefer/Theusinger* NZG 2008, 801 (803); K. Schmidt/Lutter/*Fleischer* § 57 Rn. 46 noch zweifelnd, aber auch idS; zur alten Rechtslage dagegen noch *Pentz* ZIP 2006, 781 (786)). Schließlich muss der Leistungsaustausch nicht auf die Vertragsparteien beschränkt sein, um in den Genuss des Konzernprivilegs zu kommen (RegBegr. zu § 30 GmbHG, BR-Drs. 354/07, 94; Hüffer/Koch/*Koch* Rn. 36; *Kiefer/Theusinger* NZG 2008, 801 (803)).

25 Nach ganz hM (*Schön* FS Kropff, 1997, 286 (289 ff.); Spindler/Stilz/*Veil* Rn. 75 mwN) verstößt das Konzernprivileg nicht gegen Europarecht (zweifelnd *Habersack/Verse* EuGesR § 6 Rn. 49), da einerseits die **Kapitalrichtlinie** (77/91/EWG ABl. 1977 L 26, 1–13) konzerngebundene Unternehmen nicht erfasst und bislang noch keine Konzernrichtlinie verabschiedet wurde.

26 **b) Weisungen gegenüber dem Vorstand.** Der Vorstand der Untergesellschaft ist verpflichtet, Weisungen der Obergesellschaft hinsichtlich der Leitung der Gesellschaft zu befolgen (§ 308). Die **Leitungskompetenz des Vorstands** der Untergesellschaft wird durch die Obergesellschaft allerdings nur so weit verdrängt, wie diese in der Untergesellschaft Leitungsverantwortung übernimmt; ergehen keine Weisungen der Obergesellschaft, bleibt es zur Vermeidung eines Führungsvakuums bei der Zuständigkeit des Vorstands der Untergesellschaft (Hüffer/Koch/*Koch* Rn. 37; MüKoAktG/*Altmeppen* Rn. 79, 237). Es besteht keine generelle **Konzernleitungspflicht** des herrschenden Unternehmens gegenüber der abhängigen Gesellschaft (Emmerich/Habersack/*Emmerich* § 308 Rn. 34 mwN; MüKoAktG/*Altmeppen* § 309 Rn. 53 ff. Ausnahmen zulassend; KK-AktG/*Koppensteiner* § 308 Rn. 41; MHdB GesR IV/*Krieger* § 71 Rn. 160).

27 Eine andere Frage ist es, ob der (Konzern-)Vorstand der Obergesellschaft gegenüber seiner eigenen Gesellschaft verpflichtet ist, in der Untergesellschaft Leitungsverantwortung zu übernehmen. Die hM lehnt eine solche umfassende Pflicht zur Zentralisierung sämtlicher Führungsaufgaben beim (Konzern-)Vorstand zu Recht ab: Dieser entscheidet nach seinem Ermessen, ob und ggf. wie er das abhängige Unternehmen in seine Leitung nimmt oder in relativer Selbstständigkeit arbeiten lässt (*Fleischer* DB 2005, 759 (760 f.); MüKoAktG/*Bayer* § 18 Rn. 18 ff.; KK-AktG/*Martens* § 76 Rn. 54 f.).

28 **c) Kompetenzen anderer Organe.** Die **Kompetenzen des Aufsichtsrats der Untergesellschaft,** insbesondere aufgrund von Zustimmungsvorbehalten iSv § 111 Abs. 4 S. 2, bleiben trotz Beherrschungsvertrags bestehen, die Obergesellschaft kann sich aber über eine fehlende Zustimmung hinwegsetzen (§ 308 Abs. 3) (Emmerich/Habersack/*Emmerich* Rn. 12; MüKoAktG/*Altmeppen* Rn. 85; Hüffer/Koch/*Koch* Rn. 10; KK-AktG/*Koppensteiner* Rn. 20). Die **Rechte der Hauptversammlung** nach § 119 Abs. 2 werden durch den Beherrschungsvertrag verdrängt. Soweit der Vorstand weisungsgebunden handelt, kann die Hauptversammlung nicht abweichend entscheiden (MüKoAktG/*Altmeppen* Rn. 85). Dagegen besteht Uneinigkeit darüber, ob dies auch für die ungeschriebenen Mitwirkungsbefugnisse aufgrund der Holzmüller/Gelatine-Rspr. (vgl. BGH 20.2.1995, BGHZ 129, 30 = NJW 2004, 1860; BGH 25.2.1982, BGHZ 83, 122 = NJW 1982, 1703) gilt. Während einerseits vertreten

wird, dass die Zustimmung der Hauptversammlung der Untergesellschaft zu einer Maßnahme, die ansonsten nach der Holzmüller/Gelatine-Rspr. zustimmungspflichtig wäre, bei Bestehen eines Beherrschungsvertrags wegen des durch die §§ 304, 305 vermittelten Schutzes nicht erforderlich ist (nie: *Sieger/Hasselbach* AG 1999, 241 (243); *Arnold* ZIP 2005, 1573 (1579); *Fuhrmann* AG 2004, 339 (342); nur bei rechtmäßiger Weisung: MHdB GesR IV/*Krieger* § 71 Rn. 177), halten andere trotz Beherrschungsvertrags an der ungeschriebenen Kompetenz der Hauptversammlung fest (so OLG Stuttgart 29.10.1997, NZG 1998, 601 (602); Hölters/*Deilmann* Rn. 23; Spindler/Stilz/*Veil* Rn. 14; *Liebscher* ZGR 2005, 1 (32); MüKoAktG/*Altmeppen* Rn. 86; *Marsch-Barner* FS Schwark, 2006, 105 (119), *Sina* AG 1991, 1 (4)). Letzteres ist richtig: Die ungeschriebenen Zuständigkeiten iSv Holzmüller/Gelatine betreffen Eingriffe in den Kernbereich der Mitgliedschaft. Sie fallen daher ihrem materiellen Inhalt nach nicht vollständig in den Bereich der Unternehmensleitung iSv § 76 und können somit durch den vertraglichen Transfer der Leitungsmacht durch den Beherrschungsvertrag nicht berührt werden.

d) Anwendung konzernrechtlicher Vorschriften. Unternehmen, zwischen denen ein Beherrschungsvertrag besteht, gelten aufgrund unwiderleglicher Vermutung als Konzern (§ 18 Abs. 1 S. 1 und 2). Da der Beherrschungsvertrag zugleich auch ein Abhängigkeitsverhältnis iSv § 17 zwischen Ober- und Untergesellschaft begründet (sofern dies nicht schon vorher bestand), sind auf beide Unternehmen sämtliche Vorschriften über verbundene Unternehmen (§ 15), abhängige und herrschende Unternehmen (§ 17) und Konzernunternehmen (§ 18) anwendbar. 29

IV. Gewinnabführungsvertrag

1. Begriff und Inhalt. a) Begriff. Ein Gewinnabführungsvertrag liegt vor, wenn sich die Gesellschaft verpflichtet, ihren gesamten Gewinn an ein anderes Unternehmen abzuführen, Abs. 1 S. 1 Fall 2 (Vertragsmuster: MVHdB I GesR/*Hoffmann-Becking* 1386). Die hiermit verbundene Verlustausgleichspflicht (§ 302 Abs. 1) führt dazu, dass die Obergesellschaft faktisch das Jahresergebnis der Untergesellschaft übernimmt, sodass häufig auch von einem „Ergebnisabführungsvertrag" gesprochen wird. 30

Ein Gewinnabführungsvertrag wird regelmäßig zusammen mit einem Beherrschungsvertrag als sog. **Organschaftsvertrag** abgeschlossen. Durch den Abschluss des Gewinnabführungsvertrags wird eine der Voraussetzungen der ertragssteuerrechtlichen Organschaft erfüllt (§ 14 KStG, § 2 Abs. 2 S. 2 GewStG). Wie sich §§ 316, 324 Abs. 2 entnehmen lässt, ist sein Abschluss aber auch isoliert zulässig (hM OLG Karlsruhe 12.4.2004, AG 2001, 536 (537); LG Kassel 15.11.1995, AG 1997, 239; *Müller* FS Goerdeler, 1987, 375 (382 ff.); MüKoAktG/*Altmeppen* Rn. 149; Hüffer/Koch/*Koch* Rn. 24; aA Kort, Der Abschluß von Beherrschungs- und Gewinnabführungsverträgen, 1986, 83 ff.; *Sonnenschein* Organschaft 379 f.; *Sonnenschein* AG 1976, 147 f.; *van Venrooy* BB 1986, 612 (615)). Anders als der mit einem Beherrschungselement versehene Organschaftsvertrag kann der **isolierte Gewinnabführungsvertrag** mit schuldrechtlicher Rückwirkung abgeschlossen werden (BGH 5.4.1993, NJW 1993, 1976 (1979); BGH 2.6.2003, NZG 2003, 1113; Emmerich/Habersack/*Emmerich* Rn. 54; K. Schmidt/Lutter/*Langenbucher* Rn. 54). Steuerrechtlich ist das Einkommen der Untergesellschaft dem herrschenden Unternehmen erstmals für das Kalenderjahr zuzurechnen, in dem das Wirtschaftsjahr der Untergesellschaft endet, in dem der Gewinnabführungsvertrag wirksam wird (vgl. § 14 Abs. 1 S. 1, 2 KStG, § 2 Abs. 2 S. 2 GewStG). Die **steuerliche Rückwirkung** ist allerdings nach § 14 Abs. 1 S. 2 KStG auf den Beginn desjenigen Kalenderjahrs beschränkt, in dem das Wirtschaftsjahr der Organgesellschaft, in dem der Gewinnabführungsvertrag wirksam wird, endet. **Handelsrechtlich** kann der Gewinnabführungsvertrag jedenfalls auf den Beginn des Geschäftsjahrs rückbezogen werden, in dem der Vertrag wirksam wird, darüber hinausgehend aber auch auf den Beginn eines abgelaufenen Geschäftsjahrs, solange der entspr Jahresabschluss für dieses Geschäftsjahr noch nicht festgestellt ist oder sofern – bei festgestelltem Jahresabschluss – ein Gewinnverwendungsbeschluss noch nicht gefasst ist oder alle Aktionäre dem Abschluss des Gewinnabführungsvertrags zustimmen (K. Schmidt/Lutter/*Langenbucher* Rn. 54; MHdB GesR IV/*Krieger* § 72 Rn. 14). Im Hinblick auf die steuerrechtliche Bedeutung des Gewinnabführungsvertrags ist eine „überschießende" gesellschaftsrechtliche Rückwirkung eher selten (zu den steuerrechtlichen Konsequenzen des Gewinnabführungsvertrags: Herrmann/Heuer/Raupach/*Rosenberg,* EStG, KStG, Kommentar, 295. Lieferung 2020, EStG § 5 Anm. 1362). 31

Aufgrund der Auswirkungen auf die Finanzverfassung der Untergesellschaft ist der Gewinnabführungsvertrag – ebenso wie der Beherrschungsvertrag (→ Rn. 4) – als Organisationsvertrag einzuordnen (K. Schmidt/Lutter/*Langenbucher* Rn. 51; Emmerich/Habersack/*Emmerich* Rn. 52; Hüffer/Koch/*Koch* Rn. 23). Bei Vertragsmängeln des (isolierten) Gewinnabführungsvertrags finden deshalb wie beim Beherrschungsvertrag (→ Rn. 16 f.) die Grundsätze über die fehlerhafte Gesellschaft Anwendung (Hüffer/Koch/*Koch* Rn. 23 aE). 32

b) Mindestinhalt. Der Mindestinhalt eines Gewinnabführungsvertrags ergibt sich aus Abs. 1 S. 1. 33

34 **aa) Abführung des gesamten Gewinns.** Durch den Gewinnabführungsvertrag muss sich die Untergesellschaft verpflichten, ihren gesamten Gewinn an ein anderes Unternehmen abzuführen (Hüffer/Koch/*Koch* Rn. 23; Spindler/Stilz/*Veil* Rn. 34).

35 **(1) Erforderlicher Umfang.** Hierunter ist die **Abführung des gesamten Bilanzgewinns** (§ 158 Abs. 1 S. 1 Nr. 5) zu verstehen, wie er sich – unter Berücksichtigung von § 300 Nr. 1 (höhere Dotierung der gesetzlichen Rücklage) und § 301 (Höchstbetrag der Gewinnabführung) – ohne Gewinnabführungsvertrag ergeben würde. Richtet sich der Vertrag nur auf die Abführung von Teilen des Gewinns, so liegt kein Gewinnabführungsvertrag, sondern ein **Teilgewinnabführungsvertrag** iSv § 292 Abs. 1 Nr. 2 vor. Dieser ist gesetzlich als Austauschvertrag konzipiert, sodass er den Vertragspartner zur Erbringung einer Gegenleistung verpflichtet (ausf. *Fenzl,* Betriebspacht-, Betriebsüberlassungs- und Betriebsführungsverträge in der Konzernpraxis, 2007, Rn. 220).

36 **(2) Gewinnabführungsvertrag zugunsten Dritter.** Noch ungeklärt ist, ob auch ein Gewinnabführungsvertrag zugunsten Dritter (insbesondere zugunsten anderer Konzerngesellschaften) zulässig ist, ein Gewinnabführungsvertrag also etwa zwischen Tochter- und Enkelgesellschaft zugunsten der Mutter abgeschlossen werden kann. Dies wird teilweise mit dem Argument verneint, das Gesetz setze einen Gleichlauf zwischen Gewinnabführung und Verlustübernahme (§ 302) voraus (*Rehbinder* ZGR 1977, 581 (628); *Sonnenschein* AG 1976, 147 (148 ff.); Hüffer/Koch/*Koch* Rn. 25; diff. *Emmerich/Habersack* KonzernR § 12 III 2). Demgegenüber wird zu Recht darauf verwiesen, dass sich eine derartige Einschränkung nicht aus dem Gesetzeswortlaut ergibt und sich die §§ 302, 308 Abs. 1 als Legitimation für eine Umschichtung des Gewinns innerhalb eines mehrstufigen Konzerns verstehen lassen (Spindler/Stilz/*Veil* Rn. 44; KK-AktG/*Koppensteiner* Rn. 96; MHdB GesR IV/*Krieger* § 72 Rn. 6; K. Schmidt/Lutter/*Langenbucher* Rn. 56; diff. MüKoAktG/*Altmeppen* Rn. 156: vorbehaltlich eines Konzerninteresses).

37 **bb) Weiterer Vertragsinhalt.** Es bestehen keine weiteren inhaltlichen Mindesterfordernisse für den Gewinnabführungsvertrag, insbesondere muss der Vertrag nicht als Gewinnabführungsvertrag bezeichnet werden (Hüffer/Koch/*Koch* Rn. 23; MHdB GesR IV/*Krieger* § 72 Rn. 8). Ebenso wie bei Beherrschungsverträgen finden sich in Gewinnabführungsverträgen regelmäßig Ausgleichs- und Abfindungsregelungen iSv §§ 304, 305. Sie gehören auch hier jedoch nicht zu den Begriffsmerkmalen des Gewinnabführungsvertrags, sondern – im Falle von § 304 – zu seinen Wirksamkeitsvoraussetzungen (→ Rn. 14).

38 **c) Verschleierter Gewinnabführungsvertrag.** Als verschleierte Gewinnabführungsverträge werden Verträge des laufenden Geschäftsverkehrs oder Lizenzverträge verstanden, die eine Verpflichtung zur Abführung des gesamten Gewinns enthalten. Dies gilt ungeachtet des § 292 Abs. 2, der bestimmt, dass derartige Gewinnbeteiligungen keine Teilgewinnabführungsverträge und damit auch keine Unternehmensverträge sind. Denn läuft eine vertragliche Abrede materiell auf die Abschöpfung des gesamten Gewinns der Untergesellschaft hinaus, ist sie als Gewinnabführungsvertrag zu qualifizieren, ohne dass es auf die Bezeichnung des Vertrags ankommt (Hüffer/Koch/*Koch* Rn. 23, 29; MHdB GesR IV/*Krieger* § 72 Rn. 8; MüKoAktG/*Altmeppen* Rn. 161). Wegen der regelmäßig fehlenden Eintragung im Handelsregister ist der Vertrag allerdings unwirksam (§ 294 Abs. 2) und die Vermögensbindung der Untergesellschaft durch Abs. 3 nicht suspendiert (Hüffer/Koch/*Koch* Rn. 29 aE).

39 **d) Mehrmüttervertrag.** Ein Gewinnabführungsvertrag mit **mehreren Müttern** ist zulässig und führt zu einer gesamtschuldnerischen Haftung der Mütter nach § 302 (MüKoAktG/*Altmeppen* Rn. 152; Hüffer/Koch/*Koch* Rn. 25; MHdB GesR IV/*Krieger/Kraft* § 72 Rn. 10; KK-AktG/*Koppensteiner* Rn. 94; einschr. *K. Schmidt* DB 1984, 1181 (1183): nur Teilschuld).

40 **2. Abgrenzungen. a) Verlustübernahmevertrag.** Bei einem Verlustübernahmevertrag wird der Verlust einer Gesellschaft durch ein anderes (Konzern-)Unternehmen übernommen. Regelmäßig geschieht dies, um die Kreditwürdigkeit des begünstigten Unternehmens zu verbessern oder eine sonst eintretende Insolvenzreife zu verhindern (Hüffer/Koch/*Koch* Rn. 28). Nach hM sind solche Verträge **keine Unternehmensverträge** und zwar unabhängig davon, ob eine Muttergesellschaft den Verlust einer Tochtergesellschaft oder eine Tochtergesellschaft den Verlust der Mutter übernimmt (*K. Schmidt* FS Werner, 1984, 777 (788 f.); Hüffer/Koch/*Koch* Rn. 28; MüKoAktG/*Altmeppen* Rn. 164, KK-AktG/*Koppensteiner* Rn. 80; MHdB GesR IV/*Krieger* § 73 Rn. 3; *Emmerich/Habersack* KonzernR § 12 III 4). Die §§ 293, 294 kommen auch nicht analog zur Anwendung (OLG Celle 7.9.1983, AG 1984, 266 (268); Hüffer/Koch/*Koch* Rn. 28; MHdB GesR IV/*Krieger* § 73 Rn. 3 mit Einschränkungen; aA Spindler/Stilz/*Veil* Rn. 46, der bei einem Verlustübernahmevertrag Tochter-Mutter § 292 Abs. 1 Nr. 2, § 293 Abs. 2 analog anwenden will, wenn die Mutter sich zu einer Gegenleistung für die Verlustdeckungszusage verpflichtet).

41 **b) Gewinngemeinschaft.** Eine Gewinngemeinschaft (§ 292 Abs. 1 Nr. 1) liegt vor, wenn ein Vertrag darauf gerichtet ist, den Gewinn, einen Teilgewinn, Gewinnanteile oder Gewinne einzelner Betriebe der AG oder KGaA mit dem Gewinn anderer Unternehmen zusammenzulegen, um so den entstandenen

Gesamtgewinn nach einem **Verteilungsschlüssel** wieder unter den Vertragspartnern aufzuteilen (*Fenzl,* Betriebspacht-, Betriebsüberlassungs- und Betriebsführungsverträge in der Konzernpraxis, 2007, Rn. 217). Dieser Verteilungsschlüssel ist Abgrenzungskriterium zum Gewinnabführungsvertrag.

3. Wirkungen. a) Gewinnabführung. Grundlage der Gewinnabführungsverpflichtung der Untergesellschaft und des korrespondierenden Gewinnabführungsanspruchs der Obergesellschaft ist der Vertrag selbst. Die Entstehung des Gewinnabführungsanspruchs richtet sich nach den zu § 302 entwickelten Grundsätzen (→ § 302 Rn. 4 ff.). In der Bilanz der Untergesellschaft wird der tatsächliche Jahresüberschuss nicht ausgewiesen, er wird vielmehr durch die Passivierung der Gewinnabführungspflicht neutralisiert (KK-AktG/*Koppensteiner* Rn. 77; Spindler/Stilz/*Veil* Rn. 35; Herrmann/Heuer/Raupach/*Rosenberg,* EStG, KStG, Kommentar, 295. Lieferung 2020, EStG § 5 Anm. 1375–1378). Die Obergesellschaft ist verpflichtet, den Betrag der Gewinnabführung phasengleich zu vereinnahmen, wenn ihr Abschlussstichtag mit dem der Untergesellschaft identisch ist oder ihm nachfolgt (*Kropff* ZGR 1997, 115 (119); *ADS* HGB § 277 Rn. 71; Hüffer/Koch/*Koch* Rn. 26a). 42

b) Leitungsmacht. Der Vorstand der durch einen (isolierten) Gewinnabführungsvertrag verpflichteten Gesellschaft führt die Geschäfte weiterhin nach § 76 eigenverantwortlich und ausgerichtet auf Gewinnerzielung. Der isolierte Gewinnabführungsvertrag begründet **keine Weisungsbefugnisse der Obergesellschaft,** etwa im Hinblick auf die Bildung anderer Gewinnrücklagen oder die Ausübung bilanzieller Ansatz- oder Bewertungswahlrechte des Vorstands der Untergesellschaft (Emmerich/Habersack/*Emmerich* Rn. 65; Hüffer/Koch/*Koch* Rn. 27; MüKoAktG/*Altmeppen* Rn. 151; K. Schmidt/Lutter/*Langenbucher* Rn. 60; MHdB GesR IV/*Krieger* § 72 Rn. 25; aA Spindler/Stilz/*Veil* Rn. 39). Der eigenverantwortliche Handlungsspielraum des Vorstands der Untergesellschaft kann in dieser Hinsicht allerdings durch vertragliche Abreden im Gewinnabführungsvertrag eingeschränkt werden (*Müller* FS Goerdeler, 1987, 373 (385 ff.); MüKoAktG/*Altmeppen* Rn. 147; KK-AktG/*Koppensteiner* § 301 Rn. 17; Hüffer/Koch/*Koch* Rn. 26a). Vereitelt der Vorstand der Untergesellschaft die vertraglich geschuldete Gewinnabführung oder belastet er die Obergesellschaft entgegen der getroffenen Vereinbarung, so kann der Obergesellschaft ein Anspruch auf Schadensersatz nach § 280 Abs. 1 BGB zustehen (noch auf der Grundlage der positiven Forderungsverletzung: OLG Frankfurt a. M. 29.6.1999, NZG 2000, 603; mit Hinweis auf § 280 BGB: K. Schmidt/Lutter/*Langenbucher* Rn. 60; *Emmerich/Habersack* KonzernR § 12 IV). 43

c) Vermögensbindung. Wie beim Beherrschungsvertrag wird durch Abs. 3 die Vermögensbindung der Untergesellschaft aufgehoben und die Sicherung der Untergesellschaft und ihrer Gläubiger durch die §§ 300–303 sowie die der außenstehenden Aktionäre durch die §§ 304–307 gewährleistet (→ Rn. 23). 44

d) Kompetenzen anderer Organe. Die Kompetenzen des Aufsichtsrats und der Hauptversammlung werden durch den Gewinnabführungsvertrag nicht angetastet. Allerdings entfällt der Anspruch der Hauptversammlung, über die Verwendung des Bilanzgewinns zu beschließen (§ 119 Abs. 1 Nr. 2, § 174 Abs. 1 S. 1), da der abzuführende Betrag im Jahresabschluss zu passivieren (§ 266 Abs. 3 C. Nr. 6. HGB) ist und infolgedessen bereits **kein verteilungsfähiger Bilanzgewinn** entsteht. Anders hingegen, wenn vorvertraglich Beträge in andere Rücklagen eingestellt wurden und ihre Entnahme während der Vertragsdauer erfolgt: Solche Beträge werden wegen § 301 S. 2 nicht in den abzuführenden Jahresüberschuss einbezogen, sodass sie iRd Ergebnisverwendung weiterhin an alle Aktionäre ausgeschüttet werden können (Emmerich/Habersack/*Emmerich* § 301 Rn. 19; Spindler/Stilz/*Veil* § 301 Rn. 27). 45

e) Anwendung konzernrechtlicher Vorschriften. Die Vertragspartner eines Gewinnabführungsvertrags gelten zwar als verbundene Unternehmen iSv § 15, der (isolierte) Gewinnabführungsvertrag vermittelt jedoch keine Abhängigkeits- oder Konzernbeziehung (Emmerich/Habersack/*Emmerich* Rn. 50; MüKoAktG/*Altmeppen* Rn. 166). Besteht zwischen den Parteien jedoch aus anderen Gründen ein Abhängigkeitsverhältnis, was idR der Fall sein wird, so sind auch bei Bestehen eines (isolierten) Gewinnabführungsvertrags die §§ 311, 317 und 318 anwendbar (MHdB GesR IV/*Krieger* § 72 Rn. 26 mwN). Auch in diesen Fällen ist jedoch kein Abhängigkeitsbericht zu erstatten (§ 316). 46

V. Der Geschäftsführungsvertrag

1. Begriff und Inhalt. a) Begriff. Durch einen Geschäftsführungsvertrag verpflichtet sich eine AG oder KGaA, ihr Unternehmen für Rechnung eines anderen Unternehmens zu führen (Abs. 1 S. 2). Das Gesetz ordnet die Gleichbehandlung mit dem Gewinnabführungsvertrag an, da es wirtschaftlich betrachtet keinen Unterschied macht, ob der gesamte Gewinn – wie beim Gewinnabführungsvertrag – abgeführt wird oder – wie beim Geschäftsführungsvertrag – erst gar kein Gewinn entsteht, da das Unternehmen auf fremde Rechnung geführt wird. Die praktische Bedeutung des Geschäftsführungsvertrags ist gering (ebenso MHdB GesR IV/*Krieger* § 72 Rn. 11; K. Schmidt/Lutter/*Langenbucher* Rn. 62). 47

b) Inhalt. Der Geschäftsführungsvertrag muss sich zwingend auf die **gesamte Geschäftstätigkeit** des verpflichteten Unternehmens beziehen (Hüffer/Koch/*Koch* Rn. 31; MHdB GesR IV/*Krieger* § 72 Rn. 12; MüKoAktG/*Altmeppen* Rn. 174; Emmerich/Habersack/*Emmerich* Rn. 67). Unerheblich ist, ob 48 die verpflichtete Gesellschaft die Geschäfte im eigenen Namen oder im Namen des anderen Vertragsteils abschließt (hM Hüffer/Koch/*Koch* Rn. 31, K. Schmidt/Lutter/*Langenbucher* Rn. 64 mwN; aA GroßkommAktG/*Würdinger* Rn. 38: nur im eigenen Namen), sofern sie diese nur **für fremde Rechnung** führt, sodass bei ihr kein Gewinn entsteht (KK-AktG/*Koppensteiner* Rn. 82; MHdB GesR IV/*Krieger* § 72 Fn. 11); anderenfalls läge ein Betriebsführungsvertrag vor. Die Geschäftsführung muss unentgeltlich erfolgen; ein entgeltlicher Geschäftsführungsvertrag fällt infolge eines verbleibenden Gewinns nicht unter Abs. 1 S. 2 und ist stattdessen analog § 292 Abs. 1 Nr. 3 wie ein Betriebspachtvertrag zu behandeln (KK-AktG/*Koppensteiner* Rn. 84; MüKoAktG/*Altmeppen* Rn. 186 f.). Auch beim Geschäftsführungsvertrag gehören Ausgleichs- und Abfindungsregelungen iSv §§ 304, 305 nicht zu den Begriffsmerkmalen des Geschäftsführungsvertrags, sondern – im Falle von § 304 – lediglich zu seinen Wirksamkeitsvoraussetzungen (→ Rn. 14).

49 **2. Wirkungen.** Der Geschäftsführungsvertrag ist als **Auftrag nach §§ 662 ff. BGB** zu qualifizieren (hM Emmerich/Habersack/*Emmerich* Rn. 72), sodass sich die verpflichtete Gesellschaft um bestmögliche Führung der Geschäfte zu bemühen hat. Gleichwohl steht dem anderen Vertragsteil kein Weisungsrecht nach § 665 BGB zu, da sich dieses kaum von dem Weisungsrecht nach § 308 abgrenzen ließe und iÜ der Gleichlauf von Geschäftsführungs- und Gewinnabführungsvertrag nicht zu rechtfertigen wäre (hM K. Schmidt/Lutter/*Langenbucher* Rn. 65; MüKoAktG/*Altmeppen* Rn. 182 mwN; Hüffer/Koch/*Koch* Rn. 32; aA *van Venrooy* DB 1981, 675 (677 ff.)). In Bezug auf die §§ 311, 317, 318 gelten die Ausführungen zum Gewinnabführungsvertrag entsprechend (→ Rn. 46).

50 Umstritten ist, ob die bilanzielle Weiterleitung des Geschäftsergebnisses sukzessive als Gegenbuchung bei den einzelnen Aktiv- und Passivposten während des laufenden Geschäftsjahrs erfolgen kann (MüKoAktG/*Altmeppen* Rn. 179 ff.; KK-AktG/*Koppensteiner* Rn. 85) oder ob die Übernahme am Ende des Geschäftsjahrs bei Aufstellung der Bilanz erfolgen muss (Emmerich/Habersack/*Emmerich* Rn. 71; Hüffer/Koch/*Koch* Rn. 30). Richtig ist, dass das Ergebnis nur am Ende des Jahres zu übernehmen ist und wechselseitige Ansprüche aus §§ 667, 670 BGB abzugelten sind. Denn der unterjährigen Übertragung von Einzelergebnissen steht der Wortlaut des Abs. 3 entgegen, der § 59 nicht in das Konzernprivileg einbezieht (Emmerich/Habersack/*Emmerich* Rn. 71).

VI. Der Gleichordnungskonzernvertrag (Abs. 2)

51 Der Gleichordnungskonzern ist nach § 18 Abs. 2 dadurch gekennzeichnet, dass mehrere Unternehmen einheitlich geleitet werden, ohne dass zwischen ihnen ein Abhängigkeitsverhältnis besteht (Hüffer/Koch/*Koch* § 18 Rn. 20). Er kann sowohl vertraglich als auch faktisch – insbesondere durch personelle Verflechtung der Leitungsorgane – begründet werden (→ § 18 Rn. 11). In der Regel liegt jedoch ein (ggf. konkludent geschlossener) Gleichordnungskonzernvertrag zugrunde, der als **Gesellschaftsvertrag iSd § 705 BGB** zu qualifizieren ist (*Veil,* Unternehmensverträge, 2003, 43; Hüffer/Koch/*Koch* § 18 Rn. 20; KK-AktG/*Koppensteiner* Rn. 98; MüKoAktG/*Altmeppen* Rn. 214 mwN). Abs. 2 stellt klar, dass der Gleichordnungskonzernvertrag **kein Beherrschungsvertrag** ist. Weitergehend spricht die hM dem Gleichordnungskonzernvertrag den Charakter als **Unternehmensvertrag** ab und qualifiziert ihn als rein schuldrechtlich, sodass die §§ 293 ff. keine Anwendung finden (KK-AktG/*Koppensteiner* Rn. 104; Hüffer/Koch/*Koch* Rn. 34; MüKoAktG/*Altmeppen* Rn. 215 mwN; aA *K. Schmidt* ZHR 155 (1991), 417 (427)). Dies gilt allerdings nur dann, wenn der Vertrag – wie in der Praxis durchaus üblich – nicht zugleich auch Elemente anderer Unternehmensverträge, etwa der Gewinngemeinschaft (§ 292 Abs. 1 Nr. 1) oder der Betriebsüberlassung (§ 292 Abs. 1 Nr. 3), enthält (Hüffer/Koch/*Koch* § 18 Rn. 20).

52 Der reine Gleichordnungskonzernvertrag bedarf damit weder einer bestimmten **Form** noch der **Eintragung in das Handelsregister** (K. Schmidt/Lutter/*Langenbucher* Rn. 67). Der Vorstand ist zudem zum Abschluss befugt, ohne dass er hierfür **die Zustimmung der Hauptversammlung** einholen müsste (hM KK-AktG/*Koppensteiner* Rn. 104 f.; Hüffer/Koch/*Koch* Rn. 34 mwN; aA *Raiser/Veil* KapGesR § 65 Rn. 7; *Veil,* Unternehmensverträge, 2003, 276 ff.; *K. Schmidt* ZHR 155 (1991), 417 (427): Organisationsvertrag, Anwendung der §§ 293 ff.).

53 Wird die Leitung im Gleichordnungskonzern systematisch zum Nachteil einer beteiligten AG ausgeübt, so entsteht ein Schadensersatzanspruch, der auf die Verletzung der gesellschaftsrechtlichten Treuepflicht des GbR-Vertrags zu stützen ist (so auch *Lutter/Drygala* ZGR 1995, 557 (567); Hüffer/Koch/*Koch* Rn. 35; aA *Raiser/Veil* KapGesR § 65 Rn. 11: analog §§ 302, 303).

Andere Unternehmensverträge

292 **(1) Unternehmensverträge sind ferner Verträge, durch die eine Aktiengesellschaft oder Kommanditgesellschaft auf Aktien**

1. sich verpflichtet, ihren Gewinn oder den Gewinn einzelner ihrer Betriebe ganz oder zum Teil mit dem Gewinn anderer Unternehmen oder einzelner Betriebe anderer Unterneh-

men zur Aufteilung eines gemeinschaftlichen Gewinns zusammenzulegen (Gewinngemeinschaft),
2. sich verpflichtet, einen Teil ihres Gewinns oder den Gewinn einzelner ihrer Betriebe ganz oder zum Teil an einen anderen abzuführen (Teilgewinnabführungsvertrag),
3. den Betrieb ihres Unternehmens einem anderen verpachtet oder sonst überläßt (Betriebspachtvertrag, Betriebsüberlassungsvertrag).

(2) **Ein Vertrag über eine Gewinnbeteiligung mit Mitgliedern von Vorstand und Aufsichtsrat oder mit einzelnen Arbeitnehmern der Gesellschaft sowie eine Abrede über eine Gewinnbeteiligung im Rahmen von Verträgen des laufenden Geschäftsverkehrs oder Lizenzverträgen ist kein Teilgewinnabführungsvertrag.**

(3) [1] **Ein Betriebspacht- oder Betriebsüberlassungsvertrag und der Beschluß, durch den die Hauptversammlung dem Vertrag zugestimmt hat, sind nicht deshalb nichtig, weil der Vertrag gegen die §§ 57, 58 und 60 verstößt.** [2] **Satz 1 schließt die Anfechtung des Beschlusses wegen dieses Verstoßes nicht aus.**

Übersicht

I. Allgemeines

1. Rechtsnatur; Schutzzweck; praktischer Anwendungsbereich. § 292 hat diejenigen („anderen") Unternehmensverträge zum Gegenstand, die nicht auf die Beherrschung oder Gewinnabführung (oder Geschäftsführung iSv § 291 Abs. 1 S. 2) gerichtet sind, nämlich die **Gewinngemeinschaft** (Abs. 1 Nr. 1), den **Teilgewinnabführungsvertrag** (Abs. 1 Nr. 2) sowie den **Betriebspacht-** und den **Betriebsüberlassungsvertrag** (Abs. 1 Nr. 3). Daneben ist der gesetzlich nicht geregelte **Betriebsführungsvertrag** als anderer Unternehmensvertrag zu qualifizieren (Hüffer/Koch/*Koch* Rn. 17 mwN). Regelungszweck des § 292 ist die Zusammenfassung der „anderen Unternehmensverträge", da das Gesetz für sie weitergehende – im Wesentlichen identische – Anforderungen (insbesondere die Hauptversammlungszustimmung nach § 293) enthält. Abs. 2 enthält eine Klarstellung zu Abs. 1 Nr. 2; Abs. 3 umreißt die Rechtsfolgen einer Verletzung der Kapitalbindungsregeln durch Verträge iSv Abs. 1 Nr. 3. 1

Bei den Verträgen des Abs. 1 handelt es sich um **schuldrechtliche Austauschverträge** (RegBegr. *Kropff* 378; *K. Schmidt* ZGR 1984, 295 (304); *Fenzl* Konzern 2006, 18; MüKoAktG/*Altmeppen* Rn. 7; Hüffer/Koch/*Koch* Rn. 2 mit dem Hinweis, dass die Gewinngemeinschaft nach Abs. 1 Nr. 1 infolge der Entstehung einer GbR auch organisationsrechtliche Elemente enthält), die wegen ihrer einschneidenden wirtschaftlichen Bedeutung den §§ 293 ff. unterfallen (für Abs. 2 Nr. 3 etwa *Fenzl,* Betriebspacht-, Betriebsüberlassungs- und Betriebsführungsverträge in der Konzernpraxis, 2007, Rn. 213 ff.). In ihrer **praktischen Bedeutung** unterscheiden sich die Verträge des § 292 voneinander: Während Gewinngemeinschaftsverträge nur selten abgeschlossen werden, spielen Teilgewinnabführungsverträge, vor allem in Form stiller Gesellschaftsverträge, und Betriebspachtverträge sowie Betriebsführungsverträge in unterschiedlicher Ausprägung bei der Strukturierung faktischer Konzerne eine große Rolle. 2

3 **2. Vertragsparteien.** Die in Abs. 1 genannten Vertragstypen können nur dann abgeschlossen werden, wenn der verpflichtete Vertragsteil eine AG oder KGaA mit Sitz im Inland ist. Welche Rechtsform und welchen Sitz der andere Vertragsteil hat, ist unerheblich. Lediglich die Gewinngemeinschaft nach Abs. 1 Nr. 1 setzt voraus, dass der andere Vertragsteil konzernrechtliches Unternehmen ist (K. Schmidt/Lutter/*Langenbucher* Rn. 2; Hüffer/Koch/*Koch* Rn. 3; Spindler/Stilz/*Veil* Rn. 6); die Einbeziehung von Privatpersonen ist daher nicht möglich.

4 **3. Konzernrechtliche Rechtsfolgen.** Da der andere Vertragsteil einer Gewinngemeinschaft ein Unternehmen sein muss (→ Rn. 3), gelten die Vertragsparteien ohne Weiteres als verbundene Unternehmen iSv § 15. Für die übrigen Verträge des Abs. 1 ist dies nicht zwingend, da sie auch mit Personen abgeschlossen werden können, die nicht dem konzernrechtlichen Unternehmensbegriff unterfallen. Für die Begründung der Unternehmenseigenschaft reicht es nicht aus, dass der andere Vertragsteil – etwa bei der Betriebspacht oder dem unechten Betriebsführungsvertrag – allein durch den Vertragsschluss zum Kaufmann wird (MHdB GesR IV/*Krieger* § 73 Rn. 6; Hüffer/Koch/*Koch* Rn. 17; aA KK-AktG/*Koppensteiner* Rn. 6; MüKoAktG/*Altmeppen* Rn. 95); die Unternehmenseigenschaft bestimmt sich vielmehr nach den allgemeinen Voraussetzungen (→ § 15 Rn. 1 ff.). Ein Abhängigkeits- oder Konzernverhältnis wird durch den Abschluss der Unternehmensverträge iSd Abs. 1 schließlich nicht begründet.

II. Gewinngemeinschaft (Abs. 1 Nr. 1)

5 **1. Begriff.** Eine Gewinngemeinschaft iSd Abs. 1 Nr. 1 liegt vor, wenn eine AG oder KGaA sich verpflichtet, ihren Gewinn oder den Gewinn einzelner Betriebe ganz oder teilweise mit dem Gewinn anderer Unternehmen oder einzelner Betriebe anderer Unternehmen zur Aufteilung des gemeinschaftlichen Gewinns zusammenzulegen. Der in dem „gemeinschaftlichen Topf" (RegBegr. AktG *Kropff* 378 f.) vorhandene Gewinn muss **periodisch** nach einem im Vertrag bereits festgelegten Schlüssel unter den Vertragspartnern wieder aufgeteilt werden. Konsortien, die sich für einzelne Geschäfte zusammenfinden, vereinbaren deshalb auch bei Zusammenfassung der Gewinne keine Gewinngemeinschaft iSv Abs. 1 Nr. 1 (Hüffer/Koch/*Koch* Rn. 7). Nach allgM kann für die Gewinnverteilung auf den **Jahresüberschuss** oder den **Bilanzgewinn** abgestellt, richtigerweise aber auch an den **Rohertrag** angeknüpft werden (hM MüKoAktG/*Altmeppen* Rn. 16; Spindler/Stilz/*Veil* Rn. 7; Hüffer/Koch/*Koch* Rn. 8). Da § 301 nicht anwendbar ist, gibt es keine höhenmäßig fixierten Schwellen für den abzuführenden Gewinn (K. Schmidt/Lutter/*Langenbucher* Rn. 6). Eine **gemeinschaftliche Verlusttragung** gilt nicht automatisch. Sie kann zwar vereinbart werden, fällt jedoch ohne gleichzeitige Vereinbarung der Elemente einer Gewinngemeinschaft (dann sog. Ergebnisgemeinschaft) nicht unter Abs. 1 Nr. 1 (*Raiser/Veil* KapGesR § 64 Rn. 7; MHdB GesR IV/*Krieger* § 73 Rn. 10; K. Schmidt/Lutter/*Langenbucher* Rn. 13; Hüffer/Koch/*Koch* Rn. 7). Die Gewinngemeinschaft ist eine **GbR,** deren Regeln ergänzend anzuwenden sind. An ihr können sich auch mehr als zwei Unternehmen beteiligen.

6 **2. Abgrenzungen.** Zentrales Abgrenzungskriterium der Gewinngemeinschaft zu den übrigen Unternehmensverträgen ist die Vergemeinschaftung und anschließende Aufteilung des Gewinns nach einem Verteilungsschlüssel unter allen Vertragsbeteiligten. Ist nicht jeder Vertragspartner zur Abführung eines Gewinnanteils verpflichtet oder soll ein Vertragspartner keinen Teil des vergemeinschafteten Gewinns erhalten, so liegt ein **(Teil-)Gewinnabführungsvertrag** und keine Gewinngemeinschaft iSv Abs. 1 Nr. 1 vor (Spindler/Stilz/*Veil* Rn. 8 mwN). Dies gilt in letzterem Fall auch dann, wenn zugunsten der Aktionäre des nicht am gemeinschaftlichen Gewinn beteiligten Vertragspartners stattdessen eine Dividendengarantie vereinbart wird (Hüffer/Koch/*Koch* Rn. 9; MHdB GesR IV/*Krieger* § 73 Rn. 11; MüKoAktG/*Altmeppen* Rn. 20; KK-AktG/*Koppensteiner* Rn. 37). Wird der vergemeinschaftete Gewinn nicht aufgeteilt, sondern zu einem gemeinschaftlichen Zweck genutzt, etwa für ein Forschungsvorhaben oä, besteht zwar eine **GbR,** diese stellt jedoch keine Gewinngemeinschaft iSd Abs. 1 Nr. 1 dar (MüKoAktG/*Altmeppen* Rn. 21; zweifelnd MHdB GesR IV/*Krieger* § 73 Rn. 11; aA für eine entspr. Anwendung aufgrund der Beeinträchtigung des Gewinnbezugsrechts der Aktionäre und infolgedessen zu fordernden Hauptversammlungsbeschlusses Spindler/Stilz/*Veil* Rn. 9; Emmerich/Habersack/*Emmerich* Rn. 13; Hüffer/Koch/*Koch* Rn. 9; KK-AktG/*Koppensteiner* Rn. 38; K. Schmidt/Lutter/*Langenbucher* Rn. 8). Der Gleichordnungskonzern kann zugleich auch Gewinngemeinschaft sein (und ist es in der Praxis auch häufig, vgl. MüKoAktG/*Altmeppen* § 291 Rn. 213) mit der Folge der Anwendbarkeit der § 292 Abs. 1 Nr. 1, §§ 293 ff., sofern die vertragstypische Zusammenfassung und Aufteilung von Gewinnen gegeben ist (Hüffer/Koch/*Koch* Rn. 5).

7 **3. Angemessenheit.** Der im Vertrag über die Gewinngemeinschaft festgelegte **Verteilungsschlüssel** muss Grundlage für eine **angemessene** Gewinnverteilung sein. Eine solche kann im Einzelfall auch dann gegeben sein, wenn der Gewinnrückfluss geringer ist als der Gewinnabfluss, da in die Angemessenheitskriterien gegebenenfalls auch andere Faktoren – etwa die gemeinschaftlich zu tragenden unternehmerischen Risiken sämtlicher Vertragsbeteiligten – einbezogen werden können (MüKoAktG/*Altmeppen* Rn. 27). Das Aufteilungsergebnis darf bei der Quotierung allerdings nicht hinter dem gesamten einge-

legten Gewinn zurückbleiben (Hüffer/Koch/*Koch* Rn. 10). Ist der Vertragspartner Aktionär einer an der Gewinngemeinschaft beteiligten AG oder KGaA und wird diese durch eine unangemessene Gewinnverteilung beeinträchtigt, ist zwar mit Blick auf die höchstrichterliche Rechtsprechung (BGHZ 196, 312) der Vertrag nicht mehr nach § 134 BGB, der dazugehörige Hauptversammlungsbeschluss aber wegen eines Verstoßes gegen die §§ 57, 58, 60 grundsätzlich nach § 241 Nr. 3 **nichtig** (MHdB GesR IV/*Krieger* § 73 Rn. 13; Hüffer/Koch/*Koch* Rn. 11; aA Vertrag nichtig Spindler/Stilz/*Veil* Rn. 11; Emmerich/Habersack/*Emmerich* Rn. 19; KK-AktG/*Koppensteiner* Rn. 28, 53; aA Beschluss anfechtbar *Joost* ZHR 149 (1985), 419; MüKoAktG/*Altmeppen* Rn. 30 ff.). Verbotswidrig erbrachte Leistungen der benachteiligten Gesellschaft sind nach § 62 zurückzugewähren; für den anderen Vertragsteil gelten nicht die §§ 812 ff. BGB, sondern – wegen der Qualifikation der Gewinngemeinschaft als GbR – die Grundsätze der fehlerhaften Gesellschaft, sofern diese durch die Zusammenlegung von Gewinn in Vollzug gesetzt wurde (Hüffer/Koch/*Koch* Rn. 11). Ist die Beteiligung des Vertragspartners zu einem **Abhängigkeitsverhältnis** iSv § 17 erstarkt, finden dagegen die §§ 311 ff. Anwendung: Die Gewinngemeinschaft ist wirksam und an die Stelle der Nichtigkeit tritt der Nachteilsausgleich bzw. Schadensersatz nach den §§ 311, 317, 318. Ist der Vertragspartner nicht Aktionär der benachteiligten AG oder KGaA, so ist der Vertrag über die Gewinngemeinschaft grundsätzlich wirksam, es kommen aber Schadensersatzansprüche gegen die Organe in Betracht (insbesondere §§ 93, 116 bzw. § 823 Abs. 2 BGB iVm § 266 StGB).

III. Teilgewinnabführungsvertrag (Abs. 1 Nr. 2, Abs. 2)

1. Begriff. Durch einen Teilgewinnabführungsvertrag iSd Abs. 1 Nr. 2 verpflichtet sich eine AG oder KGaA, einen Teil ihres Gewinns oder den Gewinn einzelner Betriebe ganz oder teilweise an einen anderen abzuführen. Der Vertrag muss sich auf die **Abführung eines periodisch zu ermittelnden Teilgewinns** beziehen (Begrenzung vertraglicher Ansprüche auf entstehenden Gewinn – sog. Besserungsabrede – genügt nicht, vgl. OLG München 29.10.2008, NZG 2009, 38 (39); Hüffer/Koch/*Koch* Rn. 13); die Abführung von Teilgewinnen aus einzelnen Geschäften fällt – ebenso wie bei der Gewinngemeinschaft – nicht unter Abs. 1 Nr. 2 (hM K. Schmidt/Lutter/*Langenbucher* Rn. 16; MHdB GesR IV/*Krieger* § 73 Rn. 16; differenzierend Spindler/Stilz/*Veil* Rn. 16; aA *Schulze-Osterloh* ZGR 1974, 427 (433); offengelassen von *K. Schmidt* ZGR 1984, 295 (300)). Auf die Höhe des abzuführenden Teilgewinnanteils kommt es nicht an, sofern er nur hinter dem Gesamtgewinn zurückbleibt; es besteht weder eine **Bagatellgrenze** (Emmerich/Habersack/*Emmerich* Rn. 24; Hüffer/Koch/*Koch* Rn. 13) noch muss der abführenden Gesellschaft ein **Mindestgewinn** in Höhe eines bestimmten Anteils vom Gesamtgewinn verbleiben (MHdB GesR IV/*Krieger* § 73 Rn. 15; Hüffer/Koch/*Koch* Rn. 13; KK-AktG/*Koppensteiner* Rn. 54; aA GHEK/*Geßler,* 1. Aufl. 1975, Rn. 33). Bemessungsgrundlage für die Gewinnabführung kann jedenfalls der Bilanzgewinn oder der Jahresüberschuss sein, nach hM aber – ebenso wie bei der Gewinngemeinschaft (→ Rn. 5) – auch der Rohertrag oder – insofern anders als bei der Gewinngemeinschaft (→ Rn. 5) – auch die Umsatzerlöse, die Gesamtleistung oder ähnliche Kennzahlen (KG 15.3.1999, AG 2000, 183 (184) = NZG 1999, 1102 (1106); *Schulze-Osterloh* ZGR 1974, 427 (438 f.); MHdB GesR IV/*Krieger* § 73 Rn. 16; MüKoAktG/*Altmeppen* Rn. 57; aA KK-AktG/*Koppensteiner* Rn. 42). Der andere Vertragsteil muss kein Unternehmen im konzernrechtlichen Sinne sein; ist er es aber, so gilt § 15. 8

2. Hauptanwendungsfall: Stille Beteiligungen. Praktische Bedeutung erlangt Abs. 1 Nr. 2 dadurch, dass stille Beteiligungen iSv §§ 230 ff. HGB an einer AG oder KGaA nach heute allgM grundsätzlich Teilgewinnabführungsverträge sind (vgl. nur BGH 21.7.2003, BGHZ 156, 38 (43) = NJW 2003, 3412; Hüffer/Koch/*Koch* Rn. 15 mwN). Unter Abs. 1 Nr. 2 fallen nicht nur die **typischen,** sondern auch die praktisch häufig auftretenden **atypischen stillen Beteiligungen,** die als Mitunternehmerschaften iSv § 15 Abs. 1 S. 1 Nr. 2 S. 1 EStG einzustufen sind (OLG Braunschweig 3.9.2003, AG 2003, 686; OLG Celle 15.5.1996, AG 1996, 370; *Bachmann/Veil* ZIP 1999, 348; *Schulte/Waechter* GmbHR 2002, 189; *Jebens* BB 1996, 701; KK-AktG/*Koppensteiner* Rn. 62; Hüffer/Koch/*Koch* Rn. 15; ausf. Spindler/Stilz/*Veil* Rn. 23; aA *Schulze-Osterloh* ZGR 1974, 427 (447)). Die Einräumung von Geschäftsführungsbefugnissen an den stillen Gesellschafter im Rahmen von Teilgewinnabführungsverträgen führt, wenn diese in engem Zusammenhang mit der stillen Beteiligung stehen, nicht notwendig zum Vorliegen eines Betriebsüberlassungsvertrags iSd Abs. 1 Nr. 3 oder (vorausgesetzt, die Geschäftsführungsbefugnisse erreichen kein der Leitungsmacht entsprechendes Maß) eines Beherrschungsvertrags iSd § 291 Abs. 1 S. 1 Var. 1 (K. Schmidt/Lutter/*Langenbucher* Rn. 24). Beim Einsatz der stillen Beteiligung als Finanzierungsinstrument (beispielhaft OLG Celle 15.5.1996, AG 1996, 370; vgl. auch *Busch* AG 1994, 93 (97); MüKoAktG/*Habersack* § 221 Rn. 72 ff.) kann die **Abgrenzung zum Genussrecht** dagegen schwierig sein. Sie ist erforderlich, da § 221 Abs. 3 und 4 auf die stille Gesellschaft nicht analog anwendbar sind (BGH 21.7.2003, BGHZ 156, 38 (43) = NJW 2003, 3412; aA Spindler/Stilz/*Veil* Rn. 22; *Veil,* Unternehmensverträge, 2003, 159). Da § 221 Abs. 3 vorrangig vor § 292 Abs. 1 Nr. 2 anwendbar ist, ist im Zweifel ein Genussrecht anzunehmen (ebenso *Rust* AG 2006, 563 (566); *Habersack* 9

FS Happ, 2006, 49 (54); KK-AktG/*Koppensteiner* Rn. 59; MHdB GesR IV/*Krieger* § 73 Rn. 18; aA Emmerich/Habersack/*Emmerich* Rn. 31; offengelassen von MüKoAktG/*Altmeppen* Rn. 71 mwN).

10 **3. Angemessenheit.** Zwar ist die Entgeltlichkeit keine begriffliche Voraussetzung für das Vorliegen eines Teilgewinnabführungsvertrags. Das Fehlen einer angemessenen Gegenleistung für den abfließenden Teilgewinn hat jedoch – wenn der andere Vertragsteil Aktionär der durch den Vertrag benachteiligten Gesellschaft ist – grundsätzlich wegen eines Verstoßes gegen §§ 57, 58, 60 die Nichtigkeit des Zustimmungsbeschlusses der Hauptversammlung nach § 241 Nr. 3, nicht aber des Vertrages, zur Folge (Hüffer/Koch/*Koch* Rn. 16; MüKoAktG/*Altmeppen* Rn. 87; aA Emmerich/Habersack/*Emmerich* Rn. 27a). Verbotswidrige Leistungen der Gesellschaft sind nach § 62 zurückzugewähren, sie selbst ist – anders als bei der Gewinngemeinschaft, die nach den Grundsätzen der fehlerhaften Gesellschaft zu behandeln ist – Ansprüchen des anderen Vertragsteils nach §§ 812 ff. BGB ausgesetzt (Hüffer/Koch/*Koch* Rn. 11, 16). Besteht zwischen dem anderen Vertragsteil und der benachteiligten Gesellschaft darüber hinaus ein Abhängigkeitsverhältnis, so sind Vertrag und Zustimmungsbeschluss der Hauptversammlung wirksam, es bestehen jedoch Ausgleichsansprüche der benachteiligten Gesellschaft nach § 311 oder Schadensersatzansprüche nach §§ 317, 318. Teilgewinnabführungsverträge ohne angemessene Gegenleistung, die mit Nichtaktionären abgeschlossen werden, sind zwar regelmäßig wirksam, aber pflichtwidrig und ziehen deshalb entspr Schadensersatzansprüche gegen die Organe (in erster Linie aus §§ 93, 116) nach sich (MHdB GesR IV/*Krieger* § 73 Rn. 23; Emmerich/Habersack/*Emmerich* Rn. 28; Hüffer/Koch/*Koch* Rn. 16). Von einem angemessenen Ausgleich ist auszugehen, wenn sein Wert im Durchschnitt dem abfließenden Teilgewinn entspricht (MüKoAktG/*Altmeppen* Rn. 84). Abzustellen ist auf den Zeitpunkt des Vertragsschlusses (Spindler/Stilz/*Veil* Rn. 20).

IV. Betriebspacht- und Betriebsüberlassungsvertrag (Abs. 1 Nr. 3), Betriebsführungsvertrag

11 **1. Übersicht.** Zu den Unternehmensverträgen nach Abs. 1 (Muster bei Happ/*Bednarz,* Konzern- und Umwandlungsrecht, 2011, Muster 3.01–3.04) zählen schließlich **Betriebspacht- und Betriebsüberlassungsverträge,** durch die eine AG oder eine KGaA (Eigentümergesellschaft) den Betrieb ihres Unternehmens einem anderen (Pächter oder Übernehmer) verpachtet oder sonst überlässt (Abs. 1 Nr. 3). Beide Verträge sind dadurch gekennzeichnet, dass der verpachtete bzw. übernommene Betrieb vom Pächter bzw. Übernehmer auf eigene Rechnung geführt wird. Während der Pächter den verpachteten Betrieb jedoch im eigenen Namen führt, wird der überlassene Betrieb durch den Übernehmer – nach außen nicht erkennbar – im Namen der Eigentümergesellschaft geführt (sog. Innenpacht) (MHdB GesR IV/*Krieger* § 73 Rn. 24; MüKoAktG/*Altmeppen* Rn. 106; Emmerich/Habersack/*Emmerich* Rn. 43). Der **Geschäftsführungsvertrag iSv § 291 Abs. 1 S. 2** (→ § 291 Rn. 47 ff.) unterscheidet sich hiervon wiederum dadurch, dass die Eigentümergesellschaft den Betrieb – anders als bei Betriebspacht- oder Betriebsüberlassung – selbst führt, und zwar im eigenen Namen, jedoch für Rechnung des anderen Vertragsteils. Beim **Betriebsführungsvertrag** erfolgt die Betriebsführung schließlich – anders als im Falle der Betriebspacht- oder Betriebsüberlassung – auf Rechnung der Eigentümergesellschaft (MHdB GesR IV/*Krieger* § 73 Rn. 25).

12 **2. Betriebspachtvertrag.** Durch einen Betriebspachtvertrag verpflichtet sich die Eigentümergesellschaft, dem Pächter die **Führung der Betriebe in dessen eigenem Namen und auf dessen eigene Rechnung** zu überlassen. Aus der Gesetzesformulierung in Abs. 1 Nr. 3 „Betrieb ihres Unternehmens" wird gefolgert, dass sämtliche Betriebe der Eigentümergesellschaft verpachtet werden müssen; die Verpachtung einzelner Betriebe reicht für einen Betriebspachtvertrag iSd Abs. 1 Nr. 3 nicht aus (Hüffer/Koch/*Koch* Rn. 18; *Raiser/Veil* KapGesR § 64 Rn. 17). Im Übrigen gelten für die Betriebspacht die allgemeinen Pachtvorschriften (§§ 581 ff. BGB): Da der Pächter nach § 581 Abs. 1 S. 2 BGB etwa den vereinbarten Pachtzins zu entrichten hat, ist auch für die Betriebspacht Entgeltlichkeit Voraussetzung (vgl. auch § 302 Abs. 2; *Schulze-Osterloh* ZGR 1974, 427 (455); MHdB GesR IV/*Krieger* § 73 Rn. 29; Hüffer/Koch/*Koch* Rn. 18; aA KK-AktG/*Koppensteiner* Rn. 77; Spindler/Stilz/*Veil* Rn. 41 ff.); der unentgeltliche Betriebspachtvertrag kann in einen Betriebsüberlassungsvertrag (→ Rn. 13 sowie MHdB GesR IV/*Krieger* § 73 Rn. 29; Hüffer/Koch/*Koch* Rn. 19) oder Geschäftsführungsvertrag iSv § 291 Abs. 1 S. 2 (MHdB GesR IV/*Krieger* § 73 Rn. 29; MüKoAktG/*Altmeppen* Rn. 111) umgedeutet werden. Sofern der Vertrag keine abweichenden Regelungen enthält, ist der Pächter verpflichtet, sich in grundlegenden Fragen der Unternehmenspolitik mit der Eigentümergesellschaft abzustimmen (MHdB GesR IV/*Krieger* § 73 Fn. 30). Die bei der Eigentümergesellschaft bestehenden Arbeitsverhältnisse gehen nach **§ 613a BGB** auf den Pächter über (MHdB GesR IV/*Krieger* § 73 Rn. 35; MHdB ArbR/*Wank* § 142 Rn. 90; KK-AktG/*Koppensteiner* Rn. 95).

13 **3. Betriebsüberlassungsvertrag.** Durch einen Betriebsüberlassungsvertrag iSd Abs. 1 Nr. 3, der in den Vertragstypen des BGB keine Entsprechung findet, führt der Übernehmer **sämtliche Betriebe der Eigentümergesellschaft in deren Namen, aber auf eigene Rechnung.** Daneben werden unent-

geltliche Betriebspachtverträge teilweise in Betriebsüberlassungsverträge umgedeutet (→ Rn. 12), denen damit eine Auffangfunktion zukommt (Hüffer/Koch/*Koch* Rn. 19). Der Betriebsüberlassungsvertrag setzt anders als der Betriebspachtvertrag nämlich **keine Entgeltlichkeit** voraus (hM Hüffer/Koch/*Koch* Rn. 19; aA Emmerich/Habersack/*Emmerich* Rn. 43a; MHdB GesR IV/*Krieger* § 73 Rn. 29 und 31; vgl. auch KK-AktG/*Koppensteiner* Rn. 78: Gegenleistung weder beim Betriebspacht- noch beim Betriebsüberlassungsvertrag erforderlich). Um es dem Übernehmer zu ermöglichen, die Betriebe der Eigentümergesellschaft tatsächlich in deren Namen zu führen, ist ihm eine **Vollmacht** (insbesondere § 54 HGB) zu erteilen, die allerdings mit Blick auf § 76 nicht unwiderruflich erteilt werden darf (BGH 5.10.1981, NJW 1982, 1817 – Holiday Inn; *Huber* ZHR 152 (1988), 1 (16); KK-AktG/*Koppensteiner* Rn. 78; Hüffer/Koch/*Koch* Rn. 19; unklar MHdB GesR IV/*Krieger* § 73 Rn. 32). Bei der Betriebsüberlassung handelt es sich um eine Innenpacht, sodass – vorbehaltlich vertraglicher Regelungen – iÜ die §§ 581 ff. BGB anwendbar sind. Der Übernehmer hat die Eigentümergesellschaft von allen Verbindlichkeiten aus den von ihm abgeschlossenen Geschäften freizustellen; er hat im Gegenzug einen Anspruch auf Herausgabe des hieraus Erlangten (MHdB GesR IV/*Krieger* § 73 Rn. 33; MüKoAktG/*Altmeppen* Rn. 106; KK-AktG/*Koppensteiner* Rn. 78). **§ 613a BGB** findet keine Anwendung, da der Übernehmer den Betrieb nicht im eigenen Namen führt (BAG 20.3.2003, NJW 2003, 3581; LAG Baden-Württemberg 16.3.2016 – 21 Sa 19/15; MHdB GesR IV/*Krieger* § 73 Rn. 35 mwN).

4. Betriebsführungsvertrag. Durch den gesetzlich nicht geregelten Betriebsführungsvertrag ver- 14
pflichtet sich der andere Vertragsteil (Betriebsführer), die Betriebe einer Eigentümergesellschaft zu führen, wobei dies – anders als bei Betriebspacht-, Betriebsüberlassungs- oder Geschäftsführungsverträgen – **für Rechnung der Eigentümergesellschaft** erfolgt (MHdB GesR IV/*Krieger* § 73 Rn. 48; MüKoAktG/*Altmeppen* Rn. 144 f.; KK-AktG/*Koppensteiner* Rn. 79). Der Betriebsführer kann die Betriebe – wie dies regelmäßig der Fall ist – im Namen der Eigentümergesellschaft **(echter Betriebsführungsvertrag)** oder im eigenen Namen führen **(unechter Betriebsführungsvertrag);** in ersterem Fall bedarf er – ebenso wie beim Betriebsüberlassungsvertrag (→ Rn. 13) – einer Vollmacht. Erfolgt die Betriebsführung entgeltlich, so handelt es sich um einen Geschäftsbesorgungsvertrag mit Dienstleistungscharakter (§ 675 BGB) (BGH 5.10.1981, NJW 1982, 1817 – Holiday Inn), erfolgt sie unentgeltlich, so liegt ein Auftrag vor (§ 662 BGB) (*Raiser/Veil* KapGesR § 64 Rn. 19 mwN). Unabhängig hiervon hat der Betriebsführer Anspruch auf Ersatz seiner Aufwendungen (§ 670 BGB); er ist im Gegenzug verpflichtet, das aus der Betriebsführung Erlangte an die Eigentümergesellschaft herauszugeben (§ 667 BGB). Sofern der Vertrag keine abweichenden Regelungen trifft, ist der Betriebsführer schließlich den Weisungen des Eigentümerunternehmens unterworfen (§ 665 BGB); Weisungen im laufenden Tagesgeschäft dürften allerdings nur dann zulässig sein, wenn diese ausdrücklich vertraglich vorgesehen sind (*Huber* ZHR 1988, 1 (31 f.); MHdB GesR IV/*Krieger* § 73 Rn. 54; MüKoAktG/*Altmeppen* Rn. 148). Beim echten Betriebsführungsvertrag findet **§ 613a BGB** keine Anwendung, da die Betriebsführung – ebenso wie beim Betriebsüberlassungsvertrag (→ Rn. 13) – im fremden Namen erfolgt; der Betriebsführer übt die Arbeitgeberbefugnisse lediglich im Namen der Eigentümergesellschaft aus. Anders ist dies beim unechten Betriebsführungsvertrag, bei dem die Betriebsführung im Namen des Betriebsführers erfolgt: § 613a BGB findet in diesem Fall Anwendung (MüKoAktG/*Altmeppen* Rn. 145; MHdB GesR IV/*Krieger* § 73 Rn. 56 mwN). Wegen der dadurch eintretenden Strukturveränderung ist auf Betriebsführungsverträge, die sich auf sämtliche Betriebe der Eigentümergesellschaft erstrecken, Abs. 1 Nr. 3 entsprechend anwendbar (hM Hüffer/Koch/*Koch* Rn. 20; MüKoAktG/*Altmeppen* Rn. 149; KK-AktG/*Koppensteiner* Rn. 79 ff.; die Anwendbarkeit von § 292 Abs. 1 Nr. 3 bezweifelnd MHdB GesR IV/*Krieger* § 73 Rn. 51).

5. Kombination von Unternehmensverträgen des Abs. 1 Nr. 3 und § 291. Unternehmensver- 15
träge iSd Abs. 1 Nr. 3 können nach allgM mit **Unternehmensverträgen iSv § 291,** insbesondere Beherrschungsverträgen, kombiniert werden (MHdB GesR IV/*Krieger* § 73 Rn. 58; MüKoAktG/*Altmeppen* Rn. 141 ff.,159 ff.; KK-AktG/*Koppensteiner* Rn. 87 f.; vgl. auch die Übersicht bei *Maser,* Betriebspacht- und Betriebsüberlassungsverhältnisse in Konzernen, 1985, 124 und 126). Die Wirksamkeitsvoraussetzungen der §§ 293 ff. sind jedoch für jeden Vertragstyp gesondert einzuhalten. Wird ein Betriebsüberlassungsvertrag oder ein (echter) Betriebsführungsvertrag mit einem Beherrschungsvertrag kombiniert, so kann die iRd (isolierten) Beherrschungsvertrags unzulässige **Erteilung einer umfassenden Vollmacht** durch die abhängige Gesellschaft an das herrschende Unternehmen (MHdB GesR IV/*Krieger* § 70 Rn. 154; KK-AktG/*Koppensteiner* § 308 Rn. 24; Emmerich/Habersack/*Emmerich* § 308 Rn. 31 ff. und → Rn. 13) dadurch überwunden werden, dass dem Übernehmer bzw. Betriebsführer Generalhandlungsvollmacht für die Eigentümergesellschaft erteilt wird, die zugleich umfassende Weisungsrechte gegenüber deren Arbeitnehmern begründet (Hüffer/Koch/*Koch* Rn. 21; KK-AktG/*Koppensteiner* Rn. 87 ff.). Da die Regeln über Leitungsmacht und Verantwortlichkeit bei Bestehen eines Beherrschungsvertrags (§§ 308–310) auch bei Kombination mit einem Betriebspacht-, Betriebsüberlassungs- oder Betriebsführungsvertrag anwendbar bleiben, darf der andere Vertragsteil auf der Grundlage dieser Verträge keine Maßnahmen vornehmen, die er auf der Grundlage des Beherrschungsvertrags nicht anweisen dürfte (aA MHdB GesR IV/*Krieger* § 73 Rn. 46).

16 **6. Abgrenzungsfragen. a) Beherrschungsvertrag.** Betriebspacht-, Betriebsüberlassungs- oder Betriebsführungsverträge stehen in ihren wirtschaftlichen Wirkungen bisweilen Beherrschungsverträgen nahe. Werden Betriebspacht-, Betriebsüberlassungs- oder Betriebsführungsvertrag nicht vorsorglich mit einem Beherrschungsvertrag kombiniert (→ Rn. 15), so stellt sich die Frage, ab wann sie als (verschleierte) Beherrschungsverträge zu qualifizieren sind. Während nach einer Meinung für das Vorliegen eines verschleierten Beherrschungsvertrags maßgeblich sein soll, ob die Eigentümergesellschaft vom Pächter, Übernehmer oder Betriebsführer abhängig ist (*Huber* ZHR 152 (1988), 123 (140); ist richtigerweise nach allgemeinen Grundsätzen (→ § 291 Rn. 7) darauf abzustellen, ob der andere Vertragsteil über den typischen Inhalt eines Betriebspacht-, Betriebsüberlassungs- oder Betriebsführungsvertrags hinaus Einflussmöglichkeiten erhält, die dem Weisungsrecht nach § 308 entsprechen (Hüffer/Koch/*Koch* Rn. 24; KK-AktG/*Koppensteiner* § 291 Rn. 40; MHdB GesR IV/*Krieger* § 73 Rn. 42; MüKoAktG/*Altmeppen* Rn. 167 ff.; *Veil,* Unternehmensverträge, 2003, 247 f.; *Dierdorf,* Herrschaft und Abhängigkeit einer Aktiengesellschaft auf schuldvertraglicher und jährlicher Grundlage, 1978, 122). Zur Frage, wann dies bei Betriebspacht-, Betriebsüberlassungs- oder Betriebsführungsverträgen der Fall ist, s. MHdB GesR IV/*Krieger* § 73 Rn. 41 ff. (Betriebspacht- und Betriebsüberlassungsvertrag) und MHdB GesR IV/*Krieger* § 73 Rn. 57 (Betriebsführungsvertrag). In diesem Fall ist der Beherrschungsvertrag jedoch unwirksam (§ 293 Abs. 1) oder nichtig (§ 304 Abs. 3 S. 1), wenn die Zustimmung der Hauptversammlung zu einem Vertrag nach § 292 Abs. 1 Nr. 1 nicht zugleich auch die Zustimmung zum Abschluss eines Beherrschungsvertrags enthält bzw. bei Vorhandensein außenstehender Aktionäre kein Ausgleich vorgesehen ist (vgl. Hüffer/Koch/*Koch* Rn. 24; MHdB GesR IV/*Krieger* § 73 Rn. 43). Nach allgemeinen Grundsätzen ist eine Vermutung, dass im Zweifel von einem Beherrschungsvertrag auszugehen ist, nicht gerechtfertigt (MHdB GesR IV/*Krieger* § 73 Rn. 57).

17 **b) Sonstige Austauschverträge.** Teilweise wird eine **Anwendung der Vorschriften über die Betriebsüberlassung** auch auf sonstige, „unternehmensvertragsähnliche" Austauschverträge (insbesondere Liefer- und Kreditverträge, Lizenz- oder Franchiseverträge) vorgeschlagen, wenn sie dem Vertragspartner so weitgehende Einflussmöglichkeiten eröffnen, dass er die AG oder KGaA nach seinen Unternehmenszielen führen kann (*Martens,* Die existentielle Wirtschaftsabhängigkeit, 1979, 23, 31 ff.; vgl. auch Spindler/Stilz/*Veil* Rn. 51; *Veil,* Unternehmensverträge, 2003, 284, 297 ff.; *Raiser/Veil* KapGesR § 64 Rn. 4). Dies wird von der ganz hM mangels vergleichbarer Sach- und Interessenlage und tatbestandlich ausgeprägter Voraussetzungen zu Recht abgelehnt (hM Hüffer/Koch/*Koch* Rn. 22 mwN).

V. Besondere Gewinnbeteiligungen (Abs. 2)

18 Gemäß Abs. 2 stellen Verträge über eine Gewinnbeteiligung mit Verwaltungsmitgliedern oder mit einzelnen Arbeitnehmern der Gesellschaft – bspw. in Form einer variablen Vergütungskomponente im Anstellungsvertrag – unabhängig von ihrer Höhe und den zugrundeliegenden Motiven (hierzu OLG Stuttgart 17.11.2010, AG 2011, 93 (95 f.)) sowie Abreden über eine Gewinnbeteiligung im Rahmen von Verträgen des laufenden Geschäftsverkehrs oder von Lizenzverträgen **keine Teilgewinnabführungsverträge** dar. Nach der Wertung des Gesetzgebers handelt es sich hierbei um gängige Gestaltungen, deren Bedeutung die Befassung der Hauptversammlung nicht rechtfertigt (RegBegr. AktG *Kropff* 379). Ihr Abschluss obliegt damit als Geschäftsführungsmaßnahme allein dem Vorstand. Gewinnbeteiligungen, die nicht mit einzelnen **Arbeitnehmern** vereinbart werden, sondern – etwa aufgrund Betriebsvereinbarung – für eine Vielzahl anhand genereller Kriterien definierter Belegschaftsmitglieder gelten sollen, fallen nicht unter die Ausnahmeregelung des Abs. 2 (MHdB GesR IV/*Krieger* § 73 Rn. 19; MüKoAktG/*Altmeppen* Rn. 79; KK-AktG/*Koppensteiner* Rn. 57; Emmerich/Habersack/*Emmerich* Rn. 34). **Verträge des laufenden Geschäftsverkehrs** sind Verträge, die der gewöhnliche Geschäftsverkehr der Gesellschaft mit sich bringt (Rückgriff auf § 116 Abs. 1 HGB, MüKoAktG/*Altmeppen* Rn. 80; Spindler/Stilz/*Veil* Rn. 32). Maßgeblich ist die Qualität, nicht die Quantität (KG 15.3.1999, AG 2000, 183 (184) = NZG 1999, 1102; MüKoAktG/*Altmeppen* Rn. 81; Hüffer/Koch/*Koch* Rn. 28). Unter den Begriff **Lizenzverträge** werden auch Know-how-Verträge oder Ähnliches gefasst (Hüffer/Koch/*Koch* Rn. 28; KK-AktG/*Koppensteiner* Rn. 58). Abs. 2 ist eine abschließende Regelung mit Ausnahmecharakter, die weder extensiv noch analog anzuwenden ist (*K. Schmidt* ZGR 1984, 295 (302); MüKoAktG/*Altmeppen* Rn. 83; Hüffer/Koch/*Koch* Rn. 26).

VI. Sonderregelung für Verträge iSd Abs. 1 Nr. 3 (Abs. 3)

19 Anders als bei Gewinngemeinschaften oder Teilgewinnabführungsverträgen (→ Rn. 7 und → Rn. 10) führt eine nicht geleistete oder unangemessene Gegenleistung bei den Verträgen des Abs. 1 Nr. 3 (auch: Betriebsführungsvertrag), die mit Aktionären geschlossen werden, nicht wegen eines Verstoßes gegen die §§ 57, 58, 60 zur Nichtigkeit des Vertrags nach § 134 BGB oder des Zustimmungsbeschlusses der Hauptversammlung nach § 241 Nr. 3 (Abs. 3 S. 1). Dies ist den erheblichen praktischen Schwierigkeiten geschuldet, welche die Rückabwicklung durchgeführter Betriebspacht- oder Betriebsüberlassungsverträge aufwerfen würde (RegBegr. AktG *Kropff* 379). Stattdessen bleibt nur die Anfechtung des

Zustimmungsbeschlusses der Hauptversammlung möglich (Abs. 3 S. 2), die entweder auf § 243 Abs. 1 (Gesetzesverletzung) oder § 243 Abs. 2 (Verfolgung von Sondervorteilen) gestützt werden kann. Die erfolgreiche Anfechtung führt zur Nichtigkeit des Zustimmungsbeschlusses der Hauptversammlung und damit auch des Vertrags, wenn nicht ausnahmsweise durch ein Freigabeverfahren Bestandskraft nach § 246a Abs. 4 S. 2 herbeigeführt wurde. Ist der Betriebspacht-, Betriebsüberlassungs- oder Betriebsführungsvertrag mit einem Beherrschungs- oder Gewinnabführungsvertrag verbunden, wird Abs. 3 durch § 291 Abs. 3 verdrängt (MHdB GesR IV/*Krieger* § 73 Rn. 37; MüKoAktG/*Altmeppen* Rn. 142; KK-AktG/*Koppensteiner* Rn. 22, 88).

Ist die Eigentümergesellschaft im Zeitpunkt des Vertragsschlusses abhängig von dem Pächter, Übernehmer oder Betriebsführer, so ist das herrschende Unternehmen im Falle einer unangemessenen Gegenleistung darüber hinaus zum Verlustausgleich verpflichtet (§ 302 Abs. 2, → § 302 Rn. 23). Ist der Betriebspacht-, Betriebsüberlassungs- oder Betriebsführungsvertrag mit einem Beherrschungs- und Gewinnabführungsvertrag verbunden, so verbleibt es bei § 302 Abs. 1 (MHdB GesR IV/*Krieger* § 73 Rn. 38; MüKoAktG/*Altmeppen* § 302 Rn. 55; KK-AktG/*Koppensteiner* § 302 Rn. 60; Emmerich/Habersack/*Emmerich* § 302 Rn. 23). **20**

Auf den Betriebspacht-, Betriebsüberlassungs- oder Betriebsführungsvertrag einer abhängigen Gesellschaft sind schließlich die §§ 311 ff. anzuwenden, soweit er nicht mit einem Beherrschungsvertrag kombiniert wurde. Im Falle einer unangemessenen Gegenleistung besteht somit ein Anspruch auf Nachteilsausgleich und Anspruch auf Schadensersatz nach den §§ 317, 318 gegen das herrschende Unternehmen (ganz hM *Michalski* AG 1980, 261 (263 f.); *Oesterreich,* Die Betriebsüberlassung zwischen Vertragskonzern und faktischem Konzern: Zum sogenannten Umgehungsproblem bei den Unternehmensverträgen der §§ 291, 292 I Ziff. 3 AktG, 1979, 121 ff.; MHdB GesR IV/*Krieger* § 73 Rn. 40; MüKoAktG/*Altmeppen* Rn. 124 f.; KK-AktG/*Koppensteiner* Rn. 100; Emmerich/Habersack/*Emmerich* Rn. 50, 52). Diese Ansprüche werden durch das nach Abs. 3 S. 2 bestehende Anfechtungsrecht nicht ausgeschlossen (Hüffer/Koch/*Koch* Rn. 31; KK-AktG/*Koppensteiner* Rn. 31; aA *Martens* AG 1974, 9 (13)). **21**

Zweiter Abschnitt. Abschluß, Änderung und Beendigung von Unternehmensverträgen

Zustimmung der Hauptversammlung

293 (1) [1]**Ein Unternehmensvertrag wird nur mit Zustimmung der Hauptversammlung wirksam.** [2]**Der Beschluß bedarf einer Mehrheit, die mindestens drei Viertel des bei der Beschlußfassung vertretenen Grundkapitals umfaßt.** [3]**Die Satzung kann eine größere Kapitalmehrheit und weitere Erfordernisse bestimmen.** [4]**Auf den Beschluß sind die Bestimmungen des Gesetzes und der Satzung über Satzungsänderungen nicht anzuwenden.**

(2) [1]**Ein Beherrschungs- oder ein Gewinnabführungsvertrag wird, wenn der andere Vertragsteil eine Aktiengesellschaft oder Kommanditgesellschaft auf Aktien ist, nur wirksam, wenn auch die Hauptversammlung dieser Gesellschaft zustimmt.** [2]**Für den Beschluß gilt Absatz 1 Satz 2 bis 4 sinngemäß.**

(3) **Der Vertrag bedarf der schriftlichen Form.**

Übersicht

I. Regelungsgegenstand

1 § 293 betrifft Wirksamkeitserfordernisse bei Abschluss eines Unternehmensvertrags. Wegen der strukturverändernden (bei den Unternehmensverträgen iSv § 291) bzw. wirtschaftlichen Folgen (bei den Unternehmensverträgen iSv § 292), bedarf dieser nach § 293 Abs. 1 stets der Zustimmung der Hauptversammlung der Untergesellschaft bzw. der sich in vertragstypischer Weise verpflichtenden Gesellschaft (RegBegr. AktG *Kropff* 380). Handelt es sich um einen Beherrschungs- oder Gewinnabführungsvertrag, so muss gem. § 293 Abs. 2 auch die Hauptversammlung der Obergesellschaft zustimmen, um die Verpflichtungen aus §§ 302 f. und 304 f. zu legitimieren (RegBegr. AktG *Kropff* 381). § 293 Abs. 3 enthält schließlich eine Formvorschrift für den Abschluss von Unternehmensverträgen.

II. Zustimmungsbeschluss der Hauptversammlung (Abs. 1)

2 **1. Gegenstand des Zustimmungsbeschlusses.** Nach Abs. 1 S. 1 wird ein Unternehmensvertrag iSv §§ 291, 292 nur mit Zustimmung der Hauptversammlung wirksam. Für Beherrschungs- und Gewinnabführungsverträge ergibt sich im Umkehrschluss aus Abs. 2 S. 1, dass hiermit die Untergesellschaft angesprochen ist. Bei den Unternehmensverträgen des § 292 Abs. 1 (einschließlich Betriebsführungsvertrag) ist dementsprechend die Zustimmung der Hauptversammlung der in vertragstypischer Weise verpflichteten Gesellschaft erforderlich. Da dies bei der Gewinngemeinschaft iSv § 292 Abs. 1 Nr. 1 jede der hieran beteiligten Gesellschaften ist, müssen die Hauptversammlungen aller beteiligten Gesellschaften zustimmen; bei einer verpflichteten KGaA erstreckt sich das Zustimmungserfordernis gem. 285 Abs. 2 auch auf den Komplementär (vgl. Hüffer/Koch/*Koch* Rn. 3). Es gilt nicht für Unternehmensverträge, die vor 1965 geschlossen wurden (KG 30.6.2000, AG 2001, 186 (187); LG Berlin 7.9.1998, AG 1999, 188 f.; Hüffer/Koch/*Koch* Rn. 2).

3 Der Zustimmungspflicht unterliegen alle mit dem Unternehmensvertrag zusammenhängenden Vereinbarungen, sofern sie mit ihm ein einheitliches Rechtsgeschäft iSv § 139 BGB bilden, auch wenn diese in mehreren Schriftstücken festgehalten sind oder mit verschiedenen Vertragspartnern geschlossen wurden (für Vermögensübertragungen nach § 361 aF BGH 16.11.1981, BGHZ 82, 188 (195 ff.) = NJW 1982, 933 – Hoesch/Hoogovens; K. Schmidt/Lutter/*Langenbucher* Rn. 22; MüKoAktG/*Altmeppen* Rn. 56; Emmerich/Habersack/*Emmerich* Rn. 26). Die Hauptversammlung kann ihre Zustimmung nicht auf Teile des Unternehmensvertrags beschränken und die Regelung anderer Teile der Verwaltung vorbehalten, und zwar unabhängig davon, ob es sich hierbei um materielle Regelungen oder bloß konkretisierende Ausführungsbestimmungen handelt (MHdB GesR IV/*Krieger* § 71 Rn. 24; KK-AktG/*Koppensteiner* Rn. 34; Emmerich/Habersack/*Emmerich* Rn. 26 f.; aA MüKoAktG/*Altmeppen* Rn. 58 ff.).

4 **2. Art der Zustimmung.** Die Hauptversammlung kann ihre Zustimmung sowohl als Einwilligung (§ 183 BGB) als auch als Genehmigung (§ 184 BGB) erteilen (ganz hM; RegBegr. AktG *Kropff* 383; Hüffer/Koch/*Koch* Rn. 4; MüKoAktG/*Altmeppen* Rn. 34). Eine Einwilligung muss allerdings auf der Grundlage eines vollständigen Vertragsentwurfs erfolgen (BGH 16.11.1981, BGHZ 82, 188 (194 f.) = NJW 1982, 933 – Hoesch/Hoogovens; MHdB GesR IV/*Krieger* § 71 Rn. 24; MüKoAktG/*Altmeppen* Rn. 34; Emmerich/Habersack/*Emmerich* Rn. 25); nachträgliche Änderungen und Ergänzungen, die nicht rein redaktioneller Natur sind (*Deilmann/Messerschmidt* NZG 2004, 977 (984)), erfordern einen neuen Hauptversammlungsbeschluss (Spindler/Stilz/*Veil* Rn. 16; MüKoAktG/*Altmeppen* Rn. 34). Der Vertrag ist bis zur Erteilung der Genehmigung schwebend unwirksam (KG 15.3.1999, AG 2000, 183 (185); KK-AktG/*Koppensteiner* Rn. 5).

5 **3. Zustimmungsbeschluss.** Der Zustimmungsbeschluss der Hauptversammlung bedarf der **einfachen Stimmenmehrheit** (§ 133 Abs. 1) sowie einer **Dreiviertelmehrheit des bei der Beschlussfassung vertretenen Grundkapitals** (Abs. 1 S. 2). Vorzugsaktien sind nur im Falle des § 140 Abs. 2 zu berücksichtigen (K. Schmidt/Lutter/*Langenbucher* Rn. 24; MüKoAktG/*Altmeppen* Rn. 37; Emmerich/Habersack/*Emmerich* Rn. 29). Gemäß Abs. 1 S. 3 kann die Satzung die erforderliche Kapitalmehrheit erhöhen sowie weitere Erfordernisse für die Beschlussfassung aufstellen (zB bestimmte Mindestpräsenz, qualifizierte Stimmenmehrheit) (KK-AktG/*Koppensteiner* Rn. 28; Spindler/Stilz/*Veil* Rn. 18); sie darf die Zustimmung aber weder durch Herabsetzung der erforderlichen Stimmen- oder Kapitalmehrheit erleichtern (Hüffer/Koch/*Koch* Rn. 8; MHdB GesR IV/*Krieger* § 71 Rn. 50) noch – wegen § 23 Abs. 5 S. 1 – den Abschluss von Unternehmensverträgen völlig untersagen (MHdB GesR IV/*Krieger* § 71 Rn. 50 mwN; aA Emmerich/Habersack/*Emmerich* Rn. 33).

6 Der andere Vertragsteil ist bei der Beschlussfassung auch dann **stimmberechtigt,** wenn er Mehrheitsaktionär der Gesellschaft ist (RegBegr. AktG *Kropff* 380 f.). Der Auffassung, dass der Unternehmensvertrag (insbesondere Beherrschungsvertrag) im Text des Zustimmungsbeschlusses ausdrücklich als solcher bezeichnet werden muss, ist ebenso wenig zu folgen wie der Ansicht, dass der Beherrschungsvertrag in der Vertragsurkunde ausdrücklich als solcher bezeichnet werden muss (→ § 291 Rn. 14)

(ebenso MHdB GesR IV/*Krieger* § 71 Rn. 50; MüKoAktG/*Altmeppen* Rn. 76; Hüffer/Koch/*Koch* Rn. 14).

7 Umstritten ist, ob für den Hauptversammlungsbeschluss der Untergesellschaft bzw. der sich vertragstypisch verpflichtenden Gesellschaft eine **sachliche Rechtfertigung** (Erforderlichkeit und Angemessenheit) notwendig ist. Diese wird von einem Teil der Lit. in Anknüpfung an BGHZ 71, 40 – Kali und Salz gefordert (*Wiedemann* ZGR 1980, 147 (156 f.); *Martens* FS Fischer, 1979, 446; diff. nach Vorliegen einer Abhängigkeitslage *Timm* ZGR 1987, 403 (427)). Die hM lehnt das Erfordernis einer sachlichen Rechtfertigung zu Recht ab, weil mit dem Unternehmensvertrag – bei zuvor bereits bestehender Abhängigkeit der Untergesellschaft vom anderen Vertragsteil – kein gravierender Eingriff in die Mitgliedschaftsrechte der Aktionäre verbunden ist und zudem durch die §§ 304 f. zum Ausdruck gebracht wird, dass bereits das Gesetz die erforderliche Abwägung zwischen den Belangen der außenstehenden Aktionäre und dem anderen Vertragsteil vorgenommen hat (so mit Unterschieden im Einzelnen LG München I 9.6.2009, AG 2009, 918 (920); MüKoAktG/*Altmeppen* Rn. 51; Hüffer/Koch/*Koch* Rn. 7; MHdB GesR IV/*Krieger* § 71 Rn. 50; *Lutter* ZGR 1981, 171 (180)).

8 **4. Bestimmungen über Satzungsänderungen.** Gesetzliche oder satzungsmäßige Bestimmungen über Satzungsänderungen sind nach § 293 Abs. 1 S. 4 auf den Hauptversammlungsbeschluss über die Zustimmung zu einem Unternehmensvertrag nicht anwendbar. Die Bestimmung entscheidet eine Streitfrage zum alten Recht und ist heute wegen der Regelungen in §§ 293 ff. weitgehend bedeutungslos.

9 **5. Wirkung der Zustimmung.** Die Zustimmung der Hauptversammlung führt noch nicht zum Wirksamwerden des Unternehmensvertrags; neben seiner Eintragung in das Handelsregister (§ 294 Abs. 2) ist ggf. zuvor auch noch die Zustimmung des anderen Vertragsteils erforderlich (Abs. 2, → Rn. 10). Der Vorstand ist aber nach § 83 Abs. 2 verpflichtet, den Unternehmensvertrag zur Eintragung in das Handelsregister anzumelden, sobald die ggf. noch erforderliche Hauptversammlungszustimmung des anderen Vertragsteils nach Abs. 2 vorliegt. Eine entspr Verpflichtung trifft die Untergesellschaft bzw. die sich verpflichtende Gesellschaft auch gegenüber dem anderen Vertragsteil (MHdB GesR IV/*Krieger* § 71 Rn. 52; Hüffer/Koch/*Koch* Rn. 15; aA MüKoAktG/*Altmeppen* Rn. 67 ff.). Verstößt sie hiergegen, so macht sie sich gegenüber dem anderen Vertragsteil schadensersatzpflichtig; jener kann die Pflicht der Untergesellschaft, den Unternehmensvertrag zum Handelsregister anzumelden, zudem mit einer Leistungsklage erzwingen (MHdB GesR IV/*Krieger* § 71 Rn. 52; KK-AktG/*Koppensteiner* Rn. 39; Hüffer/Koch/*Koch* Rn. 15). Grundsätzlich werden weder Mängel des Unternehmensvertrags noch Pflichtverletzungen des Vorstands im Zusammenhang mit seinem Abschluss durch den Zustimmungsbeschluss der Hauptversammlung beseitigt oder geheilt (MHdB GesR IV/*Krieger* § 71 Rn. 52 mwN). Bei Beschlussmängeln gelten die allgemeinen Regeln (§§ 241 ff.).

III. Zustimmungsbeschluss der Hauptversammlung der Obergesellschaft (Abs. 2)

10 **1. Anwendbarkeit.** Beherrschungs- und/oder Gewinnabführungsverträge, bei denen der andere Vertragsteil (Obergesellschaft) eine AG oder KGaA mit Sitz im Inland ist, bedürfen für ihre Wirksamkeit nach Abs. 2 S. 1 zusätzlich der Zustimmung der Hauptversammlung dieser Gesellschaft. Grund hierfür ist das Risiko, welches die Obergesellschaft durch die mit dem Abschluss verbundene Verlustausgleichspflicht nach § 302 Abs. 1 eingeht. Die Norm findet auch dann Anwendung, wenn die Obergesellschaft keine außenstehenden Aktionäre hat (hM BGH 24.10.1988, BGHZ 105, 324 (335) = NJW 1989, 295; *Kropff* ZGR 1984, 112 (120)). Obergesellschaften mit Sitz im Ausland unterliegen dagegen allenfalls entsprechend Zustimmungsvorbehalten des ausländischen Rechts, die dann auch im Inland zu beachten sind (MHdB GesR IV/*Krieger* § 71 Rn. 22 mwN). Bei einer ausländischen Untergesellschaft richtet sich die Anwendbarkeit des Abs. 2 danach, ob das maßgebliche ausländische Recht für die Obergesellschaft den §§ 302, 304 f. vergleichbare Rechtsfolgen vorsieht (vgl. Hüffer/Koch/*Koch* Rn. 18 mwN).

11 **2. Zustimmungsbeschluss bei mehrstufigen Konzernen.** Nach allgM deckt die Hauptversammlungszustimmung der Muttergesellschaft zu einem Beherrschungs- und/oder Gewinnabführungsvertrag mit der Tochtergesellschaft zuvor bestehende Beherrschungs- und/oder Gewinnabführungsverträge der Tochter mit Enkelgesellschaften ab (Hüffer/Koch/*Koch* Rn. 20 mwN). Für den umgekehrten Fall, in dem zunächst die Mutter mit der Tochter und sodann die Tochter mit der Enkelin einen Beherrschungs- und/oder Gewinnabführungsvertrag abschließen, wird neben der Zustimmung der Hauptversammlung der Tochter nach Abs. 2 teilweise **analog Abs. 2 auch eine Hauptversammlungszustimmung der Mutter zum Vertrag zwischen Tochter und Enkelin** für erforderlich gehalten (*Rehbinder* ZGR 1977, 581 (613); *Timm,* Die Aktiengesellschaft als Konzernspitze: die Zuständigkeitsordnung bei der Konzernbildung und Konzernumbildung, 1980, 171). Ein solcher „Zustimmungsdurchgriff" ist abzulehnen, da die mit diesem Beherrschungsvertrag für die Mutter verbundenen Verlustausgleichsrisiken (§ 302) bereits durch die Zustimmung zum Beherrschungsvertrag zwischen Mutter

und Tochter abgedeckt sind und für weitergehende Zustimmungserfordernisse die Grundlage fehlt (hM Hüffer/Koch/*Koch* Rn. 20; MHdB GesR IV/*Krieger* § 71 Rn. 23; Spindler/Stilz/*Veil* Rn. 41).

12 **3. Sinngemäße Geltung der Abs. 1 S. 2–4.** Für den Beschluss der Hauptversammlung der Obergesellschaft gelten die Regelungen des Abs. 1 S. 2–4 sinngemäß (Abs. 2 S. 2).

IV. Vertragsschluss und Schriftformerfordernis (Abs. 3)

13 **1. Vertragsabschluss.** Für den Abschluss des Unternehmensvertrags gelten die **§§ 145 ff. BGB,** ergänzt durch die Formvorschrift des Abs. 3. Die Entscheidung, ob ein Unternehmensvertrag geschlossen werden und welchen Inhalt er haben soll, trifft der Vorstand im Rahmen seiner **Geschäftsführungsbefugnis** (Hüffer/Koch/*Koch* Rn. 23). Auf **Verlangen der Hauptversammlung,** welches der für den Zustimmungsbeschluss erforderlichen Mehrheit bedarf, ist der Vorstand allerdings zur Vorbereitung und zum Abschluss eines Vertrags verpflichtet (§ 83 Abs. 1 S. 2, 3), und zwar nach richtiger Ansicht unabhängig davon, ob es sich bei der von ihm geleiteten Gesellschaft um die Ober- oder Untergesellschaft handelt (Hüffer/Koch/*Koch* Rn. 23; Spindler/Stilz/*Veil* Rn. 3; MHdB GesR IV/*Krieger* § 71 Rn. 14; MüKoAktG/*Altmeppen* Rn. 7; aA KK-AktG/*Koppensteiner* Rn. 9). Stimmt die Hauptversammlung dem Unternehmensvertrag nur unter **Änderung des Vertragstextes** zu, wird man hierin regelmäßig ein Verlangen nach § 83 Abs. 1 S. 2 sehen können; zwingend ist dies jedoch nicht (Hüffer/Koch/*Koch* Rn. 13, 23 mwN).

14 Statuiert die Satzung für den Abschluss eines Unternehmensvertrags einen **Zustimmungsvorbehalt zugunsten des Aufsichtsrats** (§ 111 Abs. 4 S. 2), so ist dieser auch dann zu beachten, wenn der Vorstand nur auf Initiative der Hauptversammlung nach § 83 Abs. 1 S. 2 tätig wird (so Spindler/Stilz/*Veil* Rn. 4; MHdB GesR IV/*Krieger* § 71 Rn. 14; aA KK-AktG/*Koppensteiner* Rn. 7; MüKoAktG/*Altmeppen* Rn. 14; einen Aufsichtsratsvorbehalt gänzlich abl.: *Timm* DB 1980, 1201 (1202 ff.)). Eine verweigerte Zustimmung des Aufsichtsrats kann von der Hauptversammlung ersetzt werden (§ 111 Abs. 4 S. 3), und zwar nach richtiger Auffassung (nur) mit der in § 111 Abs. 4 S. 4 genannten Dreiviertel-Stimmenmehrheit (Hüffer/Koch/*Koch* Rn. 25; MHdB GesR IV/*Krieger* § 71 Rn. 14 mwN) und nicht der Mehrheit des Abs. 1 (einfache Stimmenmehrheit und Dreiviertel-Kapitalmehrheit), die aufgrund einer analogen Anwendung des § 83 Abs. 1 S. 3 maßgeblich sein soll (hM Spindler/Stilz/*Veil* Rn. 4; MüKoAktG/*Altmeppen* Rn. 12; KK-AktG/*Koppensteiner* Rn. 8). Schließlich ist ggf. das Zustimmungserfordernis des Aufsichtsrats nach § 32 Abs. 1 MitbestG (vgl. MHdB GesR IV/*Hoffmann-Becking* § 29 Rn. 65) zu beachten.

15 Nach Vertragsschluss sind die Parteien untereinander verpflichtet, sämtliche zur Herbeiführung der Wirksamkeit erforderlichen Handlungen vorzunehmen und alle Handlungen zu unterlassen, die das Wirksamwerden beeinträchtigen könnten (MHdB GesR IV/*Krieger* § 71 Rn. 17). Hat der Vorstand den Vertrag ohne (vorherige) Einwilligung der Hauptversammlung geschlossen (→ Rn. 4), besteht ein Anspruch des Vertragspartners auf Befassung der Hauptversammlung: Der Vorstand ist verpflichtet, den Vertrag nunmehr der Hauptversammlung zur Genehmigung vorzulegen (OLG Braunschweig 3.9.2003, ZIP 2003, 1793 (1795); KK-AktG/*Koppensteiner* Rn. 24; MHdB GesR IV/*Krieger* § 71 Rn. 17; aA MüKoAktG/*Altmeppen* Rn. 19; Spindler/Stilz/*Veil* Rn. 10 ff.). Erst wenn diese ihre Zustimmung abgelehnt hat, entfällt die Bindungswirkung.

16 **2. Formerfordernis.** Nach Abs. 3 bedürfen der Unternehmensvertrag sowie alle mit ihm zusammenhängenden Vereinbarungen (vgl. OLG Celle 22.9.1999, NZG 2000, 85 (86); OLG Stuttgart 16.6.1999, NZG 2000, 93 (94)) der Schriftform (§ 126 Abs. 1 und 2 BGB); diese wird durch die notarielle Beurkundung (§ 126 Abs. 4 BGB) oder die elektronische Form gem. § 126a BGB ersetzt (§ 126 Abs. 3 BGB). Ein Verstoß hiergegen führt nach § 125 S. 1 BGB zur Nichtigkeit des betreffenden Vertragsteils; ob Gesamtnichtigkeit eintritt, bestimmt sich nach § 139 BGB.

Bericht über den Unternehmensvertrag

293a

(1) [1] Der Vorstand jeder an einem Unternehmensvertrag beteiligten Aktiengesellschaft oder Kommanditgesellschaft auf Aktien hat, soweit die Zustimmung der Hauptversammlung nach § 293 erforderlich ist, einen ausführlichen schriftlichen Bericht zu erstatten, in dem der Abschluß des Unternehmensvertrags, der Vertrag im einzelnen und insbesondere Art und Höhe des Ausgleichs nach § 304 und der Abfindung nach § 305 rechtlich und wirtschaftlich erläutert und begründet werden; der Bericht kann von den Vorständen auch gemeinsam erstattet werden. [2] Auf besondere Schwierigkeiten bei der Bewertung der vertragschließenden Unternehmen sowie auf die Folgen für die Beteiligungen der Aktionäre ist hinzuweisen.

(2) [1] In den Bericht brauchen Tatsachen nicht aufgenommen zu werden, deren Bekanntwerden geeignet ist, einem der vertragschließenden Unternehmen oder einem verbundenen

Unternehmen einen nicht unerheblichen Nachteil zuzufügen. [2]In diesem Falle sind in dem Bericht die Gründe, aus denen die Tatsachen nicht aufgenommen worden sind, darzulegen.

(3) **Der Bericht ist nicht erforderlich, wenn alle Anteilsinhaber aller beteiligten Unternehmen auf seine Erstattung durch öffentlich beglaubigte Erklärung verzichten.**

I. Regelungsgegenstand

1 Nach Abs. 1 hat der Vorstand jeder an einem Unternehmensvertrag beteiligten AG oder KGaA der Hauptversammlung einen ausführlichen Vertragsbericht (Muster bei Happ/*Liebscher,* Konzern- und Umwandlungsrecht, Muster 1.01) zu erstatten. Zweck der Vorschrift ist der **Schutz der Aktionäre durch Information** (Hüffer/Koch/*Koch* Rn. 1 mwN). Abs. 2 nimmt bestimmte Informationen von dieser Berichtspflicht aus. Die Anteilsinhaber der beteiligten Unternehmen können nach Abs. 3 auf ihre Erstattung verzichten. Der Vertragsbericht nach § 293a, der den Verschmelzungsbericht nach § 8 UmwG zum Vorbild hat, wurde – ebenso wie die Prüfungspflicht in §§ 293b–293e – durch das Gesetz zur Bereinigung des Umwandlungsrechts vom 28.10.1994 (BGBl. 1994 I 2310 ff.) in das AktG eingeführt. Die dem zugrundeliegende wertungsmässige Gleichsetzung von Verschmelzung und Unternehmensvertrag hat verbreitete Kritik erfahren (K. Schmidt/Lutter/*Langenbucher* Rn. 2; Emmerich/Habersack/*Emmerich* Rn. 6 f.).

II. Berichtspflicht (Abs. 1)

2 **1. Voraussetzungen.** Nach § 293a Abs. 1 S. 1 besteht eine Berichtspflicht, wenn für den Abschluss eines Unternehmensvertrags die Zustimmung der Hauptversammlung nach § 293 erforderlich ist, dh stets bei der Untergesellschaft oder der sonst in vertragstypischer Weise verpflichteten Gesellschaft (§ 293 Abs. 1), sowie ggf. bei der Obergesellschaft, sofern eine AG oder KGaA Partei eines Beherrschungs- und/oder Gewinnabführungsvertrags ist (§ 293 Abs. 2). Im letzteren Fall ist dies angesichts der nach § 302 eingreifenden Verlustausgleichspflicht gerechtfertigt.

3 **2. Adressat und Form.** Adressat der Berichtspflicht ist nicht die AG, sondern der **Vorstand,** der über den Berichtsinhalt als **Kollegialorgan** durch Beschluss entscheidet (§ 77). Eine anderweitige Kompetenzzuweisung nach § 77 Abs. 1 S. 2 ist wegen des zwingenden Charakters von § 293a ebenso wenig möglich wie eine Stellvertretung bei der Beschlussfassung (hM Spindler/Stilz/*Veil* Rn. 6; Hüffer/Koch/*Koch* Rn. 8; aA MüKoAktG/*Altmeppen* Rn. 29). Aus dem Erfordernis der schriftlichen Berichterstattung folgert die bisher hL, dass der Bericht nach § 126 BGB **von allen Vorstandsmitgliedern eigenhändig zu unterzeichnen** ist (KK-AktG/*Koppensteiner* Rn. 19 f.; diff. Spindler/Stilz/*Veil* Rn. 8; Hüffer/Koch/*Koch* Rn. 10, die Vorstandsmitglieder als „Erklärungsvertreter" zulassen; ähnlich MüKoAktG/*Altmeppen* Rn. 34). Demgegenüber spricht der Zweck des Berichtserfordernisses (Aktionärsinformation) dafür, dass der Verweis auf die Schriftlichkeit in Abs. 1 S. 1 – ebenso wie in § 186 Abs. 4 S. 2 – lediglich die Verkörperung des Berichts in lesbarer Form sicherstellen soll, nicht jedoch als Verweis auf § 126 BGB zu verstehen ist und damit der Unterschrift nicht bedarf (KG 25.10.2004, WM 2005, 41 (42 f.) – Vattenfall; MHdB GesR IV/*Krieger* § 71 Rn. 28; K. Schmidt/Lutter/*Langenbucher* Rn. 7, jew. mwN; anders iE wohl BGH 21.5.2007, NZG 2007, 714 (716) für § 8 UmwG: Unterzeichnung von Vorstandsmitgliedern in vertretungsberechtigter Zahl). In der KGaA sind die persönlich haftenden Gesellschafter für die Berichterstattung zuständig (§ 278 Abs. 2). Eine **gemeinsame Berichterstattung** der Vertretungsorgane der beteiligten Vertragsparteien ist nach Abs. 1 S. 1 Hs. 2 möglich und die Regel.

4 **3. Inhalt.** Inhaltlich hat der „ausführliche" Bericht nach Abs. 1 S. 1 rechtliche und wirtschaftliche Erläuterungen und Begründungen zum Vertragsabschluss sowie zum Vertragsinhalt und hier insbesondere zu Art und Höhe des Ausgleichs und der Abfindung zu enthalten. Zur Auslegung kann auf die Erfahrungen zu § 8 Abs. 1 S. 1 UmwG zurückgegriffen werden, der den § 340 aF erweitert und in das UmwG überführte (Spindler/Stilz/*Veil* Rn. 9; Hüffer/Koch/*Koch* Rn. 11). In der Praxis haben sich allgemein akzeptierte Standards entwickelt (MHdB GesR IV/*Krieger* § 71 Rn. 29).

5 **a) Angabe der Gründe für den Vertragsschluss.** Zum Vertragsabschluss ist zu erläutern und begründen, „welche wirtschaftlichen und rechtlichen Gründe" den Vertrag „als das geeignete Mittel zur Verfolgung des Unternehmenszweckes erscheinen lassen" (BT-Drs. 12/6699, 83 f. zu § 8 UmwG). Dazu gehören Informationen über den Vertragspartner und dessen wirtschaftliche Lage, insbesondere dessen Bonität (OLG München 19.11.2008, ZIP 2009, 718; Spindler/Stilz/*Veil* Rn. 11), die Offenlegung des Zwecks der Maßnahme und der mit ihr angestrebten Folgen sowie die Darstellung möglicher Alternativen, einschließlich einer Abwägung ihrer Vor- und Nachteile (MüKoAktG/*Altmeppen* Rn. 39 f.; MHdB GesR IV/*Krieger* § 71 Rn. 30; *Westermann* FS Semler, 1993, 654 f.).

6 **b) Erläuterung des Vertragsinhalts.** Die Erläuterung und Begründung des Vertragsinhalts verlangt im Bericht nach Abs. 1 – anders als nach hM in der Vertragsurkunde (→ § 291 Rn. 14) – zunächst die

Bezeichnung des Vertragstyps (Emmerich/Habersack/*Emmerich* Rn. 21). Daneben muss der Vorstand auf die einzelnen Vertragsbestimmungen eingehen und die gesetzlichen Rechtsfolgen kurz darstellen (Spindler/Stilz/*Veil* Rn. 14). Bei Verträgen nach § 292 ist das angemessene Verhältnis der gegenseitigen Leistungen darzulegen (Spindler/Stilz/*Veil* Rn. 15). Der Vorstand kann sich nicht darauf beschränken, nur die Besonderheiten des Vertrags zu erläutern (MHdB GesR IV/*Krieger* § 71 Rn. 30; *Bungert* DB 1995, 1384 (1388); tendenziell enger Hüffer/Koch/*Koch* Rn. 13; K. Schmidt/Lutter/*Langenbucher* Rn. 14); untypische Klauseln wird er jedoch in einem größeren Detaillierungsgrad darzustellen haben als typische Vertragsinhalte (Spindler/Stilz/*Veil* Rn. 14; Emmerich/Habersack/*Emmerich* Rn. 22).

7 **c) Angaben zu Ausgleich und Abfindung.** Bei Verträgen iSd § 291 Abs. 1 (Beherrschungs- und/oder Gewinnabführungsverträge, einschließlich Geschäftsführungsverträge) sind Angaben zu Art und Höhe von Ausgleich nach § 304 und Abfindung nach § 305 zu machen. Die Angabe der angewandten Bewertungsmethode, verbunden mit dem Bewertungsergebnis, reicht für die Berichterstattung nach § 293a Abs. 1 S. 1 nicht aus (MHdB GesR IV/*Krieger* § 71 Rn. 31). Zu § 340 aF, der Vorgängervorschrift von § 8 UmwG, dem § 293a Abs. 1 nachgebildet ist, hat sich vielmehr die Ansicht durchgesetzt, dass die konkrete Anwendung der Bewertungsmethode im Einzelfall nachvollziehbar darzustellen ist, um den Aktionären zu ermöglichen, sich ein erstes Plausibilitätsurteil über die konkrete Verschmelzungswertrelation zu bilden (umfangreiche Nachweise bei Hüffer/Koch/*Koch* Rn. 15; ebenso aus neuerer Zeit OLG Frankfurt a. M. 21.7.2008, WM 2009, 177 (178); KG 9.6.2008, AG 2009, 30 (34)). Zum Inhalt: MHdB GesR IV/*Krieger* § 71 Rn. 31.

8 **d) Hinweis auf Bewertungsschwierigkeiten und auf Folgen für die Beteiligung der Aktionäre.** Ergänzend muss der Vertragsbericht auf mögliche besondere Bewertungsschwierigkeiten oder Folgen für die Beteiligung der Aktionäre hinweisen (Abs. 1 S. 2). Daneben ist zu erläutern, wie diese gelöst wurden (MHdB GesR IV/*Krieger* § 71 Rn. 32; Emmerich/Habersack/*Emmerich* Rn. 28; Hüffer/Koch/*Koch* Rn. 16). Besondere Bewertungsschwierigkeiten können auftreten bei einem plötzlichen Ertragseinbruch (BGH 29.10.1990, BB 1991, 17 (18) – SEN), in Sanierungssituationen, bei Prognoseschwierigkeiten oder Ähnlichem (MHdB GesR IV/*Krieger* § 71 Rn. 32; Emmerich/Habersack/*Emmerich* Rn. 28; Hüffer/Koch/*Koch* Rn. 16), also insbesondere in Fällen, in denen die Ertragswertmethode (→ § 305 Rn. 17 ff.) nicht „passt". Der von Abs. 1 S. 2 zusätzlich geforderte Hinweis auf die Folgen des Unternehmensvertrags für die Beteiligung der Aktionäre scheint auf einem Redaktionsversehen zu beruhen, da solche Folgen zwar bei der Verschmelzung (wegen der Veränderung der Beteiligungsquoten) existieren, nicht jedoch beim Abschluss von Unternehmensverträgen (Hüffer/Koch/*Koch* Rn. 17). Gesonderte Bedeutung kommt den geforderten Angaben neben der Erläuterung des Vertragsinhalts jedenfalls nicht zu (hM K. Schmidt/Lutter/*Langenbucher* Rn. 19 mwN; aA wohl Emmerich/Habersack/*Emmerich* Rn. 29).

III. Vertrauliche Angaben (Abs. 2)

9 Nach Abs. 2 brauchen vertrauliche Informationen nicht im Vertragsbericht offengelegt zu werden (S. 1), wenn die Gründe für die daraus resultierende Berichtslücke dargelegt werden (S. 2). Die **Geheimhaltungsbedürftigkeit** ist wie bei § 131 Abs. 3 S. 1 Nr. 1 zu bestimmen: Maßgeblich ist, ob nach vernünftiger kaufmännischer Beurteilung das Bekanntwerden der Tatsache geeignet ist, die in Abs. 2 genannten Nachteile zuzufügen (Hüffer/Koch/*Koch* Rn. 19; Spindler/Stilz/*Veil* Rn. 19; MüKoAktG/*Altmeppen* Rn. 63). In der Praxis geht es im Rahmen von Abs. 2 idR um die in § 131 Abs. 3 S. 1 Nr. 2 und 3 angesprochenen Fälle (MHdB GesR IV/*Krieger* § 71 Rn. 33; Emmerich/Habersack/*Emmerich* Rn. 32; Hüffer/Koch/*Koch* Rn. 19). Die von Abs. 2 S. 2 vorgeschriebene **Offenlegung der für die Nichtaufnahme maßgeblichen Gründe** setzt einerseits voraus, dass die Berichtslücke kenntlich gemacht wird, und andererseits, dass die Geheimhaltungsbedürftigkeit im Vertragsbericht selbst dargelegt wird, und zwar nicht bloß pauschal, sondern in einer Weise, die einem verständigen Anleger eine Plausibilitätsprüfung ermöglicht (Emmerich/Habersack/*Emmerich* Rn. 33).

IV. Verzicht (Abs. 3)

10 Der Bericht ist **entbehrlich,** wenn die Anteilsinhaber aller beteiligten Gesellschaften auf seine Erstattung verzichten (Abs. 3). Die Norm sieht – anders als § 8 Abs. 3 UmwG – keine pauschale Ausnahme für Tochterunternehmen vor, deren Anteile zu 100 % von dem anderen Vertragsteil gehalten werden (krit. hierzu *Bungert* DB 1995, 1384 (1388 f.)). In Mutter/Tochter-Konstellationen bietet die Vorschrift deshalb nur im Falle eines Unternehmensvertrags nach § 292 Erleichterung, und auch nur dann, wenn man Abs. 3 mit der hM teleologisch reduziert und mangels Hauptversammlungsbefassung der Obergesellschaft einen Verzicht ihrer Aktionäre für entbehrlich hält (K. Schmidt/Lutter/*Langenbucher* Rn. 25; MüKoAktG/*Altmeppen* Rn. 49; Hüffer/Koch/*Koch* Rn. 21). Soll jedoch in dieser Konstellation ein Vertrag nach § 291 abgeschlossen werden, so müssen nach § 293 Abs. 2 iVm § 293a Abs. 1 S. 1 Hs. 1, Abs. 3 auch die Aktionäre der Obergesellschaft verzichten (hM Spindler/Stilz/*Veil* Rn. 22

mwN, aA *Altmeppen* ZIP 1998, 1853 (1860 ff.)). Die Verzichtserklärung ist gegenüber der jeweiligen Gesellschaft in **öffentlich beglaubigter Form** abzugeben (§ 129 Abs. 1 S. 1 BGB). Nach hM soll die öffentliche Beglaubigung der individuellen Erklärungen durch notarielle Beurkundung des einstimmigen Beschlusses über den Unternehmensvertrag ersetzt werden können (Emmerich/Habersack/*Emmerich* Rn. 35; Hüffer/Koch/*Koch* Rn. 21).

Prüfung des Unternehmensvertrags

293b (1) **Der Unternehmensvertrag ist für jede vertragschließende Aktiengesellschaft oder Kommanditgesellschaft auf Aktien durch einen oder mehrere sachverständige Prüfer (Vertragsprüfer) zu prüfen, es sei denn, daß sich alle Aktien der abhängigen Gesellschaft in der Hand des herrschenden Unternehmens befinden.**

(2) **§ 293a Abs. 3 ist entsprechend anzuwenden.**

I. Regelungsgegenstand

§ 293b regelt ebenso wie die §§ 293c–e die Prüfung des Unternehmensvertrags. Die Normen wurden durch das Gesetz zur Bereinigung des Umwandlungsrechts vom 28.10.1994 (BGBl. 1994 I 2310 ff.) in das AktG eingeführt. § 293b statuiert die Prüfungspflicht: Der Unternehmensvertrag ist für jede vertragsschließende AG oder KGaA durch einen oder mehrere sachverständige Prüfer (Vertragsprüfer) zu prüfen, wenn nicht bestimmte Ausnahmen eingreifen. Gesetzeszweck ist es, durch den Schutz von Aktionären vor unangemessenen Ausgleichs- und Abfindungsbestimmungen spätere Auseinandersetzungen in einem Spruchverfahren möglichst überflüssig zu machen (BT-Drs. 12/6699, 178). Dieses Ziel wurde weit verfehlt (ebenso MHdB GesR IV/*Krieger* § 71 Rn. 34). 1

II. Prüfungspflicht (Abs. 1)

1. Voraussetzungen. Nach dem Wortlaut des Abs. 1 Hs. 1 ist die Prüfung für jede vertragsschließende AG oder KGaA durchzuführen. Da die Berichtspflicht nach § 293a Abs. 1 S. 1 und die Prüfungspflicht nach Abs. 1 jedoch nach allgM identische Anwendungsbereiche haben (Emmerich/Habersack/*Emmerich* Rn. 10 f.; Hüffer/Koch/*Koch* Rn. 7), ist eine Prüfung nur bei derjenigen Gesellschaft vorgeschrieben, deren Hauptversammlung auch gem. § 293 zuzustimmen hat (→ § 293 Rn. 2, → § 293 Rn. 10 ff.), dh stets bei der Untergesellschaft oder der sonst in vertragstypischer Weise verpflichteten Gesellschaft (§ 293 Abs. 1), sowie bei der Obergesellschaft, sofern diese Partei eines Beherrschungs- und/oder Gewinnabführungsvertrags ist (§ 293 Abs. 2). 2

2. Prüfungsgegenstand und -inhalt. Ebenso wie bei der Verschmelzungsprüfung ist Prüfungsgegenstand zunächst einmal der **Unternehmensvertrag** (Abs. 1 Hs. 1). Da einerseits Ausgleich und Abfindung bei den Verträgen nach § 292 nicht vorgesehen sind und andererseits die **Zweckmäßigkeit** des Unternehmensvertrags ebenso wenig zum Prüfungsinhalt gehört (Hüffer/Koch/*Koch* Rn. 4 mwN) wie dessen **rechtliche Zulässigkeit** (hM MüKoAktG/*Altmeppen* Rn. 7 mwN; aA Spindler/Stilz/*Veil* Rn. 7), entbehrt die Vertragsprüfung bei den Unternehmensverträgen nach § 292 eines vernünftigen Sinngehalts (K. Schmidt/Lutter/*Langenbucher* Rn. 6; Hüffer/Koch/*Koch* Rn. 6). Die Frage, ob neben dem Vertrag auch eine Prüfung des **Vorstandsberichts** (§ 293a) zu erfolgen hat, ist umstritten (bejahend LG Berlin 13.11.1995, AG 1996, 230 (232 f.); Hüffer/Koch/*Koch* Rn. 3; Spindler/Stilz/*Veil* Rn. 3; Emmerich/Habersack/*Emmerich* Rn. 14 f.; diff. MüKoAktG/*Altmeppen* Rn. 11; verneinend K. Schmidt/Lutter/*Langenbucher* Rn. 5; KK-AktG/*Koppensteiner* Rn. 9), aber zu bejahen. Die Prüfung wird allerdings durch die Reichweite des Prüfungsauftrags (§ 293e) begrenzt (Spindler/Stilz/*Veil* Rn. 3). Sie ist damit nur insoweit durchzuführen, wie dies erforderlich ist, um den Vertragsprüfer in die Lage zu versetzen, in seinem Prüfungsbericht die Angaben nach § 293e Abs. 1 S. 3 Nr. 1–3 (über die Angemessenheit von Ausgleich und Abfindung nach §§ 304, 305) zu machen (ähnlich MHdB GesR IV/*Krieger* § 71 Rn. 39). 3

III. Ausnahmen

Nach Abs. 1 Hs. 2 ist eine Vertragsprüfung entbehrlich, wenn ein Unternehmensvertrag mit einer AG geschlossen wird, deren Aktien **vollständig von dem anderen Vertragsteil gehalten** werden. Eine Zurechnung der Aktien abhängiger Gesellschaften findet bei dem anderen Vertragsteil nicht statt (Emmerich/Habersack/*Emmerich* Rn. 12 mwN). Beim Mehrmütter-Beherrschungsvertrag genügt es jedoch, wenn die Aktien von den Obergesellschaften bzw. der zwischen ihnen gebildeten GbR zu 100 % gehalten werden (Spindler/Stilz/*Veil* Rn. 12 mwN). Die Vertragsprüfung ist auch dann entbehrlich, wenn (sämtliche) außenstehende Aktionäre wirksam auf Ausgleich und Abfindung verzichtet haben (OLG Hamburg 21.12.2009, AG 2011, 48 f.). Nach § 293b Abs. 2 ist schließlich in entsprechender 4

Anwendung des § 293a Abs. 3 vorgesehen, dass die Aktionäre ebenso wie auf den Vorstandsbericht auch auf die Vertragsprüfung verzichten können (→ § 293a Rn. 10).

Bestellung der Vertragsprüfer

293c (1) [1]**Die Vertragsprüfer werden jeweils auf Antrag der Vorstände der vertragschließenden Gesellschaften vom Gericht ausgewählt und bestellt.** [2]**Sie können auf gemeinsamen Antrag der Vorstände für alle vertragschließenden Gesellschaften gemeinsam bestellt werden.** [3]**Zuständig ist das Landgericht, in dessen Bezirk die abhängige Gesellschaft ihren Sitz hat.** [4]**Ist bei dem Landgericht eine Kammer für Handelssachen gebildet, so entscheidet deren Vorsitzender an Stelle der Zivilkammer.** [5]**Für den Ersatz von Auslagen und für die Vergütung der vom Gericht bestellten Prüfer gilt § 318 Abs. 5 des Handelsgesetzbuchs.**

(2) **§ 10 Abs. 3 bis 5 des Umwandlungsgesetzes gilt entsprechend.**

I. Regelungsgegenstand

1 § 293c regelt die gerichtliche Bestellung der Vertragsprüfer, die ebenso wie die Anordnung einer Vertragsprüfung an sich (§ 293b) der Entlastung des Spruchverfahrens – hier wegen der höheren Akzeptanz eines nicht vom Vorstand ausgewählten Gutachters – dienen soll (BT-Drs. 12/6699, 85). Das früher bestehende Wahlrecht der Gesellschaft, den Vertragsprüfer entweder selbst zu bestellen oder vom Gericht bestellen zu lassen, wurde durch das Gesetz zur Neuordnung des gesellschaftsrechtlichen Spruchverfahrens vom 12.6.2003 (BGBl. 2003 I 838) beseitigt; die Vertragsprüfer werden nunmehr zwingend auf Antrag der Vorstände der vertragsschließenden Gesellschaften vom Gericht ausgewählt und bestellt (Abs. 1 S. 1). Der Anschein der „Parteinähe" sollte nicht zuletzt deshalb verhindert werden (RegBegr. SpruchG BT-Drs. 15/371, 18), weil die Vertragsprüfer durch § 7 Abs. 6 SpruchG und § 8 Abs. 2 SpruchG zu sachkundigen gerichtlichen Auskunftspersonen aufgewertet wurden, deren Anhörung die Einholung eines separaten Bewertungsgutachtens im Spruchverfahren vermeiden kann.

II. Zuständigkeit und Verfahren

2 **1. Zuständigkeit. Sachlich und örtlich zuständig** ist das Landgericht, in dessen Bezirk die abhängige Gesellschaft ihren Sitz hat (Abs. 1 S. 3, § 71 Abs. 2 Nr. 4 lit. b GVG). Mit „abhängiger" Gesellschaft ist bei einem Beherrschungs- und/oder Gewinnabführungsvertrag die Untergesellschaft, bei einem Unternehmensvertrag nach § 292 diejenige Gesellschaft gemeint, die die vertragstypischen Leistungen zu erbringen hat (Emmerich/Habersack/*Emmerich* Rn. 4a); auf eine (vorherige) Abhängigkeit kommt es nicht an. **Funktionell zuständig** ist die Kammer für Handelssachen, ansonsten die Zivilkammer; die Kammer für Handelssachen entscheidet durch ihren Vorsitzenden (Abs. 1 S. 4). Gemäß Abs. 2 iVm 10 Abs. 5 UmwG kann das Verfahren durch Rechtsverordnung der Landesregierung bzw. Landesjustizverwaltung bei einem Landgericht konzentriert werden (so geschehen in Niedersachsen, Nordrhein-Westfalen, Hessen und Bayern, vgl. Spindler/Stilz/*Veil* Rn. 3).

3 **2. Verfahren.** Nach Abs. 2 iVm § 10 Abs. 3 UmwG ist das Gesetz über das Verfahren in Familiensachen und in den Angelegenheiten der freiwilligen Gerichtsbarkeit (FamFG) auf die gerichtliche Bestellung der Vertragsprüfer anzuwenden. Eingeleitet wird das Verfahren durch einen **Antrag** des Vorstands (Abs. 1 S. 1). Die in der Praxis häufig anzutreffende gemeinsame Bestellung für mehrere Gesellschaften setzt einen **gemeinsamen Antrag** der Vorstände voraus (Abs. 1 S. 2). Hierfür sind inhaltlich gleichlautende Anträge erforderlich, jedoch keine gemeinsame Antragsschrift (Emmerich/Habersack/*Emmerich* Rn. 7; Hüffer/Koch/*Koch* Rn. 4). Die Vertragsparteien können **Vorschläge** zur Person des Prüfers machen (OLG Düsseldorf 24.5.2006, WM 2006, 2137 (2138)), diese sind jedoch für das Gericht unverbindlich. Rechtsmittel gegen die Entscheidung ist nach Abs. 2 iVm § 10 Abs. 4 S. 1 UmwG die Beschwerde, die innerhalb eines Monats bei dem Landgericht, das den Vertragsprüfer bestellt hat, eingereicht werden muss (§ 63 Abs. 2 FamFG, § 64 Abs. 1 FamFG). Es ist nicht mehr möglich, auch bei dem Beschwerdegericht Beschwerde einzulegen (RegBegr FamFG BT- Drs. 16/6308, 206). Antragsbefugt sind die Vorstände der Vertragsparteien, nicht deren Aktionäre (K. Schmidt/Lutter/*Langenbucher* Rn. 2 mwN); bei der Einlegung besteht **Anwaltszwang** (Abs. 2 iVm § 10 Abs. 4 S. 2 UmwG).

4 **3. Vergütung und Auslagenersatz.** Fehlt es an einer – grundsätzlich zulässigen (K. Schmidt/Lutter/*Langenbucher* Rn. 5 mwN) und üblichen – vertraglichen Vereinbarung über Honorar und Auslagenersatz mit der Gesellschaft, so hat der Vertragsprüfer aufgrund des Verweises in § 293c Abs. 1 S. 5 nach § 318 Abs. 5 S. 1 HGB Anspruch auf Auslagenersatz sowie eine angemessene Vergütung, die vom Gericht festgesetzt werden.

Auswahl, Stellung und Verantwortlichkeit der Vertragsprüfer

293d (1) [1]**Für die Auswahl und das Auskunftsrecht der Vertragsprüfer gelten § 319 Abs. 1 bis 4, § 319a Abs. 1, § 319b Abs. 1, § 320 Abs. 1 Satz 2 und Abs. 2 Satz 1 und 2 des Handelsgesetzbuchs entsprechend.** [2]**Das Auskunftsrecht besteht gegenüber den vertragschließenden Unternehmen und gegenüber einem Konzernunternehmen sowie einem abhängigen und einem herrschenden Unternehmen.**

(2) [1]**Für die Verantwortlichkeit der Vertragsprüfer, ihrer Gehilfen und der bei der Prüfung mitwirkenden gesetzlichen Vertreter einer Prüfungsgesellschaft gilt § 323 des Handelsgesetzbuchs entsprechend.** [2]**Die Verantwortlichkeit besteht gegenüber den vertragschließenden Unternehmen und deren Anteilsinhabern.**

I. Regelungsgegenstand

1 § 293d, der § 11 UmwG nachgebildet ist, unterstellt die Auswahl, die Auskunftsrechte sowie die Haftung der Vertragsprüfer den für Abschlussprüfer geltenden Regelungen des HGB. Durch das Bilanzrechtsmodernisierungsgesetz vom 25.5.2009 (BGBl. 2009 I 1102 BilMoG) ist § 293d um einen Verweis auf den ebenfalls durch das BilMoG geschaffenen § 319b Abs. 1 HGB ergänzt worden. § 319b HGB dient der Umsetzung der in Art. 22 der Abschlussprüferrichtlinie vorgeschriebenen netzwerkweiten Ausdehnung der Unabhängigkeitsvorschriften. Danach kann bei Vorliegen von bestimmten Ausschlussgründen in der Person des Mitglieds eines „Netzwerks" ein Bestellungshindernis für den Vertragsprüfer bestehen (vgl. RegBegr. BilMoG BT-Drs. 16/10067, 197 ff.).

II. Auswahl der Vertragsprüfer

2 Für die Auswahl der Vertragsprüfer verweist Abs. 1 auf § 319 Abs. 1–4 HGB, § 319a Abs. 1 HGB sowie nunmehr auch auf § 319b Abs. 1 HGB. Für Vertragspartner in der Rechtsform der AG oder KGaA kommen als Vertragsprüfer nur Wirtschaftsprüfer oder Wirtschaftsprüfungsgesellschaften in Frage (§ 319 Abs. 1 HGB). **Bestellungsverbote** ergeben sich aus § 319 Abs. 2–4 HGB, §§ 319a und 319b HGB; ein Prüfer ist ausgeschlossen, wenn diese Bestellungsverbote in Bezug auf eine der Vertragsparteien eingreifen, da er gegenüber beiden Parteien des Unternehmensvertrags unbefangen sein muss (Hüffer/Koch/*Koch* Rn. 3). Die Tätigkeit als **Abschlussprüfer** bei einer Partei ist allerdings kein Hindernis (OLG München 19.10.2006, AG 2007, 287 (289); OLG Stuttgart 14.5.2003, AG 2004, 105 (107); Spindler/Stilz/*Veil* Rn. 2). Der Verstoß gegen ein Bestellungsverbot führt zur Rechtswidrigkeit der gerichtlichen Bestellung; sie ist dennoch wirksam, sofern sie nicht im Beschwerdeverfahren (→ § 293c Rn. 3) aufgehoben wurde (Emmerich/Habersack/*Emmerich* Rn. 4; aA MüKoAktG/*Altmeppen* Rn. 10). Eine fehlerhafte Bestellung, die nicht aufgehoben wird, führt nicht zur Anfechtbarkeit des Hauptversammlungsbeschlusses (K. Schmidt/Lutter/*Langenbucher* Rn. 4).

III. Auskunftsrecht

3 Nach Abs. 1 S. 1 besitzt der Vertragsprüfer die Auskunfts- und Einsichtsrechte nach § 320 Abs. 1 S. 2 und Abs. 2 S. 1 und 2 HGB. Auskunftsverpflichtet sind die vertragsschließenden Unternehmen (vgl. § 145 Rn. 5), alle von ihnen (unmittelbar oder mittelbar) abhängigen oder sie beherrschenden Unternehmen iSv § 17 sowie alle Konzernunternehmen; eine Auskunftspflicht der Aufsichtsratsmitglieder scheidet jedoch aus, da diese keine gesetzlichen Vertreter iSv § 320 Abs. 2 HGB sind (Hüffer/Koch/*Koch* Rn. 4).

IV. Verantwortlichkeit

4 Für die Verantwortlichkeit der Vertragsprüfer verweist Abs. 2 S. 1 auf § 323 HGB. Nach § 323 Abs. 1 S. 3 HGB iVm § 293d Abs. 2 S. 2 kommt bei schuldhafter Pflichtverletzung des Vertragsprüfers sowohl eine Haftung gegenüber den vertragsschließenden Unternehmen als auch deren Aktionären in Betracht. Wurde zwischen Gesellschaft und Vertragsprüfer ein Vertrag geschlossen, geht § 323 HGB der vertraglichen Haftungsnorm § 280 BGB vor (MüKoHGB/*Ebke* HGB § 323 Rn. 14). Daneben sind die Strafvorschriften §§ 403, 404 auch auf den Vertragsprüfer anwendbar (Hüffer/Koch/*Koch* Rn. 5).

Prüfungsbericht

293e (1) [1]**Die Vertragsprüfer haben über das Ergebnis der Prüfung schriftlich zu berichten.** [2]**Der Prüfungsbericht ist mit einer Erklärung darüber abzuschließen, ob der vorgeschlagene Ausgleich oder die vorgeschlagene Abfindung angemessen ist.** [3]**Dabei ist anzugeben,**

1. nach welchen Methoden Ausgleich und Abfindung ermittelt worden sind;
2. aus welchen Gründen die Anwendung dieser Methoden angemessen ist;
3. welcher Ausgleich oder welche Abfindung sich bei der Anwendung verschiedener Methoden, sofern mehrere angewandt worden sind, jeweils ergeben würde; zugleich ist darzulegen, welches Gewicht den verschiedenen Methoden bei der Bestimmung des vorgeschlagenen Ausgleichs oder der vorgeschlagenen Abfindung und der ihnen zugrunde liegenden Werte beigemessen worden ist und welche besonderen Schwierigkeiten bei der Bewertung der vertragschließenden Unternehmen aufgetreten sind.

(2) **§ 293a Abs. 2 und 3 ist entsprechend anzuwenden.**

I. Regelungsgegenstand

1 § 293e gibt den Inhalt des Prüfungsberichts vor (Muster bei MVHdB I GesR/*Hoffmann-Becking* Form IX 4 und Gliederung bei *Humbeck* BB 1995, 1893 (1897)). Wegen der Entlastungsfunktion der Prüfung (→ § 293b Rn. 1, → § 293c Rn. 1) hat die Schlusserklärung der Vertragsprüfer eine Aussage über die Angemessenheit von Ausgleich und Abfindung nach §§ 304, 305 zu beinhalten (Abs. 1 S. 2).

II. Berichtspflicht

2 Nach Abs. 1 S. 1 haben die Vertragsprüfer über das Ergebnis ihrer Prüfung einen schriftlichen Prüfungsbericht zu erstatten. Aus dem Erfordernis der **Schriftlichkeit** folgt, dass das Original des Berichts entweder eigenhändig unterzeichnet (§ 126 Abs. 1 BGB) oder nach § 126a BGB elektronisch signiert werden muss (§ 126 Abs. 3) (letzteres str., wie hier KK-AktG/*Koppensteiner* Rn. 5; aA Emmerich/Habersack/*Emmerich* Rn. 5). Der Bericht ist dem Vorstand derjenigen Gesellschaft vorzulegen, die die Bestellung (§ 293c Abs. 1) beantragt hat, bei gemeinsamer Prüferbestellung damit den Vorständen beider Gesellschaften (Emmerich/Habersack/*Emmerich* Rn. 5a).

III. Berichtsinhalt

3 **1. Beherrschungs- und Gewinnabführungsverträge.** Der Inhalt des Vertragsberichts hat Abs. 1 S. 2, 3 zu entsprechen. Bei Beherrschungs- und Gewinnabführungsverträgen muss der Vertragsprüfungsbericht die **in Abs. 1 S. 3 genannten Mindestangaben** enthalten. Diese umfassen Angaben über die Methoden, nach denen Ausgleich und Abfindung ermittelt worden sind (Nr. 1), eine Begründung für die Angemessenheit der angewandten Methode (Nr. 2) und – bei der Anwendung verschiedener Methoden – Vergleichsrechnungen sowie weitere Angaben, durch die verdeutlicht werden soll, welche Auswirkung die verschiedenen Methoden für die Wertfindung gehabt haben (Nr. 3). Der Prüfungsbericht muss schließlich mit einer **Schlusserklärung** darüber abschließen, ob Ausgleich und Abfindung angemessen sind (Abs. 1 S. 2). Weitere Angaben zur Plausibilität des Prüfungsergebnisses braucht der Vertragsprüfungsbericht als Ergebnisbericht über die Prüfung der Rechtmäßigkeit des Vorstandshandelns nicht zu enthalten (hM zum Verschmelzungsbericht: OLG Hamm 20.6.1988, AG 1989, 31 (33); LG Frankfurt a. M. 15.1.1990, WM 1990, 592 (594) sowie Hüffer/Koch/*Koch* Rn. 6 mwN; zum Übertragungsbericht gem. § 327c Abs. 2 OLG Düsseldorf 29.12.2009, AG 2010, 711 (713 f.); aA zum Verschmelzungsbericht: OLG Frankfurt a. M. 11.1.2007, AG 2007, 449 (451); OLG Karlsruhe 30.6.1989, AG 1990, 35 (37 f.); Emmerich/Habersack/*Emmerich* Rn. 16 f.), denn Basis der Plausibilitätskontrolle ist der Vorstandsbericht nach § 293a (→ § 293a Rn. 1 ff.).

4 **2. Andere Unternehmensverträge nach § 292.** Da es bei den anderen Unternehmensverträgen nach § 292 weder Ausgleich noch Abfindung gibt, kann im Bericht allenfalls festgestellt werden, dass Ausgleich und Abfindung nicht vorgesehen und nach dem Inhalt des Vertrags auch nicht geschuldet sind (Hüffer/Koch/*Koch* Rn. 8).

IV. Schutzklausel und Verzicht

5 Nach Abs. 2 gilt § 293a Abs. 2 entsprechend, sodass vertrauliche Tatsachen nicht in den Vertragsprüfungsbericht aufgenommen zu werden brauchen (§ 293a Abs. 2 S. 1), ihr Fehlen jedoch begründet werden muss (§ 293a Abs. 2 S. 2, → § 293a Rn. 9). Aufgrund der ebenfalls in § 293e Abs. 2 angeordneten entsprechenden Anwendung von § 293a Abs. 3 ist der Prüfungsbericht entbehrlich, wenn alle Anteilsinhaber aller beteiligten Gesellschaften darauf in öffentlich beglaubigter Form verzichten (→ § 293a Rn. 10), wobei dies aufgrund der ebenfalls bestehenden Möglichkeit, auf die Prüfung an sich zu verzichten (§ 293b Abs. 2 iVm § 293a Abs. 3), nicht allzu häufig vorkommen wird.

Vorbereitung der Hauptversammlung

293f (1) **Von der Einberufung der Hauptversammlung an, die über die Zustimmung zu dem Unternehmensvertrag beschließen soll, sind in dem Geschäftsraum jeder der beteiligten Aktiengesellschaften oder Kommanditgesellschaften auf Aktien zur Einsicht der Aktionäre auszulegen**

1. der Unternehmensvertrag;
2. die Jahresabschlüsse und die Lageberichte der vertragschließenden Unternehmen für die letzten drei Geschäftsjahre;
3. die nach § 293a erstatteten Berichte der Vorstände und die nach § 293e erstatteten Berichte der Vertragsprüfer.

(2) **Auf Verlangen ist jedem Aktionär unverzüglich und kostenlos eine Abschrift der in Absatz 1 bezeichneten Unterlagen zu erteilen.**

(3) **Die Verpflichtungen nach den Absätzen 1 und 2 entfallen, wenn die in Absatz 1 bezeichneten Unterlagen für denselben Zeitraum über die Internetseite der Gesellschaft zugänglich sind.**

I. Regelungsgegenstand und -zweck

§ 293f bezweckt wie die Vorbildnorm § 63 Abs. 1 Nr. 1, 2, 4 und 5 UmwG die umfassende Information der Aktionäre im Vorfeld der Hauptversammlung; § 293g hat daneben die Information der Aktionäre auf der Hauptversammlung zum Inhalt. Die Auslagepflicht des § 293f setzt voraus, dass eine Zustimmung der Hauptversammlung überhaupt erforderlich ist; beim anderen Vertragsteil greift die Norm deshalb nur im Falle des Abschlusses eines Beherrschungs- und/oder Gewinnabführungsvertrags ein. § 293f wird ergänzt durch § 124 Abs. 2 S. 2, nach dem der wesentliche Inhalt des Vertrags mit der Tagesordnung der Hauptversammlung bekannt zu machen ist. Die Erfüllung der Pflicht nach § 293f kann vom Registergericht durch Festsetzung von Zwangsgeld durchgesetzt werden (§ 407 Abs. 1). 1

II. Auslagepflicht

Von der Einberufung der Hauptversammlung an (→ § 175 Rn. 2 ff.) sind in den Geschäftsräumen jeder beteiligten AG oder KGaA die in Abs. 1 Nr. 1–3 genannten Unterlagen **in einfacher Abschrift** auszulegen (Hüffer/Koch/*Koch* Rn. 3), nämlich der Unternehmensvertrag (mit seinen sämtlichen Bestandteilen, auf die sich die Zustimmung bezieht, → § 293 Rn. 3) (Nr. 1), die Jahresabschlüsse und Lageberichte der vertragsschließenden Unternehmen für die letzten drei Geschäftsjahre (Nr. 2) sowie die Vertrags- und Vertragsprüfungsberichte der vertragschließenden Unternehmen nach § 293a bzw. § 293e (Nr. 3). Zu kritisieren ist, dass nach Abs. 1 Nr. 2 auch im Falle der Unternehmensverträge nach § 292 Jahresabschlüsse und Lageberichte des anderen Vertragsteils ausgelegt werden müssen (ebenso Hüffer/Koch/*Koch* Rn. 4; MüKoAktG/*Altmeppen* Rn. 7); angesichts des klaren Wortlauts kommt eine teleologische Reduktion des Abs. 1 Nr. 2 allerdings nicht in Betracht (aA *Altmeppen* ZIP 1998, 1853 (1865)). 2

Die **Jahresabschlüsse** sind grundsätzlich in der Form auszulegen, wie sie festgestellt wurden (KG 9.6.2008, AG 2009, 30 (36)). Die **letzten drei Geschäftsjahre** (Abs. 1 Nr. 2) sind zunächst diejenigen Jahre, für die Jahresabschlüsse und Lageberichte vorhanden sind; ist der andere Vertragsteil nach seiner Rechtsform nicht zur Erstellung eines Jahresabschlusses oder eines Lageberichts verpflichtet oder besteht ein Vertragspartner noch keine drei Jahre, so ist die Auslagepflicht ausgeschlossen bzw. entsprechend eingeschränkt (Emmerich/Habersack/*Emmerich* Rn. 7; MHdB GesR IV/*Krieger* § 71 Rn. 46). Der Jahresabschluss für das abgelaufene Geschäftsjahr muss dann ausgelegt werden, wenn dieser bereits aufgestellt sein müsste, insbesondere nach § 264 Abs. 1 S. 3 HGB (OLG Hamburg 11.4.2003, AG 2003, 441 (443) zum Squeeze-out; MüKoAktG/*Altmeppen* Rn. 7, Hüffer/Koch/*Koch* Rn. 3 mwN). Nicht ausgelegt werden müssen **Konzernabschlüsse oder -lageberichte** (KG 9.6.2008, AG 2009, 30 (36); OLG Düsseldorf 14.1.2005, AG 2005, 293 (296); aA zu § 327c OLG Celle 29.9.2003, AG 2004, 206 (207)). 3

Die Auslegung muss in den Geschäftsräumen der Gesellschaft erfolgen, dh in einem während der üblichen Geschäftszeiten zugänglichen Raum am Ort der Hauptverwaltung der Gesellschaft (MHdB GesR IV/*Krieger* § 71 Rn. 45 mwN; Emmerich/Habersack/*Emmerich* Rn. 4). Bei einem Auseinanderfallen von Hauptverwaltungsort und dem Ort des satzungsmäßigen Sitzes sollte vorsorglich an beiden Orten ausgelegt werden. 4

III. Abschriften

Nach Abs. 2 ist jedem Aktionär auf Verlangen unverzüglich und kostenlos eine (einfache) Abschrift der Unterlagen nach Abs. 1 Nr. 1–3 zu erteilen. Zur Abschriftenerteilung → § 175 Rn. 5. Bei der 5

Pflicht nach Abs. 2 handelt es sich um eine Schickschuld (LG Frankfurt a. M. 29.1.2008, ZIP 2008, 1180 (1183)).

IV. Entbehrlichkeit

6 Nach Abs. 3, der auf das Gesetz zur Umsetzung der Aktionärsrechterichtlinie (ARUG) zurückgeht (Gesetz vom 30.7.2009, BGBl. 2009 I 2479), entfallen die Pflichten nach Abs. 1 und 2, wenn die Unterlagen nach Abs. 1 Nr. 1–3 von der Einberufung der Hauptversammlung an auf der Internetseite der Gesellschaft zugänglich gemacht werden. Unterbrechungen des Internetzugangs, die nicht vorsätzlich oder grob fahrlässig von der Gesellschaft herbeigeführt wurden, und Unterbrechungen, die zB der Systemwartung dienen, stehen der Erfüllung der Offenlegungspflicht nicht entgegen (RegE ARUG BT-Drs. 16/11 642, 42 u. 24). Dennoch ist zu beobachten, dass – wie auch bisher – neben der Zugänglichmachung auf der Internetseite der Gesellschaft auch eine Auslage in den Geschäftsräumen der Gesellschaft erfolgt. Eine fehlende Internetpublikation ist kein Anfechtungsgrund (Hüffer/Koch/*Koch* Rn. 6).

Durchführung der Hauptversammlung

293g

(1) **In der Hauptversammlung sind die in § 293f Abs. 1 bezeichneten Unterlagen zugänglich zu machen.**

(2) [1] **Der Vorstand hat den Unternehmensvertrag zu Beginn der Verhandlung mündlich zu erläutern.** [2] **Er ist der Niederschrift als Anlage beizufügen.**

(3) **Jedem Aktionär ist auf Verlangen in der Hauptversammlung Auskunft auch über alle für den Vertragsschluß wesentlichen Angelegenheiten des anderen Vertragsteils zu geben.**

I. Regelungsgegenstand und -zweck

1 Ebenso wie § 293f bezweckt § 293g die Information der Aktionäre. Wie § 293f setzt § 293g zudem voraus, dass eine Zustimmung der Hauptversammlung überhaupt erforderlich ist (→ § 293f Rn. 1). Die Norm legt drei Pflichten fest: die Pflicht, die Unterlagen zugänglich zu machen, die Erläuterungspflicht und die Auskunftspflicht.

II. Inhalt

2 **1. Zugänglichmachung von Unterlagen.** Die Neuregelung des Abs. 1 durch das Gesetz zur Umsetzung der Aktionärsrechterichtlinie (ARUG vom 29.5.2009, BR-Drs. 512/09) sieht vor, dass den Aktionären die in § 293f Abs. 1 bezeichneten Unterlagen in der Hauptversammlung zugänglich zu machen sind. Sie ersetzt die vormals bestehende Pflicht, diese Unterlagen auszulegen, und soll durch die Aufgabe der Festlegung auf das Medium Papier dem Abbau des Bürokratieaufwandes iRd Versammlung dienen (RegE ARUG BT-Drs. 16/11 642, 42 u. 25). Neben der Auslage in Papierform ist es nun auch möglich, die Unterlagen nach § 293f Abs. 1 auf der Hauptversammlung elektronisch zur Verfügung zu stellen, zB über bereitgestellte Monitore (RegE ARUG BT-Drs. 16/11 642, 42 u. 25; Hüffer/Koch/*Koch* Rn. 2). Im Übrigen sind die bisherigen Grundsätze über die Auslagepflicht nach Abs. 1 aF auf das Zugänglichmachen zu übertragen: So muss etwa durch Aufstellung einer hinreichenden Zahl von Monitoren sichergestellt sein, dass die auf der Hauptversammlung anwesenden Aktionäre problemlos von den Unterlagen Kenntnis nehmen können, wenn sie dies wünschen.

3 **2. Erläuterung, Beifügung.** Zu Beginn der Verhandlung über die Zustimmung zum Unternehmensvertrag hat der Vorstand den Vertrag mündlich zu erläutern (Abs. 1 S. 1). Die Erläuterung hat auf den wesentlichen Vertragsinhalt sowie auf die Gründe des Vertragsschlusses und die wirtschaftlichen und rechtlichen Folgen des Vertrags einzugehen sowie die Angemessenheit des Ausgleichs und der Abfindung darzulegen (Hüffer/Koch/*Koch* Rn. 2a mwN). Vor dem Hintergrund, dass zur Information der Aktionäre bereits ein ausführlicher schriftlicher Vertragsbericht erstattet wurde (§ 293a), sollten an den Umfang der mündlichen Erläuterungen allerdings geringe Anforderungen gestellt werden (MHdB GesR IV/*Krieger* § 71 Rn. 47). Durch das Beifügen des Vertrags als **Anlage zur notariellen Niederschrift** (Abs. 2 S. 2) soll sichergestellt werden, dass die Identität des der Hauptversammlung vorliegenden Vertragstextes festgestellt werden kann (BGH 30.1.1992, NJW 1992, 1452 zu § 293 Abs. 3 S. 6 aF).

4 **3. Auskunft.** Abs. 3 erweitert das den Aktionären zustehende allgemeine Auskunftsrecht nach § 131, indem es den Vorstand verpflichtet, Auskunft über alle für den Vertragsschluss wesentlichen Angelegenheiten des anderen Vertragsteils (gemeint ist: des jeweiligen Vertragspartners) zu geben (Bsp. bei Hüffer/Koch/*Koch* Rn. 3 und MHdB GesR IV/*Krieger* § 71 Rn. 48). Der Auskunftsanspruch richtet sich gegen den Vorstand der eigenen Gesellschaft, der sich über die von der Auskunftspflicht

umfassten Angelegenheiten des Vertragspartners vor oder in der Hauptversammlung ein Bild machen muss. Ist ihm dies trotz pflichtgemäßen Bemühens unmöglich, so ist er von seiner Pflicht befreit (§ 275 BGB; BayObLG 25.6.1975, BayObLGZ 1975, 239 (243); BayObLG 17.12.1974, BayObLGZ 1974, 484 (487); Emmerich/Habersack/*Emmerich* Rn. 18 mit Fn. 29). Die Frage, ob er in diesem Fall einen positiven Beschlussvorschlag machen kann, ist vom Einzelfall abhängig (MHdB GesR IV/*Krieger* § 71 Rn. 49; aA Spindler/Stilz/*Veil* Rn. 11: generell abl. Beschlussvorschlag erforderlich; K. Schmidt/Lutter/*Langenbucher* Rn. 9: positiver Beschlussvorschlag bei Mehrheitsbesitz des anderen Vertragsteils möglich).

Umstritten ist, ob dem Vorstand im Hinblick auf das erweiterte Auskunftsrecht nach Abs. 3 ein **Auskunftsverweigerungsrecht** zusteht. Während dies teilweise – außer in den Fällen des § 131 Abs. 3 Nr. 7 – mangels planwidriger Regelungslücke abgelehnt wird (Hüffer/Koch/*Koch* Rn. 5; offengelassen von BGH 15.6.1992, BGHZ 119, 1 (16 f.)), bejahen andere dies – unter Verweis auf das Erfordernis eines Gleichlaufs der Information im Vorfeld und während der Hauptversammlung – mit einer entsprechenden Anwendung des § 293a Abs. 2 (K. Schmidt/Lutter/*Langenbucher* Rn. 10; MüKoAktG/*Altmeppen* Rn. 21; Emmerich/Habersack/*Emmerich* Rn. 8, 23). Vor dem Hintergrund, dass das Auskunftsrecht Dritter nicht weitergehen kann, als das eigene Auskunftsrecht der Aktionäre des Vertragspartners, dürfte ein Auskunftsverweigerungsrecht stattdessen aus einer analogen Anwendung des § 131 Abs. 3 richtig sein (MHdB GesR IV/*Krieger* § 71 Rn. 49 mwN; auch RegE UmwG BT-Drs. 12/6699, 103). 5

Eintragung. Wirksamwerden

294 (1) [1]**Der Vorstand der Gesellschaft hat das Bestehen und die Art des Unternehmensvertrages sowie den Namen des anderen Vertragsteils zur Eintragung in das Handelsregister anzumelden; beim Bestehen einer Vielzahl von Teilgewinnabführungsverträgen kann anstelle des Namens des anderen Vertragsteils auch eine andere Bezeichnung eingetragen werden, die den jeweiligen Teilgewinnabführungsvertrag konkret bestimmt.** [2]**Der Anmeldung sind der Vertrag sowie, wenn er nur mit Zustimmung der Hauptversammlung des anderen Vertragsteils wirksam wird, die Niederschrift dieses Beschlusses und ihre Anlagen in Urschrift, Ausfertigung oder öffentlich beglaubigter Abschrift beizufügen.**

(2) **Der Vertrag wird erst wirksam, wenn sein Bestehen in das Handelsregister des Sitzes der Gesellschaft eingetragen worden ist.**

Übersicht

I. Regelungsgegenstand und -zweck

Die Vorschrift ordnet für das Wirksamwerden von Unternehmensverträgen die Eintragung in das Handelsregister an (Abs. 2). Sie dient der Unterrichtung der Gläubiger, (künftiger) Aktionäre und der Öffentlichkeit und – durch das Erfordernis einer registerrechtlichen Prüfung – der Rechtssicherheit (RegBegr. AktG *Kropff* 382). 1

II. Anmeldung zur Eintragung (Abs. 1)

1. Anmeldung durch den Vorstand. Der Vorstand der Gesellschaft, die die vertragstypische Leistung zu erbringen hat, hat den Unternehmensvertrag zur Eintragung in das Handelsregister anzumelden (Abs. 1 S. 1). An der Beschlussfassung des Vorstands müssen Mitglieder in vertretungsberechtigter Zahl mitwirken; Handeln in unechter Gesamtvertretung (§ 78 Abs. 3) ist ebenso zulässig wie eine Bevollmächtigung. Eine Eintragung des Unternehmensvertrags in das Handelsregister der Obergesellschaft erfolgt nicht (hM AG Erfurt 2.10.1996, AG 1997, 275; Spindler/Stilz/*Veil* Rn. 2; Emmerich/Habersack/*Emmerich* Rn. 5; ausführlich *Enders,* NZG 2015, 623, 624; aA LG Bonn 27.4.1993, AG 1993, 521 (522); *Lutter* NJW 1988, 1240 (1242)). Musste die Hauptversammlung des anderen Vertragsteils dem Unternehmensvertrag zustimmen (§ 293 Abs. 2), so wird dem Informationsbedürfnis der Gläubiger dieser Gesellschaft durch die verpflichtende Einreichung der Niederschrift über den Zustimmungsbeschluss beim Handelsregister Genüge getan (§ 130 Abs. 5 iVm § 293g Abs. 2 S. 2). 2

3 **2. Form und Inhalt der Anmeldung.** Die Anmeldung ist in öffentlich beglaubigter Form einzureichen (§ 12 Abs. 1 S. 1 HGB iVm § 129 BGB). Anzumelden sind das Bestehen und die Art des Unternehmensvertrags sowie der Name des anderen Vertragsteils (Abs. 1 S. 1). Da der Vertrag bei falscher Angabe des Vertragstyps nicht eingetragen wird (Emmerich/Habersack/*Emmerich* Rn. 19), ist die gesetzliche Terminologie zu wählen, insbesondere sollte bei einem Betriebsführungsvertrag dieser mit dem Zusatz „Betriebsüberlassungsvertrag" versehen werden. Bei **Mehrmütter-Unternehmensverträgen** sollten die Namen aller Mütter angegeben werden (KK-AktG/*Koppensteiner* Rn. 10; Emmerich/Habersack/*Emmerich* Rn. 11; aA MüKoAktG/*Altmeppen* Rn. 20), unabhängig davon, ob man als Vertragspartner die zwischen ihnen bestehende GbR oder die einzelnen Mütter selbst einordnet (→ § 291 Rn. 21). Bei einer **Vielzahl von Teilgewinnabführungsverträgen** (insbesondere stille Gesellschaftsverträge, zur Einordnung als Teilgewinnabführungsverträge, → § 292 Rn. 9) zielt Abs. 1 S. 1 Hs. 2 darauf ab, die – grundsätzlich erforderliche – Eintragung jedes einzelnen Vertragsteils zu vermeiden und damit die Registergerichte zu entlasten. Ausreichend ist daher anstelle der Eintragung des Namens jedes anderen (berechtigten) Vertragsteils auch eine andere (etwa projektbezogene) Bezeichnung, durch die der Vertrag bestimmbar wird (zB Nummerierung, BT-Drs. 14/6855, 21). Eine „Vielzahl" ist dann anzunehmen, wenn es dem Gesetzeszweck entsprechend anderenfalls zu einer räumlichen Überlastung des Registerblattes kommen würde (Hüffer/Koch/*Koch* Rn. 6 aE).

4 **3. Beizufügende Schriftstücke.** Der Anmeldung sind der Vertrag und ggf. (§ 293 Abs. 2) die Niederschrift des Beschlusses der Hauptversammlung des anderen Vertragsteils im Original, in Ausfertigung oder in öffentlich beglaubigter Abschrift beizufügen. Die Niederschrift über den Zustimmungsbeschluss der Hauptversammlung der anmeldenden Gesellschaft braucht nicht beigefügt zu werden, da das Gesetz davon ausgeht, dass sich diese wegen § 130 Abs. 5 bereits beim Registergericht befindet; falls dem nicht so ist, muss sie beigefügt werden (Hüffer/Koch/*Koch* Rn. 7). Da der Vertrag der Niederschrift als Anlage beiliegt (§ 293g Abs. 2 S. 2), genügt die bloße Bezugnahme darauf (MüKoAktG/*Altmeppen* Rn. 24). Bei Zuständigkeit eines Registergerichts für beide Vertragspartner genügt auch hinsichtlich des Zustimmungsbeschlusses des anderen Vertragsteils eine Bezugnahme, wenn der Beschluss wegen § 130 Abs. 5 schon eingereicht wurde (Emmerich/Habersack/*Emmerich* Rn. 15).

III. Kontrolle durch das Registergericht

5 Zuständig ist das Amtsgericht am Sitz der Gesellschaft (§ 8 HGB iVm § 23a Abs. 2 Nr. 3 GVG, § 376 Abs. 2 FamFG, § 374 Nr. 1 FamFG). Funktionell zuständig ist der Richter (§ 17 Nr. 1 lit. d RPflG).

6 Das Registergericht hat ein **formelles und materielles Prüfungsrecht.** Es prüft neben der Ordnungsmäßigkeit der Anmeldung die Wirksamkeit des Unternehmensvertrags und der erforderlichen Zustimmungsbeschlüsse (Hüffer/Koch/*Koch* Rn. 11 f.; KK-AktG/*Koppensteiner* Rn. 22 ff.). Sind die erforderlichen Zustimmungsbeschlüsse lediglich anfechtbar, so kann das Gericht die Anmeldung nicht zurückweisen (hM MHdB GesR IV/*Krieger* § 71 Rn. 56; aA Hüffer/Koch/*Koch* Rn. 12; K. Schmidt/Lutter/*Langenbucher* Rn. 16).

7 Anders als bei Eingliederung (§ 319 Abs. 5) und Verschmelzung (§ 16 Abs. 2 UmwG) macht das Gesetz die Eintragung des Unternehmensvertrags nicht von einer sog. Negativerklärung des Vorstands abhängig, sodass eine (wenngleich iRd Freigabeverfahrens überwindbare) **Registersperre** in diesem Fall nicht besteht.

8 Das Registergericht kann das Eintragungsverfahren aber von Amts wegen aussetzen, wenn ein wichtiger Grund vorliegt (§ 21 Abs. 1 FamFG, § 381 FamFG) (Keidel/*Heinemann* FamFG § 381 Rn. 4). Ein solcher liegt vor, wenn eine Tat- oder Rechtsfrage **Vorgreiflichkeit** für die Eintragung besitzt, nämlich insbesondere dann, wenn der Ausgang eines anderen gerichtlichen Verfahrens ganz oder teilweise die Eintragungsvoraussetzungen bestimmt (Prütting/Helms/*Holzer*, FamFG, Kommentar, 4. Aufl. 2018, FamFG § 381 Rn. 3). Das Registergericht kann sowohl vor als auch nach Erhebung einer Anfechtungsklage das Verfahren nach seinem Ermessen aussetzen (*Bumiller/Harders/Schwamb* FamFG § 381 Rn. 11).

9 Setzt das Gericht aber aufgrund einer nur drohenden Klage aus, hat es im Interesse der Verfahrensbeschleunigung den Beteiligten zwingend eine angemessene Frist zur Erhebung der Klage zu bestimmen (§ 381 S. 2 FamFG) (Keidel/*Heinemann* FamFG § 381 Rn. 1; BT-Drs. 16/6308, 286). Bei der Ausübung des Ermessens muss das Gericht wie noch unter der Geltung des FGG das Aufschubinteresse und das Interesse der AG an baldiger Eintragung gegeneinander abwägen. Das Gericht soll grundsätzlich nicht aussetzen, wenn im Interesse der Beteiligten eine sofortige Entscheidung geboten ist. Es ist daher nicht nur dann einzutragen, wenn eine (drohende) Klage unzulässig oder offensichtlich unbegründet (insbesondere missbräuchlich) ist (Hüffer/Koch/*Koch* Rn. 14; und zur alten Rechtslage: Emmerich/Habersack/*Emmerich* Rn. 21), da dies sonst einer faktischen Registersperre gleichkommen würde, die zudem schwerer zu überwinden wäre als die gesetzliche Registersperre nach § 319 Abs. 5 und § 16 Abs. 2 UmwG, sondern auch dann, wenn umgekehrt eine Klage nicht offensichtlich begründet ist und der AG aus der verzögerten Eintragung Nachteile drohen (so mit Unterschieden im Einzelnen noch zur

alten Rechtslage: MHdB GesR IV/*Krieger* § 71 Rn. 58; KK-AktG/*Koppensteiner* Rn. 25 jeweils mwN). Der Anfechtungskläger kann in diesem Fall lediglich versuchen, die bevorstehende Eintragung mit einer **einstweiligen Verfügung des Prozessgerichts** zu verhindern (§ 16 Abs. 2 HGB). Ergeht ein Aussetzungsbeschluss, ist dieser als Zwischenentscheidung nach § 21 Abs. 2 FamFG mit der **sofortigen Beschwerde entsprechend § 567 ZPO** anfechtbar (Keidel/*Heinemann* FamFG § 381 Rn. 17 mwN). Parallel hierzu kann die AG das **Freigabeverfahren** betreiben und so vom Prozessgericht feststellen lassen, dass die Klage der Eintragung nicht entgegensteht (§ 246a Abs. 1). Da das Prozessgericht auf Antrag auch feststellt, dass Mängel des Hauptversammlungsbeschlusses die Wirkung der Eintragung unberührt lassen (§ 246a Abs. 1 aE) und ein späterer Erfolg der Anfechtungsklage an dieser Bestandskraft nichts mehr ändern kann (§ 246a Abs. 4 S. 2), kann es für die Gesellschaft iÜ Sinn machen, auch nach bereits erfolgter Eintragung ein Freigabeverfahren durchzuführen (OLG Frankfurt a. M. 30.3.2010, GWR 2010, 192; OLG Düsseldorf 15.12.2008, AG 2009, 538; OLG Frankfurt a. M. 21.7.2008, ZIP 2008, 1966 = EWiR 2009, 97 Leitsatz mAnm *v. der Linden/Paul;* OLG Celle 27.11.2007, ZIP 2008, 318; *Hüffer* ZHR 172 (2008), 572 (586); *Hirte* NJW 2009, 415 (421); *Veil* AG 2005, 567 (573); *Kort* BB 2005, 1577 (1581); s. auch *Handelsrechtsausschuss des DAV* NZG 2005, 388 (393)).

IV. Rechtsfolgen der Eintragung

Mit der Eintragung wird der Vertrag wirksam (Abs. 2), die Eintragung hat somit konstitutive **10** Wirkung; bei Gewinngemeinschaften ist für das Wirksamwerden des Gesamtvertrags grundsätzlich der Tag der zeitlich letzten Eintragung maßgeblich (Spindler/Stilz/*Veil* Rn. 25).

Während die Vereinbarung eines späteren Anfangstermins bei allen Unternehmensverträgen unproblematisch zulässig ist (allgM MüKoAktG/*Altmeppen* Rn. 67), scheidet die – grundsätzlich zulässige – **11** vertragliche Rückbeziehung bei Beherrschungsverträgen aus (→ § 291 Rn. 12); nach § 139 BGB dürfte regelmäßig Teilnichtigkeit eintreten und nachteilige Einflussnahmen in der Zeit vor dem Wirksamwerden des Beherrschungsvertrags unter die §§ 311 ff. fallen.

Da die Eintragung des Unternehmensvertrags in das Handelsregister keine heilende Wirkung entfaltet, führen Unwirksamkeit oder Nichtigkeit des Vertrags zur Amtslöschung nach § 395 FamFG, wenn **12** nicht zuvor ein Freigabeverfahren mit der Wirkung des § 246a Abs. 4 S. 2 durchgeführt wurde (OLG Hamm 14.4.2009, NZG 2009, 1117 (1118)). Für die Zeit bis zur Löschung kann der Vertrag nach den Grundsätzen über die fehlerhafte Gesellschaft als wirksam zu behandeln sein (→ § 291 Rn. 16).

Änderung

295 (1) [1]**Ein Unternehmensvertrag kann nur mit Zustimmung der Hauptversammlung geändert werden.** [2]**§§ 293 bis 294 gelten sinngemäß.**

(2) [1]**Die Zustimmung der Hauptversammlung der Gesellschaft zu einer Änderung der Bestimmungen des Vertrags, die zur Leistung eines Ausgleichs an die außenstehenden Aktionäre der Gesellschaft oder zum Erwerb ihrer Aktien verpflichten, bedarf, um wirksam zu werden, eines Sonderbeschlusses der außenstehenden Aktionäre.** [2]**Für den Sonderbeschluß gilt § 293 Abs. 1 Satz 2 und 3.** [3]**Jedem außenstehenden Aktionär ist auf Verlangen in der Versammlung, die über die Zustimmung beschließt, Auskunft auch über alle für die Änderung wesentlichen Angelegenheiten des anderen Vertragsteils zu geben.**

Übersicht

I. Regelungsgegenstand und -zweck

1 Abs. 1 stellt an die Änderung eines Unternehmensvertrags die gleichen Anforderungen wie an dessen Abschluss; er verhindert damit in erster Linie eine Umgehung der Mitwirkungszuständigkeit der Hauptversammlung. Abs. 2 schafft einen Ausgleich zwischen den gegenläufigen Interessen der außenstehenden Aktionäre und der Vertragsparteien bei einer Änderung der vertraglichen Ausgleichs- oder Abfindungsregeln. Die eigentliche erforderliche Zustimmung jedes einzelnen Aktionärs wird in diesem Fall ersetzt durch einen mit qualifizierter Mehrheit zu fassenden Sonderbeschluss der außenstehenden Aktionäre (MüKoAktG/*Altmeppen* Rn. 2).

II. Änderung von Unternehmensverträgen (Abs. 1)

2 **1. Begriff.** Vertragsänderungen sind Vereinbarungen der Vertragspartner über die Modifikation des Vertragsinhalts, die noch während der Laufzeit eines Unternehmensvertrags wirksam werden sollen (BGH 7.5.1979, NJW 1979, 2103). Es kommt allein darauf an, ob auf die nach der bisherigen Vertragslage bestehenden Rechte und Pflichten eingewirkt wird (vgl. BGH 18.9.2012, WM 2013, 26 (29 f.)). Bedeutungslos ist, ob die Änderung wesentlich ist und ob sie von materieller Bedeutung oder rein formaler Natur ist (MHdB GesR IV/*Krieger* § 71 Rn. 183); lediglich **Änderungen äußerer Umstände** (Firma, Sitz) fallen nicht unter den Begriff (Spindler/Stilz/*Veil* Rn. 3).

3 **a) Kündigung.** Mangels zweiseitiger Vereinbarung fällt eine Kündigung des Vertrags nicht unter § 295, sondern unter § 297. Dies gilt auch für eine **Änderungskündigung** (BGH 7.5.1979, NJW 1979, 2103; OLG Düsseldorf 7.6.1990, AG 1990, 490 (491)); bei Annahme des Änderungsangebots sind auf die Vertragsänderung allerdings §§ 293, 294 anwendbar (MHdB GesR IV/*Krieger* § 71 Rn. 183).

4 **b) Faktische Vertragsänderung.** Auch durch eine faktische Vertragsänderung (dh andere Handhabung der Vereinbarung) können die Voraussetzungen des § 295 nicht umgangen werden. Liegt der vom Vertrag abweichenden Vertragspraxis eine konkludente Vereinbarung der Vertragspartner zugrunde, so ist diese nach § 125 S. 1 BGB nichtig (K. Schmidt/Lutter/*Langenbucher* Rn. 6 mwN). Eine vertragswidrige Praxis (ggf. aufgrund einer unwirksamen konkludenten Vertragsänderung) kann insbesondere Haftungsansprüche der Organe (§§ 93, 116, 309 f., 317 f.) auslösen sowie zur Beanstandung durch den Abschlussprüfer führen (MüKoAktG/*Altmeppen* Rn. 15).

5 **c) Abgrenzung zur Vertragsaufhebung.** Im Einzelfall kann die Abgrenzung der Vertragsänderung (§ 295) von der Vertragsaufhebung (§ 296) mit ggf. anschließendem Neuabschluss schwierig sein. Im Einzelnen gilt Folgendes:

6 **aa) Änderung der Vertragslaufzeit.** Eine nachträgliche Veränderung der Vertragslaufzeit fällt nicht unter § 295; auf die **Verkürzung der Vertragslaufzeit** ist § 296 entsprechend anzuwenden (KK-AktG/*Koppensteiner* Rn. 17; aA MüKoAktG/*Altmeppen* Rn. 9), die **Verlängerung der Vertragslaufzeit** wird als Neuabschluss (ggf. nach vorheriger Aufhebung des Ursprungsvertrags) behandelt (KK-AktG/*Koppensteiner* Rn. 16; aA Emmerich/Habersack/*Emmerich* Rn. 11).

7 **bb) Änderungen bei den Vertragspartnern.** Demgegenüber stellen sowohl die **Vertragsübernahme** (Spindler/Stilz/*Veil* Rn. 4) als auch der **Vertragsbeitritt** (BGH 15.6.1992, BGHZ 119, 1 (6) = NJW 1992, 2760 – ASEA/BBC) eines anderen Vertragsteils eine Vertragsänderung nach Abs. 1 dar. Mit einem Wechsel im Mitgliederbestand einer in Form der GbR organisierten **Mehrmütterherrschaft** ist dagegen keine Änderung des Vertrags verbunden (MüKoAktG/*Altmeppen* Rn. 6; aA etwa Hüffer/Koch/*Koch* Rn. 5; zur grundsätzlichen Zulässigkeit dieses Vorgehens → § 291 Rn. 21), da die zwischen den Mitgliedern bestehende GbR rechtsfähig und damit selbst Vertragspartner ist (BGH 29.1.2001, BGHZ 146, 341 = NJW 2001, 1056). Schließlich liegt auch bei **Gesamtrechtsnachfolge, insbesondere bei der Verschmelzung** eines Vertragspartners mit einem Dritten keine Vertragsänderung vor; bei Verschmelzung des anderen Vertragsteils tritt nach § 20 Abs. 1 Nr. 1 UmwG Rechtsnachfolge ein (hM KK-AktG/*Koppensteiner* Rn. 8 mwN), bei Verschmelzung der Gesellschaft, die die vertragstypische Leistung erbringt, erlischt der Unternehmensvertrag (hM LG Mannheim 30.5.1994, AG 1995, 89; Hüffer/Koch/*Koch* Rn. 6). Diese Grundsätze gelten auch für den Wechsel der herrschenden Gesellschaft bei einer konzerninternen Umstrukturierung im Wege der Gesamtrechtsnachfolge (LG München I 12.5.2011, WM 2012, 698 (700)).

8 **cc) Wechsel der Art des Unternehmensvertrags.** Der Wechsel der Art des Unternehmensvertrags ist keine Änderung des Vertragsinhalts, sondern setzt die Beendigung des alten und den Abschluss eines neuen Vertrags voraus (hM, BayObLG 15.11.2001, ZIP 2002, 127 (128); MüKoAktG/*Altmeppen* Rn. 7 f.; aA wohl LG München I 2.5.2000, AG 2001, 318 (319)).

9 **2. Verfahren.** Nach Abs. 1 sind für die Änderung des Unternehmensvertrags die Regelungen über den Abschluss des jeweiligen Vertrags (§§ 293–294) sinngemäß anzuwenden. Der Änderungsvertrag ist

schriftlich abzuschließen und bedarf der Zustimmung der Hauptversammlung(en) sowie der Eintragung in das Handelsregister. Daneben sind die Vorschriften über den Vertragsbericht, die Prüfung sowie die Vorbereitung und Durchführung der Hauptversammlung (§§ 293a–g) zu beachten, selbst wenn die Erfüllung der Informations- und Berichtspflichten – insbesondere bei redaktionellen Änderungen – sinnlos sein mag (Hüffer/Koch/*Koch* Rn. 8). Aus Gründen der Verständlichkeit ist auch der alte Unternehmensvertrag auszulegen (§ 293f Abs. 1 Nr. 1; § 293g Abs. 1; KK-AktG/*Koppensteiner* Rn. 24).

III. Sonderbeschluss der außenstehenden Aktionäre (Abs. 2)

1. Änderung der Regelung von Ausgleich oder Abfindung. Nach Abs. 2 S. 1 ist ein zustim- 10
mender Sonderbeschluss der außenstehenden Aktionäre erforderlich, wenn Bestimmungen des Vertrags geändert werden sollen, die den Ausgleich oder die Abfindung nach §§ 304, 305 betreffen. Die Vorschrift gilt unabhängig davon, ob die Regelung von Ausgleich und Abfindung – wie bei Beherrschungs- und/oder Gewinnabführungsverträgen – durch §§ 304, 305 vorgeschrieben oder – bei den Unternehmensverträgen nach § 292 – gesetzlich nicht geboten ist (MüKoAktG/*Altmeppen* Rn. 29; aA Spindler/Stilz/*Veil* Rn. 19) und ob sich die Rechtsstellung der außenstehenden Aktionäre durch die Änderung verbessert oder verschlechtert (Emmerich/Habersack/*Emmerich* Rn. 26; MHdB GesR IV/*Krieger* § 71 Rn. 186).

Andererseits betrifft eine Vertragsänderung die Bestimmung über Ausgleich und Abfindung auch 11
dann, wenn die entsprechenden Regelungen selbst zwar formal unberührt bleiben, die Änderung anderer Vertragsbestimmungen aber eine materielle Veränderung für die ausgleichs- oder abfindungsberechtigten Aktionäre nach sich zieht (Emmerich/Habersack/*Emmerich* Rn. 26; MHdB GesR IV/*Krieger* § 71 Rn. 186). Dies ist aufgrund des damit verbundenen Austauschs des Schuldners der Ausgleichs- bzw. Abfindungsleistung etwa bei der **Vertragsübernahme** der Fall (hM Hüffer/Koch/*Koch* Rn. 11; MHdB GesR IV/*Krieger* § 71 Rn. 192 mwN), nicht aber beim **Vertragsbeitritt** auf Seiten des anderen Vertragsteils, bei der der ursprüngliche Schuldner den außenstehenden Aktionären weiter erhalten bleibt (hM BGH 15.6.1992, BGHZ 119, 1 (7 ff.) = NJW 1992, 2760 – ASEA/BBC; OLG Karlsruhe 28.2.1997, AG 1997, 270 (271 f.); diff. Hüffer/Koch/*Koch* Rn. 11; aA *Hirte* ZGR 1994, 644 (658); Emmerich/Habersack/*Emmerich* Rn. 27). Zur Frage der Anpassung der Ausgleichs- und Abfindungsregelung im Änderungsvertrag → § 304 Rn. 13 und → § 305 Rn. 29.

2. Außenstehende Aktionäre. Der Begriff der außenstehenden Aktionäre wird durch das Gesetz 12
nicht definiert. Ausgehend von den §§ 304, 305 sind als außenstehend zunächst alle Aktionäre außer dem anderen Vertragsteil (RegBegr. AktG *Kropff* 385) zu qualifizieren sowie diejenigen Aktionäre, die aufgrund besonderer Verbindungen zu dem anderen Vertragsteil an den Vorteilen des Beherrschungs- und/oder Gewinnabführungsvertrags partizipieren (→ § 304 Rn. 2). Vor dem Hintergrund des Gesetzeszwecks (→ § 291 Rn. 2) ist für Abs. 2 S. 1 allerdings eine darüberhinausgehende Einschränkung für Aktionäre zu machen, die vom anderen Vertragsteil abhängig sind (§ 17); sie sind zwar als „außenstehende Aktionäre" iSv §§ 304, 305 ausgleichs- und abfindungsberechtigt, dennoch aber bei der Sonderbeschlussfassung nach Abs. 2 S. 1 vom Stimmrecht ausgeschlossen (OLG Nürnberg 17.1.1996, AG 1996, 228 (229) – Tucherbräu; LG Essen 16.12.1994, AG 1995, 189 (190) – RAG Immobilien AG; MüKoAktG/*Altmeppen* Rn. 45 f.; wohl auch BGH 10.3.1997, ZIP 1997, 786). Gleiches gilt, wenn Aktien für Rechnung des anderen Vertragsteils gehalten werden (MHdB GesR IV/*Krieger* § 71 Rn. 187). Dagegen sollte mit einer auf Umgehungsgesichtspunkten beruhenden weitergehenden Einschränkung des Kreises der außenstehenden Aktionäre zurückhaltend umgegangen werden: Schon wegen der damit verbundenen Abgrenzungsschwierigkeiten kann Aktionären nicht allein deshalb das Stimmrecht abgesprochen werden, weil aus sonstigen Gründen die Gefahr besteht, dass der andere Vertragsteil sich ihrer zur Herbeiführung des Sonderbeschlusses bedienen kann (MHdB GesR IV/*Krieger* § 71 Rn. 187; aA hM LG Essen 16.12.1994, AG 1995, 189 (190 f.) – RAG Immobilien AG; Hüffer/Koch/*Koch* Rn. 12; Emmerich/Habersack/*Emmerich* Rn. 30). Dass jedenfalls der bloße Erwerb der Aktien vom anderen Vertragsteil für einen Stimmrechtsausschluss nicht ausreicht, ist inzwischen anerkannt (OLG Nürnberg 17.1.1996, AG 1996, 228 (229) – Tucherbräu; Hüffer/Koch/*Koch* Rn. 12; MHdB GesR IV/*Krieger* § 71 Rn. 187).

Die Aktionärseigenschaft muss **zum Zeitpunkt der Beschlussfassung** vorliegen (hM Hüffer/ 13
Koch/*Koch* Rn. 13). Aktionäre, die das Abfindungsangebot des anderen Vertragsteils angenommen haben, sind selbst dann von der Beschlussfassung ausgeschlossen, wenn aufgrund eines laufenden Spruchverfahrens noch ein Abfindungsergänzungsanspruch möglich wäre (aA Hüffer/Koch/*Koch* Rn. 13 mwN).

3. Sonderbeschluss. Die Beschlussfassung richtet sich nach § 138 mit den besonderen Mehrheits- 14
erfordernissen nach § 295 Abs. 2 S. 2, § 293 Abs. 1 S. 2, 3 (→ § 293 Rn. 5). Das Auskunftsrecht in Abs. 2 S. 3 ist identisch mit dem des § 293g Abs. 3 (→ § 293g Rn. 4).

15 **4. Rechtsfolgen.** Der Sonderbeschluss durch die außenstehenden Aktionäre nach § 295 Abs. 2 ist Wirksamkeitsvoraussetzung für den Zustimmungsbeschluss der Hauptversammlung nach § 295 Abs. 1 und damit mittelbar auch für die Änderung des Unternehmensvertrages. Unbeachtlich ist, in welcher Reihenfolge die Beschlüsse der Hauptversammlung und der außenstehenden Aktionäre erfolgen (Emmerich/Habersack/*Emmerich* Rn. 34). Der Anmeldung der Änderung des Unternehmensvertrags zum Handelsregister ist die Niederschrift über den Sonderbeschluss entsprechend § 294 Abs. 1 S. 2 als Anlage beizufügen. Bis zur Beschlussfassung der außenstehenden Aktionäre nach § 295 Abs. 2 ist das Registergericht an der Eintragung der Vertragsänderung gehindert (Hüffer/Koch/*Koch* Rn. 15; Emmerich/Habersack/*Emmerich* Rn. 34). Im Hinblick auf die Anfechtung des Sonderbeschlusses gelten dieselben Beschränkungen wie für die Anfechtung des zustimmenden Hauptversammlungsbeschlusses (vgl. § 138 S. 2 Hs. 2), insbesondere § 304 Abs. 3 S. 2, § 305 Abs. 5 S. 1 (Spindler/Stilz/*Veil* Rn. 28).

Aufhebung

296 (1) [1]**Ein Unternehmensvertrag kann nur zum Ende des Geschäftsjahrs oder des sonst vertraglich bestimmten Abrechnungszeitraums aufgehoben werden.** [2]**Eine rückwirkende Aufhebung ist unzulässig.** [3]**Die Aufhebung bedarf der schriftlichen Form.**

(2) [1]**Ein Vertrag, der zur Leistung eines Ausgleichs an die außenstehenden Aktionäre oder zum Erwerb ihrer Aktien verpflichtet, kann nur aufgehoben werden, wenn die außenstehenden Aktionäre durch Sonderbeschluß zustimmen.** [2]**Für den Sonderbeschluß gilt § 293 Abs. 1 Satz 2 und 3, § 295 Abs. 2 Satz 3 sinngemäß.**

I. Regelungsgegenstand und -zweck

1 § 296 regelt die vertragliche Aufhebung des Unternehmensvertrags. Die Norm schützt die Beteiligten durch Abs. 2 S. 1 vor einer rückwirkenden Beseitigung unternehmensvertraglicher Ansprüche (BGH 5.11.2001, NJW 2002, 822 (823)) und trägt aufgrund des Formerfordernisses in Abs. 1 S. 3 zur Rechtssicherheit und -klarheit bei (RegBegr. AktG *Kropff* 385). Wie bei § 295 Abs. 2 ist auch bei der Vertragsaufhebung nach Abs. 2 ein Sonderbeschluss der außenstehenden Aktionäre erforderlich, wenn der Vertrag Ausgleichs- oder Abfindungsregelungen enthält; ein Zustimmungsbeschluss der Hauptversammlung ist für § 296 – anders als für § 295 – nicht erforderlich.

II. Aufhebungsvertrag

2 **1. Inhalt, Form und Zuständigkeit.** Ein Aufhebungsvertrag liegt vor, wenn die Vertragsparteien den laufenden Unternehmensvertrag durch übereinstimmende Erklärungen beenden. Eine Aufhebung liegt auch dann vor, wenn zugleich ein neuer Vertrag mit einem anderen Unternehmen abgeschlossen wird (LG Essen 16.12.1994, AG 1995, 189 (190)). Als Geschäftsführungsmaßnahme fällt der Vertragsschluss in den Zuständigkeitsbereich des Vorstands (§ 78). Eine Beteiligung der Hauptversammlung ist anders als beim Abschluss des Unternehmensvertrags nicht erforderlich (hM Hüffer/Koch/*Koch* Rn. 5 mwN; MüKoAktG/*Altmeppen* Rn. 18). Nach Abs. 1 S. 3 bedarf der Vertrag der Schriftform (§ 126 Abs. 1 und 2 BGB), die durch die elektronische Form gem. § 126a BGB ersetzt werden kann (§ 126 Abs. 3 BGB) (K. Schmidt/Lutter/*Langenbucher* Rn. 6; Emmerich/Habersack/*Emmerich* Rn. 11). Wird die Schriftform nicht eingehalten, ist der Aufhebungsvertrag nach § 125 BGB nichtig und geht ins Leere.

3 **2. Zeitpunkt.** Nach Abs. 1 S. 1 kann die Aufhebung nur zum Ende des Geschäftsjahres oder eines anderen vertraglich bestimmten Abrechnungszeitraums erfolgen; eine **rückwirkende Aufhebung** ist unzulässig (Abs. 1 S. 2). Dies gilt auch für Unternehmensverträge zwischen Gesellschaften mit beschränkter Haftung (BGH 16.6.2015, EWiR 2015, 663 mAnm *Paschos/Heneweer* NJW-RR 2015, 1175; OLG München 16.3.2012, NZG 2012, 590; MüKoAktG/*Altmeppen* Rn. 17 mwN; aA OLG Zweibrücken 29.10.2013, NZG 2015, 319; Baumbach/Hueck/*Beurskens* Anh. KonzernR Rn. 134). Zulässig ist es, bei der beherrschten Gesellschaft ein Rumpfgeschäftsjahr einzulegen, auf dessen Ablauf der Unternehmensvertrag beendet wird (*Link/Greven* M&A Review 2010, 285 (289); *Paschos/Heneweer* EWiR 2015, 663). Wird bei einem Unternehmensvertrag mit mehreren Vertragsparteien (insbesondere Gewinngemeinschaft), die unterschiedliche Geschäftsjahre haben, nicht – wie regelmäßig – ein einheitlicher Abrechnungszeitraum vereinbart, so genügt es für Abs. 1, wenn nur das Geschäftsjahr einer der beteiligten Gesellschaften abgelaufen ist (MüKoAktG/*Altmeppen* Rn. 22).

4 Wird im Aufhebungsvertrag **kein Aufhebungszeitpunkt genannt,** so dürfte regelmäßig der nächste zulässige Aufhebungstermin gemeint sein (KK-AktG/*Koppensteiner* Rn. 12). Wird dagegen ein nach Abs. 1 S. 1, 2 **unzulässiger Aufhebungszeitpunkt** vereinbart, so führt dies zur Nichtigkeit der Abrede nach § 134 BGB; das Schicksal des übrigen Aufhebungsvertrags bestimmt sich nach § 139 BGB (K. Schmidt/Lutter/*Langenbucher* Rn. 8; KK-AktG/*Koppensteiner* Rn. 16; aA MHdB GesR IV/*Krieger* § 71 Rn. 196: Anwendung des § 140 BGB; offengelassen von BGH 5.11.2001, NJW 2002, 822 (823)).

III. Sonderbeschluss der außenstehenden Aktionäre (Abs. 2)

Sieht der Unternehmensvertrag Regelungen über Ausgleich und Abfindung vor, so müssen die außenstehenden Gesellschafter der Aufhebung durch Sonderbeschluss zustimmen (Abs. 2). Die Beschlussfassung ist Wirksamkeitsvoraussetzung und kann **dem Aufhebungsvertrag** vorausgehen oder nachfolgen (LG Essen 16.12.1994, AG 1995, 189 (191)). Wird der Sonderbeschluss nachher gefasst, so ist der Vertrag bis dahin schwebend unwirksam (MüKoAktG/*Altmeppen* Rn. 32); der Sonderbeschluss wirkt in diesem Falle nach § 184 Abs. 1 BGB zurück auf den Zeitpunkt des Vertragsschlusses, und zwar selbst dann, wenn der Sonderbeschluss erst nach dem vereinbarten Beendigungszeitpunkt gefasst wird (zust. LG Essen 16.12.1994, AG 1995, 189 (191); Hüffer/Koch/*Koch* Rn. 8; aA MüKoAktG/*Altmeppen* Rn. 36 f.; MHdB GesR IV/*Krieger* § 71 Rn. 197). Einen Verstoß gegen das Rückwirkungsverbot des Abs. 1 S. 2 wird man hierin bereits deshalb nicht erkennen können, weil das Rückwirkungsverbot nur für den Aufhebungsvertrag gilt, nicht aber für den Sonderbeschluss (Hüffer/Koch/*Koch* Rn. 8; K. Schmidt/Lutter/*Langenbucher* Rn. 11). Die Anfechtbarkeit des Sonderbeschlusses richtet sich nach §§ 243 ff., wobei im Unterschied zu dem nach § 295 Abs. 2 gefassten Sonderbeschluss die Sperre der § 243 Abs. 4 S. 2, § 304 Abs. 3 S. 2, § 305 Abs. 5 S. 1 hier keine Anwendung findet (MüKoAktG/*Altmeppen* Rn. 39). Im Übrigen gelten für den Sonderbeschluss nach Abs. 2 die gleichen Regeln wie für den Sonderbeschluss nach § 295 Abs. 2 (Abs. 2 S. 2, → § 295 Rn. 10 bis → § 295 Rn. 15). 5

IV. Rechtsfolgen der Aufhebung

Mit dem Aufhebungszeitpunkt entfallen die Pflichten aus dem Unternehmensvertrag; die Eintragung der Aufhebung in das Handelsregister hat lediglich deklaratorische Bedeutung. Mit der Vertragsbeendigung endet auch eine etwaige Pflicht des anderen Vertragsteils zur **Verlustübernahme (§ 302).** Ein etwa zu leistender **Ausgleich (§ 304)** wird den außenstehenden Aktionären bis zum Zeitpunkt der Vertragsbeendigung geschuldet. Noch nicht abgelaufene Abfindungsangebote können bis zum Wirksamwerden der Vertragsbeendigung, mindestens jedoch bis zum Ablauf der Mindestannahmefristen des § 305 Abs. 4 S. 2, 3 angenommen werden (MHdB GesR IV/*Krieger* § 71 Rn. 222 mwN). Wird ein Beherrschungs- und/oder Gewinnabführungsvertrag aufgehoben, so ist der andere Vertragsteil zur Sicherheitsleistung nach § 303 Abs. 1 S. 1 verpflichtet (→ § 303 Rn. 3). Nach zutreffender hM ist der andere Vertragsteil nicht verpflichtet, Wiederaufbauhilfe an das abhängige Unternehmen zu leisten (OLG Düsseldorf 7.6.1990, AG 1990, 490 (492); KK-AktG/*Koppensteiner* § 297 Rn. 63; *Altmeppen* ZHR 171 (2007), 320 (328 f.); aA *Wilhelm*, Beendigung des Beherrschungs- und Gewinnabführungsvertrags, 1975, 120 f.). 6

Kündigung

297 (1) [1] **Ein Unternehmensvertrag kann aus wichtigem Grunde ohne Einhaltung einer Kündigungsfrist gekündigt werden.** [2] **Ein wichtiger Grund liegt namentlich vor, wenn der andere Vertragsteil voraussichtlich nicht in der Lage sein wird, seine auf Grund des Vertrags bestehenden Verpflichtungen zu erfüllen.**

(2) [1] **Der Vorstand der Gesellschaft kann einen Vertrag, der zur Leistung eines Ausgleichs an die außenstehenden Aktionäre der Gesellschaft oder zum Erwerb ihrer Aktien verpflichtet, ohne wichtigen Grund nur kündigen, wenn die außenstehenden Aktionäre durch Sonderbeschluß zustimmen.** [2] **Für den Sonderbeschluß gilt § 293 Abs. 1 Satz 2 und 3, § 295 Abs. 2 Satz 3 sinngemäß.**

(3) **Die Kündigung bedarf der schriftlichen Form.**

Übersicht

I. Regelungsgegenstand und -zweck

1 § 297 regelt einzelne Zulässigkeitsvoraussetzungen für eine Kündigung des Unternehmensvertrags. Nach § 297 Abs. 1 ist eine Kündigung aus wichtigem Grund zulässig, ohne dass ein Sonderbeschluss der außenstehenden Aktionäre erforderlich ist (krit. hierzu etwa MüKoAktG/*Altmeppen* Rn. 7 ff.). Für die ordentliche Kündigung setzt § 297 Abs. 2 einen Sonderbeschluss der außenstehenden Aktionäre voraus, sofern dieser die Pflicht zu Ausgleichs- oder Abfindungsregelungen nach §§ 304, 305 enthält. Die Regelung basiert auf vergleichbaren Erwägungen wie § 295 Abs. 2 und § 296 Abs. 2 und schafft einen Ausgleich zwischen den gegenläufigen Interessen der außenstehenden Aktionäre und den Vertragsparteien bei einer Änderung der vertraglichen Ausgleichs- oder Abfindungsregeln (→ § 295 Rn. 1). Das Schriftformerfordernis (Abs. 3) dient der Rechtssicherheit (RegBegr. AktG *Kropff* 386).

II. Außerordentliche Kündigung (Abs. 1)

2 **1. Allgemeines.** Ein Unternehmensvertrag kann aus wichtigem Grund ohne Einhaltung einer Kündigungsfrist gekündigt werden (Abs. 1 S. 1). Das Kündigungsrecht gilt sowohl bei unbefristeten als auch bei befristeten Verträgen und steht **beiden Vertragspartnern** zu (MüKoAktG/*Altmeppen* Rn. 15 f.). Es kann vertraglich nicht abgedungen werden (RegBegr. AktG *Kropff* 386).

3 **2. Wichtiger Grund. a) Abs. 1 S. 2.** Abs. 1 S. 2 nennt als Bsp. eines wichtigen Grundes, dass der andere Vertragsteil (der nicht die vertragstypische Leistung erbringt) voraussichtlich nicht in der Lage sein wird, seine vertraglichen Verpflichtungen zu erfüllen. Dies gilt unabhängig davon, ob diese Verpflichtung wie etwa nach § 302 gegenüber der Untergesellschaft, wie nach §§ 304, 305 gegenüber den außenstehenden Aktionären oder wie bei § 303 gegenüber den Gesellschaftsgläubigern besteht (RegBegr. AktG *Kropff* 386; MHdB GesR IV/*Krieger* § 71 Rn. 202). Beachtlich ist nur die Leistungsfähigkeit des anderen Vertragsteils, nicht die Leistungswilligkeit (Hüffer/Koch/*Koch* Rn. 4). Ein Leistungsausfall muss für Abs. 1 S. 2 noch nicht eingetreten sein (Spindler/Stilz/*Veil* Rn. 10), erforderlich ist aber, dass dem Vorstand im Rahmen einer **Prognose** über die zukünftige Leistungsfähigkeit des Vertragspartners konkrete Anhaltspunkte für die befürchteten Leistungsstörungen vorliegen (MHdB GesR IV/*Krieger* § 71 Rn. 202). Kurzfristige Ausfälle sollen hierfür nicht ausreichen (hM Hüffer/Koch/*Koch* Rn. 4; einschr. MüKoAktG/*Altmeppen* Rn. 20).

4 Zur Kündigung berechtigt ist die Gesellschaft, die die vertragstypische Leistung erbringt (Untergesellschaft). Trotz der Formulierung „anderer Vertragsteil" in Abs. 1 S. 2 muss aber auch der andere (herrschende) Vertragsteil selbst berechtigt sein, aufgrund seiner voraussichtlichen Leistungsunfähigkeit zu kündigen (KK-AktG/*Koppensteiner* Rn. 18; Hüffer/Koch/*Koch* Rn. 5; einschr. MüKoAktG/*Altmeppen* Rn. 34 ff.).

5 **b) Sonstige Fälle.** Ein zur Kündigung berechtigender **wichtiger Grund** liegt iÜ dann vor, wenn dem kündigungswilligen Vertragsteil unter Berücksichtigung aller Umstände des Einzelfalls und unter Abwägung der beiderseitigen Interessen eine Fortsetzung des Unternehmensvertrags nicht zugemutet werden kann (vgl. § 314 Abs. 1 S. 2 BGB; BGH 31.5.2011, AG 2011, 668 (669); Spindler/Stilz/*Veil* Rn. 8; KK-AktG/*Koppensteiner* Rn. 17 ff. mwN; zu Fallgruppen: K. Schmidt/Lutter/*Langenbucher* Rn. 6 ff.) Als wichtige Gründe kommen vor allem **schwerwiegende Vertragsverletzungen des Vertragspartners** in der Vergangenheit in Betracht (LG Frankenthal 4.8.1988, AG 1989, 253 (254); KK-AktG/*Koppensteiner* Rn. 18) sowie die aus gegenwärtigen Umständen ableitbare **Besorgnis einer künftigen Erfüllungsverweigerung** (MüKoAktG/*Altmeppen* Rn. 22 f.). Im Falle einer **Beteiligungsveräußerung durch den anderen (herrschenden) Vertragsteil** ist richtigerweise nur die abhängige Gesellschaft, nicht jedoch der veräußernde Vertragsteil berechtigt, den Unternehmensvertrag außerordentlich zu kündigen (MüKoAktG/*Altmeppen* Rn. 29 f., 38 f.; für ein Kündigungsrecht beider Vertragspartner: LG Bochum 20.5.1996, ZIP 1986, 1386; MHdB GesR IV/*Krieger* § 71 Rn. 202; aA die hM: kein Kündigungsrecht, OLG Oldenburg 23.3.2000, NZG 2000, 1138 (1140); OLG Düsseldorf 19.8.1994, AG 1995, 137 (138); Hüffer/Koch/*Koch* Rn. 7). Schließlich stellt die **Verschlechterung der wirtschaftlichen Lage** der abhängigen Gesellschaft für das herrschende Unternehmen ebenso wenig einen Kündigungsgrund dar (KK-AktG/*Koppensteiner* Rn. 18; aA bei nicht mehr tragbaren Risiken MHdB GesR IV/*Krieger* § 71 Rn. 202; ähnlich Spindler/Stilz/*Veil* Rn. 15) wie die **Verbesserung der Ertragslage der abhängigen Gesellschaft** einen Kündigungsgrund für diese (Hüffer/Koch/*Koch* Rn. 7).

6 **c) Vertragliche Regelung.** Die Parteien können schließlich weitere **wichtige Gründe vertraglich festschreiben** (hM BGH 5.4.1993, BGHZ 122, 211 (227) = NJW 1993, 1976 – SS I; OLG Frankfurt a. M. 21.7.2008, ZIP 2008, 1966 (1967); Hüffer/Koch/*Koch* Rn. 8; aA LG Ingolstadt 12.6.1990, AG 1991, 24 (25); KK-AktG/*Koppensteiner* Rn. 20). Da in diesem Fall ein Festhalten am Vertrag grundsätzlich zumutbar wäre und kein wichtiger Grund iSv Abs. 1 vorliegt, handelt es sich allerdings um eine

ordentliche Kündigung, die nach Abs. 2 S. 1 grundsätzlich eines Sonderbeschlusses bedarf (BGH 5.4.1993, BGHZ 122, 211 (232) = NJW 1993, 1976; KG 9.6.2008, AG 2009, 30 (33)).

III. Ordentliche Kündigung (Abs. 2)

7 **1. Allgemeines.** Der Unternehmensvertrag kann zugunsten einer oder mehrerer Vertragsparteien das Recht zur ordentlichen Kündigung begründen, dh das Recht gewähren, den Vertrag als Gesamtheit (keine Teilkündigung, vgl. OLG Karlsruhe 12.4.2001, ZIP 2001, 1199) mit Wirkung ex nunc aufzulösen, ohne dass hierfür ein wichtiger Grund vorliegt. Die Zulässigkeit der ordentlichen Kündigung wird in Abs. 2 S. 1 vorausgesetzt (RegBegr. AktG *Kropff* 386). Sie bedarf der (zumindest konkludenten) vertraglichen Regelung; fehlt diese und führt auch die ergänzende Vertragsauslegung nicht weiter (vgl. MüKoAktG/*Altmeppen* Rn. 70), so scheidet die ordentliche Kündigung nach Abs. 2 aus (hM Hüffer/Koch/*Koch* Rn. 13 mwN; aA etwa *Kley,* Die Rechtsstellung der außenstehenden Aktionäre, 1986, 57 f.). In Frage kommen dann lediglich andere **gesetzliche ordentliche Kündigungsrechte** (für Gewinngemeinschaften: § 723 Abs. 1 S. 1 BGB; für Betriebspacht und -überlassung: §§ 594a ff. BGB; für Betriebsführungsverträge: § 621 BGB oder § 671 BGB; für stille Gesellschaften, die als Teilgewinnabführungsvertrag zu qualifizieren sind: §§ 132, 134, 234 HGB, § 723 BGB, vgl. Spindler/Stilz/*Veil* Rn. 22).

8 **2. Kündigungsfrist und -termin.** Die **Kündigungsfrist** bestimmt sich nach der vertraglichen Regelung, bei deren Fehlen nach den einschlägigen gesetzlichen Kündigungsvorschriften (insbesondere §§ 584, 723 BGB) für den jeweiligen Vertragstyp (BGH 5.4.1993, BGHZ 122, 211 (228) = NJW 1993, 1976 – SSI; Hüffer/Koch/*Koch* Rn. 15). Bei Verträgen nach § 291 beträgt die Kündigungsfrist entsprechend § 132 HGB sechs Monate (hM MHdB GesR IV/*Krieger* § 71 Rn. 199; KK-AktG/*Koppensteiner* Rn. 6). Aufgrund der in diesem Bereich geltenden Privatautonomie (RegBegr. AktG *Kropff* 386) ist auch ein **Kündigungstermin** nur dann einzuhalten, wenn dies vertraglich geregelt ist (heute hM BGH 5.4.1993, BGHZ 122, 211 (228) = NJW 1993, 1976; MüKoAktG/*Altmeppen* Rn. 78 f.; aA KK-AktG/*Koppensteiner* Rn. 5). Haben die Parteien keine Regelung bezüglich des Kündigungstermins getroffen, so ist der Kündigungstermin entsprechend § 296 Abs. 1 S. 1 das Ende des Geschäftsjahrs (Hüffer/Koch/*Koch* Rn. 16).

9 **3. Sonderbeschluss (Abs. 2).** Existieren außenstehende Aktionäre, die ausgleichs- oder abfindungsberechtigt sind, so müssen diese einer ordentlichen Kündigung der abhängigen Gesellschaft durch Sonderbeschluss zustimmen. Der Begriff der außenstehenden Aktionäre ist identisch mit demjenigen in § 295 Abs. 2 S. 1 und § 296 Abs. 2 S. 1. Für den Sonderbeschluss nach Abs. 2 gelten die gleichen Regeln wie für den Sonderbeschluss nach § 295 Abs. 2 und § 296 Abs. 2 (→ § 295 Rn. 10 bis → § 295 Rn. 14). Abs. 2 gilt aufgrund des ausdrücklichen Wortlautes und der Gesetzesbegründung (RegBegr. AktG *Kropff* 386) **nicht bei einer Kündigung durch den anderen (herrschenden) Vertragsteil** (rechtspolitische Kritik bei KK-AktG/*Koppensteiner* Rn. 4) und zwar auch dann nicht, wenn wegen eines vertraglichen Kündigungsrechts gekündigt wird (BGH 5.4.1993, BGHZ 122, 211 (232) = NJW 1993, 1976; aA wohl *Hirte* ZGR 1994, 644 (656)).

IV. Kündigungserklärung (insbesondere Schriftform – Abs. 3)

10 Die Kündigungserklärung ist eine einseitige empfangsbedürftige Willenserklärung, deren Abgabe und Zugang sich nach den allgemeinen Vorschriften richtet. Bei der außerordentlichen Kündigung ist die Angabe des Kündigungsgrundes zweckmäßig, aber nicht Wirksamkeitsvoraussetzung (hM Emmerich/Habersack/*Emmerich* Rn. 25). Entsprechend § 314 Abs. 3 BGB kann die außerordentliche Kündigung nur innerhalb einer angemessenen Frist nach Kenntnis des Kündigungsgrundes erklärt werden (OLG München 21.3.2011, NZG 2011, 1183 (1184)). Sie bedarf nach Abs. 3 der Schriftform (§ 126 Abs. 1 und 2 BGB), die durch die elektronische Form gem. § 126a BGB ersetzt werden kann (§ 126 Abs. 3 BGB) (MüKoAktG/*Altmeppen* Rn. 86; Emmerich/Habersack/*Emmerich* Rn. 10). Wird die Schriftform nicht eingehalten, ist die Kündigungserklärung nichtig (§ 125 S. 1 BGB) (Hüffer/Koch/*Koch* Rn. 20).

V. Kündigungsfolgen

11 Die Kündigung bewirkt die Beendigung des Unternehmensvertrags, ohne dass hierfür die (deklaratorisch wirkende) Eintragung der Beendigung in das Handelsregister erforderlich wäre. Im Falle der außerordentlichen Kündigung endet der Vertrag mit Zugang der Kündigung (§ 130 BGB), im Falle der ordentlichen Kündigung zum nächsten zulässigen Kündigungstermin nach Ablauf der Kündigungsfrist, aber nicht bevor der etwa erforderliche Sonderbeschluss nach Abs. 2 S. 1 vorliegt. Eine rückwirkende Kündigung scheidet aus (Hüffer/Koch/*Koch* Rn. 3).

VI. Sonstige Beendigungsgründe

12 Neben die Aufhebung (§ 296) und die Kündigung (§ 297 sowie § 304 Abs. 4 und § 305 Abs. 5 S. 4) tritt die Beendigung von Unternehmensverträgen von Rechts wegen in den folgenden Fällen ein:

13 Unternehmensverträge, die für eine bestimmte Zeit eingegangen wurden, enden mit **Zeitablauf** (Spindler/Stilz/*Veil* Rn. 31), sofern sie nicht – was zulässig ist (KK-AktG/*Koppensteiner* Rn. 7) – eine **Verlängerungsklausel** enthalten. Sieht diese etwa nach Ablauf einer bestimmten Dauer eine automatische Verlängerung um jeweils einen bestimmten Zeitraum vor, sofern der Vertrag nicht zuvor gekündigt wurde, so handelt es sich hierbei um eine besondere Form eines von vornherein auf unbestimmte Zeit geschlossenen Vertrags (MHdB GesR IV/*Krieger* § 71 Rn. 180). Sie enden des Weiteren im Falle der **Auflösung** eines Vertragspartners nach § 262 (hM Hüffer/Koch/*Koch* Rn. 22; aA KK-AktG/*Koppensteiner* Rn. 44 ff.), es sei denn, die Auflösung wurde durch den anderen Vertragsteil als alleinigen Gesellschafter ohne ersichtlichen Grund beschlossen (OLG München 20.6.2011, NZG 2011, 867 (868)). Unternehmensverträge enden weiter infolge Insolvenzeröffnung über das Vermögen des herrschenden Unternehmens oder der abhängigen Gesellschaft im Falle eines Beherrschungs- und/oder Gewinnabführungsvertrags (§ 262 Abs. 1 Nr. 3) (hM zur Rechtslage unter der KO BGH 14.12.1987, BGHZ 103, 1 (6 f.); ebenso zur Rechtslage unter der InsO: Hüffer/Koch/*Koch* Rn. 22a; MüKoAktG/*Altmeppen* Rn. 102 ff., 106; MHdB GesR IV/*Krieger* § 71 Rn. 207; aA KK-AktG/*Koppensteiner* Rn. 47).

14 **Gesetzliche Rücktrittsrechte** scheiden nach dem Wirksamwerden des Beherrschungs- und/oder Gewinnabführungsvertrags bzw. dem tatsächlichen Vollzug eines Unternehmensvertrags nach § 292 aus; sie werden durch die Kündigung aus wichtigem Grund verdrängt (hM MüKoAktG/*Altmeppen* Rn. 92 f.). Unzulässig sind darüber hinaus für den Zeitraum nach dem Wirksamwerden des Unternehmensvertrag vereinbarte **vertragliche Rücktrittsvorbehalte** (vgl. auch BGH 5.4.1993, BGHZ 122, 211 (225 f.) = NJW 1993, 1976), die regelmäßig aber in ein Recht zur Kündigung kraft vertraglich vereinbarten wichtigen Grundes umgedeutet werden können.

15 Weitere Beendigungsgründe sind zB der **Verlust der Unternehmereigenschaft des anderen Vertragsteils,** die **Verschmelzung oder Eingliederung** der abhängigen Gesellschaft (ausf. Spindler/Stilz/*Veil* Rn. 41 ff.) oder die spätere Beteiligung außenstehender Aktionäre (§ 307). Zum Ganzen ausf. auch MüKoAktG/*Altmeppen* Rn. 89 ff.

Anmeldung und Eintragung

298 Der Vorstand der Gesellschaft hat die Beendigung eines Unternehmensvertrags, den Grund und den Zeitpunkt der Beendigung unverzüglich zur Eintragung in das Handelsregister anzumelden.

I. Regelungsgegenstand

1 Die Vorschrift hat die Anmeldung und Eintragung der Beendigung des Unternehmensvertrags in das Handelsregister zum Gegenstand. Sie bildet das Gegenstück zu § 294 Abs. 1 und dient ebenso wie diese Norm dem Schutz des Rechtsverkehrs durch Publizität.

II. Anmeldung

2 Nach § 298 hat der Vorstand der Gesellschaft, die die vertragstypische Leistung erbringt, die Beendigung des Unternehmensvertrags, den Grund (zB Aufhebungsvertrag) und den Beendigungszeitpunkt zur Eintragung in das Handelsregister anzumelden. Die Anmeldung hat unverzüglich (§ 121 Abs. 1 S. 1 BGB) und in der Form des § 12 HGB zu erfolgen. Das Registergericht kann die Anmeldung durch die Festsetzung von Zwangsgeld (§ 14 HGB) erzwingen (RegBegr. AktG *Kropff* 386). Sie erfolgt durch Vorstandsmitglieder in vertretungsberechtigter Zahl; unechte Gesamtvertretung (§ 78 Abs. 3) ist zulässig (MHdB GesR IV/*Krieger* § 71 Rn. 218).

3 Ungeachtet der Möglichkeit der Amtslöschung des Unternehmensvertrags (§ 395 FamFG), entsteht nach hM die Anmeldepflicht analog § 298 auch bei **Nichtigkeit oder endgültiger Unwirksamkeit des Vertrags** (hM Spindler/Stilz/*Veil* Rn. 2; zweifelnd Hüffer/Koch/*Koch* Rn. 2). Dagegen ist die Norm unanwendbar, wenn der Vertrag wegen einer **Umwandlungsmaßnahme oder aufgrund Eingliederung** (→ § 297 Rn. 15) beendet wird (hM MHdB GesR IV/*Krieger* § 71 Rn. 218; aA Emmerich/Habersack/*Emmerich* Rn. 3).

4 Hinsichtlich der der **Anmeldung beizufügenden Unterlagen** gilt § 294 Abs. 1 S. 2 entsprechend (MüKoAktG/*Altmeppen* Rn. 7). Unterlagen, aus denen sich die sachliche Richtigkeit der Anmeldung ergibt, kann das Registergericht jedenfalls gem. § 26 FamFG anfordern (Hüffer/Koch/*Koch* Rn. 4). Der Vorstand hat unaufgefordert Nachweise beizufügen, aus denen sich die Beendigung des Vertrags und der Beendigungszeitpunkt ergeben, sowie in den Fällen der § 296 Abs. 2, § 297 Abs. 2 die Niederschrift

über den Sonderbeschluss, sofern sich dieser nicht bereits nach § 130 Abs. 5, § 138 in den Registerakten befindet.

III. Eintragung und Bekanntmachung

Das Registergericht prüft die Anmeldung in formeller und materieller Hinsicht (→ § 294 Rn. 6). Der Umfang der materiellen Prüfungspflicht hängt vom Vorliegen tatsächlicher Anhaltspunkte für etwaige Fehler (etwa das Fehlen eines wichtigen Grundes für die außerordentliche Kündigung) ab (OLG Düsseldorf 19.8.1994, AG 1995, 137 (138); Emmerich/Habersack/*Emmerich* Rn. 8). Eingetragen wird der Inhalt der Anmeldung. Die Eintragung hat nur deklaratorische Bedeutung (RegBegr. AktG *Kropff* 387). Die Bekanntgabe erfolgt nach § 10 HGB. Mit ihr beginnen die Fristen nach § 302 Abs. 3, § 303 Abs. 1 zu laufen. 5

Ausschluß von Weisungen

299 Auf Grund eines Unternehmensvertrags kann der Gesellschaft nicht die Weisung erteilt werden, den Vertrag zu ändern, aufrechtzuerhalten oder zu beendigen.

I. Regelungsgegenstand und -zweck

Die Norm soll die Entscheidungsfreiheit des Vorstandes der abhängigen Gesellschaft über Änderung, Fortführung und Beendigung des Unternehmensvertrags absichern (RegBegr. AktG *Kropff* 387). Wegen der faktischen Einflussmöglichkeiten des herrschenden Unternehmens bleibt diese Sicherung aber weitgehend wirkungslos und hat allenfalls eine haftungsrechtliche Bedeutung iRd § 309 Abs. 2 S. 1, § 310 Abs. 1 S. 1 (Emmerich/Habersack/*Emmerich* Rn. 1). 1

II. Unzulässige Weisungen

1. Voraussetzungen. § 299 setzt zunächst das Vorliegen eines **Beherrschungsvertrags** voraus (allgM MüKoAktG/*Altmeppen* Rn. 3), da nur dort ein Weisungsrecht besteht (§ 308 Abs. 1 S. 1). Die auf einer Eingliederung beruhende Leitungsmacht (§ 323) wird nicht erfasst, da sie nicht Folge eines Unternehmensvertrags ist (Hüffer/Koch/*Koch* Rn. 2). Nach dem Wortlaut bezieht sich § 299 zwar nur auf Weisungen im Hinblick auf den „Unternehmensvertrag" (in Form des Beherrschungsvertrags); existiert neben dem Beherrschungsvertrag jedoch ein **weiterer Unternehmensvertrag,** so muss sich das herrschende Unternehmen auch bezüglich der Änderung, Fortführung oder Beendigung dieses Vertrags jeglicher Weisungen enthalten (KK-AktG/*Koppensteiner* Rn. 2). Da sich das Verbot des § 299 auf das Verhältnis des herrschenden Unternehmens zur abhängigen Gesellschaft beschränkt, ist es in **mehrstufigen Konzernen** nicht verboten, dass die Mutter die Tochter aufgrund eines Beherrschungsvertrags anweist, einen Unternehmensvertrag zwischen Tochter und Enkelin zu ändern (OLG Karlsruhe 7.12.1990, AG 1991, 144 (146); MHdB GesR IV/*Krieger* § 71 Rn. 184). 2

2. Rechtsfolgen. Erfolgt eine verbotene Weisung, ist diese wegen **§ 134 BGB nichtig** und darf vom Vorstand der abhängigen Gesellschaft nicht befolgt werden. Geschieht dies dennoch, so liegt hierin eine haftungsbegründende Pflichtwidrigkeit iSv § 310 Abs. 1 (Emmerich/Habersack/*Emmerich* Rn. 7). Daneben kommt wegen der verbotenen Weisung eine Haftung des herrschenden Unternehmens und seines Vorstandes nach § 309 in Betracht (Emmerich/Habersack/*Emmerich* Rn. 7). 3

III. Einflussnahmen durch den Aufsichtsrat oder die Hauptversammlung

Wird die Änderung, Fortführung oder Beendigung eines Unternehmensvertrags zum Gegenstand eines Zustimmungsvorbehalts des vom herrschenden Unternehmen regelmäßig dominierten **Aufsichtsrats** gemacht (§ 111 Abs. 4 S. 2), so wird dies von § 299 nicht erfasst (RegBegr. AktG *Kropff* 387). Gleiches gilt für den Fall, dass die vom herrschenden Unternehmen regelmäßig dominierte **Hauptversammlung** den Vorstand der abhängigen Gesellschaft nach § 83 Abs. 1 S. 2 anweist, den Unternehmensvertrag zu **ändern.** Sofern der Hauptversammlungsbeschluss nicht anfechtbar ist, ist der Vorstand verpflichtet, ihn auszuführen. Fragen der **Fortführung und Beendigung** von Unternehmensverträgen unterfallen demgegenüber nicht der Kompetenz der Hauptversammlung, sodass § 83 Abs. 1 S. 2 nicht anwendbar ist. Dem Vorstand steht es indes frei, diese Fragen der Hauptversammlung nach § 119 Abs. 2 vorzulegen; er kann hierzu allerdings nicht nach § 308 angewiesen werden, da dies wiederum dem Verbot des § 299 unterfällt (hM Hüffer/Koch/*Koch* Rn. 6; aA Emmerich/Habersack/*Emmerich* Rn. 6). 4

Dritter Abschnitt. Sicherung der Gesellschaft und der Gläubiger

Gesetzliche Rücklage

300 In die gesetzliche Rücklage sind an Stelle des in § 150 Abs. 2 bestimmten Betrags einzustellen,

1. wenn ein Gewinnabführungsvertrag besteht, aus dem ohne die Gewinnabführung entstehenden, um einen Verlustvortrag aus dem Vorjahr geminderten Jahresüberschuß der Betrag, der erforderlich ist, um die gesetzliche Rücklage unter Hinzurechnung einer Kapitalrücklage innerhalb der ersten fünf Geschäftsjahre, die während des Bestehens des Vertrags oder nach Durchführung einer Kapitalerhöhung beginnen, gleichmäßig auf den zehnten oder den in der Satzung bestimmten höheren Teil des Grundkapitals aufzufüllen, mindestens aber der in Nummer 2 bestimmte Betrag;

2. wenn ein Teilgewinnabführungsvertrag besteht, der Betrag, der nach § 150 Abs. 2 aus dem ohne die Gewinnabführung entstehenden, um einen Verlustvortrag aus dem Vorjahr geminderten Jahresüberschuß in die gesetzliche Rücklage einzustellen wäre;

3. wenn ein Beherrschungsvertrag besteht, ohne daß die Gesellschaft auch zur Abführung ihres ganzen Gewinns verpflichtet ist, der zur Auffüllung der gesetzlichen Rücklage nach Nummer 1 erforderliche Betrag, mindestens aber der in § 150 Abs. 2 oder, wenn die Gesellschaft verpflichtet ist, ihren Gewinn zum Teil abzuführen, der in Nummer 2 bestimmte Betrag.

Übersicht

I. Regelungsgegenstand und -zweck

1 § 300 betrifft die Dotierung der gesetzlichen Rücklage der Untergesellschaft bei Bestehen eines Beherrschungs-, Gewinnabführungs- oder Teilgewinnabführungsvertrags; die Vorschrift modifiziert den hierfür grundsätzlich maßgeblichen § 150 Abs. 2. Zweck ist der Schutz der AG und ihrer Gläubiger vor einer Aushöhlung der bilanziell darstellbaren Gesellschaftssubstanz durch Bildung einer angemessenen Rücklage (RegBegr. AktG *Kropff* 388). § 300 ist **zwingendes Recht** (Spindler/Stilz/*Euler*/*Sabel* Rn. 3) und kann durch die Satzung nicht abbedungen oder geändert werden (Hüffer/Koch/*Koch* Rn. 1); wird die gesetzliche Rücklage in einem zu geringen Umfang dotiert, so liegt hierin ein Verstoß gegen § 300, der zur Nichtigkeit des Jahresabschlusses der Untergesellschaft nach § 256 Abs. 1 Nr. 4 führt (Emmerich/Habersack/*Emmerich* Rn. 4). Eine höhere als die gesetzlich geforderte Dotierung kann die Untergesellschaft dagegen mit Zustimmung der Obergesellschaft vornehmen, ohne gegen § 300 zu verstoßen. Bei einem isolierten Beherrschungsvertrag ist zusätzlich die Zustimmung der Hauptversammlung iRd Gewinnverwendungsbeschlusses erforderlich (K. Schmidt/Lutter/*Stephan* Rn. 5).

II. Begriff der gesetzlichen Rücklage; Dotierung

2 Bei der in § 300 angesprochenen gesetzlichen Rücklage handelt es sich ebenso wie bei § 150 um den Passivposten nach § 266 Abs. 3 A. III. 1. HGB. Die **gesetzliche Obergrenze** ist erreicht, wenn der in die gesetzliche Rücklage eingestellte Betrag und die nach § 272 Abs. 2 Nrn. 1–3 HGB in die Kapitalrücklage eingestellten Beträge zusammen 10 % des Grundkapitals ausmachen (*ADS* Rn. 34; MüKoAktG/*Altmeppen* Rn. 3; Hüffer/Koch/*Koch* Rn. 3). § 300 ist erforderlich, da in § 150 Abs. 2 als Berechnungsgrundlage der tatsächliche Jahresüberschuss (§ 275 Abs. 2 Nr. 20 bzw. Abs. 3 Nr. 19 HGB)

angesetzt wird, der aber aufgrund des (Teil-)Gewinnabführungsvertrags nicht oder nur in geringerer Höhe entsteht. § 300 modifiziert die Berechnungsgrundlage insoweit, als der abgeführte Gewinn wieder hinzugerechnet wird, sodass ein **fiktiver Jahresüberschuss** entsteht. Die weiteren Anforderungen des § 150 Abs. 2 an die Dotierung der gesetzlichen Rücklage bleiben neben § 300 ebenso maßgeblich wie § 150 Abs. 3 und 4 für die Verwendung der gesetzlichen Rücklage.

III. Gewinnabführungsvertrag (Nr. 1)

1. Anwendungsbereich. Der Anwendungsbereich der Nr. 1 ist eröffnet, wenn ein wirksamer Gewinnabführungsvertrag oder Geschäftsführungsvertrag besteht. Letzterer muss allerdings nach allgemeinen Grundsätzen (→ § 291 Rn. 48) unentgeltlich sein; unter Umgehungsgesichtspunkten findet Nr. 1 aber auch auf Geschäftsführungsverträge mit einer unangemessen niedrigen Gegenleistung Anwendung (Spindler/Stilz/*Euler/Sabel* Rn. 6; Hüffer/Koch/*Koch* Rn. 5). Unerheblich ist, ob parallel ein Beherrschungsvertrag abgeschlossen wurde (K. Schmidt/Lutter/*Stephan* Rn. 6). Dagegen ist Nr. 1 nicht anwendbar, wenn der Gewinnabführungsvertrag mit einer eingegliederten AG besteht (§ 324 Abs. 1). 3

2. Fiktiver Jahresüberschuss. Voraussetzung der Rücklagendotierung nach Nr. 1 ist, dass ohne die Pflicht zur Gewinnabführung (§ 277 Abs. 3 S. 2 HGB) ein fiktiver Jahresüberschuss entstanden wäre. Dieser ist um einen etwaigen vorvertraglichen Verlustvortrag (§ 158 Abs. 1 S. 1 Nr. 1) zu kürzen und stellt dann die Berechnungsgrundlage für die Dotierung der gesetzlichen Rücklage dar (K. Schmidt/Lutter/*Stephan* Rn. 7 f.). Existiert kein vorvertraglicher Verlustvortrag, kann der fiktive Jahresüberschuss direkt als Berechnungsgrundlage herangezogen werden. Denn ein Verlustvortrag während des Bestehens des Gewinnabführungsvertrags kann wegen der Ausgleichsverpflichtung der Obergesellschaft aus § 302 nicht entstehen (vgl. MüKoAktG/*Altmeppen* Rn. 11). 4

3. Dotierung. Ist der um den vorvertraglichen Verlustvortrag geminderte fiktive Jahresüberschuss positiv, so ist der Vorstand verpflichtet, ihn zur Rücklagendotierung einzusetzen. 5

a) Regeldotierung. Auszugehen ist zunächst von der Zielgröße der gesetzlichen Rücklage, die 10 % des Grundkapitals oder eines in der Satzung bestimmten höheren Teils des Grundkapitals beträgt (§ 150 Abs. 2). Von diesem Betrag ist die Kapitalrücklage nach § 272 Abs. 2 Nrn. 1–3 HGB und die bereits bestehende gesetzliche Rücklage abzuziehen. Der verbleibende Betrag soll innerhalb der ersten fünf Geschäftsjahre gleichmäßig aufgefüllt werden, sodass sich die **jährliche Regeldotierung** aus einer Division mit fünf ergibt (Spindler/Stilz/*Euler/Sabel* Rn. 9). Wird der Gewinnabführungsvertrag – wie regelmäßig – auf den Beginn eines Geschäftsjahrs abgeschlossen, zählt dieses Jahr für die **Fünfjahresfrist** selbst dann mit, wenn sich der Vertragsbeginn nur aus einer zwischen den Parteien vereinbarten Rückwirkung ergibt (*ADS* Rn. 33); bei einem Vertragsbeginn während des laufenden Geschäftsjahrs gilt für dieses Geschäftsjahr noch § 150 Abs. 2 und die Fünfjahresfrist beginnt erst mit dem auf den Vertragsbeginn folgenden Geschäftsjahr zu laufen (hM MüKoAktG/*Altmeppen* Rn. 16; aA Emmerich/Habersack/*Emmerich* Rn. 13). 6

Reicht der um den vorvertraglichen Verlustvortrag geminderte fiktive Jahresüberschuss für eine Regeldotierung in einem Jahr nicht aus, muss der Fehlbetrag in den verbleibenden Jahren des Fünfjahreszeitraums nachgeleistet werden (RegBegr. AktG *Kropff* 388; Hüffer/Koch/*Koch* Rn. 6; MüKoAktG/*Altmeppen* Rn. 21 mwN). Ist die gesetzliche Rücklage nach Ablauf der Fünfjahresfrist nicht aufgefüllt, ist der Jahresüberschuss in voller Höhe einzustellen, bis die gesetzliche Rücklage aufgefüllt ist (KK-AktG/*Koppensteiner* Rn. 11). 7

Erfolgt eine **Kapitalerhöhung** der Untergesellschaft während der Fünfjahresfrist, stehen der Gesellschaft nach hM grundsätzlich zwei zulässige Methoden zur Berechnung der Regeldotierung zur Verfügung (K. Schmidt/Lutter/*Stephan* Rn. 14 f. mwN). Nach einer Methode wird die Fünfjahresfrist als unterbrochen behandelt und ab Eintragung der Kapitalerhöhung unter Berücksichtigung des neuen Grundkapitals und daher neuer Berechnung der Regeldotierung neu berechnet (Spindler/Stilz/*Euler/Sabel* Rn. 12). Nach der zweiten Methode lässt man die bereits begonnene Fünfjahresfrist nebst bestehender Dotierung unbeeinflusst weiterlaufen. Parallel dazu beginnt eine neue Fünfjahresfrist mit einer zusätzlichen Regeldotierung für den durch die Kapitalerhöhung entstandenen Anteil am Grundkapital. Eine **Kapitalherabsetzung** ist entsprechend zu behandeln und kann zu einer Herabsetzung der Zuweisung führen (Spindler/Stilz/*Euler/Sabel* Rn. 13). 8

b) Mindestdotierung. Liegt die Regeldotierung nach Nr. 1 unter dem Betrag, der nach § 150 Abs. 2 bei Vernachlässigung der Gewinnabführung in die gesetzliche Rücklage einzustellen wäre, so ist die in § 150 Abs. 2 festgesetzte Dotierung in Höhe von 5 % des (fiktiven) Jahresüberschusses die **Mindestdotierung** (RegBegr. AktG *Kropff* 389; *ADS* Rn. 19 f.). Sie hat ebenfalls zu erfolgen, wenn die gesetzliche Rücklage aufgefüllt ist. Nr. 1 bringt dies durch Verweisung auf Nr. 2 zum Ausdruck, der wiederum auf § 150 Abs. 2 verweist. 9

IV. Teilgewinnabführungsvertrag (Nr. 2)

10 **1. Anwendungsbereich.** Der Anwendungsbereich des Nr. 2 ist eröffnet, wenn ein wirksamer Teilgewinnabführungsvertrag iSv § 292 Abs. 1 Nr. 2 (→ § 292 Rn. 8) besteht. Erfasst werden sowohl Teilgewinnabführungsverträge, die sich auf einen Teil des Gesamtgewinns der Gesellschaft beziehen, als auch solche, die zur Abführung des ganzen oder teilweisen Gewinns einzelner Betriebe verpflichten (zur Zulässigkeit beider Gestaltungen → § 292 Rn. 8). Letzteres gilt ungeachtet der gegenteiligen Regierungsbegründung (RegBegr. AktG *Kropff* 389), nach der die betriebsbezogenen Teilgewinnabführungsverträge aus dem Anwendungsbereich des Nr. 2 herausfallen sollen (hM Hüffer/Koch/*Koch* Rn. 10; MüKoAktG/*Altmeppen* Rn. 23 ff.; MHdB GesR IV/*Krieger* § 73 Rn. 21; aA KK-AktG/*Koppensteiner* Rn. 14). Ohne Belang ist es nach hM schließlich, wenn die Teilgewinnabführung an den Bilanzgewinn und nicht an den Jahresüberschuss anknüpft (*ADS* Rn. 41; MüKoAktG/*Altmeppen* Rn. 25; KK-AktG/*Koppensteiner* Rn. 14; aA GroßkommAktG/*Würdinger* Anm. 2).

11 **2. Fiktiver Jahresüberschuss und Dotierung.** Auch beim Teilgewinnabführungsvertrag ist zunächst der um einen vorvertraglichen Verlustvortrag geminderte fiktive Jahresüberschuss zu ermitteln. Ergibt sich ein positiver Betrag, so wird die Dotierung der gesetzlichen Rücklage nach Maßgabe des § 150 Abs. 2 berechnet (Nr. 2): Anders als bei der auf schnelle Rücklagenbildung abzielenden Regelzuführung nach Nr. 1 sind nur 5 % dieses Betrages in die gesetzliche Rücklage einzustellen, bis die gesetzliche Obergrenze erreicht ist. Zur Frage, zu wessen Lasten sich die Zuführung zur gesetzlichen Rücklage auswirkt, vgl. K. Schmidt/Lutter/*Stephan* Rn. 25.

V. Beherrschungsvertrag (Nr. 3)

12 **1. Anwendungsbereich.** Nr. 3 regelt die Rücklagendotierung bei Bestehen eines (wirksamen) Beherrschungsvertrags (→ § 291 Rn. 8 ff.). Zwar hindert das Bestehen eines Beherrschungsvertrags das Entstehen eines Jahresüberschusses nicht; gleichwohl besteht die Gefahr, dass die Obergesellschaft durch Ausübung des Weisungsrechts (§ 308) oder in sonstiger Weise Gewinne der Untergesellschaft an sich zieht und diese wirtschaftlich aushöhlt (K. Schmidt/Lutter/*Stephan* Rn. 2). Es ist danach zu unterscheiden, ob es sich um einen isolierten Beherrschungsvertrag handelt, oder ob er mit einem Gewinnabführungsvertrag oder einem Teilgewinnabführungsvertrag verknüpft ist.

13 **2. Isolierter Beherrschungsvertrag.** Für den Fall eines isolierten Beherrschungsvertrags ist die gesetzliche Rücklage nach Nr. 3 mit dem nach Nr. 1 erforderlichen Betrag, mindestens aber mit dem nach § 150 Abs. 2 erforderlichen Betrag zu dotieren. Anders als im Falle der Nr. 1 setzt die Dotierung der gesetzlichen Rücklage nach Nr. 3 allerdings voraus, dass ein tatsächlicher (nicht fiktiver) Jahresüberschuss in entsprechender Höhe von der Untergesellschaft erwirtschaftet wurde (hM KK-AktG/*Koppensteiner* Rn. 20; MHdB GesR IV/*Krieger* § 71 Rn. 62; MüKoAktG/*Altmeppen* Rn. 29 ff.; wohl auch Emmerich/Habersack/*Emmerich* Rn. 20); die Gegenauffassung, nach der die Rücklagenbildung auch dann zu erfolgen habe, wenn kein Jahresüberschuss vorhanden ist (Hüffer/Koch/*Koch* Rn. 13; *ADS* Rn. 53), ist abzulehnen. Sie hätte zur Folge, dass ein wegen der Rücklagenbildung später eventuell entstehender Jahresfehlbetrag von der Obergesellschaft auszugleichen wäre und würde damit zu einer der Gesetzessystematik fremden Verpflichtung der Obergesellschaft führen, die Erhöhung des Eigenkapitals der Untergesellschaft aus eigenen Mitteln zu finanzieren (K. Schmidt/Lutter/*Stephan* Rn. 28).

14 **3. Beherrschungsvertrag und Gewinnabführungsvertrag.** Wird ein Beherrschungs- und Gewinnabführungsvertrag abgeschlossen, ist bei der Rücklagenbildung nach Nr. 3 auf die für den (isolierten) Gewinnabführungsvertrag maßgebliche Vorschrift Nr. 1 abzustellen. Die unterschiedliche Behandlung von Beherrschungs- und Gewinnabführungsverträgen und isolierten Beherrschungsverträgen ist zwar unbefriedigend (KK-AktG/*Koppensteiner* Rn. 20), aber de lege lata hinzunehmen.

15 **4. Beherrschungsvertrag und Teilgewinnabführungsvertrag.** Wird ein Beherrschungsvertrag gemeinsam mit einem Teilgewinnabführungsvertrag abgeschlossen, besteht aufgrund der unklaren Formulierung in Nr. 3 Uneinigkeit darüber, ob das Wort „oder" in Nr. 3 in dem Sinne zu verstehen ist, dass sich die Dotierung der gesetzlichen Rücklage alleine nach Nr. 2 richtet (MüKoAktG/*Altmeppen* Rn. 37 ff.; Spindler/Stilz/*Euler*/*Sabel* Rn. 26), oder ob primär Nr. 1 einschlägig ist und Nr. 3 aE daneben als Mindestregelung greift (Hüffer/Koch/*Koch* Rn. 15; KK-AktG/*Koppensteiner* Rn. 18). Da der Wortlaut am ehesten für die zweite Lösung spricht und keine Gründe dafür ersichtlich sind, warum die für den isolierten Beherrschungsvertrag maßgebliche Rücklagenbildung durch das Hinzutreten eines Teilgewinnabführungsvertrags aufgeweicht werden soll (K. Schmidt/Lutter/*Stephan* Rn. 32 f.), ist sie vorzuziehen.

Höchstbetrag der Gewinnabführung

301 **[1] Eine Gesellschaft kann, gleichgültig welche Vereinbarungen über die Berechnung des abzuführenden Gewinns getroffen worden sind, als ihren Gewinn höchstens den ohne die Gewinnabführung entstehenden Jahresüberschuss, vermindert um einen Verlustvortrag aus dem Vorjahr, um den Betrag, der nach § 300 in die gesetzlichen Rücklagen einzustellen ist, und den nach § 268 Abs. 8 des Handelsgesetzbuchs ausschüttungsgesperrten Betrag, abführen. [2] Sind während der Dauer des Vertrags Beträge in andere Gewinnrücklagen eingestellt worden, so können diese Beträge den anderen Gewinnrücklagen entnommen und als Gewinn abgeführt werden.**

Übersicht

I. Regelungsgegenstand und -zweck

1 Die Norm begrenzt den vertraglich abzuführenden Gewinn auf einen Höchstbetrag und setzt damit das Vorliegen einer vertraglichen Pflicht zur Gewinnabführung voraus. S. 1 knüpft hierfür wie § 300 Nr. 1 und 2 an den ohne Gewinnabführung entstehenden (fiktiven) Jahresüberschuss an. Ein übersteigender Bilanzgewinn, der aufgrund von Entnahmen aus Rücklagen entsteht, kann grundsätzlich nicht abgeführt werden; S. 2 macht hiervon für andere Gewinnrücklagen, die durch Einstellungen während der Dauer des Vertrags entstanden sind, eine Ausnahme.

2 § 301 bezweckt den Schutz der Gesellschaft vor Aushöhlung und schützt damit in erster Linie die Gesellschaftsgläubiger, wegen der Beschränkung hinsichtlich der Abführung eines aus der Auflösung von Rücklagen entstehenden Bilanzgewinns aber auch die außenstehenden Gesellschafter (K. Schmidt/Lutter/*Stephan* Rn. 7).

3 Die in § 301 getroffenen Regelungen sind **zwingend** (Hüffer/Koch/*Koch* Rn. 1). Vertragliche Vereinbarungen, die ausdrücklich eine höhere Abführung vorsehen, sind nach § 134 BGB nichtig (K. Schmidt/Lutter/*Stephan* Rn. 8; aA MüKoAktG/*Altmeppen* Rn. 25; MHdB GesR IV/*Krieger* § 72 Rn. 30) und das Schicksal des übrigen Vertrags richtet sich nach § 139 BGB.

II. Anwendungsbereich

4 Der Anwendungsbereich des § 301 ist nur eröffnet, wenn eine Verpflichtung zur Gewinnabführung besteht. Damit gilt die Norm für **Gewinnabführungsverträge** iSv § 291 Abs. 1 S. 1 Alt. 2, und zwar selbst dann, wenn sie mit einem Beherrschungsvertrag verbunden sind (MüKoAktG/*Altmeppen* Rn. 6), nicht jedoch für **isolierte Beherrschungsverträge** (hM Hüffer/Koch/*Koch* Rn. 2; KK-AktG/*Koppensteiner* Rn. 7 mwN). § 301 ist auch auf **Teilgewinnabführungsverträge** iSv § 292 Abs. 1 Nr. 2 Alt. 1 anzuwenden, die an den Unternehmensgewinn anknüpfen (LG Bonn 10.1.2006, AG 2006, 465; Hüffer/Koch/*Koch* Rn. 2, Spindler/Stilz/*Veil* Rn. 4; vgl. auch RegBegr. AktG *Kropff* 390; aA überhaupt keine Anwendung des § 301 auf Teilgewinnabführungsverträge: MüKoAktG/*Altmeppen* Rn. 8 f.; K. Schmidt/Lutter/*Stephan* Rn. 11; MHdB GesR IV/*Krieger* § 73 Rn. 22), nach hM jedoch dann nicht, wenn der Teilgewinnabführungsvertrag iSv § 292 Abs. 1 Nr. 2 Alt. 2 an den Gewinn eines Betriebs anknüpft (MüKoAktG/*Altmeppen* Rn. 10; Hüffer/Koch/*Koch* Rn. 2; KK-AktG/*Koppensteiner* Rn. 6; Spindler/Stilz/*Veil* Rn. 4). Letzterem ist nicht zu folgen (ebenso GroßkommAktG/*Hirte* Rn. 29; Emmerich/Habersack/*Emmerich* Rn. 5): Nach dem Schutzzweck des § 301 ist kein sachlicher Grund dafür ersichtlich, die Abführung des Betriebsgewinns zuzulassen, obwohl dieser den nach § 301 bezeichneten Höchstbetrag auf Unternehmensebene, etwa wegen Verlusten in anderen Betrieben, übersteigt (GroßkommAktG *Hirte* Rn. 29). Offen ist schließlich, ob § 301 auf **Geschäftsführungsverträge** iSv § 291 Abs. 1 S. 2 anzuwenden ist. Dies wird teilweise unter Hinweis darauf abgelehnt, dass dort kein Gewinn abgeführt werde, sondern ein solcher bei der für Rechnung des herrschenden Unternehmens

tätigen Gesellschaft erst gar nicht entstünde (vgl. nur KK-AktG/*Koppensteiner* Rn. 4 mwN). Dagegen wird zu Recht eingewandt, dass auch bei einem Geschäftsführungsvertrag am Ende eines Geschäftsjahrs ein fiktiver Jahresüberschuss ermittelt und von dem anderen Vertragsteil übernommen werde; dies ermögliche es, auch ihn an § 301 zu messen (hM Hüffer/Koch/*Koch* Rn. 2; MüKoAktG/*Altmeppen* Rn. 6; Emmerich/Habersack/*Emmerich* Rn. 7; MHdB GesR IV/*Krieger* § 72 Rn. 36; Spindler/Stilz/*Veil* Rn. 5; K. Schmidt/Lutter/*Stephan* Rn. 13).

III. Höchstbetrag der Gewinnabführung (S. 1)

5 **1. Begriff.** Die Höchstgrenze der Gewinnabführung ist der Jahresüberschuss der verpflichteten Gesellschaft, der sich ohne die Gewinnabführung ergeben würde; er ist zudem um den Verlustvortrag aus dem Vorjahr, den Betrag der Zuweisungen in die gesetzlichen Rücklagen nach § 300 und den Betrag der nach § 268 Abs. 8 HGB ausschüttungsgesperrten Erträge zu mindern.

6 **2. Berechnung. a) Jahresüberschuss. Ausgangsgröße** ist demnach der **Jahresüberschuss** (§ 275 Abs. 2 Nr. 20, Abs. 3 Nr. 19 HGB), der aufgrund einer fiktiven Betrachtung **ohne Berücksichtigung der Verpflichtung zur Gewinnabführung** (§ 277 Abs. 3 S. 2 HGB) zu berechnen ist.

7 Werden **stille Reserven** realisiert, führt dies zu Erträgen, die bei der Berechnung des (fiktiven) Jahresüberschusses zu berücksichtigen sind und den abzuführenden Gewinn erhöhen, auch wenn sie aus der Zeit vor Vertragsbeginn herrühren (ganz hM BGH 20.5.1997, BGHZ 135, 374 (378) = NJW 1997, 2242; OLG Düsseldorf 7.6.1990, AG 1990, 490 (493); Spindler/Stilz/*Veil* Rn. 8; Hüffer/Koch/*Koch* Rn. 4 mwN). Dasselbe gilt für Erträge aus der Auflösung von **Rückstellungen** (MüKoAktG/*Altmeppen* Rn. 33 f.; MHdB GesR IV/*Krieger* § 72 Rn. 34; KK-AktG/*Koppensteiner* Rn. 20 f.). Ebenso sind noch bestehende Sonderposten mit Rücklagenanteil zu behandeln (Art. 67 Abs. 3 S. 1 EGHGB).

8 S. 1 regelt nicht, wie der (fiktive) Jahresüberschuss als Ausgangsgröße zustande kommt. Die Parteien können hierüber vertragliche Vereinbarungen – etwa über die Ausübung von bilanziellen Beurteilungsspielräumen oder Ansatz- und Bewertungswahlrechten – treffen, die den Vorstand der Untergesellschaft binden, soweit der Rahmen der einschlägigen Buchführungs- und Bilanzierungsregeln eingehalten wird. Dies ist nach S. 1 nicht unzulässig (*H.-P. Müller* FS Goerdeler, 1987, 375 (386 f.)). Bei Verknüpfung des Gewinnabführungsvertrags mit einem Beherrschungsvertrag ist die Obergesellschaft dementsprechend auch berechtigt, Weisungen hinsichtlich der Aufstellung des Jahresabschlusses zu erteilen (hM BVerfG 27.1.1999, AG 1999, 217 – Tarkett/Pegulan; BGH 20.5.1997, BGHZ 135, 374 (377 f.) – Guano; Emmerich/Habersack/*Emmerich* Rn. 14; enger *H.-P. Müller* FS Goerdeler, 1987, 375 (380 f.)).

9 **b) Abzugsposten.** Von dem (fiktiven) Jahresüberschuss ist zunächst ein **Verlustvortrag** (§ 158 Abs. 1 S. 1 Nr. 1) aus dem Vorjahr abzuziehen. Dieser muss bei einem Gewinnabführungsvertrag wegen der Verlustausgleichspflicht der Obergesellschaft nach § 302 Abs. 1 seine Ursache in vorvertraglicher Zeit haben (KK-AktG/*Koppensteiner* Rn. 10 mwN), kann bei einem Teilgewinnabführungsvertrag mangels Geltung des § 302 aber auch während der Laufzeit des Vertrags entstehen (Hüffer/Koch/*Koch* Rn. 5). Wenn die Verrechnung des (fiktiven) Jahresüberschusses mit dem Verlustvortrag unterbleibt, ist die körperschaftssteuerliche Organschaft nicht durchgeführt (BFH 21.10.2010, AG 2011, 87). Vom (fiktiven) Jahresüberschuss ist zudem der Betrag der nach § 300 **erforderlichen Dotierung der gesetzlichen Rücklage** abzuziehen (→ § 300 Rn. 4 f.). Durch das **Bilanzrechtsmodernisierungsgesetz (BilMoG)** (G vom 25.5.2009, BGBl. 2009 I 1102) wurde schließlich ein dritter Abzugsposten in S. 1 eingefügt: Vom (fiktiven) Jahresüberschuss sind nunmehr auch die nach **§ 268 Abs. 8 HGB ausschüttungsgesperrten Beträge** abzuziehen. Diese entstehen, wenn die nach der Ausschüttung verbleibenden freien Rücklagen zuzüglich eines Gewinnvortrags und abzüglich eines Verlustvortrags (1) den angesetzten Beträgen für selbstgeschaffene immaterielle Vermögensgegenstände des Anlagevermögens abzüglich der hierfür gebildeten passiven latenten Steuern und (2) den bei Vermögensgegenständen iSv § 246 Abs. 2 S. 2 HGB nF angesetzten Beträgen, soweit diese die Anschaffungskosten übersteigen, wiederum abzüglich der hierfür gebildeten passiven latenten Steuern, sowie (3) dem angesetzten Betrag der aktiven latenten Steuern, soweit dieser die passiven latenten Steuern übersteigt, nicht mindestens entsprechen (§ 268 Abs. 8 HGB). Diese Gesetzesänderung kann zu Problemen im Hinblick auf § 134 BGB (→ Rn. 3) führen, wenn in einem bestehenden Gewinnabführungsvertrag anstelle einer dynamischen Verweisung auf § 301, die sich regelmäßig auf die Norm in der jeweils geltenden Fassung bezieht, der Wortlaut des § 301 aF wiedergegeben wird (*Kieker/Vollmar* DStR 2009, 842).

IV. Entnahmen aus anderen Gewinnrücklagen (S. 2)

10 **1. Begriff.** S. 2 enthält eine Ausnahmeregelung zu § 301 S. 1 (Emmerich/Habersack/*Emmerich* Rn. 3): Beträge, die während der Laufzeit des Vertrags in sogenannte andere Gewinnrücklagen (§ 272 Abs. 3 S. 2 HGB) eingestellt worden sind (§ 158 Abs. 1 S. 1 Nr. 4 lit. d), können entnommen und als Gewinn abgeführt werden. Ohne die Regelung des S. 2 würde eine Gewinnabführung ausscheiden, da

Entnahmen aus Rücklagen nach dem gesetzlichen Gliederungsschema des § 158 Abs. 1 nicht zu einer Erhöhung des Jahresüberschusses und damit nicht zu einer Erhöhung der Höchstgrenze nach S. 1 führen würden.

Die Regelung des S. 2 gilt nur für andere Gewinnrücklagen, die „während der Dauer des Vertrags" gebildet wurden; sie macht es nicht zur Voraussetzung, dass der Gewinn auch während der Dauer des Vertrags entstanden ist (K. Schmidt/Lutter/*Stephan* Rn. 25). Werden Beträge aus **vorvertraglich gebildeten Gewinnrücklagen** entnommen, so sind diese nicht an die Obergesellschaft abzuführen; der hieraus resultierende Bilanzgewinn steht nach § 174 Abs. 1 S. 1 vielmehr zur Disposition der Hauptversammlung (BGH 2.6.2003, AG 2003, 629 (630) – Philips I; Emmerich/Habersack/*Emmerich* Rn. 20). **11**

2. Zuständigkeit. Die Entscheidung, ob **Rücklagen gebildet** werden sollen, trifft der Vorstand iRd Aufstellung des Jahresabschlusses. Im Verhältnis zur Obergesellschaft bedarf er für die Bildung von Rücklagen hingegen der Zustimmung, soweit nicht der Gewinnabführungsvertrag, der idR auf die zur Anerkennung der körperschaftsteuerlichen Organschaft notwendigen Voraussetzungen abstellen wird (→ § 291 Rn. 31), die Rücklagenbildung generell zulässt (Spindler/Stilz/*Veil* Rn. 13; MHdB GesR IV/*Krieger* § 72 Rn. 31). Auch über Entnahmen aus den gebildeten Rücklagen entscheidet der Vorstand iRd Aufstellung des Jahresabschlusses. Die Obergesellschaft kann den Vorstand bei Bestehen eines Beherrschungsvertrags aber zur Entnahme anweisen oder die Entnahme verlangen, wenn sie bei der Einstellung in die Rücklage einen entsprechenden Vorbehalt gemacht hat oder dies im Vertrag so geregelt ist (MHdB GesR IV/*Krieger* § 72 Rn. 31; KK-AktG/*Koppensteiner* Rn. 17; K. Schmidt/Lutter/*Stephan* Rn. 29). **12**

3. Abgrenzung. a) Gewinnvorträge. Ebenso wie Entnahmen aus Gewinnrücklagen (→ Rn. 11) erhöhen auch **Gewinnvorträge** (§ 158 Abs. 1 S. 1 Nr. 1) den Jahresüberschuss nicht. Da S. 2 für letztere gleichwohl keine Regelung trifft, gilt nach allgM S. 2 analog: Ein während der Dauer des Vertrags gebildeter Gewinnvortrag soll dennoch abgeführt werden können (hM Spindler/Stilz/*Veil* Rn. 16 mwN). **13**

b) Sonstige Rücklagen. Die Auflösung **sonstiger** gesetzlicher oder von der Satzung vorgesehener **Rücklagen** fällt nicht in den Anwendungsbereich des S. 2: Dies gilt nicht nur für die Kapitalrücklagen nach § 272 Abs. 2 Nr. 1–3 HGB (MHdB GesR IV/*Krieger* § 72 Rn. 32) sondern auch für die Kapitalrücklage nach § 272 Abs. 2 Nr. 4 HGB. Während die früher hM davon ausging, dass diese zugunsten des Jahresüberschusses aufgelöst und an die Obergesellschaft abgeführt werden können, wenn sie während der Laufzeit des Gewinnabführungsvertrags gebildet wurden (OLG Frankfurt a. M. 29.6.1999, NZG 2000, 603 (604); *Hoffmann-Becking* WiB 1994, 57 (61)), hat sich der BFH in einer Entscheidung aus dem Jahre 2001 dafür ausgesprochen, dass die aus der Auflösung der Kapitalrücklage nach § 272 Abs. 2 Nr. 4 HGB stammenden Erträge stattdessen als Bilanzgewinn zur Disposition der Hauptversammlung stehen (BFH 8.8.2001, AG 2002, 680; ebenso die Finanzverwaltung: BMF-Schreiben vom 27.11.2003, BStBl. 2003 I 647). Dem hat sich mittlerweile zu Recht auch die hM in der aktienrechtlichen Lit. angeschlossen (Spindler/Stilz/*Veil* Rn. 17; K. Schmidt/Lutter/*Stephan* Rn. 26; Emmerich/Habersack/*Emmerich* Rn. 27; aA MHdB GesR IV/*Krieger* § 72 Rn. 32). **14**

V. Rechtsfolgen bei übermäßiger Gewinnabführung

Die Rechtsfolgen einer gegen § 301 verstoßenden Gewinnabführung sind gesetzlich nicht geregelt. Neben stets in Betracht kommenden vertraglichen Rückforderungsansprüchen nach § 280 Abs. 1 BGB, § 276 Abs. 1 BGB, § 249 Abs. 1 BGB (Spindler/Stilz/*Veil* Rn. 20; Emmerich/Habersack/*Emmerich* Rn. 24 f.), befürwortet die überzeugende hM einen auf § 62 Abs. 1 oder analog § 302 Abs. 1 gestützten verschuldensunabhängigen Anspruch (GroßkommAktG/*Hirte* Rn. 25; KK-AktG/*Koppensteiner* Rn. 24; Spindler/Stilz/*Veil* Rn. 20; Emmerich/Habersack/*Emmerich* Rn. 24 f.; offengelassen von LG Bonn 10.1.2006, AG 2006, 465). Dies ist gerade im Hinblick auf den mit § 302 beabsichtigten Kapitalschutz angemessen (Hüffer/Koch/*Koch* Rn. 9; *Brandes* GS Winter, 2011, 43 (50)). **15**

Verlustübernahme

302 (1) **Besteht ein Beherrschungs- oder ein Gewinnabführungsvertrag, so hat der andere Vertragsteil jeden während der Vertragsdauer sonst entstehenden Jahresfehlbetrag auszugleichen, soweit dieser nicht dadurch ausgeglichen wird, daß den anderen Gewinnrücklagen Beträge entnommen werden, die während der Vertragsdauer in sie eingestellt worden sind.**

(2) **Hat eine abhängige Gesellschaft den Betrieb ihres Unternehmens dem herrschenden Unternehmen verpachtet oder sonst überlassen, so hat das herrschende Unternehmen jeden**

während der Vertragsdauer sonst entstehenden Jahresfehlbetrag auszugleichen, soweit die vereinbarte Gegenleistung das angemessene Entgelt nicht erreicht.

(3) [1]**Die Gesellschaft kann auf den Anspruch auf Ausgleich erst drei Jahre nach dem Tage, an dem die Eintragung der Beendigung des Vertrags in das Handelsregister nach § 10 des Handelsgesetzbuchs bekannt gemacht worden ist, verzichten oder sich über ihn vergleichen.** [2]**Dies gilt nicht, wenn der Ausgleichspflichtige zahlungsunfähig ist und sich zur Abwendung des Insolvenzverfahrens mit seinen Gläubigern vergleicht oder wenn die Ersatzpflicht in einem Insolvenzplan geregelt wird.** [3]**Der Verzicht oder Vergleich wird nur wirksam, wenn die außenstehenden Aktionäre durch Sonderbeschluß zustimmen und nicht eine Minderheit, deren Anteile zusammen den zehnten Teil des bei der Beschlußfassung vertretenen Grundkapitals erreichen, zur Niederschrift Widerspruch erhebt.**

(4) **Die Ansprüche aus diesen Vorschriften verjähren in zehn Jahren seit dem Tag, an dem die Eintragung der Beendigung des Vertrags in das Handelsregister nach § 10 des Handelsgesetzbuchs bekannt gemacht worden ist.**

Übersicht

I. Regelungsgegenstand und -zweck

1 § 302 enthält die Verpflichtung der Obergesellschaft zum Ausgleich der Verluste der Untergesellschaft, und zwar bei Bestehen eines Beherrschungs- und/oder Gewinnabführungsvertrags (Abs. 1) oder eines Betriebspacht- oder -überlassungsvertrags mit einer abhängigen Gesellschaft (Abs. 2). Abs. 3 enthält eine dreijährige Sperrfrist für einen Verzicht auf oder einen Vergleich über den Anspruch auf Verlustausgleich. Nach Abs. 4 gilt für die Ansprüche aus § 302 eine Verjährungsfrist von zehn Jahren ab Bekanntmachung der Beendigung des Unternehmensvertrags.

2 Nach hM dient § 302 dem **Kapitalerhaltungsschutz** und ist eine Kompensation für die nach § 291 Abs. 3 (→ § 291 Rn. 3) angeordnete Lockerung der Vermögensbindung (BGH 14.12.1987, BGHZ 103, 1 (10) = NJW 1988, 1326 – Familienheim; BGH 20.2.1989, BGHZ 107, 7 (18) = NJW 1989, 1800 – Tiefbau; Hüffer/Koch/*Koch* Rn. 3 mwN; aA MüKoAktG/*Altmeppen* Rn. 9 f.: Verlustübernahme als Weiterentwicklung eines auftragsrechtlichen Prinzips). Dementsprechend sind die in § 302 getroffenen Regelungen zwingend; zum Nachteil der Untergesellschaft kann von ihnen nicht abgewichen werden (K. Schmidt/Lutter/*Stephan* Rn. 9).

3 Dogmatisch ergibt sich die Innenhaftung in Gestalt der Verlustübernahmepflicht aus einem zwischen der Ober- und Untergesellschaft bestehenden **gesetzlichen Dauerschuldverhältnis,** das mit Inkrafttreten des jeweiligen Vertrags entsteht und mit seinem Auslaufen endet (hM *K. Schmidt* ZGR 1983, 513 (516 ff.); zust. *Müller* FS Rowedder, 1994, 277 (281); aA K. Schmidt/Lutter/*Stephan* Rn. 10).

II. Verlustübernahme bei Beherrschungs- und Gewinnabführungsverträgen (Abs. 1)

1. Entstehen des Verlustübernahmeanspruchs. a) Beherrschungs- und/oder Gewinnabführungsvertrag. Voraussetzung des Verlustübernahmeanspruchs nach Abs. 1 ist zunächst das Vorliegen eines Beherrschungs- und/oder Gewinnabführungsvertrags. Nach hM reicht trotz der Fiktion des § 291 Abs. 1 S. 2 (→ § 291 Rn. 47 f.) das Vorliegen eines Geschäftsführungsvertrags nicht aus, da bei diesem die Verluste direkt bei der Obergesellschaft entstehen, sodass Abs. 1 ins Leere geht (hM Hüffer/Koch/*Koch* Rn. 10 mwN, aA Emmerich/Habersack/*Emmerich* Rn. 20). Auf die Unternehmensverträge nach § 292 ist § 302 mit Ausnahme von Betriebspacht- oder -überlassungsverträgen nicht anwendbar (Hüffer/Koch/*Koch* Rn. 8). 4

b) Jahresfehlbetrag. Vorliegen muss des Weiteren ein Jahresfehlbetrag, der ohne die Verpflichtung zur Verlustübernahme (§ 277 Abs. 3 S. 2 HGB) im Jahresabschluss (§ 275 Abs. 2 Nr. 20 und Abs. 3 Nr. 19 HGB) auszuweisen wäre, dh ein negativer Saldo, der (fiktiv) nach § 275 Abs. 2 Nr. 20 und Abs. 3 Nr. 19 HGB darzustellen wäre, wenn ihm nicht der Anspruch auf Verlustübernahme nach Abs. 1 gegenüberstehen würde (Hüffer/Koch/*Koch* Rn. 9; MüKoAktG/*Altmeppen* Rn. 17 f.). Im endgültigen Jahresabschluss tritt der (fiktive) Jahresfehlbetrag nicht in Erscheinung, da die Verlustübernahme in der GuV der Untergesellschaft als Ertrag ausgewiesen wird (§ 277 Abs. 3 S. 2 HGB). Die Regelung entspricht damit spiegelbildlich § 301 (K. Schmidt/Lutter/*Stephan* Rn. 18). 5

Worauf der (fiktive) Jahresfehlbetrag beruht, ist für das Entstehen der Verlustübernahmepflicht unerheblich (Hüffer/Koch/*Koch* Rn. 9). Für seine Feststellung gelten die einschlägigen Buchführungs- und Bilanzierungsregeln; allerdings wird die Höhe der Verlustausgleichspflicht nicht durch den tatsächlich ausgewiesenen Jahresfehlbetrag, sondern durch den sich bei objektiv ordnungsgemäßer Bilanzierung zum Bilanzstichtag ergebenden (fiktiven) Jahresfehlbetrag bestimmt (BGH 11.10.1999, BGHZ 142, 382; BGH 14.2.2005, AG 2005, 481; OLG Dresden 16.2.2006, AG 2006, 672; K. Schmidt/Lutter/*Stephan* Rn. 22 ff.). 6

c) Während der Vertragsdauer. Der (fiktive) Jahresfehlbetrag muss während der Vertragsdauer entstanden sein (OLG Jena 21.9.2004, AG 2005, 405 (406)). Dies ist der Fall, wenn der Stichtag des Jahresabschlusses, in dem der Fehlbetrag auszuweisen wäre, in den Vertragszeitraum fällt (MHdB GesR IV/*Krieger* § 71 Rn. 66). 7

aa) Beginn der Verlustübernahmepflicht. Für den Beginn der Verlustübernahmepflicht ist somit der Zeitpunkt des Inkrafttretens des Beherrschungs- und/oder Gewinnabführungsvertrags maßgeblich. Da Beherrschungsverträge nicht mit Rückwirkung abgeschlossen werden können (→ § 291 Rn. 12), ist dies grundsätzlich der Zeitpunkt der Eintragung in das Handelsregister (§ 294 Abs. 2, → § 294 Rn. 10 ff.). Werden Gewinnabführungsverträge – wie regelmäßig – mit Wirkung ab Beginn des laufenden bzw. des folgenden Geschäftsjahrs abgeschlossen, so greift die Verlustausgleichspflicht erstmalig für das erste Geschäftsjahr, auf das sich der Gewinnabführungsvertrag bezieht (KK-AktG/*Koppensteiner* Rn. 28). 8

Selbst wenn ein Beherrschungsvertrag unterjährig wirksam wird, erstreckt sich die Verpflichtung zum Verlustausgleich grundsätzlich auf den (fiktiven) Fehlbetrag des gesamten bei Eintragung laufenden Geschäftsjahrs (hM MHdB GesR IV/*Krieger* § 71 Rn. 66 mwN). Eine Ausgleichspflicht für Verluste, die schon vor dem Wirksamwerden des Vertrags entstanden waren, lässt sich allerdings durch die Bildung von Rumpfgeschäftsjahren bis bzw. ab dem Tag des Wirksamwerdens des Vertrags unterbinden (Hüffer/Koch/*Koch* Rn. 10; GroßkommAktG/*Hirte* Rn. 17); eine Pflicht zum Ausgleich von Verlustvorträgen aus Geschäftsjahren, die bei Inkrafttreten des Vertrags schon abgeschlossen sind, existiert nicht (RegBegr. AktG *Kropff* 391). Alternativ ist es möglich, den Beherrschungsvertrag erst mit Wirkung ab Beginn des folgenden Geschäftsjahrs abzuschließen, sodass auch die Verlustübernahmepflicht erst mit diesem Geschäftsjahr beginnt (K. Schmidt/Lutter/*Stephan* Rn. 34). 9

bb) Ende der Verlustübernahmepflicht. Für das Ende der Verlustübernahmepflicht ist der Zeitpunkt maßgeblich, in dem der Vertrag außer Kraft tritt. Endet der Vertrag zum Ende eines Geschäftsjahrs, so besteht die Verlustausgleichspflicht noch für den (fiktiven) Jahresfehlbetrag, der sich zum Abschlussstichtag ergibt (MüKoAktG/*Altmeppen* Rn. 24). Bei einem unterjährigen Vertragsende, insbesondere aufgrund einer Kündigung aus wichtigem Grund (§ 297 Abs. 1) oder wegen Auflösung der Untergesellschaft nach § 262 (→ § 297 Rn. 13), ist der bis zum Stichtag der Beendigung eingetretene (fiktive) Fehlbetrag auszugleichen (heute allgM BGH 14.12.1987, BGHZ 103, 1 (10) – Familienheim; BGH 19.9.1988, AG 1989, 27 (29 f.) – Hamburger Stahlwerke; BGH 5.11.2001, AG 2002, 240 (241) sowie K. Schmidt/Lutter/*Stephan* Rn. 36 mwN). Zur Feststellung des Ausgleichsbetrages ist grundsätzlich ein Zwischenabschluss aufzustellen (BGH 14.12.1987, BGHZ 103, 1 (10) – Familienheim; BGH 5.11.2001, AG 2002, 240 (241), ggf. auch Schätzung des Ausgleichsbetrags analog § 287 ZPO). Im Falle der Auflösung der abhängigen Gesellschaft sind Liquidationswerte anzusetzen, sodass am 10

Stichtag absehbare Abwicklungsverluste von der Ausgleichspflicht erfasst werden (hM MHdB GesR IV/*Krieger* § 71 Rn. 67 mwN).

11 **d) Entnahme aus anderen Gewinnrücklagen.** Ein Verlustausgleich ist nicht erforderlich, soweit den anderen Gewinnrücklagen (§ 272 Abs. 3 S. 2 HGB) Beträge entnommen werden, die während der Vertragsdauer in sie eingestellt worden sind (§ 158 Abs. 1 S. 1 Nr. 4 lit. d), um den ansonsten entstehenden Jahresfehlbetrag auszugleichen. Es gelten die gleichen Grundsätze wie bei § 301 S. 2 (K. Schmidt/Lutter/*Stephan* Rn. 26, → § 301 Rn. 11):

12 Ein während der Dauer des Vertrags gebildeter Gewinnvortrag ist nach Sinn und Zweck den anderen Gewinnrücklagen gleichzustellen (→ § 301 Rn. 13), kann also in Folgejahren ebenso wie Entnahmen aus anderen Gewinnrücklagen analog Abs. 1 zur Reduzierung des Verlustausgleichsanspruchs eingesetzt werden (MüKoAktG/*Altmeppen* Rn. 50; MHdB GesR IV/*Krieger* § 71 Rn. 68 mwN). Die Kapitalrücklagen nach § 272 Abs. 2 Nr. 1–3 HGB sind ebenso wenig zur Minderung der Verlustausgleichspflicht einsetzbar, wie die Kapitalrücklage nach § 272 Abs. 2 Nr. 4 HGB (hM MüKoAktG/*Altmeppen* Rn. 47; aA MHdB GesR IV/*Krieger* § 71 Rn. 68; → § 301 Rn. 14). Die Regelung des Abs. 1 gilt schließlich nur für Gewinnrücklagen, die während der Vertragsdauer gebildet wurden, damit allerdings auch für Gewinnrücklagen, die im ersten Jahr der Vertragslaufzeit aus den Gewinnen des Vorjahres gebildet wurden (K. Schmidt/Lutter/*Stephan* Rn. 27; → § 301 Rn. 11).

13 Die Entscheidung, ob ein Fehlbetrag durch Entnahmen aus der Rücklage ausgeglichen werden soll, trifft der Vorstand iRd Aufstellung des Jahresabschlusses. Er hat seine Entscheidung unter angemessener Berücksichtigung der Interessen der Obergesellschaft zu treffen (hM Emmerich/Habersack/*Emmerich* Rn. 34, 29b; aA MüKoAktG/*Altmeppen* Rn. 51: freies Ermessen). Besteht ein Beherrschungsvertrag, kann die Obergesellschaft den Vorstand der Untergesellschaft zu Entnahmen aus der Rücklage auch anweisen (hM GroßkommAktG/*Hirte* Rn. 33 mwN); liegt ein isolierter Gewinnabführungsvertrag vor, so kann sie die Entnahme verlangen, wenn sie bei der Einstellung in die Rücklage einen entsprechenden Vorbehalt gemacht hat oder dies im Vertrag so geregelt ist (→ § 301 Rn. 12). Der Aufsichtsrat handelt schließlich nicht pflichtwidrig, wenn er die Billigung des Jahresabschlusses deshalb verweigert, weil der Vorstand keine anderen Gewinnrücklagen aufgelöst hat (wie hier MHdB GesR IV/*Krieger* § 71 Rn. 70; aA MüKoAktG/*Altmeppen* Rn. 51).

14 **2. Einzelheiten des Verlustübernahmeanspruchs. a) Entstehen und Fälligkeit.** Der Anspruch auf Verlustausgleich entsteht bereits zum Bilanzstichtag der Untergesellschaft und wird zu diesem Zeitpunkt auch **fällig** (hM BGH 11.10.1999, BGHZ 142, 382; BGH 14.2.2005, AG 2005, 481; OLG Dresden 16.2.2006, AG 2006, 672; Hüffer/Koch/*Koch* Rn. 13; MüKoAktG/*Altmeppen* Rn. 71 ff.; Emmerich/Habersack/*Emmerich* Rn. 40; aA Fälligkeit erst mit Feststellung des Abschlusses: KK-AktG/*Koppensteiner* Rn. 53 f.; MHdB GesR IV/*Krieger* § 71 Rn. 75; aA sowohl Entstehen als auch Fälligkeit erst mit Feststellung des Abschlusses: OLG Schleswig 3.4.1987, ZIP 1987, 1448 (1450)). Bei identischen Stichtagen ist es damit möglich, den Verlustausgleich phasengleich im Jahresabschluss der Untergesellschaft zu aktivieren und im Jahresabschluss der Obergesellschaft zu passivieren (ausf. zur Bilanzierung Herrmann/Heuer/Raupach/*Rosenberg,* EStG, KStG, Kommentar, 295. Lieferung 2020, EStG § 5 Anm. 1367 u. 1376).

15 Der Anspruch ist vom Zeitpunkt der Fälligkeit an, dh auf der Grundlage der hM ab dem Stichtag des Jahresabschlusses, nach § 353 Abs. 1 HGB, § 352 Abs. 1 HGB zu **verzinsen** (hM BGH 11.10.1999, BGHZ 142, 382 (386) = NJW 2000, 210; MüKoAktG/*Altmeppen* Rn. 76; aA MüKoHGB/*K. Schmidt* HGB § 353 Rn. 8). Zur Leistung von **Abschlagszahlungen** auf die zu erwartende Verlustausgleichsverpflichtung ist die Obergesellschaft erst nach Eintritt der Fälligkeit, dh nach hM ab dem Stichtag des Jahresabschlusses, verpflichtet (BGH 11.10.1999, BGHZ 142, 382 (386)), nicht hingegen während des laufenden Geschäftsjahrs (hM BGH 19.9.1988, AG 1989, 27 (29) – Hamburger Stahlwerke; K. Schmidt/Lutter/*Stephan* Rn. 49 mwN; aA Emmerich/Habersack/*Emmerich* Rn. 41; MüKoAktG/*Altmeppen* Rn. 38, 74). Unbenommen ist es ihr, freiwillig unterjährige Abschlagszahlungen zu leisten, etwa zur Vermeidung einer späteren Verlustausgleichspflicht (BGH 10.7.2006, NJW 2006, 3279).

16 **b) Erfüllung und Erfüllungssurrogate.** Der Anspruch nach Abs. 1 richtet sich auf Leistung eines Geldbetrags iHd auszugleichenden Verlustes, aber nicht notwendig auf Barzahlung (Hüffer/Koch/*Koch* Rn. 13). Eine Aufrechnung durch die Obergesellschaft ist jedenfalls dann zulässig, wenn die zur Aufrechnung gestellte Forderung werthaltig ist (hM BGH 10.7.2006, NJW 2006, 3279; Hüffer/Koch/*Koch* Rn. 13; MHdB GesR IV/*Krieger* § 71 Rn. 72 jeweils mwN; ohne Vollwertigkeitspostulat: K. Schmidt/Lutter/*Stephan* Rn. 46; *Grunewald* NZG 2005, 781; *Hentzen* AG 2006, 133; aA OLG Jena 21.9.2004, AG 2005, 405 ff.; GroßkommAktG/*Hirte* Rn. 63; diff. *Verse* ZIP 2005, 1627). Richtigerweise wird man zudem fordern müssen, dass sie fällig ist, um den anderenfalls entstehenden Stundungseffekt auszuschließen (MHdB GesR IV/*Krieger* § 71 Rn. 72). Liegen die genannten Voraussetzungen vor, so kommt auch eine Aufrechnung durch die Untergesellschaft in Frage. Die Beweislast für die Werthaltigkeit der zur Aufrechnung gestellten Forderung trägt aber in jedem Fall die Obergesellschaft (BGH 10.7.2006, NJW 2006, 3279), und zwar auch bei Aufrechnung durch die Untergesellschaft (MHdB GesR IV/*Krieger* § 71

Rn. 72). Neben der Aufrechnung kommen schließlich auch sonstige Erfüllungssurrogate in Frage, namentlich (Sach-)Leistungen der Obergesellschaft, die sie an Erfüllungs statt erbringt (BGH 10.7.2006, NJW 2006, 3279). Schließlich kann die Muttergesellschaft ihrer Tochtergesellschaft Geldmittel oder entsprechend werthaltige Sachleistungen unter vorher vereinbarter Anrechnung auf eine bestehende (oder künftige) Verlustausgleichsverpflichtung zur Verfügung stellen, sofern klargestellt ist, ob die Leistung auf einen bereits im Vorjahr entstandenen oder auf einen künftigen Verlustausgleichsanspruch erbracht werden soll (BGH 10.7.2006, NJW 2006, 3279 (3281); zur GmbH: BGH 16.6.2015, BGHZ 206, 74).

c) Aktiv- und Passivlegitimation. Der Anspruch auf Verlustausgleich richtet sich gegen die Obergesellschaft des Beherrschungs- und/oder Gewinnabführungsvertrags. Bei der Mehrmütterherrschaft haften die in der GbR gebündelten Muttergesellschaften gesamtschuldnerisch. **Aktivlegitimiert** ist allein die Untergesellschaft, die den Anspruch durch ihren Vorstand geltend zu machen hat. **Gläubiger der Untergesellschaft** können den Anspruch nur geltend machen, wenn sie ihn im Wege der Zwangsvollstreckung haben pfänden und sich überweisen lassen (§§ 829, 835 ZPO) (RegBegr. AktG *Kropff* 390; KK-AktG/*Koppensteiner* Rn. 39 mwN) oder ihnen der Verlustausgleichsanspruch abgetreten wurde. Letzteres ist nur zulässig, sofern die Gesellschaft hierfür einen vollen Gegenwert erhält; anderenfalls ist die Abtretung unwirksam (hM Hüffer/Koch/*Koch* Rn. 15; Emmerich/Habersack/*Emmerich* Rn. 44; MüKoAktG/*Altmeppen* Rn. 105; aA K. Schmidt/Lutter/*Stephan* Rn. 56). Mangels gesetzlicher Anordnung (wie etwa in § 93 Abs. 5 oder § 309 Abs. 4 S. 3) haben Gläubiger der Untergesellschaft auch **kein unmittelbares Klagerecht** (K. Schmidt/Lutter/*Stephan* Rn. 58). 17

Umstritten ist, ob **Aktionäre der Untergesellschaft** berechtigt sind, den Anspruch auf Verlustausgleich analog § 309 Abs. 4, § 317 Abs. 4 für die Gesellschaft geltend zu machen. Vor dem Hintergrund des austarierten gesetzlichen Systems der Aktionärsklagen ist dies zu verneinen (Hüffer/Koch/*Koch* Rn. 18; MüKoAktG/*Altmeppen* Rn. 80 ff.; K. Schmidt/Lutter/*Stephan* Rn. 58; aA KK-AktG/*Koppensteiner* Rn. 41; Emmerich/Habersack/*Emmerich* Rn. 44). 18

III. Verlustübernahme bei Betriebspacht- oder Betriebsüberlassungsvertrag (Abs. 2)

1. Entstehen des Verlustübernahmeanspruchs. a) Betriebspacht- oder Betriebsüberlassungsvertrag. Abs. 2 ist anwendbar, wenn ein isolierter Betriebspacht- oder Betriebsüberlassungsvertrag iSv § 292 Abs. 1 Nr. 3 besteht (→ § 292 Rn. 12 f.). Betriebsführungsverträge fallen nicht unter die Bestimmung (hM KK-AktG/*Koppensteiner* Rn. 59). Besteht neben einem Betriebspacht- oder Betriebsüberlassungsvertrag noch ein Beherrschungs- oder Gewinnabführungsvertrag, so gilt Abs. 1, nicht Abs. 2 (allgM Hüffer/Koch/*Koch* Rn. 20 mwN). 19

b) Unmittelbares Abhängigkeitsverhältnis. Voraussetzung ist weiter, dass zwischen den Vertragsparteien im Zeitpunkt des Vertragsabschlusses ein unmittelbares Abhängigkeitsverhältnis besteht (MüKoAktG/*Altmeppen* Rn. 59 mwN). Maßgeblich ist § 17. 20

c) Angemessenes Entgelt. Der Anspruch des Abs. 2 entsteht nur dann, wenn die vom herrschenden Unternehmen vertraglich geschuldete Gegenleistung das angemessene Entgelt nicht erreicht. Nach hM kommt es darauf an, ob die Gegenleistung genügt, um den Ertragswert des verpachteten oder überlassenen Unternehmens langfristig zu erhalten (Hüffer/Koch/*Koch* Rn. 22; MüKoAktG/*Altmeppen* Rn. 63; aA Marktpreise: Emmerich/Habersack/*Emmerich* Rn. 47; GroßkommAktG/*Hirte* Rn. 46). Bei der Beurteilung der Angemessenheit sind Leistungen des herrschenden Unternehmens außer Betracht zu lassen, die nicht der Gesellschaft, sondern – ggf. aus einem anderen Rechtsgrund – außenstehenden Aktionären geschuldet sind (hM Hüffer/Koch/*Koch* Rn. 22 mwN). 21

d) Jahresfehlbetrag. Wie Abs. 1 setzt auch Abs. 2 einen während der Vertragsdauer entstandenen Jahresfehlbetrag voraus. Anders als bei Abs. 1 (→ Rn. 11 f.) kann der Anspruch auf Ausgleich eines entstandenen Jahresfehlbetrags nicht durch Auflösung anderer Gewinnrücklagen oder durch Verrechnung mit einem Gewinnvortrag ausgeglichen werden. Die Auflösung vorhandener Gewinnrücklagen ist zwar zulässig, hat aber keinen Einfluss auf die Höhe des geschuldeten Verlustausgleichs (MHdB GesR IV/*Krieger* § 73 Rn. 39 mwN). 22

2. Rechtsfolge. Die Verlustausgleichspflicht besteht, soweit die vertraglich vereinbarte Gegenleistung unangemessen ist, dh es besteht ein Anspruch auf Ausgleich der Differenz zwischen der geschuldeten und einer angemessenen Gegenleistung, begrenzt durch den Jahresfehlbetrag. 23

Klagbar ist der Anspruch auch hier nur für die Gesellschaft. Regelmäßig besteht aber hier neben dem Anspruch aus Abs. 2 der Anspruch aus § 317 Abs. 1, der von den Aktionären nach § 309 Abs. 4 iVm § 317 Abs. 4 geltend gemacht werden kann (KK-AktG/*Koppensteiner* Rn. 64). 24

IV. Verzicht und Vergleich (Abs. 3)

25 **1. Sperrfrist.** Die Gesellschaft kann erst nach Ablauf einer dreijährigen Sperrfrist auf ihren Anspruch aus Abs. 1 oder 2 verzichten oder sich darüber vergleichen (Abs. 3 S. 1).

26 **a) Fristbeginn.** Die Frist beginnt mit dem Ablauf desjenigen Tages, an dem die Bekanntmachung der Vertragsbeendigung durch das Handelsregister erfolgt ist (Abs. 3 S. 1 iVm § 10 HGB). Sie endet mit dem Ablauf desjenigen Tages des dritten Jahres, dessen Monat und Zahl dem Tag entspricht, an dem das Blatt, das die letzte Bekanntmachung enthielt, erschien (§ 187 Abs. 1 BGB, § 188 Abs. 2 Fall 1 BGB).

27 **b) Verzicht oder Vergleich.** Ein Verzicht oder Vergleich vor dem Ablauf der Sperrfrist ist nach § 134 BGB nichtig (Emmerich/Habersack/*Emmerich* Rn. 49; Hüffer/Koch/*Koch* Rn. 25; KK-AktG/*Koppensteiner* Rn. 71). Unter einem Verzicht iSv Abs. 3 S. 1 ist in erster Linie der Abschluss eines Erlassvertrags nach § 397 BGB zu verstehen (K. Schmidt/Lutter/*Stephan* Rn. 69). Unter den Begriff des Vergleichs fällt insbesondere auch der Prozessvergleich (MüKoAktG/*Altmeppen* Rn. 96). Weiter werden von dem Anwendungsbereich des Abs. 3 S. 1 auch solche Gestaltungen erfasst, die wirtschaftlich einem Verzicht oder Vergleich gleichstehen (vgl. Emmerich/Habersack/*Emmerich* Rn. 50; MüKoAktG/*Altmeppen* Rn. 96 jew. mit Bsp. und mwN). Richtigerweise gehört hierzu nicht zwangsläufig auch die Darlehensgewährung an das herrschende Unternehmen iHd Verlustausgleichsbetrags, nachdem das abhängige Unternehmen diesen Betrag als Verlustausgleich erhalten hat (so aber die hM unter Hinweis auf eine stundungsgleiche Wirkung, vgl. Emmerich/Habersack/*Emmerich* Rn. 40d; GroßkommAktG/*Hirte* Rn. 22; Hölters/*Deilmann* Rn. 20; MHdB GesR IV/*Krieger* § 71 Rn. 77), denn im Gegensatz zur Stundung ist der Verlustausgleichsanspruch im Zeitpunkt der Darlehensgewährung bereits infolge Erfüllung erloschen.

28 **2. Ausnahme bei Zahlungsunfähigkeit.** Ausnahmsweise ist die **Sperrfrist nicht anwendbar,** wenn die Obergesellschaft zahlungsunfähig ist (Abs. 3 S. 2) oder es durch Bedienung des Verlustausgleichsanspruchs werden würde (*Hirte* Liber amicorum Happ, 2006, 65 (72)), wenn sie zur Abwendung des Insolvenzverfahrens einen Vergleich mit ihren Gläubigern (in beliebiger Zahl) schließt oder wenn im Insolvenzverfahren die Ersatzpflicht in einem – durch gerichtliche Bestätigung wirksam gewordenen – Insolvenzplan (§§ 217 ff. InsO) geregelt wird. Ein Verzicht oder Vergleich kann in diesem Fall auch schon vor Beendigung des Unternehmensvertrags und jederzeit danach geschlossen werden (Emmerich/Habersack/*Emmerich* Rn. 51; MüKoAktG/*Altmeppen* Rn. 96; Hüffer/Koch/*Koch* Rn. 26 mwN).

29 **3. Sonderbeschluss; Widerspruch.** Wirksamkeitserfordernis für den Verzicht oder den Vergleich ist ein mit einfacher Mehrheit gefasster **Sonderbeschluss** (§ 138 S. 2, § 133 Abs. 1) der außenstehenden Aktionäre (Emmerich/Habersack/*Emmerich* Rn. 54; K. Schmidt/Lutter/*Stephan* Rn. 74). Der Begriff der außenstehenden Aktionäre ist ebenso wie bei § 295 zu verstehen (→ § 295 Rn. 12 f.). Der Sonderbeschluss wird indes wirkungslos, wenn Aktionäre, deren Anteil zusammen 10 % des bei der Beschlussfassung vertretenen Grundkapitals erreichen, **Widerspruch zu Protokoll** erklären (Abs. 3 S. 3). Eine Anfechtung ist in diesem Fall unnötig (MüKoAktG/*Altmeppen* Rn. 101 mwN).

V. Verjährung (Abs. 4)

30 Die Ansprüche der Gesellschaft aus § 302 verjähren in zehn Jahren. Die Verjährungsfrist beginnt mit dem Ablauf desjenigen Tages, an dem die Bekanntmachung der Vertragsbeendigung durch das Handelsregister erfolgt ist (Abs. 4 AktG iVm § 10 HGB), ohne dass es auf die Fälligkeit der Verlustausgleichsansprüche, eine subjektive Kenntnis oder grob fahrlässige Unkenntnis ankommen würde (Hüffer/Koch/*Koch* Rn. 28). § 302 Abs. 4 ist nicht auf die dazugehörigen *Zinsansprüche* anwendbar; diese verjähren nach der regelmäßigen Verjährungsfrist gem. §§ 194 ff. BGB (BGH 16.6.2015, EWiR 2015, 663 mAnm *Paschos/Heneweer* NJW-RR 2015, 1175).

Gläubigerschutz

303 (1) [1] **Endet ein Beherrschungs- oder ein Gewinnabführungsvertrag, so hat der andere Vertragsteil den Gläubigern der Gesellschaft, deren Forderungen begründet worden sind, bevor die Eintragung der Beendigung des Vertrags in das Handelsregister nach § 10 des Handelsgesetzbuchs bekannt gemacht worden ist, Sicherheit zu leisten, wenn sie sich binnen sechs Monaten nach der Bekanntmachung der Eintragung zu diesem Zweck bei ihm melden.** [2] **Die Gläubiger sind in der Bekanntmachung der Eintragung auf dieses Recht hinzuweisen.**

(2) **Das Recht, Sicherheitsleistung zu verlangen, steht Gläubigern nicht zu, die im Fall des Insolvenzverfahrens ein Recht auf vorzugsweise Befriedigung aus einer Deckungsmasse haben, die nach gesetzlicher Vorschrift zu ihrem Schutz errichtet und staatlich überwacht ist.**

(3) [1] **Statt Sicherheit zu leisten, kann der andere Vertragsteil sich für die Forderung verbürgen.** [2] **§ 349 des Handelsgesetzbuchs über den Ausschluß der Einrede der Vorausklage ist nicht anzuwenden.**

Übersicht

I. Regelungsgegenstand und -zweck

§ 303 begründet die Verpflichtung der Obergesellschaft, den Gläubigern der Untergesellschaft bei Beendigung eines Beherrschungs- oder Gewinnabführungsvertrags Sicherheit zu leisten (Abs. 1), es sei denn, diese haben im Falle der Insolvenz ein Recht auf vorzugsweise Befriedigung (Abs. 2). Die Obergesellschaft kann die Sicherheitsleistung dadurch abwenden, dass sie sich gegenüber den Gläubigern verbürgt (Abs. 3). 1

Die Norm dient dem Gläubigerschutz (RegBegr. AktG *Kropff* 392 f.). Dieser wird erforderlich, weil mit dem Ende des Beherrschungs- oder Gewinnabführungsvertrags (§ 291 Abs. 1 S. 1) die Verlustübernahmepflicht nach § 302 bzw. im Fall des Geschäftsführungsvertrags (§ 291 Abs. 1 S. 2) die direkte Verlusttragungspflicht der Obergesellschaft endet und sich hierdurch mittelbar auch die wirtschaftliche Situation der Gläubiger der Untergesellschaft verschlechtert (K. Schmidt/Lutter/*Stephan* Rn. 3). Die Regelung ist dem Schutzzweck entsprechend zwingendes Recht (Hüffer/Koch/*Koch* Rn. 1). 2

II. Anspruch auf Sicherheitsleistung (Abs. 1)

1. Vertragsbeendigung. Abs. 1 knüpft an die Beendigung eines Beherrschungsvertrags (§ 291 Abs. 1 S. 1 Alt. 1) oder eines Gewinnabführungsvertrags (§ 291 Abs. 1 S. 1 Alt. 2) an. Wegen der vergleichbaren Gefährdungswirkung für die Gesellschaftsgläubiger gilt dies auch im Falle der Beendigung eines Geschäftsführungsvertrags (§ 291 Abs. 1 S. 2, Hüffer/Koch/*Koch* Rn. 2; MüKoAktG/*Altmeppen* Rn. 5; Emmerich/Habersack/*Emmerich* Rn. 3). Die Verträge müssen wirksam beendet worden sein; entscheidend ist die objektive Rechtslage (K. Schmidt/Lutter/*Stephan* Rn. 5). Voraussetzung für die Beendigung ist, dass sie zuvor wirksam bestanden haben (Hüffer/Koch/*Koch* Rn. 2). Bei der Bekanntmachung der Eintragung der Vertragsbeendigung ist auf das Recht, Sicherleistung zu verlangen, hinzuweisen (Abs. 1 S. 2). 3

2. Altgläubiger. Aktivlegitimiert ist jeder Inhaber einer gegen die Gesellschaft gerichteten Forderung, die begründet wurde, bevor die Eintragung der Vertragsbeendigung in das Handelsregister gem. § 10 HGB bekannt gemacht worden ist, soweit er sich binnen sechs Monaten nach der Bekanntmachung der Eintragung zu diesem Zweck bei dem anderen Vertragsteil meldet. 4

a) Forderung. Forderungen iSv Abs. 1 sind gesetzlich oder vertraglich begründete schuldrechtliche Ansprüche, nicht jedoch dingliche Rechte (Spindler/Stilz/*Veil* Rn. 10; Hüffer/Koch/*Koch* Rn. 3; MüKoAktG/*Altmeppen* Rn. 13; MHdB GesR IV/*Krieger* § 71 Rn. 225, § 61 Rn. 50; einschr. dagegen K. Schmidt/Lutter/*Stephan* Rn. 6; KK-AktG/*Koppensteiner* Rn. 11). 5

b) Begründung der Forderung. Begründet ist die Forderung, wenn sie dem Grunde nach entstanden ist (Hüffer/Koch/*Koch* Rn. 3 mwN), ohne dass es darauf ankommt, ob sie bereits fällig ist (K. Schmidt/Lutter/*Stephan* Rn. 9 mwN; OLG Frankfurt a. M. 16.2.2000, AG 2001, 139 (140) liSp). Dies gilt auch für den Fall der Befristung oder Bedingung (grds. unstr., vgl. Hüffer/Koch/*Koch* Rn. 3 mwN; MHdB GesR IV/*Krieger* § 71 Rn. 225, MHdB GesR IV/*Krieger* § 61 Rn. 50 mwN auch zur – älteren – Gegenmeinung im Falle der aufschiebenden Bedingung). Aus **Dauerschuldverhältnissen** künftig fällig werdende Forderungen sind begründet, wenn das Vertragsverhältnis entstanden ist; auf den Zeitpunkt der Entstehung der Einzelansprüche kommt es grundsätzlich nicht an (OLG Frankfurt a. M. 16.2.2000, AG 2001, 139 (140) liSp). Um eine „Endloshaftung" zu vermeiden, ist die Haftung analog §§ 26, 160 HGB, § 327 Abs. 4 AktG zu begrenzen und darauf 6 abzustellen, ob die Forderungen aus dem Dauerschuldverhältnis innerhalb von fünf Jahren fällig werden (BGH 7.10.2014, NZG 2014, 1340 (1341); Spindler/Stilz/*Veil* Rn. 16; Emmerich/Habersack/*Emmerich* Rn. 13c; K. Schmidt/Lutter/*Stephan* Rn. 11; einschränkend MüKoAktG/*Altmeppen* Rn. 27 ff.: erstmalige Kündigungsmöglichkeit). Dies hat gegenüber der früher hM, die einzelfallorientiert auf das konkret zu bestimmende Sicherungsinteresse des Gläubigers abstellte (BGH 18.3.1996, AG 1996, 321 (322)), den Vorteil, dass die Höhe der Sicherheitsleistung auch ohne gerichtliche Hilfe regelmäßig eindeutig festgelegt werden kann. Irrelevant ist, ob der Gläubiger die Forderung originär, durch Abtretung oder Überweisung in der Zwangsvollstreckung erworben hat (Spindler/Stilz/*Veil* Rn. 8).

7 **c) Maßgeblicher Zeitpunkt.** Die Forderung muss in zeitlicher Hinsicht **vor der Bekanntmachung der Eintragung der Beendigung des Vertrags in das Handelsregister** (§ 10 HGB) begründet worden sein. Sicherheit ist damit nicht nur für Forderungen zu leisten, die während der Dauer des Unternehmensvertrags begründet wurden, sondern auch für solche, die vor Abschluss des Unternehmensvertrags (MHdB GesR IV/*Krieger* § 71 Rn. 225) oder nach seiner Beendigung oder sogar erst nach Eintragung der Beendigung zur Entstehung gelangen, sofern dies nur vor der (elektronischen) Bekanntmachung seiner Beendigung geschieht. Selbst bei Kenntnis des Gläubigers von der Beendigung greift § 15 Abs. 1 HGB nicht zugunsten des anderen Vertragsteils ein (hM BGH 11.11.1991, BGHZ 116, 37 (44) = NJW 1992, 505; MüKoAktG/*Altmeppen* Rn. 20; Hüffer/Koch/*Koch* Rn. 4; aA *Peltzer* AG 1975, 309 (312)); unstreitig findet umgekehrt aber auch § 15 Abs. 2 HGB zugunsten der Gläubiger keine Anwendung (Hüffer/Koch/*Koch* Rn. 4).

8 **d) Berechnung der Ausschlussfrist.** Die zwingende **sechsmonatige Ausschlussfrist** ist ab dem Tag der Bekanntgabe der Eintragung (§ 10 HGB) zu berechnen; es gelten § 187 Abs. 1 BGB, § 188 Abs. 2 BGB. Aus der Meldung der Gläubiger muss erkennbar sein, dass und in welcher Höhe Sicherheit verlangt wird (Hüffer/Koch/*Koch* Rn. 5 mwN). Die Meldung kann formlos erfolgen, schon aus Beweisgründen ist aber Schriftform empfehlenswert. Die Präklusionswirkung tritt auch ohne Kenntnis der Gläubiger ein. Dies gilt auch dann, wenn der nach Abs. 1 S. 2 erforderliche Hinweis auf das Recht, Sicherheitsleistung zu verlangen (§ 303 Abs. 1 S. 2), in der Bekanntgabe fehlt. Da der Hinweis dem Registergericht in eigener Verantwortung obliegt, kommen in diesem Fall aber Amtshaftungsansprüche in Betracht (Hüffer/Koch/*Koch* Rn. 5).

9 **3. Sicherheitsleistung.** Besteht die Sicherheitspflicht, hat der Gläubiger unabhängig davon, ob seine Forderung fällig ist, einen klagbaren und durchsetzbaren Anspruch auf die Sicherheit.

10 **a) Art und Höhe.** Für die Sicherheitsleistung nach Abs. 1 S. 1 gelten die allgemeinen Regeln der §§ 232 ff. BGB. In der Praxis wird allerdings nur in Ausnahmefällen eine Sicherheit nach §§ 232 ff. BGB bestellt; stattdessen macht die Obergesellschaft idR von der in Abs. 3 eingeräumten Möglichkeit Gebrauch, selbst eine Bürgschaft zu stellen. Künftig fällig werdende Forderungen sind nicht abzuzinsen, um ein „Atmen" der Sicherheitsleistung über den Zeitraum ihres Bestehens zu verhindern (K. Schmidt/Lutter/*Stephan* Rn. 13 ff., dort auch zu weiteren Einzelfällen).

11 **b) Passivlegitimation.** Passivlegitimiert ist der andere Vertragsteil. Gesamtschuldnerschaft besteht bei einem Mehrmüttervertrag, einem Vertragsbeitritt oder -austritt oder einer Vertragsübernahme (Spindler/Stilz/*Veil* Rn. 9).

III. Anspruchsausschluss bei Recht auf vorzugsweise Befriedigung (Abs. 2)

12 Steht den Gläubigern ein Recht auf vorzugsweise Befriedigung ihrer Forderung im Fall der Insolvenz aus einer eigens für sie errichteten, staatlich überwachten Deckungsmasse zu, entfällt ihr Anspruch aus Abs. 1, da sie bereits ausreichend gegen einen Forderungsausfall geschützt sind. Die hM (OLG Zweibrücken 8.1.2004, NZG 2004, 670 (671); Hüffer/Koch/*Koch* Rn. 8; KK-AktG/*Koppensteiner* Rn. 20; MüKoAktG/*Altmeppen* Rn. 59 mwN) weitet den Ausschluss zu Recht auch auf bereits anders gesicherte Gläubiger aus; diese können gem. § 242 BGB keine weitere Sicherheit verlangen. Im Einzelnen besteht Uneinigkeit. Eine analoge Anwendung wird u. a. diskutiert für Insolvenzvorrechte und Absonderungsrechte (MüKoAktG/*Altmeppen* Rn. 60; zweifelnd dazu aber Hüffer/Koch/*Koch* Rn. 8) sowie Aufrechnungsfälle (KK-AktG/*Koppensteiner* Rn. 20) und Ansprüche gegen den Pensionssicherungsverein gem. § 7 BetrAVG (s. hierzu K. Schmidt/Lutter/*Stephan* Rn. 24 mwN).

IV. Bürgschaft statt Sicherheit (Abs. 3)

13 Will die Obergesellschaft keine Sicherheit leisten, etwa weil sie die Kosten scheut, die durch die Stellung einer Realsicherheit oder Bankbürgschaft entstehen, kann sie sich selbst verbürgen. Auf die Bürgschaft sind die §§ 765 ff. BGB anwendbar. Abs. 3 S. 2 erklärt § 349 HGB für unanwendbar, sodass dem Bürgen trotz regelmäßig vorliegendem Handelsgeschäft die Einrede der Vorausklage (§ 771 BGB) zusteht. Die Bürgschaft auf der Grundlage von Abs. 3 sollte ausdrücklich von der Bürgschaft statt

Sicherheit des § 239 BGB abgegrenzt werden, der parallel über Abs. 1 iVm §§ 232 ff. BGB anwendbar ist (→ Rn. 10). § 239 Abs. 1 BGB verlangt aber für die Tauglichkeit des Bürgen, dass dieser einen allgemeinen Gerichtsstand im Inland hat. Fehlt eine klare Abgrenzung, besteht im internationalen Konzern die Gefahr, dass die Rspr. anstelle von Abs. 3 § 239 BGB anwendet und eine ausländische herrschende Muttergesellschaft mangels allgemeinem Gerichtsstand im Inland als untauglichen Bürgen erklärt (so für die Garantieerklärung einer US-amerikanischen Muttergesellschaft OLG Zweibrücken 8.1.2004, NZG 2004, 670 (672)).

Vierter Abschnitt. Sicherung der außenstehenden Aktionäre bei Beherrschungs- und Gewinnabführungsverträgen

Angemessener Ausgleich

304 (1) **[1] Ein Gewinnabführungsvertrag muß einen angemessenen Ausgleich für die außenstehenden Aktionäre durch eine auf die Anteile am Grundkapital bezogene wiederkehrende Geldleistung (Ausgleichszahlung) vorsehen. [2] Ein Beherrschungsvertrag muß, wenn die Gesellschaft nicht auch zur Abführung ihres ganzen Gewinns verpflichtet ist, den außenstehenden Aktionären als angemessenen Ausgleich einen bestimmten jährlichen Gewinnanteil nach der für die Ausgleichszahlung bestimmten Höhe garantieren. [3] Von der Bestimmung eines angemessenen Ausgleichs kann nur abgesehen werden, wenn die Gesellschaft im Zeitpunkt der Beschlußfassung ihrer Hauptversammlung über den Vertrag keinen außenstehenden Aktionär hat.**

(2) **[1] Als Ausgleichszahlung ist mindestens die jährliche Zahlung des Betrags zuzusichern, der nach der bisherigen Ertragslage der Gesellschaft und ihren künftigen Ertragsaussichten unter Berücksichtigung angemessener Abschreibungen und Wertberichtigungen, jedoch ohne Bildung anderer Gewinnrücklagen, voraussichtlich als durchschnittlicher Gewinnanteil auf die einzelne Aktie verteilt werden könnte. [2] Ist der andere Vertragsteil eine Aktiengesellschaft oder Kommanditgesellschaft auf Aktien, so kann als Ausgleichszahlung auch die Zahlung des Betrags zugesichert werden, der unter Herstellung eines angemessenen Umrechnungsverhältnisses auf Aktien der anderen Gesellschaft jeweils als Gewinnanteil entfällt. [3] Die Angemessenheit der Umrechnung bestimmt sich nach dem Verhältnis, in dem bei einer Verschmelzung auf eine Aktie der Gesellschaft Aktien der anderen Gesellschaft zu gewähren wären.**

(3) **[1] Ein Vertrag, der entgegen Absatz 1 überhaupt keinen Ausgleich vorsieht, ist nichtig. [2] Die Anfechtung des Beschlusses, durch den die Hauptversammlung der Gesellschaft dem Vertrag oder einer unter § 295 Abs. 2 fallenden Änderung des Vertrags zugestimmt hat, kann nicht auf § 243 Abs. 2 oder darauf gestützt werden, daß der im Vertrag bestimmte Ausgleich nicht angemessen ist. [3] Ist der im Vertrag bestimmte Ausgleich nicht angemessen, so hat das in § 2 des Spruchverfahrensgesetzes bestimmte Gericht auf Antrag den vertraglich geschuldeten Ausgleich zu bestimmen, wobei es, wenn der Vertrag einen nach Absatz 2 Satz 2 berechneten Ausgleich vorsieht, den Ausgleich nach dieser Vorschrift zu bestimmen hat.**

(4) **Bestimmt das Gericht den Ausgleich, so kann der andere Vertragsteil den Vertrag binnen zwei Monaten nach Rechtskraft der Entscheidung ohne Einhaltung einer Kündigungsfrist kündigen.**

Übersicht

I. Regelungsgegenstand

1 § 304 sichert außenstehende Aktionäre gegen Verluste, die ihnen durch Gewinnabführungs- oder Beherrschungsverträge entstehen bzw. drohen (RegBegr. AktG *Kropff* 394) und verhindert das „Aushungern" der trotz Austrittsrechts (→ § 305 Rn. 2) in der Gesellschaft verbleibenden Aktionäre. Nach Abs. 1 muss ein Beherrschungs- oder Gewinnabführungsvertrag zwingend einen angemessenen Ausgleich für diese Aktionäre vorsehen. Der Ausgleichsanspruch selbst ergibt sich nicht aus dem Gesetz, sondern muss im jeweiligen Gewinnabführungs- oder Beherrschungsvertrag als Vertrag zugunsten Dritter vorgesehen werden (§§ 328 ff. BGB) (BGH 8.5.2006, AG 2006, 543 (544); Spindler/Stilz/*Veil/Preisser* Rn. 7 mwN). Abs. 2 beschreibt die Mindestvorgaben für die Bemessung des Ausgleichs. Die Folgen eines fehlenden oder unangemessenen Ausgleichs werden in Abs. 3 behandelt, Abs. 4 gewährt der Obergesellschaft ein Kündigungsrecht für den Fall, dass gerichtlich ein höherer als der vertraglich vorgesehene Ausgleich festgesetzt wird.

II. Natur des Ausgleichsanspruchs

2 **1. Außenstehender Aktionär.** Gläubiger des Ausgleichsanspruchs sind die außenstehenden Aktionäre der Untergesellschaft. Hierzu zählen zunächst alle Aktionäre der Gesellschaft, die nicht anderer Vertragsteil (Obergesellschaft) des Gewinnabführungs- oder Beherrschungsvertrags sind (ganz hM s. nur BGH 8.5.2006, AG 2006, 543; OLG Nürnberg 17.1.1996, AG 1996, 228 f.; MHdB GesR IV/*Krieger* § 71 Rn. 80; Emmerich/Habersack/*Emmerich* Rn. 16; Spindler/Stilz/*Veil/Preisser* Rn. 17). Der Obergesellschaft sind zudem solche Aktionäre zuzurechnen und damit keine außenstehenden Aktionäre, die rechtlich und wirtschaftlich eng mit der Obergesellschaft verknüpft sind und daher selbst ähnlich wie diese von dem abgeschlossenen Vertrag profitieren. In diese Gruppe fallen zunächst die Aktionäre, die an der Obergesellschaft zu 100 % beteiligt sind (MüKoAktG/*van Rossum* Rn. 28; KK-AktG/*Koppensteiner* § 295 Rn. 42) oder deren Kapital zu 100 % von der Obergesellschaft gehalten wird (Hüffer/Koch/*Koch* Rn. 3). Bei lediglich verbundenen Unternehmen ist für die Zurechnung zur Obergesellschaft hingegen ein Beherrschungs- oder Gewinnabführungsvertrag zwischen dem Aktionär und der Obergesellschaft zu fordern (str., so aber zutreffend hM MüKoAktG/*van Rossum* Rn. 28 ff.; Hüffer/Koch/*Koch* Rn. 3; KK-AktG/*Koppensteiner* § 295 Rn. 42; MHdB GesR IV/*Krieger* § 71 Rn. 80; Emmerich/Habersack/*Emmerich* Rn. 18; aA *Raiser/Veil* KapGesR § 62 Rn. 65). Nur durch dieses Erfordernis können eindeutige Ergebnisse bei der Zurechnung erzielt werden. Ausgleich als außenstehender Aktionär kann auch verlangen, wer erst nach Abschluss bzw. Inkrafttreten des Vertrags Aktionär der Gesellschaft wird. Hat die Untergesellschaft im Zeitpunkt der Beschlussfassung ihrer Hauptversammlung über den Beherrschungs- oder Gewinnabführungsvertrag hingegen keinen außenstehenden Aktionär im vorgenannten Sinne, so ist gem. Abs. 1 S. 3 keine Ausgleichsregelung notwendig, da der Vertrag gem. § 307 ohnehin spätestens zum Ende des Geschäftsjahrs ausläuft, in dem ein außenstehender Aktionär beteiligt ist (vgl. auch *Bilda* AG 2008, 641 (645) mwN).

3 **2. Ausgleichsanspruch bei Gewinnabführungsvertrag (Abs. 1 S. 1).** Der Ausgleichsanspruch nach § 304 soll den Verlust des mitgliedschaftlichen Dividendenrechts kompensieren (OLG Düsseldorf 23.1.2008, AG 2008, 822 (824 f.)), welches leerläuft, da durch den Gewinnabführungsvertrag die Entstehung eines Bilanzgewinns bei der Untergesellschaft verhindert wird. **Schuldner** des Ausgleichsanspruchs ist trotz des nicht eindeutigen Wortlauts die Ober- und nicht etwa die Untergesellschaft (LG Mannheim 30.5.1994, AG 1995, 89 (90); MüKoAktG/*van Rossum* Rn. 37 f.; Hüffer/Koch/*Koch* Rn. 4; MHdB GesR IV/*Krieger* § 71 Rn. 82; Spindler/Stilz/*Veil/Preisser* Rn. 32; aA *v. Godin/Wilhelmi,* AktG, 4. Aufl. 1971, Rn. 2; *Möhring* FS Hengeler, 1972, 216 (219 ff.)). Allein bei ihr fallen die Gewinne an, nicht mehr bei der Untergesellschaft. Die Untergesellschaft kann jedoch als zwischengeschaltete Zahlstelle fungieren (MüKoAktG/*van Rossum* Rn. 39; KK-AktG/*Koppensteiner* Rn. 25).

4 **3. Ausgleich bei (isoliertem) Beherrschungsvertrag (Abs. 1 S. 2).** Ist der Beherrschungsvertrag mit einem Gewinnabführungsvertrag gekoppelt, kann es – vorbehaltlich der Auflösung vorvertraglich gebildeter Gewinnrücklagen – schon aufgrund der Gewinnabführung zu keiner Dividendenausschüttung bei der Untergesellschaft mehr kommen. Bei einem isolierten Beherrschungsvertrag kann sie jedoch weiterhin einen ausschüttbaren Bilanzgewinn erwirtschaften. Ziel des Abs. 1 S. 2 ist es, die außenstehenden Aktionäre auch in diesem Fall gegen ein „Ausbluten" der Gesellschaft zu schützen, zu dem es etwa aufgrund der Weisungsgebundenheit des Vorstands der Gesellschaft (§ 308) kommen kann (GroßkommAktG/*Hasselbach/Hirte* Rn. 22). Den außenstehenden Aktionären soll ein bestimmter jährlicher Gewinnanteil garantiert werden, der dem Betrag entspricht, der beim Abschluss eines Gewinnabführungsvertrags als Ausgleichszahlung geschuldet würde (OLG Frankfurt a. M. 30.7.2001, AG 2002, 404). Die gezahlte Dividende ist dann bis zu diesem ermittelten Ausgleichsbetrag aufzufüllen (Hüffer/Koch/*Koch* Rn. 6). Wegen des darin liegenden Verstoßes gegen § 58 Abs. 4 darf diese sogenannte Ergänzungsdividende jedoch nicht mit einer Höchstdividende verbunden werden (MüKoAktG/*van*

Rossum Rn. 52; Hüffer/Koch/*Koch* Rn. 6; krit. K. Schmidt/Lutter/*Stephan* Rn. 49). Tritt eine neue Obergesellschaft dem bestehenden Beherrschungsvertrag bei, so muss der Änderungsvertrag keinen neuen Ausgleich regeln, wenn der ursprüngliche Beherrschungsvertrag einen festen Ausgleich (→ Rn. 7) enthält (BGH 4.3.1998, BGHZ 138, 136 (139 ff.) = NJW 1998, 1866; BGH 15.6.1992, BGHZ 119, 1 (10 f.) = NJW 1992, 2760).

III. Art und Höhe des Ausgleichsanspruchs

Abs. 2 enthält Vorgaben für die Höhe des im Vertrag vorzusehenden Ausgleichs. Unterschieden wird zwischen festem und variablem Ausgleich, wobei letzterer sowohl beim Gewinnabführungs- als auch beim Beherrschungsvertrag nur in Betracht kommt, wenn der andere Vertragsteil eine AG oder KGaA ist (Abs. 2 S. 2). Die außenstehenden Aktionäre haben kein Mitspracherecht bei der Frage, ob ein fester oder variabler Ausgleich gewählt wird (Emmerich/Habersack/*Emmerich* Rn. 25; Hüffer/Koch/*Koch* Rn. 14). 5

1. Fester Ausgleich. Grundsätzlich soll der außenstehende Aktionär als Ausgleich den Betrag erhalten, den er bei Nichtbestehen des Unternehmensvertrags als Dividende zu erwarten hätte. Nach Abs. 2 S. 1 sind für die Bemessung dieses festen Mindestausgleichs sowohl die bisherige Ertragslage als auch die künftigen Ertragsaussichten der Gesellschaft zu berücksichtigen. Anders als dieser Gesetzeswortlaut nahelegt, kommt es jedoch in erster Linie auf die künftigen Ertragsaussichten der Untergesellschaft an; deren außenstehende Aktionäre sollen so gestellt werden, wie sie ohne den Vertrag stünden (RegBegr. AktG *Kropff* 394 f.). Es ist zu diesem Zweck eine **Ertragsprognose** auf Grundlage der Vergangenheitswerte für die vorgesehene Vertragsdauer zu erstellen (Spindler/Stilz/*Veil/Preisser* Rn. 57). **Stichtag** für die Ertragsprognose ist der Tag der Hauptversammlung, die über den Vertragsabschluss nach § 293 Abs. 1 beschließt (BGH 4.3.1998, BGHZ 138, 136 (139 f.) = NJW 1998, 1866; OLG München 17.7.2007, BB 2007, 2395; OLG Frankfurt a. M. 30.7.2001, AG 2002, 404; OLG Düsseldorf 20.11.1997, AG 1998, 236 (237); OLG Stuttgart 13.3.1994, AG 1994, 564; MüKoAktG/*van Rossum* Rn. 74; Hüffer/Koch/*Koch* Rn. 10; Spindler/Stilz/*Veil/Preisser* Rn. 51). Nach ganz hM sind die Vergangenheitswerte grundsätzlich für einen Zeitraum von drei bis fünf Jahren zu ermitteln (drei Jahre: OLG Frankfurt a. M. 30.7.2001, AG 2002, 404; OLG Celle 1.7.1980, AG 1981, 234; fünf Jahre: LG Dortmund 31.10.1980, AG 1981, 236 (238); MüKoAktG/*van Rossum* Rn. 80 mwN; MHdB GesR IV/*Krieger* § 71 Rn. 88; Spindler/Stilz/*Veil/Preisser* Rn. 56). 6

Auszugehen ist von den im Jahresabschluss ausgewiesenen Erträgen. Allerdings sind außerordentliche Erträge und Verluste sowie stille Reserven, die nicht auf Wertsteigerungen beruhen, nicht in die Ermittlung einzubeziehen (LG Dortmund 14.2.1996, AG 1996, 278 (279); Spindler/Stilz/*Veil/Preisser* Rn. 56). Auch die Nachteile aus vor dem Vertragsabschluss bereits bestehender Abhängigkeit dürfen nicht auf die Ertragsberechnung durchschlagen und mindern die Erträge der Gesellschaft für die Berechnung nicht (OLG Hamburg 17.8.1979, AG 1980, 163 (164); MüKoAktG/*van Rossum* Rn. 90; Spindler/Stilz/*Veil/Preisser* Rn. 56, der diese aber einbeziehen möchte, wenn der Gesellschaft entspr. Ausgleichsansprüche zustehen). Spätere Entwicklungen sind nach der sog. **Wurzeltheorie** dann in die Ertragsprognose aufzunehmen, wenn sie am Stichtag bereits angelegt sind (BGH 17.1.1973, NJW 1973, 509 (511); BayObLG 20.3.2000, AG 2001, 138 (139); OLG Celle 19.4.2007, AG 2007, 865 (866); OLG Celle 31.7.1998, NZG 1998, 987 (988); OLG Düsseldorf 19.10.1999, AG 2000, 323 f.; OLG Düsseldorf 20.11.1997, AG 1998, 236 (237); Hüffer/Koch/*Koch* Rn. 10; MHdB GesR IV/*Krieger* § 71 Rn. 92 aE). Die Prognose erfordert eine fiktive Betrachtung, die die Ertragsentwicklung in der Vergangenheit für die Zukunft auf eine als weiterhin unabhängig gedachte Gesellschaft projiziert (BGH 21.7.2003, BGHZ 156, 57 (60 f.) = NJW 2003, 3272; BGH 4.3.1998, BGHZ 138, 136 (140) = NJW 1998, 1866; OLG München 30.11.2006, AG 2007, 411 (414)). Dabei ist das Prinzip der Vollausschüttung maßgeblich (OLG Stuttgart 13.3.1994, AG 1994, 564 (565)). Angemessene Abschreibungen und Wertberichtigungen sind in die Ertragsberechnung einzubeziehen, nicht aber die Bildung freier Gewinnrücklagen, da diese nur dem herrschenden Unternehmen zufielen (MüKoAktG/*van Rossum* Rn. 88; MHdB GesR IV/*Krieger* § 71 Rn. 89; Hüffer/Koch/*Koch* Rn. 11). 7

Obwohl die Ertragsprognose zu gleichen Ergebnissen wie die bei § 305 angewendete Ertragswertmethode kommen kann, darf der Ausgleich nach § 304 nicht als verrentete Abfindung angesehen werden und kann daher nicht aus dem Abfindungswert berechnet werden (BGH 13.2.2006, BGHZ 166, 195 (200) = NJW 2006, 1663; Hüffer/Koch/*Koch* Rn. 11a; aA OLG Stuttgart 14.2.2008, AG 2008, 783 (789); KK-AktG/*Koppensteiner* Rn. 60). Für die Berechnung des festen Ausgleichs sind Börsenkurse, im Gegensatz zu § 305, unerheblich (Hüffer/Koch/*Koch* Rn. 8; K. Schmidt/Lutter/*Stephan* Rn. 77). Die Durchführung der Berechnung des festen Ausgleichs kann zu einem sog. **Null-Ausgleich** führen, wenn bei der Gesellschaft in der Zukunft nicht mit Gewinnen gerechnet werden kann (BGH 13.2.2006, BGHZ 166, 195 = NJW 2006, 1663; BayObLG 31.5.1995, AG 1995, 509 (511 f.); OLG Düsseldorf 28.1.2009, AG 2009, 667; LG Dortmund 16.7.2007, Konzern 2008, 241 (242); MüKoAktG/*van Rossum* Rn. 94; MHdB GesR IV/*Krieger* § 71 Rn. 90; Spindler/Stilz/*Veil/* 8

Preisser Rn. 61). Streitig ist, ob im Falle des Null-Ausgleichs wenigstens eine angemessene oder marktübliche **Verzinsung** des Gesellschaftsvermögens geschuldet wird. Die Befürworter dieser Ansicht berechnen das Gesellschaftsvermögen dabei nach dem Liquidationswert der Gesellschaft (KK-AktG/*Koppensteiner* Rn. 60; *Meilicke* DB 1974, 417 (418 f.)). Gegen einen solchen Anspruch auf Verzinsung spricht, dass die Aktionäre auch in anderen Fällen keinen Anspruch auf Verzinsung des Gesellschaftsvermögens haben (so auch LG Dortmund 16.7.2007, Konzern 2008, 241 (242)). Sie erhielten etwa bei einem fehlenden Bilanzgewinn der Gesellschaft ohne Beherrschungs- oder Gewinnabführungsvertrag auch keine Dividende oder eine feste Verzinsung ihres Anteils. Durch § 304 sollen sie aber nur so gestellt werden, als wenn der Vertrag nicht bestünde, nicht aber besser, weshalb eine Verzinsung ausscheidet (so auch OLG Düsseldorf 28.1.2009, AG 2009, 667 (670)).

9 **2. Variabler Ausgleich.** Ist die Obergesellschaft eine AG oder KGaA, so kann gem. Abs. 2 S. 2 anstelle des festen Ausgleichsanspruchs nach Abs. 1, Abs. 2 S. 1 bzw. bei isolierten Beherrschungsverträgen anstelle des Anspruchs auf Dividendenergänzung auch ein variabler Ausgleich vereinbart werden. Nach zutreffender hM gilt dies auch dann, wenn die Obergesellschaft ihren Sitz im Ausland hat (MüKoAktG/*van Rossum* Rn. 45; Spindler/Stilz/*Veil*/*Preisser* Rn. 46; K. Schmidt/Lutter/*Stephan* Rn. 30; aA KK-AktG/*Koppensteiner* Rn. 42; *Prühs* AG 1973, 395 (398)). Der variable Ausgleich ist der Betrag, der unter Berücksichtigung eines angemessenen Umrechnungsverhältnisses auf die Aktien der Obergesellschaft jeweils als Gewinnanteil entfällt. Maßgeblich ist nicht etwa der Jahresüberschuss, sondern die tatsächlich gezahlte **Dividende der Obergesellschaft** (OLG Düsseldorf 17.2.1984, AG 1984, 216 (219); OLG Düsseldorf 26.1.1978, NJW 1978, 827; LG Frankfurt a. M. 1.10.1986, AG 1987, 315 (317 f.); Hüffer/Koch/*Koch* Rn. 15; MüKoAktG/*Bilda,* 2. Aufl. 2000, Rn. 66, 95; aA nunmehr MüKoAktG/*van Rossum* Rn. 71 f.: abzustellen ist auf den Jahresüberschuss). Trotz der hieraus folgenden Möglichkeit der Beeinflussung der zu zahlenden Dividende durch eine restriktive Ausschüttungspolitik der Obergesellschaft ist der Wortlaut des Gesetzes insoweit eindeutig und verfassungsgemäß (BVerfG 8.9.1999, AG 2000, 40 (41); *Vetter* ZIP 2000, 561 (563 ff.)). Lediglich bei missbräuchlicher Dividendenpolitik ist eine Anpassung nach § 162 Abs. 1 BGB vorzunehmen (BVerfG 8.9.1999, AG 2000, 40 (41); dem folgend K. Schmidt/Lutter/*Stephan* Rn. 96; für eine generelle Lösung ausgerichtet am Jahresüberschuss der herrschenden Gesellschaft: Emmerich/Habersack/*Emmerich* Rn. 48 f.; Spindler/Stilz/*Veil*/Preisser Rn. 67). Für die Bestimmung der Angemessenheit der Umrechnung ist gem. Abs. 2 S. 3 die **Verschmelzungswertrelation** zwischen den Aktien der Vertragspartner entscheidend, also das Verhältnis, in dem bei einer Verschmelzung auf eine Aktie der Gesellschaft Aktien der anderen Gesellschaft zu gewähren wären. Für die Bestimmung dieser Relation ist eine Unternehmensbewertung beider Gesellschaften erforderlich, um die Werte ins Verhältnis setzen zu können (→ § 305 Rn. 14). Als Folge der Anpassung ist die auf eine Aktie der Obergesellschaft entfallende Dividende entsprechend dem Wertverhältnis der Vertragspartner zu erhöhen oder zu vermindern.

10 **3. Aktien mit unterschiedlicher Gewinnteilhabe.** Für Aktien unterschiedlicher Gattung (insbesondere Stamm- und Vorzugsaktien) ist auch der Ausgleich unterschiedlich festzusetzen, sofern sich die Gattungsunterschiede auf die Gewinnverteilung beziehen (MHdB GesR IV/*Krieger* § 71 Rn. 85, 96; MüKoAktG/*van Rossum* Rn. 100; K. Schmidt/Lutter/*Stephan* Rn. 83; *Roth* Konzern 2005, 685 (686 ff.)). Dies gilt nicht nur für den festen Ausgleich, sondern auch für den variablen Ausgleich (MHdB GesR IV/*Krieger* § 71 Rn. 85; MüKoAktG/*van Rossum* Rn. 100; aA OLG Frankfurt a. M. 24.1.1989, AG 1989, 442 (443)).

11 **4. Fälligkeit, Verzinsung, Verjährung.** Weil es beim variablen Ausgleich auf die tatsächlich durch die Obergesellschaft gezahlte Dividende ankommt, wird dieser Anspruch auch erst mit dem bei der Obergesellschaft gefassten Gewinnverwendungsbeschluss fällig (Hüffer/Koch/*Koch* Rn. 15 aE). Der feste Ausgleich wird beim isolierten Beherrschungsvertrag mit dem Gewinnverwendungsbeschluss der Untergesellschaft bzw. bei einem kombinierten Beherrschungs- und Gewinnabführungsvertrag sowie einem reinen Gewinnabführungsvertrag am Tag der ordentlichen Hauptversammlung der Untergesellschaft fällig, an dem ohne den Gewinnabführungsvertrag der Gewinnverwendungsbeschluss gefasst und der Dividendenanspruch fällig geworden wäre (BGH 19.4.2011, BGHZ 189, 261 (266); LG Frankfurt a. M. 29.1.2008, ZIP 2008, 1180 (1182); MüKoAktG/*van Rossum* Rn. 110; Hüffer/Koch/*Koch* Rn. 13; KK-AktG/*Koppensteiner* Rn. 9). Fälligkeitszinsen sind in § 304 nicht vorgesehen und daher nicht zu zahlen (LG Frankfurt a. M. 19.12.1995, AG 1996, 187 (190); MHdB GesR IV/*Krieger* § 71 Rn. 86). Insbesondere scheidet eine Verzinsung der Ausgleichszahlung analog § 305 Abs. 3 S. 3 aus (OLG Hamm 21.3.2012, AG 2012, 598 (599)). Allerdings gelten die allgemeinen Verzugsregeln nach §§ 280, 286 BGB (MHdB GesR IV/*Krieger* § 71 Rn. 86; Spindler/Stilz/*Veil*/*Preisser* Rn. 35; für automatischen Verzug Emmerich/Habersack/*Emmerich,* Rn. 31, wohl auch K. Schmidt/Lutter/*Stephan* Rn. 37 ff.). Der Ausgleichsanspruch verjährt nach allgemeinen Regeln (§§ 195, 199 BGB) in drei Jahren (Hüffer/Koch/*Koch* Rn. 13; Spindler/Stilz/*Veil*/*Preisser* Rn. 36). Er kann abgetreten, verpfändet und gepfändet werden und ist damit selbständig verkehrsfähig. Die Durchführung eines Squeeze-out führt im Zeitpunkt des Wirksamwerdens des Minderheitsausschlusses zum Verlust der Ausgleichsberechtigung; ein

anteiliger Anspruch auf Zahlung der im Zeitpunkt des Verlustes der Mitgliedschaft noch nicht entstandenen Ausgleichsforderung besteht nicht (BGH 19.4.2011, BGHZ 189, 261 (271 ff.) = EWiR 2011, 449 Leitsatz mAnm *Wilsing/Paul*). Die Belastung durch Körperschaftsteuer ist bereits bei Festsetzung des Ausgleichs durch Berücksichtigung des Bruttogewinnanteils je Aktie abzüglich Körperschaftssteuer iHd jeweiligen Steuersatzes zu berücksichtigen (BGH 21.7.2003, BGHZ 156, 57 (61) = NJW 2003, 3272; OLG München 17.7.2007, BB 2007, 2395 (2399); *Großfeld* NZG 2004, 74 (75); ausf. Emmerich/Habersack/*Emmerich* Rn. 43b).

5. Sonderkonstellationen. Auf zahlreiche Sonderkonstellationen sind die Regelungen des § 304 nicht oder nicht ohne Anpassung anwendbar. So ist ein variabler Ausgleich etwa bei Mehrmütter-Beherrschungsverträgen ausgeschlossen, da hier Unklarheiten bei der Feststellung des variablen Ausgleichsbetrags zu Nachteilen der außenstehenden Aktionäre führen könnten (Hüffer/Koch/*Koch* Rn. 14 mwN; aA GroßkommAktG/*Hasselbach*/*Hirte* Rn. 68); in diesen Konstellationen kann nur ein fester Ausgleich vereinbart werden. In mehrstufigen Konzernverhältnissen mit Gewinnabführungs- oder Beherrschungsverträgen zwischen Mutter- und Tochtergesellschaft einerseits sowie Tochter- und Enkelgesellschaft andererseits kann zwar keine Garantiepflicht der Mutter für die festen Ausgleichsansprüche der außenstehenden Enkel-Aktionäre angenommen werden; die Vereinbarung eines variablen Ausgleichsanspruchs der Enkel-Aktionäre bei bereits bestehendem Mutter-Tochter Vertrag wird aber aus Gründen des Aktionärsschutzes nur möglich sein, wenn eine Kopplung an die Gewinnausschüttung bei der Mutter erfolgt (hierzu und auch zu weiteren Konstellationen ausf. MHdB GesR IV/*Krieger* § 71 Rn. 99 ff. mwN). 12

6. Anpassungen bei Änderung der Verhältnisse. Während ein fester Ausgleich von etwaigen Kapitalveränderungen bei der Obergesellschaft nicht beeinflusst wird (GroßkommAktG/*Hasselbach*/*Hirte* Rn. 109 mwN.), können Kapitalmaßnahmen bei der Obergesellschaft (ggf. eine Kapitalerhöhung gegen Einlagen, in jedem Fall aber eine Erhöhung aus Gesellschaftsmitteln) zu einer Verwässerung des variablen Ausgleichs der außenstehenden Aktionäre der Untergesellschaft führen. In einem solchen Falle wird eine Anpassung des variablen Ausgleichs erforderlich. Diese erfolgt zumindest bei der Kapitalerhöhung der Obergesellschaft aus Gesellschaftsmitteln entsprechend § 216 Abs. 3 (vgl. Hüffer/Koch/*Koch* Rn. 19), eine Lösung kann bei der Kapitalerhöhung gegen Einlagen aber auch über die ergänzende Vertragsauslegung oder den Rechtsgedanken des § 304 gesucht werden (Emmerich/Habersack/*Emmerich* Rn. 72; K. Schmidt/Lutter/*Stephan* Rn. 119 ff.; Spindler/Stilz/*Veil*/*Preisser* Rn. 72). Die Anpassung des variablen Ausgleichs erfolgt kraft Gesetzes; eine neue Unternehmensbewertung ist zumindest bei Börsennotierung der Obergesellschaft entbehrlich. Sowohl der feste als auch der variable Ausgleich bleiben von Änderungen tatsächlicher Umstände, die für die Bestimmung des Ausgleichs maßgeblich waren, grundsätzlich unberührt; das Risiko, dass sich Prognosen, die bei Festsetzung des Ausgleichs getroffen wurden, als falsch herausstellen, fällt in den Risikobereich der Vertragsparteien. In Fällen einer grundlegenden Störung, die nicht in den Risikobereich einer Vertragspartei fallen, ist nach den Grundsätzen des Wegfalls der Geschäftsgrundlage vorzugehen (MHdB GesR IV/*Krieger* § 71 Rn. 107 f.). 13

IV. Rechtsfolge bei fehlendem oder unangemessenem Ausgleich

Rechtsfolge bei Fehlen einer vertraglichen Ausgleichsregelung ist die Nichtigkeit des Beherrschungs- oder Gewinnabführungsvertrags, Abs. 3 S. 1, es sei denn, die Gesellschaft hat keinen außenstehenden Aktionär (Abs. 1 S. 3). Gleiches gilt, wenn nach dem Vertrag nur die Gesellschaft der Ausgleichsschuldner sein soll, nicht aber der andere Vertragsteil (Emmerich/Habersack/*Emmerich* Rn. 78; Spindler/Stilz/*Veil*/*Preisser* Rn. 85 mwN; aA K. Schmidt/Lutter/*Stephan* Rn. 105). 14

Enthält der Vertrag dagegen zwar einen Ausgleich, der allerdings nicht angemessen ist, hindert dies weder die Wirksamkeit des Vertrags, noch führt es zur Anfechtbarkeit des Zustimmungsbeschlusses der Hauptversammlung der Untergesellschaft, Abs. 3 S. 2 und 3. Auch eine Anfechtbarkeit nach § 243 Abs. 2 scheidet aus. Gleiches gilt im Falle der gesetzeswidrigen Bestimmung von Leistungsmodalitäten (BGH 31.5.2010, AG 2010, 589 (590)). Die uU schwierigen Bewertungsfragen hat der Gesetzgeber in das Spruchverfahren verwiesen und damit von der Frage der Gültigkeit des Hauptversammlungsbeschlusses abgekoppelt (→ Rn. 16). Dies unterstreicht der durch das UMAG eingefügte weitere Anfechtungsausschluss für Rechtsverletzungen in Form von unrichtigen, unvollständigen oder unzureichenden bewertungsrelevanten Informationen in der Hauptversammlung in § 243 Abs. 4 S. 2 (RegBegr. UMAG BT-Drs. 15/5092, 25 f.). Dagegen können die Aktionäre der Obergesellschaft den Hauptversammlungsbeschluss mit der Begründung anfechten, dass die Ausgleichsleistung zu hoch sei (K. Schmidt/Lutter/*Stephan* Rn. 112; MHdB GesR IV/*Krieger* § 71 Rn. 109). 15

V. Überprüfung im Spruchverfahren

Abs. 3 S. 3 verweist auf die Überprüfung der Angemessenheit im Spruchverfahren nach dem SpruchG. 16
Die Bestimmung der zulässigen Ausgleichshöhe durch das nach § 2 SpruchG zuständige Landgericht des

Gesellschaftssitzes setzt die Unangemessenheit des im Vertrag vorgesehenen Ausgleichs voraus (Hüffer/Koch/*Koch* Rn. 22). Regelmäßig wird dem Verfahren der Einwand zugrunde liegen, dass der Ausgleich zu niedrig bemessen sei. Entscheidet das Gericht zugunsten eines höheren Ausgleichsbetrags, so ändert die gerichtliche Entscheidung den geschlossenen Vertrag rückwirkend auf den Zeitpunkt seines Inkrafttretens ab (MüKoAktG/*van Rossum* Rn. 192; Hüffer/Koch/*Koch* Rn. 22), auch der Erhöhungsbetrag wird damit rückwirkend ab Vertragsbeginn geschuldet. Die Fälligkeit dieses weiteren Zahlungsanspruchs tritt jedoch erst mit Rechtskraft der Entscheidung des Gerichts ein, weshalb auch keine Fälligkeits- oder Verzugszinsen für die Vergangenheit anfallen (K. Schmidt/Lutter/*Stephan* Rn. 115). Grundsätzlich ist das Gericht bei seiner Überprüfung an die gewählte Ausgleichsform (variabler oder fester Ausgleich) gebunden (RegBegr. AktG *Kropff* 395; LG Dortmund 8.2.1977, AG 1977, 234 (235); Spindler/Stilz/*Veil/Preisser* Rn. 42). Einzig für den Fall, dass ein variabler Ausgleich vereinbart wurde, obwohl dessen Voraussetzungen nicht vorliegen, kann das Gericht zunächst die richtige Ausgleichsart und ihre Höhe bestimmen (K. Schmidt/Lutter/*Stephan* Rn. 114). Findet eine Anpassung des variablen Ausgleichs bei Kapitalveränderungen der Obergesellschaft statt (→ Rn. 13), so steht zumindest de lege lata zur Überprüfung kein Spruchverfahren zur Verfügung (MHdB GesR IV/*Krieger* § 71 Rn. 103).

VI. Sonderkündigungsrecht

17 Kommt es aufgrund des Spruchverfahrens zu einer Erhöhung des vertraglich vereinbarten Ausgleichs oder ändert das Gericht den variablen Ausgleich in einen festen Ausgleich ab, kann die Obergesellschaft den Vertrag binnen zwei Monaten nach Rechtskraft der Entscheidung fristlos kündigen, um der zukünftigen Mehrbelastung zu entgehen (RegBegr. AktG *Kropff* 396; *Bilda* AG 2008, 641 (645)). Die Kündigung wirkt ex nunc, weshalb für die schon abgelaufene Vertragszeit die durch das Gericht festgesetzte höhere Ausgleichszahlung gleichwohl zu leisten ist. Die Kündigungserklärung ist zudem bedingungsfeindlich. Für ihre Rechtzeitigkeit kommt es auf den Zugang der Erklärung bei der Gesellschaft an (Hüffer/Koch/*Koch* Rn. 23; K. Schmidt/Lutter/*Stephan* Rn. 117). Eine Ersetzung durch eine vertragliche Rücktrittsklausel ist wegen des zwingenden Charakters des Abs. 4 unzulässig (Hüffer/Koch/*Koch* Rn. 23; Spindler/Stilz/*Veil/Preisser* Rn. 90).

Abfindung

305 (1) **Außer der Verpflichtung zum Ausgleich nach § 304 muß ein Beherrschungs- oder ein Gewinnabführungsvertrag die Verpflichtung des anderen Vertragsteils enthalten, auf Verlangen eines außenstehenden Aktionärs dessen Aktien gegen eine im Vertrag bestimmte angemessene Abfindung zu erwerben.**

(2) **Als Abfindung muß der Vertrag,**

1. **wenn der andere Vertragsteil eine nicht abhängige und nicht in Mehrheitsbesitz stehende Aktiengesellschaft oder Kommanditgesellschaft auf Aktien mit Sitz in einem Mitgliedstaat der Europäischen Union oder in einem anderen Vertragsstaat des Abkommens über den Europäischen Wirtschaftsraum ist, die Gewährung eigener Aktien dieser Gesellschaft,**
2. **wenn der andere Vertragsteil eine abhängige oder in Mehrheitsbesitz stehende Aktiengesellschaft oder Kommanditgesellschaft auf Aktien und das herrschende Unternehmen eine Aktiengesellschaft oder Kommanditgesellschaft auf Aktien mit Sitz in einem Mitgliedstaat der Europäischen Union oder in einem anderen Vertragsstaat des Abkommens über den Europäischen Wirtschaftsraum ist, entweder die Gewährung von Aktien der herrschenden oder mit Mehrheit beteiligten Gesellschaft oder eine Barabfindung,**
3. **in allen anderen Fällen eine Barabfindung**

vorsehen.

(3) [1]**Werden als Abfindung Aktien einer anderen Gesellschaft gewährt, so ist die Abfindung als angemessen anzusehen, wenn die Aktien in dem Verhältnis gewährt werden, in dem bei einer Verschmelzung auf eine Aktie der Gesellschaft Aktien der anderen Gesellschaft zu gewähren wären, wobei Spitzenbeträge durch bare Zuzahlungen ausgeglichen werden können.** [2]**Die angemessene Barabfindung muß die Verhältnisse der Gesellschaft im Zeitpunkt der Beschlußfassung ihrer Hauptversammlung über den Vertrag berücksichtigen.** [3]**Sie ist nach Ablauf des Tages, an dem der Beherrschungs- oder Gewinnabführungsvertrag wirksam geworden ist, mit jährlich 5 Prozentpunkten über dem jeweiligen Basiszinssatz nach § 247 des Bürgerlichen Gesetzbuchs zu verzinsen; die Geltendmachung eines weiteren Schadens ist nicht ausgeschlossen.**

(4) [1]**Die Verpflichtung zum Erwerb der Aktien kann befristet werden.** [2]**Die Frist endet frühestens zwei Monate nach dem Tage, an dem die Eintragung des Bestehens des Vertrags im Handelsregister nach § 10 des Handelsgesetzbuchs bekannt gemacht worden ist.** [3]**Ist ein Antrag auf Bestimmung des Ausgleichs oder der Abfindung durch das in § 2 des Spruch-**

verfahrensgesetzes bestimmte Gericht gestellt worden, so endet die Frist frühestens zwei Monate nach dem Tage, an dem die Entscheidung über den zuletzt beschiedenen Antrag im Bundesanzeiger bekanntgemacht worden ist.

(5) [1] **Die Anfechtung des Beschlusses, durch den die Hauptversammlung der Gesellschaft dem Vertrag oder einer unter § 295 Abs. 2 fallenden Änderung des Vertrags zugestimmt hat, kann nicht darauf gestützt werden, daß der Vertrag keine angemessene Abfindung vorsieht.** [2] **Sieht der Vertrag überhaupt keine oder eine den Absätzen 1 bis 3 nicht entsprechende Abfindung vor, so hat das in § 2 des Spruchverfahrensgesetzes bestimmte Gericht auf Antrag die vertraglich zu gewährende Abfindung zu bestimmen.** [3] **Dabei hat es in den Fällen des Absatzes 2 Nr. 2, wenn der Vertrag die Gewährung von Aktien der herrschenden oder mit Mehrheit beteiligten Gesellschaft vorsieht, das Verhältnis, in dem diese Aktien zu gewähren sind, wenn der Vertrag nicht die Gewährung von Aktien der herrschenden oder mit Mehrheit beteiligten Gesellschaft vorsieht, die angemessene Barabfindung zu bestimmen.** [4] **§ 304 Abs. 4 gilt sinngemäß.**

Übersicht

I. Regelungszweck

1 Nach Abs. 1 müssen Beherrschungs- oder Gewinnabführungsverträge neben dem Anspruch auf Ausgleich nach § 304 zusätzlich die Verpflichtung der Obergesellschaft enthalten, auf Verlangen eines außenstehenden Aktionärs der Untergesellschaft dessen Aktien gegen eine im Vertrag bestimmte angemessene Abfindung zu erwerben. Gleiches gilt für den Geschäftsführungsvertrag iSd § 291 Abs. 1 S. 2 (→ § 291 Rn. 47 ff.). Abs. 2 beschreibt die möglichen **Abfindungsarten.** Differenziert wird nach Eigenschaften der Obergesellschaft. In Abs. 3 sind die Voraussetzungen für die Angemessenheit der Abfindung festgelegt, während Abs. 4 sich mit der Befristung der Erwerbspflicht befasst und Abs. 5 die Rechtsfolgen einer fehlenden oder unangemessenen Abfindungsregelung beschreibt (zur bilanziellen Behandlung der Abfindung nach § 305 bei der Obergesellschaft: Herrmann/Heuer/Raupach/*Rosenberg,* EStG, KStG, Kommentar, 295. Lieferung 2020, EStG § 5 Anm. 1369).

2 § 305 ergänzt die Regelung in § 304, indem ein Wahlrecht zwischen dem Verbleib in der Gesellschaft bei Bezug eines Ausgleichs und dem Ausscheiden gegen Abfindung eröffnet wird. Wird keine Ausgleichsleistung nach § 304 geschuldet, so muss auch keine Abfindung nach § 305 angeboten werden (K. Schmidt/Lutter/*Stephan* Rn. 9). § 305 dient damit ebenso wie § 304 der Sicherung der außenstehenden Aktionäre gegen die aus dem Beherrschungs- oder Gewinnabführungsvertrag folgende Beeinträchtigung ihrer Herrschaftsrechte. Das Ziel der Norm ist dabei allerdings nicht die Kompensation; vielmehr gewährt sie dem Aktionär wirtschaftlich die Möglichkeit, gegen Entschädigung durch den anderen Vertragsteil aus seiner Rechtsstellung auszuscheiden (BGH 4.3.1998, BGHZ 138, 136 (138 f.) = NJW 1998, 1866 (1868)).

II. Abfindungsangebot

3 Abs. 1 verlangt für den Beherrschungs- oder Gewinnabführungsvertrag die Einräumung einer **Option** zugunsten der außenstehenden Aktionäre der Untergesellschaft, ihre Anteile gegen die im Vertrag festgelegte Gegenleistung auf den anderen Vertragsteil zu übertragen (BGH 20.5.1997, BGHZ 135, 374 (380) = NJW 1997, 2242; K. Schmidt/Lutter/*Stephan* Rn. 4). Der Beherrschungs- oder Gewinnabführungsvertrag ist insofern ebenso wie hinsichtlich des Ausgleichs nach § 304 (→ § 304 Rn. 1) **Vertrag zugunsten Dritter** iSd §§ 328 ff. BGB (hM BGH 20.5.1997, BGHZ 135, 374 (380) = NJW 1997, 2242 ff.; K. Schmidt/Lutter/*Stephan* Rn. 11; Hüffer/Koch/*Koch* Rn. 3 mwN).

4 **1. Aktivlegitimation.** Gläubiger der Abfindungspflicht sind die außenstehenden Aktionäre; insoweit gelten die Ausführungen zu § 304 Abs. 1 entsprechend (→ 304 Rn. 2). Der Abfindungsanspruch ist ein im Unternehmensvertrag verankerter Anspruch, der nicht an die Person selbst, sondern an die Stellung als außenstehender Aktionär gekoppelt ist (BGH 8.5.2006, BGHZ 167, 299 (303 f.) = NJW 2006, 3146 ff.). Aus diesem Grund führt der freiwillige Verlust dieser Stellung durch Veräußerung der Aktie dazu, dass der (ehemalige) Aktionär seinen Anspruch auf Abfindung verliert. Der durch Erwerb in dessen Stellung eingetretene (neue) Aktionär dagegen erwirbt, sofern er außenstehender Aktionär ist, den Anspruch originär, vorausgesetzt der Erwerb erfolgt während des Bestehens des Unternehmensvertrags (BGH 8.5.2006, BGHZ 167, 299 (303) = NJW 2006, 3146 ff.). Erfolgt der Erwerb **nach Beendigung des Unternehmensvertrags,** erhält der Erwerber kein Recht auf Abfindung (BGH 8.5.2006, BGHZ 167, 299 (303) = NJW 2006, 3146 ff.). In diesem Fall geht der Anspruch bei dem veräußernden Aktionär unter (K. Schmidt/Lutter/*Stephan* Rn. 16), selbst wenn die Abfindungsfrist für ihn wegen eines andauernden Spruchverfahrens noch läuft (MHdB GesR IV/*Krieger* § 71 Rn. 112). Wegen des schuldrechtlichen Charakters der Abfindungsoption führt demgegenüber der unfreiwillige Verlust der Mitgliedschaft zB infolge eines Squeeze-out nicht zu einem Verlust der Abfindungsoption (hM OLG Düsseldorf 4.10.2006, NZG 2007, 37 (38 f.); OLG Frankfurt a. M. 16.7.2010, BeckRS 2011, 5382; ausf. *Jüngst,* Der Ausschluss von Minderheitsgesellschaftern im Vertragskonzern, 2010, 111 ff.; aA K. Schmidt/Lutter/*Stephan* Rn. 18). Bei der **Ausgabe neuer Aktien** der Gesellschaft (bspw. Kapitalerhöhung, Verschmelzung, Eingliederung) kommt es für die Abfindungsberechtigung maßgeblich auf den Ausgabezeitpunkt an. Liegt dieser vor Ende des Unternehmensvertrags und sind die Aktien derselben Gattung noch abfindungsberechtigt, erwirbt der Zeichner ebenfalls einen Anspruch auf Abfindung, danach nicht mehr (ausf. K. Schmidt/Lutter/*Stephan* Rn. 19 ff. mwN).

5 **2. Passivlegitimation.** Anders als bei § 304 Abs. 1 S. 1 bezeichnet Abs. 1 ausdrücklich das herrschende Unternehmen als Schuldner der Abfindungsleistung. Eine Betrauung der Untergesellschaft mit der technischen Abwicklung ist jedoch möglich. Werden Aktien als Abfindung gewährt, so muss das herrschende Unternehmen für hinreichende **Umtauschaktien** sorgen. Dies wird idR über das bedingte Kapital (§ 192 Abs. 2 Nr. 2 – Vorbereitung eines Zusammenschlusses) oder durch den Erwerb eigener Aktien (§ 71 Abs. 1 Nr. 3 – Abfindung nach Abs. 2) geschehen. An der Schuldnerstellung des herrschenden Unternehmens ändert sich auch in den Fällen nichts, in denen es Aktien seiner Obergesellschaft als Abfindung zu gewähren hat (→ Rn. 9). Es bleibt seine Aufgabe, die Tauschaktien von der Obergesellschaft zu besorgen. Auch insoweit stehen das bedingte Kapital oder der Erwerb eigener Aktien sowie zusätzlich der Erwerb eigener Aktien durch Dritte (§ 71d S. 2) zur Verfügung.

6 **3. Entstehen, Verjährung, Fälligkeit, Verzinsung.** Die Pflicht zur Abfindung besteht nach Ausübung der Option auf Grundlage des zustande kommenden Kauf- oder Tauschvertrags. Der Abfindungsanspruch entsteht mit Zugang (§ 130 Abs. 1 BGB) der Annahmeerklärung bei dem anderen Vertragsteil oder seinem Vertreter. Mit Einlieferung der Aktien durch den außenstehenden Aktionär bei der Obergesellschaft bzw. der im Vertrag bestimmten zuständigen Stelle tritt die **Fälligkeit** des Anspruchs ein (BGH 2.6.2003, BGHZ 155, 110 ff. = NJW-RR 2003, 1541 ff.; Hüffer/Koch/*Koch* Rn. 11 mwN). Die Fälligkeit kann weder vertraglich nach hinten verschoben werden noch wird sie durch die Einleitung eines Spruchverfahrens beeinflusst (Hüffer/Koch/*Koch* Rn. 11). Im Falle einer Barabfindung ist die Abfindung nach Abs. 3 S. 3 Hs. 1 (rückwirkend) mit 5 Prozentpunkten über dem jeweiligen Basiszinssatz (§ 247 BGB) ab Eintragung des Beherrschungs- oder Gewinnabführungsvertrags in das Handelsregister zu **verzinsen.** Der Zinsanspruch nach Abs. 3 S. 3 Hs. 1 setzt die Ausübung des Wahlrechts zugunsten der Abfindung voraus (OLG Hamm 21.3.2012, AG 2012, 598). Der Anspruch auf Abfindung unterliegt der regelmäßigen **Verjährung** nach §§ 195, 199 Abs. 1 BGB.

7 **4. Anrechnung des Ausgleichs.** Solange außenstehende Aktionäre nicht gegen Abfindung aus der Untergesellschaft ausscheiden, erhalten sie den Ausgleich nach § 304. Nehmen sie das Abfindungsangebot später an, so besteht heute Einigkeit, dass erhaltene Ausgleichzahlungen (unverzinst) auf die Abfindungszinsen, nicht aber auf die Abfindung selbst anzurechnen sind (BGH 10.12.2007, BGHZ 174, 378 (381) = NJW-RR 2008, 631; BGH 16.9.2002, BGHZ 152, 29–37 = NJW 2002, 3467 ff.; Hüffer/Koch/*Koch* Rn. 53; Emmerich/Habersack/*Emmerich* Rn. 33a). Überschießende Ausgleichszahlungen

sollen dem Aktionär verbleiben (MHdB GesR IV/*Krieger* § 71 Rn. 117). Referenzzeitraum für die Verrechnung von Ausgleich und Abfindungszinsen ist in Übereinstimmung mit dem BGH das Jahr, für das der Ausgleich gezahlt wird (BGH 2.6.2003, BGHZ 155, 110 ff. = NJW-RR 2003, 1541 ff.; BGH 10.12.2007, BGHZ 174, 378 Rn. 9 ff. = NJW-RR 2008, 631; krit. MHdB GesR IV/*Krieger* § 71 Rn. 117). Etwaige gezahlte Sonderdividenden finden danach ebenfalls keine Berücksichtigung bei der Verrechnung (BGH 2.6.2003, BGHZ 155, 110 ff. = NJW-RR 2003, 1541 ff.).

III. Art der Abfindung (Abs. 2)

1. Abfindung in Aktien (Nr. 1). Abs. 2 Nr. 1 normiert den gesetzlichen Regelfall, wonach außenstehenden Aktionären zwingend **eigene Aktien des anderen Vertragsteils** (herrschendes Unternehmen/Obergesellschaft) als Abfindung anzubieten sind, wenn dieser die Rechtsform einer AG oder KGaA hat, nicht in Abhängigkeit (§ 17) oder Mehrheitsbesitz (§ 16) steht und seinen Sitz in der EU oder im EWR hat. Nur auf diesem Weg wird der Primärschutz der Aktionäre, der im Erhalt von Aktien liegt, erzielt, und eine bloße Verweisung auf einen Vermögensausgleich verhindert (Hüffer/Koch/*Koch* Rn. 13). Dementsprechend braucht eine Barabfindung daneben nicht angeboten zu werden. Den Vertragsparteien bleibt es jedoch unbenommen, den außenstehenden Aktionären neben der jeweils gesetzlich vorgeschriebenen Abfindungsart auf freiwilliger Basis eine andere Art der Abfindung anzubieten (KK-AktG/*Koppensteiner* Rn. 49). 8

Beim Umtausch der Aktien gilt es, das **Gleichbehandlungsprinzip** zwischen den Aktionären beider Vertragsteile zu wahren (hM Hüffer/Koch/*Koch* Rn. 15 mwN). Grundsätzlich sind daher gattungsgleiche Umtauschaktien zu gewähren (Abfindung außenstehender Stammaktionäre in Stammaktien, außenstehender Vorzugsaktionäre in Vorzugsaktien). In der Praxis ist dies vielfach problematisch, etwa wenn anders als bei der Untergesellschaft beim anderen Vertragsteil bzw. der ihn beherrschenden Gesellschaft keine Vorzugsaktien bestehen. Hier wird man nicht verlangen können, dass für die Abfindung nach § 305 eine neue Aktiengattung geschaffen wird, sondern auch eine Abfindung in Stammaktien für zulässig erachten müssen (OLG Düsseldorf 31.1.2003, NZG 2003, 588 (598); Hüffer/Koch/*Koch* Rn. 15 mwN; MüKoAktG/*van Rossum* Rn. 56 ff. aA; GroßkommAktG/*Hasselbach/Hirte* Rn. 42: gattungsverschiedene Aktien nur mit Sonderbeschluss). Es ist insofern ein Umtauschverhältnis zu wählen, dass die Gleichbehandlung der Aktionäre im größtmöglichen Rahmen sicherstellt. 9

Im Fall der **Mehrmütterherrschaft** ist nicht etwa Abs. 2 Nr. 1, sondern vielmehr Abs. 2 Nr. 3 anwendbar, sodass die Aktionäre zum eigenen Schutz allein auf die Barabfindung zu verweisen sind. Diese Sicht entspricht den Einschränkungen, die für entsprechende Konstellationen auch im Falle des Ausgleichs für erforderlich gehalten werden (→ § 304 Rn. 12) und trägt zudem dem Umstand Rechnung, dass die Bestimmung des Umtauschverhältnisses in diesen Fällen zahlreiche, vom Grundmodell des Abs. 3 abweichende Fragen aufwirft (hierzu Hüffer/Koch/*Koch* Rn. 16 mwN). 10

2. Abfindung in Aktien oder Barabfindung (Nr. 2). Ist der andere Vertragsteil hingegen eine abhängige (§ 17) oder im Mehrheitsbesitz (§ 16) stehende AG oder KGaA (unabhängig davon, wo sie ihren Sitz hat) und ist die Obergesellschaft des anderen Vertragsteils ihrerseits eine AG oder KGaA mit Sitz in der EU oder im EWR, so sind gem. **Abs. 2 Nr. 2** entweder **Aktien der Obergesellschaft** oder aber eine **Barabfindung** anzubieten. Eine Abfindung in Aktien des anderen Vertragsteils genügt in diesem Fall nicht, da dem außenstehenden Aktionär nicht zugemutet werden soll, sich an einer Gesellschaft beteiligen zu müssen, die einer gewissen Fremdsteuerung unterliegt. Liegen mehr als die vom Gesetz als Regelungsvorbild angenommenen drei Konzernstufen vor, so ist im Wege der analogen Anwendung der Norm ein Angebot von Aktien der Spitzengesellschaft erforderlich (Hüffer/Koch/*Koch* Rn. 17 mwN), sofern es sich bei dieser um eine AG oder KGaA mit Sitz in der EU oder im EWR handelt (vgl. K. Schmidt/Lutter/*Stephan* Rn. 43). 11

Das **Wahlrecht** zwischen Aktien- und Barabfindung nach Abs. 2 Nr. 2 steht allein den Parteien des Beherrschungs- oder Gewinnabführungsvertrags und nicht etwa den außenstehenden Aktionären zu; hierfür spricht das Bestimmungsrecht der Vertragsparteien sowie ein Umkehrschluss aus § 320b Abs. 1 S. 3 (hM Hüffer/Koch/*Koch* Rn. 19; MüKoAktG/*van Rossum* Rn. 64; KK-AktG/*Koppensteiner* Rn. 46; MHdB GesR IV/*Krieger* § 71 Rn. 121). 12

3. Barabfindung (Nr. 3). Wegen des europäischen Diskriminierungsverbots (Art. 18 AEUV) ist es zulässig, den Aktionär in Abs. 2 Nr. 2 auf eine zukünftige Aktionärsstellung in einer in der EU oder dem EWR ansässigen Gesellschaft zu verweisen. Die Beteiligung an einer Gesellschaft mit Sitz außerhalb der EU und des EWR ist dem außenstehenden Aktionär nach der Konzeption des Gesetzes jedoch nicht zuzumuten, weshalb nach Abs. 2 Nr. 3 in diesem Fall sowie in allen übrigen nicht von Nr. 1 und Nr. 2 erfassten Fällen der Aktientausch ausscheidet und es bei der **Barabfindung** verbleibt (Hüffer/Koch/*Koch* Rn. 14 mwN). 13

IV. Angemessenheit der Abfindung (Abs. 3)

14 **1. Begriff.** Abs. 3 erläutert, wann eine Abfindung als angemessen anzusehen ist, und differenziert dabei zwischen der Abfindung in Aktien (S. 1) und der Barabfindung (S. 2 und 3). Bewertungszweck ist die Ermittlung des Grenzbetrags, zu dem die ausscheidenden Aktionäre ihre Beteiligung aufgeben können, ohne hierdurch einen wirtschaftlichen Nachteil zu erleiden. Der Ausscheidende muss den vollen Wert seiner Beteiligung erhalten (BVerfG 27.4.1999, BVerfGE 100, 289–313 = NJW 1999, 3769 (3770)). Dieser Wert ist bei der Barabfindung durch eine Bewertung der abhängigen Gesellschaft zu bestimmen, auf deren Basis der Wert der einzelnen Aktie ermittelt wird. Bei der Abfindung in Aktien ist für die Ermittlung der Angemessenheit eine Bewertung beider Unternehmen erforderlich, um auf deren Grundlage das Umtauschverhältnis zu errechnen. Das Ziel ist damit die Ermittlung der **Verschmelzungswertrelation** der beteiligten Gesellschaften. Außenstehenden Aktionären müssen so viele Aktien des anderen Vertragsteils bzw. im Fall von Abs. 2 Nr. 2 der Konzernspitze gewährt werden, wie ihnen zustünden, wenn beide Gesellschaften miteinander verschmolzen würden.

15 Die **Bewertungsmaßstäbe** sind für die Ermittlung der Barabfindung und der Abfindung in Aktien identisch (MHdB GesR IV/*Krieger* § 71 Rn. 127). **Stichtag** der Bewertung ist der Tag, an dem die Hauptversammlung der Untergesellschaft über den Unternehmensvertrag beschließt, Abs. 2 S. 3. Dies gilt nach zutreffender Ansicht für beide Abfindungsarten gleichermaßen (Hüffer/Koch/*Koch* Rn. 34 mwN). In der Praxis wird die Aufgabe der reinen Ermittlung des Unternehmenswerts regelmäßig auf Wirtschaftprüfer übertragen, deren Ergebnisse die Vorstände der Vertragspartner sich zu eigen machen.

16 **2. Zulässige Verfahren zur Unternehmensbewertung.** Das Gesetz schreibt keine bestimmte Bewertungsmethode für die Unternehmensbewertung vor. In der Praxis hat sich als Methode das **Ertragswertverfahren** durchgesetzt (vgl. hierzu den vom Institut der Wirtschaftsprüfer in Deutschland e. V. (IDW) verabschiedeten aktuell anwendbaren Prüfungsstandard IDW S 1 idF 2008, WPg Supplement 3/2008, 68 ff.). Dem Ertragswertverfahren liegt die Annahme zugrunde, dass der Wert eines Unternehmens in erster Linie von seiner Fähigkeit abhängt, künftig Erträge zu erwirtschaften. Dies ist verfassungsrechtlich unbedenklich (BVerfG 27.4.1999, BVerfGE 100, 289–313 = NJW 1999, 3769 (3770)). Die Zulässigkeit **anderer Bewertungsverfahren** ist offen. Das in der Transaktionspraxis gebräuchliche Discounted Cash-Flow-Verfahren (DCF) ist zulässig, zumal der Prüfungsstandard IDW S 1 (idF 2008, WPg Supplement 3/2008, 68 ff.) dieses als zweites, neben dem Ertragswertverfahren zulässiges Verfahren zur Ermittlung des Unternehmenswerts vorsieht (K. Schmidt/Lutter/*Stephan* Rn. 50 mwN). Ebenfalls aus dem Bereich des Unternehmenskaufs stammende vergleichsorientierte Bewertungsverfahren (sog. Praktikermethoden) sind für die Bewertung bei §§ 304, 305 bislang bedeutungslos geblieben (MHdB GesR IV/*Krieger* § 71 Rn. 133). Sog. Multiplikatoranalysen können aber durchaus im Einzelfall zur Beurteilung der Plausibilität des nach dem Ertragswertverfahren ermittelten Unternehmenswerts herangezogen werden (OLG Düsseldorf 29.10.2018, WM 2019, 2064). Unzulässig ist hingegen das Buchwertverfahren und auch für das Substanzwertverfahren oder Kombinationsverfahren wie das Stuttgarter Verfahren verbleibt nur in Sondersituationen Spielraum (Hüffer/Koch/*Koch* Rn. 28 mwN). Verbleibende Unsicherheiten können mittels der richterlichen **Schätzung nach § 287 ZPO** gelöst werden, allerdings nur dann, wenn nach Ermittlung des Wertes und Erörterung mit den Verfahrensbeteiligten die vollständige Aufklärung wegen des hiermit verbundenen zeitlichen und/oder finanziellen Aufwands außer Verhältnis zu den erwarteten Ergebnisveränderungen steht (Hüffer/Koch/*Koch* Rn. 22 mwN). Grundlage der richterlichen Schätzung können alle Wertermittlungen sein, die auf in der Wirtschaftswissenschaft anerkannten und in der Bewertungspraxis gebräuchlichen Bewertungsmethoden sowie methodischen Einzelentscheidungen innerhalb einer solchen Bewertungsmethode beruhen (OLG Stuttgart 5.6.2013, NZG 2013, 897 (898)).

17 **3. Ertragswertverfahren. a) Finanzieller Überschuss.** Nach dem Ertragswertverfahren wird der Unternehmenswert durch Abzinsung aller der Gesellschaft (theoretisch) künftig zufließenden finanziellen Überschüsse ermittelt. Nach dem Prüfungsstandard IDW S 1 sind dabei „wertbestimmend nur diejenigen finanziellen Überschüsse des Unternehmens, die als Nettoeinnahmen in den Verfügungsbereich der Eigentümer gelangen (Zuflussprinzip)" (IDW S 1 idF 2008 Rn. 77 f., WPg Supplement 3/2008, 68 ff.). Die Prognose der zukünftigen Erträge baut mit der Rspr. und Praxis zunächst auf der Analyse bereinigter Vergangenheitsergebnisse sowie darüber hinaus auf Planungsprognosen für einige Jahre nach dem Stichtag auf. Zu unterscheiden ist dabei zwischen der Detailplanungsphase, die eine Zeitspanne von drei bis fünf Jahren umfasst und auf konkreten Geschäftserwartungen aufsetzt, und einer daran anschließenden zweiten Phase, die sich auf weniger konkrete, aber konstante Pauschalannahmen stützt (IDW S. 1 idF 2008 Rn. 77 f., abgedruckt in WPg Supplement 3/2008, 68 ff.). Die in der ferneren zweiten Planungsphase angenommenen Erträge und Überschüsse beeinflussen den letztendlichen Unternehmenswert dabei regelmäßig stärker, da erzielbare Überschüsse hier zur Ableitung des Unternehmenswerts als **„ewige Rente"** unendlich fortgeschrieben werden.

18 **b) Kapitalisierungszinssatz.** Die Umrechnung der geplanten Überschüsse auf den Unternehmenswert zum Bewertungsstichtag erfolgt mittels Abzinsung durch einen **Kapitalisierungszinssatz.** Bei

seiner Anwendung konvergiert der finanzielle Überschuss ab einem gewissen Zeitpunkt gegen Null, sodass eine fortgesetzte Addition von Überschüssen keine Wertänderung bewirken würde. Dies ist dann der für die Bewertung relevante Grenzwert. Der Kapitalisierungszinssatz setzt sich regelmäßig aus **Basiszinssatz** und **Risikozuschlag** zusammen. Während der Basiszinssatz im Wesentlichen an langfristige Zinserwartungen von Bundesanleihen anknüpft, korrigiert der Risikozuschlag die Betrachtung durch Berücksichtigung der Renditerisiken auf Basis äquivalenter Investments. Zu seiner Ermittlung empfiehlt sich das sogenannte Capital Asset Pricing Modell („CAPM") (zum Ganzen MüKoAktG/*van Rossum* Rn. 128 ff.). Zentrale Variable für den Risikozuschlag stellt der Beta-Faktor dar, durch den eine Berücksichtigung des unternehmensindividuellen Risikos bei der Bewertung sichergestellt wird. UU ist vom Kapitalisierungszinssatz darüber hinaus ein Wachstumsabschlag anzusetzen (OLG Düsseldorf 23.1.2008, AG 2008, 822 (824)), der die Überwälzbarkeit von Preissteigerungen, Mengen- und Strukturveränderungen und eine etwaige Wachstumsfinanzierung abbilden soll.

c) Anforderungen an den Inhalt der Bewertung. Die Gesellschaft ist so zu bewerten, als hätte sie keinen Unternehmensvertrag abgeschlossen. Nur auf diese Weise können die außenstehenden Aktionäre so gestellt werden, wie sie ohne den Unternehmensvertrag stünden (**„stand alone"**; BGH 4.3.1998, BGHZ 138, 136 (140) = NJW 1998, 1866 ff.; BGH 21.7.2003, BGHZ 156, 57–64 = NJW 2003, 3272 (3274)). Preise, die am Markt von der herrschenden Gesellschaft oder Dritten gezahlt werden, stellen in der Regel keine verlässliche Grundlage für die Beurteilung der Angemessenheit der Abfindung dar, schon weil sie durch subjektive Wertvorstellungen und Sonderüberlegungen beeinflusst sein und vom objektivierten Unternehmenswert ohne Weiteres abweichen können (OLG Düsseldorf 22.3.2018, AG 2019, 732, 735). Sind Entwicklungen am Stichtag bereits in den Ursprüngen angelegt, so sind diese (und auch nur diese) jedoch zu berücksichtigen (**Wurzeltheorie;** BGH 4.3.1998, BGHZ 138, 136 (140) = NJW 1998, 1866 ff.). Daraus folgt, dass etwa Verbundeffekte (Synergien) des Unternehmensvertrags selbst nicht zu berücksichtigen sind (BGH 4.3.1998, BGHZ 138, 136 (140) = AG 1998, 286 (287); LG München I 31.7.2015, AG 2016, 51 (54 f.); s. auch K. Schmidt/Lutter/*Stephan* Rn. 68 Fn. 144 mit umfangreichen Nachweisen). Die Ableitung des Unternehmenswerts darf ausschließlich auf der Grundlage von zu erwartenden künftigen Erträgen erfolgen (KK-AktG/*Koppensteiner* § 304 Rn. 50). Die bisherige Ertragslage ist damit zwar nicht unmittelbar Berechnungsgrundlage für den Unternehmenswert, ihr kommt jedoch im Hinblick auf die Plausibilisierung der Planungsrechnung der Gesellschaft hohe Bedeutung zu. Je nach Einzelfall werden hierbei die letzten drei bis fünf Jahre betrachtet (K. Schmidt/Lutter/*Stephan* Rn. 73). Die Ergebnisse der Vergangenheit sind um außerordentliche Effekte zu bereinigen, soweit diese zukünftig keinen Einfluss mehr haben können, ggf. sind Vorjahre ganz aus der Betrachtung auszunehmen (zu weiteren Berechnungsgrundlagen, etwa der Behandlung stiller Reserven oder Abschreibungen und Wertminderungen, vgl. K. Schmidt/Lutter/*Stephan* Rn. 75 ff.). 19

d) Rechtliche Verfahrensanforderungen. Der Ermittlung des Unternehmenswerts liegen zahlreiche Annahmen und Näherungen zugrunde, die eine Festlegung „des einen richtigen Unternehmenswerts" nicht zulassen (→ Rn. 16). Dies führt dazu, dass bei einer rechtlichen Überprüfung der Angemessenheit der Abfindung neben den gesetzlichen Vorgaben zur Abfindungsberechnung auch die weiteren, teilweise individuellen Rahmenbedingungen der Unternehmensbewertung zu berücksichtigen sind (vgl. K. Schmidt/Lutter/*Stephan* Rn. 63). Hierunter fallen neben einem schlüssigen Bewertungsverfahren und der hinreichenden Dokumentation von Geschäftsvorfällen (OLG Frankfurt a. M. 20.7.2016, AG 2017, 832) auch das Erfordernis einer plausiblen Begründung tatsächlicher Annahmen sowie die Einhaltung anerkannter betriebswirtschaftlicher Grundsätze (idR durch zum Stichtag geltende IDW-Prüfungsstandards erfüllt, BayObLG 28.10.2005, AG 2006, 41 (43); OLG München 30.11.2006, AG 2007, 411 (412)). Liegen diese Voraussetzungen vor, ist grundsätzlich von einer Angemessenheit auszugehen, und zwar auch dann, wenn ein anderes Verfahren zu einem anderen Ergebnis geführt hätte (BayObLG 11.7.2001, AG 2002, 390 (391)). Dies schließt nicht aus, dass im Spruchverfahren eine aufgrund tatrichterlicher Einschätzung besser geeignete Bewertungsmethode angewandt wird, selbst wenn diese erst nach dem Bewertungsstichtag entwickelt wurde (BGH 29.9.2015, AG 2016, 135 (139 ff.)). Es ist eine Gesamtbetrachtung vorzunehmen, es kommt also nicht auf einzelne Bewertungsschritte an, sondern ob das Ergebnis insgesamt angemessen ist. 20

e) Korrekturen der Ertragswertmethode. Bei der Wertermittlung können Schwierigkeiten auftreten, wenn unterschiedliche Aktiengattungen bestehen (bspw. Stammaktien und stimmrechtslose Vorzugsaktien). In diesen Fällen ist bei börsennotierten Gesellschaften eine Korrektur in Anlehnung an die Kursdifferenz zwischen den Gattungen vorzunehmen, wobei die Korrektur je nach Einzelfall in die eine oder andere Richtung ausfallen kann (OLG Düsseldorf 31.1.2003, AG 2003, 329 (331); K. Schmidt/Lutter/*Stephan* Rn. 83 mwN). 21

f) Liquidationswert. Im Falle der tatsächlich geplanten Liquidation kommt es statt des Ertragswerts auf den Liquidationswert an; der Liquidationswert ist aber keine grundsätzliche Untergrenze der Bewertung (für ausführliche Rspr.-Nachweise vgl. K. Schmidt/Lutter/*Stephan* Rn. 80 in Fn. 160 (pro) und Fn. 159 (contra)). 22

23 **g) Börsenkurs.** Das Bundesverfassungsgericht hat in der Entscheidung **DAT/Altana** (BVerfG 27.4.1999, BVerGE 100, 289–313 = NJW 1999, 3769 (3770)) entschieden, dass die von Art. 14 Abs. 1 GG geforderte volle Entschädigung jedenfalls nicht unter dem Börsenkurs der Untergesellschaft liegen darf. Die Rspr. und hL folgern daraus, dass der Börsenkurs damit grundsätzlich die **Untergrenze** der vollen Entschädigung darstellt; liegt der Ertragswert darüber, so ist dieser anzusetzen (OLG Frankfurt 26.1.2015, AG 2015, 504; K. Schmidt/Lutter/*Stephan* Rn. 99 mit ausführlichen Rspr.-Nachweisen in Fn. 207); zwingend erscheint dies allerdings nicht (zweifelnd etwa auch MHdB GesR IV/*Krieger* § 71 Rn. 139 mwN). Ein **Unterschreiten** ist dagegen nur möglich, wenn der Börsenkurs ausnahmsweise nicht den Verkehrswert der Aktie widerspiegelt (BVerfG 27.4.1999, BVerfGE 100, 289–313 = NJW 1999, 3769 (3770)). Dies erfordert eine besondere Rechtfertigung durch das Unternehmen, dem auch die Darlegungs- und Beweislast obliegt. Bsp. für eine solche Situation sind Fälle der **Marktenge** oder Manipulationen. Das Vorliegen solcher Fälle und das Bestehen einer daraus folgenden Beeinträchtigung des Börsenkurses sind je nach Einzelfall zu beurteilen (BVerfG 27.4.1999, BVerfGE 100, 289–313 = NJW 1999, 3769 (3770); BGH 12.3.2001, BGHZ 147, 108 (123) = NJW 2001, 2080 ff., der hohe Anforderungen an das Vorliegen einer Marktenge stellt). Der BGH lehnt eine Schematisierung von Ausnahmefällen ab (BGH 12.3.2001, BGHZ 147, 108 (123) = NJW 2001, 2080 ff.), was zu Rechtsunsicherheiten führt, denen bei der Marktenge etwa durch eine Parallele zu den Maßstäben bei § 5 Abs. 4 WpÜG-Angebotsverordnung begegnet werden könnte. Andere am Markt gezahlte Preise, bspw. aus privaten Veräußerungsgeschäften, sind demgegenüber keine Indikatoren für die Höhe der Abfindung (OLG Düsseldorf 22.3.2018, AG 2019, 732, 735; K. Schmidt/Lutter/*Stephan* Rn. 111 mwN).

24 Die hM stellt zu Recht auf einen **Durchschnittskurs** ab, der ein gewichteter Kurs sein sollte (Hüffer/Koch/*Koch* Rn. 42). Als Referenzzeitraum hat der BGH eine Dauer von drei Monaten als hinreichend angesehen, was entgegen zahlreicher Stimmen in der Lit. mit Blick auf die Parallele zu § 5 Abs. 1 WpÜG-Angebotsverordnung zu befürworten ist (BGH 12.3.2001, BGHZ 147, 108 (118) = NJW 2001, 2080; differenzierend Hüffer/Koch/*Koch* Rn. 45 mwN). Zu folgen ist der neueren Rspr. des BGH auch im Hinblick auf den relevanten Stichtag für die Berechnung des Referenzzeitraums. Während der BGH ursprünglich unter Hinweis auf § 320b Abs. 1 S. 5 auf den Tag der Hauptversammlung als Stichtag abgestellt hatte (BGH 12.3.2001, BGHZ 147, 108 = NJW 2001, 2080 (2082); BGH 21.7.2003, BGHZ 156, 57 = NJW 2003, 3272 (3273)), kommt es nach der neueren Rspr. zur Barabfindung im Rahmen eines Squeeze-out, die auf Unternehmensverträge zu übertragen sein dürfte, auf den Zeitpunkt der erstmaligen Ankündigung der Maßnahme an, wodurch eine Verfälschung der Unternehmensbewertung durch Markt- und damit Kursreaktionen auf die beabsichtigte Maßnahme verhindert werden soll (BGH 19.7.2010, NJW 2010, 2657 – Stollwerck = EWiR 2010, 509 Ls. mAnm *Wilsing/Paul*). Die Entscheidung des BGH ist in der Lit. mit Recht auf breite Zustimmung gestoßen (vgl. etwa *Bungert/Wettich* BB 2010, 2227 (2228); *Decher* ZIP 2010, 1673 (1674 ff.); *Neumann/Ogorek* DB 2010, 1869). Eine Ausnahme von dem genannten Grundsatz macht der BGH in den Fällen, in denen zwischen der Strukturmaßnahme und der Hauptversammlung ein längerer Zeitraum verstrichen ist und die Entwicklung der Börsenkurse eine Anpassung geboten erscheinen lässt (BGH 19.7.2010, NJW 2010, 2657 (2660)). Jedenfalls ein Zeitraum von sechs Monaten zwischen Bekanntgabe und Beschlussfassung über die Maßnahme dürfte noch nicht als längerer Zeitraum idS einzuordnen sein (vgl. zur Rspr. etwa: OLG Stuttgart 19.1.2011, AG 2011, 205 (207) (knapp sechs Monate jedenfalls ausreichend); OLG Frankfurt a. M. 29.4.2011, AG 2011, 832 (833) (knapp 4,5 Monate jedenfalls ausreichend); demgegenüber BGH 19.7.2010, NJW 2010, 2657 (2660) 7,5 Monate ist längerer Zeitraum; aus dem Schrifttum Hüffer/Koch/*Koch* Rn. 44 (sechs Monate ausreichend); *Bungert/Wettich* BB 2010, 2227 (2229) (sieben Monate ausreichend); *Decher* ZIP 2010, 1673 (1676) (sieben Monate ausreichend)); liegen besondere Gründe vor, wird man einen über sechs Monate hinausgehenden Zeitraum noch ausreichen lassen müssen. Zu den hierdurch entstehenden Praxisproblemen, vgl. *Decher* ZIP 2010, 1673 (1675 ff.); *Bungert/Wettich* BB 2010, 2227 (2229 ff.).

25 **h) Unterschiedliche Bewertungsmethoden für Ober- und Untergesellschaft.** Ausdrückliche verfassungsrechtliche Vorgaben, die Bewertung für Ober- und Untergesellschaft nach der gleichen Methode vorzunehmen, existieren nicht. Insbesondere ist es aus verfassungsrechtlicher Sicht nicht geboten, einen etwa existierenden Börsenwert der Obergesellschaft als Obergrenze der Bewertung dieser Gesellschaft heranzuziehen (BVerfG 27.4.1999, BVerfGE 100, 289 (309) = NJW 1999, 3769 (3772)). Rspr. und überwiegende Lit. sprechen sich dagegen für Methodengleichheit aus, dh die Obergesellschaft ist grundsätzlich nach der gleichen Methode (Ertragswert oder Börsenwert) zu bewerten wie die Untergesellschaft, selbst wenn der jeweils andere Wert bei der Obergesellschaft zu einem höheren Wert führen würde (BGH 12.3.2001, BGHZ 147, 108 = NJW 2001, 2080 (2082); OLG Düsseldorf 31.3.2009, OLGR 2009, 511 ff.; K. Schmidt/Lutter/*Stephan* Rn. 107 mwN). Dem ist wegen der damit verbundenen konzernrechtlichen Gefährdungslage zumindest für den (Regel-)Fall zuzustimmen, dass die Untergesellschaft bereits vor Abschluss des Unternehmensvertrags von der Obergesellschaft abhängig ist (vgl. *Paschos* ZIP 2003, 1017; zustimmend für Fälle der Konzernverschmelzung: OLG München 26.7.2012, AG 2012, 749 (751)). Ohne diese Einschränkung käme es zu einer unangemessenen Benachteiligung der Gesellschafter der Obergesellschaft (MHdB GesR IV/*Krieger* § 71 Rn. 141). Sofern die Untergesellschaft nicht

börsennotiert ist, werden nach der Rechtssprechung und der überwiegenden Lit. Unter- und Obergesellschaft nach der Ertragswertmethode bewertet. Lediglich in dem Fall, dass die Obergesellschaft nicht börsennotiert ist, während ein (den Ertragswert übersteigender) Börsenkurs der Untergesellschaft existiert, soll vor dem Hintergrund der Rspr. des BVerfG auch nach der hM von dem Grundsatz der Methodengleichheit abgewichen werden; in diesen Fällen wird die Untergesellschaft nach ihrem Börsenwert und die Obergesellschaft nach ihrem Ertragswert bewertet (ähnlich K. Schmidt/Lutter/*Stephan* Rn. 110).

4. Verschmelzungswertrelation und Spitzenausgleich (Abs. 3 S. 1). Die Verschmelzungsrelation entspricht dem Verhältnis des Werts pro Aktie der Untergesellschaft zum Wert pro Aktie der Obergesellschaft. Kommt es durch ein ungerades Umtauschverhältnis zu Aktienspitzen, was eher die Regel als die Ausnahme sein wird, so müssen diese durch eine Zuzahlung in bar abgefunden werden. Wenn möglich, sollte der Spitzenausgleich durch kleine Stückelung vermieden werden (Hüffer/Koch/*Koch* Rn. 50 mwN). Nicht zulässig ist es, die außenstehenden Aktionäre zu verpflichten, die Spitzen durch eigene Zuzahlung oder Zukauf von Aktien auszugleichen (KK-AktG/*Koppensteiner* Rn. 42). Abzulehnen ist auch die Möglichkeit der Glättung des Umtauschverhältnisses durch bare Zuzahlungen der Obergesellschaft (BGH 18.10.2010, AG 2010, 910 (912); K. Schmidt/Lutter/*Stephan* Rn. 115). 26

V. Anpassung der Abfindung

Änderungen der wirtschaftlichen Verhältnisse der Obergesellschaft oder der Untergesellschaft (Zahlungsrisiko, Geldentwertungsrisiko) führen grundsätzlich nicht zur Anpassung der Abfindung (BGH 4.3.1998, BGHZ 138, 136 (139 f.) = NJW 1998, 1866; BGH 21.7.2003, AG 2003, 627 (629)). Dies würde gegen das Stichtagsprinzip verstoßen (Abs. 3 S. 2; vgl. zu einem möglichen Anpassungsbedarf während der Angebotsfrist aber K. Schmidt/Lutter/*Stephan* Rn. 147 ff.). 27

Für den Fall **gesellschaftsrechtlicher Veränderungen** bei der Obergesellschaft werden in der Lit. gerade bei Veränderungen der konzernrechtlichen Stellung der Obergesellschaft (Wechsel der Obergesellschaft vom nicht beherrschten (oder auch nur nicht abhängigen) Unternehmen zum beherrschten (oder abhängigen) Unternehmen) häufig die Abgabe eines neuen Abfindungsangebots (K. Schmidt/Lutter/*Stephan* Rn. 159) oder auch ein Sonderbeschluss der Aktionäre der Gesellschaft nach § 295 Abs. 2 analog verlangt (*Pentz,* Die Rechtsstellung der Enkel-AG in einer mehrstufigen Unternehmensverbindung, 1994, 106 f.). Dies vermag nur in Sonderfällen zu überzeugen (krit. hierzu ebenfalls mit Bsp. MHdB GesR IV/*Krieger* § 71 Rn. 118). 28

Aus dem **Beitritt** eines weiteren herrschenden Unternehmens zum Vertrag folgt ebenfalls nicht unmittelbar das Bedürfnis nach einer Anpassung der Abfindung, da hier nur eine Vertragsänderung (§ 295) vorliegt (BGH 4.3.1998, BGHZ 138, 136 (139 f.) = NJW 1998, 1866 (1967); aA noch die Vorinstanz OLG Karlsruhe 28.2.1997, AG 1997, 270 (271 ff.)). Regelmäßig wird ein solcher Beitritt aber ein neues Abfindungsangebot (zu den alten Konditionen) erforderlich machen (OLG Karlsruhe 28.2.1997, AG 1997, 270 (271 ff.); LG Mannheim 21.8.1995, ZIP 1996, 22 (24 f.); dies offenlassend BGH 15.6.1992, BGHZ 119, 1 (9 f.) = NJW 1992, 2760), es sei denn, die Aktionäre können ohnehin noch gegen eine festzusetzende Abfindung ausscheiden, weil die erste Abfindungsregelung noch Gegenstand eines Spruchverfahrens ist (BGH 15.6.1992, BGHZ 119, 1 (9 ff.) = NJW 1992, 2760; *Hommelhoff* FS Claussen, 1997, 129 (144)). Gleiches gilt für den Wechsel des herrschenden Unternehmens bei einer konzerninternen Umstrukturierung im Wege der Gesamtrechtsnachfolge (LG München I 12.5.2011, WM 2012, 698 (700)). Der Wechsel von isolierter Gewinnabführung zu isolierter Beherrschung macht dagegen eine Neuregelung erforderlich. 29

VI. Befristung

Das Angebot auf Abfindung ist grundsätzlich unbefristet. Abs. 4 S. 1 ermöglicht den Parteien des Beherrschungs- oder Gewinnabführungsvertrags jedoch, die Verpflichtung des anderen Vertragsteils zum Erwerb der außenstehenden Aktien **vertraglich** zu befristen. Eine einseitige Erklärung des anderen Vertragsteils ist hierfür nicht ausreichend. Die Frist darf grds. frühestens zwei Monate nach Bekanntmachung der Eintragung des Vertrags im Handelsregister gem. § 10 Abs. 2 HGB enden. Sie kann auch durch Vertrag nicht verkürzt werden; geschieht dies, so gilt anstelle der vertraglichen Frist weiterhin die gesetzliche Mindestfrist (MHdB GesR IV/*Krieger* § 71 Rn. 114). Die Vereinbarung von längeren Fristen ist jedoch zulässig. Abs. 4 S. 3 sieht eine zwingende Verlängerung der Frist vor: Erfolgt ein Antrag auf Bestimmung des Ausgleichs oder der Abfindung im Wege des Spruchverfahrens, so darf die Frist nicht früher als zwei Monate nach Bekanntmachung der Entscheidung über den Antrag bzw. für den Fall, dass die gerichtliche Bestimmung sowohl des Ausgleichs als auch der Abfindung beantragt wurde, der Entscheidung über den zuletzt beschiedenen Antrag enden. Die Annahme muss innerhalb der Frist erfolgen. Entscheidend ist der Zugang beim anderen Vertragsteil (Hüffer/Koch/*Koch* Rn. 56 mwN). Dies gilt auch dann, wenn der Vertrag während des anhängigen Spruchverfahrens endet; das Spruchverfahren ist in diesem Fall fortzuführen und für außenstehende Aktionäre, die ihre Aktien vor Beendigung des Vertrags erworben haben, gilt das Barabfindungsrecht innerhalb der Frist des Abs. 4 S. 2 (MHdB GesR IV/*Krieger* § 71 Rn. 115). 30

VII. Fehlende oder unangemessene Abfindungsregelung (Abs. 5 S. 1–3)

31 Enthält der Beherrschungs- oder Gewinnabführungsvertrag keine oder nur eine unangemessene Abfindungsregelung, so hindert dies seine Wirksamkeit nicht. Anders als bei § 304 Abs. 3 S. 1 führt insbesondere das vollständige Fehlen einer Abfindungsregelung nicht zu seiner Nichtigkeit. Mängel des Zustimmungsbeschlusses der Hauptversammlung der Gesellschaft müssen grundsätzlich nach den §§ 241 ff. geltend gemacht werden. Abs. 5 S. 1 enthält jedoch einschr. einen Anfechtungsausschluss für die Frage der Angemessenheit der Abfindung. Nach zutreffender hM ist der Ausschluss umfassend zu verstehen, sodass er nicht nur die Anfechtungsgründe des § 243 Abs. 1 und 2 erfasst, obwohl er – anders als § 304 Abs. 3 S. 2 – nicht ausdrücklich auf § 243 Abs. 2 Bezug nimmt (im Einzelnen umstritten, wie hier K. Schmidt/Lutter/*Stephan* Rn. 140 und § 304 Rn. 110 ff.; *Weißhaupt* ZIP 2005, 1766 (1772); *Veil* AG 2005, 567 (570); einschr. in Bezug auf Berichte außerhalb von Hauptversammlungen: RegE BT-Drs. 15/5092, 26; LG München I 23.4.2009, AG 2009, 632; *Wilsing* DB 2005, 35 (36); darüber hinaus auch kein Anfechtungsausschluss bei vollständig verweigerter Information: Emmerich/Habersack/*Emmerich* § 293 Rn. 55 mwN). Die Entscheidung über die Angemessenheit der Abfindung obliegt wie bei § 304 dem Gericht des Spruchverfahrens. Das Gericht ist auch hier grundsätzlich nur befugt, die Höhe der Abfindung zu überprüfen. Die Art der Abfindung kann es nur bestimmen, wenn die im Vertrag festgesetzte Abfindungsart falsch ist (Abs. 5 S. 3). Auch bezüglich der Abfindung wirkt die gerichtliche Entscheidung vertragsgestaltend (OLG Karlsruhe 14.5.2008, AG 2008, 716 (717)). Für die Verzinsung gilt Abs. 3 S. 3.

VIII. Vorzeitiges Ende des Unternehmensvertrags

32 **1. Außerordentliche Kündigung (Abs. 5 S. 4 iVm § 304 Abs. 4).** Gemäß Abs. 5 S. 4 findet die Regelung des § 304 Abs. 4 über das Sonderkündigungsrecht auf den Abfindungsanspruch sinngemäße Anwendung (→ § 304 Rn. 17). Das Ziel der Regelung ist auch hier der Schutz des anderen Vertragsteils vor zukünftigen unvorhergesehenen finanziellen Belastungen. Die Kündigung wird mit ihrem fristgerechten Zugang bei der Gesellschaft wirksam; es gilt die Zweimonatsfrist ab Rechtskraft der Entscheidung. Bereits erfolgte wirksame Annahmen des Abfindungsangebots bleiben von der Kündigung unberührt; wegen der **ex nunc** Wirkung der Kündigung sind auch gerichtlich festgesetzte Erhöhungsbeträge für die Vergangenheit trotz Kündigung nachzuzahlen (**Abfindungsergänzungsanspruch,** vgl. auch § 13 S. 2 SpruchG). Rücktrittsregelungen bezüglich der Abfindung im Unternehmensvertrag für den Fall einer Kündigung sind unwirksam (MüKoAktG/*van Rossum* Rn. 230, der auch Individualvereinbarungen zwischen Aktionär und anderem Vertragsteil für unzulässig hält; für eine Zulässigkeit hingegen MHdB GesR IV/*Krieger* § 71 Rn. 150).

33 Ist das Abfindungsangebot befristet, kann es trotz Kündigung bis zum Ablauf der Mindestfrist nach Abs. 4 angenommen werden (MüKoAktG/*van Rossum* Rn. 228). Bei fehlender vertraglicher Befristung ist bislang nicht vollständig geklärt, ob das Abfindungsangebot unmittelbar mit sofortiger Kündigung wegfällt oder erst nach Ablauf der Frist des Abs. 4 S. 3 erlischt. Zwar spricht gegen letztere Ansicht, dass das Ziel, den anderen Vertragsteil vor ungeplanten Belastungen zu schützen, durch die weitere Annahmemöglichkeit des Abfindungsangebots praktisch leerläuft. Dies ist jedoch vor dem Hintergrund hinzunehmen, dass anderenfalls die Adressaten eines unbefristeten Angebots die Möglichkeit zu dessen Annahme früher verlieren würden als die Adressaten eines befristeten Angebots, was zu einer systemwidrigen Benachteiligung führen würde (K. Schmidt/Lutter/*Stephan* Rn. 130; im Ergebnis auch MHdB GesR IV/*Krieger* § 71 Rn. 150).

34 **2. Beendigung des Unternehmensvertrags bei laufendem Spruchverfahren.** Endet der Unternehmensvertrag durch Kündigung, Aufhebung oder Zeitablauf während eines laufenden Spruchverfahrens, kann das Abfindungsangebot gleichwohl noch nach seinem Ende angenommen werden (BGH 20.5.1997, BGHZ 135, 374 (377) = NJW 1997, 2242–2244). Dies ist insbesondere dann verfassungsrechtlich geboten, wenn die Vertragsparteien erst nach Beginn des Spruchverfahrens Maßnahmen treffen, die zu einer Beendigung des Vertrags führen (zB Kündigung, Auflösung, Verschmelzung, Eingliederung, BVerfG 27.1.1999, NJW 1999, 1701 (1702)). Für die Annahmefrist gilt Abs. 4 S. 3 analog (K. Schmidt/Lutter/*Stephan* Rn. 135). Ist der Aktionär bereits aufgrund anderer gesetzlicher Entschädigungsregelungen – wie etwa iRd Verschmelzung – gesetzlich vor Nachteilen geschützt, so ist er aber auf den dort zu erreichenden Rechtsschutz zu verweisen (OLG Karlsruhe 29.8.1994, AG 1995, 139 ff.; BVerfGE 27.1.1999, AG 1999, 218 (219)).

(aufgehoben)

306

Vertragsbeendigung zur Sicherung außenstehender Aktionäre

307 **Hat die Gesellschaft im Zeitpunkt der Beschlußfassung ihrer Hauptversammlung über einen Beherrschungs- oder Gewinnabführungsvertrag keinen außenstehenden Aktionär, so endet der Vertrag spätestens zum Ende des Geschäftsjahrs, in dem ein außenstehender Aktionär beteiligt ist.**

I. Regelungszweck

Die Norm ist zwingend und bezweckt – wie sich aus der Zusammenschau mit § 304 Abs. 1 S. 3 1
ergibt – den Schutz nachträglich hinzutretender außenstehender Aktionäre durch Ausgleich und Abfindung nach § 304 und § 305. Der Schutzzweck wird durch die Anordnung der Beendigung des bestehenden Beherrschungs- oder Gewinnabführungsvertrags erreicht, der wegen der neu eingetretenen Beteiligung eines außenstehenden Aktionärs für die Zukunft mit angemessenen Ausgleichs- und Abfindungsregelungen neu abgeschlossen werden muss. Eine Vermeidung der Rechtsfolge des § 307 durch vorsorgliche Aufnahme von Ausgleichs- und Abfindungsregelungen in den Unternehmensvertrag trotz Fehlens eines außenstehenden Aktionärs ist nicht möglich. Jene Regelungen unterlägen nämlich wegen mangelnder Antragsbefugnis nach § 3 S. 1 Nr. 1 iVm § 1 Nr. 1 SpruchG nicht der Angemessenheitskontrolle durch das Spruchverfahren und würden damit keinen hinreichenden Schutz darstellen. Auf Teilgewinnabführungsverträge findet § 307 keine Anwendung (OLG Düsseldorf 22.8.1997, ZIP 1997, 2084 (2085); OLG Düsseldorf 12.7.1996, AG 1996, 473).

II. Nachträgliche Beteiligung eines außenstehenden Aktionärs

Für die Frage, ob die Gesellschaft außenstehende Aktionäre hat, stellt die Norm auf den Zeitpunkt 2
der Beschlussfassung der Hauptversammlung der Gesellschaft ab, (zur Qualifikation des außenstehenden Aktionärs → § 304 Rn. 2). Ein späterer Zeitpunkt, etwa das Wirksamwerden des Vertrags, kann für die Bewertung wegen des eindeutigen Wortlauts nicht herangezogen werden. Die nachträgliche Beteiligung als außenstehender Aktionär kann durch Aktienerwerb erfolgen, aber auch durch bloße Umstrukturierungen bei der Obergesellschaft ohne Aktienverkauf, falls ein bislang dem anderen Vertragsteil zuzurechnender Aktionär hierdurch zum außenstehenden Aktionär wird (→ § 304 Rn. 2; MüKoAktG/*van Rossum* Rn. 9; Hüffer/Koch/*Koch* Rn. 2). Dies ermöglicht dem anderen Vertragsteil theoretisch die Möglichkeit, sich durch entsprechende Maßnahmen eine Möglichkeit zur Beendigung des Unternehmensvertrags zu schaffen, was gerade in drohenden Krisensituationen der Gesellschaft wegen des damit verbundenen Wegfalls der Verlustausgleichspflicht nach § 302 zu fragwürdigen Ergebnissen führen kann (K. Schmidt/Lutter/*Stephan* Rn. 2; *Bilda* AG 2008, 641 (645)).

III. Rechtsfolge

Der bestehende Beherrschungs- oder Gewinnabführungsvertrag endet zwingend spätestens zum Ende 3
des Geschäftsjahrs, in dem ein außenstehender Aktionär an der Gesellschaft beteiligt ist. Eine frühere Beendigung, etwa durch Vertragsaufhebung oder Kündigung (§§ 296, 297), ist zulässig. Auch der Abschluss eines neuen Vertrags nach Maßgabe der §§ 304, 305 vor Auslaufen des bisherigen Vertrags bleibt zulässig, um eine ununterbrochene Fortsetzung des Beherrschungs- oder Gewinnabführungsvertrags zu ermöglichen (MüKoAktG/*van Rossum* Rn. 12 mwN).

Zweiter Teil. Leitungsmacht und Verantwortlichkeit bei Abhängigkeit von Unternehmen

Erster Abschnitt. Leitungsmacht und Verantwortlichkeit bei Bestehen eines Beherrschungsvertrags

Leitungsmacht

308 (1) [1]**Besteht ein Beherrschungsvertrag, so ist das herrschende Unternehmen berechtigt, dem Vorstand der Gesellschaft hinsichtlich der Leitung der Gesellschaft Weisungen zu erteilen.** [2]**Bestimmt der Vertrag nichts anderes, so können auch Weisungen erteilt werden, die für die Gesellschaft nachteilig sind, wenn sie den Belangen des herrschenden Unternehmens oder der mit ihm und der Gesellschaft konzernverbundenen Unternehmen dienen.**

(2) [1]**Der Vorstand ist verpflichtet, die Weisungen des herrschenden Unternehmens zu befolgen.** [2]**Er ist nicht berechtigt, die Befolgung einer Weisung zu verweigern, weil sie nach seiner Ansicht nicht den Belangen des herrschenden Unternehmens oder der mit ihm und der Gesellschaft konzernverbundenen Unternehmen dient, es sei denn, dass sie offensichtlich nicht diesen Belangen dient.**

(3) [1]**Wird der Vorstand angewiesen, ein Geschäft vorzunehmen, das nur mit Zustimmung des Aufsichtsrats der Gesellschaft vorgenommen werden darf, und wird diese Zustimmung nicht innerhalb einer angemessenen Frist erteilt, so hat der Vorstand dies dem herrschenden Unternehmen mitzuteilen.** [2]**Wiederholt das herrschende Unternehmen nach dieser Mitteilung die Weisung, so ist die Zustimmung des Aufsichtsrats nicht mehr erforderlich; die Weisung darf, wenn das herrschende Unternehmen einen Aufsichtsrat hat, nur mit dessen Zustimmung wiederholt werden.**

Übersicht

I. Allgemeines

1 § 308 gilt ausschließlich zwischen den Vertragsparteien eines Beherrschungsvertrags. Abs. 1 regelt das Weisungsrecht des herrschenden Unternehmens. Abs. 2 normiert die Pflichten des Vorstands der beherrschten Gesellschaft nach Erhalt einer Weisung. Abs. 3 befasst sich mit der Auflösung eines möglichen Konflikts zwischen Überwachungspflicht des Aufsichtsrats der beherrschten Gesellschaft und Leitungsbefugnis des herrschenden Unternehmens.

II. Einzelerläuterung

2 **1. Das Weisungsrecht des herrschenden Unternehmens (Abs. 1).** Das Weisungsrecht ist das Medium der Einflussnahme für das herrschende Unternehmen im Vertragskonzern und § 308 Abs. 1 umreißt seinen rechtlichen Rahmen.

2a **a) Beherrschungsvertrag.** Das Weisungsrecht nach Abs. 1 setzt das Bestehen eines wirksamen Beherrschungsvertrags iSd § 291 Abs. 1 S. 1 Alt. 1 voraus. Wirksam wird der Beherrschungsvertrag gem. § 294 Abs. 2 frühestens mit seiner Eintragung in das Handelsregister; das Weisungsrecht kann daher erst ab diesem Zeitpunkt ausgeübt werden. Eine vereinbarte rückwirkende Geltung des Unternehmensvertrags ist in Bezug auf das Weisungsrecht nicht zulässig. Eine Rückwirkungsklausel, die das Weisungsrecht nicht ausnimmt, ist insoweit nichtig (OLG Karlsruhe 12.10.1993, AG 1994, 283; Hüffer/Koch/*Koch* § 294 Rn. 19; aA MüKoAktG/*Altmeppen* § 294 Rn. 57 f.). Aus der Natur des Unternehmensvertrags als Organisationsvertrag folgt jedoch, dass § 139 BGB nicht anwendbar ist und die Teilnichtigkeit des Vertrags in Bezug auf die rückwirkende Beherrschung nicht zu dessen Gesamtnichtigkeit führt. Auch bei den Zustimmungsbeschlüssen ist idR davon auszugehen, dass sie den Vertrag iÜ noch decken und dieser Geltung behält (BayObLG 23.10.2002, NZG 2003, 36 (37); OLG Hamburg 13.7.1990, NJW 1990, 3024 (3025 f.)).

3 **b) Weisungsberechtigter. Weisungsberechtigt** ist nach dem Wortlaut von Abs. 1 S. 1 das **herrschende Unternehmen.** Bei mehrstufigen Konzernverbindungen ist dies nach hM nur das Unternehmen, welches Partei des Beherrschungsvertrags ist. Ausgeübt wird das Weisungsrecht grundsätzlich vom Vertretungsorgan des herrschenden Unternehmens.

4 Möglich ist jedoch eine **Delegation des Weisungsrechts,** soweit das Weisungsrecht als solches beim herrschenden Unternehmen verbleibt (Emmerich/Habersack/*Emmerich* Rn. 13 ff.; *Fleischer* in Fleischer VorstandsR-HdB § 18 Rn. 39; aA *Sina* AG 1991, 1 (4)). Delegation heißt, es einem Dritten (sog. Delegatar) zu gestatten, das Weisungsrecht aufgrund einer Ermächtigung nach § 185 BGB oder einer

Bevollmächtigung nach §§ 164 ff. BGB auszuüben. Dies ist unbedenklich, weil Haftungslücken ausgeschlossen sind (s. iE § 309).

5 Anders als die Delegation ist die vollständige **Übertragung der Leitungsmacht** im Sinne eines Wechsels der Rechtszuständigkeit nach allgM nicht zulässig. Das Grundkonzept des § 308 geht von einer Identität zwischen Weisungsberechtigtem einerseits und Ausgleichsverpflichtetem andererseits aus. Dadurch wird im Interesse der außenstehenden Aktionäre sichergestellt, dass der Weisungsberechtigte die Folgen seines Tuns im Blick behält. Delegation und keine unzulässige Übertragung des Weisungsrechts liegt idR dann vor, wenn der Ausübung durch einen Dritten sachliche Grenzen gesetzt sind oder die Ausübungsermächtigung befristet bzw. jederzeit widerruflich ausgestaltet ist.

6 **c) Weisungsempfänger.** Weisungsempfänger ist allein der **Vorstand** und nicht die beherrschte Gesellschaft als solche oder deren Angestellte (§ 308 Abs. 1 S. 1). Das herrschende Unternehmen hat deshalb keine Befugnis, die Mitarbeiter der beherrschten Gesellschaft ohne Beteiligung des Vorstands anzuweisen. Dies folgt neben dem Wortlaut auch aus der Pflicht des Vorstands, offensichtlich rechtswidrige Weisungen nach § 308 Abs. 2 S. 2 nicht zu befolgen und seiner insoweit bestehenden Prüfungspflicht, die er als **fortbestehende Leitungsverantwortung** nicht aufgeben darf (*Veil,* Unternehmensverträge, 2003, 110 f.; Emmerich/Habersack/*Emmerich* Rn. 66). Allerdings ist der Vorstand im Rahmen seines **Direktionsrechts** berechtigt, Angestellten die Anweisung zu geben, unmittelbare Weisungen des herrschenden Unternehmens zu befolgen, soweit ihm durch rechtzeitige Information über die Weisung die Möglichkeit verbleibt, gegen unzulässige Weisungen des herrschenden Unternehmens einzuschreiten (Hüffer/Koch/*Koch* Rn. 8; *Fleischer* in Fleischer VorstandsR-HdB § 18 Rn. 42; weitergehend MüKoAktG/*Altmeppen* Rn. 78).

7 **d) Weisung als Leitungsinstrument.** Weisungen stellen im Vertragskonzernrecht das **einzige zulässige Leitungsinstrument** dar. § 308 setzt den **Begriff der Weisung** voraus, ohne ihn genauer zu beschreiben. Ausgehend von der Funktion der Weisung als Instrument zur Ausübung von Leitungsmacht im Vertragskonzern, versteht man unter einer Weisung jede Handlung des herrschenden Unternehmens, die auf Bewirkung eines bestimmten Verhaltens des Vorstands der beherrschten Gesellschaft gerichtet ist. Zustimmungsrechte sind nicht als Weisung zu qualifizieren, da sie dem herrschenden Unternehmen keine originären Einflussmöglichkeiten, sondern nur negative Kontrolle verschaffen (hM KK-AktG/*Koppensteiner* Rn. 23; diff. MüKoAktG/*Altmeppen* Rn. 11 ff.).

8 Es gibt **keine bestimmte Form für die Weisungserteilung.** Sie kann mündlich, schriftlich oder durch sonstiges Verhalten erfolgen. Weisungen können auch als Anregungen oder Empfehlungen formuliert sein, solange aus der Sicht eines objektiven Weisungsempfängers erkennbar wird, dass das herrschende Unternehmen deren Befolgung erwartet. IdR legt der Beherrschungsvertrag zumindest die Textform (§ 126b BGB) für eine Weisung fest, um Zweifelsfragen vorzubeugen. Weitergehend wird auch vertreten, dass der Vorstand der beherrschten Gesellschaft auch ohne explizite Regelung ein Recht hat, zumindest den wesentlichen Inhalt der Weisung in Textform zu erhalten (*Stephan* Der Konzern 2014, 1 (23)).

9 Weisungen werden **wie geschäftsähnliche Handlungen behandelt.** Die Vorschriften über Willenserklärungen (§§ 116 ff., 164 ff. BGB) finden unstreitig zumindest analog Anwendung. Ausgenommen sind jedoch §§ 119, 123, 142 BGB wegen des sonst ggf. rückwirkend wegfallenden Anspruchs aus § 309 Abs. 2 (Bürgers/Körber/*Fett* Rn. 10; Spindler/Stilz/*Veil* Rn. 5). Der Inhalt der Weisung beurteilt sich gem. §§ 133, 157 BGB aus Sicht des Vorstands der beherrschten Gesellschaft. Ihn trifft bei **unklaren oder widersprüchlichen Weisungen** eine Nachforschungspflicht. Weisungen können vom herrschenden Unternehmen jederzeit frei widerrufen oder geändert werden.

10 Das **Weisungsrecht erstreckt sich auf alle Tätigkeitsbereiche** der beherrschten Gesellschaft, die in den **Kompetenzbereich des Vorstands** nach §§ 76, 77 fallen. Die Zuständigkeit zur Einberufung der HV nach § 111 Abs. 4 S. 3, § 119 Abs. 2 ist jedoch nach allgM vom Weisungsrecht ausgenommen. Weisungen dürfen auch nicht die Organkompetenzen von Aufsichtsrat und HV einschränken (KG 30.6.2000, BB 2000, 2062 (2063); *Veil,* Unternehmensverträge, 2003, 112).

11 **Nachteilige Weisungen,** sofern sie nicht ausdrücklich im Beherrschungsvertrag ausgeschlossen sind, sind zulässig nach § 308 Abs. 1 S. 2, wenn sie **im Interesse des herrschenden Unternehmens** oder von konzernverbundenen Unternehmen liegen und **verhältnismäßig** sind (hM Spindler/Stilz/*Veil* Rn. 25 f.; aA MüKoAktG/*Altmeppen* Rn. 116 f.). Als konzernverbundene Unternehmen iSd § 308 Abs. 1 S. 2 Alt. 2 gelten Schwester-, Enkelgesellschaften, sonstige Konzernunternehmen auf anderen Konzernstufen sowie faktisch beherrschte Gesellschaften (*Eschenbruch,* Konzernhaftung, 1996, Rn. 3054; enger Emmerich/Habersack/*Emmerich* Rn. 47 f.). Die sich im Konzern auswirkenden Vorteile müssen die bei der beherrschten Gesellschaft auftretenden Nachteile überlagern; letztere dürfen nicht außer Verhältnis zu den Vorteilen im Konzern stehen (*Stephan* Der Konzern 2014, 1 (24)).

12 **Unzulässig** sind Weisungen, die zwingende gesetzliche Vorschriften, zB §§ 66, 71 ff., 89, 113, 300, 302, missachten oder zu rechtswidrigem Verhalten auffordern, es sei denn, konzernrechtliche Freistellungssonderregeln wie zB § 291 Abs. 3 greifen ein. Weisungen müssen sich zudem in den Grenzen des in der Satzung geregelten Unternehmensgegenstands bewegen (OLG Nürnberg 9.6.1999, NJW-RR

2001, 104 (105); *Fleischer* in Fleischer VorstandsR-HdB § 18 Rn. 49). Gemäß § 299 sind auch eine Änderung des Inhalts des Beherrschungsvertrags sowie seine Aufrechterhaltung oder Beendigung der Weisungsbefugnis entzogen. Nicht vom Weisungsrecht erfasst sind gemäß § 299 analog zudem Abschluss, Aufrechterhaltung oder Beendigung eines Gewinnabführungsvertrags oder anderen Unternehmensvertrags mit der herrschenden Gesellschaft (*Habetha* ZIP 2017, 652 (653); MüKoAktG/*Altmeppen* § 299 Rn. 5).

13 Der Beherrschungsvertrag begründet ein Recht auf Leitung der beherrschten Gesellschaft, erlaubt aber nicht deren Vernichtung. **Existenzgefährdende Weisungen** sind deshalb unzulässig (OLG Düsseldorf 7.6.1990, AG 1990, 490 (492); *Seibt/Cziupka* AG 2015, 721 (723 ff.); aA KK-AktG/*Koppensteiner* Rn. 49 ff.). Dabei handelt es sich um solche Weisungen, deren Befolgung die Gefahr der Insolvenz der beherrschten Gesellschaft während des Bestehens des Beherrschungsvertrags oder nach dessen Beendigung begründet. In der Praxis sind dies Fälle, in denen die beherrschte Gesellschaft nicht mit einem vollwertigen Verlustausgleich durch das herrschende Unternehmen rechnen kann, wenn sich bei ihr Folgen der Weisung einstellen. Die Beschränkung der Weisungsbefugnis in dieser Hinsicht ergibt sich daraus, dass die §§ 302–305 vom Fortbestand der beherrschten Gesellschaft während der Beherrschung ausgehen bzw. ihre Lebensfähigkeit unmittelbar nach Vertragsende voraussetzen (enger *Seibt/Cziupka* AG 2015, 721 (725)).

14 Erteilt das herrschende Unternehmen **wiederholt unzulässige Weisungen,** so kann den Vorstand eine Pflicht zur Kündigung des Beherrschungsvertrags nach § 297 treffen.

15 **e) Unterlassen von Weisungen.** Werden **keine Weisungen** erteilt, bleibt es bei der eigenverantwortlichen Leitung durch den Vorstand der beherrschten Gesellschaft; dieser hat sich nur nach den **Interessen der Gesellschaft** und nicht nach denen des Konzerns zu richten (Emmerich/Habersack/*Emmerich* Rn. 54). Der Abschluss eines Beherrschungsvertrags begründet aber eine **Pflicht zum konzernfreundlichen Verhalten,** wonach der Vorstand verpflichtet ist, das herrschende Unternehmen rechtzeitig und ungefragt über wichtige Angelegenheiten der laufenden Geschäftsführung zu informieren, damit dessen Vertretungsorgan entscheiden kann, ob ein Eingreifen im Konzerninteresse erforderlich ist (MHdB GesR IV/*Krieger* § 71 Rn. 161). Ist keine Weisung erteilt, steht es dem Vorstand der beherrschten Gesellschaft frei, eine beabsichtigte Geschäftsführungsmaßnahme der Hauptversammlung nach § 119 Abs. 2 zur Zustimmung vorzulegen, um in den Genuss des Haftungsprivilegs nach § 83 Abs. 2, § 93 Abs. 4 S. 1 zu kommen (*Habetha* ZIP 2017, 652 (654)).

16 **2. Pflichten des Vorstands nach Weisungserhalt (Abs. 2).** § 308 Abs. 2 normiert ausdrücklich eine Befolgungspflicht des Vorstands der beherrschten Gesellschaft bei Weisungen des herrschenden Unternehmens und löst einen möglichen Beurteilungskonflikt im Hinblick auf deren Zulässigkeit auf.

17 **a) Prüfungspflicht des Vorstands.** Abs. 2 setzt voraus, dass der Vorstand der beherrschten Gesellschaft die Weisung zunächst **prüft.** Nur wenn die Weisung rechtmäßig ist, darf er diese befolgen. Ist die **Weisung nachteilig** für die beherrschte Gesellschaft und daher nur zulässig, wenn sie im Interesse des herrschenden Unternehmens oder eines seiner Konzernunternehmen liegt, erleichtert das Gesetz die Prüfung. Es geht zunächst von einer unter diesem Aspekt zulässigen Weisung aus und erlaubt es dem Vorstand nur, die Befolgung der Weisung zu verweigern, wenn diese offensichtlich nicht den Belangen des herrschenden Unternehmens oder von Konzernunternehmen dient. **Offensichtlich** heißt, dass die Abweichung von Interessen im Konzern für jeden Sachkenner ohne Weiteres erkennbar sein muss.

18 **b) Befolgungspflicht des Vorstands.** Bewegt sich die Weisung in diesen Grenzen, muss der Vorstand sie **umgehend befolgen** (BFH 9.2.1994, BB 1994, 922 (923); Emmerich/Habersack/*Emmerich* Rn. 66). Stellt sich iRd Prüfung jedoch heraus, dass die Nachteiligkeit der Weisung nicht ohne weiteres für das herrschende Unternehmen erkennbar war und verfügt der Vorstand der beherrschten Gesellschaft insoweit über genauere Kenntnisse, so hat er das herrschende Unternehmen zunächst über die erwarteten Nachteile zu **informieren.** Dies ist Ausfluss seiner Pflicht zum konzernfreundlichen Verhalten. Hält das herrschende Unternehmen daraufhin an der Weisung fest, lebt die Befolgungspflicht wieder auf (MüKoAktG/*Altmeppen* Rn. 149).

19 **c) Haftung für Handlungen nach erfolgter Weisung. Verletzt** der Vorstand seine **Prüfungs- und Kontrollpflichten** bezüglich der Rechtmäßigkeit der Weisung aus § 308 Abs. 2 schuldhaft, macht er sich seiner eigenen Gesellschaft gegenüber nach § 310 Abs. 1 S. 1 schadenersatzpflichtig. Die Befolgungspflicht des Vorstands besteht nur gegenüber der eigenen Gesellschaft. Befolgt diese eine zulässige Weisung nicht, kann sie sich aus dem Beherrschungsvertrag nach § 280 Abs. 1 BGB schadenersatzpflichtig machen (Bürgers/Körber/*Fett* Rn. 27). Befolgt die beherrschte Gesellschaft eine Weisung, hat sie für die Handlungen gegenüber Dritten einzustehen. Das herrschende Unternehmen kann aber uU als Anstifter nach § 830 Abs. 2 BGB haftbar gemacht werden (Hüffer/Koch/*Koch* Rn. 14).

20 **3. Weisungsrecht bei zustimmungspflichtigen Geschäften (Abs. 3).** Durch Abschluss eines Beherrschungsvertrags werden **Zustimmungsvorbehalte** nach § 111 Abs. 4 S. 2 **nicht außer Kraft gesetzt.** Dadurch soll sichergestellt werden, dass der Aufsichtsrat vor einer Maßnahme, die seiner

Zustimmung bedarf, informiert wird. Da der Aufsichtsrat nicht Adressat von Weisungen ist, kann er seine Zustimmung verweigern, wenn die Maßnahme nach seiner Auffassung nicht im Interesse der beherrschten Gesellschaft liegt. Die Durchsetzung der Maßnahme durch das herrschende Unternehmen darf er allerdings nicht ohne jeden Anlass vereiteln. Auf der anderen Seite ist er aber auch berechtigt, einer durch eine rechtmäßige Weisung gedeckten Maßnahme vor dem Hintergrund der Bindung der Gesellschaft an den Unternehmensvertrag zuzustimmen und sich dabei nur auf die Prüfung der Weisung selbst und ihrer Rechtmäßigkeit zu beschränken (NK-AktR/*Peres* Rn. 36).

Erteilt der Aufsichtsrat seine Zustimmung, ist der Vorstand zur Befolgung verpflichtet. **Verweigert** 21
der Aufsichtsrat seine Zustimmung oder erteilt er sie nicht innerhalb einer angemessenen Frist, dann muss das herrschende Unternehmen unverzüglich darüber informiert werden, damit es seine Interessen rechtzeitig wahrnehmen kann. In diesem Fall kann es seine **Weisung wiederholen** und damit sein Weisungsrecht durchsetzen. Die Weisung ist dann ohne weitere Einbeziehung des Aufsichtsrats der beherrschten Gesellschaft umzusetzen. Erforderlich ist allerdings, auch bei ausländischen Gesellschaften (MüKoAktG/*Altmeppen* Rn. 165; *Martens* ZHR 138 (1974), 179 (194)), die Zustimmung des Aufsichtsrats des herrschenden Unternehmens, falls ein solcher besteht.

III. Verfahrensvorschriften

Die Befolgung zulässiger Weisungen kann im Wege einer **Leistungsklage** vom herrschenden Unter- 22
nehmen durchgesetzt und nach § 888 ZPO vollstreckt werden. Der **Vorstand** der beherrschten Gesellschaft trägt in einem solchen Verfahren die **Darlegungs- und Beweislast** für das Vorliegen der Voraussetzungen einer unzulässigen Weisung, die nicht zu befolgen war (KK-AktG/*Koppensteiner* Rn. 70).

IV. Abdingbarkeit

§ 308 ist **nicht abdingbar.** Das herrschende Unternehmen kann keine weitergehende Leitungsmacht 23
aufgrund vertraglicher Vereinbarungen zugesprochen bekommen. Das Weisungsrecht darf auch nicht gänzlich ausgeschlossen werden. **Absprachen,** welche das Weisungsrecht einschränken, sind hingegen zulässig, weil sie die Interessen der Gläubiger und außenstehenden Aktionäre nicht berühren (Hüffer/Koch/*Koch* Rn. 1 aE, 13).

Verantwortlichkeit der gesetzlichen Vertreter des herrschenden Unternehmens

309 **(1) Besteht ein Beherrschungsvertrag, so haben die gesetzlichen Vertreter (beim Einzelkaufmann der Inhaber) des herrschenden Unternehmens gegenüber der Gesellschaft bei der Erteilung von Weisungen an diese die Sorgfalt eines ordentlichen und gewissenhaften Geschäftsleiters anzuwenden.**

(2) **[1] Verletzen sie ihre Pflichten, so sind sie der Gesellschaft zum Ersatz des daraus entstehenden Schadens als Gesamtschuldner verpflichtet. [2] Ist streitig, ob sie die Sorgfalt eines ordentlichen und gewissenhaften Geschäftsleiters angewandt haben, so trifft sie die Beweislast.**

(3) **[1] Die Gesellschaft kann erst drei Jahre nach der Entstehung des Anspruchs und nur dann auf Ersatzansprüche verzichten oder sich über sie vergleichen, wenn die außenstehenden Aktionäre durch Sonderbeschluß zustimmen und nicht eine Minderheit, deren Anteile zusammen den zehnten Teil des bei der Beschlußfassung vertretenen Grundkapitals erreichen, zur Niederschrift Widerspruch erhebt. [2] Die zeitliche Beschränkung gilt nicht, wenn der Ersatzpflichtige zahlungsunfähig ist und sich zur Abwendung des Insolvenzverfahrens mit seinen Gläubigern vergleicht oder wenn die Ersatzpflicht in einem Insolvenzplan geregelt wird.**

(4) **[1] Der Ersatzanspruch der Gesellschaft kann auch von jedem Aktionär geltend gemacht werden. [2] Der Aktionär kann jedoch nur Leistung an die Gesellschaft fordern. [3] Der Ersatzanspruch kann ferner von den Gläubigern der Gesellschaft geltend gemacht werden, soweit sie von dieser keine Befriedigung erlangen können. [4] Den Gläubigern gegenüber wird die Ersatzpflicht durch einen Verzicht oder Vergleich der Gesellschaft nicht ausgeschlossen. [5] Ist über das Vermögen der Gesellschaft das Insolvenzverfahren eröffnet, so übt während dessen Dauer der Insolvenzverwalter oder der Sachwalter das Recht der Aktionäre und Gläubiger, den Ersatzanspruch der Gesellschaft geltend zu machen, aus.**

(5) **Die Ansprüche aus diesen Vorschriften verjähren in fünf Jahren.**

Übersicht

I. Allgemeines

1 Aufgrund des Beherrschungsvertrags werden Befugnisse und Verantwortung der Organmitglieder der beherrschten Gesellschaft zugunsten des herrschenden Unternehmens massiv beschnitten. Dies wird durch § 309 kompensiert, der die weisungsberechtigten Personen in die Pflicht nimmt und einen Schadensausgleich zugunsten der beherrschten Gesellschaft bei pflichtwidriger Weisungserteilung vorsieht. § 309 ergänzt die vertragliche Haftung des herrschenden Unternehmens aus dem Beherrschungsvertrag und wirkt über die erweiterte Handelndenhaftung vor allem präventiv gegen pflichtwidrige Weisungen.

II. Einzelerläuterung

2 **1. Verhaltensstandard (Abs. 1).** § 309 Abs. 1 legt den Verhaltensstandard für die weisungsberechtigten Personen fest.

2a **a) Verpflichtete.** Abs. 1 wendet sich an die gesetzlichen Vertreter des herrschenden Unternehmens, also an die aufgrund der Organstellung vertretungsbefugten Personen. Nach allgM haften somit bei der AG die Vorstandsmitglieder, bei der GmbH die Geschäftsführer, bei einer oHG oder GbR die vertretungsberechtigten Gesellschafter und bei einer KG die vertretungsberechtigten Komplementäre. Ist der Komplementär keine natürliche Person, sind dessen vertretungsbefugte Personen analog § 309 neben der Komplementärgesellschaft verantwortlich, um die Präventiv- und Schadensausgleichsfunktion der Norm auch in dieser Konstellation sicherzustellen (K. Schmidt/Lutter/*Langenbucher* Rn. 7). Für den Einzelkaufmann als herrschendes Unternehmen stellt der Klammerzusatz des § 309 klar, dass sein Inhaber Verpflichteter iSd Vorschrift ist.

3 Wird die Weisungsbefugnis nicht von den gesetzlichen Vertretern des herrschenden Unternehmens ausgeübt, sondern zulässigerweise an Angestellte oder Dritte delegiert (→ § 308 Rn. 4), haftet das **Vertretungsorgan des herrschenden Unternehmens** nach § 309 nur für die **ordnungsgemäße Auswahl und Überwachung des Delegatars,** nicht jedoch für dessen Fehlverhalten bei Weisungserteilung (Spindler/Stilz/*Veil* Rn. 42, Spindler/Stilz/*Veil* § 308 Rn. 12). Die haftungsrechtliche Sondernorm des § 309 statuiert nur eine die allgemeinen Regeln **ergänzende Haftung für eigenes Verschulden** und keine umfassende Haftung für fremdes Verschulden (*Altmeppen,* Haftung des Managers im Konzern, 1998, 13). Indem der **Delegatar** die Weisungsbefugnis wahrnimmt, geht jedoch die haftungsrechtliche Verantwortlichkeit für rechtswidrig erteilte Weisungen nach hM auf ihn über. Er **haftet analog § 309** (MüKoAktG/*Altmeppen* Rn. 153, MüKoAktG/*Altmeppen* § 308 Rn. 48, 49; aA KK-AktG/*Koppensteiner* Rn. 36).

4 Ebenfalls analog angewendet wird § 309 in den Fällen **mehrstufiger Konzernierung,** in denen die vertraglich oder faktisch beherrschte Tochtergesellschaft durch die Muttergesellschaft für Weisungen an die Enkelgesellschaft genutzt wird, ohne dass zwischen Enkel- und Muttergesellschaft ein beherrschungsvertragliches Verhältnis besteht (Bürgers/Körber/*Fett* Rn. 7 f.).

5 **b) Berechtigte.** Die Sorgfaltspflicht selbst ist allein der **beherrschten Gesellschaft** geschuldet. Deren Gläubiger und Aktionäre sind nach § 309 Abs. 4 S. 2 und 3 nicht Anspruchsinhaber von Schadenersatzansprüchen, sondern nur die beherrschte Gesellschaft. Aktionäre können daher nur Leistung von Schadenersatz an die Gesellschaft verlangen (Hüffer/Koch/*Koch* Rn. 8). Gläubigern wird nur unter bestimmten Voraussetzungen eine direkte Geltendmachung gestattet.

6 **c) Verhaltensstandard bei Ausübung von Konzernleitungsmacht.** Die gesetzlichen Vertreter des herrschenden Unternehmens haben die Rechte und Pflichten zu beachten, die ihrem Unternehmen

aus dem Beherrschungsvertrags zustehen bzw. obliegen. Der anzuwendende **Sorgfaltsmaßstab** eines ordentlichen und gewissenhaften Geschäftsleiters entspricht dem **des § 93 Abs. 1** (→ § 93 Rn. 7).

Das **Unterlassen von Weisungen** und damit die Nichtausübung der Konzernleitungsmacht begründet nur ausnahmsweise eine Haftung aus § 309, da nach hM der Beherrschungsvertrag keine Konzernleitungspflicht des herrschenden Unternehmens begründet (*Fleischer* DB 2005, 759 (761 f.); MHdB GesR IV/*Krieger* § 71 Rn. 160; aA Emmerich/Habersack/*Emmerich* Rn. 35a; Grigoleit/*Servatius* Rn. 6). Eine Handlungspflicht kommt allenfalls in Betracht, wenn aufgrund vorangegangener Maßnahmen ein erneutes Tätigwerden des herrschenden Unternehmens zwingend erforderlich ist, zB wenn die Vertreter der beherrschten Gesellschaft in einer bestimmten Angelegenheit nur auf Weisung tätig werden dürfen, sich aber die Lage verändert hat, oder wenn nur mehrere Weisungen zusammen ein sinnvolles Verhalten ergeben (Hüffer/Koch/*Koch* Rn. 10). 7

2. Schadenersatzhaftung (Abs. 2). § 309 Abs. 2 normiert den Schadensersatzanspruch bei Verletzung des in Abs. 1 niedergelegten Verhaltensstandards. 8

a) Haftungsvoraussetzungen. Die Schadenersatzhaftung wird durch einen rechtswidrigen und schuldhaften Verstoß gegen den Verhaltensstandard des Abs. 1 ausgelöst. Da die Vorschrift dem § 93 nachgebildet ist, gilt insoweit das dort Ausgeführte. Hat der gesetzliche Vertreter die ihm obliegende Sorgfalt und damit den objektiven Handlungsrahmen verletzt, folgt daraus nach der Konzeption der Vorschrift regelmäßig auch das Vorliegen des Verschuldens (→ § 93 Rn. 32). Hinzukommen muss ein ersatzfähiger Schaden bei der beherrschten Gesellschaft und die haftungsausfüllende Kausalität. Letztere ist zu verneinen, wenn die Maßnahme in jedem Fall, also auch ohne die pflichtwidrig erteilte Weisung umgesetzt worden wäre (KK-AktG/*Koppensteiner* Rn. 7). 8a

b) Haftungsfolgen. Inhalt und Höhe des **Schadenersatzanspruchs** bestimmen sich nach §§ 249–252 BGB. Folgeschäden sind zu ersetzen. Eine **Vorteilsausgleichung,** wenn zB die Vorteile für andere Konzerngesellschaften größer sind als die Nachteile für die beherrschte Gesellschaft, wenn der beherrschten Gesellschaft ein realisierbarer Anspruch nach § 302 Abs. 1 zusteht oder wenn im Fall des Bestehens eines Gewinnabführungsvertrags, der abzuführende Betrag geringer ausfällt, **findet** nach zutreffender hM **nicht statt.** Eine solche wäre mit der Präventivfunktion des § 309 unvereinbar. Zudem werden die Schäden über den Verlustausgleich oder die verminderte Gewinnabführung erst am Ende des Geschäftsjahres ausgeglichen, wohingegen der Ersatzanspruch aus § 309 mit Vollendung des Tatbestands geltend gemacht werden kann, was ebenfalls gegen eine Vorteilsausgleichung spricht (Hüffer/Koch/*Koch* Rn. 18; NK-AktR/*Peres* Rn. 28). 9

Haftungsvoraussetzung des § 309 ist das Bestehen des Beherrschungsvertrages bei Vornahme der pflichtwidrigen Handlung, nicht jedoch beim Schadenseintritt. Es sind daher auch nach Beendigung des Beherrschungsvertrags jegliche aufgrund fehlerhafter Konzernführung **nachträglich eingetretene Schäden** zu ersetzen (Spindler/Stilz/*Veil* Rn. 28). 10

Mehrere gesetzliche Vertreter des herrschenden Unternehmens haften der beherrschten Gesellschaft gem. Abs. 2 S. 1 als **Gesamtschuldner** (§§ 421 ff. BGB). Eine gesamtschuldnerische Haftung besteht ebenfalls zwischen den gesetzlichen Vertretern des herrschenden Unternehmens und dem herrschenden Unternehmen selbst. 11

3. Verzicht und Vergleich (Abs. 3). Die Regelung des Abs. 3 sichert die Rechte der außenstehenden Aktionäre, indem sie eine kollegiale Haftungsbefreiung innerhalb des Konzerns verhindert. Danach ist ein wirksamer Verzicht auf oder Vergleich über den Ersatzanspruch nur dann möglich, wenn mindestens **drei Jahre** seit der Anspruchsentstehung vergangen sind und, wenn die herrschende Gesellschaft nicht sämtliche Aktien der beherrschten Gesellschaft hält, die außenstehenden Aktionäre durch **Sonderbeschluss** nach § 138 dem zustimmen sowie **kein Widerspruch** seitens einer Minderheit erhoben wird, die über 10 % des vertretenen Grundkapitals bei Beschlussfassung verfügt. Der Sonderbeschluss der Minderheitsaktionäre ersetzt den Hauptversammlungsbeschluss nach § 93 Abs. 4 S. 3. Damit wird verhindert, dass das herrschende Unternehmen durch Stimmenmehrheit in der Hauptversammlung die Haftung seiner gesetzlichen Vertreter beseitigt (RegBegr. *Kropff* 405; Hüffer/Koch/*Koch* Rn. 20). Bei Zahlungsunfähigkeit des in Anspruch Genommenen sieht § 309 Abs. 3 S. 2 eine Erleichterung vor. In diesem Fall entfällt die zeitliche Begrenzung für einen Verzicht oder Vergleich. Keine Wirkung entfaltet ein Verzicht oder Vergleich gegenüber Gläubigern der beherrschten Gesellschaft (§ 309 Abs. 4 S. 4). 12

4. Geltendmachung des Anspruchs durch Aktionäre und Gläubiger (Abs. 4). Der Anspruch nach § 309 Abs. 2 steht der beherrschten Gesellschaft zu und ist von deren Vorstand geltend zu machen. Kommt der Vorstand dieser Pflicht nicht nach, sind deren Aktionäre und Gläubiger nach Abs. 4 berechtigt, den Schadenersatzanspruch gerichtlich zu verfolgen. 13

a) Aktionäre. Jeder einzelne Aktionär ist berechtigt, im eigenen Namen den Schadenersatzanspruch der Gesellschaft gegen den Willen von deren gesetzlichen Vertretern einzuklagen. Er darf die Leistung aber nur an die Gesellschaft fordern, sodass nach hM ein Fall der **gesetzlichen Prozessstandschaft** 14 gegeben ist (KG Berlin 25.8.2011, NZG 2011, 1429 (1431 f.); Hüffer/Koch/*Koch* Rn. 21a; NK-AktR/*Peres* Rn. 31; aA MüKoAktG/*Altmeppen* Rn. 126 f.). Der klagende Aktionär braucht kein besonderes Interesse an der Durchsetzung des Anspruchs darzulegen. Er trägt aber – um einer Missbrauchsgefahr vorzubeugen – die Kosten des Rechtsstreits bei einem Unterliegen. Um zu gewährleisten, dass von der Aktionärsklage Gebrauch gemacht wird, ist dem klagenden Aktionär jedoch eine **Streitwertspaltung analog § 247 Abs. 2** zuzubilligen, welche die Kostenlast von der Leistungsfähigkeit des Klägers abhängig macht (KK-AktG/*Koppensteiner* Rn. 47, 50; MüKoAktG/*Altmeppen* Rn. 130, aA (Streitwertfestsetzung nach den allgemeinen Regeln) Hüffer/Koch/*Koch* Rn. 22; NK-AktR/*Peres* Rn. 31).

15 Die klagenden Aktionäre müssen sich im Prozess einen wirksamen Verzicht oder Vergleich der Gesellschaft über den Anspruch oder ein bereits ergangenes klageabweisendes Urteil über den Anspruch entgegenhalten lassen (Emmerich/Habersack/*Emmerich* Rn. 50).

16 **b) Gläubiger.** Die Gläubiger der Gesellschaft können nach § 309 Abs. 4 S. 3 vorgehen, wenn keine Befriedigung von der Gesellschaft zu erlangen ist. In diesem Fall können sie die Leistung an sich selbst fordern. Ein entgegenstehender Verzicht oder Vergleich entfaltet gegenüber den Gläubigern keine Wirkung, Abs. 4 S. 4. Erfolgsversprechender dürfte es jedoch sein, den Anspruch der beherrschten Gesellschaft aus § 302 zu pfänden oder ggf. nach § 303 vorzugehen (*Fleischer* in Fleischer VorstandsR-HdB § 18 Rn. 66).

17 **c) Insolvenz.** Die Insolvenz der Gesellschaft hat das **Ruhen des Klagerechts** der Aktionäre und des Verfolgungsrechts der Gläubiger zur Folge (§ 309 Abs. 4 S. 5). Ein bereits anhängiger Rechtsstreit wird gem. § 240 ZPO unterbrochen (Spindler/Stilz/*Veil* Rn. 37).

18 **5. Verjährung (Abs. 5).** § 309 Abs. 5 normiert eine fünfjährige Verjährungsfrist. Diese beginnt, abweichend von § 199 Abs. 1 BGB, mit der Entstehung des Anspruchs zu laufen (Hüffer/Koch/*Koch* Rn. 25). Die parallele Schadenersatzhaftung des herrschenden Unternehmens aus § 280 Abs. 1 BGB wegen Verletzung des Beherrschungsvertrages (zum Meinungsstand iS Anspruchsgrundlage s. Hüffer/Koch/*Koch* Rn. 27) verjährt analog § 309 Abs. 5, wohingegen konkurrierende Ansprüche aus Vertrag und Delikt den für sie maßgeblichen Verjährungsvorschriften unterliegen (K. Schmidt/Lutter/*Langenbucher* Rn. 39).

III. Abdingbarkeit

19 § 309 ist unabdingbar und einer Modifizierung nicht zugänglich. Die Existenzvernichtungshaftung der Organe der herrschenden Gesellschaft nach § 826 BGB besteht neben § 309 (*Tröger/Dangelmayer* ZGR 2011, 558 (586 f.)). Freistellungen im Vorstandsanstellungsvertrag mit dem herrschenden Unternehmen sind möglich, wirken jedoch nicht im Verhältnis zur beherrschten Gesellschaft (Spindler/Stilz/*Veil* Rn. 5).

IV. Beweislast

20 Abs. 2 S. 2 enthält im Hinblick auf den Sorgfaltsverstoß eine **Umkehrung der Darlegungs- und Beweislast.** Danach obliegt es dem herrschenden Unternehmen die Einhaltung der Verhaltenspflichten aus Abs. 2 S. 1, insbesondere die Rechtmäßigkeit einer nachteiligen Weisung darzulegen und zu beweisen. Eine Beweiserleichterung kann allerdings auch dem herrschenden Unternehmen nach dem Prinzip der Tatsachennähe zugutekommen (MüKoAktG/*Altmeppen* Rn. 119). Die beherrschte Gesellschaft hat diejenigen Tatsachen zu beweisen, aus denen sich die Weisungserteilung als möglicherweise pflichtwidrige Handlung ergibt, weiter den Eintritt des Schadens und die adäquate Kausalität zwischen pflichtwidriger Handlung und Schadenseintritt. Allerdings wird nach hM zugunsten des Anspruchsstellers eine Kausalitätsvermutung angenommen.

Verantwortlichkeit der Verwaltungsmitglieder der Gesellschaft

310 (1) [1]**Die Mitglieder des Vorstands und des Aufsichtsrats der Gesellschaft haften neben dem Ersatzpflichtigen nach § 309 als Gesamtschuldner, wenn sie unter Verletzung ihrer Pflichten gehandelt haben.** [2]**Ist streitig, ob sie die Sorgfalt eines ordentlichen und gewissenhaften Geschäftsleiters angewandt haben, so trifft sie die Beweislast.**

(2) **Dadurch, daß der Aufsichtsrat die Handlung gebilligt hat, wird die Ersatzpflicht nicht ausgeschlossen.**

(3) **Eine Ersatzpflicht der Verwaltungsmitglieder der Gesellschaft besteht nicht, wenn die schädigende Handlung auf einer Weisung beruht, die nach § 308 Abs. 2 zu befolgen war.**

(4) **§ 309 Abs. 3 bis 5 ist anzuwenden.**

I. Allgemeines

§ 310 ist eine gegenüber §§ 93, 116 spezielle Haftungsnorm für Organmitglieder der beherrschten Gesellschaft im Fall erteilter Weisungen. Sie bezweckt wie § 309 Schadensausgleich und -prävention. Durch die persönliche Haftung soll bewirkt werden, dass Weisungen vor ihrer Ausführung geprüft werden und ggf. von der Befolgung Abstand genommen wird. 1

II. Einzelerläuterung

1. Haftungsvoraussetzungen und -folgen (Abs. 1). Adressaten des § 310 Abs. 1 sind nur die Mitglieder von **Vorstand und Aufsichtsrat der beherrschten Gesellschaft.** Die Haftung nach Abs. 1 setzt einen wirksamen Beherrschungsvertrag, eine rechtswidrige Weisung, eine verschuldete Pflichtverletzung durch ein Organmitglied und einen Schaden der beherrschten Gesellschaft voraus. 2

Beim **Vorstand** geht es um **Prüfungs- und Befolgungspflichten** in Bezug auf Weisungen (→ § 308 Rn. 16 ff.). Eine offensichtlich unzulässige Weisung darf nicht ausgeführt werden. Der **Aufsichtsrat** kann sich haftbar machen, wenn er seiner **Überwachungsaufgabe** nicht gerecht wird oder im Fall des § 111 Abs. 4 S. 2 pflichtwidrig der Befolgung einer unzulässigen Weisung zustimmt, wobei die Pflichtwidrigkeit zu verneinen ist, wenn den Vorstand eine Befolgungspflicht nach § 308 Abs. 2 trifft (*Semler,* Leitung und Überwachung der AG, 2. Aufl. 1996, Rn. 471 ff.; Spindler/Stilz/*Veil* Rn. 4). 3

Bei Vorliegen der Voraussetzungen des Abs. 1 besteht ein **Anspruch** der beherrschten Gesellschaft **auf Schadenersatz** nach §§ 249 ff. BGB gegen die eigenen Organmitglieder. Mehrere Verantwortliche nach Abs. 1 haften untereinander und neben den Ersatzpflichtigen nach § 309 als **Gesamtschuldner** gem. §§ 421 ff. BGB. 4

2. Haftungsausschluss (Abs. 2 und 3). Die **Billigung der Handlungen** der Vorstandsmitglieder **durch** den **Aufsichtsrat** wirkt nicht entlastend, Abs. 2. Ein zustimmender Aufsichtsratsbeschluss in dieser Konstellation wäre ohnehin rechtswidrig und damit nichtig. Auch eine Billigung der Maßnahme durch die HV nach § 119 Abs. 2 kann nach allgM keinen Haftungsausschluss zur Folge haben, da diese idR durch das herrschende Unternehmen kontrolliert wird und damit indirekt einen nach § 310 Abs. 4 iVm § 309 Abs. 3 unzulässigen Verzicht auf Haftungsansprüche aussprechen würde. 5

Wegen der **Pflicht zur Weisungsbefolgung** nach § 308 Abs. 2 haftet der Vorstand der beherrschten Gesellschaft nicht für die Ausführung von nicht offensichtlich unzulässigen Weisungen und auch dann nicht, wenn die Unzulässigkeit der Weisung nicht bewiesen werden kann (*Altmeppen,* Die Haftung des Managers im Konzern, 1998, 48; KK-AktG/*Koppensteiner* Rn. 6, 7). Insoweit fehlt es schon an einem pflichtwidrigen Verhalten. § 310 Abs. 2 und 3 haben daher nur klarstellende Funktion. 6

III. Darlegungs- und Beweislast und Abdingbarkeit

Der Kläger hat die anspruchsbegründenden Umstände darzulegen und zu beweisen. Allerdings tragen die Organmitglieder wegen der **Beweislastumkehr** des Abs. 1 S. 2 die Darlegungs- und Beweislast **für** ein **pflichtgemäßes** und **verschuldensfreies Handeln** (Bürgers/Körber/*Fett* Rn. 4). Die Regelung des § 310 ist insgesamt **unabdingbar.** 7

Zweiter Abschnitt. Verantwortlichkeit bei Fehlen eines Beherrschungsvertrags

Schranken des Einflusses

311 (1) **Besteht kein Beherrschungsvertrag, so darf ein herrschendes Unternehmen seinen Einfluß nicht dazu benutzen, eine abhängige Aktiengesellschaft oder Kommanditgesellschaft auf Aktien zu veranlassen, ein für sie nachteiliges Rechtsgeschäft vorzunehmen oder Maßnahmen zu ihrem Nachteil zu treffen oder zu unterlassen, es sei denn, daß die Nachteile ausgeglichen werden.**

(2) [1] **Ist der Ausgleich nicht während des Geschäftsjahrs tatsächlich erfolgt, so muß spätestens am Ende des Geschäftsjahrs, in dem der abhängigen Gesellschaft der Nachteil zugefügt worden ist, bestimmt werden, wann und durch welche Vorteile der Nachteil ausgeglichen werden soll.** [2] **Auf die zum Ausgleich bestimmten Vorteile ist der abhängigen Gesellschaft ein Rechtsanspruch zu gewähren.**

(3) **Die §§ 111a bis 111c bleiben unberührt.**

Übersicht

I. Allgemeines

1 Auch ohne einen Beherrschungsvertrag oder eine Eingliederung ist die konzernweite Einflussnahme des herrschenden Unternehmens möglich. Zulässig ist sie im sog. faktischen Konzern aber nur, wenn die dem Schutz von außenstehenden Aktionären und Gläubigern dienenden Bestimmungen der §§ 311 ff. eingehalten werden. Eine Konzernleitungsmacht des herrschenden Unternehmens im Sinne eines originären Einflussrechts wird nach hM durch § 311 nicht begründet. Der Vorstand der abhängigen Gesellschaft ist und bleibt für die Geschäftsleitung verantwortlich (§ 76 Abs. 1).

II. Einzelerläuterung

2 **1. Abhängigkeitsverhältnis. a) Beteiligte Unternehmen und Abhängigkeit.** In Abs. 1 werden ein herrschendes und ein von diesem abhängiges Unternehmen vorausgesetzt. Als **herrschendes Unternehmen** kommt rechtsformunabhängig jedes im In- oder Ausland ansässige Unternehmen in Betracht, das neben seiner Beteiligung weitere wirtschaftliche Interessen verfolgt, die eine Einflussnahme zum Nachteil der abhängigen Gesellschaft ernsthaft befürchten lassen (→ § 15 Rn. 3 ff.). Auch Privataktionäre können daher Unternehmen iSd Abs. 1 sein (mwN MüKoAktG/*Altmeppen* Rn. 56 ff.). **Abhängige Gesellschaft** kann dagegen nur eine inländische AG oder KGaA sein, wobei nach § 5 auf den Satzungssitz abzustellen ist (Spindler/Stilz/*Müller* Rn. 3).

3 Das Bestehen der erforderlichen **Abhängigkeit** ist nach **§§ 15** und **17** zu bestimmen. Eine Konzernierung iSd § 18 Abs. 1 ist nicht erforderlich. Ausreichend ist vielmehr die bloße Möglichkeit der Einflussnahme durch das herrschende Unternehmen und die damit einhergehende Gefahr von Einwirkungen zulasten der abhängigen Gesellschaft (BGH 4.3.1974, WM 1974, 319 (321); *Aschenbeck* NZG 2000, 1015 (1016)). Diese Gefahr besteht nicht im Rahmen von Gleichordnungskonzernen (→ § 18 Rn. 9), weshalb die §§ 311 ff. auf diese nicht anwendbar sind.

4 Bei **mehrstufigen Unternehmensverbindungen** kommt eine Abhängigkeit der Untergesellschaft von allen ihr übergeordneten Unternehmen in Betracht. Gleiches gilt im Fall eines herrschenden **Gemeinschaftsunternehmens** (sog. Mehrmütterschaft) für alle an der Interessenkoordination teilnehmenden Unternehmen. Nachteilige Weisungen werden gegenseitig zugerechnet (K. Schmidt/Lutter/*J. Vetter* Rn. 15). Bei einer paritätischen Beteiligung wird die gemeinsame Leitungsmachtausübung widerlegbar vermutet (dazu MüKoAktG/*Altmeppen* Rn. 62 ff.).

5 **b) Sicherung der Unabhängigkeit.** Um den Folgen einer faktischen Konzernierung zu entgehen, kann es für die Gesellschaft sinnvoll sein, die bestehende **Unabhängigkeit** zu **sichern,** zB durch Vinkulierung der Aktien nach § 68 Abs. 2 S. 1 und Zustimmungsverweigerung bei drohender Abhängigkeit (dazu MüKoAktG/*Altmeppen* Vor § 311 Rn. 71 ff.), Beschränkung des Stimmrechts bei nichtbörsennotierter Gesellschaft durch Festsetzung eines Höchstbetrags nach § 134 Abs. 1 S. 2, Erhöhung der Mehrheitserfordernisse für HV-Beschlüsse, Einräumung eines Rechts zur Zwangseinziehung von Aktien gem. § 237, Statuierung persönlicher Voraussetzungen für Aufsichtsratsmitglieder, Begründung von Entsenderechten in den Aufsichtsrat nach § 101 Abs. 2. **Nicht zulässig** sind hingegen satzungsmäßige Wettbewerbsverbote (Spindler/Stilz/*Müller* Vor § 311 Rn. 44 f.; aA Emmerich/Habersack/*Habersack* Vor § 311 Rn. 8), Abhängigkeitsbegründungsverbote (KK-AktG/*Koppensteiner* Anh. § 318

Rn. 26) oder Konzernausschlussklauseln in der Satzung (BGH 15.6.1992, NJW 1992, 2760 (2762); *Krause* AG 2002, 133 (1419)).

2. Kein Beherrschungsvertrag, keine Eingliederung. Abs. 1 setzt weiter voraus, dass **kein Beherrschungsvertrag** iSd § 291 Abs. 1 S. 1 Alt. 1 besteht. Kommt es während des Bestehens eines faktischen Konzerns zum Abschluss eines Beherrschungsvertrags, ist § 311 bis zu diesem Zeitpunkt anwendbar, dh bis zum Wirksamwerden des Beherrschungsvertrages nach § 294 Abs. 2 (*Friedl* NZG 2005, 875 (876 ff.)). Ein Gewinnabführungsvertrag iSd § 291 Abs. 1 S. 1 Alt. 2 lässt § 311 unberührt; lediglich §§ 312–315 sind dann unanwendbar (§ 316) (für Unanwendbarkeit der kompletten §§ 311–318 *Stephan* Der Konzern 2014, 1 (27)). Bei allen anderen Unternehmensverträgen iSd § 292 gelten die §§ 311 ff. uneingeschränkt. Gänzlich ausgeschlossen wird gem. § 323 Abs. 1 S. 3 die Anwendbarkeit der §§ 311 ff. im Fall der **Eingliederung** iSd § 319. 6

Bei **mehrstufiger Abhängigkeit** ist § 311 grundsätzlich nur zwischen den Parteien des Beherrschungsvertrags unanwendbar. Folgende Sonderfälle sind jedoch anerkannt: Besteht ein Beherrschungsvertrag zwischen Mutter und Enkel, findet § 311 auch zwischen Tochter und Enkel keine Anwendung, wohl aber zwischen Mutter und Tochter (KK-AktG/*Koppensteiner* Vor § 311 Rn. 31 f.). Besteht ein Beherrschungsvertrag zwischen Tochter und Enkel, macht dies § 311 auch im Verhältnis Mutter und Enkel unanwendbar (hM Hüffer/Koch/*Koch* Rn. 12; aA *Cahn* BB 2000, 1477 (1478 ff.)). 7

3. Veranlassung. a) Begriff, Urheber und Adressat der Veranlassung. Der **Begriff** der Veranlassung iSd Abs. 1 umfasst jede für ein nachteiliges Rechtsgeschäft der abhängigen Gesellschaft zumindest mitursächliche Einflussnahme des herrschenden Unternehmens. Dies kann durch einzelfallbezogene oder generelle Einwirkung geschehen, zB in Form von Ratschlägen, Anregungen oder Weisungen (LG Köln 23.11.2007, AG 2008, 327 (331)). Eines Veranlassungsbewusstseins auf Seiten des herrschenden Unternehmens bedarf es nicht (hM Hüffer/Koch/*Koch* Rn. 13; aA GK-AktG/*Würdinger* Rn. 4). Entscheidend ist allein die Sicht der abhängigen Gesellschaft. Nicht ausreichend ist jedoch ein bloßes Unterlassen einer Einflussnahme (aA *Eschenbruch,* Konzernhaftung, 1996, Rn. 4205, der ua auch eine mangelnde Überwachung für geeignet hält, den Veranlassungsbegriff zu erfüllen). 8

Abs. 1 richtet sich an das herrschende Unternehmen. **Veranlassende** können aber nicht nur Organmitglieder sein. Soweit dies dem herrschenden Unternehmen aus Sicht der Untergesellschaft zurechenbar ist, kann eine Veranlassung auch von Mitarbeitern, zB im Konzerncontrolling (Spindler/Stilz/*Müller* Rn. 15) oder Dritten ausgehen. Als **Veranlassungsempfänger** kommt neben dem Vorstand jede in der abhängigen Gesellschaft beschäftigte Person in Betracht (Spindler/Stilz/*Müller* Rn. 18; KK-AktG/*Koppensteiner* Rn. 21). 9

b) Besondere Formen der Veranlassung. Vertritt das herrschende Unternehmen die abhängige Gesellschaft, sind die **als Vertreter** vorgenommenen Maßnahmen stets zurechenbar und als veranlasst anzusehen (MüKoAktG/*Altmeppen* Rn. 115). 10

Des Weiteren erfasst § 311 auch die Fälle der zulässigen und in der Praxis üblichen **Organverflechtung** (Vorstandsdoppelmandate und Verflechtungen über den Aufsichtsrat). Ergreift ein Doppelvorstand für die abhängige Gesellschaft nachteilige Maßnahmen, ist dies auch ohne äußere Einwirkungen als ein Veranlassen iSd Abs. 1 zu werten (Spindler/Stilz/*Müller* Rn. 20; Hölters/*Leuering*/*Goertz* Rn. 44; aA *Decher,* Personelle Verflechtungen im Aktienkonzern, 1990, 174; → Rn. 40). Andernfalls liefe § 311 bei intensiven Konzernbindungen leer. Ist der Vorstand des herrschenden Unternehmens nur zugleich Mitglied des AR der Untergesellschaft, ist demgegenüber erforderlich, dass der Vorstand seine Einflussmöglichkeiten in dieser Position tatsächlich zur Einflussnahme nutzt (Spindler/Stilz/*Müller* Rn. 20). 11

Auch die **Ausübung des Stimmrechts in der HV** kann ein Veranlassen darstellen. Umstritten ist dies für Gewinnverwendungsbeschlüsse (dagegen KK-AktG/*Koppensteiner* Rn. 26; dafür MüKoAktG/*Altmeppen* Rn. 122). Nach allgM fallen Zustimmungsbeschlüsse zu Beherrschungs- und Gewinnabführungsverträgen bzw. Eingliederungen und zu formwechselnden Umwandlungen wegen der insoweit speziell geregelten Schutzsysteme nicht unter § 311. 12

Bei **mehrstufiger Abhängigkeit** kann die Veranlassung der Enkelgesellschaft durch die Tochter zugleich eine Veranlassung durch die Mutter darstellen. Umstritten ist, ob dies widerlegbar zu vermuten ist (MüKoAktG/*Altmeppen* Rn. 146 ff.) oder aus Sicht des Enkels auch eine Veranlassung der Mutter vorliegen muss (Hüffer/Koch/*Koch* Rn. 16; diff. *Pentz,* Rechtsstellung der Enkel-AG in einer mehrstufigen Unternehmensverbindung, 1994, 197 f.). Letzteres ist anzunehmen, da es das Konzernverhältnis zwischen Mutter und Tochter für sich genommen nicht rechtfertigt, eine Mithaft für Maßnahmen der Tochter auszulösen. 13

Passive Konzerneffekte wie zB Abkehr von Kunden aufgrund der Konzernzugehörigkeit, Kosten des Abhängigkeitsberichts oder kartellrechtliche Schwierigkeiten bei Unternehmenskäufen sind hingegen nicht auf eine Veranlassung zurückzuführen und deshalb nicht ausgleichsfähig (*Hüttemann* ZHR 171 (2007), 451 (466, 479)). 14

c) Veranlassungswirkung. Die Veranlassung muss für die vorgenommene nachteilige Maßnahme adäquat kausal gewesen sein, wobei Mitursächlichkeit genügt. Das **Unterlassen** von für die abhängige 15

Gesellschaft vorteilhaften Maßnahmen steht dabei tatsächlich ergriffenen nachteiligen Maßnahmen durch die Untergesellschaft gleich.

16 **4. Nachteil. a) Nachteiliger Charakter.** § 311 schützt die abhängige Gesellschaft nur vor nachteiligen Rechtsgeschäften und Maßnahmen. Der **Nachteilsbegriff** erfasst ohne Rücksicht auf Quantifizierbarkeit jede unmittelbare oder mittelbare Minderung oder konkrete Gefährdung der Vermögens- oder Ertragslage, soweit sie auf die Abhängigkeit zurückzuführen ist (BGH 1.12.2008, NJW 2009, 850 (851)). Infolge des Abhängigkeitsbezuges ist nach hM entscheidend, ob ein **ordentlicher und gewissenhafter Geschäftsleiter** einer nicht abhängigen Gesellschaft in derselben Situation anders als der Vorstand der Untergesellschaft gehandelt hätte (BGH 1.3.1999, NJW 1999, 1706 (1708); Emmerich/Habersack/*Habersack* Rn. 40; aA MüKoAktG/*Altmeppen* Rn. 162 ff.). Der anzuwendende Sorgfaltsmaßstab ist dabei derjenige des § 93 Abs. 1 S. 1 (→ § 93 Rn. 7), wobei dem Vorstand auch hier der unternehmerische Ermessensspielraum nach § 93 Abs. 1 S. 2 (→ § 93 Rn. 17 ff.) zusteht. Unzulässig sind damit insbesondere die Maßnahmen und Rechtsgeschäfte, die den Fortbestand der Gesellschaft ernsthaft gefährden oder so hohe Risiken mit sich bringen, dass diesen keine vergleichbaren Chancen gegenüber stehen können (MHdB GesR IV/*Krieger* § 70 Rn. 87).

17 In der Praxis bereitet die **Überprüfung der Ermessensausübung** häufig Schwierigkeiten. Während bei Rechtsgeschäften vorrangig zu untersuchen ist, ob ein objektives Missverhältnis zwischen Leistung und Gegenleistung vorliegt (Hölters/*Leuering/Goertz* Rn. 55; einschr. *ADS* Rn. 47; zur Rolle von Marktpreisen MüKoAktG/*Altmeppen* Rn. 207 ff.), sind bei Maßnahmen auch alternative Verhaltensweisen in die Überlegung einzubeziehen. Stehen die aus der Maßnahme resultierenden Chancen und Risiken in einem nicht mehr vertretbaren Verhältnis zueinander oder wäre ein alternatives Verhalten erfolgversprechender, liegt bei Durchführung der Maßnahme ohne entsprechende Veranlassung ein Ermessensfehlgebrauch seitens des Vorstands vor. Dies führt bei Durchführung der Maßnahme aufgrund der Veranlassung des herrschenden Unternehmens zur Qualifizierung als nachteilige Maßnahme (Emmerich/Habersack/*Habersack* Rn. 57).

18 Maßgebend für die Beurteilung des Vorliegens eines Nachteils ist eine **ex-ante-Prognose.** Nur zum Zeitpunkt der Vornahme von Rechtsgeschäft oder Maßnahme bekannte Umstände sind in die Betrachtung einzubeziehen. Später eingetretene Nachteile, Schäden oder Vorteile sind irrelevant. Deshalb und da ein Nachteil nicht zwingend einen Verlust voraussetzt, sind Nachteils- und Schadenbegriff (§§ 249 ff. BGB) nicht deckungsgleich (OLG Köln 27.4.2006, NZG 2006, 547 (548)).

19 **b) Einzelfälle. Konzernintegrierende Maßnahmen** sind für die Untergesellschaft nicht schlechthin nachteilig, da diese an Kostenvorteilen und sonstigen Synergieeffekten partizipieren kann. Ein Nachteil ist hingegen bei Eingriffen in den Bestand oder die langfristige Rentabilität der Gesellschaft gegeben. Gleiches gilt, wenn der Gesellschaft auferlegte Risiken oder entzogene Chancen nicht durch entsprechende Vorteile kompensiert werden (LG Köln 23.11.2007, AG 2008, 327 (332); *Tillmann/Rieckhoff* AG 2008, 486 (487 f.)).

20 **Verwaltungsmaßnahmen,** welche nur der Kompatibilität der Systeme dienen, stellen grundsätzlich einen Nachteil dar, da sie Kosten verursachen, ohne die Vermögens- und Ertragslage der abhängigen Gesellschaft zu verbessern. Der nachteilige Charakter kann allerdings entfallen, wenn sie Teil eines Gesamtkonzepts sind, das zu Kosteneinsparungen bei der Untergesellschaft führt (*Friedl* NZG 2005, 875 (879)).

21 **Konzerninterne Darlehen** der Untergesellschaft sind, da die Kapitalerhaltungsregeln nur bei fehlendem Ausgleich der Nachteile eingreifen, nicht per se nachteilig. Das gilt selbst bei ungesicherten Darlehen der AG an einen Aktionär (BGH 1.12.2008, NZG 2009, 107 ff.). Ein Nachteil iSd § 311 kann allerdings dann in einer unangemessen niedrigen Verzinsung, fehlenden Sicherheiten oder Zweifeln an der Darlehensrückführung liegen, wenn dies zu einer konkreten Gefährdung der Vermögens- oder Ertragslage der Gesellschaft führt (OLG Jena 25.4.2007, NZG 2008, 275 (277 f.); *Henze* AG 2004, 405 (407)).

22 Stellt eine abhängige Gesellschaft **Sicherheiten** für die Verbindlichkeiten des herrschenden Unternehmens, so kommt ein Nachteil in Betracht, wenn der Rückgriffsanspruch nicht vollwertig ist bzw. sein wird, keine angemessene Avalgebühr gezahlt wird oder die Sicherheit für die Besicherung eigener Verbindlichkeiten fehlt (Emmerich/Habersack/*Habersack* Rn. 47a; s. auch *Altmeppen* ZIP 2017, 1977 (1979 ff.)).

23 **Zentrales Cash-Management,** dh Zusammenfassung und koordinierter Einsatz der im Konzern insgesamt vorhandenen Liquidität ist gem. § 57 Abs. 1 S. 3 zulässig, wenn der Rückzahlungsanspruch vollwertig ist. Aufgrund des eindeutigen Willens des Gesetzgebers (RegBegr., BT-Drs. 16/6140, 41, 52) gilt dies unabhängig von der Frage, ob das gebundene Vermögen der Gesellschaft im Zeitpunkt der Darlehensvergabe gedeckt ist oder nicht (ausführlich MüKoAktG/*Altmeppen* Rn. 231 ff.). Maßnahmen, die sich in dem vorgenannten Rahmen halten, sind daher nicht von vorneherein nachteilig.

24 **Konzernumlagen** begründen keinen Nachteil, soweit die erbrachten Leistungen auch im Interesse der abhängigen Gesellschaft liegen und eine marktgerechte Vergütung erfolgt. Umlagefähig sind zB

Kosten für Rechts- und Steuerberatung, Schulung, Marktforschung, EDV-Unterstützung, nicht aber Kosten der Konzernleitung (Spindler/Stilz/*Müller* Rn. 45).

Wenn dem herrschenden Unternehmen als Organträger einer körperschaft- oder gewerbesteuerlichen Organschaft die Steuerpflicht des Organkreises auferlegt ist, können **Steuerumlagen** erhoben werden. Die Auferlegung von über den Ausgleichsanspruch des § 426 BGB hinausgehenden Beträgen ist ein Nachteil iSd § 311 (BGH 1.3.1999, NJW 1999, 1706 ff.). Ebenso ist es ein Nachteil, wenn Vorsteuerabzugsbeträge, die auf Leistungsbezüge der abhängigen Gesellschaft entfallen und die infolge einer umsatzsteuerlichen Organschaft dem herrschenden Unternehmen zugutekommen, nicht ausgeglichen werden (BGH 29.1.2013, BeckRS 2013, 03163). **25**

Auch **Umwandlungsmaßnahmen** können als nachteilig iSd § 311 qualifiziert werden. Jedoch treten die §§ 311 ff. idR hinter die spezielleren Regelungen des UmwG zum Schutz der Aktionäre und Gläubiger zurück (*Tillmann/Rieckhoff* AG 2008, 486 (490 ff.)). Eine Ausnahme besteht jedoch bei untypischen Nachteilen, die vom umwandlungsrechtlichen Schutzsystem nicht ausreichend erfasst werden, wie beispielsweise die Festlegung eines für die aufnehmende abhängige Gesellschaft ungünstigen Umtauschverhältnisses (MHdB GesR IV/*Krieger* § 70 Rn. 88). **26**

5. Nachteilsausgleich. § 311 statuiert als Rechtsfolge keine Schadenersatzpflicht, sondern eine Ausgleichsverpflichtung eigener Art (Spindler/Stilz/*Müller* Rn. 48). **27**

a) Inhalt der Ausgleichspflicht und Höhe der Ausgleichsleistung. Der erlittene Nachteil kann durch jeden Vorteil ausgeglichen werden, der geeignet ist, die nachteiligen bilanziellen Auswirkungen im nächsten (aA MüKoAktG/*Altmeppen* Rn. 349 ff., 357), der anstatt auf feste Beurteilungsstichtage auf die sinnvollste Vorteilhaftigkeit abstellen möchte) Jahresabschluss zu neutralisieren (OLG Jena 25.4.2007, NZG 2008, 275 (278); Hüffer/Koch/*Koch* Rn. 39). Vor- und Nachteil müssen daher **bewertbar** sein. Ein Ausgleich durch allgemeine Vorteile aufgrund der Konzernzugehörigkeit scheidet aus. Bei nicht quantifizierbaren Nachteilen scheidet ein Ausgleich ebenfalls aus. Ein Ausgleich kann auch nicht mittels nicht quantifizierbarer Vorteile erfolgen, da dies dem **Prinzip des Einzelausgleichs** entgegen liefe (hM, Spindler/Stilz/*Müller* Rn. 50 f. (52); aA MüKoAktG/*Altmeppen* Rn. 348). **28**

Der gewährte Ausgleich muss den Nachteil **voll kompensieren,** wobei es für die Bewertung des Vorteils auf den Zeitpunkt der Vorteilsgewährung ankommt. Die Entwicklungen zwischen Nachteilszufügung und Ausgleich sind daher genauso zu berücksichtigen wie die Verwendbarkeit des Ausgleichs für die Untergesellschaft. Das herrschende Unternehmen kann **Art und Höhe** des Ausgleichs **einseitig festlegen** (LG Kiel 30.1.2008, NZG 2008, 346 (347); Emmerich/Habersack/*Habersack* Rn. 71; aA MüKoAktG/*Altmeppen* Rn. 359 ff.; diff. KK-AktG/*Koppensteiner* Rn. 123). Der Wortlaut spricht nicht gegen ein solches Bestimmungsrecht. Es besteht auch kein Bedürfnis für eine einvernehmliche Festlegung, da es dem Vorstand der abhängigen Gesellschaft freisteht, ob er sich dem Willen des herrschenden Unternehmens unterordnet oder dies von einer bestimmten Ausgestaltung des Nachteilsausgleichs abhängig macht. Im Übrigen steht der abhängigen Gesellschaft in einem solchen Fall auch das Schutzinstrumentarium der §§ 312 ff. offen. **29**

b) Art und Weise der Ausgleichsgewährung. Der Ausgleich kann nach **Abs. 2** durch das herrschende Unternehmen oder einen Dritten entweder tatsächlich oder durch Begründung eines Rechtsanspruchs innerhalb des laufenden Geschäftsjahrs erfolgen. Möglich ist zudem die Verrechnung früher gewährter Vorteile mit später entstandenen Nachteilen (Spindler/Stilz/*Müller* Rn. 54). **30**

Ein **tatsächlicher Ausgleich** liegt nur vor, wenn der **Vorteil** dem Vermögen der abhängigen Gesellschaft bis **zum Bilanzstichtag dauerhaft zugeführt** wird. Solange die Einzelposten identifizierbar bleiben, können nach allgM mehrere Vor- und Nachteile **kontokorrentartig** zusammengefasst und saldiert werden. In diesem Fall ist ein zulasten des herrschenden Unternehmens bestehender Negativsaldo durch eine Schlusszahlung auszugleichen (Hüffer/Koch/*Koch* Rn. 44 f.). Im Fall des **„gestreckten" Nachteilsausgleichs** haben die Parteien Art, Umfang und Leistungszeit des **Ausgleichsanspruchs vertraglich** zu bestimmen sowie diesen zu beziffern (BGH 26.6.2012, AG 2012, 680 (682)). Der Vertrag bedarf keiner bestimmten Form (OLG Köln 18.6.1999, AG 1999, 519). Stimmt die Hauptversammlung jedoch einem nachteiligen Geschäft zu, muss bereits der Beschluss einen Nachteilsausgleich vorsehen. Geschieht dies nicht, entfällt die Privilegierung des § 311 Abs. 2 S. 1 (BGH 26.6.2012, AG 2012, 680 (681); *Beck* BB 2015, 1289 (1292 ff.), kritisch zu den dogmatischen Grundlagen, *Altmeppen* ZIP 2016, 441 (442 ff.)). Wird der Vertrag nicht oder nicht rechtzeitig geschlossen, greift § 317 ein. Ein „gestreckter" Nachteilsausgleich ist auch nicht möglich, wenn ein Geschäft unter Abs. 3 fällt (→ Rn. 36a). **31**

Leistungsstörungen iRd Ausgleichs sind nach dem **allgemeinen Leistungsstörungsrecht** zu behandeln (ausführlich MüKoAktG/*Altmeppen* Rn. 381 ff.; für verschuldensunabhängige Garantiehaftung Spindler/Stilz/*Müller* Rn. 61). **32**

c) Durchsetzbarkeit des Anspruchs. Die abhängige Gesellschaft hat auf den Nachteilsausgleich nach allgM **keinen durchsetzbaren Rechtsanspruch.** Das folgt bereits aus der in §§ 311, 317 angelegten zeitlichen Abfolge, nach der sich der Ausgleichsanspruch zum Ende des Geschäftsjahrs in **33**

einen Schadenersatzanspruch wandelt. Auch eine **Pfändung** des Ausgleichsanspruchs scheidet aus (MüKoAktG/*Altmeppen* Rn. 378). Nur die Einigung des herrschenden Unternehmens und der abhängigen Gesellschaft vor Ablauf des Geschäftsjahrs auf einen bestimmten Ausgleich begründet einen klagbaren Anspruch auf Ausgleichsleistung.

34 **d) Kein Einzelausgleich möglich, Haftung nach § 826 BGB.** Lassen sich einzelne Weisungen und ihre Wirkungen nicht voneinander isolieren, zB bei Führung der Untergesellschaft wie eine unselbständige Betriebsabteilung des herrschenden Unternehmens, oder haben Einzeleingriffe unabsehbare Folgen, scheidet ein Ausgleichsanspruch aus § 311 aus, sog. qualifiziert faktische Konzernierung (OLG Köln 15.1.2009, AG 2009, 416 (419); OLG Düsseldorf 29.1.1999, AG 2000, 567 (568); OLG Hamm 3.11.1986, NJW 1987, 1030). Die Lücke im Schutzkonzept der §§ 311 ff. kann mangels tragfähiger Begründung nicht durch eine pauschale Verlustübernahmepflicht nach dem Vorbild des § 302 geschlossen werden (Hüffer/Koch/*Koch* Rn. 7; aA *Habersack* ZGR 2008, 533 (552 f.); diff. K. Schmidt/Lutter/*J. Vetter* § 317 Rn. 54 ff.). Vielmehr ist der vom BGH bezüglich des GmbH-Konzernrechts aufgestellte Grundsatz, dass ein Gesellschafter seiner Gesellschaft gegenüber für missbräuchliche, kompensationslose Schädigung des Gesellschaftsvermögens aus § 826 BGB haftet (BGH 16.7.2007, NJW 2007, 2689 (2690 ff.); BGH 13.12.2007, NJW-RR 2008, 918 (919)), auf den AG-Konzern übertragbar (OLG Stuttgart 30.5.2007, AG 2007, 633 (636 f.)). Für das Aktienrecht aber wird § 826 BGB um § 117 ergänzt (Hüffer/Koch/*Koch* Rn. 7 und Hüffer/Koch/*Koch* § 1 Rn. 30).

35 **6. Auswirkungen auf sonstige Regelungen des Aktienrechts.** § 76 bleibt unberührt. Der **Vorstand** der abhängigen Gesellschaft ist allein den Interessen von Gesellschaft und Aktionären verpflichtet, darf also nachteiligen Veranlassungen ohne berechtigte Erwartung auf entsprechende Ausgleichsleistung nicht folgen. Tut es der Vorstand dennoch, macht er sich nach § 93 schadenersatzpflichtig. Für den **Aufsichtsrat** gilt dies nach § 116 entsprechend (Emmerich/Habersack/*Habersack* Rn. 81).

36 Nachteilige Maßnahmen iSd § 311 erfüllen häufig die Voraussetzungen einer **verdeckten Gewinnausschüttung** und verstoßen damit gegen § 57. Bei Nichtleistung des Nachteilsausgleichs bestünde dann eine parallele Haftung nach §§ 311, 317 und §§ 57, 60, 62. Um die Privilegierung des § 311 nicht zu unterlaufen, werden letztere Regelungen bis zum endgültigen Ausbleiben des Ausgleichs verdrängt und der Grundsatz der Kapitalerhaltung damit aufgelockert (BGH 31.5.2011, NZG 2011, 829 (834)).

36a Durch den im Rahmen der Umsetzung der zweiten Aktionärsrechterichtlinie zum 1.1.2020 eingeführten **Abs. 3** bleiben die §§ 111a–111c betreffend **Geschäfte der börsennotierten AG mit ihr nahestehenden Personen und Unternehmen** unberührt. Die Vorschriften verdrängen somit nicht die vorhandenen Schutzmechanismen im faktischen Konzern, sondern treten neben sie (*Grigoleit* ZGR 2019, 412 (460)). Ist die abhängige Gesellschaft börsennotiert, finden die §§ 111a–111c auf Geschäfte mit dem herrschenden Unternehmen stets Anwendung. Auf der Ebene des herrschenden Unternehmens finden die §§ 111a–111c nur Anwendung, wenn dieses börsennotiert ist, die abhängige Gesellschaft nicht börsennotiert ist und eine dem herrschenden Unternehmen nahestehende Person an der abhängigen Gesellschaft beteiligt ist, ohne selbst eine 100 % Tochtergesellschaft des herrschenden Unternehmens zu sein (§ 111b Abs. 1 iVm § 111a Abs. 3 Nr. 1). Die §§ 111a–111c normieren verfahrensrechtliche Vorschriften für den Abschluss von Geschäften mit nahestehenden Personen und Unternehmen (*Grigoleit* ZGR 2019, 412 (449)). Nimmt die börsennotierte Gesellschaft ein Geschäft mit ihr nahestehenden Personen oder Unternehmen nach § 111a Abs. 1 vor (→ § 111a Rn. 5 ff.) und überschreitet dabei die Schwellenwerte des § 111b Abs. 1 (→ § 111b Rn. 2 ff.), ohne dass ein Ausnahmetatbestand nach § 111a Abs. 2 (→ § 111a Rn. 14) oder Abs. 3 (→ § 111a Rn. 18 ff.) eingreift, unterliegen die Maßnahmen dem internen **Zustimmungsvorbehalt des Aufsichtsrats** nach § 111b Abs. 1 (→ § 111b Rn. 14 ff.) bzw. eines nach § 107 Abs. 3 S. 4–6 für diese Aufgabe gebildeten Ausschusses (→ § 111b Rn. 18 ff.) sowie dem Erfordernis der **unverzüglichen öffentlichen Bekanntmachung** nach § 111c (→ § 111c Rn. 4 ff.). Diese Regelungen stehen in gewissem Widerspruch zu dem in Abs. 2 geregelten „gestreckten" Nachteilsausgleich (→ Rn. 31), denn der Aufsichtsrat kann seine Pflichten nur erfüllen, wenn er umfassend über die Rahmenbedingungen des Geschäfts informiert ist und auch die Veröffentlichung nach § 111c Abs. 2 S. 2 muss alle wesentlichen Informationen enthalten, um die Angemessenheit des Geschäfts beurteilen zu können. Vor diesem Hintergrund wird zu Recht vertreten, dass bei Geschäften, die unter die §§ 111a–111c fallen, **kein „gestreckter" Nachteilsausgleich** möglich ist, sondern eine verbindliche, ex-ante getroffene Vereinbarung über den Nachteilsausgleich mit der abhängigen Gesellschaft geschlossen werden muss (Emmerich/Habersack/*Habersack* Rn. 107; *Grigoleit* ZGR 2019, 412 (456 f.); Hüffer/Koch/*Koch* Rn. 52a).

37 Ein Spezialitätsverhältnis besteht zwischen § 311, nicht aber auch des § 317, und der Haftung nach § 117. Eine andere Sicht wäre mit der in § 311 Abs. 2 vorgesehenen Möglichkeit eines nachgelagerten Ausgleichs nicht zu vereinbaren (Spindler/Stilz/*Müller* Rn. 64).

38 Soweit ein **Beschluss der HV** eine nachteilige Maßnahme darstellt, ist § 243 Abs. 2 mit seinem Erfordernis einer Ausgleichsregelung neben § 311 anwendbar. Anderenfalls würde § 243 Abs. 2 praktisch leer laufen bei Aktionären, die als herrschendes Unternehmen zu qualifizieren sind, und eine

Geltendmachung der Beseitigung der Maßnahme ausschließen, unabhängig von der Frage, ob der Nachteil später ausgeglichen wird oder nicht (BGH 26.6.2012, AG 2012, 680 (681 f.)).

III. Darlegungs- und Beweislast

Die Darlegungs- und Beweislast bezüglich der Voraussetzungen des § 311 liegt grundsätzlich bei der abhängigen Gesellschaft bzw. im Fall des § 317 bei den Gläubigern und Minderheitsaktionären. Die damit verbundenen Schwierigkeiten würden die Durchsetzung der Ansprüche nahezu unmöglich machen. Nach allgM sind daher **Erleichterungen** angebracht (LG Bonn 27.4.2005, Konzern 2005, 455 (458); *Kropff* FS Bezzenberger, 2000, 233 (237 ff.)). Die Einzelheiten sind jedoch umstritten (offengelassen in BGH 31.5.2011, NZG 2011, 829 (833)). Überwiegend wird von einer sog. **tatsächlichen Vermutung,** also einer der freien Beweiswürdigung zuzuordnenden Verwertung von Erfahrungswissen ausgegangen, und zwar der Gestalt, dass, wenn ein Konzernverhältnis iSd § 18 vorliegt, auch anzunehmen ist, dass nachteiliges Handeln der abhängigen Gesellschaft von herrschenden Unternehmen veranlasst ist (BGH 1.3.1999, NJW 1999, 1706 (1707); MHdB GesR IV/*Krieger* § 70 Rn. 79). Die Gegenansicht operiert mit einem **prima-facie-Beweis** (Emmerich/Habersack/*Habersack* Rn. 33 f.; Hüffer/Koch/*Koch* Rn. 19; KK-AktG/*Koppensteiner* Rn. 10). Nachteiliges Handeln der Untergesellschaft setze den Anschein der Veranlassung durch das herrschende Unternehmen voraus. Gegen diese Ansicht spricht jedoch, dass bisher kein derart typischer Geschehensablauf nachgewiesen ist. 39

Bei **Personalverflechtungen** auf Geschäftsleitungsebene ist str., ob dies eine unwiderlegbare Veranlassungsvermutung nach sich zieht (so LG Köln 23.11.2007, AG 2008, 327 (331)). Richtigerweise ist dem herrschenden Unternehmen jedoch stets die Möglichkeit zu belassen, die Vermutung zu entkräften (Spindler/Stilz/*Müller* Rn. 26). Dies mag zwar schwierig sein und selten gelingen, aber ausgeschlossen ist ein Gegenbeweis nach § 292 S. 1 ZPO nur bei gesetzlichen Fiktionen. 40

IV. Abdingbarkeit

§§ 311 ff. stellen in ihrem Anwendungsbereich abschließende Sonderregelungen dar. Die Begründung anderer als im Gesetz enthaltener Rechte und Pflichten unter Heranziehung der Treuepflicht ist nicht zulässig. Außerhalb des Anwendungsbereichs dieser Normen ist der Rückgriff auf die Treuepflicht aber möglich (Spindler/Stilz/*Müller* Rn. 67). 41

Eine dem Ausgleich entgegenstehende Vereinbarung zwischen herrschendem und abhängigem Unternehmen stellt selbst eine nachteilige Veranlassung dar und löst den Ausgleichsanspruch aus (BGH 29.1.2013, BeckRS 2013). 42

Bericht des Vorstands über Beziehungen zu verbundenen Unternehmen

312 (1) [1]**Besteht kein Beherrschungsvertrag, so hat der Vorstand einer abhängigen Gesellschaft in den ersten drei Monaten des Geschäftsjahrs einen Bericht über die Beziehungen der Gesellschaft zu verbundenen Unternehmen aufzustellen.** [2]**In dem Bericht sind alle Rechtsgeschäfte, welche die Gesellschaft im vergangenen Geschäftsjahr mit dem herrschenden Unternehmen oder einem mit ihm verbundenen Unternehmen oder auf Veranlassung oder im Interesse dieser Unternehmen vorgenommen hat, und alle anderen Maßnahmen, die sie auf Veranlassung oder im Interesse dieser Unternehmen im vergangenen Geschäftsjahr getroffen oder unterlassen hat, aufzuführen.** [3]**Bei den Rechtsgeschäften sind Leistung und Gegenleistung, bei den Maßnahmen die Gründe der Maßnahme und deren Vorteile und Nachteile für die Gesellschaft anzugeben.** [4]**Bei einem Ausgleich von Nachteilen ist im einzelnen anzugeben, wie der Ausgleich während des Geschäftsjahrs tatsächlich erfolgt ist, oder auf welche Vorteile der Gesellschaft ein Rechtsanspruch gewährt worden ist.**

(2) **Der Bericht hat den Grundsätzen einer gewissenhaften und getreuen Rechenschaft zu entsprechen.**

(3) [1]**Am Schluß des Berichts hat der Vorstand zu erklären, ob die Gesellschaft nach den Umständen, die ihm in dem Zeitpunkt bekannt waren, in dem das Rechtsgeschäft vorgenommen oder die Maßnahme getroffen oder unterlassen wurde, bei jedem Rechtsgeschäft eine angemessene Gegenleistung erhielt und dadurch, daß die Maßnahme getroffen oder unterlassen wurde, nicht benachteiligt wurde.** [2]**Wurde die Gesellschaft benachteiligt, so hat er außerdem zu erklären, ob die Nachteile ausgeglichen worden sind.** [3]**Die Erklärung ist auch in den Lagebericht aufzunehmen.**

Übersicht

I. Allgemeines

1 § 312 behandelt die Pflicht des Vorstands der abhängigen Gesellschaft, einen Abhängigkeitsbericht inklusive Schlusserklärung zu erstellen. Er ist der Ausgangspunkt für die Kontrolle durch den Aufsichtsrat, den Abschlussprüfer und ggf. den Sonderprüfer. Er soll den außenstehenden Aktionären und Gläubigern die Durchsetzung von Ersatzansprüchen erleichtern (RegBegr. *Kropff* 411). Wie Untersuchungen belegen (*Hommelhoff* ZHR 156 (1992), 295 (312 f.)), hat die Berichterstattung auch eine präventive Funktion, denn der Vorstand der abhängigen Gesellschaft ist gezwungen, sämtliche Rechtsgeschäfte und Maßnahmen mit verbundenen Unternehmen oder auf Veranlassung bzw. im Interesse des herrschenden Unternehmens zu dokumentieren und so eine Selbstkontrolle vorzunehmen. Für börsennotierte Unternehmen treten die §§ 111a – 111c noch hinzu. Dies führt oft schon zu einer Kontaktaufnahme und Diskussion mit dem herrschenden Unternehmen im Vorfeld des Rechtsgeschäfts oder der Maßnahme und bei Bedarf zu Anpassungen.

II. Einzelerläuterung

2 **1. Berichtspflicht des Vorstands (Abs. 1).** Abs. 1 normiert die Berichtspflicht des Vorstands der abhängigen Gesellschaft, die Grundlage des Schutzsystems im faktischen Konzern ist.

2a **a) Voraussetzungen der Berichtspflicht.** § 312 knüpft an die Voraussetzungen des § 311 an und verlangt ein nicht auf Beherrschungs- oder Gewinnabführungsvertrag oder Eingliederung beruhendes Abhängigkeitsverhältnis (→ § 311 Rn. 2 ff.). Die Berichtspflicht besteht auch bei Ein-Personen AG, aufgelöster Gesellschaft und vollständiger Interesseneinheit der beteiligten Unternehmen (Hüffer/Koch/*Koch* Rn. 3; diff. *Götz* AG 2000, 498 ff.). Bei **mehrstufiger oder mehrfacher Abhängigkeit** ist über jedes Abhängigkeitsverhältnis zu berichten. Enkel- bzw. Gemeinschaftsunternehmen können einen **einheitlichen Bericht** erstellen, aus welchem Veranlasser und Interessenlage für jede Maßnahme hervorgehen muss (MüKoAktG/*Altmeppen* Rn. 127 ff.; aA *Maul* NZG 2000, 470 (471)).

3 **Entsteht** während des Geschäftsjahrs ein **Abhängigkeitsverhältnis,** beschränkt sich die Berichtspflicht auf alle Vorgänge ab diesem Zeitpunkt. Im umgekehrten Fall ist nur über den Zeitraum bis zum **Wegfall der Abhängigkeit** zu berichten. Entsprechendes gilt nach allgM für Begründung und Wegfall der Berichtsvoraussetzungen durch Verschmelzung, Spaltung oder Rechtsformwechsel. Mit Wirksamwerden eines **Gewinnabführungs- oder Beherrschungsvertrags** sowie einer **Eingliederung** erlischt die Berichtspflicht dagegen für das gesamte Geschäftsjahr, da das herrschende Unternehmen für alle Verbindlichkeiten unabhängig von deren Eintritt bereits nach §§ 302, 322 Abs. 1 einzustehen hat (Emmerich/Habersack/*Habersack* Rn. 12).

4 Die Berichtspflicht besteht auch, wenn Erwerb bzw. Veräußerung der für die Beherrschung maßgebenden Beteiligung noch nicht vollzogen ist, jedoch bereits faktisch zum Erwerb oder Verlust einer beherrschenden Stellung geführt hat (sog. **vor- bzw. nachwirkende Abhängigkeit**). Der Zweck des § 312 verlangt auch hier Transparenz (MüKoAktG/*Altmeppen* Rn. 32).

5 **b) Zuständigkeit, Frist und Kosten für die Berichterstellung.** Die Pflicht zur **Aufstellung** des Berichts ist eine organschaftliche Aufgabe iSd § 76 und obliegt damit dem **Vorstand in seiner Gesamtheit.** Zwar können Hilfspersonen hinzugezogen werden, eine Delegation aber ist unzulässig. Alle Vorstandsmitglieder, einschließlich der stellvertretenden (§ 94), müssen den Bericht unterzeichnen (Hüffer/Koch/*Koch* Rn. 2). Im Fall einer abhängigen **KGaA** gilt die Berichtspflicht für deren Komplementär (Emmerich/Habersack/*Habersack* Rn. 10). **Adressat** des Berichts sind AR (§ 314 Abs. 1 S. 1) und im Fall bestehender Prüfungspflicht der Abschlussprüfer (§ 313 Abs. 1).

6 Der Bericht ist für das abgelaufene Geschäftsjahr auf den **Stichtag des Jahresabschlusses** zu beziehen und gem. Abs. 1 S. 1 innerhalb der ersten drei Monate des Geschäftsjahres zu erstellen.

Angesichts der §§ 313, 314 gilt jedoch über den Wortlaut der Vorschrift hinausgehend die jeweilige Aufstellungsfrist für den Jahresabschluss, also für kleine AGs (§ 267 Abs. 1 HGB) die sechsmonatige Frist des § 264 Abs. 1 S. 4 HGB (Hüffer/Koch/*Koch* Rn. 9).

Die **Kosten** des Berichts und seiner Prüfung hat die abhängige Gesellschaft zu tragen, da einzig diese berichtspflichtig ist. Mangels Tatbestandserfüllung kommen auch Ansprüche auf Kostenersatz nach §§ 670, 677, 683 BGB, §§ 311, 317 (analog) oder aus Treuepflichten nicht in Betracht (Emmerich/Habersack/*Habersack* Rn. 17; MüKoAktG/*Altmeppen* Rn. 56 ff.; aA *Bode* AG 1995, 261 (269 ff.), der für eine Analogie zu §§ 311, 317 plädiert). 7

c) Umfang der Berichtspflicht. Der in Abs. 1 S. 2–4 geregelte Umfang der Berichtspflicht geht über die von § 311 erfassten Maßnahmen hinaus. Zu berichten ist über die dort genannten Rechtsgeschäfte und sonstigen Maßnahmen des vergangenen Geschäftsjahrs, unabhängig davon, ob sie nachteilig waren oder durch das herrschende Unternehmen veranlasst wurden. Haben keine berichtspflichtigen Geschäfte stattgefunden, ist dies als **Negativfeststellung** in den Abhängigkeitsbericht aufzunehmen (Hüffer/Koch/*Koch* Rn. 8). 8

aa) Berichtspflichtige Vorgänge. (1) Rechtsgeschäfte, Maßnahmen. Der Berichtspflicht unterliegen Rechtsgeschäfte und sonstige Maßnahmen im vergangenen Geschäftsjahr. **Rechtsgeschäft** ist jeder durch Willenserklärung(en) getragene Tatbestand, an den die Rechtsordnung den Eintritt eines gewollten rechtlichen Erfolgs knüpft (Emmerich/Habersack/*Habersack* Rn. 23). Da Benachteiligungen nicht nur von Verträgen ausgehen können, unterfallen neben allen Arten von Verträgen auch sämtliche Gestaltungserklärungen (Anfechtung, Aufrechnung, Kündigung, Rücktritt) der Berichtspflicht (Hüffer/Koch/*Koch* Rn. 13). Erfasst wird auch das **Unterlassen** der genannten Vorgänge. Lediglich Erfüllungsgeschäfte sind nicht berichtspflichtig, da von ihnen keine über das Kausalgeschäft hinausgehende Benachteiligung ausgehen kann (Hüffer/Koch/*Koch* Rn. 14; aA *van Venrooy* DB 1980, 385). 9

Maßnahme ist jede tatsächlich vorgenommene oder unterlassene Handlung ohne rechtsgeschäftliche Komponente, welche sich auf die Vermögens- oder Ertragslage der Untergesellschaft auswirken kann (Hüffer/Koch/*Koch* Rn. 23). 10

Rechtsgeschäft und Maßnahme müssen nach Abs. 1 S. 2 im **vergangenen Geschäftsjahr** vorgenommen worden sein. Dem anwendbaren Prinzip der periodengerechten Berichterstattung folgend ist bezüglich **Rechtsgeschäften** nicht auf die Abgabe der Willenserklärung abzustellen, sondern auf den Zeitpunkt, in dem die gewollte Rechtsfolge unabhängig von der konkreten Bilanzierung eintritt (hM Emmerich/Habersack/*Habersack* Rn. 33; Hüffer/Koch/*Koch* Rn. 17; aA MüKoAktG/*Altmeppen* Rn. 113). Bei Unterlassungen ist auf den Zeitpunkt abzustellen, zu dem ein ordentlicher Geschäftsleiter das Rechtsgeschäft vorgenommen hätte (MHdB GesR IV/*Krieger* § 69 Rn. 103). Im Hinblick auf **Maßnahmen** ist entscheidend, wann über deren Umsetzung durch alle relevanten Gesellschaftsorgane entschieden wurde. Spätestens liegt die Vornahme aber mit Beginn der Ausführung vor (MüKoAktG/*Altmeppen* Rn. 113). 11

(2) Durch die abhängige Gesellschaft. Der Berichtspflicht unterfallen Rechtsgeschäfte, die **durch die abhängige Gesellschaft** selbst vorgenommen bzw. unterlassen wurden. Entscheidend ist, wer die Willenserklärung abgegeben hat. Einseitige Rechtsgeschäfte des herrschenden Unternehmens gegenüber der Untergesellschaft sind daher als solche nicht berichtspflichtig (Hüffer/Koch/*Koch* Rn. 15). Rechtsgeschäfte und Maßnahmen mit bzw. gegenüber **verbundenen Unternehmen** des herrschenden Unternehmens unterfallen auch der Berichtspflicht. Ob ein Unternehmensverbund vorliegt, bestimmt sich nach § 15. § 271 Abs. 2 HGB ist insoweit nicht maßgeblich (MüKoAktG/*Altmeppen* Rn. 98). 12

Soweit es um Rechtsgeschäfte und Maßnahmen mit bzw. gegenüber **Dritten** geht, ist dagegen nur zu berichten, wenn sie bzw. ihr Unterlassen vom herrschenden Unternehmen **veranlasst** (→ § 311 Rn. 8 ff.) oder **in dessen Interesse** vorgenommen wurden. Dafür muss das Interesse über das bloße Aktionärsinteresse hinausgehen oder von ihm abweichen (K. Schmidt/Lutter/*J. Vetter* Rn. 40). Dann aber ist es ohne Belang, ob sich das Interesse aus einer **objektiven** oder aus einer **subjektiven** Beurteilung der abhängigen Gesellschaft ergibt (Emmerich/Habersack/*Habersack* Rn. 31; aA KK-AktG/*Koppensteiner* Rn. 50 (nur obj.); *ADS* Rn. 47 (nur subj.)). 13

bb) Berichtsgegenstände. Anzugeben sind bei **gegenseitigen Verträgen:** Art, Umfang, Menge und Preis von Leistung und Gegenleistung; Zahlungsmodalitäten; Kosten und Nachlässe; soweit vorhanden, wesentliche Nebenabreden wie zB Verzicht auf Sicherheiten, Zahlungsziele, Gewährleistungen (ausführlich dazu MüKoAktG/*Altmeppen* Rn. 115 ff.). Bei **einseitig verpflichtenden** und **unvollkommen zweiseitig verpflichtenden Verträgen** ist darzulegen, weshalb das Geschäft trotz fehlender Gegenleistung wirtschaftlich vertretbar war, während bei **einseitigen Rechtsgeschäften** die Gründe für die Vornahme aufzuführen sind (Emmerich/Habersack/*Habersack* Rn. 38). Geht es um **Maßnahmen,** sind anzugeben: Art und Gegenstand der Maßnahme und die Gründe für die Vornahme, und zwar jeweils getrennt aufgeführt die daraus resultierenden Vor- und Nachteile für die Gesellschaft (ausf. MüKoAktG/*Altmeppen* Rn. 118 ff.). 14

15 Wurden **Nachteile** gem. § 311 **ausgeglichen,** ist nach § 312 Abs. 1 S. 4 anzugeben, ob der Ausgleich tatsächlich oder durch Einräumung eines Anspruchs auf Ausgleich stattgefunden hat. Zudem ist die Ausgleichsleistung zu bewerten. Nur so kann beurteilt werden, ob das herrschende Unternehmen seine Pflicht zum Nachteilsausgleich erfüllt hat (Hüffer/Koch/*Koch* Rn. 30).

16 **d) Durchsetzung der Berichtspflicht und Folgen einer Pflichtverletzung.** Die abhängige Gesellschaft kann bis zum Verjährungseintritt der Ansprüche aus §§ 317, 318 durch Festsetzung eines Zwangsgelds gem. § 407 Abs. 1 zur Berichterstellung gezwungen werden (hM BGH 17.3.1997, NJW 1997, 1855 f.; Hüffer/Koch/*Koch* Rn. 10; aA bis Feststellung des Jahresabschlusses AG Bremen 8.7.1976, DB 1976, 1760; *Mertens* AG 1996, 241 (247 ff.)). Wird der Bericht nicht oder nur unvollständig erstellt, handeln die Vorstandsmitglieder pflichtwidrig und können nach §§ 93, 318 Abs. 1, 3, 4 haften. Aufsichtsratsmitglieder können nach §§ 116, 93, 318 Abs. 2 haften, wenn sie auf Verletzungen der Berichtspflicht iRd Jahresabschlussprüfung (§ 171 Abs. 2) nicht hinweisen (KK-AktG/*Koppensteiner* Rn. 30 f.). Des Weiteren können die Entlastungsbeschlüsse für die Vorstands- und Aufsichtsratsmitglieder für das betreffende Geschäftsjahr anfechtbar sein (LG Düsseldorf 18.11.2009, AG 2010, 882 (883)).

17 Bei völligem Fehlen des Berichts und bei Verschweigen wesentlicher Beeinträchtigungen ist das **Abschlusstestat** nach § 322 Abs. 4 HGB **einzuschränken** (Spindler/Stilz/*Müller* Rn. 21; aA OLG Köln 24.11.1992, ZIP 1993, 110 (113)). Soweit die HV den Jahresabschluss feststellt (§ 173), ist der Beschluss anfechtbar. Zur Nichtigkeit des Jahresabschlusses führt die unterlassene oder unrichtige Berichterstattung nach allgM aber nicht. Ein Verstoß gegen die Berichtspflicht kann nachträglich noch geheilt werden (näher dazu LG Düsseldorf 18.11.2009, AG 2010, 882 (883 f.)).

18 **2. Allgemeine Berichtsgrundsätze (Abs. 2).** Gemäß Abs. 2 hat der Bericht den handelsrechtlichen Grundsätzen einer gewissenhaften und getreuen Rechenschaft zu entsprechen. Es gelten die **Gebote der Wahrheit, Vollständigkeit, Klarheit und Übersichtlichkeit.** Der Bericht ist nur dann vollständig, wenn er aus sich heraus verständlich ist und eine zutreffende Beurteilung aller Vorgänge ermöglicht. Die damit verbundene Dokumentations- und Organisationspflicht verlangt vom Vorstand, dass alle Angaben anhand der Gesellschaftsunterlagen nachvollziehbar sind. Hierfür hat er die notwendigen organisatorischen und abrechnungstechnischen Vorkehrungen zu schaffen (*IDW* WP-HdB Kap. O Rn. 93) Der Klarheit und Übersichtlichkeit ist Genüge getan, wenn die Angaben eindeutig und verständlich sind (MüKoAktG/*Altmeppen* Rn. 132 ff.).

19 Die konkrete **Gestaltung** des Berichts steht im **Ermessen des Vorstands.** Es bietet sich an, die Vorgänge nach Rechtsgeschäften und Maßnahmen, dem zeitlichen Ablauf oder anderen sachlichen Kriterien zu gliedern. Eine Zusammenfassung mehrerer Vorgänge ist zulässig, soweit sie gleichartig sind (OLG München 10.4.2002, AG 2003, 452 (453); Hüffer/Koch/*Koch* Rn. 34).

20 **3. Schlusserklärung (Abs. 3).** Die Schlusserklärung ist eine zusammenfassende Erklärung mit dem in § 312 Abs. 3 geforderten Inhalt (Formulierungsvorschläge bei *ADS* Rn. 91 ff.; *IDW* WP-HdB Kap. O Rn. 89). Entscheidend für die Beurteilung der Angemessenheit und des hinreichenden Ausgleichs ist die **Kenntnis bzw. das Kennenmüssen** des Vorstandes **bei Vornahme** oder Unterlassen von Rechtsgeschäft oder Maßnahme. Aus dem Wortlaut des Abs. 3 S. 1 folgt, dass nachträglich entdeckte Umstände unberücksichtigt bleiben (Spindler/Stilz/*Müller* Rn. 50; aA KK-AktG/*Koppensteiner* Rn. 80). Anzugeben sind auch etwaige Änderungen der Besetzung des Vorstands vor Abgabe der Schlusserklärung.

21 Die **Aufnahme** der Schlusserklärung **in den Lagebericht** (§ 264 Abs. 1 HGB, § 289 HGB) gem. Abs. 3 S. 3 dient der Publizität und auch der Prävention, indem sie so die Grundlage für einen Antrag auf Sonderprüfung nach § 315 S. 1 Nr. 3 bildet. Handelt es sich um eine kleine, von der Erstellung eines Lageberichts befreite AG (§ 267 Abs. 1 HGB, § 264 Abs. 1 S. 3 HGB), ist die Schlusserklärung in den **Anhang** aufzunehmen (hM Emmerich/Habersack/*Habersack* Rn. 47; aA MHdB GesR IV/*Krieger* § 70 Rn. 112). Muss kein Anhang erstellt werden (§ 264 Abs. 3 HGB), ist ein **Vermerk** unter dem Jahresabschluss angezeigt (Spindler/Stilz/*Müller* Rn. 51). Anhang bzw. Vermerk sind dann zu veröffentlichen und zum Bundesanzeiger nach § 325 HGB einzureichen (MüKoAktG/*Altmeppen* Rn. 152).

22 **4. Publizität und Informationsrechte.** Der Abhängigkeitsbericht selbst ist anders als die Schlusserklärung nach § 312 Abs. 3 nicht zu veröffentlichen (allgM, OLG Frankfurt a. M. 6.1.2003, NJW-RR 2003, 473 (474)). Er ist nur für den Aufsichtsrat, den Abschlussprüfer und ggf. den Sonderprüfer bestimmt (kritisch dazu *Fleischer* BB 2014, 835 ff.).

23 Aktionären steht für Details das Auskunftsrecht nach § 131 Abs. 1 zu. Dies bleibt durch § 312 unberührt (hM OLG Stuttgart 11.8.2004, NZG 2004, 966 (968); Spindler/Stilz/*Müller* Rn. 4; aA OLG Frankfurt a. M. 6.1.2003, NJW-RR 2003, 473 (474)).

III. Darlegungs- und Beweislast

24 Es gelten die allgemeinen Regeln. Unabhängig vom Streit um die Widerlegbarkeitsvermutung bei Doppelmandaten (→ § 311 Rn. 40) gilt iRd § 312 eine widerlegbare Veranlassungsvermutung, da ohne

nähere Angaben nicht unterstellt werden kann, dass Doppelmandatsträger ausschließlich die Interessen des herrschenden Unternehmens verfolgen.

IV. Abdingbarkeit

25 § 312 ist zwingend und kann weder durch die Satzung noch durch einen Beschluss der HV abgedungen werden (Spindler/Stilz/*Müller* Rn. 19).

Prüfung durch den Abschlußprüfer

313 (1) [1] **Ist der Jahresabschluß durch einen Abschlußprüfer zu prüfen, so ist gleichzeitig mit dem Jahresabschluß und dem Lagebericht auch der Bericht über die Beziehungen zu verbundenen Unternehmen dem Abschlußprüfer vorzulegen.** [2] **Er hat zu prüfen, ob**

1. die tatsächlichen Angaben des Berichts richtig sind,
2. bei den im Bericht aufgeführten Rechtsgeschäften nach den Umständen, die im Zeitpunkt ihrer Vornahme bekannt waren, die Leistung der Gesellschaft nicht unangemessen hoch war; soweit sie dies war, ob die Nachteile ausgeglichen worden sind,
3. bei den im Bericht aufgeführten Maßnahmen keine Umstände für eine wesentlich andere Beurteilung als die durch den Vorstand sprechen.

[3] **§ 320 Abs. 1 Satz 2 und Abs. 2 Satz 1 und 2 des Handelsgesetzbuchs gilt sinngemäß.** [4] **Die Rechte nach dieser Vorschrift hat der Abschlußprüfer auch gegenüber einem Konzernunternehmen sowie gegenüber einem abhängigen oder herrschenden Unternehmen.**

(2) [1] **Der Abschlußprüfer hat über das Ergebnis der Prüfung schriftlich zu berichten.** [2] **Stellt er bei der Prüfung des Jahresabschlusses, des Lageberichts und des Berichts über die Beziehungen zu verbundenen Unternehmen fest, daß dieser Bericht unvollständig ist, so hat er auch hierüber zu berichten.** [3] **Der Abschlussprüfer hat seinen Bericht zu unterzeichnen und dem Aufsichtsrat vorzulegen; dem Vorstand ist vor der Zuleitung Gelegenheit zur Stellungnahme zu geben.**

(3) [1] **Sind nach dem abschließenden Ergebnis der Prüfung keine Einwendungen zu erheben, so hat der Abschlußprüfer dies durch folgenden Vermerk zum Bericht über die Beziehungen zu verbundenen Unternehmen zu bestätigen:**

Nach meiner/unserer pflichtmäßigen Prüfung und Beurteilung bestätige ich/bestätigen wir, daß

1. die tatsächlichen Angaben des Berichts richtig sind,
2. bei den im Bericht aufgeführten Rechtsgeschäften die Leistung der Gesellschaft nicht unangemessen hoch war oder Nachteile ausgeglichen worden sind,
3. bei den im Bericht aufgeführten Maßnahmen keine Umstände für eine wesentlich andere Beurteilung als die durch den Vorstand sprechen.

[2] **Führt der Bericht kein Rechtsgeschäft auf, so ist Nummer 2, führt er keine Maßnahme auf, so ist Nummer 3 des Vermerks fortzulassen.** [3] **Hat der Abschlußprüfer bei keinem im Bericht aufgeführten Rechtsgeschäft festgestellt, daß die Leistung der Gesellschaft unangemessen hoch war, so ist Nummer 2 des Vermerks auf diese Bestätigung zu beschränken.**

(4) [1] **Sind Einwendungen zu erheben oder hat der Abschlußprüfer festgestellt, daß der Bericht über die Beziehungen zu verbundenen Unternehmen unvollständig ist, so hat er die Bestätigung einzuschränken oder zu versagen.** [2] **Hat der Vorstand selbst erklärt, daß die Gesellschaft durch bestimmte Rechtsgeschäfte oder Maßnahmen benachteiligt worden ist, ohne daß die Nachteile ausgeglichen worden sind, so ist dies in dem Vermerk anzugeben und der Vermerk auf die übrigen Rechtsgeschäfte oder Maßnahmen zu beschränken.**

(5) [1] **Der Abschlußprüfer hat den Bestätigungsvermerk mit Angabe von Ort und Tag zu unterzeichnen.** [2] **Der Bestätigungsvermerk ist auch in den Prüfungsbericht aufzunehmen.**

Übersicht

I. Allgemeines

1 § 313 verlangt die Prüfung des Abhängigkeitsberichts durch den Abschlussprüfer der Gesellschaft. Dies dient nicht nur der vollständigen und richtigen Berichterstattung, sondern gibt dem Aufsichtsrat auch eine verlässliche Grundlage für die Prüfung nach § 314. Während sich Abs. 1 mit Voraussetzungen und Gegenstand der Prüfungspflicht befasst, regelt Abs. 2 die Berichtspflicht des Abschlussprüfers. Abs. 3–5 normieren die Erteilung, Einschränkung oder Versagung des Bestätigungsvermerks.

II. Einzelerläuterung

2 **1. Prüfungspflicht durch Abschlussprüfer (Abs. 1). a) Voraussetzungen.** Die Prüfungspflicht nach Abs. 1 besteht nur, wenn die abhängige Gesellschaft prüfungspflichtig ist. Das ist bei der kleinen AG nicht der Fall (§ 316 Abs. 1 S. 1 HGB, § 267 Abs. 1 HGB). Eine analoge Anwendung des § 313 muss wegen des klaren Wortlauts der Vorschrift ausscheiden (hM Spindler/Stilz/*Müller* Rn. 3 f.; aA Emmerich/Habersack/*Habersack* Rn. 7). Nicht prüfpflichtige Gesellschaften können jedoch in der Satzung eine Prüfung anordnen. Sie können dabei auch bestimmen, dass die Prüfung von Jahresabschluss und Abhängigkeitsbericht von verschiedenen Prüfern durchgeführt wird (MüKoAktG/*Altmeppen* Rn. 28).

3 **b) Gegenstand der Prüfung.** Prüfungsgegenstand ist nach Abs. 1 S. 2 Nr. 1 zunächst die **Richtigkeit der tatsächlichen Angaben,** dh des Sachverhalts. Zu prüfen ist, ob die Rechtsgeschäfte und Maßnahmen zu den angegebenen Konditionen und unter den behaupteten Umständen vorgenommen bzw. unterlassen wurden. **Unrichtig** sind Angaben, wenn diese nicht mit den festgestellten Tatsachen übereinstimmen oder einen unzutreffenden Eindruck vermitteln, zB durch Auslassungen oder die gewählte Darstellungsart (Hüffer/Koch/*Koch* Rn. 5).

4 **Rechtsgeschäfte** sind nach Abs. 1 S. 2 Nr. 2 Hs. 1 dahingehend zu bewerten, ob die Leistung der Gesellschaft unangemessen hoch war, ob sich Vor- und Nachteile also so aufheben, dass kein Einzelausgleich nötig ist. Geringfügige Abweichungen sind unschädlich. Es genügt, wenn das Geschäft vertretbar erscheint, also die Leistung der Gesellschaft bei vernünftiger kaufmännischer Betrachtung sachgerecht zu sein scheint. Insoweit steht dem Abschlussprüfer ein Bewertungsspielraum zu (Hüffer/Koch/*Koch* Rn. 6; *IDW* WP-HdB Kap. O Rn. 103).

5 Bei **sonstigen Maßnahmen** ist gem. Abs. 1 S. 2 Nr. 3 nur zu prüfen, ob eine wesentlich andere Beurteilung als die des Vorstands angezeigt war. Angesichts des unternehmerischen Ermessens des Vorstands ist maßgebend, ob der Vorstand eine im Wesentlichen vertretbare Ermessensentscheidung getroffen hat (Spindler/Stilz/*Müller* Rn. 12).

6 Bei allen Beurteilungen sind nur die **Umstände** zu berücksichtigen, die dem Vorstand im Zeitpunkt der Vornahme bzw. des Unterlassens von Rechtsgeschäft oder Maßnahme **bekannt** waren **oder** bei pflichtgemäßem Handeln (§ 93 Abs. 1 S. 1) **bekannt sein mussten.** Später bekannt werdende oder erkennbare Umstände bleiben unberücksichtigt (MüKoAktG/*Altmeppen* Rn. 42).

7 Soweit eine unangemessen hohe Leistung der abhängigen Gesellschaft vorliegt, ist nach allgM sowohl bei Rechtsgeschäften als auch bei Maßnahmen nach Abs. 1 S. 2 Nr. 2 Hs. 2 zu prüfen, ob ein Ausgleich tatsächlich vorliegt und ob **Art und Umfang des Ausgleichs** korrekt dargestellt sind. Maßgeblicher Zeitpunkt für die Bewertung ist die Gewährung des Ausgleichs (K. Schmidt/Lutter/*J. Vetter* Rn. 20). Nach Ablauf des Geschäftsjahrs gewährte Vorteile, insbesondere wenn durch die Prüfung veranlasst, stellen keinen Ausgleich nach § 311 Abs. 2 S. 2 dar. Der Rechtsanspruch auf Ausgleich kann auch nicht von den Feststellungen des Abschlussprüfers abhängig gemacht werden (*Haesen,* Der Abhängigkeitsbericht im faktischen Konzern, 1970, 137; Emmerich/Habersack/*Habersack* Rn. 17; aA *ADS* Rn. 25; zweifelnd Hüffer/Koch/*Koch* Rn. 8).

8 **c) Durchführung der Prüfung. aa) Einleitung, Umfang und Verfahren.** Die Prüfung des Abhängigkeitsberichts, welcher dem Abschlussprüfer vom Vorstand des abhängigen Unternehmens zusammen mit Jahresabschluss und Lagebericht innerhalb der Frist des § 312 Abs. 1 S. 1 vorzulegen ist, gehört zwingend zum **Aufgabenbereich des Abschlussprüfers.** Eines separaten Prüfauftrags bedarf es nicht, da dieser bereits vom Auftrag zur Prüfung des Jahresabschlusses (MüKoAktG/*Altmeppen* Rn. 27) umfasst ist. Nur soweit bei einer kleinen AG oder KGaA keine Jahresabschlussprüfung vorgesehen ist und dennoch eine Prüfung des Abhängigkeitsberichts erfolgen soll, bedarf es eines Auftrags durch den Aufsichtsrat analog § 111 Abs. 2 S. 3 (Emmerich/Habersack/*Habersack* Rn. 11). Wer an der Erstellung des Abhängigkeitsberichts mitgewirkt hat, scheidet als Prüfer aus (Hüffer/Koch/*Koch* Rn. 4).

9 Die Prüfung der **Richtigkeit** kann grundsätzlich auf Stichproben beschränkt werden (zu den Einzelheiten s. *IDW* WP-HdB Kap. O Rn. 97 ff.). Bei Vorgängen von herausragender Bedeutung sind Einzel-

prüfungen erforderlich (Spindler/Stilz/*Müller* Rn. 15). Auch wenn die **Vollständigkeit** des Berichts nicht Prüfungsgegenstand ist (MHdB GesR IV/*Krieger* § 70 Rn. 115), hat der Prüfer nach Abs. 2 S. 2 über festgestellte Lücken oder begründete Zweifel an der Berichtsvollständigkeit zu berichten und den Sachverhalt aufzuklären (Hüffer/Koch/*Koch* Rn. 11). Von entscheidender Bedeutung ist hier, ob der Vorstand seiner Dokumentations- und Organisationspflicht (→ § 312 Rn. 18) nachgekommen ist. In den Bericht aufzunehmen sind schließlich auch Angaben über Methode, Inhalt und Intensität der Prüfung (Hölters/*Leuering*/*Goertz* Rn. 34).

Die Prüfung endet mit der **Übergabe des Berichts an den Aufsichtsrat** (Abs. 2 S. 3). Zuvor ist dem Vorstand Gelegenheit zur Stellungnahme zu geben. Weder das AktG noch die Parallelvorschrift des § 321 Abs. 5 S. 2 HGB enthalten Regelungen zum Verfahren. Unklar ist daher, ob dem Vorstand ein Entwurfsexemplar oder der finale Prüfungsbericht zuzuleiten ist und an welchen Adressaten der Vorstand seine Stellungnahme zu richten hat (MüKoHGB/*Ebke* HGB § 321 Rn. 90 ff.). Eine Stellungnahme durch den Vorstand ist nur sinnvoll, wenn seine Anmerkungen auch in den Prüfungsbericht und damit in die Testatsfindung des Abschlussprüfers einfließen können. Daher ist dem Vorstand eine (finale) Entwurfsversion des Prüfungsberichts zuzuleiten. Die an den Abschlussprüfer zu richtende Stellungnahme (MüKoAktG/*Altmeppen* Rn. 31 iVm MüKoHGB/*Ebke* HGB § 321 Rn. 95; aA wohl Emmerich/Habersack/*Habersack* Rn. 27) sollte jedoch auch dem Aufsichtsrat zugeleitet werden (MüKoAktG/*Altmeppen* § 314 Rn. 13). Nur so kann dieser die Vorgänge angemessen prüfen. Dieses Vorgehen entspricht der gängigen Praxis (*IDW* WP-HdB, 14. Aufl. 2012, Abschn. F Rn. 1383, Abschn. Q Rn. 1162). 10

Wie die **Kosten** des Abhängigkeitsberichts (→ § 312 Rn. 7), so sind auch die Kosten der Prüfung von der abhängigen Gesellschaft zu tragen (MüKoAktG/*Altmeppen* Rn. 106). Mangels Ausgleichsansprüchen (str., → § 312 Rn. 7) müssen die Kosten für Abschlussprüfung und Prüfung des Abhängigkeitsberichts nicht gesondert im Bericht ausgewiesen werden. 11

bb) Einsichts- und Auskunftsrecht. Dem Abschlussprüfer stehen gem. Abs. 1 S. 3 die **Einsichts- und Auskunftsrechte** des § 320 Abs. 1 S. 2, Abs. 2 S. 1 und 2 HGB zu. Er kann danach Einsicht in die Bücher und Schriften der Gesellschaft verlangen und sich ein Bild über die Schulden und Vermögensgegenstände machen. Der Vorstand ist verpflichtet, Auskünfte und Nachweise zu erteilen, die für eine sorgfältige Prüfung notwendig sind. Es kann auch eine Übersicht über die verbundenen Unternehmen (sog. Konzernschema) verlangt werden (MüKoAktG/*Altmeppen* Rn. 69 f.). Einsichts- und Auskunftsrechte gelten nach Abs. 1 S. 4 auch gegenüber **Konzernunternehmen** (→ § 18 Rn. 1 ff.) sowie gegenüber **abhängigen und herrschenden Unternehmen** (→ § 17 Rn. 1 ff.), und zwar unabhängig von deren Rechtsform (Emmerich/Habersack/*Habersack* Rn. 23 f.). 12

Diese, auch schon vor Aufstellung des Jahresabschlusses bzw. des Abhängigkeitsberichts (§ 320 Abs. 2 S. 2 HGB) bestehenden Rechte können durch Zwangsgeld nach § 407 Abs. 1 durchgesetzt werden. Unrichtige oder verschleiernde Auskünfte können zur Strafbarkeit nach § 400 Abs. 1 Nr. 2 führen. 13

2. Berichtspflicht (Abs. 2). Das Prüfungsergebnis ist gem. Abs. 2 S. 1 und 3 **schriftlich** festzuhalten und unter Angabe von Ort und Tag zu **unterzeichnen.** Neben den Prüfungen der tatsächlichen Angaben, Rechtsgeschäfte und Maßnahmen hat der Bericht insbesondere auch Ausführungen zur Organisation der Prüfung, zur Abgrenzung der in den Bericht einbezogenen Unternehmen, zur Kooperationsbereitschaft des Vorstands und der übrigen Konzernunternehmen, zu Informationserfassung und -fluss innerhalb der Gesellschaft sowie zu Veränderungen gegenüber dem Vorjahr zu enthalten (K. Schmidt/Lutter/*J. Vetter* Rn. 34). Der Prüfungsbericht wird der HV nicht zugänglich gemacht. Er ist nur für den Vorstand, der Gelegenheit zur Stellungnahme haben muss, und für den Aufsichtsrat der abhängigen Gesellschaft bestimmt. Lediglich der Bestätigungsvermerk erlangt Publizität. 14

Ein Prüfungsbericht kann auch erstellt werden, wenn das Erstellen eines **Abhängigkeitsberichts** schuldhaft **unterlassen** wurde. Möglich ist auch, auf das Fehlen des Abhängigkeitsberichts im Bericht zur Jahresabschlussprüfung hinzuweisen und den Bestätigungsvermerk zum Jahresabschluss einzuschränken (MüKoAktG/*Altmeppen* Rn. 86). 15

3. Bestätigungsvermerk (Abs. 3–5). a) Überblick. Die Bedeutung des nach Abs. 5 S. 1 vom Abschlussprüfer unter Angabe von Tag und Ort eigenhändig (§ 126 BGB) zu unterzeichnenden und nach Abs. 5 S. 2 in den Prüfungsbericht aufzunehmenden Bestätigungsvermerks liegt in seiner über den Bericht des Aufsichtsrats bewirkten Publizität (§ 314 Abs. 2 S. 2 und 3). Zudem eröffnet der Vermerk im Falle der Versagung oder Einschränkung ohne weiteres den Weg zu einer Sonderprüfung (§ 315 S. 1 Nr. 1). 16

b) Erteilung, Einschränkung oder Versagung. Bestehen keine Bedenken am Prüfungsergebnis, so hat die Gesellschaft einen Anspruch auf einen **uneingeschränkten Bestätigungsvermerk** iSd Abs. 3. Der in Abs. 3 S. 2 vorgeschriebene Wortlaut ist unter Beachtung der Modifikationen des Abs. 3 S. 3 und 4 einzuhalten, sog. Formaltestat (hM MüKoAktG/*Altmeppen* Rn. 92; aA (für Ergänzung) KK-AktG/*Koppensteiner* Rn. 32, 35). Liegt ein Negativbericht iSd Abs. 4 S. 2 vor, so ist lediglich die 17

Richtigkeit der tatsächlichen Angaben gem. Abs. 3 S. 2 Nr. 1 zu bestätigen (Hüffer/Koch/*Koch* Rn. 18).

18 Bestehen Einwendungen oder ist der Bericht unvollständig, so ist der Vermerk nach Abs. 4 S. 1 zu beschränken oder zu versagen. **Einschränkungen des Vermerks** sind jedoch nur dann zulässig, wenn bei positivem Gesamtbefund lediglich einzelne abtrennbare Teilgebiete oder Sachverhalte zu beanstanden sind (Spindler/Stilz/*Müller* Rn. 25 ff.). Andernfalls ist der Bestätigungsvermerk ganz zu versagen. Die Einschränkung muss deutlich zum Ausdruck kommen und eine Abgrenzung zu bloßen Zusätzen ermöglichen. Sind die Beanstandungen gewichtig oder gehen diese über Einzelfälle hinaus, so ist der **Bestätigungsvermerk zu versagen.** Die Versagung ist in einem Vermerk auszusprechen, der nicht als Bestätigungsvermerk bezeichnet werden darf. Um die Aktionäre ausreichend zu informieren, ist die Versagung in diesem Vermerk entsprechend § 322 Abs. 4 S. 3 HGB zu begründen (Emmerich/Habersack/*Habersack* Rn. 34; MüKoAktG/*Altmeppen* Rn. 98). Einschränkung bzw. Versagung berechtigen die Aktionäre nach § 315 Abs. 1 Nr. 1 zur Einleitung einer Sonderprüfung.

19 Im Falle einer **negativen Schlusserklärung** durch den Vorstand ist diese gem. Abs. 4 S. 2 vom Abschlussprüfer in seinen Vermerk zu übernehmen und der Vermerk auf die übrigen Rechtsgeschäfte und Maßnahmen zu beschränken.

III. Abdingbarkeit

20 Die Regelungen des § 313 sind wegen ihrer Gläubigerschutzfunktion **unabdingbar.** Insbesondere können weder Satzung noch Beschluss der HV die Prüfungspflicht ausschließen. Dies gilt auch für Gesellschaften, an denen nur ein Aktionär beteiligt ist (MüKoAktG/*Altmeppen* Rn. 24).

Prüfung durch den Aufsichtsrat

314 (1) [1] **Der Vorstand hat den Bericht über die Beziehungen zu verbundenen Unternehmen unverzüglich nach dessen Aufstellung dem Aufsichtsrat vorzulegen.** [2] **Dieser Bericht und, wenn der Jahresabschluss_ durch einen Abschlussprüfer zu prüfen ist, der Prüfungsbericht des Abschlussprüfers sind auch jedem Aufsichtsratsmitglied oder, wenn der Aufsichtsrat dies beschlossen hat, den Mitgliedern eines Ausschusses zu übermitteln.**

(2) [1] **Der Aufsichtsrat hat den Bericht über die Beziehungen zu verbundenen Unternehmen zu prüfen und in seinem Bericht an die Hauptversammlung (§ 171 Abs. 2) über das Ergebnis der Prüfung zu berichten.** [2] **Ist der Jahresabschluß durch einen Abschlußprüfer zu prüfen, so hat der Aufsichtsrat in diesem Bericht ferner zu dem Ergebnis der Prüfung des Berichts über die Beziehungen zu verbundenen Unternehmen durch den Abschlußprüfer Stellung zu nehmen.** [3] **Ein von dem Abschlußprüfer erteilter Bestätigungsvermerk ist in den Bericht aufzunehmen, eine Versagung des Bestätigungsvermerks ausdrücklich mitzuteilen.**

(3) **Am Schluß des Berichts hat der Aufsichtsrat zu erklären, ob nach dem abschließenden Ergebnis seiner Prüfung Einwendungen gegen die Erklärung des Vorstands am Schluß des Berichts über die Beziehungen zu verbundenen Unternehmen zu erheben sind.**

(4) **Ist der Jahresabschluß durch einen Abschlußprüfer zu prüfen, so hat dieser an den Verhandlungen des Aufsichtsrats oder eines Ausschusses über den Bericht über die Beziehungen zu verbundenen Unternehmen teilzunehmen und über die wesentlichen Ergebnisse seiner Prüfung zu berichten.**

Übersicht

I. Allgemeines

1 § 314 regelt die auf den Abhängigkeitsbericht bezogene Prüfungs- und Berichtspflicht des Aufsichtsrats. Zweck ist vor allem, den idR mit Repräsentanten des herrschenden Unternehmens besetzten Aufsichtsrat mit in die Verantwortung für die Richtigkeit des Abhängigkeitsberichts zu nehmen (RegBegr. *Kropff* 416). Die vorgesehene Berichterstattung an die HV sorgt zudem für eine (begrenzte) Publizität in Bezug auf Prüfungsergebnis und Bestätigungsvermerk des Prüfers.

II. Einzelerläuterung

1. Vorlage an den Aufsichtsrat und Informationsrecht (Abs. 1). Der **Vorstand als Gesamtorgan** hat dem Aufsichtsrat den Abhängigkeitsbericht unverzüglich (§ 121 Abs. 1 S. 1 BGB) nach dessen Aufstellung vorzulegen. Dies geschieht regelmäßig zusammen mit den in § 170 Abs. 1 genannten Unterlagen. Da der Prüfungsbericht nach § 313 Abs. 2 S. 3 durch den Abschlussprüfer vorgelegt wird, darf der Vorstand nicht auf dessen Prüfungsergebnis warten (Hüffer/Koch/*Koch* Rn. 2). Kommentare zum Prüfungsergebnis sind in die Stellungnahme des Vorstands nach § 313 Abs. 2 S. 3 aufzunehmen, die dem Aufsichtsrat ebenfalls vom Vorstand zuzuleiten ist (MüKoAktG/*Altmeppen* Rn. 13; zum Verfahren → § 313 Rn. 10). Gemäß § 407 Abs. 1 S. 1 kann die Vorlagepflicht mittels Zwangsgeld durchgesetzt werden. 2

Nach Abs. 1 S. 2 sind die **Berichte** jedem Aufsichtsratsmitglied zu **übermitteln.** Dieser Pflicht kann auch in elektronischer Form nachgekommen werden. Der Aufsichtsrat kann das Recht auf Übermittlung durch Beschluss lediglich auf die **Mitglieder eines Ausschusses** beschränken. Um die erforderliche Kenntnis des Aufsichtsrats als Organ sicherzustellen, ist dann aber allen Aufsichtsratsmitgliedern in analoger Anwendung des § 170 Abs. 3 S. 1 ein umfassendes Einsichtsrecht zuzugestehen (Emmerich/Habersack/*Emmerich* Rn. 7). 3

2. Prüfungs- und Berichtspflicht (Abs. 2 und 3). Die in Abs. 2 S. 1 enthaltene Prüfungs- und Berichtspflicht erfasst den Abhängigkeitsbericht sowie den Prüfungsbericht des Abschlussprüfers und obliegt dem **Aufsichtsrat als Organ.** Gemäß § 107 Abs. 3 S. 3 kann sie keinem Ausschuss zugewiesen werden. Hiervon ausgenommen sind jedoch rein vorbereitende Tätigkeiten. 4

Der Abhängigkeitsbericht ist nach allgM umfassend und sorgfältig (§ 116) auf **Vollständigkeit und Richtigkeit** zu prüfen. Das gilt nicht nur für die tatsächlichen Angaben, sondern auch für mögliche Pflichtverletzungen des Vorstands (*Döllerer* FS Semler, 1993, 441 (447)). Mit § 313 Abs. 1 S. 2 vergleichbare Beschränkungen des Prüfungsumfangs bestehen nicht. Eigene **Recherchen** muss der Aufsichtsrat allerdings nur anstellen, wenn sich aus der Prüfung oder aufgrund sonstiger Kenntnisse Anhaltspunkte für Beanstandungen ergeben (MHdB GesR IV/*Krieger* § 70 Rn. 120). Dabei ist das gesamte Wissen jedes Aufsichtsratsmitglieds einzig **im Interesse der abhängigen Gesellschaft** einzubringen. Dies gilt auch dann, wenn es bei Tätigkeiten für das herrschende Unternehmen erworben wurde oder diesem nicht dienlich ist (Hüffer/Koch/*Koch* Rn. 4; kritisch *Verse* AG 2015, 413 ff.). Auch muss der Aufsichtsrat bereits während des laufenden Geschäftsjahrs darauf hinwirken, dass der Vorstand seiner Pflicht zur Erfassung und Dokumentation aller berichtspflichtigen Vorgänge nachkommt (Emmerich/Habersack/*Emmerich* Rn. 13). 5

Soweit der Abhängigkeitsbericht **nicht der Prüfung durch einen Abschlussprüfer unterliegt,** ist eine besonders kritische Prüfung vorzunehmen. Der Aufsichtsrat sollte dann einzelne seiner Mitglieder oder Sachverständige mit Prüfungshandlungen nach § 111 Abs. 2 betrauen, um die Einhaltung insbesondere des § 311 zu überprüfen (Spindler/Stilz/*Müller* Rn. 8). 6

Der Aufsichtsrat hat gem. Abs. 2 S. 1 und S. 2 in seinem **Bericht** an die HV (§ 171 Abs. 2) **inhaltlich** über das Ergebnis seiner Prüfungen zu berichten. Auch ist nach Abs. 2 S. 3 der Bestätigungsvermerk des Abschlussprüfers **wörtlich** (BGH 25.11.2002, NJW 2003, 1032 (1034)) wiederzugeben bzw. dessen Versagen mitzuteilen. Soweit nach Ansicht des Aufsichtsrats ein Abhängigkeitsbericht rechtswidrig nicht erstellt wurde, ist auch darüber zu berichten (Spindler/Stilz/*Müller* Rn. 11). Abs. 3 verlangt die Aufnahme einer **Schlusserklärung** des Aufsichtsrats, in der zu der Schlusserklärung des Vorstands (§ 312 Abs. 3) Stellung zu beziehen und Einwendungen festzuhalten sind (s. OLG Düsseldorf, 22.11.2012, BeckRS 2012, 25022). **Einwendungen** in diesem Sinne liegen jedoch nur vor, **wenn** sie die **Einschränkung des Testats** des Abschlussprüfers nach § 313 Abs. 4 S. 1 rechtfertigen würden. Ist dies nicht der Fall, müssen keine Einwendungen erhoben werden (Hüffer/Koch/*Koch* Rn. 6). Liegen Einwendungen vor, kann eine Sonderprüfung nach § 315 S. 1 Nr. 2 beantragt werden. 7

Über die Stellungnahme zum Abhängigkeitsbericht entscheidet der Aufsichtsrat durch Beschluss, für den die allg. Grundsätze gelten (→ § 108 Rn. 2 f.). Da die Beschlüsse des Aufsichtsrats über die Stellungnahme zum Abhängigkeitsbericht, zum Jahresabschluss und zum Lagebericht eng miteinander verbunden und so als **einheitliches Rechtsgeschäft** zu qualifizieren sind, kann sich die Unwirksamkeit eines Beschlussteils gem. **§ 139 BGB** auch auf die Wirksamkeit der anderen Teile auswirken (BGH 15.11.1993, NJW 1994, 520 (523); MüKoAktG/*Altmeppen* Rn. 32). Die Unwirksamkeit des Aufsichtsratsbeschlusses über die Stellungnahme nach § 314 kann daher auf den Beschluss über die Feststellung des Jahresabschlusses durchschlagen und zu dessen Unwirksamkeit führen. 8

Für das **weitere Verfahren** gelten die allgemeinen Regeln der § 171 Abs. 3, § 175 Abs. 2 und § 176 Abs. 1 S. 2, dh der Bericht ist dem Vorstand innerhalb eines Monats nach Zugang der Vorlagen zuzuleiten, welcher ihn ab der Einberufung der ordentlichen HV auszulegen und jedem Aktionär auf Verlangen eine Abschrift zu erteilen hat bzw. ihn über die Internetseite der Gesellschaft zugänglich zu machen hat; der Bericht ist des Weiteren zu Beginn der Hauptversammlung vom Vorsitzenden des Aufsichtsrats zu erläutern. 9

10 Verletzen Aufsichtsratsmitglieder ihre Pflichten aus § 314 schuldhaft, machen sie sich nach § 318 Abs. 2 **schadensersatzpflichtig.** Verletzungen der Berichtspflicht können zudem zur **Anfechtbarkeit** von Entlastungsbeschlüssen der HV führen (BGH 25.11.2002, AG 2003, 273 (273 f.)).

11 **3. Teilnahme- und Berichtspflicht des Abschlussprüfers (Abs. 4).** Ist der Abhängigkeitsbericht zu prüfen (→ § 313 Rn. 2), hat der Abschlussprüfer gem. Abs. 4 zwingend, auch ohne Verlangen des Aufsichtsrats, an den Verhandlungen des Aufsichtsrats über den Bericht bzw. den Verhandlungen eines vorbereitenden Ausschusses teilzunehmen und über die wesentlichen Ergebnisse seiner Prüfung zu berichten (Hüffer/Koch/*Koch* Rn. 7). Für Einzelheiten kann auf die Ausführungen zu § 171 Abs. 1 S. 2 verwiesen werden (→ § 171 Rn. 6 f.).

III. Abdingbarkeit

12 Die Regelung ist **unabdingbar.** Unberührt durch § 314 und damit zwingend bleibt auch die aus §§ 116, 93 Abs. 1 S. 3 folgende Verschwiegenheitspflicht der Aufsichtsratsmitglieder (Emmerich/Habersack/*Emmerich* Rn. 8).

Sonderprüfung

315 **[1] Auf Antrag eines Aktionärs hat das Gericht Sonderprüfer zur Prüfung der geschäftlichen Beziehungen der Gesellschaft zu dem herrschenden Unternehmen oder einem mit ihm verbundenen Unternehmen zu bestellen, wenn**

1. der Abschlußprüfer den Bestätigungsvermerk zum Bericht über die Beziehungen zu verbundenen Unternehmen eingeschränkt oder versagt hat,
2. der Aufsichtsrat erklärt hat, daß Einwendungen gegen die Erklärung des Vorstands am Schluß des Berichts über die Beziehungen zu verbundenen Unternehmen zu erheben sind,
3. der Vorstand selbst erklärt hat, daß die Gesellschaft durch bestimmte Rechtsgeschäfte oder Maßnahmen benachteiligt worden ist, ohne daß die Nachteile ausgeglichen worden sind.

[2] Liegen sonstige Tatsachen vor, die den Verdacht einer pflichtwidrigen Nachteilszufügung rechtfertigen, kann der Antrag auch von Aktionären gestellt werden, deren Anteile zusammen den Schwellenwert des § 142 Abs. 2 erreichen, wenn sie glaubhaft machen, dass sie seit mindestens drei Monaten vor dem Tage der Antragstellung Inhaber der Aktien sind. [3] Über den Antrag entscheidet das Landgericht, in dessen Bezirk die Gesellschaft ihren Sitz hat. [4] § 142 Abs. 8 gilt entsprechend. [5] Gegen die Entscheidung ist die Beschwerde zulässig. [6] Hat die Hauptversammlung zur Prüfung derselben Vorgänge Sonderprüfer bestellt, so kann jeder Aktionär den Antrag nach § 142 Abs. 4 stellen.

Übersicht

I. Allgemeines

1 Soweit kein Beherrschungsvertrag (§ 312 Abs. 1 S. 1), kein Gewinnabführungsvertrag (§ 316) und keine Eingliederung (§ 323 Abs. 1 S. 3) vorliegt, gewährt § 315 den Aktionären ein Recht auf gerichtlich angeordnete Sonderprüfung. Durch die Offenlegung des Sonderprüfungsberichts (§ 145 Abs. 6) erhalten die Aktionäre Zugang zu Informationen, die die Durchsetzung von Ansprüchen aus §§ 317, 318 erleichtern können (BGH 17.3.1997, NJW 1997, 1855; *Schneider* AG 2008, 305 (309)). Die Möglichkeit der Einleitung einer Sonderprüfung wirkt zudem präventiv und sichert die Einhaltung der Schranken des § 311 (Hüffer/Koch/*Koch* Rn. 1).

2 Die Sonderprüfung nach § 315 ist ein **Spezialfall der Sonderprüfung nach §§ 142 ff.** Die Vorschriften der §§ 142 ff. sind daher ergänzend anwendbar (OLG München 8.6.2011, BeckRS 2011, 15415; OLG Stuttgart 15.6.2010, NZG 2010, 864 (865); OLG Hamm 29.6.2000, NZG 2000, 1235 (1235 f.)).

II. Einzelerläuterung

1. Voraussetzungen der Sonderprüfung. Die Sonderprüfung nach § 315 findet nur auf Antrag statt. **Antragsberechtigt** ist nach S. 1, wer **bei Antragstellung Aktionär** der abhängigen Gesellschaft ist. Erforderlich und ausreichend ist der Besitz mindestens einer Aktie. Eine bestimmte Aktienbesitzzeit oder eine Hinterlegung bzw. eine Sperrung der Aktien im Depot für die Dauer des Verfahrens sind nicht gefordert (Hüffer/Koch/*Koch* Rn. 2). Gesellschaftsgläubiger sind nach allgM nicht antragsbefugt (Emmerich/Habersack/*Habersack* Rn. 7). 3

Der **Antrag ist begründet,** wenn einer der Tatbestände des § 315 S. 1 Nr. 1, 2 oder 3 erfüllt ist, dh der Abschlussprüfer den Bestätigungsvermerk nach § 313 Abs. 4 eingeschränkt oder versagt hat (Nr. 1), der Aufsichtsrat eine negative Schlusserklärung (§ 314 Abs. 3) abgegeben hat (Nr. 2) oder der Vorstand einen Verstoß gegen § 311 selbst, und zwar im Abhängigkeitsbericht nach § 312, erklärt hat (Nr. 3). Das Gericht prüft lediglich, ob eine solche Erklärung jeweils vorliegt. Für die materielle Richtigkeit der Erklärungen steht dem Gericht keine Prüfungskompetenz zu (Spindler/Stilz/*Müller* Rn. 5). 4

Darüber hinaus kann eine Sonderprüfung nach S. 2 direkt ohne Einschaltung des Gerichts durch eine **qualifizierte Minderheit** beantragt werden. Dies stellt in der Praxis den bedeutsamsten Fall dar. Dazu müssen Tatsachen dargelegt werden, die den **Verdacht** einer pflichtwidrigen Nachteilszufügung iSd § 311 begründen. Eine Glaubhaftmachung oder ein Beweis der Tatsachen ist nicht erforderlich (OLG München 8.6.2011, BeckRS 2011, 15415; OLG Stuttgart 15.6.2010, NZG 2010, 864 (865)). 5

Antragsbefugt nach S. 2 sind nur Aktionäre, deren Anteile zusammen den **Schwellenwert des § 142 Abs. 2** erreichen, dh entweder über 1 % des Grundkapitals oder einen anteiligen Betrag iHv 100.000 EUR verfügen (→ § 142 Rn. 12). Zudem müssen die Antragsteller für diese Aktien eine **Mindestbesitzzeit** von drei Monaten glaubhaft machen, zB durch Bankbestätigung, Depotauszug oder notariell aufgenommene eidesstattliche Versicherung. Die Berechnung der Besitzzeit erfolgt ausgehend von der Antragstellung nach § 187 Abs. 1 BGB, § 188 Abs. 2 BGB (Emmerich/Habersack/*Habersack* Rn. 12). 6

Eine **Antragsfrist** besteht nicht. Dem Zweck des § 315 entsprechend ist ein Antrag jedoch nur bis zur Verjährung möglicher Ansprüche aus §§ 317 f. möglich (Spindler/Stilz/*Müller* Rn. 8). Mitunter können Anträge nach S. 2 auch rechtsmissbräuchlich sein, zB wenn es um die Schaffung von Sondervorteilen geht (Spindler/Stilz/*Müller* Rn. 8; Emmerich/Habersack/*Habersack* Rn. 13). 7

2. Verfahren und Entscheidung des Gerichts. Nach S. 3 entscheidet das **LG des Gesellschaftssitzes** über den Antrag. Soweit eine Kammer für Handelssachen eingerichtet ist, entscheidet diese gem. § 71 Abs. 2 Nr. 4b GVG, § 95 Abs. 2 Nr. 2 GVG über den Antrag. Zuständigkeitskonzentrationen sind gem. § 71 Abs. 4 GVG auf Länderebene möglich. Das Verfahren richtet sich nach S. 4 iVm § 142 Abs. 8 nach dem **FamFG.** 8

Kommt das Gericht zu dem Schluss, dass der Antrag zulässig und begründet ist, bestellt es den oder die Sonderprüfer durch zu begründenden Beschluss (§ 38 Abs. 3 S. 1 FamFG). Die **Auswahl des Sonderprüfers** erfolgt nach § 143, womit auch die dort in Bezug genommenen Bestellungsverbote Anwendung finden. Vor der Entscheidung sind Antragsteller, abhängige Gesellschaft, vertreten durch den Vorstand, und der Aufsichtsrat nach § 142 Abs. 5 S. 1 zu hören (Hüffer/Koch/*Koch* Rn. 4). Gegen die Entscheidung des Gerichts steht nach S. 5 die **Beschwerde** offen. Diese ist fristgebunden (§ 63 FamFG) und über sie entscheidet bei Nichtabhilfe das OLG (§ 68 FamFG). Eine Rechtsbeschwerde ist nach § 142 Abs. 6 S. 3 ausgeschlossen. 9

3. Austausch von HV- Sonderprüfern. Gemäß S. 6 kann **jeder Aktionär** die Auswechslung eines durch die HV bestellten Sonderprüfers verlangen, wenn dieser zum selben Thema bestellt ist und ein Abberufungsgrund nach § 142 Abs. 4 S. 1 vorliegt. Auf diesem Weg wird verhindert, dass das herrschende Unternehmen das Prüfungsergebnis durch die Auswahl eines ihm genehmen Prüfers beeinflusst (Emmerich/Habersack/*Habersack* Rn. 20). 10

4. Gegenstand, Durchführung und Kosten der Sonderprüfung. Inhaltlich ist die Prüfung auf diejenigen **geschäftlichen Beziehungen** zwischen abhängiger Gesellschaft und herrschendem Unternehmen bzw. mit diesem verbundenen Unternehmen beschränkt, die vom gerichtlichen Prüfungsauftrag umfasst sind (MHdB GesR IV/*Krieger* § 70 Rn. 127). In **zeitlicher Hinsicht** erstreckt sich die Prüfung in den Fällen des S. 1 auf das **Geschäftsjahr,** auf welches sich die antragsbegründende Erklärung bezieht bzw. in den Fällen des S. 2 auf den **Verdachtszeitraum.** Soweit frühere Zeiträume noch Wirkungen entfalten können, sind auch diese in die Prüfungen einzubeziehen (MüKoAktG/*Altmeppen* Rn. 32). In diesem Rahmen sind alle Sachverhalte und Geschäfte, die eine Verletzung von § 311 begründen können, zu untersuchen (Spindler/Stilz/*Müller* Rn. 12). 11

Der Sonderprüfer hat nach § 145 Abs. 6 S. 1 über das Ergebnis der Prüfung schriftlich zu berichten (zu den Berichtsstandards *Noack* WPg 1994, 225 (234)). Der **Sonderprüfungsbericht** muss so ausführlich sein, dass er eine Einschätzung der Erfolgschancen einer Klage nach §§ 317 f. ermöglicht (MüKo-AktG/*Altmeppen* Rn. 34). Eine **Schutzklausel** besteht nach § 145 Abs. 6 S. 2 nicht (→ § 145 Rn. 9). 12

Nach Fertigstellung ist der Bericht gem. § 145 Abs. 6 S. 3–5 zu publizieren (zum zeitlichen Ablauf OLG Düsseldorf 26.11.2015, FGPrax 2016,119 (120 f.)). Der Sonderprüfer erhält von der Gesellschaft die gerichtlich nach § 142 Abs. 6 festgesetzte Vergütung (→ § 142 Rn. 20). Seine Verantwortlichkeit folgt aus § 144 iVm § 323 HGB.

13 Nach § 146 S. 1 trägt die abhängige Gesellschaft die **Verfahrens- und Prüfungskosten,** kann allerdings gem. § 146 S. 2 bei den Antragstellern Regress nehmen, soweit sie zumindest grob fahrlässig falsche Angaben gemacht und dadurch die Bestellung herbeigeführt haben. Unberührt bleiben Ansprüche der Gesellschaft gegen ihre Verwaltungsmitglieder nach §§ 318, 93 Abs. 1, 116 sowie gegen das herrschende Unternehmen nach § 317 (Spindler/Stilz/*Müller* Rn. 14).

III. Abdingbarkeit

14 Die Regelungen des § 315 sind **unabdingbar.**

Kein Bericht über Beziehungen zu verbundenen Unternehmen

316 **§§ 312 bis 315 gelten nicht, wenn zwischen der abhängigen Gesellschaft und dem herrschenden Unternehmen ein Gewinnabführungsvertrag besteht.**

I. Allgemeines

1 § 316 betriff den Fall eines isolierten Gewinnabführungsvertrags und bezweckt die Freistellung der abhängigen Gesellschaft von den Pflichten der §§ 312–315. Minderheitsaktionäre und Gläubiger sind in solchen Fällen ausreichend durch die §§ 300 ff. und das SpruchG geschützt.

II. Einzelerläuterung

2 **1. Anwendbarkeit.** Erforderlich ist das Bestehen eines wirksamen **Gewinnabführungsvertrags** iSd § 291 Abs. 1 S. 1 Alt. 2. Im Falle des Eingreifens der Grundsätze über die fehlerhafte Gesellschaft kann jedoch auch ein unwirksamer, aber durchgeführter Gewinnabführungsvertrag die Rechtsfolgen des § 316 auslösen. Ist der Vertrag mit einem Beherrschungsvertrag kombiniert, greifen die §§ 311 ff. insgesamt nicht ein (→ § 311 Rn. 6). § 316 ist auf andere Vertragstypen, wie zB Gewinngemeinschafts-, Teilgewinnabführungs- und Verlustübernahmeverträge, nicht anwendbar (MüKoAktG/*Altmeppen* Rn. 8 f.).

3 Bei **mehrstufigen Unternehmensverbindungen** findet § 316 auch dann Anwendung, wenn ein Gewinnabführungsvertrag zwischen Tochter- und Enkelgesellschaft besteht; eines zusätzlichen Vertrags zwischen Mutter- und Tochtergesellschaft bedarf es nicht (Spindler/Stilz/*Müller* Rn. 4; aA Emmerich/Habersack/*Habersack* Rn. 7). Dies steht im Einklang mit der Rechtslage bei § 311 (→ § 311 Rn. 7).

4 **Beginnt** der Gewinnabführungsvertrag während des laufenden Geschäftsjahrs, entfallen die Berichtspflichten für die gesamte Rechnungslegungsperiode, da die §§ 300 ff. einen hinreichenden Schutz bieten. Wird ein Vertrag während des Geschäftsjahrs **beendet,** findet § 316 nur bis zu diesem Zeitpunkt Anwendung. Für die restliche Zeit muss ein Abhängigkeitsbericht erstellt werden (Spindler/Stilz/*Müller* Rn. 5).

5 **2. Rechtsfolgen.** Soweit § 316 eingreift, sind die **§§ 312–315 unanwendbar.** § 318 knüpft an die Berichtspflicht nach § 312 an und findet so ebenfalls keine Anwendung. Die §§ 311, 317 bleiben anwendbar. Der Ausschluss auch des **§ 315 S. 2,** der an keine Berichtspflichten anknüpft, muss wohl als **Redaktionsversehen** des Gesetzgebers gesehen werden. Im Interesse der Minderheit sollte auch diese Norm entsprechend angewendet werden (MüKoAktG/*Altmeppen* Rn. 17).

Verantwortlichkeit des herrschenden Unternehmens und seiner gesetzlichen Vertreter

317 (1) [1] **Veranlaßt ein herrschendes Unternehmen eine abhängige Gesellschaft, mit der kein Beherrschungsvertrag besteht, ein für sie nachteiliges Rechtsgeschäft vorzunehmen oder zu ihrem Nachteil eine Maßnahme zu treffen oder zu unterlassen, ohne daß es den Nachteil bis zum Ende des Geschäftsjahrs tatsächlich ausgleicht oder der abhängigen Gesellschaft einen Rechtsanspruch auf einen zum Ausgleich bestimmten Vorteil gewährt, so ist es der Gesellschaft zum Ersatz des ihr daraus entstehenden Schadens verpflichtet.** [2] **Es ist auch den Aktionären zum Ersatz des ihnen daraus entstehenden Schadens verpflichtet, soweit sie, abgesehen von einem Schaden, der ihnen durch Schädigung der Gesellschaft zugefügt worden ist, geschädigt worden sind.**

(2) **Die Ersatzpflicht tritt nicht ein, wenn auch ein ordentlicher und gewissenhafter Geschäftsleiter einer unabhängigen Gesellschaft das Rechtsgeschäft vorgenommen oder die Maßnahme getroffen oder unterlassen hätte.**

(3) **Neben dem herrschenden Unternehmen haften als Gesamtschuldner die gesetzlichen Vertreter des Unternehmens, die die Gesellschaft zu dem Rechtsgeschäft oder der Maßnahme veranlaßt haben.**

(4) **§ 309 Abs. 3 bis 5 gilt sinngemäß.**

Übersicht

I. Allgemeines

Die in § 317 vorgesehene Schadensersatzpflicht des herrschenden Unternehmens (Abs. 1) und von dessen gesetzlichen Vertreter (Abs. 2) soll Verstöße gegen § 311 sanktionieren, Missbrauch verhindern und damit die abhängige Gesellschaft, deren Gläubiger und Aktionäre schützen. Die praktische Bedeutung der Norm ist bislang jedoch gering (*Kropff* FS Bezzenberger, 2000, 233 (234 f.)). 1

II. Einzelerläuterung

1. Haftung des herrschenden Unternehmens (Abs. 1 und 2). a) Haftungsvoraussetzungen. Die Veranlasserhaftung nach Abs. 1 knüpft **objektiv** an die Verwirklichung des vollen Tatbestands des § 311 Abs. 1 (→ § 311 Rn. 2 ff.) und den nicht erfolgten Nachteilsausgleich nach § 311 Abs. 2 (→ § 311 Rn. 27 ff.) an. Da § 311 kein Veranlassungsbewusstsein fordert (→ § 311 Rn. 8), kommt es **subjektiv** weder auf Vorsatz noch auf ein Verschulden an (hM, OLG Stuttgart 30.5.2007, AG 2007, 633 (637); Hüffer/Koch/*Koch* Rn. 5; Spindler/Stilz/*Müller* Rn. 4; aA MüKoAktG/*Altmeppen* Rn. 30; *Altmeppen* ZHR 171 (2007), 320 (331 f.)). 2

Die Haftung setzt einen aus der kompensationslosen Nachteilszufügung erwachsenden **Schaden** bei der abhängigen Gesellschaft voraus. Dieser ist, auch wenn er den Nachteil übersteigt, zu ersetzen (hM, MHdB GesR IV/*Krieger* § 70 Rn. 130; aA *Möhrung* FS Schilling, 1973, 253 (265)). Ist der Schaden geringer als der entstandene Nachteil, so folgt aus dem **Sanktionszweck** und dem sog. normativen Schadensbegriff, dass positive, den Schaden reduzierende Umstände beim Geschädigten unbeachtlich sind und der Nachteil betragsmäßig den Mindestschaden darstellt (Emmerich/Habersack/*Habersack* Rn. 17; aA MüKoAktG/*Altmeppen* Rn. 40). Aus dem Sanktionszweck folgt schließlich auch, dass dem herrschenden Unternehmen der **Einwand rechtmäßigen Alternativverhaltens,** auch für Sonderkonstellationen, verwehrt ist (K. Schmidt/Lutter/*J. Vetter* Rn. 9; einschränkend Hüffer/Koch/*Koch* Rn. 7; aA MüKoAktG/*Altmeppen* Rn. 42 ff.). 3

Eine Haftung ist nach Abs. 2 jedoch ausgeschlossen, wenn auch ein ordentlicher und gewissenhafter Geschäftsleiter einer unabhängigen Gesellschaft iSd § 17 das Rechtsgeschäft vorgenommen oder die Maßnahme getroffen oder unterlassen hätte. Dem **Tatbestandsausschluss** des Abs. 2 kommt jedoch nur klarstellende Bedeutung zu, da es in diesen Fällen bereits am Nachteil fehlt (KK-AktG/*Koppensteiner* Rn. 14; → § 311 Rn. 16). 4

Der Anspruch **entsteht** grundsätzlich mit Ablauf des Geschäftsjahrs. Wenn die Rechtswidrigkeit der Veranlassung jedoch feststeht, zB weil der Nachteil nicht ausgleichsfähig ist oder die nachteilige Maßnahme nicht im Interesse einer Konzerngesellschaft liegt, entsteht der Anspruch ausnahmsweise sofort mit der Veranlassung (Spindler/Stilz/*Müller* Rn. 12). 5

b) Rechtsfolgen. Der Inhalt des Schadenersatzanspruchs bestimmt sich nach §§ 249 ff. BGB. **Geldersatz** nach § 251 Abs. 1 BGB ist nur zu leisten, wenn die **Naturalrestitution,** zB durch Rückabwicklung von Verträgen oder Wiederaufnahme einzelner Geschäftstätigkeiten, nicht möglich ist (BGH 29.1.2013, BeckRS 2013, 03103 Rn. 21; Hüffer/Koch/*Koch* Rn. 9). Der Ersatzanspruch ist **aktivierungspflichtig,** sobald mit dessen Durchsetzung zu rechnen ist. Erfolgt keine Aktivierung, kann dies nach § 256 Abs. 5 zur Nichtigkeit des Jahresabschlusses führen (BGH 15.11.1993, NJW 1994, 520 (522 f.); Spindler/Stilz/*Müller* Rn. 12). 6

Daneben kann die abhängige Gesellschaft auch **Unterlassung** der nachteiligen Einflussnahme und **Beseitigung** von fortdauernden Beeinträchtigungen verlangen. Gestützt werden kann dieser Anspruch entweder direkt auf § 317 (OLG Stuttgart 30.5.2007, AG 2007, 633 (638); Emmerich/Habersack/ 7

Habersack Rn. 19), auf §§ 1004, 823 Abs. 2 BGB (LG Düsseldorf 6.6.2006, AG 2006, 892 f.; KK-AktG/*Koppensteiner* Rn. 27) oder auf Verletzung der gesellschaftsrechtlichen Treupflicht (Hüffer/Koch/*Koch* Rn. 10).

8 **c) Gläubiger und Schuldner.** Soweit die abhängige Gesellschaft geschädigt wurde, ist sie nach Abs. 1 S. 1 **Gläubiger** des Ersatzanspruchs. Diesen können nach Maßgabe von Abs. 4 iVm § 309 Abs. 4 aber auch Aktionäre (→ § 309 Rn. 14 f.) und Gläubiger (→ § 309 Rn. 16) der Gesellschaft geltend machen (sog. **gesetzliche Prozessstandschaft**). Aktionäre müssen dabei auf Leistung an die Gesellschaft klagen (hM, Hüffer/Koch/*Koch* Rn. 16; aA *Mertens* FS Fleck, 1988, 209 (218)). Sind Aktionäre geschädigt und kann dieser Schaden prinzipiell nicht durch Leistung an die Gesellschaft ausgeglichen werden, so können sie nach Abs. 1 S. 2 Schadensersatz für sich selbst verlangen.

9 **Schuldner** des Anspruchs sind das herrschende Unternehmen und nach Abs. 3 dessen gesetzliche Vertreter (OLG Düsseldorf 16.10.1990, AG 1991, 106 (108); Hüffer/Koch/*Koch* Rn. 2). Bei **mehrfacher und mehrstufiger Abhängigkeit** haftet das Unternehmen, welches die betreffende Maßnahme aus Sicht der abhängigen Gesellschaft veranlasst hat. Andere Unternehmen haften nur, wenn ihnen die Veranlassung nach § 164 Abs. 1 BGB, § 714 BGB (analog) zugerechnet werden kann. Soweit die Grundsätze von Duldungs- oder Anscheinsvollmacht nicht greifen, wird für **eigenmächtiges Veranlassen** seitens anderer Unternehmen nicht gehaftet (Hüffer/Koch/*Koch* Rn. 3; aA *Gansweid,* Gemeinsame Tochtergesellschaften im deutschen Konzern- und Wettbewerbsrecht, 1976, 174 f.). Mehrere Unternehmen haften **gesamtschuldnerisch** nach §§ 421 ff. BGB (Spindler/Stilz/*Müller* Rn. 7).

10 **2. Haftung der gesetzlichen Vertreter (Abs. 3).** Neben dem herrschenden Unternehmen haften nach Abs. 3 gesamtschuldnerisch (§§ 421 ff. BGB) diejenigen gesetzlichen Vertreter, von denen die nachteilige Veranlassung ausgegangen ist. Damit beschränkt sich die Haftung auf die Mitglieder des jeweiligen **Geschäftsführungsorgans** (ganz hM, MüKoAktG/*Altmeppen* Rn. 97; aA Haftung auch des Aufsichtsrats *Wälde* DB 1972, 2289 (2292)). Unbeteiligte Organmitglieder haften nicht. Tatbestandsmäßig ist bereits jede mittelbare Veranlassung, zB durch Dulden des Verhaltens von Angestellten. Nicht erfasst sind mangelhafte Überwachung oder unzureichende Organisation (Hüffer/Koch/*Koch* Rn. 14; aA KK-AktG/*Koppensteiner* Rn. 44). Dieses Fehlverhalten kann jedoch nach § 93 zu einer Haftung führen.

11 **3. Verzicht, Vergleich, Geltendmachung, Verjährung (Abs. 4).** Die sinngemäße Geltung des § 309 Abs. 3–5 bezieht sich auf den Verzicht und auf den Vergleich über Ersatzansprüche der Gesellschaft (Abs. 3), die Berechtigung zur Geltendmachung durch Aktionäre der abhängigen Gesellschaft und Gläubiger (Abs. 4) sowie die Verjährung (Abs. 5). Ein Vergleich oder Verzicht erfordert daher das mindestens dreijährige Bestehen des Anspruchs und einen Sonderbeschluss der außenstehenden Aktionäre der abhängigen Gesellschaft (→ § 309 Rn. 12). Aktionäre und Gläubiger können den Anspruch der Gesellschaft geltend machen, Aktionäre jedoch nur Leistung an die abhängige Gesellschaft verlangen (→ § 309 Rn. 14). Eigene Ansprüche der Aktionäre nach Abs. 1 S. 2 sind von der Prozessstandschaft nicht erfasst. In Prozessen bezüglich Eigenschäden von Aktionären haben andere außenstehende Aktionäre mangels rechtlichen Interesses (§ 66 ZPO) kein Recht auf Nebenintervention (Spindler/Stilz/*Müller* Rn. 20). Die Ansprüche verjähren in fünf Jahren ab Anspruchsentstehung (→ § 309 Rn. 18).

12 **4. Verhältnis zu anderen Vorschriften. §§ 76, 93, 116, 117 sowie §§ 280 ff., 823 ff. BGB** finden uneingeschränkt Anwendung. Auch **§§ 57, 60, 62** werden nicht verdrängt. Eine Anfechtung nach § 243 Abs. 2 bleibt ebenfalls möglich (OLG Frankfurt a. M. 30.11.1995, AG 1996, 324 (327); LG München I 4.10.2007, AG 2008, 92 (96); Hüffer/Koch/*Koch* Rn. 17; aA bzgl. §§ 57, 60, 62 *Michalski* AG 1980, 261 (264)).

III. Darlegungs- und Beweislast

13 Für das Vorliegen der anspruchsbegründenden Tatsachen trägt der Kläger die Darlegungs- und Beweislast. Für das Eingreifen des Tatbestandsausschlusses nach Abs. 2 ist dagegen das herrschende Unternehmen darlegungs- und beweispflichtig. Sofern das Vorliegen eines Nachteils durch das herrschende Unternehmen nicht widerlegt werden kann, muss dieses den fristgemäßen Ausgleich des Nachteils darlegen und ggf. beweisen (Emmerich/Habersack/*Habersack* Rn. 21).

14 Für klagende Aktionäre und Gläubiger, die keinen Einblick in die Geschäftsinterna haben, gelten im Hinblick auf die Veranlassung die vom BGH (BGH 29.3.1993, NJW 1993, 1200 (1203)) entwickelten **Substantiierungserleichterungen** (MüKoAktG/*Altmeppen* Rn. 78 f.). Demnach können Außenseiter ihre Ausführungen auf Darlegung und ggf. Beweis konkreter Anhaltspunkte für einzelne nachteilige Maßnahmen beschränken (OLG Stuttgart 30.5.2007, AG 2007, 633 (637); K. Schmidt/Lutter/*J. Vetter* Rn. 16). Diese Privilegierung kann die abhängige Gesellschaft jedoch nicht in Anspruch nehmen, weil sie die Umstände der Nachteilszufügung (aus eigener Perspektive) kennt. Hinsichtlich des Nachweises des konkret verursachten Schadens kommt den Klägern die Vorschrift des § 287 ZPO zugute.

Verantwortlichkeit der Verwaltungsmitglieder der Gesellschaft

318 (1) [1]**Die Mitglieder des Vorstands der Gesellschaft haften neben den nach § 317 Ersatzpflichtigen als Gesamtschuldner, wenn sie es unter Verletzung ihrer Pflichten unterlassen haben, das nachteilige Rechtsgeschäft oder die nachteilige Maßnahme in dem Bericht über die Beziehungen der Gesellschaft zu verbundenen Unternehmen aufzuführen oder anzugeben, daß die Gesellschaft durch das Rechtsgeschäft oder die Maßnahme benachteiligt wurde und der Nachteil nicht ausgeglichen worden war.** [2]**Ist streitig, ob sie die Sorgfalt eines ordentlichen und gewissenhaften Geschäftsleiters angewandt haben, so trifft sie die Beweislast.**

(2) **Die Mitglieder des Aufsichtsrats der Gesellschaft haften neben den nach § 317 Ersatzpflichtigen als Gesamtschuldner, wenn sie hinsichtlich des nachteiligen Rechtsgeschäfts oder der nachteiligen Maßnahme ihre Pflicht, den Bericht über die Beziehungen zu verbundenen Unternehmen zu prüfen und über das Ergebnis der Prüfung an die Hauptversammlung zu berichten (§ 314), verletzt haben; Absatz 1 Satz 2 gilt sinngemäß.**

(3) **Der Gesellschaft und auch den Aktionären gegenüber tritt die Ersatzpflicht nicht ein, wenn die Handlung auf einem gesetzmäßigen Beschluß der Hauptversammlung beruht.**

(4) **§ 309 Abs. 3 bis 5 gilt sinngemäß.**

I. Allgemeines

§ 318 sanktioniert Verstöße der Verwaltungsmitglieder der abhängigen Gesellschaft gegen die aus §§ 312, 314 folgenden Pflichten. Einerseits werden dadurch die Gesellschaft, deren Gläubiger und die Aktionäre vermögensrechtlich geschützt, und andererseits werden die Verwaltungsmitglieder präventiv angehalten, sich regelkonform zu verhalten (kritisch Hüffer/Koch/*Koch* Rn. 1). 1

II. Einzelerläuterung

1. Haftung von Verwaltungsratsmitgliedern (Abs. 1 und 2). a) Haftungsvoraussetzungen. Sowohl die Haftung der Vorstands- als auch die der Aufsichtsratsmitglieder der abhängigen Gesellschaft verlangt, dass das **herrschende Unternehmen nach § 317** (→ § 317 Rn. 2 ff.) **haftbar** ist. Die tatsächliche Geltendmachung der Ansprüche ist allerdings nicht erforderlich (Spindler/Stilz/*Müller* Rn. 5). 2

Die Haftung der **Vorstandsmitglieder** (Abs. 1) knüpft an die Verletzung der Berichtspflicht des § 312 (→ § 312 Rn. 2 ff.) an. Ein haftungsbegründendes Unterlassen der erforderlichen Angaben liegt auch dann vor, wenn der Bericht pflichtwidrig nicht erstellt wurde oder er unrichtige Angaben enthält (MüKoAktG/*Altmeppen* Rn. 9; aA GK-AktG/*Würdinger* Rn. 4). Für die Haftung der Mitglieder des **Aufsichtsrats** (Abs. 2) kommt es auf die Verletzung der Prüfungs- oder Berichtspflichten des § 314 (→ § 314 Rn. 2 ff.) an. Eine solche ist auch gegeben, wenn der Aufsichtsrat zu Unrecht von der Anforderung des Abhängigkeitsberichts absieht oder er im Bericht zum Jahresabschluss (→ § 314 Rn. 7) nicht angibt, dass der Abhängigkeitsbericht seiner Meinung nach zu Unrecht nicht erstattet wurde (Emmerich/Habersack/*Habersack* Rn. 14). 3

Aus Abs. 1 S. 2 bzw. Abs. 2 iVm Abs. 1 S. 2 folgt, dass die jeweiligen Pflichtverletzungen der Verwaltungsmitglieder schuldhaft begangen worden sein müssen. Es gelten auch hier die **Sorgfaltsstandards** der §§ 93, 116 (→ § 93 Rn. 4 ff., → § 116 Rn. 4 f.). 4

b) Rechtsfolgen, Gläubiger und Schuldner. Die Mitglieder des Vorstands und des Aufsichtsrats haften der abhängigen Gesellschaft und unter den Bedingungen des § 317 Abs. 1 S. 2 (→ § 317 Rn. 8) auch gegenüber den Aktionären auf Schadensersatz nach §§ 249 ff. BGB (Hüffer/Koch/*Koch* Rn. 2, 6). Die Verwaltungsmitglieder der abhängigen Gesellschaft sowie die nach § 317 Verantwortlichen haften als **Gesamtschuldner** nach §§ 421 ff. BGB. 5

c) Haftungsausschluss. Beruhen die an sich haftungsbegründenden Handlungen der Verwaltungsmitglieder auf einem gesetzmäßigen Beschluss der HV der abhängigen Gesellschaft, so ist deren Haftung nach Abs. 3 ausgeschlossen. Dies entspricht den Regelungen in § 93 Abs. 4 S. 1 und § 117 Abs. 2 S. 3. Da die relevanten Prüfungs- und Berichtspflichten jedoch nicht zur Disposition der HV stehen, sind derartige Beschlüsse anfechtbar, weshalb die Regelung in der Praxis leer läuft. 6

2. Verzicht, Vergleich, Geltendmachung, Verjährung (Abs. 4). Abs. 4 verweist wie auch § 317 Abs. 4 auf die Regeln der § 309 Abs. 3–5 über Verzicht, Vergleich, Geltendmachung und Verjährung von Ersatzansprüchen (→ § 317 Rn. 11). 7

3. Verhältnis zu anderen Vorschriften. Da § 318 nur Verstöße gegen die Pflichten aus §§ 312, 314 sanktioniert, verdrängt er nach nunmehr allgM nicht die Haftung der Verwaltungsmitglieder der abhängigen Gesellschaft für sonstige Pflichtverstöße nach §§ 93, 116 (OLG Hamm 10.5.1995, AG 1995, 8

512 (516); MüKoAktG/*Altmeppen* Rn. 23). Besteht eine Haftung nach § 318 und nach §§ 93, 116 werden letztere Vorschriften durch die Sonderregelungen des § 318 modifiziert (Hüffer/Koch/*Koch* Rn. 9 f.). Dies hat seinen Grund darin, dass die §§ 93, 116 die spezifischen Probleme bei Bestehen eines Abhängigkeitsverhältnisses iSd § 17 nicht hinreichend berücksichtigen und deshalb durch § 318 ergänzend auszufüllen sind (OLG Hamm 10.5.1995, AG 1995, 512 (516); Spindler/Stilz/*Müller* Rn. 14).

III. Darlegungs- und Beweislast

9 Gemäß Abs. 1 S. 2 und Abs. 2 Hs. 2 trifft die in Anspruch genommenen Verwaltungsmitglieder die Darlegungs- und Beweislast für den Nachweis, dass die Verletzung auch bei Beachtung der erforderlichen Sorgfalt nicht erkennbar war (Emmerich/Habersack/*Habersack* Rn. 6). Dieses Nachweiserfordernis führt faktisch zu der Pflicht, die eigenen Handlungen umfassend zu dokumentieren. Ansonsten gilt das zur Beweislast iRd § 317 Gesagte (→ § 317 Rn. 13 f.). Insbesondere gelten auch die dort anerkannten Beweiserleichterungen (MüKoAktG/*Altmeppen* Rn. 12).

Dritter Teil. Eingegliederte Gesellschaften

Eingliederung

319 (1) **[1]Die Hauptversammlung einer Aktiengesellschaft kann die Eingliederung der Gesellschaft in eine andere Aktiengesellschaft mit Sitz im Inland (Hauptgesellschaft) beschließen, wenn sich alle Aktien der Gesellschaft in der Hand der zukünftigen Hauptgesellschaft befinden. [2]Auf den Beschluß sind die Bestimmungen des Gesetzes und der Satzung über Satzungsänderungen nicht anzuwenden.**

(2) **[1]Der Beschluß über die Eingliederung wird nur wirksam, wenn die Hauptversammlung der zukünftigen Hauptgesellschaft zustimmt. [2]Der Beschluß über die Zustimmung bedarf einer Mehrheit, die mindestens drei Viertel des bei der Beschlußfassung vertretenen Grundkapitals umfaßt. [3]Die Satzung kann eine größere Kapitalmehrheit und weitere Erfordernisse bestimmen. [4]Absatz 1 Satz 2 ist anzuwenden.**

(3) **[1]Von der Einberufung der Hauptversammlung der zukünftigen Hauptgesellschaft an, die über die Zustimmung zur Eingliederung beschließen soll, sind in dem Geschäftsraum dieser Gesellschaft zur Einsicht der Aktionäre auszulegen**
1. der Entwurf des Eingliederungsbeschlusses;
2. die Jahresabschlüsse und die Lageberichte der beteiligten Gesellschaften für die letzten drei Geschäftsjahre;
3. ein ausführlicher schriftlicher Bericht des Vorstands der zukünftigen Hauptgesellschaft, in dem die Eingliederung rechtlich und wirtschaftlich erläutert und begründet wird (Eingliederungsbericht).

[2]Auf Verlangen ist jedem Aktionär der zukünftigen Hauptgesellschaft unverzüglich und kostenlos eine Abschrift der in Satz 1 bezeichneten Unterlagen zu erteilen. [3]Die Verpflichtungen nach den Sätzen 1 und 2 entfallen, wenn die in Satz 1 bezeichneten Unterlagen für denselben Zeitraum über die Internetseite der zukünftigen Hauptgesellschaft zugänglich sind. [4]In der Hauptversammlung sind diese Unterlagen zugänglich zu machen. [5]Jedem Aktionär ist in der Hauptversammlung auf Verlangen Auskunft auch über alle im Zusammenhang mit der Eingliederung wesentlichen Angelegenheiten der einzugliedernden Gesellschaft zu geben.

(4) **[1]Der Vorstand der einzugliedernden Gesellschaft hat die Eingliederung und die Firma der Hauptgesellschaft zur Eintragung in das Handelsregister anzumelden. [2]Der Anmeldung sind die Niederschriften der Hauptversammlungsbeschlüsse und ihre Anlagen in Ausfertigung oder öffentlich beglaubigter Abschrift beizufügen.**

(5) **[1]Bei der Anmeldung nach Absatz 4 hat der Vorstand zu erklären, daß eine Klage gegen die Wirksamkeit eines Hauptversammlungsbeschlusses nicht oder nicht fristgemäß erhoben oder eine solche Klage rechtskräftig abgewiesen oder zurückgenommen worden ist; hierüber hat der Vorstand dem Registergericht auch nach der Anmeldung Mitteilung zu machen. [2]Liegt die Erklärung nicht vor, so darf die Eingliederung nicht eingetragen werden, es sei denn, daß die klageberechtigten Aktionäre durch notariell beurkundete Verzichtserklärung auf die Klage gegen die Wirksamkeit des Hauptversammlungsbeschlusses verzichten.**

(6) **[1]Der Erklärung nach Absatz 5 Satz 1 steht es gleich, wenn nach Erhebung einer Klage gegen die Wirksamkeit eines Hauptversammlungsbeschlusses das Gericht auf Antrag der Gesellschaft, gegen deren Hauptversammlungsbeschluß sich die Klage richtet, durch Be-**

schluß festgestellt hat, daß die Erhebung der Klage der Eintragung nicht entgegensteht. [2]Auf das Verfahren sind § 247, die §§ 82, 83 Abs. 1 und § 84 der Zivilprozessordnung sowie die im ersten Rechtszug für das Verfahren vor den Landgerichten geltenden Vorschriften der Zivilprozessordnung entsprechend anzuwenden, soweit nichts Abweichendes bestimmt ist. [3]Ein Beschluss nach Satz 1 ergeht, wenn

1. **die Klage unzulässig oder offensichtlich unbegründet ist,**
2. **der Kläger nicht binnen einer Woche nach Zustellung des Antrags durch Urkunden nachgewiesen hat, dass er seit Bekanntmachung der Einberufung einen anteiligen Betrag von mindestens 1 000 Euro hält oder**
3. **das alsbaldige Wirksamwerden des Hauptversammlungsbeschlusses vorrangig erscheint, weil die vom Antragsteller dargelegten wesentlichen Nachteile für die Gesellschaft und ihre Aktionäre nach freier Überzeugung des Gerichts die Nachteile für den Antragsgegner überwiegen, es sei denn, es liegt eine besondere Schwere des Rechtsverstoßes vor.**

[4]Der Beschluß kann in dringenden Fällen ohne mündliche Verhandlung ergehen. [5]Der Beschluss soll spätestens drei Monate nach Antragstellung ergehen; Verzögerungen der Entscheidung sind durch unanfechtbaren Beschluss zu begründen. [6]Die vorgebrachten Tatsachen, aufgrund derer der Beschluß nach Satz 3 ergehen kann, sind glaubhaft zu machen. [7]Über den Antrag entscheidet ein Senat des Oberlandesgerichts, in dessen Bezirk die Gesellschaft ihren Sitz hat. [8]Eine Übertragung auf den Einzelrichter ist ausgeschlossen; einer Güteverhandlung bedarf es nicht. [9]Der Beschluss ist unanfechtbar. [10]Erweist sich die Klage als begründet, so ist die Gesellschaft, die den Beschluß erwirkt hat, verpflichtet, dem Antragsgegner den Schaden zu ersetzen, der ihm aus einer auf dem Beschluß beruhenden Eintragung der Eingliederung entstanden ist. [11]Nach der Eintragung lassen Mängel des Beschlusses seine Durchführung unberührt; die Beseitigung dieser Wirkung der Eintragung kann auch nicht als Schadenersatz verlangt werden.

(7) **Mit der Eintragung der Eingliederung in das Handelsregister des Sitzes der Gesellschaft wird die Gesellschaft in die Hauptgesellschaft eingegliedert.**

I. Allgemeines

Die Eingliederung stellt die engste Form der Unternehmensverbindung dar. Normativ steht sie zwischen Unternehmensvertrag und Verschmelzung (KK-AktG/*Koppensteiner* Vor § 319 Rn. 6). Im Unterschied zum übertragenden Rechtsträger einer Verschmelzung behält die eingegliederte Gesellschaft ihre rechtliche Selbständigkeit. Die gemessen am Unternehmensvertrag intensivere Unternehmensverbindung liegt darin begründet, dass die Hauptgesellschaft weitgehend frei über die vermögensmäßige Substanz der eingegliederten Gesellschaft verfügen kann (§§ 323, 324). Die Gesetzesmaterialien sprechen deshalb davon, dass die eingegliederte Gesellschaft bei wirtschaftlicher Betrachtung eine **Betriebsabteilung** der Hauptgesellschaft sei (RegBegr *Kropff* 429, 431). Folge der Eingliederung ist das Entstehen eines Unterordnungskonzerns (§ 18 Abs. 1 S. 2). Es gelten die Vorschriften über verbundene (§ 15) bzw. abhängige und herrschende (§ 17) Unternehmen. 1

II. Voraussetzungen der Eingliederung

Beteiligte Gesellschaften können nur **AGen** (nicht jedoch eine KGaA; zur SE s. Art. 9 Abs. 1 lit. c ii SE-VO) mit Verwaltungssitz im Inland sein (Abs. 1 S. 1). **Sämtliche Aktien** der einzugliedernden Gesellschaft müssen im Eigentum der zukünftigen Hauptgesellschaft stehen (Abs. 1 S. 1 aE; RegBegr *Kropff* 422). § 16 Abs. 4 gilt nicht (KK-AktG/*Koppensteiner* Vor § 319 Rn. 14). Anders als von der einzugliedernden Gesellschaft gehaltene eigene Anteile (MüKoAktG/*Grunewald* Rn. 12; Hölters/*Leuering/Goertz* Rn. 5) hindern auf Aktienübertragung gerichtete schuldrechtliche Verpflichtungen der zukünftigen Hauptgesellschaft sowie das Bestehen von Options- und Wandlungsrechten die Eingliederung nicht (hM; s. nur K. Schmidt/Lutter/*Ziemons* Rn. 10 mwN). Bestehen müssen die Eigentumsverhältnisse bei Beschlussfassung; anderenfalls ist der Beschluss nach § 241 Nr. 3 nichtig (MüKoAktG/*Grunewald* Rn. 17; Emmerich/Habersack/*Habersack* Rn. 9; Hüffer/Koch/*Koch* Rn. 4b; K. Schmidt/Lutter/*Ziemons* Rn. 15; aA OLG Hamm 8.12.1993, AG 1994, 376 (378) zu § 320). 2

III. Eingliederungsverfahren

1. Beschlusserfordernisse. Zu unterscheiden ist zwischen Eingliederungs- (Abs. 1) und Zustimmungsbeschluss (Abs. 2). Es gelten die allgemeinen Regeln über HV-Beschlüsse. §§ 179 ff. sowie Bestimmungen der Satzung über Satzungsänderungen sind nicht anzuwenden (Abs. 1 S. 2, Abs. 2 S. 4). Besondere inhaltliche Anforderungen bestehen nach hM nicht (Hüffer/Koch/*Koch* Rn. 5; BeckOGK/*Singhof*, 1.7.2020, Rn. 7; aA *Hommelhoff*, Konzernleitungspflicht, 1982, 354 ff.). Der **Eingliederungsbeschluss** kann gem. § 121 Abs. 6 ohne Beachtung von Einberufungsförmlichkeiten gefasst werden, 3 weil aufgrund der Konzentration aller Aktien in der Hand der Hauptgesellschaft zwingend eine Vollversammlung stattfindet. Ausreichend ist daher eine Eingliederungserklärung als Beschlussinhalt zur notariellen Niederschrift (§ 130 Abs. 1 S. 1). Bei nichtbörsennotierten Gesellschaften (vgl. § 3 Abs. 2) genügt sogar eine vom AR-Vorsitzenden unterzeichnete Niederschrift (§ 130 Abs. 1 S. 3), da der Eingliederungsbeschluss nach dem Gesetz keiner Kapitalmehrheit bedarf (Hüffer/Koch/*Koch* Rn. 5). Der **Zustimmungsbeschluss** ist Wirksamkeitsvoraussetzung des Eingliederungsbeschlusses (Abs. 2 S. 1) und bedarf einer Mehrheit von 3/4 des bei der Beschlussfassung vertretenen Grundkapitals (Abs. 2 S. 2). Eine größere Mehrheit und weitere Beschlusserfordernisse kann die Satzung vorsehen (Abs. 2 S. 3). Besonderheiten können bei mehrstufigen Eingliederungen bestehen (näher *Sonnenschein* BB 1975, 1088; BeckOGK/*Singhof*, 1.7.2020, Rn. 10; K. Schmidt/Lutter/*Ziemons* Rn. 28 f.).

4 **2. Informationspflichten.** Abs. 3 normiert in Anlehnung an §§ 293f, 293g Informationspflichten der zukünftigen Hauptgesellschaft gegenüber ihren Aktionären. Die **Berichtspflicht** des Abs. 3 S. 1 Nr. 3 entspricht den Regelungen in § 293a, § 8 UmwG. § 293a Abs. 2 und 3, § 8 Abs. 2 und 3 UmwG gelten daher entsprechend (MüKoAktG/*Grunewald* Rn. 24 f.). Darüber hinaus ist anerkannt, dass der Vorstand die Eingliederung in der HV trotz fehlender gesetzlicher Regelung entsprechend § 293g Abs. 2 S. 1, § 64 Abs. 1 S. 2 UmwG erneut mündlich zu **erläutern** hat (NK-AktR/*Plumeyer/Jaursch* Rn. 13 mwN).

5 **3. Anmeldung und Eintragung.** Anzumelden sind die Eingliederung sowie die Firma der Hauptgesellschaft bei dem für die einzugliedernde Gesellschaft zuständigen Registergericht (Abs. 4 S. 1). **Wirksam** wird die Eingliederung erst mit ihrer Eintragung (Abs. 7), die vom Registergericht nach § 10 HGB bekanntzumachen ist. Beschlussmängel bleiben von der Eintragung grundsätzlich unberührt (Emmerich/Habersack/*Habersack* Rn. 43 f.; zur Eintragung aufgrund Freigabebeschlusses → Rn. 8).

IV. Klage gegen die Wirksamkeit eines Hauptversammlungsbeschlusses

6 **1. Negativattest.** Nach Abs. 5 S. 1 Hs. 1 hat der Vorstand der einzugliedernden Gesellschaft **bei der Anmeldung** zur Eintragung zu erklären, dass eine Klage (§§ 243, 249; nicht: § 256 ZPO, str., s. Hüffer/Koch/*Koch* Rn. 14) gegen die Wirksamkeit eines HV-Beschlusses nicht oder nicht fristgerecht (§ 246 Abs. 1) erhoben bzw. rechtskräftig abgewiesen oder zurückgenommen worden ist (sog. Negativattest). Abs. 5 S. 1 Hs. 2 erstreckt die Erklärungspflicht auf Fälle, in denen es **nach Erteilung** des Negativattests zur Anhängigkeit und Zustellung einer Nichtigkeitsklage oder zur Zustellung einer schon vor Ablauf der Anfechtungsfrist anhängig gemachten Anfechtungsklage kommt (Emmerich/Habersack/*Habersack* Rn. 28). Daraus folgt, dass bis zum Ablauf der in § 246 Abs. 1 bestimmten Frist ein zwingendes Eintragungshindernis besteht und eine vor Fristablauf abgegebene Negativerklärung unzureichend ist (OLG Karlsruhe 10.4.2001, NJW-RR 2001, 1326 (1327); BGH 5.10.2006, NZG 2006, 956 (957) zu § 16 UmwG).

7 **2. Registersperre.** Fehlt das Negativattest oder liegt eine Erklärung nach Abs. 5 S. 1 Hs. 2 vor, darf das Gericht die Eingliederung vorbehaltlich Abs. 5 S. 2 aE, Abs. 6 nicht eintragen. Ebenso wie § 16 Abs. 2 UmwG ordnet Abs. 5 S. 2 damit ausdrücklich eine Registersperre an. §§ 381, 21 Abs. 1 FamFG sind daher mit der Maßgabe anzuwenden, dass dem Registergericht der übliche Beurteilungsspielraum betreffend die Aussetzung des Eintragungsverfahrens nicht zusteht (Emmerich/Habersack/*Habersack* Rn. 29). Pflichtwidrige Eintragungen unterliegen jedoch nicht der Amtslöschung nach § 398 FamFG (BGH 5.10.2006, NZG 2006, 956 (958); OLG Karlsruhe 10.4.2001, NJW-RR 2001, 1326 (1327), jeweils zur Vorgängerregelung des § 144 Abs. 2 FGG).

V. Freigabeverfahren

8 **1. Verfahren.** Nach § 319 Abs. 6 S. 1 kann das **OLG,** in dessen Bezirk die Gesellschaft ihren Sitz hat, auf Antrag der Gesellschaft durch Beschluss feststellen, dass die erhobene Klage der Eintragung nicht entgegensteht (zur Verfassungsmäßigkeit vgl. BVerfG 30.5.2007, NJW 2007, 3268 (3271) mAnm *v. der Linden/Ogorek* EWiR 2007, 449). Damit wird es den beteiligten Gesellschaften für den Fall, dass Klage gegen den Eingliederungs- und/oder Zustimmungsbeschluss erhoben worden ist, ermöglicht, die Registersperre in einem Eilverfahren zu überwinden. Das OLG entscheidet durch unanfechtbaren Beschluss (Abs. 6 S. 9, → § 246a Rn. 17) in erster und damit letzter Instanz (zur Verfassungsmäßigkeit im Hinblick auf Art. 101 Abs. 1 S. 2 GG s. KG 10.12.2009, NZG 2010, 224). Das **Verfahren** richtet sich nach den im ersten Rechtszug für das Verfahren vor den LG geltenden Vorschriften der ZPO (Abs. 6 S. 2). Eine Übertragung der Sache auf den Einzelrichter entsprechend § 348a ZPO ist jedoch ausgeschlossen (Abs. 6 S. 8 Hs. 1). Auch bedarf es keiner Güteverhandlung nach § 278 ZPO (Abs. 6 S. 8 Hs. 2). Darüber hinaus gelten §§ 247, 82, 83 Abs. 1 ZPO, § 84 ZPO und §§ 253 ff. ZPO entsprechend (Abs. 6 S. 2). Auf mündliche Verhandlung kann nach Abs. 6 S. 4 in dringenden, dh in besonderem Maße eilbedürftigen Fällen verzichtet werden (OLG München 4.12.2003, AG 2004, 217; LG Münster 27.6.2006, NZG 2006, 833). Der Freigabebeschluss soll innerhalb von drei Monaten

ergehen; Verzögerungen sind zu begründen (Abs. 6 S. 5). Die vorgebrachten Tatsachen sind nach Abs. 6 S. 6 iSd § 294 ZPO glaubhaft zu machen. Dies alles entspricht den Regelungen in § 246a und § 16 UmwG (→ § 246a Rn. 15 f.). Schließlich ordnet Abs. 6 S. 11 Hs. 1 die Bestandskraft der aufgrund gerichtlicher Freigabe im Handelsregister eingetragenen Eingliederung an. Jedoch bedarf es hierzu, anders als bei § 246a und in Anlehnung an § 20 Abs. 2 UmwG, keiner gesonderten gerichtlichen Feststellung, dass Mängel des Beschlusses die Wirkung der Eintragung unberührt lassen. Für den Anwendungsbereich des § 319 Abs. 6 S. 1 hat diese fehlende Tenorierungsmöglichkeit des Gerichts allerdings zur Folge, dass die bei § 246a (→ § 246a Rn. 11; s. auch *v. der Linden/Paul* EWiR 2009, 97) zu Recht anerkannte Zulässigkeit eines nach bereits vorgenommener Eintragung erfolgenden Freigabeverfahrens zu verneinen ist (*Wilsing/Paul* GWR 2011, 231; aA offenbar *Ihrig/Seibel* BB 2011, 1613 (1617); *Petersen/Habbe* NZG 2010, 1091 (1092)).

2. Unbedenklichkeit. Voraussetzung für die gerichtliche Freigabe ist das Vorliegen eines der in Abs. 6 S. 3 Nr. 1–3 genannten Unbedenklichkeitstatbestände. Bereits vor Inkrafttreten des ARUG am 1.9.2009 setzte Abs. 6 S. 3 insoweit voraus, dass die Klage unzulässig oder offensichtlich unbegründet sein (Nr. 1) oder ein vorrangiges Vollzugsinteresse der Gesellschaft und ihrer Aktionäre bestehen muss (Nr. 3). Seit Inkrafttreten des ARUG sieht Abs. 6 S. 3 Nr. 2 einen weiteren Unbedenklichkeitstatbestand vor, dem zufolge ein Freigabebeschluss auch dann ergeht, wenn der Kläger nicht binnen einer Woche nach Zustellung des Freigabeantrags durch Urkunden nachgewiesen hat, dass er seit Bekanntmachung der Einberufung Aktien mit einem anteiligen Betrag am Grundkapital von 1000 EUR hält (zur Verfassungsmäßigkeit s. etwa OLG Frankfurt a. M. 23.2.2010, AG 2010, 596 (597); OLG Hamburg 11.12.2009, Konzern 2010, 515 f.; OLG Stuttgart 19.10.2009, AG 2010, 89 (90); *Wilsing/Saß* DB 2011, 919 f.). Darüber hinaus hat der Gesetzgeber betreffend die nach Abs. 6 S. 3 Nr. 3 vorzunehmende Interessenabwägung klargestellt, dass diese zwischen dem Interesse des Klägers einerseits und den wirtschaftlichen Interessen der Gesellschaft und ihrer übrigen Aktionäre andererseits zu erfolgen hat. Die Formulierung macht zudem deutlich, dass eine Freigabe trotz überwiegendem Interesse der Gesellschaft und ihrer Aktionäre nicht erfolgen darf, wenn der mit der Klage geltend gemachte Rechtsverstoß eine besondere Schwere aufweist (OLG Köln 14.12.2017, NZG 2018, 459 (464 ff.) – Strabag). Übereinstimmende Regelungen sieht das Gesetz in § 246a Abs. 2, § 327e Abs. 2 und § 16 Abs. 3 S. 3 UmwG vor (→ § 246a Rn. 8 ff.). 9

3. Schadensersatz. Eine **verschuldensunabhängige** Schadensersatzpflicht ordnet Abs. 6 S. 10 für den Fall an, dass die Eingliederung infolge des Freigabebeschlusses eingetragen wurde, die Klage in der Hauptsache später jedoch Erfolg hat. Gläubiger des Anspruchs ist der Antragsgegner, Schuldner die Gesellschaft, die den Freigabebeschluss erwirkt hat. Gerichtet ist der Anspruch auf den Ersatz des Schadens, der dem Antragsgegner aus der Eintragung der Eingliederung erwachsen ist. §§ 249 ff. BGB sind anwendbar (näher Emmerich/Habersack/*Habersack* Rn. 43). Rückgängigmachung der Eingliederung im Wege der Naturalrestitution kann nach der nunmehr ausdrücklichen Regelung in Abs. 6 S. 11 Hs. 2 jedoch nicht verlangt werden. 10

Eingliederung durch Mehrheitsbeschluß

320 (1) **[1]Die Hauptversammlung einer Aktiengesellschaft kann die Eingliederung der Gesellschaft in eine andere Aktiengesellschaft mit Sitz im Inland auch dann beschließen, wenn sich Aktien der Gesellschaft, auf die zusammen fünfundneunzig vom Hundert des Grundkapitals entfallen, in der Hand der zukünftigen Hauptgesellschaft befinden. [2]Eigene Aktien und Aktien, die einem anderen für Rechnung der Gesellschaft gehören, sind vom Grundkapital abzusetzen. [3]Für die Eingliederung gelten außer § 319 Abs. 1 Satz 2, Abs. 2 bis 7 die Absätze 2 bis 4.**

(2) **[1]Die Bekanntmachung der Eingliederung als Gegenstand der Tagesordnung ist nur ordnungsgemäß, wenn**

1. sie die Firma und den Sitz der zukünftigen Hauptgesellschaft enthält,
2. ihr eine Erklärung der zukünftigen Hauptgesellschaft beigefügt ist, in der diese den ausscheidenden Aktionären als Abfindung für ihre Aktien eigene Aktien, im Falle des § 320b Abs. 1 Satz 3 außerdem eine Barabfindung anbietet.

[2]Satz 1 Nr. 2 gilt auch für die Bekanntmachung der zukünftigen Hauptgesellschaft.

(3) **[1]Die Eingliederung ist durch einen oder mehrere sachverständige Prüfer (Eingliederungsprüfer) zu prüfen. [2]Diese werden auf Antrag des Vorstands der zukünftigen Hauptgesellschaft vom Gericht ausgewählt und bestellt. [3]§ 293a Abs. 3, §§ 293c bis 293e sind sinngemäß anzuwenden.**

(4) **[1]Die in § 319 Abs. 3 Satz 1 bezeichneten Unterlagen sowie der Prüfungsbericht nach Absatz 3 sind jeweils von der Einberufung der Hauptversammlung an, die über die Zustim-**

mung zur Eingliederung beschließen soll, in dem Geschäftsraum der einzugliedernden Gesellschaft und der Hauptgesellschaft zur Einsicht der Aktionäre auszulegen. [2]In dem Eingliederungsbericht sind auch Art und Höhe der Abfindung nach § 320b rechtlich und wirtschaftlich zu erläutern und zu begründen; auf besondere Schwierigkeiten bei der Bewertung der beteiligten Gesellschaften sowie auf die Folgen für die Beteiligungen der Aktionäre ist hinzuweisen. [3]§ 319 Abs. 3 Satz 2 bis 5 gilt sinngemäß für die Aktionäre beider Gesellschaften.

I. Allgemeines

1 § 320 lässt eine Eingliederung auch zu, wenn sich wenigstens **95 % der Aktien** der einzugliedernden Gesellschaft in der Hand der künftigen Hauptgesellschaft befinden (sog. Mehrheitseingliederung). Mit Wirksamwerden der Eingliederung scheiden die außenstehenden Aktionäre gegen angemessene Abfindung aus der einzugliedernden Gesellschaft aus (zur Verfassungsmäßigkeit s. BVerfGE 100, 289 (302 ff.) = NJW 1999, 3769 (3770) – DAT/Altana; zuletzt bestätigt durch BVerfG 5.12.2012, AG 2013, 255). Nach Abs. 1 S. 3 findet § 319 Abs. 1 S. 2, Abs. 2–7 (→ § 319) auch auf die Mehrheitseingliederung Anwendung.

II. Voraussetzungen der Mehrheitseingliederung

2 Es gilt im Grundsatz das zu § 319 Gesagte (→ § 319 Rn. 2). Anders als dort muss die künftige Hauptgesellschaft jedoch nur Eigentümerin von **mindestens 95 %** der Aktien der einzugliedernden Gesellschaft sein. Die Berechnung folgt grundsätzlich den in → § 319 Rn. 2 dargestellten Regeln. Abs. 1 S. 2 bestimmt ergänzend, dass eigene Aktien der einzugliedernden Gesellschaft und Aktien, die einem anderen für Rechnung dieser Gesellschaft gehören, vom Grundkapital abzusetzen sind. Das bedeutet im Ergebnis eine Aufweichung des 95 %-Erfordernisses und damit eine Erleichterung der Mehrheitseingliederung (MüKoAktG/*Grunewald* Rn. 3).

III. Eingliederungsverfahren

3 **1. Bekanntmachung der Tagesordnung.** Sie richtet sich nach § 121 Abs. 3 S. 2, Abs. 4, der für die einzugliedernde Gesellschaft durch Abs. 2 S. 1 und für die künftige Hauptgesellschaft durch Abs. 2 S. 2 ergänzt wird. Die Bekanntmachung der einzugliedernden Gesellschaft muss daher auch Firma und Sitz der künftigen Hauptgesellschaft sowie deren Erklärung über das Abfindungsangebot enthalten. Anders als bei § 319 (→ § 319 Rn. 3) wird der Eingliederungsbeschluss nicht notwendig in einer Vollversammlung gefasst, sodass regelmäßig keine Befreiung von den Einberufungsförmlichkeiten (§ 121 Abs. 6) in Betracht kommt. Die Erklärung über das Abfindungsangebot ist auch der Bekanntmachung der künftigen Hauptgesellschaft beizufügen (Abs. 2 S. 2). Bleibt die Bekanntmachung der einzugliedernden Gesellschaft hinter den Vorgaben zurück, so darf die Eingliederung nicht beschlossen werden (§ 124 Abs. 4 S. 1). Bei Bekanntmachungsmängeln der künftigen Hauptgesellschaft gilt dasselbe für die Zustimmung zur Eingliederung. Ein dennoch gefasster Beschluss ist gem. § 243 Abs. 1 anfechtbar (BGH 27.5.1974, WM 1974, 713 (714); MüKoAktG/*Grunewald* Rn. 8).

4 **2. Eingliederungsprüfung.** Abweichend von § 319 sieht Abs. 3 S. 1 für die Mehrheitseingliederung eine Pflichtprüfung vor. Ausgewählt und bestellt werden die sachverständigen Prüfer vom Gericht auf Antrag des Vorstands der künftigen Hauptgesellschaft (Abs. 3 S. 2). Im Übrigen gelten § 293a Abs. 3, §§ 293c–293e sinngemäß (Abs. 3 S. 3). Zuständig für Auswahl und Bestellung der Prüfer ist daher das LG (KfH), in dessen Bezirk die einzugliedernde Gesellschaft ihren Sitz hat. **Gegenstand** der Prüfung ist neben der Angemessenheit der Abfindung und den Voraussetzungen der Eingliederung (allgM, s. MüKoAktG/*Grunewald* Rn. 14) auch der Eingliederungsbericht (str., wie hier LG Berlin 13.11.1995, AG 1996, 230 (232); Emmerich/Habersack/*Habersack* Rn. 20 mwN). Über das Ergebnis der Prüfung haben die Prüfer schriftlich zu berichten (§ 293e Abs. 1 S. 1).

5 **3. Informationspflichten.** Abs. 4 nimmt auf die in § 319 Abs. 3 S. 1 geregelten Informationspflichten Bezug und erweitert diese für die Mehrheitseingliederung. Abs. 4 S. 1 ergänzt § 319 Abs. 3 S. 1 um den Prüfungsbericht und ordnet die Auslagepflicht auch für die einzugliedernde Gesellschaft an. Abs. 4 S. 2 knüpft an § 319 Abs. 3 S. 1 Nr. 3 an und erstreckt die dort geregelte Berichtspflicht in Anlehnung an § 293a Abs. 1 auf Art und Höhe der den ausscheidenden Aktionären nach § 320b zu gewährenden Abfindung (→ § 293a Rn. 7 f.). Schließlich kommen § 319 Abs. 3 S. 2–5 sinngemäß zur Anwendung (Abs. 4 S. 3).

Wirkungen der Eingliederung

320a **[1]Mit der Eintragung der Eingliederung in das Handelsregister gehen alle Aktien, die sich nicht in der Hand der Hauptgesellschaft befinden, auf diese über. [2]Sind über diese Aktien Aktienurkunden ausgegeben, so verbriefen sie bis zu ihrer Aushändigung an die Hauptgesellschaft nur den Anspruch auf Abfindung.**

§ 320a regelt die durch die Eintragung der Mehrheitseingliederung (§ 320) in das Handelsregister ausgelösten Rechtsfolgen für die Aktien der Minderheitsaktionäre. Mit Aktien meint das Gesetz die Mitgliedschaftsrechte. Ihr Übergang vollzieht sich **kraft Gesetzes** und führt dazu, dass die Hauptgesellschaft Alleinaktionärin der eingegliederten Gesellschaft wird. Zu den nach S. 1 übergehenden Aktien zählen neben eigenen Aktien auch solche Anteile, die von Dritten für Rechnung der einzugliedernden Gesellschaft gehalten werden (allgM, s. Hölters/*Leuering*/*Goertz* Rn. 2). 1

Aus S. 2 folgt, dass die Hauptgesellschaft mit Wirksamwerden der Eingliederung nicht auch Eigentümerin der Aktienurkunden wird. Diese verbleiben im Eigentum der ausgeschiedenen Aktionäre, die zur Aushändigung an die Hauptgesellschaft nur **Zug um Zug** (§§ 273, 274 BGB) gegen Gewährung der Abfindung verpflichtet sind (BGH 31.1.2017, NZG 2017, 341 (342) zu § 327e Abs. 3 S. 2 mAnm *Paschos*/*v. der Linden* EWiR 2017, 227 (228); Hüffer/Koch/*Koch* Rn. 3; Hölters/*Leuering*/*Goertz* Rn. 4). 2

Abfindung der ausgeschiedenen Aktionäre

320b (1) [1]**Die ausgeschiedenen Aktionäre der eingegliederten Gesellschaft haben Anspruch auf angemessene Abfindung.** [2]**Als Abfindung sind ihnen eigene Aktien der Hauptgesellschaft zu gewähren.** [3]**Ist die Hauptgesellschaft eine abhängige Gesellschaft, so sind den ausgeschiedenen Aktionären nach deren Wahl eigene Aktien der Hauptgesellschaft oder eine angemessene Barabfindung zu gewähren.** [4]**Werden als Abfindung Aktien der Hauptgesellschaft gewährt, so ist die Abfindung als angemessen anzusehen, wenn die Aktien in dem Verhältnis gewährt werden, in dem bei einer Verschmelzung auf eine Aktie der Gesellschaft Aktien der Hauptgesellschaft zu gewähren wären, wobei Spitzenbeträge durch bare Zuzahlungen ausgeglichen werden können.** [5]**Die Barabfindung muß die Verhältnisse der Gesellschaft im Zeitpunkt der Beschlußfassung ihrer Hauptversammlung über die Eingliederung berücksichtigen.** [6]**Die Barabfindung sowie bare Zuzahlungen sind von der Bekanntmachung der Eintragung der Eingliederung an mit jährlich 5 Prozentpunkten über dem jeweiligen Basiszinssatz nach § 247 des Bürgerlichen Gesetzbuchs zu verzinsen; die Geltendmachung eines weiteren Schadens ist nicht ausgeschlossen.**

(2) [1]**Die Anfechtung des Beschlusses, durch den die Hauptversammlung der eingegliederten Gesellschaft die Eingliederung der Gesellschaft beschlossen hat, kann nicht auf § 243 Abs. 2 oder darauf gestützt werden, daß die von der Hauptgesellschaft nach § 320 Abs. 2 Nr. 2 angebotene Abfindung nicht angemessen ist.** [2]**Ist die angebotene Abfindung nicht angemessen, so hat das in § 2 des Spruchverfahrensgesetzes bestimmte Gericht auf Antrag die angemessene Abfindung zu bestimmen.** [3]**Das gleiche gilt, wenn die Hauptgesellschaft eine Abfindung nicht oder nicht ordnungsgemäß angeboten hat und eine hierauf gestützte Anfechtungsklage innerhalb der Anfechtungsfrist nicht erhoben oder zurückgenommen oder rechtskräftig abgewiesen worden ist.**

I. Allgemeines

Die Vorschrift räumt den nach § 320a S. 1 ausgeschiedenen Aktionären der eingegliederten Gesellschaft in Abs. 1 als von Verfassungs wegen (Art. 14 GG) **notwendigen Ausgleich** für den Verlust ihrer Mitgliedschaft einen Anspruch auf angemessene Abfindung ein. Abs. 2 regelt den **Rechtsschutz** der Aktionäre gegen einen Eingliederungsbeschluss (nicht: Zustimmungsbeschluss), mit dem iSd § 243 Abs. 2 unzulässige Sondervorteile verfolgt werden oder der eine unangemessene Abfindungsregelung trifft. 1

II. Anspruch auf angemessene Abfindung

Der Anspruch entsteht kraft Gesetzes mit Wirksamwerden der Eingliederung und richtet sich gegen die Hauptgesellschaft. Als **Regelabfindung** sieht Abs. 1 S. 2 Aktien der Hauptgesellschaft vor. Handelt es sich bei dieser um eine abhängige Gesellschaft (§ 17), so ist wahlweise eine Barabfindung anzubieten (Abs. 1 S. 3). Für das Wahlrecht gelten §§ 262 ff. BGB (*Frisinger* BB 1972, 819 (820); BeckOGK/*Singhof*, 1.7.2020, Rn. 8; zur Bindung an eine einmal ausgeübte Wahl vgl. BGH 18.10.2010, NZG 2010, 1344 (1345) mAnm *Goslar* EWiR 2011, 35). Umtausch- und Bezugsrechte sind analog §§ 320a, 320b durch wertgleiche Abfindungsrechte zu ersetzen (BGH 2.2.1998, NJW 1998, 2146; grundlegend *Martens* AG 1992, 209 (211 ff.); aA K. Schmidt/Lutter/*Ziemons* § 320a Rn. 6 f.). Die **Angemessenheit** der Abfindung (Abs. 1 S. 1) beurteilt sich nach Abs. 1 S. 4 und 5 und damit nach den von § 305 Abs. 3 (→ § 305 Rn. 14 ff.) bekannten Grundsätzen (speziell zur Eingliederung s. OLG Düsseldorf 15.1.2004, NZG 2004, 622; LG Dortmund 1.4.2004, NZG 2004, 723). Barabfindung und bare Zuzahlungen, die zum Ausgleich von Spitzenbeträgen erbracht werden, sind von der Bekanntmachung (§ 10 HGB) an 2 mit 5 Prozentpunkten über dem jeweiligen Basiszinssatz (§ 247 BGB) zu **verzinsen** (Abs. 1 S. 6 Hs. 1), und zwar auch für den Zeitraum, in dem das Wahlrecht noch nicht ausgeübt ist (Hüffer/Koch/*Koch* Rn. 7; Hölters/*Leuering/Goertz* Rn. 12). Abs. 1 S. 6 Hs. 2 eröffnet bei Verzug die Möglichkeit zum Ersatz weiteren Schadens (§§ 280, 286 BGB).

III. Beschlussmängel

3 **1. Anfechtung.** In den von Abs. 2 S. 1 genannten Fällen schließt das Gesetz die Anfechtung des **Eingliederungsbeschlusses** (nicht: des Zustimmungsbeschlusses) aus. Dies entspricht § 304 Abs. 3 S. 2 (→ § 304 Rn. 15). Die Unangemessenheit der Barabfindung kann allein im Spruchverfahren geltend gemacht werden (Abs. 2 S. 2). Möglich bleibt die Anfechtung nach § 243 Abs. 1, und zwar nach Abs. 2 S. 3 auch dann, wenn eine Abfindung nicht oder nicht ordnungsgemäß angeboten worden ist (LG Mosbach 28.12.2000, NZG 2001, 763 (766)). Hier steht den Aktionären das Spruchverfahren nur subsidiär zur Verfügung, wenn eine Anfechtungsklage innerhalb der Anfechtungsfrist nicht erhoben, zurückgenommen oder rechtskräftig abgewiesen worden ist (Hüffer/Koch/*Koch* Rn. 9). Unter den Voraussetzungen des § 243 Abs. 4 S. 1 ist der Eingliederungsbeschluss grundsätzlich auch dann anfechtbar, wenn er unter **Verletzung von Informationsrechten** zustande gekommen ist. Einschränkungen ergeben sich jedoch für abfindungswertbezogene Informationsmängel sowohl aus § 243 Abs. 4 S. 2 als auch aus der zu §§ 210, 212 UmwG, § 305 ergangenen BGH-Rspr. (BGH 29.1.2001, NJW 2001, 1428; BGHZ 146, 179 (182 ff.) = NJW 2001, 1425 ff.), die jedenfalls sachlich auf die Mehrheitseingliederung (und den Squeeze-out) übertragbar (*Wilsing/Kruse* DB 2002, 1539 (1542); aA etwa BeckOGK/*Singhof,* 1.7.2020, Rn. 13 mwN) und an der auch nach Einführung von § 243 Abs. 4 S. 2 festzuhalten ist (zutr. *Weißhaupt* ZIP 2005, 1766 (1772)).

4 **2. Spruchverfahren.** Ist die angebotene Abfindung nicht angemessen (Abs. 2 S. 2) oder liegt ein Fall des Abs. 2 S. 3 vor, so setzt das in § 2 SpruchG bestimmte Gericht die angemessene Abfindung auf Antrag fest; zum Verfahren nach dem SpruchG → § 304 Rn. 16. Aktionären, die ihre Aktienurkunden bereits nach § 320a S. 2 gegen Abfindung an die Hauptgesellschaft ausgehändigt haben, steht ein Abfindungsergänzungsanspruch zu (hM, s. BeckOGK/*Singhof,* 1.7.2020, Rn. 16). Ein bereits anhängiges Spruchverfahren ist auch dann fortzuführen, wenn der Eingliederungsbeschluss erfolgreich angefochten wurde (aA OLG Karlsruhe 15.2.2011, AG 2011, 673 mablAnm *Kort* EWiR 2011, 795 ff.). Zwar ist die Eingliederung in diesem Fall ex tunc unwirksam, jedoch kommen nach zutreffender Ansicht die Grundsätze über die fehlerhafte Gesellschaft zur Anwendung, was den Abfindungsanspruch der ausgeschiedenen Aktionäre und damit auch das Spruchverfahren unberührt lässt (zutr. Emmerich/Habersack/*Habersack* Rn. 22 mwN).

Gläubigerschutz

321 (1) [1]**Den Gläubigern der eingegliederten Gesellschaft, deren Forderungen begründet worden sind, bevor die Eintragung der Eingliederung in das Handelsregister bekanntgemacht worden ist, ist, wenn sie sich binnen sechs Monaten nach der Bekanntmachung zu diesem Zweck melden, Sicherheit zu leisten, soweit sie nicht Befriedigung verlangen können.** [2]**Die Gläubiger sind in der Bekanntmachung der Eintragung auf dieses Recht hinzuweisen.**

(2) **Das Recht, Sicherheitsleistung zu verlangen, steht Gläubigern nicht zu, die im Falle des Insolvenzverfahrens ein Recht auf vorzugsweise Befriedigung aus einer Deckungsmasse haben, die nach gesetzlicher Vorschrift zu ihrem Schutz errichtet und staatlich überwacht ist.**

I. Allgemeines

1 § 321 gewährt den Altgläubigern der eingegliederten Gesellschaft einen Anspruch auf **Sicherheitsleistung** und ist im Zusammenhang mit §§ 323, 324 zu sehen, die der Hauptgesellschaft in weitem Umfang Zugriff auf das Vermögen der eingegliederten Gesellschaft gewähren. Vergleichbare Regelungen enthalten § 225 (Kapitalherabsetzung), § 303 (Unternehmensvertrag) und § 22 UmwG (Verschmelzung).

II. Voraussetzungen, Inhalt und Ausschluss des Anspruchs

2 Sicherheit kann nur beansprucht werden für Forderungen, die im Zeitpunkt der Bekanntmachung der Eintragung der Eingliederung bereits begründet waren (Abs. 1 S. 1). Erforderlich ist, dass sich der Gläubiger innerhalb einer sechsmonatigen **Ausschlussfrist** bei der Gesellschaft meldet. Keine Anspruchsvoraussetzung ist der Hinweis nach Abs. 1 S. 2. Dies alles entspricht § 225 Abs. 1, § 303 Abs. 1 und § 22 Abs. 1 UmwG (→ § 225 Rn. 2 ff.). Ist die Forderung bereits fällig, sodass Befriedigung verlangt werden kann, scheidet ein Anspruch auf Sicherheitsleistung aus. Schuldner des Anspruchs ist die

eingegliederte Gesellschaft (hM, s. Emmerich/Habersack/*Habersack* Rn. 6). Sein **Inhalt** bestimmt sich nach §§ 232 ff. BGB, jedoch kommt die Hauptgesellschaft wegen § 322 als Bürgin nicht in Betracht (Hüffer/Koch/*Koch* Rn. 4). Vorrang vor einer Sicherheitsleistung kommt nach Abs. 2 dem Recht auf vorzugsweise Befriedigung zu (→ § 225 Rn. 7).

Haftung der Hauptgesellschaft

322 (1) [1] **Von der Eingliederung an haftet die Hauptgesellschaft für die vor diesem Zeitpunkt begründeten Verbindlichkeiten der eingegliederten Gesellschaft den Gläubigern dieser Gesellschaft als Gesamtschuldner.** [2] **Die gleiche Haftung trifft sie für alle Verbindlichkeiten der eingegliederten Gesellschaft, die nach der Eingliederung begründet werden.** [3] **Eine entgegenstehende Vereinbarung ist Dritten gegenüber unwirksam.**

(2) **Wird die Hauptgesellschaft wegen einer Verbindlichkeit der eingegliederten Gesellschaft in Anspruch genommen, so kann sie Einwendungen, die nicht in ihrer Person begründet sind, nur insoweit geltend machen, als sie von der eingegliederten Gesellschaft erhoben werden können.**

(3) [1] **Die Hauptgesellschaft kann die Befriedigung des Gläubigers verweigern, solange der eingegliederten Gesellschaft das Recht zusteht, das ihrer Verbindlichkeit zugrunde liegende Rechtsgeschäft anzufechten.** [2] **Die gleiche Befugnis hat die Hauptgesellschaft, solange sich der Gläubiger durch Aufrechnung gegen eine fällige Forderung der eingegliederten Gesellschaft befriedigen kann.**

(4) **Aus einem gegen die eingegliederte Gesellschaft gerichteten vollstreckbaren Schuldtitel findet die Zwangsvollstreckung gegen die Hauptgesellschaft nicht statt.**

I. Allgemeines

Die Vorschrift ist §§ 128, 129 HGB nachgebildet und ordnet die **gesamtschuldnerische Mithaftung** der Hauptgesellschaft für die von der eingegliederten Gesellschaft begründeten Verbindlichkeiten an. Sie dient dem Schutz der Gläubiger der eingegliederten Gesellschaft und trägt damit der durch §§ 323, 324 in weitem Umfang eröffneten Möglichkeit zum Zugriff auf deren Vermögen Rechnung. 1

II. Haftung der Hauptgesellschaft

Die in Abs. 1 angeordnete Mithaftung führt dazu, dass die Hauptgesellschaft **Erfüllung** der Verbindlichkeiten der eingegliederten Gesellschaft schuldet. Dies betrifft auch Verpflichtungen, die nicht auf Leistung von Geld gerichtet sind (hM, s. Hüffer/Koch/*Koch* Rn. 4; aA KK-AktG/*Koppensteiner* Rn. 7 ff.: Einstandsverpflichtung). Von der Mithaftung umfasst sind alle vor und nach der Eingliederung begründeten Verbindlichkeiten. Abweichende Vereinbarungen der Gesellschaften sind gegenüber Gläubigern wirkungslos (Abs. 1 S. 3). Für den Innenregress gilt § 426 BGB, jedoch wird die eingegliederte Gesellschaft der Hauptgesellschaft regelmäßig zu vollem Ausgleich verpflichtet sein (näher MüKoAktG/*Grunewald* Rn. 18; K. Schmidt/Lutter/*Ziemons* Rn. 20). 2

III. Einwendungen und Zwangsvollstreckung

Abs. 2 und 3 betreffen persönliche und von der eingegliederten Gesellschaft abgeleitete Einwendungen sowie in Anfechtungs- und Aufrechnungslagen bestehende Leistungsverweigerungsrechte der Hauptgesellschaft. Sie entsprechen der Regelung in § 129 Abs. 1–3 HGB. § 322 kombiniert somit Elemente der gesamtschuldnerischen und der akzessorischen Haftung und schließt auf diese Weise die für die Gesamtschuld eigentlich charakteristische selbständige Entwicklung der Schuldverhältnisse systemwidrig aus (Hüffer/Koch/*Koch* Rn. 6). Abs. 4 der Vorschrift entspricht § 129 Abs. 4 HGB (→ HGB § 129 Rn. 18). 3

Leitungsmacht der Hauptgesellschaft und Verantwortlichkeit der Vorstandsmitglieder

323 (1) [1] **Die Hauptgesellschaft ist berechtigt, dem Vorstand der eingegliederten Gesellschaft hinsichtlich der Leitung der Gesellschaft Weisungen zu erteilen.** [2] **§ 308 Abs. 2 Satz 1, Abs. 3, §§ 309, 310 gelten sinngemäß.** [3] **§§ 311 bis 318 sind nicht anzuwenden.**

(2) **Leistungen der eingegliederten Gesellschaft an die Hauptgesellschaft gelten nicht als Verstoß gegen die §§ 57, 58 und 60.**

I. Allgemeines

1 § 323 begründet eine **umfassende Leitungsmacht** der Hauptgesellschaft gegenüber der eingegliederten Gesellschaft und trägt damit deren Status als wirtschaftlich vollständig integrierte Betriebsabteilung Rechnung. Dem entspricht die in Abs. 2 angeordnete Nichtgeltung von §§ 57, 58, 60. Soweit § 323 darüber hinaus die Verantwortlichkeit der Vorstandsmitglieder regelt (Abs. 1 S. 2 iVm §§ 309, 310), kommt dem nur geringe praktische Bedeutung zu (MüKoAktG/*Grunewald* Rn. 13).

II. Leitungsmacht der Hauptgesellschaft

2 Abs. 1 S. 1 gesteht der Hauptgesellschaft ein nahezu unbeschränktes **Weisungsrecht** zu; § 308 Abs. 1 gilt nicht. Uneingeschränkt zulässig sind daher auch Weisungen, die für die eingegliederte Gesellschaft nachteilig sind, und zwar auch dann, wenn sie ihre Existenz gefährden oder vernichten (hM, s. MüKoAktG/*Grunewald* Rn. 3; aA K. Schmidt/Lutter/*Ziemons* Rn. 6; krit. auch Hüffer/Koch/*Koch* Rn. 3). Rechtswidrige Weisungen dürfen jedoch nicht erteilt werden (allgM, s. Hüffer/Koch/*Koch* Rn. 3). Weisungsberechtigt ist die Hauptgesellschaft, vertreten durch den Vorstand (zur Delegationsmöglichkeit → § 308 Rn. 3). Adressat ist der Vorstand der eingegliederten Gesellschaft. Zulässige Weisungen (nur diese) ist er verpflichtet zu befolgen (Abs. 1 S. 2 iVm § 308 Abs. 2 S. 1). Im Übrigen gilt § 76 Abs. 1. Nicht anwendbar sind §§ 311–318 (Abs. 1 S. 3).

Gesetzliche Rücklage. Gewinnabführung. Verlustübernahme

324 (1) **Die gesetzlichen Vorschriften über die Bildung einer gesetzlichen Rücklage, über ihre Verwendung und über die Einstellung von Beträgen in die gesetzliche Rücklage sind auf eingegliederte Gesellschaften nicht anzuwenden.**

(2) [1] **Auf einen Gewinnabführungsvertrag, eine Gewinngemeinschaft oder einen Teilgewinnabführungsvertrag zwischen der eingegliederten Gesellschaft und der Hauptgesellschaft sind die §§ 293 bis 296, 298 bis 303 nicht anzuwenden.** [2] **Der Vertrag, seine Änderung und seine Aufhebung bedürfen der schriftlichen Form.** [3] **Als Gewinn kann höchstens der ohne die Gewinnabführung entstehende Bilanzgewinn abgeführt werden.** [4] **Der Vertrag endet spätestens zum Ende des Geschäftsjahrs, in dem die Eingliederung endet.**

(3) **Die Hauptgesellschaft ist verpflichtet, jeden bei der eingegliederten Gesellschaft sonst entstehenden Bilanzverlust auszugleichen, soweit dieser den Betrag der Kapitalrücklagen und der Gewinnrücklagen übersteigt.**

I. Allgemeines

1 Die Vorschrift **flankiert § 323,** indem sie das Vermögen der eingegliederten Gesellschaft bis zur Höhe der Grundkapitalziffer zur uneingeschränkten Disposition der Hauptgesellschaft stellt. Dies ist deshalb hinnehmbar, da die eingegliederte Gesellschaft über außenstehende Aktionäre nicht verfügt und Gläubiger über § 322 abgesichert sind.

II. Befreiung von der Pflicht zur Bildung und Erhaltung gesetzlicher Rücklagen

2 Abs. 1 befreit die eingegliederte Gesellschaft von den Verpflichtungen des § 150. Bereits gebildete gesetzliche Rücklagen können aufgelöst und frei verwendet werden. **Unanwendbar** ist Abs. 1 auf Kapitalrücklagen iSv § 272 Abs. 2 HGB (allgM, s. Hölters/*Leuering*/*Goertz* Rn. 4; MüKoAktG/*Grunewald* Rn. 3). Auch müssen **Satzungsregelungen** betreffend Bildung, Dotierung und Verwendung gesetzlicher Rücklagen weiterhin beachtet werden (KK-AktG/*Koppensteiner* Rn. 4; Hölters/*Leuering*/*Goertz* Rn. 3).

III. Gewinnabführungsverträge

3 Bedeutung kommt der vertraglichen Gewinnabführung wegen § 323 Abs. 1 allein für die **steuerliche Organschaft** (§ 14 KStG) zu, deren Begründung durch Abs. 2 S. 1 erleichtert wird (Hüffer/Koch/*Koch* Rn. 4). Zu diesem Zweck erklärt Abs. 2 die Schutzvorschriften der §§ 293–296, 298–303 für nicht anwendbar (S. 1) und unterwirft Abschluss, Änderung und Aufhebung entsprechender Verträge nur der Schriftform (S. 2). Abs. 2 S. 3 begrenzt die vertragliche Gewinnabführung in Abweichung von § 301 einzig auf die Höhe des fiktiven Bilanzgewinns. Unberührt bleibt die durch § 323 Abs. 1 eröffnete Möglichkeit zu weitergehenden Vermögensverlagerungen (Emmerich/Habersack/*Habersack* Rn. 7). Nach Abs. 2 S. 4 enden die genannten Verträge zwingend spätestens zum Ende des Geschäftsjahres, in dem auch die Eingliederung ihr Ende findet.

IV. Verlustausgleichspflicht

Zum Verlustausgleich verpflichtet ist die Hauptgesellschaft nach Abs. 3 erst, wenn der Verlust den Betrag vorhandener Kapital- und Gewinnrücklagen übersteigt. Anders als § 302 dient Abs. 3 damit allein der **Sicherung des Grundkapitals** der eingegliederten Gesellschaft. Daher ist es auch unerheblich, aus welcher Zeit die Rücklagen stammen (Hüffer/Koch/*Koch* Rn. 7). Ein Vorgehen nach § 229 bleibt der Hauptgesellschaft unbenommen (allgM, s. Hölters/*Leuering*/*Goertz* Rn. 12). 4

(aufgehoben)

325

Auskunftsrecht der Aktionäre der Hauptgesellschaft

326

Jedem Aktionär der Hauptgesellschaft ist über Angelegenheiten der eingegliederten Gesellschaft ebenso Auskunft zu erteilen wie über Angelegenheiten der Hauptgesellschaft.

Die Regelung **ergänzt § 131 Abs. 1 S. 2.** Indem sie das Auskunftsrecht der Aktionäre der Hauptgesellschaft auf die Angelegenheiten der eingegliederten Gesellschaft erstreckt, trägt sie der engen Verbindung von Hauptgesellschaft und eingegliederter Gesellschaft Rechnung. 1

Schuldner des Auskunftsanspruchs ist die Hauptgesellschaft. Die Erteilung der Auskunft erfolgt durch den Vorstand, ggf. auch durch Hilfspersonen (näher MüKoAktG/*Grunewald* Rn. 5). Im Übrigen gelten die allgemeinen Regeln über die Auskunftserteilung und -verweigerung (Hüffer/Koch/*Koch* Rn. 3). 2

Ende der Eingliederung

327

(1) **Die Eingliederung endet**

1. **durch Beschluß der Hauptversammlung der eingegliederten Gesellschaft,**
2. **wenn die Hauptgesellschaft nicht mehr eine Aktiengesellschaft mit Sitz im Inland ist,**
3. **wenn sich nicht mehr alle Aktien der eingegliederten Gesellschaft in der Hand der Hauptgesellschaft befinden,**
4. **durch Auflösung der Hauptgesellschaft.**

(2) **Befinden sich nicht mehr alle Aktien der eingegliederten Gesellschaft in der Hand der Hauptgesellschaft, so hat die Hauptgesellschaft dies der eingegliederten Gesellschaft unverzüglich schriftlich mitzuteilen.**

(3) **Der Vorstand der bisher eingegliederten Gesellschaft hat das Ende der Eingliederung, seinen Grund und seinen Zeitpunkt unverzüglich zur Eintragung in das Handelsregister des Sitzes der Gesellschaft anzumelden.**

(4) [1] **Endet die Eingliederung, so haftet die frühere Hauptgesellschaft für die bis dahin begründeten Verbindlichkeiten der bisher eingegliederten Gesellschaft, wenn sie vor Ablauf von fünf Jahren nach dem Ende der Eingliederung fällig und daraus Ansprüche gegen die frühere Hauptgesellschaft in einer in § 197 Abs. 1 Nr. 3 bis 5 des Bürgerlichen Gesetzbuchs bezeichneten Art festgestellt sind oder eine gerichtliche oder behördliche Vollstreckungshandlung vorgenommen oder beantragt wird; bei öffentlich-rechtlichen Verbindlichkeiten genügt der Erlass eines Verwaltungsakts.** [2] **Die Frist beginnt mit dem Tag, an dem die Eintragung des Endes der Eingliederung in das Handelsregister nach § 10 des Handelsgesetzbuchs bekannt gemacht worden ist.** [3] **Die für die Verjährung geltenden §§ 204, 206, 210, 211 und 212 Abs. 2 und 3 des Bürgerlichen Gesetzbuchs sind entsprechend anzuwenden.** [4] **Einer Feststellung in einer in § 197 Abs. 1 Nr. 3 bis 5 des Bürgerlichen Gesetzbuchs bezeichneten Art bedarf es nicht, soweit die frühere Hauptgesellschaft den Anspruch schriftlich anerkannt hat.**

In folgenden Fällen endet die Eingliederung **zwingend kraft Gesetzes:** (1.) Nach Abs. 1 Nr. 1 durch Beschluss der HV der eingegliederten Gesellschaft. Die Entscheidung liegt damit beim Vorstand der Hauptgesellschaft. (2.) Nach Abs. 1 Nr. 2, wenn die Hauptgesellschaft nicht mehr AG mit Sitz im Inland ist. Rechtsformänderungen sowie Sitzverlegung ins Ausland haben damit beendigende Wirkung. (3.) Nach Abs. 1 Nr. 3, sobald sich nicht mehr alle Aktien in der Hand der Hauptgesellschaft befinden. 1

(4.) Nach Abs. 1 Nr. 4 durch Auflösung der Hauptgesellschaft (§§ 262, 396 Abs. 1). Der Katalog des Abs. 1 ist nicht abschließend. Beendigende Wirkung hat darüber hinaus der Wegfall von Eingliederungsvoraussetzungen bei der eingegliederten Gesellschaft (MüKoAktG/*Grunewald* Rn. 8 ff.). Ein Formwechsel der eingegliederten Gesellschaft ist deshalb ebenfalls Beendigungstatbestand (Hüffer/Koch/*Koch* Rn. 4).

2 Nach Abs. 3 hat der Vorstand der bisher eingegliederten Gesellschaft die Beendigung unverzüglich (§ 121 Abs. 1 S. 1 BGB) zur Eintragung ins Handelsregister anzumelden. Der Eintragung kommt aber nur **deklaratorische Bedeutung** zu (allgM, s. Emmerich/Habersack/*Habersack* Rn. 13). §§ 14, 15 HGB sind anwendbar (Hüffer/Koch/*Koch* Rn. 6). Abs. 4 regelt in Anlehnung an § 160 Abs. 1 und 2 HGB die Nachhaftung für Verbindlichkeiten der bisher eingegliederten Gesellschaft, die vor Bekanntmachung der Beendigung oder vor dem nach § 15 Abs. 2 HGB relevanten Zeitpunkt begründet worden sind. Anders als nach § 160 Abs. 1 S. 2 HGB, der auf den Tag der Registereintragung abstellt, ist für den Fristbeginn jedoch der Zeitpunkt der Bekanntmachung (§ 10 HGB) entscheidend (Abs. 4 S. 2).

Vierter Teil. Ausschluss von Minderheitsaktionären

Übertragung von Aktien gegen Barabfindung

327a (1) [1]**Die Hauptversammlung einer Aktiengesellschaft oder einer Kommanditgesellschaft auf Aktien kann auf Verlangen eines Aktionärs, dem Aktien der Gesellschaft in Höhe von 95 vom Hundert des Grundkapitals gehören (Hauptaktionär), die Übertragung der Aktien der übrigen Aktionäre (Minderheitsaktionäre) auf den Hauptaktionär gegen Gewährung einer angemessenen Barabfindung beschließen.** [2]**§ 285 Abs. 2 Satz 1 findet keine Anwendung.**

(2) **Für die Feststellung, ob dem Hauptaktionär 95 vom Hundert der Aktien gehören, gilt § 16 Abs. 2 und 4.**

I. Allgemeines

1 §§ 327a ff. betreffen den **zwangsweisen Ausschluss von Minderheitsaktionären** (sog. Squeeze-out). IE regeln sie die gegen angemessene Barabfindung erfolgende zwangsweise Übertragung der Aktien einer Aktionärsminderheit auf einen zu wenigstens 95 % am Grundkapital einer AG oder KGaA beteiligten Hauptaktionär. Bezweckt ist, durch Wegfall des Formalaufwands, der sich aus der Beachtung zwingender minderheitsschützender Normen ergibt, die unternehmerische Entfaltungsfreiheit des Hauptaktionärs zu stärken. Verfassungsrechtlich sind §§ 327a ff. nicht zu beanstanden (BVerfG 30.5.2007, NJW 2007, 3268 mAnm *v. der Linden/Ogorek* EWiR 2007, 449; BGH 18.9.2006, NZG 2006, 905 f. mAnm *Goslar* EWiR 2006, 673). Sonderformen des zwangsweisen Ausschlusses von Minderheitsaktionären sehen §§ 39a ff. WpÜG im Anschluss an ein Übernahme- oder Pflichtangebot nach den übernahmerechtlichen Vorschriften (zum Verhältnis der Ausschlusstatbestände s. BeckOGK/*Singhof*, 1.7.2020, Rn. 11 ff.) sowie § 62 Abs. 5 UmwG (→ UmwG § 62 Rn. 18 ff.) bei Konzernverschmelzungen vor.

II. Voraussetzungen des Ausschlusses

2 **1. Beteiligte.** Die Möglichkeit zum Minderheitsausschluss besteht nur in einer **AG** (nach Art. 9 Abs. 1 lit. c ii SE-VO steht die SE der AG gleich) oder **KGaA** (Abs. 1 S. 1). Die Gesellschaft muss als solche entstanden sein (§ 41 Abs. 1 S. 1). Ihre Auflösung (§ 262) steht einem Ausschlussverfahren nicht entgegen (BVerfG 19.9.2007, WM 2007, 2199 (2200); BGH 18.9.2006, NZG 2006, 905 mAnm *Goslar* EWiR 2006, 673 (674)). **Hauptaktionär** ist jedes Mitglied einer AG oder KGaA, dem wenigstens 95 % des Grundkapitals gehören.

3 **2. 95 %-ige Kapitalbeteiligung.** Für die Ermittlung der Mindestkapitalbeteiligung gilt § 16 Abs. 2 und 4 (Abs. 2). Dh, einem Aktionär „gehören“ nur solche Aktien, die in seinem **Eigentum** stehen **oder** ihm nach § 16 Abs. 4 **zugerechnet** werden. Schuldrechtliche Bindungen berühren die Eigentümerstellung nicht (s. auch BGH 16.3.2009, NZG 2009, 585 (586) – Lindner Holding). Umgekehrt bleiben auf Übertragung von Aktien gerichtete schuldrechtliche Ansprüche ebenso unberücksichtigt (Emmerich/Habersack/*Habersack* Rn. 16; *Fleischer* ZGR 2002, 757 (776)) wie noch nicht **ausgeübte** Erwerbsoptionen (zu noch nicht **bedienten** Optionen s. *Wilsing/Kruse* ZIP 2002, 1465 (1467); *Süßmann* AG 2013, 158 (159); K. Schmidt/Lutter/*Schnorbus* Rn. 9). Begründet werden kann die Mindestkapitalbeteiligung auch allein im Wege der Zurechnung nach § 16 Abs. 4 (hM, s. OLG Köln 6.10.2003, AG 2004, 39 (41); Hüffer/Koch/*Koch* Rn. 18). Die Eigentumsverhältnisse müssen schon in dem Zeitpunkt

bestehen, in dem das Übertragungsverlangen dem Vorstand der Gesellschaft zugeht (BGH 22.3.2011, WM 2011, 1032 (1035); OLG München 12.11.2008, NZG 2009, 506 (508); OLG Düsseldorf 16.1.2004, NZG 2004, 328 (331); Emmerich/Habersack/*Habersack* Rn. 18). Fehlt es hieran, so ist der Übertragungsbeschluss nichtig (OLG München 23.11.2006, AG 2007, 173 (174); KG 10.12.2009, WM 2010, 416 (418); KG 25.11.2004, AG 2005, 478 (479); MüKoAktG/*Grunewald* Rn. 16; offengelassen von BGH 22.3.2011, WM 2011, 1032 (1036)).

III. Ausschlussverfahren

1. Übertragungsverlangen. Die Übertragung der Aktien der Minderheitsaktionäre auf den Hauptaktionär kann die HV nur auf Verlangen des Hauptaktionärs beschließen (Abs. 1 S. 1). **Adressat** des Verlangens ist die Gesellschaft, vertreten durch den Vorstand (§ 78 Abs. 2 S. 2). Das Verlangen ist an keine bestimmte Form gebunden (MüKoAktG/*Grunewald* Rn. 11), erfolgt in der Praxis im Normalfall aber schriftlich. Ein wirksames Verlangen (näher KK-AktG/*Koppensteiner* Rn. 19 ff.) verpflichtet die Gesellschaft zur Einberufung einer HV mit dem Ausschluss der Minderheitsaktionäre als Gegenstand der Beschlussfassung (§ 124 Abs. 1). Entspricht die Gesellschaft einem wirksamen Verlangen nicht, so kann der Hauptaktionär nach § 122 vorgehen (LG Regensburg 16.1.2004, Konzern 2004, 811 (815); Hüffer/Koch/*Koch* Rn. 11a). Jedoch ist die Gesellschaft nicht in jedem Fall zur Einberufung einer **außerordentlichen** HV verpflichtet (MüKoAktG/*Grunewald* Rn. 12; *Sieger/Hasselbach* ZGR 2002, 120 (142)). Auch sind Vorstand und AR nicht zur Unterstützung des Verlangens gezwungen (allgM, s. Hüffer/Koch/*Koch* Rn. 11b). 4

2. Übertragungsbeschluss. Der in § 327e Abs. 3 S. 1 angeordnete Aktienübergang setzt einen wirksamen Übertragungsbeschluss voraus (Abs. 1 S. 1). Konkret ist der Beschluss auf Übertragung der Aktien der Minderheitsaktionäre auf einen genau zu bezeichnenden Hauptaktionär gegen Gewährung einer Barabfindung in bestimmter Höhe gerichtet (zu Beschlussvorschlägen s. *Fuhrmann/Simon* WM 2002, 1211 (1214); *Vossius* ZIP 2002, 511 (515 f.)). Vorbehaltlich §§ 327c ff. gelten die allgemeinen Vorschriften über HV-Beschlüsse. Es genügt daher **einfache Stimmenmehrheit** (§ 133 Abs. 1). Ein Sonderbeschluss einzelner Aktiengattungen ist nicht erforderlich (BVerfG 28.8.2007, ZIP 2007, 1987 mAnm *Ogorek* EWiR 2007, 673; OLG Düsseldorf 14.1.2005, WM 2005, 650 (655) mAnm *Wilsing* EWiR 2005, 495 f.). Auch bedarf der Beschluss keiner sachlichen Rechtfertigung (allgM, s. Hüffer/Koch/*Koch* Rn. 14), weil der Gesetzgeber bereits eine abschließende Abwägung zugunsten des Hauptaktionärs vorgenommen hat. Nach hM ist zwar grundsätzlich denkbar, dass das Übertragungsverlangen (nicht: der Anteilserwerb) im Einzelfall **rechtsmissbräuchlich** (§ 242 BGB) und der Übertragungsbeschluss deswegen anfechtbar ist (OLG Köln 14.12.2017, NZG 2018, 459 (462 f.) mAnm *Goslar* EWiR 2018, 139 f.). Da jede Berücksichtigung der wirtschaftlichen Intentionen des Hauptaktionärs die Grundsatzentscheidung des Gesetzgebers für die Zulässigkeit des Squeeze-out und gegen eine materielle Beschlusskontrolle in erheblichem Umfang aushöhlt, sind dem Rechtsmissbrauchsvorwurf jedoch sehr enge Grenzen gesetzt (vgl. MHdB GesR IV/*Austmann* § 75 Rn. 121). Vor diesem Hintergrund hat auch der BGH entschieden, dass es nicht missbräuchlich ist, wenn der Hauptaktionär sich die notwendige Kapitalbeteiligung im Wege eines Wertpapierdarlehens (§ 607 BGB) nur vorübergehend und eigens zum Zweck des Ausschlusses der Aktionärsminderheit verschafft (BGH 16.3.2009, NZG 2009, 585 – Lindner Holding; aA noch OLG München 23.11.2006, AG 2007, 173 (175 ff.); LG Landshut 1.2.2006, NZG 2006, 400). Nach der Entscheidung ist davon auszugehen, dass es für den Zwangsausschluss allein auf die dingliche Rechtsinhaberschaft ankommt und der Rechtsgrund des Anteilserwerbs (zB Anteilskauf über die oder außerhalb der Börse, Sachdarlehen, Übernahmeangebot, Zeichnung junger Aktien aus Kapitalerhöhung, Anteilserwerb infolge Verschmelzung) auch unter Missbrauchsgesichtspunkten generell unbeachtlich ist. Auch ein gezielter Formwechsel in die AG macht einen anschließenden Squeeze-out nicht treuwidrig, da lediglich vom Gesetz zur Verfügung gestellte Gestaltungsinstrumente in zulässiger Weise kombiniert werden (ausführlich *Goslar/v. der Linden* BB 2009, 1986 (1992 f.); *Schäfer/Dette* NZG 2009, 1 (6); aA MüKoAktG/*Grunewald* Rn. 24). Die praktische Bedeutung des Missbrauchseinwands dürfte damit gegen Null tendieren. Von dieser Problematik zu unterscheiden ist die Frage, ob und unter welchen Voraussetzungen solche Hauptversammlungsbeschlüsse missbräuchlich und damit ihrerseits anfechtbar sind, in deren Folge ein Aktionär die Beteiligungsschwelle von 95 % erreicht und so die zentrale Prämisse für ein nachfolgendes Squeeze-out-Verfahren schafft (zB Zustimmungsbeschluss zu einer Verschmelzung, vgl. OLG Hamburg 1.2.2008, BB 2008, 2199 mAnm *Wilsing/Ogorek* – ContiTech/Phoenix). 5

3. Besonderheiten bei der KGaA. § 285 Abs. 2 S. 1 gilt nicht (Abs. 1 S. 2). Die Zustimmung der persönlich haftenden Gesellschafter zum Übertragungsbeschluss der Kommanditaktionäre ist damit nicht erforderlich. 6

Barabfindung

327b (1) [1]**Der Hauptaktionär legt die Höhe der Barabfindung fest; sie muss die Verhältnisse der Gesellschaft im Zeitpunkt der Beschlussfassung ihrer Hauptversammlung berücksichtigen.** [2]**Der Vorstand hat dem Hauptaktionär alle dafür notwendigen Unterlagen zur Verfügung zu stellen und Auskünfte zu erteilen.**

(2) **Die Barabfindung ist von der Bekanntmachung der Eintragung des Übertragungsbeschlusses in das Handelsregister an mit jährlich 5 Prozentpunkten über dem jeweiligen Basiszinssatz nach § 247 des Bürgerlichen Gesetzbuchs zu verzinsen; die Geltendmachung eines weiteren Schadens ist nicht ausgeschlossen.**

(3) **Vor Einberufung der Hauptversammlung hat der Hauptaktionär dem Vorstand die Erklärung eines im Geltungsbereich dieses Gesetzes zum Geschäftsbetrieb befugten Kreditinstituts zu übermitteln, durch die das Kreditinstitut die Gewährleistung für die Erfüllung der Verpflichtung des Hauptaktionärs übernimmt, den Minderheitsaktionären nach Eintragung des Übertragungsbeschlusses unverzüglich die festgelegte Barabfindung für die übergegangenen Aktien zu zahlen.**

I. Allgemeines

1 § 327b **konkretisiert § 327a Abs. 1 S. 1** betreffend Höhe (Abs. 1) und Verzinsung (Abs. 2) der den Minderheitsaktionären anzubietenden Barabfindung. Darüber hinaus verpflichtet die Vorschrift den Hauptaktionär zum Zweck der Sicherung des Abfindungsanspruchs zur Beibringung einer Gewährleistungserklärung eines in Deutschland zum Geschäftsbetrieb zugelassenen Kreditinstituts (Abs. 3).

II. Festlegung und Bemessung der Barabfindung

2 **1. Festlegung durch den Hauptaktionär.** Die Höhe der Barabfindung legt der Hauptaktionär fest (Abs. 1 S. 1 Hs. 1). Zu diesem Zweck sind ihm von der Gesellschaft, für die der Vorstand handelt, alle erforderlichen Unterlagen zur Verfügung zu stellen und Auskünfte zu erteilen (Abs. 1 S. 2). Soweit im Verhältnis zum Hauptaktionär die Offenlegung von Informationen geboten ist, sind die Vorstandsmitglieder von ihrer Verschwiegenheitspflicht aus § 93 Abs. 1 S. 3 befreit. Zum Schutz der Geheimhaltungsinteressen der Gesellschaft wird dann zutreffend eine Verlagerung der Verschwiegenheitspflicht auf den Hauptaktionär angenommen (Emmerich/Habersack/*Habersack* Rn. 5; Hölters/*Müller-Michaels* Rn. 13). Nach dem Vorbild des § 395 Abs. 1 Hs. 1 hat der Hauptaktionär deshalb über ihm offenbarte vertrauliche Angaben und Geheimnisse der AG Stillschweigen zu bewahren. Rechtsgrundlage ist die mitgliedschaftliche Treupflicht des Hauptaktionärs, deren Verletzung nach allg. Regeln Schadensersatzansprüche der AG begründen kann. § 131 Abs. 3 und 4 sind nicht anwendbar (LG Saarbrücken 28.7.2004, NZG 2004, 1012 (1013) zu Abs. 4; *Fuhrmann/Simon* WM 2002, 1211 (1216)). Festzulegen ist die Abfindung auf einen **bestimmten Euro-Betrag,** der ab Bekanntmachung der Tagesordnung (§§ 121, 124) nicht mehr zum Nachteil der Minderheitsaktionäre abgeändert werden darf (allgM). Eine Erhöhung der Abfindung bleibt allerdings bis zum Zeitpunkt der Beschlussfassung möglich (hM, s. *H. Schmidt* GS M. Winter, 2011, 583 (589 ff.); *Angerer* BKR 2002, 260 (264); MüKoAktG/*Grunewald* Rn. 7). Ein bedingtes oder unter Widerrufs- bzw. Änderungsvorbehalt stehendes Barabfindungsangebot entspricht nicht den gesetzlichen Anforderungen (BeckOGK/*Singhof*, 1.7.2020, Rn. 3). Eine (unzulässige) Bedingung liegt dann jedoch nicht vor, wenn im Prüfungsbericht die Angemessenheit der Barabfindung unter der Voraussetzung bejaht wird, dass zusätzlich eine Dividende in bestimmter Höhe gezahlt wird (OLG Hamm 22.9.2010, NZG 2011, 148).

3 **2. Abfindungsberechtigte.** Gläubiger des Abfindungsanspruchs sind die Minderheitsaktionäre, deren Aktien nach § 327e Abs. 3 S. 1 auf den Hauptaktionär übergehen. Die Gesellschaft selbst kann daher nicht abfindungsberechtigt sein (GK-AktG/*Fleischer* Rn. 25; aA Emmerich/Habersack/*Habersack* Rn. 6; Hölters/*Müller-Michaels* Rn. 2). Anspruch auf angemessene Abfindung haben analog § 327a Abs. 1 S. 1 auch die Inhaber von **Options- und Wandelrechten** (hM, s. LG Düsseldorf 4.3.2004, NZG 2004, 1168 (1170); MüKoAktG/*Grunewald* Rn. 14; *Süßmann* AG 2013, 158; *Engelhardt,* Convertible Bonds im Squeeze Out, 2007, 108 ff.; Hüffer/Koch/*Koch* Rn. 3), wobei Gegenstand der Abfindung – unabhängig von der Fälligkeit des Verschaffungsanspruchs – das Bezugsrecht ist (*Wilsing/Kruse* ZIP 2002, 1465 (1467 ff.); Emmerich/Habersack/*Habersack* Rn. 8 mwN).

4 **3. Angemessenheit.** Nach § 327a Abs. 1 S. 1 muss die Barabfindung angemessen sein, dh sie muss die Minderheitsaktionäre für den Verlust ihrer Mitgliedschaft **wirtschaftlich voll entschädigen** (BVerfG 5.12.2012, AG 2013, 255 (256); BVerfGE 100, 289 (305 f.) = NJW 1999, 3769 (3770) – DAT/Altana). Als Bewertungsstichtag sieht Abs. 1 S. 1 Hs. 2 den Zeitpunkt der Beschlussfassung vor. Dies alles entspricht § 305 Abs. 1 und 3 S. 2 (→ § 305 Rn. 14 ff.). Bei der Ermittlung des Anteilswerts orientiert sich die Praxis an den allgemeinen Bewertungsgrundsätzen nach IDW S 1. Rechtlich ver-

bindlich vorgegeben ist eine bestimmte Bewertungsmethode allerdings nicht; entscheidend ist, dass die jeweilige Methode wissenschaftlich anerkannt und in der Praxis gebräuchlich ist (BGH 29.9.2015, NZG 2016, 139 (142); OLG Zweibrücken 2.10.2017, AG 2018, 200 (202) mAnm Klaaßen-Kaiser/Bünten EWiR 2018, 231 (232)). Die Auswahl der jeweils geeigneten Bewertungsmethode ist Aufgabe des Tatrichters. Auf dieser Grundlage kann in einem späteren Spruchverfahren auch ein Bewertungsstandard angewendet werden, der zum Bewertungsstichtag noch nicht in Kraft war (BGH 29.9.2015, NZG 2016, 139 (142 ff.); OLG Düsseldorf 6.4.2017, ZIP 2017, 1157 (1158 f.) mAnm *Paul* EWiR 2017, 687; 6.6.2016, AG 2017, 487 (488); s. aber auch OLG Düsseldorf 15.11.2016, ZIP 2017, 521 (523); 15.8.2016, AG 2016, 864 (865)). Ausgangspunkt der Bewertung nach IDW S 1 ist grundsätzlich der Ertragswert des Unternehmens, wobei in der jüngeren Rspr. auch eine Bewertung ausschließlich unter Rückgriff auf den Börsenkurs für möglich gehalten wird, sofern dieser eine verlässliche Aussage über den Verkehrswert der Unternehmensbeteiligung erlaubt (BGH 29.9.2015, NZG 2016, 139 (142); OLG Frankfurt a. M. 17.1.2017, AG 2017, 626 (628); 5.12.2013, NZG 2014, 464; LG Frankfurt a. M. 27.6.2019, NZG 2019, 989; aA *Ruthardt/Hachmeister* NZG 2014, 455 (456 f.)). Stattdessen ist ein den Ertragswert ausnahmsweise übersteigender **Liquidationswert** als Untergrenze bei der Bewertung heranzuziehen, solange kein Zwang zur Fortführung des Unternehmens besteht (OLG Celle 31.7.1998, NZG 1998, 987 (989); eingehend *Fleischer/Schneider* DStR 2013, 1736; *Ruthardt/Hachmeister* WM 2014, 725 (726, 731) jeweils mwN; aA unter Berufung auf BGH-Rspr. zum erbrechtlichen Pflichtteilsrecht OLG Düsseldorf 27.5.2009, AG 2009, 907 (909 f.); 27.2.2004, AG 2004, 324 (326 ff.): Ertragswert bei bestehender Fortführungsabsicht; OLG Frankfurt a. M. 7.6.2011, NZG 2011, 990 (991); BayObLG 31.5.1995, DStR 1995, 1479: Liquidationswert nur bei dauerhaft negativen Ertragsaussichten bzw. absehbarer Liquidation; ähnlich BGH 5.12.2018, BeckRS 2018, 35511: Liquidationswert, wenn keine günstige Fortführungsprognose besteht (zum Zugewinnausgleich). Besteht im Zeitpunkt der Beschlussfassung ein (voraussichtlich unbegrenzt fortdauernder) **Beherrschungs- und/oder Gewinnabführungsvertrag** mit dem Hauptaktionär, ist nach dem BGH der Ertragswert jedenfalls dann maßgeblich, wenn dieser höher ist als der Barwert der nach § 304 geschuldeten Ausgleichszahlungen (BGH 12.1.2016, BB 2016, 1073 mablAnm *Paul*). Überzeugender erscheint es bei voraussichtlich unbegrenzter Vertragsfortdauer, die Barabfindung allein anhand des Barwerts der nach § 304 geschuldeten Ausgleichszahlungen zu bemessen mit der Folge, dass eine aufwendige Ertragswertermittlung entfällt (OLG Frankfurt a. M. 15.10.2014, AG 2015, 205 mAnm *Goslar/Witte* EWiR 2015, 101; OLG Frankfurt a. M. 30.3.2010, Konzern 2011, 59 (64 ff.); *Jüngst* 185 ff.; *Leyendecker* NZG 2010, 927 ff.; aA OLG Düsseldorf 4.7.2012, NZG 2012, 1181 mAnm *v. der Linden* GWR 2012, 489; OLG Düsseldorf 29.7.2009, BeckRS 2009, 87264; OLG München 26.10.2006, ZIP 2007, 375 (376); s. auch Hüffer/Koch/*Koch* Rn. 5). Auf diese Weise werden die Minderheitsaktionäre auch für den etwaigen Verlust von Ausgleichsansprüchen für das laufende Geschäftsjahr angemessen entschädigt, die aufgrund der Eintragung des Übertragungsbeschlusses nicht mehr zur Entstehung gelangen. Nichts anderes gilt, wenn die Barabfindung nach dem Börsenkurs zu bemessen ist (BGH 19.4.2011, WM 2011, 1137 (1140) – Wella mAnm *Wilsing/Paul* EWiR 2011, 449, bestätigt durch BVerfG 5.12.2012, AG 2013, 255). In keinem Fall steht den Minderheitsaktionären damit für das laufende Geschäftsjahr ein gesonderter zeitanteiliger Ausgleich nach § 304 zu. Aus denselben Gründen kommt eine zusätzliche Einrechnung in die Barabfindung nach § 327b nicht in Betracht (OLG Frankfurt a. M. 30.3.2010, Konzern 2011, 59 (71); OLG Hamm 19.7.2010, BB 2010, 2199 (2201) mAnm *Wilsing/Goslar;* iE auch Hüffer/Koch/*Koch* Rn. 7; *Bungert/Janson* FS U. H. Schneider, 2011, 159 (174 f.), je mwN auch zur Gegenauffassung). Sieht man mit dem BGH den Barwert der nach § 304 geschuldeten Ausgleichszahlungen als nicht allein maßgebend an, stellt sich die Frage, ob der Barwert ähnlich dem Börsenwert (→ Rn. 5) die **Untergrenze** der geschuldeten Abfindung bildet, wenn dieser den Ertragswert zum Zeitpunkt des Ausschlusses der Minderheitsaktionäre übersteigt und nicht bereits im Börsenkurs abgebildet ist (dafür: OLG Frankfurt a. M. 20.11.2019, BeckRS 2019, 37474 mit Divergenzvorlage an den BGH gemäß § 28 FGG aF iVm Art. 111 Abs. 1 FGG-RG; MüKoAktG/*Grunewald* Rn. 13; Hölters/*Müller-Michaels* Rn. 7 *Schüppen* ZIP 2006, 1413, 1418; dagegen: OLG Düsseldorf 15.11.2016, ZIP 2017, 521; OLG München 26.10.2006, ZIP 2007, 375, 377; BeckOGK/*Singhof,* 1.7.2020, Rn. 45; Hüffer/Koch/*Koch* Rn. 5). Eine solche (weitere) Untergrenze ist bereits deshalb abzulehnen, da sie auf eine Meistbegünstigung der Minderheitsaktionäre hinausliefe, die auch sonst in der Rspr. zu Recht abgelehnt wird.

Handelt es sich um eine börsennotierte Gesellschaft, bildet der **Verkehrswert in Gestalt des Börsenkurses** grundsätzlich die Untergrenze der Abfindung (BVerfGE 100, 289 (309 f.) = NJW 1999, 3769 (3771 f.) – DAT/Altana; bestätigt durch BVerfG 26.4.2011, NZG 2011, 869 (870 f.); krit. dazu *Burger* NZG 2012, 281; abw. für nur im Freiverkehr gehandelte Aktien: OLG München 17.7.2014, NZG 2014, 1230). Allerdings ist aufgrund des geringen Streubesitzes (maximal 5 %) nicht ausgeschlossen, dass der Börsenkurs den Verkehrswert aufgrund bestehender **Marktenge** unzutreffend widerspiegelt. Unter Rückgriff auf die Kriterien des § 5 Abs. 4 WpÜG AngebotsV ist in diesem Fall eine Unterschreitung des Börsenkurses ausnahmsweise zulässig (OLG Karlsruhe 12.7.2013, BeckRS 2013, 13603; OLG München 11.7.2006, Konzern 2006, 692 (694 f.); LG Frankfurt a. M. 17.1.2006, AG 2006, 757 (758); Hüffer/Koch/*Koch* Rn. 6; allg. zur Marktenge bereits BGH 12.3.2001, NZG 2001, 603, 5

606). Die Darlegungs- und Beweislast hierfür trägt der Hauptaktionär (BVerfGE 100, 289 (310) = NJW 1999, 3769 (3772) – DAT/Altana). Im Regelfall ist der zugrunde zu legende Börsenkurs auf der Grundlage eines nach Umsatz gewichteten Durchschnittskurses innerhalb einer dreimonatigen **Referenzperiode** vor Bekanntgabe des Minderheitsausschlusses zu ermitteln (BGHZ 186, 229 (236 ff.) = NJW 2010, 2657 f. – Stollwerck mAnm *Wilsing/Paul* EWiR 2010, 509). Bekanntgabe idS wird meist die Ad-hoc-Mitteilung des Übertragungsverlangens gem. Art. 17 MMVO sein. Zwingend ist dies jedoch nicht, vielmehr kommt auch jedes andere hinreichend konkrete „Bekanntwerden" in Betracht, sofern es nur dazu geeignet ist, entsprechende Abfindungsspekulationen auszulösen (OLG Frankfurt a. M. 21.12.2010, BeckRS 2011, 03054; vgl. auch *Goslar* GWR 2010, 370). Liegt zwischen Bekanntgabe und dem Tag der Hauptversammlung ein längerer Zeitraum (bejaht durch BGHZ 186, 229 (236 ff.) = NJW 2010, 2657 (2660) – Stollwerck bei siebeneinhalb und verneint durch OLG Saarbrücken 11.6.2014, DStR 2014, 1727 bei sechseinhalb, durch OLG Frankfurt a. M. 24.11.2011, BeckRS 2012, 02278 = ZIP 2012, 124 bei ca. fünf sowie durch OLG Stuttgart 17.10.2011, NZG 2011, 1346; 8.7.2011, AG 2011, 795 (800) bei bis zu sechs Monaten; zu Recht auf die Kriterien „Erforderlichkeit" und „Üblichkeit" abstellend *Bungert/Wettich* BB 2010, 2227 (2229)) und lässt es die Entwicklung der Börsenkurse geboten erscheinen, so soll es nach dem Willen des BGH allerdings erforderlich sein, den Börsenwert entsprechend der allgemeinen oder branchentypischen Wertentwicklung unter Berücksichtigung der seitherigen Kursentwicklung hochzurechnen (BGHZ 186, 229 (236 ff.) = NJW 2010, 2657 – Stollwerck mAnm *Wilsing/Paul* EWiR 2010, 509; → § 305 Rn. 24). Für den Regelfall kommt eine derartige Hochrechnung im Umkehrschluss nicht in Betracht (so auch OLG Stuttgart 8.7.2011, AG 2011, 795 (800); *Bücker* NZG 2010, 967 (970)).

III. Verzinsung

6 Nach Abs. 2 Hs. 1 ist die Barabfindung ab Bekanntmachung (§ 10 HGB) der Eintragung des Übertragungsbeschlusses mit 5 Prozentpunkten über dem jeweils geltenden Basiszinssatz (§ 247 BGB) zu verzinsen. Abs. 2 Hs. 2 eröffnet im Verzugsfall die Möglichkeit zum Ersatz weiteren Schadens (§§ 280, 286 BGB). Dies entspricht § 305 Abs. 3 S. 3, § 320b Abs. 1 S. 6.

IV. Gewährleistung durch Kreditinstitut

7 **1. Inhalt, Umfang.** Nach Abs. 3 muss ein in Deutschland zum Geschäftsbetrieb zugelassenes Kreditinstitut (§ 1 Abs. 1 KWG, § 32 KWG) die Gewährleistung für die Erfüllung der Zahlungsverpflichtung des Hauptaktionärs übernehmen. Erforderlich ist, dass **unmittelbare Zahlungsansprüche** der Minderheitsaktionäre gegen das Kreditinstitut begründet werden (BGH 22.3.2011, WM 2011, 1032 (1034); OLG Düsseldorf 29.6.2005, WM 2005, 1948 (1951): Garantie, Schuldbeitritt, selbstschuldnerische Bürgschaft). Das Zahlungsversprechen muss unbedingt und unbefristet sein. Dem steht es nicht entgegen, wenn die Gewährleistungserklärung Zahlung nur für den Fall vorsieht, dass der Hauptaktionär nicht oder nicht rechtzeitig zahlt und der Abfindungsanspruch nicht verjährt ist (BGH 22.3.2011, WM 2011, 1032 (1034) mAnm *Goslar* EWiR 2011, 329). Sofern der Gesamtabfindungsbetrag gedeckt ist, kann die Gewährleistungserklärung auch einen Höchstbetrag vorsehen (LG Bochum 7.12.2004, AG 2005, 738 (740) für die Zulässigkeit einer Beschränkung der Garantie auf eine bestimmte Aktienanzahl; Hüffer/Koch/*Koch* Rn. 12; aA LG Frankfurt a. M. 9.3.2004, NZG 2004, 672 (674 f.)). Nicht erforderlich ist, dass die Gewährleistung auch etwaige Erhöhungen in einem Spruchverfahren (BVerfG 30.5.2007, NJW 2007, 3268 (3270) mAnm *v. der Linden/Ogorek* EWiR 2007, 449; BGH 25.10.2005, ZIP 2005, 2107 (2108)) oder eventuell anfallende Zinsen erfasst (OLG Karlsruhe 29.6.2006, AG 2007, 92; OLG Düsseldorf 29.6.2005, WM 2005, 1948 (1951); *Fuhrmann/Simon* WM 2002, 1211 (1216)).

8 **2. Verfahren.** Die Gewährleistungserklärung muss dem Vorstand vor Einberufung der HV übermittelt werden. Liegt sie nicht vor, so darf nicht einberufen werden. Setzt sich der Vorstand hierüber hinweg, so kann er sich nach § 93 Abs. 2 S. 1 schadensersatzpflichtig machen (Hüffer/Koch/*Koch* Rn. 11). Ein ohne die Gewährleistung gefasster Übertragungsbeschluss ist nach § 243 Abs. 1 **anfechtbar** (hM, s. Hölters/*Müller-Michaels* Rn. 17). Gleiches gilt, wenn die Erklärung hinter den genannten Anforderungen zurückbleibt (OLG Frankfurt a. M. 19.7.2005, AG 2005, 657 f.).

Vorbereitung der Hauptversammlung

327c

(1) Die Bekanntmachung der Übertragung als Gegenstand der Tagesordnung hat folgende Angaben zu enthalten:

1. Firma und Sitz des Hauptaktionärs, bei natürlichen Personen Name und Adresse;
2. die vom Hauptaktionär festgelegte Barabfindung.

(2) [1] **Der Hauptaktionär hat der Hauptversammlung einen schriftlichen Bericht zu erstatten, in dem die Voraussetzungen für die Übertragung dargelegt und die Angemessenheit der**

Barabfindung erläutert und begründet werden. [2]Die Angemessenheit der Barabfindung ist durch einen oder mehrere sachverständige Prüfer zu prüfen. [3]Diese werden auf Antrag des Hauptaktionärs vom Gericht ausgewählt und bestellt. [4]§ 293a Abs. 2 und 3, § 293c Abs. 1 Satz 3 bis 5, Abs. 2 sowie die §§ 293d und 293e sind sinngemäß anzuwenden.

(3) **Von der Einberufung der Hauptversammlung an sind in dem Geschäftsraum der Gesellschaft zur Einsicht der Aktionäre auszulegen**

1. der Entwurf des Übertragungsbeschlusses;
2. die Jahresabschlüsse und Lageberichte für die letzten drei Geschäftsjahre;
3. der nach Absatz 2 Satz 1 erstattete Bericht des Hauptaktionärs;
4. der nach Absatz 2 Satz 2 bis 4 erstattete Prüfungsbericht

(4) **Auf Verlangen ist jedem Aktionär unverzüglich und kostenlos eine Abschrift der in Absatz 3 bezeichneten Unterlagen zu erteilen.**

(5) **Die Verpflichtungen nach den Absätzen 3 und 4 entfallen, wenn die in Absatz 3 bezeichneten Unterlagen für denselben Zeitraum über die Internetseite der Gesellschaft zugänglich sind.**

I. Allgemeines

Die Vorschrift ist an § 319 Abs. 3, § 320 Abs. 2–4 angelehnt und regelt die **Information der Minderheitsaktionäre** in Vorbereitung auf die HV. Bezweckt ist, die Aktionäre frühzeitig über die für sie wesentlichen Punkte des Ausschlussverfahrens, insbes. die Höhe der Barabfindung, zu informieren und somit eine sachgerechte Ausübung ihrer Aktionärsrechte zu gewährleisten (GK-AktG/*Fleischer* Rn. 2; Hölters/*Müller-Michaels* Rn. 1). 1

II. Bekanntmachung der Tagesordnung

Sie richtet sich nach § 121 Abs. 3 S. 2, Abs. 4, der durch Abs. 1 ergänzt wird. Nach Abs. 1 Nr. 1 ist der **Hauptaktionär** in der Bekanntmachung durch Firma (§ 17 HGB) und Sitz (bei Einzelkaufleuten: Hauptniederlassung) zu bezeichnen. Natürliche Personen, die nicht Kaufleute sind, sind durch Name und vollständige Adresse zu individualisieren (näher Hüffer/Koch/*Koch* Rn. 2). Ist der Hauptaktionär eine GbR, so genügt, falls vorhanden, die Angabe eines Gesamtnamens (allgM, s. Emmerich/Habersack/*Habersack* Rn. 5); bei Erben- oder Gütergemeinschaften sind Namen und Adressen der einzelnen Mitglieder anzuführen (MüKoAktG/*Grunewald* Rn. 3; Emmerich/Habersack/*Habersack* Rn. 5). Nach Abs. 1 Nr. 2 muss die Bekanntmachung zudem die vom Hauptaktionär **festgelegte Barabfindung** (Betrag pro Aktie) enthalten. Genügt die Bekanntmachung diesen Vorgaben nicht, so darf die Beschlussfassung nicht erfolgen (§ 124 Abs. 4 S. 1). Bei Verstößen gilt § 243 Abs. 1 (MüKoAktG/*Grunewald* Rn. 5; Emmerich/Habersack/*Habersack* Rn. 4). 2

III. Bericht und Prüfung

1. Berichtspflicht. In Anlehnung an § 293a Abs. 1, § 319 Abs. 3 Nr. 3, § 320 Abs. 4 S. 2 sieht Abs. 2 S. 1 eine Berichtspflicht des **Hauptaktionärs** vor. Der Bericht ist **schriftlich** (§ 126 BGB) zu erstatten; bei juristischen Personen genügt die Unterzeichnung durch Mitglieder des Geschäftsführungsorgans in vertretungsberechtigter Zahl (OLG Düsseldorf 14.1.2005, WM 2005, 650 (652) mAnm *Wilsing* EWiR 2005, 495; OLG Stuttgart 3.12.2003, NZG 2004, 146 (147); s. auch BGH 21.5.2007, NJW-RR 2007, 1409 (1411) zu § 8 Abs. 1 UmwG). **Inhaltlich** muss der Bericht das Vorliegen der Übertragungsvoraussetzungen sowie die Angemessenheit der Barabfindung (Bewertungsmethode und -ergebnis) schlüssig und plausibel darlegen (BGH 18.9.2006, NZG 2006, 905 (906) mAnm *Goslar* EWiR 2006, 673; Emmerich/Habersack/*Habersack* Rn. 8 f.). Diesen Anforderungen wird auch dann genügt, wenn der Hauptaktionär den von ihm ermittelten Abfindungsbetrag unter Berücksichtigung der abweichenden Feststellungen des sachverständigen Prüfers pauschal erhöht und der Grund für die Erhöhung im Übertragungsbericht offengelegt wird (OLG München 6.7.2011, AG 2012, 45 (48)). § 293a Abs. 2 und 3 gilt entsprechend (Abs. 2 S. 4). Berichtsmängel machen den Übertragungsbeschluss anfechtbar (OLG Köln 26.8.2004, NZG 2005, 931 (933); → § 327f Rn. 2). 3

2. Angemessenheitsprüfung. Abs. 2 S. 2 ordnet die Überprüfung der Angemessenheit der Barabfindung durch einen oder mehrere sachverständige Prüfer an. **Auswahl und Bestellung** der Abfindungsprüfer nimmt das Gericht nach Abs. 2 S. 3 auf Antrag des Hauptaktionärs vor. Die gerichtliche Bestellung dient dem Ziel, die Distanz des Prüfers zum Hauptaktionär und damit die Objektivität des gefundenen Ergebnisses im Interesse der auszuschließenden Aktionärsminderheit zu gewährleisten (BT-Drs. 14/7477, 54). Im Übrigen gelten § 293c Abs. 1 S. 3–5, Abs. 2, §§ 293d und 293e sinngemäß (Abs. 2 S. 4). Damit ist insbes. § 319 Abs. 2 und 3 HGB anwendbar (Abs. 2 S. 4 iVm § 293d Abs. 1 S. 1). Sinngemäße Anwendung bedeutet, dass die dort beschriebenen Bestellungshindernisse auch dann 4 eingreifen, wenn sie nicht im Verhältnis zur Gesellschaft, sondern im Verhältnis zum Hauptaktionär verwirklicht sind (allgM, s. Emmerich/Habersack/*Habersack* Rn. 12). Von der gerichtlichen Bestellung zum Abfindungsprüfer ausgeschlossen ist demnach insbes. ein Wirtschaftsprüfer, der bereits an der Erstellung des Berichts des Hauptaktionärs nach Abs. 2 S. 1 mitgewirkt hat (sog. Selbstprüfungsverbot). Gegen eine – in der Praxis wegen der mit ihr verbundenen Zeitersparnis weit verbreitete – **Parallelprüfung** des Abfindungsprüfers und des im Auftrag des Hauptaktionärs handelnden Bewertungsgutachters bestehen allerdings keine Bedenken (hM, s. BGH 18.9.2006, NZG 2006, 905 (906); Emmerich/Habersack/*Habersack* Rn. 11; Hüffer/Koch/*Koch* Rn. 5 mwN). Über das **Ergebnis** der Prüfung hat der Abfindungsprüfer schriftlich zu berichten (s. *Veit* DB 2005, 1697 (1700 f.), sowie § 293a Abs. 2 und 3, § 293e).

IV. Informationspflichten

5 Ab Einberufung der HV ist die Gesellschaft zur **Auslegung** der in Abs. 3 Nr. 1–4 genannten Unterlagen im Geschäftsraum der Gesellschaft verpflichtet. Zum Ort des Geschäftsraums macht Abs. 3 keine Vorgaben, sodass es genügt, wenn die Unterlagen am Sitz der Hauptverwaltung ausgelegt werden (BGH 22.3.2011, WM 2011, 1032 (1034) mAnm *Goslar* EWiR 2011, 329; K. Schmidt/Lutter/*Schnorbus* Rn. 26; aA etwa BeckOGK/*Singhof*, 1.7.2020, Rn. 11: Satzungssitz). Die Aufzählung in Abs. 3 ist abschließend (hM, zum Konzernabschluss und -lagebericht s. OLG Düsseldorf 14.1.2005, WM 2005, 650 (653); OLG Hamburg 11.8.2003, AG 2003, 696 (697); *Kort* NZG 2006, 604). Abs. 4 gewährt jedem Aktionär einen Anspruch auf unverzügliche und kostenlose Erteilung einer **Abschrift** dieser Unterlagen. Nach Abs. 5 entfallen die Verpflichtungen nach Abs. 3 und 4, wenn die in Abs. 3 bezeichneten Unterlagen für den dort genannten Zeitraum über die Internetseite der Gesellschaft zugänglich sind. Dies alles entspricht §§ 293f, 319 Abs. 3. Bei Verstößen gilt § 243 Abs. 1 und 4 (Emmerich/Habersack/*Habersack* Rn. 14 f.; → § 327f Rn. 2).

Durchführung der Hauptversammlung

327d **[1]In der Hauptversammlung sind die in § 327c Abs. 3 bezeichneten Unterlagen zugänglich zu machen. [2]Der Vorstand kann dem Hauptaktionär Gelegenheit geben, den Entwurf des Übertragungsbeschlusses und die Bemessung der Höhe der Barabfindung zu Beginn der Verhandlung mündlich zu erläutern.**

1 § 327d regelt die Information der Minderheitsaktionäre während der HV. Die in § 327c Abs. 3 genannten Unterlagen, also (1.) Entwurf des Übertragungsbeschlusses, (2.) Jahresabschlüsse und Lageberichte für die letzten drei Geschäftsjahre, (3.) Übertragungsbericht des Hauptaktionärs und (4.) Prüfungsbericht des Abfindungsprüfers, müssen in der HV nicht zwingend in vervielfältigter Form ausgelegt werden. Vielmehr ist es ausreichend, dass die Unterlagen den Aktionären **zugänglich gemacht** werden (S. 1). Damit können die Unterlagen auch elektronisch (zB über bereitgestellte Computer) zur Verfügung gestellt werden. Eine **Verlesung** verlangt das Gesetz nicht. Wird der Übertragungsbeschluss in einer ordentlichen HV gefasst, so versteht sich S. 1 als Ergänzung zu der in § 176 Abs. 1 S. 1 geregelten Pflicht, Verwaltungsvorlagen zugänglich zu machen. Dies entspricht § 293g Abs. 1, § 319 Abs. 3 S. 4, § 320 Abs. 1 S. 3 (→ § 293g Rn. 2).

2 S. 2 ermöglicht dem Vorstand, den Entwurf des Übertragungsbeschlusses und die Bemessung der Höhe der Barabfindung durch den Hauptaktionär erläutern zu lassen. Ob er von dieser Möglichkeit Gebrauch macht, steht in seinem Ermessen. Findet, wie in der Praxis üblich, keine Erläuterung durch den Hauptaktionär statt, so kann – entgegen dem Wortlaut des Gesetzes – allerdings nicht davon ausgegangen werden, dass die nach S. 1 iVm § 327c Abs. 3 ausgelegten Unterlagen überhaupt nicht erläutert werden müssen. Dies widerspräche allgemeinen aktienrechtlichen Grundsätzen, die vor allem in § 176 Abs. 1 S. 2, § 293g Abs. 2 S. 1, § 320 Abs. 4 S. 3 iVm § 319 Abs. 3 S. 5 zum Ausdruck kommen. Richtigerweise ist S. 2 deshalb so zu verstehen, dass den Vorstand eine eigene Erläuterungspflicht hinsichtlich aller auslagepflichtigen Unterlagen trifft, wobei er sich zur Erläuterung des Entwurfs des Übertragungsbeschlusses und der Bemessung der Höhe der Barabfindung des Hauptaktionärs als Hilfsperson bedienen kann (OLG Hamburg 11.4.2003, WM 2003, 1271 (1276); Hüffer/Koch/*Koch* Rn. 3 f.). Umgekehrt können aber weder der Vorstand noch die Minderheitsaktionäre vom Hauptaktionär verlangen, dass er sich in der HV zu diesen Punkten äußert. Von der Regelung in S. 2 bleibt das nach § 131 bestehende **Auskunftsrecht** der Aktionäre gegenüber der Gesellschaft unberührt. Berechtigte Auskunftsverlangen hat die AG durch ihren Vorstand als nach § 131 Abs. 1 S. 1 ausschließlich zuständiges Organ zu beantworten (MüKoAktG/*Kubis* § 131 Rn. 20). Jedoch kann sich der Vorstand im Einzelfall bei der Beantwortung von Fragen entsprechend S. 2 des Hauptaktionärs bedienen (OLG Stuttgart 3.12.2003, NZG 2004, 146 (148); MHdB GesR IV/*Austmann* § 75 Rn. 76).

Eintragung des Übertragungsbeschlusses

327e (1) [1]**Der Vorstand hat den Übertragungsbeschluss zur Eintragung in das Handelsregister anzumelden.** [2]**Der Anmeldung sind die Niederschrift des Übertragungsbeschlusses und seine Anlagen in Ausfertigung oder öffentlich beglaubigter Abschrift beizufügen.**

(2) **§ 319 Abs. 5 und 6 gilt sinngemäß.**

(3) [1]**Mit der Eintragung des Übertragungsbeschlusses in das Handelsregister gehen alle Aktien der Minderheitsaktionäre auf den Hauptaktionär über.** [2]**Sind über diese Aktien Aktienurkunden ausgegeben, so verbriefen sie bis zu ihrer Aushändigung an den Hauptaktionär nur den Anspruch auf Barabfindung.**

I. Allgemeines

Mit § 327e trägt das Gesetz dem Bedürfnis nach **Publizität und Rechtssicherheit** Rechnung. In Anlehnung an § 319 Abs. 4, § 320a regelt die Vorschrift in Abs. 1 und 3 die Eintragung des Übertragungsbeschlusses in das Handelsregister und die damit verbundenen Rechtsfolgen. Abs. 2 nimmt auf die Vorschriften der Eingliederung über das Negativattest und das Freigabeverfahren Bezug. 1

II. Anmeldung zur Eintragung

Nach Abs. 1 S. 1 ist der Übertragungsbeschluss vom Vorstand zur Eintragung ins Handelsregister am Sitz der Gesellschaft (§ 14) anzumelden. § 407 findet keine Anwendung (hM, s. Hölters/*Müller-Michaels* Rn. 2). Der Anmeldung beizufügen ist die **Niederschrift** des Übertragungsbeschlusses samt seiner Anlagen in Ausfertigung oder öffentlich beglaubigter Abschrift (Abs. 1 S. 2). Für nichtbörsennotierte Gesellschaften gilt § 130 Abs. 1 S. 3. **Anlagen** sind nur die in § 130 Abs. 3 genannten Belege, nicht auch der Bericht des Hauptaktionärs und/oder der Prüfungsbericht (BeckOGK/*Singhof,* 1.7.2020, Rn. 3 mwN; aA Emmerich/Habersack/*Habersack* Rn. 3). Angesichts der vom Registergericht vorzunehmenden Rechtmäßigkeitskontrolle ist die Vorlage auch dieser Unterlagen gleichwohl zweckmäßig und in der Praxis üblich. Das Registergericht prüft die Anmeldung sowohl formal- als auch materiellrechtlich. Das schließt zwar die Prüfung der Rechtswirksamkeit des Übertragungsbeschlusses ein (Hüffer/Koch/*Koch* Rn. 2; Hölters/*Müller-Michaels* Rn. 4), nicht aber auch die Prüfung der Angemessenheit der Barabfindung. Diese ist ausschließlich dem Spruchverfahren vorbehalten, welches vor dem Beginn der in § 4 Abs. 1 Nr. 3 SpruchG bestimmten Antragsfrist, die ihrerseits die Registereintragung des Übertragungsbeschlusses gerade voraussetzt, nicht zulässig eingeleitet werden kann (LG Frankfurt a. M. 10.3.2004, ZIP 2004, 808 (809); LG Berlin 25.3.2003, BB 2003, 1299 f.; Lutter/Winter/*Klöcker* SpruchG Anh. I § 4 Rn. 9). 2

III. Klage gegen den Übertragungsbeschluss, Freigabeverfahren

1. Negativattest, Registersperre. Nach Abs. 2 iVm § 319 Abs. 5 S. 1 Hs. 1 hat der Vorstand bei der Anmeldung ein sog. Negativattest abzugeben. Zu Inhalt und Wirkung → § 319 Rn. 6 f. Fehlt das Attest oder liegt eine Erklärung nach § 319 Abs. 5 S. 1 Hs. 2 vor, darf der Übertragungsbeschluss vorbehaltlich § 319 Abs. 5 S. 2 aE, Abs. 6 nicht eingetragen werden (sog. Registersperre; → § 319 Rn. 7). 3

2. Freigabeverfahren. Verfahren und Anforderungen an die gerichtliche Freigabe entsprechen grundsätzlich den Vorgaben in § 319 Abs. 6 und § 246a (→ § 319 Rn. 8 f. und → § 246a Rn. 4 ff.). Der Freigabebeschluss darf damit nur bei Vorliegen eines der in § 319 Abs. 6 S. 3 genannten **Unbedenklichkeitstatbestände** ergehen (→ § 319 Rn. 9 und → § 246a Rn. 8 ff.). Praktische Bedeutung kommt hier neben dem durch das ARUG eingeführten § 319 Abs. 6 S. 3 Nr. 2 (s. OLG Hamm 5.5.2014, BeckRS 2014, 11989; OLG Köln 5.5.2014, BeckRS 2014, 11080 beide auch zu Nr. 3; OLG Bremen 16.8.2012, AG 2013, 643 (644 ff.); OLG Nürnberg 25.7.2012, ZIP 2012, 2052 (2053 ff.)) in erster Linie der offensichtlichen Unbegründetheit der Klage gemäß § 319 Abs. 6 S. 3 Nr. 1 zu (s. OLG Frankfurt a. M. 5.11.2007, NZG 2008, 78; OLG Düsseldorf 14.1.2005, WM 2005, 650 (653); OLG Köln 6.10.2003, AG 2004, 39; OLG Hamburg 11.8.2003, AG 2003, 696). Wird ein **vorrangiges Vollzugsinteresse** geltend gemacht, so sind zugunsten der antragstellenden Gesellschaft vor allem die Durchführungsinteressen des Hauptaktionärs zu berücksichtigen (hM, s. Hölters/*Müller-Michaels* Rn. 12). Das stets gegebene Interesse des Hauptaktionärs an der Vereinfachung der Entscheidungsabläufe in der AG (→ § 327a Rn. 1) reicht nach zutreffender Ansicht für sich genommen noch nicht aus, um die Unbedenklichkeit der Eintragung zu begründen (OLG Bremen 16.8.2012, AG 2013, 643 (647); LG Saarbrücken 28.7.2004, NZG 2004, 1012 (1014); großzügiger OLG Frankfurt a. M. 14.7.2008, WM 2009, 175 (176)). Erforderlich ist vielmehr, dass die nicht alsbaldige Eintragung des Übertragungsbeschlusses mit wesentlichen (wirtschaftlichen) Nachteilen für die Gesellschaft (bzw. deren 4

Hauptaktionär) verbunden und daraus resultierend eilbedürftig ist (LG Saarbrücken 28.7.2004, NZG 2004, 1012 (1014); Hüffer/Koch/*Koch* Rn. 3b). In Abhängigkeit vom konkreten finanziellen Aufwand kann dies bereits mit Blick auf die Kosten für die Durchführung einer weiterhin öffentlichen Hauptversammlung der Fall sein (OLG Hamm 5.5.2014, BeckRS 2014, 11989; OLG Hamm 22.9.2010, NZG 2011, 148 (150); OLG Köln 5.5.2014, BeckRS 2014, 11080; OLG Frankfurt a. M. 6.2.2007, NZG 2007, 472 (473); BeckOGK/*Singhof,* 1.7.2020, Rn. 7; aA OLG Frankfurt a. M. 11.4.2011, BeckRS 2011, 24255) wie ebenso mit Blick auf die in der Folge einer Eintragung des Übertragungsbeschlusses erzielbaren Einsparungen (OLG Köln 5.5.2014, BeckRS 2014, 11080 für mögliche Steuerersparnisse nach Abschluss eines für die Zeit nach der Eintragung geplanten Gewinnabführungs- und Beherrschungsvertrags).

5 **3. Schadensersatz.** Abs. 2 iVm § 319 Abs. 6 S. 10 sieht eine verschuldensunabhängige Schadensersatzpflicht für den Fall vor, dass der Squeeze-out aufgrund Freigabebeschlusses eingetragen wurde, die Klage in der Hauptsache sich später jedoch als begründet erweist (→ § 319 Rn. 10). Ersatzpflichtig ist die Gesellschaft, nicht der Hauptaktionär (Emmerich/Habersack/*Habersack* Rn. 6 mwN; aA NK-AktR/*Lochner* Rn. 11: Gesellschaft und Hauptaktionär). Dabei stellt Abs. 2 iVm § 319 Abs. 6 S. 11 Hs. 2 ausdrücklich klar, dass Aktienrückübertragung nach § 249 Abs. 1 S. 1 BGB nicht gefordert werden kann. Im Zusammenspiel mit § 319 Abs. 6 S. 11 Hs. 1 trägt der Gesetzgeber hiermit der Tatsache Rechnung, dass der Minderheitsausschluss nach erfolgter Eintragung nur mit beträchtlichen Schwierigkeiten und unter Einsatz erheblicher Aufwendungen rückabgewickelt werden kann. Allerdings gilt dies, anders als bei § 20 Abs. 2 UmwG, uneingeschränkt nur für den Fall, dass die Eintragung des Übertragungsbeschlusses aufgrund gerichtlicher Freigabe erfolgt. In allen anderen Fällen besteht für den Hauptaktionär weiterhin die Gefahr, die Aktienübertragung (für die Zukunft) rückgängig machen zu müssen (zur Anwendbarkeit der Grundsätze über die fehlerhafte Gesellschaft in diesem Fall s. BeckOGK/*Singhof,* 1.7.2020, Rn. 11; Hüffer/Koch/*Koch* Rn. 5; *Petersen/Habbe* NZG 2010, 1091 (1092 ff.); → § 320b Rn. 4).

IV. Rechtsfolgen der Eintragung

6 Abs. 3 S. 1 ordnet den **Übergang der Mitgliedschaften** (→ § 320a Rn. 1) der Minderheitsaktionäre auf den Hauptaktionär an. Erfasst werden sämtliche nicht schon im Eigentum des Hauptaktionärs stehende Aktien. Ausgenommen davon sind diejenigen Anteile, die ihm nach § 16 Abs. 4 zugerechnet oder von der Gesellschaft selbst bzw. für deren Rechnung gehalten werden (KK-AktG/*Koppensteiner* Rn. 11 f.; K. Schmidt/Lutter/*Schnorbus* Rn. 25 ff.; für Übergang eigener Aktien Emmerich/Habersack/*Habersack* Rn. 9; Hölters/*Müller-Michaels* Rn. 13). Abs. 3 S. 2 betrifft die Behandlung der **Aktienurkunden** (→ § 320a Rn. 2).

Gerichtliche Nachprüfung der Abfindung

327f **[1]Die Anfechtung des Übertragungsbeschlusses kann nicht auf § 243 Abs. 2 oder darauf gestützt werden, dass die durch den Hauptaktionär festgelegte Barabfindung nicht angemessen ist. [2]Ist die Barabfindung nicht angemessen, so hat das in § 2 des Spruchverfahrensgesetzes bestimmte Gericht auf Antrag die angemessene Barabfindung zu bestimmen. [3]Das Gleiche gilt, wenn der Hauptaktionär eine Barabfindung nicht oder nicht ordnungsgemäß angeboten hat und eine hierauf gestützte Anfechtungsklage innerhalb der Anfechtungsfrist nicht erhoben, zurückgenommen oder rechtskräftig abgewiesen worden ist.**

I. Allgemeines

1 § 327f entspricht § 320b Abs. 2 und regelt den **Rechtsschutz der Minderheitsaktionäre.** Bezweckt ist, einen angemessenen Ausgleich zwischen dem Bedürfnis der Minderheitsaktionäre nach effektivem Rechtsschutz gegen einen rechtswidrigen Übertragungsbeschluss und dem Interesse des Hauptaktionärs an zeitnaher Eintragung des Beschlusses zu schaffen. Zu diesem Zweck hält die Vorschrift den Anfechtungsprozess von Bewertungsstreitigkeiten frei und verweist die Minderheitsaktionäre insoweit auf das Spruchverfahren.

II. Beschlussmängel

2 **1. Anfechtung.** Einen **Anfechtungsausschluss** sieht das Gesetz nur für die in S. 1 genannten Fälle vor (→ § 304 Rn. 15). Einer auf anderen Verletzungen des Gesetzes oder der Satzung (§ 243 Abs. 1) beruhenden Anfechtung steht die Regelung damit nicht entgegen. Unter den Voraussetzungen des § 243 Abs. 4 S. 1 ist der Übertragungsbeschluss grundsätzlich auch dann anfechtbar, wenn **Informationsrechte** verletzt worden sind. Jedoch können sich in diesem Fall Einschränkungen aus § 243 Abs. 4 S. 2 und der zu §§ 210, 212 UmwG, § 305 ergangenen Rspr. des BGH zu abfindungswertbezogenen

Informationsmängeln ergeben (str., → § 320b Rn. 3; speziell zum Squeeze-out s. Emmerich/Habersack/*Habersack* Rn. 4a mzN). Anfechtbar ist der Übertragungsbeschluss schließlich auch dann, wenn eine Barabfindung nicht oder nicht ordnungsgemäß angeboten worden ist. Denn hier steht den Aktionären das Spruchverfahren nur subsidiär zur Verfügung (S. 3).

2. Spruchverfahren. In den von S. 2 und 3 bestimmten Fällen wird die Barabfindung auf Antrag im Spruchverfahren gerichtlich überprüft und ggf. neu festgesetzt. Das Verfahren richtet sich nach dem SpruchG (→ § 304 Rn. 16 und → § 320b Rn. 4). 3

Fünfter Teil. Wechselseitig beteiligte Unternehmen

Beschränkung der Rechte

328 (1) [1] **Sind eine Aktiengesellschaft oder Kommanditgesellschaft auf Aktien und ein anderes Unternehmen wechselseitig beteiligte Unternehmen, so können, sobald dem einen Unternehmen das Bestehen der wechselseitigen Beteiligung bekannt geworden ist oder ihm das andere Unternehmen eine Mitteilung nach § 20 Abs. 3 oder § 21 Abs. 1 gemacht hat, Rechte aus den Anteilen, die ihm an dem anderen Unternehmen gehören, nur für höchstens den vierten Teil aller Anteile des anderen Unternehmens ausgeübt werden.** [2] **Dies gilt nicht für das Recht auf neue Aktien bei einer Kapitalerhöhung aus Gesellschaftsmitteln.** [3] **§ 16 Abs. 4 ist anzuwenden.**

(2) **Die Beschränkung des Absatzes 1 gilt nicht, wenn das Unternehmen seinerseits dem anderen Unternehmen eine Mitteilung nach § 20 Abs. 3 oder § 21 Abs. 1 gemacht hatte, bevor es von dem anderen Unternehmen eine solche Mitteilung erhalten hat und bevor ihm das Bestehen der wechselseitigen Beteiligung bekannt geworden ist.**

(3) **In der Hauptversammlung einer börsennotierten Gesellschaft kann ein Unternehmen, dem die wechselseitige Beteiligung gemäß Absatz 1 bekannt ist, sein Stimmrecht zur Wahl von Mitgliedern in den Aufsichtsrat nicht ausüben.**

(4) **Sind eine Aktiengesellschaft oder Kommanditgesellschaft auf Aktien und ein anderes Unternehmen wechselseitig beteiligte Unternehmen, so haben die Unternehmen einander unverzüglich die Höhe ihrer Beteiligung und jede Änderung schriftlich mitzuteilen.**

I. Allgemeines, Zweck

Die Vorschrift begrenzt den Effekt wechselseitiger Beteiligungen (→ § 19 Rn. 1) und soll dadurch Anreiz zur Vermeidung oder zum Abbau wechselseitiger Beteiligungen geben. Sie gilt nicht, sobald eines der Unternehmen das andere beherrscht oder daran eine Mehrheitsbeteiligung hält (§ 19 Abs. 4). Dadurch bewirkt die Vorschrift zweckwidrig einen Anreiz zu weiterer Konzentration (KK-AktG/*Koppensteiner* Rn. 3). Sie gilt nur, wenn eines der beteiligten Unternehmen AG oder KGaA ist. 1

II. Rechtsverlust

Rechte aus der Beteiligung können für höchstens 25 % aller Anteile geltend gemacht werden. Das gilt für alle Rechte mit der einzigen Ausnahme des anteiligen Bezugs neuer Aktien bei einer Kapitalerhöhung aus Gesellschaftsmitteln. Der Rechtsverlust trifft auch die Anteile, die dem beteiligten Unternehmen gem. § 16 Abs. 4 zuzurechnen sind; mangels anderweitiger Vereinbarungen der Betroffenen trifft er ihre Anteile proportional (Hüffer/Koch/*Koch* Rn. 5). Das Stimmrecht zur Wahl von Aufsichtsratsmitgliedern in der Hauptversammlung einer börsennotierten Gesellschaft entfällt insgesamt (Abs. 3). Auch dies gilt ebenso für Stimmrechte aus gem. § 16 Abs. 4 zugerechneten Anteilen. 2

III. Schutz des Ersterwerbs

Der Rechtsverlust trifft denjenigen Beteiligten nicht, der seine Beteiligung gem. § 20 Abs. 3 (§ 20 Abs. 1 genügt nicht) oder § 21 Abs. 1 dem anderen mitgeteilt hat, bevor er Kenntnis von dessen Schachtelbeteiligung erlangte. Ist das andere Unternehmen börsennotiert, so kommt es auf die Mitteilung der Schachtel gem. § 33 WpHG an (MüKoAktG/*Grunewald* Rn. 5). 3

IV. Beteiligung einer AG

Ist eines der Unternehmen AG oder KGaA, so trifft beide Unternehmen über die §§ 20, 21 sowie § 33 WpHG hinaus die Verpflichtung, die exakte Beteiligung und jede Änderung mitzuteilen (Abs. 4). 4

Eine besondere Sanktion für Verletzungen der Mitteilungspflicht besteht allerdings nicht (krit. etwa Hüffer/Koch/*Koch* Rn. 8).

Sechster Teil. Rechnungslegung im Konzern

(aufgehoben)

329-393

Viertes Buch. Sonder-, Straf- und Schlußvorschriften

Erster Teil. Sondervorschriften bei Beteiligung von Gebietskörperschaften

Berichte der Aufsichtsratsmitglieder

394 **[1]Aufsichtsratsmitglieder, die auf Veranlassung einer Gebietskörperschaft in den Aufsichtsrat gewählt oder entsandt worden sind, unterliegen hinsichtlich der Berichte, die sie der Gebietskörperschaft zu erstatten haben, keiner Verschwiegenheitspflicht. [2]Für vertrauliche Angaben und Geheimnisse der Gesellschaft, namentlich Betriebs- oder Geschäftsgeheimnisse, gilt dies nicht, wenn ihre Kenntnis für die Zwecke der Berichte nicht von Bedeutung ist. [3]Die Berichtspflicht nach Satz 1 kann auf Gesetz, auf Satzung oder auf dem Aufsichtsrat in Textform mitgeteiltem Rechtsgeschäft beruhen.**

Verschwiegenheitspflicht

395 (1) **Personen, die damit betraut sind, die Beteiligungen einer Gebietskörperschaft zu verwalten oder für eine Gebietskörperschaft die Gesellschaft, die Betätigung der Gebietskörperschaft als Aktionär oder die Tätigkeit der auf Veranlassung der Gebietskörperschaft gewählten oder entsandten Aufsichtsratsmitglieder zu prüfen, haben über vertrauliche Angaben und Geheimnisse der Gesellschaft, namentlich Betriebs- oder Geschäftsgeheimnisse, die ihnen aus Berichten nach § 394 bekanntgeworden sind, Stillschweigen zu bewahren; dies gilt nicht für Mitteilungen im dienstlichen Verkehr.**

(2) **Bei der Veröffentlichung von Prüfungsergebnissen dürfen vertrauliche Angaben und Geheimnisse der Gesellschaft, namentlich Betriebs- oder Geschäftsgeheimnisse, nicht veröffentlicht werden.**

Zweiter Teil. Gerichtliche Auflösung

Voraussetzungen

396 (1) **[1]Gefährdet eine Aktiengesellschaft oder Kommanditgesellschaft auf Aktien durch gesetzwidriges Verhalten ihrer Verwaltungsträger das Gemeinwohl und sorgen der Aufsichtsrat und die Hauptversammlung nicht für eine Abberufung der Verwaltungsträger, so kann die Gesellschaft auf Antrag der zuständigen obersten Landesbehörde des Landes, in dem die Gesellschaft ihren Sitz hat, durch Urteil aufgelöst werden. [2]Ausschließlich zuständig für die Klage ist das Landgericht, in dessen Bezirk die Gesellschaft ihren Sitz hat.**

(2) **[1]Nach der Auflösung findet die Abwicklung nach den §§ 264 bis 273 statt. [2]Den Antrag auf Abberufung oder Bestellung der Abwickler aus einem wichtigen Grund kann auch die in Absatz 1 Satz 1 bestimmte Behörde stellen.**

1 Die Vorschrift entspricht im Wesentlichen dem § 81 Abs. 1, 2 GenG und dem § 62 GmbHG. Wegen der Auflösungsgründe wird daher auf die dortigen Kommentierungen (→ GenG § 81 Rn. 1 ff. und → GmbHG § 62 Rn. 1 ff.) Bezug genommen.

Abweichend von der GmbH (s. § 62 GmbHG) kann die AG nach § 396 nicht durch Verwaltungsakt aufgelöst werden. Möglich ist nur eine Auflösung „auf Antrag" der Behörde, also durch eine Klage nach § 253 ZPO. Deshalb enthält Abs. 1 S. 2 eine Zuständigkeitsregel. Die Klage ist eine Gestaltungsklage. Mit Rechtskraft des Urteils ist die Gesellschaft aufgelöst. Bis zum Schluss der letzten mündlichen Tatsachenverhandlung kann die Gesellschaft der Klage die Grundlage entziehen, indem sie die gesetzwidrig handelnden Organmitglieder abberuft (Hüffer/Koch/*Koch* Rn. 4). Der Rechtsstreit ist dann in der Hauptsache für erledigt zu erklären mit der Kostenfolge des § 91a ZPO. Da es sich um ein streitiges Verfahren nach den Regeln der ZPO handelt, kommen als Rechtsmittel die Berufung und die Revision bzw. die Nichtzulassungsbeschwerde in Betracht. 2

Ist die Gesellschaft aufgelöst, kann sie nach hM keinen Fortsetzungsbeschluss fassen (K. Schmidt/Lutter/*Oetker* Rn. 17; KK-AktG/*Kersting* Rn. 52; aA GK-AktG/*Wiedemann* § 274 Rn. 7b). Das gilt auch dann, wenn der Auflösungsgrund weggefallen ist oder wenn – anders als bei § 62 GmbHG (→ GmbHG § 62 Rn. 13) – die Behörde mit einer Fortsetzung einverstanden ist (KK-AktG/*Kersting* Rn. 52). Das beruht einerseits auf der Rechtskraft des Auflösungsurteils, andererseits auf Abs. 2 S. 1, der nicht auf § 274 Bezug nimmt, und auf der Fassung des § 274, der eine Fortsetzung einer im Verfahren nach § 396 aufgelösten Gesellschaft nicht vorsieht. Verständlich ist diese Ungleichbehandlung im Verhältnis zum GmbH-Recht nicht. 3

Damit sich das gesetzwidrige Verhalten der Organmitglieder nicht in ihrer Eigenschaft als geborene Abwickler (§ 265 Abs. 1) fortsetzt, hat die Behörde gem. Abs. 2 S. 2 die Möglichkeit, einen Antrag nach § 265 Abs. 3 auf Abberufung der Abwickler und Bestellung neuer Abwickler zu stellen. 4

Anordnungen bei der Auflösung

397 Ist die Auflösungsklage erhoben, so kann das Gericht auf Antrag der in § 396 Abs. 1 Satz 1 bestimmten Behörde durch einstweilige Verfügung die nötigen Anordnungen treffen.

Um die Gefährdung des Gemeinwohls (s. § 396 Abs. 1 S. 1) rasch abwenden zu können, bedarf es einstweiligen Rechtsschutzes. Dieser richtet sich nach § 940 ZPO. Durch § 397 wird klargestellt, dass die Behörde insoweit antragsbefugt ist. 1

Für eine vorläufige Anordnung kommen nur solche Maßnahmen in Betracht, die aktienrechtlich zulässig sind. Die Bindung von Vorstandsentscheidungen an eine Zustimmung der Behörde fällt nicht darunter, wohl aber die vorläufige Suspendierung oder Abberufung des Vorstands und die vorläufige Bestellung eines neuen Vorstands (iE str., vgl. Hüffer/Koch/*Koch* Rn. 3). Dabei ist immer der Grundsatz der Verhältnismäßigkeit iwS zu beachten. Die Maßnahmen müssen danach geeignet und erforderlich sein, um die Gefährdung des Gemeinwohls abzuwenden, und sie müssen verhältnismäßig ieS sein. 2

Im Übrigen gelten die allgemeinen Grundsätze für das Verfahren nach §§ 935 ff. ZPO. Die einstweilige Verfügung verliert mit dem Abschluss des Verfahrens nicht ihre Wirkung, kann dann aber von den zuständigen Gesellschaftsorganen in ihrer Wirkung verändert werden (MüKoAktG/*Schürnbrand* Rn. 5). 3

Eintragung

398 [1] Die Entscheidungen des Gerichts sind dem Registergericht mitzuteilen. [2] Dieses trägt sie, soweit sie eintragungspflichtige Rechtsverhältnisse betreffen, in das Handelsregister ein.

Die Vorschrift stellt die für das Verfahren notwendige Publizität sicher. Mitteilungspflichtig ist das Gericht. Es hat schon die Klageerhebung mitzuteilen (str., vgl. Hüffer/Koch/*Koch* Rn. 2), ebenso alle Entscheidungen, auch eine Abweisung der Klage als unbegründet oder unzulässig. Auf die Rechtskraft kommt es nicht an. Diese ist aber gesondert mitzuteilen (MüKoAktG/*Schürnbrand* Rn. 1). 1

Das Registergericht trägt die Entscheidungen ein, soweit sie eintragungspflichtige Rechtsverhältnisse betreffen. Die Eintragung wirkt rechtsbegründend, wenn die jeweilige Maßnahme zu ihrer Wirksamkeit der Eintragung bedarf (Spindler/Stilz/*Spindler* Rn. 6). Soweit nicht eintragungspflichtige Rechtsverhältnisse betroffen sind, werden die Mitteilungen zu den Registerakten genommen. Dort kann gem. § 9 HGB jedermann Einsichtnahme nehmen. 2

Dritter Teil. Straf- und Bußgeldvorschriften. Schlußvorschriften

Falsche Angaben

399 (1) **Mit Freiheitsstrafe bis zu drei Jahren oder mit Geldstrafe wird bestraft, wer**

1. **als Gründer oder als Mitglied des Vorstands oder des Aufsichtsrats zum Zweck der Eintragung der Gesellschaft oder eines Vertrags nach § 52 Absatz 1 Satz 1 über die Übernahme der Aktien, die Einzahlung auf Aktien, die Verwendung eingezahlter Beträge, den Ausgabebetrag der Aktien, über Sondervorteile, Gründungsaufwand, Sacheinlagen und Sachübernahmen oder in der nach § 37a Absatz 2, auch in Verbindung mit § 52 Absatz 6 Satz 3, abzugebenden Versicherung,**
2. **als Gründer oder als Mitglied des Vorstands oder des Aufsichtsrats im Gründungsbericht, im Nachgründungsbericht oder im Prüfungsbericht,**
3. **in der öffentlichen Ankündigung nach § 47 Nr. 3,**
4. **als Mitglied des Vorstands oder des Aufsichtsrats zum Zweck der Eintragung einer Erhöhung des Grundkapitals (§§ 182 bis 206) über die Einbringung des bisherigen, die Zeichnung oder Einbringung des neuen Kapitals, den Ausgabebetrag der Aktien, die Ausgabe der Bezugsaktien, über Sacheinlagen, in der Bekanntmachung nach § 183a Abs. 2 Satz 1 in Verbindung mit § 37a Abs. 2 oder in der nach § 184 Abs. 1 Satz 3 abzugebenden Versicherung,**
5. **als Abwickler zum Zweck der Eintragung der Fortsetzung der Gesellschaft in dem nach § 274 Abs. 3 zu führenden Nachweis oder**
6. **als Mitglied des Vorstands einer Aktiengesellschaft oder des Leitungsorgans einer ausländischen juristischen Person in der nach § 37 Abs. 2 Satz 1 oder § 81 Abs. 3 Satz 1 abzugebenden Versicherung oder als Abwickler in der nach § 266 Abs. 3 Satz 1 abzugebenden Versicherung**

falsche Angaben macht oder erhebliche Umstände verschweigt.

(2) **Ebenso wird bestraft, wer als Mitglied des Vorstands oder des Aufsichtsrats zum Zweck der Eintragung einer Erhöhung des Grundkapitals die in § 210 Abs. 1 Satz 2 vorgeschriebene Erklärung der Wahrheit zuwider abgibt.**

Übersicht

I. Normzweck

1 Die Vorschrift des § 399 stellt den Verstoß gegen bestimmte aktienrechtliche Erklärungspflichten unter Strafe. Sie entspricht inhaltlich weitgehend § 82 GmbHG. **Zweck** des § 399 ist der **Schutz des Geschäftsverkehrs.** Sowohl mit der AG in Geschäftsbeziehung stehende Dritte als auch der Aktionär sollen sich darauf verlassen dürfen, dass die Essentialia des Aktienrechts tatsächlich auch eingehalten werden. Das Vertrauen der Gläubiger der Gesellschaft wie auch der Allgemeinheit in die Richtigkeit der Handelsregister, der hierzu eingereichten Unterlagen und in die öffentlichen Ankündigungen der Gesellschaft werden geschützt (MüKoStGB/*Kiethe* Rn. 1). Dadurch will die Norm aber auch die berührten Individualvermögen vor Schaden bewahren Spindler/Stilz/*Hefendehl* Rn. 2). Seiner Deliktsnatur nach ist die Regelung ein **abstraktes Gefährdungsdelikt** (MüKoAktG/*Schaal* Rn. 7), das präventiv im Vorfeld begangene Pflichtverletzungen ahndet, die häufig geeignet sind, in einen Schaden

bei den Personen umzuschlagen, die mit der AG in wirtschaftlichen Beziehungen stehen. Mangels gesetzlicher Anordnung (§ 23 Abs. 1 StGB) ist der Versuch nicht strafbar. Neben der strafrechtlichen Sanktion hat der Straftatbestand auch deshalb Bedeutung, weil er **Schutzgesetz** iSd **§ 823 Abs. 2 BGB** ist (BGH 26.9.2005, NJW 2005, 3721; BGH 11.7.1998, BGHZ 105, 121 = NJW 1988, 2794). Geschützt sind Gläubiger und künftige Aktionäre der AG, nicht aber die Gesellschaft selbst oder die Gründer untereinander (vgl. *Ronsiek* in ARR WirtschaftsStrafR-HdB 8. Teil Kap. 1 Rn. 3). Haben Dritte durch Falschangaben iS dieser Bestimmung einen Schaden erlitten, ermöglicht deshalb der Straftatbestand iVm § 823 Abs. 2 BGB einen Regress gegen den Verletzer, auch wenn der nur Gehilfe war (§ 830 BGB).Entscheidend ist aber immer, dass die Betroffenen im Vertrauen auf die Richtigkeit der Angaben Vermögensdispositionen getroffen haben. Die allgemeine Vorstellung, es sei „alles in Ordnung" reicht hierfür nicht aus (BGH 26.9.2005, NJW 2005, 3721 Rn. 20; K. Schmidt/Lutter/*Oetker* Rn. 2).

Dies ist regelmäßig dann der Fall, wenn die Gesellschaft einen Sitz im Inland hat (Spindler/Stilz/*Hefendehl* Rn. 45 ff.; MüKoStGB/*Kiethe* Rn. 9 ff.). Dagegen unterfallen ausländische Gesellschaften nicht dem deutschen Gesellschaftsrecht, selbst wenn sie eine Zweigniederlassung im Inland haben (vgl. EuGH 9.3.1999, NJW 1999, 2027 (2029); EuGH 30.9.2003, NJW 2003, 3331 (3334)). Falls im Einzelfall auf die ausländische Gesellschaft deutsches Gesellschaftsrecht anwendbar sein sollte, weil diese in einer entsprechenden Rechtsform handelt, kann im Einzelfall die Strafvorschrift eingreifen, wenn der Wortlaut die Einbeziehung einer ausländischen Gesellschaft zulässt (*Ronsiek* in ARR WirtschaftsStrafR-HdB 8. Teil Kap. 1 Rn. 23 f.). Weiterhin erfasst das deutsche Strafrecht die Fälle unmittelbar, in denen die nationale Strafrechtsnorm – wie etwa § 82 Abs. 1 Nr. 5 GmbHG oder § 399 Abs. 1 Nr. 6 – ausdrücklich ausländische Gesellschaften in die Strafbarkeit einschließt. In diesen Fällen muss jedoch ein (nach §§ 3 ff. StGB festzustellender) Tatort im Inland gegeben sein, der die Verfolgung ermöglich (*Raum* in WJS WirtschaftsStrafR-HdB Kap. 12 Rn. 3). Durch den ausdrücklichen Verweis in § 53 Abs. 1 SEAG fällt auch die Societas Europaea (SE) unter den strafrechtlichen Schutz der §§ 399 ff. (vgl. MüKoStGB/*Kiethe* Rn. 7). 1a

II. Tatbestand

Die Strafbestimmung pönalisiert das Machen falscher Angaben oder das Verschweigen wesentlicher Umstände in Bezug auf die in den **Nr. 1–6** genannten **Erklärungspflichten.** Insoweit hat die Vorschrift **Blankettcharakter,** weil sich die einzelnen Erklärungspflichten jeweils aus dem Aktienrecht ergeben (BGH 26.9.2005, NJW 2005, 3721 Rn. 13). Durch die aktienrechtliche Spezialvorschrift wird Inhalt und Umfang der Pflichten bestimmt, die unter den strafrechtlichen Schutz dieser Bestimmung fallen. 2

1. Machen falscher Angaben/Verschweigen erheblicher Umstände (Abs. 1). Die Tathandlung ist das **Machen falscher Angaben** oder das **Verschweigen erheblicher Umstände.** Anders als beim Betrug (§ 263 StGB) ist die Täuschungshandlung nicht auf eine Täuschung über Tatsachen beschränkt. Erfasst werden sämtliche Angaben, also auch Wertungen (zB Vorlage von Gutachten). Diese müssen falsch sein (MüKoAktG/*Schaal* Rn. 55 ff.; *Ronsiek* in ARR WirtschaftsStrafR-HdB 8. Teil Kap. 3 Rn. 23). Hiervon hat sich der Tatrichter unter Beachtung des Zweifelssatzes zu überzeugen (BGH 8.12.1981, BGHSt 30, 285 = NJW 1982, 775). Dies gilt auch für unrichtige Werturteile, wobei hier allerdings die subjektive Tatseite einer eingehenden Prüfung bedarf (GroßkommAktG/*Otto* Rn. 39, der dies auf unvertretbare und willkürliche Einschätzungen beschränken will). Die Unrichtigkeit kann auch darin bestehen, dass der Erklärungspflichtige zwar wahre (Einzel-)Angaben macht, aber wesentliche Aspekte verschweigt. Diese iÜ nicht nur klarstellende, sondern gerade im Hinblick auf die Berichtigungspflicht sogar erweiternde Tatalternative ist erfüllt, wenn sich beim Adressaten durch das Weglassen bestimmter Informationen ein unrichtiges Bild ergibt. Vor diesem Hintergrund ist auch die **„Erheblichkeit"** der verschwiegenen Umstände zu verstehen. Maßgeblich ist, welchen Schutzzweck die jeweilige Erklärungspflicht verfolgt und inwieweit dieser durch die unvollständige Information beeinträchtigt sein kann (BGH 20.1.1955, NJW 1955, 678 (679)). Der Erklärungswert ist aus der Sicht des Erklärungsempfängers zu bestimmen (*Rönnau* in ARR WirtschaftsStrafR-HdB 1171). 3

2. Die einzelnen Erklärungspflichten. Die einzelnen Erklärungspflichten sind in Abs. 1 Nr. 1–6 aufgeführt. 4

a) Gründungsschwindel. Nr. 1 betrifft den sog. **Gründungsschwindel** (vgl. *Wegner* wistra 2005, 150 (151)). Die Strafvorschrift ist durch die **Aktienrechtsnovelle 2016** auch auf entsprechende Falscherklärungen im Hinblick auf **Nachgründungen** (→ § 52 Rn. 2) erweitert worden. 4a

aa) Täter. Täter können nur Gründer, Vorstands- oder auch Aufsichtsratsmitglieder sein, nicht dagegen ein Prokurist (BGH 22.9.2009, BeckRS 2009, 27777). Diese Eigenschaft ist ein die Strafbarkeit begründendes Merkmal iSd § 14 Abs. 1 iVm § 28 Abs. 1 StGB. Andere Personen, die an der Tat mitwirken, sind nur als Teilnehmer (§§ 26, 27 StGB) zu bestrafen (BGH 24.3.2016, wistra 2016, 404 5

Rn. 16 f.). Auf die Wirksamkeit des Bestellungsakts kommt es in diesem Zusammenhang nicht an. Es reicht aus, wenn die Aufgabe tatsächlich übernommen wurde (§ 14 Abs. 3 StGB). Als tauglicher Täter ist auch derjenige anzusehen, der eine **faktische Organstellung** ausübt (BGH 28.6.1966, BGHSt 21, 101 (zur AG); vgl. auch (zur GmbH) BGH 10.5.2000, BGHSt 46, 62; BGH 22.9.1982, BGHSt 31, 118; krit. hierzu *Rönnau* in ARR WirtschaftsStrafR-HdB 1080). Ob dies der Fall ist, muss aufgrund einer Gesamtbetrachtung entschieden werden (vgl. BGH 13.12.2012, NJW 2013, 624; *Raum* in WJS WirtschaftsStrafR-HdB Kap. 4 Rn. 13 ff.; MüKoAktG/*Schaal* Rn. 23 ff.). Die Praxis geht hier häufig sehr weit. Es reicht nicht aus, dass der Betreffende auf Einzelfeldern bestimmend agiert. Vielmehr muss er wie ein Organ die Geschäfte des Unternehmens tatsächlich umfassend führen. Dies muss – sofern welche vorhanden sind – von den Aufsichtsgremien auch gebilligt sein (BGH 13.12.2012, NJW 2013, 624). Dass ein – faktisch allerdings weitgehend einflussloser – Organträger bestellt wurde, hindert die Annahme einer faktischen Organschaft nicht (BGH 28.5.2002, BGHSt 47, 318 (324 f.); *Raum* in WJS WirtschaftsStrafR-HdB Kap. 4 Rn. 21).

6 **bb) Die einzelnen Pflichten.** Die einzelnen **in Nr. 1 genannten Pflichten** ergeben sich aus dem Aktienrecht. Sie müssen im Zusammenhang mit der Gründung der AG verletzt sein. Es handelt sich um Erklärungen zu den nachfolgenden Punkten:

(1) Die Erklärung der **Übernahme** der **Aktien** durch den **Gründer** (§ 23 Abs. 2, §§ 29, 37 Abs. 4 Nr. 1, 4).

(2) Die Erklärung über die **Einzahlung auf Aktien;** diese Erklärung ist nicht nur falsch, wenn eine Zahlung überhaupt nicht erfolgte (BGH 24.3.2016, wistra 2016, 404 Rn. 16), sondern auch dann, wenn das eingezahlte Geld nicht endgültig zur freien Verfügung des Vorstands steht (§ 37 Abs. 1, S. 2) (BGH 26.9.2005, NJW 2005, 2540 Rn. 13; vgl. BGH 30.11.1995, NStZ 1996, 238). Dies ist insbesondere der Fall, wenn es nur als „Vorzeigegeld" genutzt und es alsbald zurückgezahlt wird (sog. Hin- und Herzahlen) oder wenn (zB wegen Verpfändung) der Vorstand über den eingezahlten Betrag nicht ohne weiteres verfügen kann (*Rönnau* in ARR WirtschaftsStrafR-HdB 1172 f.). Dies gilt allerdings nicht für die bei der Gründung aufgewendeten Steuern und Gebühren (BGH 13.7.1992, BGHZ 119, 177 = NJW 1992, 3300). Ebenfalls nicht frei kann der Vorstand verfügen, wenn das eingezahlte Geld in einen cash-pool fließt, ohne dass der Vorstand hierauf Zugriff hat (*Rönnau* in ARR WirtschaftsStrafR-HdB 1172; vgl. auch BGH 29.9.2004, wistra 2005, 68 mAnm *Wegner* wistra 2005, 150 f.).

(3) **Verwendung** der eingezahlten Beträge. Erklärungsbedürftig ist insoweit, dass das eingezahlte Kapital zum Zeitpunkt der Anmeldung nicht bereits gemindert ist. Allerdings ist der Vorstand nicht gehindert, über das eingezahlte Geld werterhaltend zu verfügen (BGH 13.7.1992, BGHZ 119, 177 = NJW 1992, 3300; vgl. BGH 18.3.2002, WM 2002, 967 = DStR 2002, 1538). Kommt er dem nach, braucht er dies nicht in der Anmeldung aufzudecken (*Rönnau* in ARR WirtschaftsStrafR-HdB 1174; *Raum* in WJS WirtschaftsStrafR-HdB Kap. 12 Rn. 11; aA MüKoAktG/*Schaal* Rn. 81; MüKoStGB/*Kiethe* Rn. 56). Insofern handelt es sich jedenfalls nicht um einen erheblichen (und damit offenbarungspflichtigen) Umstand. Anderes gilt, wenn den abgeflossenen Mitteln kein hinreichender Gegenwert entspricht, weil hierdurch ein Eintragungshindernis entstehen kann. Im Falle einer Nachmeldung kann es erforderlich sein, dass dem Registergericht die Verwendung der eingezahlten Gelder mitgeteilt wird. Nur dann kann es seiner Prüfungspflicht umfassend nachkommen (BGH 16.3.1993, NStZ 1993, 442 = BGHR AktG § 399 Angaben 1).

(4) Dem **Ausgabebetrag** der Aktien. Durch diese Norm soll der Rechtsverkehr geschützt werden, weil der wahre Ausgabewert für Dritte erkennbar sein soll. Der tatsächlich vereinnahmte Betrag ist immer dann anzugeben, wenn er vom Nennwert der Aktien abweicht. Fehlende Angaben hierzu fallen immer unter die Strafbestimmung, unabhängig davon, ob der erzielte Wert höher oder niedriger ist (*Ronsiek* in ARR WirtschaftsStrafR-HdB 8. Teil Kap. 1 Rn. 35; MüKoAktG/*Schaal* Rn. 88, der zutr. darauf hinweist, dass die fehlende Angabe über den tatsächlich höheren Wert im Einzelfall nicht zum Zwecke der Eintragung dient).

(5) **Sondervorteile** (§ 26 Abs. 1) und **Gründungsaufwand** (§ 26 Abs. 2), die bei der Anmeldung nach § 37 Abs. 4 Nr. 2 offen zu legen sind.

(6) **Sacheinlagen** und **Sachübernahmen** (§ 27 Abs. 1 S. 1). Diese dürfen nicht falsch bewertet sein. Bei Wertangaben liegen diese nur vor, wenn diese einer tatsächlichen Grundlage entbehren oder sie nicht den Inhalt haben, denen ihnen das Registergericht oder interessierte Dritte nach ihrem äußeren Erklärungswert zumessen (vgl. MüKoStGB/*Kiethe* Rn. 63; Park/*Eidam,* Kapitalmarktstrafrecht, 5. Aufl. 2020, Rn. 36). Falsche Angaben iSd Tatbestands liegen nur vor, wenn die einzubringenden Gegenstände tatsächlich überbewertet sind (RG 26.9.1913, RGSt 49, 340; nicht allerdings, weil insoweit der Schutzzweck der Norm nicht tangiert ist, bei einer Unterbewertung – vgl. *Ronsiek* in ARR WirtschaftsStrafR-HdB 8. Teil Kap. 1 Rn. 38) oder – wegen eines zwischenzeitlich vorgenommenen Teilverkaufs – unvollständig sind (RG 24.9.1907, RGSt 40, 285). Falsche Angaben können aber auch bei den sog. **verdeckten Sacheinlagen** (BGH 21.2.1994, BGHZ 125, 141 = NJW 1994, 1477; BGH 15.1.1990, BGHZ 110, 47 = NJW 1990, 982) eine Rolle spielen.

Verdeckte Sacheinlagen sind gegeben, wenn Bareinlagen von der Gesellschaft dafür verwendet werden sollen, Vermögensgegenstände des Einlegenden zu erwerben. Eingelegt wird dann letztlich der Gegenstand selbst. Gleiches gilt bei Tilgung eines Darlehens, das der Einlegende der AG gewährt hat. In diesen Fällen ist bei betriebswirtschaftlicher Betrachtung die eigentliche Einlage dasjenige, was die Gesellschaft mit den Mitteln des Einlegenden bewirkt (vgl. *Ceffinato* wistra 2010, 171 ff.). Hieraus ergibt sich auch die strafrechtliche Relevanz im Blick auf die Erklärungspflicht. Da faktisch eine Sachgründung vorliegt, muss dies auch mit der Anmeldung offengelegt werden. Die Erklärungspflicht besteht unabhängig davon, wie die tatsächlichen Wertverhältnisse des Geschäfts und des Gegengeschäfts sind, denn dieses soll ja im Anmeldeverfahren erst überprüft werden (aA *Ronsiek* in ARR WirtschaftsStrafR-HdB 8. Teil Kap. 3 Rn. 4, der bei gewöhnlichen Umsatzgeschäften schon die Anmeldepflicht verneint).

(7) **Wertbestand** der eingebrachten Vermögensgegenstände, insbesondere bei Wertpapieren (§ 37a Abs. 2); gilt seit der Aktienrechtsnovelle 2016 auch für die Erklärung zum Wertbestand bei Nachgründungen gem. § 52 Abs. 6 S. 3.

cc) Tathandlung. Die **Tathandlung** muss **zum Zwecke der Eintragung** erfolgen. Dies bedeutet zugleich, dass der Täter wesentliche Umstände, die sich zwischen seiner Anmeldung und der Eintragung ergeben haben, nachträglich mitteilen muss (BGH 16.3.1993, NStZ 1993, 442). Die eine **Berichtigungspflicht** auslösende Garantenstellung ergibt sich aus dem Verbot, gegenüber dem Registergericht erhebliches zu verschweigen (*Raum* in WJS WirtschaftsStrafR-HdB Kap. 12 Rn. 16). Die Mitteilungspflicht bezüglich erheblicher Umstände dauert fort, bis die Anmeldung vollzogen ist. Ggf. muss der Verantwortliche deshalb unrichtig gewordene Angaben berichtigen. Dies kann vor allem bedeutsam werden, wenn die Gelder nach der Anmeldung in relevanter Weise verwendet wurden (dh dass ihre Werterhaltung möglicherweise beeinträchtigt wurde – → Rn. 6) oder der Wert von Sacheinlagen sich zwischenzeitlich verändert hat (*Ronsiek* in ARR WirtschaftsStrafR-HdB 8. Teil Kap. 3 Rn. 49). Mit der **Eintragung endet** allerdings eine **Berichtigungspflicht.** **7**

b) Gründungsschwindel durch unrichtige Berichte. Der Straftatbestand der **Nr. 2** betrifft den **Gründungsschwindel durch unrichtige Berichte.** Es geht um den Gründungs-, Nachgründungs- und Prüfungsbericht. Täter können allein die nach Nr. 2 genannten sein (Gründer (§ 32), Vorstand (§ 33 Abs. 1) und Aufsichtsrat (§ 33 Abs. 1, § 52 Abs. 3)) Anders als bei den Tathandlungen nach Nr. 1 fehlt es hier an einem unmittelbaren und finalen Bezug zur Registereintragung, obwohl diese Berichte gleichfalls Bestandteil der Registerunterlagen sind (vgl. K. Schmidt/Lutter/*Oetker* Rn. 13). Strafbar sind allein die falschen Angaben in dem Bericht, die von einem der in dieser Gruppe genannten tauglichen Täter (Sonderdelikt) vorgenommen oder veranlasst sein müssen. Der Bericht muss erstellt und über die Phase des Internums hinaus sein. Mit der Weiterleitung des (unrichtigen) Berichts ist die Tat aber auch bereits vollendet (*Ronsiek* in ARR WirtschaftsStrafR-HdB 8. Teil Kap. 3 Rn. 55). Die Taten nach **Nr. 1 und 2** können dennoch zusammentreffen, wegen der sie verbindenden Absicht einer Registereintragung wird **ein einheitliches Delikt** vorliegen; insbesondere wenn die Einreichung in einem Gesamtzusammenhang steht (BGH 24.3.2016, wistra 2016, 404 Rn. 16; aA MüKoAktG/*Schaal* Rn. 244). Als Garanten sind nur die zur Berichterstattung gesetzlich berufenen Personen zur Berichtigung verpflichtet und auch dann nur, wenn sie an der Erstellung des Berichts mitgewirkt haben. Grundlage dieser Pflicht ist die Verantwortung der Betreffenden für die inhaltliche Richtigkeit der Berichte, weil falsche Berichte für den Rechtsverkehr eine Gefahrenquelle darstellen (*Ronsiek* in ARR WirtschaftsStrafR-HdB 8. Teil Kap. 3 Rn. 5). Berichtigt müssen demnach aber nur nachträglich als falsch erkannte Angaben, nicht aber wenn sich die zugrundeliegenden tatsächlichen Verhältnisse geändert haben. **8**

c) Falsche Angaben in der öffentlichen Ankündigung. Die **Nr. 3** stellt die falschen Angaben in der **öffentlichen Ankündigung** nach § 47 Nr. 3 unter Strafe. Anders als bei den übrigen Tatbestandsvarianten des § 399 kann bei der Nr. 3 jeder, der an der (falschen) öffentlichen Ankündigung mitwirkt, Täter sein. Der Umfang der Pflichten ergibt sich aus dem Bezugstatbestand des § 47 Nr. 3 (→ § 47 Rn. 6). Die Tatbegehung verlangt Absicht nur hinsichtlich des Ziels, nämlich der Einführung in den Verkehr. Im Übrigen reicht bedingter Vorsatz. **9**

d) Kapitalerhöhungsschwindel. Der sog. **Kapitalerhöhungsschwindel** gem. **Nr. 4** betrifft Falschangaben im Zusammenhang mit einer Kapitalerhöhung. Erfasst ist hier aber nur die Kapitalerhöhung gegen Einlagen (§§ 182–206). Falschangaben im Hinblick auf eine Kapitalerhöhung aus Gesellschaftsmitteln (§§ 207–221) können nur nach Abs. 2 strafbar sein. Vergleichbar mit dem Gründungsschwindel werden allerdings nur die gesetzlich bestimmten Verstöße gegen die Erklärungspflicht einer Strafbarkeit unterworfen. Teilweise entsprechen sich die Tathandlungen auch sinngemäß. Die Straftat kann mit Urkundenfälschung (§ 267 StGB) zusammentreffen; eine gleichzeitige Strafbarkeit wegen mittelbarer Falschbeurkundung kommt allerdings nicht in Betracht, weil sich der öffentliche **10**

Glaube des Handelsregisters nicht auch auf die Richtigkeit der Kapitalerhöhung erstreckt (BGH 14.6.2016, NStZ 2016, 675).

11 In der Sache das wesentliche Merkmal ist dasjenige der Einbringung neuen Kapitals, das bei der Gründung dem Merkmal der Einzahlung entspricht. Auch hier ist entscheidend, dass der Einlagebetrag für den Zweck der Gesellschaft zur **endgültigen freien Verfügung** des Vorstands eingezahlt wird (BGH 18.3.2002, BGHZ 150, 197 unter teilw. Aufgabe von BGH 7.7.1992, BGHZ 119, 177). Danach bestimmt sich bei der Kapitalerhöhung auch die Erklärungspflicht gegenüber dem Registergericht. Die Angabe, dass sich der Leistungsgegenstand endgültig in der freien Verfügung des Vorstands befinde, bezieht sich deshalb allein auf die Erfüllungswirkung der fraglichen Leistung in Bezug auf die Einlageschuld (Spindler/Stilz/*Hefendehl* Rn. 200 ff.). Er sagt nichts darüber aus, dass die Einlage im Zeitpunkt der Registeranmeldung noch unverändert, dh gegenständlich oder wertmäßig im Gesellschaftsvermögen oder gar unangetastet auf dem Einlagenkonto vorhanden ist (BGH 26.9.2005, NJW 2005, 3721 (3722)). Auch **Zweckbindungen** von Stammkapitaleinlagen, die die Ablösung von Forderungen Dritter zum Gegenstand haben, stehen der Erfüllungswirkung nicht entgegen. Die Grenze liegt erst dort, wo eingezahlte Mittel unmittelbar oder mittelbar einem Einleger selbst wieder zufließen sollen (BGH 30.11.1995, NStZ 1996, 238 = wistra 1996, 262). Im Übrigen beziehen sich die weiteren Erklärungspflichten auf:

- die Einbringung des bisherigen Kapitals (§ 184 Abs. 2)
- die Zeichnung des neuen Kapitals (§ 188 Abs. 3), die vergleichbar der Übernahme der Aktien ist
- auch bei der Kapitalerhöhung muss der tatsächliche Ausgabepreis (→ Rn. 6) genannt werden (§ 188 Abs. 2, § 37 Abs. 1)
- Sacheinlagen (§ 183 Abs. 3, § 184 Abs. 1 S. 2), wobei die vorstehend dargelegten Grundsätze (→ Rn. 6) – auch im Hinblick auf die verdeckten Sacheinlagen – gelten.

12 **e) Abwicklungsschwindel. Nr. 5** stellt den **Abwicklungsschwindel** unter Strafe. Tauglicher Täter ist allein der Abwickler. Tathandlung ist ausschließlich die falsche Angabe im Hinblick auf Erklärungen nach § 274 Abs. 3.

13 **f) Persönliche Voraussetzungen. Nr. 6** richtet sich mit einer Strafdrohung allein gegen die Mitglieder des Vorstands oder Abwickler und bezieht sich auf deren **persönliche Tauglichkeit.** Dabei geht es im Wesentlichen darum, dass keine Vorverurteilungen wegen Insolvenzdelikten, Erklärungsdelikten, Vermögensdelikten oder ordnungsbehördliche Berufsuntersagungen (§ 76 Abs. 3 S. 3 und 4) vorliegen (zum Umfang der Versicherung vgl. OLG Oldenburg 8.1.2018, NJW-RR 2018, 4). Dies umfasst auch Verurteilungen wegen Anstiftung oder Beihilfe zu dem die Inhabilität begründenden Delikt (BGH 3.12.2019, NZG 2020, 145). Unerheblich ist ferner, ob die Verurteilung im Strafbefehlsverfahren erfolgt ist (BGH 3.12.2019, NZG 2020, 145 Rn. 11; KG ZIP 2019, 71 f.). Von der Strafbarkeit nicht erfasst sind das Unterlassen der Versicherung wie auch eine fehlende Anzeige einer entsprechenden Verurteilung (Spindler/Stilz/*Hefendehl* Rn. 251). Die Strafvorschrift bezieht nach ihrem ausdrücklichen Wortlaut auch die Leitungsorgane einer ausländischen juristischen Person ein (OLG Jena 9.3.2006, ZIP 2006, 708), soweit diese in Zweigstellen im Inland tätig sind (*Raum* WirtschaftsStrafR-HdB Kap. 12 Rn. 22; vgl. auch Vorlagebeschluss BGH 14.5.2019, WM 2019, 1210).

14 **3. Wahrheitswidrige Erklärungen (Abs. 2). Abs. 2** erweitert die Straftatbestände um Verstöße gegen die Wahrheitspflicht im Zusammenhang mit **Kapitalerhöhungen aus Gesellschaftsmitteln.** Tathandlung sind die in § 210 Abs. 1 abzugebenden Erklärungen. Auch diese Angaben müssen zum Zwecke der Eintragung erfolgen. Taugliche Täter sind nur die Mitglieder des Vorstands und des Aufsichtsrats, obwohl auf Seiten des Aufsichtsrats nur dessen Vorsitzender Anmeldender ist (*Raum* in WJS WirtschaftsStrafR-HdB Kap. 12 Rn. 23; Spindler/Stilz/*Hefendehl* Rn. 253). Der Tatbestand ist insofern eigentümlich, weil die in Bezug genommene Erklärungspflicht nach § 210 Abs. 1 S. 2 einen individuellen Einschlag trägt, die Strafnorm selbst jedoch lediglich verlangt, dass die Erklärung der Wahrheit zuwider erfolgt sein müsse. Dies hat zur Folge, dass derjenige, der nach seiner Vorstellung zutreffende, objektiv gesehen jedoch falsche Angaben macht, schon nicht tatbestandsmäßig handelt. Selbst wenn er die Unrichtigkeit nachträglich erkennen sollte, wäre er nicht berichtigungspflichtig iSd § 13 StGB (*Ronsiek* in ARR WirtschaftsStrafR-HdB 8. Teil Kap. 3 Rn. 88). Obwohl in dieser Tatbestandsvariante nicht ausdrücklich erwähnt, können die unrichtigen Angaben auch in einem teilweisen Verschweigen zu sehen sein (Park/*Eidam,* Kapitalmarktstrafrecht, 5. Aufl. 2019, Rn. 129). Der Straftatbestand ist Sonderdelikt; Täter können nur Mitglieder des Vorstands oder des Aufsichtsrats sein. Der Vorsatz muss auch die Wertung umfassen, dass die eingetretene Vermögensminderung einer Kapitalerhöhung entgegenstünde (*Ronsiek* in ARR WirtschaftsStrafR-HdB 8. Teil Kap. 3 Rn. 87).

III. Vorsatz, Irrtum, Vollendung

15 Strafbar ist die Tat in sämtlichen Tatbestandsvarianten nur als **Vorsatzdelikt** (§ 15 StGB). Vorsatz bedeutet, dass der Täter die Unrichtigkeit der Angaben kennt. Hierbei genügt bedingter Vorsatz (BGH 1.2.1977, GA 1977, 340 (342); vgl. GroßkommAktG/*Otto* Rn. 88). Der Täter muss erkennen, dass die

Angaben falsch sein können und dies billigen. Eine solche billigende Inkaufnahme kann schon dann vorliegen, wenn der Täter ernstlich damit rechnet, dass die Angaben falsch sind, gleichwohl aber eine nähere Überprüfung unterlässt (*Raum* in WJS WirtschaftsStrafR-HdB Kap. 12 Rn. 36 f.). Er muss in den Fällen der Nr. 1, 4 und 5 allerdings handeln, um die Eintragung ins Handelsregister herbeizuführen. Diese Absicht beschreibt aber lediglich die Zielrichtung seines Handelns. Es ist nicht erforderlich, dass er die Eintragung als sicher einschätzt. Auch hier reicht es aus, wenn er ihren Eintritt lediglich für möglich hält (BGH 24.8.1988, BGHSt 35, 325 (327 f.) = NJW 1989, 595).

Befindet sich der Täter in einem vorsatzausschließenden **Tatbestandsirrtum** (§ 16 StGB), entfällt 16
der Vorsatz und damit die Strafbarkeit, weil keine Fahrlässigkeitsstrafbarkeit angeordnet ist (§ 15 StGB). Unproblematisch ist die Annahme eines Tatbestandsirrtums, soweit er sich hinsichtlich der Richtigkeit der Angaben im Bereich des Tatsächlichen irrt. Ein Tatbestandsirrtum kann aber auch dann vorliegen, wenn der Täter die normativen Tatbestandsmerkmale, die diese Straftatbestände enthalten, nicht zutreffend erkennt (BGH 8.7.1952, BGHSt 3, 110 (123); BGH 30.7.2003, NJW 2003, 3787 (3789); BGH 8.10.1985, wistra 1986, 25). Dies kann sich sowohl auf den Umfang seiner Anmeldepflichten als auch auf die zutreffende Erfassung einzelner anmelderelevanter Umstände beziehen (BGH 16.3.1993, NStZ 1993, 442; BGH 17.6.1952, BGHSt 3, 23; kritisch hierzu Spindler/Stilz/*Hefendehl* Rn. 264 ff.). Ein den Vorsatz unberührt lassender **Verbotsirrtum** liegt dagegen dann vor, wenn der Täter die aktienrechtlichen Voraussetzungen zumindest in ihren Umrissen begreift. Hält er sein Verhalten lediglich für straflos oder meint er, sein Verhalten erfülle diese Tatbestandsmerkmale nicht, liegt ein bloßer Verbotsirrtum (§ 17 StGB) vor. Die Anerkennung eines Irrtums darf freilich nicht vorschnell erfolgen. Vielmehr ist eine entsprechende Einlassung kritisch zu prüfen; insbesondere sonstige Verschleierungsmaßnahmen können darauf hindeuten, dass der Täter sich tatsächlich nicht in einem Irrtum befunden hat. Umgekehrt muss den Täter es entlasten, wenn er qualifizierten und nicht interessengeleiteten Rechtsrat eingeholt und diesen noch auf Plausibilität überprüft hat. In der Praxis scheitert eine entsprechende Entlastung des Organs aber häufig daran, dass dem Berater schon der zugrundeliegende Sachverhalt nur lückenhaft unterbreitet wurde.

Zur **Vollendung und Beendigung** gilt sinngemäß das zu § 82 GmbHG Ausgeführte (→ GmbHG 17
§ 82 Rn. 18). Da die Tat ein abstraktes Gefährdungsdelikt ist kommt es auf den Vollzug der Eintragung ins Handelsregister nicht an, es reicht die Kenntnisnahme durch das Amtsgericht aus (BGH 24.3.2016 Rn. 17, wistra 2016, 404).

Unrichtige Darstellung

400 (1) **Mit Freiheitsstrafe bis zu drei Jahren oder mit Geldstrafe wird bestraft, wer als Mitglied des Vorstands oder des Aufsichtsrats oder als Abwickler**

1. **die Verhältnisse der Gesellschaft einschließlich ihrer Beziehungen zu verbundenen Unternehmen im Vergütungsbericht nach § 162 Absatz 1 oder 2, in Darstellungen oder Übersichten über den Vermögensstand oder in Vorträgen oder Auskünften in der Hauptversammlung unrichtig wiedergibt oder verschleiert, wenn die Tat nicht in § 331 Nr. 1 oder 1a des Handelsgesetzbuchs mit Strafe bedroht ist, oder**
2. **in Aufklärungen oder Nachweisen, die nach den Vorschriften dieses Gesetzes einem Prüfer der Gesellschaft oder eines verbundenen Unternehmens zu geben sind, falsche Angaben macht oder die Verhältnisse der Gesellschaft unrichtig wiedergibt oder verschleiert, wenn die Tat nicht in § 331 Nr. 4 des Handelsgesetzbuchs mit Strafe bedroht ist.**

(2) **Ebenso wird bestraft, wer als Gründer oder Aktionär in Aufklärungen oder Nachweisen, die nach den Vorschriften dieses Gesetzes einem Gründungsprüfer oder sonstigen Prüfer zu geben sind, falsche Angaben macht oder erhebliche Umstände verschweigt.**

I. Allgemeines

Die Regelung des § 400 erfasst **unrichtige Darstellungen** über den Vermögensstand der Gesell- 1
schaft. Auch diese Vorschrift ist abstraktes Gefährdungsdelikt und schützt sämtliche Personen, die in Geschäftsbeziehungen zur AG stehen oder in solche eintreten wollen (MüKoAktG/*Schaal* Rn. 3 f.). Damit soll eine der Wirklichkeit entsprechende Beurteilung der Gesellschaft durch an ihr interessierte Personen ermöglicht werden (Spindler/Stilz/*Hefendehl* Rn. 1). Der Tatbestand ist deshalb **Schutzgesetz** iSd **§ 823 Abs. 2 BGB,** wobei allerdings die bloße Tatbestandsverwirklichung für sich genommen noch nicht ausreicht (vgl. *Brugger* NZG 2020, 281 ff.). Ein Schadensersatzanspruch ist vielmehr erst dann gegeben, wenn der Geschädigte im Vertrauen auf die Richtigkeit der getätigten Angaben gehandelt und hierdurch einen Schaden erlitten hat (BGH 17.9.2001, BGHZ 149, 10 (20 f.) = NJW 2001, 2233). In den Schutzbereich der Strafvorschrift fallen dabei Vertragspartner, Gläubiger, potentielle Übernehmer und auch Arbeitnehmer (Spindler/Stilz/*Hefendehl* Rn. 1; MüKoAktG/*Schaal* Rn. 8; vgl. *Schlosser/Ste-*

phan-Wimmer GmbHR 2019, 449 ff.). Die Norm ist **verfassungsgemäß,** insbesondere auch ausreichend bestimmt (BVerfG 27.4.2006, AG 2006, 539).

II. Objektiver Tatbestand

2 **1. Tathandlungen (Abs. 1). Abs. 1** der Strafnorm enthält zwei Straftatbestände. Beide Tatbestände sind **Sonderdelikte** (→ GmbHG § 82 Rn. 1); dh Täter können nur Mitglieder des Aufsichtsrats oder des Vorstands sowie Abwickler sein. Erfasst werden damit auch hier sämtliche Personen, die **faktisch** eine solche **Organstellung** einnehmen (→ § 399 Rn. 5). Vertreter, die nicht selbst eine Organstellung innehaben, fallen deshalb nicht unter die Strafvorschrift, wenn sie keinen so weit gehenden Entscheidungsspielraum haben, als dass sie eine faktische Organstellung einnehmen (BGH 10.6.1958, BB 1958, 930; weitergehend MüKoAktG/*Schaal* Rn. 8).

3 Als weiteres Merkmal führt Abs. 1 – in Anlehnung an § 331 HGB – das **„Verschleiern"** ein. Der Verantwortliche verschleiert, wenn er die Verhältnisse der Gesellschaft hinsichtlich der Einzelpositionen zwar zutreffend wiedergibt, dabei jedoch die tatsächliche Lage so undeutlich zum Ausdruck kommt, dass ein unzutreffendes Bild entsteht (RG 14.10.1934, RGSt 68, 346 (349); RG 27.2.1905, RGSt 37, 433 f.). Die dabei diskutierten Anwendungsbeispiele (vgl. *Ronsiek* in ARR WirtschaftsStrafR-HdB 8. Teil Kap. 1 Rn. 54) lassen sich freilich schon ohne weiteres unter den Begriff der falschen Einzelangaben subsumieren. Denkbar sind allenfalls Fallgestaltungen, in denen erkennbare Risiken unterbewertet bleiben (zum Verschleiern durch unklares Abfassen von Geschäftsberichten vgl. *Olbrich/Fuhrmann* AG 2011, 326). Letztlich ist das Verschleiern ein Auffangtatbestand, wenn konkrete Fehler nicht nachweisbar sind, gleichwohl die Täter wissen mussten, dass das vermittelte Gesamtbild falsch war.

4 **a) Nr. 1.** Die Vorschrift der **Nr. 1** ist durch das ARUG II um die Vergütungsberichte nach § 162 Abs. 1 und 2 erweitert worden. Weiterhin wurde durch die Einfügung eines „oder" vor Vorträgen die Alternativität der Tathandlungen redaktionell klargestellt. Auch in ihrer Neufassung bleibt die Strafnorm subsidiär. Sie tritt nach dem ausdrücklichen Wortlaut zurück, soweit eine Strafbarkeit nach **§ 331 Nr. 1 oder 1 lit. a HGB** gegeben ist. Damit fallen unrichtige Darstellungen im Rahmen der dort genannten Abschlüsse und Zwischenabschlüsse nach § 340a Abs. 3 HGB aus der Strafbarkeit heraus. Die anderen Abschlüsse bleiben aber nach Nr. 1 strafbar. Maßgeblich nach dieser Tatvariante ist, dass sich die Bekanntgabe auf den **Vermögensstand** der Gesellschaft (einschließlich ihrer Beziehungen zu den verbundenen Unternehmen) bezog (vgl. *Kiethe* NStZ 2004, 73 (74)). Diese Voraussetzung ist erfüllt, wenn der Bericht so umfassend ist, dass er ein Gesamtbild über die wirtschaftliche Lage des Unternehmens ermöglicht und den Eindruck der Vollständigkeit erweckt (BGH 16.12.2004, BGHSt 49, 381 (386 f.) = NJW 2005, 445). Dies trifft auf sämtliche Abschlüsse, Quartalsberichte, Halbjahresübersichten und insbesondere auch die Gewinn- und Verlustrechnung zu, weil sich der Schutzbereich der Vorschrift auch auf die Angaben zur Ertragslage der Gesellschaft bezieht (BGH 6.12.2004, BGHSt 49, 381 (386 f.) = NJW 2005, 445).

5 Im Gegensatz dazu reichen Erklärungen zu punktuellen Aspekten der Geschäftstätigkeit nicht aus (OLG München 18.5.2011, BeckRS 2011, 13734). Solche auch als **Ad-hoc-Mitteilung** bezeichneten Erklärungen genügen nicht, weil sie nicht den gesamten Vermögensstand als Ganzes betreffen (BGH 19.7.2004, NJW 2004, 2664 (2666 ff.) = BB 2004, 1812). Entscheidend ist aber nicht, wie die Mitteilung selbst bezeichnet wird, sondern wie sie nach ihrem Gesamtzusammenhang zu verstehen ist. Deshalb können auch als Ad-hoc-Mitteilungen bezeichnete Verlautbarungen den Tatbestand erfüllen, wenn sie letztlich eine typische Zusammenstellung von Kennzahlen enthalten, die einen Schluss auf den Gesamtstatus des Vermögens erlauben (Spindler/Stilz/*Hefendehl* Rn. 81 ff.). **Falsch** können dabei **Angaben** sein, wenn die relevanten Zeiträume nicht abgeschichtet werden und sich so „gekaufte" nicht von erwirtschafteten Ergebnissen abgrenzen lassen (BGH 16.12.2004, BGHSt 49, 381 (391 f.) = NJW 2005, 445). Maßgeblich ist insoweit die Sicht eines bilanzkundigen Lesers (BGH 16.12.2004, BGHSt 49, 381 (391 f.) = NJW 2005, 445), sodass eine Strafbarkeit entfällt, wenn sich der wahre Sinn aus der Gesamterklärung entnehmen oder sich aus ihr erschließen lässt (OLG Frankfurt a. M. 19.6.2002, wistra 2003, 196). Bei einer Verurteilung nach dieser Strafnorm muss das Urteil alle für die Verhältnisse der AG wesentlichen Umstände enthalten (BGH 29.9.1981, wistra 1982, 32 mAnm *Jungfer* StV 1982, 156). Der **Fehler** muss zudem **wesentlich** sein. Dies darf nicht allein quantitativ bestimmt werden, sondern erfordert eine Gesamtbetrachtung unter Berücksichtigung der Kapitalmarktöffentlichkeit. Deshalb kann auch eine eher geringfügige Abweichung, die zu einer Gewinn- anstelle einer gebotenen Verlustausweisung führt, relevant sein (BGH 12.10.2016, NJW 2017, 578 Rn. 43; vgl. hierzu auch *Stam* JR 2017, 439). Mehrere Falschangaben in einem Bericht bilden eine einheitliche Handlung als natürliche Handlungseinheit (BGH 16.5.2017, AG 2018, 82 Rn. 40).

6 Tatmittel ist nach dem ARUG II der **Vergütungsbericht** nach § 162, der durch die Transformation in § 400 Abs. Nr. 1 strafbewehrt gestellt wird, soweit in den Berichten über die Verhältnisse der Gesellschaft unrichtige Angaben gemacht werden oder verschleiert wird (*Arnold/Herzberg/Zeh* AG 2020, 313 ff.; *Rimmelspacher/Roland* WPg 2020, 201 ff.). Nach dieser Strafvorschrift ist als weitere Variante

strafbewehrt, wenn ein tauglicher Täter, also einer der in S. 1 genannten Personen, in der **Hauptversammlung unrichtige Angaben** macht. Tatort kann immer nur die Hauptversammlung sein, soweit sie ordnungsgemäß einberufen ist (MüKoAktG/*Schaal* Rn. 32). Die unrichtigen Angaben können auch in Antworten auf Fragen von Aktionären erfolgen (§ 131). Insoweit sichert die Vorschrift das Auskunftsrechtrecht des Aktionärs in der Hauptversammlung auch strafrechtlich ab (vgl. *Ott* AG 2020, 377 ff.). Allerdings muss das Auskunftsersuchen in der Hauptversammlung erfolgen; Gespräche am Rande erfüllen den Tatbestand nicht (K. Schmidt/Lutter/*Oetker* Rn. 8). Strafbar ist dabei jede im Zusammenhang mit den Vermögensverhältnissen der Gesellschaft stehende falsche oder entstellende Äußerung (vgl. *Ronsiek* in ARR WirtschaftsStrafR-HdB 8. Teil Kap. 1 Rn. 90), unabhängig davon, ob das Organ insoweit zur Auskunft verpflichtet war (MüKoAktG/*Schaal* Rn. 33). Die Auskunft muss sich aber auf für den geschützten Personenkreis (Aktionäre, aktuelle oder potentielle Geschäftspartner der Gesellschaft, Arbeitnehmer) relevante Informationen beziehen (OLG Frankfurt a. M. 19.6.2002, NStZ-RR 2002, 275 (277); LG Hamburg 9.7.2014, AG 2015, 368 Rn. 1540 f.). Strafbar macht sich das Organ, das die falsche Äußerung abgibt; ebenfalls strafbar durch **Unterlassen** ist jedes anwesende Organ, das den falschen Angaben nicht widerspricht, obwohl es die Unrichtigkeit kennt (BGH 17.9.2007, BGHZ 149, 10 (20) = NJW 2001, 3622). Gleiches gilt, wenn ein Organ falschen Angaben von Mitarbeitern nicht widerspricht.

b) Nr. 2. Die **Nr. 2** stellt falsche Angaben gegenüber **Prüfern** unter Strafe. Auch dieser Straftatbestand ist gegenüber der Strafvorschrift des § 331 HGB subsidiär. Nur wenn die Tat dort nicht unter Nr. 4 erfasst ist, kommt eine Strafbarkeit nach dieser Bestimmung in Frage. Als relevanter Anwendungsumfang verbleiben dadurch allein aktienrechtliche Sonderprüfungen (§§ 142, 258 f., 315), die keine Abschlussprüfungen iSd § 320 HGB sind (*Ronsiek* in ARR WirtschaftsStrafR-HdB 8. Teil Kap. 3 Rn. 89). Die Prüfung hinsichtlich der verbundenen Unternehmen durch den Abschlussprüfer nach § 313 HGB ist Bestandteil der Abschlussprüfung und unterfällt damit der Strafvorschrift des § 331 Nr. 4 HGB (aA *Ronsiek* in ARR WirtschaftsStrafR-HdB 8. Teil Kap. 1 Rn. 111). Tatbestandlich sind an sich nur Falscherklärungen gegenüber dem bestellten Prüfer, **nicht** jedoch gegenüber **seinen Mitarbeitern.** Dennoch ist das Delikt, da auch diese Angaben mittelbar an den verantwortlichen Prüfer adressiert sind, jedenfalls dann vollendet, wenn die falsche Angabe den Prüfer erreicht, sei es auch nur, indem er den Prüfbericht zeichnet, in den diese Angaben eingeflossen sind (MüKoAktG/*Schaal* Rn. 60). Strafbar sind allerdings nur Falscherklärungen bezüglich solcher Umstände, hinsichtlich derer das Organ eine **Auskunftspflicht** hat. Solche Auskunftspflichten ergeben sich aus dem Aktiengesetz (§ 145). Sie müssen für die Prüfung notwendig sein, mithin sich also auf das Prüfungsthema beziehen (MüKoAktG/*Schaal* Rn. 57). Die Auskunftsverweigerung gegenüber dem Prüfer fällt nicht unter diese Strafbestimmung (MüKoAktG/*Schaal* Rn. 69). 7

2. Falsche Angaben (Abs. 2). Abs. 2 erweitert die Strafbarkeit auf Gründer oder Aktionäre, wenn diese **falsche Angaben** machen. Nach diesem Abs. 2 sind nur die Gründer (§ 28) strafbar sowie Aktionäre, die zu Aufklärungen oder Nachweisen **gegenüber einem Prüfer** verpflichtet sind. Praktisch denkbar sind hier nur die Fälle der Nachgründung (§ 52) und der Kapitalerhöhung (§ 182). Hinsichtlich des Umfangs der Nachweis- und Aufklärungspflichten gelten dieselben Grundsätze wie vorstehend zu Abs. 1 Nr. 2 dargelegt. 8

III. Subjektiver Tatbestand

Hinsichtlich der **inneren Tatseite** ist für sämtliche Tatbestandsmerkmale **Vorsatz** erforderlich. Anders als überwiegend bei § 399 ist hier kein Absichtselement erforderlich, es reicht deshalb **bedingter Vorsatz** aus. Dies gilt sowohl im Hinblick auf die Richtigkeit der mitgeteilten Umstände als auch im Hinblick auf die normativen Tatbestandsmerkmale (→ § 399 Rn. 15 f.) wie „Vermögensübersichten", „Prüfer" oder „Auskunftspflichten". Irrtümer über hiermit verbundene Rechtspflichten werden selten als Tatbestandsirrtümer anzusehen sein. Bei den hier gegebenen Tatbestandsmerkmalen dürfte im Hinblick auf den Personenkreis, der als tauglicher Täter in Betracht kommt, allenfalls in Ausnahmefällen ein **Irrtum** dergestalt vorliegen, dass dieses Merkmal nicht einmal in der Laiensphäre zutreffend erfasst wurde. Vielmehr wird sich der Irrtum meist auf die konkrete Subsumtion beziehen, dh der Täter hält das eigene Verhalten nur nicht für strafbar (zur Abgrenzung BGH 16.3.1993, NStZ 1993, 442). 9

Taten nach § 400 werden häufig mit **Vermögens-** oder **Urkundsdelikten** einhergehen, weil die Falschpublizierung gerade bei kriselnden Unternehmen in der Zielrichtung erfolgt, unberechtigte Vermögensvorteile für sich in Anspruch zu nehmen (Spindler/Stilz/*Hefendehl* Rn. 134). Mit dem Vermögensdelikt stehen sie in **Tateinheit,** wenn die unrichtige Darstellung hierauf abzielt, weil dann eine natürliche Handlungseinheit vorliegt (BGH 14.11.2019, NStZ-RR 2020, 45). Mit der Verletzung der Pflicht zur Insolvenzantragsstellung gem. § 15a InsO wird dagegen regelmäßig Tatmehrheit bestehen (Spindler/Stilz/*Hefendehl* Rn. 134). 10

Pflichtverletzung bei Verlust, Überschuldung oder Zahlungsunfähigkeit

401 (1) **Mit Freiheitsstrafe bis zu drei Jahren oder mit Geldstrafe wird bestraft, wer es als Mitglied des Vorstands entgegen § 92 Abs. 1 unterläßt, bei einem Verlust in Höhe der Hälfte des Grundkapitals die Hauptversammlung einzuberufen und ihr dies anzuzeigen.**

(2) **Handelt der Täter fahrlässig, so ist die Strafe Freiheitsstrafe bis zu einem Jahr oder Geldstrafe.**

I. Geschichte der Norm

1 Die Strafvorschrift des § 401, die zunächst die Verletzung von Verhaltenspflichten des Vorstands bei wirtschaftlichen Schwierigkeiten unter Strafe gestellt hat, ist durch das **MoMiG** um seine Zentralnorm entlastet worden. Die Strafbewehrung einer Verletzung der Insolvenzantragspflicht (vgl. BGH 28.10.2008, BGHSt 53, 24 ff. = NJW 2009, 157) ist durch die Änderungsnovelle aus dem Aktiengesetz herausgenommen und rechtsformunabhängig – aber für den Bereich der AG ohne wesentliche inhaltliche Änderung – in die **Insolvenzordnung (§ 15a Abs. 4)** eingefügt worden (vgl. *Bittmann* NStZ 2009, 113; *Müller-Gugenberger* GmbHR 2009, 578). Die Überschrift der Strafbestimmung wurde dieser Änderung noch nicht angepasst.

II. Abs. 1

2 Die Regelung des Abs. 1 enthält als Straftatbestand nur noch den (vorsätzlichen) Verstoß gegen die **Pflichten** nach § 92 Abs. 1. Danach ist der Vorstand verpflichtet, wenn sich aus Bilanzen ergibt oder nach pflichtmäßigem Ermessen anzunehmen ist, dass ein Verlust in Höhe der Hälfte des Grundkapitals besteht, die Hauptversammlung einzuberufen und ihr das anzuzeigen (→ § 92 Rn. 3). Anders als bei der GmbH (→ GmbHG § 84 Rn. 3) trifft den Vorstand nicht nur eine Informationspflicht, sondern zugleich die Pflicht, die Hauptversammlung einzuberufen. Einer Strafbarkeit kann er bei einem entsprechenden Verlust nur dadurch entgehen, dass er beides tut, mithin zur Hauptversammlung lädt und die Verlustanzeige auf die Tagesordnung setzt (MüKoAktG/*Schaal* Rn. 24). Die Strafvorschrift ist ein echtes Unterlassungs- und ein abstraktes Gefährdungsdelikt (K. Schmidt/Lutter/*Oetker* Rn. 3). Der Versuch ist nicht strafbar. Eine Einwilligung ist hier als Rechtfertigungsgrund allerdings denkbar, wenn sämtliche Aktionäre von der Überschuldung Kenntnis haben und auf die Einberufung einer Hauptversammlung verzichten (K. Schmidt/Lutter/*Oetker* Rn. 8; Spindler/Stilz/*Hefendehl* Rn. 34).

3 **1. Täter. Tauglicher Täter** nach dieser Vorschrift kann nur ein **Mitglied des Vorstands** sein (→ § 399 Rn. 5). Die Pflichten nach § 92 Abs. 1 treffen jedes Vorstandsmitglied in Person; auch eine Niederlegung seines Amts entbindet den Vorstand dann nicht, wenn die Voraussetzungen für die Einberufung bereits zu diesem Zeitpunkt vorgelegen haben, weil er sofort die Hauptversammlung einzuberufen hat (vgl. BGH 30.7.2003, NJW 2003, 3787 (3789 f.)).

4 **2. Vorsatz.** Nach **Abs. 1** ist die Tat nur als **Vorsatztat** strafbar. Der Vorsatz muss sich – zumindest in der Form des bedingten Vorsatzes – auf sämtliche Tatbestandsmerkmale beziehen. Dies hat besondere Bedeutung, falls sich der Verlust nicht schon aus einer Bilanz ergibt, sondern der Vorstand dies nach pflichtgemäßem Ermessen hätte feststellen müssen. In diesen Fällen kann es für die Annahme eines bedingten Vorsatzes genügen, wenn der Vorstand es in Kenntnis einer weiteren Verschlechterung der Geschäftslage unterlässt, zu bilanzieren und den Eintritt des hälftigen Verlusts nach § 92 Abs. 1 festzustellen. Ein Irrtum über die Pflichten nach § 92 Abs. 1 kann, wenn der Täter überhaupt keine Kenntnis über das hieraus folgende Gebot hat, ein (freilich eine Strafbarkeit nach Abs. 2 auslösender) Irrtum über normative Tatbestandsmerkmale sein. In der Regel wird ein Vorstand jedoch in seiner Laiensphäre den Bedeutungsgehalt erkennen; irrt er nur über die Anwendung im Einzelfall, ist dies grundsätzlich ein unbeachtlicher Subsumtionsirrtum (vgl. BGH 29.8.2007, BGHR StGB § 11 Abs. 1 Nr. 2 Amtsträger 14).

III. Abs. 2

5 Nach **Abs. 2** ist auch die **fahrlässige Begehung** strafbar(K. Schmidt/Lutter/*Oetker* Rn. 6). Die Regelung ist faktisch ein Auffangtatbestand (vgl. BGH 17.4.1962, BGHSt 17, 210; BGH 18.8.1983, BGHSt 32, 48 (57)), wenn die vorsätzliche Tatbegehung nicht nachweisbar erscheint. In der Regel wird sich die Fahrlässigkeit darauf beziehen, dass der Täter das Erreichen der Verlustgrenze nicht erkannt hat. In diesen Fällen wird häufig ein Sorgfaltsverstoß vorliegen, weil der Vorstand – ggf. durch geeignete Organisationsmaßnahmen – sicherstellen muss, dass er den Eintritt entsprechender Verluste unverzüglich erfährt. Denkbar ist als Sorgfaltspflichtverletzung freilich auch, dass er die Ladung zur Hauptversammlung delegiert hat, ohne eine zeitnahe Umsetzung dieser Weisung zu überwachen.

IV. Vollendung

Die **Tat** ist – sowohl bei vorsätzlicher als auch bei fahrlässiger Begehung – **vollendet,** wenn der Täter seine Handlungspflicht nicht erfüllt hat. Da die Tat ein echtes Unterlassungsdelikt ist, ist für die Frage der Vollendung maßgeblich, wann der Vorstand die Unterrichtung und Einberufung der Hauptversammlung spätestens hätte vornehmen müssen (MüKoAktG/*Schaal* Rn. 22 f.). Da § 92 Abs. 1 Unverzüglichkeit verlangt, muss das Organ ohne schuldhaftes Zögern (§ 121 Abs. 1 BGB) handeln. Der zeitliche Rahmen, innerhalb dessen das zu geschehen hat, ist eine Frage des Einzelfalls. Jedenfalls in strafrechtlicher Hinsicht wird eine Frist von einer Woche noch ausreichen. Beendet ist das Dauerunterlassungsdelikt erst ab dem Zeitpunkt, ab dem die Handlungspflicht entfallen ist, regelmäßig also nur mit ordnungsgemäßer Einberufung der Hauptversammlung (*Raum* in WJS WirtschaftsStrafR-HdB Kap. 12 Rn. 92) oder aber wenn sich die Vermögenslage der Gesellschaft so gebessert hat, dass die Voraussetzungen nach dieser Bestimmung nicht mehr vorliegen (Spindler/Stilz/*Hefendehl* Rn. 32). 6

Falsche Ausstellung von Berechtigungsnachweisen

402 (1) **Wer Bescheinigungen, die zum Nachweis des Stimmrechts in einer Hauptversammlung oder in einer gesonderten Versammlung dienen sollen, falsch ausstellt oder verfälscht, wird mit Freiheitsstrafe bis zu drei Jahren oder mit Geldstrafe bestraft, wenn die Tat nicht in anderen Vorschriften über Urkundenstraftaten mit schwererer Strafe bedroht ist.**

(2) **Ebenso wird bestraft, wer von einer falschen oder verfälschten Bescheinigung der in Absatz 1 bezeichneten Art zur Ausübung des Stimmrechts Gebrauch macht.**

(3) **Der Versuch ist strafbar.**

I. Normzweck

Die Vorschrift pönalisiert das Ausstellen **falscher Bescheinigungen** oder das Verfälschen von Bescheinigungen **über das Stimmrecht** sowie den Gebrauch solcher Bescheinigungen. Sie schützt damit vor Manipulationen im Hinblick auf das Stimmrecht und kann von jedermann verwirklicht werden **(Allgemeindelikt).** Allerdings kommt der Vorschrift nur in den Fällen Bedeutung zu, in denen nach § 123 Abs. 3 überhaupt ein Nachweis für die Hauptversammlung erforderlich ist. Dies bestimmt sich nach der Satzung der AG. Eine entsprechende Bestimmung in der Satzung stellt aber keine objektive Bedingung der Strafbarkeit im Rechtssinne dar (so aber MüKoAktG/*Schaal* Rn. 3). Die durch die Satzung begründete Pflicht zur Vorlage einer solchen Bescheinigung ist lediglich die faktische Voraussetzung für die Anwendung des Straftatbestands. 1

II. Tatbestand

Die Strafvorschrift umfasst in den Abs. 1 und 2 insgesamt **drei Tatvarianten.** Allen Tatvarianten ist gemeinsam, dass sie subsidiär sind und nur dann eingreifen, wenn die Tat nicht nach anderen Urkundenstraftaten mit höherer Strafe bedroht ist. Bei Abs. 1 ergibt sich die Subsidiarität unmittelbar aus dem Tatbestand, bei Abs. 2 aus der Verweisung auf Abs. 1. Als vorrangige Urkundsdelikte kommen in erster Linie die Urkundenfälschung (§ 267 StGB) und – wenn ein Gutgläubiger (etwa durch Täuschung) zur Ausstellung einer inhaltlich unrichtigen Urkunde veranlasst wird – die mittelbare Falschbeurkundung (§ 271 StGB) in Betracht. Der Tatbestand selbst ist den Urkundsdelikten nachgebildet. Aufgrund der Subsidiaritätsklausel findet er faktisch aber nur Anwendung auf die Fälle der sog. **schriftlichen Lüge** (vgl. BGH 24.6.1993, NJW 1993, 2759; vgl. auch BGH 22.10.1974, BGHSt 26, 9 = NJW 1975, 176). Eine solche liegt dann vor, wenn der (richtige) Aussteller bewusst ein unrichtiges Stimmrecht bescheinigt. Schutzzweck dieser Vorschrift ist, wahrheitsgemäß Gewissheit zu verschaffen, aus welchen Aktien das Stimmrecht ausgeübt wird und damit eine doppelte Geltendmachung auszuschließen (OLG Stuttgart AG 2012, 353 f.). Schon deshalb ist der zutreffende Banknachweis nicht tatbestandsmäßig, der die vertretenen Anteile korrekt bezeichnet (vgl. Mohamed ZIP 2016, 1100 (1106)). Gleichermaßen ist eine Täuschung über den Aussteller irrelevant, wenn das mitgeteilte Ergebnis zutreffend ist (Spindler/Stilz/*Hefendehl* Rn. 32). 2

1. Abs. 1. Die Tathandlungen sind: Nach **Abs. 1** das **Ausstellen** einer falschen Bescheinigung. Dies beinhaltet sowohl das Herstellen einer unechten Urkunde, mithin einer Urkunde, bei der über die Person des Ausstellers getäuscht wird, als auch die Schaffung einer nur inhaltlich unrichtigen Urkunde. Weiterhin wird das **Verfälschen** unter Strafe gestellt. Ein Verfälschen liegt vor, wenn nachträglich die in der Urkunde verkörperte Gedankenerklärung verändert wird. Dies kann auch dadurch geschehen, dass die Urkunde durch eine Person verändert wird, die früher ausstellungsbefugt war (BGH 22.12.1959, BGHSt 13, 382), wobei ausreicht, dass der Eindruck erweckt wird, die Urkunde sei zu einem Zeitpunkt 3 verändert worden, zu welchem dem Aussteller die Verfügungsmacht noch nicht entzogen war (BGH 5.12.1961, GA 1963, 16 (17)). In solchen Fällen wird (siehe die vorgenannten Nachweise) immer eine Urkundenfälschung nach § 267 StGB vorliegen, sodass die Subsidiaritätsklausel einer Strafbarkeit entgegensteht (vgl. aber MüKoAktG/*Schaal* Rn. 20). Für den subjektiven Tatbestand genügt **bedingter Vorsatz,** wobei der Täter auch die Nachweisqualität der Bescheinigung in ihrem Sinnzusammenhang nachvollziehen muss.

4 **2. Abs. 2.** Nach Abs. 2 wird das **Gebrauchen** des gefälschten Nachweises unter Strafe gestellt. Wegen der nur subsidiären Anwendbarkeit des Straftatbestands kommt die Strafbarkeit nur in Betracht, falls eine (iSd § 267 StGB straflose) schriftliche Lüge (→ Rn. 2) durch Vorlage als Nachweis verwendet wird. Gebrauchen bedeutet dabei, dass dem Adressaten der Täuschungshandlung die Möglichkeit gegeben werden muss, die Urkunde zu betrachten, sie sinnlich wahrzunehmen (vgl. BGH 20.3.1951, BGHSt 1, 117 (120)). Im Gegensatz zu Abs. 1 enthält aber Abs. 2 ein Absichtselement, nämlich das Gebrauchmachen zur Ausübung des Stimmrechts. Damit ist aber lediglich der Zusammenhang mit dem Rechtsgut deutlich gemacht (Spindler/Stilz/*Hefendehl* Rn. 44).

5 **3. Abs. 3.** Gemäß **Abs. 3** ist der **Versuch** strafbar. Der Versuch setzt ein unmittelbares Ansetzen voraus. Dies wird – wie bei den Urkundsdelikten auch (BGH 28 7.1972, GA 1973, 179; BGH 18.12.1964, NJW 1965, 594 (595)) – erst dann gegeben sein, wenn mit den Arbeiten zur Herstellung der falschen Bescheinigung über das Stimmrecht bereits begonnen wurde bzw. die falsche Bescheinigung schon zu Täuschungszwecken im Zusammenhang mit dem Kontrollvorgang bereitgehalten wurde.

Verletzung der Berichtspflicht

403 (1) **Mit Freiheitsstrafe bis zu drei Jahren oder mit Geldstrafe wird bestraft, wer als Prüfer oder als Gehilfe eines Prüfers über das Ergebnis der Prüfung falsch berichtet oder erhebliche Umstände im Bericht verschweigt.**

(2) **Handelt der Täter gegen Entgelt oder in der Absicht, sich oder einen anderen zu bereichern oder einen anderen zu schädigen, so ist die Strafe Freiheitsstrafe bis zu fünf Jahren oder Geldstrafe.**

I. Normzweck

1 Der Straftatbestand des § 403 schützt das Vertrauen in die Integrität der **Prüfberichte.** Insoweit ist die Strafvorschrift auch **Schutzgesetz** iSd **§ 823 Abs. 2 BGB.** Ihr Schutzumfang bestimmt sich danach, wer Interesse an richtigen und objektiven Prüfberichten haben kann (zum Schutzumfang vgl. OLG Karlsruhe 7.2.1985, ZIP 1985, 409; OLG Hamm 21.10.1998, GI 1999,225). Da die Prüfungen zwar im öffentlichen Interesse, aber auch im Interesse des Geschäftsverkehrs gesetzlich angeordnet sind, sichert der Straftatbestand ihre Objektivität und Seriosität gegenüber allen, für die die wirtschaftliche Leistungsfähigkeit oder die Kreditwürdigkeit des geprüften Unternehmens bedeutsam werden könnte (vgl. GK-AktG/*Otto* Rn. 2). In der Regel betrifft dies bei veröffentlichten Prüfberichten (vgl. BGH 15.12.2005, WM 2006, 423; OLG Bamberg 21.2.2006, WM 2006, 960) auch solche Personen, die erst zu der Gesellschaft in wirtschaftliche Beziehung treten. Der Schutzbereich erfasst deshalb die Gesellschaft selbst, aber auch sämtliche Personen, die mit ihr in Geschäftskontakt stehen oder an ihr beteiligt sind, weil die Ordnungsmäßigkeit der Prüfung gleichfalls in deren Interesse liegt (MüKoAktG/*Schaal* Rn. 2 f.). Insofern ist die Strafvorschrift ein abstraktes Gefährdungsdelikt (K. Schmidt/Lutter/*Oetker* Rn. 2).

II. Tatbestand

2 **Die** Tat ist ein **Sonderdelikt** für den **Prüfer** und seine **Gehilfen.** Haben der Prüfer oder seine Gehilfen innerhalb oder außerhalb der Gesellschaft Tatgenossen, so können diese nur als Tatbeteiligte nach §§ 26, 27 StGB bestraft werden mit der Folge einer obligatorischen Strafrahmenverschiebung gem. § 28 Abs. 1 StGB. Unter **Gehilfen des Prüfers** sind sämtliche Personen zu verstehen, die auf seiner Seite den Prüfungsvorgang einschließlich der Abfassung der Prüfungsberichte unterstützen und fördern. Auf die Art der Tätigkeit kommt es nicht an. (MüKoAktG/*Schaal* Rn. 14; aA K. Schmidt/Lutter/*Oetker* Rn. 4). Prüfer iSd Bestimmung sind auch **Prüfgesellschaften.** Die für diese Gesellschaft Handelnden haften strafrechtlich als Prüfer unter den Voraussetzungen des § 14 StGB, wenn in ihrer Person der Tatbestand verwirklicht wird, sie mithin für die Gesellschaft einen falschen Prüfbericht abgeben. Sonstige Personen, die nicht dem Personenkreis des § 14 StGB zugehören (vgl. *Raum* in WJS Wirtschafts-StrafR-HdB Kap. 4 Rn. 7 ff.), sind jedenfalls Gehilfen des Prüfers. Mangels einer gesetzlich angeordneten Versuchsstrafbarkeit ist die Tat nur bei **Vollendung** strafbar.

3 **1. Abs. 1.** Tathandlung nach **Abs. 1** ist die **Abgabe falscher Prüfberichte,** wobei die Unrichtigkeit des Prüfberichtes auch im Verschweigen wesentlicher Umstände bestehen kann. Ein falscher Bericht liegt danach vor, wenn der Prüfer Angaben macht, die mit seinen tatsächlich festgestellten Wahr-

nehmungen und Bewertungen nicht übereinstimmen (Spindler/Stilz/*Hefendehl* Rn. 44). Unrichtig ist ein Bericht aber ebenfalls, wenn der Prüfer überhaupt nicht geprüft hat, jedoch einen Prüfbericht erstellt, in dem er Tatsachen niederlegt, die ihm lediglich mitgeteilt worden sind. Auf die sachliche Richtigkeit der berichteten Tatsachen kommt es nicht mehr an (*Krekeler* StraFO 1999, 217 (220)). Der Bericht ist in seiner schriftlichen Form maßgeblich. Die hierzu gegebenen mündlichen Erläuterungen können aber, wenn sie bewusst falsch sind, gleichfalls den Tatbestand erfüllen (MüKoAktG/*Schaal* Rn. 28). Umgekehrt können klarstellende mündliche Erläuterungen den falschen schriftlichen Bericht nicht straflos stellen (*Krekeler* StraFO 1999, 217 (221)). Das Verschweigen wesentlicher Umstände ist gleichfalls tatbestandsmäßig. Was wesentlich ist, muss sich nach dem Adressatenkreis, insbesondere auch im Blick auf den Prüfungsumfang im Einzelnen entscheiden (Spindler/Stilz/*Hefendehl* Rn. 38).

2. Anwendungsbereich. Prüfungen iS dieser Vorschrift sind allerdings nur die Prüfungen, die nach 4
dem **Aktiengesetz vorgeschrieben** sind, mithin also die Gründungs- (§ 33) oder die Sonderprüfungen (§§ 142 f.; §§ 257 f.). Falsche Prüfberichte etwa im Hinblick auf Jahresabschlüsse werden durch **§ 332 HGB** strafrechtlich erfasst.

3. Vorsatz. Die Tat ist nur als **Vorsatzdelikt** strafbar. Es reicht bedingter Vorsatz. Dies kann 5
allerdings bei der oben dargestellten Fallkonstellation (→ Rn. 3) problematisch werden, wenn der Prüfer unbesehen ihm mitgeteilte Daten übernimmt. Rechnet der Täter mit der Möglichkeit, dass der Bericht falsch sein könnte, dann kann ein bedingter Vorsatz schon dann gegeben sein, wenn er ohne weitere Nachforschung den Bericht dennoch so erstattet. Als Faustformel mag in diesen Fällen gelten, dass die Annahme eines bedingten Vorsatzes umso näher liegt, je drängender die Anhaltspunkte für den Täter sind, dass der Bericht unrichtig sein könnte. Dies ist auf der Grundlage der Gesamtumstände zu beurteilen, insbesondere im Hinblick auf den Prüfungsauftrag und die Lage bezüglich der dem Prüfer bekannten Vermögens-, Finanz- und Ertragssituation der Gesellschaft (vgl. OLG Dresden 17.1.2019, WM 2019, 967 Rn. 99 ff.). Irrt der Prüfer darüber was wesentlich sein könnte, so ist dies ein nach § 16 StGB zu bewertender Irrtum über ein normatives Tatbestandsmerkmal (Spindler/Stilz/*Hefendehl* Rn. 40).

4. Strafrahmen. Abs. 2 enthält eine **Verschärfung des Strafrahmens,** wenn der Täter mit be- 6
sonders verwerflicher Gesinnung handelt. Bei der Qualifizierung nach Abs. 2 erhöht sich die Höchststrafe dann von drei (Abs. 1) auf fünf Jahre Freiheitsstrafe. Merkmale des Qualifizierungstatbestands, der in allen Fällen Vorsatz in der Form der Absicht verlangt (K. Schmidt/Lutter/*Oetker* Rn. 8) sind alternativ:

a) Entgeltlichkeit. Der Täter **handelt gegen Entgelt.** Der Begriff des Entgelts ist in § 11 Abs. 1 7
Nr. 9 StGB legal definiert als jede in einem Vermögensvorteil bestehende Gegenleistung. Dabei muss die Gegenleistung für das Entgelt in der strafbaren Handlung liegen (MüKoAktG/*Schaal* Rn. 36).

b) Bereicherungsabsicht. Der Täter handelt mit **Bereicherungsabsicht.** Dies setzt voraus, dass er 8
einen Vermögensvorteil für sich oder einen Dritten erstrebt. Ob dieser dann tatsächlich eingetreten ist, ist unerheblich. Der erstrebte Vermögensvorteil braucht nicht rechtswidrig zu sein (vgl. BGH 7.7.1993, NStZ 1993, 538; MüKoAktG/*Schaal* Rn. 36 ff.). Da die Gegenleistung für die Falschangaben erstrebt sein muss, reicht das bloße Honorar des Wirtschaftsprüfers nicht aus (MüKoAktG/*Schaal* Rn. 36). Anders mag dies zu bewerten sein, wenn der Wirtschaftsprüfer seine Mandatierung durch die Zusage der Abgabe falscher Berichte erst erlangt.

c) Schädigungsabsicht. Der Täter handelt mit **Schädigungsabsicht.** Auch hier muss der vom 9
Täter beabsichtigte Nachteil nicht eingetreten sein. Der Nachteil ist nicht notwendigerweise ein wirtschaftlicher oder finanzieller Nachteil; es reicht ein ideeller Nachteil aus.

Verletzung der Geheimhaltungspflicht

404 (1) **Mit Freiheitsstrafe bis zu einem Jahr, bei börsennotierten Gesellschaften bis zu zwei Jahren, oder mit Geldstrafe wird bestraft, wer ein Geheimnis der Gesellschaft, namentlich ein Betriebs- oder Geschäftsgeheimnis, das ihm in seiner Eigenschaft als**

1. Mitglied des Vorstands oder des Aufsichtsrats oder Abwickler,
2. Prüfer oder Gehilfe eines Prüfers

bekanntgeworden ist, unbefugt offenbart; im Falle der Nummer 2 jedoch nur, wenn die Tat nicht in § 333 des Handelsgesetzbuchs mit Strafe bedroht ist.

(2) [1]**Handelt der Täter gegen Entgelt oder in der Absicht, sich oder einen anderen zu bereichern oder einen anderen zu schädigen, so ist die Strafe Freiheitsstrafe bis zu zwei Jahren, bei börsennotierten Gesellschaften bis zu drei Jahren, oder Geldstrafe.** [2]**Ebenso wird bestraft, wer ein Geheimnis der in Absatz 1 bezeichneten Art, namentlich ein Betriebs- oder**

Geschäftsgeheimnis, das ihm unter den Voraussetzungen des Absatzes 1 bekanntgeworden ist, unbefugt verwertet.

(3) [1]**Die Tat wird nur auf Antrag der Gesellschaft verfolgt.** [2]**Hat ein Mitglied des Vorstands oder ein Abwickler die Tat begangen, so ist der Aufsichtsrat, hat ein Mitglied des Aufsichtsrats die Tat begangen, so sind der Vorstand oder die Abwickler antragsberechtigt.**

Übersicht

I. Normzweck

1 Der Straftatbestand schützt den **Geheimnisbereich** der AG. Ebenso wie für die GmbH (§ 85 GmbHG), die Genossenschaft (§ 151 GenG) oder für die an der Umwandlung beteiligten Rechtsträger (§ 315) gewährleistet die Strafnorm einen inneren, nicht öffentlichen Raum des Unternehmens, der auch verfassungsrechtlichen Schutz genießt (BVerfG 14.3.2006, BVerfGE 115, 205). Gegenüber Arbeitnehmern sicherte § 17 UWG aF vor der unberechtigten Weitergabe von Geheimnissen. Diese Vorschrift wurde durch das Gesetz zur Umsetzung der Richtlinie (EU) 2016/943 zum Schutz von Geschäftsgeheimnissen vor rechtswidrigem Erwerb sowie rechtswidriger Nutzung und Offenlegung vom 18. April 2019 (GeschGehG) aufgehoben und ersetzt. Mitglieder eines SE-Betriebsrats werden weiterhin bei Geheimnisverletzung nach § 41 Abs. 2 SEBG iVm § 45 Abs. 1 Nr. 1, Abs. 2 Nr. 1 SEBG bestraft (vgl. dazu auch *Göggerle* wistra 2020, 89 ff.). Gegenüber sonstigen Personen, die mit Geheimnissen eines Unternehmens in Berührung kommen, greift die allgemeine Strafvorschrift des § 203 StGB ein, die durch das GeschGehG (§ 1 Abs. 3 Nr. 1). Die Regelung ist **Schutzgesetz** iSd **§ 823 Abs. 2 BGB.** Sie schützt aber nur die Gesellschaft, nicht die Aktionäre (Lutter/Hommelhoff/*Kleindiek* GmbHG § 85 Rn. 1; aA MüKoAktG/*Schaal* Rn. 3; MüKoStGB/*Kiethe* Rn. 3), was auch aus dem allein der Gesellschaft zustehenden Strafantragsrecht (Abs. 3) deutlich wird. Die Strafvorschrift gilt nur für Gesellschaften mit Sitz im **Inland** (BGH 17.9.1996, BGHSt 42, 243 (248 f.) = NJW1997, 533).

II. Tatbestand

2 Erfasst werden von dem Straftatbestand **Geheimnisse,** insbesondere **Betriebs- und Geschäftsgeheimnisse.** Nach allgM werden hierunter alle auf ein Unternehmen bezogene Tatsachen, Umstände und Vorgänge verstanden, die nicht offenkundig, sondern nur einem begrenzten Personenkreis zugänglich sind und an deren Nichtverbreitung der Rechtsträger ein berechtigtes Interesse hat (vgl. die umfangreiche Zusammenstellung bei *Möhrenschlager* in WJS WirtschaftsStrafR-HdB Kap. 16 Rn 9 ff.). **Betriebsgeheimnisse** umfassen im Wesentlichen technisches Wissen im weitesten Sinne; **Geschäftsgeheimnisse** betreffen vornehmlich kaufmännische Daten (BVerfG 14.3.2006, BVerfGE 115, 205 (230 f.)). Beide Begriffe gehen ineinander über und werden nach dem GeschGehG (§ 2 Nr. 1 GeschGehG) auch übergreifend definiert. Die Verschwiegenheitspflicht verwehrt einem Aufsichtsratsmitglied auch die Offenbarung gegenüber seinem Arbeitgeber. Die **Kollision** zwischen den **Pflichten** gegenüber **seinem Arbeitgeber** und der Gesellschaft, für die er im Aufsichtsrat sitzt, löst § 404 **zugunsten der Verschwiegenheitspflicht.** Es findet deshalb in Bezug auf seinen Arbeitgeber auch keine Wissenszurechnung statt (BGH 26.4.2016, GWR 2016, 341 Rn. 28, 31; s. dazu *Buck-Heeb* WM 2016, 1469).

3 **1. Geheimnis.** Der **Schutzumfang** der Geheimnisse ist vor dem Hintergrund ihrer verfassungsrechtlichen Verbürgung zu bestimmen. Anders als das allgemeine Persönlichkeitsrecht stellen Geschäfts- oder Betriebsgeheimnisse keinen absoluten Wert an sich dar, sondern sind in Bezug auf die Wettbewerbsfähigkeit des Unternehmens funktional zu sehen (vgl. *Raum* Festheft für Tepperwien, 2010, 52 f.). Um im Wettbewerb bestehen zu können, braucht das Unternehmen exklusives Wissen (BVerfG

14.3.2006, BVerfGE 115, 205 (230 f.)). Deshalb stellen im Regelfall auch nur solche Tatsachen ein Geheimnis dar, die im Falle ihrer Bekanntgabe der Gesellschaft einen materiellen oder immateriellen Schaden zufügen, insbesondere ihre Wettbewerbsfähigkeit bedrohen oder zur Ansehensminderung oder Vertrauensverlust führen können (BGH 20.5.1996, NJW 1996, 2576 = BB 1996, 1627). Es muss ein nach objektiven Kriterien zu bestimmendes **Geheimhaltungsinteresse** bestehen, weil die Aufdeckung der Tatsache geeignet wäre, dem Geheimnisträger wirtschaftlichen Schaden zuzufügen (BGH 4.9.2013, wistra 2014, 30 – dort für Kalkulationsunterlagen bejaht). Dabei ist aber auch erforderlich, dass die Gesellschaft die Tatsachen als geheimhaltungsbedürftig ansieht, sie mithin selbst einen **Geheimhaltungswillen** hat (vgl. Scholz/*Tiedemann* GmbHG § 85 Rn. 7 ff.; offengelassen in BGH 20.5.1996, NJW 1996, 2576 = BB 1996, 1627). Für die Manifestation des Geheimhaltungswillens genügt es im Einzelfall, dass sich dieser Wille aus der Natur der (geheim zu haltenden) Tatsache ergibt, wenn also offensichtlich ist, dass die Gesellschaft keine Verbreitung wünscht (BGH 10.5.1995, BGHSt 41, 140 (142) = NJW 1995, 2301). Umgekehrt reicht es nicht aus, dass die Gesellschaft selbst etwas als geheimhaltungsbedürftig ansieht; insoweit ist ein objektiver Maßstab zu Grunde zu legen (→ GmbHG § 85 Rn. 3). Die Gesellschaft darf auch nicht durch Satzung oder Geschäftsordnung den Geheimnischarakter von Tatsachen über den gesetzlich vorgegebenen Bereich ausdehnen und so das Verschwiegenheitsgebot (zB für Aufsichtsratsmitglieder) verschärfen (BGH 5.6.1975, BGHZ 64, 325 = NJW 1975, 1412). Illegales Verhalten der Gesellschaft kann kein Geheimnis sein (aA *Ronsiek* in ARR WirtschaftsStrafR-HdB 8. Teil Kap. 2 Rn. 14 mwN).

Grundsätzlich obliegt es dem Vorstand zu entscheiden, ob er eine Tatsache für geheimhaltungsbedürftig hält. Insoweit ist der **Gesamtvorstand „Herr der Gesellschaftsgeheimnisse"** (BGH 5.6.1975, BGHZ 64, 325 (329) = NJW 1975, 1412). Im Hinblick auf den eigenverantwortlichen Entscheidungsbereich des Aufsichtsrats obliegt diesem die Entscheidungsbefugnis, ob er eine Tatsache offenbaren will (MüKoAktG/*Schaal* Rn. 24). Einer formellen Geheimhaltungserklärung bedarf es hierfür allerdings nicht, auch wenn diese den Geheimhaltungswillen belegt (K. Schmidt/Lutter/*Oetker* Rn. 4). 4

Die Tatsachen dürfen **nicht offenkundig** sein. Nicht offenkundig sind alle Tatsachen, die nur einem begrenzten Personenkreis bekannt sind (BVerfG 14.3.2006, BVerfGE 115, 205 (230)). Sind sie für jeden Interessenten ohne größere Schwierigkeiten zugänglich, spricht dies für ihre Offenkundigkeit (BGH 7.1.1958, NJW 1958, 671). Sind sie nur einem kleinen Kreis bekannt, ist – insbesondere wenn eine weitere Verbreitung der Umstände für die Gesellschaft schädlich wäre – von ihrem Geheimnischarakter auszugehen. Deshalb hat der Bundesgerichtshof (BGH 10.5.1995, BGHSt 41, 140 = NJW 1995, 2301) die durch eine öffentliche Ausschreibung erlangten Angebote auch für den ausschreibenden Unternehmer als Geschäftsgeheimnis iSd § 17 UWG angesehen. Ebenso sind der Kostenrahmen und dessen interne Kalkulationsgrundlage auf Seiten des Ausschreibenden ein Geschäftsgeheimnis (BGH 4.9.2013, wistra 2014, 30). Offenkundig sind auch solche Tatsachen, für die eine Offenlegungspflicht (zB § 325 HGB) besteht (BGH 8.11.1999, NJW 2000, 1329 = BB 2000, 8). Daher verstößt die **Abtretung von Vergütungsansprüchen** nicht gegen das Geheimhaltungsverbot, auch wenn diese gewinnabhängig sind und die Gewinnsituation der Gesellschaft dadurch dem Zessionar bekannt wird. 5

2. Unbefugtes Offenbaren. Die **Tathandlung** ist das **unbefugte Offenbaren der Geheimnisse.** Sie entspricht in ihrer tatbestandlichen Fassung der Strafvorschrift des § 203 Abs. 2 StGB. 6

a) Offenbaren. Offenbaren iS dieser Bestimmungen ist die Verschaffung von Kenntnis an eine Person, der das Geheimnis bislang noch unbekannt oder jedenfalls nicht sicher bekannt ist (MüKoAktG/*Schaal* Rn. 29). Wie die Kenntnisgabe erfolgt, ist unerheblich. Sie kann in Form der Mitteilung, des Zuspielens von Unterlagen (OLG Hamm 20.1.1959, GA 1959, 288), der Bestätigung eines Gerüchts (RG 26.6.1894, RGSt 26, 5 (7); RG 16.5.1905, RGSt 38, 62 (65)) oder – durch Unterlassen (§ 13 StGB) – durch das Gewährenlassen der Einsicht in Unterlagen erfolgen (GK-AktG/*Otto* Rn. 26). Auch das Offenbaren gegenüber einem Schweigepflichtigen kann tatbestandsmäßig sein (vgl. BayObLG 8.11.1994, NJW 1995, 1623). 7

b) Unbefugt. Unbefugt handelt der Täter, wenn er nicht im Einverständnis mit dem hierfür zuständigen Organ handelt und ihm keine Rechtfertigungsgründe zustehen. Die Unbefugtheit ist nicht nur ein Hinweis auf das Fehlen von Rechtfertigungsgründen, sondern allgemeines Tatbestandsmerkmal (vgl. auch Schönke/Schröder/*Eisele* StGB § 203 Rn. 29). Über das Öffentlichmachen des Geheimnisses entscheidet der Gesamtvorstand, im Einzelfall können solche Entscheidungen auch dem ressortmäßig zuständigen Organwalter übertragen sein. Maßgeblich bleiben aber – und nur insoweit wirkt dann ein Einverständnis auch tatbestandsausschließend – die Grundsätze der **ordnungsgemäßen Geschäftsführung** (vgl. *Ronsiek* in ARR WirtschaftsStrafR-HdB 8. Teil Kap. 2 Rn. 18). Für den Aufsichtsrat gelten sinngemäß dieselben Regeln, soweit das Geheimnis dessen Entscheidungsbereich betrifft. Im Einzelnen können solche Veröffentlichungszuständigkeiten auch näher in der Satzung geregelt werden. Danach bestimmt sich auch, ob bei einem Anteilsverkauf oder einem Verkauf der Gesellschaft selbst Informationen iRe **Due Diligence** weitergegeben werden dürfen (→ GmbHG § 85 Rn. 4). Bei der 8

Informationsweitergabe im faktischen Konzern von der abhängigen an die herrschende Gesellschaft besteht idR aufgrund des Wertungsmodells der §§ 311 ff. keine unbefugte Offenbarung (vgl. *Leuering/Kessler* NJW-Spezial 2015, 399 ff.; *Ronsiek* in ARR WirtschaftsStrafR-HdB 8. Teil Kap. 2 Rn. 20). Bei sog. Whistle-blowern, die Missstände in einem Unternehmen an die Öffentlichkeit bringen (vgl. etwa OLG Oldenburg 21.5.2019, BeckRS 2019, 29965 und dazu *Hiéramente* jurisPR-StrafR 24/2019 Anm. 3), kommt es auf eine Gesamtabwägung an, die einerseits die Schwere der Missstände, andererseits die Möglichkeit interner Abhilfe berücksichtigt (vgl. *Gärtner* NZG 2014, 650; *Seidl* AnwZert ITR 2/1014 Anm. 2; *Nöbel/Veljovic* CB 2020, 34). Nach hier vertretener Ansicht gilt jedoch grundsätzlich, dass jedenfalls strafrechtlich relevantes Verhalten schon keinen Geheimnischarakter erlangen kann (→ Rn. 3), weil die im öffentlichen Interesse liegende Aufklärung solchen Verhaltens grundsätzlich den Vorrang beanspruchen muss (MüKoStGB/*Kiethe* Rn. 30; aA und sehr restriktiv Bürgers/Körber/*Pelz* Rn 5). Obwohl die Norm nicht unmittelbar anwendbar ist, kommt der in § 5 GeschGehG zum Ausdruck gekommene Wertentscheidung des Gesetzgebers – wie übrigens in der Regel – eine hohe indizielle Wirkung zu (K. Schmidt/Lutter/*Oetker* Rn. 5).

9 **Rechtfertigungsgründe** für eine Offenbarung von Geheimnissen bilden gesetzliche Auskunftspflichten (§ 394) oder Zeugenpflichten der einzelnen Geheimnisträger (→ GmbHG § 85 Rn. 9). In Not- und Eilfällen kann durch ein mutmaßliches Einverständnis, iÜ eine Notstandssituation gem. § 34 StGB die Kundgabe des Geheimnisses rechtfertigen. Dies gilt zB im Falle einer notwendigen gerichtlichen Geltendmachung eigener Ansprüche, die mit einer Offenbarung des Geheimnisses verbunden wäre (BGH 10.7.1991, BGHZ 115, 123 (129) = NJW 1991, 2955; BGH 25.3.1993, BGHZ 122, 115 (120 f.) = NJW 1993, 1638).

10 **3. Täterkreis.** Die Tat ist ein **Sonderdelikt,** wobei die Verletzungshandlung anderer Personen jeweils unterschiedlichen Strafvorschriften unterfallen kann (→ Rn. 1). Täter nach Abs. 1 können nur folgende Personen sein:

11 **a) Organschaftliche Vertreter.** Nach Nr. 1 sind taugliche Täter nur **Mitglieder des Vorstands** oder des **Aufsichtsrats** sowie **Abwickler.** Insoweit gelten für die einzelnen Funktionen die bereits zu § 399 ausgeführten Grundsätze (→ § 399 Rn. 5). Der Täter muss die Sonderstellung im Zeitpunkt der Verletzungshandlung nicht mehr innehaben. Es reicht – wie sich aus der insoweit eindeutigen Formulierung des Gesetzes ergibt – aus, wenn er die geheimhaltungsbedürftigen Umstände im Zusammenhang mit seiner Organstellung erfahren hat.

12 **b) Prüfer.** Nach Nr. 2 sind nur die **Prüfer** oder **deren Gehilfen** taugliche Täter. Wegen der Subsidiaritätsklausel in Abs. 1 am Ende sind diese aber nur insoweit strafbar, als sich nicht schon aus § 333 HGB eine Strafbarkeit ergibt. Die **Spezialität** des § 333 **HGB** bezieht sich auf die Art der Prüfung und gilt nur für die dort genannten Prüfungen, also den Jahresabschluss, Einzelabschlüsse nach § 325 Abs. 2a HGB sowie den Konzernabschluss.

13 **4. Unbefugtes Verwerten.** Nach **Abs. 2 S. 2** ist als weitere **Tathandlung das unbefugte Verwerten des** Geheimnisses unter Strafe gestellt. Dabei ist – wegen der Verweisung auf Abs. 1 – auch der Tatbestand des Abs. 2 S. 2 Sonderdelikt; taugliche Täter können nur die in Abs. 1 Nr. 1 und 2 beschriebenen Funktionsträger sein (→ Rn. 10 ff.).

14 **a) Verwerten.** Unter **Verwerten** ist jedes **wirtschaftliche Ausnutzen** der Verhältnisse eines anderen zum Zweck der Gewinnerzielung zu verstehen. Dabei reicht es aus, dass der Täter sein Wissen über Verhältnisse anderer zur Erzielung eigenen oder fremden Nutzens verwendet (BayObLG 28.10.1983, NStZ 1984, 169). Im Einzelnen ist die Definition des Begriffs der Verwertung nicht einheitlich. Der Tatbestand verlangt keine Gefahr einer Schädigung des Unternehmens (so aber *Ronsiek* in ARR WirtschaftsStrafR-HdB 8. Teil Kap. 2 Rn. 22). Ebenso wenig reicht ein bloßes allgemeines (etwa politisches) Interesse aus (zutr. MüKoAktG/*Schaal* Rn. 48 unter Hinweis auf die gewachsene Rspr. des RG zu § 17 UWG). Der wirtschaftliche Nutzen braucht nicht eingetreten zu sein; insoweit **genügt die Absicht.** Die Tat ist deshalb vollendet, wenn bereits Ausnutzungshandlungen stattgefunden haben, auch ohne dass sich der vom Täter beabsichtigte Erfolg realisiert hat (vgl. MüKoAktG/*Schaal* Rn. 60). Eine Verwertung von Geheimnissen kann in **Insidergeschäften** zu sehen sein (*Ronsiek* in ARR Wirtschafts-StrafR-HdB 8. Teil Kap. 2 Rn. 23).

15 **b) Unbefugt.** Das Verwerten muss **unbefugt** erfolgt sein. Dies fehlt bei einem Einverständnis oder dem Vorliegen von Rechtfertigungsgründen. Für den Tatbestand des unbefugten Verwertens gilt das bereits für das unbefugte Offenbaren Ausgeführte (→ Rn. 8).

16 **5. Vorsatz.** Die Tat nach Abs. 1 und 2 ist nur als **Vorsatztat** strafbar. Der Vorsatz, auch insoweit genügt bedingter Vorsatz, muss sich auch auf den Geheimnischarakter beziehen. Erforderlich ist die Kenntnis aller Umstände, die den Geheimnischarakter begründen. Irrt der Täter über seine Befugnis, das Geheimnis zu offenbaren oder zu verwerten, ist zu unterscheiden. Nimmt er dabei irrig einen Sachverhalt an, der ihm die Weitergabe ermöglichen würde, liegt ein ihn straflos stellender **Irrtum** nach § 16 StGB

vor. Nimmt er lediglich irrig seine Berechtigung zum Offenbaren oder Verwerten an, befindet er sich in einem Verbotsirrtum nach § 17 StGB. Insoweit gelten hier die von der Rspr. entwickelten Grundsätze zum Irrtum iRv Rechtfertigungsgründen (vgl. BGH 10.2.2000, BGHSt 45, 378 (383) = NJW 2000, 1348 (1350)), ungeachtet dessen, dass das Merkmal „unbefugt" letztlich ein Tatbestandsmerkmal ist.

III. Strafrahmen

Die **Strafe** beträgt Freiheitsstrafe bis zu einem Jahr oder Geldstrafe. Das Strafmaß erhöht sich in der Obergrenze auf zwei Jahre, wenn die Gesellschaft börsennotiert ist. Ob eine Gesellschaft börsennotiert ist, ergibt sich aus der Legaldefinition des § 3 Abs. 2 (→ § 3 Rn. 3). Unter den Voraussetzungen des Abs. 2 S. 1 erhöht sich der Strafrahmen ebenfalls auf zwei Jahre, bei einer börsennotierten Gesellschaft (§ 3 Abs. 2) als Verletzten auf drei Jahre, wenn die Qualifizierung des Handelns gegen Entgelt oder die Bereicherungs- bzw. Schädigungsabsicht vorliegt. Diese Qualifikationsmerkmale entsprechen denen des § 403 Abs. 2 (→ § 403 Rn. 7 ff.). 17

IV. Antragsdelikt

Nach **Abs. 3** ist die Tat als reines Antragsdelikt ausgestaltet. Anders als etwa bei § 23 GeschGehG, nach dessen Abs. 8 die Staatsanwaltschaft einen fehlenden Strafantrag durch die Bejahung des besonderen öffentlichen Interesses ersetzen kann, ist nach Abs. 3 der Strafantrag absolute Verfahrensvoraussetzung. Der Antrag muss im Hinblick auf jeden Täter, der verfolgt werden soll, gestellt werden. Hinsichtlich der formalen Voraussetzungen des Strafantrags gilt § 158 Abs. 2 StPO. 18

1. Antragsberechtigung. Die **Antragsberechtigung** liegt bei der **Gesellschaft** (S. 1). Wer sie für diese ausübt, richtet sich nach der Stellung des Täters (S. 2). Ist Täter ein Vorstand oder Abwickler, hat der Aufsichtsrat das Strafantragsrecht; ist Täter ein Mitglied des Aufsichtsrats, entscheidet der Vorstand über die Stellung des Strafantrags. Es entscheidet jeweils das Organ als Ganzes, es sei denn diese Befugnis ist durch Satzung einem einzelnen Mitglied übertragen. 19

2. Antragsfrist. Der **Strafantrag** ist nach § 77b Abs. 1 StGB innerhalb einer **Frist von drei Monaten** zu stellen. Die Frist läuft ab Kenntnisnahme des Berechtigten (§ 77b Abs. 2 StGB). Auf welche Person es für die Bestimmung des Zeitpunkts der Kenntnisnahme ankommt, bestimmt sich danach, wer über die Stellung des Strafantrags für das Organ entscheidet. Bei strafantragsberechtigten Einzelpersonen ist deren individuelles Wissen relevant. Obliegt die Zuständigkeit dem Gesamtorgan, ist erforderlich, dass jedes ordentliche Mitglied Kenntnis hat (nicht dagegen stellvertretende Mitglieder, so aber MHLS/*Dannecker* GmbHG § 85 Rn. 91). 20

Verletzung der Pflichten bei Abschlussprüfungen

404a (1) **Mit Freiheitsstrafe bis zu einem Jahr oder mit Geldstrafe wird bestraft, wer als Mitglied des Aufsichtsrats oder als Mitglied eines Prüfungsausschusses einer Gesellschaft, die kapitalmarktorientiert im Sinne des § 264d des Handelsgesetzbuchs, die CRR-Kreditinstitut im Sinne des § 1 Absatz 3d Satz 1 des Kreditwesengesetzes, mit Ausnahme der in § 2 Absatz 1 Nummer 1 und 2 des Kreditwesengesetzes genannten Institute, oder die Versicherungsunternehmen ist im Sinne des Artikels 2 Absatz 1 der Richtlinie 91/674/EWG des Rates vom 19. Dezember 1991 über den Jahresabschluß und den konsolidierten Abschluß von Versicherungsunternehmen (ABl. L 374 vom 31.12.1991, S. 7), die zuletzt durch die Richtlinie 2006/46/EG (ABl. L 224 vom 16.8.2006, S. 1) geändert worden ist,**

1. **eine in § 405 Absatz 3b bezeichnete Handlung begeht und dafür einen Vermögensvorteil erhält oder sich versprechen lässt oder**
2. **eine in § 405 Absatz 3b bezeichnete Handlung beharrlichlich wiederholt.**

(2) **Ebenso wird bestraft, wer als Mitglied des Aufsichtsrats oder als Mitglied eines Prüfungsausschusses einer Gesellschaft, die kapitalmarktorientiert im Sinne des § 264d des Handelsgesetzbuchs oder die CRR-Kreditinstitut ist im Sinne des § 1 Absatz 3d Satz 1 des Kreditwesengesetzes, mit Ausnahme der in § 2 Absatz 1 Nummer 1 und 2 des Kreditwesengesetzes genannten Institute,**

1. **eine in § 405 Absatz 3c oder 3d bezeichnete Handlung begeht und dafür einen Vermögensvorteil erhält oder sich versprechen lässt oder**
2. **eine in § 405 Absatz 3c oder 3d bezeichnete Handlung beharrlich wiederholt.**

Die durch das **AReG** neu eingeführten Tatbestände des **§ 404a** und der **§ 405 Abs. 3b–3d** dienen der effektiven Umsetzung der durch die Verordnung (EU) Nr. 537/2014 geschaffenen Pflichten im Zusammenhang mit Abschlussprüfungen, die inhaltlich sehr weitgehend den ebenfalls durch dieselbe 1

Novelle in Kraft gesetzten §§ 333a, 334 Abs. 2a HGB entsprechen. Gegeneinander sind die §§ 404a, 405 und §§ 333a, 334 Abs. 2a HGB in der Form abzugrenzen, dass die §§ 333a, 334 Abs. 2a HGB dann gelten, wenn es sich um einen nach § 324 Abs. 1 S. 1 HGB eingerichteten Prüfungsausschuss handelt. Dies trifft auf Aktiengesellschaften nicht zu (vgl. BT-Drs. 18/7219, 49), weil diese einen Aufsichtsrat haben müssen. Die Vorschriften der §§ 404a f. beziehen sich deshalb insgesamt auf Aktiengesellschaften. Insoweit sind hier die aktienrechtlichen Prüfungsregelungen – anders als bei § 400 (→ § 400 Rn. 4) – auch nicht subsidiär. Durch das Gesetz zur Umsetzung der Zweiten Zahlungsdienstleistungsrichtlinie wurde der Tatbestand redaktionell in zwei Absätze gegliedert und Versicherungsunternehmen partiell ausgenommen (K. Schmidt/Lutter/*Oetker* Rn. 1, 20; vgl. auch *Armbrüster/Böffel* ZIP 2019, 1885 ff.).

2 Strukturell sind beide Normen aufeinander bezogen, weil **§ 404a** eine **Qualifizierung** des nunmehr erweiterten Ordnungswidrigkeitstatbestands des **§ 405** darstellt. Die **neugeschaffenen Tatbestände des § 405 Abs. 3b–3d** bewehren die Kernverstöße gegen Pflichten bei Abschlussprüfungen mit einem Bußgeld. Diese sind die nicht regelkonforme Überwachung der Unabhängigkeit der Abschlussprüfer (§ 405 Abs. 3a Nr. 1) oder Fehler bei der Auswahl der Abschlussprüfer (§ 405 Abs. 3a Nr. 2); § 405 Abs. 3c und 3d bebußen nicht regelkonforme Vorschläge für die Bestellung eines Abschlussprüfers, wobei § 405 Abs. 3c den Aufsichtsrat ohne Prüfungsausschuss, § 405 Abs. 3d den Aufsichtsrat mit bestelltem Prüfungsausschuss betrifft. Taugliche Täter sind jeweils nur die in §§ 404a, 405 Abs. 3b–3d ausdrücklich genannten Personen, nämlich Mitglieder des Aufsichtsrats oder des Prüfungsausschusses einer dort bezeichneten Gesellschaft. Diese das **Sonderdelikt** begründenden Merkmale sind zugleich solche iSd § 28 Abs. 1 StGB.

3 Der neu geschaffene **Straftatbestand** des **§ 404a** bezieht sich auf die Ordnungswidrigkeitstatbestände und qualifiziert sie unter den (alternativen) Voraussetzungen der § 404a Abs. 1 und 2 Nr. 1 oder 2 zu Straftaten. Die Regelung der **Nr. 1** erfasst in beiden Absätzen die Tatbegehung zum Zwecke des Erhalts oder gegen das Versprechen eines Vermögensvorteils. Der Begriff des Vermögensvorteils ist dabei praktisch identisch mit dem in § 403 Abs. 2 (→ § 403 Rn. 7) und § 404 Abs. 2 verwendeten Begriffs des „gegen Entgelt", weil auch das Entgelt in § 11 Abs. 2 Nr. 9 StGB als „jede in einem Vermögensvorteil bestehende Gegenleistung" legal definiert ist. Gesetzgeberisch missglückt ist es deshalb, in zwei aufeinanderfolgenden Tatbeständen unterschiedliche Formulierungen zu verwenden, ohne dass ein unterschiedlicher Anwendungsbereich erkennbar wird (K. Schmidt/Lutter/*Oetker* Rn. 26). **Nr. 2** betrifft in beiden Absätzen des § 404a die beharrliche Wiederholung des Verstoßes. Insoweit kann für die Auslegung an das gängige Verständnis einer beharrlichen Pflichtverletzung angeknüpft werden. Danach liegt ein beharrlicher Verstoß vor, wenn der Betroffene zu erkennen gibt, dass es ihm in Bezug auf diese Materie an der erforderlichen Rechtstreue und Unrechtseinsicht fehlt. Indizcharakter hierfür kann auch eine frühere fruchtlose Abmahnung oder ein unbeachtet gebliebener Nachweis sein. Dabei kommt es auf den zeitlichen Abstand der Verstöße, ihre Anzahl und ihren Schweregrad an (vgl. BGH 17.3.1992, NJW 1992, 1397 (1398); OLG Hamm 17.9.2015, NStZ-RR 2016, 28). Bei entsprechender Schwere der Verstöße können auch zwei ausreichen, insbesondere wenn sie in einer raschen Aufeinanderfolge begangen werden. Es muss vorher allerdings kein Bußgeld verhängt worden sein (Bürgers/Körber/*Pelz* Rn. 5). Die Strafdrohung ist mit einer Höchststrafe von einem Jahr zwar mäßig, gleichwohl kann bei schwerwiegenden Tatbegehungen auch ein (befristetes) **Berufsverbot** nach § 70 StGB verhängt werden (BT-Drs. 18/7219, 48, 57), soweit die Voraussetzungen nach dieser Bestimmung gegeben sind.

Ordnungswidrigkeiten

405 (1) **Ordnungswidrig handelt, wer als Mitglied des Vorstands oder des Aufsichtsrats oder als Abwickler**

1. **Namensaktien ausgibt, in denen der Betrag der Teilleistung nicht angegeben ist, oder Inhaberaktien ausgibt, bevor auf sie der Ausgabebetrag voll geleistet ist,**
2. **Aktien oder Zwischenscheine ausgibt, bevor die Gesellschaft oder im Fall einer Kapitalerhöhung die Durchführung der Erhöhung des Grundkapitals oder im Fall einer bedingten Kapitalerhöhung oder einer Kapitalerhöhung aus Gesellschaftsmitteln der Beschluß über die bedingte Kapitalerhöhung oder die Kapitalerhöhung aus Gesellschaftsmitteln eingetragen ist,**
3. **Aktien oder Zwischenscheine ausgibt, die auf einen geringeren als den nach § 8 Abs. 2 Satz 1 zulässigen Mindestnennbetrag lauten oder auf die bei einer Gesellschaft mit Stückaktien ein geringerer anteiliger Betrag des Grundkapitals als der nach § 8 Abs. 3 Satz 3 zulässige Mindestbetrag entfällt,**
4. a) **entgegen § 71 Abs. 1 Nr. 1 bis 4 oder Abs. 2 eigene Aktien der Gesellschaft erwirbt oder, in Verbindung mit § 71e Abs. 1, als Pfand nimmt,**
   b) **zu veräußernde eigene Aktien (§ 71c Abs. 1 und 2) nicht anbietet oder**
   c) **die zur Vorbereitung der Beschlußfassung über die Einziehung eigener Aktien (§ 71c Abs. 3) erforderlichen Maßnahmen nicht trifft,**

5. entgegen § 120a Absatz 2 eine Veröffentlichung nicht, nicht richtig, nicht vollständig oder nicht rechtzeitig vornimmt oder
6. entgegen § 162 Absatz 4 einen dort genannten Bericht oder Vermerk nicht oder nicht mindestens zehn Jahre zugänglich macht.

(2) **Ordnungswidrig handelt auch, wer als Aktionär oder als Vertreter eines Aktionärs die nach § 129 in das Verzeichnis aufzunehmenden Angaben nicht oder nicht richtig macht.**

(2a) **Ordnungswidrig handelt, wer**

1. entgegen § 67 Absatz 4 Satz 2 erster Halbsatz, auch in Verbindung mit Satz 3, eine Mitteilung nicht, nicht richtig, nicht vollständig oder nicht rechtzeitig macht,
2. entgegen § 67a Absatz 3 Satz 1, auch in Verbindung mit Satz 2, jeweils auch in Verbindung mit § 125 Absatz 5 Satz 3, oder entgegen § 67c Absatz 1 Satz 2 oder § 67d Absatz 4 Satz 2 zweiter Halbsatz eine dort genannte Information nicht, nicht richtig, nicht vollständig oder nicht rechtzeitig weiterleitet,
3. entgegen § 67b Absatz 1 Satz 1, auch in Verbindung mit Absatz 2, jeweils auch in Verbindung mit § 125 Absatz 5 Satz 3, oder entgegen § 67c Absatz 1 Satz 1 oder § 67d Absatz 4 Satz 1 oder 3 eine dort genannte Information nicht, nicht richtig, nicht vollständig oder nicht rechtzeitig übermittelt,
4. entgegen § 67c Absatz 3 einen dort genannten Nachweis nicht, nicht richtig, nicht vollständig oder nicht rechtzeitig ausstellt,
5. entgegen § 67d Absatz 3 ein dort genanntes Informationsverlangen nicht, nicht richtig, nicht vollständig oder nicht rechtzeitig weiterleitet,
6. entgegen § 111c Absatz 1 Satz 1 eine Veröffentlichung nicht, nicht richtig, nicht vollständig oder nicht rechtzeitig vornimmt,
7. entgegen § 118 Absatz 1 Satz 3 oder 4, jeweils auch in Verbindung mit Absatz 2 Satz 2, oder entgegen § 129 Absatz 5 Satz 2 oder 3 eine dort genannte Bestätigung nicht, nicht richtig, nicht vollständig, nicht in der vorgeschriebenen Weise oder nicht rechtzeitig erteilt oder nicht, nicht richtig, nicht vollständig oder nicht rechtzeitig übermittelt,
8. entgegen § 134b Absatz 5 Satz 1 eine Information nach § 134b Absatz 1, 2 oder 4 nicht oder nicht mindestens drei Jahre zugänglich macht,
9. entgegen § 134c Absatz 3 Satz 1 eine Information nach § 134c Absatz 1 oder 2 Satz 1 oder 3 nicht oder nicht mindestens drei Jahre zugänglich macht,
10. entgegen § 134d Absatz 3 eine dort genannte Information nicht oder nicht mindestens drei Jahre zugänglich macht,
11. entgegen § 134d Absatz 4 eine Information nicht, nicht richtig, nicht vollständig oder nicht rechtzeitig gibt oder
12. entgegen § 135 Absatz 9 eine dort genannte Verpflichtung ausschließt oder beschränkt.

(3) **Ordnungswidrig handelt ferner, wer**

1. Aktien eines anderen, zu dessen Vertretung er nicht befugt ist, ohne dessen Einwilligung zur Ausübung von Rechten in der Hauptversammlung oder in einer gesonderten Versammlung benutzt,
2. zur Ausübung von Rechten in der Hauptversammlung oder in einer gesonderten Versammlung Aktien eines anderen benutzt, die er sich zu diesem Zweck durch Gewähren oder Versprechen besonderer Vorteile verschafft hat,
3. Aktien zu dem in Nummer 2 bezeichneten Zweck gegen Gewähren oder Versprechen besonderer Vorteile einem anderen überläßt,
4. Aktien eines anderen, für die er oder der von ihm Vertretene das Stimmrecht nach § 135 nicht ausüben darf, zur Ausübung des Stimmrechts benutzt,
5. Aktien, für die er oder der von ihm Vertretene das Stimmrecht nach § 20 Abs. 7, § 21 Abs. 4, §§ 71b, 71d Satz 4, § 134 Abs. 1, §§ 135, 136, 142 Abs. 1 Satz 2, § 285 Abs. 1 nicht ausüben darf, einem anderen zum Zweck der Ausübung des Stimmrechts überläßt oder solche ihm überlassene Aktien zur Ausübung des Stimmrechts benutzt,
6. besondere Vorteile als Gegenleistung dafür fordert, sich versprechen läßt oder annimmt, daß er bei einer Abstimmung in der Hauptversammlung oder in einer gesonderten Versammlung nicht oder in einem bestimmten Sinne stimme oder
7. besondere Vorteile als Gegenleistung dafür anbietet, verspricht oder gewährt, daß jemand bei einer Abstimmung in der Hauptversammlung oder in einer gesonderten Versammlung nicht oder in einem bestimmten Sinne stimme.

(3a) **Ordnungswidrig handelt, wer vorsätzlich oder leichtfertig**

1. entgegen § 121 Abs. 4a Satz 1, auch in Verbindung mit § 124 Abs. 1 Satz 3, die Einberufung nicht, nicht richtig, nicht vollständig oder nicht rechtzeitig zuleitet oder
2. entgegen § 124a Angaben nicht, nicht richtig oder nicht vollständig zugänglich macht.

(3b) **Ordnungswidrig handelt, wer als Mitglied des Aufsichtsrats oder als Mitglied eines Prüfungsausschusses einer Gesellschaft, die kapitalmarktorientiert im Sinne des § 264d des Handelsgesetzbuchs, die CRR-Kreditinstitut im Sinne des § 1 Absatz 3d Satz 1 des Kreditwesengesetzes, mit Ausnahme der in § 2 Absatz 1 Nummer 1 und 2 des Kreditwesengesetzes genannten Institute, oder die Versicherungsunternehmen ist im Sinne des Artikels 2 Absatz 1 der Richtlinie 91/674/EWG des Rates vom 19. Dezember 1991 über den Jahresabschluß und den konsolidierten Abschluß von Versicherungsunternehmen (ABl. L 374 vom 31.12.1991, S. 7), die zuletzt durch die Richtlinie 2006/46/EG (ABl. L 224 vom 16.8.2006, S. 1) geändert worden ist,**

1. **die Unabhängigkeit des Abschlussprüfers oder der Prüfungsgesellschaft nicht nach Maßgabe des Artikels 4 Absatz 3 Unterabsatz 2, des Artikels 5 Absatz 4 Unterabsatz 1 Satz 1 oder des Artikels 6 Absatz 2 der Verordnung (EU) Nr. 537/2014 des Europäischen Parlaments und des Rates vom 16. April 2014 über spezifische Anforderungen an die Abschlussprüfung bei Unternehmen von öffentlichem Interesse und zur Aufhebung des Beschlusses 2005/909/EG der Kommission (ABl. L 158 vom 27.5.2014, S. 77; L 170 vom 11.6.2014, S. 66) überwacht oder**
2. **eine Empfehlung für die Bestellung eines Abschlussprüfers oder einer Prüfungsgesellschaft vorlegt, die nicht auf einem Verlangen der Aufsichtsbehörde nach § 36 Absatz 1 Satz 2 des Versicherungsaufsichtsgesetzes beruht und**
   a) **die den Anforderungen nach Artikel 16 Absatz 2 Unterabsatz 2 oder 3 der Verordnung (EU) Nr. 537/2014 nicht entspricht oder**
   b) **der ein Auswahlverfahren nach Artikel 16 Absatz 3 Unterabsatz 1 der Verordnung (EU) Nr. 537/2014 nicht vorangegangen ist.**

(3c) **Ordnungswidrig handelt, wer als Mitglied eines Aufsichtsrats, der einen Prüfungsausschuss nicht bestellt hat, einer Gesellschaft, die kapitalmarktorientiert im Sinne des § 264d des Handelsgesetzbuchs oder die CRR-Kreditinstitut ist im Sinne des § 1 Absatz 3d Satz 1 des Kreditwesengesetzes, mit Ausnahme der in § 2 Absatz 1 Nummer 1 und 2 des Kreditwesengesetzes genannten Institute, der Hauptversammlung einen Vorschlag für die Bestellung eines Abschlussprüfers oder einer Prüfungsgesellschaft vorlegt, der den Anforderungen nach Artikel 16 Absatz 5 Unterabsatz 1 der Verordnung (EU) Nr. 537/2014 nicht entspricht.**

(3d) **Ordnungswidrig handelt, wer als Mitglied eines Aufsichtsrats, der einen Prüfungsausschuss bestellt hat, einer in Absatz 3c genannten Gesellschaft der Hauptversammlung einen Vorschlag für die Bestellung eines Abschlussprüfers oder einer Prüfungsgesellschaft vorlegt, der den Anforderungen nach Artikel 16 Absatz 5 Unterabsatz 1 oder Unterabsatz 2 Satz 1 oder Satz 2 der Verordnung (EU) Nr. 537/2014 nicht entspricht.**

(4) **Die Ordnungswidrigkeit kann in den Fällen des Absatzes 2a Nummer 6 mit einer Geldbuße bis zu fünfhunderttausend Euro, in den Fällen der Absätze 3b bis 3d mit einer Geldbuße bis zu fünfzigtausend Euro, in den übrigen Fällen mit einer Geldbuße bis zu fünfundzwanzigtausend Euro geahndet werden.**

(5) **Verwaltungsbehörde im Sinne des § 36 Absatz 1 Satz 1 des Gesetzes über Ordnungswidrigkeiten ist**

1. **die Bundesanstalt für Finanzdienstleistungsaufsicht in den Fällen**
   a) **des Absatzes 2a Nummer 6, soweit die Handlung ein Geschäft nach § 111c Absatz 1 Satz 1 in Verbindung mit Absatz 3 Satz 1 betrifft, und**
   b) **der Absätze 3b bis 3d bei CRR-Kreditinstituten im Sinne des § 1 Absatz 3d Satz 1 des Kreditwesengesetzes, mit Ausnahme der in § 2 Absatz 1 Nummer 1 und 2 des Kreditwesengesetzes genannten Institute, und bei Versicherungsunternehmen im Sinne des Artikels 2 Absatz 1 der Richtlinie 91/674/EWG,**
2. **das Bundesamt für Justiz in den übrigen Fällen der Absätze 1 bis 3d.**

I. § 405

1 Die Regelung begründet eine **Bußgeldbewehrung** für bestimmte aktienrechtliche Pflichtverstöße. Diese Verstöße werden als nicht so schwerwiegend angesehen, dass eine Ahndung als kriminelles Unrecht erforderlich erschien (zur Geschichte dieser früher teilw. als Straftaten eingestuften Ordnungswidrigkeitstatbestände MüKoAktG/*Schaal* Rn. 1 ff.). In der jüngeren Vergangenheit wurde der **Bußgeldtatbestand erweitert.** Abs. 2a wurde durch das Risikobegrenzungsgesetz vom 12.8.2008 (BGBl. 2008 I 1666), Abs. 3a durch das Gesetz zur Umsetzung der Aktionärsrichtlinie vom 30.7.2009 (BGBl. 2009 I 2479) eingefügt.

2 Die durch das **AReG** neu eingeführten Tatbestände des **§ 404a** und der **§ 405 Abs. 3b–3d** dienen der effektiven Umsetzung der durch die Verordnung (EU) Nr. 537/2014 geschaffenen Pflichten im

Zusammenhang mit Abschlussprüfungen, die inhaltlich sehr weitgehend den ebenfalls durch dieselbe Novelle in Kraft gesetzten §§ 333a, 334 Abs. 2a HGB entsprechen (→ § 404a Rn. 1). Durch das **ARUG II** wurde die Regelung des Abs. 1 um die Tatbestände der Nr. 5 und 6 (in Verbindung mit den Vergütungsberichten) ergänzt und Abs. 2a neu gefasst (vgl. dazu *Illner/Hoffmann* ZWH 2019, 81 (86); *Zetzsche* AG 2020, 1 (9)).

Die Bußgeldvorschrift ist nach **Tätergruppen** gegliedert. **Abs. 1** betrifft als **Sonderdelikt** Mitglieder des Vorstands, des Aufsichtsrats oder Abwickler (zum Begriff → § 399 Rn. 5). Die Tathandlung nach **Abs. 2** bezieht sich auf Aktionäre oder deren Vertreter. Die Tatbestände des **Abs. 2a.** richten sich ebenso wie diejenigen des **Abs. 3** an die **Allgemeinheit** (K. Schmidt/Lutter/*Oetker* Rn. 2). Dies gilt allerdings nicht für Abs. 2a Nr. 1 iVm § 67 Abs. 4 S. 2, weil der von der Norm Betroffene nur der Inhaber von Namensaktien sein kann (Spindler/Stilz/*Hefendehl* Rn. 32). Wesentlich sind die Bußgeldtatbestände des Abs. 3 über den Verkauf (Nr. 6) und Kauf (Nr. 7) von Stimmen in der Hauptversammlung (vgl. OLG Hamm 3.2.2014, BeckRS 2015, 257), die der Gesetzgeber nicht für strafwürdig erachtet hat. Dagegen stellen die bußgeldbewehrten Verstöße nach **Abs. 3a** (iVm § 121 Abs. 4a S. 1 bzw. § 124a) wiederum reine **Sonderdelikte für Vorstandsmitglieder** dar, weil diese Adressaten der genannten aktienrechtlichen Pflichten sind. 3

Hinsichtlich des objektiven Tatbestands der einzelnen Ordnungswidrigkeiten wird auf die Erläuterung der in Bezug genommenen aktienrechtlichen Tatbestände verwiesen. Die Ordnungswidrigkeiten sind nur in der Form der **vorsätzlichen Begehung** ahndbar, weil eine gesetzliche Erstreckung auf Fahrlässigkeitstaten fehlt (§ 10 OWiG). Ebenso fehlt die gesetzliche Anordnung einer Ahndung des Versuchs (§ 13 Abs. 2 OWiG). Deshalb kann nur die vorsätzlich begangene und vollendete Ordnungswidrigkeit mit einem Bußgeld belegt werden. 4

Zuständig für die **Verfolgung** der Ordnungswidrigkeiten ist die Bußgeldbehörde nach §§ 35, 35 OWiG. Diese bestimmt Abs. 5 und weist die Verfolgung der Ordnungswidrigkeiten nach Abs. 2a Nr. 6 und Abs. 3b bis d der **Bundesanstalt für Finanzdienstleistungsaufsicht,** in den Fällen von Unternehmen der Kredit- oder Versicherungswirtschaft (BT-Drs. 18/7219, 58), und in den übrigen Fällen dem **Bundesamt für Justiz** zu. Besteht zugleich der Verdacht einer Straftat, ist die Staatsanwaltschaft auch für die Verfolgung der Ordnungswidrigkeit zuständig. Der Bußgeldtatbestand tritt aber zurück, soweit eine Straftat vorliegt (§ 21 OWiG). 5

Das Bußgeld beträgt allgemein im **Höchstmaß** 25.000 EUR. Dieses Höchstmaß gilt für sämtliche vorgenannten Bußgeldtatbestände. Obergrenze ist dieser Betrag auch für die Verhängung eines Bußgelds gegen die Gesellschaft (§ 30 Abs. 2 S. 2 OWiG), wenn der Gesellschaft die Verwirklichung des Bußgeldtatbestandes unter den Voraussetzungen des § 30 Abs. 1 OWiG zugerechnet werden kann. Die Höchstgrenzen können nach § 17 Abs. 4 OWiG überschritten werden, soweit neben dem Bußgeld auch noch ein materieller **Vorteil abgeschöpft** werden soll. 6

Als **höhere Bußgeldobergrenze** bestimmt § 405 **Abs. 4** abweichend für eine Ordnungswidrigkeit nach **Abs. 2a Nr. 6** nach dem ARUG II 500.000 EUR, um dem gemeinschaftsrechtlichen Gebot einer wirksamen und abschreckenden Sanktion Genüge zu tun (K. Schmidt/Lutter/*Oetker* Rn. 9). Die Tatbestände nach Abs. 3b–3d sehen ein **erhöhtes Höchstmaß** von 50.000 EUR vor. 7

(aufgehoben)

406

Zwangsgelder

407

(1) [1]**Vorstandsmitglieder oder Abwickler, die § 52 Abs. 2 Satz 2 bis 4, § 71c, § 73 Abs. 3 Satz 2, §§ 80, 90, 104 Abs. 1, § 111 Abs. 2, § 145, §§ 170, 171 Abs. 3 oder Abs. 4 Satz 1 in Verbindung mit Abs. 3, §§ 175, 179a Abs. 2 Satz 1 bis 3, 214 Abs. 1, § 246 Abs. 4, §§ 248a, 259 Abs. 5, § 268 Abs. 4, § 270 Abs. 1, § 273 Abs. 2, §§ 293f, 293g Abs. 1, § 312 Abs. 1, § 313 Abs. 1, § 314 Abs. 1 nicht befolgen, sind hierzu vom Registergericht durch Festsetzung von Zwangsgeld anzuhalten; § 14 des Handelsgesetzbuchs bleibt unberührt.** [2]**Das einzelne Zwangsgeld darf den Betrag von fünftausend Euro nicht übersteigen.**

(2) **Die Anmeldungen zum Handelsregister nach den §§ 36, 45, 52, 181 Abs. 1, §§ 184, 188, 195, 210, 223, 237 Abs. 4, §§ 274, 294 Abs. 1, § 319 Abs. 3 werden durch Festsetzung von Zwangsgeld nicht erzwungen.**

Die Vorschrift sichert die **Einhaltung** der **Pflichten** der Gesellschaft gegenüber dem Registergericht. Sie regelt ihre **Erzwingung,** hat aber keinen Ahndungscharakter. Die Vorschrift konkretisiert die allgemeine Bestimmung des § 14 **HGB,** verdrängt in Abs. 2 diesen aber auch dadurch, dass es bestimmte 1 anmeldepflichtige Sachverhalte von der Zwangsgeldfestsetzung ausnimmt. Die Regelung wird für die Umwandlung durch den spezialgesetzlichen Tatbestand des § 316 UmwG verdrängt (→ UmwG § 316 Rn. 1).

2 **Adressaten** der Zwangsgeldfestsetzung bei Verletzung der Anmeldepflichten sind die **Mitglieder des Vorstands** oder die **Abwickler.** Müssen bei der Anmeldung mehrere Vorstandsmitglieder oder Abwickler zusammenwirken, kann gegen jeden von ihnen ein Zwangsgeld verhängt werden. Das Zwangsgeld richtet sich gegen sie als Person, also weder gegen die Gesellschaft noch gegen das Organ an sich (Hüffer/Koch/*Koch* Rn. 2; Spindler/Stilz/*Hefendehl* Rn. 6, der dies als höchstpersönliche öffentliche Pflicht ansieht). Dies gilt allerdings nicht, soweit das einzelne Vorstandsmitglied zur Mitwirkung bereit ist (MüKoAktG/*Hüffer* Rn. 10), weil sich Zwangsgeld nur gegen diejenigen Personen richten darf, die ihre Pflichten vernachlässigt haben (Spindler/Stilz/*Hefendehl* Rn. 8; Hüffer/Koch/*Koch* Rn. 3).

3 Die Möglichkeit einer Zwangsgeldfestsetzung gegen Mitglieder des Aufsichtsrats besteht nicht; auch nicht nach § 14 HGB, jedenfalls soweit sie nicht zugleich nach § 105 Abs. 2 stellvertretene Vorstandsmitglieder sind (MüKoAktG/*Hüffer* Rn. 10; Spindler/Stilz/*Hefendehl* Rn. 10; Hüffer/Koch/*Koch* Rn. 2). Die nach dieser Vorschrift relevanten **Anmeldetatbestände,** auf deren Nichtbefolgung sich die Zwangsgeldfestsetzung bezieht, sind in **Abs. 1** enumerativ aufgezählt (K. Schmidt/Lutter/*Oetker* Rn. 1). Ihr Anwendungsbereich erweitert sich um diejenigen Tatbestände, auf die in den Einzeltatbeständen verwiesen wird. Hinsichtlich der jeweiligen Erklärungspflichten wird auf die Einzelkommentierung Bezug genommen.

4 Die Tatbestände, die von der **Zwangsgeldfestsetzung ausgenommen** sind, sind im Einzelnen in **Abs. 2** aufgezählt. Hintergrund der Ausnahme von der Zwangsgeldfestsetzung ist, dass ansonsten das Registergericht die Rechtsverhältnisse eigenverantwortlich gestalten würde (MüKoAktG/*Hüffer* Rn. 17). Die Ausnahme betrifft in erster Linie Pflichten über die Anmeldung der Gesellschaft, ihrer Sitzverlagerung oder einer Kapitalerhöhung. Die in Abs. 2 genannten Pflichten sind mit denjenigen identisch, an denen die Straftatbestände nach §§ 399, 400 anknüpfen.

5 Rechtsfolge ist die **Verhängung** eines Zwangsgelds. Dieses ist verschuldensunabhängig, weil es ausschließlich Beugecharakter hat. Die Höhe des Zwangsgeldes beträgt mindestens 5 EUR (Art. 6 Abs. 1 S. 1 EGStGB) und höchstens 5.000 EUR (Abs. 1 S. 2). Welche **Höhe** im Einzelfall anzusetzen ist, ist aufgrund der Besonderheiten des Einzelfalls zu bestimmen. Dabei spielen die wirtschaftliche Leistungsfähigkeit, die Nachhaltigkeit des Verstoßes und die Bedeutung des zu erzwingenden Verhaltens (BayObLG 3.9.1974, BGHZ 1974, 351 (354)) eine wesentliche Rolle. Das Zwangsgeld kann auch mehrfach angedroht und festgesetzt werden, bis die Verpflichtung erfüllt worden ist (Spindler/Stilz/*Hefendehl* Rn. 14).

6 **Das Verfahren** der Zwangsgeldfestsetzung regelt sich nach §§ 388–392 FamFG. Zuständig ist das AG am Sitz der Gesellschaft gem. § 23a Abs. 2 Nr. 3 GVG iVm § 377 Abs. 1 FamFG (Keidel/*Heinemann* FamFG § 388 Rn. 24), und dort der Rechtspfleger (§ 3 Nr. 2d RPflG). Das Verfahren richtet sich gegen sämtliche Mitglieder des Vorstands bzw. gegen das nach der internen Zuständigkeitsverteilung (soweit eine solche vorhanden ist) zuständige Vorstandsmitglied. Die Gesellschaft ist zu beteiligen und beschwerdeberechtigt (BGH 11.7.1957, BGHZ 25, 154 (156 f.); Hüffer/Koch/*Koch* Rn. 18). Dies gilt unabhängig davon, ob die Eintragung für sie konstitutiv oder nur deklaratorisch wäre. Das Verfahren wird **von Amts wegen** betrieben. Der Festsetzung des Zwangsgeldes hat immer eine Androhung voranzugehen (§ 388 Abs. 1 FamFG).

Mitteilungen an die Abschlussprüferaufsichtsstelle

407a (1) **Die nach § 405 Absatz 5 zuständige Verwaltungsbehörde übermittelt der Abschlussprüferaufsichtsstelle beim Bundesamt für Wirtschaft und Ausfuhrkontrolle alle Bußgeldentscheidungen nach § 405 Absatz 3b bis 3d.**

(2) [1]**In Strafverfahren, die eine Straftat nach § 404a zum Gegenstand haben, übermittelt die Staatsanwaltschaft im Falle der Erhebung der öffentlichen Klage der Abschlussprüferaufsichtsstelle die das Verfahren abschließende Entscheidung.** [2]**Ist gegen die Entscheidung ein Rechtsmittel eingelegt worden, ist die Entscheidung unter Hinweis auf das eingelegte Rechtsmittel zu übermitteln.**

1 Die Regelung des **§ 407a** entspricht inhaltlich im Wesentlichen dem gleichfalls neu eingeführten § 335c HGB und soll die Veröffentlichung verhängter Sanktionen umsetzen (BT-Ds. 18/7219, 50, 58). Die Meldung obliegt der der Bundesanstalt für Finanzdienstleistungsaufsicht (BaFin), die Verfolgungsbehörde für die Ordnungswidrigkeiten nach § 405 Abs. 3b bis d ist, soweit Kreditinstitute oder Versicherungsunternehmen betroffen sind, bei anderen Unternehmen das Bundesamt der Justiz. Adressat der Mitteilung ist die Abschlussprüferaufsichtsstelle beim Bundesamt für Wirtschaft und Ausfuhrkontrolle. Dieser Behörde obliegt die Veröffentlichung. § 407a dient der **Informationssammlung** dieser Behörde. Dies betrifft sowohl die in Abs. 1 genannten **Bußgeldentscheidungen** nach § 405 Abs. 3b–

3d als auch nach Abs. 2 die **Ergebnisse** entsprechender **Strafverfahren** nach § 404a, die deshalb an diese Behörde zu berichten sind.

Strafbarkeit persönlich haftender Gesellschafter einer Kommanditgesellschaft auf Aktien

408 **[1] Die §§ 399 bis 407 gelten sinngemäß für die Kommanditgesellschaft auf Aktien. [2] Soweit sie Vorstandsmitglieder betreffen, gelten sie bei der Kommanditgesellschaft auf Aktien für die persönlich haftenden Gesellschafter.**

1 Die Bestimmung **erstreckt** die Straf- und Bußgeldvorschriften der **§§ 399–406** auf die **Kommanditgesellschaft auf Aktien.** Die Anwendung der Regelungen, die auch die Zwangsgeldanordnung nach **§ 407** einschließt, erfolgt sinngemäß, weil wegen der strukturellen Besonderheiten der KGaA, eine unmittelbare Anwendung ausscheidet, zumal die gesetzlichen Regelungen dem Satzungsgeber eine sehr weitgehende Dispositionshoheit einräumen. Zwar sind die einzelnen Tathandlungen regelmäßig auch im Bereich der KGaA vorstellbar. Die wesentliche Problematik besteht jedoch, da die vorgenannten Straftatbestände häufig Sonderdelikte darstellen, in der organschaftlichen Vergleichbarkeit. Da die KGaA über einen Aufsichtsrat (§ 287) und über Abwickler (§ 290) verfügt, sind auf diese Personengruppen die Straftatbestände der §§ 399 ff. übertragbar. Für die Allgemeindelikte gelten die straf- und bußgeldrechtlichen Regelungen ohnehin (Spindler/Stilz/*Hefendehl* Rn. 7).

2 Bezieht sich das Delikt auf Vorstände, regelt **S. 2** ausdrücklich, dass dann die **persönlich haftenden Gesellschafter** (anstelle der Vorstandsmitglieder) die tauglichen Täter des Sonderdelikts sind. Bei der KGaA tritt der persönlich haftende Gesellschafter auch bei der Zwangsgeldfestsetzung nach § 407 an die Stelle der Vorstandsmitglieder. Ist der persönlich haftende Gesellschafter selbst eine juristische Person, namentlich eine Personen- oder Kapitalgesellschaft, tritt für diese eine straf- bzw. bußgeldrechtliche Haftung natürlicher Personen unter den Voraussetzungen der § 14 StGB, § 9 OWiG ein (MüKoAktG/*Schaal* Rn. 8; K. Schmidt/Lutter/*Oetker* Rn. 3).

Geltung in Berlin

409 **[gegenstandslos]**

Inkrafttreten

410 **Dieses Gesetz tritt am 1. Januar 1966 in Kraft.**

Deutscher Corporate Governance Kodex

in der Fassung vom 16.12.2019 (BAnz AT 20.3.2020 B3)

Vorbemerkung

1 Während der DCGK seit seiner erstmaligen Veröffentlichung im Jahre 2002 trotz mehrmaliger Überarbeitung in der Konzeption und Struktur unverändert blieb und im Wesentlichen nur inhaltliche Änderungen bei einzelnen **Empfehlungen und Anregungen** erfolgten, stellt sich der Kodex 2020 nach einer **Generalüberholung** in völlig neuem Gewand dar. Angesichts des zwingenden comply-or-explain-Prinzips gem. § 161 AktG ist das Konzept von Empfehlungen und Anregungen unverändert. Die Präambel umschreibt die allgemeine Zielsetzung des Kodex mit der Förderung des Vertrauens der Anleger, Kunden, Belegschaft und Öffentlichkeit in die Leitung und Überwachung deutscher börsennotierter Gesellschaften (*Hopt/Leyens* ZGR 2019, 929 (935)). Insgesamt 25 **elementare Grundsätze** als neue Normenkategorie geben in knapper Form die wichtigsten gesetzlichen Regelungen wieder; sie haben keinen Einfluss auf die Entsprechenserklärung nach § 161 AktG. Die Zahl der den Grundsätzen zugeordneten Empfehlungen und Anregungen ist deutlich verringert worden. Die Gliederung des Kodex orientiert sich nunmehr funktional an den Aufgaben und der Verantwortung von Vorstand und Aufsichtsrat (*v. Werder* DB 2019, 41 (41); krit. *Hohenstatt/Seibt* ZIP 2019, 11 (13)). Zudem wurde eine völlig **neue Nummerierung** eingeführt.

2 Erstmals hat die Regierungskommission eine **Begründung** („DCGK Begründung") zur Zielsetzung der Überarbeitung des Kodex und zu ausgewählten Kodex-Grundsätzen sowie zu den Empfehlungen und Anregungen veröffentlicht (*Hopt/Leyens* ZGR 2019, 929 (975)). Sie mag als Interpretationshilfe betrachtet werden, ohne dass ihr jedoch bindende rechtliche Relevanz für die Abgabe der Entsprechenserklärung nach § 161 AktG zukommt, denn die Begründungen der einzelnen Empfehlungen sind kein Teil des Kodex (vgl. *v. Werder* DB 2019, 1721 (1722 f.)). Die im alten Kodex vorgesehenen Mustertabellen sieht der Kodex 2020 nicht mehr vor, da der von Vorstand und Aufsichtsrat zu erstellende **Vergütungsbericht nach § 162 AktG** ohnehin recht detaillierte Angaben zu der den einzelnen Vorstandsmitgliedern im abgelaufenen Geschäftsjahr gewährten und geschuldeten Vergütung vorsieht (*von der Linden* DStR 2019, 1528 (1532)).

Präambel

Unter Corporate Governance wird der rechtliche und faktische Ordnungsrahmen für die Leitung und Überwachung eines Unternehmens verstanden. Der Deutsche Corporate Governance Kodex (der „Kodex") enthält Grundsätze, Empfehlungen und Anregungen für den Vorstand und den Aufsichtsrat, die dazu beitragen sollen, dass die Gesellschaft im Unternehmensinteresse geführt wird. Der Kodex verdeutlicht die Verpflichtung von Vorstand und Aufsichtsrat, im Einklang mit den Prinzipien der sozialen Marktwirtschaft unter Berücksichtigung der Belange der Aktionäre, der Belegschaft und der sonstigen mit dem Unternehmen verbundenen Gruppen (Stakeholder) für den Bestand des Unternehmens und seine nachhaltige Wertschöpfung zu sorgen (Unternehmensinteresse). Diese Prinzipien verlangen nicht nur Legalität, sondern auch ethisch fundiertes, eigenverantwortliches Verhalten (Leitbild des Ehrbaren Kaufmanns).

Die Gesellschaft und ihre Organe haben sich in ihrem Handeln der Rolle des Unternehmens in der Gesellschaft und ihrer gesellschaftlichen Verantwortung bewusst zu sein. Sozial- und Umweltfaktoren beeinflussen den Unternehmenserfolg. Im Interesse des Unternehmens stellen Vorstand und Aufsichtsrat sicher, dass die potenziellen Auswirkungen dieser Faktoren auf die Unternehmensstrategie und operative Entscheidungen erkannt und adressiert werden.

Der Kodex hat zum Ziel, das deutsche Corporate Governance System transparent und nachvollziehbar zu machen. Der Kodex enthält Grundsätze, Empfehlungen und Anregungen zur Leitung und Überwachung deutscher börsennotierter Unternehmen, die national und international als Standards guter und verantwortungsvoller Unternehmensführung anerkannt sind. Er will das Vertrauen der Anleger, der Kunden, der Belegschaft und der Öffentlichkeit in die Leitung und Überwachung deutscher börsennotierter Gesellschaften fördern.

Die Grundsätze geben wesentliche rechtliche Vorgaben verantwortungsvoller Unternehmensführung wieder und dienen hier der Information der Anleger und weiterer Stakeholder.

Empfehlungen des Kodex sind im Text durch die Verwendung des Wortes „soll" gekennzeichnet. Die Gesellschaften können hiervon abweichen, sind dann aber verpflichtet, dies jährlich offenzulegen und die Abweichungen zu begründen („comply or explain"). Dies ermöglicht den Gesellschaften, branchen- oder unternehmensspezifische Besonderheiten zu berücksichtigen. Eine gut begründete Abweichung von einer Kodexempfehlung kann im Interesse einer guten Unternehmensführung liegen. Schließlich enthält der Kodex Anregungen, von denen ohne Offenlegung abgewichen werden kann; hierfür verwendet der Kodex den Begriff „sollte".

In Regelungen des Kodex, die nicht nur die Gesellschaft selbst, sondern auch ihre Konzernunternehmen betreffen, wird der Begriff „Unternehmen" statt „Gesellschaft" verwendet.

Die Aktionäre üben ihre Mitgliedschaftsrechte regelmäßig vor oder während der Hauptversammlung aus. Institutionelle Anleger sind für die Unternehmen von besonderer Bedeutung. Von ihnen wird erwartet, dass sie ihre Eigentumsrechte aktiv und verantwortungsvoll auf der Grundlage von transparenten und die Nachhaltigkeit berücksichtigenden Grundsätzen ausüben.

Der Kodex richtet sich an börsennotierte Gesellschaften und Gesellschaften mit Kapitalmarktzugang im Sinne des § 161 Absatz 1 Satz 2 des Aktiengesetzes. Nicht kapitalmarktorientierten Gesellschaften mögen die Empfehlungen und Anregungen des Kodex zur Orientierung dienen.

Für die Corporate Governance börsennotierter Kreditinstitute und Versicherungsunternehmen ergeben sich aus dem jeweiligen Aufsichtsrecht Besonderheiten, die im Kodex nicht berücksichtigt sind. Empfehlungen des Kodex gelten nur insoweit, als keine gesetzlichen Bestimmungen entgegenstehen.

A. Leitung und Überwachung

I. Geschäftsführungsaufgaben des Vorstands

Grundsatz 1

Der Vorstand leitet das Unternehmen in eigener Verantwortung im Unternehmensinteresse. Die Mitglieder des Vorstands tragen gemeinsam die Verantwortung für die Unternehmensleitung. Der Vorstandsvorsitzende bzw. Sprecher des Vorstands koordiniert die Arbeit der Vorstandsmitglieder.

Grundsatz 2

Der Vorstand entwickelt die strategische Ausrichtung des Unternehmens, stimmt sie mit dem Aufsichtsrat ab und sorgt für ihre Umsetzung.

Grundsatz 3

Der Vorstand legt für den Frauenanteil in den beiden Führungsebenen unterhalb des Vorstands Zielgrößen fest.

Empfehlung:

A.1

Der Vorstand soll bei der Besetzung von Führungsfunktionen im Unternehmen auf Diversität achten.

I. Allgemeines

1 Diversität wird bereits seit einiger Zeit als wichtiges Element guter Corporate Governance angesehen (*Weber-Rey/Handt* NZG 2011, 1 (2)). Vor diesem Hintergrund stellt die in Empfehlung A.1 geregelte Vielfalt in Führungspositionen ein bedeutendes rechtspolitisches Anliegen dar, dessen Förderung auch das Gesetz für die gleichberechtigte Teilhabe von Frauen und Männern an Führungspositionen vom 24.4.2015 (BGBl. 2015 I 642) dient. Die Empfehlung A.1 an den Vorstand, bei der Besetzung von Führungspositionen im Unternehmen auf Diversität zu achten, war bereits in Ziff. 4.1.5 S. 1 DCGK 2017 enthalten. Sie zeichnet sich durch **Unbestimmtheit** aus, weswegen den Kodexadressaten

ein großzügiger Auslegungsspielraum zuzubilligen ist (KBLW/*Bachmann* Rn. 882a). In aller Regel fällt es den Unternehmen nicht schwer, ihre gelebte Praxis unter diese Empfehlung zu subsumieren (KBLW/*Bachmann* Rn. 880).

II. Besetzung von Führungspositionen im Unternehmen

Der Begriff der **Führungsposition** wird im Kodex nicht näher erläutert. Auch findet sich kein Hinweis darauf, welche Hierarchiestufen bzw. wie viele Führungsebenen in die Betrachtung einbezogen werden sollen. Die Bestimmung der erfassten Positionen hat daher für den jeweiligen Einzelfall unter Berücksichtigung der spezifischen Umstände des konkreten Unternehmens zu erfolgen (*Hecker/Peters* BB 2010, 2251 (2254)). Ein maßgebliches Kriterium ist die **Personalverantwortung** (KBLW/*Bachmann* Rn. 884). Unzweifelhaft erfasst ist die erste Hierarchieebene unterhalb des Vorstands (Bürgers/Körber/*Runte/Eckert* AktG Anh. § 161 Rn. 9). Aus § 76 Abs. 4 AktG lässt sich ableiten, dass auch die zweite Hierarchieebene unterhalb der Geschäftsleitung – soweit eine solche vorhanden ist – grundsätzlich zu berücksichtigen ist. 2

Die Empfehlung A.1 bezieht sich auf die Führungspositionen im „Unternehmen". Aus Abs. 5 der Präambel folgt daher, dass der Vorstand die Berücksichtigung des Diversitätsaspekts nicht auf die Besetzung von Führungspositionen der **Gesellschaft** zu beschränken, sondern vielmehr auch auf entsprechende Positionen in **Konzernunternehmen** in die Betrachtung einzubeziehen hat. Die konzernweite Geltung der Empfehlung erfährt allerdings in solchen Fällen eine Einschränkung, in denen der Vorstand auf die Besetzung der Tochtergesellschaft keinen direkten Einfluss nehmen kann, etwa wenn es sich bei dieser um eine AG handelt, deren Vorstand gem. § 76 Abs. 1 AktG keinen Weisungen unterliegt. 3

III. Beachtung von Diversität

Unter Verweis auf § 289f Abs. 2 Nr. 6 HGB geht die Regierungskommission davon aus, dass Diversität beispielsweise durch **Alter, Geschlecht, Bildungs- und Berufshintergrund sowie durch Internationalität** definiert wird (DCGK Begründung, S. 6). Mit der Internationalität des Kandidaten sind nicht nur Staatsangehörigkeit oder Geburtsland gemeint, sondern auch berufliche Erfahrungen im Ausland oder in einem internationalen Umfeld (JIG/*H. Schäfer* Empf. A.1 Rn. 7; vgl. auch Wilsing/*Goslar* 4.1.5 Rn. 7). 4

Nach Maßgabe des Kodex soll der Vorstand auf Diversität achten. Das Kriterium der Vielfalt ist daher iR des Entscheidungsprozesses **mit zu berücksichtigen.** Dies bedeutet jedoch nicht, dass dem Merkmal gegenüber anderen Aspekten der Vorrang eingeräumt oder es gar zum (allein) ausschlaggebenden Faktor gemacht werden muss. Vielmehr hat der Vorstand sein Handeln danach auszurichten, welcher Kandidat im Hinblick auf das Unternehmensinteresse am besten fachlich und persönlich geeignet ist (*Hecker/Peters* BB 2010, 2251 (2254)). 5

Grundsatz 4

Für einen verantwortungsvollen Umgang mit den Risiken der Geschäftstätigkeit bedarf es eines geeigneten und wirksamen internen Kontroll- und Risikomanagementsystems.

Grundsatz 5

Der Vorstand hat für die Einhaltung der gesetzlichen Bestimmungen und der internen Richtlinien zu sorgen und wirkt auf deren Beachtung im Unternehmen hin (Compliance).

Empfehlungen und Anregung:

A.2

Der Vorstand soll für ein an der Risikolage des Unternehmens ausgerichtetes Compliance Management System sorgen und dessen Grundzüge offenlegen. Beschäftigten soll auf geeignete Weise die Möglichkeit eingeräumt werden, geschützt Hinweise auf Rechtsverstöße im Unternehmen zu geben; auch Dritten sollte diese Möglichkeit eingeräumt werden.

I. Allgemeines

A.2 behandelt das in Praxis und Wissenschaft immer bedeutendere Thema der Compliance. Die Verantwortung des Vorstands für diesen Bereich, die auch die Empfehlung A.2 S. 1 zum Ausdruck bringt, folgt aus der in § 76 Abs. 1 AktG, § 93 Abs. 1 AktG geregelten Leitungs- und Legalitätspflicht (vgl. *Hoffmann/Schieffer* NZG 2017, 401 (402)). Delegiert der Vorstand einzelne Compliance-Aufgaben an einen Compliance Officer oder andere Verantwortliche, was grundsätzlich zulässig und üblich ist, 1 obliegen dem Vorstand weiterhin Auswahl-, Instruktions- und Überwachungspflichten (*Schulz/Block* CCZ 2020, 49 (51)). Soweit es um die aktienrechtliche Pflichtenlage des Vorstands geht, dient Compliance dazu, Schaden von der Gesellschaft abzuwenden und die Reputation der Gesellschaft zu schützen (Wilsing/*Goslar* 4.1.3 Rn. 2).

II. Compliance Management System (S. 1)

2 Nach der Empfehlung A.2 S. 1 soll der Vorstand für ein an der Risikolage des Unternehmens ausgerichtetes Compliance Management System sorgen und dessen Grundzüge offenlegen.

3 **1. An der Risikolage des Unternehmens ausgerichtetes Compliance Management System.** Der Kodex enthält keine Definition des Compliance Management Systems. Zu verstehen sind hierunter die Maßnahmen eines Unternehmens, die auf die **Sicherstellung eines regelkonformen Verhaltens** der gesetzlichen Vertreter und der Mitarbeiter des Unternehmens sowie ggf. von Dritten abzielen (*Jüttner* CCZ 2018, 168 (168)). Typische **Elemente** eines Compliance-Systems sind ein Verhaltenskodex bzw. Compliance-Richtlinien, Mitarbeiterschulungen, ein Informations- und Überwachungssystem sowie die Dokumentation der ergriffenen Maßnahmen (*Kremer/Klahold* in Krieger/Schneider Mangerhaftung-HdB Rn. 25.14, 25.25 ff.).

4 Das Compliance Management System soll bedarfsgerecht an der **Risikolage des Unternehmens** ausgerichtet sein. Die Kodexformulierung trägt dem Umstand Rechnung, dass es keine Pflicht zu einer standardisierten Compliance-Organisation gibt (vgl. Hüffer/Koch/*Koch* AktG § 76 Rn. 14; *Kremer/Klahold* in Krieger/Schneider Mangerhaftung-HdB Rn. 25.3). Vielmehr hängen die Anforderungen von der (Risiko-)Situation des jeweiligen Unternehmens ab, die vom Vorstand eingehend zu analysieren und regelmäßig zu überprüfen ist (*Balke/Klein* ZIP 2017, 2038 (2039 ff.)). Aus der Bezugnahme in A.2 S. 1 auf das „Unternehmen" folgt zudem, dass sich die Compliance-Organisation nicht nur auf die Gesellschaft, sondern auch auf die Tochter- und Enkelgesellschaften zu erstrecken hat (Abs. 5 der Präambel), wobei die Formulierung „hinwirken" in Grundsatz 5 dem Umstand Rechnung trägt, dass die Erfüllung von Compliance-Pflichten nur unter Beachtung der konzernrechtlichen- und rechtsformspezifischen Grenzen durchsetzbar ist (MüKoAktG/*Spindler* AktG § 91 Rn. 82; *E. Vetter* DB 2007, 1963 (1964)).

5 **2. Offenlegung der Grundzüge.** A.2 S. 1 enthält die weitere Empfehlung, dass der Vorstand die Grundzüge des Compliance Management Systems offenlegen soll. Dadurch sollen Investoren und die Öffentlichkeit in die Lage versetzt werden, sich über die ergriffenen Compliance Maßnahmen zu informieren und sich über die Ernsthaftigkeit dieser Maßnahmen ein eigenes Bild zu verschaffen (KBLW/*Bachmann/Kremer* Rn. 850a). Eine Erläuterung dazu, was unter den „Grundzügen" des Compliance Management Systems zu verstehen ist, findet sich im Kodex nicht. Erforderlich erscheint jedenfalls eine kurze **Zusammenfassung** der angestellten Risikoanalyse sowie der daraus abgeleiteten wesentlichen Compliance Maßnahmen und Prozesse (JIG/*Ghassemi-Tabar* Empf. A.2 Rn. 52). Da der Kodex keine näheren Vorgaben dazu macht, **wo** die Offenlegung erfolgen soll, kann der Vorstand dies frei bestimmen. Ausreichend und zweckmäßig ist es, die Grundzüge des Compliance Management Systems auf der Internetseite der Gesellschaft zu veröffentlichen.

III. Whistleblowing-System (S. 2)

6 A.2 S. 2 enthält im Zusammenhang mit Rechtsverstößen im Unternehmen in Hs. 1 eine **Empfehlung** in Bezug auf die Beschäftigten des Unternehmens und in Hs. 2 eine **Anregung** in Bezug auf Dritte. Da bei der Implementierung eines Compliance Management Systems die Einrichtung eines Whistleblowing-Systems im Grundsatz nicht zwingend erforderlich ist (vgl. Hüffer/Koch/*Koch* AktG § 76 Rn. 18), hat die Regierungskommission diesen aus ihrer Sicht wichtigen Aspekt zusätzlich hervorgehoben. Die Differenzierung zwischen Beschäftigten des Unternehmens und Dritten ergibt sich daraus, dass in erster Linie von den Beschäftigten erwartet werden kann, dass sie Kenntnis von (möglichen) Rechtsverstößen erlangen (KBLW/*Bachmann/Kremer* Rn. 850e).

7 **1. Hinweise durch Beschäftigte des Unternehmens (S. 2 Hs. 1).** S. 2 Hs. 1 empfiehlt, dass Beschäftigten auf geeignete Weise die Möglichkeit eingeräumt werden soll, geschützt Hinweise auf Rechtsverstöße im Unternehmen zu geben. Unter **„Unternehmen"** sind, wie sich aus Abs. 5 der Präambel ergibt, die börsennotierte Gesellschaft selbst und alle Konzernunternehmen zu verstehen. Da der Kodex (lediglich) verlangt, dass den Beschäftigten **„auf geeignete Weise die Möglichkeit eingeräumt"** werden soll, bleibt dem Vorstand bei der Ausgestaltung des Hinweisgebersystems ein großer Spielraum. Jedenfalls bei größeren Unternehmen bietet sich die Einrichtung eines Hinweisgeberportals an, das intern wie extern betrieben werden kann und sich insoweit auch etabliert haben dürfte.

8 Die Beschäftigten des Unternehmens sollen die Hinweise **„geschützt"** geben können. Mangels näherer Vorgaben im Kodex ist zunächst unklar, ob das Hinweisgebersystem garantieren muss, dass die Identität des Hinweisgebers zu keinem Zeitpunkt im Rahmen des Hinweisgeberprozesses nachvollzieh-

bar ist, oder ob es ausreichend ist, wenn der Hinweisgeber innerhalb des Hinweisgeberprozesses zwar seine Identität offenlegen muss, ihm aber Vertraulichkeit zugesagt wird (*Baur/Holle* NZG 2017, 170 (173)). Die Gewährleistung einer strikten Anonymität, die mit einer erhöhten Gefahr des Missbrauchs einhergehen würde, ist nicht erforderlich. Der Hinweisgeber ist jedoch vor Benachteiligung und Vergeltung zu schützen (so auch KBLW/*Bachmann/Kremer* Rn. 850h; *Preute* CB 2017, 225 (226)).

2. Hinweise durch Dritte (S. 2 Hs. 2). Der Kodex regt an, dass auch Dritten die Möglichkeit eingeräumt werden sollte, geschützt Hinweise auf Rechtsverstöße im Unternehmen zu geben. Unter **„Dritten"** sind alle unternehmensexternen Personen zu verstehen (JIG/*Ghassemi-Tabar* Empf. A.2 Rn. 62). Die Ausgestaltung von S. 2 Hs. 2 als bloße **Anregung** führt dazu, dass im Falle einer Nichtbefolgung keine Abweichung im Rahmen der Entsprechenserklärung nach § 161 AktG erklärt werden muss. 9

II. Überwachungsaufgaben des Aufsichtsrats

Grundsatz 6

Der Aufsichtsrat bestellt und entlässt die Mitglieder des Vorstands, überwacht und berät den Vorstand bei der Leitung des Unternehmens und ist in Entscheidungen von grundlegender Bedeutung für das Unternehmen einzubinden.

Für Geschäfte von grundlegender Bedeutung legen die Satzung und/oder der Aufsichtsrat Zustimmungsvorbehalte fest.

Geschäfte mit nahestehenden Personen[1] bedürfen darüber hinaus unter Umständen von Gesetzes wegen der vorherigen Zustimmung des Aufsichtsrats.

Grundsatz 7

Der Aufsichtsratsvorsitzende wird vom Aufsichtsrat aus seiner Mitte gewählt. Er koordiniert die Arbeit im Aufsichtsrat und nimmt die Belange des Aufsichtsrats nach außen wahr.

Anregung:

A.3

Der Aufsichtsratsvorsitzende sollte in angemessenem Rahmen bereit sein, mit Investoren über aufsichtsratsspezifische Themen Gespräche zu führen.

Die **Anregung,** dass der Aufsichtsratsvorsitzende in angemessenem Rahmen bereit sein sollte, mit Investoren über aufsichtsratsspezifische Themen Gespräche zu führen, wurde erstmals im Jahr 2017 in den Kodex aufgenommen (Ziff. 5.2 Abs. 2 DCGK 2017). Sie ist vor dem Hintergrund zu sehen, dass eine wachsende Zahl institutioneller Investoren das Gespräch mit dem Aufsichtsrat bzw. dessen Vorsitzenden sucht und eine entsprechende Kommunikation nicht nur international, sondern auch in größeren Unternehmen in Deutschland als **gelebte Praxis** angesehen werden kann (vgl. *Hirt/Hopt/Mattheus* AG 2016, 725 (728 f.)). 1

Die **Anregung** bezieht sich auf Gespräche durch den **Aufsichtsratsvorsitzenden,** der dabei die Rückkopplung des Aufsichtsrats beachten muss. Ob solche Gespräche mit Investoren durch den Aufsichtsratsvorsitzenden mit der Corporate Governance der deutschen AG überhaupt vereinbar sind, ist jedoch unklar. Der Umstand, dass derartige Gespräche bereits verbreitet stattfinden, besagt nichts über ihre Zulässigkeit. Insoweit gilt es zu berücksichtigen, dass die Unternehmenskommunikation zu den organschaftlichen Kernaufgaben des Vorstands zählt. Während Gespräche des Vorstands mit institutionellen Investoren dementsprechend auch nach einhelliger Ansicht notwendiger Bestandteil guter Kapitalmarktkommunikation sind, ist dies demgegenüber beim Dialog des Aufsichtsratsvorsitzenden mit Investoren umstritten (einerseits zB *Hirt/Hopt/Mattheus* AG 2016, 725 ff.; andererseits *J. Koch* AG 2017, 129 ff.; *E. Vetter* AG 2016, 873 (874); zu den organisatorischen Vorkehrungen im Aufsichtsrat s. zB MüKoAktG/*Habersack* AktG § 116 Rn. 67; *Holle* ZIP 2019, 1895 (1900); *E. Vetter* AG 2016, 873 (875)). 2

Als Inhalt der Gespräche mit Investoren nennt die Anregung A.3 **aufsichtsratsspezifische Themen.** Nach Auffassung der Regierungskommission sind aufsichtsratsspezifische Themen solche, für die der Aufsichtsrat allein verantwortlich ist und die von ihm allein zu entscheiden sind (vgl. KBLW/*Kremer* Rn. 1270; s. auch *Holle* ZIP 2019, 1895 (1897)); dazu zählen die Vorstandsbesetzung wie auch die Vergütung des Vorstands. 3

[1] **Amtl. Anm.:** Nahestehende Personen im Sinne von § 111a Absatz 1 Satz 2 des Aktiengesetzes.

III. Funktion der Hauptversammlung

Grundsatz 8

Die Aktionäre üben ihre Mitgliedschaftsrechte regelmäßig in der Hauptversammlung aus. Die Hauptversammlung entscheidet insbesondere über die Gewinnverwendung sowie die Entlastung von Vorstand und Aufsichtsrat und wählt die Anteilseignervertreter in den Aufsichtsrat sowie den Abschlussprüfer. Daneben entscheidet die Hauptversammlung über rechtliche Grundlagen der Gesellschaft, wie insbesondere Änderungen der Satzung, Kapitalmaßnahmen, Unternehmensverträge und Umwandlungen. Die Hauptversammlung beschließt grundsätzlich mit beratendem Charakter über die Billigung des vom Aufsichtsrat vorgelegten Vergütungssystems für die Vorstandsmitglieder, über die konkrete Vergütung des Aufsichtsrats und mit empfehlendem Charakter über die Billigung des Vergütungsberichts für das vorausgegangene Geschäftsjahr.

Anregungen:

A.4

Der Hauptversammlungsleiter sollte sich davon leiten lassen, dass eine ordentliche Hauptversammlung spätestens nach vier bis sechs Stunden beendet ist.

1 Nach der **Anregung** A.4 sollte sich der Hauptversammlungsleiter davon leiten lassen, dass eine **ordentliche Hauptversammlung** spätestens nach vier bis sechs Stunden beendet ist. Vor dem Hintergrund, dass die Dauer deutscher Hauptversammlungen international nicht verstanden wird (*Hopt/Leyens* ZGR 2019, 929 (952)), verfolgt die Regierungskommission mit der Anregung das Ziel, die Position des Versammlungsleiters zu stärken sowie die zeitliche Dauer der Hauptversammlung angemessen zu gestalten und nicht ausufern zu lassen (DCGK Begründung, S. 7).

2 Die Anregung bezieht sich auf den Normalfall der ordentlichen Hauptversammlung mit den üblichen **Tagesordnungspunkten** der Vorlage der Jahresabschlussunterlagen, der Verwendung des Bilanzgewinns, der Entlastung von Vorstand und Aufsichtsrat sowie der Bestellung des Abschlussprüfers. Hauptversammlungen, in denen zB über eine größere Umstrukturierung oder einen Squeeze-out beraten und beschlossen wird, sind von der Anregung nicht erfasst. Die Formulierung **„leiten lassen"** ist iS einer Orientierungshilfe dahingehend zu verstehen, dass der Versammlungsleiter eine Beendigung der Hauptversammlung nach vier bis sechs Stunden anpeilt (JIG/*Simons* Anr. A.4 Rn. 13). Da es sich nicht um eine Empfehlung handelt, führen auch ordentliche Hauptversammlungen mit lediglich den üblichen Tagesordnungspunkten, die die Dauer von vier bis sechs Stunden überschreiten, nicht dazu, dass im Rahmen der Entsprechenserklärung nach § 161 AktG eine Abweichung zu erklären ist. Angesichts der durch das ARUG II als neue zwingende Standardbeschlusspunkte vorgesehenen Billigung des Vorstandsvergütungssystems und des Vergütungsberichts bleibt abzuwarten, ob der Zeitrahmen weiterhin als Richtschnur für den Regelfall dienen kann. Jedenfalls lässt auch § 1 Abs. 2 S. 2 COVMG (Gesetzes über Maßnahmen im Gesellschafts-, Genossenschafts-, Vereins-, Stiftungs- und Wohnungseigentumsrecht zur Bekämpfung der Auswirkungen der COVID-19-Pandemie, das als Art. 2 des Gesetzes zur Abmilderung der Folgen der COVID-19-Pandemie im Zivil-, Insolvenz- und Strafverfahrensrecht im BGBl. 2020 I 569 ff. verkündet worden ist) den Willen des Gesetzgebers erkennen, dass (virtuelle) Hauptversammlungen in einer überschaubaren Zeit beendet werden (vgl. hierzu *E. Vetter/Tielmann* NJW 2020, 1175 (1177)).

A.5

Der Vorstand sollte im Fall eines Übernahmeangebots eine außerordentliche Hauptversammlung einberufen, in der die Aktionäre über das Übernahmeangebot beraten und gegebenenfalls über gesellschaftsrechtliche Maßnahmen beschließen.

1 Gemäß der **Anregung** A.5 sollte der Vorstand im Falle eines Übernahmeangebots eine **außerordentliche Hauptversammlung** einberufen, in der die Aktionäre über das Übernahmeangebot beraten und gegebenenfalls über gesellschaftsrechtliche Maßnahmen beschließen. Auch wenn über die **Annahme des Übernahmeangebots** nicht die Hauptversammlung beschließt, sondern jeder Aktionär einzeln entscheidet, mildert die Befassung der Hauptversammlung das Koordinationsproblem der Aktionäre ab und erschwert eigennützige Verteidigungsmaßnahmen des Vorstands (*Hopt/Leyens* ZGR 2019, 929 (952)). In der Praxis ist eine „Übernahme-Hauptversammlung" allerdings bisher kaum von Bedeutung (JIG/*Siemons* Anr. A.5 Rn. 2). Aufgrund der Ausgestaltung als **Anregung** bedarf es im

Rahmen der Entsprechenserklärung nach § 161 AktG nicht der Erklärung der Abweichung, wenn im Falle eines Übernahmeangebots die Einberufung einer außerordentlichen Hauptversammlung unterbleibt.

B. Besetzung des Vorstands

Grundsatz 9

Der Aufsichtsrat entscheidet im Rahmen gesetzlicher und satzungsmäßiger Vorgaben über die Anzahl der Vorstandsmitglieder, die erforderlichen Qualifikationen sowie über die Besetzung der einzelnen Positionen durch geeignete Persönlichkeiten. Der Aufsichtsrat legt für den Anteil von Frauen im Vorstand Zielgrößen fest.

Empfehlungen:

B.1

Bei der Zusammensetzung des Vorstands soll der Aufsichtsrat auf die Diversität achten.

I. Allgemeines

Die Empfehlung B.1 zur Beachtung von Diversität bei der Zusammensetzung des Vorstands zeichnet sich wie die Regelung A.1, mit der die Beachtung von Diversität bei der Besetzung von Führungspositionen im Unternehmen empfohlen wird, durch **Unbestimmtheit** aus, woraus sich ein großzügiger Auslegungsspielraum ergibt. B.1 richtet sich an den „Aufsichtsrat“. Gemeint ist hiermit der **Gesamtaufsichtsrat,** da allein dieser für die Besetzung des Vorstands zuständig ist. Eine Übertragung an einen Ausschuss ist deshalb nach § 107 Abs. 3 S. 7 AktG wegen der besonderen Bedeutung nicht zulässig (MüKoAktG/*Habersack* AktG § 107 Rn. 154; *E. Vetter* AG 2017, 288). Gleichwohl erscheint es zur Umsetzung der Empfehlung ratsam, dass sich der Personalausschuss in Vorbereitung der Beschlüsse des Aufsichtsratsplenums mit dem Thema Vielfalt befasst. Der Gesamtaufsichtsrat und der Ausschuss sollten durch Beschluss festlegen, dass bei der Identifizierung der Vorstandsmitglieder das Ziel eines vielfältig besetzten Vorstands berücksichtigt wird (KBLW/*Kremer* Rn. 1237). 1

II. Beachtung von Diversität

Der Kodex zielt mit der Empfehlung zu Diversität im Vorstand auf eine **heterogene Besetzung** des Organs, wodurch die Qualität der Diskussionen erhöht und ausgewogene Entscheidungen erreicht werden sollen. Unter Verweis auf § 289f Abs. 2 Nr. 6 HGB geht die Regierungskommission davon aus, dass Diversität beispielsweise durch Alter, Geschlecht, Bildungs- und Berufshintergrund sowie durch die internationale Besetzung des Vorstands definiert wird (DCGK Begründung, S. 7). Da wohl jede größere börsennotierte Gesellschaft auf internationalen Märkten agiert, sind insbesondere internationale Erfahrungen im Vorstand von essenzieller Bedeutung (JIG/*Busch/Link* Empf. B.1 Rn. 13). Nach Maßgabe des Kodex soll der Aufsichtsrat auf Diversität „achten“. Das Kriterium der Vielfalt ist daher iR des Entscheidungsprozesses **mit zu berücksichtigen.** Dies bedeutet jedoch nicht, dass dem Merkmal gegenüber anderen Aspekten der Vorrang eingeräumt oder es gar zum (allein) ausschlaggebenden Faktor gemacht werden muss. Der Aufsichtsrat schuldet keinen Erfolg in Form einer möglichst vielfältigen Besetzung des Vorstands (Wilsing/*Wilsing* 5.1.2 Rn. 6). Maßgeblich ist, welcher Kandidat im Hinblick auf das Unternehmensinteresse am besten fachlich und persönlich geeignet ist (vgl. *Hecker/Peters* BB 2010, 2251 (2254)). 2

B.2

Der Aufsichtsrat soll gemeinsam mit dem Vorstand für eine langfristige Nachfolgeplanung sorgen; die Vorgehensweise soll in der Erklärung zur Unternehmensführung beschrieben werden.

I. Allgemeines

B.2 befasst sich mit der langfristigen Nachfolgeplanung für die Besetzung des Vorstands und der entsprechenden Beschreibung in der Erklärung zur Unternehmensführung. Die Verfolgung einer solchen langfristig ausgerichteten Planung ist auch international als gute Corporate Governance anerkannt (*Hopt/Leyens* ZGR 2019, 929 (952)). Durch sie wird gewährleistet, dass der Aufsichtsrat seine Entscheidungen zur Besetzung des Vorstands auf fundierter Grundlage treffen kann. 1

II. Nachfolgeplanung (Hs. 1)

2 B.2 Hs. 1 empfiehlt, dass der **Aufsichtsrat gemeinsam mit dem Vorstand** für eine langfristige Nachfolgeplanung sorgen soll. Auch wenn für die Bestellung von Vorstandsmitgliedern allein der Aufsichtsrat zuständig ist (§ 84 Abs. 1 AktG), fordert B.2 eine gemeinsame Nachfolgeplanung durch Aufsichtsrat und Vorstand, da der Vorstand für die Besetzung der nachgelagerten Führungsfunktionen zuständig ist (vgl. auch A.1). Der Vorstand begleitet daher mögliche Nachfolgekandidaten im Unternehmen enger als der Aufsichtsrat, sodass es sinnvoll ist, wenn er bei der Frage der Geeignetheit von Kandidaten seine Sichtweise deutlich machen kann (KBLW/*Kremer* Rn. 1244). Die Verantwortung für die Vorstandsbesetzung liegt gleichwohl allein beim Aufsichtsrat.

3 Die Nachfolgeplanung soll **langfristig** erfolgen. Damit ist klargestellt, dass eine lediglich im Falle einer drohenden Vakanz vollzogene Nachfolgeplanung nicht ausreichend ist. Vielmehr muss ein Prozess aufgesetzt werden, in dessen Rahmen regelmäßig eine Befassung mit geeigneten Kandidaten stattfindet. In diesem Zusammenhang ist auch eine nach Empfehlung B.5 festgelegte Altersgrenze für die Vorstandsmitglieder zu berücksichtigen (JIG/*Busch/Link* Empf. B.2 Rn. 4). Aus der Vorgabe der langfristigen Nachfolgeplanung folgt zudem, dass sich die Empfehlung nur auf die **interne** Nachfolge bezieht (MHdB GesR IV/*von der Linden* § 25 Rn. 47; Bürgers/Körber/*Runte/Eckert* AktG Anh. § 161 Rn. 32). Eine externe Besetzung von Vorstandsposten lässt sich kaum langfristig planen.

III. Beschreibung der Vorgehensweise in der Erklärung zur Unternehmensführung (Hs. 2)

4 Nach der Empfehlung B.2 Hs. 2 soll die Vorgehensweise bei der langfristigen Nachfolgeplanung in der Erklärung zur Unternehmensführung (§ 289f HGB) beschrieben werden. Mit dieser der Transparenz dienenden Vorgabe soll es den Investoren ermöglicht werden, sich ein umfassendes Bild von der Geeignetheit des Verfahrens der Nachfolgeplanung im Unternehmen zu machen. Nicht erfasst von der Empfehlung sind offenkundig inhaltliche Aussagen wie Einschätzungen zu internen Kandidaten und Zeitpunkten möglicher Nachbesetzungen (JIG/*Busch/Link* Empf. B.1 Rn. 17).

B.3

Die Erstbestellung von Vorstandsmitgliedern soll für längstens drei Jahre erfolgen.

1 B.3 empfiehlt, dass die **Erstbestellung** von Vorstandsmitgliedern für **längstens drei Jahre** erfolgen soll. Erfasst ist von der Empfehlung allein die erstmalige Bestellung zum Vorstandsmitglied bei der betreffenden Gesellschaft. Gegenüber der Regelung in Ziff. 5.1.2 Abs. 2 S. 1 DCGK 2017 stellt B.3 DCGK 2020 in zweifacher Hinsicht eine Verschärfung dar, da der alte Kodex zum einen lediglich eine Anregung formulierte und sich zum anderen damit begnügte, dass bei Erstbestellungen die maximal mögliche Bestelldauer von fünf Jahren nicht die Regel sein sollte (*Peters,* Fachpublikation Aktuelle Entwicklungen im Wirtschafts- und Steuerrecht, 2020, 15). Die neue Empfehlung trägt nun dem Umstand Rechnung, dass in der Praxis börsennotierter Gesellschaften eine Begrenzung der Erstbestellung auf drei Jahre weit verbreitet ist (DCGK Begründung, S. 7; vgl. auch *Seyfarth* VorstandsR § 3 Rn. 67; *Wilsing/Winkler* BB 2019, 1603 (1606)).

2 Im Zusammenhang mit der Empfehlung B.3 ist zu berücksichtigen, dass oftmals qualifizierte Kandidaten die Übernahme des Vorstandsamts von einer fünfjährigen Amtsperiode abhängig machen werden, insbesondere, wenn sie zuvor bei einem anderen Unternehmen für fünf Jahre bestellt worden waren (KBLW/*Kremer* Rn. 1250). In solchen Fällen hat der für die Bestellung zuständige Aufsichtsrat nach pflichtgemäßem Ermessen darüber zu befinden, ob eine Abweichung von der Kodexempfehlung im Interesse einer guten Unternehmensführung liegt (vgl. Abs. 4 S. 5 der Präambel).

B.4

Eine Wiederbestellung vor Ablauf eines Jahres vor dem Ende der Bestelldauer bei gleichzeitiger Aufhebung der laufenden Bestellung soll nur bei Vorliegen besonderer Umstände erfolgen.

I. Allgemeines

1 Gem. § 84 Abs. 1 S. 1 AktG werden Vorstandsmitglieder auf höchstens fünf Jahre bestellt. Die Wiederbestellung ist zwar zulässig, jedoch darf der Aufsichtsrat hierüber frühestens ein Jahr vor Ablauf der bisherigen Amtszeit beschließen (§ 84 Abs. 1 S. 3 AktG). In der **Praxis** wird vor dem Hintergrund dieser gesetzlichen Ausgangslage häufig frühzeitig vor dem Ablauf der Frist des § 84 Abs. 1 S. 3 AktG

die Bestellung einvernehmlich aufgehoben und sodann durch den Aufsichtsrat eine erneute Bestellung auf fünf Jahre beschlossen. Diese Vorgehensweise ist nach zutreffender Ansicht des BGH grundsätzlich **zulässig** und stellt auch dann, wenn für sie keine besonderen Gründe gegeben sind, keine unzulässige Umgehung des § 84 Abs. 1 S. 3 AktG dar (BGH 17.7.2012, NZG 2012, 1027 Rn. 21; zust. die hM in der Lit., vgl. nur Spindler/Stilz/*Fleischer* AktG § 84 Rn. 19; *Seyfarth* VorstandsR § 3 Rn. 74). Etwas anderes gilt nur dann, wenn der Aufsichtsrat im Einvernehmen mit dem Vorstandsmitglied Motive verfolgt, die sich vor dem Hintergrund seiner **Treuepflicht** der Gesellschaft gegenüber als rechtsmissbräuchlich erweisen (BGH 17.7.2012, NZG 2012, 1027 Rn. 31). Ein solcher Rechtsmissbrauch liegt etwa nahe, sofern die vorzeitige Wiederbestellung allein dazu dient, Abfindungszahlungen eines Vorstandsmitglieds für den Fall seines späteren Ausscheidens frühzeitig sicherzustellen (Spindler/Stilz/*Fleischer* AktG § 84 Rn. 19; GroßkommAktG/*Kort* AktG § 84 Rn. 114a).

II. Vorzeitige Wiederbestellung nur bei Vorliegen besonderer Umstände

Vor dem Hintergrund der dargestellten grundsätzlichen aktienrechtlichen Zulässigkeit soll nach der Empfehlung B.4 eine Wiederbestellung vor Ablauf eines Jahres vor dem Ende der Bestelldauer bei gleichzeitiger Aufhebung der laufenden Bestellung nur bei Vorliegen besonderer Umstände erfolgen. Der Kodex enthält keine näheren Vorgaben dazu, wann **besondere Umstände** im vorgenannten Sinne gegeben sind. Beispiele sind etwa die Ernennung eines Vorstandsmitglieds zum Vorstandsvorsitzenden oder der Fall, dass ein Vorstandsmitglied von einem anderen Unternehmen ein Angebot erhält und bei den Verhandlungen über seinen Verbleib die Auffüllung seiner Amtszeit auf fünf Jahre fordert (KBLW/*Kremer* Rn. 1252; *Seyfarth* VorstandsR § 3 Rn. 72). 2

B.5

Für Vorstandsmitglieder soll eine Altersgrenze festgelegt und in der Erklärung zur Unternehmensführung angegeben werden.

Nach der Empfehlung B.5 soll für Vorstandsmitglieder eine **Altersgrenze** festgelegt werden. Mit der Festlegung einer generellen Altersgrenze wird den aus der Vorstandstätigkeit erwachsenden erheblichen Belastungen Rechnung getragen (KBLW/*Kremer* Rn. 1253). Vor diesem Hintergrund ist die empfohlene Altersgrenze ausschließlich als Obergrenze zu verstehen (Wilsing/*Wilsing* 5.1.2 Rn. 12). Der Kodex enthält keine näheren Vorgaben dazu, welche konkrete Altersgrenze festgesetzt werden soll. Die Entscheidung hierüber steht vielmehr im pflichtgemäßen Ermessen des Aufsichtsrats. In der Praxis sind überwiegend Altersgrenzen zwischen 60 und 63 Jahren anzutreffen. Die Festlegung einer Altersgrenze in diesem Rahmen verstößt nicht gegen das AGG (KBLW/*Kremer* Rn. 1253, 1256). Der Aufsichtsrat hat auch darüber zu entscheiden, welche **Folgen** das Erreichen der Altersgrenze hat. In Betracht kommt zum einen, dass das Vorstandsamt mit Erreichen der Altersgrenze automatisch endet oder zum anderen, dass das betreffende Vorstandsmitglied die vor Erreichen der Altersgrenze begonnene Amtszeit für den Zeitraum der vorgesehenen Bestellung zu Ende führen darf. 1

Ergänzend zur Festlegung einer Altersgrenze für Vorstandsmitglieder empfiehlt der Kodex in B.5, dass die festgelegte Altersgrenze in der **Erklärung zur Unternehmensführung** angegeben werden soll. Diese Offenlegung dient der Transparenz der vom Aufsichtsrat bei der Besetzung des Vorstands angelegten Kriterien. Durch die Bestimmung der Erklärung zur Unternehmensführung als Ort der Angabe wird die Zielrichtung der Regierungskommission, diese zum zentralen Instrument der Corporate Governance Berichterstattung zu machen (DCGK Begründung, S. 4), unterstrichen (vgl. zur neuen Corporate-Governance-Berichterstattung in der Erklärung zur Unternehmensführung auch *Needham/Müller* BC 2020, 236). 2

C. Zusammensetzung des Aufsichtsrats

I. Allgemeine Anforderungen

Grundsatz 10

Der Aufsichtsrat setzt sich aus Vertretern der Aktionäre und gegebenenfalls Vertretern der Arbeitnehmer zusammen. Die Vertreter der Aktionäre werden in der Regel von der Hauptversammlung gewählt. Die Mitbestimmungsgesetze legen abhängig von der Zahl der Arbeitnehmer und der Branche fest, ob und gegebenenfalls wie viele Mitglieder des Aufsichtsrats von den Arbeitnehmern zu wählen sind. Die Anteilseignervertreter und die Arbeitnehmervertreter sind gleichermaßen dem Unternehmensinteresse verpflichtet.

Grundsatz 11

Der Aufsichtsrat ist so zusammenzusetzen, dass seine Mitglieder insgesamt über die zur ordnungsgemäßen Wahrnehmung der Aufgaben erforderlichen Kenntnisse, Fähigkeiten und fachlichen Erfahrungen verfügen und die gesetzliche Geschlechterquote eingehalten wird.

Empfehlungen:

C.1

Der Aufsichtsrat soll für seine Zusammensetzung konkrete Ziele benennen und ein Kompetenzprofil für das Gesamtgremium erarbeiten. Dabei soll der Aufsichtsrat auf Diversität achten. Vorschläge des Aufsichtsrats an die Hauptversammlung sollen diese Ziele berücksichtigen und gleichzeitig die Ausfüllung des Kompetenzprofils für das Gesamtgremium anstreben. Der Stand der Umsetzung soll in der Erklärung zur Unternehmensführung veröffentlicht werden. Diese soll auch über die nach Einschätzung der Anteilseignervertreter im Aufsichtsrat angemessene Anzahl unabhängiger Anteilseignervertreter und die Namen dieser Mitglieder informieren.

I. Allgemeines

1 § 100 Abs. 5 Hs. 2 AktG bestimmt unter anderem für kapitalmarktorientierte Gesellschaften iSd § 264d HGB, dass die Mitglieder des Aufsichtsrats in ihrer Gesamtheit mit dem Sektor, in dem die Gesellschaft tätig ist, vertraut sein müssen. Der amtierende Aufsichtsrat hat daher bei seinen Wahlvorschlägen an die Hauptversammlung nach § 124 Abs. 3 S. 1 AktG auf die fachliche Eignung der Kandidaten zu achten. Mindestanforderungen ergeben sich aus dem Hertie-Urteil des BGH (BGH 15.11.1982, BGHZ 85, 293 (295 ff.)). Zwar steht es der Mitgliedschaft im Aufsichtsrat nicht entgegen, dass die betreffende Person nicht über hinreichende **Sachkunde** verfügt. In Betracht kommt jedoch die Haftung der Aufsichtsratsmitglieder, die der Hauptversammlung die Wahl eines ungeeigneten Kandidaten vorgeschlagen haben, wegen Auswahlverschuldens (MüKoAktG/*Habersack* AktG § 100 Rn. 16).

II. Ziele für die Zusammensetzung und Kompetenzprofil (S. 1)

2 Nach der Empfehlung C.1 S. 1 soll der Aufsichtsrat für seine Zusammensetzung konkrete Ziele benennen und ein Kompetenzprofil für das Gesamtgremium erarbeiten. Hierzu bedarf es nach einer Ansicht eines **Beschlusses** des Gesamtaufsichtsrats (KBLW/*Kremer* Rn. 1339). Die Zuständigkeit des Gesamtaufsichtsrats ist nicht unproblematisch, denn die Arbeitnehmervertreter sind von dem Kompetenzprofil nicht betroffen und auch an dem Kandidatenvorschlag für die Anteilseignervertreter nicht beteiligt. **Ziele** sind Vorgaben, die der Aufsichtsrat sich selbst setzt und deren Umsetzung er anstrebt (MHdB GesR IV/*von der Linden* § 25 Rn. 59). Die Vorgabe des Kodex zur Benennung **konkreter** Ziele schließt unbestimmte Absichtsbekundungen und allgemeine Programmsätze wie zB die Festlegung eines „angemessenen Umfangs" für ein Zielkriterium aus (vgl. *Schulz* BB 2010, 2390 (2390 f.); *Ihrig/Meder* ZIP 2010, 1577 (1577)). Zulässig ist demgegenüber etwa die Bestimmung von absoluten Zahlen oder Prozentzahlen (*Hecker/Peters* BB 2010, 2251 (2254); vgl. auch MHdB GesR IV/*von der Linden* § 25 Rn. 59). Eine Frist zur Umsetzung muss sich der Aufsichtsrat nicht setzen (JIG/*Fleischmann* Empf. C.1 Rn. 5). Mangels näherer Vorgaben des Kodex kommt dem Aufsichtsrat bei der Ausgestaltung der konkreten Anforderungen ein weites Ermessen zu (KBLW/*Kremer* Rn. 1339). Mit dem von C.1 S. 1 geforderten **Kompetenzprofil** sollen die fachlichen, praktischen und persönlichen Kompetenzen abgebildet werden, die die Aufsichtsratsmitglieder in ihrer Gesamtheit abdecken sollen. Das Kompetenzprofil soll widerspiegeln, wie der Aufsichtsrat mit seinen Besetzungsentscheidungen auf die geschäftlichen Herausforderungen des Unternehmens reagieren will, ob er in seinen Reihen zB einen Digitalisierungsexperten benötigt (KBLW/*Kremer* Rn. 1340a).

III. Beachtung von Diversität (S. 2)

3 C.1 S. 2 empfiehlt die Beachtung von Diversität bei der Umsetzung der Vorgaben von C.1 S. 1. Unter Verweis auf § 289f Abs. 2 Nr. 6 HGB geht die Regierungskommission davon aus, dass Diversität beispielsweise durch Alter, Geschlecht, Bildungs- und Berufshintergrund sowie durch Internationalität definiert wird (DCGK Begründung, S. 8). Mit der Internationalität des Kandidaten sind Erfahrungen im Ausland oder in einem internationalen Umfeld gemeint (vgl. Wilsing/*Goslar* 4.1.5 Rn. 7). Nach Maßgabe des Kodex soll der Aufsichtsrat auf Diversität „achten". Das Kriterium der Vielfalt ist daher iR des Entscheidungsprozesses **mit zu berücksichtigen.** Dies bedeutet jedoch nicht, dass dem Merkmal gegenüber anderen Aspekten der Vorrang eingeräumt oder es zum ausschlaggebenden Faktor gemacht werden muss. Der Aufsichtsrat ist nicht angehalten, für eine möglichst vielfältige Besetzung zu sorgen.

Maßgeblich ist, welcher Kandidat im Hinblick auf das Unternehmensinteresse am besten fachlich und persönlich geeignet ist (vgl. *Hecker/Peters* BB 2010, 2251 (2254)).

IV. Vorschläge an die Hauptversammlung (S. 3)

Gem. der Empfehlung C.1 S. 3 sollen die Vorschläge des Aufsichtsrats an die Hauptversammlung die vom Aufsichtsrat für seine Zusammensetzung benannten Ziele berücksichtigen und gleichzeitig die Ausfüllung des für das Gesamtgremium erarbeiteten Kompetenzprofils anstreben. Dies muss in dem Wahlvorschlag jedoch nicht ausdrücklich erwähnt werden (vgl. auch JIG/*Fleischmann* Empf. C.1 Rn. 13). Der Aufsichtsrat entscheidet über die Wahlvorschläge an die Hauptversammlung nach § 124 Abs. 3 AktG durch **Beschluss.** Sofern der Aufsichtsrat auch aus Aufsichtsratsmitgliedern der Arbeitnehmer besteht, bedarf der Beschluss nur der Stimmenmehrheit der **Anteilseignervertreter** (§ 124 Abs. 3 S. 5 AktG). Bei der Umsetzung der festgelegten Ziele und der Ausfüllung des Kompetenzprofils steht dem Aufsichtsrat ein **Ermessen** zu (KBLW/*Kremer* Rn. 1357), das er pflichtgemäß auszuüben hat. 4

V. Angaben in der Erklärung zur Unternehmensführung (S. 4 und 5)

Der **Stand der Umsetzung** in Bezug auf die konkreten Ziele für die Zusammensetzung des Aufsichtsrats und die Ausfüllung des Kompetenzprofils sollen gem. der Empfehlung C.1 S. 4 in der Erklärung zur Unternehmensführung nach § 289f HGB veröffentlicht werden. Hiermit soll den Aktionären ein Überblick darüber gegeben werden, wie konsequent der Aufsichtsrat die selbstgesteckten Vorgaben verfolgt. Zwar fordert der Kodex nach seinem Wortlaut nur die Darstellung des „Stands der Umsetzung", wonach etwa auch die allgemeine Aussage, dass die gesteckten Ziele erreicht und das erarbeitete Kompetenzprofil ausgefüllt wurde, ausreichend sein könnte. Richtigerweise fordert die Empfehlung jedoch neben der Nennung des Umsetzungsstands auch eine Offenlegung der Ziele und des Kompetenzprofils (vgl. auch KBLW/*Kremer* Rn. 1359), da die gewünschte Transparenz anderenfalls nicht erreicht werden kann. 5

Nach der Empfehlung C.1 S. 5 soll die Erklärung zur Unternehmensführung auch über die nach Einschätzung der Anteilseignervertreter im Aufsichtsrat **angemessene Anzahl unabhängiger Anteilseignervertreter** und die **Namen** dieser Mitglieder informieren. Die Regelung steht in Zusammenhang mit der Empfehlung C.6 Abs. 1 Hs. 1, nach der dem Aufsichtsrat auf Anteilseignerseite eine nach deren Einschätzung angemessene Anzahl unabhängiger Mitglieder angehören soll. Zu C.6 Abs. 1 Hs. 1 wird die Ansicht vertreten, dass nach dieser Empfehlung zum einen eine Anzahl an Mitgliedern festzulegen sei, die teilunabhängig vom Vorstand bzw. der Gesellschaft sind, und zum anderen eine Anzahl, die partiell unabhängig vom kontrollierenden Aktionär sind (DCGK Begründung, S. 9; *Rubner/Fischer* NZG 2019, 961 (963)). Diese Differenzierung sei auch im Rahmen der Darstellung in der Erklärung zur Unternehmensführung vorzunehmen. Anzuführen seien in der Erklärung zur Unternehmensführung daher zum einen die angemessene Anzahl der von der Gesellschaft bzw. vom Vorstand unabhängigen Anteilseignervertreter und deren jeweilige Namen und zum anderen die angemessene Anzahl der vom kontrollierenden Aktionär unabhängigen Anteilseignervertreter und deren Namen (*Rubner/Fischer* NZG 2019, 961 (963 f.)). Die Forderung der Festlegung zweier angemessener Anzahlen (teil-)unabhängiger Anteilseignervertreter im Rahmen von C.6 Abs. 1 Hs. 1 widerspricht jedoch dem Wortlaut dieser Empfehlung und ist mit dem absoluten Ansatz der Regelung nicht vereinbar (→ C.6 Rn. 5). Da die Empfehlung C.6 Abs. 1 Hs. 1 befolgt wird, wenn die Anteilseigner **eine Zahl von Anteilseignervertretern** festlegen, die unabhängig von der Gesellschaft, dem Vorstand und einem kontrollierenden Aktionär sind (→ C.6 Rn. 5), ist dieses Erfordernis konsequenterweise auch in der Erklärung zur Unternehmensführung abzubilden. Nach C.1 S. 5 ist daher im Rahmen der Erklärung zur Unternehmensführung über die nach Einschätzung der Anteilseignerseite angemessene Anzahl der Anteilseignervertreter und deren Namen zu informieren, die sowohl von der Gesellschaft, deren Vorstand und einem kontrollierenden Aktionär unabhängig sind (so auch *v. Werder* DB 2019, 1721 (1726)). Selbstverständlich sind die Kodexadressaten nicht daran gehindert, in der Erklärung zur Unternehmensführung iS einer erhöhten Transparenz auch die Anzahl und die Namen derjenigen Vertreter der Anteilseignerseite zu nennen, die entweder allein von der Gesellschaft und deren Vorstand oder lediglich von einem kontrollierenden Aktionär (teil-)unabhängig sind. Für die Befolgung der Empfehlung C.1 S. 5 ist dies jedoch nicht erforderlich. In jedem Fall ist bei der Information über (lediglich) relative Unabhängigkeiten ausreichend kenntlich zu machen, auf welchen Personenkreis sich das Unabhängigkeitsverhältnis bezieht, da anderenfalls das Risiko einer fehlerhaften Entsprechenserklärung gegeben ist. Diese saubere Kenntlichmachung kann dergestalt erfolgen, dass in der Erklärung zur Unternehmensführung trennscharf zwischen (vollständig) unabhängigen, von Gesellschaft und Vorstand unabhängigen sowie vom kontrollierenden Aktionär unabhängigen Anteilseignervertretern differenziert wird (*v. Werder* DB 2019, 1721 (1726 Fn. 84)). Darüber hinaus bietet es sich aus Gründen der Übersichtlichkeit an, explizit auszuführen ob die Gesellschaft einen kontrollierenden Aktionär iSd Kodex hat (*v. Werder* DB 2019, 1721 (1726 Fn. 80)). 6

C.2

Für Aufsichtsratsmitglieder soll eine Altersgrenze festgelegt und in der Erklärung zur Unternehmensführung angegeben werden.

1 Nach der Empfehlung C.2 soll für Aufsichtsratsmitglieder eine **Altersgrenze** festgelegt werden. Hiermit geht C.2 über den Inhalt der Empfehlung in Ziff. 5.4.1 Abs. 2 S. 2 DCGK 2017 insofern hinaus, als hiernach eine festzulegende Altersgrenze bei der Zusammensetzung des Aufsichtsrats nur „angemessen" zu berücksichtigen war. Wie bei der Parallelempfehlung zur Festlegung einer Altersgrenze für Vorstandsmitglieder (→ B.5 Rn. 1) ist auch bei C.2 die empfohlene Altersgrenze ausschließlich als Obergrenze zu verstehen. Mangels konkreter Vorgaben des Kodex, wo die Altersgrenze für Aufsichtsratsmitglieder anzusetzen ist, steht die Festlegung im **Ermessen des Aufsichtsrats.** In der Praxis üblich und im Hinblick auf das AGG unproblematisch ist eine Altersgrenze zwischen 65 und 70 Jahren. Die Festlegung erfolgt zumeist in der Geschäftsordnung oder durch einen gesonderten Beschluss des Aufsichtsrats.

2 Ebenfalls im Gleichlauf zu der die Altersgrenze für Vorstandsmitglieder betreffenden Empfehlung B.5 empfiehlt C.2, dass die festgelegte Altersgrenze für die Aufsichtsratsmitglieder in der **Erklärung zur Unternehmensführung** angegeben werden soll. Die Offenlegung hilft den Aktionären dabei, sich ein Bild von den Kriterien für die Zusammensetzung des Gremiums zu machen und fördert die vom Kodex angestrebte Transparenz.

C.3

Die Dauer der Zugehörigkeit zum Aufsichtsrat soll offengelegt werden.

1 Nach der Empfehlung C.3 soll die **Dauer der Zugehörigkeit** der einzelnen Mitglieder zum Aufsichtsrat offengelegt werden. Nähere Vorgaben zum **Ort der Offenlegung** enthält der Kodex nicht. In Betracht kommen insbesondere die Internetseite der Gesellschaft sowie der Geschäftsbericht. Anders als der DCGK 2017 (Ziff. 5.4.1 Abs. 2 S. 3) enthält der aktuelle Kodex keine Empfehlung mehr zur Festlegung einer Regelgrenze für die Zugehörigkeitsdauer zum Aufsichtsrat. Auch wenn C.3 keine Obergrenze für die Zugehörigkeit zum **Aufsichtsrat** empfiehlt, gilt es diese Empfehlung auch im Kontext der Empfehlung C.7 Abs. 2 zu beachten. Nach dieser Kodexregelung soll die **Anteilseignerseite** bei der Einschätzung der Unabhängigkeit ihrer Mitglieder von der Gesellschaft und vom Vorstand insbesondere berücksichtigen, ob ein Anteilseignervertreter dem Aufsichtsrat seit mehr als 12 Jahren angehört.

Grundsatz 12

Jedes Aufsichtsratsmitglied achtet darauf, dass ihm für die Wahrnehmung seiner Aufgaben genügend Zeit zur Verfügung steht.

Empfehlungen:

C.4

Ein Aufsichtsratsmitglied, das keinem Vorstand einer börsennotierten Gesellschaft angehört, soll insgesamt nicht mehr als fünf Aufsichtsratsmandate bei konzernexternen börsennotierten Gesellschaften oder vergleichbare Funktionen wahrnehmen, wobei ein Aufsichtsratsvorsitz doppelt zählt.

I. Allgemeines

1 Anknüpfend an Grundsatz 12, nach dem jedes Aufsichtsratsmitglied darauf achtet, dass ihm für die Wahrnehmung seiner Aufgaben genügend Zeit zur Verfügung steht, enthalten C.4 und C.5 Empfehlungen zum sog. **„Overboarding"**. Diese Empfehlungen gehen über die in § 100 Abs. 2 S. 1 Nr. 1 AktG genannte Höchstzahl von zehn Aufsichtsratsmandaten in Gesellschaften, die gesetzlich einen Aufsichtsrat zu bilden haben, hinaus, da diese Begrenzung nach Ansicht der Regierungskommission den heutigen Anforderungen an die Aufsichtsratstätigkeit nicht mehr gerecht wird (DCGK Begründung, S. 8). Für die Praxis „kodextreuer" Emittenten stellt dies einen erheblichen Eingriff dar, da insoweit allein im DAX etliche Mandatsniederlegungen erforderlich wären, um Abweichungen im Rahmen der Entsprechenerklärungen nach § 161 AktG zu vermeiden (*Rotsch/Greven* in Fachpublikation Aktuelle Entwicklungen im Wirtschafts- und Steuerrecht, 2020, 18 (19)). Der Kodex differenziert im Hinblick auf die Maximalzahl der Aufsichtsratsmandate danach, ob das Aufsichtsratsmitglied dem Vorstand einer

börsennotierten Gesellschaft angehört (C.5) oder nicht (C.4). Für sog. „Berufsaufsichtsräte" ist damit lediglich C.4 einschlägig.

II. Höchstzahl der Mandate

Sofern ein Aufsichtsratsmitglied keinem Vorstand einer börsennotierten Gesellschaft angehört, soll es nach der Empfehlung C.4 insgesamt nicht mehr als **fünf** Aufsichtsratsmandate bei konzernexternen börsennotierten Gesellschaften oder vergleichbare Funktionen wahrnehmen, wobei ein Aufsichtsratsvorsitz doppelt zählt. Diese neu in den Kodex eingeführte Empfehlung entspricht internationalen Standards (*Hopt/Leyens* ZGR 2019, 929 (955)). Sie geht über die frühere Regelung in Ziff. 5.4.1 Abs. 5 S. 1 DCGK 2017, die keine Mandatsobergrenze vorsah und lediglich empfahl, dass der Aufsichtsrat sich für seine Vorschläge zur Wahl von Aufsichtsratsmitgliedern an die Hauptversammlung bei dem jeweiligen Kandidaten vergewissern soll, dass er den zu erwartenden Zeitaufwand erbringen kann, deutlich hinaus (*Peters* in Fachpublikation Aktuelle Entwicklungen im Wirtschafts- und Steuerrecht, 2020, 15 (16)). 2

Bei der Berechnung der Mandatshöchstzahl sind sowohl Aufsichtsratsmandate bei **konzernexternen börsennotierten Gesellschaften** als auch vergleichbare Funktionen zu berücksichtigen. Der Kodex schweigt zu der Frage, was unter **„vergleichbaren Funktionen"** zu verstehen ist. Als Kriterien für die Vergleichbarkeit können zB die Unternehmensgröße, die Komplexität der Unternehmensstruktur sowie die Rolle des Gremiums in der Governance der Gesellschaft dienen (JIG/*Fleischmann* Empf. C.4, C.5 Rn. 5). Entscheidend ist, ob die Wahrnehmung der konkreten Überwachungsfunktion mit den Anforderungen und der Arbeitsbelastung vergleichbar ist, die als Aufsichtsratsmitglied in einer börsennotierten Gesellschaft bestehen. Auch insoweit sind nur konzernexterne Mandate erfasst. Da die Tätigkeit als Aufsichtsratsvorsitzender mit einer erhöhten Arbeitsbelastung einhergeht, bestimmt C.4 aE ganz iSv § 100 Abs. 2 S. 3 AktG, dass ein **Aufsichtsratsvorsitz doppelt zählt.** 3

C.5

Wer dem Vorstand einer börsennotierten Gesellschaft angehört, soll insgesamt nicht mehr als zwei Aufsichtsratsmandate in konzernexternen börsennotierten Gesellschaften oder vergleichbare Funktionen und keinen Aufsichtsratsvorsitz in einer konzernexternen börsennotierten Gesellschaft wahrnehmen.

Während C.4. die Mandatshöchstgrenze für ein Aufsichtsratsmitglied festlegt, das nicht dem Vorstand einer börsennotierten Gesellschaft angehört, enthält C.5 eine strengere Vorgabe für den Fall der bestehenden **Vorstandsangehörigkeit** in einer börsennotierten Gesellschaft. Hiermit soll erreicht werden, dass der betreffenden Person trotz der Wahrnehmung seiner Überwachungsaufgabe im Rahmen der Aufsichtsratstätigkeit die notwendige Zeit zur Konzentration auf die hauptberufliche Leitung einer börsennotierten Gesellschaft verbleibt. 1

C.5 empfiehlt, dass ein Vorstandsmitglied einer börsennotierten Gesellschaft nicht mehr als **zwei** Aufsichtsratsmandate in **konzernexternen börsennotierten Gesellschaften** oder vergleichbare Funktionen wahrnehmen soll. Zu den Anforderungen an „vergleichbare Funktionen" → C.4 Rn. 3. Ein Vorstandsmitglied einer börsennotierten Gesellschaft soll nach der Empfehlung C.5 zudem **keinen Aufsichtsratsvorsitz** in einer konzernexternen börsennotierten Gesellschaft wahrnehmen. Diese in früheren Kodexfassungen nicht vorgesehene Unvereinbarkeitsregelung, die von der Regierungskommission nachvollziehbar mit der erheblichen Arbeitsbelastung des Aufsichtsratsvorsitzenden begründet wird (DCGK Begründung, S. 8), betrifft die derzeit anders lautende Praxis diverser Unternehmen (vgl. auch *von der Linden* DStR 2019, 1528 (1529)). 2

II. Unabhängigkeit der Aufsichtsratsmitglieder

Empfehlungen:

C.6

Dem Aufsichtsrat soll auf Anteilseignerseite eine nach deren Einschätzung angemessene Anzahl unabhängiger Mitglieder angehören; dabei soll die Eigentümerstruktur berücksichtigt werden.

Ein Aufsichtsratsmitglied ist im Sinne dieser Empfehlung als unabhängig anzusehen, wenn es unabhängig von der Gesellschaft und deren Vorstand und unabhängig von einem kontrollierenden Aktionär ist.

I. Allgemeines

1 Das AktG enthält keine Vorgabe zur Unabhängigkeit von Aufsichtsratsmitgliedern (*Hopt/Leyens* ZGR 2019, 929 (956)). Durch die Empfehlung C.6 Abs. 1 Hs. 1, nach der dem Aufsichtsrat auf Anteilseignerseite eine nach deren Einschätzung angemessene Anzahl unabhängiger Mitglieder angehören soll, soll eine am **Unternehmensinteresse** ausgerichtete Überwachung sichergestellt und die Anzahl der potentiellen Interessenkonflikte begrenzt werden (DCGK Begründung, S. 2). Auch wenn die Unabhängigkeitsregeln dazu beitragen, dass der Aufsichtsrat seine Überwachungsaufgabe professionell und ohne Beeinträchtigung von Interessenkonflikten wahrnehmen kann, ist eine fehlende Unabhängigkeit nicht gleichbedeutend mit fehlender Kompetenz oder fehlender Professionalität eines Aufsichtsratsmitglieds. Selbstverständlich sind die Erfahrung sowie Branchen- und Unternehmenskenntnis eines Aufsichtsratsmitglieds ebenfalls von immenser Bedeutung für die Effizienz der Aufsichtsratstätigkeit. Aufsichtsratsmitglieder, die nicht unabhängig sind, stellen daher keine Aufsichtsratsmitglieder „zweiter Klasse" dar, sondern tragen mit ihren Fähigkeiten genauso wie unabhängige Aufsichtsratsmitglieder zu einer effizienten Überwachung der Unternehmensleitung bei (KBLW/*Kremer* Rn. 1370, 1390).

II. Begrenzung auf Anteilseignervertreter

2 Die Empfehlung C.6 Abs. 1 richtet sich in zweifacher Hinsicht lediglich an die Aufsichtsratsmitglieder der Anteilseigner. Zunächst soll dem Aufsichtsrat allein „auf Anteilseignerseite" eine angemessene Anzahl unabhängiger Mitglieder angehören (krit. hierzu *von der Linden* DStR 2019, 1528 (1530 f.)). Hiermit wird dem Umstand Rechnung getragen, dass Arbeitnehmervertreter nach verbreiteter und zutreffender Ansicht schon deshalb nicht als unabhängig zu qualifizieren sind, da sie als abhängig Beschäftigte dem Direktionsrecht des Vorstands unterliegen und als Interessenvertreter der Arbeitnehmer in den Aufsichtsrat gewählt sind (für die Qualifizierung als nicht unabhängig *Hopt/Leyens* ZGR 2019, 929 (958); MüKoAktG/*Habersack* AktG § 100 Rn. 9, 84; Spindler/Stilz/*Spindler* AktG § 100 Rn. 54; *Scholderer* NZG 2012, 168 (173); aA MHdB GesR IV/*von der Linden* § 25 Rn. 72; *Paschos/Goslar* NZG 2012, 1361 (1364)). Darüber hinaus kommt es für die Frage der angemessenen Anzahl unabhängiger Anteilseignervertreter allein auf „deren Einschätzung" an. Gefordert ist daher kein Beschluss des Gesamtaufsichtsrats, sondern ein **Sonderbeschluss** der Anteilseignervertreter ohne Mitwirkung der Arbeitnehmervertreter (*Rubner/Fischer* NZG 2019, 961 (963)).

III. Definition der Unabhängigkeit

3 Ein Aufsichtsratsmitglied ist nach C.6 Abs. 2 als unabhängig iS der Empfehlung C.6 Abs. 1 anzusehen, wenn es unabhängig von der **Gesellschaft** und deren **Vorstand** und unabhängig von einem **kontrollierenden Aktionär** ist. Anders als in der Vorgängerregelung der Ziff. 5.4.2 S. 2 DCGK 2017 („nicht als unabhängig anzusehen, wenn") wird die Unabhängigkeit nun nicht mehr negativ abgegrenzt, sondern positiv („als unabhängig anzusehen, wenn"). Differenziert wird, wie sich auch aus den Empfehlungen in C.7–C.10 ergibt, im Rahmen einer **zweigliedrigen Betrachtung** zwischen der Teilunabhängigkeit des Aufsichtsratsmitglieds von der Gesellschaft und vom Vorstand einerseits und der partiellen Unabhängigkeit von einem kontrollierenden Aktionär andererseits. Ungeachtet dessen liegt C.6 Abs. 2 ein **absoluter Ansatz** zugrunde, dh ist die Unabhängigkeit nur in einem der beiden Unabhängigkeitsverhältnisse nicht gegeben, entfällt sie im Ganzen (*v. Werder* DB 2019, 1721 (1726): „Infektionswirkung einer Teilabhängigkeit"; *Wilsing/Winkler* BB 2019, 1603 (1606); *von der Linden* DStR 2019, 1528 (1530)).

4 Durch die Nennung des Beziehungsadressaten **„Gesellschaft"** anstelle von „Unternehmen" stellt der Kodex, wie sich aus Abs. 5 der Präambel ergibt, klar, dass es iR der Definition der Unabhängigkeit auf die Beziehung des Aufsichtsratsmitglieds zur Gesellschaft selbst ankommt und nicht zum Konzern insgesamt. Beziehungen zu Tochtergesellschaften sind daher im Ausgangspunkt nicht in die Betrachtung einzubeziehen. Diese grundsätzliche Ausrichtung wird bei den Unabhängigkeitsindikatoren in C.7 Abs. 2 jedoch nicht konsequent fortgeführt, da dort auf eine wesentliche geschäftliche Beziehung „mit der Gesellschaft oder einem von dieser abhängigen Unternehmen" abgestellt wird. Eine Definition des **„kontrollierenden Aktionärs"** findet sich im Kodex nicht. Nach zutreffender Auffassung der Regierungskommission ist Kontrolle beim Aktionär gegeben, wenn ein Beherrschungsvertrag mit dem Aktionär besteht, der Aktionär über die absolute Mehrheit der Stimmen oder zumindest über eine nachhaltige Hauptversammlungsmehrheit verfügt (DCGK Begründung, S. 9; vgl. auch *Koch/Großeastroth/Guth* BB 2020, 555 (557)). Ein weitergehendes Verständnis, wie etwa das Abstellen auf die Schwelle von mindestens 30 % der Stimmrechte nach § 29 Abs. 2 WpÜG (vgl. hierzu *Hopt/Leyens* ZGR 2019, 929 (959)), ist im Rahmen der Unabhängigkeitsempfehlungen des Kodex wegen der unterschiedlichen Regelungsziele nicht angezeigt.

IV. Festlegung der angemessenen Anzahl unabhängiger Anteilseignervertreter

5 Nach der Empfehlung C.6 Abs. 1 Hs. 1 soll dem Aufsichtsrat auf Anteilseignerseite eine angemessene Anzahl unabhängiger Mitglieder angehören. Vor dem Hintergrund, dass bei dieser Einschätzung die Eigentümerstruktur berücksichtigt werden soll (C.6 Abs. 1 Hs. 2), ist nach Ansicht der Regierungskommission „zum einen eine Anzahl an Mitgliedern festzulegen, die unabhängig vom Vorstand bzw. der Gesellschaft sind, und zum anderen eine Anzahl, die unabhängig vom kontrollierenden Aktionär sind" (DCGK Begründung, S. 9). Auch in der Literatur wird teilweise davon ausgegangen, dass nach C.6 Abs. 1 Hs. 1 jedenfalls bei Vorhandensein eines kontrollierenden Aktionärs nicht eine Zahl unabhängiger Anteilseignervertreter festzulegen sei, die beide Unabhängigkeitskriterien erfüllen, sondern zwei – einerseits in Bezug auf die Teilunabhängigkeit von der Gesellschaft und Vorstand und andererseits im Hinblick auf die partielle Unabhängigkeit vom kontrollierenden Aktionär (*Rubner/Fischer* NZG 2019, 961 (963)). Diese Forderung der Festlegung zweier angemessener Anzahlen (teil-)unabhängiger Anteilseignervertreter widerspricht jedoch dem Wortlaut von C.6 Abs. 1 Hs. 1 („eine […] angemessene Anzahl") und ist mit dem absoluten Ansatz der Regelung (→ Rn. 3) nicht vereinbar. Mit dem Wort „ein" ist nicht der unbestimmte Artikel, sondern – wie sich aus dem Kontext ergibt – vielmehr eine Zahl gemeint. Nachdem in C.7–C.10 klar zwischen den beiden Unabhängigkeitsverhältnissen differenziert wird, ist es nicht angezeigt, C.6 Abs. 1 Hs. 1 eine vom Wortlaut der Empfehlung nicht gedeckte Anforderung zu unterstellen. Die Empfehlung C.6 Abs. 1 Hs. 1 wird daher befolgt, wenn die Anteilseigner die Zahl von Anteilseignervertretern festlegen, die unabhängig von der Gesellschaft, dem Vorstand und einem kontrollierenden Aktionär sind (so im Ergebnis wohl auch *v. Werder* DB 2019, 1721 (1726)).

6 Da nach C.7 Abs. 1 S. 1 mehr als die Hälfte der Anteilseignervertreter unabhängig von der Gesellschaft und vom Vorstand sein soll, stellt sich die Frage, ob hierdurch die Mindestzahl festgelegt wird, die von der Anteilseignerseite des Aufsichtsrats als „angemessene" Anzahl unabhängiger Mitglieder gem. C.6 Abs. 1 Hs. 1 bestimmt werden kann (so für Unternehmen ohne kontrollierenden Aktionär *Koch/Großeastroth/Guth* BB 2020, 555 (558)). Dies ist abzulehnen, da C.6 Abs. 1 Hs. 1 einschränkungslos allein auf die „Einschätzung" der Anteilseignervertreter abstellt. Diese Kodexvorgabe würde ignoriert, wenn man für die subjektive Beurteilung der Anteilseignerseite aus den übrigen Unabhängigkeitsregelungen des Kodex objektive Grenzen ableiten würde.

V. Berücksichtigung der Eigentümerstruktur

7 Nach der Empfehlung C.6 Abs. 1 Hs. 2 soll bei der Festlegung der angemessenen Anzahl unabhängiger Mitglieder die **Eigentümerstruktur** berücksichtigt werden. Zwar soll es dem kontrollierenden Aktionär möglich sein, im Aufsichtsrat angemessen vertreten zu sein. Mit Blick auf den Minderheitenschutz gilt es jedoch, die Anzahl der dem kontrollierenden Aktionär zuzurechnenden Aufsichtsratsmitglieder zu begrenzen (DCGK Begründung, S. 9).

C.7

Mehr als die Hälfte der Anteilseignervertreter soll unabhängig von der Gesellschaft und vom Vorstand sein. Ein Aufsichtsratsmitglied ist unabhängig von der Gesellschaft und deren Vorstand, wenn es in keiner persönlichen oder geschäftlichen Beziehung zu der Gesellschaft oder deren Vorstand steht, die einen wesentlichen und nicht nur vorübergehenden Interessenkonflikt begründen kann.

Die Anteilseignerseite soll, wenn sie die Unabhängigkeit ihrer Mitglieder von der Gesellschaft und vom Vorstand einschätzt, insbesondere berücksichtigen, ob das Aufsichtsratsmitglied selbst oder ein naher Familienangehöriger des Aufsichtsratsmitglieds

- **in den zwei Jahren vor der Ernennung Mitglied des Vorstands der Gesellschaft war,**
- **aktuell oder in dem Jahr bis zu seiner Ernennung direkt oder als Gesellschafter oder in verantwortlicher Funktion eines konzernfremden Unternehmens eine wesentliche geschäftliche Beziehung mit der Gesellschaft oder einem von dieser abhängigen Unternehmen unterhält oder unterhalten hat (z. B. als Kunde, Lieferant, Kreditgeber oder Berater),**
- **ein naher Familienangehöriger eines Vorstandsmitglieds ist oder**
- **dem Aufsichtsrat seit mehr als 12 Jahren angehört.**

I. Allgemeines

1 C.7 regelt die Voraussetzungen für die Unabhängigkeit der Anteilseignervertreter von der Gesellschaft und vom Vorstand. Anders als bei der in C.6 geregelten „absoluten Unabhängigkeit" (→ C.6 Rn. 3) geht es bei C.7 somit allein um eine **„relative Unabhängigkeit"** (vgl. zur Terminologie *Wilsing/*

Winkler BB 2019, 1603 (1606); *von der Linden* DStR 2019, 1528 (1531)). Die Vorgaben für die „relative Unabhängigkeit" der Anteilseignervertreter von einem kontrollierenden Aktionär finden sich in C.9.

II. Anzahl der von Gesellschaft und Vorstand unabhängigen Anteilseignervertreter (Abs. 1 S. 1)

2 Nach C.7 Abs. 1 S. 1 soll **mehr als die Hälfte der Anteilseignervertreter** unabhängig von der Gesellschaft und vom Vorstand sein. Ziff. 5.4.2 DCGK 2017 sah demgegenüber noch die Empfehlung einer „angemessenen Anzahl unabhängiger Mitglieder" vor, ohne diesbezüglich anteilsmäßige Vorgaben zu machen (*Peters* in Fachpublikation Aktuelle Entwicklungen im Wirtschafts- und Steuerrecht, 2020, 15 (16)). Die Mindestzahl der Empfehlung C.7 Abs. 1 S. 1 gilt unabhängig davon, welche Anzahl unabhängiger Anteilseignervertreter nach deren Einschätzung angemessen iSv C.6 Abs. 1 ist (*Rubner/Fischer* NZG 2019, 961 (964)). Soweit es um die Beurteilung der eigenen Unabhängigkeit geht, darf das betreffende Mitglied der Anteilseigner an der Beschlussfassung mitwirken, da es sich bei der Einschätzung der jeweiligen Unabhängigkeit nicht um eine Maßnahme mit Sanktionscharakter handelt (JIG/*Busch/Link* Empf. C.6 Rn. 13).

III. Definition der Unabhängigkeit von Gesellschaft und Vorstand (Abs. 1 S. 2)

3 Nach der Definition in C.7 Abs. 1 S. 2 ist ein Aufsichtsratsmitglied unabhängig von der Gesellschaft und deren Vorstand, wenn es in keiner persönlichen oder geschäftlichen Beziehung zu der Gesellschaft oder deren Vorstand steht, die einen wesentlichen und nicht nur vorübergehenden Interessenkonflikt begründen kann. Bei der Beurteilung dieser Voraussetzungen steht der Anteilseignerseite nach einer Ansicht ein Beurteilungsspielraum (*Rubner/Fischer* NZG 2019, 961 (966)), nach anderer Auffassung ein Ermessensspielraum zu (Regierungskommission in der DCGK Begründung, S. 3, 10; *Zipperle/Beck* CB 2019, 317 (320)). Richtigerweise ist sowohl ein Beurteilungs- als auch ein Ermessensspielraum gegeben.

4 Der Kodex enthält keine präzisen Vorgaben dazu, welche **persönlichen Beziehungen** als unabhängigkeitsgefährdend zu qualifizieren sind. In Betracht kommen insoweit nur Beziehungen zwischen natürlichen Personen, nicht jedoch zu juristischen Personen (KBLW/*Kremer* Rn. 1382; *Kremer/v. Werder* AG 2013, 340 (342)). Persönliche Beziehungen können analog zu den Kriterien bei Eigengeschäften von Führungskräften („Directors' Dealings") nach Art. 19 MAR, Art. 3 Abs. 1 Nr. 26 MAR zum Ehepartner, zum eingetragenen Lebenspartner, zu unterhaltsberechtigten Kindern und zu anderen Verwandten, die seit mindestens einem Jahr demselben Haushalt angehören, bestehen (MHdB GesR IV/*von der Linden* § 25 Rn. 62; vgl. auch KBLW/*Kremer* Rn. 1382; zu „eng verbundenen Personen" iSd Art. 3 Abs. 1 Nr. 26 MAR ausführlich ASM WpHG*Sethe/Hellgardt* MAR Art. 19 Rn. 40 ff.). Richtigerweise sind mögliche persönliche Beziehungen iSd Kodex allerdings nicht auf den in Art. 3 Abs. 1 Nr. 26 MAR genannten Personenkreis beschränkt, da die Vorschriften zu „Directors' Dealings" (lediglich) Personen erfassen, die einen möglichen Wissensvorsprung gegenüber der Öffentlichkeit haben und daher ihre Wertpapiertransaktionen offenlegen sollen. Darüber hinaus können (wirtschaftlich relevante) persönliche Beziehungen auch zu allen in § 15 AO genannten Angehörigen existieren (vgl. auch KBLW/*Kremer* Rn. 1382; *Kremer/v. Werder* AG 2013, 340 (342)). Bloße Freundschaften oder Bekanntschaften genügen hingegen nicht (MHdB GesR IV/*von der Linden* § 25 Rn. 62; *Stephanblome* NZG 2013, 445 (447); *Ringleb/Kremer/Lutter/v. Werder* NZG 2012, 1081 (1086)), da der Grad einer freundschaftlichen oder emotionalen Beziehung sich nicht objektiv nachvollziehbar quantifizieren lässt (*Stephanblome* NZG 2013, 445 (447); aA JIG/*Busch/Link* Empf. C.7, C.8 Rn. 8, wonach auch gute Freundschaften erfasst werden). Bei der Beurteilung der Frage, ob eine persönliche Beziehung die Unabhängigkeit in Frage stellt, ist stets eine Einzelfallbetrachtung angezeigt.

5 Der Begriff der **geschäftlichen Beziehungen** iSd Kodex ist grundsätzlich weit zu verstehen (KBLW/*Kremer* Rn. 1383). Erfasst sind, wie sich aus C.7 Abs. 2 zweiter Spiegelstrich ergibt, insbesondere Geschäftsbeziehungen als Kunde, Lieferant, Kreditgeber oder Berater. Der Wortlaut des Kodex spricht auf den ersten Blick von geschäftlichen Beziehungen des Aufsichtsratsmitglieds selbst („es"). Dies spricht zunächst dafür, dass es allein auf die eigenen geschäftlichen Beziehungen des Aufsichtsratsmitglieds ankommt. Es ist jedoch zu berücksichtigen, dass Konflikte in der Person des Aufsichtsratsmitglieds auch auf Basis von geschäftlichen Beziehungen von Unternehmen entstehen können, die einem Aufsichtsratsmitglied zuzurechnen sind (*Kremer/v. Werder* AG 2013, 340 (348); vgl. auch JIG/*Busch/Link* Empf. C.7, C.8 Rn. 10). Auch der Indikator in C.7 Abs. 2, zweiter Spiegelstrich, nach dem bei der Einschätzung der Unabhängigkeit der Anteilseignervertreter von der Gesellschaft und vom Vorstand insbesondere zu berücksichtigen ist, ob das Aufsichtsratsmitglied „in verantwortlicher Funktion eines konzernfremden Unternehmens eine wesentliche geschäftliche Beziehung mit der Gesellschaft oder einem von dieser abhängigen Unternehmen unterhält oder unterhalten hat", spricht dafür, dass es nicht nur auf die geschäftlichen Beziehungen des Aufsichtsmitglieds selbst ankommt, sondern auch die genannten indirekten Beziehungen bei der Beurteilung der Unabhängigkeit zu berücksichtigen sind.

Bei der Beurteilung der Frage, ob die maßgebliche Beziehung **einen wesentlichen und nicht nur vorübergehenden Interessenkonflikt** begründen kann, sind sowohl aktuelle als auch zukünftige (potentielle) Interessenkonflikte in die Betrachtung einzubeziehen. Der zugrunde zu legende Betrachtungszeitraum sollte nicht zu lang sein, um eine ausreichende Prognosegenauigkeit zu gewährleisten. Angemessen erscheint ein Zeitraum von drei Jahren (KBLW/*Kremer* Rn. 1388). An das Vorliegen des wesentlichen und nicht nur vorübergehenden und damit qualifizierten Interessenkonflikts sind hohe Anforderungen zu stellen (*von der Linden* DStR 2019, 1528 (1530)). Das konkrete Risiko eines die vorgenannte Schwelle überschreitenden Interessenkonflikts ist iR einer **Gesamtbetrachtung** zu bewerten. Hierbei ist insbesondere zu berücksichtigen, welche Bedeutung die konkrete Geschäftsbeziehung für den geschäftlichen Erfolg des Aufsichtsratsmitglieds hat. 6

IV. Indikatoren der Abhängigkeit (Abs. 2)

Nachdem der DCGK 2017 darauf verzichtet hatte, Kriterien für die Unabhängigkeit festzulegen, 7 enthält C.7 Abs. 2 nun diesbezügliche Indikatoren (*Peters* in Fachpublikation Aktuelle Entwicklungen im Wirtschafts- und Steuerrecht, 2020, 15 (16)). Die aufgeführten Kriterien sind geeignet, die Unabhängigkeit von Aufsichtsratsmitgliedern zu verneinen, schließen diese aber **nicht zwingend** aus (DCGK Begründung, S. 9; *Rotsch/Greven* in Fachpublikation Aktuelle Entwicklungen im Wirtschafts- und Steuerrecht, 2020, 18 (19)). Umgekehrt kann ein Aufsichtsratsmitglied auch ohne Erfüllung eines Indikators als nicht unabhängig qualifiziert werden (*Koch/Großeastroth/Guth* BB 2020, 555 (555)). Maßgeblich für die Einschätzung der Unabhängigkeit ist die subjektive Beurteilung der Anteilseignervertreter, die eine Gesamtschau erfordert (DCGK Begründung, S. 3; *Wilsing/Winkler* BB 2019, 1603 (1606)).

Die Indikatoren nach C.7 Abs. 2 sind zu berücksichtigen, sofern sie durch das **Aufsichtsratsmitglied** 8 oder einen **nahen Familienangehörigen** erfüllt werden. Die Einbeziehung naher Familienangehöriger findet ihre Rechtfertigung darin, dass bestimmte Verhältnisse in deren Person die Unabhängigkeit des Aufsichtsratsmitglieds ebenfalls beeinflussen können. Gleichwohl erscheint es angemessen, bei der Annahme der Unabhängigkeit eines Aufsichtsratsmitglieds großzügiger zu sein, wenn die Umstände lediglich in der Person eines nahen Familienangehörigen und nicht in der Person des Aufsichtsratsmitglieds selbst vorliegen (*Rubner/Fischer* NZG 2019, 961 (964)). Für den **Begriff „naher Familienangehöriger"** verweist die Regierungskommission auf den Begriff der „nahestehenden Person" gemäß IAS 24.9. Zu den nahestehenden Personen gehören a) Kinder und Ehegatte oder Lebenspartner dieser Person, b) Kinder des Ehegatten oder Lebenspartners dieser Person sowie c) abhängige Angehörige dieser Person oder des Ehegatten oder Lebenspartners dieser Person (DCGK Begründung, S. 9; *Rubner/Fischer* NZG 2019, 961 (965)).

Ein Indikator für die fehlende Unabhängigkeit von der Gesellschaft und vom Vorstand ist nach C.7 9 Abs. 2 die **Mitgliedschaft** einer der in → Rn. 8 genannten Personen **im Vorstand** der Gesellschaft in den zwei Jahren vor der Ernennung des betreffenden Aufsichtsratsmitglieds. Dies korrespondiert mit der sog. Cooling-off-Periode nach § 100 Abs. 2 S. 1 Nr. 4 AktG. Sachgerecht erscheint der genannte Indikator allerdings allenfalls dann, wenn die aktive Vorstandstätigkeit weniger als zwei Jahre zurückliegt. Zu weitgehend wäre es hingegen, Aufsichtsratsmitglieder über ihre gesamte Amtszeit als nicht unabhängig einzustufen, sofern die gesetzliche Cooling-Off-Regelung lediglich am Anfang ihrer Amtszeit nicht beachtet wurde (*Koch/Großeastroth/Guth* BB 2020, 555 (556)). Bei der Einschätzung der Unabhängigkeit ist nach C.7 Abs. 2 auch zu berücksichtigen, ob die in → Rn. 8 aufgeführte Person aktuell oder in dem Jahr bis zu seiner Ernennung direkt oder als Gesellschafter oder in verantwortlicher Funktion eines konzernfremden Unternehmens eine **wesentliche geschäftliche Beziehung** mit der Gesellschaft oder einem von dieser abhängigen Unternehmen unterhält oder unterhalten hat, z. B. als Kunde, Lieferant, Kreditgeber oder Berater (krit. hierzu *von der Linden* DStR 2019, 1528 (1531); *Wilsing/Winkler* BB 2019, 1603 (1606)). Schließlich ist nach dem Kodex die Unabhängigkeit von der Gesellschaft und vom Vorstand auch in Frage gestellt, wenn die betreffende Person (→ Rn. 8) ein naher **Familienangehöriger eines Vorstandsmitglieds** ist oder dem **Aufsichtsrat seit mehr als 12 Jahren angehört.** Hintergrund des letztgenannten Indikators ist die Annahme, dass bei „ewigen Aufsichtsräten" die Gefahr der Betriebsblindheit entstehen oder die betreffenden Personen – ähnlich wie bei früherer Zugehörigkeit zum Vorstand – an vorangegangenen Fehlentscheidungen mitgewirkt haben könnten (hierzu näher *Rubner/Fischer* NZG 2019, 961 (965)). Da die Dauer von 12 Jahren nicht mit der regelmäßig genutzten maximalen Amtsperiode von fünf Jahren abgestimmt ist, folgt aus dem Indikator implizit die Aufforderung zu einer Verkürzung der Länge einer Amtsperiode (*Koch/Großeastroth/Guth* BB 2020, 555 (556)).

V. Bedeutung der Indikatoren für die Entsprechenserklärung

Sofern die Anteilseignervertreter im Rahmen ihrer Entscheidung zu dem Ergebnis gelangen, dass ein 10 Anteilseignervertreter trotz des Vorliegens eines oder mehrerer Indikatoren gleichwohl als unabhängig zu qualifizieren ist, ist eine Abweichung von C.7 Abs. 2 nicht gegeben, solange die Indikatoren **in die Betrachtung einbezogen** wurden (so wohl auch *Hopt/Leyens* ZGR 2019, 929 (962)). Der Umstand, dass ein Indikator letztlich nicht in eine Einstufung als abhängig mündet, führt somit nicht zu einer in der Entsprechenserklärung nach § 161 AktG zu begründenden Abweichung von C.7 Abs. 2, sondern löst nach C.8 allein die Begründungspflicht in der Erklärung zur Unternehmensführung aus.

C.8

Sofern ein oder mehrere der in Empfehlung C.7 genannten Indikatoren erfüllt sind und das betreffende Aufsichtsratsmitglied dennoch als unabhängig angesehen wird, soll dies in der Erklärung zur Unternehmensführung begründet werden.

1 Sind einer oder mehrere der in C.7 Abs. 2 genannten **Indikatoren** erfüllt und wird das betreffende Aufsichtsratsmitglied dennoch als unabhängig angesehen, soll dies nach der Empfehlung C.8 in der Erklärung zur Unternehmensführung **begründet** werden. Die Regelung trägt dem Umstand Rechnung, dass es trotz Vorliegens ggf. auch mehrerer Indikatoren gerechtfertigt sein kann von einer Unabhängigkeit des Aufsichtsratsmitglieds auszugehen. Dies gilt insbesondere im „Grenzbereich" eines in C.7 Abs. 2 aufgeführten Indikators. In diesen Fällen hat sich der Aufsichtsrat eingehend mit den Besonderheiten des jeweiligen Falles zu befassen. Läuft etwa die in C.7 Abs. 2 erster Spiegelstrich angesprochene Cooling-off-Periode zum Zeitpunkt der Aufsichtsratswahl nur noch kurze Zeit, darf der Aufsichtsrat vor dem Hintergrund, dass die nächste Aufsichtsratswahl regelmäßig erst in mehreren Jahren ansteht und dann erst die Chance für die Wahl des betreffenden Kandidaten bieten würde, entsprechend großzügiger bei der Bewertung der für die Unabhängigkeit sprechenden Umstände sein (*Rubner/Fischer* NZG 2019, 961 (965)).

2 Die Anforderungen an die Annahme der Unabhängigkeit steigen, wenn nicht nur einer, sondern mehrere Indikatoren einschlägig sind. Die Unabhängigkeit bleibt erhalten, solange das Aufsichtsratsmitglied – trotz Vorliegens von Indikatoren gem. C.7 Abs. 2 – die für seine Aufgabe essenzielle und notwendige **kritische Distanz** aufbringt (*von der Linden* DStR 2019, 1528 (1531)). Durch die Offenlegung in der **Erklärung zur Unternehmensführung** nach § 289f HGB wird die Transparenz der Beurteilung sichergestellt (*Peters* in Fachpublikation Aktuelle Entwicklungen im Wirtschafts- und Steuerrecht, 2020, 15 (16)). Die Begründung kann sich auf die kurze Angabe des Vorliegens der notwendigen kritischen Distanz beschränken. Eine nähere Präzisierung würde die Aussage in eine gefährliche Nähe zur Preisgabe des der Gremienvertraulichkeit unterliegenden individuellen Beratungs- und Abstimmungsverhaltens rücken (*von der Linden* DStR 2019 1528 (1531)).

C.9

Sofern die Gesellschaft einen kontrollierenden Aktionär hat, sollen im Fall eines Aufsichtsrats mit mehr als sechs Mitgliedern mindestens zwei Anteilseignervertreter unabhängig vom kontrollierenden Aktionär sein. Im Fall eines Aufsichtsrats mit sechs oder weniger Mitgliedern soll mindestens ein Anteilseignervertreter unabhängig vom kontrollierenden Aktionär sein.

Ein Aufsichtsratsmitglied ist unabhängig vom kontrollierenden Aktionär, wenn es selbst oder ein naher Familienangehöriger weder kontrollierender Aktionär ist noch dem geschäftsführenden Organ des kontrollierenden Aktionärs angehört oder in einer persönlichen oder geschäftlichen Beziehung zum kontrollierenden Aktionär steht, die einen wesentlichen und nicht nur vorübergehenden Interessenkonflikt begründen kann.

I. Allgemeines

1 C.9 regelt die **„relative Unabhängigkeit"** von einem kontrollierenden Aktionär (vgl. zur Terminologie *Wilsing/Winkler* BB 2019, 1603 (1606); *von der Linden* DStR 2019, 1528 (1531)). Während C.7 Abs. 1 die Empfehlung zur Anzahl der von Gesellschaft und Vorstand unabhängigen Anteilseignervertreter enthält, bestimmt C.9 Abs. 1 die **Mindestanzahl** der vom kontrollierenden Aktionär unabhängigen Anteilseignervertreter. Zum Begriff des kontrollierenden Aktionärs → C.6 Rn. 4. Der Kodex fordert in C.9 Abs. 1 eine geringere Anzahl unabhängiger Anteilseignervertreter als in C.7 Abs. 1, da es durchaus als gute Corporate Governance angesehen werden kann, wenn in einem Konzern Vertreter des kontrollierenden Aktionärs in (angemessener) mehrheitlicher Zahl dem Aufsichtsrat der börsennotierten Tochtergesellschaft angehören (vgl. KBLW/*Kremer* Rn. 1370). Der kontrollierende Aktionär soll allerdings auch nicht überrepräsentiert sein (*Rubner/Fischer* NZG 2019, 961 (966)).

II. Anzahl der vom kontrollierenden Aktionär unabhängigen Aufsichtsratsmitglieder

Sofern die Gesellschaft einen kontrollierenden Aktionär hat, sollen nach der Empfehlung C.9 Abs. 1 im Falle eines Aufsichtsrats mit mehr als sechs Mitgliedern mindestens **zwei Anteilseignervertreter,** im Falle eines Aufsichtsrats mit sechs oder weniger Mitgliedern mindestens **ein Anteilseignervertreter** unabhängig vom kontrollierenden Aktionär sein. Ziff. 5.4.2 DCGK 2017 hatte insoweit lediglich eine „angemessene Anzahl unabhängiger Mitglieder" empfohlen, ohne Vorgaben zur konkreten Anzahl zu machen (*Peters* in Fachpublikation Aktuelle Entwicklungen im Wirtschafts- und Steuerrecht, 2020, 15 (17)). Nach der **Definition** in C.9 Abs. 2 ist ein Aufsichtsratsmitglied unabhängig vom kontrollierenden Aktionär, wenn es selbst oder ein naher Familienangehöriger weder kontrollierender Aktionär ist noch dem geschäftsführenden Organ des kontrollierenden Aktionärs angehört oder in einer persönlichen oder geschäftlichen Beziehung zum kontrollierenden Aktionär steht, die einen wesentlichen und nicht nur vorübergehenden Interessenkonflikt begründen kann (krit. hierzu *Rubner/Fischer* NZG 2019, 961 (966)). Zu persönlichen Beziehungen → C.7 Rn. 4, zu geschäftlichen Beziehungen → C.7 Rn. 5. Von C.9 werden weder vom kontrollierenden Aktionär abhängige Gesellschaften noch verantwortliche Funktionen beim kontrollierenden Aktionär ohne Organeigenschaft erfasst (*Hopt/Leyens* ZGR 2019, 929 (963)). Wie bei der Beurteilung der Unabhängigkeit von Vorstand und Gesellschaft (C.7) kommt es auch in Bezug auf die Unabhängigkeit von einem kontrollierenden Aktionär auf die **subjektive Einschätzung** der Anteilseignervertreter an. Zwar ergibt sich dies – anders als bei C.7 Abs. 2 („Die Anteilseignerseite soll [...], wenn sie die Unabhängigkeit [...] einschätzt") – nicht unmittelbar aus dem Wortlaut der Empfehlung. Ein abweichender Maßstab wäre jedoch systematisch inkonsequent (so auch *von der Linden* DStR 2019, 1528 (1530)). Aufgrund der Unschärfe der Definition der Unabhängigkeit vom kontrollierenden Aktionär durch das Abstellen auf einen „wesentlichen und nicht nur vorübergehenden Interessenkonflikt" ist ein beachtlicher Beurteilungsspielraum eröffnet (*Rubner/Fischer* NZG 2019, 961 (966)). 2

C.10

Der Aufsichtsratsvorsitzende, der Vorsitzende des Prüfungsausschusses sowie der Vorsitzende des mit der Vorstandsvergütung befassten Ausschusses sollen unabhängig von der Gesellschaft und vom Vorstand sein. Der Vorsitzende des Prüfungsausschusses soll zudem auch unabhängig vom kontrollierenden Aktionär sein.

C.10 enthält **funktionsbezogene Unabhängigkeitsempfehlungen** für den Aufsichtsratsvorsitzenden, den Prüfungsausschussvorsitzenden sowie den Vorsitzenden des mit der Vorstandsvergütung befassten Ausschusses. Mit der Vorstandsvergütung ist zumeist ein als Vergütungsausschuss oder Personalausschuss bezeichneter Ausschuss betraut. Der Nominierungsausschuss, dessen Bildung in D.5 empfohlen wird und der für die Benennung der Kandidaten für die Aufsichtsratswahl zuständig ist, fällt nicht in den Anwendungsbereich von C.10. 1

Nach der Empfehlung C.10 S. 1 sollen der Aufsichtsratsvorsitzende, der Vorsitzende des Prüfungsausschusses sowie der Vorsitzende des mit der Vorstandsvergütung befassten Ausschusses **unabhängig von der Gesellschaft und vom Vorstand** sein. Die Kriterien für die Beurteilung der Unabhängigkeit ergeben sich aus C.7. Da der Vorsitzende des mit der Vorstandsvergütung befassten Ausschusses in besonderer Weise für die Einhaltung der gesetzlichen und der ergänzenden, sich aus dem Kodex ergebenden Grundsätze für die Angemessenheit der Vorstandsvergütung verantwortlich ist, könnte eine fehlende Unabhängigkeit das Risiko erhöhen, dass sich der Ausschuss gegenüber den Gehaltsforderungen des Vorstandsmitglieds zu nachgiebig zeigt und dem Gesamtaufsichtsrat die Festsetzung einer unangemessen hohen Vorstandsvergütung empfiehlt (*Rubner/Fischer* NZG 2019, 961 (967)). 2

Der Vorsitzende des Prüfungsausschusses soll nach der Empfehlung C.10 S. 2 auch **unabhängig vom kontrollierenden Aktionär** sein. Die für diese Einschätzung maßgeblichen Kriterien folgen aus C.9 Abs. 2. Die in C.6–C.9 für die Aufsichtsratsmitglieder der Anteilseigner festgelegte **Differenzierung** zwischen der Unabhängigkeit von Gesellschaft und deren Vorstand einerseits und vom kontrollierenden Aktionär andererseits wird in C.10 damit auch für die in dieser Vorschrift geregelten speziellen Funktionen fortgeführt. 3

C.11

Dem Aufsichtsrat sollen nicht mehr als zwei ehemalige Mitglieder des Vorstands angehören.

C.11 empfiehlt, dass dem Aufsichtsrat **nicht mehr als zwei ehemalige Vorstandsmitglieder** angehören sollen. Auch wenn die Aufsichtsratsmitglieder – außer in den Fällen der Entsendung (§ 101 1

Abs. 2 AktG) und gerichtlichen Bestellung (§ 104 AktG) – nach § 101 Abs. 1 AktG von der Hauptversammlung gewählt werden, richtet sich die Empfehlung an den Aufsichtsrat, der durch seine Wahlvorschläge an die Hauptversammlung die von C.11 empfohlene Zusammensetzung sicherstellen soll. Die Vorgaben von C.11 stehen in Zusammenhang mit der Cooling-off-Periode nach § 100 Abs. 2 S. 1 Nr. 4 AktG und dem in C.7 Abs. 2 erster Spiegelstrich geregelten Indikator für die fehlende Unabhängigkeit eines Aufsichtsratsmitglieds von der Gesellschaft und vom Vorstand. Anders als die beiden vorgenannten Regelungen sieht C.11 jedoch **keine zeitliche Begrenzung** vor. Dies ist nicht sinnvoll, da sich die für die Wahrnehmung der Überwachungsaufgabe erforderliche kritische Distanz, die in § 100 Abs. 2 S. 1 Nr. 4 AktG und C.7 Abs. 2 erster Spiegelstrich für einen Zeitraum von zwei Jahren in Frage gestellt wird, jedenfalls mit der Zeit immer weiter erhöht.

2 Anders als etwa C.9 enthält C.11 **keine größenabhängige Differenzierung.** Dies ist problematisch, da in der Entsprechenserklärung nach § 161 AktG keine Abweichung zu erklären wäre, wenn zB einem dreiköpfigen Aufsichtsrat zwei ehemalige Vorstandsmitglieder angehören, die bei sämtlichen zu treffenden Entscheidungen die Mehrheit der Stimmen hätten. Umgekehrt ist nicht ersichtlich, weshalb es in einem Aufsichtsrat mit der in § 95 S. 4 AktG vorgesehenen Höchstzahl von 21 Mitgliedern durchgreifenden Bedenken begegnen soll, wenn diesem mehr als zwei – ggf. vor langer Zeit tätige – ehemalige Vorstandsmitglieder angehören (vgl. auch MHdB GesR IV/*von der Linden* § 25 Rn. 74).

C.12

Aufsichtsratsmitglieder sollen keine Organfunktion oder Beratungsaufgaben bei wesentlichen Wettbewerbern des Unternehmens ausüben und nicht in einer persönlichen Beziehung zu einem wesentlichen Wettbewerber stehen.

1 Das AktG enthält keine Regelungen, die einem Aufsichtsratsmitglied das Tätigwerden für oder die persönliche Beziehung zu einem Wettbewerber des Unternehmens untersagen. Vor diesem Hintergrund empfiehlt C.12, dass Aufsichtsratsmitglieder keine Organfunktion oder Beratungsaufgaben bei wesentlichen Wettbewerbern des Unternehmens ausüben und nicht in einer persönlichen Beziehung zu einem wesentlichen Wettbewerber stehen sollen. **Adressat** der Empfehlung ist das einzelne Aufsichtsratsmitglied. Durch die Verwendung des Begriffs **„Unternehmen"** ist klargestellt, dass die Regelung nicht nur wesentliche Wettbewerber der Gesellschaft selbst, sondern auch ihrer Tochterunternehmen erfasst (Abs. 5 der Präambel). **Organfunktionen** sind bei der AG Vorstands- und Aufsichtsratsmandate bzw. bei anderen Rechtsformen die Mitgliedschaft im Geschäftsführungsorgan oder gesetzlich vorgeschriebenen Aufsichtsratsgremien (Bürgers/Körber/*Runte/Eckert* AktG Anh. § 161 Rn. 51). Die Ausübung von **Beratungsaufgaben** ist weit zu verstehen. Eine finanzielle Gegenleistung wird zwar idR erfolgen, ist aber für C.12 nicht erforderlich. **Persönliche Beziehungen** im Sonne der Empfehlung sind solche, die einen wesentlichen Interessenkonflikt bei dem Aufsichtsratsmitglied hervorrufen können (vgl. auch JIG/*Ghassemi-Tabar* Empf. C.12 Rn. 16). Dies trifft etwa bei Familienmitgliedern eines Aufsichtsratsmitglieds zu, die bei einem Wettbewerber Organfunktionen innehaben.

2 Von C.12 erfasst sind nur Beratungsaufgaben zugunsten von und persönliche Beziehungen zu **wesentlichen Wettbewerbern.** Ein wesentlicher Wettbewerb scheidet in solchen Geschäftsfeldern aus, die für das Unternehmen nur untergeordnete Bedeutung haben. Soweit Kerngeschäftsfelder betroffen sind, ist ein relevantes Ausmaß an Wettbewerb erforderlich (MHdB GesR IV/*von der Linden* § 25 Rn. 75). Potentieller Wettbewerb ist nicht ausreichend (Bürgers/Körber/*Runte/Eckert* AktG Anh. § 161 Rn. 51).

III. Wahlen zum Aufsichtsrat

Empfehlungen:

C.13

Der Aufsichtsrat soll bei seinen Wahlvorschlägen an die Hauptversammlung die persönlichen und die geschäftlichen Beziehungen eines jeden Kandidaten zum Unternehmen, den Organen der Gesellschaft und einem wesentlich an der Gesellschaft beteiligten Aktionär offenlegen. Die Empfehlung zur Offenlegung beschränkt sich auf solche Umstände, die nach der Einschätzung des Aufsichtsrats ein objektiv urteilender Aktionär für seine Wahlentscheidung als maßgebend ansehen würde. Wesentlich beteiligt im Sinn dieser Empfehlung sind Aktionäre, die direkt oder indirekt mehr als 10 % der stimmberechtigten Aktien der Gesellschaft halten.

I. Allgemeines

C.13 enthält die Empfehlung an den Aufsichtsrat, im Rahmen seiner Wahlvorschläge an die Hauptversammlung bestimmte Beziehungen der vorgeschlagenen Aufsichtsratskandidaten offenzulegen. Die hiernach zu publizierenden Informationen, die an die in C.6, C.7 und C.9 genannten Kriterien zur Unabhängigkeit der Anteilseignervertreter angelehnt sind, sollen die Aktionäre in die Lage versetzen, sich abzeichnende Interessenkonflikte und die Unabhängigkeit der Kandidaten gefährdende Umstände in ihre Überlegungen zur Eignung der Kandidaten einbeziehen zu können. 1

II. Offenzulegende Beziehungen der Kandidaten für den Aufsichtsrat

Nach der Empfehlung C.13 S. 1 soll der Aufsichtsrat bei seinen Wahlvorschlägen an die Hauptversammlung die persönlichen und geschäftlichen Beziehungen eines jeden Kandidaten zum Unternehmen, den Organen der Gesellschaft und einem wesentlich an der Gesellschaft beteiligten Aktionär offenlegen. Durch die Verwendung des Begriffs **„Unternehmen"** in S. 1 ist klargestellt, dass nicht nur Beziehungen zur Gesellschaft selbst, sondern auch zu Konzernunternehmen relevant sein können (Abs. 5 der Präambel). Als **wesentlich an der Gesellschaft beteiligter Aktionär** iSd Empfehlung sind nach C.13 S. 3 solche Aktionäre anzusehen, die direkt oder indirekt mehr als 10 % der stimmberechtigten Aktien der Gesellschaft halten. Dies schließt nicht nur die Offenlegung der Beziehungen zu dem wesentlich beteiligten Aktionär selbst, sondern auch zu dessen Konzernunternehmen ein. 2

Die Publizitätsempfehlung des S. 1 ist nach S. 2 auf solche Umstände beschränkt, die ein **objektiv** urteilender Aktionär für seine Wahlentscheidung als **maßgebend** ansehen würde. Die offen zu legenden Verhältnisse müssen also mitentscheidend für die Wahl sein. Umstände, die nur irgendeinen Einfluss auf die Wahlentscheidung haben können, sind von der Empfehlung ausgenommen (vgl. JIG/*Busch/Link* Empf. C.13 Rn. 17; KBLW/*Bachmann/Kremer* Rn. 1361). Da es diesbezüglich nach dem Wortlaut des Kodex auf die **„Einschätzung des Aufsichtsrats"** ankommt, ist diesem ein erheblicher Beurteilungsspielraum eröffnet (*Klein* AG 2012, 805 (810)). Die Einschätzung des Aufsichtsrats – ggf. des Nominierungsausschusses – sollte in angemessenem Umfang dokumentiert werden. 3

Als **persönliche Beziehungen** kommen nur Beziehungen zwischen natürlichen Personen in Betracht, nicht zu juristischen Personen (→ C.7 Rn. 4). Bei der Beurteilung, wann diese als „maßgebend" iSd S. 2 zu qualifizieren sind, ist stets eine Einzelbetrachtung angezeigt. **Geschäftliche Beziehungen** setzen voraus, dass nach Art und Intensität gewisse Abhängigkeiten entstehen können (MHdB GesR IV/*von der Linden* § 25 Rn. 62; Bürgers/Körber/*Runte/Eckert* AktG Anh. § 161 Rn. 48). Dies kann, wie sich aus C.7 Abs. 2 zweiter Spiegelstrich ergibt, insbesondere bei Geschäftsbeziehungen als Kunde, Lieferant, Kreditgeber oder Berater der Fall sein. Es bietet sich an, den Aufsichtsratskandidaten zur Ermittlung der relevanten Beziehungen Fragebögen zur Verfügung zu stellen. 4

Der Kodex schweigt zu der Frage, wie detailliert die relevanten Beziehungen offengelegt werden sollen. Sinnvoll und für die Einhaltung der Empfehlung ausreichend ist eine **komprimierte Information** (vgl. auch Bürgers/Körber/*Runte/Eckert* AktG Anh. § 161 Rn. 9; MHdB GesR IV/*von der Linden* § 25 Rn. 63). Auch zum **Ort der Angaben** enthält der Kodex keine Vorgaben. Üblicherweise werden diese in der Praxis unmittelbar in die Einberufung der Hauptversammlung aufgenommen. Sofern es keine offen zu legenden Beziehungen gibt, sollte hierzu entsprechend der üblichen Praxis ein kurzer klarstellender Hinweis erfolgen (KBLW/*Bachmann/Kremer* Rn. 1363). Zwingend erforderlich ist eine solche Fehlanzeige indes nicht (JIG/*Busch/Link* Empf. C.13 Rn. 23; MHdB GesR IV/*von der Linden* § 25 Rn. 63). 5

C.14

Dem Kandidatenvorschlag soll ein Lebenslauf beigefügt werden, der über relevante Kenntnisse, Fähigkeiten und fachliche Erfahrungen Auskunft gibt; dieser soll durch eine Übersicht über die wesentlichen Tätigkeiten neben dem Aufsichtsratsmandat ergänzt und für alle Aufsichtsratsmitglieder jährlich aktualisiert auf der Internetseite des Unternehmens veröffentlicht werden.

I. Allgemeines

Durch C.14 sollen die Aktionäre in die Lage versetzt werden, sich ein Bild von der persönlichen und fachlichen Eignung der vorgeschlagenen Anteilseignervertreter und sämtlicher gewählter Aufsichtsratsmitglieder zu machen. Die Empfehlung ergänzt die von § 124 Abs. 3 S. 4 AktG geforderten Angaben. 1

II. Zu publizierende Angaben

2 Nach der Empfehlung C.14 Hs. 1 soll dem Kandidatenvorschlag ein **Lebenslauf** beigefügt werden, der über relevante Kenntnisse, Fähigkeiten und fachliche Erfahrungen Auskunft gibt. Da C.14 Hs. 1 inhaltlich auf den Kandidatenvorschlag nach C.13 Bezug nimmt, bezieht sich die Empfehlung nur auf die von der Hauptversammlung zu wählenden **Anteilseignervertreter,** nicht jedoch auf die Wahl der Arbeitnehmervertreter. Hintergrund der Empfehlung ist, dass insbesondere für institutionelle Anleger die gesetzlich geforderten Informationen nicht aussagekräftig genug sind, um die fachlichen Voraussetzungen des zukünftigen Anteilseignervertreters einschätzen zu können. Vor diesem Hintergrund soll der empfohlene Lebenslauf die Ausbildung, den beruflichen Werdegang sowie erreichte Qualifikationen skizzieren (vgl. KBLW/*Bachmann/Kremer* Rn. 1360a).

3 C.14 Hs. 2 empfiehlt, dass der Lebenslauf durch eine Übersicht über die wesentlichen Tätigkeiten neben dem Aufsichtsratsmandat ergänzt und für alle Aufsichtsratsmitglieder jährlich aktualisiert auf der Internetseite des Unternehmens veröffentlicht werden soll. Die Empfehlung ergänzt die nach § 285 Nr. 10 HGB erforderlichen Angaben. Durch die Formulierung **„für alle Aufsichtsratsmitglieder"** ist klargestellt, dass sich die Vorgabe zur jährlichen Veröffentlichung aktualisierter Lebensläufe auf die Anteilseigner- und Arbeitnehmervertreter bezieht (*v. Werder/Bartz* DB 2017, 769 (772)). Unklar ist nach dem Wortlaut hingegen, ob auch die an Hs. 1 anknüpfende Empfehlung zur Ergänzung des Lebenslaufs um eine Übersicht über die wesentlichen Tätigkeiten neben dem Aufsichtsratsmandat für alle Aufsichtsratsmitglieder gilt. Dies dürfte jedenfalls guter Corporate Governance entsprechen, da die Aktionäre und andere Stakeholder auch ein berechtigtes Interesse haben, von wesentlichen Tätigkeiten zu erfahren, die die Arbeitnehmervertreter neben ihrem Aufsichtsratsmandat ausüben und Einfluss auf die Überwachungsintensität haben können (so iErg auch *v. Werder/Bartz* DB 2017, 769 (772)). Für die von C.14 Hs. 2 geforderte **jährliche Aktualisierung** ist es ausreichend, die Aktualisierung einmal im Geschäftsjahr vorzunehmen, auch wenn hierbei ein Zeitraum von 12 Monaten überschritten wird (vgl. auch JIG/*Busch/Link* Empf. C.14 Rn. 15). Gleichwohl bietet es sich an, die Lebensläufe stets im zeitlichen Zusammenhang mit der ordentlichen Hauptversammlung zu aktualisieren.

C.15

Die Wahl der Anteilseignervertreter im Aufsichtsrat soll als Einzelwahl durchgeführt werden. Ein Antrag auf gerichtliche Bestellung eines Aufsichtsratsmitglieds der Anteilseignerseite soll bis zur nächsten Hauptversammlung befristet sein.

1 Nach der Empfehlung C.15 S. 1 soll die Wahl der Anteilseignervertreter im Aufsichtsrat als Einzelwahl durchgeführt werden. Anders als eine Blockwahl erlaubt eine **Einzelwahl** den Aktionären, für den Fall dass mehrere Aufsichtsratspositionen zu besetzen sind, eine zielgenaue Wahl der von ihnen jeweils präferierten Personen zur Überwachung des Vorstands (*Hopt/Leyens* ZGR 2019, 929 (965)). Der Befolgung von C.15 S. 1 steht nicht entgegen, die Stimmen entsprechend der Praxis größerer Gesellschaften elektronisch in einem einheitlichen Abstimmungsgang zu erfassen.

2 C.15 S. 2 empfiehlt, dass ein **Antrag auf gerichtliche Bestellung** eines Aufsichtsratsmitglieds der Anteilseigner bis zur nächsten Hauptversammlung befristet sein soll. Die Empfehlung bezieht sich auf die **nächste Hauptversammlung,** unabhängig davon, ob es sich bei dieser um eine ordentliche oder außerordentliche Hauptversammlung handelt. Einschränkend ist allerdings zu verlangen, dass die formalen Vorschriften für die Durchführung der Aufsichtsratswahl in der nächsten Hauptversammlung noch eingehalten werden können (vgl. auch *Kämper/Bost* NJOZ 2019, 561 (564); Bürgers/Körber/*Runte/Eckert* AktG Anh. § 161 Rn. 53; Wilsing/*Wilsing* 5.4.3 Rn. 7). Eine Befristung der Amtsdauer bis zur nächsten Hauptversammlung wird das Gericht, auch wenn der Antragsteller keine Befristung beantragt hat, ohnehin in der Regel zu bestimmen haben (Spindler/Stilz/*Spindler* AktG § 104 Rn. 23). Die Empfehlung bezieht sich nur auf **Anteilseignervertreter.** Die gerichtliche Bestellung von Arbeitnehmervertretern ist nicht erfasst. Unklar ist, ob sich die Empfehlung auch auf den Fall bezieht, dass der Antrag auf gerichtliche Bestellung nach § 104 AktG nicht durch den Vorstand oder ein Aufsichtsratsmitglied, sondern etwa durch einen Aktionär gestellt wird. Dies ist richtigerweise zu verneinen, da eine solche Antragstellung dem Einflussbereich der Gesellschaft entzogen ist. Eine Antragstellung eines Aktionärs ohne Befristung löst daher keine Pflicht zur Einschränkung der Entsprechenserklärung nach § 161 AktG aus.

D. Arbeitsweise des Aufsichtsrats

I. Geschäftsordnung

Empfehlung:

D.1

Der Aufsichtsrat soll sich eine Geschäftsordnung geben und diese auf der Internetseite der Gesellschaft zugänglich machen.

Der Aufsichtsrat kann sich, ohne dass es hierzu einer satzungsmäßigen Ermächtigung bedarf, eine Geschäftsordnung geben. Diese Erlasskompetenz folgt aus der **Organisationsautonomie** des Aufsichtsrats (MüKoAktG/*Habersack* AktG § 107 Rn. 178; GroßkommAktG/*Hopt/Roth* AktG § 107 Rn. 276). Die Geschäftsordnung kann diejenigen Fragen regeln, die weder gesetzlich normiert noch in der Satzung geregelt worden sind (GroßkommAktG/*Hopt/Roth* AktG § 107 Rn. 277). In Betracht kommen insbes. Bestimmungen zu Form und Frist für die Einberufung der Aufsichtsratssitzungen, Abstimmungsmodalitäten sowie zur Einsetzung, Besetzung und Arbeitsweise von Ausschüssen (Hüffer/Koch/*Koch* AktG § 107 Rn. 36; GroßkommAktG/*Hopt/Roth* AktG § 107 Rn. 287 ff.). 1

Der Kodex empfiehlt, dass der Aufsichtsrat von seiner Kompetenz zum Erlass einer Geschäftsordnung Gebrauch macht, ohne dass hiermit bestimmte Anforderungen an den Umfang der Geschäftsordnung verbunden wären. Es ist nicht erforderlich, mit der Geschäftsordnung alle denkbaren Regelungsgegenstände der Aufsichtsratstätigkeit abzudecken (JIG/*Simons* Empf. D.1 Rn. 5). Erforderlich ist – auch im Fall der paritätischen Mitbestimmung – ein mit einfacher Mehrheit gefasster **Beschluss des Gesamtaufsichtsrats** (MüKoAktG/*Habersack* AktG § 107 Rn. 178; GroßkommAktG/*Hopt/Roth* AktG § 107 Rn. 297). Ferner soll der Aufsichtsrat seine Geschäftsordnung nach der Empfehlung D.1 auf der **Internetseite der Gesellschaft** zugänglich machen. Diese der Transparenz der Aufsichtsratstätigkeit dienende Empfehlung entspricht nach Ansicht der Regierungskommission dem berechtigten Anliegen von Seiten zahlreicher Investoren und sei mittlerweile weit praktiziert (DCGK Begründung, S. 10). Ein berechtigtes Geheimhaltungsinteresse der Gesellschaft ist im Übrigen auch nicht erkennbar. Im Sinne einer guten Corporate Governance sollten zudem etwaige Geschäftsordnungen von Aufsichtsratsausschüssen auf der Internetseite der Gesellschaft veröffentlicht werden, auch wenn dies von D.1 nicht explizit gefordert wird. 2

II. Zusammenarbeit im Aufsichtsrat und mit dem Vorstand

1. Allgemeine Anforderungen

Grundsatz 13

Vorstand und Aufsichtsrat arbeiten zum Wohle des Unternehmens vertrauensvoll zusammen. Gute Unternehmensführung setzt eine offene Diskussion zwischen Vorstand und Aufsichtsrat sowie in Vorstand und Aufsichtsrat voraus. Die umfassende Wahrung der Vertraulichkeit ist dafür von entscheidender Bedeutung.

2. Ausschüsse des Aufsichtsrats

Grundsatz 14

Die Bildung von Ausschüssen fördert bei größeren Gesellschaften regelmäßig die Wirksamkeit der Arbeit des Aufsichtsrats.

Empfehlungen:

D.2

Der Aufsichtsrat soll abhängig von den spezifischen Gegebenheiten des Unternehmens und der Anzahl seiner Mitglieder fachlich qualifizierte Ausschüsse bilden. Die jeweiligen Ausschussmitglieder und der Ausschussvorsitzende sollen namentlich in der Erklärung zur Unternehmensführung genannt werden.

I. Allgemeines

1 Gem. § 107 Abs. 3 S. 1 AktG kann der Aufsichtsrat aus seiner Mitte einen oder mehrere Ausschüsse einrichten, namentlich, um seine Verhandlungen und Beschlüsse vorzubereiten oder die Ausführung seiner Beschlüsse zu überwachen. Adressat der Empfehlung D.2 ist vor diesem Hintergrund der **Aufsichtsrat,** nicht hingegen die für Satzungsänderungen zuständige Hauptversammlung, da die Bildung qualifizierter Ausschüsse die **Selbstorganisation** des Aufsichtsrats betrifft (vgl. GroßkommAktG/*Hopt/Roth* AktG § 107 Rn. 298).

2 Ausschüsse des Aufsichtsrates sind, wie auch von Grundsatz 14 hervorgehoben, insbesondere bei größeren Gesellschaften geeignet, die **Effizienz der Aufsichtsratstätigkeit** zu erhöhen, da diese in der Regel über Aufsichtsräte mit vielen Mitgliedern verfügen und in einem solchen Kreis eine intensive Diskussion und effiziente Entscheidungsfindung schwierig ist. Die Empfehlung zielt darauf ab, Sachthemen als wesentliche Teile der Aufsichtsratsarbeit vermehrt in fachlich qualifizierten Ausschüssen zu behandeln und dem Gesamtaufsichtsrat eine mehr kontrollierende Funktion zuzuweisen (KBLW/*Kremer* Rn. 1278). Ein gesetzlich vorgeschriebener Ausschuss ist in paritätisch mitbestimmten Gesellschaften der Vermittlungsausschuss nach § 27 Abs. 3 MitbestG.

II. Bildung von Ausschüssen (S. 1)

3 D.2 S. 1 empfiehlt, dass der Aufsichtsrat abhängig von den spezifischen Gegebenheiten des Unternehmens und der Anzahl seiner Mitglieder fachlich qualifizierte Ausschüsse bilden soll. Damit ist klargestellt, dass nicht jeder Aufsichtsrat zur effizienten Aufgabenerledigung Ausschüsse einzusetzen hat. Vielmehr kann auch die Nichteinsetzung von Ausschüssen kodexkonform sein. Der Aufsichtsrat hat bei seiner Ermessensentscheidung nach der Vorgabe des Kodex zwei Faktoren zu berücksichtigen. Zum einen ist die Zweckmäßigkeit der Bildung von Ausschüssen gem. D.2 S. 1 abhängig von der **Anzahl der Aufsichtsratsmitglieder.** Dies leuchtet unmittelbar ein, da beispielsweise in einem dreiköpfigen Aufsichtsrat auch ohne Ausschüsse eine effiziente Diskussion möglich ist und eine Bildung von Ausschüssen nicht sinnvoll erscheint. Zum anderen legt D.2 S. 1 fest, dass bei der Ermessensentscheidung des Aufsichtsrats die **spezifischen Gegebenheiten** des Unternehmens zu berücksichtigen sind. Durch den Begriff **„Unternehmen"** ist klargestellt, dass nicht nur die Verhältnisse der Gesellschaft, sondern auch der Konzernunternehmen zu berücksichtigen sind (Abs. 5 der Präambel). Sofern das Unternehmen zB technisch anspruchsvolle Gegenstände produziert oder in der Softwarebranche tätig ist, sind zumeist nur einzelne Aufsichtsratsmitglieder in der Lage, die ressortzuständigen Vorstandsmitglieder zu begleiten (vgl. *Lutter* ZGR 2001, 224 (229)). Zu dem nach § 107 Abs. 3 S. 4 AktG fakultativen Ausschuss bezüglich der Zustimmung zu Geschäften mit nahestehenden Personen gem. § 111b Abs. 1 AktG enthält der Kodex – erstaunlicherweise – keine Aussage.

III. Angaben in der Erklärung zur Unternehmensführung (S. 2)

4 Nach der Empfehlung D.2 S. 2 sollen die jeweiligen **Ausschussmitglieder** und der **Ausschussvorsitzende namentlich** in der Erklärung zur Unternehmensführung genannt werden. Hierdurch soll es den Investoren ermöglicht werden, sich durch einen Blick in das zentrale Instrument der Corporate Governance Berichterstattung (DCGK Begründung, S. 4) unproblematisch über die Ausschussbesetzung informieren zu können. Weitergehende Informationen zur Ausschusstätigkeit finden sich im Bericht des Aufsichtsrats an die Hauptversammlung nach § 171 Abs. 2 S. 2 Hs. 2 AktG (GroßkommAktG/*E. Vetter* AktG § 171 Rn. 241).

D.3

Der Aufsichtsrat soll einen Prüfungsausschuss einrichten, der sich – soweit kein anderer Ausschuss oder das Plenum damit betraut ist – insbesondere mit der Prüfung der Rechnungslegung, der Überwachung des Rechnungslegungsprozesses, der Wirksamkeit des internen Kontrollsystems, des Risikomanagementsystems und des internen Revisionssystems sowie der Abschlussprüfung und der Compliance befasst. Die Rechnungslegung umfasst insbesondere den Konzernabschluss und den Konzernlagebericht (einschließlich CSR-Berichterstattung), unterjährige Finanzinformationen und den Einzelabschluss nach HGB.

I. Allgemeines

1 Der Prüfungsausschuss des Aufsichtsrats wird in verschiedenen Regelungen des AktG erwähnt. § 107 Abs. 3 S. 2 AktG betont, dass der Aufsichtsrat aus seiner Mitte insbesondere einen Prüfungsausschuss bestellen kann. Nach § 107 Abs. 4 AktG müssen, sofern die in dieser Vorschrift näher bezeichneten Gesellschaften einen Prüfungsausschuss einrichten, die Voraussetzungen des § 100 Abs. 5 AktG erfüllt

sein. Gem. § 124 Abs. 3 S. 2 AktG ist bei eben diesen Gesellschaften der Vorschlag des Aufsichtsrats zur Wahl des Abschlussprüfers auf die Empfehlung des Prüfungsausschusses zu stützen. Auch wenn sich dies aus dem Wortlaut des § 124 Abs. 3 S. 2 AktG nicht unmittelbar ergibt, gilt diese Vorgabe nur, **soweit** der Aufsichtsrat einen Prüfungsausschuss eingerichtet hat (BT-Drs. 16/10067, 103; Spindler/Stilz/*Rieckers* AktG § 124 Rn. 33b). Obwohl ein Prüfungsausschusses von besonderer Wichtigkeit ist (*Hopt/Leyens* ZGR 2019, 929 (969)), ist dessen Bildung daher nicht verbindlich vorgeschrieben (*E. Vetter* ZGR 2010, 751 (758)). Etwas anders gilt gem. § 25d Abs. 9 S. 1 KWG nur für CRR-Institute, Finanzholding-Gesellschaften und gemischte Finanzholding-Gesellschaften iSd § 25d Abs. 3 KWG.

II. Bildung und Kompetenzen des Prüfungsausschusses

2 Nach der Empfehlung D.3 S. 1 soll der Aufsichtsrat einen Prüfungsausschuss **einrichten.** Nähere Festlegungen zu den Mitgliedern des Ausschusses enthält D.3 nicht. Die Anforderungen an den Vorsitzenden des Prüfungsausschusses sind in D.4 niedergelegt. Aus § 100 Abs. 5 Hs. 1 AktG folgt, dass bei kapitalmarktorientierten Gesellschaften iSd § 264d HGB sowie bei bestimmten Kreditinstituten und Versicherungsunternehmen mindestens ein Mitglied des Aufsichtsrats über Sachverstand auf den Gebieten Rechnungslegung oder Abschlussprüfung verfügen muss. Für die Mitglieder des Prüfungsausschusses gilt, dass bei jedem einzelnen diejenigen Mindestkenntnisse und -fähigkeiten gegeben sein müssen, um die Aufgaben, die das Plenum dem Ausschuss zugewiesen hat, auch ohne fremde Hilfe verstehen und sachgerecht beurteilen zu können (KBLW/*Kremer* Rn. 1301).

3 Als **Aufgaben,** mit denen sich der Prüfungsausschuss insbesondere befassen soll, soweit kein anderer Ausschuss oder das Plenum damit betraut ist, nennt die Empfehlung D.3 S. 1 die Prüfung der Rechnungslegung, die Überwachung des Rechnungslegungsprozesses, die Wirksamkeit des internen Kontrollsystems, des Risikomanagementsystems und des internen Revisionssystems sowie die Abschlussprüfung und die Compliance. D.3 S. 2 stellt klar, dass die Rechnungslegung insbesondere den Konzernabschluss und den Konzernlagebericht (einschließlich CSR-Berichterstattung), unterjährige Finanzinformationen und den Einzelabschluss nach HGB umfasst. Mit dem Begriff „CSR-Berichterstattung" wiederum ist die nichtfinanzielle Erklärung im (Konzern-)Lagebericht oder der gesonderte nichtfinanzielle Bericht (§§ 289b, 289c, 315b, 315c HGB) gemeint (DCGK Begründung, S. 11). Zur Prüfung der CSR-Berichterstattung s. zB *E. Vetter* FS Marsch-Barner, 2018, 559 (572).

D.4

Der Vorsitzende des Prüfungsausschusses soll über besondere Kenntnisse und Erfahrungen in der Anwendung von Rechnungslegungsgrundsätzen und internen Kontrollverfahren verfügen sowie mit der Abschlussprüfung vertraut und unabhängig sein. Der Aufsichtsratsvorsitzende soll nicht den Vorsitz im Prüfungsausschuss innehaben.

1 Nach der Empfehlung D.4 S. 1 soll der Vorsitzende des Prüfungsausschusses über **besondere Kenntnisse und Erfahrungen** in der Anwendung von Rechnungslegungsgrundsätzen und internen Kontrollverfahren verfügen sowie **mit der Abschlussprüfung vertraut** sein. Allgemeine „financial literacy" reicht keinesfalls aus (*Altmeppen* ZGR 2004, 390 (410); *E. Vetter* BB 2005, 1689 (1690)). Die Anforderungen des Kodex an den Prüfungsausschussvorsitzenden gehen somit deutlich über die Vorgaben hinaus, die in § 100 Abs. 5 Hs. 1 AktG für kapitalmarktorientierte Gesellschaften iSd § 264d HGB sowie bestimmte Kreditinstitute und Versicherungsunternehmen aufgestellt werden (*Hopt/Leyens* ZGR 2019, 929 (970)). Danach muss bei den genannten Gesellschaften (mindestens) ein Mitglied des Aufsichtsrats über Sachverstand auf den Gebieten Rechnungslegung oder Abschlussprüfung verfügen. Der Kodex stellt an den Prüfungsausschussvorsitzenden besondere Anforderungen, da er für die Arbeit des Prüfungsausschusses eine zentrale Rolle einnimmt und in der Lage sein muss, die dem Prüfungsausschuss zugewiesenen Aufgaben auf Augenhöhe mit dem Finanzvorstand und dem Abschlussprüfer zu behandeln (KBLW/*Kremer* Rn. 1298; *E. Vetter* BB 2005, 1689 (1690)). D.4 S. 1 empfiehlt zudem, dass der Vorsitzende des Prüfungsausschusses **unabhängig** sein soll. Die inhaltlichen Anforderungen an die Unabhängigkeit folgen nicht unmittelbar aus D.4, lassen sich jedoch C.10 entnehmen. Der Prüfungsausschussvorsitzende soll damit unabhängig von der Gesellschaft und vom Vorstand sowie auch unabhängig vom kontrollierenden Aktionär sein.

2 Der **Aufsichtsratsvorsitzende** soll nach der Empfehlung D.4 S. 2 **nicht** den Vorsitz im Prüfungsausschuss innehaben. Die Funktion des stellvertretenden Vorsitzes sowie die einfache Mitgliedschaft sind unschädlich (Bürgers/Körber/*Runte/Eckert* AktG Anh. § 161 Rn. 36). Die Trennung von Vorsitz in Aufsichtsrat und Prüfungsausschuss soll vor dem Hintergrund der besonderen Arbeitsbelastung des Aufsichtsratsvorsitzenden eine möglichst ausgewogene Arbeitsteilung fördern (MHdB GesR IV/*von der Linden* § 25 Rn. 52). Ein Verstoß gegen die Empfehlung D.4 S. 2 ist bereits gegeben, wenn sich die beiden Vorsitzenden-Ämter nur kurzzeitig überschnitten haben (JIG/*Simons* Empf. D.4 Rn. 29). In kleineren Gesellschaften mit wenigen Aufsichtsratsmitgliedern kann es jedoch durchaus angemessen sein,

den Aufsichtsratsvorsitzenden auch mit dem Vorsitz im Prüfungsausschuss zu betrauen (KBLW/*Kremer* Rn. 1300). Gleichwohl ist es in solchen Fällen erforderlich, in der Entsprechenserklärung nach § 161 AktG eine Abweichung von der Empfehlung zu erklären und zu begründen.

D.5

Der Aufsichtsrat soll einen Nominierungsausschuss bilden, der ausschließlich mit Vertretern der Anteilseigner besetzt ist und dem Aufsichtsrat geeignete Kandidaten für dessen Vorschläge an die Hauptversammlung zur Wahl von Aufsichtsratsmitgliedern benennt.

I. Allgemeines

1 § 124 Abs. 3 S. 5 AktG bestimmt im Hinblick auf die Wahl von Aufsichtsratsmitgliedern **durch die Hauptversammlung,** dass, sofern der Aufsichtsrat auch aus Aufsichtsratsmitgliedern der Arbeitnehmer zu bestehen hat, Beschlüsse des Aufsichtsrats über Vorschläge zur Wahl von Aufsichtsratsmitgliedern, nur der Mehrheit der Stimmen der Aufsichtsratsmitglieder der Aktionäre bedürfen.

II. Bildung und Besetzung des Nominierungsausschusses

2 Nach der Empfehlung D.5 soll der Aufsichtsrat einen Nominierungsausschuss bilden, der ausschließlich mit Vertretern der Anteilseigner besetzt ist. Durch die **Bildung** des Nominierungsausschusses soll sichergestellt werden, dass der Prozess für die Auswahl der Aufsichtsratskandidaten effizient, transparent und vertraulich verläuft (*Simons* AG 2020, 75 (75)). Sie entspricht internationaler Praxis (KBLW/*Kremer* Rn. 1311). An der Beschlussfassung nehmen ausgehend vom Regelungszweck von § 124 Abs. 3 S. 5 AktG nur die Aufsichtsratsmitglieder der Anteilseigner teil (KBLW/*Kremer* Rn. 1313; *Sünner* AG 2012, 265 (268); *E. Vetter* DB 2007, 1963 (1967); aA MüKoAktG/*Habersack* AktG § 107 Rn. 109; *Simons* AG 2020, 75 (78)). Die Einsetzung einer informellen Arbeitsgruppe genügt der Kodexempfehlung nicht (KBLW/*Kremer* Rn. 1312). Die **Besetzung** des Nominierungsausschusses hat nach der Vorgabe von D.5 und im Hinblick auf § 124 Abs. 3 S. 5 AktG **ausschließlich durch Aufsichtsratsmitglieder der Anteilseigner** zu erfolgen. Eine nur mehrheitliche Besetzung mit Anteilseignervertretern ist nicht ausreichend. Zur Anzahl der Ausschussmitglieder schweigt der Kodex. Hierüber entscheidet der Aufsichtsrat nach seinem Ermessen. In den meisten Fällen dürfte ein dreiköpfiger Ausschuss angemessen sein; kommt dem Ausschuss Entscheidungskompetenz zu, ist eine größere Mitgliederzahl angezeigt.

III. Aufgabe des Nominierungsausschusses

3 Die Aufgabe des Nominierungsausschusses besteht nach der Empfehlung D.5 darin, dem Aufsichtsrat geeignete Kandidaten für dessen Vorschläge an die Hauptversammlung zur **Wahl von Aufsichtsratsmitgliedern** zu benennen. Dies schließt die Erarbeitung eines Anforderungsprofils ein (*E. Vetter* in Marsch-Barner/Schäfer AG-HdB Rn. 28.37). Der Nominierungsausschuss ist berechtigt zur Wahrnehmung seiner Aufgabe im Einzelfall Personalberater hinzuzuziehen (*E. Vetter* ZGR 2020, 35 (52)). Zwar ist Aufgabe des Nominierungsausschusses nach der Idee des Kodex allein vorbereitender Art, da er dem Gesamtaufsichtsrat „für dessen Vorschläge an die Hauptversammlung" geeignete Aufsichtsratskandidaten vorschlagen soll. Da das Delegationsverbot nach § 107 Abs. 3 S. 7 AktG nicht greift, wird die Empfehlung D.5 allerdings auch und erst recht befolgt, wenn dem Nominierungsausschuss Entscheidungskompetenz eingeräumt wird, sodass er unmittelbar anstelle des Plenums abschließend über die Wahlvorschläge an die Hauptversammlung beschließen kann (*Meder* ZIP 2007, 1538, (1540); *Simons* AG 2020, 75 (80)). Dem Nominierungsausschuss können darüber hinaus weitere Aufgaben zugewiesen werden, die von den Anteilseignervertretern allein zu entscheiden sind (Happ AktR/*E. Vetter* Muster 9.01 Rn. 40.1).

3. Informationsversorgung

Grundsatz 15

Die Information des Aufsichtsrats ist Aufgabe des Vorstands. Der Aufsichtsrat hat jedoch seinerseits sicherzustellen, dass er angemessen informiert wird. Der Vorstand informiert den Aufsichtsrat regelmäßig, zeitnah und umfassend über alle für das Unternehmen relevanten Fragen insbesondere der Strategie, der Planung, der Geschäftsentwicklung, der Risikolage, des Risikomanagements und der Compliance. Er geht auf Abweichungen des Geschäftsverlaufs von den aufgestellten Plänen und vereinbarten Zielen unter Angabe von Gründen ein. Der Aufsichtsrat kann jederzeit zusätzliche Informationen vom Vorstand verlangen.

Grundsatz 16

Der Aufsichtsratsvorsitzende wird über wichtige Ereignisse, die für die Beurteilung der Lage und Entwicklung sowie für die Leitung des Unternehmens von wesentlicher Bedeutung sind, unverzüglich durch den Vorsitzenden bzw. Sprecher des Vorstands informiert. Der Aufsichtsratsvorsitzende hat sodann den Aufsichtsrat zu unterrichten und, falls erforderlich, eine außerordentliche Aufsichtsratssitzung einzuberufen.

Empfehlung:

D.6

Der Aufsichtsratsvorsitzende soll zwischen den Sitzungen mit dem Vorstand, insbesondere mit dem Vorsitzenden bzw. Sprecher des Vorstands, regelmäßig Kontakt halten und mit ihm Fragen der Strategie, der Geschäftsentwicklung, der Risikolage, des Risikomanagements und der Compliance des Unternehmens beraten.

I. Allgemeines

§ 90 Abs. 1 S. 1 und S. 2 AktG enthalten Berichtspflichten des Vorstands gegenüber dem Gesamtaufsichtsrat. Zudem sieht § 90 Abs. 1 S. 3 AktG vor, dass dem Vorsitzenden des Aufsichtsrats aus sonstigen wichtigen Anlässen zu berichten ist. Die Vorschrift trägt dem Umstand Rechnung, dass ohne eine entsprechende Informationsgrundlage für den Aufsichtsrat eine Überwachung des Vorstands nicht möglich ist (vgl. Hüffer/Koch/*Koch* AktG § 90 Rn. 1). 1

II. Beratung zwischen den Sitzungen

In Ergänzung zu der gesetzlich festgelegten Berichtspflicht des Vorstands gegenüber dem Aufsichtsratsvorsitzenden bei wichtigen Anlässen (§ 90 Abs. 1 S. 3 AktG) empfiehlt D.6, dass der Aufsichtsratsvorsitzende zwischen den Aufsichtsratssitzungen mit dem Vorstand, insbesondere mit dessen Vorsitzenden bzw. Sprecher, **regelmäßig Kontakt halten** und mit ihm **beraten** soll. Gegenstand der Beratung sollen Fragen der Strategie, der Geschäftsentwicklung, der Risikolage, des Risikomanagements und der Compliance des Unternehmens sein. Durch den Begriff „Unternehmen" ist klargestellt, dass sich die Beratung nicht nur auf die Verhältnisse der Gesellschaft, sondern auch der Konzernunternehmen zu beziehen hat (Abs. 5 der Präambel). 2

Eine bestimmte **Form** für den Meinungsaustausch zwischen dem Aufsichtsratsvorsitzenden und dem Vorstand sieht D.6 nicht vor. In Betracht kommen etwa eine wöchentliche telefonische Erörterung der anliegenden Themen oder auch eine besondere Strategiesitzung des Vorstands mit dem Aufsichtsratsvorsitzenden. Die regelmäßige Teilnahme des Aufsichtsratsvorsitzenden an den Vorstandssitzungen scheidet nach dem Gedanken von § 105 Abs. 1 AktG und § 111 Abs. 4 S. 1 AktG aus. 3

4. Sitzungen und Beschlussfassung

Empfehlungen und Anregung:

D.7

Der Aufsichtsrat soll regelmäßig auch ohne den Vorstand tagen.

I. Allgemeines

Beratungen des Aufsichtsrats unter Beteiligung des Vorstands bieten den Vorteil, dass die Vorstandsmitglieder unmittelbar in die Diskussion einbezogen werden können. Die gemeinsame Erörterung bestimmter Fragen ist ein Element der **vertrauensvollen Zusammenarbeit** zwischen den Organen. Gleichwohl kann nicht in Abrede gestellt werden, dass **Kritik** an bestimmten Geschäftsleitungsmaßnahmen weniger unbefangen geäußert wird, wenn die verantwortlichen Vorstandsmitglieder anwesend sind. 1

II. Tagen ohne den Vorstand

Vor dem Hintergrund der dargestellten Ausgangslage empfiehlt D.7, dass der Aufsichtsrat regelmäßig ohne den Vorstand tagen soll. Da der Kodex nicht von „Aufsichtsratssitzungen" ohne Beteiligung des Vorstands spricht, kann die Empfehlung somit auch dadurch befolgt werden, dass der Vorstand bei einer Aufsichtsratssitzung nur zu **bestimmten Tagesordnungspunkten** hinzugezogen wird. Nähere Vorgaben dazu, welche Anforderungen an ein **„regelmäßiges"** Tagen ohne den Vorstand zu stellen sind, 2 enthält der Kodex nicht. Die Entscheidung hierüber ist ein Akt der Selbstorganisation des Aufsichtsrates. Es liegt zunächst im Ermessen des Aufsichtsratsvorsitzenden als Sitzungsleiter darüber zu entscheiden, wann Beratungen ohne den Vorstand stattfinden sollen. Überdies kann auch jedes andere Aufsichtsratsmitglied eine Beratung ohne den Vorstand beantragen. Da sich der Aufsichtsrat durchgehend mit der Beurteilung der Leistungen des Vorstands bzw. seiner einzelnen Mitglieder zu befassen hat, sprechen gute Gründe dafür, in jedem Quartal – im Rahmen bestimmter Tagesordnungspunkte der Aufsichtsratssitzung – ohne den Vorstand zu tagen. Eine solche Herangehensweise hebt das Außergewöhnliche solcher Beratungen auf und nimmt ihnen den Anschein einer „Palastrevolution" (vgl. KBLW/*v. Werder/Bachmann* Rn. 575). Um der Empfehlung D.7 noch zu entsprechen, muss der Aufsichtsrat als absolute Untergrenze mindestens einmal pro Geschäftsjahr ohne den Vorstand beraten (JIG/*Busch/Link* Empf. D.7 Rn. 14).

3 Im Kontext des von D.7 empfohlenen regelmäßigen Tagens ohne den Vorstand ist auch die Empfehlung D.13 S. 1 zu berücksichtigen, wonach der Aufsichtsrat regelmäßig beurteilen soll, wie wirksam der Aufsichtsrat insgesamt und seine Ausschüsse ihre Aufgaben erfüllen. Diese vom Aufsichtsrat vorzunehmende Selbstevaluation findet **zwingend** ohne Beteiligung des Vorstands statt. Gleiches gilt bei Beratungen zur Bestellung und Abberufung von Vorstandsmitgliedern sowie Fragen der Vorstandshaftung.

D.8

Im Bericht des Aufsichtsrats soll angegeben werden, an wie vielen Sitzungen des Aufsichtsrats und der Ausschüsse die einzelnen Mitglieder jeweils teilgenommen haben. Als Teilnahme gilt auch eine solche über Telefon- oder Videokonferenzen; diese sollte aber nicht die Regel sein.

I. Allgemeines

1 Für die **Qualität der Aufsichtsratstätigkeit** ist es von immenser Bedeutung, ob und an wie vielen Aufsichtsratssitzungen die Aufsichtsratsmitglieder teilnehmen. Der Aufsichtsrat kann seiner Überwachungsfunktion nur gerecht werden, wenn im Rahmen einer persönlichen Sitzungsteilnahme der Mitglieder eine intensive und ergebnisoffene Diskussion zu den anliegenden Themen stattfindet.

II. Angabe der Sitzungspräsenz im Bericht des Aufsichtsrats

2 Nach der **Empfehlung** D.8 S. 1 soll im Bericht des Aufsichtsrats angegeben werden, an wie vielen Sitzungen des Aufsichtsrats und der Ausschüsse die einzelnen Mitglieder jeweils teilgenommen haben. Ziff. 5.4.7 DCGK 2017 beschränkte sich noch auf die Empfehlung eines Hinweises im Aufsichtsratsbericht, sofern ein Aufsichtsratsmitglied in einem Geschäftsjahr nur an der Hälfte oder weniger der betreffenden Sitzungen teilgenommen hat. Mit der Vorgabe zur Angabe der **genauen Sitzungspräsenz** möchte die Regierungskommission den Anreiz zu einer weit über 50 % hinausgehenden Sitzungspräsenz erhöhen (DCGK Begründung, S. 11). Erfasst von der Empfehlung sind sowohl ordentliche als auch (ggf. kurzfristig anberaumte) außerordentliche Sitzungen. Im Bericht an die Hauptversammlung nach § 171 Abs. 2 AktG ist für jedes Mitglied individuell die Anzahl der Sitzungsteilnahmen **aufgegliedert nach Gesamtaufsichtsrat und den einzelnen Ausschüssen,** denen es angehört, anzugeben. Eine lediglich zusammenfassende Berichterstattung in Bezug auf die Gesamtzahl der Sitzungen des Plenums und der Ausschüsse ist nicht ausreichend (aA JIG/*Busch/Link* Empf./Anr. D.8 Rn. 7).

3 D.8 S. 2 Hs. 1 bestimmt, dass als Teilnahme auch eine solche über **Telefon- oder Videokonferenzen** gilt. Solche Konferenzen ermöglichen es, auch kurzfristig ohne das Erfordernis einer persönlichen Anreise der einzelnen Aufsichtsratsmitglieder Beratungen und Beschlussfassungen des Gremiums anzuberaumen. Durch die Beschränkung der Anwendbarkeit des S. 2 Hs. 1 auf Telefon- und Videokonferenzen ist klargestellt, dass eine bloße Stimmbotschaft für eine Teilnahme iSd Empfehlung nicht ausreichend ist.

4 Nach der **Anregung** D.8 S. 2 Hs. 2 sollte die Teilnahme über Telefon- oder Videokonferenzen nicht die Regel sein. Hiermit trägt die Regierungskommission dem Umstand Rechnung, dass eine Aufsichtsratssitzung mit physischer Präsenz einen (noch) besseren Austausch zwischen den Aufsichtsratsmitgliedern ermöglicht. In Konsequenz der Ausgestaltung als (bloße) Anregung bedarf es allerdings nicht der Erklärung einer Abweichung in der Entsprechenserklärung nach § 161 AktG in dem theoretisch denkbaren Fall, dass sich ein (ggf. vom Sitz der Gesellschaft weit entfernt lebendes Aufsichtsratsmitglied) stets nur per Zuschaltung über Telefon- oder Videokonferenz an den Aufsichtsratssitzungen beteiligt.

III. Zusammenarbeit mit dem Abschlussprüfer

Grundsatz 17

Der Abschlussprüfer unterstützt den Aufsichtsrat bzw. den Prüfungsausschuss bei der Überwachung der Geschäftsführung, insbesondere bei der Prüfung der Rechnungslegung und der Überwachung der rechnungslegungsbezogenen Kontroll- und Risikomanagementsysteme. Der Bestätigungsvermerk des Abschlussprüfers informiert den Kapitalmarkt über die Ordnungsmäßigkeit der Rechnungslegung.

Empfehlungen:

D.9

Der Aufsichtsrat oder der Prüfungsausschuss soll mit dem Abschlussprüfer vereinbaren, dass dieser ihn unverzüglich über alle für seine Aufgaben wesentlichen Feststellungen und Vorkommnisse unterrichtet, die bei der Durchführung der Abschlussprüfung zu seiner Kenntnis gelangen.

I. Allgemeines

Nach der in § 321 Abs. 1 S. 3 HGB geregelten **Rede- und Warnpflicht des Abschlussprüfers** hat dieser über bei Durchführung der Prüfung festgestellte Unrichtigkeiten oder Verstöße gegen gesetzliche Vorschriften sowie Tatsachen zu berichten, die den Bestand des geprüften Unternehmens oder des Konzerns gefährden oder seine Entwicklung wesentlich beeinträchtigen können oder die schwerwiegende Verstöße der gesetzlichen Vertreter oder von Arbeitnehmern gegen Gesetz, Gesellschaftsvertrag oder die Satzung erkennen lassen. Eine weitere Pflicht des Abschlussprüfers in diesem Kontext enthält Art. 7 Abs. 1 Abschlussprüfer-VO (VO (EU) Nr. 537/2014). Nach dieser Vorschrift hat der Abschlussprüfer im Rahmen der Prüfung eines Unternehmens von öffentlichem Interesse vermutete Unregelmäßigkeiten, wie zB Betrug im Zusammenhang mit dem Abschluss des geprüften Unternehmens, dem Unternehmen mitzuteilen und dieses aufzufordern, die Angelegenheit zu untersuchen sowie angemessene Maßnahmen zu treffen, um derartige Unregelmäßigkeiten aufzugreifen und einer Wiederholung dieser Unregelmäßigkeiten in der Zukunft vorzubeugen. Um die Informationslage des Aufsichtsrats während der Abschlussprüfung zu verbessern, enthält der Kodex in D.9 und D.10 Empfehlungen zu ergänzenden Vereinbarungen mit dem Abschlussprüfer über dessen Unterrichtungspflichten im Falle bestimmter Ereignisse. 1

II. Unverzügliche Unterrichtung über wesentliche Feststellungen und Vorkommnisse

Nach der Empfehlung D.9 soll der Aufsichtsrat oder der Prüfungsausschuss mit dem Abschlussprüfer vereinbaren, dass dieser ihn unverzüglich über alle für seine Aufgaben wesentlichen Feststellungen und Vorkommnisse unterrichtet, die bei der Durchführung der Abschlussprüfung zu seiner Kenntnis gelangen. Die geforderte **Offenlegungsvereinbarung** kann entweder in den Prüfungsauftrag aufgenommen oder gesondert abgeschlossen werden (vgl. KBLW/*Bachmann* Rn. 1754). Die **Zuständigkeit** des Aufsichtsrats oder des Prüfungsausschusses zum Abschluss der Vereinbarung seitens der Gesellschaft ergibt sich aus § 111 Abs. 2 S. 3 AktG (*E. Vetter* in Marsch-Barner/Schäfer AG-HdB Rn. 26.64). 2

Die Unterrichtungspflicht hat sich auf alle für die Aufgaben des Aufsichtsrates oder Prüfungsausschusses wesentlichen Feststellungen und Vorkommnisse zu beziehen. Der Kodex enthält keine Ausführungen dazu, wann die **Wesentlichkeitsschwelle** erreicht ist. Die betreffenden IDW Prüfungsstandards sehen eine unverzügliche (mündliche und ergänzend schriftliche) Berichterstattung insb. über solche Feststellungen und Vorkommnisse vor, „deren kurzfristige Kenntnis zB aus Gründen der Eilbedürftigkeit erforderlicher Gegenmaßnahmen eine zeitnahe Information des Aufsichtsrats erfordert, oder die die Integrität des Vorstands betreffen" (IDW PS 345 Rn. 59). Der Sachverhalt muss insoweit noch nicht vollständig ausrecherchiert sein. Erforderlich ist jedoch ein gewisser Verfestigungsgrad (JIG/*Busch/Link* Empf. D.9 Rn. 10). 3

Die Unterrichtung durch den Abschlussprüfer hat **unverzüglich,** also ohne schuldhaftes Zögern (§ 121 Abs. 1 S. 1 BGB) zu erfolgen. Richtiger **Adressat** ist – je nachdem, ob der Abschluss der Offenlegungsvereinbarung durch den Gesamtaufsichtsrat oder den Prüfungsausschuss erfolgte – der Vorsitzende des Aufsichtsrats bzw. des Prüfungsausschusses. Zur geforderten **Form** der Informationserteilung schweigt der Kodex. Angesichts der vom Abschlussprüfer zu fordernden unverzüglichen Unterrichtung, die dem Aufsichtsrat oder Prüfungsausschuss eine sofortige Reaktion ermöglichen soll, ist eine (fern-)mündliche Information oder eine Berichterstattung in Textform (§ 126b BGB), also zB per E-Mail zu wählen. 4

D.10

Der Aufsichtsrat oder der Prüfungsausschuss soll mit dem Abschlussprüfer vereinbaren, dass dieser ihn informiert und im Prüfungsbericht vermerkt, wenn er bei Durchführung der Abschlussprüfung Tatsachen feststellt, die eine Unrichtigkeit der von Vorstand und Aufsichtsrat abgegebenen Erklärung zum Kodex ergeben.

1 Nach der Empfehlung D.10 soll der Aufsichtsrat oder der Prüfungsausschuss mit dem Abschlussprüfer vereinbaren, dass dieser ihn informiert und im Prüfungsbericht vermerkt, wenn er bei Durchführung der Abschlussprüfung Tatsachen feststellt, die eine Unrichtigkeit der von Vorstand und Aufsichtsrat abgegebenen Entsprechenserklärung nach § 161 AktG ergeben. Wie bei D.9 kann die entsprechende **Offenlegungsvereinbarung** entweder in den Prüfungsauftrag aufgenommen oder gesondert abgeschlossen werden. **Zuständig** für den Abschluss ist seitens der Gesellschaft der Aufsichtsrat oder der Prüfungsausschuss.

2 Eine **Unrichtigkeit** der Entsprechenserklärung iSv D.10 liegt nur vor, wenn die Befolgung einer tatsächlich nicht beachteten Kodexempfehlung erklärt wird, nicht hingegen, sofern unzutreffend eine Abweichung von einer tatsächlich eingehaltenen Empfehlung erklärt wird (aA JIG/*Busch/Link* Empf. D.10 Rn. 4). Ebenfalls nicht erfasst ist eine unzureichende Begründung für eine Abweichung (vgl. KBLW/*Bachmann* Rn. 1756). D.10 verlangt keine systematische Prüfung der Richtigkeit der Entsprechenserklärung. Ausreichend ist vielmehr, wenn der Abschlussprüfer über Unrichtigkeiten berichtet, die ihm im Rahmen der Prüfung auffallen (vgl. Wilsing/*Marsch-Barner* 7.2.3 Rn. 4). Anders als die Unterrichtung nach D.9 muss die Information und Berichterstattung gem. D.10 nicht unverzüglich erfolgen. Hinsichtlich der Form ist eine nur (fern-)mündliche Information nicht ausreichend. Vielmehr hat – zumindest auch – ein Vermerk im **Prüfungsbericht** zu erfolgen.

D.11

Der Prüfungsausschuss soll regelmäßig eine Beurteilung der Qualität der Abschlussprüfung vornehmen.

1 Nach der Empfehlung D.11 soll der Prüfungsausschuss regelmäßig eine Beurteilung der Qualität der Abschlussprüfung vornehmen. Der Prüfungsausschuss kann seiner eigenen Überwachungsfunktion nur nachkommen, wenn er sich in bestimmten Zeitabständen mit der Wirksamkeit bereits durchgeführter Prüfungen beschäftigt (DCGK Begründung, S. 12). Durch die Formulierung **„Qualität der Abschlussprüfung"** wird die Beurteilung durchgeführter Prüfungen auf die Würdigung objektiv beurteilbarer Indikatoren und, soweit verfügbar, auf Ergebnisse der Inspektion durch die Abschlussprüferaufsicht beschränkt (DCGK Begründung, S. 12).

2 D.11 fordert eine **regelmäßige Beurteilung** der Qualität der Abschlussprüfung. Da der Kodex keinen bestimmten Turnus vorgibt, hat der Prüfungsausschuss hierüber nach pflichtgemäßem Ermessen zu entscheiden. Unter normalen Umständen ist ein Beurteilungsturnus von drei bis fünf Jahren ausreichend.

IV. Aus- und Fortbildung

Grundsatz 18

Die Mitglieder des Aufsichtsrats nehmen die für ihre Aufgaben erforderlichen Aus- und Fortbildungsmaßnahmen eigenverantwortlich wahr.

Empfehlung:

D.12

Die Gesellschaft soll die Mitglieder des Aufsichtsrats bei ihrer Amtseinführung sowie den Aus- und Fortbildungsmaßnahmen angemessen unterstützen und über durchgeführte Maßnahmen im Bericht des Aufsichtsrats berichten.

I. Allgemeines

1 Eine sachgerechte Mitwirkung an der Aufsichtsratsarbeit ist nur möglich, sofern die Aufsichtsratsmitglieder in der Lage sind, die wesentlichen wirtschaftlichen Zusammenhänge und die normalerweise anfallenden Geschäftsvorfälle ohne fremde Hilfe verstehen und sachgerecht beurteilen zu können (BGH 15.11.1982, NJW 1983, 991; GroßkommAktG/*Hopt/Roth* AktG § 116 Rn. 34; K. Schmidt/Lutter/

Drygala AktG § 116 Rn. 7). Jedes Aufsichtsratsmitglied ist daher selbst dafür verantwortlich, dass es über die für seine Tätigkeit notwendige Sachkunde verfügt (MüKoAktG/*Habersack* AktG § 116 Rn. 22; K. Schmidt/Lutter/*Drygala* AktG § 116 Rn. 7).

II. Angemessene Unterstützung

Nach der Empfehlung D.12 soll die Gesellschaft die Mitglieder des Aufsichtsrates (1.) bei ihrer Amtseinführung und (2.) – da sich die Rahmenbedingungen innerhalb der Amtsperiode ändern können und werden – bei den Aus- und Fortbildungsmaßnahmen angemessen unterstützen. Da der Kodex keine konkreten Unterstützungsmaßnahmen vorsieht, entscheidet der Vorstand mit Blick auf den Gegenstand und die konkrete Situation des Unternehmens sowie die Anzahl und Erfahrung der Aufsichtsratsmitglieder nach seinem **Ermessen** darüber, welche Maßnahmen er den Aufsichtsratsmitgliedern anbietet (vgl. *Hecker/Peters* BB 2010, 2251 (2256)). In Betracht kommen zB eine vertiefte Vorstellung des operativen Geschäfts des Unternehmen bzw. der Konzernstruktur sowie in-/externe Kurse oder Workshops mit Bezug zu aktuellen Gesetzesänderungen oder Compliance-Themen. Erfasst von der Empfehlung D.12 ist auch die Übernahme der (angemessenen) Kosten für die betreffende Maßnahme durch die Gesellschaft. Unabhängig von D.12 ist der Aufsichtsrat nicht auf die Unterstützung durch den Vorstand angewiesen, sondern kann die Aus- und Fortbildungsmaßnahmen grundsätzlich auch selbst organisieren (*E. Vetter* in VGR, Gesellschaftsrecht in der Diskussion 2014, 2015, 115 (136 ff.)). 2

III. Berichterstattung über durchgeführte Maßnahmen

D.12 empfiehlt zudem, dass im Bericht des Aufsichtsrats an die Hauptversammlung nach § 171 Abs. 2 AktG über durchgeführte Maßnahmen bei der Amtseinführung und spätere Aus- und Fortbildungsmaßnahmen berichtet werden soll. Aufgrund des Wortlauts **„durchgeführt“** ist eine Berichterstattung entbehrlich, wenn Maßnahmen nicht erfolgt bzw. lediglich geplant sind. Gleichwohl tragen auch solche – im Hinblick auf die Anforderungen des DCGK – entbehrliche Angaben zu einer erhöhten Transparenz der Aufsichtsratstätigkeit bei. 3

V. Selbstbeurteilung

Empfehlung:

D.13

Der Aufsichtsrat soll regelmäßig beurteilen, wie wirksam der Aufsichtsrat insgesamt und seine Ausschüsse ihre Aufgaben erfüllen. In der Erklärung zur Unternehmensführung soll der Aufsichtsrat berichten, ob und wie eine Selbstbeurteilung durchgeführt wurde.

I. Allgemeines

Zu den **Aufgaben des Aufsichtsrats** gehören insbesondere die Beratung und Überwachung des Vorstands (§ 111 Abs. 1 AktG), die Prüfung der Rechnungslegung (§ 171 Abs. 1 AktG), die Bestellung und Abberufung von Vorstandsmitgliedern sowie der Abschluss, und die Verlängerung oder Aufhebung von Vorstandsanstellungsverträgen (§ 84 Abs. 1 und Abs. 3 AktG). Diese Aufgaben kann der Aufsichtsrat nur dann effektiv erfüllen, wenn er sich in bestimmten Zeitabständen ein Bild von der Wirksamkeit des eigenen Vorgehens in organisatorischer und inhaltlicher Hinsicht macht. Aufgrund der gesetzlichen Sorgfaltspflicht gem. § 116 S. 1 AktG, § 93 Abs. 1 AktG ist der Aufsichtsrat gehalten, sich offenbarende Mängel umgehend abzustellen. 1

II. Selbstbeurteilung der effektiven Aufgabenerfüllung (S. 1)

D. 13 S. 1 empfiehlt, dass der Aufsichtsrat regelmäßig beurteilen soll, wie wirksam der Aufsichtsrat insgesamt und seine Ausschüsse ihre Aufgaben erfüllen. Gefordert wird damit eine Evaluation der Arbeit des **Aufsichtsrats** und der einzelnen **Ausschüsse.** Eine Beurteilung auch der einzelnen Aufsichtsratsmitglieder ist in D.13 nicht vorgesehen (*Hopt/Leyens* ZGR 2019, 929 (973)). Die Empfehlung verlangt eine **Selbstbeurteilung** der wirksamen Aufgabenerfüllung. Der Vorstellung des Kodex liegt eine Selbstevaluation des Aufsichtsrats und keine Fremdevaluation zugrunde. Eine externe Unterstützung der Selbstbeurteilung ist zur Erfüllung der Vorgaben von D.13 S. 1 daher nicht erforderlich. Dies folgt schon daraus, dass sich die entsprechende in dem Entwurf des DCGK vom 15.10.2018 noch enthaltene Empfehlung im gültigen Kodex nicht mehr findet. Allerdings weicht der Aufsichtsrat nicht von der Empfehlung ab, wenn er externe Berater in die Planung oder Durchführung des Beurteilungsprozesses einbezieht. Der Kodex untersagt offensichtlich nicht eine professionelle Unterstützung des Aufsichtsrats, 2 durch die eine effektive Gestaltung der Evaluation gefördert werden kann (vgl. auch Wilsing/*Wilsing* 5.6 Rn. 4)

3 Konkrete Festlegungen zu **Art und Ablauf** der Evaluation trifft der Kodex nicht, sondern stellt die nähere Ausgestaltung in das pflichtgemäße Ermessen des Aufsichtsrats. Auch wenn eine formlose Aussprache im Plenum ebenfalls denkbar ist, erscheint ein formalisierter und dokumentierter Prozess sinnvoll, der sich in (1.) die Bestimmung der Prüfungsthemen, (2.) die Festlegung der Anforderungen und Prüfungskriterien, (3.) die Datenerhebung (zB mittels eines Fragebogens) und (4.) die Auswertung der Ergebnisse gliedert (MHdB GesR IV/*von der Linden* § 25 Rn. 85; eingehend Happ AktR/*E. Vetter* Muster 9.24).

4 Der Kodex verlangt eine **regelmäßige** Selbstbeurteilung. Mangels näherer Vorgaben hierzu liegt es im pflichtgemäßen Ermessen des Aufsichtsrats einen Turnus festzulegen. Zu der Frage, wie häufig der Aufsichtsrat seine Tätigkeit evaluieren sollte, werden in der Lit. unterschiedliche Ansätze vertreten. Vor dem Hintergrund der jährlichen Abgabe der Entsprechenserklärung durch Vorstand und Aufsichtsrat (§ 161 AktG) wird teilweise eine ebenfalls jährliche Selbstevaluation des Aufsichtsrats befürwortet (KBLW/*v. Werder* Rn. 1499). Nach zutreffender Ansicht ist demgegenüber ein Prüfungsturnus von drei bis fünf Jahren in der Regel als ausreichend anzusehen (MHdB GesR IV/*von der Linden* § 25 Rn. 85; Wilsing/*Wilsing* 5.6 Rn. 5). Eine jährliche Durchführung der Selbstbeurteilung ist – vorbehaltlich besonderer Ereignisse in der jüngeren Vergangenheit – nicht erforderlich. Unter normalen Umständen bietet es sich an, die Selbstevaluation in einem Turnus von zwei bis drei Jahren vorzunehmen (*E. Vetter* in Marsch-Barner/Schäfer AG-HdB Rn. 27.84).

III. Berichterstattung in der Erklärung zur Unternehmensführung (S. 2)

5 Nach der Empfehlung D.13 S. 2 soll der Aufsichtsrat in der Erklärung zur Unternehmensführung berichten, ob und wie eine Selbstbeurteilung durchgeführt wurde. Anzugeben ist nach dieser **Publizitätsempfehlung** damit, ob im abgelaufenen Kalenderjahr eine Selbstbeurteilung stattgefunden hat und wenn ja, wie diese vollzogen wurde, zB ob und wie sie extern unterstützt wurde (DCGK Begründung, S. 12). Aufgrund der in § 116 S. 2 AktG geregelten Verschwiegenheitspflicht der Aufsichtsratsmitglieder darf eine Offenlegung der vertraulichen Ergebnisse der Selbstbeurteilung nicht erfolgen. Die Beschreibung des Evaluierungsprozesses ermöglicht es den Investoren aber bereits, sich ein Bild davon zu machen, wie gewissenhaft die Wirksamkeit der Aufgabenerfüllung durch den Gesamtaufsichtsrat und seine Ausschüsse überprüft wurde.

E. Interessenkonflikte

Grundsatz 19

Die Mitglieder von Vorstand und Aufsichtsrat sind dem Unternehmensinteresse verpflichtet. Sie dürfen bei ihren Entscheidungen weder persönliche Interessen verfolgen noch Geschäftschancen für sich nutzen, die dem Unternehmen zustehen. Vorstandsmitglieder unterliegen während ihrer Tätigkeit einem umfassenden Wettbewerbsverbot.

Empfehlungen:

E.1

Jedes Aufsichtsratsmitglied soll Interessenkonflikte unverzüglich dem Vorsitzenden des Aufsichtsrats offenlegen. Der Aufsichtsrat soll in seinem Bericht an die Hauptversammlung über aufgetretene Interessenkonflikte und deren Behandlung informieren. Wesentliche und nicht nur vorübergehende Interessenkonflikte in der Person eines Aufsichtsratsmitglieds sollen zur Beendigung des Mandats führen.

I. Allgemeines

1 Die Empfehlungen in E.1 ergänzen die Kodexregelungen in C.6–C.9 über die Unabhängigkeit der Aufsichtsratsmitglieder und gelten – anders als C.6–C.9 – nicht nur für die **Anteilseignervertreter,** sondern auch für die **Arbeitnehmervertreter.** Die Ausgestaltung der Aufsichtsratstätigkeit als Nebenamt sowie die insbesondere im mitbestimmten Aufsichtsrat vorherrschende Interessenpluralität können dazu führen, dass sich das Aufsichtsratsmitglied neben dem Unternehmensinteresse auch einem weiteren, uU kollidierenden Interesse verpflichtet fühlt (MüKoAktG/*Habersack* AktG § 100 Rn. 92; ausführlich zu den Interessenkonflikten von Aufsichtsratsmitgliedern GroßkommAktG/*Hopt/Roth* AktG § 100 Rn. 267 ff.).

II. Offenlegung von Interessenkonflikten

Nach der Empfehlung E.1 S. 1 soll jedes Aufsichtsratsmitglied Interessenkonflikte **unverzüglich,** also ohne schuldhaftes Zögern (§ 121 Abs. 1 S. 1 BGB), gegenüber dem Vorsitzenden des Aufsichtsrats offenlegen. Von der Offenlegungspflicht des S. 1 sind sowohl kurzfristige punktuelle als auch dauerhafte Interessenkollisionen erfasst. Der **Begriff des Interessenkonflikts** birgt eine Vielzahl von Verständnisvarianten (*J Koch* ZGR 2014, 697 (725)). Anzustellen ist eine objektiv-konkrete Betrachtung, dh das subjektive Empfinden des Aufsichtsratsmitglieds spielt ebenso wenig eine Rolle wie rein theoretische Interessenkollisionen. Auch wenn nach dem Kodexwortlaut („offenlegen“) eine mündliche Unterrichtung ausreichend ist, sollte aus Dokumentations- und Nachweisgründen zumindest die Textform (§ 126b BGB) gewählt werden. Der Aufsichtsratsvorsitzende wird auf Basis der geschaffenen Transparenz den Gesamtaufsichtsrat informieren und darüber befinden, welche Folgen der Interessenkonflikt hat, insbesondere ob ein Stimmverbot eingreift. 2

III. Information im Aufsichtsratsbericht

Gem. der Empfehlung E.2 S. 2 soll der Aufsichtsrat in seinem Bericht an die Hauptversammlung nach § 171 Abs. 2 AktG über **aufgetretene Interessenkonflikte** und **deren Behandlung** informieren. Zu Art und Umfang der Berichterstattung macht der Kodex keine näheren Vorgaben, sodass eine komprimierte Information über die wesentlichen Punkte als ausreichend anzusehen ist (*E. Vetter* ZIP 2006, 257 (261)). Über Einzelheiten ist nicht zu berichten (BGH 10.7.2012, BGHZ 1994, 14 Rn. 32 – Fresenius; GroßkommAktG/*E. Vetter* AktG § 171 Rn. 253). Zudem ergeben sich zwingende gesetzliche Grenzen der Berichterstattung aus dem Vertraulichkeitsgebot des § 116 S. 2 AktG. 3

IV. Beendigung des Mandats

Sofern in der Person eines Aufsichtsratsmitglieds **wesentliche** und **nicht nur vorübergehende** Interessenkonflikte gegeben sind, sollen diese nach der Empfehlung E.1 S. 3 zur Beendigung des Mandats führen. Zu denken ist hier etwa an die hauptamtliche Tätigkeit für einen wesentlichen Wettbewerber. Da in diesem Fall keine kompensierenden Maßnahmen im Aufsichtsrat der Gesellschaft in Betracht kommen, kann die Situation nur durch die Beendigung des Aufsichtsratsmandats gelöst werden (vgl. auch KBLW/*Kremer* Rn. 1480). Auch wenn der Kodex zur Art und Weise des Ausscheidens (Amtsniederlegung oder Abberufung) keine Aussage trifft, spricht schon die anzustrebende möglichst zeitnahe Beseitigung des Interessenkonflikts für die Amtsniederlegung. 4

E.2

Jedes Vorstandsmitglied soll Interessenkonflikte unverzüglich dem Vorsitzenden des Aufsichtsrats und dem Vorsitzenden bzw. Sprecher des Vorstands offenlegen und die anderen Vorstandsmitglieder hierüber informieren.

Ebenso wie jedes Aufsichtsratsmitglied (E.1) soll nach der Empfehlung E.2 auch jedes Vorstandsmitglied Interessenkonflikte **unverzüglich,** dh ohne schuldhaftes Zögern (§ 121 Abs. 1 S. 1 BGB) offenlegen. Zum Begriff des Interessenkonflikts → E.1 Rn. 2. Die Offenlegung des Interessenkonflikts soll gegenüber dem **Vorsitzenden des Aufsichtsrats** und dem **Vorsitzenden bzw. Sprecher des Vorstands** erfolgen. Ferner soll das betreffende Vorstandsmitglied die anderen Vorstandsmitglieder „hierüber“ informieren. Es erscheint angebracht, diese Formulierung dahingehend zu verstehen, dass das vom Interessenkonflikt betroffene Vorstandsmitglied die anderen Vorstandsmitglieder über eben diesen Interessenkonflikt und nicht lediglich über die Mitteilung an den Vorsitzenden des Aufsichtsrats und den Vorsitzenden bzw. Sprecher des Vorstands zu informieren hat. Gleichwohl geht die Regierungskommission davon aus, dass es ausreichend sei, „dass der Vorsitzende bzw. Sprecher des Vorstands (wie der Aufsichtsratsvorsitzende) unterrichtet wird und dieser nach pflichtgemäßem Ermessen entscheidet, ob und ggf. wann und wie die anderen Vorstandsmitglieder zu informieren sind“ (DCGK Begründung, S. 13). Eine Unterrichtung der Hauptversammlung über den Interessenkonflikt empfiehlt E.2 – anders als E.1 S. 2 – nicht. 1

E.3

Vorstandsmitglieder sollen Nebentätigkeiten, insbesondere konzernfremde Aufsichtsratsmandate, nur mit Zustimmung des Aufsichtsrats übernehmen.

I. Allgemeines

1 Die Empfehlung E.3, wonach Vorstandsmitglieder Nebentätigkeiten, insbesondere konzernfremde Aufsichtsratsmandate, nur mit Zustimmung des Aufsichtsrats übernehmen sollen, setzt im **Vorfeld eines möglichen Interessenkonflikts** an. Mit dem Erfordernis der Aufsichtsratszustimmung soll gewährleistet werden, dass bestimmte Interessenkonflikte gar nicht erst zur Entstehung gelangen.

II. Erfasste Nebentätigkeiten

2 Der Betriff **„Nebentätigkeit"** ist im Kodex nicht definiert. Lediglich beispielhaft werden konzernfremde Aufsichtsratsmandate genannt. Diese gleichzusetzenden Mandate in Beiräten oder Verwaltungsräten werden ebenfalls unzweifelhaft erfasst. Das Vorliegen einer Nebentätigkeit iSd Kodex ist nicht von der Zahlung eines Entgelts abhängig, sodass auch unentgeltliche Tätigkeiten erfasst sein können (vgl. auch JIG/*Busch/Link* Empf. E.3 Rn. 3). Unerheblich ist zudem, ob die Tätigkeit während oder außerhalb der Arbeitszeit ausgeübt wird. Auch die Übernahme von politischen Ämtern oder die Lobbyarbeit für Interessenverbände fallen unter den weit auszulegenden Nebentätigkeitsbegriff. Lediglich Tätigkeiten, die dem reinen Privatbereich zuzuordnen sind, wie etwa die Verfolgung von Hobbies, werden nicht von der Empfehlung erfasst (vgl. auch KBLW/*Bachmann* Rn. 1129). Für die Umsetzung der Kodexempfehlung bietet sich die Aufnahme einer entsprechenden Regelung in den Anstellungsvertrag des Vorstandsmitglieds und in die Geschäftsordnung des Vorstands an. Daneben kommt auch die Etablierung einer Nebentätigkeitsordnung in Betracht (KBLW/*Bachmann* Rn. 1130).

III. Zustimmungsvorbehalt des Aufsichtsrats

3 Der Kodex untersagt Nebentätigkeiten nicht generell, sondern macht sie von der Zustimmung des Aufsichtsrats abhängig. Die Zustimmung muss nicht zwingend durch den Gesamtaufsichtsrat erteilt werden. Vielmehr kann die Entscheidung auch auf einen Ausschuss, etwa den Personalausschuss, delegiert werden. Der in E.3 verwendete Begriff „Zustimmung" lässt sowohl eine vor Aufnahme der Nebentätigkeit eingeholte **Einwilligung** (§ 183 BGB) als auch eine im Nachhinein erteilte **Genehmigung** (§ 184 BGB) genügen (KBLW/*Bachmann* Rn. 1131; aA JIG/*Busch/Link* Empf. E.3 Rn. 4; Wilsing/*Goslar* 4.3.5 Rn. 7). Gleichwohl sollte im Sinne einer guten Corporate Governance die Zustimmung stets im Vorhinein eingeholt werden.

F. Transparenz und externe Berichterstattung

Grundsatz 20

Die Gesellschaft behandelt die Aktionäre bei Informationen unter gleichen Voraussetzungen gleich.

Grundsatz 21

Anteilseigner und Dritte werden insbesondere durch den Konzernabschluss und den Konzernlagebericht (einschließlich CSR-Berichterstattung) sowie durch unterjährige Finanzinformationen unterrichtet.

Empfehlungen:

F.1

Die Gesellschaft soll den Aktionären unverzüglich sämtliche wesentlichen neuen Tatsachen, die Finanzanalysten und vergleichbaren Adressaten mitgeteilt worden sind, zur Verfügung stellen.

I. Allgemeines

1 Der Gleichbehandlungsgrundsatz spielt im Kapitalmarktrecht eine zentrale Rolle. Nach § 53a AktG sind Aktionäre unter gleichen Voraussetzungen gleich zu behandeln. Dies schließt die Gleichbehandlung bei der Mitteilung von Informationen ein (*E. Vetter* AG 2014, 387 (392)). Der Gedanke einer unverzüglichen – und damit (nahezu) gleichzeitigen – Unterrichtung aller Akteure liegt auch der Ad-hoc-Publizität gem. Art. 17 MAR zugrunde. Da die Verhinderung bzw. Beseitigung von Informationsasymmetrien zwischen den Kapitalmarktteilnehmern auch über die gesetzlichen Vorgaben hinaus ein **zentrales Element fairer Transparenz** und damit guter Corporate Governance darstellt (vgl. KBLW/*v. Werder* Rn. 1603), enthält der Kodex hierzu ergänzende Empfehlungen.

II. Informationsasymmetrien zwischen Aktionären und Finanzanalysten und vergleichbaren Adressaten

F.1 empfiehlt, dass die Gesellschaft den Aktionären unverzüglich sämtliche wesentlichen neuen Tatsachen, die Finanzanalysten und vergleichbaren Adressaten mitgeteilt worden sind, zur Verfügung stellen soll. **Adressat** der Kodexempfehlung ist die Gesellschaft, für die der Vorstand über die Einhaltung der Vorgabe entscheidet. **Tatsachen** iSd Regelung sind konkrete, dem Beweis zugängliche Geschehnisse oder Zustände der Vergangenheit oder Gegenwart. Meinungen, Ansichten, Werturteile, Vermutungen und Gerüchte werden vom Tatsachenbegriff nicht erfasst (MHdB GesR IV/*von der Linden* § 25 Rn. 87; Bürgers/Körber/*Runte/Eckert* AktG Anh. § 161 Rn. 67). Eine Tatsache ist als **neu** iSd der Transparenzempfehlung F.1 anzusehen, sofern sie den Aktionären bisher nicht bekannt gegeben worden ist. Irrelevant ist, ob die Informationen auch anderen Kapitalmarktteilnehmern wie zB Anleihegläubigern oder potentiellen Investoren zur Verfügung steht (MHdB GesR IV/*von der Linden* § 25 Rn. 87). Durch die Beschränkung der Empfehlung auf **wesentliche** Tatsachen soll der administrative Aufwand der Kodexadressaten in Grenzen gehalten werden (*Peters/Hecker* BB 2015, 1859 (1865)). Die Beurteilung der Wesentlichkeit erfordert eine Einschätzung der Relevanz der betreffenden Tatsache und ist mit Unsicherheiten bei der Anwendung der Empfehlung verbunden (KBLW/*v. Werder* Rn. 1609). F.1 erfasst nur solche wesentlichen neuen Tatsachen, die **Finanzanalysten** und vergleichbaren Adressaten mitgeteilt worden sind. Als **vergleichbare Adressaten** sind Empfänger anzusehen, denen die Gesellschaft die Information zur Pflege der Kapitalmarktbeziehungen zukommen lässt, wie zB Fondsmanager, Ratingagenturen und Wirtschaftsjournalisten (Bürgers/Körber/*Runte/Eckert* AktG Anh. § 161 Rn. 67; vgl auch KBLW/*v. Werder* Rn. 1611). Es ist umstritten, ob die Empfehlung erfordert, dass sowohl Finanzanalysten als auch vergleichbare Adressaten die betreffende Information erhalten haben (so MHdB GesR IV/*von der Linden* § 25 Rn. 87; Bürgers/Körber/*Runte/Eckert* AktG Anh. § 161 Rn. 67) oder die Überlassung der Information nur an eine der beiden Personengruppen ausreichend ist (hierfür JIG/*Fleischmann* Empf. F.1 Rn. 8; *Bachmann* WM 2013, 2009 (2015)). Aufgrund des Umstands, dass die früher in Ziff. 6.1 S. 2 DCGK 2017 befindliche Empfehlung in Kenntnis des dargestellten Meinungsstreits unverändert in F.1 übernommen wurde, findet aufgrund des klaren Wortlauts („und" statt „oder") die Empfehlung nur im Falle einer kumulativen Unterrichtung von Finanzanalysten und vergleichbaren Adressaten Anwendung. 2

Die Zurverfügungstellung der Informationen gegenüber den Aktionären soll **unverzüglich,** also ohne schuldhaftes Zögern (§ 121 Abs. 1 S. 1 BGB) erfolgen. Zum geforderten **Kommunikationsmedium** enthält der Kodex keine näheren Vorgaben, sodass der Vorstand dieses nach pflichtgemäßem Ermessen zu wählen hat. Im Hinblick auf die von F.1 angestrebte rasche Informationsverbreitung einerseits und den für die Kodexandressaten überschaubaren administrativen Aufwand andererseits bietet es sich an, die neuen Tatsachen im Investor-Relations-Bereich der Internetseite der Gesellschaft zu publizieren (vgl. auch KBLW/*v. Werder* Rn. 1612; MHdB GesR IV/*von der Linden* § 25 Rn. 87). 3

F.2

Der Konzernabschluss und der Konzernlagebericht sollen binnen 90 Tagen nach Geschäftsjahresende, die verpflichtenden unterjährigen Finanzinformationen sollen binnen 45 Tagen nach Ende des Berichtszeitraums öffentlich zugänglich sein.

F.2 empfiehlt, dass der Konzernabschluss und der Konzernlagebericht binnen 90 Tagen nach Geschäftsjahresende und die verpflichtenden unterjährigen Finanzinformationen binnen 45 Tagen nach Ende des Berichtszeitraums öffentlich zugänglich sein sollen. Hiermit werden die **gesetzlichen Veröffentlichungsfristen** für den Konzernabschluss und den Konzernlagebericht von vier Monaten (§ 325 Abs. 4 HGB, § 114 Abs. 1 S. 1 WpHG) und für unterjährige Finanzinformationen von drei Monaten (§ 115 Abs. 1 S. 1 WpHG) **verkürzt.** Die **Berechnung** der Fristen von F.2 richtet sich nach den allgemeinen Vorschriften der §§ 186 ff. BGB (JIG/*Fleischmann* Empf. F.2 Rn. 5). Für das **öffentliche Zugänglichmachen** ist es ausreichend, wenn die Informationen auf der Internetseite der Gesellschaft einsehbar sind (KBLW/*Bachmann* Rn. 1723; Bürgers/Körber/*Runte/Eckert* AktG Anh. § 161 Rn. 73; Wilsing/*Marsch-Barner* 7.1.3 Rn. 11). 1

F.3

Ist die Gesellschaft nicht zu Quartalsmitteilungen verpflichtet, soll sie unterjährig neben dem Halbjahresfinanzbericht in geeigneter Form über die Geschäftsentwicklung, insbesondere über wesentliche Veränderungen der Geschäftsaussichten sowie der Risikosituation, informieren.

1 Eine Erstellung von **Quartalsberichten** ist seit dem Jahr 2015 nicht mehr **gesetzlich** vorgeschrieben, nachdem durch das Gesetz zur Umsetzung der Transparenzrichtlinie-Änderungsrichtlinie die Pflicht nach § 37x WpHG aF zur Erstellung und Veröffentlichung einer quartalsweisen Zwischenmitteilung aufgehoben wurde. Lediglich für die im **Prime Standard** der Frankfurter Wertpapierbörse notierten Emittenten sieht § 53 Abs. 1 der Börsenordnung für die Frankfurter Wertpapierbörse die Pflicht zur Erstellung einer Quartalsmitteilung vor.

2 Sofern die Gesellschaft nicht zu Quartalsmitteilungen verpflichtet ist, soll sie nach der **Empfehlung** F.3 unterjährig neben dem Halbjahresfinanzbericht über die Geschäftsentwicklung informieren. Abgesehen von der sehr allgemein gehaltenen Formulierung, dass „in geeigneter Form über die Geschäftsentwicklung, insbesondere über wesentliche Veränderungen der Geschäftsaussichten sowie der Risikosituation" berichtet werden soll, enthält F.3 keine **inhaltlichen Vorgaben** und gewährt damit den Kodexadressaten einen weitreichenden Spielraum bei der Umsetzung der Empfehlung. Gleiches gilt im Hinblick auf den **Turnus,** da eine Berichterstattung nur „unterjährig neben dem Halbjahresfinanzbericht" gefordert wird. Über die Ausnutzung der bestehenden Spielräume hat der Vorstand nach **pflichtgemäßem Ermessen** zu entscheiden.

Grundsatz 22

Aufsichtsrat und Vorstand berichten jährlich in der Erklärung zur Unternehmensführung über die Corporate Governance der Gesellschaft.

Empfehlungen:

F.4

Aufsichtsrat und Vorstand von börsennotierten, spezialgesetzlich regulierten Gesellschaften sollen in der Erklärung zur Unternehmensführung angeben, welche Empfehlungen des Kodex auf Grund vorrangiger gesetzlicher Bestimmungen nicht anwendbar waren.

1 F.4 betrifft börsennotierte, **spezialgesetzlich regulierte Gesellschaften** und empfiehlt, dass Aufsichtsrat und Vorstand solcher Gesellschaften in der Erklärung zur Unternehmensführung angeben sollen, welche Empfehlungen des Kodex auf Grund vorrangiger gesetzlicher Bestimmungen nicht anwendbar waren. Die Empfehlung erfasst somit insbesondere Kreditinstitute und Versicherungsunternehmen (DCGK Begründung, S. 13), aber auch sonstige Gesellschaften, die der staatlichen Zulassung und Überwachung bedürfen (*Hopt/Leyens* ZGR 2019, 929 (992)).

F.5

Die Gesellschaft soll nicht mehr aktuelle Erklärungen zur Unternehmensführung und Entsprechenserklärungen zu den Empfehlungen des Kodex mindestens fünf Jahre lang auf ihrer Internetseite zugänglich halten.

1 Nach dem Willen der Regierungskommission soll die Erklärung zur Unternehmensführung das zentrale Instrument der Corporate Governance Berichterstattung darstellen (DCGK Begründung, S. 4). Anders als noch die Publizitätsregelung in Ziff. 3.10 S. 3 DCGK 2017, die sich nur auf die Entsprechenserklärung nach § 161 AktG bezog, empfiehlt F.5 daher, dass die Gesellschaft nicht mehr aktuelle Erklärungen zur Unternehmensführung und Entsprechenserklärungen zu den Empfehlungen des Kodex mindestens fünf Jahre lang auf ihrer Internetseite zugänglich halten soll. Diese auf Stärkung der **Transparenz** zielende Empfehlung soll es dem einzelnen Stakeholder ermöglichen, die Kontinuität der Corporate Governance der Gesellschaft im Zeitablauf beurteilen zu können. Die Mindestfrist von fünf Jahren ist für **jede einzelne Erklärung** einzuhalten.

G. Vergütung von Vorstand und Aufsichtsrat

I. Vergütung des Vorstands

Grundsatz 23

Der Aufsichtsrat beschließt ein klares und verständliches System zur Vergütung der Vorstandsmitglieder und bestimmt auf dessen Basis die konkrete Vergütung der einzelnen Vorstandsmitglieder.

Die Hauptversammlung beschließt grundsätzlich mit beratendem Charakter über die Billigung des vom Aufsichtsrat vorgelegten Vergütungssystems sowie mit empfehlendem Charakter über die Billigung des Vergütungsberichts für das vorausgegangene Geschäftsjahr.

Die Vergütungsstruktur ist bei börsennotierten Gesellschaften auf eine nachhaltige und langfristige Entwicklung der Gesellschaft auszurichten. Die Vergütung der Vorstandsmitglieder hat zur Förderung der Geschäftsstrategie und zur langfristigen Entwicklung der Gesellschaft beizutragen.

1. Festlegung des Vergütungssystems

Empfehlung:

G.1

Im Vergütungssystem soll insbesondere festgelegt werden,
- **wie für die einzelnen Vorstandsmitglieder die Ziel-Gesamtvergütung bestimmt wird und welche Höhe die Gesamtvergütung nicht übersteigen darf (Maximalvergütung),**
- **welchen relativen Anteil die Festvergütung einerseits sowie kurzfristig variable und langfristig variable Vergütungsbestandteile andererseits an der Ziel-Gesamtvergütung haben,**
- **welche finanziellen und nichtfinanziellen Leistungskriterien für die Gewährung variabler Vergütungsbestandteile maßgeblich sind,**
- **welcher Zusammenhang zwischen der Erreichung der vorher vereinbarten Leistungskriterien und der variablen Vergütung besteht,**
- **in welcher Form und wann das Vorstandsmitglied über die gewährten variablen Vergütungsbeträge verfügen kann.**

I. Allgemeines

1 Mit dem ARUG II wurde die Vorstandsvergütung im AktG grundlegend neu geregelt. Nach Abs. 1 S. 1 des neu geschaffenen § 87a AktG beschließt der Aufsichtsrat der börsennotierten Gesellschaft ein **klares und verständliches Vorstandsvergütungssystem,** das der Hauptversammlung nach § 120a Abs. 1 AktG zur Billigung vorzulegen ist (dazu *Liebscher* → AktG § 120a Rn. 4). Die Entscheidung obliegt, auch wenn der DCGK im Unterschied zur früheren Kodex-Fassung keine Aussage trifft, dem **Aufsichtsratsplenum,** das nur die Vorbereitung einem Aufsichtsratsausschuss übertragen kann (*E. Vetter* NZG 2020, 1161 (1164); aA Hüffer/Koch/*Koch* AktG § 87a Rn 3). G.1 setzt auf der in § 87a Abs. 1 S. 1 AktG enthaltenen Pflicht des Aufsichtsrats zur Erstellung eines Vorstandsvergütungssystems auf und formuliert über den gesetzlichen Pflichtinhalt des Vergütungssystems hinaus ergänzende Empfehlungen zur Angabe der Zielvergütung und der Maximalvergütung, wobei das Gesetz keine materiell inhaltliche Anforderungen hinsichtlich des Vergütungssystems stellt (*Löbbe/Fischbach* AG 2019, 373 (377)). Die konkrete Festlegung der Vergütung der einzelnen Vorstandsmitglieder hat dann den Vorgaben des Vergütungssystems zu folgen (*Anzinger* ZGR 2019, 39 (83)). Laufende Vorstandsverträge bleiben von dem Erlass oder der Änderung des Vergütungssystems unberührt (*Spindler* AG 2020, 61 (62)).

II. Festlegungen im Vorstandsvergütungssystem

2 Nach G.1 sollen im Vergütungssystem für den Vorstand die in dieser Empfehlung näher genannten Festlegungen erfolgen („Eckpunkte des Vergütungssystems", DCGK Begründung, S. 14). Von besonderer Bedeutung ist hierbei die Bestimmung der Ziel-Gesamtvergütung für die einzelnen Vorstandsmitglieder und die Festlegung, welche Höhe die Gesamtvergütung nicht übersteigen darf (Maximalvergütung).

3 **1. Ziel-Gesamtvergütung.** Die Ziel-Gesamtvergütung (G.1 erster Spiegelstrich) ist die Summe aller Vergütungsbestandteile eines Jahres (Festgehalt, variable Komponenten, Altersversorgung und Nebenleistungen), die sich **für das einzelne Vorstandsmitglied** aus ex-ante Sicht bei 100%-iger Zielerreichung ergibt (*von der Linden* DStR 2019, 1528 (1531); *Spindler* AG 2020, 61 (62); *Arnold/Gralla* NZG 2020, 529 (531)).

4 **2. Maximalvergütung.** Die in § 87a Abs. 1 S. 2 Nr. 1 AktG im Zuge des ARUG II neu eingeführte Maximalvergütung stellt demgegenüber den Gesamtaufwand der Gesellschaft im Sinne eines Cap dar, der sich aus der Summe aller dem einzelnen Vorstandsmitglied im Geschäftsjahr tatsächlich zugeflossenen Vergütungsbestandteile ergibt (JIG/*Johannsen-Roth* Empf. G.1 Rn. 9; *Spindler* AG 2020, 61 (62)). Während es § 87a Abs. 1 S. 2 Nr. 1 AktG dem Aufsichtsrat überlässt, ob er die Maximalvergütung individuell für jedes Vorstandsmitglied oder für den Gesamtvorstand festlegt (BT-Drs. 19/15153, 63), empfiehlt der Kodex bezüglich der Maximalvergütung (G.1 erster Spiegelstrich) die **Festlegung individueller Caps** für die einzelnen Vorstandsmitglieder. In Betracht kommen sowohl eine Begrenzung für die individuelle Gesamtvergütung des einzelnen Vorstandsmitglieds als auch gesonderte Grenzen für die jeweilige Fix-Vergütung und die variable Vergütung (*Zipperle/Lingen* BB 2020, 131 (132)). Zulässig ist außer der Angabe absoluter Höchstbeträge auch die Nennung eines Vielfachen der durchschnittlichen Belegschaftsvergütung (BT-Drs. 19/15153, 64; *Spindler* AG 2020, 61 (64)). Multiplikatoren der Durchschnittsvergütung sind jedoch nicht nur weniger transparent, sondern verlieren auch ihren Aussagewert für die Maximalvergütung, wenn unterjährig zB durch Personalabbau oder Veränderungen im Beteiligungsbesitz die Durchschnittsvergütung Veränderungen erfahren hat.

5 Die **Hauptversammlung** ist an die vom Aufsichtsrat beschlossene Maximalvergütung **nicht gebunden,** sondern kann gem. § 87 Abs. 4 AktG die Herabsetzung beschließen (*Florstedt* ZIP 2020, 1 (5); *Rieckers* DB 2020, 207 (216); *Spindler* AG 2020, 61 (74)). Auch wenn die von der Hauptversammlung beschlossene Herabsetzung die vereinbarte Vorstandsvergütung laufender Verträge unberührt lässt, muss sich der Aufsichtsrat generell fragen, ob für diesen Fall im Anstellungsvertrag entsprechende Vorsorge getroffen werden soll, die für den Fall eines Herabsetzungsbeschlusses der Hauptversammlung eine Anpassung der Gesamtvergütung und einzelner Vergütungskomponenten ermöglicht (s. *Habersack* BB 2020, Heft 1/2, die erste Seite; *Mutter* Der Aufsichtsrat 2020, 10). Im Vergütungssystem sind vereinbarte Anpassungsklauseln anzugeben. Darüber hinaus sieht § 162 Abs. 1 S. 2 Nr. 7 AktG entsprechende Angaben im Vergütungsbericht vor.

6 **3. Weitere Festlegungen.** Neben der **Festlegung des relativen Anteils** der Festvergütung und der (kurz- und langfristig) variablen Vergütung an der Ziel-Gesamtvergütung (G.1 zweiter Spiegelstrich), um das Anreizniveau deutlich zu machen, sollen auch die der variablen Vergütung zugrundeliegenden **finanziellen und nichtfinanziellen Leistungskriterien** (G.1 dritter Spiegelstrich) im Vergütungssystem genannt werden. Nichtfinanzielle Kriterien können zB Mitarbeiter- oder Kundenzufriedenheit, Umweltgesichtspunkte wie Material- oder Ressourcenverbrauch oder Emissionswerte sein (*Florstedt* ZIP 2020, 1 (3); *Velte* NZG 2016, 294 (298)). Auf die nichtfinanziellen Kriterien ist in der **CSR-Berichterstattung,** die für Unternehmen ab 500 Mitarbeitern gem. §§ 289b ff., 315b ff. HGB zwingend ist, einzugehen. Der Anteil der Festvergütung und der variablen Vergütung muss **bei mehreren Vorstandsmitgliedern nicht einheitlich** sein (DCGK Begründung, S. 14). Gleichwohl ist Zurückhaltung geboten, denn eine unterschiedliche Gewichtung kann das kollegiale Verhältnis und das gemeinsame Engagement der Vorstandsmitglieder beeinträchtigen (JIG/*Johannsen-Roth* Empf. G.1 Rn. 13; *Hohenstatt/Seibt* ZIP 2019, 11 (14)). Für den Vorstandsvorsitzenden gilt insoweit nichts anderes. Im Hinblick auf die Anreizfunktion der variablen Vergütung soll im Vergütungssystem überdies festgelegt werden, welcher Zusammenhang zwischen der Erreichung der vorher vereinbarten Leistungskriterien und der variablen Vergütung besteht (G.1 vierter Spiegelstrich) und in welcher Form und wann das Vorstandsmitglied über die gewährten variablen Vergütungsbeträge verfügen kann (G.1 fünfter Spiegelstrich). Im Hinblick auf die in § 87a Abs. 1 S. 2 Nr. 5 AktG genannten Aufschubzeiten sind für die letztgenannte Komponente auch die Form, in der das Vorstandsmitglied über die variablen Vergütungsbestandteile verfügen kann, und der Zeitpunkt anzugeben.

2. Festlegung der konkreten Gesamtvergütung

Empfehlungen:

G.2

Auf Basis des Vergütungssystems soll der Aufsichtsrat für jedes Vorstandsmitglied zunächst dessen konkrete Ziel-Gesamtvergütung festlegen, die in einem angemessenen Verhältnis zu den Aufgaben und Leistungen des Vorstandsmitglieds sowie zur Lage des Unternehmens stehen und die übliche Vergütung nicht ohne besondere Gründe übersteigen.

Auf Basis des der Hauptversammlung vorgelegten bzw. von ihr nach § 120a AktG gebilligten Vorstandsvergütungssystems hat der Aufsichtsrat die konkrete Vergütung des einzelnen Vorstandsmitglieds festzulegen (*Anzinger* ZGR 2019, 39 (83)). G.2 empfiehlt die **Festlegung der konkreten Ziel-Gesamtvergütung** für das einzelne Vorstandsmitglied bei 100%-iger Zielerreichung unter Beachtung der spezifischen in § 87 Abs. 1 S. 1 AktG genannten Kriterien (dazu *Dauner-Lieb* → AktG § 87 Rn. 13 ff.). Die Festlegung gem. G.2 erfolgt für das jeweils **bevorstehende Geschäftsjahr** (DCGK Begründung, S. 15) und ist die Basis für die zeitlich anknüpfende Empfehlung G.9, wonach der Aufsichtsrat nach Ablauf des Geschäftsjahres in Abhängigkeit von der Zielerreichung die Höhe der individuell zu gewährenden Vergütungsbestandteile festlegen soll. Einer Verankerung des bezifferten Betrages der Ziel-Gesamtvergütung in den einzelnen Vorstandsverträgen bedarf es nicht (vgl. *Arnold/Gralla* NZG 2020, 529 (532)). 1

G.3

Zur Beurteilung der Üblichkeit der konkreten Gesamtvergütung der Vorstandsmitglieder im Vergleich zu anderen Unternehmen soll der Aufsichtsrat eine geeignete Vergleichsgruppe anderer Unternehmen heranziehen, deren Zusammensetzung er offenlegt. Der Peer Group-Vergleich ist mit Bedacht zu nutzen, damit es nicht zu einer automatischen Aufwärtsentwicklung kommt.

Die **Angemessenheit bzw. Üblichkeit der konkreten Gesamtvergütung,** für die der Aufsichtsrat verantwortlich ist, soll in Konkretisierung des gesetzlichen Angemessenheitsgebots in § 87 Abs. 1 S. 1 AktG (dazu zB GroßkommAktG/*Kort* AktG § 87 Rn. 82 ff.) nach der Empfehlung G.3 S. 1 durch einen **Horizontalvergleich** mit einer selbst gewählten offenzulegenden Vergleichsgruppe geeigneter anderer Unternehmen (Peer-Group) abgesichert werden (s. in diesem Zusammenhang auch *Ihrig/Wandt/Wittgens* ZIP 2012, Beil., 8). Entscheidend für den Peer-Group-Vergleich ist die Marktstellung der Unternehmen. Zu berücksichtigen sind dabei insbesondere Branche, Größe und Land (DCGK Begründung, S. 15). Die erforderlichen Festlegungen hat der Aufsichtsrat **im Plenum** zu beschließen (*Schmidt-Bendun* AG 2014, 177 (180)). Ausdrücklich wird von G.3 S. 2 die zurückhaltende Nutzung des Peer-Group-Vergleichs angemahnt, damit es nicht zu einer automatischen Aufwärtsentwicklung der Vorstandsvergütung kommt. Erforderlich ist die Heranziehung einer geeigneten Vergleichsgruppe (DCGK Begründung, S. 15). G.3 gibt nicht vor, **wo** die Offenlegung erfolgen soll. Es dürfte sich jedoch anbieten, die diesbezüglichen Angaben im Vergütungsbericht nach § 162 AktG zu machen. 1

G.4

Zur Beurteilung der Üblichkeit innerhalb des Unternehmens soll der Aufsichtsrat das Verhältnis der Vorstandsvergütung zur Vergütung des oberen Führungskreises und der Belegschaft insgesamt und dieses auch in der zeitlichen Entwicklung berücksichtigen.

Die Üblichkeit der konkreten Gesamtvergütung eines Vorstandsmitglieds, für die der Aufsichtsrat verantwortlich ist, soll in Konkretisierung des gesetzlichen Angemessenheitsgebots in § 87 Abs. 1 S. 1 AktG (dazu zB GroßkommAktG/*Kort* AktG § 87 Rn. 82 ff.) nach der Empfehlung G.4 auch durch einen **Vertikalvergleich** zum eigenen oberen Führungskreis und zur eigenen Gesamtbelegschaft abgesichert werden (vgl. in diesem Kontext auch *Ihrig/Wandt/Wittgens* ZIP 2012, Beil., 8). Hierüber hat der Aufsichtsrat im Plenum zu beschließen (*Schmidt-Bendun* AG 2014, 177 (180)) und in diesem Rahmen festzulegen, wie der **obere Führungskreis** und die **Gesamtbelegschaft** abzugrenzen sind und wie die Vergütung im Vergleich dazu beurteilt wird (DCGK Begründung, S. 15). Bei der Bestimmung des oberen Führungskreises und der weiteren Einzelheiten des Vergleichs besteht ein Ermessen des Aufsichtsrats (*Hopt/Leyens* ZGR 2019, 929 (978)). Während G.3 für den Peer-Group-Vergleich die Offenlegung der Zusammensetzung der Vergleichsgruppe empfiehlt, enthält G.4 für den internen Vertikalvergleich keine entsprechende Publizitätsempfehlung. 1

Der Vertikalvergleich soll zudem nach der Empfehlung G.4 nicht nur einmal erfolgen, sondern vielmehr auch **„in der zeitlichen Entwicklung"** Berücksichtigung finden, wodurch ein Auseinanderdriften der genannten Vergütungsblöcke verhindert werden soll (KBLW/*Bachmann* Rn. 978). Dies erfordert eine regelmäßige Beobachtung durch den Aufsichtsrat, die spätestens bei einer erheblichen Veränderung in der Gesamtbelegschaft zu erfolgen hat. 2

G.5

Zieht der Aufsichtsrat zur Entwicklung des Vergütungssystems und zur Beurteilung der Angemessenheit der Vergütung einen externen Vergütungsexperten hinzu, soll er auf dessen Unabhängigkeit vom Vorstand und vom Unternehmen achten.

I. Allgemeines

1 Der Aufsichtsrat ist im Allgemeinen nicht verpflichtet, zur Entwicklung des Vorstandsvergütungssystems und zur Beurteilung der Angemessenheit der Vorstandsvergütung einen externen Vergütungsberater einzuschalten (Spindler/Stilz/*Fleischer* AktG § 87 Rn. 41; GroßkommAktG/*Kort* AktG § 87 Rn. 111). Ungeachtet dessen wird angesichts der Komplexität der gesetzlichen Anforderungen an das Vorstandsvergütungssystem von vielen Gesellschaften bei der Erstellung ihres Vorstandsvergütungssystems ein Vergütungsberater hinzugezogen (vgl. auch *Hopt/Leyens* ZGR 2019, 929 (978)). Dieser Entwicklung trägt G.5 Rechnung.

II. Unabhängigkeit des externen Vergütungsexperten

2 Nach der Empfehlung G.5 soll der Aufsichtsrat, sofern er zur Entwicklung des Vergütungssystems und zur Beurteilung der Angemessenheit der Vergütung einen externen Vergütungsexperten hinzuzieht, auf dessen **Unabhängigkeit vom Vorstand und vom Unternehmen** achten. Durch die Verwendung des Begriffs „Unternehmen" ist klargestellt, dass die Empfehlung nicht nur die Unabhängigkeit des externen Vergütungsexperten von der Gesellschaft, sondern auch von den Konzernunternehmen fordert (Abs. 5 der Präambel). Die Unabhängigkeit des Vergütungsberaters von einem (Groß-)Aktionär ist demgegenüber nicht erforderlich (*Bachmann* ZHR 184 (2020), 127 (131)). Seine Beauftragung setzt voraus, dass der Aufsichtsrat oder ein entsprechender Aufsichtsratsausschuss die Auswahl nicht an den Vorstand delegiert, sondern angesichts des Haftungsrisikos nach § 116 S. 2 AktG mit großer Sorgfalt selbst vornimmt und er die Geschäftsbeziehungen zwischen dem Vorstand bzw. einzelnen Vorstandsmitgliedern, der Gesellschaft sowie ihrer Tochtergesellschaften einerseits und dem Vergütungsberater andererseits, die dessen Unabhängigkeit ausschließen, klärt. An der Unabhängigkeit kann es etwa bei aktuellen oder zu erwartenden Beratungsmandaten des Vorstands zur Vergütung von nachgelagerten Führungspositionen fehlen (*Hopt/Leyens* ZGR 2019, 929 (978)). Bei der **Auftragserteilung** wird die AG nicht durch den Vorstand, sondern durch den Aufsichtsrat vertreten (*E. Vetter* ZGR 2020, 35 (51)). Die Mandatierung durch den Vorsitzenden des Aufsichtsrats oder eines Ausschusses ist nicht ausreichend, erforderlich ist vielmehr ein diesen **legitimierender Beschluss** des Aufsichtsrats oder des Ausschusses (zumindest missverständlich *Hopt/Leyens* ZGR 2019, 929 (979); DCGK Begründung, S. 15; s. auch JIG/*Johannsen-Roth* Empf. G.6 Rn. 13).

III. Verantwortung des Aufsichtsrats

3 Mit Blick auf die Haftung nach § 116 S. 2 AktG darf sich der Aufsichtsrat nach Prüfung der Unabhängigkeit des externen Vergütungsexperten und **sorgfältiger Plausibilitätsprüfung** auf den Beratervorschlag verlassen, ohne sich dem Vorwurf der schuldhaften Pflichtverletzung auszusetzen (*Fleischer* BB 2010, 67 (71); *Ihrig/Wandt/Wittgens* ZIP 2012, Beil., 27; *Lieder* ZGR 2018, 523 (567)). Dies folgt auch aus den vom BGH für die Heranziehung eines Rechtsberaters formulierten Grundsätzen (BGH 28.4.2015, NZG 2015, 792 Rn. 30; zuvor BGH 20.9.2011, NZG 2011, 1271 Rn. 24 – ISION), die sinngemäß auch hinsichtlich des Rats des Vergütungsberaters zu beachten sind.

3. Festsetzung der Höhe der variablen Vergütungsbestandteile

Empfehlungen:

G.6

Die variable Vergütung, die sich aus dem Erreichen langfristig orientierter Ziele ergibt, soll den Anteil aus kurzfristig orientierten Zielen übersteigen.

1 Zur **variablen Vergütung** empfiehlt G.6, dass der Vergütungsanteil, der sich bei 100%-iger Zielerreichung aus dem Erreichen langfristig orientierte Ziele ergibt, den aus kurzfristigen Zielen erzielbaren Anteil wertmäßig übersteigt. Hierdurch soll einer kurzfristig orientierten Shareholder-Value Politik des Vorstands entgegengewirkt werden (*Verse/Obermann* IRZ 2019, 295 (296)). Verbreitet ist ein Verhältnis von 60/40 (*Hohenstatt/Seibt* ZIP 2019, 11 (13); früher bereits *Bauer/Arnold* AG 2009, 717 (722)). Als Handlungsempfehlung für die unternehmerische Entscheidung des Aufsichtsrats (*Hopt/Leyens* ZGR

2019, 929 (980)) kommt dabei nur eine ex-ante-Sicht bei der Beschlussfassung über die Festlegung der jeweiligen Vergütungskomponenten in Betracht (JIG/*Kießling* Empf. G.6 Rn. 6); das spätere im Geschäftsjahr tatsächlich realisierte Verhältnis von kurzfristiger und langfristiger Zielerreichung ist im Hinblick auf die Kodex-Empfehlung irrelevant, aber im nach § 162 AktG zu erstellenden Vergütungsbericht gleichwohl anzugeben.

G.7

Der Aufsichtsrat soll für das bevorstehende Geschäftsjahr für jedes Vorstandsmitglied für alle variablen Vergütungsbestandteile die Leistungskriterien festlegen, die sich – neben operativen – vor allem an strategischen Zielsetzungen orientieren sollen. Der Aufsichtsrat soll festlegen, in welchem Umfang individuelle Ziele der einzelnen Vorstandsmitglieder oder Ziele für alle Vorstandsmitglieder zusammen maßgebend sind.

1 Nach der Empfehlung G.7 S. 1 sollen vom Aufsichtsrat jeweils im Vorjahr die **konkreten Leistungskriterien** – zumeist Key Performance Indicators (KPI) – für die variablen Vergütungsbestandteile der einzelnen Vorstandsmitglieder festgelegt werden, die sich neben operativen vor allem an strategischen Zielsetzungen orientieren sollen. Strategischen Leistungskriterien kommt dabei in der Gesamtschau das Übergewicht zu (JIG/*Kießling* Empf. G.7 Rn. 6). Dabei soll der Aufsichtsrat nach der Empfehlung G.7 S. 2 auch festlegen, in welchem Umfang individuelle Ziele der einzelnen Vorstandsmitglieder oder aber Ziele für alle Vorstandsmitglieder zusammen maßgebend sind. Die Notwendigkeit zur Festlegung individueller Ziele sieht die Empfehlung nicht vor (JIG/*Kießling* Empf. G.7 Rn. 14). Bei den strategischen Zielsetzungen geht es im Sinne der nachhaltigen und langfristigen Entwicklung iSv § 87 Abs. 1 AktG vor allem um Ziele, die der Förderung der langfristigen Unternehmensentwicklung einschließlich nichtfinanzieller Ziele (Umwelt- und Sozialaspekte) dienen (s. hierzu GroßkommAktG/*Kort* AktG § 87 Rn. 131). Ausgangspunkt muss dabei die verabschiedete Unternehmensstrategie sein. Bei der konkreten Ausgestaltung der variablen Vergütung und der Festlegung der finanziellen und nichtfinanziellen Leistungskriterien kommt dem Aufsichtsrat breites Ermessen zu (vgl. auch DCGK Begründung, S. 15; *Hopt/Leyens* ZGR 2019, 929 (980)). Weder Gesetz noch Kodex schreiben ein bestimmtes System vor, sodass für die langfristige variable Vergütung auch **Bonus-Malus-Systeme,** die negative Entwicklungen berücksichtigen und im Extrem auch Rückforderungsansprüche der Gesellschaft vorsehen, zulässig sind (GroßkommAktG/*Kort* AktG § 87 Rn. 142; *Wettich* AG 2013, 374 (375)). In Betracht kommen auch Performance-Messungen über die Gesamtvertragslaufzeit (Spindler/Stilz/*Fleischer* AktG § 87 Rn. 32; MüKoAktG/*Spindler* AktG § 87 Rn. 95).

2 Über die konkreten Leistungskriterien ist gem. § 87 Abs. 1 AktG iVm § 107 Abs. 3 S. 7 AktG zwingend **im Aufsichtsratsplenum zu beschließen,** während die Erarbeitung der Leistungskriterien und die Vorbereitung des Beschlusses einem Aufsichtsratsausschuss, typischerweise dem Personalausschuss oder Vergütungsausschuss, überlassen werden kann (Hüffer/Koch/*Koch* AktG § 107 Rn 28; *E. Vetter* in Marsch-Barner/Schäfer AG-HdB Rn. 26.51).

G.8

Eine nachträgliche Änderung der Zielwerte oder der Vergleichsparameter soll ausgeschlossen sein.

1 Wie bereits im alten Kodex in Ziff. 4.2.3 Abs. 2 S. 7 (hierzu KBLW/*Bachmann* Rn. 1002) sollen nach der Empfehlung G.8 sowohl **nachträgliche Änderungen** der vereinbarten Zielwerte als auch der Vergleichsparameter (sog. Repricing) ausgeschlossen sein. Davon sind sämtliche variablen Vergütungsbestandteile betroffen. Hierdurch soll das erleichterte Erreichen der Erfolgsziele verhindert werden, da andernfalls die Wirksamkeit des Anreizsystems als solches untergraben werden würde (*Hopt/Leyens* ZGR 2019, 929 (980); GroßkommAktG/*Kort* AktG § 87 Rn. 236). Werden vereinbarte variable Vergütungskomponenten durch andere mit niedrigeren Erfolgszielen ersetzt, verstößt dies ebenfalls gegen die Empfehlung G.8 (s. bereits KBLW/*Bachmann* Rn. 1002). Ohne Verstoß gegen die Empfehlung wird man jedoch nachträgliche Änderungen ausnahmsweise dann zuzulassen haben, wenn ein Ereignis im Sinne des Wegfalls der Geschäftsgrundlage eingetreten ist wie zB die Veräußerung von Unternehmensteilen mit erheblicher Auswirkung auf bestehende Parameter oder Ziele (ebenso zum alten Kodex *Ihrig/Wandt/Wittgens* ZIP 2012, Beil., 13). Die vom Aufsichtsrat beschlossenen Änderungen sind im Vergütungsbericht nicht nur anzugeben, sondern auch zu erläutern.

G.9

Nach Ablauf des Geschäftsjahres soll der Aufsichtsrat in Abhängigkeit von der Zielerreichung die Höhe der individuell für dieses Jahr zu gewährenden Vergütungsbestandteile festlegen. Die Zielerreichung soll dem Grunde und der Höhe nach nachvollziehbar sein.

1 Über die vom Vorstand im Geschäftsjahr **erreichten Zielwerte** und die daraus abzuleitenden von der Gesellschaft den einzelnen Vorstandsmitgliedern zu gewährenden individuellen Vergütungsbestandteile soll der Aufsichtsrat gem. der Empfehlung G.9 S. 1 erst nach Ablauf des Geschäftsjahres befinden. Die Empfehlung drückt eigentlich eine Selbstverständlichkeit aus, denn dem Prinzip „Pay for Performance" kann typischerweise erst mit Feststellung des Jahresabschlusses oder Billigung des Konzernabschlusses ausreichend Rechnung getragen werden, da die maßgeblichen Fakten zur Ermittlung etwa von KPIs im Regelfall zumindest aber zum Teil von im Jahresabschluss oder Konzernabschluss enthaltenen Kennzahlen oder von den in der nichtfinanziellen Berichterstattung enthaltenen Daten abhängen.

2 Die konkrete Zielerreichung des einzelnen Vorstandsmitglieds, die nach § 87 Abs. 1 AktG iVm § 107 Abs. 3 S. 7 AktG, soweit es sich nicht um eine bloße einfache Rechenoperation ohne Ermessensspielraum handelt, zwingend vom **Aufsichtsratsplenum** durch Beschluss – typischerweise auf Vorschlag des Personal- oder Vergütungsausschusses – festgestellt werden muss, soll gem. der Empfehlung G.9 S 2 **dem Grund und der Höhe nach nachvollziehbar** sein. Entsprechende Angaben sind in den nach § 162 AktG von Vorstand und Aufsichtsrat zu erstellenden Vergütungsbericht aufzunehmen (dazu *E. Vetter* → AktG § 162 Rn. 4), der der Hauptversammlung nach § 120a Abs. 4 AktG zur Billigung vorzulegen ist (dazu *Liebscher* → AktG § 120a Rn. 4). Der Ausweis der erreichten Zielwerte ist im Hinblick auf die Bekanntgabe spezifischer strategischer Ziele und die Geheimhaltungsinteressen der Gesellschaft, denen § 162 Abs. 6 AktG für den **Vergütungsbericht** ausdrücklich Rechnung trägt, nicht unproblematisch. Ob der Ausweis ex post, der nach Ansicht der Regierungskommission (DCGK Begründung, S. 16; vgl. auch *Hopt/Leyens* ZGR 2019, 929 (979)) zulässig ist, im konkreten Fall den Interessen der Gesellschaft ausreichend Rechnung trägt, muss im Einzelfall geprüft werden. Bei Inanspruchnahme der Befreiung von der Bekanntgabe gem. § 162 Abs. 6 AktG bedarf es nach Sinn und Zweck der Norm keiner Korrektur der Entsprechenserklärung nach § 161 AktG.

G.10

Die dem Vorstandsmitglied gewährten variablen Vergütungsbeträge sollen von ihm unter Berücksichtigung der jeweiligen Steuerbelastung überwiegend in Aktien der Gesellschaft angelegt oder entsprechend aktienbasiert gewährt werden. Über die langfristig variablen Gewährungsbeträge soll das Vorstandsmitglied erst nach vier Jahren verfügen können.

1 Bei Fälligkeit sollen die **variablen Vergütungsbestandteile** gem. der Empfehlung G.10 S. 1 überwiegend **aktienbasiert** gewährt werden oder entsprechende Barauszahlungen vom Vorstandsmitglied unter Berücksichtigung seiner individuellen Steuerbelastung in Aktien der Gesellschaft angelegt werden. Für die aktienbasierte Vergütung kommen damit sowohl Aktien und Aktienoptionen wie auch virtuelle Aktien in Betracht. Die Verpflichtung zum Erwerb echter Aktien hat auf die steuerliche Nettobelastung des einzelnen Vorstandsmitglieds abzustellen. Die konkrete Ausgestaltung liegt im unternehmerischen Ermessen des Aufsichtsrats, ohne dass der Kodex eine Priorität für eine bestimmte Vergütungsform erkennen lässt. Das Anlegen bzw. die Gewährung erfolgt **„überwiegend"** in der Form nach S. 1, wenn mehr als 50 % der variablen Vergütungsbestanteile erfasst sind. Über die langfristig gewährten Beträge soll das Vorstandsmitglied nach der Empfehlung G.10 S. 2 erst nach einer **Wartezeit von vier Jahren** verfügen können.

2 Über die Einzelheiten hat der Aufsichtsrat zu beschließen; der Personalausschuss kann gem. § 87 Abs. 1 AktG iVm 107 Abs. 3 S. 7 AktG nur vorbereitend tätig werden. Sowohl für die Anlage in echten Aktien wie auch für die Einhaltung der aufgeschobenen Verfügbarkeit bedarf es der **Einrichtung geeigneter Kontrollvorkehrungen,** für die der Aufsichtsrat zu sorgen hat (s. auch JIG/*Kießling* Empf. G.10 Rn. 7). Dabei kann er allerdings auf die organisatorische Unterstützung des Vorstands und unternehmensinterne Ressourcen zurückgreifen; die Kontrollverantwortung bleibt jedoch beim Aufsichtsrat. Die Vergütung in Aktien ist im Vergütungsbericht anzugeben; darüber hinaus ist die Meldepflicht für Directors' Dealings nach Art. 19. Abs. 1 MAR zu beachten.

G.11

Der Aufsichtsrat soll die Möglichkeit haben, außergewöhnlichen Entwicklungen in angemessenem Rahmen Rechnung zu tragen. In begründeten Fällen soll eine variable Vergütung einbehalten oder zurückgefordert werden können.

I. Allgemeines

§ 87a Abs. 1 S. 2 Nr. 6 AktG spricht nunmehr ausdrücklich die Möglichkeit an, ausgezahlte variable Vergütungsbestandteile vom Vorstandsmitglied zurückzufordern, ohne die Vereinbarung derartiger Instrumente vorzuschreiben. Damit sind sog. **Claw-Back-Klauseln** in Vorstandsverträgen grundsätzlich gesetzlich anerkannt (BR-Drs. 156/19, 80), ohne dass das Gesetz dazu detaillierte Anforderungen vorsieht (generell zB *Seyfarth* WM 2019, 569 (570 ff.); *Spindler* AG 2020 61 (66)). 1

II. Berücksichtigung außergewöhnlicher Entwicklungen (S. 1)

Die Empfehlung G.11 S. 1 eröffnet dem Aufsichtsrat im Rahmen der Ausgestaltung der variablen Vorstandsvergütung im positiven wie negativen Sinne die Möglichkeit außergewöhnlichen Entwicklungen angemessen Rechnung tragen zu können, wie dies bereits in § 87 Abs. 1 S. 3 Hs. 2 AktG angesprochen wird. Der Aufsichtsrat kann in **Vorstandsverträgen** Handlungsmöglichkeiten vorsehen, um bei außergewöhnlichen Entwicklungen die variable Vergütung zu erhöhen bzw. zu verringern (DCGK Begründung, S. 16). Weder der Kodex noch die DCGK Begründung der Regierungskommission enthalten hierzu weitergehende Erläuterungen (*Redenius-Hövermann/Siemens* ZIP 2020, 145 (149)), allerdings versteht sich von selbst, dass bereits bei Vertragsschluss, bzw. bei Formulierung der einzelnen variablen Vergütungskomponenten und Vergütungsparameter erkannte oder erkennbare Entwicklungen keine Korrektur rechtfertigen können. In jedem Fall ist das diskretionäre Element des Aufsichtsrats auf seltene Sondersituationen beschränkt (DCGK Begründung, S. 16). Die Ausübung des Rückforderungsrechts bedarf jeweils besonderer Begründung im Vergütungsbericht gem. § 162 AktG, was übermäßigen Gebrauch verhindern kann (*Hohenstatt/Seibt* ZIP 2019, 11 (17)). Aber auch die Abstandnahme von der Ausübung des Rückforderungsrechts, wenn sich seine Ausübung aufdrängt, bedarf – nicht zuletzt im Hinblick auf die Verantwortung des Aufsichtsrats nach § 116 S. 2 AktG – der Erläuterung im Vergütungsbericht. 2

III. Einbehaltung und Rückforderung variabler Vergütung (S. 2)

Nach der Empfehlung G.11 S. 2 sollen in **begründeten Fällen** eine variable Vergütung einbehalten oder auch ausgezahlte Beträge wieder zurückgefordert werden können. Zu den begründeten Fällen zählt jedenfalls die Insolvenz, ggf. aber auch schon eine existenzbedrohende Krise (*Hopt/Leyens* ZGR 2019, 929 (983)). Durch Vereinbarung einer Claw-Back-Klausel im Anstellungsvertrag wird dem Aufsichtsrat sowohl die Einbehaltung fälliger als auch die Rückforderung bereits ausgezahlter variabler Vergütungsbestandteile ermöglicht (*Dörrwächter/Wolff* AG 2020, 233 (237); *Wettich* AG 2013, 374 (375)). Mit Hilfe derartiger Rückforderungsrechte soll bei Fehlentwicklungen auf Grund von außergewöhnlichen Entwicklungen gegengesteuert werden können, sodass das Vorstandsmitglied zB Bonuszahlungen auf Grund von kurzfristigen Leistungsanreize nicht ungeachtet einer späteren negativen Entwicklung behalten kann. Hierdurch sollen letztlich sog. Strohfeuereffekte verhindert werden. Nähere Kriterien zur Ausgestaltung von Claw-Back-Klauseln sieht die Empfehlung G.11 nicht vor (*Redenius-Hövermann/Siemens* ZIP 2020, 145 (149)), sodass dass der Aufsichtsrat diesbezüglich einen weiten Gestaltungsspielraum hat (*Dörrwächter/Wolff* AG 2020, 233 (237)). Die Regierungskommission beschränkt sich auf den Hinweis, dass allgemein ungünstige Marktentwicklungen zur Ausübung des Rückforderungsrechts jedoch nicht ausreichen (DCGK Begründung, S. 16; krit. zB *Hohenstatt/Seibt* ZIP 2019, 11 (17)). Neben der Verschlechterung der Lage des Unternehmens können Claw-Back-Klauseln auch bei Compliance-Fällen in Betracht kommen. Eine Standard Claw-Back-Klausel gibt es nicht, entscheidend ist die konkrete Ausgestaltung im Anstellungsvertrag. 3

In jedem Fall ist eine präzise Formulierung der Rückforderungsvoraussetzungen anzuraten, denn Klauseln in Vorstandsverträgen sind im Zweifel als allgemeine Geschäftsbedingungen iSv § 305 Abs. 1 S. 1 BGB zu qualifizieren (BGH 24.9.2019, NZG 2020, 64 Rn. 13; *Hopt/Leyens* ZGR 2019, 929 (983); ablehnend *Kort* NZG 2020, 121 (123 ff.); allgemein zB *Poelzig* NZG 2020, 41 (47); *Seyfarth* WM 2019, 569 (572 ff.)). Das AGB-rechtliche Transparenzgebot steht der Vereinbarung von Claw-Back-Klauseln jedoch nicht generell entgegen (GroßkommAktG/*Kort* AktG § 87 Rn. 135; *Spindler* AG 2020, 61, (74)). Bei ihrer Ausgestaltung ist jedoch das **AGB-rechtliche Bestimmtheitsgebot** nach § 307 Abs. 1 S. 2 BGB zu beachten (Beispiele zB bei *Seyfarth* WM 2019, 569 (574); s. auch BGH 24.9.2019, NZG 2020, 64). 4

4. Leistungen bei Vertragsbeendigung

Empfehlungen und Anregung:

G.12

Im Fall der Beendigung eines Vorstandsvertrags soll die Auszahlung noch offener variabler Vergütungsbestandteile, die auf die Zeit bis zur Vertragsbeendigung entfallen, nach den ursprünglich vereinbarten Zielen und Vergleichsparametern und nach den im Vertrag festgelegten Fälligkeitszeitpunkten oder Haltedauern erfolgen.

1 Bei **Ausscheiden eines Vorstandsmitglieds** – regulär oder vorzeitig – soll sich die Auszahlung von zum Ausscheidenszeitpunkt offenen variablen Vergütungsbestandteilen nach der Empfehlung G.12 unverändert nach den Regelungen im Anstellungsvertrag richten. Zielwerte, Leistungsparameter, Fälligkeiten, Sperr- und Aufschubzeiten bleiben weiterhin bindend, um nicht die langfristige Anreizwirkung zu beeinträchtigen (vgl. auch *Hopt/Leyens* ZGR 2019, 929 (984)), obwohl die Anreizwirkung mit Ausscheiden ins Leere geht. Lediglich im Todesfall als auch bei Invalidität entfällt die Bindung (DCGK Begründung, S. 16). Soweit variable Vergütungsbestandteile am persönlichen Erfolg des Vorstandsmitglieds zu messen sind, ist der Aufsichtsrat mangels einer konkreten Bemessungsgrundlage auf Schätzungen angewiesen (s. auch JIG/*Kießling* Empf. G.12 Rn. 5).

G.13

Zahlungen an ein Vorstandsmitglied bei vorzeitiger Beendigung der Vorstandstätigkeit sollen den Wert von zwei Jahresvergütungen nicht überschreiten (Abfindungs-Cap) und nicht mehr als die Restlaufzeit des Anstellungsvertrags vergüten. Im Fall eines nachvertraglichen Wettbewerbsverbots soll die Abfindungszahlung auf die Karenzentschädigung angerechnet werden.

1 Das AktG sieht keine Deckelung im Fall der **vorzeitigen Beendigung der Vorstandstätigkeit** vor. Nach der Empfehlung G. 13 S. 1 sollen – wie bereits in Ziff. 4.2.3 Abs. 4 S. 1 DCGK 2017 vorgesehen – Zahlungen an das Vorstandsmitglied den Wert von zwei Jahresvergütungen nicht überschreiten **(Abfindungs-Cap)** und nicht mehr als die Restlaufzeit des Anstellungsvertrages vergüten. Ziel ist es den „golden Handshake" zu begrenzen (KBLW/*Bachmann* Rn. 1019 f.). Für die Ermittlung des Abfindungs-Caps ist auf die **Gesamtvergütung** des abgelaufenen Geschäftsjahres und ggf. auf die voraussichtliche Gesamtvergütung für das laufende Geschäftsjahr abzustellen (DCGK Begründung, S. 16). Bei der Jahresvergütung sind sämtliche Vergütungskomponenten, das heißt die Gesamtbezüge iSv § 285 Nr. 9 lit. a HGB gemeint (KBLW/*Bachmann* Rn. 1021; *E. Vetter* DB 2007, 1963 (1965)). Bereits die frühere Kodex-Regelung stieß auf erhebliche Kritik (*Hopt/Leyens* ZGR 2019, 929 (984); *Martens* FS Hüffer, 2010, 647 (655); MüKoAktG/*Spindler* AktG § 87 Rn. 159). Auch wenn der aktuelle Kodex entgegen der Vorgängerregelung nicht mehr ausdrücklich darauf hinweist, bedarf es zur Herstellung der Kodex-Konformität der Aufnahme entsprechender Regelungen in das Vorstandsvergütungssystem als auch in die jeweiligen Vorstandsanstellungsverträge (vgl. in diesem Zusammenhang GroßkommAktG/*Kort* AktG § 87 Rn. 266, *Schmidt-Bendun* AG 2014, 177 (180)). Die Berücksichtigung der Abfindungsbegrenzungen in der Ausscheidensvereinbarung genügt nicht (aA wohl JIG/*Kießling* Empf. G.13 Rn. 4).

2 Ausgeschiedene Vorstandsmitglieder unterliegen nicht kraft Gesetzes einem Wettbewerbsverbot. Ist jedoch mit dem Vorstandsmitglied ein nachvertragliches Wettbewerbsverbot vereinbart, soll die Abfindungszahlung nach der Empfehlung G.13 S. 2 auf die Karenzentschädigung angerechnet werden; sie gilt damit als abgegolten (DCGK Begründung, S. 16; *Hohenstatt/Seibt* ZIP 2019, 11 (19)). Zur Kodex-Konformität bedarf es auch hier der Aufnahme entsprechender Regelungen in das Vorstandsvergütungssystem und in die Vorstandsanstellungsverträge.

G.14

Zusagen für Leistungen aus Anlass der vorzeitigen Beendigung des Anstellungsvertrags durch das Vorstandsmitglied infolge eines Kontrollwechsels (Change of Control) sollten nicht vereinbart werden.

1 Während Ziff. 4.2.3 Abs. 5 DCGK 2017 Zusagen aus Anlass der vorzeitigen **Beendigung der Vorstandstätigkeit infolge eines Kontrollwechsels** (Change of Control) stillschweigend billigte und sich auf eine Empfehlung zur Maximalhöhe der Abfindung beschränkte, enthält G.14 nunmehr lediglich

die **Anregung** derartige Zusagen für den Fall des Kontrollwechsels nicht zu vereinbaren. Die Regierungskommission will keine Anreize zur Vereinbarung derartiger Abfindungsregelungen geben (DCGK Begründung, S. 16), die in der Unternehmenspraxis unabhängig von der Kodex-Empfehlung verbreitet waren (*Bayer/Meier-Wehrsdorfer* AG 2013, 477 (484); *Hoffmann-Becking* ZIP 2102 (2103)). Die Herabstufung auf eine bloße Anregung ist umstritten (krit. zB *Hohenstatt/Seibt* ZIP 2019, 11 (19); *Hopt/Leyens* ZGR 2019, 929 (985)). Im Fall des Kontrollwechsels kann die Gesellschaft nunmehr auf Basis entsprechender Vereinbarungen ihren Vorstandsmitgliedern Leistungen gewähren, ohne die Entsprechenserklärung einschränken zu müssen (*Hopt/Leyens* ZGR 2019, 929 (985)). Die gewährten Leistungen sind im Vergütungsbericht gem. § 162 AktG anzugeben.

5. Sonstige Regelungen

Empfehlungen:

G.15

Sofern Vorstandsmitglieder konzerninterne Aufsichtsratsmandate wahrnehmen, soll die Vergütung angerechnet werden.

Es entspricht verbreiteter Konzernpraxis, dass Vorstandsmitglieder aus Gründen der Konzernleitung den Aufsichtsräten von anderen Konzerngesellschaften angehören. Soweit dabei eine Aufsichtsratsvergütung vorgesehen ist, soll nach der Empfehlung G.15 eine Anrechnung stattfinden. Gemeint ist damit eine **Anrechnung auf die fixen Vorstandsbezüge** (DCGK Begründung, S. 17). Die Vorstandsvergütung trägt regelmäßig der Konzerndimensionalität des jeweiligen Vorstandsmandats und dem damit verbundenen größeren Verantwortungskreis ohnehin Rechnung, sodass für zusätzliche Vergütungsleistungen insoweit kein Anlass besteht. 1

G.16

Bei der Übernahme konzernfremder Aufsichtsratsmandate soll der Aufsichtsrat entscheiden, ob und inwieweit die Vergütung anzurechnen ist.

Bei der **Übernahme von konzernfremden Aufsichtsratsmandaten** ist das Interesse der Gesellschaft an derartigen zusätzlichen Aufgaben nicht direkt zu erkennen. Deshalb soll in solchen Fällen nach der Empfehlung G.16 der Aufsichtsrat entscheiden, ob und inwieweit eine dem Vorstandsmitglied gezahlte Aufsichtsratsvergütung auf die Vergütung für die Vorstandstätigkeit anzurechnen ist. Nach der DCGK Begründung (S. 17) ist die Entscheidung davon abhängig zu machen, ob die Übernahme des Aufsichtsratsmandats im Unternehmensinteresse liegt (*Hohenstatt/Seibt* ZIP 2019, 11 (19)), ohne die unterschiedlichen Konsequenzen zu erläutern (krit. auch JIG/*Kießling* Empf. G.15, 16 Rn. 6). Die Übernahme von konzernfremden Aufsichtsratsmandaten fällt nicht unter das Wettbewerbsverbot nach § 88 Abs. 1 AktG (Spindler/Stilz/*Fleischer* AktG § 88 Rn. 25; MüKoAktG/*Spindler* AktG § 88 Rn. 20), bedarf aber meist nach den vertraglichen Regelungen der ausdrücklichen Zustimmung des Aufsichtsrats (Happ AktR/*Happ* Muster 8.08 Rn. 13.1). Stimmt der Aufsichtsrat der Übernahme des Mandats zu, wird er zugleich festzulegen haben, wie im Hinblick auf die Empfehlung G. 16 mit der konzernfremden Aufsichtsratsvergütung zu verfahren ist. 1

II. Vergütung des Aufsichtsrats

Grundsatz 24

Die Mitglieder des Aufsichtsrats erhalten eine Vergütung, die in einem angemessenen Verhältnis zu ihren Aufgaben und der Lage der Gesellschaft steht. Sie wird durch Beschluss der Hauptversammlung, gegebenenfalls in der Satzung festgesetzt.

Empfehlungen und Anregung:

G.17

Bei der Vergütung der Aufsichtsratsmitglieder soll der höhere zeitliche Aufwand des Vorsitzenden und des stellvertretenden Vorsitzenden des Aufsichtsrats sowie des Vorsitzenden und der Mitglieder von Ausschüssen angemessen berücksichtigt werden.

1 Die Tätigkeit der Aufsichtsratsmitglieder ist nicht per se vergütungspflichtig, sondern die Vergütung ergibt sich gemäß § 113 Abs. 1 S. 2 AktG vielmehr aus der Satzung oder einem konkreten Bewilligungsbeschluss der Hauptversammlung (*M. Roth* FS E. Vetter, 2019, 629 (631); *E. Vetter* ZIP 2008, 1 (2)). Demgemäß richtet sich die Empfehlung G.17 an die Hauptversammlung. Danach soll der höhere zeitliche Aufwand des Vorsitzenden und stellvertretenden Vorsitzenden des Aufsichtsrats sowie des Vorsitzenden und der Mitglieder von Aufsichtsratsausschüssen bei der Festsetzung der Vergütung angemessen berücksichtigt werden. Eine solche **funktionsadäquat differenzierende Vergütung,** die in der Praxis bereits weitgehend üblich ist (*Hopt/Leyens* ZGR 2019, 929 (985)), verstößt nicht gegen den Grundsatz der Gleichbehandlung der Aufsichtsratsmitglieder (MüKoAktG/*Habersack* AktG § 113 Rn. 31; KK-AktG/*Mertens/Cahn* AktG § 113 Rn. 31), sondern ist angemessen, denn der Aufwand der in G.17 genannten Funktionen geht im Regelfall deutlich über den Arbeitseinsatz und die Verantwortung des einfachen Aufsichtsratsmitglieds hinaus. Die Vergütung kann für das jeweilige Amt in einem absoluten Betrag ausgedrückt werden. Meist wird sie jedoch durch ein Vielfaches der Vergütung eines einfachen Aufsichtsratsmitglieds festgelegt (GroßkommAktG/*Hopt/Roth* AktG § 113 Rn. 93; *E. Vetter* in Marsch-Barner/Schäfer AG-HdB Rn. 29.47).

G.18

Die Vergütung des Aufsichtsrats sollte in einer Festvergütung bestehen. Wird den Aufsichtsratsmitgliedern dennoch eine erfolgsorientierte Vergütung zugesagt, soll sie auf eine langfristige Entwicklung der Gesellschaft ausgerichtet sein.

1 G.18 S. 1 enthält die **Anregung** für die Mitglieder des Aufsichtsrats die Form der **Festvergütung** vorzusehen. Dies entspricht zwar einem Trend der letzten Jahre und wird mit der besseren Vereinbarkeit mit der Überwachungsaufgabe des Aufsichtsrats und der Sorge um die notwendige Unabhängigkeit der Aufsichtsratsmitglieder gerechtfertigt (*Hopt/Leyens* ZGR 2019, 929 (987)). § 113 AktG lässt aber auch die Gewährung einer erfolgsabhängigen Vergütung der Aufsichtsratsmitglieder zu. Hierdurch kann auch der besonderen Beratungsfunktion des Aufsichtsrats besser Rechnung getragen werden, dem nach moderner Auffassung besonders im Hinblick auf die Unternehmensentwicklung eine mitunternehmerische Verantwortung zukommt (*Lieder* ZGR 2018, 523 (533); *Lutter* DB 2009, 775 (777); *M. Roth* ZGR 2012, 343 (348); *E. Vetter* in Fleischer/Koch/Kropff/Lutter, 50 Jahre AktG, 2016, 103 (124)).

2 Ist eine **erfolgsorientierte Vergütung** vorgesehen, so soll diese gem. der Empfehlung G.18 S. 2 auf eine langfristige Entwicklung der Gesellschaft ausgerichtet sein (s. dazu zB GroßkommAktG/*Hopt/Roth* AktG § 113 Rn. 69; *E. Vetter* ZIP 2008, 1 (4)). Hinsichtlich der Ausrichtung an der **langfristigen Entwicklung der Gesellschaft** enthält der Kodex keine weiteren Präzisierungen. Ausgehend vom Wortlaut und Gedanken von § 87 Abs. 1 S. 3 AktG zur Vorstandsvergütung kommt bei der variablen Aufsichtsratsvergütung ausschließlich eine mehrjährige Bemessungsgrundlage in Betracht. Diese kann etwa im Dividendendurchschnitt mehrerer Jahre liegen (GroßkommAktG/*Hopt/Roth* AktG § 113 Rn. 68; KBLW/*Kremer* Rn. 1441). Zur Form der Vergütung enthält der Kodex keine Vorgaben. Aktienoptionen scheiden aus (BGHZ 158, 122 (127) – Mobilcom). Die Gewählung von virtuellen Aktien ist umstritten (Dafür zB Hüffer/Koch/*Koch* AktG § 113 Rn 15; *E. Vetter* AG 2004, 234 (236); dagegen zB MüKoAktG/*Habersack* AktG § 113 Rn. 22; *Paefgen* WM 2004, 1169 (1173)).

III. Berichterstattung

Grundsatz 25

Vorstand und Aufsichtsrat erstellen jährlich nach den gesetzlichen Bestimmungen einen Vergütungsbericht.

Gesetz betreffend die Erwerbs- und Wirtschaftsgenossenschaften (Genossenschaftsgesetz – GenG)

in der Fassung der Bekanntmachung vom 16.10.2006 (BGBl. 2006 I 2230),

zuletzt geändert durch Art. 3 Gesetz zur weiteren Umsetzung der TransparenzRL-ÄnderungsRL im Hinblick auf ein einheitliches elektronisches Format für Jahresfinanzberichte vom 12.8.2020 (BGBl. 2020 I 2541)

mit abweichenden Regelungen in Art. 2 § 3 Gesetz zur Abmilderung der Folgen der COVID-19-Pandemie im Zivil-, Insolvenz- und Strafverfahrensrecht vom 27.3.2020 (BGBl. 2020 I 569)

Abschnitt 1. Errichtung der Genossenschaft

Wesen der Genossenschaft

1 (1) **Gesellschaften von nicht geschlossener Mitgliederzahl, deren Zweck darauf gerichtet ist, den Erwerb oder die Wirtschaft ihrer Mitglieder oder deren soziale oder kulturelle Belange durch gemeinschaftlichen Geschäftsbetrieb zu fördern (Genossenschaften), erwerben die Rechte einer „eingetragenen Genossenschaft" nach Maßgabe dieses Gesetzes.**

(2) **Eine Beteiligung an Gesellschaften und sonstigen Personenvereinigungen einschließlich der Körperschaften des öffentlichen Rechts ist zulässig, wenn sie**

1. **der Förderung des Erwerbes oder der Wirtschaft der Mitglieder der Genossenschaft oder deren sozialer oder kultureller Belange oder,**
2. **ohne den alleinigen oder überwiegenden Zweck der Genossenschaft zu bilden, gemeinnützigen Bestrebungen der Genossenschaft**

zu dienen bestimmt ist.

Übersicht

I. Allgemeines

1 Die Vorschrift legt in Abs. 1 die den Typus prägenden essentialia einer Genossenschaft in Abgrenzung zu anderen juristischen Personen und anderen Personenvereinigungen fest. Hauptmerkmal ist der besondere genossenschaftliche Förderzweck (→ Rn. 3 ff.). Das Gesetz unterscheidet den materiellen Genossenschaftsbegriff (Abs. 1 Hs. 1; → Rn. 14) von der im Genossenschaftsregister (§ 10) eingetragenen Genossenschaft (→ Rn. 13 f.). Bis zur Genossenschaftsrechtsnovelle 2006 enthielt das Gesetz zudem eine nicht abschließende Aufzählung von Genossenschaftsarten, die vom Gesetzgeber gestrichen wurde (BT-Drs. 16/1025, 81: „teilweise überholt"). Abs. 2 regelt die Zulässigkeit von Beteiligungen einer eG und wirft konzernrechtliche Probleme auf.

II. Voraussetzungen einer Genossenschaft

2 **1. Körperschaftliche, aber personalistische Struktur.** Entgegen dem Wortlaut von Abs. 1 entspricht die Genossenschaft ihrer Rechtsnatur nach nicht einer Gesellschaft (iSd §§ 705 ff. BGB). Insbesondere weil die Genossenschaft eine **nicht geschlossene Mitgliederzahl** aufweisen muss (aber → § 4 Rn. 3) und daher in ihrem Bestand unabhängig von Eintritt und Ausscheiden ihrer Mitglieder ist, weil sie zwingend einen sie organschaftlich vertretenden Vorstand (§ 24 Abs. 1) sowie grundsätzlich einen Aufsichtsrat haben muss (§ 9 Abs. 1 S. 1) und weil in der Generalversammlung das Mehrheitsprinzip gilt (§ 42 Abs. 2 S. 1), ist die Verfassung der Genossenschaft vielmehr körperschaftlich angelegt und steht derjenigen eines Vereins, teilweise auch derjenigen einer AG nahe. Schweigt das GenG, kann deshalb punktuell eine analoge Anwendung vereinsrechtlicher, mitunter auch aktienrechtlicher Vorschriften in Betracht kommen, freilich unter strikter Wahrung des Förderzwecks und genossenschaftlicher Strukturprinzipien (zu Recht krit. gegen eine „Leitbildfunktion" des AktG *Picker,* Genossenschaftsidee und Governance, 2019, 491 ff.). Nicht Voraussetzung einer Genossenschaft (→ Rn. 13), sondern Folge der Eintragung im Genossenschaftsregister ist die **Rechtspersönlichkeit** einer eingetragenen Genossenschaft (§ 17 Abs. 1). Trotz ihrer körperschaftlichen Verfassung trägt die Genossenschaft (im Unterschied vor allem zur AG) stets personalistische Züge (vgl. RG 6.4.1935, RGZ 147, 257 (270)), weil ihr Zweck (→ Rn. 3) nicht auf eine Beteiligung an Kapital und Rendite, sondern auf die persönliche Förderung ihrer Mitglieder gerichtet ist (Beuthien/*Beuthien* Rn. 3). Das Genossenschaftskapital hat „keine herrschende, sondern nur eine der persönlichen Beteiligung der Genossen dienende Rolle" (BGH 16.6.1955, BGHZ 17, 385 (390)). Die personalistische Struktur drückt sich zB auch im Grundsatz der Selbstorganschaft aus (§ 9 Abs. 2 S. 1), ferner darin, dass die **Mitgliedschaft in einer eG nicht veräußerbar** ist (→ § 15 Rn. 1, → § 76 Rn. 1; RG 21.12.1915, RGZ 87, 408 (409 f.)). Vererbt werden kann die Mitgliedschaft dagegen iRv § 77. Dem personalistischen Charakter entspricht es ferner, dass jedes Mitglied unabhängig von der Höhe seines Geschäftsanteils grundsätzlich nur eine Stimme hat (§ 43 Abs. 3) und die Mitgliedschaft nicht geteilt werden und nicht mehrfach bestehen kann (RG 6.2.1934, RGZ 143, 296 (300 f.); BGH 15.6.1978, NJW 1978, 2595; → § 77 Rn. 1).

2. Genossenschaftlicher Förderzweck. a) Allgemeines. Der Zweck der Genossenschaft muss unmittelbar und in der Hauptsache darauf gerichtet sein, die Mitglieder der Genossenschaft entweder hinsichtlich ihres Erwerbs oder ihrer Wirtschaft oder hinsichtlich ihrer sozialen oder ihrer kulturellen Belange durch gemeinschaftlichen Geschäftsbetrieb zu fördern. Die Genossenschaft kann auch mehrere der genannten Belange zugleich fördern. Ferner darf sie dem Förderzweck zu- und untergeordnete (zB ideelle) Nebenzwecke fördern. Mit dem Förderzweck korreliert ein **genossenschaftliches Mitgliedsrecht,** die Leistungen oder Einrichtungen der eG in Anspruch zu nehmen (→ § 18 Rn. 3). Die Genossenschaft darf **Gewinnerzielungsabsicht** haben und auch Gewinne erzielen, aber nicht zum Selbstzweck, sondern nur, um den Förderzweck zu erfüllen (BayObLG 5.12.1984, DB 1985, 749; Lang/Weidmüller/*Holthaus/Lehnhoff* Rn. 28). Bei dem genossenschaftlichen Förderzweck handelt es sich um das „charakteristische Merkmal der Rechtsform" (BT-Drs. 16/1025, 81) einer Genossenschaft. Dieses Merkmal ist Voraussetzung einer eG wie auch einer Genossenschaft im materiellen Sinne (→ Rn. 14 f.). Allerdings birgt es aufgrund seiner Unbestimmtheit große Unsicherheiten, was die Abgrenzung zu anderen Vereinigungstypen anbelangt. **„Förderung"** bedeutet jede Leistung oder sonstige Unterstützungshandlung gleich welcher Art, die auf einen Fördererfolg gerichtet ist, unabhängig vom tatsächlichen Eintritt des Erfolgs und unabhängig davon, ob ein Dritter einen höheren Fördererfolg erzielen könnte (Beuthien/*Beuthien* Rn. 23). Die Förderleistung muss nicht entgeltlich erbracht werden (BayObLG 5.12.1984, DB 1985, 749 (750)). Sie besteht grundsätzlich nicht darin, dass der Schaden eines einzelnen Mitglieds von allen Mitgliedern oder von der eG zu tragen ist (BGH 9.6.1960, NJW 1960, 1858 (1860)). Die zur Ausführung der Förderleistung geschlossenen Rechtsgeschäfte mit den Mitgliedern heißen **Förder- oder Zweckgeschäfte.** Sie sind von den „Gegengeschäften" und anderen Geschäften (zB Hilfs- und Notgeschäften) zu unterscheiden, die iRd Geschäftsbetriebs (→ Rn. 11) mit Dritten geschlossen werden und die Fördergeschäfte mit den Mitgliedern erst ermöglichen (→ § 8 Rn. 5). Der **Fördererfolg** kann in vermehrten Einnahmen oder in einer Verminderung der zur Ausübung der Erwerbstätigkeit eingegangenen Ausgaben der Mitglieder bestehen. Er muss nicht allen Mitgliedern zuteilwerden, sofern die Förderung allen Mitgliedern angeboten wurde (Lang/Weidmüller/*Holthaus/Lehnhoff* Rn. 29). Ob eine eG ihrem Förderzweck gerecht geworden ist, schlägt sich nicht in der Bilanz der eG nieder, sondern nur in den (nicht notwendig betriebswirtschaftlichen) Ergebnissen der Mitglieder. Wird der Förderzweck in dauerhafter und struktureller Weise missachtet, kann dies insbesondere zu einer Auflösung der eG nach § 81 Abs. 1 S. 1 führen oder im Fall eines Rechtsformmissbrauchs uU die Haftung der Mitglieder auslösen (→ § 2 Rn. 5), ferner Ansprüche der Mitglieder gegen die eG und Prüfungen durch den Prüfungsverband und das Registergericht (zum Ganzen zB *Beuthien* NZG 2020, 681 ff.). 3

b) Förderung des Erwerbs der Mitglieder. Den Zweck der Erwerbsförderung verfolgt eine Genossenschaft, wenn ihr Hauptzweck darin besteht, die auf Einnahmeerzielung (nicht notwendig Gewinnerzielung) gerichteten selbstständigen gewerblichen, freiberuflichen, land- oder forstwirtschaftlichen oder sonstigen Tätigkeiten (auch Nebentätigkeiten) ihrer Mitglieder zu fördern. 4

c) Förderung der Wirtschaft der Mitglieder. Soweit mit „Wirtschaft" an einem Markt angebotene Leistungen gemeint sind, ist der Zweck, dies zu fördern, bereits identisch mit dem Zweck, den Erwerb zu fördern (→ Rn. 4). Bedeutung erlangt das Merkmal für die Förderung der Bedarfsdeckung von Mitgliedern auf der Nachfrageseite. Welcher Art der Bedarf oder die nachgefragten Leistungen sein müssen, lässt das Gesetz offen. Der Begriff „Wirtschaft" impliziert, dass es sich um Leistungen bzw. Bedürfnisse handeln muss, die an einem Markt erbracht bzw. gedeckt werden können. Die bislang hM schränkt ein, dass die Genossenschaft die Förderung der „privaten Hauswirtschaft" bzw. „Haushaltsführung" (*Paulick,* Das Recht der eingetragenen Genossenschaft, 1956, § 5 II 1a; PFB/*Fandrich* Rn. 10) ihrer Mitglieder bezwecken müsse. Manche beziehen die Förderung jeder „privaten Lebenswirtschaft" (Beuthien/*Beuthien* Rn. 14) oder der gesamten Lebensführung außerhalb einer Erwerbstätigkeit ein (*Müller* Rn. 25). Soweit die privaten Haus- oder Lebensbedürfnisse soziale oder kulturelle Belange betreffen, kann die Einordnung unter das Merkmal der Förderung der Wirtschaft seit der Novelle 2006 offenbleiben, weil die Förderung dieser Belange als zulässiger Zweck neben die Erwerbs- und Wirtschaftsförderung getreten ist (→ Rn. 6). 5

d) Förderung der sozialen oder kulturellen Belange der Mitglieder. Vor der Genossenschaftsrechtsnovelle 2006 durfte eine eG nicht zu rein ideellen Zwecken errichtet werden, wobei ein ideeller Nebenzweck (ebenso wie der wirtschaftliche Nebenzweck beim Idealverein) nicht schaden sollte (vgl. Beuthien/*Beuthien,* 14. Aufl. 2004, Rn. 10). Allerdings hatte bereits das RG Genossenschaften zugelassen, deren Ziele rein ideeller Art sind und die Förderung der Wirtschaft ihrer Mitglieder allein darin bestand, dass die eG Sachgüter für die Verfolgung des ideellen Ziels billiger beschafft und ihren Mitgliedern so zu Einsparungen zB bei der Nutzung der Sachgüter verhilft (RG 29.6.1931, RGZ 133, 170 (174 ff.) – Kegelsporthalle). Seit der **Novelle von 2006** ist die Förderung sozialer oder kultureller Belange der Mitglieder ein zulässiger selbstständiger Hauptzweck einer Genossenschaft (ebenso Lang/Weidmüller/*Holthaus/Lehnhoff* Rn. 34; PFB/*Fandrich* Rn. 11; anders Beuthien/*Beuthien* Rn. 14, der 6 diese Belange zum Merkmal der „Wirtschaftsförderung" zieht und dieses umfassend, unter Einbeziehung der Befriedigung ideeller Bedürfnisse versteht). Freilich darf die Förderung der sozialen oder kulturellen Mitgliederbelange nicht in beliebiger Weise erfolgen, sondern ein Geschäftsbetrieb muss Mittel zur Verwirklichung des Förderzwecks auf der Basis von Fördergeschäften sein (vgl. Beuthien/*Beuthien* Rn. 15 aE). Mit der Neuregelung von 2006 ist ein Gleichklang zur Regelung bei der Europäischen Genossenschaft (Art. 1 Abs. 3 SCE-VO) hergestellt worden. Möglich sind nach den Motiven zB Theater-, Museums-, Schul-, Sport- oder Mediengenossenschaften (BT-Drs. 16/1025, 80).

7 **e) Gemeinwirtschaftlicher Zweck und Gemeinnützigkeit?** Soziale oder kulturelle Belange darf die Genossenschaft nicht um ihrer selbst willen fördern, sondern nur als Belange ihrer Mitglieder. Die Genossenschaft kann nicht zu ihrem Hauptzweck machen, das Allgemeinwohl oder das Wohl von Nichtmitgliedern zu fördern (→ § 8 Rn. 6). Ein **gemeinwirtschaftlicher** Hauptzweck, unabhängig von der Mitgliedseigenschaft (auch) Dritte nach bestimmten Kriterien zu fördern, ist unzulässig (hM). Dagegen muss der Hauptzweck der Mitgliederförderung nicht Endzweck sein. Vermittels der Förderung ihrer Mitglieder kann die Genossenschaft unter den Voraussetzungen der §§ 51–68 AO durchaus einen **gemeinnützigen** Endzweck iSv §§ 52–54 AO verfolgen, vor allem wenn die Förderung ihrer Mitglieder selbst im Interesse der Allgemeinheit liegt (str., ähnlich zB Lang/Weidmüller/*Holthaus/Lehnhoff* Rn. 37; *Helios/Strieder* DB 2005, 2794 (2795 f.); *Hippeli/Matheis* ZfgG 2009, 234 (245); Winheller/Geibel/Jachmann-Michel/*Krause*, Gesamtes Gemeinnützigkeitsrecht, 2. Aufl. 2020, 3.7 Rn. 5 ff.; früher vorausgesetzt in dem Gesetz über die Gemeinnützigkeit im Wohnungswesen, aufgehoben durch das WGÜbfG, BGBl. 1988 I 1093, 1136 ff.). Dieser Endzweck muss in der Satzung verankert sein und ausschließlich iSv § 56 AO verfolgt werden. Neben dem Erfordernis einer Förderung der Allgemeinheit stellt insbesondere das Selbstlosigkeitsgebot des § 55 Abs. 1 AO besondere Anforderungen an die Ausgestaltung der Satzung einer gemeinnützigen eG, vor allem um auszuschließen, dass die eG nicht doch „in erster Linie" den eigenwirtschaftlichen Zwecken ihrer Mitglieder dient (zB *Hüttemann,* Gemeinnützigkeits- und Spendenrecht, 3. Aufl. 2015, Rn. 4.72 ff.). Die Verfolgung des gemeinnützigen Endzwecks ist aus genossenschaftsrechtlicher Sicht nur Nebenzweck (→ Rn. 6), sodass kein Widerspruch zu § 1 Abs. 2 Nr. 2 entsteht.

8 **f) Abgrenzung zu anderen Rechtsformen. aa) Unterscheidung von Verein und BGB-Gesellschaft.** Während mit der Förderung des Vereinszwecks nur mittelbar auch die Förderung der Vereinsmitglieder bezweckt wird und während Gesellschafter einer BGB-Gesellschaft selbst einen gemeinsamen Zweck verfolgen, muss die Genossenschaft die Förderung ihrer Mitglieder als ihren unmittelbaren Hauptzweck verfolgen, ohne dass ihre Mitglieder ihrerseits einem gemeinsamen (Vor- oder gar End-)Zweck nachgehen müssen. Kriterium für die Unterscheidung zur BGB-Gesellschaft ist außerdem die körperschaftliche Verfassung der Genossenschaft (→ Rn. 2). Zwischen mittelbarer und unmittelbarer Förderung der Mitglieder kann allerdings kaum unterschieden werden. Eine **Abgrenzung zum wirtschaftlichen Verein** iSv § 22 BGB ist daher praktisch nicht möglich, aber auch nicht relevant. Vielmehr ist eine Genossenschaft im materiellen Sinne (→ Rn. 14 f.) idR dem Typus des wirtschaftlichen Vereins iwS zuzuordnen (vgl. zB BayObLG 8.4.1998, NJW-RR 1999, 765; AG Schönau 22.5.1992, Rpfleger 1993, 203; MüKoBGB/*Reuter* BGB § 22 Rn. 28; Soergel/*Hadding* BGB §§ 21, 22 Rn. 24, 30; zu Ausnahmen → Rn. 9) und muss sich vorrangig als eG nach den besonderen gesetzlichen Vorschriften des GenG konstituieren. Die Möglichkeit einer staatlichen Verleihung nach § 22 BGB ist demgegenüber nur subsidiär zulässig, wenn die Rechtsform der eG wegen besonderer Umstände unzumutbar oder die Rechtsform des wirtschaftlichen Vereins in einem besonderen Gesetz (zB § 19 BundeswaldG) ausdrücklich zugelassen sein sollte (BVerwG 24.4.1979, BVerwGE 58, 26 (31) = NJW 1979, 2261 (2265)).

9 **bb) Abgrenzung speziell zum Idealverein.** Notwendig ist hingegen die Unterscheidung zum Idealverein nach § 21 BGB, dessen (Haupt-)Zweck nicht auf einen wirtschaftlichen Geschäftsbetrieb gerichtet sein darf. Wenngleich eine Genossenschaft die Förderung nichtwirtschaftlicher sozialer oder kultureller Belange bezwecken kann, muss die Förderung durch einen gemeinschaftlichen Geschäftsbetrieb erfolgen (BT-Drs. 16/1025, 80). Dieser Geschäftsbetrieb ist zwar nicht Hauptzweck der Genossenschaft, aber doch wenigstens Mittel zum (Förder-)Zweck, um die Förderleistungsfähigkeit zu gewährleisten. Bietet eine Genossenschaft im materiellen Sinne (→ Rn. 14 f.) iR ihres Geschäftsbetriebs planmäßig und dauerhaft Leistungen an einem äußeren Markt an und nimmt sie wie ein Unternehmer am Wirtschaftsverkehr teil, dann kann sie gemäß der herrschenden typologischen Theorie (BGH 14.7.1966, BGHZ 45, 395 (397 f.); BGH 29.9.1982, BGHZ 85, 84 (88 ff.) = NJW 1983, 569) nach dem Schutzzweck von § 21 BGB nicht Idealverein sein und darf daher nicht in das Vereinsregister eingetragen werden. Gleiches gilt, wenn sie die Förderleistungen an ihre Mitglieder entgeltlich erbringt und schon in diesem inneren Markt ein wirtschaftlicher Geschäftsbetrieb besteht (vgl. RG 26.4.1937, RGZ 154, 343 (353 f.)). **Abgrenzungsprobleme** entstehen dann, wenn **ausnahmsweise** der Geschäftsbetrieb einer Vereinigung unter vereinsrechtlichen Vorzeichen nur Nebenzweck sein und unter das Nebenzweckprivileg fallen würde (BGH 29.9.1982, BGHZ 85, 84 (93) = NJW 1983, 569) und

dennoch unter genossenschaftsrechtlichen Vorzeichen ausreichendes Mittel zur Herstellung der Förderleistungsfähigkeit wäre. Um entscheiden zu können, ob eine solche Vereinigung im materiellen Sinne Verein oder Genossenschaft ist und entweder als Idealverein im Vereinsregister oder als eG im Genossenschaftsregister eingetragen werden kann, sind zusätzliche, am jeweiligen Typus orientierte Kriterien notwendig. Für einen Idealverein spricht zB, wenn Kosten umgelegt und Beiträge erhoben werden sollen (§ 58 Nr. 2 BGB); dagegen spricht für eine Genossenschaft, wenn die Vereinigung Förder- oder Zweckgeschäfte (Rn. 4) mit ihren Mitgliedern schließen und die Kosten hierfür erwirtschaften soll (Beuthien/*Beuthien* Rn. 21). Ferner bestehen Unterschiede hinsichtlich der Verfassung, zB kann nur eine Genossenschaft einen Aufsichtsrat haben. In Ausnahmefällen (wie im Kegelsporthallenfall, → Rn. 6) können Vereinigungen dem Typus des Idealvereins und dem Typus der Genossenschaft entsprechen. Je nachdem wie die Satzung ausgestaltet wird, kann dann ausnahmsweise Wahlfreiheit zwischen den Rechtsformen des eingetragenen Vereins und der eG bestehen.

cc) Abgrenzung zu den Kapitalgesellschaften. Während zB AG und GmbH ihre Aktionäre bzw. Gesellschafter allein dadurch „fördern", dass sie ihnen Dividenden bzw. Gewinne ausschütten, genügt diese Art der Förderung für eine Genossenschaft nicht (zB RG 29.6.1931, RGZ 133, 170 (178); Beuthien/*Beuthien* Rn. 10: Unzulässigkeit von „Dividendengenossenschaften"; zu Beteiligungen als reine Kapitalanlage → Rn. 31). Dies würde den gesetzlichen Typus der Genossenschaft überschreiten (zB *Paulick,* Das Recht der eingetragenen Genossenschaft, 1956, § 5 III). Umgekehrt dürfen Genossenschaften im materiellen Sinne in der Rechtsform einer AG oder GmbH errichtet werden („genossenschaftliche" AG oder GmbH, → Rn. 14). 10

g) Förderung durch gemeinschaftlichen Geschäftsbetrieb. Der genossenschaftliche Zweck muss auf die Förderung durch einen gemeinschaftlichen Geschäftsbetrieb gerichtet sein, dh der Geschäftsbetrieb ist Mittel zur Herbeiführung des Förderzwecks. Unter **Geschäftsbetrieb** wird sowohl die Zusammenfassung von bestimmten Sachen, Rechten und anderen wirtschaftlichen Werten sowie von personellen und organisatorischen Mitteln zu einer Einheit zur Erreichung des Förderzwecks als auch die mit diesen Mitteln und Werten entfaltete, planmäßige und auf Dauer angelegte Tätigkeit verstanden. Im Gegensatz zu § 22 BGB verlangt der Gesetzeswortlaut zwar keinen „wirtschaftlichen" Geschäftsbetrieb. Doch wird die Genossenschaft zur Erfüllung ihrer Förderleistungsfähigkeit praktisch immer unternehmerisch an Märkten tätig werden und wird daher einen wirtschaftlichen Geschäftsbetrieb führen müssen. Ein Gewerbe muss nicht betrieben werden. Dass der Geschäftsbetrieb **gemeinschaftlich** sein muss, bedeutet nicht, dass die Genossenschaft keinen eigenen Geschäftsbetrieb hat und ihre Geschäfte nur gemeinsam mit ihren Mitgliedern führen darf. Die Förderleistungen erbringt allein die Genossenschaft selbst. Der Begriff „gemeinschaftlich" steht entstehungsgeschichtlich für „genossenschaftlich" und weist auf den Genossenschaftsgrundsatz der Selbsthilfe (→ Rn. 42) hin (näher Beuthien/*Beuthien* Rn. 30). 11

Grundsätzlich muss die Genossenschaft einen Geschäftsbetrieb in eigenen Händen führen. Möglich ist aber eine **Auslagerung von (uU auch wesentlichen) Teilen des Geschäftsbetriebs** an Dritte (zB in Gestalt einer Verpachtung), wenn dies iRd Erfüllung des Förderzwecks erfolgt und in der Satzung erlaubt wird (→ § 6 Rn. 3) und wenn genossenschaftsrechtliche Vorschriften nicht entgegenstehen, insbesondere wenn durch die Auslagerung die Förderleistungsfähigkeit der Genossenschaft nicht beeinträchtigt wird (str., ähnlich zB Beuthien/*Beuthien* Rn. 32, 35, PFB/*Fandrich* Rn. 22, Lang/Weidmüller/*Holthaus/Lehnhoff* Rn. 20 f.; abl. – allerdings wohl nur hinsichtlich der Auslagerung des gesamten Geschäftsbetriebs – zB *Müller* GenG Rn. 37 f.). Letzterer Voraussetzung ist genügt, wenn sichergestellt ist, dass die Genossenschaft selbstständig oder auch nur gemeinsam mit dem Auslagerungsunternehmen aufgrund der Ansprüche, die ihr (zB aufgrund eines Pachtvertrages) gegen das Auslagerungsunternehmen zustehen, die Förderleistungen an die Mitglieder erbringt. Hierfür spricht, dass die Rechte der Genossenschaft gegen das Auslagerungsunternehmen zum Geschäftsbetrieb der Genossenschaft gehören und diese damit „durch" ihren Geschäftsbetrieb den Förderzweck erfüllt, wenn sie die Leistungen des Auslagerungsunternehmens an ihre Mitglieder weitergibt oder vermittelt (vgl. zB *Götz,* Verbundbildung bei den Einkaufsgenossenschaften des Lebensmittelhandels und einzelgenossenschaftlicher Auftrag, 1981, 241, 245, 270 ff.). Ausdrücklich erlaubt § 1 Abs. 2 Nr. 1 die Beteiligung der Genossenschaft an Gesellschaften oder anderen Personenvereinigungen zur Erfüllung des Förderzwecks (→ Rn. 31). Auch solche Beteiligungen sind Teil des Geschäftsbetriebs der Genossenschaft und es kommt allein darauf an, ob sie ihrem Förderzweck dienen. Der Typus einer Genossenschaft wird freilich überschritten, wenn der gesamte Geschäftsbetrieb an ein Drittunternehmen verpachtet oder übertragen wird und die Genossenschaft sich darauf beschränkt, zB die Pachtzinsen oder die Dividenden aus einer Beteiligung an dem Drittunternehmen als Gewinn an ihre Mitglieder auszuschütten (hM, zB Beuthien/*Beuthien* Rn. 10, 33, 34, *Müller* GenG Rn. 37 f.). 12

III. Eingetragene Genossenschaft, Genossenschaft im bloß materiellen Sinne und Vor-eG

13 **1. Eingetragene Genossenschaft.** Voraussetzung für den Erwerb der Rechte als eG nach dem GenG, insbesondere für ihre Rechtspersönlichkeit (§ 17 Abs. 1), ist die Eintragung der Genossenschaft in das Genossenschaftsregister ihres Sitzes. Vor dieser Eintragung hat sie die Rechte einer eG als solche nicht (§ 13). Voraussetzung einer Genossenschaft ist die Eintragung als eG freilich nicht (BGH 16.6.1955, BGHZ 17, 385 (388)). Ohne Eintragung ist die Genossenschaft entweder eine solche im bloß materiellen Sinne (→ Rn. 14) oder eine Vor-eG (→ Rn. 16). Es besteht keine Pflicht zur Eintragung als eG.

14 **2. Genossenschaft im bloß materiellen Sinn.** Die Legaldefinition der Genossenschaft in Abs. 1 geht davon aus, dass es Genossenschaften gibt, die nicht eG sind. Es gibt demnach nicht eingetragene Genossenschaften in einem bloß materiellen Sinne. Sie sind idR vom Idealverein abzugrenzen und können daher nicht im Vereinsregister eingetragen werden (→ Rn. 9). Sie sind auch von BGB-Gesellschaften und anderen Personengesellschaften abzugrenzen (→ Rn. 8). Zwar können Personengesellschaften einen genossenschaftlichen Förderzweck verfolgen (zB Beuthien/*Beuthien* Rn. 79), doch nur in dem für sie geltenden Rahmen (insbesondere keine nichtgeschlossene Mitgliederzahl, kein Vorstand, kein Mehrheitsprinzip). Ohne größere Verbiegungen kann eine Genossenschaft im materiellen Sinne die **alternativen Rechtsformen** einer AG (zB *Luther,* Die genossenschaftliche AG, 1978), einer GmbH oder einer KGaA (theoretisch auch diejenige eines wirtschaftlichen Vereins) annehmen. Insoweit herrscht Wahlfreiheit, weil ein **Rechtsformzwang** zur eG **fehlt.** Zudem kommen auch die supranationale Rechtsform der Societas Cooperativa Europaea (SCE) nach der SCE-VO, die aufgrund einer neuen Konsultation der Europäischen Kommission wieder auf den Prüfstand kommt (vgl. *Bremer* NZG 2011, 578), sowie die zahlreichen Rechtsformen der EU-Mitgliedstaaten iRd Niederlassungsfreiheit in Betracht (→ IntGesR Rn. 18 ff.). Unter einem internationalen Blickwinkel fand der materielle Genossenschaftsbegriff eine besondere Würdigung in dem von den UN zum „Internationalen Jahr der Genossenschaften" ausgerufenen Jahr 2012.

15 Werden die erwähnten alternativen Rechtsformen nicht gewählt und wird nicht die Eintragung der Genossenschaft in das Genossenschaftsregister vorbereitet, sodass auch Genossenschaftsrecht keine Anwendung findet (→ Rn. 16, → § 13 Rn. 3 ff.), untersteht diese **„reine" Genossenschaft im materiellen Sinne** als nichtrechtsfähiger Verein nach § 54 S. 1 BGB an sich den Vorschriften über die BGB-Gesellschaft (ggf. den OHG-Vorschriften). Diese Vorschriften passen aber wegen der körperschaftlichen Struktur der Genossenschaft jedenfalls nicht für ihre Binnenverfassung. Soweit wie möglich und soweit insbesondere der Gläubigerschutz nicht entgegensteht, können daher die §§ 24 ff. BGB Anwendung finden (str., vgl. zB Beuthien/*Beuthien* Rn. 80a, aA zB PFB/*Fandrich* § 13 Rn. 10: GenG). Für die Verbindlichkeiten haften die Mitglieder im Außenverhältnis grundsätzlich nach den für BGB-Gesellschaften geltenden Regeln (für die gescheiterte Vor-eG → § 13 Rn. 8 aE). Könnte die Genossenschaft im materiellen Sinne ausnahmsweise Idealverein sein (→ Rn. 9), kann wie für nichtrechtsfähige Idealvereine (zB BGH 11.7.1968, BGHZ 50, 325 (328 ff.)) im Wesentlichen Vereinsrecht anzuwenden sein. Rechtssicherheit im Hinblick auf die Nichthaftung der Mitglieder wird letztlich nur durch Eintragung als eG erreicht. Im Prozess ist die Genossenschaft im materiellen Sinne parteifähig (arg. e. § 50 Abs. 2 ZPO).

16 **3. Vor-eG (Vorgenossenschaft).** Vor der Eintragung in das Genossenschaftsregister entsteht die Vor-eG (ähnlich wie die Vor-GmbH oder die Vor-AG) als Vorstufe zur eG mit der Unterzeichnung der Satzung durch die erforderliche Mitgliederzahl und in der erforderlichen Form und mit dem Zweck, die Eintragung in das Genossenschaftsregister nach §§ 10, 11 zu betreiben, den Geschäftsbetrieb aufzunehmen und die genossenschaftliche Förderung vorzubereiten (→ § 13 Rn. 3 ff.). Scheitert die Eintragung, entsteht eine Genossenschaft im bloß materiellen Sinne (→ Rn. 15).

IV. Unternehmensgegenstand und Genossenschaftsarten

17 **1. Unternehmensgegenstand.** Der Unternehmensgegenstand einer Genossenschaft umfasst den Gegenstand ihres Geschäftsbetriebes, durch den sie den Erwerb, die Wirtschaft oder soziale oder kulturelle Belange ihrer Mitglieder fördert (→ Rn. 11). Er wird vom Gegenstand der Förderleistungen an die Mitglieder unterschieden und muss **mit dem genossenschaftlichen Förderzweck in Einklang** stehen (BGH 8.10.1969, BGHZ 53, 1 (2)). Unzulässig ist daher die reine Verwaltung eigenen Vermögens (auch von Beteiligungen) zur Erwirtschaftung eines eigenen Gewinns ohne Förderzweck (zB Beuthien/*Beuthien* Rn. 33); sie ist es auch, wenn die Förderung sich in einer Ausschüttung von Gewinnen an die Mitglieder erschöpft, weil ansonsten die Rechtsform einer Genossenschaft verfehlt würde (→ Rn. 10; zu rechtspolitischen Bestrebungen jüngst BR-Drs. 500/20). Zudem geriete eine solche eG in die Gefahr, in den Anwendungsbereich des KAGB zu fallen (→ Rn. 18a). Zulässig ist

dagegen das **Halten und Verwalten eigener Vermögenswerte** (auch zB von Ansprüchen als Verpächterin oder unter den Voraussetzungen von Abs. 2 auch von Beteiligungen – so genannte **Halte- oder Pachtgenossenschaften**), wenn die Vermögenswerte dem Förderzweck dienen. Das ist der Fall, wenn die Genossenschaft über die Vermögensverwaltung hinaus entweder eigene Förderleistungen erbringt und die erzielten Einnahmen aus den gehaltenen Vermögenswerten zu ihrer Förderleistungsfähigkeit beitragen, oder wenn die Genossenschaft zwar keine eigenen Förderleistungen erbringt, aber zumindest diejenigen Fördermaßnahmen trifft, die den Vermögenswert zu einer Förderung auch für ein einzelnes Mitglied werden lassen, zB indem sie die Förderleistungen des betreffenden Dritten (zB des Beteiligungsunternehmens oder des Pächters) an ihre Mitglieder vermittelt (iE str., noch weitergehend *Beuthien* AG 1996, 349 (353 ff.); zur Auslagerung von Teilen des Geschäftsbetriebs → Rn. 12, zu reinen Holdinggenossenschaften → Rn. 32). Denn Fördernde, also Förderungssubjekt, muss weiterhin die Genossenschaft selbst sein (→ Rn. 31).

18 Die genaue Beschreibung des Unternehmensgegenstands gehört zum **Mindestinhalt der Satzung** (→ § 6 Rn. 3). Jede Änderung muss daher die Voraussetzungen einer Satzungsänderung erfüllen (vgl. § 16 Abs. 2 Nr. 1). Sogar wesentliche Änderungen des Unternehmensgegenstands dürfen beschlossen werden (arg. e. § 67a Abs. 1). Der Unternehmensgegenstand muss **rechtlich erlaubt** sein, darf der Genossenschaft also nicht durch Gesetz (zB § 8 Abs. 2 VAG, § 2 Abs. 2 S. 1 BauSparkG) verboten sein (zum KAGB → Rn. 18a). Erlaubt sind den Genossenschaften Rechtsdienstleistungen, soweit sie iR ihres Aufgabenbereichs, dh des Unternehmensgegenstands ihre Mitglieder betreuen (§ 7 Abs. 1 S. 1 Nr. 2 RDG, (früher Art. 1 § 3 Nr. 7 RBerG)). Dem Betrieb einer Inkassoabteilung, die Geschäftsforderungen der Mitglieder einzieht, steht das RDG daher nicht entgegen (BGH 8.10.1969, BGHZ 53, 1 (2)).

18a Abhängig von der **besonderen Art des Unternehmensgegenstandes** unterliegt eine eG ggf. spezifischen Anforderungen, zB nach dem KWG, wenn sie Bankgeschäfte betreibt oder Finanzdienstleistungen erbringt, oder nach dem WpHG, wenn Wertpapierdienstleistungen oder Wertpapiernebendienstleistungen erbracht werden. Beides spielt vornehmlich für die Kreditgenossenschaften eine Rolle (→ Rn. 20). Darüber hinaus könnte angesichts des in § 1 Abs. 1 KAGB gewählten weiten materiellen Investmentbegriffs zwar die Gefahr bestehen, dass eine eG in bestimmten Fällen in den **Anwendungsbereich des KAGB** geraten könnte. Die Folgen wären verwaltungs- und strafrechtliche Sanktionen wegen unerlaubten Investmentgeschäfts nach §§ 44, 339 KAGB und ferner die Unzulässigkeit der Rechtsform eG (vgl. insbesondere § 139 KAGB). So hatte die BaFin in ihrer Verwaltungspraxis in 2013 und 2014 zunächst auch Genossenschaften mit operativer und nicht nur untergeordneter Anlagetätigkeit, ferner reine Haltegenossenschaften sowie Pachtgenossenschaften, die ihre operative Tätigkeit an Dritte ausgelagert haben, in den Fokus genommen und eine Anwendung des KAGB erwogen. Diese Sichtweise würde aber den genossenschaftsrechtlichen Besonderheiten nicht gerecht. Auch wenn eine eG neben ihrer operativen Tätigkeit auch Anlagetätigkeiten zB in Gestalt des Haltens und Verwaltens von Finanzinstrumenten entfaltet, ist damit regelmäßig **keine für ein Investmentvermögen typische Anlagestrategie** verbunden (zum Ganzen *Geibel* WM 2015, 1649 ff.). Die eG ist vielmehr kraft ihrer Rechtsform nach dem gesamten GenG zwingend auf eine **Förderzweckstrategie** festgelegt und muss dieser auch eine Anlagetätigkeit und die daraus resultierenden Einnahmen unterordnen. Das gilt auch zB im Fall einer reinen Haltegenossenschaft ohne operativen Eigenbetrieb, sofern eine Vermittlungs- oder Bereitstellungstätigkeit hinzukommt, mit welcher die eG ihre Förderfähigkeit herstellt und ihre Mitglieder fördert (*Beuthien* AG 1996, 349 (353)). Der hier vertretenen Auffassung folgt nunmehr auch die Verwaltungspraxis der BaFin. Die im Rahmen des Kleinanlegerschutzgesetzes vom Bundesrat vorgeschlagene und erstrebenswerte gesetzgeberische Klarstellung (BR-Drs. 638/14 (B), 25 f.) ist jedoch – offenbar mit Rücksicht auf die Rechtsformneutralität nach Art. 2 Abs. 2 AIFM-Richtlinie 2011/61/EU – nicht umgesetzt worden.

19 **2. Genossenschaftsarten. a) Allgemeines.** Lediglich „namentlich" wurden vor der Novelle 2006 bestimmte Arten von Genossenschaften im Gesetz genannt (vgl. den Überblick bei *Hirte* DStR 2007, 2166 (2167 f.)). Diese sind aus dem Gesetz genommen worden. Dennoch sind nach dem Unternehmensgegenstand und zT nach dem Förderleistungsgegenstand weiterhin verschiedene Arten von Genossenschaften zu unterscheiden. Sie haben sich großenteils zu eigenständigen Untertypen der Genossenschaft entwickelt.

20 **b) Kreditgenossenschaften.** Sie werden auch als Genossenschaftsbanken oder vom Gesetz früher als „Vorschuss- und Kreditvereine" bezeichnet und betreiben als Universalbank entweder alle Bankgeschäfte oder als Spezialbank bestimmte Bankgeschäfte iSv § 1 Abs. 1 S. 2 KWG zum Zweck der Erwerbs- oder Wirtschaftsförderung ihrer Mitglieder, daneben bestimmte Finanzdienstleistungen und teilweise auch andere Geschäftsbereiche wie zT das Warengeschäft (bei Raiffeisenbanken). Hierzu bedürfen sie der Erlaubnis der BaFin (§ 32 KWG) und unterliegen der Bankenaufsicht und den Bestimmungen des KWG. Die Eintragung in das Genossenschaftsregister darf erst erfolgen, wenn die Erlaubnis der BaFin dem Registergericht nachgewiesen ist (§ 43 Abs. 1 KWG). Nach § 24 Abs. 1 KWG sind der BaFin unter anderem anzuzeigen: das Ausscheiden sowie die Absicht der Bestellung eines Vorstandsmitglieds, eine Sitzverlegung oder Firmenänderung, die beabsichtigte Auflösung der eG, die Betriebseinstellung,

ein Verlust von 25 % des Eigenkapitals, bestimmte Änderungen von Beteiligungen oder engen Verbindungen zu anderen Unternehmen oder natürlichen Personen. Nur Kreditgenossenschaften dürfen die Bezeichnung „Volksbank" aufnehmen, sofern sie einem Prüfungsverband angehören (§ 39 Abs. 2 KWG). Neben den Volks- und Raiffeisenbanken sind Kreditgenossenschaften vor allem die Sparda-Banken, die PSD Banken sowie die Ärzte-, Apotheker- und Beamtenbanken. Ihr Spitzenverband ist der BVR (Bundesverband der deutschen Volksbanken und Raiffeisenbanken e. V.), der zB Mustersatzungen herausgibt und eine Sicherungseinrichtung betreibt, die der Aufsicht durch die BaFin unterliegt. Solange diese Sicherungseinrichtung aufgrund ihrer Satzung die angeschlossenen Kreditgenossenschaften schützt und über die dazu erforderlichen Mittel verfügt, sind die Kreditgenossenschaften der Pflicht enthoben, einer Entschädigungseinrichtung nach dem Einlagensicherungs- und Anlegerentschädigungsgesetz (BGBl. 1998 I 1842) anzugehören (§ 12 Abs. 1 dieses Gesetzes). Den Genossenschaftsbanken gehören die beiden Zentralbanken DZ Bank AG und die WGZ-Bank AG, die schon seit langer Zeit Fusionsgespräche geführt hatten. Zum 1.8.2016 wurde nun die WGZ-Bank auf die DZ-Bank verschmolzen. Zudem wurde die Fusion mehrerer ihrer Tochtergesellschaften, zuletzt der Beteiligungsgesellschaften DZ Equity Partner GmbH und WGZ Initiativkapital GmbH zur VR Equity Partner GmbH durchgeführt. Tochtergesellschaften der DZ Bank AG sind ferner die Bausparkasse Schwäbisch Hall, die R+V Versicherung und Union-Investment.

21 **c) Einkaufs- oder Bezugsgenossenschaften sowie Absatzgenossenschaften. aa) Allgemeines.** Einkaufs- oder Bezugsgenossenschaften (alte Bezeichnung: Rohstoffvereine) erwerben Rohstoffe, Waren und/oder Produkte von Dritten und veräußern sie weiter an ihre Mitglieder. Absatzgenossenschaften erwerben Rohstoffe, Waren und/oder Produkte von ihren Mitgliedern und veräußern sie weiter an Dritte. Kombinationen aus Einkaufs- und Absatzgenossenschaften (ggf. zusätzlich aus Nutzungsgenossenschaften, → Rn. 26) sind häufig. Teilweise werden zusätzliche Marketing-, Beratungs- und anderen Serviceleistungen für die Mitglieder erbracht. Die Geschäftsabwicklung von Einkaufs- und Absatzgenossenschaften erfolgt in jeweils eigenständigen Verträgen mit den Genossen und mit Dritten. Besonders zu beachten sind die kartellrechtlichen Vorschriften.

22 **bb) Besonderheiten von Einkaufsgenossenschaften.** Die Einkaufsgenossenschaft kann gegenüber ihren Mitgliedern selbstständig als Direktveräußerer (beim Lager- oder Streckengeschäft), oder als Kommissionär oder Kommissionsagent oder als Handelsmakler („Vermittlungsgeschäft") auftreten. Vorteile eines zentralen Einkaufs bestehen zB darin, dass die eG bei den Lieferanten günstige Konditionen erhält, insbesondere wenn sie zusätzlich Bürgschaften (Delkredere-Geschäft) oder die zentrale Regulierung der Bezahlung der Lieferanten übernimmt, oder besondere Kanäle für die Vermarktung bestimmter Marken entstehen. Einkaufsgenossenschaften gibt es vor allem in der Landwirtschaft, im Handwerk und im Einzelhandel.

23 **cc) Besonderheiten von Absatzgenossenschaften.** Die reine Absatzgenossenschaft beschränkt sich auf den Vertrieb der Waren und/oder Produkte ihrer Mitglieder an Zwischenhändler oder an den Endverbraucher im Wege der Direktveräußerung (ggf. auch des Kommissionsgeschäfts), seltener im Wege der reinen Vermittlung. Absatz- und Verwertungsgenossenschaften verarbeiten Rohstoffe, Waren oder Produkte der Mitglieder zu (neuen) Produkten und vertreiben diese. Absatzgenossenschaften erweitern den Ankauf zum Teil auch auf Nichtmitglieder (§ 8 Abs. 1 Nr. 5), um ihre Angebotspalette zu erweitern. Dies ist iRd Förderzwecks zulässig, soweit die eG dadurch ihre Förderleistungsfähigkeit sicherstellt. Die Vorteile einer zentralen Vermarktung von Produkten oder Waren durch eine Absatzgenossenschaft liegen zB in den Vorteilen ihrer größeren Marktmacht und ihren besseren Vertriebsmöglichkeiten. Absatzgenossenschaften kommen vor allem in der Landwirtschaft vor (zB Molkereigenossenschaften, Eier- oder Viehverwertungsgenossenschaften, Winzergenossenschaften).

24 **d) Produktivgenossenschaften.** Mitglieder einer Produktivgenossenschaft sind Arbeitnehmer der eG und stellen ihre Arbeitskraft für die gemeinschaftliche Herstellung und den Vertrieb von Gegenständen zur Verfügung. Es werden zwischen ihnen und der eG eigenständige Verträge geschlossen, auf die Arbeitsrecht Anwendung findet. Zugleich sind sie Mitglieder der eG und sind über Gewinnverteilung (§ 19) und Geschäftsguthaben (→ § 7 Rn. 1) am wirtschaftlichen Erfolg der eG beteiligt. Den Förderzweck erfüllt die Produktivgenossenschaft schon dadurch, dass sie ihren Mitgliedern einen Arbeitsplatz zur Verfügung stellt und sie vergütet. Dadurch fördert sie bereits den „Erwerb" der Mitglieder, die Arbeitsverträge sind Fördergeschäft (→ Rn. 4). In der Regierungsbegründung zur Novelle 2006 wird festgehalten, dass die fortan fehlende ausdrückliche Erwähnung der Produktivgenossenschaften im Gesetz nicht ihre Abschaffung bedeute, sondern dass sie die Voraussetzungen einer Genossenschaft nach § 1 Abs. 1 weiterhin erfüllen (BT-Drs. 16/1025, 81).

25 **e) Verbrauchergenossenschaften.** Die Verbraucher- oder auch Konsumgenossenschaften (frühere Bezeichnung: Konsumvereine) fördern die „Wirtschaft" ihrer Mitglieder dadurch, dass sie den privaten Lebensbedarf zB nach Lebensmitteln (Co op-Genossenschaften), nach Tageszeitungen, Energie oder bestimmten Dienstleistungen decken (zum Merkmal der Förderung der Wirtschaft → Rn. 5). Über-

schneidungen können sich mit der Einkaufsgenossenschaft ergeben. Die Zahl der Verbrauchergenossenschaften ist (vor allem durch zahlreiche Umwandlungen in AGs) zurückgegangen. Möglich sind Kombinationen von Verbraucher- mit Absatzgenossenschaften.

f) Werk- oder Nutzungsgenossenschaften. Werk- oder Nutzungsgenossenschaften beschaffen Gegenstände des landwirtschaftlichen oder gewerblichen Betriebes und gewähren den Mitgliedern die zeitweilige Benutzung. Meist handelt es sich um in der Anschaffung und Unterhaltung teure Maschinen, Geräte oder Anlagen, die sich ein einzelnes Mitglied allein nicht leisten kann und die (saisonal bedingt) nur zeitweise gebraucht werden. Das Nutzungsrecht als Förderleistungsanspruch ergibt sich aus der Satzung, seine nähere Ausgestaltung erfolgt in Miet-, Geschäftsbesorgungs- oder anderen Verträgen. 26

g) Wohnungsgenossenschaften. Früher in § 1 Abs. 1 Nr. 7 aF noch als „Vereine zur Herstellung von Wohnungen" bezeichnet, bezwecken Wohnungsgenossenschaften nicht mehr nur den Wohnungsbau, sondern sie fördern ihre Mitglieder insgesamt durch eine „gute, sichere und sozial verantwortbare Wohnungsversorgung" (Mustersatzung des GdW, Bundesverband deutscher Wohnungs- und Immobilienunternehmen e. V.). Ihr Geschäftsbetrieb kann sich auf die Herstellung, den Erwerb, die Veräußerung und die Vermittlung sowie auf die Vermietung, den Betrieb, die Bewirtschaftung und die Betreuung von Gebäuden aller Art und Nutzungsformen beziehen, ferner können Wohnungsgenossenschaften immobilienwirtschaftliche, städtebauliche und infrastrukturelle Aufgaben übernehmen. Sie können den Geschäftsbetrieb in der Satzung iRd Förderzwecks auf Nichtmitglieder erstrecken (§ 8 Abs. 1 Nr. 5); sofern dies nicht geschieht, ist nur das Mitgliedergeschäft zulässig. Aus steuerlichen Gründen wird häufig der Geschäftsbetrieb auf die Vermietung, die Herstellung und den Erwerb von Wohnungen beschränkt, um Körperschaftsteuerfreiheit nach § 5 Abs. 1 Nr. 10 KStG zu genießen (→ Rn. 49), während andere Tätigkeitsarten auf Tochtergenossenschaften ausgelagert werden. Eine Kombination der Förderung der Wohnungsversorgung mit der Förderung sozialer und kultureller Belange der Mitglieder war schon vor der Novelle 2006 möglich (BT-Drs. 16/1025, 81). Teilweise wird von Wohnungsgenossenschaften das Einlagengeschäft nach § 1 Abs. 1 Nr. 1 KWG in einer Spareinrichtung betrieben, wofür sie eine Erlaubnis der BaFin benötigen. Der Satzungsinhalt für Wohnungsgenossenschaften ist nicht mehr zwingend wie unter Geltung des Wohnungsgemeinnützigkeitsgesetzes (bis 1990) (vgl. BGBl. 1969 I 2141). 27

Das genossenschaftliche Mitgliedsrecht besteht bei einer Wohnungsgenossenschaft zunächst nur in einem abstrakten Anspruch, einer Art konkretisierungsbedürftigem Stammrecht auf Nutzung oder Erwerb einer Wohnung oder eines Rechts hieran nach Maßgabe der Satzung. Einen klagbaren **Mitgliedsanspruch auf Nutzung oder Erwerb** einer bestimmten Wohnung (oder eines Rechts hieran) erhält das Mitglied (erst, aber auch schon) dann, wenn die zuständigen Organe der eG (idR der Vorstand) die „Zuteilung" der Wohnung an dieses Mitglied satzungsgemäß beschließt und dem Mitglied diesen Beschluss mitteilt; dieser „Zuteilungsbeschluss" muss nicht nach § 311 Abs. 1 S. 1 BGB notariell beurkundet werden (BGH 10.11.1954, BGHZ 15, 177 (181 f.)). Bei der Gebrauchsüberlassung kann das **Nutzungsverhältnis** entweder als ein durch die Satzung unmittelbar gestaltetes genossenschaftliches Nutzungsverhältnis qualifiziert werden oder aber als ein Mietvertrag, der durch das Mitgliedsrecht überlagert wird (str., vgl. auch § 5 Abs. 1 Nr. 10 lit. a KStG). In der Praxis werden stets Mietverträge geschlossen und wird auch ein genossenschaftliches Nutzungsverhältnis der Sache nach stets als Mietvertrag eingestuft (BGH 10.9.2003, NJW-RR 2004, 12, str.). In jedem Fall finden daher die §§ 535 ff. BGB Anwendung, die jedoch durch das genossenschaftliche Mitgliedsrecht teilweise überlagert werden, insbesondere hinsichtlich der Kündigungsvorschriften oder der Treuepflichten (näher zB Lang/Weidmüller/*Holthaus/Lehnhoff* Rn. 70 ff.). Zum Beispiel stellt der Ausschluss eines Mitglieds oder die freiwillige Beendigung der Mitgliedschaft ein berechtigtes Interesse der eG an der Beendigung des Mietvertrages nach § 573 BGB dar (BGH 10.9.2003, NJW-RR 2004, 12). 28

h) Andere Genossenschaftsarten. Teilweise werden noch je nach Art des Geschäftsbetriebs zB Verkehrsgenossenschaften, Genossenschaften für verschiedene freie Berufe wie für Architekten, Genossenschaften des Gesundheitssektors, Energiegenossenschaften (speziell zu genossenschaftlichen Modellen für Anlagen der erneuerbaren Energien *Althanns* ZfBR-Beil. 2012, 36 ff.), EDV-Genossenschaften wie die Denic (die Domainnamen vergibt) oder Unternehmensnachfolgegenossenschaften (vor allem für ein „employee buy out") unterschieden. Teilweise knüpft das Gesetz seit der Novelle 2006 an Genossenschaften mit bestimmten Merkmalen an, an „Unternehmergenossenschaften" (→ § 43 Rn. 13) mit einer bestimmten Prozentzahl von Unternehmern iSv § 14 BGB als Mitgliedern (zB § 43 Abs. 3 Nr. 2, § 65 Abs. 2 S. 3) oder an „Kleinstgenossenschaften" mit nicht mehr als 20 Mitgliedern (zB § 9 Abs. 1 S. 2). 29

V. Beteiligungen (Abs. 2) und Konzernrecht

1. Beteiligungen der Genossenschaft an anderen Personenvereinigungen. a) Zulässigkeit. Beteiligungen (iSv § 271 Abs. 1 S. 1 HGB) an Kapitalgesellschaften ebenso wie an Personengesellschaften jeder Art (auch stille Gesellschaft) und an sonstigen Personenvereinigungen wie zB an anderen 30

Genossenschaften (§ 271 Abs. 1 S. 5 HGB gilt nur für das III. Buch des HGB) oder an Vereinen wie den Prüfungsverbänden gem. § 63b sind unter den in Nr. 1 und Nr. 2 alternativ genannten Voraussetzungen zulässig. Höchstgrenzen nennt das Gesetz nicht, sodass die eG zB sämtliche Anteile an einer Gesellschaft übernehmen kann. Kreditgenossenschaften unterliegen einer bankaufsichtsrechtlichen Anzeigepflicht nach § 24 Abs. 1 Nr. 12, 13 KWG.

31 **aa) Dem Förderzweck dienende Beteiligungen (Abs. 2 Nr. 1).** Beteiligungen an Gesellschaften und anderen Personenvereinigungen gehören als Vermögenswerte zum Geschäftsbetrieb der Genossenschaft, durch den sie Erwerb, Wirtschaft und/oder soziale oder kulturelle Belange ihrer Mitglieder fördert. Insoweit enthält Abs. 2 Nr. 1 lediglich eine Klarstellung. Nur die Beteiligung muss dem Förderzweck dienen, nicht dagegen muss die Gesellschaft oder Personenvereinigung, an der die Beteiligung besteht, selbst den genossenschaftlichen Förderzweck verfolgen. Fördernde, also Subjekt der genossenschaftlichen Förderung, und verpflichtet zu den Förderleistungen ist die eG, nicht die Gesellschaft oder Personenvereinigung, an der sich die eG beteiligt hat. Die eG erbringt die Förderung aber „durch" die Beteiligung, indem entweder die Gesellschaft oder Personenvereinigung Förderleistungen gegenüber den Mitgliedern der eG tatsächlich vornimmt oder indem die Beteiligung die Förderleistungsfähigkeit der eG sicherstellt (nicht notwendigerweise verbessert). Im ersten Fall dient die Beteiligung unmittelbar dem Förderzweck, doch genügt wie im zweiten Fall eine mittelbare Förderung (hM). Unschädlich ist ferner, dass eine Genossenschaft, an der sich die eG beteiligt hat, selbst eigene Förderzwecke verfolgt, sofern diese der Förderung der Mitglieder der beteiligten eG jedenfalls mittelbar dienen. Dagegen sind Beteiligungen unzulässig, mit denen die eG eigene Zwecke oder Zwecke von Nichtmitgliedern verfolgt. Ob ferner Beteiligungen als reine Kapitalanlage dem Förderzweck dienen, ist ausnahmsweise zu verneinen, wenn die eG reine Dividendengenossenschaft ist (→ Rn. 10) oder die Gewinne aus der Beteiligung unabhängig von ihrem Förderzweck und ohne Stärkung der Fähigkeit der eG zu einer anderweitigen Förderleistung (zB eine Kreditvergabe zu günstigen Konditionen) lediglich an die Mitglieder weitergibt, dagegen in der Regel zu bejahen, wenn die Kapitalanlage der Fähigkeit der eG zur Erbringung ihrer (anderweitigen) Förderleistungen und damit mittelbar dem Förderauftrag dient (hM, zB PFB/*Fandrich* Rn. 55; strenger Beuthien/*Beuthien* Rn. 10a).

32 **bb) Reine Holdinggenossenschaften.** Sie zeichnen sich dadurch aus, dass sie neben ihren (nicht notwendig als herrschendes Unternehmen gehaltenen) Beteiligungen keinen sonstigen Geschäftsbetrieb haben (reine „Haltegenossenschaften"). Ihre Zulässigkeit war von der früher noch hA abgelehnt worden (zB *Müller* GenG Rn. 37; diff. zwischen Gesamthandsbeteiligungen und sonstigen Beteiligungen *Paulick,* Das Recht der eingetragenen Genossenschaft, 1956, § 5 II 3c). Inzwischen überwiegt die Gegenauffassung (zB *Gaßner* Rpfleger 1980, 409 ff.; Beuthien/*Beuthien* Rn. 93; Lang/Weidmüller/*Holthaus/Lehnhoff* Rn. 96; *Emmerich/Habersack* KonzernR § 36 Rn. 7: mittelbare Erfüllung des Förderzwecks genüge). Nach zutreffender Ansicht darf sich eine Holdinggenossenschaft jedenfalls dann auf die Verwaltung von Beteiligungen beschränken, wenn sie Fördermaßnahmen trifft, welche die Beteiligung(en) als solche zu einem Nutzen auch für jedes einzelne ihrer Mitglieder werden lassen (allgemein → Rn. 17), ohne dass die Holdinggenossenschaft zur reinen Dividendengenossenschaft wird (→ Rn. 10). Dem kann die Holdinggenossenschaft zB durch Maßnahmen genügen, die sicherstellen, dass sie die Förderleistungen der Gesellschaften oder Personenvereinigungen, an welcher die Holdinggenossenschaft beteiligt ist, an ihre Mitglieder vermitteln kann.

33 **cc) Gemeinnützigen Bestrebungen dienende Beteiligungen (Abs. 2 Nr. 2).** Eine eG darf sich auch dann an anderen Gesellschaften oder sonstigen Personenvereinigungen beteiligen, wenn die Beteiligung gemeinnützigen Bestrebungen der eG (nicht notwendig iSv §§ 52, 55 AO, str.) dient und dies weder ihr alleiniger noch überwiegender Zweck ist. Die gemeinnützigen Bestrebungen müssen solche der eG sein, nicht ihrer Mitglieder. Der gemeinnützige (End-)Zweck der eG muss Nebenzweck neben dem Hauptzweck der Mitgliederförderung sein und kann auch durch die Förderung ihrer Mitglieder verfolgt werden (→ Rn. 7). Die gemeinnützigen Bestrebungen dienende Beteiligung muss aber nicht zugleich dem Förderzweck der eG dienen, weil Abs. 2 Nr. 2 eine alternative Voraussetzung neben derjenigen nach Abs. 1 Nr. 1 enthält.

34 **b) Rechtsfolge eines Verstoßes gegen Abs. 2.** Das einer Beteiligung zugrunde liegende Gründungs- oder Erwerbsgeschäft, das der Vorstand im Namen der eG unter Verstoß gegen Abs. 2 geschlossen hat, ist nicht nach § 134 BGB nichtig, weil es sich um ein bloß einseitig die Sphäre der eG betreffendes Verbotsgesetz handelt und auch der Normzweck nicht die Nichtigkeit fordert. Darauf, dass der Vorstand durch das gesetzwidrige Verhalten seine Vertretungsmacht überschritten hat, kann sich die eG nicht berufen (§§ 26, 27 Abs. 2). Sofern der Vorstand über die unzulässige Beteiligung entschieden hat, können die Vorstandsmitglieder der eG nach § 34 Abs. 2 zum Schadensersatz verpflichtet sein. Nach § 249 Abs. 1 BGB ist die Beteiligung rückgängig zu machen oder zu veräußern, der für die Beteiligung aufgewendete Betrag zu zahlen und hierauf der Vorteil aus der (Rück-)Veräußerung anzurechnen. Auch die Aufsichtsratsmitglieder können haften, wenn sie der Pflicht zur Überwachung des Vorstands nicht nachgekommen sind oder den Ersatzanspruch gegen die Vorstandsmitglieder nicht

durchsetzen (§ 38 Abs. 1, §§ 39, 41, 34 Abs. 2). Möglicherweise hat jedoch die Generalversammlung die unzulässige Beteiligung selbst beschlossen, sodass Ersatzansprüche nach § 34 Abs. 4 S. 1 ausgeschlossen sind. Ferner muss der Prüfungsverband iR seiner Prüfung nach §§ 53 ff. auf einen Verstoß gegen Abs. 2 aufmerksam machen und auf Abhilfe drängen. Unterlässt die eG dies, kann sie uU aus dem Prüfungsverband ausgeschlossen werden (mit der Folge des § 54a Abs. 2). Nur ausnahmsweise kann die eG unter den besonderen Voraussetzungen des § 81 Abs. 1 Alt. 2 durch Urteil aufgelöst werden, wenn sie insgesamt einen anderen Zweck als den der Mitgliederförderung verfolgt. Das ist allein beim Abschluss einzelner förderungszweckwidriger Rechtsgeschäfte wie eine Beteiligung nicht der Fall (vgl. BT-Drs. 16/1025, 94).

c) Die eG als herrschendes Unternehmen. Soweit eine eG einen beherrschenden Einfluss iSv § 17 Abs. 1 AktG auf eine AG ausübt, gilt das Aktienkonzernrecht, soweit eine eG einen solchen Einfluss auf eine Personenvereinigung anderer Rechtsform ausübt, gilt das Konzernrecht der jeweiligen Rechtsform (zB GmbH-Konzernrecht). Für die Beteiligung selbst gilt Abs. 2 (→ Rn. 31 ff.). Im Fall von Abs. 2 Nr. 1 darf die eG den beherrschenden Einfluss nur iR ihres jeweiligen Förderzwecks ausüben, im Fall des Abs. 2 Nr. 2 muss der Einfluss entweder dem Förderzweck oder den gemeinnützigen Bestrebungen der eG entsprechen. Für den Abschluss und die Folgen eines Unternehmensvertrages mit einer AG gelten §§ 291 ff., 300 ff. AktG. Analog § 293 Abs. 2 AktG muss die Generalversammlung der eG den Abschluss eines Beherrschungs- oder Gewinnabführungsvertrages (auch mit einer Gesellschaft anderer Rechtsform) mit mindestens Dreiviertelmehrheit beschließen, insbesondere wegen der weitreichenden Folge des § 302 AktG (vgl. für die GmbH zB BGH 30.1.1992, NJW 1992, 1452 f.). 35

2. Beteiligungen an einer Genossenschaft. a) Zulässigkeit. Einer eG können grundsätzlich alle Arten von Kapital- und Personengesellschaften, von juristischen Personen und von anderen Personenvereinigungen als Mitglied beitreten, soweit sie Rechts- und Pflichtenträger sein können (arg. e. § 30 Abs. 2 Nr. 1; → § 15 Rn. 6). Eine andere eG kann dementsprechend Mitglied einer anderen eG (vor allem an einer Zentralgenossenschaft) werden (arg. e. § 43 Abs. 3 S. 3 Nr. 3), auch eine andere Genossenschaft im materiellen Sinne oder eine Vor-eG (→ Rn. 14–Rn. 16). Nicht dagegen können sich Innengesellschaften als solche beteiligen. **Typische stille Beteiligungen** am Gewinn ohne weitergehende Rechte für den Stillen können der eG Kapital zuführen und so ihre Förderleistungsfähigkeit sicherstellen. Ein Verstoß gegen die zwingende Gewinnverteilung nur an Mitglieder nach § 19 Abs. 1 S. 1 liegt darin nicht (so aber zB *Müller* GenG Rn. 63a), weil diese Vorschrift den verteilungsfähigen Bilanzgewinn meint und von diesem vor der Verteilung nach § 19 die Verbindlichkeit gegenüber dem typisch Stillen abzuziehen ist (str., so im Grundsatz zB Lang/Weidmüller/*Holthaus/Lehnhoff* Rn. 99; im Ergebnis ebenso *Hadding* ZIP 1984, 1295 (1302); zum Gewinnabführungsvertrag → Rn. 36). Ähnliches gilt für partiarische Darlehen (zu Genussrechten vgl. *Blomeyer* ZfgG 1993, 17). Auch die Vorbehalte der bislang hM gegen die grundsätzliche Zulässigkeit **atypisch stiller Beteiligungen** am (gewerblichen) Geschäftsbetrieb der eG wegen Verstoßes gegen deren Förderzweck sind im Wesentlichen abgebaut (str., näher *Beuthien* NZG 2003, 849 (850 ff.); abl. zB Lang/Weidmüller/*Holthaus/Lehnhoff* Rn. 100). Hinsichtlich der Beteiligungen am eigenen Institut unterliegen Kreditgenossenschaften einer bankaufsichtsrechtlichen Anzeigepflicht nach § 24 Abs. 1 Nr. 10 KWG. 36

b) Die eG als abhängiges Unternehmen. Bei der Frage, ob die **Abhängigkeitsvermutung** für eine eG gilt, werden die Regelungen der **§ 17 Abs. 2 AktG, § 16 AktG durch § 43 Abs. 3 überlagert.** Hiernach kann wegen des grundsätzlich geltenden Stimmrechts nach Köpfen und der restriktiven Zulassung von Mehrstimmrechten ein beherrschender Einfluss idR nicht ausgeübt werden. Jedoch kann eine eG abhängiges Unternehmen nach **§ 17 Abs. 1 AktG** sein. Zu einer Abhängigkeit kann es bei einer Zentralgenossenschaft kommen, deren Mitglieder ausschließlich oder überwiegend Genossenschaften sind und bei denen sich aufgrund einer Satzungsregelung das Stimmrecht nach dem Geschäftsguthaben oder einem anderen Maßstab richtet (§ 43 Abs. 3 S. 3 Nr. 3), oder bei einer eG, die von ihren wenigen (mindestens drei) Mitgliedern gemeinsam beherrscht wird. Ferner kann es im Einzelfall zu einem beherrschenden Einfluss eines Mitglieds kommen, dem in der Satzung besondere Rechte eingeräumt worden sind (vor allem das Recht der Vorstandsbestellung und -abberufung nach § 24 Abs. 2 S. 2, vgl. *Emmerich/Habersack* KonzernR § 36 Rn. 12; seit der Novelle 2006 liegt das Abberufungsrecht nicht mehr zwingend bei der Generalversammlung → § 24 Rn. 11; zum Einfluss Dritter auf die Vorstandsbestellung vgl. *Beuthien/Gätsch* ZHR 157 (1993), 483 (506 ff.)). Eine eG kann auch dann von einem anderen Unternehmen abhängig sein, wenn eines oder mehrere ihrer Vorstandsmitglieder faktisch einen beherrschenden Einfluss in der eG ausüben und zugleich ein Doppelmandat in dem anderen Unternehmen innehaben. Die Möglichkeit, dass eine juristische Person direkt Organmitglied der eG würde und beherrschenden Einfluss ausüben könnte, ist durch die Neufassung von § 9 Abs. 2 S. 1 ausgeschlossen, wonach nur natürliche Personen Vorstandsmitglieder der eG sein können (→ § 9 Rn. 2, → § 24 Rn. 5; aA noch *Wasmann,* Juristische Personen als gekorene Mitglieder von Körperschaftsorganen, 1996, 22 ff., 124). Bei einer abhängigen eG ohne Beherrschungsvertrag sind §§ 311–318 AktG 37 wie bei der GmbH nicht anwendbar (str.), vielmehr sind etwaige Ersatzansprüche auf Treuepflichtverletzung und § 826 BGB zu stützen.

38 Ein **Beherrschungsvertrag** mit einer eG als abhängigem Unternehmen darf geschlossen werden, wenn vertraglich sichergestellt wird, dass das beherrschende Unternehmen bei der Ausübung des beherrschenden Einflusses den Förderzweck der eG verfolgt, und wenn es sich bei der Erteilung von Weisungen an den Vorstand an den Förderzweck hält (str., ebenso zB BFH 18.4.1961, BFHE 73, 278 (282 ff.) = BStBl. III 1961 368; *Emmerich* AG 1991, 303 (310 f.); ausf. Beuthien/*Beuthien* Rn. 109 ff., 116, 118; *v. Detten,* Die eingetragene Genossenschaft im Recht der verbundenen Unternehmen, 1995, 62 ff.). § 27 Abs. 1 S. 1 steht dem ebenso wenig entgegen wie § 76 Abs. 1 AktG bei der AG. Wird beim Abschluss eines Beherrschungsvertrages oder bei der Erteilung von Weisungen gegen den Förderzweck der abhängigen eG verstoßen, kann das beherrschende Unternehmen den Mitgliedern wegen einer Treuepflichtverletzung (→ § 18 Rn. 7) oder aufgrund von § 826 BGB uU sogar den Gläubigern (→ § 2 Rn. 5 ff.) zum Schadensersatz verpflichtet sein. Dem Abschluss eines **Gewinnabführungsvertrages** steht § 19 Abs. 1 S. 1 ebenso wenig entgegen wie zB § 29 GmbHG dem Abschluss eines solchen Vertrages mit einer GmbH. Für den **Abschluss von Beherrschungs-/Gewinnabführungsverträgen** gelten §§ 293 ff. AktG entsprechend (insbesondere Eintragung im Genossenschaftsregister analog § 294 AktG, Vertragsprüfung nach §§ 293b ff. AktG zB durch den Prüfungsverband). Allerdings erfordert wegen der gravierenden Eingriffe in die Mitgliedsrechte der Beschluss der Generalversammlung der abhängigen eG die Zustimmung aller Mitglieder analog § 33 Abs. 1 S. 2 BGB (str., aA: mindestens Dreiviertelmehrheit analog § 293 Abs. 1 S. 2 AktG).

VI. Anwendbare Vorschriften und Grundsätze

39 **1. Allgemeines.** Für die eG und teilweise auch für die Vor-eG (→ Rn. 16) gelten die Vorschriften des GenG. Zusätzlich gelten die für den jeweiligen Unternehmensgegenstand einschlägigen besonderen Vorschriften zB gewerbe- oder aufsichtsrechtlicher Art. Die eG unterliegt dem europäischen und deutschen Kartellrecht (näher zB Beuthien/*Beuthien* Rn. 143 ff., 154 ff.; → § 15 Rn. 5).

40 **2. Anwendbares Recht bei Lücken des GenG. a) Analogien.** Wegen der körperschaftlichen Struktur der eG können im Einzelfall vereinsrechtliche, mitunter auch aktienrechtliche Regelungen herangezogen werden, sofern die Voraussetzungen für eine Analogie vorliegen und der Förderzweck sowie die genossenschaftlichen Strukturprinzipien gewahrt bleiben (→ Rn. 2).

41 **b) Genossenschaftliche Strukturprinzipien.** Etwaige Lücken des GenG sind im Lichte bestimmter genossenschaftlicher Strukturprinzipien zu füllen, die mit dem Typus der Genossenschaft eng verbunden sind, denen aber ohne hinreichende gesetzliche Ausformung nicht als solchen die Funktion rechtsformbegründender essentialia zukommen kann (*Picker,* Genossenschaftsidee und Governance, 2019, 121 f.; vgl. auch Hillebrand/Keßler/*Keßler,* Berliner Kommentar zum GenG, 3. Aufl. 2019, Rn. 34: „Erklärungskonzept"). Sie helfen ferner bei der Auslegung des GenG. Konkrete Rechtsfolgen ergeben sich aus ihnen allein nicht.

42 **aa) Selbsthilfegrundsatz.** Die Mitglieder schließen sich freiwillig in einer eG zusammen, um gemeinsam ein für die einzelnen Mitglieder förderliches Ergebnis zu erreichen, den das einzelne Mitglied ohne die Förderung durch die eG nicht erreichen könnte.

43 **bb) Prinzip der Selbstförderung und der Identität von Mitgliedern und Kunden.** Eng mit dem Selbsthilfegrundsatz hängt der Grundsatz zusammen, dass sich die Mitglieder gewissermaßen selbst fördern, indem sie Rechtsgeschäfte mit der eG abschließen. Die Mitglieder sind insoweit Kunden des Unternehmens der eG, zugleich sind sie aber identisch mit den Trägern dieses Unternehmens (Doppelfunktion).

44 **cc) Selbstverwaltung.** Die Mitglieder sollen ihre eigenen Angelegenheiten so weit wie möglich selbst durch Ausübung ihrer Mitgliedsrechte regeln (vgl. § 43 Abs. 4 S. 1). Es verstößt ferner gegen den Grundsatz der freien Selbstverwaltung, wenn zB der Aufsichtsrat in Abhängigkeit vom Vorstand geriete (BGH 23.11.1959, NJW 1960, 193 (194)).

45 **dd) Selbstorganschaft.** Die Mitglieder des Vorstands und des Aufsichtsrats müssen grundsätzlich Mitglieder der eG sein (§ 9 Abs. 2 S. 1). Damit einher geht der dem Gesetz zugrunde liegende Gedanke, dass insbesondere der Aufsichtsrat nicht von einzelnen Mitgliedern oder Mitgliedergruppen dominiert werden darf (vgl. § 8 Abs. 2 S. 4, § 36 Abs. 5).

46 **ee) Selbstverantwortung.** Kaum noch ist die eG vom Grundsatz der Selbstverantwortung geprägt, wonach die Mitglieder für die Verpflichtungen der eG persönlich einzustehen haben. Dem steht der Trennungsgrundsatz (§ 2) entgegen. Auch in der Insolvenz der eG sind die Mitglieder nur dann zum Nachschuss verpflichtet, wenn diese Pflicht nicht in der Satzung ausgeschlossen wurde (§ 6 Nr. 3, § 105).

ff) Demokratieprinzip. Ausdruck des Demokratieprinzips sind zB das grundsätzlich geltende Stimmrecht nach Köpfen (§ 43 Abs. 3 S. 1) und die Verfassungsstruktur mit drei Organen (Vorstand, Aufsichtsrat, Generalversammlung) (näher zB *Steding* BB 1992, 937 ff.). 47

gg) Gleichbehandlungsgebot. → § 18 Rn. 6; ausf. zB *ABL/Althanns* Genossenschafts-HdB § 18 Rn. 19 ff. 48

3. Körperschaftsteuerrecht. Genossenschaften mit Geschäftsleitung oder Sitz im Inland unterliegen (ebenso wie Europäische Genossenschaften) unbeschränkt der Körperschaftsteuer (§ 1 Abs. 1 Nr. 2 KStG). Sie sind jedoch unter bestimmten Voraussetzungen nach **§ 5 Abs. 1 Nr. 14 KStG** von der Körperschaftsteuer befreit, insbesondere soweit sich ihr Geschäftsbetrieb auf die gemeinschaftliche Benutzung land- und forstwirtschaftlicher Betriebseinrichtungen oder -gegenstände beschränkt (zu Nutzungsgenossenschaften → Rn. 26). Auch Wohnungsgenossenschaften (→ Rn. 27) sind nach **§ 5 Abs. 1 Nr. 10 KStG** von der Körperschaftsteuer befreit, soweit sie Wohnungen herstellen oder erwerben und aufgrund eines Mietvertrages oder genossenschaftlichen Nutzungsvertrages zum Gebrauch überlassen und die Einnahmen aus anderen Tätigkeiten 10 % der Gesamteinnahmen nicht übersteigen, wobei zu diesen anderen Tätigkeiten nicht die Herstellung, der Erwerb und der Betrieb von Gemeinschaftsanlagen oder Folgeeinrichtungen gehört, die überwiegend für die Mitglieder bestimmt sind und deren Betrieb durch die eG notwendig ist. Reinen land- und forstwirtschaftlichen Genossenschaften ist unter den Voraussetzungen des **§ 25 KStG** ein Freibetrag eingeräumt. **§ 22 KStG** enthält Sondervorschriften für die Abziehbarkeit von Rückvergütungen der eG an ihre Mitglieder als Betriebsausgaben. 49

4. Vorschriften des Bank- und Kapitalmarktrechts. Kreditgenossenschaften, die Bankgeschäfte betreiben und/oder Finanzdienstleistungen erbringen, bedürfen der Erlaubnis der BaFin nach § 32 KWG und unterliegen dem **KWG.** Mit Wertpapierdienstleistungen und Wertpapiernebendienstleistungen ist eine eG dem **WpHG** unterworfen. Wertpapiere iSv § 2 Abs. 1 WpHG können allerdings nicht die „Anteile" an einer eG selbst sein, da weder die Geschäftsanteile noch die Mitgliedschaft in der eG selbst übertragbar sind (→ § 18 Rn. 2). Aus diesem Grund kann eine eG nur dann kapitalmarktorientiert iSv **§ 264d HGB** sein (vgl. § 36 Abs. 4), wenn sie Schuldtitel iSv § 2 Abs. 1 S. 1 Nr. 3 WpHG (zB Anleihen) ausgibt. Auf das öffentliche Angebot von „Anteilen" an einer eG (dh zum Beitritt in eine eG) findet das **VermAnlG** nach § 2 Abs. 1 VermAnlG in den wesentlichen Teilen keine Anwendung. Das soll künftig nach der mit dem Kleinanlegerschutzgesetz beschlossenen Fassung nur noch dann gelten, wenn für den „Vertrieb der Anteile keine erfolgsabhängige Vergütung gezahlt" wird (BT-Drs. 18/4708, 10). Von den §§ 5b–26 VermAnlG soll eine eG nach diesem Gesetz auch dann ausgenommen sein, wenn sie bestimmte Anlagen wie partiarische Darlehen oder Nachrangdarlehen ausschließlich ihren Mitgliedern anbietet und keine erfolgsabhängige Vergütung erhält (§ 2 Abs. 1a VermAnlG idF des Kleinanlegerschutzgesetzes, BT-Drs. 18/4708, 11). 49a

VII. Abdingbarkeit und Beweislast

1. Abdingbarkeit. Die Voraussetzungen einer Genossenschaft können nicht abbedungen werden (Typenzwang). Die Wahl der Rechtsform einer Genossenschaft im materiellen Sinne ist in gewissen Grenzen frei (→ Rn. 8 ff., → Rn. 14). Die Frage der Zulässigkeit von Beteiligungen einer Genossenschaft nach Abs. 2 ist zwingend. 50

2. Beweislast. Für die Frage, ob eine Genossenschaft vorliegt oder ob die Beteiligung einer Genossenschaft den Anforderungen von Abs. 2 genügt, trägt derjenige die Beweislast, der sich hierauf beruft. 51

Haftung für Verbindlichkeiten

2 Für die Verbindlichkeiten der Genossenschaft haftet den Gläubigern nur das Vermögen der Genossenschaft.

I. Trennungsgrundsatz

Die Vorschrift verankert für die eG den Trennungsgrundsatz (wie § 1 Abs. 1 S. 2 AktG für die AG und § 13 Abs. 2 GmbHG für die GmbH). Hiernach sind die Gläubiger der eG zur Befriedigung ihrer Ansprüche auf das Genossenschaftsvermögen verwiesen. Auf die Eigenvermögen der Mitglieder können sie daher nicht zugreifen. Der Trennungsgrundsatz knüpft an die Rechtspersönlichkeit der eG (§ 17 Abs. 1) an und ist deshalb für Genossenschaften im bloß materiellen Sinne nicht anwendbar. Früher hingegen gab es neben der „eGmbH" (BGH 29.10.1952, BGHZ 7, 383) und der eG mit unbeschränkter Nachschusspflicht noch die „eG mit unbeschränkter Haftung", bei der die Mitglieder den Genossenschaftsgläubigern persönlich für deren Forderungen einstehen mussten. Auf eine unbeschränkte oder beschränkte Haftung der Mitglieder hat der Gesetzgeber aber verzichtet und in § 105 nur noch 1 eine (inzwischen begrenzbare oder ausschließbare) Nachschusspflicht der Mitglieder im Fall der Insolvenz der eG vorgesehen (→ Rn. 2).

II. Ausnahmen vom Trennungsgrundsatz?

2 **1. Einzahlungen auf den Geschäftsanteil.** Die Verpflichtung der Mitglieder, Einzahlungen auf den Geschäftsanteil gemäß den Bestimmungen der Satzung (vgl. § 7 Nr. 1) vorzunehmen, bestehen nur gegenüber der eG. Zu einer Außenhaftung kann es allenfalls mittelbar kommen, wenn ein Gläubiger der eG deren Einzahlungsanspruch gegen ein Mitglied pfändet. Um eine Ausnahme von § 2 handelt es sich hierbei nicht.

3 **2. Nachschussverpflichtungen. a) Die einzelnen Vorschriften zu Nachschüssen.** Wenn im Fall der Insolvenz der eG die Ansprüche der Insolvenz- bzw. Massegläubiger nicht berichtigt werden, sieht **§ 105 Abs. 1 S. 1** vor, dass die Mitglieder im Grundsatz unbeschränkt verpflichtet sind, Nachschüsse zur Insolvenzmasse zu leisten. Diese gesetzliche Pflicht kann allerdings seit der Novelle 1973 durch die Satzung ganz ausgeschlossen oder auf eine bestimmte Haftsumme (§§ 119–121) beschränkt werden (§ 22a Abs. 1; vgl. BT-Drs. 7/97, 17). Ob die Pflicht unbeschränkt besteht oder aber beschränkt oder ausgeschlossen sein soll, muss in der Satzung festgelegt werden (§ 6 Nr. 3). **§ 115b** erweitert die Nachschusspflicht auf diejenigen Mitglieder, die in den letzten 18 Monaten vor Stellung des Insolvenzantrages der eG oder nach dieser Antragstellung aus der eG ausgeschieden sind. Wird die eG ohne Eröffnung eines Insolvenzverfahrens aufgelöst und stellt sich in der Liquidationseröffnungsbilanz oder einer späteren Bilanz eine Überschuldung der eG heraus, können die Mitglieder durch Beschluss der Generalversammlung mit qualifizierter Mehrheit nach **§ 87a Abs. 2 S. 1** zu Nachschüssen verpflichtet werden, allerdings der Höhe nach begrenzt auf einen Betrag, der den addierten Geschäftsanteilen eines Mitglieds entspricht, und nur dann, wenn mit den Nachschüssen eine Überschuldung beseitigt werden kann (§ 87a Abs. 4) und wenn die Satzung die Nachschusspflicht im Insolvenzfall nicht ausschließt oder die Möglichkeit der Beschlussfassung nach § 87a Abs. 2 S. 1 ausdrücklich zulässt (§ 87a Abs. 2 S. 2). Scheidet ferner ein Mitglied aus der eG aus und ist die eG überschuldet, muss das frühere Mitglied gem. **§ 73 Abs. 2 S. 4** der Sache nach Nachschüsse in Höhe seines (statutarisch näher bestimmten) Anteils an dem Fehlbetrag zahlen, soweit es nach § 105 Abs. 1 S. 1 im Fall der Insolvenz zu Nachschüssen verpflichtet wäre.

4 **b) Charakter der Nachschusspflichten.** Bei den Nachschussverpflichtungen kraft Gesetzes nach § 105 Abs. 1 S. 1 und § 73 Abs. 2 S. 4 oder kraft Generalversammlungsbeschlusses nach § 87a Abs. 2 S. 1 handelt es sich um besondere Beitragspflichten gegenüber der eG (vgl. für § 105 Abs. 1 S. 1 BGH 3.2.1964, NJW 1964, 766), mithin um eine **Innenhaftung** und nicht um eine Außenhaftung gegenüber den Gläubigern der eG. Zu einer mittelbaren Haftung der Mitglieder kann es nur außerhalb eines Insolvenzverfahrens, also nur ausnahmsweise in den Fällen der § 73 Abs. 2 S. 4, § 87a Abs. 2 kommen, wenn Gläubiger in die Nachschussansprüche der eG vollstrecken. Auch dann handelt es sich aber um einen Zugriff der Gläubiger auf das Genossenschaftsvermögen. Die Nachschussverpflichtungen sind daher **keine Ausnahme vom Trennungsgrundsatz.**

5 **3. Durchgriffshaftung? a) Rechtsmissbräuchliche Verwendung der Rechtsform.** Ähnlich wie beim e. V. kann eine unmittelbare Haftung der Mitglieder einer eG in Betracht kommen, wenn es sich um eine rechtsmissbräuchliche Verwendung der Rechtsform der eG handelt, zB wenn sich die Mitglieder bewusst hinter einer von Anfang an vermögenslosen eG „verschanzen" (so für den eV zB BGH 8.7.1970, BGHZ 54, 222 (224 ff.) = NJW 1970, 2015 – Siedlerverein). Ein Rechtsmissbrauch liegt idR nicht allein darin, dass der Förderzweck oder der Unternehmensgegenstand der eG überschritten oder nicht eingehalten werden (vgl. zur zweckwidrigen Überschreitung des Nebenzweckprivilegs beim e. V. BGH 10.12 2007, WM 2008, 358 – Kolpingwerk). Dies kann damit begründet werden, dass die Vorschriften über die behördlich beantragte Auflösung nach § 81 Abs. 1 S. 1 Alt. 2 oder über die Amtslöschung nach §§ 397, 395 FamFG Vorrang haben, soweit sie anwendbar sind (für den e. V. BGH 8.7.1970, BGHZ 54, 222 (224 ff.) = NJW 1970, 2015; zur begrenzten Anwendbarkeit von § 81 Abs. 1 S. 1 Alt. 2 → § 81 Rn. 1). Doch auch soweit diese Vorschriften nicht eingreifen, haben die Mitglieder idR nicht die Pflicht, die Organe der eG von einer Überschreitung des Förderzwecks oder des Unternehmensgegenstands abzuhalten. Eine sittenwidrige Schädigung der anderen Mitglieder und uU auch der Gläubiger (mit der Folge der Haftung aus § 826 BGB) kann allerdings vorliegen, wenn ein die eG „beherrschendes" Mitglied unter Verstoß gegen den Förderzweck der eG einen Beherrschungsvertrag mit ihr schließt oder ihr Weisungen erteilt (→ § 1 Rn. 38).

6 **b) „Existenzvernichtender" Eingriff in Genossenschaftsvermögen.** Auch beim Eingriff eines Mitglieds in das Genossenschaftsvermögen ist eine Haftung des Mitglieds aus § 826 BGB gegenüber den Gläubigern und anderen Mitgliedern nicht ausgeschlossen, wenn der Eingriff in zweckgebundenes Vermögen eine missbräuchliche „Selbstbedienung" darstellt und die Insolvenz der eG verursacht oder vertieft (für den e. V. BGH 8.7.1970, BGHZ 54, 222 (224 ff.) = NJW 1970, 2015 Rn. 28). Insbesondere

kann dies in Fällen vorkommen, in welchen ein oder mehrere Mitglieder die eG „beherrschen" (→ § 1 Rn. 37 f.). Das Unterlassen einer hinreichenden Ausstattung des Genossenschaftsvermögens im Hinblick auf Förderzweck und Unternehmensgegenstand genügt für eine Haftung aus § 826 BGB dagegen nicht (vgl. für die GmbH BGH 28.4.2008, NJW 2008, 2437 (2438 ff.) – Gamma).

c) Vermögensvermischung. Ferner kommt eine Haftung in Betracht, wenn ein (vor allem ein die eG „beherrschendes") Mitglied die Grenze zwischen seinem Eigenvermögen und dem Genossenschaftsvermögen verschleiert, zB bei undurchsichtiger oder fehlender Buchführung (für eine GmbH zB BGH 14.11.2005, ZIP 2006, 467 (469)). Der Grund für diese Haftung kann zwar bei einer eG nicht in der Missachtung von Kapitalschutzvorschriften gesehen werden, weil solche Vorschriften für die eG nicht gelten. Doch ist eine Haftung jedenfalls gegenüber den übrigen Mitgliedern, uU auch gegenüber den Gläubigern gerechtfertigt, wenn das Mitglied durch die Vermögensvermischung vereitelt, dass die Verwendung des Genossenschaftsvermögens für den Förderzweck und für den Unternehmensgegenstand kontrolliert werden kann (vgl. für eine GmbH BGH 16.9.1985, BGHZ 95, 330 (334) = ZIP 1985, 1263). Die Haftung wegen Vermögensvermischung ordnet die Rspr. zur GmbH in jüngerer Zeit als Verhaltenshaftung ein, ohne dass allerdings der Schritt vollzogen würde, sie allein auf die Füße einer Verschuldenshaftung zu stellen (vgl. BGH 14.11.2005, ZIP 2006, 467 (469)). 7

d) Zusammenführung in Fallgruppen des § 826 BGB. Vorzugswürdig erscheint, eine etwaige Haftung der Mitglieder gegenüber Gläubigern der eG wegen „Rechtsformmissbrauchs", wegen „existenzvernichtenden" Eingriffs in das Genossenschaftsvermögen oder wegen Vermögensvermischung nicht in einer „Durchbrechung" von § 2 zu sehen (zweifelhaft wegen § 13), sondern in einer eigenen Haftung des Mitglieds aus § 826 BGB. Eine Ausnahme zu § 2 stellt diese Haftung nicht dar, weil das Mitglied nicht für eine Verbindlichkeit der eG, sondern für eine eigene deliktische Schuld haftet. Wiederum liegt **keine Durchbrechung des Trennungsgrundsatzes** vor. Besonders zu prüfen ist die Frage, worin der Schaden eines Gläubigers liegt. Häufig werden auch Ansprüche anderer Mitglieder aus § 826 BGB gegeben sein, in aller Regel zusätzlich zur Haftung wegen Verletzung der Treuepflicht. 8

Firma der Genossenschaft

3 **[1]Die Firma der Genossenschaft muss, auch wenn sie nach § 22 des Handelsgesetzbuchs oder nach anderen gesetzlichen Vorschriften fortgeführt wird, die Bezeichnung „eingetragene Genossenschaft" oder die Abkürzung „eG" enthalten. [2]§ 30 des Handelsgesetzbuchs gilt entsprechend.**

I. Allgemeines

Die Vorschrift enthält nur ergänzende Sonderregelungen zur Firma einer eG. Die Firma der eG ist der (Handels-)Name, unter dem sie ihre Geschäfte betreibt, unter dem für sie unterzeichnet wird und unter dem sie klagen und verklagt werden kann (§ 17 HGB). Weil die eG Formkaufmann gem. § 17 Abs. 2 HGB ist, unterliegt sie dem Firmenrecht der **§§ 17–37a HGB** (s. die Erl. dort), soweit nicht das GenG Sondervorschriften enthält (neben § 3 zB § 25a als Sondervorschrift zu § 37a HGB). Sämtliche Firmengrundsätze finden Anwendung, insbesondere der Grundsatz der Firmenunterscheidbarkeit gem. § 30 HGB **(S. 2).** Spezielle Bezeichnungen oder Zusätze sind zum Teil besonders geschützt (zB „Bank", „Volksbank" oder „Sparkasse" nach §§ 39–40 KWG, „Bauspar(kasse)" nach § 16 BauSparG oder „Partnerschaft" sowie „und Partner" nach § 11 PartGG). Da die Firma zum Mindestinhalt der Satzung gehört, ist jede Änderung der Firma eine Satzungsänderung (§ 16). 1

II. Firmenzusatz (S. 1)

Zwingend ist in die Firma der eG der Zusatz „eingetragene Genossenschaft" oder „eG" aufzunehmen. Andere Zusätze wie zB „eGen" sind nicht zulässig. Der Zusatz muss nicht stets am Ende angefügt sein, er kann auch zB vor einer Ortsbezeichnung stehen, die Firmenbestandteil ist (str.). Der Zusatz darf nicht mit anderen Wörtern des Namens kombiniert werden (zB nicht „eingetragene Baugenossenschaft"). Auch der Zusatz unterliegt dem Grundsatz der Firmenbeständigkeit und darf selbst dann nicht weggelassen werden, wenn die Firma der eG nach § 22 HGB von einer Nicht-Genossenschaft fortgeführt wird. Im Fall der Liquidation zeichnen die Liquidatoren mit der Firma der eG und einem die Liquidation andeutenden Zusatz wie „i. L.", „in Liquidation" oder „in Auflösung" (§ 85 Abs. 3). 2

III. Zusatz über Art und Umfang einer Nachschusspflicht

In der Fassung des § 3 vor der Novelle 2006 enthielt die Vorschrift in einem Abs. 2 aF das generelle Verbot, keinen Zusatz beizufügen, der darauf hindeutet, ob und in welchem Umfang die Mitglieder zur Leistung von Nachschüssen verpflichtet sind (zu dieser Verpflichtung §§ 6 Nr. 3, 105). Dieses Verbot wurde abgeschafft, sodass es nun jeder eG obliegt, darüber zu entscheiden, ob sie den Rechtsverkehr 3 durch einen Nachschusspflicht-Zusatz informiert oder nicht (BT-Drs. 16/1025, 81; vgl. auch Art. 5 Abs. 4 erster Spiegelstrich SCE-VO und Art. 10 Abs. 1 S. 2 SCE-VO). Für einen solchen Zusatz ist empfehlenswert, Bezeichnungen wie „mit beschränkter Haftsumme" oder „mit unbeschränkter Nachschusspflicht" voll ausgeschrieben aufzunehmen, weil Abkürzungen die Gefahr einer Verwechslung mit der beschränkten Außenhaftung (GmbH) bergen.

IV. Rechtsfolgen einer unzulässigen Firma

4 Gebraucht die eG eine unzulässige Firma, kann sie entweder vom Registergericht zur Unterlassung durch ein Ordnungsgeld angehalten (§ 37 Abs. 1 HGB) oder vom Verletzten auf Unterlassung und uU Schadensersatz nach § 37 Abs. 2 HGB oder § 823 Abs. 1 BGB, § 12 BGB verklagt werden. Ferner gelten §§ 1, 3 UWG und §§ 5, 15 MarkenG. Eine unzulässige Firma darf das Registergericht nicht ins Genossenschaftsregister eintragen, mit der Folge, dass die eG als solche nicht entsteht. Wird die Firma einer eG nach ihrer Eintragung unzulässig, kann sie von Amts wegen gelöscht werden (§ 395 FamFG). Sie kann nur komplett gelöscht werden, nicht nur ihr unzulässiger Teil. Die Amtslöschung einer im Gründungsstatut enthaltenen, unzulässigen Firma kann zur Löschung der eG „als nichtig" gem. §§ 397, 395 FamFG und zur Abwicklung der eG entsprechend §§ 83 ff. führen (→ § 97 Rn. 1; vgl. RG 25.6.1935, RGZ 148, 225 (228)). Neben die Amtslöschung treten die Möglichkeiten für Mitglieder sowie Vorstands- und Aufsichtsratsmitglieder, im Wege der Klage gem. §§ 94, 95, 6 Nr. 1 die eG für nichtig erklären zu lassen. Im Fall eines Verstoßes gegen §§ 39–41 KWG besteht eine Pflicht zur Amtslöschung und hat die BaFin besondere Verfahrensrechte (§ 43 Abs. 2, 3 KWG).

Mindestzahl der Mitglieder

4 Die Zahl der Mitglieder muss mindestens drei betragen.

I. Allgemeines

1 Anders als für einen Verein nach § 56 BGB beträgt die Mindestgründerzahl für eine eG seit der Novelle 2006 nicht mehr sieben, sondern drei Mitglieder. Damit soll den praktischen Bedürfnissen Rechnung getragen und die Gründung von Genossenschaften erleichtert werden (BT-Drs. 16/1025, 81). Zu der Frage, wer Mitglied einer eG werden kann, → § 15 Rn. 6. Für die Frage, ob die eG nach § 80 aufzulösen ist, gelten investierende Mitglieder nicht als Mitglieder (§ 80 Abs. 1 S. 2).

II. Mindestzahl von Mitgliedern

2 Die Mindestzahl von drei Mitgliedern muss bei der Gründung, bei der Eintragung und dauerhaft danach erreicht werden. Das Erfordernis nach § 4 gilt wegen der systematischen Stellung der Vorschrift schon vor der Registeranmeldung und Eintragung, mithin auch für eine Vor-eG, jedenfalls soweit auf diese die Bestimmungen über die eG angewendet werden sollen (str.). Das Mindestzahlerfordernis gilt jedoch nicht für Genossenschaften im bloß materiellen Sinne in anderer Rechtsform als der eG. In der Satzung kann eine höhere, nicht aber eine geringere Mindestzahl vorgeschrieben werden. Wird eine (natürliche oder juristische) Person als „Strohmann" vorgeschoben, ist für die Frage, ob das Mindestzahlerfordernis erfüllt ist, nur der Hintermann maßgebend (vgl. für den Verein OLG Stuttgart 5.4.1983, OLGZ 1983, 307 (309)). Für die Zwecke des § 80 Abs. 1 zählen investierende Mitglieder (§ 8 Abs. 2) nicht mit (§ 80 Abs. 1 S. 2).

III. Höchstzahl von Mitgliedern

3 In der Satzung kann eine Höchstzahl von Mitgliedern festgesetzt werden. Übersteigt die Mitgliederzahl die Höchstzahl, finden die Regeln über einen fehlerhaften Beitritt entsprechende Anwendung. Das Mitglied, dessen Beitritt unter Verstoß gegen die statutarische Höchstzahl vollzogen wurde, kann nur für die Zukunft nach § 68 Abs. 2 ausgeschlossen werden, wenn dies die Satzung vorsieht (Beuthien/*Beuthien* § 1 Rn. 6).

IV. Rechtsfolge eines Verstoßes gegen § 4

4 Ist die Genossenschaft noch nicht eingetragen, steht die zu geringe Mitgliederzahl der Eintragung entgegen. Unterschreitet die eG nach der Eintragung die Mitgliedermindestzahl, ist sie nach den Bestimmungen des § 80 gerichtlich aufzulösen. Für die Auflösung genügt nicht, dass die Mindestzahl nur vorübergehend unterschritten wird, sofern im Entscheidungszeitpunkt die erforderliche Zahl wieder erreicht wird (→ § 80 Rn. 1).

Form der Satzung

5 Die Satzung der Genossenschaft bedarf der schriftlichen Form.

I. Allgemeines zur Satzung der eG

Die Satzung ist der Gründungsvertrag und (ab Eintragung im Genossenschaftsregister) die Verfassung 1
der körperschaftlich strukturierten (→ § 1 Rn. 2) eG. Sie enthält im Wesentlichen Regelungen über die Grundentscheidungen für die eG als solche (zB Firma, Sitz, Unternehmensgegenstand, Mindestkapital), über ihre organschaftliche Verfassung und über die Rechtsbeziehungen der eG zu ihren Mitgliedern und der Mitglieder untereinander (zB § 18). Insbesondere weil der Satzung auch neu beitretende Mitglieder unterworfen sind, ist sie aus sich heraus einheitlich und nicht subjektiv nach dem Willen der Gründer auszulegen; die §§ 133, 157 BGB gelten nur begrenzt (BGH 6.3.1967, BGHZ 47, 172 (179 f.); BGH 21.1.1991, BGHZ 113, 237 (240) = NJW 1991, 1727, Begründung str.). Den Bestimmungen über Allgemeine Geschäftsbedingungen nach §§ 305 ff. BGB unterliegt die Satzung nicht, auch nicht hinsichtlich der in ihr geregelten Austausch- oder Benutzungsverhältnisse zwischen der eG und ihren Mitgliedern (BGH 8.2.1988, BGHZ 103, 219 (222 ff.)). Eine richterliche Inhaltskontrolle nach § 242 BGB bleibt aber möglich. Über den Inhalt der Satzung gelten die Sondervorschriften der §§ 6–8a. Nach § 18 S. 2 gilt das Gebot der Satzungsstrenge auch für die eG. In Auszügen wird die Satzung im Genossenschaftsregister eingetragen (§ 15 Abs. 2 GenRegV) und veröffentlicht (§ 12 Abs. 1).

II. Schriftformerfordernis

An sich müsste die datierte (vgl. § 12 Abs. 2 Nr. 1) **Gründungssatzung** gem. § 126 Abs. 1, 2 BGB 2
von sämtlichen Gründungsmitgliedern und allen weiteren Mitgliedern, die bis zur Anmeldung der eG zur Eintragung in das Genossenschaftsregister beigetreten sind, eigenhändig unterzeichnet werden. Dies würde ebenso für die Satzungsänderungen gelten, die noch vor der Anmeldung der eG (§ 11) erfolgen. Damit allerdings die seit 22.7.2017 in Kraft getretene Neuregelung in § 11 Abs. 2 Nr. 1 (BGBl. 2017 I 2434) nicht leerläuft, ist § 5 in der systematischen Zusammenschau mit § 11 Abs. 2 Nr. 1 insoweit **reduzierend auszulegen,** als für die Einhaltung der Schriftform abweichend von § 126 Abs. 1, 2 BGB die **Unterschrift von drei Mitgliedern genügt** (→ § 11 Rn. 2). Dies entspricht dem gesetzgeberischen Willen, die Praxis der Eintragung zu vereinfachen (BT-Drs. 18/11506) und nicht etwa formnichtige Satzungen vor Eintragung der eG entstehen zu lassen, so dass das Registergericht die Eintragung ablehnen müsste. Systematisch passend erlaubt die Neufassung von § 15 Abs. 1 S. 1 nunmehr den Beitritt durch Erklärung schon vor der Anmeldung beim Registergericht, ohne dass die Satzung mitunterzeichnet werden müsste. Für **Satzungsänderungen** nach Eintragung der eG gilt nur § 16, nicht § 5. Im Hinblick auf § 15 Abs. 1 S. 2 muss freilich nach jeder Satzungsänderung eine aktualisierte, abschriftfähige Fassung der Satzung erstellt werden. Die Unterzeichner der Gründungsurkunde werden zunächst Mitglieder der Vor-eG und ab dem Zeitpunkt der Eintragung im Genossenschaftsregister automatisch Mitglieder der eG. Eine Ersetzung der Schriftform durch elektronische Form oder notarielle Beurkundung nach § 126 Abs. 3, 4 BGB ist möglich. Die Anmeldung der Satzung nach § 11 Abs. 1, 2 Nr. 1 (nicht die Satzung selbst) muss elektronisch in öffentlich beglaubigter Form eingereicht werden (→ § 11 Rn. 4).

III. Rechtsfolgen

Eine ohne Beobachtung der Schriftform geschlossene Gründungssatzung ist nach § 125 S. 1 BGB 3
insgesamt nichtig. Die eG ist nicht ordnungsgemäß errichtet. Wird sie gleichwohl zur Eintragung in das Genossenschaftsregister angemeldet, liegt zusätzlich ein Verstoß gegen § 11 Abs. 2 Nr. 1 vor. Das Registergericht hat die Eintragung abzulehnen **(§ 11a Abs. 1 S. 2).** Trägt es dennoch ein, ist eine Klage auf Nichtigerklärung der eG argumentum a majore ad minus aus § 94 statthaft, weil die Satzung insgesamt nichtig ist; auf die Frage der Wesentlichkeit iSv § 95 kommt es nicht an (im Ergebnis aA die hM, zB PFB/*Fandrich* Rn. 5). Anders als beim Verein, bei dem die Satzung keiner Schriftform bedarf (vgl. OLG Frankfurt a. M. 19.12.1984, WM 1985, 1466 (1468)), kann sich bei einer eG wegen § 5 kein Gewohnheitsrecht bilden.

Mindestinhalt der Satzung

6 Die Satzung muss enthalten:

1. die Firma und den Sitz der Genossenschaft;
2. den Gegenstand des Unternehmens;

3. Bestimmungen darüber, ob die Mitglieder für den Fall, dass die Gläubiger im Insolvenzverfahren über das Vermögen der Genossenschaft nicht befriedigt werden, Nachschüsse zur Insolvenzmasse unbeschränkt, beschränkt auf eine bestimmte Summe (Haftsumme) oder überhaupt nicht zu leisten haben;

4. Bestimmungen über die Form für die Einberufung der Generalversammlung der Mitglieder sowie für die Beurkundung ihrer Beschlüsse und über den Vorsitz in der Versammlung; die Einberufung der Generalversammlung muss durch unmittelbare Benachrichtigung sämtlicher Mitglieder in Textform oder durch Bekanntmachung in einem öffentlichen Blatt erfolgen; das Gericht kann hiervon Ausnahmen zulassen; die Bekanntmachung im Bundesanzeiger oder in einem anderen öffentlich zugänglichen elektronischen Informationsmedium genügt nicht;

5. Bestimmungen über die Form der Bekanntmachungen der Genossenschaft sowie Bestimmung der öffentlichen Blätter für Bekanntmachungen, deren Veröffentlichung in öffentlichen Blättern durch Gesetz oder Satzung vorgeschrieben ist; als öffentliches Blatt kann die Satzung öffentlich zugängliche elektronische Informationsmedien bezeichnen.

I. Allgemeines

1 § 6 legt neben weiteren Vorschriften (§§ 7, 36 Abs. 1 S. 2) fest, dass die Satzung bestimmte Inhalte zwingend enthalten muss und diese Inhalte nicht in anderen Verträgen oder Ordnungen geregelt werden können. Der übrige Satzungsinhalt kann in den Grenzen der Satzungsstrenge (§ 18 S. 2) frei gewählt werden, wobei das Gesetz einige Kannbestimmungen selbst enthält. Der Zweck der Vorschriften über einen Mindestinhalt liegt ua darin, dass der interessierte Rechtsverkehr durch die Veröffentlichung der Satzung nach § 12 und die Beitrittsinteressenten durch die Abschrift nach § 15 Abs. 1 S. 2 über ein Mindestmaß an Information verfügen können. Für die Änderung der Pflichtinhalte gilt § 16.

II. Mindestinhalte

2 **1. Firma und Sitz der eG (Nr. 1).** Die Firma der eG (→ § 3 Rn. 1 ff.) muss korrekt und komplett in der Satzung enthalten sein. Außerdem muss der Sitz der eG festgelegt sein; nur der statutarisch festgelegte ist der Sitz der eG. Die eG kann innerhalb des Geltungsbereichs des GenG frei wählen, ob sich der Sitz am Betriebs-, Geschäftsleitungs- oder Verwaltungsort oder an einem anderen Ort (zB an einem besonderen Förderort) befinden soll (vgl. § 5 AktG, § 4a GmbHG). Wenn die eG ein schutzwürdiges Interesse hat und kein Rechtsmissbrauch besteht, ist in gewissen Sonderfällen (zB nach einer Verschmelzung) ein Doppelsitz zumindest vorübergehend möglich (str., vgl. zB für eine öffentlich-rechtliche Anstalt BayObLG 19.7.2000, NJW-RR 2001, 28 (29); für eine AG BayObLG 29.3.1985, NJW-RR 1986, 31; anders Beuthien/*Beuthien* Rn. 5). Der Sitz der eG ist maßgebend für die Zuständigkeit von Registergericht (§ 10), Prozessgericht (§ 17 Abs. 1 ZPO) und Insolvenzgericht (§§ 3, 4 InsO, § 17 ZPO), ferner für die Zuständigkeit des Gerichts für Anfechtungsklagen nach § 51 Abs. 3 S. 3. Die tatsächliche Änderung eines statutarisch festgelegten Sitzes bedarf der Satzungsänderung und Eintragung im Register des Gerichts, in dessen Bezirk die eG bisher ihren Sitz hatte (zur Sitzverlegung ins Ausland → GmbHG § 4a Rn. 1, → AktG § 5 Rn. 10). Wird dies unterlassen, ist die Satzungsbestimmung über den bisherigen Sitz nachträglich unwirksam. Kreditgenossenschaften müssen eine Verlegung ihres Sitzes oder ihrer Niederlassung der BaFin und der Deutschen Bundesbank unverzüglich anzeigen (§ 24 Abs. 1 Nr. 5 KWG).

3 **2. Unternehmensgegenstand (Nr. 2).** Der Unternehmensgegenstand der eG (→ § 1 Rn. 17 f.) muss vollständig und ausreichend bestimmt aufgeführt werden und alle Bereiche ihres Geschäftsbetriebs (→ § 1 Rn. 11 f.) abdecken, auch die ausgelagerten Bereiche. Sofern **Auslagerungen** zulässig sind (→ § 1 Rn. 12), muss die Entscheidung, ob und welche Bereiche ausgelagert werden dürfen, als eine wesentliche Weichenstellung für den Unternehmensgegenstand ebenfalls in der Satzung festgelegt werden. Nicht zum zwingenden Satzungsinhalt gehört dagegen die Auslagerungsentscheidung selbst, die (als eine außerordentliche Geschäftsführungsmaßnahme) eines Beschlusses der Generalversammlung bedarf (vgl. für die AG zB BGH 25.2.1982, BGHZ 83, 122 (130 ff.) – Holzmüller; für die eG zB PFB/*Fandrich* Rn. 7; aA für Auslagerungen wesentlicher Betriebsteile Beuthien/*Beuthien* Rn. 8). **Änderungen des Unternehmensgegenstands** sind Satzungsänderung und bedürfen nach § 16 Abs. 2 Nr. 1 eines Generalversammlungsbeschlusses, der mit mindestens Dreiviertelmehrheit gefasst wird. Der Unternehmensgegenstand muss vom Registergericht veröffentlicht werden (§ 12 Abs. 2 S. 1 Nr. 3), ebenso ein Änderungsbeschluss (§ 16 Abs. 5 S. 2). Ist der Unternehmensgegenstand genehmigungsbedürftig (zB nach § 32 KWG), muss die **behördliche Genehmigung** nachgewiesen werden, bevor die Satzung oder Satzungsänderung eingetragen werden darf (vgl. § 43 Abs. 1 KWG sowie § 37 Abs. 4 Nr. 5 AktG, § 8 Abs. 1 Nr. 6 GmbHG). Neben dem Unternehmensgegenstand ist zwar nach hM der **Förderzweck** der eG gem. § 1 Abs. 1 (→ § 1 Rn. 3 ff.) nicht in die Satzung aufzunehmen, weil er zur Rechtsform der eG zwingend gehört. Doch ist empfehlenswert, ihn über die Firma hinaus in der Satzung zu konkretisie-

ren, zB im Hinblick auf die Prüfungspflicht des Registergerichts bei der Ersteintragung (→ § 11a Rn. 4) und auf den Inhalt der Förderleistungen an die Mitglieder, ferner darauf, dass der Unternehmensgegenstand mit dem Förderzweck in Einklang stehen muss (vgl. auch § 81 Abs. 1 S. 1 Alt. 2).

3. Entscheidung über Nachschusspflicht und Haftsumme (Nr. 3). In der Satzung muss eine Entscheidung darüber getroffen werden, ob für den Fall der Insolvenz der eG die Mitglieder bis zur Höhe der offenen Forderungen von Insolvenz- bzw. Massegläubigern unbeschränkt zu Nachschüssen zur Insolvenzmasse verpflichtet sind (so der Grundsatz nach **§ 105 Abs. 1 S. 1**) oder ob diese Nachschussverpflichtung ganz ausgeschlossen oder auf eine bestimmte Haftsumme (§§ 119–121) beschränkt sein soll (→ § 2 Rn. 3). Wenn diese Entscheidung in der Satzung fehlt, darf keine Registereintragung erfolgen. Wird die eG dennoch eingetragen (selten praktisch), kann sich bis zur Nichtigerklärung nach §§ 94, 95 oder bis zur Amtslöschung nach §§ 397, 395 FamFG (→ Rn. 7) die Frage stellen, ob die Mitglieder der Nachschussverpflichtung nach § 105 Abs. 1 S. 1 unterliegen. Der Wortlaut dieser Vorschrift und der Gläubigerschutz (vgl. § 22a Abs. 1, § 22 Abs. 1–3) sprechen für eine Haftung (zB *Müller* GenG § 2 Rn. 20; Beuthien/*Beuthien* Rn. 9; aA PFB/*Fandrich* Rn. 9; Lang/Weidmüller/*Holthaus/Lehnhoff* Rn. 19). Wird die Entscheidung über die Nachschussverpflichtung geändert, gelten die Vorschriften über Satzungsänderungen. Soll eine Nachschussverpflichtung nachträglich ausgeschlossen oder beschränkt oder soll eine Haftsumme herabgesetzt werden, finden zusätzlich die Vorschriften des § 22 Abs. 1–3 Anwendung (§ 22a Abs. 1 und § 120). 4

4. Entscheidung über bestimmte Modalitäten für die Generalversammlung (Nr. 4). Hinsichtlich der **Einberufungsform** muss bereits in der Satzung zwischen der direkten Benachrichtigung sämtlicher Mitglieder in Textform nach § 126b BGB (wahlweise beschränkt auf bestimmte Arten der Textform, zB E-Mail, Zustellung einer Mitgliederzeitschrift an alle Mitglieder) oder zwischen der Ladung in einem näher bestimmten öffentlichen Blatt (einer allgemein zugänglichen Zeitung oder Zeitschrift) entschieden werden (Mischformen oder zu unbestimmte Formen sind nicht zulässig; zu weiteren Modalitäten der Einberufung §§ 43 ff.). Wird in letzterem Fall das Erscheinen des Blattes vorübergehend oder dauerhaft eingestellt, gilt § 158 Abs. 1. Für die Einberufung der Generalversammlung genügt nicht die Bekanntmachung im Bundesanzeiger oder in einem elektronischen Informationsmedium wie der Homepage (Abs. 4 letzter Hs.). **Beurkundung der Beschlüsse** bedeutet (anders als zB § 130 AktG) nicht notwendig notarielle Beurkundung, soweit diese nicht speziell vorgeschrieben ist (zB in § 13 Abs. 3 S. 1 UmwG). Vielmehr genügt eine aufbewahrungsfähige Niederschrift, welche die Einsichtnahme und Abschriften ermöglicht (§ 47) und von der eine einfache Abschrift zB in den Fällen der § 16 Abs. 5, § 28 S. 2 beim Genossenschaftsregister eingereicht werden kann (§ 8 GenRegV). Die Satzung kann aber zB die notarielle Beurkundung aller Beschlüsse verlangen. Der **Vorsitz** der Generalversammlung wird in der Satzung üblicherweise an das Amt des Aufsichtsratsvorsitzenden geknüpft. Es genügt die Regelung eines Verfahrens zur Wahl des Vorsitzenden im Einzelfall. Den Vorsitz darf nur ein Mitglied der eG übernehmen (vgl. § 9 Abs. 2 S. 1, Ausnahme: § 60 Abs. 2). Möglich, jedoch wenig praktisch ist die statutarische Zuweisung des Vorsitzes an eine namentlich bestimmte Person. Die Satzung sollte aus praktischen Gründen eine Vertretungsregelung enthalten. Ungeachtet der statutarischen Regelung wird in den Fällen des § 60 für den Vorsitz eine Person vom Prüfungsverband bestimmt (§ 60 Abs. 2). 5

5. Entscheidung über Form der Bekanntmachungen (Nr. 5). Unter Bekanntmachungen sind nur die im Gesetz oder in der Satzung vorgeschriebenen gemeint, nicht auch sonstige Mitteilungen an die Mitglieder in der Eigenschaft als Kunden. Ein öffentliches Blatt (→ Rn. 5) muss nur bestimmt werden, wenn dies gesetzlich oder statutarisch vorgeschrieben ist. Nach Abs. 5 letzter Hs. kann die Satzung „als öffentliches Blatt" auch ein öffentlich zugängliches Informationsmedium wie die Homepage der eG festlegen. Erscheint das in der Satzung bestimmte öffentliche Blatt vorübergehend oder dauerhaft nicht, ist die Satzungsregelung nicht nichtig, sondern es gilt § 158. 6

III. Rechtsfolge bei Verstößen

Fehlt eine der zwingenden Mindestbestimmungen der §§ 6, 7, leidet sie an Mängeln oder ist sie nichtig, hat das Registergericht die Eintragung der eG nach § 11a Abs. 1, 3 Nr. 1 abzulehnen. Wird sie dennoch eingetragen, gehören die in § 6 genannten Mindestbestimmungen zu den nach § 95 Abs. 1 wesentlichen Satzungsbestimmungen, deren Fehlen oder Nichtigkeit jedes Mitglied der eG und jedes Vorstands- oder Aufsichtsratsmitglied berechtigt, die eG im Wege der Klage für nichtig zu erklären (§ 94). Zusätzlich hat unter den gleichen Voraussetzungen auch das Registergericht die Möglichkeit, die eG von Amts wegen als nichtig zu löschen (§§ 397, 395 FamFG). 7

Weiterer zwingender Satzungsinhalt

7 Die Satzung muss ferner bestimmen:

1. den Betrag, bis zu welchem sich die einzelnen Mitglieder mit Einlagen beteiligen können (Geschäftsanteil), sowie die Einzahlungen auf den Geschäftsanteil, zu welchen jedes Mitglied verpflichtet ist; diese müssen bis zu einem Gesamtbetrage von mindestens einem Zehntel des Geschäftsanteils nach Betrag und Zeit bestimmt sein;

2. die Bildung einer gesetzlichen Rücklage, welche zur Deckung eines aus der Bilanz sich ergebenden Verlustes zu dienen hat, sowie die Art dieser Bildung, insbesondere den Teil des Jahresüberschusses, welcher in diese Rücklage einzustellen ist, und den Mindestbetrag der letzteren, bis zu dessen Erreichung die Einstellung zu erfolgen hat.

I. Allgemeines

1 Zum Mindestinhalt der Satzung gehören zwingend Bestimmungen über den „Geschäftsanteil" und die Pflichteinzahlungen, die jedes Mitglied auf den Geschäftsanteil zu leisten hat, sowie Bestimmungen über die gesetzliche Rücklage. Diese Bestimmungen betreffen indirekt oder direkt die **Eigenkapital- und Liquiditätsausstattung** der eG. Vom Geschäftsanteil ist der tatsächlich auf einen Geschäftsanteil gezahlte Betrag, das **Geschäftsguthaben** zu unterscheiden, das um Gewinnzuschreibungen vermehrt und um Verlustabschreibungen gemindert sein kann (zum Auszahlungsverbot § 22 Abs. 4, → Rn. 2). An die Stelle eines gezeichneten Kapitals iSv § 272 Abs. 1 HGB tritt in der Bilanz der eG der Betrag aller Geschäftsguthaben der Mitglieder (§ 337 Abs. 1 S. 1 HGB). Der Betrag der Geschäftsguthaben aller mit Ablauf des Geschäftsjahrs ausgeschiedenen Mitglieder muss gesondert ausgewiesen werden (§ 337 Abs. 1 S. 2 HGB). Die eG hat ferner keinen Posten „Gewinnrücklagen" iSv § 272 Abs. 3 HGB. An seine Stelle treten bei der eG die **Ergebnisrücklagen,** die sich aus der gesetzlichen Rücklage iSv § 7 Nr. 2 und aus den anderen Ergebnisrücklagen (wegen § 73 Abs. 3 gesondert auszuweisen) zusammensetzen (§ 337 Abs. 2 HGB, vgl. auch § 20). Die Geschäftsguthaben und die Ergebnisrücklagen bilden zusammen die wesentlichen Säulen des **Eigenkapitals** der eG iSv § 266 Abs. 3 A. HGB. Nicht zum Eigenkapital gehören Ansprüche aus etwaigen Nachschusspflichten nach § 6 Nr. 3; für Kreditgenossenschaften sind diese Ansprüche freilich Ergänzungskapital nach § 10 Abs. 2b Nr. 8 KWG. Ein Mindesteigenkapital schreibt das Gesetz nicht vor, es kann aber in der Satzung bestimmt werden (§ 8a). Bei Verstößen gegen den Mindestinhalt der Satzung nach § 7 gilt das Gleiche wie bei § 6 (→ § 6 Rn. 7).

II. „Geschäftsanteil"

2 Anders als im Recht der GmbH oder AG ist der „Geschäftsanteil" (treffender: „Beteiligungshöchstbetrag", zB Beuthien/*Beuthien* Rn. 2) einer eG nicht identisch mit der Mitgliedschaft oder Beteiligung als solcher, ist mithin auch nicht übertragbar, sondern stellt nur zahlenmäßig den Betrag in Euro dar, mit dem sich ein Mitglied höchstens an der eG mit Einlagen beteiligen darf. Die Höhe dieses Betrags muss für alle Mitglieder (auch für die investierenden Mitglieder, § 8 Abs. 2) gleich hoch sein (Gleichbehandlungsgebot, → § 18 Rn. 6; vgl. RG 17.10.1906, RGZ 64, 187 (193)). Jede Veränderung der Geschäftsanteile bedeutet eine Satzungsänderung (Erhöhung: § 16 Abs. 2 S. 1 Nr. 2, Herabsetzung: § 22, Zerlegung: § 16 Abs. 2 S. 1 Nr. 8, § 22b, Zusammenlegung: RG 8.6.1928, RGZ 121, 246 (251)). Verteilungsschlüssel für Gewinn- und Verlustverteilung und für die Liquidation ist grundsätzlich nicht das Verhältnis der Geschäftsanteile, sondern dasjenige der Geschäftsguthaben (§ 19 Abs. 1 S. 2, § 91 Abs. 1 S. 1). Die Satzung kann einen anderen Schlüssel vorsehen (§ 19 Abs. 2 S. 1, § 91 Abs. 3). Scheidet ein Mitglied aus, hat es nur Anspruch auf Auszahlung des tatsächlich auf den Geschäftsanteil geleisteten Betrags (§ 73 Abs. 2 S. 2). Die Satzung kann mehrere Geschäftsanteile und die Pflicht zur Beteiligung mit mehreren Geschäftsanteilen vorsehen (§ 7a Abs. 1, 2). Die Mitglieder können sich ihr Geschäftsguthaben nur iRd Auseinandersetzung oder Liquidation auszahlen lassen (§ 73 Abs. 2, § 91). Sie können es nach § 76 übertragen.

III. Pflichteinzahlungen auf den Geschäftsanteil

3 Sie sind Teil der genossenschaftlichen Mitgliedspflichten (→ § 18 Rn. 10). Wie Nr. 1 Hs. 2 zeigt, muss der Betrag, den die Mitglieder auf den Geschäftsanteil mindestens einzahlen müssen **(„Einlagemindestbetrag"),** nicht in absoluten Zahlen angegeben werden, sondern es genügt die Angabe eines Bruchteils oder Prozentsatzes des Geschäftsanteils. Der in der Satzung mindestens anzugebende Einlagebetrag beträgt 10 % eines jeden Geschäftsanteils. Daneben muss in der Satzung zumindest für diesen Betrag auch der Zeitpunkt für die Mindesteinzahlung festgelegt werden (iÜ gilt § 50). Der Zeitpunkt kann vor Eintragung der eG liegen; enthält die Satzung allerdings eine **Mindestkapitalziffer** nach § 8a, müssen die Pflichteinzahlungen bis zum Erreichen dieser Ziffer bereits vor der Eintragung erfolgen

(Kapitalaufbringung: → § 8a Rn. 2, → § 11a Rn. 3). Soll es möglich sein, dass die **Pflichteinzahlungen in Raten** geleistet werden, muss die Satzung Höhe und Fälligkeitstermine der Raten bestimmen; nur die Entscheidung, ob Ratenzahlungen gewährt werden, kann an den Vorstand delegiert werden (zB Lang/Weidmüller/*Holthaus/Lehnhoff* Rn. 13). Nach hM müssen nicht alle Mitglieder zu gleichen Einlagemindestbeträgen verpflichtet werden. Eine **unterschiedliche Behandlung der Mitglieder** in Gestalt einer Staffelung ist möglich, soweit sie sachlich begründet werden kann (zB nach bestimmten wirtschaftlichen Merkmalen der Mitgliederbetriebe, vgl. § 7a Abs. 2 S. 2; andere Belastung investierender Mitglieder nach § 8 Abs. 2). Unter den gleichen Voraussetzungen einer sachlichen Begründung darf nachträglich iRe Satzungsänderung nach § 16 Abs. 4 die Staffelung geändert werden, ohne dass sämtliche Mitglieder, die durch die Änderung gegenüber den anderen Mitgliedern benachteiligt werden, zustimmen müssten (str., so zB Beuthien/*Beuthien* Rn. 8; zur Rechtslage bei gestaffelten Pflichtbeteiligungen → § 7a Rn. 3; aA *Müller* GenG Rn. 11; PFB/*Fandrich* Rn. 9). **Nicht** zu den **Pflichteinzahlungen** gehören ferner die Verbandsdisziplinarstrafen (→ § 18 Rn. 11) und die iRd Fördergeschäfte begründeten Ansprüche der eG (zB Eintrittsgelder). Im **Liquidationsstadium** besteht grundsätzlich keine Einzahlungspflicht mehr (zB BGH 15.6.1978, NJW 1978, 2595; zu den Ausnahmen § 87a).

Die **Mindesteinlagepflicht erlischt** nach § 362 Abs. 1 BGB grundsätzlich durch vollständige 4
Barzahlung, soweit nicht eine Ratenzahlung vorgesehen ist (→ Rn. 3) oder die Satzung Sacheinlagen erlaubt (§ 7a Abs. 3). Die Bar- oder Sacheinlage muss der eG tatsächlich zufließen. Die Erfüllung führt zum Erlöschen der Einlagepflicht, die auch nicht wieder auflebt, soweit sich nachträglich der durch Einzahlungen (nicht der durch Gewinnzuschreibungen) gebildete Teil des Geschäftsguthabens infolge von Verlustzuweisungen nach § 19 mindert (keine „Wiederauffüllungspflicht", vgl. zB RG 23.3.1923, RGZ 106, 403 (405); BGH 13.10.1954, BGHZ 15, 66 (68 f.) = NJW 1954, 1844). Das auf die Einlagepflicht Eingezahlte bildet das Geschäftsguthaben (→ Rn. 1) und kann dem Mitglied nicht wieder ausgezahlt werden, sofern nicht der Geschäftsanteil bereits vollständig eingezahlt ist (vgl. § 22 Abs. 4 S. 1). Die eG darf die Einlagepflicht nicht erlassen (§ 22 Abs. 4 S. 1) oder auch anderweitig über ihre Einlageansprüche verfügen (arg. e. §§ 88a, 108a). Gegen den Pflichteinzahlungsanspruch der eG findet keine Aufrechnung seitens des Mitglieds statt (§ 22 Abs. 5). Die Einlagepflicht ist mit der Mitgliedschaft verknüpft; sie beginnt deshalb mit der Eintragung der eG bzw. der Satzungsänderung nach §§ 10, 16 Abs. 6 (zur Vor-eG → § 13 Rn. 3 ff.) und erlischt grundsätzlich mit dem Ausscheiden eines Mitglieds. Im Fall von § 75 S. 1 besteht die Einlagepflicht des ausgeschiedenen Mitglieds bis zur Auflösung der eG fort; ferner bestehen etwaige Nachschusspflichten nach § 73 Abs. 2 S. 4, § 87a Abs. 2.

IV. Gesetzliche Rücklage

Die gesetzliche Rücklage ist zusammen mit den anderen (freiwilligen) Ergebnisrücklagen Teil des 5
Eigenkapitals der eG (→ Rn. 1). Sie dient zwingend allein der Deckung eines etwaigen bilanziellen Verlusts und damit indirekt dem Gläubigerschutz (zum Auszahlungsverbot → § 22 Rn. 7). Sie hat eine ähnliche Funktion wie die gesetzliche Rücklage nach § 150 AktG. Zum Mindestsatzungsinhalt gehört die Bestimmung, dass überhaupt eine gesetzliche Rücklage gebildet wird und wie sie aus dem Geschäftsergebnis zu bilden ist (vgl. § 272 Abs. 3 HGB, § 336 Abs. 2 HGB), nicht dagegen eine Bestimmung des Rücklagenbetrags. Notwendig ist die Festlegung eines prozentualen Anteils oder Bruchteils des Jahresüberschusses, der in die Rücklage einzustellen ist. Anders als bei § 150 Abs. 2 AktG kann nicht nur ein Verlustvortrag aus dem Vorjahr abgezogen, sondern auch ein Gewinnvortrag aus dem Vorjahr hinzuaddiert werden. Ferner muss die Satzung einen Mindestrücklagenbetrag bestimmen, bis zu dem eine Dotierung erfolgen muss. Dieser Betrag kann in Euro lauten, kann aber zB in einem prozentualen Anteil eines nach § 8a fakultativ bestimmten Mindestkapitals der eG ausgedrückt werden. Über die Modalitäten und Bedingungen für die Verwendung der gesetzlichen Rücklage kann die Satzung iRd strengen Zweckbindung der Rücklage Entscheidungen treffen (zB vorrangige Abschreibung von den Geschäftsguthaben). Fehlen statutarische Bestimmungen, entscheidet die Generalversammlung (§ 48 Abs. 1 S. 1).

Mehrere Geschäftsanteile; Sacheinlagen

7a (1) [1]**Die Satzung kann bestimmen, dass sich ein Mitglied mit mehr als einem Geschäftsanteil beteiligen darf.** [2]**Die Satzung kann eine Höchstzahl festsetzen und weitere Voraussetzungen aufstellen.**

(2) [1]**Die Satzung kann auch bestimmen, dass die Mitglieder sich mit mehreren Geschäftsanteilen zu beteiligen haben (Pflichtbeteiligung).** [2]**Die Pflichtbeteiligung muss für alle Mitglieder gleich sein oder sich nach dem Umfang der Inanspruchnahme von Einrichtungen oder anderen Leistungen der Genossenschaft durch die Mitglieder oder nach bestimmten wirtschaftlichen Merkmalen der Betriebe der Mitglieder richten.**

(3) **Die Satzung kann Sacheinlagen als Einzahlungen auf den Geschäftsanteil zulassen.**

I. Allgemeines

1 Die Vorschrift enthält fakultative Satzungsbestimmungen, die nicht zum Mindestinhalt (§§ 6, 7) gehören. Sie bezweckt eine möglichst flexible und optimale Beschaffung von Eigenkapital für die eG. Nach Eintragung der eG können Bestimmungen zur Beteiligung oder Pflichtbeteiligung mit mehreren Geschäftsanteilen oder zu Sacheinlagen im Wege der Satzungsänderung (§ 16 Abs. 4) eingeführt oder geändert werden.

II. Beteiligung mit mehreren Geschäftsanteilen

2 Sie ist grundsätzlich nicht möglich, sofern sie nicht durch die Satzung ausdrücklich erlaubt wird (hM). Lässt die Satzung die Beteiligung mit mehreren Geschäftsanteilen zu, hindert dies nicht die Einheitlichkeit der Mitgliedschaft bzw. der Beteiligung, weil der Geschäftsanteil an einer eG gerade nicht die Mitgliedschaft oder Rechte hieraus darstellt (→ § 7 Rn. 2). Ein Mitglied mit mehreren Geschäftsanteilen hat stets nur ein Gesamtgeschäftsguthaben, dem Gewinn und Verlust zugewiesen werden (→ § 19 Rn. 4). Die Zulassung der Beteiligung mit mehreren Geschäftsanteilen kann von der Erfüllung bestimmter Voraussetzungen abhängig gemacht werden. Wird in der Satzung eine Höchstzahl nicht festgelegt, kann sich ein Mitglied mit unbegrenzt vielen Geschäftsanteilen beteiligen. Will sich ein bereits beteiligtes Mitglied mit weiteren Geschäftsanteilen beteiligen, gelten zusätzlich die Regelungen des § 15b (→ § 15b Rn. 1 ff.). Einen Anspruch auf eine solche Beteiligung hat es nur, sofern die Satzung dies ausdrücklich vorsieht. Ist ein Mitglied mit mehreren Geschäftsanteilen beteiligt, kann es seine Mitgliedschaft ausnahmsweise bezogen auf einzelne Geschäftsanteile kündigen (§ 67b). Zu einer solchen Kündigung ist es nach hM verpflichtet, wenn durch Satzungsänderung die Höchstzahl herabgesetzt oder die Möglichkeit der Beteiligung mit mehreren Geschäftsanteilen abgeschafft wird (zB PFB/*Fandrich* Rn. 3, Lang/Weidmüller/*Holthaus/Lehnhoff* Rn. 5).

III. Pflichtbeteiligung (mit mehreren Geschäftsanteilen)

3 In der Satzung kann die Beteiligung mit mehreren Geschäftsanteilen (→ Rn. 2, § 15b) zur Pflicht gemacht werden. Eine Gleichbehandlung aller Mitglieder ist nicht zwingend. Abs. 2 S. 2 sieht drei bestimmte sachliche Gründe vor, die eine Ungleichbehandlung der Mitglieder rechtfertigen. Die Satzung kann auch nach anderen Gründen differenzieren. Wird eine Pflichtbeteiligung eingeführt oder erweitert, bedarf dies zwingend der satzungsändernden qualifizierten Mehrheit nach § 16 Abs. 2 S. 1 Nr. 3, nicht aber der Einstimmigkeit (BGH 19.4.1971, BGHZ 56, 106 (108 f.)). Dies gilt auch für die Änderung einer gestaffelten Pflichtbeteiligung, sofern die Voraussetzungen von Abs. 2 S. 2 eingehalten werden (Beuthien/*Beuthien* Rn. 7; str. für die Staffelung von Pflichteinlagen, → § 7 Rn. 3). Gegen bereits beteiligte Mitglieder erwirbt die eG grundsätzlich einen Anspruch auf Übernahme der weiteren Geschäftsanteile nach § 15b, nicht sogleich auf Leistung der Pflichteinzahlungen (zB RG 5.7.1929, RGZ 125, 196 (201 f.); OLG Hamm 25.10.1976, BB 1977, 812). Die Einführung oder Erweiterung einer Pflichtbeteiligung ist dann unzulässig, wenn sie völlig außerhalb der Grenzen des nach der Art und dem Zuschnitt der eG zu erwartenden und den Mitgliedern zumutbaren Maßes liegt (BGH 15.6.1978, BB 1978, 1134 (1135), nicht abgedruckt in NJW 1978, 2595). Nach **Auflösung der eG** entfällt die Pflicht zur Zeichnung weiterer Geschäftsanteile (BGH 15.6.1978, NJW 1978, 2595). In der Liquidation sind jedoch Geschäftsanteile, die entgegen einer Pflichtbeteiligung noch nicht übernommen wurden, für die Berechnung der Nachschusspflichten nach § 87a Abs. 2 S. 5 mitzuzählen.

IV. Sacheinlagen

4 § 7a Abs. 3 wurde durch die Novelle 2006 eingefügt. Der Begriff der Sacheinlage ist mangels einer Regelung im GenG wie im Aktienrecht (→ AktG § 27 Rn. 2 ff.) zu bestimmen (str.). Denn ein Mindesteigenkapital darf seit der Novelle 2006 nach § 8a auch bei einer eG vorgesehen werden und auch ohne eine solche Regelung wird über § 22 Abs. 4 für die eG ein ähnlicher Gläubigerschutz wie durch § 57 Abs. 1 AktG erreicht. Sacheinlagen sind demnach solche Einlagen, die nicht durch Einzahlung des jeweils fälligen Pflichteinlagebetrages zu erbringen sind (vgl. § 27 Abs. 1 S. 1 Fall 1 AktG). Insbesondere sind nur Vermögensgegenstände sacheinlagefähig, deren wirtschaftlicher Wert bestimmt und vom Prüfungsverband gem. § 11 Abs. 2 Nr. 3 begutachtet werden kann. Die Verpflichtung zu Dienstleistungen scheidet als Sacheinlage aus (vgl. § 27 Abs. 2 AktG; undeutlich BT-Drs. 16/1025, 81: „in aller Regel"; aA zB Lang/Weidmüller/*Holthaus/Lehnhoff* Rn. 16). Da der Gesetzgeber nicht ausdrücklich zwischen Sacheinlagen und Sachübernahmen differenziert, ist davon auszugehen, dass er im Bewusstsein der allgM im GmbH-Recht (→ GmbHG § 5 Rn. 13) auch in § 7a Abs. 3 von Sacheinlagen iwS ausgeht und Sachübernahmen iSv § 27 Abs. 1 S. 1 Fall 2 AktG einbezieht.

Satzungsvorbehalt für einzelne Bestimmungen

8 **(1) Der Aufnahme in die Satzung bedürfen Bestimmungen, nach welchen:**

1. die Genossenschaft auf eine bestimmte Zeit beschränkt wird;
2. Erwerb und Fortdauer der Mitgliedschaft an den Wohnsitz innerhalb eines bestimmten Bezirks geknüpft wird;
3. das Geschäftsjahr, insbesondere das erste, auf ein mit dem Kalenderjahr nicht zusammenfallendes Jahr oder auf eine kürzere Dauer als auf ein Jahr bemessen wird;
4. die Generalversammlung über bestimmte Gegenstände nicht mit einfacher, sondern mit einer größeren Mehrheit oder nach weiteren Erfordernissen beschließen kann;
5. die Ausdehnung des Geschäftsbetriebes auf Personen, welche nicht Mitglieder der Genossenschaft sind, zugelassen wird.

(2) [1] **Die Satzung kann bestimmen, dass Personen, die für die Nutzung oder Produktion der Güter und die Nutzung oder Erbringung der Dienste der Genossenschaft nicht in Frage kommen, als investierende Mitglieder zugelassen werden können.** [2] **Sie muss durch geeignete Regelungen sicherstellen, dass investierende Mitglieder die anderen Mitglieder in keinem Fall überstimmen können und dass Beschlüsse der Generalversammlung, für die nach Gesetz oder Satzung eine Mehrheit von mindestens drei Vierteln der abgegebenen Stimmen vorgeschrieben ist, durch investierende Mitglieder nicht verhindert werden können; zu diesem Zweck kann die Satzung das Stimmrecht investierender Mitglieder auch ganz ausschließen.** [3] **Die Zulassung eines investierenden Mitglieds bedarf der Zustimmung der Generalversammlung; abweichend hiervon kann die Satzung die Zustimmung des Aufsichtsrats vorschreiben.** [4] **Die Zahl der investierenden Mitglieder im Aufsichtsrat darf ein Viertel der Aufsichtsratsmitglieder nicht überschreiten.**

I. Allgemeines

Abs. 1 enthält eine Reihe von fakultativen Bestimmungen, welche nicht zum Mindestinhalt der Satzung gehören (§§ 6, 7), aber in die Satzung aufgenommen werden müssen, wenn sie gelten sollen. In Abs. 2 ist durch die Novelle 2006 die Möglichkeit eingeführt worden, in der Satzung neben den ordentlichen Mitgliedern die besondere Klasse der investierenden Mitglieder zuzulassen, denen gegenüber die Förderleistungen der eG von vornherein nicht erbracht werden müssen, weil sie für die Nutzung oder Produktion der Güter bzw. Nutzung oder Erbringung der Dienste der eG nicht in Betracht kommen. 1

II. Fakultative Bestimmungen, die der Aufnahme in die Satzung bedürfen (Abs. 1)

1. Beschränkung der eG auf bestimmte Zeit (Nr. 1). Die Möglichkeit, dass die eG zu einem von vornherein in der Satzung zu bestimmenden Zeitpunkt ohne Beschluss der Generalversammlung aufgelöst wird (§ 79), wird selten gewählt. Auch wenn die eG einmal durch Zeitablauf aufgelöst wird, kann die Generalversammlung die Fortsetzung beschließen (§ 79a). 2

2. Knüpfen der Mitgliedschaft an den Wohnsitz (Nr. 2). Sieht die Satzung eine solche regionale Bindung vor, kann ein Mitglied nur dann der eG beitreten und Mitglied bleiben, wenn es seinen Wohnsitz (§§ 7 ff. BGB) innerhalb des in der Satzung bestimmten Bezirks (zB Gemeinde, Landkreis, Regierungsbezirk, Land) hat. Sofern nichts anderes geregelt ist, genügt der Zweitwohnsitz (§ 7 Abs. 2 BGB). Ein Mitglied, das seinen Wohnsitz aus dem Bezirk hinausverlegt, kann nur dann aus der eG ausgeschlossen werden, wenn dies die Satzung vorsieht (§ 68 Abs. 2). 3

3. Geschäftsjahr (Nr. 3). Die Dauer darf nicht länger als zwölf Monate bemessen sein (§ 240 Abs. 2 S. 2 HGB). Das erste Geschäftsjahr beginnt nicht stets mit der Eintragung der eG, sondern schon mit einem früheren Buchführungspflichtbeginn (§ 17 Abs. 2 iVm § 238 Abs. 1 S. 1 HGB, § 239 HGB), zB mit Aufnahme der Geschäftstätigkeit durch die Vor-eG (allgM zum Kapitalgesellschaftsrecht, zB Baumbach/Hueck/*Haas/Kersting* GmbHG § 41 Rn. 7; undeutlich Beuthien/*Beuthien* Rn. 4; abweichend zB PFB/*Fandrich* Rn. 4). Beginnt das erste Geschäftsjahr unterjährig und soll ein Rumpfgeschäftsjahr (zB bis zum Ende des Kalenderjahres) gebildet werden, muss dies in der Satzung vorgesehen werden (aA *Jürgenmeyer,* Zur Bestimmung des Geschäftsjahrs, 2015, 36, 50). Das letzte Geschäftsjahr endet mit Beendigung der Liquidation. 4

4. Mehrheits- und weitere Erfordernisse für Beschlüsse der Generalversammlung (Nr. 4). Abweichend vom Grundsatz der einfachen Stimmenmehrheit nach § 43 Abs. 2 S. 1 kann in der Satzung für bestimmte Beschlussgegenstände das Erfordernis einer qualifizierten Mehrheit vorgeschrieben werden. Das GenG sieht selbst zahlreiche qualifizierte Mehrheitserfordernisse vor (zB §§ 16, 36 Abs. 3 S. 2, 5

§ 78 Abs. 1 S. 1 Hs. 1). Soll von einem gesetzlichen Erfordernis einer qualifizierten Mehrheit abgewichen werden und die Generalversammlung nur mit einer noch größeren oder einer geringeren Mehrheit beschließen dürfen, gilt nicht Abs. 1 Nr. 4. Dies muss vielmehr jeweils besonders zugelassen sein (zB § 16 Abs. 2 S. 2, Abs. 4, § 78 Abs. 1 S. 2). Zusätzliche Beschlusserfordernisse können statutarisch vorgeschrieben werden, sofern sie den gesetzlichen Rahmen (zB § 43 Abs. 2 S. 1) nicht unterschreiten (zB Quoren für die Beschlussfähigkeit, verpflichtende Anhörungen).

6 **5. Ausdehnung des Förderzwecks auf Nichtmitglieder (Nr. 5).** Mit „Geschäftsbetrieb" iSv Abs. 1 Nr. 5 ist der Förderzweck gemeint, der grundsätzlich auf die Förderung der Mitglieder gerichtet ist (§ 1 Abs. 1). Nur hiervon kann durch Zulassung von Nichtmitgliedern abgewichen werden. Der eigentliche Geschäftsbetrieb der eG (→ § 1 Rn. 11, → § 1 Rn. 17 f.) umfasst dagegen von vornherein auch Geschäfte mit Nichtmitgliedern, um den Förderzweck zu ermöglichen. Auch ohne eine Zulassung in der Satzung nach Abs. 1 Nr. 5 sind daher zB Gegen-, Hilfs- und Notgeschäfte mit Nichtmitgliedern erlaubt. Der Förderzweck kann statutarisch nur dann auf Nichtmitglieder ausgedehnt werden, wenn dies zugleich der Förderung der Mitglieder dient. Der Erwerb, die Wirtschaft oder soziale oder kulturelle Belange von Nichtmitgliedern dürfen nur in den Grenzen gefördert werden, wie sie auch im Mitgliedergeschäft gelten. Die Förderung von Nichtmitgliedern darf nicht zum Hauptzweck der eG werden (→ § 1 Rn. 7). Sie muss durch denselben gemeinschaftlichen Geschäftsbetrieb erfolgen wie die Förderung der Mitglieder.

III. Investierende Mitglieder (Abs. 2)

7 Ebenso wie in der Satzung einer Europäischen Genossenschaft nach § 4 SCE-Ausführungsgesetz kann seit der Novelle 2006 auch in der Satzung einer eG neben der allgemeinen Kategorie der ordentlichen Mitglieder die **besondere Kategorie der investierenden Mitglieder** eingeführt werden **(Abs. 2 S. 1).** Ist diese Möglichkeit von der Satzung eröffnet, können einer eG Personen beitreten, die für eine Inanspruchnahme der Förderleistungen der eG iRd Förderzwecks (§ 1 Abs. 1) nicht in Betracht kommen (BT-Drs. 16/1025, 82). Während dem Wortlaut von Abs. 2 S. 1 und den Motiven nicht entnommen werden kann, dass die Satzung objektiv förderfähigen Personen den Beitritt als investierende Mitglieder eröffnen dürfte, will die hM die statutarische Möglichkeit gewähren, solchen Personen die Wahl zu lassen, ob sie als investierende oder ordentliche Mitglieder beitreten (Beuthien/*Beuthien* Rn. 12; Lang/Weidmüller/*Holthaus/Lehnhoff* Rn. 15; *Zabel* NZG 2019, 813 (814 f.); aA *Kober* ZfgG 2010, 37, 40). Dies überdehnt den Typus der eG und ist auch verfassungsrechtlich nicht geboten, weil den potentiell Förderfähigen eine ordentliche Mitgliedschaft offensteht, ohne die Förderleistungen in Anspruch nehmen zu müssen, und auch dadurch die Eigenkapitalbasis der eG gestärkt werden kann. Eine **doppelte Mitgliedschaft** sowohl als ordentliches als auch investierendes Mitglied ist **nicht möglich** (str., so zB Beuthien/*Beuthien* Rn. 12; *Zabel* NZG 2019, 813 (818); aA Lang/Weidmüller/*Holthaus/Lehnhoff* Rn. 15a; *ABL/Althanns* Genossenschafts-HdB Rn. 21). Wird die Möglichkeit der Aufnahme investierender Mitglieder durch Änderung der Satzung eingeführt, bedarf der Beschluss in der Generalversammlung einer Dreiviertelmehrheit nach § 16 Abs. 2 S. 1 Nr. 11, sofern nicht die Satzung eine noch größere Mehrheit fordert (§ 16 Abs. 2 S. 2). Für die Frage der Auflösung der eG wegen Unterschreitens der Mindestmitgliederzahl nach §§ 4, 80 Abs. 1 werden investierende Mitglieder nicht berücksichtigt. Für die **Zulassung** jedes einzelnen investierenden Mitglieds (→ § 15 Rn. 3 f.) stellt **Abs. 2 S. 3** das gesetzliche Erfordernis einer Zustimmung der Generalversammlung auf, das statutarisch durch die Zustimmung des Aufsichtsrats ersetzt werden kann. Dies und die erforderliche **Kennzeichnung in der Mitgliederliste** (→ § 30 Rn. 3) dienen dem Zweck, die eG in die Lage zu versetzen, die Zahl investierender Mitglieder zu kontrollieren (zB Hillebrand/Keßler/*Keßler,* Berliner Kommentar zum GenG, 3. Aufl. 2019, Rn. 15). Die statutarische Verankerung einer Obergrenze für die Zahl oder Geschäftsanteile investierender Mitglieder ist im Lichte von Abs. 2 S. 2 zulässig (zB Lang/Weidmüller/*Holthaus/Lehnhoff* Rn. 17).

8 Investierendes Mitglied kann nur werden, wer allgemein Mitglied einer eG sein kann (→ § 15 Rn. 6). Es hat grundsätzlich die **gleichen Mitgliedsrechte** (→ § 18 Rn. 6) wie ein ordentliches Mitglied. Ein Teilnahmerecht am Fördergeschäftsverkehr mit der eG hat es zwar nicht; der Abschluss von Rechtsgeschäften mit der eG in einem Rahmen, wie er Nichtmitgliedern nach Abs. 1 Nr. 5 erlaubt wird, ist ihm aber nicht verwehrt (Beuthien/*Beuthien* Rn. 12; Hillebrand/Keßler/*Keßler,* Berliner Kommentar zum GenG, 3. Aufl. 2019, Rn. 14; aA *Zabel* NZG 2019, 813 (817 f.)). Das **Stimmrecht** wird allerdings insoweit in **Abs. 2 S. 2** eingeschränkt, als die Satzung sicherstellen muss, dass die investierenden Mitglieder die ordentlichen Mitglieder „in keinem Fall" überstimmen und Beschlüsse, für die mindestens eine Dreiviertelmehrheit vorgeschrieben ist, nicht allein sperren können. Damit soll gewährleistet sein, dass die Grenzen des Genossenschaftstypus nicht überdehnt werden. Die Satzung muss zB die Stimmrechte investierender Mitglieder allgemein auf 24,99 % aller Stimmen begrenzen (vgl. Art. 59 Abs. 3 S. 2 SCE-Verordnung, ABl. 2003 L 207, 1), wenn sie iÜ nur höchstens Dreiviertelmehrheiten vorschreibt. Sieht die Satzung größere Mehrheiten (zB 9/10) vor, muss punktuell eine entsprechend

niedrigere Grenze für die Stimmrechte von investierenden Mitgliedern gezogen werden. Ist eine einstimmige Entscheidung vorgeschrieben oder ist die Zustimmung aller betroffenen Mitglieder erforderlich und sollten auch die investierenden Mitglieder „betroffen" sein, muss die Satzung den investierenden Mitgliedern das Stimmrecht ganz absprechen. Das Stimmrecht kann auch darüber hinaus den investierenden Mitgliedern in der Satzung ganz entzogen werden (Lang/Weidmüller/*Holthaus/Lehnhoff* Rn. 16; seit 22.7.2017, BGBl. 2017 I 2434, in § 8 Abs. 2 S. 2 Hs. 2 klargestellt). Dem gleichen Ziel, die Grenzen des Typus der eG nicht zu überdehnen, dient die zwingende **Begrenzung der Zahl investierender Mitglieder im Aufsichtsrat nach Abs. 2 S. 4** (→ § 9 Rn. 3). Das passive Wahlrecht investierender Mitglieder in den Aufsichtsrat kann in der Satzung nur unter Beachtung des Gleichheitsgebots vollständig ausgeschlossen werden (Beuthien/*Beuthien* Rn. 14; *ABL/Althanns* Genossenschafts-HdB Rn. 28; wohl nicht weitergehend Lang/Weidmüller/*Holthaus/Lehnhoff* Rn. 17). Investierende Mitglieder können grundsätzlich **Mitglieder des Vorstands** sein (vgl. BT-Drs. 16/1025, 81), sofern dies die Satzung nicht beschränkt. In Analogie zu der Vorschrift des Abs. 2 S. 4 gilt die Viertelsgrenze auch für die Zahl investierender Mitglieder im Vorstand (Beuthien/*Beuthien* Rn. 13; Hillebrand/Keßler/*Keßler,* Berliner Kommentar zum GenG, 3. Aufl. 2019, Rn. 18; *Zabel* NZG 2019, 813 (817)).

9 Die neue Kategorie investierender Mitglieder soll vor allem bessere Möglichkeiten geben, der eG **Eigenkapital zuzuführen** (zu anderen Möglichkeiten der Kapitalbeschaffung → § 1 Rn. 36). Solche Mitgliedschaften eignen sich aber **nur in begrenztem Maß** als **Kapitalanlage.** Denn die vom investierenden Mitglied eingezahlten Einlagen fließen dem Genossenschaftskapital zu, das allein dem Förderzweck dient und nicht optimale Erträge bringen soll (näher *Saenger/Merkelbach* BB 2006, 566 (568 f.)). Immerhin können in den Grenzen des Gleichbehandlungsgebots statutarisch gewisse Vergünstigungen wie eine höhere Dividende oder eine Mindestverzinsung festgelegt werden (BT-Drs. 18/11506, 25). Doch kann die Mitgliedschaft als solche nicht veräußert werden und hat keinen Verkehrswert. Im Fall des Ausscheidens erhält das Mitglied grundsätzlich höchstens das eingezahlte Geschäftsguthaben zurück (§ 73 Abs. 2 S. 2). Die Satzung kann allerdings für den Fall des Ausscheidens einen Anspruch auf Auszahlung eines Teils der Ergebnisrücklage einräumen (§ 73 Abs. 3).

Mindestkapital

8a (1) **In der Satzung kann ein Mindestkapital der Genossenschaft bestimmt werden, das durch die Auszahlung des Auseinandersetzungsguthabens von Mitgliedern, die ausgeschieden sind oder einzelne Geschäftsanteile gekündigt haben, nicht unterschritten werden darf.**

(2) [1] **Bestimmt die Satzung ein Mindestkapital, ist die Auszahlung des Auseinandersetzungsguthabens ausgesetzt, solange durch die Auszahlung das Mindestkapital unterschritten würde.** [2] **Das Nähere regelt die Satzung.**

I. Allgemeines zur Kapitalverfassung der eG

1 Das Eigenkapital setzt sich zusammen aus den Geschäftsguthaben der Mitglieder (den tatsächlichen Einzahlungen auf einen Geschäftsanteil) und den Ergebnisrücklagen (→ § 7 Rn. 1). Es variiert ständig, weil die Summe der Geschäftsguthaben vom Beitritt neuer Mitglieder, vom Ausscheiden bestehender Mitglieder und von den Einzahlungen auf die Einlagen abhängt. Das GenG kennt daher **grundsätzlich keine feste Mindestkapitalziffer** der eG (Ausnahme → Rn. 2 f.), sieht aber auch ohne eine solche Ziffer bestimmte **Kapitalerhaltungsvorschriften** vor. Weil die Geschäftsguthaben den wesentlichen Teil des den Genossenschaftsgläubigern zur Verfügung stehenden Haftungsfonds bilden (nur in besonderen Fällen bestehen Nachschussansprüche nach §§ 105, 73 Abs. 2 S. 4, § 87a Abs. 2, → § 2 Rn. 3 f.), darf ein solches Guthaben einem Mitglied gem. **§ 22 Abs. 4 S. 1 Fall 1** nicht ausgezahlt werden, solange es nicht ausgeschieden ist, noch darf es abgetreten oder verpfändet werden (→ § 18 Rn. 2). In der Auseinandersetzung mit einem ausgeschiedenen Mitglied muss das Geschäftsguthaben binnen sechs Monaten an das Mitglied ausgezahlt werden (§ 73 Abs. 2 S. 2). Allerdings können in der Satzung (bei einer Satzungsänderung nach § 16 Abs. 2 S. 1 Nr. 10) abweichende Voraussetzungen und Modalitäten sowie eine andere Frist geregelt werden (§ 73 Abs. 4). Verboten ist grundsätzlich das Antasten von Rücklagen und von „übrigem Vermögen" (zB stillen Reserven) der eG in der Auseinandersetzung mit ausgeschiedenen Mitgliedern (§ 73 Abs. 2 S. 3, Ausnahme: § 73 Abs. 3). Die gesetzliche Rücklage darf ohnehin nicht ausgezahlt werden (arg. e. § 7 Nr. 2, → § 22 Rn. 7). Dem Schutz der Gläubiger dient ferner die Vorschrift des § 75. Neben diesen Vorschriften zur Kapitalerhaltung iwS regelt das GenG auch gewisse Aspekte der **Kapitalaufbringung.** Insbesondere darf eine geschuldete Einlagenzahlung nicht erlassen werden (§ 22 Abs. 4 S. 1 Fall 3). Gegen sie darf das Mitglied nicht mit einer Forderung gegen die eG aufrechnen (§ 22 Abs. 5). Vor der Ersteintragung der eG in das Genossenschaftsregister findet eine Prüfung der Sacheinlagen durch den Prüfungsverband statt; kommt er zum Ergebnis, dass diese Einlagen überbewertet sind, muss das Registergericht die Eintragung ablehnen (§ 11a Abs. 2 S. 2). Nicht zu den Kapitalerhaltungs- oder -aufbringungsvorschriften im eigentlichen Sinne gehören die

Regelungen über Nachschusspflichten (§§ 105, 73 Abs. 2 S. 4, § 87a Abs. 2), obgleich sie indirekt die gleiche Funktion erfüllen, den Gläubigern im Fall der Insolvenz oder Überschuldung der eG eine zusätzliche Befriedigungsmöglichkeit zu geben.

II. Mindesteigenkapital

2 **1. Inhalt und Wirksamkeit der Satzungsbestimmung (Abs. 1).** Seit der Novelle 2006 gibt es die Möglichkeit, durch Satzungsbestimmung ein Mindest(-eigen-)kapital einzuführen **(Abs. 1).** Die **Mindestkapitalziffer** legt eine feste Untergrenze für dasjenige Eigenkapital (→ Rn. 1) fest, das als Haftungsfonds den Gläubigern der eG mindestens zur Verfügung steht. Legt die Satzung für die Höhe des Mindestkapitals eine Berechnungsformel fest, muss sichergestellt sein, dass das Mindestkapital berechnet werden kann, bevor die Auseinandersetzungsansprüche ausgeschiedener Mitglieder fällig werden (OLG Stuttgart 6.6.2018, NZG 2018, 910 Rn. 31 ff.). Sowohl die Einführung als auch die Erhöhung eines Mindestkapitals ist Satzungsänderung und bedarf in der Generalversammlung grundsätzlich einer Dreiviertelmehrheit nach § 16 Abs. 2 S. 1 Nr. 9. Die Satzung kann eine größere Mehrheit und weitere Erfordernisse vorschreiben (§ 16 Abs. 2 S. 2). Die Mitglieder haben ein ao Kündigungsrecht nach § 67a (→ § 67a Rn. 1 ff.). Die Mindestkapitalziffer bedarf als Bestandteil der Gründungssatzung (§ 15 Abs. 4 S. 3 GenRegV) oder als Beschluss über eine Satzungsänderung der **Eintragung in das Genossenschaftsregister,** um wirksam zu sein (§ 10 Abs. 1, §§ 13, 16 Abs. 6). Vor der Eintragung muss das Gericht prüfen, ob die Satzungsbestimmung den gesetzlichen Vorgaben entspricht. Dies ist nur der Fall, wenn ausreichend Eigenkapital vorhanden ist, dh genügend Geschäftsguthaben eingezahlt oder Ergebnisrücklagen gebildet sind, sodass die Mindestkapitalziffer erreicht ist. Ist sie nicht erreicht, muss das Gericht die Eintragung ablehnen, weil die Bestimmung eines „Mindestkapitals" sonst irreführend wäre und § 8a leer liefe. Insoweit hat die Mindestkapitalziffer **Auswirkungen auf die Kapitalaufbringung.** Eine **Veröffentlichung der Eintragung** über die Mindestkapitalziffer ist zwar gem. § 12 Abs. 2, § 16 Abs. 5 S. 2 nicht vorgeschrieben. Im Hinblick auf die Bedeutung für den Rechtsverkehr kann die Veröffentlichung aber auf Antrag erfolgen (→ § 12 Rn. 2, → § 16 Rn. 11).

3 **2. Kapitalerhaltung im Fall des Ausscheidens eines Mitglieds (Abs. 2). Abs. 2 S. 1** erweitert die Kapitalerhaltung, die sonst nur während der Dauer der Mitgliedschaft gilt (→ Rn. 1), auch für den Fall des Ausscheidens eines Mitglieds, unabhängig von dem Grund des Ausscheidens. Abweichend von § 73 Abs. 2 S. 2 darf einem ausgeschiedenen Mitglied das Geschäftsguthaben nicht ausgezahlt werden, **„solange"** dadurch das Eigenkapital der eG bestehend aus den übrigen Geschäftsguthaben anderer Mitglieder und aus den Ergebnisrücklagen die Mindestkapitalziffer unterschreiten würde. Die Auszahlung ist (im Unterschied zu Auszahlungsverboten wie § 22 Abs. 4 S. 1 Fall 1 oder § 30 Abs. 1 GmbHG, § 57 AktG) nur **„ausgesetzt",** der Auszahlungsanspruch aufschiebend bedingt durch das Erreichen des Mindestkapitals. Zwar kann das ausgeschiedene Mitglied nicht entsprechend § 160 Abs. 1 HGB nach 5 Jahren die Auszahlung unter Verstoß gegen Abs. 2 verlangen (OLG Dresden 14.12.2017, ZIP 2018, 1396 (1397); *ABL/Althanns* Genossenschafts-HdB Rn. 23; iErg nicht mehr anders nun Beuthien/*Beuthien* Rn. 4, der im Gedanken des § 160 Abs. 1 HGB eine Leitlinie für die Satzungsgestaltung sieht), doch wäre im Aussetzungszeitraum jede Gewinnausschüttung an die Mitglieder insoweit treuwidrig iSv § 162 Abs. 1 BGB, als sie eine Auszahlung von Auseinandersetzungsguthaben verhindern würde. Da die Auseinandersetzung nur auf der Grundlage der Jahresbilanz und nicht einer gesonderten Zwischenbilanz erfolgt (§ 73 Abs. 2 S. 1), ist die Aussetzung der Guthabenauszahlung erst dann aufgehoben, wenn sich in einem der darauffolgenden Geschäftsjahre in der jeweiligen Jahresbilanz herausstellt, dass das Eigenkapital die Mindestkapitalziffer wieder in dem Umfang überschreitet, dass eine Auszahlung der Guthaben früher ausgeschiedener Mitglieder nunmehr möglich ist. Ferner kann Abs. 2 S. 1 dahin verstanden werden, dass die Auszahlung von Geschäftsguthaben nur ausgesetzt ist, **„soweit"** dadurch das Eigenkapital die Mindestkapitalziffer unterschreiten würde. Stehen Auseinandersetzungen mit mehreren ausgeschiedenen Mitgliedern an, muss eine Regelung darüber getroffen werden, wie ein über der Mindestkapitalziffer liegender Teil des Eigenkapitals an die Ausgeschiedenen ausgezahlt werden soll. Diese Regelung muss in der Satzung erfolgen **(Abs. 2 S. 2).** Ihre Änderung bedarf einer zwingenden Dreiviertelmehrheit entsprechend § 16 Abs. 2 Nr. 10 (→ § 16 Rn. 15). Im Rahmen des Gleichbehandlungsgebots kann in der Satzung zB eine Aufteilung nach Geschäftsanteilen oder Köpfen oder aber eine Auszahlung in der zeitlichen Reihenfolge der Kündigungen vorsehen.

Vorstand; Aufsichtsrat

9 (1) [1]**Die Genossenschaft muss einen Vorstand und einen Aufsichtsrat haben.** [2]**Bei Genossenschaften mit nicht mehr als 20 Mitgliedern kann durch Bestimmung in der Satzung auf einen Aufsichtsrat verzichtet werden.** [3]**In diesem Fall nimmt die Generalversammlung die Rechte und Pflichten des Aufsichtsrats wahr, soweit in diesem Gesetz nichts anderes bestimmt ist.**

(2) [1]Die Mitglieder des Vorstands und des Aufsichtsrats müssen Mitglieder der Genossenschaft und natürliche Personen sein. [2]Gehören der Genossenschaft eingetragene Genossenschaften als Mitglieder an, können deren Mitglieder, sofern sie natürliche Personen sind, in den Vorstand oder Aufsichtsrat der Genossenschaft berufen werden; gehören der Genossenschaft andere juristische Personen oder Personengesellschaften an, gilt dies für deren zur Vertretung befugte Personen.

(3) [1]Der Vorstand einer Genossenschaft, die der Mitbestimmung unterliegt, legt für den Frauenanteil in den beiden Führungsebenen unterhalb des Vorstands Zielgrößen fest. [2]Liegt der Frauenanteil bei Festlegung der Zielgrößen unter 30 Prozent, so dürfen die Zielgrößen den jeweils erreichten Anteil nicht mehr unterschreiten. [3]Gleichzeitig sind Fristen zur Erreichung der Zielgrößen festzulegen. [4]Die Fristen dürfen jeweils nicht länger als fünf Jahre sein.

(4) [1]Ist bei einer Genossenschaft, die der Mitbestimmung unterliegt, ein Aufsichtsrat bestellt, legt dieser für den Frauenanteil im Aufsichtsrat und im Vorstand Zielgrößen fest. [2]Liegt der Frauenanteil bei Festlegung der Zielgrößen unter 30 Prozent, so dürfen die Zielgrößen den jeweils erreichten Anteil nicht mehr unterschreiten. [3]Gleichzeitig sind Fristen zur Erreichung der Zielgrößen festzulegen. [4]Die Fristen dürfen jeweils nicht länger als fünf Jahre sein.

I. Allgemeines

Die eG muss als Organe neben der Generalversammlung (oder/und einer Vertreterversammlung nach § 43a) einen Vorstand und grundsätzlich auch einen Aufsichtsrat haben, sofern nicht nach Abs. 1 S. 2 im Fall einer kleinen eG auf den Aufsichtsrat verzichtet worden ist. Anders als die Europäische Genossenschaft (SCE) folgt die eG dem dualistischen System. Neben den zwingend vorgeschriebenen Organen können andere fakultative Organe geschaffen werden (zB Genossenschaftsrat, Ausschüsse, besondere Vertreter analog § 30 BGB; vgl. § 27 Abs. 2 S. 2: „anderen Organs"). An diese anderen Organe dürfen keine Aufgaben übertragen werden, die vom GenG zwingend einem der drei gesetzlichen Organe zugewiesen sind. Die organschaftliche Verfassung der eG ist näher in §§ 24 ff. geregelt (vgl. die Erl. dort). 1

II. Vorstand

Die eG muss einen Vorstand haben, der sie gerichtlich und außergerichtlich vertritt (§ 24 Abs. 1) und die Geschäfte führt. Der Vorstand besteht grundsätzlich aus zwei Vorstandsmitgliedern (§ 24 Abs. 2) und wird grundsätzlich von der Generalversammlung gewählt und abberufen, wenn nicht die Satzung anderes vorsieht (zB eine Bestellung durch den Aufsichtsrat). Vorstandsmitglied konnte schon nach bislang hM nur eine natürliche Person sein (vgl. Beuthien/*Beuthien,* 14. Aufl. 2004, Rn. 5, der die Frage jedoch offenließ). In der Novelle 2006 wurde dies in Abs. 2 S. 1 gesetzlich verankert. Ferner muss ein Mitglied des Vorstands zwingend Mitglied der eG sein (Abs. 2, → Rn. 4 f.). Daneben kann die Satzung unter Beachtung des Gleichbehandlungsgebots weitere Anforderungen an die Vorstandsmitgliedschaft aufstellen, die sich zB an § 76 Abs. 3 S. 2 f. AktG, § 6 Abs. 2 S. 2 f. GmbHG orientieren können. 2

III. Aufsichtsrat

Der Aufsichtsrat setzt sich aus mindestens drei Personen zusammen, soweit nicht die Satzung eine höhere Zahl vorschreibt (§ 36 Abs. 1 S. 1). Die Aufsichtsratsmitglieder werden von der Generalversammlung gewählt. Sie müssen wie die Vorstandsmitglieder natürliche Personen sein (→ Rn. 2). Investierende Mitglieder (§ 8 Abs. 2) dürfen zwar Mitglied des Aufsichtsrats werden, jedoch nur wenn ihre Zahl ein Viertel der Aufsichtsratsmitglieder nicht übersteigt (§ 8 Abs. 2 S. 4). Bei einer **kleinen eG** mit 20 oder weniger Mitgliedern ist seit der Novelle 2006 der Aufsichtsrat nicht mehr zwingend notwendiges Organ (Abs. 1 S. 2). Der Verzicht auf den Aufsichtsrat muss in der Satzung verankert sein. Die Aufgaben und Befugnisse des Aufsichtsrats gehen vorbehaltlich anderer gesetzlicher Regelung auf die Generalversammlung über (Abs. 1 S. 3), ohne dass die Satzung etwas anderes vorsehen darf (vgl. auch § 57 Abs. 5). 3

IV. Grundsatz der Selbstorganschaft

1. Inhalt. In **Abs. 2 S. 1** wird der Grundsatz der Selbstorganschaft aufgestellt, in dem sich ua die personalistische Struktur der eG ausdrückt (→ § 1 Rn. 2). Dieser Grundsatz duldet nur die in Abs. 2 S. 2 zugelassene Ausnahme. An ihm hält der Gesetzgeber für die eG auch in der Novelle 2006 trotz rechtspolitischer Angriffe fest (vgl. BT-Drs. 16/1025, 83). Dem gelegentlich auftretenden Problem, dass uU keine förderfähige Person für das Amt eines Vorstands oder eines Aufsichtsrats gefunden werden kann, soll dadurch begegnet werden, dass seit 2006 die Kategorie der investierenden Mitglieder zugelassen wurde. Wer aber förderfähig ist, muss der eG in jedem Fall als ordentliches Mitglied beitreten, um 4

Mitglied des Vorstands oder Aufsichtsrats werden zu können (→ § 8 Rn. 6). Eine Person kann erst dann, wenn sie der eG als ordentliches oder investierendes Mitglied nach § 15 Abs. 1 S. 1 beigetreten ist, ein Amt als Vorstands- oder Aufsichtsratsmitglied antreten. Sie kann aber vor ihrem Beitritt bereits gewählt werden (RG 5.6.1934, RGZ 144, 384 (387)). An den Sitzungen des Vorstands oder Aufsichtsrats dürfen Nichtmitglieder jedenfalls nicht als regelmäßige Berater teilnehmen (vgl. § 38 Abs. 4; zB Beuthien/*Beuthien* Rn. 12; Lang/Weidmüller/*Holthaus/Lehnhoff* § 38 Rn. 43, 53).

5 **2. Ausnahmen.** Die Ausnahme vom Grundsatz der Selbstorganschaft in **Abs. 2 S. 2** wurde in der Novelle erweitert. Nicht nur dann, wenn ein Mitglied der eG eine andere eG ist, sondern auch dann, wenn Mitglied eine andere juristische Person oder eine Personengesellschaft ist, soll die Möglichkeit eröffnet sein, dass dieses Mitglied ein Vorstands- oder Aufsichtsratsmitglied der eG stellt. Im Fall der Beteiligung einer anderen eG darf diese nur eines ihrer Mitglieder (nicht notwendig ein Vorstands- oder Aufsichtsratsmitglied dieser anderen eG) entsenden (Abs. 2 S. 2 Hs. 1). Im Fall der Beteiligung einer anderen juristischen Person oder einer Personengesellschaft dürfen die zu ihrer Vertretung befugten Personen (zB Geschäftsführer einer GmbH) als Vorstandsmitglied der eG berufen werden (Abs. 2 S. 2 Hs. 2). Sie müssen aber allein zur Vertretung befugt sein, weil eine Gruppe mehrerer gemeinschaftlich Vertretungsbefugter (zB im Grundsatz BGB-Gesellschafter, Vorstandsmitglieder einer AG) keine „natürliche Person" iSv Abs. 2 S. 1 ist. Um zB einer AG, deren Satzung abweichend von § 78 Abs. 2 S. 1 AktG keine Einzelvertretungsmacht vorsieht, die Entsendung eines ihrer Vorstandsmitglieder als Vorstandsmitglied der eG zu erlauben, muss es genügen, dass dieses Vorstandsmitglied zwar nicht allgemein, aber für die Zwecke der Ausübung des Vorstandsamtes in der eG von dem Gesamtvorstand der AG bevollmächtigt wird. Weitere Ausnahmen von Abs. 2 S. 1 gelten für **Liquidatoren** (→ § 83 Rn. 1) und für **Arbeitsdirektoren** nach § 33 Abs. 3 MitbestG. Eine Ausnahme ist dagegen nicht schon für jede gerichtliche **Notbestellung** eines Vorstandsmitglieds analog § 29 BGB, § 85 AktG (→ § 24 Rn. 6) zu machen; soweit es jedenfalls möglich ist, muss auch ein Notvorstand entweder Mitglied der eG sein oder die Voraussetzungen nach Abs. 2 S. 2 erfüllen (vgl. zB BayObLG 12.8.1998, OLGZ 1998, 179 (183); generell für die Notbestellung auch von Nichtmitgliedern dagegen zB PFB/*Fandrich* Rn. 8).

6 **3. Rechtsfolgen eines Verstoßes.** Wenn jemand zum Vorstandsmitglied gewählt wird, der nicht Mitglied der eG ist, schließt dies die Wirksamkeit der Wahl nicht aus (→ Rn. 4 aE). Nimmt er die Wahl an, übernimmt er idR die Pflicht und erwirbt das Recht, der eG wirksam beizutreten (OLG Hamm 10.4.2019, ZIP 2020, 22 Rn. 101; Beuthien/*Beuthien* Rn. 8). Hat ein Nichtmitglied die Amtsführung als Vorstandsmitglied begonnen oder fortgeführt (zB nach Beendigung der seiner Mitgliedschaft), ohne der eG wirksam beigetreten zu sein, erhält es nicht die Rechte und Befugnisse eines Vorstands, insbesondere nicht die Vertretungsbefugnis. Dritte werden iRv § 29 geschützt. Bei gemeinschaftlicher Vertretungsmacht (§ 25 Abs. 1 S. 1) sind die übrigen Vorstandsmitglieder vertretungsberechtigt, sofern die vorgeschriebene Zahl nicht unterschritten ist. Beschlüsse des Vorstands, an denen ein Nichtmitglied mitgewirkt hat, sind unwirksam, soweit die Mitwirkung kausal für das Abstimmungsergebnis geworden ist (zum Aufsichtsrat einer AG zB BGH 24.2.1954, BGHZ 12, 327 (331)). Entsprechendes gilt, wenn ein Nichtmitglied die Amtsführung als Aufsichtsratsmitglied übernimmt oder fortführt.

V. Festlegung von Zielgrößen für den Frauenanteil

7 Mit dem Gesetz zur gleichberechtigten Teilhabe von Frauen und Männern an Führungspositionen in der Privatwirtschaft und im öffentlichen Dienst (BGBl. 2015 I 642) sind Regelungen nicht nur für die kapitalgesellschaftlichen Rechtsformen, sondern auch für die eG eingeführt worden. Da in diesem Gesetz die Einführung fixer Mindestquoten im Aufsichtsrat sowohl für die Anteilseignerbank wie nach § 96 Abs. 2, 3 AktG nF als auch für die Arbeitnehmerbank in den Mitbestimmungsgesetzen an eine Börsennotierung geknüpft wird und da eine eG nicht an der Börse notiert sein kann, fehlen folglich gesetzliche Mindestquoten für die eG. Für die eG ist demgegenüber die auch für andere Rechtsformen eingeführte Pflicht zur **Festlegung von Zielgrößen für den Frauenanteil und Bezugszeiträumen für die Erfüllung der Zielgrößen** in Abs. 3 und Abs. 4 geregelt worden. Während **Abs. 3** eine Pflicht des Vorstands begründet, für die in einer eG konkret eingerichteten **beiden Hierarchieebenen unterhalb des Vorstands** Zielgrößen für den Frauenanteil (den Anteil des unterrepräsentierten Geschlechts) sowie **Fristen (Bezugszeiträume) für deren Erreichung** festzulegen, richtet sich **Abs. 4** an den Aufsichtsrat und erlegt ihm auf, derartige Zielgrößen und Bezugszeiträume **für den Aufsichtsrat selbst und für den Vorstand** festzulegen. Beide Vorschriften knüpfen daran an, dass die eG nach einem der Mitbestimmungsgesetze der Mitbestimmungspflicht unterliegt (→ § 36 Rn. 2). Abs. 4 setzt zudem voraus, dass nicht bei einer kleinen eG auf das Aufsichtsratsorgan verzichtet worden ist (→ Rn. 3); fehlt ein Aufsichtsrat, entfällt auch die Festlegung der Zielgrößen für den Vorstand (BT-Drs. 18/3784, 135). Abs. 3 entspricht der Regelung in § 76 Abs. 4 AktG (→ AktG § 76 Rn. 19 ff.), Abs. 4 entspricht der Regelung in § 111 Abs. 5 AktG (→ AktG § 111 Rn. 24 ff.). Gemäß **§ 168** müssen die Zielgrößen erstmals bis spätestens zum 30.9.2015 festgelegt werden; die bis dahin festzulegende erste Frist zur Erreichung der Zielgrößen darf nicht über den 30.6.2017 hinausreichen. Erst danach gilt die Höchst-

dauer der Frist von fünf Jahren nach S. 4 beider Absätze. Die Zielgrößen dürfen grundsätzlich frei bemessen werden, nur bildet der Status quo im Zeitpunkt der Zielgrößenfestlegung, sofern der Frauenanteil unter 30 % beträgt, die strikte Untergrenze für die Zielgrößenbestimmung (Abs. 3 S. 2, Abs. 4 S. 2). Für die Berechnung des Status quo und der Zielgrößen im Vorstand zählen Stellvertreter nach § 35 dazu, da sie „echte" Vorstandsmitglieder sind (→ § 35 Rn. 1), nicht jedoch aufschiebend bedingte Ersatzmitglieder. Sowohl über die Zielgrößenfestlegung als auch darüber, ob die Zielgrößen in den festgelegten Fristen erreicht worden sind und über die Gründe, wenn sie verfehlt werden, sind nachvollziehbare Festlegungen gem. **§ 289a Abs. 4 S. 1 HGB, § 336 S. 2 Nr. 3 HGB** in einem gesonderten Abschnitt des Lageberichts in der Erklärung zur Unternehmensführung aufzunehmen oder, sofern eine eG nicht zur Offenlegung eines Lageberichts verpflichtet ist, in einer gesonderten Erklärung oder einem freiwilligen Lagebericht nach § 289a Abs. 4 S. 2, 3 HGB. Dies entspricht in gewisser Weise einem System des „comply or explain". Die Abs. 3 und 4 entheben selbstverständlich nicht von der Beachtung der genossenschaftsrechtlichen Besonderheiten wie der Selbstorganschaft oder der Möglichkeit einer vorübergehenden Stellvertretung verhinderter Vorstandsmitglieder durch Aufsichtsratsmitglieder nach § 37 Abs. 1 S. 2 (zu Letzterem BT-Drs. 18/3784, 135). Treten unvorhergesehene Ereignisse wie der Austritt aus der eG oder Fälle der §§ 37, 40 ein, kann damit im Einzelfall eine vorübergehende Abweichung von der Zielgröße begründet werden. Gesetzliche „Sanktionen" für das Nichterreichen von Zielgrößen sind nicht vorgesehen. Werden bereits die Zielgrößen und Bezugszeiträume nicht oder nicht korrekt (zB unter Verstoß gegen Abs. 3 S. 2 oder Abs. 4 S. 2) festgelegt, verstoßen die Vorstands- oder Aufsichtsratsmitglieder gegen ihre organschaftlichen Pflichten. Eine Ersatzpflicht nach § 34 Abs. 2, § 41 resultiert daraus aber nur dann, wenn der eG aus der fehlenden Festlegung ein ursächlicher Schaden entstehen würde. In Betracht kommen ferner ordnungs-, bußgeld- oder strafrechtliche Folgen nach §§ 331 ff. HGB.

Genossenschaftsregister

10 (1) **Die Satzung sowie die Mitglieder des Vorstands sind in das Genossenschaftsregister bei dem Gericht einzutragen, in dessen Bezirk die Genossenschaft ihren Sitz hat.**

(2) **Andere Datensammlungen dürfen nicht unter Verwendung oder Beifügung der Bezeichnung „Genossenschaftsregister" in den Verkehr gebracht werden.**

Übersicht

I. Allgemeines

§ 10 enthält trotz des Titels keine umfassende Regelung des Genossenschaftsregisters, sondern regelt die bei Gründung einer eG einzutragenden Tatsachen (Abs. 1), die Zuständigkeit für die Führung des Registers (Abs. 1 aE, 2) und einen Schutz für die Bezeichnung als Genossenschaftsregister (Abs. 2). Auf das Genossenschaftsregister finden gem. § 156 wesentliche Vorschriften Anwendung, die für das Handelsregister gelten. Insbesondere wird es ebenfalls elektronisch geführt (§ 156 Abs. 1 S. 1 iVm § 8 Abs. 1 HGB), wenn auch durch Landesverordnung die Anmeldungen oder einzelne Dokumente bis zum 31.12.2009 in Papierform zugelassen werden konnten (§ 161 Abs. 1). Für Einrichtung, Führung, Einsicht und Verfahren gilt die aufgrund von § 387 Abs. 2 FamFG erlassene GenRegV idF vom 16.10.2006 (BGBl. 2006 I 2268, 2553). Das Register ist in sieben Spalten untergliedert (näher § 26 GenRegV). Über die Internetseite des Unternehmensregisters zugänglich sind neben den Eintragungen im Genossenschaftsregister und deren Bekanntmachungen auch die eingereichten Dokumente (§ 8b Abs. 2 Nr. 2 HGB). In das Genossenschaftsregister werden auch die Europäische Genossenschaften eingetragen (§§ 3, 17 Abs. 1 SCE-Ausführungsgesetz). 1

II. Registereintragungen und ihre materielle Bedeutung

2 **1. Bei Gründung einzutragende Tatsachen (Abs. 1).** Die Eintragung einer gegründeten Genossenschaft erfolgt durch Eintragung ihrer Satzung; eintragungspflichtig sind ebenfalls die Vorstandsmitglieder. Damit der Genossenschaft die Rechte als eG (§ 13) verliehen werden und sie zur juristischen Person wird (§ 17 Abs. 1), genügt aber nach hM die Eintragung derjenigen Satzungsinhalte, welche die Genossenschaft ausreichend individualisieren (zB Beuthien/*Beuthien* Rn. 8, PFB/*Fandrich* Rn. 9), idR Firma, Sitz und Unternehmensgegenstand. Nur der Eintragung dieser Satzungsinhalte kommt daher konstitutive Bedeutung im vorerwähnten Sinne zu. Die Eintragung der übrigen Inhalte und der Vorstandsmitglieder (vgl. zu diesen § 29) hat dem. nur deklaratorische Wirkung. Die **Eintragung der Satzung** erfolgt nur in Auszügen, während die Satzung insgesamt zu den Akten genommen wird (§ 15 Abs. 2, 5 GenRegV). In den einzutragenden Auszügen müssen nach § 15 Abs. 3, 4 GenRegV zwingend die Satzungsinhalte nach § 6 Nr. 1–3 und (falls vorhanden) die Satzungsbestimmungen nach § 8 Abs. 1 Nr. 1, § 8a (Mindestkapital) und nach § 121 S. 2, 3, sowie ferner die Mitglieder des Vorstands, ihre Vertretungsbefugnis (§ 25) und die Stellvertreter (§ 35) enthalten sein. Darüber hinaus können auch weitere Inhalte zu den einzutragenden Auszügen gehören. Die Mitglieder des Vorstands einschließlich der Stellvertreter sowie die Prokuristen sind mit Familien- und Vornamen, Geburtsdatum und Wohnort einzutragen (§ 18 Abs. 1 S. 3, Abs. 2 GenRegV).

3 **2. Weitere einzutragende Tatsachen.** Nach der Ersteintragung der eG eintragungspflichtige Tatsachen sind zunächst die Satzungsänderungen (§ 16 Abs. 5, 6); für die Wirksamkeit des satzungsändernden Beschlusses hat die Eintragung konstitutive Bedeutung (§ 16 Abs. 6). Weiterhin einzutragen sind alle Änderungen in der Zusammensetzung des Vorstands sowie Änderungen seiner Vertretungsbefugnis und der Stellvertreter (§ 28 S. 1, § 35), ferner die Erteilung einer Prokura (§ 42 Abs. 1 S. 2) sowie die Bestellung, Abberufung und Vertretungsmacht von Liquidatoren (§ 84 Abs. 1). Für diese Tatsachen gilt die begrenzte Publizität nach § 29 (vgl. § 42 Abs. 1 S. 3, § 86). Weitere eintragungspflichtige Tatsachen sind zB die Errichtung von Zweigniederlassungen (§ 14 Abs. 1 S. 1), eine Verschmelzung sowie eine Abspaltung oder Ausgliederung (§§ 16, 17, 86, 148 UmwG), die Auflösung der eG (§ 82 Abs. 1), der Beschluss über die Fortsetzung einer aufgelösten eG (§ 79a Abs. 5 S. 1) und die Eröffnung des Insolvenzverfahrens sowie die weiteren Maßnahmen nach § 102 Abs. 1 S. 2.

4 **3. Eintragungsfähige Tatsachen.** Welche Tatsachen eingetragen werden können, gibt das Gesetz zwingend vor. In der Regel sind eintragungsfähig nur die eintragungspflichtigen Tatsachen. Die Eintragung nicht eintragungspflichtiger Tatsachen ist aber nicht ausgeschlossen, wenn es vom Gesetz zumindest vorausgesetzt wird. Nicht eingetragen werden können zB die Mitgliederliste (§ 30), einzelne Mitglieder der eG oder die Aufsichtsratsmitglieder (lediglich auf Geschäftsbriefen ist der Aufsichtsratsvorsitzende anzugeben, § 25a Abs. 1). Nicht eintragungsfähig ist ferner die Stellung eines Vorstandsmitglieds als Stellvertreter nach § 35 (→ § 28 Rn. 1). Vom Registergericht können zB Vermerke zur Löschung unzulässiger Eintragungen (§ 395 Abs. 1 FamFG) oder Berichtigungen von Schreibfehlern (ohne Benachrichtigung der eG) eingetragen werden (§ 24 GenRegV).

5 **4. Begrenzter öffentlicher Glaube.** Einen nach § 29 begrenzten öffentlichen Glauben (→ § 29 Rn. 1 ff.) genießen nur die Eintragungen über die Mitglieder des Vorstands einschließlich der Stellvertreter (§ 35), über die Prokuristen und Liquidatoren (§ 42 Abs. 1 S. 3, § 86) und über deren jeweilige Vertretungsmacht. Ob § 29 analog für andere eintragungspflichtige Tatsachen gilt, ist str. (→ § 29 Rn. 5). Soweit die Tatsache einer Änderung der Satzung bedarf, der betreffende Umstand also nur gilt, wenn er in der Satzung bestimmt wird, dürfte der Streit kaum praktisch werden. Denn der Beschluss über eine notwendige Satzungsänderung ist unwirksam, bevor er nicht eingetragen ist (§ 16 Abs. 6). Dritte können sich daher faktisch idR darauf verlassen, dass derjenige Inhalt der Satzung, den die vom Registergericht zu den Akten genommene Satzung hat, der richtige sein dürfte – vorbehaltlich eines Nichtigkeitsurteils nach § 51 Abs. 5 und der Eintragung eines Nichtigkeitsvermerks nach § 23 GenRegV (→ § 51 Rn. 22; zur Aussetzung des Eintragungsverfahrens in diesen Fällen → § 16 Rn. 21). Rechtlich wird dieses Vertrauen allerdings iRv § 29 Abs. 1 nicht geschützt (→ § 29 Rn. 5).

6 **5. Keine Heilungswirkung.** Durch die Eintragung der Satzung oder eines satzungsändernden Beschlusses werden etwaige Mängel der Satzung oder des Beschlusses nicht geheilt (RG 24.3.1933, RG 140, 174 (178 f.)).

III. Zuständigkeit und Verfahren

7 **1. Allgemeines.** Es gelten grundsätzlich die Zuständigkeits- und Verfahrensvorschriften, die für das Handelsregister gelten, soweit nicht insbesondere das GenG, das FamFG oder die GenRegV etwas anderes vorschreiben (§ 1 GenRegV).

2. Zuständiges Gericht (Abs. 1 aE). Sachlich zuständig für die (elektronische) Führung des Genossenschaftsregisters ist das zur Führung des Handelsregisters zuständige AG, in dessen Bezirk ein LG seinen Sitz hat (§ 376 Abs. 1 FamFG iVm § 1 GenRegV, § 1 HRV). Örtlich zuständig ist das AG, in dessen Bezirk die eG ihren Sitz hat (Abs. 1 aE). Zu diesem Bezirk gehört der gesamte Bezirk des LGs, in dessen Bezirk das registerführende AG seinen Sitz hat. 8

3. Eintragungsverfahren. Eintragungen erfolgen grundsätzlich nur nach Anmeldung oder auf Antrag durch den Vorstand (Antragsgrundsatz). Die Anmeldung der Ersteintragung nach § 11 muss von sämtlichen Vorstandsmitgliedern, die übrigen Anmeldungen (→ Rn. 3) von den jeweils vertretungsberechtigten Vorstandsmitgliedern (oder Liquidatoren) jeweils elektronisch in öffentlich beglaubigter Form eingereicht werden (§ 157 iVm § 39a BeurkG). Nach § 161 Abs. 2 kann in einer LandesVO die Papierform bis zum 31.12.2009 zugelassen sein. Die Anmeldung kann nicht durch einen Bevollmächtigten vorgenommen werden, es sei denn durch den Notar, der die zu einer Eintragung erforderliche Erklärung beurkundet oder beglaubigt hat (§ 6 Abs. 3 GenRegV, § 378 Abs. 2 FamFG). Sonstige Anzeigen, Erklärungen oder Einreichungen von Unterlagen müssen von den jeweils vertretungsberechtigten Vorstandsmitgliedern, Prokuristen oder Liquidatoren in der Form des § 12 Abs. 2 HGB bewirkt werden (§ 11 Abs. 4, § 7 GenRegV). Vor jeder Eintragung muss das Registergericht grundsätzlich prüfen, ob die Eintragung ordnungsgemäß angemeldet ist und den gesetzlichen und statutarischen Vorschriften entspricht (vgl. für die Ersteintragung näher § 11a sowie § 15 Abs. 1 GenRegV). Nach einer Eintragung muss eine etwa vorgeschriebene Bekanntmachung alsbald erfolgen, ohne dass auf eine andere Eintragung gewartet werden kann (§ 4 GenRegV). Die Eintragungen oder die Ablehnung einer Eintragung müssen dem Vorstand oder den Liquidatoren der eG bekanntgegeben werden (§ 3 Abs. 1 GenRegV); ein ablehnender Beschluss ist zu begründen. Leidet die Anmeldung formell oder materiell an einem Mangel, der beseitigt werden kann, muss das Gericht, bevor es die Eintragung ablehnt, in einer Zwischenverfügung die Möglichkeit geben, den Mangel zu beheben. 9

4. Wirksamwerden von Eintragungen. Eintragungen in das Genossenschaftsregister werden wie diejenige in das Handelsregister gem. § 8a HGB (→ HGB § 8a Rn. 1 ff.) wirksam (§ 156 Abs. 1 S. 1). 10

5. Bekanntmachung von Eintragungen. Eine Bekanntmachung der Eintragung im Register erfolgt nach § 156 Abs. 1 S. 2 nur in den Fällen der §§ 12, 16 Abs. 5, § 22 Abs. 1, § 22a Abs. 1, § 28 S. 3, § 42 Abs. 1 S. 3, § 51 Abs. 5, § 82 Abs. 1, § 97. Es wird grundsätzlich der gesamte Eintragungsinhalt bekannt gemacht, sofern nicht etwas anderes bestimmt ist (zB → § 12 Rn. 2). Eintragungen sind gem. § 156 Abs. 1 S. 3 elektronisch nach den Vorschriften des § 10 HGB bekannt zu machen (→ HGB § 10 Rn. 1 ff.). Zusätzlich sind die Eintragungen bis 31.12.2008 in einer Tageszeitung oder einem sonstigen (öffentlichen) Blatt bekannt zu machen (Art. 61 Abs. 4 S. 1 EGHGB). 11

6. Löschung von Eintragungen. Die Eintragung der eG als solche oder jede andere Eintragung in das Genossenschaftsregister kann von Amts wegen durch ein Vermerk des Registergerichts gelöscht werden, wenn die Eintragung wegen eines Mangels einer wesentlichen Voraussetzung unzulässig war (§ 395 Abs. 1 FamFG). Die eG kann darüber hinaus als nichtig gelöscht werden, wenn die Voraussetzungen für eine Nichtigkeitsklage gem. §§ 94, 95 (→ § 94 Rn. 1 ff., → § 95 Rn. 1 ff.) vorliegen (§§ 397, 395 FamFG). Ferner kann ein eingetragener Beschluss der Generalversammlung als nichtig gelöscht werden, wenn sein Inhalt zwingende gesetzliche Regelungen verletzt und seine Löschung im öffentlichen Interesse notwendig ist (§§ 398, 395 FamFG). Die erwähnten Löschungen erfolgen zwar grundsätzlich von Amts wegen, können aber auch beantragt werden. Ist die eG als nichtig gelöscht, wird sie abgewickelt und finden über § 97 Abs. 1 die Liquidationsvorschriften Anwendung (vgl. RG 25.6.1935, RGZ 148, 225 (228)). 12

IV. Bezeichnungsschutz (Abs. 2)

Es gilt dasselbe wie für das Handelsregister nach § 8 Abs. 2 HGB (→ HGB § 8 Rn. 1 ff.). 13

Anmeldung der Genossenschaft

11 (1) **Der Vorstand hat die Genossenschaft bei dem Gericht zur Eintragung in das Genossenschaftsregister anzumelden.**

(2) **Der Anmeldung sind beizufügen:**

1. **die Satzung, die von mindestens drei Mitgliedern unterzeichnet sein muss;**
2. **eine Abschrift der Urkunden über die Bestellung des Vorstands und des Aufsichtsrats;**
3. **die Bescheinigung eines Prüfungsverbandes, dass die Genossenschaft zum Beitritt zugelassen ist, sowie eine gutachtliche Äußerung des Prüfungsverbandes, ob nach den persönlichen oder wirtschaftlichen Verhältnissen, insbesondere der Vermögenslage der Genossen-**

schaft, eine Gefährdung der Belange der Mitglieder oder der Gläubiger der Genossenschaft zu besorgen ist.

(3) **In der Anmeldung ist ferner anzugeben, welche Vertretungsbefugnis die Vorstandsmitglieder haben.**

(4) **Für die Einreichung von Unterlagen nach diesem Gesetz gilt § 12 Abs. 2 des Handelsgesetzbuchs entsprechend.**

I. Allgemeines

1 Mit der Anmeldung der Genossenschaft beginnt das Verfahren zur Ersteintragung einer gegründeten Genossenschaft in das Genossenschaftsregister (→ § 10 Rn. 2, → § 10 Rn. 8). Die weiteren Verfahrensschritte sind in §§ 11a, 12 und in der GenRegV geregelt. Nach Eintragung der eG sind weitere Anmeldungen vorzunehmen (→ § 10 Rn. 3).

II. Anmeldeinhalt und -berechtigung

2 Anzumelden ist die Genossenschaft zur Eintragung in das Genossenschaftsregister. Zwingender Inhalt der Anmeldung ist außerdem die Angabe, welche Vertretungsbefugnis (§ 25) die Vorstandsmitglieder haben **(Abs. 3).** Nicht mehr Inhalt der Anmeldung ist die Zeichnung der Unterschriften aller Vorstandsmitglieder in öffentlich beglaubigter Form (§ 11 Abs. 4 aF). **Anmeldeberechtigt** ist der Vorstand als Kollektivorgan **(Abs. 1).** Die Anmeldung der Genossenschaft ist die einzige Anmeldung, die von sämtlichen Vorstandsmitgliedern einschließlich der Stellvertreter (§ 35) einzureichen ist (vgl. § 157). Vertreten lassen können sie sich nicht (§ 6 Abs. 3 S. 1 GenRegV). Jedoch gilt nach § 378 Abs. 2 FamFG derjenige Notar, der die zur Eintragung erforderliche Erklärung beurkundet oder beglaubigt hat, als ermächtigt, im Namen des Vorstands die Eintragung zu beantragen. Eine Pflicht zur Anmeldung hat der Vorstand gegenüber der Vor-eG, wenn sich aus der Satzung der Zweck der Gründung als eG ergibt (zB aus der Firma). Der Pflicht zur Anmeldung nicht nachkommende Vorstandsmitglieder können abberufen werden (entsprechend § 24 Abs. 3 S. 2) und der Vor-eG entsprechend § 34 Abs. 2 zum Schadensersatz verpflichtet sein (vgl. Beuthien/*Beuthien* Rn. 2 aE).

III. Beizufügende Anmeldeunterlagen (Abs. 2)

3 **1. Satzung (Nr. 1).** Einzureichen ist das Original der vollständigen Satzung. Seit dem 22.7.2017 (BGBl. 2017 I 2434) muss die Satzung nicht mehr von sämtlichen Gründern und allen später beigetretenen Mitgliedern unterschrieben sein (→ § 5 Rn. 1 f.), sondern es genügen die Unterschriften von drei Mitgliedern. Diese Vorschrift orientiert sich an der Mindestmitgliederzahl nach § 4 und an der Rechtslage beim eV, für dessen Satzung ebenfalls die Unterschrift der Mindestmitgliederzahl nach §§ 56, 59 Abs. 3 BGB genügt (BT-Drs. 18/11506, 23). Verlangte man für die **Formvorschrift des § 5** weiterhin die Unterschrift sämtlicher Gründungsmitglieder und aller später beigetretenen Mitglieder (→ § 5 Rn. 2), würde die Neuregelung leerlaufen, da bei einer Unterzeichnung der Satzung durch lediglich drei Mitglieder die Satzung nach §§ 125, 126 BGB nichtig wäre und das Registergericht die Eintragung allein aus diesem Grund nach § 11a Abs. 1 S. 2 ablehnen müsste (nach hier vertretener Ansicht würde sogar nach Eintragung eine Nichtigkeitsklage nach § 94 drohen → § 5 Rn. 3; aA von einer Heilung der Formnichtigkeit durch Eintragung ausgehend die hM, zB *Korte* NZG 2017, 1249 (1250)). Um die Funktionalität der Neuregelung sicherzustellen, ist daher § 5 im systematischen Zusammenhang mit § 11 Abs. 2 Nr. 1 derart **reduzierend auszulegen,** dass für die Einhaltung der Schriftform die Unterschrift von drei Mitgliedern genügt. Andere dürfen nach der **Neufassung von § 15 Abs. 1 S. 1** bereits vor der Anmeldung beim Registergericht durch bloße Erklärung beitreten, ohne dass die Satzung mitunterzeichnet werden müsste.

4 **2. Abschrift der Bestellungsurkunden von Vorstand und Aufsichtsrat (Nr. 2).** Bestellungsurkunden sind die Urkunden über die Bestellung des ersten Vorstands und des ersten Aufsichtsrats. Erfolgt diese Bestellung in der Gründerversammlung (→ § 24 Rn. 7), ist die Bestellungsurkunde das (vollständige) Protokoll dieser Versammlung. Eine einfache Abschrift dieses Protokolls genügt (§ 8 GenRegV). Da an die Abschrift keine besonderen Anforderungen gestellt werden, genügen neben Fotokopien auch zB Durchschläge, Faxkopien oder Ausdrucke einer gescannten Urkunde.

5 **3. Bescheinigung und Gutachten des Prüfungsverbands (Nr. 3).** Weil die eG nach § 54 zwingend als Mitglied einem Prüfungsverband (idR ein e. V.) beigetreten sein muss, ist der Anmeldung die Bescheinigung eines Prüfungsverbands über die Zulassung der eG zum Beitritt bei diesem Prüfungsverband im Original beizulegen (→ § 54 Rn. 1). Der Prüfungsverband muss ferner in einem Gründungsprüfungsgutachten Stellung insbesondere zur Vermögenslage der Vor-eG und zu etwaigen Risiken für Mitglieder (auch investierende) und Gläubiger bezogen haben. In diesem Rahmen muss er auch prüfen, ob die eG einen zulässigen Förderzweck iSv § 1 verfolgt (vgl. BR-Drs. 500/20). Dieses Gut-

achten ist einzureichen und stellt die Basis für die eigene Prüfung und eine etwaige Ablehnung durch das Registergericht nach § 11a dar. Die eG hat gegen den Prüfungsverband einen Anspruch auf Bescheinigung ihres Beitritts zu diesem Verband und auf Erstellung des Gutachtens.

IV. Form der Anmeldung und der einzureichenden Unterlagen

Die Anmeldung nach § 11 ist wie andere gesetzlich vorgeschriebene Anmeldungen zum Genossenschaftsregister elektronisch und in öffentlich beglaubigter Form vorzunehmen (§ 157, § 6 Abs. 1, 2 Nr. 1 GenRegV). Für die elektronisch errichtete Beglaubigung ist gem. §§ 39a, 40 BeurkG notwendig, dass die Unterschriften unter der Anmeldung in Gegenwart des Notars vollzogen und die Anmeldung mit einem Beglaubigungsvermerk des Notars sowie mit einer qualifizierten elektronischen, auf einem dauerhaft prüfbaren und die Notareigenschaft bestätigenden Zertifikat beruhenden Signatur nach dem Signaturgesetz versehen wird. Auch die einzureichenden Unterlagen sind nach Abs. 4 iVm § 12 Abs. 2 HGB elektronisch einzureichen. Sie müssen aber nicht öffentlich beglaubigt werden. Die Länder können nach § 161 Abs. 2 vorsehen, dass abweichend von der elektronischen Form die Papierform genügt. Auch dann muss die Anmeldung nach § 40 BeurkG öffentlich beglaubigt werden. 6

Prüfung durch das Gericht

11a (1) [1] **Das Gericht hat zu prüfen, ob die Genossenschaft ordnungsmäßig errichtet und angemeldet ist.** [2] **Ist dies nicht der Fall, so hat es die Eintragung abzulehnen.**

(2) [1] **Das Gericht hat die Eintragung auch abzulehnen, wenn offenkundig oder auf Grund der gutachtlichen Äußerung des Prüfungsverbandes eine Gefährdung der Belange der Mitglieder oder der Gläubiger der Genossenschaft zu besorgen ist.** [2] **Gleiches gilt, wenn der Prüfungsverband erklärt, dass Sacheinlagen überbewertet worden sind.**

(3) **Wegen einer mangelhaften, fehlenden oder nichtigen Bestimmung der Satzung darf das Gericht die Eintragung nach Absatz 1 nur ablehnen, soweit diese Bestimmung, ihr Fehlen oder ihre Nichtigkeit**

1. **Tatsachen oder Rechtsverhältnisse betrifft, die nach den §§ 6 und 7 oder auf Grund anderer zwingender gesetzlicher Vorschriften in der Satzung bestimmt sein müssen oder die in das Genossenschaftsregister einzutragen oder von dem Gericht bekannt zu machen sind,**
2. **Vorschriften verletzt, die ausschließlich oder überwiegend zum Schutze der Gläubiger der Genossenschaft oder sonst im öffentlichen Interesse gegeben sind, oder**
3. **die Nichtigkeit der Satzung zur Folge hat.**

I. Allgemeines

Mit dieser Vorschrift über die gerichtliche Gründungsprüfung soll vor allem verhindert werden, dass eine eG entsteht und als solche am Rechtsverkehr mit Mitgliedern und Dritten teilnimmt, die nicht ordnungsgemäß errichtet oder angemeldet wurde (Abs. 1), insbesondere deren Satzung gegen das Gesetz verstößt oder nichtig ist oder welche die Belange ihrer gegenwärtigen und potentiellen Mitglieder oder Gläubiger zu gefährden droht (Abs. 2). Zugleich wird aber berücksichtigt, dass eine Ablehnung der Eintragung außer Verhältnis zur Bedeutung derjenigen Vorschriften stehen kann, gegen die verstoßen wurde. Deshalb, und um die Registereintragung zu beschleunigen, werden die Ablehnungsgründe hinsichtlich der Satzung auf einige wesentliche beschränkt (Abs. 3). Die Vorschrift des § 11a ist in ihrem Kern 1973 eingeführt und später ergänzt worden. Sie ist im Wesentlichen den § 38 AktG, § 9c GmbHG nachgebildet (→ AktG § 38 Rn. 1 ff.; → GmbHG § 9c Rn. 1 ff.). 1

II. Prüfungsgegenstand bzw.-maßstäbe und grundsätzlich Ablehnungspflicht

Das Registergericht hat sowohl das Recht als auch die Pflicht zu überprüfen, ob die formellen und materiellen Voraussetzungen für die Eintragung der eG erfüllt sind (→ § 10 Rn. 7 ff.). Wenn die Voraussetzungen der Abs. 1–3 vorliegen sollten, hat das Registergericht die Pflicht, die Eintragung abzulehnen (Abs. 1 S. 2, Abs. 2). 2

1. Ordnungsgemäße Anmeldung. Zunächst prüft das Gericht, ob es zuständig ist und ob die Anmeldung den Anforderungen insbesondere des § 11 und der GenRegV gerecht wird (→ § 11 Rn. 2 ff.). Ferner prüft es, ob weitere Voraussetzungen für die Anmeldung erfüllt sind, zB ob die Mindestzahl von Mitgliedern (§ 4) vorliegt und ob genügend Eigenkapital (vor allem Geschäftsguthaben) vorhanden ist, sodass es eine in der Satzung vorgesehene Mindestkapitalziffer erreicht (→ § 8a Rn. 2). Die Werthaltigkeit etwaiger Sacheinlagen prüft das Gericht hingegen nicht selbst, sondern der Prüfungsverband (Abs. 2 S. 2). 3

4 **2. Ordnungsgemäße Errichtung.** Zuvörderst muss das Gericht prüfen, ob die Genossenschaft die kennzeichnenden Merkmale einer eG erfüllt, vor allem ob sie gem. § 1 Abs. 1 die Förderung ihrer Mitglieder durch gemeinschaftlichen Geschäftsbetrieb bezweckt und dies den Hauptzweck darstellt. Außerdem muss sie in ihrem Bestand unabhängig von Ein- und Austritt ihrer Mitglieder sein. Der Unternehmensgegenstand muss zulässig sein und mit dem Förderzweck in Einklang stehen (vgl. § 81 Abs. 1 S. 1 Alt. 2). Eine etwaige behördliche Genehmigung muss vorliegen (→ § 6 Rn. 3). Die Satzung als Gründungsvertrag muss wirksam zustande gekommen sein (RG 24.3.1933, RGZ 140, 174 (180 ff.)) und den gesetzlichen Vorschriften genügen, insbesondere den Mindestinhalt (vor allem §§ 6, 7, 36 Abs. 1 S. 2) aufweisen (§ 15 Abs. 1 GenRegV). Die gesamte Satzung ist zu prüfen. Ist die Genossenschaft nicht ordnungsgemäß errichtet (zB fehlender Förderzweck, insgesamt unwirksame Satzung), muss das Registergericht die Eintragung ablehnen (Abs. 1 S. 2). Verstoßen nur einzelne Satzungsbestimmungen gegen das Gesetz, darf das Gericht die Eintragung nur unter den Voraussetzungen von Abs. 3 ablehnen (→ Rn. 7).

5 **3. Gefährdung der Belange von Mitgliedern und Gläubigern (Abs. 2 S. 1).** Das Registergericht muss die Eintragung ablehnen, wenn es auf der Grundlage des Gründungsprüfungsgutachtens des Prüfungsverbandes (→ § 11 Rn. 5) über die persönlichen und wirtschaftlichen Verhältnisse der Genossenschaft zu dem Ergebnis kommt, dass eine Gefährdung der Belange der Mitglieder oder der Gläubiger besteht oder droht. Das kann zB der Fall sein, wenn ein Verlust der Geschäftsguthaben oder eine Nachschusspflicht der Mitglieder oder eine baldige Insolvenz der Genossenschaft zu befürchten ist. Weder an ein die Eintragung befürwortendes noch an ein ablehnendes Gutachten des Prüfungsverbandes ist das Registergericht gebunden (vgl. BT-Drs. 16/1025, 83). Ausnahmsweise hat das Registergericht hier eine eigene Prüfungsbefugnis hinsichtlich der persönlichen und wirtschaftlichen Verhältnisse der Genossenschaft. Es muss allerdings das Gutachten des Prüfungsverbandes zur Grundlage nehmen. Im Rahmen seiner Amtsermittlungspflicht nach § 26 FamFG kann es zusätzlich Sachverständigengutachten einholen.

6 **4. Bewertung von Sacheinlagen (Abs. 2 S. 2).** Weil in dieser Hinsicht nach dem Wortlaut „Gleiches" gelten soll wie für S. 1, hat das Registergericht eine eigene Prüfungskompetenz auch bei der Frage, ob die Sacheinlagen richtig bewertet worden sind (vgl. BT-Drs. 16/1025, 83). Sacheinlagen sind dann überbewertet, wenn ihr Wert nicht unwesentlich hinter dem Pflichteinzahlungsbetrag zurückbleibt, der auf den betreffenden Geschäftsanteil zu zahlen ist.

III. Beschränkung der Ablehnungsgründe hinsichtlich der Satzung (Abs. 3)

7 Abs. 3 (zu seinem Zweck → Rn. 1) beschränkt nur die Gründe, derentwegen die Eintragung abgelehnt werden darf, enthebt das Gericht aber nicht der Pflicht, die gesamte Satzung zu prüfen. Er entspricht fast wortgleich den § 38 Abs. 3 AktG, § 9c Abs. 2 GmbHG (→ AktG § 38 Rn. 1 ff.; → GmbHG § 9c Rn. 1 ff.) und ist den Besonderheiten des GenG angeglichen. Nur soweit eine der Voraussetzungen nach Nr. 1–3 erfüllt ist, berechtigt das Fehlen (für Nr. 1 auch die Unvollständigkeit), die Nichtigkeit oder die „Mangelhaftigkeit" (dh jeder den Inhalt oder das Zustandekommen betreffende Gesetzesverstoß) einer Satzungsbestimmung zur Ablehnung der Eintragung. **Nr. 1** betrifft alle Tatsachen oder Rechtsverhältnisse, die nach §§ 6, 7 (→ § 6 Rn. 1 ff.; → § 7 Rn. 1 ff.) oder anderen Vorschriften wie § 36 Abs. 1 S. 2 zwingend in der Satzung geregelt sein müssen, sowie alle einzutragenden und bekannt zu machenden Tatsachen (→ § 10 Rn. 2). Unter **Nr. 2** fallen zB Bestimmungen, die gegen Kapitalerhaltungs- oder -aufbringungsvorschriften verstoßen (zB § 22 Abs. 4, 5, → § 8a Rn. 1). Dass neben den übrigen Fallvarianten des § 241 Nr. 3 AktG (der für die Parallelnorm des § 38 Abs. 3 Nr. 2 AktG Pate stand) Verstöße gegen das „Wesen" der Genossenschaft nicht in Nr. 2 aufgenommen sind, hindert nicht die Ablehnung wegen fehlenden Förderzwecks nach § 1 Abs. 1 (→ Rn. 4, vgl. auch § 81). **Nr. 3** ist ein Auffangbecken für diejenigen Satzungsbestimmungen, die nicht unter Nr. 1, 2 fallen und deren Nichtigkeit über § 139 BGB zur Gesamtnichtigkeit der Satzung führt.

IV. Eintragungsverfahren, Rechtsmittel

8 Zum Eintragungsverfahren allgemein → § 10 Rn. 7 ff. Vor einer Ablehnung der Eintragung muss das Registergericht der Vor-eG zunächst durch Zwischenverfügung die Möglichkeit geben, zB die wirksame Errichtung der eG nachzuholen (idR in einer neuen Gründerversammlung), eine fehlerhafte Anmeldung zu korrigieren oder bei fehlenden, unwirksamen oder nichtigen Satzungsbestimmungen, die zur Ablehnung berechtigen, eine neue Satzung zu beschließen und einzureichen. Nur bei behebbaren Mängeln muss diese Möglichkeit gegeben werden. Gegen die Ablehnung der Eintragung kann die Vor-eG, vertreten durch den Vorstand, gem. §§ 58, 59 Abs. 2 FamFG, §§ 64, 68, 69 FamFG Beschwerde bei dem Registergericht einlegen, das der Beschwerde abhelfen kann oder die Beschwerde dem Beschwerdegericht vorlegt (hM, zB Beuthien/*Beuthien* Rn. 6; für die GmbH: BGH 16.3.1992, BGHZ

117, 323 (326); aA BayObLG 13.3.1974, DB 1974, 963: Beschwerdebefugnis sämtlicher Vorstandsmitglieder).

V. Eintragung trotz Verstoßes gegen die Ablehnungspflicht

Wenn das Registergericht die Eintragung vornimmt (zum Inhalt → § 10 Rn. 2), obwohl es die Eintragung nach Abs. 1–3 hätte ablehnen müssen, entsteht die eG dennoch als juristische Person (vgl. für die GmbH die Erl. zu § 9c GmbHG → GmbHG § 9c Rn. 1 ff.). Möglich bleiben aber Nichtigkeitsklage (§§ 94, 95) und Amtslöschung (§§ 397, 395 FamFG, → § 10 Rn. 12). Nur Schreibfehler oder ähnliche offenkundige Fehler kann das Gericht von Amts wegen selbst berichtigen (§ 24 GenRegV). 9

Veröffentlichung der Satzung

12 **(1) Die eingetragene Satzung ist von dem Gericht im Auszug zu veröffentlichen.**

(2) Die Veröffentlichung muss enthalten:

1. das Datum der Satzung,
2. die Firma und den Sitz der Genossenschaft,
3. den Gegenstand des Unternehmens,
4. die Mitglieder des Vorstands sowie deren Vertretungsbefugnis,
5. die Zeitdauer der Genossenschaft, falls diese auf eine bestimmte Zeit beschränkt ist.

I. Art der Veröffentlichung

Wie die Eintragung der Satzung (§ 15 Abs. 2 GenRegV) erfolgt auch ihre Bekanntmachung in Auszügen (zur Eintragung allgemein → § 10 Rn. 2). Die eingetragenen Auszüge gehen über die veröffentlichten hinaus (→ Rn. 2). Die Eintragung ist gem.§ 156 Abs. 1 S. 3 elektronisch nach den Vorschriften des § 10 HGB bekannt zu machen (→ HGB § 10 Rn. 1 ff.). Zusätzlich sind die Eintragungen bis 31.12.2008 in einer Tageszeitung oder einem sonstigen (öffentlichen) Blatt bekannt zu machen (Art. 61 Abs. 4 S. 1 EGHGB). 1

II. Inhalt der Veröffentlichung

Der Pflichtinhalt der bekanntzumachenden Auszüge aus der Satzung nach Abs. 2 entspricht einem Teil des Mindestinhalts der eingetragenen Auszüge; diese gehen aber noch darüber hinaus (§ 15 Abs. 3, 4 GenRegV, → § 10 Rn. 2). Da der Kanon des Abs. 2 nicht abschließend formuliert ist, können auf Antrag weitere eingetragene Satzungsinhalte (zB die Angabe eines Mindestkapitals, § 8a Rn. 2 aE, oder die Angabe der Haftsumme) bekannt gemacht werden (str.). Anders als § 12 Abs. 2 sind aber die anderen Vorschriften über die Bekanntmachung von Registereintragungen abschließend formuliert (vgl. § 156 Abs. 1 S. 2 und die dort genannten Vorschriften). 2

Rechtszustand vor der Eintragung

13 **Vor der Eintragung in das Genossenschaftsregister ihres Sitzes hat die Genossenschaft die Rechte einer eingetragenen Genossenschaft nicht.**

I. Allgemeines

Mit Wirksamwerden der Eintragung (→ § 10 Rn. 10) in das Genossenschaftsregister entsteht die eG als juristische Person (§ 17) und erwirbt sie als solche die Rechte einer eG nach dem GenG (§ 1 Abs. 1). Vor der Eintragung entsteht keine eG. Doch unterscheidet bereits § 1 Abs. 1 zwischen einer nicht eingetragenen Genossenschaft im bloß materiellen Sinne und einer eG (→ § 1 Rn. 13 ff.) und wird bereits im Gründungsstadium in §§ 10, 11, 11a von der Existenz einer „Genossenschaft" ausgegangen (vgl. zB BGH 16.6.1955, BGHZ 17, 385 (390)). Nach allgM entsteht daher als Vorstufe zur eG bereits vor der Eintragung eine Vor-eG. Für diese kann im Wesentlichen auf die Regeln zurückgegriffen werden, die für Vor-AG und Vor-GmbH gelten (vgl. die Erl. zu § 41 Abs. 1 AktG → AktG § 41 Rn. 1 ff. und § 11 Abs. 2 GmbHG → GmbHG § 11 Rn. 1 ff.). Von der Genossenschaft im bloß materiellen Sinne (→ § 1 Rn. 14 f.) unterscheidet sich die Vor-eG nur dadurch, dass ihr Hauptzweck zusätzlich zum Förderzweck darauf gerichtet ist, die Eintragung in das Genossenschaftsregister nach §§ 10, 11 zu betreiben (→ Rn. 4). 1

II. „Vorgründungsgenossenschaft“

2 Vor der Errichtung des Statuts entsteht noch keine Vor-eG, sondern nur eine „Vorgründungsgenossenschaft“. Entweder ist sie einfache BGB-Gesellschaft nach §§ 705 ff. BGB (oder ggf. OHG nach §§ 105 ff. HGB), für welche die gleichen Regeln gelten wie für eine Vorgründungsgesellschaft zur Gründung einer AG oder GmbH (→ GmbHG § 11 Rn. 4, → AktG § 41 Rn. 2), oder sie ist Genossenschaft im materiellen Sinne (→ § 1 Rn. 14 f.).

III. Vor-eG (Vorgenossenschaft, eG in Gründung)

3 **1. Rechtsnatur.** Die Vor-eG (auch „Vorgenossenschaft“ oder „eG in Gründung“ genannt) ist nach hM wie die Vor-AG und die Vor-GmbH eine Personenvereinigung *sui generis,* auf welche die Normen des GenG insoweit Anwendung finden, als sie nicht die Rechtspersönlichkeit nach § 17 voraussetzen oder auf die besonderen Umstände des Gründungsstadiums einer eG keine genügende Rücksicht nehmen (vgl. für die Vor-GmbH zB BGH 18.1.2000, BGHZ 143, 314 (319) = NJW 2000, 1193 (1194)). Nach hM kann sie Trägerin von Rechten und Pflichten sein und am Rechtsverkehr teilnehmen (→ GmbHG § 11 Rn. 13 ff., → AktG § 41 Rn. 3 ff.); die eingegangenen Verbindlichkeiten und die übernommenen Rechte gehen nach der Eintragung ohne Weiteres auf die eG über (Identitätstheorie). Die Frage, ob ihr das Genossenschaftsvermögen selbst oder den Mitgliedern zur gesamten Hand zugeordnet werden muss, ist dogmatischer Natur und soweit ersichtlich bislang nicht praktisch relevant geworden. Jedenfalls ist die Qualifizierung der Vor-eG als juristische Person abzulehnen (BSG 8.12.1999, BSGE 85, 200 = NZG 2000, 611 (612); OLG Dresden 26.2.2001, NZG 2001, 947 (948)).

4 **2. Entstehung.** Die Vor-eG entsteht mit dem wirksamen Zustandekommen der Satzung nach §§ 4, 5, wenn neben den Voraussetzungen für das Vorliegen einer Genossenschaft nach § 1 Abs. 1 zudem die Eintragung als eG bezweckt wird. Dieser letztere Zweck muss Hauptzweck sein und ist dann zu bejahen, wenn die Firma den Zusatz nach § 3 enthält und ein Vorstand bestellt ist (§ 9), der die Anmeldung nach § 11 einreichen kann (er muss sie aber noch nicht eingereicht haben). Die Satzung muss von allen Gründern in ausreichender Zahl (§ 4) schriftlich (§ 5) errichtet und unterzeichnet worden sein (näher §§ 4, 5). Für die Voraussetzungen nach § 1 Abs. 1 genügt es, dass ein Geschäftsbetrieb aufgenommen wird, durch den ein genossenschaftlicher Förderzweck verfolgt wird und die genossenschaftliche Förderung zumindest vorbereitet wird. Die Mitgliedschaft in einem Prüfungsverband ist für das Entstehen als Vor-eG nicht notwendig (→ § 54 Rn. 1). Wird eine Eintragungsabsicht nur zum Schein nach außen hin kundgetan, ohne dass sie tatsächlich besteht, kommt nur eine unechte Vor-eG zustande, auf welche die gleichen Regeln gelten wie für eine beendete Vor-eG (→ Rn. 8; zur unechten Vor-GmbH zB BGH 18.1.2000, BGHZ 143, 314 (319) = NJW 2000, 1193 (1194)).

5 **3. Binnenverfassung und Vertretungsmacht des Vorstands.** Auf die Binnenverfassung der Vor-eG können die Vorschriften des GenG zur Binnenverfassung im Wesentlichen angewendet werden, soweit nicht die Besonderheit des Gründungsstadiums entgegensteht. Insbesondere obliegt die Führung des Geschäftsbetriebs, die Fördermaßnahmen oder Vorbereitungen hierzu sowie das Betreiben der Eintragung dem nach § 9 notwendig zu bestellenden Vorstand. Nachdem das Vorbelastungsverbot für Vor-GmbH und Vor-AG aufgegeben wurde (zur Vor-GmbH zB BGH 9.3.1981, BGHZ 80, 129 (133 ff.); zur Vor-AG zB BGH 14.6.2004, NJW 2004, 2519; nicht unbedenklich wegen § 41 Abs. 2 AktG) und dies entsprechend für die Vor-eG gilt (→ Rn. 6), ist die Vertretungsmacht des Vorstands einer Vor-eG nicht mehr auf die Herbeiführung der Eintragung und die ersten notwendigen Rechtsakte beschränkt (so noch BGH 16.6.1955, BGHZ 17, 385 (390 f.)). Ein Aufsichtsrat ist nach § 9 zu bestellen, sofern hierauf nicht in der Satzung verzichtet werden konnte. Pflichteinzahlungen der Mitglieder müssen bereits geleistet werden, sofern dies in der Satzung vorgesehen ist (bei Mindestkapitalziffer: → § 8a Rn. 2).

6 **4. Haftung für die vor Eintragung begründeten Verbindlichkeiten. a) Haftung der Vor-eG.** Vor der Eintragung haftet die Vor-eG für die in ihrem Namen eingegangenen Verbindlichkeiten in dem Umfang, in dem sie Trägerin von Rechten und Pflichten ist (→ Rn. 3). Zusätzlich haften die für die Vor-eG Handelnden analog § 41 Abs. 1 S. 2 AktG und § 11 Abs. 2 GmbHG (zB PFB/*Fandrich* Rn. 7). An der Berechtigung der Handelndenhaftung ist festzuhalten wegen ihrer Funktion, die Gläubiger vor der Unsicherheit zu schützen, dass der Handelnde von den Gründern ermächtigt worden ist (für die Vor-AG BGH 14.6.2004, NJW 2004, 2519). Dies gilt für die Vor-eG gleichermaßen. **Nach der Eintragung** gehen die Verbindlichkeiten der Vor-eG wie auch ihre Rechte auf die eG über. Das Vorbelastungsverbot gilt auch für die Vor-eG nicht mehr (implizit BGH 10.12.2001, NJW 2002, 824 f.; BSG 8.12.1999, BSGE 85, 200 = NZG 2000, 611 (612); → Rn. 5).

7 **b) Haftung der (Gründungs-)Mitglieder.** Vor Eintragung der eG haften die Mitglieder der Vor-eG, die mit der Aufnahme der Geschäftstätigkeit einverstanden waren, für die Verbindlichkeiten der

Vor-eG wie die Gesellschafter einer Vor-GmbH (zur Handelndenhaftung → Rn. 6). Diese Verlustdeckungshaftung besteht als eine anteilige Innenhaftung gegenüber der Vor-eG und ist nicht auf den Geschäftsanteil des Mitglieds beschränkt (für die Vor-eG BGH 10.12.2001, NJW 2002, 824 f.; BSG 8.12.1999, BSGE 85, 200 = NZG 2000, 611). Der Verlustdeckungsanspruch der Vor-eG gegen ihre Mitglieder kann von den Gläubigern gepfändet werden und verjährt analog § 9 Abs. 2 GmbHG in fünf Jahren (BGH 10.12.2001, NJW 2002, 824 f.; aA OLG Dresden 26.2.2001, NZG 2001, 947: analog § 159 Abs. 1 HGB). Ab dem Zeitpunkt der Eintragung der eG setzt sich der Verlustdeckungsanspruch nach der Rspr. in einen Anspruch der eG auf Ausgleich der Unterbilanz fort („Unterbilanz-„ oder „Vorbelastungshaftung“, BGH 10.12.2001, NJW 2002, 824 f.; näher die Erl. zu § 41 AktG und § 11 GmbHG: → AktG § 41 Rn. 1 ff. und → GmbHG § 11 Rn. 1 ff.).

5. Beendigung der Vor-eG. Die Vor-eG endet automatisch mit der Eintragung als eG. Wegen der Identität des Unternehmens ist sie aber nicht etwa zu liquidieren, sondern sie geht mit ihren sämtlichen Rechten und Pflichten in der nunmehr eingetragenen Genossenschaft auf. Die in der Vor-eG erworbene (Gründungs-)Mitgliedschaft geht in die Mitgliedschaft in der eG über (→ § 15 Rn. 2). Scheitert die Eintragung oder wird der Zweck (BGH: die Absicht), die Eintragung zu betreiben, endgültig aufgegeben, so ist die Vor-eG wie eine eG nach §§ 83 ff. zu liquidieren und ist im Liquidationsstadium (als „Vor-eG i. L.“) rechts- und parteifähig (für die Vor-GmbH i. L. zB BGH 31.3.2008, NJW 2008, 2441 (2442)). Neben den Fällen der gescheiterten Eintragung oder des aufgegebenen Eintragungszwecks ist die Vor-eG auch in den Fällen einer Kündigung aus wichtigem Grund abzuwickeln (für die Vor-AG BGH 23.10.2006, NJW 2007, 589 (590): Kündigung analog § 723 Abs. 1 S. 2, 3 Nr. 1 BGB). Wird die Vor-eG hingegen nicht liquidiert, sondern wird ihre Geschäftstätigkeit fortgesetzt, entsteht entweder eine Genossenschaft im bloß materiellen Sinne (→ § 1 Rn. 15) oder – sofern die Voraussetzungen einer Genossenschaft mittlerweile nicht mehr vorliegen – eine BGB-Gesellschaft oder ggf. eine OHG. In jedem Fall gelten nicht mehr die Grundsätze über die Verlustdeckungshaftung, sondern haften die Mitglieder nach den Regeln, die für eine BGB-Gesellschaft oder OHG gelten, und zwar unabhängig von ihrer Kenntnis des Scheiterns (vgl. für die gescheiterte Vor-GmbH zB BGH 4.11.2002, ZIP 2002, 2309 (2310 f.)). Dies gilt auch für die Genossenschaft im materiellen Sinne (→ § 1 Rn. 15). 8

Errichtung einer Zweigniederlassung

14 (1) [1]**Die Errichtung einer Zweigniederlassung ist vom Vorstand beim Gericht des Sitzes der Genossenschaft unter Angabe des Ortes der Zweigniederlassung und eines Zusatzes, falls der Firma der Zweigniederlassung ein solcher beigefügt wird, zur Eintragung in das Genossenschaftsregister anzumelden.** [2]**In gleicher Weise sind spätere Änderungen der die Zweigniederlassung betreffenden einzutragenden Tatsachen anzumelden.**

(2) **Das zuständige Gericht trägt die Zweigniederlassung auf dem Registerblatt des Sitzes unter Angabe des Ortes der Zweigniederlassung und des Zusatzes, falls der Firma der Zweigniederlassung ein solcher beigefügt ist, ein, es sei denn, die Zweigniederlassung ist offensichtlich nicht errichtet worden.**

(3) **Die vorstehenden Vorschriften gelten sinngemäß für die Aufhebung einer Zweigniederlassung.**

I. Allgemeines

Für die Errichtung einer Zweigniederlassung einer eG gilt zunächst § 13 HGB (→ HGB § 13 Rn. 1 ff., insbesondere zu Begriff und rechtlicher Stellung der Zweigniederlassung). Ähnlich wie §§ 13f, 13g HGB Sondervorschriften für Zweigniederlassungen einer AG oder GmbH enthalten, regelt § 14 die besonderen Vorschriften zu Anmeldung und Eintragung der Zweigniederlassung einer eG in das Genossenschaftsregister. 1

II. Anmeldung der Errichtung, Änderung oder Aufhebung von Zweigniederlassungen (Abs. 1, 3)

Die Anmeldung von Errichtung und Aufhebung sowie von Änderungen einzutragender Tatsachen ist vom Vorstand, dh von den Vorstandsmitgliedern in vertretungsberechtigter Anzahl (vgl. § 157) vorzunehmen und kann vom Registergericht dadurch erzwungen werden, dass es nach § 160 Abs. 1 S. 1 gegen die Mitglieder des Vorstands ein Zwangsgeld festsetzt. Die Anmeldungen müssen jeweils elektronisch in öffentlich beglaubigter Form eingereicht werden (§ 157; → § 11 Rn. 6). Bei Errichtung sind der Ort und ein etwaiger Firmenzusatz anzugeben (Abs. 1 S. 1), deren Änderung wiederum der Anmeldung bedarf (Abs. 1 S. 2). Errichtet ist die Zweigniederlassung nicht erst mit dem Beschluss des Vorstands iR seiner Leitungsmacht (§ 27 Abs. 1), sondern schon mit der tatsächlichen dauerhaften Separierung eines (rechtlich nicht selbstständig werdenden) Teils der eG in räumlicher, personeller, 2 sachlicher und organisatorischer Hinsicht. Die Aufhebung einer Zweigniederlassung geschieht durch Aufgabe der Separierung oder es Geschäftsbetriebes am Ort der Niederlassung. Eine Zweigniederlassung kann, muss aber nicht in die Satzung aufgenommen werden. Errichtung und Aufhebung sowie Änderungen einer Zweigniederlassung sind grundsätzlich nicht von der Generalversammlung zu beschließen, sondern bedürfen nur eines Vorstandsbeschlusses, es sei denn die Satzung sieht anderes vor (§ 27 Abs. 1 S. 2).

III. Eintragung der Zweigniederlassung und ihrer Aufhebung (Abs. 2, 3)

3 Die Eintragung der Zweigniederlassung erfolgt in der in Abs. 2 vorgeschriebenen Weise. Ihre Wirkung ist deklaratorisch. Das Registergericht hat lediglich zu prüfen, ob die Anmeldung ordnungsgemäß eingereicht worden ist und (anders als § 11a Abs. 1) ob die Zweigniederlassung evident nicht errichtet ist. Der Eintragung steht nicht entgegen, dass die Errichtung der Zweigniederlassung gegen Satzungsbestimmungen (zB Klauseln über eine regionale Beschränkung des Geschäftsbetriebs) verstößt.

14a (aufgehoben)

15 Beitrittserklärung

(1) [1]Die Mitgliedschaft wird durch eine schriftliche, unbedingte Beitrittserklärung und die Zulassung des Beitritts durch die Genossenschaft erworben. [2]Dem Antragsteller ist vor Abgabe seiner Beitrittserklärung eine Abschrift der Satzung in der jeweils geltenden Fassung zur Verfügung zu stellen; es reicht aus, wenn die Satzung im Internet unter der Adresse der Genossenschaft abrufbar ist und dem Antragsteller ein Ausdruck der Satzung angeboten wird. [3]Eine Vollmacht zur Abgabe der Beitrittserklärung bedarf der Schriftform. [4]Bei Gründungsmitgliedern kann die Mitgliedschaft statt durch Beitrittserklärung durch Unterzeichnung der Satzung erworben werden.

(2) [1]Das Mitglied ist unverzüglich in die Mitgliederliste einzutragen und hiervon unverzüglich zu benachrichtigen. [2]Lehnt die Genossenschaft die Zulassung ab, hat sie dies dem Antragsteller unverzüglich unter Rückgabe seiner Beitrittserklärung mitzuteilen.

I. Allgemeines

1 Die Vorschrift regelt den Erwerb der Mitgliedschaft nach erfolgter Anmeldung gem. § 11 (Abs. 1 S. 1, zum Erwerb vor diesem Zeitpunkt → Rn. 2) sowie die vorvertragliche Pflicht vor Abgabe der Beitrittserklärung (Abs. 1 S. 2), die Pflicht zur Eintragung in die Mitgliederliste (Abs. 2 S. 1) und die Pflicht zur Mitteilung über eine Ablehnung (Abs. 2 S. 2). Ein Interessent wird Mitglied durch Abschluss eines besonderen Aufnahmevertrages, der aus der Beitrittserklärung des Interessenten und der Zulassung durch die Genossenschaft besteht. Die Eintragung in der Mitgliederliste (Abs. 2) ist für die Wirksamkeit des Beitritts nicht notwendig. Das GenG sieht neben dem Erwerb durch Beitritt oder iRd Gründung nur einen Erwerb durch Vererbung gem. § 77 vor, einen rechtsgeschäftlichen (Zweit-)Erwerb der Mitgliedschaft kennt es dagegen nicht. Daneben sind Erwerbsvorgänge nach dem UmwG möglich. Die Mitgliedschaft endet nach Maßgabe der §§ 65, 66, 67, 67a, 68, 76, 77, 77a.

II. Erwerb der Mitgliedschaft (Abs. 1 S. 1)

2 **1. Zeitpunkt des Beitritts.** § 15 findet seit der Neuregelung vom 22.7.2017 (BGBl. 2017 I 2434) auch auf den Beitritt vor der Anmeldung der Satzung zum Genossenschaftsregister (§ 11) Anwendung. Vor diesem Zeitpunkt erwerben die Gründungsmitglieder und alle nach der Gründungsversammlung Beitretenden die Mitgliedschaft in der Vor-eG (→ § 13 Rn. 3 ff.) nicht mehr zwingend durch Unterzeichnung der Gründungssatzung (vgl. Abs. 1 S. 4); es genügt vielmehr auch vor diesem Zeitpunkt eine Beitrittserklärung. Dies flankiert die Neuregelung gem. § 11 Abs. 2 Nr. 1, wonach die der Anmeldung beizufügende Satzung nur noch von mindestens drei Mitgliedern unterzeichnet werden muss (zur Auswirkung auf die Form → § 5 Rn. 2). Die in der Vor-eG erworbene Mitgliedschaft wandelt sich nach der Eintragung der eG ohne Weiteres in eine solche an der eG (→ § 13 Rn. 3). Im Fall der Übernahme mehrerer Geschäftsanteile müssen auch Gründungsmitglieder in jedem Fall eine besondere Übernahmeerklärung abgeben (BGH 29.10.1952, BGHZ 7, 383 (386)).

3 **2. Aufnahmevertrag. a) Beitrittserklärung.** Der Beitrittsinteressent muss seinen Beitritt in Schriftform (§ 126 Abs. 1 BGB) oder einer sie ersetzenden Form erklären. Die §§ 164 ff. BGB sind anwendbar,

wobei abweichend von § 167 Abs. 2 BGB die Vollmacht der Schriftform bedarf (Abs. 1 S. 3). Die Erklärung muss der Genossenschaft zugehen. Der Inhalt der Beitrittserklärung muss hinreichend bestimmt sein und umfasst zwingend die notwendigen Informationen, die den Beitretenden und die eG identifizieren (Vor- und Nachname, Firma, Adresse, vgl. § 30 Abs. 2 S. 1 Nr. 1), die **Verpflichtungserklärungen nach § 15a** (→ § 15a Rn. 1 ff.) sowie die Angabe, ob ein Beitritt als investierendes Mitglied erklärt wird (→ Rn. 4, § 8 Abs. 2 S. 1). Die Beitrittserklärung kann, muss aber nicht Angaben zur Förderfähigkeit des Mitglieds enthalten. Anders als zT für den Verein vertreten wird (RG 24.10.1938, JW 1938, 3229) darf der Beitritt nicht unter einer Bedingung erklärt werden, nach dem klaren Wortlaut auch nicht unter der aufschiebenden Bedingung, dass die Genossenschaft eingetragen wird (aA PFB/*Fandrich* Rn. 10). Es kann aber ein Zeitpunkt bestimmt werden, mit dem die Beitrittserklärung ihre Gültigkeit verlieren soll (RG 6.4.1935, RGZ 147, 257 (263)). Mängel einer hinreichend bestimmten Beitrittserklärung sind nach den allgemeinen Vorschriften des Zivilrechts zu behandeln und führen nach erfolgter Zulassung und Invollzugsetzung des Beitritts zur Anwendung der Grundsätze über den fehlerhaften Beitritt zu einem Verband (Kündigung *ex nunc* nach § 65, Ausschluss nach § 68, iE str.). Dies gilt auch, wenn ein unter einer Bedingung Beigetretener zugelassen wird (weitergehend zB Beuthien/*Beuthien* Rn. 18: bereits die Zulassung lasse eine wirksame Mitgliedschaft entstehen). Zu einem etwaigen Widerrufsrecht nach § 312 BGB → Rn. 8. Als actus contrarius zum Aufnahmevertrag ist die Vereinbarung eines Auflösungsvertrages möglich; sie wird durch §§ 65 ff. nicht ausgeschlossen, sofern die Auflösung nicht an eine Bedingung geknüpft wird (BGH 15.5.2018, NZG 2018, 787 (790 Rn. 35 ff.).

Der **Kategoriewechsel vom ordentlichen zum investierenden Mitglied** kann nicht einseitig von der eG vorgenommen werden, sondern bedarf einer eigenständigen Beitrittserklärung als investierendes Mitglied (vgl. BT-Drs. 16/1524, 8). Denn dem Mitglied muss die Entscheidung darüber überlassen werden, ob es Mitglied der eG sein und die Pflichteinlagen weiterzahlen will, ohne zB die Förderleistungen in Anspruch nehmen zu können. Im Übrigen ist ein ordentliches Mitglied, das die Förderleistungen nicht mehr oder nur vorübergehend nicht nutzen kann, als potentiell förderfähiges Mitglieder nicht verpflichtet, zum investierenden Mitglied zu werden (vgl. BT-Drs. 16/1025, 82). Auch der umgekehrte **Wechsel vom investierenden zum ordentlichen Mitglied** bedarf einer neuen Beitrittserklärung „als ordentliches Mitglied", damit es als solches von der eG zugelassen und die Mitgliederliste geändert werden kann. 4

b) Zulassung des Beitritts durch die eG. Mit der Zulassung wird die Beitrittserklärung von der eG angenommen und der Beitretende als Mitglied aufgenommen. Die Annahme muss erklärt werden, dies kann auch konkludent erfolgen (zB durch Übersenden der Mitteilung nach § 15 Abs. 3 S. 1 oder eines Auszugs aus der Mitgliederliste, vgl. § 31 Abs. 1 S. 2), sofern die Satzung nicht einen schriftlichen Beschluss verlangt (OLG Schleswig 11.2.2005, ZIP 2005, 617 (618 f.)). Wenn die Satzung nichts anderes bestimmt, ist für die Zulassung der Vorstand zuständig (str., zum Ausschluss von Mitgliedern → § 68 Rn. 7). In der Regel wird aber in der Satzung der Vorstand oder ein fakultatives Organ (→ § 9 Rn. 1) für zuständig erklärt, über die Zulassung (im Zweifel durch Beschluss) zu entscheiden und die Zulassung zu erklären. Die Zulassung investierender Mitglieder bedarf in jedem Fall der Zustimmung der Generalversammlung oder (sofern die Satzung dies bestimmt) des Aufsichtsrates **(§ 8 Abs. 2 S. 3).** Die Entscheidung über die Zulassung muss sich nach den in der Satzung aufgestellten Bestimmungen über die Förderfähigkeit und etwaige Beitrittsvoraussetzungen richten. Verstößt hiergegen eine erklärte Zulassung, wird der Beitretende dennoch Mitglied und kann nur unter Voraussetzungen des § 68 wieder ausgeschlossen werden. Die eG unterliegt **grundsätzlich keinem Aufnahmezwang.** Die Zulassung kann ohne Begründung abgelehnt werden, auch aus anderen Gründen als denen, die nach der Satzung zur Ausschließung nach § 68 berechtigen. Ausnahmsweise kann die eG zur Aufnahme verpflichtet sein, wenn sie sich dem Beitrittsinteressenten gegenüber dazu vertraglich verpflichtet hat oder wenn die Satzung einen Aufnahmeanspruch ausdrücklich einräumt (RG 19.11.1900, RGZ 47, 76 (81 f.); nicht schon dann, wenn die Satzungen Voraussetzungen für die Aufnahme aufstellt, BGH 9./10.8.1960, NJW 1961, 172 (173)). In der Regel hat der als Vorstandsmitglied Gewählte einen Anspruch auf Zulassung seines Beitritts. Als ultima ratio besteht ein Aufnahmeanspruch, wenn die eG dem Beitrittsinteressenten gegenüber eine marktbeherrschende Stellung einnimmt und die Ablehnung eine Diskriminierung bedeuten würde (zB BGH 9./10.8.1960, NJW 1961, 172 (173); vgl. auch BGH 20.11.1964, BGHZ 42, 318 (323); Beuthien/*Beuthien* Rn. 30). Wenn die eG den Abschluss von Rechtsgeschäften vom Eintritt als Mitglied abhängig macht, muss aufgrund eines einzelfallbezogenen Interessenabwägung entschieden werden, ob dies eine unbillige Behinderung darstellt (zB BGH 8.5.2007, NJW-RR 2007, 1113). 5

3. Beitritts„fähigkeit". Einer eG und einer Vor-eG können alle natürlichen Personen sowie juristischen Personen des privaten und des öffentlichen Rechts sowie die rechtsfähigen Personenvereinigungen (arg. e. § 30 Abs. 2 Nr. 1) beitreten. Auch eine BGB-Außengesellschaft kann grundsätzlich Mitglied einer eG sein (BGH 4.11.1991, BGHZ 116, 86 (88 ff.) = NJW 1992, 499). Innengesellschaften (dh auch stille Gesellschaften) können dagegen als solche nicht beitreten (zur stillen Beteiligung an einer 6 eG und zu partiarischen Darlehen → § 1 Rn. 36). Ein Minderjähriger kann mit Zustimmung seiner Eltern oder iRv § 112 BGB beitreten; einer Genehmigung des Familiengerichts bedarf es zwar nicht nach § 1643 Abs. 1 BGB, § 1822 Nr. 10 BGB (BGH 3.2.1964, BGHZ 41, 71), aber jedenfalls bei einer unbeschränkten Nachschusspflicht nach § 1822 Nr. 3 BGB (OLG Hamm 19.4.1966, NJW 1966, 1971 (1973); PFB/*Fandrich* Rn. 3).

III. Vorvertragliche Pflichten der eG vor Abgabe der Beitrittserklärung (Abs. 1 S. 2)

7 **1. Zur-Verfügung-Stellen einer Satzungsabschrift.** Abs. 1 S. 2 soll gewährleisten, dass sich jeder Beitrittsinteressent ausreichend über die Mitgliedschaftsrechte und -pflichten (→ § 18 Rn. 1 ff.) informieren kann. Bedeutsam ist dies vor allem hinsichtlich derjenigen Pflichten oder Nachteile, die erst durch die Satzung geschaffen oder gestaltet werden (zB Nachschusspflichten nach § 73 Abs. 2 S. 4, § 105 Abs. 1 S. 1, Auszahlungssperre nach § 8a Abs. 2, Voraussetzungen für die Auszahlung des Auseinandersetzungsguthabens nach § 73 Abs. 4). Nach der Neufassung vom 22.7.2017 (BGBl. 2017 I 2434) genügt nach **Abs. 1 S. 2 Hs. 2** die Abrufbarkeit der Satzung auf der Homepage der eG, wenn kumulativ dem Interessenten ein Ausdruck der Satzung **angeboten** wird; dieses Angebot muss **kostenlos und unaufgefordert** sein und sollte zusätzlich einen Hinweis auf die Internetseite der eG enthalten, auf der die Satzung abgerufen werden kann. Dass ein Ausdruck der Satzung angeboten wurde, empfiehlt sich zu dokumentieren. Wird dagegen verstoßen, hindert dies zwar nicht den wirksamen Beitritt, doch hat das Mitglied einen Anspruch aus § 280 Abs. 1 BGB, § 311 Abs. 2 BGB, § 241 Abs. 2 BGB (cic) auf Freistellung von den Pflichten als Mitglied oder kann die Beitrittserklärung sogar anfechten (str.). Der Beweis, dass gegen die Pflicht nach Abs. 1 S. 2 verstoßen wurde, obliegt zwar dem Mitglied, die Darlegungslast der erfolgten Aushändigung der Satzungsabschrift jedoch der eG.

8 **2. Widerrufsbelehrung?** Eine Belehrung über das Widerrufsrecht nach § 312g BGB für außerhalb von Geschäftsräumen oder im Fernabsatz geschlossene Verträge ist nach der bisherigen Rspr. des BGH grundsätzlich nicht notwendig, weil der Gegenstand des Aufnahmevertrages – dh der Erwerb der Mitgliedschaft – keine entgeltliche Leistung darstellt (BGH 20.1.1997, NJW 1997, 1069 (1070); BGH 18.10.2004, NJW-RR 2005, 180 f.). Nur ausnahmsweise habe der Beitretende ein **Widerrufsrecht nach § 312g BGB,** wenn zwischen eG und Mitglied ein Verbrauchervertrag iSv § 310 Abs. 3 BGB außerhalb von Geschäftsräumen oder im Fernabsatz geschlossen wird und Leistungen der eG vereinbart werden, die das Mitglied nicht schon aufgrund seiner Mitgliedschaft beanspruchen kann, oder wenn ein Fall der Umgehung nach § 312k Abs. 1 S. 2 BGB vorliegt, etwa wenn sich die eG der genossenschaftsrechtlichen Gestaltung nur bedient, um Interessenten zB ein Ferienwohnrecht zu verkaufen (BGH 20.1.1997, NJW 1997, 1069 (1070); BGH 18.10.2004, NJW-RR 2005, 180). Nicht auszuschließen ist allerdings, dass in richtlinienkonformer Auslegung der Verbraucherrechte-RL (ABl. 2011 L 304, 64) der Kreis der Ausnahmen zukünftig noch weiter gezogen und das Widerrufsrecht dann bejaht wird, wenn die Förderleistungen der eG wesentlich über die in Art. 3 Abs. 3 Verbraucherrechte-RL ausgeschlossenen Verträge hinausreichen (vgl. zu der früheren, durch diese Richtlinie ersetzten Haustürgeschäfte-RL EuGH 25.10.2005, NJW 2005, 3551 Rn. 64 („… gilt die Richtlinie … für *alle* Verträge zwischen Gewerbetreibenden und Verbrauchern *mit Ausnahme bestimmter* in ihrem Art. 3 II abschließend aufgezählter Verträge …", Hervorhebungen vom Verf.) – Schulte/Badenia). Entsprechend der Rspr. zur Anwendbarkeit der Richtlinie auf geschlossene Immobilienfonds in der Form einer Personengesellschaft (vor allem EuGH 15.4.2010, NJW 2010, 1511; → HGB Anh. Rn. 24) ist ein Widerrufsrecht ferner dann anzunehmen, wenn feststeht, dass der Beitritt zu einer eG **allein zum Zweck der Kapitalanlage** erfolgt ist (vgl. den Vorlagebeschluss BGH 5.5.2008, NZG 2008, 460 Rn. 22, der die eG nennt); in dem letzteren Fall einer atypischen **„Anlagegenossenschaft"** nimmt der BGH zudem an, dass ein den Beitritt finanzierender Darlehensvertrag mit dem Beitritt ein verbundenes Geschäft iSv § 358 BGB bilde und daher mit diesem zurückabgewickelt werden müsse (BGH 1.3.2011, NJW 2011, 2198 Rn. 13 ff.). Allerdings kann die tatsächliche Feststellung, dass ein Beitritt zu reinen Anlagezwecken zu einer atypischen „Anlagegenossenschaft" erfolgt ist, im Einzelfall erheblichen Zweifeln unterliegen. Insbesondere wird hierfür nicht ohne Weiteres allein die Absicht des Beitretenden genügen, eine staatliche Eigenheimzulage oder Steuervorteile zu erlangen (so offenbar BGH 1.3.2011, NJW 2011, 2198 Rn. 13 ff.), vor allem dann nicht, wenn die Vorteilsgewährung an eine typisch genossenschaftliche Gestaltung anknüpft. Ein Beitritt zu Anlagezwecken wird auch idR dann zu verneinen sein, wenn die Satzung einer eG die Möglichkeit eines Beitritts als investierendes Mitglied (→ § 8 Rn. 7 ff.) vorsieht, also eine spezifisch zu Anlagezwecken erfolgende Beitrittsmöglichkeit eröffnet ist, diese Möglichkeit aber nicht genutzt wird.

IV. Eintragung in die Mitgliederliste und Mitteilung über eine Ablehnung (Abs. 3)

9 Anders als früher wird die Mitgliedschaft nicht erst mit der Eintragung in die Mitgliederliste erworben (vgl. S. 1: „Das Mitglied …", ferner § 15b Abs. 3 S. 1). Dennoch hat das die Zulassung entscheidende

Organ der eG die Pflicht, die Eintragung neuer Mitglieder in der Mitgliederliste zu veranlassen und die Mitglieder darüber unverzüglich zu informieren. Einzelheiten zu Listeninhalt und -führung sind in § 30 geregelt. Die Eintragung ist nur deklaratorisch und kann etwaige Mängel der Beitrittserklärung nicht heilen. Ihr fehlt auch eine Legitimationswirkung wie der Anmeldung nach § 16 Abs. 1 GmbHG. Die eG hat aber Einsichtnahme nach § 31 zu gewähren und nach § 32 dem Registergericht auf Verlangen eine Listenabschrift vorzulegen. Auf die Benachrichtigung, die sämtliche eingetragenen Angaben enthalten muss, kann das Mitglied nicht verzichten. Sie gibt dem Mitglied die Möglichkeit, etwaige Fehler korrigieren zu lassen, worauf es einen Anspruch hat. Unterlässt der Vorstand es, das Mitglied von einer Ablehnung der Zulassung (Abs. 2 S. 2) zu benachrichtigen, stellt dies eine Pflichtverletzung dar, welche die eG nach § 280 Abs. 1 BGB, § 311 Abs. 2 BGB, § 241 Abs. 2 BGB iVm § 31 BGB analog zum Ersatz möglicher Schäden berechtigt (wie § 663 S. 1 BGB ein gesetzlicher Fall der c. i. c.). Die Gründer sind zwar in die Mitgliederliste einzutragen, hiervon ist aber der Gründer nicht zu benachrichtigen (BGH 29.10.1952, BGHZ 7, 383 (389)), sondern nur der Vorstand, falls nicht der Vorstand ohnehin die Eintragung vornimmt.

Inhalt der Beitrittserklärung

15a **[1]Die Beitrittserklärung muss die ausdrückliche Verpflichtung des Mitglieds enthalten, die nach Gesetz und Satzung geschuldeten Einzahlungen auf den Geschäftsanteil zu leisten. [2]Bestimmt die Satzung, dass die Mitglieder unbeschränkt oder beschränkt auf eine Haftsumme Nachschüsse zu leisten haben, so muss die Beitrittserklärung ferner die ausdrückliche Verpflichtung enthalten, die zur Befriedigung der Gläubiger erforderlichen Nachschüsse unbeschränkt oder bis zu der in der Satzung bestimmten Haftsumme zu zahlen. [3]Bestimmt die Satzung weitere Zahlungspflichten oder eine Kündigungsfrist von mehr als einem Jahr, so muss dies in der Beitrittserklärung ausdrücklich zur Kenntnis genommen werden.**

I. Allgemeines

Die Vorschrift enthält lediglich zusätzliche Regelungen zum Inhalt der Beitrittserklärung (→ § 15 Rn. 3). Die zwingend vorgeschriebenen Verpflichtungserklärungen nach S. 1, 2 sollen den Beitrittswilligen zusätzlich zu § 15 Abs. 1 S. 2 gesondert über die wesentlichen finanziellen Folgen eines Beitritts informieren und warnen. Schriftform und Unbedingtheit (§ 15 Abs. 1 S. 1) gelten auch für die Verpflichtungserklärungen. Sie müssen klar und eindeutig („ausdrücklich“) gefasst sein. Beide Erklärungen begründen nicht erst die jeweilige Verpflichtung; diese entspringt vielmehr dem Mitgliedschaftsverhältnis. Fehlt auch nur eine der beiden Erklärungen, ist entgegen der hM, welche die Beitrittserklärung für unwirksam hält und ein Mitgliedschaftsverhältnis ablehnt (zB Beuthien/*Beuthien* Rn. 3), die Lehre vom fehlerhaften Beitritt zu einem Verband anwendbar (→ § 15 Rn. 3), da es sich bei § 15a nicht um ein gesetzliches Verbot, sondern um eine bloße Wirksamkeitsvoraussetzung handelt. Der Beigetretene wird zwar Mitglied, aber er ist nicht zu Einzahlungen bzw. Nachschüssen verpflichtet. Er kann kündigen oder ausgeschlossen werden. Eine fehlende Verpflichtungserklärung kann nachgeholt werden, wenn ein konkreter Hinweis auf die bereits erfolgte Beitrittserklärung erfolgt. 1

II. Verpflichtung zur Einlagenzahlung (S. 1)

Die Beitrittserklärung muss die Erklärung enthalten, dass das Mitglied die in der Satzung nach § 7 Nr. 1 bestimmten Pflichteinlagen auf den Geschäftsanteil einzahlen oder Sacheinlagen in entsprechender Höhe leisten wird. Der Einlagemindestbetrag muss ebenso wenig wie in der Satzung (→ § 7 Rn. 3) in absoluten Zahlen, aber auch nicht in einem Bruchteil oder Prozentsatz vom Geschäftsanteil ausgedrückt werden (hM). Die Höhe des Einlagemindestbetrags und des Geschäftsanteils (Beteiligungshöchstbetrag) können der gem. § 15 Abs. 1 S. 2 zur Verfügung gestellten Satzung entnommen werden. 2

III. Verpflichtung zu Nachschüssen (S. 2)

Die Erklärung hierüber muss nur dann von der Beitrittserklärung umfasst sein, wenn in der Satzung nach § 6 Nr. 3 eine unbeschränkte oder beschränkte Nachschusspflicht bestimmt wird. Der Betrag einer Haftsumme ist nicht zwingend in die Erklärung aufzunehmen, er kann der Satzung entnommen werden. 3

Beteiligung mit weiteren Geschäftsanteilen

15b (1) [1] **Zur Beteiligung mit weiteren Geschäftsanteilen bedarf es einer schriftlichen und unbedingten Beitrittserklärung.** [2] **Für deren Inhalt gilt § 15a entsprechend.**

(2) **Die Beteiligung mit weiteren Geschäftsanteilen darf, außer bei einer Pflichtbeteiligung, nicht zugelassen werden, bevor alle Geschäftsanteile des Mitglieds, bis auf den zuletzt neu übernommenen, voll eingezahlt sind.**

(3) [1] **Die Beteiligung mit weiteren Geschäftsanteilen wird mit der Beitrittserklärung nach Absatz 1 und der Zulassung durch die Genossenschaft wirksam.** [2] **§ 15 Abs. 2 gilt entsprechend.**

1 Die Übernahme eines weiteren Geschäftsanteils (→ § 7 Rn. 2) führt nicht zu einer weiteren Mitgliedschaft, bedarf aber dennoch einer grundsätzlich gesonderten **Übernahmeerklärung,** für die §§ 15, 15a entsprechend gelten (→ § 15 Rn. 1 ff., → § 15a Rn. 1 ff.; zur Eintragung in die Mitgliederliste vgl. § 30 Abs. 2 Nr. 2). Erfolgt der erstmalige Beitritt mit mehreren Geschäftsanteilen, können die Erklärungen nach § 15 Abs. 1 S. 1 und § 15b Abs. 1 in einer einzigen Urkunde erfolgen. Lediglich dann ist auch die Abschrift der aktuellen Satzung nach § 15 Abs. 1 S. 2 nur einmal zur Verfügung zu stellen. Die Beteiligung mit weiteren Geschäftsanteilen wird erst mit der Zulassung (idR durch den Vorstand) wirksam, die nur unter der Voraussetzung des Abs. 2 erteilt werden darf. Wird hiergegen verstoßen, entsteht nach den Grundsätzen über den fehlerhaften Beitritt zu einem Verband ein (für die Zukunft kündbares) Mitgliedschaftsverhältnis. Abs. 2 gilt nicht für die Übernahme von Pflichtbeteiligungen nach § 7a Abs. 2 (→ § 7a Rn. 1 ff.). Ob die Übernahme mehrerer Geschäftsanteile zu einem Mehrstimmrecht führt, bestimmt die Satzung (§ 43 Abs. 3 S. 2, 3).

Änderung der Satzung

16 (1) **Eine Änderung der Satzung oder die Fortsetzung einer auf bestimmte Zeit beschränkten Genossenschaft kann nur durch die Generalversammlung beschlossen werden.**

(2) [1] **Für folgende Änderungen der Satzung bedarf es einer Mehrheit, die mindestens drei Viertel der abgegebenen Stimmen umfasst:**

1. **Änderung des Gegenstandes des Unternehmens,**
2. **Erhöhung des Geschäftsanteils,**
3. **Einführung oder Erweiterung einer Pflichtbeteiligung mit mehreren Geschäftsanteilen,**
4. **Einführung oder Erweiterung der Verpflichtung der Mitglieder zur Leistung von Nachschüssen,**
5. **Verlängerung der Kündigungsfrist auf eine längere Frist als zwei Jahre,**
6. **Einführung oder Erweiterung der Beteiligung ausscheidender Mitglieder an der Ergebnisrücklage nach § 73 Abs. 3,**
7. **Einführung oder Erweiterung von Mehrstimmrechten,**
8. **Zerlegung von Geschäftsanteilen,**
9. **Einführung oder Erhöhung eines Mindestkapitals,**
10. **Einschränkung des Anspruchs des Mitglieds nach § 73 Abs. 2 Satz 2 und Abs. 4 auf Auszahlung des Auseinandersetzungsguthabens,**
11. **Einführung der Möglichkeit nach § 8 Abs. 2 Satz 1 und 2, investierende Mitglieder zuzulassen.**

[2] **Die Satzung kann eine größere Mehrheit und weitere Erfordernisse bestimmen.**

(3) [1] **Zu einer Änderung der Satzung, durch die eine Verpflichtung der Mitglieder zur Inanspruchnahme von Einrichtungen oder anderen Leistungen der Genossenschaft oder zur Leistung von Sachen oder Diensten eingeführt oder erweitert wird, bedarf es einer Mehrheit, die mindestens neun Zehntel der abgegebenen Stimmen umfasst.** [2] **Zu einer Änderung der Satzung, durch die eine Verpflichtung der Mitglieder zur Zahlung laufender Beiträge für Leistungen, welche die Genossenschaft den Mitgliedern erbringt oder zur Verfügung stellt, eingeführt oder erweitert wird, bedarf es einer Mehrheit von mindestens drei Vierteln der abgegebenen Stimmen.** [3] **Die Satzung kann eine größere Mehrheit und weitere Erfordernisse bestimmen.**

(4) **Zu sonstigen Änderungen der Satzung bedarf es einer Mehrheit, die mindestens drei Viertel der abgegebenen Stimmen umfasst, sofern nicht die Satzung andere Erfordernisse aufstellt.**

(5) [1] **Auf die Anmeldung und Eintragung des Beschlusses finden die Vorschriften des § 11 mit der Maßgabe entsprechende Anwendung, dass der Anmeldung der Beschluss nur in Abschrift beizufügen ist.** [2] **Der Anmeldung ist der vollständige Wortlaut der Satzung beizufügen; er muss mit der Erklärung des Vorstands versehen sein, dass die geänderten Bestimmungen der Satzung mit dem Beschluss über die Satzungsänderung und die unveränderten Bestimmungen mit dem zuletzt zum Register eingereichten vollständigen Wortlaut der Satzung übereinstimmen.** [3] **Ist bei Satzungsänderungen der vollständige Wortlaut der Satzung bisher nicht eingereicht worden, so hat der Vorstand zu erklären, dass der eingereichte Wortlaut der Satzung mit dem zuletzt zum Register eingereichten vollständigen Wortlaut der Satzung und allen seither beschlossenen Änderungen übereinstimmt.** [4] **Die Veröffentlichung des Beschlusses findet nur insoweit statt, als derselbe eine der in § 12 Abs. 2 bezeichneten Bestimmungen zum Gegenstand hat.**

(6) **Der Beschluss hat keine rechtliche Wirkung, bevor er in das Genossenschaftsregister des Sitzes der Genossenschaft eingetragen ist.**

Übersicht

I. Allgemeines

Weil die Satzung Gründungsvertrag und Verfassung der eG ist (→ § 5 Rn. 1), bedarf ihre Änderung besonderer Voraussetzungen, vor allem abweichend von § 43 Abs. 2 S. 1 einer näher qualifizierten Mehrheit in der Generalversammlung. Qualifizierte Mehrheiten werden zwingend auch in anderen Vorschriften gefordert (zB § 36 Abs. 3 S. 2, § 78 Abs. 1 S. 1 Hs. 2, § 79a Abs. 1 S. 1 Hs. 2). Diese Erfordernisse dienen dem Schutz etwaiger Minderheiten. Die in Abs. 1 daneben erwähnte Fortsetzung einer zeitlich beschränkten eG bedarf stets ebenfalls einer Satzungsänderung, weil eine solche Beschränkung nach § 8 Abs. 1 Nr. 1 in die Satzung aufgenommen werden muss (zur Fortsetzung einer aufgelösten eG § 79a). Durch eine Satzungsänderung darf von gesetzlichen Bestimmungen nur abgewichen werden, wenn dies im Gesetz ausdrücklich vorgesehen ist (§ 18 S. 2). 1

II. Voraussetzungen einer Satzungsänderung

1. Begriff. Von § 16 erfasst wird nur die Änderung echter Satzungsinhalte, vor allem zwingende Mindestinhalte nach §§ 6, 7, 36 Abs. 1 S. 2 oder solche Inhalte, deren Regelung ausschließlich in der Satzung geschehen darf (zB §§ 7a, 8, 8a), ferner Inhalte, die körperschaftsrechtlich geregelt werden können und tatsächlich statutarisch geregelt sind. Nicht zu den echten Satzungsinhalten gehören Bestimmungen, die zwar in der Satzungsurkunde oder in sie ändernden Beschlüssen enthalten sind, die aber ausschließlich schuldrechtliche Vereinbarungen der Mitglieder untereinander oder zwischen der eG und einzelnen ihrer Mitglieder darstellen (vgl. zB Beuthien/*Beuthien* Rn. 2, 4). Geändert wird die 2

Satzung durch jede inhaltliche und sprachliche Ergänzung, Streichung, Kürzung oder Neufassung (Ausnahme allenfalls die Korrektur eines offenkundigen Schreibfehlers, durch den der Inhalt in keiner Weise tangiert wird).

3 **2. Beschluss der Generalversammlung (Abs. 1).** Für eine Satzungsänderung ist zwingend und ausschließlich die Generalversammlung zuständig. Anderen Organen oder Dritten (zB dem Prüfungsverband, dem die eG angehört) können in der Satzung lediglich Anhörungsrechte eingeräumt werden. Von der Anhörung oder von der Zustimmung anderer Organe oder Dritter darf die Wirksamkeit einer Satzungsänderung statutarisch nicht abhängig gemacht werden (str.).

4 **3. Allgemeines Mehrheitserfordernis (Abs. 4).** Die Generalversammlung muss (abweichend von § 43 Abs. 2 S. 1) Änderungen der Satzung nach Abs. 4 grundsätzlich mit einer qualifizierten Mehrheit von mindestens drei Viertel der abgegebenen Stimmen beschließen. Stimmenthaltungen gelten als nicht abgegeben. Die Satzung kann aber ein höheres oder auch niedrigeres Mehrheitserfordernis vorsehen („andere Erfordernisse"), soweit nicht Abs. 2, 3 (→ Rn. 5 ff.) oder andere gesetzliche Regelungen eine zwingende Regelung enthalten. In der Satzung kann ferner zB der Beschluss von einem bestimmten Quorum abstimmender Mitglieder abhängig gemacht werden (Beschlussfähigkeit) oder das Mehrheitserfordernis nicht an der Zahl der abgegebenen Stimmen, sondern an der Zahl der Mitglieder insgesamt gemessen werden, oder an der Zahl der erschienenen Mitglieder, sodass Stimmenthaltungen mitzurechnen sind. Auch das Abstimmungsverfahren (zB geheime oder offene Abstimmung) kann in der Satzung geregelt werden (zu Anhörungen oder Zustimmungsvorbehalten → Rn. 3).

5 **4. Zwingende Mehrheitserfordernisse (Abs. 2, 3). a) Allgemeines.** Der statutarischen Regelung insoweit entzogen, als das jeweils vorgesehene Mehrheitserfordernis nicht heruntergeschraubt werden darf, sind die in Abs. 2, 3 geregelten Satzungsinhalte. Abs. 2 und Abs. 3 S. 2 schreiben eine Dreiviertelmehrheit, Abs. 3 S. 1 eine Neunzehntelmehrheit jeweils der abgegebenen Stimmen vor. Stimmenthaltungen gelten als nicht abgegeben und sind nicht mitzuzählen. Fallen Beschlussinhalte nicht unter Abs. 2, 3, gilt Abs. 4 (→ Rn. 4). Eine noch größere Mehrheit und weitere Erfordernisse können jeweils statutarisch vorgesehen werden (Abs. 2 S. 2, Abs. 3 S. 3). Einer Satzungsänderung, die eine **Ungleichbehandlung** von Mitgliedern enthält, ist nur wirksam, wenn alle benachteiligten Mitglieder zustimmen (zB RG 13.7.1917, RGZ 90, 403 (408); RG 23.4.1929, RGZ 124, 182 (188 f.); zum Gleichbehandlungsgebot → § 18 Rn. 6). Die Änderung derjenigen Satzungsbestimmung, die eine höhere als die gesetzlich geforderte Mehrheit für einen Beschlussgegenstand vorschreibt, bedarf ihrerseits der Mehrheit, die sie vorschreibt (hM, zB Lang/Weidmüller/*Holthaus/Lehnhoff* Rn. 30; → AktG § 179 Rn. 17). In den Fällen des Abs. 2 Nr. 2–5, 9–11, des Abs. 3 sowie bei wesentlicher Änderung des Unternehmensgegenstandes haben die Mitglieder ein Sonderkündigungsrecht gem. § 67a.

6 **b) Abs. 2 Nr. 1.** Wie § 67a Abs. 1 zeigt, sind uU wesentliche Änderungen des Unternehmensgegenstandes (→ § 1 Rn. 11 f., → § 1 Rn. 17 f., → § 6 Rn. 3) zulässig.

7 **c) Abs. 2 Nr. 2.** Die Erhöhung des Geschäftsanteils (→ § 7 Rn. 2) hat Auswirkungen auf die Höhe der Pflichteinzahlungen nach § 7 Nr. 1 und unterliegt dem Gleichbehandlungsgebot. Die Änderung der Einlagezahlungsmodalitäten unterliegt dagegen nur Abs. 4. Nach Auflösung der eG ist eine Geschäftsanteilserhöhung nicht mehr möglich (§ 87b).

8 **d) Abs. 2 Nr. 3.** Der früher hM, dass für die Einführung oder Erweiterung von Pflichtbeteiligungen nach § 7a Abs. 2 sogar Einstimmigkeit erforderlich sein sollte, ist mit der 1973 eingeführten Regelung der Boden entzogen. Trotz des Sonderkündigungsrechts muss nach heute hM die Satzungsänderung die wirtschaftliche Leistungsfähigkeit der Mitglieder angemessen berücksichtigen, sodass sie für die Mitglieder nicht unzumutbar ist, ferner muss sie sachlich geboten sein und darf das Maß des nach Art und Zuschnitt der eG zu Erwartenden und Zumutbaren nicht überschreiten (vgl. zB BGH 15.6.1978, BB 1978, 1134 (1135)).

9 **e) Abs. 2 Nr. 4.** Zu den verschiedenen Nachschussverpflichtungen → § 2 Rn. 3 f. Bei der Erhöhung der Haftsumme sind insbesondere § 22a Abs. 2, §§ 87b, 119 zu beachten. Die Herabsetzung der Haftsumme richtet sich nach Abs. 4, ferner nach § 22 Abs. 1–3 iVm § 22 Abs. 1.

10 **f) Abs. 2 Nr. 5.** Für die Kündigung nach § 65 Abs. 1 kann nach § 65 Abs. 2 S. 2, 3 eine höchstens fünf bzw. zehnjährige Kündigungsfrist in der Satzung festgelegt werden. Abs. 2 Nr. 5 knüpft das Mehrheitserfordernis schon an eine längere als zweijährige Frist, weil bereits dadurch eine erhebliche wirtschaftliche Bindungswirkung eintritt.

11 **g) Abs. 2 Nr. 6.** Die Vorschrift knüpft an § 73 Abs. 3 an (→ § 73 Rn. 1 ff.).

12 **h) Abs. 2 Nr. 7.** Die Einführung oder Erweiterung von Mehrstimmrechten unterliegt besonderen Voraussetzungen nach § 43 Abs. 3 S. 3.

13 **i) Abs. 2 Nr. 8.** Die Zulässigkeit einer Zerlegung von Geschäftsanteilen richtet sich nach § 22b.

j) Abs. 2 Nr. 9. Zur Einführung oder Erhöhung eines Mindestkapitals → § 8a Rn. 2f.; zu § 8a Abs. 2 S. 2 → Rn. 15; zur Herabsetzung des Mindestkapitals → § 22 Rn. 6. 14

k) Abs. 2 Nr. 10. Nicht nur die Satzungsregelung nach § 73 Abs. 4 schränkt den Anspruch auf Auszahlung des Auseinandersetzungsguthabens ein, sondern auch eine Satzungsregelung nach § 8a Abs. 2 S. 2. Nach dem Sinn und Zweck des Abs. 2 Nr. 10 bedarf auch diese letztere Regelung (zB quotale Aufteilung, → § 8a Rn. 3 aE) einer zwingenden satzungsändernden Mehrheit von mindestens drei Viertel. 15

l) Abs. 2 Nr. 11. Hierunter fällt nur die Einführung, nicht die Änderung oder Streichung der Möglichkeit, investierende Mitglieder zuzulassen (→ § 8 Rn. 7ff.). 16

m) Abs. 3 S. 1. Grundsätzlich sind die Mitglieder berechtigt, die Einrichtungen und Förderleistungen der eG in Anspruch zu nehmen. Sollen sie hierzu verpflichtet werden, stellt die Einführung oder Erweiterung einer solchen Verpflichtung eine die Mitglieder drastisch einschränkende Regelung ihres Förderverhältnisses zur eG dar (→ § 18 Rn. 9), ebenso die Einführung oder Erweiterung einer Verpflichtung zur Leistung von Sachen oder Diensten. Dies rechtfertigt das zwingende Mehrheitserfordernis von neun Zehntel (früher sogar Einstimmigkeit: BGH 9.6.1960, NJW 1960, 1858 (1859)). Nach hM fallen unter Abs. 3 S. 1 über den Wortlaut hinaus auch alle **Nebenleistungspflichten.** Wie Abs. 2 Nr. 3 steht die Wirksamkeit der Satzungsänderung zusätzlich unter der **materiellen Voraussetzung,** dass die wirtschaftliche Leistungsfähigkeit der Mitglieder angemessen berücksichtigt wird und die Verpflichtung für sie nicht unzumutbar ist, ferner dass die Verpflichtung unter Berücksichtigung des Geschäfts- und Förderbetriebs der eG sachlich geboten ist und die Grenze des wirtschaftlich Vertretbaren nicht überschreitet (zB PFB/*Fandrich* Rn. 21; → Rn. 8, zur genossenschaftlichen Duldungspflicht → § 18 Rn. 13). 17

n) Abs. 3 S. 2. Durch die Novelle 2006 ist die Möglichkeit eingeführt worden, dass die eG ihre Leistungen, insbesondere Einrichtungen wie eine Geschäftsstelle oder Telefonzentrale, über laufende Beiträge von ihren Mitgliedern finanzieren kann. Voraussetzung hierfür ist eine entsprechende Satzungsbestimmung, deren Einführung oder Erweiterung einer Mehrheit von mindestens drei Viertel der abgegebenen Stimmen bedarf. In materieller Hinsicht muss die zu vergütende Leistung der Förderbeziehung zwischen eG und ihren Mitgliedern dienen und allen Mitgliedern zugutekommen (BT-Drs. 16/1025, 84), außerdem muss die materielle Voraussetzung des sachlichen Gebotenseins und der wirtschaftlichen Zumutbarkeit erfüllt sein, die auch für Abs. 3 S. 1 gilt (→ Rn. 17). 18

5. Materielle Voraussetzung einer Satzungsänderung. Zunächst gelten die bereits erwähnten besonderen materiellen Voraussetzungen für einzelne Satzungsänderungen, die zu einer erheblichen finanziellen Mehrbelastung der Mitglieder führen (→ Rn. 6, → Rn. 8f.) und die als Ausprägung des Gebots gelten können, die Grenzen der genossenschaftlichen Duldungspflicht zu achten (→ § 18 Rn. 13). Außerdem darf die Satzungsänderung nicht gegen zwingende Vorschriften verstoßen, zu denen auch zB die Grenzen des Typus der eG und das Gleichbehandlungsgebot (→ § 18 Rn. 6; zum Zustimmungserfordernis aller benachteiligten Mitglieder → Rn. 5) gehören. Von den zu beachtenden allgemeinen Vorschriften sind insbesondere die kartellrechtlichen hervorzuheben. 19

6. Anmeldung und Eintragung von Satzungsänderungen im Genossenschaftsregister (Abs. 5). a) Anmeldeverfahren. Auf das Anmeldeverfahren findet § 11 entsprechend Anwendung (→ § 11 Rn. 1ff. und → § 10 Rn. 9), nur dass der Beschluss der Generalversammlung abweichend von § 11 Abs. 2 Nr. 1 in Abschrift statt im Original beigefügt werden muss. Das nach § 10 Abs. 1 zuständige Registergericht hat entsprechend § 11a zu prüfen, ob die Satzungsänderung ordnungsgemäß angemeldet ist und den formellen und materiellen Voraussetzungen genügt. Der neu eingefügte Abs. 5 S. 2 entspricht § 181 Abs. 1 S. 2 AktG, wobei bei einer eG mangels notarieller Beurkundung der Versammlungsbeschlüsse nicht ein Notar die Aktualität der Satzung bescheinigen könnte, sondern dies der Vorstand übernehmen muss. Der ebenfalls neu eingefügte Abs. 5 S. 3 dient der Aktualisierung von veralteten Satzungen. 20

b) Aussetzung des Eintragungsverfahrens. Im Hinblick auf die Möglichkeit, dass Anfechtungsklagen erhoben werden können, und im Hinblick darauf, dass das Genossenschaftsregister wegen der ex-tunc-Wirkung des die Nichtigkeit des Satzungsänderungsbeschlusses erklärenden Urteils nach **§ 15 Abs. 5** unrichtig werden könnte, empfiehlt sich die Aussetzung des Eintragungsverfahrens sowohl aus Sicht des Registergerichts als auch der eG gem. **§§ 21, 381 FamFG** (→ § 51 Rn. 22). Dies erscheint wegen der nur beschränkten Publizität des Genossenschaftsregisters (→ § 10 Rn. 5, → § 29 Rn. 5) besonders dringlich. Erwägenswert und folgerichtig wäre die entsprechende Anwendung der Vorschriften über das Freigabeverfahren nach § 246a AktG auf die eG. 21

c) Eintragung im Genossenschaftsregister. Die Eintragung im Genossenschaftsregister orientiert sich daran, ob durch den Beschluss eine derjenigen Satzungsbestimmungen geändert werden soll, die zum Satzungsauszug gehören, der Gegenstand der Eintragung ist (→ § 10 Rn. 2). Wenn dies der Fall ist, 22 wird der Beschluss nach seinem Inhalt eingetragen, wenn nicht, nur unter allgemeiner Bezeichnung; die der Anmeldung beigefügte Beschlussabschrift ist zu den Akten zu nehmen (§ 16 Abs. 1, 2 GenRegV). Eine Veröffentlichung der Eintragung erfolgt nur, wenn die geänderte Satzungsbestimmung einen bereits nach § 12 Abs. 2 zwingend zu veröffentlichenden Inhalt betrifft. Insoweit ist Abs. 5 S. 2 abschließend (anders als § 12 Abs. 2, → § 12 Rn. 2).

23 **7. Wirksamkeit der Satzungsänderung (Abs. 6).** Der satzungsändernde Beschluss wird zwingend erst mit der Eintragung in das Genossenschaftsregister wirksam, und zwar auch im Verhältnis zwischen der eG und ihren Mitgliedern (BGH 1.3.1956, BGHZ 20, 144 (146)). Die Eintragung hat insoweit konstitutive Wirkung. Rückwirkenden Charakter kann der Satzungsänderung nicht beigelegt werden. Die Eintragung des satzungsändernden Beschlusses heilt nicht etwaige Beschlussmängel (→ § 10 Rn. 6). Ein eingetragener Beschluss kann gem. § 398 FamFG iVm § 395 Abs. 1 FamFG von Amts wegen oder auf Antrag gelöscht werden, wenn sein Inhalt gegen zwingende Vorschriften verstößt und seine Löschung im öffentlichen Interesse erforderlich ist.

III. Anzeige von Satzungsänderungen

24 Kreditgenossenschaften haben bestimmte Änderungen ihrer Satzung nach § 24 KWG der BaFin anzuzeigen. Darüber hinaus sehen die Satzungen der Prüfungsverbände idR vor, dass ihnen beabsichtigte Satzungsänderungen ihrer Mitgliedsgenossenschaften unverzüglich anzuzeigen sind. Das Unterlassen einer Anzeige hat keine Auswirkungen auf die Wirksamkeit der Satzungsänderung.

Abschnitt 2. Rechtsverhältnisse der Genossenschaft und ihrer Mitglieder

Juristische Person; Formkaufmann

17 (1) **Die eingetragene Genossenschaft als solche hat selbständig ihre Rechte und Pflichten; sie kann Eigentum und andere dingliche Rechte an Grundstücken erwerben, vor Gericht klagen und verklagt werden.**

(2) **Genossenschaften gelten als Kaufleute im Sinne des Handelsgesetzbuchs.**

I. Allgemeines

1 Abs. 1 verankert die eigene Rechtspersönlichkeit der eG und entspricht im Wesentlichen wortgleich dem § 13 Abs. 1 GmbH und der Sache nach § 1 Abs. 1 S. 1 AktG (→ GmbHG § 18 Rn. 1 ff. und → AktG § 1 Rn. 1 ff.). Die eG ist erst ab dem Zeitpunkt, in dem ihre Eintragung in das Genossenschaftsregister wirksam wird (→ § 10 Rn. 10; arg. e. § 13), juristische Person und als solche selbstständige Trägerin von Rechten und Pflichten. Hierfür gibt das Gesetz in Hs. 2 das Beispiel der Fähigkeit, Eigentum oder andere dingliche Rechte an Grundstücken zu erwerben. Ferner wird klargestellt, dass der eG im Prozess Parteifähigkeit als Klägerin oder Beklagte zukommt. Abs. 2 behandelt die eG als Formkaufmann iSd HGB.

II. Die eG als Trägerin von Rechten und Pflichten (Abs. 1)

2 Die Rechtsfähigkeit der eG ist wie diejenige der anderen juristischen Personen grundsätzlich umfassend (keine Einschränkung durch Hs. 2) und erstreckt sich nur nicht auf diejenigen Rechte, die ihrem Inhalt nach auf natürliche Personen beschränkt sind (zB allgemeines Persönlichkeitsrecht, Stellung als Arbeitnehmer). Die eG ist Grundrechtsträgerin nach Art. 19 Abs. 3 GG. Zum Beispiel kann sich die eG an Gesellschaften beteiligen (→ § 1 Rn. 30 ff.), ist grundbuchfähig (vgl. Hs. 2) und kann Erbe, Testamentsvollstrecker oder Nachlassverwalter sein. Sie kann selbst Liquidator einer anderen eG sein (§ 83 Abs. 2). Im Rechtsverkehr wird die eG durch ihre Organe, vor allem den Vorstand nach § 24 Abs. 1 vertreten, iRv § 39 Abs. 1 auch durch den Aufsichtsrat oder einen von der Generalversammlung gewählten Bevollmächtigten. Wird eine eG abgewickelt, vertreten sie die Liquidatoren (§ 88 S. 1 Hs. 2). Pflichten der eG entstehen nach den allgemeinen Vorschriften. Im Rahmen ihrer Vertretungsmacht (§ 25) können die Mitglieder des Vorstands die eG verpflichten. Das Handeln ihrer verfassungsmäßig berufenen Organe (vor allem Vorstands- und Aufsichtsratsmitglieder) wird der eG entsprechend § 31 BGB zugerechnet.

III. Die Stellung der eG im Prozess (Abs. 1 Hs. 2 aE)

Die eG ist nach § 50 Abs. 1 ZPO parteifähig (zur Genossenschaft im materiellen Sinne → § 1 Rn. 15). Sie ist als solche nicht prozessfähig (hM), wird aber idR durch den Vorstand (§ 24 Abs. 1) vertreten. Ist kein Vorstand vorhanden und soll die (noch nicht gelöschte) eG verklagt werden, kann ein Prozesspfleger gem. § 57 Abs. 1 ZPO bestellt werden. In Aktiv- oder Passivprozessen gegen Mitglieder des Vorstands wird die eG gem. § 39 Abs. 1 durch den Aufsichtsrat oder einen Bevollmächtigten vertreten (→ § 39 Rn. 1), in solchen Prozessen gegen Aufsichtsratsmitglieder nach § 39 Abs. 3 durch einen Bevollmächtigten. Bei Anfechtungsklagen gegen Beschlüsse der Generalversammlung oder bei Nichtigkeitsklagen nach §§ 94, 95 wird die eG durch Vorstand und Aufsichtsrat vertreten, sofern diese nicht selbst klagen (§ 51 Abs. 3 S. 2, § 96). Sämtliche Mitglieder des jeweils vertretungsbefugten Organs oder der ggf. gewählte Bevollmächtigte dürfen nur als Partei, nicht als Zeugen vernommen werden (vgl. RG 9.1.1900, RGZ 46, 318 (319)). In zivilrechtlichen Streitigkeiten ist wegen Abs. 2 die Kammer für Handelssachen nach Maßgabe der §§ 94, 95 GVG zuständig. 3

IV. Die eG als Formkaufmann (Abs. 2)

Kraft ihrer Rechtsform und unabhängig von ihrem Unternehmensgegenstand ist die eG (nicht bereits die Genossenschaft im materiellen Sinne, → § 1 Rn. 14 f.) Formkaufmann, nicht aber Handelsgesellschaft iSv § 6 Abs. 1 HGB. Für die eG gilt daher das gesamte Kaufmannsrecht des HGB, punktuell ergänzt durch Regelungen des GenG wie §§ 3, 42 (zu Buchführung und Jahresabschluss § 33). 4

Rechtsverhältnis zwischen Genossenschaft und Mitgliedern

18 **[1] Das Rechtsverhältnis der Genossenschaft und ihrer Mitglieder richtet sich zunächst nach der Satzung. [2] Diese darf von den Bestimmungen dieses Gesetzes nur insoweit abweichen, als dies ausdrücklich für zulässig erklärt ist.**

Übersicht

I. Allgemeines

S. 1 regelt die Grundlage für das Rechtsverhältnis zwischen eG und Mitglied. Diese Grundlage ist neben dem Gesetz primär die Satzung. Das Rechtsverhältnis (→ Rn. 3 ff.) setzt sich zusammen einerseits aus dem Mitgliedschaftsverhältnis ieS (zB Stimmrecht, Pflicht zur Einlagenzahlung, → Rn. 5, → Rn. 10) und andererseits aus dem Förderleistungs- und Benutzungsverhältnis (→ Rn. 15 ff.), das im Hinblick auf die Erfüllung des Förderzwecks nach § 1 Abs. 1 zwischen der eG und jedem die Förderleistung nutzenden Mitglied entsteht (→ § 1 Rn. 3) und das zum Mitgliedschaftsverhältnis iwS gehört, wenn es durch die Satzung geregelt ist. Den Mitgliedern stehen ihre aus beiden Verhältnissen resultierenden Rechte kraft ihrer Mitgliedschaft zu (→ Rn. 2). Auf der Mitgliedschaft iwS beruhen auch Sonderrechte oder -pflichten (→ Rn. 8, → Rn. 14), sofern sie einzelnen Mitgliedern in der Satzung (nicht individualvertraglich) auferlegt werden. Grundsätzlich besteht ein Wahlrecht, die Rechtsbeziehungen zwischen eG und Mitgliedern durch Satzung oder rechtsgeschäftlich zu gestalten. Auch Rechtsverhältnisse der eG mit 1 ihren Mitgliedern über Leistungs- und Nutzungspflichten unterliegen der Bereichsausnahme des § 310 Abs. 4 S. 1 BGB, wenn sie unmittelbar auf der Satzung beruhen, mitgliedschaftlichen Charakter tragen und den Förderzweck der eG verwirklichen (BGH 8.2.1988, BGHZ 103, 219 = NJW 1988, 1729 ff.). Soweit sie echter Satzungsbestandteil sind, unterliegen sie wie die Satzung im Übrigen einer Inhalts- und Ausübungskontrolle nach § 242 BGB (zB zuletzt BGH 26.4.2018, NZG 2018, 790 Rn. 17 ff., 26). Wegen der Konkurrenz zu § 51 ist eine solche Kontrolle auf die Nichtigkeitsgründe (→ § 51 Rn. 2 ff.) beschränkt (OLG Stuttgart 6.6.2018, NZG 2018, 910 Rn. 28). Von den Rechtsbeziehungen aus dem Mitgliedschaftsverhältnis ieS und iwS sind die Drittgeschäfte zu unterscheiden, welche die Mitglieder wie jeder Dritte mit der eG schließen können. S. 2 regelt die Grenzen, die der Satzungsautonomie durch das Gesetz gesetzt sind (Grundsatz der Satzungsstrenge, → Rn. 19).

II. Mitgliedschaft

2 Jedes Mitglied hat gegenüber der eG sowie gegenüber den anderen Mitgliedern eine besondere Rechts- und Pflichtenstellung, die es mit dem wirksamen Beitritt zur eG erwirbt (→ § 15 Rn. 2 ff.). Die Mitgliedschaft kann nicht geteilt werden (Verbot der Doppelmitgliedschaft, § 1 Rn. 2, § 77 Rn. 1). Sie kann (wie die Vereinsmitgliedschaft nach § 38 S. 1 Fall 1 BGB) als solche nicht veräußert, abgetreten, ge- oder verpfändet werden (hM). Es können nur einzelne Rechtspositionen des Mitglieds nach Maßgabe des Gesetzes übertragen werden. Frei abtretbar ist hiernach der Anspruch auf anteilige Auszahlung des Auseinandersetzungsguthabens nach § 73 Abs. 2 oder des Liquidationsüberschusses nach § 91. Einen abtretbaren Anspruch auf Auszahlung des Jahresgewinns hat ein Mitglied nur, wenn dies die Satzung gem. § 19 Abs. 2 vorsieht; im Grundsatz wird der Gewinn vielmehr dem Geschäftsguthaben zugeschrieben (§ 19 Abs. 1 S. 2), das der Auszahlungssperre nach § 22 Abs. 4 S. 1 unterliegt. Das Geschäftsguthaben (→ § 7 Rn. 1 f.) kann iRd Satzung und des § 76 an einen Erwerber übertragen werden, wenn dieser Mitglied der eG ist oder wird. Einzelne Mitgliedschaftsrechte können durch einen gesetzlichen Vertreter oder einen Bevollmächtigten ausgeübt werden wie das Stimmrecht nach § 43 Abs. 4, 5. Über die Rechtsposition in der eG hinaus ist die Mitgliedschaft ein sonstiges Recht iSv § 823 Abs. 1 BGB, was eine Ausstrahlungswirkung für das Verhältnis zur eG hat (hM, zB *Habersack,* Die Mitgliedschaft, 1996, 113 ff., krit. zB Beuthien/*Beuthien* Rn. 8). Insbesondere können die Mitgliedschaftsrechte den Mitgliedern nicht oder nicht gegen ihren Willen entzogen werden, es sei denn in den engen gesetzlich gezogenen Grenzen.

III. Das Rechtsverhältnis zwischen eG und ihren Mitgliedern (S. 1)

3 **1. Rechte der Mitglieder aus dem Mitgliedschaftsverhältnis ieS. a) Recht auf Förderung.** Mit dem Förderzweck der eG nach § 1 Abs. 1 korrespondiert zwingend ein Anspruch auf Förderung, dh idR ein **Anspruch auf Abschluss von Fördergeschäften** (grundsätzlich nicht aber eine Pflicht, sich fördern zu lassen, → Rn. 9). Die Satzung darf das Ob des Anspruches nicht unter Bedingungen stellen, sondern es können lediglich die Modalitäten (zB Art, Zeit, Umfang) der Förderung festgelegt werden. Der Anspruch wird erfüllt mit dem Abschluss eines Förderleistungs- und Benutzungsverhältnisses (→ Rn. 15 ff.). Die eG kann den Abschluss nur dann verweigern, wenn das Fördergeschäft den (vom Vorstand nach § 27 Abs. 1 festgelegten) Rahmen überschreitet, in dem die eG ihren Förderzweck und ihren Unternehmensgegenstand tatsächlich und regelmäßig verfolgt und umsetzt, oder wenn im Einzelfall ein besonderer Grund vorliegt, der die Ablehnung ausnahmsweise rechtfertigt (zB Eintritt oder Drohen der Zahlungsunfähigkeit eines Mitglieds). Tätigt die eG iRd Leitungsmacht des Vorstands ausnahmsweise Geschäfte mit einzelnen Mitgliedern, die den genannten Rahmen überschreiten, kann aufgrund des Gleichbehandlungsgebots eine Bindungswirkung gegenüber den übrigen Mitgliedern eintreten (näher Beuthien/*Beuthien* Rn. 23). Den **Abschluss eines konkreten Fördergeschäfts** kann ein Mitglied idR beanspruchen, wenn die zuständigen Organe (idR der Vorstand) der eG den Abschluss mit diesem Mitglied satzungsgemäß beschlossen und dem Mitglied diesen **Zuteilungsbeschluss** mitgeteilt hat (BGH 10.11.1954, BGHZ 15, 177 (182)). Der Zuteilungsbeschluss hinsichtlich eines bestimmten Grundstücks bedarf nicht der Form des § 311b Abs. 1 S. 1 BGB, wenn bereits die Satzung eine allgemeine Verpflichtung der eG zur Übereignung von Grundstücken regelt (BGH 10.11.1954, BGHZ 15, 177 (182)). Die Satzung kann abweichend dafür bestimmen, unter welchen Voraussetzungen Mitglieder einen Anspruch auf Abschluss eines konkreten Fördergeschäfts erlangen; sie kann den Vorstand ermächtigen, allein oder gemeinsam mit dem Aufsichtsrat solche Voraussetzungen aufzustellen (BGH 8.10.1959, BGHZ 31, 37 (41) = NJW 1959, 2211). Für den Inhalt des Fördergeschäfts ist die Fassung der Satzung zum Zeitpunkt der Zuteilung maßgebend, sofern nicht in der Zuteilung zum Ausdruck gebracht wird, dass sie nur nach Maßgabe einer bereits beschlossenen, aber noch nicht eingetragenen Satzungsänderung erfolgen soll (BGH 1.3.1956, BGHZ 20, 144 (147)).

4 **b) Allgemeine Vermögensrechte.** Die Mitglieder haben ferner das Recht nach § 19 Abs. 1, dass ein festgestellter Gewinn ihrem jeweiligen Geschäftsguthaben zugeschrieben wird, sofern nicht die Satzung nach § 20 eine Rücklagenzuschreibung anordnet. Ein Anspruch auf Auszahlung des Geschäfts-

guthabens besteht während der Mitgliedschaft nicht (§ 22 Abs. 4 S. 1), grundsätzlich auch nicht auf Auszahlung des Gewinns (Ausnahme nach § 19 Abs. 2). Das Geschäftsguthaben ist zu verzinsen, wenn dies die Satzung vorsieht (§ 21a Abs. 1 S. 1). Im Fall seines Ausscheidens hat ein Mitglied grundsätzlich einen Anspruch auf Auszahlung des Geschäftsguthabens gem. § 73 Abs. 2 S. 2. Wird die eG aufgelöst, haben die Mitglieder einen Anspruch auf Verteilung des Vermögens nach Abzug aller Verbindlichkeiten iRv § 91.

c) Stimmrecht und andere Teilnahmerechte. Die Mitglieder haben das Recht, an der Generalversammlung teilzunehmen, dort zu reden, Auskünfte zu verlangen, Fragen und Anträge zu stellen, zu wählen und sich zur Wahl zu stellen. Bedeutsam ist vor allem das Stimmrecht, durch das sie ihre Rechte in den Angelegenheiten der eG ausüben (§ 43, → § 43 Rn. 1 ff.). Allerdings kann es ausgeschlossen sein, wenn die Satzung nach § 43a eine Vertreterversammlung vorschreibt. In diesem Fall beschränkt sich das Teilnahmerecht auf die Wahl des Vertreters (→ § 43a Abs. 4). Weitere Teilnahmerechte sind zB bestimmte Rechte auf Einsichtnahme und Abschriften nach § 31 Abs. 1, § 47 Abs. 4, § 48 Abs. 3, § 59 Abs. 1 S. 2. Das Recht der Anfechtung von Beschlüssen der Generalversammlung entspringt nicht unmittelbar der Mitgliedschaft, sondern steht unter den näheren Voraussetzungen des § 51 Abs. 2 nur den teilnahmeberechtigten Mitgliedern zu (vgl. Beuthien/*Schöpflin* § 51 Rn. 29). Hieran fehlt es insbesondere im Fall einer Vertreterversammlung (§ 43a). Bestimmte Rechte stehen den Mitgliedern nur zu, wenn sie ein bestimmtes Quorum erreichen, vor allem die Einberufung der Generalversammlung nach §§ 45, 43a Abs. 7 zu verlangen. Im weiteren Sinne negative Teilnahmerechte sind die Kündigungsrechte nach §§ 65, 67, 67a, 67b. In einem weiten Sinne Teilnahmerechte sind auch Annexansprüche wie der Anspruch auf richtige und vollständige Aufnahme der die eigene Person betreffenden Angaben in die Mitgliederliste (→ § 30 Rn. 2). 5

d) Recht auf Gleichbehandlung. Das **Gleichbehandlungsgebot** (→ § 1 Rn. 48) ist besonderer Ausdruck der allgemeinen Treuepflicht der eG ihren Mitgliedern gegenüber (vgl. zB § 7a Abs. 2 S. 2) und bindet sämtliche Organe der eG. Diesem Gebot entspringt ein Recht der Mitglieder auf Gleichbehandlung für die sich aus der Mitgliedschaft ergebende Beziehung einschließlich eines rechtsgeschäftlich ausgestalteten (→ Rn. 17) Förderleistungs- und Benutzungsverhältnisses (zB BGH 11.7.1960, NJW 1960, 2142 (2143)); dieses Recht existiert jedoch auch dann nur als Bestandteil der Mitgliedschaft (zB *ABL/Althanns* Genossenschafts-HdB Rn. 20; vgl. aber auch → § 73 Rn. 7); uU kann das Gleichbehandlungsgebot sogar auf ein Drittgeschäft ausstrahlen (→ Rn. 17). Sofern im Gesetz eine **absolute Gleichheit** gefordert wird, müssen alle Mitglieder zwingend gleich behandelt werden, zB hinsichtlich der Höhe der Geschäftsanteile oder Haftsummen (§ 7 Nr. 1, § 6 Nr. 3) oder die jedem Mitglied zustehenden Teilnahmerechte zB nach § 31 Abs. 1, § 47 Abs. 4, § 48 Abs. 3, § 65 Abs. 1 (→ Rn. 6). Außerhalb des GenG ist vor allem das Allgemeine Gleichbehandlungsgesetz (AGG, BGBl. 2006 I 1897, 2742, mit nachfolgenden Änderungen) zu beachten. Teilweise sind Ungleichbehandlungen aber vom Gesetz explizit vorgesehen wie zB der Unterschied zwischen ordentlichen und investierenden Mitgliedern (§ 8 Abs. 2) oder die Einräumung von Mehrstimmrechten nach § 43 Abs. 3 S. 2, 3. Schweigt das Gesetz, gilt das Gebot der **relativen Gleichheit** (zB BGH 13.10.2008, NZG 2009, 118 (120); BGH 14.10.2009, BeckRS 2009, 27654). Hiernach dürfen die Mitglieder der eG nur dann unterschiedlich behandelt werden, wenn dies bezogen auf den geregelten Sachverhalt und die getätigten Geschäfte sachlich gerechtfertigt ist. Je nach Sachlage kann zB nach dem Umfang des Umsatzes mit der eG, der Inanspruchnahme von Einrichtungen der eG, nach der Mitgliedschaftsdauer oder nach der Eigenschaft als investierendes Mitglied differenziert werden. Ein Rechtfertigungszwang in diesem Sinne gilt schon für die erste Satzung (das „Urstatut“), sofern eine Benachteiligung nicht allein die (zustimmenden) Gründer betrifft (anders BGH 26.5.2003, NZG 2003, 882 (883); Beuthien/*Beuthien* Rn. 64). Wird durch eine **Satzungsänderung** ungleich behandelt, bedarf dies der Zustimmung aller benachteiligten Mitglieder (→ § 16 Rn. 5). Passieren **Verstöße gegen den Gleichbehandlungsgrundsatz** (zu Einzelfällen zB *ABL/Althanns* Genossenschafts-HdB Rn. 29 ff.), haben die benachteiligten Mitglieder einen Anspruch, dass sie gleichbehandelt werden (nicht, dass den bevorzugten Mitgliedern der Vorteil genommen wird). Die benachteiligten Mitglieder können auf Erfüllung, Unterlassen, Freistellung oder Schadensersatz klagen oder den betreffenden Beschluss der Generalversammlung anfechten (BGH 11.7.1960, NJW 1960, 2142 (2143); § 51), sofern die eG den bevorzugten Mitgliedern den Vorteil nicht wieder genommen hat. Dazu ist die eG grundsätzlich berechtigt (BGH 11.7.1960, NJW 1960, 2142), wenn es sich nicht um unentziehbare Rechte handelt und die eG nicht gegen ihre Treuepflicht verstößt. 6

e) Recht auf Einhaltung der Treuepflicht durch die eG. Darüber hinaus unterliegt die eG gegenüber ihren Mitgliedern einer Treuepflicht (zB BGH 22.5.1958, BGHZ 27, 297 (305); BGH 8.10.1959, BGHZ 31, 37 (42); zur Treuepflicht der Mitglieder → Rn. 12). Wird ein Mitglied aufgrund einer wirksamen Satzungsbestimmung aus der eG ausgeschlossen, kommt eine Treuepflichtverletzung gegenüber dem Ausgeschlossenen nur insoweit in Betracht, als besondere Umstände vorliegen (zB OLG Frankfurt a. M. 12.12.2000, NZG 2001, 904 (908)). Gegenüber den anderen Mitgliedern kann der eG aufgrund ihrer Treuepflicht geboten sein, Rechte zum Ausschluss alsbald geltend zu machen (vgl. BGH 7

22.5.1958, BGHZ 27, 297 (305)). Legt die Satzung einer Wohnungsbaugenossenschaft allgemein ein Recht zum Erwerb von Eigenheimen fest und kommen Vorstand und Aufsichtsrat der ihnen statutarisch zugewiesenen Aufgabe, die näheren Grundsätze zur Verwirklichung dieses Rechts aufzustellen, über Jahrzehnte nicht nach, kann ein Mitglied, das in diesem Zeitraum der eG angehörte und ein Grundstück der eG bewohnte, dieses Grundstück ausnahmsweise ohne Zuteilungsbeschluss (→ Rn. 3) verlangen (BGH 8.10.1959, BGHZ 31, 37 (38 ff.)). Verletzt die eG ihre Treuepflicht durch einen Beschluss der Generalversammlung, ist dieser Beschluss nicht nichtig, sondern kann lediglich angefochten werden (BGH 26.2.1996, BGHZ 132, 84 (94)). Ferner folgt aus der Treuepflicht der eG die Pflicht, den Mitgliedern rechtliches Gehör im Ausschließungsverfahren zu gewähren (BGH 26.2.1996, BGHZ 132, 84 (90)).

8 **f) Sonder- und Vorzugsrechte. Sonderrechte** sind Rechte, die einzelnen Mitgliedern notwendig auf statutarischer Grundlage durch die Satzungsbestimmung selbst gewährt werden und über die Mitgliedschaftsrechte hinausgehen (vgl. § 35 BGB, zB BGH 16.3.1970, MDR 1970, 913). Sie dürfen nur dann gewährt werden, wenn die Ungleichbehandlung durch einen sachlichen Grund gerechtfertigt werden kann und wenn alle benachteiligten Mitglieder zustimmen (relative Gleichheit, → Rn. 6). Wegen § 18 S. 2 ist für die Satzungsbestimmung, die eine Ungleichbehandlung begründet, eine gesetzliche Ermächtigung notwendig (zB § 91 Abs. 3, vgl. auch § 43 Abs. 3 S. 2). Die statutarische Ausgestaltung darf zudem nicht gegen andere gesetzliche Regelungen verstoßen. Bestimmt die Satzung zB, dass ein Mitglied ständig dem Vorstand angehören soll (§ 24 Abs. 2 S. 2), ist dieses Sonderrecht nur in den Grenzen des § 24 Abs. 3 S. 2 möglich, sodass die Bestellung jederzeit widerruflich bleibt (str.). Ist ein Sonderrecht wirksam gewährt, darf es ohne Zustimmung des Rechtsinhabers nicht beeinträchtigt werden (analog § 35 BGB). Wird dagegen verstoßen, begründet dies zB Schadensersatzansprüche. Verstößt ein Beschluss der Generalversammlung gegen ein Sonderrecht, ist der Beschluss (schwebend) unwirksam (BGH 10.11.1954, BGHZ 15, 177 (181)) und braucht nicht angefochten werden (hM). **Vorzugsrechte** unterscheiden sich von Sonderrechten dadurch, dass sie nicht in der Satzung geregelt werden müssen, sondern auch in einem Beschluss der Generalversammlung, und dass sie den Berechtigten ohne deren Zustimmung wieder entzogen werden dürfen (vgl. § 43 Abs. 3 S. 4).

9 **2. Pflichten der Mitglieder aus dem Mitgliedschaftsverhältnis ieS. a) Pflicht zur Inanspruchnahme der Förderung.** Eine Pflicht, die Förderleistungen der eG in Anspruch zu nehmen, besteht als Gegenstück zum Förderanspruch (→ Rn. 3) grundsätzlich nicht (zB OLG Frankfurt a. M. 12.12.2000, NZG 2001, 904 (905)). Jedoch kann eine solche Pflicht (Andienungs- oder Bezugspflicht) durch Bestimmung in der Satzung eingeführt werden (arg. e. § 16 Abs. 3 S. 1), bei Änderung der Satzung nur mit qualifizierter Mehrheit nach § 16 Abs. 3 S. 1. Ein Beschluss der Generalversammlung genügt nicht, denn über § 15 Abs. 1 S. 2 müssen neu eintretende Mitglieder über ihre Pflicht (vgl. § 23 Abs. 2) informiert werden. Wird die Pflicht als Sonderpflicht nur einzelnen Mitgliedern auferlegt, bedarf dies der Zustimmung dieser Mitglieder (→ Rn. 14). Die Einführung einer Pflicht zur Inanspruchnahme der Förderung muss materiell die wirtschaftliche Leistungsfähigkeit der Mitglieder angemessen berücksichtigen und muss zumutbar und sachlich geboten sein (→ § 16 Rn. 17).

10 **b) Mindesteinlagepflicht.** Die Mitglieder unterliegen der Pflicht, die in der Satzung bestimmten Einzahlungen auf den Geschäftsanteil zu leisten (→ § 7 Rn. 3 f.). Der Anspruch der eG auf die Pflichteinlagen ist nicht abtretbar (RG 15.1.1932, RGZ 135, 55 (56 ff.), Beuthien/*Beuthien* § 7 Rn. 11) und verjährt in zehn Jahren (§ 22 Abs. 6 S. 1).

11 **c) Andere Vermögenspflichten.** Hierzu zählen zB die Pflicht zur Übernahme mehrerer Geschäftsanteile, wenn die Satzung eine Pflichtbeteiligung bestimmt (§ 7a Abs. 2), sowie alle etwaigen Nachschussverpflichtungen (→ § 2 Rn. 3 f.). Daneben können den Mitgliedern nach hM statutarisch Sanktionen für den Fall auferlegt werden, dass sie gegen bestimmte ihrer Mitgliedschaftspflichten verstoßen („Verbandsdisziplinarstrafe", zB BGH 2.12.2002, WM 2003, 292 (294)). Sofern die Satzung die Pflicht zur Zahlung einer Verbandsstrafe dem Grunde nach regelt, insbesondere die Bemessungsgrundlage und eine Höchstgrenze festgelegt sind, darf die Satzung die nähere Ausgestaltung der Verbandsstrafe an Vorstand oder Aufsichtsrat delegieren (BGH 27.6.2017, NZG 2017, 1270 (1271 Rn. 14 ff.). Diese Sanktionen werden nicht verwirkt, sondern müssen von der eG nach umfassenden Ermittlungen und einer fairen Untersuchung verhängt werden (BGH 2.12.2002, WM 2003, 292 (294)). Verbandsstrafen sind grundsätzlich insoweit nicht nach § 138 BGB nichtig, als die eG ein anerkennenswertes Interesse an der Einhaltung der sanktionsbewehrten Pflichten hat und den Mitgliedern die Einhaltung im Verhältnis zu den ihnen gebührenden Fördervorteilen zugemutet werden kann (vgl. BGH 27.6.2017, NZG 2017, 1270 (1272 Rn. 18 f.). Neben derartigen anderen Vermögenspflichten unterliegen die Mitglieder ggf. gewissen Sonderpflichten (→ Rn. 14).

12 **d) Treuepflicht der Mitglieder.** Ebenso wie die eG ihren Mitgliedern gegenüber eine Treuepflicht hat (→ Rn. 7), unterliegen die Mitglieder einer Treuepflicht gegenüber der eG (zB BGH 22.5.1958, BGHZ 27, 297 (305)). Insbesondere der Förderzweck und die personalistische Struktur der eG (→ § 1

Rn. 2) bedingen ein besonderes Vertrauensverhältnis zwischen eG und ihren Mitgliedern. Die Schwelle für treupflichtwidriges Verhalten ist aber hoch und erst in einem groben Missbrauch von Mitgliedschaftsrecht zu sehen, der zum Ausschluss des Mitglieds (§ 68) berechtigt (vgl. zB *Paulick,* Das Recht der eingetragenen Genossenschaft, 1956, § 18 II 3d, e). Eine Pflicht zur Inanspruchnahme von Förderleistungen folgt aus der Treuepflicht nicht (→ Rn. 9). Verletzt ein Mitglied seine Treuepflicht, kommen neben dem Ausschluss des Mitglieds aus der eG Schadensersatzansprüche, die Nichtigkeit einer treuwidrig abgegebenen Stimme oder statutarische Sanktionen (→ Rn. 11) in Betracht. Einer Treuepflicht unterliegen die Mitglieder der eG auch im Verhältnis zueinander (hM).

e) Duldungspflicht. Die genossenschaftliche Duldungspflicht ist eine besondere Ausprägung der Treuepflicht und Folge des Mehrheitsprinzips. Sie ist auf das Mitgliedschaftsverhältnis beschränkt und erfasst nicht die rein schuldrechtlichen Beziehungen der eG zu ihren Mitgliedern. Jedes Mitglied muss die in seine Rechte eingreifenden Beschlüsse und Maßnahmen der Organe der eG, vor allem die mit der erforderlichen Mehrheit zustande gekommenen Beschlüsse der Generalversammlung hinnehmen, sofern sie inhaltlich und formell mit dem Gesetz und der Satzung vereinbar und nicht rechtsmissbräuchlich sind. Ihm bleiben nur die vom Gesetz gewährten Rechte, insbesondere das Recht, den Beschluss nach § 51 anzufechten, oder ein außerordentliches Kündigungsrecht nach § 67a in den Fällen des § 16 Abs. 2 S. 1 Nr. 2–5, 9–11, Abs. 3 oder einer wesentlichen Änderung des Unternehmensgegenstands. Die Grenzen der Duldungspflicht zeigen sich an den Entscheidungen, die nur mit Zustimmung aller oder aller benachteiligten Mitglieder getroffen werden dürfen (zB → Rn. 6) oder unentziehbare Rechte der Mitglieder betreffen (zB → Rn. 3, → Rn. 5). Darüber hinaus unterliegen Strukturentscheidungen wie die Auflösung der eG (§ 78 Abs. 1) oder die Fortsetzung einer aufgelösten eG (§ 79a Abs. 1) nicht einer inhaltlichen Prüfung, ob sie sachlich gerechtfertigt sind (zB zur GmbH BGH 28.1.1980, BGHZ 76, 352 (353); zur AG BGH 1.2.1988, NJW 1988, 1579 (1580)). 13

f) Sonderpflichten. Durch die Satzung können allen Mitgliedern oder einzelnen von ihnen genossenschaftliche Sonderpflichten auferlegt werden, die auf Sach- oder Dienstleistungen gerichtet sind (zB Lieferpflichten bei Absatz- und Verwertungsgenossenschaften). Die Einführung solcher Pflichten unterliegt materiell den Grenzen nach → § 16 Rn. 17, ferner den kartellrechtlichen Grenzen. Die Pflichten müssen hinreichend bestimmt sein (zur Pachtandienungspflicht bei einer Agrargenossenschaft BGH 25.4.2003, NZG 2003, 641 (642)). Wenn die Einführung durch Satzungsänderung geschieht, bedarf sie der qualifizierten Mehrheit nach § 16 Abs. 3 S. 1. Zusätzlich bedarf der Beschluss der Generalversammlung der Zustimmung aller mit einer Sonderpflicht belasteten Mitglieder (vgl. § 180 Abs. 1 AktG, § 53 Abs. 3 GmbHG). Die Zustimmung kann außerhalb der Generalversammlung erklärt werden. Sie kann konkludent erteilt werden, zB durch in der Ja-Stimme zum Satzungsänderungsbeschluss oder indem die Sonderleistung vorbehaltlos erbracht wird. Sofern die Satzung nicht nur eine „programmatische Regelung" (BGH 9.6.1960, NJW 1960, 1858 (1859)) enthält, beruhen die Sonderpflichten auf der Mitgliedschaft. Eine auf dieser Grundlage geschuldete Leistung eines Mitglieds muss die eG auch ohne ausdrückliche Bestimmung entgelten, wenn nach der Verkehrsauffassung die Leistung üblicherweise nicht unentgeltlich zu erwarten ist (BGH 9.6.1960, NJW 1960, 1858 (1859)). Ohne Satzungsgrundlage können durch einfachen Beschluss der Generalversammlung einzelne Sonderlasten begründet werden, wenn dem die betroffenen Mitglieder zustimmen. 14

3. Förderleistungs- und Benutzungsverhältnis. Es kann entweder rein schuldrechtlich auf der Grundlage eines Vertrages mit dem einzelnen Mitglied oder aber durch die Satzung geregelt werden. Der Anspruch nach → Rn. 3 ist nicht auf den Abschluss von Fördergeschäften auf einer bestimmten Rechtsgrundlage gerichtet. 15

a) Korporationsrechtliche Ausgestaltung. Beruhen die Modalitäten der Förderleistungsbeziehung auf der Satzung, ist diese Beziehung korporationsrechtlich ausgestaltet und gehört zum Mitgliedschaftsverhältnis iwS (vgl. zB *Hadding* WM 1988, 1466 (1467 f.)). Der Inhalt der einzelnen Fördergeschäfte mit den Mitgliedern wird bereits statutarisch festgelegt, ohne dass es zusätzlich eines Schuldvertrages bedarf (hM, zum Zuteilungsbeschluss → Rn. 3). Die Festsetzung der Gegenleistung im Einzelfall kann einem Organ der eG übertragen oder einem Dritten vorbehalten werden (BGH 9.6.1960, NJW 1960, 1858 (1860); BGH 20.6.1983, WM 1983, 1006). Materielle Voraussetzung ist, dass die Entgelthöhe in einem angemessenen Verhältnis zur Leistung der eG steht und ihre Erbringung dem Mitglied zumutbar ist, weil ansonsten die eG gegen ihre Treuepflicht (→ Rn. 7) verstieße und verschleierte Leistungspflichten über → Rn. 9 ff. hinaus begründet würden (BGH 8.2.1988, BGHZ 103, 219 (223)) oder in einem zu hohen Entgelt eine versteckte Auszahlung des Geschäftsguthabens stecken würde (BGH 9.6.1960, NJW 1960, 1858 (1859)). Die Rspr. wendet darüber hinaus allgemeine schuldrechtliche Grundsätze entsprechend an (BGH 9.6.1960, NJW 1960, 1858 (1859 f.)), zB § 315 BGB (BGH 20.6.1983, WM 1983, 1006; abl. zB Beuthien/*Beuthien* Rn. 11). Bei der Entgeltbestimmung darf der Wert der Leistung bzw. ihr allgemeiner Handelswert nicht überschritten und dürfen keine sachfremden Gesichtspunkte einfließen (BGH 20.6.1983, WM 1983, 1006). Nicht anzuwenden sind die besonderen schuld- oder handelsrechtlichen Regelungen. Keine Anwendung finden auch §§ 305 ff. BGB wegen § 310 Abs. 4 S. 1 BGB; 16

erwägenswert ist jedoch eine Inhaltskontrolle nach § 242 BGB ähnlich wie bei Publikumsgesellschaften (BGH 8.2.1988, BGHZ 103, 219 (224, 226)). Soweit die Satzung Lücken hinsichtlich der Folgen etwaiger Leistungsstörungen enthält, kann punktuell auf die schuldrechtlichen Vorschriften zurückgegriffen werden (str.).

17 **b) Rechtsgeschäftliche Ausgestaltung.** Die Fördergeschäfte können individualrechtlich ausgestaltet werden. Auf ihren Inhalt finden die allgemeinen Vorschriften Anwendung, insbesondere die Regelungen des jeweiligen Vertragstyps (Kauf, Kommission usw). Durch die Wahl einer rechtsgeschäftlichen Ausgestaltung kann sich die eG aber sowohl hinsichtlich des Ob des Vertragsabschlusses als auch hinsichtlich der Vertragsgestaltung nicht von ihren genossenschaftsrechtlichen Pflichten (vor allem → Rn. 3, → Rn. 6 f.) befreien. Die genossenschaftlichen Regelungen, zB die Treuepflicht und das Gleichbehandlungsgebot (→ § 18 Rn. 6 f.), wirken auf die allgemeinen schuldrechtlichen Regeln ein, die für solche Fördergeschäfte gelten (näher zB *Michel,* Die Fördergeschäftsbeziehung zwischen Genossenschaft und Mitglied, 1987, 87 ff.). Das Gleichbehandlungsgebot wie auch Treuepflichten können sogar Anwendung finden, wenn es sich nicht um ein echtes Fördergeschäft, sondern um ein Drittgeschäft handelt, das ein Mitglied wie jeder Dritte mit der eG abschließt, bei dessen Abschluss oder inhaltlichen Ausgestaltung die Mitgliedseigenschaft jedoch eine bestimmende Rolle spielt (insbesondere bei einem verdeckten Fördergeschäft). Soweit iRv rechtsgeschäftlich ausgestalteten Förderbeziehungen auf Kundenkonten **Guthaben oder Anzahlungen** bei der eG **„stehengelassen"** werden, die nicht bankühlich besichert sind, kann ein **banklizenzpflichtiges Einlagengeschäft** iSv § 1 Abs. 1 S. 2 Nr. 1 KWG vorliegen (vgl. BGH 19.3.2013, NZG 2013, 582 Rn. 10 ff., „Winzergelder"). Dies wird man verneinen müssen, wenn es sich um ein bloßes Verwahren von für künftige Wareneinkäufe desselben Kunden vorgesehenen Beträgen handelt (BaFin-Merkblatt Hinweise zum Tatbestand des Einlagengeschäfts, Ziff. 1b bb „Warengenossenschaften": der Höhe nach begrenzt auf den Warenbezug des Kunden im letzten Jahr; BGH 19.3.2013, NZG 2013, 582 Rn. 26) oder wenn vor einer Endabrechnung mit einer endgültigen Preisfixierung lediglich Vorschüsse nicht ausgezahlt, sondern einem Kundenkonto gutgeschrieben und verzinst werden (BGH 19.3.2013, NZG 2013, 582 Rn. 27: Endabrechnung über einen Weinjahrgang könne sich „lange hinstrecken", daher stehe der Traubenpreis noch nicht endgültig fest).

18 **c) Gemischte Ausgestaltung.** In der Satzung können Regelungen für den Abschluss schuldrechtlicher Verträge lediglich allgemein, programmartig vorformuliert werden. Diese haben keinen materiellen Satzungscharakter und sind nur unechte Satzungsbestandteile (BGH 8.2.1988, BGHZ 103, 219 (222)). Aufgrund dessen sind abgeschlossene Verträge nach den allgemeinen schuld- und handelsrechtlichen Vorschriften zu behandeln. Korporationsrechtlich zu qualifizieren ist dagegen zB die Regelung in der Satzung, wonach der Inhalt einer Förderbeziehung zwar nur allgemein formuliert ist, aber den Mitgliedern eine mitgliedschaftliche Pflicht auferlegt wird, die allgemeinen Geschäfts- und Zahlungsbedingungen der eG einzuhalten; insbesondere gelten für diese Bedingungen nicht die §§ 305 ff. BGB (OLG Frankfurt a. M. 12.12.2000, NZG 2001, 904 (908 f.)). Ähnlich ist der Fall zu behandeln, dass die Satzung den Vorstand ermächtigt, künftig die einzelnen Liefer- und Benutzungsbedingungen festzulegen (vgl. Beuthien/*Beuthien* Rn. 13). Solche korporationsrechtlichen Bedingungen unterliegen aber den Kontrollmechanismen nach → Rn. 16. Legt die Satzung nur einen Anspruch auf Abschluss eines schuldrechtlichen Vertrages fest, gilt hinsichtlich des Ob des Vertragsschlusses → Rn. 16, hinsichtlich der inhaltlichen Vertragsgestaltung → Rn. 17. Weil ein Vorkaufsrecht das Ob betrifft, kann ein zum Vorkauf Berechtigter nicht den Eintritt in den Vertrag der eG mit einem Mitglied verlangen, der in Erfüllung des genossenschaftlichen Verhältnisses geschlossen wird (BGH 8.10.1959, BGHZ 31, 37 (41) = NJW 1959, 2211).

IV. Der Grundsatz der Satzungsstrenge (S. 2)

19 Ebenso wie im Aktienrecht nach § 23 Abs. 5 S. 1 AktG darf die Satzung der eG nur insoweit Abweichungen von den Vorschriften des GenG enthalten, als dies explizit gesetzlich zugelassen ist. Dieser Grundsatz der Satzungsstrenge ordnet eine strikte Bindung an das geschriebene Recht des GenG an. Die Zulässigkeit von Abweichungen muss sich eindeutig aus dem Wortlaut (zB § 16 Abs. 2 S. 2, Abs. 3 S. 3, Abs. 4 aE, § 19 Abs. 2, § 20, § 24 Abs. 2 S. 2, 3, § 25 Abs. 1 S. 2, Abs. 2, § 27 Abs. 1 S. 2 aE, § 36 Abs. 1, § 39 Abs. 1 S. 3 usw) oder mittels Auslegung der jeweiligen Vorschrift ergeben (zB die Einführung fakultativer Organe, vgl. § 27 Abs. 2 S. 2, → § 9 Rn. 1). Ausdrücklich erlaubt das Gesetz ferner, dass die Satzung gewisse Grundentscheidungen trifft, zB die Einführung eines Mindestkapitals nach § 8a Abs. 1 oder der Kategorie der investierenden Mitglieder nach § 8 Abs. 2 oder der Verzicht auf einen Aufsichtsrat nach § 9 Abs. 1 S. 2. Manche dieser Grundentscheidungen müssen in der Satzung getroffen werden, wie die Frage, ob die Mitglieder im Insolvenzfall unbeschränkt oder beschränkt oder gar nicht auf eine bestimmte Haftsumme haften (§ 6 Nr. 3). Schweigt das Gesetz, kann die Satzung es iRd Gesetzeszwecks ergänzen, sofern das Gesetz keine abschließende Regelung enthält (vgl. § 23 Abs. 5 S. 2 AktG). Im Vergleich zum AktG gibt das GenG insbesondere hinsichtlich der organschaftlichen

Verfassung der eG (§§ 24 ff.) einen größeren Freiraum für die Satzungsgestaltung, als es das AktG für die AG gewährt. Ist eine Vorschrift zwingend iSv S. 2, darf von dieser Vorschrift jedenfalls im Grundsatz auch nicht durch einfache Vereinbarung mit der eG abgewichen werden, da sonst die Gefahr bestünde, dass die zwingenden gesetzlichen Vorschriften umgangen werden (→ § 34 Rn. 12).

Gewinn- und Verlustverteilung

19 (1) [1]**Der bei Feststellung des Jahresabschlusses für die Mitglieder sich ergebende Gewinn oder Verlust des Geschäftsjahres ist auf diese zu verteilen.** [2]**Die Verteilung geschieht für das erste Geschäftsjahr nach dem Verhältnis ihrer auf den Geschäftsanteil geleisteten Einzahlungen, für jedes folgende nach dem Verhältnis ihrer durch die Zuschreibung von Gewinn oder die Abschreibung von Verlust zum Schluss des vorhergegangenen Geschäftsjahres ermittelten Geschäftsguthabens.** [3]**Die Zuschreibung des Gewinns erfolgt so lange, als nicht der Geschäftsanteil erreicht ist.**

(2) [1]**Die Satzung kann einen anderen Maßstab für die Verteilung von Gewinn und Verlust aufstellen und bestimmen, inwieweit der Gewinn vor Erreichung des Geschäftsanteils an die Mitglieder auszuzahlen ist.** [2]**Bis zur Wiederergänzung eines durch Verlust verminderten Guthabens findet eine Auszahlung des Gewinns nicht statt.**

I. Allgemeines

Die Vorschrift regelt die Verteilung etwaiger von der eG iR ihres Geschäftsbetriebs erwirtschafteten Gewinne und Verluste. Die eG darf Gewinne erzielen, um ihre Förderleistungsfähigkeit herzustellen und so den Förderzweck erfüllen zu können (→ § 1 Rn. 3). Weil der Förderzweck (§ 1 Abs. 1) im Vordergrund steht, ist eine Gewinnausschüttung an die Mitglieder grundsätzlich nicht vorgesehen. Der Abschluss von Gewinnabführungsverträgen wird jedoch von Abs. 1 S. 1 nicht tangiert (→ § 1 Rn. 38). Die Gewinn- und Verlustverteilung erfolgt idR durch Zu- oder Abschreibung zum bzw. vom jeweiligen Geschäftsguthaben (Abs. 1 S. 2). Abs. 2 enthält eine Öffnungsklausel für abweichende Satzungsbestimmungen. Nicht unter § 19 fällt die Überschussverteilung in Gestalt von Rückvergütungen (→ Rn. 6). 1

II. Gewinn- und Verlustverteilung

1. Verteilungsfähiger Gewinn bzw. Verlust. Zur Verteilung eines Gewinns steht lediglich derjenige Teil des Jahrüberschusses (zuzüglich etwaiger Gewinnvorträge und Rücklagenauflösungen und abzüglich etwaiger Verlustvorträge und Rücklagenbildung) an, den die Generalversammlung gem. § 48 Abs. 1 S. 2 zur Verteilung an die Mitglieder vorgesehen hat. Denn erst die Generalversammlung stellt den Jahresabschluss fest und beschließt über die Verwendung eines Überschusses (§ 48 Abs. 1 S. 1, 2). Entsprechendes gilt für den Teil des Jahresfehlbetrags, der gemäß dem Verwendungsbeschluss der Generalversammlung nach § 48 Abs. 1 S. 2 durch Abschreibung von den Geschäftsguthaben gedeckt werden soll. Gewinn und Verlust werden für den Geschäftsbetrieb der eG insgesamt, einschließlich Fördergeschäftsverkehr und Nichtmitgliedergeschäfte festgestellt. Gemäß § 20 kann die Satzung den verteilungsfähigen Gewinn von vornherein reduzieren oder ausschließen und stattdessen vorsehen, dass der Gewinn in Rücklagen eingestellt wird. 2

2. Verteilungsart. Eine Ausschüttung des Gewinns findet grundsätzlich nicht statt, es sei denn die Satzung bestimmt, dass der Gewinn bereits ganz oder teilweise an die Mitglieder ausgezahlt wird, noch bevor die Geschäftsanteile voll eingezahlt sind (Abs. 2 S. 1 Fall 2, Grenze in Abs. 2 S. 2). Abschlagsdividenden vor Feststellung des Jahresgewinns sind unzulässig (BGH 9.6.1960, NJW 1960, 1858 (1859)). Die gesetzlich vorgesehene Verteilung geschieht vielmehr dadurch, dass der Gewinn den jeweiligen Geschäftsguthaben der Mitglieder zugeschrieben wird. Nach §§ 3 Abs. 4, 7 Abs. 3 COVMG vom 27.3.2020 (BGBl. 2020 I 569) kann im Jahr 2020 der Vorstand mit Zustimmung des Aufsichtsrats Abschlagszahlungen auf zu erwartende Dividendenauszahlungen unter den Voraussetzungen des entsprechend anzuwendenden § 59 Abs. 2 AktG leisten. Verluste werden entsprechend abgeschrieben, allerdings nur, soweit Geschäftsguthaben vorhanden ist (arg. e. § 21 Abs. 2). Das Geschäftsguthaben erhält ein Mitglied nur im Fall der Auseinandersetzung gem. § 73 Abs. 2 oder der Liquidation gem. § 91 anteilig ausgezahlt (vgl. § 22 Abs. 4 S. 1), ferner kann es nur iRv § 76 übertragen werden. 3

3. Verteilungsmaßstab. Im ersten Geschäftsjahr (→ § 8 Rn. 3) hat noch keine Gewinnzuschreibung (oder Verlustabschreibung) stattgefunden, sodass sich das Geschäftsguthaben in der Pflichteinzahlung erschöpft. Erst ab den folgenden Geschäftsjahren ist das Geschäftsguthaben variabel je nach Zu- oder Abschreibung von Gewinn oder Verlust **(Abs. 1 S. 2).** Beitretende Mitglieder nehmen an der Gewinnzuschreibung oder Verlustabschreibung im Geschäftsjahr ihres Beitritts noch nicht teil. Bei mehreren Geschäftsanteilen (§ 7a) wird dem gesamten Geschäftsguthaben des Mitglieds zu- oder abgeschrieben. Einen anderen Verteilungsmaßstab als den in Abs. 1 S. 2 vorgesehenen kann in der Satzung (nicht im 4

Verwendungsbeschluss) hinreichend konkret und unter Beachtung von Gleichbehandlungsgebot und Treuepflicht (→ § 18 Rn. 6 f.) bestimmt werden (**Abs. 2 S. 1 Fall 1;** zB nach Köpfen, Geschäftsanteilen, festen Geschäftsguthaben, Haftsummen, Dauer der Mitgliedschaft, Umfang des Umsatzes im Fördergeschäftsverkehr mit der eG; nicht zulässig: Bestehen der Mitgliedschaft im Verteilungszeitpunkt). Für verschiedene Prozentanteile eines festgestellten Gewinns kann ein unterschiedlicher Verteilungsmaßstab vorgesehen werden.

5 **4. Auszahlungsgrenzen.** Die Begrenzung der Gewinnzuschreibung nach **Abs. 1 S. 3** entspricht dem gesetzlichen Verständnis des Geschäftsanteils als Beteiligungshöchstbetrag (→ § 7 Rn. 2). Auf die diesen Betrag übersteigenden Gewinne hat das betreffende Mitglied einen Auszahlungsanspruch (§ 22 Abs. 4 gilt nicht). Das Mitglied kann den übersteigenden Gewinn „stehen lassen" (Auslegung, ob Stundung, Darlehen oder Ähnliches vorliegt). Im Übrigen gilt für einen dem Geschäftsguthaben zugeschriebenen Gewinn die Auszahlungssperre nach § 22 Abs. 4 S. 1. Sieht die Satzung nach Abs. 2 S. 1 Fall 2 statt einer Zuschreibung eine Auszahlung des Gewinns vor, darf diese nach **Abs. 2 S. 2** nicht stattfinden, soweit ein früherer Verlust, der vom Geschäftsguthaben abgeschrieben wurde, noch nicht wieder ausgeglichen ist. Ein entgegenstehender Beschluss ist analog § 241 Nr. 3 Fall 2 AktG nichtig, ausgezahlte Gewinne sind aufgrund der Treuepflicht bzw. analog § 62 Abs. 1 S. 1 AktG zurückzugewähren; S. 2 dieser Vorschrift ist als Ausnahmeregelung hier nicht analogiefähig. Besondere Auszahlungsschranken bestehen für Kreditgenossenschaften nach § 45 Abs. 1 Nr. 1 KWG.

III. Genossenschaftliche Rückvergütung

6 Nicht von § 19 erfasst werden (meist Waren-)Rückvergütungen des im Fördergeschäftsverkehr mit den Mitgliedern („Mitgliedergeschäft") erwirtschafteten Überschusses „zurück" an die Mitglieder nach dem Verhältnis von deren Umsatz aus ihren Geschäften mit der eG. Rückvergütungen sind als solche nicht gesetzlich geregelt und entspringen dem Förderanspruch (→ § 18 Rn. 3) der Mitglieder und dem Förderzweck nach § 1 Abs. 1 (BGH 9.10.1963, NJW 1964, 352 (355)). Das Lauterkeitsrecht **(UWG)** ist zu beachten (BGH 9.10.1963, NJW 1964, 352 (355)). Überschüsse aus dem Geschäftsbetrieb mit Nichtmitgliedern (§ 8 Abs. 1 Nr. 5) sind nicht rückvergütungsfähig. Vorbehaltlich einer anderen Satzungsregelung fällt die Festsetzung von Rückvergütungen in die Zuständigkeit des Vorstands nach § 27 Abs. 1. Einen Anspruch auf eine bestimmte Rückvergütung hat ein Mitglied entsprechend den Grundsätzen nach → § 18 Rn. 3 erst nach „Zuteilung" durch das zuständige Organ und Mitteilung des Zuteilungsbeschlusses. Die Durchführung von Rückvergütungen mindert den Jahresüberschuss der eG und muss vor Feststellung des Gewinns nach § 48 Abs. 1 S. 1 erfolgen. Rückvergütungen kann die eG unter den Voraussetzungen des **§ 22 KStG** als Betriebsausgaben abziehen. Sie ändern nachträglich die Bemessungsgrundlage für die Umsatzsteuer der im Mitgliedergeschäft getätigten Leistungen und Lieferungen, sodass eine Umsatzsteuerberichtigung nach **§ 17 UStG** notwendig wird.

Ausschluss der Gewinnverteilung

20 **[1]Die Satzung kann bestimmen, dass der Gewinn nicht verteilt, sondern der gesetzlichen Rücklage und anderen Ergebnisrücklagen zugeschrieben wird. [2]Die Satzung kann ferner bestimmen, dass der Vorstand einen Teil des Jahresüberschusses, höchstens jedoch die Hälfte, in die Ergebnisrücklagen einstellen kann.**

1 Die Vorschrift knüpft an § 19 an und eröffnet die Möglichkeit, dass die Satzung die Gewinnverteilung ganz oder teilweise ausschließt. Soweit der Ausschluss reicht, kann ein Verwendungsbeschluss nach § 48 Abs. 1 S. 1 nicht mehr ergehen. Der Ausschluss ist nur möglich, wenn die Satzung zugleich bestimmt, dass der von der Verteilung ausgeschlossene Gewinn(-teil) der gesetzlichen Rücklage (§ 7 Nr. 2) und, soweit diese aufgefüllt ist, einer anderen Ergebnisrücklage zugeschrieben wird. Mit der Satzungsbestimmung nach § 20 kann zugleich der Mindestbetrag der gesetzlichen Rücklage nach § 7 Nr. 2 festgelegt oder geändert werden. Für Satzungsänderungen gilt § 16 Abs. 1, 4–6. § 20 berührt nicht die Möglichkeit, genossenschaftliche Rückvergütungen zu gewähren (→ § 19 Rn. 6).

Verbot der Verzinsung der Geschäftsguthaben

21 (1) **Für das Geschäftsguthaben werden vorbehaltlich des § 21a Zinsen von bestimmter Höhe nicht vergütet, auch wenn das Mitglied Einzahlungen in höheren als den geschuldeten Beträgen geleistet hat.**

(2) **Auch können Mitglieder, welche mehr als die geschuldeten Einzahlungen geleistet haben, im Falle eines Verlustes andere Mitglieder nicht aus dem Grunde in Anspruch nehmen, dass von letzteren nur diese Einzahlungen geleistet sind.**

I. Verzinsungsverbot (Abs. 1)

Von Gesetzes wegen können Zinsen auf die Geschäftsguthaben nicht gewährt werden (Abs. 1), sofern 1
nicht die Satzung nach § 21a Abweichendes bestimmt. Unter Zinsen sind iwS alle Zahlungen an die Mitglieder zu verstehen, die unabhängig davon erfolgen, welches Ergebnis die eG erzielt und ob sie einen Gewinn erwirtschaftet hat. Weil die Gewinnerzielung nur der Herstellung der Förderleistungsfähigkeit dient, soll verhindert werden, dass die Gewinnerzielung faktisch zum Selbstzweck der eG wird, um Zinsen auf die Geschäftsguthaben zahlen zu können (→ § 1 Rn. 3). Erzielt die eG keinen Gewinn, müsste sie sonst Zinszahlungen aus den Geschäftsguthaben bestreiten. § 21 gilt nur für Zinsen auf Geschäftsguthaben (→ § 7 Rn. 1), also die tatsächlichen Einzahlungen auf den Geschäftsanteil zuzüglich der Gewinnzuschreibungen und abzüglich der Verlustabschreibungen nach § 19, nicht jedoch für die Verzinsung von (partiarischen) Darlehen oder stillen Beteiligungen der Mitglieder (→ § 1 Rn. 36). Verstoßen Satzungsbestimmungen oder Beschlüsse der Organe gegen § 21, sind sie nach § 134 BGB nichtig.

II. Rückgriffsausschluss (Abs. 2)

Die zwingende Regelung knüpft an den Umstand an, dass ein Mitglied, das höhere Einzahlungen auf 2
den Geschäftsanteil erbracht hat als andere Mitglieder, nach dem gesetzlich vorgesehenen Abschreibungsmaßstab nach § 19 Abs. 1 S. 2 in größerem Umfang zur Deckung eines Verlusts herangezogen wird als die anderen Mitglieder. Sie dürfen sich deswegen nicht (auf welcher rechtlichen Grundlage auch immer) an die anderen Mitglieder halten. Indirekt kann hieraus geschlossen werden, dass auch die Mitglieder, welche nur die Pflichteinzahlungen geleistet haben, auch im Verhältnis zur eG nur mit ihren Geschäftsguthaben zur Verlustdeckung herangezogen werden können. Negative Geschäftsguthaben sind daher nicht möglich.

Ausnahmen vom Verbot der Verzinsung

21a (1) [1]**Die Satzung kann bestimmen, dass die Geschäftsguthaben verzinst werden.** [2]**Bestimmt die Satzung keinen festen Zinssatz, muss sie einen Mindestzinssatz festsetzen.** [3]**Die Zinsen berechnen sich nach dem Stand der Geschäftsguthaben am Schluss des vorhergegangenen Geschäftsjahres.** [4]**Sie sind spätestens sechs Monate nach Schluss des Geschäftsjahres auszuzahlen, für das sie gewährt werden.**

(2) **Ist in der Bilanz der Genossenschaft für ein Geschäftsjahr ein Jahresfehlbetrag oder ein Verlustvortrag ausgewiesen, der ganz oder teilweise durch die Ergebnisrücklagen, einen Jahresüberschuss und einen Gewinnvortrag nicht gedeckt ist, so dürfen in Höhe des nicht gedeckten Betrags Zinsen für dieses Geschäftsjahr nicht gezahlt werden.**

I. Zulassung der Verzinsung durch die Satzung (Abs. 1)

Abs. 1 öffnet das Verzinsungsverbot des § 21 einer abweichenden statutarischen Regelung und soll 1
der besseren Kapitalausstattung dienen (BT-Drs. 7/97, 21). Abs. 1 S. 1 birgt aber die Gefahr, dass die eG Gewinne nicht mehr nur für ihren Förderzweck erwirtschaften muss, sondern damit sie die Zinsen auf die Geschäftsguthaben zahlen kann (→ § 21 Rn. 1). Die Verzinsung der Geschäftsguthaben kann nachträglich durch Satzungsänderung (§ 16 Abs. 1, 4–6) eingeführt werden. Der Zinssatz muss nicht fixiert sein, muss sich aber aus einer in der Satzung vorgesehenen Berechnungsformel exakt errechnen lassen, sofern ein Mindestzinssatz angegeben wird. Die Berechnung im konkreten Fall obliegt dem Vorstand. Bei der Ausgestaltung der Verzinsung ist neben den Vorschriften zur Bemessungsgrundlage und Fälligkeit (Abs. 1 S. 3, 4) der Gleichbehandlungsgrundsatz (zB → § 18 Rn. 6) zu beachten.

II. Auszahlungsgrenze für Zinsen (Abs. 2)

Es dürfen im Verlustfall für die Zinszahlung weder die gesetzliche Rücklage noch die Geschäfts- 2
guthaben herangezogen werden. Lediglich die anderen Ergebnisrücklagen (zB § 73 Abs. 3 S. 1) dürfen neben einem Gewinnvortrag angetastet werden, um die Zinsen zu zahlen. Abs. 2 ist als Norm des Gläubigerschutzes zwingend (§ 18 S. 2). Bei Verstößen gilt → § 19 Rn. 5 entsprechend.

Mitgliederdarlehen

21b (1) **Zum Zweck der Finanzierung oder Modernisierung von zu ihrem Anlagevermögen gehörenden Gegenständen kann eine Genossenschaft, auch wenn sie über keine Erlaubnis zum Betreiben des Einlagengeschäfts nach dem Kreditwesengesetz verfügt, Darlehen ihrer Mitglieder entgegennehmen, wenn**

1. im Darlehensvertrag vereinbart ist, dass das Darlehen zweckgebunden nur zugunsten eines konkreten Investitionsvorhabens der Genossenschaft in ihr Anlagevermögen verwendet werden darf,
2. die Darlehenssumme beim jeweiligen Mitglied, sofern es kein Unternehmer ist, 25 000 Euro nicht übersteigt,
3. der Gesamtbetrag sämtlicher von Genossenschaftsmitgliedern zu dem in Nummer 1 genannten Zweck gewährten Darlehen 2,5 Millionen Euro nicht übersteigt und
4. der vereinbarte jährliche Sollzinssatz den höheren der folgenden beiden Werte nicht übersteigt:
a) 1,5 Prozent,
b) die marktübliche Emissionsrendite für Anlagen am Kapitalmarkt in Hypothekenpfandbriefen mit gleicher Laufzeit.

(2) **Der Vorstand der Genossenschaft hat dafür zu sorgen, dass den Mitgliedern der Genossenschaft vor Vertragsschluss die wesentlichen Informationen über das Investitionsvorhaben sowie mögliche Risiken aus der Darlehensgewährung zur Verfügung gestellt werden.**

(3) [1] **Der Vorstand hat während der gesamten Laufzeit des Darlehens die Einhaltung der Zweckbindung sicherzustellen.** [2] **Eine Änderung der Zweckbindung zugunsten eines anderen zulässigen Investitionsvorhabens der Genossenschaft ist nur gestattet, wenn das jeweilige Mitglied der Änderung schriftlich zustimmt, nachdem es die wesentlichen Informationen über das andere Investitionsvorhaben erhalten hat.**

(4) [1] **Das Mitglied ist an seine Willenserklärung, die auf den Abschluss des Darlehensvertrags gerichtet ist, nicht mehr gebunden, wenn es sie fristgerecht in Textform gegenüber der Genossenschaft widerrufen hat.** [2] **Der Widerruf muss keine Begründung enthalten.** [3] **Die Widerrufsfrist beträgt 14 Tage.** [4] **Sie beginnt mit Vertragsschluss, wenn der Vertrag einen deutlichen Hinweis auf das Widerrufsrecht enthält, sonst zu dem Zeitpunkt, zu dem das Mitglied einen solchen Hinweis in Textform erhält.** [5] **Ist der Beginn der Widerrufsfrist streitig, so trifft die Beweislast die Genossenschaft.** [6] **Das Widerrufsrecht erlischt spätestens zwölf Monate nach dem Vertragsschluss.** [7] **Zur Fristwahrung genügt die rechtzeitige Absendung des Widerrufs.** [8] **Im Fall des Widerrufs ist der empfangene Darlehensbetrag unverzüglich zurückzugewähren.** [9] **Für den Zeitraum zwischen der Auszahlung des Darlehensbetrages des Mitglieds an die Genossenschaft und der Rückzahlung an das Mitglied hat die Genossenschaft den vereinbarten Sollzinssatz zu zahlen.**

Übersicht

I. Allgemeines

1 Mit der durch die Novelle vom 22.7.2017 (BGBl. 2017 I 2434) eingeführten Vorschrift wird die **Selbstfinanzierung** durch Mitgliederdarlehen auch den Genossenschaften ermöglicht, die nicht (zB als Kreditgenossenschaft) über eine Banklizenz für Einlagengeschäfte verfügen. Damit reagiert der Gesetzgeber auf die langjährige Verwaltungspraxis der BaFin (und des BaKred), die Entgegennahme solcher Darlehen bei Überschreiten einer Nichtbeanstandungsgrenze als erlaubnispflichtiges Einlagengeschäft nach § 1 Abs. 1 S. 2 Nr. 1 KWG zu qualifizieren (BaFin-Merkblatt Einlagengeschäft, März 2014, I.5c, V.). Der BGH hatte die gleiche Auffassung erst jüngst in seiner Winzergelder-Entscheidung vertreten, in der es um die Einzahlung von Traubenentgeltbeträgen von Mitgliedern eines e. V. an eine externe KG ging (BGH 19.3.2013, NZG 2013, 582 (583 ff.)). Rechtsunsicherheit bestand früher vor allem darüber, inwiefern die Annahme von Mitgliederdarlehen zu einmaligen konkreten Zwecken ausnahmsweise nicht unter die Erlaubnispflicht fiel (vgl. BT-Drs. 18/11506, 24). Mit Abs. 1 will der Gesetzgeber dieser Rechtsunsicherheit begegnen und stellt Voraussetzungen für eine **sondergesetzliche Bereichsausnahme von der Erlaubnispflicht nach § 32 Abs. 1 S. 1 KWG** auf. Flankiert wird dies durch Regelungen einer vorvertraglichen Informationspflicht (Abs. 2), einer Vorstandspflicht zur Einhaltung der Zweckbindung (Abs. 3) und eines Widerrufsrechts (Abs. 4). Auch wenn das VermAnlG nicht anwendbar ist (→ Rn. 5), wird der Schutz der kreditgebenden Mitglieder im Hinblick auf die Konformität mit Art. 9 Abs. 2 der Eigenkapitalanforderungs-Richtlinie 2013/36/EU (CRD IV) (ABl. 2013 L 176, 338) zT in ähnlicher Weise ausgestaltet, als wäre das VermAnlG anwendbar (→ Rn. 5, 9, 11).

II. Ausnahme von der Erlaubnispflichtigkeit für Einlagengeschäfte (Abs. 1)

Die Ausnahme von der Erlaubnispflicht nach § 32 Abs. 1 S. 1 KWG ist auf **Darlehen von Mitgliedern** begrenzt, die **unmittelbar an der eG beteiligt** sind; nicht etwa genügen die Beteiligung an einem Mitglied der eG oder die Beteiligung an einer Tochtergesellschaft der eG (*ABL/Althanns* Genossenschafts-HdB Rn. 6). Hauptvoraussetzung ist die besondere **Zweckbindung der Darlehen,** die nur der Finanzierung oder Modernisierung von Gegenständen des Anlagevermögens der eG, zB von Sach- oder Finanzanlagen oder immateriellen Vermögensgegenständen dienen dürfen. Diese Zweckbindung muss **hinreichend konkret** in dem jeweiligen Darlehensvertrag verankert sein (Abs. 1 Nr. 1). Ihre Einhaltung wird damit zu einer **vertraglichen Pflicht der eG** dem jeweiligen Mitglied gegenüber. Wenngleich für den Darlehensvertrag eine Form nicht vorgeschrieben ist, empfiehlt sich die Schrift- oder zumindest Textform zu Beweiszwecken, vor allem im Hinblick auf Abs. 3 S. 2 und Abs. 4 S. 4–6. 2

Hält sich die eG nicht an die Zweckbindung, ist der Darlehensvertrag nicht nach § 134 BGB nichtig (vgl. zB BGH NJW 1980, 1394, III.4.), das jeweilige Mitglied hat aber ein **außerordentliches Kündigungsrecht nach § 490 Abs. 3 BGB, § 314 Abs. 1, 2 BGB** (vgl. zB MüKoBGB/*Berger* BGB § 488 Rn. 9, MüKoBGB/*Berger* BGB § 490 Rn. 51; Staudinger/*Freitag,* 2015, BGB § 488 Rn. 220). Für einen darüber hinausgehenden Schadensersatzanspruch nach § 280 Abs. 1 BGB, § 314 Abs. 4 BGB oder § 823 Abs. 2 BGB iVm § 32 Abs. 1 S. 1 KWG wird es idR an einem Schaden des jeweiligen Mitglieds fehlen. Der Verstoß kann ferner zu einer Strafbarkeit nach § 54 Abs. 1 Nr. 2 KWG führen. Die Darlehensforderung des Mitglieds ist nach § 399 Alt. 1 BGB, § 1274 Abs. 2 BGB wegen der Zweckbindung **unabtretbar und unverpfändbar** (vgl. zB Staudinger/*Freitag,* 2015, BGB § 488 Rn. 257). 3

Für Mitglieder, die keine Unternehmer iSv § 14 Abs. 1 BGB sind, also vor allem für Verbraucher iSv § 13 BGB, gilt zu ihrem Schutz eine quantitative Höchstgrenze des Darlehensbetrages nach **Abs. 1 Nr. 2.** Der Höchstbetrag kann durch mehrere Investitionsvorhaben ausgeschöpft werden („Darlehenssumme"). Eine Begrenzung der Zahl der Einzeldarlehen findet sich abweichend von der bisherigen Bankaufsichtspraxis nicht. Die weiteren quantitativen Grenzen nach **Abs. 1 Nr. 3 und 4** (maximaler Gesamtdarlehensbetrag aller Mitglieder für den festgelegten konkreten Zweck, maximaler Sollzinssatz) sind den Befreiungen insbesondere der § 2b Abs. 1 S. 1 Nr. 2, 3 VermAnlG und § 2c Abs. 1 S. 1 Nr. 2, 3 VermAnlG nachempfunden. Die Anlehnung an die dort geregelten sozialen, gemeinnützigen oder religionsgemeinschaftlichen Projekte wird den Bedürfnissen größerer Genossenschaften nicht gerecht. Die Einhaltung sämtlicher Voraussetzungen nach Abs. 1 unterliegt der **Prüfung durch den Prüfungsverband** nach § 53 Abs. 1 (→ Rn. 9). 4

Die Bereichsausnahme nach Abs. 1 erfasst vom Wortlaut nur die Frage der Erlaubnispflicht nach § 32 Abs. 1 S. 1 KWG für Einlagengeschäfte. Von einer Anwendbarkeit des **VermAnlG** geht der Gesetzgeber zu Recht deshalb nicht aus, weil er mit § 21b lediglich den Bereich der unter § 1 Abs. 1 S. 2 Nr. 1 KWG fallenden Einlagengeschäfte regeln wollte und diese vom Anwendungsbereich des VermAnlG ausgenommen sind. Sogar wenn nach den Einzelumständen einmal ein öffentliches Angebot der Mitgliederdarlehen (etwa gepaart mit dem öffentlichen Angebot, Mitglied zu werden) bejaht werden könnte, erfüllt § 21b die Anforderungen an eine anlegerschützende Vorschrift, um wie §§ 2a–2d VermAnlG eine Ausnahme von den Hauptregelungen des VermAnlG zu rechtfertigen und die Konformität mit Art. 9 Abs. 2 Eigenkapitalanforderungs-RL (CRD IV) (ABl. 2013 L 176, 338) herzustellen (vgl. auch BT-Drs. 18/11506, 24 f.). Vordergründig ist § 21b nicht hinreichend auf das **KAGB** abgestimmt. Jedoch wird man argumentieren können, dass mit dem Einsammeln von Mitgliederdarlehen nicht eine für Investmentvermögen kennzeichnende Anlagestrategie verfolgt wird, sondern das Einsammeln dem konkreten Investitionsvorhaben und der Förderung aller Mitglieder dient und damit der spezifisch genossenschaftlichen – von einer Anlagestrategie strikt zu unterscheidenden – **Förderzweckstrategie** (→ § 1 Rn. 18a). 5

III. Vorvertragliche Informationspflicht (Abs. 2)

Mit der Formulierung von Abs. 2 als **Geschäftsführungspflicht** hat der Gesetzgeber die Einhaltung dieser Pflicht zwingend dem Vorstand zugeordnet und damit der Prüfung durch den Prüfungsverband nach § 53 Abs. 1 unterworfen (vgl. BT-Drs. 18/11506, 24). Im Außenverhältnis bleibt die vorvertragliche Aufklärungspflicht über das Investitionsvorhaben und seine etwaigen Risiken allein eine **Pflicht der eG,** da sie Vertragspartnerin der Mitgliederdarlehensgeber wird. Abs. 2 konkretisiert damit § 311 Abs. 2 BGB, § 241 Abs. 2 BGB. Nur die eG und nicht etwa automatisch auch die Vorstandsmitglieder haften daher den Mitgliedern bei fehlerhafter oder unvollständiger Information aus **culpa in contrahendo.** Vorstandsmitglieder haften lediglich ausnahmsweise nach § 311 Abs. 3 S. 2 BGB, etwa wenn sie ein besonderes Vertrauen für sich in Anspruch nehmen. 6

Inhaltlich müssen den Mitgliedern die Informationen gegeben werden, welche den Mitgliedern eine **zutreffende Beurteilung des zu finanzierenden Investitionsvorhabens und der Finanzierungs-** 7

konditionen ermöglichen. Zu den **wesentlichen Informationen über das zu finanzierende Vorhaben** gehören die Ziele und die Förderstrategie, die mit dem Vorhaben verfolgt werden, der Nutzen für die eG, die Darlehenskonditionen, die Höhe des zu finanzierenden Investitionsvolumens und eine genaue Beschreibung der anzuschaffenden oder zu modernisierenden Vermögensgegenstände und ggf. der Modernisierungsmaßnahmen. Zu den mitteilungsbedürftigen **Risiken** gehören solche des Investitionsvorhabens und solche, die aus der Darlehensgewährung selbst resultieren können, bis hin zu einem Ausfallrisiko. Bezeichnungen oder Hinweise, die das Vorhaben als „Investment" oder „Anlage" erscheinen lassen, müssen vermieden werden. Auch Hinweise, die gegebenen Informationen oder das Vorhaben seien von dem Prüfungsverband auf inhaltliche Richtigkeit geprüft worden, sind zu unterlassen (vgl. § 7 Abs. 2 S. 1 VermAnlG). Die Informationspflicht kann nicht mit den Anforderungen an ein Vermögensinformationsblatt nach § 13 VermAnlG oder an eine wesentliche Anlegerinformation nach § 166 Abs. 2 KAGB, geschweige denn mit den Anforderungen an einen Verkaufsprospekt nach § 7 VermAnlG oder nach § 165 KAGB verglichen werden.

8 Auch wenn eine **Form** für die zu gebenden Informationen in Abs. 2 nicht vorgeschrieben ist, empfiehlt sich zu Beweiszwecken und zum Zweck der gleichförmigen Information aller Mitglieder zumindest eine Veröffentlichung auf der Homepage der eG (vgl. § 9 Abs. 2 VermAnlG) oder eine Mitteilung in Text- oder Schriftform.

IV. Einhaltung und Änderung der Zweckbindung nach Abs. 3

9 Die Einhaltung der Zweckbindung obliegt der eG auf vertraglicher Grundlage gegenüber jedem einzelnen kreditgebenden Mitglied (→ Rn. 2). Weil es bei Verletzung dieser Pflicht für einen Anspruch des Mitglieds aus § 280 Abs. 1 BGB idR an einem Schaden fehlen wird, ordnet **Abs. 3 S. 1** diese Pflicht darüber hinaus in kompetenzieller Hinsicht zwingend dem Vorstand zu und unterwirft die Einhaltung damit wie in Abs. 2 der **Prüfung durch den Prüfungsverband** nach § 53 Abs. 1 (BT-Drs. 18/11506, 24). Im Hinblick auf die Konformität mit Art. 9 Abs. 2 Eigenkapitalanforderungs-RL (CRD IV) (ABl. 2013 L 176, 338) hat diese Prüfung einen **doppelten Zweck:** sie bezweckt nicht nur die Ordnungsmäßigkeit der Geschäftsführung der eG, sondern auch den **Schutz der kreditgebenden Mitglieder.** Von diesem telos der Norm ausgehend muss der Prüfungsverband auch die dem Mitgliederschutz dienenden Voraussetzungen des Abs. 1 prüfen.

10 Eine Änderung der Zweckbindung **(Abs. 3 S. 2)** bedeutet eine Änderung aller Darlehensverträge und erfordert eine Willenserklärung jedes Mitglieds, das einen Darlehensvertrag geschlossen hat. Für diese Änderungserklärung ist die **Schriftform** angeordnet, während für den Vertragsschluss selbst keine Form vorgeschrieben ist (→ Rn. 2). Die neue Zweckbindung muss den Erfordernissen des Abs. 1 genügen und wird **durch den Prüfungsverband geprüft** (→ Rn. 4, 9). Wenn die wesentlichen Informationen über das neue Investitionsvorhaben den Mitgliedern nicht vor der Änderung zur Verfügung gestellt werden, hat dies entgegen dem missverständlichen Wortlaut nicht die Unwirksamkeit der Vertragsänderung zur Folge, sondern lediglich etwaige Schadensersatzansprüche der betroffenen Mitglieder und Maßnahmen des Prüfungsverbandes im Rahmen seiner Prüfung nach § 53 Abs. 1.

V. Widerrufsrecht (Abs. 4)

11 Jedem kreditgebenden Mitglied, auch Unternehmern iSv § 14 BGB, steht ein Widerrufsrecht zu, um einen **Übereilungsschutz** zu gewährleisten und so die Konformität mit Art. 9 Abs. 2 Eigenkapitalanforderungs-RL (CRD IV) (ABl. 2013 L 176, 338) herzustellen („Schutz von Einlegern"). Die Formulierungen in Abs. 4 sind praktisch wörtlich an § 2d VermAnlG angelehnt. Der **nicht disponible** Charakter von Abs. 4 ergibt sich nicht bereits aus § 18 S. 2, weil diese Vorschrift nur für die Satzung gilt. Dass aber im jeweiligen Darlehensvertrag nicht von Abs. 4 abgewichen werden darf, kann dem telos der Norm und einem Seitenblick auf § 2d Abs. 5 VermAnlG entnommen werden.

Herabsetzung des Geschäftsanteils; Verbot der Auszahlung des Geschäftsguthabens

22 **(1) Werden der Geschäftsanteil oder die auf ihn zu leistenden Einzahlungen herabgesetzt oder die für die Einzahlungen festgesetzten Fristen verlängert, so ist der wesentliche Inhalt des Beschlusses der Generalversammlung durch das Gericht bei der Bekanntmachung der Eintragung in das Genossenschaftsregister anzugeben.**

(2) [1]Den Gläubigern der Genossenschaft ist, wenn sie sich binnen sechs Monaten nach der Bekanntmachung bei der Genossenschaft zu diesem Zweck melden, Sicherheit zu leisten, soweit sie nicht Befriedigung verlangen können. [2]In der Bekanntmachung ist darauf hinzuweisen. [3]Das Recht, Sicherheitsleistung zu verlangen, steht Gläubigern nicht zu, die im Fall der Insolvenz ein Recht auf vorzugsweise Befriedigung aus einer Deckungsmasse haben, die nach gesetzlicher Vorschrift zu ihrem Schutz errichtet und staatlich überwacht ist.

(3) **Mitglieder, die zur Zeit der Eintragung des Beschlusses der Genossenschaft angehörten, können sich auf die Änderung erst berufen, wenn die Bekanntmachung erfolgt ist und die Gläubiger, die sich rechtzeitig gemeldet haben, wegen der erhobenen Ansprüche befriedigt oder sichergestellt sind.**

(4) [1]**Das Geschäftsguthaben eines Mitglieds darf, solange es nicht ausgeschieden ist, von der Genossenschaft nicht ausgezahlt oder im geschäftlichen Betrieb zum Pfand genommen, eine geschuldete Einzahlung darf nicht erlassen werden.** [2]**Die Genossenschaft darf den Mitgliedern keinen Kredit zum Zweck der Leistung von Einzahlungen auf den Geschäftsanteil gewähren.**

(5) **Gegen eine geschuldete Einzahlung kann das Mitglied nicht aufrechnen.**

(6) [1]**Der Anspruch der Genossenschaft auf Leistung von Einzahlungen auf den Geschäftsanteil verjährt in zehn Jahren von seiner Entstehung an.** [2]**Wird das Insolvenzverfahren über das Vermögen der Genossenschaft eröffnet, so tritt die Verjährung nicht vor Ablauf von sechs Monaten ab dem Zeitpunkt der Eröffnung ein.**

Übersicht

I. Allgemeines

1 Die Vorschrift vereinigt unterschiedliche Regelungsinhalte, die im Wesentlichen dazu dienen, der eG ihr Kapital für die Förderleistungsfähigkeit zu erhalten, aber hinsichtlich der Höhe von Geschäftsanteil und Pflichteinzahlungen auf die **Interessen der Mitglieder** Rücksicht zu nehmen und bei einer Kapitalherabsetzung die **Interessen der Gläubiger** zu schützen. Abs. 1–3, 5, 6 betreffen die Höchstgrenze und die Modalitäten für zukünftige Bildung von Eigenkapital durch Pflichteinzahlungen. Abs. 4 betrifft die Erhaltung des bereits gebildeten Eigenkapitals.

II. Herabsetzung des Geschäftsanteils oder der Pflichteinzahlungen (Abs. 1)

2 Sind in der Satzung die Pflichteinzahlungen (→ § 7 Rn. 3) in einem Bruchteil oder Prozentsatz des Geschäftsanteils (→ § 7 Rn. 2) angegeben, bedeutet die Herabsetzung des Geschäftsanteils zugleich eine solche der Pflichteinzahlungen. Die Höhe der letzteren kann auch selbstständig herabgesetzt werden. Sinkt der Geschäftsanteil unter den Betrag eines Geschäftsguthabens, hat das betreffende Mitglied einen Anspruch auf Rückzahlung des überschüssigen Geschäftsguthabens (vgl. RG 31.3.1933, RGZ 140, 197 (203)). Eine besondere Form der Herabsetzung ist die Zusammenlegung von Geschäftsanteilen, die sich in der Hand eines Mitglieds befinden (näher Beuthien/*Beuthien* Rn. 12). Eine Zerlegung von Geschäftsanteilen gilt hingegen nicht als Herabsetzung (§ 22b Abs. 1 S. 2). Die Fristen für die Einzahlungen sind für einen Mindestbetrag in der Satzung (§ 7 Nr. 2 Hs. 2), sonst durch Beschluss der Generalversammlung festgelegt (§ 50).

3 Soweit eine **Satzungsänderung** (wegen § 7 Nr. 2) notwendig ist, bedarf es für die Herabsetzung der Voraussetzungen nach § 16 Abs. 1, 4–6. Über den sonst nach § 16 Abs. 5 S. 2 iVm § 12 Abs. 2 **bekannt zu machenden Inhalt** hinaus muss nach Abs. 1 der wesentliche Inhalt des Herabsetzungsbeschlusses gem. § 12 Abs. 1, § 156 veröffentlicht und in der Veröffentlichung auf das Recht zur Sicherheitsleistung nach Abs. 2 S. 1 hingewiesen werden (Abs. 2 S. 2). Wesentlich ist, was für die Gläubiger im Hinblick auf Abs. 2 bedeutsam ist. Für die Verlängerung von Fristen, die nach § 50 festgesetzt sind, ist ein einfacher Beschluss der Generalversammlung notwendig, ohne dass es der weiteren Voraussetzung nach Abs. 1 bedarf, die nur Sinn macht, wenn eine Eintragung in das Genossenschaftsregister erfolgt.

III. Anspruch der Gläubiger auf Sicherheitsleistung (Abs. 2)

4 Anspruchsberechtigt sind die Gläubiger, die im Zeitpunkt der Eintragung des satzungsändernden Beschlusses (vgl. § 16 Abs. 6) gegen die eG eine Forderung haben, die noch nicht fällig war, aber deren Rechtsgrund bereits gelegt war (uU auch Mitglieder mit ihren Forderungen aus Drittgeschäften mit der eG). Nach hM genügt zB eine bedingte oder befristete Forderung (zB PFB/*Pöhlmann* Rn. 3). Der Anspruch besteht nur während der Ausschlussfrist von sechs Monaten nach der Bekanntmachung gem. Abs. 1 und nur, soweit der betreffende Gläubiger keine Befriedigung erlangen kann. Für die Sicherheitsleistung gelten §§ 232 ff. BGB.

IV. Wirkung der Satzungsänderung zwischen eG und Mitgliedern (Abs. 3)

5 Der satzungsändernde Beschluss insbesondere zur Herabsetzung der Pflichteinzahlungen ist im Verhältnis zwischen eG und ihren Mitgliedern relativ unwirksam, solange die Bekanntmachung nach Abs. 1 noch nicht erfolgt ist und solange die Gläubiger, die sich in der Sechs-Monatsfrist nach Abs. 2 berechtigterweise gemeldet haben, befriedigt wurden oder Sicherheitsleistung erhalten haben. Die relative Wirksamkeit kann mithin erst nach über sechs Monaten eintreten. Folglich muss der Vorstand bis zur relativen Wirksamkeit insbesondere die Pflichteinzahlungen in bisheriger Höhe geltend machen und eine etwaige Zurückzahlung von Geschäftsguthaben unterlassen (vgl. RG 31.3.1933, RGZ 140, 197 (202)).

V. Analoge Anwendung der Abs. 1–3 auf die Herabsetzung oder Abschaffung eines Mindestkapitals

6 Sieht die eG nach § 8a eine Mindestkapitalziffer vor und soll sie herabgesetzt oder wieder abgeschafft werden (hierfür gilt § 16 Abs. 1, 4–6), so hat dies Auswirkungen auf die Kapitalerhaltung bei der eG. Dies tangiert den Gläubigerschutz noch stärker als die Herabsetzung der Beteiligungshöchstgrenze und des Mindesteinlagezahlung zur Kapitalaufbringung. Deshalb sind die Abs. 1–3 auf die Herabsetzung des Mindesteinlagekapitals analog anzuwenden. Dies gilt gem. § 22a Abs. 1, § 120 auch für die Beschränkung oder Aufhebung der Nachschussverpflichtung und für die Herabsetzung der Haftsumme (§ 6 Nr. 3), weil die beschränkte oder unbeschränkte Nachschusspflicht ebenfalls zum erweiterten Haftungsfonds für die Gläubiger gehört (→ § 2 Rn. 3 f., → § 8a Rn. 1).

VI. Kapitalerhaltungs- und -aufbringungsvorschriften

7 **1. Verbot der Auszahlung des Geschäftsguthabens.** Zur Kapitalverfassung der eG allgemein → § 8a Rn. 1. Neben § 8a Abs. 2 ist **Abs. 4 S. 1 Fall 1** die zentrale Vorschrift zum Schutz der Geschäftsguthaben als Teil des Eigenkapitals der eG (zu weiteren Vorschriften → § 8a Rn. 1). Das **Auszahlungsverbot** betrifft alle Elemente des Geschäftsguthabens – neben den Pflichteinzahlungen auch die freiwilligen Einzahlungen und die Gewinnzuschreibungen, geht hierüber jedoch nicht hinaus. Anders als § 8a Abs. 2 (oder auch § 57 Abs. 1 AktG) werden nicht alle Eigenkapitalpositionen erfasst. Für die gesetzliche Rücklage ergibt sich freilich ein Auszahlungsverbot indirekt aus § 7 Nr. 2, da dort der einzige Zweck einer Verlustdeckung zwingend vorgeschrieben ist (vgl. ferner § 73 Abs. 2 S. 3). Von § 8a Abs. 2 unterscheidet sich Abs. 4 S. 1 Fall 1 ferner dadurch, dass das Auszahlungsverbot nicht an eine feste Mindestkapitalziffer geknüpft ist, sondern die Geschäftsguthabenhöhe stets variabel ist. Abs. 4 S. 1 Fall 1 berührt zwar nicht die Leistungen der eG an ihre Mitglieder iRv Fördergeschäften oder Drittgeschäften. Werden allerdings diese Leistungen nicht angemessen entgolten, wobei ein Drittvergleich maßgebend ist, so liegt eine **verdeckte Geschäftsguthabenauszahlung** vor, die unter Abs. 4 S. 1 Fall 1 fällt (vgl. BGH 10.3.1997, NJW-RR 1997, 984 (985)). Für die Frage, ob eine solche vorliegt, können die Grundsätze für die verdeckte Auszahlung von Eigenkapital einer GmbH entsprechend herangezogen werden. Bei einem **Verstoß gegen Abs. 4 S. 1 Fall 1** sind die betreffenden Mitglieder zur Rückgewähr verpflichtet (BGH 10.3.1997, NJW-RR 1997, 984 (985)), und zwar aufgrund der Treuepflicht bzw. analog § 62 Abs. 1 S. 1 AktG, § 31 Abs. 1 GmbHG. Der Rückgewähranspruch verjährt in zehn Jahren (analog § 62 Abs. 3 AktG, § 31 Abs. 5 S. 1 GmbHG). Ein gegen das Auszahlungsverbot verstoßender Beschluss der Generalversammlung ist analog § 241 Nr. 3 Fall 2 AktG nichtig. Vorstands- und Aufsichtsratsmitglieder haften der eG auf Schadensersatz nach § 34 Abs. 3 Nr. 1, § 41.

8 **2. Verbot der Verpfändung von Geschäftsguthaben.** Der Wortlaut von **Abs. 4 S. 1 Fall 2** verbietet nur die Verpfändung durch die eG, weil die Befriedigung aus dem Pfandrecht zu Schmälerung der Eigenkapitalbasis der eG führt. Nach dem Normzweck ist der Verpfändung eine Sicherungsabtretung gleichzustellen. Eine Verpfändung durch einen Dritten ist gem. § 1274 Abs. 1 S. 1 BGB iVm § 76 nur möglich, wenn der Dritte Mitglied ist oder wird (str., zT wird weitergehend eine Verpfändbarkeit, Pfändbarkeit und Abtretbarkeit des Geschäftsguthabens wegen seiner Bedeutung für die Mitgliedschaft

(→ § 18 Rn. 2) ganz ausgeschlossen, vgl. Beuthien/*Beuthien* Rn. 22). Denn dann bleibt das Geschäftsguthaben der eG erhalten. Demgegenüber kann der Anspruch auf das Auseinandersetzungsguthaben nach § 73 Abs. 2 S. 2 abgetreten, verpfändet oder gepfändet werden (str., → § 73 Rn. 6).

3. Erlassverbot. Abs. 4 S. 1 Fall 3 ist ein gesetzliches Verbot iSv § 134 BGB und verbietet, dass die eG einem Mitglied eine geschuldete Einlagenzahlung (§ 7 Nr. 1) erlässt, und dient vor allem dem Schutz der Kapitalaufbringung. Nach dem Gesetzeszweck sind ebenfalls verboten die Annahme einer anderen als der bar geschuldeten Einzahlung „an Erfüllungs statt" (§ 364 Abs. 1 BGB) und die Vereinbarung einer Bedingung für die Einzahlungspflicht (vgl. § 66 Abs. 1 S. 1 AktG, § 19 Abs. 2 S. 1 GmbHG). Dagegen ist eine Stundung der Einzahlungspflicht iRd Satzungsbestimmungen (§ 7 Nr. 1 Hs. 1 aE) möglich, sofern sie nicht in ihrer Wirkung einem Erlass gleichkommt (zB jedenfalls die Stundung bis zu einer Zeitbeschränkung der eG nach § 8 Abs. 1 Nr. 1). 9

4. Verbot der Kreditgewährung zur Leistung von Einzahlungen (Abs. 4 S. 2). Würde die eG einem Mitglied ein Darlehen gewähren dürfen, damit es mit der Darlehenssumme die Pflichteinzahlungen (§ 7 Nr. 1) ganz oder teilweise bestreitet, würde die Pflichteinzahlung entgegen § 7 Nr. 1 im Ergebnis nicht zur Mehrung des Eigenkapitals der eG führen. Die Pflichteinzahlung darf nicht aus Mitteln der eG geleistet werden. Abs. 4 S. 2 verbietet damit eine Form des Hin- und Herzahlens. Nach dem Gesetzeszweck sind auch andere Formen verboten. Abs. 4 S. 2 verbietet auch die Finanzierung freiwilliger Einzahlungen durch die eG, da diese ebenfalls das Geschäftsguthaben und damit das Eigenkapital der eG erhöhen. Erfasst sind auch Kredite an Beitrittsinteressenten, sofern diese Mitglieder werden. Die gegen Abs. 4 S. 2 verstoßende Darlehensgewährung ist gem. §§ 134, 139 BGB insoweit nichtig, als sie der Finanzierung der Einlageeinzahlung dient (BGH 2.12.1982, NJW 1983, 1420 f.: nicht jedoch der gesamte Darlehensvertrag). **Nicht** gegen Abs. 4 S. 2 verstößt eine **Ratenzahlungsvereinbarung,** allerdings wegen § 7 Nr. 1 nur, wenn die Satzung dies erlaubt (BGH 16.3.2009, NZG 2009, 784 (785)). 10

5. Verbot der Aufrechnung durch das Mitglied (Abs. 5). Ebenfalls der Kapitalaufbringung dient das Aufrechnungsverbot des Abs. 5, das im Wesentlichen den § 66 Abs. 1 S. 2 AktG, § 19 Abs. 2 S. 2 GmbHG entspricht (→ AktG § 66 Rn. 4 ff. und → GmbHG § 19 Rn. 20 ff.). Auch ein Zurückbehaltungsrecht darf nach dem Gesetzeszweck des Abs. 5 nicht geltend gemacht werden. Die Aufrechnung durch die eG ist zulässig, sofern die Forderung des Mitglieds vollwertig, fällig, liquide und unbestritten ist. 11

VII. Verjährung des Anspruchs auf Pflichteinzahlungen (Abs. 6)

Die zehnjährige Verjährungsfrist für den Anspruch auf die Pflichteinzahlungen (§ 7 Nr. 1) wurde wie § 54 Abs. 4 S. 1 AktG, § 19 Abs. 5 S. 1 GmbHG erst 2004 eingeführt (BGBl. 2004 I 3214) eingeführt, um seiner Bedeutung für die Kapitalaufbringung Rechnung zu tragen. Die im Zuge der Schuldrechtsmodernisierung (BGBl. 2002 I 42 ff.) auf drei Jahre verkürzte regelmäßige Verjährungsfrist nach § 195 BGB, die auch zunächst für den Einzahlungsanspruch der eG galt, war dem Gesetzgeber als zu kurz erschienen. Der Verjährungsbeginn knüpft objektiv an die Entstehung des Anspruchs an. Abs. 6 S. 2 regelt zum Schutz der eG und der Gläubiger eine Ablaufhemmung (vgl. §§ 210 f. BGB) für den Fall der Eröffnung des Insolvenzverfahrens (wie § 54 Abs. 4 S. 2 GmbHG, § 19 Abs. 5 S. 2 GmbHG; → AktG § 54 Rn. 1 ff. und → GmbHG § 19 Rn. 1 ff.). 12

Nachschusspflicht

22a (1) **Wird die Verpflichtung der Mitglieder, Nachschüsse zur Insolvenzmasse zu leisten, auf eine Haftsumme beschränkt oder aufgehoben, so gilt § 22 Abs. 1 bis 3 sinngemäß.**

(2) **Die Einführung oder Erweiterung der Verpflichtung zur Leistung von Nachschüssen wirkt nicht gegenüber Mitgliedern, die bei Wirksamwerden der Änderung der Satzung bereits aus der Genossenschaft ausgeschieden waren.**

I. Allgemeines

Entgegen dem Wortlaut des Titels legt die Vorschrift nicht die Voraussetzungen für eine Nachschussverpflichtung der Mitglieder fest (zu den einzelnen Nachschusspflichten zB → § 2 Rn. 3). Sie knüpft vielmehr an eine bestehende Nachschusspflicht an und regelt bestimmte Voraussetzungen für die Beschränkung oder Aufhebung der Nachschusspflicht (Abs. 1), um die Gläubiger zu schützen, sowie den Schutz der ausgeschiedenen Mitglieder bei der Einführung oder Erweiterung der Nachschusspflicht (Abs. 2). 1

II. Beschränkung oder Aufhebung der Nachschusspflicht (Abs. 1)

2 Da die Entscheidung über die Nachschussverpflichtung und deren Höhe zum Mindestinhalt der Satzung gehört (§ 6 Nr. 3), ist ihre Beschränkung oder Aufhebung eine Satzungsänderung, für die § 16 Abs. 1, 4–6 gilt. Zusätzlich ordnet Abs. 1 im Interesse des Gläubiger- und Mitgliederschutzes die sinngemäße Geltung von § 22 Abs. 1–3 an (→ § 22 Rn. 1 ff.), ebenso wie dies § 120 für die Herabsetzung der Haftsumme vorschreibt.

III. Schutz ausgeschiedener Mitglieder bei Einführung oder Erweiterung der Nachschusspflicht (Abs. 2)

3 Da die Einführung oder Erweiterung einer Nachschussverpflichtung wegen § 6 Nr. 3 einer Satzungsänderung (§ 16 Abs. 2 Nr. 4) bedarf, wird sie gem. § 16 Abs. 6 mit Eintragung in das Genossenschaftsregister wirksam. Abs. 2 begrenzt eine etwaige Nachschusspflicht ausgeschiedener Mitglieder auf diejenige Höhe, die im Zeitpunkt ihres Ausscheidens aus der eG galt. Ob ausgeschiedene Mitglieder zu Nachschüssen verpflichtet sind, bestimmt sich nach anderen Vorschriften. Diese Verpflichtung besteht nur ausnahmsweise gem. §§ 75, 76 Abs. 4, § 115b. Der Zeitpunkt des Ausscheidens ist derjenige, in dem zB die Kündigung (zB nach § 65 Abs. 2) oder der Ausschluss (idR nach § 68 Abs. 1 S. 2) wirksam wird. Die Einführung oder Erweiterung der Nachschusspflicht wirkt daher grundsätzlich gegenüber Mitgliedern, die im Zeitpunkt des Wirksamwerdens der Satzungsänderung nach § 16 Abs. 6 nur gekündigt haben, aber noch nicht ausgeschieden sind. Eine Ausnahme besteht nach **§ 67a Abs. 2 S. 5** für ein Mitglied, das außerordentlich gekündigt hat. Ein außerordentliches Kündigungsrecht besteht gerade auch im Fall von § 16 Abs. 2 Nr. 4 (§ 67a Abs. 1). Ein Mitglied, das im Zeitpunkt des Wirksamwerdens der Einführung oder Erweiterung einer Nachschussverpflichtung bereits ordentlich gekündigt hat, darf zusätzlich nach § 67a Abs. 1 kündigen, sodass die Satzungsänderung dann über § 22a Abs. 2 hinaus nicht gegen dieses Mitglied gilt.

Zerlegung des Geschäftsanteils

22b **(1) [1]Der Geschäftsanteil kann in mehrere Geschäftsanteile zerlegt werden. [2]Die Zerlegung und eine ihr entsprechende Herabsetzung der Einzahlungen gelten nicht als Herabsetzung des Geschäftsanteils oder der Einzahlungen.**

(2) [1]Mit der Eintragung des Beschlusses über die Zerlegung des Geschäftsanteils sind die Mitglieder mit der Zahl von Geschäftsanteilen beteiligt, die sich aus der Zerlegung ergibt. [2]§ 15b Abs. 3 ist nicht anzuwenden. [3]Die Mitgliederliste ist unverzüglich zu berichtigen.

I. Allgemeines

1 Abweichend von § 22 bewirkt eine Zerlegung von Geschäftsanteilen in gleich große neue Geschäftsanteile nicht, dass sich an dem Beteiligungshöchstbetrag und der Höhe der danach berechneten Pflichteinzahlungen insgesamt etwas ändert. Werden die Geschäftsanteile zB halbiert, resultiert daraus eine Verdoppelung der Zahl der Geschäftsanteile und die Mitglieder halten statt einem alten Geschäftsanteil zwei neue Geschäftsanteile. Wenn auch der einzelne Geschäftsanteil kleiner wird und dementsprechend die Höhe der Pflichteinzahlung pro Geschäftsanteil sinkt, erklärt Abs. 1 S. 2 die Gesamtsicht über alle Geschäftsanteile der eG für maßgebend und die gläubigerschützenden Vorschriften des § 22 konsequent für unanwendbar, weil der Gläubigerschutz durch eine Zerlegung nicht tangiert wird. § 22b dient der Flexibilität, zB der leichteren Übertragung von Geschäftsanteilen nach § 76, und dazu, die Leistungsfähigkeit der Mitglieder besser berücksichtigen zu können (vgl. auch RG 6.2.1934, RGZ 143, 296 (299)).

II. Zerlegungsbeschluss

2 Der Beschluss über die Zerlegung ist wegen § 7 Nr. 1 notwendig eine Satzungsänderung, für die § 16 Abs. 2 Nr. 8 gilt, und bedingt eine bereits vorhandene Satzungsbestimmung oder eine zugleich beschlossene Satzungsänderung, dass die Mitglieder mit mehr als einem Geschäftsanteil beteiligt sein dürfen (§ 7a Abs. 1). Der Beschluss kann mit anderen Satzungsänderungen kombiniert werden, zB über die Änderung der Beteiligungshöchstgrenze nach § 7a Abs. 1 S. 2 oder über eine gleichzeitige Herabsetzung oder Erhöhung der Geschäftsanteile.

III. Auswirkungen der Zerlegung

3 Nach Abs. 2 S. 1 sind die Mitglieder mit einer entsprechend höheren Zahl von Geschäftsanteilen beteiligt (→ Rn. 1), ohne dass es einer neuen Beitrittserklärung bedarf. Abweichend von § 15b Abs. 3

S. 1 wird die Beteiligung mit mehreren Geschäftsanteilen mit Wirksamkeit der Zerlegung nach § 16 Abs. 6 wirksam (Abs. 2 S. 2). Die Mitgliederliste ist vom Vorstand (§ 30 Abs. 1) zu berichtigen (Abs. 2 S. 3), ohne dass jedes einzelne Mitglied benachrichtigt werden müsste (§ 15 Abs. 2 S. 1 gilt wegen Abs. 2 S. 2 iVm § 15b Abs. 3 S. 2 nicht). Wie die **Geschäftsguthaben** auf die neuen Geschäftsanteile zu verteilen sind (relevant zB für § 67b), kann die Generalversammlung nach freiem Ermessen mit einfacher Mehrheit beschließen (hM). Unterbleibt der Beschluss, ist nach dem Rechtsgedanken des § 15b Abs. 2 für jeden Geschäftsanteil zunächst der Einlagemindestbetrag (→ § 7 Rn. 3) abzudecken und das überschüssige Guthaben auf die Geschäftsanteile gleichmäßig zu verteilen (PFB/*Pöhlmann* Rn. 5). Bestimmt die Satzung eine auf eine **Haftsumme** beschränkte Nachschusspflicht (§ 6 Nr. 3), hat die Zerlegung wie allgemein die Beteiligung mit mehreren Geschäftsanteilen keine Auswirkung auf die Haftsumme. Zwar ändert sich die Zahl, nicht aber der gesamte Betrag der Geschäftsanteile, sodass § 121 S. 1–3 nicht anwendbar sind (str., wie hier im Ergebnis Beuthien/*Beuthien* Rn. 5). § 121 S. 2 erlaubt nur die Festsetzung einer den Gesamtbetrag übersteigenden Haftsumme, nicht dagegen eine automatische Multiplizierung der Haftsumme mit der Zahl der Geschäftsanteile (aA offenbar zB PFB/*Pöhlmann* Rn. 4). § 121 S. 3 lässt nur die statutarische Abweichung von § 121 S. 1 zu (str.). Da der Betrag der Haftsumme durch die Geschäftsanteilszerlegung nicht herabgesetzt wird, findet § 120 iVm § 22 Abs. 1–3 keine Anwendung.

Haftung der Mitglieder

23 (1) **Für die Verbindlichkeiten der Genossenschaft haften die Mitglieder nach Maßgabe dieses Gesetzes.**

(2) **Wer in die Genossenschaft eintritt, haftet auch für die vor seinem Eintritt eingegangenen Verbindlichkeiten.**

(3) **Vereinbarungen, die gegen die vorstehenden Absätze verstoßen, sind unwirksam.**

I. Allgemeines

1 Anders als der Titel vermuten ließe, normiert die Vorschrift nicht die Voraussetzungen einer Haftung der Mitglieder, sondern knüpft an andere Vorschriften an, die eine solche Haftung regeln. Abs. 1 enthält für die Annahme von Haftungstatbeständen eine Bindung an das Gesetz und verbietet indirekt Analogien.

II. Beschränkung auf die Haftungsvorschriften des GenG (Abs. 1)

2 Für die Verbindlichkeiten der eG als juristischer Person haften die Mitglieder im Außenverhältnis gegenüber den Gläubigern der eG nicht **(Trennungsgrundsatz, § 2).** Abs. 1 schließt aber eine Haftung der Mitglieder nach den allgemeinen zivilrechtlichen Vorschriften wie § 826 BGB (→ § 2 Rn. 5 ff., → § 2 Rn. 5, 8) nicht aus. Von Abs. 1 wird nur die Haftung für Verbindlichkeiten der eG erfasst, nicht diejenige für Schulden der Vor-eG (→ § 13 Rn. 7). Daher ist die richterliche Rechtsfortbildung einer Unterbilanz- oder Vorbelastungshaftung für Schulden der Vor-eG zulässig, wenn sie auch nach der Eintragung zu solchen der eG geworden sind (→ § 13 Rn. 7), ferner auch die Annahme einer Handelndenhaftung in Analogie zu den § 41 Abs. 1 S. 2 AktG, § 11 Abs. 2 GmbHG (→ § 13 Rn. 6). Nach Maßgabe des GenG haften die Mitglieder für Verbindlichkeiten der eG nur unter besonderen Voraussetzungen auf Nachschüsse gem. § 73 Abs. 2 S. 4, § 87a Abs. 2 S. 1, § 105 Abs. 1 S. 1. Diese Tatbestände sind allesamt als Innenhaftung gegenüber der eG ausgestaltet. Die Haftung besteht aber nur, sofern die Satzung dies gem. § 6 Nr. 3 und nach § 87a Abs. 2 S. 2 bestimmt. Darüber hinaus können zwar Mitglieder, die zugleich Vorstands- oder Aufsichtsratsmitglieder sind, der eG nach § 34 Abs. 2, 3, § 41 haften, allerdings ist dies keine Haftung für Verbindlichkeiten der eG.

III. Haftung neu beigetretener Mitglieder (Abs. 2)

3 Abs. 2 erinnert zwar an §§ 130, 173 HGB, begründet aber keinesfalls eine akzessorische und unbeschränkte Haftung der neu beigetretenen Mitglieder. Vielmehr beschränkt sich die Vorschrift auf die Unterbilanzhaftung für Schulden der Vor-eG und auf die Nachschussverpflichtungen nach § 87a Abs. 2 S. 1, § 105 Abs. 1 S. 1. § 73 Abs. 2 S. 4 sieht selbst vor, dass in die Berechnung des Fehlbetrages alle Schulden der eG eingehen, ohne Rücksicht auf den Zeitpunkt des Beitritts des betreffenden Mitglieds. Durch Abs. 2 soll Rechtssicherheit geschaffen und berücksichtigt werden, dass Beigetretene von den vor ihrem Beitritt gebildeten Aktiva der eG profitieren.

IV. Haftungsausschluss (Abs. 3)

4 Unwirksam sind alle Vereinbarungen, durch welche eine Unterbilanzhaftung der Mitglieder für Schulden der Vor-eG oder eine Nachschussverpflichtung (→ Rn. 2) oder eine Haftung neu beigetrete-

ner Mitglieder ausgeschlossen oder beschränkt werden sollen. Unwirksam sind alle Haftungsausschlüsse in der Satzung, in Beschlüssen der Generalversammlung oder in Vereinbarungen zwischen eG und einzelnen Mitgliedern, insbesondere ein Verzicht der eG auf die Haftsumme. Abs. 3 hindert aber nicht, dass gem. § 6 Nr. 3 in der Satzung die Verpflichtung zu Nachschüssen beschränkt oder ganz ausgeschlossen werden kann oder dass unter den Voraussetzungen des § 112a ein Vergleich geschlossen werden darf. Möglich sind auch Vereinbarungen der eG mit einzelnen Gläubigern, die auf eine Nachschusspflicht der Mitglieder verzichten (Haftsummenverzicht), oder Vereinbarungen zwischen einzelnen Mitgliedern über die Übernahme der Haftung. Eine befreiende Schuldübernahme nach §§ 414, 415 BGB kann nicht mit der eG oder mit ihrer Genehmigung geschlossen werden.

Abschnitt 3. Verfassung der Genossenschaft

Vorstand

24 (1) [1]**Die Genossenschaft wird durch den Vorstand gerichtlich und außergerichtlich vertreten.** [2]**Hat eine Genossenschaft keinen Vorstand (Führungslosigkeit), wird die Genossenschaft für den Fall, dass ihr gegenüber Willenserklärungen abgegeben oder Schriftstücke zugestellt werden, durch den Aufsichtsrat vertreten.**

(2) [1]**Der Vorstand besteht aus zwei Personen und wird von der Generalversammlung gewählt und abberufen.** [2]**Die Satzung kann eine höhere Personenzahl sowie eine andere Art der Bestellung und Abberufung bestimmen.** [3]**Bei Genossenschaften mit nicht mehr als 20 Mitgliedern kann die Satzung bestimmen, dass der Vorstand aus einer Person besteht.**

(3) [1]**Die Mitglieder des Vorstandes können besoldet oder unbesoldet sein.** [2]**Ihre Bestellung ist zu jeder Zeit widerruflich, unbeschadet der Entschädigungsansprüche aus bestehenden Verträgen.**

Übersicht

I. Allgemeines

1 Die §§ 24–51 regeln die organschaftliche Verfassung der eG, insbesondere die Willensbildung innerhalb der eG durch Beschlüsse der Generalversammlung und innerhalb ihrer Organe sowie das Handeln der eG nach außen durch ihre Organe. Die eG muss nach § 9 Abs. 1 S. 1 neben der Generalversammlung (bzw. einer Vertreterversammlung nach § 43a) zwingend einen Vorstand und grundsätzlich auch einen Aufsichtsrat haben und folgt damit dem dualistischen System wie zB die AG. § 24 ordnet die organschaftliche Vertretung der eG durch den Vorstand an (Abs. 1) und regelt die Zusammensetzung, Bestellung und Abberufung des Vorstands (Abs. 2 und Abs. 3 S. 2) sowie punktuell das Rechtsverhältnis der einzelnen Vorstandsmitglieder zur eG (Abs. 3).

II. Vertretung der eG durch den Vorstand (Abs. 1)

2 Der Vorstand vertritt die eG organschaftlich nach außen, dh er nimmt zB in ihrem Namen rechtsgeschäftliche oder rechtsgeschäftsähnliche Handlungen für die eG vor (zur Anmeldung der eG beim Registergericht → § 11 Rn. 2). Rechtsgeschäfte muss er nicht ausdrücklich im Namen der eG abschließen, wenn aus den Umständen geschlossen werden kann, dass nach dem Willen der Vertragsparteien der Vorstand für die eG handeln sollte (§ 26 Abs. 1 Hs. 2). Der Vorstand ist zwar nicht gesetzlicher Vertreter, hat aber die Stellung eines solchen (vgl. § 26 Abs. 2 S. 1 Hs. 2 BGB). Er ist zudem verfassungsmäßig berufender Vertreter **entsprechend § 31 BGB.** Für zum Schadensersatz verpflichtende Handlungen, die einzelne Vorstandsmitglieder in Ausführung der ihnen zustehenden Verrichtungen

begangen haben, haftet die eG analog § 31 BGB auch dann, wenn die Vorstandsmitglieder ihre Vertretungsmacht überschreiten (BGH 5.12.1958, NJW 1959, 379; BGH 8.7.1986, NJW 1986, 2941 (2942)). Der Vorstand vertritt die eG ferner **im Prozess,** indem er zB Prozesshandlungen für sie vornimmt (zur Stellung der eG im Prozess → § 17 Rn. 3). Hat er keine Vertretungsbefugnis, kann das vertretungsbefugte Organ die Prozessführung genehmigen (vgl. BGH 28.2.2005, NZG 2005, 560 (561)). Ausnahmsweise wird eine **vorstandslose eG** insoweit durch den Aufsichtsrat „passiv" vertreten, als es um die Abgabe von Willenserklärungen gegenüber der eG oder um die Zustellung geht (Abs. 1 S. 2, eingeführt durch das MoMiG).

Der **Umfang der Vertretungsbefugnis (-macht) des Vorstands** ist grundsätzlich unbeschränkt und kann im Außenverhältnis weder durch den Fördergeschäftsbetrieb noch durch den Unternehmensgegenstand noch auf bestimmte Geschäfte oder Geschäftsarten beschränkt werden (vgl. § 27 Abs. 2). Die Frage, ob ein Vorstandsmitglied allein oder nur mit anderen vertretungsberechtigt ist, bestimmt sich nach § 25. Anders als das AktG (zB § 50 S. 1 AktG, § 52 Abs. 1 AktG, § 53 S. 1 AktG) bindet das GenG die Wirksamkeit bestimmter Rechtsgeschäfte oder Handlungen nicht an die Zustimmung der Generalversammlung. Für die statutarischen Zustimmungsvorbehalte gilt § 27 Abs. 1 S. 2, Abs. 2. Keine Vertretungsmacht steht dem Vorstand in den Fällen des § 39 zu, soweit die eG gegenüber ihren Vorstandsmitgliedern gerichtlich oder außergerichtlich vertreten werden muss. Dies erfasst unter anderem das **Selbstkontrahieren.** Für Rechtsgeschäfte zwischen der eG und von Vorstandsmitgliedern vertretenen Dritten **(Mehrfachvertretung)** ergibt sich das grundsätzliche Verbot aus § 181 BGB. Die Gestattung oder Genehmigung iSd Vorschrift hinsichtlich eines einzelnen Rechtsgeschäfts darf nicht von den anderen Vorstandsmitgliedern erteilt werden (vgl. zur GmbH BGH 6.10.1960, BGHZ 33, 189 (192 f.)), sondern kann sowohl in den Fällen des Selbstkontrahierens als auch der Mehrvertretung nach dem Rechtsgedanken des § 39 Abs. 1 S. 1, Abs. 2 vom Aufsichtsrat oder iFv § 39 Abs. 1 S. 2 von dem besonders gewählten Bevollmächtigten erteilt werden (hM, zB Beuthien/*Beuthien* Rn. 4). In der Satzung oder durch Satzungsänderung kann der Vorstand von den Restriktionen des § 181 BGB allgemein allerdings nur für die Fälle der Mehrfachvertretung befreit werden. Für die Fälle des Selbstkontrahierens dagegen bleibt es bei der Vorschrift des § 39, die satzungsfest (§ 18 S. 2) ist (str., aA Beuthien/*Beuthien* Rn. 4: Die Satzung könne die Kompetenz zur Gestattung des Selbstkontrahierens einem anderen Organ zuweisen). 3

Soweit die Vertretungsmacht in dem gesetzlichen Umfang besteht, sind **Beschränkungen der Vertretungsmacht** im Außenverhältnis weder durch Satzung noch durch Beschlüsse der Generalversammlung noch anderweitig möglich, insbesondere wirken sich Beschränkungen der Geschäftsführungsbefugnis nicht auf die Vertretungsmacht im Verhältnis zu dritten Personen aus (§ 27 Abs. 2). Von der Vertretungsmacht im Außenverhältnis ist die organschaftliche Leitungsmacht des Vorstands (→ § 27 Rn. 2) zu unterscheiden, die ihm grundsätzlich umfassende Befugnisse im Innenverhältnis zur eG und zu deren anderen Organen verleiht. Die Mitglieder sind als Kunden im Fördergeschäftsverkehr Dritte iSv § 27 Abs. 2 (→ § 27 Rn. 6). 4

III. Zusammensetzung, Bestellung und Abberufung des Vorstands

1. Zusammensetzung des Vorstands. Gemäß § 9 Abs. 2 S. 1 darf der Vorstand zwingend nur aus natürlichen Personen bestehen, die geschäftsfähig und Mitglieder der eG sind (→ § 9 Rn. 2, → § 9 Rn. 4–6) und die nicht zugleich Mitglieder des Aufsichtsrats sein dürfen (§ 37 Abs. 1 S. 1, Ausnahme bei zeitlich begrenzter Bestellung zum Stellvertreter eines verhinderten Vorstandsmitglieds nach § 37 Abs. 1 S. 2). Ein ausgeschiedenes Aufsichtsratsmitglied kann in den Vorstand erst gewählt werden, wenn ihm für seine Tätigkeit als Aufsichtsratsmitglied die Entlastung gem. § 48 Abs. 1 S. 1 erteilt worden ist (analog § 37 Abs. 2). Die Vorstände dürfen haupt-, neben- oder ehrenamtlich tätig sein (vgl. Abs. 3 S. 1), bei Kredit- oder Finanzdienstleistungsgenossenschaften hingegen nicht ehrenamtlich (§ 33 Abs. 1 S. 1 Nr. 5 KWG). Abs. 2 S. 1 Hs. 1 stellt zusätzlich das Erfordernis einer **Mindestzahl von zwei Vorstandsmitgliedern** auf. Das zweite Vorstandsmitglied darf nicht lediglich Stellvertreter des ersten Vorstandsmitglieds nach § 35 sein (str.). Die Mindestzahl von zwei Vorstandsmitgliedern soll vor allem eine gegenseitige Kontrolle im Sinne des Vier-Augen-Prinzips gewährleisten. Die Satzung kann eine höhere Mindestzahl oder auch (ggf. zusätzlich) eine Höchstzahl vorsehen, ferner kann sie weitere Anforderungen an die Vorstandsmitgliedschaft stellen, die sich zB an § 76 Abs. 3 S. 2 f. AktG, § 6 Abs. 2 S. 2 f. GmbHG orientieren können. Diese statutarischen Anforderungen gelten im Zweifel auch für Notvorstände (zur GmbH BayObLG 7.10.1980, NJW 1981, 995 (996); zur Notbestellung → Rn. 6) und für Stellvertreter nach § 35 (zu den Folgen von Satzungsverstößen → § 51 Rn. 9). Persönliche Anforderungen gelten außerdem insbesondere für Vorstände von Kreditgenossenschaften nach § 33 Abs. 1 S. 1 Nr. 3, 4, Abs. 2 KWG. Im Fall einer **kleinen eG** mit einer Mitgliederzahl von nicht mehr als 20 darf die Mindestzahl von zwei Vorstandsmitgliedern unterschritten werden **(Abs. 2 S. 3).** Das einzige Vorstandsmitglied darf auch nur investierendes Mitglied der eG sein. Allerdings gilt eine Rückausnahme nach § 33 Abs. 1 S. 1 Nr. 5 KWG; hiernach müssen Kreditgenossenschaften oder andere eG, die sich bei der Erbringung von Finanzdienstleistungen Eigentum oder Besitz an Geldern oder Wert- 5 papieren von Mitgliedern oder anderen Kunden verschaffen, mindestens zwei Geschäftsleiter haben, die nicht nur ehrenamtlich tätig sind.

6 Bei einem **Verstoß gegen die gesetzlich festgelegte Mindestzahl,** hat die eG keinen Vorstand und kann nicht wirksam vertreten werden. Dritte werden iRv § 29 geschützt. Die Generalversammlung ist verpflichtet, die fehlenden Vorstandsmitglieder unverzüglich zu bestellen. Soweit dies nicht geschieht und auch keine Aufsichtsratsmitglieder Stellvertreter nach § 37 Abs. 1 S. 2 sind, kann entsprechend § 29 BGB, § 85 AktG in dringenden Fällen eine **Notbestellung** durch das Registergericht auf Antrag eines Beteiligten (zB Mitglied, Vorstands- oder Aufsichtsratsmitglied, Gläubiger der eG, von eG Verklagter) vorgenommen werden (BGH 26.10.1955, BGHZ 18, 334 (337) = NJW 1955, 1917). Die Bestellung des Notvorstands ist dem Richter vorbehalten (OLG Stuttgart 6.3.2019, NZG 2019, 545); insoweit gewinnt über § 17 Nr. 2 RPflG („Genossenschaftsregistersache") iVm § 375 Nr. 3 FamFG allein die Analogie zu § 85 Abs. 1 AktG Bedeutung. Zur Frage, ob das Notvorstandsmitglied Mitglied der eG sein muss, → § 9 Rn. 5. Die Dauer der Notbestellung endet spätestens mit der wirksamen Bestellung der fehlenden Vorstandsmitglieder. Wird nur die **in der Satzung festgelegte Mindestzahl unterschritten,** kann die eG iR einer statutarischen Vertretungsregelung (Einzelvertretung, unechte Gesamtvertretung) vertreten werden. Enthält die Satzung keine Abweichung von § 25 Abs. 1 S. 1 (echte Gesamtvertretung), ist die statutarische Mindestzahl so auszulegen, dass die eG nur bei Mitwirkung sämtlicher von der Satzung vorgeschriebenen Vorstandsmitglieder wirksam vertreten wird.

6a Läuft die Amtszeit eines Vorstandsmitglieds im Jahr 2020 ab, so ist für diesen Zeitraum nach §§ 3 Abs. 5 S. 2, 7 Abs. 3 COVMG vom 27.3.2020 (BGBl. 2020 I 569) ein Unterschreiten der gesetzlich oder in der Satzung vorgeschriebenen Mindestzahl von Vorstandsmitgliedern unschädlich. Dadurch sollen etwaige Notbestellungen vermieden werden (BT-Drs. 19/18110, 29).

7 **2. Bestellung von Vorstandsmitgliedern (Abs. 2 S. 1, 2). a) Zuständiges Bestellungsorgan.** Die Bestellung ist ein einseitiger körperschaftlicher Organisationsakt, der vom Anstellungsvertrag zu unterscheiden und bedingungsfeindlich ist. **Zuständig für die Bestellung** ist grundsätzlich die Generalversammlung (bzw. Vertreterversammlung nach § 43a), soweit nicht die Satzung ein anderes Bestellungsorgan (Aufsichtsrat oder fakultatives Organ) bestimmt (Abs. 2 S. 2 Fall 2) oder die eG idR mehr als 2.000 Arbeitnehmer beschäftigt und daher nach § 31 Abs. 1 MitbestG, § 84 AktG der Aufsichtsrat die Vorstandsmitglieder mit Zweidrittelmehrheit (§ 31 Abs. 2 MitbestG) auf maximal fünf Jahre bestellt. Den ersten Vorstand bestellt die Gründerversammlung. In der Satzungspraxis wird die Bestellung hauptamtlicher Vorstandsmitglieder häufig dem Aufsichtsrat oder dem nach § 39 Abs. 1 S. 2 Bevollmächtigten zugewiesen, während die Bestellung ehrenamtlicher Vorstandsmitglieder der Generalversammlung vorbehalten bleibt. Die Satzungsermächtigung an den Vorstand, seine Mitglieder selbst zu bestellen und sich selbst zu ergänzen (Kooptation), oder die Satzungsermächtigung an einen externen Dritten oder an ein mit Dritten besetztes fakultatives Organ verstößt gegen den Grundsatz der Selbstverwaltung (→ § 1 Rn. 39) (str., aA zB *Beuthien/Gätsch* ZHR 157 (1993), 483 (506 ff.)).

8 **b) Verfahren der Bestellung.** Die Bestellung eines Vorstandsmitglieds durch die Generalversammlung erfolgt durch Wahl mit einfacher Stimmenmehrheit und der Annahme durch das Vorstandsmitglied, soweit nicht die Satzung Abweichendes regelt (§ 43 Abs. 2 S. 2, zB relative Mehrheit erst im zweiten Wahlgang). Ist die Bestellung durch den Aufsichtsrat vorgesehen, ist ein Beschluss des Aufsichtsrats als Kollektivorgan erforderlich, ferner die Mitteilung an das Vorstandsmitglied und dessen Einverständnis. Eine Anwesenheit des zu Bestellenden in der Versammlung oder in der Aufsichtsratssitzung ist nicht erforderlich (OLG Hamm 10.4.2019, ZIP 2020, 22 Rn. 118 f.). Einem Ausschuss des Aufsichtsrats oder einzelnen Aufsichtsratsmitgliedern darf die Bestellung nicht überlassen werden (analog § 107 Abs. 3 S. 2 AktG, § 84 Abs. 1 S. 1 AktG). Die Bestellung muss gem. § 28 zur Eintragung in das Genossenschaftsregister angemeldet werden. Die Eintragung hat nur deklaratorische Bedeutung. Anzeigepflichten nach § 24 Abs. 1 Nr. 1 KWG unterliegen Kredit- und Finanzdienstleistungsgenossenschaften hinsichtlich der beabsichtigten Bestellung und der vollzogenen Bestellung.

9 **c) Bestellung eines Vorstandsvorsitzenden.** Die Bestellung eines Vorstandsvorsitzenden oder -sprechers ist vom Gesetz nicht vorgesehen und nicht zwingend. Die Satzung kann den Vorstand selbst oder ein anderes Organ (idR den Aufsichtsrat) ermächtigen, einen Vorstandsvorsitzenden zu bestimmen, der aber nach außen keine größeren Befugnisse haben darf als die übrigen Vorstandsmitglieder und für den die Satzung keine strengeren Mehrheitserfordernisse hinsichtlich Wahl und Abberufung aufstellen darf.

10 **d) Unwirksame Bestellung.** Ist die Bestellung eines Vorstandsmitglieds unwirksam und übt es das Vorstandsamt dennoch faktisch aus, sind die gleichen Grundsätze anwendbar wie für unwirksam bestellte Vorstandsmitglieder einer AG. Die eG kann sich unter den Voraussetzungen des § 29 Abs. 3 (bei erloschener Organstellung nach § 29 Abs. 1) nicht auf die Unwirksamkeit der Bestellung berufen. Das faktische Vorstandsmitglied unterliegt den Pflichten eines Vorstandsmitglieds.

3. Abberufung von Vorstandsmitgliedern (Abs. 2 S. 1, 2, Abs. 3 S. 2). Nach der Novelle 2006 kann die Satzung die Zuständigkeit für die Abberufung von Vorstandsmitgliedern einem anderen Organ, idR dem Aufsichtsrat, als der nach Abs. 2 S. 1 grundsätzlich zuständigen Generalversammlung zuweisen (Abs. 2 S. 2). Dies muss ausdrücklich geschehen und ergibt sich nicht schon aus der Zuständigkeit für die Bestellung. Verbleibt es bei der gesetzlich vorgesehenen Zuständigkeit der Generalversammlung, hat der Aufsichtsrat nur die Möglichkeit einer vorläufigen Amtsenthebung nach § 40. Die Abberufung durch die Generalversammlung kann statutarisch von der Zustimmung eines anderen Organs abhängig gemacht werden. Die Abberufung erfolgt durch **Widerruf der Bestellung.** Im Unterschied zur außerordentlichen Kündigung des Anstellungsvertrags (→ Rn. 13) ist der Bestellungswiderruf jederzeit möglich (Abs. 3 S. 2, zwingend), ohne dass es eines wichtigen Grundes oder überhaupt einer Begründung bedarf (anders § 84 Abs. 3 AktG) und ohne dass zuvor eine vorläufige Amtsenthebung nach § 40 notwendig wäre. Die Generalversammlung entscheidet über den Widerruf mit einfacher Mehrheit (keine Analogie zu § 36 Abs. 3 S. 2), wenn nicht die Satzung strengere Anforderungen aufstellt. Den Bestellungswiderruf von einer qualifizierten Stimmenmehrheit abhängig zu machen, ist zum Schutz der Funktionsfähigkeit des Vorstands zu empfehlen (BGH 23.9.1996, NJW 1997, 318 (319)). Die Entscheidung muss in der Tagesordnung der Generalversammlung konkret und ordnungsgemäß angekündigt werden. Wenn der Aufsichtsrat zuständig ist, beschließt er mit einfacher Mehrheit, sofern nicht die Satzung oder das Gesetz (§ 31 Abs. 2, 5 MitbestG) eine größere Mehrheit fordert. Das betroffene Vorstandsmitglied hat ein **Anhörungsrecht.** Wird es nicht gehört, führt dies nicht zur Nichtigkeit des Widerrufsbeschlusses (str., so zur Kündigung zB BGH 18.6.1984, NJW 1984, 2689; zum Ausschluss von Mitgliedern einer eG BGH 26.2.1996, NJW 1996, 1756). Die Abberufung von Vorstandsmitgliedern kann von der BaFin nach § 36 KWG verlangt werden. Der Widerruf ist nach § 28 zur Registereintragung anzumelden, die deklaratorisch ist. 11

4. Weitere Gründe für die Beendigung der Organstellung. Die Organstellung eines Vorstandsmitglieds endet durch einseitige Amtsniederlegungserklärung gegenüber einem Mitglied des Aufsichtsrats (analog § 25 Abs. 1 S. 3) oder der Generalversammlung (nicht gegenüber den anderen Vorstandsmitgliedern). Die Niederlegung ist möglich, ohne dass es eines wichtigen Grundes bedarf (str.) und ohne dass der Anstellungsvertrag zugleich fristlos gekündigt werden muss. In der Amtsniederlegung kann zugleich eine konkludente Kündigung des Anstellungsvertrages liegen. Einer Schadensersatzpflicht unterliegt das Vorstandsmitglied wegen unzeitiger Kündigung seines Anstellungsverhältnisses unter besonderen Voraussetzungen (§ 627 Abs. 2 BGB, § 671 Abs. 2 BGB). Eine wirksame Kündigung des Anstellungsvertrags führt nicht stets zugleich zur Beendigung des Vorstandsamtes (→ Rn. 13). Die Bestellung zum Vorstandsmitglied endet, wenn es stirbt oder geschäftsunfähig wird, außerdem wenn es nicht mehr Mitglied der eG ist (§ 9 Abs. 2 S. 1, vgl. auch § 68 Abs. 2 S. 2 aE) oder wenn eine in der Satzung vorgesehene maximale Amtsdauer endet. Erfüllt ein Vorstandsmitglied nicht mehr die statutarischen Anforderungen für Vorstandsmitglieder, endet seine Organstellung erst durch einen Widerruf der Bestellung (→ Rn. 11). Grundsätzlich führen weder die Insolvenz noch die Auflösung der eG automatisch zur Beendigung des Vorstandsamtes. Im Fall der Auflösung besteht die Organstellung derjenigen Vorstandsmitglieder, die zu Liquidatoren bestellt werden, in dem durch §§ 83 ff. beschränkten Umfang fort. Sie endet jedoch, wenn die Satzung oder ein Beschluss der Gesellschafterversammlung die Liquidation nach § 83 Abs. 1 in die Hände anderer Personen legt. Die Eintragung einer Verschmelzung beendet die Organstellung der Vorstandsmitglieder der übertragenden eG. Die Organstellung endet ferner nicht schon durch die Amtsenthebung durch den Aufsichtsrat nach § 40, die nur vorläufigen Charakter hat. Möglich ist auch eine einvernehmliche vorläufige Suspendierung der Vorstandspflichten, die wie § 40 zur Eintragung im Handelsregister angemeldet werden muss (→ § 28 Rn. 1). 12

Läuft die Amtszeit eines Vorstandsmitglieds im Jahr 2020 ab, so bleibt es nach §§ 3 Abs. 5, 7 Abs. 3 COVMG vom 27.3.2020 (BGBl. 2020 I 569) bis zur Bestellung eines Nachfolgers im Amt. 12a

IV. Rechtsverhältnis der Vorstandsmitglieder zur eG

Von der Bestellung des Vorstandsmitglieds als körperschaftlicher Organisationsakt ist der **Anstellungsvertrag** zwischen dem Vorstandsmitglied und der eG zu unterscheiden, dessen rechtliches Schicksal von der Organstellung getrennt ist (zB BGH 23.9.1996, NJW 1997, 318 (319 f.)). Bei einem hauptamtlichen (besoldeten) Vorstandsmitglied ist der Anstellungsvertrag idR als Dienstvertrag (§§ 611 ff. BGB), bei einem nebenamtlichen (besoldeten) idR als Geschäftsbesorgungsvertrag (§ 675 Abs. 1 BGB) und bei einem ehrenamtlichen (unbesoldeten) Vorstandsmitglied idR als Auftrag nach §§ 662 ff. BGB zu qualifizieren. Arbeitsrecht findet grundsätzlich keine Anwendung, hingegen gelten die sozialversicherungsrechtlichen Vorschriften. Bei **Abschluss, Änderung oder Aufhebung** des Vertrages wird die eG ausschließlich (vgl. BGH 26.6.1995, BGHZ 130, 108 (110) = NJW 1995, 2559 f.; BGH 28.2.2005, WM 2005, 888 = NZG 2005, 560) durch den Aufsichtsrat nach § 39 Abs. 1 S. 1 oder den nach § 39 Abs. 1 S. 2 gewählten Bevollmächtigten vertreten (→ § 39 Rn. 1 ff.). Entgegen der hM (zB BGH 2.7.2019, NZG 2019, 1023 Rn. 16 ff.), die aus § 40 neben der Abberufungskompetenz auch 13 eine **Kündigungszuständigkeit** der Versammlung herleiten will, ist nach hier vertretener Auffassung der Aufsichtsrat auch für eine (auch eine außerordentliche) Kündigung des Anstellungsvertrages jedenfalls nach der Neufassung von § 39 Abs. 1 S. 1 ausschließlich (§ 18 S. 2) zuständig, nicht erst aufgrund einer Satzungsermächtigung (missverständlich BT-Drs. 16/1025, 85; wie hier zB Beuthien/*Beuthien* Rn. 22; PFB/*Fandrich* Rn. 42 ff.). Für § 626 Abs. 2 S. 2 BGB kommt es daher auf die Kenntnis des Aufsichtsrates an (so im Ergebnis auch OLG Frankfurt a. M. 18.9.1998, NZG 1999, 356 (357); vgl. ferner BGH 18.6.1984, NJW 1984, 2689 (2690); aA zB BGH 2.7.2019, NZG 2019, 1023 Rn. 28 ff.: Kenntnis der Versammlung, ggf. Vorverlegung auf den Zeitpunkt, in dem der Aufsichtsrat Kenntnis hat und nicht in angemessen kurzer Zeit die Versammlung einberuft; s. auch BGH 12.2.2007, NZG 2007, 396 Rn. 6: Kenntnis erst, wenn mit der Einladung bekanntgegeben). Der Wirksamkeit des Kündigungsbeschlusses steht nicht entgegen, dass in ihm die wichtigen Gründe nicht schriftlich aufgeführt sind; werden sie entgegen § 626 Abs. 2 S. 3 BGB auch auf Verlangen nicht mitgeteilt, führt dies nur zur Schadensersatzpflicht (BGH 18.6.1984, NJW 1984, 2689). Ist der Aufsichtsrat nur für die Regelung des schuldrechtlichen Verhältnisses der eG zu den Vorstandsmitgliedern zuständig, muss er bei seinen Maßnahmen und Entscheidungen, insbesondere hinsichtlich einer möglichen Kündigung des Anstellungsvertrages, die Entscheidungsmacht des bestellenden und abberufenden Organs beachten und darf dessen Entscheidungen (zB über eine Abberufung) nicht vorgreifen (vgl. BGH 4.10.1973, WM 1973, 1320). Jedenfalls wenn die Satzung dem Aufsichtsrat erlaubt, Ausschüsse zu bilden, kann die Kompetenz, die eG gegenüber den Vorstandsmitgliedern zu vertreten, an einen Ausschuss delegiert werden, nicht jedoch an einzelne Aufsichtsratsmitglieder (zur AG zB OLG Stuttgart 20.3.1992, BB 1992, 1669). Endet die Organstellung als Vorstand (→ Rn. 11 f.), ist dies zwar idR ein wichtiger Grund für eine außerordentliche Kündigung des Anstellungsvertrages, es führt aber nicht ohne Weiteres zur Beendigung dieses Vertrages (arg. e. **Abs. 3 S. 2**). Vielmehr ist ein gesonderter Beschluss über die Kündigung notwendig. Das Vorstandsmitglied behält zunächst „Entschädigungsansprüche" (Abs. 3 S. 2), dh Ansprüche auf Vergütung und Aufwendungsersatz, idR mangels Pflichtverletzung seitens der eG jedoch nicht Schadensersatz. Im Widerruf der Bestellung (→ Rn. 11) kann konkludent eine außerordentliche Kündigung liegen, wenn der Widerruf vom zuständigen Aufsichtsrat ausgesprochen wird und erkennbar Ausdruck eines Vertrauensverlustes ist, der das gesamte Rechtsverhältnis belastet (vgl. zB BGH 29.3.1973, NJW 1973, 1122 (1123)). Die Beendigung des Anstellungsvertrages kann (zB mittels auflösender Bedingung) an den Widerruf der Organstellung gekoppelt werden, auch wenn der Widerruf nicht auf einem wichtigen Grund beruht (vgl. BGH 23.9.1996, NJW 1997, 318 (320)). Umgekehrt kann die Satzung vorsehen, dass das Vorstandsamt mit der fristlosen Kündigung automatisch endet (BGH 23.9.1996, NJW 1997, 318 (320)), nach neuer Rechtslage allerdings nur, wenn die Zuständigkeiten für den Widerruf der Bestellung und für die Kündigung des Anstellungsvertrages in der Hand eines Organs liegen (str.). Gegenstand des schuldrechtlichen Rechtsverhältnisses zwischen eG und Vorstandsmitglied kann ein Pensionsvertrag mit einer Ruhegehaltzusage sein; diese kann von der eG aus wichtigem Grund nach § 314 BGB gekündigt werden, wenn sie noch nicht unverfallbar nach dem BetrAVG geworden ist und wenn das Vorstandsmitglied mehrere Jahre gegen seine Pflichten aus § 34 Abs. 1 in besonders schwerer Weise verstoßen hat (dieses Ergebnis auf § 242 BGB gründend BGH 14.6.1993, DStR 1993, 1189).

Vertretung, Zeichnung durch Vorstandsmitglieder

25 (1) [1] **Die Mitglieder des Vorstands sind nur gemeinschaftlich zur Vertretung der Genossenschaft befugt.** [2] **Die Satzung kann Abweichendes bestimmen.** [3] **Ist eine Willenserklärung gegenüber der Genossenschaft abzugeben, so genügt die Abgabe gegenüber einem Vorstandsmitglied oder im Fall des § 24 Abs. 1 Satz 2 gegenüber einem Aufsichtsratsmitglied.**

(2) [1] **Die Satzung kann auch bestimmen, dass einzelne Vorstandsmitglieder allein oder in Gemeinschaft mit einem Prokuristen zur Vertretung der Genossenschaft befugt sind.** [2] **Absatz 1 Satz 3 gilt in diesen Fällen sinngemäß.**

(3) [1] **Zur Gesamtvertretung befugte Vorstandsmitglieder können einzelne von ihnen zur Vornahme bestimmter Geschäfte oder bestimmter Arten von Geschäften ermächtigen.** [2] **Dies gilt sinngemäß, falls ein einzelnes Vorstandsmitglied in Gemeinschaft mit einem Prokuristen zur Vertretung der Genossenschaft befugt ist.**

I. Allgemeines

1 Die Vorschrift regelt, welchen Umfang die organschaftliche Vertretungsmacht der Vorstandsmitglieder hat (→ § 24 Rn. 2 ff.) und wie die Vorstandsmitglieder für die eG im Rechtsverkehr zeichnen. Im Übrigen richten sich die Voraussetzungen einer wirksamen rechtsgeschäftlichen Vertretung der eG nach § 164 BGB (§ 26 Abs. 1 Hs. 1). Abs. 1–3 entspricht fast wortgleich § 78 Abs. 2–4 AktG und Abs. 4

entspricht § 79 AktG. Für Einzelheiten wird daher auf die Erl. zu diesen Vorschriften verwiesen (→ AktG 78 Rn. 1 ff.; → AktG § 79 Rn. 1 ff.).

II. Vertretungsbefugnis (Abs. 1, 2)

Gesetzlicher Grundsatz ist die **echte Gesamtvertretung** sämtlicher Vorstandsmitglieder einschließlich ihrer Stellvertreter (§ 35), deren Organstellung nicht beendet ist (→ § 24 Rn. 11 f.). Gemeinschaftliche Vertretung bedeutet nicht notwendig eine zeitgleiche Abgabe der Willenserklärungen, sondern es genügt die Abgabe inhaltlich übereinstimmender Erklärungen oder die Einwilligung oder Genehmigung einer Erklärung durch die jeweils anderen Vorstandsmitglieder (vgl. § 182 Abs. 1 BGB, § 184 Abs. 1 BGB). Häufig wird in der Satzung nach Abs. 1 S. 2 von der echten Gesamtvertretung abgewichen, zB durch Festlegung der **gemeinschaftlichen Vertretung durch zwei oder mehr Vorstandsmitglieder** oder der **Einzelvertretung** (Abs. 2 S. 1 Fall 1) oder von Mischformen (manche, zB der Vorstandsvorsitzende einzeln, die übrigen nur zusammen mit den anderen oder mit bestimmten anderen, zB dem Vorstandsvorsitzenden). Besteht der Vorstand nach § 24 Abs. 2 S. 3 ausnahmsweise nur aus einem Vorstandsmitglied, ist dieses notwendig allein vertretungsberechtigt. Abs. 2 S. 1 Fall 2 lässt eine **unechte Gesamtvertretung** in Gemeinschaft mit einem Prokuristen zu. Einschränkend wird dies so ausgelegt, dass sie zur Gesamtvertretung oder gemeinschaftlichen Vertretungsmacht der Vorstandsmitglieder erweiternd hinzutreten, nicht aber eine Einzelvertretungsmacht der Vorstandsmitglieder beschränken darf („oder"). Für Anmeldungen zum Genossenschaftsregister genügt die unechte Gesamtvertretung anders als im Aktienrecht (vgl. RG 22.12.1931, RG 134, 303 (307)) wegen des klaren Wortlauts von § 157 nicht (str.). Nach Abs. 1 S. 3 und Abs. 2 S. 2 ist ein einzelnes Vorstandsmitglied, bei unechter Gesamtvertretung auch der jeweilige Prokurist empfangszuständig. Über Abs. 1, 2 hinaus wird die Vertretungsmacht durch § 181 BGB und § 39 begrenzt (→ § 24 Rn. 3). Fehlt die Vertretungsmacht, gelten §§ 177 ff. BGB entsprechend. Zu Beschränkungen der Geschäftsführungsbefugnis § 27 Abs. 2. 2

III. Einzelermächtigung durch den Vorstand (Abs. 3)

Bei echter Gesamtvertretung können sämtliche Vorstandsmitglieder einem einzelnen Vorstandsmitglied eine Ermächtigung für den Abschluss bestimmter Geschäfte oder Geschäftsarten erteilen (so bereits RG 8.10.1912, RGZ 80, 180 (182)). Entsprechendes gilt bei gemeinschaftlicher Vertretung durch mehrere Vorstandsmitglieder oder unechter Gesamtvertretung. Hier können einzelne Vorstandsmitglieder ggf. zusammen mit anderen oder mit einem Prokuristen ein einzelnes Vorstandsmitglied oder auch den jeweils gesamtvertretungsberechtigten Prokuristen ermächtigen (str.). Die Ermächtigenden müssen jeweils in vertretungsberechtigter Anzahl handeln. Abs. 3 S. 1 setzt – insbesondere bei einem zweiköpfigen Vorstand – implizit voraus, dass der zu Ermächtigende bei der Entscheidung über seine Ermächtigung mitwirken darf und muss (RG 8.10.1912, RGZ 80, 180 (182 f.); OLG Bamberg 25.3.2020, NZG 2020, 749 Rn. 14; aA Beuthien/*Beuthien* Rn. 15); diese Vorschrift stellt implizit eine gesetzliche Gestattung iSd § 181 BGB dar. Nach hM erweitert die Einzelermächtigung die Gesamtvertretungsbefugnis und verleiht in dem begrenzten Rahmen bestimmter Geschäfte oder Geschäftsarten eine organschaftliche Vertretungsbefugnis iSv § 26 Abs. 1 (zB Beuthien/*Beuthien* Rn. 11; zur GmbH zB BGH 13.6.1984, BGHZ 91, 334 (336) = NJW 1985, 2085) oder jedenfalls die Befugnis zur Ausübung der Organvertretungsbefugnis des jeweils anderen Gesamtvertretungsberechtigten, nicht jedoch ist sie bloße Handlungsvollmacht iSv § 54 HGB oder Prokura. Der Umfang der Einzelermächtigung muss genau bestimmt sein und darf die Gesamtvertretungsbefugnis nicht aushöhlen. Auf die Erteilung wird § 167 BGB entsprechend angewendet. Zur Frage der Eintragungspflicht → § 28 Rn. 1 aE. 3

IV. Zeichnung der Vorstandsmitglieder (Abs. 4 aF)

Der frühere Abs. 4 der Vorschrift suchte Zweifel zu vermeiden, ob eine Willenserklärung im Namen der eG oder im eigenen Namen abgegeben wird, indem der Wille, im Namen der eG zu handeln, entweder durch Nennung der Firma der eG oder durch die Bezeichnung „als Vorstand" an irgendeiner Stelle der Urkunde. Der Gesetzgeber hat diese Vorschrift im MoMiG als obsolet gestrichen (vgl. § 164 Abs. 1 S. 1, 2 BGB). Ob die Unterschrift eines Vorstandsmitglieds echt ist, kann nicht mehr anhand der Registerakte überprüft werden, weil die Unterschriften der Vorstandsmitglieder nicht mehr in öffentlich beglaubigter Form beim Registergericht eingereicht werden müssen (so noch § 11 Abs. 4 aF). 4

Angaben auf Geschäftsbriefen

25a (1) **Auf allen Geschäftsbriefen gleichviel welcher Form, die an einen bestimmten Empfänger gerichtet werden, müssen die Rechtsform und der Sitz der Genossenschaft, das Registergericht des Sitzes der Genossenschaft und die Nummer, unter der die Genossenschaft in das Genossenschaftsregister eingetragen ist, sowie alle Vorstandsmitglieder**

und, sofern der Aufsichtsrat einen Vorsitzenden hat, dieser mit dem Familiennamen und mindestens einem ausgeschriebenen Vornamen angegeben werden.

(2) **Der Angaben nach Absatz 1 bedarf es nicht bei Mitteilungen oder Berichten, die im Rahmen einer bestehenden Geschäftsverbindung ergehen und für die üblicherweise Vordrucke verwendet werden, in denen lediglich die im Einzelfall erforderlichen besonderen Angaben eingefügt zu werden brauchen.**

(3) [1]**Bestellscheine gelten als Geschäftsbriefe im Sinne des Absatzes 1.** [2]**Absatz 2 ist auf sie nicht anzuwenden.**

1 Die Vorschrift ergänzt § 37a HGB iVm § 17 Abs. 2 und entspricht inhaltlich § 80 Abs. 1 S. 1, Abs. 2, Abs. 3 AktG. Auf die Erl. zu diesen Vorschriften sei daher verwiesen (→ HGB § 37 Rn. 1 ff.; → § 17 Rn. 5 ff.; → AktG § 80 Rn. 1 ff.). Zur Befolgung von § 25a können die Vorstandsmitglieder vom Registergericht durch ein Zwangsgeld gem. § 160 Abs. 1 S. 1 angehalten werden.

Vertretungsbefugnis des Vorstands

26 (1) **Die Genossenschaft wird durch die von dem Vorstand in ihrem Namen geschlossenen Rechtsgeschäfte berechtigt und verpflichtet; es ist gleichgültig, ob das Geschäft ausdrücklich im Namen der Genossenschaft geschlossen worden ist, oder ob die Umstände ergeben, dass es nach dem Willen der Vertragschließenden für die Genossenschaft geschlossen werden sollte.**

(2) **Zur Legitimation des Vorstands Behörden gegenüber genügt eine Bescheinigung des Registergerichts, dass die darin zu bezeichnenden Personen als Mitglieder des Vorstands in das Genossenschaftsregister eingetragen sind.**

I. Allgemeines

1 Abs. 1 Hs. 1 wiederholt lediglich die Wirkung der Vertretung durch den Vorstand gem. § 24 Abs. 1 im rechtsgeschäftlichen Bereich und verweist implizit auf § 164 BGB. Abs. 1 Hs. 2 verdeutlicht § 164 Abs. 1 S. 2 BGB. Abs. 2 regelt die Legitimation des Vorstands einer eG im behördlichen Verkehr.

II. Rechtsgeschäftliche Wirkungen der Vertretung durch den Vorstand (Abs. 1)

2 Eine Willenserklärung, die von den Vorstandsmitgliedern innerhalb der ihnen zustehenden organschaftlichen Vertretungsbefugnis (§ 25) im Namen der eG abgegeben wird, wirkt unmittelbar für und gegen die eG. Insoweit adaptiert Abs. 1 Hs. 1 die allgemeine Vorschrift des § 164 Abs. 1 S. 1 BGB an die körperschaftliche Struktur der eG. Der **Wille, im Namen der eG zu handeln,** muss offenkundig sein, kann sich aber aus den Umständen ergeben (Abs. 1 Hs. 2, § 164 Abs. 1 S. 2 BGB, vgl. auch § 25 Abs. 4, § 25a). Bei einem unternehmensbezogenen Rechtsgeschäft, das ein Fördergeschäft der eG darstellt oder den Geschäftsbetrieb der eG betrifft, entspricht es im Zweifel dem übereinstimmenden Willen der Handelnden, dass die eG Vertragspartei werden soll; dies muss aber hinreichend deutlich zum Ausdruck kommen oder kann nur aus Umständen geschlossen werden, die der anderen Vertragspartei zumindest erkennbar sind (vgl. zB BGH 13.10.1994, NJW 1995, 43 (44)). § 164 Abs. 2, 3 BGB sind entsprechend anwendbar. Die eG muss noch nicht als solche existieren, sodass der Vorstand einer Vor-eG bereits im Namen der späteren eG handeln kann (vgl. BGH 18.9.1997, NJW 1998, 62). Für die **organschaftliche Vertretungsbefugnis** und ihren Umfang gilt → § 24 Rn. 3 f., → § 25 Rn. 2. Die Grundsätze der Anscheins- oder Duldungsvollmacht gelten entsprechend (vgl. für den Anschein der Einzelvertretungsmacht eines Gesamtvertretungsberechtigten BGH 17.2.1975, WM 1976, 503). Wird die Legitimationsbescheinigung nach Abs. 2 im rechtsgeschäftlichen Bereich einem Dritten vorgelegt, können §§ 172, 171 Abs. 1 BGB dagegen nicht analog angewendet werden (hM, für die Bestallungsurkunde eines gesetzlichen Vertreters zB RG 12.10.1910, RGZ 74, 263 (267)). Dritte werden aber nach § 29 geschützt. Fehlt den handelnden Vorstandsmitgliedern die Vertretungsbefugnis, gelten §§ 177 ff. BGB entsprechend.

III. Legitimation des Vorstands gegenüber Behörden (Abs. 2)

3 Im Rechtsverkehr der eG mit den Behörden gilt Abs. 1 idR nicht, weil es sich normalerweise nicht um Rechtsgeschäfte handelt. Nach Abs. 2 reicht deshalb gegenüber Behörden eine Bescheinigung des Registergerichts aus, die jedoch keine materielle Auswirkung auf Bestehen und Umfang der Vertretungsbefugnis hat. Für die Erteilung der Bescheinigung gelten über § 156 Abs. 1 S. 1 die Vorschriften über das Handelsregister nach § 9 Abs. 4, 5 HGB. An die Vorlage der Bescheinigung knüpft sich kein Gutglaubensschutz (zur Bedeutung einer Vorlage im rechtsgeschäftlichen Verkehr → Rn. 2).

Beschränkung der Vertretungsbefugnis

27 (1) [1] **Der Vorstand hat die Genossenschaft unter eigener Verantwortung zu leiten.** [2] **Er hat dabei die Beschränkungen zu beachten, die durch die Satzung festgesetzt worden sind.** [3] **Bei Genossenschaften mit nicht mehr als 20 Mitgliedern kann die Satzung vorsehen, dass der Vorstand an Weisungen der Generalversammlung gebunden ist.**

(2) [1] **Gegen dritte Personen hat eine Beschränkung der Befugnis des Vorstands, die Genossenschaft zu vertreten, keine rechtliche Wirkung.** [2] **Dies gilt insbesondere für den Fall, dass die Vertretung sich nur auf bestimmte Geschäfte oder Arten von Geschäften erstrecken oder nur unter bestimmten Umständen oder für eine bestimmte Zeit oder an einzelnen Orten stattfinden soll oder dass die Zustimmung der Generalversammlung, des Aufsichtsrats oder eines anderen Organs der Genossenschaft für einzelne Geschäfte erforderlich ist.**

I. Allgemeines

Anders als noch vor der Novelle 1973 ist grundsätzlich – soweit nicht von der Möglichkeit nach Abs. 1 S. 3 Gebrauch gemacht worden ist – der Vorstand das oberste Organ, das für die Leitung der eG iwS einschließlich der Geschäftsführung (vgl. auch § 34 Abs. 1 S. 1) zuständig ist. Abs. 1 S. 1 ist insoweit an § 76 Abs. 1 AktG angeglichen worden. Insbesondere kann die Generalversammlung grundsätzlich nicht mehr durch Beschlüsse Weisungen an den Vorstand in allen Fragen der Geschäftsführung erteilen. Außerdem darf anders als nach § 111 Abs. 4 S. 2 Fall 2 AktG der Aufsichtsrat nicht durch Beschluss bestimmte Geschäftsarten dem Vorbehalt seiner Zustimmung unterwerfen. Der Vorstand ist zwar an die konkreten, zwingend statutarischen Beschränkungen nach Abs. 1 S. 2 gebunden (sie betreffen entgegen dem missverständlichen Titel nicht die Vertretungs-, sondern die Geschäftsführungsbefugnis ieS). Doch darf weder dem Vorstand noch einzelnen Vorstandsmitgliedern die allgemeine Leitungsbefugnis ganz entzogen oder als bloße Hülse belassen werden. Die Beschränkungen der Geschäftsführungsbefugnis sind im Außenverhältnis Dritten gegenüber unwirksam (Abs. 2). 1

II. Leitung der eG und Geschäftsführungsbefugnis des Vorstands

„Leiten" iSv Abs. 1 S. 1 meint die organschaftliche Leitung der eG selbst sowie die Führung aller Geschäfte, Geschäftsarten und Geschäftsbereiche der eG, einschließlich der Mitgliedergeschäfte iRd Förderzwecks. Die **Geschäftsführungsbefugnis ieS** ist auf das Innenverhältnis bezogen und erfasst zunächst die gesamte Planung und Zielsetzung für die eG, sodann die Durchführung aller Entscheidungen und Maßnahmen in personeller, sachlicher, organisatorischer und finanzieller Hinsicht, die dem Unternehmensgegenstand dienen, ferner die interne Kontrolle und den Jahresabschluss. Die **Geschäftsführungsbefugnis iwS** umfasst auch die Ausübung der Vertretungsmacht im Außenverhältnis. Aus Abs. 2 S. 1, 2 folgt die Pflicht des Vorstands, von seiner Vertretungsmacht nur insoweit Gebrauch zu machen, als er im Innenverhältnis geschäftsführungsbefugt ist. Zur **organschaftlichen Leitung der eG** gehört vor allem die Durchführung der von der Satzung auferlegten Pflichten (vgl. zB BGH 1.12.2003, NJW-RR 2004, 900 (901)) sowie der wirksamen Beschlüsse der Generalversammlung, sofern sie nicht in seine Geschäftsführungsbefugnis eingreifen, ferner zB die Einberufung der Generalversammlung (§ 44 Abs. 1) oder die Führung der Mitgliederliste (§ 30 Abs. 1). **Abs. 1 S. 1** formuliert die Leitung der eG als Pflicht des Vorstands, die alle haupt-, neben- und ehrenamtliche Vorstandsmitglieder gleichermaßen trifft und verantwortungsvoll zu erfüllen ist (vgl. BGH 1.12.2003, NJW-RR 2004, 900 (901 f.): **„Gesamtverantwortung"**), zugleich aber als eine Kompetenzberechtigung, die dem Vorstand von den anderen Organen und auch von der Satzung nicht genommen werden darf. Der Prüfung durch den Prüfungsverband nach § 53 Abs. 1 S. 1 unterliegt die gesamte Geschäftsführung sowie aus dem Bereich der organschaftlichen Leitung die Führung der Mitgliederliste nach § 30. 2

Die Leitung muss **unter eigener Verantwortung** des Vorstands erfolgen, dh vor allem frei von Weisungen anderer Organe oder Dritter, auch in Fragen und Geschäften von grundsätzlicher Bedeutung. Der Vorstand darf freilich Informationen oder Empfehlungen von dritter Seite (zB vom Prüfungsverband) einholen. Dass der Prüfungsverband eine Warnung unterlässt, enthebt den Vorstand nicht der eigenen Pflicht, die geeigneten Maßnahmen zu ergreifen (BGH 1.12.2003, NJW-RR 2004, 900 (902)). Auf mangelnden Sachverstand kann sich ein Vorstandsmitglied nicht berufen (vgl. BGH 3.12.2001, NZG 2002, 195 (196 f.)). Soweit nicht das Gesetz oder die Satzung entgegensteht, dürfen Aufgaben delegiert werden, sofern die letzte Entscheidung beim Vorstand verbleibt und der Vorstand auch hinsichtlich des Entscheidungsprozesses „die Zügel in der Hand" behält. Ferner kann der Vorstand entsprechend § 119 Abs. 2 AktG von sich aus beantragen, dass über einzelne Geschäftsführungsfragen die Generalversammlung beschließt (zB Beuthien/*Beuthien* Rn. 7, 10). Beruht die Handlung des Vorstands auf dem Beschluss, ist der Vorstand nach § 34 Abs. 4 S. 1 gegenüber der eG nicht ersatzpflichtig. An den Beschluss der Generalversammlung ist der Vorstand entsprechend § 83 Abs. 2 AktG gebunden (aA Beuthien/*Beuthien* Rn. 7). 3

4 **Vorstandsbeschlüsse** zu Fragen der Geschäftsführung werden idR in Vorstandssitzungen gefasst, deren Einberufung und Verfahren in einer **Geschäftsordnung** geregelt werden. Die Geschäftsordnung (einschließlich einer Ressortverteilung) kann sich der Vorstand durch einstimmigen Beschluss selbst geben, soweit nicht die Satzung selbst einzelne Verfahrensfragen einer Geschäftsordnung geregelt hat (vgl. § 77 Abs. 2 AktG, str.). Weil der Vorstand oberstes Leitungsorgan ist und der Aufsichtsrat anders als im Aktienrecht in der Sache keine Zustimmungsvorbehalte beschließen kann (→ Rn. 1), ist zweifelhaft, ob die Satzung dem Aufsichtsrat die Zuständigkeit für den Erlass einer Geschäftsordnung für den Vorstand zuweisen kann (axiomatisch bejahend *Fett/Heuser* ZfgG 2015, 209 (218)). Von der durch den Vorstand selbst beschlossenen Geschäftsordnung können die Vorstandsmitglieder einstimmig abweichen. Die Geschäftsordnung kann eine Beschlussfassung außerhalb von Sitzungen (zB im schriftlichen oder elektronischen Umlaufverfahren) erlauben (vgl. § 28 Abs. 1 BGB, § 32 Abs. 2 BGB). Die Beschlussfähigkeit kann an ein Quorum geknüpft werden. Mehrheitsbeschlüsse sind möglich, weil das GenG eine Vorschrift wie § 77 Abs. 1 AktG nicht kennt und § 28 Abs. 1 BGB iVm § 32 Abs. 1 S. 3 BGB analog angewendet werden kann. Eine statutarische Regelung von Mehrstimmrechten für einzelne Vorstandsmitglieder widerspräche der gleichen Leitungsverantwortung aller Vorstandsmitglieder (→ Rn. 2, vgl. zB PFB/*Fandrich* Rn. 13). Für den Ausschluss vom Stimmrecht gilt § 34 BGB über § 28 Abs. 1 BGB entsprechend. Bei **Verstößen** gegen gesetzliche oder statutarische Bestimmungen, ist der betreffende Vorstandsbeschluss nichtig. Dies gilt uU auch, wenn der Beschluss gegen elementare Verfahrensvorschriften verstößt, zB wenn ein Vorstandsmitglied nicht ordnungsgemäß zu einer Vorstandssitzung geladen wurde und es dem Beschluss widerspricht. Dass an einem nichtigen Beschluss eine für die gesetzliche Vertretung hinreichende Anzahl von Vorstandsmitgliedern mitgewirkt hat, berührt die Nichtigkeit nicht (für den eV str.). Für die Vertretungsmacht gilt § 27 Abs. 2.

4a Im Jahr 2020 durchgeführte Vorstandssitzungen oder gemeinsame Sitzungen mit dem Aufsichtsrat (§ 57 Abs. 4, § 58 Abs. 4) können nach Art. 2 § 3 Abs. 6, § 7 Abs. 3 des Gesetzes zur Abmilderung der Folgen der COVID-19-Pandemie im Zivil-, Insolvenz- und Strafverfahrensrecht vom 27.3.2020 (BGBl. 2020 I 569) im Umlaufverfahren in Textform oder in Telefon- oder Videokonferenzen stattfinden, es sei denn die Satzung oder Geschäftsordnung sieht dies ohnehin vor.

III. Beschränkung der Geschäftsführungsbefugnis

5 Immanent wird die Leitungsmacht des Vorstands vom **Förderzweck** (→ § 1 Rn. 3 ff.) und vom **Unternehmensgegenstand** (→ § 1 Rn. 17 f.) sowie von den gesetzlichen Vorschriften begrenzt. Beschränkungen der Geschäftsführungsbefugnis ergeben sich direkt aus **§ 39 Abs. 2** und indirekt (über die Beschränkung der Vertretungsmacht) aus **§ 39 Abs. 1, 3** sowie **§ 181 BGB.** Soweit nicht eine Satzungsklausel nach Abs. 1 S. 3 vorliegt (→ Rn. 5a), unterliegt der Vorstand bei der Geschäftsführung nicht den Weisungen und sonstigen Beschlüssen der Generalversammlung (so noch § 27 Abs. 1 idF bis 1974). Soweit die Generalversammlung nach dem GenG in anderen Angelegenheiten zuständig ist, wird der Vorstand freilich an ihre Beschlüsse gebunden. Für **Grundlagengeschäfte** gelten die Beschränkungen in den Holzmüller-Fällen (BGH 25.2.1982, BGHZ 83, 122) und den Folgeentscheidungen zum Aktienrecht entsprechend (→ AktG § 119 Rn. 1 ff.). Wenn durch eine Maßnahme der Kern der Unternehmenstätigkeit der eG tangiert ist und durch sie die Struktur der eG grundlegend verändert wird, muss der Vorstand einen Beschluss der Generalversammlung herbeiführen. **Abs. 1 S. 2** erlaubt, dass die Satzung dem Vorstand präzise bestimmte Beschränkungen hinsichtlich der Geschäftsführung auferlegt. Grundsätzlich möglich ist es, manche Entscheidungen des Vorstands von der Zustimmung der Generalversammlung oder des Aufsichtsrats abhängig zu machen. Solche statutarischen **Zustimmungsvorbehalte** dürfen aber nicht zu weit in die Kompetenz des Vorstands zur Leitung der eG eingreifen (→ Rn. 1–3). Die Satzung darf die Geschäftsführungsbefugnis des Vorstands nur beschränken, sie darf sie jedoch nicht einem anderen Organ zuweisen, auch nicht in Gestalt eines Initiativrechts oder einer Befugnis, dem Vorstand Weisungen (auch nicht einzelne) zu erteilen (hM). Im Fall einer unwirksamen Zustimmungsvorbehalts kann es zu einer Haftung des Vorstands und ggf. Aufsichtsrats kommen (näher *Fett/Heuser* ZfgG 2015, 209 (219 ff.)). Weitere Beschränkungsmöglichkeiten ergeben sich indirekt aus **Abs. 2 S. 2.** Es können bestimmte Geschäfte, die von der eG nicht betrieben werden sollen (zB Gewährung langfristiger Kredite), von der Geschäftsführungsbefugnis ausgenommen werden. Nicht jedoch darf die Satzung dem Vorstand die Befugnis für bestimmte Geschäfte lediglich entziehen oder einem anderen Organ zuweisen. Aus der Erwähnung des „anderen Organs" in Abs. 2 S. 2 kann geschlossen werden, dass in der Satzung fakultative Organe eingeführt werden dürfen (→ § 9 Rn. 1, → § 18 Rn. 19). Die **Geschäftsordnung** (→ Rn. 4) bindet den Vorstand zwar verfahrensmäßig, sie stellt aber keine Beschränkung der Geschäftsführungsbefugnis dar.

5a Nach § 27 Abs. 1 idF bis 1974 musste der Vorstand solche Beschränkungen beachten, die durch „Beschluss der Generalversammlung festgesetzt sind". Seit der Ergänzung von **S. 3** in **Abs. 1** durch die Novelle vom 22.7.2017 (BGBl. 2017 I 2434) kann eine **kleine eG mit höchstens 20 Mitgliedern** zu dem bis 1974 geltenden Rechtszustand zurückkehren, indem statutarisch eine **Bindung des Vorstands an Weisungen der Generalversammlung** vorgesehen wird. Diese Bindung gilt erst ab Wirksamkeit der Satzungsänderung und ähnelt derjenigen des GmbH-Geschäftsführers nach § 37 Abs. 1 GmbHG. Mit der Änderung wird die Generalversammlung zum „obersten" Geschäftsleitungsorgan. Der Vorstand ist an ihre Weisungen gebunden, soweit sie in einem Beschluss gefasst worden sind. Ein Beschluss der Generalversammlung muss so unmissverständlich formuliert sein, dass ihm ein Weisungscharakter eindeutig entnommen werden kann. Entscheidet sich eine kleine eG mit höchstens 20 Mitgliedern dafür, von der Möglichkeit des Abs. 1 S. 3 Gebrauch zu machen, empfiehlt es sich, zugleich eine **Schriftform oder elektronische Form der Beschlüsse** gem. § 43 Abs. 7 S. 1 vorzuschreiben.

IV. Wirkung der Beschränkung im Rechtsverkehr (Abs. 2 S. 1)

Das rechtliche Können in Gestalt der Vertretungsbefugnis (-macht) im Verhältnis zu Dritten kann im Einzelfall weiterreichen als das rechtliche Dürfen iRd Geschäftsführungsbefugnis. Wenn dem Vorstand im Innenverhältnis auferlegt wird, seine Vertretungsbefugnis nur in beschränktem Umfang auszuüben, mithin bei einer Beschränkung der Geschäftsführungsbefugnis iwS, ist eine solche Beschränkung nach Abs. 2 S. 1 Dritten gegenüber unwirksam. Diese Vorschrift betrifft im Kontext von Abs. 1 S. 2 und Abs. 2 S. 2 nur die statutarischen Beschränkungen der Geschäftsführungsbefugnis samt den immanenten Schranken des Förderzwecks und Unternehmensgegenstands, nicht dagegen die sich aus dem Gesetz ergebenden Schranken der Vertretungsmacht nach § 25, ferner nach § 39 und § 181 BGB. **Dritte** iSv Abs. 2 S. 1 sind grundsätzlich auch die Mitglieder der eG als Kunden iRd Fördergeschäftsverkehrs, unabhängig davon, ob das Fördergeschäft auf der Satzung beruht oder schuldvertraglich ausgestaltet ist (hM, zB Beuthien/*Beuthien* Rn. 22). Da Abs. 2 S. 1 Bedeutung nur im rechtsgeschäftlichen Verkehr hat, ist er auf das rein mitgliedschaftliche Verhältnis der eG zu ihren Mitgliedern nicht anwendbar. Dies gilt auch für Vorstände und Aufsichtsräte, die zugleich Mitglieder sein müssen. Auf ihre mit der eG geschlossenen Anstellungsverträge wird Abs. 2 S. 1 entweder schon nicht angewendet oder ihnen wird die Eigenschaft als Dritte abgesprochen (zB Beuthien/*Beuthien* Rn. 22). Weiß der Dritte von einem Missbrauch der Vertretungsbefugnis oder ist er ihm in objektiver Weise evident oder handelt der Dritte kollusiv gemeinsam mit dem Vorstand zum Nachteil der eG, sind die Rechtsprechungsgrundsätze über den Missbrauch der Vertretungsmacht und damit die §§ 177 ff. BGB entsprechend anzuwenden. 6

Änderung des Vorstands und der Vertretungsbefugnis

28 **[1] Jede Änderung des Vorstands oder der Vertretungsbefugnis eines Vorstandsmitglieds hat der Vorstand zur Eintragung in das Genossenschaftsregister anzumelden. [2] Der Anmeldung sind die Urkunden über die Änderung in Urschrift oder Abschrift beizufügen. [3] Die Eintragung ist vom Gericht bekannt zu machen.**

I. Anmelde- und eintragungspflichtige Tatsachen (S. 1)

Jede Änderung in der Zusammensetzung des Vorstands und seiner Stellvertreter (§ 35) ist eine im Genossenschaftsregister einzutragende Tatsache (→ § 10 Rn. 3) und muss zur Eintragung angemeldet werden, mithin jede Bestellung (→ § 24 Rn. 7 ff.) und jede Beendigung der Organstellung (→ § 24 Rn. 11 ff.). Auch die nur vorläufige Amtsenthebung nach § 40 sowie die einvernehmliche vorübergehende Suspendierung bedürfen der Anmeldung und Eintragung nach § 28, weil auch sie zu einer Änderung der vertretungsberechtigten Personen führen (für § 40: § 18 Abs. 1 S. 2 GenRegV). Die Stellung eines Vorstandsmitglieds als Stellvertreter nach § 35 kann zwar in der Anmeldung kenntlich gemacht werden, sie wird aber wegen der Gefahr von Missverständnissen nicht in das Register eingetragen (vgl. zur GmbH BGH 10.11.1997, NJW 1998, 1071 (1072)). Die Eintragung eines Stellvertreterzusatzes sieht auch § 18 Abs. 1 S. 3 GenRegV nicht vor. Anmelde- und eintragungspflichtig ist außerdem jede Änderung der Vertretungsbefugnis seiner Mitglieder und seiner Stellvertreter (§ 35). Damit sind nur die Änderungen der Vertretungsart nach § 25 Abs. 1, 2 gemeint, nicht etwaige Beschränkungen nach § 27 Abs. 1 S. 2, Abs. 2. Die Einzelermächtigung nach § 25 Abs. 3 wird überwiegend für nicht eintragungspflichtig gehalten (zB PFB/*Fandrich* Rn. 3, Beuthien/*Beuthien* Rn. 4). Dies steht allerdings in Widerspruch zur der hM, dass die Einzelermächtigung die Gesamtvertretungsbefugnis erweitere (→ § 25 Rn. 3). Konsequent ist sie eine Änderung der Vertretungsbefugnis iSv S. 1 und muss angemeldet werden. 1

II. Verfahren der Anmeldung und Eintragung

Für die Anmeldung gelten zunächst grundsätzlich die Regelungen, die auch für eine Erstanmeldung des Vorstands und seiner Vertretungsbefugnis nach §§ 10, 11 gelten (→ § 10 Rn. 7 ff., → § 11 Rn. 2). Abweichend hiervon müssen nach § 157 nicht sämtliche Vorstandsmitglieder die Anmeldung einreichen, sondern die jeweils vertretungsberechtigten Vorstandsmitglieder (→ § 10 Rn. 9). Bei der Anmeldung eines neu bestellten Vorstandsmitglieds kann das gewählte bzw. bestellte Vorstandsmitglied selbst bereits mitwirken. Ehemalige Vorstandsmitglieder, deren Organstellung beendet ist, dürfen nicht mehr 2 die Anmeldung einreichen. Dies gilt auch für gem. § 40 vorläufig ihres Amtes enthobene Vorstandsmitglieder. Für die der Anmeldung beizufügenden Urkunden (zB Sitzungsprotokoll der Generalversammlung oder des Aufsichtsrates mit dem Beschluss zur Bestellung oder Abberufung eines Vorstandsmitglieds) genügt eine einfache Abschrift (§ 8 GenRegV), abweichend von § 11 Abs. 2 Nr. 2 zur Erstanmeldung kann auch das Original eingereicht werden **(S. 2).** Ihre Unterschriftzeichnung müssen die Vorstandsmitglieder anders als noch vor der Novelle 2006 nach § 28 Abs. 2 aF nicht mehr in öffentlich beglaubigter Form einreichen. Für die Form der Anmeldung und für das Eintragungsverfahren s. iÜ → § 11 Rn. 4 sowie → § 10 Rn. 9. Das Registergericht prüft entsprechend § 11a Abs. 1, ob ordnungsgemäß angemeldet wurde sowie ob die Änderung ordnungsgemäß erfolgt ist und mit dem angemeldeten Inhalt übereinstimmt. Die Eintragung der Änderungen hat nur deklaratorische Bedeutung. Wie die Ersteintragung (§ 12 Abs. 2 Nr. 4) muss die Eintragung der Änderungen nach **S. 3** bekannt gemacht werden (zur Bekanntmachung → § 12 Rn. 1 ff.).

Publizität des Genossenschaftsregisters

29 (1) **Solange eine Änderung des Vorstands oder der Vertretungsbefugnis eines Vorstandsmitglieds nicht in das Genossenschaftsregister eingetragen und bekannt gemacht ist, kann sie von der Genossenschaft einem Dritten nicht entgegengesetzt werden, es sei denn, dass sie diesem bekannt war.**

(2) [1]**Ist die Änderung eingetragen und bekannt gemacht worden, so muss ein Dritter sie gegen sich gelten lassen.** [2]**Dies gilt nicht bei Rechtshandlungen, die innerhalb von fünfzehn Tagen nach der Bekanntmachung vorgenommen werden, sofern der Dritte beweist, dass er die Änderung weder kannte noch kennen musste.**

(3) **Ist die Änderung unrichtig bekannt gemacht, so kann sich ein Dritter auf die Bekanntmachung der Änderung berufen, es sei denn, dass er die Unrichtigkeit kannte.**

I. Allgemeines

1 § 156 verweist nicht auf § 15 HGB. Vielmehr genießt das Genossenschaftsregister nach § 29 nur in begrenztem Umfang einen öffentlichen Glauben wie nach § 15 HGB. Die Registerpublizität gilt nicht für alle Eintragungen im Genossenschaftsregister, sondern nur für die **Eintragungen nach § 28** über die Vorstandsmitglieder und deren Stellvertreter (§ 35), über die Prokuristen und Liquidatoren (§ 42 Abs. 1 S. 3, § 86) sowie über deren jeweilige Vertretungsbefugnis (→ § 10 Rn. 5). In diesem Rahmen dürfen sich Dritte nach Abs. 1 auf das Schweigen hinsichtlich einzutragender Tatsachen verlassen (negative Publizität) und nach Abs. 3 ausnahmsweise auf die Richtigkeit des Registerinhalts (positive Publizität). Abs. 2 regelt, inwieweit sich Dritte eingetragene und bekannt gemachte Änderungen entgegenhalten lassen müssen. Geschützte Dritte iS dieser Vorschrift sind neben den Nichtmitgliedern die Mitglieder, soweit sie Kunden im Fördergeschäftsverkehr mit der eG sind, mit Ausnahme der unmittelbar betroffenen Vorstandsmitglieder. Der Schutz umfasst den rechtsgeschäftlichen Verkehr einschließlich der außervertraglichen Ansprüche, die im Zusammenhang mit einem Rechtsgeschäft stehen, ferner den Prozessverkehr einschließlich von Vollstreckungshandlungen (vgl. zu § 15 HGB BGH 9.10.1978, NJW 1979, 42).

II. Begrenzte negative Publizität des Genossenschaftsregisters (Abs. 1)

2 Ein Dritter darf darauf vertrauen, dass sich die eG ihm gegenüber auf die eintragungspflichtige Änderung des Vorstands oder seiner Vertretungsbefugnis (→ § 28 Rn. 1) nicht berufen darf, solange diese Änderung nicht im Genossenschaftsregister eingetragen ist oder eingetragen, aber nicht bekannt gemacht ist (vgl. die Erl. zu § 15 Abs. 1 HGB → HGB § 15 Rn. 1 ff.). Die negative Publizität des Genossenschaftsregisters ist auf solche Änderungen begrenzt. Nur dem Schweigen des Registers darf geglaubt werden, nicht jedoch, dass die Eintragungen und Bekanntmachungen tatsächlich richtig sind (dafür gilt allein Abs. 3, → Rn. 4). Nach hM kann sich der Dritte hinsichtlich derselben Tatsache, die an verschiedenen Stellen im Anspruchsaufbau relevant wird, das eine Mal auf die Rechtslage und das andere Mal auf den Registerinhalt berufen (vgl. zum Streit um die „Rosinentheorie" die Erl. zu § 15 Abs. 1 HGB → HGB § 15 Rn. 1 ff.). Abs. 1 ist grundsätzlich auch bei fehlender Voreintragung anwendbar, wenn die Eintragung eines Vorstandsmitglieds oder seiner Vertretungsbefugnis entgegen § 11 Abs. 3, § 12 Abs. 2 Nr. 4 oder nach § 28 unterblieb und die (abermalige) Änderung noch nicht eingetragen oder bekannt gemacht ist; der Dritte wird in diesem Fall hinsichtlich einer potentiell anderweitig erlangten Kenntnis der voreintragungspflichtigen Tatsache geschützt (vgl. zu § 15 Abs. 1 HGB zB BGH 11.11.1991, BGHZ 116, 37 (44 f.)). Der Dritte wird auch dann geschützt, wenn er nicht in das Register geschaut hat. Dem Dritten schadet nur positive Kenntnis von der Änderung. Hierfür trägt die eG die Beweislast. Aus Abs. 1 folgt, dass die eG eine Änderung des Vorstands oder seiner Vertretungsbefugnis

nur dann Dritten entgegenhalten **kann,** wenn die Änderung eingetragen und bekannt gemacht ist. Geschützt wird (anders als in Abs. 2) nur der Dritte.

III. Wirkung eingetragener und bekannt gemachter Änderungen gegen Dritte (Abs. 2)

Anders als Abs. 1 betrifft Abs. 2 nicht den Schutz des Dritten, sondern den Schutz der eG und jedes anderen (letzteres ist str.) im Verhältnis zu dem Dritten. Der Dritte **muss** sich eine sowohl eingetragene als auch bekannt gemachte Änderung entgegenhalten lassen. Wie bei Abs. 1 besteht ein Wahlrecht, sich auf den Registerinhalt oder (wenn der Dritte dies ebenfalls tut, sonst gilt uU Abs. 3) auf die wahre Rechtslage zu berufen. Der Dritte kann sich nach Abs. 2 S. 2 in einer Schonfrist von fünfzehn Tagen seit der Bekanntmachung der Änderung (§ 28 S. 3) auf fehlende Kenntnis oder fehlendes Kennenmüssen berufen. Hierfür trägt der Dritte die Beweislast. Kennenmüssen bedeutet nach § 122 Abs. 2 BGB eine (leicht oder grob) fahrlässige Unkenntnis. Wird ein besonderer Vertrauenstatbestand (zB über § 25 Abs. 4, § 25a) erweckt, kann sich der Dritte hierauf im Einzelfall entgegen dem Registerinhalt berufen bzw. ist der eG die Berufung auf den Registerinhalt wegen Rechtsmissbrauchs versagt (iE str., vgl. die Erl. zu § 15 Abs. 2 HGB → HGB § 15 Rn. 1 ff.). 3

IV. Begrenzte positive Publizität des Genossenschaftsregisters (Abs. 3)

Abs. 3 betrifft wie Abs. 1 den Schutz eines Dritten. Geschützt wird das Vertrauen Dritter, dass die Bekanntmachung (§ 28 S. 3) von Änderungen in der Zusammensetzung des Vorstands oder von Änderungen seiner Vertretungsbefugnis tatsächlich der wahren Rechtslage entspricht. Abs. 3 knüpft an den Rechtsschein an, den die Veröffentlichung des Registerinhalts im Rechtsverkehr hervorruft oder hervorrufen kann. Worauf die Unrichtigkeit der Bekanntmachung beruht, ist gleichgültig (zB unwirksame Bestellung zum Vorstandsmitglied, Fehler des Registergerichts). Nach hM ist für Abs. 3 zu fordern, dass der Rechtsschein zurechenbar veranlasst wurde (zB Beuthien/*Beuthien* Rn. 27; zum Parallelproblem bei § 15 Abs. 3 HGB → HGB § 15 Rn. 12). Hierfür genügt, dass die Änderung überhaupt beantragt worden ist. Dies wird wegen des Antragsprinzips (→ § 10 Rn. 9) regelmäßig der Fall sein. Zu weit ginge es, für Abs. 3 eine wirksame Anmeldung zu verlangen. Sonst wäre der Schutz des Dritten schon dann ausgeschlossen, wenn ein unwirksam bestelltes Vorstandsmitglied an der Anmeldung mitwirkt und die Anmeldung nicht durch die erforderliche Zahl vertretungsberechtigter Vorstandsmitglieder eingereicht wurde. Anders als bei der allgemeinen Rechtsscheinhaftung schadet dem Dritten (wie bei Abs. 1) nur positive Kenntnis. Ferner muss der Rechtsschein nicht ursächlich geworden sein (der Dritte muss nicht ins Register geschaut oder von der Bekanntmachung gewusst haben). Neben Abs. 3 bleiben die Grundsätze der allgemeinen Rechtsscheinhaftung anwendbar. 4

V. Analoge Anwendung auf andere eintragungspflichtige Tatsachen?

Die entsprechende Anwendung von § 29 ist in § 42 Abs. 1 S. 3, § 86 für Prokuristen und Liquidatoren ausdrücklich angeordnet und ist auch in § 35 für Stellvertreter vorgesehen. Darüber hinaus ist bei anderen eintragungspflichtigen Tatsachen (→ § 10 Rn. 2 f.) eine Analogie mangels planwidriger Regelungslücke abzulehnen (str., wie hier zB Beuthien/*Beuthien* Rn. 3; *ABL/Althanns* Genossenschafts-HdB Rn. 6). Dies ergibt sich auch daraus, dass § 29 nicht allgemein auf eintragungspflichtige Tatsachen abstellt wie § 15 HGB, aber iÜ fast identisch ist mit dem Wortlaut von § 15 Abs. 1–3 HGB. Diejenigen eintragungspflichtigen Tatsachen, die eine Satzungsänderung darstellen, werden nach § 16 Abs. 6 erst mit der Eintragung wirksam. Sie können einem Dritten vor der insoweit konstitutiven Eintragung nicht entgegengehalten werden. Auf die Richtigkeit der zu den Registerakten genommenen Fassung der Satzung können die Dritten mithin faktisch idR vertrauen (→ § 10 Rn. 5) – vorbehaltlich der Nichtigerklärung gem. § 51 Abs. 5 und der Eintragung eines Nichtigkeitsvermerks nach § 23 GenRegV (→ § 51 Rn. 22; zur Aussetzung des Eintragungsverfahrens in diesen Fällen → § 16 Rn. 21). Allerdings wird dieses Vertrauen nicht gemäß oder analog § 29 Abs. 1 geschützt. Auch vor einer nicht erfolgten, nach § 156 Abs. 1 S. 2, § 16 Abs. 5 aber notwendigen Bekanntmachung der Satzungsänderung wird der Dritte nicht analog § 29 Abs. 1 geschützt (str., s. oben). Wollte man einen solchen Schutz, müsste § 29 Abs. 1 in § 16 Abs. 6 für entsprechend anwendbar erklärt werden. 5

Mitgliederliste

30 (1) **Der Vorstand ist verpflichtet, die Mitgliederliste zu führen.**

(2) [1]**In die Mitgliederliste ist jedes Mitglied der Genossenschaft mit folgenden Angaben einzutragen:**

1. **Familienname, Vornamen und Anschrift, bei juristischen Personen und Personenhandelsgesellschaften Firma und Anschrift, bei anderen Personenvereinigungen Bezeichnung und**

Anschrift der Vereinigung oder Familiennamen, Vornamen und Anschriften ihrer Mitglieder,
2. Zahl der von ihm übernommenen weiteren Geschäftsanteile,
3. Ausscheiden aus der Genossenschaft.

²Die Satzung kann regeln, mit welchen weiteren erforderlichen Angaben jedes Mitglied eingetragen wird. ³Der Zeitpunkt, zu dem der Beitritt, eine Veränderung der Zahl weiterer Geschäftsanteile oder das Ausscheiden wirksam wird oder geworden ist, ist anzugeben.

(3) **¹Die Unterlagen, aufgrund deren die Eintragung des Beitritts, der Veränderung der Zahl weiterer Geschäftsanteile oder des Ausscheidens in die Mitgliederliste erfolgt, sind drei Jahre aufzubewahren. ²Die Frist beginnt mit dem Schluss des Kalenderjahres, in dem das Mitglied aus der Genossenschaft ausgeschieden ist. ³Im Übrigen gelten für die Aufbewahrung der Unterlagen die Regelungen für Handelsbriefe in § 257 des Handelsgesetzbuchs.**

I. Allgemeines

1 Nach § 15 Abs. 2 S. 1 ist ein aufgenommenes Mitglied unverzüglich in die Mitgliederliste einzutragen. Entsprechendes gilt nach §§ 69, 76 Abs. 3, § 77 Abs. 3 bei Beendigung der Mitgliedschaft. Einzelheiten insbesondere zur Zuständigkeit des Listenführenden, zum Inhalt, mit dem ein Mitglied einzutragen ist, sowie zu den aufzubewahrenden Unterlagen enthält § 30. Die **Wirkung einer Eintragung in der Mitgliederliste** ist nur deklaratorisch und entscheidet nicht darüber, ob ein Mitglied tatsächlich wirksam beigetreten ist (→ § 15 Rn. 9). Dies richtet sich vielmehr allein nach § 15 (→ HGB § 15 Rn. 1 ff.). Anders als bei § 16 Abs. 1 GmbHG ist die Person, die in der Mitgliederliste eingetragen ist, nicht als Mitglied gegenüber der eG legitimiert (anders noch zu § 70 Abs. 2 aF zB LG Hagen 28.4.1960, NJW 1960, 1303).

II. Führung der Mitgliederliste (Abs. 1)

2 Als Teil der organschaftlichen Leitung der eG obliegt es dem Vorstand, die Mitgliederliste zu führen (→ § 27 Rn. 2). Der Vorstand darf die Listenführung an Mitarbeiter oder Dritte delegieren, sofern er die Listenführung überwacht (die „Zügel in der Hand behält", → § 27 Rn. 3). Die Liste muss den Mitgliederstand jederzeit korrekt abbilden. Sowohl die Pflichtangaben nach Abs. 2 als auch die weiteren Angaben müssen richtig eingetragen und laufend aktualisiert werden. Das einzelne Mitglied hat aus dem Mitgliedschaftsverhältnis gegen die eG einen Anspruch auf richtige und vollständige Aufnahme der zu seiner Person zu machenden Angaben in der Mitgliederliste (OLG Naumburg 12.12.2019, NZG 2020, 715 Rn. 15, 23). Die Art und Weise, wie die Liste geführt wird, ist nicht vorgeschrieben. Für die Einsichtnahme nach § 31 sowie für die Vorlage bei Gericht nach § 32 müssen aber Abschriften möglich sein. Ist der Vorstand das für die Zulassung neuer Mitglieder zuständige Organ nach § 15, muss er neben der Listenführung auch die Eintragungen veranlassen und die Mitglieder unverzüglich darüber und ggf. über die Ablehnung einer Eintragung informieren (→ § 15 Rn. 9). Die Führung der Mitgliederliste unterliegt der Prüfung durch den Prüfungsverband gem. § 53 Abs. 1 S. 1. Zur Befolgung der Vorschriften nach §§ 30, 32 kann das Registergericht nach § 160 Abs. 1 S. 1 ein Zwangsgeld festsetzen.

III. Inhalt der Liste (Abs. 2)

3 Sämtliche Mitglieder sind in die Liste einzutragen, auch die Gründer (→ § 15 Rn. 9), gleich ob ordentliche oder investierende Mitglieder. Die Angaben in **Abs. 2 S. 1 Nr. 1** dienen der Individualisierung des Mitglieds und sind bereits in der Beitrittserklärung zu nennen (→ § 15 Rn. 3). **Abs. 2 S. 1 Nr. 2** entspricht der Pflicht, die Beteiligung mit mehreren Geschäftsanteilen gem. § 15b Abs. 3 S. 2 in die Mitgliederliste einzutragen. Werden einzelne Geschäftsanteile nach § 67b gekündigt, ist die Zahl der übernommenen Geschäftsanteile entsprechend zu reduzieren. Das Ausscheiden eines Mitglieds, das nach **Abs. 2 S. 1 Nr. 3** iVm § 69 in die Liste einzutragen ist, kann auf §§ 65, 66, 67, 67a, 68, 76, 77a beruhen, auf § 77 nur dann, wenn nicht die Satzung bestimmt, dass die Mitgliedschaft durch die Erben fortgesetzt wird. Im Fall der Auflösung der eG ist § 75 zu beachten und die Liste ggf. zu korrigieren. Abs. 2 S. 1 ist **nicht abschließend,** doch erlaubt **Abs. 2 S. 2** idF der Novelle vom 22.7.2017 (BGBl. 2017 I 2434) in der Satzung über die „weiteren erforderlichen Angaben", mit denen Mitglieder in die Liste einzutragen sind, zu disponieren. Im Hinblick auf § 43 Abs. 3 S. 3 Nr. 2 kann in der Satzung zB die **Angabe des Berufes** für notwendig erklärt werden (→ § 43 Rn. 13), ebenso die im Hinblick auf § 8 Abs. 2 S. 2 erforderliche Angabe, ob es sich um ein **investierendes oder ordentliches Mitglied** handelt. Die Aufnahme dieser **weiteren erforderlichen Angaben** in die Mitgliederliste wird seit der Novelle vom 22.7.2017 (BGBl. 2017 I 2434) **nicht mehr** als **zwingend** erachtet (BT-Drs. 18/11506, 25; anders noch BT-Drs. 16/1025, 82). Wenn die Satzung allerdings Bestimmungen über investierende Mitglieder (§ 8 Abs. 2) oder Mehrstimmrechte (§ 43 Abs. 3 S. 2)

enthält und von der Möglichkeit nach Abs. 2 S. 2 kein Gebrauch gemacht wird, muss die eG die Angaben über die Eigenschaft als investierendes Mitglied oder den Beruf **in anderer Weise als durch Eintragung in die Mitgliederliste** beweiskräftig vorhalten, damit die Entscheidungen, ob und welche Stimmrechte ein Mitglied in der Generalversammlung hat, rechtssicher getroffen werden können (vgl. § 8 Abs. 2 S. 2, § 43 Abs. 3 S. 3 Nr. 2). Für **Abs. 2 S. 3** genügt die Angabe des Datums, an dem der Beitritt, eine Veränderung in der Zahl weiterer Geschäftsanteile oder das Ausscheiden wirksam werden. Weitere Veränderungen oder Gründe für die Eintragung oder Änderung (zB Beitrittserklärung, Ausscheiden wegen ordentlicher oder außerordentlicher Kündigung des Mitglieds, Kündigung eines Gläubigers, Wohnsitzaufgabe usw) sind seit der Neufassung vom 22.7.2017 (BGBl. 2017 I 2434) nicht mehr zu dokumentieren. Der Beitritt wird erst mit der Zulassung wirksam (→ § 15 Rn. 5, vgl. auch § 15b Abs. 3 S. 1), es genügt mithin nicht das Datum der Beitrittserklärung (dieses sollte allerdings beim Grund vermerkt werden). Die ordentliche Kündigung wird nach § 65 Abs. 2 S. 1 zum Geschäftsjahresende wirksam.

IV. Aufbewahrung von Unterlagen (Abs. 3)

Um Streitigkeiten zwischen der eG und ihren Mitgliedern zu vermeiden und ferner um dem Prüfungsverband eine Prüfung zu ermöglichen, müssen die den Eintragungen zugrundeliegenden Unterlagen – seit der Novelle vom 22.7.2017 (BGBl. 2017 I 2434) nur noch Beitrittserklärungen, Kündigungserklärungen und Unterlagen über den Erwerb oder die Veräußerung weiterer Geschäftsanteile – während der gesamten Dauer der Mitgliedschaft eines Mitglieds und darüber hinaus noch weitere drei Jahre aufbewahrt werden. Der Zeitraum orientiert sich daran, dass die Nachschusspflichten und Auseinandersetzungsansprüche der Mitglieder in aller Regel spätestens nach drei Jahren geltend gemacht werden. Es empfiehlt sich zwar, die Unterlagen möglichst im Original aufzubewahren, um im Fall eines Prozesses auch einen Urkundenbeweis zu ermöglichen. Doch genügt nach Abs. 3 S. 3 idF der Novelle 2017 die Einhaltung der Aufbewahrungsvorschriften für Handelsbriefe nach § 257 Abs. 3 HGB, wonach unter bestimmten Voraussetzungen eine elektronische Archivierung erlaubt wird (Beuthien/*Beuthien* Rn. 8). 4

Einsicht in die Mitgliederliste

31 (1) [1]**Die Mitgliederliste kann von jedem Mitglied sowie von einem Dritten, der ein berechtigtes Interesse darlegt, bei der Genossenschaft eingesehen werden.** [2]**Abschriften aus der Mitgliederliste sind dem Mitglied hinsichtlich der ihn betreffenden Eintragungen auf Verlangen zu erteilen.**

(2) [1]**Der Dritte darf die übermittelten Daten nur für den Zweck speichern und nutzen, zu dessen Erfüllung sie ihm übermittelt werden; eine Speicherung und Nutzung für andere Zwecke ist nur zulässig, soweit die Daten auch dafür hätten übermittelt werden dürfen.** [2]**Ist der Empfänger eine nicht öffentliche Stelle, hat die Genossenschaft ihn darauf hinzuweisen; eine Speicherung und Nutzung für andere Zwecke bedarf in diesem Fall der Zustimmung der Genossenschaft.**

Zwingend muss einem **Mitglied** auf Verlangen die Einsichtnahme in die Mitgliederliste gewährt und gegen Erstattung von Aufwendungen Abschriften erteilt werden, letzteres allerdings grundsätzlich nur von den Eintragungen, die es betreffen. Ausnahmsweise muss die eG aufgrund ihrer Treuepflicht einem Mitglied eine Abschrift von der vollständigen Liste oder von Teilen daraus zur Verfügung stellen, wenn das Mitglied ein entsprechend berechtigtes Interesse hat (zB für die Feststellung, ob ein Recht zur Einberufung der Generalversammlung nach § 45 oder § 43a Abs. 7 besteht; vgl. BT-Drs. 16/1025, 85). Das Einsichtnahme- und Abschriftrecht erstreckt sich auf die Unterlagen nach § 30 Abs. 3 S. 1 (str.). **Dritte** haben ein berechtigtes Interesse an der Einsichtnahme nur ausnahmsweise, zB der Prüfungsverband iR seiner Prüfungspflicht oder das Registergericht (§ 32) oder der Gläubiger eines Mitglieds, wenn er das Geschäftsguthaben pfänden und sich überweisen lassen will (vgl. § 66). Ansatzpunkte für ein Recht auf Beitritt zur eG rechtfertigen die Einsicht nicht (AG Schwäbisch Hall 17.4.2001, NZG 2001, 813). Das Einsichtnahmerecht des Dritten umfasst nur die Listenangaben, auf die sich sein berechtigtes Interesse bezieht. Hinsichtlich der Verwendung der Daten unterliegen die Mitglieder der mitgliedschaftlichen Treuepflicht und den allgemeinen datenschutzrechtlichen Vorschriften, Dritte zusätzlich der Zweckbindung nach Abs. 2. 1

Vorlage der Mitgliederliste beim Gericht

32 **Der Vorstand hat dem Registergericht auf dessen Verlangen eine Abschrift der Mitgliederliste unverzüglich einzureichen.**

1 Um seiner Prüfungspflicht nach § 11a Abs. 1 nachzukommen (zB wegen der Prüfung der satzungsändernden Einführung einer Vertreterversammlung nach § 43a oder wegen § 45 Abs. 3), die entsprechend für spätere Anmeldungen (insbesondere von Satzungsänderungen) gilt, hat das Registergericht (§ 10 Abs. 1) die nach § 160 Abs. 1 S. 1 zwangsgeldbewehrte Möglichkeit, dass ihm eine Abschrift der Mitgliederliste eingereicht wird. Es hat auch ein Einsichtnahmerecht (→ § 31 Rn. 1). Die Einreichung muss ohne schuldhaftes Zögern erfolgen. Das Registergericht muss ein berechtigtes Prüfungsinteresse nicht darlegen.

Buchführung; Jahresabschluss und Lagebericht

33 (1) [1]**Der Vorstand hat dafür zu sorgen, dass die erforderlichen Bücher der Genossenschaft ordnungsgemäß geführt werden.** [2]**Der Jahresabschluss und der Lagebericht sind unverzüglich nach ihrer Aufstellung dem Aufsichtsrat und mit dessen Bemerkungen der Generalversammlung vorzulegen.**

(2) **Mit einer Verletzung der Vorschriften über die Gliederung der Bilanz und der Gewinn- und Verlustrechnung sowie mit einer Nichtbeachtung von Formblättern kann, wenn hierdurch die Klarheit des Jahresabschlusses nur unwesentlich beeinträchtigt wird, eine Anfechtung nicht begründet werden.**

(3) **Ergibt sich bei Aufstellung der Jahresbilanz oder einer Zwischenbilanz oder ist bei pflichtgemäßem Ermessen anzunehmen, dass ein Verlust besteht, der durch die Hälfte des Gesamtbetrags der Geschäftsguthaben und die Rücklagen nicht gedeckt ist, so hat der Vorstand unverzüglich die Generalversammlung einzuberufen und ihr dies anzuzeigen.**

Übersicht

I. Allgemeines

1 Die Buchführung und die Erstellung des Jahresabschlusses und eines etwaigen Lageberichts obliegen dem Vorstand iR seiner Geschäftsführungsbefugnis nach § 27 Abs. 1 S. 1 (→ § 27 Rn. 2). Als Formkaufmann (§ 17 Abs. 2) unterliegt die eG den Vorschriften der §§ 238–263 HGB insbesondere über die Buchführungspflicht, die Eröffnungsbilanz und den Jahresabschluss. Ergänzende Vorschriften gelten speziell für die eG zur Aufstellung von Jahresabschluss und Lagebericht, zur Bilanz, zum Anhang und zur Offenlegung (insbesondere zur Einreichung beim Genossenschaftsregister) nach §§ 336–339 HGB. Die Vorschriften für Kapitalgesellschaften nach §§ 264–335 HGB gelten direkt nicht; einige dieser Vorschriften sind aber nach § 336 Abs. 2, 3 HGB, § 339 Abs. 3 HGB auf die eG entsprechend anwendbar. Für Kreditgenossenschaften und Genossenschaften, die Finanzdienstleistungsinstitute sind, gelten die §§ 340–340o HGB sowie die aufsichtsrechtlichen Vorlage- und Offenlegungsvorschriften der §§ 26 ff. KWG und die Verordnung über die Rechnungslegung der Kreditinstitute und Finanzdienstleistungsinstitute (RechKredV, BGBl. 1998 I 3658). Für die Wohnungsgenossenschaften mit Spareinrichtung gelten die §§ 340 ff. HGB nicht (§ 340 Abs. 3 HGB). Ist die eG Konzernspitze (→ § 1 Rn. 33) und sind die Voraussetzungen von § 11 Abs. 1 PublG erfüllt, finden die Konzernrechnungslegungsvorschriften der §§ 11 ff. PublG Anwendung.

II. Ordnungsgemäße Buchführung

Der Inhalt der Buchführungspflicht richtet sich nach §§ 238, 239 HGB. Für die ordnungsgemäße Buchführung ist der Vorstand insgesamt verantwortlich. Er darf diese Aufgabe zwar an ein Vorstandsmitglied oder an einen Dritten übertragen, muss aber als Gesamtorgan die Voraussetzungen für eine ordnungsgemäße Buchführung schaffen und deren Durchführung überwachen (die „Zügel in der Hand behält", → § 27 Rn. 3). Die Satzung kann die Pflicht zur ordnungsgemäßen Buchführung nicht einem anderen Organ oder einem Dritten überlassen. Bei **Verstößen** haftet der gesamte Vorstand nach § 34 Abs. 2. Eine Pflichtverletzung oder ein Verschulden derjenigen Personen, deren sich der Vorstand zur Erfüllung der Buchführungspflicht bedient, muss er sich nach § 278 S. 1 BGB zurechnen lassen. Der Beschluss der Generalversammlung gem. § 48 Abs. 1 S. 1 entlastet den Vorstand nicht gem. § 34 Abs. 4 S. 1. Ferner machen sich die Vorstandsmitglieder uU strafbar nach § 283 Abs. 1 Nr. 5, 6, Abs. 3–6 StGB, § 283b StGB, eventuell auch nach § 147 Abs. 2. 2

III. Jahresabschluss und Lagebericht

1. Allgemeines. Der Jahresabschluss der eG wird aus der Bilanz und der Gewinn- und Verlustrechnung gebildet und einem Anhang (§ 336 Abs. 1 S. 1 HGB, § 242 Abs. 3 HGB). Daneben ist ein Lagebericht zu erstellen. Der Jahresabschluss und der Lagebericht für ein Geschäftsjahr müssen **innerhalb der ersten fünf Monate** des Folgegeschäftsjahrs aufgestellt werden (§ 336 Abs. 1 S. 2 HGB). Dazu gehört, dass sämtliche Vorstandsmitglieder (auch die Stellvertreter) den Jahresabschluss unterzeichnen. Der Jahresabschluss muss die GoB beachten und die tatsächliche Vermögens-, Finanz- und Ertragslage der eG korrekt abbilden. 3

a) Bilanz. Die Bilanz der eG ist der Abschluss, der das Verhältnis des Vermögens und der Schulden der eG auf den Schluss eines Geschäftsjahres in Kontoform und in der nach § 336 Abs. 2 S. 1 Nr. 2 HGB iVm § 266 Abs. 2, 3 HGB vorgeschriebenen Gliederung darstellt. Allerdings hat die eG keine Posten „gezeichnetes Kapital" und „Gewinnrücklagen", sondern ihr Eigenkapital setzt sich stattdessen aus dem Gesamtbetrag aller Geschäftsguthaben und aus den Ergebnisrücklagen zusammen, die wiederum aus der gesetzlichen Rücklage nach § 7 Nr. 2 sowie aus den anderen Ergebnisrücklagen (zB die nach § 73 Abs. 3, die gesondert zu vermerken ist) bestehen (§ 337 Abs. 1, 2 HGB, → § 7 Rn. 1). Bei den Ergebnisrücklagen sind (in der Bilanz oder im Anhang) die Beträge einzeln aufzuführen, die aus dem Vorjahresgewinn oder aus dem Jahresüberschuss eingestellt oder für das Geschäftsjahr entnommen werden (§ 337 Abs. 3 HGB). Sondervorschriften gelten nach § 336 Abs. 2 S. 3 HGB, § 337 Abs. 4 HGB für Kleinstgenossenschaften iSv § 267a HGB. 4

b) Gewinn- und Verlustrechnung. In der Gewinn- und Verlustrechnung werden die Aufwendungen und Erträge eines Geschäftsjahres nach der Gliederung des Gesamtkostenverfahrens oder (weniger üblich) des Umsatzkostenverfahrens gegenübergestellt (§ 242 Abs. 2 HGB und § 336 Abs. 2 S. 1 Nr. 2 HGB iVm § 275 HGB). 5

c) Anhang. Im Anhang sind die allgemeinen Pflichtangaben aufzuführen, zB die Bilanzierungs- und Bewertungsmethoden (insbesondere die Auswirkungen ihrer Änderung), die Gesamtbeträge der bilanziell ausgewiesenen finanziellen Verpflichtungen, die eine Restlaufzeit von mehr als fünf Jahren haben oder für die Sicherheiten gestellt wurden, sowie der nicht ausgewiesenen Verpflichtungen, die für die Beurteilung der Finanzlage der eG von Bedeutung sind, davon wiederum gesondert die Verpflichtungen gegenüber verbundenen Unternehmen (§ 336 Abs. 2 S. 1 Nr. 2 HGB iVm §§ 284, 285 HGB). Nach **§ 338 HGB** sind für die eG besondere Angaben zu machen, vor allem die Anzahl der im abgelaufenen Geschäftsjahr beigetretenen und ausgeschiedenen Mitglieder, die Mitgliederzahl und der Gesamtbetrag der Haftsummen aller Mitglieder am Bilanzstichtag und die Gesamtbeträge, um die sich die Geschäftsguthaben und Haftsummen vermehrt oder vermindert haben. Ferner sind der Name und die Anschrift des Prüfungsverbandes, dem die eG angehört, sowie den (Familien-)Namen und mindestens einen ausgeschriebenen Vornamen aller Personen anzugeben, die während des abgelaufenen Geschäftsjahres dem Vorstand (auch als Stellvertreter) oder dem Aufsichtsrat angehört haben (§ 338 Abs. 2 HGB). Die Angaben zu Vergütungen, Vorschüssen und Krediten an Organmitglieder nach § 285 S. 1 Nr. 9 HGB sind entbehrlich; stattdessen sind nur die Forderungen der eG gegen die Mitglieder des Vorstands und des Aufsichtsrats (ggf. auch eines fakultativen weiteren Organs) aufzuführen, wobei die Angabe des gesamten Forderungsbetrages pro Organ ausreicht (§ 338 Abs. 3 HGB). Für Kleinstgenossenschaft iSv § 267a HGB gilt § 338 Abs. 4 HGB. 6

d) Lagebericht. Im Lagebericht muss der Vorstand insbesondere die gegenwärtige Lage der eG mit Verlauf und Ergebnis des laufenden Geschäftsjahres darstellen und ihre künftige Lage mit den wesentlichen Chancen und Risiken beurteilen und erläutern (näher § 289 HGB). 7

8 **e) Ausnahmen für die kleine eG iSv § 267 Abs. 1 HGB.** Eine kleine eG iSv § 267 Abs. 1 HGB (weniger als 6 Mio. EUR Bilanzsumme; weniger als 12 Mio. EUR Umsatzerlöse in den letzten zwölf Monaten vor dem Abschlussstichtag; weniger als 50 Arbeitnehmer im Jahresdurchschnitt) ist von der Erstellung eines Lageberichts dispensiert (§ 336 Abs. 2 S. 1 HGB iVm § 264 Abs. 1 S. 3 Hs. 1 HGB, § 267 Abs. 1 HGB) und muss nur eine verkürzte Bilanz nach § 266 Abs. 1 S. 3 HGB aufstellen. Sie unterliegt gewissen Erleichterungen nach § 288 HGB hinsichtlich des Anhangs. Erleichterungen gelten ferner für Kleinstgenossenschaften iSv § 267a HGB (→ Rn. 4, → Rn. 6).

9 **2. Vorlagepflichten (Abs. 1 S. 2).** Sobald der Vorstand den Jahresabschluss und den Lagebericht spätestens am Ende der **Fünfmonatsfrist des § 336 Abs. 1 S. 2 HGB** (→ Rn. 4) im Folgegeschäftsjahr aufgestellt hat, muss er Jahresabschluss und Lagebericht ohne schuldhaftes Zögern zunächst dem Aufsichtsrat vorlegen und muss ihm einen Vorschlag unterbreiten, wie ein Jahresüberschuss verwendet oder ein Fehlbetrag gedeckt werden soll. Dem Aufsichtsrat muss genügend Zeit gegeben werden, um seiner Prüfungspflicht nach § 38 Abs. 1 S. 5 nachkommen zu können. Eine Pflichtprüfung durch den Prüfungsverband nach § 53 Abs. 2 sollte sinnvoll schon vor der Prüfung durch den Aufsichtsrat stattfinden (Beuthien/*Schöpflin* § 48 Rn. 2). Der Aufsichtsrat kann den Jahresabschluss und Lagebericht mit schriftlichen und zumindest vom Aufsichtsratsvorsitzenden unterschriebenen Bemerkungen (Bericht des Aufsichtsrats) versehen und muss alles so rechtzeitig an den Vorstand zurückleiten, dass die **Sechsmonatsfrist des § 48 Abs. 1 S. 3** (gerechnet ab Beginn des Folgegeschäftsjahres) noch eingehalten werden kann. Der Vorstand oder das statutarisch vorgesehene Organ (§ 44 Abs. 1) muss die Generalversammlung so rechtzeitig einberufen, dass sie innerhalb des genannten Sechsmonatszeitraums im Folgegeschäftsjahr stattfinden kann. Den Jahresabschluss und Lagebericht muss der Vorstand sodann samt dem Bericht des Aufsichtsrates der Generalversammlung vorlegen, die über die Feststellung des Jahresabschluss sowie über Überschussverwendung oder Verlustdeckung zu beschließen hat (§ 48 Abs. 1 S. 1, 2), und mindestens eine Woche vor der Versammlung nach § 48 Abs. 3 auslegen oder den Mitgliedern in anderer Weise zur Kenntnis bringen. Die Vorlagepflichten des Vorstands nach Abs. 1 S. 2 und auch die Auslagepflichten sind zwangsgeldbewehrt nach § 160 Abs. 1 S. 2.

10 **3. Offenlegung (§ 339 HGB).** Den von der Generalversammlung nach § 48 Abs. 1 S. 1 festgestellten Jahresabschluss muss der Vorstand unverzüglich nach Stattfinden der Generalversammlung samt Lagebericht und Aufsichtsratsbericht, ggf. mit einem Bestätigungsvermerk nach § 58 Abs. 2 iVm § 322 HGB (bei einer großen eG iSv § 267 Abs. 3 HGB), in elektronischer Form beim Betreiber des Bundesanzeigers einreichen (§ 339 Abs. 1 S. 1, 2 Hs. 1 HGB). Die Bekanntmachung muss unverzüglich nach der Einreichung geschehen und geht auf Kosten der offenlegungspflichtigen eG (BT-Drs. 16/960, 48 f.). Für Form und Inhalt der offengelegten Unterlagen gilt § 328 HGB. Ist ein etwa notwendiger Bestätigungsvermerk vom Prüfungsverband versagt worden, muss dies auf dem eingereichten Jahresabschluss vermerkt und dieser Vermerk vom Prüfungsverband unterschrieben sein (§ 339 Abs. 1 S. 2 Hs. 2 HGB). Bestätigungs- oder Versagungsvermerk sind unverzüglich nach Abschluss der Prüfung einzureichen, wenn die Prüfung durch den Prüfungsverband im Zeitpunkt der Einreichung des Jahresabschlusses noch nicht abgeschlossen ist (§ 339 Abs. 1 S. 3 HGB). Muss ein bereits eingereichter Jahresabschluss oder Lagebericht nach der Prüfung geändert werden, ist die geänderte Fassung wiederum einzureichen (§ 339 Abs. 1 S. 4 HGB). Anstelle des HGB-Abschlusses kann ein IAS-Einzelabschluss gem. § 339 Abs. 2 S. 1 HGB, § 325 Abs. 2a HGB, § 315a Abs. 1 HGB offengelegt werden, sofern dieser Abschluss den jeweiligen internationalen Rechnungslegungsstandard und bestimmte Vorschriften für den HGB-Abschluss nach § 325 Abs. 2a S. 3 HGB erfüllt. Über eine solche Offenlegung beschließt die Generalversammlung, sofern nicht die Satzung den Aufsichtsrat für zuständig erklärt (§ 48 Abs. 4). Für eine kleine und für eine mittelgroße eG nach § 267 Abs. 1, 2 HGB gelten auch bei der Offenlegung gewisse Erleichterungen nach § 339 Abs. 2 S. 1 HGB, § 326 Abs. 1 HGB, § 327 HGB. Kleinstgenossenschaften iSv § 267a HGB können von den Erleichterungen nach § 326 Abs. 2 HGB, § 339 Abs. 2 S. 2 HGB Gebrauch machen.

11 **4. Eingeschränkte Anfechtbarkeit des Beschlusses der Generalversammlung über die Feststellung des Jahresabschlusses (Abs. 2).** Grundsätzlich können Beschlüsse der Generalversammlung nach § 51 angefochten werden, sofern nicht der Beschluss im Einzelfall (analog § 241 AktG) nichtig ist (→ § 51 Rn. 2 ff.). Dies gilt auch für den Beschluss nach § 48 Abs. 1 S. 1, mit dem die Generalversammlung den Jahresabschluss feststellt. Anfechtbar ist der Beschluss grundsätzlich bei jedem Gesetzes- oder Satzungsverstoß (§ 51 Abs. 1 S. 1). Um insbesondere kleineren Genossenschaften eine Rechnungslegung ohne die Hilfe von Fachleuten zu ermöglichen, schränkt Abs. 2 die Anfechtbarkeit von Beschlüssen (nicht nur nach § 48 Abs. 1 S. 1) ein, sofern es sich nur um unwesentliche Fehler bei der Gliederung der Bilanz oder der Gewinn- und Verlustrechnung handelt oder Formblätter nicht beachtet werden und dies aus der Sicht eines sachverständigen Dritten der Klarheit des Jahresabschlusses nicht abträglich ist. Die Anfechtbarkeit iÜ bleibt erhalten (→ § 51 Rn. 1 ff.).

IV. Pflicht des Vorstands zur Einberufung der Generalversammlung und zur Anzeige von Verlusten (Abs. 3)

Neben der normalen Einberufung der Generalversammlung zur Feststellung des Jahresabschlusses (→ Rn. 10), besteht eine besondere Einberufungspflicht des Vorstands nach Abs. 3, wenn der Vorstand während der Aufstellung des Jahresabschlusses absieht, dass eine Unterbilanz besteht, die bereits über die Hälfte des Eigenkapitals (Geschäftsguthaben und Rücklagen, → § 7 Rn. 1) hinausreicht, muss der Vorstand ohne schuldhaftes Zögern die Generalversammlung einberufen und ihr die Unterbilanz anzeigen. Die Anzeige ist bereits in die Tagesordnung aufzunehmen. Die Pflicht zur Einberufung und zur Verlustanzeige trifft den Vorstand unabhängig davon, ob nach § 44 Abs. 1 statutarisch ein anderes Organ für die Einberufung der Generalversammlung ermächtigt wurde. Die Pflicht besteht auch, wenn der Vorstand in einem vorgelagerten Zeitraum nach pflichtgemäßem Ermessen von einer derartigen Unterbilanz erfährt. Je nach den Umständen ist er verpflichtet, eine Zwischenbilanz aufzustellen. Für die Feststellung des Verlusts gelten §§ 252 ff. HGB. Die Bewertung darf bei positiver Fortbestehensprognose für die eG nach going-concern-Werten erfolgen (hM, → AktG § 92 Rn. 5). Stille Reserven dürfen nur dann aufgelöst werden, wenn dies auch im Jahresabschluss für das laufende Geschäftsjahr möglich wäre (str., → AktG § 92 Rn. 6). Bei Verstößen gegen Abs. 3 machen sich die Vorstandsmitglieder uU strafbar nach § 148 Abs. 1 Nr. 1. Die Pflicht, einen Antrag auf Eröffnung des Insolvenzverfahrens über das Vermögen der eG zu stellen, hat der Vorstand nach § 99 spätestens drei Wochen nach Eintritt der Zahlungsunfähigkeit oder Überschuldung. Ein Antragsrecht hat jedes Vorstandsmitglied. Stellen den Antrag nicht alle Vorstandsmitglieder, ist er nur zulässig, wenn die Zahlungsunfähigkeit oder Überschuldung glaubhaft gemacht wird; die übrigen Vorstandsmitglieder sind anzuhören (§ 15 Abs. 2 InsO). 12

(weggefallen)

33a-33i

Sorgfaltspflicht und Verantwortlichkeit der Vorstandsmitglieder

34 (1) [1]**Die Vorstandsmitglieder haben bei ihrer Geschäftsführung die Sorgfalt eines ordentlichen und gewissenhaften Geschäftsleiters einer Genossenschaft anzuwenden.** [2]**Eine Pflichtverletzung liegt nicht vor, wenn das Vorstandsmitglied bei einer unternehmerischen Entscheidung vernünftigerweise annehmen durfte, auf Grundlage angemessener Informationen zum Wohle der Genossenschaft zu handeln.** [3]**Über vertrauliche Angaben und Geheimnisse der Genossenschaft, namentlich Betriebs- oder Geschäftsgeheimnisse, die ihnen durch die Tätigkeit im Vorstand bekannt geworden sind, haben sie Stillschweigen zu bewahren.**

(2) [1]**Vorstandsmitglieder, die ihre Pflichten verletzen, sind der Genossenschaft zum Ersatz des daraus entstehenden Schadens als Gesamtschuldner verpflichtet.** [2]**Ist streitig, ob sie die Sorgfalt eines ordentlichen und gewissenhaften Geschäftsleiters einer Genossenschaft angewandt haben, tragen sie die Beweislast.** [3]**Wenn ein Vorstandsmitglied im Wesentlichen unentgeltlich tätig ist, muss dies bei der Beurteilung seiner Sorgfalt zu seinen Gunsten berücksichtigt werden.**

(3) **Die Mitglieder des Vorstands sind namentlich zum Ersatz verpflichtet, wenn entgegen diesem Gesetz oder der Satzung**

1. **Geschäftsguthaben ausgezahlt werden,**
2. **den Mitgliedern Zinsen oder Gewinnanteile gewährt werden,**
3. **Genossenschaftsvermögen verteilt wird,**
4. **Zahlungen geleistet werden, nachdem die Zahlungsunfähigkeit der Genossenschaft eingetreten ist oder sich eine Überschuldung ergeben hat, die für die Genossenschaft nach § 98 Grund für die Eröffnung des Insolvenzverfahrens ist,**
5. **Kredit gewährt wird.**

(4) [1]**Der Genossenschaft gegenüber tritt die Ersatzpflicht nicht ein, wenn die Handlung auf einem gesetzmäßigen Beschluss der Generalversammlung beruht.** [2]**Dadurch, dass der Aufsichtsrat die Handlung gebilligt hat, wird die Ersatzpflicht nicht ausgeschlossen.**

(5) [1]**In den Fällen des Absatzes 3 kann der Ersatzanspruch auch von den Gläubigern der Genossenschaft geltend gemacht werden, soweit sie von dieser keine Befriedigung erlangen können.** [2]**Den Gläubigern gegenüber wird die Ersatzpflicht weder durch einen Verzicht oder Vergleich der Genossenschaft noch dadurch aufgehoben, dass die Handlung auf einem Be-**

schluss der Generalversammlung beruht. [3] Ist über das Vermögen der Genossenschaft das Insolvenzverfahren eröffnet, so übt während dessen Dauer der Insolvenzverwalter oder Sachverwalter das Recht der Gläubiger gegen die Vorstandsmitglieder aus.

(6) **Die Ansprüche aus diesen Vorschriften verjähren in fünf Jahren.**

Übersicht

I. Allgemeines

1 Die Vorschrift regelt (wie § 93 AktG für die AG, → AktG § 93 Rn. 1 ff.) den Umfang der Sorgfaltspflichten eines Vorstandsmitglieds, den Sorgfaltsmaßstab sowie die Haftung auf Schadensersatz gegenüber der eG und die Haftungsmodalitäten. § 34 gilt gleichermaßen für haupt-, neben- und ehrenamtliche Vorstandsmitglieder sowie für Stellvertreter nach § 35 und ist entsprechend anwendbar auf die Mitglieder des Aufsichtsrats (§ 41) und auf die Liquidatoren (§ 89 S. 1). Aufsichtsratsmitglieder, die nach § 37 Abs. 1 S. 2 für eine begrenzte Zeit zu Vorstandsmitgliedern bestellt werden, haften als Vorstandsmitglieder. § 34 gilt nach § 41 sinngemäß für Aufsichtsratsmitglieder (→ § 41 Rn. 1 ff.). Weil § 34 an die Organstellung, nicht an einen Anstellungsvertrag mit der eG anknüpft, findet er sinngemäße Anwendung auf die Mitglieder von fakultativen Organen (→ § 9 Rn. 1), soweit ihnen die Satzung Pflichten auferlegt. Auch ein nach § 39 Abs. 1 S. 2 gewählter Bevollmächtigter der eG haftet insoweit nach § 34, als er funktional den Aufsichtsrat ersetzt und als ein Aufsichtsratsmitglied haften würde, soweit ein Aufsichtsrat existiert hätte. Mit Beendigung der Organstellung enden die Organpflichten, nicht aber die Haftung für Pflichtverletzungen während der Amtsdauer. Die Haftung nach § 34 Abs. 2, 3 tritt neben eine Haftung aus der Verletzung eines Anstellungsvertrages (→ § 24 Rn. 13), es besteht Anspruchsgrundlagenkonkurrenz.

II. Umfang der Sorgfaltspflichten eines Vorstandsmitglieds (Abs. 1)

2 **1. Allgemeines.** Jedes Vorstandsmitglied hat sowohl die Geschäfte der eG im Einklang mit Gesetz und Satzung ordentlich und gewissenhaft zu führen als auch die Pflicht zur eigenverantwortlichen Leitung der eG als Organ ordnungsgemäß zu erfüllen. Abs. 1 konkretisiert die Pflicht des Vorstands nach § 27 Abs. 1 S. 1 zur Leitung der eG. Zugleich legt Abs. 1 den Sorgfaltsmaßstab fest (→ Rn. 7). Die Pflichten treffen jedes Vorstandsmitglied, ohne dass es sich auf eine interne Geschäftsverteilung berufen könnte. Dies ist Ausdruck der ressortübergreifenden **Gesamtverantwortung** des Vorstands (→ § 27 Rn. 2 f.) und schlägt sich in der gesamtschuldnerischen Haftung nach Abs. 2 S. 1 nieder. Bestehen konkrete Anhaltspunkte für ein Versäumnis in einem anderen Ressort, muss ein Vorstandsmitglied uU einer Maßnahme widersprechen oder sonst einschreiten und jedenfalls, wenn es etwa bei einem mit Mehrheit gefassten Vorstandsbeschluss unterlegen ist (→ § 27 Rn. 4), den Aufsichtsrat, ggf. den Prüfungsverband und möglichst auch die Generalversammlung informieren. Im Fall der wirksamen Delegation von Vorstandsaufgaben an Dritte müssen die Vorstandsmitglieder die Dritten sorgfältig auswählen und überwachen. Eine automatische Zurechnung nach § 278 BGB findet zwar nicht statt, weil Geschäftsherr die eG ist, nicht das delegierende Vorstandsmitglied. Für die Überwachungspflicht des delegierenden Vorstandsmitglieds oder Vorstands gilt jedoch ein strenger Maßstab, der jedenfalls über den Maßstab hinausgeht, der an die Gesamtverantwortung der Vorstandsmitglieder untereinander anzulegen ist. Eine Pflichtverletzung des Dritten wird daher häufig mit einer eigenen Überwachungspflichtverletzung des Vorstands einhergehen. Dass der Prüfungsverband oder der Aufsichtsrat ihren

Aufgaben insbesondere der Überwachung nicht ordnungsgemäß nachgekommen sind, entlastet die Vorstandsmitglieder nicht (BGH 1.12.2003, NJW-RR 2004, 900 (902); vgl. auch Abs. 4 S. 2). Ein Vorstandsmitglied kann auch nicht nach § 254 BGB einwenden, ein anderes Vorstandsmitglied oder ein anderes Organ sei für den Schaden mitverantwortlich (für die GmbH zB BGH 14.3.1983, NJW 1983 (1856); für die Stiftung BGH 20.11.2014, NZG 2015, 38 Rn. 22). Welche Pflichten einem Vorstandsmitglied im Einzelfall obliegen, richtet sich danach, wie ein ordentlicher und gewissenhafter Geschäftsleiter gerade einer eG diesen Zuschnitts und mit diesem Unternehmensgegenstand in der Lage des betreffenden Vorstandsmitglieds nach objektiven Kriterien unter Berücksichtigung der gesamten Umstände zu handeln hat (vgl. zB BGH 3.12.2001, NZG 2002, 195 (196 f.)). Besonders zu bedenken ist hierbei, dass der unternehmerische Erfolg der eG stets nur Mittel zur Verfolgung des Förderzwecks ist (→ § 1 Rn. 3 ff.).

a) Pflichten bei der organschaftlichen Leitung der eG. In Abs. 1 nicht direkt angesprochen sind 3
die Pflichten, die der Vorstand zunächst hinsichtlich ihrer Leitung der eG als Organ wahrzunehmen hat. Die organschaftlichen Pflichten ergeben sich zumeist aus dem Gesetz und der Satzung. Zentrale Leitungspflichten sind zB die Pflichten rund um die Aufstellung des Jahresabschlusses (§ 33, → § 33 Rn. 1 ff.), die Anmeldungen und Einreichungen beim Genossenschaftsregister (zB § 11), die Einberufung der Generalversammlung, sofern hierfür nicht ein anderes Organ statutarisch vorgesehen ist (§ 44), oder die Führung der Mitgliederliste (§ 30). Von den Vorstandsmitgliedern ist zu erwarten, dass sie an den Generalversammlungen und Sitzungen des Aufsichtsrates teilnehmen. Berührungen mit der organschaftlichen Leitung haben zB die Pflicht des Vorstands zur gerichtlichen oder außergerichtlichen Vertretung der eG (vgl. § 24 Abs. 1) oder die Pflicht, den Aufsichtsrat über bestimmte Maßnahmen der Geschäftsführung zu informieren (KG 13.2.1997, NZG 1998, 189 (191)). Außerdem müssen die Vorstandsmitglieder die dem Vorstand von der Satzung auferlegten Aufgaben erfüllen und die wirksamen Beschlüsse der Generalversammlung vollziehen, sofern diese nicht in seine Geschäftsführungsbefugnis eingreifen (→ § 27 Rn. 2). Der Vorstand muss zB dafür sorgen, dass die in der Satzung begründete Zeichnungspflicht weiterer Geschäftsanteile und die Einzahlung der Pflichtbeiträge in entsprechender Höhe gegen die Mitglieder durchgesetzt werden (BGH 1.12.2003, NJW-RR 2004, 900 (901)). Einen Ermessensspielraum hat der Vorstand nur, soweit die Satzung ihm einen solchen einräumt (BGH 1.12.2003, NJW-RR 2004, 900 (901)).

b) Pflicht zur ordentlichen und gewissenhaften Geschäftsführung. Allgemein müssen sich die 4
Vorstandsmitglieder hinsichtlich der Führung der Geschäfte der eG die notwendigen Informationsgrundlagen und Fachkenntnisse beschaffen und müssen die in der jeweiligen Branche anerkannten Erfahrungsgrundsätze und Erkenntnisse beachten (BGH 3.12.2001, NZG 2002, 195 (196) = ZIP 2002, 213). Entscheidungen müssen stets am Unternehmenswohl der eG ausgerichtet und ihre Vor- und Nachteile sorgfältig abgewogen werden. Risiken dürfen nur in sinnvoller kaufmännischer Abwägung des Chancen-Risiko-Verhältnisses und der Interessen eingegangen werden (BGH 3.12.2001, NZG 2002, 195 (196) = ZIP 2002, 213; → Rn. 5). Das Vorstandsmitglied einer Kreditgenossenschaft verletzt seine Sorgfaltspflicht zB dadurch, dass es ein Kreditgeschäft für die eG ohne bankübliche Sicherheiten abschließt oder bei der ordnungsgemäßen Bewertung der Sicherheiten die Obergrenzen für eine Beleihung nicht beachtet (BGH 3.12.2001, NZG 2002, 195 (196) = ZIP 2002, 213; BGH 21.3.2005, WM 2005, 933 (934)). Seine Pflichten verletzt das Vorstandsmitglied einer Kreditgenossenschaft in besonders schwerer Weise, wenn es entgegen aller banküblichen Vorsicht einer einzigen Gruppe von Schuldnern Kredite in einem nicht mehr verantwortbaren Umfang und ohne ausreichende Besicherung gewährt und sogar wiederholt Hinweise und Warnungen der BaFin und des Prüfungsverbandes unbeachtet ließ (BGH 14.6.1993, DStR 1993, 1189 mAnm *Goette*). Bei der Geschäftsführung muss der Vorstand außerdem die besonderen Beschränkungen, Informations- und Vorlagepflichten beachten, die ihm das Gesetz oder die Satzung ggf. auferlegen. Bestimmte Maßnahmen, für welche die Satzung zB einen Beschluss sowohl des Vorstands als auch des Aufsichtsrats fordert, darf der Vorstand nicht allein beschließen und durchführen (KG 13.2.1997, NZG 1998, 189 (190)). Allein der Verstoß gegen die statutarische Kompetenzordnung ist pflichtwidrig, sofern keine Heilung zB dadurch eintritt, dass das übergangene Organ die Maßnahme genehmigt.

c) „Business judgement rule" nach Abs. 1 S. 2. Obwohl der Gesetzgeber iRd Novelle 2006 5
Gelegenheit hatte, die „business judgement rule" wie nach § 93 Abs. 1 S. 2 AktG auch in § 34 Abs. 1 zu verankern, ist dies erst mit der Neufassung von **Abs. 1 S. 2** vom 22.7.2017 (BGBl. 2017 I 2434) geschehen. Für die Zeit vor Inkrafttreten dieser Neufassung konnte § 93 Abs. 1 S. 2 AktG nicht analog auf den Vorstand einer eG angewendet werden (in diese Richtung aber zB *Keßler/Herzberg* BB 2010, 907 ff., *Cobe/Kling* NZG 2015, 48 (49 ff.); vorsichtiger PFB/*Fandrich* Rn. 2). Bereits im RefE des BMJ zur Einführung einer Kooperationsgesellschaft von 2013 wurde die Einführung einer dem § 93 Abs. 1 S. 2 AktG entsprechenden Regelung in einem neuen § 34 Abs. 1 S. 2 vorgesehen. Dieser Entwurf fiel aber der Diskontinuität zum Opfer. Doch war bereits vor Einführung von Abs. 1 S. 2 der in § 93 Abs. 1 S. 2 AktG zum Ausdruck gekommene allgemeine Rechtsgedanke anerkannt, dass eine unternehmeri-

sche Tätigkeit ohne einen weiten Handlungsspielraum für den Geschäftsleiter kaum denkbar ist (BGH 3.12.2001, NZG 2002, 195 (196) = ZIP 2002, 213; BGH 21.3.2005, WM 2005, 933 (934)). Für Abs. 1 S. 2 nF kann auf die Judikatur und Literatur zu § 93 Abs. 1 S. 2 AktG zurückgegriffen werden. Geschäftliche Risiken mit der Gefahr von Fehlbeurteilungen oder -einschätzungen dürfen im Ansatz eingegangen werden, jedoch dann nicht, wenn aus der Sicht eines ordentlichen und gewissenhaften Geschäftsleiters unabweisbar ein hohes Schadensrisiko besteht und keine vernünftigen geschäftlichen Gründe dafür sprechen, dieses Risiko einzugehen (BGH 3.12.2001, NZG 2002, 195 (196) = ZIP 2002, 213; BGH 21.3.2005, WM 2005, 933 (934)). In jedem Fall müssen die Vorstandsmitglieder sorgfältig alle für ihre Entscheidung maßgeblichen Informations- und Beurteilungsgrundlagen ermitteln und das Pro und Contra der Handlungsalternativen sorgfältig abwägen (vgl. zB BGH 3.11.2008, NZG 2009, 117). Auf einen Handlungsspielraum können sich die Vorstandsmitglieder nur hinsichtlich unternehmerischer Entscheidungen berufen, von vornherein nicht hinsichtlich der Pflichten bei der organschaftlichen Leitung der eG (→ Rn. 3). Eine statutarische Bestimmung, welche den oben genannten allgemeinen Rechtsgedanken schon vor Inkrafttreten von Abs. 1 S. 2 nF klarstellend in der Satzung verankerte, verstieß nicht gegen § 18 S. 2 und war in das Genossenschaftsregister einzutragen (OLG Hamm 29.6.2010, NZG 2011, 1232 (1233)); sie ist auch nach Inkrafttreten von Abs. 1 S. 2 nF nicht zu löschen.

6 **2. Besondere Pflicht zur Verschwiegenheit (Abs. 1 S. 3).** Die Verschwiegenheitspflicht nach Abs. 1 S. 2 ist Ausdruck der organschaftlichen (und mitgliedschaftlichen) Treuepflicht und dauert nach Beendigung der Organstellung fort. Sie ist auch gegenüber den Mitgliedern zu wahren, auch wenn diese ein Auskunftsrecht (→ § 43 Rn. 9) haben. Die Pflicht bezieht sich auf **vertrauliche Angaben** über die eG, ihre Mitglieder oder über Dritte, die an der vertraulichen Behandlung der Angaben ein berechtigtes Interesse haben, weil ihnen aus der Offenbarung ein Nachteil entstehen kann. Erfasst werden alle vertraulichen Angaben, die einem Vorstandsmitglied in seiner Eigenschaft als Organmitglied zugänglich sind, ohne dass die Vertraulichkeit ausdrücklich vorbehalten sein muss. **Geheimnisse der eG** sind nicht nur betrieblicher oder geschäftlicher Natur, sondern betreffen alle einem nur eingeschränkten Personenkreis bekannte Tatsachen, die nach dem (durch ihre Organe tatsächlich ausgedrückten oder nach dem Förderzweck oder Unternehmensgegenstand der eG hergeleiteten mutmaßlichen) Willen der eG nicht offenbart oder verbreitet werden sollen und an deren Geheimhaltung ein objektiv anerkennenswertes Interesse besteht (iE str.). Verletzt ein Vorstandsmitglied seine Verschwiegenheitspflicht in Bezug auf Geheimnisse der eG, kann es sich nach § 151 strafbar sein. § 151 ist Schutzgesetz iSv § 823 Abs. 2 BGB.

III. Sorgfaltsmaßstab (Abs. 1 S. 1)

7 Der besondere Sorgfaltsmaßstab des Abs. 1 S. 1 ist zugleich **typisierter Verschuldensmaßstab** für die Haftung (→ Rn. 8 ff.) und geht insoweit über den allgemein für Kaufleute geltenden Maßstab des § 347 Abs. 1 HGB hinaus, als auch auf die Gewissenhaftigkeit abzustellen ist. Das Verschulden muss sich nur auf die Pflichtverletzung beziehen, nicht auch darauf, ob zB ein konkreter Schaden vorhersehbar war (BGH 21.3.2005, WM 2005, 933 (935)). Arbeitsrechtliche Haftungsmilderungen gelten nicht. Eine Beschränkung der Haftung auf Vorsatz und grobe Fahrlässigkeit kommt ferner nicht aus dem Grunde in Betracht, weil ein Vorstandsmitglied neben- oder ehrenamtlich tätig ist (BGH 1.12.2003, NJW-RR 2004, 900 (901 f.)), wegen des Charakters der eG als wirtschaftlicher Verein und Formkaufmann auch **nicht analog § 31a Abs. 1 BGB** (zB *Cobe/Kling* NZG 2015, 48 (52 f.); BT-Drs. 18/11506, 26). Die Aufnahme eines abweichenden Sorgfaltsmaßstabs für unentgeltlich oder unter 720 EUR vergütete Vorstandsmitglieder in einem neuen § 34 Abs. 2 S. 2 im RefE des BMJ zur Einführung einer Kooperationsgesellschaft von 2013 (→ Rn. 5; hierzu *Beuthien* ZRP 2013, 130 ff.) wurde nicht Gesetz. Stattdessen wurde mit **Abs. 2 S. 3** in der Neufassung vom 22.7.2017 (BGBl. 2017 I 2434) eine „flexiblere Regelung" eingeführt (BT-Drs. 18/11506, 26), deren Tatbestand („im Wesentlichen unentgeltliche Tätigkeit") und Rechtsfolge („Berücksichtigung zugunsten des Vorstandsmitglieds bei der Beurteilung seiner Sorgfalt") wenig konkret erscheinen. Ein bereichsspezifischer Sorgfaltsmaßstab für unentgeltlich oder nahezu unentgeltlich tätige Organwalter wird sich angesichts der Vielfalt der Genossenschaftsarten kaum herausbilden. Immerhin wird man aber die Neben- oder Ehrenamtlichkeit, für welche eine „im Wesentlichen unentgeltliche" Vorstandstätigkeit Indiz ist, insoweit berücksichtigen können, als zB im Einzelfall Abstriche von dem individuellen Pflichtenprogramm zu machen sind oder eine längere Einarbeitungszeit zugestanden wird (vgl. für den Binnenregress unter mehreren Vorstandsmitgliedern nach § 426 Abs. 1 S. 1 BGB BGH 1.12.2003, NJW-RR 2004, 900 (902); für den Sorgfaltsmaßstab von Aufsichtsratsmitgliedern → § 41 Rn. 4). Im Außenverhältnis bleibt die eG an § 347 HGB gebunden und haftet ggf. für ein Organisationsverschulden, sofern ein unentgeltlich tätiges Vorstandsmitglied für eine Tätigkeit eingesetzt wird, die es überfordert. Jedes Vorstandsmitglied haftet nur für **eigenes Verschulden.** Es **wird nach Abs. 2 S. 2 vermutet.** Beruft sich ein Vorstandsmitglied darauf, dass es keine konkreten Anhaltspunkte für eine Sorgfaltspflichtwidrigkeit in einem anderen Vorstandsressort hatte, ist es hierfür darlegungs- und ggf. beweispflichtig (zur Gesamtverantwortung → Rn. 2, → § 27 Rn. 2). Ist ein Vorstandsmitglied trotz seiner berechtigten Bedenken gegen eine Maßnahme der Ge-

schäftsführung überstimmt worden und hat es sämtliche Folgepflichten eingehalten (→ Rn. 2), ist ein Verschulden des betreffenden Vorstandsmitglieds trotz seiner Gesamtverantwortung zu verneinen.

IV. Schadensersatzhaftung gegenüber der eG (Abs. 2, 3)

1. Inhalt und Voraussetzungen der Haftung. Haftungstatbestand ist die dem Sorgfaltsmaßstab des Abs. 1 S. 1 widersprechende schuldhafte Verletzung von Pflichten als Vorstandsmitglied (→ Rn. 2 ff.), sofern diese Pflichtverletzung kausal für den geltend gemachten Schaden geworden ist. Haftungsfolge ist die Schadensersatzpflicht des jeweiligen Vorstandsmitglieds gegenüber der eG. Ersatzberechtigt ist nur die eG, ihre Mitglieder sind es nicht. Für den Inhalt und die Feststellung des (meist Vermögens-) Schadens gelten §§ 249 ff. BGB und die Beweiserleichterung nach § 287 Abs. 1 S. 1 Alt. 1 ZPO. Die eG kann nach § 249 Abs. 1 BGB verlangen, so gestellt zu werden, als hätte das Vorstandsmitglied seine Pflichten erfüllt. Dieses kann sich nach dem Schutzzweck nicht darauf berufen, dass es auch bei eigener Pflichterfüllung von den anderen pflichtwidrig handelnden Vorstandsmitgliedern überstimmt und der Schaden trotz eigener Pflichterfüllung eingetreten wäre. Dies widerspräche der Gesamtverantwortung aller Vorstandsmitglieder (→ Rn. 2). Versäumen es zB die Vorstandsmitglieder, eine statutarisch gebotene Zeichnung weiterer Geschäftsanteile durchzusetzen, haften sie der eG für den Beitragsausfallschaden iHd Pflichteinzahlungen, die bei einer Durchsetzung der Zeichnungspflichten fällig geworden wären (BGH 1.12.2003, NJW-RR 2004, 900 (902)). Aus ähnlichen Gründen muss sich die eG auch nicht ein etwaiges Mitverschulden der anderen Vorstandsmitglieder analog §§ 31, 254 Abs. 1, 2 S. 1 BGB anrechnen lassen. Allerdings haftet ein Vorstandsmitglied nicht auf den vollen Schaden, wenn die eG andere Mitglieder des Vorstands oder Aufsichtsrats wirksam aus der Haftung entlassen hat (BGH 1.12.2003, NJW-RR 2004, 900 (904)). 8

2. Beweislastumkehr (Abs. 2 S. 2). Während die eG grundsätzlich die Darlegungs- und Beweislast für das Vorliegen eines möglicherweise pflichtwidrigen Verhaltens (Tun, Unterlassen oder Dulden) eines Vorstandsmitglieds und dafür trifft, dass der eG aus diesem Verhalten ein Schaden adäquat-kausal entstanden ist (BGH 8.1.2007, NZG 2007, 231 Rn. 28; für die haftungsbegründende Kausalität und den Schaden gilt die Beweiserleichterung des § 287 Abs. 1 ZPO), tragen die Vorstandsmitglieder gem. Abs. 2 S. 2 die Beweislast dafür, dass sie den Sorgfaltsmaßstab nach Abs. 1 S. 1 eingehalten haben; das impliziert die Beweislast für die fehlende Pflichtwidrigkeit ihres Verhaltens. Unabhängig von Abs. 2 S. 2 tragen sie die Darlegungs- und Beweislast dafür, dass keine Pflichtverletzung vorliegt, ohnehin dann, wenn sie vor einem Prozess in tatsächlicher Hinsicht ein Geständnis abgelegt haben oder wenn bereits im Prüfungsbericht schadensersatzrelevante Einzelfälle aufgezählt werden (BGH 3.12.2001, NZG 2002, 195 (197) = ZIP 2002, 213). 9

3. Haftungsbeispiele nach Abs. 3. Für die in Abs. 3 aufgeführten Beispiele von Gesetzesverstößen (Verstöße insbesondere gegen §§ 19, 21, 22 Abs. 4, § 39 Abs. 2, § 73 Abs. 2, §§ 90 ff.) gelten die allgemeinen Voraussetzungen einer Schadensersatzhaftung (→ Rn. 8). Bedeutung hat die gesonderte Aufzählung von Haftungsbeispielen für Abs. 5 (→ Rn. 11 f., → Rn. 14). Ferner sieht die hM in Abs. 3 Nr. 1–5 jeweils eine Vermutung, dass der eG zumindest iHd ausgezahlten oder gewährten Beträge ein Schaden entstanden ist (zB Beuthien/*Beuthien* Rn. 20). 10

4. Haftungsausschluss. a) Handeln aufgrund eines Beschlusses der Generalversammlung (Abs. 4 S. 1). Erforderlich für einen Ausschluss der Haftung eines Vorstandsmitglieds ist, dass sein Handeln auf einem vorherigen Beschluss der Generalversammlung kausal beruht und dieser Beschluss gesetzmäßig zustande gekommen, mithin weder nichtig ist noch angefochten werden kann. Ein nachträglicher Genehmigungsbeschluss der Generalversammlung genügt nicht (str.), ebenso wenig gem. Abs. 4 S. 2 ein billigender Beschluss des Aufsichtsrats, weil dieser nicht darüber zu befinden hätte, ob eine bestimmte Maßnahme der Geschäftsführung getroffen wird (vgl. § 38 Abs. 1). Auch ein Beschluss der Generalversammlung, der eindeutigen Satzungsanordnungen widerspricht, kann die Haftung der Vorstandsmitglieder nicht ausschließen (BGH 1.12.2003, NJW-RR 2004, 900 (901)). Gemäß **Abs. 5 S. 2 Hs. 2** hat ein Beschluss der Generalversammlung keine Haftungsausschlusswirkung in den Fällen des Abs. 3. 11

b) Statutarischer oder vereinbarter Haftungsausschluss. Die Haftung der Organmitglieder aus Abs. 2, 3 ist wegen § 18 S. 2 zwingend und kann nicht in der Satzung und (jedenfalls im Grundsatz wegen der Gefahr der Umgehung und wegen des Gläubigerschutzes; → § 18 Rn. 19) auch nicht durch einfache Vereinbarung mit der eG beschränkt oder ausgeschlossen werden (so zB BGH 21.3.2005, WM 2005, 933 (935), für eine im Anstellungsvertrag vereinbarte Ausschlussfrist von sechs Monaten nach Beendigung des Dienstverhältnisses; PFB/*Fandrich* Rn. 26; Beuthien/*Beuthien* Rn. 22). Durch zeitliche Haftungsbeschränkungen würde sonst die ebenfalls zwingende Verjährungsvorschrift des Abs. 6 unterhöhlt (BGH 21.3.2005, WM 2005, 933 (935)). Auf die in Abs. 3 genannten Ersatzansprüche kann die eG ohnehin nicht mit Wirkung gegenüber Gläubigern verzichten oder sich über diese Ansprüche vergleichen **(Abs. 5 S. 2 Hs. 1).** Aus Abs. 5 S. 2 Hs. 1 kann ein Umkehrschluss, wonach ein Verzicht 12 oder Vergleich iÜ zulässig wäre, jedenfalls insoweit nicht hergeleitet werden, als dies den Schutz der Gläubiger tangieren würde.

13 **c) Haftungsverzicht durch Entlastung des Vorstands (§ 48 Abs. 1 S. 1).** Umstritten ist, ob die Entlastung des Vorstands durch Beschluss der Generalversammlung nach § 48 Abs. 1 S. 1 die Wirkung eines Verzichts hat oder ob § 120 Abs. 2 S. 2 AktG analog anwendbar ist (grundsätzlich bejahend BGH 3.12.2001, NZG 2002, 195 (197); offengelassen von BGH 21.3.2005, WM 2005, 933 (935)). Jedenfalls würde sich eine Verzichtswirkung der Entlastung nicht auf Ansprüche beziehen, die aus den der Generalversammlung nach § 33 Abs. 1 S. 2 vorgelegten Rechnungslegungsunterlagen nicht oder in wesentlicher Hinsicht nur so unvollständig erkennbar sind, dass die Mitglieder der eG die Tragweite des Entlastungsbeschlusses „bei Anlegung eines lebensnahen vernünftigen Maßstabes nicht zu überblicken vermögen" (BGH 3.12.2001, NZG 2002, 195 (197); ähnlich BGH 21.3.2005, WM 2005, 933 (935)).

14 **5. Geltendmachung des Anspruchs durch Gläubiger, Insolvenz- oder Sachwalter (Abs. 5 S. 1, 3).** Weil die eG oftmals kein Interesse daran hat, ihre Schadensersatzansprüche gegen die Mitglieder ihres Vorstands durchzusetzen, gibt das Gesetz den Gläubigern der eG außer im Insolvenzfall das Recht, in den besonderen Fällen des Abs. 3, nicht dagegen in allen anderen Fällen, die Ersatzansprüche der eG geltend zu machen, soweit sie von der eG keine Befriedigung erlangen können. Unabhängig von der umstrittenen dogmatischen Einordnung (hM: gesetzliche Prozessstandschaft) ist überwiegend anerkannt, dass der Gläubiger auf Leistung an sich (nicht in das Genossenschaftsvermögen) klagen kann, allerdings nur der Schaden der eG ersatzfähig ist und nur insoweit, als die eG unfähig ist, den betreffenden Gläubiger zu bezahlen (ein Vollstreckungsversuch ist nach dem Wortlaut nicht unbedingt notwendig). Die eG bleibt Inhaberin des Ersatzanspruchs nach Abs. 3. Der Anspruch des Gläubigers muss nicht zum Zeitpunkt des pflichtwidrigen Verhaltens des Vorstandsmitglieds bestanden haben. Nach Eröffnung des Insolvenzverfahrens über das Vermögen der eG (§§ 98 ff.) erlischt die Befugnis der Gläubiger zur Geltendmachung von Ersatzansprüchen (Abs. 5 S. 3). Lediglich der Insolvenzverwalter hat die Befugnis zur Einziehung nach § 80 Abs. 1 InsO, im Fall der Eigenverwaltung (§§ 270 ff. InsO) der Sachwalter.

15 **6. Verjährung (Abs. 6).** Die Ersatzansprüche aus Abs. 2, 3 verjähren in fünf Jahren seit der Entstehung des jeweiligen Anspruchs (§ 200 S. 1 BGB). Der Ersatzanspruch ist entstanden, wenn seine Voraussetzungen objektiv vorliegen und er zumindest im Wege der Feststellungsklage geltend gemacht werden kann. Daher muss feststehen, dass das pflichtwidrige Verhalten überhaupt zu einem Schaden der eG geführt hat. Es genügt aber, dass irgendein Teilschaden entstanden ist, auch wenn die exakte Schadenshöhe noch nicht beziffert werden kann. Es ist nicht notwendig, dass der Schaden endgültig bestehen bleibt. Bei einer bloßen Vermögensgefährdung wird die Verjährungsfrist dagegen noch nicht in Gang gesetzt (str. im Zusammenhang mit den Kapitalanlegerschadensfällen). Auf die Kenntnis zB des Aufsichtsrats oder der anderen Vorstandsmitglieder von der Pflichtverletzung eines Vorstandsmitglieds kommt es nicht an. Für die Berechnung der Verjährungsfrist gelten § 187 Abs. 1 BGB, § 188 Abs. 2 BGB.

V. Schadensersatzhaftung auf anderer Grundlage und gegenüber Dritten

16 Mit den Ersatzansprüchen nach Abs. 2, 3 konkurrieren etwaige Ansprüche der eG, die auf eine andere Grundlage gestützt werden, zB auf die Verletzung des Anstellungsvertrages oder auf § 826 BGB. Diese Ansprüche haben ihre je eigenen Voraussetzungen, verjähren aber ebenfalls in der nach ihrem Telos erweiternd anzuwendenden längeren Verjährungsfrist des § 34 Abs. 6 (für die Haftung eines Nachtragsliquidators BGH 24.7.2012, NZG 2012, 1076 (1078)). Eine Haftung einzelner Vorstandsmitglieder gegenüber Dritten kann sich zB aus § 280 Abs. 1 BGB, § 311 Abs. 2, 3 BGB, § 241 Abs. 2 BGB, aus § 823 Abs. 2 BGB iVm §§ 147, 148 Abs. 1 Nr. 2, § 151 oder aus § 826 BGB ergeben.

Stellvertreter von Vorstandsmitgliedern

35 **Die für Mitglieder des Vorstands gegebenen Vorschriften gelten auch für Stellvertreter von Mitgliedern.**

I. Begriff und Abgrenzung

1 Stellvertreter von Vorstandsmitgliedern sind selbst „echte" Vorstandsmitglieder mit eigenen Organbefugnissen und -pflichten, deren Befugnisse hinsichtlich der Geschäftsführung aber nach Maßgabe der Geschäftsordnung des Vorstands (→ § 27 Rn. 4) oder nach der Satzung eingeschränkt sind oder ruhen sollen, solange die ordentlichen Vorstandsmitglieder nicht verhindert sind. Sie unterliegen nicht den Weisungen der ordentlichen Vorstandsmitglieder. Von der organschaftlichen Leitungsverantwortung der eG (→ § 27 Rn. 2) sind die Stellvertreter nicht ausgeschlossen und dürfen nicht ausgeschlossen werden. Ihre Vertretungsmacht kann nur nach den für alle Vorstandsmitglieder geltenden Regeln (vor allem

gem. § 25) nach außen beschränkt werden (→ § 27 Rn. 6). Stellvertreter sind auch die nach § 37 Abs. 1 S. 2 im Fall der Verhinderung einzelner Vorstandsmitglieder bestellten Aufsichtsratsmitglieder. Von den Stellvertretern zu unterscheiden sind die Ersatzmitglieder, die unter der aufschiebenden Bedingung bestellt werden, dass ein Vorstandsmitglied dauerhaft ausscheidet, sowie die besonderen Vertreter analog § 30 BGB, die ein fakultatives Organ außerhalb des Vorstands darstellen.

II. Anwendbare Vorschriften

Stellvertreter können (auch ohne besondere Satzungsgrundlage) nach den für alle Vorstandsmitglieder 2
geltenden Vorschriften bestellt und abberufen werden. Dass ein Vorstandsmitglied Stellvertreter nach § 35 ist, kann nicht in das Register eingetragen, sondern nur in der Anmeldung kenntlich gemacht werden (→ § 28 Rn. 1). Für Stellvertreter gelten alle Vorschriften, die auf Vorstandsmitglieder Anwendung finden (zB → § 10 Rn. 2f., → § 25 Rn. 2, → § 28 Rn. 1, → § 29 Rn. 5, → § 33 Rn. 4, → § 33 Rn. 7, → § 34 Rn. 1; zur organschaftlichen Leitung und zur Vertretungsmacht → Rn. 1). Wenn die Mitwirkung aller Vorstandsmitglieder vom Gesetz oder von der Satzung gefordert wird, wie bei der Anmeldung der eG nach § 11 (→ § 11 Rn. 2) oder bei der Unterzeichnung des Jahresabschlusses (→ § 33 Rn. 4) oder bei einstimmigen Vorstandsbeschlüssen, müssen auch alle Stellvertreter mitwirken. Für die Berechnung der gesetzlichen Mindestzahl von zwei Vorstandsmitgliedern nach § 24 Abs. 2 S. 1 zählen Stellvertreter nicht (str., → § 24 Rn. 5). Nach § 34 Abs. 2, 3 haften Stellvertreter für eigenes Verschulden. Häufig werden Stellvertreter geringer vergütet.

Aufsichtsrat

36 (1) [1]**Der Aufsichtsrat besteht, sofern nicht die Satzung eine höhere Zahl festsetzt, aus drei von der Generalversammlung zu wählenden Personen.** [2]**Die zu einer Beschlussfassung erforderliche Zahl ist durch die Satzung zu bestimmen.**

(2) **Die Mitglieder des Aufsichtsrats dürfen keine nach dem Geschäftsergebnis bemessene Vergütung beziehen.**

(3) [1]**Die Bestellung zum Mitglied des Aufsichtsrats kann auch vor Ablauf des Zeitraums, für welchen es gewählt ist, durch die Generalversammlung widerrufen werden.** [2]**Der Beschluss bedarf einer Mehrheit, die mindestens drei Viertel der abgegebenen Stimmen umfasst.**

(4) **Bei einer Genossenschaft, die kapitalmarktorientiert im Sinne des § 264d des Handelsgesetzbuchs oder die CRR-Kreditinstitut im Sinne des § 1 Absatz 3d Satz 1 des Kreditwesengesetzes ist, müssen die Mitglieder des Aufsichtsrats in ihrer Gesamtheit mit dem Sektor, in dem die Genossenschaft tätig ist, vertraut sein; mindestens ein Mitglied muss über Sachverstand auf den Gebieten Rechnungslegung oder Abschlussprüfung verfügen.**

(5) [1]**Abweichend von Absatz 1 Satz 1 kann die Satzung vorsehen, dass für bestimmte Mitglieder das Recht besteht, Mitglieder in den Aufsichtsrat zu entsenden.** [2]**Die Zahl der nach Satz 1 in den Aufsichtsrat entsandten Personen darf zusammen mit der Zahl der investierenden Mitglieder im Aufsichtsrat ein Drittel der Aufsichtsratsmitglieder nicht überschreiten.**

Übersicht

I. Allgemeines

Jede eG muss grundsätzlich nach § 9 Abs. 1 S. 1 neben dem Vorstand zwingend einen Aufsichtsrat 1
haben. Nach dem dualistischen System ist dem Aufsichtsrat die Aufgabe der Überwachung des Vorstands als des Leitungsorgans zugewiesen (→ § 38 Abs. 1); Maßnahmen der Geschäftsführung darf der Aufsichtsrat grundsätzlich nicht treffen (Ausnahme: § 39 Abs. 1 S. 1). Sowohl bei der Bestellung von Aufsichtsratsmitgliedern als auch bei der Durchführung ihrer Aufgaben muss insbesondere die Unabhängigkeit des Aufsichtsrats vom Vorstand gewährleistet sein. Hinsichtlich der Bestellung und der Beendigung der Organstellung ist das Gleichbehandlungsgebot zu beachten. Keinen Aufsichtsrat muss die kleine eG mit höchstens 20 Mitgliedern (§ 9 Abs. 1 S. 2) vorsehen. Wählt die kleine eG das monistische System, nimmt die Aufsichtsratsaufgaben nach dem GenG die Generalversammlung oder ein von ihr

gewählter Bevollmächtigter (vgl. § 39 Abs. 1 S. 2, § 51 Abs. 3 S. 2, Hs. 2, § 57 Abs. 5, § 58 Abs. 3 S. 1 Hs. 2) oder der Vorstand (§ 38 Abs. 2 S. 2, § 44) wahr. Nach dem monistischen System ist die Europäische Genossenschaft (SCE) organisiert.

II. Zusammensetzung des Aufsichtsrats

2 Gemäß § 9 Abs. 2 S. 1 müssen die Aufsichtsratsmitglieder zwingend natürliche Personen sein, die geschäftsfähig und **Mitglieder der eG** sind (→ § 9 Rn. 2, → § 9 Rn. 4 ff.) und die (wegen des Verbots der Selbstüberwachung) **nicht zugleich Mitglieder des Vorstands,** dauernde Stellvertreter von Vorstandsmitgliedern nach § 35, Prokuristen oder Handlungsbevollmächtigte sein dürfen (§ 37 Abs. 1 S. 1, Ausnahme bei zeitlich begrenzter Bestellung zum Stellvertreter eines verhinderten Vorstandsmitglieds nach § 37 Abs. 1 S. 2). § 100 Abs. 1–3 AktG ist entsprechend anwendbar. Höchstens bei einem Viertel der Aufsichtsratsmitglieder darf es sich um investierende Mitglieder handeln (§ 8 Abs. 2 S. 4). Seit dem BilMoG vom 25.5.2009 (BGBl. 2009 I 1102) muss bei einer kapitalmarktorientierten eG mindestens ein Aufsichtsratsmitglied die **Qualifizierung eines unabhängigen Finanzexperten** nach Abs. 4 erfüllen (→ AktG § 100 Rn. 14 f.); als von ihr ausgegebene Wertpapiere iSv § 264d HGB kommen nur Schuldtitel iSv § 2 Abs. 1 S. 1 Nr. 3 WpHG (zB Anleihen, Genussscheine) in Betracht, wegen der fehlenden Übertragbarkeit jedoch nicht die Geschäftsanteile oder die Mitgliedschaft an der eG selbst (→ § 18 Rn. 2). Zusätzlich müssen nach dem **Gesetz zur Umsetzung der überarbeiteten Abschlussprüferrichtlinie (AReG)** vom 10.5.2016 (BGBl. 2016 I 1142) die Aufsichtsratsmitglieder einer Kreditgenossenschaft, die unter die Bankenaufsichtsverordnung (Capital Requirements Regulation, CRR), VO (EU) Nr. 575/2013 fallen, „in ihrer Gesamtheit" mit dem Sektor, in dem die eG tätig ist, vertraut sein, dh nicht notwendig jeder einzelne mit jedem Teilbereich des Sektors. **Verstöße gegen Abs. 4** führen zur Anfechtbarkeit der betreffenden Wahlbeschlüsse der Generalversammlung (vgl. für die AG zB → AktG § 100 Rn. 19; *Habersack* AG 2008, 98 (106); *Langenbucher* ZGR 2012, 314 (334 f.); str.). Für die **Anzahl** der Aufsichtsratsmitglieder wird in **Abs. 1 S. 1** eine Untergrenze von drei Mitgliedern normiert. Die Satzung kann eine höhere Mindestzahl festsetzen, die grundsätzlich nicht notwendig durch drei teilbar sein muss, ferner kann sie auch eine Höchstzahl vorsehen. Stellvertretende Aufsichtsratsmitglieder können analog § 101 Abs. 3 S. 1 AktG nicht bestellt werden, wohl aber dürfen Ersatzmitglieder aufschiebend bedingt durch das vorzeitige Ausscheiden eines bestimmten Aufsichtsratsmitglieds gewählt werden, worauf § 101 Abs. 3 S. 2–4 AktG entsprechend Anwendung findet. Ehrenmitglieder sind keine Aufsichtsratsmitglieder iSv § 36. Beschäftigt eine eG idR mehr als 500 Arbeitnehmer, müssen ein Drittel der Aufsichtsratsmitglieder Vertreter der Arbeitnehmer sein und die Zahl der Aufsichtsratsmitglieder muss durch drei geteilt werden können (§ 1 Abs. 1 Nr. 5 DrittelbG, § 4 Abs. 1 DrittelbG); in diesem Fall sind § 96 Abs. 2 AktG, §§ 97–99 AktG entsprechend anzuwenden und muss der Aufsichtsrat zwei Sitzungen im Kalenderjahr abhalten. Eine eG mit mehr als 2.000 Arbeitnehmern unterliegt dem MitbestG 1976; die Zusammensetzung des Aufsichtsrats richtet sich dann nach § 7 MitbestG 1976, wonach die Aufsichtsratsmitglieder zur Hälfte Arbeitnehmervertreter sein müssen. Die Arbeitnehmervertreter müssen nicht Mitglieder der eG sein (§ 6 Abs. 3 S. 2 MitbestG 1976).

2a Läuft die Amtszeit eines Aufsichtsratsmitglieds im Jahr 2020 ab, so ist für diesen Zeitraum nach §§ 3 Abs. 5 S. 2, 7 Abs. 3 COVMG vom 27.3.2020 (BGBl. 2020 I 569) ein Unterschreiten der gesetzlich oder in der Satzung vorgeschriebenen Mindestzahl von Aufsichtsratsmitgliedern unschädlich.

III. Bestellung der Aufsichtsratsmitglieder

3 Die Bestellung erfolgt grundsätzlich zwingend durch **Wahl von der Generalversammlung,** soweit sie nicht nach den mitbestimmungsrechtlichen Vorschriften als Arbeitnehmervertreter entsandt werden. Die Satzung kann – mit Ausnahme der Möglichkeit des Abs. 5 (→ Rn. 3a) – eine andere Art der Bestellung nicht vorsehen (§ 18 S. 2, anders für Vorstandsmitglieder: § 24 Abs. 2 S. 2). Insbesondere ist die automatische Koppelung der Mitgliedschaft im Aufsichtsrat an das Innehaben eines anderen Amtes innerhalb der eG (vgl. § 37 Abs. 1 S. 1) oder außerhalb der eG unzulässig. In der Satzung können die Wahlmodalitäten geregelt und bestimmte Voraussetzungen aufgestellt werden, unter denen ein Mitglied der eG in den Aufsichtsrat gewählt werden kann. Wahlvorschläge dürfen von jedem Mitglied der eG mit Ausnahme der Vorstandsmitglieder oder des Vorstands eingereicht werden (vgl. OLG Hamm 7.1.1985, ZIP 1985, 741). Die Wahlvorschläge können statutarisch zB an Fristen oder an ein Quorum geknüpft werden. Verstoßen Wahlvorschläge hiergegen oder werden sie von Vorstandsmitgliedern unterbreitet, ist die aufgrund dieser Vorschläge durchgeführte Wahl nach § 51 anfechtbar. Wird die gesetzliche Mindestzahl von drei Mitgliedern oder die statutarische Mindestzahl oder die für die Beschlussfähigkeit erforderliche Zahl (Abs. 1 S. 2) unterschritten, muss das Registergericht auf Antrag entsprechend § 104 AktG eine Notbestellung vornehmen (hM, aA: nur § 29 BGB analog). Die aufschiebend bedingte Bestellung von Ersatzmitgliedern ist ebenso möglich (→ Rn. 2) wie die zeitlich aufgeschobene Bestel-

lung mit Wirkung ab einem bestimmten Zeitpunkt (zB Eintragung einer Verschmelzung im Genossenschaftsregister). Die Organstellung beginnt mit der Annahme der Wahl durch das Aufsichtsratsmitglied.

Seit der Novelle vom 22.7.2017 (BGBl. 2017 I 2434) erlaubt **Abs. 5 S. 1** in Abweichung von dem Gebot der Gleichbehandlung (→ § 18 Rn. 6) der Generalversammlung, in der Satzung für einzelne oder mehrere namentlich zu benennende Mitglieder der eG das **Recht** festzuschreiben, ein Mitglied oder mehrere **Mitglieder des Aufsichtsrats zu entsenden.** Auch investierenden Mitgliedern kann ein solches Recht eingeräumt werden (*ABL/Althanns* Genossenschafts-HdB Rn. 105); dann darf aber abweichend von Abs. 5 S. 2 in Analogie zu § 8 Abs. 2 S. 4 die Zahl der von investierenden Mitgliedern entsandten Aufsichtsratsmitgliedern 25 % nicht übersteigen. Das Entsendungsrecht kann daran geknüpft werden, dass das Mitglied bestimmte Voraussetzungen erfüllt. Erfüllt es diese Voraussetzungen nicht mehr, kann die Generalversammlung das entsandte Aufsichtsratsmitglied analog § 103 Abs. 2 S. 2 AktG abberufen (*ABL/Althanns* Genossenschafts-HdB Rn. 104). Die entsendungsberechtigten Mitglieder müssen im Zeitpunkt der Satzungsänderung bereits Mitglied der eG sein. Sie sind bei der Beschlussfassung über die Satzungsänderung nicht von ihrem Stimmrecht ausgeschlossen. Das Entsendungsrecht ist an die Person gebunden und daher **weder übertragbar noch vererbbar.** Sein **Entzug** ist analog § 35 BGB nur durch eine Satzungsänderung und nur mit Zustimmung des entsendungsberechtigten Mitglieds möglich. Das entsendungsberechtigte Mitglied kann jede Person, welche die auch sonst geltenden Bestellungsvoraussetzungen für den Aufsichtsrat erfüllt, durch Erklärung gegenüber der eG vertreten durch den Vorstand bestellen und abberufen. Bei dieser **Ausübung seines Entsendungsrechts** unterliegt das Mitglied seiner Treuepflicht gegenüber der eG. An Weisungen ist der Entsandte nicht gebunden (für die AG zB BGH 29.1.1962, NJW 1962, 864 (866)). Die **Höchstgrenze** für in den Aufsichtsrat entsandte Mitglieder nach **Abs. 5 S. 2** soll einen zu starken Einfluss einzelner Mitglieder der eG im Aufsichtsrat verhindern und verwirklicht neben der Selbstorganschaft (so BT-Drs. 18/11506, 26) auch die Grundsätze der Selbstverwaltung und Selbstverantwortung sowie das Demokratieprinzip. 3a

IV. Beendigung der Organstellung von Aufsichtsratsmitgliedern

Die **Amtsdauer** muss in der Satzung oder bei der Wahl von der Generalversammlung **festgelegt** werden. § 102 AktG ist nicht analog anzuwenden (so BGH 15.12.1951, BGHZ 4, 224 (227) = NJW 1952, 343; str.); doch kann eine vergleichbare Regelung statutarisch vorgesehen werden. Die **Bestellung** kann vor Ablauf der Amtsdauer ausschließlich durch die Generalversammlung jederzeit und ohne wichtigen Grund **widerrufen** werden (Abs. 3 S. 1). Dieser Widerrufsbeschluss bedarf anders als die Wahl eines Aufsichtsratsmitglieds mindestens der Dreiviertelmehrheit der in der Generalversammlung abgegebenen Stimmen (Abs. 3 S. 2). Der Beschlussgegenstand muss in der Tagesordnung konkret und ordnungsgemäß angekündigt werden. Der Widerruf der Bestellung kann mit einem Ausschluss als Mitglied der eG verknüpft werden, der jedoch nur von der Generalversammlung (nicht vom Vorstand) beschlossen werden kann. Mit dem Widerruf wird nach hM konkludent ein etwaiger Dienstvertrag zwischen der eG und dem Aufsichtsratsmitglied gekündigt (vgl. zB Beuthien/*Beuthien* Rn. 23). Außerdem kann ein Aufsichtsratsmitglied seine Organbestellung durch **Amtsniederlegung** beenden, ohne dass hierfür ein wichtiger Grund vorzuliegen hat (str.) und ohne dass ein etwa bestehender Dienstvertrag zugleich fristlos gekündigt werden muss. Mit der Niederlegung kann ein Dienstverhältnis zugleich konkludent gekündigt werden. Die Niederlegungserklärung ist gegenüber einem Mitglied des Vorstands (§ 25 Abs. 1 S. 3) oder gegenüber der Generalversammlung abzugeben. Einer Schadensersatzpflicht unterliegt ein Aufsichtsratsmitglied wegen unzeitiger Kündigung des Dienstvertrages nur unter besonderen Voraussetzungen (§ 627 Abs. 2 BGB, § 671 Abs. 2 BGB). Das Aufsichtsratsmitglied kann sein Amt nicht ruhen lassen, sondern nur niederlegen (gesetzliche Ausnahme: § 37 Abs. 1 S. 2 Hs. 2). Übt ein Aufsichtsratsmitglied seine Funktionen nicht aus, ohne sein Amt niederzulegen, verletzt es seine Pflichten und ist der eG nach §§ 41, 34 verantwortlich. Die Bestellung zum Aufsichtsratsmitglied endet ferner, wenn es stirbt oder geschäftsunfähig wird, außerdem wenn es nicht mehr Mitglied der eG ist (§ 9 Abs. 2 S. 1, vgl. auch § 68 Abs. 2 S. 2 aE). Erfüllt ein Aufsichtsratsmitglied nicht mehr die etwaigen statutarischen Voraussetzungen, endet sein Amt erst, wenn die Bestellung nach Abs. 3 widerrufen ist. Grundsätzlich führen weder die Insolvenz noch die Auflösung der eG automatisch zur Beendigung des Vorstandsamtes (vgl. § 87 Abs. 1, § 101). Die Eintragung einer Verschmelzung beendet die Organstellung der Aufsichtsratsmitglieder der übertragenden eG. 4

Läuft die Amtszeit eines Aufsichtsratsmitglieds im Jahr 2020 ab, so bleibt es nach §§ 3 Abs. 5, 7 Abs. 3 COVMG vom 27.3.2020 (BGBl. 2020 I 569) bis zur Bestellung eines Nachfolgers im Amt. 4a

V. Willensbildung und Beschlussfassung

Die Willensbildung im Aufsichtsrat als Kollektivorgan vollzieht sich idR in **Aufsichtsratssitzungen,** die Entscheidungen werden durch Beschluss gefasst (vgl. § 108 Abs. 1 AktG). Die Beschlussgegenstände müssen in der Tagesordnung hinreichend genau angekündigt werden, damit sich alle Aufsichtsratsmitglieder angemessen vorbereiten können (zB OLG Stuttgart 12.2.2003, DB 2003, 932). In dem von der 5

Satzung gegebenen Rahmen darf sich der Aufsichtsrat eine **Geschäftsordnung** geben, in der zB Einberufung, Sitzungstermine, -leitung und -protokolle geregelt sind. An den Sitzungen des Aufsichtsrats und seiner Ausschüsse (→ Rn. 6) dürfen grundsätzlich nur Aufsichtsratsmitglieder teilnehmen, sofern nicht die gemeinsame Sitzung mit dem Vorstand vorgeschrieben ist (§ 57 Abs. 4, § 58 Abs. 4) oder die Teilnahme von Vorstandsmitgliedern oder sachkundigen Beratern in der Satzung oder Geschäftsordnung erlaubt wird. Letzteres ist nur zulässig, sofern die Teilnahme der Berater nicht ständig ist und die Unabhängigkeit des Aufsichtsrats sowie die Geheimhaltung der Beratungen und vertraulichen Angelegenheiten gewahrt ist. Bei Kredit- und Finanzdienstleistungsgenossenschaften kann die BaFin Vertreter nach § 44 Abs. 4 KWG entsenden. Für die im Jahr 2020 stattfindenden Aufsichtsratssitzungen oder gemeinsamen Sitzungen mit dem Vorstand kann nach §§ 3 Abs. 6, 7 Abs. 3 COVMG vom 27.3.2020 (BGBl. 2020 I 569) die Durchführung im Umlaufverfahren in Textform oder in Telefon- oder Videokonferenzen gewählt werden, sofern dies nicht in der Satzung oder Geschäftsordnung ohnehin vorgesehen ist.

6 **Ausschüsse** darf der Aufsichtsrat aus seiner Mitte analog § 107 Abs. 3 S. 1 AktG bilden. Einen speziellen Prüfungsausschuss regelt § 38 Abs. 1a. Ausschussmitglied kann nur sein, wer dem Aufsichtsrat angehört. Arbeitnehmervertreter müssen nicht in jedem Ausschuss im für den Gesamtaufsichtsrat vorgeschriebenen Verhältnis vertreten sein, sofern in einer Gesamtbetrachtung aller Ausschüsse die Besetzung mit Arbeitnehmervertretern ausgewogen ist (vgl. zur AG BGH 17.5.1993, NJW 1993, 2307 (2311)). Unzulässig sind Gestaltungen, die auf einen willkürlich diskriminierenden Ausschluss von Arbeitnehmervertretern hinauslaufen (BGH 17.5.1993, NJW 1993, 2307 (2311)). Den Ausschüssen dürfen vorbereitende und ausführende Aufgaben übertragen werden. Zur Beschlussfassung dürfen einem Ausschuss bestimmte Aufgaben des Aufsichtsrats durch Beschluss des Gesamtaufsichtsrates überwiesen werden **(beschließende Ausschüsse),** auch ohne dass der Gesamtaufsichtsrat hierzu durch Satzung oder Generalversammlung speziell ermächtigt sein müsste (hM, zB PFB/*Fandrich* Rn. 44 ff.; Beuthien/*Beuthien,* 14. Aufl. 2004, Rn. 27). Wäre der Gesetzgeber der Auffassung gewesen, dass die Delegationsautonomie des Gesamtaufsichtsrats einer eG enger sei als Aufsichtsratsautonomie in einer AG (→ AktG § 107 Rn. 22 ff.), hätte er einen etwaigen abschließenden Charakter von § 38 Abs. 1a im BilMoG klar zum Ausdruck bringen müssen; stattdessen misst er dieser Norm ausweislich der Motive lediglich klarstellenden Charakter zu (BT-Drs. 16/10067, 107). Ob **Delegationsverbote analog § 107 Abs. 3 S. 3 AktG** eingreifen, ist für jedes der dort aufgeführten Verbote nach dessen jeweiligem Telos getrennt zu entscheiden. Nicht an einen beschließenden Ausschuss übertragbar sind die Bestellung und Abberufung von Vorständen (soweit hierfür der Aufsichtsrat zuständig ist, § 24 Abs. 2 S. 2), die Bestellung von Notvorständen nach § 37 Abs. 1 S. 2, die Einberufung der Generalversammlung nach § 38 Abs. 2 (vgl. § 107 Abs. 3 S. 3 AktG). Für delegierbar wird aber von der überwiegenden Ansicht anders als im Aktienrecht die Entscheidung über die Bezüge der Vorstandsmitglieder gehalten, insbesondere weil diese bei einer eG zusätzlich der zwingenden Prüfung durch den Prüfungsverband unterliege (str., näher zB *Scholderer* NZG 2011, 528; Lang/Weidmüller/*Holthaus/Lehnhoff* § 38 Rn. 47; *ABL/Althanns* Genossenschafts-HdB Rn. 260; *Heutz* NZG 2013, 611; aA mit beachtenswerten Gegenargumenten *Beuthien* NZG 2014, 1292). Darüber hinaus können Entscheidungen, die kraft Gesetzes oder durch die Satzung dem Aufsichtsrat als Kollektivorgan zugewiesen sind oder welche die innere Organisation des Aufsichtsrats betreffen, zB die Wahl des Vorsitzenden, nicht an einen beschließenden Ausschuss übertragen werden. Beschlüsse, dass bestimmte Geschäfte unter dem Vorbehalt der Zustimmung des Aufsichtsrats stehen, darf der Aufsichtsrat anders als im Aktienrecht nicht fassen (→ § 27 Rn. 1, → § 27 Rn. 4). Soweit ein beschließender Ausschuss wirksam eingesetzt werden kann, müssen ihm nach dem Rechtsgedanken des Abs. 1 S. 1 mindestens drei Aufsichtsratsmitglieder angehören (hM). Für die Beschlussfähigkeit eines Ausschusses gelten die Regelungen für den Gesamtaufsichtsrat im Zweifel entsprechend. Die Ausschüsse müssen dem Gesamtaufsichtsrat regelmäßig Bericht erstatten. Der Gesamtaufsichtsrat bleibt verantwortlich (Gesamtverantwortung).

7 Zwingender Satzungsinhalt ist nach **Abs. 1 S. 2,** dass die Satzung die für die **Beschlussfähigkeit** erforderliche Zahl von Aufsichtsratsmitgliedern festlegt. Enthält die Satzung nicht diesen Mindestinhalt (vgl. auch §§ 6, 7), muss das Registergericht die Eintragung der Genossenschaft nach § 11a Abs. 1 ablehnen. Ist die Eintragung dennoch erfolgt und wurde auch später eine Regelung nicht eingefügt, so können die Vorschriften des § 108 Abs. 2 S. 2, 3 AktG entsprechend herangezogen werden (str.). Viele Satzungen orientieren sich ohnehin an diesen Vorschriften. Für die Einhaltung von Beschlussquoren ist die Zahl der nach Gesetz oder Satzung zu bestellenden, nicht die Zahl der gerade amtierenden Aufsichtsratsmitglieder maßgebend. In der Satzung können weitere Voraussetzungen für die Beschlussfähigkeit aufgestellt werden (zB Anwesenheit des Vorsitzenden). Dass allein das Verhältnis der Arbeitnehmervertreter zu den übrigen Aufsichtsratsmitgliedern nicht mehr den mitbestimmungsrechtlichen Vorschriften entspricht, tangiert die Beschlussfähigkeit nicht (vgl. § 108 Abs. 2 S. 4 AktG). Beschlüsse eines nicht beschlussfähigen Aufsichtsrats sind nichtig (vgl. BGH 15.12.1951, BGHZ 4, 224 (229) = NJW 1952, 343). Grundsätzlich werden **Beschlüsse** in Sitzungen gefasst, wenn nicht die Satzung oder Geschäftsordnung eine Beschlussfassung außerhalb von Sitzungen in einem schriftlichen, fernmündlichen oder elektronischen Umlaufverfahren erlaubt und dem kein Aufsichtsratsmitglied widerspricht (vgl.

§ 108 Abs. 4 AktG). Auch in einer Sitzung sind schriftliche Stimmabgaben analog § 108 Abs. 3 AktG möglich. Für Stimmrecht und Beschlussverfahren gilt das Gleichbehandlungsgebot (zB darf keinem Mitglied ein Mehrstimmrecht oder ein Vetorecht eingeräumt sein). In der Satzung kann bei Stimmengleichheit der Stimme des Vorsitzenden Entscheidungskraft beigemessen werden. Von der Abstimmung ausgeschlossen sind Aufsichtsratsmitglieder entsprechend § 43 Abs. 6 und (weil diese Vorschrift hier keine abschließende Wirkung hat) in allen weiteren Fällen einer Interessenkollision. Der Aufsichtsrat entscheidet grundsätzlich mit der einfachen Mehrheit der abgegebenen Stimmen, sofern nicht Gesetz oder Satzung eine höhere Mehrheit vorschreiben. Enthaltungen zählen bei der Mehrheitsberechnung nicht mit, wohl aber bei der Berechnung der Beschlussfähigkeit. Aufsichtsratsbeschlüsse, die inhaltlich gegen Gesetz oder Satzung oder gegen wesentliche Verfahrensvorschriften verstoßen, sind nichtig, nicht analog § 51 anfechtbar (hM, für die eG zB KG 15.9.2006, NZG 2007, 312 (315); PFB/*Fandrich* Rn. 33; vgl. auch die Erl. zu § 108 AktG → AktG § 108 Rn. 1 ff.). Bei einer unwirksamen Stimmabgabe ist der Beschluss nur dann nichtig, wenn sich die Stimme auf das Ergebnis der Beschlussfassung ausgewirkt hat. Wer ein Feststellungsinteresse hat (zB wer durch den Beschluss in seinen Mitgliedsrechten verletzt wäre), kann die Nichtigkeit eines Aufsichtsratsbeschlusses durch Klage nach § 256 ZPO gegen die eG geltend machen (→ AktG § 108 Rn. 24).

VI. Wahl eines Aufsichtsratsvorsitzenden

Das Gesetz sieht in § 57 Abs. 2–4 vor, dass der Aufsichtsrat aus seiner Mitte einen Vorsitzenden wählt. 8
Dies empfiehlt sich, wenngleich dies nicht zwingend vorgeschrieben ist, wie § 25a Abs. 1 (aE) zeigt (str., so zB Beuthien/*Beuthien* Rn. 26, aA zB PFB/*Fandrich* Rn. 40: zwingend). Wird ein Vorsitzender gewählt, ist er auf den Geschäftsbriefen mit Familien- und mindestens einem Vornamen anzugeben (§ 25a Abs. 1) und hat er die Rechte und Pflichten nach § 57 Abs. 2–4 gegenüber dem Prüfungsverband. Sofern kein Vorsitzender gewählt wird, ist der Gesamtaufsichtsrat vom Prüfungsverband nach § 57 Abs. 2, 3 zu informieren. Darüber hinaus nimmt der Vorsitzende die Aufgaben wahr, die ihm in der Satzung oder Geschäftsordnung des Aufsichtsrates übertragen werden, zB die Einberufung, Leitung und Protokollierung der Aufsichtsratssitzungen, die Beschlussvollziehung und die Empfangszuständigkeit für Erklärungen gegenüber dem Aufsichtsrat. Den Gesamtaufsichtsrat kann der Vorsitzende nur mit Einzelvollmacht vertreten. Gewählt wird der Vorsitzende mit einfacher Mehrheit, sofern nicht die Satzung eine höhere Mehrheit vorsieht. Der Vorsitzende kann jederzeit und ohne wichtigen Grund abberufen werden. Die Dauer des Vorsitzes kann durch Satzung oder Geschäftsordnung geregelt werden. Fehlt eine Regelung, ist die Vorsitzdauer an die Amtszeit als Aufsichtsratsmitglied geknüpft. Für den Vorsitzenden kann ein Stellvertreter gewählt werden.

VII. Rechtsverhältnis der Aufsichtsratsmitglieder zur eG

Wie bei Vorstandsmitgliedern (→ § 24 Rn. 13) ist von der organschaftlichen Bestellung das ver- 9
tragliche Schuldverhältnis zur eG zu unterscheiden (str., zB Beuthien/*Beuthien* Rn. 9). Bei einem besoldeten Aufsichtsratsmitglied wird entweder ein Dienstvertrag nach §§ 611 ff. BGB oder ein Geschäftsbesorgungsvertrag nach § 675 Abs. 1 BGB geschlossen. Eine Vergütung darf nur gewährt werden, wenn dies von der Satzung oder durch einen Beschluss der Generalversammlung erlaubt wird (vgl. § 113 Abs. 1 S. 2 AktG). Die Höhe der Vergütung soll in einem angemessenen Verhältnis zu den Funktionen des jeweiligen Aufsichtsratsmitglieds und zur Lage der betreffenden eG stehen (analog § 113 Abs. 1 S. 3 AktG). Eine gewinnabhängige Vergütung (Tantieme) ist ausgeschlossen (**Abs. 2,** Verbotsgesetz nach § 134 BGB). Zulässig ist die Festlegung eines Gesamtbetrages der Vergütung, den der Aufsichtsrat unter seine Mitglieder aufteilen soll; § 317 BGB ist in diesem Fall anwendbar. Bei Vorliegen eines sachlichen Grundes (zB Vorsitz, Ausschussmitglied) darf eine höhere Vergütung gewährt werden. Bei der Körperschaftbesteuerung kann nur die Hälfte der Aufsichtsratsvergütungen abgezogen werden (§ 10 Nr. 4 KStG). Für das Aufsichtsratsmitglied ist die Vergütung einkommen- und umsatzsteuerpflichtig (Ausnahme: § 4 Nr. 26 lit. b UStG). Von der Vergütung zu unterscheiden ist der Ersatz von Aufwendungen nach § 675 Abs. 1 BGB, § 670 BGB. Sitzungsgelder gehören zur Vergütung, soweit sie kein Ersatz für tatsächliche Aufwendungen sind. Fehlt eine Vergütungsabrede, handelt es sich bei dem Schuldverhältnis zwischen eG und Aufsichtsratsmitglied um einen Auftrag nach §§ 662 ff. BGB. Bei Abschluss, Änderung, Kündigung oder Aufhebung des Vertrages handelt für die eG die Generalversammlung oder ein von dieser gewählter Bevollmächtigter (vgl. § 39 Abs. 3). In der organschaftlichen Bestellung wird idR konkludent der Abschluss des Dienst- oder Geschäftsbesorgungsvertrages erklärt, auch wenn die exakte Höhe der Vergütung noch festgelegt werden muss (vgl. §§ 315 ff., 612 Abs. 2 BGB). Für sonstige Verträge (zB Beraterverträge) von Aufsichtsratsmitgliedern mit der eG gilt § 114 AktG entsprechend. Deckt ein Beratervertrag bestimmte (Kontroll-)Tätigkeiten ab, die dem Aufsichtsratsmitglied kraft seiner Organstellung ohnehin obliegen, ist der Vertrag insoweit nichtig. Wird die Bestellung als Aufsichtsratsmitglied von der Generalversammlung widerrufen, liegt darin idR eine konkludente Kündigung des

Dienst- oder sonstigen Verhältnisses aus wichtigem Grund. Ebenso kündigt idR das Aufsichtsratsmitglied im Fall einer Amtsniederlegung (→ Rn. 4).

Unvereinbarkeit von Ämtern

37 (1) [1] **Die Mitglieder des Aufsichtsrats dürfen nicht zugleich Vorstandsmitglieder, dauernde Stellvertreter der Vorstandsmitglieder, Prokuristen oder zum Betrieb des gesamten Geschäfts ermächtigte Handlungsbevollmächtigte der Genossenschaft sein.** [2] **Der Aufsichtsrat kann einzelne seiner Mitglieder für einen im Voraus begrenzten Zeitraum zu Stellvertretern verhinderter Vorstandsmitglieder bestellen; während dieses Zeitraums und bis zur Erteilung der Entlastung als stellvertretendes Vorstandsmitglied darf dieses Mitglied seine Tätigkeit als Aufsichtsratsmitglied nicht ausüben.**

(2) **Scheiden aus dem Vorstand Mitglieder aus, so dürfen dieselben nicht vor erteilter Entlastung in den Aufsichtsrat gewählt werden.**

I. Allgemeines

1 Die Vorschrift regelt in Abs. 1 S. 1 die Unvereinbarkeit des Aufsichtsratsamtes mit dem Vorstandsamt und anderen Funktionen auf der Seite der Geschäftsführung. Damit sollen Interessenkollisionen von vornherein vermieden werden, die entstehen könnten, wenn ein Aufsichtsratsmitglied möglicherweise eigene Geschäftsführungshandlungen überwachen würde. Als Ausnahme wird die Notbestellung von Aufsichtsratsmitgliedern zu Stellvertretern verhinderter Vorstandsmitglieder zugelassen (Abs. 1 S. 2). Abs. 2 beschränkt die Wahl ausgeschiedener Vorstandsmitglieder zu Aufsichtsratsmitgliedern. Zweck der Regelungen ist die möglichst strikte Trennung zwischen den Funktionen der Geschäftsführung einerseits und der Geschäftsführungskontrolle andererseits.

II. Inkompatibilität der Aufsichtsratsmitgliedschaft mit Funktionen der vom Aufsichtsrat überwachten Geschäftsführung (Abs. 1 S. 1)

2 Die Unvereinbarkeitsregelung wurde in der Novelle 2006 an § 105 AktG angeglichen. Sie gilt nicht nur für die Vorstandsmitglieder und ihre Stellvertreter (§ 35), sondern auch für das Liquidatorenamt (§ 87 Abs. 1). Unvereinbar ist ferner das Aufsichtsratsmandat in einer eG mit der Vorstands- oder Geschäftsführerstellung in einer Kapitalgesellschaft oder einer anderen eG, in deren Aufsichtsrat ein Vorstandsmitglied der (ersten) eG bestellt ist (analog § 100 Abs. 2 Nr. 3 AktG, Überkreuzverflechtung). Aus Gründen der Rechtssicherheit gilt für leitende Angestellte der eG nunmehr die formale Anknüpfung an die Erteilung jeder Art von Prokura und an die Erteilung einer Generalhandlungsvollmacht iSv § 54 Abs. 1 Fall 1 HGB (krit. PFB/*Fandrich* Rn. 2 f.). Der frühere Begriff des „Beamten" ging über diese Anknüpfung hinaus. Als Arbeitnehmervertreter sind Prokuristen nach § 6 Abs. 2 S. 1 MitbestG 1976 nur dann nicht wählbar, wenn sie dem Vorstand unmittelbar unterstellt sind und die Prokura für den gesamten Geschäftsbereich des Vorstands ausüben dürfen. Entsprechendes gilt für Generalhandlungsbevollmächtigte (str.). Bei Verstößen gegen Abs. 1 S. 1 ist die Wahl zum Aufsichtsratsmitglied nichtig oder erlischt die Aufsichtsratsmitgliedschaft. Die Stimmabgabe des betreffenden Aufsichtsratsmitglieds ist unwirksam (→ § 36 Rn. 7 aE).

III. Zeitlich begrenzte Stellvertretung verhinderter Vorstandsmitglieder (Abs. 1 S. 2)

3 Der Aufsichtsrat als Kollektivorgan darf ohne Satzungsermächtigung ein einzelnes Aufsichtsratsmitglied zum Stellvertreter eines Vorstandsmitglieds bestellen, wenn dieses verhindert ist. Eine Verhinderung ist nur gegeben, wenn ein Vorstandsmitglied an der Ausübung seiner Organstellung für einen die übliche Dauer zB einer Krankheit oder eines Urlaubs überschreitenden Zeitraum ganz oder in erheblichem Umfang gehindert ist (vgl. Beuthien/*Beuthien* Rn. 3). Die Notbestellung muss von vornherein zeitlich konkret begrenzt werden, auch wenn die Dauer der Verhinderung nicht feststeht. Nicht möglich ist die Bestellung für einen unbestimmten Zeitraum (zB für die Dauer der Verhinderung). Der Beschluss darf erst gefasst werden, wenn die Verhinderung eingetreten ist oder unmittelbar und mit an Sicherheit grenzender Wahrscheinlichkeit abgesehen werden kann; Vorratsbeschlüsse sind unzulässig. Mit dem Beginn des betreffenden Zeitraums wird das Aufsichtsratsmitglied ohne Weiteres Stellvertreter iSv § 35 und erlangt die jeweilige Organstellung des verhinderten Vorstandsmitglieds. Es muss sämtliche Voraussetzungen für die Vorstandsmitgliedschaft erfüllen. Das Aufsichtsratsmandat ruht kraft Gesetzes ausnahmsweise ohne Amtsniederlegung, bis die Entlastung des Vorstands nach § 48 Abs. 1 S. 1 erteilt ist **(Abs. 1 S. 2 Hs. 2),** auch wenn der Zeitraum für die Entsendung in den Vorstand vorzeitig abgelaufen ist. Hiernach lebt die Ausübungsbefugnis der Rechte als Aufsichtsratsmitglied wieder auf. Die Stellvertretung des verhinderten Vorstands endet mit dem Bestellungszeitraum, wenn die Verhinderung vorzeitig wegfällt, wenn die Entsendung vom Gesamtaufsichtsrat widerrufen wird oder wenn die

Organstellung des verhinderten Vorstandsmitglieds endet. Eine neue Bestellung nach Abs. 1 S. 2 ist möglich, wenn die Voraussetzungen zum fraglichen Zeitpunkt vorliegen.

IV. Beschränkung der Wahl ausgeschiedener Vorstandsmitglieder (Abs. 2)

Erst wenn die Generalversammlung ein ehemaliges Vorstandsmitglied, dessen Organstellung beendet 4
ist, die Entlastung gem. § 48 Abs. 1 S. 1 erteilt hat, ist es in den Aufsichtsrat wählbar. Bei einem Verstoß ist die Wahl nichtig (zB OLG Hamm 10.4.2019, ZIP 2020, 22 Rn. 87). Eine nachträgliche Entlastung heilt eine erfolgte Wahl nicht (Beuthien/*Beuthien* Rn. 4). Während eines laufenden Geschäftsjahres kann eine Entlastung jedenfalls ohne Zwischenbilanz nicht erfolgen (str.).

Aufgaben des Aufsichtsrats

38 (1) [1]**Der Aufsichtsrat hat den Vorstand bei dessen Geschäftsführung zu überwachen.** [2]**Er kann zu diesem Zweck von dem Vorstand jederzeit Auskünfte über alle Angelegenheiten der Genossenschaft verlangen und die Bücher und Schriften der Genossenschaft sowie den Bestand der Genossenschaftskasse und die Bestände an Wertpapieren und Waren einsehen und prüfen.** [3]**Er kann einzelne seiner Mitglieder beauftragen, die Einsichtnahme und Prüfung durchzuführen.** [4]**Auch ein einzelnes Mitglied des Aufsichtsrats kann Auskünfte, jedoch nur an den Aufsichtsrat, verlangen.** [5]**Der Aufsichtsrat hat den Jahresabschluss, den Lagebericht und den Vorschlag für die Verwendung des Jahresüberschusses oder die Deckung des Jahresfehlbetrags zu prüfen; über das Ergebnis der Prüfung hat er der Generalversammlung vor der Feststellung des Jahresabschlusses zu berichten.**

(1a) [1]**Der Aufsichtsrat kann einen Prüfungsausschuss bestellen, der sich mit der Überwachung des Rechnungslegungsprozesses sowie der Wirksamkeit des internen Kontrollsystems, des Risikomanagementsystems und des internen Revisionssystems sowie der Abschlussprüfung befasst.** [2]**Der Prüfungsausschuss kann Empfehlungen oder Vorschläge zur Gewährleistung der Integrität des Rechnungslegungsprozesses unterbreiten.** [3]**Richtet der Aufsichtsrat einer Genossenschaft, die kapitalmarktorientiert im Sinne des § 264d des Handelsgesetzbuchs oder die CRR-Kreditinstitut im Sinne des § 1 Absatz 3d Satz 1 des Kreditwesengesetzes ist, einen Prüfungsausschuss ein, so muss dieser die Voraussetzungen des § 36 Absatz 4 erfüllen.** [4]**Artikel 6 Absatz 2 Buchstabe a der Verordnung (EU) Nr. 537/2014 des Europäischen Parlaments und des Rates vom 16. April 2014 über spezifische Anforderungen an die Abschlussprüfung bei Unternehmen von öffentlichem Interesse und zur Aufhebung des Beschlusses 2005/909/EG der Kommission (ABl. L 158 vom 27.5.2014, S. 77, L 170 vom 11.6.2014, S. 66) findet mit der Maßgabe Anwendung, dass die Erklärung bezogen auf die gesetzlichen Vertreter des Verbandes und die vom Verband beschäftigten Personen, die das Ergebnis der Prüfung beeinflussen können, abzugeben ist.**

(1b) **Der Aufsichtsrat hat auch den gesonderten nichtfinanziellen Bericht (§ 289b des Handelsgesetzbuchs) zu prüfen, sofern er erstellt wurde.**

(2) [1]**Der Aufsichtsrat hat eine Generalversammlung einzuberufen, wenn dies im Interesse der Genossenschaft erforderlich ist.** [2]**Ist nach der Satzung kein Aufsichtsrat zu bilden, gilt § 44.**

(3) **Weitere Aufgaben des Aufsichtsrats werden durch die Satzung bestimmt.**

(4) **Die Mitglieder des Aufsichtsrats können ihre Aufgaben nicht durch andere Personen wahrnehmen lassen.**

I. Pflicht des Aufsichtsrats zur Überwachung der Geschäftsführung des Vorstands (Abs. 1 S. 1–4)

Der Aufsichtsrat hat nicht nur die Geschäftsführung (ieS und iwS) des Vorstands ständig zu über- 1
wachen, sondern auch dessen organschaftliche Leitung der eG (→ § 27 Rn. 2). Dazu gehört die Kontrolle, ob der Vorstand die gesetzlichen und statutarischen Vorschriften beachtet, vor allem ob er die Pflichten der eG (auch vertragliche oder aufsichtsrechtliche) erfüllt und die Ansprüche der eG geltend macht und ob der Förderzweck erfüllt wird. Der Aufsichtsrat hat zB zu überprüfen, ob der Vorstand eine satzungsrechtlich begründete Zeichnung weiterer Geschäftsanteile nebst der entsprechenden Pflichteinzahlungen durchsetzt (BGH 1.12.2003, NJW-RR 2004, 900 (901)). Der Aufsichtsrat muss jedenfalls den vorliegenden, konkreten Hinweisen und Informationen nachgehen, die auf eine Pflichtwidrigkeit hindeuten. Wesentliche Geschäftsvorgänge und Entscheidungen, die einem Zustimmungsvorbehalt des Aufsichtsrats unterliegen (→ Rn. 5), müssen in jedem Fall umfassend geprüft werden. Im Übrigen muss der Aufsichtsrat wenigstens stichprobenartig eigene Nachforschungen anstellen, um Informationen zu erhalten.

2 **Abs. 1 S. 2–4** regeln die **Mittel,** deren sich der Aufsichtsrat und seine Mitglieder bedienen dürfen. Hauptinstrument ist das Recht, die Erstattung von Vorstandsberichten in den Aufsichtsratssitzungen zu verlangen, ferner die Prüfung des Jahresabschlusses (→ Rn. 2). Auskunftsanfragen einzelner Aufsichtsratsmitglieder sind möglich (Abs. 1 S. 4), müssen vom Vorstand aber nur in einer Aufsichtsratssitzung dem Gesamtaufsichtsrat beantwortet werden. Auskünfte kann der Vorstand nur verweigern, wenn sie nicht der Erfüllung der Überwachungsaufgabe des Aufsichtsrats dienen. Mitarbeiter, Prokuristen oder Handlungsbevollmächtigte unterliegen nur den Weisungen des Vorstands, der Aufsichtsrat darf sie grundsätzlich weder überwachen noch direkt Kontakt mit ihnen aufnehmen. Weisungen im Hinblick auf die laufende Geschäftsführung insgesamt oder auf einzelne Entscheidungen oder hinsichtlich der strategischen Planung darf der Aufsichtsrat dem Vorstand nicht erteilen. Der Aufsichtsrat hat kein Initiativrecht, auch nicht, wenn die Satzung eine Geschäftsführungsentscheidung von der Zustimmung des Aufsichtsrats abhängig macht (zu den Voraussetzungen eines statutarischen Zustimmungsvorbehalts → § 27 Rn. 5). Der Aufsichtsrat unterliegt seinerseits bei der Überwachung nicht den Weisungen der Generalversammlung oder des Prüfungsverbandes. Hat die eG keinen Aufsichtsrat, werden die Aufgaben der Überwachung und Prüfung von der Generalversammlung wahrgenommen (§ 9 Abs. 1 S. 3). Als ein besonderes Instrument der Überwachung kann der Aufsichtsrat ferner einen **Prüfungsausschuss nach Abs. 1a** einrichten (hierzu, insbesondere zu den persönlichen Anforderungen nach Abs. 1a S. 2 bzw. S. 3 in der Fassung nach dem AReG → § 36 Rn. 2, → AktG § 107 Rn. 26, → AktG § 107 Rn. 35; allgemein zur Bildung von Ausschüssen → § 36 Rn. 6). Insbesondere dessen Aufgabenbereich wird durch das Gesetz zur Umsetzung der überarbeiteten Abschlussprüferrichtlinie (AReG) vom 10.5.2016 (BGBl. 2016 I 1142) um den Bereich der Abschlussprüfung erweitert. Eine **Pflicht zur Einrichtung eines Prüfungsausschusses** trifft nur diejenigen Genossenschaften, die Unternehmen von öffentlichem Interesse iSv Art. 2 Nr. 13 RL 2014/56/EU sind. Von diesen fallen nur Kreditgenossenschaften in den Anwendungsbereich dieser Norm, während Versicherungsunternehmen ohnehin nicht als eG betrieben werden dürfen (§ 7 Abs. 1 VAG, § 120 Abs. 1 S. 1 VAG).

II. Prüfung des Jahresabschlusses usw und Berichtspflicht (Abs. 1 S. 5)

3 Der vom Vorstand aufgestellte Jahresabschluss und der Lagebericht müssen mit einem Vorschlag zur Gewinnverwendung oder Verlustdeckung zunächst **dem Aufsichtsrat zur Prüfung vorgelegt** werden (§ 33 Abs. 1 S. 2). Der Prüfung durch den Aufsichtsrat unterliegt **auch die nichtfinanzielle Erklärung,** die seit Inkrafttreten des CSR-Richtlinie-Umsetzungsgesetzes vom 11.4.2017 (BGBl. 2017 I 802) gem. §§ 289b, 289c, 336 Abs. 2 S. 1 Nr. 2 HGB unter den dort genannten Voraussetzungen in den Lagebericht einer eG aufzunehmen ist (**Abs. 1b,** → HGB § 289b Rn. 1 ff.). Der Aufsichtsrat muss sodann seinen Prüfungsbericht schriftlich erstellen und alles so rechtzeitig an den Vorstand zurückleiten, dass die Generalversammlung in der gesetzlichen Sechsmonatsfrist nach § 48 Abs. 1 S. 3 stattfinden und die Wochenfrist für die Auslage (auch des Aufsichtsratsberichts) vor der Generalversammlung nach § 48 Abs. 3 eingehalten werden kann (→ § 33 Rn. 10). **Maßstab für die Prüfung** durch den Aufsichtsrat sind die gesetzlichen Vorschriften des § 33 und der §§ 242 ff. HGB, insbesondere die rechnerische und sachliche Richtigkeit, ferner der jeweilige Förderzweck der eG und die statutarischen Regelungen. Der Vorschlag für die Verwendung eines Gewinns oder Deckung eines Verlusts muss angemessen und rechtmäßig sein. Hinsichtlich des Lageberichts hat der Aufsichtsrat auch auf die allgemeine Verständlichkeit zu achten. Die Erfüllung des Förderzwecks nach § 1 Abs. 1 soll besonders gewürdigt werden.

III. Einberufung der Generalversammlung (Abs. 2)

4 Anders als der Vorstand hat der Aufsichtsrat nur dann die Pflicht und das Recht zur Einberufung der Generalversammlung, wenn dies im Interesse der eG liegt. Hiervon kann die Satzung nicht abweichen. Ein Interesse der eG an der Einberufung der Generalversammlung besteht dann, wenn ein Beschluss der Generalversammlung möglich und erforderlich ist, um eine Entscheidung in einer Frage herbeizuführen, die für die eG von wesentlicher Bedeutung ist, zB über die Abberufung von Vorstandsmitgliedern nach § 24 Abs. 2 S. 1 oder wenn bei angespannter Finanzsituation der eG über erhöhte Einzahlungen entschieden werden muss (vgl. BGH 1.12.2003, NJW-RR 2004, 900 (903)).

IV. Weitere gesetzliche Aufgaben

5 § 38 ist nicht abschließend, wie bereits Abs. 3 zeigt (→ Rn. 6). Weitere im Gesetz verankerte Aufgaben sind zB die Vertretung der eG gegenüber den Vorstandsmitgliedern nach § 39 und in Anfechtungsprozessen nach § 51 Abs. 3, die vorläufige Amtsenthebung von Vorstandsmitgliedern nach § 40, die Aufgaben des Aufsichtsratsvorsitzenden bzw. Gesamtaufsichtsrats im Prüfungsverfahren nach § 57 Abs. 2–4, § 58 Abs. 3, § 59 Abs. 2. Schadensersatzansprüche der eG gegen Vorstandsmitglieder (zB nach § 34 Abs. 2, 3) muss der Aufsichtsrat geltend machen (zur AG BGH 21.4.1997, BGHZ 135, 244 = NJW 1997, 1926). Bevor ein Schaden entsteht, muss der Aufsichtsrat gegen Sorgfaltspflicht-

verletzungen der Vorstandsmitglieder einschreiten, sobald sie ihm iR seiner Überwachungsaufgaben (→ Rn. 1) bekannt werden.

V. Weitere statutarische Aufgaben (Abs. 3)

Dem Aufsichtsrat können durch die Satzung nur solche zusätzliche Kompetenzen zugeordnet werden, 6 die das Gesetz nicht bereits dem Vorstand oder der Generalversammlung zuweist. Hauptfall einer statutarischen Aufgabe des Aufsichtsrats ist die Ausübung eines ihm durch die Satzung eingeräumten Zustimmungsvorbehalts oder Einspruchrechts (→ Rn. 1, → § 27 Rn. 5).

VI. Keine Delegation von Aufgaben an Dritte (Abs. 4)

Dadurch, dass die Aufgaben des Aufsichtsrats nicht einer anderen Person übertragen werden dürfen, 7 die nicht Mitglied des Aufsichtsrats ist, wird der Grundsatz der Selbstorganschaft (§ 9 Abs. 2 S. 1) in besonderer Weise verwirklicht und die Bedeutung des Aufsichtsrats und vor allem seiner Funktion als Überwachungsorgan unterstrichen. Die Vorschrift steht einer internen Aufgabendelegation an ein einzelnes Aufsichtsratsmitglied oder an einen Ausschuss (vgl. Abs. 1 S. 3, → § 36 Rn. 6) nicht entgegen. Sachkundiger Berater darf sich der Aufsichtsrat zur Wahrnehmung seiner Aufgaben bedienen, sofern die Berater nicht zu den eigentlichen Kontrolleuren werden (zu Einschränkungen → § 36 Rn. 5).

Vertretungsbefugnis des Aufsichtsrats

39 (1) [1]**Der Aufsichtsrat vertritt die Genossenschaft gegenüber den Vorstandsmitgliedern gerichtlich und außergerichtlich.** [2]**Ist nach der Satzung kein Aufsichtsrat zu bilden, wird die Genossenschaft durch einen von der Generalversammlung gewählten Bevollmächtigten vertreten.** [3]**Die Satzung kann bestimmen, dass über die Führung von Prozessen gegen Vorstandsmitglieder die Generalversammlung entscheidet.**

(2) [1]**Der Genehmigung des Aufsichtsrats bedarf jede Gewährung von Kredit an ein Mitglied des Vorstands, soweit die Gewährung des Kredits nicht durch die Satzung an noch andere Erfordernisse geknüpft oder ausgeschlossen ist.** [2]**Das gleiche gilt von der Annahme eines Vorstandsmitglieds als Bürgen für eine Kreditgewährung.**

(3) **In Prozessen gegen die Mitglieder des Aufsichtsrats wird die Genossenschaft durch Bevollmächtigte vertreten, welche von der Generalversammlung gewählt werden.**

I. Vertretung der eG gegenüber den Vorstandsmitgliedern (Abs. 1 S. 1, 3)

Damit Interessenkollisionen oder der Verdacht einer Befangenheit vermieden werden, wird die eG 1 gegenüber ihren gegenwärtigen oder ehemaligen Mitgliedern des Vorstands zwingend und ausschließlich vom **Gesamtaufsichtsrat** vertreten. Dies gilt für sämtliche Aktiv- und Passivprozesse (zB BGH 26.6.1995, BGHZ 130, 108 = NJW 1995, 2559) sowie für alle außergerichtlichen, vor allem rechtsgeschäftlichen Verhältnisse (zB für Anstellungsvertrag, Pensionszusagen, Dienstwagenvereinbarung), ohne dass der Aufsichtsrat einer besonderen Ermächtigung bedarf **(Abs. 1 S. 1).** Nach Wortlaut und Gesetzeszweck ist die Vorschrift auch auf den Fördergeschäftsverkehr mit Vorstandsmitgliedern zu erstrecken (str., aA zB Beuthien/*Beuthien* Rn. 1: er unterliege nur einem „besonderen Augenmerk" des Aufsichtsrats). Eine Vertretung der eG durch die restlichen Vorstandsmitglieder kommt nicht (auch nicht neben dem Aufsichtsrat) in Betracht (so noch zB BGH 13.6.1960, NJW 1960, 1667, *obiter dictum*); die bloß zusätzliche, einer unklaren Rechtslage geschuldete Nennung des Vorstands als Vertreter der eG im Klagerubrum macht die Klage nicht unzulässig (BGH 26.1.1998, NJW 1998, 1646 (1647)). Ein erst später in einen Prozess eingetretener Aufsichtsrat kann die bisherige Prozessführung durch den Vorstand genehmigen (BGH 26.1.1998, NJW 1998, 1646 (1647)), die Verweigerung der Genehmigung kann rechtsmissbräuchlich sein (BGH 28.2.2005, WM 2005, 888 (889)). Hat der Aufsichtsratsvorsitzende ein Rechtsgeschäft ohne bevollmächtigenden Beschluss des Gesamtaufsichtsrats geschlossen, ist umstritten, ob der Gesamtaufsichtsrat genehmigen kann (näher KG 15.9.2006, NZG 2007, 312 (314); offengelassen von BGH 17.3.2008, NZG 2008, 471). Richtet sich ein Anspruch oder Prozess gegen ein ehemaliges Vorstandsmitglied, das mittlerweile in den Aufsichtsrat gewechselt ist, muss man dieses Aufsichtsratsmitglied analog § 43 Abs. 6 von der Geltendmachung des Anspruches bzw. von der Prozessführung ausschließen. Für Anfechtungsprozesse enthält § 51 Abs. 3 S. 2 eine nicht verallgemeinerungsfähige Sonderregelung. Im Fall der Verschmelzung ist Abs. 1 S. 1 auch im Prozess der übernehmenden eG gegen ein Vorstandsmitglied einer übertragenden eG anwendbar, obwohl das ausgeschiedene Vorstandsmitglied dem Vorstand der übernehmenden eG niemals angehörte (BGH 26.1.1998, NJW 1998, 1646 f.). Nicht von Abs. 1 S. 1 erfasst werden Prozesse der eG mit ihren Mitgliedern, die dem Vorstand nicht angehören, auch nicht, wenn die Mitglieder auf Feststellung klagen, dass ein bestimmtes Vorstandsmitglied weiterhin seine Organstellung innehat, weil die Rechtskraft des Urteils einem Prozess zwischen dem betreffenden Vorstandsmitglied und der eG nicht vorgreift (BGH 23.9.1996, NJW 1997, 318).

2 Nach der Neufassung durch die Novelle 2006 ist kein Beschluss der **Generalversammlung** mehr notwendig. Die Entscheidung darüber, ob ein Prozess gegen ein Vorstandsmitglied geführt werden soll, kann allein der Aufsichtsrat treffen, sofern nicht die Satzung die Beschlussfassung durch die Generalversammlung fordert **(Abs. 1 S. 3).** Ist nach der Satzung ein Beschluss der Generalversammlung notwendig, muss in dem Beschluss eindeutig zum Ausdruck kommen, dass ein Anspruch geltend zu machen ist, und dieser Anspruch muss zumindest in seinem wesentlichen Kern hinreichend konkret umrissen werden, damit geklärt werden kann, ob die Klage durch ihn gedeckt ist (vgl. BGH 17.2.2003, NZG 2003, 639). Macht die Satzung die Klageerhebung von der Zustimmung der Generalversammlung abhängig, ist die Zustimmung materielle Klagevoraussetzung (BGH 26.1.1998, NJW 1998, 1646 (1647)).

II. Vertretung der eG bei Fehlen eines Aufsichtsrats (Abs. 1 S. 2)

3 Ist die eG eine kleine eG und hat sie keinen Aufsichtsrat nach § 9 Abs. 1 S. 2, muss nach der Regel des § 9 Abs. 1 S. 3 an sich die Generalversammlung die Aufgaben des Aufsichtsrats wahrnehmen. Aus Praktikabilitätsgründen sieht Abs. 1 S. 2 vor, dass für die Vertretung der eG von der Generalversammlung ein Bevollmächtigter gewählt werden muss. Der Bevollmächtigte muss nicht Mitglied der eG sein (BT-Drs. 16/1025, 85; anders § 57 Abs. 5). Nach der systematischen Stellung gilt Abs. 1 S. 2 lediglich für die Fälle, in denen Abs. 1 S. 1 einem Aufsichtsrat die Vertretung zuweist, wenn er existiert. Der Bevollmächtigte hat dieselben Rechte und Pflichten iRv Abs. 1 S. 1, die auch ein Aufsichtsrat hätte. Genauso wie die Mitglieder eines Aufsichtsrats unterliegt der Bevollmächtigte der Sorgfaltspflicht und Verantwortlichkeit entsprechend § 41. Der Bevollmächtigte nach Abs. 1 S. 2 kann, muss aber nicht mit den anderen Bevollmächtigten nach § 39 Abs. 3, § 51 Abs. 3 S. 2 Hs. 2, § 57 Abs. 5, § 58 Abs. 3 S. 1 Hs. 2 identisch sein.

III. Kreditgewährung an Vorstandsmitglieder (Abs. 2)

4 Die Vorschrift will der Gefahr begegnen, dass der Vorstand einzelnen seiner Mitglieder einen Kredit oder günstigere Kreditkonditionen gewährt, die einem Dritten nicht zuteil geworden wären. Die Satzung kann Kredite an Vorstandsmitglieder ganz ausschließen oder von weiteren Voraussetzungen abhängig machen, die sich an § 89 AktG orientieren können. Legt die Satzung nichts fest, muss den Kredit in jedem Fall der (Gesamt-)Aufsichtsrat genehmigen. Von dem Genehmigungserfordernis sind Darlehen aller Art umfasst, einschließlich von Sonderformen wie Akkreditiv-, Akzept- oder Avalkredit sowie von Finanzierungshilfen wie Zahlungsaufschub, Teilzahlungsgeschäft oder Finanzierungsleasing. Die Übernahme einer Bürgschaft durch ein Vorstandsmitglied für die Verbindlichkeit eines Dritten gegenüber der eG bedarf ebenfalls der Genehmigung nach Abs. 2 S. 2. Dies gilt entsprechend für andere Sicherheiten. Den jeweiligen Vertrag schließt der Vorstand in Vertretung der eG, jedoch ohne Beteiligung des Vorstandsmitglieds, das den Vertrag auf der anderen Seite im eigenen Namen schließt (entsprechend § 181 BGB). Der Vertrag ist jedoch schwebend unwirksam, solange der Aufsichtsrat nicht genehmigt hat (str., zB PFB/*Fandrich* Rn. 12). Auch an der Entscheidung, ob der Vertrag geschlossen wird, darf das betreffende Vorstandsmitglied nicht mitwirken. Organkredite einer Kredit- oder Finanzdienstleistungsgenossenschaft umfassen einen größeren Personenkreis und unterliegen besonderen Voraussetzungen nach § 15 Abs. 1 S. 1 KWG, insbesondere bedürfen sie grundsätzlich eines einstimmigen Vorstandsbeschlusses und der ausdrücklichen Zustimmung des Aufsichtsrats und dürfen grundsätzlich nur zu marktmäßigen Bedingungen gewährt werden.

IV. Prozesse gegen Aufsichtsratsmitglieder (Abs. 3)

5 Um die Unabhängigkeit des Aufsichtsrats vom Vorstand zu gewährleisten, macht Abs. 3 die Führung eines Aktivprozesses wie auch (str.) eines Passivprozesses gegen ein Aufsichtsratsmitglied davon abhängig, dass die Generalversammlung einen Bevollmächtigten wählt, der die eG in dem Prozess vertritt. Nach dem Zweck der Vorschrift müssen alle Prozesse erfasst sein, die einen negativen Einfluss auf die Unabhängigkeit des Aufsichtsrats befürchten lassen; das können auch Verfahren sein, welche nicht unmittelbar die Tätigkeit im Aufsichtsrat zum Gegenstand haben, idR aber zB nicht Prozesse wegen Streitigkeiten im Fördergeschäftsverkehr (iE str., noch enger zB PFB/*Fandrich* Rn. 15). Mit dem Beschluss über die Wahl eines Bevollmächtigten aus Anlass eines möglichen Prozesses drückt die Generalversammlung zugleich (konkludent) ihre Genehmigung aus, den betreffenden Prozess zu führen. Demgemäß darf der Bevollmächtigte nicht vorab für alle Prozesse gewählt werden, die in Zukunft der Vorstand allein für sinnvoll erachtet, gegen die Aufsichtsratsmitglieder zu führen. Von Abs. 3 sind solche Prozesse der eG nicht betroffen, die sich gegen ein ehemaliges Mitglied des Aufsichtsrats richten (hM). Der Bevollmächtigte darf nach dem Zweck der Regelung nicht Vorstandsmitglied sein und darf vom Vorstand keine Weisungen empfangen.

Vorläufige Amtsenthebung von Vorstandsmitgliedern

40 **Der Aufsichtsrat ist befugt, nach seinem Ermessen von der Generalversammlung abzuberufende Mitglieder des Vorstands vorläufig, bis zur Entscheidung der unverzüglich einzuberufenden Generalversammlung, von ihren Geschäften zu entheben und wegen einstweiliger Fortführung derselben das Erforderliche zu veranlassen.**

I. Allgemeines

Durch die vorläufige Amtsenthebung wird die Organstellung eines Vorstandsmitglieds noch nicht beendet. Dies geschieht erst durch den durch Beschluss der Generalversammlung erfolgten Widerruf der Bestellung, dem die vorläufige Amtsenthebung nicht notwendig vorausgehen muss (→ § 24 Rn. 11). Hat die Satzung dem Aufsichtsrat gem. § 24 Abs. 2 S. 2 die Befugnis eingeräumt, die Mitglieder des Vorstands abzuberufen, ist die Anwendung von § 40 ausgeschlossen; insoweit wurde die Vorschrift in der Novelle 2006 der Neufassung von § 24 Abs. 2 S. 2 angepasst (BT-Drs. 16/1025, 86). 1

II. Voraussetzungen einer vorläufigen Amtsenthebung

Die vorläufige Amtsenthebung setzt einen **Beschluss des Gesamtaufsichtsrats** voraus. Der Beschluss ist nichtig, wenn die Einladung zu der betreffenden Sitzung den Tagesordnungspunkt nicht hinreichend konkret bezeichnet (zu einer Sparkasse zB BGH 29.5.2000, NJW-RR 2000, 1278 f.). Das betroffene Vorstandsmitglied hat ein Anhörungsrecht, sofern nicht die besondere Eilbedürftigkeit der Enthebung entgegensteht. Ein Verstoß gegen das Anhörungsrecht macht die vorläufige Amtsenthebung nicht unwirksam (→ § 24 Rn. 11). Der Beschluss nach § 40 gilt nach § 18 Abs. 1 S. 2 GenRegV als **Ende der Vertretungsbefugnis** des betreffenden Vorstandsmitglieds und muss deshalb zur **Eintragung im Genossenschaftsregister** angemeldet werden (→ § 28 Rn. 1 f.). § 29 findet Anwendung. Weil die Amtsenthebung nur vorläufigen Charakter haben darf, ist sie nur wirksam, wenn dringend eine sofortige Entscheidung herbeigeführt werden muss und ein Beschluss der Generalversammlung nicht abgewartet werden kann. Der Aufsichtsrat hat hinsichtlich der Entscheidung einen **Ermessensspielraum,** der überschritten ist, wenn er aus sachfremden Gründe, zB persönliche Animositäten heraus handelt. Eine Pflichtverletzung oder ein Verschulden braucht nicht vorzuliegen. Es empfiehlt sich, dass der Aufsichtsrat seinen Beschluss begründet und zugleich die Einberufung der Generalversammlung nach § 38 Abs. 2 S. 1 beschließt. Unterbleibt die **unverzügliche Einberufung der Generalversammlung** durch den Aufsichtsrat oder den Vorstand (§ 44), ist die Amtsenthebung unwirksam. Die Generalversammlung muss ausnahmsweise nicht unverzüglich einberufen werden, solange der Aufsichtsrat eine einvernehmliche Lösung anstrebt und dies erfolgversprechend ist (BGH 18.6.1984, NJW 1984, 2689 (2690)). 2

III. Folgen und Beendigung einer vorläufigen Amtsenthebung

Während der vorläufigen Amtsenthebung ruhen die Rechte und Pflichten des Vorstandsmitgliedes aus seiner Organstellung. Für den Anstellungsvertrag gelten die allgemeinen Regeln (zB § 615 BGB); die vorläufige Amtsenthebung ist kein außerordentlicher Kündigungsgrund. Die vorläufige Amtsenthebung ist auflösend bedingt und endet automatisch durch die Entscheidung der Generalversammlung über einen Bestellungswiderruf oder durch eine freiwillige Amtsniederlegung des Vorstandsmitglieds. Lehnt die Generalversammlung den Widerruf ab, leben die Rechte und Pflichten des Vorstandsmitglieds aus seiner Organstellung ohne Weiteres wieder auf. Eine Ablehnung des Widerrufs und die dadurch herbeigeführte Beendigung der Amtsenthebung ist ebenso zur Eintragung im Genossenschaftsregister anzumelden wie ein endgültiges Ausscheiden des Vorstandsmitglieds. 3

IV. Veranlassung des Erforderlichen wegen einstweiliger Fortführung der Geschäfte

Erforderlich ist eine vorübergehende oder auch endgültige Bestellung eines oder mehrerer Vorstandsmitglieder, wenn wegen der Amtsenthebung entweder die gesetzliche oder statutarische Mindestzahl von Vorstandsmitgliedern unterschritten wird (→ § 24 Rn. 5) oder eine ordnungsgemäße Geschäftsführung iwS nicht mehr gewährleistet ist. Erfolgt die Bestellung nicht durch die Generalversammlung, ist der Aufsichtsrat verpflichtet, entweder nach § 24 Abs. 2 S. 2, wenn die Satzung ihn dazu ermächtigt, oder nach § 37 Abs. 1 S. 2 aus seiner Mitte die erforderliche Zahl von Vorstandsmitgliedern zumindest bis zum Beschluss der Generalversammlung zu bestellen. Erst wenn auch dies nicht geschieht, kommt eine gerichtliche Notbestellung entsprechend § 29 BGB, § 85 AktG in Betracht (→ § 24 Rn. 6). Die Geschäftsführung des vorläufig seines Amtes enthobenen Vorstandsmitglieds darf der Aufsichtsrat nicht selbst fortführen. 4

Sorgfaltspflicht und Verantwortlichkeit der Aufsichtsratsmitglieder

41 Für die Sorgfaltspflicht und Verantwortlichkeit der Aufsichtsratsmitglieder gilt § 34 über die Verantwortlichkeit der Vorstandsmitglieder sinngemäß.

I. Allgemeines

1 Die Vorschrift konkretisiert § 38, indem sie die Sorgfaltspflichten und den Verschuldensmaßstab für Aufsichtsratsmitglieder sowie die Modalitäten ihrer Haftung auf Schadensersatz gegenüber der eG regelt. Es wird hierfür (ähnlich wie in § 116 S. 1 AktG) auf die entsprechende Regelung für Vorstandsmitglieder verwiesen, ohne dass jedoch der Pflichten- und Haftungsumfang für identisch erklärt würde. Bei der nur „sinngemäßen" Anwendung von § 34 müssen vor allem die unterschiedlichen Aufgaben des Aufsichtsrats im Vergleich zum Vorstand, aber auch die Tatsache berücksichtigt werden, dass das Amt des Aufsichtsrats idR nur nebenamtlich ausgefüllt wird. Die Vorschrift gilt auch für die Mitglieder der Gesellschafterversammlung, sofern diese bei Fehlen eines Aufsichtsrats nach § 9 Abs. 1 S. 3 die Aufgaben des Aufsichtsrats wahrnimmt (vgl. BT-Drs. 16/1025, 85).

II. Umfang der Sorgfaltspflichten eines Aufsichtsratsmitglieds

2 **1. Allgemeines.** Alle amtierenden Mitglieder des Aufsichtsrats müssen bei der Erfüllung der Aufgaben und Pflichten des Aufsichtsrats (→ § 38 Rn. 1 ff.) die Sorgfaltspflicht eines ordentlichen und gewissenhaften Aufsichtsratsmitglieds einhalten und das Gesetz und die Satzung beachten. Sie müssen dabei das Unternehmenswohl im Auge haben, die Vor- und Nachteile für die eG abwägen und die Risiken sorgsam einschätzen. Jedes einzelne Aufsichtsratsmitglied muss sich über die notwendige Tatsachengrundlage für die Aufgaben und Entscheidungen des Aufsichtsrats informieren (für den Prüfungsbericht: § 58 Abs. 3 S. 2; ferner zB Protokolle der Vorstandssitzungen oder der Bericht der Revision), ebenso über seine Pflichten. An Sitzungen des Aufsichtsrats und an Generalversammlungen hat das Aufsichtsratsmitglied teilzunehmen, sofern es nicht aus zwingenden Gründen verhindert ist. Die erforderliche Sachkunde muss sich jedes Aufsichtsratsmitglied notfalls selbstständig aneignen, zB um beurteilen zu können, ob eine Geschäftsführungsmaßnahme des Vorstands ordnungsgemäß erfolgte. Die Kosten einer Weiterbildung können gemäß oder entsprechend § 670 BGB von der eG ersetzt verlangt werden. Eine Arbeitsteilung unter den Aufsichtsratsmitgliedern ist zulässig und notwendig. Die Aufsichtsratsmitglieder haben jedoch **Gesamtverantwortung,** dh sie dürfen sich nicht blind auf die anderen Aufsichtsratsmitglieder oder auf Gutachten von Sachverständigen verlassen (für Vorstandsmitglieder → § 34 Rn. 2). Stets haben sie Einschätzungen auch von sachverständigen Dritten auf Plausibilität und Schlüssigkeit zu überprüfen und zu würdigen. Bei konkreten Anhaltspunkten für fehlerhafte Einschätzungen müssen der Gesamtaufsichtsrat, ggf. der Prüfungsverband und die Generalversammlung informiert und weitere Überprüfungen eingeleitet werden. Dass der Prüfungsverband seinen Aufgaben nicht nachkommt, entlastet die Aufsichtsratsmitglieder nicht (vgl. BGH 1.12.2003, NJW-RR 2004, 900 (902)). Werden Aufgaben des Aufsichtsrats intern an ein sorgfältig auszuwählendes Aufsichtsratsmitglied oder einen Ausschuss delegiert (zum Verbot der externen Delegation → § 38 Rn. 6), muss die Ausführung der Aufgaben von allen Aufsichtsratsmitgliedern streng überwacht werden (→ § 34 Rn. 2).

3 **2. Besondere Sorgfaltspflichten der Aufsichtsratsmitglieder.** Zur Pflicht, die Geschäftsführung des Vorstands zu überwachen (§ 38), gehört es insbesondere, dass sich die Aufsichtsratsmitglieder von der ordnungsgemäßen Erfüllung der gesetzlichen und statutarischen Aufgaben überzeugen und dass sie den Vorstand ggf. hierzu anhalten (BGH 1.12.2003, NJW-RR 2004, 900 (901)). Aufsichtsratsmitglieder unterliegen aufgrund ihrer organschaftlichen und mitgliedschaftlichen Treuepflicht der gleichen strikten Verschwiegenheitsverpflichtung wie Vorstandsmitglieder nach § 34 Abs. 1 S. 2 (→ § 34 Rn. 6). Verstöße gegen die Pflicht zur Verschwiegenheit können nach § 151 strafbar sein. Die Verschwiegenheitspflicht gilt für alle Aufsichtsratsmitglieder gleichermaßen, auch für die Arbeitnehmervertreter im Aufsichtsrat bei einer mitbestimmten eG (vgl. BGH 15.11.1982, NJW 1983, 991). Dies ist zwingende Voraussetzung für ein offenes und konstruktives Zusammenwirken der Organe der eG untereinander. Ferner haben Aufsichtsratsmitglieder die Pflicht, nicht in die Kompetenz und Funktionsfähigkeit des Vorstands einzugreifen, zB hinter seinem Rücken Fusionsgespräche zu führen. Die Aufsichtsratsmitglieder müssen auf der anderen Seite ihre Unabhängigkeit insbesondere vom Vorstand wahren, um schon den bloßen Verdacht einer voreingenommenen Ausführung vor allem der Überwachungsaufgaben gar nicht erst aufkommen zu lassen. Sie können jedoch vor ihrer Wahl in den Aufsichtsrat dem Vorstand angehört haben (arg. e. § 37 Abs. 2). Zu den organschaftlichen Pflichten des Aufsichtsrats → § 38 Rn. 1–5.

III. Sorgfaltsmaßstab

4 Der Maßstab eines ordentlichen und gewissenhaften Aufsichtsratsmitgliedes ist zugleich Verschuldensmaßstab für die Schadensersatzhaftung entsprechend § 34 Abs. 2, 3. Jedes Aufsichtsratsmitglied haftet nur für eigenes Verschulden, das entsprechend § 34 Abs. 2 S. 2 vermutet wird (→ § 34 Rn. 7, → § 34 Rn. 9). Der Sorgfaltsmaßstab kann im Einzelfall verschieden zu beurteilen sein je nach Größe der eG, Gegenstand ihres Unternehmens und besonderer beruflicher Ausbildung des einzelnen Aufsichtsratsmitglieds. Auf fehlende Fachkenntnisse oder Erfahrungen kann sich ein Aufsichtsratsmitglied zwar grundsätzlich nicht berufen. Besonders berücksichtigt werden muss aber entsprechend § 34 Abs. 2 S. 3, ob das Aufsichtsratsmandat im Wesentlichen unentgeltlich ausgeübt wird, ferner ob es bereits Fachkenntnisse und Erfahrungen in der betreffenden eG (zB als ausgeschiedenes Vorstandsmitglied) oder als Aufsichtsratsmitglied einer anderen eG oder anderweitig gesammelt hat. Ist dies nicht der Fall, kann nicht erwartet werden, dass das Aufsichtsratsmitglied in der Anfangszeit seiner Organstellung bereits über sämtliche erforderlichen Fachkenntnisse und Erfahrungen verfügt. Es muss sich jedoch unverzüglich einarbeiten und weiterbilden (→ Rn. 2).

IV. Schadensersatzhaftung gegenüber der eG

5 Die Haftung der Aufsichtsratsmitglieder gegenüber der eG richtet sich nach den gleichen Regeln wie diejenige von Vorstandsmitgliedern (→ § 34 Rn. 8 ff.). In den Fällen des § 34 Abs. 3 haften die Aufsichtsratsmitglieder für eine eigene Pflichtverletzung und eigenes Verschulden, zB wenn sie selbst in eine Auszahlung von Genossenschaftsvermögen involviert sind oder eine nach § 27 Abs. 1 S. 2 statutarisch notwendige Zustimmung zur Kreditgewährung entgegen dem Gesetz oder der Satzung oder ohne die gebotene Information und Risikoabschätzung erteilen und gegen die Auszahlung des Kredits nicht einschreiten (vgl. zur GmbH BGH 11.12.2006, NJW-RR 2007, 390). Wird zB versäumt, eine statutarisch gebotene Zeichnung weiterer Geschäftsanteile durchzusetzen, haften der eG nicht nur die Mitglieder des Vorstands, sondern auch die Aufsichtsratsmitglieder für den Beitragsausfallschaden, weil sie den Vorstand nicht zum Handeln angehalten haben (BGH 1.12.2003, NJW-RR 2004, 900 (901)). Aufsichtsratsmitglieder können auf einer Stufe mit Vorstandsmitgliedern als Gesamtschuldner haften. Für weitere Einzelfälle s. die Erl. zu § 116 AktG (→ AktG § 116 Rn. 1 ff.).

Prokura; Handlungsvollmacht

42 (1) [1]**Die Genossenschaft kann Prokura nach Maßgabe der §§ 48 bis 53 des Handelsgesetzbuchs erteilen.** [2]**An die Stelle der Eintragung in das Handelsregister tritt die Eintragung in das Genossenschaftsregister.** [3]**§ 28 Satz 3 und § 29 gelten entsprechend.**

(2) [1]**Die Genossenschaft kann auch Handlungsvollmacht erteilen.** [2]**§ 54 des Handelsgesetzbuchs ist anzuwenden.**

I. Prokura

1 Anders als noch vor der Novelle 1973 darf die eG als Ausprägung von § 17 Abs. 2 Prokura erteilen. Einer Satzungsermächtigung bedarf es nicht (anders für die Einräumung einer unechten Gesamtvertretung nach § 25 Abs. 2 S. 1 Fall 2). Ein Prokurist muss nicht Mitglied der eG sein. Die Kompetenz für Erteilung und Widerruf einer Prokura liegt beim Vorstand als dem gesetzlichen Vertreter der eG. Erteilung, Änderung und Widerruf einer Prokura können durch eine Satzungsbestimmung gem. § 27 Abs. 1 S. 2 von der Zustimmung der Generalversammlung, des Aufsichtsrats oder eines anderen Organs abhängig gemacht werden. Die Satzung kann die Erteilung nicht ausschließen (§ 18 S. 2). Die Erteilung und das Erlöschen einer Prokura sowie eine Erteilung als Gesamtprokura sind zur Eintragung in das Genossenschaftsregister nach S. 2 und § 53 HGB anzumelden. Die Anmeldung wird nach § 157 sowie § 6 Abs. 2 Nr. 5 GenRegV elektronisch in öffentlich beglaubigter Form von den Vorstandsmitgliedern in vertretungsberechtigter Anzahl eingereicht. Prokuristen können bei der Anmeldung nicht mitwirken (§ 157). Wie für Vorstandsmitglieder ist nach dem EHUG auch für Prokuristen die Pflicht weggefallen, ihre Namensunterschrift mit den erforderlichen Zusätzen bei Gericht zu zeichnen (S. 1 iVm § 53 Abs. 2 HGB aF). Die Prokuristen sind mit Familien- und Vornamen, Geburtsdatum und Wohnort einzutragen (§ 18 Abs. 2 S. 2 GenRegV). Die Eintragung ist bekannt zu machen (S. 3 iVm § 28 S. 3). Hinsichtlich der Publizität gilt nicht § 15 HGB, sondern § 29. Für Erteilung und Beendigung, Arten und Umfang der Prokura gelten iÜ die §§ 48–52 HGB (vgl. die Erl. dort). Verletzt ein Prokurist schuldhaft seine Pflichten, kann dies der eG nach § 278 S. 1 Fall 2 BGB zuzurechnen sein oder haftet sie nach § 831 BGB. Werden dem Prokuristen bedeutsame Funktionen zugewiesen (zB als Zweigstellenleiter) oder haben sie (unechte) Gesamtvertretungsmacht, ist § 31 BGB analog anzuwenden.

II. Handlungsvollmacht

2 Neben der Prokura kann die eG seit 1973 als Ausfluss von § 17 Abs. 2 alle Arten einer Handlungsvollmacht nach § 54 Abs. 1 HGB erteilen. Diese werden nicht in das Genossenschaftsregister eingetragen. Es gelten die allgemeinen Vorschriften des § 54 HGB (→ HGB § 54 Rn. 1 ff.), insbesondere der Schutz des Rechtsverkehrs vor nicht erkennbaren Vollmachtsbeschränkungen nach § 54 Abs. 3 HGB.

Generalversammlung; Stimmrecht der Mitglieder

43 (1) **Die Mitglieder üben ihre Rechte in den Angelegenheiten der Genossenschaft in der Generalversammlung aus, soweit das Gesetz nichts anderes bestimmt.**

(2) **¹Die Generalversammlung beschließt mit der Mehrheit der abgegebenen Stimmen (einfache Stimmenmehrheit), soweit nicht Gesetz oder Satzung eine größere Mehrheit oder weitere Erfordernisse bestimmen. ²Für Wahlen kann die Satzung eine abweichende Regelung treffen.**

(3) **¹Jedes Mitglied hat eine Stimme. ²Die Satzung kann die Gewährung von Mehrstimmrechten vorsehen. ³Die Voraussetzungen für die Gewährung von Mehrstimmrechten müssen in der Satzung mit folgender Maßgabe bestimmt werden:**

1. **¹Mehrstimmrechte sollen nur Mitgliedern gewährt werden, die den Geschäftsbetrieb besonders fördern. ²Keinem Mitglied können mehr als drei Stimmen gewährt werden. ³Bei Beschlüssen, die nach dem Gesetz zwingend einer Mehrheit von drei Vierteln der abgegebenen Stimmen oder einer größeren Mehrheit bedürfen, sowie bei Beschlüssen über die Aufhebung oder Einschränkung der Bestimmungen der Satzung über Mehrstimmrechte hat ein Mitglied, auch wenn ihm ein Mehrstimmrecht gewährt ist, nur eine Stimme.**
2. **¹Auf Genossenschaften, bei denen mehr als drei Viertel der Mitglieder als Unternehmer im Sinne des § 14 des Bürgerlichen Gesetzbuchs Mitglied sind, ist Nummer 1 nicht anzuwenden. ²Bei diesen Genossenschaften können Mehrstimmrechte vom einzelnen Mitglied höchstens bis zu einem Zehntel der in der Generalversammlung anwesenden Stimmen ausgeübt werden; das Nähere hat die Satzung zu regeln.**
3. **¹Auf Genossenschaften, deren Mitglieder ausschließlich oder überwiegend eingetragene Genossenschaften sind, sind die Nummern 1 und 2 nicht anzuwenden. ²Die Satzung dieser Genossenschaften kann das Stimmrecht der Mitglieder nach der Höhe ihrer Geschäftsguthaben oder einem anderen Maßstab abstufen.**

⁴Zur Aufhebung oder Änderung der Bestimmungen der Satzung über Mehrstimmrechte bedarf es nicht der Zustimmung der betroffenen Mitglieder.

(4) **¹Das Mitglied soll sein Stimmrecht persönlich ausüben. ²Das Stimmrecht geschäftsunfähiger oder in der Geschäftsfähigkeit beschränkter natürlicher Personen sowie das Stimmrecht von juristischen Personen wird durch ihre gesetzlichen Vertreter, das Stimmrecht von Personenhandelsgesellschaften durch zur Vertretung ermächtigte Gesellschafter ausgeübt.**

(5) **¹Das Mitglied oder sein gesetzlicher Vertreter können Stimmvollmacht erteilen. ²Für die Vollmacht ist die schriftliche Form erforderlich. ³Ein Bevollmächtigter kann nicht mehr als zwei Mitglieder vertreten. ⁴Die Satzung kann persönliche Voraussetzungen für Bevollmächtigte aufstellen, insbesondere die Bevollmächtigung von Personen ausschließen, die sich geschäftsmäßig zur Ausübung des Stimmrechts erbieten.**

(6) **Niemand kann für sich oder für einen anderen das Stimmrecht ausüben, wenn darüber Beschluss gefasst wird, ob er oder das vertretene Mitglied zu entlasten oder von einer Verbindlichkeit zu befreien ist oder ob die Genossenschaft gegen ihn oder das vertretene Mitglied einen Anspruch geltend machen soll.**

(7) **¹Die Satzung kann zulassen, dass Beschlüsse der Mitglieder schriftlich oder in elektronischer Form gefasst werden; das Nähere hat die Satzung zu regeln. ²Ferner kann die Satzung vorsehen, dass in bestimmten Fällen Mitglieder des Aufsichtsrats im Wege der Bild- und Tonübertragung an der Generalversammlung teilnehmen können und dass die Generalversammlung in Bild und Ton übertragen werden darf.**

Übersicht

I. Allgemeines zur Generalversammlung

1 Die Generalversammlung ist dasjenige (neben Vorstand und Aufsichtsrat zwingende) Organ der eG, in dem die Mitglieder der eG ihre Mitgliedsrechte ausüben und sich Selbstverwaltungs- und Demokratieprinzip in der eG verwirklichen. Letztlich stellt die Generalversammlung die wesentlichen Weichen für die eG, indem sie insbesondere über sämtliche Änderungen der Satzung beschließt (§ 16), nach § 36 Abs. 1, 3 die Mitglieder des Aufsichtsrats sowie nach § 24 Abs. 2 grundsätzlich (sofern nicht die Satzung anderes bestimmt) auch die Vorstandsmitglieder wählt und abberuft, bei Fehlen eines Aufsichtsrats nach § 9 Abs. 1 S. 3 grundsätzlich dessen Funktionen (→ § 38 Rn. 1 f., → § 38 Rn. 4 f., → § 39 Rn. 3) wahrnimmt, und nach § 48 Abs. 1 über die Feststellung des Jahresabschlusses, die Verwendung eines Überschusses bzw. Deckung eines Fehlbetrags beschließt sowie über die Entlastung von Vorstand und Aufsichtsrat entscheidet (zu den Zuständigkeiten → Rn. 2 ff.). Wegen § 18 S. 2 hat die Generalversammlung nur diejenigen Kompetenzen, die ihr das Gesetz ausdrücklich zuweist. In die jeweiligen Befugnisse und Aufgaben des Aufsichtsrats und des Vorstands darf die Generalversammlung nicht eingreifen. Teilweise erwachsen der Generalversammlung aus ihrer Zuständigkeit Verpflichtungen, wie zB die Pflicht zur Bestellung von Vorstandsmitgliedern bei Unterschreiten der gesetzlichen Mindestzahl (→ § 24 Rn. 6). Die letzten Änderungen erfuhr die Vorschrift des § 43 vor allem hinsichtlich der Mehrstimmrechte in Abs. 3 durch die Novelle 2006 (BT-Drs. 16/1025, 86 f.).

II. Zuständigkeiten der Generalversammlung

2 **1. Zwingende Kompetenzen.** Der Generalversammlung sind durch ausdrückliche gesetzliche Regelung zwingend und ausschließlich (§ 18 S. 2) insbesondere die bereits in Rn. 1 genannten zentralen Zuständigkeiten für sämtliche Satzungsänderungen (§ 16) nebst der im Gesetz geregelten Änderungen bestimmter Satzungsinhalte wie §§ 8a, 22 Abs. 1, § 22a Abs. 1, § 120, für die Wahl und Abberufung von Aufsichtsratsmitgliedern nach § 36 Abs. 1, 3, soweit sie nicht als Arbeitnehmervertreter entsandt werden, und für die Beschlüsse nach § 48 Abs. 1 zugewiesen. Weitere zwingende und ausschließliche Zuständigkeiten enthalten zB § 39 Abs. 1 S. 2, Abs. 3, § 43a Abs. 7, §§ 49, 57 Abs. 5, § 59 Abs. 3 Hs. 2, § 60 Abs. 1, § 78 Abs. 1, § 79a Abs. 1, § 87a Abs. 1, 2, § 95 Abs. 2, § 117 Abs. 1 S. 1, ferner §§ 13, 84, 125, 193 UmwG. Manche Kompetenzen knüpfen an bestimmte Voraussetzungen an und sind, wenn diese Voraussetzungen vorliegen, zwingend. Hauptbeispiel sind die Aufsichtsaufgaben, welche bei einem zulässigen Verzicht auf einen Aufsichtsrat die Generalversammlung wahrnimmt (§ 9 Abs. 1 S. 2, 3, → § 38 Rn. 1 f., → § 38 Rn. 4 f., → § 39 Rn. 3). Andere zwingende Zuständigkeiten setzen voraus, dass die Satzung keine Regelung vorsieht, wie zB die Befugnis, Betrag und Zeit der Einzahlungen auf den Geschäftsanteil festzulegen (§ 50), die Entscheidung darüber, den Aufsichtsratsmitgliedern eine Vergütung zu gewähren (→ § 36 Rn. 9) oder die Übertragung von Aufgaben an einen beschließenden Ausschuss des Aufsichtsrats (str., → § 36 Rn. 6). Daneben gibt es zwingende Zuständigkeiten in entsprechender Anwendung gesetzlicher Vorschriften wie zB die Kompetenz für den Abschluss von Beherrschungs- und Gewinnabführungsverträgen mit abhängigen oder herrschenden Unternehmen analog § 293 AktG (→ § 1 Rn. 35, → § 1 Rn. 38), oder weil sonst andere Vorschriften umgangen

würden, wie zB die Kompetenz zum Ausschluss von Aufsichtsratsmitgliedern aus der eG nach § 68 wegen § 36 Abs. 3 (→ § 68 Rn. 7). Darüber hinaus steht der Generalversammlung die Befugnis zu, über **Grundlagengeschäfte** zu entscheiden, die strukturändernde Maßnahmen der Geschäftsführung oder organschaftlichen Leitung darstellen und einen Kernbereich der eG oder ihre Existenz tangieren (→ § 27 Rn. 5; zu weitgehend *Beuthien/Gätsch* ZHR 157 (1993), 483, (510 f.)). Hierzu zählen zB auch Beschlüsse über Auslagerungen wesentlicher Betriebsteile (→ § 6 Rn. 3).

3 **2. Nicht zwingende Kompetenzen.** Die Generalversammlung hat gesetzliche Zuständigkeiten, die von der Satzung einem anderen Organ zugeordnet werden können, also nicht zwingend sind. Hierzu zählt vor allem die Kompetenz, die Mitglieder des Vorstands zu wählen und abzuberufen (§ 24 Abs. 2), ferner zB die Zustimmung zur Zulassung investierender Mitglieder (§ 8 Abs. 2 S. 3) oder der Beschluss über die Offenlegung eines Einzelabschlusses (§ 48 Abs. 4 S. 1). Außerdem können der Generalversammlung fakultative Zuständigkeiten durch die Satzung zugewiesen werden, zB die Entscheidung über Prozesse gegen Vorstandsmitglieder (§ 39 Abs. 1 S. 3) oder die Gewährung von Vorzugsrechten an Mitglieder (→ § 18 Rn. 8). Manche fakultative Zuständigkeiten gibt das Gesetz selbst, zB in § 83 Abs. 1, § 93 S. 2. Ferner kann der Vorstand eine Beschlussfassung der Generalversammlung entsprechend § 119 Abs. 2 AktG herbeiführen (→ § 27 Rn. 3).

4 **3. Zustimmungsvorbehalte.** Im Rahmen von § 27 Abs. 1 S. 2, Abs. 2 S. 2 können bestimmte Maßnahmen der Geschäftsführung von der Zustimmung der Generalversammlung abhängig gemacht werden, zB die Errichtung von Zweigniederlassungen (→ § 14 Rn. 2) oder die Erteilung einer Prokura (→ § 42 Rn. 1). Hierdurch entscheidet die Generalversammlung nur über das Ob einer Maßnahme, eine inhaltliche Gestaltungsmöglichkeit hat sie nicht. Zustimmungsvorbehalte sind zT im Gesetz vorgesehen, zB in § 8 Abs. 2 S. 3, § 43a Abs. 4 S. 8. Handelt der Vorstand ohne eine erforderliche Zustimmung der Generalversammlung, sind die betreffenden Vorstandsbeschlüsse unwirksam (str., aA PFB/*Fandrich* Rn. 10: aufschiebend bedingt); für Rechtsgeschäfte, die der Vorstand mit Dritten abschließt, gilt § 27 Abs. 2 (→ § 27 Rn. 1 ff.). Ferner kann die Satzung die Wirksamkeit von Beschlüssen der Generalversammlung ihrerseits von der Zustimmung eines anderen Organs abhängig machen, wenn dies gesetzlich zugelassen ist (zB → § 24 Rn. 11).

III. Einberufung, Ablauf und Beschlussfassung der Generalversammlung

5 **1. Einberufung.** Die Generalversammlung kann gem. § 44 vom Vorstand (bzw. nach § 89 von den Liquidatoren), gem. § 38 Abs. 2 S. 1 vom Aufsichtsrat, gem. § 60 Abs. 2 vom Prüfungsverband oder gem. § 45 Abs. 3 S. 1 durch Mitglieder aufgrund einer gerichtlichen Ermächtigung einberufen werden. In bestimmten Fällen schreibt das Gesetz eine Einberufung vor (→ § 44 Rn. 3). Die Form der Einberufung muss in der Satzung bestimmt werden (Mindestinhalt nach § 6 Nr. 4; → § 6 Rn. 5). Für die Einberufungsfrist und die Bekanntmachung der Tagesordnung gilt § 46 Abs. 1 (→ § 46 Rn. 1 ff.).

6 **2. Versammlungsablauf.** Die Generalversammlung muss an dem in der Satzung vorgesehenen Ort oder mangels einer Satzungsbestimmung am Sitz der eG stattfinden und darf nicht gestuft in mehreren Teilversammlungen abgehalten werden. Sie wird von ihrem Vorsitzenden, idR dem Aufsichtsratsvorsitzenden, eröffnet und geleitet (zur Regelung des Vorsitzes → § 6 Rn. 5). Bei einer vom Prüfungsverband nach § 60 Abs. 1 einberufenen Versammlung führt eine vom Verband bestimmte Person den Vorsitz (§ 60 Abs. 2). In den Fällen des § 47 Abs. 3 ist ein Teilnehmerverzeichnis zu erstellen (§ 47 Rn. 3). Nichtmitgliedern darf der Vorsitzende die Teilnahme gestatten und das Wort erteilen; sie haben nicht die Mitgliederrechte (Rn. 8). Zu den einzelnen Tagesordnungspunkten werden Anträge gestellt, Diskussionen geführt und Beschlüsse gefasst. Hierüber wird eine Niederschrift erstellt, für die § 47 und gem. § 6 Nr. 4 die Satzungsbestimmungen gelten (vgl. insbesondere zur Form der Niederschrift § 6 Rn. 5, § 47 Rn. 1). Die Satzung kann die Bild- und Tonübertragung einer Präsenzversammlung sowie die Teilnahme von Aufsichtsratsmitgliedern im Wege der Bild- und Tonübertragung erlauben **(Abs. 7 S. 2).** Von dieser gesetzlichen Ermächtigung ist auch die Bild- und Tonaufzeichnung gedeckt.

6a Zweifelhaft ist nach wie vor, ob eine **rein virtuelle Versammlung ganz ohne physische Teilnahme** allein über das Internet oder ein Intranet möglich ist (davon offenbar ausgehend BT-Drs. 16/1025, 87; zweifelnd Beuthien/*Schöpflin* Rn. 53; abl. zB PFB/*Fandrich* Rn. 60). Aus Abs. 7 S. 1 kann dies allein nicht geschlossen werden. Zudem fehlt eine Regelung wie in § 118 Abs. 1 S. 2 AktG, die eine Ausübung der anderen versammlungsgebundenen Rechte (→ § 18 Rn. 5) auf elektronischem Wege sichert. Die elektronische Ausübung dieser Rechte kann wegen § 18 S. 2 (anders als zB im Vereinsrecht) auch nicht durch die Satzung eingeführt werden. Ferner wird insbesondere in Abs. 7 S. 2 (Übertragung der Versammlung), Abs. 1 („in der Generalversammlung") und in § 47 Abs. 1 S. 2 („Ort") von einer Präsenzversammlung ausgegangen. Die Möglichkeit einer rein virtuellen Versammlung ist zwar auch durch **§ 3 Abs. 1 COVMG vom 27.3.2020** (BGBl. 2020 I 569) **für im Jahr 2020 stattfindende Versammlungen** nicht eingeführt worden (unklar BT-Drs. 19/18110, 28; iErg zu weitgehend *Thume* WM 2020, 1053 ff.; *Scheibner* DZWir 2020, 274 ff.). Doch kann der Anfechtungsausschluss nach § 3

Abs. 1 S. 4 COVMG wegen „Verletzungen … der Mitgliederrechte …, die auf technische Störungen im Zusammenhang mit der Beschlussfassung nach Satz 1 zurückzuführen sind", so ausgelegt werden, dass auch die Mitgliederrechte im Vorfeld einer Beschlussfassung auf elektronischem Wege ausgeübt werden können, und zwar nicht nur Rede-, Frage-, Auskunfts- und Antragsrechte, sondern auch das Teilnahmerecht. § 18 S. 2 steht hier nicht entgegen, weil es sich um eine Gesetzesauslegung handelt. Somit können einzelne oder alle Mitglieder der eG **per elektronischer Zuschaltung an einer in 2020 stattfindenden Präsenzversammlung teilnehmen,** die hinsichtlich der Zahl der Anwesenden sowie der Abstands- und Schutzvorkehrungen den COVID-19-Beschränkungen gerecht werden kann und muss. Das wird der Regelungsintention des Gesetzgebers des COVMG gerecht.

3. Beschlussfassung. Die Zahl der anwesenden Mitglieder und die Zahl ihrer Stimmen ist zu Beginn der Versammlung und bei späteren Änderungen vor jeder Beschlussfassung erneut festzustellen. Über nicht ordnungsgemäß angekündigte Gegenstände dürfen grundsätzlich keine Beschlüsse gefasst werden (→ § 46 Rn. 2). Beschlüsse können nach **Abs. 7 S. 1** (auch bei einer Präsenzversammlung) in einem schriftlichen oder elektronischen Verfahren gefasst werden, nach § 3 Abs. 1 S. 1 COVMG für in 2020 stattfindende Versammlungen auch ohne statutarische Ermächtigung. Auch darüber hinaus kann die Satzung die **Art der Beschlussfassung** regeln (zB offene oder geheime Abstimmung). Die Beschlüsse müssen vom Vorsitzenden festgestellt werden (§ 47 Abs. 1 S. 2 aE); über die Beschlüsse ist eine Niederschrift anzufertigen (§ 47 Abs. 1 S. 1). Die Generalversammlung beschließt grundsätzlich mit der einfachen **Mehrheit** der abgegebenen Stimmen **(Abs. 2 S. 1).** Stimmenthaltungen und ungültige Stimmen gelten als nicht abgegebene Stimmen. Im Fall der Stimmengleichheit ist der Antrag nicht angenommen. Die Satzung kann für konkret bestimmte Gegenstände gem. § 8 Abs. 1 Nr. 4 eine größere Mehrheit oder weitere Erfordernisse vorsehen (→ § 8 Rn. 5). Gesetzlich werden qualifizierte Mehrheiten vor allem für Satzungsänderungen nach § 16 gefordert, ferner zB in § 36 Abs. 3 S. 2, § 78 Abs. 1 S. 1 Hs. 1, § 79a Abs. 1 S. 1 Hs. 2 oder in § 84 UmwG. Nach § 8 Abs. 2 S. 2 muss die Satzung durch entsprechende Stimmrechtsbegrenzungen sicherstellen, dass investierende Mitglieder die ordentlichen Mitglieder nicht überstimmen können (→ § 8 Rn. 8). Statutarisch dürfen weitere Erfordernisse, insbesondere Quoren für die **Beschlussfähigkeit** aufgestellt werden. Sieht die Satzung nichts vor, ist die Versammlung beschlussfähig, wenn die für die jeweilige Stimmenmehrheit in Bezug zur Mindestzahl von Mitgliedern (§ 4) erforderliche Zahl von Mitgliedern erschienen ist (für die einfache Stimmenmehrheit also mindestens zwei Mitglieder, für die Dreiviertelmehrheit drei Mitglieder; str.). Die Regelungen für Beschlüsse gelten grundsätzlich auch für **Wahlen.** Sie bedürfen zur Wirksamkeit zusätzlich der Annahme der gewählten Person. Die Satzung kann nach **Abs. 2 S. 2** abweichende Regelungen treffen, zB abweichende Mehrheitserfordernisse in verschiedenen Wahlgängen vorsehen. 7

4. Nichtigkeit und Anfechtbarkeit von Beschlüssen. An Beschlüsse der Generalversammlung, die mit dem Gesetz und der Satzung im Einklang stehen, sind die Mitglieder und anderen Organe der eG gebunden (für Mitglieder → § 18 Rn. 13, für den Vorstand → § 27 Rn. 5). Beschlüsse können nichtig sein und dürfen unter den Voraussetzungen des § 51 angefochten werden (→ § 51 Rn. 2 ff., → § 51 Rn. 9 ff.). Im Genossenschaftsregister eingetragene Beschlüsse können nach §§ 398, 395 FamFG als nichtig gelöscht werden (→ § 10 Rn. 12). 8

IV. Mitgliederrechte in der Generalversammlung

Die Rechte der Mitglieder werden grundsätzlich in der Generalversammlung wahrgenommen (**Abs. 1;** zum Stimmrecht → Rn. 10 ff.). Ein Recht auf **Versammlungsteilnahme** haben alle Mitglieder, auch die Vorstands- und Aufsichtsratsmitglieder, die Mitglieder der eG sein müssen (§ 9 Abs. 2 S. 1), ferner die Bevollmächtigten im Fall einer ausgeübten Vollmacht sowie die gesetzlichen und organschaftlichen Vertreter der Mitglieder (vgl. Abs. 4 S. 2). An der Generalversammlung, die mit dem Prüfungsbericht befasst ist, darf ein Vertreter des Prüfungsverbands teilnehmen (§ 59 Abs. 3 Hs. 1). Nur bei erheblichen Störungen darf das Teilnahmerecht als ultima ratio vom Versammlungsleiter entzogen werden. Eine Teilnahme mittels Bild- und Tonübertragung kann die Satzung in bestimmten Fällen für Aufsichtsratsmitglieder vorsehen **(Abs. 7 S. 2).** Aus Abs. 4 S. 1 kann nicht auf eine Teilnahmepflicht der Mitglieder geschlossen werden. Die Mitglieder haben ein **Rede-, Frage-, Auskunfts- und Antragsrecht** in der Generalversammlung (zur elektronischen Ausübung nach dem COVMG → Rn. 6a). Es gelten ähnliche Grundsätze wie bei der Hauptversammlung einer AG, insbesondere hinsichtlich der Frage, inwieweit das Rederecht beschränkt werden darf und Auskünfte verweigert werden können. Zum Antragsrecht gehört auch das Recht, Wahlvorschläge zu unterbreiten. Dieses Recht kann die Satzung zB an bestimmte Fristen oder Mindestquoren knüpfen (für die Wahl von Aufsichtsratsmitgliedern → § 36 Rn. 3). Mitglieder haben ferner ein aktives und passives **Wahlrecht.** Weitere Rechte stehen den Mitgliedern zur Vor- und Nachbereitung einer Generalversammlung zu, zB das Recht zur Einsichtnahme und zu Abschriften nach § 31 Abs. 1, § 47 Abs. 4, § 48 Abs. 3 und das Recht der Anfechtung von Beschlüssen nach § 51 Abs. 2 oder das Recht zur Einberufung einer Versammlung nach §§ 45, 43a Abs. 7. Zu den weiteren Mitgliedschaftsrechten → § 18 Rn. 3 ff. 9

V. Stimmrecht

10 **1. Stimmrecht nach Köpfen (Abs. 3 S. 1).** Das Stimmrecht ist Ausfluss der Mitgliedschaft (→ § 18 Rn. 2, 5). Es wird in der Generalversammlung ausgeübt. Das Stimmrecht entsteht mit der Zulassung des Beitritts (→ § 15 Rn. 5) und endet mit Wirksamwerden zB einer Kündigung, bei einem Ausschluss allerdings schon mit Absendung der Beschlussmitteilung nach § 68 Abs. 2 S. 2 (zusammen mit dem Teilnahmerecht). Ausdruck des Demokratie- und auch des Selbstverwaltungsprinzips (→ § 1 Rn. 44, → § 1 Rn. 47) ist die Regelung, dass jedes Mitglied nur eine Stimme hat, unabhängig wie hoch sein Geschäftsanteil oder Geschäftsguthaben ist. Jede Stimme zählt grundsätzlich gleich. Abweichend hiervon muss die Satzung ggf. das Stimmrecht von investierenden Mitgliedern beschränken, damit diese die ordentlichen Mitglieder nicht überstimmen können (§ 8 Abs. 2 S. 2). Weitere Ausnahmen regeln Abs. 3 S. 2–4 und Abs. 6 (→ Rn. 11 ff., → Rn. 19). Das Stimmrecht kann iÜ wegen § 18 S. 2 nicht beschränkt oder als verzichtbar ausgestaltet werden (*A. Teichmann,* Gestaltungsfreiheit in Gesellschaftsverträgen, 1970, 207).

11 **2. Mehrstimmrechte (Abs. 3 S. 2–4). a) Allgemeines.** Mehrstimmrechte sind Vorzugsrechte, die nach Abs. 3 S. 4 ohne Zustimmung der jeweils Berechtigten entzogen werden dürfen; darin unterscheiden sie sich von Sonderrechten (→ § 18 Rn. 8). Ein Mitglied der eG ist abweichend vom Kopfprinzip nur dann berechtigt, mehrere Stimmen abzugeben, wenn die Satzung die Gewährung von Mehrstimmrechten vorsieht (Abs. 3 S. 2), die Voraussetzungen hierfür in der Satzung im Einklang mit Abs. 3 S. 3 Nr. 1–3 hinreichend bestimmt werden, auf dieser Grundlage dem betreffenden Mitglied ein Mehrstimmrecht gewährt worden ist und dabei die statutarischen Voraussetzungen eingehalten sind (zT wird die Ausübung von Mehrstimmrechten ausdrücklich erlaubt, vgl. § 43a Abs. 4 S. 1 Hs. 2). Nach dem Wortlaut der Vorschrift muss die Satzung nicht selbst die Mitglieder nennen, denen Mehrstimmrechte zustehen sollen (str., wie hier zB PFB/*Fandrich* Rn. 34; Beuthien/*Schöpflin* Rn. 24; zu zwingend statutarischen Bestimmungen vor allem §§ 6–8). Mehrstimmrechte kann mithin ein Organ „gewähren", das durch die Satzung hierzu ermächtigt wird (idR die Generalversammlung). Es handelt sich nur um eine Feststellungskompetenz, dass die statutarischen Voraussetzungen hinsichtlich eines einzelnen Mitglieds vorliegen. Bei der Ausgestaltung der Mehrstimmrechte in der Satzung und bei der Entscheidung über ihre Gewährung müssen die genossenschaftlichen Grundsätze (→ § 1 Rn. 41 ff.), vor allem der Gleichbehandlungsgrundsatz (→ § 18 Rn. 6) beachtet werden und es muss sichergestellt sein, dass nicht eine Minderheit der Mitglieder die übrigen Mitglieder majorisieren kann (BT-Drs. 16/1025, 86). Mehrstimmrechte können nicht nur allgemein, sondern auch für bestimmte Beschlussgegenstände eingeräumt werden (str., vgl. Nr. 1 S. 3). Sie können nur jeweils einheitlich ausgeübt werden (hM). Fallen die Voraussetzungen für die Gewährung von Mehrstimmrechten später weg (sinkt zB im Fall des Abs. 3 S. 3 Nr. 2 die Zahl der Unternehmermitglieder unter 75 %), entfallen die Mehrstimmrechte ohne Weiteres (BT-Drs. 16/1025, 86). Die Rechtssicherheit gebietet, dass dies von dem für die Gewährung zuständigen Organ festgestellt wird oder die Satzung entsprechend geändert werden muss.

12 **b) Generelle Regelung für jede eG (Abs. 3 S. 3 Nr. 1).** Unabhängig vom Typus der eG darf die Satzung die Gewährung von Mehrstimmrechten nur dann vorsehen, wenn sie jeweils auf maximal drei Stimmen begrenzt sind und wenn die Gewährung daran anknüpft, dass das bedachte Mitglied den Geschäftsbetrieb der eG besonders gefördert hat und noch fördern wird. In den Fällen, in denen das Gesetz zwingend eine qualifizierte (mindestens Dreiviertel-)Mehrheit vorsieht (vor allem § 16 Abs. 2–4, ferner zB § 36 Abs. 3 S. 2 oder der Abschluss von Beherrschungs- und Gewinnabführungsverträgen, → § 1 Rn. 35, → § 1 Rn. 38), sowie bei Beschlüssen über die Aufhebung oder Einschränkung von Mehrstimmrechten (für deren Einführung oder Erweiterung gilt § 16 Abs. 2 Nr. 7) wird das Mehrstimmrecht zwingend auf das Kopfprinzip reduziert (Nr. 3 S. 3). Die Kriterien, nach denen zu entscheiden ist, ob Mitglieder den Geschäftsbetrieb besonders fördern, müssen sachlich angemessen und objektiv nachprüfbar sein und in der Satzung hinreichend bestimmt festgelegt werden (zB nach der Umsatzhöhe mit der eG). Im Übrigen gelten die allgemeinen Voraussetzungen für die statutarische Zulassung von Mehrstimmrechten (→ Rn. 11).

13 **c) Unternehmergenossenschaften (Abs. 3 S. 3 Nr. 2).** Seit der Novelle 2006 dürfen auch ohne Vorliegen der Voraussetzungen von Abs. 3 S. 3 Nr. 1 Mehrstimmrechte gewährt werden, wenn wenigstens 75 % aller Mitglieder der eG Unternehmer iSv § 14 BGB sind und ihre Mitgliedschaftsrechte in dieser Unternehmereigenschaft begründet haben und ausüben (vgl. BT-Drs. 16/1025, 86; → § 1 Rn. 27). Übt ein Mitglied eine gewerbliche oder selbstständige berufliche Tätigkeit aus, die mit der Mitgliedschaft in der eG zB hinsichtlich der Branche nichts zu tun hat, oder wechselt es später in eine solche mitgliedschaftsfremde Tätigkeit, zählt es nicht (mehr) zu den Unternehmermitgliedern iSv Abs. 3 S. 3 Nr. 2. Damit die Unternehmereigenschaft objektiv überprüft werden kann, müssen in die Mitgliederliste nach § 30 Abs. 2 die Berufsbezeichnungen der Mitglieder aufgenommen und die Mitglieder durch die Satzung verpflichtet werden, Änderungen unverzüglich mitzuteilen. Die weiteren in der Satzung festzulegenden Kriterien für die Gewährung von Mehrstimmrechten müssen sachlich angemes-

sen und objektiv nachprüfbar sein. In der Satzung muss sichergestellt werden, dass ein einzelnes Mitglied sein Mehrstimmrecht in der Generalversammlung höchstens bis zu 10 % der anwesenden Stimmen ausüben darf. Im Übrigen gelten die allgemeinen Voraussetzungen (→ Rn. 11).

d) Zentralgenossenschaften (Abs. 3 S. 3 Nr. 3). Ebenfalls seit der Novelle 2006 ist die Gewährung von Mehrstimmrechten ohne die Restriktionen von Abs. 3 S. 3 Nr. 1, 2 möglich, wenn mehr als die Hälfte der Mitglieder selbst eingetragene Genossenschaften sind. Ein Mitglied, das lediglich Vor-eG oder materielle Genossenschaft ist, darf nicht mitgerechnet werden. Die statutarisch zu bestimmenden Kriterien für die Einräumung von Mehrstimmrechten müssen sachlich angemessen und objektiv nachprüfbar sein. Das Gesetz nennt beispielhaft die Orientierung an der Höhe des Geschäftsguthabens. An eine besondere Förderung des Geschäftsbetriebs der eG durch die Mitglieder muss nicht angeknüpft werden. Die Mehrstimmrechte können zB auch bei Satzungsänderungen oder bei der Entscheidung über den Abschluss von Beherrschungs- oder Gewinnabführungsverträgen ausgeübt werden. Im Übrigen gelten die allgemeinen Voraussetzungen (→ Rn. 11). 14

3. Stimmrechtsausübung (Abs. 4). S. 1 ist Ausdruck der Selbstverantwortung und Selbstverwaltung der Mitglieder (→ § 1 Rn. 44, → § 1 Rn. 46), jedoch keine Pflicht, was sich daran zeigt, dass Abs. 5 die Möglichkeit einer Stimmrechtsvollmacht vorsieht. Das Stimmrecht muss in der Generalversammlung ausgeübt werden. Ein Bote kann nicht die Stimme eines nicht anwesenden Mitglieds überbringen (OLG Dresden 12.12.2002, VIZ 2003, 455). In der Satzung kann die Ausübungsform (zB offene oder verdeckte Abstimmung) allgemein oder für bestimmte Beschlussgegenstände geregelt werden. Dass gesetzliche oder organschaftliche Vertreter das Stimmrecht für den Vertretenen ausüben dürfen, wird in S. 2 klargestellt. Für diese Vertreter gilt die Beschränkung nach Abs. 5 S. 3 nicht. Bei nur gemeinschaftlich zur Vertretung berechtigten Eltern oder Organmitgliedern muss eine Vollmacht des jeweils nicht erschienenen anderen Elternteils oder Organmitglieds nach Abs. 5 S. 2 schriftlich erteilt werden. Stirbt ein Mitglied und geht seine Mitgliedschaft auf mehrere Erben über, benötigen diese für die Ausübung des Stimmrechts einen gemeinschaftlichen Vertreter (§ 77 Abs. 1 S. 3). Dem Mitglied kann in Ausnahmefällen aufgrund der mitgliedschaftlichen Treuepflicht obliegen, das Stimmrecht in bestimmter Weise auszuüben. Das Mitglied kann sich in einem Stimmbindungsvertrag schuldrechtlich zu einem bestimmten Abstimmungsverhalten verpflichten, soweit die Grenzen der Ordnungswidrigkeit nach § 152 Abs. 1 oder der Sittenwidrigkeit nach § 138 BGB (zB bei einer Bildung von Stimmblöcken für sämtliche Beschlüsse) nicht überschritten werden (str., wie hier zB Beuthien/*Schöpflin* Rn. 22; aA: Verstoß gegen die genossenschaftlichen Grundsätze der Selbstverantwortung und Selbstverwaltung, → § 1 Rn. 44, → § 1 Rn. 46). § 136 Abs. 2 AktG ist entsprechend anwendbar. In der Satzung kann die gebundene Stimmrechtsausübung aufgrund eines Stimmbindungsvertrages verboten werden. Entscheiden gebundene Stimmen über das Ergebnis eines Beschlusses und verstößt die Stimmbindung gegen Gesetz oder Satzung, so ist der Beschluss nach § 51 anfechtbar. Stimmt das Mitglied anders ab, als im Stimmbindungsvertrag festgelegt, macht es sich schadensersatzpflichtig; der Beschluss dagegen ist weder nichtig noch anfechtbar. 15

4. Stimmvollmacht (Abs. 5). a) Allgemeines. Die Stimmvollmacht ist die rechtsgeschäftliche Erteilung einer Vertretungsmacht, das Stimmrecht im Namen des Vertretenen in einer bestimmten Generalversammlung allgemein oder für bestimmte Beschlussgegenstände auszuüben. Der Bevollmächtigte muss nicht notwendig Mitglied der eG sein. Mit der Erteilung einer Stimmvollmacht an einen Dritten oder an ein nach § 68 ausgeschlossenes Mitglied kann das vollmachtgebende Mitglied gegen seine Treuepflicht verstoßen (Beuthien/*Schöpflin* Rn. 36). Eine erteilte Stimmvollmacht umfasst zugleich das Teilnahmerecht in der Versammlung und im Zweifel alle Mitgliedschaftsrechte, die in der Generalversammlung ausgeübt werden, insbesondere Rede-, Auskunfts- und Antragsrecht. Seit der Novelle 2006 darf in der Satzung die Möglichkeit, eine Stimmvollmacht zu erteilen, nicht mehr ausgeschlossen, sondern nur dergestalt eingeschränkt werden, dass an die Person des Bevollmächtigten besondere Anforderungen gestellt werden (vgl. BT-Drs. 16/1025, 86). Die Satzung kann Stimmvollmachten wegen § 18 S. 2 nicht anderweitig einschränken, zB für bestimmte Beschlussgegenstände ausschließen (str.). 16

b) Schriftform der Vollmacht (Abs. 5 S. 2) und Legitimation des Stimmvertreters. Vor allem Beweis- und Nachweisfunktion kommt dem zwingenden Schriftformerfordernis für die Stimmvollmacht nach S. 2 zu. Die Schriftform kann nach § 126 Abs. 2, 3 BGB durch elektronische Form oder notarielle Beurkundung ersetzt werden. Die Satzung darf eine strengere Form nicht vorschreiben (str.). Wenn die Vollmachtsurkunde vor einer Abstimmung nicht im Original vorgelegt wird, kann eine Stimmabgabe in fremdem Namen analog § 174 S. 1 BGB unverzüglich zurückgewiesen werden; eine dennoch abgegebene Stimme ist unwirksam. Str. ist, ob die Versammlungsleitung eine nachträgliche Vorlage der Urkunde erlauben darf (näher zB Beuthien/*Schöpflin* Rn. 34). Ließe man dies allgemein oder auch nur auf der Grundlage einer Satzungsbestimmung zu, wären unerträgliche Schwebezustände über den Ausgang von Abstimmungen möglich. Dies würde noch durch die Manipulationsgefahr verstärkt, dass Vollmachtsurkunden erst nachträglich errichtet und zurückdatiert werden könnten und so 17 im Ergebnis der nachträgliche Schein einer wirksamen Stimmvertretung noch nach geraumer Zeit geschaffen würde. Eine andere Legitimationsform als eine Vollmachtsurkunde darf weder von der Versammlungsleitung noch in der Satzung zugelassen werden, weil dies dem zwingenden Schriftformerfordernis und seiner Beweisfunktion zuwiderliefe. Fehlt eine schriftliche Vollmachtsurkunde, ist die Vollmacht nach § 125 S. 1 BGB nichtig und die dennoch erfolgte Stimmabgabe endgültig unwirksam entsprechend § 180 S. 1 BGB. Wurde die Urkunde nicht vor der Abstimmung errichtet, kommt eine Genehmigung nicht in Betracht. Eine Stimmvertretung ohne Vertretungsmacht (vgl. § 180 S. 2 Fall 2 BGB) darf auch die Satzung nicht gestatten (§ 18 S. 2). Erlaubt die Versammlungsleitung die nachträgliche Vorlage der Vollmachtsurkunde, führt dieser Verstoß zur Anfechtbarkeit des Beschlusses.

18 **c) Beschränkung der Vertretung auf höchstens zwei Mitglieder (Abs. 5 S. 3).** Weiteres zwingendes Erfordernis ist die Regelung, dass ein Bevollmächtigter bei einer Abstimmung das Stimmrecht von nicht mehr als zwei Mitgliedern der eG ausüben darf. Diese Vorschrift soll verhindern, dass sich in der Hand weniger, insbesondere in der Hand des Vorstands und/oder Aufsichtsrats eine große Zahl von Stimmen vereinigen und faktisch in einem möglicherweise nicht dem Interesse der Vollmachtgeber entsprechenden Sinne abgegeben werden. Der Bevollmächtigte muss die Stimmen zweier unterschiedlicher Mitglieder nicht notwendig einheitlich abgeben. Die Mehrstimmrechte eines einzigen Mitglieds darf der Bevollmächtigte hingegen nur einheitlich ausüben. Bei einem Verstoß gegen Abs. 5 S. 3 sind alle von dem Bevollmächtigten abgegebenen Stimmen ungültig, sofern sie nicht einheitlich abgegeben wurden und damit zwei der Stimmen einem bestimmten Abstimmungsverhalten eindeutig zugeordnet werden können. Der Beschluss ist nach § 51 anfechtbar, sofern nicht feststeht, dass sich die zu viel abgegebenen Stimmen auf das Abstimmungsergebnis in keinem Fall ausgewirkt haben. Steht nicht fest, wie viele Stimmen jemand als Bevollmächtigter abgegeben hat, etwa weil die von einem Bevollmächtigten in fremdem Namen abgegebenen Stimmen von den übrigen abgegebenen Stimmen nicht zu unterscheiden sind (zB durch Kennzeichnung auf dem Stimmzettel), ist der Beschluss in jedem Fall anfechtbar.

19 **5. Stimmrechtsausschluss (Abs. 6).** Die Vorschrift soll **nur bestimmte Interessenkollisionen** bei der Stimmabgabe generell verhindern, weil das Stimmrecht iÜ möglichst weitgehend – in den allgemeinen beweglichen Schranken, die insbesondere die Treuepflicht (→ § 18 Rn. 12) im Einzelnen lässt (→ GmbHG § 47 Rn. 85) – gewährleistet werden soll. Abs. 6 zählt die Ausschlussgründe zwingend und abschließend auf und entspricht fast wortgleich § 136 Abs. 1 S. 1 AktG (→ AktG § 136 Rn. 1 ff. sowie → GmbHG § 47 Rn. 49 f.). Ausgeschlossen ist das Stimmrecht des zu Entlastenden beim Beschluss über seine Entlastung nach § 48 Abs. 1 S. 2 Fall 2. Grundsätzlich nicht ausgeschlossen ist ein Organmitglied bei einem Einzelbeschluss über die Entlastung eines anderen Organmitglieds oder über die Billigung von dessen Geschäftsführung, sofern dies nicht wegen gemeinsam begangener Pflichtverletzung auf ein „Richten in eigener Sache" hinausliefe (str., vgl. für die AG BGH 20.1.1986, BGHZ 97, 28 (33 f.) = NJW 1986, 2051). Einem Stimmrechtsausschluss unterliegt ein Mitglied in einer Abstimmung darüber, ob es von einer Verbindlichkeit ganz oder (zB durch Teilerlass) teilweise oder (zB durch Stundung) zeitweise zu befreien ist. Ob es sich um eine Verbindlichkeit aus dem Fördergeschäftsverkehr mit der eG oder aus einem Organverhältnis oder um eine sonstige Verbindlichkeit des Mitglieds gegenüber der eG handelt, ist gleichgültig. Schließlich darf ein Mitglied nicht abstimmen, wenn es um die Geltendmachung von Ansprüchen der eG gegen sich selbst geht. Hiervon werden alle außergerichtlichen und gerichtlichen Maßnahmen der Anspruchsverfolgung erfasst (zB Beschlüsse nach § 39 Abs. 1 S. 3, Abs. 3). Wie der Wortlaut zeigt, kann sich das betroffene Mitglied keinem der Ausschlussgründe durch eine Stimmrechtsvollmacht entziehen. Weil Abs. 6 **nicht entsprechend auf andere Fälle der Interessenkollision angewendet** werden darf, sofern nicht der Abstimmende „in eigener Sache richten" würde (→ GmbHG § 47 Rn. 50), ist zB ein Mitglied auch dann stimmberechtigt, wenn der Beschlussgegenstand seine Abberufung als Organmitglied (str.) oder seinen Ausschluss aus der eG (str., wie hier zB PFB/*Fandrich* § 68 Rn. 22; aA Beuthien/*Beuthien* § 68 Rn. 13) oder dem Mitglied persönlich nahestehende Personen betrifft, oder wenn es Vorstandsmitglied ist und es um die Wahl des Aufsichtsrats geht (aA *Holthaus* NZG 2012, 292; etwas anderes gilt jedoch für die Vorschlagsberechtigung, → § 36 Rn. 3). Wahlberechtigt sind auch die Mitglieder, die sich zur Wahl gestellt haben.

Vertreterversammlung

43a (1) [1]**Bei Genossenschaften mit mehr als 1.500 Mitgliedern kann die Satzung bestimmen, dass die Generalversammlung aus Vertretern der Mitglieder (Vertreterversammlung) besteht.** [2]**Die Satzung kann auch bestimmen, dass bestimmte Beschlüsse der Generalversammlung vorbehalten bleiben.** [3]**Der für die Feststellung der Mitgliederzahl maßgebliche Zeitpunkt ist für jedes Geschäftsjahr jeweils das Ende des vorausgegangenen Geschäftsjahres.**

(2) [1]**Als Vertreter kann jede natürliche, unbeschränkt geschäftsfähige Person, die Mitglied der Genossenschaft ist und nicht dem Vorstand oder Aufsichtsrat angehört, gewählt werden.** [2]**Ist ein Mitglied der Genossenschaft eine juristische Person oder eine Personengesellschaft, kann jeweils eine natürliche Person, die zu deren Vertretung befugt ist, als Vertreter gewählt werden.**

(3) [1]**Die Vertreterversammlung besteht aus mindestens 50 Vertretern, die von den Mitgliedern der Genossenschaft gewählt werden.** [2]**Die Vertreter können nicht durch Bevollmächtigte vertreten werden.** [3]**Mehrstimmrechte können ihnen nicht eingeräumt werden.**

(4) [1]**Die Vertreter werden in allgemeiner, unmittelbarer, gleicher und geheimer Wahl gewählt; Mehrstimmrechte bleiben unberührt.** [2]**Für die Vertretung von Mitgliedern bei der Wahl gilt § 43 Abs. 4 und 5 entsprechend.** [3]**Kein Vertreter kann für längere Zeit als bis zur Beendigung der Vertreterversammlung gewählt werden, die über die Entlastung der Mitglieder des Vorstands und des Aufsichtsrats für das vierte Geschäftsjahr nach dem Beginn der Amtszeit beschließt.** [4]**Das Geschäftsjahr, in dem die Amtszeit beginnt, wird nicht mitgerechnet.** [5]**Die Satzung muss bestimmen,**

1. auf wie viele Mitglieder ein Vertreter entfällt;
2. die Amtszeit der Vertreter.

[6]**Eine Zahl von 150 Mitgliedern ist in jedem Fall ausreichend, um einen Wahlvorschlag einreichen zu können.** [7]**Nähere Bestimmungen über das Wahlverfahren einschließlich der Feststellung des Wahlergebnisses können in einer Wahlordnung getroffen werden, die vom Vorstand und Aufsichtsrat auf Grund übereinstimmender Beschlüsse erlassen wird.** [8]**Sie bedarf der Zustimmung der Generalversammlung.**

(5) [1]**Fällt ein Vertreter vor Ablauf der Amtszeit weg, muss ein Ersatzvertreter an seine Stelle treten.** [2]**Seine Amtszeit erlischt spätestens mit Ablauf der Amtszeit des weggefallenen Vertreters.** [3]**Auf die Wahl des Ersatzvertreters sind die für den Vertreter geltenden Vorschriften anzuwenden.**

(6) [1]**Eine Liste mit den Namen sowie den Anschriften, Telefonnummern oder E-Mail-Adressen der gewählten Vertreter und Ersatzvertreter ist zur Einsichtnahme für die Mitglieder mindestens zwei Wochen lang in den Geschäftsräumen der Genossenschaft und ihren Niederlassungen auszulegen oder bis zum Ende der Amtszeit der Vertreter auf der Internetseite der Genossenschaft zugänglich zu machen.** [2]**Die Auslegung oder die Zugänglichkeit im Internet ist in einem öffentlichen Blatt bekannt zu machen.** [3]**Die Frist für die Auslegung oder Zugänglichmachung beginnt mit der Bekanntmachung.** [4]**Jedes Mitglied kann jederzeit eine Abschrift der Liste der Vertreter und Ersatzvertreter verlangen; hierauf ist in der Bekanntmachung nach Satz 2 hinzuweisen.**

(7) [1]**Die Generalversammlung ist zur Beschlussfassung über die Abschaffung der Vertreterversammlung unverzüglich einzuberufen, wenn dies von mindestens einem Zehntel der Mitglieder oder dem in der Satzung hierfür bestimmten geringeren Teil in Textform beantragt wird.** [2]**§ 45 Abs. 3 gilt entsprechend.**

Übersicht

I. Allgemeines

Die Vertreterversammlung („VV“) ist ein fakultatives Organ, das in seinem Kompetenzbereich (→ Rn. 4) die Generalversammlung verdrängt, diese seit der Novelle 2006 aber nicht mehr vollständig ersetzt, sondern an deren Seite gestellt ist (zu älteren Gesetzesfassungen zB *Müller* GenG Rn. 1 ff.). Abs. 1 S. 1 ist insoweit missverständlich, als der Generalversammlung eine Restkompetenz verbleibt 1

(→ Rn. 5). Die Möglichkeit der Einführung einer VV dient dazu, den durch geringe Mitgliederpräsenz in der Generalversammlung bedingten zufälligen faktischen Mehrheiten Vorschub zu leisten und dem genossenschaftlichen Demokratie- und Selbstverwaltungsprinzip bei einer größeren eG (→ Rn. 2) effektiver und praktischer zum Erfolg zu verhelfen. Insoweit kann von einer Art „verkleinerten Generalversammlung" (BGH 22.3.1982, BGHZ 83, 228 (232)) gesprochen werden. Anders als bei der Möglichkeit einer Stimmvollmacht (→ § 43 Rn. 16 ff.) vertreten die Vertreter der VV nicht einzelne Mitglieder der eG, sondern mediatisieren den Willen ihrer Mitglieder insgesamt.

II. Bildung und Auflösung der VV

2 **1. Bildung.** Sofern nicht bereits die Gründungssatzung eine VV vorsieht, kann die Generalversammlung durch satzungsändernden Beschluss eine VV einführen. Voraussetzung dafür ist, dass die eG am Ende des dem Beschluss vorangehenden Geschäftsjahres **(Abs. 1 S. 3)** eine Mitgliederzahl von mindestens 1.501 oder eine statutarisch festgelegte höhere Zahl aufweist **(Abs. 1 S. 1).** Der Beschluss kann gefasst werden, bevor diese Zahl erreicht ist. Er wird nach § 16 Abs. 6 erst mit Eintragung ins Genossenschaftsregister wirksam. Bis dahin behält die Generalversammlung ihre volle Zuständigkeit (BGH 23.5.1960, BGHZ 32, 318 (328)). Der Beschluss zur Einführung einer VV bedarf nach § 16 Abs. 4 einer Dreiviertelmehrheit, sofern nicht die Satzung eine geringere Mehrheit zulässt. Eine solche statutarische Ausnahme ist insoweit ausgeschlossen, als die VV über Gegenstände entscheiden soll, welche die Generalversammlung nur mit einer Dreiviertel- oder höheren Mehrheit beschließen kann (vor allem § 16 Abs. 2, 3).

3 **2. Auflösung.** Die VV wird aufgelöst durch Abschaffungsbeschluss der Generalversammlung (Abs. 7), durch Beschluss der VV selbst, soweit ihr das Selbstauflösungsrecht nicht nach Abs. 1 S. 2 genommen ist (Beuthien/*Schöpflin* Rn. 3) oder durch Zeitablauf, wenn die VV nur für einen bestimmten Zeitraum eingeführt wurde. Unterschreitet die Zahl der Mitglieder der eG die nach Abs. 1 S. 1 oder statutarisch erforderliche Schwelle zum Ende eines Geschäftsjahres, endet die VV mit Beginn des nächsten Geschäftsjahres (arg. e. Abs. 1 S. 3); träfe sie fortan Entscheidungen, wären diese nichtig (diff. PFB/*Fandrich* Rn. 10). Überschreitet die Mitgliederzahl die Schwelle am Ende eines späteren Geschäftsjahres wieder, bedarf es eines erneuten Beschlusses zur Wiedereinführung der VV im darauffolgenden Geschäftsjahr dann nicht, wenn die Satzung dies vorsieht.

III. Zuständigkeitsverteilung zwischen VV und Generalversammlung

4 **1. Zuständigkeit der VV.** Die VV hat die Kompetenzen der Generalversammlung (→ § 43 Rn. 2 ff.), soweit sie nicht der fortbestehenden Generalversammlung gesetzlich oder statutarisch vorbehalten sind (→ Rn. 5).

5 **2. Konkurrierende Zuständigkeit der Generalversammlung.** Zwingend steht der Generalversammlung die Kompetenz zu, über die Abschaffung der VV Beschluss zu fassen (arg. e. Abs. 7 S. 1, Sonderregelung zu § 45, → § 45 Rn. 1 ff.). Ferner kann der Generalversammlung durch die Satzung die Zuständigkeit für bestimmte Beschlüsse reserviert werden **(Abs. 1 S. 2).** Nicht zwingend, aber vom Gesetzgeber erwünscht (vgl. BT-Drs. 16/1025, 87) ist eine statutarische Aufteilung, dass für Alltagsentscheidungen die VV und für Grundlagenentscheidungen die Generalversammlung zuständig sein soll.

IV. Die Vertreter der VV

6 **1. Anzahl und Anforderungen an die Wählbarkeit.** Die Zahl der Vertreter sowie das proportionale Verhältnis zur Mitgliederzahl (Abs. 4 S. 5 Nr. 1) müssen in der Satzung festgelegt werden. Eine höhere **Mindestzahl** als die Zahl von 50 Vertretern (Abs. 3 S. 1) darf statutarisch nicht festgesetzt werden, wohl aber eine höhere, für die Beschlussfähigkeit erforderliche Zahl (iErg ähnlich *Müller* GenG Rn. 11a; Lang/Weidmüller/*Holthaus/Lehnhoff* Rn. 50). Sinkt die Vertreterzahl aus tatsächlichen Gründen unter die Mindestzahl und kann sie auch nicht mit Ersatzvertretern (→ Rn. 7) aufgefüllt werden, fehlt der VV nicht bloß die Beschlussfähigkeit (was zur Anfechtbarkeit führen würde, (→ § 51 Rn. 9), sondern die Qualität als VV; dennoch gefasste Beschlüsse sind wie alle Beschlüsse einer „Nicht-Versammlung" nichtig (→ § 51 Rn. 6; auf eine Analogie zu § 241 Nr. 3 AktG abstellend zB Lang/Weidmüller/*Holthaus/Lehnhoff* Rn. 50). Die Anforderungen des **Abs. 2 S. 1** dienen dazu, das genossenschaftliche Demokratie- und Selbstverwaltungsrechts zu realisieren und Interessenvermischungen zu vermeiden. Juristische Personen und Personengesellschaften können nicht Vertreter sein, sondern gem. **Abs. 2 S. 2** nur ihre Organmitglieder (vgl. § 9 Abs. 2 S. 2 Hs. 2); ihre Prokuristen oder andere Bevollmächtigte können seit der Neufassung vom 22.7.2017 (BGBl. 2017 I 2434) ebenfalls Vertreter sein.

7 **2. Amtszeit und Ersatzvertreter.** Die Amtszeit der Vertreter beginnt mit der Wahlannahme und muss unter Beachtung von Abs. 4 S. 3, 4 in der Satzung bestimmt werden (Abs. 4 S. 5 Nr. 2). Sie endet nach Ablauf der Amtszeit oder durch Abwahl. Wird der Vertreter nach § 68 aus der eG ausgeschlossen,

verliert er sein Teilnahmerecht an der VV nach § 68 Abs. 2 S. 2 und sein Amt (→ Rn. 8) ruht, bis über eine Klage gegen den Ausschluss rechtskräftig entschieden ist (BGH 24.9.2001, NJW 2002, 64 (65); → § 68 Rn. 7, → § 68 Rn. 12). Die nach den Regeln für die Vertreterwahl gewählten Ersatzvertreter rücken bei Wegfall von Vertretern oder Ruhen des Amtes vor Ablauf ihrer Amtszeit für den Rest der Amtsperiode zwingend nach (Abs. 5). Ratsam ist, wegen der Möglichkeit zur jederzeitigen Amtsniederlegung (→ Rn. 8) eine ausreichende Zahl von Ersatzvertretern zu wählen und eine Rangfolge für deren Nachrücken zu bestimmen. Keine Ersatzvertreter sind Ergänzungsvertreter, die von den Mitgliedern einer übertragenden eG bei Verschmelzung auf eine eG mit VV gewählt werden müssen.

3. Rechte und Pflichten der Vertreter. Jeder Vertreter bekleidet ein Amt, das ihm nicht von einzelnen, sondern von allen Mitgliedern übertragen ist (RG 12.3.1937, RGZ 155, 21 (25)). Ihr (Ehren-)Amt stellt eine besondere Form der Wahrnehmung von Mitgliederrechten und -pflichten ohne geschäftsleitende, exekutive Funktion dar und unterscheidet sich insoweit grundlegend vom Vorstands- oder Aufsichtsratsamt (BGH 24.9.2001, NJW 2002, 64 (65)). Mit Einführung einer VV und der Wahl der Vertreter kommt zwischen der eG und jedem Vertreter ein organschaftliches Treuhandverhältnis eigener Art zustande. Für das Innenverhältnis zur eG gelten §§ 662 ff. BGB, insbesondere können Vertreter ihr Amt jederzeit niederlegen (RG 12.3.1937, RGZ 155, 21 (25); Beuthien/*Schöpflin* Rn. 5). Sie haben Anspruch auf Auslagenersatz, der keine verdeckte Gewinnausschüttung darstellt (BFH 24.8.1983, BStBl. II 1984 273 (274)). Weder einzelne Mitglieder noch (wegen des Demokratieprinzips) Vorstand oder Aufsichtsrat können den Vertretern Weisungen erteilen. Die Vertreter üben alle Rechte, die den Mitgliedern sonst in der Generalversammlung zustehen, in der VV nach den für die Ausübung in der Generalversammlung geltenden Regeln aus. Ausnahmen enthält Abs. 3 S. 2, 3 für Stimmvollmachten und Mehrstimmrechte. Aus dem organschaftlichen Treuhandverhältnis zur eG resultiert die Pflicht zur persönlichen Amtsausübung und zur Mitwirkung (*Müller* Rn. 41a, 42 ff.), ferner zB die Pflicht zur Verschwiegenheit oder die Pflicht, Interessenkollisionen zu vermeiden. §§ 34, 41 sind wegen ihres Zuschnitts auf die Geschäftsführung und deren Überwachung nicht entsprechend anwendbar (zB Lang/Weidmüller/*Holthaus/Lehnhoff* Rn. 64; teilweise aA Beuthien/*Schöpflin* Rn. 5; *Müller* GenG Rn. 50 ff.). Daneben unterliegt jeder Vertreter seiner mitgliedschaftlichen Treuepflicht (→ § 18 Rn. 12 f.). 8

4. Wahl der Vertreter. Die Vertreter und Ersatzvertreter (Abs. 5 S. 3) werden von allen Mitgliedern in der Generalversammlung nach den allgemein geltenden demokratischen **Wahlgrundsätzen** gewählt (Abs. 4 S. 1 Hs. 1; vgl. Art. 38 Abs. 1 S. 1 GG). Wahlbezirke dürfen gebildet und die Wahl auf Listen beschränkt werden, nicht jedoch darf nur die Liste insgesamt gewählt sein, welche die meisten Stimmen erhält (BGH 22.3.1982, BGHZ 83, 228 (231 ff.)). Abweichend von der Gleichheit der Wahl dürfen Mehrstimmrechte (→ § 43 Rn. 11 ff.) ausgeübt werden (Abs. 4 S. 1 Hs. 2). § 43 Abs. 4, 5 gilt nur hinsichtlich der Vertretung entsprechend (Abs. 4 S. 2). Verstöße gegen die Wahlgrundsätze führen zur Nichtigkeit der Wahl bzw. Wahlordnung analog § 241 Nr. 3 AktG; dies kann auch ein Mitglied, das nicht Vertreter ist, feststellen lassen (BGH 22.3.1982, BGHZ 83, 228 (231)). Grundsätzlich hat jedes Mitglied ein **Wahlvorschlagsrecht;** es kann daran geknüpft werden, dass eine Mindestzahl von Mitgliedern (nicht höher als 150, Abs. 4 S. 6) den Vorschlag einreicht. Dem Wahlvorstand kann ein Wahlvorschlagsrecht eingeräumt werden, wenn dem Wahlvorstand ausschließlich Mitglieder der eG angehören und diese mehrheitlich von der VV oder der Generalversammlung gewählt worden sind (BGH 15.1.2013, NJW 2013, 1813 Rn. 47). Dies und weitere Modalitäten des Wahlverfahrens können in den Grenzen des Gesetzes und der Satzung durch eine **Wahlordnung** konkretisiert werden (Abs. 4 S. 7). Sieht die Wahlordnung vor, dass eine Kandidatur für die Wahl der Vertreter mit einer Mitgliedschaft im Wahlvorstand oder mit einer Tätigkeit als Wahlhelfer unvereinbar ist, so verstößt dies weder gegen Abs. 2 S. 1 noch gegen den Grundsatz der allgemeinen Wahl (BGH 15.1.2013, NJW 2013, 1813 Rn. 22 ff.). Wird die Wirksamkeit von Wahlvorschlägen von einem bestimmten Unterschriftenquorum aus dem Wahlbezirk abhängig gemacht, kann dies je nach vorgeschriebener Zahl der Unterschriften und Größe des Wahlbezirks zumutbar sein, um einer Stimmenzersplitterung vorzubeugen, und verstößt dann nicht gegen die Grundsätze der allgemeinen und der gleichen Wahl (BGH 15.1.2013, NJW 2013, 1813 Rn. 28 ff.). Die nach Abs. 4 S. 8 erforderliche Zustimmung zu einer Änderung der Wahlordnung muss vorbehaltlich Abs. 1 S. 2 die VV erteilen. Nach der Wahl hat die eG **Bekanntmachungspflichten** nach **Abs. 6** wegen des Demokratieprinzips und der Informationsinteressen der Mitglieder. 9

V. Die Rechte der sonstigen Mitglieder

Mitglieder, die nicht Vertreter sind, haben weiterhin alle mitgliedschaftlichen Rechte, die außerhalb der Generalversammlung geltend gemacht werden können (zB → § 18 Rn. 3 f., → § 18 Rn. 6 ff., Wahlvorschläge für die Aufsichtsratswahl), ferner die Rechte in der Generalversammlung, soweit diese eine Restkompetenz hat (→ Rn. 5). Mitwirkungsrechte in der VV haben sie grundsätzlich nicht. Eine Ausnahme hiervon gilt seit 2006 durch § 45 Abs. 1 S. 2, 3, Abs. 2 S. 2, 3 (→ § 45 Rn. 7). Jedes Mitglied 10 hat ein Recht auf eine Abschrift der Niederschrift einer VV (§ 47 Abs. 4 S. 2). Wegen § 51 Abs. 2 können Nichtvertreter-Mitglieder die Beschlüsse der VV nicht anfechten (BT-Drs. 16/1524, 10). Eine Nichtigkeitsfeststellungsklage dürfen sie erheben (hM).

VI. Einberufung, Ablauf und Beschlussfassung der VV

11 Weil die VV an die Stelle der Generalversammlung tritt, sind sämtliche für die Generalversammlung geltende Vorschriften (→ § 43 Rn. 5 ff.) für die VV entsprechend anwendbar. Das gilt auch für die Regelungen nach § 3 COVMG vom 27.3.2020 (BGBl. 2020 I 569) für im Jahr 2020 stattfindende Versammlungen. Die an Mitglieder anknüpfenden Regelungen gelten wegen der unterschiedlichen Funktionen von Vertretern (→ Rn. 8) nicht automatisch auch für diese. Zum Beispiel gilt das Minderheitenrecht des § 45 Abs. 1 S. 1 nicht für Vertreter (KG 19.5.1998, NJW-RR 1999, 1488 (1489 f.); → § 45 Rn. 6). Die Beschlüsse der VV kann nur ein Mitglied, das Vertreter ist, unter den Voraussetzungen von § 51 Abs. 2 anfechten (RG 12.3.1937, RGZ 155, 21 (24)). Nichtigkeitsklage kann dagegen jedes Mitglied erheben (vgl. BGH 22.3.1982, BGHZ 83, 228 (231)).

Einberufung der Generalversammlung

44 (1) **Die Generalversammlung wird durch den Vorstand einberufen, soweit nicht nach der Satzung oder diesem Gesetz auch andere Personen dazu befugt sind.**

(2) **Eine Generalversammlung ist außer in den in der Satzung oder diesem Gesetz ausdrücklich bestimmten Fällen einzuberufen, wenn dies im Interesse der Genossenschaft erforderlich erscheint.**

I. Allgemeines

1 Die Einberufung der Generalversammlung erfolgt an alle Mitglieder (bzw. an alle Vertreter im Fall von § 43a) unter Bestimmung von Ort, Zeit und Tagesordnung in der statutarisch konkret bestimmten (→ § 6 Rn. 5) Form und Frist. Andere Teilnahmeberechtigte (zB § 59 Abs. 3) sind einzuladen. Ausgeschlossene Mitglieder müssen wegen § 68 Abs. 2 S. 2 nicht eingeladen werden. Bei Verstößen gegen die Einberufungsbefugnis (Abs. 1) sind die Beschlüsse der einberufenen Generalversammlung ohne Heilungsmöglichkeit nichtig, es sei denn alle Mitglieder sind anwesend und stimmen der Beschlussfassung zu (→ § 51 Rn. 2 ff.). Bloß anfechtbar sind Beschlüsse, wenn die Generalversammlung zB unter Verstoß gegen statutarische Formen und Fristen oder aufgrund eines unwirksamen Vorstandsbeschlusses einberufen wurde.

II. Befugnis zur Einberufung (Abs. 1)

2 Zur Einberufung ist der gesamte Vorstand als Organ befugt, ohne diese Aufgabe delegieren zu können. § 121 Abs. 2 AktG ist entsprechend anwendbar (zB BGH 26.10.1955, BGHZ 18, 334 (340) = NJW 1955, 1917; Beuthien/*Schöpflin* Rn. 1). Insbesondere sind Beschlüsse einer Generalversammlung nicht deshalb anfechtbar, weil sie von einem fehlerhaft bestellten Vorstand einberufen wurde (→ § 51 Rn. 9). Andere Einberufungsbefugte können nur neben dem Vorstand von der Satzung oder vom Gesetz (→ § 43 Rn. 5) bestimmt werden. Sie müssen Mitglieder sein. § 60 Abs. 1 gibt dem Prüfungsverband unter besonderen Voraussetzungen ein eigenes gesetzliches Einberufungsrecht.

III. Zwingende Gründe für die Einberufung (Abs. 2)

3 Gesetzlich vorgeschrieben ist die Einberufung zB von § 33 Abs. 3, §§ 40, 45 Abs. 1 S. 1, § 48 Abs. 1 S. 3, mittelbar auch von § 13 Abs. 1 UmwG iVm §§ 79 ff., 125 UmwG und von § 44 Abs. 5 KWG. Ob die Einberufung im Interesse der eG erforderlich ist, entscheidet der Einberufungsbefugte nach pflichtgemäßem Ermessen. Bei Ermessensfehlern kann er der eG (zB nach § 34 Abs. 2) zum Schadensersatz verpflichtet sein. § 60 Abs. 1 gibt dem Prüfungsverband nur ein Einberufungsrecht und legt ihm keine Pflicht auf. Dass eine Versammlung ohne hinreichenden Grund einberufen wurde, macht die von ihr gefassten Beschlüsse allein nicht anfechtbar.

Einberufung auf Verlangen einer Minderheit

45 (1) [1]**Die Generalversammlung muss unverzüglich einberufen werden, wenn mindestens ein Zehntel der Mitglieder oder der in der Satzung hierfür bezeichnete geringere Teil in Textform unter Anführung des Zwecks und der Gründe die Einberufung verlangt.** [2]**Mitglieder, auf deren Verlangen eine Vertreterversammlung einberufen wird, können an dieser Versammlung mit Rede- und Antragsrecht teilnehmen.** [3]**Die Satzung kann Bestimmungen darüber treffen, dass das Rede- und Antragsrecht in der Vertreterversammlung nur**

von einem oder mehreren von den teilnehmenden Mitgliedern aus ihrem Kreis gewählten Bevollmächtigten ausgeübt werden kann.

(2) [1]**In gleicher Weise sind die Mitglieder berechtigt zu verlangen, dass Gegenstände zur Beschlussfassung einer Generalversammlung angekündigt werden.** [2]**Mitglieder, auf deren Verlangen Gegenstände zur Beschlussfassung einer Vertreterversammlung angekündigt werden, können an dieser Versammlung mit Rede- und Antragsrecht hinsichtlich dieser Gegenstände teilnehmen.** [3]**Absatz 1 Satz 3 ist anzuwenden.**

(3) [1]**Wird dem Verlangen nicht entsprochen, kann das Gericht die Mitglieder, welche das Verlangen gestellt haben, zur Einberufung der Generalversammlung oder zur Ankündigung des Gegenstandes ermächtigen.** [2]**Mit der Einberufung oder Ankündigung ist die gerichtliche Ermächtigung bekannt zu machen.**

I. Allgemeines

1 § 45 gewährt einer bestimmten Anzahl von Mitgliedern das Recht, die Einberufung der Generalversammlung zu verlangen, sowie das Recht, dass Beschlussgegenstände angekündigt werden (Abs. 1 S. 1, Abs. 2 S. 1). Eine Sonderregelung enthält § 43a Abs. 7. Werden diese Rechte vom Vorstand nicht gewährt, können die betreffenden Mitglieder nach Abs. 3 eine gerichtliche Ermächtigung erwirken und dann selbst die Generalversammlung einberufen bzw. den Beschlussgegenstand ankündigen. Diese den § 37 BGB, § 122 AktG, § 50 GmbHG ähnelnde Regelung dient dem **Minderheitenschutz** ebenso wie die 2006 eingeführte Regelung des Rede- und Antragsrechts für Mitglieder, auf deren Verlangen eine VV einberufen oder Tagesordnungspunkte einer VV angekündigt werden müssen (Abs. 1 S. 2, 3, Abs. 2 S. 2, 3).

II. Einberufungsverlangen und Einberufungsermächtigung

2 **1. Einberufungsverlangen (Abs. 1 S. 1).** Das Quorum für das Einberufungsverlangen beträgt 10 % der Zahl aller Mitglieder, die nicht notwendig stimmberechtigt sein müssen, jedoch nicht nach § 68 Abs. 2 ihr Teilnahmerecht verloren haben dürfen (hM). In der Satzung kann für das Quorum ein geringerer Prozentsatz festgelegt werden. Die Einführung eines Quorums von 150 Mitgliedern war in der Reform 2006 zunächst vorgesehen (BT-Drs. 16/1025, 88), wurde aber fallengelassen. Das Einberufungsverlangen muss (strenger als § 50 Abs. 1 GmbHG und weniger streng als § 122 Abs. 1 AktG) in der Textform nach § 126b BGB erklärt werden (zB Email, Telefax, CD), bedarf also insbesondere keiner Originalunterschrift. Die Mitglieder müssen ihr Verlangen nicht notwendig in einer einzigen Textform-Erklärung abgeben. Das Verlangen ist an die eG zu richten, die (von den Fällen der Führungslosigkeit abgesehen, § 24 Abs. 1 S. 2) vom Vorstand vertreten wird (beachte § 25 Abs. 1 S. 2). Zu Inhalt und Begründung des Einberufungsverlangens → AktG § 122 Rn. 5. Bei Kreditgenossenschaften darf aus aufsichtsrechtlichen Gründen auch die BaFin die Einberufung verlangen (§ 44 Abs. 4, 5 KWG).

3 **2. Befolgung des Verlangens.** Die Generalversammlung muss auf ein Verlangen nach Abs. 1 vom Vorstand einberufen werden, in den Fällen der Führungslosigkeit nach § 24 Abs. 1 S. 2 vom Aufsichtsrat (vgl. § 38 Abs. 2). Die Einberufung muss ohne schuldhaftes Zögern erfolgen, dh idR innerhalb von ein bis zwei Tagen (→ AktG § 122 Rn. 7). Zu prüfen sind Quorum und Begründung des Verlangens (→ Rn. 2) sowie die Frage, ob die Generalversammlung für die im Einberufungsverlangen geltend gemachten Gründe der Einberufung zuständig ist. Liegt eine dieser Voraussetzungen nicht vor oder ist das Verlangen ausnahmsweise rechtsmissbräuchlich (→ AktG § 122 Rn. 6), ist das Verlangen nicht berechtigt und darf die Einberufung abgelehnt werden.

4 **3. Gerichtliche Ermächtigung (Abs. 3).** Anders als nach § 50 GmbHG gibt es kein Recht zur Selbsteinberufung. Wird die Generalversammlung entgegen eines berechtigten Einberufungsverlangens nicht unverzüglich einberufen, kann der erforderliche zehnte Teil der Mitglieder, die nicht mit den Initiatoren des Einberufungsverlangens identisch sein müssen, beim Registergericht (§ 10) einen Antrag stellen, sie zur Einberufung der Generalversammlung zu ermächtigen. Antragsgegner ist die eG (KG 19.5.1998, NJW-RR 1999, 1488 (1489)). Das Gericht kann den Antrag aus den in → Rn. 3 genannten Gründen zurückweisen. Eine Zweckmäßigkeitskontrolle erfolgt nicht. Die Zurückweisung kann mit der Beschwerde nach § 375 Nr. 7 FamFG, § 402 Abs. 1 FamFG, §§ 58 ff. FamFG angefochten werden. Wegen Abs. 3 fehlt das Rechtsschutzbedürfnis für eine Klage auf Erzwingung des Einberufungsrechts. Die gerichtliche Ermächtigung ist in der statutarisch (→ § 6 Rn. 6) oder durch das Gericht bestimmten Form (vgl. § 46 Abs. 2 S. 1) bekannt zu machen. Die Ermächtigung erlischt nicht, bis die Versammlung tatsächlich stattfindet und beschlussfähig ist.

III. Ankündigung von Beschlussgegenständen (Abs. 2 S. 1, Abs. 3)

5 Einem Zehntel der Mitglieder oder einem statutarisch niedrigeren Quorum von Mitgliedern (→ Rn. 2) steht das Minderheitenrecht zu, dass bestimmte Gegenstände zur Beschlussfassung auf die Tagesordnung gesetzt und angekündigt werden. Das Verlangen bedarf der Textform (→ Rn. 2). Zur besseren Durchsetzung dieses Rechts wurde 2006 die Einberufungsfrist nach § 46 Abs. 1 S. 1 auf zwei Wochen verdoppelt (BT-Drs. 16/1025, 88). Das Recht kann, muss aber nicht mit einem Einberufungsverlangen kombiniert werden. Kommt der Vorstand dem Verlangen nicht unverzüglich nach, kann eine gerichtliche Ermächtigung beantragt werden (→ Rn. 4). Bei Kreditgenossenschaften kann auch die BaFin die Ankündigung von Beschlussgegenständen verlangen (§ 44 Abs. 5 KWG).

IV. Keine analoge Anwendung der Minderheitenrechte auf Vertreter

6 Im Fall, dass eine Vertreterversammlung besteht (§ 43a), steht das Minderheitenrecht nach Abs. 1 S. 1 den Mitgliedern zu, sofern sie das Quorum erreichen (BT-Drs. 16/1025, 88), nicht aber auch dem zehnten Teil der Vertreter, weil diese ein Amt ausüben und ihnen nicht als Vertretern, sondern nur in ihrer Eigenschaft als Mitglieder Minderheitenrechte zustehen (KG 19.5.1998, NJW-RR 1999, 1488 (1489 f.); → § 43a Rn. 11). Gleiches gilt für das Recht nach Abs. 2 S. 1. Freilich kann in der Satzung ein Einberufungsrecht eingeführt werden, das einem Zehntel der Vertreter oder einem geringeren Quorum zustehen soll.

V. Teilnahme-, Rede- und Antragsrecht in Vertreterversammlungen

7 Im Fall, dass eine Vertreterversammlung (VV) besteht (§ 43a), werden die Mitgliedschaftsrechte von den Vertretern ausgeübt (→ § 43a Rn. 8). Daneben haben auch Mitglieder, die nicht Vertreter sind, ein Teilnahme-, Rede- und Antragsrecht, aber nur, wenn ihre Zahl das erforderliche Quorum nach Abs. 1 S. 1 erreicht und auf ihr Verlangen hin die VV einberufen bzw. die Tagesordnung ergänzt wird. Ein Kausalzusammenhang zwischen Verlangen und Einberufung bzw. Änderung der Tagesordnung ist nicht zu fordern. Zur Sicherstellung der Funktionsfähigkeit einer VV kann die Satzung vorsehen, dass die Rede- und Antragsrechte durch einen von den berechtigten Mitgliedern aus ihrem Kreis gewählten Bevollmächtigten wahrgenommen werden müssen. Da die Wahlberechtigung an die Teilnahme geknüpft ist, kann die Wahl erst in der betreffenden VV erfolgen.

Form und Frist der Einberufung

46 (1) [1]**Die Generalversammlung muss in der durch die Satzung bestimmten Weise mit einer Frist von mindestens zwei Wochen einberufen werden.** [2]**Bei der Einberufung ist die Tagesordnung bekannt zu machen.** [3]**Die Tagesordnung einer Vertreterversammlung ist allen Mitgliedern durch Veröffentlichung in den Genossenschaftsblättern oder im Internet unter der Adresse der Genossenschaft oder durch unmittelbare Benachrichtigung in Textform bekannt zu machen.**

(2) [1]**Über Gegenstände, deren Verhandlung nicht in der durch die Satzung oder der nach § 45 Abs. 3 vorgesehenen Weise mindestens eine Woche vor der Generalversammlung angekündigt ist, können Beschlüsse nicht gefasst werden.** [2]**Dies gilt nicht, wenn sämtliche Mitglieder erschienen sind oder es sich um Beschlüsse über die Leitung der Versammlung oder um Anträge auf Einberufung einer außerordentlichen Generalversammlung handelt.**

(3) **Zur Stellung von Anträgen und zu Verhandlungen ohne Beschlussfassung bedarf es der Ankündigung nicht.**

I. Modalitäten der Einberufung

1 Die Einberufung der Generalversammlung erfolgt in der statutarisch zu bestimmenden Form durch direkte Benachrichtigung sämtlicher Mitglieder oder in einem öffentlichen Blatt (§ 6 Nr. 4, → § 6 Rn. 5), nicht durch bloße Bekanntmachung nach § 6 Nr. 5. Unabhängig von der Satzungsform kann nach § 3 COVMG vom 27.3.2020 (BGBl. 2020 I 569) für im Jahr 2020 stattfindende Versammlungen die Einberufung im Internet auf der Homepage der eG oder durch unmittelbare Benachrichtigung in Textform erfolgen. Die Mindestfrist für die Einberufung ist 2006 auf zwei Wochen verdoppelt worden (BT-Drs. 16/1025, 88). Diese Frist kann statutarisch verlängert, nicht aber verkürzt werden. Für die Berechnung zählt der Tag der Veröffentlichung oder des Zugangs der Benachrichtigung nicht mit (§ 187 Abs. 1 BGB). Durch Satzungsbestimmung kann der Zugang fingiert werden (zB Lang/Weidmüller/*Holthaus/Lehnhoff* § 44 Rn. 2: bei Absendung 2 Tage vor Fristbeginn). Für das Fristende gelten § 188 Abs. 2 BGB, § 193 BGB. Die Einberufung muss den Einberufenden erkennen lassen sowie den Ort und die Zeit konkret bestimmen. Ort und Zeit der Versammlung sind unter Beachtung der

Treuepflicht der eG sowie des Selbstverwaltungs- und Gleichbehandlungsgrundsatzes (→ § 1 Rn. 44, → § 1 Rn. 48, → § 18 Rn. 6 f.) zu wählen. Die Tagesordnung muss anders als nach § 122 Abs. 3 AktG nicht in der Einberufung enthalten sein; es genügt eine zeitgleiche Bekanntmachung in der statutarisch für Bekanntmachungen vorgesehenen Weise (§ 6 Nr. 5, → § 6 Rn. 6; zur nachträglichen Änderung → Rn. 2). Die Einberufung muss in diesem Fall einen Hinweis auf Art und Ort der Bekanntmachung der Tagesordnung enthalten, um den Mitgliedern die Ausübung ihrer Rechte (vor allem aus § 45 Abs. 2) zu ermöglichen. Abs. 1 S. 3 enthält eine zwingende Sonderregelung für die Bekanntmachung der Tagesordnung einer Vertreterversammlung. Diese muss nicht nur den Vertretern, sondern (unter anderem wegen § 45 Abs. 1, 2) allen Mitgliedern bekannt gemacht werden. Im Fall einer Vollversammlung, bei der alle Mitglieder (bei VV alle Vertreter) erschienen sind, kann durch Beschluss entsprechend § 121 Abs. 6 AktG auf die Einhaltung der gesetzlich oder statutarisch vorgesehenen Modalitäten verzichtet werden, soweit kein Mitglied widerspricht.

II. Notwendigkeit der Ankündigung von Beschlussgegenständen

Zum Schutz der Mitgliederrechte müssen Beschlussgegenstände (nicht Anträge oder Verhandlungsgegenstände, Abs. 3) mindestens eine Woche oder in der statutarisch bestimmten längeren Frist vor dem Versammlungstermin in bestimmter Weise und als solche (nicht bloß unter „Verschiedenes") angekündigt worden sein (zur Beschlussfassung → § 43 Rn. 7). Verstöße hiergegen führen idR zur Anfechtbarkeit gefasster Beschlüsse (→ § 51 Rn. 9 f.); fehlt die Ankündigung, „können" Beschlüsse nach Abs. 2 S. 1 „nicht gefasst werden" und sind trotzdem gefasste Beschlüsse daher nichtig (→ § 51 Rn. 2). Nach Bekanntmachung der Tagesordnung (spätestens zwei Wochen vor dem Termin, → Rn. 1) dürfen die Beschlussgegenstände bis eine Woche vor dem Termin erweitert, geändert oder abgesetzt werden (BT-Drs. 16/1025, 88), sofern ihre Ankündigung nicht gem. § 45 Abs. 2 verlangt wurde oder aufgrund von § 45 Abs. 3 erfolgte. Für die Ankündigung nach Abs. 2 S. 1 darf die Satzung nicht eine andere Art der Bekanntmachung vorsehen als für die Bekanntmachung der Tagesordnung. Ausnahmen von Abs. 2 S. 1 enthält Abs. 2 S. 2. Bei der Alt. 1 darf kein Mitglied der Beschlussfassung widersprechen (analog § 121 Abs. 6 AktG). Angekündigte Beschlussgegenstände dürfen nach Ablauf der mindestens einwöchigen Schutzfrist nur noch durch Mehrheitsbeschluss der Generalversammlung abgesetzt werden (zB Lang/Weidmüller/*Holthaus/Lehnhoff* Rn. 20). Hinsichtlich bestimmter Beschlussgegenstände besteht eine Pflicht zur Ankündigung, zB hinsichtlich des Prüfungsberichts nach § 59 Abs. 1 S. 1. 2

Niederschrift

47 (1) [1]**Über die Beschlüsse der Generalversammlung ist eine Niederschrift anzufertigen.** [2]**Sie soll den Ort und den Tag der Versammlung, den Namen des Vorsitzenden sowie Art und Ergebnis der Abstimmung und die Feststellung des Vorsitzenden über die Beschlussfassung enthalten.**

(2) [1]**Die Niederschrift ist vom Vorsitzenden und mindestens einem anwesenden Mitglied des Vorstands zu unterschreiben.** [2]**Ihr sind die Belege über die Einberufung als Anlagen beizufügen.**

(3) [1]**Sieht die Satzung die Zulassung investierender Mitglieder oder die Gewährung von Mehrstimmrechten vor oder wird eine Änderung der Satzung beschlossen, die einen der in § 16 Abs. 2 Satz 1 Nr. 2 bis 5, 9 bis 11 oder Abs. 3 aufgeführten Gegenstände oder eine wesentliche Änderung des Gegenstandes des Unternehmens betrifft, oder wird die Fortsetzung der Genossenschaft nach § 117 beschlossen, ist der Niederschrift außerdem ein Verzeichnis der erschienenen oder vertretenen Mitglieder und der vertretenden Personen beizufügen.** [2]**Bei jedem erschienenen oder vertretenen Mitglied ist dessen Stimmenzahl zu vermerken.**

(4) [1]**Jedes Mitglied kann jederzeit Einsicht in die Niederschrift nehmen.** [2]**Ferner ist jedem Mitglied auf Verlangen eine Abschrift der Niederschrift einer Vertreterversammlung unverzüglich zur Verfügung zu stellen.** [3]**Die Niederschrift ist von der Genossenschaft aufzubewahren.**

I. Form und Reichweite der zwingenden Protokollierungspflicht in einer nicht notariellen Niederschrift

Anders als § 130 Abs. 1 AktG muss die Niederschrift idR nicht notariell beurkundet werden (Ausnahme: § 13 Abs. 3 S. 1 UmwG), es sei denn die Satzung fordert die notarielle Beurkundung. Die Pflicht zur (eigenhändigen) Unterzeichnung durch den Versammlungsvorsitzenden (→ § 6 Rn. 5, → § 43 Rn. 6) und durch sämtliche anwesenden Vorstandsmitglieder nach Abs. 2 S. 1 tritt funktional an 1 die Stelle von § 130 Abs. 4 AktG und bedeutet, dass das Protokoll zwingend der Schriftform nach § 126 BGB genügen muss (nicht: Tonbandaufnahmen oder Ähnliches).

2 Konstitutiven Charakter für die Wirksamkeit der Beschlüsse trägt trotz der Formulierung in Abs. 1 S. 2 („soll") die **Feststellung** des Vorsitzenden **über die Beschlussfassung,** weil nur so Klarheit über die Geltung des Beschlusses und über die maßgebliche Grundlage einer binnen Monatsfrist zu erhebenden Anfechtungsklage (→ § 51 Rn. 14) möglich ist (BGH 23.9.1996, NJW 1997, 318 (320)). Weicht der festgestellte Beschluss vom wirklich gefassten Beschluss ab, so ist der Beschluss nur anfechtbar (zB RG 21.6.1929, RGZ 125, 143 (148 f.)).

3 Neben der fehlenden Feststellung über die Beschlussfassung führt entsprechend § 241 Nr. 2 AktG auch eine **fehlende oder offenkundig lückenhafte Niederschrift** zur unheilbaren (→ § 51 Rn. 8) Nichtigkeit der in der Versammlung gefassten und nicht ordnungsgemäß protokollierten Beschlüsse, da der Niederschrift und ihrer Unterzeichnung die Funktion einer „Beurkundung" iSv § 241 Nr. 2 AktG zukommt (str., vgl. RG 21.6.1929, RGZ 125, 143 (149); ähnlich zB *Müller* GenG Rn. 11; aA Beuthien/*Schöpflin* Rn. 4: bloße Ordnungsvorschrift zur Beweissicherung). Dasselbe gilt grundsätzlich bei fehlender Unterzeichnung nach Abs. 2 S. 1. Seit der Neufassung vom 22.7.2017 (BGBl. 2017 I 2434) wird der Funktion einer „Beurkundung" Genüge getan durch die Unterschrift des Vorstandsvorsitzenden und daneben nur eines weiteren anwesenden Vorstandsmitglieds. Ob einzelne weitere der anwesenden Vorstandsmitglieder die Unterschrift verweigern, schadet nicht. Dies kann mit etwaigen Gründen der Verweigerung und ggf. unter Angabe der verschiedenen Interpretationsvarianten vermerkt werden, hat aber nicht die Nichtigkeit der Beschlüsse entsprechend § 241 Nr. 2 AktG zur Folge.

4 In der Versammlung kann zunächst ein **Entwurf für die Niederschrift** erstellt werden, der später „ins Reine" geschrieben, ggf. berichtigt und gem. Abs. 2 S. 1 unterzeichnet wird (vgl. Beuthien/*Schöpflin* Rn. 2 aE; → AktG § 241 Rn. 30). Inhaltliche Änderungen, insbesondere Abweichungen von der Feststellung einer Beschlussfassung dürfen in der „Reinschrift" nicht vorgenommen werden.

II. Inhalt der Niederschrift

5 In die Niederschrift muss der genaue und vollständige Wortlaut sämtlicher Beschlüsse der Generalversammlung aufgenommen werden (Abs. 1 S. 1). Beschlüsse in diesem Sinne sind auch eine Wahl oder die Ablehnung eines Antrags (negativer Beschluss) oder ein offensichtlich nichtiger oder anfechtbarer Beschluss. Die Vollständigkeit und Richtigkeit der Niederschrift ist zu vermuten. Hinsichtlich von Ort und Zeit der Versammlung, Abstimmungsart (zB offen oder geheim) und -ergebnis sowie dem Namen des Versammlungsleiters enthält Abs. 1 S. 2 lediglich eine Sollvorschrift, dh eine Pflicht zur Protokollierung (zur Feststellung über die Beschlussfassung → Rn. 1); Verstöße gegen diese Pflicht führen nicht zur Nichtigkeit der in der Versammlung gefassten Beschlüsse. Jedoch haftet möglicherweise der Versammlungsleiter der eG auf Ersatz eines Schadens, der infolge der unterbliebenen Protokollierung und der daraus resultierenden fehlenden Beweisbarkeit des ordnungsgemäßen Ablaufs und der Wirksamkeit der gefassten Beschlüsse entstanden ist. Werden bei einer in 2020 stattfindenden Versammlung Beschlüsse schriftlich oder elektronisch gefasst, obwohl die Satzung dies nicht vorsieht, so muss der Vorstand nach § 3 Abs. 1 S. 2, 3 COVMG vom 27.3.2020 (BGBl. 2020 I 569) der Niederschrift ein Mitgliederverzeichnis beifügen und die Art der Stimmabgabe vermerken. Ermöglicht die Satzung ohnehin derartige Beschlüsse, gelten die Satzungsregeln.

III. Anlagen zur Niederschrift

6 Der Niederschrift sind als Anlage die Originalbelege beizufügen, die erforderlich sind, um die ordnungsgemäße Einberufung überprüfen zu können (zB Belegexemplar des Bekanntmachungsblattes) (Abs. 2 S. 2). Dazu gehört auch die Bekanntmachung der Tagesordnung (ggf. Ausdruck der Homepage am Bekanntmachungstag mit Zeitnachweis). In den in Abs. 3 genannten Fällen muss als Anlage zur Niederschrift ein Verzeichnis der anwesenden Mitglieder sowie der vertretenen Mitglieder und ihrer Vertreter mit der jeweiligen Stimmenzahl genommen werden. Abs. 3 S. 1 Alt. 1, 2 dient der Ermittlung der Stimmberechtigung im Hinblick auf § 8 Abs. 2, § 43 Abs. 3, die anderen Alternativen dienen dazu, den Nachweis der Berechtigung zur Kündigung nach § 67a Abs. 1 Nr. 1, § 118 Abs. 1 Nr. 1 zu gewährleisten.

IV. Einsicht in die Niederschrift und Aufbewahrung

7 Die Mitglieder haben ein Einsichtsrecht, das idR am Sitz der eG, ggf. durch Bevollmächtigte, ausgeübt werden kann. Es erstreckt sich nicht nur auf die jüngste Niederschrift, sondern auch auf die Niederschriften der früheren Versammlungen. Ferner dürfen auch die Anlagen eingesehen werden. Das Einsichtsverlangen darf nicht treuwidrig geltend gemacht werden (zB außerhalb der üblichen Geschäftszeiten). Die Treuepflicht der eG gebietet es, den Mitgliedern ein Abschreiben oder Kopieren der eingesehenen Niederschrift zu erlauben und, wenn die das Mitglied interessierenden Passagen zu lang sind, was die Regel sein dürfte, eine Abschrift zu stellen (vgl. Beuthien/*Schöpflin* Rn. 5). Eine solche

Interpretation vermeidet den Wertungswiderspruch mit Abs. 4 S. 2, wonach die Mitglieder im Fall einer VV stets eine Abschrift verlangen können (vgl. auch § 48 Abs. 3 S. 2). Das Einsichtsrecht darf nicht durch Erhebung von Kosten beeinträchtigt werden, die über die Selbstkosten hinausgehen. Die Aufbewahrungspflicht (Abs. 4 S. 3) dauert bis zum Ablauf von zehn Jahren nach Auflösung der eG (§ 93).

Zuständigkeit der Generalversammlung

48 (1) [1]**Die Generalversammlung stellt den Jahresabschluss fest.** [2]**Sie beschließt über die Verwendung des Jahresüberschusses oder die Deckung eines Jahresfehlbetrags sowie über die Entlastung des Vorstands und des Aufsichtsrats.** [3]**Die Generalversammlung hat in den ersten sechs Monaten des Geschäftsjahrs stattzufinden.**

(2) [1]**Auf den Jahresabschluss sind bei der Feststellung die für seine Aufstellung geltenden Vorschriften anzuwenden.** [2]**Wird der Jahresabschluss bei der Feststellung geändert und ist die Prüfung nach § 53 bereits abgeschlossen, so werden vor der erneuten Prüfung gefasste Beschlüsse über die Feststellung des Jahresabschlusses und über die Ergebnisverwendung erst wirksam, wenn auf Grund einer erneuten Prüfung ein hinsichtlich der Änderung uneingeschränkter Bestätigungsvermerk erteilt worden ist.**

(3) [1]**Der Jahresabschluss, der Lagebericht sowie der Bericht des Aufsichtsrats sollen mindestens eine Woche vor der Versammlung in dem Geschäftsraum der Genossenschaft oder an einer anderen durch den Vorstand bekannt zu machenden geeigneten Stelle zur Einsichtnahme der Mitglieder ausgelegt, auf der Internetseite der Genossenschaft zugänglich gemacht oder ihnen sonst zur Kenntnis gebracht werden.** [2]**Jedes Mitglied ist berechtigt, auf seine Kosten eine Abschrift des Jahresabschlusses, des Lageberichts und des Berichts des Aufsichtsrats zu verlangen.**

(4) [1]**Die Generalversammlung beschließt über die Offenlegung eines Einzelabschlusses nach § 339 Abs. 2 in Verbindung mit § 325 Abs. 2a des Handelsgesetzbuchs.** [2]**Der Beschluss kann für das nächstfolgende Geschäftsjahr im Voraus gefasst werden.** [3]**Die Satzung kann die in den Sätzen 1 und 2 genannten Entscheidungen dem Aufsichtsrat übertragen.** [4]**Ein vom Vorstand auf Grund eines Beschlusses nach den Sätzen 1 bis 3 aufgestellter Abschluss darf erst nach seiner Billigung durch den Aufsichtsrat offen gelegt werden.**

I. Allgemeines

1 § 48 regelt die Kompetenzen der Generalversammlung zwingend, aber nicht abschließend für einzelne Beschlüsse insbesondere zur Feststellung des Jahresabschlusses, über die Verwendung eines Jahresüberschusses bzw. Deckung eines Fehlbetrags sowie zur Entlastung von Vorstand und Aufsichtsrat (zu den weiteren Zuständigkeiten der Generalversammlung → § 43 Rn. 2 ff.). Nach §§ 3 Abs. 3, 7 Abs. 3 COVMG vom 27.3.2020 (BGBl. 2020 I 569) kann im Jahr 2020 die Feststellung des Jahresabschlusses abw. von Abs. 1 S. 1 „auch" durch den Aufsichtsrat erfolgen. Dies ist iS einer konkurrierenden Zuständigkeit auszulegen.

II. Beschlüsse über die Feststellung des Jahresabschlusses und die Verwendung des Jahresergebnisses

2 **1. Gemeinsame Vorschriften.** Nach der Aufstellung des Jahresabschlusses durch den Vorstand gem. § 336 Abs. 1 S. 1 HGB (→ § 33 Rn. 4 ff.), nach der Vorlage an den Aufsichtsrat mitsamt einem Vorschlag zur Ergebnisverwendung (→ § 33 Rn. 10) und dessen Prüfung gem. § 38 Abs. 1 S. 5 (→ § 38 Rn. 2) sowie einer etwaigen Pflichtprüfung nach § 53 Abs. 2 ist die ordentliche Generalversammlung für das erste Geschäftshalbjahr (Abs. 1 S. 3, → § 33 Rn. 10) einzuberufen, in der nach der Auslage von Jahresabschluss, Lagebericht und Aufsichtsratsbericht (Abs. 3 S. 1) über die Feststellung des Jahresabschlusses und die Verwendung des Jahresergebnisses beschlossen wird. Diese ausschließliche Zuständigkeit ist zwingend. Eine Zustimmungspflicht anderer Organe kann in der Satzung nicht vorgesehen werden. In der Versammlung berichtet der Aufsichtsrat gem. § 38 Abs. 1 S. 5 Hs. 2 (→ § 38 Rn. 2; beachte ferner § 59 Abs. 2). Im Fall einer ggf. erforderlichen Nachtragsprüfung nach § 53 Abs. 2 S. 2 iVm § 316 Abs. 3 HGB (→ § 53 Rn. 4) werden die Beschlüsse erst gem. Abs. 2 S. 2 wirksam. Die Beschlüsse nach Abs. 1 S. 1, 2 werden mit einfacher Mehrheit gefasst, sofern die Satzung nicht eine qualifizierte Mehrheit vorsieht.

3 **2. Feststellung des Jahresabschlusses.** Die Generalversammlung kann den Jahresabschluss zurückweisen und die Vorlage eines neuen Abschlusses verlangen oder iRd bilanzrechtlich Zulässigen ändern, was ggf. eine Nachtragsprüfung zur Folge hat (→ § 53 Rn. 4). Nachträglich kann ein Beschluss über die Feststellung durch erneuten Beschluss geändert werden, sofern dies zur Bilanzberichtigung notwendig ist (PFB/*Fandrich/Bloehs* Rn. 7, weitergehend zB Beuthien/*Schöpflin* Rn. 6). Für die Frage, ob der Be-

schluss über die Feststellung des Jahresabschlusses nichtig ist, gilt § 256 AktG entsprechend (vgl. *Müller* GenG Rn. 9 ff., ablehnend für § 256 Abs. 3 AktG). Nichtig ist der Beschluss insbesondere, wenn der Jahresabschluss gegen zwingende gesetzliche Vorschriften verstößt (RG 15.10.1909, RGZ 72, 33 (37), für die AG). Wenn ein Testat nach § 53 Abs. 2 fehlt, ist der Beschluss über die Feststellung nichtig. Ist die Prüfung erfolgt, bedarf es aber gem. Abs. 2 S. 2 einer erneuten Prüfung, so ist der Beschluss schwebend unwirksam bis zur Erteilung des Bestätigungsvermerks nach erneuter Prüfung. Nur anfechtbar nach § 51 ist der Feststellungsbeschluss insbesondere bei Verfahrensverstößen, bei fehlender Auslage nach Abs. 3 oder bei Verstößen gegen Satzungsvorschriften. Ausgeschlossen ist eine auf die Gründe des § 33 Abs. 2 gestützte Anfechtungsklage (→ § 33 Rn. 12).

4 **3. Ergebnisverwendung.** Die Generalversammlung ist nach § 20 S. 1 an statutarische Vorschriften über die Ergebnisverwendung, insbesondere zur Dotierung der gesetzlichen Rücklage (§ 7 Nr. 2, → § 7 Rn. 5) gebunden. Dies gilt ebenso für eine gem. § 20 S. 2 erfolgte Rücklagenbildung durch den Vorstand. Darüber hinaus kann die Generalversammlung einen Überschuss freiwillig in Ergebnisrücklagen einstellen. Freiwillige Rücklagen dürfen zur Gewinnverteilung (§ 19) aufgelöst werden (Beuthien/*Schöpflin* Rn. 3 aE). Ein Jahresfehlbetrag darf durch Rücklagenauflösung, durch Abschreibung von den Geschäftsguthaben oder durch Verlustvortrag ausgeglichen werden, sofern die Satzung dies nicht einschränkt. Der Beschluss über die Ergebnisverwendung ist (neben anderen Nichtigkeitsgründen) entsprechend § 253 AktG nichtig, wenn die zugrunde liegende Feststellung des Jahresabschlusses nichtig ist (→ Rn. 3).

III. Beschluss über die Entlastung

5 Die Zuständigkeit der Generalversammlung für die Entlastung von Vorstand und Aufsichtsrat ist zwingend. Der Entlastungsbeschluss wird mit einfacher Mehrheit gefasst (zum Stimmrechtsausschluss → § 43 Rn. 19). Für die Frage einer gesonderten Abstimmung über die Entlastung der einzelnen Organmitglieder ist § 120 Abs. 1 S. 2 AktG mit der Maßgabe entsprechend anzuwenden, dass an die Stelle der dort genannten Minderheit diejenige nach § 45 tritt. Zur Wirkung des Entlastungsbeschlusses im Hinblick auf etwaige Haftungsansprüche → § 34 Rn. 13. Auf eine Entlastung haben die Organmitglieder keinen Rechtsanspruch, wohl aber auf eine Beschlussfassung hierüber (hM, zB BGH 20.5.1985, BGHZ 94, 324 (326), für die GmbH).

IV. Beschluss über die Offenlegung

6 Abs. 4 knüpft an die Pflicht der eG zur Offenlegung eines Einzelabschlusses gem. § 339 HGB an (→ § 33 Rn. 11) und gibt die Organkompetenz innerhalb einer großen eG iSv § 267 Abs. 3 HGB grundsätzlich der Generalversammlung, sofern nicht die Satzung diese Zuständigkeit dem Aufsichtsrat zuweist. In jedem Fall bedarf die Offenlegung der Billigung durch den Aufsichtsrat nach Abs. 4 S. 4.

Beschränkungen für Kredite

49 Die Generalversammlung hat die Beschränkungen festzusetzen, die bei Gewährung von Kredit an denselben Schuldner eingehalten werden sollen.

I. Allgemeines

1 Die als ausschließliche und zwingende Kompetenzzuweisung an die Generalversammlung und als Pflicht ausgestaltete Norm schützt die eG vor der Eingehung allzu großer Klumpenrisiken und vor einer möglichen Übervorteilung bestimmter Mitglieder. Ein Schutzreflex besteht zugunsten der (anderen) Mitglieder der eG; Schutzgesetzcharakter trägt § 49 jedoch nicht. Für die Festsetzung genügt ein Beschluss; nicht notwendig ist eine Satzungsregelung (zB BT-Drs. 7/97, 22; str.). Bis 1973 enthielt die Vorschrift zudem eine Pflicht, die Höchstgrenze für Anleihen und Spareinlagen festzusetzen, was mangels Praxisbedeutung fallen gelassen wurde. § 49 erfasst alle Genossenschaftsarten sowie alle Arten von Rechtsgeschäften einer eG, die in weitem Sinne eine Kreditgewährung bedeuten (zB Stundungen oder Garantien), nicht aber Kapitalanlagen aller Art. Für Kreditgenossenschaften gelten daneben §§ 13 ff. KWG.

II. Gestaltungsvarianten

2 Die Generalversammlung kann als Beschränkungen zB absolute oder prozentuale Höchstgrenzen oder Laufzeitbeschränkungen einführen und weiter zB nach der Person des Schuldners, nach Geschäftsfeldern oder nach der Art des Kredits differenzieren. Allerdings dürfen die Beschränkungen die Leitungsmacht des Vorstands nach § 27 Abs. 1 nicht im Kern einengen. Die Generalversammlung darf als Kreditgewährung an „denselben" Schuldner auch eine solche an seinen Ehegatten, seine Angehörigen, Hinterleute, Treugeber, abhängige Unternehmen oder ähnlich nahe stehende Personen qualifizieren.

III. Rechtsfolgen von Verstößen

3 § 49 ist kein gesetzliches Verbot. Verstöße gegen die von der Generalversammlung festgesetzten Beschränkungen führen nicht zur Unwirksamkeit des Kreditgeschäfts, sondern gem. § 34 Abs. 2, Abs. 3 Nr. 5, § 41 zu einer Haftung der Vorstands- oder Aufsichtsratsmitglieder, die den Verstoß verschuldet haben, gegenüber der eG.

Bestimmung der Einzahlungen auf den Geschäftsanteil

50 Soweit die Satzung die Mitglieder zu Einzahlungen auf den Geschäftsanteil verpflichtet, ohne dieselben nach Betrag und Zeit festzusetzen, unterliegt ihre Festsetzung der Beschlussfassung durch die Generalversammlung.

1 Die Vorschrift knüpft an § 7 Nr. 1 an, wonach in der Satzung die Pflichteinzahlungen auf den Geschäftsanteil zu bestimmen sind (→ § 7 Rn. 3). Da nach § 7 Nr. 1 Hs. 2 über die Pflichteinzahlungen iHv 10 % des Geschäftsanteils hinaus weder Betragshöhe noch Fälligkeit statutarisch festgelegt werden müssen, bedarf es in dieser Hinsicht einer Konkretisierung. Diese wird, soweit sie nicht in der Satzung erfolgt, von § 50 in die zwingende Zuständigkeit der Generalversammlung gelegt. Einer Satzungsermächtigung bedarf es nicht. Die Generalversammlung entscheidet mit einfacher Mehrheit, soweit nicht die Satzung weitere Anforderungen stellt.

Anfechtung von Beschlüssen der Generalversammlung

51 (1) **1 Ein Beschluss der Generalversammlung kann wegen Verletzung des Gesetzes oder der Satzung im Wege der Klage angefochten werden. 2 Die Klage muss binnen einem Monat erhoben werden.**

(2) **1 Zur Anfechtung befugt ist jedes in der Generalversammlung erschienene Mitglied, sofern es gegen den Beschluss Widerspruch zum Protokoll erklärt hat, und jedes nicht erschienene Mitglied, sofern es zu der Generalversammlung unberechtigterweise nicht zugelassen worden ist oder sofern es die Anfechtung darauf gründet, dass die Einberufung der Versammlung oder die Ankündigung des Gegenstandes der Beschlussfassung nicht ordnungsgemäß erfolgt sei. 2 Ferner sind der Vorstand und der Aufsichtsrat zur Anfechtung befugt, ebenso jedes Mitglied des Vorstands und des Aufsichtsrats, wenn es durch die Ausführung des Beschlusses eine strafbare Handlung oder eine Ordnungswidrigkeit begehen oder wenn es ersatzpflichtig werden würde.**

(3) **1 Die Klage ist gegen die Genossenschaft zu richten. 2 Die Genossenschaft wird durch den Vorstand, sofern dieser nicht selbst klagt, und durch den Aufsichtsrat, sofern dieser nicht selbst klagt, vertreten; § 39 Abs. 1 Satz 2 ist entsprechend anzuwenden. 3 Zuständig für die Klage ist ausschließlich das Landgericht, in dessen Bezirke die Genossenschaft ihren Sitz hat. 4 Die mündliche Verhandlung erfolgt nicht vor Ablauf der im ersten Absatz bezeichneten Frist. 5 Mehrere Anfechtungsprozesse sind zur gleichzeitigen Verhandlung und Entscheidung zu verbinden.**

(4) **Die Erhebung der Klage sowie der Termin zur mündlichen Verhandlung sind unverzüglich vom Vorstand in den für die Bekanntmachung der Genossenschaft bestimmten Blättern zu veröffentlichen.**

(5) **1 Soweit der Beschluss durch Urteil rechtskräftig für nichtig erklärt ist, wirkt dieses Urteil auch gegenüber den Mitgliedern der Genossenschaft, die nicht Partei des Rechtsstreits waren. 2 Ist der Beschluss in das Genossenschaftsregister eingetragen, hat der Vorstand dem Registergericht das Urteil einzureichen und dessen Eintragung zu beantragen. 3 Eine gerichtliche Bekanntmachung der Eintragung erfolgt nur, wenn der eingetragene Beschluss veröffentlicht worden war.**

Übersicht

I. Allgemeines

1 Zwar sieht das Gesetz nur die Anfechtungsklage vor. Seit langem ist aber anerkannt, dass auch Beschlüsse der Generalversammlung einer eG nichtig sein können und auf sie die Nichtigkeitsklage §§ 241 ff. AktG grundsätzlich entsprechend anzuwenden sind (zB BGH 23.2.1978, BGHZ 70, 384 (387); BGH 1.7.1994, BGHZ 126, 335 (338) = ZIP 1994, 1221; BGH 26.2.1996, BGHZ 132, 84 (93); → AktG § 241 Rn. 4). Sofern ein Beschluss nicht nichtig ist, kann er gem. § 51 wegen Gesetzes- oder Satzungswidrigkeit nur binnen Monatsfrist und nur aufgrund einer besonderen Anfechtungsbefugnis im Wege der Klage angefochten werden. Diese Einschränkungen dienen vor allem der Rechtssicherheit. Angefochten oder für nichtig erklärt werden kann ausnahmsweise auch ein außerhalb der General- oder Vertreterversammlung gefasster Beschluss, wenn er sich auf die Zusammensetzung der Versammlung unmittelbar auswirkt, so die Wahl einer Vertreterversammlung durch einen Wahlausschuss (BGH 22.3.1982, BGHZ 83, 228 (230 f.)). Für die Frage, ob sich die teilweise Nichtigkeit oder Anfechtbarkeit auf den gesamten Beschluss erstreckt, kann jedenfalls bei Beschlüssen, die einen rechtsgeschäftsähnlichen Inhalt haben, § 139 BGB entsprechend angewendet werden (→ AktG § 241 Rn. 45). Von den nichtigen und den anfechtbaren Beschlüssen zu unterscheiden sind die schwebend unwirksamen Beschlüsse, die wirksam werden, sobald die Wirksamkeitsvoraussetzungen vorliegen (zB bei Verstößen gegen ein Sonderrecht, → § 18 Rn. 8). Zum Beschlussbegriff und zu den verschiedenen Beschlussarten und Beschlussmängeln → AktG § 241 Rn. 14 ff., → AktG § 241 Rn. 24 ff.

II. Nichtigkeit von Versammlungsbeschlüssen

2 **1. Nichtigkeitsgründe.** Einberufungsmängel führen **entsprechend § 241 Nr. 1 AktG** zur Nichtigkeit, wenn eine Einberufung fehlt oder nicht durch ein gesetzlich zur Einberufung berechtigtes Organ (→ § 43 Rn. 5, → § 44 Rn. 2) erfolgt und (entsprechend § 121 Abs. 6 AktG) nicht in einer Vollversammlung alle Mitglieder auf die ordnungsgemäße Einberufung verzichten (vgl. BGH 26.10.1955, BGHZ 18, 334 = NJW 1955, 1917), oder wenn eine Benachrichtigung der Mitglieder bzw. Bekanntmachung in einem öffentlichen Blatt (§ 6 Nr. 4, → § 6 Rn. 5) unterbleibt oder nicht in der statutarisch geforderten Weise erfolgt (vgl. Beuthien/*Schöpflin* § 46 Rn. 4), ferner wenn der Verstoß gegen die gesetzlichen oder statutarischen Einberufungsvorschriften so schwer wiegt, dass die Versammlung nicht als Generalversammlung anerkannt werden kann (RG 23.6.1933, RGZ 141, 230 (233); → Rn. 6). Im Übrigen führen Einberufungsmängel, insbesondere bei Verstößen gegen Satzungsbestimmungen, lediglich zur Anfechtbarkeit der Beschlüsse (zB Beuthien/*Schöpflin* § 46 Rn. 4). Das ist zB der Fall, wenn statt des statutarisch zur Einberufung befugten Aufsichtsratsvorsitzenden dessen Stellvertreter die Versammlung einberuft, jedoch der von der Satzung vorgeschriebene Verhinderungsfall des ersteren für ein Tätigkeitwerden des Stellvertreters nicht vorlag (OLG Hamm 10.4.2019, ZIP 2020, 22 Rn. 85). Nur anfechtbar sind Beschlüsse mangels einer Regelung wie in § 121 Abs. 3 S. 1 AktG auch dann, wenn die Versammlung nicht an dem in der Satzung vorgeschriebenen Ort stattfindet (BayObLG 24.10.1958, NJW 1959, 485 (486)). Die fehlerhafte Ankündigung von Beschlussgegenständen (→ § 46 Rn. 2) führt idR zur Anfechtbarkeit dennoch gefasster Beschlüsse. Nur eklatante Verstöße (zB unter „Vorstandsangelegenheiten" gefasster Beschluss über die fristlose Kündigung eines Vorstands, BGH 29.5.2000, NJW-RR 1278) oder die Nichtankündigung bedeutender Beschlussgegenstände (zB Lang/Weidmüller/*Holthaus/Lehnhoff* § 46 Rn. 25, § 51 Rn. 27), zB die Entlastung eines Vorstandsmitglieds (OLG Hamm 10.4.2019, ZIP 2020, 22 Rn. 87 ff.), sollen nach hM zur Nichtigkeit führen; dies muss wegen § 46 Abs. 2 S. 1 („können Beschlüsse nicht gefasst werden") für jede fehlende Ankündigung gelten, sofern nicht alle Mitglieder in einer Vollversammlung auf die Ankündigung verzichten.

3 **Entsprechend § 241 Nr. 2 AktG** führen die fehlende Feststellung über die Beschlussfassung oder das Fehlen oder die offensichtliche Lückenhaftigkeit der Niederschrift zur Nichtigkeit, Letzteres weil die unterschriebene Niederschrift funktional einer „Beurkundung" iSv § 241 Nr. 2 AktG entspricht (str., → § 47 Rn. 2 f.).

4 Beschlüsse sind **entsprechend § 241 Nr. 3, 4 AktG** nichtig (vgl. BGH 1.7.1994, ZIP 1994, 1221 = WM 1994, 1770), wenn sie mit dem Wesen der eG (→ § 1 Rn. 1 ff.) unvereinbar sind (Auffangtat-

bestand; zB BGH 22.3.1982, BGHZ 83, 228 (231): Mehrheitswahl mit gebundenen Listen), oder wenn sie inhaltlich gegen gläubigerschützende Vorschriften (zB §§ 6 Nr. 3, §§ 8a, 22, 22a, 73 Abs. 2, §§ 90, 105; → AktG § 241 Rn. 32 f.; zu einem gegen das Auszahlungsverbot verstoßenden Beschluss → § 22 Rn. 7) oder gegen Vorschriften im öffentlichen Interesse verstoßen (zB § 18 S. 2; → AktG § 241 Rn. 34 f.), oder wenn der Beschlussinhalt gegen die guten Sitten verstößt (→ AktG § 241 Rn. 38 f.).

Ein Beschluss der Generalversammlung ist **entsprechend § 241 Nr. 5 AktG** nichtig, wenn er angefochten wurde, das Gericht der Anfechtungsklage stattgibt und den Beschluss für nichtig erklärt (→ AktG § 241 Rn. 40, → AktG § 248 Rn. 7). Ferner kann ein im Genossenschaftsregister eingetragener Beschluss (zB Satzungsänderung) gem. **§ 398 FamFG** als nichtig gelöscht werden (vgl. § 241 Nr. 6 AktG; → AktG § 241 Rn. 41 ff.). 5

Weitere Nichtigkeitsgründe: Nichtig sind insbesondere die Beschlüsse einer „Nicht-Versammlung", zB die Beschlussfassung durch eine als Vertreterversammlung einberufene Versammlung, sofern die für die Einrichtung einer Vertreterversammlung erforderliche Satzungsänderung unterbleibt oder mangels Registereintragung nicht wirksam wird (BGH 23.5.1960, BGHZ 32, 318 (325)). Teilweise wird die Nichtigkeit entsprechend § 241 Nr. 3 AktG auf alle Beschlüsse der Generalversammlung ausgedehnt, die „gegen zwingende und sachlich unverzichtbare gesetzliche Vorschriften" (Beuthien/*Schöpflin* Rn. 4) verstoßen, zB bei einer vorsätzlichen Verletzung des Gleichbehandlungsgrundsatzes oder bei Verletzung „elementarer Rechtsgrundsätze" (*ABL/Althanns* Genossenschafts-HdB Rn. 10, 94). Dies ist zu wenig bestimmt und gesetzlich nicht untermauert. Der Verstoß gegen das Gleichbehandlungsgebot kann analog § 241 Nr. 3 Alt. 1 AktG ausnahmsweise zur Nichtigkeit führen, wenn einem ausgeschiedenen Mitglied wegen seines Ausscheidens eine Ungleichbehandlung widerfährt und es gerade wegen seines Ausscheidens das Anfechtungsrecht nicht ausüben kann (→ § 73 Rn. 3). Besondere Nichtigkeitsgründe entsprechend §§ 253, 256 AktG gelten für die Beschlüsse über die Feststellung des Jahresabschlusses und über die Verwendung des Jahresergebnisses (→ § 48 Rn. 3 f.). 6

2. Geltendmachung der Nichtigkeit. Die Nichtigkeit eines Beschlusses kann von jedermann im Wege der Nichtigkeitsklage als besondere Art der Feststellungsklage oder im Wege der Widerklage geltend gemacht werden, ohne dass eine Klagefrist einzuhalten wäre (zur Heilung nach Ablauf von drei Jahren → Rn. 8) und ohne dass es einer besonderen Befugnis zur Geltendmachung bedarf (Beuthien/*Schöpflin* Rn. 11 mwN). Daneben ist noch die Geltendmachung als Einwendung möglich. Eine erhobene Anfechtungsklage kann nicht als Nichtigkeitsklage ausgelegt werden (BGH 23.5.1960, BGHZ 32, 318 (322)). Auf die Nichtigkeitsklage eines Mitglieds, des Vorstands oder Aufsichtsrats oder eines Vorstands- oder Aufsichtsratsmitglieds ist in Parallele zu § 249 AktG und als besondere Art der Feststellungsklage § 51 Abs. 3 S. 1–3, Abs. 4 und Abs. 5 entsprechend anzuwenden (in der Begründung anders BGH 23.2.1978, BGHZ 70, 384 (387): entsprechend § 249 AktG). Nichtigkeitsklage gegen Beschlüsse einer Vertreterversammlung können auch die Mitglieder erheben, die nicht Vertreter sind (zB BGH 22.3.1982, BGHZ 83, 228 (231); → § 43a Rn. 11). Der allgemeinen Feststellungsklage eines Mitglieds nach § 256 ZPO fehlt wegen der auf die Parteien begrenzten Rechtskraft das Rechtsschutzbedürfnis; jedenfalls wird diese Klageart wegen der Möglichkeit der Nichtigkeitsklage verdrängt (BGH 23.2.1978, BGHZ 70, 384 (388)). Eine Feststellungsklage Dritter ist dagegen zulässig, sofern sie ein Feststellungsinteresse nachweisen. 7

3. Heilung der Nichtigkeit? Die Nichtigkeit eines Beschlusses wegen fehlender oder fehlerhafter Niederschrift kann nicht durch Eintragung des Beschlusses (zB einer Satzungsänderung) in das Genossenschaftsregister geheilt werden (RG 21.6.1929, RGZ 125, 143 (149 ff.)). Einer Heilung durch bloße Registereintragung steht die nur begrenzte Publizitätswirkung des Genossenschaftsregisters entgegen (RG 21.6.1929, RGZ 125, 143 (149 ff.); → § 10 Rn. 6); insoweit ist § 242 Abs. 1 AktG nicht entsprechend anwendbar (zu weitgehend PFB/*Fandrich* Rn. 2). Dagegen ist § 242 Abs. 2 AktG entsprechend anwendbar, weil hier die Dreijahresfrist im Vordergrund steht und die Registereintragung nur insofern Bedeutung hat, als sie den Lauf dieser Frist in Gang setzt und dem Rechtsverkehr eine Kenntnisnahmemöglichkeit bietet. Eine Heilung von Beschlussmängeln tritt ferner kraft ausdrücklicher gesetzlicher Anordnung in den Fällen des § 20 UmwG ein. 8

III. Anfechtung von Beschlüssen

1. Anfechtungsgründe. a) Verfahrensrechtliche Gesetzes- oder Satzungsverstöße. Zur Anfechtung berechtigen diejenigen Gesetzesverletzungen, die nicht bereits zur Nichtigkeit führen, sowie sämtliche Verletzungen der Satzung, die das Beschlussverfahren von der Einberufung der Generalversammlung bzw. VV bis hin zum Abstimmungsverfahren betreffen. Einberufungsmängel, die nicht bereits die Nichtigkeit zur Folge haben (→ Rn. 2 f.), führen zur Anfechtbarkeit, zB bei Verstößen gegen die Einberufungsfrist oder -form, analog § 121 Abs. 2 S. 2 AktG jedoch nicht bei Einberufung durch einen nicht ordnungsgemäß bestellten Vorstand (zB RG 20.3.1936, JW 1936, 2311 (2312); BGH 26.10.1955, BGHZ 18, 334). Nicht genügt eine Einberufung ohne hinreichenden Grund (→ § 44 Rn. 3). Beschlüsse, deren Gegenstand entgegen § 46 Abs. 2 fehlerhaft angekündigt wurden (→ § 46 Rn. 2), sind nur 9 ausnahmsweise nichtig (→ Rn. 2), idR jedoch anfechtbar (vgl. RG 23.6.1933, RGZ 141, 230 (233)). Einen Verfahrensmangel, der einen Beschluss (lediglich) anfechtbar macht, stellen ferner zB die fehlende Beschlussfähigkeit (hM, BGH 1.7.1994, BGHZ 126, 335 (339) = ZIP 1994, 1221), die fehlerhafte Berücksichtigung von Stimmen im Abstimmungsergebnis (vgl. BGH 27.5.1982, NJW 1984, 1038 (1039)), das unrechtmäßige Beeinflussen der Abstimmung (BGH 28.1.1953, NJW 1953, 740 (741); RG 18.10.1927, RGZ 119, 243 (244 ff.)), das fehlende Erreichen der gesetzlich oder satzungsmäßig erforderlichen Mehrheit (zB BGH 9.6.1954, BGHZ 14, 25 = NJW 1954, 1401 für die GmbH), die Verletzung des rechtlichen Gehörs bei einem Beschluss über den Ausschluss eines Mitglieds nach § 68 (BGH 26.2.1996, BGHZ 132, 84 (92 ff.) = NJW 1996, 1756) oder die Verletzung des Rede- und Antragsrechts dar (BGH 20.9.2004, DStR 2004, 1967 (1970)). Für weitere Verfahrensmängel kann auf → AktG § 243 Rn. 7 ff. verwiesen werden.

10 Verfahrensrechtliche Gesetzes- oder Satzungsverstöße müssen für das Beschlussergebnis **Relevanz** haben (→ AktG § 243 Rn. 7). Während in der Lit. zum GenG noch häufig auf die Kausalität abgestellt wird (zB Lang/Weidmüller/*Holthaus/Lehnhoff* Rn. 25), stellt BGH inzwischen auch im Genossenschaftsrecht auf die Relevanztheorie ab (zB BGH 20.9.2004, DStR 2004, 1967 (1970)). Hiernach scheidet die Anfechtbarkeit nur aus, wenn die eG beweisen kann, dass der Verfahrensfehler je nach seiner Bedeutung für die Mitgliedschaft bei teleologisch wertender Betrachtung schlechthin nicht relevant geworden sein kann (zB BGH 12.11.2001, BGHZ 149, 158 (164 f.)). Relevanz ist zB dann anzunehmen, wenn dem Mitglied im Ausschlussverfahren kein rechtliches Gehör gewährt wird oder wenn ihm Fragen nicht beantwortet werden, die in nicht ganz unbedeutendem Zusammenhang mit dem Beschlussgegenstand stehen (zu Letzterem BGH 20.9.2004, DStR 2004, 1967 (1970)).

11 **b) Inhaltliche Verstöße.** Die Anfechtbarkeit eines Beschlusses kann sich auf einen inhaltlichen Verstoß gegen Gesetz oder Satzung gründen, soweit dies nicht bereits zur Nichtigkeit führt (→ Rn. 4, → Rn. 6). Dazu gehören Verletzungen der Treuepflicht durch die eG oder durch andere Mitglieder, insbesondere bei nicht erforderlichen oder nicht verhältnismäßigen Eingriffen in das Mitgliedschaftsrecht. Treupflichtverletzungen führen idR nur zur Anfechtbarkeit und nicht zur Nichtigkeit (BGH 26.2.1996, BGHZ 132, 84 (93 f.)). Seine Treuepflicht verletzt ein Mitglied auch dann, wenn es sein Stimmrecht zur Verfolgung von Sonderinteressen zum Schaden der eG oder anderer Mitglieder ausübt. Insoweit kann der Beschluss entsprechend § 243 Abs. 2 AktG anfechtbar sein (zB OLG Dresden 12.12.2002, VIZ 2003, 455 f.). Sofern jedoch die Voraussetzungen nicht vorliegen (zB Vorsatz), sperrt dies nicht die Bejahung eines Anfechtungsgrundes wegen Treuepflichtverletzung. Ferner sind Beschlüsse anfechtbar, die gegen den genossenschaftlichen Gleichbehandlungsgrundsatz (→ § 18 Rn. 6, → § 1 Rn. 48) oder gegen § 88 verstoßen (zB OLG Dresden 12.12.2002, VIZ 2003, 455 f.). Wahlen sind anfechtbar, wenn zB Aufsichtsratsmitglieder nicht in der von der Satzung vorgeschriebenen (zB durch drei teilbaren) Anzahl gewählt worden sind (zB PFB/*Fandrich* Rn. 13). Nicht zur Anfechtung berechtigen in aller Regel Verstöße gegen gesetzliche Ordnungsvorschriften und statutarische Sollvorschriften (Beuthien/*Schöpflin* Rn. 15, 16). Der Beschluss über die Feststellung des Jahresabschlusses (§ 48 Abs. 1 S. 1) ist gem. § 33 Abs. 2 nur beschränkt anfechtbar (→ § 33 Rn. 12).

12 **c) Heilung der Anfechtbarkeit?** Ein wegen eines Verfahrensfehlers anfechtbarer Beschluss kann entsprechend § 244 AktG bestätigt werden. Ist der Beschluss wegen eines inhaltlichen Mangels anfechtbar, muss über den Beschlussgegenstand ein inhaltlich geänderter, neuer Beschluss gefasst werden. Von einer „Heilung" könnte auch dann gesprochen werden, wenn eine Anfechtungsklage insbesondere wegen Fristablaufs nicht mehr erhoben werden kann. Freilich entfaltet die Anfechtbarkeit auch danach Wirkungen, zB machen sich die Vorstandsmitglieder uU schadensersatzpflichtig gem. § 34 Abs. 2, wenn sie den Beschluss trotz der Gesetzes- oder Satzungswidrigkeit ausführen.

13 **2. Anfechtungsklage.** Die Anfechtungsgründe können nur mittels Erhebung einer als Gestaltungsklage ausgestalteten Anfechtungsklage geltend gemacht werden. Die Klage ist fristgebunden und die Klagebefugnis einem abschließend genannten Personenkreis vorbehalten.

14 **a) Frist für die Anfechtungsklage (Abs. 1 S. 2).** Die Anfechtungsklage muss binnen Monatsfrist erhoben werden. Diese Frist ist eine materiell-rechtliche Ausschlussfrist, die nicht parteiautonom verlängert werden kann und deren Lauf mit der Feststellung über die Beschlussfassung (→ § 47 Rn. 2) beginnt und für deren Berechnung § 188 Abs. 2, 3 BGB, § 193 BGB gelten. Wenn in der Versammlung ein Entwurf der Niederschrift erstellt wird (→ § 47 Rn. 4), beginnt die Frist nicht erst mit der späteren Fertigstellung der „Reinschrift". Innerhalb der Klagefrist müssen sämtliche Anfechtungsgründe in den Prozess eingeführt sein (BGH 23.5.1960, BGHZ 32, 318 (322)), auch wenn es um den Ausschluss eines Mitglieds aus der eG geht (BGH 26.2.1996, BGHZ 132, 84 (94); zur Fristwahrung → Rn. 19).

15 **b) Anfechtungsbefugnis (Abs. 2).** Der Kreis der Anfechtungsbefugten kann nicht in der Satzung erweitert werden (§ 18 S. 2). Unbeschränkte Anfechtungsbefugnis haben nur die in der betreffenden Versammlung erschienenen **Mitglieder,** die nicht im Zeitpunkt der Beschlussfassung ihr Teilnahmerecht nach § 68 Abs. 2 S. 2 verloren haben und die Widerspruch gegen den angefochtenen Beschluss

zur Aufnahme in die Niederschrift (§ 47) erklärt haben, sowie ferner nach Abs. 2 S. 2 der Vorstand und der Aufsichtsrat (→ Rn. 16). Den erschienenen Mitgliedern stehen die vertretenen Mitglieder sowie diejenigen Mitglieder gleich, die aus nicht von ihnen zu vertretenden Gründen zu der Versammlung nicht zugelassen (Abs. 2 S. 1 Alt. 2) oder von ihr ausgeschlossen wurden und faktisch am Widerspruch gehindert sind. Der Widerspruch muss nicht begründet und nicht in die Niederschrift aufgenommen werden. Auch solche Mitglieder, die für den Beschluss stimmen, können ihren Widerspruch erklären, sofern sie in Unkenntnis des Mangels gestimmt hatten (offenlassend BGH 21.6.2010, NJW-RR 2010, 1339 Rn. 38 (für AG); aA zB Lang/Weidmüller/*Holthaus/Lehnhoff* Rn. 33: venire contra factum proprium). Die (jederzeit mögliche) Rücknahme des Widerspruchs bedeutet automatisch den Wegfall der Anfechtungsbefugnis nach Abs. 2 (aA PFB/*Fandrich* Rn. 18: konkludenter Verzicht). Bleibt ein Mitglied einer Versammlung fern, ohne unberechtigterweise nicht zugelassen (oder ausgeschlossen) zu sein (Abs. 2 S. 1 Alt. 2), kann es die Anfechtung nur auf Einberufungs- oder Ankündigungsmängel (→ Rn. 9) stützen (Abs. 2 S. 1 Alt. 3). Dem Nichterscheinen kann ein vorzeitiges Gehen allenfalls bei einem Ankündigungsmangel gleichgestellt werden (OLG Jena 23.7.2014, BeckRS 2014, 15681 Rn. 70). Die Beschlüsse einer Vertreterversammlung kann nur ein Mitglied, das Vertreter ist, unter den Voraussetzungen von § 51 Abs. 2 anfechten (→ § 43a Rn. 11; vgl. BT-Drs. 16/1524, 10; BT-Drs. 16/1025, 89).

Ferner räumt Abs. 2 auch dem **Vorstand** und dem **Aufsichtsrat** die Klagebefugnis jeweils als Kollegialorganen ein. Dadurch soll der Vorstand seiner Pflicht nachkommen können, die Geschäftsführung und die organschaftliche Leitung der eG im Einklang mit Gesetz und Satzung wahrzunehmen. Dies hat vor allem Bedeutung im Fall einer Vertreterversammlung. Die Klagebefugnis des Aufsichtsrats wurde mit der Novelle von 2006 eingeführt, um seine Überwachungsfunktion zu stärken und ihm die Wahrung der Interessen der eG und der nicht anfechtungsbefugten Mitglieder zu ermöglichen (vgl. BT-Drs. 16/1524, 10). 16

Einzelne Mitglieder des Vorstands oder des Aufsichtsrats sind nur eingeschränkt anfechtungsbefugt, sofern sie durch die Ausführung des Beschlusses (wozu sie verpflichtet sind) eine Straftat oder Ordnungswidrigkeit begehen oder sich gegenüber der eG schadensersatzpflichtig machen würden. Einer Widerspruchserklärung bedarf es nicht. Die Klage muss deutlich machen, ob der Anfechtende als bloßes Mitglied der eG oder als Mitglied des Vorstands oder des Aufsichtsrats klagt. Im Vordergrund der Regelung in Abs. 2 S. 2 Alt. 2 steht der Zweck, eine Pflichtenkollision zu vermeiden. Daneben hat die Vorschrift auch die Funktion, eine gerichtliche Klärung der Gesetzes- und Satzungsmäßigkeit eines Beschlusses herbeizuführen. Besteht die Organzugehörigkeit im Zeitpunkt der Beschlussfassung, so verliert das Organmitglied seine Anfechtungsbefugnis nicht, wenn es hiernach und vor Klageerhebung aus dem Amt scheidet (str., vgl. Hüffer/Koch/*Koch* AktG § 245 Rn. 39; aA PFB/*Fandrich* Rn. 22). Eine Organzugehörigkeit im Zeitpunkt der Klageerhebung genügt in jedem Fall für die Anfechtungsbefugnis. 17

c) Schranken für die Geltendmachung. Der Geltendmachung von Anfechtungsgründen setzt die genossenschaftliche Treuepflicht Grenzen insoweit, als zB ein Mitglied nicht nur deshalb Anfechtungsklage erheben darf, um von der eG missbräuchlich und in grob eigennütziger Weise bestimmte Vorteile zu erpressen oder der eG bzw. der Mehrheit der Mitglieder einen der eG fremden Zweck aufzuzwingen (vgl. Beuthien/*Schöpflin* Rn. 19). Dann wäre die Grenze des Rechtsmissbrauchs (→ AktG § 245 Rn. 17) überschritten. Die früher in § 52 aF geregelte Schadensersatzpflicht wegen unbegründeter Anfechtung ist in der Novelle 2006 abgeschafft worden, weil eine vergleichbare Regelung in anderen Gesetzen fehle (BT-Drs. 16/1025, 89). Unter Umständen haftet ein missbräuchlich Klagender nach § 826 BGB (vgl. zB OLG Frankfurt a. M. 13.1.2009, ZIP 2009, 271 ff. zur AG). Ferner kann ein Mitglied sein Anfechtungsrecht wegen besonderer Umstände nach § 242 BGB verwirkt haben (BGH 26.2.1996, BGHZ 132, 84 (95)). 18

d) Klagegegner und Vertretung der eG (Abs. 3). Gegner der Anfechtungsklage ist die eG (Abs. 3 S. 1). Bei Anfechtungsklagen von Mitgliedern wird die eG von Vorstand und Aufsichtsrat gemeinsam vertreten. Die Klage muss sowohl dem Vorstand als auch dem Aufsichtsrat zugestellt werden, es sei denn Mitglieder eines Organs klagen in ihrer Eigenschaft als Mitglieder der eG (str., OLG Dresden 12.12.2002, VIZ 2003, 455: jedenfalls für den Fall, dass alle Mitglieder eines Organs als einfache Mitglieder klagen). Für die Rechtzeitigkeit der Klagezustellung genügt analog § 25 Abs. 1 S. 3 die Zustellung jeweils an ein Vorstandsmitglied und die Zustellung an ein Aufsichtsratsmitglied (ebenso OLG Jena 23.7.2014, BeckRS 2014, 15681). Klagen der Vorstand oder der Aufsichtsrat oder eines ihrer Organmitglieder, wird die eG durch das jeweils andere Organ allein vertreten. Ist nach der Satzung kein Aufsichtsrat zu bilden, wird die eG durch einen Bevollmächtigten vertreten, der von der Generalversammlung zu wählen ist (§ 39 Abs. 1 S. 2). Dies gilt entsprechend für den Fall, dass Vorstand und Aufsichtsrat oder Vorstands- und Aufsichtsratsmitglieder klagen (so auch PFB/*Fandrich* Rn. 24). 19

e) Weitere prozessuale Fragen. Für die Anfechtungsklage ist ausschließlich das LG zuständig, in dessen Bezirk der Sitz der eG liegt (→ § 6 Rn. 2). Nicht wirksam sind Vereinbarungen über den Gerichtsstand. Der Prozessökonomie dienen Abs. 3 S. 4 und Abs. 3 S. 5. 20

21 **f) Pflicht zur Bekanntmachung (Abs. 4).** Die Vorschrift dient dazu, alle Mitglieder über die Klageerhebung zu informieren und das Entstehen etwaiger Vertrauenstatbestände zu verhindern. Die Pflicht obliegt organschaftlich dem Vorstand. Die Bekanntmachung erfolgt in der statutarisch bestimmten Art und Weise (§ 6 Nr. 5). Zusätzlich empfiehlt sich ein Antrag beim Registergericht, einen eintragungspflichtigen Beschluss vorläufig nicht einzutragen.

22 **g) Urteilswirkungen (Abs. 5).** Weil die Anfechtungsklage eine Gestaltungsklage ist, wird der angefochtene Beschluss erst mit Rechtskraft des Urteils ex tunc vernichtet. Die Rechtskraft erstreckt sich über den Kreis der Prozessparteien hinaus und wirkt zum Zweck der einheitlichen Klärung der Gesetz- und Satzungsmäßigkeit von Beschlüssen erga omnes. Das gilt nicht für Urteile, mit denen eine Anfechtungsklage abgewiesen wird. Abs. 5 S. 2 dient der Korrektur des Genossenschaftsregisters im Falle eintragungspflichtiger Beschlüsse (zB Satzungsänderungen) und, sofern dem Register ausnahmsweise Publizitätswirkung zukommt (§§ 29, 86), der Verhinderung von Vertrauenstatbeständen. Die Vorstandsmitglieder müssen in vertretungsberechtigter Anzahl in der Form des § 157 das vollständige Urteil einreichen und dessen Eintragung beantragen. Das Registergericht trägt daraufhin gem. § 23 S. 2 GenRegV einen Vermerk ein, der den Beschluss als nichtig bezeichnet. Ein satzungsändernder Beschluss, der bereits im Register eingetragen wurde, ist schon mit Rechtskraft des Urteils nichtig und nicht erst, wenn das Urteil gem. Abs. 5 S. 2 eingetragen wird. Ein Publizitätsschutz besteht in dem Zwischenstadium bis zur Eintragung des Vermerks nicht (→ § 10 Rn. 5, → § 29 Rn. 5). Daher ist anzuraten, das Eintragungsverfahren bei eintragungsbedürftigen Beschlüssen (zB Satzungsänderungen nach § 16 Abs. 5) gem. §§ 21, 381 FamFG auszusetzen (→ § 16 Rn. 21). Eine entsprechende Anwendung von § 246a AktG auf die eG ist zu erwägen (→ § 16 Rn. 21).

(weggefallen)

52

1 → § 51 Rn. 18.

Abschnitt 4. Prüfung und Prüfungsverbände

Pflichtprüfung

53 (1) [1] **Zwecks Feststellung der wirtschaftlichen Verhältnisse und der Ordnungsmäßigkeit der Geschäftsführung sind die Einrichtungen, die Vermögenslage sowie die Geschäftsführung der Genossenschaft mindestens in jedem zweiten Geschäftsjahr zu prüfen.** [2] **Bei Genossenschaften, deren Bilanzsumme 2 Millionen Euro übersteigt, muss die Prüfung in jedem Geschäftsjahr stattfinden.**

(2) [1] **Im Rahmen der Prüfung nach Absatz 1 ist bei Genossenschaften, deren Bilanzsumme 1,5 Millionen Euro und deren Umsatzerlöse 3 Millionen Euro übersteigen, der Jahresabschluss unter Einbeziehung der Buchführung und des Lageberichts zu prüfen.** [2] **§ 316 Absatz 3 Satz 1 und 2, § 317 Abs. 1 Satz 2 und 3, Abs. 2 des Handelsgesetzbuchs sind entsprechend anzuwenden; Artikel 17 der Verordnung (EU) Nr. 537/2014 findet keine Anwendung.** [3] **Bei der Prüfung großer Genossenschaften im Sinn des § 58 Abs. 2 ist § 317 Abs. 5 und 6 des Handelsgesetzbuchs entsprechend anzuwenden.**

(3) **Für Genossenschaften, die kapitalmarktorientiert im Sinn des § 264d des Handelsgesetzbuchs oder die CRR-Kreditinstitut im Sinne des § 1 Absatz 3d Satz 1 des Kreditwesengesetzes sind und keinen Aufsichtsrat haben, gilt § 324 des Handelsgesetzbuchs entsprechend.**

(4) **Bei der Prüfung einer Genossenschaft, die als Inlandsemittent (§ 2 Absatz 14 des Wertpapierhandelsgesetzes) Wertpapiere (§ 2 Absatz 1 des Wertpapierhandelsgesetzes), aber nicht ausschließlich die von § 327a erfassten Schuldtitel, begibt, sind § 316 Absatz 3 Satz 3, § 317 Absatz 3b Satz 1, § 320 Absatz 1 Satz 3 und § 322 Absatz 1 Satz 4 des Handelsgesetzbuchs entsprechend anzuwenden.**

I. Allgemeines

1 Die genossenschaftliche Pflichtprüfung ist eine schon im 19. Jahrhundert eingeführte, betreuende und besonders umfassende, periodische Prüfung der gesamten wirtschaftlichen Verhältnisse und der Geschäftsführung der eG (**„Betreuungsprüfung"**); nur bei großen Genossenschaften umfasst die Prüfung auch den Jahresabschluss (Abs. 2 S. 1). Die Bedeutung der Pflichtprüfung für die Wirtschaftlichkeit und

die ordnungsgemäße Geschäftsführung iSe **retro- und prospektiven, auch beratenden Überprüfung der Förderzweckmäßigkeit und Ordnungsmäßigkeit** hat zwar im Laufe der Zeit angesichts der effektiver und intensiver wahrgenommenen Überwachung der Geschäftsführung durch die Generalversammlung und durch einen Aufsichtsrat (Ausnahme: § 9 Abs. 1 S. 2) etwas abgenommen. Dennoch rechtfertigt die Pflichtprüfung ein der Rechtsform immanentes Restrisiko, dass die Leitung der eG nicht ausreichend kontrolliert wird (zB geringe eigene Verlustrisiken der Vorstandsmitglieder, Verzicht auf einen Aufsichtsrat bei kleinen Genossenschaften, geringer Einfluss der einfachen Mitglieder, vor allem im Fall einer Vertreterversammlung, Fehlen einer Kapitalmarktkontrolle). Die Pflichtprüfung dient dem Schutz der Mitglieder (insbesondere vor Nachschusspflichten, → § 2 Rn. 3), der Gläubiger und der Allgemeinheit (BVerfG 19.1.2001, NZG 2001, 461 (464)). Sie wird durch den Prüfungsverband durchgeführt (§ 55), dem die eG angehören muss (§ 54, „Anschlusszwang"). Der Prüfungsverband (idR ein eV) übt keine hoheitliche Aufgabe aus und darf keinerlei Weisungen erteilen. Doch ist sein Einfluss wegen der bei Ausscheiden drohenden Auflösung der eG (§ 54a) und wegen zahlreicher Kontrollrechte (zB §§ 58, 60) groß. Von der jährlichen oder alle zwei Jahre stattfindenden Pflichtprüfung sind die Gründungsprüfung (§ 11 Abs. 2 Nr. 3), das Anhörungs- und Begutachtungsrecht bei der Fortsetzung einer aufgelösten eG (§ 79a Abs. 2, 3) und die Prüfungen nach dem UmwG zu unterscheiden, ferner die nach der Satzung des jeweiligen Prüfungsverbandes durchzuführenden außerordentlichen Prüfungen. Neu hinzugekommen ist seit 2017 eine vereinfachte Prüfung für Kleinstgenossenschaften nach § 53a. Hinsichtlich des Prüfungsgegenstandes sind ferner die Prüfungen zu unterscheiden, die bei Kreditgenossenschaften die BaFin (ggf. die Deutsche Bundesbank) Prüfungen nach § 44 Abs. 1–4 KWG, §§ 44a, 44c KWG vornehmen kann.

II. Regelinhalt der Pflichtprüfung (Abs. 1 S. 1)

Der **Prüfungspflicht** unterliegt grundsätzlich jede eG (zu Ausnahmen → § 64c Rn. 1). Unabhängig von der Größe der eG erstreckt sich die Pflichtprüfung auf die **Einrichtungen** der eG, welche die Mitglieder nach dem Förderzweck in Anspruch nehmen dürfen (→ § 18 Rn. 3). Hierzu zählen alle Organisationsstrukturen in personeller und sachlicher Hinsicht. Maßstab der Prüfung ist vor allem die Wirtschaftlichkeit der Einrichtungen für den Förderzweck. Nicht geprüft werden der Gegenstand und die Geschäftsführung der Unternehmen, an denen die eG beteiligt ist (→ § 1 Rn. 30 ff.; hM), sondern nur, ob die Beteiligungen dem Förderzweck und der Satzung der eG entsprechen. Die **Prüfung der Vermögenslage** umfasst neben der rein bilanziellen Betrachtung des Vermögens vor allem auch die Prüfung von Liquidität, Förderwirtschaflichkeit, Umsatzentwicklung, Preiskalkulation, Rückvergütungen (→ § 19 Rn. 6) sowie Kredit- und anderen vermögensrelevanten Verträgen. Mit der **Prüfung der Geschäftsführung** ist umfassend die Geschäftsführung iwS einschließlich der organschaftlichen Leitung gemeint (→ § 27 Rn. 2). Dazu gehört auch die angemessene Festsetzung der Vorstandsbezüge (→ § 36 Rn. 6). Wenngleich der Jahresabschluss nur bei einer großen eG iSv Abs. 2 zu prüfen ist (→ Rn. 4), bildet er eine Grundlage und häufig den Ausgangspunkt der Prüfung. Stellt sich im Zuge der Geschäftsführungsprüfung heraus, dass bestimmte Inhalte des Jahresabschlusses nicht plausibel sind, müssen zumindest diese Inhalte einer Prüfung unterzogen werden (ähnlich PFB/*Bloehs* Rn. 22). Von den Aufgaben der organschaftlichen Leitung ist die Führung der Mitgliederliste (§ 30) erfasst, auch wenn die Neufassung vom 22.7.2017 (BGBl. 2017 I 2434) das nicht mehr ausdrücklich herausgreift. Die Prüfung bezieht sich besonders auf den gemeinschaftlichen Geschäftsbetrieb (→ § 1 Rn. 11), auf die Förder- oder Zweckgeschäfte und auf den Fördererfolg (→ § 1 Rn. 3), ferner auf den gesamten Unternehmensaufbau und alle Organisationsabläufe. **Prüfungsmaßstab** ist die Zweckmäßigkeit der Geschäftsführung, insbesondere ihre **Förderzweckmäßigkeit,** sowie die Vereinbarkeit der Geschäftsführungshandlungen mit Gesetz und Satzung. Hierbei erfüllt der Prüfungsverband eine „zukunftsbezogene Beratungsfunktion" (BGH 10.1.2017, NZG 2017, 390 Rn. 34). Im Vergleich zu einer Pflichtprüfung reduziert ist der Umfang der vereinfachten Prüfung nach § 53a, nicht jedoch ihr Maßstab (→ § 53a Rn. 1 ff.). 2

III. Erforderliche Prüfungshäufigkeit (Abs. 1 S. 1, 2)

Je nach Höhe der Bilanzsumme muss die Pflichtprüfung mindestens in jedem zweiten oder, ab 2 Mio. EUR Bilanzsumme, in jedem Geschäftsjahr erfolgen. Nicht etwa ist dies iSe Frist zu verstehen, dass etwa zwischen den Prüfungen 24 (S. 1) bzw. 12 (S. 2) Monate liegen müssen. Das „Stattfinden" der Prüfung dauert so lange an, bis der Prüfungsbericht übersendet ist (hM, zB *Müller* GenG Rn. 30), da jederzeit Nachkontrollen stattfinden könnten, die in den Bericht Eingang finden würden. Unter Bilanzsumme ist die Summe der Aktivseite der Bilanz ohne den nicht durch Eigenkapital gedeckten Fehlbetrag iSv § 268 Abs. 3 HGB zu verstehen. 3

IV. Prüfung des Jahresabschlusses (Abs. 2, 3)

Die Vorschriften über die Abschlussprüfung nach §§ 316 ff. HGB sind nicht generell anwendbar (vgl. die fehlende Verweisung in § 336 Abs. 2 HGB), sondern nach Maßgabe des Abs. 2 S. 2, 3, des Abs. 3 4 und der §§ 55 ff. Für die Abschlussprüfung von Kreditgenossenschaften gelten zusätzlich §§ 340 ff. HGB und §§ 26, 28 ff. KWG. Insbesondere kann die BaFin nach § 30 KWG Prüfungsinhalte und Prüfungsschwerpunkte bestimmen. Die Entscheidung der Frage, ob in die Pflichtprüfung die Prüfung des Jahresabschlusses einbezogen werden muss, wird von anderen Kriterien abhängig gemacht als in Abs. 1 S. 2 oder § 267 Abs. 1 HGB, nämlich davon, ob die Bilanzsumme (→ Rn. 3) über 1,5 Mio. EUR liegt und zusätzlich die Umsatzerlöse (vgl. § 275 Abs. 2 Nr. 1, Abs. 3 Nr. 1 HGB) 3 Mio. EUR überschreiten. Unterschreitet eine eG auch nur einen der genannten Schwellenwerte, ist sie **von der Jahresabschlussprüfung ausgenommen.** Die Schwellenwerte sind mit der Neufassung vom 22.7.2017 (BGBl. 2017 I 2434) von 1 Mio. EUR bzw. 2 Mio. EUR angehoben worden, da auch die Merkmale zur Kennzeichnung kleiner Genossenschaften nach § 267 Abs. 1 Nr. 1, 2 HGB iVm § 336 Abs. 2 S. 1 Nr. 2 HGB mittlerweile erhöht worden seien (BT-Drs. 18/11506, 27 f.). Dies ist erstmals für ein am 31.12.2017 oder später endendes Geschäftsjahr anzuwenden (§ 164). Die Beendigung der Prüfung ist für die Feststellung des Jahresabschlusses (§ 48) nicht notwendig. Für eine ggf. erforderliche Nachtragsprüfung gelten §§ 48 Abs. 2 S. 2 sowie § 316 Abs. 3 HGB.

Vereinfachte Prüfung; Verordnungsermächtigung

53a (1) [1]**Bei Kleinstgenossenschaften (§ 336 Absatz 2 Satz 3 des Handelsgesetzbuchs), deren Satzung keine Nachschusspflicht der Mitglieder vorsieht und die im maßgeblichen Prüfungszeitraum von ihren Mitgliedern keine Darlehen nach § 21b Absatz 1 entgegengenommen haben, beschränkt sich jede zweite Prüfung nach § 53 Absatz 1 Satz 1 auf eine vereinfachte Prüfung.** [2]**Eine vereinfachte Prüfung umfasst die Durchsicht der in Absatz 2 Satz 1 genannten Unterlagen und die Feststellung, ob es Anhaltspunkte dafür gibt, an einer geordneten Vermögenslage oder der Ordnungsmäßigkeit der Geschäftsführung zu zweifeln.** [3]**§ 57 Absatz 2 und 4 findet keine Anwendung.**

(2) [1]**Bei der vereinfachten Prüfung sind folgende Unterlagen einzureichen:**
1. **eine Abschrift der Satzung in der geltenden Fassung oder eine Erklärung des Vorstands, dass gegenüber der zuletzt eingereichten Fassung keine Änderung erfolgt ist;**
2. **die im Prüfungszeitraum festgestellten Jahresabschlüsse;**
3. **ein Nachweis über die im Prüfungszeitraum erfolgte Offenlegung des Jahresabschlusses im Bundesanzeiger oder darüber, dass ein entsprechender Bekanntmachungs- oder Hinterlegungsauftrag erteilt wurde;**
4. **eine Abschrift der Mitgliederliste;**
5. **eine Abschrift der im Prüfungszeitraum erstellten Niederschriften der Beschlüsse der Generalversammlung, des Vorstands und des Aufsichtsrats, wenn es einen solchen gibt;**
6. **sofern die Genossenschaft im Prüfungszeitraum ihren Mitgliedern Vermögensanlagen nach § 2 Absatz 1 Nummer 1a des Vermögensanlagengesetzes vom 6. Dezember 2011 (BGBl. I S. 2481), das zuletzt durch Artikel 4 Absatz 54 des Gesetzes vom 18. Juli 2016 (BGBl. I S. 1666) geändert worden ist, in der jeweils geltenden Fassung angeboten hat, eine Erklärung des Vorstands, dass und auf welche Weise den Mitgliedern die nach § 2 Absatz 2 Satz 2 des Vermögensanlagengesetzes erforderlichen Informationen zur Verfügung gestellt wurden.**

[2]**Die Unterlagen sind innerhalb von zwei Monaten nach Aufforderung durch den Prüfungsverband in Textform einzureichen.** [3]**In der Aufforderung hat der Prüfungsverband den maßgeblichen Prüfungszeitraum zu bezeichnen.**

(3) [1]**Werden die erforderlichen Unterlagen nicht oder nicht vollständig eingereicht, hat der Prüfungsverband das Recht, eine vollständige Prüfung nach § 53 Absatz 1 Satz 1 vorzunehmen.** [2]**Die Generalversammlung kann jederzeit eine solche vollständige Prüfung beschließen.** [3]**Die erstmalige Pflichtprüfung einer Genossenschaft ist stets eine vollständige Prüfung.**

(4) [1]**Das Bundesministerium der Justiz und für Verbraucherschutz wird ermächtigt, im Einvernehmen mit dem Bundesministerium für Wirtschaft und Energie, durch Rechtsverordnung mit Zustimmung des Bundesrates für die vereinfachte Prüfung zu bestimmen, dass abweichend von Absatz 2 dem Prüfungsverband von der Genossenschaft weitere Unterlagen einzureichen sind.** [2]**Dabei kann nach der Branchenzugehörigkeit der Genossenschaft unterschieden werden.**

I. Voraussetzungen einer vereinfachten Prüfung

1 Mit der Einführung einer vereinfachten Prüfung durch die Novelle vom 22.7.2017 (BGBl. 2017 I 2434) stehen grundsätzlich alle **Kleinstgenossenschaften** iSv § 336 Abs. 2 S. 3 HGB, § 267a HGB (max. 350.000 EUR Bilanzsumme und 700.000 EUR Umsatzerlöse, im Jahresdurchschnitt max. 10 Arbeitnehmer) nach einer vollständigen Eingangspflichtprüfung im ersten Geschäftsjahr (Abs. 3 S. 3) im

dritten Geschäftsjahr zu einer vereinfachten Prüfung und erst im fünften Geschäftsjahr wieder zur vollständigen Pflichtprüfung an, danach im abwechselnden Turnus zu vereinfachten und vollständigen Prüfungen. **Ausgenommen** von dieser Erleichterung sind aber solche Kleinstgenossenschaften, in deren Satzung eine (auch eine beschränkte) **Nachschusspflicht** ihrer Mitglieder gem. § 6 Nr. 3 vorgesehen ist oder die **Mitgliederdarlehen** nach § 21b angenommen haben; in beiden Fällen ist eine vollständige Prüfung zum Schutz der Mitglieder notwendig (zur doppelten Funktion der Prüfung bei Mitgliederdarlehen → § 21b Rn. 1, 9). Neben § 53a gelten für Kleinstgenossenschaften weitere bilanzrechtliche Erleichterungen nach Maßgabe der § 337 Abs. 4 HGB, § 338 Abs. 4 HGB.

II. Umfang der vereinfachten Prüfung

2 Statt einer Vor-Ort-Prüfung darf sich die vereinfachte Prüfung grundsätzlich in Gestalt einer sog. In-House-Prüfung beim Prüfungsverband auf die **Prüfung der nach Abs. 2 einzureichenden Unterlagen** beschränken. Sind aus diesen Unterlagen oder aus den dem Prüfungsverband darüber hinaus bekannten Tatsachen keine Anhaltspunkte ersichtlich, die **Zweifel an einer geordneten Vermögenslage oder an einer ordnungsgemäßen Geschäftsführung** wecken, hat es damit sein Bewenden. Auf die Anzeige-, Unterrichtungs-, Beiziehungs- und Berichtspflichten nach § 57 Abs. 2, 4 wird dann verzichtet (Abs. 1 S. 3). Der Katalog der einzureichenden Unterlagen kann nach Abs. 4 durch Rechtsverordnung erweitert werden. Hier würde sich eine Regelung empfehlen, die es dem Prüfungsverband erlaubt, zB Unterlagen über wichtige Verträge der eG ab einem bestimmten Geschäftsvolumen oder über wichtige Verwaltungsakte anzufordern, die sich gegen die eG richten. Wenn Unterlagen nicht innerhalb von 2 Monaten seit der Aufforderung in Textform eingereicht werden (Abs. 2 S. 2), oder wenn die eingereichten Unterlagen unvollständig sind, oder wenn die Generalversammlung es beschließt, ist eine **vollständige Prüfung** durchzuführen (Abs. 3 S. 1, 2). Sie kann auch dann durchgeführt werden, wenn Anhaltspunkte für Zweifel an einer geordneten Vermögenslage oder an einer ordnungsgemäßen Geschäftsführung bestehen. UU genügen hier aber zunächst die Anforderung ergänzender Unterlagen oder Stichproben vor Ort, ohne dass eine vollständige Vor-Ort-Prüfung durchgeführt werden muss.

Pflichtmitgliedschaft im Prüfungsverband

54 **[1]Die Genossenschaft muss einem Verband angehören, dem das Prüfungsrecht verliehen ist (Prüfungsverband). [2]Die Genossenschaft hat den Namen und den Sitz dieses Prüfungsverbandes auf ihrer Internetseite oder in Ermangelung einer solchen auf den Geschäftsbriefen anzugeben.**

1 Die zwingende Mitgliedschaft in einem idR in der Rechtsform des e. V. (§ 63b Abs. 1) organisierten Prüfungsverband ist **Voraussetzung für das Entstehen** der eG (vgl. § 11 Abs. 2 Nr. 3), nicht bereits für das Entstehen einer Vor-eG (→ § 13 Rn. 4). Das Ausscheiden hat nach Maßgabe von § 54a die Auflösung der eG zur Folge. Die Regelung über die Pflichtmitgliedschaft ist **verfassungsgemäß** und verstößt insbesondere nicht gegen die negative Vereinigungsfreiheit nach Art. 9 Abs. 1 GG (hM, BVerfG 19.1.2001, NZG 2001, 461 = NJW 2001, 2617). Während die Verleihung des Prüfungsrechts nach §§ 63, 63a einen Verwaltungsakt darstellt und der Prüfungsverband der staatlichen Aufsicht nach § 64 unterliegt, ist das Rechtsverhältnis zwischen eG und Prüfungsverband **zivilrechtlich als Vereinsmitgliedschaft** ausgestaltet (zB BGH 24.5.1962, NJW 1962, 1508 (1509)). Eine **mehrfache Mitgliedschaft** in zwei oder mehr Prüfungsverbänden ist möglich (→ § 55 Rn. 4). Ein Prüfungsverband entscheidet grundsätzlich frei nach pflichtgemäßem Ermessen, ob er den Beitrittsantrag einer Vor-eG oder eG annimmt (hM, BGH 24.5.1962, NJW 1962, 1508 (1509) und BGH 19.11.1959, BB 1959, 1272; aA zB Beuthien/*Schöpflin* Rn. 10: Aufnahmepflicht als funktionale Kehrseite zur Pflichtmitgliedschaft). Zumindest wenn der Antrag mit der Satzung des Prüfungsverbandes nicht im Einklang steht oder wenn die Voraussetzungen für das Gutachten nach § 11 Abs. 2 Nr. 3 nicht vorliegen, kann der Antrag abgelehnt werden. Einen **Aufnahmezwang** trifft den Prüfungsverband uU aus § 826 BGB (so BGH 14.11.1968, NJW 1969, 316) oder aus kartellrechtlichen Gründen (vgl. BGH 25.2.1959, BGHZ 29, 344; BGH 15.11.1994, BGHZ 127, 388) oder aufgrund einer mittelbaren Drittwirkung von Art. 9 Abs. 1 GG (BGH 23.11.1998, NJW 1999, 1326).

Wechsel des Prüfungsverbandes

54a (1) **[1]Scheidet eine Genossenschaft aus dem Verband aus, so hat der Verband das Registergericht unverzüglich zu benachrichtigen. [2]Das Registergericht hat eine Frist zu bestimmen, innerhalb derer die Genossenschaft die Mitgliedschaft bei einem Verband zu erwerben hat. [3]Die Artikel 16 und 19 der Verordnung (EU) Nr. 537/2014 finden keine Anwendung.**

(2) [1] **Weist die Genossenschaft nicht innerhalb der gesetzten Frist dem Registergericht nach, dass sie die Mitgliedschaft erworben hat, so hat das Registergericht von Amts wegen nach Anhörung des Vorstands die Auflösung der Genossenschaft auszusprechen. [2] § 80 Abs. 2 findet Anwendung.**

1 Mit dieser Regelung soll wie mit § 54 erreicht werden, dass jede eG einem Prüfungsverband angehört. Die **Voraussetzungen eines Ausscheidens** aus dem Prüfungsverband richten sich nach den Regelungen des § 39 BGB und der Verbandssatzung über das Austrittsrecht und nach den Regelungen der Verbandssatzung über den Ausschluss von Mitgliedern im Fall des Vorliegens eines wichtigen Grundes. Die Auflösung der eG ist ebenso wenig ein solcher Grund (arg. e. § 64c) wie die Umwandlungsvorgänge. Die **Pflicht zur Benachrichtigung** des Gerichts trifft nur den Prüfungsverband. Besteht Streit über die Wirksamkeit des Ausscheidens, muss das Registergericht (§ 10, vgl. auch § 63d) unter Angabe des Grundes und der ihn stützenden Tatsachen benachrichtigt werden, damit es von Amts wegen die Wirksamkeit des Ausscheidens überprüfen kann (str.). Die **Fristsetzung** (Abs. 1 S. 2) muss ausreichend bemessen sein, damit der Vorstand und ggf. der Aufsichtsrat der eG die erforderlichen Beschlüsse fassen und das Beitrittsverfahren bei einem anderen Prüfungsverband abschließen können. Die Entscheidung über die Mitgliedschaft in einem Prüfungsverband ist grundsätzlich keine Grundlagenentscheidung, die in die Zuständigkeit der Generalversammlung fiele (→ § 27 Rn. 5, → § 43 Rn. 2). Die Frist kann verlängert werden, sofern nicht die Pflichtprüfung der eG gefährdet ist oder wenn das Gericht nach § 64b einen Prüfungsverband zur Wahrnehmung der Aufgaben, insbesondere zur Pflichtprüfung bestellt. Im **Auflösungsverfahren** nach Abs. 2 ist die eG anzuhören; die Auflösung spricht der Rechtspfleger aus (§ 3 Nr. 2 lit. d RPflG). Gegen dessen Beschluss kann die eG sofortige Beschwerde nach S. 2 und § 80 Abs. 2 S. 2 iVm §§ 567 ff. ZPO, § 11 Abs. 1 RPflG erheben. Die Auflösung ist nach Rechtskraft des Beschlusses (§ 80 Abs. 2 S. 3) unverzüglich in das Register einzutragen (§ 82 Abs. 1).

Prüfung durch den Verband

55 (1) [1] **Die Genossenschaft wird durch den Verband geprüft, dem sie angehört. [2] Der Verband bedient sich zum Prüfen der von ihm angestellten Prüfer. [3] Diese sollen im genossenschaftlichen Prüfungswesen ausreichend vorgebildet und erfahren sein.**

(2) [1] **Ein gesetzlicher Vertreter des Verbandes oder eine vom Verband beschäftigte Person, die das Ergebnis der Prüfung beeinflussen kann, ist von der Prüfung der Genossenschaft ausgeschlossen, wenn Gründe, insbesondere Beziehungen geschäftlicher, finanzieller oder persönlicher Art, vorliegen, nach denen die Besorgnis der Befangenheit besteht. [2] Dies ist insbesondere der Fall, wenn der Vertreter oder die Person**
1. Mitglied der zu prüfenden Genossenschaft ist;
2. Mitglied des Vorstands oder Aufsichtsrats oder Arbeitnehmer der zu prüfenden Genossenschaft ist;
3. über die Prüfungstätigkeit hinaus bei der zu prüfenden Genossenschaft oder für diese in dem zu prüfenden Geschäftsjahr oder bis zur Erteilung des Bestätigungsvermerks
a) bei der Führung der Bücher oder der Aufstellung des zu prüfenden Jahresabschlusses mitgewirkt hat,
b) bei der Durchführung der internen Revision in verantwortlicher Position mitgewirkt hat,
c) Unternehmensleitungs- oder Finanzdienstleistungen erbracht hat oder
d) eigenständige versicherungsmathematische oder Bewertungsleistungen erbracht hat, die sich auf den zu prüfenden Jahresabschluss nicht nur unwesentlich auswirken,
sofern diese Tätigkeiten nicht von untergeordneter Bedeutung sind; dies gilt auch, wenn eine dieser Tätigkeiten von einem Unternehmen für die zu prüfende Genossenschaft ausgeübt wird, bei dem der gesetzliche Vertreter des Verbandes oder die vom Verband beschäftigte Person als gesetzlicher Vertreter, Arbeitnehmer, Mitglied des Aufsichtsrats oder Gesellschafter, der mehr als 20 Prozent der den Gesellschaftern zustehenden Stimmrechte besitzt, diese Tätigkeit ausübt oder deren Ergebnis beeinflussen kann.

[3] **Satz 2 Nr. 2 ist auf Mitglieder des Aufsichtsorgans des Verbandes nicht anzuwenden, sofern sichergestellt ist, dass der Prüfer die Prüfung unabhängig von den Weisungen durch das Aufsichtsorgan durchführen kann. [4] Die Sätze 2 und 3 gelten auch, wenn der Ehegatte oder der Lebenspartner einen Ausschlussgrund erfüllt. [5] Ist die zu prüfende Genossenschaft kapitalmarkorientiert im Sinne des § 264d des Handelsgesetzbuchs oder ist sie ein CRR-Kreditinstitut im Sinne des § 1 Absatz 3d Satz 1 des Kreditwesengesetzes, sind über die in den Sätzen 1 bis 4 genannten Gründe hinaus § 319a Absatz 1 und 3 des Handelsgesetzbuchs sowie**

Artikel 5 Absatz 1, 4 Unterabsatz 1 und Absatz 5 der Verordnung (EU) Nr. 537/2014 auf die in Satz 1 genannten Vertreter und Personen des Verbandes entsprechend anzuwenden; auf den Verband findet Artikel 5 der Verordnung (EU) Nr. 537/2014 keine Anwendung.

(2a) **Artikel 4 Absatz 3 Unterabsatz 1 der Verordnung (EU) Nr. 537/2014 findet auf alle in Absatz 2 Satz 1 genannten Vertreter und Personen des Verbandes entsprechende Anwendung; auf den Verband findet Artikel 4 Absatz 2 und 3 Unterabsatz 1 der Verordnung (EU) Nr. 537/2014 keine Anwendung. Artikel 4 Absatz 3 Unterabsatz 2 der Verordnung (EU) Nr. 537/2014 findet keine Anwendung.**

(3) [1]**Der Verband kann sich eines von ihm nicht angestellten Prüfers bedienen, wenn dies im Einzelfall notwendig ist, um eine gesetzmäßige sowie sach- und termingerechte Prüfung zu gewährleisten.** [2]**Der Verband darf jedoch nur einen anderen Prüfungsverband, einen Wirtschaftsprüfer oder eine Wirtschaftsprüfungsgesellschaft mit der Prüfung beauftragen.**

(4) **Gehört die Genossenschaft mehreren Verbänden an, wird die Prüfung durch denjenigen Verband durchgeführt, bei dem die Genossenschaft die Mitgliedschaft zuerst erworben hat, es sei denn, dieser Verband, die Genossenschaft und der andere Verband, der künftig die Prüfung durchführen soll, einigen sich darauf, dass der andere Verband die Prüfung durchführt.**

I. Aufgabe der Pflichtprüfung

1 **Abs. 1 S. 1** weist dem Prüfungsverband, dem die eG als Mitglied beigetreten ist, die Aufgabe der Pflichtprüfung nach § 53 zu. Bei der Pflicht zur gewissenhaften und unparteiischen Prüfung und zur Verschwiegenheit (§ 62) handelt es sich um eine gesetzliche Pflicht, die öffentlich-rechtlichen Charakter insoweit hat, als dem Verband das Prüfungsrecht durch Verwaltungsakt verliehen wird (§ 63a) der Verband der staatlichen Aufsicht unterliegt (§ 64). Sie hat aber insoweit zivilrechtlichen Charakter, als sie in der Verbandssatzung iRd Verbandszwecks auch ohne ausdrückliche Bestimmung niedergelegt ist (§ 63c Abs. 1 Nr. 1) und die eG sich dieser Pflicht durch ihren Beitritt unterwirft. Hieraus resultiert ein entsprechender Anspruch des Verbandes gegen die eG, die Prüfung zu dulden (BGH 10.1.2017, NZG 2017, 390 (391 Rn. 14); *Beuthien* WPg 2012, 715; zur Mehrfachmitgliedschaft → Rn. 4). Aufwendungsersatz und eine angemessene Vergütung kann der Verband nach § 61 verlangen. Der Prüfung liegen häufig Allgemeine Auftragsbedingungen zugrunde. Die Prüfungspflicht erstreckt sich seit 2009 auf den Transparenzbericht für eine kapitalmarktorientierte eG nach **Abs. 4** iVm § 264d HGB. Ab 17.6.2016 ist diese Pflicht mit Aufhebung von Abs. 4 nicht etwa abgeschafft, sondern für die Pflicht zur Erstellung eines Transparenzberichts gilt vielmehr unmittelbar Art. 13 Verordnung (EU) Nr. 537/2014 vom 16.4.2014, sofern es sich bei der eG um ein Unternehmen von öffentlichem Interesse iS dieser Verordnung handelt.

II. Möglichkeit zur Delegation der Prüfungsaufgabe

2 Wie sich aus **Abs. 1 S. 2** und **Abs. 3** ergibt, muss der Verband die Pflichtprüfung grundsätzlich selbst durch von ihm angestellte Prüfer durchführen. Entscheidend ist die Weisungsabhängigkeit des Prüfers im Innenverhältnis zum Verband. Eine Delegation der Prüfungsaufgabe ist nur unter den engen Voraussetzungen von Abs. 3 möglich. Die Neuregelung in 2006 dient der Konkretisierung des Kriteriums des wichtigen Grundes, von dem vorher die Delegation abhängig war. Die Voraussetzungen sind zB dann gegeben, wenn der Prüfungsverband neu gegründet ist oder zu viele seiner Prüfer nach Abs. 2 ausgeschlossen sind und dem Verband daher nicht genügend fachkompetente eigene Prüfer zur Verfügung stehen (BT-Drs. 16/1025, 90). Für Pflichtverletzungen externer Prüfer haftet der Verband der eG nach § 62 Abs. 1 S. 3.

III. Ausschluss von Prüfern wegen der Besorgnis der Befangenheit (Abs. 2)

3 Mitglieder des Vorstands des Prüfungsverbandes sind von der Prüfung nicht mehr generell ausgeschlossen, sondern nur wegen Besorgnis der Befangenheit, was in den Fällen gem. Abs. 2 S. 2–5 unwiderleglich vermutet wird. Die Regelung ist an diejenige in § 340k Abs. 2 HGB iVm § 319 Abs. 2, 3 HGB, § 319a Abs. 1 HGB angelehnt, die schon vorher für Kreditgenossenschaften galt (vgl. BT-Drs. 16/1025, 89 f.). Besonderheiten gelten für die Abschlussprüfung von Genossenschaften, die Unternehmen von öffentlichem Interesse sind gemäß der ohne Umsetzung geltenden VO (EU) Nr. 537/2014. Die eG kann gegen den Prüfungsverband Feststellungsklage erheben, dass ein Fall der Befangenheitsbesorgnis vorliegt, und hat einen Anspruch auf Stellung eines anderen, unbefangenen Prüfers, ggf. eines externen Prüfers nach Abs. 3.

IV. Regelung bei Mehrfachmitgliedschaft in einem Prüfungsverband (Abs. 4)

4 Der mit der Novelle vom 22.7.2017 (BGBl. 2017 I 2434) eingeführte Abs. 4 stellt zunächst klar, dass eine eG Mitglied in mehreren Prüfungsverbänden sein darf. Ist sie es, darf sie **nicht wählen,** durch welchen Prüfungsverband die Prüfung erfolgen soll (so der Vorschlag des Bundesrates, BR-Drs. 162/17, 9 f.; zur Rechtslage vor der Novelle vgl. zB BGH 10.1.2017, NZG 2017, 390 (391 ff.)), weil dies die Gefahr einer Gefälligkeitsprüfung heraufbeschworen hätte (BT-Drs. 18/12998, 21). Die Prüfung erfolgt vielmehr durch den Prüfungsverband, dem die eG zuerst angehört (Prioritätsprinzip), vorbehaltlich einer **mehrseitigen Vereinbarung** zwischen der eG und den betroffenen Prüfungsverbänden, in welcher der Prüfungsanspruch (→ Rn. 1) abweichend geregelt werden kann (Konsensprinzip). Dem künftigen Abschluss einer derartigen Vereinbarung kann sich der Prüfungsverband – auch generell – verschließen (LG Hannover 7.10.2019, NZG 2020, 230 Rn. 28). Der eG bleibt selbstverständlich unbenommen, die Mitgliedschaft in dem Prüfungsverband, bei dem sie zuerst Mitglied geworden ist, zu kündigen, um so die Prüfung durch den Prüfungsverband, dem sie dann am längsten angehört, durchführen zu lassen (zB BGH 10.1.2017, NZG 2017, 390 Rn. 22; LG Hannover 7.10.2019, NZG 2020, 230 Rn. 24: daher mit Art. 9 Abs. 1 GG vereinbar).

Ruhen des Prüfungsrechts des Verbandes

56 (1) [1]**Die Aufsichtsbehörde kann das Ruhen des Prüfungsrechts des Verbandes anordnen, wenn dieser sich einer angeordneten Untersuchung nach § 64 Absatz 2 Satz 2 Nummer 4 entzieht oder wenn nach den Ergebnissen einer solchen Untersuchung ein Ruhen des Prüfungsrechts erforderlich erscheint, um weitere Feststellungen dazu treffen zu können, ob der Verband seine Aufgaben ordnungsgemäß erfüllt.** [2]**Das Prüfungsrecht eines Verbandes, der sich nach § 63e Absatz 1 einer Qualitätskontrolle zu unterziehen hat, ruht, wenn der Verband nicht mehr gemäß § 40a Absatz 1 Satz 1 der Wirtschaftsprüferordnung im Register eingetragen ist.**

(2) [1]**Ruht das Prüfungsrecht des Verbandes, so hat der Spitzenverband, dem der Verband angehört, auf Antrag des Vorstands der Genossenschaft oder des Verbandes einen anderen Prüfungsverband, einen Wirtschaftsprüfer oder eine Wirtschaftsprüfungsgesellschaft als Prüfer zu bestellen.** [2]**Bestellt der Spitzenverband keinen Prüfer oder gehört der Verband keinem Spitzenverband an, so hat das Registergericht auf Antrag des Vorstands der Genossenschaft oder des Verbandes einen Prüfer im Sinne des Satzes 1 zu bestellen.** [3]**Der Vorstand ist verpflichtet, die Anträge unverzüglich zu stellen, soweit diese nicht vom Verband gestellt werden.**

(3) [1]**Die Rechte und Pflichten des nach Absatz 2 bestellten Prüfers bestimmen sich nach den für den Verband geltenden Vorschriften dieses Gesetzes.** [2]**Der Prüfer hat dem Verband eine Abschrift seines Prüfungsberichts vorzulegen.**

1 Die Vorschrift war bis 17.6.2016 auf die Fälle der Nichterteilung oder des Widerrufs einer Teilnahmebescheinigung über die Qualitätskontrolle nach §§ 63e, 63f, 63g (insbesondere § 63g Abs. 3 iVm § 57a Abs. 6 S. 7, 9 WPO) idF bis 17.6.2016 anwendbar. Die Teilnahmebescheinigung ist seit 17.6.2016 abgeschafft und durch eine Eintragung in das Berufsregister nach erfolgter Anzeige ersetzt worden (§ 40a WPO nF). Diese Änderung durch das APAReG vom 31.3.2016 (BGBl. 2016 I 518) wird flankiert von derMindestkontrolle nach § 64 Abs. 2 S. 4 GenG für solche Prüfungsverbände, die keine gesetzlich vorgeschriebenen Prüfungen vornehmen. Auf die Fälle einer Befangenheitsbesorgnis ist die Vorschrift nicht anwendbar. Mit „Prüfungsrecht" ist die Legitimation des Prüfungsverbandes zur Durchführung der Prüfung durch staatliche Verleihung nach § 63 gemeint. **Ruht** das Prüfungsrecht nach Abs. 1, so kann der betreffende Prüfungsverband keine Prüfung iSv § 53 mehr durchführen, auch nicht nach § 55 Abs. 3 über Externe. Eine dennoch durchgeführte Prüfung wäre nichtig. Dann muss der **Spitzenverband,** in dem sich der Prüfungsverband mit anderen Prüfungsverbänden zusammengeschlossen hat, oder subsidiär das Registergericht auf Antrag des gesamten Vorstands der eG oder des Verbandes einen geeigneten **Ersatzprüfer nach Abs. 2** bestellen, der nach Abs. 3 sämtliche Rechte und Pflichten eines Pflichtprüfers hat. Der Spitzenverband muss nicht selbst über das Prüfungsrecht verfügen (str.).

Prüfungsverfahren

57 (1) [1]**Der Vorstand der Genossenschaft hat dem Prüfer die Einsicht der Bücher und Schriften der Genossenschaft sowie die Untersuchung des Kassenbestandes und der Bestände an Wertpapieren und Waren zu gestatten; er hat ihm alle Aufklärungen und Nach-**

weise zu geben, die der Prüfer für eine sorgfältige Prüfung benötigt. [2]Das gilt auch, wenn es sich um die Vornahme einer vom Verband angeordneten außerordentlichen Prüfung handelt.

(2) **[1]Der Verband hat dem Vorsitzenden des Aufsichtsrats der Genossenschaft den Beginn der Prüfung rechtzeitig anzuzeigen. [2]Der Vorsitzende des Aufsichtsrats hat die übrigen Mitglieder des Aufsichtsrats von dem Beginn der Prüfung unverzüglich zu unterrichten und sie auf ihr Verlangen oder auf Verlangen des Prüfers zu der Prüfung zuzuziehen.**

(3) **Von wichtigen Feststellungen, nach denen dem Prüfer sofortige Maßnahmen des Aufsichtsrats erforderlich erscheinen, soll der Prüfer unverzüglich den Vorsitzenden des Aufsichtsrats in Kenntnis setzen.**

(4) **[1]In unmittelbarem Zusammenhang mit der Prüfung soll der Prüfer in einer gemeinsamen Sitzung des Vorstands und des Aufsichtsrats der Genossenschaft über das voraussichtliche Ergebnis der Prüfung mündlich berichten. [2]Er kann zu diesem Zwecke verlangen, dass der Vorstand oder der Vorsitzende des Aufsichtsrats zu einer solchen Sitzung einladen; wird seinem Verlangen nicht entsprochen, so kann er selbst Vorstand und Aufsichtsrat unter Mitteilung des Sachverhalts berufen.**

(5) **[1]Ist eine Genossenschaft kapitalmarktorientiert im Sinne des § 264d des Handelsgesetzbuchs oder ist sie ein CRR-Kreditinstitut im Sinne des § 1 Absatz 3d Satz 1 des Kreditwesengesetzes, so hat der Prüfer an einer gemeinsamen Sitzung des Vorstands und des Aufsichtsrats der Genossenschaft über das voraussichtliche Ergebnis der Prüfung teilzunehmen und über die wesentlichen Ergebnisse seiner Prüfung, insbesondere über wesentliche Schwächen des internen Kontroll- und des Risikomanagementsystems bezogen auf den Rechnungslegungsprozess, zu berichten. [2]Er informiert über Umstände, die seine Befangenheit besorgen lassen, und über Leistungen, die er zusätzlich zu den Prüfungsleistungen erbracht hat.**

(6) **Ist nach der Satzung kein Aufsichtsrat zu bilden, werden die Rechte und Pflichten des Aufsichtsratsvorsitzenden nach den Absätzen 2 bis 4 durch einen von der Generalversammlung aus ihrer Mitte gewählten Bevollmächtigten wahrgenommen.**

Die Pflichtprüfung müssen die eG und ihre Organe dulden. Abs. 1 sieht darüber hinaus eine **Mitwirkungspflicht des Vorstands** der eG vor und weist ihm eine aktive Rolle bei der Unterstützung der Prüfung zu. Adressat der Anzeige oder Informationen nach Abs. 2 S. 1 und Abs. 3 ist der Vorsitzende des Aufsichtsrats oder, falls ein Aufsichtsrat in der Satzung nicht vorgesehen ist, ein von der Generalversammlung bevollmächtigtes erschienenes Mitglied (Abs. 5, vgl. § 39 Abs. 1 S. 2). Verstößt der Vorstand gegen seine Mitwirkungspflichten, so kann ein Zwangsgeld nach § 160 Abs. 1 festgesetzt werden; möglicherweise haben sich die Vorstandsmitglieder strafbar gemacht gem. § 340m HGB oder hilfsweise nach § 147 Abs. 2 Nr. 2. Der Prüfungsverband kann selbst nicht Schadensersatz verlangen, weil die gesetzliche Mitwirkungspflicht nicht zu seinem Schutz besteht. Gegebenenfalls kann die eG aus dem Prüfungsverband ausgeschlossen werden. Nach Abs. 4 ist ausnahmsweise eine **gemeinsame Sitzung von Vorstand und Aufsichtsrat** einzuberufen, die zunächst über das vorläufige Prüfungsergebnis unterrichtet wird und später nach § 58 Abs. 4 über den Prüfungsbericht beraten muss. Der Prüfer kann die Einberufung dieser Prüfungsschlusssitzung verlangen und hat im Ablehnungsfall ein **eigenes Einberufungsrecht.** Andere Prüfer des Prüfungsverbandes dürfen nur im Einvernehmen zugelassen werden (str.). Abs. 5 in der Fassung des **Gesetzes zur Umsetzung der überarbeiteten Abschlussprüferrichtlinie (AReG)** vom 10.5.2016 (BGBl. 2016 I 1142) präzisiert die Rechte und Pflichten des Prüfers bei einer kapitalmarktorientierten eG sowie bei Kreditgenossenschaften, die unter die Bankenaufsichtsverordnung (Capital Requirements Regulation, CRR), VO (EU) 575/2013 fallen. 1

Prüfungsbegleitende Qualitätssicherung

57a **[1]Ist die zu prüfende Genossenschaft kapitalmarktorientiert im Sinne des § 264d des Handelsgesetzbuchs oder ist sie ein CRR-Kreditinstitut im Sinne des § 1 Absatz 3d Satz 1 des Kreditwesengesetzes mit einer Bilanzsumme von mehr als 3 Milliarden Euro, hat in entsprechender Anwendung des Artikels 8 der Verordnung (EU) Nr. 537/2014 eine prüfungsbegleitende Qualitätssicherung stattzufinden. [2]Die prüfungsbegleitende Qualitätssicherung darf nur von solchen fachlich und persönlich geeigneten Personen wahrgenommen werden, die an der Durchführung der Prüfung nicht beteiligt sind.**

Weil bei einer eG kein Prüfungsauftrag erfolgt, sondern die Prüfung im Rahmen der Mitgliedschaft der eG in dem betreffenden Prüfungsverband erfolgt, ist Art. 8 Abschlussprüfer-VO nicht anwendbar. Der deutsche Gesetzgeber hat sich dennoch entschieden, eine prüfungsbegleitende Qualitätssicherung in entsprechender Anwendung dieser Vorschrift auch für bestimmte **große Kreditgenossenschaften** 1 einzuführen. Abgesehen hiervon können auch freiwillige prüfungsbegleitende Qualitätssicherungsmaßnahmen in der Satzung des Prüfungsverbandes verankert werden.

Prüfungsbericht

58 (1) [1]**Der Verband hat über das Ergebnis der Prüfung schriftlich zu berichten.** [2]**Auf den Prüfungsbericht ist, soweit er den Jahresabschluss und den Lagebericht betrifft, § 321 Abs. 1 bis 3 sowie 4a des Handelsgesetzbuchs entsprechend anzuwenden.** [3]**Im Prüfungsbericht ist Stellung dazu zu nehmen, ob und auf welche Weise die Genossenschaft im Prüfungszeitraum einen zulässigen Förderzweck verfolgt hat.**

(2) [1]**Auf die Prüfung von Genossenschaften, die die Größenmerkmale des § 267 Abs. 3 des Handelsgesetzbuchs erfüllen, ist § 322 des Handelsgesetzbuchs über den Bestätigungsvermerk entsprechend anzuwenden.** [2]**Artikel 10 Absatz 2 Buchstabe g der Verordnung (EU) Nr. 537/2014 findet auf alle in § 55 Absatz 2 Satz 1 genannten Vertreter und Personen des Verbandes entsprechende Anwendung; auf den Verband findet Artikel 10 Absatz 2 Buchstabe g der Verordnung (EU) Nr. 537/2014 keine Anwendung.**

(3) [1]**Der Verband hat den Prüfungsbericht zu unterzeichnen und dem Vorstand der Genossenschaft sowie dem Vorsitzenden des Aufsichtsrats vorzulegen; § 57 Absatz 6 ist entsprechend anzuwenden, Artikel 11 Absatz 1, 2 Satz 1 und Absatz 4 der Verordnung (EU) Nr. 537/2014 ist nicht anzuwenden.** [2]**Jedes Mitglied des Aufsichtsrats hat den Inhalt des Prüfungsberichts zur Kenntnis zu nehmen.**

(4) [1]**Über das Ergebnis der Prüfung haben Vorstand und Aufsichtsrat der Genossenschaft in gemeinsamer Sitzung unverzüglich nach Eingang des Prüfungsberichts zu beraten; ist die Genossenschaft kapitalmarktorientiert im Sinne des § 264d des Handelsgesetzbuchs oder ist sie CRR-Kreditinstitut im Sinne des § 1 Absatz 3d Satz 1 des Kreditwesengesetzes, so hat der Aufsichtsrat darzulegen, wie die Prüfung sowie die Befassung des Aufsichtsrats oder Prüfungsausschusses mit der Abschlussprüfung dazu beigetragen hat, dass die Rechnungslegung ordnungsgemäß ist.** [2]**Verband und Prüfer sind berechtigt, an der Sitzung teilzunehmen; der Vorstand ist verpflichtet, den Verband von der Sitzung in Kenntnis zu setzen.**

1 Mit Unterzeichnung des Berichts durch die gesetzlichen Vertreter oder einen bevollmächtigten Prüfer des Verbands und mit Zugang des Prüfungsberichts bei der eG in Gestalt der Vorlage bei Vorstand und Aufsichtsratsvorsitzendem nach Abs. 3 findet die Prüfung ihren Abschluss (zur Prüfungsbescheinigung § 59). Die entsprechend anwendbaren Vorschriften des § 321 HGB enthalten Vorschriften zu **Inhalt und Aufbau des Berichts,** der sich im Fall des § 53 Abs. 2 auf Jahresabschluss und Lagebericht bezieht. Insbesondere muss der Prüfungsbericht in der gebotenen Klarheit formuliert und aufgebaut sein, einen Vorweg-Bericht über die Lage der eG und ihre künftige Entwicklung enthalten und über Unrichtigkeiten oder Gesetzesverstöße sowie bestandsgefährdende Tatsachen oder schwerwiegende Satzungsverstöße berichten. Das Gebot der klaren Struktur gilt auch für die Teile des Berichts, die sich auf die Pflichtprüfung beziehen. Es muss unter Beachtung der Pflichten nach § 62 Abs. 1 über alle Gegenstände der Prüfung berichtet werden. Die Stellungnahme zu der Art und Weise und etwaigen Defiziten der Förderzweckverfolgung ist durch die Novelle vom 22.7.2017 (BGBl. 2017 I 2434) klarstellend in Abs. 1 S. 3 aufgenommen worden und dient vornehmlich der frühzeitigen Warnung des Vorstands und Aufsichtsrats (BT-Drs. 18/11506, 29). Eine Konkretisierung des Berichtsinhalts enthalten ferner die Prüfungsstandards des IDW und die Musterprüfungsberichte des Deutschen Genossenschafts- und Raiffeisenverbandes. Bei Kreditgenossenschaften sind zusätzlich die Bestimmungen der aufgrund von § 29 Abs. 4 KWG erlassenen Prüfungsberichts- und Rechnungslegungsverordnungen zu beachten. Der Bericht ist nach § 26 Abs. 1 S. 4 KWG der BaFin nur auf deren Anforderung einzureichen. Für Wohnungsgenossenschaften gilt § 16 MaBV. Bei einer großen eG iSv § 267 Abs. 3 HGB (nicht notwendig bei jeder eG, bei der gem. § 53 Abs. 2 eine Abschlussprüfung stattfindet) sowie gem. § 340k Abs. 1 HGB und § 26 Abs. 1 S. 2 KWG bei einer Kreditgenossenschaft wird die Jahresabschlussprüfung in einem **Bestätigungsvermerk** des Prüfers zusammengefasst (näher § 322 HGB). Für andere Genossenschaften kann der Prüfer den Vermerk freiwillig erteilen. Bei einer Nachtragsprüfung gilt § 48 Abs. 2 S. 2. An der **gemeinsamen Beratungssitzung von Vorstand und Aufsichtsrat** (Abs. 4 S. 1) dürfen der Prüfungsverband und der Prüfer teilnehmen, der die Prüfung durchgeführt hat. Seit 2006 ist gesetzlich klargestellt, dass alle Aufsichtsratsmitglieder (nicht bloß der Vorsitzende) von dem Prüfungsbericht Kenntnis nehmen müssen (Abs. 3 S. 2; zu den Pflichten der Aufsichtsratsmitglieder in diesem Zusammenhang → § 38 Rn. 2, → § 41 Rn. 2 f., → § 34 Rn. 6).

Befassung der Generalversammlung

59 (1) [1]**Der Vorstand hat den Prüfungsbericht bei der Einberufung der nächsten Generalversammlung als Gegenstand der Beratung und möglichen Beschlussfassung anzukündigen.** [2]**Jedes Mitglied hat das Recht, Einsicht in das zusammengefasste Ergebnis des Prüfungsberichts zu nehmen.**

(2) **In der Generalversammlung hat sich der Aufsichtsrat über wesentliche Feststellungen oder Beanstandungen der Prüfung zu erklären.**

(3) **Der Verband ist berechtigt, an der Generalversammlung beratend teilzunehmen; auf seinen Antrag oder auf Beschluss der Generalversammlung ist der Bericht ganz oder in bestimmten Teilen zu verlesen.**

Der Prüfungsbericht muss vom Vorstand als gesonderter Beratungsgegenstand auf die **Tagesordnung der nächsten Generalversammlung** gesetzt werden (zur Ankündigung → § 46 Rn. 2), an welcher nach Abs. 3 Hs. 1 ein Vertreter des Prüfungsverbandes, nicht notwendig der Prüfer beratend teilnehmen darf. Die Generalversammlung muss nicht über den Prüfungsbericht als solchen Beschluss fassen, sondern allenfalls über Maßnahmen, durch die den im Prüfungsbericht enthaltenen Beanstandungen abgeholfen werden soll (vgl. BT-Drs. 18/11506, 30). Nur ausnahmsweise ist eine außerordentliche Generalversammlung einzuberufen (→ § 44 Rn. 3). Über den Inhalt des Berichts oder über seine Bestätigung fasst die Generalversammlung keinen Beschluss. Sie berät darüber und fasst ggf. Beschluss über Maßnahmen zur Behebung der Beanstandungen. Die Mitglieder haben ein Einsichtnahmerecht nach Abs. 1 S. 2 (auch im Fall einer Vertreterversammlung), allerdings nur hinsichtlich des zusammengefassten Prüfungsergebnisses. Darüber hinaus können der Bericht oder Auszüge daraus nur insoweit freiwillig bekanntgemacht oder nach Abs. 3 Hs. 2 in der Versammlung verlesen werden, als nicht zwingende Interessen der eG an einer Geheimhaltung oder gesetzliche, insbesondere datenschutzrechtliche Vorschriften entgegenstehen. Die Pflicht des Aufsichtsrats nach Abs. 2 umfasst eine wertende Stellungnahme („sich … zu erklären"). 1

Zusätzlich zum Prüfungsbericht und zum Bestätigungsvermerk (§ 58) hatte der Prüfungsverband dem Vorstand der eG **früher eine Prüfungsbescheinigung** (sog. Positivbescheinigung) zu erteilen. In der Bescheinigung wurde nur bestätigt, dass die Prüfung stattgefunden hat, nicht wann und mit welchem Ergebnis sie stattgefunden hat. Mit der Novelle vom 22.7.2017 (BGBl. 2017 I 2434) ist die Pflicht des Vorstands, diese Bescheinigung beim Registergericht (§ 10) einzureichen, abgeschafft worden. Stattdessen hat der Prüfungsverband dem zuständigen Gericht die nicht geprüften Genossenschaften und die Gründe für das Ausbleiben der Prüfung nach **§ 63d S. 2 nF** zu melden. Dies genügt, damit das Registergericht Fälle rechtswidrig unterbliebener Prüfungen erkennen kann. 2

Einberufungsrecht des Prüfungsverbandes

60 (1) **Gewinnt der Verband die Überzeugung, dass die Beratung und mögliche Beschlussfassung über den Prüfungsbericht ungebührlich verzögert wird oder dass die Generalversammlung bei der Beratung und möglichen Beschlussfassung unzulänglich über wesentliche Feststellungen oder Beanstandungen des Prüfungsberichts unterrichtet war, so ist er berechtigt, eine außerordentliche Generalversammlung der Genossenschaft auf deren Kosten zu berufen und zu bestimmen, über welche Gegenstände zwecks Beseitigung festgestellter Mängel verhandelt und beschlossen werden soll.**

(2) **In der von dem Verband einberufenen Generalversammlung führt eine vom Verband bestimmte Person den Vorsitz.**

§ 60 regelt ein besonderes eigenes Einberufungsrecht und Ankündigungsrecht von Beratungs- und möglichen Beschlussgegenständen des Prüfungsverbandes (näher zur Einberufung der Generalversammlung §§ 44, 45). Es macht ihn nicht zum Organ der eG, sondern ist wie das Teilnahmerecht nach § 59 Abs. 3 Hs. 1 ein Element der **„Prüfungsverfolgung"** (zB Lang/Weidmüller/*Holthaus*/*Lehnhoff* Rn. 1, § 53 Rn. 33 f.) also der Überwachung und beratenden Begleitung, ob und wie die Empfehlungen und Beanstandungen der Prüfung umgesetzt bzw. behoben werden. Die nach Abs. 2 vom Verband als Versammlungsleiter (→ § 43 Rn. 6) zu bestimmende Person muss weder Mitglied der eG noch des Prüfungsverbandes noch Mitglied eines seiner Organe sein (zB Notar). 1

Vergütung des Prüfungsverbandes

61 **Der Verband hat gegen die Genossenschaft Anspruch auf Erstattung angemessener barer Auslagen und auf Vergütung für seine Leistung.**

1 § 61 gibt einen besonderen gesetzlichen Vergütungs- und Aufwendungsersatzanspruch und macht damit den Abschluss einer Honorarvereinbarung für die vom Verband durchgeführten Prüfungen und die damit im Zusammenhang stehenden Leistungen obsolet. Die Höhe der **Vergütung** richtet sich nach der Satzung des Prüfungsverbandes, muss nachvollziehbar berechnet sein und darf im Hinblick auf Pflichtmitgliedschaft und Art. 9 Abs. 1 GG nicht unverhältnismäßig hoch ausfallen. Bei der Vergütungsberechnung müssen die Eigenkosten des Verbandes transparent aufgeschlüsselt werden (PFB/*Bloehs* Rn. 6). Der Aufwendungsersatz ist begrenzt auf **angemessene bare Auslagen,** dh solche Aufwendungen, die in unmittelbarem Zusammenhang mit der Prüfung typischerweise bar verauslagt werden (zB Übernachtungs- und Reisekosten). Für Leistungen, die über die Prüfung hinausgehen (zB Beratung), kann der Verband Vergütung und Aufwendungsersatz nach § 675 Abs. 1 BGB, § 670 BGB verlangen, wenn ein gesonderter Geschäftsbesorgungsvertrag geschlossen wurde.

Verantwortlichkeit der Prüfungsorgane

62 (1) [1] **Verbände, Prüfer und Prüfungsgesellschaften sind zur gewissenhaften und unparteiischen Prüfung und zur Verschwiegenheit verpflichtet.** [2] **Sie dürfen Geschäfts- und Betriebsgeheimnisse, die sie bei ihrer Tätigkeit erfahren haben, nicht unbefugt verwerten.** [3] **Wer seine Pflichten vorsätzlich oder fahrlässig verletzt, haftet der Genossenschaft für den daraus entstehenden Schaden.** [4] **Mehrere Personen haften als Gesamtschuldner.**

(2) [1] **Die Ersatzpflicht von Personen, die fahrlässig gehandelt haben, beschränkt sich auf eine Million Euro für eine Prüfung.** [2] **Dies gilt auch, wenn an der Prüfung mehrere Personen beteiligt gewesen oder mehrere zum Ersatz verpflichtende Handlungen begangen worden sind, und ohne Rücksicht darauf, ob andere Beteiligte vorsätzlich gehandelt haben.**

(3) [1] **Der Verband kann einem Spitzenverband, dem er angehört, Abschriften der Prüfungsberichte mitteilen; der Spitzenverband darf sie so verwerten, wie es die Erfüllung der ihm obliegenden Pflichten erfordert.** [2] **Der Verband ist berechtigt, der Bundesanstalt für Finanzdienstleistungsaufsicht eine Abschrift eines Prüfungsberichts ganz oder auszugsweise zur Verfügung zu stellen, wenn sich aus diesem Anhaltspunkte dafür ergeben, dass die geprüfte Genossenschaft keinen zulässigen Förderzweck verfolgt, sondern ihr Vermögen gemäß einer festgelegten Anlagestrategie investiert, so dass ein Investmentvermögen im Sinne des § 1 Absatz 1 des Kapitalanlagegesetzbuchs vorliegen könnte.**

(4) [1] **Die Verpflichtung zur Verschwiegenheit nach Absatz 1 Satz 1 besteht, wenn eine Prüfungsgesellschaft die Prüfung vornimmt, auch gegenüber dem Aufsichtsrat und den Mitgliedern des Aufsichtsrats der Prüfungsgesellschaft.** [2] **Der Vorsitzende des Aufsichtsrats der Prüfungsgesellschaft und sein Stellvertreter dürfen jedoch die von der Prüfungsgesellschaft erstatteten Berichte einsehen, die hierbei erlangten Kenntnisse aber nur verwerten, soweit es die Erfüllung der Überwachungspflicht des Aufsichtsrats erfordert.**

(5) **Die Haftung nach diesen Vorschriften kann durch Vertrag weder ausgeschlossen noch beschränkt werden; das gleiche gilt von der Haftung des Verbandes für die Personen, deren er sich zur Vornahme der Prüfung bedient.**

1 Die Vorschrift entspricht im Wesentlichen **§ 323 HGB.** Genossenschaftsrechtlich bedeutsam ist die Erstreckung der **Verhaltenspflichten** nach Abs. 1 S. 1, 2 (Pflicht zur gewissenhaften und unparteiischen Prüfung, Verschwiegenheitspflicht, Verwertungsverbot) und der Schadensersatzhaftung nach Abs. 1 S. 3, 4, Abs. 2, Abs. 5 auch auf die **Prüfungsgegenstände in den Grenzen von § 53 Abs. 1,** die über die Prüfung von Jahresabschluss, Buchführung und Lagebericht hinausgehen. Nicht erfasst werden Pflichten bei freiwilligen Prüfungen oder Sonderprüfungen außerhalb von § 53. Zur gewissenhaften Prüfung gehört die Pflicht, die Prüfung so durchzuführen, dass die Gegenstände der Prüfung nach § 53 vollständig erfasst und Unrichtigkeiten oder Verstöße erkannt werden. Die Pflicht zur unparteiischen Prüfung geht über die Beachtung des Ausschlusses wegen Besorgnis der Befangenheit (§ 55 Abs. 2) hinaus. In Abweichung von der Verschwiegenheitspflicht ist der Verband berechtigt, aber nicht verpflichtet, bei Verdacht eines möglichen Verstoßes gegen das KAGB ihren Prüfungsbericht der BaFin in Kopie zu übersenden (Abs. 3 S. 2; BT-Drs. 18/11506, 30; zur Unterscheidung der Förderzweckstrategie von einer Anlagestrategie näher *Geibel* WM 2015, 1649 ff.). Die **Schadensersatzhaftung** für Fahrlässigkeit ist gem. Abs. 2 auf einen Höchstbetrag begrenzt, iÜ aber unbeschränkbar (Abs. 5). Ein Mitverschulden trifft die eG nach § 254 BGB und analog § 31 BGB nicht bereits wegen eines von der Prüfung nicht aufgedeckten Fehlers ihres Vorstands, sondern allenfalls, wenn bei der Entstehung des Schadens durch die Pflichtverletzung des Prüfers ein Verschulden des Vorstands mitgewirkt hat, zB wenn er dem Prüfer nicht alle für die Prüfung erforderlichen Informationen oder Unterlagen gegeben hat. Der Schadensersatzanspruch der eG verjährt in der regelmäßigen Verjährungsfrist gem. §§ 195, 199

BGB. Vor einer Haftungsklage gegen den Prüfer oder (nach § 278 BGB bzw. analog § 31 BGB) gegen den Prüfungsverband wird sich die eG überlegen, ob sie den Prüfungsverband wechselt (§ 54a).

Zuständigkeit für Verleihung des Prüfungsrechts

63 **[1] Das Prüfungsrecht wird dem Verband durch die zuständige oberste Landesbehörde (Aufsichtsbehörde) verliehen, in deren Gebiet der Verband seinen Sitz hat. [2] Die Landesregierungen werden ermächtigt, die Zuständigkeiten nach Satz 1 und § 64 Abs. 1 durch Rechtsverordnung auf eine andere Behörde zu übertragen. [3] Mehrere Länder können die Errichtung einer gemeinsamen Behörde oder die Ausdehnung der Zuständigkeit einer Behörde über die Landesgrenzen hinaus vereinbaren.**

Das Prüfungsrecht verleiht die oberste Landesbehörde (idR Wirtschaftsministerium) des Bundeslandes, in dem der Prüfungsverband seinen Sitz hat, sofern nicht eine Verordnung nach S. 2 erlassen ist. S. 3 trägt der Entwicklung Rechnung, dass viele Prüfungsverbände über die Ländergrenzen hinweg tätig sind. Der Prüfungsverband unterliegt der laufenden Rechtsaufsicht nach § 64. 1

Verleihung des Prüfungsrechts

63a (1) **Dem Antrag auf Verleihung des Prüfungsrechts darf nur stattgegeben werden, wenn der Verband die Gewähr für die Erfüllung der von ihm zu übernehmenden Aufgaben bietet.**

(2) **Die Aufsichtsbehörde kann die Verleihung des Prüfungsrechts von der Erfüllung von Auflagen und insbesondere davon abhängig machen, dass der Verband sich gegen Schadensersatzansprüche aus der Prüfungstätigkeit in ausreichender Höhe versichert oder den Nachweis führt, dass eine andere ausreichende Sicherstellung erfolgt ist.**

Die Verleihung ist ein begünstigender Verwaltungsakt, der nach Abs. 2 mit Auflagen versehen werden kann. Der Prüfungsverband wird nicht Beliehener, da er nicht hoheitlich tätig wird (→ § 53 Rn. 1). Er muss in personeller, sachlicher und organisatorischer Hinsicht sicherstellen, dass er iR seiner Satzung seine gesetzlichen Aufgaben, insbesondere Prüfungsaufgaben nach den §§ 53 ff. erfüllen kann. Das Prüfungsrecht des Verbandes kann nach § 64a durch Widerruf oder Rücknahme der Verleihung entzogen werden. Es ruht bereits dann, wenn der Verband keine wirksame Bescheinigung über die Teilnahme an der Qualitätskontrolle nach § 63e vorweisen kann (§ 56). 1

Rechtsform, Mitglieder und Zweck des Prüfungsverbandes

63b (1) **[1] Der Verband soll die Rechtsform des eingetragenen Vereins haben. [2] Eine andere Rechtsform ist nur zulässig, wenn sichergestellt ist, dass der Verband ohne Gewinnerzielungsabsicht handelt.**

(2) **[1] Mitglieder des Verbandes können nur eingetragene Genossenschaften und ohne Rücksicht auf ihre Rechtsform solche Unternehmen oder andere Vereinigungen sein, die sich ganz oder überwiegend in der Hand eingetragener Genossenschaften befinden oder dem Genossenschaftswesen dienen. [2] Ob diese Voraussetzungen vorliegen, entscheidet im Zweifelsfall die Aufsichtsbehörde. [3] Sie kann Ausnahmen von der Vorschrift des Satzes 1 zulassen, wenn ein wichtiger Grund vorliegt.**

(3) **Mitglieder des Verbandes, die nicht eingetragene Genossenschaften sind und anderen gesetzlichen Prüfungsvorschriften unterliegen, bleiben trotz ihrer Zugehörigkeit zum Verband diesen anderen Prüfungsvorschriften unterworfen und unterliegen nicht der Prüfung nach diesem Gesetz.**

(4) **[1] Der Verband muss unbeschadet der Vorschriften des Absatzes 3 die Prüfung seiner Mitglieder und kann auch sonst die gemeinsame Wahrnehmung ihrer Interessen, insbesondere die Unterhaltung gegenseitiger Geschäftsbeziehungen zum Zweck haben. [2] Andere Zwecke darf er nicht verfolgen.**

(5) **[1] Dem Vorstand des Prüfungsverbandes soll mindestens ein Wirtschaftsprüfer angehören. [2] Gehört dem Vorstand kein Wirtschaftsprüfer an, so muss der Prüfungsverband einen Wirtschaftsprüfer als seinen besonderen Vertreter nach § 30 des Bürgerlichen Gesetzbuchs bestellen. [3] Die Aufsichtsbehörde kann den Prüfungsverband bei Vorliegen besonderer Umstände von der Einhaltung der Sätze 1 und 2 befreien, jedoch höchstens für die Dauer eines Jahres. [4] In Ausnahmefällen darf sie auch eine Befreiung auf längere Dauer gewähren, wenn**

und solange nach Art und Umfang des Geschäftsbetriebes der Mitglieder des Prüfungsverbandes eine Prüfung durch Wirtschaftsprüfer nicht erforderlich ist.

(6) **Mitgliederversammlungen des Verbandes dürfen nur innerhalb des Verbandsbezirkes abgehalten werden.**

1 Die Vorschrift regelt die gesetzlichen Anforderungen an die **Organverfassung des Prüfungsverbandes.** Eine andere **Rechtsform** als der e. V. kann nur gewählt werden, wenn dies den Prüfungsaufgaben nach §§ 53 ff. gerecht wird. **Abs. 1 S. 2** idF des Gesetzes zur Umsetzung der überarbeiteten Abschlussprüferrichtlinie (AReG) vom 10.5.2016 (BGBl. 2016 I 1142) soll im Einklang mit Art. 2 Abs. 4 Abschlussprüfer-VO (ABl. 2014 L 158, 77; ABl. 2014 L 170 66) die Unabhängigkeit des Abschlussprüfers sicherstellen und verhindern, dass prüfende oder die Prüfung beeinflussende Personen als Mitglieder des Prüfungsverbands ein Gewinnbezugsrecht haben. Ist der Prüfungsverband ein eV, gelten §§ 21 ff. BGB, soweit nicht Abs. 2–6 Sonderregelungen enthalten. Abs. 2 orientiert die **Mitgliederstruktur** des Prüfungsverbandes ganz an seinem Zweck und seinen gesetzlichen Aufgaben. Für gemeinnützige Wohnungsunternehmen sieht § 162 eine Übergangsregelung vor. Ob ein wichtiger Grund iSv Abs. 2 S. 3 vorliegt, entscheidet die Aufsichtsbehörde. Abs. 3 stellt klar, dass die Pflichtprüfung nach § 53 an die Rechtsform der eG anknüpft und nicht an die Mitgliedschaft in einem Prüfungsverband. Als **Verbandszweck** erlaubt Abs. 4 neben der zwingenden Aufgabe der Prüfung seiner in der Rechtsform der eG organisierten Mitglieder nur die gemeinsame Wahrnehmung ihrer Interessen (zB wirtschaftliche und technische Beratung, Schulung, politische Interessenvertretung). Es muss aber möglich sein, die Verbandsmitgliedschaft auf die Inanspruchnahme der Pflichtprüfung zu beschränken (BGH 10.7.1995, NJW 1995, 2981). Die Unterhaltung gegenseitiger Geschäftsbeziehungen zwischen den Mitgliedergenossenschaften ist heute allenfalls eine Randerscheinung. Um die fachliche Prüfungsleitung zu gewährleisten, schreibt Abs. 5 vor, dass **mindestens ein Wirtschaftsprüfer Vorstandsmitglied** des Prüfungsverbandes oder zum besonderen Vertreter nach § 30 BGB bestellt sein muss. Von diesem Erfordernis kann die Aufsichtsbehörde nur für die Dauer von maximal einem Jahr befreien, zB wenn ein Wirtschaftsprüfer sein Amt als Vorstandsmitglied niederlegt. Strengere Vorschriften gelten nach § 340k Abs. 2 HGB für Kreditgenossenschaften und nach Art. 25 Abs. 1 EGHGB für gemeinnützige Wohnungsunternehmen oder abhängigen Beteiligungsgesellschaften von Genossenschaften oder Prüfungsverbänden. Ein Verstoß gegen Abs. 6 führt nach allg. Vereinsrecht zur Nichtigkeit der Versammlungsbeschlüsse des Prüfungsverbandes, da diese zwingende Vorschrift nicht lediglich dem Schutz der Mitglieder des Verbands dient (so auch *ABL/Leißl* Genossenschafts-HdB Rn. 65; aA hLit. und → 3. Aufl. 2016, Rn. 1). Der Verbandsbezirk ergibt sich aus der Satzung (§ 63c Abs. 1 Nr. 4).

Satzung des Prüfungsverbandes

63c (1) **Die Satzung des Verbandes muss enthalten:**

1. **die Zwecke des Verbandes;**
2. **den Namen; er soll sich von dem Namen anderer bereits bestehender Verbände deutlich unterscheiden;**
3. **den Sitz;**
4. **den Bezirk.**

(2) **Die Satzung soll ferner Bestimmungen enthalten über Auswahl und Befähigungsnachweis der anzustellenden Prüfer, über Art und Umfang der Prüfungen sowie, soweit der Prüfungsverband gesetzlich vorgeschriebene Abschlussprüfungen von Genossenschaften im Sinne des § 53 Absatz, im Sinn des § 340k Abs. 2 Satz 1 des Handelsgesetzbuchs, im Sinn des Artikels 25 Abs. 1 Satz 1 des Einführungsgesetzes zum Handelsgesetzbuch durchführt oder den Konzernabschluss einer Genossenschaft nach § 14 Abs. 1 des Publizitätsgesetzes prüft, über die Registrierung als Abschlussprüfer, über die Bindung an die Berufsgrundsätze und die Beachtung der Prüfungsstandards entsprechend den für Wirtschaftsprüfungsgesellschaften geltenden Bestimmungen, über Berufung, Sitz, Aufgaben und Befugnisse des Vorstands und über die sonstigen Organe des Verbandes.**

(3) **Änderungen der Satzung, die nach den Absätzen 1 und 2 notwendige Bestimmungen zum Gegenstand haben, sind der Aufsichtsbehörde unverzüglich anzuzeigen.**

1 Die Vorschrift regelt **Mindestinhalt** (Abs. 1) und **Sollinhalt** (Abs. 2) der Satzung eines Prüfungsverbandes sowie eine **Anzeigepflicht von Satzungsänderungen** bei der Aufsichtsbehörde nach § 63, soweit diese Änderungen Inhalte nach Abs. 1 oder Abs. 2 betreffen (Abs. 3). Ist der Prüfungsverband ein eV, so sind die Regelungen leges speciales insbesondere zu §§ 25, 57, 58 BGB. Über die Satzung des Prüfungsverbandes hinaus können sich Pflichten der eG aus Sondergesetzen ergeben, etwa eine unbe-

dingte, bedarfsunabhängige Zahlungspflicht nach ihrem Ausscheiden aus dem Prüfungsverband gem. § 3 Abs. 1 S. 1 WGÜbfG (BGBl. 1988 I 1093, 1136) (BGH 7.5.2019, ZIP 2019, 1164 Rn. 13 ff.).

Einreichungen bei Gericht

63d [1]**Der Verband hat den Registergerichten, in deren Bezirk die ihm angehörenden Genossenschaften ihren Sitz haben, die Satzung mit einer beglaubigten Abschrift der Verleihungsurkunde sowie jährlich im Monat Januar ein Verzeichnis der ihm angehörenden Genossenschaften einzureichen.** [2]**Wurde bei einer dieser Genossenschaften im letzten sich aus § 53 Absatz 1 ergebenden Prüfungszeitraum keine Pflichtprüfung durchgeführt, ist dies in einer Anlage zum Verzeichnis unter Angabe der Gründe für die ausstehende Prüfung anzugeben.** [3]**Liegt der Grund darin, dass die betreffende Genossenschaft auch Mitglied bei einem anderen Prüfungsverband ist und dieser andere Verband die Prüfung durchführt, ist der Name dieses anderen Verbandes anzugeben.**

Die Vorschrift versetzt die jeweils für die Mitgliedergenossenschaften zuständigen Registergerichte (§ 10) in die Lage, die Zugehörigkeit einer eG zu einem bestimmten Prüfungsverband im Hinblick auf §§ 54, 54a und das Prüfungsrecht des Verbandes überprüfen zu können. Die nach **S. 1** einzureichenden Unterlagen dienen ferner als Voraussetzung für die registergerichtliche Aufgabe, die regelmäßige Durchführung der Pflichtprüfung nach § 53 anhand der Prüfungsbescheinigungen nach § 59 Abs. 1 zu überwachen. Die Meldung nach **S. 2** ersetzt die bisherige Prüfungsbescheinigung (→ § 59 Rn. 2). **S. 3** dient der Übersichtlichkeit der Prüfungszuständigkeit bei einer Mehrfachmitgliedschaft der eG in mehreren Verbänden (zur Mehrfachmitgliedschaft → § 55 Rn. 4). 1

Qualitätskontrolle für Prüfungsverbände

63e (1) [1]**Die Prüfungsverbände sind verpflichtet, sich im Abstand von jeweils sechs Jahren einer Qualitätskontrolle nach Maßgabe der §§ 63f und 63g zu unterziehen.** [2]**Prüft ein Prüfungsverband auch eine Genossenschaft, eine in Artikel 25 Abs. 1 Satz 1 Nr. 1 des Einführungsgesetzes zum Handelsgesetzbuch genannte Gesellschaft oder ein in Artikel 25 Abs. 1 Satz 1 Nr. 2 des Einführungsgesetzes zum Handelsgesetzbuch genanntes Unternehmen, die kapitalmarktorientiert im Sinne des § 264d des Handelsgesetzbuchs oder ein CRR-Kreditinstitut im Sinne des § 1 Absatz 3d Satz 1 des Kreditwesengesetzes sind, verringert sich der Abstand auf drei Jahre.** [3]**Ein Prüfungsverband, der keine gesetzlich vorgeschriebene Abschlussprüfung durchführt, ist nicht verpflichtet, sich einer Qualitätskontrolle zu unterziehen.**

(2) [1]**Die Qualitätskontrolle dient der Überwachung, ob die Grundsätze und Maßnahmen zur Qualitätssicherung nach Maßgabe der gesetzlichen Vorschriften insgesamt und bei der Durchführung einzelner Aufträge eingehalten werden.** [2]**Sie erstreckt sich auf die Prüfungen nach § 53 Abs. 1 und 2 bei den in § 53 Abs. 2 Satz 1 bezeichneten Genossenschaften und die Prüfungen bei den in Artikel 25 Abs. 1 Satz 1 des Einführungsgesetzes zum Handelsgesetzbuche genannten Gesellschaften und Unternehmen, die keine kleinen Kapitalgesellschaften im Sinne des § 267 Absatz 1 des Handelsgesetzbuchs sind.**

(3) **Der Prüfungsverband hat der zuständigen Aufsichtsbehörde die erfolgte Durchführung einer Qualitätskontrolle mitzuteilen.**

(4) **Ein Prüfungsverband, der erstmalig eine gesetzlich vorgeschriebene Abschlussprüfung durchführt, hat sich spätestens drei Jahre nach deren Beginn einer Qualitätskontrolle zu unterziehen.**

Um die Qualität der Pflichtprüfung von Genossenschaften zu gewährleisten, unterwirft diese Vorschrift die Prüfungsverbände einer **Qualitätskontrolle durch einen externen Wirtschaftsprüfer oder eine externe Wirtschaftsprüfergesellschaft,** die nach § 63f Abs. 1 iVm § 57a Abs. 3 WPO bei der Wirtschaftsprüferkammer registriert sind, **oder durch Prüfungsverbände,** die unter den besonderen Voraussetzungen des § 63f Abs. 2 bei der Wirtschaftsprüferkammer registriert werden. Diese Kontrolle tritt neben die staatliche Aufsicht nach § 63. Seit der WPO-Novelle 2006 sind diejenigen Prüfungsverbände von der Pflicht zur Qualitätskontrolle ausgenommen, die ausschließlich die unter die Schwelle von § 53 Abs. 2 S. 1 fallenden „kleinen" Genossenschaften prüfen, für die eine Prüfung nicht gesetzlich vorgeschrieben ist. Diese Prüfungsverbände unterliegen aber der Mindestkontrolle durch die Aufsichtsbehörde nach § 64 Abs. 2 S. 4. Die Durchführung der Qualitätskontrolle ist Voraussetzung dafür, dass die Registrierung nach § 40a WPO Bestand hat. Ist ein Prüfungsverband nicht dort eingetragen, ruht sein Prüfungsrecht nach § 56 Abs. 1 S. 2. Seit 17.6.2016 hat das APAReG vom 31.3.2016 1

(BGBl. 2016 I 518) insbesondere Abs. 3 und 4 novelliert und an die Abschaffung der Teilnahmebescheinigung nach § 57a WPO aF und die Einführung einer Anzeige und Eintragung in das Register nach § 40a WPO angepasst. Die Aufsichtsbehörde soll nach Abs. 3 direkt über die Qualitätskontrolle und deren Ergebnis informiert werden und nicht erst über die Mitteilung, dass eine Löschung im Register nach § 40a WPO erfolgt.

Prüfer für Qualitätskontrolle

63f (1) **Die Qualitätskontrolle wird durch Prüfungsverbände nach Maßgabe des Absatzes 2 oder durch Wirtschaftsprüfer oder Wirtschaftsprüfungsgesellschaften durchgeführt, die nach § 57a Abs. 3 der Wirtschaftsprüferordnung als Prüfer für Qualitätskontrolle registriert sind.**

(2) [1] **Ein Prüfungsverband ist auf Antrag bei der Wirtschaftsprüferkammer als Prüfer für Qualitätskontrolle zu registrieren, wenn**

1. ihm das Prüfungsrecht seit mindestens drei Jahren zusteht;

2. mindestens ein Mitglied seines Vorstands oder ein nach § 30 des Bürgerlichen Gesetzbuchs bestellter besonderer Vertreter ein Wirtschaftsprüfer ist, der als Prüfer für Qualitätskontrolle nach § 57a Abs. 3 der Wirtschaftsprüferordnung registriert ist;

3. der Prüfungsverband nach § 40a Absatz 1 Satz 1 der Wirtschaftsprüferordnung eingetragen ist.

[2] **Wird einem Prüfungsverband der Auftrag zur Durchführung einer Qualitätskontrolle erteilt, so muss der für die Qualitätskontrolle verantwortliche Wirtschaftsprüfer die Voraussetzungen des Satzes 1 Nr. 2 erfüllen.**

(3) **§ 57a Absatz 3a Satz 1 und Absatz 4 der Wirtschaftsprüferordnung ist entsprechend anzuwenden.**

1 Die Vorschrift legt den **Kreis der Prüfer** für die Qualitätskontrolle nach § 63e fest. Neben den nach § 57a Abs. 3 WPO registrierten Wirtschaftsprüfern und Wirtschaftsprüfergesellschaften kann gem. Abs. 2 auf Antrag auch ein Prüfungsverband selbst bei der Kommission für Qualitätskontrolle der Wirtschaftsprüferkammer (vgl. § 63g Abs. 3 S. 2) registriert werden. Die Entscheidung dieser Kommission ist ein Verwaltungsakt. Aufträge darf in diesem Fall nur ein selbst als Qualitätskontrolleur registrierter Wirtschaftsprüfer durchführen (Abs. 2 S. 2). Besonderes Augenmerk ist auf die Unabhängigkeit und Unbefangenheit des Prüfungsverbandes und seines Wirtschaftsprüfers nach § 57a Abs. 4 WPO zu richten (Abs. 3).

Durchführung der Qualitätskontrolle

63g (1) [1] **Der Prüfungsverband muss Mitglied der Wirtschaftsprüferkammer nach Maßgabe des § 58 Abs. 2 Satz 2 der Wirtschaftsprüferordnung sein.** [2] **Er erteilt einem Prüfer für Qualitätskontrolle den Auftrag zur Durchführung der Qualitätskontrolle.** [3] **§ 57a Abs. 7 der Wirtschaftsprüferordnung über die Kündigung des Auftrags ist entsprechend anzuwenden.**

(2) [1] **Auf das Prüfungsverfahren sind § 57a Absatz 5, 5b, 6, 6a Satz 1 sowie Absatz 8, die §§ 57b bis 57e Absatz 1, 2 Satz 1, 2 und 4 und Absatz 3 Satz 1, § 66a Absatz 1 Satz 1, Absatz 3 Satz 1 bis 3, Absatz 5 Satz 1 und § 66b der Wirtschaftsprüferordnung entsprechend anzuwenden.** [2] **Die Ergebnisse einer Inspektion nach § 63h sind im Rahmen der Qualitätskontrolle zu berücksichtigen.** [3] **Soweit dies zur Durchführung der Qualitätskontrolle erforderlich ist, ist die Pflicht zur Verschwiegenheit nach § 62 Abs. 1 eingeschränkt.**

(3) **Die Kommission für Qualitätskontrolle nach § 57e Absatz 1 der Wirtschaftsprüferordnung hat die zuständige Aufsichtsbehörde unverzüglich zu unterrichten, wenn ein Prüfungsverband wegen fehlender Durchführung der Qualitätskontrolle aus dem Register nach § 40a der Wirtschaftsprüferordnung gelöscht werden soll.**

1 Um an der Qualitätskontrolle teilnehmen und um daher wegen § 56 Abs. 1 das Prüfungsrecht ausüben zu können, muss der Prüfungsverband **Mitglied einer Wirtschaftskammer** sein. Im Rahmen der Qualitätskontrolle werden das Qualitätssicherungssystem des Prüfungsverbandes sowie auch einzelne durchgeführte Prüfungen überprüft. Das **Verfahren der Qualitätskontrolle** richtet sich nach den in Abs. 2 genannten Vorschriften der WPO, die in den jeweils aktuellen Prüfungsstandards des Instituts der Wirtschaftsprüfer (IDW PS) konkretisiert werden. Abs. 3 dient im Hinblick auf § 56 Abs. 1 dazu, dass möglichst rasch die Konsequenzen eines Widerrufs oder einer Versagung der Eintragung in das Register

nach § 40a WPO gezogen werden können. Die Fassungen ab 17.6.2016 reflektieren die Änderungen im Zuge des APAReG vom 31.3.2016 (BGBl. 2016 I 518), insbesondere im Hinblick auf die abgeschaffte Teilnahmebescheinigung. Abs. 2 S. 2 soll wie § 57a Abs. 5a S. 1, 2 WPO idF ab 17.6.2016 Doppelprüfungen vermeiden.

Inspektionen

63h

[1]Führt ein Prüfungsverband die gesetzlich vorgeschriebene Abschlussprüfung bei einem Unternehmen durch, das kapitalmarktorientiert im Sinne des § 264d des Handelsgesetzbuchs ist, können bei diesem Prüfungsverband Inspektionen in entsprechender Anwendung des § 62b der Wirtschaftsprüferordnung stichprobenartig ohne besonderen Anlass durchgeführt werden. [2]§ 57e Absatz 6 Satz 2, § 62 Absatz 4 und 5 sowie die §§ 66a und 66b der Wirtschaftsprüferordnung gelten entsprechend. [3]Die Wirtschaftsprüferkammer hat der Aufsichtsbehörde das Ergebnis der Inspektion mitzuteilen. [4]Im Übrigen findet Artikel 26 der Verordnung (EU) Nr. 537/2014 keine Anwendung.

Die Vorschrift betrifft stichprobenartig durchgeführte **Sonderuntersuchungen** („Inspektionen") bei 1
Prüfungsverbänden, die eine Prüfung des Jahresabschlusses nach § 53 Abs. 2 S. 1 bei solchen Genossenschaften durchführen, die **iSv § 264d HGB kapitalmarktorientiert** sind. Die Neuregelung im Zuge des APAReG vom 31.3.2016 (BGBl. 2016 I 518) passt die Vorschrift an Änderungen der WPO an, verzichtet aber bewusst darauf, Inspektionen über den Kreis der kapitalmarktorientierten Genossenschaften hinaus anzuordnen, weil die Prüfungsverbände ihrerseits ohnehin nach § 64 der staatlichen Aufsicht unterliegen. Daher sind Inspektionen über § 63h hinaus nicht nach Art. 26 Abschlussprüfer-VO vorzunehmen (vgl. BT-Drs. 18/6282, 117).

(aufgehoben)

63i

Staatsaufsicht

64

(1) **Die genossenschaftlichen Prüfungsverbände unterliegen der Aufsicht durch die zuständige Aufsichtsbehörde.**

(2) **[1]Die Aufsichtsbehörde kann die erforderlichen Maßnahmen ergreifen, um sicherzustellen, dass der Verband die ihm nach diesem Gesetz obliegenden Aufgaben ordnungsgemäß erfüllt. [2]Die Aufsichtsbehörde ist insbesondere befugt,**

1. **von dem Verband Auskunft über alle seine Aufgabenerfüllung betreffenden Angelegenheiten sowie Vorlage von Prüfungsberichten und anderen geschäftlichen Unterlagen zu verlangen,**
2. **von dem Verband regelmäßige Berichte nach festgelegten Kriterien zu verlangen,**
3. **an der Mitgliederversammlung des Verbandes durch einen Beauftragten teilzunehmen,**
4. **bei Bedarf Untersuchungen bei dem Verband durchzuführen und hierzu Dritte heranzuziehen.**

[3]Die mit der Durchführung von Aufsichtsmaßnahmen betrauten Personen und die mit Untersuchungen beauftragten Dritten sind berechtigt, die Geschäftsräume des Verbandes während der Geschäfts- und Arbeitszeiten zu betreten, um Untersuchungen vorzunehmen oder sonst Feststellungen zu treffen, die zur Ausübung der Aufsicht erforderlich sind. [4]Bei einem Verband, der nur solche Genossenschaften prüft, die nicht unter § 53 Absatz 2 Satz 1 fallen, hat die Aufsichtsbehörde mindestens alle zehn Jahre eine Untersuchung nach Satz 2 Nummer 4 durchzuführen, es sei denn, der Verband weist die freiwillige Durchführung einer Qualitätskontrolle oder einer anderen geeigneten Organisationsuntersuchung nach.

(3) **[1]Für Amtshandlungen nach dieser Vorschrift kann die zuständige Behörde zur Deckung des Verwaltungsaufwands Kosten (Gebühren und Auslagen) erheben. [2]Die Landesregierungen werden ermächtigt, durch Verordnung die Gebührentatbestände sowie die Gebührenhöhe festzulegen. [3]Sie können die Ermächtigung auf die zuständigen obersten Landesbehörden übertragen. [4]Die Kosten, die der Aufsichtsbehörde durch eine nach Absatz 2 Satz 2 Nummer 4 vorgenommene Untersuchung entstehen, sind ihr von dem betroffenen Verband gesondert zu erstatten und auf Verlangen vorzuschießen.**

1 Auch wenn die Prüfungsverbände ihrerseits nicht hoheitlich tätig werden, unterliegen sie im Hinblick auf ihre Aufgaben nach §§ 53 ff. der **Rechtsaufsicht** der obersten Landesbehörde (§ 63). Zu diesem Zweck berichten die Prüfungsverbände idR jährlich der Aufsichtsbehörde nach den von dieser festgelegten Maßstäben über die durchgeführten Prüfungen. Weitere Maßnahmen kann die Aufsichtsbehörde nach Abs. 2 treffen und ggf. nach Abs. 3 Gebühren und Auslagen vom Prüfungsverband erheben. Die Anfügung von Satz 4 in Abs. 2 durch das APAReG vom 31.3.2016 (BGBl. 2016 I 518) soll eine bestimmte Mindestkontrolle vor Ort auch bei solchen Prüfungsverbänden sicherstellen, die ausschließlich kleine, nach § 53 Abs. 2 S. 1 keiner gesetzlichen Prüfung unterliegende Genossenschaften prüfen. In Fragen der Fachaufsicht ist die Aufsichtsbehörde nur eingeschränkt iRd Qualitätskontrolle nach § 63g Abs. 3 eingebunden, ohne diese Fragen allerdings selbst zu entscheiden. Nach der Löschung aus dem Register nach § 40a WPO oder in den anderen Fällen des § 56 Abs. 1 ruht das Prüfungsrecht des Prüfungsverbandes kraft Gesetzes. Eine Stellungnahme hat die Aufsichtsbehörde vor Erteilung einer Ausnahmegenehmigung der Wirtschaftskammer nach § 63e Abs. 3 S. 2 auf Anfrage der Kammer abzugeben.

Entziehung des Prüfungsrechts

64a **[1]Die Aufsichtsbehörde kann dem Verband das Prüfungsrecht entziehen, wenn der Verband nicht mehr die Gewähr für die Erfüllung seiner Aufgaben bietet. [2]Vor der Entziehung ist der Vorstand des Verbandes anzuhören. [3]Die Entziehung ist den in § 63d genannten Gerichten mitzuteilen.**

1 Das Prüfungsrecht des Prüfungsverbandes kann die Aufsichtsbehörde (§ 63) durch Widerruf des Verwaltungsakts der Verleihung (§ 63a) entziehen, wenn die Voraussetzungen für die Verleihung nicht mehr gegeben sind. Die Nichterfüllung von Auflagen der Aufsichtsbehörde nach § 63a Abs. 2 rechtfertigt allein nicht mehr die Entziehung. Diese ist nur dann verhältnismäßig, wenn nicht ein milderes Mittel bereitsteht. Wird eine Qualitätskontrolle nach §§ 63e ff. nicht durchgeführt oder fördert sie negative Ergebnisse zutage, führt dies allein zum Ruhen des Prüfungsrechts nach § 56 Abs. 1 und nicht automatisch zur Entziehung des Prüfungsrechts. Dasselbe gilt dann, wenn die Registrierung des Prüfungsverbands nach § 40a WPO gelöscht wird (§ 56 Abs. 1 S. 2). Über die Entziehung des Prüfungsrechts entscheidet die Aufsichtsbehörde vielmehr nach pflichtgemäßem Ermessen. Die Mitteilung nach S. 3 an die Registergerichte erfolgt durch die Aufsichtsbehörde.

Bestellung eines Prüfungsverbandes

64b **[1]Gehört eine Genossenschaft keinem Prüfungsverband an, so kann das Gericht einen Prüfungsverband zur Wahrnehmung der im Gesetz den Prüfungsverbänden übertragenen Aufgaben bestellen. [2]Dabei sollen die fachliche Eigenart und der Sitz der Genossenschaft berücksichtigt werden.**

1 Die Vorschrift erlaubt die **vorübergehende Bestellung** eines Prüfungsverbandes durch das Registergericht (§ 10) für eine bestimmte eG, insbesondere wenn eine eG nach § 53 geprüft werden muss und keinem Prüfungsverband angehört. Das kann auf die Fälle erweitert werden, in denen dem Prüfungsverband, dem eine eG angehört, das Prüfungsrecht nach § 64a entzogen wurde und dies nach §§ 64a S. 3, 63d dem Registergericht mitgeteilt wird. Ruht das Prüfungsrecht lediglich nach § 56 Abs. 1, so kann das Gericht einen Prüfer nach § 56 Abs. 2 S. 2 bestellen, sofern nicht der Spitzenverband, dem der Prüfungsverband angehört, einen Prüfer auf Antrag der eG bestellt. Neben der Entscheidung nach § 64b muss das Registergericht zusätzlich eine Frist nach § 54a Abs. 1 S. 2 bestimmen.

Prüfung aufgelöster Genossenschaften

64c **Auch aufgelöste Genossenschaften unterliegen den Vorschriften dieses Abschnitts.**

1 Die Vorschrift stellt klar, dass die eG im Stadium der Liquidation fortexistiert und zum **Schutz der Gläubiger und Mitglieder** der eG ebenfalls der Pflichtprüfung nach § 53 unterliegt und Mitglied in einem Prüfungsverband sein muss. Dies gilt unabhängig von der Art des Auflösungsgrundes (§§ 78 ff.) so lange, bis die Auseinandersetzung abgeschlossen ist (str.), und zwar grundsätzlich auch im Insolvenzverfahren (hM, zB OVG Berlin 24.9.1982, ZIP 1982, 1338; vgl. auch § 101). Von der Prüfungspflicht ist jedoch nach dem telos der §§ 53 ff. (→ § 53 Rn. 1 f.) dann eine Ausnahme zu machen, wenn iRe

Insolvenz- oder Gesamtvollstreckungsverfahrens über das Vermögen einer eG das Unternehmen der eG nicht mehr weitergeführt wird, sondern ihr Geschäftsbetrieb eingestellt und ihre Vermögensgegenstände verwertet werden, die Ziele der Prüfung mithin nicht mehr erreichbar sind (BGH 21.6.2011. NZG 2011, 1069 Rn. 13 ff.). Ob die Prüfungspflicht darüber hinaus schon dann entfällt, wenn das Insolvenzverfahren eröffnet worden ist (so OLG Jena 16.3.2009, NZI 2010, 541 Rn. 9 ff.; offenlassend BGH 21.6.2011, NZG 2011, 1069 Rn. 12 f.), muss im Hinblick auf die noch erfüllbaren Ziele einer Pflichtprüfung verneint werden (wohl hM).

Abschnitt 5. Beendigung der Mitgliedschaft

Kündigung des Mitglieds

65 (1) **Jedes Mitglied hat das Recht, seine Mitgliedschaft durch Kündigung zu beenden.**

(2) [1]**Die Kündigung kann nur zum Schluss eines Geschäftsjahres und mindestens drei Monate vor dessen Ablauf in schriftlicher Form erklärt werden.** [2]**In der Satzung kann eine längere, höchstens fünfjährige Kündigungsfrist bestimmt werden.** [3]**Bei Genossenschaften, bei denen mehr als drei Viertel der Mitglieder als Unternehmer im Sinn des § 14 des Bürgerlichen Gesetzbuchs Mitglied sind, kann die Satzung zum Zweck der Sicherung der Finanzierung des Anlagevermögens für die Unternehmer eine Kündigungsfrist bis zu zehn Jahre bestimmen.**

(3) [1]**Entgegen einer in der Satzung bestimmten Kündigungsfrist von mehr als zwei Jahren kann jedes Mitglied, das der Genossenschaft mindestens ein volles Geschäftsjahr angehört hat, seine Mitgliedschaft durch Kündigung vorzeitig beenden, wenn ihm nach seinen persönlichen oder wirtschaftlichen Verhältnissen ein Verbleib in der Genossenschaft bis zum Ablauf der Kündigungsfrist nicht zugemutet werden kann.** [2]**Die Kündigung ist in diesem Fall mit einer Frist von drei Monaten zum Schluss eines Geschäftsjahres zu erklären, zu dem das Mitglied nach der Satzung noch nicht kündigen kann.**

(4) [1]**Die Mitgliedschaft endet nicht, wenn die Genossenschaft vor dem Zeitpunkt, zu dem die Kündigung wirksam geworden wäre, aufgelöst wird.** [2]**Die Auflösung der Genossenschaft steht der Beendigung der Mitgliedschaft nicht entgegen, wenn die Fortsetzung der Genossenschaft beschlossen wird.** [3]**In diesem Fall wird der Zeitraum, während dessen die Genossenschaft aufgelöst war, bei der Berechnung der Kündigungsfrist mitgerechnet; die Mitgliedschaft endet jedoch frühestens zum Schluss des Geschäftsjahres, in dem der Beschluss über die Fortsetzung der Genossenschaft in das Genossenschaftsregister eingetragen wird.**

(5) **Vereinbarungen, die gegen die vorstehenden Absätze verstoßen, sind unwirksam.**

I. Allgemeines

Die verschiedenen Möglichkeiten, wie ein Mitglied seine Mitgliedschaft (→ § 18 Rn. 2) beenden kann, werden in § 65 sowie in den §§ 67, 67a, 76 abschließend (Abs. 5) geregelt. Daneben sieht das Gesetz weitere Beendigungsgründe vor, die in der einen oder anderen Weise mittelbar vom Mitglied ausgehen (§§ 66, 77, 77a, § 90 Abs. 2 UmwG, § 207 Abs. 1 S. 2 UmwG). Ein Auflösungsvertrag als actus contrarius zum Aufnahmevertrag (→ § 15 Rn. 3) ist grundsätzlich möglich (hM, zB BGH 15.5.2018, NZG 2018, 787 Rn. 35). Die eG kann ihrerseits die Mitgliedschaft eines Mitglieds gegen dessen Willen nur in den Grenzen von § 68 durch Ausschluss beenden. Andere Beendigungstatbestände können in der Satzung wegen § 18 S. 2 nicht geregelt werden (hM, zB *ABL/Althanns* Genossenschafts-HdB Rn. 1; aA zB Lang/Weidmüller/*Holthaus/Lehnhoff* Vor § 65 Rn. 2). Die Mitgliedschaft kann daher nicht befristet oder unter eine auflösende Bedingung gestellt werden (offengelassen von BGH 15.5.2018, NZG 2018, 787 Rn. 39 ff.: Jedenfalls eine schuldrechtliche Vereinbarung außerhalb der Satzung, die ein bedingungsabhängiges Ausscheiden festlegt, sei wegen § 68 Abs. 1 ausgeschlossen). In der Regel endet die Mitgliedschaft zum Schluss des jeweiligen Geschäftsjahres (zB § 67 S. 1, § 67a Abs. 2 S. 2, § 68 Abs. 1 S. 2, § 77 Abs. 1 S. 2). Dadurch ist die Aufstellung einer Stichtagsbilanz weder notwendig noch zulässig (→ § 73 Rn. 2). Die Kündigung der Mitgliedschaft wird steuerrechtlich vor dem Hintergrund von § 73 Abs. 2 S. 1 als Veräußerungstatbestand iSv § 17 Abs. 1 S. 1, Abs. 7 EStG gewertet (zB BFH 14.1.2020, DStRE 2020, 843 Rn. 28). 1

II. Ordentliche Kündigung (Abs. 1, 2)

2 Die Mitgliedschaft kann durch ordentliche Kündigung nach Abs. 1, 2 zum Geschäftsjahresschluss beendet werden. Die **Kündigungsfrist** beträgt mindestens drei Monate und kann in der Satzung (ggf. mit Dreiviertelmehrheit nach § 16 Abs. 2 Nr. 5 auf bis zu fünf Jahre, für Unternehmergenossenschaften (→ § 1 Rn. 29, → § 43 Rn. 13) seit der Novelle vom 22.7.2017 (BGBl. 2017 I 2434) auch bei nur 75% igem Unternehmeranteil für die Unternehmer unter den Mitgliedern auf bis zu zehn Jahre verlängert werden. Eine solch lange Bindung der Mitglieder soll die Rentabilität und Finanzierung von Investitionen der eG in aufwändige Einrichtungen ermöglichen oder erhöhen (BT-Drs. 16/1025, 92: zB bei Molkereigenossenschaften). Die Kündigungsfrist muss zwingend (Abs. 5) zum Schluss des Geschäftsjahres enden. Die Frist muss für alle Mitglieder gleich bemessen sein und darf nicht je nach Art des Kündigungsgrundes verschieden ausfallen. Die **Kündigungserklärung** ist in Schriftform (§ 126 BGB) gegenüber der eG abzugeben, wobei gem. § 25 Abs. 1 S. 3 die Abgabe gegenüber einem Vorstandsmitglied genügt (bzw. einem Aufsichtsratsmitglied im Fall der Führungslosigkeit nach § 24 Abs. 1 S. 2). Im Übrigen gelten für die Kündigungserklärung die allgemeinen Vorschriften über einseitige Gestaltungserklärungen (zB konkludente Erklärung, Bedingungsfeindlichkeit, Fristberechnung, Zugang). Verstöße gegen Satzungsbestimmungen zu Einzelheiten der Kündigungserklärung machen die Kündigungserklärung idR nicht unwirksam, entweder schon wegen Abs. 5 (zB bei strengerer statutarischer Form) oder wegen § 18 S. 2 (zB Zugang an eine bestimmte Stelle abweichend von § 25 Abs. 1 S. 3) oder weil die Bestimmungen als reine Ordnungsvorschriften nur die leichtere Beweisbarkeit sichern sollen (zB Datumsangabe).

III. Besonderes außerordentliches Kündigungsrecht nach Abs. 3

3 Abs. 3 gibt jedem Mitglied abweichend von einer Satzungsbestimmung, die entgegen Abs. 2 eine längere Bindung als zwei Jahre vorschreibt, die Möglichkeit, mit einer Frist von drei Monaten zum Geschäftsjahresschluss zu kündigen. Dieses außerordentliche Kündigungsrecht besteht unter den weiteren Voraussetzungen, dass die Mitgliedschaft des betreffenden Mitglieds mindestens ein Jahr andauert und ein wichtiger Grund iSv Abs. 3 S. 1 vorliegt. Abs. 3 stellt insoweit eine Spezialregelung zu § 314 BGB dar. Für die Frage, ob dem Mitglied der Verbleib in der eG bis zum Ablauf der statutarischen Kündigungsfrist zumutbar ist, müssen die Interessen des betroffenen Mitglieds unter Berücksichtigung seiner persönlichen und wirtschaftlichen Verhältnisse mit den Interessen der eG und der übrigen Mitglieder abgewogen werden. Wichtiger Grund in diesem Sinne kann zB die Geschäftsaufgabe des Mitglieds sein (BGH 8.2.1988, BGHZ 103, 219 (227) = NJW 1988, 1729), nicht jedoch eine allgemeine Verschlechterung der wirtschaftlichen Situation der eG (OLG Oldenburg 3.2.1998, NJWE-WettbR 1998, 212). Bei der Entscheidung über das Vorliegen eines wichtigen Grundes, ist zu berücksichtigen, ob das Mitglied seinen Geschäftsanteil ohne größere Mühe nach § 76 an einen anderen übertragen könnte.

IV. Wirksamwerden der Beendigung (Abs. 4)

4 Normalerweise wird die Mitgliedschaft zum Geschäftsjahresschluss beendet, auf den wirksam gekündigt wurde. Wird jedoch die eG vorher aufgelöst, endet die Mitgliedschaft für die Zwecke des Liquidationsverfahrens nicht (Abs. 4 S. 1). Sie endet aber, wenn die eG durch Beschluss fortgesetzt wird (Abs. 4 S. 2). In diesem letzteren Fall wird die Zeit, in der die eG aufgelöst war, bei der Kündigungsfrist mitgezählt, da die Auflösung nicht zu Lasten des Kündigenden gehen soll. Wird aber der Fortsetzungsbeschluss erst in dem Geschäftsjahr in das Register eingetragen (§ 79a Abs. 5), das dem Geschäftsjahr folgt, auf dessen Schluss gekündigt war, wird die Mitgliedschaft erst zum Schluss des folgenden Geschäftsjahres wirksam (Abs. 4 S. 3 Hs. 2). Eine dem Abs. 4 ähnliche Regelung gilt nach § 75, wenn die eG binnen sechs Monate nach Beendigung der Mitgliedschaft aufgelöst wird.

V. Zwingender Charakter (Abs. 5)

5 Weder durch die Satzung noch sonst durch Rechtsgeschäft zwischen eG und ihren Mitgliedern kann von den Regelungen der Abs. 1–4 abgewichen werden. Weitere Beendigungsgründe können nur gesetzlich geregelt werden (→ Rn. 1). Eine außerordentliche Kündigung aus wichtigem Grund ist neben Abs. 3 und neben § 67a nicht möglich (BGH 8.2.1988, BGHZ 103, 219 (227) = NJW 1988, 1729). Beschränkungen, die das Kündigungsrecht an die Zahlung eines besonderen Nachschusses oder gar einer Strafe knüpfen oder dem Kündigenden Nachteile (allerdings nicht bloß den Entzug von Vergünstigungen) auferlegen, verstoßen gegen Abs. 5. Eine Satzungsbestimmung, die das Kündigungsrecht des Insolvenzverwalters nach § 66a insoweit sinnlos macht, als das Auseinandersetzungsguthaben faktisch nicht zur Masse gezogen werden kann, hält der Ausübungskontrolle nach § 242 BGB im Hinblick auf

Abs. 5 nicht stand (für eine Klausel vor Geltung der §§ 66a, 67c BGH 26.4.2018, NZG 2018, 790 Rn. 10 ff., 17 ff.).

Kündigung durch Gläubiger

66 (1) [1]**Der Gläubiger eines Mitglieds, der die Pfändung und Überweisung eines dem Mitglied bei der Auseinandersetzung mit der Genossenschaft zustehenden Guthabens erwirkt hat, nachdem innerhalb der letzten sechs Monate eine Zwangsvollstreckung in das Vermögen des Mitglieds fruchtlos verlaufen ist, kann das Kündigungsrecht des Mitglieds an dessen Stelle ausüben.** [2]**Die Ausübung des Kündigungsrechts ist ausgeschlossen, solange der Schuldtitel nur vorläufig vollstreckbar ist.**

(2) **Der Kündigung muss eine beglaubigte Abschrift der vollstreckbaren Ausfertigung des Titels und der Bescheinigungen über den fruchtlosen Verlauf der Zwangsvollstreckung in das Vermögen des Schuldners beigefügt werden.**

I. Allgemeines

1 Im Unterschied zu § 725 Abs. 1 BGB, § 135 HGB hat der Gläubiger eines Mitglieds nur ein von diesem abgeleitetes Recht zur Ausübung von dessen Kündigungsrecht. Das wird sich in aller Regel auf das ordentliche Kündigungsrecht beziehen; die Ausübung auch eines außerordentlichen Kündigungsrechts (zB § 65 Abs. 3, § 67a), sofern dessen Voraussetzungen in der Person des Mitglieds vorliegen, schließt der Wortlaut jedoch nicht aus (str.). Der Gläubiger muss die Kündigung im eigenen Namen erklären, aber angeben, dass diese Erklärung aufgrund gesetzlicher Ermächtigung für das Mitglied erfolgt. Die Regelungen des § 66 sind zwingend.

II. Besondere Ausübungsvoraussetzungen für Gläubiger

2 Um das Kündigungsrecht des Mitglieds ausüben zu dürfen, muss der Gläubiger den Anspruch des Mitglieds gegen die eG, das dem Mitglied iR einer etwaigen Auseinandersetzung zustehende Geschäftsguthaben auszuzahlen (§ 73; → § 18 Rn. 4), gem. § 857 Abs. 1 ZPO iVm §§ 828 ff. ZPO ganz oder teilweise pfänden und sich überweisen lassen. Ferner muss innerhalb der letzten sechs Monate vor Wirksamwerden der Pfändung ein erfolgloser Zwangsvollstreckungsversuch (nicht notwendigerweise von dem kündigenden Gläubiger) erfolgt sein. Einem solchen Versuch steht eine eidesstattliche Versicherung des Mitglieds nach § 807 ZPO gleich. Die Nachweise nach Abs. 2 sind der Kündigungserklärung in beglaubigter Abschrift beizufügen. Die Pfändung des Guthabens wird der eG ohnehin nach § 857 Abs. 1 ZPO iVm § 829 Abs. 2 ZPO zugestellt.

3 Die Kündigung durch den Gläubiger ist bei einer Mitgliedschaft in einer Wohnungsgenossenschaft **unter den Voraussetzungen des § 67c ausgeschlossen** (→ § 67c Rn. 1 ff.), allerdings nur dann, wenn die Kündigung nach dem Inkrafttreten der Neuregelung in § 67c (19.7.2013) ausgesprochen wurde (BGH 18.9.2014, NZI 2014, 953; → § 67c Rn. 1). Im Hinblick auf die Einhaltung der Schwellenwerte nach § 67c Abs. 1 Nr. 2 empfiehlt es sich für einen Gläubiger, auch Auskunftsansprüche des Mitglieds zur exakten Feststellung seines Geschäftsguthabens zu pfänden und sich überweisen zu lassen.

III. Voraussetzungen des jeweiligen Kündigungsrechts

4 Der Gläubiger kann nur das Kündigungsrecht des Mitglieds an dessen Stelle ausüben. Er kann daher zB nur zum Schluss des Geschäftsjahres schriftlich kündigen und muss die jeweils vorgesehene Frist (zB von drei Monaten im Fall von § 65 Abs. 2) einhalten. Stützt sich der Gläubiger auf ein außerordentliches Kündigungsrecht des Mitglieds, müssen dessen Voraussetzungen in der Person des Mitglieds vorliegen (str., → Rn. 1).

Kündigung im Insolvenzverfahren

66a Wird das Insolvenzverfahren über das Vermögen eines Mitglieds eröffnet und ein Insolvenzverwalter bestellt, so kann der Insolvenzverwalter das Kündigungsrecht des Mitglieds an dessen Stelle ausüben.

I. Allgemeines

1 Die mit Wirkung zum 19.7.2013 in Kraft getretene Regelung knüpft an ein dem Mitglied auf anderer rechtlicher Grundlage zustehendes Kündigungsrecht an und gibt die Befugnis zur Ausübung dieses Rechts im Fall der Insolvenz des Mitglieds dem über dessen Vermögen bestellten Insolvenzverwalter. Auch ohne diese Neuregelung steht dem Insolvenzverwalter (anders als einem Gläubiger) eine solche

Befugnis schon kraft seines Amtes gem. § 80 Abs. 1 InsO zu (BGH 19.3.2009, NZI 2009, 374 Rn. 5; teilweise wurde eine entsprechende Anwendung von § 66 befürwortet). Insoweit hat § 66a anders als § 66 lediglich klarstellenden Charakter. Auf die Entscheidung des BGH, dass auch im Fall einer Mitgliedschaft in einer Wohnungsgenossenschaft der Insolvenzverwalter die Mitgliedschaft kündigen könne und das insolvenzrechtliche Kündigungsverbot für gemieteten Wohnraum nicht entsprechend gelte (BGH 19.3.2009, NZI 2009, 374 Rn. 8 ff.), hat der Gesetzgeber mit der Einführung der §§ 66a, 67c reagiert und dem Insolvenzverwalter zwar grundsätzlich die Befugnis zur Ausübung eines Kündigungsrechts zugebilligt, es aber für den Fall, dass es um die Mitgliedschaft in einer Wohnungsgenossenschaft geht, stark eingeschränkt (näher § 67c).

II. Ausübungsvoraussetzungen für den Insolvenzverwalter

2 Die Vorschrift wiederholt die wesentlichen insolvenzrechtlichen Voraussetzungen in Gestalt der Eröffnung des Insolvenzverfahrens über das Vermögen eines Mitglieds und der Bestellung des Insolvenzverwalters. Dass nach dem an § 66 Abs. 1 S. 1 angelehnten Wortlaut der Vorschrift der Insolvenzverwalter das Kündigungsrecht „anstelle des Mitglieds ausüben kann", darf nicht entgegen § 80 Abs. 1 InsO ausgelegt werden und führt nicht etwa zu einer Kündigungsbefugnis außerhalb der durch das Insolvenzrecht gezogenen Grenzen. Der Insolvenzverwalter unterliegt daher auch hinsichtlich der Kündigung der Mitgliedschaft insbesondere der Aufsicht durch das Insolvenzgericht, der Überwachung durch den Gläubigerausschuss und einer etwaigen Schadensersatzpflicht wegen pflichtwidrigen Verhaltens (§§ 58, 60, 69 InsO). Die Kündigung durch den Insolvenzverwalter ist bei einer Mitgliedschaft in einer Wohnungsgenossenschaft **unter den Voraussetzungen des § 67c ausgeschlossen** (→ § 67c Rn. 1 ff.).

III. Voraussetzungen des jeweiligen Kündigungsrechts und Folgen der Kündigung

3 Die Voraussetzungen eines **ordentlichen Kündigungsrechts** des Mitglieds (§ 65 Abs. 1, 2) müssen im Zeitpunkt der Kündigungserklärung durch den Insolvenzverwalter vorliegen. Insbesondere wenn die Kündigungsfrist nach § 65 Abs. 2 S. 2, 3 in der Satzung auf bis zu fünf bzw. zehn Jahre verlängert worden ist, wird die ordentliche Kündigung dem Zweck des Insolvenzverfahrens idR nicht gerecht. In diesen Fällen ist weder nach dem Wortlaut noch dem Zweck von § 66a ausgeschlossen, dass der Insolvenzverwalter das **außerordentliche Kündigungsrecht** nach § 65 Abs. 3 ausüben kann (→ § 66 Rn. 1). Freilich stellt die Eröffnung des Insolvenzverfahrens nicht schon per se einen wichtigen Grund iSv § 65 Abs. 3 dar, sondern dieser wichtige Grund muss im Einzelfall im Wege einer Interessenabwägung festgestellt werden (→ § 66 Rn. 3). Daher wird es nicht nur darauf ankommen, ob die voraussichtlichen Erträge aus der vom Insolvenzverwalter bis zum Ablauf der ordentlichen Kündigungsfrist fortgeführten Förderbeziehung des Mitglieds zur eG und künftige Gewinne das aktuelle Auseinandersetzungsguthaben überschreiten, sondern auch auf die Interessen der eG und ihrer anderen Mitglieder. Auch die anderen außerordentlichen Kündigungsrechte nach §§ 67, 67a kann der Insolvenzverwalter anstelle des Mitglieds ausüben, wenn deren Voraussetzungen in der Person des Mitglieds vorliegen.

4 Bei einer Beteiligung des Mitglieds mit mehreren Geschäftsanteilen kann der Insolvenzverwalter das **Kündigungsrecht nach § 67b** unter den dort genannten Voraussetzungen auf einzelne Geschäftsanteile des Mitglieds beschränken (BT-Drs. 17/11268, 38). Indirekt ergibt sich dies aus § 67c Abs. 2.

5 Der Insolvenzverwalter wird ein Kündigungsrecht des Mitglieds häufig dann ausüben, wenn ein nennenswertes Geschäftsguthaben im Zeitpunkt der Beendigung der Mitgliedschaft zu erwarten ist und der **Auseinandersetzungsanspruch nach § 73 Abs. 2** zu einer wesentlichen Anreicherung der Insolvenzmasse führt. Andererseits endet mit der Mitgliedschaft auch die Möglichkeit, die Fördergeschäftsbeziehung zur eG (zB → § 18 Rn. 3) fortzuführen. Der Insolvenzverwalter wird insbesondere abzuwägen haben, inwieweit im Hinblick auf die voraussichtliche Dauer des Insolvenzverfahrens und auf die möglicherweise mehrere Jahre dauernde ordentliche Kündigungsfrist (→ Rn. 3, → § 65 Rn. 2) sowie die grundsätzlich sechsmonatige Auszahlungsfrist für das Auseinandersetzungsguthaben (§ 73 Abs. 2 S. 2) eine Fortführung der Mitgliedschaft den Gläubigerinteressen besser gerecht wird.

Beendigung der Mitgliedschaft wegen Aufgabe des Wohnsitzes

67 **[1]Ist nach der Satzung die Mitgliedschaft an den Wohnsitz innerhalb eines bestimmten Bezirks geknüpft, kann ein Mitglied, das seinen Wohnsitz in diesem Bezirk aufgibt, seine Mitgliedschaft ohne Einhaltung einer Kündigungsfrist zum Schluss des Geschäftsjahres kündigen; die Kündigung bedarf der Schriftform. [2]Über die Aufgabe des Wohnsitzes ist die Bescheinigung einer Behörde vorzulegen.**

Die Vorschrift gibt den Mitgliedern ein **außerordentliches Kündigungsrecht,** wenn sie ihren Wohnsitz in einen anderen Bezirk als den in der Satzung nach § 8 Abs. 1 Nr. 2 bestimmten Bezirk verlegen oder ihren Wohnsitz in diesem Bezirk aufgeben (§ 7 Abs. 3 BGB). Eine Kündigungsfrist muss nicht eingehalten werden. Die Kündigung muss wie sonst auch zum Schluss des Geschäftsjahres erklärt werden und bedarf der Schriftform (§ 126 BGB). Ihr ist eine Meldebescheinigung oder ähnliche Bescheinigung über die Aufgabe oder den Wechsel des Wohnsitzes beizufügen. 1

Außerordentliches Kündigungsrecht

67a (1) [1]**Wird eine Änderung der Satzung beschlossen, die einen der in § 16 Abs. 2 Satz 1 Nr. 2 bis 5, 9 bis 11 oder Abs. 3 aufgeführten Gegenstände oder eine wesentliche Änderung des Gegenstandes des Unternehmens betrifft, kann kündigen:**

1. **jedes in der Generalversammlung erschienene Mitglied, wenn es gegen den Beschluss Widerspruch zur Niederschrift erklärt hat oder wenn die Aufnahme seines Widerspruchs in die Niederschrift verweigert worden ist;**
2. **jedes in der Generalversammlung nicht erschienene Mitglied, wenn es zu der Generalversammlung zu Unrecht nicht zugelassen worden ist oder die Versammlung nicht ordnungsgemäß einberufen oder der Gegenstand der Beschlussfassung nicht ordnungsgemäß angekündigt worden ist.**

[2]**Hat eine Vertreterversammlung die Änderung der Satzung beschlossen, kann jedes Mitglied kündigen; für die Vertreter gilt Satz 1.**

(2) [1]**Die Kündigung bedarf der Schriftform.** [2]**Sie kann nur innerhalb eines Monats zum Schluss des Geschäftsjahres erklärt werden.** [3]**Die Frist beginnt in den Fällen des Absatzes 1 Satz 1 Nr. 1 mit der Beschlussfassung, in den Fällen des Absatzes 1 Satz 1 Nr. 2 mit der Erlangung der Kenntnis von der Beschlussfassung.** [4]**Ist der Zeitpunkt der Kenntniserlangung streitig, trägt die Genossenschaft die Beweislast.** [5]**Im Falle der Kündigung wirkt die Änderung der Satzung weder für noch gegen das Mitglied.**

I. Allgemeines

Das **außerordentliche Kündigungsrecht** nach dieser Vorschrift (zu weiteren außerordentlichen Kündigungsrechten s. §§ 65 Abs. 2, 67) dient vor allem dem **Minderheitenschutz** und knüpft an **bestimmte Satzungsänderungen** an, bei denen der Gesetzgeber davon ausgeht, dass sie einen derart erheblichen Eingriff in die bestehende Mitgliedschaft darstellen, dass insbesondere der überstimmten Minderheit eine Fortsetzung der Mitgliedschaft nicht mehr zugemutet werden kann (vgl. BT-Drs. 16/1025, 92). Die Voraussetzungen für die außerordentliche Kündigung nach Abs. 1 sind zwingend und erschöpfend geregelt (BT-Drs. 16/1025, 86, re. Sp.). 1

II. Kündigungsberechtigung

Die in Abs. 1 genannten Satzungsänderungen betreffen wesentliche Eckpfeiler der Mitgliedschaft (§ 18). **Änderungen des Unternehmensgegenstandes** der eG (§ 16 Abs. 2 Nr. 1) sind dann **wesentlich,** wenn sie die Förderinteressen aller Mitglieder ernsthaft beeinträchtigen oder wenn sie nach dem wirtschaftlichen Gesamtbild der eG für die Mitglieder zu erheblich neuen oder anderen Risiken oder Nachteilen führen (vgl. zB OLG Düsseldorf 12.4.2001, NZG 2001, 1093 (1094); Beuthien/*Beuthien* Rn. 2). Eine wesentliche Änderung des Unternehmensgegenstandes iSv § 67a Abs. 1 liegt bei wertender Betrachtung insbesondere dann vor, wenn die eG nahezu ihren gesamten Geschäftsbetrieb an eine andere Gesellschaft überträgt und sich an dieser Gesellschaft beteiligt (hM, zB OLG Düsseldorf 12.4.2001, NZG 2001, 1093 (1094); zur „Holzmüller"-Rspr. → § 6 Rn. 3). Eine Verpachtung des Geschäftsbetriebes oder eine Ausdehnung des Geschäftsbetriebes auf Nichtmitglieder kann ein außerordentliches Kündigungsrecht rechtfertigen, sofern die Erbringung der Förderleistungen nicht gesichert ist oder erheblich gestört wird (vgl. Beuthien/*Beuthien* Rn. 2). Das Kündigungsrecht setzt ferner eine **besondere Befugnis nach Abs. 1 S. 1 Nr. 1, 2** voraus, die an die Voraussetzungen einer Anfechtungsbefugnis gem. § 51 Abs. 2 angelehnt ist (→ § 51 Rn. 15). Nach Abs. 1 S. 2 bestehen diese Beschränkungen der Kündigungsbefugnis in den Fällen, in denen die Satzungsänderung von einer Vertreterversammlung beschlossen wurde, nur für die Mitglieder, die Vertreter sind. Alle übrigen Mitglieder haben eine unbeschränkte Kündigungsbefugnis, weil sie an der Vertreterversammlung grundsätzlich nicht teilnehmen können. 2

III. Kündigungserklärung

Für die Kündigungserklärung gilt grundsätzlich das in → § 65 Rn. 2 Gesagte. Allerdings beträgt die Kündigungsfrist lediglich einen Monat. Sie ist eine Ausschlussfrist. Ihr Lauf beginnt unterschiedlich, je 3 nachdem ob das Mitglied in der Generalversammlung erschienen oder nicht erschienen ist (Abs. 2 S. 3). Im Fall des Nichterscheinens läuft die Frist, wenn das Mitglied von der genauen Beschlussfassung Kenntnis erhält. Sofern nicht die eG den betroffenen Mitgliedern die Beschlussfassung mitteilt, wird sie als Beweisbelastete (Abs. 2 S. 4) den Zeitpunkt der Kenntniserlangung kaum beweisen können.

IV. Kein Wirksamwerden der Satzungsänderung (Abs. 2 S. 5)

4 Abs. 2 S. 5 stellt klar, dass die Satzungsänderung nach Abs. 1 keine Wirkung für das Mitglied entfaltet, das wirksam gekündigt hat. Dies hat Bedeutung in den Fällen, in denen die Mitgliedschaft nicht sofort nach wirksamer Kündigung beendet wird, sondern noch weiter besteht (§ 65 Abs. 4, § 75). Abs. 2 S. 5 erfasst zwar an sich nicht die Mitgliederkündigungen, die bereits erklärt worden sind, aber wegen der noch laufenden Kündigungsfrist noch zum Ausscheiden geführt haben (OLG Stuttgart 6.6.2018, NZG 2018, 910 Rn. 20 f.). Ausnahmsweise müssen sie aber als miterfasst gelten, wenn das betreffende Mitglied, das bereits ordentlich gekündigt hat, keinen Anlass sehen muss, ein zweites Mal (außerordentlich nach § 67a) zu kündigen, um zB einer Aussetzung seines Auseinandersetzungsanspruchs zu entgehen.

Kündigung einzelner Geschäftsanteile

67b (1) **Ein Mitglied, das mit mehreren Geschäftsanteilen beteiligt ist, kann die Beteiligung mit einem oder mehreren seiner weiteren Geschäftsanteile zum Schluss eines Geschäftsjahres durch schriftliche Erklärung kündigen, soweit es nicht nach der Satzung oder einer Vereinbarung mit der Genossenschaft zur Beteiligung mit mehreren Geschäftsanteilen verpflichtet ist oder die Beteiligung mit mehreren Geschäftsanteilen Voraussetzung für eine von dem Mitglied in Anspruch genommene Leistung der Genossenschaft ist.**

(2) **§ 65 Abs. 2 bis 5 gilt sinngemäß.**

I. Voraussetzungen der Kündigung

1 Die Vorschrift knüpft an die Möglichkeit an, dass eine **Beteiligung mit mehreren Geschäftsanteilen** an der eG möglich ist, sofern die Satzung dies erlaubt (§ 7a Abs. 1; zu den Voraussetzungen einer solchen Beteiligung vgl. § 15b). In diesem Fall kann es für das Mitglied sinnvoll sein, nicht seine Mitgliedschaft zu kündigen, sondern seine Beteiligung mit einem oder mehreren seiner Geschäftsanteile (zur Frage, ob das Mitglied hierzu verpflichtet sein kann → § 7a Rn. 2). Das Kündigungsrecht setzt voraus, dass das Mitglied nicht statutarisch (§ 7a Abs. 2) oder rechtsgeschäftlich zur Beteiligung mit mehreren Geschäftsanteilen verpflichtet ist und dass die Beteiligung nicht Voraussetzung für eine in Anspruch genommene Leistung der eG ist. Die Kündigung ist ordentlich oder außerordentlich unter den entsprechend anwendbaren Voraussetzungen von § 65 Abs. 2–4 zu erklären.

II. Wirkungen der Kündigung

2 Die Kündigung einzelner Geschäftsanteile beendet die Mitgliedschaft als solche nicht, weil der Geschäftsanteil nur den Höchstbetrag einer Beteiligung ausdrückt und nicht identisch ist mit der Mitgliedschaft (→ § 7 Rn. 2). Es wird nur die Beteiligung mit dem gekündigten Geschäftsanteil beendet. Das Mitglied hat entsprechend § 73 Abs. 2 S. 2 einen Anspruch auf Auszahlung des auf den gekündigten Geschäftsanteil gezahlten Geschäftsguthabens. Nach § 69 sind der Zeitpunkt der Beendigung und die Zahl der verbleibenden Geschäftsanteile in die Mitgliederliste unverzüglich einzutragen und das Mitglied unverzüglich hiervon zu informieren. Im Fall der Auflösung der eG gilt § 75 entsprechend (hM).

Kündigungsausschluss bei Wohnungsgenossenschaften

67c (1) **Die Kündigung der Mitgliedschaft in einer Wohnungsgenossenschaft durch den Gläubiger (§ 66) oder den Insolvenzverwalter (§ 66a) ist ausgeschlossen, wenn**
1. die Mitgliedschaft Voraussetzung für die Nutzung der Wohnung des Mitglieds ist und
2. das Geschäftsguthaben des Mitglieds höchstens das Vierfache des auf einen Monat entfallenden Nutzungsentgelts ohne die als Pauschale oder Vorauszahlung ausgewiesenen Betriebskosten oder höchstens 2000 Euro beträgt.

(2) **Übersteigt das Geschäftsguthaben des Mitglieds den Betrag nach Absatz 1 Nummer 2, ist die Kündigung der Mitgliedschaft nach Absatz 1 auch dann ausgeschlossen, wenn es durch Kündigung einzelner Geschäftsanteile nach § 67b auf einen nach Absatz 1 Nummer 2 zulässigen Betrag vermindert werden kann.**

I. Allgemeines

1 Die am 19.7.2013 in Kraft getretene Neuregelung (BGBl. 2013 I 2385) soll verhindern, dass ein Mitglied einer Wohnungsgenossenschaft, das Maßnahmen der Einzelzwangsvollstreckung unterliegt oder über dessen Vermögen das Insolvenzverfahren eröffnet ist, die von der eG gemietete und selbst bewohnte Wohnung dadurch verliert, dass ein Einzelgläubiger oder der Insolvenzverwalter nach §§ 66, 66a die Mitgliedschaft kündigt und die eG das Mietverhältnis mit dem Mitglied deswegen beendet. Damit verfolgt die Vorschrift denselben Zweck wie § 109 Abs. 1 S. 2 InsO, wonach dem Insolvenzverwalter ein Sonderkündigungsrecht bezüglich der Wohnung des Schuldners verwehrt wird. Ferner wird sowohl mit § 67c als auch mit § 109 Abs. 1 S. 2 InsO indirekt das Ziel des Verbraucherinsolvenzverfahrens gefördert, dem Schuldner einen wirtschaftlichen Neubeginn nicht unmöglich zu machen oder wesentlich zu erschweren (BT-Drs. 17/11268, 18). In einem Fall, in dem das Mitgliedschaftsverhältnis **vor dem Inkrafttreten von § 67c (19.7.2013) durch Kündigung beendet** wurde, hat der BGH allerdings klargestellt, dass er an seiner Rspr. festhalte und eine analoge Anwendung von § 109 Abs. 1 S. 2 InsO auf die Kündigung der Mitgliedschaft in einer Wohnungsgenossenschaft ablehne (BGH 18.9.2014, NZI 2014, 953). Diese Rspr. wird man auf den Fall erstrecken müssen, in dem die Kündigung vor dem 19.7.2013 lediglich ausgesprochen worden ist, aber erst nach diesem Datum wirksam wurde.

II. Entstehungsgeschichte und Hintergrund

2 Um einen gewissen Gleichklang mit der Rechtslage bei einer Einzelzwangsvollstreckung in das Vermögen eines Mieters herzustellen, wo der Gläubiger das Mietverhältnis nicht selbst kündigen kann, hat der Gesetzgeber den Mieter im Fall eines Insolvenzverfahrens seit der Neuregelung in § 109 Abs. 1 S. 2 InsO (BGBl. 2001 I 2710) vor einem Sonderkündigungsrecht des Insolvenzverwalters geschützt. An sich lag nahe, die hinter dieser Vorschrift stehende gesetzgeberische Intention auch für den Fall einer gemieteten Genossenschaftswohnung fruchtbar zu machen. Dort haben die Mietvertragsparteien das Mietverhältnis regelmäßig vom Bestehen einer Mitgliedschaft in der Wohnungsgenossenschaft abhängig gemacht. Zumindest hat die eG ein berechtigtes Kündigungsinteresse nach § 573 Abs. 1 S. 1 BGB, wenn die Mitgliedschaft des Mieters endet (BGH 10.9.2003, NJW-RR 2004, 12). Typischerweise führte daher die Kündigung der Mitgliedschaft durch einen Gläubiger oder durch den Insolvenzverwalter zum Verlust der Wohnung. Dennoch **lehnte der BGH** in diesen Fällen einen Ausschluss der Kündigung der Mitgliedschaft in **Analogie zu § 109 Abs. 1 S. 2 InsO ab** (BGH 19.3.2009, BGHZ 180, 185 = NZI 2009, 374 Rn. 8 ff.; Andres/Leithaus/*Andres*, 3. Aufl. 2014, InsO § 109 Rn. 10, str.), insbesondere weil die Mitgliedschaft von dem Nutzungsverhältnis zu trennen sei, die Beendigung der ersteren nicht zwangsläufig zu einer Beendigung auch des letzteren führen müsse und dem Genossenschaftsmitglied auch vor der Insolvenz kein entsprechender Schutz zukomme. Auf diese Rspr. reagierte der Gesetzgeber mit der Einführung eines Kündigungsausschlusses sowohl für den Insolvenzverwalter als auch – konsequent und um Wertungswidersprüche zu vermeiden – für einen Gläubiger in der Einzelzwangsvollstreckung gem. § 67c. Für die **Altfälle,** dh für vor dem Inkrafttreten von § 67c ausgesprochene Kündigungen, hält der BGH an seiner Ablehnung der Analogie zu § 109 Abs. 1 S. 2 InsO fest (BGH 18.9.2014, NZI 2014, 953 Rn. 1).

III. Voraussetzungen des Kündigungsausschlusses nach Abs. 1

3 Der Ausschluss bezieht sich nur auf die **Mitgliedschaftskündigung durch den Gläubiger** eines Mitglieds nach § 66 und **durch den Insolvenzverwalter** nach § 66a (→ § 66 Rn. 1 ff.) und beschränkt sich auf die Kündigung der Mitgliedschaft in einer Wohnungsgenossenschaft. Der Begriff der **Wohnungsgenossenschaft** ist gesetzlich nicht definiert, sondern ein Typusbegriff (→ § 1 Rn. 27), der aus dem Sinnzusammenhang der gesamten Vorschrift des § 67c und ihrem Telos zu verstehen ist. Wie Abs. 1 Nr. 2 zeigt, ist der Charakter als Wohnungsgenossenschaft nicht schon dann ausgeschlossen, wenn die Mitgliedschaft in der betreffenden eG generell nicht nur die Funktion hat, die Anmietung einer Wohnung zu ermöglichen, sondern ihr auch ein gewisser Kapitalanlagecharakter innewohnt. Diese doppelte Funktion hat sie nämlich typischerweise. Eine eG, auch eine Vor-eG, ist unabhängig von der Art ihres Geschäftsbetriebs dann Wohnungsgenossenschaft iS dieser Vorschrift, wenn sie ihre Mitglieder durch die Bereitstellung von Wohnraum fördert und die **Mitgliedschaft Voraussetzung für die Nutzung der Wohnung des Mitglieds ist (Abs. 1 Nr. 1).** Daran fehlt es bei der Mitgliedschaft investierender Mitglieder iSv § 8 Abs. 2. An der Voraussetzung der Nr. 1 fehlt es nicht, wenn in der Satzung der eG der Förderzweck gem. § 8 Abs. 1 Nr. 5 auf Nichtmitglieder erweitert worden ist, zumal dies ohnehin nicht zum Hauptzweck der eG werden darf (→ § 8 Rn. 6; so wohl auch BT-Drs. 17/11268, 39: „… es ist unschädlich, wenn die Satzung … für bestimmte Ausnahmefälle ermöglicht, dass auch Nichtmitglieder (wie z. B. Studenten) eine Genossenschaftswohnung nutzen können."). Es muss sich um die **Wohnung „des Mitglieds"** handeln, dh das Mitglied muss die Wohnung selbst, ggf. mit

seiner Familie, bewohnen und dort seinen räumlichen Lebensmittelpunkt haben; nicht genügt eine Zweit- oder Ferienwohnung (BT-Drs. 17/11268, 39). Familienangehörige des Mitglieds, an die das Mitglied die Wohnung untervermietet oder zur Nutzung überlassen hat, sind nicht geschützt (so BT-Drs. 17/11268, 39; aA für § 109 Abs. 1 S. 2 InsO zB MüKoInsO/*Eckert* InsO § 109 Rn. 49). Wie das konkrete Nutzungsverhältnis über den Wohnraum rechtlich ausgestaltet ist (ob als Mietvertrag oder als genossenschaftliches Nutzungsverhältnis, → § 1 Rn. 28), spielt ebenso wenig Rolle wie die rechtliche Ausgestaltung, dass das Nutzungsverhältnis von der Mitgliedschaft abhängt (auflösende Bedingung, Kündigungsgrund etc).

4 Der Kündigungsausschluss gilt nach **Abs. 1 Nr. 2** nur bis zu einem bestimmten **Höchstbetrag,** den das **Geschäftsguthaben** des Mitglieds haben darf. Mit dieser Rückausnahme will der Gesetzgeber den Schutz des Mitglieds vor dem Verlust der Wohnung dann zurücknehmen, wenn die Funktion der Mitgliedschaft zur Wohnungsbereitstellung in dem betreffenden Einzelfall für das Mitglied eine nur untergeordnete Rolle spielt und stattdessen die Funktion der Kapitalanlage in den Vordergrund tritt. Dann gewinnt das Interesse der Gläubiger, das Auseinandersetzungsguthaben des Mitglieds zur Masse zu ziehen, die Oberhand; zudem soll verhindert werden, dass ein Mitglied seine Beteiligung an einer Wohnungsgenossenschaft dazu nutzt, um einen Teil seines Vermögens vor seinen Gläubigern zu entziehen (BT-Drs. 17/11268, 19, 38). Der erste Schwellenwert nach Abs. 1 Nr. 2 knüpft an das **Vierfache des monatlichen Nutzungsentgelts (idR Mietzins) ohne Betriebskostenpauschale** an (BT-Drs. 17/11268, 38: in der Praxis orientiere sich die Pflichtbeteiligung an einer Wohnungsgenossenschaft häufig an diesem Schwellenwert). Bezugspunkt ist weder der Geschäftsanteil (der nur die potentielle Höchstbeteiligung angebe) noch der Auseinandersetzungsanspruch (der erst nach Beendigung der Mitgliedschaft fällig würde), sondern das **Geschäftsguthaben** (zum Inhalt → § 19 Rn. 4, → § 73 Rn. 3) im Zeitpunkt der intendierten Kündigung. Weil das Geschäftsguthaben des betreffenden Mitglieds anhand der letzten Bilanz objektiv festgestellt werden kann, wird diese Anknüpfung der Rechtssicherheit und dem Charakter der Kündigung als Gestaltungserklärung grundsätzlich gerecht. Entsprechende **Auskunftsansprüche** des Mitglieds kann der Insolvenzverwalter nach § 80 Abs. 1 InsO anstelle des Mitglieds ausüben. Für einen Einzelgläubiger empfiehlt sich, neben dem Auseinandersetzungsanspruch auch solche Auskunftsansprüche des Mitglieds zu pfänden und sich überweisen zu lassen (→ § 66 Rn. 3), um einen etwaigen Kündigungsausschluss ermitteln zu können.

IV. Erweiterter Kündigungsausschluss nach Abs. 2

5 Übersteigt das Geschäftsguthaben die Schwellenwerte nach Abs. 1 Nr. 1, 2, ist nach Abs. 2 in dem Fall, in dem das Mitglied gem. § 7a Abs. 1 **mit mehreren Geschäftsanteilen an der Wohnungsgenossenschaft beteiligt** ist und die Kündigung eines oder mehrerer Geschäftsanteile dazu führt, dass das Mitglied mit dem auf den übrig bleibenden Geschäftsanteil entfallenden Geschäftsguthaben unter die Schwellenwerte nach Abs. 1 Nr. 2 fällt, eine Kündigung durch den Gläubiger oder den Insolvenzverwalter **hinsichtlich des übrig bleibenden Geschäftsanteils** ausgeschlossen. Dies setzt aber voraus, dass die Satzung die Wohnberechtigung nicht an eine Pflichtbeteiligung mit mehreren Geschäftsanteilen nach § 7a Abs. 2 knüpft. In diesen Fällen wäre die Kündigung einzelner Geschäftsanteile bereits nach § 67b Abs. 1 Hs. 2 ausgeschlossen. Wenn diese Voraussetzungen vorliegen, können der Gläubiger bzw. der Insolvenzverwalter wählen, welche Geschäftsanteile sie kündigen, dh es muss nicht der Geschäftsanteil „übrig bleiben", auf den der höchstzulässige Guthabenbetrag entfällt, sofern der auf den übrig bleibenden Geschäftsanteil entfallende Betrag zur Wohnberechtigung hinreichend ist.

V. Folgen eines höheren Geschäftsguthabens

6 Übersteigt das Geschäftsguthaben die Schwellenwerte nach Abs. 1 Nr. 1, 2 und ist auch Abs. 2 nicht einschlägig, kommt ein Ausschluss der Kündigung des einzigen Geschäftsanteils auf denjenigen Teil, der nach Abs. 1 zulässig wäre, nicht in Betracht. Dies widerspräche Abs. 2 und verstieße zudem gegen das Auszahlungsverbot des § 22 Abs. 4. Für Mitglieder in Wohnungsgenossenschaften empfiehlt sich daher künftig, sich hinsichtlich der über die Pflichtbeteiligung hinausgehenden Guthabenbeträge mit gesonderten Geschäftsanteilen zu beteiligen, um in den Genuss von Abs. 2 zu kommen. Wohnungsgenossenschaften sind aber wegen § 7a Abs. 1 grundsätzlich nicht gehalten, diese Möglichkeit zu geben. Nach § 15b Abs. 2 müssen zudem sämtliche Geschäftsanteile voll eingezahlt sein, bevor zusätzliche Geschäftsanteile übernommen werden können. Wenn der Kündigungsausschluss nach Abs. 1 und Abs. 2 versagt, kommt ein Vollstreckungsschutz des Mitglieds nach **§ 765a Abs. 1 ZPO** in Betracht, wenn eine sittenwidrige Härte vorliegt (OLG Hamm 27.8.1982, ZMR 1984, 154; allg. zB BGH 18.12.2008, NJW 2009, 1283). Freilich wird hierfür schon aufgrund der gesetzgeberischen Wertung in § 67c nicht genügen, dass infolge der Mitgliedschaftskündigung der Verlust der Wohnung droht, sondern es müssen zusätzliche „ganz besondere" Umstände wie zB drohende Obdachlosigkeit hinzutreten.

VI. Folgen eines Kündigungsausschlusses

Soweit der Kündigungsschutz nach Abs. 1 oder Abs. 2 greift, ist das Kündigungsrecht als Gestaltungsrecht ausgeschlossen und eine dennoch ausgesprochene Kündigungserklärung unwirksam. Davon sind **sowohl das ordentliche als auch das außerordentliche Kündigungsrecht** erfasst, weil nur dies dem Telos von § 67c gerecht wird und in dieser Vorschrift insoweit auch nicht differenziert wird. Von § 67c nicht tangiert ist selbstverständlich die Kündigung des Nutzungsverhältnisses durch die Wohnungsgenossenschaft. 7

Ob weitere Folgen gelten, ist in § 67c nicht geregelt, aber insbesondere für das **Insolvenzverfahren** bedeutsam, weil die **Fortsetzung der Mitgliedschaft** mit nicht unerheblichen zusätzlichen Lasten für die Masse verbunden sein kann. Um dies zu verhindern, muss dem Insolvenzverwalter **analog § 109 Abs. 1 S. 2 InsO** die Möglichkeit gegeben werden, eine **Enthaftungserklärung** nicht nur für das Mietverhältnis, sondern auch für das Mitgliedschaftsverhältnis abzugeben. Dies führt dazu, dass die Mitgliedschaft in der Wohnungsgenossenschaft vom Mitglied außerhalb des Insolvenzverfahrens fortgeführt wird. Für die Frist, nach deren Ablauf die Masse nicht mehr für Ansprüche aus der Mitgliedschaft haftet, wird man die ordentliche Kündigungsfrist nach § 65 Abs. 1, 2 heranziehen müssen. Der Wohnungsgenossenschaft steht ein Schadensersatzanspruch wegen der Folgen der Enthaftungserklärung analog § 109 Abs. 1 S. 3 InsO zu. Ersatzfähig wäre insbesondere ein etwaiger Ausfall mit Ansprüchen der eG auf Einlage- oder Nachschusszahlungen. 8

Ausschluss eines Mitglieds

68 (1) [1]**Die Gründe, aus denen ein Mitglied aus der Genossenschaft ausgeschlossen werden kann, müssen in der Satzung bestimmt sein.** [2]**Ein Ausschluss ist nur zum Schluss eines Geschäftsjahres zulässig.**

(2) [1]**Der Beschluss, durch den das Mitglied ausgeschlossen wird, ist dem Mitglied vom Vorstand unverzüglich durch eingeschriebenen Brief mitzuteilen.** [2]**Das Mitglied verliert ab dem Zeitpunkt der Absendung der Mitteilung das Recht auf Teilnahme an der Generalversammlung oder der Vertreterversammlung sowie seine Mitgliedschaft im Vorstand oder Aufsichtsrat.**

Übersicht

I. Satzungsgrundlage für den Ausschluss

Die Vorschrift des **Abs. 1 S. 1** legt zwingend und erschöpfend fest, dass die Voraussetzungen für den Ausschluss von Mitgliedern in der Satzung bestimmt werden müssen. Schweigt die Satzung, kann nicht zB entsprechend § 626 BGB oder entsprechend § 314 BGB ein Kündigungsrecht der eG aus wichtigem Grund angenommen werden (str.). Das gebieten der Wortlaut („müssen") iVm § 18 S. 2 und der Bestimmtheitsgrundsatz. Auch eine schuldrechtliche Vereinbarung bedingungsgemäß eintretender Beendigungsgründe ist ausgeschlossen (BGH 15.5.2018, NZG 2018, 787 Rn. 39 ff.). Nach der Novelle 2006 ist mit dem Ausschlussgrund der Doppelmitgliedschaft der letzte gesetzliche Ausschlussgrund gestrichen worden. Seither gibt es nur noch statutarische Ausschlussgründe. 1

Der Satzungsgeber ist in der Formulierung von Ausschlussgründen nicht frei, sondern muss seine Bestimmungen vor allem an dem Gebot der **Verhältnismäßigkeit,** an der genossenschaftlichen **Treuepflicht,** am **Gleichbehandlungsgrundsatz,** am **Willkürverbot,** an **§§ 134, 138 BGB** sowie am **Demokratieprinzip** ausrichten. 2

Insbesondere ist die Festlegung eines Ausschlussgrundes nur wirksam, wenn er zur ungestörten Verwirklichung des Förderzwecks der eG und zur Sicherung ihrer Funktionsfähigkeit **sachlich ge-** 3

rechtfertigt und **erforderlich** ist (vgl. zB BGH 10.11.1992, NJW 1993, 1710 (1711 f.); OLG Hamm 26.5.1999, NZG 1999, 1234 (1235): Ausschluss wegen späterer Nichterfüllung der Beitrittsvoraussetzungen). Die Interessen der Mitglieder am Fortbestand ihrer Mitgliedschaft müssen angemessene Berücksichtigung finden; dies steht zB der rückwirkenden Einführung von Ausschlusstatbeständen entgegen (OLG Frankfurt a. M. 12.12.2000, NZG 2001, 904 (906)).

4 Der Ausschlusstatbestand muss mit der notwendigen **Bestimmtheit und Transparenz** gefasst sein, sodass jedes Mitglied ihn als solches verstehen und ihn vermeiden kann (zB OLG Frankfurt a. M. 12.12.2000, NZG 2001, 904 (905)).

5 Dem Mitglied muss der Ausschlussgrund **zugerechnet** werden können; es muss dafür iwS **verantwortlich** gemacht werden können. Den Ausschluss muss die Satzung nicht zwingend an ein Verschulden knüpfen, es sei denn es handelt sich um generalklauselartige Ausschlussgründe eines den Förderzweck störenden Verhaltens oder eines sonstigen für die eG nachteiligen Verhaltens. Enthält die Satzung ein Verschuldenserfordernis, darf der für Geschäftsleiter geltende Verschuldensmaßstab nicht ohne Weiteres auf Mitglieder angewendet werden, auch wenn das auszuschließende Mitglied dem Vorstand angehört (BGH 31.1.1963, NJW 1963 (1152 f.): Ausschlussgrund der „schuldhaften Schädigung" der eG).

6 Die Beteiligung eines Mitglieds an einem mit der eG in Konkurrenz stehenden Unternehmen oder der Betrieb eines solchen können zulässigerweise als Ausschlussgrund vorgesehen werden (sog. **Konkurrenzklauseln;** zB BGH 22.5.1958, NJW 1958, 1633 (1634); weitere Bsp. bei PFB/*Fandrich* Rn. 12).

II. Ausschlussentscheidung

7 **1. Formelle Rechtmäßigkeit. a) Zuständigkeit.** Sofern nicht die Satzung die Ausschlussentscheidung einem (ggf. fakultativen) Organ zuweist, ist der Vorstand **zuständig.** Dies gilt allerdings nicht für den Ausschluss solcher Mitglieder, die Vorstands- oder Aufsichtsratsmitglieder sind, auch nicht wenn das Statut die Zuständigkeit des Vorstands vorsieht, weil sonst die Gefahr bestünde, dass einzelne Vorstandsmitglieder oder der Aufsichtsrat in tatsächliche Abhängigkeit vom (Gesamt-)Vorstand geraten (vgl. BGH 23.11.1959, BGHZ 31, 192 (195) = NJW 1960, 193 (194)). Dies verstieße gegen den Grundsatz der freien Selbstverwaltung (→ § 1 Rn. 44). Sieht die Satzung für solche Ausschlussentscheidungen kein fakultatives Organ vor, ist die Generalversammlung zuständig (BGH 23.11.1959, BGHZ 31, 192 (195) = NJW 1960, 193 (194)). Ähnliches muss entgegen der hM bei Vorliegen einer Vertreterversammlung auch für den Ausschluss von Vertretern aus der eG gelten, weil hier ähnliche Gefahren bestehen und die Vertreter ebenfalls ein Amt bekleiden. Dies konzediert auch der BGH (BGH 24.9.2001, NJW 2002, 64 (65)), will der Gefahr aber allein dadurch begegnen, dass das Vertreteramt nach erfolgreicher Einlegung eines Rechtsmittels wiederauflebt (→ Rn. 12). Wenn die Generalversammlung entscheidet, ist das auszuschließende Mitglied stimmberechtigt (str., → § 43 Rn. 19).

8 **b) Ausschlussverfahren.** Die Treuepflicht der eG gebietet es, dass der Ausschluss einer vorherigen **Abmahnung** des Mitglieds bedarf und dass ihm Gelegenheit gegeben wird, die möglichen Ausschlussgründe zu erfahren, hierzu Stellung zu nehmen und sie ggf. auszuräumen (**„rechtliches Gehör";** vgl. zB BGH 26.2.1996, BGHZ 132, 84 (92 ff.) = NJW 1996, 1756; BGH 10.9.2003, NJW-RR 2004, 12 (13)). In der Satzung können diese Rechte nicht beschränkt, sondern nur erweitert werden (zB Anhörung vor einer internen Schlichtungsstelle).

9 **c) Entscheidungsform.** Die Entscheidung erfolgt durch förmlichen Beschluss des zuständigen Organs im Namen der eG und muss vom Vorstand unverzüglich durch eingeschriebenen Brief dem Mitglied mitgeteilt werden (Abs. 2 S. 1). Die Entscheidung muss eine **Begründung** enthalten. Später können weitere Ausschlussgründe nicht nachgeschoben werden. Der Beschluss kann nur bis zum Zugang der Mitteilung zurückgenommen werden.

10 **2. Materielle Rechtmäßigkeit.** Über den Ausschluss muss auf der Grundlage einer wirksamen Satzungsbestimmung (→ Rn. 1 ff.) und in den Grenzen dieser Bestimmung nach pflichtgemäßem Ermessen und unter Beachtung insbesondere des Verhältnismäßigkeitsgrundsatzes, der genossenschaftlichen Treuepflicht und des Gleichbehandlungsgebots entschieden werden. Gegen ihre Treuepflicht und gegen das Gleichbehandlungsgebot verstieße die eG insbesondere dann, wenn in der Vergangenheit bei Vorliegen desselben Ausschlussgrundes regelmäßig kein Ausschluss ausgesprochen wurde oder wenn die eG einen Verstoß gegen mitgliedschaftliche Pflichten über einen längeren Zeitraum geduldet hat und hierdurch ein Vertrauenstatbestand entstanden ist (vgl. OLG Frankfurt a. M. 12.12.2000, NZG 2001, 904 (907 f.)). In diesem Fall ist ein Ausschluss erst dann möglich, wenn der Vorstand den Mitgliedern deutlich mitteilt, dass nach einer gewissen Karenzzeit für die Umstellung von dem Ausschlussgrund konsequent Gebrauch gemacht wird (OLG Frankfurt a. M. 12.12.2000, NZG 2001, 904 (907 f.)). Eine Abmahnung kann ein milderes Mittel darstellen, zB bei kumulativem Vorliegen einer langen Mitgliedszugehörigkeit und eines verhältnismäßig geringen Schadens, der zwar durch schuldhaftes Verhalten des

Mitglieds verursacht wurde, jedoch das Guthaben des Mitglieds in der eG weit unterschritt (OLG Schleswig 16.12.2008, BeckRS 2009, 25681 B.1.e), rkr). Ein Ausschluss kann ferner gegen kartellrechtliche Vorschriften verstoßen (→ § 15 Rn. 5 aE); in diesem Rahmen ist zu prüfen, ob die Satzungsgrundlage eine verbotene Wettbewerbsbeschränkung darstellt (vgl. zB BGH 22.5.1958, NJW 1958, 1633 (1635); OLG Frankfurt a. M. 12.12.2000, NZG 2001, 904 (906 f.)).

3. Rechtsfolgen einer formellen oder materiellen Unrechtmäßigkeit. Fehlt eine wirksame Satzungsgrundlage oder ist der Beschluss, durch den das Mitglied ausgeschlossen wird, aus formellen oder materiellen Gründen unrechtmäßig, so ist der Beschluss nichtig, sofern er vom Vorstand oder von einem fakultativen Organ gefasst worden ist. Wurde er von der Generalversammlung gefasst, ist der Beschluss anfechtbar nach § 51, sofern er nicht ausnahmsweise nichtig ist (→ § 51 Rn. 2 ff.). 11

III. Wirkungen des Ausschlusses

Die Mitgliedschaft (→ § 18 Rn. 2) endet kraft Gesetzes erst nach Ablauf des Geschäftsjahres, in dem über den Ausschluss entschieden und dem Mitglied der Beschluss zugestellt wurde **(Abs. 1 S. 2).** Wird die eG innerhalb von sechs Monaten nach der Beendigung aufgelöst, gilt die Beendigung gem. § 75 als nicht erfolgt. Der Zeitpunkt der Beendigung ist nach § 69 unverzüglich in die Mitgliederliste (§ 30) einzutragen und das Mitglied hierüber zu informieren. Bereits vor Beendigung der Mitgliedschaft endet kraft Gesetzes die Berechtigung des Mitglieds, an Generalversammlungen oder ggf. an Vertreterversammlungen teilzunehmen, einschließlich der darauf aufbauenden Rechte wie insbesondere das Stimmrecht; ferner endet ggf. sein Amt als Vorstands- oder Aufsichtsratsmitglied **(Abs. 2 S. 2).** Das Amt als Vorstands- oder Aufsichtsratsmitglied ruht nicht vorübergehend und lebt nicht nach erfolgreicher Rechtsmitteleinlegung gegen den Ausschluss wieder auf, weil sich die zwischenzeitlichen Unsicherheiten mit ihrer Vertrauen in Anspruch nehmenden Stellung als Leitungs- bzw. Kontrollorgan und mit ihren Aufgaben nicht vertrügen (BGH 24.9.2001, NJW 2002, 64 (65); aA zB Beuthien/*Beuthien* Rn. 19; PFB/*Fandrich* Rn. 32). Anders ist dies im Fall des Ausschlusses von Vertretern einer Vertreterversammlung, deren Amt lediglich ruht (→ § 43a Rn. 7). 12

IV. Rechtsschutz gegen die Ausschlussentscheidung

1. Genossenschaftsinterne Rechtsbehelfe. Das Statut kann einen genossenschaftsinternen Rechtsbehelf vorsehen, dessen Einlegung im Zweifel Voraussetzung für das Rechtsschutzbedürfnis einer gerichtlichen Klage ist. Die eG kann sich auf den Ablauf der Frist für einen solchen Rechtsbehelf nicht berufen, wenn dies gegen § 242 BGB verstieße (zB BGH 22.9.1960, NJW 1960, 2143: fehlende Richtigstellung eines unverkennbaren Irrtums des Mitglieds). 13

2. Gerichtliche Klage. Die Klageart hängt davon ab, welches Organ den Beschluss über den Ausschluss des Mitglieds gefasst hat. Ist es die Generalversammlung, ist idR Anfechtungsklage oder ggf. Nichtigkeitsklage zu erheben (→ § 51 Rn. 2 ff.). Gegen Beschlüsse anderer Organe ist Feststellungsklage nach § 256 ZPO zu erheben. Für diese Klage gibt es keine Ausschlussfrist. Das Klagerecht kann aber nach den Umständen des Einzelfalls gem. § 242 BGB verwirkt sein, wenn das Mitglied den ihm zurechenbaren Eindruck erweckt, es werde nicht klagen (vgl. zB Beuthien/*Beuthien* Rn. 21). Analogieschlüsse zu Normen über Ausschlussfristen können nicht gezogen werden (so aber zB *Schaffland* BB 1988, 1621: ein Monat analog § 51 Abs. 1 S. 2; PFB/*Fandrich* Rn. 39: sechs Monate analog § 91 Abs. 2 UmwG). Das Gericht prüft nur die Rechtmäßigkeit (→ Rn. 7 ff.), nicht die Zweckmäßigkeit der Ausschlussentscheidung (OLG Hamm 26.5.1999, NZG 1999, 1234). 14

3. Schiedsverfahren. Durch eine wirksame Schiedsvereinbarung kann die Entscheidung über die Rechtmäßigkeit einer Ausschlussentscheidung gem. §§ 1025 ff. ZPO einem Schiedsgericht überantwortet sein. Den Anforderungen an die Schiedsvereinbarung ist Genüge getan, wenn die Satzung eine entsprechende Schiedsklausel enthält und dem Mitglied bei seinem Beitritt eine Abschrift der Satzung mit diesem Inhalt gem. § 15 Abs. 1 S. 2 zur Verfügung gestellt wurde (vgl. § 1031 Abs. 2 ZPO). Sollte das Mitglied allerdings als Verbraucher iSv § 13 BGB anzusehen sein, muss die Schiedsvereinbarung in einer vom Vorstand und vom Mitglied eigenhändig unterzeichneten Urkunde (zB dem Aufnahmevertrag, → § 15 Rn. 3 ff.) enthalten sein (§ 1031 Abs. 5 ZPO). 15

Eintragung in die Mitgliederliste

69 In den Fällen der §§ 65 bis 67a und 68 ist der Zeitpunkt der Beendigung der Mitgliedschaft, im Falle des § 67b sind der Zeitpunkt der Herabsetzung der Zahl der Geschäftsanteile sowie die Zahl der verbliebenen weiteren Geschäftsanteile unverzüglich in die Mitgliederliste einzutragen; das Mitglied ist hiervon unverzüglich zu benachrichtigen.

1 Die Vorschrift regelt eine **Pflicht** des die Mitgliederliste führenden Vorstands **zur Eintragung in die Mitgliederliste** und konkretisiert **§ 30 Abs. 2 Nr. 2, 3.** Sie entspricht für die Tatbestände der Beendigung der Mitgliedschaft nach §§ 65–67a, 68 der Vorschrift des § 15 Abs. 2 S. 1, die für den Beitritt gilt. Entsprechend gilt sie für § 76 (§ 76 Abs. 3), ferner auch für § 77a. Für den Fall des Todes eines Mitglieds und der Fortsetzung der Mitgliedschaft durch die Erben gilt die Sonderregelung des § 77 Abs. 3. Lebt die Mitgliedschaft nach § 75 wieder auf, muss umgehend eine Korrektur der Mitgliederliste erfolgen. Im Fall des § 65 Abs. 4 tritt keine Beendigung der Mitgliedschaft ein, sodass die Mitgliederliste nicht zu ändern ist. Die Eintragung gem. § 69 ist nur **deklaratorisch** und kann etwaige Mängel der Ausschlussentscheidung nicht heilen (→ § 15 Rn. 9; → § 30 Rn. 1). Für die Einsichtnahme in die Liste und Vorlage der Liste an das Registergericht auf dessen Verlangen gelten §§ 31, 32. Die Benachrichtigung nach Hs. 2 ist unverzüglich (idR am ersten Werktag nach Ende des Geschäftsjahrs, zu dem die Mitgliedschaft endete) und auch dann vorzunehmen, wenn das Mitglied darauf verzichtet hat.

70–72 (weggefallen)

73 Auseinandersetzung mit ausgeschiedenem Mitglied

(1) [1]Nach Beendigung der Mitgliedschaft erfolgt eine Auseinandersetzung der Genossenschaft mit dem ausgeschiedenen Mitglied. [2]Sie bestimmt sich nach der Vermögenslage der Genossenschaft und der Zahl ihrer Mitglieder zum Zeitpunkt der Beendigung der Mitgliedschaft.

(2) [1]Die Auseinandersetzung erfolgt unter Zugrundelegung der Bilanz. [2]Das Geschäftsguthaben des Mitglieds ist vorbehaltlich des Absatzes 4 und des § 8a Abs. 2 binnen sechs Monaten nach Beendigung der Mitgliedschaft auszuzahlen. [3]Auf die Rücklagen und das sonstige Vermögen der Genossenschaft hat das Mitglied vorbehaltlich des Absatzes 3 keinen Anspruch. [4]Reicht das Vermögen einschließlich der Rücklagen und aller Geschäftsguthaben zur Deckung der Schulden der Genossenschaft nicht aus, hat das ehemalige Mitglied von dem Fehlbetrag den ihn betreffenden Anteil an die Genossenschaft zu zahlen, soweit es im Falle des Insolvenzverfahrens Nachschüsse an die Genossenschaft zu leisten gehabt hätte; der Anteil wird nach der Kopfzahl der Mitglieder berechnet, soweit nicht die Satzung eine abweichende Berechnung bestimmt.

(3) [1]Die Satzung kann Mitgliedern, die ihren Geschäftsanteil voll eingezahlt haben, für den Fall der Beendigung der Mitgliedschaft einen Anspruch auf Auszahlung eines Anteils an einer zu diesem Zweck aus dem Jahresüberschuss zu bildenden Ergebnisrücklage einräumen. [2]Die Satzung kann den Anspruch von einer Mindestdauer der Mitgliedschaft abhängig machen sowie weitere Erfordernisse aufstellen und Beschränkungen des Anspruchs vorsehen. [3]Absatz 2 Satz 2 ist entsprechend anzuwenden.

(4) Die Satzung kann die Voraussetzungen, die Modalitäten und die Frist für die Auszahlung des Auseinandersetzungsguthabens abweichend von Absatz 2 Satz 2 regeln; eine Bestimmung, nach der über Voraussetzungen oder Zeitpunkt der Auszahlung ausschließlich der Vorstand zu entscheiden hat, ist unwirksam.

I. Allgemeines

1 Anknüpfend an eine Beendigung der Mitgliedschaft regelt die Vorschrift einerseits die Auseinandersetzung zwischen eG und Mitglied in Gestalt eines Auseinandersetzungsanspruchs auf das Geschäftsguthaben (vgl. § 22 Abs. 4) und ggf. auf einen Anteil an den Ergebnisrücklagen (früher „Sonderfonds") nach Abs. 3, sowie andererseits eine Nachschusspflicht des ausgeschiedenen Mitglieds, wenn die eG überschuldet ist (Abs. 2 S. 4; weitere Nachschusspflichten: § 87a Abs. 2 S. 1, § 105 Abs. 1 S. 1; zu den Nachschusspflichten → § 2 Rn. 3). Von den Regelungen über den Auseinandersetzungsanspruch kann die Satzung nur iRv Abs. 3 und 4 abweichen, ansonsten ist die Vorschrift zwingend. Anwendbar ist § 73 in allen Fällen der Beendigung der Mitgliedschaft mit Ausnahme der Übertragung nur des Geschäftsguthabens nach § 76, für § 77 allerdings nur, sofern die Mitgliedschaft nicht durch die Erben fortgesetzt wird (§ 77 Abs. 4). Nicht anwendbar ist § 73 in den Fällen von § 65 Abs. 4, § 75, in denen die Mitgliedschaft nicht endet bzw. als nicht beendet gilt. § 73 gilt entsprechend, wenn bei einer Beteiligung mit mehreren Geschäftsanteilen das Mitglied nur die Beteiligung mit einzelnen dieser Geschäftsanteile kündigt (§ 67b). Sonderregeln gelten nach §§ 93, 94 UmwG im Fall einer Verschmelzung, wenn ein Mitglied der übertragenden eG nach § 90 Abs. 2 UmwG ausschlägt.

II. Auseinandersetzungsanspruch

1. Zeitpunkt und Grundlage für die Anspruchsberechnung. Der maßgebende Zeitpunkt für die Auseinandersetzung ist nach Abs. 1 S. 2 die Beendigung der Mitgliedschaft, nicht zB der Zugang der Kündigung (OLG Stuttgart 6.6.2018, NZG 2018, 910 Rn. 19 für eine Kündigung, die erst nach Einführung eines Mindestkapitals zum Ausscheiden führt). Da die Beendigung der Mitgliedschaft immer erst zum Geschäftsjahresschluss wirksam wird, bedarf es für die Berechnung des Auseinandersetzungsanspruchs keiner Stichtagsbilanz. Gemäß Abs. 2 S. 1 ist Grundlage der Berechnung vielmehr die Jahresbilanz (→ § 33 Rn. 5). Für sie gelten die allgemein für den Jahresabschluss geltenden Vorschriften (zB §§ 33, 48 Abs. 1 S. 1, § 53 Abs. 3, ferner §§ 336, 337 HGB). 2

2. Anspruchsinhalt. a) Geschäftsguthaben. Geschäftsguthaben ist der auf alle Geschäftsanteile des ausgeschiedenen Mitglieds gezahlte Gesamtbetrag, vermehrt um zugeschriebene Gewinnanteile und ggf. Verzinsungen nach § 21a und vermindert um abgeschriebene Verlustanteile (→ § 7 Rn. 1, → § 22 Rn. 7). Die Höhe der Zu- oder Abschreibungen erfolgt nach § 19 **auf der Grundlage der Bilanz,** und zwar die Handelsbilanz, die keine stille Reserven erfasst (vgl. BGH 13.10.2008, NZG 2009, 118 (119)). Die Bilanz ist auch dann maßgebend, wenn sie Fehler enthält, sofern nicht die Bilanz dadurch nichtig ist (BGH 26.5.2003, NZG 2003, 882 (883)). Ein Verlustvortrag belastet das Bilanzergebnis und ist bei der Berechnung des Auseinandersetzungsanspruchs jedenfalls dann kürzend zu berücksichtigen, wenn dies in der Satzung vorgesehen ist (BGH 26.5.2003, NZG 2003, 882 (883)). Dass sich der (gleich berechnete) Verlustanteil bei den verbleibenden Mitgliedern zunächst wegen des Vortrags nicht auswirkt, bedeutet keine ungerechtfertigte Ungleichbehandlung, weil sich hinter dieser „Schonung" eine Kürzung künftiger Gewinnanteile verbirgt, an denen die Ausgeschiedenen nicht teilhaben. Soweit sich diese Gewinnanteile nicht realisieren, werden die verbliebenen Mitglieder mit dem alten Verlust gleichermaßen belastet wie die Ausgeschiedenen. Dagegen ist ein Beschluss der Generalversammlung wegen Verstoßes gegen den **Gleichbehandlungsgrundsatz** nichtig, wenn der Bilanzverlust zunächst nur auf die ausscheidenden Mitglieder zu verteilt wird und nur der nach Kürzung der Auseinandersetzungsansprüche verbleibende Verlust vorgetragen wird (vgl. OLG Dresden 10.12.2003, DB 2004, 181 Ls.; LG Bautzen 3.7.2003, NZG 2003, 884). Hinsichtlich des für die Erhaltung des Mindestkapitals notwendigen Betrages ist der Anspruch auf Auszahlung des Geschäftsguthabens nach § 8a Abs. 2 lediglich ausgesetzt, dh es fehlt insoweit an der Fälligkeit (→ Rn. 5). 3

b) Anteil an den Ergebnisrücklagen. Um den Mitgliedern einen Anreiz zu bieten, sich an der eG stärker finanziell zu beteiligen, wurde 1973 die Möglichkeit eingeführt, dass die Satzung einen Anspruch einführen kann, der über das Geschäftsguthaben hinausgeht. Dies sieht heute Abs. 3 in Gestalt eines Anspruchs auf Auszahlung eines Anteils an der speziell zu diesem Zweck gebildeten Ergebnisrücklage (nicht auch an den übrigen Ergebnisrücklagen). Die statutarische Einführung oder Erweiterung eines solchen Anspruchs bedarf der Dreiviertelmehrheit nach § 16 Abs. 2 Nr. 6. Über Abs. 3 hinaus hat das Mitglied keinerlei Anspruch auf eine Beteiligung an Rücklagen der eG (Abs. 2 S. 3); Satzungsbestimmungen, die gegen Abs. 3 oder Abs. 4 verstoßen oder über sie hinausgehen, sind nichtig (OLG Braunschweig 3.6.2019, NZG 2020, 22 Rn. 5). Die **Ergebnisrücklage nach § 73 Abs. 3** ist in der Bilanz gesondert auszuweisen und von der gesetzlichen Rücklage iSv § 7 Nr. 2 und den übrigen Ergebnisrücklagen zu unterscheiden (§ 337 Abs. 2 HGB; → § 7 Rn. 1). Zwingende Voraussetzung für diesen Anspruch ist die Dotierung der Rücklage und die Volleinzahlung des Geschäftsanteils (zum Erlöschen der Einlagepflicht → § 7 Rn. 4). Bei mehreren Geschäftsanteilen nimmt das Mitglied an der Ergebnisrücklage nur mit den voll eingezahlten Geschäftsanteilen teil. Statutarisch können (neben einer Mindestzugehörigkeitsdauer) weitere Voraussetzungen und Beschränkungen nach Abs. 3 S. 2 eingeführt werden, zB eine bestimmte Nutzungsintensität der Einrichtungen der eG oder ein Mindestumsatz mit der eG. Ferner gilt die Auszahlungssperre nach § 8a Abs. 2 (Abs. 3 S. 2 iVm Abs. 2 S. 2; → Rn. 5). 4

3. Entstehung und Modalitäten des Anspruchs. Während dem Mitglied vor dessen Ausscheiden das Geschäftsguthaben nach § 22 Abs. 4 nicht ausgezahlt werden darf, entsteht der Auseinandersetzungsanspruch bereits mit der ersten Zahlung auf den Geschäftsanteil aufschiebend bedingt durch die spätere Beendigung der Mitgliedschaft (hLit., anders in der Begründung die Rspr., zB BGH 24.6.2002, NZG 2002, 1072 (1073): zukünftige Forderung, deren Rechtsgrund mit dem Beitritt gelegt ist). Fällig wird der Anspruch gem. Abs. 2 S. 2 nach sechs Monaten gerechnet ab dem Schluss des Geschäftsjahres des Ausscheidens (vgl. § 18 Abs. 1 S. 3), sofern nicht die Satzung nach Abs. 4 etwas anderes bestimmt oder die Auszahlung das Mindestkapital unterschreiten würde (→ § 8a Rn. 3). Der Wortlaut steht einer früheren Fälligkeit ab Bilanzfeststellung (so zB Beuthien/*Beuthien* Rn. 6; Lang/Weidmüller/*Holthaus*/*Lehnhoff* Rn. 7; offenlassend BGH 24.6.2002, NZG 2002, 1072 (1073)) entgegen (wie hier *Müller* GenG Rn. 13). Satzungsänderungen, durch welche der Anspruch gem. Abs. 2 S. 2, Abs. 4 hinsichtlich des Ob und Wie und der Auszahlungsfrist eingeschränkt wird, bedürfen der Dreiviertelmehrheit nach § 16 Abs. 2 Nr. 10. **Abs. 4** ist so auszulegen, dass die Voraussetzungen, Modalitäten und die Frist in der Satzung selbst festgelegt werden müssen und dass die Satzung nur vorsehen kann, die **Entscheidung** 5

über die Einhaltung der Anspruchsvoraussetzungen und des Auszahlungszeitpunkts im konkreten Fall einem Organ oder mehreren Organen zu überlassen, wobei allerdings die Kompetenz nicht allein dem Vorstand zugewiesen werden darf (zB nur Zustimmungsvorbehalt oder gemeinsame Entscheidung mit dem Aufsichtsrat). Soweit der Wortlaut von Hs. 2 eine Auslegung decken würde, dass sogar die inhaltliche Festlegung der Voraussetzungen und des Zeitpunkts den Organen überlassen werden könnte, widerspräche dies § 16 Abs. 2 Nr. 10, wonach die „Einschränkungen des Anspruchs" selbst eine Satzungsänderung darstellen, die einer Dreiviertelmehrheit bedürfen. Die überstimmte Minderheit der Mitglieder hat die Möglichkeit, nach § 67a außerordentlich zu kündigen oder das Geschäftsguthaben nach § 76 zu übertragen. Eine Satzungsbestimmung, die den Anspruch auf das Auseinandersetzungsguthaben an die Beendigung des Nutzungsverhältnisses oder die Rückgabe des Nutzungsobjekts knüpft, hält der Ausübungskontrolle nach § 242 BGB im Hinblick auf § 65 Abs. 5 nicht stand, wenn sie das Kündigungsrecht des Insolvenzverwalters nach § 65 Abs. 1, § 66a faktisch unmöglich macht (BGH 26.4.2018, NZG 2018, 790 Rn. 12 ff., 17 ff.). Nach §§ 3 Abs. 4, 7 Abs. 3 COVMG vom 27.3.2020 (BGBl. 2020 I 569) kann im Jahr 2020 der Vorstand mit Zustimmung des Aufsichtsrats Abschlagszahlungen auf eine zu erwartende Auszahlung eines Auseinandersetzungsguthabens unter den Voraussetzungen des entsprechend anzuwendenden § 59 Abs. 2 AktG leisten.

6 **4. Verfügungen über den Anspruch und Pfändbarkeit.** Im Unterschied zum Geschäftsguthaben, das nur in engen Grenzen nach § 76 abgetreten und verpfändet werden kann (→ § 22 Rn. 8), darf über den Auseinandersetzungsanspruch nach seiner Entstehung (→ Rn. 5) bereits verfügt werden (hM, zB Beuthien/*Beuthien* Rn. 8; zum Streitstand vgl. BGH 8.1.2009, NZG 2009, 355 (356), der die Frage offenlässt). Weil dieser Anspruch an die beendete Mitgliedschaft anknüpft, stehen ihm die dem Kapitalerhalt dienenden Vorschriften (§ 22 Abs. 4, § 76) nicht entgegen. Dass auch eine Pfändung und Überweisung des Auseinandersetzungsguthabens nach §§ 857, 828 ff. ZPO möglich ist, wird in § 66 vorausgesetzt (vgl. zB BGH 1.10.2009, NJW-RR 2010, 157 Rn. 12 f.). Im Fall der Insolvenz eines Mitglieds, das dann aus der eG ausscheidet, sind vor der Insolvenz erfolgte Verpfändungen oder Pfändungen des künftigen Auseinandersetzungsanspruchs wegen § 91 Abs. 1 InsO unwirksam (BGH 8.1.2009, NZG 2009, 355 (357)).

III. Nachschusspflicht nach Abs. 2 S. 4

7 Im Fall einer Überschuldung der eG ist das frühere Mitglied, dessen Mitgliedschaft beendet ist, zur Zahlung von Nachschüssen in Höhe seines Anteils an dem Fehlbetrag verpflichtet, soweit es im Fall der Insolvenz der eG nach § 105 Abs. 1 S. 1 Nachschüsse hätte zahlen müssen (zu den Nachschusspflichten → § 2 Rn. 3 f.). Die Feststellung des Fehlbetrags und die **Berechnung der Nachschusspflicht** erfolgen **auf der Grundlage der Handelsbilanz,** insbesondere ohne Berücksichtigung stiller Reserven (BGH 13.10.2008, NZG 2009, 118 (119)). Daher ist ein Mitglied nicht erst dann zum Nachschuss verpflichtet, wenn ein Fehlbetrag auch nicht mehr durch stille Reserven gedeckt ist. Daraus dass die Nachschusspflicht der früheren Mitglieder ausdrücklich an den Betrag gekoppelt ist, den sie im Insolvenzfall wie die verbliebenen Mitglieder hypothetisch hätten zahlen müssen, folgt allerdings, dass eine Nachschusspflicht nur insoweit in Betracht kommt, als feststehen muss, dass auch die verbliebenen Mitglieder zum Nachschuss nach § 105 Abs. 1 S. 1 herangezogen werden. Eine Heranziehung allein der ausgeschiedenen Mitglieder zu einem Nachschuss vor dem Insolvenzfall verstieße insoweit gegen das Gleichbehandlungsgebot (näher *Beuthien* DStR 2009, 275 (277); → Rn. 3 sowie → § 18 Rn. 6). Der **Anteil des einzelnen Mitglieds an dem Fehlbetrag** bestimmt sich mangels anderer Satzungsbestimmung nach der Kopfzahl aller (auch der anderen im gleichen Zeitpunkt ausscheidenden) Mitglieder (Abs. 2 S. 4 Hs. 2). Gemäß § 22a Abs. 1 kann die Satzung die Nachschusspflicht ausschließen oder auf eine Haftsumme (§§ 119–121) begrenzen; dann gilt zum Schutz der Gläubiger und übrigen Mitglieder § 22 Abs. 1–3 entsprechend. Maßgeblich für die Feststellung der Überschuldung und für die Anteilsberechnung ist der **Zeitpunkt** der Beendigung der Mitgliedschaft (Geschäftsjahresschluss). Ob die eG den Fehlbetrag später wieder ausgleichen kann, spielt keine Rolle. Die Nachschusspflicht bringt keine unmittelbare Außenhaftung gegenüber den Gläubigern der eG mit sich. Eine Pfändung des Anspruchs der eG auf den Nachschuss wird kaum praktisch werden, da er erst mit der Feststellung des Fehlbetrags entsteht (vgl. BGH 3.2.1964, BGHZ 41, 71 (78): vorher besteht auch kein bedingter Anspruch) und einer Pfändung meist die zwischenzeitliche Eröffnung des Insolvenzverfahrens entgegenstehen dürfte. Der Insolvenzverwalter kann den Anspruch allerdings nach § 108a Abs. 1 mit Genehmigung des Insolvenzgerichts abtreten. Im Fall der Insolvenz besteht eine Nachschusspflicht auch der ausgeschiedenen Mitglieder unter den Voraussetzungen von § 115b iVm § 105.

(weggefallen)

74

Fortdauer der Mitgliedschaft bei Auflösung der Genossenschaft

75 [1]**Wird die Genossenschaft binnen sechs Monaten nach Beendigung der Mitgliedschaft eines Mitglieds aufgelöst, gilt die Beendigung der Mitgliedschaft als nicht erfolgt.** [2]**Wird die Fortsetzung der Genossenschaft beschlossen, gilt die Beendigung der Mitgliedschaft als zum Schluss des Geschäftsjahres erfolgt, in dem der Beschluss über die Fortsetzung der Genossenschaft in das Genossenschaftsregister eingetragen ist.**

I. Allgemeines

§ 75 findet im Hinblick auf seinen Zweck (→ Rn. 2f.) für alle Tatbestände der Beendigung der Mitgliedschaft Anwendung, entsprechend auch auf § 67b (hM). Nicht gilt er für § 76, weil die Mitgliedschaft hier nicht beendet wird; hierfür gilt nach § 76 Abs. 4 eine Ausfallhaftung des sein Geschäftsguthaben übertragenden Mitglieds. Eine Spezialregelung für die Verschmelzung enthält § 95 UmwG. Auf den Abfindungsanspruch nach § 44 LwAnpG ist § 75 nicht entsprechend anwendbar. § 75 knüpft ferner an die Auflösung der eG an und bezieht sich insofern auf alle Auflösungstatbestände nach §§ 78, 79, 80, 81, 81a, auch auf die Fälle der Nichtigerklärung nach §§ 95–97 oder Löschung durch das Registergericht nach § 397 FamFG (§ 97 Abs. 1). 1

II. Zweck der Vorschrift

1. Gläubiger- und Mitgliederschutz in den Fällen der §§ 87a, 105. Sinn von § 75 ist es zu verhindern, dass sich Mitglieder ihren Nachschusspflichten in den Fällen der Überschuldung in der Liquidation (§ 87a) oder der Insolvenz (§ 105 Abs. 1 S. 1) durch Kündigung ihrer Mitgliedschaft entziehen und „flüchten". Die Vorschrift **schützt** daher **die Gläubiger** der eG **und die anderen Mitglieder** (BGH 9.6.1993, NJW 1993, 2534; RG 13.11.1928, RGZ 122, 253 (258)). Die Generalversammlung erhält die Möglichkeit, zunächst einen Auflösungsbeschluss herbeizuführen und damit den Fluchtversuch aus der Mitgliedschaft zu vereiteln (RG 13.11.1928, RGZ 122, 253 (258)), sodann aber die Fortsetzung der Genossenschaft zu beschließen. Die Beendigung der Mitgliedschaft richtet sich dann nach **S. 2.** 2

2. Sicherung einer gerechten Verteilung des Genossenschaftsvermögens. Die Vorschrift hat ferner den Zweck, im Fall der Auflösung der eG die ausgeschiedenen Mitglieder an den im Geschäftsjahr der Beendigung aufgelaufenen Gewinne und stillen Reserven zu beteiligen. 3

III. Fiktion des Fortbestands der Mitgliedschaft

Wenn die eG im ersten Halbjahr eines Geschäftsjahres aufgelöst wird, lebt die Mitgliedschaft aller Mitglieder, die zum Schluss des letzten Geschäftsjahres ausgeschieden sind, mit Wirkung für die Vergangenheit wieder auf. Die Beendigung ihrer Mitgliedschaft erfolgt auflösend bedingt durch den Nichteintritt der Auflösung der eG innerhalb der Frist nach § 75 S. 1. Eine schon durchgeführte Auseinandersetzung muss rückgängig gemacht werden. Zwischenzeitlich ergangene Beschlüsse der Generalversammlung binden die ausgeschiedenen Mitglieder; sie können nicht nach § 51 Abs. 2 S. 1 Alt. 2 anfechten, weil ihre Teilnahmeberechtigung nicht rückwirkend aufleben kann und ihre Nichtzulassung zur Teilnahme somit nicht „unberechtigt" war (str., zB Beuthien/*Beuthien* Rn. 5). 4

IV. Auflösung der eG zu einem späteren Zeitpunkt

Wird die eG erst nach Ablauf der Sechs-Monatsfrist aufgelöst, greift die Fiktion nach S. 1 nicht und die Mitgliedschaft ist endgültig beendet. Im Fall einer Insolvenz der eG, die spätestens 18 Monate nach der Beendigung der Mitgliedschaft eintritt, kann allerdings noch eine Nachschusspflicht des ausgeschiedenen Mitglieds gem. **§ 115b** iVm § 105 bestehen. 5

Übertragung des Geschäftsguthabens

76 (1) [1]**Jedes Mitglied kann sein Geschäftsguthaben jederzeit durch schriftliche Vereinbarung einem anderen ganz oder teilweise übertragen und hierdurch seine Mitgliedschaft ohne Auseinandersetzung beenden oder die Anzahl seiner Geschäftsanteile verringern, sofern der Erwerber, im Fall einer vollständigen Übertragung anstelle des Mitglieds, der Genossenschaft beitritt oder bereits Mitglied der Genossenschaft ist und das bisherige Geschäftsguthaben dieses Mitglieds mit dem ihm zuzuschreibenden Betrag den Geschäftsanteil nicht übersteigt.** [2]**Eine teilweise Übertragung von Geschäftsguthaben ist unwirksam, soweit das Mitglied nach der Satzung oder einer Vereinbarung mit der Genossenschaft zur Beteiligung mit mehreren Geschäftsanteilen verpflichtet ist oder die Beteiligung mit mehreren**

Geschäftsanteilen Voraussetzung für eine von dem Mitglied in Anspruch genommene Leistung der Genossenschaft ist.

(2) **Die Satzung kann eine vollständige oder teilweise Übertragung von Geschäftsguthaben ausschließen oder an weitere Voraussetzungen knüpfen; dies gilt nicht für die Fälle, in denen in der Satzung nach § 65 Abs. 2 Satz 3 eine Kündigungsfrist von mehr als fünf Jahren bestimmt oder nach § 8a oder § 73 Abs. 4 der Anspruch nach § 73 Abs. 2 Satz 2 auf Auszahlung des Auseinandersetzungsguthabens eingeschränkt ist.**

(3) **Auf die Beendigung der Mitgliedschaft und die Verringerung der Anzahl der Geschäftsanteile ist § 69 entsprechend anzuwenden.**

(4) **Wird die Genossenschaft binnen sechs Monaten nach der Beendigung der Mitgliedschaft aufgelöst, hat das ehemalige Mitglied im Fall der Eröffnung des Insolvenzverfahrens die Nachschüsse, zu deren Zahlung es verpflichtet gewesen sein würde, insoweit zu leisten, als der Erwerber diese nicht leisten kann.**

(5) **Darf sich nach der Satzung ein Mitglied mit mehr als einem Geschäftsanteil beteiligen, so gelten diese Vorschriften mit der Maßgabe, dass die Übertragung des Geschäftsguthabens auf ein anderes Mitglied zulässig ist, sofern das Geschäftsguthaben des Erwerbers nach Zuschreibung des Geschäftsguthabens des Veräußerers den Gesamtbetrag der Geschäftsanteile, mit denen der Erwerber beteiligt ist oder sich beteiligt, nicht übersteigt.**

I. Allgemeines

1 Nicht die Mitgliedschaft ist übertragbar, auch nicht der Geschäftsanteil, der im Genossenschaftsrecht nur eine Art „Beteiligungshöchstbetrag" ist, sondern lediglich ein **(positives) Geschäftsguthaben,** dh der auf einen Geschäftsanteil tatsächlich gezahlte Betrag (zB → § 7 Rn. 1 f.; zu Begriff und Inhalt des Geschäftsguthabens → § 73 Rn. 3). Die Übertragung des Auseinandersetzungsanspruchs nach § 73 Abs. 2 S. 2 wird nicht erfasst (→ § 73 Rn. 6). Die Vorschrift des § 76 stellt eine Ausnahme im Regelungsgefüge der §§ 65 ff. dar, weil sie eine Beendigung vor Abschluss des Geschäftsjahres und ohne Auseinandersetzung erlaubt.

II. Voraussetzungen für die Übertragung

2 Die Übertragung des Geschäftsguthabens muss schriftlich erfolgen (§ 126 BGB) und setzt voraus, dass der Erwerber entweder schon Mitglied der eG ist oder dass er die statutarischen Bedingungen für Mitgliedschaft erfüllt und wirksam der eG gem. §§ 15, 15a beigetreten ist (BT-Drs. 16/1025, 93 f.). Wirksam wird die Übertragung daher erst, wenn die eG den Beitritt des Erwerbers zulässt (→ § 15 Rn. 5). Hierzu ist sie nicht schon wegen § 76 verpflichtet, sondern kann eine Verpflichtung zur Zulassung nur ausnahmsweise aufgrund ihrer Treuepflicht gegenüber dem übertragenden Mitglied haben. Wenn der Erwerber schon Mitglied ist, darf das Geschäftsguthaben, das er hinzuerwerben möchte, zusammen mit seinem bisherigen Geschäftsguthaben die Höhe seines Geschäftsanteils nicht übersteigen (Abs. 1 S. 1 aE; im Fall mehrerer Geschäftsanteile gilt Abs. 5). Dies verhindert zwar nicht, dass der eG Ansprüche auf Leistung von Pflichteinzahlungen auf den Geschäftsanteil (zB → § 7 Rn. 3) verlorengehen, mindert diesen Effekt aber. Der Erwerber muss sich dann mit einem oder mehreren weiteren Geschäftsanteilen beteiligen (§ 15b).

3 Weitere Voraussetzungen oder der vollständige Ausschluss der Übertragbarkeit von Geschäftsguthaben können nach Abs. 2 in der **Satzung** vorgesehen werden, sofern sie nicht zugleich eine der in Abs. 2 Hs. 2 genannten Einschränkungen (mehr als fünfjährige Kündigungsfrist bei Unternehmensgenossenschaften, Beschränkungen des Auseinandersetzungsanspruchs) enthält. Letzteres soll die Mitglieder schützen und ihnen die Möglichkeit geben, ihr Geschäftsguthaben zu übertragen. Freilich wird auch der Erwerber an die Satzung gebunden sein und wird dies bei der Preisbildung berücksichtigen.

4 Eine **Teilübertragung** des Geschäftsguthabens ist seit der Novelle 2006 grundsätzlich erlaubt. Die in Abs. 1 S. 2 genannten Ausnahmen entsprechen denen in § 67b Abs. 1.

III. Rechtsfolgen der Übertragung

5 Liegen die Voraussetzungen vor, verliert das übertragende Mitglied bei Übertragung seines gesamten Geschäftsguthabens seine Mitgliedschaft in dem Zeitpunkt, in dem der Erwerber zum Beitritt zugelassen wird. Ist der Erwerber schon Mitglied, so endet die Mitgliedschaft schon mit dem wirksamen Abschluss der Vereinbarung und mit der Mitgliedschaft erlischt auch der Geschäftsanteil des bisherigen Mitglieds. Die Mitgliederliste ist entsprechend § 69 unverzüglich hinsichtlich der Beendigung der Mitgliedschaft und ggf. der Verringerung der Geschäftsanteile zu korrigieren (Abs. 3). Für den Beitritt des Erwerbers gilt § 15 Abs. 2. Wird die eG innerhalb von sechs Monaten nach erfolgter Übertragung des Geschäftsguthabens aufgelöst und wird (als Grund für die Auflösung oder später) das Insolvenzverfahren eröffnet, so ordnet Abs. 4 eine Ausfallhaftung des übertragenden Mitglieds in Höhe seiner hypothetischen Nach-

schusspflicht im Insolvenzfall an (vgl. §§ 105, 115b). Die Übertragung des Geschäftsguthabens ist Veräußerungstatbestand iSv § 17 Abs. 1 S. 1, Abs. 7 EStG (zB BFH 14.1.2020, DStRE 2020, 843 Rn. 28).

Tod des Mitglieds

77 (1) [1]**Mit dem Tod eines Mitglieds geht die Mitgliedschaft auf den Erben über.** [2]**Sie endet mit dem Schluss des Geschäftsjahres, in dem der Erbfall eingetreten ist.** [3]**Mehrere Erben können das Stimmrecht in der Generalversammlung nur durch einen gemeinschaftlichen Vertreter ausüben.**

(2) [1]**Die Satzung kann bestimmen, dass im Falle des Todes eines Mitglieds dessen Mitgliedschaft in der Genossenschaft durch dessen Erben fortgesetzt wird.** [2]**Die Satzung kann die Fortsetzung der Mitgliedschaft von persönlichen Voraussetzungen des Rechtsnachfolgers abhängig machen.** [3]**Für den Fall der Beerbung des Erblassers durch mehrere Erben kann auch bestimmt werden, dass die Mitgliedschaft endet, wenn sie nicht innerhalb einer in der Satzung festgesetzten Frist einem Miterben allein überlassen worden ist.**

(3) [1]**Der Tod des Mitglieds sowie der Zeitpunkt der Beendigung der Mitgliedschaft, im Falle des Absatzes 2 auch die Fortsetzung der Mitgliedschaft durch einen oder mehrere Erben, sind unverzüglich in die Mitgliederliste einzutragen.** [2]**Die Erben des verstorbenen Mitglieds sind unverzüglich von der Eintragung zu benachrichtigen.**

(4) **Bei Beendigung der Mitgliedschaft des Erben gelten die §§ 73 und 75, im Falle der Fortsetzung der Mitgliedschaft gilt § 76 Abs. 4 entsprechend.**

I. Befristete Mitgliedschaft der Erben bis Geschäftsjahresschluss

1 Wenn ein Mitglied der eG stirbt, wird seine Mitgliedschaft nicht sofort beendet, sondern geht nach Abs. 1 S. 1 iVm § 1922 Abs. 1 BGB auf den oder die Erben über. Eine Stichtagsbilanz auf den Todestag muss und darf nicht erstellt werden. Mehrere Erben halten die Mitgliedschaft zur gesamten Hand nach §§ 2033 ff. BGB, können aber die Teilhaberechte in der Generalversammlung nur durch einen Stimmrechtsvertreter ausüben (Abs. 1 S. 3). Ist einer der Erben selbst Mitglied der eG, darf die Erbengemeinschaft das Stimmrecht aus der geerbten Mitgliedschaft auch dann ausüben, wenn die Satzung Mehrstimmrechte nicht vorsieht. Wegen der Rechtszuordnung an eine Gesamthand liegt darin kein Verstoß gegen das Verbot der teilbaren oder doppelten Mitgliedschaft (→ § 1 Rn. 2 aE). Erbt jedoch ein Mitglied der eG allein, so verschmilzt seine Mitgliedschaft mit der geerbten (str., ob einschließlich des Stimmrechts), sofern der Nachlass kein Sondervermögen ist (wie bei der Testamentsvollstreckung). Für Erblasserschulden wie für neu entstehende Mitgliedschaftspflichten (Nachlasserbenschulden) haften die Erben nach § 1967 Abs. 2 BGB und können die Haftung nach §§ 1975 ff. BGB auf den Nachlass beschränken. Die Mitgliedschaft des oder der Erben ist befristet und endet an dem auf den Todestag folgenden Geschäftsjahresschluss (Abs. 1 S. 2), sofern sie nicht durch Satzungsbestimmung nach Abs. 2, 3 fortgesetzt wird. Tod und Beendigungszeitpunkt sind unverzüglich in der Mitgliederliste einzutragen, und die Erben sind hiervon zu informieren (Abs. 3, lex specialis zu § 69). Im Fall der Beendigung gelten für die Auseinandersetzung zwischen eG und Erben §§ 73, 75 entsprechend (Abs. 4).

II. Fortsetzung der Mitgliedschaft mit allen, mehreren oder einem Erben

2 Statutarisch kann die Fortsetzung der Mitgliedschaft des verstorbenen Mitglieds mit dem oder den Erben verankert werden. Diese Möglichkeit der Vererbung muss allen Mitgliedern gleichermaßen eingeräumt sein (Gleichbehandlungsgrundsatz). Allerdings darf die Satzung die Fortsetzung daran knüpfen, dass in der Person des oder der Erben bestimmte Voraussetzungen erfüllt sind **(Abs. 2 S. 2).** Die Festlegung der Voraussetzungen darf nicht einem Organ überlassen sein. Im Fall einer Erbengemeinschaft kann die Satzung vorsehen, dass die Fortsetzung davon abhängig ist, ob die Miterben in einer Teilauseinandersetzung der Erbengemeinschaft die Mitgliedschaft einem Miterben „überlassen" **(Abs. 2 S. 3),** dh das Geschäftsguthaben des Erblassers nach § 2040 Abs. 1 BGB und in direkter Anwendung von § 76 an den Miterben übertragen (zB Beuthien/*Beuthien* Rn. 12). Die hierfür von der Satzung den Miterben gesetzte Frist muss angemessen sein und darf den Geschäftsjahresschluss überschreiten. Kommt die Teilauseinandersetzung nicht zustande, wird die Mitgliedschaft rückwirkend zum vergangenen Geschäftsjahresschluss beendet (Abs. 1 S. 2). **Abs. 3** stellt eine Besonderheit dar, weil anders als in § 69 nicht die Beendigung in die Mitgliederliste eingetragen werden muss, sondern ob und mit welchen Erben die Mitgliedschaft fortgesetzt wird (vgl. § 30). Nur für die Fälle des Abs. 2 S. 3 macht die entsprechende Anwendung von § 76 Abs. 4 nach **Abs. 4** insoweit Sinn, als hier die Ausfallhaftung die anderen Erben trifft, welche die Mitgliedschaft einem Miterben überlassen haben.

Auflösung oder Erlöschen einer juristischen Person oder Personengesellschaft

77a [1] **Wird eine juristische Person oder eine Personengesellschaft aufgelöst oder erlischt sie, so endet die Mitgliedschaft mit dem Abschluss des Geschäftsjahres, in dem die Auflösung oder das Erlöschen wirksam geworden ist.** [2] **Im Falle der Gesamtrechtsnachfolge wird die Mitgliedschaft bis zum Schluss des Geschäftsjahres durch den Gesamtrechtsnachfolger fortgesetzt.** [3] **Die Beendigung der Mitgliedschaft ist unverzüglich in die Mitgliederliste einzutragen; das Mitglied oder der Gesamtrechtsnachfolger ist hiervon unverzüglich zu benachrichtigen.**

1 Für Mitglieder der eG, die juristische Personen oder mitgliedschafts-, dh rechtsfähige Personengesellschaften (zB OHG, Partnerschaftsgesellschaft, idR Außengesellschaft bürgerlichen Rechts) sind, wird nach § 77a deren Auflösung oder (nicht: und) Erlöschen dem Tod einer natürlichen Person gleichgestellt und eine dem § 77 ähnliche Regelung gewählt (früher hM: § 77 analog; vgl. zB RG 13.11.1928, RGZ 122, 253 (256 ff.)). Dass die Mitgliedschaft kraft Gesetzes erst zum Geschäftsjahresschluss beendet wird, verhindert die Notwendigkeit einer Stichtagsbilanz auf den Zeitpunkt von Auflösung oder Erlöschen. Eine solche darf auch nicht aufgestellt werden. Das Gesetz lässt zumindest bis zum Geschäftsjahresschluss zu, dass eine im Liquidationsstadium befindliche juristische Person oder Personengesellschaft Mitglied der eG sein kann (wegen des Förderzwecks der eG noch anders RG 21.12.1915, RGZ 87, 408 (411)). Wenn das Liquidationsstadium (wie meist) länger dauert, erscheint die Regelung in § 77a allerdings rechtspolitisch fragwürdig (zB Lang/Weidmüller/*Holthaus/Lehnhoff* Rn. 1). Im Fall eines Formwechsels einer eG in eine GmbH endet die Mitgliedschaft wegen § 202 Abs. 1 Nr. 1 UmwG nicht, § 77a ist insoweit weder direkt noch analog anwendbar (OLG Naumburg 12.12.2019, NZG 2020, 715).

2 Die Fortsetzung der Mitgliedschaft mit einem Gesamtrechtsnachfolger ist in S. 2 zwingend angeordnet. Die Satzung kann über S. 2 hinaus eine Fortsetzung (etwa mit einem rechtsgeschäftlichen Nachfolger) nicht vorsehen. Wegen des abschließenden Charakters von S. 2 ist § 77 Abs. 2 nicht analog anwendbar (zB PFB/*Fandrich* Rn. 3). S. 3 entspricht § 69. Im Fall von S. 2 ist die Fortsetzung mit dem Gesamtrechtsnachfolger in die Mitgliederliste entsprechend § 77 Abs. 3 einzutragen.

Abschnitt 6. Auflösung und Nichtigkeit der Genossenschaft

Auflösung durch Beschluss der Generalversammlung

78 (1) [1] **Die Genossenschaft kann durch Beschluss der Generalversammlung jederzeit aufgelöst werden; der Beschluss bedarf einer Mehrheit, die mindestens drei Viertel der abgegebenen Stimmen umfasst.** [2] **Die Satzung kann eine größere Mehrheit und weitere Erfordernisse bestimmen.**

(2) **Die Auflösung ist durch den Vorstand unverzüglich zur Eintragung in das Genossenschaftsregister anzumelden.**

I. Allgemeines zur Auflösung einer eG

1 Neben §§ 78–81a sind weitere Auflösungsgründe in § 54 Abs. 2 S. 1 und § 101 geregelt. Das FamFG enthält für Genossenschaften keine Auflösungsgründe. Für Kreditgenossenschaften wirkt die Aufhebung oder das Erlöschen der Banklizenz wie ein Auflösungsbeschluss (§ 38 Abs. 1 S. 1, 2 KWG). Wird die Sitzverlegung ins Ausland beschlossen, so ist der Beschluss entsprechend § 241 Nr. 3 AktG nichtig und führt nicht automatisch zur Auflösung (str., vgl. für die AG zB Hüffer/Koch/*Koch* AktG § 5 Rn. 12; aA zB PFB/*Fandrich* Rn. 1). Durch die Auflösung erlischt die eG nicht, sondern existiert mit dem veränderten Zweck, anstelle des Förderzwecks (→ § 1 Rn. 3 ff.) die Liquidation durchzuführen (näher zum Liquidationszweck § 88). Die Auflösung durch Löschung wegen Vermögenslosigkeit nach § 81a Nr. 2 iVm § 394 FamFG führt dagegen nur eine Nachtragsliquidation nach § 83 Abs. 5 statt. Die Auflösung ist stets in das Genossenschaftsregister einzutragen (§ 82), was aber lediglich deklaratorischen Charakter hat. Sofort nach der Auflösung beginnt das Liquidationsstadium (§§ 83–93). Auf die eG i. L. sind die Vorschriften der §§ 17–51 über die Rechtsverhältnisse mit den Mitgliedern und über die Organverfassung weiterhin anzuwenden, soweit sich nicht aus dem Liquidationszweck und den §§ 87a ff. etwas anderes ergibt (§ 87 Abs. 1).

II. Auflösung durch Versammlungsbeschluss

Die Auflösung ist einmal möglich durch Beschluss der Generalversammlung oder der Vertreterversammlung, falls eine solche wirksam besteht und nicht die Entscheidung über die Auflösung nach § 43a Abs. 1 S. 2 der Generalversammlung vorbehalten ist. Da die Auflösung materiell eine Grundlagenentscheidung wie die Änderung des Unternehmensgegenstandes ist, entsprechen die Regelungen zum Mehrheitserfordernis § 16 Abs. 2 S. 1, 2. Diese Regelungen sind insoweit zwingend, als nicht zB eine geringere Mehrheit oder Zustimmungsvorbehalte anderer Organe oder des Prüfungsverbandes vorgesehen werden dürfen. Für die Wirkungen der Auflösung gilt → Rn. 1. Die Anmeldung zur Eintragung in das Genossenschaftsregister (§ 10) muss unverzüglich durch die Vorstandsmitglieder in vertretungsberechtigter Zahl elektronisch in öffentlich beglaubigter Form eingereicht werden (§ 157, § 6 GenRegV). 2

(weggefallen)

78a, 78b

Auflösung durch Zeitablauf

79 (1) **Ist die Genossenschaft nach der Satzung auf eine bestimmte Zeit beschränkt, ist sie mit dem Ablauf der bestimmten Zeit aufgelöst.**

(2) **§ 78 Abs. 2 ist anzuwenden.**

Die Vorschrift knüpft an § 8 Abs. 1 Nr. 1 an. Die Auflösung der eG bedarf in diesem Fall nach Zeitablauf keines gesonderten Auflösungsbeschlusses. Für eine befristete eG gelten vor Zeitablauf die übrigen Auflösungsgründe, dh sie kann zB durch Beschluss der Generalversammlung nach § 78 aufgelöst werden. Für die Anmeldung zum Genossenschaftsregister gilt § 78 Abs. 2 entsprechend (Abs. 2; → § 78 Rn. 2). 1

Fortsetzung der aufgelösten Genossenschaft

79a (1) [1] **Ist die Genossenschaft durch Beschluss der Generalversammlung oder durch Zeitablauf aufgelöst worden, kann die Generalversammlung, solange noch nicht mit der Verteilung des nach Berichtigung der Schulden verbleibenden Vermögens an die Mitglieder begonnen ist, die Fortsetzung der Genossenschaft beschließen; der Beschluss bedarf einer Mehrheit, die mindestens drei Viertel der abgegebenen Stimmen umfasst.** [2] **Die Satzung kann eine größere Mehrheit und weitere Erfordernisse bestimmen.** [3] **Die Fortsetzung kann nicht beschlossen werden, wenn die Mitglieder nach § 87a Abs. 2 zu Zahlungen herangezogen worden sind.**

(2) **Vor der Beschlussfassung ist der Prüfungsverband, dem die Genossenschaft angehört, darüber zu hören, ob die Fortsetzung der Genossenschaft mit den Interessen der Mitglieder vereinbar ist.**

(3) [1] **Das Gutachten des Prüfungsverbandes ist in jeder über die Fortsetzung der Genossenschaft beratenden Generalversammlung zu verlesen.** [2] **Dem Prüfungsverband ist Gelegenheit zu geben, das Gutachten in der Generalversammlung zu erläutern.**

(4) **Ist die Fortsetzung der Genossenschaft nach dem Gutachten des Prüfungsverbandes mit den Interessen der Mitglieder nicht vereinbar, bedarf der Beschluss einer Mehrheit von drei Vierteln der Mitglieder in zwei mit einem Abstand von mindestens einem Monat aufeinanderfolgenden Generalversammlungen; Absatz 1 Satz 2 gilt entsprechend.**

(5) [1] **Die Fortsetzung der Genossenschaft ist durch den Vorstand unverzüglich zur Eintragung in das Genossenschaftsregister anzumelden.** [2] **Der Vorstand hat bei der Anmeldung die Versicherung abzugeben, dass der Beschluss der Generalversammlung zu einer Zeit gefasst wurde, zu der noch nicht mit der Verteilung des nach der Berichtigung der Schulden verbleibenden Vermögens der Genossenschaft an die Mitglieder begonnen worden war.**

Für die Auflösungstatbestände der §§ 78, 79 sieht § 79a die Möglichkeit der Fortsetzung durch Beschluss der Generalversammlung (oder gem. § 43a Abs. 1 S. 1, 2 der Vertreterversammlung) vor, sofern die Auflösung bereits wirksam geworden ist, aber mit dem letzten Abschnitt der Liquidation, der 1

Verteilung des Vermögens der eG nach § 91 noch nicht begonnen wurde, und sofern nicht Nachschusszahlungen nach § 87a Abs. 2 von den Mitgliedern erhoben wurden (Abs. 1 S. 1, 3). Nur dass die Vermögensverteilung noch nicht begonnen hat, muss der Vorstand bei der Registeranmeldung versichern (Abs. 5 S. 2). Die Regelungen über die Mehrheits- und anderen Erfordernisse beim Fortsetzungsbeschluss entsprechen denjenigen beim Auflösungsbeschluss (§ 78 Abs. 1). Abs. 2, 3 enthalten besondere Regelungen für das Beschlussverfahren, welche die Einbindung des Prüfungsverbandes durch Anhörung und Begutachtung sichern. Die Generalversammlung ist an das nach Abs. 3 verlesene und ggf. erläuterte Gutachten des Prüfungsverbandes nicht gebunden, jedoch gelten bei einem Negativattest nach Abs. 4 besondere weitere Voraussetzungen für den Fortsetzungsbeschluss. Verstöße gegen Abs. 2–4 führen zur Anfechtbarkeit des Fortsetzungsbeschlusses nach § 51. Für die Registeranmeldung nach Abs. 5 gelten § 157 und § 6 GenRegV. Die Eintragung der Fortsetzung im Genossenschaftsregister ist deklaratorisch.

Auflösung durch das Gericht

80 (1) [1] **Hat die Genossenschaft weniger als drei Mitglieder, hat das Registergericht auf Antrag des Vorstands und, wenn der Antrag nicht binnen sechs Monaten erfolgt, von Amts wegen nach Anhörung des Vorstands die Auflösung der Genossenschaft auszusprechen.** [2] **Bei der Bestimmung der Mindestmitgliederzahl nach Satz 1 bleiben investierende Mitglieder außer Betracht.**

(2) [1] **Der gerichtliche Beschluss ist der Genossenschaft zuzustellen.** [2] **Gegen den Beschluss steht der Genossenschaft die sofortige Beschwerde nach der Zivilprozessordnung zu.** [3] **Mit der Rechtskraft des Beschlusses ist die Genossenschaft aufgelöst.**

1 Die Mindestzahl der eG beträgt nach § 4 drei Mitglieder, wobei nach Abs. 1 S. 2 investierende Mitglieder gem. § 8 Abs. 2 nicht als Mitglieder gelten. Den Vorstand trifft keine (zwangsgeldbewehrte) Pflicht zur Beantragung der Auflösung. Allerdings hat das Registergericht (§ 10) die Auflösung auszusprechen, wenn der Antrag sechs Monate unterblieben ist. In der Zwischenzeit soll es der eG ermöglicht werden, genügend weitere Mitglieder aufzunehmen. Die Auflösung wird erst nach Zustellung und Rechtskraft des Gerichtsbeschlusses wirksam (Abs. 2). Die sofortige Beschwerde nach § 567 Abs. 1 Nr. 1 ZPO ist innerhalb einer Notfrist von zwei Wochen nach Zustellung einzulegen (§ 569 Abs. 1 S. 1, 2 ZPO).

Auflösung auf Antrag der obersten Landesbehörde

81 (1) [1] **Gefährdet eine Genossenschaft durch gesetzwidriges Verhalten ihrer Verwaltungsträger das Gemeinwohl und sorgen die Generalversammlung und der Aufsichtsrat nicht für eine Abberufung der Verwaltungsträger oder ist der Zweck der Genossenschaft entgegen § 1 nicht auf die Förderung der Mitglieder gerichtet, kann die Genossenschaft auf Antrag der zuständigen obersten Landesbehörde, in deren Bezirk die Genossenschaft ihren Sitz hat, durch Urteil aufgelöst werden.** [2] **Ausschließlich zuständig für die Klage ist das Landgericht, in dessen Bezirk die Genossenschaft ihren Sitz hat.**

(2) [1] **Nach der Auflösung findet die Liquidation nach den §§ 83 bis 93 statt.** [2] **Den Antrag auf Bestellung oder Abberufung der Liquidatoren kann auch die in Absatz 1 Satz 1 bestimmte Behörde stellen.**

(3) **Ist die Auflösungsklage erhoben, kann das Gericht auf Antrag der in Absatz 1 Satz 1 bestimmten Behörde durch einstweilige Verfügung die nötigen Anordnungen treffen.**

(4) [1] **Die Entscheidungen des Gerichts sind dem Registergericht mitzuteilen.** [2] **Dieses trägt sie, soweit eintragungspflichtige Rechtsverhältnisse betroffen sind, in das Genossenschaftsregister ein.**

1 Der Auflösungsgrund der **Gemeinwohlgefährdung** entspricht den Auflösungsgründen nach § 396 AktG, § 62 GmbHG für AG und GmbH, dem Entziehungsgrund nach § 43 BGB für den Verein und dem Aufhebungsgrund des § 87 Abs. 1 S. 1 Alt. 2 BGB für die Stiftung. Eine solche Gefährdung liegt vor, wenn die Organe der eG in einer der eG analog § 31 BGB zurechenbaren Weise (nicht nur bei Gelegenheit ihrer Organpflichten) fortgesetzt gegen Strafgesetze oder andere Gesetze verstoßen und dadurch wesentliche öffentliche Interessen ernsthaft bedroht sind, insbesondere Handlungen begangen werden, die mit den Grundentscheidungen der Rechts- und Verfassungsordnung, vor allem mit dem Schutz der Menschenwürde nicht in Einklang stehen. Einer Auflösung können die zuständigen übrigen Organe der eG (Generalversammlung oder Aufsichtsrat) zuvorkommen, indem sie den Vorstand oder sonstigen Verwaltungsträger abberufen.

Der zweite in § 81 geregelte Auflösungsgrund ist die **fehlende Verfolgung eines Förderzwecks** (krit. *Beuthien* NZG 2020, 681 (682, 685 ff.): systemwidrig). Der Zweck der eG ist dann nicht auf Förderung der Mitglieder gerichtet, wenn schon der **statutarisch festgelegte Zweck** der eG nicht auf Förderung des Erwerbs oder der Wirtschaft oder der sozialen oder kulturellen Belange der Mitglieder gerichtet ist (→ § 6 Rn. 3 aE). Zwar soll es ausweislich der Gesetzesmotive zur Novelle 2006 nicht genügen, dass die eG Geschäfte betreibt, die nicht iRd Unternehmensgegenstandes liegen oder die nicht dem satzungsgemäßen Förderzweck entsprechen (BT-Drs. 16/1025, 94). Das bedeutet jedoch nicht, dass es unschädlich wäre, wenn zwar nicht der statutarische, aber der **tatsächlich verfolgte Zweck** der eG gegen § 1 Abs. 1 verstößt. Eine Umgehung wäre sonst leicht dadurch möglich, dass zwar ein Förderzweck in der Satzung vorgeschoben, jedoch ein anderer Zweck in der Realität verfolgt wird. Vielmehr kann eine eG nach § 81 Abs. 1 aufgelöst werden, wenn sie dauerhaft und strukturell, gewissermaßen „systematisch" einen Zweck verfolgt, der nicht auf die Förderung der Mitglieder gerichtet ist (nicht bei beabsichtigter Wiederaufnahme eines Förderbetriebes, BayObLG 5.12.1984, BB 1985, 426); auch dann liegt ein Missbrauch der Rechtsform einer eG vor, dem § 81 gerade abhelfen soll (vgl. zB Beuthien/*Wolff* Rn. 3). Das gilt auch für das „systematische" Betreiben eines nicht dem Förderzweck zu- und untergeordneten Nichtmitgliedergeschäfts, nicht aber für den bloßen Verstoß gegen § 8 Abs. 1 Nr. 5 (*Picker,* Genossenschaftsidee und Governance, 2019, 472; zT anders *Beuthien* NZG 2020, 681 (684)). Bei der behördlichen Antragstellung handelt es sich nicht um eine Ermessensentscheidung (zB *Beuthien* NZG 2020, 681 (682 f.), str.; vgl. zu der – anders gelagerten – Frage beim konzessionierten Verein zB MüKoBGB/*Leuschner* BGB § 43 Rn. 2). Die Gesetzesmotive sind einschränkend so zu lesen, dass eine Auflösung nur dann noch nicht statthaft ist, wenn die eG **einzelne förderzweckwidrige Geschäfte** schließt. Die behördliche Antragstellung ist darüber hinaus unverhältnismäßig, wenn und sobald Generalversammlung oder Aufsichtsrat für die Abberufung des Vorstands sorgen; insoweit ist die Einschränkung in Abs. 1 S. 1 Var. 1 auch auf Abs. 1 S. 1 Var. 2 zu beziehen (zB *Kober* ZfgG 2012, 193 (203); zT anders *Picker,* Genossenschaftsidee und Governance, 2019, 473: Der ultima-ratio-Grundsatz beziehe sich erst auf das Auflösungsurteil). 2

Die **Auflösungsklage** muss seit der Novelle 2006 auf Antrag der obersten Landesbehörde (idR Wirtschaftsministerium) vor einem Zivilgericht erhoben werden. Die Regelungen in § 81 Abs. 1 orientieren sich insoweit an § 396 AktG. Das LG kann durch einstweilige Verfügung notwendige vorläufige Anordnungen treffen (Abs. 3). Bei der Entscheidung selbst unterliegt es nicht einer Art Rechtsanwendungsermessen (str., zutr. zB *Beuthien* NZG 2020, 681 (683): „kann" drücke nur die Auflösungskompetenz aus). Abs. 4 tritt funktional an die Stelle der Regelungen in § 82. Für die Liquidation nach §§ 83–93 gilt nur die Besonderheit, dass den Antrag nach § 83 Abs. 3, 4 auch die oberste Landesbehörde stellen darf (Abs. 2). Für die Registereintragung ist Abs. 4 Spezialregelung zu § 82 Abs. 1. Daneben muss eine Bekanntmachung nach § 82 Abs. 2 erfolgen. 3

Auflösung bei Insolvenz

81a **Die Genossenschaft wird aufgelöst**

1. **mit der Rechtskraft des Beschlusses, durch den die Eröffnung des Insolvenzverfahrens mangels Masse abgelehnt worden ist;**
2. **durch die Löschung wegen Vermögenslosigkeit nach § 394 des Gesetzes über das Verfahren in Familiensachen und in den Angelegenheiten der freiwilligen Gerichtsbarkeit.**

§ 81a entspricht der Regelung in § 262 Abs. 1 Nr. 4, 6 AktG. Entgegen des Titels von § 81a betreffen die Auflösungsgründe nach Nr. 1 (Abweisung mangels Masse nach § 26 InsO) und Nr. 2 (Löschung nach § 394 FamFG) gerade nicht die Auflösung durch Eröffnung des Insolvenzverfahrens, die in § 101 geregelt ist. In beiden Fällen kann ein Fortsetzungsbeschluss nach § 79a nicht gefasst werden. Wenn die eG kein Vermögen (also keine aktivierbaren oder nicht bilanzierungsfähige, aber verwertbare Vermögensgegenstände oder Rechtspositionen) mehr besitzt, kann sie nach § 394 FamFG vom Registergericht von Amts wegen oder auf Antrag der Finanzbehörde oder der berufsständischen Organe gelöscht werden. Der eG wird die Absicht der Löschung bekannt gemacht und eine Frist zur Geltendmachung eines Widerspruchs gesetzt. Die Löschung darf nur vorgenommen werden, wenn kein Widerspruch erhoben oder der Widerspruch zurückgewiesen ist (§ 394 Abs. 3 FamFG, § 393 Abs. 5 FamFG). 1

Eintragung der Auflösung

82 (1) **Die Auflösung der Genossenschaft ist von dem Gericht unverzüglich in das Genossenschaftsregister einzutragen.**

(2) [1] **Sie muss von den Liquidatoren durch die für die Bekanntmachungen der Genossenschaft bestimmten Blätter bekannt gemacht werden.** [2] **Durch die Bekanntmachung sind zugleich die Gläubiger aufzufordern, sich bei der Genossenschaft zu melden.**

(3) **Im Falle der Löschung der Genossenschaft wegen Vermögenslosigkeit sind die Absätze 1 und 2 nicht anzuwenden.**

1 Die Eintragung der Auflösung hat nur deklaratorischen Charakter (beachte aber § 29). Die Auflösung wird gem. § 20 Abs. 1 GenRegV in den Fällen der §§ 78, 79 aufgrund einer Anmeldung durch den Vorstand, ansonsten von Amts wegen eingetragen und gem. § 156 Abs. 1 S. 2, 3 iVm § 10 HGB gerichtlich bekannt gemacht. Zum Schutz der Gläubiger ist die Auflösung zusätzlich gem. Abs. 2 in den öffentlichen Blättern der eG (§ 6 Nr. 5) bekanntzumachen. Eine Frist besteht nicht. Jedoch liegt eine schnellstmögliche Bekanntmachung im Interesse der eG und der Mitglieder, weil erst mit dieser Bekanntmachung die einjährige Schutzfrist nach § 90 Abs. 1 zu laufen beginnt. Vor Ablauf dieser Schutzfrist kann mit der Vermögensverteilung nicht begonnen werden. Verzögern die Liquidatoren die Bekanntmachung schuldhaft, haften sie der eG nach §§ 89, 34 Abs. 2. Registereintragung und Bekanntmachung unterbleiben im Fall der Vermögenslosigkeit, da hier keine Vermögensverteilung stattfinden kann. Im Übrigen wird die Löschung vom Registergericht selbst vorgenommen.

Bestellung und Abberufung der Liquidatoren

83 (1) **Die Liquidation erfolgt durch den Vorstand, wenn sie nicht durch die Satzung oder durch Beschluss der Generalversammlung anderen Personen übertragen wird.**

(2) **Auch eine juristische Person kann Liquidator sein.**

(3) **Auf Antrag des Aufsichtsrats oder mindestens des zehnten Teils der Mitglieder kann die Ernennung von Liquidatoren durch das Gericht erfolgen.**

(4) [1] **Die Abberufung der Liquidatoren kann durch das Gericht unter denselben Voraussetzungen wie die Bestellung erfolgen.** [2] **Liquidatoren, welche nicht vom Gericht ernannt sind, können auch durch die Generalversammlung vor Ablauf des Zeitraums, für welchen sie bestellt sind, abberufen werden.**

(5) [1] **Ist die Genossenschaft durch Löschung wegen Vermögenslosigkeit aufgelöst, so findet eine Liquidation nur statt, wenn sich nach der Löschung herausstellt, dass Vermögen vorhanden ist, das der Verteilung unterliegt.** [2] **Die Liquidatoren sind auf Antrag eines Beteiligten durch das Gericht zu ernennen.**

1 Da nach § 87 die Vorschriften der §§ 17–51 auch für die eG iL gelten, existieren die bisherigen Organe fort. Die Liquidation muss nicht von einem der Organe durchgeführt werden. Prädestiniert für diese Aufgabe ist der **Vorstand,** der nach Abs. 1 als Kollegialorgan zum Abwickler gesetzlich bestellt ist, sofern nicht in der Satzung (dann ohne Beschluss) oder durch Beschluss der Generalversammlung **andere** (namentlich benannte) **Personen** bestimmt werden. Diese anderen Personen müssen nicht notwendig Mitglieder der eG sein, es können auch einzelne Organmitglieder, auch unterschiedlicher Organe bestellt werden. Abs. 2 stellt eine Ausnahme von § 9 Abs. 2 S. 1 dar. Dem Aufsichtsrat ist keine eigene **Bestellungs- und Abberufungsbefugnis** eingeräumt, sondern eine Antragsbefugnis für eine Bestellung und Abberufung durch das Registergericht nach Abs. 3, 4. Hierfür muss analog § 265 Abs. 3 S. 1 AktG ein wichtiger Grund (Fehlen oder Amtsunfähigkeit von Liquidatoren) vorliegen. Dasselbe Antragsrecht haben 10 % der Mitglieder (Minderheitenrecht wie zB § 45). Auch ohne Antrag kann das Gericht eine Notbestellung analog § 29 BGB, § 85 AktG vornehmen. Ohne Einschaltung des Registergerichts können die Liquidatoren vorzeitig nur durch Beschluss der Generalversammlung abberufen werden (Abs. 4 S. 2). Bei **Kreditgenossenschaften** können die Liquidatoren nicht durch die Satzung oder Beschluss der Generalversammlung, sondern nur durch das Gericht oder die BaFin bestellt werden (§ 38 Abs. 2 S. 3 KWG). Den Antrag auf gerichtliche Bestellung kann die BaFin stellen, wenn die bestellten Liquidatoren keine Gewähr für eine ordnungsgemäße Abwicklung bieten (§ 38 Abs. 2 S. 2 KWG).

2 Ist der Vorstand zur Liquidation berufen, werden seine Leitungsaufgaben nach § 27 Abs. 1 durch die Aufgaben der Liquidation nach § 88 ergänzt, die Priorität haben (zur Rechtsstellung der Liquidatoren § 89). Die **Anstellungsverträge** mit den Vorstandsmitgliedern würden unverändert fortbestehen, wenn in diesen Verträgen nichts anderes (zB Fortgeltung zu gekürzten Vergütungskonditionen) vereinbart wird. Ist ein Liquidator nicht Vorstandsmitglied, kann zwischen ihm und der eG vertreten durch den Aufsichtsrat ein Anstellungsvertrag geschlossen werden. Auch ohne Vergütungsabrede hat er einen Vergütungsanspruch uU aus § 612 BGB. Bei Kreditgenossenschaften gilt § 38 Abs. 2a KWG.

3 Zwischen der eG und jedem Liquidator kommt ein **organschaftliches Treuhandverhältnis** eigener Art zustande, für das im Innenverhältnis zur eG §§ 662 ff. BGB entsprechend gelten (→ § 43a Rn. 8).

In den Fällen der Auflösung durch **Löschung wegen Vermögenslosigkeit** (§ 81a Nr. 2) findet keine Auseinandersetzung, sondern nur eine **Nachtragsliquidation** statt, sofern sich doch verteilbare Vermögensgegenstände finden (Abs. 5). Auf die Nachtragsliquidation sind die Vorschriften über die Liquidation insoweit anwendbar, als sie dem beschränkten Zweck der Nachtragsliquidation nicht entgegenstehen (BGH 24.7.2012, NZG 2012, 1076 (1077 f.)). IÜ gilt das Gleiche wie für die AG (→ AktG § 273 Rn. 13 ff.; zur Analogie zu § 273 Abs. 4 AktG s. auch AG Berlin-Charlottenburg 8.3.2018, NZG 2018, 948 Rn. 2 ff.). 4

Anmeldung durch Liquidatoren

84 (1) [1] **Die ersten Liquidatoren sowie ihre Vertretungsbefugnis hat der Vorstand, jede Änderung in den Personen der Liquidatoren und jede Änderung ihrer Vertretungsbefugnis haben die Liquidatoren zur Eintragung in das Genossenschaftsregister anzumelden.** [2] **Der Anmeldung ist eine Abschrift der Urkunden über die Bestellung oder Abberufung sowie über die Vertretungsbefugnis beizufügen.**

(2) **Die Eintragung der gerichtlichen Ernennung oder Abberufung von Liquidatoren geschieht von Amts wegen.**

Die Vorschrift entspricht im Wesentlichen § 28 und erweitert die Anmeldepflicht des Vorstands darauf, die ersten Liquidatoren und ihre Vertretungsbefugnis zur Eintragung in das Genossenschaftsregister (§ 10) anzumelden, und erlegt den Liquidatoren eine dem § 28 entsprechende Anmeldepflicht für Änderungen auf. Die in Abs. 1 genannten eintragungspflichtigen Tatsachen unterliegen der Publizitätswirkung nach § 29 (§ 86). Für das Verfahren der Anmeldung und Eintragung gilt im Wesentlichen dasselbe wie für § 28 (→ § 28 Rn. 2; vgl. auch § 20 Abs. 2, 3 GenRegV). Bestellungs- und Abberufungsurkunden (zB Beschluss der Generalversammlung) sind nur in Abschrift einzureichen. In den Fällen des § 83 Abs. 3 bedarf es keiner Anmeldung, weil die Registereintragung vom ernennenden Registergericht von Amts wegen vorzunehmen ist (Abs. 2). 1

Zeichnung der Liquidatoren

85 (1) [1] **Die Liquidatoren haben in der bei ihrer Bestellung bestimmten Form ihre Willenserklärung kundzugeben und für die Genossenschaft zu zeichnen.** [2] **Ist nichts darüber bestimmt, so muss die Erklärung und Zeichnung durch sämtliche Liquidatoren erfolgen.**

(2) **Die Bestimmung ist mit der Bestellung der Liquidatoren zur Eintragung in das Genossenschaftsregister anzumelden.**

(3) **Die Liquidatoren zeichnen für die Genossenschaft, indem sie der Firma einen die Liquidation andeutenden Zusatz und ihre Namensunterschrift hinzufügen.**

Der Gesetzgeber hält für Liquidatoren die Pflicht zur Unterschriftszeichnung und ihrer Einreichung noch aufrecht, was er für den Vorstand allerdings seit 2007 (EHUG) durch Streichung von § 11 Abs. 4, § 25 Abs. 4 aF längst abgeschafft hat (→ § 25 Rn. 4). Ein Bedürfnis für die Aufrechterhaltung der Abs. 1 und 2 speziell für Liquidatoren besteht auch angesichts der Abschaffung von § 266 Abs. 5 AktG aF nicht. Nur Abs. 3 hat eigenständige Bedeutung wie zB die Parallelvorschrift in § 269 Abs. 6 AktG. 1

Publizität des Genossenschaftsregisters

86 **Die Vorschriften in § 29 über das Verhältnis zu dritten Personen finden bezüglich der Liquidatoren Anwendung.**

Dem Publizitätsschutz nach § 29 (→ § 29 Rn. 1 ff.) unterliegen auch die Eintragungen über die Personen der Liquidatoren und ihre Vertretungsbefugnis einschließlich der Änderungen dieser Tatsachen. 1

Rechtsverhältnisse im Liquidationsstadium

87 (1) **Bis zur Beendigung der Liquidation sind ungeachtet der Auflösung der Genossenschaft in Bezug auf die Rechtsverhältnisse der Genossenschaft und ihrer Mitglieder die §§ 17 bis 51 weiter anzuwenden, soweit sich aus den Vorschriften dieses Abschnitts und aus dem Wesen der Liquidation nichts anderes ergibt.**

(2) **Der Gerichtsstand, welchen die Genossenschaft zur Zeit ihrer Auflösung hatte, bleibt bis zur vollzogenen Verteilung des Vermögens bestehen.**

1 Der Wortlaut von **Abs. 1** ist zu eng, da neben dem 2. Abschnitt über die Rechtsverhältnisse der eG zu ihren Mitgliedern und dem 3. Abschnitt über die (Organ-)Verfassung auf eine eG iL auch der 4. Abschnitt über die Pflichtprüfung (§ 64c) und auch aus dem 1. Abschnitt zumindest die Regelungen über die Satzung subsidiär anwendbar sind, soweit nicht das Wesen der Liquidation entgegensteht oder die §§ 78 ff. eine vorrangige Sonderregelung enthalten. Die eG iL verfolgt nicht mehr den Förderzweck (→ § 1 Rn. 3 ff.), ist mithin weder auf die Erbringung der Fördergeschäfte noch auf den gemeinschaftlichen Geschäftsbetrieb gerichtet, sondern auf den **Liquidationszweck,** der zugleich das Wesen der Liquidation darstellt. Dieser Zweck umfasst die Beendigung laufender Geschäfte (Fördergeschäfte und betriebliche Geschäfte), die Erfüllung der Verbindlichkeiten und anderer Pflichten, die Einziehung von Forderungen, die Umsetzung der übrigen Vermögensgegenstände in liquide Mittel und deren Verteilung an die Mitglieder (vgl. §§ 88, 91).

2 Folgende Vorschriften sind zB **anwendbar:** § 16 über Satzungsänderungen, soweit sie nicht dem Liquidationszweck widersprechen, § 17 über Rechtsfähigkeit und Formkaufmanneigenschaft, § 18 über Mitgliedschaftsrechte und -pflichten (jedoch ohne Förderungsrecht, ohne Vermögensrechte und ohne Einzahlungspflichten) und Satzungsstrenge, ferner §§ 21, 21a, 22 Abs. 4 und 5, § 23. Die Vorschriften über den Vorstand werden weitgehend von § 89 sowie von §§ 83–85, 88 verdrängt oder werden gegenstandslos. Die organschaftliche Leitung einer eG iL gem. § 27 Abs. 1 (zB auch die Führung der Mitgliederliste) wird nicht mehr vom Vorstand, sondern nach § 89 ausschließlich von den Liquidatoren wahrgenommen. Die Vorschriften über Aufstellung und Feststellung des Jahresbeschlusses sowie über die Beschlussfassung der Generalversammlung werden durch §§ 89, 91 modifiziert (zB Jahresabschluss jeweils kalenderjährlich nach der Auflösung, keine Veröffentlichung der Bilanz, keine Beschlussfassung über die Ergebnisverwendung). Anwendbar bleiben weitgehend die Vorschriften über Generalversammlung und Aufsichtsrat (vgl. § 89 S. 1). Die Beschlüsse der Generalversammlung einer eG i. L. können nach § 51 angefochten werden (zB BGH 20.9.2004, DStR 2004, 1967 (1969 f.)). Die §§ 53 ff. bleiben komplett anwendbar (§ 64c).

3 **Abs. 2** sieht zum Schutz der Gläubiger der eG ein unverändertes Verharren des allgemeinen Gerichtsstandes (§ 17 ZPO) am Sitz zur Zeit der Auflösung vor. Auch im Fall einer Sitzverlegung können die Gläubiger am alten Gerichtsstand Klage gegen die eG erheben. Eine Klage an besonderen Gerichtsständen bleibt möglich.

Zahlungspflichten bei Überschuldung

87a

(1) [1] **Ergibt sich bei Aufstellung der Liquidationseröffnungsbilanz, einer späteren Jahresbilanz oder einer Zwischenbilanz oder ist bei pflichtmäßigem Ermessen anzunehmen, dass das Vermögen auch unter Berücksichtigung fälliger, rückständiger Einzahlungen die Schulden nicht mehr deckt, so kann die Generalversammlung beschließen, dass die Mitglieder, die ihren Geschäftsanteil noch nicht voll eingezahlt haben, zu weiteren Einzahlungen auf den Geschäftsanteil verpflichtet sind, soweit dies zur Deckung des Fehlbetrages erforderlich ist.** [2] **Der Beschlussfassung der Generalversammlung stehen abweichende Bestimmungen der Satzung nicht entgegen.**

(2) [1] **Reichen die weiteren Einzahlungen auf den Geschäftsanteil zur Deckung des Fehlbetrags nicht aus, kann die Generalversammlung beschließen, dass die Mitglieder nach dem Verhältnis ihrer Geschäftsanteile bis zur Deckung des Fehlbetrags weitere Zahlungen zu leisten haben.** [2] **Für Genossenschaften, bei denen die Mitglieder keine Nachschüsse zur Insolvenzmasse zu leisten haben, gilt dies nur, wenn die Satzung dies bestimmt.** [3] **Ein Mitglied kann zu weiteren Zahlungen höchstens bis zu dem Betrag in Anspruch genommen werden, der dem Gesamtbetrag seiner Geschäftsanteile entspricht.** [4] **Absatz 1 Satz 2 gilt entsprechend.** [5] **Bei der Feststellung des Verhältnisses der Geschäftsanteile und des Gesamtbetrags der Geschäftsanteile gelten als Geschäftsanteile eines Mitglieds auch die Geschäftsanteile, die es entgegen den Bestimmungen der Satzung über eine Pflichtbeteiligung noch nicht übernommen hat.**

(3) [1] **Die Beschlüsse bedürfen einer Mehrheit, die mindestens drei Viertel der abgegebenen Stimmen umfasst.** [2] **Die Satzung kann eine größere Mehrheit und weitere Erfordernisse bestimmen.**

(4) **Die Beschlüsse dürfen nicht gefasst werden, wenn das Vermögen auch unter Berücksichtigung der weiteren Zahlungspflichten die Schulden nicht mehr deckt.**

1 Stellt sich während der Liquidation – sei es zu Beginn in der Eröffnungsbilanz nach § 89 S. 2 oder später in den Jahres- oder Zwischenbilanzen – ein Fehlbetrag iSv Abs. 1 S. 1 heraus, gibt die Vorschrift der Generalversammlung die Möglichkeit, zunächst die durch den Liquidationszweck hinfälligen **Einzahlungspflichten auf die Geschäftsanteile** (→ § 7 Rn. 3) in bestimmter Höhe wiederaufleben

zu lassen (Abs. 1) und, soweit dies nicht zur Fehlbetragsdeckung genügt, eine **über die Geschäftsanteile hinausgehende Nachschusspflicht** einzuführen, die betragsmäßig auf die Höhe der addierten Geschäftsanteile begrenzt ist (Abs. 2, → § 2 Rn. 3). Die Mitglieder müssen sich also ggf. darauf einrichten, ihre gesamten Geschäftsanteile voll einzuzahlen und, falls dies insgesamt nicht reicht, den Betrag ihrer Geschäftsanteile noch einmal zahlen zu müssen. Die Nachschusspflicht nach Abs. 2 ist gegenstandslos, wenn in der Satzung die Haftsumme in der gleichen Höhe wie der Geschäftsanteil festgesetzt ist.

Diese Möglichkeiten der **Beschlussfassung** kann **der Generalversammlung** nicht durch die Satzung genommen oder beschränkt werden (Abs. 1 S. 2, Abs. 2 S. 4). Die Beschlussfassung muss möglichst noch in der Generalversammlung gefasst werden, die über die Feststellung der Eröffnungsbilanz beschließt, da ansonsten der Vorstand nach §§ 98 Nr. 3, 99 iVm § 19 Abs. 2 InsO Antrag auf Eröffnung des Insolvenzverfahrens stellen muss (→ § 98 Rn. 1). Die Beschlüsse über Einzahlungs- und Nachschusspflichten sind nach Abs. 3 wie satzungsändernde Beschlüsse mit Dreiviertelmehrheit zu fassen, wenn nicht die Satzung strengere Anforderungen (bis hin zur Einstimmigkeit, str.) stellt. Für die Berechnung der Nachschüsse und für die Festsetzung des Verhältnisses der Mitglieder untereinander sind das Gleichbehandlungsgebot und Abs. 2 S. 5 (iVm § 7a Abs. 2) zu beachten. Die Geschäftsguthaben werden auf dem Stand der Eröffnungsbilanz nach § 89 eingefroren. 2

Zweifelhaft ist, ob § 87a auch für eine Auflösung nach § 81a Nr. 1 gilt. Denn hier läuft der Zweck des § 87a, die Eröffnung eines Insolvenzverfahrens abzuwenden, von vornherein leer. Jedenfalls dürfte bei einer Ablehnung der Insolvenzeröffnung mangels Masse zumeist ein Fall von **Abs. 4** vorliegen. 3

Verbot der Erhöhung von Geschäftsanteil oder Haftsumme

87b **Nach Auflösung der Genossenschaft können weder der Geschäftsanteil noch die Haftsumme erhöht werden.**

Nach Auflösung der eG entfallen die Mitgliedspflichten zur Einzahlung bestehender Geschäftsanteile und zur Zeichnung weiterer Geschäftsanteile (BGH 15.6.1978, NJW 1978, 2595; → § 7 Rn. 3). § 87b begrenzt darüber hinaus zum Schutz der Mitglieder die Möglichkeit, Geschäftsanteile zu erhöhen (bis 1973 erlaubte § 139 aF eine begrenzte Erhöhung). Damit stehen der eG für einen Fehlbetragsausgleich abschließend nur die Möglichkeiten nach § 87a zur Verfügung. Die Mitglieder können sicher gehen, dass sie darüber hinaus nicht belastet werden. § 87b gilt auch für § 101. 1

Aufgaben der Liquidatoren

88 **[1]Die Liquidatoren haben die laufenden Geschäfte zu beendigen, die Verpflichtungen der aufgelösten Genossenschaft zu erfüllen, die Forderungen derselben einzuziehen und das Vermögen der Genossenschaft in Geld umzusetzen; sie haben die Genossenschaft gerichtlich und außergerichtlich zu vertreten. [2]Zur Beendigung schwebender Geschäfte können die Liquidatoren auch neue Geschäfte eingehen.**

Die in S. 1 genannten Aufgaben der Liquidatoren und die in § 91 geregelte Vermögensverteilung decken sich mit dem **Liquidationszweck** und drücken zugleich die **Pflichten der Liquidatoren** aus. S. 1 Hs. 1 entspricht im Wesentlichen § 268 Abs. 1 AktG (→ AktG § 268 Rn. 1 ff.). Nach S. 1 Hs. 2 üben die Liquidatoren die Vertretungsmacht des Vorstands (§ 24 Abs. 1 S. 1) an dessen Stelle aus (→ § 89 Rn. 1). Die Liquidatoren sind zur möglichst optimalen Abwicklung und zur Erzielung einer möglichst großen Verteilungsmasse verpflichtet. Wie sich aus S. 2 mittelbar ergibt, beinhaltet die Pflicht zur Beendigung laufender Geschäfte deren Fortführung, bis zB die gegenseitigen Verpflichtungen erfüllt sind oder die Verträge durch Kündigung beendet werden können. Eine optimale Abwicklung kann gebieten, einen Vertrag auch über den nächsten ordentlichen Kündigungstermin fortzuführen, bis andere Verträge abgewickelt sind. Der Liquidator verstößt gegen seine Pflicht, Vermögensgegenstände der eG in Geld umzusetzen, wenn er sie an Nachfolgeunternehmen verkauft, von diesen den Kaufpreis aber nicht einzieht oder Kredit gewährt (vgl. OLG Dresden 12.12.2002, VIZ 2003, 455 (456)). 1

Den **gemeinschaftlichen Geschäftsbetrieb** können die Liquidatoren **als Ganzes veräußern,** auch wenn die Gegenleistung nicht in einer Geldleistung an die eG besteht, sondern in der **Gewährung von Anteilsrechten** an die Mitglieder der eG nach dem Verhältnis ihrer Geschäftsguthaben (BGH 20.9.2004, DStR 2004, 1967 ff.). Dies bedarf eines zustimmenden, mit mindestens Dreiviertelmehrheit gefassten Beschlusses der Generalversammlung (entsprechend § 16 Abs. 2 Nr. 1 oder analog § 179a AktG). Ob darüber hinaus wegen einer Abweichung von §§ 88, 91 die Zustimmung aller Mitglieder eingeholt werden muss, ist umstritten (dafür *Müller* GenG Rn. 4; dagegen die hM, zB Beuthien/*Wolff* Rn. 4; dagegen auch BGH 20.9.2004, DStR 2004, 1967 ff. für den Sonderfall, dass die Mitglieder von ihrem Vorkaufs- und Übernahmerecht nach § 42 Abs. 2 LwAnpG Gebrauch machen können). Eine 2

Abweichung von §§ 88, 91 wäre jedoch wegen § 18 S. 2 sogar mit Zustimmung aller Mitglieder nicht möglich (aA BGH 20.9.2004, DStR 2004, 1967 (1968)). Es besteht jedoch kein Verstoß gegen §§ 88, 91, wenn eine Betriebsveräußerung gegen Anteilsgewährung derjenigen einer Veräußerung gegen eine Geldleistung aus objektiven, wirtschaftlichen Gründen im Sinne einer optimalen Abwicklung eindeutig vorgezogen werden muss und die Voraussetzungen für die Vermögensverteilung vorliegen, insbesondere die Gegenleistung nicht zur Begleichung von Verbindlichkeiten erforderlich ist. Das Erfordernis einer Umsetzung des Vermögens „in Geld" ist insoweit teleologisch zu reduzieren, zumal § 91 nicht voraussetzt, dass nur Geld verteilt werden kann. Die Anteilsrechte sind verteilungsfähig. Ein Verstoß gegen das Erfordernis vorheriger Schuldentilgung oder -deckung nach § 90 liegt nicht vor, wenn sämtliche Gläubiger der eG der Schuldübernahme durch den Geschäftsbetriebserwerber nach § 415 BGB zugestimmt haben (vgl. BGH 20.9.2004, DStR 2004, 1967 (1969); → § 90 Rn. 1).

3 **Beschlüsse der Generalversammlung,** die **gegen § 88 verstoßen,** sind idR nur anfechtbar nach § 51 (vgl. OLG Dresden 12.12.2002, VIZ 2003, 455 (456)). Beschlüsse, mit denen bestehende Rechte von Gläubigern bewusst verkürzt werden, sind entsprechend § 241 Nr. 4 AktG nichtig.

Abtretbarkeit der Ansprüche auf rückständige Einzahlungen und anteilige Fehlbeträge

88a (1) **Die Liquidatoren können den Anspruch der Genossenschaft auf rückständige Einzahlungen auf den Geschäftsanteil und den Anspruch auf anteilige Fehlbeträge nach § 73 Abs. 2 Satz 4 mit Zustimmung des Prüfungsverbandes abtreten.**

(2) **Der Prüfungsverband soll nur zustimmen, wenn der Anspruch an eine genossenschaftliche Zentralbank oder an eine der Prüfung durch einen Prüfungsverband unterstehende Stelle abgetreten wird und schutzwürdige Belange der Mitglieder nicht entgegenstehen.**

1 Die Vorschrift gewährt eine Ausnahme von der Unabtretbarkeit der Einzahlungsansprüche der eG nach § 7 Nr. 1 und ihrer Nachschussansprüche nach § 73 Abs. 2 S. 4, wenn der Prüfungsverband seine Zustimmung erteilt. Eine entsprechende Regelung enthält § 108a. Dies stellt letztlich eine Ausnahme vom Gebot der Kapitalerhaltung dar, dass aber gerade in der Liquidation so nicht mehr gilt. § 88a dient vor allem einer schnelleren und effektiven Verwertung der Ansprüche, ohne dass die eG die Ansprüche gegen die einzelnen Mitglieder selbst einziehen muss. Abs. 2 schränkt das Ermessen des Prüfungsverbandes auf die Entscheidung aus einem engen Kreis von Refinanzierenden ein. Eine Verletzung von Abs. 2 führt nicht zur Unwirksamkeit der Abtretung nach § 399 BGB.

Rechte und Pflichten der Liquidatoren

89 **[1] Die Liquidatoren haben die aus den §§ 26, 27, 33 Abs. 1 Satz 1, §§ 34, 44 bis 47, 48 Abs. 3, §§ 51, 57 bis 59 sich ergebenden Rechte und Pflichten des Vorstands und unterliegen gleich diesem der Überwachung des Aufsichtsrats. [2] Sie haben für den Beginn der Liquidation eine Bilanz (Eröffnungsbilanz) sowie für den Schluss eines jeden Jahres einen Jahresabschluss und erforderlichenfalls einen Lagebericht aufzustellen. [3] Die Eröffnungsbilanz ist zu veröffentlichen; die Bekanntmachung ist zu dem Genossenschaftsregister einzureichen.**

I. Rechts- und Pflichtenstellung der Liquidatoren

1 Dass die Liquidatoren ab dem Zeitpunkt ihrer Bestellung die eG gesetzlich vertreten, ergibt sich bereits aus § 88 S. 1 Hs. 2. Hierfür gelten §§ 26, 27 entsprechend (→ § 26 Rn. 1 ff., → § 27 Rn. 1 ff.), insbesondere ist nach § 27 Abs. 2 die Vertretungsmacht der Liquidatoren nach außen nicht auf den Liquidationszweck begrenzt. Sind mehrere Liquidatoren bestellt, gilt auch § 25 Abs. 1–3 entsprechend (vgl. § 269 Abs. 2–4 AktG). Wie der Vorstand nach § 27 Abs. 1 haben die Liquidatoren die Befugnis zur organschaftlichen Leitung und zur Geschäftsführung (→ § 27 Rn. 2). Dazu gehört auch die Führung der Mitgliederliste nach § 30. Dem Vorstand kommt daneben keine Funktion mehr zu. § 34 ist mit der Maßgabe anzuwenden, dass sich die Sorgfaltspflichten am Liquidationszweck und an den Pflichten nach §§ 88, 89 orientieren. Insbesondere unterliegen Schadensersatzansprüche gegen Liquidatoren und auch Nachtragsliquidatoren der fünfjährigen Verjährungsfrist nach § 34 Abs. 6 (BGH 24.7.2012, NZG 2012, 1076 (1077 f.)). Die Liquidatoren sind ferner zuständig für die Buchführung, für die Einberufung der Generalversammlung und die weiteren Vorstandspflichten und -befugnisse nach §§ 44–47, § 48 Abs. 3, §§ 57–59. Sie können Beschlüsse der Generalversammlung iRv § 51 Abs. 2 S. 2 anfechten und Nichtigkeitsklage erheben. Die Vorschriften über den Aufsichtsrat nach §§ 38 ff. sind anwendbar. Insbesondere kann der Aufsichtsrat diejenigen Liquidatoren, die nach § 83 Abs. 4 S. 2 von der Generalversammlung abberufen werden können, vorläufig ihres Amtes entheben und einstweilig das Erforderliche veranlassen (§ 40). Im Fall einer Kreditgenossenschaft i. L. sind die Liquidatoren den Weisungen der BaFin unterworfen (§ 38 Abs. 2 S. 1 KWG).

II. Eröffnungsbilanz und Folgeabschlüsse

Die **Liquidationseröffnungsbilanz** ist auf den Stichtag des jeweiligen Auflösungszeitpunktes (zB Versammlungsbeschluss, Zeitablauf, Gerichtsentscheidung) zu erstellen. Für die abgelaufenen Geschäftsjahre einschließlich des Rumpfgeschäftsjahres vor der Auflösung sind die Jahresabschlüsse nach den allgemeinen Vorschriften aufzustellen. Ob die Vermögenswerte der eG nach dem going-concern-Prinzip (§ 252 Abs. 1 Nr. 2 HGB) analog § 270 Abs. 2 S. 2 AktG anzusetzen sind, hängt davon ab, inwieweit und wie lange nach objektiv wirtschaftlichen Maßstäben mit einer Fortführung des Geschäftsbetriebs im Ganzen oder in Teilen zu rechnen ist (str., vgl. zB Beuthien/*Wolff* Rn. 2; PFB/*Fandrich* Rn. 3; Lang/Weidmüller/*Holthaus/Lehnhoff* Rn. 3). § 270 Abs. 2 S. 3 AktG ist analog anwendbar. Die Eröffnungsbilanz muss wie ein Jahresabschluss neben der Bilanz auch eine Gewinn- und Verlustrechnung und Lagebericht umfassen. Sie muss bei jeder eG gemäß den Satzungsbestimmungen nach § 6 Nr. 5 veröffentlicht und diese Bekanntmachung muss zum Genossenschaftsregister eingereicht werden (S. 3). Daneben sind die für den Jahresabschluss geltenden Vorschriften anwendbar, insbesondere über die Feststellung durch die Generalversammlung nach § 48 Abs. 1 (str., zB PFB/*Fandrich* Rn. 7; Lang/Weidmüller/*Holthaus/Lehnhoff* Rn. 6; aA Beuthien/*Wolff* Rn. 5). 2

Die **der Eröffnungsbilanz folgenden Jahresabschlüsse** sind kalenderjährlich gerechnet ab der Auflösung aufzustellen. Für den der Eröffnungsbilanz folgenden Zeitabschnitt bis zum nächsten regulären Geschäftsjahresende, darf ein Zwischenjahresabschluss aufgestellt werden, sodass danach der bisherige in der Satzung festgelegte zeitliche Rhythmus gilt. 3

Voraussetzung für die Vermögensverteilung

90 (1) **Eine Verteilung des Vermögens unter die Mitglieder darf nicht vor Tilgung oder Deckung der Schulden und nicht vor Ablauf eines Jahres seit dem Tage vollzogen werden, an welchem die Aufforderung der Gläubiger in den hierzu bestimmten Blättern erfolgt ist.**

(2) [1]**Meldet sich ein bekannter Gläubiger nicht, so ist der geschuldete Betrag, wenn die Berechtigung zur Hinterlegung vorhanden ist, für den Gläubiger zu hinterlegen.** [2]**Ist die Berichtigung einer Verbindlichkeit zur Zeit nicht ausführbar oder ist eine Verbindlichkeit streitig, so darf die Verteilung des Vermögens nur erfolgen, wenn dem Gläubiger Sicherheit geleistet ist.**

§ 90 dient ausschließlich dem **Gläubigerschutz** und entspricht im Wesentlichen den Regelungen für die AG in § 272 AktG (→ AktG § 272 Rn. 1 ff.). Liegen die beiden Voraussetzungen nach Abs. 1 vor, sind die Liquidatoren zur Verteilung nicht nur befugt, sondern **verpflichtet** (BGH 21.1.1965, NJW 1965, 969 (971)). Die **zwingende einjährige Schutzfrist,** vor deren Ablauf mit der Verteilung nach § 91 nicht begonnen werden darf, beginnt gem. S. 1 iVm § 187 Abs. 1 BGB an dem Folgetag, nachdem in den Bekanntmachungsblättern der eG der Aufruf an die Gläubiger gem. § 82 Abs. 2 S. 2 erschienen war. Ist die **Höhe der bestehenden Verbindlichkeiten unbekannt,** hindert dies die Verteilung nach Abs. 2 S. 1 nicht, sofern ein entsprechend geschätzter Betrag von den Liquidatoren hinterlegt wird und insoweit die Schulden „gedeckt" sind (vgl. BGH 21.1.1965, NJW 1965, 969 (971)). Ein Recht zur Hinterlegung besteht nach §§ 372 ff. BGB, §§ 373 f. HGB. Im Falle temporär unausführbarer oder bestrittener Verbindlichkeiten muss Sicherheit nach §§ 232 ff. BGB geleistet werden (Abs. 2 S. 2). Von der vorherigen Tilgung oder Deckung der Schulden darf insoweit abgewichen werden, als der Gläubigerschutz anderweitig in gleicher Weise verwirklicht ist, so insbesondere bei einer iRd Verkaufs des Geschäftsbetriebs vereinbarten Schuldübernahme, da deren Wirksamkeit nach § 415 BGB von der Zustimmung der Gläubiger abhängt (BGH 20.9.2004, DStR 2004, 1967 (1969); → § 88 Rn. 2). 1

Verteilung des Vermögens

91 (1) [1]**Die Verteilung des Vermögens unter die einzelnen Mitglieder erfolgt bis zum Gesamtbetrag ihrer auf Grund der Eröffnungsbilanz ermittelten Geschäftsguthaben nach dem Verhältnis der letzteren.** [2]**Waren die Mitglieder nach § 87a Abs. 2 zu Zahlungen herangezogen worden, so sind zunächst diese Zahlungen nach dem Verhältnis der geleisteten Beträge zu erstatten.** [3]**Bei Ermittlung der einzelnen Geschäftsguthaben bleiben für die Verteilung des Gewinns oder Verlustes, welcher sich für den Zeitraum zwischen dem letzten Jahresabschluss und der Eröffnungsbilanz ergeben hat, die seit dem letzten Jahresabschluss geleisteten Einzahlungen außer Betracht.** [4]**Der Gewinn aus diesem Zeitraum ist dem Guthaben auch insoweit zuzuschreiben, als dadurch der Geschäftsanteil überschritten wird.**

(2) **Überschüsse, welche sich über den Gesamtbetrag dieser Guthaben hinaus ergeben, sind nach Köpfen zu verteilen.**

(3) **Durch die Satzung kann die Verteilung des Vermögens ausgeschlossen oder ein anderes Verhältnis für die Verteilung bestimmt werden.**

1 Anders als § 90 dient § 91 der gerechten Verteilung des nach Tilgung der Schulden verbleibenden Vermögens der eG im **Verhältnis der Mitglieder zueinander.** Die Verteilung des Vermögens findet eine Höchstgrenze pro Mitglied im Gesamtbetrag seiner Geschäftsguthaben (Abs. 1 S. 1). Die Geschäftsguthaben sind zugleich **Verteilungsmaßstab,** sofern nicht die Satzung einen anderen Maßstab festlegt (→ Rn. 2). Sie werden aufgrund der Ansätze in der Eröffnungsbilanz ermittelt. Abs. 1 S. 3 dient einem periodengerechten Maßstab für die Verteilung von Gewinn und Verlust aus dem Rumpfgeschäftsjahr vor der Auflösung (um die Einzahlungen bereinigte Geschäftsguthaben als spezieller Verteilungsmaßstab). Für die Verteilung des übrigen Vermögens werden die im Rumpfgeschäftsjahr erfolgten Einzahlungen bei der Berechnung der Geschäftsguthaben berücksichtigt. Abs. 1 S. 4 schafft für die Verteilung des Gewinns aus dem Rumpfgeschäftsjahr eine Ausnahme von der in Abs. 1 S. 1 vorgeschriebenen Höchstgrenze.

2 Zwingend müssen vorrangig vor einer Verteilung **geleistete Nachschusszahlungen** der Mitglieder nach § 87a Abs. 2 **erstattet** werden (Abs. 1 S. 2). Wenn allerdings das zu verteilende Vermögen den Gesamtbetrag der Nachschusszahlungen nicht erreicht, muss Abs. 1 S. 2 wegen des Gleichbehandlungsgrundsatzes teleologisch dahingehend reduziert werden, dass die Erstattung nach dem Verhältnis der **zu leistenden** Nachschussbeträge vorgenommen werden muss (vgl. Beuthien/*Wolff* Rn. 3). Ansonsten würde das Mitglied bevorzugt, das pflichtwidrig keinen Nachschuss gezahlt hat.

3 Verbleibt nach der Verteilung bis zu der in Abs. 1 S. 1 vorgeschriebenen Höchstgrenze der aggregierten Geschäftsguthaben noch ein Restbetrag, ist dieser grundsätzlich nach Köpfen zu verteilen **(Abs. 2),** wenn nicht die Satzung nach Abs. 3 einen anderen Maßstab vorsieht (üblicherweise das Verhältnis der Geschäftsguthaben).

4 § 91 ist insoweit **dispositiv,** als statutarisch die Verteilung ganz ausgeschlossen oder ein anderer Verteilungsmaßstab als das Verhältnis der Gesamtbeträge der in der Eröffnungsbilanz ausgewiesenen Geschäftsguthaben gewählt werden kann. Das entspricht der Disponibilität der Regelungen für die Gewinnverteilung nach § 19 Abs. 2 S. 1, § 20 S. 1. Die Verteilung muss nicht in Geld erfolgen, sofern die Vermögensgegenstände verteilungsfähig sind (→ § 88 Rn. 2). Darüber hinaus kann in der Satzung wegen § 18 S. 2 eine von § 91 abweichende „Art der Verwertung", zB eine Rangfolge unter den Mitgliedern nicht vorgesehen werden (offenbar aA PFB/*Fandrich* Rn. 1).

Unverteilbares Reinvermögen

92 [1]**Ein bei der Auflösung der Genossenschaft verbleibendes unverteilbares Reinvermögen fällt, sofern dasselbe nicht durch die Satzung einer natürlichen oder juristischen Person zu einem bestimmten Verwendungszweck überwiesen ist, an diejenige Gemeinde, in der die Genossenschaft ihren Sitz hatte.** [2]**Die Zinsen dieses Fonds sind zu gemeinnützigen Zwecken zu verwenden.**

1 § 92 betrifft den Fall, dass in der Satzung gem. § 91 Abs. 3 die Verteilung des Vermögens ganz oder teilweise ausgeschlossen ist. Ist in der Satzung für diesen Fall nicht ein Anfallberechtigter bestimmt, der das Vermögen zu einem bestimmten (nicht notwendig gemeinnützigen) Verwendungszweck halten und verwalten soll, fällt das Vermögen an die Sitzgemeinde. Diese muss das Vermögen in ein Sondervermögen („Fonds") überführen und sicherstellen, dass die Zinsen für gemeinnützige Zwecke (§§ 52–54 AO) verwendet werden.

Aufbewahrung von Unterlagen

93 [1]**Nach Beendigung der Liquidation sind die Bücher und Schriften der aufgelösten Genossenschaft für zehn Jahre einem ihrer ehemaligen Mitglieder oder einem Dritten in Verwahrung zu geben.** [2]**Ist die Person weder durch Satzung noch durch einen Beschluss der Generalversammlung benannt, wird sie durch das Gericht bestimmt.** [3]**Das Gericht kann die ehemaligen Mitglieder und deren Rechtsnachfolger sowie die Gläubiger der Genossenschaft ermächtigen, die Bücher und Schriften einzusehen.**

1 **Aufzubewahrende Bücher und Schriften** sind insbesondere die Unterlagen nach § 257 HGB. Der Lauf der zehnjährigen Aufbewahrungsfrist beginnt zwingend erst mit der vollständigen **Beendigung der Liquidation und Vermögensverteilung** nach §§ 88, 90, 91, 92. Die Person des Verwahrenden

kann nicht durch die Liquidatoren bestimmt werden, sondern nur durch die Satzung, durch die Generalversammlung oder durch das Registergericht.

Als **letzte Schritte bis zur Löschung der eG** haben die Liquidatoren nach §§ 666, 259 BGB der Generalversammlung Rechenschaft über die Liquidation zu legen, da sie in einem organschaftlichen Treuhandverhältnis zur eG stehen, auf das §§ 662 ff. BGB entsprechend angewendet werden können (→ § 83 Rn. 3; vgl. § 273 Abs. 1 AktG). Die Aufstellung einer Liquidationsschlussbilanz ist nicht erforderlich (aA PFB/*Fandrich* Rn. 1), aber empfehlenswert. Die Schlussrechnung ist iSv § 259 BGB gelegt, wenn die Generalversammlung sie durch (anfechtbaren) Beschluss billigt, was idR „Entlastung" genannt wird (vgl. Beuthien/*Wolff* Rn. 2). Nach Beendigung der Liquidation haben die Liquidatoren die Beendigung ihrer Vertretungsbefugnis zur Eintragung (nicht die Beendigung der Liquidation selbst) in das Genossenschaftsregister anzumelden (§ 21 Abs. 1 GenRegV). Hieran schließt sich die Löschung der eG wegen Vermögenslosigkeit im Genossenschaftsregister an, die das Registergericht von Amts wegen eintragen kann und entsprechend § 394 Abs. 1 S. 2 FamFG eintragen muss, wenn keine Anhaltspunkte für ein Vorhandensein von Vermögen vorliegen. Ferner ist auch die Firma der eG zu löschen (§ 31 Abs. 2 HGB). Wird nach der Beendigung der Liquidation noch nicht verteiltes Vermögen der eG aufgefunden, erfolgt eine Nachtragsliquidation entsprechend § 83 Abs. 5. Die Löschung der eG im Genossenschaftsregister steht dem nicht entgegen, da sie nur deklaratorischen Charakter hat. 2

(weggefallen)

93a-93s

Klage auf Nichtigerklärung

94

Enthält die Satzung nicht die für sie wesentlichen Bestimmungen oder ist eine dieser Bestimmungen nichtig, so kann jedes Mitglied der Genossenschaft und jedes Vorstands- oder Aufsichtsratsmitglied im Wege der Klage beantragen, dass die Genossenschaft für nichtig erklärt werde.

I. Allgemeines

§§ 94–97 bezwecken wie §§ 275–277 AktG und §§ 75–77 GmbHG (vgl. jeweils die Erl. dort) den Schutz der eG, ihrer Mitglieder und des Rechtsverkehrs, indem sie die Nichtigkeit der eG wegen eines mangelhaften Gründungsstatuts auf wenige Nichtigkeitsgründe (§ 95 Abs. 1) beschränken und eine rückwirkende Nichtigkeit ausschließen. Neben die Klage auf Nichtigerklärung tritt die Möglichkeit der Amtslöschung durch das Registergericht nach §§ 397, 395 FamFG, die an die Voraussetzungen der §§ 94, 95 geknüpft ist. Hierauf ist § 97 entsprechend anzuwenden. 1

II. Nichtigkeitsgründe

Mit der Klage auf Nichtigerklärung der eG können nur Mängel am zwingenden Mindestinhalt der Gründungssatzung iSv §§ 6, 7, 119 geltend gemacht werden. § 94 bezieht sich nur auf die Gründungssatzung, nicht auf spätere Satzungsänderungen. Gegen nichtige Änderungen der Satzung muss im Wege der Anfechtungs- oder Nichtigkeitsklage vorgegangen werden (→ § 51 Rn. 1 ff.). Die Klage auf Nichtigerklärung nach § 94 kann nicht nur auf von Anfang nichtige, sondern auch auf nachträglich nichtig gewordene Bestimmungen des Gründungsstatuts gestützt werden (KG 12.11.1964, NJW 1965, 254). Die Nichtigkeitsgründe können nur durch §§ 94 ff., nicht zB durch Einrede geltend gemacht werden (RG 25 6.1935, RGZ 148, 225 (231)). Nähere Bestimmungen zu den Nichtigkeitsgründen, trifft § 95, insbesondere zur Heilung gem. § 95 Abs. 2. 2

III. Nichtigkeitsklage

Die Nichtigkeitsklage ist statthaft, wenn wesentliche Bestimmungen der Gründungssatzung fehlen oder nichtig sind und die eG dennoch unter Verstoß gegen §§ 6, 7, 11a vom Registergericht eingetragen wurde. Auch wenn alle wesentlichen Bestimmungen oder die Satzung insgesamt nichtig ist (zB nach § 125 S. 1 BGB, → § 5 Rn. 3), ist die Klage nach § 94 statthaft (anders ist dies im Fall, dass ein Statut ganz fehlt, zB Beuthien/*Wolff* Rn. 3, PFB/*Fandrich* Rn. 3). § 94 regelt die Klagebefugnis abweichend von § 51 Abs. 2. Die übrigen Verfahrensbestimmungen nach § 51 Abs. 3–5 gelten aber entsprechend (§ 96). Durch das der Klage stattgebende Gestaltungsurteil wird die eG ex nunc aufgelöst. Das Urteil ist entsprechend § 51 Abs. 5 S. 2 beim Registergericht einzutragen und die Nichtigkeit der eG nach § 97 Abs. 1 einzutragen, woraufhin die eG in das Liquidationsstadium tritt (§§ 83 ff.; zu weiteren Wirkungen der Nichtigkeit § 97 Abs. 2, 3). 3

Nichtigkeitsgründe; Heilung von Mängeln

95 (1) **Als wesentlich im Sinne des § 94 gelten die in den §§ 6, 7 und 119 bezeichneten Bestimmungen der Satzung mit Ausnahme derjenigen über die Beurkundung der Beschlüsse der Generalversammlung und den Vorsitz in dieser.**

(2) **Ein Mangel, der eine hiernach wesentliche Bestimmung der Satzung betrifft, kann durch einen den Vorschriften dieses Gesetzes über Änderungen der Satzung entsprechenden Beschluss der Generalversammlung geheilt werden.**

(3) **Die Einberufung der Generalversammlung erfolgt, wenn sich der Mangel auf die Bestimmungen über die Form der Einberufung bezieht, durch Bekanntmachung im Bundesanzeiger.**

(4) **Betrifft bei einer Genossenschaft, bei der die Mitglieder beschränkt auf eine Haftsumme Nachschüsse zur Insolvenzmasse zu leisten haben, der Mangel die Bestimmungen über die Haftsumme, so darf durch die zur Heilung des Mangels beschlossenen Bestimmungen der Gesamtbetrag der von den einzelnen Mitgliedern übernommenen Haftung nicht vermindert werden.**

1 Die Vorschrift trifft **nähere Bestimmungen zu den Nichtigkeitsgründen** nach § 94. Nur das Fehlen oder die Nichtigkeit derjenigen Bestimmungen, die zum zwingenden Satzungsinhalt gem. §§ 6, 7 gehören, sowie ergänzend zu § 6 Nr. 3 auch die Nichtigkeit der Vorschrift über die Festsetzung der Haftsumme nach § 119 berechtigen zur Klage nach § 94 (→ § 94 Rn. 3). Hiervon ausgenommen werden die Bestimmungen über Beschlussbeurkundung und Vorsitz der Generalversammlung nach § 6 Nr. 4, die nicht als wesentlich eingestuft sind.

2 Es besteht die Möglichkeit der **Mangelheilung** nach **Abs. 2,** wenn die fehlende Satzungsbestimmung ergänzt oder eine nichtige Satzungsbestimmung durch eine wirksame ersetzt wird. Hierfür gelten die Vorschriften über Satzungsänderungen nach § 16. Die Heilung kann gelingen, wenn der Beschluss bis zur Rechtskraft des Urteils über die Nichtigkeit gefasst und nach § 16 Abs. 6 wirksam wird. Entsprechendes gilt für das Amtslöschungsverfahren nach §§ 397, 395 FamFG, dass dies bis zur Löschung geschehen sein muss. Das Gericht hat in der Verfügung nach § 395 Abs. 2 FamFG iVm § 397 FamFG ausdrücklich auf die Möglichkeit der Heilung hinzuweisen (§ 22 Abs. 1 GenRegV). **Abs. 3** schafft eine Abhilfe für den Fall, dass die Bestimmung nach § 6 Nr. 4 über die Form der Einberufung fehlt oder nichtig ist, und verhindert, dass der die Bestimmung heilende, satzungsändernde Beschluss seinerseits wegen des Einberufungsmangels anfechtbar oder entsprechend § 241 Nr. 1 AktG nichtig ist. Die nach Abs. 3 erforderliche Form der Einberufung orientiert sich seit der Novelle vom 22.7.2017 (BGBl. 2017 I 2434) nicht mehr an § 156, sondern an § 158 nF. **Abs. 4** verhindert zum Schutz der Gläubiger eine Heilung durch eine Verminderung des Gesamtbetrags der Haftsumme.

Verfahren bei Nichtigkeitsklage

96 **Das Verfahren über die Klage auf Nichtigkeitserklärung und die Wirkungen des Urteils bestimmen sich nach den Vorschriften des § 51 Abs. 3 bis 5.**

1 Es wird auf die Kommentierung zu § 51 Abs. 3–5 verwiesen (→ § 51 Rn. 1 ff.).

Wirkung der Eintragung der Nichtigkeit

97 (1) **Ist die Nichtigkeit einer Genossenschaft in das Genossenschaftsregister eingetragen, so finden zum Zweck der Abwicklung ihrer Verhältnisse die für den Fall der Auflösung geltenden Vorschriften entsprechende Anwendung.**

(2) **Die Wirksamkeit der im Namen der Genossenschaft mit Dritten vorgenommenen Rechtsgeschäfte wird durch die Nichtigkeit nicht berührt.**

(3) **Soweit die Mitglieder eine Haftung für die Verbindlichkeiten der Genossenschaft übernommen haben, sind sie verpflichtet, die zur Befriedigung der Gläubiger erforderlichen Beträge nach Maßgabe der Vorschriften des Abschnitts 7 zu leisten.**

1 Die für nichtig erklärte eG erlischt ähnlich wie eine aufgelöste eG (→ § 78 Rn. 1) nicht sofort, sondern tritt in das **Liquidationsstadium** (s. näher die Erl. zu §§ 83–93). Abs. 1 gilt nicht nur für die Eintragung der Nichtigkeit der Genossenschaft nach einer Nichtigkeitsklage gem. § 94, sondern auch für die Amtslöschung der eG „als nichtig“ durch das Registergericht gem. §§ 397, 395 FamFG (→ § 3

Rn. 4). Abs. 2 ist Konsequenz dessen, dass die Nichtigerklärung nur ex nunc wirkt (→ § 94 Rn. 3). Nach Abs. 3 gelten die Regelungen des § 105 über etwaige Nachschusspflichten entsprechend.

Abschnitt 7. Insolvenzverfahren; Nachschusspflicht der Mitglieder

Eröffnung des Insolvenzverfahrens

98 **Abweichend von § 19 Abs. 1 der Insolvenzordnung ist bei einer Genossenschaft die Überschuldung nur dann Grund für die Eröffnung des Insolvenzverfahrens, wenn**

1. die Mitglieder Nachschüsse bis zu einer Haftsumme zu leisten haben und die Überschuldung ein Viertel des Gesamtbetrags der Haftsummen aller Mitglieder übersteigt;
2. die Mitglieder keine Nachschüsse zu leisten haben oder
3. die Genossenschaft aufgelöst ist.

I. Allgemeines

1 Die Vorschrift knüpft den allgemein auch für die eG geltenden **Eröffnungsgrund der Überschuldung** nach § 19 InsO an das **Vorliegen weiterer Voraussetzungen.** Sieht die Satzung nicht nach § 6 Nr. 3 eine Nachschusspflicht der Mitglieder bis zu einer Haftsumme vor oder ist die eG aufgelöst (arg. e. Nr. 2, 3), gelten die allgemeinen Vorschriften zur Bestimmung der Überschuldung nach § 19 Abs. 2 InsO. Diese gelten ohne die Beschränkungen nach § 98 auch für Kreditgenossenschaften (§ 46b Abs. 1 S. 5 KWG).

II. Besondere Eröffnungsvoraussetzungen nach Nr. 1–3

2 Zwar sind die Nachschussansprüche, die im Insolvenzfall nach § 105 der eG zustehen würden, nicht aktivierbar. Doch besteht nach **Nr. 1** eine gesetzliche Vermutung, dass diese Ansprüche bis zu 25 % der gesamten Haftsummen der (noch nicht ausgeschiedenen) Mitglieder im Bedarfsfall beigetrieben werden können. Allein diese Möglichkeit der Deckung genügt dem Gesetzgeber, um auf die Eröffnung des Insolvenzverfahrens noch zu verzichten. Sieht die Satzung eine unbeschränkte Nachschusspflicht aller Mitglieder vor, scheidet die Überschuldung als Eröffnungsgrund ganz aus. Umgekehrt ist die Überschuldung stets Eröffnungsgrund in Fällen der **Nr. 2.** Im Fall der Auflösung geht das Gesetz in **Nr. 3** davon aus, dass eine Überschuldung abgewendet werden kann, wenn die Generalversammlung gem. § 87a Abs. 1, 2 über Einzahlungs- und Nachschusspflichten entschieden hat (→ § 87a Rn. 2) und die Ansprüche der eG schon aktiviert werden können. Allerdings ist nach dem Vorsichtsprinzip (§ 252 Abs. 1 Nr. 4 HGB) eine Aktivierung nur möglich, wenn aus Sicht eines ordentlichen Kaufmanns die Einzahlungs- und Nachschussansprüche der eG realisierbar sind.

Zahlungsverbot bei Zahlungsunfähigkeit oder Überschuldung

99 **[1]Der Vorstand darf keine Zahlung mehr leisten, sobald die Genossenschaft zahlungsunfähig geworden ist oder sich eine Überschuldung ergeben hat, die für die Genossenschaft nach § 98 Grund für die Eröffnung des Insolvenzverfahrens ist. [2]Dies gilt nicht für Zahlungen, die auch nach diesem Zeitpunkt mit der Sorgfalt eines ordentlichen und gewissenhaften Geschäftsleiters einer Genossenschaft vereinbar sind.**

I. Vorstandspflicht zur Unterlassung von Zahlungen

1 § 99 regelt seit 2008 (MoMiG) nur noch das Zahlungsverbot im Fall der Zahlungsunfähigkeit oder der Überschuldung iSv § 98, während die Insolvenzantragspflicht nunmehr in § 15a InsO für alle juristischen Personen verankert ist (→ Rn. 2). Wenn die Vorstandsmitglieder gegen das Verbot nach S. 1 verstoßen, sind sie der eG gem. § 34 Abs. 2, Abs. 3 Nr. 4 zum Schadensersatz verpflichtet (zur Haftung wegen masseschmälernder Zahlungen → GmbHG § 64 Rn. 4 ff.). Dieselbe Ersatzpflicht gilt nach § 89 für Liquidatoren. Das Zahlungsverbot gilt für Leistungen aller Art in einem weiten Sinn, die das Vermögen der eG mindern (zB Beuthien/*Schöpflin* Rn. 6; aA PFB/*Fandrich* Rn. 7), und greift schon für die Zeit ab Zahlungsunfähigkeit oder Überschuldung iSv § 98, nicht erst nach Ablauf der dreiwöchigen Frist zur Stellung des Insolvenzantrags nach § 15a InsO. Die Frist beginnt aber erst mit der Erkennbarkeit des Eröffnungsgrundes, die allerdings vermutet wird (vgl. für die GmbH BGH 29.11.1999, NJW 2000, 668). S. 2 nimmt Zahlungen von dem Verbot aus und ist vergleichbar mit § 92 Abs. 2 S. 2 AktG und § 64 S. 2 GmbHG (→ AktG § 92 Rn. 1 ff. und → GmbHG § 64 Rn. 1 ff.). Insbesondere sind Zahlungen von Steuern oder Sozialversicherungsbeiträgen nach S. 2 idR von dem Verbot auszunehmen,

wenn das Unterlassen dieser Zahlungen mit Strafe bewehrt ist (zB BGH 14.5.2007, NJW 2007, 2118; früher aA BGH 8.1.2001, BGHZ 146, 264 (274 f.) = NJW 2001, 1280). Auch solche Zahlungen fallen nicht unter das Verbot, welche die Masse nicht verkürzen (zB die Auszahlung von Treuhandsondervermögen der eG, iErg ebenso BGH 5.5.2008, NJW 2008, 2504).

II. Insolvenzantragspflicht und Insolvenzverschleppungshaftung

2 Die Insolvenzantragspflicht der Vorstandsmitglieder einer eG ist wie für die anderen Gesellschaftsformen einheitlich in § 15a Abs. 1 InsO geregelt (für die eG früher in § 99 Abs. 1 aF). Hinsichtlich der Einzelheiten, insbesondere zu dem Fristbeginn und den Anforderungen an den Insolvenzantrag, → InsO § 15a Rn. 1 ff. Bei der Frage, ob ein Eröffnungsgrund objektiv erkennbar ist, sind aber die Besonderheiten der eG nach § 98 zu beachten (→ § 98 Rn. 2). Die Vorstandsmitglieder haften bei schuldhafter Verletzung der Insolvenzantragspflicht auf Schadensersatz gegenüber der eG nach § 34 und gegenüber den Gläubigern der eG nach § 823 Abs. 2 BGB iVm § 15a InsO (**Insolvenzverschleppungshaftung;** → InsO § 15a Rn. 1 ff.). Auch die Mitglieder der eG fallen in den Schutzbereich dieser Haftung jedenfalls dann, wenn sie wie außenstehende Dritte mit der eG Drittgeschäfte geschlossen haben (so BGH 1.2.2010, NZG 2010, 547 Rn. 22; allgemein zum Ausschluss von Gesellschaftern aus dem Schutzbereich zB BGH 11.11.1985, BGHZ 96, 231 (236 f.) = NJW 1986, 837). Mitglieder sind aber wegen der genossenschaftlichen Besonderheiten auch mit ihren Ansprüchen gegen die eG aus dem Förderleistungs- und Benutzungsverhältnis ersatzberechtigt, weil es für ihre Schutzwürdigkeit nicht darauf ankommen kann, ob dieses Verhältnis korporationsrechtlich oder rechtsgeschäftlich ausgestaltet ist, und bei einer gemischten Ausgestaltung eine Trennung der Sphären kaum möglich wäre (→ § 18 Rn. 15 ff.; Beuthien/*Schöpflin* Rn. 5). Hinsichtlich des Umfangs des ersatzfähigen Schadens ist zu unterscheiden zwischen den Altgläubigern, die ihre Forderung gegen die eG vor Beginn der Antragspflicht erworben haben, und den Neugläubigern. Erstere erhalten grundsätzlich nur den sog. Quotenschaden, die Letzteren dagegen grundsätzlich das negative Interesse (näher zB BGH 16.12.1958, BGHZ 29, 100 (103 f.) = NJW 1959, 623; BGH 6.6.1994, BGHZ 126, 181 (192 ff.) = NJW 1994, 2220).

(weggefallen)

100

Wirkung der Eröffnung des Insolvenzverfahrens

101

Durch die Eröffnung des Insolvenzverfahrens wird die Genossenschaft aufgelöst.

1 Die speziell genossenschaftsrechtliche Wirkung der Verfahrenseröffnung liegt in der **Auflösung der eG** (→ § 78 Rn. 1). Im Gegensatz zu § 81a Nr. 1 setzt die Auflösung nicht voraus, dass der Eröffnungsbeschluss (§ 27 InsO) bereits rechtskräftig ist (zB Beuthien/*Schöpflin* Rn. 1). Wird er es nicht, wird die Auflösung hinfällig, und zwar grundsätzlich auch rückwirkend (zB Lang/Weidmüller/*Holthaus/Lehnhoff* Rn. 1). Wie bei den übrigen Auflösungsgründen (§§ 78 ff.) wechselt die eG von der Verfolgung des Förderzwecks durch einen werbenden Geschäftsbetrieb in ein Abwicklungsstadium mit Liquidationszweck, nur dass statt der §§ 83 ff. ein besonderes Abwicklungsverfahren in Gestalt des Insolvenzverfahrens tritt. Auf die eG in der Insolvenz sind entsprechend § 87 die §§ 17–51 subsidiär neben den vorrangigen Vorschriften der InsO anwendbar, ferner § 87b und grundsätzlich §§ 53 ff. (→ § 64c Rn. 1). Wird das Insolvenzverfahren beendet, kann der Liquidationscharakter der eG wiederaufleben.

Eintragung der Eröffnung des Insolvenzverfahrens

102

(1) [1]**Die Eröffnung des Insolvenzverfahrens ist von Amts wegen in das Genossenschaftsregister einzutragen.** [2]**Das Gleiche gilt für**

1. **die Aufhebung des Eröffnungsbeschlusses,**
2. **die Bestellung eines vorläufigen Insolvenzverwalters, wenn zusätzlich dem Schuldner ein allgemeines Verfügungsverbot auferlegt oder angeordnet wird, dass Verfügungen des Schuldners nur mit Zustimmung des vorläufigen Insolvenzverwalters wirksam sind, und die Aufhebung einer derartigen Sicherungsmaßnahme,**
3. **die Anordnung der Eigenverwaltung durch den Schuldner und deren Aufhebung sowie die Anordnung der Zustimmungsbedürftigkeit bestimmter Rechtsgeschäfte des Schuldners,**
4. **die Einstellung und die Aufhebung des Verfahrens und**

5. die Überwachung der Erfüllung eines Insolvenzplans und die Aufhebung der Überwachung.

(2) **Die Eintragungen nach Absatz 1 werden nicht bekannt gemacht.**

Die Eintragung der Verfahrenseröffnung erfolgt wie bei allen Auflösungsgründen außer §§ 78, 79 von Amts wegen aufgrund einer Mitteilung der Geschäftsstelle des Insolvenzgerichts nach § 31 InsO (§ 20 Abs. 1 Nr. 2c GenRegV; → § 82 Rn. 1). Abs. 1 S. 2 unterwirft weitere insolvenzrechtliche Verfahrenshandlungen der Eintragungspflicht. Abs. 2 nimmt die Eintragungen von der Bekanntmachungsregelung der § 156 aus, wobei in § 156 S. 2 die Vorschrift des § 102 ohnehin nicht genannt ist. 1

(weggefallen)

103, 104

Nachschusspflicht der Mitglieder

105 (1) [1]**Soweit die Ansprüche der Massegläubiger oder die bei der Schlussverteilung nach § 196 der Insolvenzordnung berücksichtigten Forderungen der Insolvenzgläubiger aus dem vorhandenen Vermögen der Genossenschaft nicht berichtigt werden, sind die Mitglieder verpflichtet, Nachschüsse zur Insolvenzmasse zu leisten, es sei denn, dass die Nachschusspflicht durch die Satzung ausgeschlossen ist.** [2]**Im Falle eines rechtskräftig bestätigten Insolvenzplans besteht die Nachschusspflicht insoweit, als sie im gestaltenden Teil des Plans vorgesehen ist.**

(2) **Die Nachschüsse sind von den Mitgliedern nach Köpfen zu leisten, es sei denn, dass die Satzung ein anderes Beitragsverhältnis bestimmt.**

(3) **Beiträge, zu deren Leistung einzelne Mitglieder nicht in der Lage sind, werden auf die übrigen Mitglieder verteilt.**

(4) [1]**Zahlungen, die Mitglieder über die von ihnen nach den vorstehenden Vorschriften geschuldeten Beiträge hinaus leisten, sind ihnen nach der Befriedigung der Gläubiger aus den Nachschüssen zu erstatten.** [2]**Das Gleiche gilt für Zahlungen der Mitglieder auf Grund des § 87a Abs. 2 nach Erstattung der in Satz 1 bezeichneten Zahlungen.**

(5) **Gegen die Nachschüsse kann das Mitglied eine Forderung an die Genossenschaft aufrechnen, sofern die Voraussetzungen vorliegen, unter denen es als Insolvenzgläubiger Befriedigung wegen der Forderung aus den Nachschüssen zu beanspruchen hat.**

I. Voraussetzungen

Die Vorschrift knüpft an die in der Satzung nach § 6 Nr. 3 zu treffende Bestimmung an, ob die Mitglieder für den Fall, dass die Gläubiger der eG im Insolvenzverfahren nicht befriedigt werden, eine unbeschränkte oder auf eine Haftsumme beschränkte oder keine **Nachschusspflicht** trifft. Nur wenn die Satzung eine Nachschusspflicht nicht gänzlich ausschließt, gilt § 105 (zur Systematik und zum Charakter der Nachschusspflichten → § 2 Rn. 3 f.). Die Nachschusspflicht setzt voraus, dass nach Eröffnung des Insolvenzverfahrens entweder schon die Masseverbindlichkeiten (§§ 53–55 InsO) nicht befriedigt werden können und das Verfahren mangels Masse eingestellt wird (§§ 207 ff. InsO) oder bei der Schlussverteilung nach § 196 InsO die Insolvenzgläubiger mit ihren Forderungen ganz oder teilweise ausfallen. In einem nach §§ 217 ff. InsO aufgestellten und nach § 248 InsO rechtskräftig bestätigten Insolvenzplan gilt die Nachschusspflicht nur insoweit, als sie in den Insolvenzplan aufgenommen ist (Abs. 1 S. 2). 1

II. Höhe der Nachschusspflicht

Die Nachschusspflicht ist begrenzt einerseits auf den Betrag, mit dem Masse- und Insolvenzgläubiger ausgefallen sind und andererseits auf die Haftsumme (näher § 6 Nr. 3, §§ 119–121). Im Verhältnis der Mitglieder zueinander werden die Nachschusspflichten nach der Kopfzahl verteilt, soweit die Satzung nicht einen anderen Verteilungsmaßstab (häufig nach Geschäftsguthaben) vorsieht (Abs. 2). Wird hiernach als Maßstab das Verhältnis der Geschäftsanteile bestimmt, zählen bei Pflichtbeteiligungen die noch nicht gezeichneten Geschäftsanteile nicht mit (vgl. BGH 15.6.1978, NJW 1978, 2595; → § 7 Rn. 3, → § 87b Rn. 1). Auch § 87b ist entsprechend anzuwenden. Gegebenenfalls muss der Verteilungsmaßstab um einen Ausfallanteil nach Abs. 3 ergänzt werden, der aber anders als § 24 GmbHG begrenzt ist und nicht über die Haftsumme hinausreichen kann (BGH 3.2.1964, BGHZ 41, 71 (78 f.)). 2

III. Nachschussverpflichteter

3 Zu den Nachschüssen nach § 105 verpflichtet sind alle, die im Zeitpunkt der Verfahrenseröffnung Mitglieder sind, auch die investierenden Mitglieder (§ 8 Abs. 2). Entscheidend ist, ob ein Mitglied materiell-rechtlich wirksam beigetreten ist und die Mitgliedschaft noch nicht gem. §§ 65 ff. beendet wurde. Auch die im Zeitraum von 18 Monaten vor der Verfahrenseröffnung ausgeschiedenen Mitglieder haften subsidiär nach § 115b, wenn die Nachschüsse nach § 105 nicht zur Befriedigung genügen. Die Eintragung in der Mitgliederliste ist nur deklaratorisch (→ § 15 Rn. 9, → § 30 Rn. 1). Verpflichtet sind auch diejenigen Mitglieder, deren Mitgliedschaft nach § 75 weiter besteht. Hat ein Mitglied sein Geschäftsguthaben übertragen, besteht eine Ausfallhaftung nach § 76 Abs. 4. Im Fall von § 77 können die Erben bis zur Beendigung der Mitgliedschaft ihre Haftung auf den Nachlass beschränken (§§ 1975 ff. BGB). Die Erben, mit denen nach § 77 Abs. 2 die Mitgliedschaft als deren eigene fortgesetzt wird, haften unbeschränkt (zB *Müller* GenG Rn. 16). Zur Nachschusspflicht ausgeschiedener Mitglieder → § 73 Rn. 7.

IV. Erstattung zu viel gezahlter Nachschüsse

4 **Abs. 4** hat vor allem insoweit Bedeutung, als im Verfahren über die Einziehung der Nachschüsse (§§ 106 ff.) zunächst Vorschussbeiträge auf der Grundlage einer Vorschussberechnung erhoben werden, die wegen des bei ihrer Berechnung anzuwendenden Vorsichtsprinzips nach § 106 Abs. 1 S. 2, Abs. 2 S. 2 häufig höher ausfallen als die später in der Nachschussberechnung (§ 114) endgültig festgelegten Nachschüsse. Abs. 4 stellt klar, dass die Mitglieder mit ihren Bereicherungsansprüchen gegen die eG wegen zuviel geleisteter Nachschüsse nach Abs. 1 oder § 87a Abs. 2 nicht zu Insolvenzgläubigern werden, sondern im Rang nach diesen aus der verbleibenden Nachschussmasse befriedigt werden. Reicht diese Masse nicht, werden zuerst diejenigen bedient, die nach Abs. 1 zuviel nachgeschossen haben, und erst dann diejenigen, die nach § 87a Abs. 2 über die Pflicht hinaus zahlten (Abs. 4 S. 2). Innerhalb der jeweiligen Mitgliedergruppen wird die Nachschussmasse nach dem Verhältnis ihrer zuviel geleisteten Beträge verteilt; nicht etwa gebietet der Gleichbehandlungsgrundsatz eine Verteilung gleicher Beträge für jedes Mitglied, weil es sich um extrakorporative Kondiktionsansprüche handelt (str., vgl. *ABL/Althanns* Genossenschafts-HdB Rn. 51; aA hM, zB Beuthien/*Schöpflin* Rn. 12; *Müller* GenG Rn. 38 f.; PFB/*Fandrich* Rn. 12).

V. Aufrechnung gegen die Nachschussforderung

5 Abs. 5 erlaubt denjenigen Mitgliedern, die mit anderen Ansprüchen gegen die eG Insolvenzgläubiger sind, gegen die Nachschussforderung nach § 105 aufzurechnen. Weil Nachschusspflichten besondere Beitragspflichten sind (→ § 2 Rn. 4), weicht daher Abs. 5 von dem Grundsatz ab, dass über Beitragsansprüche nicht verfügt werden kann (→ § 7 Rn. 4). Freilich ist die Aufrechnung nur in der Höhe möglich, in welcher das Mitglied als Insolvenzgläubiger die Quote erhält.

Vorschussberechnung

106 (1) [1] **Der Insolvenzverwalter hat unverzüglich, nachdem die Vermögensübersicht nach § 153 der Insolvenzordnung auf der Geschäftsstelle niedergelegt ist, zu berechnen, wie viel die Mitglieder zur Deckung des aus der Vermögensübersicht ersichtlichen Fehlbetrags vorzuschießen haben.** [2] **Sind in der Vermögensübersicht Fortführungs- und Stilllegungswerte nebeneinander angegeben, ist der Fehlbetrag maßgeblich, der sich auf der Grundlage der Stilllegungswerte ergibt.**

(2) [1] **In der Vorschussberechnung sind alle Mitglieder namentlich zu bezeichnen und die Beiträge auf sie zu verteilen.** [2] **Die Höhe der Beiträge ist so zu bemessen, dass durch ein vorauszusehendes Unvermögen einzelner Mitglieder zur Leistung von Beiträgen kein Ausfall an dem zu deckenden Gesamtbetrag entsteht.**

(3) [1] **Die Berechnung ist dem Insolvenzgericht mit dem Antrag einzureichen, dieselbe für vollstreckbar zu erklären.** [2] **Dem Antrag ist eine beglaubigte Abschrift der Mitgliederliste und, sofern das Genossenschaftsregister nicht bei dem Insolvenzgericht geführt wird, eine beglaubigte Abschrift der Satzung beizufügen.**

I. Allgemeines

1 Das in §§ 106–114 geregelte Verfahren zur Einziehung von Vorschüssen (auf die Nachschussforderungen) stellt zum Zweck der Verfahrensbeschleunigung und gerechten Lastenverteilung unter den Mitgliedern sicher, dass die Nachschusszahlungen nach § 105 Abs. 1 S. 1 möglichst frühzeitig und in einer den Fehlbetrag möglichst ausgleichenden Höhe beigetrieben werden. Das Verfahren gliedert sich

im Wesentlichen in die Berechnung und Einziehung von Vorschüssen auf der Grundlage einer vollstreckbar erklärten Vorschussberechnung, in ein Rechtsmittelverfahren (§§ 111, 112), eine etwaige Zusatzberechnung (§ 113) und in die endgültige Nachschussberechnung nach § 114.

II. Berechnung und Verteilung der Vorschüsse

Grundlage für die Vorschussberechnung des Insolvenzverwalters ist die Vermögensübersicht nach § 153 InsO. Abs. 1 S. 2 ist für den Fall, dass nach § 151 Abs. 2 S. 2 InsO Fortführungs- und Stilllegungswerte angesetzt sind, Ausdruck eines besonderen Vorsichtsprinzips, das häufig dazu führt, dass die Vorschüsse höher ausfallen als die am Ende festgelegten Nachschüsse (→ § 105 Rn. 4). In der Vorschussberechnung sind alle zum Nachschuss verpflichteten Mitglieder (→ § 105 Rn. 3) aufzuführen und die Verteilung nach dem statutarischen Maßstab bzw. § 105 Abs. 2 aufzunehmen. Abs. 2 S. 2 führt auch bei der Verteilung der Vorschüsse ein Vorsichtselement ein. 2

III. Verfahren

Die Vorschussberechnung muss der Insolvenzverwalter samt einer öffentlich beglaubigten Abschrift der Mitgliederliste und ggf. auch der Satzung beim Insolvenzgericht einreichen und ihre Vollstreckbarerklärung beantragen (Abs. 3). Der Insolvenzverwalter untersteht auch insoweit der Aufsicht des Insolvenzgerichts (§ 58 InsO). Die nach § 108 Abs. 2 S. 1 für vollstreckbar erklärte Vorschussberechnung ist Vollstreckungstitel für die Beitreibung der Vorschussbeiträge nach § 109. 3

Gerichtliche Erklärung über die Vorschussberechnung

107 (1) [1]**Zur Erklärung über die Berechnung bestimmt das Gericht einen Termin, welcher nicht über zwei Wochen hinaus anberaumt werden darf.** [2]**Der Termin ist öffentlich bekannt zu machen; die in der Berechnung aufgeführten Mitglieder sind besonders zu laden.**

(2) [1]**Die Berechnung ist spätestens drei Tage vor dem Termin auf der Geschäftsstelle zur Einsicht der Beteiligten niederzulegen.** [2]**Hierauf ist in der Bekanntmachung und den Ladungen hinzuweisen.**

Um mögliche Fehler in der Vorschussberechnung auszuräumen, findet ein Erklärungstermin nach § 108 statt. Dieser Termin ist gem. § 9 InsO im Internet öffentlich bekannt zu machen. Die Zwei-Wochen-Frist nach Abs. 1 S. 1 beginnt mit dem Tag, an dem das Insolvenzgericht den Termin erstmals hätte öffentlich bekannt machen können (str., zB Lang/Weidmüller/*Holthaus/Lehnhoff* Rn. 1; PFB/*Fandrich* Rn. 1); das wird im Zweifel der Tag sein, an dem die Vorschussberechnung bei Gericht eingeht (so zB Beuthien/*Schöpflin* Rn. 1). Die besondere Ladung der Mitglieder im Wege der Zustellung nach § 8 InsO, die Auslage der Vorschussberechnung spätestens drei Tage vor dem Erklärungstermin und der Hinweis hierauf dienen dazu, dass sich insbesondere die Mitglieder mögliche Einwendungen frühzeitig vorbereiten können. 1

Erklärungstermin

108 (1) **In dem Termin sind Vorstand und Aufsichtsrat der Genossenschaft sowie der Insolvenzverwalter und der Gläubigerausschuss und, soweit Einwendungen erhoben werden, die sonst Beteiligten zu hören.**

(2) [1]**Das Gericht entscheidet über die erhobenen Einwendungen, berichtigt, soweit erforderlich, die Berechnung oder ordnet die Berichtigung an und erklärt die Berechnung für vollstreckbar.** [2]**Die Entscheidung ist in dem Termin oder in einem sofort anzuberaumenden Termin, welcher nicht über eine Woche hinaus angesetzt werden soll, zu verkünden.** [3]**Die Berechnung mit der sie für vollstreckbar erklärenden Entscheidung ist zur Einsicht der Beteiligten auf der Geschäftsstelle niederzulegen.**

(3) **Gegen die Entscheidung findet ein Rechtsmittel nicht statt.**

Die Vorschussberechnung (§ 106) muss vom Insolvenzgericht von Amts wegen überprüft werden (§ 5 InsO). Daneben dient der Erklärungstermin dazu, mögliche Fehler in der Vorschussberechnung auf Einwendungen der Mitglieder und auf Anregungen von Vorstand und Aufsichtsrat hin aufzudecken und zu korrigieren. Die Vollstreckbarerklärung wird sofort wirksam (Abs. 3). Die Mitglieder können nur gegen die Entscheidung über die Vollstreckbarerklärung der Vorschussberechnung nach §§ 111, 112 Anfechtungsklage erheben. 1

Abtretbarkeit von Ansprüchen der Genossenschaft

108a (1) **Der Insolvenzverwalter kann die Ansprüche der Genossenschaft auf rückständige Einzahlungen auf den Geschäftsanteil, auf anteilige Fehlbeträge nach § 73 Abs. 2 Satz 4 und auf Nachschüsse mit Genehmigung des Insolvenzgerichts abtreten.**

(2) **Die Genehmigung soll nur nach Anhörung des Prüfungsverbandes und nur dann erteilt werden, wenn der Anspruch an eine genossenschaftliche Zentralbank oder an eine der Prüfung durch einen Prüfungsverband unterstehende Stelle abgetreten wird.**

1 Die Regelung entspricht im Wesentlichen derjenigen in § 88a für das Liquidationsverfahren (→ § 88 Rn. 1 ff.).

Einziehung der Vorschüsse

109 (1) **Nachdem die Berechnung für vollstreckbar erklärt ist, hat der Insolvenzverwalter unverzüglich die Beiträge von den Mitgliedern einzuziehen.**

(2) **Die Zwangsvollstreckung gegen ein Mitglied findet nach Maßgabe der Zivilprozessordnung auf Grund einer vollstreckbaren Ausfertigung der Entscheidung und eines Auszuges aus der Berechnung statt.**

(3) **Für die in den Fällen der §§ 731, 767, 768 der Zivilprozessordnung zu erhebenden Klagen ist das Amtsgericht, bei welchem das Insolvenzverfahren anhängig ist und, wenn der Streitgegenstand zur Zuständigkeit der Amtsgerichte nicht gehört, das Landgericht ausschließlich zuständig, zu dessen Bezirk das Insolvenzgericht gehört.**

1 Auf der Grundlage der vollstreckbaren Ausfertigung der Entscheidung nach § 108 Abs. 2 S. 1 über die vollstreckbar erklärte Vorschussberechnung als Vollstreckungstitel muss der Insolvenzverwalter die Vorschussbeiträge nach den allgemeinen zwangsvollstreckungsrechtlichen Vorschriften unverzüglich einziehen. Vereinbarungen über Stundungen oder Teilerlasse kann der Insolvenzverwalter nur iRv § 112a schließen (str., vgl. Lang/Weidmüller/*Holthaus/Lehnhoff* Rn. 1; PFB/*Fandrich* Rn. 1).

Hinterlegung oder Anlage der Vorschüsse

110 **Die eingezogenen Beträge sind nach Maßgabe des § 149 der Insolvenzordnung zu hinterlegen oder anzulegen.**

1 Die Vorschrift dient der Sicherung der eingezogenen Vorschussbeiträge gegen Wertverfall im Hinblick darauf, dass das Verfahren bis zur endgültigen Nachschussberechnung (§ 114) länger dauern kann. Die Hinterlegung oder Anlage erfolgt auf Bestimmung des Gläubigerausschusses oder, wenn ein solcher fehlt, des Insolvenzgerichts, sofern nicht die Gläubigerversammlung nach § 149 Abs. 2 InsO Abweichendes beschließt. In jedem Fall müssen die eingenommenen Vorschussbeiträge von der Insolvenzmasse getrennt hinterlegt oder angelegt werden.

Anfechtungsklage

111 (1) [1]**Jedes Mitglied ist befugt, die für vollstreckbar erklärte Berechnung im Wege der Klage anzufechten.** [2]**Die Klage ist gegen den Insolvenzverwalter zu richten.** [3]**Sie findet nur binnen der Notfrist eines Monats seit Verkündung der Entscheidung und nur insoweit statt, als der Kläger den Anfechtungsgrund in dem nach § 107 Abs. 1 anberaumten Termin geltend gemacht hat oder ohne sein Verschulden geltend zu machen außerstande war.**

(2) **Das rechtskräftige Urteil wirkt für und gegen alle beitragspflichtigen Mitglieder.**

I. Klageart und Klagevoraussetzungen

1 Gegen die Entscheidung des Insolvenzgerichts nach **§ 108 Abs. 2 S. 1** über die Vollstreckbarerklärung kann gem. § 111 **Gestaltungsklage** gegen den Insolvenzverwalter insoweit erhoben werden, als die Vorschussberechnung angefochten wird. **Zuständig** ist abweichend von § 6 InsO nicht das Beschwerdegericht, sondern nach § 112 Abs. 1 ausschließlich das AG als Prozessgericht, nach § 112 Abs. 2 ausnahmsweise das LG. Das Klageverfahren richtet sich nach § 112. Die einmonatige **Notfrist** beginnt ab der Entscheidungsverkündung nach § 108 Abs. 2 S. 2. Die **Klagebefugnis** hängt davon ab, ob der Kläger speziell den vorgebrachten Anfechtungsgrund bereits in dem Erklärungstermin nach § 108

vorgebracht hat. Die Einwendung muss die Berechnung seiner Nachschusspflicht betreffen. Auch erhebliche Verfahrensfehler berechtigen zur Anfechtung, sofern ihre Relevanz für eine Falschberechnung in Betracht kommt (OLG Schleswig 11.2.2005, ZIP 2005, 617 (619); → § 51 Rn. 10). Klagebefugt ist ein Kläger ferner, wenn er nachweist, dass er an der Erhebung des Einwands ohne sein Verschulden gehindert war. Entstehen Einwendungen erst nach der verkündeten Entscheidung über die Vollstreckbarerklärung, bleibt dem Mitglied nur die Vollstreckungsabwehrklage nach § 767 ZPO.

II. Urteilswirkung

Gibt das Prozessgericht der Anfechtungsklage nach § 111 durch **Gestaltungsurteil** statt, wird nicht die Entscheidung über die Vollstreckbarerklärung der Vorschussberechnung insgesamt für alle Mitglieder, sondern nur insoweit aufgehoben, als die Vorschussberechnung aus den vom Kläger vorgebrachten Anfechtungsgründen angefochten wurde und aus diesen Gründen dem Kläger gegenüber unwirksam ist. Nur in diesen Grenzen der Rechtskraft wirkt das Urteil auch für und gegen die übrigen Mitglieder nach **Abs. 2.** Das wirkt sich zB darin aus, dass sie künftig nicht die Heranziehung des Klägers auf der Grundlage der angefochtenen Vorschussberechnung oder einer darauf aufbauenden Zusatzberechnung (§ 113) zu Vorschussbeiträgen verlangen können (vgl. zB RG 3.1.1933, RGZ 139, 168 (172)). Im Übrigen bleiben die anderen Mitglieder aber an die Vorschussberechnung und an ihre Vorschusspflichten gebunden, auch wenn sie ähnliche Anfechtungsgründe hätten geltend machen können (allgM, zB RG 3.1.1933, RGZ 139, 168 (172); Beuthien/*Schöpflin* Rn. 5). 2

Verfahren bei Anfechtungsklage

112 (1) [1]**Die Klage ist ausschließlich bei dem Amtsgericht zu erheben, welches die Berechnung für vollstreckbar erklärt hat.** [2]**Die mündliche Verhandlung erfolgt nicht vor Ablauf der bezeichneten Notfrist.** [3]**Mehrere Anfechtungsprozesse sind zur gleichzeitigen Verhandlung und Entscheidung zu verbinden.**

(2) [1]**Übersteigt der Streitgegenstand eines Prozesses die sonst für die sachliche Zuständigkeit der Amtsgerichte geltende Summe, so hat das Gericht, sofern eine Partei in einem solchen Prozess vor der Verhandlung zur Hauptsache dies beantragt, durch Beschluss die sämtlichen Streitsachen an das Landgericht, in dessen Bezirk es seinen Sitz hat, zu verweisen.** [2]**Gegen diesen Beschluss findet die sofortige Beschwerde statt.** [3]**Die Notfrist beginnt mit der Verkündung des Beschlusses.**

(3) [1]**Ist der Beschluss rechtskräftig, so gelten die Streitsachen als bei dem Landgericht anhängig.** [2]**Die im Verfahren vor dem Amtsgericht erwachsenen Kosten werden als Teil der bei dem Landgericht erwachsenen Kosten behandelt und gelten als Kosten einer Instanz.**

(4) **Die §§ 769 und 770 der Zivilprozessordnung über die Einstellung der Zwangsvollstreckung und die Aufhebung der Vollstreckungsmaßregeln finden entsprechende Anwendung.**

Die Vorschrift konkretisiert das Verfahren bei einer Anfechtung nach § 111 und dient einer Konzentration mehrerer Anfechtungsprozesse entweder bei dem nach Abs. 1 zuständigen AG oder unter den Voraussetzungen des Abs. 2 bei dem hiernach zuständigen LG. Dadurch sollen divergierende Entscheidungen über die Wirksamkeit der gleichen Vorschussberechnung vermieden werden. 1

Vergleich über Nachschüsse

112a (1) [1]**Der Insolvenzverwalter kann über den von dem Mitglied zu leistenden Nachschuss einen Vergleich abschließen.** [2]**Der Vergleich bedarf zu seiner Wirksamkeit der Zustimmung des Gläubigerausschusses, wenn ein solcher bestellt ist, und der Bestätigung durch das Insolvenzgericht.**

(2) **Der Vergleich wird hinfällig, wenn das Mitglied mit seiner Erfüllung in Verzug gerät.**

Der Insolvenzverwalter kann über das Bestehen und die Höhe einer Nachschusspflicht nach §§ 105, 115b unter den Voraussetzungen des § 112a mit Mitgliedern der eG Vergleiche (iSv § 779 BGB) iRv Anfechtungsverfahren nach §§ 111, 112, aber auch außerhalb solcher Verfahren schließen. Im Rahmen eines Vergleichs kann einem Mitglied die Nachschusspflicht gestundet und auch teilweise erlassen werden; ein vollständiger Erlass ist nicht möglich (arg. e. Abs. 2). 1

Zusatzberechnung

113 (1) [1] **Soweit infolge des Unvermögens einzelner Mitglieder zur Leistung von Beiträgen der zu deckende Gesamtbetrag nicht erreicht wird oder auf Grund des auf eine Anfechtungsklage ergehenden Urteils oder aus anderen Gründen die Berechnung abzuändern ist, hat der Insolvenzverwalter eine Zusatzberechnung aufzustellen.** [2] **Die Vorschriften der §§ 106 bis 112a gelten auch für die Zusatzberechnung.**

(2) **Die Aufstellung einer Zusatzberechnung ist erforderlichenfalls zu wiederholen.**

1 Da die Vorschussberechnung nur vorläufig die Höhe der Nachschusspflichten nach § 105 Abs. 1 S. 1 festlegt, muss sie vom Insolvenzverwalter ständig überprüft werden. Abs. 1 S. 1 nennt nur beispielhaft Gründe, die nachträglich zu einer Unrichtigkeit oder fehlenden Hinlänglichkeit der Vorschussberechnung führen. Der Insolvenzverwalter hat dann die Pflicht, eine oder mehrere Zusatzberechnungen aufzustellen, für welche dieselben Regeln wie für die (erste) Vorschussberechnung gelten.

Nachschussberechnung

114 (1) [1] **Sobald mit dem Vollzug der Schlussverteilung nach § 196 der Insolvenzordnung begonnen wird oder sobald nach einer Anzeige der Masseunzulänglichkeit nach § 208 der Insolvenzordnung die Insolvenzmasse verwertet ist, hat der Insolvenzverwalter schriftlich festzustellen, ob und in welcher Höhe nach der Verteilung des Erlöses ein Fehlbetrag verbleibt und inwieweit er durch die bereits geleisteten Nachschüsse gedeckt ist.** [2] **Die Feststellung ist auf der Geschäftsstelle des Gerichts niederzulegen.**

(2) **Verbleibt ein ungedeckter Fehlbetrag und können die Mitglieder zu weiteren Nachschüssen herangezogen werden, so hat der Insolvenzverwalter in Ergänzung oder Berichtigung der Vorschussberechnung und der zu ihr etwa ergangenen Zusätze zu berechnen, wieviel die Mitglieder nach § 105 an Nachschüssen zu leisten haben (Nachschussberechnung).**

(3) **Die Nachschussberechnung unterliegt den Vorschriften der §§ 106 bis 109, 111 bis 113, der Vorschrift des § 106 Abs. 2 mit der Maßgabe, dass auf Mitglieder, deren Unvermögen zur Leistung von Beiträgen sich herausgestellt hat, Beiträge nicht verteilt werden.**

1 Da die Nachschusspflicht nach § 105 Abs. 1 S. 1 an die Existenz eines Fehlbetrags in der Schlussverteilung oder an eine Masseunzulänglichkeit anknüpft (→ § 105 Rn. 1), kann ihre endgültige Höhe erst dann festgelegt werden. Abs. 1 verpflichtet den Insolvenzverwalter daher, schriftlich festzustellen und dies bei Geschäftsstelle des Insolvenzgerichts niederzulegen, ob auf der Basis der Vorschussberechnung oder ggf. der letzten Zusatzberechnung (§§ 106 ff., 113) und der bereits geleisteten Vorschussbeiträge (§ 109) eine Unterdeckung verbleibt. Wenn eine Unterdeckung festgestellt ist und die Höchstgrenze für die Nachschussverpflichtungen (→ § 105 Rn. 2) noch nicht erreicht ist, muss hiernach der Insolvenzverwalter nach Abs. 2 aufbauend auf der Vorschussberechnung und etwaigen Zusatzberechnungen eine endgültige Nachschussberechnung erstellen, für welche nach Maßgabe von Abs. 3 wiederum das gesamte Verfahren wie bei einer Vorschussberechnung zu durchlaufen ist. Insbesondere muss auch die Nachschussberechnung für vollstreckbar erklärt werden.

Nachtragsverteilung

115 (1) [1] **Der Insolvenzverwalter hat, nachdem die Nachschussberechnung für vollstreckbar erklärt ist, unverzüglich den gemäß § 110 vorhandenen Bestand und, so oft von den noch einzuziehenden Beiträgen hinreichender Bestand eingegangen ist, diesen im Wege der Nachtragsverteilung nach § 203 der Insolvenzordnung unter die Gläubiger zu verteilen.** [2] **Soweit es keiner Nachschussberechnung bedarf, hat der Insolvenzverwalter die Verteilung unverzüglich vorzunehmen, nachdem die Feststellung nach § 114 Abs. 1 auf der Geschäftsstelle des Gerichts niedergelegt ist.**

(2) [1] **Außer den Anteilen auf die in §§ 189 bis 191 der Insolvenzordnung bezeichneten Forderungen sind zurückzubehalten die Anteile auf Forderungen, welche im Prüfungstermin von dem Vorstand ausdrücklich bestritten worden sind.** [2] **Dem Gläubiger bleibt überlassen, den Widerspruch des Vorstands durch Klage zu beseitigen.** [3] **Soweit der Widerspruch rechtskräftig für begründet erklärt wird, werden die Anteile zur Verteilung unter die übrigen Gläubiger frei.**

(3) **Die zur Befriedigung der Gläubiger nicht erforderlichen Überschüsse hat der Insolvenzverwalter an die Mitglieder zurückzuzahlen.**

Aufsichtsrats die Tat begangen, so sind der Vorstand oder die Liquidatoren antragsberechtigt.

1 Der Straftatbestand entspricht § 404 AktG und schützt das Interesse der eG und ihrer Mitglieder an der Wahrung von Betriebs- und Geschäftsgeheimnissen. Dritte sind idR nicht geschützt. Im Rahmen dieses Schutzzwecks ist § 151 Schutzgesetz iSv § 823 Abs. 2 BGB.

Verletzung der Pflichten bei Abschlussprüfungen

151a **Mit Freiheitsstrafe bis zu einem Jahr oder mit Geldstrafe wird bestraft, wer als Mitglied des Aufsichtsrats oder als Mitglied eines Prüfungsausschusses einer Genossenschaft, die kapitalmarktorientiert im Sinne des § 264d des Handelsgesetzbuchs oder die CRR-Kreditinstitut im Sinne des § 1 Absatz 3d Satz 1 des Kreditwesengesetzes ist,**

1. **eine in § 152 Absatz 1a bezeichnete Handlung begeht und dafür einen Vermögensvorteil erhält oder sich versprechen lässt oder**
2. **eine in § 152 Absatz 1a bezeichnete Handlung beharrlich wiederholt.**

1 Der Straftatbestand idF des Gesetzes zur Umsetzung der überarbeiteten Abschlussprüferrichtlinie (AReG) vom 10.5.2016 (BGBl. 2016 I 1142) soll besonders gravierende Verstöße gegen prüfungsbezogene Pflichten durch Mitglieder des Prüfungsausschusses sanktionieren. Er ist § 333a HGB nachgeformt.

Bußgeldvorschriften

152 (1) **Ordnungswidrig handelt, wer**

1. **besondere Vorteile als Gegenleistung dafür fordert, sich versprechen lässt oder annimmt, dass er bei einer Abstimmung in der Generalversammlung oder der Vertreterversammlung oder bei der Wahl der Vertreter nicht oder in einem bestimmten Sinne stimme oder**
2. **besondere Vorteile als Gegenleistung dafür anbietet, verspricht oder gewährt, dass jemand bei einer Abstimmung in der Generalversammlung oder der Vertreterversammlung oder bei der Wahl der Vertreter nicht oder in einem bestimmten Sinne stimme.**

(1a) **Ordnungswidrig handelt, wer als Mitglied des Aufsichtsrats oder als Mitglied eines Prüfungsausschusses einer Genossenschaft, die kapitalmarktorientiert im Sinne des § 264d des Handelsgesetzbuchs oder die CRR-Kreditinstitut im Sinne des § 1 Absatz 3d Satz 1 des Kreditwesengesetzes ist, die Unabhängigkeit der in § 55 Absatz 2 Satz 1 genannten Vertreter und Personen nicht nach Maßgabe des Artikels 5 Absatz 4 Unterabsatz 1 Satz 1 der Verordnung (EU) Nr. 537/2014 des Europäischen Parlaments und des Rates vom 16. April 2014 über spezifische Anforderungen an die Abschlussprüfung bei Unternehmen von öffentlichem Interesse und zur Aufhebung des Beschlusses 2005/909/EG der Kommission (ABl. L 158 vom 27.5.2014, S. 77; L 170 vom 11.6.2014, S. 66) in Verbindung mit § 55 Absatz 2 Satz 5 oder nach Maßgabe des Artikels 6 Absatz 2 der Verordnung (EU) Nr. 537/2014 in Verbindung mit § 38 Absatz 1a Satz 4 überwacht.**

(2) **Die Ordnungswidrigkeit kann in den Fällen des Absatzes 1a mit einer Geldbuße bis zu fünfzigtausend Euro, in den übrigen Fällen mit einer Geldbuße bis zu zehntausend Euro geahndet werden.**

(3) **Verwaltungsbehörde im Sinne des § 36 Absatz 1 Nummer 1 des Gesetzes über Ordnungswidrigkeiten ist in den Fällen des Absatzes 1a bei CRR-Kreditinstituten im Sinne des § 1 Absatz 3d Satz 1 des Kreditwesengesetzes die Bundesanstalt für Finanzdienstleistungsaufsicht, im Übrigen das Bundesamt für Justiz.**

1 Die Ordnungswidrigkeitentatbestände des Abs. 1 dienen dem Schutz der Willensbildung in der Generalversammlung und entsprechen im Wesentlichen § 405 Abs. 3 Nr. 6, 7 AktG. Der Tatbestand nach Abs. 1a idF des Gesetzes zur Umsetzung der überarbeiteten Abschlussprüferrichtlinie (AReG) vom 10.5.2016 (BGBl. 2016 I 1142) dient der nach Art. 30 Abs. 1 und 30a Abs. 1 der überarbeiteten Abschlussprüfer-RL (ABl. 2014 L 158, 196) vorgeschriebenen Sanktionierung von Verstößen gegen diese Richtlinie und gegen die VO (EU) Nr. 537/2014 bei der Durchführung der Abschlussprüfung und ist grundsätzlich § 334 Abs. 2a HGB nachgeformt. Der geplante Abs. 3 regelt die Zuständigkeit neu entsprechend der parallel geplanten Neuregelung in § 405 Abs. 5 AktG. Die Höhe der Geldbuße für Ordnungswidrigkeiten nach Abs. 1 ist gegenüber § 405 Abs. 4 AktG niedriger. Im Rahmen ihres

Schutzzwecks sind diese Tatbestände Schutzgesetz iSv § 823 Abs. 2 BGB zugunsten der eG und ihrer Mitglieder (zB Beuthien/*Schöpflin* Rn. 1).

Mitteilungen an die Abschlussprüferaufsichtsstelle

153 (1) **Die nach § 152 Absatz 3 zuständige Verwaltungsbehörde übermittelt der Abschlussprüferaufsichtsstelle beim Bundesamt für Wirtschaft und Ausfuhrkontrolle alle Bußgeldentscheidungen nach § 152 Absatz 1a.**

(2) [1] **In Strafverfahren, die eine Straftat nach § 151a zum Gegenstand haben, übermittelt die Staatsanwaltschaft im Falle der Erhebung der öffentlichen Klage der Abschlussprüferaufsichtsstelle die das Verfahren abschließende Entscheidung.** [2] **Ist gegen die Entscheidung ein Rechtsmittel eingelegt worden, ist die Entscheidung unter Hinweis auf das eingelegte Rechtsmittel zu übermitteln.**

1 Die Vorschrift idF des Gesetzes zur Umsetzung der überarbeiteten Abschlussprüferrichtlinie (AReG) vom 10.5.2016 (BGBl. 2016 I 1142) soll insbesondere Art. 30a Abs. 1 lit. b, 30c und 30f der überarbeiteten Abschlussprüfer-RL (ABl. 2014 L 158, 196) dienen und ermöglicht der Abschlussprüferaufsichtsstelle insbesondere die nach der Richtlinie vorgeschriebene Veröffentlichung der nicht mehr anfechtbaren Sanktionen.

(weggefallen)

154

Abschnitt 10. Schlussvorschriften

Altregister im Beitrittsgebiet

155 [1] **Register, in die landwirtschaftliche Produktionsgenossenschaften, Produktionsgenossenschaften des Handwerks oder andere Genossenschaften oder kooperative Einrichtungen mit Sitz in dem in Artikel 3 des Einigungsvertrages genannten Gebiet am 3. Oktober 1990 eingetragen waren, gelten als Genossenschaftsregister im Sinne dieses Gesetzes und des Gesetzes über das Verfahren in Familiensachen und in den Angelegenheiten der freiwilligen Gerichtsbarkeit.** [2] **Die Wirksamkeit von Eintragungen in diese Register wird nicht dadurch berührt, dass diese Eintragungen vor dem Inkrafttreten des Registerverfahrensbeschleunigungsgesetzes vom 20. Dezember 1993 (BGBl. I S. 2182) am 25. Dezember 1993 von der Verwaltungsbehörde vorgenommen worden sind.**

1 Durch diese Übergangsvorschrift wurde 2006 Art. 19 Abs. 8 Registerverfahrensbeschleunigungsgesetz in das GenG überführt (BGBl. 2006 I 855). Sie dient der Klarstellung hinsichtlich des Charakters der Register in den neuen Bundesländern als Genossenschaftsregister und der Wirksamkeit der Eintragungen in diese Register.

Anwendbarkeit von Vorschriften über das Handelsregister; Bekanntmachung von Eintragungen

156 (1) [1] **§ 8 Abs. 1 sowie die §§ 8a, 9, 10a und 11 des Handelsgesetzbuchs finden auf das Genossenschaftsregister Anwendung.** [2] **Eine gerichtliche Bekanntmachung von Eintragungen findet nur gemäß den §§ 12, 16 Abs. 5, § 28 Satz 3, § 42 Abs. 1 Satz 3, § 51 Abs. 5 sowie in den Fällen des § 22 Abs. 1, des § 22a Abs. 1, des § 82 Abs. 1 und des § 97 statt.** [3] **§ 10 des Handelsgesetzbuchs ist entsprechend anzuwenden.**

(2) **Soweit nicht ein anderes bestimmt ist, werden die Eintragungen ihrem ganzen Inhalt nach veröffentlicht.**

1 Das **Genossenschaftsregister** wird von den Gerichten seit der Neufassung durch das EHUG elektronisch geführt (Abs. 1 iVm § 8 Abs. 1 HGB). Die Regelungen über das Genossenschaftsregister wurden insgesamt an die Neuregelungen in § 8 Abs. 1 HGB, 8a, 9, 11 HGB angepasst. Es wird auf die

Kommentierung zu diesen Vorschriften verwiesen. Statt § 8 Abs. 2 HGB gilt § 10 Abs. 3. Für die Einsichtnahme in das Genossenschaftsregister gilt § 9 HGB. Für Einzelheiten zu Aufbau und Führung des Registers, zu den Registereintragungen, zum Eintragungsverfahren und zur Registerpublizität wird auf die Erläuterungen in → § 10 Rn. 1 ff., → § 29 Rn. 1 ff. verwiesen.

Abs. 1 S. 2 schränkt die **gerichtliche Bekanntmachung von Eintragungen** in das Genossenschaftsregister auf die genannten Vorschriften über Eintragungen ein. Abs. 2 entspricht § 10 S. 2 HGB. Die Bekanntmachung ist zu veranlassen, sobald die Eintragung bewirkt ist; eine andere Eintragung darf nicht abgewartet werden (§ 4 GenRegV). Zur Form der gerichtlichen Bekanntmachung wird auf die Erläuterungen zu § 10 HGB verwiesen. 2

Anmeldungen zum Genossenschaftsregister

157 **Die in § 11 Abs. 1 geregelte Anmeldung zum Genossenschaftsregister ist von sämtlichen Mitgliedern des Vorstands, die anderen nach diesem Gesetz vorzunehmenden Anmeldungen sind vom Vorstand oder den Liquidatoren elektronisch in öffentlich beglaubigter Form einzureichen.**

Mit Ausnahme der Gründungsanmeldung nach § 11 Abs. 1, die vom gesamten Vorstand als Kollegialorgan (einschließlich der ehrenamtlichen Vorstandsmitglieder und der Stellvertreter nach § 35) eingereicht werden muss, können die übrigen Anmeldungen (zB §§ 14, 16 Abs. 5, §§ 28, 42 Abs. 1, § 78 Abs. 2, § 79a Abs. 5, §§ 84, 117 Abs. 3) vom Vorstand bzw. von den Liquidatoren nach der jeweils geltenden Vertretungsregelung (§ 25 iVm der Satzung) eingereicht werden. Die Form der Einreichung entspricht § 12 Abs. 1 S. 1 HGB, nach § 161 Abs. 1 konnten bis 31.12.2009 Übergangsregelungen gelten. Für das Antragsrecht der Notare gilt § 378 FamFG. Enthält eine Anmeldung Mängel, muss das Registergericht die Eintragung entweder ablehnen oder durch eine Zwischenverfügung Gelegenheit zur Behebung des Mangels geben. 1

Ersatzweise Bekanntmachung

158 **Bestimmt die Satzung einer Genossenschaft für deren Bekanntmachungen ein öffentliches Blatt, das nicht mehr zur Verfügung steht, müssen bis zu einer anderweitigen Regelung in der Satzung die Bekanntmachungen im Bundesanzeiger erfolgen.**

Die Vorschrift verpflichtet die eG nicht mehr zur Bekanntmachung in der Form des § 10 HGB, wenn die nach § 6 Nr. 5 statutarisch bestimmten öffentlichen Blätter für Bekanntmachungen der eG vorübergehend oder dauerhaft nicht erscheinen oder die nach § 6 Nr. 5 aE bestimmten öffentlich zugänglichen elektronischen Informationsmedien nicht zur Verfügung stehen. Das Internetportal für Registerbekanntmachungen nach § 10 HGB eignet sich nicht für eigene ersatzweise Bekanntmachungen der eG; stattdessen müssen die Bekanntmachung daher im Bundesanzeiger erfolgen (BT-Drs. 18/11506, 31). 1

(weggefallen)

159

Zwangsgeldverfahren

160 (1) [1]**Die Mitglieder des Vorstands sind von dem Registergericht zur Befolgung der in den §§ 14, 25a, 28, 30, 32, 54 Satz 2, § 57 Absatz 1, § 59 Abs. 1, § 78 Abs. 2, § 79 Abs. 2 enthaltenen Vorschriften durch Festsetzung von Zwangsgeld anzuhalten.** [2]**In gleicher Weise sind die Mitglieder des Vorstands und die Liquidatoren zur Befolgung der in § 33 Abs. 1 Satz 2, § 42 Abs. 1 in Verbindung mit § 53 des Handelsgesetzbuchs, §§ 47, 48 Abs. 3 und 4 Satz 4, § 51 Abs. 4 und 5, § 56 Abs. 2, §§ 84, 85 Abs. 2, § 89 dieses Gesetzes enthaltenen Vorschriften sowie die Mitglieder des Vorstands und des Aufsichtsrats und die Liquidatoren dazu anzuhalten, dafür zu sorgen, dass die Genossenschaft vorbehaltlich des § 9 Abs. 1 Satz 2 nicht länger als drei Monate ohne oder ohne beschlussfähigen Aufsichtsrat ist.** [3]**Das einzelne Zwangsgeld darf den Betrag von fünftausend Euro nicht übersteigen.**

(2) **Für das Verfahren sind die Vorschriften maßgebend, welche zur Erzwingung der im Handelsgesetzbuch angeordneten Anmeldungen zum Handelsregister gelten.**

1 § 160 gibt dem Registergericht (§ 10) eine Handhabe, wenn die gegen die genannten Vorschriften dieses Gesetzes durch Organmitglieder verstoßen wird. Zwangsgeldbewehrt sind vor allem die Pflichten zur Anmeldung von eintragungspflichtigen Tatsachen und zu sonstigen Erklärungen gegenüber dem Registergericht, ferner auch sonstige Organpflichten wie die ordnungsgemäße Führung der Mitgliederliste (§ 30) oder die Pflicht nach § 57 Abs. 1 im Prüfungsverfahren. Die in Abs. 1 S. 2 zugrunde gelegte Pflicht, für eine ausreichende Zahl von Aufsichtsratsmitgliedern zu sorgen, bestimmt sich für Vorstandsmitglieder und Liquidatoren analog § 104 Abs. 1 S. 2 AktG, nämlich den Antrag auf eine gerichtliche Notbestellung von Aufsichtsratsmitgliedern unverzüglich zu stellen (→ § 36 Rn. 3). Für das Zwangsgeldverfahren nach Abs. 2 sind §§ 388–391 FamFG anwendbar.

(aufgehoben)

§ 161

Übergangsvorschrift für Wohnungsunternehmen

§ 162

Am 31. Dezember 1989 als gemeinnützige Wohnungsunternehmen oder als Organe der staatlichen Wohnungspolitik anerkannte Unternehmen, die nicht eingetragene Genossenschaften sind, bleiben Mitglieder des Prüfungsverbandes, dem sie zu diesem Zeitpunkt angehören.

1 Die Vorschrift ermöglicht den gemeinnützigen Wohnungsunternehmen, die nicht in der Rechtsform der eG geführt werden, auch nach Aufhebung des Wohnungsgemeinnützigkeitsgesetzes zum 1.1.1990 die Mitgliedschaft in einem Prüfungsverband. Diese Unternehmen unterliegen aber nicht wie die eG einer Pflichtmitgliedschaft gem. § 54, sondern können gem. der Satzung des Prüfungsverbandes kündigen. Nur ein Sonderkündigungsrecht nach S. 2 aF ist 2006 abgeschafft worden.

(weggefallen)

§ 163

Übergangsregelung zur Beschränkung der Jahresabschlussprüfung

§ 164

§ 53 Abs. 2 Satz 1 in der vom 22. Juli 2017 an geltenden Fassung ist erstmals auf die Prüfung des Jahresabschlusses für ein frühestens am 31. Dezember 2017 endendes Geschäftsjahr anzuwenden.

1 Nachdem mit der Novelle vom 22.7.2017 (BGBl. 2017 I 2434) in § 53 Abs. 2 S. 1 die Schwellenwerte der Bilanzsumme und der Umsatzerlöse für eine Befreiung kleiner Genossenschaften von der Einbeziehung der Jahresabschlussprüfung in die Pflichtprüfung angehoben wurden, ist eine Überleitung notwendig.

(aufgehoben)

§ 165

Übergangsregelung zum Berufsaufsichtsreformgesetz

§ 166

(1) Ein Prüfungsverband, dem vor dem 6. September 2007 eine Bescheinigung über die Teilnahme an der Qualitätskontrolle erteilt wurde, kann eine Verlängerung der Befristung der Teilnahmebescheinigung auf insgesamt sechs Jahre beantragen, soweit er nicht unter § 63e Abs. 1 Satz 2 fällt.

(2) Ist die Teilnahmebescheinigung auf sechs Jahre befristet worden, hat ein Prüfungsverband, der bei einer Genossenschaft, einer in Artikel 25 Abs. 1 Satz 1 Nr. 1 des Einführungsgesetzes zum Handelsgesetzbuch genannten Gesellschaft oder einem in Artikel 25 Abs. 1 Satz 1 Nr. 2 des Einführungsgesetzes zum Handelsgesetzbuch genannten Unternehmen, die einen organisierten Markt im Sinne des § 2 Absatz 11 des Wertpapierhandelsgesetzes in

Anspruch nehmen, mehr als drei Jahre nach Ausstellen der Teilnahmebescheinigung eine der Qualitätskontrolle unterfallende Prüfung durchführt, innerhalb von sechs Monaten nach Annahme des Prüfungsauftrages eine Qualitätskontrolle durchführen zu lassen.

Die Überleitungsvorschrift gibt nach der Verlängerung von einem dreijährigen auf einen sechsjährigen Turnus der Qualitätskontrollen für Prüfungsverbände durch das Berufsaufsichtsreformgesetz (7. WPO-Novelle) 2007 eine Verlängerungsmöglichkeit für bereits erteilte Teilnahmebescheinigungen. Abs. 2 bezieht sich auf die Ausnahmeregelung in § 63e Abs. 1 S. 2, die von Abs. 1 ausgenommen ist. Seit 17.6.2016 sind Teilnahmebescheinigungen durch das APAReG vom 31.3.2016 (BGBl. 2016 I 518) ersetzt durch eine Eintragung in das Berufsregister nach erfolgter Anzeige gemäß § 40a WPO. 1

Übergangsvorschrift zum Bilanzrechtsmodernisierungsgesetz

167 (1) **§ 36 Abs. 4 und § 38 Abs. 1a Satz 2 in der Fassung des Bilanzrechtsmodernisierungsgesetzes vom 25. Mai 2009 (BGBl. I S. 1102) finden keine Anwendung, solange alle Mitglieder des Aufsichtsrats und des Prüfungsausschusses vor dem 29. Mai 2009 bestellt worden sind.**

(2) **§ 53 Abs. 3 in der Fassung des Bilanzrechtsmodernisierungsgesetzes vom 25. Mai 2009 (BGBl. I S. 1102) ist erstmals ab dem 1. Januar 2010 anzuwenden.**

Die Vorschrift regelt die Stichdaten, seit denen die genannten Neuregelungen für eine iSd § 264d HGB kapitalmarktorientierte eG durch das BilMoG 2009 Anwendung finden. 1

Übergangsvorschrift zu dem Gesetz für die gleichberechtigte Teilhabe von Frauen und Männern an Führungspositionen in der Privatwirtschaft und im öffentlichen Dienst

168 **[1]Die Festlegungen nach § 9 Absatz 3 Satz 1 und 3 sowie Absatz 4 Satz 1 und 3 haben erstmals bis spätestens 30. September 2015 zu erfolgen. [2]Die nach § 9 Absatz 3 Satz 3 und Absatz 4 Satz 3 erstmals festzulegende Frist darf nicht länger als bis zum 30. Juni 2017 dauern.**

Mit dieser Vorschrift wird eine relativ kurze Frist angeordnet, in der gemäß dem Gesetz zur Frauenquote (BGBl. 2015 I 642) die Zielgrößen für den Frauenanteil in den ersten beiden Führungsebenen unterhalb des Vorstands sowie für den Aufsichtsrat und den Vorstand nach § 9 Abs. 3 S. 1, Abs. 4 S. 1 festgelegt werden müssen (→ § 9 Rn. 7). Der ebenfalls festzulegende Bezugszeitraum, in dem diese erste Zielgröße erreicht werden soll, darf nicht länger als eindreiviertel Jahre umfassen (S. 2). Erst für die Festlegung des zweiten Bezugszeitraums gilt dann eine bis zu fünfjährige Dauer nach § 9 Abs. 3 S. 4, Abs. 4 S. 4. 1

Übergangsvorschrift zum Abschlussprüfungsreformgesetz

169 **§ 36 Absatz 4 und § 38 Absatz 1a Satz 3 jeweils in der Fassung des Abschlussprüfungsreformgesetzes vom 10. Mai 2016 (BGBl. I S. 1142) müssen so lange nicht angewandt werden, wie alle Mitglieder des Aufsichtsrats und des Prüfungsausschusses vor dem 17. Juni 2016 bestellt worden sind.**

§ 53a gilt erstmals für die Prüfung für ein frühestens am 31.12.2017 endendes Geschäftsjahr. Hiernach sollen die genannten Vorschriften idF des Gesetzes zur Umsetzung der überarbeiteten Abschlussprüferrichtlinie (AReG) vom 10.5.2016 (BGBl. 2016 I 1142) erst anwendbar sein, sobald ein neues Mitglied des Aufsichtsrats bestellt wird, nicht etwa wenn ein bereits bestelltes Ersatzmitglied an die Stelle eines ausscheidenden Mitglieds rückt (BT-Drs. 18/7219, 58 zu § 12 Abs. 5 EGAktG). 1

Übergangsregelung zum CSR-Richtlinie-Umsetzungsgesetz

170 **[1]§ 38 in der Fassung des CSR-Richtlinie-Umsetzungsgesetzes vom 11. April 2017 (BGBl. I S. 802) ist erstmals auf Lageberichte und Konzernlageberichte anzuwenden, die sich auf ein nach dem 31. Dezember 2016 beginnendes Geschäftsjahr beziehen. [2]Auf Lage- und Konzernlageberichte, die sich auf vor dem 1. Januar 2017 beginnende Geschäftsjahre beziehen, bleibt § 38 in der bis zum 18. April 2017 geltenden Fassung anwendbar.**

1 Die Pflicht einer eG, unter den Voraussetzungen der §§ 289b, 289c, 336 Abs. 2 S. 1 Nr. 2 HGB eine nichtfinanzielle Erklärung in den Lagebericht aufzunehmen, sowie die Pflicht des Aufsichtsrats, die nichtfinanzielle Erklärung nach § 38 Abs. 1b zu prüfen, gelten nach Art. 80 EGHGB und § 170 ab dem Geschäftsjahr, das nach dem 31.12.2016 (nicht notwendig am 1.1.2017) beginnt.

Übergangsvorschrift zur Einführung der vereinfachten Prüfung

171 **§ 53a ist erstmals auf die Prüfung für ein frühestens am 31. Dezember 2017 endendes Geschäftsjahr anzuwenden.**

1 Eine vereinfachte Prüfung nach § 53a kann frühestens ab 2018 stattfinden, sofern die weiteren Voraussetzungen vorliegen, insbesondere bereits eine vollständige erstmalige Pflichtprüfung erfolgt ist (§ 53a Abs. 3 S. 3).

Übergangsvorschrift um Gesetz zur weiteren Umsetzung der Transparenzrichtlinie-Änderungsrichtlinie im Hinblick auf ein einheitliches elektronisches Format für Jahresfinanzberichte

172 **§ 53 in der ab dem 19. August 2020 geltenden Fassung ist erstmals auf Jahresabschlüsse und Lageberichte für das nach dem 31. Dezember 2019 beginnende Geschäftsjahr anzuwenden.**

Umwandlungsgesetz (UmwG)

vom 28.10.1994 (BGBl. 1994 I 3210, ber. 1995 I 428)

zuletzt geändert durch Art. 1 Viertes ÄndG vom 19.12.2018 (BGBl. 2018 I 2694)

Erstes Buch. Möglichkeiten von Umwandlungen

Arten der Umwandlung; gesetzliche Beschränkungen

1 (1) **Rechtsträger mit Sitz im Inland können umgewandelt werden**
1. durch Verschmelzung;
2. durch Spaltung (Aufspaltung, Abspaltung, Ausgliederung);
3. durch Vermögensübertragung;
4. durch Formwechsel.

(2) **Eine Umwandlung im Sinne des Absatzes 1 ist außer in den in diesem Gesetz geregelten Fällen nur möglich, wenn sie durch ein anderes Bundesgesetz oder ein Landesgesetz ausdrücklich vorgesehen ist.**

(3) [1]**Von den Vorschriften dieses Gesetzes kann nur abgewichen werden, wenn dies ausdrücklich zugelassen ist.** [2]**Ergänzende Bestimmungen in Verträgen, Satzungen oder Willenserklärungen sind zulässig, es sei denn, daß dieses Gesetz eine abschließende Regelung enthält.**

Übersicht

I. Allgemeines

Als Generalnorm für das gesamte UmwG enthält § 1 **grundlegende Regelungen und Begriffsbestimmungen.** Abs. 1 bestimmt den Anwendungsbereich des UmwG in persönlicher, sachlicher und räumlicher Hinsicht (→ Rn. 9 ff.). Der Gesetzgeber verfolgt mit dem UmwG im Wesentlichen **drei Ziele:** (1.) Zusammenfassung und Systematisierung bisher schon bestehender Möglichkeiten zur Umstrukturierung und Reorganisationen, (2.) Schließen gesetzlicher Lücken und Erweitern von Möglichkeiten zur Veränderung von Unternehmen, sowie (3.) Verbesserten Schutz von Anlegern, Minderheitsgesellschaftern und Gläubigern (RegEBegr, BR-Drs. 75/94, 71). 1

1. Begriff und Wesen der Umwandlung. Der **Begriff der Umwandlung** wird in Abs. 1 nicht ausdrücklich definiert, sondern dient als Oberbegriff für die in Abs. 1 Nr. 1–4 abschließend aufgezählten Umwandlungsarten. Die beteiligungsfähigen Rechtsträger, die Voraussetzungen und Besonderheiten der jeweiligen Umwandlungsarten sind in §§ 2 ff. (Verschmelzung), §§ 123 ff. (Spaltung), §§ 174 ff. (Vermögensübertragung) und §§ 190 ff. (Formwechsel) detailliert geregelt. Verschmelzung, Spaltung 2 und Vermögensübertragung ermöglichen entgegen dem allgemeinen zivilrechtlichen Rechtsgrundsatz, dass Rechte und Verbindlichkeiten durch Einzelrechtsnachfolge übertragen werden, einen Übergang des gesamten Vermögens einschließlich der Verbindlichkeiten im Wege der **(partiellen) Gesamtrechtsnachfolge** (Semler/Stengel/*Stengel* Einleitung A Rn. 48). Insbesondere ist nach dem UmwG eine Zustimmung der Gläubiger nach §§ 414 ff. BGB zur Umwandlungsmaßnahme nicht erforderlich. Damit grenzen sich die Umwandlungsformen von weiteren wirtschaftlichen oder rechtlichen Umstrukturierungsvorgängen außerhalb des UmwG (Einzelübertragung, Anwachsung, Realteilung, Vereinigung oder Umgründung von Rechtsträgern) ab, welche trotz des *numerus clausus* in Abs. 2 weiterhin möglich sind (Widmann/Mayer Rn. 23, 384 ff.). Der dort geltende sachenrechtliche Spezialitätsgrundsatz macht eine dingliche Übertragung des Eigentums an den zum Betrieb gehörenden Wirtschaftsgütern im Wege der Einzelrechtsnachfolge (Singularsukzession) erforderlich. Die Auflösung eines Rechtsträgers iRe Verschmelzung, Spaltung oder Vermögensübertragung erfolgt zudem unter **Verzicht auf die Durchführung einer Liquidation** und ist durch **Anteilskontinuität** gekennzeichnet. Die Anteile oder Mitgliedschaften am übertragenden bzw. formwechselnden Rechtsträger setzen sich als Anteile oder Mitgliedschaften am übernehmenden/neuen Rechtsträger fort, ohne dass es einer Zeichnung neuer Anteile oder Mitgliedschaften bedarf (Semler/Stengel/*Stengel* Rn. 15). Beim Formwechsel fehlt es an einer Vermögensübertragung; stattdessen zeichnet sich der Formwechsel durch die (wirtschaftliche und rechtliche) **Identität des formwandelnden Rechtsträgers** aus (SHS/*Hörtnagl* Rn. 19; Semler/Stengel/*Stengel* Einleitung A Rn. 49).

3 **2. Umwandlungsverfahren.** Das UmwG legt für alle Umwandlungsvarianten ein bestimmtes, in seinen Grundzügen identisches **Grundschema** (Dreitakt) fest, an dem sich auch die Abfolge der gesetzlichen Reglungen orientiert (Widmann/Mayer Einf. Rn. 127). In der **Vorbereitungsphase** haben die Leitungsorgane der beteiligten Rechtsträger insbesondere durch Einigung auf die rechtsgeschäftliche Grundlage den Umwandlungsvorgang vorzubereiten (→ Rn. 4). Diese rechtsgeschäftliche Grundlage wird durch die zwingende Zustimmung der Anteilsinhaber der beteiligten Rechtsträger in der folgenden **Beschlussphase** wirksam (→ Rn. 6). In der **Vollzugsphase** erfolgt schließlich die Durchführung des erforderlichen Registerverfahrens (→ Rn. 7).

4 **a) Vorbereitungsphase.** In einem ersten Schritt ist als materielle Grundlage für die Umwandlungsmaßnahme bei Verschmelzung, Spaltung und Vermögensübertragung der Entwurf eines Verschmelzungsvertrages (§§ 4–7), eines Spaltungs- und Übernahmevertrages (§§ 125, 126) bzw. eines Spaltungsplans (§ 136) oder eines Übertragungsvertrages (§§ 176, 177) zu erstellen (Widmann/Mayer Einf. Rn. 128). Beim Formwechsel reduziert sich die Vorbereitungsphase mangels weiterer beteiligter Rechtsträger auf die Erstattung des Umwandlungsberichtes (§ 192). Die **Verträge bzw. Pläne** sind notariell zu beurkunden (§ 6) und müssen einen bestimmten Mindestinhalt haben (§ 5 Abs. 1, §§ 122c, 126 Abs. 1, §§ 136 und 192 iVm § 194).

5 Die Leitungsorgane der beteiligten Rechtsträger haben in einem zweiten Schritt einen die Umwandlung ausführlich erläuternden **schriftlichen Bericht** vorzubereiten (§§ 8, 122e, 127, 192), welcher den Anteilsinhabern als Grundlage für die Entscheidung über die Umwandlung dient. Der Bericht soll die Anteilsinhaber insbesondere über Veränderungen der Beteiligung informieren (§ 8 Abs. 1). Der Umwandlungsvertrag/-plan ist darüber hinaus von unabhängigen Sachverständigen (§ 11) insbesondere im Hinblick auf die Angemessenheit des Umtauschverhältnisses/der Gegenleistung (§ 12 Abs. 2) zu überprüfen. Über das Ergebnis der Überprüfung ist ein **schriftlicher Prüfungsbericht** zu erstatten (§ 12 Abs. 1), die Angemessenheit des Umtauschverhältnisses/der Gegenleistung ist zu testieren (§ 12 Abs. 2). Umwandlungsbericht und -prüfung sind entbehrlich, sofern sämtliche Anteilsinhaber der beteiligten Rechtsträger in notarieller Form darauf verzichten oder sich alle Anteile des übertragenden Rechtsträgers in der Hand des übernehmenden Rechtsträgers befinden (§ 8 Abs. 2, 3; § 9 Abs. 2, 3, § 12 Abs. 3).

6 **b) Beschlussphase.** Zwingende Wirksamkeitsvoraussetzung aller Umwandlungsvarianten ist eine **Beschlussfassung** der Anteilsinhaberversammlung (§§ 13, 122g, 193, 194 Abs. 1). Den Anteilsinhabern sind schon im Vorfeld der Beschlussfassung die erforderlichen Unterlagen, insbesondere Umwandlungsvertrag/-plan, zu übersenden (vgl. etwa § 42). Für den Umwandlungsbeschluss sind idR die **für eine Satzungsänderung erforderlichen Mehrheiten** nach dem für den beteiligten Rechtsträger anwendbaren Recht vorgeschrieben (vgl. etwa § 50 Abs. 1). Bei **Personengesellschaften** gilt grundsätzlich der Einstimmigkeitsgrundsatz (§ 43 Abs. 1 und 2, § 217 Abs. 1). Umwandlungsbeschluss sowie erforderliche Zustimmungserklärungen einzelner Anteilsinhaber sind notariell zu beurkunden (§ 13 Abs. 3, § 193 Abs. 3). Die Unwirksamkeit des Umwandlungsbeschlusses kann innerhalb eines Monats nach der Beschlussfassung im Wege der **Klageerhebung** geltend gemacht werden (§ 14 Abs. 1, § 195 Abs. 1).

7 **c) Vollzugsphase.** Der zwingenden Anmeldung der Umwandlung **zur Eintragung in das Handelsregister** sind alle Erklärungen sowie als Anlage sämtliche Unterlagen beizufügen, anhand derer das Registergericht die Ordnungsmäßigkeit der Umwandlung überprüfen kann (SHS/*Hörtnagl* Rn. 9). Die Umwandlung wird mit Eintragung in das zuständige Register **wirksam;** Mängel werden durch die

Eintragung unbeachtlich (§ 20 Abs. 2, § 131 Abs. 2, § 202 Abs. 3). Die Eintragung der Umwandlung ist von Amts wegen ihrem ganzen Inhalt nach **bekanntzumachen** (§ 19 Abs. 3).

II. Einzelerläuterungen

1. Rechtsträger. Das UmwG hat die verschiedenen Arten der Umwandlung von Unternehmensträgern zum Gegenstand, verwendet den Begriff des „Unternehmens" aber nicht. Es kommt nämlich nicht darauf an, ob ein **Rechtsträger** ein Unternehmen im rechtlichen oder wirtschaftlichen Sinn betreibt, sondern ob eine im Rechtsverkehr auftretende juristische Einheit an einem Umwandlungsvorgang beteiligt ist (RegEBegr, BR-Drs. 75/94, 71). Das Gesetz verwendet daher für diese juristische Einheit den Begriff des „Rechtsträgers" iSe Rechtseinheit, die **Träger von Rechten und Pflichten** sein kann, gleich ob rechtlich verselbständigt oder nicht (SHS/*Hörtnagl* Rn. 2). Die Umwandlung vollzieht sich nur auf Ebene der Rechtsträger als Subjekt des Umwandlungsvorgangs, Objekt einer Umwandlung ist hingegen das Vermögen (Semler/Stengel/*Stengel* Rn. 19). Nicht jeder Rechtsträger ist uneingeschränkt umwandlungsfähig. Das Gesetz legt für die einzelnen Umwandlungsformen jeweils gesondert die **umwandlungsfähigen Rechtsträger** fest, insbesondere in § 3. 8

2. Sitz im Inland (Abs. 1). Der Anwendungsbereich des UmwG ist nach dem Wortlaut des Abs. 1 auf **Rechtsträger mit Sitz im Inland** beschränkt. Das UmwG stellt für die in § 3 Abs. 1, § 191 Abs. 1 und 2 aufgeführten umwandlungsfähigen Rechtsträger auf den **Satzungssitz** bzw. Registersitz ab (hM; KK-UmwG/*Dauner-Lieb* Rn. 24); auf den Verwaltungssitz kommt es nicht an. § 1 Abs. 1 ist demnach keine Kollisionsnorm, sondern setzt die Anwendbarkeit deutschen Rechts voraus (Semler/Stengel/*Drinhausen* Einleitung C Rn. 5, 20). Seit dem MoMiG (§ 4a GmbHG, § 5 AktG) ist es Kapitalgesellschaften überdies freigestellt, ihren tatsächlichen Verwaltungssitz ins Ausland zu verlegen (Widmann/Mayer Rn. 103 ff.). Der Formulierung „mit Sitz im Inland" kann **kein Verbot grenzüberschreitender Umwandlungen** entnommen werden. Jedenfalls soweit die in Art. 49, 54 AEUV und Art. 31, 34 EWR-Abk. normierte Niederlassungsfreiheit betroffen ist, ist im Hinblick auf die Rspr. des EuGH eine **europarechtskonforme Auslegung** von Abs. 1 erforderlich (OLG Nürnberg 19.6.2013, RNotZ 2014, 120 (122); Widmann/Mayer Rn. 132). Es entspricht allgM, dass Abs. 1 lediglich den Anwendungsbereich des UmwG auf Rechtsträger mit Sitz im Inland beschränkt (Semler/Stengel/*Stengel* Rn. 41, SHS/*Hörtnagl* Rn. 24). Die Formulierung „Rechtsträger mit Sitz im Inland" enthält daher lediglich eine Beschränkung der Umwandlungsvorgänge, an denen sich deutsche Rechtsträger beteiligen können (KK-UmwG/*Dauner-Lieb* Rn. 29). 9

a) Gesetzliche Regelungen grenzüberschreitender Verschmelzungen. Mit Umsetzung der Richtlinie Nr. 2005/56/EG (jetzt RL (EU) 2017/1132) durch das Zweite Gesetz zur Änderung des UmwG hat der Gesetzgeber Vorschriften über die **grenzüberschreitende Verschmelzung** eingeführt (§§ 122a ff.) und zumindest teilweise für Rechtssicherheit gesorgt. Erfasst waren hiervon ursprünglich nur Verschmelzungen von EU-/EWR-Kapitalgesellschaften. Seit Inkrafttreten des **Vierten Gesetzes zur Änderung des UmwG** (BGBl. 2018 I 2694) können auch Personenhandelsgesellschaften iSd § 3 Abs. 1 Nr. 1 als übernehmende oder neue Gesellschaften an grenzüberschreitenden Verschmelzungen beteiligt sein, sofern sie idR nicht mehr als 500 Arbeitnehmer haben. Übertragende Gesellschaften im Rahmen grenzüberschreitender Verschmelzungen können weiterhin aber nur Kapitalgesellschaften sein. Somit sind **Hineinverschmelzungen von Kapitalgesellschaften auf Personengesellschaften** möglich, was vor allem vom **Brexit** betroffenen kleineren Unternehmen eine weitere Variante eines geordneten Wechsels in eine inländische Rechtsform mit beschränkter Haftung eröffnen soll. Diese Möglichkeit steht gem. § 122m noch bis zum Ende des im Austrittsabkommen geregelten Übergangszeitraums offen. 10

Außerhalb des UmwG sind grenzüberschreitende Umwandlungen nach der SE-VO und der SCE-VO kodifiziert. Andere umwandlungsrechtliche Maßnahmen, insbesondere grenzüberschreitende Spaltungen und Formwechsel, werden vom Gesetz bis auf Weiteres nicht geregelt. Das wird sich allerdings mit Umsetzung der sog. Mobilitäts-RL (RL (EU) 2019/2121) ändern, mit der grenzüberschreitende Umwandlungen erstmals umfassend geregelt und harmonisiert werden (→ Rn. 11a). **Ausländische Rechtsträger mit Verwaltungssitz im Inland** sind mangels Satzungssitzes im Inland iSd UmwG nicht umwandlungsfähig, können jedoch als Rechtsträger dieser Rechtsform an einer grenzüberschreitenden Verschmelzung beteiligt sein (§ 122b Abs. 1). 11

b) EU-rechtliche Regelung grenzüberschreitender Umwandlungen. Am 1.1.2020 ist die **Richtlinie (EU) 2019/2121** zur Änderung der Gesellschaftsrechtsrichtlinie (EU) 2017/1132 in Bezug auf grenzüberschreitende Umwandlungen, Verschmelzungen und Spaltungen in Kraft getreten. Sie ist von den Mitgliedsstaaten **bis zum 31.1.2023 in nationales Recht umzusetzen.** Diese sog. Mobilitäts-RL führt erstmals Vorschriften zu grenzüberschreitenden Formwechseln (in der Richtlinie selbst als „Umwandlungen" bezeichnet) und Spaltungen ein. Eine grenzüberschreitende Spaltung kann wie im deutschen Recht als Abspaltung, Aufspaltung oder Ausgliederung erfolgen. Vom Anwendungsbereich 11a erfasst sind aber nur Spaltungen zur Neugründung. **Ausgenommen sind grenzüberschreitende Spaltungen zur Aufnahme,** da sie zu komplex und risikobehaftet seien (Erwägungsgrund 8 RL (EU) 2019/2121; krit. *Bungert/Becker* DB 2019, 1609 mwN). Die Regelungen zu grenzüberschreitenden Verschmelzungen (§§ 122a ff.) werden durch die Mobilitäts-RL überarbeitet. Umwandlungsfähige Rechtsträger iSd Mobilitäts-RL sind nur EU-Kapitalgesellschaften, Personengesellschaften bleiben außen vor. Für sie werden auch in Zukunft die durch den EuGH konkretisierten Grundsätze grenzüberschreitender Umwandlungen auf Basis der Art. 49, 54 AEUV (→ Rn. 12) maßgeblich sein (*Bayer/Schmidt* BB 2019, 1922 (1926)).

11b Die Mobilitäts-RL sieht für die drei Grundvarianten grenzüberschreitender Umwandlungen ein weitestgehend identisches **Verfahren** vor, das jeweils folgende (bekannten) Elemente enthält: Umwandlungsplan, Bericht des Managements, Prüfung des Umwandlungsplans durch einen unabhängigen Sachverständigen und entsprechender Bericht, Zustimmung der Gesellschafterversammlungen sowie Rechtmäßigkeitskontrolle durch die zuständigen nationalen Stellen. Die Mindestangaben im Umwandlungsplan unterscheiden sich je nach Umwandlungsart. Der Umwandlungsbericht ist in separate Abschnitte für Gesellschafter und Arbeitnehmer zu gliedern oder es sind zwei getrennte Berichte zu erstatten. Ein gemeinsamer Verschmelzungsbericht dürfte zulässig sein, wenn er auch nach dem Recht der beteiligten Auslandsgesellschaft zulässig ist und den Anforderungen aller beteiligten Rechtsordnungen genügt (vgl. *Bungert/Becker* DB 2019, 1609 (1610); zum Verfahren allg.: *Kraft* BB 2019, 1864; *Luy* NJW 2019, 1905).

11c Ferner gelten für alle drei Umwandlungsvarianten **harmonisierte Mindestschutzstandards** für Minderheitsgesellschafter (Austrittsrecht gegen Barabfindung; Anspruch auf Verbesserung des Umtauschverhältnisses) und Gläubiger (Anspruch auf Sicherheitsleistung). Für grenzüberschreitende Spaltungen und Formwechsel wird der Arbeitnehmerschutz durch die Übertragung der von grenzüberschreitenden Verschmelzungen und aus der SE-VO bekannten Grundsätze aus Verhandlungsmodell und Auffanglösung sichergestellt (vgl. *Luy* NJW 2019, 1905 (1906); *Schmidt* BB 2020, Umschlagteil I). Überdies etabliert die Mobilitäts-RL eine ausgeprägte und speziell verankerte **Missbrauchskontrolle.** Sofern die Rechtmäßigkeitskontrolle im Wegzugsstaat ergibt, dass die Umwandlung kriminellen, missbräuchlichen oder betrügerischen Zwecken dient, darf die zuständige Behörde keine Vorabbescheinigung erteilen (unter anderem Art. 86m Abs. 8 Mobilitäts-RL, *Bungert/Becker* DB 2019, 1609 (1613 f.)).

12 **c) Grenzüberschreitende Umwandlungen außerhalb §§ 122a ff.** Nach der Rspr. des EuGH stellt es einen Verstoß gegen die **Niederlassungsfreiheit** (Art. 49, 54 AEUV) dar, wenn die Eintragung einer grenzüberschreitenden Verschmelzung in das Handelsregister der aufnehmenden Gesellschaft durch den Zuzugsstaat generell unter Verweis auf den ausländischen Satzungssitz der übertragenden Gesellschaft verweigert wird, während eine solche Eintragung bei innerstaatlichen Verschmelzungen möglich ist (EuGH 13.12.2005, NJW 2006, 425 – Sevic). Eine unterschiedliche Behandlung innerstaatlicher und grenzüberschreitender Verschmelzungen stellt eine Beschränkung iSd Art. 49, 54 AEUV dar, die nur zulässig sein kann, wenn ein legitimes, mit dem EG-Vertrag zu vereinbarendes Ziel verfolgt wird und durch zwingende Gründe des Allgemeininteresses gerechtfertigt ist (EuGH 13.12.2005, NJW 2006, 425 Rn. 22 f.).

12a Auf die Niederlassungsfreiheit können sich nach Art. 49 Abs. 2 AEUV alle Gesellschaften iSv Art. 54 AEUV berufen, insbesondere auch die von der Mobilitäts-RL (→ Rn. 11a) ausgenommenen Personengesellschaften. Die vom EuGH in der Rs. „Sevic" aufgestellten Grundsätze finden daher zumindest für den Fall einer **Hineinverschmelzung unter Beteiligung von Nicht-Kapitalgesellschaften** iSv Art. 54 AEUV Anwendung (hM, Lutter UmwG/*Drygala* Rn. 12), insbesondere auf Personenhandelsgesellschaften. Der aufnehmende/neue Rechtsträger mit Sitz im Inland muss allerdings nach § 3 umwandlungsfähig sein (SHS/*Hörtnagl* Rn. 50). Nimmt man die Entscheidungsgründe des EuGH in der Rs. „Sevic" ernst, müssen auch **grenzüberschreitende Hineinspaltungen** von der Niederlassungsfreiheit geschützt und damit zulässig sein (hM, Semler/Stengel/*Drinhausen* Einl. C Rn. 28). Wirtschaftlich betrachtet ist die Spaltung nichts anderes als eine umgekehrte Verschmelzung; schutzwürdige Interessen von Minderheitsgesellschaftern, Gläubigern und Arbeitnehmern rechtfertigen keine generelle Unzulässigkeit (Lutter UmwG/*Drygala* Rn. 19). Sieht man die Hineinverschmelzung/-spaltung als von der Niederlassungsfreiheit umfasst an, ist nicht ersichtlich, weshalb die **Hinausverschmelzung/-spaltung von Nicht-Kapitalgesellschaften** nicht von Art. 49, 54 AEUV erfasst sein sollte (Widmann/Mayer Rn. 251; Semler/Stengel/*Drinhausen* Einl. C Rn. 30). Diese Auffassung hat der EuGH durch seine Entscheidungen zum grenzüberschreitenden Formwechsel (→ Rn. 13) bestätigt.

13 **d) Grenzüberschreitende Formwechsel.** Aufgrund der Rspr. des EuGH in der Rs. „Cartesio" (EuGH 16.12.2008, NJW 2009, 569 – Cartesio) sowie der Rs. „VALE" (EuGH 12.7.2012, BB 2012, 2069 – VALE) ist die Rechtslage bei **grenzüberschreitenden Formwechseln** inzwischen weitestgehend geklärt. Die Mitgliedstaaten sind nach Auffassung des EuGH berechtigt, einer Gesellschaft die Rechtspersönlichkeit wieder zu entziehen, wenn diese unter Wahrung der inländischen Rechtsform ihren Sitz in einen anderen Mitgliedstaat verlegen möchte (EuGH 16.12.2008, NJW 2009, 569 Rn. 110 sowie EuGH 29.11.2011, EuZW 2011, 951 – Rs. „National Grid Indus"; **rechtsformwahrender**

Wegzug). Der EuGH bestätig insofern sein Urteil in der Rs. „Daily Mail" (EuGH 27.9.1988, NJW 1999, 2027 – Daily Mail). Vom Schutzbereich der Niederlassungsfreiheit erfasst sind jedoch die Fälle, in denen eine Gesellschaft unter Änderung des anwendbaren nationalen Rechts ihren Sitz in einen anderen Mitgliedstaat verlegt und dabei in eine Gesellschaftsform des Zuzugsstaates umgewandelt wird (EuGH 16.12.2008, NJW 2009, 569 Rn. 111; **rechtsformwechselnder Wegzug**). Es sei nicht gerechtfertigt, dass der Wegzugsstaat die Gesellschaft dadurch, dass ihre Auflösung und Liquidation verlangt wird, daran hindert, sich in eine Gesellschaft nach dem nationalen Recht des Zuzugsstaates umzuwandeln, soweit dies nach dessen Recht möglich ist (EuGH 16.12.2008, NJW 2009, 569 Rn. 112 – Cartesio). Da der EuGH mit dieser Aussage die rechtsformwechselnde, grenzüberschreitende Umwandlung ausdrücklich unter den Vorbehalt der Zulässigkeit durch den Zuzugsstaat gestellt hatte, ohne dabei aber auf die in der Rs. „Sevic" aufgestellten Grundsätze einzugehen, blieb zunächst unklar, ob der Zuzugsstaat verpflichtet sein könne, ausländischen Gesellschaften den Formwechsel in eine inländische Rechtsform (**rechtsformwechselnder Zuzug** bzw. **Hineinformwechsel**) zu ermöglichen, wenn inländischen Gesellschaften der Formwechsel gestattet ist.

Diese Unklarheit beseitigte der EuGH mit seiner Entscheidung in der Rs. „VALE" (EuGH 12.7.2012, BB 2012, 2069 – VALE). Danach sind die Rechtsvorschriften des Zuzugsstaates über die Umwandlung von Gesellschaften nicht von vorneherein dem Anwendungsbereich der Niederlassungsfreiheit entzogen (EuGH 12.7.2012, BB 2012, 2069 Rn. 32). Dennoch kann der Zuzugsstaat die Bedingungen, unter denen eine Gesellschaft entstehen kann, deren Behandlung sich nach nationalem Recht richtet, grundsätzlich frei bestimmen. Allerdings liegt ein **Verstoß gegen die Niederlassungsfreiheit** vor, wenn die Regelungen des Zuzugsstaats für grenzüberschreitende Umwandlungen ungünstiger als die für gleichartige innerstaatliche Sachverhalte sind (EuGH 12.7.2012, BB 2012, 2069 Rn. 48). Sofern das nationale Recht eines Mitgliedsstaates den identitätswahrenden Formwechsel kennt, muss dieser Mitgliedsstaat also auch die Entstehung einer inländischen Gesellschaft im Wege des Hineinformwechsels zulassen. Durch den Hineinformwechsel entsteht im Zuzugsstaat dann eine aus dessen Perspektive inländische Gesellschaft ohne formale Neugründung, dafür aber mit dem Umwandlungsvorgang als existenzbegründendem Anknüpfungstatbestand (vgl. *Behme* NZG 2012, 938). Damit hat der EuGH die in der Rs. „Sevic" aufgestellten Grundsätze zur grenzüberschreitenden Verschmelzung faktisch auf den grenzüberschreitenden Formwechsel übertragen. Er hat allerdings klargestellt, dass ein Hineinformwechsel die tatsächliche Ansiedlung der formwechselnden Gesellschaft und die Ausübung einer wirklichen wirtschaftlichen Tätigkeit im Zuzugsstaat voraussetzt (EuGH 12.7.2012, BB 2012, 2069 Rn. 34). Ob darin die zum Teil angenommene Abkehr von der Centros-Doktrin gesehen werden konnte (vgl. *Kindler* EuZW 2012, 888 (891 f.); *Böttcher/Kraft* NJW 2012, 2701 (2703)) erschien zweifelhaft (vgl. *Schönhaus/Müller* IStR 2013, 174 (176); *Ege/Klett* DStR 2012, 2442 (2447 f.)). Durch seine jüngste Entscheidung zum grenzüberschreitenden Formwechsel, die insoweit eine Abkehr von den Aussagen der VALE-Entscheidung ist, hat der EuGH jetzt erneut unterstrichen, dass im Staat des Satzungssitzes keine Geschäftstätigkeit ausgeübt werden muss (→ Rn. 17). 14

Das OLG Nürnberg hat im Anschluss an die VALE-Entscheidung den identitätswahrenden grenzüberschreitenden Formwechsel einer luxemburgischen S.à.r.l. in die Rechtsform einer deutschen GmbH bei gleichzeitiger Verlegung des Satzungs- und Verwaltungssitzes von Luxemburg nach Deutschland unter europarechtskonformer Anwendung der §§ 190 ff. zugelassen und dabei erstmals die **Anforderungen an einen Hereinformwechsel nach Deutschland** konkretisiert (OLG Nürnberg 19.6.2013, RNotZ 2014, 120; *Bungert/de Raet* DB 2014, 761; *Krebs* GWR 2014, 144; *Schaper* ZIP 2014, 810; vgl. auch KG 21.3.2016 NJW-RR 2016, 1007 zum Hineinformwechsel einer französischen S.à.r.l. in eine deutsche GmbH und OLG Düsseldorf 19.7.2017 DStR 2017, 2345 zum Hineinformwechsel einer niederländischen B. V. in eine deutsche GmbH). 15

Mit der VALE-Entscheidung hat der EuGH auch die – im Hinblick auf seine Aussagen in der Cartesio-Entscheidung schon zuvor vielfach angenommene – **Zulässigkeit des Herausformwechsels** endgültig bestätigt (vgl. *Bungert/de Raet* DB 2014, 761 (764); *Ege/Klett* DStR 2012, 2442 ff.). Sofern der Zuzugsstaat den grenzüberschreitenden Formwechsel erlaubt, stellt die zwangsweise Auflösung und Liquidation einer Gesellschaft, die die formwechselnde bzw. identitätswahrende Verlegung ihres Satzungssitzes in einen anderen Mitgliedsstaat beschlossen hat, eine Beschränkung der Niederlassungsfreiheit durch den Wegzugsstaat dar. (Vgl. OLG Frankfurt a. M. 3.1.2017, DNotZ 2017, 381 zur Zulässigkeit des Herausformwechsels einer deutschen GmbH in eine italienische S. r. l.) 16

Inwieweit der Wegzugsstaat die Ausübung einer tatsächlichen wirtschaftlichen Tätigkeit als Voraussetzung des grenzüberschreitenden Formwechsels verlangen kann, war im Rahmen der VALE-Entscheidung offen geblieben. Für den Fall der Verlegung des Satzungssitzes in einen anderen Mitgliedstaat bei gleichzeitigem Verbleib des Ortes der tatsächlichen wirtschaftlichen Tätigkeit im Wegzugsstaat hat der EuGH in der Rechtssache „Polbud" entschieden, dass die Anwendbarkeit der Niederlassungsfreiheit nicht voraussetzt, dass die formwechselnde Gesellschaft im Zuzugsstaat eine wirtschaftliche Tätigkeit tatsächlich ausübt bzw. auszuüben beabsichtigt (EuGH 25.10.2017, RNotZ 2018, 48 – Polbud). Jeder Mitgliedsstaat sei für die Definition der Anknüpfung einer Gesellschaft an seine Rechtsordnung selbst verantwortlich. Es komme daher nur auf das im Zuzugsstaat erforderliche Kriterium für die Verbunden- 17

heit der Gesellschaft mit der dortigen Rechtsordnung an. Der rechtliche Wegzug unter Beibehaltung des bisherigen Ortes der tatsächlichen wirtschaftlichen Tätigkeit, um in den Genuss günstigerer Rechtsvorschriften zu kommen, stelle für sich genommen keinen Missbrauch der Niederlassungsfreiheit dar. Das bedeutet, dass der Zuzugsstaat die tatsächliche Ausübung einer wirtschaftlichen Tätigkeit im Inland von der hineinformwechselnden Gesellschaft nur verlangen darf, wenn dieses Erfordernis auch für inländische Gesellschaften gilt. Der Wegzugsstaat kann die Ausübung einer tatsächlichen wirtschaftlichen Tätigkeit im Zuzugsstaat nicht verlangen. Der **isolierte grenzüberschreitende Formwechsel** ist damit weitestgehend zulässig und eine Beschränkung der Niederlassungsfreiheit auch in diesem Bereich nur aus zwingenden Gründen des Allgemeinwohl möglich. Der EuGH sieht die Niederlassungsfreiheit offenbar als **nachträgliche Rechtswahlfreiheit.** (Vgl. *Hushahn* RNotZ 2018, 23; *Kindler* NZG 2018, 1; *Wachter* NZG 2017, 1308; *Kieninger* NJW 2017, 3624; *Nentwig* GWR 2017, 432; *Mörsdorf* ZIP 2017, 2381).

18 **e) Umwandlung unter Beteiligung von Drittstaaten.** Inwiefern Umwandlungen nach dem UmwG unter **Beteiligung von Drittstaaten** möglich sind, ist weiterhin ungeklärt. Angesichts des historischen Willens des Gesetzgebers und der ungewissen rechtlichen wie praktischen Rechtslage ist derzeit davon auszugehen, dass Umwandlungen nach dem UmwG unter Beteiligung von Gesellschaften außerhalb von EU und EWR **nicht erlaubt** sind (str., KK-UmwG/*Dauner-Lieb* Rn. 29; Semler/Stengel/*Drinhausen* Einleitung C Rn. 14). Gesellschaften aus Staaten, die nicht Mitglied der EU oder des EWR sind und nach deren Personalstatut die Sitzverlegung nicht zur Auflösung der Gesellschaft führt, sind in Deutschland als Personengesellschaft (GbR/OHG) anzuerkennen (BGH 27.10.2008, NJW 2009, 289 – Trabrennbahn; zuletzt BGH 8.10.2009, IX ZR 227/06, nv). Insbesondere angesichts der Rspr. des EuGH in der Rs. „Cartesio" kann die **Sitztheorie** daher nicht generell als überholt abgetan werden. Die Gesellschaft eines Drittstaates kann sich nach Sitzverlegung als OHG bzw. durch Anpassung des Statutes an die inländische Rechtslage und Handelsregistereintragung an Umwandlungsmaßnahmen beteiligen (hM, Widmann/Mayer Rn. 342). Solange der Gesetzgeber keine Klarheit schafft, ist an dem gefundenen Ergebnis, mag es auch unbefriedigend sein, festzuhalten (vgl. *Günes* IStR 2013, 213; so iErg wohl auch Semler/Stengel/*Drinhausen* Einleitung C Rn. 14).

19 **f) Durchführung der Umwandlung.** Für grenzüberschreitende Umwandlungen fehlen außerhalb der §§ 122a ff. Regelungen betreffend die Durchführung der Umwandlung. Nach hM ist als Lösungsansatz im Grundsatz die **Vereinigungstheorie** heranzuziehen (MüKoBGB/*Kindler* IntGesR Rn. 799 ff.), ergänzt durch eine gesonderte Anknüpfung von Voraussetzungen, Verfahren und Wirkungen der jeweils beteiligten Gesellschaftsform (Widmann/Mayer Rn. 271; Semler/Stengel/*Drinhausen* Einleitung C Rn. 16). Die Voraussetzungen der Umwandlung, insbesondere die Frage der aktiven und passiven Umwandlungsfähigkeit, bestimmen sich nach dem jeweiligen **Personalstatut der beteiligten Gesellschaft;** gleiches gilt grundsätzlich für das Verfahren, solange die beteiligten Gesellschaften noch als eigene Rechtsgebilde auftreten (SHS/*Hörtnagl* Rn. 60). Wird ein **gemeinsames Tätigwerden** erforderlich, zB beim Abschluss des Umwandlungsvertrages oder der Erstellung des Umwandlungsberichtes, sind die Rechtsordnungen der beteiligten Rechtsträger derart zu kumulieren, dass sich die jeweils **strengere Rechtsordnung** durchsetzt (MüKoBGB/*Kindler* IntGesR Rn. 807). Der Vermögensübergang im Wege der Gesamtrechtsnachfolge beurteilt sich grundsätzlich nach dem Statut des übertragenden Rechtsträgers; hinsichtlich der Wirkung der grenzüberschreitenden Umwandlung soll hingegen zum Schutz aller betroffenen Interessen eine Kumulierung der Rechtsordnungen erfolgen (Widmann/Mayer Rn. 274; Semler/Stengel/*Drinhausen* Einleitung C Rn. 17). Die Verschmelzung von Nicht-Kapitalgesellschaften wird sich regelmäßig analog §§ 122a ff. vollziehen (Lutter UmwG/*Drygala* Rn. 35), freilich unter Beachtung der Besonderheiten der jeweils beteiligten Gesellschaftsform.

20 **3. Umwandlungsformen (Abs. 1 Nr. 1–4).** Eine **Verschmelzung** (Abs. 1 Nr. 1 iVm §§ 2–122) setzt den Übergang des gesamten Vermögens im Wege der Gesamtrechtsnachfolge eines oder mehrerer übertragender Rechtsträger auf einen bereits bestehenden oder einen neu zu gründenden Rechtsträger unter Auflösung ohne Abwicklung des übertragenden Rechtsträgers gegen Gewährung von Anteilen an dem übernehmenden/neuen Rechtsträger zugunsten der Anteilsinhaber des übertragenden Rechtsträgers voraus (§ 20 Abs. 1, § 36).

21 Bei der **Spaltung** (Abs. 1 Nr. 2 iVm §§ 123–173) ist zwischen der Aufspaltung, der Abspaltung und der Ausgliederung zu unterscheiden. Die **Aufspaltung** (§ 123 Abs. 1) stellt das Gegenstück zur Verschmelzung dar (Semler/Stengel/*Stengel* Rn. 48). Das gesamte Vermögen eines übertragenden Rechtsträgers wird ohne Liquidation aufgelöst, indem die Vermögensteile im Wege der partiellen Gesamtrechtsnachfolge auf mindestens zwei bereits bestehende oder neu zu gründende Rechtsträger gegen Anteilsgewährung der übernehmenden/neuen Rechtsträgern zugunsten der Anteilsinhaber des übertragenden Rechtsträgers übertragen werden (§ 125). Im Unterschied dazu bleibt bei der **Abspaltung** (§ 123 Abs. 2) der übertragende Rechtsträger bestehen. Einzelne Vermögensteile werden im Wege der partiellen Gesamtrechtsnachfolge auf einen oder mehrere bereits bestehende oder neu zu gründende Rechtsträger wiederum gegen Anteilsgewährung der übernehmenden/neuen Rechtsträger zugunsten

der Anteilsinhaber des übertragenden Rechtsträgers übertragen. Die **Ausgliederung** (§ 123 Abs. 3) entspricht bezüglich der Vermögensübertragung der Abspaltung. Kennzeichnend ist jedoch, dass nicht den Anteilsinhabern des übertragenden Rechtsträgers die Anteile an den übernehmenden/neuen Rechtsträgern gewährt werden, sondern dem übertragenden Rechtsträger selbst. Die Ausgliederung stellt somit ein **Instrument zur Bildung von Tochtergesellschaften** und Konzernstrukturen dar (KK-UmwG/*Dauner-Lieb* Rn. 35).

Die **Vermögensübertragung** (Abs. 1 Nr. 3 iVm §§ 174–189) gleicht der Verschmelzung (Voll- 22 übertragung, § 174 Abs. 1) bzw. der Spaltung (Teilübertragung, § 174 Abs. 2). Im Gegensatz zu Verschmelzung und Spaltung werden die Anteilsinhaber des übertragenden Rechtsträgers jedoch nicht an dem übernehmenden Rechtsträger beteiligt, sondern erhalten eine **Gegenleistung anderer Art.** Dies ist dem Umstand geschuldet, dass als übernehmende Rechtsträger nur Gebietskörperschaften oder Zusammenschlüsse von Gebietskörperschaften (§ 175 Nr. 1) sowie Versicherungsunternehmen (§ 175 Nr. 2) in Betracht kommen, die als Gegenleistung *qua natura* keine Anteile oder Mitgliedschaftsrechte gewähren können.

Der **Formwechsel** führt schließlich zu einer identitätswahrenden Änderung der Rechtsform, dh der 23 Rechtsträger ändert unter Kontinuität der Vermögensverhältnisse sowohl im Innen- als auch im Außenverhältnis seine gesellschaftsrechtliche Verfassung (§ 202 Abs. 1).

4. Numerus clausus (Abs. 2). Abs. 2 wird ein umwandlungsrechtlicher ***numerus clausus*** entnom- 24 men; Umwandlungen mit Gesamtrechtsnachfolge/Identitätswahrung sind nur in den ausdrücklich gesetzlich normierten Fällen und nur in den dort vorgeschriebenen Formen zulässig (allgM, KK-UmwG/*Dauner-Lieb* Rn. 38). Dies verdeutlicht das Gesetz mit der Formulierung „Umwandlungen im Sinne von Abs. 1" ausdrücklich. Die Aufzählung der in Abs. 1 genannten Umwandlungsformen ist entsprechend des im Gesellschaftsrecht geltenden **Typenzwangs** abschließend (Semler/Stengel/*Stengel* Rn. 58). Nach dem Wortlaut des Gesetzes sind davon solche Umwandlungen abzugrenzen, die durch anderes **Bundes- oder Landesrecht** ausdrücklich zugelassen werden. Gesellschaftsrechtliche Umstrukturierungsmaßnahmen außerhalb des UmwG, die bei wirtschaftlicher Betrachtungsweise teilweise zu identischen Ergebnissen, teilweise zu vergleichbaren Resultaten führen, stehen jedem Rechtsträger weiterhin offen (RegEBegr, BR-Drs. 75/94, 80). Insbesondere kommen alternativ **An- und Abwachsungsmodelle** im Bereich von Personengesellschaften, Umstrukturierungen durch Einbringungsvorgänge zB in Form von **Einzelübertragungen,** Eingliederungsvorgänge, Squeeze-Out oder Unternehmensverträge in Betracht. Die zwingenden Vorschriften des UmwG müssen daher nur dann beachtet werden, wenn sich die beteiligten Rechtsträger der Vorteile bedienen wollen, die das UmwG und das UmwStG mit sich bringen (RegEBegr, BR-Drs. 75/94, 80).

Ein gegen den *numerus clausus* des UmwG verstoßender Umwandlungsvorgang ist **nicht eintra-** 25 **gungsfähig.** Erfolgt gleichwohl eine Eintragung durch das Registergericht, so ist streitig, ob die Normen des UmwG gelten, welche die Unumkehrbarkeit der Umwandlung anordnen (§ 20 Abs. 2, § 131 Abs. 2, § 202 Abs. 3). Mit dem BGH ist wohl davon auszugehen, dass sich Normzweck und Wirkung der § 20 Abs. 2, § 131 Abs. 2, § 202 Abs. 3 nur auf Umwandlungen iSd Abs. 1 beziehen (BGH 7.6.1999, BB 1999, 2210; BGH 17.5.1999, NJW 1999, 2522; BGH 7.11.1997, NJW 1998, 229; BGH 3.5.1996, NJW 1996, 2165 – allerdings jeweils zum LwAnpG; aA Lutter UmwG/*Drygala* Rn. 57).

5. Analogieverbot und Ausstrahlungswirkung. Umstritten ist, ob die Vorschriften des UmwG 26 analog auf gesellschaftsrechtliche Umstrukturierungsmaßnahmen außerhalb des UmwG anzuwenden sind, die zu vergleichbaren wirtschaftlichen Ergebnissen führen, oder ob Schutzvorschriften des UmwG Ausstrahlungswirkung entfalten. Abs. 2 wird neben einem *numerus clausus* (→ Rn. 24) auch ein **Analogieverbot** entnommen (allgM, Semler/Stengel/*Stengel* Rn. 61). Gesellschaftsrechtliche Umstrukturierungsmaßnahmen außerhalb des UmwG sollen nicht durch umwandlungsrechtliche Prinzipien mit dem Effekt einer rechtsgeschäftlich veranlassten Gesamtrechtsnachfolge ergänzt werden (Kallmeyer/*Kallmeyer/Marsch-Barner* Rn. 19). Darüber hinaus ist nach derzeitigem Stand der Rspr. die Übertragung von Schutzvorschriften des UmwG auf andere Umstrukturierungsmaßnahmen ausgeschlossen (BGH 15.1.2001, BGHZ 146, 288 = NJW 2001, 1277; LG München I 8.6.2006, ZIP 2006, 2036; LG Hamburg 21.1.1997, DB 1997, 516; aA LG Karlsruhe 6.11.1997, NJW-RR 1999, 182).

Eine **Ausstrahlungswirkung** wie auch eine analoge Anwendung der Vorschriften des UmwG auf 27 andere, umwandlungsverwandte Maßnahmen ist schon wegen Fehlens einer planwidrigen Regelungslücke abzulehnen (hM, KK-UmwG/*Dauner-Lieb* Rn. 48; Semler/Stengel/*Stengel* Rn. 63 ff.; aA Lutter UmwG/*Drygala* Rn. 60 f.). Der Gesetzgeber hat ausschließlich für Umwandlungen iSv Abs. 1 die Vorzüge der Gesamtrechtsnachfolge/Identitätswahrung gewährt, welche durch die damit verbundenen Nachteile im Bereich Vorbereitung, Beschlussfassung und Vollzug zum Schutz von Gläubigern und Anteilsinhabern kompensiert werden (Widmann/Mayer Rn. 404). Eine Ausdehnung würde eine übertriebene Aufwertung von Minderheitenrechten zulasten der Praktikabilität von Umstrukturierungen bedeuten (KK-UmwG/*Dauner-Lieb* Rn. 48).

28 Eine analoge Anwendung von Vorschriften des UmwG **innerhalb des UmwG** ist durch Abs. 2 jedoch nicht ausgeschlossen, sofern sich Schutzlücken zeigen (SHS/*Hörtnagl* Rn. 69). Ebenso zulässig ist es, die verschiedenen Umwandlungsformen des UmwG in einem Umwandlungsvorgang miteinander zu kombinieren **(Baukastenprinzip),** sofern dadurch nicht neue Umwandlungsarten geschaffen oder die Voraussetzungen für die Anwendung vorhandener Umwandlungsarten eingeschränkt werden (BGH 7.11.1997, NJW 1998, 229; Kallmeyer/*Kallmeyer/Marsch-Barner* Rn. 21).

29 **6. Zwingender Charakter der Umwandlungsvorschriften (Abs. 3).** In Anlehnung an § 23 Abs. 5 AktG bestimmt Abs. 3, dass die Regelungen des UmwG zwingendes Recht und grundsätzlich der Disposition der Parteien entzogen sind **(Grundsatz der Gesetzesstrenge).** Diese Einschränkung der Parteiautonomie ist bei so einmaligen und für die betroffenen Unternehmen einschneidenden Vorgängen, wie es Umwandlungen sind, im Interesse der Klarheit und Sicherheit der Regelung erforderlich (RegEBegr, BR-Drs. 75/94, 80). Zu unterscheiden sind dabei Abweichungen vom Gesetz und Ergänzungen zum Gesetz.

30 Eine Abweichung iSv Abs. 3 S. 1 ist gegeben, wenn die Parteien den Regelungsgehalt einer gesetzlichen Norm inhaltlich durch eine parteiautonome Regelung ersetzen (Widmann/Mayer Rn. 421). Nur wenn dies im Gesetz **ausdrücklich zugelassen** ist, kann eine Abweichung erfolgen. Eine Öffnungsklausel ergibt sich unmittelbar aus dem Wortlaut der Norm oder ist durch Auslegung des Gesetzes zu bestimmen, wenn der Wortlaut nicht eindeutig ist; das Schweigen des Gesetzes kann jedoch niemals eine Abweichungsbefugnis rechtfertigen (Semler/Stengel/*Stengel* Rn. 82). Abweichungen sind insbesondere zulässig bei der Festlegung von **Mehrheitsentscheidungen** (§ 43 Abs. 2 S. 1, § 78 S. 3, § 217 Abs. 1 S. 2, § 233 Abs. 2 S. 1, Abs. 3 S. 2). Vor allem die Normen zum Minderheits- und Gläubigerschutz sind jedoch zwingend (SHS/*Hörtnagl* Rn. 73 f.).

31 Eine Ergänzung iSv Abs. 3 S. 2 liegt vor, wenn das Gesetz keine entsprechende Regelung enthält und die Parteien eine autonome Regelung treffen (Semler/Stengel/*Stengel* Rn. 84). Ergänzungen sind nach hM dann erlaubt, wenn die gesetzliche Regelung **lückenhaft** ist und ohne Änderung des gesetzlichen Normzweckes aus dem Gedanken der Regelungen geschlossen werden kann (Lutter UmwG/*Drygala* Rn. 64). Stets ist aber zu prüfen, ob die gesetzliche Regelung **nicht abschließenden Charakter** hat (Kallmeyer/*Kallmeyer/Marsch-Barner* Rn. 23). Abs. 3 S. 2 hat somit nicht die Einschränkung der Parteiautonomie zum Ziel, sondern stellt sicher, dass zwingende Vorschriften des UmwG nicht abgeschwächt oder umgangen werden, bestimmt also die **Mindestinhalte** (KK-UmwG/*Dauner-Lieb* Rn. 53). Fraglich sind die **Folgen eines Verstoßes** gegen Abs. 3 S. 2. Aufgrund der vom Gesetzgeber beabsichtigten Ähnlichkeit zu § 23 Abs. 5 AktG (RegEBegr, BR-Drs. 75/94, 80) dürfte bei einem Verstoß gegen Abs. 3 S. 2 iVm der jeweils zwingenden Vorschrift des UmwG davon auszugehen sein, dass die entsprechende Klausel auch nach Eintragung ins Handelsregister **nichtig** ist (KK-UmwG/*Dauner-Lieb* Rn. 54 ff.).

Zweites Buch. Verschmelzung

Erster Teil. Allgemeine Vorschriften

Erster Abschnitt. Möglichkeit der Verschmelzung

Arten der Verschmelzung

2 Rechtsträger können unter Auflösung ohne Abwicklung verschmolzen werden

1. im Wege der Aufnahme durch Übertragung des Vermögens eines Rechtsträgers oder mehrerer Rechtsträger (übertragende Rechtsträger) als Ganzes auf einen anderen bestehenden Rechtsträger (übernehmender Rechtsträger) oder

2. im Wege der Neugründung durch Übertragung der Vermögen zweier oder mehrerer Rechtsträger (übertragende Rechtsträger) jeweils als Ganzes auf einen neuen, von ihnen dadurch gegründeten Rechtsträger

gegen Gewährung von Anteilen oder Mitgliedschaften des übernehmenden oder neuen Rechtsträgers an die Anteilsinhaber (Gesellschafter, Partner, Aktionäre oder Mitglieder) der übertragenden Rechtsträger.

Übersicht

I. Allgemeines

1. Entstehungsgeschichte. Vor Inkrafttreten des UmwG 1994 war das Verschmelzungsrecht auf mehrere Einzelgesetze verteilt, die sowohl inhaltsgleiche als auch reformspezifische Regelungen enthielten (so zB §§ 339–358a AktG aF; §§ 19–35 KapErhG aF; §§ 44a–44c VAG aF; §§ 63e–63i, 93a–93s GenG aF; §§ 3–14, 20, 23–29, 40–49 UmwG 1969) (SHS/*Winter* Vor §§ 2–38 Rn. 1 ff.; KK-UmwG/*Simon* Rn. 6 ff.). Diese Regelungen wurden in den §§ 2 ff. vereinheitlicht und in ihrer Anwendung auf eine Vielzahl zusätzlicher Rechtsträger erweitert. 1

2. Bedeutung der Verschmelzung. Die Verschmelzung ist die wichtigste im neuen UmwG vorgesehene Umwandlungsform. Einerseits kommt sie in der Praxis am häufigsten vor (s. zB die statistische Erhebung für die AG: *Bayer/Hofmann* AG 2006, R 468). Zum anderen wird in den anderen Umwandlungsarten (Spaltung, Vermögensübertragung, Formwechsel) mehr oder weniger vollständig auf die Regelungen des Verschmelzungsrechts verwiesen, sodass dort die gleichen Grundsätze anzuwenden sind (vgl. nur für die Spaltung § 125, für die Vollübertragung § 176 Abs. 1 sowie § 180). Dadurch sollte das Gesetz kurz gehalten werden. 2

3. Aufbau des Verschmelzungsrechts. Nach den „Generalklauseln" in § 2 über die vorgesehenen Arten der Verschmelzung und in § 3 über die verschmelzungsfähigen Rechtsträger finden sich in den §§ 4–35 die allgemeinen Regeln, die für alle Verschmelzungen gelten. §§ 36–38 ergänzen noch einige Besonderheiten für die Verschmelzung durch Neugründung. Ab §§ 39–122 finden sich jeweils besondere Regelungen differenziert nach der Rechtsform der beteiligten Rechtsträger. Dabei wird zT wieder unterschieden zwischen der Verschmelzung durch Aufnahme und der Verschmelzung durch Neugründung. Die §§ 122a–122l enthalten Sonderregeln für grenzüberschreitende Verschmelzungen. 3

II. Grundprinzipien der Verschmelzung

1. Übersicht. Die Verschmelzung beinhaltet folgende **Wesensmerkmale** (vgl. schon Regierungsbegründung zum UmwG Allgemeines, abgedr. bei *Ganske,* UmwR, 2. Aufl. 1995, 13 ff.): 4

- Verbindung zweier oder mehrerer Rechtsträger
- durch Übergang aller Aktiva und Passiva ipso iure (durch Gesamtrechtsnachfolge)
- von einem oder mehreren liquidationslos erlöschenden Rechtsträgern,
- auf den (einen) aufnehmenden oder neu zu bildenden Rechtsträger
- unter Gewährung von Anteilen oder Mitgliedschaften des übernehmenden oder neuen Rechtsträgers an die Anteilsinhaber (Gesellschafter, Aktionäre, Genossen oder Mitglieder) des übertragenden Rechtsträgers.

Das Verschmelzungsverfahren stellt einen mehrgliedrigen Vorgang dar. Neben dem Abschluss eines Verschmelzungsvertrages (§ 4) bedarf es bei jedem beteiligten Rechtsträger eines Zustimmungsbeschlusses (§ 13). Erst mit Eintragung der Verschmelzung im entscheidenden Register (§ 20 Abs. 1) wird die Verschmelzung wirksam. 5

2. Erlöschen der Überträgerin. Bei der Verschmelzung ist der **Untergang des übertragenden Rechtsträgers** zwingend. Sein Fortbestand kann nicht wirksam vereinbart werden. Dabei erfolgt die Verschmelzung jedoch unter Ausschluss der Abwicklung. Dies ergibt sich schon aus dem Prinzip der Gesamtrechtsnachfolge, das keinen Raum für eine Liquidation lässt. 6

6a Ein Grundprinzip, dass der **aufnehmende Rechtsträger** nicht unmittelbar nach der Verschmelzung – zB durch Anwachsung – **erlöschen** kann, ist im Umwandlungsrecht nicht verankert (unrichtig daher die aA des OLG Hamm 24.6.2010, ZIP 2010, 2205 für die Verschmelzung der Komplementär-GmbH auf die Zwei-Personen-KG; Lutter UmwG/*H. Schmidt* § 39 Rn. 19; **abl.** mit inzwischen hM: DNotI-Gutachten DNotI-Report 2011, 81 mwN; Widmann/Mayer/*Mayer* § 5 Rn. 24.5; → Rn. 22).

6b Allerdings stellt es einen zum Schadensersatz nach § 826 BGB gegen den Geschäftsführer führenden Missbrauch der rechtlichen Gestaltungsmöglichkeiten dar, eine GmbH zum Zwecke der Vereitelung der Vollstreckungsmöglichkeiten von Gläubigern durch Verschmelzung auf eine GmbH & Co KG und anschließende Anwachsung auf eine englische Kapitalgesellschaft zu beseitigen (OLG Oldenburg v. 17.6.2016 – 6 U 22/16, Jurion).

7 **3. Gesamtrechtsnachfolge.** § 20 Abs. 1 Nr. 1 kodifiziert das Prinzip der **Gesamtrechtsnachfolge** für die Verschmelzung. Diese bildet das **Herzstück der Verschmelzung** (KK-UmwG/*Simon* Rn. 3 und zum Wesen der Gesamtrechtsnachfolge → § 2 Rn. 32 ff.). Das Vermögen des übertragenden Rechtsträgers geht **als Ganzes kraft Gesetz** und ohne gesonderten Übertragungsakt auf den übernehmenden oder neu gegründeten Rechtsträger über. Davon sind grundsätzlich alle Vermögenspositionen wie insbesondere alle **Aktiva** und **Passiva,** aber zB auch analog § 857 BGB der **Besitz** (KK-UmwG/*Simon* Rn. 18; SHS/*Winter* § 20 Rn. 83), erfasst (→ § 20 Rn. 4 ff.).

8 **4. Gegenleistung Anteilsgewährung.** Des Weiteren folgt aus der Definition der Verschmelzung, dass die **„Gegenleistung"** für die Anteilsinhaber der übertragenden Rechtsträger, die dadurch ja ihre Anteile bzw. Mitgliedschaften am erlöschenden Rechtsträger verlieren, in der **Gewährung von – gleichwertigen – Anteilen** oder Mitgliedschaften an dem aufnehmenden bzw. neu entstehenden Rechtsträger bestehen muss (in den verschiedenen Konstellationen sehr str., → § 20 Rn. 51 ff.; s. dazu ausführlich *Wicke* ZGR 2017, 527). Der Übergang der Anteile erfolgt ex lege (kraft Gesetz). Das UmwG nF (Zweites Gesetz zur Änderung des Umwandlungsgesetzes, in Kraft seit 25.4.2007, BGBl. 2007 I 542) sieht in § 54 Abs. 1 S. 3 für die GmbH und in § 68 Abs. 1 S. 3 für die AG ausdrücklich die Möglichkeit eines einvernehmlichen **notariellen Verzichts auf die Gewährung von Anteilen** vor.

9 Mit dem **Erlöschen des übertragenden Rechtsträgers** endet auch das bisherige mitgliedschaftliche Verhältnis der Gesellschafter. Dennoch ist ganz allgemein die Verschmelzung auch mit **nicht voll eingezahlten Geschäftsanteilen** möglich. Es wird durch das neue fortgesetzt. Rechte und Pflichten (bei Kapitalgesellschaften insbesondere die Einlagepflicht) aus der alten Mitgliedschaft ergeben sich im selben Umfang jetzt aus dem neuen Mitgliedschaftsverhältnis. Diese **„Kontinuität der Mitgliedschaft"** bedeutet zB auch, dass die Gesellschafter durch die Verschmelzung nicht etwa von ihren bisher noch offenen Einlagepflichten befreit werden. Dennoch ist ganz allgemein die Verschmelzung auch einer Kapitalgesellschaft mit **nicht voll eingezahlten Geschäftsanteilen** möglich. Auch wenn keine neuen Anteile gewährt werden, gehen die alten Einlageforderungen im Wege der Gesamtrechtsnachfolge auf die aufnehmende Gesellschaft über. Nur bei der Verschmelzung einer Tochter-GmbH auf ihre Mutter-GmbH (sog. **„upstream merger"**) geht die betreffende **Einlageforderung** durch Konfusion unter. Die neu gewährten Anteile sind mE aber voll eingezahlt, wenn sie im Wege der Sachgründung oder Sachkapitalerhöhung durch Verschmelzung oder Spaltung neu gebildet werden. Zur Qualität der alten Einlageforderung, der Begründung neuer offener Einlageforderungen, der Verwendung bestehender nicht voll eingezahlter Geschäftsanteile und einer eventuellen Differenzhaftung → § 20 Rn. 55.

10 Das Gesetz regelt für die GmbH lediglich in § 51 Abs. 1 S. 3 das Erfordernis der Zustimmung aller Gesellschafter der aufnehmenden GmbH, da ihnen bezüglich der offenen Stammeinlagenleistungen eine Haftung nach § 24 GmbHG droht.

III. Die Grundkonstellationen der Verschmelzung

11 Wie schon zT in den Vorgängergesetzen zum UmwG unterscheidet § 2 zwischen den beiden Verschmelzungsformen, der Verschmelzung durch Aufnahme und der Verschmelzung durch Neugründung.

12 **1. Verschmelzung durch Aufnahme.** Die Verschmelzung durch Aufnahme stellt den gesetzlichen Regelfall der Verschmelzung dar (Semler/Stengel/*Stengel* Rn. 23). Dabei wird das Vermögen eines oder mehrerer übertragender Rechtsträger mit dem Vermögen eines bereits bestehenden Rechtsträgers vereinigt. Der oder die übertragenden Rechtsträger erlöschen, der übernehmende bleibt aber identisch bestehen. Infolge des Verschmelzungsvorgangs vergrößert er lediglich sein Vermögen und seinen Anteilsinhaberkreis. Zu den besonderen Konstellationen im Tochter-Mutter-Verhältnis → Rn. 15 f. Sollen mehrere Rechtsträger verschmolzen werden, kann dies in einem gemeinsamen Verschmelzungsvorgang geschehen, aber auch durch mehrere getrennte Einzelverschmelzungen erfolgen (Kallmeyer/*Marsch-Barner/Oppenhoff* Rn. 4). In letzterem Fall sind die einzelnen Verschmelzungsvorgänge grundsätzlich unabhängig voneinander, können aber auf den gleichen Stichtag erfolgen (§ 17) und ggf. durch

einen geregelten Bedingungszusammenhang miteinander verknüpft werden (zur Kettenverschmelzung → Rn. 18).

2. Verschmelzung durch Neugründung. Bei der Verschmelzung durch Neugründung entsteht der aufnehmende Rechtsträger erst mit Wirksamwerden der Verschmelzung durch ihre Eintragung im entsprechenden Register (§ 20 Abs. 1 Nr. 3). Daher müssen mindestens zwei übertragende Rechtsträger beteiligt sein (SHS/*Winter* Rn. 14). Die über die Regelungen für die Verschmelzung durch Aufnahme (§§ 4–35) hinausgehenden Besonderheiten regeln die §§ 36–38 und einige rechtsformspezifische Vorschriften des besonderen Teils in §§ 39 ff. (zB §§ 56 ff. für die GmbH). Da im Zuge dieser Verschmelzung ein neuer Rechtsträger gegründet wird, muss auch ein Gesellschaftsvertrag (Partnerschaftsvertrag/Satzung) des neuen Rechtsträgers unter Beachtung der jeweiligen gültigen Gründungsvorschriften (§ 36 Abs. 2) abgeschlossen werden, dem die Anteilsinhaber der übertragenden Rechtsträger regelmäßig zustimmen müssen (zB § 59 S. 1, § 76 Abs. 2 S. 1; SHS/*Winter* Rn. 14). 13

IV. Besondere Konstellationen

Sehr viele Verschmelzungen finden im Konzern, insbesondere unter verbundenen Unternehmen iSv §§ 15 ff. AktG statt. 14

1. Mutter-Tochter-Verhältnis. Bei der Verschmelzung einer 100%igen **Tochtergesellschaft auf ihre Muttergesellschaft** (sog. upstream merger) sieht das Gesetz eine Ausnahme von der Anteilsgewährungspflicht (→ Rn. 10) in § 20 Abs. 1 Nr. 3 S. 1 vor. Denn der Muttergesellschaft müssten als Gesellschafterin der übertragenden Tochtergesellschaft eigene Anteile gewährt werden (vgl. auch SHS/*Winter* Rn. 17 ff. mit allgemeinen zivilrechtlichen Grundsätzen insbesondere der Konfusion begründend). Daraus ergibt sich auch, dass in dieser Konstellation bei Kapitalgesellschaften eine Kapitalerhöhung anlässlich der Verschmelzung verboten ist (vgl. für die GmbH § 54 Abs. 1 S. 1 Nr. 1, für die AG § 68 Abs. 1 S. 1 Nr. 1). Dieses Kapitalerhöhungsverbot greift jedoch nur, „soweit" ein Mutter-Tochter-Verhältnis besteht. Bezüglich der übrigen Gesellschafter des übertragenden Rechtsträgers bleibt es bei der Anteilsgewährungspflicht. Diese ist regelmäßig mit durch Sachkapitalerhöhung geschaffenen Anteilen zu erfüllen. 15

Bei der Verschmelzung der **Mutter- auf ihre Tochtergesellschaft** (sog. downstream merger) bleibt es grundsätzlich bei der Anteilsgewährungspflicht an die Gesellschafter der Muttergesellschaft. Bei Kapitalgesellschaften können lediglich die bereits vorhandenen – ggf. auch nicht voll eingezahlten – Gesellschaftsbeteiligungen verwendet werden, sodass **auf eine Kapitalerhöhung verzichtet** werden kann (§ 54 Abs. 1 S. 2 Nr. 2 für die GmbH und § 68 Abs. 1 S. 2 Nr. 2 für die AG). Geht man mit der hM zu den Kapitalgesellschaften davon aus, dass die vorhandenen Beteiligungen ohne Zwischenerwerb der Tochtergesellschaft an die Gesellschafter der Muttergesellschaft gewährt werden (→ § 54 Rn. 3), kann diese Vorgehensweise mE auch bei einer **aufnehmenden Personenhandelsgesellschaft** genutzt werden, obwohl bei dieser überhaupt keine eigenen Anteile entstehen könnten. Die Möglichkeit eines vollständigen **Verzichts auf Anteilsgewährung** nach § 54 Abs. 1 S. 3 besteht nicht bei der Verschmelzung der Mutter- auf die 100%ige Tochter-GmbH (Widmann/Mayer/*Mayer* § 5 Rn. 38). Dies ist konsequent, da dadurch eine nach allgemeinen gesellschaftsrechtlichen Grundsätzen nicht zulässige Keinpersonengesellschaft entstehen würde. Zu den Möglichkeiten, bei der Verschmelzung von Aktiengesellschaften gänzlich auf Zustimmungsbeschlüsse zu verzichten s. § 62 Abs. 1 und Abs. 4. Zum Verstoß gegen die Kapitalerhaltung nach § 30 GmbHG durch den downstream merger → § 20 Rn. 14. 16

2. Schwestergesellschaften. Haben der übertragende und der übernehmende Rechtsträger die gleichen Gesellschafter (sog. Schwestergesellschaften), besteht wirtschaftlich oft kein Interesse der Gesellschafter an einer Anteilsgewährung. Dennoch war es bis 2007 höchst streitig, ob bei der Schwesterverschmelzung auf eine Anteilsgewährung verzichtet werden konnte (SHS/*Winter* Rn. 22 f.). Für die Kapitalgesellschaften ist durch die Regelung in § 54 Abs. 1 S. 3 und § 68 Abs. 1 S. 3 jetzt geklärt, dass ein einvernehmlicher Verzicht in notarieller Form durch alle Gesellschafter des übertragenden Rechtsträgers möglich ist (*Drinhausen* BB 2006, 2313; *Heckschen* DNotZ 2007, 444 (449 ff.)). Da die Gesellschafter des übernehmenden Rechtsträgers und die Gesellschafter von weiteren anderen übertragenden Gesellschaften nicht zustimmen müssen, können dort die Minderheitsgesellschafter allerdings durch die Übertragung eines Rechtsträgers mit negativem Vermögenswert geschädigt werden (krit. daher *Mayer/Weiler* DB 2007, 1238 sogar mit europarechtlichen Bedenken; dazu auch *Heckschen* DNotZ 2007, 444 (450)). Wird eine überschuldete Schwesterkapitalgesellschaft unter Verzicht auf Anteilsgewährung verschmolzen, kommt mE eine verbotene Auszahlung nach § 30 GmbHG an die Gesellschafter der übernehmenden GmbH in Frage. Die Übernahme der Verbindlichkeiten bei der übertragenden Schwestergesellschaft und damit die mittelbare Befreiung von Forderungen bzw. von drohender Haftung ihrer identischen Gesellschafter können verbotene Auszahlung zugunsten der Gesellschafter der aufnehmenden Gesellschaft sein. In Frage kommt auch ein existenzvernichtender Eingriff bei der aufnehmenden GmbH. 17

18 **3. Kettenverschmelzungen.** Werden mehrere Verschmelzungen oder auch andere Umwandlungsvorgänge hintereinander geschaltet, aber gleichzeitig schon vor Eintragung der ersten vereinbart und beschlossen, spricht man von einer sog. Kettenverschmelzung (s. dazu Widmann/Mayer/*Mayer* § 5 Rn. 235.4–234.43; Kallmeyer/*Marsch-Barner/Oppenhoff* Rn. 4; ausf. *Mayer* FS Spiegelberger, 2009, 833; *Werner* NWB 2013, 3319; MHdB GesR VIII/*Hoger/Hoger* § 6 Rn. 48 ff.). Eine solche ist in der Praxis und in der OLG-Rspr. inzwischen allgemein anerkannt (s. zB OLG Düsseldorf 2.7.1998, NJW-RR 1999, 399; OLG Hamm 19.12.2005, DNotZ 2006, 378; *Schwenn* Der Konzern 2007, 173 (175)). Dabei müssen die **materiell-rechtlichen Voraussetzungen für den jeweiligen Umwandlungsvorgang** auf den Zeitpunkt seines Wirksamwerdens durch Eintragung im Handelsregister eingehalten werden (DNotI-Gutachten DNotI-Report 2012, 121 ff.). Der **Verschmelzungsvertrag** kann **aufschiebend bedingt** auf die Eintragung des ersten Umwandlungsvorgangs abgeschlossen werden (vgl. § 7; zust. OLG Hamm 19.12.2005, DNotZ 2006, 378 = OLG-Report 2006, 282 mHinw zur konkreten Firmenbenennung). Selbst die Zustimmungsbeschlüsse der beteiligten Rechtsträger können häufig unter der (Rechts-)Bedingung der Wirksamkeit der vorrangigen Umwandlung durch Eintragung im Register gefasst werden. Sie müssen allerdings die **formellen Voraussetzungen für den Zeitpunkt ihrer Beschlussfassung** einhalten. Zur befristeten und bedingten Handelsregistereintragung s. *Scheel* DB 2004, 2355. Ein **rückwirkender Stichtag** auf einen Zeitpunkt, zu dem der übernehmende Rechtsträger noch nicht existierte, ist möglich (*Ulrich/Böhle* GmbHR 2006, 644; Widmann/Mayer/*Mayer* § 5 Rn. 235.40). Da weder eine Vorgesellschaft noch ein noch nicht existierender Rechtsträger umwandlungsfähig sind, wird bei gewissen Konstellationen (sog. Kettenumwandlungen) sogar akzeptiert, dass der Verschmelzungsvertrag und die Zustimmungsbeschlüsse schon im Vorgriff für erst **zukünftig entstehende Rechtsträger** gefasst werden können (vgl. dazu näher *Limmer* in Limmer Unternehmensumwandlung-HdB Teil 2 Rn. 21 ff.; 250 ff.; 489 ff. zur Stimmberechtigung; MHdB GesR III/*Mayer/Weiler* § 73 Rn. 186 ff.; Widmann/Mayer/*Mayer* § 5 Rn. 235.4 ff.; ausf. dazu Heckschen/Simon/*Simon,* Umwandlungsrecht, 2003, § 5 Rn. 141 ff.). Dabei können noch die organschaftlichen Vertreter der bestehenden Rechtsträger Verschmelzungsverträge auch mit Wirkung für erst zukünftig ggf. in einer anderen Rechtsform an den nachfolgenden Umwandlungsvorgängen beteiligten Rechtsträgern abschließen (DNotI-Gutachten DNotI-Report 2012, 121 ff.). In einem solchen Vertrag muss allerdings die übertragende Gesellschaft entsprechend ihrer gegenwärtigen Eintragung im Handelsregister ohne Berücksichtigung einer im Zusammenhang mit der Erstfusion vorgenommenen, erst mit deren Eintragung im Handelsregister wirksam werdenden Firmenänderung also noch mit ihrer Altfirma bezeichnet werden (OLG Hamm 19.12.2005, DNotZ 2006, 378: Klarstellung der Bezeichnung auch nach Ablauf der Achtmonatsfrist). Existiert die Überträgerin beim zweiten Umwandlungsvorgang zum iRd achtmonatigen Rückwirkung an sich zulässigen Stichtag der Schlussbilanz rechtlich überhaupt noch nicht, erscheint dies problematisch, da der erst später entstehende Rechtsträger zum Bilanzstichtag noch nicht buchführungsfähig ist und somit für ihn auch keine Bilanz iSd § 17 Abs. 2 S. 4 erstellt werden kann (Heckschen/Simon/*Simon,* Umwandlungsrecht, 2003, § 5 Rn. 159; KK-UmwG/*Simon* Rn. 224; großzügiger insofern Widmann/Mayer/*Mayer* § 5 Rn. 235.39 f.; so auch schon *Mayer* FS Spiegelberger, 2009, 833). Die Praxis hilft sich mit einer sog. **„technischen Bilanz"** für den noch nicht oder in anderer Rechtsform existierenden übertragenden Rechtsträger.

19 **4. Grenzüberschreitende Verschmelzung.** Nachdem im Jahr 2006 (Art. 14 Gesetz vom 14.8.2006, BGBl. 2006 I 1911) das Wort „inländisch" vor dem Rechtsträger aus europarechtlichen Gründen gestrichen wurde, sind auch grenzüberschreitende Verschmelzungen zulässig. Hierfür finden sich in den §§ 122a ff. entsprechende **Sonderregelungen** (eingeführt durch Zweites Gesetz zur Änderung des Umwandlungsgesetzes vom 19.4.2007, BGBl. 2007 I 542). In der Praxis stellt die grenzüberschreitende Verschmelzung die rechtssicherste und am häufigsten genutzte grenzüberschreitende Umwandlungsvariante dar (ausführlich WürzNotar-HdB/*Knaier* Teil 5 Kap. 6 Rn. 377 ff.; MHdB GesR VIII/*Oppenhoff* § 18; *Knaier* GmbHR 2018, 607). Das vierte Gesetzes zur Änderung des Umwandlungsgesetzes vom 19.12.2018 (BGBl. 2018 I 2694; dazu *Knaier* ZNotP 2018, 241; *Lieder/Bialluch* NJW 2019, 805; (→ § 122a Rn. 1; → § 122b Rn. 1, 9b; → § 122c Rn. 24a; → § 122e Rn. 1, 12a; → § 122f Rn. 1, 8a; → § 122m Rn. 1) sieht mit Blick auf den bevorstehenden Brexit die Möglichkeit der grenzüberschreitenden Verschmelzung auch auf eine Personenhandelsgesellschaft vor.

V. Sonstige Strukturänderungen

20 Die Verschmelzung ist nicht nur von den anderen Umwandlungsmöglichkeiten im UmwG (s. bei § 1), sondern auch von den sonstigen Strukturänderungen unter **Anwendung anderer gesetzlicher Vorgaben** zu unterscheiden. Diese sind trotz des Analogieverbotes in § 1 grundsätzlich zulässig, das UmwG dann allerdings nicht anwendbar (tendenziell für Ausstrahlung des Umwandlungsrechts aber LG Karlsruhe 6.11.1997, NJW-RR 1999, 182; *Lutter/Leinekugel* ZIP 1999, 261; abl. LG Hamburg 21.1.1997, DB 1997, 516; LG München I 8.6.2006, NZG 2006, 873; *Bungert* NZG 1998, 367;

Heckschen DB 1998, 1385; s. dazu auch *Ettinger/Reiff* GmbHR 2007, 617). In diesem Zusammenhang sind v. a. die Vermögensübertragung (vgl. § 179a AktG), die Eingliederung (§§ 319 ff. AktG), der Abschluss eines Beherrschungsvertrages (§ 291 Abs. 1 AktG) und die übertragende Auflösung sowie der Beteiligungserwerb zu nennen (s. dazu Semler/Stengel/*Stengel* Rn. 43 ff.; Kallmeyer/*Marsch-Barner/Oppenhoff* Rn. 15 ff.).

Nach den Änderungen der InsO (insbesondere §§ 217 ff., 225a Abs. 3 und § 254a Abs. 1) durch das ESUG (v. 7.12.2011, BGBl. 2011 I 2582) kann auch eine Verschmelzung im Insolvenzplan integriert werden (→ § 3 Rn. 19a). In diesem Fall müssen weder ein gesonderter Verschmelzungsvertrag noch gesonderte Zustimmungsbeschlüsse beurkundet werden (zu den Möglichkeiten und Grenzen von Umwandlungsmaßnahmen im Insolvenzplan: *Seibt/Bulgrin* ZIP 2017, 353; *Göb/Nebel* NZI 2017, 12; *Schröder/Berner* NZI 2017, 1408; *Commandeur/Hübler* NZG 2015, 185; *Brünkmans* ZInsO 2014, 2533; *Madaus* ZIP 2012, 2133; *Becker* ZInsO 2013, 1885; *Simon/Brünkmans* ZIP 2014, 657; *Kahlert/Gehrke* DStR 2013, 975; vgl. auch *Eidenmüller* NJW 2014, 17; *Schäfer* ZIP 2014, 2417). Angedacht wird dies sogar unter Beteiligung außenstehender nicht plangebundener Dritter, wenn die Erklärungen des Dritten nur dem Plan nach 230 Abs. 3 InsO beigefügt werden (str., befürwortend: *Stephan* ZIP 2012, 2133 (2138); ablehnend: *Becker* ZInsO 2013, 1885 (1888); *Kahlert/Gehrke* DStR 2013, 975 (979)). 21

Insbesondere bei Personenhandelsgesellschaften können Umstrukturierungsmaßnahmen außerhalb des UmwG auch durch die **Anwachsung** realisiert werden, indem das Vermögen kraft Gesetz auf den letzten verbleibenden Gesellschafter übergeht (→ BGB § 738 Rn. 3 ff.; zur Anwachsung an die Komplementär-GmbH (sog. Erweiterte Anwachsung): *Fichtelmann,* Gestaltende Steuerberatung, 2011, 312). Das OLG Hamm (24.6.2010, DNotZ 2011, 230) hält allerdings die Verschmelzung der Komplementär-GmbH auf ihre Ein-Personen-GmbH & Co. KG für unzulässig, weil dadurch die aufnehmende KG im selben Augenblick des Wirksamwerdens der Verschmelzung kraft Gesetz (durch Anwachsung) erlöschen würde (zust. *Gößl* DNotZ 2011, 230 (231); Kallmeyer/*Marsch-Barner/Oppenhoff* Rn. 3; **abl.** aber die inzwischen hM: DNotI-Gutachten DNotI-Report 2011, 81 mwN; Widmann/Mayer/*Mayer* § 5 Rn. 24.10 f.; Kallmeyer/*Kocher* § 39 Rn. 11). Das UmwG setze aber das Fortbestehen des aufnehmenden Rechtsträgers voraus (Lutter UmwG/*H. Schmidt* § 39 Rn. 19). Dabei verkennen das OLG Hamm und *H. Schmidt* (OLG Hamm 24.6.2010, DNotZ 2011, 230, und Lutter UmwG/*H. Schmidt* § 39 Rn. 19) mE aber, dass die Auflösung der GmbH & Co. KG nicht durch die Verschmelzung selbst, sondern erst durch den davon zu trennenden Vorgang der Anwachsung erfolgt. Diese findet aber denknotwendig eine logische Sekunde nach der Verschmelzung statt, da die Anwachsung erst durch die mit Wirksamwerden der Verschmelzung eintretenden Rechtsfolgen realisiert wird. 22

Verschmelzungsfähige Rechtsträger

3 (1) **An Verschmelzungen können als übertragende, übernehmende oder neue Rechtsträger beteiligt sein:**

1. **Personenhandelsgesellschaften (offene Handelsgesellschaften, Kommanditgesellschaften) und Partnerschaftsgesellschaften;**
2. **Kapitalgesellschaften (Gesellschaften mit beschränkter Haftung, Aktiengesellschaften, Kommanditgesellschaften auf Aktien);**
3. **eingetragene Genossenschaften;**
4. **eingetragene Vereine (§ 21 des Bürgerlichen Gesetzbuchs);**
5. **genossenschaftliche Prüfungsverbände;**
6. **Versicherungsvereine auf Gegenseitigkeit.**

(2) **An einer Verschmelzung können ferner beteiligt sein:**

1. **wirtschaftliche Vereine (§ 22 des Bürgerlichen Gesetzbuchs), soweit sie übertragender Rechtsträger sind;**
2. **natürliche Personen, die als Alleingesellschafter einer Kapitalgesellschaft deren Vermögen übernehmen.**

(3) **An der Verschmelzung können als übertragende Rechtsträger auch aufgelöste Rechtsträger beteiligt sein, wenn die Fortsetzung dieser Rechtsträger beschlossen werden könnte.**

(4) **Die Verschmelzung kann sowohl unter gleichzeitiger Beteiligung von Rechtsträgern derselben Rechtsform als auch von Rechtsträgern unterschiedlicher Rechtsform erfolgen, soweit nicht etwas anderes bestimmt ist.**

Übersicht

I. Allgemeines

1 **1. Bedeutung der Norm.** Die durch das UmwG 1995 geänderte Vorschrift des § 3 bewirkt in seinen Abs. 1 und 2 eine wesentliche Erweiterung der früher zulässigen Verschmelzungsmöglichkeiten. Insbesondere wurde erstmals die Verschmelzung von Personenhandelsgesellschaften untereinander und von Personenhandelsgesellschaften mit Kapitalgesellschaften, eG und mit eV zugelassen. In Abs. 1 und 2 werden die verschmelzungsfähigen Rechtsträger abschließend aufgezählt (RegBegr. *Ganske,* UmwR, 2. Aufl. 1995, 47) Abs. 3 erklärt sogar aufgelöste Rechtsträger unter bestimmten Bedingungen für verschmelzungsfähig. Aus Abs. 4 ergibt sich die grundsätzliche Zulässigkeit von Mischverschmelzungen.

2 **2. Verschmelzungshindernisse.** Die Aufzählung der verschmelzungsfähigen Rechtsträger in § 3 bildet einen verschmelzungsrechtlichen numerus clausus (KK-UmwG/*Simon* Rn. 5). Wegen des Analogieverbotes in § 1 Abs. 2 können hier nicht genannte Rechtsträger nicht an Verschmelzungen nach dem Umwandlungsrecht teilnehmen. Die Verschmelzung einer GmbH auf die inländische Zweigniederlassung einer Gesellschaft aus dem EU-Ausland nach den Vorschriften des UmwG ist deshalb nicht möglich, zumal die Zweigniederlassung selbst mangels eigener Rechtssubjektivität kein Rechtsträger ist. Jedoch funktioniert eine grenzüberschreitende Verschmelzung der beiden Rechtsträger (zB italienische SRL und GmbH) nach §§ 122a ff. (vgl. zu den für eine grenzüberschreitende Verschmelzung in Frage kommenden Rechtsträgern → § 122b Rn. 2 ff.). Die Beschränkungen der umwandlungsfähigen Rechtsträger gelten über die Verweisung in § 124 (Spaltung) und § 191 (Formwechsel) sowie in gesondert geregelten sehr engen Grenzen in § 175 (Vermögensübertragung) im Grundsatz auch für die anderen Umwandlungsarten, wobei für die grenzüberschreitende Spaltung oder den grenzüberschreitende Formwechsel mangels gesetzlicher Regelungen noch keine gesicherte Rechtsgrundlage existiert (zur derzeitigen Vorgehensweise *Knaier* in Limmer Unternehmensumwandlung-HdB Teil 6 Rn. 270 ff. für den grenzüberschreitenden Formwechsel und Rn. 310 ff. für die grenzüberschreitende Spaltung). Für den grenzüberschreitenden Formwechsel und die grenzüberschreitende Spaltung muss der deutsche Gesetzgeber in Umsetzung der Richtlinie des Europäischen Parlaments und des Rates vom 27.11.2019 zur Änderung der Richtlinie (EU) 2017/1132 in Bezug auf grenzüberschreitende Umwandlungen, Verschmelzungen und Spaltungen alsbald entsprechende Regelungen schaffen.

3 **Verschmelzungshindernisse** können sich auch aus gesellschaftsrechtlichen Vorgaben der jeweiligen Rechtsform der beteiligten Rechtsträger oder aus berufsrechtlichen Gesichtspunkten ergeben. So kann zB eine **Steuerberater-GmbH** nicht mit einer, ein Handelsgewerbe betreibenden Gesellschaft verschmolzen werden. Die Verschmelzung auf oder auch der Formwechsel in eine **Partnerschaftsgesellschaft** ist nur zulässig, wenn alle Gesellschafter der übertragenden oder formwechselnden Gesellschaft „partnerschaftsfähig" iSd § 1 PartGG sind (vgl. § 45a). Die **UG (haftungsbeschränkt)** kann nicht durch Sachgründung entstehen (§ 5a Abs. 2 S. 2 GmbHG) und nur eingeschränkt an einer Sachkapitalerhöhung beteiligt sein (→ Rn. 12).Bei einem **gemeinnützigen Verein** ist hingegen eine Verschmelzung auf einen anderen Rechtsträger als den in der Satzung genannten Anfallberechtigten zulässig (OLG Düsseldorf 29.1.2019, RNotZ 2019, 343, dazu *Nentwig* GWR 2019, 325; *Wachter* EWiR 2019, 621).

II. Uneingeschränkt verschmelzungsfähige Rechtsträger (Abs. 1)

4 Die in Abs. 1 genannten Rechtsträger können sowohl als übertragende als auch bei der Verschmelzung durch Aufnahme als übernehmende oder bei der Verschmelzung durch Neugründung als neue Rechtsträger an einer Verschmelzung beteiligt sein. In den rechtsformspezifischen besonderen Vorschriften des Verschmelzungsrechts können sich allerdings im Einzelfall noch Beschränkungen der Verschmelzungsfähigkeit für besondere Verschmelzungskonstellationen ergeben (s. zB § 99 für rechtsfähige Vereine).

5 Das Gesetz wählt für die Bestimmung der Verschmelzungsfähigkeit den weiten Begriff „Rechtsträger". Davon ist jede im Rechtsverkehr auftretende juristische Einheit erfasst (Semler/Stengel/*Stengel* Rn. 3), auch wenn sie kein Unternehmensträger ist (KK-UmwG/*Simon* Rn. 9).

6 **1. Personenhandelsgesellschaft und Partnerschaftsgesellschaft.** Zu den verschmelzungsfähigen Personenhandelsgesellschaften zählen insbesondere die OHG und die KG. Auch die KapGes & Co. KG

sowie die Stiftung & Co. KG (s. dazu *Nietzer/Stadie* NJW 2000, 3457) gehören dazu (SHS/*Winter* Rn. 9). Für Publikumsgesellschaften gibt es keine rechtlichen, allenfalls faktischen Einschränkungen der Verschmelzungsfähigkeit. Die Abgrenzung zwischen einer OHG bzw. KG und einer BGB-Gesellschaft, die nicht verschmelzungsfähig ist, erfolgt nach den allgemeinen Kriterien in §§ 105, 161 HGB (s. dazu ausf. auch SHS/*Winter* Rn. 7 ff.).

Nach allgemeiner Meinung kann die **EWiV** genauso wie die Personengesellschaft an Verschmelzungen beteiligt sein, da nach § 1 EWiV-AG für sie das Recht der OHG gilt (s. nur Lutter UmwG/*Drygala* Rn. 4 mwN in Fn. 15). Für die **Partenreederei** war dies umstritten (bejahend *K. Schmidt,* Die Partenreederei als Handelsgesellschaft, 1989, 124 f.; zweifelnd Lutter UmwG/*Lutter/Drygala,* 4. Aufl. 2009, Rn. 5), jedoch wurde diese Rechtsform zum 25.4.2013 abgeschafft (Gesetz zur Reform des Seehandelsrechts v. 24.4.2013, BGBl. 2013 I 831). 7

Die Partnerschaftsgesellschaft existiert erst seit Inkrafttreten des PartGG am 1.7.1995. Sie ist eine registerfähige Personengesellschaft für die gemeinsame Berufsausübung von Freiberuflern, die in ein eigenes Partnerschaftsregister eingetragen werden muss. Erst durch das Gesetz zur Änderung des UmwG vom 22.7.1998 (BGBl. 1998 I 1878) wurde die Partnerschaftsgesellschaft allgemein als umwandlungsfähiger Rechtsträger zugelassen und besondere Regelungen für deren Verschmelzung in §§ 45a ff. aufgenommen. 8

Nicht verschmelzungsfähig sind insbesondere die GbR, die Erbengemeinschaft (str. aber die Ausgliederungsfähigkeit des Einzelunternehmens in Erbengemeinschaft nach § 152, → § 152 Rn. 15), der nichtrechtsfähige Verein, die stille Gesellschaft und die Stiftung (*Hoffmann-Grambow* DZWiR 2015, 301 zur Zusammenlegung und Zulegung von Stiftungen außerhalb des UmwG; ebenso *Schauer* ZEV 2017, 613; zur „Umwandlung" einer unselbständigen in eine selbständige Stiftung außerhalb des UmwG: BGH 22.1.2015, DNotZ 2015, 359). Diesen Rechtsträgern bleibt nur die Umstrukturierung nach allgemeinen gesetzlichen Regeln außerhalb des UmwG (zur Zulässigkeit → § 2 Rn. 22 f.). Die **GbR** kann seit dem HRefG von 1998 (BGBl. 1998 I 1474), auch wenn sie vermögensverwaltend oder kleingewerbetreibend (nicht aber freiberuflich) tätig ist, über einen Zwischenschritt durch die Eintragung ins Handelsregister nach § 105 Abs. 2 HGB zur verschmelzungsfähigen OHG oder mit entsprechender Satzungsänderung zur KG avancieren (Semler/Stengel/*Stengel* Rn. 5; *Heckschen* Rpfleger 1999, 357 (358); von der GbR in die GmbH & Co. KG: *Gassmann* DB 2004, 2066; *Limmer* DStR 2000, 1230; *Simon* DStR 2000, 578; BayObLG 7.5.2002, BayObLGZ 2002, 137; vgl. auch den Fall bei BGH 27.11.2009, NZG 2010, 314). 9

Auf die Problematik der Verschmelzungsfähigkeit einer **Schein-OHG,** insbesondere beim Absinken auf ein kleingewerbliches Unternehmen, wird auf die Erörterungen von *Simon* (KK-UmwG/*Simon* Rn. 11 ff.) verwiesen. 10

2. Kapitalgesellschaften. Zu den Kapitalgesellschaften zählt das UmwG die GmbH, AG und die KGaA. Hierunter fällt auch die GmbH & Co. KGaA (SHS/*Winter* Rn. 21). Ist eine Kapitalgesellschaft im Handelsregister eingetragen, genügt dieses formale Kriterium der Handelsregistereintragung sogar bei fehlerhaft errichteten oder sogar nichtigen Kapitalgesellschaften dafür, dass sie an Verschmelzungsvorgängen beteiligt sein können (KK-UmwG/*Simon* Rn. 22). 11

Die neu durch das MoMiG in § 5a GmbHG eingeführte **„Unternehmergesellschaft (haftungsbeschränkt)"** ist im Grundsatz eine GmbH. Deshalb ist sie auch wie die GmbH umwandlungsfähig, obwohl sie nicht ausdrücklich im UmwG genannt ist (*Bormann* GmbHR 2007, 897 (899); *Freitag/Riemenschneider* ZIP 2007, 1485 (1491); *Veil* GmbHR 2007, 1080 (1084)). Wegen ihrer besonderen Struktur als vereinfachte Gründungsform mit nur 1 EUR Mindeststammkapital kann sie nicht im Wege der Sachgründung entstehen (§ 5a Abs. 2 S. 2 GmbHG). Daher sind strukturell alle Umwandlungsvorgänge, die wie eine Sachgründung behandelt werden (zB Formwechsel in die UG, Verschmelzung oder Spaltung zur Neugründung) für die UG (haftungsbeschränkt) nicht eröffnet (s. *Wicke* GmbHG § 5a Rn. 16 ff.; *Miras,* Die neue Unternehmergesellschaft, 2. Aufl. 2011, Rn. 20 f.; zur Spaltung zur Neugründung ausdrücklich auch BGH 11.4.2011, NJW 2011, 1883; s. dazu schon *Wachter* GmbHR Sonderheft Oktober 2008, 25 (34); *Heinemann* NZG 2008, 820; *Tettinger* Der Konzern 2008, 75). Bei einer Verschmelzung oder Spaltung zur Aufnahme muss differenziert werden. Eine Sachkapitalerhöhung im Bereich zwischen 1 EUR und 24.999 EUR verbietet § 5a Abs. 2 GmbHG genauso wie die Sachgründung, sodass eine entsprechende Umwandlung zur Aufnahme mit einer solchen kleinen Kapitalerhöhung ebenfalls unzulässig ist. Der BGH (BGH 19.4.2011, NJW 2011, 1881; allg. zur Sachkapitalerhöhung) hält aber eine Sachkapitalerhöhung auf 25.000 EUR oder mehr für zulässig, sodass auch eine Verschmelzung oder Spaltung auf eine UG (haftungsbeschränkt) zur Aufnahme mit einer entsprechend großen Kapitalerhöhung zulässig ist (*Heckschen* GWR 2011, 232; so schon vor dem BGH-Urteil: *Gasteyer* NZG 2009, 1364 (1367); *Miras,* Die neue Unternehmergesellschaft, 2. Aufl. 2011, Rn. 24 ff.) Damit wird die aufnehmende UG (haftungsbeschränkt) aber automatisch kraft Gesetz zur GmbH. Eine Verschmelzung oder Spaltung zur Aufnahme ganz ohne Kapitalerhöhung auf eine UG ist ebenso möglich (*Bremer* GmbHR 2011, 703 (705); s. auch *Rosner* NWB 2016, 2351 (2357), der in diesem Zusammenhang auch die Option eines auf direktem Weg unzulässigen **„Downgradings"** einer GmbH auf eine UG (haftungsbeschränkt) durch die Verschmelzung anspricht). 12

Durch die Verschmelzung einer UG (haftungsbeschränkt) mit „angesparter" **gesetzlicher Kapitalrücklage** nach § 5a Abs. 3 S. 1 GmbHG auf eine zuvor neu gegründete UG (haftungsbeschränkt) noch 12a ohne Kapitalrücklage wird bei Verzicht auf Kapitalerhöhung und Anteilsgewährung die Kapitalrücklage der übertragenden UG frei, da die übertragende UG erlischt. Bei der aufnehmenden UG kommen nur die Aktiva und Passiva der übertragenden UG mit einem positiven Überschuss der Aktiva in der Bilanz an (keinesfalls eine gebundene Kapitalrücklage als feststehender Bilanzposten). Nach der Stellungnahme des IDW (IDW RS HFA 42 v. 29.10.2012, Rn. 48 = WPg Supplement 4/2012;) kann ein anfallender Überschuss unmittelbar in die freie Kapitalrücklage nach § 272 Abs. 2 Nr. 4 HGB eingestellt werden, da die Reinvermögensmehrung nicht aus der laufenden Geschäftstätigkeit des übernehmenden Rechtsträgers stammt (allg. dazu Müller → § 24 Rn. 9 ff.) Bei der aufnehmenden UG ist auch der Zweck der gesetzlichen Rücklage, die Eigenkapitalbasis der UG aus laufenden Gewinnen zu stärken noch nicht einschlägig. Dieses vordergründig überraschende Ergebnis ist mE systemkonform. Wenn das Umwandlungsrecht es zulässt, dass sogar Stammkapital durch eine Verschmelzung auf eine UG in größerem Umfang als bei einer Kapitalherabsetzung (auf Null nicht nur auf 25.000 EUR) zur Ausschüttung aus seiner Bindung befreit werden kann (→ § 5 Rn. 8), muss dies für eine nur gebundene Kapitalrücklage erst recht gelten. Folgt man dem IDW wird der Reinvermögenszuwachs bei der aufnehmenden UG auch nicht vom Wortlaut des § 5a Abs. 3 S. 1 GmbHG erfasst, da der positive Differenzbetrag keinen Jahresüberschuss bilden kann, wenn er schon in die Kapitalrücklage gestellt wurde. Dem Telos von § 5a Abs. 3 S. 1 GmbHG würde es mE aber gerecht werden, wenn man von dem „Verschmelzungsgewinn" unabhängig von seiner bilanziellen Behandlung ggf. in analoger Anwendung von § 5a Abs. 3 GmbHG 1/4 für die neue aufnehmende UG als Stärkung der Eigenkapitalbasis in deren gesetzliche Kapitalrücklage nach § 272 Abs. 3 HGB einstellen muss.

13 Die **Vor-GmbH** wie auch die **Vor-AG** sind noch nicht umwandlungsfähig (Gesellschaften sui generis), können aber schon den Verschmelzungsvertrag abschließen, die Zustimmungsbeschlüsse fassen lassen und die Anmeldung zum Handelsregister durchführen. Die GmbH/AG muss nur vor der Eintragung der Verschmelzung durch ihre eigene Eintragung als GmbH entstanden sein (Kallmeyer/*Marsch-Barner/Oppenhoff* Rn. 10; Lutter UmwG/*Drygala* Rn. 7; SHS/*Winter* Rn. 22; MHdB GesR VIII/*Hoger/Hoger* § 7 Rn. 19).

14 Die **Europäische AG** (SE) mit Sitz in Deutschland ist umwandlungsrechtlich wie eine deutsche AG zu behandeln (KK-UmwG/*Simon* § 3 Rn. 27; SHS/*Hörtnagl* Teil C SE-VO Vorb. Rn. 4 ff.; *Marsch-Barner* FS Happ, 2006, 165), da sie ihrer Natur nach eine AG ist (vgl. insbesondere den Verweis auf das AktG). Davon zu unterscheiden ist die Frage, wie die SE durch grenzüberschreitende Verschmelzung oder durch Umwandlung aus einer AG gegründet werden kann. (Zur Umwandlung einer AG in die europäische SE mit monistischem Leitungssystem am Beispiel einer betriebsratslosen Gesellschaft: *Reiserer/Biesinger/Christ/Bollacher* DStR 2018, 1185). Die Regelungen hierfür befinden sich in der europäischen SE-VO selbst sowie im nationalen SEAG (SE-VO (EG) Nr. 2157/2001, ABl. 2001 L 294, 10, in Kraft getreten am 8.10.2004; SE-Ausführungsgesetz (SEAG) vom 22.12.2004, BGBl. 2004 I 3675; dazu ausf. Happ/*Reichert*, Konzern- und Umwandlungsrecht, 2012, Abschnitt 8.01–8.02 ff.). Daher ist eine Verschmelzung zur Neugründung nach dem UmwG ausgeschlossen (KK-UmwG/*Simon* Rn. 28). Umstritten ist zudem die Fähigkeit einer bestehenden SE an Umwandlungsvorgängen außerhalb der Vorgaben der SE-VO teilzunehmen (ausführlich WürzNotar-HdB/*Knaier* Teil 5 Kap. 6 Rn. 427 ff.; *Knaier* in Limmer Unternehmensumwandlung-HdB Teil 6 Rn. 342 ff.).

15 **3. Sonstige Rechtsformen.** Auch die **eG** ist uneingeschränkt verschmelzungsfähig. Sie erlangt wie die GmbH und AG ihre Verschmelzungsfähigkeit aber erst mit der Eintragung im Genossenschaftsregister (SHS/*Winter* Rn. 28; Widmann/Mayer/*Fronhöfer* Rn. 75). Die **Europäische Genossenschaft (SCE)** kann durch spezialgesetzliche Verschmelzung zweier bestehender Genossenschaften, bei denen ein transnationaler Bezug besteht, entstehen (Art. 2 Abs. 1 vierter Spiegelstr. SCE-Verordnung; KK-UmwG/*Simon* Rn. 36). Die einmal bestehende SCE wird wie eine deutsche eingetragene Genossenschaft behandelt und gleichermaßen verschmelzungsfähig.

16 **Eingetragene Vereine** sind anders als **wirtschaftliche Vereine** nach Abs. 1 Nr. 4 grundsätzlich umfassend verschmelzungsfähig (s. dazu ausführlich *Hager* RNotZ 2011, 565). Eine Einschränkung der Verschmelzungsfähigkeit ergibt sich jedoch aus den besonderen Vorschriften des § 99 Abs. 2, wonach der eV als aufnehmender Rechtsträger oder neu zu gründender Rechtsträger nur beteiligt sein kann, wenn auch der oder die übertragenden Rechtsträger eV sind. Die Verschmelzungsfähigkeit des eingetragenen Vereines ergibt sich wie bei Kapitalgesellschaften erst nach seiner konstitutiven Eintragung, dann aber auch, wenn sie fälschlicherweise erfolgte (SHS/*Winter* Rn. 31). In Nr. 5 wird der **genossenschaftliche Prüfungsverband** und in Nr. 6 der **Versicherungsverein auf Gegenseitigkeit** (§ 171 VAG) als unbeschränkt verschmelzungsfähig genannt. Erst mit der Verleihung des Prüfungsrechts durch die zuständige Landesbehörde wird der Anwendungsbereich von Abs. 1 Nr. 5 eröffnet. In Abs. 1 Nr. 6 wird nicht zwischen großem VVaG (§§ 171–209 VAG) und kleinem VVaG (§ 210 VAG) unterschieden. Kleinstvereine iSd § 5 VAG sind jedoch nicht umwandlungsfähig (§ 5 Abs. 2 Hs. 2 VAG). Die Verschmelzungsfähigkeit des VVaG wird auch allgemein in den besonderen Vorschriften insbesondere § 109 erheblich eingeschränkt.

16a Neben dem in §§ VAG § 171–VAG § 209 VAG geregelten „normalen" VVaG gibt es den „kleineren Verein" nach § VAG § 210 VAG. Merkmal des „kleineren Vereins" ist ein sachlich, örtlich oder dem Personenkreis nach begrenzter Wirkungskreis (§ VAG § 210 VAG). Die Aufsichtsbehörde entscheidet durch Verwaltungsakt, ob ein kleinerer Verein vorliegt (§ 210 Abs. 4 VAG). In § 5 VAG ist schließlich der

„Kleinstverein“ geregelt. Ob ein VVaG „Kleinstverein“ ist, bestimmt sich anhand dessen Satzung iVm den Beitragshöchstgrenzen der Kapitalausstattungs-VO. Kleinstvereine sind nicht umwandlungsfähig (§ 5 Abs. 2 Hs. 2 VAG).

III. Eingeschränkt verschmelzungsfähige Rechtsträger (Abs. 2)

Nur eingeschränkt verschmelzungsfähig ist der **wirtschaftliche Verein,** weil er lediglich als übertragender Rechtsträger an Verschmelzungen beteiligt sein kann. Im Gegensatz zum Idealverein als eV ist er tatsächlich auf einen wirtschaftlichen Geschäftsbetrieb ausgerichtet. Dem wirtschaftlichen Verein (§ 22 BGB) wird die Rechtsfähigkeit durch staatlichen Akt (als Konzession) verliehen (SHS/*Winter* Rn. 40). Nicht rechtsfähige Vereine sind demgegenüber überhaupt nicht verschmelzungsfähig, ohne durch Eintragung im Vereinsregister ihre Rechtsfähigkeit zu erlangen. 17

Eine **natürliche Person** kann nur als aufnehmender Rechtsträger an einer Verschmelzung beteiligt sein, wenn er als Alleingesellschafter einer Kapitalgesellschaft deren Vermögen übernimmt (dazu §§ 120 ff.). Dafür muss die natürliche Person aber weder Kaufmann iSd § 1 HGB sein, noch die deutsche Staatsangehörigkeit besitzen (Kallmeyer/*Marsch-Barner/Oppenhoff* Rn. 20). Nach inzwischen hM muss sie wegen der aktuellen Rspr. des EuGH zum in § 1 Abs. 1 aufgeweichten Kriterium „Sitz im Inland“ nicht einmal einen Wohnsitz im Inland haben (NK-UmwR/*Böttcher* Rn. 17; Widmann/Mayer/*Heckschen* § 120 Rn. 14 mwN). Der als Verschmelzung auf eine Gemeinde als Alleingesellschafterin abgeschlossene Vertrag kann nach Ansicht des OLG Dresden (22.10.2014, NotBZ 2015, 313) als eine Vollübertragung nach § 174 Abs. 1 ausgelegt werden. 18

Nachfolgend eine **Übersicht** über die möglichen Kombinationen bei der Verschmelzung verschiedener Rechtsträger: 18a

auf von	**PHG**	**PartG**	**GmbH**	**AG**	**KGaA**	**eG**	**e. V./ wirt. V**	**Gen. Pr. Vbd**	**VVaG**	**nat. Pers. Alleingesellschafter**
PHG	A/N §§ 39–45	A/N §§ 39–45, 45a–45e	A/N §§ 39–45, 46–59	A/N §§ 39–45, 60–77	A/N §§ 39–45, 78	A/N §§ 39–45, 79–98				
PartG	A/N §§ 39–45, 45a–45e	A/N §§ 45a–45e	A/N §§ 45a–45e, 46–59	A/N §§ 45a–45e, 60–77	A/N §§ 45a–45e, 78	A/N §§ 45a–45e, 79–98	–	–	–	–
GmbH	A/N §§ 39–45, 46–59	A/N §§ 45a–45e, 46–59	A/N §§ 46–59	A/N §§ 46–59, 60–77	A/N §§ 46–59, 78	A/N §§ 46–59, 79–98	–	–	–	§§ 120–122 iVm §§ 46–59
AG	A/N §§ 39–45, 60–77	A/N §§ 45a–45e, 60–77	A/N §§ 46–59, 60–77	A/N §§ 60–77	A/N §§ 60–77	A/N §§ 60–77, 79–98	–	–	–	§§ 120–122 iVm §§ 60–77
KGaA	A/N §§ 39–45, 78	A/N §§ 45a–45e, 78	A/N §§ 46–59, 78	A/N §§ 60–77, 78	A/N § 78	A/N §§ 78, 79–98	–	–	–	§§ 120–122 iVm § 78
eG	A/N §§ 39–45, 79–98	A/N §§ 45a–45e, 79–98	A/N §§ 46–59, 79–98	A/N §§ 60–77, 79–98	A/N §§ 78, 79–98	A/N §§ 79–98	–	–	–	–
e. V./ wirt. V.	A/N §§ 39–45, 99–104a	A/N §§ 45a–45e, 99–104a	A/N §§ 46–59, 99–104a	A/N §§ 60–77, 99–104a	A/N §§ 78, 99–104a	A/N §§ 79–98, 99–104a	A/N §§ 99–104a	A §§ 105–108	–	–
Gen. Pr. Vbd.	–	–	–	–	–	–	–	A §§ 105–108	–	–
VVaG	–	–	–	A/N §§ 60–77, 109–119	–	–	–	–	A/N §§ 109–119	–
nat. Pers.	–	–	–	–	–	–	–	–	–	–

Erläuterungen:

* A: Vorgang ist nur zur Aufnahme durch einen übernehmenden Rechtsträger (obere waagerechte Spalte) möglich.
* N: Vorgang ist nur zur Neugründung eines neuen Rechtsträgers (obere waagerechte Spalte) möglich.

IV. Aufgelöste Rechtsträger (Abs. 3)

19 Nach § 3 Abs. 3 können auch **aufgelöste Rechtsträger** an der Verschmelzung als übertragende Rechtsträger teilnehmen, wenn die Fortsetzung beschlossen werden könnte. Kein Hinderungsgrund ist daher allein die **insolvenzrechtliche Überschuldung** des übertragenden Rechtsträgers, da dieser dann noch gar nicht aufgelöst ist (*Blasche* GWR 2010, 441 ff.). Allerdings können Kapitalaufbringungs- oder Kapitalerhaltungsgrundsätze bei der übernehmenden Kapitalgesellschaft entgegenstehen (OLG Stuttgart 4.10.2005, DStR 2006, 338 mzustAnm *Wälzholz* = DB 2005, 2681 = GmbHR 2006, 380, zur Verschmelzung einer GmbH auf ihren Alleingesellschafter; vgl. auch LG Leipzig 18.1.2006, DB 2006, 885, zur Verschmelzung einer überschuldeten GmbH & Co. KG auf andere Konzerngesellschaft). Auch ein existenzvernichtender Eingriff (BGH 6.11.2018, NZG 2019, 187) oder ein nach § 283 Abs. 1 Nr. 8 StGB strafbarer Bankrott (*Brand* ZIP 2019, 1993) stehen im Raum.

19a In der Lit. wird die Verschmelzungsfähigkeit noch **im Insolvenzeröffnungsverfahren** nach Stellung des Insolvenzantrages befürwortet (*Heckschen* DB 2005, 2675; *Wälzholz* DStR 2006, 338; *Blasche* GWR 2010, 441 ff.; allg. zur Umwandlung in der Krise ausf. *Heckschen* ZInsO 2008, 824; MHdB GesR VIII/ *Brünkmans* § 45 Krise und Insolvenzreife, MHdB GesR VIII/*Brünkmans* § 46 Insolvenzverfahren). Wenn die Auflösung wie bei der **Eröffnung des Insolvenzverfahrens** und der **Ablehnung der Insolvenzeröffnung mangels Masse** zwingende gesetzliche Folge ist (KG 22.9.1998, DNotZ 1999, 148 mAnm *Limmer* zum Konkurs bei der aufnehmenden Gesellschaft), kommt ein Fortsetzungsbeschluss grundsätzlich nicht mehr in Frage. Daher kann eine Verschmelzung neben dem laufenden Insolvenzverfahren durch den organschaftlichen Vertreter und die Gesellschafter grundsätzlich nicht mehr durchgeführt werden. Zur Gesellschafterhaftung bei Verschmelzung insolventer Gesellschaft: *Weiß* GmbHR 2017, 1017. Nach **Einstellung des Insolvenzverfahrens** auf Antrag eines Schuldners oder nach Fortbestand der Gesellschaft aufgrund eines Insolvenzplans steht einer Verschmelzung allerdings nichts mehr im Wege (so auch SHS/*Winter* Rn. 57; Semler/Stengel/*Stengel* Rn. 44). Nach den Änderungen der InsO (insbesondere §§ 217 ff. InsO, § 225a Abs. 3 InsO und § 254a Abs. 1 InsO) durch das ESUG (v. 7.12.2011, BGBl. 2011 I 2582) kann eine Verschmelzung und die Fortsetzung der Gesellschaft im **Insolvenzplan** selbst im noch laufenden **Insolvenzverfahrens** geregelt werden. Dann müssen weder ein gesonderter Verschmelzungsvertrag noch gesonderte Zustimmungsbeschlüsse beurkundet werden (aA: *Heckschen* in RHW InsR § 4 Rn. 612) (zu den Möglichkeiten und Grenzen von Umwandlungsmaßnahmen im Insolvenzplan ausführlich: Kallmeyer/*Kocher* Anh. II; *Seibt/Bulgrin* ZIP 2017, 353; *Heckschen* in RHW InsR § 4 Rn. 608 ff.; s. auch *Göb/Nebel* NZI 2018, 12; *Schröder/Berner* NZI 2017, 1408; *Hölzle/Beyß* ZIP 2016, 1461; *Commandeur/Hübler* NZG 2015, 185; *Brünkmans* ZInsO 2014, 2533; *Madaus* ZIP 2012, 2133; *Becker* ZInsO 2013, 1885; *Simon/Brünkmans* ZIP 2014, 657; *Kahlert/Gehrke* DStR 2013, 975; vgl. auch *Eidenmüller* NJW 2014, 17; *Schäfer* ZIP 2014, 2417; *Wachter* NZG 2015, 858, als aufnehmender und übertragender Rechtsträger; s. auch zum Ausreichen einer Bestimmbarkeit eines Verschmelzungsstichtages bei einer Verschmelzung im Insolvenzplanverfahren OLG Bremen 2.5.2016, ZIP 2016, 1480; zum Sanierungserlass: *Hölzle/Kahlert* ZIP 2017, 510). Angedacht wird dies sogar unter Beteiligung außenstehender nicht plangebundener Dritter, wenn die Erklärungen des Dritten nur dem Plan nach § 230 Abs. 3 InsO beigefügt werden (str., befürwortend: *Stephan* ZIP 2012, 2133 (2138); ablehnend: *Becker* ZInsO 2013, 1885 (1888); *Kahlert/Gehrke* DStR 2013, 975 (979); ausführlich Kallmeyer/*Kocher* Anhang II Rn 38 ff.). Mit Rechtskraft des Insolvenzplans wird die Verschmelzung – vorbehaltlich der Eintragungen im Handelsregister – wirksam aber auch das Insolvenzverfahren aufgehoben.

20 Nicht mehr verschmelzungsfähig ist hingegen eine **Gesellschaft in Liquidation,** wenn mit der Verteilung des Vermögens bereits begonnen wurde, oder wenn bei (materieller oder insolvenzrechtlicher nicht nur bilanzieller) Überschuldung ein Auflösungsbeschluss vorliegt BayObLG 4.2.1998, NZG 1998, 465). Denn in beiden Fällen kann ein Fortsetzungsbeschluss nicht mehr gefasst werden.

21 Streitig ist, ob ein **aufgelöster Rechtsträger** auch **aufnehmender Rechtsträger** sein kann, ohne dass die Fortsetzung vorher beschlossen werden muss (abl. zB OLG Brandenburg 27.1.2015, NZG 2015, 884, dazu kritisch *Wachter* NZG 2015, 858; OLG Naumburg 12.2.1997, NJW-RR 1998, 178; AG Erfurt 25.10.1995, Rpfleger 1996, 163; KK-UmwG/*Simon* Rn. 58; NK-UmwR/*Böttcher* Rn. 21; aA Lutter UmwG/*Drygala* Rn. 31, wenn übertragender Rechtsträger keine Gläubiger hat; SHS/*Winter* Rn. 47 f., konkludenter Fortsetzungsbeschluss im Verschmelzungsbeschluss, jedoch mit Empfehlung die Fortsetzung unmittelbar vor der Verschmelzung tatsächlich zu beschließen; ebenso Kallmeyer/*Marsch-Barner/Oppenhoff* Rn. 26). Dies dürfte wohl eher zu verneinen sein, da das UmwG mit der Ausnahmevorschrift des § 3 Abs. 3 konzeptionell nur die Sanierungsfusion nicht aber die Abwicklungsfusion ermöglichen wollte. Die bloße Überschuldung der aufnehmenden Kapitalgesellschaft hindert die Verschmelzung nicht, da dies kein Auflösungsgrund ist.

V. Mischverschmelzungen (Abs. 4)

Mit Abs. 4 wollte der Gesetzgeber eine möglichst große Bewegungsfreiheit bei Umstrukturierungsvorgängen erreichen (RegBegr. BR-Drs. 75/94 zu § 3 Abs. 4). Vorbehaltlich ausdrücklicher gesetzlicher Einschränkungen (zB §§ 105, 109; Überbl. bei Lutter UmwG/*Drygala* Rn. 34 ff.) werden Verschmelzungen von Rechtsträgern verschiedener Rechtsformen uneingeschränkt zugelassen (KK-UmwG/*Simon* Rn. 59). Verschiedene Rechtsformen von Rechtsträgern auf einer Seite können allerdings nur als übertragende Rechtsträger auftreten, da nach § 2 in einem einheitlichen Verschmelzungsvorgang mehrere Rechtsträger nur auf einen aufnehmenden oder neu zu gründenden Rechtsträger übertragen werden können. 22

Zweiter Abschnitt. Verschmelzung durch Aufnahme

Verschmelzungsvertrag

4 (1) [1]**Die Vertretungsorgane der an der Verschmelzung beteiligten Rechtsträger schließen einen Verschmelzungsvertrag.** [2]**§ 311b Abs. 2 des Bürgerlichen Gesetzbuchs gilt für ihn nicht.**

(2) **Soll der Vertrag nach einem der nach § 13 erforderlichen Beschlüsse geschlossen werden, so ist vor diesem Beschluß ein schriftlicher Entwurf des Vertrags aufzustellen.**

Übersicht

I. Allgemeines

Der Verschmelzungsvertrag bildet die **rechtsgeschäftliche Grundlage** der Verschmelzung, indem dort die beteiligten Rechtsträger alle zwingenden (§ 5) und zusätzlich gewünschten fakultativen Regelungen vereinbaren. 1

II. Vertragsschluss

1. Rechtsnatur des Verschmelzungsvertrages. Der Verschmelzungsvertrag ist primär ein **organisationsrechtlicher Vertrag** und darüber hinaus ein Austauschvertrag zwischen den beiden oder mehreren an der Verschmelzung beteiligten Rechtsträgern (s. dazu genauer Lutter UmwG/*Drygala* Rn. 4 f.). Dingliche Wirkung entfaltet er selbst noch nicht, sondern erst die Eintragung im Handelsregister kraft Gesetz auf der Basis des Verschmelzungsvertrages (→ § 20 Rn. 2 f.). Auf den Vertrag sind die allgemeinen Regeln des Bürgerlichen Rechts anwendbar (SHS/*Winter* Rn. 10). Jedoch ist er vorrangig einer objektiven Auslegung zugänglich (hM; Semler/Stengel/*Schröer* § 5 Rn. 4; s. auch KG 22.6.2004, NZG 2004, 1172; für subjektive Auslegung *Grunewald* ZGR 2009, 647 (657) unter Berufung auf das „mehr oder weniger klar"(e) Urteil des BGH 25.1.2008, ZIP 2008, 600). Er steht unter dem Vorbehalt der Zustimmung der Anteilseigner, ist also **zunächst schwebend unwirksam.** 2

Die Vereinbarung einer zusätzlichen **aufschiebenden Bedingung** ist allgemein möglich, die Vereinbarung einer **auflösenden** hingegen nur, wenn die Bedingung nach der Eintragung nicht mehr eintreten kann, zB weil sie mit der Eintragung entfällt (vgl. § 7; Semler/Stengel/*Schröer* § 5 Rn. 112 und 115; *Limmer* in Limmer Unternehmensumwandlung-HdB Teil 2 Rn. 70 ff.). Letzteres ergibt sich aus der Bestandskraft einer Verschmelzung durch ihre Eintragung im Handelsregister nach § 20 Abs. 2, die auch nicht durch eine auflösende Bedingung des Verschmelzungsvertrages durchbrochen werden kann. 3

Abs. 1 S. 2 schließt die Anwendung des § 311b Abs. 2 BGB im Hinblick auf Verschmelzungsverträge aus Gründen der Rechtssicherheit aus. Daher kann im Verschmelzungsvertrag auch eine **Verpflichtung zur Übertragung von künftigem Vermögen** begründet werden. 4

Um beim Scheitern des Verschmelzungsverfahrens mangels erforderlicher Mehrheiten bei den Zustimmungsbeschlüssen Beurkundungskosten (§ 6) zu vermeiden, bietet der Gesetzgeber die Möglichkeit, die Beschlüsse auf der Basis eines **Entwurfs des Verschmelzungsvertrages** zu fassen (Abs. 2 s. auch „Entwurf" in § 13 Abs. 3 S. 2). Dieser bedarf nur der Schriftform, muss inhaltlich aber grundsätzlich 5 schon identisch mit dem später noch zu beurkundenden Verschmelzungsvertrag sein (→ § 13 Rn. 19 ff. für den Zustimmungsbeschluss und → § 5 Rn. 39 f. für die Zuleitung zum Betriebsrat). Von einer unverbindlichen Rohfassung des Verschmelzungsvertrages unterscheidet sich der Entwurf durch eine diesbezügliche aktive Willensbekundung der Vertretungsorgane (interner Beschluss oder Paraphierung des Vertrages (KK-UmwG/*Simon* Rn. 8)). Nach Beschlussfassung über den Entwurf sind die Vertretungsorgane verpflichtet den Verschmelzungsvertrag (in notarieller Form) abzuschließen und die Verschmelzung umzusetzen (KK-UmwG/*Simon* Rn. 9 mit Verweis auf § 83 Abs. 2 AktG für die AG).

6 Zum **Beurkundungserfordernis** → § 6 Rn. 2 ff. und zu den **Kosten** → § 6 Rn. 7.

7 **2. Abschlusskompetenz.** Der Verschmelzungsvertrag wird durch die **Vertretungsorgane** der beteiligten Rechtsträger in vertretungsberechtigter Zahl entsprechend den gesetzlichen bzw. satzungsmäßigen Bestimmungen abgeschlossen. **Prokuristen** haben daher nur iRe satzungsmäßigen unechten Gesamtvertretung mit einem organschaftlichen Vertreter (zB Geschäftsführer oder Vorstand) Abschlusskompetenz. § 181 BGB (mit Außenwirkung) sowie statutarische Mitwirkungsrechte weiterer Organe oder Zustimmungsvorbehalte (nur mit Innenwirkung) sind zu beachten. Zur Abschlusskompetenz bei der sog. **Kettenverschmelzung** → § 2 Rn. 18 und DNotI-Gutachten DNotI-Report 2012, 121. Zu den seit dem ESUG bestehenden Möglichkeiten der Verschmelzung während des Insolvenzverfahrens im Insolvenzplan → § 3 Rn. 19a.

8 Die Vertretungsorgane können sich allerdings auch durch grundsätzlich formlos (arg. e. § 167 Abs. 2 BGB) **rechtsgeschäftlich Bevollmächtigte** vertreten lassen (vgl. ausf. zu Vollmachten bei Umwandlungsvorgängen *Melchior* GmbHR 1999, 520 ff.; *Heidinger/Blath* FS Spiegelberger, 2009, 692 ff.). Aus Gründen der Nachweisbarkeit im Registerverfahren ist allerdings zumindest Schriftform zu empfehlen (Semler/Stengel/*Schröer* Rn. 9; zum Nachweis im Grundbuchverfahren bei der Abspaltung: OLG Hamm 10.7.2014, NZG 2015, 71). Bei der Verschmelzung zur Neugründung einer Kapitalgesellschaft ist allerdings wie bei der **Gründungsvollmacht** analog § 2 Abs. 2 GmbHG sowie § 23 Abs. 1 S. 2 AktG und § 280 Abs. 1 S. 3 AktG eine Beglaubigung der Unterschrift unter der Vollmacht zu verlangen. Das Handeln eines **vollmachtlosen Vertreters** kann nachträglich genehmigt oder die Vollmacht bestätigt werden (§§ 182, 184 BGB) (*Heidinger/Blath* FS Spiegelberger, 2009, 692 (697)). Die Genehmigung soll in allen Fällen formlos möglich sein (so Semler/Stengel/*Schröer* Rn. 15 f.; KK-UmwG/*Simon* Rn. 17; Lutter UmwG/*Drygala* Rn. 11 unter Verweis auf BGH 25.2.1994, BGHZ 125, 218 (222); **aA** hM zur **Gründungsvollmacht** der GmbH: Lutter/Hommelhoff/*Bayer* GmbHG § 2 Rn. 34; *Wicke* GmbHG § 2 Rn. 8; MüKoGmbHG/*J. Mayer* GmbHG § 2 Rn. 72 mwN in Fn. 411).

9 Zur **Aufhebung und Änderung** des Verschmelzungsvertrages → § 7 Rn. 6 ff.

10 **3. Rechtsfolgen des Verschmelzungsvertrages.** Für seine **Wirksamkeit zwischen den Parteien** bedarf der Verschmelzungsvertrag noch zusätzlich der Zustimmungsbeschlüsse aller beteiligten Rechtsträger (§ 13). Seine gestaltende Wirkung gegenüber Dritten entfaltet er erst mit seiner Eintragung im Handelsregister des aufnehmenden bzw. neu gegründeten Rechtsträgers (§ 20).

11 Mit Wirksamwerden des Verschmelzungsvertrages erlangt jeder an ihm beteiligte Rechtsträger einen **vollstreckbaren Anspruch** gegen den oder die jeweils anderen darauf, alle zur Durchführung erforderlichen Handlungen vorzunehmen (Semler/Stengel/*Schröer* Rn. 45). Dies umfasst insbesondere durch **Anmeldung** die Eintragung der Verschmelzung zu bewirken, sowie als übertragender Rechtsträger eine zeitnahe **Schlussbilanz** zu erstellen und einzureichen (§ 17 Abs. 2). Gegebenenfalls muss ein Treuhänder bestellt (§ 71 Abs. 1 S. 1), ein **Negativattest** abgegeben (§ 16 Abs. 2 S. 1) oder im Anfechtungsprozess gegen den Zustimmungsbeschluss ein Antrag auf ein Unbedenklichkeits- bzw. **Freigabeverfahren** (§ 16 Abs. 3 S. 1) gestellt werden. **Treuepflichten** können es verbieten, den bei Vereinbarung der Verschmelzung gemeinsam angenommenen Erfolg derselben zu konterkarieren (Vermögenstransfers insbesondere bei einem der übertragenden Rechtsträger, Satzungsänderungen beim aufnehmenden Rechtsträger und Ähnlichem). Haben die Anteilsinhaber der Verschmelzung zugestimmt, schulden die Vertragspartner sich gegenseitig die Durchführung aller für die Verschmelzung notwendigen Mitwirkungshandlungen (SHS/*Winter* Rn. 20: insofern Synallagma). Für die Kapitalerhöhung ist dies streitig (Semler/Stengel/*Schröer* Rn. 55 mwN; BeckOGK/*Wicke* UmwG § 4 Rn. 32: nur bei schuldrechtlicher Verpflichtung im Verschmelzungsvertrag; aA KK-UmwG/*Simon* Rn. 34: keine Verpflichtung).

12 **Kein Anspruch** auf Verwirklichung der im Verschmelzungsvertrag selbst geregelten Rechtsfolgen (Anteilsgewährung; Vermögensübertragung und Ähnliches) besteht allein aus dem wirksamen Verschmelzungsvertrag (KK-UmwG/*Simon* Rn. 33 f.). Diese Rechtsfolgen ergeben sich aus dem Wirksamwerden der Verschmelzung erst durch deren Eintragung im Handelsregister kraft Gesetz. Die **Anteilsinhaber** selbst haben keinen eigenen Anspruch auf Durchführung der Verschmelzung gegenüber dem jeweiligen anderen Rechtsträger; allerdings je nach Rechtsform auf der Verbandsebene ggf. gegen das Organ ihres eigenen Rechtsträgers (KK-UmwG/*Simon* Rn. 35 f. auch zu den Ausnahmen bei Elementen eines Vertrages zugunsten Dritter nach § 328 BGB).

III. Mängel des Verschmelzungsvertrages

13 Hat der Verschmelzungsvertrag **inhaltliche Mängel** nach § 5 oder **Formmängel** nach § 6, kann die Eintragung der Verschmelzung vom Registergericht zurückgewiesen werden. Gleiches gilt, wenn er nach allgemeinen zivilrechtlichen Grundsätzen wegen eines Verstoßes gegen die **Verbotsgesetze** (§ 134 BGB) oder gegen die **guten Sitten** (§ 138 BGB) nichtig ist (vgl. Semler/Stengel/*Schröer* Rn. 38). Sind nur einzelne Elemente unwirksam, ist grundsätzlich § 139 BGB zu beachten (SHS/*Winter* Rn. 16).

14 Wie bei allen zivilrechtlichen Verträgen können auch bei Verschmelzungsverträgen die zu Grunde liegenden Willenserklärungen nach §§ 119f., 123 BGB innerhalb der Fristen der §§ 121, 124 BGB **angefochten werden** (dazu ausf. Lutter UmwG/*Drygala* § 5 Rn. 152; Semler/Stengel/*Schröer* Rn. 42). Dies ist sogar noch nach Eintragung der Verschmelzung zuzulassen, berührt allerdings den Bestand derselben nicht mehr (§ 20 Abs. 2). Denn aus einer erfolgreichen Anfechtung können sich ggf. Schadensersatzansprüche gegen einen beteiligten Rechtsträger oder eines seiner Organe (§§ 25, 27) ergeben. Dafür muss ggf. analog § 26 Abs. 1 ein besonderer Vertreter des untergegangenen übertragenden Rechtsträger schon als Empfänger der Anfechtungserklärung bestellt werden.

15 Bei **Leistungsstörungen** im Zusammenhang mit der Durchführung des Verschmelzungsvertrages gelten die allgemeinen Regeln. So kommt eine Anpassung bzw. Kündigung des Verschmelzungsvertrages nach den Grundsätzen zum **Wegfall der Geschäftsgrundlage** in Frage (SHS/*Winter* Rn. 19; Lutter UmwG/*Drygala* Rn. 41 mwN, Kündigung). Auch § 323 BGB ist auf den Verschmelzungsvertrag anwendbar (überwM: SHS/*Winter* Rn. 20; Lutter UmwG/*Drygala* Rn. 40). Denn die gegenseitigen Verpflichtungen der Vertragsparteien auf Mitwirkung an alle für die Verschmelzung erforderlichen Durchführungshandlungen stehen in einem Synallagma. Daraus kann sich ein **Rücktrittsrecht** (ggf. aber nur mit Zustimmung der Anteilseignerversammlung, Semler/Stengel/*Schröer* Rn. 56) ergeben. Zum gesetzlich geregelten Rücktrittsrecht auch § 7.

16 Konflikte mit dem **BDSG** entschied die hM zu § 4 BDSG aF zugunsten des UmwG. §§ 20 und 131 sollten insofern Erlaubnisnormen iSd § 4 BDSG aF sein (vgl. LG München I 29.3.2007, WM 2007, 1277 weiterhin unter Bezugnahme auf § 4 BDSG aF SHS/*Winter* Rn. 17). Dies dürfte im Grundsatz auch unter der am 25.5.2018 in Kraft getretenen DS-GVO (VO (EU) 2016/679, ABl. 2016 L 119/1, ber. ABl. 2016 L 314/72, ABl. 2018 L 127/2) weiterhin gelten. Selbst wenn der Übergang der Daten auf den übernehmenden Rechtsträger eine Übermittlung iSd § 3 Abs. 4 S. 2 Nr. 3 BDSG darstellt, ist dies nach § 28 Abs. 1 S. 1 Nr. 2 BDSG/Art. 6 Abs. 1f DS-GVO zulässig, da die Weitergabe zur Wahrung des Interesses des übertragenden Rechtsträgers an der Umwandlung erforderlich ist (näher hierzu Lutter UmwG/*Grunewald* § 20 Rn. 42).

17 Bei schuldhafter Verletzung eines vertragsähnlichen Vertrauensverhältnisses bei den Vorverhandlungen (letter of intent) können sich beim Scheitern der Verschmelzung in engen Grenzen Schadensersatzansprüche aus **cic** gegenüber einem beteiligten Rechtsträger ergeben (Lutter UmwG/*Drygala* Rn. 42ff.; BGH 29.3.1996, NJW 1996, 1884; OLG Frankfurt a. M. 30.10.1997, MDR 1998, 957).

Inhalt des Verschmelzungsvertrags

5 (1) **Der Vertrag oder sein Entwurf muß mindestens folgende Angaben enthalten:**

1. **den Namen oder die Firma und den Sitz der an der Verschmelzung beteiligten Rechtsträger;**
2. **die Vereinbarung über die Übertragung des Vermögens jedes übertragenden Rechtsträgers als Ganzes gegen Gewährung von Anteilen oder Mitgliedschaften an dem übernehmenden Rechtsträger;**
3. **das Umtauschverhältnis der Anteile und gegebenenfalls die Höhe der baren Zuzahlung oder Angaben über die Mitgliedschaft bei dem übernehmenden Rechtsträger;**
4. **die Einzelheiten für die Übertragung der Anteile des übernehmenden Rechtsträgers oder über den Erwerb der Mitgliedschaft bei dem übernehmenden Rechtsträger;**
5. **den Zeitpunkt, von dem an diese Anteile oder die Mitgliedschaften einen Anspruch auf einen Anteil am Bilanzgewinn gewähren, sowie alle Besonderheiten in bezug auf diesen Anspruch;**
6. **den Zeitpunkt, von dem an die Handlungen der übertragenden Rechtsträger als für Rechnung des übernehmenden Rechtsträgers vorgenommen gelten (Verschmelzungsstichtag);**
7. **die Rechte, die der übernehmende Rechtsträger einzelnen Anteilsinhabern sowie den Inhabern besonderer Rechte wie Anteile ohne Stimmrecht, Vorzugsaktien, Mehrstimmrechtsaktien, Schuldverschreibungen und Genußrechte gewährt, oder die für diese Personen vorgesehenen Maßnahmen;**

8. jeden besonderen Vorteil, der einem Mitglied eines Vertretungsorgans oder eines Aufsichtsorgans der an der Verschmelzung beteiligten Rechtsträger, einem geschäftsführenden Gesellschafter, einem Partner, einem Abschlußprüfer oder einem Verschmelzungsprüfer gewährt wird;

9. die Folgen der Verschmelzung für die Arbeitnehmer und ihre Vertretungen sowie die insoweit vorgesehenen Maßnahmen.

(2) **Befinden sich alle Anteile eines übertragenden Rechtsträgers in der Hand des übernehmenden Rechtsträgers, so entfallen die Angaben über den Umtausch der Anteile (Absatz 1 Nr. 2 bis 5), soweit sie die Aufnahme dieses Rechtsträgers betreffen.**

(3) **Der Vertrag oder sein Entwurf ist spätestens einen Monat vor dem Tage der Versammlung der Anteilsinhaber jedes beteiligten Rechtsträgers, die gemäß § 13 Abs. 1 über die Zustimmung zum Verschmelzungsvertrag beschließen soll, dem zuständigen Betriebsrat dieses Rechtsträgers zuzuleiten.**

Übersicht

I. Allgemeines

1 Abs. 1 regelt den zwingenden Mindestinhalt des Verschmelzungsvertrages oder seines Entwurfes iSd § 4 Abs. 2. Die Nr. 1–3 legen die „essentialia" fest, ohne die der Vertrag nichtig (→ Rn. 38) und die Verschmelzung nicht eintragungsfähig ist. Die übrigen Angaben dienen hauptsächlich der Information und damit dem Schutz der Anteilseigner (Nr. 4–8) und der Arbeitnehmer (Nr. 9 mit der Zuleitungspflicht an den Betriebsrat in Abs. 3; → Rn. 39 ff.). Eine systematisch bedingte Ausnahme von den Angaben in Nr. 2–5 ist in Abs. 2 für die Tochter-Mutter-Verschmelzung vorgesehen (→ Rn. 35 f.).

II. Zwingender Inhalt

2 Der **zwingende Inhalt** eines Verschmelzungsvertrages – ebenso wie der Inhalt seines schriftlichen Entwurfs (§ 4 Abs. 2) – ergibt sich aus dem Katalog des § 5 Abs. 1 Nr. 1–9 und Abs. 2 (zu den Einzelheiten s. ausf. *Limmer* in Limmer Unternehmensumwandlung-HdB Teil 2 Rn. 96 ff.; MHdB GesR III/*Mayer/Weiler* § 73 Rn. 14 ff.; zu den Grenzen der Auslegungsfähigkeit: KG 22.6.2004, NZG 2004, 1172) sowie aus Spezialregelungen für einzelne Rechtsformen.

3 **1. Bezeichnung der Vertragspartner (Nr. 1).** Die Vertragspartner des Verschmelzungsvertrages müssen wie bei jedem Vertrag jeweils nach Name oder Firma und Sitz genau bezeichnet werden. Für die Firmenfortführung findet sich eine besondere Regelung in § 18 (s. dazu allgemein *Limmer* NotBZ 2000, 101 ff.) Daneben gelten die allgemeinen firmenrechtlichen Vorschriften der §§ 17 ff. HGB sowie die spezialgesetzlichen Vorgaben für den jeweiligen Rechtsträger. Firmenrechtliche Besonderheiten ergeben sich bei der Kettenverschmelzung (OLG Hamm 19.12.2005, DNotZ 2006, 378 mwN).

4 **2. Vermögensübertragung gegen Gewährung von Anteilen (Nr. 2).** Der Vertrag muss dieses Wesensmerkmal der Verschmelzung klarstellen (→ § 2 Rn. 4 ff.). Nicht zwingend, aber empfehlenswert,

ist eine Orientierung an der gesetzlichen Formulierung. Fehlt es gänzlich an einer solchen Feststellung im Vertrag, ist nicht einmal der Bestandschutz nach seiner Eintragung gesichert (→ § 20 Rn. 65).

a) Vermögensübergang durch Gesamtrechtsnachfolge. Die Verschmelzung zielt auf die Ver- 5
mögensübertragung als Ganzes im Wege der Gesamtrechtnachfolge (→ § 20 Rn. 4 ff.). Davon können keine einzelnen Vermögensgegenstände ausgenommen werden.

b) Anteilsgewährungspflicht. Die Frage, ob iRe Verschmelzung an die Anteilsinhaber der über- 6
tragenden Rechtsträger als Ersatz für den Verlust ihrer Rechtsposition Anteile am übernehmenden Rechtsträger gewährt werden müssen, ist von der Frage zu trennen, woher diese zu gewährenden Anteile kommen (zB bei Kapitalgesellschaften aus einer Kapitalerhöhung) (vgl. dazu ausf. *Limmer* in Limmer Unternehmensumwandlung-HdB Teil 2 Rn. 256 ff.). Das Gesetz sieht eine **allgemeine Ausnahme von der Anteilsgewährungspflicht** allein bei der Verschmelzung der 100%igen Tochtergesellschaft auf ihre Mutter (vgl. § 5 Abs. 2, § 20 Abs. 1 Nr. 3 Hs. 2 Alt. 1) sowie bei eigenen Anteilen an dem übertragenden Rechtsträger (§ 20 Abs. 1 Nr. 3 Hs. 2 Alt. 2) vor. Die bei dieser Konstellation ansonsten erfolgende Gewährung eigener Anteile an dem aufnehmenden Rechtsträger soll bei Kapitalgesellschaften vermieden werden und wäre bei Personenhandelsgesellschaften nach allgemeinen gesellschaftsrechtlichen Regeln gar nicht möglich. Auch durch **bare Zuzahlungen** kann die Anteilsgewährung nur bis 10 % des Nennbetrags der gewährten Anteile ersetzt werden (§ 54 Abs. 4, § 68 Abs. 3). Genauer → Rn. 17 f.

Früher war die Frage sehr umstritten, ob durch die Berechtigten auf die **Gewährung von Anteilen** 7
verzichtet werden kann (vgl. dazu ausf. *Limmer* in Limmer Unternehmensumwandlung-HdB Teil 1 Rn. 172 ff., Teil 2 Rn. 101 ff., 132 ff. und 256 ff.). Das UmwG nF (Zweites Gesetz zur Änderung des Umwandlungsgesetzes, in Kraft seit 25.4.2007, BGBl. 2007 I 542) sieht in § 54 Abs. 1 S. 3 für die Verschmelzung auf eine GmbH und § 68 Abs. 1 S. 3 bei der AG die Möglichkeit eines einvernehmlichen notariellen Verzichts auf die Gewährung von Anteilen ausdrücklich vor (zur Möglichkeit eines konkludenten Verzichts trotz Formbedürftigkeit: OLG Köln 22.1.2020, ZIP 2020, 556; dazu *Wachter* EWiR 2020, 299; *Höhne* GWR 2020, 220; zu den Grenzen des Verzichts auf Anteilsgewährung im Umwandlungsrecht: *Weiler* NZG 2008, 527; zur Rolle des Anteilsverzichts bei der Verschmelzung überschuldeter Rechtsträger: *Keller/Klett* DB 2010, 1220 ff.). Die Verzichtsmöglichkeit nach § 54 Abs. 1 S. 3 soll allerdings nur dann bestehen, wenn die Anteile beim übernehmenden Rechtsträger durch eine Kapitalerhöhungsmaßnahme geschaffen werden, also zB nicht bei der Verschmelzung der Mutter- auf die Tochter-GmbH (so Widmann/Mayer/*Mayer* Rn. 38). Bei einer 100%igen Mutter-Tochterkonstellation würde bei Verzicht auf jegliche Anteilsgewährung eine „Kein-Mann-GmbH" entstehen (Widmann/Mayer/*Mayer* Rn. 38; Kallmeyer/*Kocher* § 54 Rn. 18). Auch wenn die **Anteile der übertragenden Mutter an ihrer Tochter-GmbH nicht voll eingezahlt** sind, müssen diese mE an die ehemaligen Gesellschafter der Mutter-GmbH zugewiesen werden (vgl. auch § 54 Abs. 1 S. 1 Nr. 3: Kapitalerhöhungsverbot; BeckOGK/*v. Hinden,* 1.7.2020, § 54 Rn. 26 ff.). Allein diese Konstellation macht im übrigen Sinn für das Zustimmungserfordernis in § 51 Abs. 1 S. 3 der Gesellschafter einer aufnehmenden GmbH wegen drohender Haftung nach § 24 GmbHG. Ansonsten würden entgegen § 33 GmbHG nicht voll eingezahlte eigene Anteile bei der aufnehmenden Tochter-GmbH entstehen. Nimmt man an, dass sie untergehen, bliebe eine Deckungslücke beim Stammkapital der Tochter-GmbH übrig und die offene Einlageforderung wäre auch weg. ME erlaubt diese Regelung auch den **Verzicht nur einzelner Gesellschafter,** nicht zwingend immer aller. Allerdings wird auch für einen nur teilweisen Verzicht die Zustimmung aller Gesellschafter beim übertragenden Rechtsträger verlangt (Widmann/Mayer/*Mayer* § 54 Rn. 51.2; *Heckschen* DB 2008, 1363 (1366)). Zur Anteilsgewährung bei **wechselbezüglicher Beteiligung** → § 20 Rn. 56a.

Nach ursprünglichem Verständnis wurde die Anteilsgewährungspflicht als Wesensmerkmal der Ver- 8
schmelzung und Spaltung angesehen (Widmann/Mayer/*Mayer* Rn. 15 ff.; *Heidinger* DNotZ 1999, 154 (161 f.)) sowie die hierbei zu berücksichtigenden Gläubigerschutzgesichtspunkte betont (Regierungsbegründung zu § 54, abgedr. bei *Ganske,* UmwR, 2. Aufl. 1995, 103). Da insbesondere bei der **Schwesterverschmelzung** aus Sicht der Anteilseigner eine Anteilsgewährung wirtschaftlich unsinnig erscheint, sprachen sich schon vor der Gesetzesänderung große Teile der Lit. (Lutter/Winter UmwG/*Winter,* 4. Aufl. 2009, § 54 Rn. 19 ff.) und hauptsächlich die Instanzgerichte (LG München I 22.1.1998, NJW-RR 1999, 398; LG Konstanz 13.2.1998, NZG 1998, 827; LG Essen 15.3.2002, NZG 2002, 736; LG Saarbrücken 17.3.1998, DNotI-Report 1999, 163 zur Verschmelzung einer GmbH & Co. KG auf eine bereits existierende GmbH & Co. KG; ebenso OLG München 2.8.2013, DNotI-Report 2013, 133, nach § 128 für die Spaltung einer GmbH zu Null; zustimmend *Wachter* EWiR 2013, 593; *Cramer* GWR 2013, 384,) gegen eine Anteilsgewährungspflicht in den verschiedensten Konstellationen aus. Demgegenüber hatten sich die Obergerichte (OLG Frankfurt a. M. 10.3.1998, DNotZ 1999, 154; KG 22.9.1998, DNotZ 1999, 157 jew. mAnm *Heidinger;* auch wieder OLG Hamm 3.8.2004, NZG 2004, 1005 = NJW-RR 2004, 1556) zumindest bei der Verschmelzung von Kapitalgesellschaften unter Berufung auf den in der Regierungsbegründung bereits betonten **Gläubigerschutzgedanken** überwiegend ausdrücklich für eine Anteilsgewährungspflicht entschieden (zum Gläubigerschutz bei Ver-

schmelzungen von Kapitalgesellschaften ausf.: *Kalss* ZGR 2009, 74). In der Praxis wurde dieser Grundgedanke des Gläubigerschutzes aber bisher schon dadurch ausgehebelt, dass – von den Registergerichten inzwischen allgemein anerkannt – bei Kapitalgesellschaften die kleinstmögliche Anteilsgewährung (jetzt 1 EUR Geschäftsanteile und 1 EUR Aktie) mit einer entsprechend kleinen Kapitalerhöhung bei der aufnehmenden Kapitalgesellschaft (*Limmer* in Limmer Unternehmensumwandlung-HdB Teil 2 Rn. 139; strenger aber für Summierung der Garantie-Kapitalziffern noch: *Petersen* GmbHR 2004, 728; dagegen wieder: *Maier-Reimer* GmbHR 2004, 1128 und *Rodewald* GmbHR 2005, 515; für zeitliche Ausschüttungssperre bei aufnehmender Kapitalgesellschaft: *Naraschewski* GmbHR 1998, 356) bzw. bei der KG keine Erhöhung der Hafteinlage, sondern nur des Kapitalkontos für zulässig gehalten wurde.

9 Bei der Verschmelzung von **Personengesellschaften** erscheint die Frage der Anteilsgewährungspflicht auch jetzt noch offen (für allgemeine Verzichtsmöglichkeit: Lutter UmwG/*Grunewald* § 20 Rn. 70; BeckOGK/*Wicke* UmwG § 5 Rn. 13; *Heckschen* DB 2008, 1363 (1367); *Heckschen* GWR 2010, 101 in Abgrenzung zum Ausgleich durch Geldzahlung; *Limmer* in Limmer Unternehmensumwandlung-HdB Teil 2 Rn. 103; *Priester* ZIP 2013, 2033; allg. Verzichtsmöglichkeit **abl.** KK-UmwG/*Simon* § 2 Rn. 126, 167; SHS/*Westerburg* § 54 Rn. 13; *Stoye-Benk/Cutura,* Handbuch Umwandlungsrecht, 2012, Kap. 3 Rn. 2; Widmann/Mayer/*Mayer* Einf. Rn. 37 so auch Widmann/Mayer/*Fronhöfer* § 80 Rn. 18.1, bei der Erörterung zur Genossenschaft). Zwar können bei der KG nur in geringem Maße und bei der OHG als aufnehmendem Rechtsträger überhaupt keine Gläubigerschutzgesichtspunkte relevant werden (vgl. ausf. *Huber,* Anteilsgewährungspflicht im Umwandlungsrecht?, 2005; Widmann/Mayer/*Mayer* Rn. 24.1 ff.; *Tillmann* GmbHR 2003, 740 ff.). Die neuen Verzichtsmöglichkeiten in §§ 54 und 68 betreffen aber sowohl von ihrem Wortlaut als auch ihrem Standort nur Verschmelzungen auf eine GmbH oder eine AG. Systematisch richtig (Frage der Anteilsgewährung, nicht der Kapitalerhöhung!) hätte eine Regelung in § 20 erfolgen müssen. Dann wäre ihre rechtsformübergreifende Anwendung für alle Verschmelzungen gesetzlich verankert geworden. Für die Praxis verbleibt die derzeit noch ungeklärte Frage, ob die Verzichtsmöglichkeit „erst recht" analog §§ 54, 68 für Personengesellschaften gilt, oder ob es sich bei dieser Regelung um eine bewusste Sonderregelung für den praktisch wichtigen Fall der Verschmelzung auf eine Kapitalgesellschaft handelt. Diese Frage wird vor allem bei der Verschmelzung zweier Schwester-GmbH & Co. KG bezüglich der Komplementär-GmbH mit 0-Kapitalbeteiligung diskutiert (für Anteilsgewährung: *Hegemann* GmbHR 2009, 702 (705); diff. zwischen identischer und unterschiedlicher Komplementär-GmbH Widmann/Mayer/*Mayer* Rn. 24.3 f.). Zu Unrecht wird vereinzelt die Anteilsgewährung an eine Komplementärin mit 0-Beteiligung sogar für unzulässig gehalten (Lutter UmwG/*Drygala* Rn. 23). Dies überzeugt nicht, da auch eine 0-Kapitalbeteiligung eine Mitgliedschaft begründet. Die **Spaltung zu Null** ist demgegenüber auch bei der Beteiligung von Personengesellschaften nach § 128 zulässig (OLG München 2.8.2013, DNotI-Report 2013, 133; zustimmend *Wachter* EWiR 2013, 593; *Lutz* notar 2015, 134; *Cramer* GWR 2013, 384, s. dazu auch *Rubner/Fischer* NZG 2014, 761).

10 **3. Umtauschverhältnis und bare Zuzahlung (Nr. 3). a) Allgemeines.** Dies betrifft die Angabe, wie viele Anteile am übernehmenden Rechtsträger auf einen Anteil des übertragenden Rechtsträgers entfallen (zB 1 zu 2; zur Berechnung s. KK-UmwG/*Simon* Rn. 40). Zu der **zwingenden Angabe der reinen Umtauschrelation** werden rechtsformabhängig in den besonderen Regelungen des UmwG (§§ 40, 46, 80) noch weitere spezifische Angaben gefordert (zB bei Personengesellschaften der Betrag der Einlagen jedes Gesellschafters, § 40 Abs. 1 S. 2, und bei Kapitalgesellschaften konkrete Angabe der Nennbeträge, § 46 Abs. 1 S. 1). Bei Verein oder VVaG als übernehmendem Rechtsträger sind statt des Umtauschverhältnisses **Angaben über die Mitgliedschaft** im Verschmelzungsvertrag aufzunehmen. Fehlt dieses essentialia des Verschmelzungsvertrages gänzlich, fehlt es ggf. an einem auf die Rechtswirkungen der Verschmelzung gerichteten Vertrag. Daher soll dann nach hM nicht einmal nach seiner Eintragung im Handelsregister Bestandskraft nach § 20 Abs. 2 erreicht werden können (→ § 20 Rn. 65; Semler/Stengel/*Schröer* Rn. 127 mwN; KK-UmwG/*Simon* Rn. 242).

11 Das **Umtauschverhältnis** ergibt sich grundsätzlich aus der Wertrelation der beteiligten Unternehmen aufgrund einer Bewertung nach einer **anerkannten Bewertungsmethode** (s. dazu auch bei der Konzernverschmelzung: OLG Stuttgart 6.7.2007, NJOZ 2007, 4728 = BeckRS 2007, 13221; OLG Stuttgart 22.9.2009, WM 2010, 173; zur Verschmelzungswertrelation *Wicke* FS Stilz, 2014, 708 ff.; für Anwendung der Business Judgement Rule zur besseren Überprüfbarkeit *Stilz* FS Mailänder, 2006, 423; ggf. auch Börsenkurs: LG Frankfurt a. M. 13.3.2009, NZG 2009, 553 = ZIP 2009, 1322; zur Schätzung der Unternehmenswerte anhand der Börsenwerte zur Ermittlung einer angemessenen baren Zuzahlung OLG Frankfurt a. M. 1.3.2016, AG 2016, 667; zur Wertrelation von Vorzugsaktien und Stammaktien: OLG Karlsruhe 10.1.2006, NZG 2006, 670; zum angemessenen Umtauschverhältnis: OLG Frankfurt a. M. 20.4.2012, NZG 2013, 104), kann aber auch **frei durch die Parteien** bestimmt werden (zB im Konzern) (s. dazu OLG Stuttgart 8.3.2006, DStR 2006, 626 = AG 2006, 421, nur eingeschränkter Prüfungsumfang). Daher ist auch eine **quotenabweichende Verschmelzung** möglich (SHS/*Winter* Rn. 8; Widmann/Mayer/*Mayer* Rn. 24.2; missverständlich insofern KK-UmwG/*Simon* Rn. 12 aE, der von der verfassungsrechtlichen Eigentumsgarantie spricht, nach der das gewährte Mitgliedschaftsrecht

dem Wert der hingegebenen Mitgliedschaftsrechte am übertragenden Rechtsträger entsprechen müsse). Das Umtauschverhältnis ist nicht Gegenstand der registergerichtlichen Prüfung (Lutter UmwG/*Grunewald* § 20 Rn. 6), kann aber nach § 15 in einem gesonderten Verfahren **(sog. Spruchverfahren)** der gerichtlichen Überprüfung unterstellt werden. Vor der Eintragung der Verschmelzung kommt bei unvorhersehbaren, erheblichen Veränderungen auch eine Anpassung oder ein Rücktritt vom Verschmelzungsvertrag nach den Grundsätzen des **Wegfalls der Geschäftsgrundlage** (§ 313 BGB) in Frage (dazu ausf. KK-UmwG/*Simon* Rn. 43 ff.).

b) Berechnung des Unternehmenswertes. Das Gesetz gibt keine Vorgaben für die Methode der Berechnung des Umtauschverhältnisses. Entscheidend sind die jeweiligen Bewertungen der beteiligten Unternehmen. Entscheidend ist dabei nicht die exakte Berechnung der jeweiligen Unternehmenswerte, sondern die richtige **Ermittlung der Relation der Unternehmenswerte** zueinander (Lutter UmwG/*Drygala* Rn. 28; OLG Stuttgart 8.3.2006, DStR 2006, 626). Daher wird regelmäßig für alle beteiligten Unternehmen die gleiche Bewertungsmethode zur Anwendung kommen (Lutter UmwG/*Drygala* Rn. 28 mit Hinweisen auch auf die Ausnahmen in Rn. 29; KK-UmwG/*Simon* Rn. 39 im Zusammenhang mit Bewertung zum Börsenkurs). 12

aa) Die Bewertungsmethoden. In der Betriebswirtschaftslehre ist eine Vielzahl von Methoden zur Bewertung von Unternehmen anerkannt und damit auch für die Bewertung iRd Verschmelzung grundsätzlich zulässig. Von der hM und den Zivilgerichten wird in erster Linie das **Ertragswertverfahren** herangezogen (KK-UmwG/*Simon* Rn. 31; keine verfassungsrechtlichen Bedenken BVerfG 30.5.2007, NJW 2007, 3266; auch wieder OLG Rostock 19.5.2016, DStR 2016, 2980: Ertragswert des Unternehmens plus Verkehrswert des nicht notwendigen Betriebsvermögen). Dieses richtet sich in erster Linie nach den Grundsätzen, die das IDW aufgestellt hat (IDW S. 1 WPG 3/2008, 68 ff.). Der Unternehmenswert wird dabei durch den Barwert der erwarteten Ertragsüberschüsse errechnet, die durch die Tätigkeit des Unternehmens künftig erzielt werden können (KK-UmwG/*Simon* Rn. 32; ausf. dazu auch SHS/*Winter* Rn. 11 ff. mwN). 13

Bei börsennotierten Unternehmen kann die Unternehmensbewertung auch unter Zuhilfenahme des **Börsenkurses** erfolgen (KK-UmwG/*Simon* Rn. 35 ff. mit weiteren Einzelheiten zur konkreten Durchführung; vgl. auch BGH 12.3.2001, BGHZ 147, 108 ff. – DAT-Atlana; Lutter UmwG/*Drygala* Rn. 43 zum Problem der Methodengleichheit bei mehreren beteiligten Rechtsträgern). Teilweise wird der Börsenkurs zumindest als Wertuntergrenze eines Unternehmens angesehen (SHS/*Winter* Rn. 53; BayObLG 18.12.2002, BayObLGZ 2002, 400; LG Stuttgart 9.2.2005, Der Konzern 2005, 606 (608); OLG Stuttgart 6.7.2007, NJOZ 2007, 4728 = BeckRS 2007, 13221). 14

Sowohl die **Ertragswertmethode** als auch Schätzung anhand des **Börsenkurses** ist **verfassungsrechtlich zulässig** (BVerfG 26.4.2011, NZG 2011, 869 = EWiR 2011, 515 *(v. der Linden);* s. auch schon OLG Frankfurt a. M. 3.9.2010, NZG 2010, 1141 = EWiR 2010, 833 *(Soundry/Lume);* s. dazu auch BVerfG 20.12.2010, GWR 2011, 109 *(Koffka/Schulz).* 14a

bb) Der Bewertungsstichtag. Noch nicht abschließend geklärt ist, welcher **konkrete Stichtag für die Unternehmensbewertung** anlässlich der Verschmelzung zugrunde zu legen ist (s. dazu ausf. SHS/*Winter* Rn. 28 ff.; KK-UmwG/*Simon* Rn. 17 ff.; Lutter UmwG/*Drygala* Rn. 32). In Frage kommt der Verschmelzungsstichtag (Nr. 6), der Tag des Abschlusses des Verschmelzungsvertrages, der Tag des jeweiligen Zustimmungsbeschlusses bei dem betroffenen Rechtsträger, der Tag der Wirksamkeit des Verschmelzungsvertrages durch den letzten erforderlichen Zustimmungsbeschluss oder des Wirksamwerdens der Verschmelzung durch deren Eintragung im Handelsregister (§ 20 Abs. 1). 15

Mangels gesetzlicher Vorgaben sind die **Parteien grundsätzlich frei** in der Bestimmung des Bewertungsstichtages. Sinnvollerweise sollte er aber für **alle Rechtsträger gleich** sein, um ein einheitliches Umtauschverhältnis errechnen zu können (wohl sogar zwingend BeckOGK/*Wicke* Rn. 49 mwN; für einheitlichen Stichtag: SHS/*Winter* Rn. 28 auch wegen logistischer Probleme mit dem erforderlichen Verschmelzungsbericht und der -prüfung). Das jeweilige Beschlussdatum bei den beteiligten Rechtsträgern kann ggf. zu unübersehbaren Wertverschiebungen führen. Die gängige Gestaltungspraxis lehnt sich an die Regelung des § 30 Abs. 1 für die Berechnung der anzubietenden Barabfindung nach § 29 an (KK-UmwG/*Simon* Rn. 18 mwN) und hält den **Zeitpunkt der Beschlussfassung des übertragenden Rechtsträgers** jedenfalls für geeignet („naheliegend" BeckOGK/*Wicke* Rn. 49 mwN). In der Literatur (SHS/*Winter* Rn. 28 f.; BeckOGK/*Wicke* Rn. 49) wird auch der **Stichtag der Bilanz,** der Zeitpunkt des **Abschlusses des Verschmelzungsvertrages** oder der **Verschmelzungsstichtag** (Nr. 6) erwogen. Letzterer darf dann allerdings nicht variabel gewählt sein (zur Zulässigkeit eines variablen Verschmelzungsstichtages → Rn. 23). Teilweise wird die Einschränkung gemacht, dass diese Stichtage in den letzten drei Monaten vor der letzten Anteilseignerversammlung liegen müssen (Widmann/Mayer/*Mayer* Rn. 131 mit Hinweis auch auf Ausnahmesituationen). 16

c) Bare Zuzahlung. Die bare Zuzahlung ist von der nach § 29 ggf. **anzubietenden Barabfindung** für den Fall des Ausscheidens eines Gesellschafters zu unterscheiden. **Bare Zuzahlungen** sollen nur dem Spitzenausgleich beim Umtauschverhältnis dienen und nicht zum „Auskaufen" eines Gesellschafters 17 missbraucht werden können. Daher sehen zB § 54 Abs. 4 und § 68 Abs. 3 bei aufnehmender GmbH bzw. AG eine Grenze von max. 10 % des Nennbetrages der gewährten Anteile vor. Ein eventueller Mehrwert des übertragenden Rechtsträgers muss ansonsten in die **Kapitalrücklagen** gestellt werden. Nicht ausgeschlossen sind dadurch Ausgleichszahlungen der Gesellschafter untereinander oder an die aufnehmende GmbH, wenn alle Beteiligten damit einverstanden sind (Kallmeyer/*Lanfermann* Rn. 22; SHS/*Winter* Rn. 66).

18 Nach noch hM darf eine „Zuzahlung“ nur bar und nicht durch **Sachleistung** erfolgen (Widmann/Mayer/*Mayer* Rn. 64 ff.; Lutter UmwG/*J. Vetter* § 54 Rn. 142; KK-UmwG/*Simon/Nießen* § 54 Rn. 74, nur großzügiger bei Darlehenseinbuchung; **aA** jetzt SHS/*Winter* Rn. 66, bei allseitigem Einverständnis; Kallmeyer/*Lanfermann* Rn. 22, Darlehenseinbuchung und Erfüllung der baren Zuzahlungsverpflichtung mit Sachleistungen; NK-UmwR/*Böttcher* Rn. 39, bei Zustimmung des berechtigten Anteilsinhabers). Durch die großzügigere Ansicht wird zum Wohle der Gestaltungsfreiheit aber die systematische Abgrenzung der Verschmelzung gegen Gewährung von Anteilen zur nur sehr eingeschränkt möglichen Vermögensübertragung gegen sonstige Gegenleistung nach §§ 174 ff. weiter verwässert. Für den **Sonderfall der Ausgliederung** ist die Einbuchung einer Darlehensforderung als Ausgleich neben der Anteilsgewährung anerkannt (OLG München 15.11.2011, DStR 2012, 142), da § 125 für die Ausgliederung ausdrücklich nicht auf die §§ 54 und 68 verweist, rechtstechnisch ist diese Meinung allerdings verfehlt. Denn § 54 Abs. 4 und § 68 Nr. 3 erlauben zum erforderlichen Spitzenausgleich abweichend von der ausschließlichen Gewährung von Anteilen eine 10%ige bare Zuzahlung. Ohne Verweis auf die Anwendung dieser Vorschriften ist daher überhaupt keine Zuzahlung möglich, so wie auch der Verzicht auf Anteilsgewährung nach § 54 Abs. 1 S. 3 nicht greifen dürfte.

19 **4. Einzelheiten über den Erwerb der Anteile (Nr. 4).** Die Anteile am aufnehmenden Rechtsträger gehen mit Eintragung der Verschmelzung entsprechend den Regelungen im Verschmelzungsvertrag **kraft Gesetz** auf die Anteilsinhaber des bzw. der übertragenden Rechtsträger(s) über (→ § 20 Rn. 51). Einer rechtsgeschäftlichen Übertragung bedarf es nicht. Die erforderlichen Anteile werden regelmäßig durch **Kapitalerhöhung** beim oder **Neugründung** de(r)s aufnehmenden Rechtsträger(s) geschaffen. Es können zB aber auch vorhandene **eigene Anteile** verwendet werden. Die diesbezüglich erforderlichen Angaben ergeben sich rechtsformspezifisch unterschiedlich (s. ausf. Semler/Stengel/*Schröer* Rn. 35 ff.). Praktisch relevant sind diese Angaben insbesondere bei der AG zur Einschaltung eines Treuhänders nach §§ 71, 72 (SHS/*Winter* Rn. 68). Anders als bei der Verschmelzung können bei der Abspaltung auch mit dinglicher Wirkung Anteile am übertragenden Rechtsträger gewährt werden (§§ 126 Abs. 1 Nr. 10 und 131 Abs. 1 Nr. 3: „der beteiligten Rechtsträger“; dazu und zur Spaltung zu Null → § 131 Rn. 29 ff.

20 **5. Zeitpunkt der Gewinnberechtigung (Nr. 5).** Der Zeitpunkt, ab wann die zu gewährenden Anteile/Mitgliedschaften gewinnberechtigt sind, kann **frei bestimmt** werden (SHS/*Winter* Rn. 71; Lutter UmwG/*Drygala* Rn. 68). Regelmäßig – aber nicht zwingend – wird der Beginn des Geschäftsjahres der übernehmenden Gesellschaft, das auf den **Stichtag der letzten Jahresbilanz** der übertragenden Gesellschaft folgt, gewählt. Der Stichtag der Gewinnberechtigung kann auch **variabel** – abhängig vom Zeitpunkt des Wirksamwerdens der Verschmelzung durch Eintragung im Handelsregister – festgelegt werden (Semler/Stengel/*Schröer* Rn. 47 mwN; s. dazu BGH 4.12.2012, DStR 2013, 534; *Hoffmann-Theinert* EWiR 2013, 223; dazu *Bungert/Wansleben* DB 2013, 979). Jedoch ist er – nur im Innenverhältnis relevant – von dem Verschmelzungsstichtag nach Nr. 6 zu unterscheiden.

21 **6. Verschmelzungsstichtag (Nr. 6).** Der Verschmelzungsstichtag ist **grundsätzlich frei wählbar.** Er legt fest, von welchem Tag an die Handlungen des übertragenden Rechtsträgers im Innenverhältnis als für Rechnung des übernehmenden Rechtsträgers vorgenommen gelten (gesetzliche Fiktion) und dient der Abgrenzung der **Rechnungslegung.** Die Buchführungspflicht des übertragenden Rechtsträgers erlischt jedoch erst mit seinem Erlöschen durch Wirksamwerden der Verschmelzung mit der Eintragung im Handelsregister (KK-UmwG/*Simon* Rn. 83 ff.; SHS/*Winter* Rn. 76 auch zur Vermeidung einer zusätzlichen Buchführung beim aufnehmenden Rechtsträger). Insofern ist er von dem **Bewertungsstichtag** (→ Rn. 15 f. zu Nr. 3) und dem Stichtag der **Gewinnbezugsberechtigung** (→ Rn. 20 zu Nr. 5) zu unterscheiden. Der **dingliche und gesellschaftsrechtliche Vollzug** der Verschmelzung erfolgt erst mit ihrer Eintragung im Handelsregister (§ 20 Abs. 1).

22 Der Stichtag der Schlussbilanz hat insbesondere für die Einhaltung der Achtmonatsfrist bei der Anmeldung nach § 17 Abs. 2 S. 4 Bedeutung. Nach noch überwiegender, aber bestrittener Auffassung muss der Verschmelzungsstichtag **mit dem Schlussbilanzstichtag übereinstimmen,** genau genommen, ihm unmittelbar nachfolgen (so Lutter UmwG/*Drygala* Rn. 74; Semler/Stengel/*Schröer* Rn. 54; SHS/*Winter* Rn. 75; KK-UmwG/*Simon* Rn. 79; *Blasche* RNotZ 2014, 464 (465); s. auch FG Köln 26.10.2004, Der Konzern 2005, 612; aA MHdB GesR III/*Mayer/Weiler* § 73 Rn. 37; Widmann/Mayer/*Mayer* Rn. 158 ff.; Kallmeyer/*Lanfermann* Rn. 34 f.; *Aha* BB 1996, 2559; *Heidtkamp* NZG 2013, 852; *Nießen/Schubert* NWB 2014, 1748, allerdings den praktischen Nutzen bezweifelnd). Lässt man ein Auseinanderfallen zu, soll die Möglichkeit bestehen, eine verspätet angemeldete Verschmelzung ohne

Neuvornahme nur unter Zugrundelegung einer aktuelleren Schlussbilanz nochmals beim Handelsregister einzureichen (→ § 17 Rn. 30). Ansonsten ist dieser Meinungsstreit aber praktisch meist irrelevant. Denn der **steuerliche Übertragungsstichtag** muss zwingend dem Ablauf des Stichtages der Schlussbilanz des übertragenden Rechtsträgers entsprechen, dem der Verschmelzungsstichtag unmittelbar nachfolgen muss (§ 2 Abs. 1 S. 1 UmwStG: steuerlicher Übergang mit Ablauf des Stichtages) (Semler/Stengel/*Schröer* Rn. 57; Umwandlungssteuererlass Rn. 02.03, GmbHR 1998, 444 (455); FG Köln 26.10.2004, Der Konzern 2005, 612; *Suchanek/Hesse* Der Konzern 2015, 245, für Handelsregistereintragung als handelsrechtlichen und steuerrechtlichen Stichtag).

Der Verschmelzungsstichtag kann **in der Vergangenheit** liegen. Dies ist sogar zulässig auf einen Zeitpunkt, zu dem der aufnehmende Rechtsträger noch gar nicht existierte (→ § 2 Rn. 18 zur sog. Kettenverschmelzung). Denn bei der Verschmelzung zur Neugründung lässt das Gesetz diesen bei jeder Rückwirkung vorliegenden Fall ohne weiteres zu. Eine Begrenzung der Rückwirkung auf acht Monate ergibt sich aus § 17 Abs. 2 S. 4 und der Ankoppelung an den Schlussbilanzstichtag (→ Rn. 22). Auch ein **zukünftiger** Stichtag ist grundsätzlich zulässig (zur Ausnahme bei der Genossenschaft, *Heidinger* NotBZ 2002, 86; *Limmer* in Limmer Unternehmensumwandlung-HdB Teil 2 Rn. 183 ff.; MHdB GesR VIII/*Johannsen-Roth* § 15 Rn. 348 ff.; großzügig aber LG Kassel 20.4.2007, Rpfleger 2007, 668; BeckOGK/*Erkens,* 1.4.2020, § 80 Rn. 48), darf aber nicht nach Eintragung der Verschmelzung im Handelsregister liegen. Die Zulässigkeit eines **variablen Stichtages** ist inzwischen kaum mehr streitig (befürwortend: BeckOGK/*Wicke* Rn. 70; *Limmer* in Limmer Unternehmensumwandlung-HdB Teil 2 Rn. 187 f., mit Formulierungsvorschlag; Widmann/Mayer/*Mayer* Rn. 164; KK-UmwG/*Simon* Rn. 99; *Hoffmann-Becking* FS Fleck, 1988, 105 (119 f.); *Bula*/Thees in SBB Umwandlungen § 10 Rn. 16; Lutter UmwG/*Drygala* Rn. 75 mit Formulierungsvorschlag in Fn. 274; *Blasche* RNotZ 2014, 464 (465); jetzt auch SHS/*Winter* Rn. 79 mit Verweis auf BGH WM 2013, 325 = ZIP 2013, 358 zur variablen Gewinnbezugsregelung nach § 5 Abs. 1 Nr. 5; **krit. noch:** *Müller* WPg 1996, 859; *Naraschewski,* Stichtage und Bilanzen bei der Verschmelzung, 2001, 98 ff.; s. auch *Schütz/Fett* DB 2002, 2696). Bei der Beteiligung mehrerer übertragender Rechtsträger ist auch die Wahl **mehrerer Verschmelzungsstichtage** zulässig (SHS/*Winter* Rn. 80; Widmann/Mayer/*Mayer* Rn. 166). Dies kann bei abweichenden Wirtschaftsjahren sinnvoll sein, um die jeweiligen Jahresschlussbilanzen der jeweiligen Rechtsträger verwenden zu können. 23

Bei **Kettenumwandlungen** (→ § 2 Rn. 18) können sowohl unterschiedliche als auch nur ein einheitlicher (Kallmeyer/*Lanfermann* Rn. 37) rückwirkender (Verschmelzungs-)Stichtag für alle Umwandlungsvorgänge gewählt werden, da es sich dabei nur um eine Fiktion mit handelsbilanzieller und steuerrechtlicher Wirkung handelt. Für Steuerzwecke kann aber eine Staffelung nach logischen Sekunden sinnvoll sein (KK-UmwG/*Simon* Rn. 110; für „Minutenabgrenzung": Widmann/Mayer/*Mayer* Rn. 158 und Rn. 235.36). 24

7. Sonderrechte (Nr. 7). Inhaltlich bezieht sich die Angabepflicht auf jede Form **gesellschaftsrechtlicher Sonderrechte** oder sonstiger gegenüber dem neuen Rechtsträger eingeräumter schuldrechtlicher Sondervorteile für **einzelne Anteilsinhaber** oder Inhabern von Sonderrechten, wie zB Optionsrechte auf Aktien oder Wandelschuldverschreibungen, Vorzugsrechte auf Gewinn- oder Liquidationserwerb, Vorerwerbsrechte, Sonderstimmrechte oder Recht zur Bestellung von Organen. Davon erfasst sind sowohl Anteilsinhaber der übertragenden (dort sogar bloße Perpetuierung bestehender Sonderrechte) als auch des aufnehmenden Rechtsträgers. Damit dient die Norm dem Schutz der Anteilsinhaber durch Information über einseitige, individuelle Vorteile. Damit sollen sie die Einhaltung des **Gleichbehandlungsgrundsatzes** und der **Wertäquivalenz** beurteilen können. § 23 bestimmt, wie in einigen dieser Fälle die **Gegenleistung** auszusehen hat. Insbesondere bei der AG sind oft gleichwertige Rechte aktienrechtlich gar nicht zulässig oder Sonderbeschlüsse der einzelnen Aktiengattungen erforderlich. 25

Fehlende Angaben können die Anfechtung und Schadensersatzansprüche gegen die Organe begründen sowie die Eintragung verhindern. Die Wirksamkeit der ohne Offenbarung vereinbarten Sonderrechte und Sondermaßnahmen bleibt aber unberührt. Eine Negativerklärung ist nicht erforderlich (OLG Frankfurt a. M. 4.4.2011, BeckRS 2011, 22550). 26

8. Sondervorteile (Nr. 8). S. dazu ausf. *Drygala* FS K. Schmidt, 2009, 269 und *Ihrig/Redeke* FS Maier-Reimer, 2010, 298. Die Vorschrift dient dem Gläubigerschutz und dem Schutz der Anteilsinhaber durch Information (SHS/*Winter* Rn. 86; **aA** *Ihrig/Redeke* FS Maier-Reimer, 2010, 298 (314), für verzichtbar durch alle Anteilseigner). Aufzuführen sind Vergünstigungen jeglicher Art an den im Gesetz genannten Personenkreis. Hierunter fallen zB Abfindungszahlungen oder auch „immaterielle" Vorteile wie die Zusage an Verwaltungsorgane des übertragenden Rechtsträgers, in der übernehmenden Gesellschaft wiederum Organfunktionen zu erhalten oder die Zusage einer Entlastungserteilung (*Ihrig/Redeke* FS Maier-Reimer, 2010, 298 (313)). Fehlende Angaben machen die Vereinbarung unverbindlich (vgl. LAG Nürnberg 26.8.2004, BeckRS 2004, 41744 = ZIP 2005, 398 mwN für die Vorruhestandoption eines Vorstandes), selbst wenn die Verschmelzung eingetragen wurde (Widman/Mayer/*Mayer* Rn. 175; krit. mit Hinweis auf fehlende zivilrechtliche Begründbarkeit Semler/Stengel/*Schröer* Rn. 74 27 mwN). Weitere Rechtsfolgen sind streitig (s. *Graef* GmbHR 2005, 908 mwN; s. zB OLG Hamburg 16.4.2004, AG 2004, 619 (621), Anfechtbarkeit des darauf beruhenden Verschmelzungsbeschlusses). Eine Negativerklärung ist nicht erforderlich (OLG Frankfurt a. M. 4.4.2011, BeckRS 2011, 22550; Semler/Stengel/*Schröer* Rn. 75), aber in der Praxis üblich. Allerdings können auch im Verschmelzungsvertrag korrekt aufgenommene Zusagen zB über Organfunktionen nicht die gesetzlich vorgegebene Kompetenz zur Bestellung von Organen aushebeln (s. dazu Lutter UmwG/*Drygala* Rn. 81 mwN; Semler/Stengel/*Schröer* Rn. 73; Widmann/Mayer/*Mayer* Rn. 172, dennoch für Angabepflicht).

28 **9. Folgen für die Arbeitnehmer (Nr. 9).** Diese „arbeitsrechtliche" Komponente im Verschmelzungsvertrag bereitet in der Praxis große Schwierigkeiten und wirkt neben den gesellschaftsrechtlichen Regelungen des Umwandlungsrechts wie ein Fremdkörper. Die Regelung ermöglicht **keinen unmittelbaren Schutz der Arbeitnehmer,** denen keine Informationsrechte, Anfechtungsrechte oder Zustimmungsvorbehalte irgendeiner Art zukommen. Denkbar ist allenfalls ein **Schadensersatzanspruch** der Arbeitnehmer gegen ein Organmitglied nach § 25 (SHS/*Langner* Rn. 114), wenn er als Gläubiger betroffen ist und aus der fehlenden Information kausal ein Schaden entsteht.

29 Sinn der Vorschrift ist lediglich die **rechtzeitige Information des Betriebsrates,** um diesem zu ermöglichen, seine Beteiligungsrechte nach dem BetrVG wirkungsvoll wahrzunehmen (SHS/*Langner* Rn. 91). Dafür korrespondiert die Angabepflicht im Verschmelzungsvertrag mit der Zuleitungspflicht an den Betriebsrat nach § 5 Abs. 3 (→ Rn. 39 ff.). Bei Fehlen oder Unvollständigkeit entsteht ein **Eintragungshindernis.** Die **Richtigkeit der Angaben** hat das Registergericht jedoch nicht zu prüfen (*Limmer* in Limmer Unternehmensumwandlung-HdB Teil 2 Rn. 220 mwN in Fn. 428).

30 Der zu fordernde **Umfang der Angaben** im Verschmelzungsvertrag ergibt sich sehr individuell nach der jeweiligen konkreten Situation und ist derzeit noch sehr umstritten (vgl. ausf. *Pohlmann-Weide* in Limmer Unternehmensumwandlung-HdB Teil 2 Rn. 196 ff.; MHdB GesR III/*Mayer/Weiler* § 73 Rn. 41 ff.; *Hausch* RNotZ 2007, 308 und 396; *Dzida/Schramm* NZG 2008, 521). Nach dem weiten Wortlaut und der diesbezüglichen Regierungsbegründung müssen die durch die Verschmelzung eintretenden **individual- und kollektivarbeitsrechtlichen Änderungen** im Verschmelzungsvertrag sowie die insoweit vorgesehenen Maßnahmen aufgezeigt werden (allg. zu den arbeitsrechtlichen Konsequenzen der Verschmelzung: *Kanert* NWB 2011, 462 ff.). In der Tendenz wird die Norm in der Lit. restriktiv ausgelegt (SHS/*Langner* Rn. 101; Lutter UmwG/*Drygala* Rn. 103 ff.; ausf. zu den verschiedenen Lösungsansätzen mwN: KK-UmwG/*Hohenstatt/Schramm* Rn. 139 ff.). Die Rspr. versteht die Regelung eher weit (OLG Düsseldorf 15.5.1998, DNotI-Report 1998, 154). Danach müssen neben den nur unmittelbaren Folgen der Verschmelzung auch Angaben über die **mittelbaren Folgen** gemacht werden, soweit diese bereits absehbar sind (s. dazu auch Semler/Stengel/*Simon* Rn. 83).

31 Eine **Formulierung** für tendenziell ausführliche Angaben findet sich bei *Heckschen* (Widmann/Mayer/*Heckschen* Anh. 4 Mustersatz 1). Konkrete Anhaltspunkte bietet auch die Auflistung von *Langner* (SHS/*Langner* Rn. 103). Die Besonderheiten bei Arbeitnehmern in ausländischen Betriebsteilen, insbesondere bei grenzüberschreitenden Verschmelzungen, erläutern *Bungert/Leyendecker-Langner* (ZIP 2014, 1112).

32 **10. Weitere zwingende Regelungen.** Der für alle Rechtsformen geltende Katalog in Abs. 1 Nr. 1–9 wird durch **Sonderregelungen** für die **unterschiedlichen Rechtsformen** der beteiligten Rechtsträger ergänzt. Von besonderer praktischer Relevanz sind die zusätzlichen Angaben nach § 40 über die Gesellschafterstellung und den Betrag der Einlage bei Personenhandelsgesellschaften sowie die gesonderte Angabe der Nennbeträge des zu gewährenden Anteils für jeden Anteilsinhaber bei der GmbH nach § 46. Weitere Sonderregelungen enthalten § 45b für die Partnerschaft, §§ 80, 96 für die eG und §§ 110, 114 für den VVaG.

33 Im Falle der **Verschmelzung zur Neugründung** muss der Verschmelzungsvertrag nach § 37 auch das Statut des neuen Rechtsträgers enthalten (KK-UmwG/*Simon* Rn. 226).

34 Bei der sog. **„Mischverschmelzung bzw. -spaltung"** (übertragende Rechtsträger unterschiedlicher Rechtsformen) zur Aufnahme und im Fall von (stärker) vinkulierten Anteilen beim aufnehmenden Rechtsträger ist nach § 29 (→ § 29 Rn. 1 ff.) im Verschmelzungsvertrag jedem widersprechenden Anteilsinhaber (zum Erfordernis des Widerspruchs OLG München 3.2.2010, NZG 2010, 397) eine Abfindung anzubieten. Im UmwG nF (Zweites Gesetz zur Änderung des Umwandlungsgesetzes, in Kraft seit 25.4.2007, BGBl. 2007 I 542) ist die Notwendigkeit eines Abfindungsangebots auch für die Verschmelzung einer börsennotierten AG auf eine nichtbörsennotierte AG vorgesehen (s. dazu *Simon/Burg* Der Konzern 2009, 214; so schon nach altem Recht OLG Düsseldorf 11.8.2006, DB 2006, 2223; dazu *Zetzsche* EWiR § 16 UmwG 1/07, 89). Bei der Verschmelzung einer börsennotierten AG auf eine andere börsennotierte AG kann ein Pflichtangebot nach § 2 und § 35 WpÜG infrage kommen (*Burg/Braun* AG 2009, 22).

35 **11. Entbehrlichkeit einzelner Angabe (Abs. 2).** Bei der Verschmelzung einer **100%igen Tochtergesellschaft auf die Muttergesellschaft** entfallen die Angaben nach Abs. 1 Nr. 2–5. Denn in diesem Fall kommt es überhaupt nicht zu einem Austausch von Anteilen oder Mitgliedschaften (§ 20

Abs. 1 Nr. 3 S. 1 Hs. 2 Alt. 1), sodass diese Angaben überflüssig bzw. gar nicht möglich wären. Zur Beurteilung des Konzernverhältnisses ist auf den **Zeitpunkt der Handelsregistereintragung** abzustellen (KK-UmwG/*Simon* Rn. 238; Widmann/Mayer/*Mayer* Rn. 213; strenger Lutter UmwG/*Drygala* Rn. 141, von Beschlussfassung bis Eintragung).

Grundsätzlich gilt die Erleichterung des Abs. 2 bei jeder Rechtsform. Für die Personengesellschaft kommt sie aber praktisch nicht in Frage. Denn auch die **GmbH & Co. KG** ist selbst bei 0-Kapitalbeteiligung der Komplementär-GmbH keine 100%ige Tochter/Mutterkonstellation. Eine analoge Anwendung des Abs. 2 wird allerdings befürwortet, wenn außer dem übernehmenden Rechtsträger selbst nur noch **eigene Anteile** vom übertragenden Rechtsträger oder von dessen Treuhänder gehalten werden (KK-UmwG/*Simon* Rn. 239; Semler/Stengel/*Schröer* Rn. 133; auch keine Mitgliedschaftsperpetuierung nach § 20 Abs. 1 Nr. 3 S. 1 Hs. 2 Alt. 2). Die gleiche Wirkung hat die in § 54 Abs. 1 S. 3 und § 68 Abs. 1 S. 3 neu eingeführte Möglichkeit eines **Verzichts auf Anteilsgewährung.** Daher sollten die Angaben nach Abs. 1 Nr. 2–5 auch in diesem Fall entfallen können (Lutter UmwG/*Drygala* Rn. 140; Widmann/Mayer/*Mayer* Einf. Rn. 41). 36

III. Fakultative Regelungen

Darüber hinaus kann der Verschmelzungsvertrag noch **fakultative Regelungen** wie zB aufschiebende oder auflösende Bedingungen, Befristungen, Rücktritts- bzw. Kündigungsrechte oder Kartellvorbehalte enthalten. Auch weitere **rechtsgeschäftliche Zusagen** können in den Vertrag aufgenommen werden. Zu nennen sind hier Garantien, (pauschalierte) Schadensersatzregelungen, Kostentragung oder die Verpflichtung zu Satzungsänderungen bzw. die Änderung des Geschäftsjahres usw (MHdB GesR III/*Mayer/Weiler* § 73 Rn. 50; zur steuerlichen Behandlung von Umwandlungskosten: *Stimpel* GmbHR 2012, 199). Die **Satzungsänderung** selbst muss aber nach den jeweiligen Regeln für den beteiligten Rechtsträger in Erfüllung der Verpflichtung aus dem Verschmelzungsvertrag noch durchgeführt werden. Nicht einmal der Zustimmungsbeschluss nach § 13 genügt dafür (KK-UmwG/*Simon* § 13 Rn. 35; Lutter UmwG/*Drygala* § 13 Rn. 23). Als Absicherung kann eine aufschiebende Bedingung des Verschmelzungsvertrages dienen (vgl. § 7 zur Zulässigkeit eines bedingten Verschmelzungsvertrages). 37

IV. Fehlerfolgen

Fehlt eine der zwingenden Angaben nach Nr. 1–3 (essentialia negotii) ist der **Verschmelzungsvertrag** selbst **nichtig** (KK-UmwG/*Simon* Rn. 242; Semler/Stengel/*Schröer* Rn. 127; Lutter UmwG/*Drygala* Rn. 155; Kallmeyer/*Marsch-Barner/Oppenhoff* Rn. 63; KG 22.9.1998, DNotI-Report 1999, 6). Auch wenn nur ein ansonsten mangelhafter Verschmelzungsvertrag vorliegt, darf der Registerrichter die Verschmelzung nicht eintragen. Die bloße **Anfechtbarkeit des Verschmelzungsvertrages** zB wegen Willensmängeln hindert die Eintragung demgegenüber nicht, sondern erst die wirksame Anfechtung (vgl. KK-UmwG/*Simon* Rn. 243; zur Anfechtung gegen einen Zustimmungsbeschluss aber § 16 Abs. 2). Zur Heilung durch Eintragung im Handelsregister wird auf → § 20 Rn. 62 und zum Bestandsschutz auf → § 20 Rn. 63 verwiesen. Der auf einem fehlerhaften oder sogar nichtigen Verschmelzungsvertrag beruhende **Zustimmungsbeschluss** ist jedoch nicht nichtig, sondern nur anfechtbar (Semler/Stengel/*Schröer* Rn. 126; KK-UmwG/*Simon* Rn. 245). 38

V. Zuleitung an den Betriebsrat

Nach § 5 Abs. 3 muss der **vollständige** (OLG Naumburg 17.3.2003, GmbHR 2003, 1433 = FGPrax 2003, 275; großzügiger für Abspaltung LG Essen 15.3.2002, NZG 2002, 736: auch ohne für Betriebsrat nicht relevante Anlagen; *Blechmann* NZA 2005, 1143 (1148): nur relevante Unterlagen) **Verschmelzungsvertrag** oder sein Entwurf einen Monat vor den Zustimmungsbeschlüssen den zuständigen Betriebsräten der jeweiligen Rechtsträger zugeleitet werden. Dabei ist dem Betriebsrat alles, was Gegenstand der Anmeldung zur Eintragung sein muss und soll, zuzuleiten, was auch mehrere Urkunden umfassen kann (KK-UmwG/*Hohenstatt/Schramm* Rn. 248 f.). Die **Frist** berechnet sich nach den §§ 187, 188 BGB als Rückwärtsfrist. 39

Auf die **Monatsfrist** (LG Stuttgart 11.4.2000, GmbHR 2000, 622; Semler/Stengel/*Schröer* Rn. 145; OLG Naumburg 17.3.2003, GmbHR 2003, 1433 = FGPrax 2003, 275; LG Gießen 14.4.2004, Der Konzern 2004, 622), nicht aber auf die Zuleitung als solche, kann vom Betriebsrat **verzichtet** werden (KK-UmwG/*Hohenstatt/Schramm* Rn. 256; str., großzügiger insofern: Semler/Stengel/*Schröer* Rn. 146 mwN; befürwortend auch Widmann/Mayer/*Mayer* Rn. 266). Bei Fristverzicht durch den Betriebsrat sollte sogar eine Nachholung der Zuleitung nach Ablauf der Achtmonatsfrist nach § 17 Abs. 2 S. 4 (also auch im laufenden Eintragungsverfahren nach den für die Wirksamkeit des Verschmelzungsvertrages relevanten Zustimmungsbeschlüsse) genügen (Widmann/Mayer/*Mayer* Rn. 266; *Weiler* MittBayNot 2006, 377 (380)). Die fehlende oder nicht fristgerechte Zuleitung ist ein **Eintragungshindernis** (§ 17 Abs. 1, Nachweis bei Anmeldung), begründet aber kein Anfechtungsrecht der Anteilsinhaber (so aber 40 noch *Grunewald* in Lutter, Umwandlungsrechtstage, 1995, 22) oder gar der Arbeitnehmer und auch keine Ordnungswidrigkeit analog § 121 Abs. 1 BetrVG (KK-UmwG/*Hohenstatt/Schramm* Rn. 259).

41 § 5 Abs. 3 korrespondiert mit § 5 Abs. 1 Nr. 9, wonach der Verschmelzungsvertrag auch **Angaben über die Folgen der Verschmelzung für die Arbeitnehmer** und ihre Vertretungen sowie die insoweit vorgesehenen Maßnahmen zu enthalten hat. Fehlen die Angaben im Verschmelzungsvertrag oder sind diese unvollständig (→ Rn. 28 ff.), kann die Informationspflicht gegenüber dem Betriebsrat nicht erfüllt werden. Müssen die Angaben auf **Zwischenverfügung des Gerichts** ergänzt und der Verschmelzungsvertrag dem Betriebsrat nochmals zugesandt werden, sollte auf erneute Zustimmungsbeschlüsse verzichtet werden können (SHS/*Langner* Rn. 111). Denn die Angaben in Nr. 9 haben keinen regelnden sondern nur deskriptiven Charakter. Das Informationsinteresse der Anteilsinhaber wird davon ebenfalls nicht berührt.

42 **Fehlt ein Betriebsrat,** bedarf es keiner Zuleitung, erst recht keiner Schaffung eines Betriebsrates. Angaben im Verschmelzungsvertrag nach § 5 Abs. 1 Nr. 9 dürfen allein deshalb jedoch nicht ganz entfallen (str.; aA LG Stuttgart 29.3.1996, DNotZ 1996, 701 (702); bei Schwestergesellschaft ohne Betriebsräte). Sind keine Arbeitnehmer beschäftigt, genügt dies als Angabe im Verschmelzungsvertrag (großzügiger LG Stuttgart 29.3.1996, DNotZ 1996, 701: keine Angaben erforderlich). Besteht neben den Betriebsräten für die einzelnen beteiligten Unternehmen ein **Gesamt- oder Konzernbetriebsrat,** sollte wegen der diesbezüglich unklaren Rechtslage allen Betriebsräten zugeleitet werden (zur Frage des zuständigen Betriebsrates *Dzida* GmbHR 2009, 459; *Seiwerth/Surges* RPfleger 2014, 345, nach der Zuständigkeitsordnung des BetrVG). Denn regelmäßig sind durch den Umwandlungsvorgang die Belange aller Betriebsräte betroffen.

43 Wird dem Betriebsrat zunächst der **schriftliche Entwurf** des Verschmelzungsvertrages (zur Zulässigkeit § 4 Abs. 2) zugeleitet, muss der später beurkundete Verschmelzungsvertrag grundsätzlich identisch sein. Allerdings wird nur bei Änderungen, die die Belange der Arbeitnehmer betreffen, eine erneute Zuleitung des geänderten Vertrages verlangt (SHS/*Langner* Rn. 112 mwN; vgl. auch KK-UmwG/*Hohenstatt/Schramm* Rn. 250 mehr auf wesentliche Änderungen abstellend).

44 Gemäß § 324 bleibt auch **§ 613a BGB** bei Umwandlungen anwendbar (→ § 324 Rn. 3; zu den Besonderheiten *Simon* FS Maier-Reimer, 2010, 725 ff.). Wenn die Voraussetzung des **Betriebsübergangs** vorliegt, sind zB nach § 613a Abs. 5 BGB die Arbeitnehmer über den Übergang der Arbeitsverhältnisse zu informieren. Die Monatsfrist für einen eventuell gegebenen Widerspruch des Arbeitnehmers gegen den Übergang seines Arbeitsverhältnisses beginnt erst mit dem Zugang dieser Benachrichtigung. Bei der Verschmelzung sind allerdings die Rechtsfolgen eines solchen Widerspruches strittig (rechtsfolgenlos oder Erlöschen des Arbeitsverhältnisses), da der übertragende Rechtsträger erlischt (s. dazu Widmann/Mayer/*Wälzholz* § 324 Rn. 63 ff.). Das BAG (BAG 21.2.2008, NZA 2008, 815; krit. hierzu *Fandel/Hausch* BB 2008, 2402; zur Konsequenz für die Unterrichtung der Arbeitnehmer: *Simon/Weninger* BB 2010, 117) hat § 613a BGB aber bei Verschmelzungen insofern teleologisch reduziert, dass sich daraus kein Widerspruch, sondern ein **außerordentliches Kündigungsrecht** ergeben soll (zur Arbeitgeberstellung iRe Kündigung bei Kettenverschmelzungen: *Hey/Simon* BB 2010, 2957). Streitig ist, ob ein Unterrichtungsschreiben nach § 613a Abs. 5 BGB daher jetzt entbehrlich ist (so *Neufeld* BB 2008, 1178; befürwortend auch *Simon* FS Maier-Reimer, 2010, 725 (730)), die Monatsfrist zur außerordentlichen Kündigung erst ab Zugang läuft (befürwortend *Nießen* NJW-Spezial 2008, 623) oder sich daraus Schadensersatzansprüche der Arbeitnehmer ableiten lassen.

Form des Verschmelzungsvertrags

6 Der Verschmelzungsvertrag muß notariell beurkundet werden.

I. Allgemeines

1 Die schon nach früherem Recht bei Verschmelzung von Kapitalgesellschaften vorgesehene Beurkundungspflicht wurde durch das UmwG 1994 **generell für alle Verschmelzungsverträge** angeordnet. Mit diesen jetzt gleichartigen Voraussetzungen soll eine Umgehung von zwingenden Formvorschriften des Bürgerlichen Rechts bei der Einzelübertragung von Vermögenswerten verhindert werden (SHS/*Winter* Rn. 2 mit Verweis auf Begr. RegE BR-Drs. 75/94 zu § 6). Wie bei allen gesellschaftsrechtlichen Strukturbeschlüssen liegt der **Zweck der Beurkundung** in der Beweissicherungsfunktion und der Belehrungsfunktion (s. dazu ausf. Widmann/Mayer/*Heckschen* Rn. 1 ff.). Darüber hinaus wird die **Vorprüfungsfunktion** des deutschen Notars betont, der unter Übernahme einer persönlichen Haftung eine Gewähr für die materielle Richtigkeit übernimmt. Zu den neuen Möglichkeiten der Verschmelzung während des **Insolvenzverfahrens** im Insolvenzplan → § 3 Rn. 19a.

II. Beurkundungserfordernis

1. Umfang der Beurkundung. Der Verschmelzungsvertrag ist nach den Vorschriften der §§ 8 ff. BeurkG für Willenserklärungen zu beurkunden. Sukzessivbeurkundung der einzelnen Willenserklärungen ist zulässig (Semler/Stengel/*Schröer* Rn. 14; Widmann/Mayer/*Heckschen* Rn. 47 f.). Dabei bedarf der **gesamte Verschmelzungsvertrag** zu seiner Wirksamkeit der notariellen Beurkundung. Dazu gehören auch alle Nebenabreden, die mit dem Verschmelzungsvertrag „stehen und fallen" (sog. „rechtliche Einheit" iSd § 311b Abs. 1 BGB; s. ausf. Widmann/Mayer/*Heckschen* Rn. 19 ff.). Auch hier gilt der beurkundungsrechtliche Vollständigkeitsgrundsatz. Bei einer **Verschmelzung zur Neugründung** muss auch Gesellschaftsvertrag oder Satzung des neuen Rechtsträgers mit beurkundet werden, da sie nach § 37 zwingender Bestandteil des Verschmelzungsvertrages (KK-UmwG/*Simon* § 5 Rn. 226) sind. 2

Die **Vollmachten** zum Abschluss eines Verschmelzungsvertrages müssen nicht beurkundet werden (→ § 4 Rn. 8). Beinhaltet der Verschmelzungsvertrag die Gründung einer Kapitalgesellschaft ergibt sich aus § 2 Abs. 2 GmbHG und § 23 Abs. 1 S. 2 AktG und § 280 Abs. 1 S. 3 AktG das Erfordernis der Beglaubigung (s. ausf. zur Vertretung bei Umwandlungsvorgängen *Heidinger/Blath* FS Spiegelberger, 2009, 692 ff.). 3

2. Fehlerfolgen. Wird der Verschmelzungsvertrag nicht ordnungsgemäß beurkundet, ist er nichtig (Semler/Stengel/*Schröer* § 4 Rn. 41). Über die **Auslegungsregelung des § 139 BGB** führt eine teilweise Nichtbeurkundung regelmäßig zur Gesamtnichtigkeit des Verschmelzungsvertrages (SHS/*Winter* Rn. 5; Lutter UmwG/*Drygala* § 5 Rn. 151; KK-UmwG/*Simon* Rn. 14). Der Registerrichter hat bei Nichtigkeit des Verschmelzungsvertrages die **Eintragung zu verweigern.** Trägt er dennoch ein, wird die Verschmelzung wirksam und der Formmangel nach § 20 Abs. 1 Nr. 4 **geheilt.** 4

3. Entwurf und Vorvertrag. Für den **Entwurf** nach § 4 Abs. 2 genügt Schriftform (→ § 4 Rn. 5). **Vorverträge** mit Vertragsstrafenregelungen (zu den Break-Fee-Vereinbarungen *Sieger/Hasselbach* BB 2000, 625; zu Deal-Protection-Klauseln auch *Drygala* WM 2004, 1413 ff. und *Drygala* WM 2004, 1457 ff. mwN; *Austmann/Frost* ZHR 2005, 431 (450 f.)) zB in einem „letter of intent" sind allerdings nur mit notarieller Beurkundung bindend, da darin schon eine faktische Bindung zum Vertragsabschluss bzw. zur Zustimmung durch die Anteilsinhaber (so LG Paderborn 28.4.2000, NZG 2000, 899 (900)) liegen kann. 5

III. Auslandsbeurkundung

Seit BGH 16.2.1981, BGHZ 80, 79 geht die Rechtspraxis davon aus, dass eine Auslandsbeurkundung bei Gleichwertigkeit mit einer inländischen Beurkundung anzuerkennen ist (SHS/*Winter* Rn. 13; ausführlich hierzu *Lieder* ZIP 2018, 1517). Bei der hier in Frage stehenden Verschmelzung, die in einer **Eintragung im Handelsregister** mündet, ist die Anerkennung der Auslandsbeurkundung derzeit streitig (zum Meinungsstand einerseits Widmann/Mayer/*Heckschen* Rn. 56 ff., andererseits SHS/*Winter* Rn. 13 ff.; aktuell zum Gründungstourismus in die Schweiz: *Becker* NotBZ 2016, 321; s. auch *Lieder* ZIP 2018, 1517). Dabei erscheint es mE fraglich, ob eine Auslandsbeurkundung die Belehrungsfunktion und insbesondere die Vorprüfungsfunktion für das Registergericht (auf die materielle Richtigkeitsgewähr weisen auch Lutter UmwG/*Drygala* Rn. 10 und KK-UmwG/*Simon* Rn. 11 hin) in gleicher Weise wie eine inländische Beurkundung gewährleisten kann (s. schon *Goette* FS Boujong, 1996, 131; diese Argumente abl. SHS/*Winter* Rn. 18). Die untergerichtliche Rspr. ist uneinheitlich (LG Augsburg 4.6.1996, DB 1996, 1666 gegen wirksame Auslandsbeurkundung eines Verschmelzungsvertrages durch einen Schweizer Notar; LG Kiel 25.4.1997, DB 1997, 1223, für Wirksamkeit der Beurkundung vor österreichischem Notar aber mit unzutreffender Begründung über Sonderrecht für die eG). An dem bisherigen Meinungsstreit hat sich auch nichts durch das Urteil des OLG Düsseldorf (2.3.2011, NZG 2011, 388) geändert. Denn dieses betraf nur die Beurkundung der Abtretung von GmbH-Geschäftsanteilen und die Kompetenz zur Einreichung einer neuen Gesellschafterliste nach § 40 GmbHG, die aber nicht in einer konstitutiven Handelsregistereintragung mündet. Inzwischen hat auch der **BGH** (BGH 17.12.2013, DB 2014, 292; kritisch zur Begründung: *Herrler* GmbHR 2014, 225 (229)) dem ausländischen Notar die **„Annexkompetenz"** zur Erstellung einer Gesellschafterliste nach **§ 40 GmbHG** zugestanden, wenn er die Anteilsabtretung wirksam beurkunden kann. Sehr weitgehend hat das **KG Berlin** (KG Berlin 24.1.2018, NJW 2018, 1828 = NZG 2018, 304) die Auslandsbeurkundung anerkannt. Danach soll die Beurkundung der **Gründung einer deutschen GmbH** durch einen Schweizer Notar mit Amtssitz im Kanton Bern jedenfalls dann die Anforderungen nach § 2 Abs. 1 GmbHG erfüllen und im Eintragungsverfahren durch das Registergericht nicht beanstandet werden können, wenn die Niederschrift in Gegenwart des Notars den Beteiligten vorgelesen, von ihnen genehmigt und eigenhändig unterschrieben worden sei. 6

Solange der **BGH** die Frage der Auslandsbeurkundung bei Verschmelzungen nicht abschließend geklärt hat, muss für die Praxis davon abgeraten werden: Diese kann allenfalls in Absprache mit dem 6a zuständigen Registergericht erfolgen (so auch SHS/*Winter* Rn. 18; KK-UmwG/*Simon* Rn. 13; Semler/Stengel/*Schröer* Rn. 17; zur Heilung von Formmängeln durch Eintragung → § 20 Rn. 62).

IV. Kosten der Beurkundung

7 Sowohl die Verschmelzung zur Aufnahme als auch zur Neugründung ist ein **Austauschvertrag nach § 97 Abs. 3 GNotKG,** sofern den Anteilsinhabern des übertragenden Rechtsträgers als Gegenleistung Gesellschafts- oder Mitgliedschaftsrechte am Vermögen des aufnehmenden oder neugegründeten Rechtsträgers gewährt werden (*Tiedtke* in Limmer Unternehmensumwandlung-HdB Teil 8 Rn. 1 und 7). Gem. KV-Nr. 21100 GNotKG fällt in beiden Fällen eine 2,0-Gebühr an. Der Geschäftswert richtet sich nach dem **Aktivvermögen der Verschmelzungsbilanz** des übertragenden Rechtsträgers (bei mehreren der Summe der Aktivvermögen) gem. § 38 GNotKG ohne Abzug der Schulden. Ist jedoch die **Gegenleistung höher,** ist diese ausnahmsweise als Geschäftswert anzusetzen (*Tiedtke* in Limmer Unternehmensumwandlung-HdB Teil 8 Rn. 2). Nach § 107 Abs. 2 GNotKG beträgt der **Höchstwert** für den Verschmelzungsvertrag **10 Mio. EUR.**

Kündigung des Verschmelzungsvertrags

7 **[1] Ist der Verschmelzungsvertrag unter einer Bedingung geschlossen worden und ist diese binnen fünf Jahren nach Abschluß des Vertrags nicht eingetreten, so kann jeder Teil den Vertrag nach fünf Jahren mit halbjähriger Frist kündigen; im Verschmelzungsvertrag kann eine kürzere Zeit als fünf Jahre vereinbart werden. [2] Die Kündigung kann stets nur für den Schluß des Geschäftsjahres des Rechtsträgers, dem gegenüber sie erklärt wird, ausgesprochen werden.**

Übersicht

I. Allgemeines

1 § 7 setzt in modifizierter Form die schon im früheren Umwandlungsrecht bestehende Möglichkeit der Kündigung eines Verschmelzungsvertrages fort. Diese knüpft daran an, dass sich die Umsetzung der Verschmelzung mangels Eintritt der vereinbarten Bedingung so lang verzögert, dass die wirtschaftliche Entwicklung der beteiligten Unternehmen und damit insbesondere die Angemessenheit des Umtauschverhältnisses sich nicht mehr voraussagen lässt (Lutter UmwG/*Drygala* Rn. 1). In dieser Regelung wird vorausgesetzt, dass ein Verschmelzungsvertrag unter einer aufschiebenden Bedingung geschlossen werden kann (dazu und zur auflösenden Bedingung → § 4 Rn. 3).

II. Das gesetzliche Kündigungsrecht

2 Das gesetzliche Kündigungsrecht nach § 7 greift nur ein, wenn der Verschmelzungsvertrag ausdrücklich unter einer aufschiebenden Bedingung geschlossen wurde und diese nicht binnen fünf Jahren eingetreten ist. Andere tatsächliche Verzögerungen, wie zB bei der Fassung der Zustimmungsbeschlüsse, kann allenfalls ein Kündigungsrecht aus wichtigem Grund bewirken (vgl. SHS/*Winter* Rn. 10).

3 Die **Fünfjahresfrist** beginnt nach dem eindeutigen Gesetzeswortlaut schon mit Abschluss des Verschmelzungsvertrages, obwohl dieser erst mit der Fassung aller erforderlichen Zustimmungsbeschlüsse wirksam wird (→ § 4 Rn. 10). Im Verschmelzungsvertrag kann aber auch eine kürzere Frist vereinbart werden (S. 1 Hs. 2). Eine **Verlängerung dieser Frist** oder die gänzliche Abbedingung des gesetzlichen Kündigungsrechts lässt die hM nicht zu (Kallmeyer/*Marsch-Barner*/*Oppenhoff* Rn. 3; Lutter UmwG/*Drygala* Rn. 7; NK-UmwR/*Böttcher* Rn. 7; Semler/Stengel/*Schröer* Rn. 8; Widmann/Mayer/*Heckschen* Rn. 52, 55; KK-UmwG/*Simon* Rn. 16; aA SHS/*Winter* Rn. 9), da die Dispositionsfreiheit der beteiligten Rechtsträger geschützt werden soll. **Zusätzliche Kündigungsmöglichkeiten** unter anderen Bedingungen sind davon unabhängig vertraglich vereinbar.

Die Kündigung muss von dem Vertretungsorgan des kündigenden Rechtsträgers **dem Vertragspartner gegenüber erklärt** werden. Sie muss weder begründet werden, noch benötigt sie einen Zustimmungsbeschluss der Anteilseigner (KK-UmwG/*Simon* Rn. 15). Lediglich die gesetzlich vorgesehene **halbjährige Kündigungsfrist** zum Schluss des Geschäftsjahres ist zu beachten, soweit diese nicht verkürzt oder abbedungen wurde (zulässig Semler/Stengel/*Schröer* Rn. 9; KK-UmwG/*Simon* Rn. 17). Bedingungseintritt während der Kündigungsfrist lässt die Kündigung entfallen (KK-UmwG/*Simon* Rn. 18; Semler/Stengel/*Schröer* Rn. 9). 4

Neben dem Kündigungsrecht aus § 7 können sich auch **sonstige gesetzliche Kündigungsrechte** aus § 323 BGB (Leistungsstörung) oder aus § 313 Abs. 3 BGB (Wegfall der Geschäftsgrundlage) ergeben (→ § 4 Rn. 15). 5

III. Sonstige Änderungen bzw. Aufhebung

1. Vertragliches Kündigungsrecht. Neben dem gesetzlichen Kündigungsrecht kann auch **vertraglich ein Kündigungsrecht** vereinbart werden, das nicht an eine aufschiebende Bedingung und den Ablauf einer Fünfjahresfrist anknüpft (KK-UmwG/*Simon* Rn. 21f). Häufig wird dies vorgesehen, wenn nicht zu einem bestimmten Zeitpunkt die Zustimmungsbeschlüsse gefasst, die kartellrechtliche Freigabe erteilt oder die Eintragung im Handelsregister erfolgt ist. 6

2. Anfechtung. Wegen seines Charakters als schuldrechtlicher Vertrag kann der Verschmelzungsvertrag nach den allgemeinen Regeln des Zivilrechtes (§§ 119 ff. BGB) auch angefochten werden (→ § 4 Rn. 14) oder nichtig sein (§§ 134, 138 BGB). Nach Eintragung der Verschmelzung im Handelsregister scheidet allerdings die Berufung auf die Nichtigkeit des Verschmelzungsvertrages wegen Anfechtung oder sonstiger Gründe aus (§ 20 Abs. 2). 7

3. Einvernehmliche vertragliche Änderung/Aufhebung. Bezüglich der **Aufhebung oder Änderung** eines Verschmelzungsvertrages ist nach dem zeitlichen Fortschritt des Umwandlungsvorgangs zu differenzieren. Dabei stellt sich jeweils die Frage nach der erforderlichen Form und dem Erfordernis von entsprechenden Zustimmungsbeschlüssen. 8

a) Vor Fassung eines Zustimmungsbeschlusses. Die **Aufhebung** des Verschmelzungsvertrages **vor den erforderlichen Zustimmungsbeschlüssen** ist ohne Weiteres durch die Vertretungsorgane selbst möglich, da der Verschmelzungsvertrag noch nicht wirksam ist. Hierfür genügt die Schriftform (Widmann/Mayer/*Heckschen* § 6 Rn. 51; SHS/*Winter* Rn. 15). Zustimmungsbeschlüsse zur Aufhebung sind schon deshalb nicht erforderlich, da noch keine solchen für den Abschluss des Verschmelzungsvertrages erfolgt sind. 9

Die **Änderung** eines Verschmelzungsvertrages bedarf auch in diesem Stadium schon der Beurkundung, da es sich ansonsten nur um einen Entwurf iSd § 4 Abs. 2 handeln würde. Wie beim ursprünglichen Verschmelzungsvertrag bedarf es Zustimmungsbeschlüsse aller beteiligten Rechtsträger unter Einhaltung aller Form- und Wirksamkeitsvoraussetzungen zum Wirksamwerden des geänderten Verschmelzungsvertrages. Eine eventuell schon erfolgte Betriebsratszusendung muss wiederholt werden, es sei denn die Änderungen haben keinerlei Relevanz für die Arbeitnehmer. 10

b) Nach Fassung eines von mehreren Zustimmungsbeschlüssen. Die **Aufhebung** ist weiterhin privatschriftlich durch die Vertretungsorgane möglich, da der Verschmelzungsvertrag immer noch schwebend unwirksam ist (Widmann/Mayer/*Heckschen* § 6 Rn. 51). Im Innenverhältnis bedarf es jedoch jeweils bei dem Rechtsträger dessen Anteilsinhaber schon durch Beschluss zugestimmt haben, einen **„Aufhebungsbeschluss"** damit das Vertretungsorgan entsprechend legitimiert wird. Als „actus contrarius" sollte die gleiche Mehrheit wie beim Zustimmungsbeschluss gefordert werden (str.; wie hier SHS/*Winter* Rn. 18; Kallmeyer/*Marsch-Barner/Oppenhoff* § 4 Rn. 17; Widmann/Mayer/*Mayer* § 4 Rn. 62; SHS/*Winter* Rn. 16, spricht von Verstoß der Vertretungsorgane gegen ihre interne Bindung; für **einfache Mehrheit und keine Beurkundungsform:** KK-UmwG/*Simon* § 4 Rn. 25 unter Vergleich mit Aufhebungsbeschlüssen zu Satzungsänderungen). Sehr streitig ist auch die Frage, ob der Aufhebungsbeschluss auch der notariellen Beurkundung bedarf (**befürwortend** Widmann/Mayer/*Heckschen* § 13 Rn. 163.32; **ablehnend** BeckOGK/*Wicke,* 1.7.2020, Rn. 43 ff.; SHS/*Winter* Rn. 18). 11

Änderungen müssen auch in diesem Stadium beurkundet und ggf. die Betriebsratszusendung und bereits erfolgte Zustimmungsbeschlüsse wiederholt werden. 12

c) Nach Fassung aller Zustimmungsbeschlüsse. Für die **Aufhebung** geht die hM weiterhin von den gleichen Anforderungen aus wie in → Rn. 11 (privatschriftlicher Aufhebungsvertrag und beurkundungsbedürftiger Aufhebungsbeschluss mit gleicher Mehrheit wie Zustimmungsbeschluss; → Rn. 11). In diesem Stadium ist aber der Verschmelzungsvertrag bereits wirksam. Daher ist mE hier nicht nur bezüglich des Aufhebungsbeschlusses, sondern auch des Aufhebungsvertrages ein *„actus contrarius"* unter Einhaltung aller Formvorschriften zu fordern. Das Beweissicherungs- und Rechtssicher- 13 heitsbedürfnis ist genauso zu bewerten wie beim Abschluss des Verschmelzungsvertrages (so auch Widmann/Mayer/*Heckschen* § 6 Rn. 52).

14 Für **Änderungen** gilt das unter → Rn. 12 Gesagte (*Limmer* in Limmer Unternehmensumwandlung-HdB Teil 2 Rn. 78; Kallmeyer/*Marsch-Barner/Oppenhoff* § 4 Rn. 17; Lutter UmwG/*Drygala* § 4 Rn. 26).

15 **d) Nach Handelsregistereintragung. Nach Eintragung** im Handelsregister kann der Verschmelzungsvertrag weder aufgehoben noch geändert werden, weil die Verschmelzung bereits vollzogen ist (§ 20 Abs. 1; KK-UmwG/*Simon* § 4 Rn. 28; Semler/Stengel/*Schröer* § 4 Rn. 36; Widmann/Mayer/*Mayer* § 4 Rn. 64; OLG Frankfurt a. M. 22.10.2002, FGPrax 2003, 40; aA zu Unrecht *Custodis* GmbHR 2006, 904 für die auf Anregung der Parteien von Amts wegen gelöschte Verschmelzung).

Verschmelzungsbericht

8 (1) [1]**Die Vertretungsorgane jedes der an der Verschmelzung beteiligten Rechtsträger haben einen ausführlichen schriftlichen Bericht zu erstatten, in dem die Verschmelzung, der Verschmelzungsvertrag oder sein Entwurf im einzelnen und insbesondere das Umtauschverhältnis der Anteile oder die Angaben über die Mitgliedschaft bei dem übernehmenden Rechtsträger sowie die Höhe einer anzubietenden Barabfindung rechtlich und wirtschaftlich erläutert und begründet werden (Verschmelzungsbericht); der Bericht kann von den Vertretungsorganen auch gemeinsam erstattet werden.** [2]**Auf besondere Schwierigkeiten bei der Bewertung der Rechtsträger sowie auf die Folgen für die Beteiligung der Anteilsinhaber ist hinzuweisen.** [3]**Ist ein an der Verschmelzung beteiligter Rechtsträger ein verbundenes Unternehmen im Sinne des § 15 des Aktiengesetzes, so sind in dem Bericht auch Angaben über alle für die Verschmelzung wesentlichen Angelegenheiten der anderen verbundenen Unternehmen zu machen.** [4]**Auskunftspflichten der Vertretungsorgane erstrecken sich auch auf diese Angelegenheiten.**

(2) [1]**In den Bericht brauchen Tatsachen nicht aufgenommen zu werden, deren Bekanntwerden geeignet ist, einem der beteiligten Rechtsträger oder einem verbundenen Unternehmen einen nicht unerheblichen Nachteil zuzufügen.** [2]**In diesem Falle sind in dem Bericht die Gründe, aus denen die Tatsachen nicht aufgenommen worden sind, darzulegen.**

(3) [1]**Der Bericht ist nicht erforderlich, wenn alle Anteilsinhaber aller beteiligten Rechtsträger auf seine Erstattung verzichten oder sich alle Anteile des übertragenden Rechtsträgers in der Hand des übernehmenden Rechtsträgers befinden.** [2]**Die Verzichtserklärungen sind notariell zu beurkunden.**

Übersicht

I. Allgemeines

1 Abs. 1 ordnet allgemein als Regelfall an, dass ein Verschmelzungsbericht zu erstellen ist. Aus den besonderen Vorschriften für die jeweiligen Rechtsformen ergeben sich davon Ausnahmen (§ 41 für die Personenhandelsgesellschaft und § 45c für die Partnerschaftsgesellschaft; keine Ausnahmen für Vereine: OLG Bamberg 18.6.2012, NZG 2012, 1269). Der Verschmelzungsbericht dient der **Vorabinformation der Anteilsinhaber bzw. Mitglieder** zur sachgerechten Vorbereitung auf die Versammlung der Anteilseigner (BGH 2.7.1990, NJW 1990, 2747). Er dient damit nur deren Schutz und nicht dem Gläubigerschutz oder Arbeitnehmerinteressen (KK-UmwG/*Simon* Rn. 4). Nach Abs. 3 ist er daher durch alle Anteilsinhaber verzichtbar und entbehrlich, wenn keine schutzwürdigen Anteilsinhaber bestehen (Tochter wird auf Mutter verschmolzen).

II. Erstattung des Verschmelzungsberichts

2 Der Verschmelzungsbericht muss **zeitnah** (ca. innerhalb von acht Monaten) zum Umwandlungsstichtag erstellt werden (zur sonst gegebenen Anfechtbarkeit des Zustimmungsbeschlusses: LG Mainz 19.12.2000, NZG 2001, 951).

3 Der Verschmelzungsbericht ist von dem **jeweiligen Vertretungsorgan** aller beteiligten Rechtsträger selbst und nicht als organschaftlicher Vertreter des Rechtsträgers zu erstatten. Er muss vom Gesamtorgan

als Kollektiv getragen werden (KK-UmwG/*Simon* Rn. 6). Alle Mitglieder sind zur Mitwirkung verpflichtet. Weder die Geschäftsordnung noch die Satzung können die Berichtspflicht an einzelne Organmitglieder zuweisen (BeckOGK/*Fromholzer,* 1.1.2019, Rn. 14). Zur konkreten Erstellung können allerdings Hilfspersonen mit herangezogen werden. Davon zu unterscheiden ist die Weitergabe des Wissens aller Organmitglieder durch eine Erklärungshandlung. Daher ist ein Verschmelzungsbericht formwirksam (Schriftform nach Abs. 1 S. 1) erstattet, wenn er von den Mitgliedern des Vertretungsorganes in **vertretungsberechtigter Anzahl** unterzeichnet wurde (BGH 21.5.2007, NZG 2007, 714 = AG 2007, 625; BeckOGK/*Fromhöfer,* 1.1.2019, Rn. 23; zum Meinungsstand: *Heidinger/Blath* FS Spiegelberger, 2009, 692 (714)).

Vertretung der Vertretungsorgane ist allerdings unzulässig, da es sich beim Verschmelzungsbericht um eine Wissens- und keine Willenserklärung handelt (SHS/*Winter* Rn. 8; Widmann/Mayer/*Mayer* Rn. 14). Darüber hinaus ist der Verschmelzungsbericht schon wegen der Strafandrohung in § 313 Abs. 1 Nr. 1 höchstpersönlich. 4

Abs. 1 S. 1 Hs. 2 ermöglicht es durch die Vertretungsorgane aller beteiligten Rechtsträger einen **gemeinsamen Bericht** zu erstatten. Wie der Verschmelzungsbericht **den Anteilseignern offen gelegt werden** muss, ergibt sich aus den jeweiligen besonderen Vorschriften für die beteiligten Rechtsträger (zB §§ 42, 47, 63 Abs. 1 Nr. 4, Abs. 3). 5

III. Inhalt der Berichtspflicht

Nach dem Wortlaut des Gesetzes (Abs. 1) muss der Verschmelzungsbericht ausführliche rechtliche und wirtschaftliche Erläuterungen und **Begründungen zu folgenden Punkten** enthalten: 6

- zur Verschmelzung an sich,
- zum Verschmelzungsvertrag oder dessen Entwurf,
- zum Umtauschverhältnis,
- zur Mitgliedschaft beim übernehmenden Rechtsträger
- zur Höhe der anzubietenden Barabfindung.

Zunächst sind die **Bestimmungen des Verschmelzungsvertrages** im Einzelnen zu erläutern. Darüber hinaus müssen die Leitungsorgane auch darlegen, welche rechtlichen und wirtschaftlichen Gründe die Verschmelzung als das geeignete Mittel zur Verfolgung des Unternehmenszwecks erscheinen lassen. In Anlehnung an die Rspr. zum Bezugsrecht werden sachliche Gründe für die Verschmelzung als solche verlangt (*Limmer* in Limmer Unternehmensumwandlung-HdB Teil 2 Rn. 391). Dies umfasst die Angabe nicht nur der Vorteile sondern auch der Nachteile einer Verschmelzung (OLG Saarbrücken 7.12.2010, NZG 2011, 358: drohende Risiken anschaulich und transparent beschreiben; zum Umwandlungsbericht beim Formwechsel nach § 192: LG Mannheim 19.12.2013, AG 2014, 589 = *Wardenbach* GWR 2014, 283, zur Erläuterung von Alternativen). 7

Der Bericht soll den Anteilsinhabern eine **Plausibilitätskontrolle des vorgeschlagenen Umtauschverhältnisses** ermöglichen, nicht aber die Überprüfbarkeit des Verschmelzungsvorgangs bis in alle Einzelheiten (OLG Jena 5.11.2008, NJW-RR 2009, 182 = AG 2009, 582). Auch bei der Verschmelzung beteiligungsidentischer Schwestergesellschaften bedarf es einer nachvollziehbaren Erläuterung des Umtauschverhältnisses (OLG Frankfurt a. M. 20.3.2012, BeckRS 2012, 07251 = ZIP 2012, 766). Hierfür muss die wirtschaftliche Zweckmäßigkeit der Maßnahme, insbesondere durch Darstellung der Ermittlung der Unternehmenswerte und der wirtschaftlichen Hintergründe, erläutert werden (zum genauen Inhalt s. OLG Düsseldorf 15.3.1999, NZG 1999, 565; OLG Hamm 4.3.1999, NJW 1999, 2907; LG Essen 8.2.1999, AG 1999, 329; KG 27.11.1998, NZG 1999, 508; LG München I 31.8.1999, AG 2000, 86; OLG Frankfurt a. M. 22.8.2000, BeckRS 2000, 11581 = EWiR 2000, 1125 mAnm *Keil*). Der Anteilsinhaber muss allerdings mit den Informationen nicht in die Lage versetzt werden, die **Unternehmensbewertung** selbst zu erstellen (OLG Düsseldorf 20.11.2001, DB 2002, 781). Es bedarf auch keines detaillierten Synergiefahrplans, aber einer groben Schätzung und der schlagwortartigen Aufzählung der durch die Verschmelzung geplanten Kosteneinsparungen (OLG Düsseldorf 15.3.1999, ZIP 1999, 793 = NZG 1999, 565). 8

Auf besondere **Schwierigkeiten bei der Bewertung** der Rechtsträger sowie auf die Folgen für die Beteiligung der Anteilsinhaber ist hinzuweisen (Abs. 1 S. 2). Wesentlich ist in diesem Zusammenhang auch die Angabe des **Bewertungsstichtages** (→ § 5 Rn. 15 f.). Die Begründungspflicht soll sich auch auf die Höhe der ggf. nach § 29 zu gewährenden **Barabfindung** erstrecken, um dem Verschmelzungsprüfer auch für diese zusätzliche Prüfung eine Unterlage an die Hand zu geben (*Limmer* in Limmer Unternehmensumwandlung HdB Teil 2 Rn. 386). 9

In Abs. 1 S. 3 wird die Berichtspflicht auf Angaben über alle für die Verschmelzung wesentlichen Angelegenheiten der mit einem an der Verschmelzung beteiligten Rechtsträger iSd § 15 AktG **verbundenen Unternehmen** erweitert. Diesbezüglich bestehen auch Auskunftspflichten der Vertretungsorgane (S. 4). Auch bei der Verschmelzung beteiligungsidentischer Schwestergesellschaften bedarf es zum Schutz der Minderheitsgesellschafter des übernehmenden Rechtsträgers einer nachvollziehbaren 10

Erläuterung des Umtauschverhältnisses (OLG Frankfurt a. M. 20.3.2012, BeckRS 2012, 07251; dazu *Schult/Nikoleyczik* GWR 2012, 180).

11 Eine **Einschränkung der Berichtspflicht** enthält Abs. 2 im wohlverstandenen **Geheimhaltungsinteresse** der beteiligten Rechtsträger. Danach darf die Mittelung von Tatsachen verweigert werden, deren Bekanntwerden geeignet ist, einem der beteiligten Rechtsträger oder einem verbundenen Unternehmen einen nicht unerheblichen Nachteil zuzufügen. Die zu § 131 Abs. 3 S. 1 AktG entwickelten Grundsätze können hier herangezogen werden (SHS/*Winter* Rn. 31 mit Verweis auf Hüffer/Koch/*Koch* AktG § 131 Rn. 23 ff. mwN). Allerdings müssen im Bericht die Gründe transparent gemacht werden, aus denen heraus die Tatsachen nicht aufgenommen worden sind.

IV. Ausnahmen von der Berichtspflicht (Abs. 3)

12 Ganz entbehrlich ist ein Verschmelzungsbericht, wenn sämtliche Anteilsinhaber der betroffenen Rechtsträger darauf in notarieller Form **verzichtet** haben oder die Verschmelzung einer Tochter- auf ihre Muttergesellschaft erfolgt (§ 8 Abs. 3). Eigene Anteile verhindern nicht die Annahme eines 100% igen Tochter/Mutterverhältnisses (vgl. Semler/Stengel/*Schröer* § 5 Rn. 133 mit Fn. 360). Auch bei der Vereinsverschmelzung genügt nicht der Verzicht nur aller bei der Mitgliederversammlung anwesenden Mitglieder (OLG Bamberg 18.6.2012, NZG 2012, 1269, *Stiegler* AG 2019, 708 (709)). Da der Verzicht keine höchstpersönliche Erklärung darstellt, ist Vertretung aufgrund formloser Vollmacht möglich (*Heidinger/Blath* FS Spiegelberger, 2009, 692 (710); Widmann/Mayer/*Mayer* § 8 Rn. 58; für notarielle Beglaubigung aber Widmann/Mayer/*Heckschen* § 13 Rn. 114.1).

13 Ausnahmen von der Berichtspflicht ergeben sich auch aus den besonderen Regelungen des § 41. Für die strikt personalistisch strukturierte Personenhandelsgesellschaft, bei der **sämtliche Gesellschafter geschäftsführungsbefugt** sind, bedarf es keines Verschmelzungsberichts, da schon alle Gesellschafter über die verschmelzungsrelevanten Fragen informiert sind. Eine ähnlich strukturierte Regelung enthält § 45c für die Partnerschaftsgesellschaft.

14 In dem **3. UmwÄndG** (Referentenentwurf vom 15.3.2010; vgl. dazu *Bayer/J. Schmidt* ZIP 2010, 953) war die Einführung einer einheitlichen **rechtsformübergreifenden Nachinformationspflicht bei Vermögensveränderungen** (s. dazu ausf. *Marsch-Barner* FS Maier-Reimer, 2010, 425) – wie sie früher nur der inzwischen aufgehobenen § 143 enthielt – vorgesehen. Letztlich wurde diese nur für die Verschmelzung (über § 125 auch die Spaltung) von AGen in § 64 Abs. 1 S. 2 Hs. 2 verwirklicht (s. auch *Leitzen* DNotZ 2011, 526).

V. Fehlerhafter Verschmelzungsbericht

15 Ist der Verschmelzungsbericht inhaltlich unvollständig oder in sonstiger Weise fehlerhaft, ist der Zustimmungsbeschluss bei einer Kapitalgesellschaft grundsätzlich nur **anfechtbar** (Kallmeyer/*Marsch-Barner/Oppenhoff* Rn. 33). Er ist **nicht nichtig,** selbst wenn der Verschmelzungsbericht ganz fehlt (SHS/*Winter* Rn. 40; Lutter UmwG/*Drygala* Rn. 59). Darüber hinaus muss der Beschluss auf dem Mangel beruhen (Lutter UmwG/*Drygala* Rn. 59; SHS/*Winter* Rn. 42: Ursachenzusammenhang; KK-UmwG/*Simon* Rn. 68: Mangel von Gewicht). Anderweitige Information an die Anteilsinhaber in der Anteilsinhaberversammlung heilt den fehlerhaften Verschmelzungsbericht nicht (BGH 29.10.1990, WM 1990, 2073; LG München 5.8.1999, AG 2000, 88), da der Verschmelzungsbericht schon der Vorbereitung auf die Versammlung dient (Kallmeyer/*Marsch-Barner/Oppenhoff* Rn. 35). Teilweise wird verlangt, dass der Informationsmangel in der Versammlung ausdrücklich **gerügt** werden muss (Kallmeyer/*Marsch-Barner/Oppenhoff* Rn. 35; *Noack/Zetsche* ZHR 2006, 218 (242)).

16 Selbst unzureichende Informationen im Verschmelzungsbericht nur zum **Umtauschverhältnis** führen nach hM zur Anfechtbarkeit der Zustimmungsbeschlüsse (Lutter UmwG/*Drygala* Rn. 61; Semler/Stengel/*Gehling* Rn. 80 f., 78; **aA** iRe Formwechsels, BGH 18.12.2000, BGHZ 146, 179 = ZIP 2001, 199 (200 f.) – MEZ sowie BGH 29.1.2001, ZIP 2001, 412 (413 f.) – Aqua Butzke-Werke AG: keine Anfechtungsklage für Informationsmängel, die das Abfindungsangebot betreffen). Nach der Gegenmeinung ist man diesbezüglich wie nach § 14 Abs. 2 iVm § 15 auf das Spruchverfahren verwiesen (Kallmeyer/*Marsch-Barner/Oppenhoff* Rn. 34 mit Verweis auf BGH 18.12.2000, ZIP 2001, 199 (201) zu § 207 beim Formwechsel; vgl. auch die Einschränkungen des Anfechtungsrechts in § 243 Abs. 4 S. 2 AktG für die AG durch das UMAG seit 1.11.2005, s. dazu SHS/*Winter* Einf. Rn. 31 f.).

17 Fehlerhafte Berichte bei **Personengesellschaften führen zur Nichtigkeit** des jeweiligen Zustimmungsbeschlusses, da das Personengesellschaftsrecht keine anfechtbaren Beschlüsse kennt (Lutter UmwG/*Drygala* Rn. 63; Kallmeyer/*Marsch-Barner/Oppenhoff* Rn. 36; KK-UmwG/*Simon* Rn. 79).

18 Verstöße gegen die Berichtspflicht können nach § 313 Abs. 1 Nr. 1 **strafrechtliche Konsequenzen** für die Organe haben.

Prüfung der Verschmelzung

9 (1) **Soweit in diesem Gesetz vorgeschrieben, ist der Verschmelzungsvertrag oder sein Entwurf durch einen oder mehrere sachverständige Prüfer (Verschmelzungsprüfer) zu prüfen.**

(2) **Befinden sich alle Anteile eines übertragenden Rechtsträgers in der Hand des übernehmenden Rechtsträgers, so ist eine Verschmelzungsprüfung nach Absatz 1 nicht erforderlich, soweit sie die Aufnahme dieses Rechtsträgers betrifft.**

(3) **§ 8 Abs. 3 ist entsprechend anzuwenden.**

I. Allgemeines

§ 9 Abs. 1 sieht die Prüfung des Verschmelzungsvertrages oder seines Entwurfs durch einen oder mehrere vom Vertretungsorgan bestellte, sachverständige Prüfer vor. Durch eine sachverständige und neutrale Prüfung soll durch bessere Information ein Präventivschutz für die von der Verschmelzung in ihren Vermögensinteressen berührten Anteilseigner statuiert werden (RegBegr. BR-Drs. 75/94 zu § 9 Abs. 1). 1

In den nachfolgenden §§ 10–11 werden hierzu Einzelheiten geregelt; in § 12 der Verschmelzungsprüfungsbericht. Anders als für den Verschmelzungsbericht ordnet das Gesetz die **Verschmelzungsprüfung nicht generell** an, sondern nur, wenn in den besonderen Vorschriften für die jeweilige Rechtsform ein solcher (ggf. unter dort geregelten bestimmten Voraussetzungen) vorgesehen ist (s. §§ 44, 45e, 48, 56, 60, 73, 78, 81, 96, 100, 122f). So wird sie zB bei der **GmbH** nach § 48 nur auf Verlangen eines Gesellschafters durchgeführt. Bei einstimmig zu beschließenden Verschmelzungen von **Personenhandelsgesellschaften** oder **Partnerschaftsgesellschaften** ist eine Verschmelzungsprüfung überhaupt nicht erforderlich (vgl. §§ 44, 45e). Bei der **eG** tritt an die Stelle der Verschmelzungsprüfung eine stets erforderliche und nicht verzichtbare, gutachterliche Äußerung des Prüfungsverbandes (§ 81). Bei einer **grenzüberschreitenden Verschmelzung** ist grundsätzlich eine Prüfung angeordnet (§ 122f). Auch die Barabfindung nach § 29 ist rechtsformunabhängig stets zu prüfen (§ 30 Abs. 2). 2

Nach Abs. 2 und 3 ist wie der Verschmelzungsbericht mangels schutzwürdiger Anteilsinhaber auch eine **Verschmelzungsprüfung entbehrlich,** wenn eine Tochter- auf ihre Muttergesellschaft verschmolzen wird oder wenn alle Anteilsinhaber darauf verzichten (dazu *Stiegler* AG 2019, 708 (710)). 3

II. Prüfungsumfang

Prüfungsgegenstand ist nach Abs. 1 der Verschmelzungsvertrag bzw. dessen Entwurf. Dieser ist auf seine Rechtmäßigkeit, also auf inhaltliche Vollständigkeit und Richtigkeit zu überprüfen (KK-UmwG/*Simon* Rn. 10). Das Gesetz enthält keine Aussagen zu Ziel und Tiefe der Verschmelzungsprüfung, sodass diese aus dem **Telos** des § 9 (→ Rn. 1) abzuleiten ist (zum genauen Prüfungsgegenstand vgl. *Limmer* in Limmer Unternehmensumwandlung-HdB Teil 2 Rn. 429 ff.). 4

Im Zentrum der Prüfung steht die **Angemessenheit des Umtauschverhältnisses** unter Berücksichtigung der baren Zuzahlung und der für die Anteilsinhaber vorgesehenen Mitgliedschaften (sowohl Ertragswertmethode als auch Schätzung anhand des Börsenkurses ist verfassungsrechtlich zulässig: BVerfG 26.4.2011, ZIP 2011, 1051; s. auch schon OLG Frankfurt a. M. 3.9.2010, NZG 2010, 1141). Im Übrigen beschränkt sich die Verschmelzungsprüfung auf eine **Rechtmäßigkeitskontrolle.** Sie muss also nicht iRe **Zweckmäßigkeitskontrolle** auf die Frage eingehen, ob die Verschmelzung aus wirtschaftlicher Sicht sinnvoll oder gar geboten ist (SHS/*Winter* Rn. 7; Lutter UmwG/*Drygala* Rn. 12 mwN in Fn. 22). Letzteres bleibt dem Verschmelzungsbericht vorbehalten (→ § 8 Rn. 7 f.). Letzterer ist aber eine wichtige und zulässige Erkenntnisquelle für die Prüfer ohne selbst Gegenstand der Prüfung zu sein. 5

Neben der Verschmelzungsprüfung ist in ausdrücklich angeordneten Fällen ggf. eine **Sacheinlageprüfung** (Gründungsprüfung, Nachgründungsprüfung oder Kapitalerhöhungsprüfung) erforderlich (s. genauer Kallmeyer/*Lanfermann* Rn. 4 ff.). Auch die **Prüfung der Schlussbilanz** nach § 17 Abs. 2 (→ § 17 Rn. 13 ff.) ist regelmäßig neben der Verschmelzungsprüfung durchzuführen. 6

III. Entbehrlichkeit der Verschmelzungsprüfung

Gemäß § 9 Abs. 3 iVm § 8 Abs. 3 ist bei allen beteiligten Rechtsträgern die Verschmelzungsprüfung **in notarieller Form verzichtbar** und bei der Verschmelzung einer Tochter auf ihre Mutter entbehrlich (Abs. 2). Diese Ausnahme wird allerdings nur relevant, wenn überhaupt eine Verschmelzungsprüfung nach den allgemeinen Regeln angeordnet ist (→ Rn. 2). Daher genügt bei der GmbH praktisch die schriftliche Erklärung des „Nichtverlangens“ (BeckHdB Notar/*Heckschen* § 24 Rn. 100). ME ist aber ein „bindender Verzicht“ im Vorfeld ohne Einhaltung der Beurkundungsform problematisch. Das **Gutachten des genossenschaftlichen Prüfungsverbandes** (§ 81) ist nicht verzichtbar (KK-UmwG/ 7

Simon Rn. 9; Semler/Stengel/*Zeidler* Rn. 8). Für die Prüfung der Barabfindung nach § 30 Abs. 2 sieht der dortige S. 3 eine eigene Verzichtsmöglichkeit vor.

Bestellung der Verschmelzungsprüfer

10 (1) [1] **Die Verschmelzungsprüfer werden auf Antrag des Vertretungsorgans vom Gericht ausgewählt und bestellt.** [2] **Sie können auf gemeinsamen Antrag der Vertretungsorgane für mehrere oder alle beteiligten Rechtsträger gemeinsam bestellt werden.** [3] **Für den Ersatz von Auslagen und für die Vergütung der vom Gericht bestellten Prüfer gilt § 318 Abs. 5 des Handelsgesetzbuchs.**

(2) [1] **Zuständig ist jedes Landgericht, in dessen Bezirk ein übertragender Rechtsträger seinen Sitz hat.** [2] **Ist bei dem Landgericht eine Kammer für Handelssachen gebildet, so entscheidet deren Vorsitzender an Stelle der Zivilkammer.**

(3) **Auf das Verfahren ist das Gesetz über das Verfahren in Familiensachen und in den Angelegenheiten der freiwilligen Gerichtsbarkeit anzuwenden, soweit in den folgenden Absätzen nichts anderes bestimmt ist.**

(4) [1] **Gegen die Entscheidung findet die Beschwerde statt.** [2] **Sie kann nur durch Einreichung einer von einem Rechtsanwalt unterzeichneten Beschwerdeschrift eingelegt werden.**

(5) [1] **Die Landesregierung kann die Entscheidung über die Beschwerde durch Rechtsverordnung für die Bezirke mehrerer Oberlandesgerichte einem der Oberlandesgerichte oder dem Obersten Landesgericht übertragen, wenn dies der Sicherung einer einheitlichen Rechtsprechung dient.** [2] **Die Landesregierung kann die Ermächtigung auf die Landesjustizverwaltung übertragen.**

I. Allgemeines

1 Die Vorschrift wurde zunächst durch das Gesetz zur Neuordnung des gesellschaftsrechtlichen Spruchverfahrens (BGBl. 2003 I 838) mit Wirkung zum 1.9.2003 geändert und wesentlich erweitert (insbesondere Abs. 4–7 angehängt). Durch das Spruchverfahrensneuordnungsgesetz (BGBl. 2008 I 2586) wurden mit Wirkung zum 1.9.2009 das FGG durch das FamFG ersetzt und dabei die Abs. 4–6 wieder gestrichen und ins FamFG bzw. in § 71 Abs. 2 Nr. 4 lit. d GVG verlagert (s. dazu genauer Kallmeyer/*Lanfermann* Rn. 3).

2 Die Bestimmung gilt für **alle verschmelzungsfähigen Rechtsträger,** soweit eine Prüfung nach den besonderen Vorschriften erfolgen muss (→ § 9 Rn. 2).

II. Auswahl und Bestellung

3 Nach der Novellierung der Vorschrift durch das Spruchverfahrensneuordnungsgesetz unterfallen Auswahl und Bestellung der Verschmelzungsprüfer ausschließlich der **Kompetenz des Gerichts.** Dadurch soll der Parteinähe der Prüfer entgegengewirkt und die Akzeptanz der Prüfungsergebnisse für außenstehende Anteilsinhaber erhöht werden. Das Gericht ist aber nicht befugt, dem Prüfer inhaltliche Anweisungen für die Durchführung der Prüfung zu erteilen (OLG Düsseldorf 24.9.2015, BeckRS 2015, 19042 = NZG 2016, 151).

4 Sachlich zuständig ist ausschließlich das **LG** (Abs. 2; soweit vorhanden der Vorsitzende der Kammer für Handelssachen), in dessen Bezirk ein übertragender Rechtsträger seinen Sitz hat. Dieses Gericht hätte auch bei einem sich ggf. anschließenden Spruchverfahren die Angemessenheit des Umtauschverhältnisses nachzuprüfen. Nach § 71 Abs. 2 Nr. 4 lit. d GVG iVm § 71 Abs. 4 GVG haben bereits mehrere Landesregierungen von der Möglichkeit der **Zuständigkeitskonzentration** bei einem bestimmten LG Gebrauch gemacht (s. die Liste bei Kallmeyer/*Lanfermann* Rn. 7).

5 Für das **Bestellungsverfahren** kommen die §§ 1–85 FamFG zur Anwendung, soweit sich nicht aus § 10 Besonderheiten ergeben (s. ausf. Kallmeyer/*Lanfermann* Rn. 9 ff.). Grundsätzlich sieht § 10 die Bestellung eigener Prüfer für jeden beteiligten Rechtsträger vor. Ist das Gericht für mehrere Antragsteller zuständig, kann es auch einen **gemeinsamen Prüfer** bestellen (Widmann/Mayer/*Fronhöfer* Rn. 11.1; Kallmeyer/*Lanfermann* Rn. 20; vgl. auch § 10 Abs. 1 S. 2, der gemeinsame Bestellung auf Antrag ermöglicht).

III. Fehlerhafte Bestellung und Rechtsmittel

6 Ist die **Prüferbestellung fehlerhaft** (nicht vom Gericht oder nach §§ 319 ff. HGB ausgeschlossener Prüfer), ist der Verschmelzungsvertrag nicht ordnungsgemäß geprüft. Der Verschmelzungsbeschluss ist **anfechtbar,** die Eintragung der Verschmelzung zurückzuweisen (Lutter UmwG/*Drygala* Rn. 16 f.; Kallmeyer/*Lanfermann* Rn. 23). Wird die ordnungsgemäße Prüfung innerhalb der Achtmonatsfrist des § 17 Abs. 2 S. 4 nachgeholt, bedarf es mE eines neuen Zustimmungsbeschlusses auf der Basis des

geprüften Verschmelzungsvertrages (so wohl auch Lutter UmwG/*Drygala* Rn. 16, da keine Heilung des Beschlusses mehr möglich; tendenziell großzügiger Kallmeyer/*Lanfermann* Rn. 23 in Fn. 2 weist aber auf Möglichkeit eines einstimmigen Bestätigungsbeschlusses hin). Auf die **eingetragene Verschmelzung** hat die fehlerhafte Prüfung keine Auswirkung (Lutter UmwG/*Drygala* Rn. 15; Kallmeyer/*Lanfermann* Rn. 22).

Gegen die Entscheidung des Gerichts über die Prüferbestellung ist nach § 10 Abs. 4 iVm §§ 58 ff. 7
FamFG die **Beschwerde** zum jeweiligen übergeordneten OLG zugelassen. Auch hier besteht wieder die Möglichkeit der **Zuständigkeitskonzentration** durch die Landesregierungen (Abs. 5; s. die Auflistung bei Kallmeyer/*Lanfermann* Rn. 26). Nach § 70 FamFG ist die Rechtsbeschwerde möglich, wenn sie vom OLG zugelassen wird.

Stellung und Verantwortlichkeit der Verschmelzungsprüfer

11 (1) [1] **Für die Auswahl und das Auskunftsrecht der Verschmelzungsprüfer gelten § 319 Abs. 1 bis 4, § 319a Abs. 1, § 319b Abs. 1, § 320 Abs. 1 Satz 2 und Abs. 2 Satz 1 und 2 des Handelsgesetzbuchs entsprechend.** [2] **Soweit Rechtsträger betroffen sind, für die keine Pflicht zur Prüfung des Jahresabschlusses besteht, gilt Satz 1 entsprechend.** [3] **Dabei findet § 267 Abs. 1 bis 3 des Handelsgesetzbuchs für die Umschreibung der Größenklassen entsprechende Anwendung.** [4] **Das Auskunftsrecht besteht gegenüber allen an der Verschmelzung beteiligten Rechtsträgern und gegenüber einem Konzernunternehmen sowie einem abhängigen und einem herrschenden Unternehmen.**

(2) [1] **Für die Verantwortlichkeit der Verschmelzungsprüfer, ihrer Gehilfen und der bei der Prüfung mitwirkenden gesetzlichen Vertreter einer Prüfungsgesellschaft gilt § 323 des Handelsgesetzbuchs entsprechend.** [2] **Die Verantwortlichkeit besteht gegenüber den an der Verschmelzung beteiligten Rechtsträgern und deren Anteilsinhabern.**

Übersicht

I. Allgemeines

Für die Frage, welche **Berufsqualifikation** die vom Gericht zu bestellenden (§ 10 Abs. 1) Ver- 1
schmelzungsprüfer aufweisen müssen und welche **Ausschlussgründe** zu berücksichtigen sind, verweist Abs. 1 weitgehend auf die Regeln für den Abschlussprüfer in §§ 319–319b HGB (geändert durch das Abschlussprüfungsreformgesetz [AReG] v. 10.5.2016, BGBl. 2016 I 1142). Je nach beteiligtem Rechtsträger kommen entsprechend der Staffelung nach Größenklassen Wirtschaftsprüfer, Wirtschaftsprüfungsgesellschaften, vereidigte Buchprüfer und deren gesellschaftsrechtliche Zusammenschlüsse in Frage (SHS/*Winter* Rn. 5 f. mit genauerer Differenzierung).

Abs. 1 S. 4 manifestiert mit § 320 HGB ein **Auskunftsrecht** des Prüfers. Abs. 2 legt die damit 2
korrespondierende **Verantwortlichkeit** des Verschmelzungsprüfers durch Verweis auf § 323 HGB fest.

II. Einzelheiten

1. Auswahl des Prüfers. Wirtschaftsprüfer und Wirtschaftsprüfungsgesellschaften können 3
ohne Einschränkungen für alle Rechtsträger Verschmelzungsprüfer sein. Für vereidigte **Buchprüfer und Buchprüfungsgesellschaften** gilt dies über die Verweisung auf § 319 Abs. 1 S. 2 iVm § 267 Abs. 1 und 2 HGB nur für kleine und mittelgroße GmbHs. Dies gilt auch für jeden anderen Rechtsträger, der diese Größenklassen erfüllt (§ 11 Abs. 1 S. 3, str. so Kallmeyer/*Lanfermann* Rn. 2; aA insbesondere für AG und Verein: Lutter UmwG/*Drygala* Rn. 3, der die doppelte „entsprechende" Anwendung anders versteht). Die Größenklassen des § 267 HGB sind aber, anders als bei der Pflichtprüfung des Jahresabschlusses, nur für die Qualifikation des Prüfers von Bedeutung, nicht für die Pflicht zur Erstellung einer Verschmelzungsprüfung (Kallmeyer/*Lanfermann* Rn. 2), da es sich dabei um eine Pflichtprüfung handelt, wenn sie in den besonderen Vorschriften angeordnet wurde (→ § 9 Rn. 2).

Bei der Bestellung eines **gemeinsamen Prüfers** kommt es auf die prospektiven Verhältnisse nach 4
der Verschmelzung an (Kallmeyer/*Lanfermann* Rn. 2 mit Verweis auf § 267 Abs. 4 S. 2 HGB). Ein **„besonderer Sachverstand"** (vgl. „sachverständiger Prüfer") ist nicht zusätzlich zu verlangen, aber sinnvollerweise zu empfehlen.

5 Der Verschmelzungsprüfer kann vorbehaltlich des § 318 Abs. 3 HGB nachfolgend auch zum **Abschlussprüfer** gewählt werden (vgl. BGH 25.11.2002, NJW 2003, 970 = DB 2003, 383 für den Bewerter bei der Verschmelzung; dazu ausf. *Marx* DB 2003, 431, s. auch SHS/*Winter* Rn. 17). Denn beide Tätigkeiten unterscheiden sich funktional und konzeptionell grundsätzlich voneinander (so schon LG München I 21.10.1999, ZIP 1999, 2152; zur umgekehrten Problematik, ob ein Abschlussprüfer Verschmelzungsprüfer werden kann). Bei der Verschmelzung auf eine AG kann der Verschmelzungsprüfer nach § 69 Abs. 1 S. 4 auch zugleich der Sacheinlagenprüfer oder nach § 75 Abs. 1 S. 2 auch der Gründungsprüfer sein. Das nach § 10 jetzt für die Bestellung des Verschmelzungsprüfers allein zuständige Gericht wird wegen der Nähe zum Mandanten den Abschlussprüfer praktisch nicht mehr zum Verschmelzungsprüfer bestellen (SHS/*Winter* Rn. 18).

6 Zu den **Ausschlussgründen** wird auf die Kommentierungen zu den in Bezug genommenen § 319 Abs. 1–4 HGB, §§ 319a und 319b HGB verwiesen (s. dazu auch Kallmeyer/*Lanfermann* Rn. 5); s. auch die Änderungen zu Ausschlussgründen in § 319 und § 319a HGB durch das Abschlussprüfungsreformgesetz [AReG] v. 10.5.2016, BGBl. 2016 I 1142).

7 **2. Verstoßfolgen.** Wurde ein Verschmelzungsprüfer entgegen den gesetzlich geregelten Voraussetzungen bestellt und hat dieser geprüft, ist schon der **Bestellungsakt nichtig** und eine Prüfung iSd §§ 9 ff. hat nicht stattgefunden (Kallmeyer/*Lanfermann* Rn. 7). Daher kann nicht nur der darauf beruhende **Verschmelzungsbeschluss angefochten** werden (→ § 10 Rn. 6), sondern besteht wegen Fehlens einer notwendigen Anlage zur Anmeldung nach § 17 Abs. 1 ein **Eintragungshindernis.** Ist die Verschmelzung im Handelsregister eingetragen, wird ihre Wirksamkeit wegen § 20 Abs. 2 (→ § 20 Rn. 63 ff.) davon nicht mehr berührt. Es können sich aber noch Schadensersatzforderungen gegen den ausgeschlossenen Prüfer oder die Vertretungsorgane (§ 25) ergeben (Kallmeyer/*Lanfermann* Rn. 9).

8 **3. Auskunftsrecht.** Das Auskunftsrecht des Verschmelzungsprüfers nach § 11 Abs. 1 iVm § 320 Abs. 1 S. 2 HGB besteht zunächst nur gegenüber dem antragstellenden Rechtsträger. § 11 Abs. 1 S. 4 erweitert das Auskunftsrecht jedoch auf alle an der Verschmelzung beteiligten Rechtsträger und **Konzernunternehmen** (§ 18 AktG) sowie auf abhängige und herrschende Unternehmen (§ 17 AktG). Auch **ausländische** beteiligte, abhängige oder herrschende Unternehmen sowie Konzernunternehmen sind davon betroffen (Kallmeyer/*Lanfermann* Rn. 10, auch zu Besonderheiten bei grenzüberschreitenden Verschmelzungen und ausländischen Prüfern).

9 **Auskunftspflichtig** sind die Vertretungsorgane der beteiligten und entsprechend Abs. 1 S. 4 verbundenen Rechtsträger (zu eng Kallmeyer/*Lanfermann* Rn. 11 nur auf „beteiligte" Rechtsträger abstellend). In der Praxis empfiehlt es sich, sog. Vollständigkeitserklärungen zu den erhaltenen Informationen zu verlangen.

10 Der **Umfang des Auskunftsrechts** des Verschmelzungsprüfers gegenüber dem antragstellenden Rechtsträger ergibt sich aus § 320 HGB (ausf. MüKoHGB/*Ebke* HGB § 320 Rn. 14 ff.). Demgegenüber wird für den durch § 11 Abs. 1 S. 4 erweiterten Kreis der auskunftspflichtigen Rechtsträger überwiegend **ein eingeschränktes Auskunftsrecht** nur auf Aufklärung und Nachweise (§ 320 Abs. 2 S. 1 und 2 HGB) nicht aber auf Einsichtnahme und Prüfung nach § 320 Abs. 1 S. 2 HGB angenommen (Kallmeyer/*Lanfermann* Rn. 12; Lutter UmwG/*Drygala* Rn. 6; Semler/Stengel/*Zeidler* Rn. 12).

11 **4. Schadensersatz des Verschmelzungsprüfers.** Durch den Verweis auf die gesamte Regelung des § 323 HGB in Abs. 2 S. 1 gelten für den Verschmelzungsprüfer für seine **Verantwortlichkeit** gegenüber den beteiligten Rechtsträgern die gleichen Grundsätze wie für den Abschlussprüfer (ausf. auch MüKoHGB/*Ebke* HGB § 323 Rn. 20 ff.).

12 Die **Haftung des Verschmelzungsprüfers** besteht gegenüber allen an der Verschmelzung beteiligten Rechtsträgern und deren Anteilsinhabern bzw. Mitgliedern (Kallmeyer/*Lanfermann* Rn. 18; Lutter UmwG/*Drygala* Rn. 7). Sie kann durch Vertag weder **ausgeschlossen noch begrenzt** werden (§ 323 Abs. 4 HGB). Nicht einbezogen sind nach hM allerdings weiterhin die **verbundenen Unternehmen** (kritisierend Lutter UmwG/*Drygala* Rn. 8 mit Verweis auf mögliche Verschwiegenheitsverletzungen; aA Kallmeyer/*Lanfermann* Rn. 19).

13 Die **Höhe des Schadensersatzes** ist in § 323 Abs. 2 HGB für fahrlässiges Handeln je nach betroffenem Rechtsträger in unterschiedlicher Weise (1 bzw. 4 Mio. EUR) **begrenzt.** Nachdem die besondere **Verjährung** in Abs. 5 zum 1.1.2004 aufgehoben wurde, gilt die regelmäßige Verjährung nach §§ 195 ff. BGB.

Prüfungsbericht

12 (1) [1]**Die Verschmelzungsprüfer haben über das Ergebnis der Prüfung schriftlich zu berichten.** [2]**Der Prüfungsbericht kann auch gemeinsam erstattet werden.**

(2) [1]**Der Prüfungsbericht ist mit einer Erklärung darüber abzuschließen, ob das vorgeschlagene Umtauschverhältnis der Anteile, gegebenenfalls die Höhe der baren Zuzahlung oder die**

Mitgliedschaft bei dem übernehmenden Rechtsträger als Gegenwert angemessen ist. [2] Dabei ist anzugeben,

1. nach welchen Methoden das vorgeschlagene Umtauschverhältnis ermittelt worden ist;
2. aus welchen Gründen die Anwendung dieser Methoden angemessen ist;
3. welches Umtauschverhältnis oder welcher Gegenwert sich bei der Anwendung verschiedener Methoden, sofern mehrere angewandt worden sind, jeweils ergeben würde; zugleich ist darzulegen, welches Gewicht den verschiedenen Methoden bei der Bestimmung des vorgeschlagenen Umtauschverhältnisses oder des Gegenwerts und der ihnen zugrundeliegenden Werte beigemessen worden ist und welche besonderen Schwierigkeiten bei der Bewertung der Rechtsträger aufgetreten sind.

(3) **§ 8 Abs. 2 und 3 ist entsprechend anzuwenden.**

I. Allgemeines

Die Verschmelzungsprüfer haben nach Abs. 1 einen **schriftlichen, ggf. gemeinsamen Bericht** über das Ergebnis er von ihnen vorgenommenen Prüfung zu erstatten. Dies stellt neben dem Verschmelzungsbericht die **wesentliche Informationsquelle** für die Anteilsinhaber zur Vorbereitung einer sachgerechten und qualifizierten Stimmrechtsausübung iRd Verschmelzungsbeschlusses dar. Wie er **den Anteilsinhabern zugänglich** gemacht wird, bestimmt sich nach den jeweiligen rechtsformspezifischen Regelungen im besonderen Teil des UmwG (§§ 44, 48, 63 Abs. 1 Nr. 5, Abs. 3, §§ 82, 101). 1

Wenn eine Verschmelzungsprüfung durchgeführt werden muss (→ § 9 Rn. 2), ist stets auch ein Verschmelzungsprüfungsbericht erforderlich. Nach Abs. 3 iVm § 8 Abs. 3 ist er allerdings auch gesondert **verzichtbar.** 2

II. Inhalt

Ein fester Aufbau und Inhalt des Prüfungsberichtes ist bis auf den Mindestinhalt in Abs. 2 gesetzlich nicht vorgesehen (vgl. aber die Empfehlungen des IDW (HFA) 6/88 WPg 1989, 42 (43) und WP-HdB Bd. II, 13. Aufl. 2008, Abschnitt D Rn. 64 ff.; s. auch die bei KK-UmwG/*Simon* Rn. 21 abgedruckte Gliederung). Entsprechend dem Gegenstand der Prüfung (→ § 9 Rn. 4 ff.) hat sich der Bericht auf die **Vollständigkeit und Richtigkeit der im Verschmelzungsvertrag** gemachten Angaben zu beziehen. Diesbezüglich ist über die Ergebnisse der Verschmelzungsprüfung, nicht über die Prüfung selbst bzw. deren Verlauf zu berichten (KK-UmwG/*Simon* Rn. 7; SHS/*Winter* Rn. 18 mwN auch der Gegenmeinung des OLG Frankfurt a. M. 22.8.2000, ZIP 2000, 1928). Der **Verschmelzungsbericht** ist nicht selbst Gegenstand der Prüfung, sondern nur Informationsgrundlage für die Prüfung (→ § 9 Rn. 5), sodass er auch nicht im Prüfungsbericht korrigiert werden muss (SHS/*Winter* Rn. 21; aA LG München I 31.8.1999, AG 2000, 86). 3

Im Mittelpunkt des Prüfungsberichtes steht nach Abs. 2 die Erklärung über die **Angemessenheit des Umtauschverhältnisses,** ggf. der baren Zuzahlung oder der Mitgliedschaft bei dem übernehmenden Rechtsträger als Gegenleistung. Hierzu enthält das Gesetz detaillierte Mindestvorgaben für die erforderlichen Angaben (Abs. 2 S. 2 Nr. 1–3; s. zum str. Inhalt im Einzelnen KK-UmwG/*Simon* Rn. 12 ff. und Kallmeyer/*Lanfermann* Rn. 3 ff.). 4

Durch den Verweis in Abs. 3 auf § 8 Abs. 2 muss der Prüfer geheimhaltungsbedürftige Tatsachen (→ § 8 Rn. 10) nicht in den Prüfungsbericht aufnehmen und darf dies auch nicht (Kallmeyer/*Lanfermann* Rn. 12 mit Verweis auf § 11 Abs. 2 iVm § 323 Abs. 1 S. 1 und 2 HGB). Was unter den **Geheimnisschutz** fällt, entscheidet der Prüfer in **pflichtgemäßem Ermessen** (KK-UmwG/*Simon* Rn. 22; Widmann/Mayer/*Mayer* Rn. 29), muss dies aber im Prüfungsbericht begründen (Abs. 3 iVm § 8 Abs. 2 S. 2). Dabei ist er nicht an die Entscheidung der Organe nach § 8 Abs. 2 für die Erstellung des Verschmelzungsberichtes gebunden, wird sich praktisch aber meist daran orientieren. 5

III. Verzicht

Gemäß Abs. 3 iVm § 8 Abs. 3 ist der Prüfungsbericht in zwei Fällen **entbehrlich:** Verschmelzung einer 100%igen Tochter- auf ihre Muttergesellschaft und Vorliegen notarieller Verzichtserklärungen aller Anteilsinhaber aller beteiligten Rechtsträger (→ § 8 Rn. 11 f.; dazu auch *Stiegler* AG 2019, 708 (710)). Da bei der 100%igen Konzernverschmelzung aber schon die Verschmelzungsprüfung als solche entfällt (§ 9 Abs. 2), entfällt schon aus diesem Grund ein Prüfungsbericht (so auch Lutter UmwG/*Drygala* Rn. 12). Dasselbe gilt auch, wenn schon allseits auf die Verschmelzungsprüfung verzichtet wurde (§ 9 Abs. 3 iVm § 8 Abs. 3). 6

Problematisch erscheint es mE, mit dem Verlangen eines einzelnen Anteilsinhabers nach den besonderen Vorschriften die Notwendigkeit einer Verschmelzungsprüfung zu begründen (vgl. zB § 48 bei der GmbH); dieses Begehren aber auf die Prüfung ohne Prüfungsbericht zu beschränken. Denn systematisch müssen mE bei einer sog. **Antragsprüfung** alle Anteilsinhaber in notarieller Form auf 7 einen sich darauf beziehenden Prüfungsbericht verzichten (krit. auch Kallmeyer/*Lanfermann* Rn. 17 zum Zurückziehen des Prüfungsverlangens durch den einzelnen Gesellschafter).

IV. Konsequenzen der (fehlerhaften) Prüfung

8 Ist der Prüfungsbericht fehlerfrei, enthält aber **negative inhaltliche Feststellungen** (zB Unangemessenheit des Umtauschverhältnisses) hat dies keine unmittelbaren Auswirkungen auf den Verschmelzungsvertrag bzw. die -beschlüsse. Es bleibt dann der Entscheidung der Anteilsinhaber vorbehalten, daraus bei der Stimmabgabe ihre Konsequenzen zu ziehen, was regelmäßig zur Ablehnung der geplanten Verschmelzung führen wird. Überstimmte Minderheitsinhaber haben nur die Möglichkeit der gerichtlichen Nachprüfung im Spruchverfahren (vgl. § 14 Abs. 2, § 15; strenger Lutter UmwG/*Drygala* Rn. 14: Mehrheitsmissbrauch liege nahe).

9 Fehlt ein erforderlicher Prüfungsbericht, oder ist er **fehlerhaft** (unvollständig, vom Unzuständigen erstellt usw.), ist der darauf beruhende Verschmelzungsbeschluss einer Kapitalgesellschaft anfechtbar, einer Personenhandelsgesellschaft sogar nichtig (Kallmeyer/*Lanfermann* Rn. 19; SHS/*Winter* Rn. 31; Lutter UmwG/*Drygala* Rn. 15 mit Verweis auf dieselben Regeln wie beim Verschmelzungsbericht). Das OLG Karlsruhe (29.6.2006, AG 2007, 92) vertritt zum Prüfungsbericht beim Squeeze-Out eine großzügigere Ansicht, da die fehlerhaften Angaben nur die Angemessenheit der Abfindung beeinflussen, was dann nur im Spruchverfahren geltend gemacht werden kann.

Beschlüsse über den Verschmelzungsvertrag

13 (1) [1] **Der Verschmelzungsvertrag wird nur wirksam, wenn die Anteilsinhaber der beteiligten Rechtsträger ihm durch Beschluß (Verschmelzungsbeschluß) zustimmen.** [2] **Der Beschluß kann nur in einer Versammlung der Anteilsinhaber gefaßt werden.**

(2) **Ist die Abtretung der Anteile eines übertragenden Rechtsträgers von der Genehmigung bestimmter einzelner Anteilsinhaber abhängig, so bedarf der Verschmelzungsbeschluß dieses Rechtsträgers zu seiner Wirksamkeit ihrer Zustimmung.**

(3) [1] **Der Verschmelzungsbeschluß und die nach diesem Gesetz erforderlichen Zustimmungserklärungen einzelner Anteilsinhaber einschließlich der erforderlichen Zustimmungserklärungen nicht erschienener Anteilsinhaber müssen notariell beurkundet werden.** [2] **Der Vertrag oder sein Entwurf ist dem Beschluß als Anlage beizufügen.** [3] **Auf Verlangen hat der Rechtsträger jedem Anteilsinhaber auf dessen Kosten unverzüglich eine Abschrift des Vertrags oder seines Entwurfs und der Niederschrift des Beschlusses zu erteilen.**

Übersicht

I. Allgemeines

1 Der Verschmelzungsvertrag ist als **Grundlagengeschäft** keine reine Geschäftsführungsmaßnahme. Deshalb bestimmt Abs. 1, dass er nicht allein von den Vertretungsorganen der beteiligten Rechtsträger wirksam abgeschlossen werden kann, sondern ähnlich wie Unternehmensverträge (§§ 291, 293 AktG) zu seiner Wirksamkeit eines **Beschlusses der Anteilsinhaberversammlung** jedes beteiligten Rechtsträgers bedarf (KK-UmwG/*Simon* Rn. 1). Dies dient dem Schutz der Anteilsinhaber (Lutter UmwG/*Drygala* Rn. 4) und kann weder ausgeschlossen noch (satzungsmäßig) auf ein anderes Organ übertragen

werden (allgM, Widmann/Mayer/*Heckschen* Rn. 42). Zu den neuen Möglichkeiten der Verschmelzung während des **Insolvenzverfahrens** im Insolvenzplan → § 3 Rn. 19a.

Abs. 2 regelt einen **Sonderzustimmungstatbestand** für vinkulierte Anteile (Semler/Stengel/*Gehling* Rn. 5). Damit wird die Verschmelzung für diese Konstellation der Abtretung von Anteilen gleichgestellt. Dieses und andere sondergesetzliche Zustimmungserfordernisse im besonderen Teil verstärken noch den individuellen Schutz für die betroffenen Anteilsinhaber und Mitglieder. Für andere Sonderrechte oder neue Leistungspflichten fehlt allerdings ein entsprechend gesetzliches Zustimmungserfordernis (Semler/Stengel/*Gehling* Rn. 5 f.). 2

Der **Verschmelzungsvertrag** wird erst **wirksam** (→ § 4 Rn. 10) mit der Fassung aller notwendigen Verschmelzungsbeschlüsse (Abs. 1). Welche Beschlüsse „notwendig" sind, wird teilweise in den besonderen Vorschriften des UmwG für die einzelnen Rechtsträger besonders geregelt (vgl. zB bei der AG – Beschlüsse der stimmberechtigten Aktionäre jeder Aktiengattung gesondert). Darüber hinaus bedarf es in den verschiedensten Fällen Zustimmungserklärungen (Abs. 2 und sonstige spezialgesetzlich geregelte; → Rn. 31 ff.). Die **Wirkungen der Verschmelzung** als solche treten sogar erst mit der Eintragung derselben im entsprechenden Register des übertragenden Rechtsträgers ein (§ 20 Abs. 1; zur Vorwirkung der Verschmelzung vor Eintragung s. aber *Austmann/Frost* ZHR 2005, 431). 3

II. Verschmelzungsbeschluss

1. Rechtsnatur. Der Verschmelzungsbeschluss ist **Transformationsakt** und Voraussetzung für die Wirksamkeit des als Organisationsakt und schuldrechtlichen Vertrag ausgestalteten (→ § 4 Rn. 2) Verschmelzungsvertrages (SHS/*Winter* Rn. 4). Abs. 1 stellt klar, dass ausschließlich die **Anteilsinhaber durch die Beschlussfassung** in einer Anteilsinhaberversammlung über die Durchführung der Verschmelzung entscheiden. 4

Da eine Verschmelzung regelmäßig mindestens so stark in die Struktur der beteiligten Rechtsträger eingreift, wie eine **Satzungsänderung,** sind eventuell besondere Regelungen in der Satzung für Satzungsänderungen (insbesondere spezielle Mehrheitserfordernisse oder Anwesenheitsquoren, Informationspflichten und Ähnliches) auch für die Verschmelzungsbeschlüsse zu beachten (Lutter UmwG/*Drygala* Rn. 5; NK-UmwR/*Böttcher* Rn. 6, 7; Widmann/Mayer/*Heckschen* Rn. 9.4; zurückhaltender KK-UmwG/*Simon* Rn. 27 nur für Auslegung im Einzelfall; gegen die Berücksichtigung weiterer Anforderungen für Satzungs-, Unternehmensgegenstands- oder Gesellschaftszweckänderung: *Kort* AG 2011, 611). Beim übertragenden Rechtsträger, der durch die Verschmelzung erlischt (§ 20 Abs. 1 S. 2), sind sogar die Besonderheiten für die **Auflösung** des betroffenen Rechtsträgers zu beachten (OLG Stuttgart 23.5.2011, BeckRS 2012, 05372, Mehrheitserfordernis für Auflösung bei übertragendem Verein). 5

2. Beschlussfassung. Der Verschmelzungsbeschluss muss nach Abs. 1 **beurkundet** (→ Rn. 36) und in einer Versammlung (→ Rn. 11) gefasst werden. 6

a) Beschlussvorbereitung. Für die Vorbereitung (insbesondere Ladung und Informationspflichten) sowie die Durchführung der Beschlussfassung enthält das UmwG in den jeweiligen, **rechtsformspezifischen Regelungen** im besonderen Teil unterschiedlich strenge Pflichten zur Bekanntmachung und Offenlegung (KK-UmwG/*Simon* Rn. 26; Lutter UmwG/*Drygala* Rn. 5). Im Übrigen gelten die entsprechenden spezialgesetzlichen und satzungsmäßigen Regelungen des betroffenen Rechtsträgers (s. jeweils die Kommentierung bei den einschlägigen Gesetzen; *Limmer* in Limmer Unternehmensumwandlung-HdB Teil 2 Rn. 459), ggf. auch für eine bloße Satzungsänderung (jedenfalls für den übertragenden Rechtsträger: Lutter UmwG/*Drygala* Rn. 5; allgemein krit. KK-UmwG/*Simon* Rn. 27). 7

Für den Verschmelzungsbeschluss gelten auch die **Grundsätze der Vollversammlung** (Lutter UmwG/*Drygala* Rn. 6). Sind alle erschienen und hat niemand der Beschlussfassung widersprochen, kann der Beschluss unter Verzicht auf Formen und Fristen der Einberufung gefasst werden. Im Fall der **einstimmigen Beschlussfassung** ist sogar die sofortige Anmeldung zum Handelsregister möglich, da niemand mehr anfechtungsbefugt ist (→ § 16 Rn. 16; dies kann noch durch einen allseitigen ausdrücklichen **Klageverzicht** untermauert werden). 8

b) Zuständigkeit. Die Kompetenzzuweisung zur Beschlussfassung durch die **Anteilsinhaber bzw. Mitglieder** der beteiligten Rechtsträger ist zwingend, daher weder durch Satzung noch im Verschmelzungsvertrag abdingbar (SHS/*Winter* Rn. 15; Widmann/Mayer/*Heckschen* Rn. 42). Selbst die Anteilsinhaberversammlung kann die Zuständigkeit nicht auf ein anderes Gremium **delegieren** (Lutter UmwG/*Drygala* Rn. 23 mit Verweis auf LG Frankfurt a. M. 29.1.1990, WM 1990, 237; SHS/*Winter* Rn. 15; zur (nur scheinbaren) Ausnahme bei der Delegiertenversammlung des Vereins (§ 38 BGB) Semler/Stengel/*Katschinski* § 103 Rn. 4 oder der Vertreterversammlung bei Genossenschaften (§ 43a GenG) → § 82 Rn. 1). Zur **Stellvertretung** wird auf → Rn. 13 verwiesen. Daher müssen die Anteilsinhaber aller an der Verschmelzung beteiligten Rechtsträger der Verschmelzung auf der Grundlage des **vollständigen Vertrages oder seines Entwurfs** zustimmen. 9

10 Auch für die **Stimmberechtigung** gelten die für die jeweiligen Rechtsträger einschlägigen Bestimmungen, da das UmwG insofern keine Sonderregelungen enthält (KK-UmwG/*Simon* Rn. 15; Lutter UmwG/*Drygala* Rn. 26). Nach hM (KK-UmwG/*Simon* Rn. 16 mit Verweis auf § 62; Lutter UmwG/*Drygala* Rn. 26; *Priester* ZGR 1990, 420 (436 f.)) besteht kein **Stimmverbot** (§ 47 Abs. 4 S. 2 GmbHG, § 34 BGB, § § 119 HGB), obwohl die Beschlussfassung über den Verschmelzungsvertrag regelmäßig kein Rechtsgeschäft mit einem der beteiligten Anteilsinhaber betrifft. Ein Interessenkonflikt wäre allenfalls bei einer Tochter-Mutterkonstellation überhaupt denkbar. Dann wird auf §§ 8–13 als ausgefeiltes Minderheitenschutzsystem verwiesen neben dem das Stimmverbot keine Berechtigung hat.

11 **c) Versammlungszwang.** Abs. 1 S. 2 stellt in seinem Wortlaut klar, dass die Zustimmung der Anteilseigner jedes beteiligten Rechtsträgers für den Verschmelzungsvertrag als Grundlagengeschäft zu seiner Wirksamkeit im **Beschlusswege in einer Versammlung** der Anteilsinhaber erfolgen muss. Soweit dies für die betreffende Rechtsform des beteiligten Rechtsträgers gesetzlich oder satzungsmäßig zulässig ist, bedarf es jedoch **keiner Präsenzversammlung,** sodass zB bei einer AG elektronische Stimmabgabe oder Stimmbotschaft zulässig sein dürfte (KK-UmwG/*Simon* Rn. 11; ähnlich Semler/Stengel/*Gehling* Rn. 14, der Versammlung im Wege einer Video-Telefonschaltung zulassen will). Dadurch **verschwimmen die Grenzen** zwischen nicht zulässiger Beschlussfassung im schriftlichen Umlaufverfahren, „mittelbarer" Anwesenheit über das Internet mit elektronischer Stimmabgabe, schriftlicher Vollmacht bzw. Stimmbotschaft und ggf. zusätzlich umwandlungsrechtlich erforderlicher Zustimmungserklärung nicht anwesender Gesellschafter (zB bei der Personenhandelsgesellschaft § 43 Abs. 1 Hs. 2, ggf. zu einem Beschluss von nur einem anwesenden Gesellschafter) noch weiter (rechtspolitisch krit. daher auch KK-UmwG/*Simon* Rn. 12).

11a Durch das Gesetz über Maßnahmen im Gesellschafts-, Genossenschafts-, Vereins-, Stiftungs- und Wohnungseigentumsrecht zur Bekämpfung der Auswirkungen der COVID-19-Pandemie (BGBl. 2020 I 570) kurz MaßnG-GesR genannt, sind die **präsenzlose Mitgliederversammlung** und der **versammlungslose Beschluss** bei den verschiedenen Rechtsformen zunächst zeitlich befristet bis zum Ende 2020 mit Verlängerungsoption erleichtert worden (s. dazu ausführlich DNotI-Gutachten DNotI-Report 2020, 52 ff. und DNotI-Gutachten DNotI-Report 2020, 61 ff.) Ob diese Sondernormen auch für Umwandlungsbeschlüsse nach § 13 gelten ist insbesondere bei den Regelungen in § 5 Abs. 2 und 3 MaßnG-GesR für den Verein umstritten (Abs. 2 befürwortend DNotI-Gutachten DNotI-Report 2020, 73 (75); abratend *Lieder* ZIP 2020, 837 (842)). S. zur elektronischen Teilnahme oder einer Abstimmung im Vorfeld per Briefwahl bei der Genossenschaft DNotI-Abrufgutachten Nr. 177537.

12 **d) Mehrheit.** Das UmwG sieht für die Beschlussfassung grundsätzlich bei der Beteiligung der verschiedensten Rechtsträger eine **3/4-Mehrheit** vor (§ 43 Abs. 2, § 50 Abs. 1, §§ 65, 78, 84, 103, 112), bei der Beteiligung von Personenhandelsgesellschaften und Partnerschaftsgesellschaften – vorbehaltlich anderweitiger Regelung im Gesellschaftsvertrag – Einstimmigkeit (§ 43 Abs. 1, § 45d). Die 3/4-Mehrheit bildet aber für alle beteiligten Rechtsformen die **nicht dispositive Untergrenze.** Strengere satzungsmäßige Mehrheiten sind zu beachten, selbst wenn sie nur für Satzungsänderungen oder bei übertragendem Rechtsträger auch für die Auflösung geregelt sind (Widmann/Mayer/*Heckschen* Rn. 70 ff.; OLG Hamm 19.9.2012, NZG 2013, 388; OLG Stuttgart 23.5.2011, BeckRS 2012, 05372; KK-UmwG/*Simon* Rn. 23 f., nur bei Auslegung im Einzelfall allerdings ggf. auch bei Vinkulierungsklauseln und Ähnlichem). Bei der Vereinsverschmelzung soll § 33 Abs. 1 S. 2 BGB, der bei Änderung des Vereinszwecks Zustimmung aller Vereinsmitglieder verlangt, nicht analog angewandt werden (OLG Hamm 19.9.2012, NZG 2013, 388). Die erforderlichen Mehrheiten müssen wegen des Zwangs zur **Beschlussfassung in einer Versammlung** (→ Rn. 11) unabhängig von eventuellen zusätzlichen Zustimmungs- oder Genehmigungserklärungen zu Stande kommen (KK-UmwG/*Simon* Rn. 25).

13 **e) Stellvertretung.** Anteilsinhaber können sich grundsätzlich nach den Regeln des jeweiligen beteiligten Rechtsträgers (vgl. Übersicht bei BeckHdB Notar/*Heckschen* § 24 Rn. 73; insbesondere bei Personenhandelsgesellschaften nur, wenn im Gesellschaftsvertrag vorgesehen oder es alle Gesellschafter bei der Abstimmung zulassen) bei der Beschlussfassung von einem durch **Vollmacht** legitimierten Dritten vertreten lassen. Vollmachten können nach den Vorschriften des jeweiligen betroffenen Rechtsträgers regelmäßig **formlos** (s. aber § 47 Abs. 3 GmbHG, Textform) erteilt werden, sollten für den Nachweis beim Registergericht sinnvollerweise aber zumindest die Schriftform einhalten (Semler/Stengel/*Schröer* § 4 Rn. 9; zum Nachweis im Grundbuchverfahren bei der Abspaltung: OLG Hamm 10.7.2014, NZG 2015, 71). Nur bei einer **Verschmelzung zur Neugründung** einer GmbH oder einer AG ist die Vollmacht zu beglaubigen (§ 2 Abs. 2 GmbHG; § 23 Abs. 1 S. 2 AktG) (*Heidinger/Blath* FS Spiegelberger, 2009, 692 (700) mit Nachweisen auch der strengeren Meinung für Vollmachten bei der Verschmelzung zur Aufnahme; s. auch Widmann/Mayer/*Heckschen* Rn. 108).

14 **Vertretung ohne Vertretungsmacht** ist mit den Einschränkungen aus den Spezialgesetzen für den jeweiligen Rechtträger grundsätzlich zulässig, wenn der Erschienene als Vertreter des nicht anwesenden Gesellschafters handelt. Allerdings darf bei der **GmbH** die Vertretung ohne Vertretungsmacht nicht in der Satzung untersagt sein oder ihr von Mitgesellschaftern widersprochen werden (Widmann/Mayer/

Heckschen Rn. 102). § 180 BGB steht auch bei der Einmann-GmbH nicht entgegen, da die Stimmabgabe gegenüber der Gesellschaft erfolgt. Ist im Gesellschaftsvertrag einer **Personenhandelsgesellschaft** Stimmrechtsvollmacht zugelassen, kann daraus nicht schon auf die Zulässigkeit der Vertretung ohne Vertretungsmacht geschlossen werden. Vielmehr müssen dieser alle Mitgesellschafter in einer Universalversammlung zustimmen (*Heidinger/Blath* FS Spiegelberger, 2009, 692 (705)).

Nach § 182 Abs. 2 BGB ist die **Genehmigung der vollmachtlosen Vertretung** grundsätzlich formfrei. Da sie allerdings der Sache nach die Wirkung wie die erforderliche Zustimmung eines Nichterschienenen (→ Rn. 32) haben kann, muss in diesen Fällen mE die Beurkundungsform wie nach § 13 Abs. 3 S. 1 eingehalten werden. 15

Bei der Stimmabgabe im Verschmelzungsbeschluss ist wie bei satzungsändernden Beschlüssen grundsätzlich **§ 181 BGB** zu beachten. Trotz gleichgerichteter Stimmabgaben wird bei Doppelvertretung oder Vertretung durch einen Mitgesellschafter abstrakt ein Interessenkonflikt iSd § 181 BGB angenommen (BGH 6.6.1988, NJW 1989, 168 (169); Scholz/*K. Schmidt* GmbHG § 47 Rn. 180; Lutter UmwG/*J. Vetter* § 50 Rn. 26; Semler/Stengel/*Reichert* § 50 Rn. 17). Die erforderliche Befreiung vom Selbstkontrahierungsverbot (Vertretung durch Mitgesellschafter) wird regelmäßig konkludent erteilt sein (KK-UmwG/*Simon* Rn. 21; Widmann/Mayer/*Heckschen* Rn. 100; SHS/*Winter* Rn. 51). Minderjährige benötigen jedoch ggf. jeweils einen **Ergänzungspfleger** (*Limmer* in Limmer Unternehmensumwandlung-HdB Teil 2 Rn. 95; Lutter UmwG/*J. Vetter* § 50 Rn. 29; vgl. auch *Böhringer* NotBZ 2014, 121). Ein solcher kann ggf. auch für einen unbekannten Gesellschafter (OLG Bremen 15.5.2003, DStR 2003, 1311) oder bei der Testamentsvollstreckung durch gesetzlichen Vertreter eines Erben (OLG Nürnberg 29.6.2001, MittBayNot 2002, 403 = MDR 2001, 1117; allg. zur Mitwirkung des Testamentsvollstreckers auch Widmann/Mayer/*Heckschen* Rn. 142 ff.) erforderlich werden. 16

Die Notwendigkeit einer **familiengerichtlichen Genehmigung** für die Mitwirkung eines Minderjährigen an einem Verschmelzungsbeschluss ist höchst umstritten (vgl. dazu ausf. *Limmer* in Limmer Unternehmensumwandlung-HdB Teil 2 Rn. 88 ff.; *Böhringer* NotBZ 2014, 121 und diff. Widmann/Mayer/*Heckschen* Rn. 138 ff.; NK-UmwR/*Böttcher* Rn. 9; nur für Verschmelzung zur Neugründung: SHS/*Winter* Rn. 53; keine Genehmigung erforderlich: Kallmeyer/*Zimmermann* § 50 Rn. 12; Semler/Stengel/*Reichert* § 50 Rn. 19; nur falls Haftungsrisiko für Minderjährigen nach § 24 GmbHG droht: Lutter UmwG/*J. Vetter* § 50 Rn. 30); und hängt insbesondere auch von der Rechtsform des beteiligten Rechtsträgers ab. Ist mit der Verschmelzung die **Neugründung eines Rechtsträgers** verbundenen, bedarf die Beteiligung eines minderjährigen Gesellschafters schon deshalb der familiengerichtlichen Genehmigung (zur Spaltung: MHdB GesR III/*Mayer/Weiler* § 73 Rn. 707; SHS/*Hörtnagl* § 135 Rn. 20). Aber auch bei der Verschmelzung zur Aufnahme kann eine persönliche **Haftung** iSd § 1822 Nr. 10 BGB für fremde Verbindlichkeiten entstehen, wenn aufnehmender Rechtsträger eine Personengesellschaft ist oder bei einer aufnehmenden Kapitalgesellschaft die Anteile nicht voll eingezahlt sind. Gegebenenfalls ist auch § 1822 Nr. 3 BGB einschlägig, da vom minderjährigen Gesellschafter des übertragenden Rechtsträgers das bestehende **Erwerbsgeschäft aufgegeben** wird (vgl. Widmann/Mayer/*Heckschen* § 13 Rn. 139; aA für § 1822 Nr. 3 BGB bei Vergleich mit dem bloßen Auflösungsbeschluss aber die hM: Kallmeyer/*Zimmermann* § 50 Rn. 12; vgl. auch Semler/Stengel/*Reichert* § 50 Rn. 19; Widmann/Mayer/*Mayer* § 50 Rn. 39). 17

f) Zeitpunkt. Der Zustimmungsbeschluss kann sowohl als vorherige **Zustimmung** auf der Basis des Entwurfs (vgl. § 4 Abs. 2) als auch als (nachträgliche) **Genehmigung** für den bereits beurkundeten Vertrag gefasst werden (vgl. Abs. 3 S. 2; allgM; SHS/*Winter* Rn. 17). In letzterem Fall entwickelt der Beschluss aber keine Rückwirkung nach § 184 BGB (KK-UmwG/*Simon* Rn. 28; BeckOGK/*Rieckers/Cloppenburg* Rn. 10; ohne klare Stellungnahme als „Genehmigung" entsprechend § 184 BGB bezeichnend aber SHS/*Winter* Rn. 17; so auch Lutter UmwG/*Drygala* Rn. 8). 18

3. Beschlussinhalt. Inhalt des Verschmelzungsbeschlusses und damit Beschlussgegenstand ist die Zustimmung zum bereits abgeschlossenen Verschmelzungsvertrag oder zu seinem nach § 4 Abs. 2 aufgestellten Entwurf (KK-UmwG/*Simon* Rn. 30; SHS/*Winter* Rn. 27). Inhalt und Wortlaut des Verschmelzungsvertrages/-entwurfes sind bindend, sodass nur eine vollumfängliche Zustimmung oder eine Ablehnung in Frage kommt. Der zugrundeliegende **Entwurf** muss dann wiederum wortgleich als Vertrag verbindlich vereinbart werden (→ § 4 Rn. 5). § 139 BGB findet hier keine – auch keine analoge – Anwendung (SHS/*Winter* Rn. 20). 19

Änderungen oder Ergänzungen (→ § 7 Rn. 8 ff.) müssen sowohl beim Entwurf als auch beim Vertrag nach Vereinbarung unter den Vertragspartnern erneut zur Zustimmung vorgelegt werden (SHS/*Winter* Rn. 21; großzügiger aber KK-UmwG/*Simon* Rn. 37 für nicht unter § 5 Abs. 1 Nr. 2–6 fallende Regelungsgegenstände). Möglich ist es aber über alternative Verschmelzungsentwürfe abzustimmen (SHS/*Winter* Rn. 24). 20

Unzulässig wäre es auch den Inhalt des Verschmelzungsvertrages durch **bloßen Ermächtigungsbeschluss** zur Disposition anderer (zB der Leitungs- oder Aufsichtsorgane) zu stellen (Widmann/Mayer/*Heckschen* Rn. 53.4; Lutter UmwG/*Drygala* Rn. 23; aA KK-UmwG/*Simon* Rn. 32 für Verhandlungsmandate bezüglich fakultativer Inhalte). **Bedingungen und Befristungen** dürfen den Ver- 21 tretungsorganen keinen eigenen Spielraum gewähren (Lutter UmwG/*Drygala* Rn. 23; Semler/Stengel/*Gehling* Rn. 33; Kallmeyer/*Zimmermann* Rn. 7; KK-UmwG/*Simon* Rn. 36). Bedingte Zustimmungsbeschlüsse sind wie bedingte Satzungsänderungsbeschlüsse mE nicht unproblematisch (hM; s. nur MHLS/*Hoffmann* GmbHG § 53 Rn. 29 mwN in Fn. 129). Vollzugsanweisungen an die Vertretungsorgane sind allerdings üblich und zulässig (KK-UmwG/*Simon* Rn. 36). Geeignet ist im Bedarfsfall der Abschluss eines bedingten oder befristeten Verschmelzungsvertrages (→ § 4 Rn. 3).

22 Sind **Satzungsänderungen** (insbesondere beim aufnehmenden Rechtsträger) im Verschmelzungsvertrag vorgesehen, bedarf eine diesbezügliche Verpflichtung noch ihrer Umsetzung nach den Regeln des betreffenden Rechtsträgers. Der Verschmelzungsbeschluss selbst beinhaltet nämlich nicht gleichzeitig einen satzungsändernden Beschluss (Lutter UmwG/*Drygala* Rn. 23; KK-UmwG/*Simon* Rn. 35, s. auch KK-UmwG/*Simon* Rn. 34 zu Nebenabreden im Zusammenhang mit dem Verschmelzungsvertrag).

23 **4. Bindungswirkung.** Mit dem Verschmelzungsbeschluss billigen die Anteilsinhaber den Verschmelzungsvertrag, dadurch tritt in zweifacher Hinsicht **Bindung** ein. Der Beschluss bindet die **jeweiligen Anteilsinhaber** des betreffenden Rechtsträgers (KK-UmwG/*Simon* Rn. 85, spricht von interner Bindung). Darüber hinaus enthält er eine Weisung an die **Organe** der Gesellschaft, die Verschmelzung insbesondere durch Anmeldung beim Handelsregister mit Beifügung aller erforderlichen Unterlagen (→ § 17 Rn. 4 ff.) durchzuführen. Gegebenenfalls müssen sie auch noch ausstehende Zustimmungserklärungen einholen oder erforderlichenfalls sogar den Verschmelzungsvertrag erst noch abschließen.

24 Bevor alle erforderlichen Zustimmungsbeschlüsse gefasst sind, ist auch ein bereits geschlossener **Verschmelzungsvertrag noch schwebend unwirksam,** sodass noch keine Bindung gegenüber dem Vertragspartner entstehen kann (KK-UmwG/*Simon* Rn. 87 spricht von externer Bindung). Beschlüsse zu einem **Verschmelzungsvertragsentwurf** schaffen ebenfalls grundsätzlich noch keine Bindung zwischen den an der Verschmelzung beteiligten Rechtsträgern (SHS/*Winter* Rn. 10). Der Zustimmungsbeschluss zunächst nur bei einem beteiligten Rechtsträger lässt für diesen allerdings eine Bindungswirkung vergleichbar mit einem **Angebot** entstehen (*Limmer* in Limmer Unternehmensumwandlung-HdB Teil 2 Rn. 464; *Heckschen* MittRhNotK 1989, 75; abl. KK-UmwG/*Simon* Rn. 89 ff.). Wird einem schriftlichen Entwurf des Verschmelzungsvertrages zugestimmt (§ 4 Abs. 2), muss dieser mit dem später beurkundeten **Verschmelzungsvertrag identisch** sein. Ansonsten bedarf es der Wiederholung aller diesbezüglichen Zustimmungsbeschlüsse.

25 Ist der Verschmelzungsvertrag wirksam, können die Parteien ihn nur noch **einvernehmlich aufheben** oder ggf. **kündigen** (→ § 7 Rn. 2 ff.; → § 7 Rn. 6 ff.). Erst mit **Eintragung** hat er unwiderrufbare Bestandkraft (§ 20 Abs. 1). Zur **Änderung und Aufhebung** in den verschiedenen Stadien → § 7 Rn. 8 ff.

26 **5. Entbehrlichkeit.** Nur wenn der Schutzzweck der Zustimmungsbeschlüsse (→ Rn. 1) nicht gefährdet ist, sieht das Gesetz bzw. die Rspr. in wenigen **Ausnahmefällen** von dem Erfordernis eines Zustimmungsbeschlusses ab. So kann bei der übernehmenden **AG** auf den Zustimmungsbeschluss bei der mindestens 90%igen Muttergesellschaft verzichtet werden, wenn die Tochtergesellschaft auf sie verschmolzen wird (§ 62 Abs. 1). Darüber hinaus wurde durch das Dritte Gesetz zur Änderung des Umwandlungsgesetzes (v. 14.7.2011, BGBl. 2011 I 1338) in § 62 Abs. 4 die Möglichkeit geschaffen, bei einem 100%igen Mutter-Tochterverhältnis zusätzlich **bei der übertragenden Kapitalgesellschaft** auf den **Zustimmungsbeschluss** zur Verschmelzung zu **verzichten** (s. zu den Problemen in der Praxis: *Ising* NZG 2011, 1368), sodass die Verschmelzung einer 100%igen Tochterkapitalgesellschaft auf ihre Mutter-AG zu einer reinen Geschäftsführermaßnahme ohne jeden Zustimmungsbeschluss der Anteilsinhaber wird. Gleiches gilt für den Beschluss des **übernehmenden Alleingesellschafters,** wenn nach §§ 120 ff. eine Kapitalgesellschaft auf dessen Vermögen verschmolzen wird (BeckOGK/*Leitzen,* 1.7.2020, § 121 Rn. 47). Selbst bei der **Ausgliederung zur Neugründung** auf eine Kapitalgesellschaft nach § 152 verzichtet die Rspr. ebenfalls auf den Zustimmungsbeschluss des ausgliedernden Einzelkaufmannes (BeckOGK/*Leitzen,* 1.7.2020, § 158 Rn. 9 ebenso bei der Ausgliederung zur Neugründung). Zu den Möglichkeiten der Verschmelzung ohne gesonderte Zustimmungsbeschlüsse während des **Insolvenzverfahrens** im Insolvenzplan → § 3 Rn. 19a.

27 **6. Missbrauch der Mehrheitsherrschaft.** Mit den instrumentalisierten Schutzinstrumenten des UmwG hat der Gesetzgeber eine **Interessenabwägung zwischen Mehrheit und Minderheit** vorgenommen (KK-UmwG/*Simon* Rn. 97). So sehen insbesondere die §§ 29 ff. zum Schutz der Minderheit vor, dass ein überstimmter Gesellschafter **gegen angemessene Barabfindung ausscheiden** kann. Darüber hinausgehend bedarf es **keiner gesonderten sachlichen Rechtfertigung** für eine Verschmelzung (hM; OLG Frankfurt a. M. 8.2.2006, NZG 2006, 227 = Der Konzern 2006, 276 (279); Lutter UmwG/*Drygala* Rn. 45; Semler/Stengel/*Gehling* Rn. 23).

28 Wie jeder Verbandsbeschluss unterliegt auch der Verschmelzungsbeschluss der inhaltlichen Kontrolle dahingehend, dass die Ausübung der Mehrheitsherrschaft nicht gegen die gesellschaftsrechtliche **Treuepflicht** verstößt oder dem **Gleichheitsgrundsatz** widerspricht (s. dazu ausf. KK-UmwG/*Simon* Rn. 98 ff.; OLG Frankfurt a. M. 8.2.2006, NZG 2006, 227 = Der Konzern 2006, 276 (280); Lutter

UmwG/*Drygala* Rn. 54). Dies kommt aber nur in besonderen Ausnahmefällen in Betracht, wenn die Verschmelzung art- und funktionswidrig und damit zielgerichtet dafür eingesetzt wird, eine Kapital- oder Stimmrechtsverwässerung einzelner Anteilsinhaber, zB außenstehender Aktionäre, herbeizuführen, um diese unter bestimmte relevante Beteiligungsschwellen zu drücken (Lutter UmwG/*Drygala* Rn. 55; KK-UmwG/*Simon* Rn. 102). Nicht treuwidrig ist es allerdings eine Gesellschaft nur deshalb in die Rechtsform der AG umzuwandeln, um danach die Minderheit im Squeeze-out-Verfahren nach § 62 oder nach § 327a AktG auszuschließen (BGH 16.3.2009, AG 2009, 441; OLG Hamburg 14.6.2012, AG 2012, 639; Lutter UmwG/*Drygala* Rn. 55; s. dazu auch *Stephanblome* AG 2012, 814).

7. Beschlussmängel. Grundsätzlich beurteilt sich die Anfechtbarkeit oder Nichtigkeit eines Verschmelzungsbeschlusses wie jeder Anteilsinhaberbeschluss des betreffenden Rechtsträgers. Deshalb gelten sowohl für die Frage nach formellen als auch allgemeinen inhaltlichen Mängeln sowie für die Rechtsfolgen von Mängeln die **Grundsätze für die jeweilige Rechtsform.** Zu den **Besonderheiten für das UmwG** wird auf § 14 verwiesen. Nach der **Eintragung** der Verschmelzung sorgt § 20 Abs. 1 Nr. 4 für die Heilung von formellen Mängeln und § 20 Abs. 2 für Bestandsschutz der Verschmelzung trotz sonstiger Mängel. 29

8. Kosten. Der Zustimmungsbeschluss zum Verschmelzungsvertrag ist sowohl beim übertragenden als auch beim aufnehmenden Rechtsträger jeweils ein **Beschluss mit bestimmten Geldwert** (*Tiedtke* in Limmer Unternehmensumwandlung-HdB Teil 8 Rn. 21), für den nach KV-Nr. 21100 GNotKG eine **2,0 Gebühr** zu erheben ist. Nach § 108 Abs. 3 GNotKG bestimmt sich der Geschäftswert nach dem Wert des **Vermögens des übertragenden Rechtsträgers,** wobei nach § 38 GNotKG die Verbindlichkeiten nicht abgezogen werden. Wird beim aufnehmenden Rechtsträger eine **Kapitalerhöhung** beschlossen, ist der Nennbetrag der Erhöhung dem Geschäftswert hinzuzurechnen. Beim **Zusammenbeurkunden** mehrerer Zustimmungsbeschlüsse in einer Urkunde, können die Werte gem. § 35 Abs. 1 GNotKG zusammenzurechnen sein (genauer differenzierend: *Tiedtke* in Limmer Unternehmensumwandlung-HdB Teil 8 Rn. 25). Gem. § 108 Abs. 5 GNotKG beträgt der **Höchstwert 5 Mio. EUR.** 30

III. Zustimmungserfordernis (Abs. 2)

Von dem Zustimmungsbeschluss durch Stimmabgabe der Anteilsinhaber sind die zT erforderlichen **individuellen Zustimmungserklärungen** aller oder bestimmter Anteilsinhaber zu unterscheiden. Sie sind empfangsbedürftige Willenserklärungen, die gegenüber der Gesellschaft abzugeben sind (KK-UmwG/*Simon* Rn. 71), sodass auf sie auch die allgemeinen Regeln des BGB für **Willenserklärungen,** wie etwa diejenigen bezüglich Zugang und Anfechtung anzuwenden sind (Semler/Stengel/*Gehling* Rn. 47; Kallmeyer/*Zimmermann* Rn. 27). 31

Mit den individuellen Zustimmungserfordernissen wird der allgemeine Rechtsgedanken zum Ausdruck gebracht, dass Sonderrechte eines Anteilsinhabers nicht ohne dessen Zustimmung beeinträchtigt werden können (SHS/*Winter* Rn. 60; RegBegr. BR-Drs. 75/94 zu § 13 Abs. 2). In diesem Zusammenhang sind insbesondere zu nennen: 32

- die Zustimmung bei vinkulierten Anteilen (§ 13 Abs. 2),
- die Zustimmung aller beim Zustimmungsbeschluss nicht anwesenden Gesellschafter von Personenhandelsgesellschaften oder Partnerschaftsgesellschaften (§ 43 Abs. 1, § 45d Abs. 1),
- die Zustimmung der beteiligten GmbH-Gesellschafter, wenn bestimmte Minderheitsrechte eines einzelnen Gesellschafters beeinträchtigt (§ 50 Abs. 2) werden,
- die Zustimmung bei nicht voll eingezahlten Geschäftsanteilen (§ 51) wegen der darin enthaltenen Erhöhung des Haftungsrisikos
- sowie die persönliche Haftungsübernahme.

Die Zustimmungserklärungen können bei der Zustimmungsbeschlussfassung mit abgegeben (konkludent aber nur wenn die Form nach § 8 BeurkG eingehalten wird; KK-UmwG/*Simon* Rn. 73), aber auch gesondert vorher oder nachher erklärt werden. ME kann auch gegen die Verschmelzung gestimmt werden, aber dennoch eine Einzelzustimmungserklärung erfolgen (zutr. KK-UmwG/*Simon* Rn. 73; Semler Stengel/*Gehling* UmwG Rn. 48 f.; aA Widmann/Mayer/*Mayer* § 50 Rn. 74, nach Zustimmungserklärung nur noch Teilnahmerecht aber kein Stimmrecht mehr). 33

Stellvertretung ist bei der Abgabe der Zustimmungserklärungen (allgM, Kallmeyer/*Zimmermann* Rn. 27) möglich. Bei Personenhandelsgesellschaften gelten aber die gleichen Einschränkungen wie bei der Vertretung zur Stimmrechtsabgabe (*Heidinger/Blath* FS Spiegelberger, 2009, 702 (710)). Da für die Zustimmungserklärung selbst die notarielle Beurkundung verlangt wird, muss auch für die Vollmacht zur Vertretung bei der Zustimmungserklärung entgegen § 167 Abs. 2 BGB die **notarielle Form** verlangt werden (*Heidinger/Blath* FS Spiegelberger, 2009, 702 (709); SHS/*Winter* Rn. 47 aE; Widmann/Mayer/*Heckschen* Rn. 114.1 aber im Ergebnis wohl nur für Beglaubigung; **aA** KK-UmwG/*Simon* Rn. 71; Kallmeyer/*Zimmermann* Rn. 27; Lutter UmwG/*Decher/Hoger* § 193 Rn. 22). Jedenfalls in den 34

Fällen, in denen die Einzelzustimmungserklärung erforderlich wird, weil ein Gesellschafter bei Beschlussfassung abwesend ist, ist die Vollmacht funktional gleichwertig zur Zustimmungserklärung selbst (konsequent diff. Widmann/Mayer/*Weiler* § 193 Rn. 24).

35 Von der Abgabe aller erforderlichen Zustimmungserklärungen hängt die **Wirksamkeit des Verschmelzungsbeschlusses** und damit des Verschmelzungsvertrages ab (SHS/*Winter* Rn. 66; KK-UmwG/*Simon* Rn. 72: vorher schwebend unwirksam).

IV. Formvorschriften (Abs. 3)

36 Die Zustimmungsbeschlüsse müssen in einer **notariell beurkundeten Versammlung** gefasst werden, sodass ein Umlaufbeschluss unzulässig ist. Erfolgen keine beurkundungsbedürftigen Verzichtserklärungen oder Zustimmungserklärungen, genügt die **Protokollform** nach den §§ 36, 37 BeurkG (Widmann/Mayer/*Heckschen* Rn. 222). Eine **Auslandsbeurkundung** wird überwiegend für unzulässig gehalten (*Limmer* in Limmer Unternehmensumwandlung-HdB Teil 2 Rn. 503; großzügiger ebenso wie bei Verschmelzungsvertrag KK-UmwG/*Simon* Rn. 79; → § 6 Rn. 6).

37 Schon die bindende Absprache einen Zustimmungsbeschluss zu fassen ist beurkundungsbedürftig (KK-UmwG/*Simon* Rn. 77; *Austmann/Frost* ZHR 2005, 431 (450)). Dies gilt mE auch schon, wenn eine wirtschaftlich bedeutsame Strafe beim Scheitern der Verschmelzung zu zahlen ist (sog. Break-up Fee: LG Paderborn 28.4.2000, NZG 2000, 899; zweifelnd KK-UmwG/*Simon* Rn. 77 aber ggf. beurkundungsbedürftig nach § 6; diff. nach angemessener und unangemessener Höhe: Semler/Stengel/*Gehling* Rn. 51, ggf. Formerfordernis nach § 6 oder Unwirksamkeit der Vereinbarung).

38 Gemäß § 13 Abs. 3 sind auch die ggf. erforderlichen **individuellen Zustimmungserklärungen** (→ Rn. 31 ff.) notariell zu beurkunden. Dabei ist allerdings die Form der Willenserklärungsbeurkundung nach §§ 6 ff. BeurkG zu beachten.

39 **Abs. 3 S. 2** verlangt, dass dem Verschmelzungsbeschluss der **Verschmelzungsvertrag** oder dessen Entwurf **als Anlage** beigefügt werden muss. Teilweise wird eine beglaubigte Abschrift oder Ausfertigung verlangt (so zB Widmann/Mayer/*Heckschen* Rn. 233; **aA** KK-UmwG/*Simon* Rn. 80; Semler/Stengel/*Gehling* Rn. 54). Bei Verstoß kann dem Registergericht aber auf andere Weise nachgewiesen werden, dass die Anteilsinhaber gerade dem der Registeranmeldung beigefügten Verschmelzungsvertrag zugestimmt haben. Bei Willenserklärungsbeurkundung nach §§ 8 ff. BeurkG wird dem Erfordernis der Beifügung des Verschmelzungsvertrages auch durch eine Verweisung nach § 13a Abs. 2 BeurkG auf den bereits beurkundeten Verschmelzungsvertrag als Bezugsurkunde genügt. Denn dadurch wird der Verschmelzungsvertrag beurkundungsrechtlich Bestandteil der Urkunde über den Zustimmungsbeschluss. Das Registergericht kann die Identität des zugestimmten Verschmelzungsvertrages mit dem nach § 17 Abs. 1 eingereichten Verschmelzungsvertrag auch zweifelsfrei abgleichen.

40 **Abs. 3 S. 3** gibt den Anteilsinhabern das Recht, von der Gesellschaft eine Abschrift des Verschmelzungsvertrages bzw. dessen Entwurfs und der Niederschrift des Verschmelzungsbeschlusses zu verlangen.

41 Mängel der notariellen Beurkundung, sowohl des Verschmelzungsbeschlusses als auch der Zustimmungserklärungen, werden nach § 20 Abs. 1 Nr. 4 durch **Eintragung im Handelsregister geheilt.**

Befristung und Ausschluß von Klagen gegen den Verschmelzungsbeschluß

14 **(1) Eine Klage gegen die Wirksamkeit eines Verschmelzungsbeschlusses muß binnen eines Monats nach der Beschlußfassung erhoben werden.**

(2) Eine Klage gegen die Wirksamkeit des Verschmelzungsbeschlusses eines übertragenden Rechtsträgers kann nicht darauf gestützt werden, daß das Umtauschverhältnis der Anteile zu niedrig bemessen ist oder daß die Mitgliedschaft bei dem übernehmenden Rechtsträger kein ausreichender Gegenwert für die Anteile oder die Mitgliedschaft bei dem übertragenden Rechtsträger ist.

Übersicht

I. Allgemeines

1 § 14 Abs. 1 normiert für **alle Klagen** gegen die Wirksamkeit eines Verschmelzungsbeschlusses eine einheitliche Klagefrist von einem Monat. Zweck der Norm ist sicherzustellen, dass nach Ablauf der Frist Klarheit darüber besteht, ob eine Klage gegen die Wirksamkeit des Verschmelzungsbeschlusses erhoben wurde. Denn eine Klage verhindert – weil das Vertretungsorgan keine sog. Negativerklärung nach § 16 Abs. 2 S. 1 abgeben kann – die Eintragung der Verschmelzung in das Handelsregister (sog. Registersperre, vgl. § 16 Abs. 2 S. 2) und damit das Wirksamwerden der Verschmelzung (vgl. § 20). Die Regelung erfasst alle Klagen, mit denen die Nichtigkeit, die Unwirksamkeit oder die Anfechtbarkeit eines Beschlusses der Anteilsinhaber geltend gemacht wird. Die Regelung des § 14 Abs. 1 gilt sowohl für den übertragenden Rechtsträger als auch für den übernehmenden Rechtsträger. Sie gilt unabhängig von der Rechtsform des Rechtsträgers (vgl. Begr. RegE, BR-Drs. 75/94, 87).

2 Nach § 14 Abs. 2 können Klagen gegen die Wirksamkeit des Verschmelzungsbeschlusses des **übertragenden Rechtsträgers** nicht mit einem unangemessen niedrigen Umtauschverhältnis begründet werden. Diese Rüge kann iVm § 15 Abs. 1 stattdessen nur im Spruchverfahren geltend gemacht werden.

3 Abs. 2 ist **reformbedürftig.** Auch beim **übernehmenden Rechtsträger** sollten Bewertungsrügen nicht mehr mit Klagen gegen die Wirksamkeit des Verschmelzungsbeschlusses geltend gemacht werden können, sondern in das Spruchverfahren verwiesen werden (s. Nachweise bei Semler/Stengel/*Gehling* Rn. 35; *Handelsrechtsausschuss DAV* NZG 2007, 497; s. auch *Bayer* ZHR 172 (2008), 24; *Hüffer* ZHR 172 (2008), 8). Denn Klagen gegen die Wirksamkeit des Verschmelzungsbeschlusses führen zu einer Registersperre und verhindern damit das Wirksamwerden der Verschmelzung (→ Rn. 1). Zwar kann diese Registersperre durch einen Freigabebeschluss im Freigabeverfahren nach § 16 Abs. 3 aufgehoben werden, wenn (i) die Klage unzulässig oder offensichtlich unbegründet ist oder (ii) der Kläger seinen seit Einberufung bestehenden Aktienbesitz iHe anteiligen Betrags von mind. 1.000 EUR nicht rechtzeitig nachweist oder (iii) iRe Abwägung ein sog. überwiegendes Vollzugsinteresse besteht (→ § 16 Rn. 19a ff.). Für die Überprüfung und Abwägung von Bewertungsrügen ist das Freigabeverfahren jedoch weniger geeignet als für die Überprüfung anderer geltend gemachter Beschlussmängel. Demzufolge können heute auch unbegründete Bewertungsrügen, die gegen die Wirksamkeit des Verschmelzungsbeschlusses beim übernehmenden Rechtsträger erhoben werden, zu einer jahrelangen Blockade einer beschlossenen Verschmelzung führen.

II. Klagefrist (Abs. 1)

4 **1. Frist von einem Monat.** Die Frist für Klagen gegen die Wirksamkeit eines Verschmelzungsbeschlusses beträgt einen Monat. Die Regelung ist § 246 Abs. 1 AktG nachgebildet (vgl. Begr. RegE, BR-Drs. 75/94, 87). Die Frist ist eine materiell-rechtliche Ausschlussfrist, keine prozessuale Frist; es gelten daher die §§ 187 ff. BGB (vgl. OLG Hamburg 16.4.2004, ZIP 2004, 906 (907); Lutter UmwG/*Decher* Rn. 9; Semler/Stengel/*Gehling* Rn. 23). Dementsprechend beginnt die Frist gem. § 187 Abs. 1 BGB mit der Fassung des Verschmelzungsbeschlusses, wobei der Tag, an dem der Verschmelzungsbeschluss gefasst wird, nicht mitgerechnet wird. Die Frist endet gem. § 188 Abs. 2 BGB mit Ablauf des Tages des nachfolgenden Monats, welcher durch seine Zahl dem Tag entspricht, in den der Verschmelzungsbeschluss fiel. (Bsp.: Tag der Versammlung, an dem der Verschmelzungsbeschluss gefasst wurde, war der 27.1.; Fristende ist dann der 27.2., Tagesende) Bei einer zweitägigen Versammlung der Anteilsinhaber beginnt die Frist erst mit dem Ablauf des zweiten Tages (str., vgl. GroßkommAktG/*K. Schmidt* AktG § 246 Rn. 16). Fällt der letzte Tag der Frist auf einen Sonnabend oder Sonntag oder auf einen Feiertag am Ort der Klageerhebung, gilt § 193 BGB und die Frist endet mit Ablauf des nächsten Werktages.

5 **2. Fristwahrung.** Die Frist ist gewahrt, wenn innerhalb der Frist die Klage erhoben wurde (Rechtshängigkeit). Die Klage ist mit Zustellung erhoben (§ 253 Abs. 1 ZPO). Bei der Zustellung an eine AG ist deren Doppelvertretung nach § 246 Abs. 2 AktG zu beachten (Hüffer/Koch/*Koch* AktG § 246 Rn. 32). Die Klageerhebung ist ebenfalls rechtzeitig, wenn sie innerhalb der Frist nur bei Gericht eingeht (Anhängigkeit), aber die **Zustellung demnächst** erfolgt (vgl. § 167 ZPO) (OLG Hamburg 16.4.2004, ZIP 2004, 906 (907); vgl. auch BGH 23.5.1960, BGHZ 32, 318 (322)). Auch ein fristgerecht **zusammen mit einem Entwurf der Klageschrift** eingereichter **Prozesskostenhilfeantrag** kann iVm § 167 ZPO die Frist wahren (GroßkommAktG/*K. Schmidt* AktG § 246 Rn. 20 f.; MüKoAktG/*Hüffer/Schäfer* AktG § 246 Rn. 42 f.; vgl. auch Semler/Stengel/*Gehling* Rn. 24 f.; str.); um Verzögerungen im Hinblick auf das Freigabeverfahren (§ 16 Abs. 3) zu verhindern, muss in diesem Fall die

Einleitung des Freigabeverfahrens bereits mit Kenntnis von dem Prozesskostenhilfeantrag auch vor Zustellung der Klage statthaft sein (vgl. zum Normalfall LG Freiburg 26.11.1997, AG 1998, 536 (537) (nachträgliches Zulässigwerden); vgl. Lutter UmwG/*Decher* § 16 Rn. 42; Hommelhoff/Röhricht/*Kiem,* Gesellschaftsrecht, 1997, 105, 121 Fn. 80).

6 Innerhalb der Frist sind die Klagegründe in ihrem **wesentlichen tatsächlichen Kern** vorzutragen. Später vorgetragene Gründe sind präkludiert (LG München I 29.3.2007, WM 2007, 1276 (1280 f.); vgl. auch OLG Hamburg 1.2.2008, BeckRS 2008, 06667, II. 1.; Kallmeyer/*Marsch-Barner/Oppenhoff* Rn. 5 mwN; vgl. Hüffer/Koch/*Koch* AktG § 246 Rn. 26 zur st. aktienrechtlichen Rspr.).

7 **3. Streitgenossen.** Die Einhaltung der Klagefrist durch einen Streitgenossen wirkt nicht zugunsten anderer Kläger, weil sie keine prozessuale Frist ist (LG Bonn 15.2.2001, EWiR 2001, 445 (446); vgl. GroßkommAktG/*K. Schmidt* § 246 Rn. 29). Erheben mehrere Kläger Anfechtungsklage gegen einen Verschmelzungsbeschluss und bringen verschiedene Anfechtungsgründe vor, kann sich ein Anfechtungskläger einen Anfechtungsgrund, den ein anderer Anfechtungskläger innerhalb der Frist des § 14 Abs. 1 vorgetragen hat, nicht nachträglich zu Eigen machen. Eine Berufung auf einen solchen Anfechtungsgrund scheidet aus. Dies kann zB dann entscheidungserheblich sein, wenn einer der Kläger seine Klage zurück nimmt (vgl. OLG Stuttgart 28.1.2004, NZG 2004, 463 (472); OLG Stuttgart 22.3.2002, AG 2003, 456 (458), dort mit falschem Datum abgedruckt).

8 **4. Erfasste Klagen.** Erfasst sind alle sich gegen die Wirksamkeit des Verschmelzungsbeschlusses richtenden Klagen, die das Recht des übertragenden oder übernehmenden Rechtsträgers den Anteilsinhabern (oder Organmitgliedern) zur Verfügung stellt. Dazu gehören ua bei der AG die Anfechtungs- und die Nichtigkeitsklage (§§ 241 ff. AktG; gilt auch für die KGaA, § 278 Abs. 3 AktG), deren Regelungen weitgehend auch für die GmbH entsprechende Anwendung finden (→ GmbHG Anh. § 47 Rn. 1 ff.) und bei der OHG und KG die Klage auf Feststellung der Nichtigkeit oder Unwirksamkeit (→ HGB § 119 Rn. 50 ff.; → HGB § 161 Abs. 2). Gelten für diese Klagen sonst längere Fristen, geht Abs. 1 als speziellere Regelung vor (vgl. Kallmeyer/*Marsch-Barner/Oppenhoff* Rn. 9). **Klagen von außen stehenden Dritten** (zB Arbeitnehmern oder Gläubigern) auf Feststellung der Nichtigkeit des Verschmelzungsbeschlusses nach § 256 ZPO sind nicht erfasst (Kallmeyer/*Marsch-Barner/Oppenhoff* Rn. 6; Lutter UmwG/*Decher* Rn. 7;). Auch Klagen gegen Beschlüsse, die inhaltlich im Zusammenhang mit der Verschmelzung stehen, werden von Abs. 1 nicht erfasst (Lutter UmwG/*Decher* Rn. 8); dazu gehört insbes. ein **Kapitalerhöhungsbeschluss** beim übernehmenden Rechtsträger zwecks Beschaffung der den Anteilsinhabern des übertragenden Rechtsträger zu gewährenden Anteile, ein Beschluss zur Anpassung der Satzung beim übernehmenden Rechtsträger (vgl. KK-UmwG/*Simon* Rn. 18) oder ein gleichzeitig gefasster Sonderbeschluss stimmrechtsloser Vorzugsaktionäre zur Aufhebung des Vorzugs (OLG Frankfurt a. M. 2.12.2010, BeckRS 2011, 16034).

9 **5. Verfristung.** Klagen, die nach Ablauf der Klagefrist eingereicht werden, sind unbegründet (nicht: unzulässig). Es handelt sich um eine Einwendung, die das Gericht von Amts wegen zu berücksichtigen hat. Eine Wiedereinsetzung (§§ 233 ff. ZPO), Hemmung oder Ähnliches (§§ 203 ff. BGB) kommt nicht in Betracht (Semler/Stengel/*Gehling* Rn. 26). Wurde die Frist versäumt, können Einwendungen auch nicht mehr im Registerverfahren geltend gemacht werden (KG Berlin 22.3.2005, FGPrax 2005, 175).

10 **6. Rechtsschutzbedürfnis.** Wurde die Verschmelzung trotz **rechtzeitig erhobener Klage** eingetragen, besteht für die Klage im Hinblick auf etwaige Schadensersatzansprüche dennoch weiterhin ein Rechtsschutzbedürfnis (OLG Hamburg, 16.4.2004, ZIP 2004, 906 (907); Widmann/Mayer/*Heckschen* Rn. 50).

11 Die Regelung des Abs. 1 wird in der Praxis gelegentlich übersehen. Dies kann dazu führen, dass ein Rechtsträger sich zB mit verfristeten Nichtigkeitsklagen konfrontiert sieht. Eine **verfristete Klage** steht der Eintragung und damit dem Wirksamwerden der Verschmelzung jedoch nicht entgegen; denn das Vertretungsorgan erklärt in diesem Fall bei der Anmeldung der Verschmelzung, dass eine Klage gegen die Wirksamkeit der Verschmelzung nicht fristgemäß erhoben wurde (§ 16 Abs. 2 S. 1 Alt. 2). Insofern besteht trotz Unbegründetheit (→ Rn. 9) der verfristeten Klage auch **kein Rechtsschutzbedürfnis für ein Freigabeverfahren** nach § 16 Abs. 3 (LG Darmstadt 31.1.2006, 12 O 602/05; aA Lutter UmwG/*Decher* § 16 Rn. 54; BeckOGK/*Rieckers/Cloppenburg* § 16 Rn. 49).

12 **7. Negativerklärung und Eintragung.** Wurde innerhalb der Frist keine Klage erhoben, sind die Vertretungsorgane in der Lage, die Negativerklärung nach § 16 Abs. 2 S. 1 abzugeben („Klage … nicht oder nicht fristgemäß erhoben"). Wird die Verschmelzung dann von den Registergerichten in die Handelsregister eingetragen, werden Mängel des Verschmelzungsbeschlusses zwar nicht geheilt (vgl. § 20 Abs. 1 Nr. 4), jedoch kann die Verschmelzung nicht mehr rückgängig gemacht werden (vgl. § 20 Abs. 2).

13 **8. Keine Abdingbarkeit.** § 14 Abs. 1 ist gem. § 1 Abs. 3 zwingend und kann durch Gesellschaftsvertrag oder Satzung nicht abbedungen werden (allgM, zB Lutter UmwG/*Decher* Rn. 9).

9. Beweislast. Die Wahrung der Klagefrist ist im Streitfall vom Kläger darzulegen und zu beweisen (NK-UmwR/*Böttcher* Rn. 9). 14

III. Keine Bewertungsrügen beim übertragenden Rechtsträger (Abs. 2)

1. Regelungsinhalt. Mit dem Wirksamwerden der Verschmelzung werden die Anteilsinhaber des übertragenden Rechtsträgers Anteilsinhaber des übernehmenden Rechtsträgers (§ 20 Abs. 1 Nr. 3). Das Umtauschverhältnis der Anteile, also wie viele Anteile an dem übernehmenden Rechtsträger die Anteilsinhaber des übertragenden Rechtsträgers für ihre bisherigen Anteile erhalten, oder Angaben über die Mitgliedschaft bei dem übernehmenden Rechtsträger sind im Verschmelzungsvertrag vereinbart (§ 5 Abs. 1 Nr. 3). Abs. 2 regelt, dass gegen den Verschmelzungsbeschluss des übertragenden Rechtsträgers nicht mit der Begründung vorgegangen werden kann, dass das Umtauschverhältnis zu niedrig ist oder die Mitgliedschaft bei dem übernehmenden Rechtsträger keinen ausreichenden Gegenwert darstellt (sog. Bewertungsrüge). Hierfür ist das Spruchverfahren vorgesehen (vgl. § 15 Abs. 1 S. 2). Andere Rügen schließt Abs. 2 nicht aus (aber → Rn. 16). Die Regelung des Abs. 2 ist von großer Bedeutung, weil in der Praxis häufig Streit über die Angemessenheit des Umtauschverhältnisses entsteht. 15

Die Anteilsinhaber des übertragenden Rechtsträgers können auch nicht geltend machen, dass ein Anteilsinhaber unzulässige **Sondervorteile** erlangen will (vgl. § 243 Abs. 2 AktG), soweit diese auf der Unangemessenheit des Umtauschverhältnisses beruhen (Lutter UmwG/*Decher* Rn. 19). 16

Soweit eine unzulässige Bewertungsrüge erhoben wird, ist die **Klage unzulässig** (Lutter UmwG/*Decher* Rn. 20; BeckOGK/*Rieckers/Cloppenburg* Rn. 34; aA Semler/Stengel/*Gehling* Rn. 34). 17

2. Spruchverfahren. Eine Bewertungsrüge kann iVm § 15 Abs. 1 nur im Spruchverfahren geltend gemacht werden, und zwar erst nach Wirksamwerden der Verschmelzung (vgl. § 4 Abs. 1 Nr. 4 SpruchG). Das Spruchverfahren nach den Vorschriften des SpruchG kann nicht zur Nachbesserung des Umtauschverhältnisses führen, sondern das Gericht bestimmt ggf. einen Ausgleich durch bare Zuzahlung (vgl. § 15 Abs. 1). 18

3. Informationsrüge. Auch auf die unrichtige, unvollständige oder unzureichende Information **in der Hauptversammlung** einer über eine Verschmelzung beschließenden übertragenden AG über die Ermittlung, Höhe oder Angemessenheit des Umtauschverhältnisses kann eine aktienrechtliche Anfechtungsklage nicht gestützt werden, da hierfür das Spruchverfahren offen steht (vgl. § 243 Abs. 4 S. 2 AktG und dazu Begr. RegE, BR-Drs. 3/05, 55; OLG Hamburg 1.2.2008, BeckRS 2008, 06667, II. 8.; vgl. SHS/*Winter* Rn. 40). Dies gilt nicht bei Totalverweigerung einer Auskunft (Begr. RegE, BR-Drs. 3/05, 54). Auf andere Rechtsträger als AG und KGaA ist § 243 Abs. 4 S. 2 AktG jedoch nicht anwendbar (SHS/*Winter* Rn. 41). 19

Der Ausschluss des § 243 Abs. 4 S. 2 AktG gilt nach seinem Wortlaut nur für Informationen, die in der Hauptversammlung gegeben werden. Dementsprechend kann der Verschmelzungsbeschluss nach wie vor mit dem Argument angegriffen werden, dass der **Verschmelzungsbericht** (§ 8 Abs. 1 S. 1) das Umtauschverhältnis in objektiv wesentlicher Hinsicht (vgl. § 243 Abs. 4 S. 1 AktG) nicht hinreichend erläutere (vgl. Begr. RegE BR-Drs. 3/05, 54; Hüffer/Koch/*Koch* AktG § 243 Rn. 47c; Kallmeyer/*Marsch-Barner/Oppenhoff* Rn. 14; aA OLG Hamburg 1.2.2008 BeckRS 2008, 06667, II.8.). 20

4. Bewertungsrügen der Anteilsinhaber des übernehmenden Rechtsträgers. Abs. 2 schließt dagegen nicht aus, dass die Anteilsinhaber des übernehmenden Rechtsträgers Klagen gegen die Wirksamkeit des Verschmelzungsbeschlusses des übernehmenden Rechtsträgers mit der Begründung richten, dass das Umtauschverhältnis der Anteile unangemessen hoch bewertet sei (BGH 21.5.2007, NZG 2007, 714; zum Reformbedarf → Rn. 3). Dies ist jedoch nur dann möglich, wenn ein Verschmelzungsbeschluss beim übernehmenden Rechtsträger nicht aufgrund des Konzernprivilegs nach § 62 Abs. 1 unterbleibt. 21

Verbesserung des Umtauschverhältnisses

15 (1) [1] **Ist das Umtauschverhältnis der Anteile zu niedrig bemessen oder ist die Mitgliedschaft bei dem übernehmenden Rechtsträger kein ausreichender Gegenwert für den Anteil oder die Mitgliedschaft bei einem übertragenden Rechtsträger, so kann jeder Anteilsinhaber dieses übertragenden Rechtsträgers, dessen Recht, gegen die Wirksamkeit des Verschmelzungsbeschlusses Klage zu erheben, nach § 14 Abs. 2 ausgeschlossen ist, von dem übernehmenden Rechtsträger einen Ausgleich durch bare Zuzahlung verlangen; die Zuzahlungen können den zehnten Teil des auf die gewährten Anteile entfallenden Betrags des Grund- oder Stammkapitals übersteigen.** [2] **Die angemessene Zuzahlung wird auf Antrag durch das Gericht nach den Vorschriften des Spruchverfahrensgesetzes bestimmt.**

(2) [1] **Die bare Zuzahlung ist nach Ablauf des Tages, an dem die Eintragung der Verschmelzung in das Register des Sitzes des übernehmenden Rechtsträgers nach § 19 Abs. 3 bekannt**

gemacht worden ist, mit jährlich 5 Prozentpunkten über dem jeweiligen Basiszinssatz nach § 247 des Bürgerlichen Gesetzbuchs zu verzinsen. [2]Die Geltendmachung eines weiteren Schadens ist nicht ausgeschlossen.

Übersicht

I. Allgemeines

1 § 15 Abs. 1 gewährt einen Ausgleich dafür, dass § 14 Abs. 2 die Klage gegen einen Verschmelzungsbeschluss wegen zu niedriger Bemessung des Gegenwerts für die bisherige Beteiligung ausschließt (vgl. Begr. RegE, BR-Drs. 75/94, 87). Stattdessen kann ein Ausgleich durch bare Zuzahlung verlangt werden. Diese ist gem. § 15 Abs. 2 zu verzinsen. Die Regelung ist mit Art. 14 Abs. 1 GG vereinbar (BVerfG 30.5.2007, NJW 2007, 3266).

2 Diese Regelung ist **reformbedürftig** und sollte auch für die Anteilsinhaber der übernehmenden Gesellschaft gelten (→ § 14 Rn. 2). Darüber hinaus sollte die ausgleichsverpflichtete Gesellschaft den Ausgleich statt durch bare Zuzahlung durch die Gewährung von Anteilen erfüllen können (*Dt. Anwaltsverein* NZG 2007, 497; vgl. BeckOGK/*Rieckers/Cloppenburg* Rn. 5). Die Einführung einer Ersetzungsregelung ist deswegen richtig, weil mittels der Gewährung von Anteilen bei einem falsch bemessenen Umtauschverhältnis eher der Zustand hergestellt wird, der bei richtiger Bemessung des Umtauschverhältnisses von Anfang an bestanden hätte und gleichzeitig der Gesellschaft die Möglichkeit gegeben wird, eine nach Zeitpunkt und Höhe ungewisse Bar-Zahlungsverpflichtung zu vermeiden.

II. Bare Zuzahlung aufgrund Spruchverfahren (Abs. 1)

3 **1. Anteilsinhaber des übertragenden Rechtsträgers.** Die Anteilsinhaber des übertragenden Rechtsträgers können bei einem **zu niedrig bemessenen Umtauschverhältnis** oder einer **Mitgliedschaft** im übernehmenden Rechtsträger, die keinen ausreichenden Gegenwert bildet, eine bare Zuzahlung verlangen. Das Umtauschverhältnis oder Angaben über die als Gegenleistung gewährte Mitgliedschaft sind im Verschmelzungsvertrag vereinbart (vgl. § 5 Abs. 1 Nr. 3). In der Regel ist dabei die Angemessenheit des Umtauschverhältnisses maßgeblich; der Gegenwert der Mitgliedschaft im übernehmenden Rechtsträger ist dann heranzuziehen, wenn die Mitgliedschaft an diesem nicht aus Anteilen besteht (zB eV) (BeckOGK/*Rieckers/Cloppenburg* § 15 Rn. 14).

4 Dieses Recht steht nur den Anteilsinhabern des **übertragenden Rechtsträgers,** nicht des übernehmenden Rechtsträgers zu, da nur für die Ersteren keine Möglichkeit besteht, sog. Bewertungsrügen mit einer Klage gegen die Wirksamkeit des Verschmelzungsbeschlusses geltend zu machen. Die Anteilsinhaber des übernehmenden Rechtsträgers können stattdessen gegen den Verschmelzungsbeschluss beim übernehmenden Rechtsträger vorgehen (zur Reformbedürftigkeit → Rn. 2).

5 Die Antrags- und Zuzahlungsberechtigung im Spruchverfahren (→ Rn. 10 ff.) hängen nicht davon ab, ob ein Anteilsinhaber des übertragenden Rechtsträgers gegen den Verschmelzungsbeschluss gestimmt oder **Widerspruch** dagegen erklärt hat. Denn sonst müsste ein Anteilsinhaber, der an sich die Verschmelzung befürwortet, gegen den Verschmelzungsbeschluss stimmen und Widerspruch einlegen, um seinen Zuzahlungsanspruch zu sichern. Das ist aber gerade nicht gewollt (vgl. Begr. RegE, BR-Drs. 75/94, 88; Lutter UmwG/*Decher* § 15 Rn. 3).

6 **2. Bestimmung des Umtauschverhältnisses.** Grundsätzlich bildet das Umtauschverhältnis (unter Einbeziehung einer etwaigen baren Zuzahlung, → Rn. 7) das Verhältnis der Unternehmenswerte pro Anteil bezogen auf den Tag der Beschlussfassung des übertragenden Rechtsträgers ab (im Einzelnen, auch zu Börsenkurs, Ertragswertmethode und Bewertungsstichtag → § 5 Rn. 10 ff.; BVerfG 24.5.2012, NJW 2012, 3020; BVerfG 26.4.2011, BeckRS 2011, 50695).

7 **3. Bare Zuzahlung.** Abs. 1 stellt ausdrücklich klar, dass die Höhe der nachträglich im Spruchverfahren bestimmten baren Zuzahlung 10 % des auf die gewährten Anteile entfallenden Betrags des Grund- oder Stammkapitals überschreiten darf. Konfligieren Kapitalerhaltungsvorschriften, ist der Auszahlungsanspruch insoweit jedoch gehemmt (hM, Einzelheiten str.).

Die bare Zuzahlung im Spruchverfahren ist von einer **im Verschmelzungsvertrag vereinbarten baren Zuzahlung** (vgl. § 5 Abs. 1 Nr. 3) zu unterscheiden. Diese darf maximal 10 % des Wertes der zu gewährenden Anteile betragen (§ 54 Abs. 4, § 68 Abs. 3, §§ 78, 87 Abs. 2 S. 2) und wird idR, aber nicht notwendig, zum Ausgleich einer Rundung des Umtauschverhältnisses zwecks Reduzierung der Notwendigkeit einer sog. **Regulierung von Teilrechten (= Ausgleich von (Aktien-)Spitzen)** genutzt. Die bare Zuzahlung im Spruchverfahren ist ferner von Barzahlungen zu unterscheiden, die Anteilsinhaber iRd eigentlichen Umtauschs der Anteile bei der Teilrechteregulierung ggf. erhalten (→ § 71 Rn. 8, → § 72 Rn. 5 f.). 8

Es stellt für die Gesellschaft keinen schweren Nachteil dar, der eine **einstweilige Anordnung bei einer erhobenen Verfassungsbeschwerde** rechtfertigt, dass der Aufwand für ein ggf. erforderlich werdendes Zurückholen der baren Zuzahlung, die an eine Vielzahl an Aktionären auf Basis der angegriffenen oberlandesgerichtlichen Entscheidung auszuzahlen ist, erheblich wäre (BVerfG 17.9.2012, NZG 2012, 1347). 8a

4. Spruchverfahren. Ein Anspruch auf bare Zuzahlung ist im Spruchverfahren nach den Vorschriften des SpruchG geltend zu machen. Das Spruchverfahren kann erst **nach Wirksamwerden der Verschmelzung** durchgeführt werden (§ 4 Abs. 1 Nr. 4 SpruchG). Im Spruchverfahren gilt in eingeschränkter Form der Amtsermittlungsgrundsatz (vgl. § 4 Abs. 2 S. 2 Nr. 4, § 8 Abs. 3, § 10 Abs. 3, § 17 Abs. 1 iVm § 26 FamFG; s. auch OLG Frankfurt a. M. 6.3.2007, ZIP 2007, 839 (839)). Eine etwaige Zuzahlung wird zugunsten aller Zuzahlungsberechtigten festgesetzt (Inter-omnes-Wirkung, vgl. § 13 S. 2 SpruchG). In der Praxis wird heute im Verschmelzungsvertrag ferner vereinbart, dass der übernehmende Rechtsträger ebenfalls bei freiwilligen Zuzahlungen an einzelne Anteilsinhaber des übertragenden Rechtsträgers die anderen Anteilsinhaber gleichstellt. 9

a) Antragsberechtigung im Spruchverfahren. Im Spruchverfahren antragsberechtigt ist nach dem Wortlaut des § 3 S. 1 Nr. 3 und S. 2 SpruchG „jeder in [§ 15] … des Umwandlungsgesetzes bezeichnete Anteilsinhaber“, also jeder Anteilsinhaber des übertragenden Rechtsträgers, „wenn der Antragsteller zum Zeitpunkt der Antragstellung Anteilsinhaber ist“. Dieser Verweis ist schon deswegen auslegungsbedürftig, weil es nach Wirksamwerden der Verschmelzung und damit im Zeitpunkt der Antragstellung (→ Rn. 9) keine Anteilsinhaber des übertragenden Rechtsträgers mehr gibt. Denn der übertragende Rechtsträger ist mit Eintragung der Verschmelzung erloschen (vgl. § 20 Abs. 1 Nr. 2). Erst recht bildet der Wortlaut des Gesetzes den Fall nicht ab, in dem bei der Verschmelzung die Aktionäre einer übertragenden AG zwar mit Eintragung der Verschmelzung in das Handelsregister des übernehmenden Rechtsträgers Aktionäre der übernehmenden AG werden (§ 20 Abs. 1 Nr. 3), aber der wertpapiertechnische Umtausch der Aktien erst später stattfinden kann, so dass für einen Übergangszeitraum ein Handel mit vormaligen Aktien des übertragenden Rechtsträgers stattfindet, die den Anspruch auf Umtausch in Aktien des übernehmenden Rechtsträgers verbriefen. Richtig ist: Antragsberechtigt ist ein Anteilsinhaber, der die **folgenden beiden Voraussetzungen** erfüllt: Er ist im Zeitpunkt der Antragstellung Anteilsinhaber des übernehmenden Rechtsträgers und die Anteile am übernehmenden Rechtsträger hat er durch Umtausch erworben (zutr. *Bungert/Mennicke* BB 2003, 2021 (2025); *Simon* SpruchG § 3 Rn. 34; *Klöcker/Frowein,* Spruchverfahrensgesetz, 2004, SpruchG § 3 Rn. 18; vgl. OLG München, 26.7.2013, BeckRS 2012, 17631; ungenau OLG Stuttgart 13.9.2004, ZIP 2004, 1907 (1908); KK-SpruchG/*Wasmann* SpruchG § 3 Rn. 15; Semler/Stengel/*Gehling* Rn. 9 ff.; aA zB MüKoAktG/*Kubis* SpruchG § 3 Rn. 7 ff.; Lutter UmwG/*Decher* Rn. 3). Demgemäß ist weder ein Aktionär, der nach dem Umtausch, aber vor Antragstellung seine Anteile am übernehmenden Rechtsträger veräußert, noch der rechtsgeschäftliche Erwerber dieser Anteile antragsberechtigt. Fand für einen Übergangszeitraum ein **Handel in Umtauschansprüchen** statt, bedeutet dies zugleich: Veräußert ein Aktionär der übertragenden AG in dem Übergangszeitraum seine Umtauschansprüche, ist er nicht mehr antragsberechtigt. Erwirbt ein Dritter in dem Übergangszeitraum Umtauschansprüche, die dann in Aktien des übernehmenden Rechtsträgers umgetauscht werden, ist er antragsberechtigt, obwohl er kein Anteilsinhaber des übertragenden Rechtsträgers war. Der Antragsteller muss seine **Antragsberechtigung darlegen und beweisen** (vgl. § 3 S. 3 SpruchG, § 4 Abs. 2 S. 2 Nr. 2 SpruchG). 10

b) Materielle Zuzahlungsberechtigung im Spruchverfahren. Der (potentielle, dh „künftige“) Anspruch auf bare Zuzahlung im Spruchverfahren entsteht im Zeitpunkt des Wirksamwerdens der Verschmelzung in der Person des Anteilsinhabers des übertragenden Rechtsträgers, der mit Wirksamwerden der Verschmelzung Anteilsinhaber des übernehmenden Rechtsträgers (§ 20 Abs. 1 Nr. 3) wird (vgl. OLG München 14.5.2007, AG 2007, 701 (702); Semler/Stengel/*Gehling* Rn. 6, 9; unklar Kallmeyer/*Marsch-Barner/Oppenhoff* Rn. 3 f.). Ab diesem Zeitpunkt ist der (künftige) Anspruch kein in der Aktie verkörpertes Recht, das mit ihrer Übertragung übergeht (vgl. BGH 8.5.2006, NJW 2006, 3146, zum Abfindungsoptionsanspruch aus Unternehmensvertrag), sondern der Anspruch ist selbstständig **abtretbar** (vgl. Semler/Stengel/*Gehling* Rn. 10; *Maier-Reimer* ZHR 164 (2000), 563 (567 Fn. 21); aA 11

Megede BB 2007, 337). Bei Abtretung während des Spruchverfahrens gilt § 265 Abs. 2 ZPO entsprechend (vgl. OLG München 14.5.2007, AG 2007, 701 (702)).

12 Kann aber nach Eintragung der Verschmelzung einer AG auf eine andere AG der wertpapiertechnische Umtausch der Aktien nicht sofort erfolgen und findet für einen Übergangszeitraum ein **Handel in Umtauschansprüchen** statt, also in den vormaligen Aktien, die nun den Anspruch auf Umtausch in Aktien des übernehmenden Rechtsträgers verbriefen, beinhalten die gehandelten Umtauschansprüche nach wertpapiertechnischer Usance auch den (künftigen) Anspruch auf Zuzahlung im Spruchverfahren. Das bedeutet: Veräußert ein Aktionär der übertragenden AG, der mit Eintragung der Verschmelzung Aktionär der übernehmenden AG wurde (vgl. § 20 Abs. 1 Nr. 3), in diesem **Übergangszeitraum** seine Umtauschansprüche, ist er nicht mehr zuzahlungsberechtigt. Erwirbt ein Dritter in dieser Zeit Umtauschansprüche, die dann in Aktien des übernehmenden Rechtsträgers umgetauscht werden, ist er zuzahlungsberechtigt, obwohl er kein Anteilsinhaber des übertragenden Rechtsträgers war.

13 **Materiell zuzahlungsberechtigt ist im Ergebnis** also derjenige, (i) dessen Anteile am übernehmenden Rechtsträger aus dem Umtausch stammen, (ii) der seine aus dem Umtausch stammenden Anteile zwar veräußert hat, aber den Zuzahlungsanspruch nicht zusätzlich abgetreten hat, oder (iii) der den Zuzahlungsanspruch durch Abtretung erworben hat.

14 Der Anspruchssteller hat seine materielle **Zuzahlungsberechtigung darzulegen und zu beweisen** (vgl. BGH 8.5.2006, NJW 2006, 3146 (3150)). Dementsprechend ist bei einer Verschmelzung auf eine börsennotierte AG keine zweite Wertpapierkennnummer (ISIN) erforderlich.

15 **c) Antragsgegner.** Antragsgegner ist der übernehmende Rechtsträger.

III. Zinsen; weiterer Schaden (Abs. 2)

16 Die bare Zuzahlung ist gem. S. 1 ab dem Tag, der der Bekanntmachung der Eintragung der Verschmelzung in das Handelsregister des übernehmenden Rechtsträgers durch das Registergericht (vgl. § 19 Abs. 3 iVm § 10 HGB, Art. 61 Abs. 4 S. 4 EGHGB) nachfolgt (diese Regelung ist verfassungskonform; → Rn. 1 und LG Frankfurt a. M. 13.3.2009, NZG 2009, 553 (560), nrkr), zu verzinsen, und zwar für frühere Zeiträume zunächst mit **2 %-Punkten** über dem jeweiligen Diskontsatz der Deutschen Bundesbank; ab dem **1.1.1999 bis 31.12.2001** stattdessen: **Basiszinssatz gem. § 1 Abs. 1 DÜG,** BGBl. 1998 I 1242, BGBl. 2000 I 897 (901), s. Art. 229 § 7 Abs. 2 EGBGB (hM, vgl. MüKoBGB/*Oetker* EGBGB Art. 229 § 7 Rn. 12); **ab dem 1.1.2002 stattdessen: der sich unterscheidende (!) Basiszinssatz gem. § 247 BGB** iVm Art. 229 § 7 Abs. 1 Nr. 2 EGBGB; (vgl. auch *Petershagen* NJW 2002, 1455 (1457). Ab dem **1.9.2009** (§ 321 Abs. 1) beläuft sich der Zinssatz auf **5 %-Punkte über dem jeweiligen Basiszinssatz nach § 247 BGB.**

17 Die Geltendmachung eines weiteren Schadens außerhalb des Spruchverfahrens ist nicht ausgeschlossen (S. 2). Dieser Teil der Norm ist praktisch wenig bedeutend.

Anmeldung der Verschmelzung

16 (1) [1]**Die Vertretungsorgane jedes der an der Verschmelzung beteiligten Rechtsträger haben die Verschmelzung zur Eintragung in das Register (Handelsregister, Partnerschaftsregister, Genossenschaftsregister oder Vereinsregister) des Sitzes ihres Rechtsträgers anzumelden.** [2]**Das Vertretungsorgan des übernehmenden Rechtsträgers ist berechtigt, die Verschmelzung auch zur Eintragung in das Register des Sitzes jedes der übertragenden Rechtsträger anzumelden.**

(2) [1]**Bei der Anmeldung haben die Vertretungsorgane zu erklären, daß eine Klage gegen die Wirksamkeit eines Verschmelzungsbeschlusses nicht oder nicht fristgemäß erhoben oder eine solche Klage rechtskräftig abgewiesen oder zurückgenommen worden ist; hierüber haben die Vertretungsorgane dem Registergericht auch nach der Anmeldung Mitteilung zu machen.** [2]**Liegt die Erklärung nicht vor, so darf die Verschmelzung nicht eingetragen werden, es sei denn, daß die klageberechtigten Anteilsinhaber durch notariell beurkundete Verzichtserklärung auf die Klage gegen die Wirksamkeit des Verschmelzungsbeschlusses verzichten.**

(3) [1]**Der Erklärung nach Absatz 2 Satz 1 steht es gleich, wenn nach Erhebung einer Klage gegen die Wirksamkeit eines Verschmelzungsbeschlusses das Gericht auf Antrag des Rechtsträgers, gegen dessen Verschmelzungsbeschluß sich die Klage richtet, durch Beschluß festgestellt hat, daß die Erhebung der Klage der Eintragung nicht entgegensteht.** [2]**Auf das Verfahren sind § 247 des Aktiengesetzes, die §§ 82, 83 Abs. 1 und § 84 der Zivilprozessordnung sowie die im ersten Rechtszug für das Verfahren vor den Landgerichten geltenden Vorschriften der Zivilprozessordnung entsprechend anzuwenden, soweit nichts Abweichendes bestimmt ist.** [3]**Ein Beschluss nach Satz 1 ergeht, wenn**

1. die Klage unzulässig oder offensichtlich unbegründet ist oder
2. der Kläger nicht binnen einer Woche nach Zustellung des Antrags durch Urkunden nachgewiesen hat, dass er seit Bekanntmachung der Einberufung einen anteiligen Betrag von mindestens 1 000 Euro hält oder
3. das alsbaldige Wirksamwerden der Verschmelzung vorrangig erscheint, weil die vom Antragsteller dargelegten wesentlichen Nachteile für die an der Verschmelzung beteiligten Rechtsträger und ihre Anteilsinhaber nach freier Überzeugung des Gerichts die Nachteile für den Antragsgegner überwiegen, es sei denn, es liegt eine besondere Schwere des Rechtsverstoßes vor.

[4] Der Beschluß kann in dringenden Fällen ohne mündliche Verhandlung ergehen. [5] Der Beschluss soll spätestens drei Monate nach Antragstellung ergehen; Verzögerungen der Entscheidung sind durch unanfechtbaren Beschluss zu begründen. [6] Die vorgebrachten Tatsachen, auf Grund derer der Beschluß nach Satz 3 ergehen kann, sind glaubhaft zu machen. [7] Über den Antrag entscheidet ein Senat des Oberlandesgerichts, in dessen Bezirk die Gesellschaft ihren Sitz hat. [8] Eine Übertragung auf den Einzelrichter ist ausgeschlossen; einer Güteverhandlung bedarf es nicht. [9] Der Beschluß ist unanfechtbar. [10] Erweist sich die Klage als begründet, so ist der Rechtsträger, der den Beschluß erwirkt hat, verpflichtet, dem Antragsgegner den Schaden zu ersetzen, der ihm aus einer auf dem Beschluß beruhenden Eintragung der Verschmelzung entstanden ist; als Ersatz des Schadens kann nicht die Beseitigung der Wirkungen der Eintragung der Verschmelzung im Register des Sitzes des übernehmenden Rechtsträgers verlangt werden.

Übersicht

I. Allgemeines

1 **1. Zweck und Regelungsinhalt.** Der Verschmelzung liegt zwingend ein registergestütztes Verfahren zugrunde (§§ 19, 20). § 16 regelt im Zusammenspiel mit § 17 die **Registeranmeldungen,** welche die erforderlichen **Registerverfahren auslösen.** Abs. 1 legt zunächst das Recht und die Pflicht für die Leitungsorgane fest, die Verschmelzung jeweils zur Eintragung in das Register ihres eigenen Rechtsträgers anzumelden. Teilweise gilt dies sogar für die Eintragung in das Register eines anderen beteiligten Rechtsträgers.

2 Abs. 2 und Abs. 3 befassen sich mit der Situation, dass durch **Klagen** gegen die Wirksamkeit einer der gefassten Verschmelzungsbeschlüsse die **Eintragung der Verschmelzung verhindert** werden könnte. Entweder müssen die Leitungsorgane eine sog. **Negativerklärung** abgeben (Abs. 2 S. 1), dass keine fristgerechte Klage gegen die Wirksamkeit des Verschmelzungsbeschlusses erhoben bzw. in der Zwischenzeit ein entsprechendes Verfahren zugunsten des Verschmelzungsbeschlusses rechtskräftig abgeschlossen wurde. Die ansonsten ohne **beurkundete Verzichtserklärungen auf die Klage** eingreifende Registersperre (Abs. 2 S. 2) kann auch durch das sog. **Freigabeverfahren** (Abs. 3) überwunden werden. Darin kann das Prozessgericht mit einem **Unbedenklichkeitsbeschluss** die Registereintragung trotz anhängiger Klage freigeben.

3 **2. Entstehungsgeschichte.** Sowohl die Regelung in Abs. 1 über die Anmeldung als auch Abs. 2 über die Negativerklärung hatten bereits **Vorgängervorschriften im früheren Verschmelzungsrecht** (s. näher KK UmwG/*Simon* Rn. 2). Neu geschaffen mit dem UmwG 1994 wurde die Registersperre des Abs. 2 S. 2 und das diese wieder einschr. Freigabeverfahren in Abs. 3. Das **Freigabeverfahren** findet seine gedanklichen Wurzeln in der höchstrichterlichen Rspr. (vgl. zB BGH 2.7.1990, BGHZ 112, 9 = NJW 1990, 2747) und wurde bereits mehrmals ergänzt und weiterentwickelt (Zweites Gesetz zur Änderung des UmwG v. 19.4.2007, BGBl. 2007 I 542 und Gesetz zur Umsetzung der Aktionärsrechterichtlinie – ARUG v. 30.7.2009, BGBl. 2009 I 2479).

II. Anmeldung (Abs. 1)

4 **1. Anmeldeberechtigte und -pflichtige Personen.** Die Verschmelzung muss von den Vertretungsorganen der beteiligten Rechtsträger grundsätzlich in **vertretungsberechtigter Zahl** angemeldet werden (Abs. 1 S. 1). Mit öffentlich beglaubigter Vollmacht (§ 12 Abs. 1 S. 2 HGB) kann auch ein **Bevollmächtigter** für die organschaftlichen Vertreter handeln. Bei der **Negativerklärung** ist Vertretung allerdings ausgeschlossen, da es sich hierbei nicht um eine Willens-, sondern eine Wissenserklärung handelt (KK-UmwG/*Simon* Rn. 6 und 22; *Melchior* GmbHR 1999, 520; *Heidinger/Blath* FS Spiegelberger, 2009, 692 (718)).

5 **Prokura oder Handlungsvollmacht** genügen für die Registeranmeldung grundsätzlich nicht (Widmann/Mayer/*Fronhöfer* Rn. 23; SHS/*Winter* Rn. 7 und 8 aE), da sie weder organschaftlicher Vertreter noch im erforderlichen Umfang rechtsgeschäftlich Bevollmächtigte sind (vgl. BGH 2.12.1991, BGHZ 116, 190 = NJW 1992, 975 nur für Registeranmeldungen, die nicht die Grundlagen des Handelsgeschäftes betreffen). Der Prokurist kann allerdings in satzungsmäßig vorgesehener unechter Gesamtvertretungsmacht mit einem organschaftlichen Vertreter zusammen anmelden.

6 Auch bei den **Personenhandelsgesellschaften** erfolgt die Anmeldung nur durch ihre organschaftlichen Vertreter in vertretungsberechtigter Zahl (§§ 161, 114, 115 HGB, grundsätzlich Alleinvertretung jedes unbeschränkt haftenden Gesellschafters). Insofern geht § 16 der Regelung in den § 162 Abs. 2 HGB, § 108 Abs. 1 HGB (verlangen Anmeldung durch alle Gesellschafter) vor (*Limmer* in Limmer Unternehmensumwandlung-HdB Teil 2 Rn. 863). Für die Anmeldung einer **Kapitalerhöhung** bei der **GmbH** ergibt sich die Besonderheit, dass diese auch iRd Verschmelzung durch alle Geschäftsführer (§ 55 iVm § 78 GmbHG) erfolgen muss. Bei der **AG** sind §§ 184 und 188 AktG zu beachten (Widmann/Mayer/*Fronhöfer* Rn. 28: Vorstand in vertretungsberechtigter Zahl gemeinsam mit Vorsitzendem des Aufsichtsrates; SHS/*Winter* Rn. 7). Zum Nachweis der organschaftlichen Vertretungsberechtigung des Geschäftsführers einer englischen Ltd. OLG Düsseldorf 18.7.2019, ZIP 2019, 2255.

7 Nach Abs. 1 S. 2 können die **Vertretungsorgane des übernehmenden Rechtsträgers** die Verschmelzung auch beim Register des übertragenden Rechtsträgers anmelden. Umgekehrt gilt diese Befugnis nicht für die Vertretungsorgane der übertragenden Rechtsträger (SHS/*Winter* Rn. 13). Aus dem Verschmelzungsvertrag kann sich sogar eine Verpflichtung der Organe des übernehmenden Rechtsträgers jedenfalls gegenüber ihren eigenen Anteilsinhabern zur Anmeldung ergeben (SHS/*Winter* Rn. 11 ggf. sogar gegenüber den Anteilsinhabern der übertragenden Rechtsträger). Diese Möglichkeit der Fremdanmeldung soll der **Beschleunigung des Verfahrens** dienen (Lutter UmwG/*Decher* Rn. 11; Semler/Stengel/*Schwanna* Rn. 9). Praktisch fehlen dem Vertretungsorgan des übernehmenden Rechtsträgers aber meist die erforderlichen Anlagen für eine vollständige Anmeldung, wie insbesondere die Schlussbilanz aller übertragenden Rechtsträger nach § 17 Abs. 2 (KK-UmwG/*Simon* Rn. 18).

8 **2. Ordnungsgemäße Anmeldung.** Durch die ordnungsgemäße Anmeldung wird ein förmliches **Registerverfahren in Gang gesetzt,** das zu den erforderlichen Eintragungen der Verschmelzung nach § 19 führt.

9 **a) Zuständiges Register. Örtlich zuständig** ist das Registergericht am Sitz des jeweiligen Rechtsträgers. Bei Doppelsitz ist in beiden Registern anzumelden (KK-UmwG/*Simon* Rn. 7; Kallmeyer/*Zimmermann* Rn. 2). Zur Zuständigkeit bei gleichzeitiger Anmeldung einer Verschmelzung und Sitzverlegung OLG Frankfurt a. M. 14.10.2004, FGPrax 2005, 38 = Der Konzern 2005, 249.

10 Die **sachliche Zuständigkeit** richtet sich nach der Rechtsform des betreffenden Rechtsträgers (Handelsregister, Partnerschaftsregister, Genossenschaftsregister, Vereinsregister). Da ein unzuständiges Gericht die Sache von Amts wegen an das zuständige Gericht abgeben muss, ist nach ganz hM die **Frist des § 17 Abs. 2 S. 4** auch durch die Einreichung beim unzuständigen Gericht gewahrt, wenn das unzuständige Gericht den Antrag nicht zurückweist (KK-UmwG/*Simon* Rn. 8; Lutter UmwG/*Decher* § 17 Rn. 17, Widmann/Mayer/*Fronhöfer* § 17 Rn. 103).

11 **b) Frist und Form.** Die Verschmelzung muss sowohl bei den Registergerichten aller übertragenden als auch des übernehmenden Rechtsträgers zur Eintragung angemeldet werden (Abs. 1). Die **Reihenfolge der Anmeldungen** ist im Gesetz anders als die der Eintragungen (vgl. § 19) nicht vorgegeben. Es empfiehlt sich aber in der Praxis eine gleichzeitige Durchführung aller erforderlichen Anmeldung inklusive der Anmeldung einer ggf. durchzuführenden Kapitalerhöhung (SHS/*Winter* Rn. 16; zur zwingenden vorherigen Eintragung der Kapitalerhöhung § 53). Für die **Wahrung der Achtmonatsfrist** nach § 17 Abs. 2 S. 4 ist allerdings nur die Anmeldung bei den Registern der übertragenden Rechtsträger entscheidend (→ § 17 Rn. 26).

12 Seit dem 1.1.2007 (EHUG) müssen die Anmeldungen zum Handels-, Genossenschafts- und Partnerschaftsregister in **elektronischer** – allerdings weiterhin **öffentlich beglaubigter – Form** erfolgen (§ 12 Abs. 1 und Abs. 2 HGB).

c) Inhalt. Gegenstand der Anmeldung ist die Verschmelzung, nicht der Verschmelzungsvertrag oder die Verschmelzungsbeschlüsse. Die Art der Verschmelzung (zur Aufnahme oder zur Neugründing), die beteiligten Rechtsträger und die Grundlagen der Verschmelzung (Verschmelzungsvertrag, Verschmelzungsbeschlüsse) sind anzugeben (vgl. den Wortlaut in § 2). Dabei ist die Anmeldung als Verfahrenshandlung grundsätzlich so auszulegen, dass sie im Ergebnis Erfolg haben kann (SHS/*Winter* Rn. 1; BayObLG 16.2.2000, NZG 2000, 1232 = DB 2000, 811). 13

Die erforderlichen Anlagen zur Anmeldung ergeben sich maßgeblich aus § 17, wobei der besondere Teil der umwandlungsrechtlichen Regelungen teilweise ergänzende Vorschriften bezüglich beizufügender Anlagen und Erklärungen enthält (zB §§ 52, 62 Abs. 3 S. 5, § 86). 14

III. Negativerklärung (Abs. 2)

Nach § 16 Abs. 2 wird von den Vertretungsorganen in vertretungsberechtigter Anzahl bei der Anmeldung der Verschmelzung, der Spaltung (Verweis in § 125 S. 1) und beim Formwechsel (Verweis in § 198 Abs. 3) eine Erklärung verlangt, dass eine Klage gegen die Wirksamkeit eines Umwandlungsbeschlusses nicht oder nicht fristgerecht erhoben oder dass eine solche Klage rechtskräftig abgewiesen oder zurückgenommen worden ist. Diese sog. **Negativerklärung** bezieht sich auf die Verschmelzungsbeschlüsse aller beteiligten Rechtsträger. Eine Vertretung ist bei dieser Erklärung nicht möglich (*Heidinger/Blath* FS Spiegelberger 2009, 692 (718); KK-UmwG/*Simon* § 16 Rn. 22; Kallmeyer/*Marsch-Barner/Oppenhoff* Rn. 22; *Melchior* GmbHR 1999, 520), da es sich dabei um eine höchstpersönliche Wissenserklärung handelt (BeckOGK/*Rieckers/Cloppenburg,* 1.7.2020, § 13 Rn. 27). Vorgänge, die Gegenstand der Negativerklärung sein können, aber erst nach der Anmeldung eintreten, müssen gem. § 16 Abs. 2 S. 1 Hs. 2 dem Registergericht nachträglich mitgeteilt werden. Fehlt eine Negativerklärung, besteht ein Eintragungsverbot iSe **Registersperre.** Sie kann allerdings auch noch nach Ablauf der Achtmonatsfrist des § 17 Abs. 2 S. 4 nachgereicht werden (SHS/*Winter* Rn. 27; NK-UmwR/*Schulte* § 17 Rn. 20 mwN; s. auch *Blasche* RNotZ 2014, 464 (468) mit ausführlicher Darstellung der unterschiedlichen Meinungen). Wird die Verschmelzung dennoch eingetragen, ist sie wirksam. Sie kann weder von den Parteien rückgängig gemacht werden, noch kommt eine Löschung von Amts wegen in Betracht (OLG Hamm 27.11.2000, BeckRS 2007, 01470 = DB 2001, 85; krit. dazu *Meilicke* DB 2001, 1235; dagegen eingelegte Verfassungsbeschwerde BVerfG 13.10.2004, BeckRS 2004, 25519 = DB 2005, 1373 f. wurde nicht zur Entscheidung angenommen; OLG Frankfurt a. M. 26.5.2003, NZG 2003, 790; OLG Hamburg 20.8.2003, NZG 2003, 981; OLG Karlsruhe 10.4.2001, NJW-RR 2001, 1326 = DB 2001, 1483; weiterhin für Löschung analog § 395 FamFG: *Hosch* Rpfleger 2005, 577 und *Büchel* ZIP 2006, 2289; abl. wieder *Kort* NZG 2010, 893). Wegen verfrühter Eintragung kommt allerdings eine **Staatshaftung wegen Amtspflichtverletzung** des Rechtspflegers infrage (OLG Hamm 9.11.2005, NZG 2006,274 zum Formwechsel; Revision beim BGH 5.10.2006, NJW 2007, 224 = NZG 2006, 956, die Vorinstanz der Sache nach bestätigend wegen der Schadensberechnung aber aufhebend und zurückverweisend; zuletzt OLG Hamm 25.4.2014, NZG 2014, 1430,; s. zu allen Instanzen *Büchel* ZIP 2006, 2289; vgl. auch OLG Frankfurt a. M. 26.5.2003, NJW-RR 2003, 1122 = ZIP 2003, 1607; s. auch OLG Hamm 25.2.2002, BeckRS 2010, 06737 = DB 2002, 1431 (Aussetzung bezüglich der Anfechtungsklage)). 15

Die **Negativerklärung** ist ausnahmsweise **entbehrlich,** wenn alle klageberechtigten Anteilsinhaber ausdrücklich in notarieller Form auf die Anfechtungsklage verzichten (§ 16 Abs. 2 S. 2 Hs. 2) **Rechtsgeschäftliche Vertretung** ist möglich. Nach hM ist die Vollmacht zur Erklärung des Verzichts formlos wirksam (§ 167 Abs. 2 BGB; BeckOGK/*Rieckers/Cloppenburg,* 1.7.2020, § 13 Rn. 37; **aA** Widmann/Mayer/*Heckschen* § 13 Rn. 114.1; s. dazu auch *Heidinger/Blath* FS Spiegelberger, 2009, 692 (708)). Dies gilt auch, wenn alle Anteilsinhaber dem Verschmelzungsbeschluss zugestimmt haben (Kallmeyer/*Marsch-Barner/Oppenhoff* Rn. 29; Lutter UmwG/*Decher* Rn. 28; LG Dresden 14.11.1996, GmbHR 1997, 175), weil Anfechtungsklagen mangels Rechtsschutzbedürfnis dann auch nicht mehr möglich sind. Daher bedarf es auch bei der Ausgliederung aus dem Vermögen eines Einzelkaufmanns zur Neugründung einer GmbH (vgl. § 152) keiner Negativerklärung. 16

IV. Freigabeverfahren (Abs. 3)

Wurde ein Umwandlungsbeschluss angefochten, kann die Umwandlung unter bestimmten Voraussetzungen aber trotzdem ohne **Negativerklärung über bestehende Anfechtungsklagen** und schon vor Abschluss des Anfechtungsprozesses eingetragen werden. Voraussetzung ist ein entsprechender **Beschluss** in einem vorgeschalteten **Unbedenklichkeits- bzw. Freigabeverfahren,** in dem das Gericht rechtskräftig festgestellt hat, dass die Erhebung einer Klage gegen die Wirksamkeit des Verschmelzungsbeschlusses der Eintragung der Verschmelzung nicht entgegensteht (vgl. § 16 Abs. 3 S. 1, § 125 S. 1, § 198 Abs. 3) (s. dazu OLG Stuttgart 22.3.2002, DB 2003, 33 = OLGReport 2002, 337; OLG Stuttgart 17.12.1996, ZIP 1997, 75; OLG Hamm 4.3.1999, NJW-RR 1999, 973 = NZG 1999, 560 – Thyssen-Krupp; *Kösters* WM 2000, 1921 ff.; OLG Frankfurt a. M. 10.2.2003, ZIP 2003, 1654; OLG Hamm 28.2.2005, BeckRS 2005, 04157 = AG 2005, 361; dazu ausf. *Lüttge/Baßler* Der Konzern 17

2005, 341 ff.; OLG München 17.2.2005, NZG 2005, 1017 = ZIP 2005, 615 zur Verletzung von Meldepflichten nach §§ 21, 22 WpHG; OLG Stuttgart 28.1.2004, NZG 2004, 463 = ZIP 2004, 1145).

18 Das Verfahren wird seit der Änderung durch das ARUG (v. 30.7.2009, BGBl. 2009 I 2479, 2489; zur Entwicklung des Freigabeverfahrens ein Jahr nach ARUG *Lorenz/Pospiech* BB 2010, 2515) mit Wirkung vom 1.9.2009 unmittelbar beim **örtlich zuständigen OLG** geführt (§ 16 Abs. 3 S. 7), ohne dass gegen den Beschluss des OLG ein **Rechtsmittel** möglich ist. Nach § 16 Abs. 3 S. 5 soll der Beschluss spätestens drei Monate nach Antragstellung ergehen. Das OLG kann aber nur auf **Antrag** feststellen, dass die Klage der Eintragung der Verschmelzung nicht entgegensteht, wobei der Rechtsträger antragsberechtigt ist, gegen dessen Verschmelzungsbeschluss sich die Klage richtet (§ 16 Abs. 3 S. 1). Die Feststellung erfolgt danach durch Beschluss. Eine **Frist** zur Stellung dieses Antrags ist im Gesetz nicht vorgesehen. Zum Nachweis des nach Abs. 3 S. 2 erforderlichen Quorums s. OLG Saarbrücken vom 7.12.2010, NZG 2011, 358 = ZIP 2011, 469.

19 Eine diesbezügliche Entscheidung des Gerichts ist für den Registerrichter verbindlich (Kallmeyer/*Marsch-Barner/Oppenhoff* Rn. 34). Ein solcher Unbedenklichkeitsbeschluss ergeht allerdings nur dann, wenn die Klage **unzulässig** bzw. **offensichtlich unbegründet** (§ 16 Abs. 3 S. 3 Nr. 1; zur offensichtlichen Unbegründetheit als „offen zutagen liegen“: OLG Stuttgart 26.11.2007, BeckRS 2008, 05355 = AG 2008, 464; OLG Jena 5.11.2008, OLGReport 2009, 788 = NJW-RR 2009, 182 [Evidenz]; OLG Frankfurt a. M. 14.7.2008, DNotZ 2009, 144 = OLGReport 2009, 23) ist, der Kläger seit Bekanntmachung der Einberufung **nicht mindestens 1.000,– EUR Beteiligung** hält (§ 16 Abs. 3 S. 3 Nr. 2) oder das **Vollzugsinteresse** an einer Eintragung das Interesse des Klägers am Aufschub nach freier Überzeugung des Gerichts vorrangig erscheint (§ 16 Abs. 3 S. 3 Nr. 3).

19a Ein **vorrangiges Vollzugsinteresse** war bis zum 1.9.2009 nur gegeben, wenn die mit dem weiteren Aufschub der Eintragung verbundenen Nachteile so schwer wiegen, dass es gerechtfertigt erscheint, die Verschmelzung trotz eventueller Mängel einzutragen (vgl. Begründung RegE BT-Drs. 12/6699, 89; Lutter/Winter UmwG/*Bork,* 4. Aufl. 2009, Rn. 24; **aA** *Noack* ZHR 2000, 274 (283); zur Bedeutung der Erfolgsaussicht der Anfechtungsklage *Halfmeier* WM 2006, 1465; zum vorrangigen Vollzugsinteresse vor dem ARUG ausf. OLG Frankfurt a. M. 8.2.2006, ZIP 2006, 370 = NZG 2006, 227 – T-Online/Deutsche Telekom; dazu *Simon/Leuering* NJW-Spezial 2006, 173; im Freigabeverfahren gem. § 246a AktG: KG 15.2.2007, AG 2007, 359 = WM 2007, 1374). **Nach dem ARUG** (v. 30.7.2009, BGBl. 2009 I 2479, 2489) stellt § 16 Abs. 3 S. 3 Nr. 3 jetzt darauf ab, dass die wesentlichen Nachteile für die an der Verschmelzung beteiligten Rechtsträger und ihre Anteilsinhaber die **Nachteile für den Antragsgegner überwiegen.** Es muss also eine **Interessenabwägung** stattfinden, die zu dem Ergebnis führt, dass das Vollzugsinteresse das Suspensivinteresse überwiegt. In diese Abwägung mit einzubeziehen sind aufseiten der klagenden Anteilsinhaber der Umfang ihrer jeweiligen Beteiligung, aufseiten des Rechtsträgers auch dessen eigenen wirtschaftliche Interessen sowie die wirtschaftlichen Interessen seiner nicht klagenden Anteilsinhaber (Kallmeyer/*Marsch-Barner/Oppenhoff* Rn. 44; KK-UmwG/*Simon* Rn. 89). Des Weiteren darf kein besonders schwerer Rechtsverstoß vorliegen, da ein solcher einer Freigabe entgegenstehen würde (OLG Hamm 16.5.2011, BeckRS 2011, 14826).

19b Das **Vollzugsinteresse** ergibt sich in erster Linie aus den mit der Verzögerung einhergehenden Nachteilen (Semler/Stengel/*Schwanna* Rn. 33). Als **rechtlich erhebliche Nachteile** iRd Interessenabwägung kommen in Frage (s. dazu ausf. Lutter UmwG/*Decher* Rn. 81 ff. mwN): Unterbleiben der späteren Vollziehung, ausbleibende Synergie- und Rationalisierungseffekte (OLG Düsseldorf 15.3.1999, ZIP 1999, 793 (798); LG Essen 20.1.1999, NZG 1999, 556 (558)), Zinsmindererträge infolge Vertrauensverlusts (OLG Frankfurt a. M. 22.12.1995, ZIP 1996, 379 (381); s. auch BT-Drs. 16/13098, 42), Verwertung von Verlustvorträgen (OLG Frankfurt a. M. 22.12.1995, ZIP 1996, 379 (381)), die Abwanderung qualifizierten Personals (krit. dazu *Heermann* ZIP 1999, 1861 (1863)), die Verunsicherung von Geschäftspartnern (OLG Stuttgart 17.12.1996, ZIP 1997, 75 (77)), Kosten der Wiederholung der Hauptversammlung (Bericht des Rechtsausschusses, BT-Drs. 16/13098, 42), der zu erwartende Imageverlust im internationalen Wettbewerb (LG Duisburg 4.2.1999, NZG 1999, 564) und das mögliche Scheitern eines beabsichtigten Börsengangs nach Verschmelzung (OLG Hamm 16.5.2011, BeckRS 2011, 14826).

20 Auch die Variante des § 16 Abs. 3 S. 3 Nr. 2, das sog. **„Bagatellquorum“,** wurde erst mit dem ARUG zum 1.9.2009 eingeführt (zu Anwendbarkeit in Übergangsfällen s. § 321 Abs. 2). Danach hat eine Freigabe auch dann zu erfolgen, wenn der Kläger nicht binnen einer Woche nach Zustellung des Antrags nachgewiesen hat, dass er seit Bekanntmachung der Einberufung einen anteiligen Betrag von mindestens 1000 EUR hält. Die Freigabe soll nicht von Klägern verhindert werden können, die seit Einberufung der Zustimmungsbeschlussversammlung nur mit einem nominellen Anteil von unter 1000 EUR an der Gesellschaft beteiligt sind (BegrRegE BT-Drs. 16/11642, 44, 41 f.; Kallmeyer/*Marsch-Barner/Oppenhoff* Rn. 41a). Klagen solcher Gesellschafter gegen den Verschmelzungsbeschluss werden folglich bei der Entscheidung über den Freigabeantrag materiell nicht berücksichtigt (Kallmeyer/*Marsch-Barner/Oppenhoff* Rn. 41a). Jeder Kläger muss für sich den Mindestanteil von 1.000 EUR erreichen und nachweisen. Dabei kommt es darauf an, dass die Aktien materiell-rechtlich tatsächlich gehalten werden. Die Eintragung im Aktienregister nach § 67 Abs. 2 AktG allein genügt nicht (OLG

München 10.4.2013, NZG 2013, 622 = ZIP 2013, 931). Gleiches müsste dann auch für den nur relativen Gesellschafter nach § 16 Abs. 1 GmbH gelten. Eine Zusammenlegung des Anteilsbesitzes mehrerer Kläger zur Erreichung des Quorums ist nicht möglich (*Leuering* NJW-Spezial 2009, 543; KK-UmwG/*Simon* Rn. 104; *Drinhausen/Keinath* BB 2008, 2078 (2081); im Ergebnis auch *Poelzig* DStR 2008, 1538 (1541)). Das Quorum muss seit Bekanntmachung der Einberufung der Hauptversammlung erreicht sein und durch den Kläger binnen einer Woche nach Zustellung des Freigabeantrags durch Urkunden gegenüber dem Gericht nachgewiesen werden. Erfolgt der Nachweis außerhalb dieser Frist, bleibt die betreffende Klage im Freigabeverfahren unberücksichtigt.

Im Rahmen der **Freigabegründe** des § 16 Abs. 3 S. 3 Nr. 1 kann sich die **Unzulässigkeit der** 21
Klage aus den allgemeinen zivilprozessualen Vorschriften ergeben (KK-UmwG/*Simon* Rn. 71). Offensichtlich unbegründet ist eine Klage grundsätzlich dann, wenn sich die Unbegründetheit mit hoher Sicherheit vorhersagen lässt. Maßgeblich ist insoweit eine negative Erfolgsprognose (Kallmeyer/*Marsch-Barner/Oppenhoff* Rn. 40). Ein Fall der **offensichtlichen Unbegründetheit** iSd § 16 Abs. 3 S. 3 Nr. 1 wird aber auch bei rechtsmissbräuchlich erhobenen Klagen angenommen (OLG Frankfurt a. M. 22.12.1995, ZIP 1996, 379 = NJW-RR 1996, 417). Dies ist zB der Fall, wenn der Kläger durch die Anfechtungsklage zum Nachgeben in einem gegen die Gesellschaft geführten Schadensersatzprozess zwingen will (vgl. dazu auch BGH 22.5.1989, BGHZ 107, 296 = NJW 1989, 2689; OLG Düsseldorf 15.3.1999, NZG 1999, 565 = ZIP 1999, 793; OLG Hamm 4.3.1999, NZG 1999, 560 = ZIP 1999, 798). Indiz für rechtsmissbräuchliche Klageerhebung war früher der Erwerb von Aktien durch den Kläger erst nach den streitgegenständlichen Zustimmungsbeschlüssen (OLG Düsseldorf 7.3.2005, BeckRS 2005, 04417 = OLGReport 2005, 721 bei der Klage gegen ein kaltes Delisting durch Aufspaltung; OLG Frankfurt a. M. 8.2.2006, BeckRS 2006, 01978 = ZIP 2006, 370, auf Bekanntmachung der Tagesordnung abstellend; s. aber EuGH 23.3.2000, NZG 2000, 534 = AG 2000, 470 zu nur verzögerter Klageerhebung; vgl. auch den durch das UMAG eingefügten noch strengeren § 245 Nr. 1 und Nr. 3 AktG: Aktionär schon vor Verkündung der Tagesordnung). Diese Situation wird jetzt aber schon von § 16 Abs. 3 S. 3 Nr. 2 erfasst.

Auch nach erfolgter Eintragung entfällt nicht das **Rechtsschutzbedürfnis für eine Anfechtungs-** 22
klage (OLG Stuttgart 28.1.2004, NZG 2004, 463 = ZIP 2004, 1145; auch noch für „Annexbeschluss" zur Kapitalerhöhung: BGH 21.5.2007, ZIP 2007, 1524 = NZG 2007, 714), solange die Monatsfrist (§ 14 Abs. 1, § 125 S. 1, § 195 Abs. 1) noch nicht verstrichen ist (zur Wirksamkeit einer vor Eintragung des Verschmelzungsbeschlusses eingereichten, aber erst danach zugestellten Anfechtungsklage: OLG Hamburg 16.4.2004, NZG 2004, 729 = ZIP 2004, 906; anders LG Bonn 8.1.2008, BeckRS 2008, 09323 = ZIP 2008, 835 – Telekom: Anfechtungsklage gegen Entlastung von Organen der übertragenden Gesellschaft ist nach Eintragung unzulässig). Erweist sich die Anfechtungsklage als begründet, ist der Rechtsträger, der den Unbedenklichkeitsbeschluss erwirkt hat, verpflichtet, dem Antragsgegner den **Schaden zu ersetzen,** der ihm aus der vorzeitigen Eintragung der Verschmelzung entstanden ist (§ 16 Abs. 3 S. 10) (entgegen § 20 Abs. 2 bei erfolgreicher Anfechtungsklage zu Unrecht sogar noch für Löschung analog § 395 FamFG: *Horsch* Rpfleger 2005, 577 ff.). Zur Eintragung der Verschmelzung vor Abschluss des Unbedenklichkeitsverfahrens *Kort* NZG 2010, 893.

Im neuen § 16 Abs. 3 S. 9 ist jetzt ausdrücklich klargestellt, dass eine **Rechtsbeschwerde** zum BGH 23
nicht zulässig ist (so schon zuvor BGH 29.5.2006, BGHZ 168, 48 = NJW 2006, 2924; dazu *Waclawik* ZIP 2006, 1428; schon vorher abl. *Decher* ZIP 2006, 746). Allerdings fehlt der abweisenden Entscheidung im Freigabeverfahren die **absolute Rechtskraftwirkung,** sodass nochmals mit neuen Tatsachen ein Verfahren angestrengt werden kann (OLG Frankfurt a. M. 5.11.2007, BB 2008, 239 – Wella; dazu *Rieckers* BB 2008, 514).

Ob gegen die Registersperre darüber hinaus auch mit einer **einstweiligen Verfügung** vorgegangen 24
werden kann, ist noch nicht geklärt (SHS/*Winter* Rn. 3: fraglich; dazu *Geißler* GmbHR 2008, 128 mwN). Läuft bereits ein Freigabeverfahren ist der Verfügungsantrag unzulässig und verdrängt ggf. sogar eine frühere Verfügung (Hüffer/Koch/*Koch* AktG § 246a Rn. 27). Zu einer einstweiligen Verfügung, die schon die Anmeldung unterbinden kann, s. BVerfG 13.10.2004, BeckRS 2004, 25519 = DB 2005, 1373 und *Kort* NZG 2007, 171.

Anlagen der Anmeldung

17 **(1) Der Anmeldung sind in Ausfertigung oder öffentlich beglaubigter Abschrift oder, soweit sie nicht notariell zu beurkunden sind, in Urschrift oder Abschrift der Verschmelzungsvertrag, die Niederschriften der Verschmelzungsbeschlüsse, die nach diesem Gesetz erforderlichen Zustimmungserklärungen einzelner Anteilsinhaber einschließlich der Zustimmungserklärungen nicht erschienener Anteilsinhaber, der Verschmelzungsbericht, der Prüfungsbericht oder die Verzichtserklärungen nach § 8 Abs. 3, § 9 Abs. 3, § 12 Abs. 3, § 54 Abs. 1 Satz 3 oder § 68 Abs. 1 Satz 3, ein Nachweis über die rechtzeitige Zuleitung des Verschmelzungsvertrages oder seines Entwurfs an den zuständigen Betriebsrat beizufügen.**

(2) [1] Der Anmeldung zum Register des Sitzes jedes der übertragenden Rechtsträger ist ferner eine Bilanz dieses Rechtsträgers beizufügen (Schlußbilanz). [2] Für diese Bilanz gelten die Vorschriften über die Jahresbilanz und deren Prüfung entsprechend. [3] Sie braucht nicht bekanntgemacht zu werden. [4] Das Registergericht darf die Verschmelzung nur eintragen, wenn die Bilanz auf einen höchstens acht Monate vor der Anmeldung liegenden Stichtag aufgestellt worden ist.

Übersicht

I. Allgemeines

1 § 17 hatte vor 1994 verschiedene, uneinheitliche, rechtsformspezifische **Vorgängervorschriften** (s. dazu KK-UmwG/*Simon* Rn. 3). Jetzt regelt er einheitlich im Zusammenhang mit § 16 die Anmeldungsmodalitäten für eine **Verschmelzung** und über die Verweisung in § 125 für die **Spaltung.** Für den **Formwechsel** findet § 17 demgegenüber mangels Verweisung oder entsprechender Regelung im dortigen Teil des UmwG keine Anwendung.

2 Zunächst zählt **Abs. 1** die **Unterlagen** auf, die der Registeranmeldung beizufügen sind. Die gesetzliche Pflicht, alle für die Verschmelzung relevanten Informationen in Form von Anlagen bei der Anmeldung beizufügen, soll dem Registergericht die Prüfung der Voraussetzungen für die Eintragung erleichtern und dadurch auch im Hinblick auf die Irreversibilität der Eintragung (vgl. § 20 Abs. 2) zu größerem Schutz der Anteilseigner führen (KK-UmwG/*Simon* Rn. 4; RegBegr. zu § 17 abgedr. bei *Ganske,* UmwR, 2. Aufl. 1995, 71).

3 **Abs. 2** verlangt für die Eintragung in den Registern der übertragenden Rechtsträger eine **Schlussbilanz des jeweiligen übertragenden Rechtsträgers,** deren Stichtag nicht länger als acht Monate zur Anmeldung zum Register des jeweiligen übertragenden Rechtsträgers zurückliegen darf. Zum Zweck dieser Regelung → Rn. 14 f.

II. Anlagen zur Registeranmeldung (Abs. 1)

4 Die **erforderlichen Anlagen** für die Anmeldung bei den Registern der übertragenden Rechtsträger ergeben sich hauptsächlich aus § 17 Abs. 1. Die Anlagen müssen nicht zwingend mit der Anmeldung zusammen eingereicht werden (SHS/*Hörtnagl* Rn. 7: Anlagen sind gleichzeitig mit der Anmeldung einzureichen, geschieht dies nicht, kann der Mangel regelmäßig noch behoben werden; zur Problematik des fristwahrenden Nachreichens → Rn. 28 ff.). Insbesondere die erforderlichen Erklärungen müssen nicht in der Anmeldung selbst, sondern nur **„bei" der Anmeldung abgegeben** werden (Widmann/Mayer/*Fronhöfer* Rn. 59). Besteht notarielle Beurkundungspflicht erfolgt dies in Ausfertigung (§§ 47, 49 BeurkG) oder beglaubigter Abschrift (§ 42 BeurkG) ansonsten in Urschrift oder in (einfacher) Abschrift.

5 Der notariell **beurkundete Verschmelzungsvertrag** ist der Registeranmeldung beizufügen. Das gleiche gilt für den Spaltungsvertrag/-plan (§ 125) und den Übertragungsvertrag bei der Vermögensübertragung (§§ 174 ff.). Der Entwurf, dem ggf. zugestimmt wurde, genügt nicht. Hängt der abgeschlossene Verschmelzungsvertrag schon dem Zustimmungsbeschluss als Anlage an, muss er nicht nochmals gesondert zusätzlich eingereicht werden (OLG Karlsruhe 2.3.1998, NZG 1998, 433 (434)).

6 Neben den **Zustimmungsbeschlüssen** aller beteiligter Rechtsträger müssen ggf. alle **erforderlichen Einzelzustimmungserklärungen** (zB § 13 Abs. 2; § 43 Abs. 1 Hs. 2; § 50 Abs. 2; § 51 Abs. 1 S. 2, Abs. 2) mit eingereicht werden.

7 Ebenfalls anzufügen sind ggf. erforderliche **Verschmelzungsberichte** (§ 8; bei der Genossenschaft das Prüfungsgutachten nach § 81; auch § 127 für die Spaltung) und **Prüfungsberichte** (§ 12) bzw. diesbezügliche **Verzichtserklärungen** (§ 8 Abs. 3, § 9 Abs. 3 und § 12 Abs. 3). Verzichtserklärungen kommen auch bezüglich der Anteilsgewährung (§ 54 Abs. 1 S. 3 und § 68 Abs. 1 S. 3) in Frage.

8 **Der Nachweis der Betriebsratszuleitung** kann in der anerkannten Registerpraxis durch schriftliches, datiertes Empfangsbekenntnis des Betriebsratsvorsitzenden bzw. seines Stellvertreters (KK-UmwG/*Simon* § 5 Rn. 257; SHS/*Hörtnagl* Rn. 6) erbracht werden. Dieses kann auch einen eventuellen Verzicht auf die Monatsfrist der Zuleitung (→ § 5 Rn. 40) mit enthalten. Besteht **kein Betriebsrat,** ist dies von

den Anmeldern durch Versicherung anlässlich der Anmeldung klarzustellen. Eine **eidesstattliche Versicherung** kann nicht verlangt werden (str. *Trölitsch* WiB 1997, 797; Lutter UmwG/*Decher* Rn. 4; SHS/*Hörtnagl* Rn. 6; *Limmer* in Limmer Unternehmensumwandlung-HdB Teil 2 Rn. 673; Kallmeyer/*Zimmermann* Rn. 3: Schriftform ausreichend; **aA** AG Duisburg 4.1.1996, GmbHR 1996, 372; zweifelnd Semler/Stengel/*Schwanna* Rn. 10), ist allerdings in jedem Fall ausreichend (Semler/Stengel/*Schwanna* Rn. 10).

Das Erfordernis eventuell auch eine staatliche **Genehmigungsurkunde** (zB nach § 14 Abs. 1 S. 1 VAG) mit vorzulegen wurde mit Inkrafttreten des ARUG (v. 30.7.2009, BGBl. 2009 I 2479) gestrichen. Somit entfallen zB auch die früher streitig diskutierten Anforderungen an die Anlagen bezüglich einer eventuell durchzuführenden Fusionskontrolle. Eine Ausnahme gilt allerdings nach § 43 Abs. 1 KWG, wonach Eintragungen in öffentlichen Registern nur vorgenommen werden dürfen, wenn dem Registergericht eine ev. nach § 32 KWG erforderliche Erlaubnis zum Betreiben von Bankgeschäften nachgewiesen wurde. 9

Als **zusätzliche Anlage** kann ggf. die Erklärung über den Eintritt etwa im Verschmelzungsvertrag vereinbarter, aufschiebender Bedingungen hinzukommen. In Frage kommt auch eine **Negativerklärung** nach § 16 Abs. 2 S. 1 bzw. diesbezügliche Verzichtserklärungen nach § 16 Abs. 2 S. 2. Bei Verschmelzung oder Spaltung **zur Neugründung** sind meist noch diejenigen Anlagen wie bei der regulären Gründung beizufügen. Besonderheiten ergeben sich auch bei der Tochter-Mutterverschmelzung auf eine AG nach § 62 sowie bei übernehmender KGaA nach § 69 (s. dazu ausf. Widmann/Mayer/*Fronhöfer* Rn. 39 ff.). 10

Soweit eine **Kapitalerhöhung** beim aufnehmenden Rechtsträger erfolgen muss, ist diese dort spätestens mit der Verschmelzung zusammen anzumelden. Auch bei dem übertragenden Rechtsträger bedarf es eines Nachweises über ihre Durchführung (vgl. zur GmbH: § 53, zur AG: § 66) und ggf. zusätzlich der Übernahmeerklärung des Treuhänders bei der Verschmelzung auf eine AG (§ 71 Abs. 1 S. 2). Bei aufnehmender Kapitalgesellschaft noch mit Nennkapital in DM muss eine Euroumstellung vorgeschaltet werden (→ § 318 Rn. 10; OLG Düsseldorf NZG 2019,1271). Ob die Eintragung der Kapitalerhöhung beim Register des aufnehmenden Rechtsträgers schon vor die Eintragung der Verschmelzung bei den Registern der übertragenden Rechtsträger vorliegen muss, ist streitig (→ § 19 Rn. 9). 11

Bei der übernehmenden GmbH ist im Zusammenhang mit einer Kapitalerhöhung ggf. auch eine **Liste der Übernehmer** (§ 55 Abs. 1 iVm § 57 Abs. 3 Nr. 2 GmbHG) beizufügen. Eine berichtigte Gesellschafterliste muss nicht mehr zusätzlich eingereicht werden, da § 52 Abs. 2 durch das Dritte Gesetz zur Änderung des UmwG (v. 11.7.2011, BGBl. 2011 I 1338) ersatzlos gestrichen wurde. Es bleibt aber die durch das MoMiG in § 40 Abs. 2 GmbHG verankerte Amtspflicht des beurkundenden Notars, allerdings erst bei Wirksamwerden der Veränderung (mit Eintragung der Verschmelzung) eine neue Gesellschafterliste für eine aufnehmende GmbH zu erstellen und zum Handelsregister einzureichen. 12

III. Schlussbilanz des übertragenden Rechtsträgers (Abs. 2)

Besondere Bedeutung kommt der Einreichung einer auf einen höchstens **acht Monate** vor der Anmeldung liegenden Stichtag aufgestellten **Schlussbilanz** (zur Abgrenzung zu einer beigefügten überobligatorischen Zwischenbilanz: OLG Frankfurt a. M. 10.11.2005, BeckRS 2006, 12458 = GmbHR 2006, 382; zur Schlussbilanz bei einer im Konzernabschluss einbezogenen Gesellschaft: *Scheunemann* DB 2006, 797) zum Register des **übertragenden Rechtsträgers** zu (§ 17 Abs. 2 S. 4). Dadurch wird nämlich der spätest mögliche Zeitpunkt der gesamten Anmeldung bestimmt. Bei dem **Register des aufnehmenden Rechtsträgers** besteht demgegenüber weder eine Pflicht zum fristgerechten Einreichen einer eigenen Schlussbilanz noch der Schlussbilanz eines übertragenden Rechtsträgers (vgl. BayObLG 10.12.1998, NZG 1999, 321 = ZIP 1999, 968 für die Ausgliederung zur Neugründung). Die dortige Einreichung genügt auch nicht für eine fristgerechte Anmeldung (OLG Nürnberg 9.12.2010 – 12 W 2136/10 (nv); → Rn. 23). Dort kann die Schlussbilanz des übertragenden Rechtsträgers allenfalls zum Wertnachweis im Zusammenhang mit der Kapitalaufbringung (→ Rn. 32) verlangt werden. 13

1. Zweck der Schlussbilanz. Die der Anmeldung beim jeweiligen übertragenden Rechtsträger beizufügende Schlussbilanz erfüllt verschiedene im Detail umstrittene Ziele (s. der Überblick bei *Heidtkamp* NZG 2013, 852). Aus der jeweiligen zeitnahen Schlussbilanz der übertragenden Rechtsträger (s. BayObLG 10.12.1998, NZG 1999, 321; *Heckschen* DB 1998, 1385; Lutter UmwG/*Decher* Rn. 7) sollen die angesetzten Werte gem. § 24 in der Jahresbilanz des übernehmenden Rechtsträgers als Anschaffungskosten angesetzt werden (**Bilanzkontinuität;** SHS/*Hörtnagl* Rn. 10; Widmann/Mayer/*Widmann* § 24 Rn. 36; krit. KK-UmwG/*Simon* Rn. 25). Auch die Gläubiger sollen anhand der Schlussbilanz prüfen können, ob sie gem. § 22 Sicherheitsleistung verlangen wollen (**Gläubigerschutz;** Lutter UmwG/*Decher* Rn. 7; Widmann/Mayer/*Widmann* § 24 Rn. 38; krit. KK-UmwG/*Simon* Rn. 26). Schließlich dient die Schlussbilanz der Kontrolle des Wertes des übergehenden Vermögens durch den 14

Registerrichter wie bei einer Sachkapitalerhöhung (s. auch § 69 Abs. 1 S. 1 Hs. 2 für externe Prüfung) (**Kapitalerhöhungskontrolle;** Lutter UmwG/*Decher* Rn. 7; Kallmeyer/*Lanfermann* Rn. 11, Vorlage beim übernehmenden Rechtsträger erforderlich; einschr. SHS/*Hörtnagl* Rn. 12; krit. KK-UmwG/*Simon* Rn. 27). Darüber hinaus wird ihr auch die Funktion der **Ergebnisabgrenzung** (vorrangiger Zweck: KK-UmwG/*Simon* Rn. 28; *Bula/Thees* in SBB Umwandlungen § 10 Rn. 30, 32; SHS/*Hörtnagl* Rn. 13; einschr. Widmann/Mayer/*Widmann* § 24 Rn. 41 und Kallmeyer/*Lanfermann* Rn. 11) zugeschrieben. Dies kann aber nur der Fall sein, wenn der Umwandlungsstichtag zwingend mit dem Bilanzstichtag verknüpft ist (zu dieser str. Frage → § 5 Rn. 22 und → Rn. 30). Zur Frage der Bilanzerstellung für einen noch nicht existierenden Rechtsträger → § 2 Rn. 18.

15 Die **handelsrechtliche Verpflichtung zur Rechnungslegung** erlischt für den übertragenden Rechtsträger weder mit dem Schlussbilanzstichtag noch mit dem Verschmelzungsstichtag oder dem Tag der Anmeldung der Verschmelzung (s. dazu ausf. SHS/*Hörtnagl* Rn. 67 ff.), sondern erst mit seinem Erlöschen durch Wirksamwerden der Verschmelzung bei Eintragung im Register des übernehmenden Rechtsträgers (§ 20 Abs. 1).Verzögert sich das Wirksamwerden der Verschmelzung über den nächsten regulären Stichtag des Jahresabschlusses hinaus, müssen alle übertragenden Rechtsträger weiterhin gesonderte Jahresabschlüsse nach den allgemeinen Grundsätzen erstellen. Erst mit Wirksamwerden der Verschmelzung können die übergehenden Vermögensgegenstände und Verbindlichkeiten sowie die Geschäftsvorfälle seit dem Verschmelzungsstichtag endgültig beim übernehmenden Rechtsträger erfasst werden (SHS/*Hörtnagl* Rn. 83). Zu den Auswirkungen einer Verschmelzung auf den handelsrechtlichen Jahresabschluss s. IDW RS HFA 42 (WPg Supplement 4/2012, 91 ff.; dazu *Bilitewski/Roß/Weiser* WPg 2014, 13 ff. und 73 ff.), zur Spaltung IDW RS HFA 43 (WPg Supplement 4/2012, 104 ff.; dazu *Heeb* WPg 2014, 189), zum Formwechsel IDW RS HFA 41 (WPg Supplement 4/2012, 85 ff.; dazu *Skoluda/Janitschke* WPg 2013, 521).

16 Von der Schlussbilanz nach § 17 Abs. 2 ist die ggf. bei Beteiligung einer AG nach § 63 Abs. 1 Nr. 3 **auszulegende Zwischenbilanz** zu unterscheiden (vgl. auch die Verweise in § 82 Abs. 1, § 101 Abs. 1 S. 2, § 106, 112 Abs. 1 S. 2).

17 **2. Formelle Anforderungen an die Schlussbilanz.** Aufgrund des Wortlautes und des Zweckes der Norm ist nach hM **nur eine Bilanz und kein Jahresabschluss** mit GuV und Anhängen einzureichen (SHS/*Hörtnagl* Rn. 14; Kallmeyer/*Lanfermann* Rn. 20 mit genauerer Differenzierung; KK-UmwG/*Simon* Rn. 32; Widmann/Mayer/*Fronhöfer* Rn. 68 ff.; LG Stuttgart 29.3.1996, DNotZ 1996, 701; LG Dresden 18.11.1997, MittBayNot 1998, 271 = GmbHR 1998, 1086; **aA** auch Anhang: Widmann/Mayer/*Widmann* § 24 Rn. 103). Die Wahlpflichtangaben sind allerdings in der Bilanz selbst aufzunehmen (IDW RS HFA 4 v. 29.10.2012, WPg Supplement 4/2012 Ziff. 7).

18 Bei der Anmeldung kann iRd Acht-Monatsfrist die letzte reguläre Jahresbilanz verwendet werden oder eine **Zwischenbilanz** auf einen beliebigen Zeitpunkt nach den Grundsätzen der Erstellung eines Jahresabschlusses erstellt werden. Dadurch entsteht **kein Rumpfgeschäftsjahr** (SHS/*Hörtnagl* Rn. 34; Lutter UmwG/*Priester/Hennrichs* § 24 Rn. 14; *Blasche* RNotZ 2014, 464 (466)), was einer Satzungsänderung bedürfte. Für die Zwischenbilanz gelten die Regelungen über die Aufstellungspflichten des Jahresabschlusses nach §§ 242 ff. und 316 ff. HGB spezifisch für den jeweiligen beteiligten Rechtsträger (s. ausf. SHS/*Hörtnagl* Rn. 14 ff. und IDW RS HFA 4 v. 29.10.2012, WPg Supplement 4/2012, 7 ff.).

19 Ein übertragender Rechtsträger, der vor der Verschmelzung **nicht buchführungs- und jahresabschlusspflichtig** war, wird dies nach bisher hM auch nicht durch § 17 Abs. 2 (KK-UmwG/*Simon* Rn. 31; Lutter UmwG/*Decher* Rn. 9). Solche Rechtsträger – in der Praxis häufig Vereine (hierzu *Hager* RNotZ 2011, 565 (581 f.)) – müssen nach dieser Ansicht nur die üblichen bisherigen Rechnungsunterlagen und Vermögensaufstellungen einreichen (SHS/*Hörtnagl* Rn. 17; Kallmeyer/*Lanfermann* Rn. 12). Dem hat jüngst das **OLG Köln** (10.2.2020, BWNotZ 2020, 126 f.) widersprochen und bei der Verschmelzung zweier nicht bilanzierungspflichtiger Vereine eine **Schlussbilanz** verlangt, die den Anforderungen des § 17 Abs. 2 entspricht.

20 Nur wenn der Jahresabschluss eines Rechtsträgers **prüfungspflichtig** ist (s. genauer bei §§ 316 ff. HGB), muss auch die nach Abs. 2 S. 2 eingereichte Zwischenbilanz entsprechend geprüft werden (KK-UmwG/*Simon* Rn. 35; Kallmeyer/*Lanfermann* Rn. 36; SHS/*Hörtnagl* Rn. 20). Eine Prüfung durch den eventuell vorhandenen **Aufsichtsrat** wird durch Abs. 2 S. 2 allerdings nicht erforderlich (SHS/*Hörtnagl* Rn. 20). Auch einer **Bekanntmachung** bedarf es nicht (S. 3).

21 Insbesondere für eine extra erstellte Zwischenbilanz ist es streitig, ob diese unterschrieben und **festgestellt** werden muss (bejahend Widmann/Mayer/*Fronhöfer* Rn. 74; SHS/*Hörtnagl* Rn. 18 und 34; LG Kempten 4.5.2001, Rpfleger 2001, 433; *Blasche* RNotZ 2014, 464 (466); **aA** bzgl. der Feststellung: Kallmeyer/*Lanfermann* Rn. 19; weitergehend keine Feststellung auch für die Schlussbilanz: *Bula/Thees* in SBB Umwandlungen § 10 Rn. 58; IDW RS HFA 42 v. 29.10.2012, WPg Supplement 4/2012, 93 Tz. 13). ME muss für die Zwischenbilanz das gleiche wie für den Jahresabschluss gelten. Daher muss auch sie durch das zur Aufstellung berufene Organ **unterschrieben** (so auch OLG Schleswig 11.4.2007, DNotZ 2007, 957; zB bei der **GmbH Unterschrift aller Geschäftsführer**) und von dem zur Feststellung berufenen Organ für verbindlich erklärt werden (Übersicht zur Zuständigkeit bei den verschiedenen Rechtsträgern s. Widmann/Mayer/*Widmann* § 24 Rn. 51 ff.). Vorher liegt nur ein **Entwurf einer Bilanz** vor, der nicht den Anforderungen des § 17 Abs. 2 S. 2 genügt. Sehr streitig sind die Rechtsfolgen eines fehlenden oder eingeschränkten Bestätigungsvermerks bzw. dessen Versagung durch den Prüfer (s. ausf. SHS/*Hörtnagl* Rn. 23).

3. Acht-Monats-Frist. Das Register des **übertragenden Rechtsträgers** darf die Verschmelzung nach Abs. 2 S. 4 nur dann eintragen, wenn die Anmeldung innerhalb einer Frist von acht Monaten seit dem Stichtag, auf den die einzureichende Schlussbilanz erstellt wurde, beim Register zugeht. Dabei handelt es sich um eine **zwingende Ausschlussfrist,** bei der auch bei nur geringfügiger Überschreitung **keine Wiedereinsetzung** nach § 17 FamFG in Frage kommt. Zur teilweise abweichenden Rechtslage nach § 122c bei grenzüberschreitenden Verschmelzungen → § 122c Rn. 17 und *Bormann/Trautmann* KStW 2013, 70 ff. Die durch **§ 12 HGB gebotene Form** muss allerdings noch nicht in der Frist eingehalten werden (OLG Jena 21.10.2002, NZG 2003, 43 = NJW-RR 2003, 99; ablehnend *Blasche* RNotZ 2014, 464 (468); wohl **aA** auch OLG Schleswig 11.4.2007, DNotZ 2007, 957 = FGPrax 2007, 283). 22

Mit Wirkung vom 1.3.2020 ist das Gesetz zur Abmilderung der Folgen der **COVID-19**-Pandemie im Zivil-, Insolvenz- und Strafverfahrensrecht (BGBl. 2020 I 570, kurz COVFAG) in Kraft getreten. Nach § 4 COVMG kann die umwandlungsrechtliche Schlussbilanz abweichend von der achtmonatigen Regelfrist auf einen **zwölf Monate vor der Anmeldung** liegenden Stichtag aufgestellt werden (s. dazu *Fischer* NJW-Spezial 2020, 271). Damit soll für Unternehmen, die solche Umwandlungen im laufenden Jahr vornehmen, die von der Achtmonatsfrist ausgehende zeitliche Begrenzung um 4 Monate verschoben werden. Es soll verhindert werden, dass aufgrund fehlender Versammlungsmöglichkeiten Umwandlungsmaßnahmen an einem Fristablauf scheitern (BT Drs. 19/18110, 19 Nr. 3). Nach § 7 Abs. 4 COVMG gilt die Fristverlängerung für alle Anmeldungen, die im Jahr 2020 vorgenommen werden. Einzelne Registergerichte verweigern jedoch entgegen dem Wortlaut des Gesetzes die Eintragung, wenn Bilanzen verwendet werden, die zum Zeitpunkt des Inkrafttretens des Gesetzes schon älter als 8 Monate sind und damit schon „verfristet“ waren. Nach Sinn und Zweck des Gesetzes sollen solche unabhängig von der COVID-19-Pandemie schon verfristeten Bilanzen nicht „gerettet“ werden. 22a

Nach ganz einheitlicher Meinung in der Lit. wird die Frist des § 17 Abs. 2 S. 4 auch durch Einreichung beim **unzuständigen Gericht** gewahrt, wenn dieses die Anmeldung von Amts wegen an das zuständige Gericht weiterleitet (KK-UmwG/*Simon* § 16 Rn. 8; Lutter UmwG/*Decher* Rn. 17; Kallmeyer/*Zimmermann* § 16 Rn. 2 aE; SHS/*Hörtnagl* Rn. 48; Widmann/Mayer/*Fronhöfer* Rn. 103). **Nicht fristwahrend** ist die Anmeldung, wenn nur die Bilanz zunächst dem Registergericht des übernehmenden Rechtsträgers zusammen mit der Anmeldung einer Kapitalerhöhung eingereicht worden ist, die anlässlich der Verschmelzung beschlossen wurde, wenn dann das Verfahren nach der Eintragung der Kapitalerhöhung von Amts wegen erst nach Ablauf der Acht-Monats-Frist an das Gericht des übertragenden Rechtsträgers abgegeben wird (Lutter UmwG/*Decher* Rn. 17; *Heckschen* DB 1998, 1385 (1393); SHS/*Hörtnagl* Rn. 48; OLG Nürnberg 9.12.2010 – 12 W 2136/10 (nv); **aA** LG Frankfurt v. 30.1.1998, GmbHR 1998, 379(380)). 23

Die **Berechnung der Frist** richtet sich nach §§ 186 ff. BGB (KK-UmwG/*Simon* Rn. 38). § 193 BGB ist allerdings nicht anwendbar (SHS/*Hörtnagl* Rn. 43; Semler/Stengel/*Schwanna* Rn. 17 Fn. 88), sodass es durch **Sonn- und Feiertage** nicht zur Fristverlängerung kommt. Die rückwärtsgewandte Achtmonatsfrist für die Bilanzaufstellung endet also um 0.00 Uhr des Tages, der zahlenmäßig dem Tag acht Monate vor der Registeranmeldung entspricht. Umgekehrt ausgedrückt muss die Anmeldung spätestens bis zum Ablauf des Tages des achten Monats nach dem Bilanzstichtag erfolgen. Bei dem meist gewählten Schlussbilanzstichtag zum 31.12. ist dies also der 31.8. des nachfolgenden Jahres (BeckOGK/*Rieckers/Cloppenburg,* 1.7.2020, Rn. 87). 24

Streitig ist die Berechnung bei einem **Bilanzstichtag wie dem 28.2 oder 30.4.** Die überwA in der Lit. hält unter entsprechender Anwendung des § 188 Abs. 3 BGB die Anmeldung noch am 31.10. bzw. 31.12 für fristwahrend (KK-UmwG/*Simon* Rn. 40; Semler/Stengel/*Schwanna* Rn. 17; Widmann/Mayer/*Widmann* § 24 Rn. 69; Widmann/Mayer/*Fronhöfer* Rn. 89; jetzt auch SHS/*Hörtnagl* Rn. 43; **aA** noch SHS/*Hörtnagl,* 6. Aufl. 2013, Rn. 43 und OLG Köln 22.6.1998, MittBayNot 1999, 87 = GmbHR 1998, 1085 (1086), das aber zu Unrecht von einer vorwärts ab Bilanzstichtag zu berechnenden Frist ausgegangen ist). 25

Für die Fristwahrung ist eine **wirksame Registeranmeldung** erforderlich. Teilweise wird dafür nicht einmal die Einhaltung der **Form** von § 12 HGB oder § 77 BGB innerhalb der Frist verlangt (KK-UmwG/*Simon* Rn. 44; Widmann/Mayer/*Fronhöfer* Rn. 99; OLG Jena 21.10.2002, NZG 2003, 43 (44) für Vorabübermittlung per Fax; ablehnend *Blasche* RNotZ 2014, 464 (468); vgl. aber OLG Schleswig 11.4.2007, DNotZ 2007, 957). Allerdings muss die fristgerechte Anmeldung noch nicht die unmittelbare Eintragung der Verschmelzung ermöglichen (KK-UmwG/*Simon* Rn. 43, Widmann/Mayer/*Fronhöfer* Rn. 91). Das UmwG selbst sieht in § 16 Abs. 2 S. 1 und Abs. 3 (Negativerklärung oder Freigabeverfahren) die Möglichkeit der Eintragung frühestens einen Monat nach Ablauf der Achtmonatsfrist vor. Allerdings muss das Registergericht durch die Anmeldung in die Lage versetzt werden, das Vorliegen 26 einer eintragungsfähigen Tatsache zu prüfen. Um eine einigermaßen zeitnahe Bewertung des übertragenden Rechtsträgers für die Gläubiger, die Anteilsinhaber und den Registerrichter zu ermöglichen, muss daher innerhalb der Achtmonatsfrist die Anmeldung wenigstens mit den essentialia des Verschmelzungsvorgangs (wirksamer Vertrag und Zustimmungsbeschlüsse und ggf. erforderliche Einzelzustimmungserklärungen) beim **Register des übertragenden Rechtsträgers** eingereicht sein (Lutter UmwG/*Decher* Rn. 13; Kallmeyer/*Lanfermann* Rn. 26 f.; Widmann/Mayer/*Widmann* § 24 Rn. 68; *Heckschen* DB 1998, 1385 (1393); *Heckschen* Rpfleger 1999, 357 (362)). Eventuelle Verzögerungen im Registerverfahren gehen dann nicht zulasten der Beteiligten.

26a Ein anderer Ansatz zur Rettung der angemeldeten Umwandlung nach Überschreitung der 8-Monatsfrist ergibt sich, wenn der Kapitalerhöhungsbeschluss und die erforderlichen Angaben und Erklärungen zur Anteilsgewährung und zur Kapitalerhöhung fehlen, aus den § 54 Abs. 1 S. 3 UmwG und § 68 Abs. 1 S. 3 UmwG. Das Kammergericht hatte mit Entscheidung v. 22.9.1998 (KG DNotZ 1999, 175 mAnm *Heidinger*) festgestellt, dass eine solche Anmeldung einer Schwesterverschmelzung nicht geeignet sei, die Frist nach § 17 Abs. 2 S. 4 UmwG zu wahren, weil einer Verschmelzung ohne Anteilsgewährung und Kapitalerhöhung wesentliche Bestandteile fehlten. Diese Ansicht hat das OLG Hamm (OLG Hamm NZG 2004, 1005) im Wesentlichen bestätigt. Seit Einführung des § 54 Abs. 1 S. 3 UmwG durch das zweite Gesetz zur Änderung des UmwG v. 19.4.2008 (BGBl. 2007 I 542) kann jetzt aber der dort zugelassene Verzicht auf Anteilsgewährung noch nachgeholt werden (*Heinze* RNotZ 2017, 87 (89)).

27 Fehlen für die Eintragung der Verschmelzung sonstige erforderliche Unterlagen bei der fristgerechten Anmeldung, oder bestehen behebbare Mängel der Anmeldung, hat das Registergericht gem. § 26 Abs. 2 HRV in einer **Zwischenverfügung** eine angemessene Frist (ca. einmonatig, *Krafka* RegisterR-HdB Rn. 168: mindestens) zur Behebung zu setzen. Erst nach Ablauf der Frist kann die Anmeldung endgültig zurückgewiesen werden. Durch eine grundsätzlich **unbefristete Beschwerde** hiergegen kann das Registerverfahren prozessual aber bis zur letzten Instanz „am Leben gehalten" werden, sodass bis dahin noch behebbare Mängel beseitigt werden können (s. zB den Fall des OLG Schleswig 11.4.2007, DNotZ 2007, 957). Auch fehlende Anlagen nach § 17 können nach inzwischen ganz hM also nach Ablauf der acht- bzw. zwölfmonatigen Frist **nachgereicht** werden. Dies gilt mE insbesondere auch für erforderliche, vor Ablauf der Anmeldefrist beantragte Genehmigungen von staatlichen Behörden, die gar nicht bei der Anmeldung mit eingereicht werden mussten (→ Rn. 9). Der Gesetzgeber hat mit dem Anknüpfen der Frist an die Anmeldung statt an das Wirksamwerden der Umwandlung durch die Eintragung im Register zum Ausdruck gebracht, dass Verzögerungen im Verfahren, das die Beteiligten nicht selbst in der Hand haben, nicht die Eintragungsfähigkeit der entsprechenden Umwandlung verhindern soll. Anderes gilt aber für Genehmigungen, die die Wirksamkeit der *essentialia* beeinträchtigen und vom Willen der Parteien abhängen, wie zB Genehmigung vollmachtloser Vertretung oder Genehmigung eines vorbehaltlich Genehmigung abgeschlossenen Verschmelzungsvertrages oder gefassten Beschlusses.

28 Streitig ist, ob auch die **Bilanz** nach Ablauf der Achtmonatsfrist **nachgereicht** werden kann (diesbezüglich noch streng: *Heidinger,* Gutachten zum Umwandlungsrecht, 1996/1997, Gutachten des Deutschen Notarinstituts Bd. IV 1998, Gutachten Nr. 13 und Nr. 36; *Germann* GmbHR 1999, 591 (593); *Gerold* MittRhNotK 1997, 205; *Heidinger* DNotZ 1999, 165; LG Dresden 18.11.1997, GmbHR 1998, 1086; großzügiger die jüngere Lit.: SHS/*Hörtnagl* Rn. 46; Lutter UmwG/*Decher* Rn. 11; NK-UmwR/*Schulte* Rn. 20; *Heckschen* Rpfleger 1999, 357 (363); *Weiler* MittBayNot 2006, 377; *Blasche* RNotZ 2014, 464 (468) mit ausführlicher Darstellung der unterschiedlichen Meinungen). Das Erstellen und Nachreichen der Bilanz nach Ablauf der Acht-Monatsfrist widerspricht mE dem Sinn des § 17 Abs. 2 S. 4, den Gläubigern und Anteilsinhabern eine zur (möglichen) Eintragung der Verschmelzung einigermaßen zeitnahe Information über den Vermögensstand des übertragenden Rechtsträgers zu bieten. Das zeitnahe Nachreichen einer bereits fristgerecht erstellten, lediglich bei der fristgerechten Anmeldung vergessenen Bilanz sollte mE aber zumindest auf Zwischenverfügung mit einer Frist von mindestens 1 Monat (vgl. § 16 Abs. 2, Registersperre ohne Negativerklärung bzgl. eventueller Anfechtung, → § 16 Rn. 15) zugelassen werden (so auch LG Frankfurt a. M. 19.12.1997, NotBZ 1998, 36 = GmbHR 1998, 380; OLG Zweibrücken 29.7.2002, RNotZ 2002, 516 in einem Haftpflichtprozess gegen einen Notar; OLG Jena 21.10.2002, NZG 2003, 43; MHdB GesR VIII/*Schwab* § 12 Rn. 46; *Weiler* MittBayNot 2006, 377; *Weiler* DNotZ 2007, 888, 890 f. nicht für die später erst unterschriebene Schlussbilanz; s. auch OLG Schleswig 11.4.2007, DNotZ 2007, 957 sogar bei erst späterer Unterzeichnung; zu weitgehend LG Frankfurt a. M. 30.1.1998, NZG 1998, 434 = GmbHR 1998, 379: verspätete Einreichung rechtzeitig wegen verspäteter Eintragung der Kapitalerhöhung; weiterhin strenger Widmann/Mayer/*Fronhöfer* Rn. 96). Denn die Berechnung der Acht-Monatsfrist erfolgt nicht ab Einreichung der Bilanz, sondern ab (wirksamer) Anmeldung. In diesem Zusammenhang soll die fehlende Unterschrift unter der Bilanz nachgereicht werden können (Widmann/Mayer/*Fronhöfer* Rn. 97; unklar OLG Schleswig 11.4.2007, DNotZ 2007, 957). Auch das Nachreichen des eventuell erforderlichen **Bestätigungsvermerkes** nach § 322 HGB soll noch zulässig sein, ohne dass die entsprechende Bilanz verfristet wäre (KK-UmwG/*Simon* Rn. 42; Kallmeyer/*Lanfermann* Rn. 39; Semler/Stengel/*Schwanna* Rn. 20; Widmann/Mayer/*Fronhöfer* Rn. 97).

Auch kleinere Korrekturen im Verschmelzungsvertrag sollen noch nach Ablauf der Achtmonatsfrist auf Zwischenverfügung des Registergerichts möglich sein (OLG Hamm 19.12.2005, DNotI-Report 2006, 66= GmbHR 2006, 255 für die Klarstellung der Bezeichnung eines Vertragspartners bei einer Kettenverschmelzung; s. die ausführlichen Nachweise der untergerichtlichen Entscheidungen bei Widmann/Mayer/*Fronhöfer* Rn. 91 in Fn. 2). Bei einer inhaltlichen Änderung bedarf es jedoch auch neuer Zustimmungsbeschlüsse (Widmann/Mayer/*Mayer* § 4 Rn. 64) und einer neuen Anmeldung unter Berücksichtigung der Achtmonatsfrist. 29

Nach noch überwiegender, aber bestrittener Auffassung muss der Verschmelzungsstichtag **mit dem Schlussbilanzstichtag übereinstimmen,** genau genommen ihm unmittelbar nachfolgen (str.; Lutter UmwG/*Drygala* § 5 Rn. 74; Semler/Stengel/*Schröer* § 5 Rn. 54; *Blasche* RNotZ 2014, 464 (465); s. auch FG Köln 26.10.2004, DStRE 2005, 890 = Der Konzern 2005, 612; **aA** MHdB GesR III/*Mayer/Weiler* § 73 Rn. 37; Widmann/Mayer/*Mayer* § 5 Rn. 159 ff.; Kallmeyer/*Lanfermann* § 5 Rn. 34 ff.; *Heidtkamp* NZG 2013, 852; *Niesen/Schubert* NWB 2014, 1748, mit Hinweis auf die praktischen Probleme für die Steuer und die Buchführung; *Suchanek/Hesse* Der Konzern 2015, 245). Lässt man ein Auseinanderfallen zu, soll die Möglichkeit bestehen, eine verspätet angemeldete Verschmelzung **ohne Neuvornahme** nur unter Zugrundelegung einer aktuelleren Schlussbilanz nochmals beim Handelsregister einzureichen. Dabei muss allerdings davon ausgegangen werden, dass die nicht mehr verwendbare Schlussbilanz mit ihrem zu frühen Schlussbilanzstichtag nicht zum Inhalt des Verschmelzungsvertrages geworden ist, sodass eine Änderung desselben erforderlich ist. Ansonsten bedarf es in diesem Fall im Verschmelzungsvertrag einer entsprechenden Änderung des Verschmelzungsstichtages und die diesbezüglichen Zustimmungsbeschlüsse müssten wiederholt werden (KK-UmwG/*Simon* Rn. 46; zur str. Ausnahme bei variablem Verschmelzungsstichtag → § 5 Rn. 23). Daher erscheint die in der Lit. (*Weiler* DNotZ 2007, 888 (891 ff.) unter Berufung auf OLG Schleswig 11.4.2007, DNotZ 2007, 957) teilweise vorgeschlagene **Heilungsmöglichkeit** einer verfristeten Anmeldung durch bloße Änderung des Umwandlungsstichtages kaum praktikabel (vgl. auch den Fall des OLG Schleswig 11.4.2007, DNotZ 2007, 957, das einen Nachtrag zum Verschmelzungsvertrag verlangt). 30

Auch kann die meist gewünschte steuerliche Rückwirkung auf das Datum der zunächst beigefügten Schlussbilanz damit nicht mehr realisiert werden. Denn der **steuerliche Übertragungsstichtag** muss zwingend dem Ablauf des Stichtages der Schlussbilanz des übertragenden Rechtsträgers entsprechen, dem der Verschmelzungsstichtag unmittelbar nachfolgen muss (§ 2 Abs. 1 S. 1: steuerlicher Übergang mit Ablauf des Stichtages) (Semler/Stengel/*Schröer* § 5 Rn. 57; Umwandlungssteuererlass, Rn. 02.03, GmbHR 1998, 444 (455); FG Köln 26.10.2004, DStRE 2005, 890 = Der Konzern 2005, 612; zum Verhältnis der Schlussbilanz zum Steuerrecht auch ausf. SHS/*Hörtnagl* Rn. 64 ff.). 31

IV. Die Schlussbilanz bei anderen Umwandlungsformen

1. Die Schlussbilanz bei der Spaltung. Über den Verweis in § 125 gilt § 17 auch für die Spaltung. Fraglich ist, ob bei der Anmeldung einer Spaltung nach Abs. 2 eine **Gesamtschlussbilanz** oder eine Teilbilanz iSe Spaltungsbilanz beigefügt werden muss. Die hM geht nur von der Verpflichtung aus, eine Gesamtschlussbilanz beizufügen (Widmann/Mayer/*Fronhöfer* Rn. 111; SHS/*Hörtnagl* Rn. 51). Praktisch wird aber die zusätzliche Erstellung und Einreichung einer **Spaltungsbilanz,** in der das im Wege der partiellen Gesamtrechtsnachfolge übergehende Vermögen dargestellt wird, empfohlen. Diese kann dazu genutzt werden, um dem sachenrechtlichen **Bestimmtheitsgrundsatz** im Spaltungsvertrag bzw. -plan genüge zu leisten (→ § 126 Rn. 24). Bei der Spaltung auf eine Kapitalgesellschaft ist sie darüber hinaus regelmäßig schon zum Wertnachweis iRd **Kapitalaufbringung** hilfreich (Widmann/Mayer/*Fronhöfer* Rn. 113; vgl. auch SHS/*Hörtnagl* Rn. 53 ff. mit zahlreichen Hinweisen auf die Bilanzierung beim fortbestehenden Rechtsträger). Der IDW (RS HFA 43, WPg Supplement 4/2012, 104, 105) hält es für ausreichend **nur Teilbilanzen** einzureichen, wenn im Falle der Abspaltung (aus Vereinfachungsgründen sachgerecht) das zu übertragende Vermögen im Verhältnis zum Gesamtvermögen unwesentlich ist und im Falle der Ausgliederung, da das Vermögen des übertragenden Rechtsträgers durch die Ausgliederung nicht gemindert wird (ebenfalls für nur Teilbilanzen *Heidtkamp* NZG 2013, 852). 32

2. Schlussbilanz beim Formwechsel. Die Bestimmungen zum Formwechsel (§§ 190 ff.) beinhalten weder einen Verweis auf § 17 noch eine § 17 Abs. 2 vergleichbare eigene Regelung (vgl. § 199 zu den Anlagen der Anmeldung). Daher ist es umwandlungsrechtlich nicht erforderlich mit der Anmeldung eines Formwechsels eine **Schlussbilanz** einzureichen. Mangels Vermögensübertragung beim identitätswahrenden Formwechsel müssen die **Buchwerte zwingend fortgeführt** werden, ohne dass der Formwechsel selbst bilanzielle Auswirkungen hätte. Anderes gilt allerdings nach §§ 9 und 25 UmwStG für die **steuerliche Beurteilung** des Formwechsels einer Kapitalgesellschaft in eine Personengesellschaft und umgekehrt. 33

3. Kettenumwandlung. Zur Zulässigkeit der sogenannten Kettenumwandlung, bei der mehrere Umwandlungsvorgänge unmittelbar nacheinander auf den gleichen Bilanz- und Umwandlungsstichtag 34 gestaltet werden, und die Verwendungsmöglichkeit der jeweiligen Schlussbilanzen, wird auf → § 2 Rn. 18 und → § 5 Rn. 24 verwiesen (s. auch ausf. Widmann/Mayer/*Mayer* § 5 Rn. 235.4 ff.).

Firma oder Name des übernehmenden Rechtsträgers

18 (1) **Der übernehmende Rechtsträger darf die Firma eines der übertragenden Rechtsträger, dessen Handelsgeschäft er durch die Verschmelzung erwirbt, mit oder ohne Beifügung eines das Nachfolgeverhältnis andeutenden Zusatzes fortführen.**

(2) **Ist an einem der übertragenden Rechtsträger eine natürliche Person beteiligt, die an dem übernehmenden Rechtsträger nicht beteiligt wird, so darf der übernehmende Rechtsträger den Namen dieses Anteilsinhabers nur dann in der nach Absatz 1 fortgeführten oder in der neu gebildeten Firma verwenden, wenn der betroffene Anteilsinhaber oder dessen Erben ausdrücklich in die Verwendung einwilligen.**

(3) [1] **Ist eine Partnerschaftsgesellschaft an der Verschmelzung beteiligt, gelten für die Fortführung der Firma oder des Namens die Absätze 1 und 2 entsprechend.** [2] **Eine Firma darf als Name einer Partnerschaftsgesellschaft nur unter den Voraussetzungen des § 2 Abs. 1 des Partnerschaftsgesellschaftsgesetzes fortgeführt werden.** [3] **§ 1 Abs. 3 und § 11 des Partnerschaftsgesellschaftsgesetzes sind entsprechend anzuwenden.**

Übersicht

I. Allgemeines

1 Im **UmwG 1994** hat der Gesetzgeber – anders als zur eingeschränkten Regelung im vormals geltenden Recht – die Fortführung der Firma eines übertragenden Rechtsträgers bei Fortführung des von ihm betriebenen Handelsgeschäftes allgemein zugelassen. Die Liberalisierung des Firmenrechts durch das **Handelsrechtsreformgesetz** 1998 (s. dazu MüKoHGB/*Heidinger* HGB Vor § 17 Rn. 5 ff.) wurde auch in der Regelung des § 18 umgesetzt und im gleichen Jahr die Regelung des Abs. 3 für die Partnerschaftsgesellschaft (1. **UmwÄndGesetz,** BGBl. 1998 I 1878) aufgenommen (s. dazu KK-UmwG/*Simon* Rn. 6; SHS/*Winter* Rn. 2 ff.).

2 Mit der Regelung in § 18 wollte der Gesetzgeber den bestehenden **Bedürfnissen der Praxis** gerecht werden, den Untergang traditionsreicher Firmennamen zu vermeiden (RegBegr. bei *Ganske,* UmwR, 2. Aufl. 1995, 72). Mit dem Erlöschen des übertragenden Rechtsträgers nach § 20 Abs. 1 Nr. 2 würde die Firma, die nicht als Vermögensgegenstand iSd § 20 Abs. 1 Nr. 1 übergeht (Widmann/Mayer/*Fronhöfer* Rn. 1), ansonsten erlöschen. Dies soll nach dem Willen des Gesetzgebers gleichermaßen für die **Verschmelzung zur Aufnahme** auf eine bestehende wie bei der **Verschmelzung zur Neugründung** vermieden werden (RegBegr. in *Ganske,* UmwR, 2. Aufl. 1995, 73).

II. Firmenfortführung (Abs. 1)

3 **1. Voraussetzungen der Firmenfortführung.** Für die Firmenfortführung nach § 18 Abs. 1 ist es zunächst erforderlich, dass der aufnehmende Rechtsträger das **Handelsgeschäft erwirbt** (KK-UmwG/*Simon* Rn. 12; Lutter UmwG/*Decher* Rn. 4). Ein solcher Erwerb liegt bei der Verschmelzung nach § 20 Abs. 1 S. 1 unproblematisch stets vor. Zur abweichenden Beurteilung bei der **Spaltung** → Rn. 20. Zum Tatbestandserfordernis eines Handelsgeschäfts wird auf die Erläuterungen zum diesbezüglich wortgleichen § 22 HGB verwiesen (→ HGB § 22 Rn. 2). Inwiefern hier über den Wortlaut hinaus auch eine **Fortführung** des Handelsgeschäftes erforderlich ist, wird uneinheitlich vertreten (Bejahend: KK-UmwG/*Simon* Rn. 13; Widmann/Mayer/*Fronhöfer* Rn. 17; differenzierend zwischen (erforderlichem) Fortführung der Firma durch Aufgabe und Ersetzung der alten Firma zur (nicht erforderlichen) tatsächlichen Fortführung des Handelsgeschäfts: Kallmeyer/*Marsch-Barner/Oppenhoff* Rn. 4, 6; BeckOGK/*Rieckers/Cloppenburg,* 1.7.2020, Rn. 6). Im Ergebnis erscheint dieser Meinungsstreit ohne große praktische Relevanz. § 18 UmwG enthält eine Option zur Firmenfortführung keinen Automatismus. Übernimmt der aufnehmende Rechtsträger ein Handelsgeschäft aber nicht die dazugehörige Firma durch Aufgabe seiner alten Firma (soweit er bisher überhaupt eine Firma geführt hat) und Eintragung der übernomme-

nen Firma im Handelsregister, erlischt die bisherige Firma des Handelsgeschäfts noch mit dem erloschenen übertragenden Rechtsträger. Übernimmt der aufnehmende Rechtsträger ein Handelsgeschäft mitsamt seiner Firma (Satzungsänderung und Eintragung im Handelsregister) und führt das Handelsgeschäft aber tatsächlich nicht fort (dauerhafte, endgültige Aufgabe des Gewerbebetriebes) erlischt die Firma erst beim aufnehmenden Rechtsträger je nach Rechtsform durch Verlust der Kaufmannseigenschaft oder durch Zwangslöschung der Gesellschaft einschließlich der Firma (s. dazu MüKoHGB/*Heidinger* HGB § 17 Rn. 44 ff.). Es ist aber firmenrechtlich nichts gegen eine **weitere Firmenfortführung nach § 22 HGB** einzuwenden, wenn zunächst der aufnehmende Rechtsträger das Handelsgeschäft mitsamt dessen Firma übernimmt und zeitnah an einen Dritten weiter veräußert.

Wie bei § 22 HGB wird auch hier gefordert, dass sowohl dem übertragenden als auch dem aufnehmenden Rechtsträger **Firmenfähigkeit,** also Kaufmannseigenschaft, zukommt (KK-UmwG/*Simon* Rn. 14 und 16). Dies betrifft insbesondere den Verein, den genossenschaftlichen Prüfungsverband, den Versicherungsverein auf Gegenseitigkeit, die nicht als Kaufmann eingetragene natürliche Person, den Freiberufler und die GbR. Auch eine bisher **unzulässige Firma** kann nicht nach § 18 Abs. 1 fortgeführt werden, es sei denn, sie wird ausnahmsweise beim aufnehmenden Rechtsträger zulässig (Kallmeyer/*Marsch-Barner/Oppenhoff* Rn. 8; KK-UmwG/*Simon* Rn. 15). 4

Anders als § 22 HGB verlangt § 18 für die Firmenfortführung grundsätzlich nicht die **Einwilligung des bisherigen Geschäftsinhabers** oder seiner Erben (zum Einwilligungsvorbehalt bei ausscheidendem Gesellschafter → Rn. 10 ff.). Da der übertragende Rechtsträger erlischt, besteht insofern kein schutzwürdiges Interesse an der Weiterverwendung der alten Firma durch den bisherigen Geschäftsinhaber (Semler/Stengel/*Schwanna* Rn. 3; Lutter UmwG/*Decher* Rn. 4). 5

2. Umfang und Folgen der Firmenfortführung. Nur die zum Zeitpunkt des Wirksamwerdens der Verschmelzung geführte **aktuelle Firma** des übertragenden Rechtsträgers kann fortgeführt werden. Diese Firma muss im Wesentlichen **unverändert fortgeführt** werden (zB OLG Düsseldorf 17.9.1997, NJW 1998, 616 = DB 1997, 2526; s. zu weiteren Fällen zur gleichen Rechtslage → HGB § 22 Rn. 13 ff. mwN). Entgegen § 20 Abs. 1 Nr. 2 **erlischt** dann die Firma des übertragenden Rechtsträgers nicht. Demgegenüber erlischt bei Fortführung der Firma eines übertragenden Rechtsträgers grundsätzlich die Firma des übernehmenden Rechtsträgers. Wird die Firma des übertragenden Rechtsträgers beim aufnehmenden Rechtsträger allerdings als **Zweigniederlassungsfirma** einer aus dem übertragenen Handelsgeschäft neu geschaffenen Zweigniederlassung mit einem entsprechenden Zweigniederlassungszusatz (→ HGB § 13 Rn. 7) weitergeführt, kann die Firma des übernehmenden Rechtsträgers daneben bestehen bleiben (KK-UmwG/*Simon* Rn. 21; Widmann/Mayer/*Vollrath* Rn. 23; diff. zur unzulässigen Zweigniederlassungsfirmierung bei einer bereits bestehenden Zweigniederlassung Kallmeyer/*Marsch-Barner/Oppenhoff* Rn. 10; Semler/Stengel/*Schwanna* Rn. 5). 6

Streitig ist inwieweit eine **Vereinigung der beiden Firmen** zulässig ist. Die hM zu § 22 HGB lässt dies als Form der Firmenfortführung zu (Staub/*Burgard* HGB § 22 Rn. 103 f. mwN; krit. aber MüKoHGB/*Heidinger* HGB § 22 Rn. 74; abl. auch KK-UmwG/*Simon* Rn. 20; Lutter UmwG/*Decher* Rn. 3: neue Firma; diesem folgend SHS/*Winter* Rn. 11). Diese Art der Firmierung ist mE aber nur als Neufirmierung unter Einhaltung der allgemeinen Regeln der §§ 17, 18 und 19 HGB realisierbar. Das Gleiche gilt für die **Kombination mehrerer Firmen(teile) von mehreren übertragenden Rechtsträgern** (so auch SHS/*Winter* Rn. 8; zutr. Hinweis auf Möglichkeit der Neufirmierung bei Widmann/Mayer/*Vossius* Vor § 39 Rn. 71.1; **aA** großzügiger ohne klare Trennung zwischen Firmenfortführung und Neufirmierung: Semler/Stengel/*Schwanna* Rn. 2). 7

§ 18 Abs. 1 verschafft wie § 22 HGB dem Grundsatz der **Firmenkontinuität** Vorrang vor dem **Grundsatz der Firmenwahrheit.** Letzterer wird aber auch bei einer ansonsten zulässigen Firmenfortführung nicht gänzlich außer Kraft gesetzt (s. dazu ausf. MüKoHGB/*Heidinger* HGB § 22 Rn. 3 ff.). So muss zwingend ein neuer **zutreffender Rechtsformzusatz** angefügt (SHS/*Winter* Rn. 15), der alte unzutreffende **gestrichen** oder durch einen (grundsätzlich optionalen) **Nachfolgezusatz** neutralisiert werden (Kallmeyer/*Marsch-Barner/Oppenhoff* Rn. 9; zu eng SHS/*Winter* Rn. 14: stets entfallen; → HGB § 22 Rn. 16 mwN). Auch kann die Streichung von **unzutreffenden akademischen Zusätzen** oder **Inhaberzusätzen** erforderlich werden (zu weiteren Fällen → HGB § 22 Rn. 16; zu notwendigen oder zulässigen Änderungen der Firma: MüKoHGB/*Heidinger* HGB § 22 Rn. 47 ff.). 8

Ohne Firmenfortführung erlischt die Firma aller übertragenden Rechtsträger, ohne dass es einer gesonderten Löschung im **Handelsregister** bedarf (KK-UmwG/*Simon* Rn. 22), da die Rechtsträger selbst nach § 20 Abs. 1 Nr. 2 erlöschen und im Handelsregister gelöscht werden. Wird die Firma fortgeführt, bewahrt sie sich ihren Rang im **Prioritätsprinzip** (§ 30 Abs. 1 HGB) (SHS/*Winter* Rn. 9, unklar aber Rn. 7 zu § 38 Abs. 1 EGHGB). Einer **Regelung im Verschmelzungsvertrag** bedarf es zur Firmenfortführung nicht, lediglich nach § 5 Abs. 1 Nr. 1 die Angabe der Firmen der beteiligten Rechtsträger. Eine diesbezügliche Vereinbarung bzw. Verpflichtung zur Firmenänderung zwischen den Parteien ist aber meistens empfehlenswert. Die Firmenänderung beim aufnehmenden Rechtsträger ist dann aber noch durch eine entsprechende **Satzungsänderung zu vollziehen.** 9

III. Ausscheidende natürliche Person (Abs. 2)

10 Die nach Abs. 1 zulässige Firmenfortführung steht unter dem umfassenden **Einwilligungsvorbehalt** zugunsten einer **natürlichen Person,** deren Name Firmenbestandteil eines übertragenden Rechtsträgers ist, dessen Firma fortgeführt werden soll (SHS/*Winter* Rn. 16). Diese Zustimmung ist aber nur erforderlich, wenn die betreffende Person im Zuge der Verschmelzung **ausscheidet.** Davon sind insbesondere die Fälle des Ausscheidens gegen Abfindung nach § 29 und der Verzicht auf Anteilsgewährung nach § 54 Abs. 1 S. 3 sowie § 68 Abs. 1 S. 3 erfasst. Damit greift die Norm den firmenrechtlichen Gedanken des § 24 Abs. 2 HGB auf, wonach eine natürliche Person ein persönlichkeitsrechtlich geschütztes Interesse daran hat, dass der eigene Name nicht ohne Einwilligung von Fremden verwendet wird. Genauso wie bei § 24 Abs. 2 HGB spricht auch in den Fällen des § 18 Abs. 2 vieles dafür, dass die Einwilligung unterschiedslos erforderlich ist, egal ob es sich um eine **Personen- oder Kapitalgesellschaft** handelt (so auch KK-UmwG/*Simon* Rn. 25; SHS/*Winter* Rn. 17; s. dazu ausf. MüKoHGB/*Heidinger* HGB § 24 Rn. 4 und EBJS/*Reuschle* HGB § 24 Rn. 3 ff.; jetzt auch Widmann/Mayer/*Fronhöfer* Rn. 28).

11 Die betroffene natürliche Person muss nach dem Wortlaut der Norm **„einwilligen",** also vor der Verschmelzung zustimmen (§ 183 S. 1 BGB). Daher wird empfohlen, dass diese Einwilligung schon zum Zeitpunkt der Anmeldung vorliegt (KK-UmwG/*Simon* Rn. 26). Die fehlende Einwilligung macht die in der Verschmelzung gewünschte **Firmierung unzulässig,** was bei der Verschmelzung zur Neugründung ein Eintragungshindernis für die Verschmelzung selbst, bei der Verschmelzung zur Aufnahme nur die Unwirksamkeit des Beschlusses über die Firmenänderung zur Folge hat. Jedenfalls spricht nichts dagegen, auch die Einwilligung nach § 18 Abs. 2 auf Zwischenverfügung des Registergerichtes iRd zu § 17 (→ § 17 Rn. 28 ff.) erörterten Grenzen **nachzureichen.**

12 Ein **Widerruf** der Einwilligung soll allenfalls bei missbräuchlicher Verwendung der Firma zulässig sein (Kallmeyer/*Marsch-Barner/Oppenhoff* Rn. 13: nur aus wichtigem Grund; Semler/Stengel/*Schwanna* Rn. 8; Lutter UmwG/*Decher* Rn. 8; vgl. aber krit. zu § 22 HGB: EBJS/*Reuschle* HGB § 22 Rn. 31). Vor der Eintragung der Verschmelzung ist mE aber ein Widerruf nach § 183 S. 1 BGB noch frei möglich (KK-UmwG/*Simon* Rn. 26). Sowohl eine **auflösende als auch aufschiebende Bedingung** der Einwilligung soll zulässig sein (KK-UmwG/*Simon* Rn. 29; SHS/*Winter* Rn. 20; BGH 18.3.1980, BGHZ 76, 263 zu § 22 HGB), was aber die Eintragungsfähigkeit der Verschmelzung verhindern kann, wenn die aufschiebende Bedingung noch nicht eingetreten ist oder die auflösende Bedingung noch nach Eintragung eintreten kann.

13 Nach allgM muss der Namensträger bzw. dessen Erbe **persönlich einwilligen** (KK-UmwG/*Simon* Rn. 28), sodass die Einwilligung durch den Testamentsvollstrecker oder Nachlassverwalter nicht in Frage kommt (Kallmeyer/*Marsch-Barner/Oppenhoff* Rn. 12; Semler/Stengel/*Schwanna* Rn. 8 Fn. 26). Streitig ist dies für den **Insolvenzverwalter** (abl. Kallmeyer/*Marsch-Barner* Rn. 12; Semler/Stengel/*Schwanna* Rn. 8 Fn. 26; offen KK-UmwG/*Simon* Rn. 28; **aA** wegen der spezifischen gläubigerschützenden Interessen an der Verwertung der Insolvenzmasse zu §§ 22 und 24 HGB, die mE bei § 18 Abs. 2 in vergleichbaren Maße zu berücksichtigen sein können: MüKoHGB/*Heidinger* HGB § 22 Rn. 78 ff.; EBJS/*Reuschle* HGB § 22 Rn. 42 ff. und EBJS/*Reuschle* HGB § 24 Rn. 7 und 28 mwN). Nach dem neuesten restriktiven Urteil des BGH (26.11.2019, GmbHR 2020, 425 mAnm *Heckschen*) zur Firmenänderung durch den Insolvenzverwalter dürfte in Zukunft die Tendenz der Registergerichte eher gegen die Zulässigkeit der Disposition über die Firmenfortführung durch den Insolvenzverwalter im Fall des § 18 Abs. 2 sein.

14 Nach dem Wortlaut des Abs. 2 muss die Einwilligung **„ausdrücklich"** erfolgen. Dies schließt nach hM (KK-UmwG/*Simon* Rn. 29 mwN) eine **konkludente** Einwilligung nicht aus, was wegen des Nachweises im Registerverfahren aber kaum praktikabel sein dürfte. Das bloße **Dulden** ist jedenfalls nicht ausreichend.

IV. Besonderheiten bei der Partnerschaftsgesellschaft (Abs. 3)

15 Da die Partnerschaftsgesellschaft in aller Regel keine Firma, sondern einen **Namen** hat (§ 2 PartGG), war in Abs. 3 S. 1 für die Fortführung eines solchen Namens eine gesonderte Regelung erforderlich, die die **Grundsätze für die Firmenfortführung** in Abs. 1 und 2 für entsprechend anwendbar erklärt. Dies gilt sowohl für den Fall, dass die Partnerschaftsgesellschaft übertragender als auch, dass sie übernehmender Rechtsträger ist.

16 Die S. 2 und 3 haben vor allem Bedeutung, wenn die Partnerschaftsgesellschaft übernehmender Rechtsträger ist. Darin werden die besonderen **Vorgaben des PartGG** für die Namensgebung der Partnerschaftsgesellschaft auch für den Fall der Verschmelzung gesichert. Insofern wird dem Grundsatz der **Firmenwahrheit** gegenüber der **Firmenkontinuität** dadurch Vorrang verschafft, dass die Voraussetzungen des § 2 Abs. 1 PartGG (insbesondere Zwang zur „Personenfirma" nur mit Namen der Partner; zu den Anforderungen an die Namensgebung in § 2 PartGG → PartGG § 2 Rn. 2 ff.) und des

§ 1 Abs. 3 PartGG (zum Vorbehalt der berufsrechtlichen Vorschriften → PartGG § 1 Rn. 42 ff.) auch bei einer fortgeführten Firma oder Namen eingehalten werden müssen. Daraus wird geschlossen, dass eine Partnerschaftsgesellschaft keine **reine Sach- oder Fantasiefirma,** wohl aber Mischformen fortführen kann (Kallmeyer/*Marsch-Barner/Oppenhoff* Rn. 15; SHS/*Winter* Rn. 25; Lutter UmwG/*Decher* Rn. 9). ZT wird daraus sogar geschlossen, dass eine übernehmende oder durch Verschmelzung neu gegründete Partnerschaftsgesellschaft den **Namensbestandteil** in der Firma oder im Namen eines übertragenden Rechtsträgers nur dann übernehmen kann, wenn die betreffende Person auch beim aufnehmenden Rechtsträger (noch) Partner ist (Widmann/Mayer/*Fronhöfer* Rn. 32; vgl. § 2 Abs. 1 S. 3 PartGG).

Die genaue Auswirkung der Anordnung einer entsprechenden Anwendung auch von **§ 11 PartGG** 17 (zu den Übergangsvorschriften → PartGG § 11 Rn. 3 ff.) ist noch nicht abschließend geklärt. Einerseits verbietet § 11 Abs. 1 S. 1 PartGG allen Rechtsträgern, die nicht Partnerschaftsgesellschaft sind, einen **Zusatz „Partnerschaft" oder „und Partner"** zu führen, da diese Zusätze als Rechtformzusatz für die Partnerschaftsgesellschaft reserviert sind. Andererseits ordnet S. 2 und 3 von § 11 Abs. 1 PartGG eine **Besitzstandwahrung** für Firmen mit einem solchen Zusatz an, die schon vor dem 1.7.1995 geführt wurden, wenn ein eindeutiger Rechtsformzusatz auf die richtige Rechtsform des Rechtsträgers hinweist.

§ 18 Abs. 3 ermöglicht es nicht, dass eine aufnehmende Personenhandelsgesellschaft oder Kapitalge- 18 sellschaft den **Zusatz „Partnerschaft" oder „und Partner" aus einer übertragenden Partnerschaft fortführt** (so auch Widmann/Mayer/*Fronhöfer* Rn. 33; Semler/Stengel/*Schwanna* Rn. 10; Lutter UmwG/*Decher* Rn. 10). Bei Beteiligung einer Partnerschaftsgesellschaft als übertragender oder aufnehmender Rechtsträger sind Anwendungsfälle für die **Besitzstandswahrung** kaum vorstellbar. Der Gesetzgeber erwähnt in der Regierungsbegründung (BT-Drs. 13/8808, 11) den merkwürdigen Fall einer Altgesellschaft, die nach einer Phase in der Rechtsform der Partnerschaft später auf einen Rechtsträger anderer Rechtsform (zB einer GmbH) verschmolzen wird (diesen Fall ohne nähere Erläuterungen aufgreifend Lutter UmwG/*Decher* Rn. 10).

Hat ein **übertragender Rechtsträger anderer Rechtsform** unter Beachtung von § 11 Abs. 1 S. 2 19 und 3 PartGG zu Recht den **Partnerzusatz in seiner Firma,** kann dieser bei einer **aufnehmenden Partnerschaftsgesellschaft** selbstverständlich schon nach § 11 Abs. 1 S. 1 PartGG als Rechtsformzusatz verwendet werden. Aber auch bei **aufnehmenden Rechtsträgern anderer Rechtsform** kann er mE nach den allgemeinen Grundsätzen in § 18 Abs. 1 und 2 fortgeführt werden (so im Ergebnis auch SHS/*Winter* Rn. 26; scheinbar restriktiver beschränkt auf Partnerschaftsgesellschaft als übertragendem Rechtsträger: BeckOGK/*Rieckers/Cloppenburg,* 1.7.2020, Rn. 24). Ob Letzteres überhaupt ein Anwendungsfall des § 18 Abs. 3 S. 3 ist, der systematisch die Beteiligung von Partnerschaftsgesellschaften regelt, kann dabei dahinstehen. Die Besitzstandwahrung nach § 11 Abs. 1 S. 2 und 3 PartGG geht quasi bei der Verschmelzung auf den aufnehmenden Rechtsträger über.

V. Besonderheiten bei der Spaltung

Eine Firmenfortführung nach § 18 scheidet bei der **Abspaltung** und der **Ausgliederung** (nicht bei 20 der Aufspaltung) aus, da in § 125 für diese Umwandlungsformen ausdrücklich nicht auf § 18 verwiesen wird. Dies ist firmenrechtlich systemkonform, da bei Fortbestand des übertragenden Rechtsträgers kein schutzwürdiges Interesse für die Rettung des traditionsreichen Firmennamens besteht und es ansonsten auch zu einer unzulässigen Verdoppelung der Firma kommen könnte. Ob die Firmenfortführung nach der allgemeinen Firmenfortführungsregelung in § 22 HGB möglich bleibt, ist umstritten (→ Rn. 24). Bei der Totalausgliederung aus den Vermögen eines Einzelkaufmannes nach § 152 bewirkt die **Eintragung** der Ausgliederung neben den Rechtsfolgen nach § 131, dass die Firma des Einzelkaufmanns erlischt (§ 155). Bei dieser Konstellation kann nur über § 22 HGB die Rettung der traditionsreichen Firma erreicht werden, was gerade Ziel der gesetzlichen Regelung zur Firmenfortführung in § 18 war (→ Rn. 2). Daher ist – anders als bei der Ausgliederung nur eines Teils des Unternehmens – die **Fortführung der Firma** zumindest in diesem Fall nach allgemeinen firmenrechtlichen Grundsätzen (insbesondere § 22 HGB) zulässig (MHdB GesR III/*Mayer/Weiler* § 73 Rn. 777; LG Hagen 1.12.1995, GmbHR 1996, 127). Zur allgemeinen Anwendbarkeit des § 22 HGB neben § 18 → Rn. 21 ff.

VI. Verhältnis zur Firmenfortführung nach § 22 HGB

Das Verhältnis von § 18 zu **§ 22 HGB** ist noch nicht abschließend geklärt (vgl. dazu ausf. *Limmer* in 21 Limmer Unternehmensumwandlung-HdB Teil 5 Rn. 24 ff.). Teilweise wird in der Lit. § 18 als **abschließende Spezialvorschrift** für alle Umwandlungsvorgänge verstanden, sodass die Anwendung des § 22 HGB daneben ausgeschlossen ist (KK-UmwG/*Simon* Rn. 8 und 36 aE; *Bokelmann* ZNotP 1998, 269; Oetker/*Schlingloff* HGB § 22 Rn. 4).

Diese Sichtweise ist mE zu eng. § 18 ist zwar eine **Spezialvorschrift zu § 22 HGB,** die die 22 Firmenfortführung durch den übernehmenden Rechtsträger bei der Verschmelzung erlaubt (Lutter

UmwG/*Decher* Rn. 2; Staub/*Burgard* HGB Anh. § 22 Rn. 1; MüKoHGB/*Heidinger* HGB § 22 Rn. 96: „Sondertatbestand"; EBJS/*Reuschle* HGB § 22 Rn. 5 spricht von spezialgesetzlicher und damit vorrangiger Regelung). Er ergänzt das Firmenrecht des übernehmenden Rechtsträgers bei der Verschmelzung (Staub/*Burgard* HGB Anh. § 22 Rn. 1) und durch die Verweisung in § 125 auch bei der Aufspaltung. ZT wird darauf hingewiesen, dass es der Regelung des § 18 bedurfte, da § 22 HGB den Fall des Erlöschens des Firmeninhabers außer beim Tod einer natürlichen Person nicht erfassen würde (Lutter UmwG/*Decher* Rn. 2; Widmann/Mayer/*Fronhöfer* Rn. 1). Die Firma würde ohne die Regelung in § 18 nicht nach § 20 Abs. 1 Nr. 1 auf den aufnehmenden Rechtsträger übergehen. Erst die handelsrechtlichen Vorschriften der §§ 22 HGB und speziell für die Umwandlungen die §§ 18, 125 und 200 ordnen die Übertragbarkeit der Firma oder des Namens an (Widmann/Mayer/*Fronhöfer* Rn. 1).

23 Für § 22 HGB ergibt sich mE bei der Verschmelzung neben der Regelung des § 18 kein praktisch bedeutsamer Anwendungsraum mehr. Lediglich für die Bildung einer **vereinigten Firma** soll der aufnehmende Rechtsträger den Freiraum des § 22 HGB über den § 18 hinaus nutzen können (Staub/*Burgard* HGB Anh. § 22 Rn. 6; Kallmeyer/*Marsch-Barner*/*Oppenhoff* Rn. 16; Semler/Stengel/*Schwanna* Rn. 6; **aA** KK-UmwG/*Simon* Rn. 9). Das UmwG hat die Firmenbildung bei der Verschmelzung nicht erschweren, sondern erleichtern wollen (zB keine Einwilligung des Geschäftsinhabers). Daher besteht kein Grund dafür, den Grundsatz der Firmenwahrheit bei der Verschmelzung strenger zu handhaben als in den sonstigen Fällen des Handelsrechts. Im Ergebnis ist mE § 22 HGB neben § 18 anwendbar (so auch Staub/*Burgard* HGB Anh. § 22 Rn. 6).

24 Größere praktische Bedeutung hat die Frage der **Abgrenzung zu § 22 HGB bei der Spaltung** (→ Rn. 20). Durch den ausdrücklichen Verweis in § 125 ist § 18 gesichert nur auf die Aufspaltung anwendbar. Da bei der Aufspaltung der übertragende Rechtsträger wie bei der Verschmelzung erlischt, ergibt sich für beide Umwandlungsformen die gleiche Einschätzung. Demgegenüber ergibt sich gerade für die Abspaltung und Ausgliederung, bei denen § 18 grundsätzlich nicht anwendbar ist, für den Fall, dass das gesamte Handelsgeschäft übertragen und eine Verdoppelung der Firma vermieden wird, ein Bedürfnis für die Anwendung von § 22 HGB. ME ergibt sich auch in diesen Fällen keine Sperrwirkung durch § 125 iVm § 18 (so auch Lutter UmwG/*Lieder* § 131 Rn. 96; für Anwendung auch MüKoHGB/*Heidinger* HGB § 22 Rn. 100).

Eintragung und Bekanntmachung der Verschmelzung

19 (1) [1]**Die Verschmelzung darf in das Register des Sitzes des übernehmenden Rechtsträgers erst eingetragen werden, nachdem sie im Register des Sitzes jedes der übertragenden Rechtsträger eingetragen worden ist.** [2]**Die Eintragung im Register des Sitzes jedes der übertragenden Rechtsträger ist mit dem Vermerk zu versehen, daß die Verschmelzung erst mit der Eintragung im Register des Sitzes des übernehmenden Rechtsträgers wirksam wird, sofern die Eintragungen in den Registern aller beteiligten Rechtsträger nicht am selben Tag erfolgen.**

(2) [1]**Das Gericht des Sitzes des übernehmenden Rechtsträgers hat von Amts wegen dem Gericht des Sitzes jedes der übertragenden Rechtsträger den Tag der Eintragung der Verschmelzung mitzuteilen.** [2]**Nach Eingang der Mitteilung hat das Gericht des Sitzes jedes der übertragenden Rechtsträger von Amts wegen den Tag der Eintragung der Verschmelzung im Register des Sitzes des übernehmenden Rechtsträgers im Register des Sitzes des übertragenden Rechtsträgers zu vermerken und die bei ihm aufbewahrten Dokumente dem Gericht des Sitzes des übernehmenden Rechtsträgers zur Aufbewahrung zu übermitteln.**

(3) **Das Gericht des Sitzes jedes der an der Verschmelzung beteiligten Rechtsträger hat jeweils die von ihm vorgenommene Eintragung der Verschmelzung von Amts wegen nach § 10 des Handelsgesetzbuchs ihrem ganzen Inhalt nach bekanntzumachen.**

Übersicht

I. Allgemeines

§ 19 knüpft an die §§ 16 und 17 an und stimmt das **Registerverfahren zur Eintragung** der Verschmelzung in den verschiedenen beteiligten Registern miteinander ab. **Abs. 1,** der dem früheren § 346 Abs. 1 S. 1 AktG aF entspricht, legt die **Reihenfolge** der notwendigen Registereintragungen fest. **Abs. 2** befasst sich mit den **Mitteilungspflichten** der beteiligten Registergerichte untereinander. Beide Absätze zusammen **vermeiden widersprüchliche Entscheidungen der Registergerichte** (OLG Frankfurt a. M. 14.10.2004, FGPrax 2005, 38 = GmbHR 2005, 237; OLG Hamm 1.8.1994, NJW-RR 1995, 356 (357)). Der Verfahrensstand geht dadurch auch in beiden Registern klar hervor (*Pluskat* WM 2004, 601 (605); Lutter UmwG/*Decher* Rn. 1). **Abs. 3** regelt die **Bekanntmachungspflicht** der Register. 1

Die Regelung über das **Wirksamwerden der Verschmelzung** erst mit ihrer Eintragung im Register des übernehmenden Rechtsträgers findet sich in § 20 Abs. 1 (→ § 20 Rn. 2 f., auch zu der Ausnahme bei der Verschmelzung auf den Alleingesellschafter in § 122 Abs. 2). Weil die **Spaltung** mit der Eintragung beim übertragenden Rechtsträger wirksam wird (§ 131 Abs. 1), ist auch die Eintragungsreihenfolge in § 130 umgekehrt wie bei der Verschmelzung geregelt. 2

Bei **grenzüberschreitenden Sachverhalten** sind für das Eintragungsverfahren § 122k Abs. 2 S. 3 und § 122l Abs. 3 zu beachten (hierzu ausführlich *Knaier* in Limmer Unternehmensumwandlung-HdB Teil 6 Rn. 167 ff.). 3

II. Die Eintragungen in den Registern

Inhalt der Registereintragung ist die Verschmelzung und nicht der Verschmelzungsvertrag (KK-UmwG/*Simon* Rn. 21; Kallmeyer/*Zimmermann* Rn. 9). Dennoch ist das Datum des Verschmelzungsvertrages, der Verschmelzungsbeschlüsse und der beteiligten Rechtsträger mit anzugeben. 4

1. Reihenfolge (Abs. 1). Die Verschmelzung muss sowohl in das Register aller jeweils beteiligten übertragenden Rechtsträgers als auch in das Register des aufnehmenden Rechtsträgers (zur Ausnahme → § 122 Abs. 2) eingetragen werden. Dabei erfolgen die Eintragungen in der in § 19 Abs. 1 zwingend geregelten **Reihenfolge:** 5

- Register des **übertragenden Rechtsträgers** mit Wirksamkeitsvorbehalt;
- Register des **übernehmenden Rechtsträgers;**
- evtl. Kapitalerhöhung (§§ 53, 66),
- Eintragung der Verschmelzung → Wirksamkeit der Verschmelzung,
- Mitteilung von Amts wegen von übernehmendem Register an übertragendes Register;
- Register des **übertragenden Rechtsträgers;**
- Vermerk des Tages der Eintragung beim übernehmenden Register (Vollzugsvermerk).

Die **zwingend** im Gesetz **vorgesehene Reihenfolge** dient dem **Schutz** der Anteilsinhaber. Insbesondere die angeordnete Eintragung zunächst in den Registern der übertragenden Rechtsträger hat Warnfunktion für die Gläubiger (§ 22), für den Verjährungsbeginn beim Schadensersatz (§ 22 Abs. 3, § 27) und für die Barabfindung (§ 31; SHS/*Winter* Rn. 4; Lutter UmwG/*Decher* Rn. 9). 6

Da die Eintragungen bei den übertragenden Rechtsträgern der tatsächlichen Rechtslage, die erst im Zeitpunkt der Wirksamkeit der Verschmelzung durch Eintragung beim aufnehmenden Rechtsträger existiert, vorgreifen, muss ein diesbezüglicher **Vermerk** mit aufgenommen werden. In § 19 Abs. 1 S. 2 nF (Zweites Gesetz zur Änderung des Umwandlungsgesetzes, in Kraft seit 25.4.2007, BGBl. 2007 I 542) ist ein **Verzicht auf diesen Wirksamkeitsvorbehalt** bei der Eintragung im Register des Sitzes jedes der übertragenden Rechtsträger vorgesehen, wenn die Eintragungen in den Registern aller Rechtsträger am selben Tag erfolgen. Teilweise wird die entsprechende Anwendung befürwortet, auch wenn **nur Eintragungen einzelner** übertragender Rechtsträger gleichzeitig mit der Eintragung beim aufnehmenden Rechtsträger erfolgen (SHS/*Winter* Rn. 5 ff.). 7

Erst nachdem die Eintragung in den jeweiligen Registern aller übertragenden Rechtsträger erfolgt ist, darf die **konstitutive Eintragung** im Register des aufnehmenden Rechtsträgers erfolgen. Zur Information des Registergerichts → Rn. 23. 8

Soweit bei Verschmelzung zur Aufnahme auf eine Kapitalgesellschaft eine **Kapitalerhöhung** erforderlich ist, muss diese (bzw. bei der AG deren Durchführung) vor der Verschmelzung im **Register der übernehmenden Kapitalgesellschaft** eingetragen werden (§§ 53, 66, Widmann/Mayer/*Fronhöfer* Rn. 20, 45 f.; s. auch bei Sitzverlegung OLG Frankfurt a. M. 14.10.2004, FGPrax 2005, 38 = DB 2005, 154). Dies dient der **Sicherung der Anteilsinhaber** der jeweiligen übertragenden Rechtsträger, da gewährleistet ist, dass die Wirkungen der Verschmelzung erst zu einem Zeitpunkt eintreten können, zu dem das zur Gewährung der neuen Geschäftsanteile/Aktien notwendige Stammkapital/Grundkapital bei der übernehmenden Kapitalgesellschaft geschaffen worden ist (SHS/*Winter* Rn. 8). Ob die Eintragung der Kapitalerhöhung beim Register des aufnehmenden Rechtsträgers schon für die Eintragung der 9

Verschmelzung bei den Registern der übertragenden Rechtsträger vorliegen muss, ist streitig (**abl.** Lutter UmwG/*Decher* Rn. 10; SHS/*Winter* Rn. 9; Widmann/Mayer/*Fronhöfer* Rn. 46; Semler/Stengel/*Schwanna* § 19 Rn. 9; **aA** NK-UmwR/*Schulte* Rn. 4; offenbar auch Semler/Stengel/*Reichert* § 53 Rn. 11; *Krafka* RegisterR-HdB Rn. 1181 und 1183 aber ohne Folgen bei umgekehrter Reihenfolge).

10 Wird gegen die im Gesetz vorgesehene **Reihenfolge verstoßen,** wird die Verschmelzung mit der Eintragung beim aufnehmenden Rechtsträger auch ohne die Voreintragung bei den übertragenden Rechtsträgern wirksam (§ 20 Abs. 2; → § 20 Rn. 63; KK-UmwG/*Simon* Rn. 20; Lutter UmwG/*Decher* Rn. 11; Kallmeyer/*Zimmermann* Rn. 8). Die eventuell nachzuholenden Eintragungen in den Registern der übertragenden Rechtsträger haben dann nur noch deklaratorischen Charakter (SHS/*Winter* Rn. 10; Lutter UmwG/*Grunewald* § 20 Rn. 3. Im Fall der nachzuholenden Kapitalerhöhung bei dem aufnehmenden Rechtsträger wird die Verschmelzung erst mit deren Eintragung wirksam, da erst dann die zu gewährenden Anteile entstehen (*Krafka* RegisterR-HdB Rn. 1183; BeckOGK/*Rieckers*/*Cloppenburg,* 1.7.2020, Rn. 16). Wird nur der **Wirksamkeitsvorbehalt** bei der Eintragung bei einem oder allen übertragenden Rechtsträgern **vergessen,** wird die betreffende Verschmelzung nicht allein dadurch wirksam, sondern erst mit der Eintragung beim aufnehmenden Rechtsträger.

11 **2. Prüfung durch die Registergerichte.** Bei Kapitalgesellschaften wird die Eintragung der Verschmelzung vom **Registerrichter** (§ 17 Nr. 1 lit. c RPflG), ansonsten vom **Rechtspfleger** (§ 3 Nr. 2 lit. d RPflG) verfügt. Diese prüfen jeweils vorab die Verschmelzung in **formeller und in materieller Hinsicht,** um die Richtigkeit der einzutragenden Tatsache sicherzustellen (Widmann/Mayer/*Fronhöfer* Rn. 12 ff.; Kallmeyer/*Zimmermann* Rn. 2).

12 In **formeller Hinsicht** wird die örtliche und sachliche Zuständigkeit des Gerichts, die Anmeldberechtigung der Anmeldenden (§ 16 Abs. 1), die Vollständigkeit der beigefügten Unterlagen (§ 17), die Rechtzeitigkeit der Anmeldung (Achtmonatsfrist nach § 17 Abs. 2 S. 4, nur beim übertragenden Rechtsträger) und Vorliegen aller sonstiger erforderlichen Erklärungen geprüft (Kallmeyer/*Zimmermann* Rn. 4; s. auch OLG Naumburg 12.2.1997, NJW-RR 1998, 178 = GmbHR 1997, 1153).

13 Die **materielle Prüfung** umfasst (vgl. Kallmeyer/*Zimmermann* Rn. 5) insbesondere die Wirksamkeit des Verschmelzungsvertrages (Form § 6; ordnungsgemäße Vertretung der beteiligten Rechtsträger § 4; notwendiger Mindestinhalt § 5), die ggf. erforderliche ordnungsgemäße Zuleitung an den Betriebsrat nach § 5 Abs. 3, die Wirksamkeit der Verschmelzungsbeschlüsse (§§ 13, 43, 50, 65), die Wirksamkeit ggf. erforderlicher Zustimmungen (zB § 13 Abs. 2, § 51 Abs. 1 und 2), Verzichtserklärungen (zB § 8 Abs. 3, § 9 Abs. 3), Sonderbeschlüsse (§ 65 Abs. 2), Genehmigungen, Zulässigkeit der Firma des aufnehmenden Rechtsträgers (§ 18), Ordnungsmäßigkeit der Bilanz (§ 17 Abs. 2, nur beim übertragenden Rechtsträger) sowie Voreintragung der Verschmelzung beim übertragenden Rechtsträger und Bekanntmachung der Verschmelzung bei AG, KGaA gem. § 61. Ist eine Kapitalerhöhung erforderlich, prüft das Registergericht des übertragenden Rechtsträgers allenfalls, ob eine solche eingetragen ist. Die Ordnungsmäßigkeit zB auch bezüglich der Einhaltung der Sacheinlagekautelen prüft nur das Registergericht des übernehmenden Rechtsträgers verbindlich (so wohl auch Widmann/Mayer/*Fronhöfer* Rn. 22).

14 **Problematisch** ist die Frage, wieweit die Prüfungskompetenz der Registergerichte bei der Angabe der **Folgen für die Arbeitnehmer** in § 5 Abs. 1 Nr. 9 geht. ME darf es nur das vollständige Fehlen oder offensichtliche Inhaltslosigkeit aber nicht Korrektheit der Angaben prüfen und beanstanden (→ § 5 Rn. 29; zu weitgehend OLG Düsseldorf 15.5.1998, DNotI-Report 1998, 154 = DB 1998, 1399 „nachvollziehbare Darstellung").

15 **Nicht von der materiellen Prüfung** umfasst, ist hingegen die Einhaltung von **Individualinteressen der Anteilsinhaber.** Dies gilt insbesondere für das Umtauschverhältnis, die (wirtschaftliche) Zweckmäßigkeit der Verschmelzung (SHS/*Winter* Rn. 24) und einzelne Bestimmungen im Verschmelzungsvertrag. Aber auch sonstige Gesetzesverstöße, die nur die **Anfechtbarkeit** des Verschmelzungsvertrages oder der Zustimmungsbeschlüsse bewirken, rechtfertigen nicht die Verweigerung der Eintragung (s. aber die erforderliche Negativerklärung nach § 16 Abs. 2; vgl. dazu ausf. KK-UmwG/*Simon* Rn. 10 ff.). Nur bei Verstoß gegen **zwingende Vorschriften des Gesetzes,** die dem **öffentlichen Interesse** dienen (vgl. § 398 FamFG) ist eine Verweigerung der Eintragung und damit überhaupt erst eine Prüfung gerechtfertigt (vgl. ausf. KK-UmwG/*Simon* Rn. 12 ff., meist aber nicht zwingend mit Nichtigkeitsfolge). An eine **rechtskräftige Entscheidung eines Prozessgerichts** auf Grund einer Beschlussmängelklage ist das Registergericht gebunden (KK-UmwG/*Simon* Rn. 16).

16 **Die Registergerichte** bei jedem übertragenden Rechtsträger und beim übernehmenden Rechtsträger prüfen die Wirksamkeit der Verschmelzung grundsätzlich unabhängig voneinander, anhand der bei ihnen eingereichten Unterlagen (OLG Naumburg 12.2.1997, DNotI-Report 1997, 249 = GmbHR 1997, 1153). Die **Prüfung der Schlussbilanz** nach § 17 Abs. 2 S. 4 und der **Einhaltung der daran geknüpften Achtmonatsfrist** wird allerdings ausschließlich vom Registergericht des jeweiligen übertragenden Rechtsträgers geprüft (→ § 17 Rn. 26 und → § 16 Rn. 11). An eine Eintragung ist das jeweils andere Gericht allerdings gebunden (Kallmeyer/*Zimmermann* Rn. 6). Dies gilt auch für die Eintragung

der Kapitalerhöhung im Register des aufnehmenden Rechtsträgers zur Durchführung der Verschmelzung (Widmann/Mayer/*Fronhöfer* Rn. 29).

Entscheidender **Zeitpunkt für die Prüfung** ist grundsätzlich die beabsichtigte Eintragung im Register (KK-UmwG/*Simon* Rn. 6). Einschränkungen können sich allerdings nach Ablauf der Acht-Monatsfrist ergeben (→ § 17 Rn. 27 ff.). 17

3. Kosten. Neben den Kosten für die **Handelsregistereintragung** und für die **Veröffentlichung** fallen nach § 105 Abs. 1 Nr. 1–7 und Abs. 4 Nr. 1–4 GNotKG iVm KV-Nr. 21201 **zwischen 0,3 und 0,5 Notargebühren** von einem je nach Rechtsform des betroffenen Rechtsträgers zu berechnenden Geschäftswert an. Der **Höchstwert** beträgt nach § 106 GNotKG **1 Mio. EUR.** 18

4. Rechtsmittel. Es besteht ein öffentlich-rechtlicher Anspruch auf Eintragung der Verschmelzung, wenn die Eintragungsvoraussetzungen vorliegen (Ausnahmen s. § 21 Abs. 1 FamFG, § 381 FamFG bei gewichtigen Gründen zur Aussetzung). Trägt das Registergericht die Verschmelzung antragsgemäß ein, ist hiergegen kein Rechtsmittel möglich (§ 383 Abs. 3 FamFG; Kallmeyer/*Zimmermann* Rn. 13; KK-UmwG/*Simon* Rn. 29). 19

Demgegenüber ist gegen die **Ablehnung der Eintragung** oder gegen den Erlass einer begründeten Zwischenverfügung mit Fristsetzung (bei behebbaren Mängeln, s. § 26 Abs. 2 HRV) die Beschwerde zum OLG (§§ 58 ff. FamFG, § 119 Abs. 1 Nr. 1b GVG) und die Rechtsbeschwerde zum BGH möglich (§§ 70 ff. FamFG, § 133 GVG). 20

Eine **unrichtige Eintragung** kann allenfalls noch durch Amtslöschung nach § 395 FamFG korrigiert oder beseitigt werden (OLG Düsseldorf 14.12.1998, MittBayNot 1999, 308; zu den Einschränkungen wegen Bestandskraft der Verschmelzung → § 20 Rn. 63 ff.). 21

III. Mitteilungen der Gerichte (Abs. 2)

Da im jeweiligen Register der übertragenden Rechtsträger zunächst nur eine Eintragung mit Wirksamkeitsvorbehalt erfolgte, muss dort noch der Zeitpunkt der Wirksamkeit mit der Eintragung beim übernehmenden Rechtsträger (§ 20 Abs. 1) dokumentiert werden (Abs. 2 S. 2; KK-UmwG/*Simon* Rn. 23). Dafür hat das **Register des übernehmenden Rechtsträgers** alle übrigen beteiligten Register **von Amts wegen** über die Eintragung und dessen Datum zu **informieren** (S. 1). 22

Umgekehrt gibt es allerdings **keine Mitteilung** der Eintragungen von Amts wegen von den Registern **der übertragenden Rechtsträger** an das Register des übernehmenden Rechtsträger (KK-UmwG/*Simon* Rn. 24). Diese Voreintragungen müssen vielmehr bei dem Register des übernehmenden Rechtsträgers mit beglaubigtem Handelsregisterauszug nachgewiesen werden. 23

Da das Register des aufnehmenden Rechtsträgers für alle Angelegenheiten der erloschenen übertragenden Rechtsträger zuständig wird, müssen alle bei den Registern der übertragenden Rechtsträger aufbewahrten **Urkunden und Schriftstücke** mit Ausnahme des geschlossenen Registerblattes selbst dorthin **übersandt** werden. 24

IV. Bekanntmachung (Abs. 3)

Jedes Registergericht hat die Eintragung der **Verschmelzung eigenständig ihrem ganzen Inhalt nach** (einschließlich Vorläufigkeits- und Wirksamkeitsvermerk) bekannt zu machen. In jeder Bekanntmachung sind die **Gläubiger** darauf hinzuweisen, dass sie **Sicherheitsleistung** verlangen können (§ 22 Abs. 1 S. 3). Die (vollständige) Bekanntmachung ist **keine Wirksamkeitsvoraussetzung** für die Verschmelzung (s. § 20 Abs. 1), Versäumnisse können aber **Amtshaftungsansprüche** auslösen (Kallmeyer/*Zimmermann* Rn. 15). An die Bekanntmachung knüpft auch der Beginn diverser Fristen (§ 22, § 25 Abs. 3, § 27, §§ 29, 31, § 45 Abs. 2, § 4 Abs. 1 Nr. 4 SpruchG). 25

Die Bekanntmachung erfolgt gem. § 10 HGB in dem von der jeweiligen Justizverwaltung bestimmten **elektronischen Informationssystem** (s. derzeit unter www.handelsregisterbekanntmachungen.de auf der Seite der beteiligten Registergerichte abrufbar) und ist erfolgt, wenn sie für die Öffentlichkeit einsehbar ist (Kallmeyer/*Zimmermann* Rn. 16). Darüber hinaus sind die Eintragungen den Beteiligten bekannt zu geben (§ 383 Abs. 1 FamFG). Die selbständig geregelte Bekanntmachungspflicht durch das Registergericht nach § 10 HGB gilt wegen der ausdrücklichen Regelung für alle – ggf. auch nichtkaufmännischen – beteiligten Rechtsträger jeder beliebigen Rechtsform, also auch bei Vereinen und Genossenschaften. 26

Wirkungen der Eintragung

20 (1) **Die Eintragung der Verschmelzung in das Register des Sitzes des übernehmenden Rechtsträgers hat folgende Wirkungen:**

1. **Das Vermögen der übertragenden Rechtsträger geht einschließlich der Verbindlichkeiten auf den übernehmenden Rechtsträger über.**

2. [1]**Die übertragenden Rechtsträger erlöschen.** [2]**Einer besonderen Löschung bedarf es nicht.**
3. [1]**Die Anteilsinhaber der übertragenden Rechtsträger werden Anteilsinhaber des übernehmenden Rechtsträgers; dies gilt nicht, soweit der übernehmende Rechtsträger oder ein Dritter, der im eigenen Namen, jedoch für Rechnung dieses Rechtsträgers handelt, Anteilsinhaber des übertragenden Rechtsträgers ist oder der übertragende Rechtsträger eigene Anteile innehat oder ein Dritter, der im eigenen Namen, jedoch für Rechnung dieses Rechtsträgers handelt, dessen Anteilsinhaber ist.** [2]**Rechte Dritter an den Anteilen oder Mitgliedschaften der übertragenden Rechtsträger bestehen an den an ihre Stelle tretenden Anteilen oder Mitgliedschaften des übernehmenden Rechtsträgers weiter.**
4. **Der Mangel der notariellen Beurkundung des Verschmelzungsvertrags und gegebenenfalls erforderlicher Zustimmungs- oder Verzichtserklärungen einzelner Anteilsinhaber wird geheilt.**

(2) **Mängel der Verschmelzung lassen die Wirkungen der Eintragung nach Absatz 1 unberührt.**

Übersicht

I. Allgemeines

1 § 20 regelt seit 1994 rechtsformunabhängig für alle Verschmelzungen den **Zeitpunkt ihrer Wirksamkeit** und die sich ergebenden **Rechtsfolgen.** Damit ist er für das gesamte Verschmelzungsrecht (vgl. § 131 für die Spaltung und § 202 für den Formwechsel) von **zentraler Bedeutung.** Abs. 1 legt die Wirksamkeit der Verschmelzung auf den **Zeitpunkt der Eintragung** im Register des übernehmenden Rechtsträgers (→ Rn. 2). In diesem Zeitpunkt erlischt der übertragende Rechtsträger (Abs. 1 Nr. 2; → Rn. 46), alle Aktiva und Passiva gehen auf den aufnehmenden Rechtsträger über (Abs. 1 Nr. 1; → Rn. 4) und die Mitgliedschaft wird im Normalfall durch Gewährung neuer Anteile perpetuiert (Abs. 1 Nr. 3; → Rn. 51 ff.). Nach Abs. 1 Nr. 4 (→ Rn. 62) hat die Eintragung heilende Wirkung gegen Formmängel. Nach Abs. 2 ergibt sich Bestandschutz auch bei anderen Mängeln (→ Rn. 63 ff.).

II. Wirksamkeit durch Eintragung (Abs. 1)

2 Die Verschmelzung ist erst **mit ihrer Eintragung** im **Register des übernehmenden Rechtsträgers** (§ 20 Abs. 1) **wirksam.** Dies setzt voraus, dass der eingegebene Inhalt beim Register in den dafür bestimmten **Datenspeicher aufgenommen** wurde, sodass dieser von dort auf Dauer inhaltlich unverändert in lesbarer Form wiedergegeben werden kann (§ 8a Abs. 1 HGB, § 47 Abs. 1 Nr. 2 HRV; *Melchior/Schulte,* HRV, 2. Aufl. 2009, HRV § 27 Rn. 13 und *Melchior/Schulte,* HRV, 2. Aufl. 2009, HRV § 48 Rn. 1). Die Rechtsfolge der Eintragung ist **nicht disponibel** (SHS/*Winter* Rn. 3; zum schuldrechtlich wirkenden abweichenden Verschmelzungsstichtag → § 5 Rn. 22 f.). Die Bekanntmachung nach § 19 Abs. 3 oder (fehlende) **Eintragungen in anderen Registern** sind insofern unbe-

achtlich (→ § 19 Rn. 25). Dadurch wird auch bei der Beteiligung mehrerer übertragender Rechtsträger notwendig ein zeitlicher Gleichlauf der Übertragungsvorgänge gewährleistet (SHS/*Winter* § 19 Rn. 2).

Eine Ausnahme hiervon bildet nur der erst 1998 ausdrücklich geänderte (Art. 7 HRefG v. 22.6.1998, BGBl. 1998 I 1474) § 122 Abs. 2 für die Verschmelzung auf einen **nicht eintragungsfähigen Alleingesellschafter.** In diesem Fall wird die Verschmelzung mit der **Eintragung** im Handelsregister der **übertragenden Gesellschaft** wirksam. 3

III. Gesamtrechtsnachfolge (Abs. 1 Nr. 1)

1. Allgemeines. § 20 Abs. 1 Nr. 1 kodifiziert das Prinzip der **Gesamtrechtsnachfolge** für die Verschmelzung. Diese bildet das **Herzstück der Verschmelzung** (KK-UmwG/*Simon* Rn. 3 und ausf. zum Wesen der Gesamtrechtsnachfolge → § 2 Rn. 32 ff.). Das Vermögen des übertragenden Rechtsträgers geht als Ganzes kraft Gesetz und ohne gesonderten Übertragungsakt auf den übernehmenden oder neu gegründeten Rechtsträger über. Davon sind grundsätzlich alle Vermögenspositionen wie insbesondere alle **Aktiva** und **Passiva** aber zB auch analog § 857 BGB der **Besitz** (KK-UmwG/*Simon* Rn. 18; SHS/*Winter* Rn. 83) erfasst (→ Rn. 11 ff.). Zur **Fortführung der Firma** wird auf § 18 und die dortige Kommentierung (→ § 18 Rn. 1 ff.) verwiesen. 4

Ausnahmen von der generell unbeschränkten Reichweite der Gesamtrechtsnachfolge ergeben sich nur in den Fällen, in denen **gesetzliche Übertragungsbeschränkungen** ausdrücklich auch für die Universalsukzession eingreifen (KK-UmwG/*Simon* § 2 Rn. 45 ff.). Daher sind **Beschränkungen für die Singularsukzession** wie zB §§ 399, 414, 415, 514, 613 Abs. 1 BGB und § 673 Abs. 1 BGB unbeachtlich (KK-UmwG/*Simon* § 2 Rn. 47; zu sog. Vertrauensstellungen und Mitgliedschaften ausf. *Heckschen* GmbHR 2014, 626). Diesbezügliche **Zustimmungserfordernisse** oder **öffentlich-rechtliche Genehmigungen** sind unbeachtlich (Widmann/Mayer/*Vossius* Rn. 247; LG Ellwangen 21.8.1995, BWNotZ 1996, 125). Es können sich aber entsprechende **Anzeigepflichten** ergeben (vgl. zB zu umweltrechtlichen Informationspflichten *Hilf/Roth* DB 2005, 1951). Vorschriften, die die Übertragbarkeit eines Gegenstandes im **Falle des Todes** einer natürlichen Person beschränken (vgl. zB Regelungen für Personengesellschaften wie § 131 Abs. 3 Nr. 1 HGB und § 727 BGB), werden nach hM auch auf die verschmelzungsbedingte Gesamtrechtsnachfolge angewendet (Lutter/*Grunewald* Rn. 19; Kallmeyer/*Marsch-Barner/Oppenhoff* Rn. 7; Semler/Stengel/*Leonard* Rn. 24; zurückhaltender KK-UmwG/*Simon* § 2 Rn. 48 ff.). Umgekehrt wird im Gesetz zT gerade die **Übertragungsfähigkeit iRd Verschmelzung ausdrücklich angeordnet** (§ 1059a Abs. 2 BGB, § 1092 Abs. 2 BGB, § 1098 Abs. 3 BGB). 5

Rechtsgeschäftliche Übertragungsbeschränkungen können keine (dingliche) Wirkung dergestalt entfalten, dass die Übertragbarkeit durch eine Verschmelzung ausgeschlossen ist (KK-UmwG/*Simon* § 2 Rn. 53f mwN auch der Gegenmeinung). Allerdings können sich daraus schuldrechtliche Bindungen und **sekundäre Rechtfolgen** wie Kündigungsrechte, Schadensersatzforderungen, Rechte auf Vertragsanpassung ergeben (BeckOGK/*Rieckers/Cloppenburg,* 1.7.2020, Rn. 8 ff.). Zur haftungsrechtlichen Kompensation der umwandlungsrechtlichen Universalsukzession *Heckschen* GmbHR 2017, 953. 6

Aus der Definition der Gesamtrechtsnachfolge folgt auch, dass **einzelne Aktiva oder Passiva** von der Gesamtrechtsnachfolge **nicht ausgenommen** werden können (Lutter UmwG/*Grunewald* Rn. 7 mwN; SHS/*Winter* Rn. 29). Entsprechende Vereinbarungen sind nichtig. Einzelverfügungen über Gegenstände der erlöschenden Gesellschaft können jedoch noch bis zur konstitutiven Eintragung der Verschmelzung ins Handelsregister wirksam vorgenommen werden. Diese Gegenstände müssen dann jedoch vor dem Wirksamwerden der Verschmelzung mit dinglicher Wirkung aus dem Vermögen des übertragenden Rechtsträgers ausgeschieden sein. Umgekehrt nimmt bei Personengesellschaften **(steuerliches) Sonderbetriebsvermögen** einzelner Gesellschafter nur dann an der Gesamtrechtsnachfolge teil, wenn es vor der Verschmelzung in das Vermögen des übertragenden Rechtsträgers durch Rechtsgeschäft übertragen wurde. 7

Mangels rechtsgeschäftlichen Erwerbes ist bei der Gesamtrechtsnachfolge ein **gutgläubiger Erwerb** ausgeschlossen (SHS/*Winter* Rn. 25 und 32; Lutter UmwG/*Grunewald* Rn. 9; Semler/Stengel/*Leonard* Rn. 9). Zum Übergang von **Sonderrechten Dritter** (Genussrechte, Gewinnschuldverschreibungen, Wandelschuldverschreibungen und Ähnliches) am übertragenden Rechtsträger wird auf § 23 und die dortige Kommentierung (→ § 23 Rn. 1 ff.) verwiesen. 8

Ob die Gesamtrechtsnachfolge auch **ausländisches Vermögen des übertragenden Rechtsträgers** erfasst, richtet sich nach der **lex rei sitae,** insbesondere ob dieses eine Gesamtrechtsnachfolge wie im deutschen Umwandlungsrecht kennt (Widmann/Mayer/*Vossius* Rn. 33 ff.; Lutter UmwG/*Grunewald* Rn. 10; *Racky* DB 2003, 923; *Kusserow/Prüm* WM 2005, 633; Semler/Stengel/*Leonard* Rn. 10; *Kollmorgen/Feldhaus* BB 2007, 2189; krit. KK-UmwG/*Simon* § 2 Rn. 65 ff.; allg. zum Übergang ausländischen Vermögens *Fisch* NZG 2016, 448). Bestehen Zweifel, sollten die betroffenen Vermögensgegenstände vor der Verschmelzung durch **Einzelrechtsübertragung nach den Regeln des jeweiligen Auslandes** übertragen werden (SHS/*Winter* Rn. 34; KK-UmwG/*Simon* § 2 Rn. 73). 9

10 Bei der **Spaltung** nach § 123, bei der ein Übergang von Teilen des Vermögens auf mehrere aufnehmende Rechtsträger möglich ist, findet die sog. **partielle Gesamtrechtsnachfolge** nach § 131 Abs. 1 Nr. 1 statt (zu den Besonderheiten → § 131 Rn. 2 ff.).

11 **2. Einzelfragen. a) Schuldverhältnisse, Verträge und Forderungen.** Mit der Eintragung der Verschmelzung gehen sämtliche Rechte und Pflichten der übertragenden Rechtsträger aus **bestehenden vertraglichen Schuldverhältnissen** ohne Mitwirkung der anderen Partei auf den übernehmenden Rechtsträger über (SHS/*Winter* Rn. 35). Forderungen gehen über, selbst wenn deren Abtretung nach § 399 Alt. 2 BGB ausdrücklich vertraglich ausgeschlossen ist (OLG Düsseldorf 25.11.2014, NZG 2015, 561, bestätigt durch BGH 22.9.2016, NJW 2017, 71 = DNotZ 2017, 52; dazu *Schubert* EWiR 2015, 407; *Flick* GWR 2015, 188; *Lieder/Scholz* ZIP 2015, 1705; dazu *Wachter* EWiR 2016, 689; skeptisch gegenüber der Anwendung des BGH-Urteils auch für die Spaltung, wenn der übertragende Rechtsträger noch bestehen bleibt: *Kissi* DB 2017, 115). **Verträge,** die mit einem übertragenden Rechtsträger bestehen, gehen ohne weiteres auf den übernehmenden Rechtsträger über (Kallmeyer/*Marsch-Barner/Oppenhoff* Rn. 23 mit zahlreichen Bsp.). Das erfasst zB auch Vertragsverhältnisse, wie Dienstverträge einschließlich einer Schiedsvereinbarung (OLG München 26.1.2016, AG 2016, 595; ausführlich zu den Schiedsvereinbarungen *Höfling* NZG 2017, 691). Auch **Vertragsangebote** an den übertragenden Rechtsträger gelten grundsätzlich weiter (Einzelheiten s. *Mutter/Stehle* GmbHR 2003, 290 mwN). Formfrei wirksam abgeschlossene Verträge haben bei **Formbedürftigkeit nach der Umwandlung** weiterhin Bindungswirkung (s. dazu ausf. *Eusani/Schaudin* GmbHR 2009, 1125).

12 Bei von der Gesamtrechtsnachfolge erfassten **gegenseitigen Verträgen** kann ein **Anpassungsanspruch** ähnlich wie bei der Störung der Geschäftsgrundlage oder ein **Sonderkündigungsrecht** aus einer entsprechenden Vertragsklausel (Change of Control-Klausel), aber auch aus den Gesamtumständen (zu Kreditverträgen *Eusani* WM 2004, 866; OLG Karlsruhe 25.6.2001, NJW-RR 2001, 1492 = DB 2001, 1548, Sonderkündigungsrecht bejahend; BGH 26.4.2002, BGHZ 150, 365 = NJW 2002, 2168 für Pachtvertrag verneint) entstehen, wenn sich beim aufnehmenden Rechtsträger miteinander unvereinbare Verpflichtungen ergeben würden. **§ 21** enthält diesbezüglich eine Billigkeitsregelung.

13 **b) Bankverbindungen und Kreditverträge.** Der übernehmende Rechtsträger wird ohne weiteres **Kontoinhaber,** da der zugrunde liegende Girovertrag mit übergeht (KK-UmwG/*Simon* Rn. 34). Einzugsermächtigungen bleiben wirksam, da sie nicht höchstpersönlich sind.

14 Sowohl laufende **Kreditverträge** als auch **Kreditzusagen** an den übertragenden Rechtsträger gehen im Grundsatz auf den übernehmenden Rechtsträger über (Lutter UmwG/*Grunewald* Rn. 33; zurückhaltend SHS/*Winter* Rn. 71 unter Verweis auf BGH 6.5.1993, NJW 1993, 1917 für die Anwachsung). Neben dem Schutz der Gläubiger aus § 22 kann sich im Einzelfall zB wegen zweifelhafter Bonität ein **Kündigungsrecht aus wichtigem Grund** ergeben (Kallmeyer/*Marsch-Barner/Oppenhoff* Rn. 23; *Eusani* WM 2004, 866; OLG Karlsruhe 25.6.2001, NJW-RR 2001, 1492 = DB 2001, 1548). Bei der Verschmelzung einer Mutter-Kapitalgesellschaft auf ihre Tochtergesellschaft-Kapitalgesellschaft **(downstream-merger)** kann der Übergang der Kreditverbindlichkeiten aus der früheren **Akquisitionsfinanzierung** der Tochter zu Bedenken gegen die Zulässigkeit der Verschmelzung führen (Widmann/Mayer/*Mayer* § 5 Rn. 40.1; *Kalls* ZGR 2009, 74 (115) mwN). Erlangt die Tochter durch Gesamtrechtsnachfolge nur die Schulden der Mutter, weil der Aktivposten „Beteiligung an der Tochter" wegfällt, kann ein Verstoß gegen die **Kapitalerhaltungsgrundsätze** nach §§ 30, 31 GmbHG bzw. § 57 AktG vorliegen (zu den steuerlichen Implikationen *Weber* Der Konzern 2016, 390).

15 Sowohl **Personal- als auch Realsicherheiten,** die Dritte für Kredite des übertragenden Rechtsträgers gestellt haben, bleiben bestehen (Lutter UmwG/*Grunewald* Rn. 34). Bei **Bürgschaften** ist durch Auslegung ggf. ein eingeschränkter Umfang bei der Übernahme auch für künftige Schulden anzunehmen (vgl. zum Umfang der Bürgschaft für Neuforderungen nach einer Ausgliederung: OLG Hamm 4.3.2010, BeckRS 2010, 08022, dazu *Reuther* GWR 2010, 190). Auch der **Sicherungsumfang einer Globalzession** beim übertragenden Rechtsträger ergibt sich beim aufnehmenden Rechtsträger durch Auslegung der Sicherungsvereinbarung (BGH 24.9.2007, NZG 2008, 116 = ZIP 2008, 120;

16 **c) Arbeitsverhältnisse.** Bei der Verschmelzung liegt regelmäßig ein **Betriebsübergang** vor, auf den auch **§ 613a BGB** anwendbar ist (s. § 324). Daher gehen arbeitsrechtliche Verhältnisse schon nach dieser Spezialregelung auf den übernehmenden Rechtsträger über (zum eventuellen Widerspruchsrecht als Recht zur außerordentlichen Kündigung → § 324 Rn. 12).

17 Auch der **Firmentarifvertrag** geht bei der Verschmelzung zur Aufnahme grundsätzlich über (BAG 4.7.2007, BeckRS 2008, 50269 = ZIP 2008, 611; dazu *Hetzfeld/Isenhardt* EWiR 2008, 345; zur Problematik bei der Spaltung BAG 21.11.2012, NZA 2013, 512; dazu *Gaul/Otto* BB 2014, 500).Gleiches gilt für den bisherigen **Haustarifvertrag** vom übertragenden Rechtsträger. Lange Zeit herrschte die Meinung vor, dass die Bindung beim nicht tarifgebundenen aufnehmenden Rechtsträger nicht weiter als der Geltungsbereich des Haustarifvertrages reicht und daher auf die (tarifgebundenen) Arbeitnehmer der übernommenen Rechtsträger beschränkt ist (LAG Baden-Württemberg 29.9.2014, BeckRS 2015, 65311 = *Olbertz* GWR 2015, 86; dazu *Rablmeyer/v. Eiff* EWiR 2014, 317). Das BAG (BAG

15.6.2016, DB 2017, 1331) hat jetzt klargestellt, dass die Gesamtrechtsfolge eine umfassende kollektivrechtliche (dynamische) Fortwirkung bewirkt. Das aufnehmende Unternehmen trete in alle sich aus dem Firmentarifvertrag ergebenden Rechte und Pflichten ein.

Ein ggf. bestehender **Betriebsrat** bleibt als arbeitstechnische Einheit grundsätzlich bestehen (SHS/ *Langner* Vor §§ 322–325 Rn. 39 mwN; *Hausch* RNotZ 2007, 396 ff. mwN; → Rn. 49). 18

d) Unternehmensverträge. Unternehmensverträge iSd §§ 291 ff. AktG, die **zwischen einem übertragenden und dem übernehmenden Rechtsträger** bestehen, erlöschen mit dem Wirksamwerden der Verschmelzung, weil sie gegenstandslos werden (Kallmeyer/*Marsch-Barner/Oppenhoff* Rn. 18 mit Verweis auf OLG Hamm 20.6.1988, WM 1988, 1164) bzw. durch Konfusion (SHS/*Winter* Rn. 56; KK-UmwG/*Simon* Rn. 24; *Müller* BB 2002, 157). Die Beendigung ist zur Eintragung im Handelsregister anzumelden (§ 298 AktG; zur Abwicklung beendeter Ergebnisabführungsverträge *Gelhausen/ Heinz* NZG 2005, 775). 19

Hatte der **übernehmende Rechtsträger** einen **Beherrschungs- und Gewinnabführungsvertrag mit einem Dritten,** an der Verschmelzung nicht beteiligten Unternehmen abgeschlossen, wird der Bestand dieses Vertrages durch die Verschmelzung grundsätzlich nicht berührt (allgM). Dies gilt gleichermaßen, ob das bei der Verschmelzung übernehmende Unternehmen **herrschendes oder abhängiges Unternehmen** ist (Kallmeyer/*Marsch-Barner/Oppenhoff* Rn. 19). Für den Dritten kommt allenfalls ein **außerordentliches Kündigungsrecht** aus wichtigem Grund gem. § 297 AktG in Frage (Lutter UmwG/*Grunewald* Rn. 37; SHS/*Winter* Rn. 59; Kallmeyer/*Marsch-Barner/Oppenhoff* Rn. 19). In einer übernehmenden AG/KGaA als abhängige Gesellschaft haben auch die infolge der Verschmelzung neuen Aktionäre einen **Ausgleichsanspruch aus § 304 AktG** (OLG Karlsruhe 29.8.1994, NJW-RR 1995, 354 = WM 1994, 2023 (2024 f.); zur Neuberechnung des Zahlungsanspruches KK-UmwG/ *Simon* Rn. 25). Auch **§ 307 AktG** (→ AktG § 307 Rn. 1 ff.) ist zu beachten, sodass der Unternehmensvertrag mit Ablauf des Geschäftsjahres enden kann (KK-UmwG/*Simon* Rn. 25; Heckschen/Simon/ *Simon,* Umwandlungsrecht, 2003, § 12 Rn. 38). 20

Ist das **übertragende Unternehmen** an einem **Beherrschungs- und Gewinnabführungsvertrag mit einem Dritten** beteiligt, muss **differenziert** werden: Ist der übertragende Rechtsträger **herrschendes Unternehmen,** geht der Unternehmensvertrag im Zuge der Verschmelzung im Wege der Gesamtrechtsnachfolge auf den übernehmende Rechtsträger über (OLG Karlsruhe 7.12.1990, ZIP 1991, 101 (104); LG Bonn 30.1.1996, MittRhNotK 1996, 145 = GmbHR 1996, 774; Kallmeyer/ *Marsch-Barner/Oppenhoff* Rn. 20; Lutter UmwG/*Grunewald* Rn. 40; *Müller* BB 2002, 157). Eine **Zustimmung der Anteilsinhaber** des (dritten) beherrschten Unternehmens ist hierfür genauso wenig erforderlich, wie eine gesonderte Zustimmung bei dem aufnehmenden Unternehmen. Gegebenenfalls (zB bei der AG) bedarf es aber einer **Eintragung** des Unternehmensvertrages im Handelsregister als Wirksamkeitsvoraussetzung (§ 294 AktG; zum Unternehmensvertrag beim Formwechsel: BGH 16.7.2019, DNotZ 2020, 210). Bei Gefährdung der Ansprüche aus dem Unternehmensvertrag durch die Verschmelzung bleiben den betroffenen Gläubigern die Rechte aus **§ 22 auf Sicherheitsleistung.** In Betracht kommt aber neben der ordentlichen eine außerordentliche Kündigung des Dritten aus wichtigem Grund (LG Bonn 30.1.1996, MittRhNotK 1996, 145 = GmbHR 1996, 774; Kallmeyer/ *Marsch-Barner/Oppenhoff* Rn. 20; Lutter UmwG/*Grunewald* Rn. 40). 21

Ist der **übertragende Rechtsträger abhängiges Unternehmen,** geht der **Unternehmensvertrag unter,** da nicht ohne weiteres davon ausgegangen werden kann, dass der übernehmende Rechtsträger in die Position des abhängigen Unternehmens eintritt (hM; BeckOGK/*Rieckers/Cloppenburg,* 1.7.2020, Rn. 75; OLG Karlsruhe 29.8.1994, NJW-RR 1995, 354 = WM 1994, 2023 (2024 f.); LG Mannheim 30.5.1994, ZIP 1994, 1024; Kallmeyer/*Marsch-Barner/Oppenhoff* Rn. 21; Semler/Stengel/*Leonard* Rn. 31; Lutter UmwG/*Grunewald* Rn. 38 mwN auch der Gegenmeinung; **aA** insbesondere Widmann/ Mayer/*Vossius* Rn. 290.1). Auch nach der Beendigung des Unternehmensvertrages können anhängige **Ausgleichs- und Abfindungsansprüche** weiter verfolgt werden (BVerfG 27.1.1999, NJW 1999, 1699 (1700); BGH 20.5.1997, NJW 1997, 2242 = WM 1997, 1288; OLG Düsseldorf 7.6.1990, BeckRS 1990, 31003557 = DB 1990, 1394; Lutter UmwG/*Grunewald* Rn. 39; **aA** OLG Karlsruhe 29.8.1994, NJW-RR 1995, 354 = WM 1994, 2023; OLG Zweibrücken 2.8.1994, NJW-RR 1994, 1526 = WM 1994, 1801). Andere Unternehmensverträge wie zB **Betriebsüberlassungsverträge** zwischen einem übertragenden Rechtsträger und einem Dritten bestehen als bürgerlich-rechtliche Verträge weiter (Kallmeyer/*Marsch-Barner/Oppenhoff* Rn. 22; Lutter UmwG/*Grunewald* Rn. 38). 22

e) Beteiligungen. An den (gesellschaftsrechtlichen) Beteiligungen des **übernehmenden Rechtsträgers** ändert sich durch die Verschmelzung nichts. Aber auch die Beteiligungen der **übertragenden Rechtsträger** gehen im Grundsatz im Wege der Gesamtrechtsnachfolge auf den übernehmenden Rechtsträger über. Hierbei ist aber nach der Art der Beteiligung zu differenzieren. 23

Beteiligungen des übertragenden Rechtsträgers an **Kapitalgesellschaften** gehen nach allgM auf den übernehmenden Rechtsträger über. Dies gilt auch für **vinkulierte Anteile,** da eine solche Übertragungsbeschränkung nur für die Einzel- nicht aber für die Gesamtrechtnachfolge gilt (KK-UmwG/ *Simon* Rn. 19; Lutter UmwG/*Grunewald* Rn. 16; *Riegger* FS Bezzenberger, 2000, 379 (380); dazu und 24 zu Konsortialverträgen ausf. *Burg/Marx* NZG 2013, 127 ff.; so auch für Abspaltung nach § 131: OLG Hamm v. 16.4.2014, NZG 2014, 783; zu einer vinkulierten Forderung: OLG Düsseldorf 25.11.2014, NZG 2015, 561, bestätigt durch BGH 22.9.2016, NJW 2017, 71 = DNotZ 2017, 52; dazu *Lieder/Scholz* ZIP 2015, 1705; **aA** *Teichmann* GmbHR 2014, 393, für die Spaltung). Ob der die Verschmelzung beurkundende Notar bei einer Tochter-GmbH, deren Geschäftsanteile im Wege der Gesamtrechtnachfolge auf die aufnehmende Gesellschaft übergeht, auch die dortige veränderte **Gesellschafterliste** nach § 40 Abs. 2 GmbHG einreichen muss, weil er mittelbar an der Veränderung der dortigen Gesellschafterstellung mitgewirkt hat, ist derzeit streitig (bejahend OLG Hamm 1.12.2009, NJW-RR 2010, 390 = ZIP 2010, 128; vgl. auch OLG Hamm 16.2.2010, NZG 2010, 475; krit. aber OLG Hamm 2.11.2011, DNotZ 2012, 382 zur Firmenänderung; dazu ausf. MüKoGmbHG/*Heidinger* GmbHG § 40 Rn. 235 ff.)

24a Gleichermaßen wird der Übergang einer **Kommanditbeteiligung** an einer KG und der Position eines **stillen Gesellschafters** (zur Rechtsstellung der stillen Gesellschaft bei der Verschmelzung *Winter* FS Peltzer, 2001, 645; ausf. auch zu den steuerlichen Konsequenzen bei der atypisch stillen Gesellschaft *Suchanek* Ubg 2012, 431) allgemein angenommen. Die Beteiligung eines Dritten als Stiller am Vermögen des übertragenden Rechtsträger wird vorbehaltlich einer abweichenden Regelung in ihrem Gesellschaftsvertrag, beim übernehmenden Rechtsträger fortgeführt (Kallmeyer/*Marsch-Barner/Oppenhoff* Rn. 7; SHS/*Winter* Rn. 68). Bei der Mitgliedschaft an einer **Genossenschaft** ist allerdings § 77a S. 2 GenG zu beachten (Kallmeyer/*Marsch-Barner/Oppenhoff* Rn. 7; OLG Stuttgart 24.2.1989, ZIP 1989, 774 (775)). Für die **Vereinsmitgliedschaft** nimmt die hM an, dass diese bei Erlöschen des Vereinsmitgliedes untergeht, da sie nach §§ 38, 40 BGB nicht übertragbar und nicht vererblich ist (*Hager* RNotZ 2011, 565 (588); kritisch *Heckschen* GmbHR 2014, 626 (634) mwN).

25 Streitig ist die Behandlung der Beteiligung als **persönlich haftender Gesellschafter einer Personengesellschaft** (Komplementär, OHG-Gesellschafter, GbR-Gesellschafter). Eine **BGB-Gesellschaft** (und entsprechend ein nicht rechtsfähiger Verein, § 54 BGB) wird mit dem Tod eines Gesellschafters grundsätzlich aufgelöst (§ 727 Abs. 1 BGB; gegen Anwendung auf Verschmelzung: BeckOGK/*Rieckers/Cloppenburg,* 1.7.2020, Rn. 65 ff.). Die Mitgliedschaft kann also nur bei Zulassung des Übergangs im Gesellschaftsvertrag übergehen (Kallmeyer/*Marsch-Barner/Oppenhoff* Rn. 7; gegen sehr viele Varianten für gesellschaftsvertragliche Regelung BeckOGK/*Rieckers/Cloppenburg,* 1.7.2020, Rn. 66; **aA** *Dreyer* JZ 2007, 606 (610 ff.); für eine diff. Beurteilung nach dem Gesellschaftszweck Semler/Stengel/*Leonard* Rn. 26; krit. gegenüber dem Auflösungsargument KK-UmwG/*Simon* Rn. 21, nur eine außerordentliche Kündigung zulassend). Bei der **OHG und bei der KG** führt der Tod eines Vollhafters grundsätzlich nur zu dessen Ausscheiden (§ 161 Abs. 2 HGB, § 131 Abs. 3 S. 1 HGB). Demgemäß soll die entsprechende Beteiligung eines übertragenden Rechtsträgers iRd Verschmelzung nur übergehen, wenn dies im Gesellschaftsvertrag vorgesehen ist (Kallmeyer/*Marsch-Barner/Oppenhoff* Rn. 7; Lutter UmwG/*Grunewald* Rn. 19; *Riegger* FS Bezzenberger, 2001, 379 (384); für generellen Übergang KK-AktG/*Kraft,* 1985, AktG § 346 Rn. 22; großzügiger auch *Heckschen* GmbHR 2014, 626 (637) für Übergang, wenn nicht im Gesellschaftsvertrag ausgeschlossen). Die hM verlangt also eine entsprechend inhaltliche Gestaltung der Beteiligung als übertragbar. Dann wären auch – entgegen dem sonst geltenden Grundsatz für die Gesamtrechtsnachfolge (→ Rn. 4 ff.) – eventuell gesellschaftsvertraglich geregelte **Zustimmungserfordernisse** der Mitgesellschafter einzuhalten. Eine Regelung für den **Erbgang** soll entsprechend auch für die Verschmelzung gelten (Kallmeyer/*Marsch-Barner/Oppenhoff* Rn. 7; Semler/Stengel/*Leonard* Rn. 24 f.; zur Auslegung von Fortsetzungsklauseln SHS/*Winter* Rn. 65).

25a Eine starke **Gegenmeinung** will demgegenüber nicht die gesetzlichen Regeln für den Tod eines Gesellschafters anwenden (BeckOGK/*Rieckers/Cloppenburg,* 1.7.2020, Rn. 67; Semler/Stengel/*Leonard* Rn. 24 f.; KK-UmwG/*Simon* Rn. 21; Widmann/Mayer/*Vossius* Rn. 159 f.). Die Mitgesellschafter könnten sich gegen einen unliebsamen Gesellschafter (übernehmender Rechtsträger) durch Auflösungs- oder Ausschließungsklage wehren (§§ 130, 140 HGB; BeckOGK/*Rieckers/Cloppenburg,* 1.7.2020, Rn. 67).

26 **f) Rechtsverhältnisse zwischen den beteiligten Rechtsträgern.** Rechtsverhältnisse (Verbindlichkeiten, Forderungen oder Unternehmensverträge) zwischen den beteiligten Rechtsträgern erlöschen mit der Verschmelzung durch **Konfusion** (Lutter UmwG/*Grunewald* Rn. 47; zur gegenteiligen Fiktion des § 25 Abs. 2 S. 2 → § 25 Rn. 14 ff.).

27 **g) Rechtsverhältnisse zu den Anteilsinhabern.** Mit der Eintragung der Verschmelzung im Handelsregister **erlischt die gesellschaftsrechtliche Stellung** der Anteilsinhaber (SHS/*Winter* Rn. 16; → Rn. 50). Ein **Gewinnverteilungsbeschluss** für die Zeit vor der Verschmelzung kann nicht mehr gefasst werden. Weder beim erloschenen übertragenden Rechtsträger noch für diesen beim aufnehmenden Rechtsträger besteht eine diesbezüglich zuständige Mitgliederversammlung (SHS/*Winter* Rn. 50).

28 **Forderungen** der übertragenden Rechtsträger gegen ihre Gesellschafter oder Mitglieder werden durch die Verschmelzung in ihrem Bestand grundsätzlich nicht berührt und gehen auf den übernehmenden Rechtsträger über (KK-UmwG/*Simon* Rn. 10 ff.). Dies betrifft auch offene **Einlageforderungen** (→ Rn. 55). **Auch gesellschaftsrechtliche Nebenverpflichtungen** gegenüber einem übertragenden Rechtsträger bleiben grundsätzlich erhalten (KK-UmwG/*Simon* Rn. 14; Lutter UmwG/*Grunewald* Rn. 50; krit. dazu Widmann/Mayer/*Mayer* § 50 Rn. 111 ff. im Zusammenhang mit einer erforderlichen Individualzustimmung). Gegebenenfalls müssen sie aber in der Satzung der aufnehmenden Gesellschaft aufgenommen werden (Lutter UmwG/*Grunewald* Rn. 51).

Die **Einwilligung** in die Übertragung eines **vinkulierten Geschäftsanteils** bezieht sich regelmäßig nur auf die Übertragung des Anteils noch vor der Verschmelzung und entfaltet keine Wirkung mehr für die Anteile an dem übernehmenden Rechtsträger (KK-UmwG/*Simon* Rn. 16). Dass dem Anteilsinhaber für den Verlust der Veräußerungsmöglichkeit, dadurch dass die Einwilligung wirkungslos wird, ein Abfindungsanspruch nach § 29 Abs. 1 S. 2 zustehen soll (KK-UmwG/*Simon* Rn. 16), erscheint mE zweifelhaft. Denn von einer Einwilligung zB der Mitgesellschafter muss der Geschäftsführer der beteiligten Rechtsträger gar keine Kenntnis haben, um sie iRd Verschmelzungsvertrages durch ein Abfindungsangebot zu berücksichtigen. 29

h) Immobilieneigentum und dingliche Rechte. Das **Eigentum an Grundstücken,** grundstücksgleiche Rechte (Erbbaurecht, Wohnungseigentum, Gebäudeeigentum) sowie sonstige dingliche Rechte (Reallasten, Grundpfandrechte) gehen ohne Auflassung bzw. sonstige Vereinbarung **außerhalb des Grundbuches** über, sodass nur noch eine **Grundbuchberichtigung** nach § 894 BGB, § 22 GBO erforderlich ist (SHS/*Winter* Rn. 77). Dies gilt auch für die einem übertragenden Rechtsträger bereits erteilte Eintragungsbewilligung (§§ 19, 20 GBO) oder die geschützte Rechtsposition einer **Vormerkung** nach § 883 BGB. 30

Die Übergabe eines eventuell ausgestellten Hypothekenbriefes ist nicht erforderlich. 31

Beschränkt dingliche Rechte wie **Nießbrauch,** beschränkt persönliche Dienstbarkeit oder dingliches Vorkaufsrecht gehen nach Maßgabe der § 1059a Abs. 1 Nr. 1 und Abs. 2 BGB, § 1092 Abs. 2 BGB bzw. § 1098 Abs. 2 BGB über (SHS/*Winter* Rn. 81; Übergang einer **beschränkt persönlichen Dienstbarkeit** für eine natürliche Person bei der Ausgliederung aber ablehnend: OLG Naumburg GmbHR 2019, 1010; zur Übertragbarkeit eines **Vorkaufsrechts** nach § 1059a BGB analog bei der Ausgliederung vom Einzelkaufmann auf eine KG: OLG Nürnberg 27.2.2013, NZG 2013, 750; dazu *Pauli/Wojtek* GWR 2013, 336). Der Übergang kann allerdings bei der Bestellung des Rechtes ausgeschlossen werden (vgl. ausf. *Teichmann* FS Lutter, 2000, 1261; Semler/Stengel/*Leonard* Rn. 33 mwN; BeckOGK/*Rieckers/Cloppenburg,* 1.7.2020, Rn. 35: auch Ausschluss im Verschmelzungsvertrag). 32

i) Vollmacht, Prokura. Sowohl die einem übertragenden Rechtsträger erteilte (§ 168 BGB; Lutter UmwG/*Grunewald* Rn. 25 mwN; SHS/*Winter* Rn. 36) als auch die von einem übertragenden Rechtsträger erteilte **Vollmacht** (für Prozessvollmacht ausdrücklich BGH 1.12.2003, BGHZ 157, 151 = NJW 2004, 1528), gelten nach der Verschmelzung weiter für und gegen den übernehmenden Rechtsträger. Denn die Vollmacht ist grundsätzlich übertragbar und erlischt auch nicht, wenn der Vollmachtgeber stirbt. Weil § 52 Abs. 2 HGB die Übertragung der Prokura verbietet, ist dies streitig für die **vom übertragenden Rechtsträger erteilte Prokura und die Handlungsvollmacht** (Übergang befürwortend: KK-UmwG/*Simon* Rn. 4; Semler/Stengel/*Leonard* Rn. 17; jetzt auch Widmann/Mayer/*Vossius* Rn. 304; abl. noch MüKoBGB/*Schramm,* 6. Aufl. 2012, BGB § 168 Rn. 5; Kallmeyer/*Marsch-Barner/Oppenhoff* Rn. 24, der allerdings eine abweichende Regelung im Verschmelzungsvertrag zulassen will), sowie für die **dem übertragenden Rechtträger erteilte Prokura** bzw. Handlungsvollmacht. Letzteres wird zT abgelehnt, weil eine Prokura vom Prinzipal nur für eine bestimmte Person also hier den übertragenden Rechtsträger erteilt worden ist und nicht für einen aufnehmenden Rechtsträger gelten soll (Kallmeyer/*Marsch-Barner/Oppenhoff* Rn. 24; SHS/*Winter* Rn. 10; **aA** Lutter UmwG/*Grunewald* Rn. 25; Semler/Stengel/*Leonard* Rn. 19; KK-UmwG/*Simon* Rn. 5; jetzt auch Widmann/Mayer/*Vossius* Rn. 304). Geht man mit der hM davon aus, dass Prokura nur an eine natürliche Person erteilt werden kann, stellt sich dieses Problem praktisch nicht (BeckOGK/*Riecken/Cloppenburg,* 1.7.2020, Rn. 53). 33

j) Organstellungen. Mit dem **Erlöschen** der übertragenden Rechtsträger erlöschen dort auch die Ämter ihrer Leitungsorgane (KK-UmwG/*Simon* Rn. 6; SHS/*Winter* Rn. 8; Widmann/Mayer/*Vossius* Rn. 330; → Rn. 47). Für sie kann dann beim übertragenden Rechtsträger auch kein **Entlastungsbeschluss** mehr gefasst werden (Semler/Stengel/*Leonard* Rn. 20; KK-UmwG/*Simon* Rn. 6; **aA** offenbar SHS/*Winter* Rn. 8 bei übertragenden Kapitalgesellschaften). Aber auch der übernehmende Rechtsträger ist dafür nicht berufen (OLG München 15.11.2000, DB 2001, 524 (525); **aA** Widmann/Mayer/*Vossius* Rn. 330 f., für Vorstand der aufnehmenden AG als zuständiges Organ zur Entlastung ehemaliger Vorstände und Geschäftsführer). 34

Die diesen Organstellungen zugrunde liegenden **Anstellungsverträge** gehen demgegenüber mangels gegenteiliger Vereinbarungen wie zB einer Koppelung zwischen Organstellung und Anstellungsvertrag mit der Verschmelzung auf den übernehmenden Rechtsträger über (SHS/*Winter* Rn. 45; Semler/Stengel/*Leonard* Rn. 20; → § 324 Rn. 7 ff.). Vorbehaltlich abweichender Vereinbarungen, die ggf. auch durch **ergänzende Auslegung** (vgl. SHS/*Winter* Rn. 46 mwN) ermittelt werden können, bleiben grundsätzlich die **Vergütungsansprüche,** die Ansprüche auf Tantieme und die Verpflichtungen aus 35

Pensionszusagen (s. dazu Widmann/Mayer/*Vossius* Rn. 105 ff.) erhalten. Für **Aufsichtsräte** wird aus § 113 AktG allerdings abgeleitet, dass der Vergütungsanspruch mit Erlöschen ihres Amtes erlischt (SHS/*Winter* Rn. 49; Lutter UmwG/*Grunewald* Rn. 27; Kallmeyer/*Marsch-Barner/Oppenhoff* Rn. 16).

36 **k) Öffentlich-rechtliche Rechtsverhältnisse. Öffentlich-rechtliche Rechte** gehen grundsätzlich im Wege der Gesamtrechtsnachfolge auf den aufnehmenden Rechtsträger über (KK-UmwG/*Simon* Rn. 30; SHS/*Winter* Rn. 88 ff. mit umfangreicher Aufzählung; ausf. auch *Heckschen* ZIP 2014, 1605; *Bremer* GmbHR 2000, 865; *Gaiser* DB 2000, 361 (363). Dies gilt nicht bei personenbezogenen Verfügungen wie zB Gaststätten- (§ 2 GaststättenG) und Maklerkonzession (§ 34c GewO) sowie der Erlaubnis zum Betreiben eines Kreditinstitutes (§§ 32 ff. KWG) oder die nach § 9 Abs. 3 StromStG erteilte Erlaubnis zur steuerbegünstigten Verwendung von Strom (BFH 22.11.2011, BeckRS 2012, 94027 = GWR 2012, 74). In § 67 EEG 2014 finden sich jetzt besondere Regelungen für die Behandlung von Begünstigungen energieintensiver Unternehmen bei Umwandlungen (s. dazu *Meister/Süß* BB 2014, 2890). Auch wenn der übernehmende Rechtsträger nicht die erforderliche Rechtsform hat, kann eine öffentlich-rechtliche Genehmigung erlöschen.

37 **Öffentlich-rechtliche Verpflichtungen** gehen ebenfalls über, soweit die geforderten Handlungen vertretbar sind (s. zB: § 45 AO, § 4 Abs. 3 BBodSchG und § 4 Abs. 3 EnWG; KK-UmwG/*Simon* Rn. 31; SHS/*Winter* Rn. 92). Dies kann auch für die bußgeldrechtliche Haftung gelten (BGH 10.8.2011, GWR 2012, 44 für ein Bußgeld wegen wettbewerbsbeschränkender Absprachen gegen die Rechtsnachfolgerin nach einer Verschmelzung). Zwar kann nicht der Kartellverstoß als solcher oder die ordnungswidrigkeitenrechtliche Verantwortlichkeit im Rahmen der Gesamtrechtnachfolge aber sehr wohl die rechtskräftig festgesetzte Geldbuße übergehen (*Löbbe* ZHR 2013, 518 mwN aus der Rspr.). Die daraus entstehende Sanktionslücke wurde durch § 30 Abs. 2a OWiG in der Fassung nach der 8. GWB-Novelle (BGBl. 2013 I 1738 (1748)) geschlossen, indem im Falle der Verschmelzung oder Spaltung eine Geldbuße jetzt ganz allgemein auch gegen den oder die Rechtsnachfolger festgesetzt werden kann, soweit sie den Wert des übernommenen Vermögens nicht übersteigt. Der **EuGH** (EuGH 5.3.2015, AG 2015, 312; dazu *Kessler* GWR 2015, 139; *Langheld* NZG 2015, 1066) legt Art 19 Abs. 1 RL 78/855/EWG (Verschmelzungsrichtlinie 78/855/EWG v. 9.10.1978) so aus, dass die Verpflichtung zur Zahlung einer Geldbuße bei der Verschmelzung auf eine Aktiengesellschaft auf diese auch dann übergeht, wenn diese erst nach der Verschmelzung verhängt wird, aber die geahndete arbeitsrechtliche Zuwiderhandlung bei der übertragenden Gesellschaft schon vorher stattgefunden hat. Nach § 30 Abs. 2a OWiG in der Fassung nach der 8. Kartellrechtsnovelle (BGBl. 2013 I 1738 (1748)) kann im Falle der Verschmelzung oder Spaltung eine Geldbuße jetzt ganz allgemein auch gegen den oder die Rechtsnachfolger festgesetzt werden, soweit sie den Wert des übernommenen Vermögens nicht übersteigt.

38 Das „alte" **Bundesdatenschutzgesetz** stand dem Übergang von Dateien und Daten, die bei der Verschmelzung im Zusammenhang mit übergehenden Rechtverhältnissen stehen, grundsätzlich nicht entgegen (KK-UmwG/*Simon* Rn. 35; Lutter UmwG/*Grunewald,* 5. Aufl. 2014, Rn. 42; Kallmeyer/*Marsch-Barner,* 6. Aufl. 2017, Rn. 23a, der § 20 Abs. 1 Nr. 1 als Erlaubnisnorm iSv § 4 Abs. 1 BDSG ansah und in der 7. Aufl. 2020 weiterhin ansieht). Schutz gegen Missbrauch sollten **Kündigungsrechte und Straftatbestände** wie zB § 203 StGB bieten. Dies ist für die neue DS-GVO noch nicht geklärt (vgl. BeckOGK/*Riecken/Cloppenburg,* 1.7.2020, Rn. 56–58). Allerdings steht nach hM auch die am 25.5.2018 in Kraft getretenen DS-GVO (VO (EU) 2016/679, ABl. 2016 L 119/1, ber. ABl. 2016 L 314/72, ABl. 2018 L 127/2) dem Übergang von Dateien und Daten, die im Zusammenhang mit übergehenden Rechtverhältnissen übertragen werden, grundsätzlich nicht entgegenstehen. Die Betroffenen können der Verschmelzung auch *nicht widersprechen* (Kallmeyer/*Marsch-Barner/Oppenhoff* Rn. 23a). Dieses einheitliche Ergebnis wird in der Literatur allerdings unterschiedlich begründet. *Grunewald* (Lutter UmwG/*Grunewald* § 20 Rn. 42) sieht im Übergang der Daten auf den übernehmenden Rechtsträger zwar eine Übermittlung iSd § 3 Abs. 4 S. 2 Nr. 3 BDSG bzw. Verarbeitung nach Art. 4 Nr. 2 DS-GVO. Dies sei nach § 28 Abs. 1 S. 1 Nr. 2 BDSG/Art. 6 Abs. 1f DS-GVO aber zulässig, da die Weitergabe zur Wahrung des Interesses des übertragenden Rechtsträgers an der Umwandlung erforderlich. Nach *Riecken/Cloppenburg* (BeckOGK/*Riecken/Cloppenburg,* 1.7.2020, Rn. 56; (*gleichsinnig* Kallmeyer/*Marsch-Barner/Oppenhoff* Rn. 23a) stellt der Übergang von personenbezogenen Daten durch eine Verschmelzung schon keine Übermittlung iSd Art. 4 Nr. 2 DS-GVO dar. Die Betroffenen müssten deshalb auch nicht einwilligen. Anderes gelte für den Austausch solcher Daten im Rahmen einer Due Diligence. § 20 Abs. 1 Nr. 1 lasse sich zwar nicht als lex specialis gegenüber der DS-GVO einstufen. Sehe man in dem Datenübergang im Rahmen der Verschmelzung eine Offenlegung durch Übermittlung iSv Art. 4 Nr. 2 DS-GVO, dürfte sich die Zulässigkeit aber jedenfalls aus Art. 6 Abs. 1 lit. b oder lit. f DS-GVO ergeben.

39 **l) Immaterialgüterrechte/gewerbliche Schutzrechte. Gewerbliche Schutzrechte** wie Patentrecht, Marken, Geschmacksmuster sowie Warenzeichen gehen auf den übernehmenden Rechtsträger über (SHS/*Winter* Rn. 87; Lutter UmwG/*Grunewald* Rn. 15). Dies gilt auch für diesbezügliche Lizenzen. Einschränkungen ergeben sich bezüglich des nicht übertragbaren **Urheberpersönlichkeitsrechtes.** Zum Übergang der **Firma** wird auf die Erörterungen bei § 18 (→ § 18 Rn. 1 ff.) verwiesen.

Wettbewerbsrechtliche Unterlassungsansprüche gegen die übertragende Gesellschaft können sich beim aufnehmenden Rechtsträger im Einzelfall fortsetzen (OLG Hamburg 9.9.2010, NZG 2011, 75, zur Ausgliederung iRd § 131 Abs. 1 Nr. 1). Sie setzen sich aber nicht ohne Weiteres in gleichem Umfang beim aufnehmenden Rechtsträger fort. Meist begründet auch der vormalige Verstoß durch den übertragenden Rechtsträger nicht ohne Weiteres eine Erstbegehungs- oder Wiederholungsgefahr (BGH 26.4.2007, BGHZ 172 (165) = NJW 2008, 301; zur Wiederholungsgefahr bezüglich der Verwendung unwirksamer AGB für den Unterlassungsanspruch aus § 1 UKlaG auch BGH 6.12.2012, NJW 2013, 593 = ZIP 2013, 171). 40

m) Höchstpersönliche Rechte. Höchstpersönliche Rechte gehen grundsätzlich nicht im Wege der Gesamtrechtsnachfolge auf den übernehmenden Rechtsträger über, sondern unter, weil sie nur mit Rücksicht auf eine bestimmte Person eingeräumt wurden. In diesem Zusammenhang werden genannt das **persönliche Wohnrecht, Treuhänderstellung, Vermögensverwaltung, Testamentsvollstreckung** (vgl. dazu *Reimann* ZEV 2000, 381). Dabei wird man durch Auslegung des jeweiligen Rechtsverhältnisses ermitteln müssen, ob der Übergang auf einen Rechtsnachfolger gewollt ist oder nicht. Dabei muss allerdings berücksichtigt werden, dass schon die Einräumung bei dem übertragenden Rechtsträger als eine juristische Person dafür spricht, dass eine persönliche Beziehung idR nicht im Vordergrund steht. 41

Die Stellung des **Wohnungseigentumsverwalters** war besonders umstritten. Sie soll wegen ihres höchstpersönlichen Charakters nicht im Wege der Gesamtrechtsnachfolge übergehen (so zB: Lüke/Mansel/Weitnauer/Briesemeister/Gottschalg/Maus/Wilhelmy/Wirths/*Weitnauer/Lüke,* WEG, 9. Aufl. 2004, WEG § 26 Rn. 25; Jennißen/*Jennißen,* WEG, 4. Aufl. 2015, WEG § 26 Rn. 18; OLG Köln 9.2.2006, NZM 2006, 591 (bei Anwachsung); zur Ausgliederung BayObLG 7.2.2002, NJW-RR 2002, 732; OLG Köln 24.9.2003, OLGReport 2004, 49; LG Frankfurt a. M. 20.8.2012, NJW-RR 2012, 1483 für die Verschmelzung; LG München I 10.1.2013, ZWE 2013, 415, für die Abspaltung zur Neugründung; OLG München 31.1.2014, DNotZ 2014, 523 = GmbHR 2014, 657, für Abspaltung zur Aufnahme; **aA** Widmann/Mayer/*Vossius* Rn. 322 f.; Lutter UmwG/*Teichmann,* 5. Aufl. 2014, § 131 Rn. 60; SHS/*Winter* Rn. 86; Gutachten DNotI-Report 2005, 59 mwN; Niedenführ/Kümmel/Vandenhouten/*Niedenführ,* WEG, Kommentar und Handbuch, 11. Aufl. 2015, WEG § 26 Rn. 12; OLG Düsseldorf 28.5.1990, NJW-RR 1990, 1299 (offen bei juristischen Personen); *Wicke/Menzel* MittBayNot 2009, 203). Die Gegenmeinung will nur ein außerordentliches Kündigungsrecht geben. Der **BGH** hat inzwischen für die **Verschmelzung** von einer GmbH auf eine andere GmbH den Übergang der Stellung des Wohnungseigentumsverwalters bejaht (BGH 21.2.2014, DNotZ 2014, 519 = ZIP 2014, 776; zustimmend *Krebs* GWR 2014, 194; *Heckschen* GmbHR 2014, 626 (632); zumindest für Verschmelzung zweier juristischer Personen: BeckOGK/*Riecken/Cloppenburg,* 1.7.2020, Rn. 56; *Wachter* EWiR 2014, 343 auch für Spaltung und Personenhandelsgesellschaften; auch für Spaltung und natürliche Person als Verwalter: Lutter UmwG/*Lieder* § 131 Rn. 86; *Kopp* ZWE 2014, 244, kritisch gegenüber erleichtertem Kündigungsrecht). 42

n) Prozesse. Auch bei einem **laufenden Zivilprozess** tritt der Gesamtrechtsnachfolger in die Parteienstellung ein (s. dazu ausf. *Meyer* JR 2007, 133; *Stöber* NZG 2006, 574; zur Auswirkung auf Zwangsvollstreckungsmaßnahmen nach § 890 ZPO OLG Köln 14.10.2008, GRUR-RR 2009, 192; vgl. zur örtlichen Zuständigkeit LG Frankfurt a. M. 18 9.2006, NZG 2007, 120; zu den gleichen Grundsätzen beim Mahnverfahren SHS/*Winter* Rn. 39). Wird eine durch einen **Prozessbevollmächtigten** vertretene GmbH während des Rechtsstreits verschmolzen, tritt diese entsprechend § 246 Abs. 1 ZPO ohne Unterbrechung des Verfahrens in den Prozess ein und wird entsprechend § 86 ZPO durch den bisherigen Prozessbevollmächtigten der GmbH „nach Vorschrift der Gesetze" vertreten (BGH 1.12.2003, BGHZ 157, 151 = NJW 2004, 1528). 43

§ 246 ZPO gilt auch für die Fortsetzung von schwebenden **Anfechtungs- und Nichtigkeitsprozessen.** Für eine laufende Anfechtungsklage gegen Entlastungsbeschlüsse bei der übertragenden AG kann allerdings das Rechtsschutzbedürfnis entfallen (LG Bonn 8.1.2008, AG 2008, 595). Zur Situation bei anhängenden **Spruchverfahren** s. SHS/*Winter* Rn. 42; zur Anfechtung iRe **Insolvenzverfahrens** SHS/*Winter* Rn. 43 und *Heckschen* FS Widmann, 2000, 31. 44

Rechtskräftige Entscheidungen für oder gegen den übertragenden Rechtsträger wirken nach § 325 ZPO auch für oder gegen den übernehmenden Rechtsträger (SHS/*Winter* Rn. 41; vgl. aber BGH 28.6.2006, BB 2006, 2038 zur Spaltung). Etwaige Titel müssen auf den übernehmenden Rechtträger umgeschrieben werden (§ 727 ZPO) 45

IV. Erlöschen der übertragenden Rechtsträger (Abs. 1 Nr. 2)

Mit Wirksamwerden der Verschmelzung durch Eintragung im Register des übernehmenden Rechtsträgers **erlöschen** alle übertragenden Rechtsträger ***ipso iure.*** Wegen der gleichzeitig eintretenden Universalsukzession durch den aufnehmenden Rechtsträger (Abs. 1 Nr. 1; → Rn. 4 ff.) bedarf es **keiner Liquidation.** Zur Frage, ob auch der **aufnehmende Rechtsträger** unmittelbar nach der Verschmel- 46 zung durch einen nachfolgenden gesellschaftsrechtlichen Akt wie zB die Anwachsung **erlöschen kann** → § 2 Rn. 6a.

47 Mit dem Erlöschen des übertragenden Rechtsträgers enden dort auch sämtliche **Organstellungen** wie Geschäftsführer, Vorstand, Aufsichtsrat (auch der mitbestimmte) aber auch Gesellschafterversammlung (SHS/*Winter* Rn. 8; → Rn. 34). Daher ist Organhandeln nicht mehr möglich, können weder **Beschlüsse** gefasst noch gefasste Beschlüsse vollzogen werden (KK-UmwG/*Simon* Rn. 37 f.; für die Entlastung von Organmitgliedern durch Beschluss beim aufnehmende Rechtsträger: Kallmeyer/*Marsch-Barner/Oppenhoff* Rn. 17; SHS/*Winter* Rn. 8 mwN auch der **aA** von OLG München 15.11.2000, NZG 2001, 616 = DB 2001, 524). Ein Statusverfahren über die Zusammensetzung des Aufsichtsrates bei der übertragenden Gesellschaft erledigt sich durch die Verschmelzung (BGH 27.1.2015, NZG 2015, 438; dazu *Mense/Klie* GWR 2015, 141). Die Übernahme vergleichbarer Ämter beim aufnehmenden Rechtsträger bedarf **neuer Bestellungsakte** und einer Erwähnung im Verschmelzungsvertrag (§ 5 Abs. 1 Nr. 8). Davon zu unterscheiden sind die **Arbeits- und Dienstverträge,** die – sind sie nicht zulässigerweise gekündigt – im Wege der Gesamtrechtsnachfolge grundsätzlich auf den aufnehmenden Rechtsträger übergehen.

48 Zum Erlöschen von **Vollmachten,** Prokuren und Handlungsvollmachten → Rn. 33.

49 Ob der **Betriebsrat** bestehen bleibt, richtet sich vorrangig nach den Kriterien des BetrVG, also danach, ob der Betrieb bestehen bleibt (vgl. dazu ausf. SHS/*Langner* Vor §§ 322–325 Rn. 38 ff.; vgl. auch § 324 iVm § 613a BGB).

50 Mit dem Erlöschen des übertragenden Rechtsträgers **erlischt** auch die **Gesellschafterstellung der Anteilsinhaber.** Als Ersatz für diesen Rechtsverlust sieht das UmwG in Abs. 1 Nr. 3 die Gewährung von gleichwertigen Anteilen an dem aufnehmenden Rechtsträger vor (→ Rn. 51 ff.).

V. Anteilsgewährung (Abs. 1 Nr. 3)

51 **1. Besonderheiten der Anteilsgewährung (S. 1).** Schon aus der Definition der Verschmelzung in § 2 („gegen Gewährung von Anteilen") folgt, dass die **„Gegenleistung"** für die Anteilsinhaber der übertragenden Rechtsträger, die dadurch ihre Anteile bzw. Mitgliedschaften am erlöschenden Rechtsträger verlieren, grundsätzlich in der **Gewährung von – gleichwertigen – Anteilen** oder Mitgliedschaften an dem aufnehmenden bzw. neu entstehenden Rechtsträger besteht (s. dazu ausf. *Wicke* ZGR 2017, 527). Der Erwerb bzw. **Übergang der Anteile** erfolgt **ex lege** (kraft Gesetz) unmittelbar beim Berechtigten allerdings erst mit Wirksamwerden der Verschmelzung durch Eintragung im Handelsregister. Dabei kommt es zu **keinem Durchgangserwerb** des übernehmenden Rechtsträgers, selbst wenn Anteile verwendet werden, die dem übertragenden Rechtsträger gehörten (Lutter UmwG/*Grunewald* Rn. 61).

52 Damit wird der verschmelzungsrechtliche Grundsatz der **Mitgliedschaftsperpetuierung** manifestiert (vgl. dazu KK-UmwG/*Simon* Rn. 39 und KK-UmwG/*Simon* § 2 Rn. 78 ff.). Rechte und Pflichten aus der alten Mitgliedschaft ergeben sich schon aus dem Prinzip der **Kontinuität der Mitgliedschaft** – in den Grenzen der Anteils- bzw. Mitgliedschaftsstruktur des aufnehmenden Rechtsträgers – im selben Umfang dann aus dem neuen Mitgliedschaftsverhältnis. Bis zur Wirksamkeit der Verschmelzung durch Eintragung im Register des übernehmenden Rechtsträgers, also auch noch nach Fassung der Zustimmungsbeschlüsse, können **Anteilseigner ihre Anteile veräußern** (vgl. BayObLG 2.4.2003, MittBayNot 2004, 198 für den Formwechsel).

53 Entscheidend dafür, wer die neue Mitgliedschaft erhält, ist grundsätzlich die materielle Rechtslage zum Zeitpunkt des Wirksamwerdens der Verschmelzung durch ihre Eintragung im Handelsregister. Daher kann mE nicht allein durch die Regelung im Verschmelzungsvertrag ein **materiell rechtlich berechtigter Gesellschafter** ohne sein Mitwirken durch Wirksamwerden der Verschmelzung seine Mitgliedschaft (zumindest in seiner Perpetuierung bei der aufnehmenden Gesellschaft) endgültig verlieren oder ein außenstehender Dritter, bisheriger **Nichtgesellschafter** ohne Weiteres dadurch mit materieller Wirkung hinzukommen (s. zu den sich daraus für die Bereinigung unklarer GmbH-Verhältnissen ergebenden Problemen *Heidinger* in Heckschen/Heidinger GmbH-Gestaltungspraxis Kap. 13 Rn. 697 ff.; *Schniepp/Hensel* NZG 2014, 857; ausf. *Leyendecker-Langner* ZGR 2015, 516).

53a Auch § 16 Abs. 1 GmbHG, der (nur) die relative Gesellschafterstellung des in der **Gesellschafterliste** eingetragenen Gesellschafters bei der GmbH unwiderleglich vermutet, verschafft dem **„Scheingesellschafter"** durch die Anteilsgewährung im Zuge einer Verschmelzung keine materielle Gesellschafterstellung sondern beim aufnehmenden Rechtsträger wieder nur die Scheingesellschafterstellung bei der GmbH, ausgestaltet als relative Gesellschafterstellung iSd § 16 Abs. 1 GmbHG (s. dazu auch MHLS/*Ebbing* GmbHG § 16 Rn. 3, 15 ff.; UHL/*Löbbe* GmbHG § 16 Rn. 76 ff.; *Schniepp/Hensel* NZG 2014, 857 (860 ff.); Semler/Stengel/*Leonard* Rn 74a ff.; *Leyendecker-Langner* ZGR 2015, 516; *Westermann/Hornung* GmbHR 2017, 626 (628); *Westermann/Hornung* GmbHR 2018, 840 (841); BeckOGK/*Rieckers/Cloppenburg,* 1.7.2020, Rn. 118; **aA** Lutter UmwG/*Grunewald* Rn. 60 ua unter Hinweis auf MüKoAktG/*Bayer* AktG § 67 Rn. 46, der gerade nur die relative (formale) Stellung mit allen daraus der Gesellschaft gegenüber verbundenen Rechten und nicht die Anteilsinhaberschaft dem Scheinaktionär zuweisen will; *Schnorbus* ZGR 2004, 126 (147); *Schothöfer* GmbHR 2003, 1321 (1326); s. ausführlich dazu auch *Grunewald* FS Seibert, 2019, 251 ff.). Wird die Verschmelzung ohne Kapitalerhöhung und Anteilsgewährung durchgeführt, verliert der wahre Inhaber aber doch seine Beteiligung ohne sein Mitwirken (*Schnorbus* ZGR 2004, 126 (148); Semler/Stengel/*Leonard* Rn 74c f.; *Westermann/Hornung* GmbHR 2018, 840 (841); *Heidinger* in Heckschen/Heidinger GmbH-Gestaltungspraxis Kap. 13 Rn. 702). Ein Ausgleich dafür muss auf sekundärrechtlicher Ebene wie Schadensersatz und Kondiktionsrecht gefunden werden (s. dazu ausführlich *Westermann/Hornung* GmbHR 2017, 626; *Leyendecker-Langner* ZGR 2015, 516). Gleiches gilt mE für das **Aktienregister** nach § 67 Abs. 2 AktG (dazu MüKoAktG/*Bayer* AktG § 67 Rn. 46; Spindler/Stilz/*Cahn* AktG § 67 Rn. 32 ff.; so auch zum Bagatellquorum im Freigabeverfahren: OLG München 10.4.2013, NZG 2013, 622 = ZIP 2013, 931; vgl. aber zum Abfindungsanspruch KG 22.11.1999, ZIP 2000, 498 (500) und OLG Jena 25.2.2004, AG 2004, 268 (269), richtigerweise nur der eingetragene Aktionär).

Eine Ausnahme von der Anteilsgewährungspflicht sieht das Dritte Gesetz zur Änderung des UmwG (v. 11.7.2011, BGBl. 2011 I 1338) neben der oben erwähnten Tochter-Mutter-Verschmelzung vor. Dadurch wurde ua in § 62 Abs. 5 bei der Verschmelzung von AGen die Möglichkeit zu einem **umwandlungsrechtlichen Squeeze out** geschaffen (s. dazu *Hofmeister* NZG 2012, 688; *Mayer* NZG 2012, 561; *Goslar/Mense* GWR 2011, 275; *Bungert/Wettich* DB 2010, 2545; *Freytag* BB 2010, 1611; *Packi* ZGR 2011, 776; *Austmann* NZG 2011, 684). Dieser ist, anders als der **aktienrechtliche Squeeze out** nach § 327a ff. AktG, schon bei 90 %-iger Beteiligung möglich, sodass es im Ergebnis möglich ist, dass bis zu 10 % der Aktionäre der übertragenden AG keine Anteile an der aufnehmenden AG erhalten. Die Neuregelung verstößt nicht gegen Art. 14 GG (BVerfG 16.5.2012, ZIP 2012, 1408 = BeckRS 2012, 53911; OLG Hamburg 14.6.2012, NZG 2012, 944 = ZIP 2012, 1347, gezieltes Einsetzen nicht rechtsmissbräuchlich). 54

Zwar ist ganz allgemein die Verschmelzung auch mit **nicht voll eingezahlten Geschäftsanteilen** möglich. Das Gesetz regelt für die GmbH in § 51 Abs. 1 S. 1 wegen der Gefahr der Haftung nach § 24 GmbHG das Zustimmungsbedürfnis aller Gesellschafter des übertragenden Rechtsträgers, wenn die Geschäftsanteile der Gesellschafter des aufnehmenden Rechtsträgers nicht voll eingezahlt sind. Darüber hinaus ergibt sich aus § 51 Abs. 1 S. 3 das Erfordernis der Zustimmung aller Gesellschafter der aufnehmenden GmbH, da ihnen bezüglich der offenen Stammeinlageforderungen bei den nicht voll eingezahlten Anteilen an der übertragenden Gesellschaft eine Haftung nach § 24 GmbHG drohen soll (→ § 51 Rn. 1). Dies ist nach hier vertretener Ansicht nur denkbar, wenn nicht voll eingezahlte Anteile an die Gesellschafter der übertragenden GmbH gewährt werden (→ Rn. 55b). 55

Die Gesellschafter der übertragenden Gesellschaft werden bei Kapitalgesellschaften durch die Verschmelzung aber nicht etwa von ihren bisher noch offenen Einlagepflichten befreit. Die **alte Einlageforderung** geht im Wege der Gesamtrechtsnachfolge auf die aufnehmende Gesellschaft über (→ Rn. 28). Dogmatisch konsequent müsste es sich dann eigentlich um eine einfache Gesellschaftsforderung handeln (s. zB auch *Habersack/Schürnbrand* NZG 2007, 81; KK-UmwG/*Simon* Rn. 12; ausf. und krit. *Zajonz/Nachtweg* ZfIR 2008, 701; für die AG diff. Betrachtung je nach Regelung im Verschmelzungsvertrag *Rosner* AG 2011, 5; an Haftung für alte offene Einlagen jetzt auch zweifelnd Lutter UmwG/*Vetter* § 51 Rn. 27 f.). Demgegenüber schließt die hM aus der Kontinuität der Mitgliedschaft, dass eine noch offene, **geschützte Einlageforderung** verbleibt (Semler/Stengel/*Reichert* § 51 Rn. 11; Widmann/Mayer/*Mayer* § 51 Rn. 22 ff.). Dies erscheint aus Gläubigerschutzgesichtspunkten vertretbar aber nicht überzeugend. Denn es geht bei der Verschmelzung einer Tochter-GmbH auf ihre Mutter-GmbH (sog. **„upstream merger"**) die „alte" **Einlageforderung** gegen die Gesellschafter (Mutter-GmbH) des übertragenden Rechtsträgers (Tochter-GmbH) durch Konfusion sogar ersatzlos ganz unter. 55a

Die **neu gewährten Anteile** sind mE aber dennoch zwingend **voll eingezahlt zu gewähren,** wenn sie ordnungsgemäß im Wege der Sachgründung oder Sachkapitalerhöhung durch Verschmelzung oder Spaltung neu geschaffen werden. Eine **Differenzhaftung** der Gesellschafter der übertragenden GmbH bei Überbewertung des Vermögens des übertragenden Rechtsträgers hat der BGH (NZG 2019. 187; kritisch dazu *Lieder/Bialluch* ZGR 2019, 760; dazu zustimmend *Heckschen* EWiR 2019, 101 und NZG 2019, 561) allerdings jüngst großzügig abgelehnt. Es greife bei gegebenen Voraussetzungen lediglich die Haftung aus existenzvernichtendem Eingriff (zum strafbaren Bankrott durch Verschmelzung *Brand* ZIP 2019, 1993). Wer aber für die fehlende Deckung der neu geschaffenen Geschäftsanteile aufkommen muss, oder ob der BGH gar von voll eingezahlten Geschäftsanteilen (legalisierte Unterpari-Emission?!?) ausgeht, bleibt offen. Eine bewusste **Gewährung von nicht voll eingezahlten Geschäftsanteilen** kommt mE nur im Rahmen einer Verschmelzung der Mutter- auf Ihre Tochter-Gesellschaft in Frage, wenn die übertragende Mutter nicht voll eingezahlte Anteile an der Tochter hält, die an Ihre Gesellschafter gewährt werden (s. dazu auch das Kapitalerhöhungsverbot aus § 54 Abs. 1 S. 1 Nr. 3). 55b

Die Frage, ob iRe Verschmelzung den Anteilsinhabern der übertragenden Rechtsträger als Ersatz für den Verlust ihrer Rechtsposition Anteile am übernehmenden Rechtsträger gewährt werden müssen (**Anteilsgewährungspflicht,** Regelungsinhalt des § 20 Abs. 1 Nr. 2; → § 5 Rn. 6 ff.), ist von der Frage zu trennen, woher diese zu gewährenden Anteile kommen (zB bei Kapitalgesellschaften aus einer Kapitalerhöhung, **Kapitalerhöhungsverbote oder -wahlrechte,** Regelungsinhalt der §§ 54 und 68; 56

vgl. dazu ausf. *Limmer* in Limmer Unternehmensumwandlung-HdB Teil 2 Rn. 256 ff.). Das Gesetz sieht eine **allgemeine Ausnahme von der Anteilsgewährungspflicht** allein bei der Verschmelzung der 100%igen **Tochtergesellschaft auf ihre Mutter** (vgl. § 5 Abs. 2, § 20 Abs. 1 Nr. 3 Hs. 2 Alt. 1) sowie bei eigenen Anteilen an dem übertragenden Rechtsträger (§ 20 Abs. 1 Nr. 3 Hs. 2 Alt. 2) bzw. treuhänderisch von einem Dritten gehaltenen Anteilen an dem übertragenden Rechtsträger sowie treuhänderisch gehaltenen „eigene" Anteilen vor. Die bei dieser Konstellation ansonsten erfolgende **Gewährung eigener Anteile** an dem aufnehmenden Rechtsträger soll bei Kapitalgesellschaften vermieden werden und wäre bei Personenhandelsgesellschaften nach allgemeinen gesellschaftsrechtlichen Regeln gar nicht möglich.

56a Liegt eine **wechselbezügliche Beteiligung** zwischen dem übertragenden und dem aufnehmenden Rechtsträger vor, sind also diese sowohl Mutter als auch Tochter, müssen bei der Verschmelzung für die gleiche Verschmelzung sowohl die Regelungen eines *upstream mergers* als auch eines *downstream mergers* eingehalten werden. So dürfen zB der aufnehmenden Mutter-Gesellschaft keine (eigenen) Anteile gewährt werden. Aber auch aus der umgekehrten Sichtweise können die nicht voll eingezahlten Anteile der übertragenden Mutter-Gesellschaft nicht eigene Anteile der Tochter Gesellschaft werden, sondern müssen an die Anteilsinhaber der übertragenden Mutter gewährt werden.

57 Das UmwG sieht darüber hinaus seit 2007 (Zweites Gesetz zur Änderung des Umwandlungsgesetzes, in Kraft seit 25.4.2007, BGBl. 2007 I 542) an der systematisch allerdings falschen Stelle in § 54 Abs. 1 S. 3 und § 68 Abs. 1 S. 3 die Möglichkeit eines **einvernehmlichen notariellen Verzichts auf die Gewährung von Anteilen** bei einer aufnehmenden GmbH oder AG vor (→ § 5 Rn. 7; → § 54 Rn. 4; zur Möglichkeit eines konkludenten Verzichts trotz Formbedürftigkeit OLG Köln 22.1.2020, ZIP 2020, 556; dazu *Wachter* EWiR 2020, 299; *Höhne* GWR 2020, 220; zur Rolle des Anteilsverzichts bei der Verschmelzung überschuldeter Rechtsträger *Keller/Klett* DB 2010, 1220 ff.). Die Möglichkeit eines vollständigen Verzichts nach § 54 Abs. 1 S. 3 besteht nicht bei der Verschmelzung der Mutter- auf die Tochter-GmbH (Widmann/Mayer/*Mayer* § 5 Rn. 38). Dies ist konsequent, da dadurch ansonsten eine nach allgemeinen gesellschaftsrechtlichen Grundsätzen nicht zulässige Keinpersonengesellschaft entstehen würde.

57a Im Verschmelzungsvertrag können mit dinglicher Wirkung Anteile **an einem anderen Rechtsträger** nicht gewährt werden (Lutter UmwG/*Grunewald* Rn. 62, mit Hinweis, dass insofern nur ein schuldrechtlicher Anspruch auf Gewährung möglich ist). Siehe aber die abweichende Rechtslage bei der Abspaltung, bei der auch Anteile an dem übertragenden Rechtsträger gewährt werden können (§ 131 Abs. 1 Nr. 3 „beteiligten Rechtsträgern").

58 Jedenfalls bei **aufnehmenden Kapitalgesellschaften** kann auch durch **bare Zuzahlungen** die Anteilsgewährung nur bis 10 % des Nennbetrags der gewährten Anteile ersetzt werden (§ 54 Abs. 4, § 68 Abs. 3). Eine **Darlehensgewährung** als Gegenleistung ist ebenso wie eine **Sachleistung unzulässig** (Semler/Stengel/*Reichert* § 54 Rn. 42; Lutter UmwG/*Vetter* § 54 Rn. 142 ff.; **aA** Kallmeyer/*Kocher* § 54 Rn. 30: zulässig innerhalb der Grenze von 10 % mit Zustimmung betroffener Gesellschafter; *Priester* ZIP 2013, 2033 (2035 f.); für Darlehen: KK-UmwG/*Simon/Nießen* § 54 Rn. 74). Nur für die Ausgliederung auf eine GmbH sieht dies das OLG München (OLG München 15.11.2011, NZG 2012, 229, Darlehen in unbegrenzter Höhe) mangels Anwendung des § 54 anders (zum systematischen Gegenargument → § 5 Rn. 18). Ein eventueller Mehrwert des übertragenden Rechtsträgers muss in die **Kapitalrücklagen** gestellt werden.

59 Für die **Spaltung** enthält **§ 131** eine dem § 20 vergleichbare Regelung. Besonderheiten ergeben sich aus der Möglichkeit nach § 128 der quotenabweichenden Gestaltung bis zur **„Spaltung zu Null"** (→ § 128 Rn. 6; OLG München 2.8.2013, NZG 2013, 951 = ZIP 2013, 1468; zustimmend *Wachter* EWiR 2013, 593; *Cramer* GWR 2013, 384; s. dazu auch *Rubner/Fischer* NZG 2014, 761).

60 **2. Dingliche Surrogation von Rechten Dritter (Nr. 3 S. 2).** Nach Abs. 1 Nr. 3 S. 2 bestehen dingliche Rechte (insbesondere Pfandrecht und Nießbrauch) an Anteilen übertragender Rechtsträger an den neu erworbenen Anteilen bzw. Mitgliedschaften des übernehmenden Rechtsträgers fort (sog. **dingliche Surrogation**) (dazu *Heckschen/Weitbrecht* ZIP 2019, 1189). Findet keine Anteilsgewährung statt (→ Rn. 56 f.), gehen die Rechte Dritter zusammen mit den ursprünglichen Anteilen unter (KK-UmwG/*Simon* Rn. 40; SHS/*Winter* Rn. 99). Dies kann allerdings Schadensersatzansprüche gegen den Anteilsinhaber oder den übernehmenden Rechtsträger als Rechtsnachfolger des übertragenden Rechtsträgers auslösen (KK-UmwG/*Simon* Rn. 40; Lutter UmwG/*Grunewald* Rn. 72).

60a Streitig wird der Untergang der dinglichen Rechte beim **down-stream-merger** diskutiert, wenn beim aufnehmenden Rechtsträger keine neuen Anteile zB durch Kapitalerhöhung geschaffen werden, sondern die bestehenden gepfändeten bzw. **nießbrauchsbelasteten Anteile der übertragenden Muttergesellschaft** an der aufnehmenden Tochtergesellschaft an die Gesellschafter der Muttergesellschaft gewährt werden (für Fortbestand der dinglichen Belastung analog § 20 Abs. 1 Nr. 3 S. 2: Widmann/Mayer/*Mayer* § 5 Rn. 40.2; Anteile der Mutter zur Anteilsgewährung ungeeignet: Kallmeyer/*Kocher* § 54 Rn. 12; *Heckschen* GmbHR 2008, 802 (803); für Erlöschen der dinglichen Belastung, da Anspruch auf pfandrechtsfreie Anteile: Lutter UmwG/*Grunewald* Rn. 72). Sind beim down-stream-merger die **Anteile an der übertragenden Muttergesellschaft dinglich belastet,** stellt sich mE der Fall nicht anders dar als bei jeder Verschmelzung. Diese Anteile gehen mit dem dinglichen Recht unter und es kommt zur Surrogation an den Geschäftsanteilen, die den Gesellschaftern der übertragenden Muttergesellschaft gewährt werden. Ob diese durch Kapitalerhöhung neu geschaffen oder die vorhandenen, zunächst unbelasteten Anteile der Mutter an der Tochter gewährt werden, ist mE von der Interessenlage gleichermaßen zu behandeln. In beiden Fällen kommt es zu einer dinglichen Surrogation an den (neu) gewährten Anteilen (**aA** offenbar Widmann/Mayer/*Mayer* § 5 Rn. 40.2).

Schuldrechtliche Belastungen oder Vereinbarungen (Vorkaufsrecht, Optionen, Angebote zum Verkauf und Ähnliches) bezüglich der Anteile am übertragenden Rechtsträger gelten nicht zwingend weiter für die neu erworbenen Anteile oder Mitgliedschaften. Dies muss im Einzelfall durch Auslegung der jeweiligen Vereinbarung ermittelt werden (*Weiss* AG 2004, 127 (132); Lutter UmwG/*Grunewald* Rn. 73; Kallmeyer/*Marsch-Barner* Rn. 31; für den Formwechsel: *Limmer* in Limmer Unternehmensumwandlung-HdB Teil 4 Rn. 351; Lutter UmwG/*Hoger* § 202 Rn. 22, aus Identitätsgrundsatz abgeleitet; Semler/Stengel/*Leonard* § 202 Rn. 31; s. zur Verwaltungstreuhand ausf. *Grage* RNotZ 2005, 251 (272 ff.)). Eine **Testamentsvollstreckung** kann sich an dem neuen Anteil fortsetzen (SHS/*Winter* Rn. 21; Widmann/Mayer/*Vossius* Rn. 363 ff. mwN; *Reimann* ZEV 2000, 381). 61

VI. Heilung bei Formmängeln (Abs. 1 Nr. 4)

Durch die Eintragung im Register des übernehmenden Rechtsträgers sind alle **Beurkundungsmängel** des Verschmelzungsvertrages und eventueller Zustimmungs- und Verzichtserklärungen **geheilt.** Dadurch werden Verschmelzungsvorgänge, die gar nicht, unwirksam im Ausland oder nicht vollständig (zB nicht mit beurkundete Nebenabreden) beurkundet wurden, wirksam (KK-UmwG/*Simon* Rn. 42; SHS/*Winter* Rn. 107). Verschwiegene **Sonderabreden** iSv § 5 Abs. 1 Nr. 8 werden demgegenüber nicht geheilt (LAG Nürnberg 26.8.2004, BeckRS 2004, 41744 = ZIP 2005, 398). Auch Beurkundungsmängel der **Verschmelzungsbeschlüsse** sowie etwaiger Sonder- oder Kapitalerhöhungsbeschlüsse fallen nicht unter Abs. 1 Nr. 4, sondern unter Abs. 2 (BeckOGK/*Rieckers/Cloppenburg*, 1.7.2020, Rn. 131; KK-UmwG/*Simon* Rn. 43). 62

VII. Bestandsschutz bei sonstigen Mängeln (Abs. 2)

Über die Heilung von Formmängeln nach Abs. 1 S. 4 hinaus genießt die Verschmelzung nach Abs. 2 auch bei sonstigen Mängeln Bestandsschutz (dazu ausf.: *Kort* AG 2010, 230; *Schäfer* FS K. Schmidt 2009, 1389; zu weitgehend für Heilung: Semler/Stengel/*Leonard* Rn. 86; Kallmeyer/*Marsch-Barner/Oppenhoff* Rn. 33), wenn sie in das Register des aufnehmenden Rechtsträgers eingetragen ist. Der Bestandsschutz wirkt nicht nur ex nunc, sondern sogar in die Zukunft (KK-UmwG/*Simon* Rn. 45; OLG Hamburg 17.8.2007, RNotZ 2008, 37). Dabei kommt es grundsätzlich nicht darauf an, welche Rechtshandlung im Zusammenhang mit der Verschmelzung mit Mängeln behaftet ist und wie schwer der Mangel wiegt (RegBegr. BT-Drs. 9/1065 zu § 352a AktG, BGH 5.3.1999, NZG 1999, 785 mwN; OLG Hamburg 17.8.2007, DNotZ 2009, 227 = RNotZ 2008, 37; SHS/*Winter* Rn. 109; s. auch zum Verstoß gegen Kartellrecht und Heilung durch Eintragung: Semler/Stengel/*Stengel* § 2 Rn. 69 ff. und SHS/*Winter* § 2 Rn. 25). Diese Regelung soll wie schon § 352a AktG aF die Wirksamkeit der Umwandlung nach der Eintragung außer Streit stellen (BGH 2.12.1994, VIZ 1995, 298 = ZIP 1995, 422; *K. Schmidt* ZIP 1998, 187) und die Notwendigkeit einer „Entschmelzung" verhindern (für Entschmelzung ex nunc aber zB *K. Schmidt* ZIP 1998, 187; *Veil* ZIP 1996, 1068). 63

Da Abs. 2 die dingliche Bestandskraft der eingetragenen Verschmelzung normiert, kann selbst eine begründete **Anfechtungsklage** nicht bewirken, dass die einmal eingetragene Verschmelzung rückgängig gemacht wird (OLG Hamburg 16.4.2004, NZG 2004, 729 = Der Konzern 2004, 433; OLG Hamburg 17.8.2007, RNotZ 2008, 37 = DNotZ 2009, 227). Auch eine **Amtslöschung** nach §§ 395, 397 f. FamFG kommt nicht in Betracht (KK-UmwG/*Simon* Rn. 52; OLG Frankfurt a. M. 26.5.2003, NZG 2003, 790 = GmbHR 2003, 1276; OLG Hamburg 20.8.2003, NZG 2003, 981; OLG Hamm 27.11.2000, BeckRS 2007, 01470 = ZIP 2001, 569; ausf. dazu *Kort* DStR 2004, 185 mwN; *Kort* NZG 2010, 893; auf Vorlage des OLG Hamm 25.2.2002, BeckRS 2010, 06737 = DB 2002, 1431 wurde die Verfassungsbeschwerde dagegen als unzulässig zurückgewiesen: BVerfG 13.10.2004, BeckRS 2004, 25519 = WM 2004, 2354; **aA** weiterhin *Horsch* Rpfleger 2005, 577 und *Büchel* ZIP 2006, 2289, für analoge Anwendung des § 395 FamFG). Eine widerrechtliche Amtslöschung muss seinerseits wieder gelöscht werden (**aA** zu Unrecht *Custodis* GmbHR 2006, 904 (für ex nunc-Beseitigung der Verschmelzung durch Löschung im Handelsregister)). Gleichermaßen ist eine **Insolvenzanfechtung** ausgeschlossen (*Lwowski/Wunderlich* NZI 2008, 595; großzügiger bei der Spaltung offenbar: *Roth* ZInsO 2013, 1597). Schadensersatzansprüche (zB aus § 16 Abs. 3 S. 8, § 25) bleiben demgegenüber möglich (um verbleibenden Rechtsschutzbedürfnis für eine Anfechtungsklage: OLG Stuttgart 28.1.2004, NZG 2004, 463 = ZIP 2004, 1145 zu § 131 Abs. 2, bei der Spaltung; OLG München 14.4.2010, BeckRS 2010, 08984 = *Gottschalk* GWR 2010, 217, zu § 202 Abs. 3 beim Formwechsel). Die richterliche Klärung der 64

Wirksamkeit des der Umwandlung zugrunde liegenden Gesellschafterbeschlusses durch Anfechtungs- und Nichtigkeitsklage bleibt möglich (OLG München 14.4.2010, BeckRS 2010, 08984 = Der Konzern 2010, 320 zu § 202).

65 Eine Rechtsnachfolge durch die eingetragene Umwandlung findet allenfalls dann nicht statt, wenn der gesamte „verschmelzungsähnliche Vorgang" **wegen gravierender Mängel nichtig** ist. Dies wird in der Rspr. angenommen, wenn zB die gewählte Umwandlungsform oder die Gesellschaftsform nicht dem Gesetz entspricht (s. vor allem die **fehlgeschlagenen LPG-Umwandlungen:** OLG Brandenburg 30.11.2010, BeckRS 2010, 29962; BGH 29.6.2001, BeckRS 2001, 07163 = ZIP 2001, 2006 mit Verweis auf BGH 3.5.1996, BGHZ 132, 353; BGH 7.11.1997, BGHZ 137, 134 = NJW 1998, 229; BGH 5.3.1999, NJW-RR 1999, 910 = ZIP 1999, 840; BGH 17.5.1999, BGHZ 142, 1 = NJW 1999, 2522; zur „Heilung" durch Nachtragsvereinbarung: BGH 19.6.2012, ZIP 2012, 1912; zurecht aber gegen Verallgemeinerung wegen der Sondersituation bei diesen Umwandlungen SHS/*Winter* Rn. 115; vgl. auch *Henze* BB 1999, 2208 (2210)). Dies erfasst Fälle, in denen nicht verschmelzungsfähige Rechtsträger beteiligt sind, eine Umstrukturierungsmaßnahme durchgeführt wird, die keine Umwandlung iSd § 1 darstellt oder überhaupt keine auf eine Verschmelzung gerichteten Willenserklärungen vorliegen (KK-UmwG/*Simon* Rn. 46). So sieht es die hM auch als **unheilbar nichtig** an, wenn essentialia des Verschmelzungsvertrages fehlen, die ihn erst zu einem auf die Rechtswirkungen der Verschmelzung gerichteten Vertrag machen. Dies soll schon der Fall sein, wenn **Angaben zum Umtauschverhältnis gänzlich fehlen** (Semler/Stengel/*Schröer* § 5 Rn. 127 mwN; KK-UmwG/*Simon* § 5 Rn. 242)

66 Von Abs. 2 erfasst sind sowohl die Nichtigkeit, die Anfechtbarkeit des **Verschmelzungsvertrages** als auch fehlender Vertragsschluss wegen Dissens, mangelhafter Vertretung oder Unvollständigkeit. Der Bestandschutz des Abs. 2 zwingt nicht dazu einen eventuell fehlerhaften Verschmelzungsvertrag mit dem ggf. nichtigen Inhalt durchzuführen, den er hat. Vielmehr kann eine **ergänzende Vertragsauslegung,** die den Abschluss des Verschmelzungsvertrages nicht insgesamt in Frage stellt, jedenfalls bei den wesentlichen Elementen des Vertrages den mutmaßlichen Willen der Parteien berücksichtigen (KK-UmwG/*Simon* Rn. 53; SHS/*Winter* Rn. 118 f.).

67 Auch bei den **Verschmelzungsbeschlüssen** können Nichtigkeit oder Anfechtbarkeit die Wirkung der Eintragung nach Abs. 2 nicht verhindern. Streitig diskutiert wird der Fall, dass **keinerlei Zustimmungsbeschlüsse** vorliegen (Wirksamkeit zu Recht bejahend: BeckOGK/*Rieckers/Cloppenburg,* 1.7.2020, Rn. 134 und 144; KK-UmwG/*Simon* Rn. 46 mit Hinweis auf die Fälle des § 62, bei denen ein Beschluss obsolet sein kann; so auch Lutter/*Grunewald* Rn. 81; **aA,** wenn die Anteilseigner eines beteiligten Rechtsträgers in keiner Weise ihre Zustimmung zur Verschmelzung bekundet haben: Semler/Stengel/*Leonard* Rn. 89 mit Verweis auf BGH 3.5.1996, BGHZ 132, 353 (360), bei denen der fehlende Formwechselbeschluss aber auch den „Vertrag" vermissen ließ).

68 Selbst eine **mangelhafte Kapitalerhöhung** lässt die Wirksamkeit der Verschmelzung unberührt (→ § 55 Rn. 2 f. zur konditionalen Verknüpfung mit der Verschmelzung). Auch der fehlerhafte Kapitalerhöhungsbeschluss selbst ist nicht mehr angreifbar (KK-UmwG/*Simon* Rn. 50). Der Bestandsschutz erstreckt sich neben den zum Zwecke der Verschmelzung gefassten und im Handelsregister eingetragenen Kapitalerhöhungsbeschluss auch auf eine damit eng verbundene **Kapitalherabsetzung** (OLG Frankfurt a. M. 24.1.2012, NZG 2012, 596 = ZIP 2012, 826; zB denkbar bei der Spaltung nach §§ 139, 145). Eine entgegen § 53 noch nicht eingetragene oder ganz fehlende Kapitalerhöhung muss noch nachgeholt oder nachträglich eingetragen werden, wozu die übernehmende Gesellschaft aus dem Verschmelzungsvertrag verpflichtet ist (SHS/*Winter* Rn. 120; **aA** Widmann/Mayer/*Vossius* Rn. 378, der nochmalige Eintragung der Verschmelzung fordert; **aA** auch Kallmeyer/*Marsch-Barner/Oppenhoff* Rn. 44 und Semler/Stengel/*Leonard* Rn. 96, die fehlende Kapitalerhöhung nicht für erzwingbar halten). Die Eintragung der Kapitalerhöhung darf aus Gläubigerschutzgesichtspunkten bei fehlender Wertdeckung allerdings nicht zu einer Unterpariemission führen (SHS/*Winter* Rn. 122). Ein Anspruch auf bare Einlagenleistung entsprechend der Differenzhaftung bei einer wertmäßig nicht gedeckten eingetragenen Kapitalerhöhung gegen die Gesellschafter, die durch Verschmelzung Anteile erworben haben, kommt hier mE kaum mehr in Frage. Denn der BGH hat die Differenzhaftung abgelehnt (BGH 6.11.2018, NZG 2019, 187; kritisch dazu *Lieder/Bialluch* ZGR 2019, 760; dazu zustimmend *Heckschen* EWiR 2019, 101 und NZG 2019, 561).

69 Allein die **organisatorische Umsetzung der Verschmelzung im Vorgriff** zu ihrer ggf. wegen Mangelhaftigkeit abgelehnten Eintragung zB durch Invollzugsetzen des neu zu gründenden aufnehmenden Rechtsträgers, führt weder zur Anwendung der Lehre von der fehlerhaften Gesellschaft noch zu umwandlungsrechtlichen Haftungsfolgen (BGH 18.12.1999, DNotZ 1996, 692 = DB 1996, 417 noch zu §§ 25, 31 KapErhG; *Goette* DStR 1996, 1057; SHS/*Winter* Rn. 125; KK-UmwG/*Simon* Rn. 47).

Wirkung auf gegenseitige Verträge

21 Treffen bei einer Verschmelzung aus gegenseitigen Verträgen, die zur Zeit der Verschmelzung von keiner Seite vollständig erfüllt sind, Abnahme-, Lieferungs- oder ähnliche Verpflichtungen zusammen, die miteinander unvereinbar sind oder die beide zu

erfüllen eine schwere Unbilligkeit für den übernehmenden Rechtsträger bedeuten würde, so bestimmt sich der Umfang der Verpflichtungen nach Billigkeit unter Würdigung der vertraglichen Rechte aller Beteiligten.

I. Allgemeines

Die Vorschrift des § 21 trägt den **Schwierigkeiten** Rechnung, die sich daraus ergeben können, dass aufgrund der Gesamtrechtsnachfolge nach § 20 Abs. 1 Nr. 1 von dem übertragenden Rechtsträger **Verpflichtungen** im Verhältnis zu Dritten auf den übernehmenden Rechtsträger übergehen können, die mit den Verpflichtungen dieses Rechtsträgers **unvereinbar** sind oder die beide zu erfüllen eine **schwere Unbilligkeit** für den übernehmenden Rechtsträger bedeuten würde. Für bestimmte in § 21 erwähnte Verpflichtungen sieht diese Vorschrift eine Anpassung des Umfangs der Verpflichtungen vor. Über die in § 313 BGB kodifizierte Regelung der Störung der Geschäftsgrundlage geht § 21 insoweit hinaus, als er eine Anpassung gerade zugunsten des übernehmenden Rechtsträgers ermöglicht, obwohl die Verschmelzung dessen Risikosphäre zuzuordnen ist. Nach allgemeiner Ansicht schränkt § 21 die Anwendung des § 313 BGB und der sonstigen allgemeinen zivilrechtlichen Institute (etwa § 275 BGB) nicht ein. 1

II. Einzelerläuterung

1. Tatbestandsvoraussetzungen. a) Gegenseitiger Vertrag. Nach seinem Wortlaut betrifft die Regelung des § 21 nur gegenseitige Verträge. Dabei wird man sich an § 103 InsO orientieren können (SHS/*Winter* Rn. 3). Umstritten ist, ob § 21 über den Wortlaut hinaus auch auf nicht gegenseitige Verträge, etwa Gesellschaftsverhältnisse, ausgedehnt werden kann (dafür etwa Semler/Stengel/*Leonard* Rn. 3; dagegen etwa Lutter UmwG/*Grunewald* Rn. 2 iVm Rn. 4 und 9; BeckOGK/*Rieckers/Cloppenburg* Rn. 2). Aufgrund des klaren Wortlauts des § 21 und der nunmehr kodifizierten Anpassung im Falle der Störung der Geschäftsgrundlage in § 313 BGB ist eine für eine analoge Anwendung der Vorschrift erforderliche Gesetzeslücke nicht erkennbar, sodass in solchen Fällen § 21 nicht, sondern nur § 313 BGB anwendbar ist. Insbesondere wird durch § 21 die Anwendung von Haustarifverträgen des übertragenden Rechtsträgers beim übernehmenden Rechtsträger nicht ausgeschlossen (BAG 15.6.2016, NZA 2017, 326 Rn. 67 = AP § 20 Nr. 2). 2

Teilweise wird vertreten, dass auch **Verträge** zwischen Dritten und **Tochterunternehmen** eines übertragenden oder des übernehmenden Rechtsträgers von § 21 erfasst werden (BeckOGK/*Rieckers/Cloppenburg* Rn. 3; Kallmeyer/*Marsch-Barner/Oppenhoff* Rn. 2; dagegen die hM KK-UmwG/*Simon* Rn. 10; Lutter UmwG/*Grunewald* Rn. 6). Dieser Fall ist vom Wortlaut des § 21 nicht erfasst, und eine Anwendung erscheint auch nicht gerechtfertigt, weil dann nicht verschmelzungsbedingt bei (nur) einem Rechtsträger Verpflichtungen bestehen, die nicht miteinander zu vereinbaren sind. Insoweit besteht kein Unterschied zum Fall des Erwerbs einer Tochtergesellschaft, für den § 21 auch nicht gilt. Es verbleibt gegebenenfalls bei der Anwendung des § 313 BGB. 3

b) Zusammentreffen von Abnahme-, Lieferungs- und ähnlichen Verpflichtungen. Durch die Einbeziehung „ähnlicher Verpflichtungen" in die Verpflichtungen, die zusammentreffen, ist der von § 21 erfasste Kreis von betroffenen **Verpflichtungen** nach allgemeiner Meinung **weit zu ziehen** und sind an die Ähnlichkeit keine großen Anforderungen zu stellen (Semler/Stengel/*Leonard* Rn. 4 mwN; BeckOGK/*Rieckers/Cloppenburg* Rn. 6). Erfasst sein können daher auch Miet- und Dienstverträge (BeckOGK/*Rieckers/Cloppenburg* Rn. 6; enger KK-UmwG/*Simon* Rn. 6). Ein wichtiger Anwendungsbereich des § 21 sind zum Beispiel sich gegenseitig ausschließende Ausschließlichkeitsbindungen des übertragenden und des übernehmenden Rechtsträgers. 4

c) Von keiner Seite vollständige Erfüllung. Die Anwendung des § 21 setzt weiter voraus, dass die Verpflichtungen von keiner Seite vollständig erfüllt sind. Sicher erfasst ist der Fall, dass die beiderseitigen **Hauptleistungspflichten** noch **nicht erfüllt** sind. Nicht ausreichen wird, dass nur noch sekundäre Ansprüche, etwa Schadensersatzansprüche aufgrund mangelhafter Erfüllung, bestehen (vgl. zu § 103 InsO Uhlenbruck/*Wegener* InsO § 103 Rn. 58 mwN). Problematisch ist, ob auch die noch nicht erfolgte Erfüllung von selbstständigen **Nebenpflichten** für die Anwendung des § 21 ausreicht (dagegen KK-UmwG/*Simon* Rn. 7). Da auch insoweit aber die Abwicklung der Leistungspflichten noch nicht abgeschlossen ist, erscheint zumindest bei der noch nicht erfolgten Erfüllung wesentlicher selbständiger Nebenpflichten eine Anwendung des § 21 gerechtfertigt (vgl. HK-UmwG/*Kierstein* Rn. 8; Kallmeyer/*Marsch-Barner/Oppenhoff* Rn. 3; SHS/*Winter* Rn. 4, 6; zur Anwendung der Grundsätze des § 103 InsO und Uhlenbruck/*Wegener* InsO § 103 Rn. 58 mwN zum Streitstand bei § 103 InsO), zumal gerade die in § 21 ausdrücklich erwähnten Abnahmeverpflichtungen häufig keine Hauptleistungspflicht darstellen werden. 5

6 Auch die **Erfüllung durch** nur **eine Seite** schließt die Anwendung des § 21 aus; es verbleibt dann gegebenenfalls der Rückgriff auf die allgemeinen schuldrechtlichen Institute, etwa des § 313 BGB (vgl. auch BeckOGK/*Rieckers/Cloppenburg* Rn. 4).

7 **d) Unvereinbarkeit oder schwere Unbilligkeit.** Weitere Voraussetzung für die Anwendung des § 21 ist, dass die vom übertragenden und vom übernehmenden Rechtsträger eingegangenen Verpflichtungen **unvereinbar** sind oder dass sie beide zu erfüllen für den übernehmenden Rechtsträger eine **schwere Unbilligkeit** darstellen würde. Unvereinbarkeit iSd § 21 setzt voraus, dass die beiden Verpflichtungen sich gegenseitig ausschließen, etwa im Falle sich widersprechender Ausschließlichkeitsbindungen. Weniger deutlich ist dagegen, wann eine schwere Unbilligkeit vorliegt. Dabei wird als Grundsatz davon auszugehen sein, dass hiervon der Fall erfasst ist, dass die Verpflichtung den übernehmenden Rechtsträger weit mehr belastet, als dies bei Vertragsschluss absehbar war (Lutter UmwG/*Grunewald* Rn. 5; BeckOGK/*Rieckers/Cloppenburg* Rn. 10). Allerdings sind hierbei erhebliche Anforderungen zu stellen, weil das Gesetz nicht eine einfache, sondern eine schwere Unbilligkeit fordert (vgl. Semler/Stengel/*Leonard* Rn. 6); das wird auch über die offenbare Unbilligkeit iSd § 319 BGB noch hinausgehen (für Gleichstellung aber SHS/*Winter* Rn. 9). Unerheblich ist die Kenntnis oder das Kennenmüssen einer potentiellen schweren Unbilligkeit bei Abschluss des Verschmelzungsvertrages (BeckOGK/*Rieckers/Cloppenburg* Rn. 10). Andernfalls verbliebe kaum ein Anwendungsbereich für § 21. Die strittige Frage der erforderlichen **wirtschaftlichen Auswirkungen** (dazu zB SHS/*Winter* Rn. 9 einerseits und Lutter UmwG/*Grunewald* Rn. 5 andererseits) scheint mehr terminologischer Natur zu sein. Richtig wird insoweit sein, dass nicht die unabhängig von den Verpflichtungen bestehende wirtschaftliche Ausgangslage des übernehmenden Rechtsträgers relevant sein kann, sondern allein die objektiven wirtschaftlichen Auswirkungen der beiden Verpflichtungen.

8 **2. Rechtsfolgen.** Liegen die Tatbestandsvoraussetzungen des § 21 vor, bestimmt sich der Umfang der Verpflichtungen nach Billigkeit unter Würdigung der vertraglichen Rechte aller Beteiligten. In welcher Weise diese **Anpassung** der **Verpflichtungen** der Beteiligten erfolgt, ist im Gesetz nicht geregelt. Es ist dementsprechend strittig, ob hieraus ein einseitiges Leistungsbestimmungsrecht iSd § 315 BGB (dafür zB SHS/*Winter* Rn. 10; BeckOGK/*Rieckers/Cloppenburg* Rn. 13) oder ein Anpassungsanspruch iSd § 313 BGB (dafür zB Lutter UmwG/*Grunewald* Rn. 10; KK-UmwG/*Simon* Rn. 11) folgt. Wegen der Nähe des § 21 zur in § 313 BGB nunmehr gesetzlich geregelten Störung der Geschäftsgrundlage erscheint es angemessen, den **Rechtsfolgenmechanismus** des § 313 BGB auch auf § 21 anzuwenden, zumal auf diese Weise Abgrenzungsprobleme zwischen diesen beiden Vorschriften an Relevanz verlieren, wobei allerdings nach der Rspr. des BGH auch der Anpassungsanspruch nach § 313 BGB unmittelbar eine Klage auf die angepasste Leistung ermöglicht (BGH 30.9.2011, BGHZ 191, 139 Rn. 34 = NJW 2012, 373), sodass der praktische Unterschied auch bei § 21 gering sein wird.

Gläubigerschutz

22 (1) [1]**Den Gläubigern der an der Verschmelzung beteiligten Rechtsträger ist, wenn sie binnen sechs Monaten nach dem Tag, an dem die Eintragung der Verschmelzung in das Register des Sitzes desjenigen Rechtsträgers, dessen Gläubiger sie sind, nach § 19 Abs. 3 bekannt gemacht worden ist, ihren Anspruch nach Grund und Höhe schriftlich anmelden, Sicherheit zu leisten, soweit sie nicht Befriedigung verlangen können.** [2]**Dieses Recht steht den Gläubigern jedoch nur zu, wenn sie glaubhaft machen, daß durch die Verschmelzung die Erfüllung ihrer Forderung gefährdet wird.** [3]**Die Gläubiger sind in der Bekanntmachung der jeweiligen Eintragung auf dieses Recht hinzuweisen.**

(2) **Das Recht, Sicherheitsleistung zu verlangen, steht Gläubigern nicht zu, die im Falle der Insolvenz ein Recht auf vorzugsweise Befriedigung aus einer Deckungsmasse haben, die nach gesetzlicher Vorschrift zu ihrem Schutz errichtet und staatlich überwacht ist.**

Übersicht

I. Allgemeines

1 Durch die Verschmelzung des übertragenden Rechtsträgers mit dem übernehmenden Rechtsträger kann sich eine **Gefährdung der Rechte der Gläubiger** sowohl des übertragenden als auch des übernehmenden Rechtsträgers ergeben, weil es durch die Verschmelzung keine getrennten Vermögensmassen der beiden Rechtsträger mehr gibt. Diese Gläubiger können unter den in § 22 genannten Voraussetzungen **Sicherheitsleistung** für ihre noch nicht fälligen Ansprüche verlangen. Daneben werden Gläubiger durch die iRd Verschmelzung zu beachtenden Kapitalaufbringungsregeln und Gläubiger des übertragenden Rechtsträgers durch die Schadensersatzpflicht des § 25 geschützt. Die seit 2007 unveränderte Fassung des § 22 setzt bereits in ausreichender Weise die durch die Richtlinie 2009/109/EG (ABl. 2009 L 259, 14) geänderte Fassung des Art. 13 RL 78/855/EWG (Verschmelzungs-RL), zwischenzeitlich ersetzt durch Art. 13 RL 2011/35/EU und nunmehr kodifiziert in Art. 99 RL (EU) 2017/1132, um, sodass kein Änderungsbedarf iRd 3. UmwÄndG bestand (vgl. die Regierungsbegründung zu diesem Gesetz (BR-Drs. 485/10, 8) und zum vorangegangenen Referentenentwurf *Neye/Jäckel* AG 2010, 237 (238)). Für die grenzüberschreitende Verschmelzung trifft § 122j eine Sonderregelung. Auf die Zusammenlegung und Zulegung von Stiftungen ist § 22 entsprechend anwendbar (*Hoffmann-Grambow* DZWIR 2015, 301 (312)).

2 In Abs. 1 S. 1 ist der grundsätzliche Anspruch der Gläubiger des übertragenden und des übernehmenden Rechtsträgers auf Sicherheitsleistung statuiert. Eingeschränkt wird dieser Anspruch durch Abs. 1 S. 2, der den Anspruch auf den Fall beschränkt, dass der Gläubiger **glaubhaft macht,** dass durch die Verschmelzung die Erfüllung der Forderung **gefährdet** wird. Ergänzt wird diese Einschränkung durch Abs. 2, der den Anspruch auch in dem Fall ausschließt, dass Gläubiger im Falle der Insolvenz ein Recht auf **vorzugsweise Befriedigung** aus einer Deckungsmasse haben, die nach gesetzlicher Vorschrift zu ihrem Schutz errichtet und überwacht ist. Inhaltlich ergänzt wird dieser Anspruch durch die Verpflichtung zum Hinweis auf das Recht, Sicherheitsleistung zu fordern, in der Bekanntmachung der Eintragung der Verschmelzung.

II. Einzelerläuterung

3 **1. Anspruchsvoraussetzungen für Sicherheitsleistung. a) Berechtigte Gläubiger und gesicherte Ansprüche.** Einen Anspruch auf Sicherheitsleistung nach § 22 können, anders als nach einigen Vorgängervorschriften, sowohl Gläubiger des übertragenden als auch des übernehmenden Rechtsträgers haben.

4 In **zeitlicher** Hinsicht sind nur solche Gläubiger geschützt, deren Recht **vor der Verschmelzung** begründet worden ist, weil nur diese Gläubiger durch die Verschmelzung einen Nachteil erleiden können. Strittig ist, ob für die Abgrenzung auf den Zeitpunkt des Wirksamwerdens der Verschmelzung mit der Eintragung (§ 20 Abs. 1) oder der Bekanntmachung der Eintragung (§ 19 Abs. 3) abzustellen ist. Weil es bereits mit der Eintragung nur noch einen Rechtsträger gibt, also ab diesem Zeitpunkt nur noch Verbindlichkeiten mit dem verschmolzenen Rechtsträger begründet werden können und somit kein Nachteil durch die Verschmelzung mehr entstehen kann, wird grundsätzlich auf den Zeitpunkt der Eintragung abzustellen sein (Semler/Stengel/*Seulen* Rn. 12 mwN; BeckOGK/*Rieder* Rn. 9; aA Kallmeyer/*Marsch-Barner/Oppenhoff* Rn. 3: Beginn der Sechs-Monats-Frist nach Abs. 1 S. 1). Allerdings werden Gläubiger, die mangels Bekanntmachung davon ausgehen, Ansprüche gegen einen nicht verschmolzenen Rechtsträger erworben zu haben, durch § 15 Abs. 1 HGB geschützt (hM; unter anderem Semler/Stengel/*Seulen* Rn. 12; aA SHS/*Winter* Rn. 6). Auch vor der Verschmelzung begründete Dauerschuldverhältnisse sind hinsichtlich der in ihnen enthaltenen Verpflichtungen unabhängig von deren jeweiliger Fälligkeit (→ Rn. 13) erfasst (vgl. BGH 27.9.1999, BGHZ 142, 324 (329) = NJW 2000, 208 zu § 160 HGB). Gleiches gilt für bedingte oder befristete Ansprüche, insbesondere auch für aufschiebend bedingte Ansprüche (hM, zB KK-UmwG/*Simon* Rn. 22; aA zB SHS/*Winter* Rn. 7), weil auch diese (Anwartschaftsrecht) bereits begründet sind und das Sicherungsbedürfnis des Gläubigers in einem solchen Fall nicht notwendigerweise geringer ist als bei unbedingten Ansprüchen, insbesondere wenn der Bedingungseintritt nicht mehr vom Schuldner verhindert werden kann (vgl. BAG 30.7.1996, E 83, 356 (363) = AG 1997, 268). Es gibt auch kein vom Gesetz gestütztes Argument, die Wahrscheinlichkeit des Bedingungseintritts bereits für die Frage heranzuziehen, ob eine Forderung geschützt ist (so aber unter anderem Semler/Stengel/*Seulen* Rn. 16), sondern diese spielt allein bei der Frage der Gefährdung iSd Abs. 1 S. 2 eine Rolle (Lutter UmwG/*Grunewald* Rn. 7 f.).

5 Von § 22 erfasst sind unstreitig **schuldrechtliche** Ansprüche. Ob daneben auch **sachenrechtliche** Ansprüche erfasst sind, ist streitig, aber von geringer praktischer Relevanz, weil diese Ansprüche regelmäßig durch die Verschmelzung nicht gefährdet werden (vgl. Semler/Stengel/*Seulen* Rn. 7 und KK-UmwG/*Simon* Rn. 15 f.; vgl. auch mwN BeckOGK/*Rieder* Rn. 21). Für einen gänzlichen Ausschluss fehlt aber eine Grundlage (Lutter UmwG/*Grunewald* Rn. 28; KK-UmwG/*Simon* Rn. 15 f.).

6 Nicht durch § 22 geschützt sind **Rechte aus dem Gesellschaftsverhältnis,** soweit es sich nicht um konkrete vor der Verschmelzung entstandene und die Verschmelzung überdauernde Ansprüche, etwa Dividendenansprüche, handelt (Semler/Stengel/*Seulen* Rn. 6; KK-UmwG/*Simon* Rn. 10 mwN; Beck-OGK/*Rieder* Rn. 22 f.), die dann aber regelmäßig bereits fällig und daher von einem Anspruch auf Sicherheitsleistung nach Abs. 1 S. 1 ausgeschlossen sind. Weiterhin nicht durch § 22 geschützt sind Gläubiger von durch § 23 erfassten Rechten, für die § 23 eine abschließende Regelung enthält, soweit nicht der übernehmende Rechtsträger nicht in der Lage ist, gleichwertige Sonderrechte iSd § 23 zu gewähren (KK-UmwG/*Simon* Rn. 12–14 mN auch zu anderen Differenzierungen).

7 **Ausgeschlossen** sind nach Abs. 1 S. 1 aE Ansprüche, für die der betroffene Gläubiger Befriedigung verlangen kann. Wenn der Gläubiger einen **fälligen Anspruch** durchsetzen kann, gibt es keinen Grund, ihm ein Recht auf Sicherheitsleistung zu gewähren. Für das Bestehen eines Anspruchs auf Sicherheitsleistung ist es dagegen unerheblich, ob bereits ein fälliger Anspruch gegen einen Dritten besteht, weil § 22 gerade die Erfüllung durch den übernehmenden Rechtsträger sichern soll (BeckOGK/*Rieder* Rn. 43; Lutter UmwG/*Grunewald* Rn. 9 mwN auch zur Gegenauffassung). Wird bei einem zunächst begründeten Verlangen nach Sicherheitsleistung vor Gewährung der Sicherheit der Anspruch fällig, gibt es ebenfalls keine Grundlage mehr für die Gewährung einer Sicherheit; der Anspruch ist zu erfüllen (Semler/Stengel/*Seulen* Rn. 42; aA Lutter UmwG/*Grunewald* Rn. 10). Andererseits ist der Gläubiger grundsätzlich nicht gezwungen, die Fälligkeit erst herbeizuführen, insbesondere wenn dies für ihn im Vergleich zur Nichtherbeiführung der Fälligkeit Nachteile hat (→ Rn. 13).

8 Ausgeschlossen ist der Anspruch auf Sicherheitsleistung außerdem nach Abs. 2, wenn die betroffenen Gläubiger im Falle der Insolvenz ein **Recht auf vorzugsweise Befriedigung** aus einer Deckungsmasse haben, die nach gesetzlicher Vorschrift zu ihrem Schutz errichtet und staatlich überwacht ist. Das betrifft die Deckungsmasse nach § 30 PfandBG und das Sicherungsvermögen nach § 315 VAG iVm § 126 VAG (§ 77a VAG iVm § 66 VAG in der bis 31.12.2015 geltenden Fassung). Ob die Sicherung von Betriebsrentenansprüchen durch den PSVaG hierunter fällt, ist strittig, aber für das Nichtbestehen eines Sicherungsanspruchs nicht relevant, weil die Sicherung des PSVaG ausschließt, dass der Anspruch iSd Abs. 1 S. 2 gefährdet ist (vgl. BAG 11.3.2008, WM 2009, 27 Rn. 25 = AP § 131 Nr. 1).

9 Allgemein ist der Anspruch auf Sicherheitsleistung ausgeschlossen, wenn der Schuldner der Forderung bereits eine **ausreichende Sicherheit** gestellt hat. Strittig ist, ob die Gewährung einer ausreichenden Sicherheit durch einen Dritten einen Anspruch auf Sicherheitsleistung ausschließt. Diese Frage ist parallel zu der Frage des Ausschlusses eines Anspruchs auf Sicherheitsleistung bei einem fälligen Anspruch gegen einen Dritten (→ Rn. 7) zu beantworten; ein Anspruch ist also nicht ausgeschlossen (Lutter UmwG/*Grunewald* Rn. 27; aA zB KK-UmwG/*Simon* Rn. 41).

10 **b) Gefährdung der Erfüllung durch die Verschmelzung.** Der Anspruch auf Sicherheitsleistung besteht nur, wenn durch die Verschmelzung die Erfüllung des Anspruchs des Gläubigers gefährdet ist, was auch eine Erhöhung einer bereits bestehenden Gefährdung einschließt (vgl. zur Ausgliederung LG Augsburg 29.3.2011, BeckRS 2011, 18537, auch zur Höhe der Sicherheitsleistung in einem solchen Fall). Die Gefährdung der Erfüllung hat der Gläubiger nach Abs. 1 S. 2 **glaubhaft zu machen,** wofür die überwiegende Wahrscheinlichkeit der Gefährdung genügt und in einem etwaigen Gerichtsverfahren auf § 294 Abs. 1 ZPO zurückgegriffen werden kann. Die Gefährdung der Erfüllung muss konkret sein (BGH 26.4.2002, BGHZ 150, 365 (370) = NJW 2002, 2168; BeckOGK/*Rieder* Rn. 26), wofür die Tatsache der Verschmelzung als solche nicht ausreicht. Es muss eine konkrete Risikosteigerung durch die Verschmelzung geben, also die Wahrscheinlichkeit eines Forderungsausfalls hinzutreten. Wann eine solche konkrete Gefährdung vorliegt, lässt sich abstrakt kaum beantworten. Als **Fallgruppen** (zu diesen insbesondere Semler/Stengel/*Seulen* Rn. 20 ff.; BeckOGK/*Rieder* Rn. 32 ff.) kommen faktische Gründe wie die fehlende Solvenz des verschmolzenen Rechtsträgers (vgl. auch *Simon/Brünkmans* ZIP 2014, 657 (666) und → § 3 Rn. 19a zu Insolvenzplanverfahren sowie OLG Brandenburg 27.1.2015, NZG 2015, 884 mAnm *Wachter* NZG 2015, 858 = NZI 2015, 565 mAnm *Madaus* zur Verschmelzung insolventer Rechtsträger), ein konkreter Abbau der Kapitalbindung (auch im Hinblick auf ausstehende Einlagen, dazu *Rosner* AG 2011, 5 (8)), der Wegfall persönlicher Haftung und eine Substanzminderung durch die Verschmelzung in Betracht (vgl. auch KK-UmwG/*Simon* Rn. 29 f. zu einer Differenzierung zwischen kurz- und langfristig fällig werdenden Forderungen). Aber auch hier ist jeweils eine kausale konkrete Gefährdung durch die Verschmelzung festzustellen. Die **Sicherungsansprüche anderer Gläubiger** bleiben nach allgemeiner Auffassung außer Betracht (Kallmeyer/*Marsch-Barner/Oppenhoff* Rn. 7 mwN; vgl. für die Spaltung LG Köln 30.1.2004, Der Konzern 2004, 806 (808)), obwohl sich eine verschmelzungsbedingte Gefährdung – die Sicherungsansprüche der übrigen Gläubiger entstehen durch die Verschmelzung und werden durch die Geltendmachung lediglich aktualisiert – an sich nicht verneinen lässt, soweit man nicht auf eine (zweifelhafte) fehlende Unmittelbarkeit abstellen will (so Semler/Stengel/*Seulen* Rn. 31).

11 **2. Anmeldung des Anspruchs auf Sicherheitsleistung.** Der Anspruch der Gläubiger auf Sicherheitsleistung unterliegt der in Abs. 1 S. 1 geregelten **Ausschlussfrist** von sechs Monaten nach dem Tag, an dem die Eintragung der Verschmelzung in das Register desjenigen Rechtsträgers, dessen Gläubiger

sie sind, nach § 19 Abs. 3 bekannt gemacht worden ist (dazu OLG Frankfurt a. M. 11.9.2017, BeckRS 2017, 126678). Als Ausschlussfrist läuft diese Frist kenntnisunabhängig; auch eine Wiedereinsetzung in den vorigen Stand ist nicht möglich. Die Einräumung einer längeren Anmeldefrist durch das verschmolzene Unternehmen ist iRd Vertragsfreiheit nicht ausgeschlossen (hM; BeckOGK/*Rieder* Rn. 39; Semler/Stengel/*Seulen* Rn. 39 mwN). Die Anmeldung hat schriftlich zu erfolgen, wobei mangels abweichender Bestimmung auch § 126 Abs. 3 BGB (elektronische Form) Anwendung findet. In der Anmeldung sind der Anspruchsgrund und die Anspruchshöhe substantiiert darzulegen. Steht die Forderung noch nicht abschließend fest – zB bei einem dem Grunde nach entstandenen, aber der Höhe nach noch nicht feststehenden Schadensersatzanspruch –, ist eine Schätzung ausreichend. Im Streitfall obliegt dem Gläubiger der volle Beweis des Bestehens der Forderung; die Glaubhaftmachung gem. Abs. 1 S. 2 bezieht sich nur auf die Gefährdung der Erfüllung durch die Verschmelzung, nicht aber auf das Bestehen der Forderung.

3. Hinweis auf Anspruch in Bekanntmachung. Nach Abs. 1 S. 3 sind die Gläubiger in der Bekanntmachung der jeweiligen Eintragung auf das Recht, Sicherheitsleistung zu fordern, hinzuweisen. Eine unterlassene Bekanntmachung ändert aber nichts daran, dass für den Anspruch auf Sicherheitsleistung die sechsmonatige Ausschlussfrist mit der Bekanntmachung der Eintragung der Verschmelzung läuft. Eine unterlassene Bekanntmachung kann gegebenenfalls zu Amtshaftungsansprüchen führen. 12

4. Sicherheitsleistung. Für die zu gewährende Sicherheitsleistung gelten die allgemeinen Vorschriften der §§ 232–240 BGB (vgl. BGH 16.10.2008, NZI 2009, 171 Rn. 49 = WM 2009, 117, dort auch zur Kongruenz einer so gewährten Sicherheit). Eine Begrenzung erhält die zu gewährende Sicherheit durch das **konkrete Sicherungsbedürfnis** des Gläubigers (vgl. BGH 18.3.1996, NJW 1996, 1539 = AG 1996, 321 zur Vorgängervorschrift des § 26 Abs. 1 S. 1 KapErhG für ein langfristiges Mietverhältnis; vgl. aber auch *Goette* DStR 2009, 2602 (2609) zu einem Revisionsverfahren zu einer Sicherheitsleistung nach § 303 AktG). Im Falle des Bestehens einer Kündigungsmöglichkeit den Anspruch auf Sicherheitsleistung iSd Kündigungstheorie zur Nachhaftungsbegrenzung einzuschränken (so Semler/Stengel/*Seulen* Rn. 47), ist nicht gerechtfertigt (so auch Lutter UmwG/*Grunewald* Rn. 24). Soweit der Gläubiger kündigen kann, würde dadurch sein Erfüllungsanspruch, der ja gerade durch § 22 gesichert werden soll, entwertet. Soweit der Schuldner kündigen kann, steht nicht fest, dass diese Kündigung erfolgen wird, sodass sich auch hieraus kein gemindertes Schutzbedürfnis des Gläubigers ergibt. Erfolgt eine Kündigung und reduziert sich dadurch das Sicherungsbedürfnis bzw. entfällt die zu sichernde Forderung, ist die Sicherheitsleistung gegebenenfalls herabzusetzen bzw. vollständig zurückzugewähren (vgl. auch LG Köln 17.9.2004, BeckRS 2004, 11452 zum nachträglichen Entfallen der Gefährdungslage durch Maßnahmen des Schuldners). Eine Begrenzung analog § 160 HGB auf Ansprüche, die innerhalb von fünf Jahren fällig werden, ist in § 22 nicht ausdrücklich geregelt. Für § 303 AktG, der insoweit ebenfalls keine ausdrückliche Regelung enthält, hat der BGH entschieden, dass die Nachhaftungsregeln in §§ 26, 160 HGB und § 327 Abs. 4 AktG entsprechend anzuwenden sind (BGH 7.10.2014, NJW-RR 2015, 232 = NZG 2014, 1340; → AktG § 303 Rn. 6). Dies hätte bei einer Anwendung auch auf § 22 zur Konsequenz, dass § 22 bei der Spaltung, wo sich eine spaltungsbedingte, nach §§ 125, 22 durch Sicherheitsleistung auszugleichende Gefährdung gerade für den Zeitraum nach Ende der fünfjährigen bzw. im Falle des § 133 Abs. 3 S. 2 zehnjährigen Nachhaftung ergeben kann (dazu *Baum/Humpert* BB 2009, 950 (952); OLG Frankfurt a. M. 11.9.2017, BeckRS 2017, 126678 zu einem Mietverhältnis), in erheblichem Umfang leerlaufen würde. Dadurch würde der Anreiz, sich durch Spaltung langlaufender Verbindlichkeiten zu entledigen, weiter gestärkt. Im Hinblick auf das Zusammenwirken von zeitlich begrenzter Nachhaftung und Sicherheitsgewährungsanspruch erscheint daher eine Anwendung der Nachhaftungsregeln in §§ 26, 160 HGB und § 327 Abs. 4 AktG auch auf § 22 nicht angemessen. 13

5. Schutzgesetz? In der Lit. ist streitig, ob § 22 ein Schutzgesetz iSd § 823 Abs. 2 BGB darstellt, also eine Nichtgewährung der geschuldeten Sicherheit zu einer Haftung der daran beteiligten Organmitglieder führt (Nachweise bei Kallmeyer/*Marsch-Barner/Oppenhoff* Rn. 13 mwN; BeckOGK/*Rieder* Rn. 59). Eine solche Qualifikation erscheint nicht gerechtfertigt, weil § 22 einen gewöhnlichen Leistungsanspruch gewährt. Wird dieser nicht erfüllt, ist er gegebenenfalls zwangsweise gegen den betroffenen Rechtsträger durchzusetzen und führt zu Schadensersatzansprüchen gegen diesen Rechtsträger nach den Regeln des allgemeinen Schuldrechts. 14

Schutz der Inhaber von Sonderrechten

23 **Den Inhabern von Rechten in einem übertragenden Rechtsträger, die kein Stimmrecht gewähren, insbesondere den Inhabern von Anteilen ohne Stimmrecht, von Wandelschuldverschreibungen, von Gewinnschuldverschreibungen und von Genußrechten, sind gleichwertige Rechte in dem übernehmenden Rechtsträger zu gewähren.**

I. Allgemeines

1 Die Regelung des § 23 dient dem Verwässerungsschutz von Inhabern von Rechten in einem übertragenden Rechtsträger, die kein Stimmrecht gewähren. Der so gewährte Schutz wird damit begründet, dass dieser erforderlich sei, weil die Rechtsstellung der „Inhaber von Rechten in einem Rechtsträger" einerseits über die nur schuldrechtliche Gläubigerstellung hinausgehe, andererseits den hier genannten Rechtsinhabern die Möglichkeit fehle, durch Ausübung des Stimmrechts auf die Verschmelzung Einfluss zu nehmen (BT-Drs. 12/6699, 92; vgl. auch BeckOGK/*Rieder* Rn. 2 ff.). Erfasst sind nach der Gesetzesfassung neben keine Mitgliedschaftsrechte gewährenden Rechten in dem übertragenden Rechtsträger wie Gewinnschuldverschreibungen auch Anteile ohne Stimmrecht. Der Verwässerungsschutz wird dadurch erreicht, dass gleichwertige Rechte in dem übernehmenden Rechtsträger zu gewähren sind. Werden Rechte iSd § 23 nicht durch eine Verschmelzung, sondern durch den Abschluss eines Beherrschungs- und/oder Gewinnabführungsvertrags beeinträchtigt, kommt eine analoge Anwendung des § 23 nicht in Betracht, sondern ist, soweit eine vertragliche Regelung fehlt, eine Vertragsanpassung nach § 313 BGB wegen Wegfalls der Geschäftsgrundlage vorzunehmen, wobei diese sich an § 304 Abs. 2 S. 1 AktG anlehnt (BGH 28.5.2013, BGHZ 197, 284 Rn. 25 ff., 37 ff. = NZG 2013, 987 = WM 2013, 1550; s. auch die Vorinstanz OLG Frankfurt a. M. 7.2.2012, ZIP 2012, 524 = Konzern 2012, 127 zur vom BGH nicht mehr näher erörterten Nichtanwendung des § 23 in einem solchen Fall). Anwendbar ist § 23 auch im Rahmen von Konzernverschmelzungen iSd § 62 Abs. 1 (*Arens* WM 2014, 682 (685 f.)). Der Gesetzgeber hat von der durch Art. 15 RL 78/855/EWG (zwischenzeitlich Art. 15 RL 2011/35/EU, nunmehr Art. 101 RL (EU) 2017/1132) eingeräumten Möglichkeit, von diesem Schutz abzusehen, wenn eine Versammlung der Inhaber der Rechte oder jeder einzelne Inhaber dieser Änderung zustimmt, keinen Gebrauch gemacht (vgl. BT-Drs. 9/1065, 19 zur Vorgängervorschrift des § 347a AktG aF).

II. Einzelerläuterung

2 **1. Sonderrechte iSd § 23.** Die von § 23 erfassten Sonderrechte ergeben sich aus der **allgemeinen Definition** in § 23, die durch die in § 23 zusätzlich erwähnten Beispielsfälle ergänzt wird. Nach dieser allgemeinen Definition betrifft § 23 Rechte in einem Rechtsträger, die kein Stimmrecht gewähren. Aufgrund der rechtsformneutralen Formulierung kommt es nicht darauf an, welche Rechtsform der übertragende (oder der übernehmende) Rechtsträger hat (vgl. auch BeckOGK/*Rieder* Rn. 3). Ebenso wenig kommt es darauf an, ob die Rechte verbrieft sind. Durch die Formulierung „in einem übertragenden Rechtsträger" ist klargestellt, dass es sich nicht um Rechte an einem Rechtsträger handeln muss, sondern auch schuldrechtliche Rechte erfasst sind, die eine mitgliedschaftsähnliche Rechtsstellung verschaffen, aber kein Stimmrecht gewähren. Immer muss es sich aber um durch den übertragenden Rechtsträger gewährte Rechte handeln. Nicht erfasst sind einfache Gläubigerrechte wie die nicht gewinnabhängige einfache Teilschuldverschreibung. Obwohl sich dies aus dem Wortlaut des § 23 nicht unmittelbar ergibt, wird der Anwendungsbereich des § 23 allgemein auf Vermögensrechte beschränkt und werden Rechte mitverwaltungsrechtlicher Natur davon ausgeschlossen, weil diese von einer Verwässerung nicht betroffen sind und zudem hierfür teilweise gesonderte Zustimmungserfordernisse bestehen (Lutter UmwG/*Grunewald* Rn. 2 mwN).

3 Neben der allgemeinen Definition erwähnt § 23 gesondert Anteile ohne Stimmrecht, Wandelschuldverschreibungen, Gewinnschuldverschreibungen und Genussrechte als von dieser Vorschrift erfasste Rechte (BeckOGK/*Rieder* Rn. 11 ff.). Im Hinblick auf den Regelungszweck des § 23 problematisch sind die **Anteile ohne Stimmrecht,** weil bei diesen bereits über die Gewährung von Anteilsrechten am übernehmenden Rechtsträger ein ausreichender Schutz vor Verwässerung erzielt wird (vgl. KK-UmwG/*Simon* Rn. 9–11; Semler/Stengel/*Kalss* Rn. 9–11; vgl. auch OLG Düsseldorf 22.6.2017, AG 2017, 900 (907) = BeckRS 2017, 136416). Aufgrund der ausdrücklichen Erwähnung der Anteile ohne Stimmrecht in § 23 erscheint eine Reduktion des Geltungsbereichs jedoch nicht ohne weiteres möglich. In der Praxis ergeben sich daraus keine großen Unterschiede, weil der Anspruch aus § 23 dann, wenn bereits auf anderem Wege ein angemessener Umtausch sichergestellt ist, im Ergebnis weitgehend leerläuft. Die in § 23 ebenfalls genannten **Wandelschuldverschreibungen, Gewinnschuldverschreibungen** und **Genussrechte** nehmen die Begrifflichkeiten des § 221 AktG auf, ohne dass eine Beschränkung auf Rechte in AGen gegeben wäre. Aufgrund der Zielsetzung des § 23 ist der Begriff des gesetzlich nicht definierten Genussrechts aber dahingehend einschränkend auszulegen, dass er nur Genussrechte erfasst, die aktienähnlich (bzw. entsprechend anteilsähnlich bei anderen Rechtsformen) ausgestaltet sind (Semler/Stengel/*Kalss* Rn. 6; zu Phantom Stock Programmen *Wilhelm* NZG 2013, 1211 (1214 ff.); dazu auch LAG Baden-Württemberg 7.10.2015, BeckRS 2016, 71540). Nach zutreffender hM ist auch die Beteiligung als **stiller Gesellschafter** von § 23 erfasst, weil diese den in § 23 ausdrücklich genannten Rechten ähnelt, insbesondere wenn sie eine Gewinnbeteiligung gewährt (ausführlich *Schürnbrand* ZHR 173 (2009), 688 (696); Lutter UmwG/*Grunewald* Rn. 19; KK-UmwG/*Simon*

Rn. 16 jew. mwN; BeckOGK/*Rieder* Rn. 19; aA zB *Hüffer* FS Lutter, 2000, 1237). Bei der Auslegung des Anwendungsbereichs des § 23 ist zu berücksichtigen, dass dieser Art. 101 RL (EU) 2017/1132 (zuvor Art. 15 RL 78/855/EWG und zwischenzeitlich Art. 15 RL 2011/35/EG) umsetzt. Der EuGH hat in seinem Urteil vom 7.4.2016 (EuGH NZG 2016, 513 Rn. 65 f. = EuZW 2016, 339; zu dieser Auslegung insbesondere *Bayer/Schmidt* ZIP 2016, 841 (848 f.)) entschieden, dass Wertpapiere im Sinne dieser Vorschrift, die mit Sonderrechten verbunden, jedoch keine Aktien sind, unter anderem Schuldverschreibungen sind, bei denen eine Umtausch- oder Bezugsrecht auf Aktien, ein Vorzugsrecht auf Zeichnung des Gesellschaftskapitals oder ein Anspruch auf Gewinnbeteiligung eingeräumt werde. Es handele sich mithin um Wertpapiere, deren Inhaber mehr Rechte haben als das auf bloße Tilgung der Verbindlichkeiten und Zahlung der vereinbarten Zinsen. Dies gelte insbesondere für die Wertpapiere, deren Inhaber das Recht auf Umtausch gegen Aktien oder Anspruch auf Gewinnbeteiligung an der Emittentin hätten.

2. Anspruch auf Gewährung von gleichwertigen Rechten. Durch § 23 wird den Inhabern der 4
in dieser Vorschrift genannten Rechte ein Anspruch auf Gewährung von **gleichwertigen Rechten** in dem übernehmenden Rechtsträger eingeräumt, wobei sich dies nach einer wirtschaftlichen Betrachtungsweise beurteilt (BGH 28.5.2013 BGHZ 197, 284 Rn. 54 = NZG 2013, 987 = WM 2013, 1550; vgl. auch *Driver* BB 2014, 195 und *Arnold/Zollner* RIW 2016, 565 (567 ff.); BeckOGK/*Rieder* Rn. 21 ff. zur Beurteilung der Gleichwertigkeit und zu Gestaltungsmöglichkeiten). Eine Gewährung von gleichartigen Rechten in dem übernehmenden Rechtsträger ist nicht zwingend (vgl. Lutter UmwG/*Grunewald* Rn. 5; KK-UmwG/*Simon* Rn. 19; BeckOGK/*Rieder* Rn. 22). Jedoch wird sich die Gleichwertigkeit am ehesten dann bejahen lassen, wenn es sich bei den gewährten Rechten um gleichartige Rechte handelt. Dabei können sich im Einzelfall Schwierigkeiten ergeben, etwa bei einer durch eine AG ausgegebenen Wandelschuldverschreibung nach Verschmelzung auf eine GmbH wegen der dort nicht möglichen bedingten Kapitalerhöhung, aber es reicht, wenn **wirtschaftlich vergleichbare** Gestaltungen erreicht werden, wobei auf jeden Fall die **wirtschaftliche Gleichwertigkeit** gewährleistet sein muss.

Die neu zu gewährenden Sonderrechte werden nicht durch den Verschmelzungsvertrag festgesetzt, 5
sondern in diesem lediglich erläutert (§ 5 Abs. 1 Nr. 7), soweit dieser nicht – was möglich ist – als Vertrag zugunsten Dritter ausgestaltet ist, wobei der Inhaber der Sonderrechte das darin enthaltene Vertragsangebot annehmen kann. Allgemein wird dem Inhaber der Sonderrechte gegenüber dem übernehmenden Rechtsträger durch § 23 ein **Anspruch auf Gewährung** gleichwertiger Rechte gewährt. Gibt der übernehmende Rechtsträger gegenüber dem Inhaber der Sonderrechte kein konkretes Angebot für gleichwertige Rechte ab oder ist der Inhaber der Sonderrechte mit einem solchen (unzureichenden) Angebot nicht einverstanden, muss er einen nach § 23 geschuldeten Vertragsschluss durch Aufnahme eines entsprechenden Vertragstextes in seinen Klageantrag einklagen, der dann nach § 894 ZPO **vollstreckt** wird (hM; BeckOGK/*Rieder* Rn. 25; KK-UmwG/*Simon* Rn. 28 mwN; ohne Bezugnahme auf § 894 ZPO auch *Hüffer* FS Lutter, 2000, 1238), wobei dann, wenn der Anspruch auf Gewährung von Rechten notwendig zu bestimmten Ansprüchen führt, diese Ansprüche – ebenso wie bei der Störung der Geschäftsgrundlage – auch sogleich geltend gemacht werden können (BGH 28.5.2013, BGHZ 197, 284 Rn. 57 = NZG 2013, 987 = WM 2013, 1550). Jedenfalls für Rechte, die keine Anteilsrechte sind, ist kein Spruchverfahren eröffnet (KK-UmwG/*Simon* Rn. 29 mwN; differenzierend Kallmeyer/*Marsch-Barner/Oppenhoff* Rn. 13). Ist eine gleichwertige Gestaltung nicht möglich, so soll nach verbreiteter Auffassung analog § 29 ein Abfindungsanspruch bestehen (unter anderem Lutter UmwG/*Grunewald* Rn. 17). Dagegen spricht allerdings, dass es sehr zweifelhaft ist, ob insoweit eine im Wege der Analogie auszufüllende Regelungslücke besteht, weil bei einer etwaigen Unmöglichkeit der Erfüllung der nach allgemeinem Schuldrecht gegebene Schadensersatzanspruch wegen zu vertretender Unmöglichkeit nach § 275 Abs. 1 BGB, §§ 283, 280 BGB einen ausreichenden, nicht hinter dem Abfindungsanspruch aus § 29 zurückbleibenden Ausgleich gewährt (KK-UmwG/*Simon* Rn. 23; vgl. auch *Bayer/Schmidt* ZIP 2016, 841 (849) zur Vereinbarkeit mit dem früheren Art. 15 RL 78/855/EWG (zwischenzeitlich Art. 15 RL 2011/35/EU, nunmehr Art. 101 RL (EU) 2017/1132)). Aus den zu § 22 genannten Gründen (→ § 22 Rn. 14) ist § 23 kein Schutzgesetz iSd § 823 Abs. 2 BGB.

III. Zwingender Charakter des § 23

Der Anspruch auf Gewährung gleichwertiger Rechte kann nach allgemeiner Auffassung im Ver- 6
schmelzungsvertrag **nicht abbedungen** werden. Strittig ist dagegen, ob in Anleihebedingungen Abweichendes vereinbart werden kann (offengelassen von BGH 28.5.2013, BGHZ 197, 284 Rn. 55 = NZG 2013, 987 = WM 2013, 1550). Dabei wird insbesondere diskutiert, ob sich für AGen und wertpapiermäßig verbriefte Rechte eine zwingende Wirkung aus Art. 101 RL (EU) 2017/1132, zuvor Art. 15 RL 2011/35/EU (Aktiengesellschaften-Verschmelzungs-RL) bzw. davor Art. 15 RL 78/855/EWG (Aktiengesellschaften-Verschmelzungs-RL 1978) ergibt (dazu Lutter UmwG/*Grunewald* Rn. 25 und KK-UmwG/*Simon* Rn. 30). Diese Vorschrift sieht allerdings vor, dass gleichwertige Rechte dann nicht

gewährt werden müssen, wenn der einzelne Inhaber des Rechts der Änderung seines Rechts zugestimmt hat (s. allerdings auch zur Nichtumsetzung BT-Drs. 9/1065, 19 zur Vorgängervorschrift des § 347a AktG aF). Es spricht grundsätzlich nichts dagegen, dass dies auch schon im Voraus durch Annahme der Anleihebedingungen erfolgt. Allerdings bleibt – selbstverständlich – die Kontrolle nach allgemeinen Bestimmungen erhalten, etwa §§ 138 und 307 BGB (vgl. zu § 307 BGB BGH 28.5.2013, BGHZ 197, 284 Rn. 55 = NZG 2013, 987 = WM 2013, 1550).

Wertansätze des übernehmenden Rechtsträgers

24 In den Jahresbilanzen des übernehmenden Rechtsträgers können als Anschaffungskosten im Sinne des § 253 Abs. 1 des Handelsgesetzbuchs auch die in der Schlußbilanz eines übertragenden Rechtsträgers angesetzten Werte angesetzt werden.

Übersicht

I. Allgemeines

1 Durch § 24 wird dem übernehmenden Rechtsträger ein **Wahlrecht** eingeräumt, die Vermögensgegenstände des übertragenden Rechtsträgers entweder nach den allgemeinen Prinzipien des § 253 Abs. 1 HGB, also dem **Anschaffungswertprinzip,** anzusetzen oder für die Übernahme der Buchwerte aus der Schlussbilanz des übertragenden Rechtsträgers zu optieren. Mit diesem Wahlrecht soll, anders als nach altem Recht (s. hierzu auch BeckOGK/*Rieder* Rn. 3), das zwingend eine **Buchwertfortführung** vorsah, vermieden werden, dass bei Vorliegen stiller Reserven durch die im Verhältnis zum Ausgabebetrag neuer Anteile niedrigeren Buchwerte Verluste eintreten, obwohl wirtschaftlich eine Wertminderung nicht eingetreten ist (BT-Drs. 12/6699, 93). Auch unter Berücksichtigung dieses Wahlrechts verbleiben bei den Ansätzen für die übernommenen Wirtschaftsgüter Zweifelsfragen, die weder gesetzlich noch in der Rspr. abschließend geklärt und in der Lit. sehr umstritten sind.

2 Ausgangspunkt der Bilanzierung bei dem übernehmenden Rechtsträger ist im Falle der Buchwertfortführung die Schlussbilanz nach § 17 Abs. 2, deren Werte – unter Berücksichtigung der zwischenzeitlichen Entwicklung – bei dem übernehmenden Rechtsträger fortgeführt und in der ersten Jahresbilanz nach der Verschmelzung – eine gesonderte Einbringungsbilanz ist nicht aufzustellen – aufgenommen werden. Im Fall der Anwendung des Anschaffungswertprinzips werden die übernommenen Vermögensgegenstände dagegen neu bewertet.

II. Einzelerläuterung

3 **1. Ausübung des Wahlrechts.** In § 24 ist unmittelbar lediglich geregelt, dass der übernehmende Rechtsträger ein Wahlrecht hinsichtlich der Buchwertfortführung hat. Nicht ausdrücklich geregelt ist dagegen, wie dieses Wahlrecht im Einzelnen ausgeübt werden kann. Einigkeit besteht zunächst insoweit, als dass das **Wahlrecht** – bezogen auf einen übertragenden Rechtsträger – nur **einheitlich ausgeübt** werden kann, also nicht für eine einzelne Vermögensgegenstände eine Buchwertfortführung erfolgen darf, während für andere die Anschaffungskosten zugrunde gelegt werden (vgl. BeckOGK/*Rieder* Rn. 45).

4 Strittig ist dagegen, ob die **Ausübung** des **Wahlrechts** im **Verschmelzungsvertrag** festgeschrieben werden kann oder ob hierfür (zwingend) das Organ des übernehmenden Rechtsträgers zuständig ist, das den ersten der Verschmelzung folgenden Jahresabschluss (bzw. bei einer Verschmelzung zur Neugründung die Eröffnungsbilanz) des übernehmenden Rechtsträgers feststellt (vgl. Lutter UmwG/*Priester/Hennrichs* Rn. 78–81; KK-UmwG/*Simon* Rn. 31–33, 36; Semler/Stengel/*Moszka* Rn. 64–73; BeckOGK/*Rieder* Rn. 43 f.). Das führt insbesondere bei der AG zu einer unterschiedlichen Zuständigkeit. Richtig erscheint insoweit, dass über die Ausübung des Wahlrechts mit Wirkung für den Jahresabschluss das für die Feststellung des Jahresabschlusses zuständige Organ entscheidet, weil dieses iRd Feststellung allgemein zur Ausübung bestehender Wahlrechte befugt ist und das Gesetz keine ausdrückliche Zuweisung einer Kompetenz an ein anderes Organ enthält. Es verbleibt dann die Frage, ob eine im Verschmelzungsvertrag getroffene Festlegung der Ausübung des Wahlrechts eine Verpflichtung für das den Jahresabschluss aufstellende Organ enthält, diese Festlegung bei der Ausübung des Wahlrechts zu übernehmen. Ansätze hierzu ergeben sich aus § 69 Abs. 1 S. 1 Alt. 3, wonach eine Prüfung der Sacheinlage in eine AG als übernehmenden Rechtsträger dann stattfindet, wenn Vermögensgegenstände

in der Schlussbilanz eines übertragenden Rechtsträgers höher bewertet worden sind als in dessen letzter Jahresbilanz, was also voraussetzt, dass nicht die Buchwerte fortgeführt worden sind. Dies muss bereits aufgrund des Verschmelzungsvertrages feststehen und die Entscheidung hierüber kann nicht erst nachträglich aufgrund einer Ausübung des Bewertungswahlrechts bei Feststellung des Jahresabschlusses erfolgen. Trotz nicht zu vernachlässigender Bedenken aufgrund der Zuständigkeitsordnung insbesondere in der AG erscheint es daher gerechtfertigt, eine Entscheidung über die Ausübung des Bewertungswahlrechts im Verschmelzungsvertrag zuzulassen, die dann von den für die Feststellung des Jahresabschlusses zuständigen Organen nachvollzogen werden muss (vgl. Semler/Stengel/*Moszka* Rn. 71; SHS/*Hörtnagl* Rn. 88; BeckOGK/*Rieder* Rn. 46). Weichen sie davon ab, kann dies gegebenenfalls zu Schadensersatzansprüchen führen (so auch KK-UmwG/*Simon* Rn. 32). Fehlt eine Festlegung im Verschmelzungsvertrag, verbleibt es bei der allgemeinen Zuständigkeit des für die Aufstellung des Jahresabschlusses zuständigen Organs.

Die Vorschrift des § 24 enthält keinerlei **Einschränkungen** hinsichtlich der **Ausübung** des **Wahlrechts,** sodass die zuständigen Organe (→ Rn. 4) grundsätzlich frei sind, wie sie das Wahlrecht ausüben. Es kann allenfalls in Extremfällen nach allgemeinen gesellschaftsrechtlichen Grundsätzen (Treuepflicht, Minderheitenschutz) geboten sein, dass die zuständigen Organe ihr Ermessen hinsichtlich des Wahlrechts in einem bestimmten Sinn ausüben, so zB im Falle erheblicher Verschmelzungsverluste aufgrund einer Buchwertfortführung. Für eine weitergehende Einschränkung fehlt es an einer Rechtsgrundlage (weitergehend Lutter UmwG/*Priester/Hennrichs* Rn. 82; restriktiver Semler/Stengel/*Moszka* Rn. 80; BeckOGK/*Rieder* Rn. 47 ff.). Weitergehend wird teilweise eine Einschränkung des Wahlrechts durch einen Grundsatz eines Verbots der formellen Unterpari-Emission diskutiert (so zB Kallmeyer/*Lanfermann* Rn. 18). Die dort dafür gegebene Begründung, es könne nicht sein, dass eine Gründung oder Umwandlung ordnungsgemäß sei, wenn sie zB unmittelbar die Konsequenz des Verlustes der Hälfte des Grund- oder Stammkapitals nach sich ziehen könne (vgl. § 92 Abs. 1 AktG, §§ 30, 49 Abs. 3 GmbHG), überzeugt nicht. Ein solcher Grundsatz ergibt sich aus dem Gesetz nicht und ist auch aus Gläubigerschutzgesichtspunkten nicht erforderlich, weil für diese die materielle Kapitalaufbringung relevant ist und der durch eine formelle Unterpariemission bewirkte Verlust gerade zu einer Einschränkung von Ausschüttungen führt (Lutter UmwG/*Priester/Hennrichs* Rn. 84 f.; KK-UmwG/*Simon* Rn. 41–45 mwN). Auch aus § 264 Abs. 2 S. 1 HGB ergibt sich keine Einschränkung des Wahlrechts, weil § 24 als *lex specialis* Vorrang genießt (ganz hM; BeckOGK/*Rieder* Rn. 48 ff.; KK-UmwG/*Simon* Rn. 46; Semler/Stengel/*Moszka* Rn. 79 jeweils mwN). Der Fall, dass der Zeitwert des übernommenen Vermögens geringer ist als der Buchwert und damit eine Übernahme der Buchwerte zu einer Überbewertung führen würde, sollte nicht vorkommen, weil dann regelmäßig schon bei dem übertragenden Rechtsträger eine entsprechende Abwertung bzw. eine solche spätestens bei dem neuen Rechtsträger bei der Auf- und Feststellung des ersten Jahresabschlusses des übernehmenden Rechtsträgers nach der Verschmelzung erfolgen müsste (vgl. KK-UmwG/*Simon* Rn. 47; vgl. aber auch *Hoffmann/Lüdenbach* DB 2009, 577 zur voraussichtlich dauernden Wertminderung als Voraussetzung für außerplanmäßige Abschreibungen und zu sich daraus – insbesondere in der Interpretation des BFH – ergebenden Fällen, dass der Buchwert den Zeitwert deutlich übersteigt). 5

2. Auswirkungen bei Wahl der Buchwertfortführung. Bei Wahl der Buchwertfortführung sind sowohl auf der Ansatz- als auch auf der Bewertungsebene die **Ansätze** und **Bewertungen** des übertragenden Rechtsträgers in seiner Schlussbilanz fortzuführen. 6

Die Übernahme der vom übertragenden Rechtsträger angesetzten Vermögensgegenstände und Schulden hat auch dann zu erfolgen, wenn der **Ansatz** bei dem übertragenden Rechtsträger aufgrund eines Ansatzwahlrechts erfolgt ist. Umgekehrt ist der übernehmende Rechtsträger an einen Ausschluss des Ansatzrechts beim übertragenden Rechtsträger wie zB nach § 248 Abs. 2 S. 2 HGB für selbst geschaffene Marken gebunden, obwohl es sich beim übernehmenden Rechtsträger nicht um selbst geschaffene Vermögenswerte handelt. 7

In gleicher Weise sind bei der **Bewertung** die Wertansätze des übertragenden Rechtsträgers fortzuführen. Allerdings bedeutet die Buchwertfortführung nicht, dass die übergegangenen Vermögensgegenstände so behandelt werden würden, als wären sie nicht auf einen anderen Rechtsträger übergegangen; es handelt sich ungeachtet der Buchwertfortführung, wie sich auch aus der Formulierung des § 24 ergibt („als Anschaffungskosten im Sinne des § 253 Abs. 1 des Handelsgesetzbuchs"), um einen Anschaffungsvorgang bei dem übernehmenden Rechtsträger. Dementsprechend ist auch nicht das Stetigkeitsprinzip des § 252 Abs. 1 Nr. 6 HGB in Bezug auf die Bewertungsmethoden beim übertragenden Rechtsträger anzuwenden. Gleiches gilt für die Abschreibungen, die beim übernehmenden Rechtsträger neu anhand der verbleibenden Nutzungsdauer zu bestimmen sind. Bei Zuschreibungen nach § 253 Abs. 5 S. 1 HGB begrenzt der durch die Buchwertfortführung bestimmte Anschaffungswert die Zuschreibungen, auch wenn beim übertragenden Rechtsträger zuvor weitergehende Abschreibungen erfolgt waren, die bei diesem nach § 253 Abs. 5 S. 1 HGB darüber hinaus rückgängig zu machen gewesen wären. 8

9 **3. Auswirkungen bei Wahl des Anschaffungskostenprinzips.** Bei Anwendung des Anschaffungskostenprinzips, die aufgrund der Regelung des § 24 bei fehlender Wahl der Buchwertfortführung eintritt, sind die vom übertragenden Rechtsträger auf den übernehmenden Rechtsträger übergehenden Vermögensgegenstände und Verbindlichkeiten nach den allgemeinen Ansatz- und Bewertungsgrundsätzen, also in erster Linie nach § 253 Abs. 1 HGB, aber zB auch unter Anwendung des Vollständigkeitsgebots des § 246 Abs. 1 S. 1 HGB, anzusetzen.

10 Auf der **Ansatz**ebene bedeutet dies, dass die Vermögensgegenstände und Verbindlichkeiten beim übernehmenden Rechtsträger eigenständig unter Anwendung der allgemeinen Prinzipien angesetzt werden müssen. So gelten die Beschränkungen für selbstgeschaffene Vermögenswerte, etwa § 248 Abs. 2 S. 2 HGB, nicht, weil es sich für den übernehmenden Rechtsträger nicht um einen selbst geschaffenen, sondern um einen derivativ erworbenen Vermögenswert handelt (BeckOGK/*Rieder* Rn. 18 f.). Entfallen Rechte durch die Verschmelzung, etwa Ansprüche des übertragenden Rechtsträgers gegen den übernehmenden Rechtsträger wegen Konfusion oder eigene Anteile des übertragenden Rechtsträgers an sich, sind diese selbstverständlich nicht beim neuen Rechtsträger anzusetzen. Aktive und passive latente Steuern (§ 274 HGB) sind nicht vom übertragenden Rechtsträger zu übernehmen, sondern gegebenenfalls neu zu bilden. Auch der Rückstellungsbedarf ist eigenständig festzustellen.

11 IRd **Bewertung** der durch die Verschmelzung übergehenden Vermögensgegenstände und Verbindlichkeiten besteht die Schwierigkeit darin, dass den einzelnen Vermögensgegenständen keine konkreten einzelnen **Anschaffungskosten** gegenüberstehen, sondern im Regelfall für den Zugang der Gesamtheit der Vermögensgegenstände neue Mitgliedschaftsrechte gewährt werden (vgl. § 20 Abs. 1 Nr. 3), die insoweit die Gegenleistung darstellen. Dabei stellt für die Vermögensgegenstände/Verbindlichkeiten der **Zeitwert** den **Maximalbetrag** der Anschaffungskosten dar.

12 Bei der Bewertung der **Verbindlichkeiten** bestehen allgemein keine größeren Schwierigkeiten, weil sie im Regelfall zu Nominalwerten anzusetzen sind (Semler/Stengel/*Moszka* Rn. 33). Im Übrigen ist nach den verschiedenen **Fallgruppen** der verschmelzungsbedingten **Gegenleistungen** zu differenzieren, wobei vieles in der Lit. streitig ist und Rspr. hierzu fehlt (Einzelheiten unter anderem bei KK-UmwG/*Simon* Rn. 61–85; SHS/*Hörtnagl* Rn. 29–61; Semler/Stengel/*Moszka* Rn. 34–54; Lutter UmwG/*Priester/Hennrichs* Rn. 44–63b; Kallmeyer/*Lanfermann* Rn. 22–42; Widmann/Mayer/*Widmann* Rn. 363–395).

13 Bei der **Gewährung neuer Anteile** ist streitig, ob der Ausgabebetrag der neuen Anteile oder die Zeitwerte des übergegangenen Vermögens anzusetzen sind oder ob ein Wahlrecht zwischen diesen Ansatzmöglichkeiten besteht (umfangreiche Nachweise bei SHS/*Hörtnagl* Rn. 30 f. und KK-UmwG/*Simon* Rn. 64). Die hM, die ein Wahlrecht einräumt, ist richtig, weil sie zutreffend den durch § 253 Abs. 1 S. 1 HGB, § 255 Abs. 1 HGB gewährten Spielraum der Beteiligten für die Festlegung der Gegenleistung für die Anschaffung der Vermögensgegenstände berücksichtigt und ein entsprechendes Wahlrecht bereits in der Gesetzesbegründung angelegt ist (dazu Lutter UmwG/*Priester/Hennrichs* Rn. 45; BeckOGK/*Rieder* Rn. 27 f.). Übersteigen die Anschaffungskosten die nominelle Kapitalerhöhung, ist der Differenzbetrag nach ganz hM bei Kapitalgesellschaften und unter § 264a HGB fallenden Personenhandelsgesellschaften in die Kapitalrücklage nach § 272 Abs. 2 Nr. 1 HGB einzustellen. Bei sonstigen Personenhandelsgesellschaften entsteht insoweit ein Verschmelzungsgewinn, der entsprechend den gesellschaftsvertraglichen Bestimmungen verwendet werden kann. Eine etwa erforderliche Aufstockung der Bewertung der einzelnen Vermögensgegenstände ist jeweils auf den Zeitwert begrenzt, wird aber sonst regelmäßig proportional zum Gesamtbetrag der Aufstockung zu erfolgen haben.

14 Bei der **Verschmelzung gegen Gewährung eigener Anteile** fehlt es – vorbehaltlich der an eine Kapitalerhöhung angenäherten Konzeption des § 272 Abs. 1b HGB – an einer Kapitalerhöhung. In diesem Fall besteht nach ganz hM ein Wahlrecht zwischen dem Ansatz des Buchwerts der eigenen Anteile, des (höheren) Zeitwerts der eigenen Anteile oder eines Zwischenwerts, der die ertragsteuerliche Belastung durch eine steuerliche Wertaufstockung und die Verschmelzungskosten neutralisiert (KK-UmwG/*Simon* Rn. 72 mwN; BeckOGK/*Rieder* Rn. 32). Durch die Einführung des § 272 Abs. 1a HGB durch das BilMoG, wonach die eigenen Anteile offen vom gezeichneten Kapital abzusetzen sind und ein Unterschiedsbetrag mit den frei verfügbaren Rücklagen zu verrechnen ist, ändert sich insoweit nichts (vgl. Kallmeyer/*Lanfermann* Rn. 35). Für das Bestehen eines solchen Wahlrechts sprechen auch hier die soeben (→ Rn. 13) genannten Gründe. Aufgrund der durch das BilMoG eingeführten Regelung des § 272 Abs. 1b S. 3 HGB wird der Differenzbetrag zwischen Buchwert und einem darüber hinausgehenden Ansatz für Anschaffungskosten in die Kapitalrücklage nach § 272 Abs. 2 Nr. 1 HGB einzustellen sein (SHS/*Hörtnagl* Rn. 41; zum bisherigen Streitstand KK-UmwG/*Simon* Rn. 73 mwN).

15 Bei einer **Verschmelzung** einer **Tochter- auf eine Muttergesellschaft** gilt Entsprechendes (zu den auch hier bestehenden unterschiedlichen Auffassungen Lutter UmwG/*Priester/Hennrichs* Rn. 55–58). Als Anschaffungskosten können ebenso nach Wahl der Buchwert der (durch die Verschmelzung erlöschenden) Anteile am übertragenden Rechtsträger, der Zeitwert dieser Anteile oder ein erfolgsneutraler Zwischenwert angesetzt werden (aA zB Semler/Stengel/*Moszka* Rn. 45: Wert der untergehenden Anteile als Anschaffungskosten). Ein daraus entstehender Gewinn ist ein erfolgswirksamer

laufender Gewinn des übernehmenden Rechtsträgers. Bei Beteiligung Dritter am übertragenden Rechtsträger, die iRd Verschmelzung Anteile am übernehmenden Rechtsträger erhalten, sind die verschiedenen Prinzipien zu kombinieren (Lutter UmwG/*Priester/Hennrichs* Rn. 59 f.; BeckOGK/*Rieder* Rn. 33).

Letztlich gilt Gleiches auch für die **Verschmelzung** von einer **Mutter- auf eine Tochtergesellschaft,** wenn hier auch der übernehmende Rechtsträger nicht die Anteile des übertragenden Rechtsträgers am übernehmenden Rechtsträger erwirbt, sondern diese unmittelbar auf die (bisherigen) Inhaber der Anteile am übertragenden Rechtsträger übergehen (sehr strittig; vgl. KK-UmwG/*Simon* Rn. 79; Kallmeyer/*Lanfermann* Rn. 39; Semler/Stengel/*Moszka* Rn. 50; Lutter UmwG/*Priester/Hennrichs* Rn. 61; BeckOGK/*Rieder* Rn. 34 ff.). Hier kommt daher ein Ansatz mit dem Buch- oder Zeitwert der übernommenen Verbindlichkeiten als Gegenleistung für den Erwerb der Vermögensgegenstände in Betracht (Kallmeyer/*Lanfermann* Rn. 39). Gegebenenfalls kann eine sofortige Abschreibung erforderlich werden (Semler/Stengel/*Moszka* Rn. 51). Nicht gerechtfertigt erscheint es demgegenüber, auf den Zeitwert der übernommenen Vermögensgegenstände/Schulden abzustellen (so aber KK-UmwG/*Simon* Rn. 79), weil jedenfalls diesen Vermögensgegenständen kein entsprechender Anschaffungspreis gegenübersteht und so die Konzeption des § 255 Abs. 1 HGB verlassen wird (zu diesem Ansatz insoweit zu Recht kritisch Semler/Stengel/*Moszka* Rn. 50). 16

Bei einer **Verschmelzung** unter **Verzicht auf Anteilsgewährung** nach § 54 Abs. 1 S. 3 oder § 68 Abs. 1 S. 3 gilt Entsprechendes wie für die Verschmelzung von einer Mutter- auf eine Tochtergesellschaft. Der übernehmende Rechtsträger erhält in diesem Fall ebenfalls lediglich die Vermögensgegenstände und die Verbindlichkeiten des übertragenden Rechtsträgers, aber keine Anteile am übertragenden Rechtsträger. Entsprechend können als Anschaffungskosten nur die übernommenen Verbindlichkeiten angesetzt werden (str.; aA zB SHS/*Hörtnagl* Rn. 54 mwN: Kosten, die bei entgeltlichem Erwerb hätten aufgewendet werden müssen). Die Zuführung sich ergebender positiver Differenzbeträge zur Rücklage gem. § 272 Abs. 2 Nr. 4 HGB kommt in Betracht, wenn dieselben Gesellschafter sowohl am übertragenden als auch am übernehmenden Gesellschafter beteiligt waren bzw. sind (KK-UmwG/*Simon* Rn. 84 f.; BeckOGK/*Rieder* Rn. 37). 17

Schadenersatzpflicht der Verwaltungsträger der übertragenden Rechtsträger

25 (1) [1]**Die Mitglieder des Vertretungsorgans und, wenn ein Aufsichtsorgan vorhanden ist, des Aufsichtsorgans eines übertragenden Rechtsträgers sind als Gesamtschuldner zum Ersatz des Schadens verpflichtet, den dieser Rechtsträger, seine Anteilsinhaber oder seine Gläubiger durch die Verschmelzung erleiden.** [2]**Mitglieder der Organe, die bei der Prüfung der Vermögenslage der Rechtsträger und beim Abschluß des Verschmelzungsvertrags ihre Sorgfaltspflicht beobachtet haben, sind von der Ersatzpflicht befreit.**

(2) [1]**Für diese Ansprüche sowie weitere Ansprüche, die sich für und gegen den übertragenden Rechtsträger nach den allgemeinen Vorschriften auf Grund der Verschmelzung ergeben, gilt dieser Rechtsträger als fortbestehend.** [2]**Forderungen und Verbindlichkeiten vereinigen sich insoweit durch die Verschmelzung nicht.**

(3) **Die Ansprüche aus Absatz 1 verjähren in fünf Jahren seit dem Tage, an dem die Eintragung der Verschmelzung in das Register des Sitzes des übernehmenden Rechtsträgers nach § 19 Abs. 3 bekannt gemacht worden ist.**

Übersicht

I. Allgemeines

In Abs. 1 des § 25 wird eine **Schadensersatzpflicht** der Mitglieder der Vertretungsorgane und – soweit vorhanden – der Aufsichtsorgane des übertragenden Rechtsträgers gegenüber dem übertragenden Rechtsträger, seinen Anteilsinhabern und seinen Gläubigern für die Schäden, die sie aufgrund eines 1 schuldhaften Verhaltens der genannten Organmitglieder durch die Verschmelzung erleiden, statuiert. Für diesen Schadensersatzanspruch enthält Abs. 3 eine gesonderte Verjährungsregelung. Für die Ansprüche gem. Abs. 1 sowie für weitere Ansprüche nach den allgemeinen Vorschriften, die sich für und gegen den übertragenden Rechtsträger ergeben, ordnet Abs. 2 an, dass der Rechtsträger abweichend von § 20 Abs. 1 Nr. 2 als fortbestehend gilt und Forderungen und Verbindlichkeiten sich insoweit durch die Verschmelzung nicht vereinigen. In engem Zusammenhang mit § 25 steht § 26, der die Geltendmachung der Ansprüche nach Abs. 1 und Abs. 2 einem besonderen Vertreter zuweist.

II. Einzelerläuterung

2 **1. Schadensersatzanspruch gem. Abs. 1.** Der Schadensersatzanspruch gem. Abs. 1 weicht insoweit von vergleichbaren Vorschriften zur Organhaftung ab, als er eine **unmittelbare Haftung** dieser Organe (auch) gegenüber Anteilsinhabern und Gläubigern bereits für einfache Fahrlässigkeit begründet (vgl. demgegenüber § 93 Abs. 5 S. 2 AktG), was sich mit dem Fehlen eines unmittelbar bei dem übertragenden Rechtsträger entstehenden Schadens begründen lässt (*Schnorbus* ZHR 167 (2003), 666 (673)). Diese Abweichung wird jedoch durch die Konzentration der Geltendmachung durch einen besonderen Vertreter nach § 26 wieder abgeschwächt.

3 **a) Der Kreis der zum Schadensersatz Verpflichteten.** Der Kreis der zum Schadensersatz verpflichteten Personen umfasst gem. Abs. 1 S. 1 die Mitglieder des Vertretungsorgans und die Mitglieder des Aufsichtsorgans.

4 **Mitglieder des Vertretungsorgans** sind bei der AG, der Genossenschaft und dem Verein die Mitglieder des Vorstands, bei der GmbH die Geschäftsführer und bei der KGaA und den Personenhandelsgesellschaften die persönlich haftenden Gesellschafter. Nicht einheitlich wird gerade für den letztgenannten Personenkreis beurteilt, ob es auf die Geschäftsführungs- oder die Vertretungsbefugnis ankommt (Lutter UmwG/*Grunewald* Rn. 4; KK-UmwG/*Simon* Rn. 7 mwN; BeckOGK/*Rieder* Rn. 18). Der Wortlaut spricht für eine Beschränkung auf die Mitglieder des Vertretungsorgans, also auf die vertretungsberechtigten persönlich haftenden Gesellschafter. Allerdings bezieht Abs. 1 S. 1 auch die Mitglieder des Aufsichtsorgans in die Haftung mit ein, die regelmäßig nicht zur Vertretung befugt sind. Der Sinn und Zweck der Vorschrift, eine Haftung derjenigen zu begründen, die als Organ des übertragenden Rechtsträgers für den Schutz dessen Vermögens verantwortlich waren, spricht für eine Einbeziehung der zwar geschäftsführungs-, aber nicht vertretungsbefugten persönlich haftenden Gesellschafter, weil auch diese iR ihrer Geschäftsführung verpflichtet waren, die von Abs. 1 S. 1 erfassten Schäden zu vermeiden. Sämtliche zum Schadensersatz verpflichtete Personen haften, wie Abs. 1 S. 1 ausdrücklich festhält, als Gesamtschuldner.

5 **Mitglieder des Aufsichtsorgans** sind zunächst die Mitglieder eines obligatorischen Aufsichtsrats, sei es aufgrund der Rechtsform oder der Mitbestimmungsgesetze. Weiterhin werden auch ein freiwillig eingerichteter Aufsichtsrat und sonstige Gremien mit Entscheidungsbefugnissen wie zB entscheidungsbefugte Beiräte unter Abs. 1 S. 1 fallen (BeckOGK/*Rieder* Rn. 19 f.). Vereinzelt (Lutter UmwG/*Grunewald* Rn. 4) werden darüber hinaus auch nicht entscheidungsbefugte Mitglieder von Gremien in die Haftung einbezogen. Das ist nicht gerechtfertigt, weil diese Personen keine Aufsichtsfunktion, sondern lediglich eine Beratungsfunktion haben (KK-UmwG/*Simon* Rn. 10).

6 Von Abs. 1 S. 1 **nicht ausgeschlossen** werden **andere Ansprüche,** insbesondere auch gegen den übernehmenden Rechtsträger. Jedoch haftet der übernehmende Rechtsträger nicht nach § 31 BGB für die Verletzung der in Abs. 1 S. 1 genannten Pflichten (Lutter UmwG/*Grunewald* Rn. 6).

7 **b) Der Kreis der zum Schadensersatz Berechtigten.** Zum Schadensersatz berechtigt sind nach Abs. 1 S. 1 der **übertragende Rechtsträger,** die Anteilsinhaber des übertragenden Rechtsträgers (s. aber zu nicht in der Gesellschafterliste eingetragenen GmbH-Gesellschaftern Leyendecker-Langner ZGR 2015, 516 (539)) und die Gläubiger des übertragenden Rechtsträgers. Bei dem übertragenden Rechtsträger wird nur in wenigen Konstellationen ein nach Abs. 1 S. 1 ersatzfähiger Schaden entstehen (Lutter UmwG/*Grunewald* Rn. 14), weil ein ungünstiges Umtauschverhältnis nicht zu einem Schaden des übertragenden Rechtsträgers führt (BeckOGK/*Rieder* Rn. 23). Gänzlich ausgeschlossen sind ersatzfähige Schäden des übertragenden Rechtsträgers aber nicht. Die **Anteilsinhaber** können unter anderem durch ein ungünstiges Umtauschverhältnis geschädigt werden; hier werden sie aber vorrangig das Spruchverfahren in Anspruch zu nehmen haben (s. aber auch OLG Stuttgart 14.10.2010, AG 2011 49 (50 f.) = BeckRS 2010, 25689 zur Verpflichtung zur Vermeidung eines solchen Verfahrens durch ein angemessenes Umtauschverhältnis). **Gläubiger** können insbesondere dann einen Schaden erleiden, wenn die Verschmelzung dazu führt, dass sie sich einem zahlungsunfähigen übernehmenden Rechtsträger gegenübersehen (vgl. BAG 11.3.2008, WM 2009, 27 Rn. 38 = AP § 131 Nr. 1 zur Spaltung), der auch nicht in der Lage ist, eine Sicherheit nach § 22 zu leisten, die sonst vorrangig in Anspruch zu nehmen ist (→ Rn. 8). Keine Gläubiger iSd Abs. 1 S. 1 sind Personen, die ein dingliches Recht an Anteilen des übertragenden Rechtsträgers innehaben. Es handelt sich dabei nicht um Gläubiger des übertragenden Rechtsträgers.

c) Von Abs. 1 S. 1 erfasster Schaden. Ein Anspruch aus Abs. 1 S. 1 setzt einen von dieser Vorschrift abgedeckten **Schaden** voraus. Aufgrund der Formulierung des Abs. 1 S. 1 muss es sich um einen gerade **durch die Verschmelzung** verursachten Schaden handeln, wobei dieser Schaden jeweils auf einer Pflichtverletzung der betreffenden Organmitglieder beruhen muss; also ist zum Beispiel ein auf eine Verschmelzung nachfolgenden Squeeze out beruhender Schaden nicht erfasst (*Packi* ZGR 2011, 776 (807 f.); vgl. BeckOGK/*Rieder* Rn. 28). Ein Schaden besteht nicht, soweit nach § 22 Sicherheit geleistet oder nach § 15 ein zutreffendes Umtauschverhältnis festgesetzt wird (BeckOGK/*Rieder* Rn. 30). Ein absoluter Vorrang dieser Rechtsbehelfe ist dem Gesetz aber nicht zu entnehmen (str.); jedoch kann zB bei Versäumung der Antragsfrist für das Spruchverfahren (§ 4 Abs. 1 S. 1 SpruchG) das Mitverschulden so stark sein, dass jeder Schadensersatzanspruch entfällt (KK-UmwG/*Simon* Rn. 38–40 mwN). Die Verschmelzung als solche stellt noch keinen ersatzfähigen Schaden dar, sondern ist Voraussetzung für einen Schadensersatzanspruch. Eine Beseitigung des Schadens durch Rückgängigmachung der Verschmelzung ist durch § 20 Abs. 2 ausgeschlossen. 8

d) Pflichtverletzung und Verschulden. Der Schadensersatzanspruch setzt, wie sich aus Abs. 1 S. 2 ergibt, eine **Pflichtverletzung** des betreffenden Organmitglieds voraus. Diese muss sich, wie sich ebenfalls aus Abs. 1 S. 2 ableiten lässt, auf die Prüfung der Vermögenslage der Rechtsträger oder den Abschluss des Verschmelzungsvertrages beziehen (zu den einzelnen Pflichten in diesem Zusammenhang *Pöllath/Philipp* DB 2005, 1503 (1505); BeckOGK/*Rieder* Rn. 16 ff.). Bei sonstigen Pflichtverletzungen, etwa nach Vertragsschluss, kommt eine Haftung aus anderen Rechtsgründen in Betracht, die aber regelmäßig nicht zu Ansprüchen der Anteilsinhaber und der Gläubiger führen. Die sorgfältige Prüfung der Vermögenslage setzt regelmäßig die Durchführung einer Due-Diligence-Prüfung voraus. Bezogen auf den Abschluss des Verschmelzungsvertrages sind die betroffenen Organmitglieder verpflichtet, auf der Grundlage sorgfältig ermittelter Informationen unter Beachtung der rechtlichen Rahmenbedingungen eine wirtschaftlich sinnvolle Verhandlungsführung einzuhalten und eine unzweckmäßige Verschmelzung zu verhindern. Dabei wird der Grundsatz des § 93 Abs. 1 S. 2 AktG (Business Judgment Rule) entsprechend anzuwenden sein. 9

Die Schadensersatzpflicht tritt nicht ein, wenn die betroffenen Organmitglieder nachweisen können, dass sie nicht **pflichtwidrig** gehandelt haben. Diese der hM entsprechende Beweislastverteilung kann aus Abs. 1 S. 2 abgeleitet werden. Insoweit gilt Entsprechendes wie nach der klareren Formulierung des § 93 Abs. 2 S. 2 AktG für die Haftung nach § 93 Abs. 2 S. 1 AktG. An den Nachweis einer fehlenden Pflichtwidrigkeit werden nicht zu geringe Anforderungen zu stellen sein, wenn von den Anspruchsberechtigten ein möglicherweise pflichtwidriges Verhalten, auf dem der entstandene Schaden beruhen soll, nachgewiesen wird. Insoweit kann nichts Anderes als für die Exkulpation nach § 93 Abs. 2 S. 2 AktG gelten (vgl. BeckOGK/*Rieder* Rn. 7, 16; auch BGH 4.11.2002, BGHZ 152, 280 (284) = NJW 2003, 358 zur entsprechenden Anwendung dieser Vorschrift iRd Haftung nach § 43 GmbHG). Zuzulassen wird aber der Nachweis sein, dass der Schaden auch bei Anwendung der gebotenen Sorgfalt eingetreten wäre und der Schaden damit nicht auf der Pflichtwidrigkeit beruht. Die Kompetenzverteilung innerhalb des Organs kann nur eine sehr eingeschränkte Entlastungswirkung haben, da wesentliche Entscheidungen, wozu eine Verschmelzung unzweifelhaft gehört, von sämtlichen Organmitgliedern getroffen werden müssen. Allerdings erscheint es nicht völlig ausgeschlossen, dass hinsichtlich einzelner Vorfälle eine Exkulpation gelingt. Wenn etwa ein Organmitglied damit beauftragt ist, Informationen über den übernehmenden Rechtsträger zu beschaffen und er fahrlässig falsche Informationen an die anderen Organmitglieder übermittelt, ist eine Pflichtwidrigkeit nicht zu bejahen, wenn diese übrigen Organmitglieder keinerlei Anhaltspunkte dafür hatten, dass sie falsche Informationen erhalten würden und insoweit auch ihrer Aufsichtspflicht gegenüber dem anderen Organmitglied nachgekommen sind (vgl. zu den Anforderungen an einen nicht mit der betroffenen Aufgabe befassten GmbH-Geschäftsführer BGH 15.10.1996, BGHZ 133, 370 (378) = NJW 1997, 130). 10

Die **Zustimmung der Anteilsinhaber** zur Verschmelzung als solcher entlastet die betroffenen Organmitglieder nicht. Richtigerweise wird aber in einer GmbH ein Anspruch – mit gewissen Einschränkungen – durch die Erteilung einer entsprechenden Weisung durch die Gesellschafterversammlung an die Geschäftsführer ausgeschlossen sein können, wie dies für die Haftung nach § 43 Abs. 2 GmbHG anerkannt ist (BGH 31.1.2000, NJW 2000, 1571 = NZG 2000, 544 mwN; vgl. auch zu § 25 *Schwetlik* GmbHR 2011, 130 (133)). Das gilt jedenfalls für Ansprüche des übertragenden Rechtsträgers und der Gesellschafter, die für eine entsprechende Weisung gestimmt haben. In gleicher Weise wird dies aber auch für die übrigen Gesellschafter gelten (anders zB KK-UmwG/*Simon* Rn. 36). Es handelt sich dabei nicht um einen unzulässigen Verzicht zulasten Dritter (so aber KK-UmwG/*Simon* Rn. 36), sondern um das Entfallen der Pflichtwidrigkeit, wenn sich ein Geschäftsführer – wozu er, vorbehaltlich besonderer Ausnahmetatbestände, verpflichtet ist – an die ihm (gegebenenfalls mit Mehrheit) von der Gesellschafterversammlung erteilte Weisung hält. Gerade im Gegenteil würde er sich pflichtwidrig verhalten, wenn er sich nicht an die Weisung halten würde. Ein der Weisung nicht zustimmender Gesellschafter ist durch die Möglichkeit der Geltendmachung von Beschlussmängeln des Weisungsbeschlusses und gegebenenfalls der Geltendmachung von Schadensersatzansprüchen gegen die für die 11

Weisung stimmenden Gesellschafter geschützt (vgl. Lutter UmwG/*Grunewald* Rn. 21). Etwas Anderes wird für Gläubiger des übertragenden Rechtsträgers gelten, weil eine Weisung, die dazu führt, dass Verbindlichkeiten des übertragenden Rechtsträgers nach der Verschmelzung vom übernehmenden Rechtsträger nicht mehr erfüllt werden können, keine Bindungswirkung entfalten wird. Der Schadensersatzanspruch des Abs. 1 kann insoweit in eine Reihe gestellt werden mit den gläubigerschützenden Kapitalerhaltungsvorschriften, bei denen iRd § 43 Abs. 2 GmbHG Weisungen keine entlastende Wirkung haben (vgl. dazu BGH 31.1.2000, NJW 2000, 1571 mwN = NZG 2000, 544 und → GmbHG § 43 Rn. 31).

12 Ein Schadensersatzanspruch setzt weiter ein **Verschulden** der betroffenen Organmitglieder voraus. Hierfür reicht mangels abweichender Regelung im Gesetz nach § 276 Abs. 1 S. 1 BGB einfache Fahrlässigkeit. Auch das Verschulden wird vermutet und wird bei einem pflichtwidrigen Verhalten regelmäßig auch nicht zu widerlegen sein (vgl. BeckOGK/*Rieder* Rn. 12 ff.).

13 **e) Verjährung nach Abs. 3.** Nach Abs. 3 **verjähren** Ansprüche nach Abs. 1 in **fünf Jahren** seit dem Tage, an dem die Eintragung der Verschmelzung in das Register des Sitzes des übernehmenden Rechtsträgers nach § 19 Abs. 3 bekannt gemacht worden ist. Der Verjährungsbeginn ist kenntnisunabhängig (vgl. § 200 S. 1 BGB) und setzt, da insoweit iSd § 200 S. 1 BGB ein anderer Verjährungsbeginn bestimmt ist, auch nicht die Entstehung des Anspruchs, also zB eines Schadens, der einen Anspruch begründet, voraus. Entsprechend der Rechtslage bei der Haftung nach § 93 Abs. 2 AktG und § 43 Abs. 2 GmbHG (dazu BGH 17.3.1987, BGHZ 100, 190 (200) = NJW 1987, 2008 und Baumbach/Hueck/*Beurskens* GmbHG § 43 Rn. 58; BeckOGK/*Rieder* Rn. 35) erfasst die Verjährungsvorschrift des Abs. 3 nur die Verjährung der Ansprüche nach Abs. 1, während damit etwaig konkurrierende Ansprüche ihren jeweils eigenen Verjährungsfristen unterliegen. Ob § 52a KWG Abs. 3 als *lex specialis* verdrängt, erscheint zweifelhaft und ist nicht geklärt. Diese Sonderbestimmung ist zwar ihrem Wortlaut nach umfassend, ist aber ihrer Zielrichtung nach auf die allgemeinen Haftungsvorschriften für Organmitglieder wie § 93 Abs. 2 AktG und § 43 Abs. 2 GmbHG ausgerichtet. Die Vorschrift des § 52a KWG ist erst im Lauf des Gesetzgebungsverfahrens in den Gesetzentwurf eingefügt worden (vgl. BT-Drs. 17/3547, 9, 12), nachdem zunächst lediglich eine Ergänzung des § 93 Abs. 6 AktG vorgesehen war (BT-Drs. 17/3024, 4, 42 f., 81 f.), es aber keinen Grund gab, die Organe von Kreditinstituten unterschiedlicher Rechtsformen insoweit unterschiedlich zu behandeln (vgl. *Harbart/Jaspers* NZG 2011, 368 (375 f.)). Die Vorschrift des § 25 Abs. 3 ist demgegenüber rechtsformunabhängig und gilt auch für AGen, sodass insoweit auch bei AGen der ursprüngliche Entwurf anders als für die Haftung nach § 93 Abs. 2 AktG keine Verlängerung der Verjährungsfristen bewirkt hätte. Sollte die Einfügung des § 52a KWG nun aber eine Erstreckung der zunächst vorgesehenen Regelung in § 93 Abs. 6 AktG auf andere Gesellschaftsformen bewirken, betrifft dies § 25 Abs. 3 nicht, sodass § 52a KWG insoweit nicht als vorrangig anzusehen ist.

14 **2. Fiktion des Fortbestehens des übertragenden Rechtsträgers.** In Abs. 2 S. 1 wird für bestimmte Ansprüche des übertragenden Rechtsträgers das **Fortbestehen** dieses Rechtsträgers **fingiert.**

15 **a) Von Abs. 2 erfasste Ansprüche.** Die Regelung des Abs. 2 nimmt zum einen die von Abs. 1 erfassten Ansprüche und zum anderen die weiteren Ansprüche, die sich für und gegen den übertragenden Rechtsträger nach den allgemeinen Vorschriften auf Grund der Verschmelzung ergeben, von dem Übergang auf den übernehmenden Rechtsträger aus.

16 Von dem Übergang auf den übernehmenden Rechtsträger sind zunächst einmal auf der Verschmelzung beruhende **Ansprüche des übertragenden Rechtsträgers gegen den übernehmenden Rechtsträger** ausgenommen. Diese würden anderenfalls durch Konfusion untergehen. In Betracht kommen sowohl Schadensersatzansprüche aus der Verletzung von Pflichten bei Abschluss des Verschmelzungsvertrages, etwa der Übermittlung unzutreffender Informationen, aber auch Schadensersatz- und Erfüllungsansprüche aus dem Verschmelzungsvertrag selbst. Diese können sich auf verschiedenste Pflichten beziehen, zum Beispiel auf Leistungen an die Anteilsinhaber, eine Verpflichtung zur Durchführung einer Kapitalerhöhung oder auch auf den Weiterbetrieb bestimmter Einrichtungen des übertragenden Rechtsträgers (vgl. zu einem solchen Fall OLG Frankfurt a. M. 19.5.2006, AG 2007, 559 = ZIP 2007, 331; Lutter UmwG/*Grunewald* Rn. 23; Semler/Stengel/*Leonard* Rn. 26; BeckOGK/*Rieder* Rn. 40; ausführlich zu den erfassten Erfüllungsansprüchen *Blasche/Söntgerath* BB 2009, 1432 (1434)). Ob man darüber hinaus auch die Geltendmachung von den übertragenden Rechtsträger betreffenden Mängeln des Verschmelzungsvertrages als von Abs. 2 erfasst ansieht (dazu Lutter UmwG/*Grunewald* Rn. 23; Kallmeyer/*Marsch-Barner/Oppenhoff* Rn. 12; BeckOGK/*Rieder* Rn. 42; KK-UmwG/*Simon* Rn. 46 mwN), hängt davon ab, ob man solchen Mängeln nach Eintragung der Verschmelzung überhaupt noch eine Relevanz zuerkennt (→ § 20 Rn. 63–69; s. auch OLG München 14.4.2010, AG 2010, 458 (459) = ZIP 2010, 927). Wenn nein, bedarf es auch keiner verbleibenden Zuordnung entsprechender Rechte an den im Übrigen erloschenen übertragenden Rechtsträger.

17 Weiterhin erfasst werden **Ansprüche des übertragenden Rechtsträgers gegen Dritte** (einschließlich Organmitglieder des übernehmenden Rechtsträgers), die auf Grund der Verschmelzung entstanden

sind. Das können zum Beispiel Ansprüche aus einer fehlerhaften Beratung sein, die zu einem Schaden des übertragenden Rechtsträgers geführt haben. Jedoch muss es sich hierbei um einen spezifischen Schaden gerade des übertragenden Rechtsträgers handeln. Handelt es sich um einen Schaden, der nach dem Vermögensübergang bei dem übernehmenden Rechtsträger eintritt (vgl. Lutter UmwG/*Grunewald* Rn. 24, die auf den Eintritt eines Schadens bei beiden Rechtsträgern abstellt), zB ein Steuerschaden aufgrund falscher Informationen zu den steuerlichen Auswirkungen der Verschmelzung, handelt es sich um einen gewöhnlichen, von dem Übergang des Vermögens auf den übernehmenden Rechtsträger erfassten Anspruch. Der BGH sah den Anwendungsbereich des dem Abs. 2 entsprechenden § 28 Abs. 2 KapErhG aF nur dann als eröffnet an, wenn die Ansprüche von einem Interessengegensatz zwischen dem übertragenden und dem übernehmenden Rechtsträger erfasst seien (BGH 5.12.1996, NJW 1997, 1001 (1002) = WM 1997, 333). Das wird sich regelmäßig mit dem Eintritt eines Schadens gerade bei dem übertragenden Rechtsträger decken. Erfasst sein müssen dagegen Schadensersatzansprüche gegen den besonderen Vertreter nach § 26, wenn dieser Ansprüche des übertragenden Rechtsträgers nicht oder nur unzureichend geltend macht (→ § 26 Rn. 4), weil diese Ansprüche an die Stelle der dem übertragenden Rechtsträger zustehenden Ansprüche treten.

Von Abs. 2 ebenfalls erfasst sind **Ansprüche gegen den übertragenden Rechtsträger.** Relevant 18
sind insoweit **Ansprüche des übernehmenden Rechtsträgers,** die er mangels verbleibenden Vermögens des übertragenden Rechtsträgers aber allenfalls im Wege der Aufrechnung bzw. der Ausübung eines Zurückbehaltungsrechts gegenüber bei dem übertragenden Rechtsträger verbleibenden **Ansprüchen gegen den übernehmenden Rechtsträger** nutzen kann (vgl. Lutter UmwG/*Grunewald* Rn. 26; Semler/Stengel/*Leonard* Rn. 29). Problematisch ist die Rechtslage hinsichtlich **Ansprüchen Dritter** gegen den übertragenden Rechtsträger, die vom Wortlaut des Abs. 2 S. 1 erfasst sind. Hier wird überwiegend angenommen, dass diese sich dessen ungeachtet (auch) an den übernehmenden Rechtsträger halten können (s. auch *Hommelhoff* AG 2012, 194 (198) zu einem späteren Übergang auf den übernehmenden Rechtsträger bei Stattgabe einer Anfechtungsklage nach Eintragung der Verschmelzung), weil ein Anspruch (allein) gegen einen insoweit nach Abs. 2 fingiert fortbestehenden übertragenden Rechtsträger mangels verbleibenden Vermögens für die Gläubiger ein erheblicher Nachteil wäre (BeckOGK/*Rieder* Rn. 44; KK-UmwG/*Simon* Rn. 47; Semler/Stengel/*Leonard* Rn. 28; Lutter UmwG/*Grunewald* Rn. 28 mwN). Das Ergebnis erscheint zutreffend, wenn auch die gegebenen Begründungen nicht restlos überzeugen. Zutreffend dürfte es sein, darauf abzustellen, dass der übertragende Rechtsträger insoweit zwar fiktiv fortbesteht (und somit auch weiter haftet), jedoch aufgrund des Übergangs des Vermögens auf den übernehmenden Rechtsträger dieser als (weiterer) Schuldner nach § 20 Abs. 1 Nr. 1 in den Anspruch eintritt. Abgesehen von dem Nichteintritt der Konfusion nach Abs. 2 S. 2 ist in Abs. 2 auch nicht ausdrücklich angeordnet, dass der übernehmende Rechtsträger insoweit nicht nach § 20 Abs. 1 Nr. 1 für die Verbindlichkeiten des übertragenden Rechtsträgers haftet. Mit einer solchen doppelten Schuldnerschaft ist sichergestellt, dass den Gläubigern zum einen derjenige als Schuldner haftet, auf den das Vermögen übergegangen ist, und zum anderen die Gläubiger in der Lage sind, gegenüber Gegenansprüchen des übertragenden Rechtsträgers die Aufrechnung zu erklären (vgl. § 422 BGB und zur sonst fehlenden Aufrechnungsfähigkeit KK-UmwG/*Simon* Rn. 49). Nimmt der Gläubiger den übernehmenden Rechtsträger in Anspruch, bestehen dann gegebenenfalls Rückgriffansprüche des übernehmenden Rechtsträgers gegen den übertragenden Rechtsträger, die unter Abs. 2 fallen.

b) Rechtsfolge. Rechtsfolge des Abs. 2 ist die **Fiktion des Fortbestehens des übertragenden** 19
Rechtsträgers. Die erfassten Ansprüche sind damit von dem Erlöschen des übertragenden Rechtsträgers nach § 20 Abs. 1 Nr. 2 und dem Übergang des Vermögens auf den übernehmenden Rechtsträger nach § 20 Abs. 1 Nr. 1 ausgeschlossen (zu den Verbindlichkeiten s. aber auch → Rn. 18). Ergänzt wird die Regelung der Rechtsfolgen durch Abs. 2 S. 2, der ausdrücklich anordnet, dass Forderungen und Verbindlichkeiten sich insoweit durch die Verschmelzung nicht vereinigen, also nicht durch Konfusion untergehen (BeckOGK/*Rieder* Rn. 46). Mangels Inhaberschaft kann der übernehmende Rechtsträger nicht über die von Abs. 2 erfassten Ansprüche verfügen. Soweit angenommen wird, der übertragende Rechtsträger bleibe in Ansehung der von Abs. 2 erfassten Ansprüche partei- sowie aktiv und passiv prozessfähig (so etwa KK-UmwG/*Simon* Rn. 48 und SHS/*Winter* Rn. 39), verträgt sich dies nicht damit, dass der besondere Vertreter nach § 26 nach ganz hM Partei kraft Amtes ist (→ § 26 Rn. 2; OLG Frankfurt a. M. 19.5.2006, AG 2007, 559 = ZIP 2007, 331) und somit dieser und nicht der übertragende Rechtsträger in einem Rechtsstreit Partei und prozessführungsbefugt ist. Von der Fiktionswirkung nicht erfasst ist allerdings die Stellung der Organe des übertragenden Rechtsträgers. Stattdessen werden die Ansprüche von dem besonderen Vertreter nach § 26 und gegen diesen geltend gemacht.

Geltendmachung des Schadenersatzanspruchs

26 (1) [1]**Die Ansprüche nach § 25 Abs. 1 und 2 können nur durch einen besonderen Vertreter geltend gemacht werden.** [2]**Das Gericht des Sitzes eines übertragenden Rechtsträgers hat einen solchen Vertreter auf Antrag eines Anteilsinhabers oder eines Gläubigers dieses Rechtsträgers zu bestellen.** [3]**Gläubiger sind nur antragsberechtigt, wenn sie von dem übernehmenden Rechtsträger keine Befriedigung erlangen können.** [4]**Gegen die Entscheidung findet die Beschwerde statt.**

(2) [1]**Der Vertreter hat unter Hinweis auf den Zweck seiner Bestellung die Anteilsinhaber und Gläubiger des betroffenen übertragenden Rechtsträgers aufzufordern, die Ansprüche nach § 25 Abs. 1 und 2 binnen einer angemessenen Frist, die mindestens einen Monat betragen soll, anzumelden.** [2]**Die Aufforderung ist im Bundesanzeiger und, wenn der Gesellschaftsvertrag, der Partnerschaftsvertrag oder die Satzung andere Blätter für die öffentlichen Bekanntmachungen des übertragenden Rechtsträgers bestimmt hatte, auch in diesen Blättern bekanntzumachen.**

(3) [1]**Der Vertreter hat den Betrag, der aus der Geltendmachung der Ansprüche eines übertragenden Rechtsträgers erzielt wird, zur Befriedigung der Gläubiger dieses Rechtsträgers zu verwenden, soweit die Gläubiger nicht durch den übernehmenden Rechtsträger befriedigt oder sichergestellt sind.** [2]**Für die Verteilung gelten die Vorschriften über die Verteilung, die im Falle der Abwicklung eines Rechtsträgers in der Rechtsform des übertragenden Rechtsträgers anzuwenden sind, entsprechend.** [3]**Gläubiger und Anteilsinhaber, die sich nicht fristgemäß gemeldet haben, werden bei der Verteilung nicht berücksichtigt.**

(4) [1]**Der Vertreter hat Anspruch auf Ersatz angemessener barer Auslagen und auf Vergütung für seine Tätigkeit.** [2]**Die Auslagen und die Vergütung setzt das Gericht fest.** [3]**Es bestimmt nach den gesamten Verhältnissen des einzelnen Falles nach freiem Ermessen, in welchem Umfange die Auslagen und die Vergütung von beteiligten Anteilsinhabern und Gläubigern zu tragen sind.** [4]**Gegen die Entscheidung findet die Beschwerde statt; die Rechtsbeschwerde ist ausgeschlossen.** [5]**Aus der rechtskräftigen Entscheidung findet die Zwangsvollstreckung nach der Zivilprozeßordnung statt.**

Übersicht

I. Allgemeines

1 Die Vorschrift des § 26 ergänzt § 25 dahingehend, dass die in § 25 Abs. 1 und Abs. 2 genannten Ansprüche (nur) durch einen **besonderen Vertreter** geltend gemacht werden können (Abs. 1 S. 1). Damit soll ein Wettlauf der nach § 25 Anspruchsberechtigten vermieden und eine einheitliche Entscheidung sichergestellt werden. Die (Notwendigkeit der) Bestellung eines besonderen Vertreters betrifft, obwohl dies in § 26 nicht ausdrücklich geregelt ist, auch die von § 25 Abs. 2 erfassten Passivansprüche. Die Vorschrift ist auf Schadensersatzansprüche zugeschnitten; für die über die Verweisung auf § 25 Abs. 2 ebenfalls erfassten Erfüllungsansprüche sind einzelne Anpassungen erforderlich (dazu *Blasche/Söntgerath* BB 2009, 1432 (1435)). Ob darüber hinaus § 26 für die nicht von § 25 Abs. 1 und 2 erfasste Übertragung von Vermögensgegenständen, die im Ausland aufgrund der Nichtanerkennung einer inländischen Verschmelzung nach dortigem Verständnis beim übertragenden Rechtsträger verblieben sind, anwendbar ist, ist zweifelhaft. Es spricht mehr dafür, insoweit einen Fall der Nachtragsliquidation anzunehmen (*Racky* DB 2003, 923 (925)). Weiterhin werden in § 26 das Verfahren zur Bestellung des besonderen Vertreters (Abs. 1 S. 2–4), die Information der Anteilsinhaber und Gläubiger über die Anmeldung ihrer Ansprüche (Abs. 2), die Verteilung der aus der Geltendmachung von Ansprüchen des übertragenden Rechtsträgers erzielten Beträge (Abs. 3) und die Vergütung des besonderen Vertreters (Abs. 4) geregelt. Seit dem 1.4.2012 ist nach dem Wegfall des bisherigen Bundes-

anzeigers in Papierform in Abs. 2 S. 2 der Bundesanzeiger an die Stelle des elektronischen Bundesanzeigers getreten.

II. Einzelerläuterung

1. Rechtsstellung des besonderen Vertreters (Abs. 1 S. 1). In Abs. 1 S. 1 wird angeordnet, dass die Ansprüche nach § 25 Abs. 1 und 2 nur durch einen **besonderen Vertreter** geltend gemacht werden können. Das betrifft sowohl den nach § 25 Abs. 2 S. 1 insoweit als fortbestehend fingierten übertragenden Rechtsträger, für den es nach dem Wirksamwerden der Verschmelzung ja ohnehin an einem anderen Vertreter fehlen würde, als auch die insbesondere nach § 25 Abs. 1 materiell berechtigten Anteilsinhaber und Gläubiger, denen aufgrund der Regelung des Abs. 1 S. 1 für die eigene Geltendmachung der Ansprüche die Prozessführungsbefugnis fehlt. Nach hM kann der betroffene Gläubiger oder Anteilsinhaber einem Prozess des besonderen Vertreters allerdings als Nebenintervenient beitreten (Lutter UmwG/*Grunewald* Rn. 4; KK-UmwG/*Simon* Rn. 6 mwN), was zutreffend ist, weil sich ein rechtliches Interesse seitens des materiell Berechtigten iSd § 66 Abs. 1 ZPO nicht verneinen lässt und über § 68 ZPO eine einheitliche Entscheidung ergehen muss (vgl. Lutter UmwG/*Grunewald* Rn. 4 mit Fn. 8). Die Rechtsstellung des besonderen Vertreters wirkt sich auch materiell-rechtlich aus. Die Anspruchsinhaber sind nicht berechtigt, gegenüber dem Schuldner mit den ihnen nach § 25 zustehenden Ansprüchen aufzurechnen. Gibt der besondere Vertreter allerdings iRd Verteilung nach Abs. 3 Ansprüche an die Anspruchsinhaber frei, spricht nichts dagegen, dass sie nunmehr mit diesen Ansprüchen aufrechnen können (KK-UmwG/*Simon* Rn. 7 mwN). Nicht geklärt ist, inwieweit der besondere Vertreter berechtigt ist, auch schon vor Verteilung der aus der Geltendmachung erzielten Beträge nach Abs. 3 Ansprüche zugunsten der Anspruchsinhaber freizugeben, was sinnvoll sein könnte, wenn sich für bestimmte Ansprüche nach Abs. 2 jeweils nur ein Anspruchsteller gemeldet hat (vgl. zur Freigabe von § 93 Abs. 5 S. 4 AktG erfasster Ansprüche durch den Insolvenzverwalter MüKoAktG/*Spindler* AktG § 93 Rn. 317). Dagegen spricht aber, dass in § 26 die Möglichkeit einer Freigabe vor Eintritt des Verteilungsstadiums nach Abs. 3 nicht einmal angedeutet ist. Kein besonderer Vertreter iSd § 26 ist der zuvor nach § 147 Abs. 2 AktG bestellte besondere Vertreter, dessen Amt beim übertragenden Rechtsträger somit mit der Verschmelzung erlischt (BGH 18.6.2013, AG 2013, 634 Rn. 3 = BeckRS 2013, 12247; BeckOGK/*Rieder* Rn. 3). 2

Der besondere Vertreter ist nach zutreffender hM **Partei kraft Amtes** (OLG Frankfurt a. M. 19.5.2006, AG 2007, 559 = ZIP 2007, 331; Lutter UmwG/*Grunewald* Rn. 15; KK-UmwG/*Simon* Rn. 16, beide jeweils mwN; BeckOGK/*Rieder* Rn. 3 aA Widmann/Mayer/*Vossius* Rn. 41 f.; offen gelassen noch von OLG Hamm 8.10.1991, NJW-RR 1992, 616 (617) = WM 1992, 1065 zur Vorgängervorschrift des § 29 Abs. 1 KapErhG), was sich insbesondere durch die unabhängige Stellung des besonderen Vertreters gegenüber den Anspruchsinhabern bestätigt. Er ist nach allgemeiner Meinung an Weisungen der Anspruchsinhaber nicht gebunden. Er ist allerdings auskunfts- und rechenschaftspflichtig. 3

Verletzt der besondere Vertreter die **Pflicht** zur uneigennützigen und sorgfältigen Ausübung seines Amtes, macht er sich den Anspruchsinhabern gegenüber schadensersatzpflichtig, wobei die Rechtsgrundlage für diese Haftung sehr streitig ist (Einzelheiten bei BeckOGK/*Rieder* Rn. 26 ff.; KK-UmwG/*Simon* Rn. 16 mwN), aber nicht erkennbar ist, dass sich hieraus unterschiedliche Rechtsfolgen ergeben würden. 4

Über den Wortlaut des § 26 hinaus ist die Vorschrift nach heute ganz hM (KK-UmwG/*Simon* Rn. 12 mwN; OLG Hamm 8.10.1991, NJW-RR 1992, 616 = WM 1992, 1065 zur Vorgängervorschrift des § 29 Abs. 1 KapErhG) **entsprechend** auf **Passivansprüche** des übertragenden Rechtsträgers anzuwenden, weil auch insoweit ein Bedürfnis für die Vertretung des übertragenden Rechtsträgers und eine Regelungslücke besteht. Insbesondere erscheint es nicht gerechtfertigt, für Passivverfahren einen Vertreter mit einer anderen Rechtsstellung zu bestellen, zumal es in Betracht kommt, dass sowohl Passiv- als auch Aktivforderungen gleichzeitig bestehen können (→ § 25 Rn. 18 zu Aufrechnungslagen). Die Bestellung betrifft auch die Abgabe und Entgegennahme rechtsgeschäftlicher Erklärungen wie zB einer Aufrechnungserklärung des übernehmenden Rechtsträgers (KK-UmwG/*Simon* Rn. 12 mwN). 5

2. Bestellung des besonderen Vertreters (Abs. 1 S. 2–4). a) Bestellung durch das Gericht. Zuständig für die Bestellung des besonderen Vertreters ist nach Abs. 1 S. 2 das **Gericht,** also nach § 23a Abs. 1 S. 1 Nr. 2, Abs. 2 Nr. 4 GVG iVm § 375 Nr. 5 FamFG das Amtsgericht, wobei die Bestellung nach § 17 Nr. 2 RPflG dem Richter vorbehalten ist. Örtlich zuständig ist nach Abs. 1 S. 2 das Gericht des Sitzes des übertragenden Rechtsträgers, wobei die Zuständigkeitskonzentration nach § 376 Abs. 1 FamFG bei dem Amtsgericht, in dessen Bezirk ein Landgericht seinen Sitz hat, mit der Möglichkeit abweichender Regelung durch die Landesregierungen nach § 376 Abs. 2 FamFG (zB in Baden-Württemberg § 5a Zuständigkeitsverordnung Justiz; in Bayern § 32 Gerichtliche Zuständigkeitsverordnung Justiz; in Berlin § 5 Zuweisungsverordnung; in Bremen § 1 Nr. 5 Verordnung über Zuständigkeiten von Amtsgerichten; in Hamburg § 1 Abs. 1 Nr. 15 Verordnung über die Zuständigkeit der Amtsgerichte in Zivil- und Handelssachen sowie für die Erledigung inländischer Rechtshilfeer- 6 suchen; in Niedersachsen § 16 Abs. 3 der Verordnung zur Regelung von Zuständigkeiten in der Gerichtsbarkeit und der Justizverwaltung; in Nordrhein-Westfalen § 1 Abs. 1 Registerverordnung Amtsgerichte; in Rheinland-Pfalz § 3 Abs. 1 Landesverordnung über die gerichtliche Zuständigkeit in Zivilsachen und Angelegenheiten der freiwilligen Gerichtsbarkeit; in Sachsen § 9 Sächsische Justizorganisationsverordnung; in Sachsen-Anhalt § 14 Grundbuch- und Register-Verordnung; weitere Nachweise unter anderem bei *Keidel/Heinemann,* FamFG, 20. Aufl. 2020, FamFG § 376 Rn. 10 ff., wobei zudem in einzelnen Ländern eine ausdrückliche Regelung nur für die Handelsregistersachen erfolgt ist, so in Hessen) zu beachten ist.

7 **b) Antragsberechtigung.** Antragsberechtigt sind nach Abs. 1 S. 2 Anteilsinhaber und Gläubiger des übertragenden Rechtsträgers. Anteilsinhaber ist dabei derjenige, der dies im Zeitpunkt der Verschmelzung war. Ob er **Anteilsinhaber** des übernehmenden Rechtsträgers geworden oder geblieben ist, ist ohne Bedeutung. Eine Übertragung der Rechtsstellung als (ehemaliger) Anteilsinhaber ist außerhalb einer Gesamtrechtsnachfolge nicht möglich. Lediglich der Auskehrungsanspruch nach Abs. 3 kann abgetreten werden. Jedoch bleibt auch dann der Anteilsinhaber zum Zeitpunkt der Verschmelzung allein antragsbefugt. Bei der Antragstellung durch **Gläubiger** ist Abs. 1 S. 3 zu beachten, wonach Gläubiger nur antragsbefugt sind, wenn sie von dem übernehmenden Rechtsträger keine Befriedigung erlangen können. An diesen Nachweis sind keine zu hohen Anforderungen zu stellen, insbesondere ist keine erfolglose Zwangsvollstreckung zu verlangen.

8 Über den Wortlaut hinaus muss eine Antragsberechtigung im Falle der **Passivvertretung** des übertragenden Rechtsträgers (→ Rn. 5) auch dem übernehmenden Rechtsträger gewährt werden (vgl. OLG Hamm 8.10.1991, NJW-RR 1992, 616 = WM 1992, 1065 zur Vorgängervorschrift des § 29 Abs. 1 KapErhG; BeckOGK/*Rieder* Rn. 12).

9 **c) Bestellungsverfahren.** Die Antragsteller müssen im Bestellungsverfahren **glaubhaft machen,** dass ihnen ein Anspruch nach § 25 Abs. 1, 2 zusteht (OLG Hamm 8.10.1991, NJW-RR 1992, 616 (617) = WM 1992, 1065 zur Vorgängervorschrift des § 29 Abs. 1 KapErhG; BeckOGK/*Rieder* Rn. 13).

10 Zu der **Person** des zu bestellenden **besonderen Vertreters** schweigt das Gesetz. Das Gericht besitzt insoweit ein Ermessen. Es ist insbesondere nicht an Vorschläge der Antragsteller gebunden. Eine Beschränkung auf natürliche Personen als besondere Vertreter enthält das Gesetz nicht. Ein bestellter Vertreter kann das Amt wieder niederlegen. In diesem Fall ist gegebenenfalls ein neuer besonderer Vertreter zu bestellen.

11 Gegen die Entscheidung des Gerichts findet nach Abs. 1 S. 4 die **Beschwerde** statt, also die Beschwerde nach § 58 Abs. 1 FamFG, die nach § 63 Abs. 1 FamFG, § 64 Abs. 1 S. 1 FamFG innerhalb eines Monats bei dem Amtsgericht einzulegen ist. Gegen die Entscheidung des nach § 119 Abs. 1 Nr. 1b GVG für die Beschwerdeentscheidung zuständigen Oberlandesgerichts findet nach § 70 Abs. 1 FamFG die Rechtsbeschwerde zum BGH (§ 133 GVG) statt, wenn das Beschwerdegericht sie zulässt.

12 **3. Aufforderung zur Anmeldung der Ansprüche und deren Anmeldung (Abs. 2).** Nach Abs. 2 hat der vom Gericht bestellte besondere Vertreter die Anteilsinhaber und Gläubiger des übertragenden Rechtsträgers unter Hinweis auf den Zweck seiner Bestellung **aufzufordern,** die Ansprüche nach § 25 Abs. 1 und Abs. 2 binnen einer angemessenen Frist, die mindestens einen Monat betragen soll, **anzumelden.** Der Hinweis sollte möglichst konkret den der Bestellung zugrundeliegenden Sachverhalt und den Anspruchsgegner erkennen lassen. Es empfiehlt sich auch der nicht vorgeschriebene Hinweis auf die Rechtsfolgen einer verspäteten Anmeldung. Die Unterschreitung der Monatsfrist ist bei besonderen Umständen möglich. Eine unangemessen kurze **Frist** wird nach hM (BeckOGK/*Rieder* Rn. 16; KK-UmwG/*Simon* Rn. 19 mwN) durch eine angemessene Frist ersetzt. Das erscheint allerdings im Hinblick auf die gravierenden Folgen einer Fristversäumung (Abs. 3 S. 3) und die Unsicherheiten bei der Bestimmung einer an die Stelle einer unwirksamen Frist tretenden angemessenen Frist problematisch, sodass in einem solchen Fall die Zulassung einer späteren Anmeldung geboten ist (im Ergebnis ebenso Kallmeyer/*Marsch-Barner*/Oppenhoff Rn. 16; wohl auch Semler/Stengel/*Leonard* Rn. 12). Nach Abs. 2 S. 2 ist die Aufforderung im Bundesanzeiger und, wenn der Gesellschaftsvertrag, der Partnerschaftsvertrag oder die Satzung andere Blätter für die öffentlichen Bekanntmachungen des übertragenden Rechtsträgers bestimmt hatten, auch in diesen Blättern bekannt zu machen.

13 Für die **Anmeldung** selbst enthält § 26 keine besondere Regelung, insbesondere gibt es anders als nach § 22 Abs. 1 S. 1 kein Schriftformerfordernis. In der Praxis wird sich aber zumindest eine Anmeldung in Textform empfehlen. Gegebenenfalls ist, spätestens vor der Verteilung, die Anteilsinhaber- bzw. Gläubigerstellung nachzuweisen.

14 **4. Geltendmachung der Ansprüche.** Zur Geltendmachung der Ansprüche durch den besonderen Vertreter enthält § 26 keine gesonderte Regelung. Er hat die Ansprüche daher nach **pflichtgemäßem Ermessen** geltend zu machen und beizutreiben. Daher hat er zB auch darüber zu entscheiden, ob Rechtsmittel eingelegt werden oder ein Vergleich geschlossen wird (BeckOGK/*Rieder* Rn. 20).

5. Verteilung der Erlöse (Abs. 3). Der besondere Vertreter hat nach Abs. 3 den Betrag, den er aus der Geltendmachung der Ansprüche des übertragenden Rechtsträgers erzielt, zur Befriedigung der **Gläubiger** dieses Rechtsträgers zu verwenden, soweit die Gläubiger nicht durch den übernehmenden Rechtsträger befriedigt oder sichergestellt sind. Dabei hat der besondere Vertreter die Berechtigung der Ansprüche der Gläubiger zu überprüfen. Im Streitfall wird er den Ausgang einer entsprechenden Feststellungsklage abzuwarten haben. Vor Verteilung sind zudem die zu erstattenden Auslagen und die Vergütung des besonderen Vertreters (vgl. Abs. 4 S. 3) zu berichtigen. Reichen die Erlöse nicht zur Befriedigung aller Gläubiger, hat eine anteilige Verteilung stattzufinden, wobei eine etwaig bestehende Rangfolge zwischen den Gläubigern zu beachten ist. 15

Verbleibt dagegen nach Verteilung an die Gläubiger noch ein verteilungsfähiger Betrag, wird dieser nach Liquidationsgrundsätzen des betroffenen Rechtsträgers (Abs. 3 S. 2) an die **Anteilsinhaber** verteilt. Ein gänzlicher Ausschluss des übernehmenden Rechtsträgers als ehemaliger Anteilsinhaber des übertragenden Rechtsträgers von der Verteilung ist dabei nicht gerechtfertigt (so aber Kallmeyer/*Marsch-Barner/Oppenhoff* Rn. 20; KK-UmwG/*Simon* Rn. 25; BeckOGK/*Rieder* Rn. 22), weil auch vor der Verschmelzung ein seiner Beteiligung entsprechender Anteil des an den übertragenden Rechtsträger geleisteten Schadensersatzes mittelbar anteilig auch auf ihn und nicht nur auf die weiteren Anteilsinhaber entfallen wäre. Anders ist dies nur, wenn der Anteil des übernehmenden Rechtsträgers bei der Schadensermittlung von vornherein nicht berücksichtigt wird, etwa bei Ansprüchen gegen den übernehmenden Rechtsträger selbst oder bei der Bemessung des Umtauschverhältnisses (vgl. Lutter UmwG/*Grunewald* Rn. 27). 16

Hat ein Gläubiger oder Anteilsinhaber die **Anmeldefrist versäumt,** ist er von der Verteilung der Erlöse ausgeschlossen (Abs. 3 S. 4). Ein solcher Gläubiger oder Anteilsinhaber ist dann auch materiell mit seinem Recht ausgeschlossen (KK-UmwG/*Simon* Rn. 20). Soweit dagegen vorgebracht wird, die Anspruchsinhaber verlören ihren Anspruch nicht, sondern lediglich die Befriedigung aus dem im Verfahren nach §§ 25, 26 erlangten Erlös sei nicht möglich (so noch in Lutter UmwG/*Grunewald,* 4. Aufl. 2004, Rn. 26; anders nunmehr in der 6. Aufl. Lutter UmwG/*Grunewald* Rn. 28), weil dies sonst zu einer nicht gerechtfertigten weitgehenden Vernichtung der Ansprüche der Gläubiger des übertragenden Rechtsträgers führen würde, überzeugt das schon vom Ergebnis her nicht. Würde man das Fortbestehen der Ansprüche annehmen, würde dies am Ergebnis nämlich wenig ändern, da die Ansprüche gem. § 25 ja gerade nicht individuell durchgesetzt werden können, sondern nur durch einen besonderen Vertreter nach § 26, von dem der betroffene Anspruchsinhaber aber gerade nichts erhält. Diese Ansprüche wären also dauerhaft nicht durchsetzbar (so HK-UmwG/*Stockburger* Rn. 16). Zudem wäre über die Ansprüche des übertragenden Rechtsträgers, soweit der besondere Vertreter an einem Gerichtsverfahren beteiligt war, regelmäßig bereits mit Rechtskraft entschieden, sodass auch insoweit eine erneute Geltendmachung von Ansprüchen nicht in Betracht kommt. Etwas abgeschwächt wird die Härte einer Versäumung der Antragsfrist, wenn man – zutreffend – annimmt, dass ein etwaig nach Begleichung der Kosten und der Verteilung an die rechtzeitig angemeldet habenden Anspruchsinhaber noch verbleibender Restbetrag im Wege der Nachvertragsverteilung an die verspätet ihre Ansprüche angemeldet habenden Anspruchsinhaber ausgekehrt werden kann (KK-UmwG/*Simon* Rn. 27). Allerdings sind nach den gem. Abs. 3 S. 2 anwendbaren allgemeinen Liquidationsgrundsätzen verbleibende Beträge regelmäßig in voller Höhe an die Anteilsinhaber zu verteilen (vgl. § 271 AktG; § 72 GmbHG; § 155 HGB), sodass eine Verteilung an verspätetet angemeldet habende Anspruchsinhaber nur in Betracht kommen wird, wenn kein Anteilsinhaber sich fristgerecht gemeldet hat (vgl. SHS/*Winter* Rn. 24). 17

Diese Verteilungsgrundsätze gelten nur, wenn es sich um Ansprüche des übertragenden Rechtsträgers handelt, wie sich auch aus der Formulierung des Abs. 3 S. 1 ergibt, der sich nur auf die Geltendmachung der Ansprüche eines übertragenden Rechtsträgers bezieht. Die in § 25 Abs. 1 geregelten **individuellen Ansprüche** der Gläubiger und Anteilsinhaber werden hiervon nicht erfasst, sondern sind – nach Abzug der Auslagen und der Vergütung des besonderen Vertreters – unmittelbar an die jeweils betroffenen Gläubiger bzw. Anteilsinhaber auszukehren. 18

6. Vergütung des besonderen Vertreters (Abs. 4). Die Vergütung des besonderen Vertreters richtet sich nach Abs. 4. Nach Abs. 4 S. 1 hat der besondere Vertreter Anspruch auf Ersatz angemessener barer Auslagen und auf Vergütung seiner Tätigkeit. Die Auslagen und die Vergütung setzt das Gericht fest (Abs. 4 S. 2). Für Rechtsanwälte als besondere Vertreter kommt nach allgemeiner Auffassung regelmäßig eine Vergütung nach den Sätzen des RVG in Betracht. Der besondere Vertreter kann vom Gericht auch **Vorschüsse** auf die Auslagen und die Vergütung festsetzen lassen, die dann nach Abs. 4 S. 3 von den Gläubigern und Anteilsinhabern eingefordert werden. Nach Durchsetzung der Ansprüche kann der besondere Vertreter die (verbleibende) Vergütung und die (verbleibenden) Auslagen vom Erlös abziehen. Anderenfalls, also insbesondere wenn der Erlös nicht ausreicht, ist er darauf angewiesen, nach Abs. 4 S. 3 die Vergütung und die Auslagen gegen die beteiligten Gläubiger und Anteilsinhaber festsetzen zu lassen, wobei das Gericht über die Verteilung nach den gesamten Verhältnissen des einzelnen Falles nach freiem Ermessen entscheidet (BeckOGK/*Rieder* Rn. 24). Gegen die 19

Entscheidung ist die Beschwerde nach § 58 Abs. 1 FamFG möglich, die Rechtsbeschwerde aber ausgeschlossen (Abs. 4 S. 4). Die Vollstreckung aus einer entsprechenden rechtskräftigen Festsetzung erfolgt nach den Bestimmungen der ZPO (Abs. 4 S. 5).

Schadenersatzpflicht der Verwaltungsträger des übernehmenden Rechtsträgers

27 Ansprüche auf Schadenersatz, die sich auf Grund der Verschmelzung gegen ein Mitglied des Vertretungsorgans oder, wenn ein Aufsichtsorgan vorhanden ist, des Aufsichtsorgans des übernehmenden Rechtsträgers ergeben, verjähren in fünf Jahren seit dem Tage, an dem die Eintragung der Verschmelzung in das Register des Sitzes des übernehmenden Rechtsträgers nach § 19 Abs. 3 bekannt gemacht worden ist.

I. Allgemeines

1 Entgegen der missverständlichen amtlichen Überschrift enthält § 27 lediglich eine **Regelung der Verjährung** von Ansprüchen, die sich auf Grund der Verschmelzung gegen ein Mitglied des Vertretungsorgans oder, wenn ein Aufsichtsorgan vorhanden ist, des Aufsichtsorgans des übernehmenden Rechtsträgers ergeben. Die Vorschrift enthält dagegen – anders als etwa § 25 Abs. 1 für die Organmitglieder des übertragenden Rechtsträgers – **keine eigenständige Rechtsgrundlage** für solche Ansprüche. Lediglich die Verjährung anderweitig bestehender Ansprüche wird durch § 27 modifiziert.

II. Einzelerläuterung

2 **1. Erfasste Anspruchsgrundlagen.** Die Vorschrift des § 27 betrifft ihrem Wortlaut nach Ansprüche auf Schadensersatz, die sich auf Grund der Verschmelzung gegen die in der Vorschrift genannten Organmitglieder des übernehmenden Rechtsträgers ergeben.

3 Sicher erfasst sind damit die **allgemeinen Normen,** die Schadensersatzansprüche gegen Organmitglieder statuieren, etwa § 93 Abs. 2 AktG, § 116 Abs. 1 AktG, § 43 Abs. 2 GmbHG. Die Abweichung zu der regulären Verjährung nach § 93 Abs. 6 AktG, § 43 Abs. 6 GmbHG ist ohnehin gering. Gleiches gilt aber nach allgemeiner Auffassung auch für Organmitglieder von Personengesellschaften und Vereinen.

4 Strittig ist, ob von § 27 auch **deliktische Ansprüche** erfasst werden oder ob für diese die allgemeinen Vorschriften gelten (für letzteres unter anderem Kallmeyer/*Marsch-Barner/Oppenhoff* Rn. 4; SHS/*Winter* Rn. 10; Semler/Stengel/*Leonard* Rn. 5 (der allerdings noch auf § 852 BGB, wohl in der bis 31.12.2001 geltenden alten Fassung, abstellt); aA unter anderem BeckOGK/*Rieder* Rn. 6; Lutter UmwG/*Grunewald* Rn. 4; KK-UmwG/*Simon* Rn. 6; HK-UmwG/*Stockburger* Rn. 4). Der Wortlaut des § 27 ist so weit, dass er auch diese Ansprüche umfassen könnte. Seit der Aufhebung des § 852 BGB aF gibt es auch keine spezielle Verjährungsfrist für deliktische Ansprüche mehr, sondern nur noch die Regelverjährung des § 195 BGB, sodass auch nicht mehr von einer spezielleren Regelung der Verjährung im Verhältnis zu § 27 gesprochen werden kann. Jedoch bleibt zu beachten, dass es der Wille des historischen Gesetzgebers war, von der Verjährung nach § 27 entsprechend den Vorgängervorschriften deliktische Ansprüche auszunehmen (dazu BT-Drs. 12/6699, 93 f.; SHS/*Winter* Rn. 10). Das steht auch in Übereinstimmung mit der Beurteilung des BGH zum Anwendungsbereich der Verjährungsvorschriften in § 93 Abs. 6 AktG und in § 43 Abs. 4 GmbHG (→ GmbHG § 43 Rn. 71; → § 25 Rn. 13). Daran hat sich auch durch das Schuldrechtsmodernisierungsgesetz nichts geändert. Insbesondere hat sich (entgegen KK-UmwG/*Simon* Rn. 6) nichts daran geändert, dass die Verjährung nach § 27 kenntnisunabhängig und die Verjährung deliktischer Ansprüche kenntnisabhängig ist (früher § 852 BGB aF, nunmehr § 199 Abs. 1 Nr. 2 BGB). Unklar ist zudem das Verhältnis des § 27 zu den seit dem 15.12.2010 auf zehn Jahre verlängerten Verjährungsfristen bei **börsennotierten AGen** (und KGaAs über § 283 Nr. 3 AktG) nach § 93 Abs. 6 AktG und bei **Kreditinstituten** nach § 52a KWG. Während es bislang bei AGen und GmbHs eine weitgehende einheitliche Parallelität des § 27 mit § 43 Abs. 4 GmbHG und § 93 Abs. 6 AktG gab (und außerhalb der beiden genannten Fälle auch weiterhin gibt), führt nunmehr eine Anwendung des § 27 bei Kreditinstituten und börsennotierten AGen und KGaAs zu einer deutlichen Privilegierung der betroffenen Organmitglieder gegenüber dem allgemeinen Haftungsregime für Fehler bei der Geschäftsführung. Der Gesetzgeber hat sich mit dem Verhältnis der neuen Verjährungsregelung mit speziellen Verjährungsvorschriften bei der Verlängerung der Verjährungsfristen nicht erkennbar befasst, sodass insoweit eine verlässliche Beurteilung schwerfällt. Im Hinblick auf den unverändert gebliebenen Wortlaut und die vergleichbare Rechtslage bei Personengesellschaften, insbesondere unter der früheren dreißigjährigen Verjährungsfrist für Haftungsansprüche (dazu Semler/Stengel/*Leonard* Rn. 4), bei denen ebenfalls eine Anwendung des § 27 ganz überwiegend bejaht wird, erscheint eine unveränderte Anwendung des § 27 auch bei börsennotierten Gesellschaften und Kreditinstituten (zu Kreditinstituten → § 25 Rn. 13) gerechtfertigt.

2. Ansprüche gegen Organmitglieder aufgrund der Verschmelzung. Von § 27 werden nur **Ansprüche** gegen die in der Vorschrift genannten Organmitglieder (zu den betroffenen Personen → § 25 Rn. 4 f.) erfasst, die sich **aufgrund der Verschmelzung** ergeben. Solche Ansprüche können sich nach den allgemeinen Vorschriften (besonders relevant § 93 Abs. 2 AktG und § 43 Abs. 2 AktG) ergeben, wenn ein Organmitglied nicht mit der gebotenen Sorgfalt die Verschmelzung vorbereitet und durchführt, etwa nicht mit hinreichender Sorgfalt die Vermögensverhältnisse prüft oder einen die Interessen des übernehmenden Rechtsträgers nicht ausreichend wahrenden Verschmelzungsvertrag abschließt. Für die Anforderungen an Verschulden, Kausalität, die Beweislast usw. gelten die Bestimmungen der jeweiligen Haftungsnormen. Die Haftung kann sich auch aus den Haftungsnormen des Konzernrechts bei Verschmelzungen zwischen konzernangehörigen Unternehmen ergeben, wenn etwa eine Weisung zum Abschluss eines nachteiligen Verschmelzungsvertrages erteilt worden ist (KK-UmwG/*Simon* Rn. 8 f.; BeckOGK/*Rieder* Rn. 5). Ohne Relevanz ist in allen Fällen, ob die Ansprüche dem übernehmenden Rechtsträger oder Dritten zustehen. 5

3. Verjährungsfrist. Die **Verjährungsfrist** beträgt nach § 27 **fünf Jahre** ab dem Tag, an dem die Eintragung der Verschmelzung in das Register des Sitzes des übernehmenden Rechtsträgers nach § 19 Abs. 3 bekannt gemacht worden ist, was mit der Verjährungsvorschrift des § 25 Abs. 3 übereinstimmt (→ § 25 Rn. 13). Der Beginn des Laufs der Verjährung ist insbesondere kenntnisunabhängig, was sich bereits aus dem Wortlaut des § 27 ergibt. Im Übrigen gelten die allgemeinen Vorschriften des Verjährungsrechts. 6

Unwirksamkeit des Verschmelzungsbeschlusses eines übertragenden Rechtsträgers

28 **Nach Eintragung der Verschmelzung in das Register des Sitzes des übernehmenden Rechtsträgers ist eine Klage gegen die Wirksamkeit des Verschmelzungsbeschlusses eines übertragenden Rechtsträgers gegen den übernehmenden Rechtsträger zu richten.**

I. Allgemeines

Entgegen der weitergehenden Überschrift enthält § 28 lediglich eine **Regelung der Passivlegitimation** für Klagen gegen die Wirksamkeit des Verschmelzungsbeschlusses eines übertragenden Rechtsträgers. Unmittelbar geregelt ist dabei auch nur der Fall, dass die Klage erst nach Eintragung der Verschmelzung erhoben wird, nicht aber der – praktisch viel häufigere – Fall, dass während des Laufs eines Verfahrens die Verschmelzung, etwa nach Erlass eines Beschlusses nach § 16 Abs. 3, eingetragen wird. Darauf ist § 28 nach allgemeiner Auffassung aber entsprechend anzuwenden. Die strittige Frage, ob sich der Regelungsgehalt des § 28 bereits aus § 20 Abs. 1 Nr. 1 ergeben würde, ist für die praktische Anwendung ohne Bedeutung. 1

II. Einzelerläuterung

1. Klagen gegen Wirksamkeit der Verschmelzung nach Eintragung der Verschmelzung. Der unmittelbar von § 28 erfasste Fall einer nach einer Eintragung der Verschmelzung in das Register des Sitzes des übernehmenden Rechtsträgers erhobenen Klage gegen die Wirksamkeit des Verschmelzungsbeschlusses eines übertragenden Rechtsträgers wird von dieser Vorschrift nur insoweit geregelt, als die **Passivlegitimation** des übernehmenden Rechtsträgers für eine solche Klage festgeschrieben wird. Dabei richtet sich die Vertretung des übernehmenden Rechtsträgers nach den für diesen Rechtsträger geltenden Vorschriften (*Hoffmann-Becking* FS Peter Ulmer, 2003, 265, insbesondere zur gemeinsamen Vertretung durch Aufsichtsrat und Vorstand bei der AG). Über den Regelungsgehalt des § 28 hinaus sind solche Klagen problematisch, weil sich bei ihnen im Hinblick auf die Heilungswirkung des § 20 Abs. 2 verstärkt die Frage des **Rechtsschutzbedürfnisses** stellt (→ § 14 Rn. 10; Lutter UmwG/*Grunewald* Rn. 4 mwN; großzügiger *Mayrhofer/Dohm* DB 2000, 961; vgl. auch BGH 3.11.1975, BGHZ 65, 230 (233) = NJW 1976, 241 zur Zulässigkeit einer Klage auf Feststellung der Nichtigkeit eines Jahresabschlusses nach erfolgter Verschmelzung; weitere Fälle unter BeckOGK/*Rieder* Rn. 10). Jedoch sollte nicht übersehen werden, dass § 28 gerade auch die Fälle erfasst, in denen – für die Wahrung der Klagefrist des § 14 Abs. 1 ausreichend (→ § 14 Rn. 5) – die Klage vor Ablauf dieser Frist eingereicht worden ist, die Klage aber erst später und nach einer zwischenzeitlichen Eintragung der Verschmelzung zugestellt worden und damit rechtshängig geworden ist (vgl. den Fall OLG Hamburg 16.4.2004, NZG 2004, 729 = AG 2004, 619). In solchen Situationen kann es auch zu falschen Negativerklärungen nach § 16 Abs. 2 S. 1 (vgl. nunmehr auch den durch das ARUG eingeführten § 246 Abs. 3 S. 5 AktG) kommen. Gerade in diesen Fällen wird sich das verbleibende Rechtsschutzbedürfnis zur Vorbereitung einer Schadensersatzklage nicht verneinen lassen und der Kläger nicht gezwungen sein, die Klage zurückzunehmen (OLG Hamburg 16.4.2004, NZG 2004, 729 = AG 2004, 619; *Hommelhoff* AG 2012, 194 (197 f.); vgl. auch BGH 9.10.2006, BGHZ 169, 221 Rn. 22–24 = NJW 2007, 300 zum fortbestehenden rechtlichen Interesse nach einem Squeeze out des klagenden Aktionärs). 2

3 Nach ganz überwiegender Auffassung richtet sich die **örtliche Zuständigkeit** nach den Verhältnissen des übertragenden Rechtsträgers, sind also insbesondere bei Kapitalgesellschaften Anfechtungs- und Nichtigkeitsklagen nach § 246 Abs. 3 S. 1 AktG (iVm § 249 Abs. 1 S. 1 AktG) am Sitz des übertragenden Rechtsträgers und nicht am Sitz des übernehmenden Rechtsträgers zu erheben (KK-UmwG/*Simon* Rn. 6; BeckOGK/*Rieder* Rn. 4 mwN). Soweit dagegen vorgebracht wird, durch § 28 werde auch die örtliche Zuständigkeit festgelegt, weil die Gesellschaft an dem für sie üblichen Ort zu verklagen sei (Lutter UmwG/*Grunewald* Rn. 1; Kallmeyer/*Marsch-Barner/Oppenhoff* Rn. 1) bzw. sich aus § 246 Abs. 3 S. 1 AktG eine ausschließliche örtliche Zuständigkeit der beklagten Gesellschaft ergebe (LG Frankfurt a. M: 18.9.2006, NZG 2007, 120), überzeugt dies nicht, weil sich § 246 Abs. 3 S. 1 AktG auf den Sitz der Gesellschaft, deren Beschlüsse angefochten werden sollen, bezieht und nicht auf die beklagte Gesellschaft. Hinzu kommt, dass eine Zuständigkeit des Gerichts des Sitzes des übernehmenden Rechtsträgers für nach der Verschmelzung erhobene Klagen eine **einheitliche Behandlung** mit bereits vor der Verschmelzung erhobenen Klagen gegen denselben Verschmelzungsbeschluss verhindern würde, für die nach § 261 Abs. 3 Nr. 2 ZPO die Zuständigkeit des Gerichts des Sitzes des übertragenden Rechtsträgers erhalten bleibt. Das würde der Pflicht zur Verbindung der Verfahren nach § 246 Abs. 3 S. 6 AktG bzw. § 249 Abs. 2 S. 1 AktG widersprechen. Hinzu kommt, dass ein Kläger, der die Klage vor Wirksamwerden der Verschmelzung einreicht, dann, wenn diese erst nach der Verschmelzung zugestellt und damit rechtshängig wird, einen Antrag auf Verweisung stellen müsste. Auch daher sollte es auch nach einer Verschmelzung bei der Zuständigkeit des Gerichts des Sitzes des übertragenden Rechtsträgers verbleiben.

4 **2. Klagen gegen Wirksamkeit der Verschmelzung vor Eintragung der Verschmelzung.** Für bereits **vor Eintragung der Verschmelzung** in das Register des übernehmenden Rechtsträgers erhobene Klagen gegen die Wirksamkeit des Verschmelzungsbeschlusses des übertragenden Rechtsträgers gilt **§ 28** nach allgemeiner Auffassung **entsprechend** (s. nur OLG Hamburg 16.4.2004, NZG 2004, 729 (730) = AG 2004, 619). Besonders relevant sind dabei die Fälle einer erfolgten Freigabe nach § 16 Abs. 3. Eine solche Klage ist nach Wirksamwerden der Verschmelzung auf der Passivseite von dem übernehmenden Rechtsträger fortzuführen (vgl. zur Fortführung einer Klage gegen einen übernehmenden Rechtsträger BGH 1.12.2003, BGHZ 157, 151 (154) = NJW 2004, 1528; → Rn. 2 zu den Konstellationen einer erst nach Eintragung der Verschmelzung rechtshängig werdenden Klage).

5 **3. Sonstige Klagen gegen übertragenden Rechtsträger.** Auch sonstige Klagen sind nach Wirksamwerden der Verschmelzung gegen den übernehmenden Rechtsträger fortzuführen bzw. gegen diesen zu erheben (vgl. *Hoffmann-Becking* FS Peter Ulmer, 2003, 257; BeckOGK/*Rieder* Rn. 11). Das ergibt sich bereits aus den allgemeinen Prinzipien für den Eintritt von Gesamtrechtsnachfolgern in Prozesse ihres Rechtsvorgängers (vgl. BGH 1.12.2003, BGHZ 157, 151 (154) = NJW 2004, 1528). Eines Rückgriffs auf § 28 bedarf es insoweit nicht, würde aber auch nicht zu einem anderen Ergebnis führen. Die Auswirkungen der Verschmelzung auf diese Verfahren, insbesondere im Hinblick auf das Rechtsschutzinteresse für die Klage, hängen vom jeweiligen Verfahrensgegenstand ab (zu einzelnen Fällen KK-UmwG/*Simon* Rn. 14–16).

Abfindungsangebot im Verschmelzungsvertrag

29 (1) [1]**Bei der Verschmelzung eines Rechtsträgers im Wege der Aufnahme durch einen Rechtsträger anderer Rechtsform oder bei der Verschmelzung einer börsennotierten Aktiengesellschaft auf eine nicht börsennotierte Aktiengesellschaft hat der übernehmende Rechtsträger im Verschmelzungsvertrag oder in seinem Entwurf jedem Anteilsinhaber, der gegen den Verschmelzungsbeschluß des übertragenden Rechtsträgers Widerspruch zur Niederschrift erklärt, den Erwerb seiner Anteile oder Mitgliedschaften gegen eine angemessene Barabfindung anzubieten; § 71 Abs. 4 Satz 2 des Aktiengesetzes und § 33 Abs. 2 Satz 3 zweiter Halbsatz erste Alternative des Gesetzes betreffend die Gesellschaften mit beschränkter Haftung sind insoweit nicht anzuwenden.** [2]**Das gleiche gilt, wenn bei einer Verschmelzung von Rechtsträgern derselben Rechtsform die Anteile oder Mitgliedschaften an dem übernehmenden Rechtsträger Verfügungsbeschränkungen unterworfen sind.** [3]**Kann der übernehmende Rechtsträger auf Grund seiner Rechtsform eigene Anteile oder Mitgliedschaften nicht erwerben, so ist die Barabfindung für den Fall anzubieten, daß der Anteilsinhaber sein Ausscheiden aus dem Rechtsträger erklärt.** [4]**Eine erforderliche Bekanntmachung des Verschmelzungsvertrags oder seines Entwurfs als Gegenstand der Beschlußfassung muß den Wortlaut dieses Angebots enthalten.** [5]**Der übernehmende Rechtsträger hat die Kosten für eine Übertragung zu tragen.**

(2) **Dem Widerspruch zur Niederschrift im Sinne des Absatzes 1 steht es gleich, wenn ein nicht erschienener Anteilsinhaber zu der Versammlung der Anteilsinhaber zu Unrecht nicht zugelassen worden ist oder die Versammlung nicht ordnungsgemäß einberufen oder der Gegenstand der Beschlußfassung nicht ordnungsgemäß bekanntgemacht worden ist.**

Übersicht

I. Allgemeines

1 Die **§§ 29–34** enthalten Regelungen über eine unter bestimmten Bedingungen zwingend durch den übernehmenden Rechtsträger an Anteilsinhaber des übertragenden Rechtsträgers zu gewährende **Barabfindung** sowie eine **Erleichterung** der **Veräußerung** von Anteilen. Dabei regelt § 29 die Voraussetzungen, unter denen ein solcher Abfindungsanspruch entsteht. In § 30 ist die Ermittlung der Höhe der Barabfindung geregelt. Die Frist für die Annahme des Barabfindungsangebots ergibt sich aus § 31. Durch § 32 werden Klagen gegen die Wirksamkeit des Verschmelzungsbeschlusses wegen einer zu niedrigen Höhe des Angebots für die Barabfindung oder ein fehlendes oder nicht ordnungsgemäßes Angebot im Verschmelzungsvertrag ausgeschlossen. Durch § 33 wird eine Veräußerung des Anteils trotz bestehender Verfügungsbeschränkungen ermöglicht. Nach § 34 ist schließlich die Überprüfung der Höhe der Barabfindung iRe Spruchverfahrens vorgesehen. Einschränkungen erfahren diese Vorschriften durch § 78 S. 4, der regelt, dass AGen und KGaAs nicht als Rechtsträger anderer Rechtsform iSd §§ 29 und 34 gelten, durch § 90 Abs. 1, der die Anwendung der §§ 29–34 für Mitglieder einer übertragenden Genossenschaft ausschließt, und durch § 104a, der die gleiche Regelung für gemeinnützige Vereine trifft. Teilweise abweichende Regelungen gelten auch für grenzüberschreitende Verschmelzungen von Kapitalgesellschaften. So sieht § 122i Abs. 1 einen Erwerb der Anteile durch den übertragenden Rechtsträger vor; § 122i Abs. 2 schränkt die Anwendung der §§ 32 und 34 ein und modifiziert sie im Übrigen.

2 In **§ 29** Abs. 1 S. 1 und 2 sind die Konstellationen geregelt, in denen dem Anteilsinhaber eines übertragenden Rechtsträgers das Recht zusteht, von dem übernehmenden Rechtsträger eine Barabfindung für den Erwerb seiner Anteile oder Mitgliedschaften zu erhalten. Das ist der Fall, wenn der übernehmende Rechtsträger eine andere Rechtsform hat als der übertragende Rechtsträger, der übernehmende Rechtsträger anders als der übertragende Rechtsträger nicht börsennotiert ist oder bei Verschmelzung auf einen Rechtsträger gleicher Rechtsform die Anteile oder Mitgliedschaften Verfügungsbeschränkungen unterworfen sind. In dem Fall, dass der übernehmende Rechtsträger eigene Anteile oder Mitgliedschaften nicht erwerben kann, ist stattdessen nach Abs. 1 S. 3 eine Abfindung für das Ausscheiden zu zahlen. In Abs. 1 S. 4 und 5 sind ergänzend die Anforderungen an die Bekanntmachung des Angebots und die Tragung der Kosten für die Übertragung geregelt. Durch Abs. 2 werden bestimmte Konstellationen erfasst, in denen der Anteilsinhaber in der Versammlung der Anteilsinhaber nicht erschienen ist.

II. Einzelerläuterung

3 **1. Verschmelzungen, die Anspruch auf Barabfindung begründen.** Durch die Regelung des § 29 wird in drei Konstellationen ein Anspruch des Anteilsinhabers eines übertragenden Rechtsträgers auf Barabfindung gegen den übertragenden Rechtsträger gewährt. Die Regelungen sind **zwingend** und können insbesondere nicht durch die Satzung bzw. den Gesellschaftsvertrag der übertragenden oder des übernehmenden Rechtsträgers abbedungen werden (vgl. OLG Karlsruhe 26.9.2002, NZG 2002, 1118 = ZIP 2003, 78 unter Verweis auf § 1 Abs. 3).

4 **a) Verschmelzung auf Rechtsträger anderer Rechtsform.** Die erste, in Abs. 1 S. 1 Alt. 1 genannte Konstellation ist die Verschmelzung eines übertragenden Rechtsträgers auf einen Rechtsträger **anderer Rechtsform,** die sogenannte Mischverschmelzung. Dabei gelten nach § 78 S. 4 AGen und KGaAs untereinander nicht als Rechtsträger unterschiedlicher Rechtsform (dazu kritisch Semler/Stengel/*Kalss* Rn. 6). Die GmbH und die UG (haftungsbeschrankt) sind ohnehin keine unterschiedlichen Rechtsformen (zu den Beschränkungen der Verschmelzung unter Beteiligung einer UG (haftungsbeschränkt) → § 3 Rn. 12 ff. und *Gasteyer* NZG 2009, 1364 (1367); Baumbach/Hueck/*Servatius* GmbHG § 5a Rn. 18 f.; Lutter UmwG/Hommelhoff/*Kleindiek* GmbHG § 5a Rn. 69 ff.; s. auch BGH 11.4.2011, NJW 2011, 1883 Rn. 13 ff. = NZG 2011, 666 zur (unzulässigen) Abspaltung zur Neugründung einer UG (haftungsbeschränkt); zur Übertragung dieser Entscheidung auf die Verschmelzung *Teichmann/Körber* LMK 2011, 323731; vgl. auch BeckOGK/*Rieder* Rn. 9). Wie in → Rn. 1 erwähnt ist

§ 29 auch nicht bei Genossenschaften und gemeinnützigen Vereinen als übertragenden Rechtsträgern anwendbar.

5 Abgesehen von diesen wenigen Ausnahmen führt jede Verschmelzung zwischen Rechtsträgern unterschiedlicher Rechtsform zu einem Barabfindungsanspruch. So ist Abs. 1 S. 1 auch im Fall einer Verschmelzung einer oHG auf eine KG anwendbar, auch für den Gesellschafter, der mit der Rechtsfolge des § 43 Abs. 2 S. 3 der Verschmelzung widerspricht. Ein konkreter Nachteil für den die Barabfindung begehrenden Anteilsinhaber ist nicht Anspruchsvoraussetzung; die Rechtsformabweichung reicht aus.

6 **b) Verschmelzung börsennotierter AG auf nicht börsennotierte AG.** Gemäß Abs. 1 S. 1 Alt. 2 führt auch die Verschmelzung einer börsennotierten AG auf eine nicht **börsennotierte AG** zu der Verpflichtung, einen Anteilsinhaber abzufinden. Durch diese, durch das 2. UmwÄndG in das Gesetz eingeführte Regelung ist das in der früheren Rspr. des BGH entwickelte Abfindungserfordernis beim („echten“) Delisting (BGH 25.11.2002, BGHZ 153, 47 (58) = NJW 2003, 1032 – Macrotron; s. auch BVerfG 11.7.2012, NJW 2012, 3081 = NZG 2012, 826 zur Vereinbarkeit dieser Rspr. mit dem GG, wobei das BVerfG mehrfach auf die gesetzliche Regelung in § 29 hinweist) auf das sog. „kalte“ oder „unechte“ Delisting ausgedehnt und damit eine Schutzlücke für den Fall der Verschmelzung einer börsennotierten AG auf eine nicht börsennotierte AG geschlossen worden. Durch die zwischenzeitliche Aufgabe der Macrotron-Rechtsprechung (BGH 8.10.2013, NJW 2014, 146 = NZG 2013, 1342) und die nunmehrige Ersetzung durch die abweichende Regelung in § 39 Abs. 2 S. 3 Nr. 1, Abs. 3 BörsG ist zwar der ursprüngliche Anlass für die Regelung entfallen; § 29 ist aber weiter geltendes und anzuwendendes Recht (s. auch BT-Drs. 18/6220, 84 zur Differenzierung zwischen § 39 BörsG und § 29). Ein ergänzender Ausgleich bei Verbleib in dem nicht börsennotierten übernehmenden Rechtsträger wegen des Verlusts der Börsennotierung ist dagegen nicht geschuldet (OLG Stuttgart 22.9.2009, AG 2010, 42 (46) = WM 2010, 173). Der Begriff der Börsennotierung ist in § 3 Abs. 2 AktG legaldefiniert. Keine Börsennotierung liegt somit bei einem Handel von Aktien im Freiverkehr vor (→ AktG § 3 Rn. 3). Somit besteht aufgrund des klaren Wortlauts ein Schutz des Aktionärs im Falle der Verschmelzung einer börsennotierten AG auf eine AG, deren Aktien im **Freiverkehr** gehandelt werden (aA ohne Berücksichtigung des Wortlauts aber *Simon/Burg* Der Konzern 2009, 214 (218); wohl auch *Seibt/Wollenschläger* AG 2009, 807 (814); unter Berufung auf teleologische Gründe entgegen dem Wortlaut auch *Klöhn* NZG 2012, 1041 (1046); anders für das gewöhnliche, gesetzlich nicht geregelte Delisting (vor der Aufgabe dieser Rspr. durch den BGH und der Neuregelung in § 39 BörsG) etwa auch OLG München 21.5.2008, NZG 2008, 755 = AG 2008, 674, gebilligt durch BVerfG 11.7.2012, NJW 2012, 3081 = NZG 2012, 826), nicht aber bei der Verschmelzung einer AG, deren Aktien im Freiverkehr gehandelt werden, auf eine AG, deren Aktien nicht (einmal) im Freiverkehr gehandelt werden (so aber wohl unter Übergehung der Legaldefinition der Börsennotierung *Simon/Burg* Der Konzern 2009, 214 (218)). Eine erweiternde Auslegung erscheint aufgrund des klaren Wortlauts nicht möglich (vgl. Kallmeyer/*Marsch-Barner/Oppenhoff* Rn. 4b). Die hier vertretene Auffassung stimmt zudem mit dem Anwendungsbereich des § 39 Abs. 2 S. 3 Nr. 1, Abs. 3 BörsG in der Neufassung durch das Gesetz zur Umsetzung der Transparenzrichtlinie-Änderungsrichtlinie zum regulären Delisting überein (zu dessen Anwendungsbereich *Groß* AG 2015, 812 (816)). Analog wird die Vorschrift jedoch auf börsennotierte **KGaAs** anzuwenden sein (Lutter UmwG/*Grunewald* Rn. 4; SHS/*Winter* Rn. 9), weil für deren Aktionäre die Schutzbedürftigkeit die gleiche wie bei Aktionären einer börsennotierten AG ist und dieser Fall vom Gesetzgeber offenbar übersehen worden ist (vgl. die Begründung für die Änderung des § 29 BT-Drs. 16/2919, 13; s. aber auch OLG München 21.5.2008, NZG 2008, 755 (756) = AG 2008, 674 zur Frage der Übertragung der früheren „Macrotron-Grundsätze“ auf eine KGaA, dort offengelassen).

7 Problematisch ist der Fall, dass die übernehmende AG zwar im Zeitpunkt des Wirksamwerdens der Verschmelzung noch nicht **börsennotiert** ist, dies aber **beabsichtigt** ist. Relevant wird dies insbesondere im Fall der Verschmelzung durch Neugründung nach § 36 Abs. 1 S. 1 iVm § 29, wo der neue Rechtsträger sonst unmittelbar ab dem Zeitpunkt seiner Entstehung börsennotiert sein muss. Die Auffassungen hierzu schwanken. Während teilweise verlangt wird, dass die übernehmende AG mit der Verschmelzung börsennotiert wird bzw. bereits ist (so insbesondere Lutter UmwG/*Grunewald* Rn. 3 f.), gehen die Auffassungen, die auch eine spätere Börsenzulassung noch ausreichen lassen wollen (BeckOGK/*Rieder* Rn. 13), in den Anforderungen auseinander. Teilweise wird verlangt, dass die fehlende Börsennotierung nur sehr kurze Zeit anhalten und allein technisch bedingt sein darf sowie dass alle notwendigen Schritte in die Wege geleitet sind (SHS/*Winter* Rn. 9; ähnlich auch Kallmeyer/*Marsch-Barner/Oppenhoff* Rn. 4c und OLG Stuttgart 8.3.2006, AG 2006, 420 (428) auf der Grundlage der Macrotron-Rspr. vor der Änderung des § 29). Weitergehend wird sogar die Auffassung vertreten, es reiche aus, wenn die Börsenzulassung des übernehmenden Rechtsträgers ernsthaft angestrebt werde, aber aus zeitlichen Gründen nicht mehr rechtzeitig realisierbar gewesen oder wegen einer Verschmelzung zur Neugründung vor Eintragung nicht möglich gewesen sei (KK-UmwG/*Simon* Rn. 27; in diese Richtung auch *Drinhausen* BB 2006, 2313 (2314)). Für die Entscheidung dieser Frage hat zunächst der Wortlaut der Norm eine erhebliche Bedeutung, der klar in die Richtung des Erfordernisses einer sofortigen Börsennotierung geht. In die gleiche Richtung gehen die Interessen des Anteilsinhabers, der

zum einen ein Interesse an der jederzeitigen Veräußerbarkeit seiner Aktien hat und zum anderen auch darauf angewiesen ist, den ihm zustehenden Anspruch auf Abfindung fristgerecht (§ 31) geltend zu machen. Dagegen spricht das praktische Bedürfnis für eine spätere Zulassung zur Börsennotierung. Berücksichtigt man, dass auch bei bestehender Börsennotierung des übernehmenden Rechtsträgers bei der durch die Verschmelzung bedingten Ausgabe neuer Aktien ebenfalls einige Tage vergehen können, bis diese zum Börsenhandel zugelassen sind, erscheint es entsprechend der als zweites genannten Auffassung erforderlich, wenn vor dem Wirksamwerden der Verschmelzung alles Erforderliche unternommen wurde, um die Börsennotierung des übernehmenden Rechtsträgers herbeizuführen, und die Börsennotierung innerhalb eines kurzen Zeitraums auch tatsächlich erfolgt bzw. zumindest Umtauschansprüche börsennotiert sind. Die von *Simon* (KK-UmwG/*Simon* Rn. 27; ebenso *Simon/Burg* Der Konzern 2009, 214 (216)) erwähnte Möglichkeit, im Verschmelzungsvertrag einen Anspruch des übertragenden Rechtsträgers auf eine Börsennotierung des übernehmenden Rechtsträgers zu vereinbaren, den nach der Verschmelzung dann der ehemalige Aktionär des übertragenden Rechtsträgers über § 26 durchsetzen könnte, erscheint demgegenüber nicht ausreichend, weil sie für den einzelnen Aktionär einen erheblichen Aufwand bedeutet und die Durchsetzung möglicherweise Jahre in Anspruch nehmen kann, während denen er nicht in der Lage ist, die Aktien an der Börse zu veräußern.

c) Verfügungsbeschränkungen. Der dritte, in Abs. 1 S. 2 geregelte Fall, der einen Anspruch auf Barabfindung gewährt, ist die Verschmelzung von Rechtsträgern gleicher Rechtsform, wenn die Anteile oder Mitgliedschaften an dem übernehmenden Rechtsträger Verfügungsbeschränkungen unterworfen sind. Das betrifft seit der Änderung durch das Erste Gesetz zur Änderung des Umwandlungsgesetzes sowohl **gesetzliche** als auch **vertragliche Verfügungsbeschränkungen** (BT-Drs. 13/8808, 11). 8

Gesetzliche Verfügungsbeschränkungen betreffen insbesondere Personengesellschaften, bei denen die Anteile nach der gesetzlichen Konzeption grundsätzlich nicht frei übertragbar sind (§§ 717, 719 BGB), und Vereine (§ 38 S. 1 BGB). Keine Verfügungsbeschränkungen iSd Abs. 1 S. 2 sind dagegen Beschränkungen der Teilbarkeit von Anteilen (§ 8 Abs. 5 AktG; Erfordernis eines Gesellschafterbeschlusses nach § 46 Nr. 4 GmbHG), weil dadurch die Verfügung über den Anteil als solchen nicht eingeschränkt wird. 9

Bei der aufgrund von Verfügungsbeschränkungen beim übernehmenden Rechtsträger bewirkten Barabfindungspflicht ist es generell ohne Belang, wenn – wie dies bei Verschmelzungen zwischen Rechtsträgern gleicher Rechtsform häufig der Fall sein wird – auch schon die Anteile bzw. Mitgliedschaftsrechte beim übertragenden Rechtsträger Verfügungsbeschränkungen unterlagen. Es wird jedoch diskutiert, ob dann, wenn die **Verfügungsbeschränkungen** beim übernehmenden Rechtsträger **in gleicher oder in schwächerer Weise** wie bzw. als beim **übertragenden Rechtsträger** ausgestaltet sind, die Barabfindungspflicht nicht eingreift (vgl. Semler/Stengel/*Kalss* Rn. 11–14; Lutter UmwG/*Grunewald* Rn. 9; KK-UmwG/*Simon* Rn. 23; Kallmeyer/*Marsch-Barner/Oppenhoff* Rn. 9; SHS/*Winter* Rn. 10; *Reichert* GmbHR 1995, 176 (187); BeckOGK/*Rieder* Rn. 11 f.). Geht man vom Wortlaut der Norm aus, ergeben sich hieraus keinerlei Einschränkungen im Hinblick auf das Bestehen einer Verfügungsbeschränkung beim übertragenden Rechtsträger. Bestätigt wird das durch die uneingeschränkte Aufnahme gesetzlicher Verfügungsbeschränkungen in Abs. 1 S. 2 durch die Änderung im Jahr 1998. Bei identischen Rechtsformen, für die Abs. 1 S. 2 allein eine Regelung trifft – bei unterschiedlichen Rechtformen gewährt bereits Abs. 1 S. 1 einen Abfindungsanspruch –, sind die gesetzlichen Verfügungsbeschränkungen notwendigerweise bei übertragendem und übernehmendem Rechtsträger identisch. Eine Änderung der Verfügungsbeschränkung kann es somit nur beim Zusammentreffen mit einer vertraglichen Verfügungsbeschränkung bzw. -erleichterung geben. Der Gesetzestext enthält jedoch keinerlei Einschränkungen und auch keinen Anhaltspunkt für eine derartige einschränkende Auslegung. Im Gegenteil zeigt die Begründung für diese Gesetzesänderung (BT-Drs. 13/8808, 11), dass es hierauf generell nicht ankommt. Nach dieser Gesetzesbegründung komme es wie nach der vorherigen Rechtslage allein darauf an, ob beim Übernehmer Verfügungsbeschränkungen existierten. Ob gleiche oder ähnliche Beschränkungen beim übertragenden Rechtsträger bestünden, sei grundsätzlich ohne Belang. Denn infolge von Strukturverschiedenheiten der beteiligten Rechtsträger, insbesondere unterschiedlicher Mitgliederzahl und verschiedener Gesellschafterkreise, könne eine Verfügungsbeschränkung beim übernehmenden Rechtsträger auch dann nachteilig sein, wenn sie in gleicher Weise beim übertragenden Rechtsträger bestanden habe. Außerdem ergäben sich beträchtliche Anwendungsschwierigkeiten, wenn verschiedene Vinkulierungsregelungen beim übertragenden und beim übernehmenden Rechtsträger daraufhin beurteilt werden müssten, welche die strengeren Verfügungsbeschränkungen begründeten. Eine einschränkende Auslegung erscheint damit im Hinblick auf den übereinstimmenden klaren Wortlaut und die diesen stützende Gesetzesbegründung nicht möglich. Unberührt bleiben jedoch die jedem Recht innewohnenden Beschränkungen aus der Treuepflicht der Anteilsinhaber und des Rechtsmissbrauchs (ähnlich Kallmeyer/*Marsch-Barner/Oppenhoff* Rn. 10 und *Schaub* NZG 1998, 626 (627); ähnlich bereits zur alten Gesetzesfassung *Reichert* GmbHR 1995, 176 (187)). So kann es gegen Treu und Glauben verstoßen, wenn sich der Gesellschafter bei der Verschmelzung zweier beteiligungsidentischer und auch sonst strukturell identischer Schwestergesellschaften darauf beruft, dass es beim übernehmen- 10 den Rechtsträger Verfügungsbeschränkungen gebe, die es in gleicher Form auch schon beim übertragenden Rechtsträger gab (vgl. Lutter UmwG/*Grunewald* Rn. 10). Ein solcher Treuepflichtverstoß bzw. Rechtsmissbrauch ist aber in jedem Einzelfall von dem übernehmenden Rechtsträger, der dafür die Beweislast trägt, darzulegen und nachzuweisen.

11 **Vertragliche Verfügungsbeschränkungen** beim übernehmenden Rechtsträger führen in gleicher Weise zu einer Barabfindungspflicht des übernehmenden Rechtsträgers. Für sie gelten ebenso wie bei den gesetzlichen Verfügungsbeschränkungen die Einschränkungen, die sich aus der Treuepflicht der Anteilsinhaber und unter dem Gesichtspunkt des Rechtsmissbrauchs ergeben (→ Rn. 10). Der Kreis der vertraglichen Verfügungsbeschränkungen iSd Abs. 1 S. 1 erfasst zunächst einmal in dem Gesellschaftsvertrag bzw. der Satzung enthaltene **dinglich wirkende Einschränkungen** der freien Verfügungsfähigkeit über die betroffenen Anteile, also zum Beispiel eine Vinkulierung nach § 68 Abs. 2 AktG oder eine Einschränkung der freien Veräußerbarkeit von GmbH-Geschäftsanteilen nach § 15 Abs. 1 GmbHG durch eine abweichende gesellschaftsvertragliche Regelung gem. § 15 Abs. 5 GmbHG. Ebenfalls erfasst sind Verfügungsbeschränkungen, die nur in bestimmten Konstellationen, etwa bei Veräußerung an bestimmte Personen oder bei Ausschluss nur bestimmter Personen als Erwerber, eingreifen (str.; Kallmeyer/*Marsch-Barner/Oppenhoff* Rn. 7 mwN).

12 Nach einer verbreiteten Auffassung sollen nur dingliche, nicht aber **schuldrechtliche Verfügungsbeschränkungen** unter Abs. 1 S. 2 fallen (so unter anderem KK-UmwG/*Simon* Rn. 17 mwN). Hier erscheint allerdings eine Differenzierung geboten (ebenso Kallmeyer/*Marsch-Barner/Oppenhoff* Rn. 7). Nicht von Abs. 1 S. 2 erfasst werden außerhalb der Satzung bzw. des Gesellschaftsvertrages stehende schuldrechtliche Vereinbarungen wie Poolvereinbarungen, weil diese den Anteilsinhaber des übertragenden Rechtsträgers nur binden können, wenn er ihnen zustimmt bzw. beitritt. In einem solchen Fall bedarf es keiner Barabfindung. Besteht dagegen in der Satzung bzw. im Gesellschaftsvertrag des übernehmenden Rechtsträgers eine zwar nicht dinglich, aber schuldrechtlich wirkende gesellschaftsvertragliche (vgl. zur Abgrenzung zu rein schuldvertraglichen Vereinbarungen, die nur die Vertragsschließenden binden, Baumbach/Hueck/*Fastrich* GmbHG § 3 Rn. 54 f.) Verfügungsbeschränkung, wäre der Anteilsinhaber des übertragenden Rechtsträgers bei Erwerb einer Beteiligung am übernehmenden Rechtsträger aufgrund der Verschmelzung auch hieran gebunden, sodass auch schuldrechtliche Regelungen erhebliche Einschränkungen für den Anteilsinhaber am übertragenden Rechtsträger bewirken können. Das betrifft zum einen unmittelbare Verfügungsbeschränkungen, wie ein zwar nicht dinglich, aber schuldrechtlich wirkendes (zB mit einer hohen Vertragsstrafe abgesichertes) Verfügungsverbot, zum anderen aber auch erhebliche mittelbare Einschränkungen wie zB (dingliche oder auch schuldrechtliche) Vorerwerbsrechte oder Optionen zu für den Erwerber günstigen Konditionen (unter Beschränkung auf dinglich wirkende Rechte sowie schuldrechtliche Verträge mit Drittwirkung Semler/Stengel/*Kalss* Rn. 8). Für den redlichen Anteilsinhaber wirkt es sich nicht aus, ob ihm die Verfügung dinglich oder nur schuldrechtlich untersagt ist, sodass eine Gleichstellung insoweit geboten ist, zumal sonst Umgehungen durch entsprechende Gestaltungen des Gesellschaftsvertrages bzw. der Satzung des übernehmenden Rechtsträgers ermöglicht würden. Nicht erfasst werden dagegen einfache, mit kurzen Ausübungsfristen versehene Vorkaufsrechte, weil diese den Anteilsinhaber des übertragenden Rechtsträgers in der Verfügung zu den mit einem Dritten vereinbarten Konditionen nicht einschränken, sondern lediglich zum Austausch des Erwerbers führen (ähnlich Semler/Stengel/*Kalss* Rn. 8). Gleiches gilt für Ausschlussklauseln, für Einschränkungen der Vererblichkeit oder für Formvorschriften für die Übertragung, weil diese die Verfügungsfähigkeit nicht einschränken. Sonstige Beeinträchtigungen der Mitgliedschaft, die nicht zu einer Verfügungsbeschränkung führen, etwa Nebenleistungs- und Nachschusspflichten, Wettbewerbsverbote, sind von Abs. 1 S. 2 nicht erfasst.

13 **2. Widerspruch zur Niederschrift und gleichgestellte Umstände.** Der Anspruch auf Barabfindung in den in Abs. 1 S. 1 und S. 2 genannten Konstellationen setzt weiterhin – vorbehaltlich der Regelung in Abs. 2 – zwingend voraus, dass der Anteilsinhaber des übertragenden Rechtsträgers gegen den Verschmelzungsbeschluss des übertragenden Rechtsträgers in der Versammlung, die über den Verschmelzungsvertrag beschließt, **Widerspruch** zur Niederschrift des beurkundenden Notars (vgl. § 6) erklärt. Anderes kann nur gelten, wenn der Anteilsinhaber aus Gründen, die in der Sphäre des Rechtsträgers liegen, etwa durch den Hinweis, ein Widerspruch sei nicht erforderlich, keinen Widerspruch erklärt hat (Lutter UmwG/*Grunewald* Rn. 16 mwN; zweifelnd OLG München 3.2.2010, ZIP 2010, 326 (327) = NZG 2010, 397, dazu zu Recht kritisch *Priester* DNotZ 2011, 147), wobei das Verhalten des beurkundenden Notars dem Rechtsträger aber nicht zuzurechnen ist (OLG München 3.2.2010, ZIP 2010, 326 (328) = NZG 2010, 397). Eine Konkretisierung des Widerspruchs ist nicht erforderlich.

14 Von der hM wird über den Wortlaut des Abs. 1 S. 1 hinaus zudem gefordert, dass der widersprechende Anteilsinhaber gegen den Verschmelzungsbeschluss gestimmt hat (KK-UmwG/*Simon* Rn. 28 mwN; obiter nunmehr auch OLG München 3.2.2010, ZIP 2010, 326 (327) = NZG 2010, 397; BeckOGK/*Rieder* Rn. 21; aA zB Kallmeyer/*Marsch-Barner/Oppenhoff* Rn. 13). Das Erfordernis einer **Stimmabgabe gegen den Verschmelzungsbeschluss** lässt sich damit begründen, dass damit sichergestellt wird, dass der übernehmende Rechtsträger nicht mit einer unübersehbaren Vielzahl an Abfin-

dungsansprüchen konfrontiert wird. Bei einer Verknüpfung von Widerspruch und Stimmabgabe gegen den Verschmelzungsbeschluss ist nämlich sichergestellt, dass nicht mehr Anteilsinhaber des übertragenden Rechtsträgers die Barabfindung verlangen können als gegen den Verschmelzungsbeschluss stimmen können, ohne dass dieser Beschluss nicht zustande kommt (KK-UmwG/*Simon* Rn. 28). Der Anteilsinhaber erleidet hierdurch keinen Nachteil, weil er dann mangels Zustandekommens der Verschmelzung keinen abweichenden Regelungen in dem übernehmenden Rechtsträger unterliegt. Etwas anderes gilt nur, wenn der betroffene Anteilsinhaber kein Stimmrecht hat (Lutter UmwG/*Grunewald* Rn. 11), weil er dann gar nicht gegen den Verschmelzungsbeschluss stimmen kann. Zweifelhaft erscheint dagegen, ob eine sich aus der Treuepflicht ergebende Verpflichtung zur Zustimmung ausreicht, um das Erfordernis einer Stimmabgabe gegen den Verschmelzungsbeschluss entfallen zu lassen (so Lutter UmwG/*Grunewald* Rn. 11). Eine solche Verpflichtung aus der Treuepflicht wird es regelmäßig nur dann geben, wenn die anderen Beteiligten dem betroffenen Anteilsinhaber im Gegenzug die Möglichkeit eines Ausscheidens zu den in § 29 vorgesehenen Konditionen zugestehen. Die Möglichkeit der Beteiligten, ein solches, an § 29 angenähertes Recht vertraglich zu gewähren, bleibt nämlich unberührt, wobei dann allerdings die Einschränkungen der Kapitalerhaltung durch den Erwerb eigener Anteile (→ Rn. 21 ff.) nicht eingreifen und auch ein Spruchverfahren nicht in Betracht kommt.

Ein **Widerspruch** ist **nicht erforderlich** in den Fällen des **Abs. 2,** also dann, wenn ein nicht erschienener Anteilsinhaber zu der Versammlung der Anteilsinhaber zu Unrecht nicht zugelassen oder die Versammlung nicht ordnungsgemäß einberufen oder der Gegenstand der Beschlussfassung nicht ordnungsgemäß bekanntgemacht worden ist (zur Parallelvorschrift des § 245 Nr. 2 AktG, der Abs. 2 nachgebildet ist, → AktG § 245 Rn. 10 ff.). Die Anforderungen richten sich nach den gesetzlichen und satzungsmäßigen bzw. gesellschaftsvertraglichen Bestimmungen des jeweiligen Rechtsträgers. Ein Widerspruch ist nicht bereits entbehrlich, wenn zwar ein Mangel in der zweiten oder dritten Variante vorliegt, der Anteilsinhaber aber dennoch erschienen ist. In diesem Fall bleibt der Widerspruch erforderlich (OLG Stuttgart 16.2.2007, AG 2007, 596 (597) mwN; KK-UmwG/*Simon* Rn. 30; BeckOGK/*Rieder* Rn. 19 f.). Ist der Anteilsinhaber nicht erschienen, ist (selbstverständlich) nicht nur der Widerspruch, sondern auch die Stimmabgabe gegen den Verschmelzungsbeschluss nicht erforderlich (OLG Stuttgart 16.2.2007, AG 2007, 596 (597); Lutter UmwG/*Grunewald* Rn. 17 mit 61). Ist dagegen der Anteilsinhaber erschienen und ist aus den in → Rn. 13 genannten Gründen ein Widerspruch ausnahmsweise nicht erforderlich, bleibt eine Stimmabgabe gegen den Verschmelzungsbeschluss erforderlich (Lutter UmwG/*Grunewald* Rn. 17). 15

3. Abfindungsangebot und Kostenübernahme. Der Verschmelzungsvertrag bzw. der Entwurf des Verschmelzungsvertrages muss gem. Abs. 1 S. 1 das **Angebot der Barabfindung** zur Übertragung der Anteile des Anteilsinhabers des übertragenden Rechtsträgers auf den übernehmenden Rechtsträger gegen eine angemessene Barabfindung (zur Bestimmung der Angemessenheit → § 30 Rn. 2) enthalten. Kann der übernehmende Rechtsträger aufgrund seiner Rechtsform eigene Anteile nicht erwerben, so tritt nach Abs. 1 S. 3 an die Stelle des Angebots zum Erwerb der Anteile das Angebot zur Barabfindung für den Fall, dass der Anteilsinhaber sein Ausscheiden aus dem Rechtsträger erklärt. Das Angebot muss so bestimmt sein, dass die bloße Annahmeerklärung des Anteilsinhabers (vgl. § 31) ausreicht, um den Barabfindungsanspruch entstehen zu lassen. Ein solches Angebot ist jedoch nach wohl allgemeiner Auffassung dann entbehrlich, wenn sämtliche Anteilsinhaber zuvor in notarieller Form auf das Angebot **verzichtet** haben, auch ohne dass diese Möglichkeit im Gesetz ausdrücklich geregelt ist. Soweit teilweise auf die notarielle Form verzichtet wird (Lutter UmwG/*Grunewald* Rn. 19), ist dies nicht überzeugend, weil die im UmwG geregelten Verzichte regelmäßig die notarielle Form erfordern (vgl. unter anderem § 8 Abs. 3 S. 2; § 16 Abs. 2 S. 2). Ein Abfindungsangebot ist weiterhin **nicht erforderlich** bei der Verschmelzung einer **hundertprozentigen Tochtergesellschaft** auf die Muttergesellschaft, weil in diesem Fall keine Rechte als Anteilsinhaber des übernehmenden Rechtsträgers begründet werden (§ 20 Abs. 1 Nr. 3 S. 1 Var. 2), die Grundlage für einen Abfindungsanspruch sein könnten. Entsprechendes gilt im Fall des § 54 Abs. 1 S. 3, weil auch dann keine neuen Anteile am übernehmenden Rechtsträger entstehen, die Gegenstand einer Barabfindung sein könnten, zumal in diesem Fall in dem nach dem Gesetz erforderlichen Verzicht aller Anteilsinhaber des übertragenden Rechtsträgers auf die Gewährung von Anteilen am übernehmenden Rechtsträger auch ein Verzicht auf eine Barabfindung gesehen werden kann. 16

Fehlt ein **Abfindungsangebot,** obwohl dieses erforderlich ist, berührt dies, soweit es dessen ungeachtet zur Eintragung der Verschmelzung in das Register kommt (dazu KK-UmwG/*Simon* Rn. 37 einerseits und Lutter UmwG/*Grunewald* Rn. 22 andererseits; vgl. BGH 18.12.2000, NJW 2001, 1425 (1426) = NZG 2001, 574 zum Nichtbestehen eines Rechts des Registerrichters, die Eintragung zu verweigern, im Falle des Fehlens eines Angebots nach § 207 beim Formwechsel) nach allgemeiner Auffassung nicht die Wirksamkeit des Verschmelzungsvertrages und des Verschmelzungsbeschlusses. Stattdessen hat der Anteilsinhaber die Möglichkeit, ein Spruchverfahren nach § 34 iVm SpruchG einzuleiten (vgl. auch BGH 18.12.2000, NJW 2001, 1425 = NZG 2001, 574 zu § 207). 17

18 Gemäß Abs. 1 S. 4 muss eine erforderliche **Bekanntmachung** des Verschmelzungsvertrages oder seines Entwurfs als Gegenstand der Beschlussfassung den Wortlaut des Angebots nach § 29 enthalten. Für die Bekanntmachungspflichten gelten die für den jeweiligen Rechtsträger einschlägigen gesetzlichen Rechtsvorschriften, für die AG zum Beispiel § 124 Abs. 2 S. 3 AktG, oder entsprechende Bestimmungen in der Satzung bzw. im Gesellschaftsvertrag. Die teilweise (Lutter UmwG/*Grunewald* Rn. 21) vertretene Erstreckung auf die Unterrichtungen gem. §§ 42, 47 erscheint nicht gerechtfertigt, weil es sich dabei nicht um Bekanntmachungen im eigentlichen Sinne handelt. Eine fehlende Bekanntmachung berührt ebenfalls nicht die Wirksamkeit des Verschmelzungsbeschlusses und des Verschmelzungsvertrages.

19 Der **Abfindungsanspruch** entsteht mit Eintragung der Verschmelzung in das Register des übernehmenden Rechtsträgers und fristgerechter (§ 31) Annahme des Angebots. Die mit der Verschmelzung entstandenen Anteile des widersprochen habenden Anteilsinhabers am übernehmenden Rechtsträger sind dann Zug um Zug in den für den übernehmenden Rechtsträger anwendbaren Formen gegen Zahlung der Barabfindung auf den übernehmenden Rechtsträger zu übertragen. Gleiches gilt im Fall des Abs. 1 S. 3 für das Ausscheiden gegen Zahlung der Barabfindung. Bis dahin stehen dem Anteilsinhaber die Rechte am übernehmenden Rechtsträger vollumfänglich zu. Lediglich für den Zeitraum zwischen Annahme des Angebots auf Abfindung und effektiver Übertragung kann insoweit gesellschaftsvertraglich bzw. in der Satzung etwas anderes geregelt sein.

20 Neben die Verpflichtung des übernehmenden Rechtsträgers, die Barabfindung zu zahlen, tritt nach Abs. 1 S. 5 die Pflicht des übertragenden Rechtsträgers, die **Kosten** für die **Übertragung** zu tragen. Das beinhaltet insbesondere die bei einer GmbH für die Übertragung eines Geschäftsanteils anfallenden Notarkosten, nicht aber die Kosten für eine eigene rechtliche Beratung.

21 **4. Erweiterungen des zulässigen Erwerbs eigener Anteile.** Der in § 29 vorgesehene Erwerb eigener Anteile durch den übernehmenden Rechtsträger gegen Zahlung der Barabfindung an den bisherigen Anteilsinhaber des übertragenden Rechtsträgers kann mit den **Beschränkungen des Erwerbs eigener Anteile** bei den Kapitalgesellschaften kollidieren (insbesondere § 71 AktG und § 33 GmbHG; auch § 272 Abs. 1a HGB). Im Interesse einer effektiven Durchsetzung des Abfindungsanspruchs enthält das Gesetz erhebliche Einschränkungen der sonst bestehenden Kapitalerhaltungsvorschriften.

22 Für die **AG** ergibt sich eine Einschränkung der **Kapitalbindung** zunächst aus § 71 Abs. 1 S. 1 Nr. 3 AktG, der den Erwerb eigener Aktien zum Zwecke der Abfindung nach § 29 Abs. 1 erlaubt, wobei es nicht darauf ankommt, ob die Aktien voll eingezahlt sind. Nach § 71 Abs. 2 S. 1 AktG dürfen aber nicht mehr als zehn vom Hundert des Grundkapitals auf so oder aus anderen Gründen erworbene eigene Aktien entfallen. Zudem ist der Erwerb nur zulässig, wenn die Gesellschaft im Zeitpunkt des Erwerbs eine Rücklage in Höhe der Aufwendungen für den Erwerb bilden könnte, ohne das Grundkapital oder eine nach Gesetz oder Satzung zu bildende Rücklage zu mindern, die nicht zur Zahlung an die Aktionäre verwandt werden darf (§ 71 Abs. 2 S. 2 AktG). Letztere Bestimmung ist iRd BilMoG an die Stelle der zuvor vorgesehenen Bindung an die Rücklage nach § 272 Abs. 4 HGB aF getreten. Diese gesetzlichen Bestimmungen sind auch bei einer Verschmelzung zu beachten, wobei allerdings aufgrund der Regelung in Abs. 1 S. 1 Hs. 2 ein dagegen verstoßendes Rechtsgeschäft nicht nur dinglich (§ 71 Abs. 4 S. 1 AktG), sondern aufgrund der Nichtanwendung des § 71 Abs. 4 S. 2 AktG auch schuldrechtlich wirksam bleibt. Teilweise wird allerdings vertreten, dass sich aus Abs. 1 S. 1 Hs. 2 ergebe, dass § 71 Abs. 1 und 2 AktG insgesamt keine Schranke für die Zahlung von Abfindungen darstelle (so insbesondere SHS/*Winter* Rn. 12; ähnlich KK-UmwG/*Simon* Rn. 44). Demgegenüber wird von der hM (Lutter UmwG/*Grunewald* Rn. 25 mwN) die Auffassung vertreten, dass § 71 Abs. 1 und 2 AktG auch bei der Verschmelzung zu beachten sei. Zeichne sich ab, dass diese Grenzen nicht eingehalten werden könnten, habe die Verschmelzung zu unterbleiben (Lutter UmwG/*Grunewald* Rn. 25 mwN). Letzteres ist zutreffend, wie sich bereits aus der Gesetzesfassung ergibt. Abs. 1 S. 1 Hs. 2 suspendiert nämlich nicht die Anwendung des § 71 Abs. 1 und 2 AktG, sondern nur des § 71 Abs. 4 S. 2 AktG. Daraus ergibt sich, dass auch bei einer Verschmelzung die Grenzen des § 71 Abs. 1 und 2 AktG einzuhalten sind, aber ein dagegen verstoßendes Rechtsgeschäft auch schuldrechtlich wirksam ist. Eine solche Regelung ist auch sinnvoll. Eine Verschmelzung soll nur dann erfolgen, wenn die Grenzen des § 71 Abs. 1 und 2 AktG eingehalten werden. Zeichnet sich also bereits vor der Verschmelzung ab, dass diese Grenzen nicht eingehalten werden können, hat diese zu unterbleiben. Ist die Verschmelzung aber wirksam geworden, sind die Abfindungsansprüche wegen der Nichtanwendung des § 71 Abs. 4 S. 2 AktG auch dann zu bedienen, wenn es dadurch zu einem Verstoß gegen § 71 Abs. 1 und 2 AktG kommt (vgl. Semler/Stengel/*Kalss* Rn. 33). Dazu kann es zum Beispiel kommen, wenn die Abfindung aufgrund eines Spruchverfahrens höher als im Abfindungsangebot vorgesehen festgesetzt wird. Der Gesellschaft steht auch kein Leistungsverweigerungsrecht aus § 57 Abs. 1 S. 1 AktG zu, weil die von Abs. 1 S. 1 angeordnete Wirksamkeit des schuldrechtlichen Geschäfts sonst sinnlos wäre (Lutter UmwG/*Grunewald* Rn. 28; aA zB *Hoger* AG 2008, 149 (154) mwN; s. auch KK-UmwG/*Simon* Rn. 48). Von der auch schuldrechtlichen Zulässigkeit des Erwerbs unberührt bleiben die Verpflichtungen der Gesellschaft, die unter

Verstoß gegen § 71 Abs. 1 und 2 AktG erworbenen Aktien in dem durch § 71c AktG gesetzten Rahmen wieder zu veräußern bzw. einzuziehen.

Bei der **GmbH** gilt über die Nichtanwendung des § 33 Abs. 2 S. 3 Hs. 2 Alt. 1 GmbHG gem. Abs. 1 S. 1 Hs. 2 das Gleiche wie für die AG (aA *Geißler* GmbHR 2008, 1018 (1020), der aber die Ergänzung des Abs. 1 S. 2 um den Verweis auf das GmbHG durch das 2. UmwÄndG übersieht, vgl. BT-Drs. 16/2919, 13), soweit nicht bei der GmbH die Anforderungen an den Erwerb eigener Anteile ohnehin geringer als bei der AG sind (etwa Fehlen einer dem § 71 Abs. 2 S. 1 AktG entsprechenden Regelung). Eine Besonderheit bei der GmbH ist die Beschränkung der Freistellung durch § 33 Abs. 3 GmbHG auf einen Erwerb zum Zwecke des § 29 auf einen Zeitraum von sechs Monaten nach dem Wirksamwerden der Umwandlung oder nach der Rechtskraft der gerichtlichen Entscheidung. Gerichtliche Entscheidung iSd § 33 Abs. 3 GmbHG ist dabei die Entscheidung über die Höhe der Abfindung nach § 34. Jedoch dürfte gerichtliche Entscheidung iSd § 33 Abs. 3 auch die Entscheidung sein, die einem Anteilsinhaber die Vollstreckung der Abfindung ermöglicht, wenn sich der übernehmende Rechtsträger trotz fristgerechter Annahme des Angebots weigern sollte, den Abfindungsanspruch zu erfüllen. Es erschiene zumindest als ein Verstoß gegen Treu und Glauben, wenn sich der übernehmende Rechtsträger darauf berufen könnte, dass die Frist von sechs Monaten deshalb abgelaufen sei, weil er den gegen ihn gerichteten Anspruch nicht fristgerecht erfüllt habe. 23

5. Analoge Anwendung des § 29? Im Schrifttum gibt es Diskussionen, ob § 29 über den gesetzlich geregelten Anwendungsbereich hinaus auf Konstellationen anwendbar ist, die an den Anwendungsbereich des **WpÜG** heranreichen, beispielsweise die Verschmelzung auf einen kontrollierten börsennotierten Rechtsträger. Eine analoge Anwendung des § 29 scheidet hier aus, weil die Voraussetzungen für eine Analogie nicht gegeben sind; der Anteilsinhaber ist in der Verfügung über die Anteile am übernehmenden Rechtsträger anders als nach § 29 vorausgesetzt nicht eingeschränkt (ausführlich *Burg/Braun* AG 2009, 22 (24); KK-UmwG/*Simon* Rn. 50–58, auch zu den Vorschriften des WpÜG; BeckOGK/*Rieder* Rn. 15). Keine analoge Anwendung des § 29 stellt das Bestehen eines Austrittsrechts aus wichtigem Grund nach allgemeinen Grundsätzen der jeweiligen Rechtsform dar. Ein solches Recht bleibt unberührt (Lutter UmwG/*Grunewald* Rn. 33); die Voraussetzungen sind aber jeweils sorgfältig zu prüfen (vgl. KK-UmwG/*Simon* Rn. 59–61 zu der Verschmelzung auf einen kontrollierten börsennotierten Rechtsträger). 24

Inhalt des Anspruchs auf Barabfindung und Prüfung der Barabfindung

30 (1) [1]**Die Barabfindung muß die Verhältnisse des übertragenden Rechtsträgers im Zeitpunkt der Beschlußfassung über die Verschmelzung berücksichtigen.** [2]**§ 15 Abs. 2 ist auf die Barabfindung entsprechend anzuwenden.**

(2) [1]**Die Angemessenheit einer anzubietenden Barabfindung ist stets durch Verschmelzungsprüfer zu prüfen.** [2]**Die §§ 10 bis 12 sind entsprechend anzuwenden.** [3]**Die Berechtigten können auf die Prüfung oder den Prüfungsbericht verzichten; die Verzichtserklärungen sind notariell zu beurkunden.**

I. Allgemeines

In Abs. 1 S. 1 wird die nach § 29 Abs. 1 S. 1 geschuldete angemessene Barabfindung dahingehend konkretisiert, dass dabei die **Verhältnisse** des übertragenden Rechtsträgers im **Zeitpunkt der Beschlussfassung** über die Verschmelzung zu berücksichtigen sind. Weiterhin wird § 15 Abs. 2 in Abs. 1 S. 2 zur **Verzinsung** der baren Zuzahlung für die Barabfindung und zur Geltendmachung weiterer Schäden für entsprechend anwendbar erklärt. Abs. 2 S. 1 legt fest, dass die Angemessenheit einer anzubietenden Barabfindung stets durch **Verschmelzungsprüfer** zu prüfen ist. Nach Abs. 2 S. 2 sind die §§ 10–12 entsprechend anzuwenden. Abs. 2 S. 3 regelt die Möglichkeit eines Verzichts auf die Prüfung oder den Prüfungsbericht. Zu den erfassten Formen von Rechtsträgern → § 29 Rn. 1. 1

II. Einzelerläuterung

1. Angemessene Barabfindung. Durch Abs. 1 S. 1 wird ein Ausschnitt der Anforderungen für die Bestimmung der angemessenen Barabfindung iSd § 29 Abs. 1 S. 1 festgelegt, nämlich der zugrunde zulegende Stichtag. Für die Bestimmung der Angemessenheit der Barabfindung iRd §§ 29, 30 kann auf die insbesondere zu § 305 Abs. 3 AktG entwickelten Bewertungskriterien zurückgegriffen werden, sodass hier auf die Kommentierung zu § 305 AktG (→ AktG § 305 Rn. 16–25) verwiesen werden kann (s. auch OLG München 13.11.2018, AG 2019, 401 zu einer Anwendung im Rahmen des § 29). Die Einschränkungen in § 39 BörsG finden demgegenüber keine Anwendung, auch nicht auf das unechte Delisting (vgl. BT-Drs. 18/6220, 84). Besonderheiten ergeben sich aus der Festsetzung des **Stichtages** für die Bewertung auf den Zeitpunkt der Beschlussfassung über den Verschmelzungsvertrag beim übertragenden Rechtsträger (zur möglichen Anwendung der Stollwerck-Rspr. des BGH (→ AktG § 305 2

Rn. 24) auch auf § 30 *Bungert/Wettich* ZIP 2012, 449 (453) mwN). Regelmäßig wird sich eine Unternehmensbewertung für Zwecke der Festsetzung des Umtauschverhältnisses (→ § 5 Rn. 11–14a) auch für die Bestimmung der Barabfindung heranziehen lassen, wobei es allerdings im Rahmen des § 30 allein auf eine Bewertung des übertragenden Rechtsträgers auf „stand alone"-Basis ankommt (OLG Düsseldorf 4.7.2012, NZG 2012, 1260 (1261)). Soweit für die Festsetzung des Umtauschverhältnisses ein anderer Stichtag angewendet worden ist, hat gegebenenfalls eine entsprechende Fortschreibung der Bewertung zu erfolgen (Lutter UmwG/*Grunewald* Rn. 2; Kallmeyer/*Lanfermann* Rn. 11).

3 **2. Verzinsung und weiterer Schaden.** Über die Verweisung in Abs. 1 S. 2 auf § 15 Abs. 2 S. 1 ist der Barabfindungsanspruch nach Ablauf des Tages der Eintragung der Verschmelzung in das Register des übernehmenden Rechtsträgers für Zeiträume ab 1.9.2009 (§ 321 Abs. 1) mit fünf Prozentpunkten über dem Basiszinssatz zu **verzinsen.** Insbesondere sind für den Zeitraum zwischen der Beschlussfassung beim übertragenden Rechtsträger und dem Zeitpunkt der Verschmelzung keine Zinsen zu zahlen (dazu insbesondere Kallmeyer/*Lanfermann* Rn. 14). Dem Anteilsinhaber stehen jedenfalls für diesen Zeitraum auch die Ausschüttungen (des übertragenden Rechtsträgers) zu. Für den Zeitraum ab der Verschmelzung sind nach der Rspr. des BGH zu § 305 AktG die empfangenen **Ausgleichsleistungen** bis zur Inanspruchnahme der Barabfindung (nur) auf die geschuldeten Zinsen, nicht aber auf die Barabfindung selbst **anzurechnen** (BGH 16.9.2002, BGHZ 152, 29 (33) = NJW 2002, 3467; → AktG § 305 Rn. 7). Trotz einzelner dagegen vorgebrachter Bedenken (Kallmeyer/*Lanfermann* Rn. 14; die Rspr. des BGH ausführlich verteidigend dagegen KK-UmwG/*Simon* Rn. 18–22 mwN) ist davon auszugehen, dass diese Rspr. auch auf § 30 Anwendung findet (vgl. auch Hüffer/Koch/*Koch* AktG § 305 Rn. 53: Andere Anrechnungsmethoden hätten sich durch stRspr praktisch erledigt.). Der durch § 30 Abs. 2 S. 1 iVm § 15 Abs. 2 S. 2 ermöglichte, aber nicht als Anspruchsgrundlage begründete **Schadensersatzanspruch** wird im Wesentlichen Verzugsansprüche hinsichtlich der Zahlung der Barabfindung erfassen (vgl. Kallmeyer/*Lanfermann* Rn. 15). Durch die Erhöhung des Zinssatzes in § 15 Abs. 2 S. 1 auf fünf Prozentpunkte über dem Basiszinssatz und damit auf die Höhe des Verzugszinssatzes nach § 288 Abs. 1 BGB durch das ARUG wird nur noch dann ein zusätzlicher Verzugsschaden entstehen, wenn ein konkreter höherer Schaden vorliegt, wenn nicht ein Fall des § 288 Abs. 2 BGB (Zahlung eines Entgelts zwischen Unternehmern für die Übernahme der Anteile) vorliegt.

4 **3. Prüfung.** Nach Abs. 2 S. 1 ist die Angemessenheit einer anzubietenden Barabfindung stets durch Verschmelzungsprüfer zu prüfen. Eine **Prüfungspflicht** entfällt also dann, wenn keine Barabfindung anzubieten ist (→ § 29 Rn. 16). Ohne Relevanz für die Verpflichtung zur Prüfung ist dagegen, ob der Verschmelzungsvertrag im Übrigen prüfungspflichtig ist. Ist das nicht der Fall, ist nur die Angemessenheit der Barabfindung zu prüfen. Allgemein wird die Prüfung durch dieselben Verschmelzungsprüfer erfolgen, die auch den Verschmelzungsvertrag prüfen. Für die Bestellung der Verschmelzungsprüfer, die Stellung und Verantwortlichkeit der Verschmelzungsprüfer und den Prüfungsbericht gelten über die Verweisung in Abs. 2 S. 2 die §§ 10–12, auf deren Kommentierung daher verwiesen werden kann. Die Verweisung muss wohl auch so verstanden werden, dass die Prüfung vor der Beschlussfassung über die Verschmelzung zu erfolgen hat (Lutter UmwG/*Grunewald* Rn. 6). Eine Pflicht zur Vorlage des **Prüfungsberichts** in der Versammlung, die über die Verschmelzung beschließt, gibt es nicht, insbesondere auch nicht im Fall des § 63 Abs. 1 Nr. 5, der nur auf § 12, aber nicht auf § 30 verweist (BGH 29.1.2001, NJW 2001, 1428 (1430) = WM 2001, 467 zu § 208 iVm 30 Abs. 2; zu § 63 aA Kallmeyer/*Lanfermann* Rn. 19).

5 Der in Abs. 2 S. 3 vorgesehene **Verzicht** auf die Prüfung oder (lediglich) den Prüfungsbericht ist nur dann praktikabel, wenn sämtliche Anteilsinhaber auf sie bzw. ihn verzichtet haben. Zwar ist nach dem Wortlaut und der Gesetzesbegründung (BT-Drs. 12/6699, 95) allein ein Verzicht der Berechtigten, also derjenigen, die aus dem Unternehmen ausscheiden wollen, erforderlich. Zum Zeitpunkt der Prüfung vor der Beschlussfassung steht jedoch regelmäßig noch nicht fest, wer einen Widerspruch gegen die Verschmelzung anmelden wird. Ob dagegen eine (nicht notariell beurkundete) vorherige Erklärung reicht, nicht widersprechen zu wollen bzw. nicht gegen den Verschmelzungsbeschluss stimmen zu wollen (so Lutter UmwG/*Grunewald* Rn. 8), erscheint zweifelhaft. Die Bindungswirkung einer solchen Erklärung ist fragwürdig, da der Verzicht selbst nach dem Gesetz die notarielle Form erfordert und ein nicht beurkundeter Verzicht somit keine Wirkung hat (kritisch auch KK-UmwG/*Simon* Rn. 28 f. mwN).

Annahme des Angebots

31 **[1]Das Angebot nach § 29 kann nur binnen zwei Monaten nach dem Tage angenommen werden, an dem die Eintragung der Verschmelzung in das Register des Sitzes des übernehmenden Rechtsträgers nach § 19 Abs. 3 bekannt gemacht worden ist. [2]Ist nach § 34 ein Antrag auf Bestimmung der Barabfindung durch das Gericht gestellt worden, so kann das Angebot binnen zwei Monaten nach dem Tage angenommen werden, an dem die Entscheidung im Bundesanzeiger bekanntgemacht worden ist.**

I. Allgemeines

Durch § 31 wird dem Anteilsinhaber, der das Angebot zur Barabfindung nutzen möchte, eine zweifache Frist für die Annahme des Angebots gesetzt. In jedem Fall kann er das Angebot binnen einer **Frist** von **zwei Monaten** nach dem Tage, an dem die Eintragung der Verschmelzung in das Register des übernehmenden Rechtsträgers bekannt gemacht worden ist, annehmen. Ist ein Antrag nach § 34 auf Bestimmung der Barabfindung durch das Gericht gestellt worden, läuft eine neue Frist von zwei Monaten nach dem Tag, an dem die Entscheidung im Bundesanzeiger bekannt gemacht worden ist, also gegebenenfalls mehrere Jahre nach dem Wirksamwerden der Verschmelzung. Zu den erfassten Formen von Rechtsträgern → § 29 Rn. 1. 1

II. Einzelerläuterung

1. Annahmeerklärung. Für die Annahmeerklärung gelten die allgemeinen Vorschriften des BGB über Willenserklärungen. Insbesondere enthält § 31 keinen Verzicht auf den Zugang der Willenserklärung nach § 151 S. 1 BGB. Die Annahme ist gegenüber dem übernehmenden Rechtsträger zu erklären. Grundsätzlich bedarf die Annahmeerklärung keiner besonderen **Form,** soweit sich nicht aus dem auf die betroffene Rechtsträgerform anwendbaren Recht etwas anderes ergibt (str.). Das betrifft insbesondere die GmbH, bei der nach § 15 Abs. 4 S. 1 GmbHG der notariellen Form eine Vereinbarung bedarf, durch welche die Verpflichtung eines Gesellschafters zur Abtretung eines Geschäftsanteils begründet wird. Teilweise wird angenommen, dass eine Annahmeerklärung nach § 31 ungeachtet der Formvorschrift des **§ 15 Abs. 4 S. 1 GmbHG** keiner notariellen Beurkundung bedürfe (SHS/*Winter* Rn. 4; Semler/Stengel/*Kalss* Rn. 5; KK-UmwG/*Simon* Rn. 3; Kallmeyer/*Marsch-Barner/Oppenhoff* Rn. 4; HK-UmwG/*Stockburger* Rn. 13). Von der Gegenauffassung wird dagegen angenommen, dass die Anwendung des § 15 Abs. 4 S. 1 GmbHG durch § 31 nicht ausgeschlossen werde (Lutter UmwG/*Grunewald* Rn. 3; Widmann/Mayer/*Wälzholz* Rn. 3). Für die letztgenannte Auffassung spricht, dass der Anteilsinhaber durch die Annahme des Angebots nicht nur einen Anspruch auf Zahlung der Barabfindung erhält, sondern sich dadurch auch verpflichtet, seinen Anteil gegen Zahlung der Barabfindung auf den übernehmenden Rechtsträger zu übertragen. Eine die Anwendung des § 15 Abs. 4 S. 1 GmbHG suspendierende Regelung enthält § 31 nicht, sodass die Anwendung des § 15 Abs. 4 S. 1 GmbHG gerechtfertigt ist. Auch das Unmittelbarkeitserfordernis steht nicht entgegen (so aber SHS/*Winter* Rn. 4), weil die Annahmeerklärung unmittelbar auf die Verpflichtung zur Übertragung des Anteils gegen Zahlung der Abfindung gerichtet ist. Das weitere Argument, auch das Angebot bedürfe nicht der Form, sodass ein Formerfordernis für die Annahmeerklärung keinen Sinn ergebe (HK-UmwG/*Stockburger* Rn. 13), übersieht, dass das Angebot nach § 29 Abs. 1 S. 1 im Verschmelzungsvertrag bzw. dessen Entwurf enthalten sein muss. Der Verschmelzungsvertrag ist aber nach § 6 notariell zu beurkunden, sodass regelmäßig spätestens im Zeitpunkt des Wirksamwerdens der Verschmelzung auch ein notariell beurkundetes Angebot vorliegt. 2

Eine **teilweise Annahme** des Angebots ist nach ganz überwiegender Auffassung möglich (OLG Düsseldorf 6.12.2000, AG 2001, 596 (597) = ZIP 2001, 158; KK-UmwG/*Simon* Rn. 5 mwN); teilweise wird dies auf die Annahme bezüglich einzelner Anteile beschränkt (so Widmann/Mayer/*Wälzholz* Rn. 6). Eine teilweise Annahme muss aber auch im Fall des Bestehens nur eines Anteils am übernehmenden Rechtsträger zumindest insoweit möglich sein, als der Annehmende bereits vor der Verschmelzung Anteilsinhaber am übernehmenden Rechtsträger war und er einen Anspruch auf Barabfindung ja nur insoweit hat, als er als bisheriger Inhaber des Anteils am übertragenden Rechtsträger nunmehr Inhaber eines größeren Anteils am übernehmenden Rechtsträger ist. Aber auch darüber hinaus wird eine teilweise Annahme möglich sein, da eine Reduzierung des Anteils rechtstechnisch regelmäßig ohne weiteres möglich ist und dem schützenswerte Interessen des übernehmenden Rechtsträgers im Allgemeinen auch nicht entgegenstehen. Dagegen steht das Interesse des Anteilsinhabers, einen Teil bereits gegen Erhalt der Abfindung übertragen zu können und gleichzeitig noch ein Spruchverfahren mit der Rechtsfolge des § 13 S. 2 SpruchG für die gesamten ursprünglichen Anteile einleiten zu können (vgl. OLG Düsseldorf 6.12.2000, AG 2001, 596 (597) = ZIP 2001, 158 und OLG Frankfurt a. M. 8.10.2009, NZG 2010, 307 (309) = ZIP 2010, 370). 3

2. Frist für die Annahme. Nach **S. 1** kann das Angebot zunächst innerhalb einer zweimonatigen Frist nach dem Tag der **Bekanntmachung der Eintragung** der Verschmelzung in das Register des übernehmenden Rechtsträgers angenommen werden. Für die Fristberechnung gelten die § 187 Abs. 2 S. 1 BGB, § 188 Abs. 2 Alt. 2 BGB. Die Frist ist eine **Ausschlussfrist,** für die keine Wiedereinsetzung möglich ist. Bei einer nur kurzfristigen Versäumung der Zweimonatsfrist besteht allerdings aufgrund der längeren dreimonatigen Frist für die Einleitung des Spruchverfahrens (§ 4 Abs. 1 S. 1 Nr. 4 SpruchG) auch ohne Einleitung eines Spruchverfahrens durch weitere Anteilsinhaber die Möglichkeit, einen neuen Fristlauf nach S. 2 herbeizuführen. In der Zeit zwischen dem Ablauf der Frist nach S. 1 und dem Beginn der Frist nach S. 2 gibt es aber keine Möglichkeit, das Angebot anzunehmen (vgl. OLG Frank- 4 furt a. M. 8.10.2009, NZG 2010, 307 (309) = ZIP 2010, 370 zum regulären Delisting vor Aufgabe der Macrotron-Rechtsprechung durch den BGH). Erfolgt keine Bekanntmachung, kann die Frist nicht laufen. In diesem Fall kommt bei Kenntnis der Verschmelzung allenfalls eine Verwirkung nach § 242 BGB in Betracht (Widmann/Mayer/*Wälzholz* Rn. 4.1).

5 Die **Frist nach S. 2** beginnt mit der **Bekanntmachung der Entscheidung des Gerichts** im Bundesanzeiger und dauert ebenfalls zwei Monate (zur Verwirkung bei fehlender Bekanntmachung Widmann/Mayer/*Wälzholz* Rn. 8.1). Die Möglichkeit, das Angebot innerhalb dieser Frist anzunehmen, hängt nicht davon ab, ob der betroffene Anteilsinhaber an dem Spruchverfahren über die Feststellung der angemessenen Barabfindung beteiligt war. Die erneute Frist von zwei Monaten läuft auch dann, wenn diese keine Änderung der angemessenen Barabfindung herbeigeführt hat oder sogar die **Anträge** vom Gericht als **unzulässig** abgewiesen worden sind. Problematisch ist der Fall, dass das Gericht deshalb nicht über die Angemessenheit der Barabfindung entscheidet, weil der Antrag wegen Nichteinhaltung der Frist des § 4 Abs. 1 S. 1 SpruchG **verfristet** war. Würde selbst ein solcher Antrag ausreichen, um die Frist nach S. 2 laufen zu lassen, würde es einem Anteilsinhaber ermöglicht, noch Jahre nach Verstreichen der Frist des S. 1 durch einen unzulässigen Antrag im Spruchverfahren eine Barabfindung zu erhalten, die er ohne ein solches Verfahren nicht mehr erhalten könnte. Es erscheint daher geboten, als Voraussetzung für den erneuten Lauf einer Annahmefrist nach S. 2 einen fristgerechten Antrag im Spruchverfahren zu fordern. Nicht eindeutig gesetzlich geregelt ist zudem der Fall, dass das Spruchverfahren nicht durch eine Entscheidung des Gerichts endet, was insbesondere den Fall eines **Vergleichs** (vgl. § 11 SpruchG) betrifft, da ein solcher Vergleich nicht erga omnes wirkt. Wirkt der gemeinsame Vertreter an dem Vergleich mit und wird dieser Vergleich im Bundesanzeiger veröffentlicht, wird man jedoch S. 2 entsprechend anwenden können (aA Widmann/Mayer/*Wälzholz* Rn. 8.2: ab Zustellung des Vergleichs). Im Übrigen kann der gemeinsame Vertreter den Vergleich gegebenenfalls in der Form eines Vertrages zugunsten Dritter schließen.

6 **3. Erfüllung.** Im Gesetz nicht ausdrücklich geregelt ist die Erfüllung der Verpflichtungen aus dem angenommenen Barabfindungsangebot. Diese hat nach den allgemeinen Vorschriften zu erfolgen; insbesondere können beide Seiten eine Zug-um-Zug-Erfüllung des mit der Annahme sofort fälligen Barabfindungsanspruchs gegen Übertragung der Anteile verlangen. Die Übertragung der Anteile hat in den dafür erforderlichen Formen zu erfolgen (insbesondere § 15 Abs. 3 GmbHG, damit gegebenenfalls Heilung eines Formmangels der Annahmeerklärung; → Rn. 2). Für die Erfüllung des angenommenen Barabfindungsangebots gibt es **keine** besondere **Frist,** insbesondere muss sie nicht innerhalb der Zweimonatsfrist des § 31 erfolgen. Bei der **GmbH** ist die **Sechsmonatsfrist** nach § 33 Abs. 3 GmbHG für den erleichterten Erwerb eigener Geschäftsanteile zu beachten (→ § 29 Rn. 23). Vollständige Erfüllung tritt nur ein, wenn die Barabfindung nicht mit einer Rückzahlungsverpflichtung aufgrund einer Rückzahlung von Eigenkapital belastet ist (vgl. KK-UmwG/*Simon* Rn. 15 mwN), wobei eine solche Rückzahlungsverpflichtung aufgrund der Regelung in § 29 Abs. 1 S. 1 regelmäßig ausgeschlossen ist (→ § 29 Rn. 21 ff.).

Ausschluß von Klagen gegen den Verschmelzungsbeschluß

32 **Eine Klage gegen die Wirksamkeit des Verschmelzungsbeschlusses eines übertragenden Rechtsträgers kann nicht darauf gestützt werden, daß das Angebot nach § 29 zu niedrig bemessen oder daß die Barabfindung im Verschmelzungsvertrag nicht oder nicht ordnungsgemäß angeboten worden ist.**

I. Allgemeines

1 In Parallele zu § 14 Abs. 2 und teilweise darüber hinausgehend schließt § 32 **Klagen** gegen die **Wirksamkeit** des **Verschmelzungsbeschlusses** eines **übertragenden Rechtsträgers** aus, die darauf gestützt wären, dass das Angebot nach § 29 zu niedrig bemessen oder dass die Barabfindung im Verschmelzungsvertrag nicht oder nicht ordnungsgemäß angeboten worden sei. Stattdessen steht dem Anteilsinhaber das Spruchverfahren nach § 34 iVm dem SpruchG offen. Nicht erfasst werden von § 32 dagegen nach allgemeiner Auffassung Klagen gegen die Wirksamkeit des Verschmelzungsbeschlusses eines übernehmenden Rechtsträgers, weil die Abfindung für die Anteilsinhaber des übertragenden Rechtsträgers zu hoch bemessen sei. Eine entsprechende Ausdehnung der Vorschrift wird zwar verschiedentlich gefordert (dazu KK-UmwG/*Simon* Rn. 4 f.), ist aber nicht geltendes Recht. Zu den erfassten Formen von Rechtsträgern → § 29 Rn. 1. Für grenzüberschreitende Verschmelzungen von Kapitalgesellschaften und nach Maßgabe des § 122b Abs. 1 Nr. 2 Personenhandelsgesellschaften ist § 122i Abs. 2 S. 1 zu beachten.

II. Einzelerläuterung

Unmittelbar von § 32 geregelt sind nur die Fälle, dass das **Angebot** nach § 29 **zu niedrig** bemessen oder dass die Barabfindung im Verschmelzungsvertrag **nicht** oder **nicht ordnungsgemäß angeboten** worden ist. Entsprechend ist § 32 auf die Verletzung von **Informations**-, Auskunfts- oder Berichts**pflichten** im Zusammenhang mit der Barabfindung anzuwenden, wie der BGH für die Parallelnorm des § 210 zum Formwechsel entschieden hat (BGH 18.12.2000, BGHZ 146, 179 (182) = NJW 2001, 1425; BGH 29.1.2001, NJW 2001, 1428 = WM 2001, 467; vgl. auch § 243 Abs. 4 S. 2 AktG in der Fassung des UMAG). Weiterhin sind von § 32 Fehler in der Bekanntmachung des Angebots (§ 29 Abs. 1 S. 4) erfasst. Von der überwiegenden Auffassung wird eine trotz des in § 32 enthaltenden Ausschlusses erhobene Klage als unzulässig (Widmann/Mayer/*Wälzholz* Rn. 11 mwN; KK-UmwG/*Simon* Rn. 1), von anderen als unbegründet angesehen (BeckOGK/*Rieder* Rn. 3; Semler/Stengel/*Gehling* Rn. 6). Für die Qualifikation als unzulässig spricht, dass der Anteilsinhaber den Mangel, also die unzureichende Festsetzung der Barabfindung, durchaus rügen kann, ihm hierfür aber (nur) das Spruchverfahren und nicht die Geltendmachung einer Unwirksamkeit des Verschmelzungsbeschlusses zur Verfügung steht (vgl. Widmann/Mayer/*Wälzholz* Rn. 11). 2

Nach der Rspr. des BGH zu der Parallelnorm des § 210 führt das Fehlen eines Barabfindungsangebots oder eines der anderen dort (und in § 32) genannten Mängel auch nicht dazu, dass der Registerrichter die **Eintragung** der **Verschmelzung** verweigern könnte, weil damit gerade die Blockade der Verschmelzung erreicht würde, die durch § 210 (bzw. § 32) verhindert werden soll (BGH 18.12.2000, BGHZ 146, 179 (185) = NJW 2001, 1425). Diese Frage ist im Schrifttum sehr umstritten (für Prüfungsrecht des Registergerichts zB Widmann/Mayer/*Wälzholz* Rn. 13; Lutter UmwG/*Grunewald* Rn. 3; dagegen zB KK-UmwG/*Simon* Rn. 9 f.; Semler/Stengel/*Gehling* Rn. 7). Gegen ein Prüfungsrecht spricht entscheidend, dass das Gesetz für die unmittelbar betroffenen Anteilsinhaber die Möglichkeit der Geltendmachung der Unwirksamkeit ausschließt und ein darüber hinausgehendes öffentliches Interesse (vgl. § 398 FamFG) an der Verhinderung des Wirksamwerdens einer Verschmelzung, für die der Verschmelzungsvertrag ein solches Angebot nicht enthält, nicht erkennbar ist. 3

Anderweitige Veräußerung

33 Einer anderweitigen Veräußerung des Anteils durch den Anteilsinhaber stehen nach Fassung des Verschmelzungsbeschlusses bis zum Ablauf der in § 31 bestimmten Frist Verfügungsbeschränkungen bei den beteiligten Rechtsträgern nicht entgegen.

I. Allgemeines

Durch § 33 wird dem Anteilsinhaber **alternativ** zur **Barabfindung** nach § 29 die Möglichkeit eingeräumt, **ungeachtet** bestehender **Verfügungsbeschränkungen** bei den beteiligten Rechtsträgern seinen Anteil zu **veräußern.** Die Voraussetzungen, unter denen eine solche Veräußerung erfolgen kann, werden im Gesetz nur ungenau geregelt. Insbesondere fehlt eine ausdrückliche Regelung, dass eine solche erleichterte Veräußerung nur dann erfolgen kann, wenn der Anteilsinhaber auch eine Barabfindung nach § 29 verlangen könnte. Ein solches Erfordernis kann jedoch in das Wort „anderweitige" hineingelesen und aus der systematischen Stellung des § 33 zwischen den §§ 29–32 und 34 hergeleitet werden (→ Rn. 3). Somit ist erforderlich, dass eine der Fallgruppen des § 29 Abs. 1 S. 1 oder S. 2 vorliegt, wobei die Verschmelzung von einer börsennotierten auf eine nicht börsennotierte AG (bzw. KGaA) hier keine Rolle spielt, da eine für § 33 allein relevante Verfügungsbeschränkung bereits von § 29 Abs. 1 S. 2 erfasst wird. Die Vorschrift des § 33 ist **zwingend** (§ 1 Abs. 3 S. 1). Zu den erfassten Formen von Rechtsträgern → § 29 Rn. 1. 1

II. Einzelerläuterung

1. Berechtigte Anteilsinhaber. Unstreitig nach § 33 zur Veräußerung ohne Beachtung von Verfügungsbeschränkungen berechtigt sind **Anteilsinhaber des übertragenden Rechtsträgers,** die gegen den Verschmelzungsbeschluss gem. § 29 Abs. 1 S. 1 **Widerspruch** zur Niederschrift erklärt haben oder deren Widerspruch nach § 29 Abs. 2 nicht erforderlich war (→ § 29 Rn. 13 ff.). Ob in Parallele zu dem ungeschriebenen Merkmal des § 29 Abs. 1 S. 1, dass der Anteilsinhaber gegen die Verschmelzung gestimmt haben muss (→ § 29 Rn. 14), auch bei § 33 eine **Stimmabgabe** des betroffenen Anteilsinhabers **gegen** den **Verschmelzungsbeschluss** zu fordern ist, ist **strittig** (KK-UmwG/*Simon* Rn. 17 f. mwN). Dafür spricht die Ersatzfunktion der Veräußerungserleichterung im Verhältnis zur Barabfindung nach § 29 (vgl. Widmann/Mayer/*Wälzholz* Rn. 6). Dagegen spricht aber entscheidend, dass die auch in § 29 ungeschriebene Tatbestandsvoraussetzung der Stimmabgabe gegen den Verschmelzungsbeschluss allein dazu dient, eine zu hohe Belastung des Kapitals des übernehmenden Rechtsträgers mit Abfindungsansprüchen zu vermeiden. Eine solche Belastung gibt es aber bei Veräußerungen an 2

Dritte nicht, sodass sich ein solches Erfordernis für § 33 nicht begründen lässt (KK-UmwG/*Simon* Rn. 17 f.).

3 **Vereinzelt** (so noch in Lutter UmwG/*Grunewald,* 4. Aufl. 2009, Rn. 4, anders seit der 5. Aufl.) wird unter Berufung auf den Wortlaut des § 33 auch eine erleichterte Veräußerungsmöglichkeit für die **Anteilsinhaber des übernehmenden Rechtsträgers** angenommen. Nach dieser Auffassung setze auch das Wort „anderweitige" keine Abfindungsmöglichkeit nach § 29 voraus. Dagegen spricht aber nicht nur, dass das Wort „anderweitige" durchaus auf die Veräußerung an den übernehmenden Rechtsträger aufgrund des Barabfindungsangebots bezogen werden kann, sondern auch die systematische Stellung des § 33 zwischen den eindeutig auf das Barabfindungsangebot nach § 29 bezogenen §§ 29–32 und 34. Mit der hM (KK-UmwG/*Simon* Rn. 12 mwN) stehen die Veräußerungserleichterungen des § 33 daher nur Anteilsinhabern des übertragenden Rechtsträgers offen.

4 **2. Durch § 33 suspendierte Verfügungsbeschränkungen.** Sehr strittig ist, welche Verfügungsbeschränkungen durch § 33 suspendiert werden. Unstreitig ist zunächst, dass dinglich wirkende Verfügungsbeschränkungen in der Form von Vinkulierungen bei **Kapitalgesellschaften** (§ 68 Abs. 2 AktG; § 15 Abs. 5 GmbHG) durch § 33 suspendiert werden, wobei teilweise der gänzliche Ausschluss der Veräußerlichkeit aus dem Anwendungsbereich des § 33 herausgenommen wird (HK-UmwG/*Stockburger* Rn. 9). Letzteres überzeugt nicht, weil auch ein solcher Ausschluss letztlich nur eine Verfügungsbeschränkung ist, die mit satzungsändernder Mehrheit jederzeit überwunden werden kann.

5 Ob § 33 und wenn ja in welchem Umfang auch für **Personengesellschaften** gilt, ist sehr strittig. Nach einer verbreiteten Auffassung sind Anteile an Personengesellschaften dann von § 33 erfasst, wenn die Übertragung gesellschaftsvertraglich grundsätzlich vorgesehen ist (so zB Lutter UmwG/*Grunewald* Rn. 2). Nach inzwischen wohl herrschender Auffassung ist jedoch auch die grundsätzliche Unübertragbarkeit von Anteilen an Personenhandelsgesellschaften (§ 717 BGB) eine Verfügungsbeschränkung iSd § 33, sodass auch bei diesen ohne eine gesellschaftsvertragliche Bestimmung über eine Veräußerbarkeit der Anteile eine erleichterte Veräußerung gem. § 33 möglich ist (Widmann/Mayer/*Wälzholz* Rn. 14 f.; KK-UmwG/*Simon* Rn. 5–8; Kallmeyer/*Marsch-Barner/Oppenhoff* Rn. 4). Für letzteres spricht bereits die Begründung der Neufassung des § 33 durch das 1. UmwÄndG, die ausdrücklich auch gesetzliche Verfügungsbeschränkungen einbezieht (BT-Drs. 13/8808, 11). Der Sache nach handelt es sich bei § 717 BGB um eine solche gesetzliche Verfügungsbeschränkung, da die Gesellschafter jederzeit mit der gesetzlichen bzw. gesellschaftsvertraglich erforderlichen Stimmenzahl einer Übertragung zustimmen können. Dafür spricht auch der Parallellauf zu § 29 Abs. 1 S. 2, der ja seit der Änderung durch das 1. UmwÄndG ebenfalls gesetzliche Verfügungsbeschränkungen bei Personengesellschaften erfasst (→ § 29 Rn. 8; vgl. auch KK-UmwG/*Simon* Rn. 6–8 zu den Auswirkungen der Mehrheitserfordernisse bei den jeweiligen Rechtsträgern).

6 Weiterhin strittig ist, in welchem Umfang **schuldrechtliche Regelungen** die Wirkungen des § 33 auslösen können (dazu ausf. Widmann/Mayer/*Wälzholz* Rn. 8–13). Insoweit wird das Gleiche wie für § 29 Abs. 1 S. 2 gelten (→ § 29 Rn. 12), sodass jedenfalls gewöhnliche Vorkaufsrechte nicht erfasst sind.

7 Teilweise wird trotz des Wortlauts des § 33 angenommen, dass diese Vorschrift nur Verfügungsbeschränkungen beim übernehmenden Rechtsträger erfasse (Semler/Stengel/*Kalss* Rn. 10; aA zB Lutter UmwG/*Grunewald* Rn. 10). Mit der hM sind richtigerweise aber sowohl **Verfügungsbeschränkungen** beim **übertragenden** als auch beim **übernehmenden Rechtsträger** erfasst. Dafür spricht bereits der Wortlaut des § 33, der von „Verfügungsbeschränkungen bei den beteiligten Rechtsträgern" spricht; das sind nun einmal der übertragende und der übernehmende Rechtsträger (KK-UmwG/*Simon* Rn. 15). Dafür spricht aber auch der Zeitraum, innerhalb dessen § 33 die Verfügungsbeschränkungen suspendiert. Dieser beginnt mit der Fassung des Verschmelzungsbeschlusses, also zu einem Zeitpunkt, zu dem der von § 33 begünstigte Anteilsinhaber noch am übertragenden Rechtsträger beteiligt ist, sich für ihn also nur die Verfügungsbeschränkungen des übertragenden Rechtsträgers auswirken (vgl. Widmann/Mayer/*Wälzholz* Rn. 20). Wollte man entgegen der hier vertretenen Auffassung (→ Rn. 5) bei der Frage der Suspensivwirkung des § 33 gegenüber Verfügungsbeschränkungen nach Rechtsformen differenzieren, wäre auf den von der Übertragung betroffenen Rechtsträger abzustellen, also beispielsweise bei einer Verschmelzung einer GmbH auf eine KG darauf, ob noch vor der Verschmelzung eine Veräußerung eines Geschäftsanteils an der GmbH oder erst danach eine Veräußerung eines Kommanditanteils erfolgt.

8 **3. Durch § 33 begünstigte Veräußerungen.** Veräußerung iSd § 33 ist jede Übertragung des Anteils auf eine andere Person, seien es Anteilsinhaber am übernehmenden oder am übertragenden Rechtsträger oder außenstehende Dritte. Das zugrundeliegende schuldrechtliche Geschäft ist ohne Bedeutung. Belastungen des Anteils sind dagegen nicht begünstigt (Widmann/Mayer/*Wälzholz* Rn. 23).

9 **4. Durch § 33 begünstigter Zeitraum.** Nach dem Wortlaut des § 33 werden Verfügungsbeschränkungen im **Zeitraum** zwischen der **Fassung des Verschmelzungsbeschlusses** und dem **Ablauf der in § 31 bestimmten Frist** suspendiert. Beginn der Frist ist dabei nach allgemeiner Auffassung derjenige

Beschluss, der die Wirksamkeit des Verschmelzungsvertrages herbeiführt, also der zeitlich letzte Verschmelzungsbeschluss. Endpunkt ist der Ablauf der in § 31 bestimmten Frist. Das ist zunächst der Ablauf der Zweimonatsfrist nach dem Tag der Bekanntmachung der Eintragung der Verschmelzung in das Register des übernehmenden Rechtsträgers. Bei Durchführung eines Spruchverfahrens kommt die Frist von zwei Monaten nach Bekanntmachung der Entscheidung des Spruchverfahrens im Bundesanzeiger (→ § 31 Rn. 5) hinzu. Anders als für die Annahme des Barabfindungsangebots nach § 31 gibt es bei § 33 nicht zwei voneinander getrennte Zeiträume, sondern – wie sich schon aus dem Wortlaut ergibt – einen einheitlichen Zeitraum ab der Fassung des Verschmelzungsbeschlusses bis zum Ablauf von zwei Monaten nach Bekanntmachung der Entscheidung des Spruchverfahrens, also insgesamt einen Zeitraum von möglicherweise vielen Jahren. Problematisch ist, wie Veräußerungen nach Ablauf der Zweimonatsfrist des § 31 S. 1 und vor etwaiger Einleitung eines Spruchverfahrens innerhalb der Dreimonatsfrist des § 4 Abs. 1 S. 1 SpruchG zu beurteilen sind. Diese dürften schwebend unwirksam sein. Wird das Spruchverfahren eingeleitet, wird die Verfügung wirksam; wird das Spruchverfahren nicht innerhalb der Frist des § 4 Abs. 1 S. 1 SpruchG eingeleitet (→ § 31 Rn. 5 zu den Rechtsfolgen eines verfristeten Antrags im Spruchverfahren), wird die Verfügung endgültig unwirksam, soweit nicht zwischenzeitlich die erforderliche Gestattung für die Verfügung gewährt worden ist. Innerhalb des bestimmten Zeitraums muss die effektive Veräußerung des Anteils erfolgen, also alle für die Übertragung erforderlichen Willenserklärungen müssen bis zum Ende der Frist vorliegen und etwaige Bedingungen eingetreten sein (Widmann/Mayer/*Wälzholz* Rn. 22).

Gerichtliche Nachprüfung der Abfindung

34 **[1]Macht ein Anteilsinhaber geltend, daß eine im Verschmelzungsvertrag oder in seinem Entwurf bestimmte Barabfindung, die ihm nach § 29 anzubieten war, zu niedrig bemessen sei, so hat auf seinen Antrag das Gericht nach den Vorschriften des Spruchverfahrensgesetzes die angemessene Barabfindung zu bestimmen. [2]Das gleiche gilt, wenn die Barabfindung nicht oder nicht ordnungsgemäß angeboten worden ist.**

Die Vorschrift des § 34 ist Komplementärvorschrift zu § 32, der die Geltendmachung der Unwirk- 1
samkeit eines Verschmelzungsbeschlusses wegen einer zu niedrig bemessenen Barabfindung und einer nicht oder nicht ordnungsgemäß angebotenen Barabfindung ausschließt (zu Informationsmängeln → § 32 Rn. 2). Stattdessen steht dem nach § 29 abfindungsberechtigten Anteilsinhaber über die **Überleitungsvorschrift** des § 34 der Antrag auf Bestimmung der angemessenen Barabfindung durch das Gericht im Verfahren nach dem **SpruchG** offen. Über die Überleitung zum SpruchG hinaus enthält § 34 keinen eigenen Regelungsgehalt. Antragsberechtigung, Antragsfrist, Zuständigkeit, Verfahren usw. im Spruchverfahren richten sich ausschließlich nach dem SpruchG bzw. über § 17 Abs. 1 SpruchG nach dem FamFG, soweit diese nicht wiederum Vorschriften des UmwG in Bezug nehmen (vgl. § 3 S. 1 Nr. 3 SpruchG zur Antragsberechtigung). Besonders relevant ist die dreimonatige Antragsfrist nach § 4 Abs. 1 S. 1 SpruchG. Bei grenzüberschreitenden Verschmelzungen von Kapitalgesellschaften sind die Modifikationen durch § 122i Abs. 2 zu beachten.

Bezeichnung unbekannter Aktionäre; Ruhen des Stimmrechts

35 **[1]Unbekannte Aktionäre einer übertragenden Aktiengesellschaft oder Kommanditgesellschaft auf Aktien sind im Verschmelzungsvertrag, bei Anmeldungen zur Eintragung in ein Register oder bei der Eintragung in eine Liste von Anteilsinhabern durch die Angabe des insgesamt auf sie entfallenden Teils des Grundkapitals der Gesellschaft und der auf sie nach der Verschmelzung entfallenden Anteile zu bezeichnen, soweit eine Benennung der Anteilsinhaber für den übernehmenden Rechtsträger gesetzlich vorgeschrieben ist; eine Bezeichnung in dieser Form ist nur zulässig für Anteilsinhaber, deren Anteile zusammen den zwanzigsten Teil des Grundkapitals der übertragenden Gesellschaft nicht überschreiten. [2]Werden solche Anteilsinhaber später bekannt, so sind Register oder Listen von Amts wegen zu berichtigen. [3]Bis zu diesem Zeitpunkt kann das Stimmrecht aus den betreffenden Anteilen in dem übernehmenden Rechtsträger nicht ausgeübt werden.**

I. Allgemeines

Die durch das 2. UmwÄndG neu gefasste Vorschrift des § 35 ermöglicht bei der Verschmelzung einer 1
AG oder einer KGaA als übertragendem Rechtsträger bei Anmeldungen zur **Eintragung in ein Register** oder bei der **Eintragung in eine Liste von Anteilsinhabern unbekannte Aktionäre** bis zu einem Anteil von fünf Prozent des Grundkapitals bei gesetzlicher Verpflichtung zur Eintragung gesammelt als unbekannte Anteilsinhaber einzutragen. Damit wird der bei der Verschmelzung einer AG

häufig auftretenden Schwierigkeit begegnet, dass einzelne Aktionäre nicht bekannt sind, deren Namen und/oder Beteiligungen aber beim übernehmenden Rechtsträger für Eintragungen an sich erforderlich sind. Werden diese Anteilsinhaber später bekannt, sind die Register bzw. Listen zu berichtigen. Bis zu diesem Zeitpunkt kann das Stimmrecht aus diesen Anteilen beim übernehmenden Rechtsträger nicht ausgeübt werden. Bei der Verschmelzung auf eine Partnerschaftsgesellschaft ist § 35 gem. § 45b Abs. 2 nicht anzuwenden.

II. Einzelerläuterung

2 **1. AG oder KGaA als übertragender Rechtsträger.** Auf Seiten des übertragenden Rechtsträgers sind nach der ausdrücklichen gesetzlichen Regelung nur AGen und KGaAs erfasst. Zwar kann es auch bei anderen Rechtsformen ein Bedürfnis für die Berücksichtigung unbekannter Anteilsinhaber des übertragenden Rechtsträgers geben. Da jedoch in Kenntnis dieses Umstandes auch bei der Neufassung des § 35 durch das 2. UmwÄndG der Anwendungsbereich der Vorschrift auf die beiden dort genannten Gesellschaftsformen beschränkt blieb, fehlt nach zutreffender hM die für eine analoge Anwendung erforderliche planwidrige Regelungslücke (so richtig KK-UmwG/*Simon* Rn. 5; aA Lutter UmwG/*Grunewald* Rn. 2).

3 **2. Gesetzlich vorgeschriebene Benennung der Anteilsinhaber.** Um den Anwendungsbereich des § 35 zu eröffnen, ist erforderlich, dass beim übernehmenden Rechtsträger eine **Benennung** der Anteilsinhaber **gesetzlich vorgeschrieben** ist. Das kann sowohl nach dem UmwG als auch nach allgemeinen Vorschriften für die Rechtsform des betroffenen Rechtsträgers der Fall sein. Besonders relevant sind die Benennungspflichten bei der GmbH und bei den Personenhandelsgesellschaften.

4 Bei der **GmbH** sind zum Beispiel im Verschmelzungsvertrag die den jeweiligen Anteilsinhabern des übertragenden Rechtsträgers zu gewährenden Geschäftsanteile zu benennen (§ 46 Abs. 1 S. 1, Abs. 3). Bei einer damit einhergehenden Kapitalerhöhung ist auch die Liste der Personen, die die neuen Geschäftsanteile übernehmen, der Anmeldung zum Handelsregister beizufügen. Gleiches gilt für die Einreichung der Liste der Gesellschafter nach § 40 GmbHG. Bei der **Genossenschaft** gilt über § 80 Abs. 1 S. 2 und die vom Vorstand zu führende Mitgliederliste nach § 30 GenG Vergleichbares.

5 Bei den **Personenhandelsgesellschaften** als übernehmenden Rechtsträgern ist nach § 40 Abs. 1 für jeden Anteilsinhaber des übertragenden Rechtsträgers zu bestimmen, ob ihm in der übernehmenden Personenhandelsgesellschaft die Stellung eines persönlich haftenden Gesellschafters oder eines Kommanditisten gewährt wird und welchen Betrag seine Einlage hat. Hinzu kommt die Angabe der persönlich haftenden Gesellschafter und der Kommanditisten samt deren Hafteinlage für die Anmeldung zum Handelsregister (§ 106 Abs. 2 HGB, § 162 Abs. 1 S. 1 HGB) sowie die Bekanntmachung der Angaben zu den persönlich haftenden Gesellschaftern nach § 10 HGB. Für persönlich haftende Gesellschafter kommt eine Eintragung bzw. Anmeldung als unbekannter Gesellschafter jedoch wegen des Zustimmungserfordernisses in § 40 Abs. 2 nicht in Betracht. Für (künftige) Kommanditisten ist es dagegen unerheblich, ob sie ihre Einlage nicht oder nicht vollständig geleistet haben, weil das Gesetz insoweit keine Einschränkungen enthält und der Gläubigerschutz durch die Beschränkung auf 5 % bei der übertragenden AG bzw. KGaA auch nicht wesentlich tangiert wird (str.; KK-UmwG/*Simon* Rn. 15–17; Kallmeyer/*Marsch-Barner/Oppenhoff* Rn. 5, jew. mwN).

6 **3. Quote.** Eine Benennung von Anteilsinhabern als unbekannt ist nur insoweit zulässig, als der **Anteil** am Grundkapital der übertragenden AG oder KGaA nicht mehr als **5 %** beträgt. Auf den Anteil bei dem übernehmenden Rechtsträger kommt es also nicht an. Eine darüber hinausgehende Angabe unbekannter Aktionäre aufgrund der früheren Regelung in § 35 vor der Änderung durch das 2. UmwÄndG unter Angabe der Aktienurkunden ist damit nicht mehr möglich (KK-UmwG/*Simon* Rn. 14).

7 **4. Ermittlung unbekannter Aktionäre.** Strittig ist, in welchem Umfang **Ermittlungsmaßnahmen** erforderlich sind, um die Identität unbekannter Aktionäre vor der Verschmelzung zu ermitteln. Während in der Lit. vielfach ein solches Erfordernis im Hinblick auf das Fehlen einer gesetzlichen Anordnung kritisiert wird (etwa von BeckOGK/*Rieder* Rn. 6; Semler/Stengel/*Schwanna* Rn. 7; KK-UmwG/*Simon* Rn. 19), wird sich die Praxis schon aus Vorsichtsgründen auch weiterhin an der Rspr. des BayObLG zur alten Rechtslage zum Formwechsel zu orientieren haben. Danach (BayObLG 5.7.1996, NJW 1997, 747 (748) = DB 1996, 1814) wird die Gesellschaft bereits vor Fassung des Umwandlungsbeschlusses, hier also des Verschmelzungsbeschlusses, den Personenkreis ihrer Aktionäre zu ermitteln haben, soweit dies nicht mit einem unverhältnismäßigen Aufwand verbunden ist. So könne die Gesellschaft in ihrer zu veröffentlichenden Einladung zur Hauptversammlung ihre Aktionäre **auffordern,** der Gesellschaft die entsprechenden **Beteiligungen mitzuteilen.** Da eine solche Aufforderung mit keinem besonderen Aufwand verbunden ist und die Praxis sich an dieser Rspr. orientieren konnte, erscheint ein solches Erfordernis akzeptabel, zumal S. 3 nunmehr zulasten der unbekannten Aktionäre die einschneidende Rechtsfolge eines Verlusts des Stimmrechts vorsieht. Auch die sich aus der Anwesenheitsliste der die Verschmelzung beschließenden Hauptversammlung bzw. den dafür aus-

gegebenen Eintritts- und Stimmkarten ergebenden Informationen sind zu berücksichtigen (BayObLG 5.7.1996, NJW 1997, 747 (748) = DB 1996, 1814), auch wenn danach noch Aktien veräußert worden sein können. Daneben ist strittig, ob eine **Versicherung** der vertretungsberechtigten Organe, dass alle zumutbaren Anstrengungen zur Ermittlung unbekannter Aktionäre unternommen wurden, erforderlich ist (vgl. Widmann/Mayer/*Wälzholz* Rn. 28; KK-UmwG/*Simon* Rn. 19). Auch hierfür fehlt es an einer gesetzlichen Grundlage. Es empfiehlt sich aber in der Praxis, zur Vermeidung von Schwierigkeiten bei der Eintragung der Verschmelzung eine solche Versicherung abzugeben.

5. Ruhen des Stimmrechts (S. 3). Weitere Rechtsfolge neben der Möglichkeit der Bezeichnung 8 als unbekannte Gesellschafter ist nach S. 3 seit der Neuregelung durch das 2. UmwÄndG das Ruhen des Stimmrechts bis zu einer Berichtigung von Amts wegen nach S. 2 (zum relevanten Zeitpunkt des Wiederauflebens → Rn. 9). Die Anteile dieser Gesellschafter werden dabei wie nicht vorhandene Gesellschaftsanteile zu behandeln sein (dazu ausführlich KK-UmwG/*Simon* Rn. 21 f.), sodass die auf diese Anteile (an sich) entfallenden Stimmrechte als nicht vorhandene Stimmen behandelt werden. Jedoch wird damit nicht das individuelle Zustimmungserfordernis nach § 707 BGB für eine Erhöhung der Beiträge suspendiert (vgl. BGH 5.3.2007, NJW-RR 2007, 757 (758) = NZG 2007, 381 und → BGB § 707 Rn. 5 zur Differenzierung zwischen Stimmrechtsausübung und Zustimmung zur Beitragserhöhung). Über den Wortlaut des S. 3 hinaus wird auch die Pflicht zur **Ladung** zu Gesellschafterversammlungen suspendiert, weil sonst die mit S. 3 intendierte Wirkung nicht erreicht werden kann (Widmann/Mayer/*Wälzholz* Rn. 31 (dieser auch zu einer Bekanntmachung im Bundesanzeiger); KK-UmwG/*Simon* Rn. 23 f.; s. auch *Wied* GmbHR 2016, 15 zur Frage der Bestellung eines Pflegers für die unbekannten Gesellschafter). In gleicher Weise wird für **Handelsregisteranmeldungen,** die eine Mitwirkung aller Gesellschafter erfordern (insbesondere § 108 HGB (iVm § 161 Abs. 2 HGB)), das Erfordernis einer Zeichnung durch die unbekannten Gesellschafter entfallen (str.; vgl. Widmann/Mayer/*Wälzholz* Rn. 33; SHS/*Winter* Rn. 8). Folgt man dem nicht, wird man die Möglichkeit der Einfügung einer entsprechenden Handelsregistervollmacht in den Gesellschaftsvertrag des übernehmenden Rechtsträgers ohne Mitwirkung der unbekannten Gesellschafter zulassen müssen (vgl. Widmann/Mayer/*Wälzholz* Rn. 9 und KK-UmwG/*Simon* Rn. 25 f. sowie zum Formwechsel OLG Schleswig 4.6 2003, NZG 2003, 830 (831) = DB 2003, 1502).

6. Berichtigung. Nach S. 2 sind Register und Listen von Amts wegen zu berichtigen, wenn unbe- 9 kannte Anteilsinhaber später bekannt werden. Die Gesellschaft und ihre vertretungsberechtigten Organe haben den Registergerichten bei Kenntniserlangung entsprechende Mitteilungen zu machen, wobei diese Personen nach § 14 HGB durch Zwangsgeld zur Anmeldung angehalten werden können (SHS/*Winter* Rn. 7; aA Widmann/Mayer/*Wälzholz* Rn. 24). Strittig ist der **Zeitpunkt,** zu dem das **Stimmrecht** nach S. 3 **wieder auflebt,** mit der Kenntniserlangung der Gesellschaft von ihrem bislang unbekannten Gesellschafter (so grundsätzlich Widmann/Mayer/*Wälzholz* Rn. 30) oder im Zeitpunkt der Berichtigung der Register bzw. Listen (so Lutter UmwG/*Grunewald* Rn. 11; SHS/*Winter* Rn. 8). Der Wortlaut spricht für ersteres, weil „dieser Zeitpunkt" in S. 3 der in S. 2 genannte Zeitpunkt ist. Das ist der Zeitpunkt des Bekanntwerdens dieser Anteilsinhaber, nicht aber der Zeitpunkt der Berichtigung, weil S. 2 lediglich eine auf dem Bekanntwerden beruhende Verpflichtung zur Berichtigung statuiert, die effektive Berichtigung aber nicht behandelt, sodass im Grundsatz die Kenntnisnahme vom Anteilsinhaber ausreicht. Allerdings werden die für die jeweilige Rechtsform geltenden Anforderungen zu beachten sein. So wird bei einer GmbH entsprechend § 16 Abs. 1 GmbHG iVm § 40 GmbHG eine Eintragung in die Gesellschafterliste Voraussetzung für die Behandlung als Gesellschafter im Verhältnis zur Gesellschaft sein (ebenso Widmann/Mayer/*Wälzholz* Rn. 30), während die Eintragung als Kommanditist im Handelsregister keine konstitutive Wirkung hat.

Dritter Abschnitt. Verschmelzung durch Neugründung

Anzuwendende Vorschriften

36 (1) [1] **Auf die Verschmelzung durch Neugründung sind die Vorschriften des Zweiten Abschnitts mit Ausnahme des § 16 Abs. 1 und des § 27 entsprechend anzuwenden.** [2] **An die Stelle des übernehmenden Rechtsträgers tritt der neue Rechtsträger, an die Stelle der Eintragung der Verschmelzung in das Register des Sitzes des übernehmenden Rechtsträgers tritt die Eintragung des neuen Rechtsträgers in das Register.**

(2) [1] **Auf die Gründung des neuen Rechtsträgers sind die für dessen Rechtsform geltenden Gründungsvorschriften anzuwenden, soweit sich aus diesem Buch nichts anderes ergibt.** [2] **Den Gründern stehen die übertragenden Rechtsträger gleich.** [3] **Vorschriften, die für die Gründung eine Mindestzahl der Gründer vorschreiben, sind nicht anzuwenden.**

I. Allgemeines

1 Die **§§ 36–38** enthalten die allgemeinen, rechtsformübergreifenden Bestimmungen für die in der Praxis gegenüber der Verschmelzung durch Aufnahme weniger bedeutsame **Verschmelzung durch Neugründung** (→ § 2 Rn. 13). Die gesetzliche Regelung beschränkt sich im Wesentlichen auf die Anordnung der entsprechenden Anwendung der Vorschriften des Zweiten Abschnitts, also der §§ 4–35 zur Verschmelzung durch Aufnahme, unter Herausnahme einiger weniger Vorschriften (Abs. 1 S. 1). An die Stelle des übernehmenden Rechtsträgers tritt der neue Rechtsträger; an die Stelle der Eintragung der Verschmelzung in das Register des übernehmenden Rechtsträgers tritt die Eintragung des neuen Rechtsträgers in das Register. Da im Falle der Verschmelzung durch Neugründung der neue Rechtsträger durch die Verschmelzung erst entsteht, ordnet Abs. 2 die Anwendung der Gründungsvorschriften des neuen Rechtsträgers mit gewissen Modifikationen an. Ergänzt wird § 36 durch § 37, der die Aufnahme des Gesellschaftsvertrages bzw. der Satzung in den Verschmelzungsvertrag vorschreibt, und durch § 38, der die Anmeldung der Verschmelzung regelt. Weiter ergänzt werden diese Normen durch eine Reihe **rechtsformspezifischer Regelungen:** §§ 56–59 für die GmbH, §§ 73–76 für die AG (iVm § 78 S. 1 für die KGaA), §§ 96–98 für die Genossenschaft, §§ 114–117 für den Versicherungsverein auf Gegenseitigkeit, die neben eigenen Regelungen im Wesentlichen wiederum Verweisungen auf die rechtsformspezifischen Vorschriften für die Verschmelzung durch Aufnahme enthalten.

II. Einzelerläuterung

2 **1. Anwendung der Vorschriften des Zweiten Abschnitts (Abs. 1).** Über die Verweisung in Abs. 1 S. 1 sind die Vorschriften des Zweiten Abschnitts, also der §§ 4–35, mit Ausnahme des § 16 Abs. 1 und des § 27, auf die Verschmelzung zur Neugründung **entsprechend anzuwenden.** Insbesondere ist auch der Ablauf mit Abschluss des nach § 37 die neue Satzung bzw. den neuen Gesellschaftsvertrag enthaltenden Verschmelzungsvertrages (zwischen sämtlichen zu verschmelzenden Rechtsträgern und ohne Beteiligung des zu diesem Zeitpunkt noch nicht existierenden neuen Rechtsträgers), Erstellung des Verschmelzungsberichts, Durchführung der Verschmelzungsprüfung und Fassung der Verschmelzungsbeschlüsse der Anteilsinhaber (die damit auch der Satzung/dem Gesellschaftsvertrag des neuen Rechtsträgers zustimmen) weitgehend identisch. Es kann daher auf die Kommentierung der §§ 4–35 verwiesen werden, sodass nachfolgend einige wenige Hinweise zu Besonderheiten der Verschmelzung zur Neugründung ausreichen.

3 Sämtliche an der Verschmelzung beteiligten Rechtsträger (mit Ausnahme des neu gegründeten Rechtsträgers) werden als **übertragende Rechtsträger** behandelt, sodass für sämtliche beteiligte Rechtsträger der Ausschluss der Geltendmachung von Unwirksamkeitsgründen nach §§ 14 und 32 eingreift, was ein Vorteil der Verschmelzung durch Neugründung ist, andererseits aber auch zu einer Ausweitung der Berechtigung zur Barabfindung nach § 29 und zur erleichterten Veräußerung nach § 33 führt. Die nach Abs. 1 S. 1 nicht anwendbare Vorschrift des § 16 Abs. 1 passt für die im Wege der Verschmelzung erfolgende Neugründung eines Rechtsträgers nicht und wird durch § 38 ersetzt. Die Anwendung des § 27 entfällt ersatzlos, weil der neu gegründete Rechtsträger erst mit der Verschmelzung entsteht und somit keine Ansprüche gegen dessen Organe aufgrund der Verschmelzung entstanden sein können. An die Stelle des übernehmenden Rechtsträgers tritt der **neue Rechtsträger** (Abs. 1 S. 2 Hs. 1). Die an die **Eintragung** der Verschmelzung in das Register des Sitzes des übernehmenden Rechtsträgers geknüpften Rechtsfolgen, insbesondere also die Wirkungen des § 20 einschließlich des Übergangs des Vermögens der übertragenden Rechtsträger auf den neuen Rechtsträger und des Erlöschens der übertragenden Rechtsträger, treten mit der Eintragung des neuen Rechtsträgers in das Register ein. Übernehmende Rechtsträger können mit Ausnahme der genossenschaftlichen Prüfungsverbände (§ 105) sämtliche in § 3 Abs. 1 genannten Rechtsträger sein (zu den dort nicht genannten europäischen Rechtsformen → § 3 Rn. 7, → § 3 Rn. 14 f.). Wegen des Ausschlusses von Sacheinlagen bei der UG (haftungsbeschränkt) gem. § 5a Abs. 2 S. 2 GmbHG kommt sie nicht als neuer Rechtsträger in Betracht (→ § 3 Rn. 12; Semler/Stengel/*Bärwaldt* Rn. 43a mwN; aA *Gasteyer* NZG 2009, 1364 (1367) mwN; s. auch BGH 11.4.2011, NJW 2011, 1883 Rn. 13 ff. = NZG 2011, 666 zur (unzulässigen) Abspaltung zur Neugründung einer UG (haftungsbeschränkt), wobei die dortige Argumentation auf die Verschmelzung zur Neugründung übertragbar ist). Das Umtauschverhältnis ergibt sich, soweit nicht alle Anteilsinhaber etwas anderes vereinbaren, aus dem Wert der zu verschmelzenden Rechtsträger zueinander (§ 5 Abs. 1 Nr. 3).

4 **2. Anwendung der Gründungsvorschriften (Abs. 2).** Über die Verweisung in Abs. 2 S. 1 sind die auf die Rechtsform des neuen Rechtsträgers anwendbaren **Gründungsvorschriften** anwendbar, soweit im Zweiten Buch des UmwG, also den §§ 2–122l, nichts Abweichendes bestimmt ist. Das sind vorbehaltlich dieser Abweichungen bei der AG insbesondere die §§ 23–53 AktG (iVm §§ 278 ff. AktG für die KGaA), bei der GmbH insbesondere die §§ 1–12 GmbHG, bei den Personenhandelsgesellschaften insbesondere die §§ 105–108 HGB, auf deren Kommentierung verwiesen werden kann (ausf.

zu den einzelnen Anforderungen Widmann/Mayer/*Mayer* Rn. 20–223; KK-UmwG/*Simon/Nießen* Rn. 29–88; Semler/Stengel/*Bärwaldt* Rn. 19–67; SHS/*Winter* Rn. 13–34). Die Neugründung stellt sich dabei als **Sachgründung** mit den jeweils rechtsformspezifischen Anforderungen an eine solche Form der Gründung dar. Für alle Rechtsformen enthalten dabei Abs. 2 S. 2 und S. 3 die Modifikationen, dass den Gründern die übertragenden Rechtsträger gleichstehen und dass Vorschriften, die für die Gründung eine Mindestzahl der Gründer vorschreiben, nicht anzuwenden sind. Zu den von den allgemeinen Gründungsvorschriften abweichenden, im UmwG geregelten Gründungsvorschriften kann § 18 zur Firmierung gerechnet werden. Bedeutsam sind daneben rechtsformspezifische Modifikationen des Gründungsrechts, wie sie zum Beispiel in §§ 57–59 für die GmbH und §§ 74–76 für die AG enthalten sind.

Die Gleichstellung der übertragenden Rechtsträger mit den Gründern des neuen Rechtsträgers 5
bedeutet im Gegenschluss, dass die Anteilsinhaber der übertragenden Rechtsträger, obwohl sie und nicht die übertragenden Rechtsträger Anteilsinhaber des neuen Rechtsträgers werden, keine **Gründerhaftung** und auch keine **Differenzhaftung** für überbewertete Einlagen trifft (BGH 12.3.2007, BGHZ 171, 293 Rn. 9 = NJW-RR 2007, 1487; dazu ausführlich KK-UmwG/*Simon/Nießen* Rn. 47–50 und *Kallmeyer* GmbHR 2007, 1121).

Die Nichtanwendung der Vorschriften, die eine **Mindestzahl** von **Gründern** vorschreiben, nach 6
Abs. 2 S. 3 befreit allein von diesen Vorschriften, nicht aber von sonstigen Mindestzahlen für Anteilsinhaber. So ist beim eingetragenen Verein § 56 BGB über die Mindestzahl der Gründer nicht anwendbar, aber § 73 BGB bleibt nach der Verschmelzung anwendbar. Auch bei den Personenhandelsgesellschaften muss es nach der Verschmelzung mindestens zwei Anteilsinhaber geben (KK-UmwG/*Simon/Nießen* Rn. 28). Relevanz hat Abs. 2 S. 3 darüber hinaus im Zusammenwirken mit Abs. 2 S. 2, weil bei der Gründung sonst nach dieser Vorschrift auf die Anzahl der übertragenden Rechtsträger abzustellen wäre, es nachfolgend aber auf die Anzahl der Anteilsinhaber ankommt.

Die **Beteiligung Dritter** am neuen Rechtsträger iRd Verschmelzung zur Neugründung ist um- 7
stritten, wird von der hM aber zu Recht bejaht, weil eine solche Möglichkeit vom Gesetz nicht ausgeschlossen wird und dem auch weder Interessen der Gläubiger noch der Anteilsinhaber der übertragenden Rechtsträger entgegenstehen (Semler/Stengel/*Bärwaldt* Rn. 70; Lutter UmwG/*Grunewald* Rn. 15; für den Formwechsel und den Eintritt eines Komplementärs auch BGH 9.5.2005, NZG 2005, 722 (723) = WM 2005, 1462; aA zB Widmann/Mayer/*Mayer* Rn. 21). Soweit eine Differenzierung nach einer Beteiligung als Komplementär oder als sonstiger Anteilsinhaber befürwortet wird, weil die Beteiligung des Komplementärs keiner Gründungsprüfung unterliegt (so früher (bis 4. Aufl.) Kallmeyer/*Marsch-Barner/Oppenhoff* Rn. 14), überzeugt dies nicht, weil für den beitretenden Anteilsinhaber die gewöhnlichen Vorschriften gelten (vgl. KK-UmwG/*Simon/Nießen* Rn. 31) und somit eine Privilegierung allein von beitretenden Komplementären nicht geboten ist. Der Beitritt hat in notarieller Form zum Verschmelzungsvertrag zu erfolgen (str.; KK-UmwG/*Simon/Nießen* Rn. 32; aA Lutter UmwG/*Grunewald* Rn. 15: Beitritt zum Verschmelzungsbeschluss).

Inhalt des Verschmelzungsvertrags

37 In dem Verschmelzungsvertrag muß der Gesellschaftsvertrag, der Partnerschaftsvertrag oder die Satzung des neuen Rechtsträgers enthalten sein oder festgestellt werden.

Durch § 37 wird in Ergänzung des § 5 Abs. 1 iVm § 36 Abs. 1 S. 1 ausdrücklich angeordnet, dass der 1
Gesellschaftsvertrag, der Partnerschaftsvertrag oder die Satzung des neuen Rechtsträgers in dem Verschmelzungsvertrag **enthalten** sein oder festgestellt werden muss. Damit muss auch der Gesellschaftsvertrag, der Partnerschaftsvertrag oder die Satzung nach § 6 **notariell beurkundet** werden, auch wenn dies aufgrund der Rechtsform – wie bei Personengesellschaften – sonst nicht erforderlich wäre. Spätere Änderungen nach Wirksamwerden der Verschmelzung können dann wieder in den rechtsformspezifischen Formen erfolgen. Für die Beurkundung gelten die allgemeinen Vorschriften, etwa zur Aufnahme von Anlagen nach § 9 Abs. 1 S. 2 BeurkG. Eine zusätzliche Unterzeichnung durch die künftigen Anteilsinhaber ist nicht erforderlich; es reicht die Unterzeichnung des die Satzung/den Gesellschaftsvertrag enthaltenden Verschmelzungsvertrages durch die Organe der übertragenden Rechtsträger, die nach § 36 Abs. 2 S. 2 als Gründer gelten.

Für die **inhaltlichen Anforderungen** an den Gesellschaftsvertrag, Partnerschaftsvertrag bzw. die 2
Satzung des neuen Rechtsträgers gelten die allgemeinen, auf dessen Rechtsform anwendbaren Vorschriften, wobei bei der Fassung ein erheblicher Gestaltungsspielraum besteht, der insbesondere rechtsformbedingte Abweichungen, aber nicht die Verletzung des Gleichbehandlungsgrundsatzes und die Verfolgung von Sondervorteilen deckt (Kallmeyer/*Marsch-Barner/Oppenhoff* Rn. 3; KK-UmwG/*Simon/Nießen* Rn. 13 f.; vgl. BGH 9.5.2005, NZG 2005, 722 (724) = WM 2005, 1462 zum Formwechsel). Ergänzungen ergeben sich unter anderem für die GmbH aus § 57 und für die AG (und über § 78 S. 1 für die KGaA) aus § 74. In Anwendung der Sachgründungsvorschriften reicht es aus, wenn als Gegen-

stand der Sacheinlage der Übergang des Vermögens der übertragenden Rechtsträger als Ganzes angegeben wird; die Angabe der einzelnen Vermögensgegenstände der übertragenden Rechtsträger ist nicht erforderlich (KK-UmwG/*Simon/Nießen* Rn. 1).

Anmeldung der Verschmelzung und des neuen Rechtsträgers

38 (1) **Die Vertretungsorgane jedes der übertragenden Rechtsträger haben die Verschmelzung zur Eintragung in das Register des Sitzes ihres Rechtsträgers anzumelden.**

(2) **Die Vertretungsorgane aller übertragenden Rechtsträger haben den neuen Rechtsträger bei dem Gericht, in dessen Bezirk er seinen Sitz haben soll, zur Eintragung in das Register anzumelden.**

1 Durch § 38 wird anstelle des auf die Verschmelzung zur Neugründung nach § 36 Abs. 1 S. 1 nicht anwendbaren § 16 Abs. 1 die **Zuständigkeit** für die **Anmeldung** der Verschmelzung und des neuen Rechtsträgers geregelt. Im Übrigen bleibt es bei den Regelungen zur Anmeldung der Verschmelzung durch Aufnahme (→ § 16 Rn. 1 ff.) und der Reihenfolge der Eintragungen nach § 19, wobei nach § 36 Abs. 1 S. 2 an die Stelle der Eintragung der Verschmelzung in das Register des übernehmenden Rechtsträgers die Eintragung des neuen Rechtsträgers tritt. Für die grenzüberschreitende Verschmelzung von Kapitalgesellschaften trifft § 122l eine spezielle Regelung.

2 Durch Abs. 1 wird die Regelung des § 16 Abs. 1 dahingehend modifiziert, dass lediglich die Vertretungsorgane der übertragenden Rechtsträger die **Verschmelzung** zur Eintragung in das Register des Sitzes ihres Rechtsträgers **anzumelden** haben und auch nur können – der neue Rechtsträger existiert zu diesem Zeitpunkt ja noch nicht. Es ist nicht erforderlich, bei der Anmeldung der Verschmelzung der übertragenden Rechtsträger über die nach § 17 erforderlichen Unterlagen hinaus auch die für die Neueintragung erforderlichen Unterlagen vorzulegen (ganz hM; KK-UmwG/*Simon/Nießen* Rn. 5 mwN). Für die Anmeldung des **neuen Rechtsträgers** sieht Abs. 2 eine Anmeldung durch die Vertretungsorgane aller übertragenden Rechtsträger vor. Für den Inhalt dieser Anmeldung und die Prüfung durch das Registergericht (vgl. § 9c GmbHG und § 38 AktG) gelten die jeweiligen Gründungsvorschriften für einen Rechtsträger dieser Rechtsform.

Zweiter Teil. Besondere Vorschriften

Erster Abschnitt. Verschmelzung unter Beteiligung von Personengesellschaften

Erster Unterabschnitt. Verschmelzung unter Beteiligung von Personenhandelsgesellschaften

Ausschluß der Verschmelzung

39 **Eine aufgelöste Personenhandelsgesellschaft kann sich nicht als übertragender Rechtsträger an einer Verschmelzung beteiligen, wenn die Gesellschafter nach § 145 des Handelsgesetzbuchs eine andere Art der Auseinandersetzung als die Abwicklung oder als die Verschmelzung vereinbart haben.**

1 § 39 ergänzt für **Personenhandelsgesellschaften** (OHG, KG, Kapitalgesellschaft & Co. KG, EWIV) § 3 Abs. 3 und gewährleistet, dass das Vermögen des übertragenden Rechtsträgers entsprechend dem Gedanken der Gesamtrechtsnachfolge zum Zeitpunkt der Verschmelzung noch ungeschmälert vorhanden ist und in den übernehmenden Rechtsträger eingebracht werden kann (hM, Widmann/Mayer Rn. 1). Aufgelöste Rechtsträger können an einer Verschmelzung zur Aufnahme oder Neugründung als **übertragende Rechtsträger** beteiligt sein, sofern deren Fortsetzung beschlossen werden könnte (§ 3 Abs. 3), dh bis zur Vollbeendigung (BGH 19.6.1995, NJW 1995, 2844). Bei Personenhandelsgesellschaften schließt § 39 eine Beteiligung an einer Verschmelzung aus, wenn die Gesellschafter nach § 145 HGB eine **andere Art der Auseinandersetzung** als die Abwicklung oder Verschmelzung vereinbart haben. Die Beteiligung einer aufgelösten Personenhandelsgesellschaft als **übernehmender Rechtsträger** richtet sich hingegen nach den allgemeinen verschmelzungsrechtlichen Bestimmungen (Lutter UmwG/*H. Schmidt* Rn. 18).

2 Die Vorschrift gilt uneingeschränkt nur für Auflösungstatbestände, bei denen die Art der Auseinandersetzung durch die Gesellschafter **autonom geregelt** werden kann (Semler/Stengel/*Ihrig* Rn. 11). Die Gesellschafter können die (andere) Art der Auseinandersetzung gesellschaftsvertraglich regeln oder

sie später, etwa anlässlich des Auflösungsbeschlusses, vereinbaren. Ein entsprechender Beschluss muss einstimmig erfolgen, sofern der Gesellschaftsvertrag nicht in wirksamer, dh dem Bestimmtheitsgrundsatz genügender Weise, eine Mehrheitsentscheidung zulässt (Baumbach/Hopt/*Roth* HGB § 145 Rn. 8). Das gleiche gilt für einen **Fortsetzungsbeschluss,** den die Gesellschafter auch dann noch fassen können, wenn im Zeitpunkt der Beschlussfassung schon mit der Verteilung des Gesellschaftsvermögens begonnen wurde (str. Widmann/Mayer Rn. 42; aA Lutter UmwG/*H. Schmidt* Rn. 11). Ein **einstimmig** gefasster Verschmelzungsbeschluss bedeutet stets die Aufhebung einer abweichenden Vereinbarung gem. § 145 Abs. 1 HGB (allgM, vgl. Lutter UmwG/*H. Schmidt* Rn. 15 mwN). Eine in Übereinstimmung mit § 43 Abs. 2 **mehrheitlich beschlossene** Verschmelzung führt hingegen nur dann zur wirksamen Aufhebung einer entgegenstehenden Regelung über eine andere Art der Auseinandersetzung, wenn der Gesellschaftsvertrag auch für diese Entscheidung eine mehrheitliche Beschlussfassung genügen lässt (Semler/Stengel/*Ihrig* Rn. 18). Ein wirksam gefasster Verschmelzungsbeschluss kann, sofern die Verschmelzung nicht ausschließlich der gemeinsamen Abwicklung der beteiligten Rechtsträger dienen soll, zugleich als Fortsetzungsbeschluss ausgelegt werden (KK-UmwG/*Dauner-Lieb/Tettinger* Rn. 12). Bei Auflösungstatbeständen, die **nicht dem Willen der Gesellschafter** unterliegen, ist eine Fortsetzung grundsätzlich nur möglich, wenn zunächst der Auflösungsgrund beseitigt wird, zB bei Auflösung durch Eröffnung des Insolvenzverfahrens (§ 144 HGB) oder Gläubigerkündigung (§ 131 Abs. 3 S. 1 Nr. 4 HGB; KK-UmwG/*Dauner-Lieb/Tettinger* Rn. 16).

Bei einem Verstoß gegen § 39 sind sowohl der Verschmelzungsvertrag als auch der Verschmelzungs- 3
beschluss **nichtig;** das Registergericht darf die Verschmelzung nicht eintragen (OLG Naumburg 12.2.1997, NJW-RR 1998, 179). Eine **Heilung** ist bis zur Eintragung durch nachträgliche Aufhebung der Auseinandersetzungsvereinbarung oder durch Eintragung der Verschmelzung ins Handelsregister (§ 20 Abs. 2) möglich (Kallmeyer/*Kocher* Rn. 8). Es verbleiben uU **Schadensersatzansprüche** gegen die vertretungsberechtigten Gesellschafter nach § 25 oder gegen die Mehrheitsgesellschafter der übertragenden Personenhandelsgesellschaft wegen Treuepflichtverletzung (Semler/Stengel/*Ihrig* Rn. 21). Eine **Klage** gegen die Wirksamkeit des Verschmelzungsbeschlusses des übertragenden Rechtsträgers ist innerhalb einer Monatsfrist nach Beschlussfassung zu erheben (§ 14 Abs. 1) und nach Eintragung gegen den übernehmenden bzw. neuen Rechtsträger zu richten (§ 28).

Inhalt des Verschmelzungsvertrags

40 (1) [1]**Der Verschmelzungsvertrag oder sein Entwurf hat zusätzlich für jeden Anteilsinhaber eines übertragenden Rechtsträgers zu bestimmen, ob ihm in der übernehmenden oder der neuen Personenhandelsgesellschaft die Stellung eines persönlich haftenden Gesellschafters oder eines Kommanditisten gewährt wird.** [2]**Dabei ist der Betrag der Einlage jedes Gesellschafters festzusetzen.**

(2) [1]**Anteilsinhabern eines übertragenden Rechtsträgers, die für dessen Verbindlichkeiten nicht als Gesamtschuldner persönlich unbeschränkt haften, ist die Stellung eines Kommanditisten zu gewähren.** [2]**Abweichende Bestimmungen sind nur wirksam, wenn die betroffenen Anteilsinhaber dem Verschmelzungsbeschluß des übertragenden Rechtsträgers zustimmen.**

Abs. 1 bestimmt im Falle einer Verschmelzung zur Aufnahme oder Neugründung auf eine Personen- 1
handelsgesellschaft weitere **zwingende Angaben im Verschmelzungsvertrag** und trägt der Möglichkeit der freien Ausgestaltung der Gesellschafterhaftung bei Personenhandelsgesellschaften Rechnung; zudem stellt Abs. 2 sicher, dass die Anteilsinhaber des übertragenden Rechtsträgers nicht ohne ihre **ausdrückliche Zustimmung** unbeschränkt persönlich für die Verbindlichkeiten des übernehmenden/neuen oder eines anderen übertragenden Rechtsträgers haften und sich so einer zusätzlichen **Gefährdung ihres Vermögens** aussetzen (RegEBegr. BR-Drs. 75/94, 98). Abs. 2 findet folglich nur Anwendung auf Anteilsinhaber des übertragenden Rechtsträgers, die nicht unbeschränkt persönlich haften (Semler/Stengel/*Ihrig* Rn. 3).

Der notwendige Inhalt des Verschmelzungsvertrages richtet sich zunächst nach den allgemeinen 2
Vorschriften (§ 5). Den Angaben im Verschmelzungsvertrag muss nach Abs. 1 S. 1 darüber hinaus für jeden Anteilsinhaber des übertragenden Rechtsträgers individuell und ohne weitere Auslegungshilfen zwingend zu entnehmen sein, ob dem jeweiligen Anteilsinhaber die Stellung eines persönlich haftenden Gesellschafters oder eines Kommanditisten im übernehmenden/neuen Rechtsträger gewährt wird (Semler/Stengel/*Ihrig* Rn. 7 f.). Bei einer Verschmelzung zur Neugründung ergibt sich dieses Erfordernis bereits aus § 37 iVm den jeweiligen Gründungsvorschriften. Zu Erleichterungen bei Publikumsgesellschaften vgl. Lutter UmwG/*H. Schmidt* Rn. 6 f.

Im Verschmelzungsvertrag ist nach Abs. 1 S. 2 der bezifferte Betrag der Einlage für jeden Gesell- 3
schafter festzusetzen. Für die persönlich haftenden Gesellschafter stellt dies der **Kapitalanteil** dar, welcher sich idR aus den zugewiesenen Kapitalkonten ergibt (Baumbach/Hopt/*Roth* HGB § 120 Rn. 12 ff.), für den Kommanditisten die Kommanditeinlage iSd **Pflichteinlage** (Semler/Stengel/*Ihrig*

Rn. 9 mwN). Die Höhe der Einlage bestimmt sich nach dem im Verschmelzungsvertrag festgesetzten **Umtauschverhältnis** (Lutter UmwG/*H. Schmitt* Rn. 15). Ist ein Anteilsinhaber des übertragenden Rechtsträgers bereits am übernehmenden Rechtsträger beteiligt, kommt es wegen des Verbots einer Mehrfachbeteiligung mit der Verschmelzung zu einer Vereinigung der Gesellschafterstellung; (Lutter UmwG/*H. Schmitt* Rn. 9). Das Gesetz differenziert hinsichtlich der Kommanditeinlage nicht zwischen der im Innenverhältnis geltenden Pflichteinlage und der im Handelsregister eingetragenen und die **persönliche Haftung des Kommanditisten nach § 172 HGB** bestimmenden Haftsumme. Da Pflichteinlage und Haftsumme voneinander abweichen können, ist in einem solchen Fall zusätzlich auch der Betrag der Haftsumme festzusetzen; andernfalls ist der festgesetzte Einlagebetrag als Haftsumme zu werten (hM, Lutter UmwG/*H. Schmitt* Rn. 19). Deckt der auf den betroffenen Kommanditisten entfallene Beteiligungswert am übertragenden Rechtsträger nicht die festgesetzte Haftsumme beim übernehmenden/neuen Rechtsträger, kommt es iHd Differenzbetrages zu einer **persönlichen Haftung des Kommanditisten** (Baumbach/Hopt/*Roth* HGB § 171 Rn. 6). Sieht der Verschmelzungsvertrag ausdrücklich eine solche Deckungslücke vor oder ist ihm eine solche offensichtlich zu entnehmen, ist in entsprechender Anwendung von Abs. 2 eine Zustimmung des betroffenen Anteilsinhabers erforderlich (str., Widmann/Mayer Rn. 26; aA Lutter UmwG/*H. Schmidt* Rn. 10).

4 Erklärt sich weder ein Anteilsinhaber des übertragenden noch des übernehmenden Rechtsträgers dazu bereit, nach der Verschmelzung persönlich zu haften (§ 40 Abs. 2, § 43 Abs. 2 S. 3), ist der **Beitritt eines bisher unbeteiligten Gesellschafters,** etwa einer Komplementär-GmbH, erforderlich und analog § 218 Abs. 2 zulässig (hM, KK-UmwG/*Dauner-Lieb/Tettinger* Rn. 39). Angesichts der teilweise unklaren Rechtslage bei Verschmelzungsvorgängen unter Beteiligung einer **beteiligungsidentischen GmbH & Co. KG** empfiehlt sich eine vorherige Abstimmung mit dem Registergericht (KK-UmwG/*Dauner-Lieb/Tettinger* Rn. 40 ff.).

5 Abs. 2 sieht als gesetzlichen Regelfall vor, bisher nicht persönlich haftenden Anteilsinhabern des übertragenden Rechtsträgers (Kommanditisten, GmbH-Gesellschafter, Aktionäre und Kommanditaktionäre) in der übernehmenden/neuen Personenhandelsgesellschaft die **Stellung eines Kommanditisten** zu gewähren, es sei denn, diese haben einer abweichenden Bestimmung zugestimmt (Abs. 2 S. 2). Die Regelung knüpft an die formale Stellung des Anteilsinhabers an, sodass ein Kommanditist, der für vor Eintragung der Gesellschaft begründete Verbindlichkeiten bzw. wegen einer nicht erbrachten oder zurückgezahlten Einlage unbeschränkt haftet, ebenfalls vom Schutzzweck des Abs. 2 erfasst ist (allgM, vgl. Semler/Stengel/*Ihrig* Rn. 12). Die Zustimmungserklärung der Anteilsinhaber nach Abs. 2 S. 2 bedarf als empfangsbedürftige Willenserklärung nach § 13 Abs. 3 S. 1 der **notariellen Beurkundung;** die bloße Zustimmung zum Verschmelzungsbeschluss genügt nicht (str., Widmann/Mayer Rn. 50; aA Lutter UmwG/*H. Schmidt* Rn. 11). Die bei der Abstimmung über die Verschmelzung unterlegenen Gesellschafter können, wie Kommanditisten im Falle einer sich aus dem Verhältnis von Beteiligungswert zu Haftsumme ergebenden Deckungslücke (→ Rn. 3), die Zustimmung nach Abs. 2 S. 2 außerhalb der Beschlussfassung über den Verschmelzungsvertrag erklären (KK-UmwG/*Dauner-Lieb/Tettinger* Rn. 36). Zustimmungserklärung und Verschmelzungsbeschluss können zweckmäßigerweise **in einer notariellen Urkunde** gem. § 13 Abs. 3 S. 1 aufgenommen werden.

6 Die Registeranmeldung nach §§ 16, 17 erfordert insbesondere die Beifügung der Zustimmungserklärungen nach Abs. 2 S. 2. Verstöße gegen § 40 führen zur **Unwirksamkeit** des Verschmelzungsvertrages und zur **Nichtigkeit** des Verschmelzungsbeschlusses des übertragenden Rechtsträgers, die mittels Klage nach § 14 geltend gemacht werden kann (Widmann/Mayer Rn. 57); die Wirkung der Eintragung (§ 20 Abs. 2) lassen sie jedoch unberührt. Ist ein Anteilsinhaber trotz versagter Zustimmung als persönlich haftender Gesellschafter eingetragen worden, sind seine Mitgesellschafter verpflichtet, ihm durch **Änderung des Gesellschaftsvertrages** die Stellung eines Kommanditisten einzuräumen (Treuepflicht). Geschieht dies nicht, hat der betroffene Anteilsinhaber ein Recht auf Austritt gegen Abfindung zum wirklichen Wert seines Anteils (Semler/Stengel/*Ihrig* Rn. 25). Ihm stehen dann überdies Schadensersatzansprüche nach § 25 zu, sollte er aus seiner persönlichen Haftung in Anspruch genommen werden.

Verschmelzungsbericht

41 Ein Verschmelzungsbericht ist für eine an der Verschmelzung beteiligte Personenhandelsgesellschaft nicht erforderlich, wenn alle Gesellschafter dieser Gesellschaft zur Geschäftsführung berechtigt sind.

1 Abweichend von § 8 Abs. 1 muss eine Personenhandelsgesellschaft, die an einer Verschmelzung als übertragender oder übernehmender Rechtsträger beteiligt ist, keinen Verschmelzungsbericht erstellen, wenn **alle Gesellschafter zur Geschäftsführung berechtigt** sind. Die geschäftsführenden Gesellschafter einer Personenhandelsgesellschaft sind in der Lage, sich über den Verschmelzungsvorgang ausreichend zu informieren (RegEBegr, BR-Drs. 75/94, 15). Sofern nicht alle Gesellschafter geschäftsführungsbefugt sind, bleibt ein Bericht erforderlich, es sei denn, der jeweils von der Geschäftsführung

ausgeschlossene Anteilsinhaber verzichtet hierauf (§ 8 Abs. 3). Aus dem Zusammenspiel von § 41 und § 8 Abs. 3 ergibt sich nämlich, dass nur die von der Geschäftsführung ausgeschlossenen Gesellschafter eine Verzichtserklärung abgeben müssen (str., Widmann/Mayer Rn. 12 f.; aA Lutter UmwG/*H. Schmidt* Rn. 6). § 41 gilt somit nur für die an der Verschmelzungen beteiligte Personenhandelsgesellschaft und geht als speziellere Vorschrift **§ 8 Abs. 3** vor; hinsichtlich anderer beteiligter Rechtsträger, für die § 41 nicht einschlägig ist, bleibt es dagegen bei der allgemeinen Regelung (str., KK-UmwG/*Dauner-Lieb/Tettinger* Rn. 10; aA Semler/Stengel/*Ihrig* Rn. 6).

Im Hinblick auf die Geschäftsführerbefugnis der Anteilsinhaber ist die konkrete Ausgestaltung im Gesellschaftsvertrag maßgeblich, andernfalls die gesetzlichen Regelungen (allgM, KK-UmwG/*Dauner-Lieb/Tettinger* Rn. 6). Aus Gründen der Rechtssicherheit steht der Anwendung des § 41 bereits ein **Teilentzug der Geschäftsführerbefugnis** entgegen (KK-UmwG/*Dauner-Lieb/Tettinger* Rn. 8). § 41 lässt bei einer **GmbH & Co. KG** die Berichtspflicht auch dann entfallen, wenn die Kommanditisten nicht als solche, sondern nur mittelbar, dh als Geschäftsführer der Komplementär-GmbH geschäftsführungsbefugt sind (Semler/Stengel/*Ihrig* Rn. 10, KK-UmwG/*Dauner-Lieb/Tettinger* Rn. 9; aA SHS/*Westerburg* Rn. 3). Setzt der Gesellschaftsvertrag eine **obligatorische Gruppenvertretung** fest (→ § 42 Rn. 2, → § 43 Rn. 2), steht den vertretenen Anteilsinhabern gleichwohl ein Verschmelzungsbericht zu, selbst wenn der Gruppenvertreter geschäftsführungsbefugt ist (aA KK-UmwG/*Dauner-Lieb/Tettinger* Rn. 7). Ein Verstoß gegen § 41 hat die **Nichtigkeit des Verschmelzungsbeschlusses** zur Folge und ist innerhalb einer Monatsfrist (§ 14 Abs. 1) klageweise geltend zu machen; andernfalls tritt mit Eintragung ins Handelsregister eine Heilung des Mangels ein (Semler/Stengel/*Ihrig* Rn. 12). 2

Unterrichtung der Gesellschafter

42 Der Verschmelzungsvertrag oder sein Entwurf und der Verschmelzungsbericht sind den Gesellschaftern, die von der Geschäftsführung ausgeschlossen sind, spätestens zusammen mit der Einberufung der Gesellschafterversammlung, die gemäß § 13 Abs. 1 über die Zustimmung zum Verschmelzungsvertrag beschließen soll, zu übersenden.

§ 42 bezweckt den **Schutz der Minderheitsgesellschafter** der an der Verschmelzung beteiligten Personenhandelsgesellschaften durch Gewährleistung frühzeitiger Information über das Verschmelzungsvorhaben. Die Vorschrift konkretisiert das gesetzliche Informations- und Kontrollrecht der oHG-Gesellschafter und Komplementäre (§§ 118, 161 Abs. 2 HGB) und schafft ein selbständiges Auskunftsrecht für Kommanditisten (Semler/Stengel/*Ihrig* Rn. 1). **Weitergehende Informations- und Auskunftsrechte** nach allgemeinen Grundsätzen des Personengesellschaftsrechts bleiben unberührt; die Auslegungs- und Erläuterungspflichten aus §§ 63, 64 sind auf Personenhandelsgesellschaft nicht übertragbar (Widmann/Mayer Rn. 2). 1

Nur diejenigen Anteilsinhaber der beteiligten Personenhandelsgesellschaften, die **von der Geschäftsführung ausgeschlossen** sind und zu deren Gunsten ein Verschmelzungsbericht nach § 41 erforderlich ist, werden von § 42 erfasst. Die Übersendung der Verschmelzungsunterlagen hat an jeden einzelnen der betroffenen Gesellschafter zu erfolgen. Bei einer **obligatorischen Gruppenvertretung** (→ § 41 Rn. 2, → § 43 Rn. 2; GroßkommHGB/*Ulmer* HGB § 119 Rn. 63 ff.) sind die Unterlagen an den bevollmächtigten Gruppenvertreter sowie aufgrund des zwingenden Charakters des UmwG zusätzlich an die vertretenen Gesellschafter zu übersenden (Semler/Stengel/*Ihrig* Rn. 9; aA Lutter UmwG/*H. Schmidt* Rn. 6). Neben dem Verschmelzungsvertrag bzw. dessen endgültigem Entwurf und dem Verschmelzungsbericht sind auch die darin genannten **Anlagen** sowie etwaige **Nebenabreden** zum Verschmelzungsvertrag zu übersenden (allgM, Lutter UmwG/*H. Schmidt* Rn. 5). Der Schutzcharakter der Norm erfordert im Falle einer Verschmelzungsprüfung nach § 44 trotz des scheinbar entgegenstehenden Wortlauts auch die Übersendung eines bereits vorhandenen Prüfungsberichts; gleiches gilt für einen auf Veranlassung der Geschäftsführung erstellten **Prüfungsbericht** (Semler/Stengel/*Ihrig* Rn. 6). Die Gesellschaftergesamtheit oder ein einzelner Gesellschafter können nur **nachträglich** auf die Übersendung **verzichten;** ein entsprechender Gesellschafterbeschluss ist unter ausdrücklichem Verzicht auf eine Übersendung zu fassen (Semler/Stengel/*Ihrig* Rn. 14). Ein vor der Gesellschafterversammlung, die über die Zustimmung zum Verschmelzungsvertrag entscheidet, erklärter Verzicht der Gesellschafter oder eines einzelnen Gesellschafters ist ebenso unbeachtlich wie ein Ausschluss oder eine Einschränkung von Informationsrechten im Gesellschaftsvertrag (hM, Lutter UmwG/*H. Schmidt* Rn. 3). 2

Die Gesellschaft hat den vollständigen Text der erforderlichen Unterlagen in **einfacher Abschrift oder Kopie** auf ihre Kosten an die Gesellschafter zu übersenden bzw. persönlich auszuhändigen. Eine Übersendung per Telefax oder Email (einschränkend Widmann/Mayer Rn. 13 f.) ist idR ausreichend. Die Unterlagen sind spätestens zusammen mit der Einberufung der über die Verschmelzung beschließenden Gesellschafterversammlung zu übersenden. Sowohl für die Einberufung als auch für die Übersendung ist in Anlehnung an § 51 Abs. 1 S. 2 GmbHG eine **Mindestfrist von einer Woche** erforderlich; diese geht einer ggf. im Gesellschaftsvertrag enthaltenen kürzeren Frist vor (KK-UmwG/*Dauner-* 3

Lieb/Tettinger Rn. 11 f.). Andernfalls ist eine Auswertung der Verschmelzungsunterlagen sowie eine Meinungsbildung für die Stimmabgabe bei der Beschlussfassung nicht gewährleistet (BGH 30.3.1987, BGHZ 100, 264 (266) = NJW 1987, 2580). Die Unterlagen sind an die der Gesellschaft **zuletzt bekannte Adresse** des Anteilsinhabers zu übersenden, es sei denn, der Gesellschaft ist bekannt, dass der Gesellschafter nur unter einer anderen Adresse zu erreichen ist (Lutter UmwG/*H. Schmidt* Rn. 9). Die Verschmelzungsunterlagen müssen dem Gesellschafter **nicht zugehen;** das Risiko des Zugangs hat bei ordnungsgemäßer Übersendung durch die Gesellschaft der Anteilsinhaber zu tragen (hM, Semler/Stengel/*Ihrig* Rn. 13; aA Widmann/Mayer Rn. 12).

4 Eine fehlende oder verspätete Übersendung wie auch ein offensichtlich unzureichender Verschmelzungsbericht haben grundsätzlich einen relevanten Beschlussmangel und damit **Nichtigkeit des Verschmelzungsbeschlusses** zur Folge (Lutter UmwG/*H. Schmidt* Rn. 10; Semler/Stengel/*Ihrig* Rn. 15). Mängel des Verschmelzungsbeschlusses sind mittels Klage nach § 14 geltend zu machen. Der Nachweis einer ordnungsgemäßen Übersendung der Unterlagen stellt zwar kein formelles Eintragungshindernis dar; Übersendungsmängel können allerdings für das Vorliegen der **materiellen Eintragungsvoraussetzungen** von Bedeutung und somit Gegenstand der Eintragungsprüfung durch das Registergericht sein (Semler/Stengel/*Ihrig* Rn. 18).

Beschluß der Gesellschafterversammlung

43 (1) **Der Verschmelzungsbeschluß der Gesellschafterversammlung bedarf der Zustimmung aller anwesenden Gesellschafter; ihm müssen auch die nicht erschienenen Gesellschafter zustimmen.**

(2) [1] **Der Gesellschaftsvertrag kann eine Mehrheitsentscheidung der Gesellschafter vorsehen.** [2] **Die Mehrheit muß mindestens drei Viertel der abgegebenen Stimmen betragen.** [3] **Widerspricht ein Anteilsinhaber eines übertragenden Rechtsträgers, der für dessen Verbindlichkeiten persönlich unbeschränkt haftet, der Verschmelzung, so ist ihm in der übernehmenden oder der neuen Personenhandelsgesellschaft die Stellung eines Kommanditisten zu gewähren; das gleiche gilt für einen Anteilsinhaber der übernehmenden Personenhandelsgesellschaft, der für deren Verbindlichkeiten persönlich unbeschränkt haftet, wenn er der Verschmelzung widerspricht.**

I. Zustimmung aller Gesellschafter (Abs. 1)

1 Abs. 1 Hs. 1 sieht für die **zwingende Beschlussfassung in der Gesellschafterversammlung** (§ 13 Abs. 1) der an der Verschmelzung beteiligten Personenhandelsgesellschaft grundsätzlich **Einstimmigkeit** (Beschlussfassung ohne Gegenstimmen, Enthaltungen oder unwirksame Stimmen) voraus. An der Gesellschafterversammlung müssen nicht alle, zumindest aber ein Gesellschafter teilnehmen, sofern der Gesellschaftsvertrag für die Beschlussfähigkeit kein Quorum festlegt (SHS/*Westerburg* Rn. 4). Haben alle erschienenen Gesellschafter der Verschmelzung zugestimmt, ist der Beschluss bis zur Zustimmung der nicht erschienenen Gesellschafter **schwebend unwirksam;** die erschienenen Gesellschafter sind solange an die Zustimmung gebunden (Lutter UmwG/*H. Schmidt* Rn. 10). Ihre notariell zu beurkundende (§ 13 Abs. 3 S. 1) Zustimmung können die nicht erschienenen Gesellschafter außerhalb der Gesellschafterversammlung in Form einer Einwilligung oder Genehmigung erteilen (Abs. 1 Hs. 2) (Widmann/Mayer Rn. 62 ff.). Die **Zustimmung der nicht erschienenen Anteilsinhaber** ist lediglich ein nachträgliches Wirksamkeitserfordernis des Verschmelzungsbeschlusses (Semler/Stengel/*Ihrig* Rn. 20, 23). Erzielt die Gesellschafterversammlung keine Einstimmigkeit, liegt ein ablehnender Beschluss vor; nachträgliche Stimmabgaben bzw. Zustimmungserklärungen erschienener Gesellschafter können nicht berücksichtigt werden (KK-UmwG/*Dauner-Lieb/Tettinger* Rn. 14).

2 Zustimmungsberechtigt sind **sämtliche Gesellschafter** der Personenhandelsgesellschaft, auch die im Stimmrecht eingeschränkten oder vom Stimmrecht ausgeschlossenen Gesellschafter (SHS/*Westerburg* Rn. 5). Die Zustimmung der Komplementär-GmbH einer **personengleichen GmbH & Co. KG** wird hingegen für entbehrlich gehalten (Lutter UmwG/*H Schmidt* Rn. 11). Da eine Umwandlung einen Eingriff in den Kernbereich der Gesellschafterrechte darstellt, schließt sie eine **obligatorische Gruppenvertretung** (GroßkommHGB/*Ulmer* HGB § 119 Rn. 63 ff.) aus (hM, Semler/Stengel/*Ihrig* Rn. 18). Der Verschmelzungsbeschluss bedarf daher auch der Zustimmung der vertretenen Gesellschafter; unberührt bleibt die Möglichkeit einer Bevollmächtigung, sofern dies der Gesellschaftsvertrag vorsieht oder die Mitgesellschafter *ad hoc* zustimmen (Semler/Stengel/*Ihrig* Rn. 13). Vorbehaltlich gesellschaftsvertraglicher Regelungen ist für die **Bevollmächtigung** nach § 167 Abs. 2 BGB keine besondere Form erforderlich (aA Widmann/Mayer Rn. 32).

II. Mehrheitsklauseln und Widerspruchsrecht (Abs. 2)

Abs. 2 S. 1 enthält eine **Öffnungsklausel** für gesellschaftsvertragliche Mehrheitsentscheidungen. 3
Nach der Gesetzesbegründung muss sich die Klausel im Gesellschaftsvertrag **ausdrücklich** auf den Verschmelzungsbeschluss beziehen (RegEBegr, BR-Drs. 75/94, 98); im Hinblick auf den Bestimmtheitsgrundsatz dürfte die Bezugnahme auf Umwandlungen iSv § 1 Abs. 1 idR ausreichend sein (hM, SHS/*Westerburg* Rn. 9). Der BGH wendet bei **Publikumsgesellschaften** oder körperschaftlich strukturierten Personenhandelsgesellschaften den Bestimmtheitsgrundsatz nicht an (BGH 15.11.1982, BGHZ 85, 351 (358 f.) = NJW 1983, 1056), sodass Mehrheitsklauseln, die für Vertragsänderungen im Allgemeinen eine qualifizierte Mehrheit vorsehen, gem. Abs. 2 S. 1 wirksam sind (Lutter UmwG/*H. Schmidt* Rn. 16). Für eine **materielle Beschlusskontrolle** zur Begrenzung der Mehrheitsmacht bleibt idR kein Platz (KK-UmwG/*Dauner-Lieb/Tettinger* Rn. 40).

Gemäß Abs. 2 S. 2 erfordert ein wirksamer Verschmelzungsbeschluss **mindestens eine qualifizierte** 4
Mehrheit von 3/4 der abgegebenen Stimmen. Bei der Berechnung zählen nur Ja- und Nein-Stimmen; Stimmenthaltungen werden vorbehaltlich gesellschaftsvertraglicher Regelungen nicht mitgezählt (Semler/Stengel/*Ihrig* Rn. 29). Sofern der Gesellschaftsvertrag keine Bestimmungen enthält, wird nach Köpfen abgestimmt (§ 119 Abs. 2 HGB), entsprechend der Vertragspraxis bei Personenhandelsgesellschaften wird die Mehrheit idR aber nach der Zahl der Stimmen berechnet (RegEBegr, BR-Drs. 75/94, 98). Abs. 2 S. 2 statuiert lediglich ein **Mindesterfordernis** für die gesellschaftsvertragliche Regelung des Verschmelzungsbeschlusses und eröffnet Gestaltungsspielräume für weitergehende Anforderungen, zB eine Kombination von Mehrheitsbeschluss und Mindestquorum (KK-UmwG/*Dauner-Lieb/Tettinger* Rn. 34 f.). Erfüllt die Mehrheitsklausel die Mindestanforderungen des Abs. 2 S. 2 nicht, scheidet eine geltungserhaltende Reduktion aus (str., SHS/*Westerburg* Rn. 10; aA Kallmeyer/*Zimmermann* Rn. 10); die Folge ist **Nichtigkeit** der Klausel (§ 134 BGB).

Anteilsinhabern, die für Verbindlichkeiten des übertragenden bzw. übernehmenden Rechtsträger 5
persönlich haften, steht nach Abs. 2 S. 3 im Falle eines Mehrheitsbeschluss ein **Widerspruchsrecht** zu. Widerspricht ein persönlich haftender Anteilsinhaber der Verschmelzung, ist ihm im übernehmenden/neuen Rechtsträger die Stellung eines Kommanditisten einzuräumen. Kommanditisten, auch geschäftsführende Kommanditisten oder solche, die ausnahmsweise wegen nicht geleisteter Einlage oder Einlagenrückgewähr persönlich haften, fallen nicht unter Abs. 2 S. 3, sondern werden durch § 40 Abs. 2 geschützt (Semler/Stengel/*Ihrig* Rn. 36). Der persönliche Anwendungsbereich der Norm umfasst aufseiten des übertragenden Rechtsträgers die persönlich haftenden Gesellschafter einer OHG, KG oder KGaA und die Mitglieder einer EWIV, aufseiten des übernehmenden Rechtsträgers die persönlich haftenden Gesellschafter einer OHG oder KG (Lutter UmwG/*H. Schmidt* Rn. 17).

Der Widerspruch ist als **empfangsbedürftige Willenserklärung** gegenüber den vertretungsberech- 6
tigten Gesellschaftern oder dem Leiter der Gesellschafterversammlung zu erklären und bedarf keiner besonderen Form oder Protokollierung (Semler/Stengel/*Ihrig* Rn. 38). Als Widerspruch kann jedes die Verschmelzung ablehnende Verhalten ausgelegt werden, zB ein Widerspruch nach § 29 Abs. 1; eine Enthaltung ist hingegen nicht ausreichend (hM, Lutter UmwG/*H. Schmidt* Rn. 18). Die in der Versammlung anwesenden bzw. ordnungsgemäß geladenen, aber nicht anwesenden Anteilsinhaber haben den Widerspruch spätestens **bis zur Beendigung der Gesellschafterversammlung,** die über die Verschmelzung beschließt, zu erklären (hM, Widmann/Mayer Rn. 135) Fehlt es an einer ordnungsgemäßen Ladung und ist der Gesellschafter nicht anwesend, ist der Widerspruch **unverzüglich nach Kenntnis** des Beschlusses zu erklären, sofern nicht ohnehin ein Beschlussmangel mittels Klage nach § 14 geltend gemacht wird (hM, Semler/Stengel/*Ihrig* Rn. 39, aA KK-UmwG/*Dauner-Lieb/Tettinger* Rn. 48).

Der Verschmelzungsvertrag oder dessen Entwurf sind im Falle eines Widerspruchs entsprechend zu 7
ändern (Kallmeyer/*Zimmermann* Rn. 27); dies ergibt sich für den Anteilsinhaber des übertragenden Rechtsträgers aus § 40 Abs. 1 S. 1 (→ § 40 Rn. 2), für den des übernehmenden Rechtsträgers aus der mit Gewährung der Kommanditistenstellung verbundene Änderung des Gesellschaftsvertrages (Semler/Stengel/*Ihrig* Rn. 41). Über die geänderte Fassung des Verschmelzungsvertrages oder dessen Entwurf ist erneut zu beschließen; uU ist eine Nachtragsbeurkundung erforderlich (hM, Lutter UmwG/*H. Schmidt* Rn. 19). Stimmt kein Anteilsinhaber der unbeschränkt persönlichen Gesellschafterhaftung im übernehmenden/neuen Rechtsträger zu bzw. tritt kein Dritter als Komplementär bei, scheitert die Verschmelzung. Weist ein Verschmelzungsvertrag entgegen Abs. 2 S. 3 Hs. 1 einem widersprechenden Anteilsinhaber die Stellung eines persönlich haftenden Gesellschafters zu, ist der nach § 13 Abs. 1 S. 1 erforderliche Verschmelzungsbeschluss fehlerhaft und damit nichtig bzw. im Fall der KGaA anfechtbar (KK-UmwG/*Dauner-Lieb/Tettinger* Rn. 50).

Prüfung der Verschmelzung

44 **[1] Im Fall des § 43 Abs. 2 ist der Verschmelzungsvertrag oder sein Entwurf für eine Personenhandelsgesellschaft nach den §§ 9 bis 12 zu prüfen, wenn dies einer ihrer Gesellschafter innerhalb einer Frist von einer Woche verlangt, nachdem er die in § 42 genannten Unterlagen erhalten hat. [2] Die Kosten der Prüfung trägt die Gesellschaft.**

1 Aus Gründen des **Minderheitenschutzes** gewährt § 44 den Gesellschaftern das Recht, eine Verschmelzungsprüfung nach den §§ 9–12 zu verlangen, wenn der Gesellschaftsvertrag für die Verschmelzung einer Mehrheitsentscheidung nach § 43 Abs. 2 vorsieht. Nach § 44 besteht für die Personenhandelsgesellschaft **keine generelle Prüfungspflicht.** Die Norm findet Anwendung auf Verschmelzungen zur Aufnahme oder Neugründung unter Beteiligung einer Personenhandelsgesellschaft als übertragender oder übernehmender Rechtsträger (SHS/*Westerburg* Rn. 1). Hat bereits ein anderer Gesellschafter ein Prüfungsverlangen nach § 44 gestellt oder haben die geschäftsführenden Gesellschafter eine **freiwillige Prüfung** nach Maßgabe der §§ 9–12 in Auftrag gegeben, ist damit zugleich einem späteren oder neuen Prüfungsverlangen iSd § 44 entsprochen (Semler/Stengel/*Ihrig* Rn. 16). Die **Kosten** der Prüfung trägt zwingend die Gesellschaft (S. 2).

2 Ein Prüfungsverlangen nach § 44 kann nur gestellt werden, wenn der Gesellschaftsvertrag der Personenhandelsgesellschaft für den Verschmelzungsbeschluss eine **Mehrheitsentscheidung** nach Maßgabe des § 43 Abs. 2 statuiert. Im Falle des § 43 Abs. 1 kann jeder Gesellschafter seine Zustimmung von der Durchführung einer Prüfung abhängig machen; ein Rückgriff auf § 44 ist nicht erforderlich (Kallmeyer/*Lanfermann* Rn. 1). **Antragsberechtigt** ist aufgrund der formalen Anknüpfung der Norm unabhängig von der konkreten gesellschaftsvertraglichen Ausgestaltung jeder Gesellschafter, auch Mehrheits- oder geschäftsführungsbefugte Gesellschafter (KK-UmwG/*Dauner-Lieb/Tettinger* Rn. 9, 15). Die Gesellschaftereigenschaft muss im Zeitpunkt des Prüfungsverlangens bestehen. Wurde das Prüfungsverlangen gestellt, geht die aus ihm erwachsende Rechtsposition auf den Rechtsnachfolger in den Gesellschaftsanteil über (Kallmeyer/*Lanfermann* Rn. 6). § 44 ist **zwingend** und kann im Gesellschaftsvertrag nicht ausgeschlossen werden. Weil ein vor Fassung des Verschmelzungsbeschlusses erfolgender **Verzicht** auf das Recht nach § 44 einem Verzicht auf die Verschmelzungsprüfung selbst gleichkommt, bedarf er der Form der § 12 Abs. 3, § 8 Abs. 3 S. 2. Ein unter ausdrücklichen Verzicht auf § 44 gefasster Verschmelzungsbeschluss bleibt hingegen möglich (Widmann/Mayer Rn. 26).

3 Das Prüfungsverlangen selbst bedarf **keiner besonderen Form** und ist an die Gesellschaft zu richten; hierfür ausreichend aber auch erforderlich ist der Zugang beim Geschäftsführer (§ 125 Abs. 2 S. 3 HGB) oder die Geltendmachung gegenüber dem Versammlungsleiter (*Widmann/Mayer* Rn. 13). Das Prüfungsverlangen muss innerhalb einer **Frist von einer Woche** ab Erhalt der Verschmelzungsunterlagen, kann aber bereits davor gestellt werden (allgM, Semler/Stengel/*Ihrig* Rn. 13). Für den Fristbeginn ist auf den **tatsächlichen und vollständigen Zugang** der in § 42 genannten Unterlagen beim einzelnen Gesellschafter abzustellen; die Frist berechnet sich nach § 187 Abs. 1 BGB, § 188 Abs. 2 BGB, § 193 BGB. Fehlt es am vollständigen Zugang, ist das Prüfungsverlangen nicht fristgebunden und kann uU auch noch in der Gesellschafterversammlung gestellt werden (Lutter UmwG/*H Schmidt* Rn. 9). Sofern die Verschmelzungsunterlagen nicht auch **geschäftsführenden Gesellschaftern** übersandt werden, findet § 44 nicht unmittelbar Anwendung. Für die Berechnung der gleichwohl geltenden Wochenfrist ist daher auf den Zeitpunkt abzustellen, in dem einem geschäftsführenden Gesellschafter die Verschmelzungsunterlagen erstmals vollständig vorliegen (ähnlich Lutter UmwG/*H Schmidt* Rn. 7).

4 Angesichts des Informationszwecks des § 44 darf ein Verschmelzungsbeschluss nicht gefasst werden, bevor der Prüfungsbericht vorliegt (KK-UmwG/*Dauner-Lieb/Tettinger* Rn. 30). Daher darf auch die Gesellschafterversammlung erst einberufen werden, wenn der Prüfungsbericht vorliegt; dieser ist spätestens mit der Einberufung zu übersenden. Erfolgt ein **Prüfungsverlangen nach der Einberufung** und nicht rechtmissbräuchlich, muss die Übersendung des Prüfungsberichts nachgeholt werden; den Gesellschaftern muss dennoch ausreichend Zeit bis zur Beschlussfassung verbleiben, um den Prüfungsbericht auszuwerten. Die Beschlussfassung muss ausgesetzt und die Gesellschafterversammlung vertagt werden, wenn ein Prüfungsverlangen zulässigerweise **erst in der Gesellschafterversammlung** gestellt wird; der Prüfungsbericht ist dann mit erneuter Einberufung der Gesellschafterversammlung zu übersenden (Semler/Stengel/*Ihrig* Rn. 17). Der Prüfungsbericht ist in entsprechende Anwendung des § 42 allen von der Geschäftsführung ausgeschlossenen Gesellschaftern des betroffenen Rechtsträgers zu übermitteln (Lutter UmwG/*H. Schmidt* Rn. 11).

5 Wird die gebotene Prüfung unterlassen oder erfolgt die Beschlussfassung vor rechtzeitiger Übersendung des Prüfungsberichts, stellt dies einen Beschlussmangel dar und hat **Nichtigkeit** des Verschmelzungsbeschlusses zur Folge; idR ist von der Relevanz des Prüfungsergebnisses für das Beschlussergebnis auszugehen (Semler/Stengel/*Ihrig* Rn. 22). Unberührt davon bleibt die Wirksamkeit der Eintragung (§ 20 Abs. 2). Der Gesellschafter, dessen Prüfungsverlangen nach § 44 nicht ordnungsgemäß nach-

gekommen wurde, kann gem. § 14 Abs. 1 eine gegen den Verschmelzungsbeschluss gerichtete **Nichtigkeitsfeststellungsklage** erheben (KK-UmwG/*Dauner-Lieb/Tettinger* Rn. 39).

Zeitliche Begrenzung der Haftung persönlich haftender Gesellschafter

45 (1) **Überträgt eine Personenhandelsgesellschaft ihr Vermögen durch Verschmelzung auf einen Rechtsträger anderer Rechtsform, dessen Anteilsinhaber für die Verbindlichkeiten dieses Rechtsträgers nicht unbeschränkt haften, so haftet ein Gesellschafter der Personenhandelsgesellschaft für ihre Verbindlichkeiten, wenn sie vor Ablauf von fünf Jahren nach der Verschmelzung fällig und daraus Ansprüche gegen ihn in einer in § 197 Abs. 1 Nr. 3 bis 5 des Bürgerlichen Gesetzbuchs bezeichneten Art festgestellt sind oder eine gerichtliche oder behördliche Vollstreckungshandlung vorgenommen oder beantragt wird; bei öffentlich-rechtlichen Verbindlichkeiten genügt der Erlass eines Verwaltungsakts.**

(2) [1] **Die Frist beginnt mit dem Tage, an dem die Eintragung der Verschmelzung in das Register des Sitzes des übernehmenden Rechtsträgers nach § 19 Abs. 3 bekannt gemacht worden ist.** [2] **Die für die Verjährung geltenden §§ 204, 206, 210, 211 und 212 Abs. 2 und 3 des Bürgerlichen Gesetzbuchs sind entsprechend anzuwenden.**

(3) **Einer Feststellung in einer in § 197 Abs. 1 Nr. 3 bis 5 des Bürgerlichen Gesetzbuchs bezeichneten Art bedarf es nicht, soweit der Gesellschafter den Anspruch schriftlich anerkannt hat.**

(4) **Die Absätze 1 bis 3 sind auch anzuwenden, wenn der Gesellschafter in dem Rechtsträger anderer Rechtsform geschäftsführend tätig wird.**

1 Normzweck und Ziel der **Enthaftungsregelung** des § 45 ist es, die Forthaftung eines persönlich haftenden Gesellschafters der übertragenden Personenhandelsgesellschaft nach einer Verschmelzung **zeitlich zu begrenzen** (Lutter UmwG/*H Schmidt* Rn. 3). Der Anteilsinhaber wird einem ausgeschiedenen persönlich haftenden Gesellschafter (§ 160 Abs. 1 HGB) gleichgestellt. § 45 enthält keine Verjährungsregelung, sondern eine **Ausschlussfrist** und begründet eine rechtsvernichtende Einwendung, die im Prozess von Amts wegen zu beachten ist (SHS/*Westerburg* Rn. 20). Die Norm gilt für Verschmelzungen zur Aufnahme oder Neugründung und findet nur Anwendung auf Anteilsinhaber der übertragenden Personenhandelsgesellschaft, die auf einen Rechtsträger anderer Rechtsform verschmolzen wird, dessen Anteilsinhaber für die Verbindlichkeiten dieses Rechtsträgers nicht unbeschränkt haften (Abs. 1 Hs. 1). Als **übertragender Rechtsträger** kommen daher eine OHG, KG – auch Kapitalgesellschaft & Co. KG – sowie EWIV in Betracht, als **übernehmender Rechtsträger** eine AG, GmbH, eG, KG oder KGaA. Um Wertungswidersprüche mit § 160 Abs. 3 HGB zu vermeiden, gilt § 45 trotz seines Wortlauts auch für **Verschmelzungen einer KG auf eine andere KG** (Semler/Stengel/*Ihrig* Rn. 4).

2 § 45 beschränkt den Anwendungsbereich auf persönlich haftende Gesellschafter des übertragenden Rechtsträgers, die aufgrund ihrer gesellschaftsrechtlichen Stellung im übernehmenden/neuen Rechtsträger nicht oder nur eingeschränkt persönlich haften. Für persönlich haftende Gesellschafter des übernehmenden Rechtsträgers gilt hingegen § 160 Abs. 3 HGB. In den Anwendungsbereich einzubeziehen ist auch der **Kommanditist einer übertragenden KG,** der, insbesondere nach § 172 Abs. 4 HGB, den Gläubigern des übertragenden Rechtsträger gegenüber persönlich haftet (allgM, Lutter UmwG/*H. Schmidt* Rn. 12). Auf die Haftung des **Komplementärs einer übertragenden KGaA** ist die Norm analog anzuwenden (hM, Semler/Stengel/*Ihrig* Rn. 5; aA Widmann/Mayer Rn. 12). Die Nachhaftungsbegrenzung gilt auch zugunsten desjenigen, der in dem übernehmenden oder neuen Rechtsträger geschäftsführend tätig wird; § 45 Abs. 4 hat in Hinblick auf § 160 Abs. 3 S. 2 HGB nur klarstellende Bedeutung (KK-UmwG/*Dauner-Lieb/Tettinger* Rn. 13). § 45 erfasst Verbindlichkeiten der übertragenden Personenhandelsgesellschaft, die vor Wirksamwerden der Verschmelzung begründet worden sind (allgM, Widmann/Mayer Rn. 22).

3 Sind die in § 45 geregelten Voraussetzungen für eine Nachhaftung nicht gegeben, tritt die **Enthaftung** des persönlich haftenden Gesellschafters unmittelbar ein; bei mehreren persönlich haftenden Gesellschaftern ist die Enthaftung für jeden getrennt zu prüfen (Lutter UmwG/*H. Schmidt* Rn. 16). Voraussetzung für eine Nachhaftung ist zunächst, dass die **Fälligkeit** der Verbindlichkeit vor Ablauf der Fünfjahresfrist eintritt, gleich ob vor oder nach Wirksamwerden der Verschmelzung (SHS/*Westerburg* Rn. 12). **Fristbeginn** ist gem. Abs. 2 S. 1 der Tag, an dem die Eintragung der Verschmelzung am Sitz des übernehmenden/neuen Rechtsträgers als bekannt gemacht gilt; der Tag der Bekanntmachung wird gem. § 187 Abs. 1 BGB bei Berechnung der Frist nicht mitgerechnet (str., Lutter UmwG/*H. Schmidt* Rn. 26). Das Fristende richtet sich nach § 188 Abs. 2 BGB. Vereinbarungen zwischen übertragendem Rechtsträger und Gläubiger, die den Zeitpunkt der Fälligkeit hinausschieben oder vorverlegen, sind ohne weiteres maßgeblich. Vereinbarungen zwischen übernehmendem/neuem Rechtsträger und Gläubigern nach Wirksamwerden der Verschmelzung wirken hingegen

nur zugunsten des haftenden Gesellschafters (hM, Semler/Stengel/*Ihrig* Rn. 32). Gemäß Abs. 2 S. 2 finden einzelne für die **Hemmung der Verjährungsfristen** geltenden Bestimmungen auf die Ausschlussfrist entsprechende Anwendung.

4 Zur Wahrung der Ausschlussfrist muss der Anspruch des Weiteren nach einer in § 197 Abs. 1 Nr. 3–5 BGB bezeichneten Weise gegen den haftenden Gesellschafter **rechtskräftig festgestellt** werden (Abs. 1 Hs. 1); eine Feststellung gegenüber den an der Verschmelzung beteiligten Rechtsträgern ist nicht ausreichend. Der Vornahme oder Beantragung einer **gerichtlichen oder behördlichen Vollstreckungsmaßnahme** als enthaftungshindernde Maßnahme kommt keine erkennbare selbständige Bedeutung zu (allgM, Lutter UmwG/*H. Schmidt* Rn. 22). Für öffentlich-rechtliche Ansprüche lässt Abs. 1 Hs. 2 den **Erlass eines Verwaltungsaktes** genügen; für die Fristwahrung kommt es auf die Bekanntgabe gegenüber dem Betroffenen an (SHS/*Westerburg* Rn. 15). Nach Abs. 3 bedarf es einer Feststellung nach § 197 Abs. 1 Nr. 3–5 BGB jedoch nicht, wenn der haftende Gesellschafter den fälligen Anspruch vor Ablauf der Fünfjahresfrist schriftlich (§ 126 BGB) anerkennt. Wird der Anspruch erst nach Ablauf der Ausschlussfrist fällig oder das **schriftliche Anerkenntnis** erst nach Ablauf der Ausschlussfrist erteilt, hat dies zwar keine Auswirkung auf die Enthaftung, kann aber als konstitutives Schuldanerkenntnis eine neue Verbindlichkeit des Gesellschafters begründen (Semler/Stengel/*Ihrig* Rn. 52).

5 Wahrt der Gläubiger die Ausschlussfrist, dauert die Haftung des Gesellschafters an; für den Anspruch des Gläubigers gilt die allgemeine **Verjährungsfrist** nach § 197 Abs. 1 BGB von 30 Jahre (Lutter UmwG/*H. Schmidt* Rn. 30). Dem von mehreren persönlich haftenden Gesellschaftern in Anspruch genommenen Gesellschafter steht einerseits gegen den übernehmenden/neuen Rechtsträger ein **Regressanspruch** aus § 670 BGB; zudem geht der Anspruch gegen die Gesellschaft im Wege der *cessio legis* (§ 426 Abs. 2 BGB) auf den Gesellschafter über (Widmann/Mayer Rn. 153); andererseits kann gegen einen ebenfalls persönlich haftenden Mitgesellschafter des übertragenden Rechtsträgers ein Ausgleichanspruch nach § 426 Abs. 1 BGB geltend gemacht werden, sofern in dessen Person keine Enthaftung nach § 45 eingetreten ist (Semler/Stengel/*Ihrig* Rn. 58 f.).

Zweiter Unterabschnitt. Verschmelzung unter Beteiligung von Partnerschaftsgesellschaften

Möglichkeit der Verschmelzung

45a [1] **Eine Verschmelzung auf eine Partnerschaftsgesellschaft ist nur möglich, wenn im Zeitpunkt ihres Wirksamwerdens alle Anteilsinhaber übertragender Rechtsträger natürliche Personen sind, die einen Freien Beruf ausüben (§ 1 Abs. 1 und 2 des Partnerschaftsgesellschaftsgesetzes).** [2] **§ 1 Abs. 3 des Partnerschaftsgesellschaftsgesetzes bleibt unberührt.**

1 Die Partnerschaftsgesellschaft wird in §§ 45a–45e der Personenhandelsgesellschaft weitgehend gleichgestellt, sofern sich nichts Abweichendes aus dem besonderen Charakter als Berufsausübungsgesellschaft ergibt (SHS/*Westerburg* §§ 45a–45e Rn. 2). § 45a schränkt die Verschmelzungsfähigkeit von Partnerschaftsgesellschaften als übernehmendem Rechtsträger (§ 3 Abs. 1 Nr. 1) ein und stellt in S. 2 klar, dass die **Einschränkungen des Berufsrechts** weiterhin zu beachten sind (sog. Berufsrechtsvorbehalt, SHS/*Westerburg* §§ 45a–45e Rn. 6). Die Vorschrift findet auf Verschmelzungen zur Aufnahme oder Neugründung unter Beteiligung einer **Partnerschaftsgesellschaft als übernehmendem/neuem Rechtsträger** Anwendung; für die Verschmelzung zur Neugründung gilt zudem § 36 Abs. 2 (KK-UmwG/*Dauner-Lieb/Tettinger* Rn. 2).

2 Auf eine übernehmende/neue Partnerschaftsgesellschaft können nach S. 1 nur solche übertragende Rechtsträger verschmolzen werden, deren Anteilsinhaber allesamt natürliche Personen sind, die einen Freien Beruf ausüben. Die Gesellschaft bürgerlichen Rechts gehört nach § 3 nicht zu den verschmelzungsfähigen Rechtsträgern (→ § 3 Rn. 6), sodass eine als GbR organisierte **Sozietät aus Freiberuflern nicht verschmelzungsfähig** ist (Lutter UmwG/*H. Schmidt* Rn. 6). Ein Katalogberuf des § 1 Abs. 2 S. 2 PartGG erfüllt stets die Voraussetzungen des Freien Berufes, sofern er selbständig ausgeübt wird (Semler/Stengel/*Ihrig* Rn. 6). Gemäß § 36 Abs. 2 findet bei der Verschmelzung zur Neugründung § 1 Abs. 1 S. 1 PartGG Anwendung, sodass eine Beteiligung an einer Verschmelzung nur in Betracht kommt, wenn alle Anteilsinhaber in der neuen Gesellschaft aktiv den freien Beruf ausüben (MüKoBGB/*Schäfer* PartGG § 1 Rn. 11). Bei der Verschmelzung zur Aufnahme ist vorbehaltlich § 9 Abs. 3 PartGG dagegen vorrangig auf die bestehende Beteiligung und den sich daraus ergebenden Bestandsschutz statt auf die aktive Berufsausübung abzustellen (Semler/Stengel/*Ihrig* Rn. 7 ff.). **Maßgeblicher Zeitpunkt** für das Vorliegen der Voraussetzungen des § 45a ist das Wirksamwerden der Verschmelzung und damit die **Eintragung der Verschmelzung** in das Partnerschaftsregister des übernehmenden/neuen Rechtsträgers (SHS/*Westerburg* §§ 45a-45e Rn. 7; Semler/Stengel/*Ihrig* Rn. 10).

3 Verschmelzungsbeschluss und -vertrag sind mit einem Mangel behaftet, sofern die Voraussetzungen nach § 45a im Zeitpunkt des Vertragsschlusses oder Beschlusses nicht für alle Anteilsinhaber des

übertragenden Rechtsträgers vorliegen, aber nicht nichtig (Widmann/Mayer Rn. 71; aA Lutter UmwG/*H. Schmidt* Rn. 18). Ist der **Mangel der Verschmelzung** im Zeitpunkt der Eintragung im Register des übernehmenden/neuen Rechtsträgers noch nicht behoben, besteht ein Eintragungshindernis (Kallmeyer/*Kocher* Rn. 8). Verstöße gegen berufsrechtliche Regelungen stellen jedenfalls ein Eintragungshindernis dar; im Falle eines Verbotsgesetzes ist Nichtigkeit die Folge (Semler/Stengel/*Ihrig* Rn. 22). Die **Anmeldung** der Verschmelzung richtet sich grundsätzlich nach der allgemeinen Vorschrift des § 16. Die Anmeldung einer Verschmelzung zur Neugründung hat gem. § 36 Abs. 2 die nach § 3 Abs. 2 PartGG **notwendigen Angaben** zu enthalten; der Verschmelzungsvertrag ist zwingend beizufügen (§ 45b Abs. 1). Gemäß § 17 Abs. 1 genügt im Falle einer Verschmelzung zur Aufnahme hingegen die Einreichung des Verschmelzungsvertrags (str., KK-UmwG/*Dauner-Lieb/Tettinger* Rn. 17).

Inhalt des Verschmelzungsvertrages

45b (1) **Der Verschmelzungsvertrag oder sein Entwurf hat zusätzlich für jeden Anteilsinhaber eines übertragenden Rechtsträgers den Namen und den Vornamen sowie den in der übernehmenden Partnerschaftsgesellschaft ausgeübten Beruf und den Wohnort jedes Partners zu enthalten.**

(2) **§ 35 ist nicht anzuwenden.**

1 Abs. 1 gewährleistet die Mitteilung der nach § 3 Abs. 2 Nr. 2 PartGG **erforderlichen Pflichtangaben** im Verschmelzungsvertrag und erweitert so § 5 Abs. 1. Bei der Verschmelzung zur Neugründung ergibt sich dieses Erfordernis bereits aus § 36 Abs. 2, sodass § 45b Abs. 1 nur bei der Verschmelzung zur Aufnahme unter Beteiligung einer Partnerschaftsgesellschaft als übernehmendem Rechtsträger Bedeutung erlangt (KK-UmwG/*Dauner-Lieb/Tettinger* Rn. 2). Zur Klärung der Identität sämtlicher Anteilsinhaber des übertragenden Rechtsträgers ist daher im Verschmelzungsvertrag oder dessen Entwurf die Angabe von Name und Vorname sowie des Wohnortes eines jeden Partners erforderlich; eine konkrete Anschrift ist nicht anzugeben (Semler/Stengel/*Ihrig* Rn. 7 f.). Der in der übernehmenden Partnerschaftsgesellschaft ausgeübte Beruf muss ein **Freier Beruf** iSd § 1 Abs. 2 PartGG sein (Lutter UmwG/*H. Schmidt* Rn. 3). Änderungen des Namens oder des Wohnortes nach Abschluss des Verschmelzungsvertrages oder dem Verschmelzungsbeschluss sind unschädlich (KK-UmwG/*Dauner-Lieb/Tettinger* Rn. 4).

2 Unvereinbar mit Sinn und Zweck von § 45b Abs. 1 und § 3 Abs. 2 PartGG wäre es, **§ 35** auf Aktionäre einer übertragenden AG oder KGaA anzuwenden (Semler/Stengel/*Ihrig* Rn. 10). Abs. 2 schließt die Anwendbarkeit von § 35 daher aus.

Verschmelzungsbericht und Unterrichtung der Partner

45c **[1] Ein Verschmelzungsbericht ist für eine an der Verschmelzung beteiligte Partnerschaftsgesellschaft nur erforderlich, wenn ein Partner gemäß § 6 Abs. 2 des Partnerschaftsgesellschaftsgesetzes von der Geschäftsführung ausgeschlossen ist. [2] Von der Geschäftsführung ausgeschlossene Partner sind entsprechend § 42 zu unterrichten.**

1 § 45c findet auf jede an einer Verschmelzung beteiligte Partnerschaftsgesellschaft Anwendung (Widmann/Mayer Rn. 2). Die Norm fasst die für Personenhandelsgesellschaften in §§ 41, 42 enthaltenen Bestimmungen für die Partnerschaftsgesellschaft zusammen. Eine von § 41 abweichende Formulierung ist erforderlich, weil in einer Partnerschaftsgesellschaft die Geschäftsführungsbefugnis für die freiberuflichen Geschäfte unabdingbar ist und § 6 Abs. 2 PartGG lediglich einen Ausschluss von der **Führung sonstiger Geschäfte** zulässt (MüKoBGB/*Schäfer* PartGG § 6 Rn. 13). Ein Ausschluss nach § 6 Abs. 2 PartGG reicht nach S. 1 jedoch aus, um ein durch den Verschmelzungsbericht abzudeckendes **Informationsbedürfnis** der betroffenen Partner auszulösen und eine Unterrichtung nach § 42 erforderlich zu machen (S. 2; KK-UmwG/*Dauner-Lieb/Tettinger* Rn. 1). Im Übrigen kann auf die Kommentierung zu §§ 41, 42 verwiesen werden.

Beschluß der Gesellschafterversammlung

45d (1) **Der Verschmelzungsbeschluß der Gesellschafterversammlung bedarf der Zustimmung aller anwesenden Partner; ihm müssen auch die nicht erschienenen Partner zustimmen.**

(2) **[1] Der Partnerschaftsvertrag kann eine Mehrheitsentscheidung der Partner vorsehen. [2] Die Mehrheit muß mindestens drei Viertel der abgegebenen Stimmen betragen.**

1 Die Norm gilt für Verschmelzungen, an denen eine Partnerschaftsgesellschaft als übertragender oder übernehmender Rechtsträger beteiligt ist (Semler/Stengel/*Ihrig* Rn. 4); sie dient dem Minderheitenschutz. § 45d entspricht im Wesentlichen § 43 Abs. 1, Abs. 2 S. 1 und 2; lediglich ein Widerspruchsrecht entsprechend § 43 Abs. 2 S. 3 steht den Partnern nicht zu. Die Partnerschaftsgesellschaft kennt keine dem Kommanditisten vergleichbare Stellung, sodass dem Minderheitenschutz durch das Austrittrecht nach § 29 und das Veräußerungsrecht nach § 33 genüge getan ist (KK-UmwG/*Dauner-Lieb/Tettinger* Rn. 2). Im Übrigen wird auf die Kommentierung zu § 43 Abs. 1, Abs. 2 S. 1 und 2 verwiesen.

Anzuwendende Vorschriften

45e **[1]Die §§ 39 und 45 sind entsprechend anzuwenden. [2]In den Fällen des § 45d Abs. 2 ist auch § 44 entsprechend anzuwenden.**

1 Nach S. 1 ist § 39 für die **aufgelöste Partnerschaftsgesellschaft** als übertragenden Rechtsträger maßgeblich. Die Verschmelzungsfähigkeit der aufgelösten Partnerschaftsgesellschaft ist demnach ausgeschlossen, wenn die Partner eine andere Art der Auseinandersetzung als die Abwicklung oder die Verschmelzung vereinbart haben. Die Vorschriften über die Auflösung der Gesellschaft und das Ausscheiden von Gesellschaftern (§§ 131 ff. HGB) sowie über die Liquidation der Gesellschaft (§§ 145 ff. HGB) finden nach § 9 Abs. 1 PartGG bzw. § 10 Abs. 1 PartGG entsprechende Anwendung. Der Verlust der Berufszulassung führt gem. § 9 Abs. 3 PartGG zum automatischen Ausscheiden des betroffenen Partners, nicht hingegen zur Auflösung der Partnerschaft (Semler/Stengel/*Ihrig* Rn. 8). Die Verschmelzung als solche hat keinen Einfluss auf die grundsätzlich unbeschränkt persönliche Haftung der Partner nach § 8 Abs. 1 PartGG. Bei der Verschmelzung einer Partnerschaftsgesellschaft als übertragendem Rechtsträger auf einen Rechtsträger anderer Rechtsform, dessen Anteilsinhaber nicht persönlich haften, besteht daher ein Bedürfnis für die entsprechende Anwendung der **Nachhaftungsregelung des § 45** (Kallmeyer/*Kocher* Rn. 2). § 45 geht als *lex specialis* der nahezu inhaltsgleichen Vorschrift des § 10 Abs. 2 PartGG iVm § 160 HGB vor (SHS/*Westerburg* §§ 45a–45e Rn. 14) und findet auch bei einer Haftungskonzentration (§ 8 Abs. 2 PartGG) oder einer summenmäßig beschränkten Haftung (§ 8 Abs. 3 PartGG) entsprechende Anwendung (Semler/Stengel/*Ihrig* Rn. 11).

2 Gestattet der Partnerschaftsvertrag eine Umwandlung durch Mehrheitsbeschluss (§ 45d Abs. 2), kann jeder Partner entsprechend § 44 auf Kosten der Partnerschaft eine **Prüfung des Verschmelzungsvertrages** oder dessen Entwurfs nach §§ 9–12 verlangen (S. 2). Im Übrigen wird auf die Kommentierung zu §§ 39, 45 und 44 verwiesen.

Zweiter Abschnitt. Verschmelzung unter Beteiligung von Gesellschaften mit beschränkter Haftung

Erster Unterabschnitt. Verschmelzung durch Aufnahme

Inhalt des Verschmelzungsvertrags

46 (1) **[1]Der Verschmelzungsvertrag oder sein Entwurf hat zusätzlich für jeden Anteilsinhaber eines übertragenden Rechtsträgers den Nennbetrag des Geschäftsanteils zu bestimmen, den die übernehmende Gesellschaft mit beschränkter Haftung ihm zu gewähren hat. [2]Der Nennbetrag kann abweichend von dem Betrag festgesetzt werden, der auf die Aktien einer übertragenden Aktiengesellschaft oder Kommanditgesellschaft auf Aktien als anteiliger Betrag ihres Grundkapitals entfällt. [3]Er muss auf volle Euro lauten.**

(2) **Sollen die zu gewährenden Geschäftsanteile im Wege der Kapitalerhöhung geschaffen und mit anderen Rechten und Pflichten als sonstige Geschäftsanteile der übernehmenden Gesellschaft mit beschränkter Haftung ausgestattet werden, so sind auch die Abweichungen im Verschmelzungsvertrag oder in seinem Entwurf festzusetzen.**

(3) **Sollen Anteilsinhaber eines übertragenden Rechtsträgers schon vorhandene Geschäftsanteile der übernehmenden Gesellschaft erhalten, so müssen die Anteilsinhaber und die Nennbeträge der Geschäftsanteile, die sie erhalten sollen, im Verschmelzungsvertrag oder in seinem Entwurf besonders bestimmt werden.**

Übersicht

I. Allgemeines

Fungiert bei der Verschmelzung durch „*Auf*nahme" eine GmbH als „*über*nehmende" Gesellschaft, so ergänzt § 46 als **Spezialregelung** die allgemeine Vorschrift des § 5 und **erweitert den notwendigen Mindestinhalt des Verschmelzungsvertrags.** § 46 Abs. 1 S. 1 sowie Abs. 2 und 3 schreiben – synonym „bestimmen" und „festsetzen" verwendend – vor, dass entsprechende vertragliche Vereinbarungen zu treffen und somit notariell zu beurkunden sind. 1

Erst durch die Beurkundung verwirklicht sich die Zielsetzung des Gesetzgebers mit Blick auf Abs. 1 S. 1 und Abs. 3, nämlich jedem Anteilsinhaber des übertragenden Rechtsträgers nach erfolgter Verschmelzung den **Nachweis der Beteiligung an der übernehmenden GmbH** zu erleichtern (vgl. Begr. RegE zu § 77c GmbHG 1980, BT-Drs. 8/1347, 50), zumal für die Aufnahme durch eine GmbH eine § 71 entsprechende Vorschrift fehlt (vgl. KK-UmwG/*Simon/Nießen* Rn. 2; Semler/Stengel/*Reichert* Rn. 2). Mit Abs. 2 dürfte vor allem **Schutz vor übereiltem Vertragsschluss** bei ungleichmäßiger Ausstattung der Geschäftsanteile beabsichtigt sein (Semler/Stengel/*Reichert* Rn. 1 mwN). § 46 Abs. 1 enthält in S. 2 klarstellende Bestimmungen (vgl. Lutter UmwG/*M. Winter/J. Vetter* Rn. 29) hinsichtlich der Vertragsfreiheit und in S. 3 hinsichtlich deren Grenzen bei der Festsetzung des Nennbetrags (so auch KK-UmwG/*Simon/Nießen* Rn. 17). Bei Verstößen gegen die zwingenden Vorschriften gem. § 46 darf das Registergericht die Verschmelzung nicht eintragen (vgl. Semler/Stengel/*Reichert* Rn. 1; KK-UmwG/*Simon/Nießen* Rn. 1). 2

II. Nennbeträge zu gewährender neuer GmbH-Anteile (Abs. 1 S. 1 und 3)

Die Worte „zu gewähren hat" beschreiben mittelbar den **Anwendungsbereich** von § 46 Abs. 1 S. 1 und besagen, dass es keiner entsprechenden vertraglichen Bestimmung bedarf, wenn keine Anteilsgewährungspflicht besteht, etwa bei entsprechendem Verzicht gem. § 54 Abs. 1 S. 3. Aus § 46 Abs. 3 folgt im Umkehrschluss, dass § 46 Abs. 1 S. 1 sich auf die Gewährung von durch Kapitalerhöhung geschaffenen Geschäftsanteilen beschränkt, jedoch – soweit keine verschmelzungsbedingte Kapitalerhöhung erfolgt – nicht etwa durch § 54 Abs. 1 verdrängt wird (so aber Widmann/Mayer/*Mayer* Rn. 6), sondern durch § 46 Abs. 3. Dass eine etwaige Kapitalerhöhung im Verschmelzungsvertrag außer in den Fällen gem. § 46 Abs. 2 ausdrücklich zu erwähnen wäre, ergibt sich weder aus § 46 Abs. 1 S. 1 noch aus dem Gesetzeszweck, weil die im Fall von § 46 Abs. 3 ausdrücklich vertraglich zu treffenden Festsetzungen im Umkehrschluss die Zuordnung der durch Kapitalerhöhung neu geschaffenen GmbH-Anteile auf die Anteilsinhaber ermöglichen (so auch Kallmeyer/*Kocher* Rn. 3; Semler/Stengel/*Reichert* Rn. 16; SHS/*Westerburg* Rn. 4; *Streck/Mack/Schwedhelm* GmbHR 1995, 161 (163); aA OLG Hamm 6.12.2001, DB 2002, 1314; Widmann/Mayer/*Mayer* Rn. 23.1 und Lutter UmwG/*M. Winter/J. Vetter* Rn. 47 je mwN). 3

§ 46 Abs. 1 S. 1 ist eine Sondervorschrift zu § 5 Abs. 1 Nr. 3. Die Worte „für jeden Anteilsinhaber" erfordern nach allgM **grundsätzlich** eine **namentliche Zuordnung** der zu gewährenden Anteile (vgl. Widmann/Mayer/*Mayer* Rn. 9 und Semler/Stengel/*Reichert* Rn. 2 je mwN), ohne dass der Gesetzeswortlaut ein „Prinzip der namentlichen Zuordnung" (so Widmann/Mayer/*Mayer* Rn. 9.1) stützt. Soweit AG oder KGaA übertragende Rechtsträger und zudem (Kommandit-)Aktionäre unbekannt sind, erleichtert § 35 die Zuordnung der Anteile. Da § 46 Abs. 1 S. 1 jedoch nicht ausdrücklich eine namentliche Zuordnung fordert, dürfte es in Fällen, in denen bei einer übertragenden Personengesellschaft oder GmbH Anteile zwar nicht namentlich, wohl aber anderweitig zugeordnet werden können, an der für eine analoge Anwendung von § 35 (dafür: Widmann/Mayer/*Mayer* Rn. 9; Semler/Stengel/*Reichert* Rn. 2) erforderlichen Regelungslücke fehlen. Auch etwaige zwischen Vertragsabschluss und Handelsregistereintragung erfolgende Änderungen im Kreis der Anteilsinhaber einer übertragenden Rechtsträgerin verstoßen nicht gegen § 46 Abs. 1 S. 1 (so auch Semler/Stengel/*Reichert* Rn. 5 und KK-UmwG/*Simon/Nießen* Rn. 15 je mwN), weil die bezweckte Identifizierung der Anteilsinhaber der übernehmenden GmbH bei inzwischen neu hinzugetretenen Anteilsinhabern ergänzend zum Verschmelzungsvertrag, zB durch Vorlage der Geschäftsanteilskaufverträge, erfolgen kann (vgl. KK-UmwG/*Simon/Nießen* Rn. 13). Die Geschäftsführer der übernehmenden Gesellschaft müssen allerdings gem. § 40 Abs. 1 S. 1 GmbHG wie bei zwischenzeitlichen Veräußerungen die zum Handelsregister einzureichende Gesellschafterliste unverzüglich berichtigen (vgl. Semler/Stengel/*Reichert* Rn. 5; SHS/*Westerburg* Rn. 9). Aus den Worten „für jeden Anteilsinhaber" kann bei der Verschmelzung mehrerer Rechtsträger auf eine GmbH nicht gefolgert werden, dass für jede untergehende Beteiligung an dem 4 übertragenen Rechtsträger ein gesonderter Geschäftsanteil an der übernehmenden GmbH gewährt werden muss (so die hM im Schrifttum; vgl. Widmann/Mayer/*Mayer* Rn. 9; Semler/Stengel/*Reichert* Rn. 3 jew. mwN; aA OLG Frankfurt a. M. 10.3.1998, ZIP 1998, 1191 (1192); LG Frankfurt a. M. 15.2.2005, GmbHR 2005, 940).

5 Die Worte „eines übertragenden Rechtsträgers" einerseits und „die übernehmende Gesellschaft mit beschränkter Haftung" andererseits verdeutlichen, dass die §§ 46 ff. Sondervorschriften für solche Fälle beinhalten, bei denen der zu verschmelzende **Rechtsträger** jede umwandlungsfähige **Rechtsform** haben kann und die Zielgesellschaft eine GmbH sein muss. Da die UG (haftungsbeschränkt) nur eine Gründungsvariante der GmbH ist, deren Ziel darin besteht, sich durch Kapitalerhöhung in eine GmbH zu wandeln (so auch *Bormann* GmbHR 2007, 897 (899); *Seibert* GmbHR 2007, 673 (675); *Heckschen,* Das MoMiG in der notariellen Praxis, 2009, Rn. 242 *Heinemann* NZG 2008, 821), dürfte es den Zielsetzungen des Gesetzgebers des MoMiG widersprechen, Rechtsträger auf eine UG (haftungsbeschränkt) zu verschmelzen (aA *Mayer/Weiler* DB 2007, 1235 (1239); *Veil* GmbHR 2007, 1080 (1084); *Freitag/Riemenschneider* ZIP 2007, 1485 (1491)). Die Vor-GmbH kann bei der Verschmelzung durch Aufnahme weder übertragende noch übernehmende Rechtsträgerin sein (vgl. Widmann/Mayer/*Mayer* Vor § 46 Rn. 83), wohl aber gem. § 3 Abs. 3 die aufgelöste GmbH, wobei für ihre Funktion als übernehmende Rechtsträgerin ein ausdrücklicher Fortsetzungsbeschluss erforderlich ist (vgl. Widmann/Mayer/*Mayer* Vor § 46 Rn. 84, 85).

6 Vertraglich zu bestimmen ist der **„Nennbetrag"** des zu gewährenden Anteils, sodass die Angabe des Umtauschverhältnisses (§ 5 Abs. 1 Nr. 3) nicht ausreicht (vgl. SHS/*Westerburg* Rn. 3). Dieser Nennbetrag bemisst sich maßgeblich anhand des Verhältnisses der Unternehmenswerte von übertragendem und übernehmendem Rechtsträger sowie unter Berücksichtigung des Gleichbehandlungsgrundsatzes (vgl. SHS/*Westerburg* Rn. 5, 6). Das Verhältnis zwischen zu gewährenden Geschäftsanteilen und allen Geschäftsanteilen der übernehmenden GmbH muss dem Verhältnis zwischen der Summe der eingebrachten Vermögen und dem Gesamtvermögen der GmbH nach der Verschmelzung entsprechen (vgl. SHS/*Westerburg* Rn. 5), da ein Ausgleich durch bare Zuzahlungen gem. § 54 Abs. 4 nur in beschränktem Umfang möglich ist. Bei der Verteilung auf mehrere Anteilsinhaber der übertragenden Rechtsträger ist sowohl deren Verhältnis untereinander als auch das Verhältnis zwischen den Gesellschaftern der übernehmenden GmbH und den Anteilsinhabern der übertragenen Rechtsträger zu berücksichtigen, sofern keine nichtverhältniswahrende Verschmelzung vereinbart wurde (vgl. SHS/*Westerburg* Rn. 6). Der Nennbetrag eines zu gewährenden GmbH-Geschäftsanteils beläuft sich nach dem durch das MoMiG neu gefassten § 46 Abs. 1 S. 3 auf mindestens 1,– EUR, sodass GmbH-Geschäftsanteil und Nennbetragsaktien iSv § 8 Abs. 2 S. 1 AktG insoweit gleichgestellt werden (vgl. *Wälzholz* GmbHR 2008, 844 mwN). Inhaber sog. Zwerganteile müssen seither wohl kaum damit rechnen, iRd Verschmelzung auszuscheiden (so auch Widmann/Mayer/*Mayer* Rn. 20; KK-UmwG/*Simon/Nießen* Rn. 18). Auch sog. Anteilsspitzen lassen sich leichter vermeiden.

7 Wenngleich selbst nach Änderung von § 5 Abs. 2 S. 2 GmbHG durch das MoMiG die Worte **„des Geschäftsanteils"** beibehalten wurden und somit grammatisch keine Mehrzahl von Anteilen beschrieben wird, so können nach hM im Schrifttum gleichwohl einem einzelnen Gesellschafter mehrere Geschäftsanteile gewährt werden (vgl. Widmann/Mayer/*Mayer* Rn. 9 und KK-UmwG/*Simon/Nießen* Rn. 11 je mwN). Über die vorgenannten Zwecke von § 46 Abs. 1 S. 1 hinaus wird die Vertragsfreiheit der Beteiligten insofern nicht eingeschränkt (so auch KK-UmwG/*Simon/Nießen* Rn. 9), sodass mit Zustimmung des jeweils betroffenen Anteilsinhabers die **vom gesetzlichen Regelfall abweichende Anteilsgewährung zulässig** ist, und zwar sowohl iSe Stückelung als auch einer Zusammenlegung von Anteilen als auch einer Erhöhung des Nennbetrags eines bereits bestehenden und dem Anteilsinhaber einer übertragenden Rechtsträgerin zustehenden Geschäftsanteils an der übernehmenden GmbH (sog. Nennwertaufstockung; vgl. Widmann/Mayer/*Mayer* Rn. 12 und KK-UmwG/*Simon/Nießen* Rn. 10 mwN). Dem Inhaber mehrerer Anteile eines übertragenden Rechtsträgers ist im Regelfall eine entsprechende Anzahl von Anteilen an der übernehmenden GmbH zu gewähren – es sei denn, er verzichtet auf diesen Vorteil (vgl. Semler/Stengel/*Reichert* Rn. 9; *Streck/Mack/Schwedhelm* GmbHR 1995, 161 (163)). Im Übrigen kann das Vermögen mehrerer übertragender Rechtsträger, die sich in der Hand eines Inhabers befinden, nach hM im Schrifttum (vgl. Widmann/Mayer/*Meyer* Rn. 9.1 und Semler/Stengel/*Reichert* Rn. 3 mwN) – entgegen der Rspr. des OLG Frankfurt a. M. (OLG Frankfurt a. M. 10.3.1998, ZIP 1998, 1191) – in einem Anteil vereinigt und saldiert werden, sodass auch eine vermögenslose oder bilanziell überschuldete Rechtsträgerin bei Anteilsinhaberidentität und positivem Saldo an einer Mehrfachverschmelzung beteiligt werden kann. Alle betroffenen Anteilsinhaber der übertragenen Rechtsträger müssen der Zuweisung eines einheitlichen Geschäftsanteils iRe einheitlichen Kapitalerhöhungsvorgangs zustimmen (vgl. Widmann/Mayer/*Mayer* Rn. 9.2; Semler/Stengel/*Reichert* Rn. 3).

III. Sondervorschrift für übertragende AG/KGaA (Abs. 1 S. 2)

8 Nach der im Hinblick auf die Zulassung nennwertloser Aktien durch das Stückaktiengesetz eingeführten Sonderregelung für die Verschmelzung von AG und KGaA auf eine GmbH (vgl. Begr. RegE BR-Drs. 871/97, 46; BT-Drs. 13/9573, 19) können die Vertragsparteien des Verschmelzungsvertrags den Nennbetrag der den (Kommandit-)Aktionären zu gewährenden GmbH-Anteile **abweichend vom Grundsatz der Nennbetragsäquivalenz festsetzen.** Es handelt sich insofern nicht um eine Ausnahmevorschrift, sondern um eine ausdrückliche Klarstellung des Grundsatzes der Vertragsfreiheit. Daher kann aus § 46 Abs. 1 S. 2 nicht im Umkehrschluss gefolgert werden, dass die Parteien des Verschmelzungsvertrags in den übrigen Konstellationen der Verschmelzung durch Aufnahme nicht weitgehend frei seien, den Nennbetrag der verschmelzungsbedingt zu gewährenden GmbH-Anteile zu bestimmen (vgl. Semler/Stengel/*Reichert* Rn. 10; KK-UmwG/*Simon/Nießen* Rn. 21), denn die Vertragsfreiheit beschränkende Gesetze müssten klarer gefasst sein. Da die Anteilsinhaber nicht Parteien des Verschmelzungsvertrags sind, ist gem. § 51 Abs. 2 die Zustimmung der (Kommandit-)Aktionäre erforderlich, wenn die vertragliche Festsetzung des Nennbetrags dafür ursächlich ist, dass jene sich nicht mit ihrem gesamten Anteil an der übernehmenden GmbH beteiligen können (vgl. Semler/Stengel/*Reichert* Rn. 13; KK-UmwG/*Simon/Nießen* Rn. 17 mwN). Davon zu unterscheiden ist der nicht zustimmungsbedürftige Fall, dass eine solche Beteiligung der (Kommandit-)Aktionäre an der übernehmenden GmbH nur wegen der gesetzlichen Vorgaben von § 46 Abs. 1 S. 3 nicht möglich ist (vgl. Widmann/Mayer/*Mayer* Rn. 18.1; Semler/Stengel/*Reichert* Rn. 13). Zwar können die (Kommandit-)Aktionäre eine Zusammenlegung ihrer Anteilsspitzen vereinbaren und gem. § 18 GmbHG einen ungeteilten Geschäftsanteil miteinander halten. Da sie jedoch nicht Parteien des Verschmelzungsvertrags, sondern insofern Dritte sind, kann eine solche Lösung zu ihren Lasten nicht ohne ihre Zustimmung angeordnet werden (vgl. Kallmeyer/*Kocher* Rn. 8; KK-UmwG/*Simon/Nießen* Rn. 20; aA *Schöne,* Die Spaltung unter Beteiligung von GmbH gem. §§ 123 ff. UmwG, 1998, 143; Lutter UmwG/*M. Winter/J. Vetter* § 54 Rn. 136). Aus der Treuepflicht kann sich in solchen Fällen aber eine Pflicht zum Ausscheiden gegen Abfindung gem. § 29 ergeben (vgl. Widmann/Mayer/*Mayer* Rn. 20 mwN).

IV. Bestehende Sonderrechte und -pflichten bei Kapitalerhöhung (Abs. 2)

9 Nach dem Gesetzeswortlaut gehört es nur **in dem Sonderfall** gem. § 46 Abs. 2 zum notwendigen Inhalt des Verschmelzungsvertrags, eine **Kapitalerhöhung** zur Schaffung neuer Geschäftsanteile **zu erwähnen** (so auch Semler/Stengel/*Reichert* Rn. 16; *Streck/Mack/Schwedhelm* GmbHR 1995, 163; aA OLG Hamm 6.12.2001, DB 2002, 1314; Lutter UmwG/*M. Winter/J. Vetter* Rn. 48; Widmann/Mayer/*Mayer* Rn. 23.1 mwN).

10 § 46 Abs. 2 **bezweckt** im Wesentlichen, dem betreffenden Anteilsinhaber nach erfolgter Verschmelzung den **Nachweis** seiner Sonderrechte, zB Ernennungs- oder Entsendungsrechte für die Besetzung von Gesellschaftsorganen, Bevorzugungen oder Benachteiligungen hinsichtlich der Dividendenausschüttung (dazu Scholz/*Emmerich* GmbHG § 29 Rn. 30), Veränderungen des Stimmrechts (dazu *Schäfer,* Der stimmrechtslose GmbH-Geschäftsanteil, 1997) oder besondere Vorerwerbs- oder Andienungsrechte (*Reichert* BB 1985, 1496 (1500)) und der übernehmenden GmbH den Nachweis von dessen Sonderpflichten zu erleichtern. Für die übernehmende GmbH und mittelbar für die nicht am Vertrag beteiligten Anteilsinhaber mag damit hinsichtlich der Sonderrechte eine **Warnfunktion** verbunden sein; Gleiches mag mittelbar für den Anteilsinhaber hinsichtlich seiner Sonderpflichten gelten (vgl. Widmann/Mayer/*Mayer* Rn. 16 und Semler/Stengel/*Reichert* Rn. 18 je mwN). Darüber hinaus wird der Vorschrift die allgemeine Aussage entnommen, dass die Anteilsgewährung weder bei den Anteilsinhabern des übertragenden noch bei denen der übernehmenden GmbH zu Einbußen an bestehenden Mitgliedschaften führen dürfe (vgl. Widmann/Mayer/*Mayer* Rn. 24). Werden den Anteilsinhabern der übertragenden Rechtsträger bestehende Geschäftsanteile der übernehmenden GmbH gewährt, die mit Sonderrechten verbunden sind, so ist § 46 Abs. 2 nach allgM analog anwendbar (vgl. Widmann/Mayer/*Mayer* Rn. 22; Semler/Stengel/*Reichert* Rn. 19 mwN).

11 Die Festsetzung gem. § 46 Abs. 2 kann **im Verschmelzungsvertrag** als aufschiebende Bedingung für die Wirksamkeit des Verschmelzungsvertrags (Widmann/Mayer/*Mayer* Rn. 28; Semler/Stengel/*Reichert* Rn. 20 mwN) oder als durch *actio pro socio* einklagbare Verpflichtung **ausgestaltet** werden (so SHS/*Westerburg* Rn. 15). Wegen § 53 muss die Satzungsänderung bei der übernehmenden GmbH bis zur Eintragung der Verschmelzung erfolgt sein.

12 Die Vorschrift hat zudem unter Berücksichtigung des gesellschaftsrechtlichen Gleichbehandlungsgrundsatzes **mittelbare Folgen für Sonderrechte,** die mit alten Geschäftsanteilen der **übernehmenden GmbH** verbunden sind und durch die Verschmelzung zunächst unberührt bleiben. Diese sollten ebenfalls im Verschmelzungsvertrag festgesetzt werden, damit nicht neue Gesellschafter nach der Verschmelzung diesbezüglich Anpassungsansprüche unter dem Aspekt der Gleichbehandlung geltend machen (vgl. Widmann/Mayer/*Mayer* Rn. 22; Semler/Stengel/*Reichert* Rn. 19; SHS/*Westerburg* Rn. 16).

V. Gewährung vorhandener GmbH-Anteile (Abs. 3)

13 Die gem. § 46 Abs. 3 erforderliche **Zuordnung bereits bestehender Geschäftsanteile** der übernehmenden GmbH ergänzt § 46 Abs. 1 S. 1 für einen Sonderfall, wobei § 35 unberührt bleibt (so auch SHS/*Westerburg* Rn. 17). Die Vorschrift soll sowohl die Prüfung ermöglichen, dass die den Anteilsinhabern des übertragenden Rechtsträgers zu gewährenden Anteile tatsächlich zur Verfügung stehen (vgl. Semler/Stengel/*Reichert* Rn. 25) als auch unzweifelhaft klären, wem bei erfolgter Verschmelzung welche Geschäftsanteile an der übernehmenden Gesellschaft zustehen (vgl. Widmann/Mayer/*Mayer* Rn. 14 und Semler/Stengel/*Reichert* Rn. 25 je mwN). Ist dieser Anteil mit Sonderrechten ausgestattet, oder sollen solche geschaffen werden, so enthält das Gesetz eine ungewollte Regelungslücke, die durch analoge Anwendung von § 46 Abs. 2 zu schließen ist (vgl. Widmann/Mayer/*Mayer* Rn. 16 und Semler/Stengel/*Reichert* Rn. 19 je mwN).

14 Nach allgM ist **über den Wortlaut von § 46 Abs. 3 hinaus** im Verschmelzungsvertrag **ferner anzugeben,** ob es sich bei den zum Anteilstausch verwendeten Anteilen um eigene Anteile der übernehmenden GmbH, um vom übertragenden Rechtsträger gehaltene Anteile oder um von einem Dritten bereit gestellte Geschäftsanteile handelt (vgl. Widmann/Mayer/*Mayer* Rn. 14 und Semler/Stengel/*Reichert* Rn. 25 je mwN).

Unterrichtung der Gesellschafter

47 Der Verschmelzungsvertrag oder sein Entwurf und der Verschmelzungsbericht sind den Gesellschaftern spätestens zusammen mit der Einberufung der Gesellschafterversammlung, die gemäß § 13 Abs. 1 über die Zustimmung beschließen soll, zu übersenden.

1 Weil der Verschmelzungsvorgang für eine GmbH so wesentlich ist und im GmbH-Recht – anders als im Aktienrecht – inhaltliche gesetzliche Vorgaben für die Ankündigung der Tagesordnung fehlen (vgl. Lutter UmwG/*M. Winter/J. Vetter* Rn. 2), sollen **allen Gesellschaftern der übernehmenden GmbH** – als Konkretisierung ihres allgemeinen Auskunfts- und Einsichtsrechts gem. § 51a GmbHG – jene Unterlagen, die für ihre Zustimmung die größte Bedeutung haben, rechtzeitig vor der Beschlussfassung gem. § 13 Abs. 1 unaufgefordert zur Verfügung gestellt werden (vgl. Begr. RegE BR-Drs. 75/94, 99).

2 Trotz der Worte **„sind (…) zu übersenden"** kann die Unterrichtung gem. § 47 unterbleiben, wenn die Gesellschafter darauf verzichten (so auch SHS/*Westerburg* Rn. 1; Lutter UmwG/*M. Winter/J. Vetter* Rn. 7; Widmann/Mayer/*Mayer* Rn. 5). Da die GmbH – und damit die Geschäftsführung als Leitungsorgan – verpflichtet wird, trägt diese die Kosten der Versendung (so auch Semler/Stengel/*Reichert* Rn. 3). Ein Verstoß gegen § 47 begründet analog § 243 AktG die Anfechtbarkeit des Verschmelzungsbeschlusses (vgl. Widmann/Mayer/*Mayer* Rn. 9; Semler/Stengel/*Reichert* Rn. 5). Für die nach wohl hM im Schrifttum erforderliche Übersendung durch eingeschriebenen Brief (vgl. Widmann/Mayer/*Mayer* Rn. 8 und Semler/Stengel/*Reichert* Rn. 12 je mwN) sprechen allenfalls Zweckmäßigkeitserwägungen.

3 Über den Wortlaut hinaus ist nach hM entsprechend dem Zweck der Vorschrift **zusätzlich** ein etwa schon **vorliegender Prüfungsbericht** zu übersenden (so auch Semler/Stengel/*Reichert* Rn. 8 und SHS/*Westerburg* Rn. 1 je mwN; aA Widmann/Mayer/*Mayer* Rn. 4).

4 Da die Übersendung **„spätestens"** mit der Einberufung der Gesellschafterversammlung erfolgen muss, ist die Wochenfrist gem. § 51 Abs. 1 S. 2 GmbHG zwingend zu beachten und darf durch Satzungsrecht nicht verkürzt werden. Die gem. § 187 Abs. 1 BGB, § 188 Abs. 2 BGB, § 193 BGB zu berechnende Frist beginnt mit dem Tag, an dem bei normaler postalischer Beförderung mit Zugang bei dem postalisch am schwierigsten erreichbaren Gesellschafter zu rechnen ist. Eine etwaige längere satzungsgemäße Frist geht der gesetzlichen Regelung vor (Widmann/Mayer/*Mayer* Rn. 6; Semler/Stengel/*Reichert* Rn. 14; Lutter UmwG/*M. Winter/J. Vetter* Rn. 17).

Prüfung der Verschmelzung

48 [1] Der Verschmelzungsvertrag oder sein Entwurf ist für eine Gesellschaft mit beschränkter Haftung nach den §§ 9 bis 12 zu prüfen, wenn dies einer ihrer Gesellschafter innerhalb einer Frist von einer Woche verlangt, nachdem er die in § 47 genannten Unterlagen erhalten hat. [2] Die Kosten der Prüfung trägt die Gesellschaft.

1 Gemäß § 48 S. 1 soll jedem **GmbH-Gesellschafter,** insbesondere Minderheitsgesellschaftern oder bloßen Kapitalanlegern bei Publikums-GmbH, – unabhängig vom Interesse der anderen Gesellschafter – ermöglicht werden, eine Verschmelzungsprüfung gem. §§ 9–12 zum **Schutz eigener Rechte** in Gang zu setzen. Der Gesetzeswortlaut („für eine" GmbH) unterscheidet nicht danach, ob die GmbH Aus-

gangs- oder Zielrechtsträger der Verschmelzung durch Aufnahme ist. Die Kostenregelung gem. S. 2 soll dazu beitragen, dass schon bei der Vorbereitung der Verschmelzung durch den Verschmelzungsbericht der Geschäftsführer der GmbH möglichst umfassende und überzeugende Informationen gegeben werden, die eine Verschmelzungsprüfung überflüssig machen (vgl. Begr. RegE BR-Drs. 75/94, 99). Ein Gesellschafter kann iÜ auf sein Recht gem. § 48 S. 1 durch eine notariell zu beurkundende Erklärung verzichten (so auch SHS/*Westerburg* Rn. 3).

2 Die **Erklärung des Gesellschafters,** mit der dieser die Verschmelzungsprüfung verlangt, ist eine empfangsbedürftige Willenserklärung, die gegenüber der Gesellschaft, vertreten durch ihre Geschäftsführer, **formlos** abgegeben werden kann (Widmann/Mayer/*Mayer* Rn. 17; Semler/Stengel/*Reichert* Rn. 6) und bei dessen zwischenzeitlichem Ausscheiden für seinen Rechtsnachfolger wirkt (so auch Semler/Stengel/*Reichert* Rn. 9). Aus der Erklärung muss für die GmbH als Adressatin deutlich hervorgehen, dass die sachverständige Überprüfung der im Verschmelzungsvertrag und im Verschmelzungsbericht enthaltenen Angaben, insbesondere zum Umtauschverhältnis, durch einen sachverständigen Dritten gewünscht wird (vgl. Semler/Stengel/*Reichert* Rn. 7; SHS/*Westerburg* Rn. 3).

3 Um zu vermeiden, dass Beschlussfassungen wegen verspäteter Prüfungsverlangen von Gesellschaftern vertagt werden müssen, ist das Prüfungsbegehren infolge des 2. Gesetzes zur Änderung des UmwG (BGBl. 2007 I 542), nachdem die Gesellschafter die in § 47 genannten Unterlagen erhalten haben, **innerhalb der Ausschlussfrist von einer Woche,** die wie bei § 44 S. 1 gem. § 187 Abs. 1 BGB, § 188 Abs. 2 BGB zu bestimmen ist, geltend zu machen (vgl. Begr. RegE BR-Drs. 548/06, 26).

Vorbereitung der Gesellschafterversammlung

49 (1) **Die Geschäftsführer haben in der Einberufung der Gesellschafterversammlung, die gemäß § 13 Abs. 1 über die Zustimmung zum Verschmelzungsvertrag beschließen soll, die Verschmelzung als Gegenstand der Beschlußfassung anzukündigen.**

(2) **Von der Einberufung an sind in dem Geschäftsraum der Gesellschaft die Jahresabschlüsse und die Lageberichte der an der Verschmelzung beteiligten Rechtsträger für die letzten drei Geschäftsjahre zur Einsicht durch die Gesellschafter auszulegen.**

(3) **Die Geschäftsführer haben jedem Gesellschafter auf Verlangen jederzeit Auskunft auch über alle für die Verschmelzung wesentlichen Angelegenheiten der anderen beteiligten Rechtsträger zu geben.**

I. Allgemeines

1 Die Vorschrift zielt – wie auch § 47 – darauf, dass alle Gesellschafter der übernehmenden GmbH rechtzeitig vor der Gesellschafterversammlung nach § 13 Abs. 1 und zudem umfassend **Kenntnis von Tragweite und Umfang der Verschmelzung** erhalten. Die Vorlagepflicht gem. Abs. 2, die das allgemeine Auskunfts- und Einsichtsrecht der GmbH-Gesellschafter gem. § 51a GmbHG erweitert, soll es den Gesellschaftern erleichtern, den Vorschlag der Geschäftsleitung zu beurteilen (vgl. Begr. RegE BR-Drs. 75/94, 100). Ergänzt wird das umfassende und sich auch auf die Angelegenheiten der anderen beteiligten Rechtsträger erstreckende Informationsrecht durch den Auskunftsanspruch gem. § 49 Abs. 3.

II. Ankündigung der Beschlussfassung (Abs. 1)

2 Da die Ankündigung gem. § 49 Abs. 1 – abweichend vom allgemeinen GmbH-Recht – zwingend **„in der Einberufung der Gesellschafterversammlung"** zu erfolgen hat, genügen gesonderte Ankündigungen – anders als bei § 47 – nicht. Aus der Verbindung mit der Einberufung der Gesellschafterversammlung gem. § 51 Abs. 1 S. 1 GmbHG folgt, das die insofern geltende einwöchige Frist oder eine längere satzungsrechtliche Frist zu beachten ist. Nach hM im Schrifttum muss die Ankündigung mit eingeschriebenem Brief versandt werden (vgl. Semler/Stengel/*Reichert* Rn. 4 und SHS/*Westerburg* Rn. 4 je mwN) Dagegen muss auf die Wochenfrist gem. § 48 S. 1 nicht hingewiesen werden (vgl. *Heckschen* DNotZ 2007, 448; SHS/*Westerburg* Rn. 4). **Nach allgemeinen für die Einberufung der GmbH-Gesellschafterversammlung geltenden Grundsätzen** müssen die Angaben in der angekündigten Tagesordnung für die Gesellschafter hinreichend deutlich mit Blick auf die Beschlussfassung sein (vgl. BGH 30.11.1961, NJW 1962, 393). War die Ankündigung nicht ordnungsgemäß, so können wirksame Beschlüsse nur gefasst werden, wenn alle Gesellschafter anwesend sind und auf die betreffenden Formalien wirksam verzichten (vgl. Widmann/Mayer/*Mayer* Rn. 10).

III. Auszulegende Jahresabschlüsse und Lageberichte (Abs. 2)

3 Liegen für das abgelaufene Geschäftsjahr noch keine gem. § 49 Abs. 2 auszulegenden, festgestellten **Jahresabschlüsse mit Lagebericht** vor und waren diese gem. § 264 Abs. 1 HGB noch nicht zu

erstellen, so ist die Auslegung insofern entbehrlich (vgl. Semler/Stengel/*Reichert* Rn. 7 und Widmann/Mayer/*Rieger* § 63 Rn. 13 je mwN). Sind keine auszulegenden Jahresabschlüsse vorhanden oder besteht ein Rechtsträger weniger als drei Jahre, so sind nur vorhandene Unterlagen auszulegen. Die Unterlagen sind bis zum Ende der Gesellschafterversammlung während der üblichen Geschäftszeiten auszulegen. Nachträgliche oder vorgezogene Jahresabschlüsse sind aufgrund von § 49 Abs. 2 nicht zu erstellen (vgl. Widmann/Mayer/*Mayer* Rn. 14; Semler/Stengel/*Reichert* Rn. 8).

4 Aus den Worten **„zur Einsicht"** ergibt sich nach hM im Schrifttum (Widmann/Mayer/*Mayer* Rn. 16.1 und Semler/Stengel/*Reichert* Rn. 8 je mwN) ein Anspruch der Gesellschafter darauf, auf eigene Kosten Kopien anfertigen zu dürfen, und zwar über den Anspruch gem. § 51a GmbHG auf Kopien der Unterlagen der eigenen Gesellschaft hinaus. Da eine § 63 Abs. 3 entsprechend Regelung im GmbH-Verschmelzungsrecht fehlt, müssen den Gesellschaftern keine Abschriften der auszulegenden Unterlagen übersandt werden (vgl. Widmann/Mayer/*Mayer* Rn. 16.1; Semler/Stengel/*Reichert* Rn. 8 je mwN).

5 Die Worte **„durch die Gesellschafter"** sind erweiternd dahin auszulegen, dass Gesellschafter, die nach allgemeinen Vorschriften der Verschwiegenheitspflicht unterliegen und nur eingeschränkt Informationen weitergeben dürfen, bei der Einsichtnahme zur Berufsverschwiegenheit verpflichtete Dritte hinzuziehen dürfen (SHS/*Westerburg* Rn. 6 mwN).

IV. Auskunftspflicht der GmbH-Geschäftsführer (Abs. 3)

6 Eine Pflicht der GmbH-Geschäftsführer gem. § 49 Abs. 3, **Auskünfte über die wirtschaftliche Ausstattung der anderen Rechtsträger** zu geben, entsteht grundsätzlich nur, wenn ein Gesellschafter dies verlangt, und zwar grundsätzlich auch schon vor Abschluss des Verschmelzungsvertrags. Darüber hinaus haben Geschäftsführer aufgrund ihrer Treuepflicht jedoch unaufgefordert Auskünfte zu erteilen, wenn erkennbar ist, dass eine verschmelzungsbezogene Information für die Willensbildung des Gesellschafters unentbehrlich ist (vgl. Semler/Stengel/*Reichert* Rn. 15; SHS/*Westerburg* Rn. 10).

7 Die Auskunftspflicht gem. § 49 Abs. 3 entspricht der Pflicht zur Auslage der genannten Unterlagen. Die Vorschrift ergänzt § 51a GmbHG und erweitert das **Informationsrecht** der Gesellschafter und die **Erläuterungspflicht** der Geschäftsführer über die in § 51a GmbHG geregelten Belange der eigenen Gesellschaft hinaus auf alle für die Verschmelzung wesentlichen Angelegenheiten der anderen beteiligten Rechtsträger. Dies betrifft zumindest deren aktuelle wirtschaftliche Lage und deren konkrete Zukunftsaussichten in den jeweiligen Geschäftsbereichen (vgl. Widmann/Mayer/*Mayer* Rn. 27; SHS/*Westerburg* Rn. 8). Zu erläutern sind ferner die Grundsätze der Berechnung des Umtauschverhältnisses und die Wertermittlungsmethode, damit die Gesellschafter wirtschaftliche Folgen der Verschmelzung nachvollziehen können.

8 Die Auskunftspflicht hinsichtlich der Verhältnisse anderer an der Verschmelzung beteiligter Rechtsträger setzt einen **Informationsanspruch der auskunftspflichtigen Geschäftsführer gegenüber den anderen Rechtsträgern** betreffend die gem. § 49 Abs. 3 zu erteilenden Auskünfte voraus, der entweder aus dem bereits geschlossenen Verschmelzungsvertrag oder – vor Vertragsschluss – aus dem mit Vertragsanbahnung entstandenen vorvertraglichen Schuldverhältnis folgt (vgl. Widmann/Mayer/*Mayer* Rn. 30; SHS/*Westerburg* Rn. 9). Unter den Voraussetzungen von § 275 BGB sind die Geschäftsführer von der Auskunftspflicht gem. § 49 Abs. 3 befreit (vgl. auch Semler/Stengel/*Reichert* Rn. 16 mwN; SHS/*Westerburg* Rn. 9).

9 Wenn die Auskunft des Geschäftsführers iSv § 49 Abs. 3 einem anderen an der Verschmelzung beteiligten Rechtsträger möglicherweise schaden würde, so ist diese Vorschrift entsprechend dem Zweck von § 8 Abs. 2 einschränkend dahin auszulegen, dass eine **Auskunft** über den Fall von § 51a Abs. 2 GmbHG hinaus **verweigert** werden kann (so im Ergebnis auch Widmann/Mayer/*Mayer* Rn. 25; KK-UmwG/*Simon/Nießen* Rn. 27). Dabei dürfte der Umfang der Auskunftspflicht vom Fortschritt des Verschmelzungsvorgangs abhängen, denn § 51a Abs. 2 GmbHG überlagert die verschmelzungsspezifische Regelung von § 8 Abs. 2 frühestens nach Wirksamwerden des Verschmelzungsvertrags (so auch SHS/*Westerburg* Rn. 10).

V. Rechtsfolgen von Verstößen gegen § 49

10 Verstöße gegen § 49 begründen die **Anfechtbarkeit** des Verschmelzungsbeschlusses (vgl. Widmann/Mayer/*Mayer* Rn. 32 und Semler/Stengel/*Reichert* Rn. 18 mwN). Mit dem Schutzzweck der zwingenden und damit nicht satzungsrechtlich abdingbaren Vorschrift ist es jedoch vereinbar, dass die Gesellschafterversammlung durch Beschluss auf die Ankündigung gem. Abs. 1 und/oder die Auslegung gem. Abs. 2 verzichtet (vgl. Widmann/Mayer/*Mayer* Rn. 32; Semler/Stengel/*Reichert* Rn. 18). Etwaige Verstöße gegen §§ 47, 49 Abs. 1 sind zudem in einer Universalversammlung heilbar, ohne dass insofern ein ausdrücklicher Verzicht erforderlich ist, denn § 51 Abs. 3 GmbHG lässt auch schlüssiges Verhalten zu (vgl. SHS/*Westerburg* Rn. 5 mwN).

Beschluß der Gesellschafterversammlung

50 (1) [1]**Der Verschmelzungsbeschluß der Gesellschafterversammlung bedarf einer Mehrheit von mindestens drei Vierteln der abgegebenen Stimmen.** [2]**Der Gesellschaftsvertrag kann eine größere Mehrheit und weitere Erfordernisse bestimmen.**

(2) **Werden durch die Verschmelzung auf dem Gesellschaftsvertrag beruhende Minderheitsrechte eines einzelnen Gesellschafters einer übertragenden Gesellschaft oder die einzelnen Gesellschaftern einer solchen Gesellschaft nach dem Gesellschaftsvertrag zustehenden besonderen Rechte in der Geschäftsführung der Gesellschaft, bei der Bestellung der Geschäftsführer oder hinsichtlich eines Vorschlagsrechts für die Geschäftsführung beeinträchtigt, so bedarf der Verschmelzungsbeschluß dieser übertragenden Gesellschaft der Zustimmung dieser Gesellschafter.**

I. Allgemeines

Die Vorschrift regelt in Abs. 1 die für den Verschmelzungsbeschluss sowohl einer übertragenden als 1
auch einer übernehmenden GmbH **mindestens notwendige Mehrheit.** Abs. 2 bezweckt den **Schutz von Gesellschaftern,** deren Rechtsstellung durch eine Verschmelzung besonders beeinträchtigt werden kann; er ergänzt § 23, dient aber – anders als jene Vorschrift – nicht dem Schutz von Vermögensrechten, sondern der Sicherung individueller Sonderrechte und insbesondere der Möglichkeiten, auf die Leitung der übertragenden GmbH einzuwirken. Abs. 2 bezweckt einen im Vergleich zur Verschmelzung von AGen stärkeren Schutz von GmbH-Gesellschaftern, weil die Beteiligung an einer GmbH – anders als die Aktie – keine beliebig verwertbare Vermögensanlage ist (vgl. Begr. RegE BR-Drs. 75/94, 100).

II. Anforderungen an den Verschmelzungsbeschluss der GmbH (Abs. 1)

Da § 50 Abs. 1 nur **besondere Anforderungen an die Mehrheitsverhältnisse** bei dem Ver- 2
schmelzungsbeschluss einer GmbH aufstellt, richtet sich die Beschlussfassung **iÜ** nach den **allgemeinen Regeln des GmbH-Rechts,** sodass die Zustimmung notariell zu beurkunden ist. Da es sich bei der Verschmelzung um ein Grundlagengeschäft der GmbH handelt, folgt aus allgemeiner gesellschaftsrechtlicher Dogmatik, dass die Zustimmung nicht auf andere Weise als durch Beschluss erteilt werden darf. Den Worten „der Gesellschafterversammlung" ist zudem zu entnehmen, dass die Beschlussfassung keinem anderen Organ übertragen werden darf (vgl. Widmann/Mayer/*Mayer* Rn. 8; Semler/Stengel/*Reichert* Rn. 4). Bei der Einberufung sind gem. § 49 Abs. 1 die Verschmelzung als Gegenstand der Beschlussfassung anzukündigen und die in § 47 bezeichneten Unterlagen zu übersenden. Gesellschafter können sich in der Gesellschafterversammlung organschaftlich oder von Bevollmächtigten vertreten lassen, sofern die Satzung dies zulässt (vgl. Widmann/Mayer/*Mayer* Rn. 12–18 mwN).

Weil der Verschmelzungsbeschluss einer Satzungsänderung bei den beteiligten GmbHen gleich- 3
kommt, ist das mit § 53 Abs. 2 GmbHG übereinstimmende **Mehrheitserfordernis** gem. **§ 50 Abs. 1 S. 1** folgerichtig. **Berechnungsgrundlage** sind nur die abgegebenen gültigen Ja- und Nein-Stimmen, sodass weder Stimmenthaltungen noch etwaige ungültige Stimmen zählen. Inhaber stimmrechtsloser Geschäftsanteile bleiben insofern außer Betracht; sie müssen weder innerhalb noch außerhalb der Gesellschafterversammlung zustimmen. Vorbehaltlich abweichender Satzungsregelungen ist grundsätzlich die Nominalgröße der Geschäftsanteile für die Mehrheitsverhältnisse maßgebend. Auf die Höhe des anwesenden Kapitals kommt es grundsätzlich nicht an, wenn nicht ausnahmsweise satzungsrechtlich insofern ein Mindestkapital vorgeschrieben ist. Mehrstimmrechte sind zu beachten (vgl. Widmann/Mayer/*Mayer* Rn. 36 mwN). Nach dem Willen des Gesetzgebers (vgl. Begr. RegE BR-Drs. 75/94, 100) gilt § 47 Abs. 4 GmbHG und damit auch das dort in S. 2 geregelte Stimmverbot für den Verschmelzungsbeschluss unzweifelhaft nicht.

Gemäß **§ 50 Abs. 1 S. 2** können die Gesellschafter vertraglich das **Mehrheitsquorum** bis zur 4
Einstimmigkeit **anheben und weitere Erfordernisse bestimmen.** Nach dem Gesetzeswortlaut müssen sich die betreffenden satzungsrechtlichen Vorgaben nicht ausdrücklich auf den Fall des Verschmelzungsbeschlusses beschränken, sodass auch etwaige besondere Anforderungen, die die Satzung einer an der Verschmelzung beteiligten GmbH gem. § 52 Abs. 2 S. 2 GmbHG für den allgemeinen Fall der Satzungsänderung aufstellt, ebenso im Sonderfall der Verschmelzung zu beachten sind (vgl. Widmann/Mayer/*Mayer* Rn. 42 und Semler/Stengel/*Reichert* Rn. 10). Qualifizierte Mehrheitserfordernisse in den Fällen von § 50 Abs. 2 und § 51 Abs. 1 bleiben unberührt (vgl. Widmann/Mayer/*Mayer* Rn. 51).

III. Schutz von Minderheitsrechten und Geschäftsführungssonderrechten (Abs. 2)

Die in **§ 50 Abs. 2** bezeichneten **Individualrechte** sind abzugrenzen von Rechten, die sich erst aus 5
einer bestimmten Beteiligungsquote ergeben, denn eine Verminderung dieser Quote ist regelmäßige Folge der Verschmelzung, sodass insofern kein Schutzbedürfnis besteht (vgl. Begr. RegE BR-Drs. 75/

94, 100). Sie müssen nicht im Gesellschaftsvertrag einem einzelnen Gesellschafter, sondern können auch einer Gruppe von Gesellschaftern zugewiesen sein. Sie müssen nach dem Gesetzwortlaut zwar bestehen, müssen aber nicht mit dem Geschäftsanteil verbunden oder dem betroffenen Gesellschafter in der Satzung namentlich zugewiesen sein (vgl. Widmann/Mayer/*Mayer* Rn. 84; *Reichert* GmbHR 176, 181). Da die Rechte gem. § 50 Abs. 2 **„durch die Verschmelzung (…) beeinträchtigt"** sein müssen, setzt das Zustimmungserfordernis insofern einen Kausalzusammenhang voraus; eine „Beeinträchtigung" liegt nicht nur dann vor, wenn die besagten Sonderrechte völlig entfallen. Ausnahmsweise bedarf es keiner Zustimmung gem. § 50 Abs. 2, wenn ein wichtiger Grund für den Entzug des Sonderrechts vorliegt oder die Satzung der übernehmenden Rechtsträgerin gleichwertige Rechte einräumt (vgl. Widmann/Mayer/*Mayer* Rn. 92 und Semler/Stengel/*Reichert* Rn. 31 je mwN).

6 Minderheitsrechte gem. **§ 50 Abs. 2 Alt. 1** können **beliebige Vorzugs- oder Sonderrechte** sein, zu denen insbesondere auch die nicht von § 50 Abs. 2 Alt. 2 erfassten Bestellungs- bzw. Vorschlagsrechte für den Aufsichtsrat oder einen Beirat zählen (vgl. Semler/Stengel/*Reichert* Rn. 45). Nicht von Abs. 2 erfasst sind vermögensrechtliche Sonderrechte (zB Vorzugsdividende), da solche Rechte beim Umtauschverhältnis zu berücksichtigen sind (Widmann/Mayer/*Mayer* Rn. 91; Semler/Stengel/*Reichert* Rn. 40).

7 Ein **Sonderrecht auf Geschäftsführung** gem. **§ 50 Abs. 2 Alt. 2** liegt vor, wenn einem Gesellschafter nicht nur das Recht auf Geschäftsführung eingeräumt, sondern darüber hinaus seine Abberufung zumindest vom Vorliegen eines wichtigen Grundes abhängig gemacht wurde (vgl. Widmann/Mayer/*Mayer* Rn. 90; Semler/Stengel/*Reichert* Rn. 42). Das einem Gesellschafter grundsätzlich zustehende Recht, Geschäftsführer vorzuschlagen, ohne dass dies die anderen Gesellschafter bindet, stellt kein Sonderrecht iSv § 50 Abs. 2 Alt. 2 dar (vgl. Semler/Stengel/*Reichert* Rn. 44); dagegen ist ein Benennungsrecht ein Sonderrecht, wenn die Gesellschafter bei Ausübung des Benennungsrechts zu einer entsprechenden Stimmabgabe verpflichtet sind, sofern sie die Zustimmung nicht ausnahmsweise aus sachlichen, im Gesellschaftsinteresse liegenden Gründen verweigern können (vgl. BGH 10.10.1988, WM 1989, 250 (252)).

8 Die **Zustimmung** gem. **§ 50 Abs. 2** kann sowohl vor als auch nach dem Verschmelzungsbeschluss, innerhalb oder außerhalb der Gesellschafterversammlung erteilt werden (vgl. Semler/Stengel/*Reichert* Rn. 47; SHS/*Westerburg* Rn. 13). Unterbleibt die erforderliche notarielle Beurkundung der Zustimmung, deren Kosten die Gesellschaft trägt (vgl. Semler/Stengel/*Reichert* Rn. 50 mwN), so kommt eine Heilung des Formfehlers gem. § 20 Abs. 1 Nr. 4 in Betracht (vgl. SHS/*Westerburg* Rn. 13). Ohne eine erforderliche Zustimmungserklärung ist der Verschmelzungsbeschluss schwebend unwirksam. Die endgültige Zustimmungsverweigerung steht der Handelsregistereintragung der Verschmelzung entgegen. Bei Eintragung trotz Zustimmungsverweigerung gilt § 20 Abs. 2 (vgl. Semler/Stengel/*Reichert* Rn. 50 mwN und SHS/*Westerburg* Rn. 14).

Zustimmungserfordernisse in Sonderfällen

51 (1) [1] **Ist an der Verschmelzung eine Gesellschaft mit beschränkter Haftung, auf deren Geschäftsanteile nicht alle zu leistenden Einlagen in voller Höhe bewirkt sind, als übernehmender Rechtsträger beteiligt, so bedarf der Verschmelzungsbeschluß eines übertragenden Rechtsträgers der Zustimmung aller bei der Beschlußfassung anwesenden Anteilsinhaber dieses Rechtsträgers.** [2] **Ist der übertragende Rechtsträger eine Personenhandelsgesellschaft, eine Partnerschaftsgesellschaft oder eine Gesellschaft mit beschränkter Haftung, so bedarf der Verschmelzungsbeschluß auch der Zustimmung der nicht erschienenen Gesellschafter.** [3] **Wird eine Gesellschaft mit beschränkter Haftung, auf deren Geschäftsanteile nicht alle zu leistenden Einlagen in voller Höhe bewirkt sind, von einer Gesellschaft mit beschränkter Haftung durch Verschmelzung aufgenommen, bedarf der Verschmelzungsbeschluss der Zustimmung aller Gesellschafter der übernehmenden Gesellschaft.**

(2) **Wird der Nennbetrag der Geschäftsanteile nach § 46 Abs. 1 Satz 2 abweichend vom Betrag der Aktien festgesetzt, so muss der Festsetzung jeder Aktionär zustimmen, der sich nicht mit seinem gesamten Anteil beteiligen kann.**

I. Allgemeines

1 Die Vorschrift **schützt** in **Abs. 1 S. 1 und 2** die Anteilsinhaber eines übertragenden Rechtsträgers mit beliebiger verschmelzungsfähiger Rechtsform davor, ungewollt die bei der übernehmenden GmbH noch ausstehenden Einlagen leisten zu müssen (dh **vor Ausfallhaftung** gem. § 24 GmbHG), indem sie die für die übertragenden Rechtsträger ansonsten geltenden Vorschriften über die gem. § 50 Abs. 1 S. 1 bei der Beschlussfassung zu beachtenden Mehrheitserfordernisse durch das Einstimmigkeitsprinzip verdrängt (vgl. Begr. RegE BR-Drs. 75/94, 100). **Abs. 1 S. 3** schützt die Anteilsinhaber einer übernehmenden GmbH davor, ungewollt die bei der übertragenden GmbH noch ausstehenden Einlagen

leisten zu müssen, und **Abs. 2** (Kommandit-)Aktionäre **vor dem ungewollten Verlust der Beteiligung** durch Festsetzung erhöhter Nennbeträge für zu gewährende GmbH-Anteile.

II. Besonderes Einstimmigkeitserfordernis bei Verschmelzungsbeschlüssen

§ 51 Abs. 1 ist nach allgM sowohl dann **anzuwenden,** wenn zu leistende Bareinlagen nicht erbracht wurden, als auch dann, wenn zu leistende Sacheinlagen hinter dem Wert der gewährten Geschäftsanteile zurückbleiben, weil auch bei der Differenzhaftung des Sacheinlegers eine Ausfallhaftung sämtlicher Mitgesellschafter gem. § 24 GmbHG besteht (vgl. Widmann/Mayer/*Mayer* Rn. 10 und Semler/Stengel/*Reichert* Rn. 11 je mwN). § 51 Abs. 1 S. 1 und 2 gelten ferner in den Fällen verschleierter Sachgründung oder der Unterbilanzhaftung (vgl. Widmann/Mayer/*Mayer* Rn. 10 und Semler/Stengel/*Reichert* Rn. 11 je mwN). Bestehen dagegen Nachschusspflichten gem. § 26 GmbHG können diese ausnahmsweise zur Anwendung von § 51 Abs. 1 S. 1 führen (vgl. SHS/*Westerburg* Rn. 3; *Wälzholz* DStR 2006, 236). Ein Anteilsinhaber, der aus den besagten Gründen einen einstimmigen Zustimmungsbeschluss für notwendig hält, trägt die Darlegungs- und Beweislast für konkrete Umstände, die Zweifel an der Werthaltigkeit der erbrachten Sacheinlage begründen (vgl. SHS/*Westerburg* Rn. 3 mwN). 2

Die „Zustimmung aller (…) anwesenden Anteilsinhaber" iSv § 51 Abs. 1 S. 1 ist ebenso wie diejenige „aller Gesellschafter" gem. Abs. 1 S. 3 eine Zustimmung gem. § 13 Abs. 1; die Zustimmung der „nicht erschienenen Gesellschafter" iSv § 51 Abs. 1 S. 2 eine solche gem. § 13 Abs. 3 und somit notariell zu beurkunden. Aus dem Wort „aller" gem. Abs. 1 S. 1 und 3 ergibt sich, dass der **Zustimmungsbeschluss einstimmig** zu fassen ist und somit auch Enthaltungen als „Nein"-Stimmen zählen. Solange nicht alle notwendigen Zustimmungserklärungen der nicht erschienene Gesellschafter vorliegen, ist der Verschmelzungsbeschluss schwebend unwirksam. Gemäß Abs. 1 S. 3 müssen alle Gesellschafter und somit auch Inhaber stimmrechtsloser Anteile und Gesellschafter, die bei der Beschlussfassung nicht anwesend waren, zustimmen (so auch KK-UmwG/*Simon/Nießen* Rn. 24; SHS/*Westerburg* Rn. 9). 3

Der durch das 2. Gesetz zur Änderung des UmwG (BGBl. 2007 I S. 542) geänderte **Abs. 1 S. 3** ist nur bei reinen GmbH-Verschmelzungen durch Aufnahme **anwendbar.** Die Vorschrift ist einschränkend dahin auszulegen, dass bei der Verschmelzung einer 100%igen Tochtergesellschaft mit ausstehenden Einlagen auf die Muttergesellschaft keine gesonderte Zustimmung der Gesellschafter der Muttergesellschaft erforderlich ist, weil die Einlageforderung dabei erlischt (vgl. KK-UmwG/*Simon/Nießen* Rn. 25). Die Voraussetzungen für eine analoge Anwendung von § 51 Abs. 1 S. 3 auf Fälle, in denen übertragende Rechtsträger keine Gesellschaften mbH sind, liegen nicht vor, da der Gesetzeswortlaut insofern klar ist und die Problematik bei Mischverschmelzungen dem Gesetzgeber der betreffenden Vorschrift bekannt war (so auch Widmann/Mayer/*Mayer* Rn. 3, 22 mwN; aA Semler/Stengel/*Reichert* Rn. 23; SHS/*Westerburg* Rn. 10 mwN). 4

§ 51 Abs. 2 dürfte nach der Verringerung der Mindeststückelung von GmbH-Anteilen auf 1,– EUR durch das MoMiG **seltener Anwendung** finden, weil die den (Kommandit-)Aktionären zu gewährenden GmbH-Anteile seither leichter entsprechend dem Betrag der Aktien festgesetzt werden können und somit vermieden werden kann, dass verschmelzungsbedingt Beteiligungsmöglichkeiten an der übernehmenden GmbH verringert werden. Wählen die Beteiligten einen höheren Nennbetrag für die zu gewährenden GmbH-Anteile und kann sich ein (Kommandit-)Aktionär deshalb nicht mit seinem Anteil an der übernehmenden GmbH beteiligen, so hängt die Verschmelzung auch von seiner notariell zu beurkundenden ausdrücklichen Zustimmung ab, die vor oder nach der Beschlussfassung, innerhalb oder außerhalb der Gesellschafterversammlung erklärt werden kann (vgl. Widmann/Mayer/*Mayer* Rn. 26, 27, 30 mwN; Semler/Stengel/*Reichert* Rn. 11). 5

Anmeldung der Verschmelzung

52 [1] **Bei der Anmeldung der Verschmelzung zur Eintragung in das Register haben die Vertretungsorgane der an der Verschmelzung beteiligten Rechtsträger im Falle des § 51 Abs. 1 auch zu erklären, daß dem Verschmelzungsbeschluß jedes der übertragenden Rechtsträger alle bei der Beschlußfassung anwesenden Anteilsinhaber dieses Rechtsträgers und, sofern der übertragende Rechtsträger eine Personenhandelsgesellschaft, eine Partnerschaftsgesellschaft oder eine Gesellschaft mit beschränkter Haftung ist, auch die nicht erschienenen Gesellschafter dieser Gesellschaft zugestimmt haben.** [2] **Wird eine Gesellschaft mit beschränkter Haftung, auf deren Geschäftsanteile nicht alle zu leistenden Einlagen in voller Höhe bewirkt sind, von einer Gesellschaft mit beschränkter Haftung durch Verschmelzung aufgenommen, so ist auch zu erklären, dass alle Gesellschafter dieser Gesellschaft dem Verschmelzungsbeschluss zugestimmt haben.**

Die Vorschrift gilt neben §§ 16, 17, wenn GmbH an der Verschmelzung beteiligt sind. Die gem. **§ 52 S. 1** höchstpersönlichen, aber nicht formgebundenen **Erklärungen** aller Vertretungsorgane der an der Verschmelzung beteiligten Rechtsträger **ergänzen die** gem. § 51 beim Registergericht **einzureichen-** 1

den Unterlagen (vgl. Widmann/Mayer/*Mayer* Rn. 2). Sie sind entbehrlich, wenn alle betroffenen Gesellschafter des übertragenden Rechtsträgers in einer Universalversammlung der Verschmelzung zugestimmt haben und bei einer Verschmelzung einer 100%igen Tochtergesellschaft auf deren Mutter, da eine Ausfallhaftung insoweit ausgeschlossen ist (so auch Widmann/Mayer/*Mayer* Rn. 6; Semler/Stengel/*Reichert* Rn. 7 mwN). Unterbleibt die Erklärung, so besteht ein Eintragungshindernis; erfolgt sie verspätet, so hat dies keine Auswirkung auf die Achtmonatsfrist gem. § 17 Abs. 2 S. 4 (vgl. Widmann/Mayer/*Mayer* Rn. 7; Semler/Stengel/*Reichert* Rn. 8 mwN).

2 Durch das 3. Gesetz zur Änderung des Umwandlungsgesetzes vom 11.7.2011 (BGBl. 2011 I 1338) wurde der bisherige, § 40 GmbHG ergänzende Abs. 2 gestrichen, da es neben den durch das Gesetz zur Modernisierung des GmbH-Rechts und zur Bekämpfung von Missbräuchen (MoMiG) vom 23.10.2008 (BGBl. 2008 I 2026) erweiterten Pflichten des Notars nach § 40 GmbHG zur Aktualisierung der Gesellschafterliste keiner umwandlungsrechtlichen Sonderregelung mehr bedarf. Es entfällt damit die Verpflichtung der Geschäftsführer der Gesellschaft zur doppelten Einreichung von Gesellschafterlisten. Bei einer Verschmelzung mit Kapitalerhöhung bei der übernehmenden GmbH müssen sowohl der Geschäftsführer nach § 52 Abs. 2 als auch der Notar nach § 40 Abs. 2 GmbHG eine neue (inhaltlich gleichlautende) Gesellschafterliste zum Handelsregister einreichen (s. auch Widmann/Mayer/*Mayer* Rn. 12; Kallmeyer/*Zimmermann* Rn. 12; aA *Flick* NZG 2010, 170 (171)).

Eintragung bei Erhöhung des Stammkapitals

53 Erhöht die übernehmende Gesellschaft zur Durchführung der Verschmelzung ihr Stammkapital, so darf die Verschmelzung erst eingetragen werden, nachdem die Erhöhung des Stammkapitals im Register eingetragen worden ist.

1 Da sich die Notwendigkeit einer **Kapitalerhöhung** bei der Verschmelzung durch Aufnahme nur stellt, wenn eine Kapitalgesellschaft Zielrechtsträger ist, bedurfte es für die GmbH der Sondervorschrift des § 53, wonach eine **von § 19 abweichende Eintragungsreihenfolge** gilt, damit die verschmelzungsbedingt zu gewährenden Geschäftsanteile bei Wirksamwerden der Verschmelzung tatsächlich bestehen. Anzumelden sind neben dem Erhöhungsbetrag auch das neue Stammkapital sowie die erfolgte Satzungsänderung (vgl. *Limmer* Unternehmensumwandlung-HdB Rn. 446; Widmann/Mayer/*Mayer* Rn. 5 mwN). Welche Unterlagen der Anmeldung beizufügen sind, ergibt sich aus § 55 Abs. 2, § 57 Abs. 3 Nr. 2 und 3 GmbHG. Nach der konstitutiven Eintragung der Stammkapitalerhöhung wird die Verschmelzung erst beim übertragenden und dann bei übernehmenden Rechtsträger eingetragen (vgl. Widmann/Mayer/*Mayer* Rn. 5.1; Semler/Stengel/*Reichert* Rn. 11). Da Kapitalerhöhung und Verschmelzung sich gem. §§ 53, 55 Abs. 2 bedingen und der Kapitalerhöhungsbeschluss – soweit erforderlich – nach allgM Wirksamkeitsvoraussetzung für den Verschmelzungsvertrag ist (vgl. Widmann/Mayer/*Mayer* § 55 Rn. 108 mwN), ist die eingetragene Kapitalerhöhung bei Scheitern der Verschmelzung von Amts wegen zu löschen (Semler/Stengel/*Reichert* Rn. 13 mwN). Zu hoch eingetragene verschmelzungsbedingte Kapitalerhöhungen sind von Amts wegen zu löschen, soweit sie nicht zur Verschmelzung notwendig sind, denn die Umdeutung in eine sonstige Kapitalerhöhung kommt nicht in Betracht (Widmann/Mayer/*Mayer* § 55 Rn. 111 und SHS/*Westerburg* § 55 Rn. 28).

Verschmelzung ohne Kapitalerhöhung

54 (1) [1]**Die übernehmende Gesellschaft darf zur Durchführung der Verschmelzung ihr Stammkapital nicht erhöhen, soweit**

1. sie Anteile eines übertragenden Rechtsträgers innehat;
2. ein übertragender Rechtsträger eigene Anteile innehat oder
3. ein übertragender Rechtsträger Geschäftsanteile dieser Gesellschaft innehat, auf welche die Einlagen nicht in voller Höhe bewirkt sind.

[2]**Die übernehmende Gesellschaft braucht ihr Stammkapital nicht zu erhöhen, soweit**

1. sie eigene Geschäftsanteile innehat oder
2. ein übertragender Rechtsträger Geschäftsanteile dieser Gesellschaft innehat, auf welche die Einlagen bereits in voller Höhe bewirkt sind.

[3]**Die übernehmende Gesellschaft darf von der Gewährung von Geschäftsanteilen absehen, wenn alle Anteilsinhaber eines übertragenden Rechtsträgers darauf verzichten; die Verzichtserklärungen sind notariell zu beurkunden.**

(2) **Absatz 1 gilt entsprechend, wenn Inhaber der dort bezeichneten Anteile ein Dritter ist, der im eigenen Namen, jedoch in einem Fall des Absatzes 1 Satz 1 Nr. 1 oder des Absatzes 1 Satz 2 Nr. 1 für Rechnung der übernehmenden Gesellschaft oder in einem der anderen Fälle des Absatzes 1 für Rechnung des übertragenden Rechtsträgers handelt.**

(3) [1] **Soweit zur Durchführung der Verschmelzung Geschäftsanteile der übernehmenden Gesellschaft, die sie selbst oder ein übertragender Rechtsträger innehat, geteilt werden müssen, um sie den Anteilsinhabern eines übertragenden Rechtsträgers gewähren zu können, sind Bestimmungen des Gesellschaftsvertrags, welche die Teilung der Geschäftsanteile der übernehmenden Gesellschaft ausschließen oder erschweren, nicht anzuwenden; jedoch muss der Nennbetrag jedes Teils der Geschäftsanteile auf volle Euro lauten.** [2] **Satz 1 gilt entsprechend, wenn Inhaber der Geschäftsanteile ein Dritter ist, der im eigenen Namen, jedoch für Rechnung der übernehmenden Gesellschaft oder eines übertragenden Rechtsträgers handelt.**

(4) **Im Verschmelzungsvertrag festgesetzte bare Zuzahlungen dürfen nicht den zehnten Teil des Gesamtnennbetrags der gewährten Geschäftsanteile der übernehmenden Gesellschaft übersteigen.**

§ 54 **bezweckt** den **Kapitalschutz** und soll – wie auch § 33 GmbHG – verhindern oder erschweren, dass durch Kapitalerhöhung eigene Geschäftsanteile der übernehmenden GmbH entstehen und Einlageforderungen durch Konfusion untergehen (vgl. Begr. RegE BR-Drs. 75/94, 101). 1

Für das **Kapitalerhöhungsverbot gem. § 54 Abs. 1 S. 1** gilt, dass Stammkapitalerhöhungen unzulässig sind, „soweit" diese nicht zur Erfüllung der verschmelzungsbedingten Anteilsgewährungspflicht notwendig sind. Für das Verbot, eigene Geschäftsanteile unmittelbar oder mittelbar durch Kapitalerhöhung zu schaffen, kommt es maßgeblich auf die bloße Anteilsinhaberschaft an („innehat"), nicht jedoch darauf, ob etwaige zu leistende Einlagen auf die eigenen Anteile voll erbracht sind. Bei bloßer Mitberechtigung des übertragenden Rechtsträgers, zB gem. § 18 GmbHG, greift das Kapitalerhöhungsverbot noch nicht ein (vgl. Widmann/Mayer/*Mayer* Rn. 15; SHS/*Westerburg* Rn. 4). Gemäß § 54 Abs. 1 S. 1 Nr. 3 soll verhindert werden, dass die übernehmende GmbH als Gesamtrechtsnachfolgerin die Anteile des übertragenden Rechtsträgers erhalten würde und somit eigene Anteile innehaben würde, auf die Einlagen nicht vollständig geleistet wären. 2

In den beiden in **§ 54 Abs. 1 S. 2** geregelten Fällen bestehen, soweit die bestehenden Geschäftsanteile zur verschmelzungsbedingten Anteilsgewährung ausreichen, **Kapitalerhöhungswahlrechte.** Denn im Fall von S. 2 Nr. 1 bestehen und im Fall von S. 2 Nr. 2 entstehen eigene Anteile der übernehmenden GmbH, die den Anteilsinhabern der übertragenden Rechtsträger – im Fall von S. 2 Nr. 1 auch unmittelbar durch Dritte (vgl. Widmann/Mayer/*Mayer* Rn. 46 mwN) und im Fall von S. 2 Nr. 2 auch ohne Durchgangserwerb der übernehmenden GmbH (vgl. Widmann/Mayer/*Mayer* Rn. 48 mwN) – gewährt werden können. Gemäß S. 2 Nr. 2 ist auch die Abwärtsverschmelzung ohne Kapitalerhöhung möglich (vgl. Widmann/Mayer/*Mayer* Rn. 51; Semler/Stengel/*Reichert* Rn. 16; Lutter UmwG/*M. Winter/J. Vetter* Rn. 53 mwN). 3

Mit der Zulassung des – auch nur teilw. – **Verzichts auf verschmelzungsbedingte Gewährung von Anteilen** der übernehmenden GmbH gem. **§ 54 Abs. 1 S. 3** bezweckte der Gesetzgeber eine Erleichterung der Verschmelzung von Schwestergesellschaften (vgl. Begr. RegE BR-Drs. 548/06, 27; dazu krit.: *Mayer/Weiler* DB 2007, 1235; *Weiler* NZG 2008, 527; *ders.* NZG 2013, 1326). Daher sollten gem. § 5 Abs. 2 die Angaben nach § 5 Abs. 1 Nr. 2–5 auch in diesem Fall entfallen können (vgl. → § 5 Rn. 36; Lutter UmwG/*Drygala* § 5 Rn. 140; aA KK-UmwG/*Simon/Nießen* Rn. 58). Die Regelung stellt aber auch iÜ die Notwendigkeit und den Umfang – zur Unterbewertung des Vermögens der übertragenden Gesellschaft vgl. *Limmer* Unternehmensumwandlung-HdB Rn. 462 mwN – einer Anteilsgewährung in das Belieben der Anteilsinhaber der übertragenden Rechtsträger. Dies ermöglicht zB die Auflösung bestehender Beteiligungsverhältnisse oder sanierende Verschmelzungen (vgl. Widmann/Mayer/*Mayer* § 55 Rn. 83.6–83.14; KK-UmwG/*Simon/Nießen* Rn. 50–54). Alle Anteilsinhaber des übertragenden Rechtsträgers, bei dem auf einen Anteilstausch verzichtet wird, müssen die notariell zu beurkundenden Verzichtserklärungen abgeben, und zwar unabhängig davon, ob sie am Verschmelzungsbeschluss teilgenommen haben und ob sie nur stimmrechtslose Anteile innehaben (vgl. SHS/*Westerburg* Rn. 15). Ein konkludenter Verzicht ist möglich und kann zB in der positiven Stimmabgabe zum Verschmelzungsbeschluss oder darin gesehen werden, dass der Verschmelzungsvertrag keine Anteilsgewährung vorsieht oder den Beteiligungsumfang an der übernehmenden GmbH abweichend vom (angemessenen) Umtauschverhältnis festsetzt (vgl. OLG Köln 22.1.2020 – NZG 2020, 421; Kallmeyer/*Kocher* § 54 Rn 19, 21; KK-UmwG/*Simon/Nießen* § 54 Rn. 56). Eine ausdrückliche Erklärung ist ratsam, um Schwierigkeiten beim Registervollzug zu vermeiden (vgl. Lutter UmwG/*M. Winter/J. Vetter* § 54 Rn. 88; Widmann/Mayer/*Mayer* § 54 Rn. 51.1). Aus solchen Zweckmäßigkeitsüberlegung folgt aber nicht, dass nur eine ausdrückliche Erklärung den Anforderungen des § 54 Abs. 1 S. 3 UmwG genügt, sondern lediglich, dass bei verbleibenden Zweifeln davon auszugehen ist, dass die Erklärung nicht abgegeben worden ist (OLG Köln 22.1.2020 – NZG 2020, 421). Zu etwaigen steuerlichen Nachteilen vgl. KK-UmwG/*Simon/Nießen* Rn. 46; *Weiler* NZG 2008, 529. 4

Gemäß **§ 54 Abs. 2** werden in den Fällen von Abs. 1 S. 1 und 2 **wirtschaftliche den rechtlichen Eigentümern gleichgestellt** (vgl. KK-UmwG/*Simon/Nießen* Rn. 59). Dass die Vorschrift nun auch auf den erst infolge des 2. Gesetzes zur Änderung des UmwG eingeführten Abs. 1 S. 3 verweist, ist ein 5

Redaktionsversehen (vgl. KK-UmwG/*Simon/Nießen* Rn. 60). Mit Blick auf § 54 Abs. 2 handelt für Rechnung der übernehmenden Gesellschaft bzw. eines übertragenden Rechtsträgers, wer als Treuhänder oder mittelbarer Stellvertreter anzusehen ist (vgl. Semler/Stengel/*Reichert* Rn. 33; SHS/*Westerburg* Rn. 16), nicht aber ein im Besitz der GmbH stehendes Unternehmen (vgl. Widmann/Mayer/*Mayer* Rn. 70; Semler/Stengel/*Reichert* Rn. 33) noch ein Dritter, zu dessen Gunsten ein Nießbrauch besteht, da jener auf eigene Rechnung handelt (vgl. SHS/*Westerburg* Rn. 16). Auch bei gem. § 18 GmbHG gemeinschaftlich gehaltenen Anteilen ist § 54 Abs. 2 nicht anwendbar (KK-UmwG/*Simon/Nießen* Rn. 63).

6 **§ 54 Abs. 3 erleichtert die verschmelzungsbedingte Teilung von Geschäftsanteilen,** soweit das Kapitalerhöhungswahlrecht gem. § 54 Abs. 1 S. 2 ausgeübt wird. In Abs. 3 S. 1 aE wird dabei klarstellend die Regelung aus § 5 Abs. 2 S. 1 GmbHG wiederholt (vgl. Begr. RegE BR-Drs. 354/07, 137). Im Übrigen ist zu berücksichtigen, dass nach der Aufhebung von § 17 GmbHG aF die Gesellschafterversammlung der GmbH die Teilung von Geschäftsanteilen ohne weiteres beschließen kann, sofern nicht die Satzung die Teilung erschwert oder verbietet. Die Vorschrift steht auch mittelbaren Teilungserschwerungen entgegen (vgl. Semler/Stengel/*Reichert* Rn. 37; KK-UmwG/*Simon/Nießen* Rn. 66) und ist über den Wortlaut von S. 1 hinaus anwendbar, wenn Dritte Anteile der übernehmenden GmbH zur Verfügung stellen (vgl. Semler/Stengel/*Reichert* Rn. 39; KK-UmwG/*Simon/Nießen* Rn. 67).

7 Nach Maßgabe von **§ 54 Abs. 4** sind bei der Verschmelzung **bare Zuzahlungen** der übernehmenden GmbH an die Anteilsinhaber der übertragenden Rechtsträger zulässig. Zusammen mit der Anteilsgewährung gem. § 46 Abs. 1 ermöglichen bare Zuzahlungen einen genauen Ausgleich für die verschmelzungsbedingte Übertragung von Vermögenswerten, soweit es trotz der weitgehenden Möglichkeiten zur Stückelung der zu gewährenden Anteile noch zu einer Ungleichbehandlung kommen würde. Sie dürfen nicht zusammen mit den zu gewährenden Anteilen zu einer verdeckten Unter-Pari-Emission führen (vgl. Widmann/Mayer/*Mayer* Rn. 56; SHS/*Westerburg* Rn. 23). Die Obergrenze gem. § 54 Abs. 4 gilt nur für im Verschmelzungsvertrag festgesetzte bare Zuzahlungen, jedoch nicht für spätere Erhöhungen oder Neufestsetzungen durch das Gericht gem. § 15 (vgl. Begr. RegE BR-Drs. 75/94, 101; Widmann/Mayer/*Mayer* Rn. 57; SHS/*Westerburg* Rn. 22).

8 Bei einem **Verstoß** gegen das in § 54 Abs. 1 S. 1 Nr. 1–3 enthaltene Kapitalerhöhungsverbot ist der Kapitalerhöhungsbeschluss nach allgM analog § 241 Nr. 3 AktG nichtig (vgl. Widmann/Mayer/*Mayer* Rn. 71 mwN; SHS/*Westerburg* Rn. 27 mwN) und daher ebenso wenig wie die Verschmelzung gem. § 53 einzutragen. Bei dennoch erfolgter Eintragung sind in den Fällen von S. 1 Nr. 2 und 3 entstehende eigene Anteile unverzüglich zu veräußern (vgl. Widmann/Mayer/*Mayer* Rn. 73; Semler/Stengel/*Reichert* Rn. 47). § 54 Abs. 3 und 4 entgegenstehende Bestimmungen sind nach allgM (vgl. Widmann/Mayer/*Mayer* Rn. 74–77; Semler/Stengel/*Reichert* Rn. 49 mwN und SHS/*Westerburg* Rn. 28) gem. § 134 BGB nichtig, was gem. § 139 BGB im Zweifel für den gesamten Verschmelzungsvertrag gilt.

Verschmelzung mit Kapitalerhöhung

55 (1) **Erhöht die übernehmende Gesellschaft zur Durchführung der Verschmelzung ihr Stammkapital, so sind § 55 Abs. 1, §§ 56a, 57 Abs. 2, Abs. 3 Nr. 1 des Gesetzes betreffend die Gesellschaften mit beschränkter Haftung nicht anzuwenden.**

(2) **Der Anmeldung der Kapitalerhöhung zum Register sind außer den in § 57 Abs. 3 Nr. 2 und 3 des Gesetzes betreffend die Gesellschaften mit beschränkter Haftung bezeichneten Schriftstücken der Verschmelzungsvertrag und die Niederschriften der Verschmelzungsbeschlüsse in Ausfertigung oder öffentlich beglaubigter Abschrift beizufügen.**

I. Allgemeines

1 Zur **Erleichterung verschmelzungsbedingter Kapitalerhöhungen** bei der übernehmenden GmbH, die gem. 54 zulässig sein müssen, sieht das Gesetz in § 55 ein **vereinfachtes Verfahren** vor, weil wegen der Gesamtrechtsnachfolge die Erfüllung der Einlagepflicht sicher und zudem die Übernahme der neuen Geschäftsanteile vertraglich festgelegt ist. Daher beinhaltet § 55 Abs. 1 Einschränkungen und Abs. 2 Erweiterungen zu den §§ 55 ff. GmbHG.

II. Verschmelzungsbedingte Stammkapitalerhöhung (Abs. 1)

2 Die Vorschrift setzt in **§ 55 Abs. 1** die im Regelfall zur verschmelzungsbedingten Gewährung von Geschäftsanteilen erforderliche **Stammkapitalerhöhung** voraus. Dabei ist neben dem Kapitalerhöhungsverbot gem. § 54 das **Verbot der sog. Unter-Pari-Emission** zu beachten. Soweit eine verschmelzungsbedingte Kapitalerhöhung überhaupt erfolgen darf oder muss, folgt aus jenem Verbot, dass der tatsächliche Wert der durch die Kapitalerhöhung geschaffenen Geschäftsanteile samt etwaiger Zuzahlungen mindestens gedeckt sein muss durch den – idR nach der Ertragswertmethode durch Sach-

verständige, insbesondere Wirtschaftsprüfer, zu ermittelnden – tatsächlichen Unternehmenswert der zu übertragenden Rechtsträger, da sonst die Sacheinlage nicht vollständig bewirkt wäre. Das Registergericht prüft diese Anforderungen gem. §§ 57a, 9c GmbHG. Relevant wird dies insbesondere bei sog. Sanierungsfusionen unter Beteiligung eines oder mehrerer überschuldeter Rechtsträger als übertragende oder übernehmende Beteiligte mit Blick auf die zu leistende Sacheinlage (vgl. dazu Widmann/Mayer/*Mayer* Rn. 83, 83.6 mwN; vgl. zu Sanierungsfusionen ohne Kapitalerhöhung Widmann/Mayer/*Mayer* Rn. 83.11). Für die Stammkapitalerhöhung gilt im Grundsatz, dass das Verhältnis des Werts der übertragenen Rechtsträger zum Gesamtwert aller Rechtsträger dem Verhältnis der Kapitalerhöhung zum Stammkapital nach der Verschmelzung zu entsprechen hat (vgl. *Limmer* Unternehmensumwandlung-HdB Rn. 461; SHS/*Westerburg* Rn. 18).

Aus den Worten **„zur (…) Verschmelzung"** folgt, dass die Verfahrenserleichterungen gem. § 55 nicht gelten, soweit auch den Gesellschaftern der übernehmenden GmbH neue Anteile übertragen werden sollen. Das Verfahren nach § 55 kann allerdings mit einer Kapitalerhöhung nach allgemeinen Grundsätzen verbunden werden, wobei für jede Kapitalerhöhung gesonderte Vorschriften gelten (OLG Düsseldorf 10.5.2019, NZG 2019, 1271). Über die verschmelzungsbedingte Kapitalerhöhung und die weitere reguläre Kapitalerhöhung sollten gesonderte Beschlüsse gefasst werden, die zwar in einer notariellen Urkunde zusammen schriftlich fixiert werden können, aber gesondert zum Handelsregister angemeldet und dort eingetragen werden sollten (OLG Düsseldorf 10.5.2019, NZG 2019, 1271; Widmann/Mayer/*Mayer* § 55 Rn. 11, 45.1, 115 ff.; Lutter UmwG/*M. Winter/J. Vetter* § 55 Rn. 13). 3

III. Ausdrücklich nicht anwendbare Vorschriften des GmbHG (Abs. 1)

Wegen der gem. § 46 Abs. 1 S. 1 erforderlichen ausdrücklichen vertraglichen Zuordnung der zu gewährenden Gesellschaftsanteile **bedarf es keiner ausdrücklichen Erklärung des Übernehmers** gem. dem allgemeinen GmbH-Recht, sodass § 55 Abs. 1, § 57 Abs. 3 Nr. 1 GmbHG insofern keine Anwendung finden. Weil durch die Gesamtrechtsnachfolge die Sacheinlage sichergestellt ist, ist § 56a GmbHG insofern nicht anwendbar und die Versicherung gem. § 57 Abs. 2 GmbHG entbehrlich. 4

IV. Weitere nicht anwendbare Vorschriften des GmbHG (Abs. 1)

Aus dem Umstand, dass § 55 Abs. 1 nur die nicht anzuwendenden Vorschriften des GmbHG benennt, soll nicht zwingend im Umkehrschluss abgeleitet werden können, in welchem Umfang die für die Kapitalerhöhung maßgeblichen Vorschriften des GmbHG bei einer Verschmelzung zur Anwendung kommen, zumal sich die Verweisungstechniken in § 55 Abs. 1 und § 36 Abs. 2 S. 1 unterscheiden (BGH 6.11.2018, BGHZ 220, 179 Rn. 16). Vielmehr sind bei der Anwendung der nach dem Gesetzeswortlaut nicht von der Anwendung ausdrücklich ausgeschlossenen Vorschriften über die Kapitalerhöhung des GmbHG die aus der Verschmelzung folgenden Besonderheiten zu berücksichtigen (vgl. BGH 6.11.2018, BGHZ 220, 179 Rn. 16; KK-UmwG/*Simon/Nießen* Rn. 5). Über den Wortlaut von § 55 Abs. 1 hinaus ist neben den erwähnten Vorschriften nach dem Gesetzeszweck auch **§ 55 Abs. 3 GmbHG** nicht anwendbar (hM; vgl. KK-UmwG/*Simon/Nießen* Rn. 18; Widmann/Mayer/*Mayer* Rn. 50 mwN). **§ 55 Abs. 2 GmbHG** gilt nicht, soweit darauf ein Anteilsbezugsrecht von Gesellschaftern der übernehmenden GmbH gestützt werden könnte (hM; vgl. Semler/Stengel/*Reichert* Rn. 20; Widmann/Mayer/*Mayer* Rn. 51; SHS/*Westerburg* Rn. 11). Die Anwendung der Grundsätze der **Differenzhaftung** gemäß **§ 56 Abs. 2 GmbHG iVm § 9 GmbHG** ist nach der Rechtsprechung des BGH (BGH 6.11.2018, BGHZ 220, 179 Rn. 11 ff.) im Anschluss an seine Judikatur zur Verschmelzung bei Aktiengesellschaften (BGH 12.3.2007, BGHZ 171, 293) im Fall von Verschmelzungen nach § 55 nicht geboten, da der maßgebliche Verpflichtungsgrund der Differenzhaftung nicht in dem Gebot realer Kapitalaufbringung, sondern in der rechtsgeschäftlichen Übernahme eines Gesellschaftsanteils besteht (BGH 6.11.2018, BGHZ 220, 179 Rn. 17, 20) und die Gesellschafter des übertragenden Rechtsträgers im Fall der GmbH-Verschmelzung weder in der Form des Verschmelzungsvertrags noch des Verschmelzungsbeschlusses eine Kapitaldeckungszusage geben. Zudem besteht weder im GmbH-Recht noch im Recht der AG ein zwingender Zusammenhang zwischen originärem Anteilserwerb am übernehmenden Rechtsträger – wie im Fall der Verschmelzung nach § 20 Abs. 1 Nr. 3 – und einer Differenzhaftung, weil auch im Falle einer Kapitalerhöhung aus Gesellschaftsmitteln (§ 57c GmbHG) keine haftungsbegründende Übernahmeverpflichtung besteht (BGH 6.11.2018, BGHZ 220, 179 Rn. 20 mwN; dazu krit.: *Heckschen* NotBZ 2019, 135; *Lieder/Bialluch* ZGR 2019, 760; *Priester* ZIP 2019, 646; *Wicke* DNotZ 109, 405). 5

V. Anwendung der übrigen einschlägigen Vorschriften des GmbHG (Abs. 1)

Welche der nicht in § 55 Abs. 1 genannten für Stammkapitalerhöhungen geltenden allgemeinen Vorschriften des GmbHG im Fall der Verschmelzung mit Kapitalerhöhung anwendbar sind, muss nach der Rechtsprechung des BGH (BGH 6.11.2018, BGHZ 220, 179 Rn. 16) anhand der Besonderheiten des Umwandlungsrechts zu ermitteln. Da der Kapitalerhöhungsbeschluss, der gesondert von dem Ver- 6 schmelzungsbeschluss erfolgen muss, eine Satzungsänderung bei der übernehmenden GmbH zum Gegenstand hat, gelten die **Form- und Mehrheitserfordernisse gem. § 53 GmbHG.**

7 Zur Deckung der Kapitalerhöhung wird jeweils das Gesamtvermögen der übertragenden Rechtsträger als **Sacheinlage iSv § 56 GmbHG** geleistet, wobei hinsichtlich des Gegenstands der Sacheinlage und deren Zuordnung auf den Verschmelzungsvertrag verwiesen werden kann (vgl. Semler/Stengel/*Reichert* Rn. 7). Es genügt, das Stammkapital der übernehmenden GmbH zunächst bis zu einer bestimmten Höchstziffer zu erhöhen und die Erhöhung erst spätestens zum Zeitpunkt der Anmeldung der Verschmelzung bei der übernehmenden GmbH endgültig zu beziffern (vgl. Widmann/Mayer/*Mayer* Rn. 32 und Semler/Stengel/*Reichert* Rn. 5 je mwN).

8 § 5 Abs. 2 S. 1 GmbHG ist durch § 55 Abs. 1 nicht ausgeschlossen, da weder das UmwG noch das GmbHG Privilegierungsvorschriften für eine Euro-Umstellung und Glättung im Rahmen eines Verschmelzungsvorgangs enthalten (OLG Düsseldorf 10.5.2019 NZG 2019, 1271 mwN). Ebenso nicht ausgeschlossen sind § 5 Abs. 4 GmbHG und § 8 Abs. 1 Nr. 4 GmbHG (so aber *Happ* BB 1985, 1927); vielmehr kann bei der Verschmelzung von Kapitalgesellschaften und eG § 58 Abs. 2 analog angewendet werden, und darüber hinaus ist es eine Frage des Einzelfalls, ob ein **Sachgründungsbericht** auch im Fall der Kapitalerhöhung erforderlich ist und vom Registergericht nach dem Amtsermittlungsgrundsatz **angefordert werden kann** (so die wohl hM; vgl. OLG Stuttgart 19.1.1981, GmbHR 1982, 109 (112); Widmann/Mayer/*Mayer* Rn. 57 mwN).

9 Das **Registergericht prüft** die Kapitalerhöhung gem. §§ 57a, **9c GmbHG** und bestimmt, welche Unterlagen insofern erforderlich sind. In Betracht kommen zB die Schlussbilanz des übertragenen Rechtsträgers, des Weiteren in Einzelfällen ein Sacheinlagebericht (str.; → Rn. 8) sowie bei mittleren und großen GmbH gem. § 267 HGB ein geprüfter Abschluss (vgl. Widmann/Mayer/*Mayer* Rn. 75 bis 79; SHS/*Westerburg* Rn. 26). Ist die Kapitalerhöhung höher als das Eigenkapital nach Buchwerten der übertragenen Rechtsträger, so müssen stille Reserven oder entsprechende Werthaltigkeit des nicht bilanzierten Vermögens aufgezeigt werden (vgl. Widmann/Mayer/*Mayer* Rn. 77 mwN; Semler/Stengel/*Reichert* Rn. 25). Bei falsch bestimmtem Umtauschverhältnis sollte die Übernehmerseite nach hM (Widmann/Mayer/*Mayer* Rn. 106 mwN) den Kapitalerhöhungsbeschluss anfechten (aA SHS/*Westerburg* Rn. 29: Verschmelzungsbeschluss).

VI. Der Handelsregisteranmeldung beizufügende Unterlagen (Abs. 2)

10 Die Vorschrift setzt eine Pflicht zur Anmeldung der Kapitalerhöhung stillschweigend voraus. Nicht zuletzt wegen der formalen Anforderungen gem. § 55 Abs. 2, welche die wechselseitige Bedingtheit von Verschmelzungsvertrag und der zu diesem Zweck erfolgenden Kapitalerhöhung der übernehmenden GmbH verdeutlichen, müssen die übertragenden Rechtsträger zunächst den Verschmelzungsvertrag schließen und die erforderlichen Zustimmungsbeschlüsse gefasst worden sein, ehe die Kapitalerhöhung angemeldet und gem. § 53 eingetragen werden kann. Gemäß § 55 Abs. 2 iVm § 57 Abs. 3 Nr. 2 GmbH muss eine **gesonderte Übernehmerliste** eingereicht werden, in der nur die Übernehmer von durch die Kapitalerhöhung neu geschaffenen Anteilen zu bezeichnen sind. Deren Bezeichnung im Verschmelzungsvertrag macht die Übernehmerliste nach dem eindeutigen Gesetzeswortlaut und dem Zweck der Liste nicht entbehrlich (so auch Widmann/Mayer/*Mayer* Rn. 90, 91 mwN; *Mayer* ZIP 2009, 1037, 1046; aA Semler/Stengel/*Reichert* Rn. 22 mwN). Zu den infolge des MoMiG neuen Aufgaben der Notare hinsichtlich der Gesellschafterlisten vgl. *Mayer* DNotZ 2008, 403. Die gem. § 55 Abs. 2, § 57 Abs. 3 Nr. 3 GmbHG angesprochenen Festsetzungsverträge gibt es nach allgM (vgl. Widmann/Mayer/*Mayer* Rn. 92 und Semler/Stengel/*Reichert* Rn. 22 je mwN) bei einer Verschmelzung nicht.

Zweiter Unterabschnitt. Verschmelzung durch Neugründung

Anzuwendende Vorschriften

56 **Auf die Verschmelzung durch Neugründung sind die Vorschriften des Ersten Unterabschnitts mit Ausnahme der §§ 51 bis 53, 54 Absatz 1 bis 3 sowie des § 55 entsprechend anzuwenden.**

I. Allgemeines

1 Die §§ 56–59 enthalten für die Verschmelzung durch Neugründung unter Beteiligung von GmbH als übertragende und/oder übernehmende Rechtsträger **Sonderregeln gegenüber §§ 36–38** und den danach für die Rechtsform des Zielrechtsträgers geltenden Gründungsvorschriften (vgl. Widmann/Mayer/*Mayer* Rn. 1, 6; Semler/Stengel/*Reichert* Rn. 2, 3).

II. Anwendbare Vorschriften des Ersten Unterabschnitts

Ist eine GmbH übertragende Rechtsträgerin, so finden **§§ 47–50 entsprechende** Anwendung (vgl. Widmann/Mayer/*Mayer* Rn. 8; Semler/Stengel/*Reichert* Rn. 5). Soll die Verschmelzung auf eine zu diesem Zweck neu zu gründende GmbH erfolgen, so sind nach allgM **§ 46 Abs. 1 und § 54 Abs. 4** zu beachten (vgl. Widmann/Mayer/*Mayer* Rn. 9–11 und Semler/Stengel/*Reichert* Rn. 6–10 je mwN). Sinngemäß anwendbar ist nach hM zudem **§ 46 Abs. 2** (vgl. Semler/Stengel/*Reichert* Rn. 8; Lutter UmwG/*M. Winter/J. Vetter* Rn. 12), sodass Sonderrechte und Sonderpflichten für einzelne Gesellschafter der zwecks Verschmelzung errichteten GmbH, die nicht für alle Anteilsinhaber der übertragenden Rechtsträger in gleicher Weise gelten, nicht nur in der Satzung der GmbH, sondern auch im Verschmelzungsvertrag festzusetzen sind (aA: Widmann/Mayer/*Mayer* § 46 Rn. 6; SHS/*Westerburg* Rn. 2). 2

Im Umkehrschluss zu der ausdrücklichen Unanwendbarkeit von § 54 Abs. 1–3 folgt, dass bare Zuzahlungen nach Maßgabe von **§ 54 Abs. 4** erlaubt sind (vgl. Widmann/Mayer/*Mayer* Rn. 11; Semler/Stengel/*Reichert* Rn. 10). 3

III. Nicht anwendbare Vorschriften des Ersten Unterabschnitts

Neben den ausdrücklich erwähnten §§ 51–53, 54 Abs. 1–3 und § 55 findet nach allgM auch **§ 46 Abs. 3** auf die Verschmelzung durch Neugründung einer GmbH keine Anwendung, weil jene Vorschrift eine bereits bestehende übernehmende GmbH voraussetzt (vgl. Semler/Stengel/*Reichert* Rn. 8); vereinzelt wird vertreten, auch § 46 Abs. 2 sei insofern nicht anwendbar (so Widmann/Mayer/*Mayer* § 46 Rn. 6; SHS/*Westerburg* Rn. 2). Die uneingeschränkte Verweisung auch auf § 52 seit Inkrafttreten des 3. Gesetzes zur Änderung des Umwandlungsgesetzes vom 11.7.2011 (BGBl. 2011 I 1338) ist wegen der Streichung von § 52 Abs. 2 nur redaktioneller Natur. 4

IV. Entsprechende Anwendung des GmbH-Gründungsrechts

Da §§ 56–59 Sonderregelungen zu §§ 36–38 sind, findet bei der Verschmelzung durch Neugründung das Gründungsrecht der GmbH Anwendung, soweit sich aus dem UmwG nichts Abweichendes ergibt. Obwohl auch eine **UG (haftungsbeschränkt)** nur eine Unterform der GmbH ist, kommt sie insofern nicht als Zielrechtsträgerin in Betracht, weil dem das für die UG (haftungsbeschränkt) geltende Verbot der Sachgründung gem. § 5a Abs. 2 S. 2 GmbHG entgegensteht (so auch *Heinemann* NZG 2008, 821 (822); *Heckschen,* Das MoMiG in der notariellen Praxis, 2009, Rn. 238; *Tettinger* Der Konzern 2008, 75 (76); aA *Veil* GmbHR 2007, 1080, 1084; *Freitag/Riemenschneider* ZIP 2007, 1485 (1491)). Die verschmelzungsbedingte Neugründung der GmbH ist eine Sachgründung, weil die neue GmbH die von den übertragenden Rechtsträgern betriebenen Unternehmen im Wege der Gesamtrechtsnachfolge übernimmt. 5

Inhalt des Gesellschaftsvertrags

57 **In den Gesellschaftsvertrag sind Festsetzungen über Sondervorteile, Gründungsaufwand, Sacheinlagen und Sachübernahmen, die in den Gesellschaftsverträgen, Partnerschaftsverträgen oder Satzungen übertragender Rechtsträger enthalten waren, zu übernehmen.**

I. Allgemeines

Die Vorschrift ergänzt die allgemeinen Festlegungen des GmbHG und regelt zwingend festzusetzende Inhalte des Gesellschaftsvertrags der zwecks Verschmelzung neu zu gründenden GmbH, ohne die das Registergericht die GmbH nicht im Handelsregister eintragen darf (vgl. Widmann/Mayer/*Mayer* Rn. 13.1 und Semler/Stengel/*Reichert* Rn. 12 je mwN). Sie dient unter anderem dem **Schutz** der Gläubiger und Aktionäre von AGen **vor einer Aushebelung und Umgehung der aktienrechtlichen Schutzvorschriften** gem. § 26 Abs. 4 und 5 AktG sowie § 27 Abs. 5 AktG durch Verschmelzung auf einen neuen Rechtsträger. Der Gesellschaftsvertrag der neuen GmbH muss gem. § 37 in dem Verschmelzungsvertrag enthalten sein. 1

II. Gesellschaftsvertrag der neuen GmbH

Nach ihrem Wortlaut findet die Vorschrift **Anwendung** auf den Gesellschaftsvertrag der zwecks Verschmelzung neu zu gründenden GmbH. Als übertragende Rechtsträger kommen nur GmbH und AG in Betracht, da nur das für diese Rechtsformen geltende Recht Regelungen über Sondervorteile, Gründungsaufwand, Sacheinlagen und Sachübernahmen vorsieht (vgl. §§ 26, 27 AktG, § 5 Abs. 4 2

GmbHG) und sich § 57 nach allgM (vgl. Kallmeyer/*Kocher* Rn. 1; Widmann/Mayer/*Mayer* Rn. 1, 3 und Semler/Stengel/*Reichert* Rn. 11 je mwN) nur auf entsprechende, für die Ausgangsrechtsträger gesetzlich vorgeschriebene Angaben bezieht.

3 Die angesprochenen **Festlegungen** sind im Fall der AG gem. § 36 Abs. 4 AktG, § 27 Abs. 5 AktG für grundsätzlich 30 Jahre (vgl. Widmann/Mayer/*Mayer* Rn. 7 mwN) und im Fall der GmbH für zehn Jahre (so Baumbach/Hueck/*Fastrich* GmbHG § 5 Rn. 49; Widmann/Mayer/*Mayer* Rn. 1, 8 unter Bezugnahme auf die auf zehn Jahre verlängerte Verjährungsfrist gem. § 9 Abs. 2 GmbHG; aA [für fünf Jahre; gem. § 9 Abs. 2 GmbHG aF]; Semler/Stengel/*Reichert* Rn. 9) **beizubehalten.** Dass auch bei einer GmbH Festsetzungen über Sondervorteile, die Übernahme des Gründungsaufwands sowie Sacheinlagen und Sachübernahmen in der Satzung verlautbart werden müssen (vgl. BGH 20.2.1989, BGHZ 107, 1 = NJW 1989, 1610; Lutter UmwG/*M. Winter/J. Vetter* Rn. 3; Baumbach/Hueck/*Fastrich* GmbHG § 5 Rn. 57 mwN; Kallmeyer/*Kallmeyer* Rn. 2), ergibt sich für Sacheinlagen ausdrücklich aus § 5 Abs. 4 S. 1 GmbHG (vgl. UHL/*Ulmer/Casper* GmbHG § 5 Rn. 135; Scholz/*Veil* GmbHG § 5 Rn. 86), wobei GmbH-rechtliche Sachübernahmen entsprechend behandelt werden (vgl. BGH 10.11.1958, BGHZ 28, 314 (318); Hüffer/Koch/*Koch* AktG § 27 Rn. 5; HCL/*Ulmer/Casper* GmbHG § 5 Rn. 35, 119 ff.; Baumbach/Hueck/*Fastrich* GmbHG § 5 Rn. 16). Zwar enthält das Gesetz für eingeräumte Sondervorteile und von der Gesellschaft übernommenen Gründungsaufwand keine entsprechende Regelung, doch sind nach allgM solche Festsetzungen ebenfalls in der Satzung der GmbH anzugeben (Semler/Stengel/*Reichert* Rn. 9; HCL/*Ulmer/Casper* GmbHG § 5 Rn. 191, 200 ff. und Baumbach/Hueck/*Fastrich* GmbHG § 5 Rn. 57 mwN), und zwar für zugesagte Sondervorteile analog auf § 26 Abs. 1 AktG (vgl. Semler/Stengel/*Reichert* Rn. 9; UHL/*Ulmer/Casper* GmbHG § 5 Rn. 208) sowie für den Gründungsaufwand auf die entsprechende Anwendung des § 26 Abs. 2 AktG (vgl. BGH 20.2.1989, ZIP 1989, 448 [450]).

4 § 57 stellt klar, dass die Festsetzung der Sacheinlage im Verschmelzungs- oder Spaltungsvertrag nicht genügt. Vielmehr ist deren Gegenstand im Gesellschaftsvertrag der GmbH zu bestimmen, und zwar so zweifelsfrei, wie von der Rspr. für die Einzelrechtsübertragung gefordert (vgl. BGH 24.7.2000, DB 2000, 2260; Widmann/Mayer/*Mayer* § 36 Rn. 78 und § 135 Rn. 44; Kallmeyer/*Marsch-Barner* § 36 Rn. 10), und mit dem Wert, mit dem sie auf die Stammeinlage angerechnet wird (vgl. *Limmer* Unternehmensumwandlung-HdB Rn. 511, 512).

5 Festsetzungen sind **entbehrlich,** sofern die besagte Frist bei einem übertragenen Rechtsträger bereits vor der Verschmelzung abgelaufen ist, denn die Beibehaltungsfristen beginnen nicht mit der Verschmelzung neu zu laufen (vgl. Widmann/Mayer/*Mayer* Rn. 2 mwN).

6 Da die verschmelzungsbedingte Neugründung der GmbH eine gem. § 5 Abs. 4 S. 1 GmbHG in der Satzung **ausdrücklich zu bezeichnende Sachgründung** ist, gelten die insofern einschlägigen allgemeinen Gründungsvorschriften des GmbHG, soweit nicht §§ 2–38 und §§ 46–59 Abweichendes regeln.

7 Aus Gründen der Rechtsklarheit und zur besseren Wahrnehmbarkeit sollten etwaige zu übernehmende Festsetzungen gem. § 57 in der Satzung der neuen GmbH **gesondert** unter einem Titel „Weitergeltende Satzungsbestimmungen der sich vereinigenden Rechtsträger" **geregelt** werden (so auch Widmann/Mayer/*Mayer* Rn. 9.1 und Semler/Stengel/*Reichert* Rn. 3 je mwN).

8 Aus dem Wortlaut **(„zu übernehmen")** folgt, dass Änderungen an den besagten Festlegungen gem. § 57 nicht erfolgen dürfen, selbst wenn die ursprünglichen Festsetzungen fehlerhaft verlautbart waren; wohl aber sind Änderungen oder gänzlich neue Festsetzungen als originäre und nicht von § 57 erfasste Vertragsregelungen zulässig (vgl. Widmann/Mayer/*Mayer* Rn. 9.1, 9.2 mwN).

III. Rechtsfolgen bei Verstoß gegen § 57

9 Erfolgt die Eintragung, obwohl die Anforderungen gem. § 57 nicht erfüllt wurden, so gehen die ursprünglich bei den übertragenen Rechtsträgern geregelten **Sondervorteile** unter (hM; vgl. Widmann/Mayer/*Mayer* Rn. 14 und Semler/Stengel/*Reichert* Rn. 12 je mwN; aA Goutier/Knopf/Tulloch/*Bermel* Rn. 3). Unterbleiben die bei GmbH aufzuführenden Festsetzungen über den **Gründungsaufwand,** so haften insoweit die Anteilsinhaber (vgl. Widmann/Mayer/*Mayer* Rn. 20; Semler/Stengel/*Reichert* Rn. 12). Entsprechendes gilt für bereits vollständig erbrachte **Sacheinlagen** und **Sachübernahmen** (vgl. Widmann/Mayer/*Mayer* Rn. 20 mwN).

Sachgründungsbericht

58

(1) In dem Sachgründungsbericht (§ 5 Abs. 4 des Gesetzes betreffend die Gesellschaften mit beschränkter Haftung) sind auch der Geschäftsverlauf und die Lage der übertragenden Rechtsträger darzulegen.

(2) Ein Sachgründungsbericht ist nicht erforderlich, soweit eine Kapitalgesellschaft oder eine eingetragene Genossenschaft übertragender Rechtsträger ist.

Die Vorschrift bezweckt mit erhöhten Anforderungen an den Sachgründungsbericht den **Gläubigerschutz bei den verschmelzungsbedingten Sacheinlagevorgängen** (vgl. Widmann/Mayer/*Mayer* Rn. 2). § 58 Abs. 1 erweitert die gem. § 36 Abs. 2 S. 1 anwendbare Vorschrift des § 5 Abs. 4 S. 2 GmbHG hinsichtlich des Inhalts des Sachgründungsberichts um die Darlegung des Geschäftsverlaufs und der Lage der zu verschmelzenden Rechtsträger, wohingegen § 58 Abs. 2 in dem genannten Fall den Anwendungsbereich von § 5 Abs. 4 GmbHG einschränkt. Handelt es sich bei der übertragenden Rechtsträgerin um eine Kapitalgesellschaft oder eingetragene Genossenschaft, so müssen deren Vertretungsorgane gem. § 58 Abs. 2 keinen Sachgründungsbericht erstellen, und zwar auch nicht hinsichtlich des von anderen Rechtsträgern iRd Verschmelzung zu übertragenden Vermögens (so auch Widmann/Mayer/*Mayer* Rn. 2, 16; Semler/Stengel/*Reichert* Rn. 3, 11; aA SHS/*Westerburg* Rn. 2). Denn nach der Gesetzesbegründung (vgl. Begr. RegE BR-Drs. 75/94, 101) ist ein Sachgründungsbericht nur dann erforderlich, wenn im jeweiligen Organisationsrecht der übertragenden Rechtsträger eine Kapitalsicherung im Wege der Prüfung durch Sachverständige oder Gericht nicht vorgesehen ist (dazu kritisch *Ihrig* GmbHR 1995, 622 (628)), also nur bei der Verschmelzung durch Neugründung unter Beteiligung einer Personenhandelsgesellschaft, Partnerschaftsgesellschaft oder eines Vereins. Denn weder steht bei der Übernahme des Vermögens solcher Rechtsträger als Sacheinlage in die neue GmbH deren Wert fest, noch gibt es Anhaltspunkte zu dessen Beurteilung. In Anlehnung an § 5 Abs. 4 S. 2 GmbHG dürfte es ausreichen, sich bei den Darlegungen gem. § 58 Abs. 1 auf die Geschäftsergebnisse der beiden letzten Jahre vor der Handelsregisteranmeldung zu beschränken (so auch Widmann/Mayer/*Mayer* Rn. 15; Semler/Stengel/*Reichert* Rn. 8 mwN). 1

Verschmelzungsbeschlüsse

59 **[1]Der Gesellschaftsvertrag der neuen Gesellschaft wird nur wirksam, wenn ihm die Anteilsinhaber jedes der übertragenden Rechtsträger durch Verschmelzungsbeschluß zustimmen. [2]Dies gilt entsprechend für die Bestellung der Geschäftsführer und der Mitglieder des Aufsichtsrats der neuen Gesellschaft, soweit sie von den Anteilsinhabern der übertragenden Rechtsträger zu wählen sind.**

Die Vorschrift bezweckt den **Schutz der Anteilsinhaber der übertragenden Rechtsträger** in ihrer künftigen Rolle als Gesellschafter der neuen GmbH, die sie durch die Verschmelzung einnehmen, ohne unmittelbar an deren Entstehung beteiligt zu sein (vgl. Widmann/Mayer/*Mayer* Rn. 2; Semler/Stengel/*Reichert* Rn. 2). 1

Im Hinblick auf § 37 enthält **§ 59 S. 1** eine lediglich **klarstellende Regelung** (so auch Widmann/Mayer/*Mayer* Rn. 2; SHS/*Westerburg* Rn. 1). Da der neue Gesellschaftsvertrag gem. § 37 zwingend im Verschmelzungsvertrag enthalten ist, wird auf einen gesonderten Zustimmungsbeschluss zur Feststellung der Satzung außerhalb des Verschmelzungsbeschlusses verzichtet, denn im Zweifel umfasst die Zustimmung zum Verschmelzungsvertrag jene zur Satzung (vgl. Widmann/Mayer/*Mayer* Rn. 5 und Semler/Stengel/*Reichert* Rn. 4 je mwN). 2

§ 59 S. 2 verdeutlicht mit Blick auf die Aufsichtsratsbestellung vor Eintragung der Gesellschaft gem. § 52 Abs. 2 GmbHG, dass nicht die zu verschmelzenden Rechtsträger, sondern deren Anteilsinhaber der Bestellung der Mitglieder des Aufsichtsrats durch Beschluss gem. § 13 zustimmen müssen, um **sicherzustellen,** dass die **späteren Gesellschafter Einfluss auf** die **Zusammensetzung des Aufsichtsrats** haben. Entsprechendes gilt infolge des 2. Gesetzes zur Änderung des UmwG (BGBl. 2007 I 542) für die **Geschäftsführerbestellung.** Ohne die entsprechenden Beschlüsse darf das Registergericht die neue GmbH nicht eintragen. 3

Die Geschäftsführer können entweder im Gesellschaftsvertrag oder durch gesonderten Beschluss, der mit dem Verschmelzungsbeschluss verbunden sein kann (vgl. Widmann/Mayer/*Mayer* Rn. 12; Semler/Stengel/*Reichert* Rn. 9), bestellt werden. Die **Geschäftsführerbestellung** im Verschmelzungsvertrag wird mit dem Verschmelzungsbeschluss **wirksam,** weil erst damit die insofern mindestens notwendige Vor-GmbH entsteht (vgl. Widmann/Mayer/*Mayer* Rn. 12). 4

Dritter Abschnitt. Verschmelzung unter Beteiligung von Aktiengesellschaften

Erster Unterabschnitt. Verschmelzung durch Aufnahme

Prüfung der Verschmelzung; Bestellung der Verschmelzungsprüfer

60 **Der Verschmelzungsvertrag oder sein Entwurf ist für jede Aktiengesellschaft nach den §§ 9 bis 12 zu prüfen.**

I. Allgemeines

1 Die Prüfung der Verschmelzung ist in den §§ 9–12 geregelt (s. Kommentierungen dort). Gemäß § 9 Abs. 1 ist der Verschmelzungsvertrag oder sein Entwurf durch einen Verschmelzungsprüfer zu prüfen, soweit dies im UmwG vorgeschrieben ist. § 60 schreibt die Prüfung bei Beteiligung einer AG vor (zu Ausnahmen → Rn. 3).

II. Verschmelzungsprüfung

2 **1. Notwendigkeit der Prüfung. a) Grundsatz.** Der Verschmelzungsvertrag oder sein Entwurf – insbes. des Umtauschverhältnisses (§ 12 Abs. 2) – ist zu prüfen, wenn eine oder mehrere Aktiengesellschaften an der Verschmelzung beteiligt sind. Dies gilt – anders als in §§ 44, 48 – ohne Rücksicht darauf, ob ein Aktionär die Prüfung verlangt (vgl. Begr. RegE, BR-Drs. 75/94, 102). Es kommt auch nicht darauf an, ob die beteiligte AG übertragender oder übernehmender Rechtsträger ist (zutr. Kallmeyer/*Lanfermann* Rn. 1).

3 **b) Ausnahmen.** Trotz Beteiligung einer AG ist die Prüfung für die Verschmelzung einer **100 %-Tochter** auf ihre Mutter entbehrlich (§ 9 Abs. 2). Sie ist ferner entbehrlich, wenn alle Anteilsinhaber aller beteiligten Rechtsträger auf sie in notariell beurkundeter Form **verzichten** (§ 9 Abs. 3 iVm § 8 Abs. 3); diese Regelung ist, obwohl Art. 10 RL 78/855/EWG (Verschmelzungs-RL) einen Verzicht nicht vorsieht, europarechtskonform (hM, Lutter UmwG/*Grunewald* Rn. 2).

4 **2. Prüferbestellung.** Das Verfahren der Bestellung des Verschmelzungsprüfers ist in § 10 f. einheitlich für alle Rechtsträger geregelt: Der/Die Verschmelzungsprüfer wird/werden vom Gericht **ausgewählt und bestellt.** Auf gemeinsamen Antrag kann für die beteiligten Rechtsträger ein **gemeinsamer Verschmelzungsprüfer** bestellt werden.

5 Die Prüfung der Verschmelzung durch einen gerichtlich bestellten Verschmelzungsprüfer ist von der **Mitwirkung von Wirtschaftsprüfern und Wirtschaftsprüfungsgesellschaften** im jeweiligen Auftrag der beteiligten Rechtsträger **bei der Bewertung** der zu verschmelzenden Unternehmen zwecks Festlegung des Umtauschverhältnisses im Verschmelzungsvertrag (§ 5 Abs. 1 Nr. 3) zu unterscheiden. Diese können nicht zu Verschmelzungsprüfern bestellt werden (§ 11 Abs. 1 iVm § 319 Abs. 3 Nr. 3 lit. d HGB analog).

6 **3. Prüfungsbericht.** Der/Die Verschmelzungsprüfer hat/haben einen schriftlichen Prüfungsbericht zu erstatten, was sie auch gemeinsam tun können (vgl. § 12 Abs. 1 und 2). Auch auf den Prüfungsbericht kann **verzichtet** werden (§ 12 Abs. 3 iVm § 8 Abs. 3).

Bekanntmachung des Verschmelzungsvertrags

61 **[1]Der Verschmelzungsvertrag oder sein Entwurf ist vor der Einberufung der Hauptversammlung, die gemäß § 13 Abs. 1 über die Zustimmung beschließen soll, zum Register einzureichen. [2]Das Gericht hat in der Bekanntmachung nach § 10 des Handelsgesetzbuchs einen Hinweis darauf bekanntzumachen, daß der Vertrag oder sein Entwurf beim Handelsregister eingereicht worden ist.**

I. Allgemeines

1 Die Regelung hat den Zweck, die Aktionäre bereits vor der Einberufung der Hauptversammlung über den Verschmelzungsvertrag oder seinen Entwurf zu informieren.

2 Ferner soll das Registergericht die Möglichkeit haben, ggf. Beanstandungen zu einem Zeitpunkt zu erheben, in dem die AG noch die Möglichkeit hat, den Verschmelzungsvertrag oder seinen Entwurf vor Einberufung der Hauptversammlung zu korrigieren (vgl. Semler/Stengel/*Diekmann* Rn. 6). Eine Korrektur wäre allerdings in der Praxis einer (börsennotierten) AG mit erheblichen zeitlichen Problemen verbunden (bei Beteiligung zweier AGs ua Notwendigkeit von zwei neuen Vorstandsbeschlüssen und ggf. Zustimmung des jeweiligen Aufsichtsrats mit Ladungsfristen), die eine plangemäße Einberufung der Hauptversammlung im Falle von Beanstandungen idR ausschließen wird; in Zweifelsfällen empfiehlt sich daher eine frühzeitigere Abstimmung mit dem Registergericht.

II. Einreichung und Bekanntmachung

3 **1. Einreichung am Sitz der AG.** Die Einreichung des Verschmelzungsvertrags oder seines Entwurfs erfolgt zum Handelsregister am Sitz der jeweiligen AG (vgl. § 14 AktG), sei sie übertragend oder aufnehmend. Zum Vertrag oder seinem Entwurf gehören auch **sämtliche Anlagen** (zutr. Kallmeyer/*Marsch-Barner/Oppenhoff* Rn. 1 mwN).

2. Zeitpunkt der Einreichung. Der Vertrag oder sein Entwurf ist **vor der Einberufung der Hauptversammlung** einzureichen. Die Einberufung ist in den Gesellschaftsblättern bekannt zu machen (§ 121 Abs. 4 S. 1 AktG; Ausnahmefall: § 121 Abs. 4 S. 2 AktG), also jedenfalls **im Bundesanzeiger** (§ 25 AktG; s. auch § 49 Abs. 1 WpHG). Die Einreichung hat dabei spätestens vor der Veröffentlichung im Bundesanzeiger zu erfolgen; nicht maßgeblich ist der Zeitpunkt der Übersendung der Einladung an den Bundesanzeiger: Gesellschaftsbekanntmachungen publiziert der Bundesanzeiger ab 15 Uhr; eine Einreichung vor dieser Uhrzeit reicht nach dem Gesetzeswortlaut aus (vgl. zB SHS/*Westerburg* Rn. 2). Wird eine **Vollversammlung** ohne Einberufung durchgeführt (§ 121 Abs. 6 AktG), bedarf es keiner Einreichung (§ 121 Abs. 6 AktG analog; Lutter UmwG/*Grunewald* Rn. 4; aA Semler/Stengel/*Diekmann* Rn. 15). Findet wegen des Konzernprivilegs des § 62 Abs. 1 eine Hauptversammlung der übernehmenden AG nicht statt, hat die Einreichung (dennoch) gem. § 62 Abs. 3 S. 2 zu erfolgen. Auf die Einreichung kann durch alle Aktionäre **verzichtet** werden (vgl. Lutter UmwG/*Grunewald* Rn. 7). Ferner kann stattdessen gem. § 62 Abs. 3 S. 8 eine Veröffentlichung auf der Homepage der Gesellschaft erfolgen. 4

3. Rechtsfolgen eines Gesetzesverstoßes. Eine **verspätete oder unterlassene Einreichung** zum Handelsregister führt im Hinblick auf die Informationsmöglichkeiten der Aktionäre ab Einberufung der Hauptversammlung (Einsicht und Abschriftenerteilung, § 63 Abs. 1 und 3, oder Zugang über das Internet, § 63 Abs. 4) mangels objektiver Wesentlichkeit des Gesetzesverstoßes (vgl. § 243 Abs. 1 AktG iVm § 243 Abs. 4 S. 1 AktG) nicht zur Anfechtbarkeit des Hauptversammlungsbeschlusses über die Verschmelzung (vgl. hM, zB Lutter UmwG/*Grunewald* Rn. 8 mwN). Die fehlende Einreichung ist auch kein Eintragungshindernis für die Verschmelzung (Lutter UmwG/*Grunewald* Rn. 10; aA Semler/Stengel/*Diekmann* Rn. 19). Der Vorstand kann jedoch durch Zwangsgeld zur Einreichung angehalten werden (§ 14 HGB). 5

4. Hinweisbekanntmachung. Das **Gericht** hat einen **Hinweis auf die Einreichung** „in der Bekanntmachung nach § 10 HGB" bekannt zu machen (S. 2). Diese Bezugnahme ist unklar: § 10 HGB ordnet die Bekanntmachung von Handelsregistereintragungen an, aber die Bekanntmachung einer Eintragung erfolgt bei der Einreichung nach § 61 mangels Eintragung nicht. Da auch die Begr. RegE (BT-Drs. 16/960, 65) keine Klarheit bringt, ist von einem Redaktionsversehen auszugehen und die Regelung unverändert so zu verstehen dass die Bekanntmachung eines Hinweises auf die Einreichung des Verschmelzungsvertrags oder seines Entwurfs (vgl. § 10 HGB) genügt. 6

Konzernverschmelzungen

62 (1) [1]**Befinden sich mindestens neun Zehntel des Stammkapitals oder des Grundkapitals einer übertragenden Kapitalgesellschaft in der Hand einer übernehmenden Aktiengesellschaft, so ist ein Verschmelzungsbeschluß der übernehmenden Aktiengesellschaft zur Aufnahme dieser übertragenden Gesellschaft nicht erforderlich.** [2]**Eigene Anteile der übertragenden Gesellschaft und Anteile, die einem anderen für Rechnung dieser Gesellschaft gehören, sind vom Stammkapital oder Grundkapital abzusetzen.**

(2) [1]**Absatz 1 gilt nicht, wenn Aktionäre der übernehmenden Gesellschaft, deren Anteile zusammen den zwanzigsten Teil des Grundkapitals dieser Gesellschaft erreichen, die Einberufung einer Hauptversammlung verlangen, in der über die Zustimmung zu der Verschmelzung beschlossen wird.** [2]**Die Satzung kann das Recht, die Einberufung der Hauptversammlung zu verlangen, an den Besitz eines geringeren Teils am Grundkapital der übernehmenden Gesellschaft knüpfen.**

(3) [1]**Einen Monat vor dem Tage der Gesellschafterversammlung oder der Hauptversammlung der übertragenden Gesellschaft, die gemäß § 13 Abs. 1 über die Zustimmung zum Verschmelzungsvertrag beschließen soll, sind in dem Geschäftsraum der übernehmenden Gesellschaft zur Einsicht der Aktionäre die in § 63 Abs. 1 bezeichneten Unterlagen auszulegen.** [2]**Gleichzeitig hat der Vorstand der übernehmenden Gesellschaft einen Hinweis auf die bevorstehende Verschmelzung in den Gesellschaftsblättern der übernehmenden Gesellschaft bekanntzumachen und den Verschmelzungsvertrag oder seinen Entwurf zum Register der übernehmenden Gesellschaft einzureichen; § 61 Satz 2 ist entsprechend anzuwenden.** [3]**Die Aktionäre sind in der Bekanntmachung nach Satz 2 erster Halbsatz auf ihr Recht nach Absatz 2 hinzuweisen.** [4]**Der Anmeldung der Verschmelzung zur Eintragung in das Handelsregister ist der Nachweis der Bekanntmachung beizufügen.** [5]**Der Vorstand hat bei der Anmeldung zu erklären, ob ein Antrag nach Absatz 2 gestellt worden ist.** [6]**Auf Verlangen ist jedem Aktionär der übernehmenden Gesellschaft unverzüglich und kostenlos eine Abschrift der in Satz 1 bezeichneten Unterlagen zu erteilen.** [7]**Die Unterlagen können dem Aktionär mit dessen Einwilligung auf dem Wege elektronischer Kommunikation übermittelt werden.**

[8]Die Verpflichtungen nach den Sätzen 1 und 6 entfallen, wenn die in Satz 1 bezeichneten Unterlagen für denselben Zeitraum über die Internetseite der Gesellschaft zugänglich sind.

(4) **[1]Befindet sich das gesamte Stamm- oder Grundkapital einer übertragenden Kapitalgesellschaft in der Hand einer übernehmenden Aktiengesellschaft, so ist ein Verschmelzungsbeschluss des Anteilsinhabers der übertragenden Kapitalgesellschaft nicht erforderlich. [2]Ein solcher Beschluss ist auch nicht erforderlich in Fällen, in denen nach Absatz 5 Satz 1 ein Übertragungsbeschluss gefasst und mit einem Vermerk nach Absatz 5 Satz 7 in das Handelsregister eingetragen wurde. [3]Absatz 3 gilt mit der Maßgabe, dass die dort genannten Verpflichtungen nach Abschluss des Verschmelzungsvertrages für die Dauer eines Monats zu erfüllen sind. [4]Spätestens bei Beginn dieser Frist ist die in § 5 Absatz 3 genannte Zuleitungspflicht zu erfüllen.**

(5) **[1]In Fällen des Absatzes 1 kann die Hauptversammlung einer übertragenden Aktiengesellschaft innerhalb von drei Monaten nach Abschluss des Verschmelzungsvertrages einen Beschluss nach § 327a Absatz 1 Satz 1 des Aktiengesetzes fassen, wenn der übernehmenden Gesellschaft (Hauptaktionär) Aktien in Höhe von neun Zehnteln des Grundkapitals gehören. [2]Der Verschmelzungsvertrag oder sein Entwurf muss die Angabe enthalten, dass im Zusammenhang mit der Verschmelzung ein Ausschluss der Minderheitsaktionäre der übertragenden Gesellschaft erfolgen soll. [3]Absatz 3 gilt mit der Maßgabe, dass die dort genannten Verpflichtungen nach Abschluss des Verschmelzungsvertrages für die Dauer eines Monats zu erfüllen sind. [4]Spätestens bei Beginn dieser Frist ist die in § 5 Absatz 3 genannte Zuleitungsverpflichtung zu erfüllen. [5]Der Verschmelzungsvertrag oder sein Entwurf ist gemäß § 327c Absatz 3 des Aktiengesetzes zur Einsicht der Aktionäre auszulegen. [6]Der Anmeldung des Übertragungsbeschlusses (§ 327e Absatz 1 des Aktiengesetzes) ist der Verschmelzungsvertrag in Ausfertigung oder öffentlich beglaubigter Abschrift oder sein Entwurf beizufügen. [7]Die Eintragung des Übertragungsbeschlusses ist mit dem Vermerk zu versehen, dass er erst gleichzeitig mit der Eintragung der Verschmelzung im Register des Sitzes der übernehmenden Aktiengesellschaft wirksam wird. [8]Im Übrigen bleiben die §§ 327a bis 327f des Aktiengesetzes unberührt.**

Übersicht

I. Allgemeines

1 Hält die **übernehmende AG** mindestens **90 %** am Stammkapital oder Grundkapital einer **übertragenden Kapitalgesellschaft** (GmbH, AG, KGaA oder SE, § 3 Abs. 1 Nr. 2; zur SE → § 3 Rn. 14), so muss nach dem in Abs. 1 verankerten **Konzernprivileg** ihre **eigene Hauptversammlung** der

Verschmelzung *(upstream merger)* nicht zustimmen. Zweck der Regelung ist die Erleichterung der Konzernverschmelzung (Bericht Rechtsausschuss, BT-Drs. 12/7850, 142 f.), die dementsprechend auch nicht als solche treuwidrig ist (OLG Frankfurt a. M. 8.2.2006, NJOZ 2006, 881). Ein Hauptversammlungsbeschluss ist jedoch erforderlich, wenn eine qualifizierte Minderheit dies verlangt (Abs. 2). Die Aktionäre der übernehmenden AG sind zwecks Wahrung ihrer Rechte nach Abs. 2 zu informieren (vgl. Abs. 3). Die Norm findet jedoch keine Anwendung auf einen ggf. zusätzlich erforderlichen Kapitalerhöhungsbeschluss (allgM). Hält die übernehmende AG **100 %** am Stamm- oder Grundkapital einer übertragenden Kapitalgesellschaft, finden zusätzliche Erleichterungen Anwendung: Die auf eine Förmlichkeit hinauslaufende Notwendigkeit eines Gesellschafterbeschlusses einer übernehmenden AG, die **Alleingesellschafterin der übertragenden Kapitalgesellschaft** ist, entfällt (Abs. 4). Darüber hinaus wurde mit dem Dritten Gesetz zur Änderung des UmwG auf Basis europarechtlicher Vorgaben die Möglichkeit eines **erleichterten Squeeze Out nach Konzernverschmelzung** eingeführt (Abs. 5); diese Regelung erkennt das Interesse der Muttergesellschaft, die Konzernstruktur zu vereinfachen und die Unternehmensleitung zu vereinheitlichen, als legitim an (vgl. Begr. RegE, BT-Drs. 17/3122, 12 f.).

II. Konzernprivileg für die übernehmende Gesellschaft bei 90 %-Quote und Ausnahme (Abs. 1 und 2)

1. Berechnung. Voraussetzung für die Anwendung des Konzernprivilegs ist das Halten von Anteilen an der übertragenden Kapitalgesellschaft iHv mindestens 90 % des Stamm- oder Grundkapitals. Zum Stamm- oder Grundkapital gehören auch stimmrechtslose Anteile, und zwar sowohl bei der Berechnung der Gesamtkapitalziffer als auch bei der Berechnung der 90 %-Quote (allgM; zur Berechnung bei mehreren übertragenden Rechtsträgern KK-UmwG/*Simon* Rn. 15 ff.). 2

a) Gesamtkapitalziffer. Bei der Berechnung der maßgeblichen Gesamtkapitalziffer sind eigene Anteile der übertragenden Gesellschaft und Anteile, die ein anderer für Rechnung der übertragenden Gesellschaft hält, abzuziehen (Abs. 1 S. 2). Ein weiterer Abzug, zB von Anteilen, die eine Tochtergesellschaft des übertragenden Rechtsträgers hält, findet nicht statt (hM, zB Semler/Stengel/*Diekmann* Rn. 10). 3

b) 90 %-Quote. Bei der Berechnung der sich in der Hand der übernehmenden AG befindlichen Anteile sind alle Anteile zu zählen, deren Eigentümerin die übernehmende AG selbst ist. Eine Zurechnung von Anteilen, namentlich von Anteilen, die von einer Tochtergesellschaft oder einem Treuhänder gehalten werden, oder ein Abzug, bspw. von Anteilen, zu deren Übertragung die übernehmende AG verpflichtet ist, findet nicht statt (vgl. Lutter UmwG/*Grunewald* Rn. 4; Semler/Stengel/*Diekmann* Rn. 11; zum Wertpapierdarlehen *Widmann* AG 2014, 189). Auch ist es unerheblich, ob die 90 % der Anteile einzig deshalb erworben wurden, um vom Konzernprivileg des Abs. 1 Gebrauch zu machen (vgl. LG Mannheim 26.3.1990, ZIP 1990, 992 (993); Lutter UmwG/*Grunewald* Rn. 6; SHS/Westerburg Rn. 7; aber *Weitzmann/Kupsch* NZG 2015, 340 (341); → Rn. 7). Auch eine sog. zweistufige Konzernverschmelzung mit vorangehender Kapitalerhöhung ist rechtmäßig (*Henze* AG 1993, 341; aA OLG Karlsruhe 9.8.1991, ZIP 1991, 1145). 4

c) 100 %-Quote. Hält die übernehmende AG alle Anteile an der übertragenden Kapitalgesellschaft, greifen zusätzlich die Erleichterungen der § 5 Abs. 2, § 8 Abs. 3, § 9 Abs. 2, § 12 Abs. 3 und § 62 Abs. 4 (→ Rn. 17) ein. Die Notwendigkeit der Auslegung und Bekanntmachung nach Abs. 3 entfällt allerdings nicht, weil Abs. 3 die (außenstehenden) Aktionäre der übernehmenden, nicht der übertragenden Gesellschaft schützt. Etwas anderes gilt nur, wenn auch bei der übernehmenden Gesellschaft eine Vollversammlung durchgeführt wird (§ 121 Abs. 6 AktG analog). 5

2. Maßgeblicher Zeitpunkt. Der Gesetzeswortlaut lässt offen, wann die 90 %-Quote erreicht sein muss. Es genügt daher, wenn sie **im Zeitpunkt der Eintragung der Verschmelzung** in das Register der übernehmenden AG vorliegt (str.; ebenso iE Semler/Stengel/*Diekmann* Rn. 20; aA zB Kallmeyer/*Marsch-Barner/Oppenhoff* Rn. 9 (Anmeldung); Lutter UmwG/*Grunewald* Rn. 8 (Verschmelzungsbeschluss)). Im Hinblick auf die geforderten Angaben bei der Anmeldung der Verschmelzung zur Eintragung in das Handelsregister (→ Rn. 15) sind allerdings praktisch bei der Anmeldung oder ihrer späteren Ergänzung notwendig Angaben zum 90 %-Anteilsbesitz zu machen. Die Anteilsinhaber des übertragenden Rechtsträgers sind im Verschmelzungsbericht darauf hinzuweisen, dass die übernehmende AG beabsichtigt oder ggf. beabsichtigt, vom Konzernprivileg des Abs. 1 Gebrauch zu machen (ebenso Widmann/Mayer/*Rieger* Rn. 25). 6

3. Entbehrlichkeit des Hauptversammlungsbeschlusses. Ist die 90 %-Quote erreicht, bedarf es – vorbehaltlich Abs. 2 – ausnahmslos keines der Verschmelzung zustimmenden Hauptversammlungsbeschlusses bei der übernehmenden AG. Denn die gesetzliche Regelung ist **abschließend.** Deshalb kann eine Ausnahme auch nicht mit *Holzmüller/Gelatine*-Rechtsprechungsgrundsätzen (BGH 26.4.2004, BGHZ 159, 30 = NJW 2004, 1860) begründet werden (zutr. OLG Frankfurt a. M. 7

7.12.2010, NZG 2011, 62; Lutter UmwG/*Grunewald* Rn. 9; iE auch Kallmeyer/*Marsch-Barner/Oppenhoff* Rn. 3; vgl. auch BGH 7.2.2012, NZG 2012, 347; aA *Lutter* ZIP 2012, 351; Semler/Stengel/*Diekmann* Rn. 5; für einen Einzelfall im Ergebnis aA auch LG Frankfurt a. M. 15.12.2009, ZIP 2010, 429 (431 f.); aufgehoben durch OLG Frankfurt a. M. 7.12.2010, NZG 2011, 62). Diese waren im Gesetzgebungsprozess durchaus erwogen worden (vgl. Begr. RegE, BR-Drs. 75/94, 102 f.). Darüber hinaus findet eine Mediatisierung im Sinne der *Holzmüller/Gelatine*-Rspr. gerade nicht statt.

8 **4. Ausnahme: Qualifiziertes Minderheitsverlangen.** Verlangen Aktionäre der übernehmenden AG, die **zusammen** mindestens 5 % der Anteile halten (zur Berechnung und zum Nachweis → AktG § 122 Rn. 2 ff.; Aktionäre mit einem geringeren Anteilsbesitz können sich mittels des Aktionärsforums des Bundesanzeigers zusammen finden, § 127a AktG), gegenüber der Gesellschaft, vertreten durch den Vorstand (Lutter UmwG/*Grunewald* Rn. 20), die Einberufung einer Hauptversammlung der übernehmenden Gesellschaft zwecks Beschlussfassung über die Verschmelzung, gilt das Konzernprivileg nicht (Abs. 2 S. 1). Das Verlangen kann formlos – Schriftform ist zweckmäßig – und ohne Begründung erfolgen (ebenso zB Kallmeyer/*Marsch-Barner/Oppenhoff* Rn. 20). Die übernehmende AG kann in der Bekanntmachung nach Abs. 3 S. 3 eine **Ausschlussfrist** für das Minderheitsverlangen von mindestens einem Monat setzen (zutr. Lutter UmwG/*Grunewald* Rn. 19; Kallmeyer/*Marsch-Barner/Oppenhoff* Rn. 26; Semler/Stengel/*Diekmann* Rn. 30; Widmann/Mayer/*Rieger* Rn. 29.1). Setzt die übernehmende AG keine Frist, kann das Verlangen bis zur Anmeldung der Verschmelzung zum Registergericht der übernehmenden AG gestellt werden (vgl. zB Lutter UmwG/*Grunewald* Rn. 19). Wird dem Verlangen durch den Vorstand nicht entsprochen, gilt § 122 Abs. 3 AktG analog (allgM, zB Semler/Stengel/*Diekmann* Rn. 35), es sei denn, der Vorstand will die Verschmelzung nicht weiter verfolgen (zB Kallmeyer/*Marsch-Barner/Oppenhoff* Rn. 21).

9 Die **Satzung** kann ein Minderheitsverlangen erleichtern (aber nicht erschweren), indem sie vorsieht, dass das Minderheitsverlangen auch von Aktionären mit zusammen weniger als 5 % der Anteile gestellt werden kann (Abs. 2 S. 2).

III. Informationspflichten (Abs. 3)

10 **1. Auslage und Abschrift; Homepage.** Die in § 63 Abs. 1 bezeichneten Unterlagen sind einen Monat vor dem Tag, an dem die **Anteilsinhaber der übertragenden Gesellschaft** über die Zustimmung zum Verschmelzungsvertrag beschließen, **bei der übernehmenden AG** zur Einsicht auszulegen (S. 1) und auf Verlangen ist jedem Aktionär der übernehmenden Gesellschaft eine Abschrift zu erteilen (S. 6, → § 63 Rn. 9). Unter den Voraussetzungen des § 49 Abs. 3 Nr. 1 WpHG oder mit Einwilligung des Aktionärs (S. 7) können die Unterlagen elektronisch (per Email) übermittelt werden. Zur Art und Weise der Einwilligung nach S. 7 kann die Satzung Regelungen treffen (Begr. RegE, BT-Drs. 17/3122, 12); von dieser Einwilligung darf das Unternehmen bei elektronischer Anforderung durch den Aktionär ohne einen geäußerten Wunsch nach einer postalischen Übermittlung ausgehen (restriktiver Semler/Stengel/*Diekmann* Rn. 25). Zur Internetveröffentlichung → Rn. 16.

11 **a) Beginn der Auslagepflicht.** Zur Berechnung der Frist gemäß der **Rechtslage vor dem ARUG** s. *Junker* → 4. Aufl. 2019, Rn. 11.

12 Im Aktiengesetz wurde 2009 durch das ARUG (Gesetz zur Umsetzung der Aktionärsrechterichtlinie) ua § 121 Abs. 7 AktG zur Berechnung solcher Fristen neu eingeführt, die von der Hauptversammlung rückwärts zu berechnen sind. Eine Anpassung von § 62 Abs. 3 wurde dabei nicht vorgenommen und ist auch nicht mit dem Dritten Gesetz zur Änderung des UmwG erfolgt. Sie wäre aber für eine einheitliche Fristenberechnung notwendig, weil § 62 Abs. 3 S. 1 eine Monatsfrist beinhaltet, die mit dem System der aktienrechtlichen Neuregelung der Berechnung von Tagesfristen nicht harmoniert. De lege lata ist § 121 Abs. 7 AktG daher zwar zwecks einheitlicher Handhabung (jedenfalls) für die AG bei der Fristenberechnung nach § 62 Abs. 3 anzuwenden; dies gilt jedoch nicht für § 121 Abs. 7 S. 3 AktG, da die dort von der Anwendung ausgeschlossenen BGB-Normen für die Berechnung einer Monatsfrist benötigt werden. Die Fristberechnung erfolgt de lege lata danach im Ergebnis unverändert im Vergleich zur Rechtslage vor dem ARUG wie folgt: Bsp.: **HV am 20.7.,** Fristbeginn am 19.7. (§ 121 Abs. 7 S. 1 AktG, § 187 Abs. 1 BGB), Fristende am 20.6. (§ 188 Abs. 2 BGB), und zwar unverändert rückwärts gerechnet um 0.00 Uhr (zutr. bereits *Krause* NJW 1999, 1448), sodass dieser Tag nicht mitgerechnet wird und die **Auslage spätestens am 19.6.** erfolgen muss (vgl. die Wertung ua in § 122 Abs. 2 S. 3 AktG, § 123 Abs. 1 S. 2, Abs. 2 S. 4 AktG; dazu Begr. RegE, BR-Drs. 847/08, 42; *Kraft/Redenius-Hövermann* ZIP 2013, 961 (963); *Seibert/Florstedt* ZIP 2008, 2145 (2148); vgl. *Freytag* BB 2010, 1611 (1614)). Eine weitere Verschiebung aufgrund eines Sonntags, Sonnabends oder Feiertags kommt nicht in Betracht (§ 121 Abs. 7 S. 2 AktG) (wie hier BeckOGK/*Habersack* Rn. 25; iErg ebenso Widmann/Mayer/*Rieger* Rn. 55 f.; aA (für Anwendung von § 193 BGB) Lutter UmwG/*Grunewald* Rn. 11).

b) Ende der Auslagepflicht. Die Auslagepflicht endet, wenn ein Minderheitsverlangen nicht mehr gestellt werden kann (→ Rn. 8), also mit Ablauf der gesetzten Frist oder der Anmeldung (vgl. Lutter UmwG/*Grunewald* Rn. 11). 13

2. Einreichung Verschmelzungsvertrag; Hinweisbekanntmachung durch Gericht und Vorstand. Der Vorstand der übernehmenden Gesellschaft hat **gleichzeitig** (→ Rn. 11 f.) den Verschmelzungsvertrag oder seinen Entwurf (einschließlich Anlagen; zum Entwurf → § 63 Rn. 3) zum Register seiner Gesellschaft einzureichen und das Gericht hat anschließend einen Hinweis darauf bekannt zu machen (vgl. S. 2; → § 61 Rn. 6). Darüber hinaus hat der Vorstand ebenfalls gleichzeitig einen Hinweis auf die bevorstehende Verschmelzung in den Gesellschaftsblättern (§ 25 AktG, also (jedenfalls) im Bundesanzeiger) bekannt zu machen, einschließlich eines Hinweises auf das Recht eines Minderheitsverlangens nach Abs. 2 (vgl. S. 2 und 3), ggf. mit Fristsetzung (→ Rn. 8). 14

3. Anmeldung der Verschmelzung zur Eintragung in das Handelsregister. Die Anmeldung (§§ 16, 17) hat für die übernehmende AG den Nachweis der Hinweisbekanntmachung durch den Vorstand (Ausdruck aus dem Bundesanzeiger) sowie eine Erklärung des Vorstands (in vertretungsberechtigter Zahl durch die Vorstandsmitglieder höchstpersönlich [Wissenserklärung], → § 16 Rn. 4) darüber zu enthalten, ob ein (ordnungsgemäßes) Minderheitsverlangen nach Abs. 2 gestellt wurde (vgl. S. 4 und 5); ansonsten kann die Verschmelzung nicht eingetragen werden (zB SHS/*Westerburg* Rn. 12). 15

4. Alternative: Veröffentlichung der Unterlagen auf der Internetseite der Gesellschaft. Statt der unter → Rn. 10–15 beschriebenen Verpflichtungen können die in § 63 Abs. 1 bezeichneten Unterlagen für denselben Zeitraum (→ Rn. 11–13) auf der Internetseite der Gesellschaft veröffentlicht werden. Diese mit dem Gesetz zur Umsetzung der Aktionärsrechterichtlinie (ARUG) eingeführte Alternative hat in der Praxis die Regelung der S. 1–7 (bei dem unveränderten Verweis in S. 8 auf die S. 1–6 wird es sich um ein Redaktionsversehen anlässlich der Einfügung von S. 7 handeln) jedenfalls für börsennotierte Aktiengesellschaften ersetzt, zumal für diese auch § 124a S. 1 Nr. 3 AktG iVm § 64 Abs. 1 S. 1, § 63 Abs. 1 gilt. Zu Unterbrechungen des Internetzugangs → § 63 Rn. 10. 16

IV. Konzernprivileg für die übertragende Gesellschaft bei 100 %-Quote (Abs. 4)

Hält die übernehmende AG alle Anteile an einer übertragenden Kapitalgesellschaft (→ Rn. 1 und zu weiteren Erleichterungen → Rn. 5), ist auch ein **Verschmelzungsbeschluss des (einzigen) Anteilsinhabers der übertragenden Kapitalgesellschaft** nicht mehr erforderlich (Abs. 4). Die Informationspflichten nach Abs. 3 sind nach Abschluss des Verschmelzungsvertrags für die Dauer eines Monats zu erfüllen (Abs. 4 S. 3); erst danach kann die Anmeldung zum Handelsregister erfolgen (Begr. RegE, BT-Drs. 17/3122, 12). 17

V. Erleichterungen für einen Squeeze Out bei einer Konzernverschmelzung mit mind. 90 %-Quote (Abs. 5)

1. Verschmelzungsrechtlicher Squeeze Out. Bei Vorhandensein eines Hauptaktionärs, der mindestens 90 % der Aktien einer übertragenden AG hält (also weniger als die nach § 327a AktG oder § 39a WpÜG sonst erforderlichen 95 %), kann die Hauptversammlung der übertragenden AG **innerhalb von drei Monaten** nach Abschluss des Verschmelzungsvertrags einen Beschluss nach § 327a Abs. 1 S. 1 AktG zum Ausschluss der Minderheitsaktionäre („Squeeze Out") fassen (ausf. *Mayer* NZG 2012, 561 mwN). Diese Regelung ist verfassungskonform (OLG Hamburg 14.6.2012, NZG 2012, 944 (944 f.); LG Hamburg 23.4.2014, BeckRS 2014, 22521, C I. 2.). Dadurch erwirbt die Mutter-AG alle Anteile an der Tochter-AG und kann anschließend eine erleichterte Verschmelzung mit 100 %-Quote durchführen (unter anderem → Rn. 1, 5, 17, 22), auch wenn der Squeeze Out erst mit der Verschmelzung wirksam wird (vgl. Abs. 5 S. 7). Sie muss aber – anstelle der Gewährung von Aktien an der übernehmenden AG – als Gegenleistung für den Ausschluss eine Barabfindung (§ 327b AktG) zahlen und iÜ das Verfahren nach §§ 327a ff. AktG durchführen. 18

2. Berechnung der Quote, Frist, weitere Beschlüsse, Angabe im Verschmelzungsvertrag, Informationspflichten, Anmeldung, Eintragung. Der verschmelzungsrechtliche Squeeze Out folgt den Regeln des aktienrechtlichen Squeeze Out nach den §§ 327a ff. AktG (Abs. 5 S. 8), einschließlich des in § 319 Abs. 6 AktG geregelten Freigabeverfahren (vgl. OLG Köln 14.12.2017, BeckRS 2017, 135604, Rn. 17 ff.). Insbesondere besteht die Möglichkeit eines Ausschlusses der Minderheitsaktionäre nur, wenn die übertragende Gesellschaft eine AG (oder KGaA, § 78 Abs. 1 S. 1, oder SE, → § 3 Rn. 14) ist. Darüber hinaus muss beim verschmelzungsrechtlichen Squeeze Out nach der Verweisungssystematik (von Abs. 5 S. 1 auf Abs. 1 S. 1, der eine übernehmende AG voraussetzt) und der Begründung des Regierungsentwurfes auch die übernehmende Gesellschaft eine AG sein (Begr. RegE, BT-Drs. 17/3122, 13; eine KGaA, § 78 Abs. 1 S. 1, oder SE, → § 3 Rn. 14, sind gleichgestellt); diese Beschränkung beim übernehmenden Rechtsträger, die bei den §§ 327a ff. AktG nicht existiert, leuchtet nicht ein. Die 19 vorherige Umwandlung des übernehmenden Rechtsträgers von einer GmbH in eine AG zum Zwecke des verschmelzungsrechtlichen Squeeze Out ist nicht rechtsmissbräuchlich (OLG Hamburg 14.6.2012, NZG 2012, 944 (945 f.); vgl. auch *Mayer* NZG 2012, 561 (563)). Ein verschmelzungsrechtlicher Squeeze-Out im engen zeitlichen Zusammenhang mit der Geltendmachung von Ersatzansprüchen durch einen besonderen Vertreter kann rechtsmissbräuchlich sein (OLG Köln 14.12.2017, BeckRS 2017, 135604). Daneben finden folgende Sonderregelungen Anwendung:

20 **a) Berechnung der 90 %-Quote.** Voraussetzung für die Durchführung eines verschmelzungsrechtlichen Squeeze Out ist das Halten von 90 % des Grundkapitals der übertragenden AG (Abs. 5 S. 1). Zur Berechnung → Rn. 2 ff. Es gilt der Verweis auf Abs. 1 und es kommt zu keiner Zurechnung von Aktien nach § 327 Abs. 2 AktG, § 16 Abs. 4 AktG (hM, zB *Austmann* NZG 2011, 684 (689)).

21 **b) Frist.** Da eine verschmelzungsrechtliche Sonderlösung gewollt war (Begr. RegE, BT-Drs. 17/3122, 13), besteht die Möglichkeit zum Squeeze Out mit 90 %-Quote nur, wenn der Hauptversammlungsbeschluss zum Ausschluss der Minderheitsaktionäre bei der übertragenden AG **innerhalb von drei Monaten** ab Abschluss (Beurkundung) des Verschmelzungsvertrages gefasst wird (Abs. 5 S. 1). S. zur Antragsfrist für ein Spruchverfahren beim verschmelzungsrechtlichen Squeeze Out LG Frankfurt a. M. 16.12.2014, BeckRS 2015, 01786 II; LG Hamburg 23.4.2014, BeckRS 2014, 22521, C I. 4.

22 **c) Weitere Beschlüsse?** Eines zusätzlichen Hauptversammlungsbeschlusses über die Zustimmung zum Verschmelzungsvertrag bedarf es bei der übernehmenden AG nicht (Abs. 1, → Rn. 7), falls kein qualifiziertes Minderheitsverlangen erfolgt (Abs. 2, → Rn. 8). Dies gilt auch bei der übertragenden AG (Abs. 4 S. 2, vgl. → Rn. 17): Auch wenn der Squeeze Out erst mit der Verschmelzung wirksam wird (vgl. Abs. 5 S. 7), sieht Abs. 4 S. 2 dies ausdrücklich vor. Im Übrigen finden richtigerweise auch die weiteren Privilegien (→ Rn. 5) Anwendung, die bei einer von Anfang an bestehenden 100 %-Beteiligung Anwendung fänden (vgl. Begr. RegE, BT-Drs. 17/3122, 13; *Hofmeister* NZG 2012, 688 (689 ff.) mwN; aA *Neye/Kraft* NZG 2011, 681 (683); *Mayer* NZG 2012, 561 (572)).

23 **d) Angabe im Verschmelzungsvertrag.** Der Plan, einen Squeeze Out durchführen zu wollen, muss im Verschmelzungsvertrag (oder seinem Entwurf) offengelegt werden (Abs. 5 S. 2). Daneben gilt unverändert § 5, wobei die Angaben nach Abs. 1 Nr. 2–5 entfallen (vgl. § 5 Abs. 2 und → Rn. 22). Empfehlenswert ist, im Verschmelzungsvertrag die Verschmelzung konditional mit dem Squeeze Out zu verknüpfen, weil nur für die Kombination beider Maßnahmen die Verschmelzung den beschriebenen Privilegien (→ Rn. 22) unterfällt (vgl. *Austmann* NZG 2011, 684 (687)).

24 **e) Informationspflichten.** Es gelten die Informationspflichten nach Abs. 3, wobei jedoch die dort genannten Verpflichtungen nach Abschluss des Verschmelzungsvertrages für die Dauer eines Monats zu erfüllen sind (Abs. 5 S. 3). Auch die Zuleitungspflicht gegenüber dem zuständigen Betriebsrat knüpft an diesen Zeitpunkt an (Abs. 5 S. 4). Daneben sind Unterlagen nach § 327c Abs. 3–5 AktG und der Verschmelzungsvertrag oder sein Entwurf (Abs. 5 S. 5) zur Verfügung zu stellen.

25 **f) Anmeldung, Eintragung.** Bei der Anmeldung des Squeeze Outs zur Eintragung in das Handelsregister ist auch der **Verschmelzungsvertrag beizufügen** (Abs. 5 S. 6). Auch wenn nach dem Gesetzeswortlaut alternativ die Beifügung des Entwurfs des Verschmelzungsvertrags genügt, reicht sie nach der Ratio der Regelung nicht aus; denn die Einreichung des Vertrages soll dem Handelsregister insbes. die Kontrolle des Einhaltens der Dreimonatsfrist ermöglichen (Begr. RegE, BT-Drs. 17/3122, 13). Da es sich um einen verschmelzungsrechtlich privilegierten Minderheitenausschluss handelt, muss durch einen **Vorbehalt bei der Eintragung** sichergestellt werden, dass der Ausschluss der Minderheit erst mit Wirksamwerden der Verschmelzung wirksam wird (Abs. 5 S. 7), indem auf die Eintragung der Verschmelzung im Register des übernehmenden Rechtsträgers abgestellt wird (§ 19 Abs. 1).

Vorbereitung der Hauptversammlung

63 (1) **Von der Einberufung der Hauptversammlung an, die gemäß § 13 Abs. 1 über die Zustimmung zum Verschmelzungsvertrag beschließen soll, sind in dem Geschäftsraum der Gesellschaft zur Einsicht der Aktionäre auszulegen**

1. **der Verschmelzungsvertrag oder sein Entwurf;**
2. **die Jahresabschlüsse und die Lageberichte der an der Verschmelzung beteiligten Rechtsträger für die letzten drei Geschäftsjahre;**
3. **falls sich der letzte Jahresabschluß auf ein Geschäftsjahr bezieht, das mehr als sechs Monate vor dem Abschluß des Verschmelzungsvertrags oder der Aufstellung des Entwurfs abgelaufen ist, eine Bilanz auf einen Stichtag, der nicht vor dem ersten Tag des dritten Monats liegt, der dem Abschluß oder der Aufstellung vorausgeht (Zwischenbilanz);**
4. **die nach § 8 erstatteten Verschmelzungsberichte;**
5. **die nach § 60 in Verbindung mit § 12 erstatteten Prüfungsberichte.**

(2) [1] **Die Zwischenbilanz (Absatz 1 Nr. 3) ist nach den Vorschriften aufzustellen, die auf die letzte Jahresbilanz des Rechtsträgers angewendet worden sind. [2] Eine körperliche Bestandsaufnahme ist nicht erforderlich. [3] Die Wertansätze der letzten Jahresbilanz dürfen übernommen werden. [4] Dabei sind jedoch Abschreibungen, Wertberichtigungen und Rückstellungen sowie wesentliche, aus den Büchern nicht ersichtliche Veränderungen der wirklichen Werte von Vermögensgegenständen bis zum Stichtag der Zwischenbilanz zu berücksichtigen. [5] § 8 Absatz 3 Satz 1 erste Alternative und Satz 2 ist entsprechend anzuwenden. [6] Die Zwischenbilanz muss auch dann nicht aufgestellt werden, wenn die Gesellschaft seit dem letzten Jahresabschluss einen Halbjahresfinanzbericht gemäß § 115 des Wertpapierhandelsgesetzes veröffentlicht hat. [7] Der Halbjahresfinanzbericht tritt zum Zwecke der Vorbereitung der Hauptversammlung an die Stelle der Zwischenbilanz.**

(3) [1] **Auf Verlangen ist jedem Aktionär unverzüglich und kostenlos eine Abschrift der in Absatz 1 bezeichneten Unterlagen zu erteilen. [2] Die Unterlagen können dem Aktionär mit dessen Einwilligung auf dem Wege elektronischer Kommunikation übermittelt werden.**

(4) **Die Verpflichtungen nach den Absätzen 1 und 3 entfallen, wenn die in Absatz 1 bezeichneten Unterlagen für denselben Zeitraum über die Internetseite der Gesellschaft zugänglich sind.**

Übersicht

I. Allgemeines

Die Regelung dient der Vorbereitung der Hauptversammlung der AG, sei sie übertragend oder übernehmend (Ausnahmen: § 62), die über die Zustimmung zur Verschmelzung beschließen soll, und ergänzt die §§ 121 ff. AktG. Die maßgeblichen Unterlagen sind auszulegen (Abs. 1 und 2) und jeder Aktionär kann eine Abschrift verlangen (Abs. 3). Alternativ besteht die Möglichkeit des Einstellens der Dokumente auf der Internetseite der Gesellschaft (Abs. 4); diese Alternative hat in der Praxis die Vor-Ort-Auslage weitgehend ersetzt. 1

II. Auszulegende Unterlagen (Abs. 1 und 2)

1. Zeitraum und Ort der Auslage; Homepage. Die Unterlagen sind ab der Einberufung der Hauptversammlung, also idR ab dem Tag der Veröffentlichung der Einberufung im Bundesanzeiger (§ 121 Abs. 4 S. 1 AktG, § 25 AktG), bis zum Beginn der Hauptversammlung (anschließend gilt § 64 Abs. 1 S. 1; Lutter UmwG/*Grunewald* Rn. 3) während der üblichen Geschäftszeiten auszulegen. Es genügen Abschriften oder Kopien (Kallmeyer/*Marsch-Barner/Oppenhoff* Rn. 2). Die Auslage hat im Geschäftsraum der Gesellschaft an ihrem satzungsmäßigen Sitz (Art. 11 Abs. 1 RL 78/855/EWG [Verschmelzungs-RL]; Semler/Stengel/*Diekmann* Rn. 9; str., vgl. Kallmeyer/*Marsch-Barner/Oppenhoff* Rn. 2) und in zugänglicher Weise zu erfolgen. Bei einer Vollversammlung (§ 121 Abs. 6 AktG analog) oder einem Verzicht aller Aktionäre ist eine Auslage nicht erforderlich (zutr. Lutter UmwG/*Grunewald* Rn. 2, 13). 2

2. Unterlagen. a) Verschmelzungsvertrag. Auszulegen ist der Verschmelzungsvertrag oder sein Entwurf, dh der Entwurf in der Fassung, dem die Hauptversammlung zustimmen soll (vgl. § 13 Abs. 3 S. 2, § 5 Abs. 1). 3

b) Jahresabschlüsse, Lageberichte. Auch die Jahresabschlüsse und Lageberichte (nach HGB) aller beteiligten Rechtsträger für die letzten drei Geschäftsjahre sind auszulegen, falls diese Dokumente nach HGB erforderlich sind; existiert der Rechtsträger noch keine drei Jahre, sind nur die vorhandenen Jahresabschlüsse und Lageberichte auszulegen (Semler/Stengel/*Diekmann* Rn. 11). Ist das letzte Geschäftsjahr zwar schon abgeschlossen, ist aber der Jahresabschluss bei Einberufung noch nicht **festgestellt** (vgl. für die AG § 170 Abs. 1 S. 1 AktG, § 172 AktG) und muss er es auch noch nicht sein, bezieht sich 4 die Auslagepflicht für Jahresabschluss und Lagebericht auf die drei Geschäftsjahre vor dem letzten Geschäftsjahr (OLG Hamburg 11.4.2003, DB 2003, 1499 (1501 f.); vgl. *Vetter* NZG 1999, 925). Nach dem eindeutigen Wortlaut sind Konzernabschluss und Konzern-Lagebericht nicht auszulegen (hM, zB OLG Hamburg 1.2.2008, BeckRS 2008, 0667, II. 6.; OLG Düsseldorf 5.2.2007, NJW-Spezial 2007, 481; OLG Düsseldorf 11.8.2006, AG 2007, 363 (366); Lutter UmwG/*Grunewald* Rn. 5). Aus Gründen der Rechtssicherheit müssen die auszulegenden Dokumente auch nicht aktualisiert werden (Lutter UmwG/*Grunewald* Rn. 5; *Vetter* NZG 1999, 925).

5 **c) Zwischenbilanz.** Ist der jüngste auszulegende Jahresabschluss nicht mehr aktuell genug, ist zusätzlich eine Zwischenbilanz nach HGB (Kallmeyer/*Lanfermann* Rn. 10) auszulegen. Der Jahresabschluss ist dann nicht mehr aktuell genug, wenn er sich auf ein Geschäftsjahr bezieht, das mehr als sechs Monate vor dem Abschluss des Verschmelzungsvertrags oder der Aufstellung des Entwurfs (falls der Entwurf der Hauptversammlung vorgelegt werden soll, → Rn. 3; Kallmeyer/*Lanfermann* Rn. 6) abgelaufen ist. (Bsp.: Das Geschäftsjahr ist das Kalenderjahr. Abschluss des Verschmelzungsvertrags am 20.9.) Die Zwischenbilanz muss auf einen Stichtag lauten, der nicht vor dem ersten Tag des dritten Monats liegt, der dem Abschluss oder der Aufstellung vorausgeht (im Bsp.: ältester möglicher Stichtag: 1.6.; denkbar aber zB auch: Zwischenbilanz zum 30.6.). Abs. 2 macht nähere Vorgaben für ihre Aufstellung, gibt aber keine Prüfung der Zwischenbilanz vor (Widmann/Mayer/*Rieger* Rn. 20). Soll die Zwischenbilanz jedoch zugleich als Schlussbilanz dienen, ist die Bilanz gem. § 17 Abs. 2 zu prüfen und sind die weiter gehenden Anforderungen an die Schlussbilanz zu beachten (→ § 17 Rn. 17 ff.). Eine Zwischen-GuV, ein Zwischen-Lagebericht und ein Anhang sind nicht erforderlich (zum Anhang str., vgl. Widmann/Mayer/*Rieger* Rn. 18; OLG Hamburg 1.2.2008, BeckRS 2008, 0667, II. 9.).

5a **Ausnahmen** zur Notwendigkeit der Aufstellung einer Zwischenbilanz (Abs. 2 S. 5 und 6): Einer Zwischenbilanz bedarf es nicht bei einem notariell beurkundeten Verzicht aller Anteilsinhaber aller beteiligten Rechtsträger auf die Zwischenbilanz (Verweis auf § 8 Abs. 3 S. 1 Alt. 1 und S. 2; *Widder* AG 2016, 16, macht eine Ausnahme für eine beteiligte Nicht-AG). Dasselbe gilt, wenn die Gesellschaft zwischenzeitlich einen Halbjahresfinanzbericht gem. § 115 WpHG veröffentlicht hat; dann kann der Halbjahresfinanzbericht statt der Zwischenbilanz zur Verfügung gestellt werden (S. 7). Die weitergehenden Anforderungen an die Schlussbilanz (→ Rn. 5) bleiben jedoch bestehen.

6 **d) Verschmelzungsberichte.** Verschmelzungsberichte der Vorstände bzw. Vertretungsorgane der beteiligten Rechtsträger oder ggf. ein gemeinsamer Verschmelzungsbericht (§ 8 Abs. 1) sind ebenfalls auszulegen, falls sie erforderlich sind (§ 8 Abs. 3).

7 **e) Verschmelzungsprüfungsbericht.** Nichts anderes gilt für den oder die Prüfungsberichte des oder der gerichtlich bestellten Verschmelzungsprüfer (§§ 60, 12 Abs. 1 und 3).

8 **3. Rechtsfolgen von Verfahrensfehlern.** Werden nicht alle notwendigen Dokumente in der durch das Gesetz vorgegebenen Zeitspanne ausgelegt, handelt es sich um einen Verfahrensfehler, der gem. § 243 Abs. 1 und 4 S. 1 AktG zur Anfechtbarkeit des Verschmelzungsbeschlusses führen kann. Die erforderliche objektive Wesentlichkeit der fehlerhaften Auslage kann man allerdings auch de lege lata nur dann bejahen, wenn die Aktionäre sich auch über die Internetseite der Gesellschaft **keinen Zugang zu den Dokumenten** verschaffen konnten (→ Rn. 1; vgl. auch die Diskussion zur Relevanz, zB Lutter UmwG/*Grunewald* Rn. 14; Semler/Stengel/*Diekmann* Rn. 26 f.).

III. Abschriften (Abs. 3)

9 Jeder Aktionär kann während desselben Zeitraums (→ Rn. 2 und → § 64 Rn. 2) unverzüglich und kostenlos eine Abschrift der nach Abs. 1 auszulegenden Unterlagen verlangen. Unter den Voraussetzungen des § 49 Abs. 3 WpHG oder mit Einwilligung des Aktionärs (S. 2) können die Unterlagen elektronisch (per Email) übermittelt werden. Zur Art und Weise der Einwilligung nach S. 2 kann die Satzung Regelungen treffen (Begr. RegE, BT-Drs. 17/3122, 12); von dieser Einwilligung darf das Unternehmen bei elektronischer Anforderung durch den Aktionär ohne einen geäußerten Wunsch nach einer postalischen Übermittlung ausgehen (restriktiver Semler/Stengel/*Diekmann* Rn. 21a). Zu den Rechtsfolgen eines Verfahrensfehlers → Rn. 8. Darüber hinaus kommt eine Anfechtbarkeit nur in Betracht, wenn eine unterbliebene Zusendung erfolglos moniert wurde (OLG Hamm 28.2.2005, Konzern 2005, 374 (377); Lutter UmwG/*Grunewald* Rn. 16).

IV. In der Praxis Nutzung der Alternative: Veröffentlichung auf der Homepage (Abs. 4)

10 Die auszulegenden Unterlagen (→ Rn. 3 bis 7) können alternativ für denselben Zeitraum (→ Rn. 2) auf der Internetseite der Gesellschaft veröffentlicht werden. Diese mit dem Gesetz zur Umsetzung der Aktionärsrechterichtlinie (ARUG) eingeführte Alternative hat in der Praxis die Regelung der Abs. 1–3 jedenfalls für börsennotierte Aktiengesellschaften ersetzt, zumal für diese auch § 124a S. 1 Nr. 3 AktG

iVm § 64 Abs. 1 S. 1, § 63 Abs. 1 gelten. Unterbrechungen des Internetzugangs, die nicht vorsätzlich oder grob fahrlässig von der Gesellschaft herbeigeführt worden sind, und Unterbrechungen, die zB der Systemwartung dienen, führen nicht dazu, dass diese Alternativregelung nicht greift (vgl. Begr. RegE, BR-Drs. 847/08, 35).

Durchführung der Hauptversammlung

64 (1) [1]**In der Hauptversammlung sind die in § 63 Absatz 1 bezeichneten Unterlagen zugänglich zu machen.** [2]**Der Vorstand hat den Verschmelzungsvertrag oder seinen Entwurf zu Beginn der Verhandlung mündlich zu erläutern und über jede wesentliche Veränderung des Vermögens der Gesellschaft zu unterrichten, die seit dem Abschluss des Verschmelzungsvertrages oder der Aufstellung des Entwurfs eingetreten ist.** [3]**Der Vorstand hat über solche Veränderungen auch die Vertretungsorgane der anderen beteiligten Rechtsträger zu unterrichten; diese haben ihrerseits die Anteilsinhaber des von ihnen vertretenen Rechtsträgers vor der Beschlussfassung zu unterrichten.** [4]**§ 8 Absatz 3 Satz 1 erste Alternative und Satz 2 ist entsprechend anzuwenden.**

(2) **Jedem Aktionär ist auf Verlangen in der Hauptversammlung Auskunft auch über alle für die Verschmelzung wesentlichen Angelegenheiten der anderen beteiligten Rechtsträger zu geben.**

I. Allgemeines

1 Die Regelung dient der Information der Aktionäre **in** der Hauptversammlung der AG, sei sie übertragend oder übernehmend (Ausnahmen: § 62), die über die Zustimmung zur Verschmelzung beschließen soll, während die Information vor der Hauptversammlung in § 63 geregelt ist.

II. Zugänglichmachen von Unterlagen und Erläuterung (Abs. 1)

2 **1. Zugänglichmachen von Unterlagen.** Die in § 63 Abs. 1 bezeichneten Unterlagen sind auch während der Hauptversammlung im sog. Präsenzbereich (Widmann/Mayer/*Rieger* Rn. 5) zugänglich zu machen. Das Zugänglichmachen erfordert, anders als eine Auslage, keine Kopien in Papierform, sondern kann elektronisch erfolgen, zB durch bereit gestellte Monitore (vgl. Begr. RegE, BR-Drs. 847/08, 35). Bei den zugänglich gemachten Unterlagen muss es sich nicht um die Originale handeln (vgl. MüKoAktG/*Hennrichs/Pöschke* AktG § 176 Rn. 7; Semler/Stengel/*Diekmann* Rn. 5, Fn. 11). Bei einer zu erwartenden größeren Anzahl an teilnehmenden Aktionären sind mehrere elektronische Zugänge vorzuhalten (früher allgM zu den Papier-Einsichtsexemplaren). Da die in § 63 Abs. 1 bezeichneten Unterlagen zugänglich zu machen sind, müssen die Unterlagen auch nicht aktualisiert werden (→ § 63 Rn. 4; Lutter UmwG/*Grunewald* Rn. 2; aA zB *Vetter* NZG 1999, 925 (929)). **Abschriften** der Unterlagen müssen während der Hauptversammlung nicht zur Verfügung gestellt werden (arg. e. contrario aus § 63 Abs. 3 S. 1 und vgl. § 175 Abs. 2 S. 2 AktG; zutr. Lutter UmwG/*Grunewald* Rn. 4; vgl. MüKoAktG/*Hennrichs/Pöschke* AktG § 175 Rn. 36; § 176 Rn. 6; aA hM zum UmwG, zB Widmann/Mayer/*Rieger* Rn. 7 mwN), werden dies aber in der Praxis regelmäßig. Die Anteilsinhaber aller beteiligten Rechtsträger können auf das Zugänglichmachen der Unterlagen notariell beurkundet verzichten (Verweis in S. 2).

3 Werden nicht alle notwendigen Dokumente ausgelegt, handelt es sich um einen **Verfahrensfehler,** der gem. § 243 Abs. 1 und 4 S. 1 AktG zur Anfechtbarkeit des Verschmelzungsbeschlusses führen kann. Die erforderliche objektive Wesentlichkeit der Auslage wird allerdings nicht in jedem Fall vorliegen, so bspw. dann nicht, wenn der den Fehler rügende Aktionär zuvor eine Abschrift der Dokumente erhalten hat (vgl. Lutter UmwG/*Grunewald* Rn. 3).

4 **2. Mündliche Erläuterung des Verschmelzungsvertrags.** Zu Beginn der Verhandlungen der Hauptversammlung hat der Vorstand den Verschmelzungsvertrag oder, falls über einen Entwurf abgestimmt wird, den Entwurf zu erläutern. Dabei sind die rechtlichen und wirtschaftlichen Gründe für die Verschmelzung sowie das Umtauschverhältnis zusammenfassend zu erläutern (im Wesentlichen unstr.). Ferner muss der Vorstand über **jede wesentliche Veränderung des Gesellschaftsvermögens** seit Vertragsabschluss (oder Entwurfsaufstellung) unterrichten. Wesentlich sind Umstände, die sich auf die Bewertung des Unternehmens und damit das Umtauschverhältnis auswirken können (Semler/Stengel/*Diekmann* Rn. 11); dies schließt eine Erklärung dazu, ob das Umtauschverhältnis zum Bewertungsstichtag (→ § 5 Rn. 15 f.) unverändert zutreffend ist, ein. Darüber sind auch die **Vertretungsorgane der anderen beteiligten Rechtsträger zu informieren,** die wiederum ihre Gesellschafter vor der Beschlussfassung zu informieren haben (S. 3). Einen schriftlichen Nachtragsbericht erfordert der neu gefasste Wortlaut nicht (Semler/Stengel/*Diekmann* Rn. 11a); eine Unterrichtung auf der Internetseite der Gesellschaft wird aber bei Publikumsgesellschaften erforderlich sein (Stellungnahme des Handelsrechtsausschusses des Dt. Anwaltsvereins von Mai 2010, Nr. 23/2010, Rn. 2, www.anwaltverein.de).

Die Anteilsinhaber aller beteiligten Rechtsträger können auf die Erläuterung des Verschmelzungsvertrages und die Unterrichtung über wesentliche Veränderungen notariell beurkundet **verzichten** (Verweis in S. 2).

5 Eine **unzureichende Erläuterung** des Verschmelzungsvertrages oder eine unzureichende Unterrichtung über wesentliche Veränderungen des Gesellschaftsvermögens können bei objektiver Wesentlichkeit zur Anfechtbarkeit des Verschmelzungsbeschlusses führen (§ 243 Abs. 1 und Abs. 4 S. 1 AktG). Dies gilt für den übertragenden Rechtsträger nicht, soweit es um Ausführungen zur Angemessenheit des Umtauschverhältnisses geht (§ 243 Abs. 4 S. 2 AktG). Darüber hinaus wird man von einem Aktionär, der bestimmte Informationen vermisst, verlangen können, insoweit von seinem Auskunftsrecht Gebrauch zu machen (vgl. Goutier/Knopf/Tulloch/*Bermel* Rn. 8). Zur Strafbarkeit der unrichtigen oder verschleiernden Erläuterung § 313 Abs. 1 Nr. 1.

III. Auskunftserteilung (Abs. 2)

6 **1. Erweitertes Auskunftsrecht.** Abs. 2 erweitert das Auskunftsrecht in der Hauptversammlung (§ 131 Abs. 1 AktG) auf alle für die Verschmelzung wesentlichen Angelegenheiten der anderen beteiligten Rechtsträger. Es erstreckt sich insoweit auch auf deren abhängige Unternehmen (vgl. *Krieger* ZGR 1990, 517 (526); Lutter UmwG/*Grunewald* Rn. 11). Um dazu Auskunft geben zu können, hat sich der Vorstand **vorzubereiten** (→ AktG § 131 Rn. 12). Auch kann es angezeigt sein, sich um **Unterstützung durch die anderen Rechtsträger** zu bemühen, insbes. durch Hinzuziehung von Mitgliedern der Vertretungsorgane der anderen Rechtsträger in der Hauptversammlung (Semler/Stengel/*Diekmann* Rn. 18; BayObLG 17.12.1974, DB 1975, 297), ferner bei der Vorbereitung der Hauptversammlung und im sog. **Back-Office** (vgl. Lutter UmwG/*Grunewald* Rn. 12; SHS/*Westerburg* Rn. 9). Keine Auskunftspflichtverletzung liegt vor, soweit dem Vorstand die Beschaffung der erforderlichen Informationen trotz gebotenen Bemühens nicht möglich ist oder er bei angemessener Vorbereitung die Frage nicht erwarten musste (OLG Hamm 4.3.1999, NZG 1999, 560 (563) – Krupp/Thyssen III; Widmann/Mayer/*Rieger* Rn. 51; vgl. auch *Butzke,* Die Hauptversammlung der Aktiengesellschaft, 5. Aufl. 2011, G 32 f.).

7 Informationen, die vor Verschmelzungsvertragsschluss **zwischen den Vertragsparteien ausgetauscht** wurden (zB in einer Due Diligence), fallen nicht unter die Auskunftsverpflichtung nach § 131 Abs. 4 AktG, da sie dem anderen Vertragspartner – selbst wenn er Aktionär ist und nicht bereits deswegen eine Ausnahme gilt, weil er im faktischen Konzern herrscht (hM, *Habersack/Verse* AG 2003, 300 (305 ff.) mzN), – nicht in seiner Eigenschaft als Aktionär gegeben wurden (vgl. Semler/Stengel/*Diekmann* Rn. 17).

8 **2. Auskunftsverweigerung.** Die Regelung greift nicht in das Recht zur Auskunftsverweigerung nach § 131 Abs. 3 AktG ein (heute ganz hM, vgl. Begr. RegE, BR-Drs. 75/94, 103; Lutter UmwG/*Grunewald* Rn. 13).

9 **3. Rechtsfolge unzureichender Auskünfte.** Beantwortet der Vorstand Fragen nicht, auf die sich das Auskunftsrecht erstreckt und für die ihm kein Auskunftsverweigerungsrecht zusteht, ist der Verschmelzungsbeschluss anfechtbar, wenn die Information objektiv wesentlich war (vgl. § 243 Abs. 1 und Abs. 4 S. 1 AktG). Eine Anfechtbarkeit scheidet beim übertragenden Rechtsträger allerdings aus, wenn die unzureichende Information die Angemessenheit des Umtauschverhältnisses betraf (§ 243 Abs. 4 S. 2 AktG, → § 14 Rn. 19). Zur Strafbarkeit einer unrichtigen oder verschleiernden Auskunft s. § 313 Abs. 1 Nr. 1.

Beschluß der Hauptversammlung

65 (1) [1]**Der Verschmelzungsbeschluß der Hauptversammlung bedarf einer Mehrheit, die mindestens drei Viertel des bei der Beschlußfassung vertretenen Grundkapitals umfaßt.** [2]**Die Satzung kann eine größere Kapitalmehrheit und weitere Erfordernisse bestimmen.**

(2) [1]**Sind mehrere Gattungen von Aktien vorhanden, so bedarf der Beschluß der Hauptversammlung zu seiner Wirksamkeit der Zustimmung der stimmberechtigten Aktionäre jeder Gattung.** [2]**Über die Zustimmung haben die Aktionäre jeder Gattung einen Sonderbeschluß zu fassen.** [3]**Für diesen gilt Absatz 1.**

I. Allgemeines

1 Die Regelung ergänzt die allgemeinen Bestimmungen des § 13 Abs. 1. Sie gilt bei Beteiligung einer AG an einer Verschmelzung, sei es als übertragende oder übernehmende Rechtsträgerin, für den Verschmelzungsbeschluss der AG (vgl. Begr. RegE, BR-Drs. 75/94, 103), wenn nicht ein Konzernprivileg nach § 62 eingreift. Das Mehrheitserfordernis gilt auch für eine Verschmelzung einer AG auf

einen Rechtsträger anderer Rechtsform oder umgekehrt (Mischverschmelzung; dazu § 29 Abs. 1 S. 1, § 78 S. 4).

II. Mehrheitserfordernisse in der Hauptversammlung (Abs. 1)

1. Gesetzliche Mehrheitserfordernisse. Der Verschmelzungsbeschluss, also die Zustimmung der Hauptversammlung zum Verschmelzungsvertrag oder zu seinem Entwurf, bedarf einer Mehrheit von mindestens 75 % des bei der Beschlussfassung vertretenen Grundkapitals (zur Berechnung der **Kapitalmehrheit** → § 179 AktG Rn. 14). Ferner bedarf der Beschluss gem. § 133 Abs. 1 AktG der einfachen (absoluten) **Stimmenmehrheit** (allgM). Dabei steht **Vorzugsaktionären ohne Stimmrecht** auch bei dieser Beschlussfassung kein Stimmrecht zu (vgl. Abs. 2 S. 1; Bericht Rechtsausschuss, BT-Drs. 12/7850, 143; Ausnahme: § 140 Abs. 2 AktG; auch kein Stimmrecht bei Umwandlung der AG in eine KGaA, s. OLG Schleswig 15.10.2007, WM 2007, 2293 (2295 f.)) und sie bleiben bei der Berechnung der Kapitalmehrheit unberücksichtigt (allgM). Ein bestimmtes **Quorum** verlangt § 65 nicht. Einem **Stimmverbot** unterliegt weder die übernehmende AG in der Hauptversammlung der übertragenden Gesellschaft noch umgekehrt; ist die AG Gesellschafterin einer übertragenden GmbH, gilt § 47 Abs. 4 S. 2 GmbHG nicht (zB Kallmeyer/*Zimmermann* Rn. 13 mwN, letzteres str.). Zur **Vertretung** bei der Abstimmung → AktG § 134 Rn. 8 ff. 2

2. Abweichende Regelung in der Satzung. Die Satzung kann weiter gehende Anforderungen vorsehen, zB eine größere Kapitalmehrheit oder die Festlegung eines Quorums (→ AktG § 179 Rn. 15 ff.), aber die Verschmelzung nicht ausschließen und nicht an die Mitwirkung anderer Organe binden (Lutter UmwG/*Grunewald* Rn. 4; vgl. auch Hüffer/Koch/*Koch* AktG § 179 Rn. 23). Stellt die Satzung höhere Anforderungen für Beschlüsse über Satzungsänderungen oder die Auflösung auf, gelten diese nicht für den Verschmelzungsbeschluss (str., zT aA zB Lutter UmwG/*Grunewald* Rn. 6 mwN; Semler/Stengel/*Diekmann* Rn. 14 f.; Widmann/Mayer/*Rieger* Rn. 9 f; aA zB SHS/*Westerburg* Rn. 12), da es sich bei gebotener objektiver Auslegung dieser Satzungsregelung (vgl. Hüffer/Koch/*Koch* AktG § 23 Rn. 39 mzN) um verschiedene Vorgänge handelt. 3

3. Änderungen nach Beschlussfassung. Stimmt die Hauptversammlung einem **Entwurf** zu, kann der Vorstand, mit Ausnahme der Korrektur von Schreibfehlern oder Ähnlichem, den Vertrag anschließend nur entsprechend dem Entwurf abschließen. Will der Vorstand nach dem Hauptversammlungsbeschluss Änderungen am **Vertrag** (in Abstimmung mit dem Vertragspartner) oder am Entwurf vornehmen, ist erneut ein Hauptversammlungsbeschluss einzuholen (zutr. zB Semler/Stengel/*Diekmann* Rn. 5). 4

4. Grundsatzvereinbarung. Wird vor Abschluss des Verschmelzungsvertrags zwischen den Rechtsträgern eine Grundsatzvereinbarung abgeschlossen, die der Vorbereitung des Abschlusses des Verschmelzungsvertrags dient, bedarf diese Grundsatzvereinbarung keiner nachträglichen Zustimmung der Hauptversammlung, etwa als Anlage zum Verschmelzungsvertrag (aA Semler/Stengel/*Diekmann* Rn. 6), wenn sie durch den Verschmelzungsvertrag überholt wird, also ihre Regelungen sich auf das Verfahren bis zum Abschluss des Verschmelzungsvertrags und/oder beabsichtigte Inhalte des Verschmelzungsvertrags, die durch die Regelungen des Verschmelzungsvertrags ersetzt werden, beschränken. Denn die Vorbereitung des Abschlusses des Verschmelzungsvertrags fällt ebenso in die Kompetenz der Vertretungsorgane wie der Abschluss selbst (§ 4 Abs. 1 S. 1). Anderes gilt nur, wenn die Regelungen der Grundsatzvereinbarung Teil des Verschmelzungsvertrags werden sollen. 5

5. Nichtigkeits- und Anfechtungsklage. Die Nichtigkeit oder Anfechtbarkeit des Beschlusses kann binnen eines Monats (§ 14 Abs. 1) nach den §§ 241 ff. AktG geltend gemacht werden, wobei aber beim übertragenden Rechtsträger sog. Bewertungsrügen (→ § 14 Rn. 2 f., → § 14 Rn. 15 ff.) und sich auf die Bewertung beziehende Rügen zur Information in der Hauptversammlung (vgl. § 243 Abs. 4 S. 2 AktG) ausgeschlossen sind. 6

III. Sonderbeschlüsse (Abs. 2)

1. Erforderlichkeit des Beschlusses. Bei mehreren Aktiengattungen (s. § 11 AktG) bedarf der Zustimmungsbeschluss der Hauptversammlung zusätzlich (vgl. LG Hamburg 5.3.1996, AG 1996, 281) der Zustimmung der stimmberechtigten Aktionäre jeder Gattung durch Sonderbeschluss (zu § 62 → Rn. 1). Ein Sonderbeschluss der Vorzugsaktionäre ohne Stimmrecht ist nicht erforderlich (Ausnahme: § 140 Abs. 2 AktG); § 65 Abs. 2 ist lex specialis zu § 141 AktG (Lutter UmwG/*Grunewald* Rn. 9; Semler/Stengel/*Diekmann* Rn. 24; differenzierend *Krieger* FS Lutter, 2000, 497 (506 ff.); Widmann/Mayer/*Rieger* Rn. 17 ff.); die Vorzugsaktionäre sind gem. § 23 geschützt; ferner können sie das Umtauschverhältnis nach § 15 im Spruchverfahren überprüfen lassen (zutr. Lutter UmwG/*Grunewald* Rn. 9, § 23 Rn. 12; aA hM). Gibt es nur Stammaktien und stimmrechtslose Vorzugsaktien, müssen die 7

Stammaktionäre keinen zusätzlichen Sonderbeschluss fassen (hM, zB Semler/Stengel/*Diekmann* Rn. 24).

8 **2. Verfahren.** Für den Sonderbeschluss gelten **Abs. 1** (Abs. 2 S. 3; insbes. für die Mehrheitserfordernisse) und **§ 138 AktG** analog und demnach bei **gesonderter Versammlung** anstelle gesonderter Abstimmung auch **§§ 63 und 64.** Da die Versammlungen zeitlich nicht unerheblich auseinander fallen können, handelt es sich für §§ 63 und 64 auch nicht um überflüssige Förmelei (str., vgl. Kallmeyer/*Zimmermann* Rn. 24; aA zB KK-UmwG/*Simon* Rn. 20).

9 **3. Fehlen des Sonderbeschlusses.** Fehlt ein erforderlicher Sonderbeschluss, fehlt es nach dem Wortlaut von Abs. 2 S. 1 an einem wirksamen Hauptversammlungsbeschluss und kann daher die Verschmelzung nicht angemeldet (vgl. § 17), eintragen und wirksam werden (vgl. § 20). Zur **Nichtigkeits- und Anfechtungsklage** gegen den Sonderbeschluss → AktG § 138 Rn. 4.

Eintragung bei Erhöhung des Grundkapitals

66 Erhöht die übernehmende Gesellschaft zur Durchführung der Verschmelzung ihr Grundkapital, so darf die Verschmelzung erst eingetragen werden, nachdem die Durchführung der Erhöhung des Grundkapitals im Register eingetragen worden ist.

1 **1. Regelungsinhalt.** Die Vorschrift regelt die Reihenfolge der Eintragungen, wenn die **übernehmende AG** (allgM; zur GmbH s. die parallele Vorschrift in § 53) zur Durchführung der Verschmelzung eine Kapitalerhöhung (s. §§ 68, 69) vornimmt. Dadurch, dass vor Eintragung der Verschmelzung im Register der **übernehmenden AG** (vgl. die Eintragungsreihenfolge gem. § 19 Abs. 1; Kallmeyer/*Zimmermann* Rn. 20) die **Durchführung** der Kapitalerhöhung eingetragen werden muss, ist gewährleistet, dass die Verschmelzung erst wirksam wird (vgl. § 20), wenn die als Gegenleistung vorgesehenen neuen Aktien gewährt werden können. Von der Eintragung der Durchführung der Kapitalerhöhung ist die Eintragung des der Durchführung vorangehenden **Erhöhungsbeschlusses** zu unterscheiden (vgl. §§ 184, 188 AktG). Die Kapitalerhöhung ist **durchgeführt,** wenn der Verschmelzungsvertrag mit Fassung der notwendigen Zustimmungsbeschlüsse gem. § 13 Abs. 1 S. 1 wirksam geworden ist (vgl. Lutter UmwG/*Grunewald* § 69 Rn. 23). Wegen der **konditionalen Verknüpfung** von Kapitalerhöhung und Verschmelzung wird die eingetragene Durchführung der Kapitalerhöhung trotz § 189 AktG jedoch erst mit Eintragung der Verschmelzung **wirksam; scheitert die Verschmelzung** nach Eintragung der dafür durchgeführten Kapitalerhöhung, ist die Eintragung der Kapitalerhöhung von Amts wegen gem. § 398 FamFG zu löschen (zB Semler/Stengel/*Diekmann* Rn. 11). Deshalb kann die Durchführung der Kapitalerhöhung auch bei angefochtenem Verschmelzungsbeschluss eingetragen werden (zutr. Semler/Stengel/*Diekmann* § 69 Rn. 27, str.).

2 **2. Genehmigtes Kapital.** Das Gesagte (→ Rn. 1) gilt auch für die Beschaffung der neuen Aktien aus genehmigtem Kapital, da auch hier die Eintragung der Durchführung für die Erhöhung des Grundkapitals (neben dem – an die Stelle des Erhöhungsbeschlusses tretenden – vorherigen Ermächtigungsbeschlusses, § 202 Abs. 2 AktG, § 181 Abs. 3 AktG) erforderlich ist (§§ 189, 203 Abs. 1 S. 1 AktG).

3 **3. Bedingte Kapitalerhöhung.** Bei der bedingten Kapitalerhöhung ist wie bei der regulären Kapitalerhöhung zunächst die Eintragung des Erhöhungsbeschlusses erforderlich (§ 195 AktG). An die Stelle der in § 66 angeordneten Eintragung der Durchführung der Kapitalerhöhung vor Eintragung der Verschmelzung (→ Rn. 1) tritt nach der Ratio von § 66 bei der bedingten Kapitalerhöhung die Ausgabe der Aktien (§ 200 AktG) vor Eintragung der Verschmelzung. Diese Ausgabe erfolgt – im Einklang mit §§ 66, 72 – durch Übergabe der Aktien an den Treuhänder (str., → § 71 Rn. 4) vor Eintragung der Verschmelzung. Im Hinblick auf die konditionale Verknüpfung von Kapitalerhöhung und Verschmelzung (→ Rn. 1) ist aber auch bei der bedingten Kapitalerhöhung das Grundkapital trotz § 200 AktG noch nicht mit der Ausgabe der Aktien durch Übergabe an den Treuhänder erhöht, sondern erst mit der nachfolgenden Eintragung der Verschmelzung (iE hL, zB Kallmeyer/*Marsch-Barner/Oppenhoff* § 69 Rn. 21; → § 69 Rn. 12). Die jährliche Anmeldung der Ausgabe von Bezugsaktien zur Eintragung in das Handelsregister (§ 201 AktG) hat dagegen nur deklaratorischen Charakter (Hüffer/Koch/*Koch* AktG § 201 Rn. 2).

Anwendung der Vorschriften über die Nachgründung

67 [1]**Wird der Verschmelzungsvertrag in den ersten zwei Jahren seit Eintragung der übernehmenden Gesellschaft in das Register geschlossen, so ist § 52 Abs. 3, 4, 6 bis 9 des Aktiengesetzes über die Nachgründung entsprechend anzuwenden.** [2]**Dies gilt nicht, wenn auf die zu gewährenden Aktien nicht mehr als der zehnte Teil des Grundkapitals dieser Gesellschaft entfällt oder wenn diese Gesellschaft ihre Rechtsform durch Formwechsel einer Gesellschaft mit beschränkter Haftung erlangt hat, die zuvor bereits seit mindestens zwei**

Jahren im Handelsregister eingetragen war. [3] Wird zur Durchführung der Verschmelzung das Grundkapital erhöht, so ist der Berechnung das erhöhte Grundkapital zugrunde zu legen.

Übersicht

I. Allgemeines

Die Regelung stellt sicher, dass die Nachgründungsvorschriften nicht mittels einer Verschmelzung umgangen werden. Sie gilt nach ihrem Wortlaut nur für einen **übernehmenden Rechtsträger** in Form einer AG. Sie gilt aber auch, wenn eine Kapitalerhöhung zur Durchführung der Verschmelzung nicht erfolgt, sondern stattdessen eigene Aktien als Gegenleistung gewährt werden (hM, zB Lutter UmwG/*Grunewald* Rn. 1). 1

II. Anwendung der Nachgründungsvorschriften; Ausnahme

1. Zeitpunkt des Verschmelzungsvertragsschlusses. Die Verschmelzung unterliegt nur dann den Nachgründungsvorschriften, wenn der Verschmelzungsvertrag innerhalb von zwei Jahren nach der Eintragung der übernehmenden AG in das Register geschlossen wurde. Sie unterliegt ihnen auch, wenn bei Verwendung einer Vorrats-AG die Eintragung der wirtschaftlichen Neugründung (Aktivierung) noch keine zwei Jahre zurück liegt (zutr. AG Memmingen 16.11.2006, MittBayNot 2007, 147). Sie unterliegt ihnen ferner, wenn die AG durch einen Formwechsel entstanden ist und die Eintragung des Formwechsels nicht länger als zwei Jahre zurück liegt (zB Semler/Stengel/*Diekmann* Rn. 6), es sei denn, es handelt sich um einen Formwechsel von einer GmbH in eine AG und die Gesellschaft war schon mindestens zwei Jahre eingetragen (S. 2 Hs. 2, → Rn. 3) oder von einer KGaA in eine AG (oder umgekehrt), da hier die Zeit in der anderen Rechtsform angerechnet werden kann (vgl. § 78 S. 4, allgM, zB Kallmeyer/*Marsch-Barner*/*Oppenhoff* Rn. 2). Der Vertragsschluss erfolgt im Zeitpunkt der notariellen Beurkundung (§§ 4 und 6) (hM, zB Semler/Stengel/*Diekmann* Rn. 7). 2

2. Ausnahmen. a) 10 %-Grenze. Die Nachgründungsvorschriften finden keine Anwendung, wenn die als Gegenleistung zu gewährenden Aktien nicht mehr als 10 % des Grundkapitals der übernehmenden AG ausmachen (S. 2 Hs. 1). Dabei werden alle als Gegenleistung gewährten Aktien zusammengezählt, gleich ob sie aus einer Kapitalerhöhung stammen oder es sich um eigene Aktien handelt (allgM). Die Unterschreitung der 10 %-Grenze dadurch, dass der übernehmende Rechtsträger vor der Verschmelzung Anteile des übertragenden Rechtsträgers erwirbt, für die dann keine Gegenleistung zu gewähren ist (§ 20 Abs. 1 Nr. 3, § 68 Abs. 1 Nr. 1), ist zulässig (hM, vgl. Widmann/Mayer/*Rieger* Rn. 14). Für die zugrunde zu legende **Grundkapitalziffer** ist maßgeblicher Zeitpunkt der der Eintragung der Verschmelzung (allgM, zB SHS/*Westerburg* Rn. 5) in das Handelsregister der übernehmenden AG, so dass bereits ausgegebene Bezugsaktien aus bedingtem Kapital wegen § 200 AktG hinzuzuzählen sind (zB Semler/Stengel/*Diekmann* Rn. 10). Wegen der Eintragungsreihenfolge und S. 3 ist demnach auch das erhöhte Grundkapital zugrunde zu legen, wenn bei der übernehmenden AG zur Durchführung der Verschmelzung das Grundkapital erhöht wird, und gilt dasselbe, wenn die Aktien aus genehmigtem Kapital stammen (zur Eintragungsreihenfolge → § 66 Rn. 2). Dies gilt aufgrund der Anordnung in S. 3 auch, wenn die Aktien für die Verschmelzung aus einer bedingten Kapitalerhöhung stammen (unklar die Lit., vgl. zB Lutter UmwG/*Grunewald* Rn. 7), obwohl hier das Grundkapital entgegen § 200 AktG erst mit Eintragung der Verschmelzung erhöht ist (→ § 66 Rn. 3). 3

b) Formwechsel aus GmbH. Die Nachgründungsvorschriften finden ferner keine Anwendung, wenn die AG durch Formwechsel aus einer GmbH (zur KGaA → Rn. 2) entstanden ist und die GmbH bereits seit mindestens zwei Jahren im Register eingetragen war (S. 2 Hs. 1), da die Kapitalaufbringung bei der GmbH ähnlichen Regeln wie bei der AG folgt (Begr. RegE, BR-Drs. 548/06, 27). 4

c) Weitere Ausnahmen gem. § 52 Abs. 9. → Rn. 8. 5

6 **3. Anzuwendende Nachgründungsvorschriften.** Entsprechend anzuwenden sind die folgenden Nachgründungsvorschriften (vgl. zu den Einzelheiten die Kommentierung zum AktG):

7 **a) Nachgründungsbericht des Aufsichtsrats.** § 52 Abs. 3 AktG iVm § 32 Abs. 2 und 3 AktG: Der Aufsichtsrat der übernehmenden AG hat den Verschmelzungsvertrag zu prüfen und einen Nachgründungsbericht zu erstatten, der insbes. die wesentlichen Umstände für die Angemessenheit des Umtauschverhältnisses darzulegen hat. Der Bericht muss vor der Beschlussfassung der Hauptversammlung erstattet werden, dabei aber bereits so zeitig, dass er für die Erstattung des Nachgründungsprüfungsberichts vorliegt, der seinerseits ebenfalls vor der Beschlussfassung der Hauptversammlung vorliegen muss (vgl. § 52 Abs. 4, § 34); darüber hinaus müssen beide Berichte jedenfalls im Entwurf bei Unterzeichnung des Verschmelzungsberichts vorliegen, da dieser über deren wesentlichen Inhalte Auskunft geben muss; eine Auslage des Nachgründungsberichts in der Hauptversammlung und eine Erörterung durch den Vorstand sind nicht erforderlich (OLG Jena 5.11.2008, NJW-RR 2009, 182 (183)). Bedarf es gem. § 62 Abs. 1 keines Hauptversammlungsbeschlusses, muss der Nachgründungsbericht ebenfalls für die Erstattung des Nachgründungsprüfungsberichts vorliegen, der seinerseits aber erst zur Anmeldung beim Handelsregister (§ 52 Abs. 6 S. 2 AktG) vorliegen muss (vgl. auch Semler/Stengel/*Diekmann* Rn. 14; Lutter UmwG/*Grunewald* Rn. 12); für den Verschmelzungsbericht gilt jedoch das zuvor Gesagte.

8 **b) Nachgründungsprüfung.** § 52 Abs. 4 iVm § 33 Abs. 3–5 AktG, §§ 34, 35 AktG: Ferner ist eine Nachgründungsprüfung durch einen gerichtlich (vgl. § 14 AktG, § 375 Nr. 3 FamFG, § 376 FamFG) bestellten Prüfer durchzuführen, der mit dem Verschmelzungsprüfer identisch sein kann (vgl. Lutter UmwG/*Grunewald* Rn. 14; → § 69 Rn. 6). Insbesondere muss geprüft werden, ob der Wert der übergehenden Vermögensgegenstände abzüglich Schulden den geringsten Ausgabebetrag (§ 9 Abs. 1 AktG) der als Gegenleistung gewährten neuen Aktien (§ 34 Abs. 1 Nr. 2 Alt. 1 AktG) bzw. den Wert der als Gegenleistung gewährten eigenen Aktien erreicht (§ 34 Abs. 1 Nr. 2 Alt. 2 AktG; vgl. Lutter UmwG/*Grunewald* Rn. 13). Zum Zeitpunkt des Vorliegens des Nachgründungsprüfungsberichts → Rn. 5.

9 **c) Handelsregistereintragung.** § 52 Abs. 6–8 AktG: Der Verschmelzungsvertrag ist als Nachgründungsvertrag – neben der Anmeldung der Verschmelzung nach § 16 Abs. 1 – zur Eintragung in das Handelsregister anzumelden.

10 **d) Ausnahme nach § 52 Abs. 9 AktG.** Die dort genannten Ausnahmen von der Anwendung der Nachgründungsvorschriften kommen bei einer Verschmelzung nicht oder idR nicht in Betracht.

11 **4. Rechtsfolgen von Verstößen.** Verstöße gegen § 52 Abs. 3 und 4 führen dazu, dass der Registerrichter den Verschmelzungsvertrag nicht eintragen wird (vgl. § 52 Abs. 6 und 7 AktG). Sie führen ferner zur Anfechtbarkeit des Verschmelzungsbeschlusses (§ 243 Abs. 1 AktG; vgl. Hüffer/Koch/*Koch* AktG § 52 Rn. 14; Widmann/Mayer/*Rieger* Rn. 34; str.). Wird die Verschmelzung gleichwohl eingetragen, ist sie wirksam (§ 20 Abs. 2).

Verschmelzung ohne Kapitalerhöhung

68 (1) [1] **Die übernehmende Gesellschaft darf zur Durchführung der Verschmelzung ihr Grundkapital nicht erhöhen, soweit**

1. sie Anteile eines übertragenden Rechtsträgers innehat;
2. ein übertragender Rechtsträger eigene Anteile innehat oder
3. ein übertragender Rechtsträger Aktien dieser Gesellschaft besitzt, auf die der Ausgabebetrag nicht voll geleistet ist.

[2] **Die übernehmende Gesellschaft braucht ihr Grundkapital nicht zu erhöhen, soweit**

1. sie eigene Aktien besitzt oder
2. ein übertragender Rechtsträger Aktien dieser Gesellschaft besitzt, auf die der Ausgabebetrag bereits voll geleistet ist.

[3] **Die übernehmende Gesellschaft darf von der Gewährung von Aktien absehen, wenn alle Anteilsinhaber eines übertragenden Rechtsträgers darauf verzichten; die Verzichtserklärungen sind notariell zu beurkunden.**

(2) **Absatz 1 gilt entsprechend, wenn Inhaber der dort bezeichneten Anteile ein Dritter ist, der im eigenen Namen, jedoch in einem Fall des Absatzes 1 Satz 1 Nr. 1 oder des Absatzes 1 Satz 2 Nr. 1 für Rechnung der übernehmenden Gesellschaft oder in einem der anderen Fälle des Absatzes 1 für Rechnung des übertragenden Rechtsträgers handelt.**

(3) **Im Verschmelzungsvertrag festgesetzte bare Zuzahlungen dürfen nicht den zehnten Teil des auf die gewährten Aktien der übernehmenden Gesellschaft entfallenden anteiligen Betrags ihres Grundkapitals übersteigen.**

Übersicht

I. Allgemeines

Bei einer Verschmelzung auf eine AG erhalten die Anteilsinhaber des übertragenden Rechtsträgers als Gegenleistung Aktien der übernehmenden AG (§ 2). Die Norm beinhaltet Regeln für die Beschaffung dieser Aktien aus Kapitalerhöhung (Abs. 1 und 2). Die als Gegenleistung zu gewährenden Aktien können jedoch stattdessen auch eigene Aktien der übernehmenden AG sein (→ Rn. 9 f.). Ferner kann eine Kapitalerhöhung verboten oder nicht erforderlich sein, weil eine 100 %-Tochter auf ihre Mutter (→ Rn. 4) oder zwei Schwestern verschmolzen werden (→ Rn. 12). Darüber hinaus regelt die Norm die Grenzen einer baren Zuzahlung neben der Gewährung von Aktien (Abs. 3). 1

Die Norm entspricht weitgehend der Regelung in **§ 54** (→ 54 Rn. 1 ff.). 2

II. Kapitalerhöhungsverbote; Kapitalerhöhungswahlrechte; Verzicht auf Kapitalerhöhung (Abs. 1 und 2)

1. Kapitalerhöhungsverbote. Im Umfang der folgenden Sachverhalte („soweit") darf die übernehmende AG keine Kapitalerhöhung vornehmen. Steht der Umfang noch nicht fest, kann ein Beschluss über eine „Bis-zu-Kapitalerhöhung" gefasst werden (*Bungert/Hentzen* DB 1999, 2501; Semler/Stengel/*Diekmann* Rn. 7 f.; vgl. auch OLG München 22.9.2009, NZG 2009, 1274 (1274)). 3

a) Die übernehmende AG hält Anteile am übertragenden Rechtsträger. Abs. 1 S. 1 Nr. 1: Eine Kapitalerhöhung darf insoweit nicht erfolgen. Denn die übernehmende AG wird im Zuge der Verschmelzung nicht neuer Anteilsinhaber bei sich selbst (vgl. § 20 Abs. 1 Nr. 3 Alt. 1) und erhält demnach auch keine (eigenen) Aktien als Gegenleistung. Bei der Verschmelzung einer 100 %-Tochter auf ihre Mutter ist eine Kapitalerhöhung demnach verboten (vgl. § 5 Abs. 2). 4

b) Ein übertragender Rechtsträger hält eigene Anteile. Abs. 1 S. 1 Nr. 2: Eine Kapitalerhöhung darf insoweit nicht erfolgen. Denn die Anteilsinhaber des übertragenden Rechtsträgers werden insoweit nicht neue Anteilsinhaber der übernehmenden AG (vgl. § 20 Abs. 1 Nr. 3 Alt. 2), sondern die eigenen Anteile gehen ersatzlos unter (vgl. Art. 19 Abs. 2b RL 78/855/EWG (Verschmelzungs-RL); Widmann/Mayer/*Rieger* Rn. 12). 5

c) Ein übertragender Rechtsträger hält *nicht voll* eingezahlte Aktien an der übernehmenden AG. Abs. 1 S. 1 Nr. 3: Sinn und Rechtsfolgen dieser Regelung sind sehr str. (zB Widmann/Mayer/*Rieger* Rn. 15 ff.). Ist eine Kapitalerhöhung zwecks Anteilsgewährung erforderlich (zu Ausnahmen → Rn. 1), ist die rechtlich einfachste Lösung in dieser Situation die Erbringung der ausstehenden Einlagen vor der Verschmelzung, sodass nicht Abs. 1 S. 1 Nr. 3, sondern Abs. 1 S. 2 Nr. 2 Anwendung findet (→ Rn. 10; zu Alternativen s. KK-UmwG/*Simon* Rn. 25). 6

d) Einbezogene Dritte. Abs. 2. Abs. 2 enthält die Umsetzung der Inhalte von § 71d S. 1 AktG in der Verschmelzung. Die Regelung unter a) (→ Rn. 4) gilt entsprechend, wenn ein Dritter die Anteile am übertragenden Rechtsträger treuhänderisch für die übernehmende AG hält (Alt. 1); die Regelungen unter b) (→ Rn. 5) und c) (→ Rn. 6) gelten entsprechend, wenn ein Dritter die Anteile treuhänderisch für den übertragenden Rechtsträger hält (Alt. 3). Aber auch falls ein Kapitalerhöhungsverbot nach Abs. 2 nicht besteht, können die als Gegenleistung gewährten Aktien zu einer gegen § 71d S. 2 AktG ver- 7 stoßenden Situation führen, die eine Veräußerungs-/Einziehungspflicht nach § 71c AktG nach sich zieht (vgl. Semler/Stengel/*Diekmann* Rn. 18).

8 **2. Kapitalerhöhungswahlrechte.** Im Umfang der folgenden Sachverhalte („soweit") kann die übernehmende AG eine Kapitalerhöhung vornehmen, muss dies aber nicht:

9 **a) Die übernehmende AG hält eigene Aktien.** Abs. 1 S. 2 Nr. 1, sei es auch erst nach einem Erwerb für die Zwecke der Verschmelzung. Dann kann sie als Gegenleistung neue Aktien aus einer Kapitalerhöhung oder eigene Aktien gewähren (allgM). Bei einem Erwerb ist § 71 AktG zu beachten (vgl. zB Widmann/Mayer/*Rieger* Rn. 23; s. auch den Vorschlag des Handelsrechtsausschusses des Dt. Anwaltsvereins NZG 2000, 802 (805), zu § 71 Abs. 1 Nr. 3 AktG).

10 **b) Ein übertragender Rechtsträger hält *voll* eingezahlte Aktien an der übernehmenden AG.** Abs. 1 S. 2 Nr. 2: Mit der Verschmelzung gehen diese Aktien auf die übernehmende AG über (§ 20 Abs. 1 Nr. 1 iVm § 71 Abs. 1 Nr. 5 AktG; § 71c Abs. 2 AktG ist zu beachten), die dann eigene Aktien hält. Sie kann diese eigenen Aktien (→ § 71 Rn. 5) oder wahlweise neue Aktien aus einer Kapitalerhöhung als Gegenleistung gewähren.

11 **c) Einbezogene Dritte.** Abs. 2: Die Regelung unter a) (→ Rn. 9) gilt entsprechend, wenn ein Dritter die Aktien treuhänderisch für die übernehmende AG hält (Alt. 2); die unter b) (→ Rn. 10) gilt entsprechend, wenn ein Dritter die Aktien treuhänderisch für den übertragenden Rechtsträger hält (Alt. 3). Denn der Dritte kann die Aktien unter Einhaltung der §§ 71 ff. AktG für die Erbringung der Gegenleistung zur Verfügung stellen (→ Rn. 7 aE).

12 **3. Verzicht auf Kapitalerhöhung/Verschmelzung von Schwestern.** Die Anteilsinhaber eines übertragenden Rechtsträgers können auf die Gewährung von Anteilen verzichten. Dies ist nunmehr gesetzlich klargestellt (vgl. Begr. RegE, BR-Drs. 548/06, 27 f.). Ein Verzicht wird idR jedoch nur bei einer Verschmelzung von Schwestergesellschaften erfolgen, die denselben Anteilsinhaber oder dieselben Anteilsinhaber mit gleicher Beteiligungsquote haben. Zu beachten bleibt der umwandlungssteuerrechtliche Rahmen. Zum Verzicht auf die Kapitalerhöhung bei der Verschmelzung eines übertragenden Rechtsträgers mit negativem Vermögen s. KK-UmwG/*Simon* Rn. 48 ff.; *Weiler* NZG 2008, 527 (529 ff.).

13 **4. Rechtsfolgen von Verstößen.** Verstöße gegen Abs. 1 oder 2 führen zur Anfechtbarkeit des Kapitalerhöhungsbeschlusses (str.; vgl. Kallmeyer/*Marsch-Barner/Oppenhoff* Rn. 19). Wird die Kapitalerhöhung dennoch eingetragen, ist sie wirksam (hM, zB SHS/*Westerburg* Rn. 18, § 54 Rn 27), aber für die erworbenen eigenen Aktien gelten §§ 71b, 71c AktG analog (vgl. Widmann/Mayer/*Rieger* Rn. 53).

III. Bare Zuzahlung (Abs. 3)

14 **1. Bare Zuzahlung.** Im Verschmelzungsvertrag kann als Gegenleistung neben der Gewährung von Anteilen eine bare Zuzahlung vereinbart werden (§ 5 Abs. 1 Nr. 3). Diese wird idR, aber nicht notwendigerweise, zum Ausgleich einer **Rundung des Umtauschverhältnisses** genutzt, die die Notwendigkeit der Regulierung von Teilrechten („Aktienspitzen") reduziert. Die im Verschmelzungsvertrag vereinbarte bare Zuzahlung ist daher sowohl von einer Barzahlung beim eigentlichen Umtausch der Aktien zwecks Regulierung von (verbleibenden) Teilrechten als auch von einer baren Zuzahlung im Spruchverfahren zu unterscheiden (→ § 15 Rn. 7 ff.).

15 **2. Höhe.** Die im Verschmelzungsvertrag vereinbarte bare Zuzahlung darf 10% des Betrags nicht übersteigen (s. aber *Priester* ZIP 2013, 2033; vgl. *Mösinger* GWR 2017, 463), der vom Grundkapital der übernehmenden AG anteilig auf alle als Gegenleistung gewährten Aktien zusammen entfällt. Dabei sind auch als Gegenleistung gewährte neue Aktien aus Kapitalerhöhung trotz der Überschrift der Norm mitzuzählen (allgM); die Zuzahlung darf hier ferner nicht zu einer Ausgabe unter dem geringsten Ausgabebetrag führen (unzulässige Unterpari-Emission, § 9 Abs. 1 AktG; zB Semler/Stengel/*Diekmann* Rn. 24).

16 **3. Rechtsfolgen von Verstößen.** Ein Verstoß gegen Abs. 3 führt zur Anfechtbarkeit der Beschlüsse (§ 13) über die Zustimmung zur Verschmelzung (§ 243 Abs. 1 AktG) und zur Nichtigkeit dieser Bestimmung des Verschmelzungsvertrags (§ 134 BGB; vgl. Lutter UmwG/*Grunewald* § 20 Rn. 89; OLG Hamburg 13.7.1990, ZIP 1990, 1071 (1073); aA hL: Nichtigkeit des gesamten Vertrags, zB SHS/*Westerburg* Rn. 17). Wird die Verschmelzung dennoch in das Handelsregister eingetragen, gilt § 20 Abs. 2 und die Verschmelzung ist wirksam. Die nichtige Regelung muss dann im Wege der ergänzenden Vertragsauslegung ersetzt werden (Lutter UmwG/*Grunewald* § 20 Rn. 90).

Verschmelzung mit Kapitalerhöhung

69 (1) [1] **Erhöht die übernehmende Gesellschaft zur Durchführung der Verschmelzung ihr Grundkapital, so sind § 182 Abs. 4, § 184 Abs. 1 Satz 2, §§ 185, 186, 187 Abs. 1, § 188 Abs. 2 und 3 Nr. 1 des Aktiengesetzes nicht anzuwenden; eine Prüfung der Sacheinlage nach § 183 Abs. 3 des Aktiengesetzes findet nur statt, soweit übertragende Rechtsträger die Rechtsform einer Personenhandelsgesellschaft, einer Partnerschaftsgesellschaft oder eines rechtsfähigen Vereins haben, wenn Vermögensgegenstände in der Schlußbilanz eines übertragenden Rechtsträgers höher bewertet worden sind als in dessen letzter Jahresbilanz, wenn die in einer Schlußbilanz angesetzten Werte nicht als Anschaffungskosten in den Jahresbilanzen der übernehmenden Gesellschaft angesetzt werden oder wenn das Gericht Zweifel hat, ob der Wert der Sacheinlage den geringsten Ausgabebetrag der dafür zu gewährenden Aktien erreicht.** [2] **Dies gilt auch dann, wenn das Grundkapital durch Ausgabe neuer Aktien auf Grund der Ermächtigung nach § 202 des Aktiengesetzes erhöht wird.** [3] **In diesem Fall ist außerdem § 203 Abs. 3 des Aktiengesetzes nicht anzuwenden.** [4] **Zum Prüfer kann der Verschmelzungsprüfer bestellt werden.**

(2) **Der Anmeldung der Kapitalerhöhung zum Register sind außer den in § 188 Abs. 3 Nr. 2 und 3 des Aktiengesetzes bezeichneten Schriftstücken der Verschmelzungsvertrag und die Niederschriften der Verschmelzungsbeschlüsse in Ausfertigung oder öffentlich beglaubigter Abschrift beizufügen.**

Übersicht

I. Allgemeines

Die Anteilsinhaber des übertragenden Rechtsträgers erhalten bei einer Verschmelzung als Gegenleistung Aktien der übernehmenden AG (§ 2). Die Norm erleichtert eine (Sach-)Kapitalerhöhung bei der übernehmenden AG zwecks Beschaffung dieser Aktien. Zu Kapitalerhöhungsverboten und -wahlrechten → § 68 Rn. 1 ff. 1

Wird Klage gegen den Kapitalerhöhungsbeschluss erhoben, besteht für dessen Eintragung keine sog. Registersperre; die Eintragung kann dennoch im **Freigabeverfahren nach § 246a AktG** durchgesetzt werden (einer analogen Anwendung von § 16 Abs. 3 bedarf es nicht; aA Semler/Stengel/*Diekmann* Rn. 28 ff.; Kallmeyer/*Marsch-Barner/Oppenhoff* Rn. 23), welches mit einem Freigabeverfahren nach § 16 Abs. 3 mittels Klagehäufung (§§ 59 f., 260 ZPO) oder seitens des Gerichts gem. § 147 ZPO verbunden werden kann, da es sich nicht um verschiedene Prozessarten handelt. Wird die Kapitalerhöhung daraufhin eingetragen, ist sie unumkehrbar wirksam (§ 246a Abs. 4 S. 2 AktG; vgl. BGH 21.5.2007, NZG 2007, 714 (715)). 2

Ist die übernehmende AG börsennotiert, kann für die Zulassung der neuen Aktien ferner ein **Borsenzulassungsprospekt** erforderlich sein (§ 32 BörsG), wenn nicht die 10 %-Ausnahme (§ 4 Abs. 2 Nr. 1 WpPG) greift. 3

II. Nicht anwendbare Normen des AktG (Abs. 1) und Ergänzung des AktG (Abs. 2) für die Kapitalerhöhung

4 **1. Reguläre Kapitalerhöhung (Abs. 1 S. 1).** Die Beschlussfassung über eine reguläre Kapitalerhöhung zur Durchführung einer Verschmelzung erfolgt idR in der Hauptversammlung, die auch über die Zustimmung zum Verschmelzungsvertrag beschließt. Auf diese reguläre Kapitalerhöhung finden grundsätzlich die §§ 182 ff. AktG einschließlich § 183 AktG Anwendung. Jedoch gelten die folgenden Ausnahmen:

5 **a) Keine Anwendung von § 182 Abs. 4 AktG, § 184 Abs. 1 S. 2 AktG (ausstehende Einlagen).** Der Kapitalerhöhung steht nicht entgegen, dass ausstehende Einlagen auf das Grundkapital der übernehmenden AG noch erlangt werden können. Dazu sind daher auch keine Angaben in der Anmeldung des Kapitalerhöhungsbeschlusses zur Eintragung in das Handelsregister zu machen.

6 **b) Ggf. keine Anwendung von § 183 Abs. 3 AktG (Sacheinlageprüfung).** Die Kapitalerhöhung zur Durchführung der Verschmelzung ist eine Kapitalerhöhung mit Sacheinlagen (§ 183 AktG). § 69 Abs. 1 S. 1 enthebt idR von der Notwendigkeit einer Sacheinlageprüfung. Ist doch eine Sacheinlageprüfung erforderlich, um der Gefahr einer verbotenen Unterpari-Emission zu begegnen (vgl. Begr. RegE, BR-Drs. 75/94, 104), ist zu prüfen, ob der Wert der Sacheinlage – also das Vermögen des übertragenden Rechtsträgers – den geringsten Ausgabebetrag (§ 9 Abs. 1 AktG) der dafür zu gewährenden Aktien erreicht (allgM); unterbleibt eine erforderliche Prüfung, ist eine dennoch eingetragene Kapitalerhöhung wirksam (Hüffer/Koch/*Koch* AktG § 183 Rn. 19). Eine Differenzhaftung der Anteilsinhaber (vgl. Hüffer/Koch/*Koch* AktG § 9 Rn. 6) des übertragenden Rechtsträgers wegen fehlender Werthaltigkeit der Sacheinlage scheidet hier aus (zutr. BGH 12.3.2007, NZG 2007, 513; Lutter UmwG/*Grunewald* Rn. 28; KK-UmwG/*Simon* Rn. 40; str.). Zum Prüfer kann auch der Verschmelzungsprüfer bestellt werden (S. 4). Eine **Sacheinlageprüfung** ist in diesen Fällen **notwendig:**

7 **aa) Bestimmte Rechtsform des übertragenden Rechtsträgers. Bestimmte Rechtsform** – Personenhandels- oder Partnerschaftsgesellschaft, rechtsfähiger Verein – des übertragenden Rechtsträgers.

8 **bb) Höhere Wertansätze in der Schlussbilanz. Höhere Wertansätze** in der Schlussbilanz (§ 17 Abs. 2) des übertragenden Rechtsträgers als in seiner letzten Jahresbilanz (Zuschreibungen). Wird die letzte Jahresbilanz als Schlussbilanz verwendet, erfordert der Normzweck nicht, zum Vergleich auf die vorletzte Jahresbilanz abzustellen (aA hL, zB Semler/Stengel/*Diekmann* Rn. 10).

9 **cc) Keine Buchwertfortführung bei der übernehmenden AG. Keine Buchwertfortführung** bei der übernehmenden AG (vgl. § 24 zum Wahlrecht zwischen Buchwertfortführung und Neubewertung zu Anschaffungskosten). In der Praxis wird oft bereits im Verschmelzungsvertrag die Buchwertfortführung vereinbart. So werden zeitliche Verzögerungen bei der Eintragung der Kapitalerhöhung verhindert (zB Widmann/Mayer/*Rieger* Rn. 30).

10 **dd) Zweifel des Gerichts. Zweifel des Gerichts,** ob das Vermögen des übertragenden Rechtsträgers im oben beschriebenen Sinne hinreichend werthaltig ist.

11 **c) Keine Anwendung von § 185 AktG (Zeichnung).** Bei der Kapitalerhöhung erfolgt keine Zeichnung der neuen Aktien.

12 **d) Keine Anwendung von §§ 186, 187 Abs. 1 AktG (Bezugsrecht).** Bei der Kapitalerhöhung haben die Aktionäre der übernehmenden AG kein Bezugsrecht, weil die Anteilsinhaber des übertragenden Rechtsträgers die neuen Aktien als Gegenleistung erhalten. Dementsprechend können die neuen Aktien den Anteilsinhabern des übertragenden Rechtsträgers im Verschmelzungsvertrag auch ohne Bezugsrechtsvorbehalt zugunsten der Aktionäre der übernehmenden AG zugesagt werden.

13 **e) Keine Anwendung von § 188 Abs. 2 und 3 Nr. 1 AktG (Handelsregisteranmeldung).** Angaben zur Einzahlung und die Beifügung von Zeichnungsunterlagen entfallen in der Anmeldung der Durchführung der Kapitalerhöhung zur Eintragung in das Handelsregister.

14 **f) Keine Anwendung von § 189 AktG (Wirksamwerden der Kapitalerhöhung). § 189 AktG (Wirksamwerden der Kapitalerhöhung)** findet keine Anwendung (s. § 66).

15 **2. Ausnutzung von genehmigtem Kapital (Abs. 1 S. 2 und 3).** Wenn ein vorhandenes genehmigtes Kapital eine Ausgabe der Aktien gegen Sacheinlage zulässt (§ 205 Abs. 1 AktG), kann dieses zur Durchführung der Verschmelzung ausgenutzt werden. Dann gilt das zur regulären Kapitalerhöhung Gesagte (→ Rn. 4 ff.), einschließlich → Rn. 6 zur Frage der Notwendigkeit einer Sacheinlageprüfung (allgM), auch wenn die Verweise in Abs. 1 S. 2 und 3 insofern nicht eindeutig sind. Ausstehende

Einlagen sind für die Ausnutzung des genehmigten Kapitals ebenfalls kein Hindernis (keine Anwendung von § 203 Abs. 3 AktG; → Rn. 5).

3. Bedingte Kapitalerhöhung. Auch eine bedingte Kapitalerhöhung kann eine sinnvolle Alternative zur Beschaffung der als Gegenleistung zu gewährenden Aktien sein (s. Kallmeyer/*Marsch-Barner/Oppenhoff* Rn. 15 f.). Obwohl § 69 dies nicht ausdrücklich anordnet, finden die in Abs. 1 S. 1 geregelten Einschränkungen zur Notwendigkeit einer Sacheinlageprüfung bei der regulären Kapitalerhöhung auch auf die entsprechende Regelung zur bedingten Kapitalerhöhung in § 194 Abs. 4 AktG Anwendung (allgM). Ebenfalls nicht anzuwenden sind § 198 AktG (Bezugserklärung), § 200 AktG (Wirksamwerden der Kapitalerhöhung mit Aktienausgabe, → § 66 Rn. 3) und § 201 Abs. 2 AktG (Unterlagen zu Bezugserklärungen in der Handelsregisteranmeldung) (BeckOGK/*Habersack* Rn. 24). § 201 Abs. 1 und 3 AktG sind dagegen anzuwenden (BeckOGK/*Habersack* Rn. 24; aA Goutier/Knopf/Tulloch/*Bermel* Rn. 33; → § 66 Rn. 3). 16

4. Handelsregisteranmeldung (Abs. 2). Der Verschmelzungsvertrag und die Niederschriften der Verschmelzungsbeschlüsse sind erst bei der Anmeldung der Durchführung der Kapitalerhöhung, nicht bereits bei der Anmeldung des Kapitalerhöhungsbeschlusses beizufügen (zutr. Lutter UmwG/*Grunewald* Rn. 22; aA hL). In der Praxis erfolgen beide Anmeldungen oft zusammen (vgl. § 188 Abs. 4 AktG). 17

Geltendmachung eines Schadenersatzanspruchs

70 Die Bestellung eines besonderen Vertreters nach § 26 Abs. 1 Satz 2 können nur solche Aktionäre einer übertragenden Gesellschaft beantragen, die ihre Aktien bereits gegen Anteile des übernehmenden Rechtsträgers umgetauscht haben.

1. Regelungsinhalt. Schadensersatzansprüche gegen die Vertretungs- und Aufsichtsorgane eines übertragenden Rechtsträgers wegen der Verschmelzung (§ 25) können nur durch einen besonderen Vertreter (§ 26) geltend gemacht werden. Ist übertragender Rechtsträger eine AG, KGaA (§ 78 S. 1) oder eine SE, können nur solche Aktionäre die Bestellung des besonderen Vertreters beantragen, die ihre Aktien bereits in Anteile des übernehmenden Rechtsträgers umgetauscht haben; die Rechtsform des übernehmenden Rechtsträgers ist unerheblich (zB Kallmeyer/*Marsch-Barner/Oppenhoff* Rn. 2). Der Sinn der Regelung ist nicht recht ersichtlich; der Verweis der Begr. des RegE (BR-Drs. 75/94, 104) auf Art. 20 RL 78/855/EWG (Verschmelzungs-RL) passt nicht (Lutter UmwG/*Grunewald* Rn. 1 f.). Möglicherweise werden Abwicklungsschwierigkeiten während des laufenden Umtauschs vermieden (vgl. Kallmeyer/*Marsch-Barner/Oppenhoff* Rn. 1). Die Vorschrift hat praktisch wenig Bedeutung. 1

2. Antragsberechtigung. Antragsberechtigt ist ein Aktionär, der im Zeitpunkt des Wirksamwerdens der Verschmelzung Aktionär der übertragenden Gesellschaft war (→ § 26 Rn. 7 f.; hL, zB Kallmeyer/*Marsch-Barner/Oppenhoff* Rn. 4) und seine Aktien bereits umgetauscht hat. Demnach geht bei einer späteren Veräußerung die Antragsberechtigung nicht auf den Erwerber über (vgl. Semler/Stengel/*Diekmann* Rn. 4 f.), sondern verbleibt beim Veräußerer (vgl. Widmann/Mayer/*Rieger* Rn. 6). Der Antragsteller muss seine Antragsberechtigung darlegen und beweisen. 2

Bestellung eines Treuhänders

71 (1) [1]**Jeder übertragende Rechtsträger hat für den Empfang der zu gewährenden Aktien und der baren Zuzahlungen einen Treuhänder zu bestellen.** [2]**Die Verschmelzung darf erst eingetragen werden, wenn der Treuhänder dem Gericht angezeigt hat, daß er im Besitz der Aktien und der im Verschmelzungsvertrag festgesetzten baren Zuzahlungen ist.**

(2) **§ 26 Abs. 4 ist entsprechend anzuwenden.**

I. Allgemeines

Die Norm stellt sicher, dass die den Anteilsinhabern des übertragenden Rechtsträgers als Gegenleistung zu gewährenden Aktien und die ggf. im Verschmelzungsvertrag zusätzlich vereinbarten baren Zuzahlungen (§ 5 Abs. 1 Nr. 3) vor Wirksamwerden der Verschmelzung zur Verfügung stehen. Die Norm ist nach ihrem Wortlaut nur anwendbar, wenn der übernehmende Rechtsträger eine AG (oder KGaA, § 78 Abs. 1 S. 1, oder SE, → § 3 Rn. 14) ist. Abs. 1 S. 1 und 2 gelten nicht für etwaig nach Eintragung der Verschmelzung im Spruchverfahren festgesetzte bare Zuzahlungen (zutr. Semler/Stengel/*Diekmann* Rn. 16; für S. 1 str.; s. § 15 zum Spruchverfahren). 1

Die §§ 71, 72 beziehen sich auf die **wertpapiertechnische Abwicklung** der Verschmelzung. Davon zu unterscheiden ist, dass die Anteilsinhaber des übertragenden Rechtsträgers mit der Verschmelzung von Gesetzes wegen Aktionäre der übernehmenden AG werden und nicht mehr Anteilsinhaber des dann erloschenen übertragenden Rechtsträgers sind (§ 20 Abs. 1 Nr. 2 und 3). Aktien einer erloschenen 2 übertragenden AG verkörpern ab diesem Zeitpunkt nur noch den Anspruch auf Umtausch in Aktien der übernehmenden AG.

II. Treuhänder

3 **1. Bestellung des Treuhänders.** Das Vertretungsorgan des übertragenden Rechtsträgers (allgM) hat einen Treuhänder zu bestellen. Treuhänder kann eine natürliche oder juristische Person oder Personenhandelsgesellschaft sein (allgM). Bei girosammelverwahrten Aktien wird in der Praxis eine Bank unter Vereinbarung eines Geschäftsbesorgungsvertrags (§ 675 BGB) bestellt.

4 **2. Übergabe der Aktien.** Der Treuhänder hat – neben den im Verschmelzungsvertrag vereinbarten baren Zuzahlungen (§ 5 Abs. 1 Nr. 3) – die Aktien(urkunden) vor Eintragung der Verschmelzung in Besitz zu nehmen, ggf. als Globalurkunde. Der Treuhänder wird nicht selbst Aktionär (allgM). Die Übergabe an den Treuhänder vor Eintragung der Verschmelzung ist im Falle einer **Kapitalerhöhung** zwecks Beschaffung der zu gewährenden Aktien auch **keine *verbotene* Aktienausgabe** mit der Folge der Nichtigkeit der Aktien iSd §§ 191, 197, 203 Abs. 1 AktG (iE hL; relativierend Lutter UmwG/*Grunewald* Rn. 9, § 69 Rn. 25): Obwohl diese Kapitalerhöhung entgegen §§ 189, 203 Abs. 1 S. 1 AktG, § 200 AktG nicht bereits mit der Eintragung ihrer Durchführung (reguläre Kapitalerhöhung, genehmigtes Kapital) oder der Ausgabe der Aktien (bedingte Kapitalerhöhung), sondern erst mit Eintragung der Verschmelzung wirksam wird (s. § 66), eine Ausgabe der Aktien vor Wirksamwerden der Kapitalerhöhung nach der Ratio der §§ 191, 197, 203 Abs. 1 S. 1 AktG verboten ist und die Übergabe an den Treuhänder eine Ausgabe im Sinne der Normen ist (str.), geht § 71 als speziellere Norm vor dem Hintergrund der Funktion des Treuhänders dem Aktienausgabeverbot vor.

5 Sollen voll eingezahlte Aktien verwendet werden, die der übertragende Rechtsträger an der übernehmenden AG hält (§ 68 Abs. 1 S. 2 Nr. 2), sind diese dem Treuhänder vom übertragenden Rechtsträger vor der Verschmelzung zu übergeben (vgl. Lutter UmwG/*Grunewald* Rn. 7).

6 **3. Anzeige beim Gericht.** Der Treuhänder zeigt unverzüglich (§ 121 BGB) schriftlich (str.) gegenüber den Registergerichten des übertragenden Rechtsträgers (str.; aA Widmann/Mayer/*Rieger* Rn. 29) und der übernehmenden AG (vgl. Semler/Stengel/*Diekmann* Rn. 16 f.) an, dass er im Besitz der zu gewährenden Aktien und ggf. der baren Zuzahlungen ist.

7 **4. Weitergabe der Aktien.** Nach Eintragung der Verschmelzung findet der **Anteilsumtausch** statt (vgl. auch § 72 Abs. 2 [→ § 72 Rn. 4] iVm § 73 Abs. 3 AktG). Der Treuhänder hat dabei den vormaligen Anteilsinhabern des übertragenden Rechtsträgers die Aktien der übernehmenden AG entsprechend dem im Verschmelzungsvertrag festgelegten Umtauschverhältnis sowie ggf. im Verschmelzungsvertrag festgesetzte bare Zuzahlungen zur Verfügung zu stellen. Soweit Aktien in Girosammeldepots verwahrt sind, erfolgt der Umtausch auf dem Girosammelweg durch Aus- und Einbuchung. Die Aktionäre haben dabei einen unmittelbaren Anspruch gegenüber dem Treuhänder aus dem mit dem übertragenden Rechtsträger geschlossenen Vertrag (Vertrag zugunsten Dritter, iE hL). Bei Namensaktien hat die übernehmende AG zusätzlich die Eintragung in das Aktienbuch vorzunehmen (§ 67 AktG) (→ § 72 Rn. 3).

8 Der Treuhänder bemüht sich in der Praxis ferner mit den in den Aktienumtausch eingeschalteten Depotbanken (diese sind Hilfspersonen, vgl. Lutter UmwG/*Grunewald* Rn. 11) um eine Vermittlung von sog. **Teilrechten (Aktienspitzen)** zwischen den Aktionären, indem Aktionäre ihre Teilrechte veräußern oder aufstocken können (Teilrechteregulierung/Ausgleich von Aktienspitzen). Zu Teilrechten kommt es insbes., wenn ein Aktionär eine Anzahl von Aktien an einer übertragenden AG hält (Bsp.: 11), die aufgrund des Umtauschverhältnisses (Bsp.: 10: 7) nicht zu einer glatten Zahl von Aktien an der übernehmenden AG führt (Bsp.: 7 Aktien, 0,7 Teilrechte). Soweit eine Vermittlung von Teilrechten zwischen den Aktionären nicht möglich ist, werden die Teilrechte verschiedener Aktionäre an der übernehmenden AG zu ganzen Aktien zusammengelegt und veräußert und dem Aktionär wird der auf seine Teilrechte entfallende Anteil am Veräußerungserlös gutgeschrieben (→ § 72 Rn. 6).

9 **5. Auslagenersatz (Abs. 2).** Der Treuhänder hat Anspruch auf Ersatz angemessener Auslagen und auf Vergütung (Abs. 2 iVm § 26 Abs. 4 S. 1). Diese setzt auf Antrag das Gericht fest (Abs. 2 iVm § 26 Abs. 4 S. 2). In der Praxis wird dies idR nicht erforderlich sein, weil der Treuhänder nur dann mit seiner Bestellung einverstanden sein wird, wenn zwischen ihm und dem übertragenden Rechtsträger eine Vergütungsvereinbarung zustande kommt (Zulässigkeit derselben str.; zutr. Kallmeyer/*Marsch-Barner/Oppenhoff* Rn. 14; aA zB SHS/*Westerburg* Rn. 5). Dabei hat der übertragende Rechtsträger als Nebenpflicht aus dem Verschmelzungsvertrag die Vermögensinteressen der übernehmenden AG zu wahren, auf die die Verpflichtung zur Zahlung der Vergütung mit der Verschmelzung übergeht (vgl. § 20 Abs. 1 Nr. 3).

10 **6. Rechtsfolgen von Verstößen.** Wird die Verschmelzung eingetragen, obwohl § 71 nicht eingehalten wurde, ist sie dennoch wirksam (§ 20 Abs. 2, allgM).

Umtausch von Aktien

72 (1) [1]**Für den Umtausch der Aktien einer übertragenden Gesellschaft gilt § 73 Abs. 1 und 2 des Aktiengesetzes, bei Zusammenlegung von Aktien dieser Gesellschaft § 226 Abs. 1 und 2 des Aktiengesetzes über die Kraftloserklärung von Aktien entsprechend.** [2]**Einer Genehmigung des Gerichts bedarf es nicht.**

(2) **Ist der übernehmende Rechtsträger ebenfalls eine Aktiengesellschaft, so gelten ferner § 73 Abs. 3 des Aktiengesetzes sowie bei Zusammenlegung von Aktien § 73 Abs. 4 und § 226 Abs. 3 des Aktiengesetzes entsprechend.**

I. Allgemeines

Die Norm bezieht sich auf die wertpapiertechnische Abwicklung einer Verschmelzung (s. näher § 71) 1 und regelt insbes. die Folgen dessen, wenn Aktien der übertragenden AG *nicht* freiwillig zum Umtausch oder zur Teilrechteregulierung (= Ausgleich von Aktienspitzen, → § 71 Rn. 8) eingereicht werden.

Ist der **übertragende** Rechtsträger eine **AG** (oder KGaA, § 78 Abs. 1 S. 1, oder SE, → § 3 Rn. 14), 2 gelten die Verweisungen in Abs. 1. Sind sowohl übertragender als auch **übernehmender** Rechtsträger eine **AG** (oder KGaA oder SE), gelten zusätzlich die Verweisungen in Abs. 2. Ist nur der übernehmende Rechtsträger eine AG, findet § 72 keine Anwendung, sondern die Anteilsinhaber des übertragenden Rechtsträgers werden durch Mitteilung aufgefordert, sich die neuen Aktien(urkunden) der übernehmenden AG abzuholen (vgl. Kallmeyer/*Marsch-Barner/Oppenhoff* Rn. 5). Andere Rechtsträger geben keine Wertpapiere aus (vgl. SHS/*Westerburg* Rn. 3), sodass eine wertpapiertechnische Abwicklung der Verschmelzung dort nicht stattfindet.

II. Kraftloserklärung, Weitergabe der (neuen)Aktien, Verwertung

1. Kraftloserklärung nach fehlender Einreichung der Aktien zum Umtausch bei übertragender AG oder Verschmelzung zweier AGs (§ 73 Abs. 1 und 2 AktG). 3 Soweit Aktionäre einer übertragenden AG ihre Aktien(urkunden) *nicht* zum Umtausch – zB in einen neuen GmbH-Geschäftsanteil (Abs. 1) oder in Aktien der übernehmenden AG (Abs. 2) – einreichen, hat (allgM) der übernehmende Rechtsträger (allgM) nach der Verschmelzung (str.) die Aktien des erloschenen übertragenden Rechtsträgers nach vergeblicher dreimaliger (§ 64 Abs. 2 AktG) Aufforderung zur Einreichung und Androhung der Kraftloserklärung durch Bekanntmachung in den Gesellschaftsblättern (bei der AG: § 25 AktG) ohne Genehmigung des Gerichts für kraftlos zu erklären. Die (neuen) Mitgliedschaftsrechte am übernehmenden Rechtsträger (§ 20 Abs. 1 Nr. 3) werden dadurch nicht tangiert (Kallmeyer/*Marsch-Barner/Oppenhoff* Rn. 2).

2. Weitergabe der (neuen) Aktien und Hinterlegung bei Verschmelzung zweier AGs (§ 73 Abs. 3 AktG). 4 Der Aktienumtausch bei der Verschmelzung einer AG auf eine AG ist Aufgabe des Treuhänders (→ § 71 Rn. 7). Er stellt die (bei einer Kapitalerhöhung: neuen) Aktien der übernehmenden AG und ggf. baren Zuzahlungen den vormaligen Aktionären der übertragenden AG zur Verfügung oder kann sie, wenn zB der Aktionär mit der Annahme der Aktien in Verzug gerät oder unbekannt ist (§ 372 BGB), hinterlegen. Da bei einer Verbriefung der Aktien der übernehmenden AG in einer Globalurkunde eine Hinterlegung nicht möglich ist, wird der Treuhänder in Hinterlegungsfällen stattdessen ein Depot zur Verwahrung der Aktien einrichten (Semler/Stengel/*Diekmann* Rn. 9).

3. Kraftloserklärung nach fehlender Einreichung der Aktien zur Teilrechteregulierung bei übertragender AG (§ 226 Abs. 1 und 2 AktG). 5 Hält ein Aktionär eine Anzahl von Aktien an einer übertragenden AG (Bsp.: drei), die aufgrund des Umtauschverhältnisses (Bsp.: zwei Aktien für je einen 50 EUR-Anteil; zum MoMiG s. sogleich) nicht zu einer ganzen Zahl von Anteilen am übernehmenden Rechtsträger führt, hat der übernehmende Rechtsträger die übrig bleibenden Aktien (Bsp.: eine Aktie), die der Aktionär dem übernehmenden Rechtsträger trotz Aufforderung *nicht* zur Verwertung auf seine Rechnung zur Verfügung stellt, für kraftlos zu erklären. Der Aktionär erhält für die übrig bleibenden Aktien einen entsprechenden Anteil am übernehmenden Rechtsträger in Bruchteilsgemeinschaft (§ 741 BGB) mit anderen (vgl. Hüffer/Koch/*Koch* AktG § 226 Rn. 13); eine Veräußerung mit einem Verwertungserlös zugunsten des Aktionärs findet nach der sinnvollen gesetzlichen Verweisung, anders als bei der Verschmelzung zweier AGs (→ Rn. 6), nicht statt (aA Lutter UmwG/*Grunewald* Rn. 5). Für die **GmbH** als übernehmende Rechtsträgerin stellt sich seit dem MoMiG diese Frage nur noch in Ausnahmefällen, da durch die seitdem zulässige 1 EUR-Stückelung von GmbH-Geschäftsanteilen idR passende Umtauschverhältnisse – ggf. unter barer Zuzahlung (§ 54 Abs. 4) – gestaltet werden können (Bsp.: drei Aktien für einen 75 EUR-Geschäftsanteil); bei vorhandenen Geschäftsanteilen s. auch die Teilungserleichterungen des § 54 Abs. 3.

6 **4. Kraftloserklärung und Verwertung nach fehlender Einreichung der Aktien zur Teilrechteregulierung bei Verschmelzung zweier AGs (§ 73 Abs. 4 AktG, § 226 Abs. 1–3 AktG).** Bei der Verschmelzung zweier AGs kann es ebenso zu Teilrechten kommen (→ § 71 Rn. 8) und übrig bleibende Aktien der übertragenden AG, die *nicht* freiwillig zur Verwertung zur Verfügung gestellt werden, werden ebenfalls für kraftlos erklärt (→ Rn. 5). Die (neuen) Aktien an der übernehmenden AG, die die Anteilsinhaber der übertragenden AG anstelle der für kraftlos zu erklärenden Aktien erhalten, werden dann zum Börsenpreis oder bei Fehlen eines Börsenpreises durch öffentliche Versteigerung vom Treuhänder veräußert und den betroffenen Aktionären wird der auf sie entfallende Veräußerungserlös ausgezahlt (vgl. *Vetter* AG 1997, 6 (7)). Der Verweis auf § 73 Abs. 4 AktG ist überflüssig.

7 **5. Rechtsfolgen von Verstößen.** Verstöße gegen § 72 berühren die Wirksamkeit der Verschmelzung nicht (§ 20 Abs. 2), können aber zu Schadensersatzansprüchen gegen Mitglieder des Geschäftsführungsorgans des übernehmenden Rechtsträger oder den Treuhänder führen (allgM).

Zweiter Unterabschnitt. Verschmelzung durch Neugründung

Anzuwendende Vorschriften

73 **Auf die Verschmelzung durch Neugründung sind die Vorschriften des Ersten Unterabschnitts mit Ausnahme der §§ 66, 67, 68 Abs. 1 und 2 und des § 69 entsprechend anzuwenden.**

1 Die §§ 73 ff. gelten für die Verschmelzung durch Neugründung, wenn eine AG oder KGaA als übertragender oder neu gegründeter Rechtsträger beteiligt ist. Von den allgemeinen Regelungen für die Verschmelzung durch Neugründung (§§ 36 ff.) ist insbesondere der Verweis des § 36 Abs. 2 S. 1 auf das Gründungsrecht der AG (§§ 23 ff. AktG) zu beachten. Für die SE wird der Anwendungsbereich der Norm zT grundsätzlich verneint(so Kallmeyer/*Marsch-Barner/Oppenhoff* Rn. 1: SE-VO sei abschließend). Dagegen spricht, dass zwar Art. 15 SE-VO für die SE-Gründung zunächst nationales Gründungsrecht für anwendbar erklärt; Art. 18 SE-VO hingegen verweist auch auf das nationale Umwandlungsrecht, sodass auch die §§ 73 ff. für eine SE zumindest grundsätzlich Geltung erlangen (NK-UmwR/*Habighorst* Rn. 2; s. auch Semler/Stengel/*Diekmann* Rn. 2; Widmann/Meyer/*Rieger*, Rn. 2.2; diff. und zum. bejahend, wenn SE übertragender Rechtsträger ist auch Lutter UmwG/*Grunewald* Rn. 1)

2 Die danach anwendbaren Normen stellen sich im Ablauf folgendermaßen dar: Abschluss des **Verschmelzungsvertrags** (§ 4 Abs. 1 S. 1; nebst **Satzung** der neu zu gründenden AG oder deren Feststellung (§§ 37, 74)) durch alle übertragenden Rechtsträger (für § 36: Lutter UmwG/*Grunewald* § 36 Rn. 2); Erstattung des **Verschmelzungsberichts** soweit darauf nicht verzichtet wird (§ 8); rechtzeitige **Zuleitung** des Verschmelzungsvertrags oder seines Entwurfs an die Betriebsräte (§ 5 Abs. 3); **Prüfung** des Verschmelzungsvertrags oder seines Entwurfs für jede beteiligte AG (§§ 73, 60, 9 ff.); Fassung der **Zustimmungsbeschlüsse** (§§ 13, 76) der Anteilsinhaber der übertragenden Rechtsträger (zur Wirkung: § 76 Abs. 2, § 36 Abs. 2 S. 1 iVm § 29 AktG); **Anmeldung** zu den (Handels-)Registern (§ 16 Abs. 2, § 38; zwingend zu beachten: § 17 Abs. 2 S. 3); **Eintragung** (§ 20).

3 Die Anteilseigner der übertragenden Rechtsträger erhalten primär Anteile der neu gegründeten AG (Lutter UmwG/*Grunewald* Rn. 7). Weil die Anteile nicht durch Kapitalerhöhung, sondern durch (Sach-) Gründung einer neuen AG gegen Einbringung der übertragenden Rechtsträger entstehen, sind die §§ 66, 68 Abs. 1, 2, § 69 nicht anwendbar (Kallmeyer/*Marsch-Barner* Rn. 3; Semler/Stengel/*Diekmann* Rn. 7). Der Verschmelzungsvertrag kann eine bare Zuzahlung iHv insgesamt bis zu 10 % des (Grund-)Kapitals (§§ 73, 68 Abs. 3) vorsehen. Nicht anwendbar sind ferner § 67 (Anwendung der Nachgründungsvorschriften) und, über den Wortlaut von § 73 hinaus, § 62 (Hauptversammlung in besonderen Fällen), da die AG erst im Zuge der Verschmelzung entsteht (NK-UmwR/*Habighorst* Rn. 7, 15; Widmann/Mayer/*Rieger* Rn. 4 f.). Ist der Verschmelzungsvertrag nach §§ 73, 60, 9 ff. zu prüfen, kann ein gemeinsamer Verschmelzungsprüfer bestellt werden (§§ 73, 60, 10 Abs. 1 S. 2).

Inhalt der Satzung

74 **[1]In die Satzung sind Festsetzungen über Sondervorteile, Gründungsaufwand, Sacheinlagen und Sachübernahmen, die in den Gesellschaftsverträgen, Partnerschaftsverträgen oder Satzungen übertragender Rechtsträger enthalten waren, zu übernehmen. [2]§ 26 Abs. 4 und 5 des Aktiengesetzes bleibt unberührt.**

1 § 74 ergänzt die über § 36 Abs. 2 S. 1 geltenden Satzungsvorgaben des AktG für die Gründung der AG (insbesondere § 23 AktG). Dies geschieht aus Gründen der Transparenz (NK-UmwR/*Habighorst* Rn. 1). Enthalten die Gesellschaftsverträge bzw. Satzungen der übertragenden Rechtsträger die in § 74 S. 1 bezeichneten Festsetzungen, sind diese in die Satzung der neu gegründeten AG zu übernehmen.

Geschieht dies nicht, gehen Ansprüche auf **Sondervorteile** unter (Semler/Stengel/*Diekmann* Rn. 6 mwN). Gemäß § 74 S. 2 gilt für nach § 74 S. 1 fortgeschriebene Festsetzungen die **befristete Veränderungs-/Beseitigungssperre** für Sondervorteile und den Gründungsaufwand des § 26 Abs. 4, 5 AktG fort. Somit läuft die Restlaufzeit der Sperre bei der neu gegründeten AG weiter. Entsprechendes gilt nach § 27 Abs. 5 AktG für Sacheinlagen und Sachübernahmen (Lutter UmwG/*Grunewald* Rn. 8). Im Übrigen ist unter anderem § 23 Abs. 2–5 AktG für die Satzungsgestaltung maßgebend. So muss das Grundkapital so bemessen werden, dass es nicht zu einer **Unter-pari-Emission** (§ 9 Abs. 1 AktG) kommt. Dementsprechend darf der geringste Ausgabebetrag der Aktien der neu gegründeten AG, welche die Anteilsinhaber des übertragenden Rechtsträgers als Gegenleistung erhalten, nicht höher sein, als der um bare Zuzahlungen und aufgrund von Abfindungen gem. § 29 geminderte Wert des Vermögens des übertragenden Rechtsträgers (Lutter UmwG/*Grunewald* Rn. 4 mwN). Die verschmelzenden Rechtsträger sind gem. § 36 Abs. 2 S. 2 Gründer der neuen AG, sodass diese eine mögliche Gründerhaftung trifft, welche mit Eintragung der Verschmelzung erlischt (ausf. Lutter UmwG/*Grunewald* Rn. 5).

Gründungsbericht und Gründungsprüfung

75 (1) [1]**In dem Gründungsbericht (§ 32 des Aktiengesetzes) sind auch der Geschäftsverlauf und die Lage der übertragenden Rechtsträger darzustellen.** [2]**Zum Gründungsprüfer (§ 33 Absatz 2 des Aktiengesetzes) kann der Verschmelzungsprüfer bestellt werden.**

(2) **Ein Gründungsbericht und eine Gründungsprüfung sind nicht erforderlich, soweit eine Kapitalgesellschaft oder eine eingetragene Genossenschaft übertragender Rechtsträger ist.**

§ 75 Abs. 1 ergänzt den über § 36 Abs. 2 S. 1 geltenden § 32 AktG. Der **Gründungsbericht** ist um 1
die entsprechenden Angaben der übertragenden Rechtsträger zu erweitern und zwar für zwei Geschäftsjahre vor dem Verschmelzungsstichtag (SHS/*Westerburg* Rn. 3; Kallmeyer/*Marsch-Barner/Oppenhoff* Rn. 2). Ergeben sich zwischen der Berichterstattung und der Anmeldung der Verschmelzung **wesentliche Änderungen,** ist ein Nachtragsbericht notwendig (Semler/Stengel/*Diekmann* Rn. 3). Nach § 36 Abs. 2 S. 1 sind grundsätzlich auch Gründungsprüfungen iSd § 33 AktG vorzunehmen. Bei den in § 75 Abs. 2 bezeichneten übertragenden Rechtsträgern (nicht aber anderen Rechtsträgern, auch nicht bei der Mehrfachverschmelzung; Kallmeyer/*Marsch-Barner/Oppenhoff* Rn. 4) entfällt wegen ihres ohnehin strengeren Kapitalschutzes der Gründungsbericht **dieser** Rechtsträger (NK-UmwR/*Habighorst* Rn. 8; krit.: Lutter UmwG/*Grunewald* Rn. 4 mit Hinweis darauf, dass es um die wertmäßige Unterlegung der ausgegebenen Aktien geht). Gleiches gilt für die Gründungsprüfung durch Prüfer (§ 33 Abs. 2 AktG), nicht aber für die Gründungsprüfung durch die Organe (§ 33 Abs. 1 AktG). Durch das Dritte Gesetz zur Änderung des Umwandlungsgesetzes wurde 2011 die Möglichkeit eingefügt, dass zum Gründungsprüfer auch der Verschmelzungsprüfer bestellt werden kann.

Verschmelzungsbeschlüsse

76 (1) **Eine übertragende Aktiengesellschaft darf die Verschmelzung erst beschließen, wenn sie und jede andere übertragende Aktiengesellschaft bereits zwei Jahre im Register eingetragen sind.**

(2) [1]**Die Satzung der neuen Gesellschaft wird nur wirksam, wenn ihr die Anteilsinhaber jedes der übertragenden Rechtsträger durch Verschmelzungsbeschluß zustimmen.** [2]**Dies gilt entsprechend für die Bestellung der Mitglieder des Aufsichtsrats der neuen Gesellschaft, soweit diese nach § 31 des Aktiengesetzes zu wählen sind.** [3]**Auf eine übertragende Aktiengesellschaft ist § 124 Abs. 2 Satz 3, Abs. 3 Satz 1 und 3 des Aktiengesetzes entsprechend anzuwenden.**

§ 76 Abs. 1 S. 1 flankiert die Nachgründungsvorschriften (§§ 52ff. AktG). Der **Abschluss** des Ver- 1
schmelzungsvertrags vor Ablauf der Frist ist zulässig (Semler/Stengel/*Diekmann* Rn. 6; Widmann/Mayer/*Rieger* Rn. 9). Nach § 76 Abs. 2 S. 1 wird die Satzung der neu gegründeten AG nicht schon mit ihrer Feststellung durch die Gründer (§ 28 AktG) wirksam, also nicht bereits durch Abschluss des die Satzung enthaltenden oder sie feststellenden Verschmelzungsvertrags (§ 37), sondern erst mit der Fassung **aller** Verschmelzungsbeschlüsse. Maßgebend ist also der zeitlich letzte Verschmelzungsbeschluss. Die Gründung durch Verschmelzung ist Sachgründung. Daher gilt für die Bestellung des ersten Aufsichtsrats § 31 Abs. 1 AktG (Kallmeyer/*Zimmermann* Rn. 6). Bei mitbestimmten AG können nur die Anteilseignervertreter (mindestens drei: § 31 Abs. 3 S. 3 AktG) durch die übertragenden Rechtsträger bestellt werden. Die Bestellung wird gem. § 76 Abs. 2 S. 2 mit der Fassung aller Verschmelzungsbeschlüsse wirksam. Nach § 76 Abs. 2 S. 3 muss bei übertragenden AGen die Bekanntmachung der Tagesordnung

für die den Verschmelzungsbeschluss fassenden HVen die vollständige Satzung der neu zu gründenden AG sowie Namen, ausgeübten Beruf und Wohnort der nach § 76 Abs. 2 S. 2 zu bestellenden Aufsichtsratsmitglieder enthalten. Für übertragende AGen gilt: Die zu bestellenden Aufsichtsratsmitglieder hat allein der Aufsichtsrat vorzuschlagen (§ 124 Abs. 3 S. 1 AktG). Eine wirksam erfolgte Anfechtung der Bestellung der Aufsichtsratsmitglieder wirkt sich nicht negativ auf die Eintragung der Verschmelzung aus, jedoch sollte dann schnell eine Neubestellung erfolgen (NK-UmwR/*Habighorst* Rn. 10).

(aufgehoben)

77

Vierter Abschnitt. Verschmelzung unter Beteiligung von Kommanditgesellschaften auf Aktien

Anzuwendende Vorschriften

78 **[1] Auf Verschmelzungen unter Beteiligung von Kommanditgesellschaften auf Aktien sind die Vorschriften des Dritten Abschnitts entsprechend anzuwenden. [2] An die Stelle der Aktiengesellschaft und ihres Vorstands treten die Kommanditgesellschaft auf Aktien und die zu ihrer Vertretung ermächtigten persönlich haftenden Gesellschafter. [3] Der Verschmelzungsbeschluß bedarf auch der Zustimmung der persönlich haftenden Gesellschafter; die Satzung der Kommanditgesellschaft auf Aktien kann eine Mehrheitsentscheidung dieser Gesellschafter vorsehen. [4] Im Verhältnis zueinander gelten Aktiengesellschaften und Kommanditgesellschaften auf Aktien nicht als Rechtsträger anderer Rechtsform im Sinne der §§ 29 und 34.**

1 Ist eine KGaA (§§ 278 ff. AktG) als übertragender oder übernehmender Rechtsträger an der Verschmelzung beteiligt, gelten gem. § 78 S. 1 neben den allgemeinen Verschmelzungsvorschriften (§§ 2 ff.) die §§ 60–77 **entsprechend.** Bei der Verschmelzung durch Neugründung einer KGaA tritt über § 36 Abs. 2 S. 1 deren Gründungsrecht (§ 278 Abs. 3 AktG) hinzu. Gemäß § 78 S. 2 treten bei den nach § 78 S. 1 entsprechend anwendbaren Vorschriften die KGaA an die Stelle der AG und die zur Vertretung befugten persönlich haftenden Gesellschafter (§ 278 Abs. 2 AktG iVm § 125 HGB; Kallmeyer/*Marsch-Barner/Oppenhoff* Rn. 3) an die Stelle des Vorstands (SHS/*Westerburg* Rn. 1, 4). Die persönlich haftenden Gesellschafter schließen den **Verschmelzungsvertrag** (§ 4 Abs. 1 S. 1), erstatten (soweit erforderlich) den **Verschmelzungsbericht** (§ 8), beantragen (soweit erforderlich) die Bestellung der Verschmelzungsprüfer (§ 10), erläutern den Verschmelzungsvertrag (§ 64) und nehmen die **Zuleitung** an die Betriebsräte (§ 5 Abs. 3) sowie die **Anmeldung** zum Handelsregister (§ 16) vor (Lutter UmwG/*Grunewald* Rn. 3).

2 Den **Verschmelzungsbeschluss** (§ 13 Abs. 1) fassen bei der KGaA die Kommanditaktionäre (§§ 65, 13 Abs. 1 iVm § 278 Abs. 1 AktG). Gemäß § 78 S. 3 Hs. 1 müssen die persönlich haftenden Gesellschafter durch einen zusätzlichen eigenen Zustimmungsbeschluss der Verschmelzung zustimmen. Die Satzung der KGaA kann dafür eine Mehrheitsentscheidung vorsehen. Eine solche Klausel muss sich ausdrücklich auf die Verschmelzung beziehen; eine allgemeine Mehrheitsklausel ist nicht ausreichend. Sieht die Satzung der KGaA keine Mehrheitsentscheidung iSd § 78 S. 3 Hs. 2 vor, erfordert der Zustimmungsbeschluss (mehrerer) persönlich haftender Gesellschafter Einstimmigkeit (Lutter UmwG/*Grunewald* Rn. 4; NK-UmwR/*Habighorst* Rn. 6). Beide Beschlüsse der Kommanditaktionäre und der persönlich haftenden Gesellschafter bedürfen der notariellen Beurkundung (§§ 2, 13 Abs. 3 S. 1).

3 Umstritten ist, ob eine Nachhaftungsbegrenzung zugunsten der persönlich haftenden Gesellschafter analog § 45 stattzufinden hat für die bis zum Verschmelzungszeitpunkt begründeten Verbindlichkeiten (so Lutter UmwG/*Grunewald* Rn. 10; Semler/Stengel/*Perlitt* Rn. 30 ff.; Widmann/Mayer/*Rieger* Rn. 27). Die Geltung der allgemeinen Regelungen aus §§ 159 f. HGB spricht jedoch gegen das Erfordernis dieser Analogie (NK-UmwR/*Habighorst* Rn. 12; Kallmeyer/*Marsch-Barner/Oppenhoff* Rn. 4; SHS/*Westerburg* Rn. 5).

4 § 78 S. 4 schließt den Anspruch auf **Barabfindung** der Anteilsinhaber eines übertragenden Rechtsträgers iSd § 29 Abs. 1 S. 1 aus, wenn eine KGaA mit einer AG verschmolzen wird. Der Ausschluss gilt nicht für § 29 Abs. 1 S. 2 (Kallmeyer/*Marsch-Barner/Oppenhoff* Rn. 9).

Fünfter Abschnitt. Verschmelzung unter Beteiligung eingetragener Genossenschaften

Erster Unterabschnitt. Verschmelzung durch Aufnahme

Möglichkeit der Verschmelzung

79 Ein Rechtsträger anderer Rechtsform kann im Wege der Aufnahme mit einer eingetragenen Genossenschaft nur verschmolzen werden, wenn eine erforderliche Änderung der Satzung der übernehmenden Genossenschaft gleichzeitig mit der Verschmelzung beschlossen wird.

I. Anwendbarkeit, Verschmelzungsmöglichkeiten

1 Die eG ist geprägt durch das Prinzip der Identität zwischen Kapitalgeber und Kunde mit dem einheitlichen Interesse der wirtschaftlichen Förderung der eG (§ 1 Abs. 1 GenG). Dieses Grundprinzip ist auch bei der Umwandlung zu beachten.

2 Die §§ 79 ff. ergänzen die allgemeinen Vorschriften (§§ 2 ff.). § 79 gilt nur für die Verschmelzung eines Rechtsträgers **anderer Rechtsform** (also nicht eG) durch Aufnahme durch eine eG. Im Übrigen bestehen zahlreiche Verschmelzungsmöglichkeiten unter Beteiligung der eG als übertragender und/oder übernehmender Rechtsträger (Übersicht bei Lutter UmwG/*Bayer* Rn. 4). **Beschränkungen** bestehen bei bestimmten Verschmelzungen einer eG unter Beteiligung von eV (§ 99 Abs. 2), genossenschaftlichen Prüfungsverbänden (§ 105), VVaG (§ 109), kleineren VVaG (§§ 118, 109) und Partnerschaften (§ 45a).

3 Fraglich ist, ob es sich um die zulässige Fortsetzung einer aufgelösten eG handelt und Verschmelzungsfähigkeit vorliegt, wenn die an die Mitglieder zwecks Auflösung ausgezahlten Beiträge wieder zurückgewährt werden (dafür Semler/Stengel/*Scholderer* Rn. 11; dagegen Widmann/Mayer/*Fronhöfer* Rn. 9).

II. Satzungsänderung

4 § 79 fordert von den Parteien des Verschmelzungsvertrags die Beurteilung, ob eine Änderung der Satzung bei der übernehmenden eG **wegen** (dazu Widmann/Mayer/*Fronhöfer* Rn. 17) der Verschmelzung erforderlich ist. Ist das der Fall, muss diese gleichzeitig mit dem Verschmelzungsbeschluss, also **in einer Urkunde** (so jetzt auch Semler/Stengel/*Scholderer* Rn. 34) beschlossen werden. Satzungsänderungen können und sollten dabei bedingt durch die Verschmelzung beschlossen werden. Die **Erforderlichkeit** einer Satzungsänderung kann sich aus praktischen Bedürfnissen ergeben (Lutter UmwG/*Bayer* Rn. 19). So muss zB im Hinblick auf § 88 Abs. 1 die Satzung der übernehmenden eG die Beteiligung mit mehr als einem Geschäftsanteil (§ 7a GenG) vorsehen, wenn eine Kapitalgesellschaft mit **größeren Geschäftsanteilen** auf eine eG verschmolzen wird, sofern dabei den Mitgliedern der Kapitalgesellschaft die adäquate Beteiligung an der eG ermöglicht werden soll (SHS/*Westerburg* Rn. 4). Auch die Zahl der Geschäftsanteile der eG bedarf oftmals der Erhöhung (dazu etwa Semler/Stengel/*Scholderer* Rn. 27). Problematisch können Pflichtbeteiligungen (§ 7 Nr. 1 GenG, § 7a Abs. 2 GenG) und Nachschusspflichten (§§ 6 Nr. 3, 22a GenG) in der Satzung der übernehmenden eG sein (Lutter UmwG/*Bayer* Rn. 20). Bedarf es der Änderung des Unternehmensgegenstands, etwa zur Erweiterung um den Gegenstand des übertragenden Rechtsträgers, darf der neue Unternehmensgegenstand nicht § 1 Abs. 1 GenG widersprechen (Semler/Stengel/*Scholderer* Rn. 25). Auch Beitrittsvoraussetzungen und Regeln zur Mitgliedervertretung (vgl. § 43a GenG) können eine Satzungsänderung erfordern (Semler/Stengel/*Scholderer* Rn. 23 ff.). Führt eine übernehmende eG nach der Eintragung der Verschmelzung die im Verschmelzungsvertrag vorgesehene Ergänzungswahl zur Vertreterversammlung nicht durch, sind die auf einer späteren außerordentlichen Vertreterversammlung nur durch die (bisherigen) Vertreter der übernehmenden eG gefassten Beschlüsse nichtig (OLG Zweibrücken 27.6.2006, 8 U 86/05 nv.).

III. Besonderheiten

5 Kreditinstitute in der Rechtsform der eG haben unverzüglich, sobald die Absicht der Verschmelzung besteht, die Anzeigepflicht iSd § 24 Abs. 2 KWG iVm § 10 AnzV zu erfüllen. Die Erfüllung aufsichtsrechtlicher Anforderungen einschließlich Anteilseignerkontrolle (§ 2c KWG) sollten im Verschmelzungsvertrag als aufschiebende Bedingung ausgestaltet werden. Zur Verschmelzung einer Sparkasse auf eine Volks- und Raiffeisenbank in Form einer eG s. NK-UmwR/*Geschwandtner* Rn. 3.

IV. Rechtsfolgen

6 Ist ein nach § 79 ggf. erforderlicher Beschluss über die Satzungsänderung nicht gefasst und/oder die Änderung nicht spätestens mit der Anmeldung der Verschmelzung zur Eintragung angemeldet, besteht ein Eintragungshindernis für die Verschmelzung.

Inhalt des Verschmelzungsvertrags bei Aufnahme durch eine Genossenschaft

80 (1) [1] **Der Verschmelzungsvertrag oder sein Entwurf hat bei Verschmelzungen im Wege der Aufnahme durch eine eingetragene Genossenschaft für die Festlegung des Umtauschverhältnisses der Anteile (§ 5 Abs. 1 Nr. 3) die Angabe zu enthalten,**

1. **daß jedes Mitglied einer übertragenden Genossenschaft mit einem Geschäftsanteil bei der übernehmenden Genossenschaft beteiligt wird, sofern die Satzung dieser Genossenschaft die Beteiligung mit mehr als einem Geschäftsanteil nicht zuläßt, oder**
2. **daß jedes Mitglied einer übertragenden Genossenschaft mit mindestens einem und im übrigen mit so vielen Geschäftsanteilen bei der übernehmenden Genossenschaft beteiligt wird, wie durch Anrechnung seines Geschäftsguthabens bei der übertragenden Genossenschaft als voll eingezahlt anzusehen sind, sofern die Satzung der übernehmenden Genossenschaft die Beteiligung eines Mitglieds mit mehreren Geschäftsanteilen zuläßt oder die Mitglieder zur Übernahme mehrerer Geschäftsanteile verpflichtet; der Verschmelzungsvertrag oder sein Entwurf kann eine andere Berechnung der Zahl der zu gewährenden Geschäftsanteile vorsehen.**

[2] **Bei Verschmelzungen im Wege der Aufnahme eines Rechtsträgers anderer Rechtsform durch eine eingetragene Genossenschaft hat der Verschmelzungsvertrag oder sein Entwurf zusätzlich für jeden Anteilsinhaber eines solchen Rechtsträgers den Betrag des Geschäftsanteils und die Zahl der Geschäftsanteile anzugeben, mit denen er bei der Genossenschaft beteiligt wird.**

(2) **Der Verschmelzungsvertrag oder sein Entwurf hat für jede übertragende Genossenschaft den Stichtag der Schlußbilanz anzugeben.**

1 § 80 ergänzt § 5 für die Verschmelzung mit einer eG als übernehmendem Rechtsträger mit dem Ziel, ein angemessenes Umtauschverhältnis für die Mitgliedschaftsanteile zu ermitteln, das den Grundsatz der Gleichbehandlung wahrt (NK-UmwR/*Geschwandtner* Rn. 2).

2 § 80 Abs. 1 S. 1 betrifft die Verschmelzung unter **ausschließlicher Beteiligung von eG.** § 80 Abs. 1 S. 2 gilt nur für die Mischverschmelzung. Enthält die Satzung der übernehmenden eG keine Regelung iSd § 7a Abs. 1 S. 1 GenG, muss der Verschmelzungsvertrag gem. Abs. 1 S. 1 Nr. 1 bestimmen, dass jedes Mitglied einer übertragenden eG bei der übernehmenden eG **genau einen Geschäftsanteil** (vgl. § 7 Nr. 1 GenG) erhält. Ist ein Mitglied der übertragenden eG schon vor der Verschmelzung an der übernehmenden eG beteiligt (sog. Doppelmitgliedschaft), bleibt es bei der Verschmelzung ohne eine Regelung iSd § 7a Abs. 1 S. 1 GenG bei der übernehmenden eG für dieses Mitglied bei insgesamt nur einem Geschäftsanteil an der übernehmenden eG (Lutter UmwG/*Bayer* Rn. 18; Semler/Stengel/*Scholderer* Rn. 28). Enthält die Satzung der übernehmenden eG dagegen eine Regelung iSd § 7a Abs. 1 S. 1 GenG, hat der Verschmelzungsvertrag gem. § 80 Abs. 1 S. 1 Nr. 2 **abstrakt** zu bestimmen, dass jedes Mitglied der übertragenden eG **mindestens** einen Geschäftsanteil bei der übernehmenden eG erhält. Der Verschmelzungsvertrag muss weiter bestimmen, dass jedes Mitglied der übertragenden eG, soweit sein Geschäftsguthaben bei der übertragenden eG als voll eingezahlt anzusehen ist, nach Maßgabe der **tatsächlichen Beteiligung** iSd Schlussbilanz der übertragenden eG **weitere** Geschäftsanteile bei der übernehmenden eG erhält (Lutter UmwG/*Bayer* Rn. 17, vgl. auch NK-UmwR/*Geschwandtner* Rn. 5). Der Verschmelzungsvertrag kann gem. § 80 Abs. 1 S. 1 Nr. 2 eine andere Berechnung der zu gewährenden Anteile vorsehen. Gemäß § 87 Abs. 2 ist der Betrag, den das Geschäftsguthaben bei der übertragenden Genossenschaft den Gesamtbetrag der Geschäftsanteile, mit denen ein Mitglied an der übernehmenden Genossenschaft beteiligt ist, übersteigt, auszuzahlen (NK-UmwR/*Geschwandtner* Rn. 5).

3 Bei der **Mischverschmelzung** hat der Verschmelzungsvertrag gem. § 80 Abs. 1 S. 2 die Zuteilung der als Gegenleistung zu gewährenden Geschäftsanteile konkret zu bezeichnen (Name, Geschäftsanteilszahl und -höhe; Semler/Stengel/*Scholderer* Rn. 39 ff.), da das Geschäftsguthaben als Bemessungsgrundlage fehlt (Lutter UmwG/*Bayer* Rn. 25). Dabei müssen sämtliche Geschäftsanteile an der übernehmenden eG die gleiche **Höhe** haben. Einem unterschiedlichen Gewicht der Mitglieder kann nur durch eine unterschiedliche **Anzahl** von Geschäftsanteilen Rechnung getragen werden. Dazu muss ggf. die Satzung der übernehmenden eG nach § 7a Abs. 1 S. 1 GenG iVm § 79 geändert werden. Anderenfalls ist ein

überschießender Betrag an die Mitglieder des übertragenden Rechtsträgers nach § 88 Abs. 1 S. 3 in bar auszuzahlen (SHS/*Westerburg* Rn. 8).

§ 80 Abs. 2 ergänzt § 5 Abs. 1 Nr. 5, 6 und trägt dem Umstand Rechnung, dass die Schlussbilanz das 4
Geschäftsguthaben der Mitglieder der **übertragenden eG** bestimmt. Sie ist damit iSd § 20 Abs. 1 Nr. 3 maßgebend für die Beteiligung an der übernehmenden eG (SHS/*Westerburg* Rn. 9; Semler/Stengel/*Scholderer* Rn. 3, 47). Die Schlussbilanz muss deshalb im Zeitpunkt der Beschlussfassung über die Verschmelzung vorliegen (Lutter UmwG/*Bayer* Rn. 27 mwN zum Streitstand).

Gutachten des Prüfungsverbandes

81 (1) [1]**Vor der Einberufung der Generalversammlung, die gemäß § 13 Abs. 1 über die Zustimmung zum Verschmelzungsvertrag beschließen soll, ist für jede beteiligte Genossenschaft eine gutachtliche Äußerung des Prüfungsverbandes einzuholen, ob die Verschmelzung mit den Belangen der Mitglieder und der Gläubiger der Genossenschaft vereinbar ist (Prüfungsgutachten).** [2]**Das Prüfungsgutachten kann für mehrere beteiligte Genossenschaften auch gemeinsam erstattet werden.**

(2) **Liegen die Voraussetzungen des Artikels 25 Abs. 1 des Einführungsgesetzes zum Handelsgesetzbuche in der Fassung des Artikels 21 § 5 Abs. 2 des Gesetzes vom 25. Juli 1988 (BGBl. I S. 1093) vor, so kann die Prüfung der Verschmelzung (§§ 9 bis 12) für die dort bezeichneten Rechtsträger auch von dem zuständigen Prüfungsverband durchgeführt werden.**

Jede eG gehört gem. § 54 GenG zwingend dem jeweils zuständigen Prüfungsverband an. Für 1
beteiligte eG ersetzt gem. § 81 Abs. 1 S. 1 das Prüfungsgutachten des Prüfungsverbands die Verschmelzungsprüfung und den Prüfungsbericht nach §§ 9 ff. Im Fall des § 9 Abs. 2 entfällt die Prüfung aber nicht für die Mutter-eG (Lutter UmwG/*Bayer* Rn. 1). Die Prüfung des Prüfungsverbands gem. § 81 Abs. 1 S. 1 beruht auf der Verbandszuordnung und der Pflichtprüfung nach §§ 53 ff. GenG. Sie geht über die Prüfung nach §§ 9 ff. hinaus, weil sie Ziele des **Mitglieder-** und des **Gläubigerschutzes** verfolgt. Das Prüfungsgutachten ist deshalb nicht verzichtbar (hM, s. NK-UmwR/*Geschwandtner* Rn. 3; SHS/*Westerburg* Rn. 4; Semler/Stengel/*Scholderer* Rn. 4; Widmann/Mayer/*Fronhöfer* Rn. 7 f.). Eine **gemeinsame Erstattung** des Prüfungsgutachtens für mehrere eG nach § 81 Abs. 1 S. 2 setzt unter anderem voraus, dass die beteiligten eG **demselben Prüfungsverband** angehören (so wohl auch Lutter UmwG/*Bayer* Rn. 6).

Bei der **Mischverschmelzung** verbleibt es für die Rechtsträger anderer Rechtsformen grundsätzlich 2
bei Verschmelzungsprüfung und Prüfungsbericht nach §§ 9 ff. Unter den Voraussetzungen des § 81 Abs. 2 **kann** für die unter diese Bestimmung fallenden Rechtsträger (AG, GmbH, deren Anteils- und Stimmrechtsmehrheit eine eG hält und bestimmte gemeinnützige Wohnungsbauunternehmen) die Verschmelzungsprüfung nach §§ 9 ff. durch den Prüfungsverband vorgenommen werden, dem sie angehören (Lutter UmwG/*Bayer* Rn. 8; Widmann/Mayer/*Fronhöfer* Rn. 26 f.).

Vorbereitung der Generalversammlung

82 (1) [1]**Von der Einberufung der Generalversammlung an, die gemäß § 13 Abs. 1 über die Zustimmung zum Verschmelzungsvertrag beschließen soll, sind auch in dem Geschäftsraum jeder beteiligten Genossenschaft die in § 63 Abs. 1 Nr. 1 bis 4 bezeichneten Unterlagen sowie die nach § 81 erstatteten Prüfungsgutachten zur Einsicht der Mitglieder auszulegen.** [2]**Dazu erforderliche Zwischenbilanzen sind gemäß § 63 Abs. 2 Satz 1 bis 4 aufzustellen.**

(2) **Auf Verlangen ist jedem Mitglied unverzüglich und kostenlos eine Abschrift der in Absatz 1 bezeichneten Unterlagen zu erteilen.**

(3) **Die Verpflichtungen nach Absatz 1 Satz 1 und Absatz 2 entfallen, wenn die in Absatz 1 Satz 1 bezeichneten Unterlagen für denselben Zeitraum über die Internetseite der Genossenschaft zugänglich sind.**

Über die Zustimmung zur Verschmelzung gem. § 84 S. 1, § 13 Abs. 1 beschließt die **Generalver-** 1
sammlung der eG (§ 43 GenG), soweit nicht eine **Vertreterversammlung** (§ 43a Abs. 1 S. 1, 2 GenG) eingerichtet **und** zuständig ist. Sieht die Satzung keine längere Frist vor, ist die Versammlung durch den Vorstand mit mindestens zweiwöchiger Frist einzuberufen (§ 46 Abs. 1 GenG). Neben der Bekanntmachung im Bundesanzeiger ist je nach Ausgestaltung der Satzung zusätzlich eine unmittelbare Benachrichtigung jedes einzelnen Mitglieds oder eine Bekanntmachung in einem öffentlichen Blatt erforderlich. Insoweit kann das zuständige Gericht Ausnahmen zulassen. Bei der Einberufung muss in

entsprechender Anwendung von § 124 Abs. 2 S. 2 AktG der wesentliche Inhalt, nicht der gesamte Wortlaut, des Verschmelzungsvertrags bekannt gemacht werden (Lutter UmwG/*Bayer* Rn. 7; Widmann/Mayer/*Fronhöfer* Rn. 13; aA KK-UmwG/*Schöpflin* Rn. 5; Semler/Stengel/*Scholderer* Rn. 6).

2 Ab der Einberufung müssen die in § 63 Abs. 1 Nr. 1–4 bezeichneten Dokumente sowie die Prüfungsgutachten in den Geschäftsräumen **jeder** beteiligten eG zur Einsichtnahme ausgelegt werden. Nach allgM sind über den Wortlaut hinaus bei Mischverschmelzungen auch die Prüfungsberichte der beteiligten Rechtsträger anderer Rechtsformen nach §§ 9 ff. auszulegen (Lutter UmwG/*Bayer* Rn. 25; Semler/Stengel/*Scholderer* Rn. 32). Auf die Auslegung ist in der Einberufung hinzuweisen. Die auszulegenden Unterlagen müssen während der üblichen Geschäftszeiten zur Einsicht zugänglich sein. Anspruch auf Einsicht in weitere oder andere Unterlagen besteht nicht. Der Anspruch des Mitglieds auf Abschriften der Unterlagen ist (nur) auf Verlangen im Einzelfall zu erfüllen. Unverzügliche Übersendung reicht aus. Die **konkreten** Beschlussgegenstände sind spätestens eine Woche vor der Versammlung in der Form der Einberufung anzukündigen (Widmann/Mayer/*Fronhöfer* Rn. 12; wohl auch Semler/Stengel/*Scholderer* Rn. 4; Lutter UmwG/*Bayer* Rn. 5).

3 Durch die Einfügung des Abs. 3 mit der Möglichkeit, die entsprechenden Unterlagen über die Internetseite zugänglich zu machen, soll nach der Gesetzesbegründung ein Gleichlauf mit § 63 Abs. 4 hergestellt und die Genossenschaften von Aufwand und Kosten entlastet werden (BT-Drs. 18/11506, 34).

4 Mängel bei der Einberufung, der Auslegung der Unterlagen oder der Erteilung von Abschriften führen zur Anfechtbarkeit des Verschmelzungsbeschlusses (§ 51 GenG). Zur Heilung von Mängeln durch Eintragung der Verschmelzung im Handelsregister s. die Erläuterungen zu § 20 Abs. 2 (→ § 20 Rn. 1 ff.).

Durchführung der Generalversammlung

83 (1) [1]**In der Generalversammlung sind die in § 63 Abs. 1 Nr. 1 bis 4 bezeichneten Unterlagen sowie die nach § 81 erstatteten Prüfungsgutachten auszulegen.** [2]**Der Vorstand hat den Verschmelzungsvertrag oder seinen Entwurf zu Beginn der Verhandlung mündlich zu erläutern.** [3]**§ 64 Abs. 2 ist entsprechend anzuwenden.**

(2) [1]**Das für die beschließende Genossenschaft erstattete Prüfungsgutachten ist in der Generalversammlung zu verlesen.** [2]**Der Prüfungsverband ist berechtigt, an der Generalversammlung beratend teilzunehmen.**

1 Unabhängig von der Auslegung der Unterlagen nach § 63 Abs. 1 Nr. 1–4 und der Prüfungsgutachten im Vorfeld der Generalversammlung gem. § 82 sind diese Unterlagen auch in der General- bzw. Vertreterversammlung auszulegen, die über die Zustimmung zum Verschmelzungsvertrag entscheiden soll. Die **Auslegung** der Unterlagen hat in ausreichender Zahl im Versammlungsraum zur Einsicht zu erfolgen (Lutter UmwG/*Bayer* Rn. 3 f.; Semler/Stengel/*Scholderer* Rn. 4 ff.) und zwar vom Beginn bis zum Ende der General-, bzw. Vertreterversammlung. Auszulegen sind die gleichen Unterlagen wie bei § 82 (→ § 82 Rn. 1). Ein Anspruch auf Aushändigung von Kopien besteht in der Versammlung nicht. Nach Abs. 1 S. 2 hat der Vorstand zu Beginn der Verhandlung den Verschmelzungsvertrag bzw. dessen Entwurf mündlich zu erläutern. Die Erläuterung muss vor der Abhandlung der Tagesordnung erfolgen, jedenfalls vor dem Zustimmungsbeschluss (Lutter UmwG/*Bayer* Rn. 5; vgl. auch NK-UmwR/*Geschwandtner* Rn. 3). Zu erläutern sind die wirtschaftliche und rechtliche Bedeutung der Verschmelzung in zusammengefasster, allgemein verständlicher Form (Semler/Stengel/*Scholderer* Rn. 12 ff. mwN). Veränderungen gegenüber den vorher ausgelegten Unterlagen sind dabei deutlich zu machen. Zu erläutern sind auch wegen der Verschmelzung nötige Änderungen der Satzung der eG. Für die Erläuterung gilt der **Geheimnisschutz** des § 8 Abs. 2 analog (Lutter UmwG/*Bayer* Rn. 7). Die Mitglieder haben nach § 83 Abs. 1 S. 3, § 64 Abs. 2 Anspruch auf Auskunft über für die Verschmelzung wesentliche Angelegenheiten der **anderen** beteiligten Rechtsträger. Zu den Einzelheiten dieses Auskunftsanspruchs kann auf die Erläuterungen zu § 64 Abs. 2 (→ § 64 Rn. 1 ff.) verwiesen werden. Daneben besteht ein Auskunftsrecht über die **eigene eG** analog § 131 AktG (Semler/Stengel/*Scholderer* Rn. 26 ff.; ähnlich NK-UmwR/*Geschwandtner* Rn. 7: aus dem Mitgliedschaftsverhältnis). Auskunftsschuldner ist ausschließlich der Vorstand.

2 Nach Abs. 2 S. 1 ist in der Versammlung das Prüfungsgutachten zu verlesen. Die Verlesung hat durch den Vorstand oder von ihm hinzugezogene Hilfsperson zu erfolgen und zwar ebenfalls am Beginn der Verhandlung und vor dem Zustimmungsbeschluss. Zu verlesen ist nur das Gutachten für die eigene eG. Bei gemeinsamen Prüfungsgutachten empfiehlt sich vollständige Verlesung. Abs. 2 S. 2 gewährt dem Prüfungsverband ein **Teilnahmerecht** an der Versammlung. Nach dem Wortlaut der Norm ist keine allgemeine Teilnahme**pflicht** gegeben, diese soll sich aber bei Anforderung durch die eG bzw. bei Bedenken oder einer Ablehnung der Verschmelzung durch den Prüfungsverband ergeben wegen Schutzfunktion und vereinsrechtlicher Betreuungspflicht (Semler/Stengel/*Scholderer* Rn. 39; vgl. auch

NK-UmwR/*Geschwandtner* Rn. 10 mit Verw. auf §§ 53 ff. GenG; aA SHS/*Westerburg* Rn. 8). Der Verband ist nur zur beratenden Teilnahme berechtigt, das aber in genereller und umfassender Weise; er kann an ihn gerichtete Fragen der Mitglieder beantworten und sich an der Aussprache beteiligen (Lutter UmwG/*Bayer* Rn. 19). Es gibt aber keinen Auskunftsanspruch gegen den Verband. Umgekehrt kann der Verband die Auskunftspflicht des Vorstands nicht erfüllen. Letzterer kann sich eine Antwort des Verbands aber zu eigen machen.

Eine fehlerhafte Auslegung der Unterlagen führt zur **Anfechtbarkeit** des Zustimmungsbeschlusses. 3
Gleiches gilt für die mangelhafte Erläuterung des Verschmelzungsvertrags, Mängel bei der Verlesung des Prüfungsgutachtens und Auskunftsmängel. Die Nichtteilnahme des Prüfungsverbands begründet keinen Beschlussfehler. Zur Heilung von Mängeln durch Eintragung der Verschmelzung im Handelsregister s. die Erläuterungen zu § 20 Abs. 2 (→ § 20 Rn. 1 ff.).

Beschluß der Generalversammlung

84 [1]**Der Verschmelzungsbeschluß der Generalversammlung bedarf einer Mehrheit von drei Vierteln der abgegebenen Stimmen.** [2]**Die Satzung kann eine größere Mehrheit und weitere Erfordernisse bestimmen.**

Der **notariell zu beurkundende** Verschmelzungsbeschluss (§ 13 Abs. 1 S. 1, Abs. 3 S. 1) ist auf 1
Zustimmung zum Verschmelzungsvertrag bzw. zu dessen Entwurf zu richten. Nach S. 1 bedarf der Beschluss einer Mehrheit von drei Vierteln der **abgegebenen** Stimmen. Dabei werden Enthaltungen und ungültige Stimmen nicht mitgezählt (Lutter UmwG/*Bayer* Rn. 7). Nach S. 2 kann die Satzung eine größere Mehrheit und/oder weitere Erfordernisse vorsehen. Mitglieder mit Mehrstimmrechten (→ § 79 Rn. 2, → § 79 Rn. 5) verfügen nur über eine Stimme (§ 43 Abs. 3 Nr. 1 S. 2 GenG). Eine geheime Abstimmung steht dem Ausschlagungsrecht iSd § 90 Abs. 2 nach überwA entgegen und ist daher unzulässig, obwohl für die Ausschlagung gem. § 90 S. 1 Nr. 3 ein Widerspruch zur Niederschrift ausreicht (Lutter UmwG/*Bayer* Rn. 6 mwN; Widmann/Mayer/*Fronhöfer* Rn. 6, aA Semler/Stengel/*Scholderer* Rn. 7).

Verbesserung des Umtauschverhältnisses

85 (1) **Bei der Verschmelzung von Genossenschaften miteinander ist § 15 nur anzuwenden, wenn und soweit das Geschäftsguthaben eines Mitglieds in der übernehmenden Genossenschaft niedriger als das Geschäftsguthaben in der übertragenden Genossenschaft ist.**

(2) **Der Anspruch nach § 15 kann auch durch Zuschreibung auf das Geschäftsguthaben erfüllt werden, soweit nicht der Gesamtbetrag der Geschäftsanteile des Mitglieds bei der übernehmenden Genossenschaft überschritten wird.**

§ 85 modifiziert die auf das Umtauschverhältnis bezogene Anfechtungssperre der §§ 14, 15, da die 1
eG-Verschmelzung auf der Beteiligung zum Nennwert (§ 80) basiert. Abs. 1 ist nur auf die Verschmelzung unter ausschließlicher Beteiligung von eG anwendbar. Abs. 2 gilt für alle Verschmelzungen mit eG als übernehmendem Rechtsträger (Semler/Stengel/*Scholderer* Rn. 7 f. mwN). Der nur für Mitglieder übertragender eG (für Mitglieder aufnehmender eG: § 14 Abs. 1) bestehende **Anspruch auf bare Zuzahlung** nach Abs. 1 iVm § 15 ist gegen die übernehmende eG gerichtet. Der Anspruch besteht auch ohne Widerspruch gegen den Verschmelzungsbeschluss. Abweichend von § 15 besteht der Anspruch nach Abs. 1 aber nur, soweit das **Geschäftsguthaben** des Mitglieds bei der übernehmenden eG geringer ist, als bei der übertragenden eG. Die Differenz der Geschäftsguthaben des betreffenden Mitglieds in beiden eG bestimmt die Anspruchshöhe (zur Kritik s. Lutter UmwG/*Bayer* Rn. 5 ff.). Gemäß Abs. 2 kann eine übernehmende eG nach ihrer Wahl einen gegen sie gerichteten Anspruch eines Mitglieds eines übertragenden Rechtsträgers auch durch **Zuschreibung auf dessen Geschäftsguthaben** in der übernehmenden eG erfüllen. Übersteigt der im Spruchverfahren ermittelte Anspruch den Gesamtbetrag der Geschäftsanteile des Mitglieds in der übernehmenden eG, ist der überschießende Betrag in bar auszuzahlen (Semler/Stengel/*Scholderer* Rn. 19; Widmann/Mayer/*Fronhöfer* Rn. 33 ff.).

Anlagen der Anmeldung

86 (1) **Der Anmeldung der Verschmelzung ist außer den sonst erforderlichen Unterlagen auch das für die anmeldende Genossenschaft erstattete Prüfungsgutachten in Urschrift oder in öffentlich beglaubigter Abschrift beizufügen.**

(2) **Der Anmeldung zur Eintragung in das Register des Sitzes des übernehmenden Rechtsträgers ist ferner jedes andere für eine übertragende Genossenschaft erstattete Prüfungsgutachten in Urschrift oder in öffentlich beglaubigter Abschrift beizufügen.**

1 § 86 ergänzt für die Anmeldung der Verschmelzung die §§ 16, 17. § 157 GenG gilt nicht. Die Anmeldung erfolgt durch den Vorstand der beteiligten eG in **vertretungsberechtigter Zahl** (NK-UmwR/*Geschwandtner* Rn. 2; Semler/Stengel/*Scholderer* Rn. 3). Nach Abs. 1 ist der Anmeldung beim Genossenschaftsregister zusätzlich das Prüfungsgutachten des genossenschaftlichen Prüfungsverbands (§ 81) in Urschrift oder öffentlich beglaubigter Abschrift beizufügen. Nach Abs. 2 sind bei der Anmeldung beim **übernehmenden Rechtsträger** sämtliche für übertragende eG erstellte Prüfungsgutachten in Urschrift oder öffentlich beglaubigter Abschrift beizufügen. Im Übrigen kann zur Anmeldung und den beizufügenden Anlagen auf die Erläuterungen zu §§ 16 und 17 (→ § 16 Rn. 1 f. und → § 17 Rn. 1 ff.) verwiesen werden.

Anteilstausch

87 (1) [1]**Auf Grund der Verschmelzung ist jedes Mitglied einer übertragenden Genossenschaft entsprechend dem Verschmelzungsvertrag an dem übernehmenden Rechtsträger beteiligt.** [2]**Eine Verpflichtung, bei einer übernehmenden Genossenschaft weitere Geschäftsanteile zu übernehmen, bleibt unberührt.** [3]**Rechte Dritter an den Geschäftsguthaben bei einer übertragenden Genossenschaft bestehen an den Anteilen oder Mitgliedschaften des übernehmenden Rechtsträgers anderer Rechtsform weiter, die an die Stelle der Geschäftsanteile der übertragenden Genossenschaft treten.** [4]**Rechte Dritter an den Anteilen oder Mitgliedschaften des übertragenden Rechtsträgers bestehen an den bei der übernehmenden Genossenschaft erlangten Geschäftsguthaben weiter.**

(2) [1]**Übersteigt das Geschäftsguthaben, das das Mitglied bei einer übertragenden Genossenschaft hatte, den Gesamtbetrag der Geschäftsanteile, mit denen es nach Absatz 1 bei einer übernehmenden Genossenschaft beteiligt ist, so ist der übersteigende Betrag nach Ablauf von sechs Monaten seit dem Tage, an dem die Eintragung der Verschmelzung in das Register des Sitzes der übernehmenden Genossenschaft nach § 19 Abs. 3 bekannt gemacht worden ist, an das Mitglied auszuzahlen; die Auszahlung darf jedoch nicht erfolgen, bevor die Gläubiger, die sich nach § 22 gemeldet haben, befriedigt oder sichergestellt sind.** [2]**Im Verschmelzungsvertrag festgesetzte bare Zuzahlungen dürfen nicht den zehnten Teil des Gesamtnennbetrags der gewährten Geschäftsanteile der übernehmenden Genossenschaft übersteigen.**

(3) **Für die Berechnung des Geschäftsguthabens, das dem Mitglied bei einer übertragenden Genossenschaft zugestanden hat, ist deren Schlußbilanz maßgebend.**

1 § 87 ergänzt § 20 Abs. 1 S. 1 und gilt für Verschmelzungen von eG auf **jedweden Rechtsträger.** Danach vollzieht sich der Erwerb der Mitgliedschaft in dem übernehmenden Rechtsträger durch die Mitglieder der übertragenden eG allein nach Maßgabe der Festsetzungen des Verschmelzungsvertrags. Zum Erwerb der Mitgliedschaft in der **übernehmenden eG** ist also weder eine Beitrittserklärung, noch die Zahlung eines Eintrittsgelds (zur Ausnahme: Semler/Stengel/*Scholderer* Rn. 21; aA wohl Lutter UmwG/*Bayer* Rn. 36 mwN) oder die Erfüllung satzungsmäßiger Mitgliedschaftsanforderungen erforderlich. Allerdings kann die Nichterfüllung von Mitgliedschaftsanforderungen einen nachfolgenden Ausschluss rechtfertigen (§ 68 GenG; Semler/Stengel/*Scholderer* Rn. 5 f.; Widmann/Mayer/*Fronhöfer* Rn. 17). Abs. 1 S. 2 lässt für die neuen Mitglieder einer übernehmenden eG **Aufstockungspflichten,** die eventuell außerhalb der Verschmelzung bestehen (§ 15 GenG), unberührt.

2 Für die Verschmelzung bei ausschließlicher Beteiligung von eG ordnet Abs. 2 S. 1 an, dass ein **überschießendes Geschäftsguthaben** (§ 80 Abs. 1) des neuen Mitglieds in der übernehmenden eG durch sie erst ausgezahlt werden kann, nachdem die Gläubiger iSv § 22 befriedigt oder besichert wurden (insoweit ist Abs. 2 S. 1 Rechtsgrundverweisung; Lutter UmwG/*Bayer* Rn. 29). Abs. 2 S. 2 limitiert bare Zuzahlungen. Die 10 %-Grenze bezieht sich auf den Gesamtbetrag der Geschäftsanteile, die iRd Verschmelzung an die Neumitglieder gewährt werden (Lutter UmwG/*Bayer* Rn. 38). Abs. 3 gilt nicht für die **Mischverschmelzung** (Semler/Stengel/*Scholderer* § 78 Rn. 52; aA wohl SHS/*Westerburg* Rn. 1).

Geschäftsguthaben bei der Aufnahme von Kapitalgesellschaften und rechtsfähigen Vereinen

88 (1) [1]**Ist an der Verschmelzung eine Kapitalgesellschaft als übertragender Rechtsträger beteiligt, so ist jedem Anteilsinhaber dieser Gesellschaft als Geschäftsguthaben bei der übernehmenden Genossenschaft der Wert der Geschäftsanteile oder der Aktien gutzuschrei-**

ben, mit denen er an der übertragenden Gesellschaft beteiligt war. [2]Für die Feststellung des Wertes dieser Beteiligung ist die Schlußbilanz der übertragenden Gesellschaft maßgebend. [3]Übersteigt das durch die Verschmelzung erlangte Geschäftsguthaben eines Mitglieds den Gesamtbetrag der Geschäftsanteile, mit denen es bei der übernehmenden Genossenschaft beteiligt ist, so ist der übersteigende Betrag nach Ablauf von sechs Monaten seit dem Tage, an dem die Eintragung der Verschmelzung in das Register des Sitzes der übernehmenden Genossenschaft nach § 19 Abs. 3 bekannt gemacht worden ist, an das Mitglied auszuzahlen; die Auszahlung darf jedoch nicht erfolgen, bevor die Gläubiger, die sich nach § 22 gemeldet haben, befriedigt oder sichergestellt sind.

(2) **Ist an der Verschmelzung ein rechtsfähiger Verein als übertragender Rechtsträger beteiligt, so kann jedem Mitglied dieses Vereins als Geschäftsguthaben bei der übernehmenden Genossenschaft höchstens der Nennbetrag der Geschäftsanteile gutgeschrieben werden, mit denen es an der übernehmenden Genossenschaft beteiligt ist.**

Gemäß Abs. 1 ist Gesellschaftern von AG, GmbH sowie Aktionären von KGaA bei der Verschmelzung auf eine eG der **volle Wert** ihrer Beteiligung (vgl. BVerfG 27.4.1999, BVerfGE 100, 289 ff. = NJW 1999, 3769 – DAT/Altana) ihrem Geschäftsguthaben in der übernehmenden eG gutzuschreiben. Maßgebend für die Bestimmung des Werts ist die Schlussbilanz der übertragenden Kapitalgesellschaft. **Überschießende Beträge** sind nach Abs. 1 S. 3 in bar durch die eG an die Neumitglieder auszuzahlen. Lässt die Satzung eine Beteiligung mit mehreren Geschäftsanteilen (→ § 79 Rn. 4) zu, kann die Zahlung uU auf den Ausgleich von Spitzenbeträgen reduziert werden (Semler/Stengel/*Scholderer* Rn. 10). Eine Beschränkung sieht Abs. 1 S. 2 nicht vor (NK-UmwR/*Geschwandtner* Rn. 2). Abs. 2 bestimmt dagegen für Mitglieder von übertragenden eV einen **Höchstbetrag** für ihnen gutzuschreibende Geschäftsguthaben, da Vereinsmitglieder idR nicht am Vereinsvermögen beteiligt sind (Lutter UmwG/*Bayer* Rn. 7). 1

Eintragung der Genossen in die Mitgliederliste; Benachrichtigung

89 (1) [1]**Die übernehmende Genossenschaft hat jedes neue Mitglied nach der Eintragung der Verschmelzung in das Register des Sitzes der übernehmenden Genossenschaft unverzüglich in die Mitgliederliste einzutragen und hiervon unverzüglich zu benachrichtigen. [2]Sie hat ferner die Zahl der Geschäftsanteile des Mitglieds einzutragen, sofern das Mitglied mit mehr als einem Geschäftsanteil beteiligt ist.**

(2) **Die übernehmende Genossenschaft hat jedem Anteilsinhaber eines übertragenden Rechtsträgers, bei unbekannten Aktionären dem Treuhänder der übertragenden Gesellschaft, unverzüglich in Textform mitzuteilen:**

1. **den Betrag des Geschäftsguthabens bei der übernehmenden Genossenschaft;**
2. **den Betrag des Geschäftsanteils bei der übernehmenden Genossenschaft;**
3. **die Zahl der Geschäftsanteile, mit denen der Anteilsinhaber bei der übernehmenden Genossenschaft beteiligt ist;**
4. **den Betrag der von dem Mitglied nach Anrechnung seines Geschäftsguthabens noch zu leistenden Einzahlung oder den Betrag, der ihm nach § 87 Abs. 2 oder nach § 88 Abs. 1 auszuzahlen ist, sowie**
5. **den Betrag der Haftsumme der übernehmenden Genossenschaft, sofern deren Mitglieder Nachschüsse bis zu einer Haftsumme zu leisten haben.**

Der Vorstand der übernehmenden eG ist gem. Abs. 1 nach der Eintragung der Verschmelzung in das Register verpflichtet, jedes neue Mitglied unverzüglich in die Mitgliederliste einzutragen. Bei mehreren Anteilen ist auch die Zahl der Geschäftsanteile einzutragen. Im Übrigen richtet sich der Inhalt der Eintragung nach § 30 Abs. 2 GenG. Der Vorstand muss die neuen Mitglieder ferner von der Eintragung **benachrichtigen.** Abs. 1 gilt auch bei Ausschlagung (§ 90) oder Kündigung (§ 65 GenG), sofern diese bei der Eintragung nach Abs. 1 noch nicht wirksam sind (Semler/Stengel/*Scholderer* Rn. 5; Widmann/Mayer/*Fronhöfer* Rn. 6). Von der Benachrichtigung nach Abs. 1 zu unterscheiden ist die **Mitteilung** der Mitgliedschaftsdaten nach Maßgabe von Abs. 2. Jedoch können Benachrichtigung und Mitteilung verbunden werden. Dann gilt für beides zwingende Textform gem. Abs. 2 iVm § 126b BGB (Semler/Stengel/*Scholderer* Rn. 7 ff.). Zweck der Mitteilungspflichten ist es, die neuen Mitglieder über ihre Rechtsposition zu informieren und ihnen die Möglichkeiten zu geben, eine Ausschlagung nach § 90 zu prüfen (Lutter UmwG/*Bayer* Rn. 2). 1

Ausschlagung durch einzelne Anteilsinhaber

90 (1) **Die §§ 29 bis 34 sind auf die Mitglieder einer übertragenden Genossenschaft nicht anzuwenden.**

(2) **Auf der Verschmelzungswirkung beruhende Anteile und Mitgliedschaften an dem übernehmenden Rechtsträger gelten als nicht erworben, wenn sie ausgeschlagen werden.**

(3) [1] **Das Recht zur Ausschlagung hat jedes Mitglied einer übertragenden Genossenschaft, wenn es in der Generalversammlung oder als Vertreter in der Vertreterversammlung, die gemäß § 13 Abs. 1 über die Zustimmung zum Verschmelzungsvertrag beschließen soll,**

1. **erscheint und gegen den Verschmelzungsbeschluß Widerspruch zur Niederschrift erklärt oder**
2. **nicht erscheint, sofern es zu der Versammlung zu Unrecht nicht zugelassen worden ist oder die Versammlung nicht ordnungsgemäß einberufen oder der Gegenstand der Beschlußfassung nicht ordnungsgemäß bekanntgemacht worden ist.**

[2] **Wird der Verschmelzungsbeschluß einer übertragenden Genossenschaft von einer Vertreterversammlung gefaßt, so steht das Recht zur Ausschlagung auch jedem anderen Mitglied dieser Genossenschaft zu, das im Zeitpunkt der Beschlußfassung nicht Vertreter ist.**

1 Für die Mitglieder übertragender eG ersetzt die **Ausschlagung** nach den §§ 90 ff. das Ausscheiden gegen Barabfindung gem. §§ 29 ff. Für die Mitglieder der übernehmenden eG gilt Abs. 1 nicht. Für Mitglieder von Rechtsträgern anderer Rechtsform verbleibt es bei der Mischverschmelzung bei den §§ 29 ff. Die Ausschlagung setzt nach Abs. 3 S. 1 Nr. 1 einen Widerspruch zur Niederschrift gegen den Verschmelzungsbeschluss in der Generalversammlung oder als Vertreter in der Vertreterversammlung voraus. Hat das Mitglied nicht an der Versammlung teilgenommen, setzt die Ausschlagung nach Abs. 3 S. 1 Nr. 2 voraus, dass die Teilnahme wegen der dort bezeichneten Verfahrensfehler unterblieben ist. Wurde der Verschmelzungsbeschluss durch eine Vertreterversammlung gefasst, so ist nach Abs. 3 S. 2 jedes Mitglied ohne weiteres zur Ausschlagung berechtigt, das der Vertreterversammlung nicht angehört. Die Ausschlagung stellt das Mitglied gem. Abs. 2 **rückwirkend** so, als habe es die Mitgliedschaft am übernehmenden Rechtsträger von vornherein nicht erworben (Lutter UmwG/*Bayer* Rn. 10). Unter seiner Mitwirkung entstandene Organisationsakte bleiben wirksam (Widmann/Mayer/*Fronhöfer* Rn. 42; Semler/Stengel/*Scholderer* Rn. 31). Dem Mitglied dürfen aber keinerlei Nachteile aus der eventuell vorübergehenden Mitgliedschaft in dem übernehmenden Rechtsträger entstehen.

Form und Frist der Ausschlagung

91 (1) **Die Ausschlagung ist gegenüber dem übernehmenden Rechtsträger schriftlich zu erklären.**

(2) **Die Ausschlagung kann nur binnen sechs Monaten nach dem Tage erklärt werden, an dem die Eintragung der Verschmelzung in das Register des Sitzes des übernehmenden Rechtsträgers nach § 19 Abs. 3 bekannt gemacht worden ist.**

(3) **Die Ausschlagung kann nicht unter einer Bedingung oder einer Zeitbestimmung erklärt werden.**

1 Die Ausschlagung ist eine einseitige, empfangsbedürftige **Gestaltungserklärung.** Erklärungsempfänger ist der übernehmende Rechtsträger. Die Erklärung muss inhaltlich zumindest durch Auslegung erkennen lassen, dass der Ausschlagende den **verschmelzungsbedingten Erwerb** der Mitgliedschaft in dem übernehmenden Rechtsträger ablehnt (Semler/Stengel/*Scholderer* Rn. 3 f.; Widmann/Mayer/*Fronhöfer* Rn. 6). Bei der übernehmenden eG kann sich insoweit die Frage einer Abgrenzung zur Kündigung gem. § 65 GenG stellen. Die Ausschlagungserklärung bedarf der Schriftform. Eine mündlich oder zu Protokoll der Generalversammlung des übertragenden Rechtsträgers erklärte Ausschlagung ist unwirksam (Lutter UmwG/*Bayer* Rn. 2 mwN). Nach Abs. 2 kann die Ausschlagung nur erklärt werden binnen sechs Monaten ab Bekanntmachung der Eintragung der Verschmelzung im Register des übernehmenden Rechtsträgers. Die Regelung ist als **Ausschlussfrist** zu verstehen. Die Ausschlagung kann daher bereits vor der Eintragung der Verschmelzung im Register des übernehmenden Rechtsträgers und vor der **Bekanntmachung** nach § 91 Abs. 3 erfolgen (Lutter UmwG/*Bayer* Rn. 3; Semler/Stengel/*Scholderer* Rn. 11). Eine verspätete Erklärung ist unwirksam. Die Fristberechnung erfolgt nach allgemeinen Regeln (§§ 186 ff. BGB).

Eintragung der Ausschlagung in die Mitgliederliste

92 (1) **Die übernehmende Genossenschaft hat jede Ausschlagung unverzüglich in die Mitgliederliste einzutragen und das Mitglied von der Eintragung unverzüglich zu benachrichtigen.**

(2) **Die Ausschlagung wird in dem Zeitpunkt wirksam, in dem die Ausschlagungserklärung dem übernehmenden Rechtsträger zugeht.**

Abs. 1 gilt nur für die übernehmende eG. Die Vorschrift verpflichtet den Vorstand der übernehmenden eG dazu, jede (den gesetzlichen Anforderungen genügende) Ausschlagung unverzüglich in die **Mitgliederliste** einzutragen und das Mitglied unverzüglich darüber zu **benachrichtigen.** Soweit die Satzung nichts anderes vorsieht, ist für die Benachrichtigung – anders als bei Mitteilungen nach § 89 Abs. 2 – keine besondere Form bestimmt. Die Benachrichtigung sollte jedoch schriftlich erfolgen. 1

Die Eintragungspflicht nach Abs. 1 soll nach teilweise vertretener Ansicht entfallen, wenn die Ausschlagung den gesetzlichen Anforderungen nicht entspricht (so Semler/Stengel/*Scholderer* Rn. 6 mwN; Widmann/Mayer/*Fronhöfer* Rn. 4; wohl auch SHS/*Westerburg* Rn. 1). Das ist zweifelhaft, weil die Eintragung, wie sich aus Abs. 2 ergibt, lediglich **deklaratorischen** Charakter hat. Ist der Vorstand der Meinung, dass die Ausschlagung im Einzelfall unzulässig oder unwirksam ist, ist er verpflichtet, dies dem Ausschlagenden mitzuteilen, damit dieser eine Klärung, ggf. gerichtlich, herbeiführen kann. Es spricht auch nichts dagegen, eine solche Ausschlagung mit einem entsprechenden Vermerk einzutragen, der später ggf. gestrichen werden kann. 2

Über den **Inhalt** der Eintragung sagt die Norm nichts. Neben der Ausschlagung ist auch Angabe des Datums des Zugangs der Erklärung sinnvoll. 3

Abs. 2 gilt unabhängig von der Rechtsform des übernehmenden Rechtsträgers. Danach wird die Ausschlagung in dem Zeitpunkt wirksam, in dem sie dem übernehmenden Rechtsträger zugeht. Wird die Ausschlagung jedoch schon vor der Eintragung der Verschmelzung im Register des übernehmenden Rechtsträgers erklärt (→ § 91 Rn. 1), kann die Ausschlagung abweichend von Abs. 2 auch erst mit dieser Eintragung Wirksamkeit erlangen. Die Vorschrift regelt ferner nur den Wirksamkeitszeitpunkt. Sind die gesetzlichen Voraussetzungen im Einzelfall nicht erfüllt, bleibt es bei der Unwirksamkeit der Ausschlagung. 4

Auseinandersetzung

93 (1) [1] **Mit einem früheren Mitglied, dessen Beteiligung an dem übernehmenden Rechtsträger nach § 90 Abs. 2 als nicht erworben gilt, hat der übernehmende Rechtsträger sich auseinanderzusetzen.** [2] **Maßgebend ist die Schlußbilanz der übertragenden Genossenschaft.**

(2) **Dieses Mitglied kann die Auszahlung des Geschäftsguthabens, das es bei der übertragenden Genossenschaft hatte, verlangen; an den Rücklagen und dem sonstigen Vermögen der übertragenden Genossenschaft hat es vorbehaltlich des § 73 Abs. 3 des Genossenschaftsgesetzes keinen Anteil, auch wenn sie bei der Verschmelzung den Geschäftsguthaben anderer Mitglieder, die von dem Recht zur Ausschlagung keinen Gebrauch machen, zugerechnet werden.**

(3) [1] **Reichen die Geschäftsguthaben und die in der Schlußbilanz einer übertragenden Genossenschaft ausgewiesenen Rücklagen zur Deckung eines in dieser Bilanz ausgewiesenen Verlustes nicht aus, so kann der übernehmende Rechtsträger von dem früheren Mitglied, dessen Beteiligung als nicht erworben gilt, die Zahlung des anteiligen Fehlbetrags verlangen, wenn und soweit dieses Mitglied im Falle der Insolvenz Nachschüsse an die übertragende Genossenschaft zu leisten gehabt hätte.** [2] **Der anteilige Fehlbetrag wird, falls die Satzung der übertragenden Genossenschaft nichts anderes bestimmt, nach der Zahl ihrer Mitglieder berechnet.**

Aufgrund des Erlöschens der übertragenden eG (vgl. § 20 Abs. 1 Nr. 2) erfolgt die Auseinandersetzung der Mitglieder, welche die Mitgliedschaft in dem übernehmenden Rechtsträger nach § 91 Abs. 1 ausschlagen, gem. Abs. 1 S. 1 **zwingend** mit dem übernehmenden Rechtsträger. Das gilt unabhängig von dessen Rechtsform. Der Ausschlagende hat gem. Abs. 2 Hs. 1 grundsätzlich Anspruch auf Auszahlung des Geschäftsguthabens, das er bei der übertragenden eG hatte. Für die Anspruchshöhe maßgebend ist gem. Abs. 1 S. 2 die Schlussbilanz der übertragenden eG. Entwicklungen nach dem Bilanzstichtag bleiben unberücksichtigt (Lutter UmwG/*Bayer* Rn. 18; Widmann/Mayer/*Fronhöfer* Rn. 7). Hat der Ausschlagende seinen Geschäftsanteil bei der übertragenden eG **voll eingezahlt** und besteht kraft Satzung ein Anspruch ausscheidender Mitglieder nach § 73 Abs. 3 GenG an zu diesem 1

Zweck **tatsächlich** gebildeten **Ergebnisrücklagen,** bleibt ein solcher Anspruch von der Beschränkung des Auseinandersetzungsanspruchs nach Abs. 2 Hs. 2 unberührt. Der Anspruch setzt voraus, dass die Auszahlungsvoraussetzungen nach der Satzung (zB Mindestkapital, Mindestdauer der Mitgliedschaft, etc) erfüllt sind (vgl. auch NK-UmwR/*Geschwandtner* Rn. 3). Eine Beteiligung des Ausschlagenden am **sonstigen Vermögen** (insbesondere stille Reserven, Goodwill der übertragenden eG) ist nach Abs. 2 ausgeschlossen (SHS/*Westerburg* Rn. 2; Semler/Stengel/*Scholderer* Rn. 12). Soll dennoch, etwa zur Organisation der notwendigen Mehrheit für den Verschmelzungsbeschluss, eine Partizipation der Mitglieder der übertragenden eG an deren Rücklagen und sonstigem Vermögen erfolgen, müssen die entsprechenden Bilanzpositionen iRd Zulässigen **vor der Verschmelzung** aufgelöst und den Geschäftsguthaben der Mitglieder zugeschlagen werden (Lutter UmwG/*Bayer* Rn. 10; Lang/Weidmüller/*Lehnhoff* GenG § 93 Rn. 4).

2 Gemäß Abs. 3 S. 1 hat der übernehmende Rechtsträger gegen die Ausschlagenden einen (anteiligen) Ausgleichsanspruch, wenn die Schlussbilanz der übertragenden eG ein **negatives Eigenkapital** aufweist. Dabei sind stille Reserven nicht zu berücksichtigen (Semler/Stengel/*Scholderer* Rn. 20; Lutter UmwG/*Bayer* Rn. 13). Bestimmt die Satzung der übertragenden eG nichts anderes, erfolgt die Ermittlung des Ausgleichsbetrags nach Köpfen der Mitglieder (nicht nur der Ausschlagenden) der übertragenden eG (NK-UmwR/*Geschwandtner* Rn. 5; Widmann/Mayer/*Fronhöfer* Rn. 21).

Auszahlung des Auseinandersetzungsguthabens

94 Ansprüche auf Auszahlung des Geschäftsguthabens nach § 93 Abs. 2 sind binnen sechs Monaten seit der Ausschlagung zu befriedigen; die Auszahlung darf jedoch nicht erfolgen, bevor die Gläubiger, die sich nach § 22 gemeldet haben, befriedigt oder sichergestellt sind, und nicht vor Ablauf von sechs Monaten seit dem Tag, an dem die Eintragung der Verschmelzung in das Register des Sitzes des übernehmenden Rechtsträgers nach § 19 Abs. 3 bekannt gemacht worden ist.

1 Die Vorschrift regelt die **Fälligkeit** des Auseinandersetzungsguthabens der Ausschlagenden nach § 93 Abs. 2 (Lutter UmwG/*Bayer* Rn. 1 f.). Maßgebend für die Berechnung ist der Zeitpunkt, in dem die Ausschlagung wirksam geworden ist (→ § 92 Rn. 4). Die Norm ordnet aber gleichzeitig eine Sperrfrist und eine Auszahlungssperre für den Anspruch an. Haben sich Gläubiger gemeldet und ist ihr Anspruch nach Maßgabe von § 22 begründet, besteht eine zeitlich unbefristete **Auszahlungssperre** bis zur vollständigen Befriedigung oder Sicherstellung dieser Gläubiger (SHS/*Westerburg* Rn. 1; Semler/Stengel/*Scholderer* Rn. 6 f.). Keine Auszahlungssperre besteht bei unbegründeten Anmeldungen von Gläubigern. Unabhängig von dieser Auszahlungssperre ist eine **Sperrfrist** angeordnet von sechs Monaten ab der Bekanntmachung der Eintragung der Verschmelzung im Register des übernehmenden Rechtsträgers. Durch diese Sperrfrist ist der im Hs. 1 vorgesehene Auszahlungszeitraum in den Fällen nicht einhaltbar, in denen die Ausschlagung frühzeitig erklärt und schon vor der Bekanntmachung nach § 19 Abs. 3 wirksam geworden ist. Erfolgt eine Auszahlung unter Verstoß gegen § 94, kann sie nicht zurückgefordert werden (§ 813 Abs. 2 BGB).

Fortdauer der Nachschußpflicht

95 (1) [1]**Ist die Haftsumme bei einer übernehmenden Genossenschaft geringer, als sie bei einer übertragenden Genossenschaft war, oder haften den Gläubigern eines übernehmenden Rechtsträgers nicht alle Anteilsinhaber dieses Rechtsträgers unbeschränkt, so haben zur Befriedigung der Gläubiger der übertragenden Genossenschaft diejenigen Anteilsinhaber, die Mitglieder der übertragenden Genossenschaft waren, weitere Nachschüsse bis zur Höhe der Haftsumme bei der übertragenden Genossenschaft zu leisten, sofern die Gläubiger, die sich nach § 22 gemeldet haben, wegen ihrer Forderung Befriedigung oder Sicherstellung auch nicht aus den von den Mitgliedern eingezogenen Nachschüssen erlangen können.** [2]**Für die Einziehung der Nachschüsse gelten die §§ 105 bis 115a des Genossenschaftsgesetzes entsprechend.**

(2) **Absatz 1 ist nur anzuwenden, wenn das Insolvenzverfahren über das Vermögen des übernehmenden Rechtsträgers binnen zwei Jahren nach dem Tage eröffnet wird, an dem die Eintragung der Verschmelzung in das Register des Sitzes dieses Rechtsträgers nach § 19 Abs. 3 bekannt gemacht worden ist.**

1 Abs. 1 S. 1 begründet eine **subsidiäre Nachschusspflicht** der Mitglieder einer übertragenden eG für den Fall, dass binnen zwei Jahren ab Wirksamwerden der Verschmelzung das Insolvenzverfahren über den übernehmenden Rechtsträger eröffnet wird. Werden **nur eG** miteinander verschmolzen, setzt diese Nachschusspflicht voraus, dass die Haftsumme des betreffenden Mitglieds bei der übernehmenden

eG geringer ist, als bei der übertragenden eG. Das ist für jedes einzelne Mitglied auf den Zeitpunkt des Wirksamwerdens der Verschmelzung gesondert zu ermitteln (Lutter UmwG/*Bayer* Rn. 5 f.). Bei einer **Mischverschmelzung** setzt die Nachschusspflicht voraus, dass bei dem übernehmenden Rechtsträger nach seiner gesetzlichen Haftungsverfassung nicht alle Mitglieder persönlich haften (Semler/Stengel/*Scholderer* Rn. 8; Widmann/Mayer/*Fronhöfer* Rn. 20).

Auf die Nachschusspflicht werden bereits **erbrachte Nachschüsse** des Mitglieds **angerechnet.** Sie besteht nur bis zur Höhe des Haftungsunterschieds (Widmann/Mayer/*Fronhöfer* Rn. 26 ff.) sowie nur gegenüber der eG, nicht aber gegenüber den Gläubigern (Lutter UmwG/*Bayer* Rn. 15). Die Nachschusspflicht tritt ferner nur ein, soweit Gläubiger gem. § 22 berechtigte Forderungen angemeldet haben, dafür weder Befriedigung noch Sicherstellung erlangen können und eine nach der Satzung der übernehmenden eG mögliche Einziehung von Nachschüssen nicht genügt (NK-UmwR/*Geschwandtner* Rn. 5; Lutter UmwG/*Bayer* Rn. 8 f.). 2

Zweiter Unterabschnitt. Verschmelzung durch Neugründung

Anzuwendende Vorschriften

96 Auf die Verschmelzung durch Neugründung sind die Vorschriften des Ersten Unterabschnitts entsprechend anzuwenden.

Auf die Verschmelzung durch **Neugründung einer eG** sind neben den nach § 96 entsprechend anwendbaren §§ 79 ff. die allgemeinen Vorschriften der §§ 2 ff. sowie die §§ 36 ff. anwendbar. Ergänzt werden diese Vorschriften durch die §§ 97–98. Dazu treten nach § 36 Abs. 2 S. 1 die §§ 1–16 GenG (vgl. Lutter UmwG/*Bayer* Rn. 11 ff. mwN). 1

Pflichten der Vertretungsorgane der übertragenden Rechtsträger

97 (1) **Die Satzung der neuen Genossenschaft ist durch sämtliche Mitglieder des Vertretungsorgans jedes der übertragenden Rechtsträger aufzustellen und zu unterzeichnen.**

(2) [1]**Die Vertretungsorgane aller übertragenden Rechtsträger haben den ersten Aufsichtsrat der neuen Genossenschaft zu bestellen.** [2]**Das gleiche gilt für die Bestellung des ersten Vorstands, sofern nicht durch die Satzung der neuen Genossenschaft anstelle der Wahl durch die Generalversammlung eine andere Art der Bestellung des Vorstands festgesetzt ist.**

Gemäß Abs. 1 muss die **Satzung** der neu gegründeten eG von **sämtlichen Mitgliedern der Vertretungsorgane** aller übertragenden Rechtsträger aufgestellt und unterzeichnet werden (NK-UmwR/*Geschwandtner* Rn. 1; Lutter UmwG/*Bayer* Rn. 2). Die Mitglieder der Vertretungsorgane treten dabei an die Stelle der Gründungsmitglieder (§ 11 Abs. 2 Nr. 1 GenG). Als Bestandteil des Verschmelzungsvertrags bedarf die Satzung der **notariellen Beurkundung** (Semler/Stengel/*Scholderer* Rn. 5). 1

Die Vertretungsorgane der übertragenden Rechtsträger haben nach Abs. 2 den ersten Aufsichtsrat und den ersten Vorstand zu bestellen. Gemäß § 9 Abs. 2 GenG iVm § 36 Abs. 2 S. 1 können nur Mitglieder der eG zum Vorstand und Aufsichtsrat bestellt werden. Anders als bei der Aufstellung der Satzung genügt für die Organbestellung nach Abs. 2 die einfache Mehrheit der Mitglieder der jeweiligen Vertretungsorgane der übertragenden Rechtsträger (Lutter UmwG/*Bayer* Rn. 3), soweit nicht nach Gesetz oder Satzung bzw. Gesellschaftsvertrag für den jeweiligen übertragenden Rechtsträger Abweichendes gilt. Mangels besonderer Regelung bzgl. der Dauer der Bestellung des ersten Aufsichtsrats wird zT eine analoge Anwendung des § 30 Abs. 3 AktG vertreten (so Semler/Stengel/*Scholderer* Rn. 15; aA Widmann/Mayer/*Fronhöfer* Rn. 26): Unterliegt die neue eG dem MitbestG, werden durch die übertragenden Rechtsträger nur die Anteilseignervertreter im **Aufsichtsrat** nach Abs. 2 S. 1 bestellt (§ 31 AktG analog; Lutter UmwG/*Bayer* Rn. 6). Der erste **Vorstand** der neu gegründeten eG wird gem. Abs. 2 S. 2 nicht durch die Vertretungsorgane der übertragenden Rechtsträger bestellt, wenn die Satzung ein anderes Bestellungsverfahren bestimmt. 2

Verschmelzungsbeschlüsse

98 [1]**Die Satzung der neuen Genossenschaft wird nur wirksam, wenn ihm die Anteilsinhaber jedes der übertragenden Rechtsträger durch Verschmelzungsbeschluß zustimmen.** [2]**Dies gilt entsprechend für die Bestellung der Mitglieder des Vorstands und des Aufsichtsrats der neuen Genossenschaft, für die Bestellung des Vorstands jedoch nur, wenn dieser von den Vertretungsorganen aller übertragenden Rechtsträger bestellt worden ist.**

1 Die nach ihrer Aufstellung (§ 97 Abs. 1) zunächst noch schwebend unwirksame Satzung der neu gegründeten eG bedarf gem. S. 1 zu ihrer Wirksamkeit der Zustimmung der **Anteilsinhaber** aller übertragenden Rechtsträger durch Verschmelzungsbeschluss. Der zeitlich letzte Beschluss bestimmt den Zeitpunkt der Wirksamkeit (Lutter UmwG/*Bayer* Rn. 1; SHS/*Westerburg* Rn. 1). Das gilt gem. S. 2 Hs. 1 entsprechend für die zunächst schwebend unwirksame Bestellung des ersten Vorstands und Aufsichtsrats. Ist der erste Vorstand allerdings bereits vor der Fassung der Verschmelzungsbeschlüsse aufgrund eines in der aufgestellten Satzung festgelegten Verfahrens wirksam bestellt, kann er die zwischen der Errichtung der Satzung und der Fassung des letzten Zustimmungsbeschlusses bestehende **Vorgenossenschaft** bereits vertreten (Semler/Stengel/*Scholderer* Rn. 11 mwN). Ist in der Satzung dagegen eine Bestellung des ersten Vorstands durch den ersten Aufsichtsrat vorgesehen, muss zunächst dessen Bestellung durch Verschmelzungsbeschluss wirksam werden (Semler/Stengel/*Scholderer* Rn. 8).

Sechster Abschnitt. Verschmelzung unter Beteiligung rechtsfähiger Vereine

Möglichkeit der Verschmelzung

99 (1) **Ein rechtsfähiger Verein kann sich an einer Verschmelzung nur beteiligen, wenn die Satzung des Vereins oder Vorschriften des Landesrechts nicht entgegenstehen.**

(2) **Ein eingetragener Verein darf im Wege der Verschmelzung Rechtsträger anderer Rechtsform nicht aufnehmen und durch die Verschmelzung solcher Rechtsträger nicht gegründet werden.**

1 Die §§ 99 ff. finden Anwendung auf alle Vereine iSd §§ 21 ff. BGB, soweit sie nicht unter § 54 BGB fallen (Lutter UmwG/*Hennrichs* Rn. 3). Zum Teil ist dabei danach zu differenzieren, ob es sich um einen **wirtschaftlichen Verein** (§§ 22 ff. BGB) oder einen **eV** (§§ 21, 55 ff. BGB) handelt. Gemäß Abs. 1 können sich Vereine an einer Verschmelzung **nur dann** beteiligen, wenn weder Satzung noch anwendbares Landesrecht (Art. 82 EGBGB) Gegenteiliges bestimmen. Eine Satzungsklausel, die einen karikativen Anfallsberechtigten bzgl. des Vereinsvermögens im Falle der Auflösung bestimmt, ist kein § 99 Abs. 1 entsprechender Satzungsvorbehalt, wenn diese Klausel nur wegen des Gemeinnützigkeitsnachweises aufgenommen wurde und der übernehmende Rechtsträger ebenfalls gemeinnützig ist (OLG Düsseldorf 29.1.2019, BeckRS 2019, 5608 Rn. 11). Abs. 2 begrenzt die Verschmelzung eines **eV** als **übernehmender** Rechtsträger auf die Aufnahme eines anderen eV (SHS/*Westerburg* Rn. 4). Die Verschmelzung durch Neugründung eines eV ist gem. Abs. 2 nur dann möglich, wenn nur eV beteiligt sind. Dagegen erlaubt Abs. 2 die Verschmelzung von eV als **übertragender** Rechtsträger auch auf Rechtsträger anderer Rechtsform (SHS/*Westerburg* Rn. 4).

Prüfung der Verschmelzung

100 [1] **Der Verschmelzungsvertrag oder sein Entwurf ist für einen wirtschaftlichen Verein nach den §§ 9 bis 12 zu prüfen.** [2] **Bei einem eingetragenen Verein ist diese Prüfung nur erforderlich, wenn mindestens zehn vom Hundert der Mitglieder sie schriftlich verlangen.**

1 Für **wirtschaftliche Vereine** (§§ 22 ff. BGB) ist nach S. 1 eine Verschmelzungsprüfung nach §§ 9 ff. erforderlich, für **eV** (§§ 21, 55 ff. BGB) jedoch nur, wenn mindestens 10 % der Mitglieder sie verlangen. Maßgebend für das Quorum nach S. 2 ist die Gesamtmitgliederzahl im Zeitpunkt des Zugangs des Prüfungsverlangens (Lutter UmwG/*Hennrichs* Rn. 10 f.). Das Prüfungsverlangen ist spätestens in der Mitgliederversammlung zu stellen, die den Verschmelzungsbeschluss fasst (Semler/Stengel/*Katschinski* Rn. 12; aA Widmann/Mayer/*Vossius* Rn. 21 ff.: §§ 44, 48 analog). Wird es erst in der Versammlung gestellt, muss die Beschlussfassung zur Vermeidung von **Anfechtungsrisiken** verschoben werden (Lutter UmwG/*Hennrichs* Rn. 6). Dabei ziehen das Rechtsinstitut der Treupflicht der Vereinsmitglieder bzw. der Einwand des Rechtsmissbrauchs der Ausübung des Prüfungsverlangens Grenzen (NK-UmwR/*Fischer* Rn. 7 f.; Semler/Stengel/*Katschinski* Rn. 14). In beiden Fällen des § 100 gelten für die Verschmelzungsprüfung auch die Verzichtsmöglichkeiten (§ 9 Abs. 2 bzw. Abs. 3 iVm § 8 Abs. 3), wobei **alle** Vereinsmitglieder, auch die in der Versammlung nicht erschienenen, verzichten müssen (OLG Bamberg 18.6.2012, NZG 2012, 1269). Eine Prüfung nach den §§ 9 ff. ist entbehrlich, wenn der Verschmelzungsbeschluss nach Maßgabe der Vereinssatzung Einstimmigkeit erfordert (Lutter UmwG/*Hennrichs* Rn. 4, 13 mwN; aA bei wirtschaftlichen Vereinen NK-UmwR/*Fischer* Rn. 4; wohl ebenso Widmann/Mayer/*Vossius* Rn. 3).

Vorbereitung der Mitgliederversammlung

101 (1) [1] **Von der Einberufung der Mitgliederversammlung an, die gemäß § 13 Abs. 1 über die Zustimmung zum Verschmelzungsvertrag beschließen soll, sind in dem Geschäftsraum des Vereins die in § 63 Abs. 1 Nr. 1 bis 4 bezeichneten Unterlagen sowie ein nach § 100 erforderlicher Prüfungsbericht zur Einsicht der Mitglieder auszulegen.** [2] **Dazu erforderliche Zwischenbilanzen sind gemäß § 63 Absatz 2 Satz 1 bis 4 aufzustellen.**

(2) **Auf Verlangen ist jedem Mitglied unverzüglich und kostenlos eine Abschrift der in Absatz 1 bezeichneten Unterlagen zu erteilen.**

Von der Einberufung der Mitgliederversammlung an sind die **Unterlagen** nach § 63 Abs. 1–4 und ein nach § 100 zu erstellender Prüfungsbericht zur Einsicht durch die Mitglieder **auszulegen.** Für die Einberufung maßgebend sind die §§ 32, 36, 37 BGB iVm der Satzung. Danach bietet sich die Auslegung ab dem Datum der Versendung an (Widmann/Mayer/*Vossius* Rn. 8; vgl. auch Lutter UmwG/*Hennrichs* Rn. 8: „mit Zugang [...] beim ‚ersten' Mitglied"). Mangels Pflicht der Vereine zur Unterhaltung eines Geschäftsraums (§§ 24, 57 BGB) ist der Geschäftsraum iSd § 101 Abs. 1 nach den **Einzelfallumständen** zu ermitteln (Semler/Stengel/*Katschinski* Rn. 11; Widmann/Mayer/*Vossius* Rn. 11 ff.), sofern die Satzung keine Bestimmung enthält. Gemäß § 101 Abs. 2 sind (nur) Mitgliedern auf deren Verlangen hin **Abschriften** der Dokumente zu erteilen (Widmann/Mayer/*Vossius* Rn. 22 f. mwN). Unverzügliche Übersendung genügt. Ein Anspruch auf Abschriften anderer oder weiterer Dokumente besteht nicht. Ebenso wenig hat das Mitglied Anspruch auf anderweitige oder zusätzliche Auskünfte. Verstöße gegen die Auslegungs- bzw. Abschriftserteilungspflichten können Beschlussmängel des Zustimmungsbeschlusses zur Verschmelzung begründen. Zur Heilung von Mängeln durch Eintragung der Verschmelzung s. die Erläuterungen zu § 20 Abs. 2 (→ § 20 Rn. 1 ff.). 1

Durchführung der Mitgliederversammlung

102 [1] **In der Mitgliederversammlung sind die in § 63 Abs. 1 Nr. 1 bis 4 bezeichneten Unterlagen sowie ein nach § 100 erforderlicher Prüfungsbericht auszulegen.** [2] **§ 64 Abs. 1 Satz 2 und Abs. 2 ist entsprechend anzuwenden.**

Unabhängig von ihrer Auslegung nach § 101 sind in der Mitgliederversammlung vom Beginn bis zu ihrer Beendigung die in § 63 Abs. 1 Nr. 1–4 aufgeführten Unterlagen sowie ein Prüfungsbericht nach § 100 in ausreichender Zahl im Versammlungslokal zur Einsicht durch die Mitglieder **auszulegen.** Ein Anspruch auf Aushändigung von Kopien besteht in der Versammlung nicht. Der Vorstand hat gem. S. 2 den Verschmelzungsvertrag bzw. dessen Entwurf zu Beginn der Versammlung und jedenfalls vor der Beschlussfassung mündlich **zu erläutern** (Lutter UmwG/*Hennrichs* Rn. 3; NK-UmwR/*Fischer* Rn. 7). Für die Erläuterung gelten grundsätzlich dieselben Maßstäbe wie bei § 64 Abs. 1. Dabei ist allerdings zu berücksichtigen, dass wirtschaftliche Auswirkungen im Einzelfall keine oder geringe Bedeutung haben können. Der Vorstand ist nach § 102 S. 2 iVm § 64 Abs. 2 verpflichtet, den Mitgliedern auf Fragen zur Verschmelzung **Auskunft** zu erteilen. Die Auskunftspflicht erstreckt sich auch auf Fragen zu den anderen beteiligten Rechtsträgern (SHS/*Westerburg* Rn. 1; Widmann/Mayer/*Vossius* Rn. 15). Für den Auskunftsanspruch gelten über § 242 BGB die Grenzen des § 131 Abs. 3 AktG und § 8 Abs. 2 jeweils analog (Semler/Stengel/*Katschinski* Rn. 15). Verstöße gegen § 102 bergen Anfechtungsrisiken und gem. § 313 Nr. 1 Strafbarkeitsrisiken (Widmann/Mayer/*Vossius* Rn. 12 f., 17 f.). Zur Heilung von Mängeln durch Eintragung der Verschmelzung s. die Erläuterungen zu § 20 Abs. 2 (→ § 20 Rn. 1 ff.). 1

Beschluß der Mitgliederversammlung

103 [1] **Der Verschmelzungsbeschluß der Mitgliederversammlung bedarf einer Mehrheit von drei Vierteln der abgebenen Stimmen.** [2] **Die Satzung kann eine größere Mehrheit und weitere Erfordernisse bestimmen.**

Der **notariell zu beurkundende** (§ 13 Abs. 3 S. 1) Verschmelzungsbeschluss bedarf nach S. 1 einer Mehrheit von drei Vierteln der erschienenen bzw. ordnungsgemäß vertretenen Mitglieder. Enthaltungen und ungültige Stimmen zählen nicht mit (Lutter UmwG/*Hennrichs* Rn. 2 f.). Die Satzung kann nach S. 2 weitere Erfordernisse und/oder eine größere Mehrheit vorsehen (dazu OLG Stuttgart 23.5.2011, BeckRS 2012, 5372). § 35 BGB bleibt unberührt (Widmann/Mayer/*Vossius* Rn. 10 ff.). 1

Umstritten ist, welcher Mehrheitserfordernisse es bedarf bei einer Verschmelzung auf einen Rechtsträger mit abweichendem Zweck. Zum Teil wird analog § 275 Einstimmigkeit verlangt, da die Mitgliedschaft nicht erlösche, sondern im übernehmenden Rechtsträger fortgeführt werde (NK-UmwR/ 2

Fischer Rn. 3; Semler/Stengel/*Katschinski* Rn. 19 mwN). Andererseits wird vertreten, eine Dreiviertelmehrheit sei mangels Anwendbarkeit des § 33 Abs. 1 S. 2 BGB ausreichend, da der Verein mit der Verschmelzung aufgelöst werde und ansonsten auch zu hohe Verschmelzungshürden aufgestellt würden (Widmann/Mayer/*Vossius* Rn. 18).

Bekanntmachung der Verschmelzung

104 (1) [1] **Ist ein übertragender wirtschaftlicher Verein nicht in ein Handelsregister eingetragen, so hat sein Vorstand die bevorstehende Verschmelzung durch den Bundesanzeiger bekanntzumachen.** [2] **Die Bekanntmachung im Bundesanzeiger tritt an die Stelle der Eintragung im Register.** [3] **Sie ist mit einem Vermerk zu versehen, daß die Verschmelzung erst mit der Eintragung im Register des Sitzes des übernehmenden Rechtsträgers wirksam wird.** [4] **Die §§ 16 und 17 Abs. 1 und § 19 Abs. 1 Satz 2, Abs. 2 und Abs. 3 sind nicht anzuwenden, soweit sie sich auf die Anmeldung und Eintragung dieses übertragenden Vereins beziehen.**

(2) **Die Schlußbilanz eines solchen übertragenden Vereins ist der Anmeldung zum Register des Sitzes des übernehmenden Rechtsträgers beizufügen.**

1 § 104 tritt für nicht im Handelsregister eingetragene **übertragende** wirtschaftliche Vereine (§ 22 BGB) an die Stelle der dann unpassenden §§ 16, 17 Abs. 1, § 19 Abs. 1 S. 2, Abs. 2 und 3 (NK-UmwR/*Fischer* Rn. 1; Lutter UmwG/*Hennrichs* Rn. 2 ff.). Für andere beteiligte Rechtsträger bleiben die allgemeinen Vorschriften und damit auch die §§ 16 ff. unberührt. Die Bekanntmachung hat unverzüglich nach Fassung der Verschmelzungsbeschlüsse zu erfolgen. Bekannt zu machen ist die **bevorstehende** Verschmelzung nebst dem Hinweis nach § 22 Abs. 1 S. 3 (Widmann/Mayer/*Vossius* Rn. 8 f.). Abweichend von den allgemeinen Vorschriften ist gem. Abs. 2 die Schlussbilanz der Anmeldung der Verschmelzung zum Register (auch) des **übernehmenden** Rechtsträgers beizufügen (Lutter UmwG/*Hennrichs* Rn. 6; Semler/Stengel/*Katschinski* Rn. 9).

Ausschluß der Barabfindung in bestimmten Fällen

104a **Die §§ 29 bis 34 sind auf die Verschmelzung eines eingetragenen Vereins, der nach § 5 Abs. 1 Nr. 9 des Körperschaftsteuergesetzes von der Körperschaftsteuer befreit ist, nicht anzuwenden.**

1 § 104a gilt nur für die Verschmelzung eines **steuerbegünstigten eV** (§ 5 Abs. 1 Nr. 9 KStG iVm §§ 51–68 AO) auf einen ebenso steuerbegünstigten eV oder eine andere steuerbegünstigte Körperschaft (Semler/Stengel/*Katschinski* Rn. 8). Der Ausschluss des Ausscheidens gegen Barabfindung nach den §§ 29 ff. dient dazu, die steuerbegünstigte Gemeinnützigkeit nicht dadurch zu gefährden, dass der Verschmelzung widersprechende Mitglieder durch Abfindungszahlungen auf Kosten anderer Mitglieder bereichert werden (SHS/*Westerburg* Rn. 1; Semler/Stengel/*Katschinski* Rn. 3). Unschädlich ist es, wenn der Verein nach § 5 Abs. 1 Nr. 9 S. 2 KStG einen wirtschaftlichen Geschäftsbetrieb (§§ 14, 64 AO) unterhält (Widmann/Mayer/*Vossius* Rn. 8). Maßgebend für die Feststellung der Voraussetzungen des § 104a ist der **Zeitpunkt der Eintragung** der Verschmelzung in das Register des **übernehmenden Rechtsträgers** (§ 20 Abs. 1; Lutter UmwG/*Hennrichs* Rn. 3 mwN). Das Registergericht kann die Vorlage einer **Gemeinnützigkeitsbescheinigung** fordern (Semler/Stengel/*Katschinski* Rn. 6). Unberührt bleibt das allgemeine Austrittsrecht der Mitglieder gem. § 39 BGB (Lutter UmwG/*Hennrichs* Rn. 6).

Siebenter Abschnitt. Verschmelzung genossenschaftlicher Prüfungsverbände

Möglichkeit der Verschmelzung

105 [1] **Genossenschaftliche Prüfungsverbände können nur miteinander verschmolzen werden.** [2] **Ein genossenschaftlicher Prüfungsverband kann ferner als übernehmender Verband einen rechtsfähigen Verein aufnehmen, wenn bei diesem die Voraussetzungen des § 63b Absatz 2 des Genossenschaftsgesetzes bestehen und die in § 107 Abs. 2 genannte Behörde dem Verschmelzungsvertrag zugestimmt hat.**

1 Die eG unterliegt der Pflichtprüfung ihrer wirtschaftlichen Verhältnisse und der Ordnungsmäßigkeit ihrer Geschäftsführung durch den zuständigen genossenschaftlichen **Prüfungsverband** (§§ 63 ff. GenG), dem jede eG zwingend angehören muss (§§ 54, 55 GenG). Die Prüfungsverbände sind wegen

§ 63b Abs. 1 GenG nahezu ausschließlich eV oder wirtschaftliche Vereine (Bauer Genossenschafts-HdB/*Bauer* GenG § 63b Rn. 1c; PFB/*Bloehs* GenG § 63b Rn. 1). Hat der zu verschmelzende Prüfungsverband eine andere Rechtsform, sind für ihn die entsprechenden rechtsformspezifischen Verschmelzungsvorschriften anzuwenden. Enthalten die §§ 105ff. allerdings strengere bzw. abweichende Regeln, so gelten sie ergänzend bzw. stattdessen (allgA KK-UmwG/*Leuering* Rn. 13; Lutter UmwG/*Bayer* Rn. 3; Semler/Stengel/*Katschinski* Rn. 4; Widmann/Mayer/*Vossius* Rn. 19). S. 1 beschränkt die Verschmelzungsmöglichkeiten von Prüfungsverbänden auf die Verschmelzung mit anderen Prüfungsverbänden. Gemäß S. 2 kann ein Prüfungsverband als übernehmender Rechtsträger auch rechtsfähige Vereine aufnehmen, die sich ganz oder überwiegend in der Hand von eG befinden oder dem Genossenschaftswesen dienen (§ 63b Abs. 2 S. 1 GenG). Das setzt voraus, dass die oberste Landesbehörde zustimmt, die für die Verleihung des Prüfungsrechts an den Prüfungsverband zuständig ist (§ 107 Abs. 2 iVm §§ 63ff. GenG). Im Übrigen kann ein Prüfungsverband nicht an Verschmelzungen, insbesondere nicht an einer **Mischverschmelzung** beteiligt werden (Semler/Stengel/*Katschinski* Rn. 6; Widmann/Mayer/*Vossius* Rn. 5).

Vorbereitung, Durchführung und Beschluß der Mitgliederversammlung

106 **Auf die Vorbereitung, die Durchführung und den Beschluß der Mitgliederversammlung sind die §§ 101 bis 103 entsprechend anzuwenden.**

Auf die Vorbereitung, Durchführung und den Beschluss der **Mitgliederversammlung** des beteiligten Prüfungsverbands sind die §§ 101–103 entsprechend anwendbar. Auf die Erläuterungen zu diesen Vorschriften wird verwiesen. Bei entsprechender Satzungsausgestaltung beschließt anstelle der Mitgliederversammlung die Vertreterversammlung (vgl. § 32 Abs. 1 S. 1 BGB). Eine Prüfung der Verschmelzung gem. §§ 9ff. ist nicht erforderlich (hM, Lutter UmwG/*Bayer* Rn. 12f. mwN; krit. Widmann/Mayer/*Vossius* § 105 Rn. 10ff.). 1

Pflichten der Vorstände

107 (1) [1] **Die Vorstände beider Verbände haben die Verschmelzung gemeinschaftlich unverzüglich zur Eintragung in die Register des Sitzes jedes Verbandes anzumelden, soweit der Verband eingetragen ist.** [2] **Ist der übertragende Verband nicht eingetragen, so ist § 104 entsprechend anzuwenden.**

(2) **Die Vorstände haben ferner gemeinschaftlich den für die Verleihung des Prüfungsrechts zuständigen obersten Landesbehörden die Eintragung unverzüglich mitzuteilen.**

(3) **Der Vorstand des übernehmenden Verbandes hat die Mitglieder unverzüglich von der Eintragung zu benachrichtigen.**

Anders als nach § 16 Abs. 1 müssen gem. Abs. 1 S. 1 unverzüglich alle Anmeldungen zur Eintragung der Verschmelzung bei den entsprechenden Registern **gemeinschaftlich** durch die Vorstände **aller** beteiligten Prüfungsverbände vorgenommen werden, sofern der beteiligte Prüfungsverband eingetragen ist. Ist ein **übertragender** Verband als wirtschaftlicher Verein nicht eingetragen, müssen nach Abs. 1 S. 2 die Vorstände aller beteiligten Verbände ebenfalls **gemeinschaftlich** die Bekanntmachung im Bundesanzeiger entsprechend § 104 Abs. 1 S. 1 betreiben (Semler/Stengel/*Katschinski* Rn. 2f.). Es genügt jeweils Handeln des Vorstands in vertretungsberechtigter Zahl (Widmann/Mayer/*Vossius* Rn. 9). Sobald die Verschmelzung im Register des **übernehmenden** Verbands eingetragen ist, haben die Vorstände aller beteiligten Verbände (beim übertragenden Rechtsträger der Vorstand des ehemaligen Verbands) gem. Abs. 2 der nach § 63 GenG jeweils zuständigen Behörde unverzüglich die Eintragung anzuzeigen (Widmann/Mayer/*Vossius* Rn. 26ff.). Wegen der mit der Staatsaufsicht aus §§ 64, 64a GenG verbundenen Qualitätsaufsicht nach §§ 63e ff. GenG dürfte ebenso die Wirtschaftsprüferkammer zu benachrichtigen sein (NK-UmwR/*Geschwandtner* § 108 Rn. 11). Ferner hat (nur) der Vorstand des übernehmenden Rechtsträgers sämtliche (alte und neue) Mitglieder zu unterrichten über die Eintragung, den Mitgliedschaftserwerb im übernehmenden Verband und – über den Wortlaut von Abs. 3 hinaus – auch über das Sonderaustrittsrecht nach § 108 (Semler/Stengel/*Katschinski* Rn. 5 mwN). 1

Austritt von Mitgliedern des übertragenden Verbandes

108 **Tritt ein ehemaliges Mitglied des übertragenden Verbandes gemäß § 39 des Bürgerlichen Gesetzbuchs aus dem übernehmenden Verband aus, so sind Bestimmungen der Satzung des übernehmenden Verbandes, die gemäß § 39 Abs. 2 des Bürgerlichen Gesetz-**

buchs eine längere Kündigungsfrist als zum Schlusse des Geschäftsjahres vorsehen, nicht anzuwenden.

1 Die (vormaligen) Mitglieder des übertragenden Prüfungsverbands können unter den Voraussetzungen des § 39 BGB iVm der Satzung die Mitgliedschaft im übernehmenden Verband durch **Austritt** beenden. Wegen § 54 GenG kann ein Austritt (faktisch) nur zum Verbandswechsel dienen. § 108 verkürzt den Austritt gegenüber einer etwa in der Satzung nach § 39 Abs. 2 BGB bestimmten Kündigungsfrist auf den Geschäftsjahresschluss. Unterschiedlich wird die zeitliche Geltung des Sonderaustrittsrechts beurteilt. Überwiegend wird auf das Geschäftsjahr der Verschmelzung bzw. einen engen zeitlichen Zusammenhang mit der Verschmelzung abgestellt so *Wardenbach* → 4. Aufl. 2019, Rn. 1 in Anlehnung an Lutter UmwG/*Bayer* Rn. 2 f. Geltung nur im Geschäftsjahr der Verschmelzung; ähnlich Semler/Stengel/*Katschinski* Rn. 4; NK-UmwR/*Geschwandtner* Rn. 11: enger zeitlicher Zusammenhang mit der Verschmelzung; aA Widmann/Mayer/*Vossius* Rn. 14 ff.: nur Verwirkung iSv § 242 BGB). Der Austritt ist eine einseitige, empfangsbedürftige und bedingungsfeindliche Willenserklärung (SHS/*Westerburg* Rn. 8). Er setzt weder eine Begründung, noch die Erklärung des Widerspruchs des Mitglieds gegen den Verschmelzungsbeschluss voraus (Semler/Stengel/*Katschinski* Rn. 3). Er ist in der Form gemäß der Satzung des übernehmenden Verbands gegenüber dessen Vorstand zu erklären. Der Austritt hat **keine Rückwirkung** (Lutter UmwG/*Bayer* Rn. 5). Das Sonderaustrittsrecht gilt nur für die Mitglieder des übertragenden Verbands. Die Mitglieder des übernehmenden Verbands können dagegen nur nach Maßgabe von § 39 BGB und der Satzung austreten (Widmann/Mayer/*Vossius* Rn. 3 ff., 7).

Achter Abschnitt. Verschmelzung von Versicherungsvereinen auf Gegenseitigkeit

Erster Unterabschnitt. Möglichkeit der Verschmelzung

Verschmelzungsfähige Rechtsträger

109 **[1]Versicherungsvereine auf Gegenseitigkeit können nur miteinander verschmolzen werden. [2]Sie können ferner im Wege der Verschmelzung durch eine Aktiengesellschaft, die den Betrieb von Versicherungsgeschäften zum Gegenstand hat (Versicherungs-Aktiengesellschaft), aufgenommen werden.**

1 Kennzeichnend für die 2015 noch vorhandenen 250 VVaG (NK-UmwR/*Kammerer-Galahn* Rn. 2 mwN; vgl. auch Prölls/Dreher/*Weigel* VAG Vor § 171 Rn. 11 f.) ist eine Rechtsformbesonderheit: Bestimmt die Satzung des VVaG nichts anderes, begründet und beendet gem. § 176 S. 2, 3 VAG (= § 20 VAG aF) das Versicherungsverhältnis die Mitgliedschaft. § 109 gilt für VVaG iSv §§ 171, 210 VAG (= §§ 15, 53 VAG aF) (kleinere VVaG), § 8 VAG (= § 120 VAG aF) (Rückversicherungs-VVaG; Lutter UmwG/*Wilm* Rn. 4) und § 14 Abs. 1 BetrAVG (Pensions-Sicherungs-Verein; Semler/Stengel/*Niemeyer* Rn. 18). § 109 gilt gem. § 5 Abs. 2 VAG (= § 157a Abs. 3 VAG aF) **nicht** für den Kleinstverein iSv § 5 Abs. 1 VAG (= § 157a Abs. 1 VAG aF), wenn dieser von der Aufsicht freigestellt ist.

2 **Verschmelzungsmöglichkeiten:** Nach S. 1 ist die Verschmelzung von VVaG mit anderen VVaG zur Aufnahme und zur Neugründung zulässig. Auch Mehrfach- und Kettenverschmelzungen (Semler/Stengel/*Niemeyer* Rn. 24) von VVaGen sind möglich. Zulässig ist ferner nach S. 2 die Verschmelzung eines VVaG zur Aufnahme durch eine bestehende **Versicherungs-AG** oder deutsche Versicherungs-SE. Darüber hinaus soll auch die Verschmelzung auf eine Versicherungs-AG durch Neugründung möglich sein (NK-UmwR/*Kammerer-Galahn* Rn. 23; Lutter UmwG/*Wilm* Rn. 5; Semler/Stengel/*Niemeyer* Rn. 5, 29). Dafür wird angeführt, dass sie gegenüber der Verschmelzung zur Aufnahme keine weitergehenden Risiken für die Mitglieder des VVaG aufweise. **Unzulässig** ist dagegen die Verschmelzung einer Versicherungs-AG auf einen VVaG. Ebenfalls unzulässig soll die Verschmelzung auf eine deutsche Versicherungs-SE zur Neugründung sein (→ § 73 Rn. 1). Zur grenzüberschreitenden Verschmelzung eines VVaG insgesamt NK-UmwR/*Kammerer-Galahn* Rn. 25 ff.

3 Als **Verschmelzungsalternative** kommt neben einer Vermögensübertragung (§§ 178 ff.) die **Bestandsübertragung** gem. § 13 VAG (= § 14 VAG aF) in Betracht; dabei handelt es sich um die zumindest teilweise Übertragung einer Gesamtheit von Versicherungsverträgen auf ein anderes Versicherungsunternehmen (BVerwG 30.1.1990, NJW 1990, 1804 (1805)). An den Bestand gebundenes Vermögen (zuzuordnende Rückstellungen, Beitragsüberträge) muss dabei aber durch Singularsukzession übertragen werden (Prölss/Dreher/*Präve* VAG § 13 Rn. 5; s. auch Lutter UmwG/*Wilm* Anh. 1 § 189 Rn. 4; Semler/Stengel/*Niemeyer* Anh. § 119 Rn. 65). Durch eine **Funktionsausgliederung** iSd § 9 Abs. 4 Nr. 1 lit. c VAG (= § 5 Abs. 3 Nr. 4 VAG aF) können Vertrieb, Bestandsverwaltung, Leistungsbearbeitung, Rechnungswesen, Vermögensanlage oder Vermögensverwaltung zumindest zum wesentli-

chen Teil auf ein anderes Unternehmen übertragen werden, das im Unterschied zur Bestandsübertragung nicht notwendig ein Versicherungsunternehmen sein muss.

Der **Gründungsstock** iSv § 178 VAG (= § 22 Abs. 1 S. 1 VAG aF) deckt die Gründungskosten des VVaG und dient als Gewähr- und Betriebsstock. Der Gründungsstock muss nach der Anlaufphase aus den Jahreseinnahmen im Maße des Anwachsens der Verlustrücklage iSd § 193 VAG (= § 37 VAG aF) an die Garanten zurückgezahlt („getilgt") werden (§ 178 Abs. 4 VAG (= § 22 Abs. 4 VAG aF)). Ist der **übernehmende Rechtsträger ein VVaG,** erhöht die Verschmelzung den Gründungsstock und die Verlustrücklage des übernehmenden VVaG. Die Tilgungsmöglichkeit iSd § 178 Abs. 4 VAG, § 193 VAG (= § 22 Abs. 4 VAG aF, § 37 VAG aF) richtet sich nach der kumulierten Verlustrücklage (Semler/Stengel/*Niemeyer* Rn. 50 ff.; Widmann/Mayer/*Vossius* Rn. 92). Die Tilgung erfordert nach § 178 Abs. 1 S. 2 VAG (= § 22 Abs. 1 S. 2 VAG aF) regelmäßig eine Festsetzung der Einzelheiten in der Satzung. Die Satzung des übernehmenden VVaG muss entsprechend (um-)gestaltet werden. Treffen Tilgungsansprüche der Garanten der beteiligten VVaG zusammen, muss bestimmt werden, in welchem Verhältnis Tilgungen an die Garanten erfolgen sollen. Auch die vollständige Tilgung unmittelbar nach der Verschmelzung erfordert eine entsprechende Satzungsbestimmung bei dem übernehmenden VVaG (Widmann/Mayer/*Vossius* Rn. 95). Die Satzung einer übernehmenden Versicherungs-AG bedarf keiner Tilgungsbestimmung gem. § 178 Abs. 1 S. 2 VAG (= § 22 Abs. 1 S. 2 VAG). Es handelt sich um eine VVaG-spezifische, nicht auf die AG übertragbare Norm. Die Tilgungsbestimmung der Satzung des übertragenden VVaG muss gem. § 5 Abs. 1 Nr. 7 in den Verschmelzungsvertrag übernommen werden (Widmann/Mayer/*Vossius* Rn. 100). 4

Versicherte, Versicherungsnehmer, Begünstigte oder geschädigte Dritte, die einen Direktanspruch gegen das Versicherungsunternehmen haben, genießen wegen ihres versicherungsrechtlichen Vorrechts (§ 315 VAG (= §§ 77, 77a VAG aF)) gem. § 22 Abs. 2 keinen Gläubigerschutz nach §§ 22, 23 (Lutter UmwG/*Wilm* Rn. 25; Semler/Stengel/*Niemeyer* Rn. 44). Gleiches gilt für den Insolvenzschutz nach § 7 BetrAVG (BAG 30.7.1996, AG 1997, 268 (269 f.) für § 374 AktG aF). Für den Schutz vertraglicher Überschussbeteiligungen (zB § 2 Allgemeine Bedingungen für die kapitalbildende Lebensversicherung vom 4.5.2006) und mitgliedschaftlicher Überschussansprüche (§ 194 VAG (= § 38 VAG aF)) nach § 23 ist wegen der sog. Nichtmitgliederversicherungen (§ 177 Abs. 2 VAG (= § 21 Abs. 2 VAG aF)) zu unterscheiden. Nichtmitgliedern stehen Ansprüche aus § 194 VAG (= § 38 VAG aF) nicht zu, während sie hinsichtlich vertraglicher Überschussbeteiligungen mit Mitgliedern gleichgestellt sind (Prölss/Dreher/*Weigel* VAG § 177 Rn. 21 mwN). Vertragliche Überschussbeteiligungen gewähren keine mitgliedschaftsbezogenen Sonderrechte, wie sie § 23 voraussetzt (allgemein zu § 23: *Hüffer* FS Lutter, 2000, 1227 (1234 f.)). Sie fallen aus den oben genannten Gründen auch nicht unter § 22 Abs. 1. (Semler/Stengel/*Niemeyer* Rn. 45; Lutter UmwG/*Wilm* Rn. 26). Umstritten ist, ob der mitgliedschaftliche Überschussanspruch iSd § 194 VAG (= § 38 VAG aF) Sonderrecht iSv § 23 ist. Ist der übernehmende Rechtsträger ein VVaG, sind rechtlich und wirtschaftlich äquivalente Überschussbeteiligungen für die Mitglieder einzuräumen. Ist der übernehmende Rechtsträger eine AG oder deutsche SE, so sind die aus dem übertragenden VVaG ausscheidenden Mitglieder sodann als Aktionäre am Jahresüberschuss bzw. am Bilanzgewinn beteiligt. Daher wird vertreten, dass eine darüber hinausgehende Abgeltung der Überschussbeteiligung iSv § 194 VAG (= § 38 VAG aF) nicht gerechtfertigt sei (so *Wardenbach* → 4. Aufl. 2019, Rn. 5). Andererseits verlieren die Mitglieder als Gläubiger des Anspruchs durch die Verschmelzung den Schuldner und den Gegenstand zur Bestimmung der Überschussbeteiligung, was eine Einstufung als Sonderrecht rechtfertigen soll (NK-UmwR/*Kammerer-Galahn* Rn. 42; ähnlich Semler/Stengel/*Niemeyer* Rn. 45). 5

Jede Umwandlung eines Versicherungsunternehmens bedarf gem. § 14 Abs. 1 VAG (= § 14a S. 1 VAG aF) iVm § 17 Abs. 1 der **Genehmigung durch die Aufsichtsbehörde** (Prölss/Dreher/*Präve* VAG § 14 Rn. 11). Eine solche Genehmigung ist seit dem ARUG 2009 zwar nicht mehr in § 17 Abs. 1 genannt, aber die hM geht von redaktionellem Versehen aus, weshalb die Genehmigung Wirksamkeitsvoraussetzung für die Verschmelzung sei, wovon sich ein Registergericht weiterhin überzeugen wollen wird (NK-UmwR/*Kammerer-Gahlen* Rn. 39; Semler/Stengel/*Niemeyer* Rn. 40; Widmann/Mayer/*Vossius* Rn. 31). 6

Zweiter Unterabschnitt. Verschmelzung durch Aufnahme

Inhalt des Verschmelzungsvertrags

110 **Sind nur Versicherungsvereine auf Gegenseitigkeit an der Verschmelzung beteiligt, braucht der Verschmelzungsvertrag oder sein Entwurf die Angaben nach § 5 Abs. 1 Nr. 3 bis 5 und 7 nicht zu enthalten.**

Soweit an der Verschmelzung nur VVaG beteiligt sind, reduziert § 110 den obligatorischen Inhalt des Verschmelzungsvertrags auf die Angaben nach § 5 Abs. 1 Nr. 1, 2, 6, 8, 9. Das gilt aber nicht für die Mischverschmelzung unter Beteiligung einer Versicherungs-AG. Die Erleichterung hat folgenden Hin- 1 tergrund: Da der VVaG kein in Anteile zerlegtes Grund- oder Stammkapital hat, gibt es kein Umtauschverhältnis iSd § 5 Abs. 3 nebst eventuell daraus abzuleitender Zuzahlungen. Angaben über die Mitgliedschaft im übernehmenden VVaG iSd § 5 Abs. 1 Nr. 3, 4, 5 ergeben sich bei der Verschmelzung zur Neugründung ohnehin aus der Satzung des übernehmenden VVaG, die Bestandteil des Verschmelzungsvertrags ist (Semler/Stengel/*Niemeyer* Rn. 14). Das gilt stets für die Verteilung des jährlichen Überschusses (§ 194 VAG [= § 38 VAG aF]) und regelmäßig für Beginn und Ende der Mitgliedschaft (§ 176 VAG (= § 20 VAG aF)). Darüber hinaus gehen die Versicherungsverträge der Versicherungsnehmer und Mitglieder, in denen hauptsächlich die Mitgliedschafts- und Sonderrechte geregelt sind, unverändert auf den übernehmenden VVaG über (NK-UmwR/*Kammerer-Galahn* Rn. 1). Tritt bei dem übernehmenden VVaG keine zusätzliche Verfügungsbeschränkung hinzu, bedarf es infolge der unveränderten Verfügungsbeschränkung (vgl. Lutter UmwG/*Grunewald* § 29 Rn. 6 mwN) nach § 176 S. 2 VAG (= § 20 S. 2 VAG aF) keines **Abfindungsangebots** gem. § 29 Abs. 1 S. 2. Anderes gilt für die Mischverschmelzung (SHS/*Westerburg* Rn. 2; Semler/Stengel/*Niemeyer* Rn. 10 ff.). § 5 Abs. 1 Nr. 8 erfordert eine Angabe von eventuell getroffenen Vereinbarungen über die Zusammensetzung der **Mitgliedervertretung** iSd § 184 VAG (= § 29 VAG aF) (Semler/Stengel/*Niemeyer* Rn. 15 f.). Ist jeweils der **Gründungsstock** der beteiligten VVaG nicht vollständig getilgt, empfiehlt sich eine entsprechende Tilgungsbestimmung im Verschmelzungsvertrag (Semler/Stengel/*Niemeyer* Rn. 18). In jedem Fall empfiehlt sich die Aufnahme von **aufschiebenden Bedingungen** zur Genehmigung gem. § 13 VAG (= § 14 VAG aF) und zum Kartellrecht.

Bekanntmachung des Verschmelzungsvertrags

111 **[1]Der Verschmelzungsvertrag oder sein Entwurf ist vor der Einberufung der obersten Vertretung, die gemäß § 13 Abs. 1 über die Zustimmung zum Verschmelzungsvertrag beschließen soll, zum Register einzureichen. [2]Das Gericht hat in der Bekanntmachung nach § 10 des Handelsgesetzbuchs einen Hinweis darauf bekanntzumachen, daß der Vertrag oder sein Entwurf beim Handelsregister eingereicht worden ist.**

1 § 111 gilt für alle an Verschmelzungen beteiligte VVaG; für beteiligte Versicherungs-AG gilt dagegen § 61. Da sich die Normen entsprechen, ist damit kein inhaltlicher Unterschied verbunden. Insoweit wird auf die Erläuterung zu § 61 (→ § 61 Rn. 1 ff.) verwiesen. Der Vorstand des VVaG ist zur Einreichung bei dem Handelsregister nach § 111 S. 1 verpflichtet. Bei kleineren VVaG (§ 210 VAG (= § 53 VAG aF)) ersetzt die Aufsichtsbehörde das Handelsregister (§§ 118, 119; Lutter UmwG/*Wilm* Rn. 3; Semler/Stengel/*Niemeyer* Rn. 14). Unterbleibt die Einreichung, ist der Verschmelzungsbeschluss **anfechtbar** (§ 191 S. 1 VAG (= § 36 Abs. 1 S. 1 VAG aF) iVm § 243 AktG), bei kleineren VVaG (§ 210 VAG (= § 53 VAG aF)) wegen Unanwendbarkeit der §§ 243 ff. AktG nichtig.

Vorbereitung, Durchführung und Beschluß der Versammlung der obersten Vertretung

112 (1) **[1]Von der Einberufung der Versammlung der obersten Vertretung an, die gemäß § 13 Abs. 1 über die Zustimmung zum Verschmelzungsvertrag beschließen soll, sind in dem Geschäftsraum des Vereins die in § 63 Abs. 1 bezeichneten Unterlagen zur Einsicht der Mitglieder auszulegen. [2]Dazu erforderliche Zwischenbilanzen sind gemäß § 63 Absatz 2 Satz 1 bis 4 aufzustellen.**

(2) **[1]In der Versammlung der obersten Vertretung sind die in § 63 Abs. 1 bezeichneten Unterlagen auszulegen. [2]§ 64 Abs. 1 Satz 2 und Abs. 2 ist entsprechend anzuwenden.**

(3) **[1]Der Verschmelzungsbeschluß der obersten Vertretung bedarf einer Mehrheit von drei Vierteln der abgegebenen Stimmen. [2]Die Satzung kann eine größere Mehrheit und weitere Erfordernisse bestimmen.**

1 Zuständig für die Fassung des Verschmelzungsbeschlusses gem. § 13 Abs. 1 ist bei VVaGen deren oberste Vertretung (Lutter UmwG/*Wilm* Anh. 1 § 189 Rn. 33 ff.). Je nach Satzung des VVaG kann diese als Mitgliederversammlung oder als Mitgliedervertretung ausgestaltet sein. In beiden Fällen entspricht die oberste Vertretung funktional der HV der AG (vgl. Prölss/Dreher/*Weigel* VAG § 191 Rn. 4 ff.). Außer bei kleineren Vereinen iSd § 210 VAG (= § 53 VAG aF) (vgl. § 210 Abs. 1 S. 1 VAG (= § 53 Abs. 1 S. 1 VAG aF)) sind daher über § 191 S. 1 VAG (= § 36 S. 1 VAG aF) die dort aufgeführten Vorschriften des AktG bei der Umwandlung zu beachten, zB § 125 Abs. 1 AktG. Die Auslegung der Unterlagen **vor** (Abs. 1) sowie **in** (Abs. 2) der Versammlung der obersten Vertretung dient der Information der Mitglieder. Bei Mischverschmelzungen gilt § 112 für beteiligte VVaG, für beteiligte AG gelten die §§ 63, 64, 65.

Vor der Versammlung der obersten Vertretung müssen ab ihrer Einberufung (vgl. § 191 VAG (= § 36 VAG aF)) die in § 63 Abs. 1 bezeichneten Unterlagen in den Geschäftsräumen des VVaG zur Einsicht durch die Mitglieder ausgelegt werden. Den Einsichtsanspruch hat jedes Mitglied, auch wenn die oberste Vertretung des VVaG eine Mitgliedervertretung ist. Gemäß § 63 Abs. 1 Nr. 5 gehört zu den auszulegenden Unterlagen an sich auch der **Verschmelzungsprüfungsbericht.** Allerdings sieht das Gesetz eine Verschmelzungsprüfung bei ausschließlicher Beteiligung von VVaG im Unterschied zur Mischverschmelzung nicht vor (Lutter UmwG/*Wilm* Rn. 5). Gleichwohl wird wegen des Vermögensbezugs der Mitgliedschaft vertreten, dass es auch bei Verschmelzungen unter VVaG sowohl der Verschmelzungsprüfung (§ 100 S. 1 analog) als auch der Auslegung des Verschmelzungsprüfungsberichts bedürfe (Semler/Stengel/*Niemeyer* Rn. 17 ff.). Im Unterschied etwa zu § 82 Abs. 2, § 101 Abs. 2 sieht § 112 keinen Anspruch der Mitglieder auf **Erteilung von Abschriften** der auszulegenden Unterlagen vor. Nach hM besteht dennoch ein solcher Anspruch, jedenfalls bei einer Verschmelzung mit Satzungsänderung (Lutter UmwG/*Wilm* Rn. 7; Semler/Stengel/*Niemeyer* Rn. 3 ff.; aA SHS/*Westerburg* Rn. 5). Die Praxis sollte angeforderte Abschriften erteilen. 2

In der Versammlung der obersten Vertretung sind nach Abs. 2 S. 1 dieselben Unterlagen wie nach Abs. 1 im Versammlungslokal in ausreichender Zahl zur Einsicht durch die Mitglieder bzw. Vertreter auszulegen und zwar von Beginn bis zum Ende der Versammlung. Anspruch auf Abschriften gibt es in der Versammlung nicht. Gemäß § 112 Abs. 2 S. 2, § 64 Abs. 1 S. 2, Abs. 2 hat der Vorstand zu Beginn der Verhandlungen die wesentlichen Verschmelzungsvertragsinhalte und -gründe sowie die rechtlichen und wirtschaftlichen Folgen mündlich zu erläutern. Auf Verlangen der Teilnehmer hat der Vorstand auch über die anderen beteiligten Rechtsträger Auskünfte zu erteilen. Hinsichtlich der Einzelheiten der Erläuterungspflicht und des Auskunftsanspruchs kann auf die Erläuterungen zu § 64 verwiesen werden. Bei den **Rechtsfolgen** von Mängeln der Einberufung, Auslegung, Erläuterung und Auskunft ist zu unterscheiden. Im Geltungsbereich des aktienrechtlichen Beschlussmängelrechts liegt regelmäßig bloß Anfechtbarkeit vor (s. näher die Erläuterungen zu §§ 243 ff. AktG). Bei kleinen VVaG kann dagegen Nichtigkeit eintreten. Zur Heilung von Mängeln durch Eintragung der Verschmelzung s. die Erläuterungen zu § 20 Abs. 2 (→ § 20 Rn. 1 ff.). 3

Sieht die Satzung des beteiligten VVaG keine zusätzlichen Erfordernisse oder eine größere (unzulässig: geringere) Mehrheit vor, bedarf der **Verschmelzungsbeschluss** einer Mehrheit von mindestens **drei Vierteln der abgegebenen** Stimmen (Lutter UmwG/*Wilm* Rn. 14). Enthaltungen und ungültige Stimmen werden nicht mitgezählt. Bei der Mischverschmelzung wird zT hinsichtlich der nötigen Mehrheit eine analoge Anwendung von § 293 befürwortet (Semler/Stengel/*Niemeyer* Rn. 34; aA mangels planwidriger Regelungslücke Widmann/Mayer/*Vossius* Rn. 27; s. auch NK-UmwR/*Kammerer-Galahn* Rn. 9). 4

Keine gerichtliche Nachprüfung

113 Sind nur Versicherungsvereine auf Gegenseitigkeit an der Verschmelzung beteiligt, findet eine gerichtliche Nachprüfung des Umtauschverhältnisses der Mitgliedschaften nicht statt.

§ 113 betrifft nur Verschmelzungen unter ausschließlicher Beteiligung von VVaG, nicht aber Mischverschmelzungen. Der Verschmelzungsvertrag bedarf bei Beteiligung nur von VVaG keiner Bestimmung des Umtauschverhältnisses iSv § 5 Abs. 1 Nr. 3 (§ 110). § 113 schließt daher das **Spruchverfahren** nach § 15 Abs. 1 S. 2 iVm § 1 Nr. 4 SpruchG aus. Ob die **Genehmigungsprüfung** der BaFin (§ 14 VAG (= § 14a VAG aF)) das kompensiert, war str. (wohl dafür: Widmann/Mayer/*Vossius* Rn. 8 ff. krit.: Semler/Stengel/*Koerfer,* 3. Aufl 2012, Rn. 5 ff., Semler/Stengel/*Koerfer,* 3. Aufl 2012, Anh. § 119 Rn. 40). Der Streit dürfte sich durch Neuregelung des § 14 VAG zum 1.1.2008 infolge der Entscheidung über die Verfassungswidrigkeit des § 14 Abs. 1 S. 3 VAG aF (BverfG 26.7.2005, BverfGE 114, 1 ff. = NJW 2005, 2363 (2368 ff.)) erledigt haben: gem. § 13 Abs. 1 S. 2 VAG, § 14 Abs. 1 S. 2 VAG (= § 14a S. 2 VAG aF, § 14 Abs. 1 S. 2 VAG aF) setzt die Genehmigung voraus, dass die Belange der Versicherten gewahrt sind und die Verpflichtungen aus den Versicherungen als **dauerhaft erfüllbar** dargetan sind. So darf die BaFin nur genehmigen, wenn sie die Belange der Versicherten umfassend feststellt und ungeschmälert in die Abwägung über die Genehmigung einbringt (BVerfG 26.7.2005, BVerfGE 114, 1 ff. = NJW 2005, 2363 (2369)). Bei Versicherungen mit Überschussbeteiligung darf gem. § 14 Abs. 2 VAG, § 13 Abs. 4 VAG (= § 14a S. 2 VAG aF, § 14 Abs. 4 VAG aF) der Wert der Überschussbeteiligung auf der Grundlage eines Zeitwertvergleichs nach der Umwandlung nicht niedriger sein, als zuvor. 1

Dritter Unterabschnitt. Verschmelzung durch Neugründung

Anzuwendende Vorschriften

114 **Auf die Verschmelzung durch Neugründung sind die Vorschriften des Zweiten Unterabschnitts entsprechend anzuwenden, soweit sich aus den folgenden Vorschriften nichts anderes ergibt.**

1 Bei der Verschmelzung durch Neugründung bedarf der übernehmende VVaG für seine Entstehung der Registereintragung (§ 117 Abs. 1 S. 1). Das gilt entsprechend bei der Mischverschmelzung durch Neugründung einer Versicherungs-AG (§ 36 Abs. 2 iVm § 41 Abs. 1 S. 1 AktG; NK-UmwR/*Kammerer-Galahn* Rn. 1). Daher gelten die §§ 111, 112 nur für übertragende VVaG. Die §§ 109 f., 113 gelten uneingeschränkt. Im Übrigen treten die §§ 114 ff. hinzu.

Bestellung der Vereinsorgane

115 **[1]Die Vorstände der übertragenden Vereine haben den ersten Aufsichtsrat des neuen Rechtsträgers und den Abschlußprüfer für das erste Voll- oder Rumpfgeschäftsjahr zu bestellen. [2]Die Bestellung bedarf notarieller Beurkundung. [3]Der Aufsichtsrat bestellt den ersten Vorstand.**

1 § 115 ist nur auf die Verschmelzung durch Neugründung von VVaG anwendbar (für Neugründung einer Versicherungs-AG: § 36 Abs. 2 S. 1 iVm § 30 Abs. 1, 4 AktG). § 115 beruht darauf, dass die für Aufsichtsratsbestellungen zuständige oberste Vertretung (§ 191 S. 1 VAG (= § 36 S. 1 VAG aF) iVm § 119 Abs. 1 Nr. 1 AktG) bei der Registeranmeldung noch nicht besteht. Somit haben durch **notariell beurkundeten Beschluss** die Vorstände der übertragenden VVaG den ersten **Aufsichtsrat** zu bestellen. Dabei sind die Vorgaben des § 189 Abs. 3 S. 1 VAG (= § 35 Abs. 3 S. 1 VAG aF) iVm den dort angeführten Bestimmungen des AktG zu beachten. Da es sich dabei um Anteilseignervertreter handelt, ist § 189 Abs. 3 VAG (= § 35 Abs. 3 VAG aF) iVm § 30 Abs. 3 S. 1 AktG zu beachten. Die Mitglieder des Aufsichtsrats müssen zudem die persönlichen und fachlichen Anforderungen gem. § 24 Abs. 1 VAG (= § 7a Abs. 4 S. 1 VAG aF) erfüllen. Bei Mitbestimmung nach DrittelbG oder MitbestG empfiehlt sich die Bestellung eines Rumpfaufsichtsrats aus den Anteilseignervertretern. Der Rumpfaufsichtsrat ist dann durch Zuwahl der Arbeitnehmervertreter zu ergänzen (wohl auch: Lutter UmwG/*Wilm* Rn. 4; Semler/Stengel/*Niemeyer* Rn. 11 f.). Der erste Aufsichtsrat bestellt den ersten **Vorstand** (§ 115 S. 3). Dieser Vorstand muss aus mindestens zwei Mitgliedern bestehen (s. § 188 Abs. 1 S. 1 VAG (= § 34 S. 1 VAG aF)). Dabei sind aktienrechtliche Vorgaben (§ 188 Abs. 1 S. 2 VAG (= § 34 S. 2 VAG aF) iVm § 76 Abs. 3 AktG) und Vorgaben des § 24 Abs. 1 VAG (= § 7a Abs. 1 S. 2, 3 VAG aF) zu beachten.

2 Die Vorstände der übertragenden VVaGen müssen ferner den ersten **Abschlussprüfer** durch **notariell beurkundeten Beschluss** bestellen. Den Prüfungsauftrag erteilt der erste Aufsichtsrat (§ 189 Abs. 3 S. 1 VAG (= § 35 Abs. 3 S. 1 VAG aF) iVm § 111 Abs. 2 S. 3 AktG; Semler/Stengel/*Niemeyer* Rn. 19). Die Bestellung ist der Aufsichtsbehörde gem. § 36 Abs. 1 S. 1 VAG (= § 58 Abs. 2 S. 1 VAG aF) anzuzeigen (wohl auch: Lutter UmwG/*Wilm* Rn. 8; für eine analoge Anwendung des § 36 Abs. 1 VAG Semler/Stengel/*Niemeyer* Rn. 17).

Beschlüsse der obersten Vertretungen

116 (1) **[1]Die Satzung des neuen Rechtsträgers und die Bestellung seiner Aufsichtsratsmitglieder bedürfen der Zustimmung der übertragenden Vereine durch Verschmelzungsbeschlüsse. [2]§ 76 Abs. 2 und § 112 Abs. 3 sind entsprechend anzuwenden.**

(2) **[1]In der Bekanntmachung der Tagesordnung eines Vereins ist der wesentliche Inhalt des Verschmelzungsvertrags bekanntzumachen. [2]In der Bekanntmachung haben der Vorstand und der Aufsichtsrat, zur Wahl von Aufsichtsratsmitgliedern und Prüfern nur der Aufsichtsrat, Vorschläge zur Beschlußfassung zu machen. [3]Hat der Aufsichtsrat auch aus Aufsichtsratsmitgliedern der Arbeitnehmer zu bestehen, so bedürfen Beschlüsse des Aufsichtsrats über Vorschläge zur Wahl von Aufsichtsratsmitgliedern nur der Mehrheit der Stimmen der Aufsichtsratsmitglieder der Mitglieder des Vereins.**

1 Die **Einberufung** der den Verschmelzungsbeschluss fassenden Versammlung der obersten Vertretung des übertragenden VVaG erfolgt nach § 191 S. 1, 2 VAG (= § 36 S. 1, 2 VAG aF) iVm den dort angeführten Vorschriften des AktG. Die Bekanntmachung muss den wesentlichen Inhalt des Verschmel-

zungsvertrags bzw. seines Entwurfs enthalten. Dazu gehört auch der vollständige Wortlaut der Satzung des neu zu gründenden VVaG (Lutter UmwG/*Wilm* Rn. 4). Zuständig für die gem. § 13 Abs. 3 S. 1 **notariell zu beurkundende Beschlussfassung** ist jeweils die oberste Vertretung des übertragenden VVaG. Die Beschlussfassungen sind gerichtet auf Zustimmung zu dem Verschmelzungsvertrag bzw. zu dessen Entwurf, Zustimmung zu der Satzung des neuen VVaG (§ 37) und Zustimmung zur Bestellung des ersten Aufsichtsrats nach § 115 S. 1. Sieht die Satzung des übertragenden VVaG keine größere Mehrheit vor, bedarf der Verschmelzungsbeschluss einer Mehrheit von mindestens drei Vierteln der abgegebenen Stimmen (§ 116 Abs. 1 S. 2, § 112 Abs. 3).

Entstehung und Bekanntmachung des neuen Vereins

117 **[1] Vor der Eintragung in das Register besteht ein neuer Verein als solcher nicht. [2] Wer vor der Eintragung des Vereins in seinem Namen handelt, haftet persönlich; handeln mehrere, so haften sie als Gesamtschuldner.**

1 Abweichend von § 171 VAG (= § 15 VAG aF) entsteht der durch Verschmelzung gegründete VVaG gem. S. 1 mit seiner Eintragung ins Handelsregister. Die iÜ für VVaG konstitutive Erlaubnis für den Geschäftsbetrieb (§ 8 VAG (= § 5 VAG aF)) erwirbt der neue VVaG nach § 20 Abs. 1 Nr. 1 von dem bzw. den übertragenden Rechtsträgern. Davon unabhängig ist die aufsichtsrechtliche Genehmigung der Verschmelzung gem. § 14 Abs. 1 VAG (= § 14a S. 1 VAG aF) iVm § 17 Abs. 1 erforderlich. Neben § 16 ist bei der **Anmeldung** des neuen VVaG zum Handelsregister § 186 VAG (= § 31 VAG aF) zu beachten. Für die Handelndenhaftung nach S. 2 gelten iÜ die gleichen Grundsätze wie bei § 41 AktG (→ AktG § 41 Rn. 1 ff.).

Vierter Unterabschnitt. Verschmelzung kleinerer Vereine

Anzuwendende Vorschriften

118 **[1] Auf die Verschmelzung kleinerer Vereine im Sinne des § 210 des Versicherungsaufsichtsgesetzes sind die Vorschriften des Zweiten und des Dritten Unterabschnitts entsprechend anzuwenden. [2] Dabei treten bei kleineren Vereinen an die Stelle der Anmeldung zur Eintragung in das Register der Antrag an die Aufsichtsbehörde auf Genehmigung, an die Stelle der Eintragung in das Register und ihrer Bekanntmachung die Bekanntmachung im Bundesanzeiger nach § 119.**

1 § 118 gilt nur für kleinere VVaG. Für andere beteiligte VVaG bleibt es bei den §§ 110 ff. Obwohl § 118 nicht explizit auf § 109 verweist, kann der kleinere VVaG auch als übertragender Rechtsträger im Rahmen einer Mischverschmelzung auf eine Versicherungs-AG verschmolzen werden (KK-UmwG/*Beckmann* Rn. 1; wohl auch: Lutter UmwG/*Wilm* Rn. 1). Wird ein kleinerer VVaG auf einen anderen VVaG verschmolzen, dürften im Ergebnis regelmäßig die Voraussetzungen für die Anerkennung als kleinerer VVaG (vgl. § 210 Abs. 1 S. 1 Hs. 1 VAG (= § 53 Abs. 1 S. 1 Hs. 1 VAG aF)) entfallen. Die Entscheidung darüber trifft die Aufsichtsbehörde (§ 210 Abs. 4 VAG (= § 53 Abs. 4 VAG aF)). Dann entfallen die Modifikationen des Aufsichtsrechts, die § 210 Abs. 1 VAG (= § 53 Abs. 1 VAG aF) für kleinere VVaG vorsieht. Im Übrigen ist dann auch nicht mehr die Landesaufsichtsbehörde (vgl. § 321 Abs. 1 VAG (= § 147 Abs. 1 VAG aF)), sondern die BaFin für die Aufsicht des aus der Verschmelzung hervorgehenden VVaG zuständig.

2 Wegen der fehlenden Registereintragung und der versicherungsaufsichtsrechtlichen Besonderheiten des kleineren VVaG (§ 210 Abs. 1 S. 1 VAG, § 172 S. 1 VAG (= § 53 Abs. 1 S. 1 VAG aF, § 16 S. 1 VAG aF)) modifiziert § 118 die §§ 110 ff. entsprechend für kleinere VVaG. Kleinere VVaG iSd § 210 VAG (= § 53 VAG aF) haben regelmäßig einen eng begrenzten Wirkungskreis (vgl. § 210 Abs. 4 VAG (= § 53 Abs. 4 VAG aF); vgl. auch NK-UmwR/*Kammerer-Galahn* § 109 Rn. 11 ff.). Gemäß § 321 Abs. 1 VAG (= § 147 Abs. 1 VAG aF) werden sie statt durch die BaFin durch eine **Landesaufsichtsbehörde** beaufsichtigt, die dann auch für die Genehmigung einer Umwandlung nach § 14 VAG (= § 14a VAG aF) zuständig ist. Daraus ergeben sich für kleinere VVaG im Wesentlichen folgende Abweichungen von den §§ 110–117: Vor der Einberufung der obersten Vertretung, die über die Zustimmung zur Verschmelzung beschließen soll, ist nach S. 2 iVm § 111 der Verschmelzungsvertrag oder sein Entwurf der Aufsichtsbehörde einzureichen. Die Aufsichtsbehörde veröffentlicht darüber eine Bekanntmachung im Bundesanzeiger (Semler/Stengel/*Niemeyer* Rn. 5; Widmann/Mayer/*Vossius* Rn. 13 f.). Abweichend von § 210 Abs. 2 S. 1 VAG (= § 53 Abs. 2 S. 1 VAG aF) iVm § 32 Abs. 2 BGB ist der Verschmelzungsbeschluss gem. § 13 Abs. 3 S. 1 **notariell zu beurkunden** (Lutter UmwG/*Wilm* Rn. 2). Nach S. 2 sind dem Antrag auf Genehmigung an die Aufsichtsbehörde (§ 14 VAG (= § 14a VAG aF)) die in den §§ 16, 17 bezeichneten Anmeldeunterlagen beizufügen, bei Verschmelzung durch Neugründung auch die Unterlagen nach § 186 VAG (= § 31 VAG aF). Die

Erklärung iSd § 16 Abs. 2 bezieht sich auf Feststellungsklagen auf Nichtigkeit der Verschmelzungsbeschlüsse, da Beschlussmängel bei kleineren VVaG nicht zur Anfechtbarkeit der Beschlüsse, sondern zur Nichtigkeit führen (für eV: BGH 9.11.1972, BGHZ 59, 369 (371) = NJW 1973, 235).

Bekanntmachung der Verschmelzung

119 **Sobald die Verschmelzung von allen beteiligten Aufsichtsbehörden genehmigt worden ist, macht die für den übernehmenden kleineren Verein zuständige Aufsichtsbehörde, bei einer Verschmelzung durch Neugründung eines kleineren Vereins die für den neuen Verein zuständige Aufsichtsbehörde die Verschmelzung und ihre Genehmigung im Bundesanzeiger bekannt.**

1 Die Vorschrift gilt (auch bei der Beteiligung von anderen VVaG) **nur** für die beteiligten kleineren VVaG. Für die anderen VVaG bleibt es bei den §§ 110 ff. Die Wirkungen des § 20 treten nach §§ 119, 118 S. 2 mit der Bekanntmachung durch die Aufsichtsbehörde im Bundesanzeiger ein (NK-UmwR/*Kammerer-Galahn* Rn. 3 f.; Semler/Stengel/*Niemeyer* Rn. 7).

Neunter Abschnitt. Verschmelzung von Kapitalgesellschaften mit dem Vermögen eines Alleingesellschafters

Möglichkeit der Verschmelzung

120 (1) **Ist eine Verschmelzung nach den Vorschriften des Ersten bis Achten Abschnitts nicht möglich, so kann eine Kapitalgesellschaft im Wege der Aufnahme mit dem Vermögen eines Gesellschafters oder eines Aktionärs verschmolzen werden, sofern sich alle Geschäftsanteile oder alle Aktien der Gesellschaft in der Hand des Gesellschafters oder Aktionärs befinden.**

(2) **Befinden sich eigene Anteile in der Hand der Kapitalgesellschaft, so werden sie bei der Feststellung der Voraussetzungen der Verschmelzung dem Gesellschafter oder Aktionär zugerechnet.**

1 Die Vorschrift ermöglicht die Verschmelzung einer Kapitalgesellschaft iSd § 3 Abs. 1 Nr. 2 (GmbH, AG, KgaA, deutsche SE) als **übertragender** Rechtsträger durch Aufnahme mit dem Vermögen **ihres** Alleingesellschafters. Während dies bei einer juristischen Person als Alleingesellschafter unproblematisch ist, gilt für natürliche Personen nur die Ausnahme des § 3 Abs. 2 Nr. 2, die über die §§ 120 ff. konkretisiert wird (NK-UmwR/*Jaspers* Rn. 1). Bei Verschmelzung mit einer deutschen SE als übertragender Rechtsträger wird zT vertreten, die Zwei-Jahres-Sperrfrist aus § 66 Abs. 1 S. 2 SE-VO sei zu berücksichtigen (Kallmeyer/*Marsch-Barner* Rn. 2; vgl. auch NK-UmwR/*Jaspers* Rn. 4; aA Widmann/Mayer/*Heckschen* Anh. 14 Rn. 526). Die übertragende Kapitalgesellschaft muss spätestens zum Zeitpunkt des Wirksamwerdens der Verschmelzung in das Handelsregister eingetragen sein. Eine Vorgesellschaft kann nicht nach § 120 verschmolzen werden. Die Kapitalgesellschaft darf nicht aufgelöst sein (BayObLG 4.2.1998, ZIP 1998, 739 (740)). Eine eingetretene Auflösung kann aber im Einzelfall unter Umständen beseitigt werden (Fortsetzungsbeschluss). Eine Überschuldung der übertragenden Kapitalgesellschaft soll der Verschmelzung nach § 120 nicht entgegenstehen (so OLG Stuttgart 4.10.2005, NZG 2006, 159 (160) mwN zum Meinungsstand). Wird jedoch das Insolvenzverfahren über das Vermögen der Gesellschaft eröffnet, tritt grundsätzlich gesetzlich die Auflösung der übertragenden Kapitalgesellschaft ein, zB § 262 Abs. 1 Nr. 3 AktG und § 60 Abs. 1 Nr. 4 Hs. 1 GmbHG (Ausnahmen: § 274 Abs. 2 Nr. 1 AktG bzw. § 60 Abs. 1 Nr. 4 Hs. 2 GmbHG). Der Alleingesellschafter muss **natürliche Person** sein (hM, OLG Schleswig 15.11.2002, NJW-RR 2002, 461; Semler/Stengel/*Seulen* Rn. 15 ff. mwN zur hM). Ohne Bedeutung ist, ob der Alleingesellschafter Kaufmann ist oder als solcher eingetragen ist (BGH 4.5.1998, ZIP 1998, 1225). Unerheblich ist auch, welcher Nationalität er ist (Lutter UmwG/*Karollus/M. T. Schwab* Rn. 27) und ob er seinen Wohnsitz im Ausland hat (str., ob dann Kollisionsrecht zu beachten ist; dafür noch Lutter UmwG/*Karollus,* 5. Aufl. 2014, Rn. 26; aA Semler/Stengel/*Seulen* Rn. 22; ebenso nunmehr Lutter UmwG/*Karollus/M. T. Schwab* Rn. 26). Unschädlich ist nach Abs. 2, wenn neben dem Alleingesellschafter die Kapitalgesellschaft eigene Anteile hält. Bei KGaA muss der Alleingesellschafter einziger Komplementär **und** alleiniger Kommanditaktionär sein.

Anzuwendende Vorschriften

121 **Auf die Kapitalgesellschaft sind die für ihre Rechtsform geltenden Vorschriften des Ersten und Zweiten Teils anzuwenden.**

Auf die **Kapitalgesellschaft** sind nach § 121 grundsätzlich die allgemeinen (§§ 4–35) sowie ergänzend die entsprechend rechtsformspezifischen Vorschriften (GmbH: §§ 46–55; AG: §§ 60–72; KGaA: §§ 78, 60–72) anwendbar, soweit sie die Verschmelzung durch Aufnahme regeln. Zum Teil enthalten sie Ausnahmen, wenn die Gesellschaft einen Alleingesellschafter hat oder eine Anteilsgewährung ausscheidet. Diese Ausnahmen bzw. Besonderheiten gelten auch hier. **Nicht anwendbar** sind: § 5 Abs. 1 Nr. 2 (2. Hälfte), Nr. 3–5, § 8 Abs. 1 und 2, § 9 Abs. 1, §§ 10–12, § 15, §§ 29–38, §§ 46, 51, 53–55 (GmbH) sowie §§ 60, 62, 66, 69, 71, 72 (AG). Zum Teil kann der Alleingesellschafter verzichten: zB § 48. 1

Auf den **Alleingesellschafter** sind die allgemeinen Vorschriften anwendbar, soweit sie auf natürliche Personen passen (NK-UmwR/*Jaspers* Rn. 1 f.; Lutter UmwG/*Karollus/M. T. Schwab* Rn. 2). Ein Beschluss des Alleingesellschafters iSd § 13 Abs. 1 ist entbehrlich (LG Dresden 14.11.1996, DB 1997, 88). Stets zu beachten sind: § 5 Abs. 3, § 17 Abs. 2 S. 4 (OLG Köln 22.6.1998, GmbHR 1998, 1085), §§ 61, 78 (str., Lutter UmwG/*Karollus/M. T. Schwab* Rn. 10 mwN) sowie bei Abschluss des Verschmelzungsvertrags § 181 BGB, wenn der Alleingesellschafter zugleich Geschäftsführer, bzw. Vorstand der Kapitalgesellschaft ist. 2

Eintragung in das Handelsregister

122 (1) **Ein noch nicht in das Handelsregister eingetragener Alleingesellschafter oder Alleinaktionär ist nach den Vorschriften des Handelsgesetzbuchs in das Handelsregister einzutragen; § 18 Abs. 1 bleibt unberührt.**

(2) **Kommt eine Eintragung nicht in Betracht, treten die in § 20 genannten Wirkungen durch die Eintragung der Verschmelzung in das Register des Sitzes der übertragenden Kapitalgesellschaft ein.**

Abs. 1 ist eine Rechtsgrundverweisung. Ob nach der Verschmelzung hinsichtlich des Alleingesellschafters eine **Eintragungspflicht oder Eintragungsmöglichkeit** im Handelsregister besteht, richtet sich allein nach den §§ 1 Abs. 2 HGB, § 2 S. 2 HGB, § 3 Abs. 2 HGB. Die jeweilige **Anmeldebefugnis** richtet sich nach § 16 Abs. 1, wobei der Alleingesellschafter entsprechend § 16 Abs. 1 S. 2 auch die Anmeldung für die Kapitalgesellschaft vornehmen kann, wenn eine Eintragung für ihn selbst nach den §§ 1 ff. HGB nicht in Betracht kommt (Semler/Stengel/*Seulen* Rn. 12 f.). 1

Nach Abs. 1 Hs. 2 iVm § 18 Abs. 1 kann der im Handelsregister eingetragene (oder einzutragende) Alleingesellschafter die Firma der Kapitalgesellschaft fortführen. Das gilt auch für den bereits eingetragenen Alleingesellschafter, der das Unternehmen der Kapitalgesellschaft getrennt von bereits in seinem Vermögen befindlichen Unternehmen führen will (Lutter UmwG/*Karollus/M. T. Schwab* Rn. 5, 18; Semler/Stengel/*Seulen* Rn. 17 f.). Will er hingegen beide Unternehmen unter einheitlicher Firma führen, hat er die Wahl zwischen der Firma seines bereits eingetragenen Unternehmens oder der Kapitalgesellschaft. In allen vorgenannten Fällen gilt, dass die Firmenfortführung mit oder ohne Nachfolgezusatz erfolgen kann. Im Übrigen muss der Rechtsformzusatz in der Firma dem Verschmelzungsergebnis Rechnung tragen und insoweit wahr sein. 2

Abs. 2 ergänzt § 19. Danach treten die Wirkungen des § 20 bereits mit der Eintragung der Verschmelzung bei der übertragenden Kapitalgesellschaft ein, wenn der Alleingesellschafter nicht eingetragen ist und im Zuge der Verschmelzung auch keine Eintragung erfolgt. 3

Zehnter Abschnitt. Grenzüberschreitende Verschmelzung von Kapitalgesellschaften

Grenzüberschreitende Verschmelzung

122a (1) **Eine grenzüberschreitende Verschmelzung ist eine Verschmelzung, bei der mindestens eine der beteiligten Gesellschaften dem Recht eines anderen Mitgliedstaats der Europäischen Union oder eines anderen Vertragsstaats des Abkommens über den Europäischen Wirtschaftsraum unterliegt.**

(2) [1] **Auf die Beteiligung einer Kapitalgesellschaft (§ 3 Abs. 1 Nr. 2) einer grenzüberschreitenden Verschmelzung sind die Vorschriften des Ersten Teils und des Zweiten, Dritten und Vierten Abschnitts des Zweiten Teils entsprechend anzuwenden, soweit sich aus diesem Abschnitt nichts anderes ergibt.** [2] **Auf die Beteiligung einer Personenhandelsgesellschaft (§ 3 Absatz 1 Nummer 1) an einer grenzüberschreitenden Verschmelzung sind die Vorschriften des Ersten Teils und des Ersten Unterabschnitts des Ersten Abschnitts des Zweiten Teils entsprechend anzuwenden, soweit sich aus diesem Abschnitt nichts anderes ergibt.**

Übersicht

I. Allgemeines

1 Der 10. Abschnitt wurde durch das 2. UmwÄndG vom 19.4.2007 (BGBl. 2007 I 542) in das UmwG eingefügt und dient der Umsetzung der Richtlinie 2005/56/EG des Europäischen Parlaments und des Rates über die Verschmelzung von Kapitalgesellschaften aus verschiedenen Mitgliedstaaten vom 26.10.2005 (10. gesellschaftsrechtliche Richtlinie, im Folgenden: IntV-RL, geändert durch RL 2014/59/EU vom 15.5.2014, ABl. 2014 L 173, 190 ff.). Die IntV-RL wurde zwischenzeitlich durch die RL (EU) 2017/1132 des Europäischen Parlaments und des Rates vom 14.6.2017 (ABl. 2017 L 169, 46 ff., im Folgenden: GesR-RL), aufgehoben und neu kodifiziert, ohne ihren Inhalt relevant zu verändern. Darüber hinaus hob die GesR-RL weitere nachfolgend angesprochene Richtlinien auf und kodifizierte diese neu, ebenfalls ohne inhaltliche Änderung. Das 4. UmwÄndG vom 19.12.2018 erweiterte (ohne Grundlage in der IntV-RL/GesR-RL) mit Wirkung zum 1.1.2019 den Anwendungsbereich des 10. Abschnittes mit Blick auf den Brexit teilweise auf Personenhandelsgesellschaften (BGBl. 2018 I 2694). Entsprechend wurde in § 122a Abs. 2 ein neuer Satz 2 angefügt und in den Bestimmungen der §§ 122b, 122c, 122e und 122f redaktionelle Folgeänderungen vorgenommen sowie ein neuer § 122m eingefügt. Zu dieser Brexit-Thematik → Rn. 4a.

2 Die IntV-RL (bzw. der ihr entsprechende Titel II Abschnitt II der GesR-RL, dh Art. 118 ff., nachfolgend auch einheitlich als IntV-RL/GesR-RL bezeichnet), die einen weiteren wichtigen Schritt zur Verwirklichung der europäischen Niederlassungsfreiheit und damit zur Verwirklichung des europäischen Binnenmarktes darstellt (*Bayer/J. Schmidt* NJW 2006, 401 (406)), regelt lediglich die grenzüberschreitende Verschmelzung von Kapitalgesellschaften aus verschiedenen EU/EWR-Mitgliedstaaten (gemeint sind Rechtsformen, die in Art. 1 Abs. 1 RL 2009/101/EG, ABl. 2009 L 258, 11 ff. bzw. nunmehr in Art. 7 Abs. 1 GesR-RL iVm Anhang II GesR-RL) genannt sind, *Kallmeyer/Kappes* AG 2006, 224 (228)). Nicht von der IntV-RL/GesR-RL geregelt sind Verschmelzungen europäischer Kapitalgesellschaften mit Gesellschaften aus Drittstaaten, vgl. hierzu *Günes* IStR 2013, 213. Ebenso wenig sind die grenzüberschreitende Verschmelzung von Personengesellschaften, die grenzüberschreitende Spaltung oder der grenzüberschreitende Formwechsel Gegenstand der IntV-RL/GesR-RL. Zur grenzüberschreitenden Spaltung und zum grenzüberschreitenden Formwechsel liegt derzeit lediglich ein Richtlinienvorschlag vor, der überdies Änderungen an den Bestimmungen der IntV-RL/GesR-RL zur grenzüberschreitenden Verschmelzung vorsieht, vgl. EU-Kommission 25.4.2018, COM(2018) 241 final, vgl. hierzu *Bungert/Wansleben* DB 2018, 2094 ff.; zur Beteiligung von Personengesellschaften an grenzüberschreitenden Verschmelzung vgl. RegE eines Vierten Gesetzes zur Änderung des Umwandlungsgesetzes → Rn. 6. Die IntV-RL/GesR-RL setzt die subsidiäre Anwendbarkeit des jeweiligen nationalen Rechtes voraus, wie sich aus Erwägungsgrund 3 IntV-RL bzw. Erwägungsgrund 56 GesR-RL und Art. 4 Abs. 1 lit. b S. 1 IntV-RL bzw. dem entsprechenden Art 121 Abs. 1 lit. b S. 1 GesR-RL ergibt (*Bayer/J. Schmidt* NJW 2006, 401; Lutter UmwG/*Bayer* Rn. 5); mithin muss jede an einer grenzüberschreitenden Verschmelzung beteiligte Gesellschaft bei der Verschmelzung die Vorschriften des auf sie anwendbaren Rechts ihres Mitgliedstaates beachten (Semler/Stengel/*Drinhausen* Rn. 3; Kallmeyer/*Marsch-Barner* Vor §§ 122a–122l Rn. 2). Die IntV-RL/GesR-RL macht zum Verfahren der grenzüberschreitenden Verschmelzung in wichtigen Punkten Vorgaben und greift dabei auf Elemente wie den Verschmelzungsplan, den Verschmelzungsbericht und die Verschmelzungsprüfung zurück, die bereits in der Dritten gesellschaftsrechtlichen Richtlinie des Rates betreffend die (nationale) Verschmelzung von Aktiengesellschaften (Dritte Richtlinie des Rates 78/855/EWG vom 9.10.1978 gem. Art. 54 Abs. 3 lit. g des Vertrages betreffend die Verschmelzung von Aktiengesellschaften, ABl. EG Nr. 295/36 vom 20.10.1978, aufgehoben und neukodifiziert als RL 2011/35/EU vom 5.4.2011, ABl. 2011 L 110, 1, im Folgenden: NatV-RL, die erneut durch die GesR-RL aufgehoben und neu kodifiziert wurde, in der SE-VO (VO (EG) Nr. 2157/2001 des Rates vom 8.10.2001 über das Statut der Europäischen Gesellschaft (SE), ABl. 2001 L 294, 1) und der SCE-VO (VO (EG) Nr. 1435/2003 des Rates vom 22.7.2003 über das Statut der Europäischen Genossenschaft (SCE), ABl. 2003 L 207, 1) geschaffen bzw. überarbeitet wurden (Lutter UmwG/*Bayer* Rn. 6). Somit gibt die IntV-RL/GesR-RL ein europäisches, einheitliches Grundgerüst für internationale Verschmelzungen vor.

3 Der 10. Abschnitt des UmwG setzt dieses Grundgerüst in deutsches Recht um. Die in Art. 16 IntV-RL bzw. Art 133 GesR-RL enthaltenen Vorgaben im Hinblick auf die Mitbestimmung der Arbeitnehmer in den Organen der aus einer grenzüberschreitenden Verschmelzung hervorgehenden Gesellschaft,

die sich an den Bestimmungen der SE-Ergänzungsrichtlinie (Richtlinie 2001/86/EG des Rates vom 8.10.2001 zur Ergänzung des Statuts der Europäischen Gesellschaft hinsichtlich der Beteiligung der Arbeitnehmer, ABl. 2001 L 294, 22) orientieren (KK-UmwG/*Simon/Rubner* Rn. 1), sind jedoch außerhalb des UmwG im Gesetz zur Umsetzung der Regelungen über die Mitbestimmung der Arbeitnehmer bei einer Verschmelzung von Kapitalgesellschaften aus verschiedenen Mitgliedstaaten (MgVG) vom 21.12.2006 in deutsches Recht transformiert worden (BGBl. 2006 I 3332). Vgl. allgemein hierzu *Morgenroth/Salzmann* NZA-RR 2013, 449. Des Weiteren berücksichtigt der 10. Abschnitt das Grundsatzurteil des EuGH vom 13.12.2005 (EuGH 13.12.2005, NJW 2006, 425 – Sevic; hierzu *Bayer/J. Schmidt* ZIP 2006, 210; *Teichmann* ZIP 2006, 355).

Die Bestimmungen der §§ 122a–122l halten sich eng an die Vorgaben der IntV-RL/GesR-RL. Es wird dementsprechend sowohl die Herein- als auch die Herausverschmelzung geregelt. Die beteiligten Rechtsträger unterliegen bei Fehlen besonderer Regelungen in den §§ 122a ff. dem auf sie anwendbaren sonstigen nationalen Recht, sodass – wie in Art. 4 Abs. 1 lit. b IntV-RL bzw. Art. 121 Abs. 1 lit. b GesR-RL vorgesehen – die dort geregelten Vorfragen, ob sich etwa der jeweilige Rechtsträger gem. §§ 1 ff. verschmelzen darf, zu beachten sind. Auch für die Fragen des Schutzes der Gläubiger und der Minderheitsgesellschafter findet neben den §§ 122a ff. das jeweilige sonstige nationale Recht Anwendung. Damit wird die kollisionsrechtliche „Vereinigungstheorie" (wonach bezogen auf eine grenzüberschreitende Verschmelzung die Rechte der betroffenen Staaten kumulativ zur Anwendung kommen und im Falle widerstreitender Regelungen das jeweils strengere Recht angewendet wird, vgl. KK-UmwG/*Simon/Rubner* Rn. 3; *H.-F. Müller* Der Konzern 2007, 81 (85) Fn. 36 mwN) auch bei diesen Fragen vom deutschen Gesetzgeber anerkannt. Für die Anwendung der §§ 122a ff. ist dabei entsprechend der Formulierung in § 1 „Rechtsträger mit Sitz im Inland" von Bedeutung, dass hier lediglich Vorschriften enthalten sind, die die auf der deutschen Seite einer grenzüberschreitenden Verschmelzung beteiligten Gesellschaften betreffen (→ § 1 Rn. 10; SHS/*Hörtnagl* § 1 Rn. 47; KK-UmwG/*Simon/Rubner* Rn. 2). 4

Der neue § 122m (→ Rn. 1), der keine Grundlage in der IntV-RL/GesR-RL hat, trägt dem Umstand Rechnung, dass mit dem Wirksamwerden des Brexit (31.1.2020) nach Ablauf des bis zum 31.12.2020 befristeten Übergangszeitraumes für Gesellschaften, die nach britischem Recht gegründet wurden bzw. im Vereinigten Königreich ihren Satzungssitz, ihre Hauptverwaltung oder ihre Hauptniederlassung haben, voraussichtlich mangels bis zu diesem Zeitpunkt geschaffener sonstiger bilateraler Regelungen zwischen dem Vereinigten Königreich und der EU die Möglichkeit entfällt, sich an grenzüberschreitenden Verschmelzungen iSv §§ 122a zu beteiligen (Lutter UmwG/*Bayer* § 122m Rn. 1; das „Abkommen über den Austritt des Vereinigten Königreichs Großbritannien und Nordirland aus der Europäischen Union und der Europäischen Atomgemeinschaft", ABl. 2020 L 029, 7, enthält keine diesbezüglichen Regelungen und definiert den Überganszeitraum in Art. 126). Auch droht Limiteds mit Verwaltungssitz in Deutschland deswegen die Umqualifizierung in eine deutsche Personengesellschaft bzw. in ein vollhaftendes Einzelunternehmen. Denn die künftige Nichtgeltung der auf die Niederlassungsfreiheit gem. Art 49 AEUV iVm Art. 54 AEUV gestützten Rechtsprechung des EuGH (EuGH 9.3.1999, RIW 1999, 447 – Centros; EuGH 5.11.2002, NJW 2002, 3614 – Überseering; EuGH 30.9.2003, NJW 2003, 3331 – Inspire Art) mit ihrer faktischen Anerkennung der (europarechtlichen) Gründungstheorie, führt zur Anwendung der vom BGH für Gesellschaften aus Drittstaaten geschaffenen „milden Sitztheorie" oder „Wechselbalgtheorie" (vgl. BGH 1.7.2002, BGHZ 151, 204; BGH 27.10.2008, BGHZ 178, 192 – Trabrennbahn, vgl. hierzu nur *Emde* EWiR 2002, 971 und *Weller* FS Goette, 2011, 583 ff.) auf die britische Limited und plc mit Verwaltungssitz in Deutschland, nämlich zur Anerkennung dieser Kapitalgesellschaften in Deutschland lediglich als Personengesellschaft oder vollhaftendes Einzelunternehmen, § 122m ermöglicht daher für britische Kapitalgesellschaften eine geordnete „Heimkehr" in eine (nationale) Rechtsform durch eine besondere Form der grenzüberschreitenden Verschmelzung (dazu bereits *Mohamed* ZVglRWiss 117 (2018), 207 und *Schall* ZfPW 2016, 407 ff.; *Schall* GmbHR 2017, 25 ff.). Zu Einzelheiten → § 122m Rn. 1 ff. 4a

Die nicht von der IntV-RL/GesR-RL und damit nicht von dem 2. UmwÄndG erfassten grenzüberschreitenden Umwandlungen, wie grundsätzlich die – von den in § 122m geregelten Sonderfällen abgesehen – grenzüberschreitende Verschmelzung von Personengesellschaften und die grenzüberschreitende Spaltung, sind trotz fehlender Regelung in den §§ 122a ff. nicht unzulässig, sondern werden entsprechend den Entscheidungsgründen des EuGH in den Rechtssachen Sevic (EuGH 13.12.2005, NJW 2006, 425) und Cartesio (EuGH 16.12.2008, Der Konzern 2009, 40) grundsätzlich zutreffend für zulässig gehalten (zu Einzelheiten → § 1 Rn. 10, → § 1 Rn. 13; SHS/*Hörtnagl* § 1 Rn. 45 ff.; KK-UmwG/*Simon/Rubner* Vor § 122a Rn. 47 ff., 51; *Stiegler* DB 2014, 525 (529) und *Drygala/v. Bressensdorf* NZG 2016, 1161 (1165 f.), zur Spaltung; zur Zulässigkeit der grenzüberschreitenden Verschmelzung von Personengesellschaften unter Verweis auf diese und weitere Urteile des EuGH *Thiermann* 220 ff., 299), derzeit fehlen hierzu – abgesehen von dem og Richtlinienvorschlag (EU-Kommission 25.4.2018, COM (2018) 241 final) – jedoch noch Richtlinienvorgaben und entsprechende Umsetzungsvorschriften. Nach dem Aktionsplan der EU-Kommission: „Europäisches Gesellschaftsrecht und Corporate Governance – ein moderner Rechtsrahmen für engagierte Aktionäre und besser überlebensfähige Unternehmen" (KOM (2012), 740, 4.3. und Anhang), soll nunmehr auch die grenzüberschreitende 5

Spaltung auf der Basis einer am 7.10.2013 veröffentlichten Studie einer Regelung zugeführt und dementsprechend die IntV-RL/GesR-RL geändert werden, dementsprechend wurde der genannte Richtlinienvorschlag vorgelegt. Nach der Studie haben grenzüberschreitende Verschmelzungen infolge der IntV-RL/GesR-RL immer mehr an Bedeutung gewonnen, die Hauptvorteile der IntV-RL/GesR-RL werden in einer Verringerung der Verwaltungs-, Organisations- und Agency-Kosten sowie einer vereinfachten Durchführung der grenzüberschreitenden Verschmelzung gesehen; allerdings sollen nationale Vorschriften durch die Richtlinie noch nicht weit genug vereinheitlicht sein; das in Art. 16 IntV-RL bzw. Art. 133 GesR-RL vorgesehene Verfahren (→ Rn. 3) sei relativ umständlich (*Stiegler* DB 2014, 525 (529), zu weiteren Ergebnissen und Vorschlägen der genannten Studie vgl. *Stiegler* NotBZ 2015, 329 ff., *Drygala/v. Bressensdorf* NZG 2016, 1161 (1166 ff.)). Zum grenzüberschreitenden Formwechsel durch Satzungssitzungsverlegung („Hereinformwechsel" oder „Herausformwechsel"), der gegenüber der grenzüberschreitenden Verschmelzung in Einzelfällen Vorteile bieten dürfte, vgl. EuGH 12.7.2012, ZIP 2012, 1394 – Vale; EuGH 25.10.2017, ZIP 2017, 3639 – Polbud; *Schönhaus/Müller* IStR 2013, 174; *Kindler* NZG 2018, 1 (3 ff.); OLG Nürnberg 19.6.2013, ZIP 2014, 128; KG Berlin 21.3.2016, NJW-RR 2016, 1007; beide letztgenannten Urteile bejahen Zulässigkeit des „Hereinformwechsels" einer französischen S. A. R. L. in eine deutsche GmbH. Die Zulässigkeit des grenzüberschreitenden „Herausformwechsels" wurde erstmals vom OLG Frankfurt a. M. 3.1.2017, ZIP 2017, 611; DNotZ 2017, 381 (mkritAnm *Knaier,* kritisch hierzu auch *Teichmann* ZIP 2017, 1190) anerkannt.

II. Einzelerläuterungen

6 **1. Definition der grenzüberschreitenden Verschmelzung. a) Bedeutung und Vorgaben der IntV-RL/GesR-RL, Titel II Abschnitt II.** § 122a Abs. 1 definiert den Begriff der grenzüberschreitenden Verschmelzung und steckt damit den **sachlichen Anwendungsbereich** des 10. Abschnittes ab. Nach dieser Legaldefinition ist eine grenzüberschreitende Verschmelzung eine Verschmelzung, bei der mindestens eine der beteiligten Gesellschaften dem Recht eines anderen Mitgliedstaats der EU oder eines anderen Vertragsstaats des Abkommens über den europäischen Wirtschaftsraum unterliegt. Bei dieser Formulierung geht der deutsche Gesetzgeber davon aus, dass mindestens eine beteiligte Gesellschaft inländischem Recht unterliegt. Die in § 122a Abs. 1 enthaltene Definition entspricht inhaltlich Art. 1 IntV-RL/Art. 118 GesR-RL, wo von mindestens zwei dem Recht verschiedener Mitgliedstaaten unterliegenden Gesellschaften die Rede ist (SHS/*Hörtnagl* Rn. 4). Die Definition umfasst, entsprechend der Überschrift des neueingefügten 10. Abschnittes, nur Kapitalgesellschaften, wie sich aus § 122b ergibt. § 122a und § 122b bestimmen den Anwendungsbereich der §§ 122a ff. in Übereinstimmung mit Art. 1 IntV-RL/Art. 118 GesR-RL folglich so, dass diese Bestimmungen nur Anwendung finden, wenn an einer Verschmelzung Kapitalgesellschaften beteiligt sind, die dem Recht verschiedener Mitgliedstaaten unterliegen, und ihren satzungsmäßigen Sitz, ihre Hauptverwaltung oder ihre Hauptniederlassung in einem EU- oder EWR-Staat haben.

7 **b) Verschmelzung.** Der Begriff der Verschmelzung in den §§ 122a ff. entspricht § 2, der für alle Vorschriften des Zweiten Buches und damit auch für die §§ 122a ff. gilt. § 2 definiert den Begriff in Übereinstimmung mit Art. 2 Nr. 2 IntV-RL/Art. 119 Nr. 2 GesR-RL (SHS/*Hörtnagl* Rn. 4).

8 **c) Grenzüberschreitend.** Grenzüberschreitend ist eine Verschmelzung nach Abs. 1, wenn mindestens eine der beteiligten Gesellschaften dem Recht eines anderen EU-/EWR-Mitgliedstaats unterliegt.

8a Die Frage, welchem Recht eine Gesellschaft unterliegt, beantwortet sich iRd Anwendung der §§ 122a ff. nach (deutschem) Internationalem Privatrecht. Aufgrund des Fehlens einer ausdrücklichen Kollisionsnorm kommt es dabei für gesellschaftsbezogene Sachverhalte, wie etwa für Verschmelzungen, auf das Gesellschaftsstatut der jeweils betroffenen Gesellschaft an (KK-UmwG/*Simon/Rubner* Vor § 122a Rn. 7 ff.). In Deutschland wurde das Gesellschaftsstatut zwar lange Zeit nach der Sitztheorie bestimmt; danach bestimmte sich das Personalstatut einer Gesellschaft nach dem Recht des tatsächlichen Verwaltungssitzes (Staudinger/*Großfeld,* 1998, IntGesR Rn. 38 ff.; MüKoBGB/*Kindler* IntGesR Rn. 44 ff.). Nach der neueren Rspr. des EuGH findet jedoch für innerhalb der EU gegründete, der Niederlassungsfreiheit gem. Art. 49, 54 AEUV (ex-Art. 43, 48 EGV) unterfallende Gesellschaften die Gründungstheorie Anwendung (EuGH 5.11.2002, NJW 2002, 3614 – Überseering; EuGH 30.9.2003, NJW 2003, 3331 – Inspire Art). Daher unterliegt eine Kapitalgesellschaft deutschem Recht, wenn sie nach deutschem Recht gegründet wurde und folglich ihren Satzungssitz in Deutschland hat. Die durch das MoMiG neugefassten Regelungen in § 4a GmbHG und § 5 AktG verlangen denn auch keine notwendige Verbindung zwischen dem Satzungssitz und dem Verwaltungssitz mehr, dh der Verwaltungssitz kann durchaus von vornherein außerhalb Deutschlands liegen. Unterliegt eine Gesellschaft nach dem anwendbaren IPR ausländischem Recht, finden auf diese Gesellschaft die §§ 122a ff. keine Anwendung. Nach dem aus deutscher Sicht anwendbaren IPR des anderen EU-/EWR-Landes wird die andere beteiligte Gesellschaft wegen der Anwendbarkeit der Gründungstheorie regelmäßig dem Recht dieses Landes unterfallen (zu Ausnahmen: KK-UmwG/*Simon/Rubner* Rn. 11; gem. Art. 31 des Abkommens über den Europäischen Wirtschaftsraum gilt die europarechtliche Niederlassungsfreiheit jedoch auch für die EFTA-Staaten

Island, Liechtenstein und Norwegen, so dass die Anwendung der Rechtsprechung des EuGH zur Gründungstheorie, z. B. für Liechtenstein, die der BGH in seinem Urteil vom 19.9.2005 – II ZR 372/03, BB 2005, 2373, vornimmt, nur konsequent ist; vgl. hierzu auch *Binz/Mayer* BB 2005, 2361 (2363)).

Aufgrund der Anwendbarkeit der Gründungstheorie und der damit verbundenen Anknüpfung an das Gründungsstatut ist es für das Tatbestandsmerkmal „grenzüberschreitend" nicht erforderlich, dass die beteiligten Rechtsträger ihren (Verwaltungs-)Sitz in unterschiedlichen Staaten haben; eine grenzüberschreitende Verschmelzung liegt somit selbst dann vor, wenn zB der nach EU-/EWR-ausländischem Recht gegründete andere beteiligte Rechtsträger seinen Verwaltungssitz in Deutschland hat (*H. F. Müller* NZG 2006, 286 f.; *Winter* Der Konzern 2007, 24 (27); Semler/Stengel/*Drinhausen* Rn. 10). Überdies ist eine Verschmelzung auch dann grenzüberschreitend, wenn etwa eine deutsche Gesellschaft mit Verwaltungssitz im EU-/EWR-Ausland mit einer nach EU-/EWR-ausländischem Recht gegründeten anderen Gesellschaft verschmolzen wird, die ihren Verwaltungssitz im Inland hat. 9

Da der Wortlaut von Abs. 1 auf die „beteiligten" Gesellschaften abstellt, liegt nach hM eine grenzüberschreitende Verschmelzung ferner auch dann vor, wenn bei einer Verschmelzung durch Neugründung sämtliche übertragenden Gesellschaften dem Recht desselben EU-/EWR-Mitgliedstaats unterliegen und nur die neue, durch die Verschmelzung gegründete Gesellschaft dem Recht eines anderen Staates der EU bzw. des EWR unterliegt. Denn auch die neue Gesellschaft ist an der Verschmelzung „beteiligt". Diese Auslegung mag angesichts des Wortlautes von Art. 1 IntV-RL/Art. 118 GesR-RL, in dem nur auf die nach dem Recht verschiedener Mitgliedstaaten gegründeten Ausgangsgesellschaften abgestellt wird, nicht auf der Hand liegen, entspricht aber der hM, da diese Frage, die im Ergebnis zur Annahme einer überschießenden Umsetzung der Richtlinie führt, bereits während des Gesetzgebungsverfahrens diskutiert worden ist (SHS/*Hörtnagl* Rn. 9; Semler/Stengel/*Drinhausen* Rn. 10; Lutter UmwG/*Bayer* Rn. 24 ff.; KK-UmwG/*Simon/Rubner* Rn. 13 ff.; aA Widmann/Mayer/*Heckschen* Rn. 72f, der darauf hinweist, dass der Gesetzgeber sich ansonsten sehr eng an der IntV-RL/GesR-RL orientiert hat). 10

Innerstaatliche Verschmelzungen und Verschmelzungen mit Gesellschaften aus Drittstaaten unterfallen damit nicht den §§ 122a ff. 11

2. Verweis auf sonstige Vorschriften des UmwG (Abs. 2). Nach Abs. 2 sind die sonstigen umwandlungsrechtlichen Vorschriften, die für innerstaatliche Verschmelzungen deutscher Gesellschaften gelten, subsidiär zu den §§ 122a ff. entsprechend anzuwenden; demgemäß finden die Bestimmungen des Ersten Teils (Allgemeine Vorschriften) und des Zweiten (Verschmelzung unter Beteiligung von Gesellschaften mit beschränkter Haftung), Dritten (Verschmelzung unter Beteiligung von Aktiengesellschaften) und Vierten Abschnitts (Verschmelzung unter Beteiligung von Kommanditgesellschaften auf Aktien) des Zweiten Teils Anwendung, soweit die §§ 122a ff. keine Sonderregelungen enthalten. Damit folgt der Gesetzgeber bei der Regelung der grenzüberschreitenden Verschmelzung der bisherigen Systematik des UmwG, neben allgemeinen Regeln besondere Regelungsblöcke für spezielle Fallkonstellationen zu schaffen, die die allgemeinen Regeln ergänzen. Für die Anwendung der neueingefügten §§ 122a ff. bedeutet dies, dass zunächst zu prüfen ist, ob eine spezielle Regelung in diesen Bestimmungen enthalten ist; ist dies nicht oder nicht abschließend der Fall, finden die jeweiligen rechtsformspezifischen und/oder die allgemeinen Vorschriften des UmwG und wenn selbst hier eine abschließende Regelung fehlt, die allgemeinen gesellschaftsrechtlichen Bestimmungen Anwendung. Die genannten rechtsformspezifischen und allgemeinen Bestimmungen des UmwG gelten nach Abs. 2 – ebenso wie die §§ 122a ff. – nur für inländische Rechtsträger, dh nur für inländische Kapitalgesellschaften iSv § 3 Abs. 1 Nr. 2. Die nicht deutschem Recht unterliegenden, an der Verschmelzung beteiligten Rechtsträger werden nicht erfasst; sie unterliegen den jeweiligen nationalen Umsetzungsbestimmungen der IntV-RL/GesR-RL Titel II Abschnitt II, die nach Ende der Umsetzungsfrist (15.12.2007) in den EU-/EWR-Mitgliedstaaten umgesetzt wurde (nunmehr bestehen in allen EU-EWR-Staaten entsprechende Regelungen, vgl. die Übersicht bei KK-UmwG/*Simon/Rubner* Vor § 122a Rn. 70 ff.; Portugal und Liechtenstein haben die IntV-RL/GesR-RL Titel II Abschnitt II inzwischen umgesetzt), und/oder dem jeweiligen Landesrecht. Aufgrund des Verweises auf § 3 Abs. 1 Nr. 2 werden als inländische Kapitalgesellschaften GmbH, AG und KGaA erfasst und wegen Art. 9 Abs. 1 lit. c ii SE-VO und Art. 10 SE-VO auch eine SE mit (nach Art. 7 SE-VO stets identischem) Verwaltungs-/Satzungssitz im Inland (RegEBegr. zu § 122b Abs. 1, BT-Drs. 16/2919, 6; *Bayer/J. Schmidt* NJW 2006, 401; Widmann/Mayer/*Heckschen* § 122b Rn. 65 f.; Semler/Stengel/*Drinhausen* Rn. 14; SHS/*Hörtnagl* Rn. 16; *Grambow/Stadler* BB 2010, 977 (979)) (→ § 122b Rn. 3). 12

Verschmelzungsfähige Gesellschaften

122b

(1) An einer grenzüberschreitenden Verschmelzung können beteiligt sein

1. als übertragende, übernehmende oder neue Gesellschaften Kapitalgesellschaften im Sinne des Artikels 119 Nummer 1 der Richtlinie (EU) 2017/1132 des Europäischen Parlaments und des Rates vom 14. Juni 2017 über bestimmte Aspekte des Gesellschaftsrechts (ABl.

L 169 vom 30.6.2017, S. 46), die nach dem Recht eines Mitgliedstaats der Europäischen Union oder eines anderen Vertragsstaats des Abkommens über den Europäischen Wirtschaftsraum gegründet worden sind und ihren satzungsmäßigen Sitz, ihre Hauptverwaltung oder ihre Hauptniederlassung in einem Mitgliedstaat der Europäischen Union oder einem anderen Vertragsstaat des Abkommens über den Europäischen Wirtschaftsraum haben,

2. als übernehmende oder neue Gesellschaften Personenhandelsgesellschaften im Sinne des § 3 Absatz 1 Nummer 1 mit in der Regel nicht mehr als 500 Arbeitnehmern.

(2) **An einer grenzüberschreitenden Verschmelzung können nicht beteiligt sein:**

1. Genossenschaften, selbst wenn sie nach dem Recht eines anderen Mitgliedstaats der Europäischen Union oder eines anderen Vertragsstaats des Abkommens über den Europäischen Wirtschaftsraum unter die Definition des Artikels 2 Nr. 1 der Richtlinie fallen;

2. Gesellschaften, deren Zweck es ist, die vom Publikum bei ihnen eingelegten Gelder nach dem Grundsatz der Risikostreuung gemeinsam anzulegen und deren Anteile auf Verlangen der Anteilsinhaber unmittelbar oder mittelbar zulasten des Vermögens dieser Gesellschaft zurückgenommen oder ausgezahlt werden. Diesen Rücknahmen oder Auszahlungen gleichgestellt sind Handlungen, mit denen eine solche Gesellschaft sicherstellen will, dass der Börsenwert ihrer Anteile nicht erheblich von deren Nettoinventarwert abweicht.

Übersicht

I. Allgemeines

1 § 122b Abs. 1 definiert in Ergänzung zu § 122a, der den sachlichen Anwendungsbereich der grenzüberschreitenden Verschmelzung regelt, die Rechtsform der Gesellschaften, die an einer grenzüberschreitenden Verschmelzung als übertragender, übernehmender oder neuer Rechtsträger beteiligt sein können. Damit regelt die Bestimmung den **persönlichen Anwendungsbereich** des 10. Abschnitts. Der persönliche Anwendungsbereich wurde mit Blick auf den Brexit mit der neuen Bestimmung des § 122b Abs. 1 Nr. 2 durch das 4. UmwÄndG vom 19.12.2018 (BGBl. 2018 I 2694) mit Wirkung zum 1.1.2019 auf Personenhandelsgesellschaften ausgedehnt, jedoch nur insoweit, als diese *übernehmender* oder *neuer* Rechtsträger sind und überdies *in der Regel nicht mehr als 500 Arbeitnehmer* beschäftigen (zu Einzelheiten → Rn. 10). § 122b Abs. 2 und 3 schließen demgegenüber einige Rechtsformen unter inhaltlicher Bezugnahme auf Art. 3 Abs. 2 und 3 IntV-RL/Art. 120 Abs. 2 und 3 GesR-RL von der Beteiligung an einer grenzüberschreitenden Verschmelzung iSv §§ 122a ff. aus. Gesellschaften, die nicht von der Definition des Abs. 1 erfasst werden oder die nach Abs. 2 ausgeschlossen sind, können entweder nur nach allgemeinen Grundsätzen oder nach künftigen Sondervorschriften an einer grenzüberschreitenden Verschmelzung beteiligt sein (→ § 1 Rn. 13; SHS/*Hörtnagl* Rn. 3; Semler/Stengel/*Drinhausen* Rn. 1; *Neye* ZIP 2005, 1894 (1895); *H.-F. Müller* NZG 2006, 286 (287)). Dies gilt auch dann, wenn nur eine der beteiligten inländischen Gesellschaften unter den Anwendungsbereich der §§ 122a ff. fällt (so auch SHS/*Hörtnagl* Rn. 3).

II. Einzelerläuterungen

2 **1. Verschmelzungsfähige Gesellschaften (Abs. 1).** Abs. 1 definiert die verschmelzungsfähigen Gesellschaften abstrakt als Kapitalgesellschaften unter Verweis auf Art. 2 Nr. 1 IntV-RL/Art. 119 Nr. 1 lit. b GesR-RL. Danach sind alle in Art. 1 RL 2009/101/EG bzw. jetzt Art. 7 Abs. 1 GesR-RL iVm Anhang II, die die Richtlinie 68/151/EWG (1. gesellschaftsrechtliche Richtlinie bzw. „Publizitätsrichtlinie") aufgehoben hat (→ § 122a Rn. 2), ausdrücklich genannten Gesellschaftsformen sowie alle sonstigen Gesellschaften erfasst, die Rechtspersönlichkeit besitzen, über ein gesondertes Gesellschaftskapital verfügen, das allein für die Verbindlichkeiten der Gesellschaft haftet, und die nach dem für sie maßgebenden innerstaatlichen Recht Schutzbestimmungen iSd Publizitäts-RL im Interesse der Gesellschafter und Dritter einhalten müssen. Folglich sind auch künftige in- und ausländische Gesellschaftsformen des jeweiligen nationalen Rechts sowie existente und künftige Gesellschaftsformen des Rechtes später hinzutretender Mitgliedstaaten, die Kapitalgesellschaft iSd IntV-RL/GesR-RL sind, erfasst, ohne dass eine Anpassung der Vorschrift notwendig wäre, um diese den Bestimmungen der §§ 122a ff. zu

unterwerfen. Mit Blick auf den Brexit ist festzuhalten, dass insbesondere die von Anwaltsgesellschaften häufig genutzte Limited Liability Partnership (LLP) nach hM jedoch nicht als Kapitalgesellschaft anzusehen ist (Lutter UmwG/*Bayer* Rn. 5 mwN.).

a) Kapitalgesellschaften (Abs. 1 Nr. 1). In Deutschland können als Kapitalgesellschaft iSd vorgenannten Richtlinien die AG, die KGaA und die GmbH – einschließlich ihrer Unterform UG (zu Einzelheiten *Thiermann* 192 ff.) –, Beteiligte einer grenzüberschreitenden Verschmelzung sein. Des Weiteren ist eine bereits bestehende SE mit Sitz in Deutschland erfasst (RegEBegr. zu § 122b Abs. 1, BT-Drs. 16/2919, 14). Dies folgt bereits daraus, dass die SE der genannten Definition unterfällt (SHS/*Hörtnagl* Rn. 7) sowie nach Art. 9 Abs. 1 lit. c ii SE-VO und Art. 10 SE-VO der AG gleichgestellt ist (Semler/Stengel/*Drinhausen* Rn. 5; → § 122a Rn. 12). 3

Allerdings sind die §§ 122a ff. nicht auf die Errichtung bzw. Neugründung einer SE durch grenzüberschreitende Verschmelzung anwendbar, da hierfür ausschließlich die Bestimmungen der SE-VO, dh Art. 2 Abs. 1 SE-VO, Art. 17 ff. SE-VO, anwendbar sind, die als europäisches Sekundärrecht Vorrang gegenüber den nationalen Bestimmungen der §§ 122a ff. haben (vgl. Semler/Stengel/*Drinhausen* Rn. 5). Die §§ 122a ff. gelten dabei nach hM ohne weiteres auch für die grenzüberschreitende (Herein- oder Heraus-)Verschmelzung auf eine bestehende SE, da insofern die SE-VO mangels Neugründung einer SE nicht anwendbar ist und sich weder der SE-VO noch der IntV-RL/GesR-RL ein allgemeiner Rechtssatz des Inhalts entnehmen lässt, dass am Ende der Transaktion einer grenzüberschreitenden Verschmelzung – und zwar gleich, welche sonstige Kapitalgesellschaft beteiligt ist – keine SE stehen darf (vgl. Semler/Stengel/*Drinhausen* Rn. 5; SHS/*Hörtnagl* Rn. 7, KK-UmwG/*Simon*/*Rubner* Rn. 12; *Grambow*/*Stadler* BB 2010, 977 (979); *Thiermann* 198 ff., 219, nun auch Lutter UmwG/*Bayer* Rn. 7; aA *Louven* ZIP 2006, 2021 (2024); *Bayer*/*J. Schmidt* NJW 2006, 401 Fn. 8). Bei der Verschmelzung einer ausländischen SE auf eine deutsche Kapitalgesellschaft anderer Rechtsform soll nach zutreffender Ansicht allerdings bei Anwendung der §§ 122a ff. die Sperrfrist des Art. 66 Abs. 1 SE-VO analog zu beachten sein (*Simon*/*Rubner* Der Konzern 2006, 835 (837); Kallmeyer/*Marsch-Barner* Rn. 3). Dabei ist allerdings nicht einzusehen, warum diese Beschränkung nur in diesem Fall gelten soll; der umgekehrte Fall der Verschmelzung einer deutschen SE auf eine ausländische Kapitalgesellschaft, bei dem die Sperrfrist der SE-VO ebenso unterlaufen werden könnte, ist gleich zu behandeln (so auch KK-UmwG/*Simon*/*Rubner* Rn. 14). 4

Auch aufgelöste Kapitalgesellschaften, deren Fortsetzung beschlossen wurde, sowie inländische Kapitalgesellschaften verschiedener Rechtsform können an einer grenzüberschreitenden Verschmelzung als übertragende Rechtsträger beteiligt sein (§ 122a Abs. 2, § 3 Abs. 3 und 4) (SHS/*Hörtnagl* Rn. 5). 5

Die an der grenzüberschreitenden Verschmelzung beteiligten ausländischen Gesellschaften müssen ebenso die Voraussetzungen des § 122b Abs. 1 erfüllen, sodass alle Gesellschaften, die in Art. 1 RL 2009/101/EG bzw jetzt Art. 7 Abs. 1 GesR-RL iVm Anhang II GesR-RL genannt sind, sowie alle Rechtsformen, die Art. 2 Nr. 1 lit. b IntV-RL/Art. 119 Nr. 1 lit. b GesR-RL entsprechen, erfasst sind. Ob auch aufgelöste ausländische Kapitalgesellschaften beteiligtenfähig sind, richtet sich nach dem Recht des anderen EU-/EWR-Staates (SHS/*Hörtnagl* Rn. 9). 6

Der eingetragene Verein (eV) und der Versicherungsverein auf Gegenseitigkeit sind keine Kapitalgesellschaften iSv § 122b Abs. 1, da bei diesen Rechtsformen nicht das Halten von Anteilen, sondern Mitgliedschaftsrechte kennzeichnend sind (*Louven* ZIP 2006, 2021 (2024); SHS/*Hörtnagl* Rn. 6; Semler/Stengel/*Drinhausen* Rn. 6). 7

b) Gründung und Sitz. Die beteiligten Kapitalgesellschaften müssen nach Abs. 1 des Weiteren nach dem Recht eines Mitgliedstaates der EU oder des EWR gegründet sein und ihren satzungsmäßigen Sitz, ihre Hauptverwaltung oder Hauptniederlassung in einem dieser Mitgliedstaaten haben. Diese Regelung entspricht Art. 1 IntV-RL/Art. 118 GesR-RL. Jede beteiligte Gesellschaft muss somit nach dem Recht eines EU- bzw. EWR-Mitgliedstaates wirksam gegründet sein; bei deutschen Kapitalgesellschaften ist daher die Eintragung im Handelsregister erforderlich. 8

Ferner müssen alle an der Verschmelzung beteiligten Gesellschaften ihren aktuellen Satzungssitz, ihre Hauptverwaltung oder ihre Hauptniederlassung in einem EU- oder EWR-Mitgliedstaat haben. Weil diese Kriterien an Art. 54 AEUV (ex Art. 48 EGV) anknüpfen, wird auf die hierzu ergangenen Kommentierungen sowie SHS/*Hörtnagl* Rn. 10 ff. verwiesen. Nicht erforderlich ist, dass Satzungs- und Verwaltungssitz in demselben Mitgliedstaat liegen (Semler/Stengel/*Drinhausen* Rn. 7). Nach dem Recht von bzw. in Drittstaaten gegründete Gesellschaften können auch dann nicht an einer Verschmelzung iSv §§ 122a ff. beteiligt sein, wenn sie ihren Sitz identitätswahrend in einen EU-/EWR-Staat verlegt haben (Semler/Stengel/*Drinhausen* Rn. 7; RegEBegr. zu § 122b Abs. 1, BR-Drs. 548/06, 30); sofern der Drittstaat der Gründungstheorie folgt, unterliegt die betreffende Gesellschaft in diesem Fall schon nicht dem Recht eines EU- bzw. EWR-Mitgliedstaates iSv § 122a. Darüber hinaus können solche Gesellschaften nicht an einer Verschmelzung iSv §§ 122a ff. beteiligt sein, die ursprünglich nach dem Recht eines EU- bzw. EWR-Mitgliedstaates gegründet worden sind, aber zum Zeitpunkt der Verschmelzung ihren Satzungssitz nach dem Recht des Gründungstaates identitätswahrend in einen Drittstaat verlegt haben (Lutter UmwG/*Bayer* Rn. 11; SHS/*Hörtnagl* Rn. 10). 9

Wird nur der Verwaltungssitz, nicht aber der Satzungssitz, in einen Drittstaat verlegt, behält die Gesellschaft ihre Beteiligtenfähigkeit (SHS/*Hörtnagl* Rn. 12; Kallmeyer/*Marsch-Barner* Rn. 5; aA Widmann/Mayer/*Heckschen* Rn. 11 für den Fall, dass die Gesellschaft nach Verwaltungssitzverlegung dem Recht des Drittstaates unterliegt).

9a **c) Personenhandelsgesellschaften (Abs. 1 Nr. 2).** Mit Blick auf den Brexit wurde durch Gesetz vom 19.12.2018 (4. UmwÄndG, BGBl. 2018 I 2694, näher hierzu *Bungert/Wansleben* DB 2019, 49 ff.; *Lieder/Bialluch* NJW 2019, 805 ff.; *Jaschinski/Wentz* WM 2019, 438 ff.) – in erster Linie für die britische Limited, jedoch nicht darauf beschränkt – mit Wirkung ab dem 1.1.2019 für EU-/EWR-Kapitalgesellschaften die weitere Möglichkeit geschaffen, auf eine deutsche Personenhandelsgesellschaft als *übernehmender* oder *neuer* Rechtsträger zu verschmelzen, dh auf eine OHG oder eine KG. Hierin eingeschlossen ist auch jede Form einer Kapitalgesellschaft & Co. KG, mithin insbesondere die GmbH & Co. KG und die UG (haftungsbeschränkt) & Co. KG (vgl. BegrRegE 4. UmwÄndG, BT-Drs. 19/5463, 7). Dies gilt jedoch nur, soweit die Personenhandelsgesellschaft – nach der Verschmelzung – in der Regel *nicht mehr als 500 Arbeitnehmer* beschäftigt. Diese Beschränkung der Verschmelzungsmöglichkeit soll verhindern, dass der übernehmende oder neue Rechtsträger, der bei Verschmelzung auf eine GmbH der Mitbestimmung nach dem Drittelbeteiligungsgesetz unterläge, statt dessen die Verschmelzung auf die mitbestimmungsfreie GmbH & Co. KG wählt (BegrRegE 4. UmwÄndG, BT-Drs. 19/5463, 10).

10 **2. Ausnahmen (Abs. 2).** Mit Abs. 2 Nr. 1 hat der Gesetzgeber von dem Opt-out-Recht des Art. 3 Abs. 2 IntV-RL/Art. 120 Abs. 2 GesR-RL Gebrauch gemacht und Genossenschaften von der Teilnahme an einer grenzüberschreitenden Verschmelzung ausgeschlossen, weil die Rechtsform der Genossenschaft in den Mitgliedstaaten sehr unterschiedlich ausgestaltet ist und iÜ die Möglichkeit der Gründung einer SCE als ausreichend erscheint (RegEBegr. zu § 122b Abs. 1, BT-Drs. 16/2919, 14 f.; Semler/Stengel/*Drinhausen* Rn. 11). Danach sind neben der SCE inländische und ausländische Genossenschaften ausgeschlossen, selbst wenn letztere nach Landesrecht verschmelzungsfähig sind (SHS/*Hörtnagl* Rn. 14). Der Ausschluss erfasst auch solche Genossenschaften, die der Definition der Kapitalgesellschaft in Art. 2 Nr. 1 lit. b IntV-RL/Art. 119 Nr. 1 lit. b GesR-RL unterfallen (so zB Genossenschaften nach § 8a GenG).

11 Ausgeschlossen sind ferner nach Abs. 2 Nr. 2 Organismen für gemeinsame Anlagen in Wertpapiere (OGAW). Diese Regelung entspricht wörtlich Art. 3 Abs. 3 IntV-RL/Art. 120 Abs. 3 GesR-RL und nimmt wie diese Bestimmung auf Richtlinie 85/611/EWG vom 20.12.1985 („OGAW-Richtlinie“, ABl. 1985 L 375, 2 ff.), die durch die Richtlinie 2009/65/EG vom 13.7.2009 (ABl. 2009 L 302, 32) neu gefasst wurde, Bezug. Nach deren Art. 1 Abs. 2 sind OGAW Gesellschaften, deren ausschließlicher Zweck es ist, beim Publikum beschaffte Gelder für gemeinsame Rechnung nach dem Grundsatz der Risikostreuung in Wertpapieren und/oder anderen, in der genannten Richtlinie definierten liquiden Finanzanlagen zu investieren, und deren Anteile auf Verlangen der Anteilinhaber unmittelbar oder mittelbar zulasten des Vermögens dieser Organismen zurückgenommen oder ausgezahlt werden bzw. die Maßnahmen vorsehen, die sicherstellen, dass der Kurs der Anteile nicht erheblich von deren Nettoinventarwert abweicht. Diese Anlagegesellschaften sind zwar zumeist Kapitalgesellschaften, unterliegen aber europaweit verschiedensten Regelungen (SHS/*Hörtnagl* Rn. 15). Vor allem Investmentaktiengesellschaften mit veränderlichem Kaptal iSv §§ 108 ff. KAGB sind ausgeschlossen, nicht aber Kapitalverwaltungsgesellschaften iSv §§ 17, 92 ff. KAGB, die das Vermögen der Anleger treuhänderisch oder in gesonderten Fonds verwalten (Lutter UmwG/*Bayer* Rn. 16; SHS/*Hörtnagl* Rn. 15.).

Verschmelzungsplan

122c

(1) Das Vertretungsorgan einer beteiligten Gesellschaft stellt zusammen mit den Vertretungsorganen der übrigen beteiligten Gesellschaften einen gemeinsamen Verschmelzungsplan auf.

(2) Der Verschmelzungsplan oder sein Entwurf muss mindestens folgende Angaben enthalten:

1. **Rechtsform, Firma und Sitz der übertragenden und übernehmenden oder neuen Gesellschaft,**
2. **das Umtauschverhältnis der Gesellschaftsanteile und gegebenenfalls die Höhe der baren Zuzahlungen,**
3. **die Einzelheiten hinsichtlich der Übertragung der Gesellschaftsanteile der übernehmenden oder neuen Gesellschaft,**
4. **die voraussichtlichen Auswirkungen der Verschmelzung auf die Beschäftigung,**
5. **den Zeitpunkt, von dem an die Gesellschaftsanteile deren Inhabern das Recht auf Beteiligung am Gewinn gewähren, sowie alle Besonderheiten, die eine Auswirkung auf dieses Recht haben,**

6. den Zeitpunkt, von dem an die Handlungen der übertragenden Gesellschaften unter dem Gesichtspunkt der Rechnungslegung als für Rechnung der übernehmenden oder neuen Gesellschaft vorgenommen gelten (Verschmelzungsstichtag),
7. die Rechte, die die übernehmende oder neue Gesellschaft den mit Sonderrechten ausgestatteten Gesellschaftern und den Inhabern von anderen Wertpapieren als Gesellschaftsanteilen gewährt, oder die für diese Personen vorgeschlagenen Maßnahmen,
8. etwaige besondere Vorteile, die den Sachverständigen, die den Verschmelzungsplan prüfen, oder den Mitgliedern der Verwaltungs-, Leitungs-, Aufsichts- oder Kontrollorgane der an der Verschmelzung beteiligten Gesellschaften gewährt werden,
9. die Satzung oder den Gesellschaftsvertrag der übernehmenden oder neuen Gesellschaft,
10. gegebenenfalls Angaben zu dem Verfahren, nach dem die Einzelheiten über die Beteiligung der Arbeitnehmer an der Festlegung ihrer Mitbestimmungsrechte in der aus der grenzüberschreitenden Verschmelzung hervorgehenden Gesellschaft geregelt werden,
11. Angaben zur Bewertung des Aktiv- und Passivvermögens, das auf die übernehmende oder neue Gesellschaft übertragen wird,
12. den Stichtag der Bilanzen der an der Verschmelzung beteiligten Gesellschaften, die zur Festlegung der Bedingungen der Verschmelzung verwendet werden.
13. im Fall der Verschmelzung auf eine Personenhandelsgesellschaft gemäß § 122b Absatz 1 Nummer 2
   a) für jeden Anteilsinhaber eines übertragenden Rechtsträgers die Bestimmung, ob ihm in der übernehmenden oder der neuen Personenhandelsgesellschaft die Stellung eines persönlich haftenden Gesellschafters oder eines Kommanditisten gewährt wird,
   b) der festgesetzte Betrag der Einlage jedes Gesellschafters.

(3) **Befinden sich alle Anteile einer übertragenden Gesellschaft in der Hand der übernehmenden Gesellschaft, so entfallen die Angaben über den Umtausch der Anteile (Absatz 2 Nr. 2, 3 und 5), soweit sie die Aufnahme dieser Gesellschaft betreffen.**

(4) **Der Verschmelzungsplan muss notariell beurkundet werden.**

Übersicht

I. Allgemeines

Die Bestimmung setzt Art. 5 IntV-RL/Art. 122 GesR-RL um und regelt den gemeinsamen Verschmelzungsplan. Der gemeinsame Verschmelzungsplan tritt bei einer grenzüberschreitenden Verschmelzung an die Stelle des Verschmelzungsvertrages gem. §§ 4 ff. Als wichtigstes Element einer grenzüberschreitenden Verschmelzung legt er die relevanten Bedingungen der Verschmelzung verbindlich fest, denen die Gesellschafter der betroffenen Gesellschaften zustimmen. Zwar gilt die Bestim- 1 mung unmittelbar nur für die deutschen an einer grenzüberschreitenden Verschmelzung beteiligten Gesellschaften, jedoch bestehen aufgrund der einheitlichen Vorgabe in Art. 5 IntV-RL/Art. 122 GesR-RL in den anderen Mitgliedstaaten der EU/des EWR entsprechende Umsetzungsbestimmungen. Wegen der hervorgehobenen Bedeutung des Verschmelzungsplanes für die grenzüberschreitende Verschmelzung regelt Abs. 1 ein Verpflichtung der Leitungs- bzw. Verwaltungsorgane der sich verschmelzenden Gesellschaften, den Plan mit dem in Abs. 2 vorgeschriebenen Mindestinhalt aufzustellen.

2 Der in Abs. 2 der Bestimmung geregelte Inhalt des Verschmelzungsplans ist weitestgehend identisch mit den in Art. 5 IntV-RL/Art. 122 GesR-RL geforderten Angaben. Über die in § 5 für die inländische Verschmelzung geforderten Angaben hinausgehend muss der Verschmelzungsplan die Satzung der übernehmenden bzw. aus der Verschmelzung hervorgehenden Gesellschaft (§ 122c Abs. 2 Nr. 9), Angaben zum Verfahren zur Festlegung der Arbeitnehmermitbestimmung (§ 122c Abs. 2 Nr. 10), Angaben zur Bewertung des Aktiv- und Passivvermögens (§ 122c Abs. 2 Nr. 11) und die Bilanzstichtage der beteiligten Gesellschaften (§ 122c Abs. 2 Nr. 12) enthalten. Neu eingefügt wurde durch das 4. UmwÄndG vom 19.12.2018 mit Wirkung zum 1.1.2019 (BGBl. 2019 I 2694) die Bestimmung des § 122c Abs. 2 Nr. 13 mit Blick auf die nunmehr in Ausnahmefällen mögliche Verschmelzung auf eine Personenhandelsgesellschaft (→ § 122b Rn. 9a) sowie die redaktionelle Ergänzung „Gesellschaftsvertrag" in § 122c Abs. 2 Nr. 9. Anders als für die inländische Verschmelzung in § 5 Abs. 1 Nr. 2 vorgesehen, muss der Verschmelzungsplan jedoch keine Vereinbarung über die Vermögensübertragung enthalten. Die ausdrückliche Erwähnung aller durch Art. 5 IntV-RL/Art. 122 GesR-RL vorgegebenen Mindestbestandteile des Verschmelzungsplanes entspricht zwar nicht der sonstigen Regelungstechnik des UmwG (Verweis auf andere Bestimmungen, → § 122a Rn. 12), hat aber den Vorteil, dass den Beteiligten die Bedeutung jedes Bestandteiles vor Augen geführt wird und iÜ weitest mögliche Übereinstimmung hinsichtlich des Inhalts mit den beteiligten ausländischen Rechtsordnungen erzielt wird (*Simon/Rubner* Der Konzern 2006, 835 (837); Kallmeyer/*Marsch-Barner* Rn. 2).

3 Die in § 122c Abs. 2 geforderten Angaben sind überdies nicht als abschließende Aufzählung zu verstehen (→ Rn. 11, → Rn. 26).

4 Abs. 3 regelt wie § 5 Abs. 2 Erleichterungen für die Verschmelzung einer zu 100 % von der übernehmenden Gesellschaft gehaltenen Tochtergesellschaft. Abs. 4 ordnet – wie § 6 für die nationale Verschmelzung – an, dass der Verschmelzungsplan notariell beurkundet werden muss.

II. Einzelerläuterungen

5 **1. Aufstellung des gemeinsamen Verschmelzungsplanes (Abs. 1). a) Rechtsnatur des Verschmelzungsplans.** Der Verschmelzungsplan ist kein schuldrechtlicher Vertrag, die terminologische Abweichung von den §§ 4 ff. (Verschmelzungsvertrag) ist nicht zufällig. Der Verschmelzungsplan ist ein gesellschaftsrechtlicher Organisationsakt, der keine schuldrechtlichen Pflichten erzeugt (ebenso Widmann/Mayer/*Mayer* Rn. 17, Lutter UmwG/*Bayer* Rn. 3; *Kallmeyer* AG 2007, 472 (474); Kallmeyer/*Marsch-Barner* Rn. 4; SHS/*Hörtnagl* Rn. 5; *Schott* Grenzüberschr. Verschmelz. (2007) 106; aA KK-UmwG/*Simon/Rubner* Rn. 6; *Winter* Der Konzern 2007, 24 (33); *J. Vetter* AG 2006, 613 (617); *Krause/Kulpa* ZHR 171 (2007), 38 (56); offengelassen von Semler/Stengel/*Drinhausen* Rn. 6). Dies Verständnis harmoniert mit dem Regelungsansatz der NatV-RL/GesR-RL, der Sechsten gesellschaftsrechtlichen Richtlinie (Sechste RL des Rates 82/891/EWG/GesR-RL) vom 17.12.1982 betreffend die Spaltung von Aktiengesellschaften, ABl. 1982 L 378, 47), der SE-VO und der SCE-VO, die bereits ein „europäisches Modell für Strukturmaßnahmen" vorgegeben haben (*Bayer/J. Schmidt* NJW 2006, 401 (402); Lutter UmwG/*Bayer* Rn. 3; ähnlich für die SE MüKoAktG/*Schäfer* SE-VO Art. 20 Rn. 3). Überdies gehen viele andere europäische Rechtsordnungen davon aus, dass ein Verschmelzungsplan nur organisationsrechtliche, aber keine schuldrechtliche Qualität hat (*Kiem* WM 2006, 1091 (1094); *Teichmann* ZGR 2002, 383 (419)). Die praktische Bedeutung dieser Streitfrage ist gering, da sich die betroffenen Gesellschaften ohnehin auf einen gemeinsamen Plan einigen müssen, eine Bindung der betroffenen Gesellschaften spätestens mit Wirksamwerden der Verschmelzung eintritt und es den Parteien unbenommen bleibt, im Verschmelzungsplan oder in einer separaten Urkunde schuldrechtliche Verpflichtungen ausdrücklich zu regeln (SHS/*Hörtnagl* Rn. 5), zB durch „Business Combination Agreements" (hierzu *Aha* BB 2001, 2225 ff.; *Teichmann* ZGR 2002, 383 (419); *Reichert* ZGR 2015, 1 ff.; *Hippeli/Diesing* AG 2015, 185; Semler/Stengel/*Drinhausen* Rn. 6 mit der Empfehlung, schuldrechtliche Nebenabreden in ein separates Dokument aufzunehmen; Lutter UmwG/*Bayer* Rn. 4; Widmann/Mayer/*Mayer* Rn. 18 mwN). Erfolgt die Aufnahme der weiteren schuldrechtlichen Abreden zwischen den Verschmelzungspartnern in den Verschmelzungsplan, erfasst die Zustimmung der Gesellschafter der beteiligten Gesellschaften auch diese (Widmann/Mayer/*Mayer* Rn. 18).

6 **b) Aufstellung des gemeinsamen Verschmelzungsplans. aa) Zuständigkeit.** Art. 5 IntV-RL/Art. 122 GesR-RL weist die Kompetenz für die Aufstellung des gemeinsamen Verschmelzungsplanes den „Leitungs- und Verwaltungsorganen" der sich verschmelzenden Gesellschaften zu. Nach § 122c Abs. 1 ist der gemeinsame Verschmelzungsplan von den „Vertretungsorganen einer beteiligten Gesell-

schaft zusammen mit den Vertretungsorganen der übrigen beteiligten Gesellschaften" aufzustellen. Bei AG, KGaA und GmbH bzw. UG und dualistisch verfasster SE ergibt sich aus dieser sprachlichen Abweichung keine Unklarheit, da es bei diesen Rechtsformen keinen Unterschied zwischen dem Leitungs- und dem Vertretungsorgan gibt. Der Vorstand, die Komplementäre oder die Geschäftsführer sind zuständig (Semler/Stengel/*Drinhausen* Rn. 8). Bei der monistisch verfassten SE mit Sitz in Deutschland ist allerdings zwischen der Verwaltung der Gesellschaft, die gem. § 22 SEAG Aufgabe des Verwaltungsrates ist, und der Vertretung der Gesellschaft, für die nach §§ 40, 41 SEAG die geschäftsführenden Direktoren zuständig sind, zu differenzieren, sodass bei wörtlicher Anwendung des Abs. 1 diese zuständig wären und ein Verstoß gegen die Kompetenzanordnung der IntV-RL/GesR-RL Titel II Abschnitt II vorläge. Nach zutreffender überwA ist Abs. 1 für den Fall der monistischen SE jedoch richtlinienkonform dahin auszulegen, dass die Aufstellungskompetenz bei dem Verwaltungsrat liegt (Semler/Stengel/*Drinhausen* Rn. 9; SHS/*Hörtnagl* Rn. 8; Kallmeyer/*Marsch-Barner* Rn. 5; Lutter UmwG/*Bayer* Rn. 6; nun auch Widmann/Mayer/*Mayer* Rn. 22).

bb) Gemeinsamer Verschmelzungsplan und anwendbares Recht. Während die SE-VO für die Gründung einer SE durch Verschmelzung festlegt, dass die sich verschmelzenden Gesellschaften einen gleichlautenden Verschmelzungsplan aufstellen müssen, dem sodann zugestimmt wird (Art. 20, 26 Abs. 3 SE-VO), verlangt Abs. 1 die Aufstellung eines „gemeinsamen" Planes. Hieraus ist zu schließen, dass es sich bei dem gemeinsamen Verschmelzungsplan um ein einheitliches Dokument handeln muss; gleichlautende, in unterschiedlichen Dokumenten enthaltene Verschmelzungspläne reichen nicht aus (Semler/Stengel/*Drinhausen* Rn. 5; SHS/*Hörtnagl* Rn. 6; Widmann/Mayer/*Mayer* Rn. 19, *Kulenkamp* Grenzüberschr. Verschmelz. (2009) 165 f., 168). Aus dem Wortlaut von § 122l Abs. 2 folgt nichts anderes, da durch den Hinweis auf einen „gemeinsamen, gleichlautenden" Plan nur sichergestellt werden soll, dass nach Aufstellung des gemeinsamen Planes an der Textfassung keine Änderungen mehr vorgenommen wurden (Widmann/Mayer/*Mayer* Rn. 20). 7

Überdies ist es zweckmäßig, den Verschmelzungsplan sogleich als zwei- oder mehrsprachiges Dokument zu erstellen, weil der Verschmelzungsplan ohnehin den Anteilsinhaberversammlungen der beteiligten Gesellschaften in der jeweiligen Landessprache vorzulegen ist, und zur Offenlegung und bei Anmeldung der Verschmelzung zum Register bzw. den entsprechenden ausländischen Behörden in der jeweiligen Amtssprache einzureichen ist (dies folgt für die Anmeldung im Inland aus § 488 Abs. 3 FamFG, § 184 GVG, vgl. auch Semler/Stengel/*Drinhausen* Rn. 5; bei mehrsprachigen Dokumenten empfiehlt es sich mit Blick auf Art. 11 IntV-RL/Art. 128 GesR-RL die Gerichtssprache der Rechtsordnung, der die aus der Verschmelzung hervorgehende Gesellschaft unterliegt, für die Auslegung kleinerer Divergenzen der Sprachfassungen als maßgeblich zu bezeichnen, zutr. *Freundorfer/Festner* GmbHR 2010, 195 (198); mE zu Unrecht krit. *H.-F. Müller* ZIP 2007, 1081 (1083), da es bei Rechtstexten in der Praxis häufig nicht gelingt, eine wörtlich absolut übereinstimmende Übersetzung zu erzielen). Eine (beglaubigte) deutsche Übersetzung des Verschmelzungsplans reicht jedenfalls für das deutsche Registerverfahren aus (*Tebben/Tebben* DB 2007, 2355 (2357)). 8

Der gemeinsame Verschmelzungsplan muss nach ganz hM iSd Vereinigungstheorie (→ § 122a Rn. 4) kumulativ allen Rechtsordnungen aller beteiligten Rechtsträger entsprechen (vgl. nur KK-UmwG/*Simon/Rubner* Rn. 8 mwN; Kallmeyer/*Marsch-Barner* Rn. 2; aA *Kallmeyer* AG 2007, 472 (474) und *Krüger* GS Gruson, 2009, 265 (271, 275), wonach nur das Recht des Aufnahmestaates anwendbar sein soll). Sofern einzelne nationale Umsetzungsvorschriften Angaben verlangen, die über die Vorgaben der Richtlinie bzw. des § 122c Abs. 2 hinausgehen, sind diese zusätzlichen Angaben entsprechend der Vereinigungstheorie mit aufzunehmen. Zum gemeinsamen Verschmelzungsplan bei Verschmelzung einer börsengehandelten englischen PLC auf eine 100%ige deutsche Tochtergesellschaft vgl. *Holzborn/Mayston* ZIP 2012, 2380. 9

cc) Entwurf. Abs. 2 trifft Regelungen für den Mindestinhalt des Verschmelzungsplans oder seines Entwurfs. Das Aufgreifen eines Entwurfs entspricht § 5 Abs. 1 und bestätigt, dass gem. § 122a Abs. 2 auch § 4 Abs. 2 – Erfordernis des Entwurfs des Verschmelzungsvertrages bei Abschluss des Verschmelzungsvertrages zeitlich nach Fassung der Zustimmungsbeschlüsse gem. § 13 – Anwendung findet. Die Anteilsinhaber der beteiligten Gesellschaften können somit die Zustimmungsbeschlüsse bereits auf Basis eines mit dem endgültigen Plan identischen Entwurfes des Verschmelzungsplans fassen. Die nach Abs. 4 erforderliche notarielle Beurkundung erfolgt dann zu einem späteren Zeitpunkt (SHS/*Hörtnagl* Rn. 7). 10

2. Inhalt des Verschmelzungsplans (Abs. 2). a) Allgemeines. Über den in Abs. 2 geregelten, eng an Art. 5 IntV-RL/Art. 122 GesR-RL orientierten Mindestinhalt eines Verschmelzungsplans hinaus können weitere Angaben in den gemeinsamen Verschmelzungsplan aufgenommen werden. Dies sind zum einen weitere Regelungen, die nach nationalen Umsetzungsvorschriften erforderlich sind. Die Kompetenz der nationalen Gesetzgeber, derartige überschießende Regelungen festzusetzen, wird zwar bezweifelt (*Kallmeyer/Kappes* AG 2006, 224 (227); *Drinhausen/Keinath* BB 2006, 725 (727); Semler/Stengel/*Drinhausen* Rn. 11; *Louven* ZIP 2006, 2021 (2025); aA *Bayer/J. Schmidt* NJW 2006, 725 (727)), gleichwohl finden sich de facto derartige Regelungen in nationalen Umsetzungsbestimmungen (vgl. zB 11

Regulation 7 (2) (a) (iii) Companies (Cross-Border Mergers) Regulations 2007 (UK) – hier wird ein Hinweis auf die Rechtsordnung, der die beteiligten Gesellschaften unterliegen, gefordert – oder § 122i, Aufnahme des Abfindungsangebotes in den Verschmelzungsplan). Zum anderen können sonstige (auch schuldrechtliche) Abreden der sich verschmelzenden Gesellschaften aufgenommen werden (Erwägungsgrund 4 IntV-RL bzw. Erwägungsgrund 57 GesR-RL; RegEBegr. zu § 122c Abs. 2, BT-Drs. 16/2919, 15.); Abs. 2 entspricht ferner nur zum Teil den für den Verschmelzungsvertrag einer inländischen Verschmelzung nach § 5 Abs. 1 geforderten Inhalten, vgl. § 5 Rn. 2 f.

12 **b) Rechtsform, Firma, Sitz (Abs. 2 Nr. 1).** Nach Abs. 2 Nr. 1 sind die Rechtsform, die Firma und der Sitz der übertragenden und übernehmenden oder neuen Gesellschaft anzugeben. Über § 5 Abs. 1 Nr. 1 hinaus wird zwecks Erleichterung der Prüfung der Beteiligtenfähigkeit die Angabe der Rechtsform verlangt, obwohl diese grundsätzlich aus der Firma der beteiligten inländischen Gesellschaft erkennbar ist (Widmann/Mayer/*Mayer* Rn. 40). Die Angabe der Rechtsform muss daher separat neben der Firma und unter Aufgreifen der in Art. 1 RL 2009/101/EG/Art. 7 Abs. 1 GesR-RL iVm Anhang II GesR-RL, die die Publizitätsrichtlinie aufgehoben hat (→ § 122a Rn. 2), benutzten Terminologie erfolgen. Übliche Abkürzungen sind zwar zulässig, ratsam ist es aber diese zur Erleichterung der Prüfung durch das ausländische Register zu vermeiden (Widmann/Mayer/*Mayer* Rn. 40 f.). Die Firma muss der aktuellen, im Handelsregister eingetragenen Firma entsprechen; die Firma der übrigen beteiligten Gesellschaften den jeweiligen ausländischen Rechtsordnungen. Beschlossene, noch nicht eingetragene Firmenänderungen sollten angegeben werden (SHS/*Hörtnagl* Rn. 12). Als Sitz iSv Abs. 2 Nr. 1 ist stets der Satzungssitz, nicht der ggf. abweichende Verwaltungssitz anzugeben (SHS/*Hörtnagl* Rn. 12).

13 **c) Umtauschverhältnis und bare Zuzahlung (Abs. 2 Nr. 2).** Nach Nr. 2 muss der Verschmelzungsplan das Umtauschverhältnis der Geschäftsanteile und ggf. die Höhe der baren Zuzahlungen angeben. Angaben zur Mitgliedschaft iSv § 5 werden nicht gefordert, da nur Kapitalgesellschaften beteiligt sind. Wie beim Verschmelzungsvertrag gem. § 5 bilden diese Angaben das Kernstück des Verschmelzungsplans, da hiermit die Anteilsinhaber der übertragenden Gesellschaft darüber informiert werden, in welchem Maße sie künftig an der übernehmenden oder neuen Gesellschaft beteiligt sein werden (Semler/Stengel/*Drinhausen* Rn. 14). Umtauschverhältnis und bare Zuzahlung sind in dem Plan nur anzugeben, jedoch nicht weiter zu erläutern, da dies Gegenstand des Verschmelzungsberichtes (§ 122e) und Prüfungsberichtes (§ 122f) ist. Zur Feststellung des Umtauschverhältnisses ist idR eine Bewertung der beteiligten Gesellschaften erforderlich; insofern kann auf die Rechtslage bei inländischen Verschmelzungen verwiesen werden (→ § 5 Rn. 10 ff.; SHS/*Hörtnagl* Rn. 13; zur Bewertung mit internationalen Bezügen: *Reuter* AG 2007, 881; *Kiem* ZGR 2007, 542). Die beteiligten Gesellschaften müssen sich jedoch auf eine in allen betroffenen Staaten anerkannte Bewertungsmethode verständigen (Semler/Stengel/*Drinhausen* Rn. 16). Die Angabe einer Verhältniszahl, die erläutert, wie viele Anteile an der übernehmenden oder neuen Gesellschaft der Anteilsinhaber für seine Anteile an der untergehenden Gesellschaft erhält, kann bei Verschmelzung auf eine inländische AG oder KGaA sowie SE ausreichend sein (SHS/*Hörtnagl* Rn. 14). Die rechtsformspezifischen Besonderheiten bei einer GmbH als aufnehmender oder neuer Gesellschaft sind zu beachten (SHS/*Hörtnagl* Rn. 14). Bei der Höhe der baren Zuzahlungen sind die inländischen Beschränkungen gem. § 54 Abs. 4, § 68 Abs. 3 und § 78 zu beachten (SHS/*Hörtnagl* Rn. 15). Angaben zum Umtauschverhältnis können nach § 122c Abs. 3 entfallen, wenn alle Anteile der übertragenden Gesellschaft von der übernehmenden Gesellschaft gehalten werden, da in diesem Fall keine Anteile gewährt werden. Die Gewährung von Geschäftanteilen kann überdies unterbleiben, wenn alle Anteilsinhaber eines übertragenden Rechtsträgers darauf verzichten, § 122a Abs. 2, § 54 Abs. 1 S. 3, § 68 Abs. 1 S. 3.

14 **d) Übertragung der Geschäftsanteile (Abs. 2 Nr. 3).** Nr. 3 entspricht im wesentlichen § 5 Abs. 2 Nr. 4. Weil als beteiligte Rechtsträger nur Kapitalgesellschaften beteiligt sein können, bedurfte es keiner Regelung der Übertragung der Mitgliedschaft. Wenn die übernehmende oder neue Gesellschaft deutschem Recht unterliegt, finden gem. § 122a Abs. 2 für die Gewährung von Anteilen die Regelungen Anwendung, die auch bei der innerstaatlichen Verschmelzung gelten. Insofern hier auch auf § 71, Bestellung eines Treuhänders bei der übertragenden AG/KGaA/SE zur Abwicklung des Aktienumtausches – (→ § 5 Rn. 19), ist diese Bestimmung, die dem Schutz der Aktionäre des übertragenden Rechtsträgers dient, nur anzuwenden, wenn die übernehmende/neue Gesellschaft ausländischem Recht unterliegt (Lutter UmwG/*Bayer* Rn. 17; Semler/Stengel/*Drinhausen* Rn. 19; Widmann/Mayer/*Mayer* Rn. 93).

15 **e) Auswirkungen auf die Beschäftigung (Abs. 2 Nr. 4).** Die Regelung ähnelt § 5 Abs. 1 Nr. 9. Der Unterschied im Hinblick auf die erforderlichen Angaben nach § 5 Abs. 1 Nr. 9 ergibt sich jedoch aus dem unterschiedlichen Zweck beider Bestimmungen. Während die Angaben gem. § 5 Abs. 1 Nr. 9 der Information der Anteilsinhaber *und* des Betriebsrates dienen, dem der Verschmelzungsvertrag unter Beachtung der Monatsfrist gem. § 5 Abs. 3 zuzuleiten ist, dienen die Angaben gem. § 122c Abs. 2 Nr. 4 ausschließlich der Information der Anteilsinhaber und müssen deshalb nur die für die Anteilsinhaber insofern bedeutsamen Gesichtspunkte umfassen (SHS/*Hörtnagl* Rn. 19; *J. Vetter* AG 2006, 613 (619);

Klein DNotZ 2007, 565 (581); *Kulenkamp* Grenzüberschr. Verschmelz. (2009) 182 f.; kritisch zur systematischen Stellung der Nr. 4 auch *Schott* Grenzüberschr. Verschmelz. (2007) 127; aA Widmann/Mayer/*Mayer* Rn. 98, der aus Gründen der Rechtssicherheit vollständige Angaben iSv § 5 Abs. 1 Nr. 9 fordert; ebenso *Simon/Hinrichs* NZA 2008, 391 (392); Kallmeyer/*Willemsen* Rn. 17, wonach vorsorglich alle Angaben iSv § 5 Abs. 1 Nr. 9 zu nennen sind; so auch Semler/Stengel/*Drinhausen* Rn. 21); eine Zuleitungspflicht besteht jedoch gegenüber dem Betriebsrat nicht (str., → Rn. 28; Kallmeyer/*Marsch-Barner* Rn. 18 mwN), da die Information des Betriebsrates und/oder der Arbeitnehmer durch Zugänglichmachung des Verschmelzungsberichts nach § 122e Abs. 2 erfolgt (→ § 122e Rn. 6, → § 122e Rn. 13). Daher müssen im Verschmelzungsplan lediglich Angaben zu den aktuellen und zu erwartenden Mitarbeiterzahlen, zu den mit einem etwaigen Arbeitsplatzabbau verbundenen Kosten und zu künftigen Mitbestimmungsregeln erfolgen (*Simon/Rubner* Der Konzern 2006, 835 (838); *J. Vetter* AG 2006, 613 (619 f.)). Angaben zu den Folgen für die Arbeitnehmervertretungen verlangt § 122c Abs. 2 Nr. 4 nicht (SHS/*Hörtnagl* Rn. 19 mwN; *Kulenkamp* Grenzüberschr. Verschmelz. (2009) 182 f.) (§ 122c Abs. 2 Nr. 10), wonach Angaben zum Verfahren über die Festlegung der Arbeitnehmerbeteiligung erfolgen, ist insofern lex specialis (Lutter UmwG/*Bayer* Rn. 19). Soweit Nr. 4 von „voraussichtlichen" Auswirkungen spricht, bezieht sich dies darauf, dass sich zwischen Aufstellung und Bekanntmachung des Verschmelzungsplans (§ 122d) Veränderungen ergeben können, die dann im Verschmelzungsbericht angegeben werden (Widmann/Mayer/*Mayer* Rn. 96).

f) Zeitpunkt der Gewinnbeteiligung (Abs. 2 Nr. 5). Nach Nr. 5 sind der Zeitpunkt, von dem an die Gesellschaftsanteile deren Inhabern das Recht auf Beteiligung am Gewinn gewähren, sowie alle Besonderheiten, die eine Auswirkung auf dieses Recht haben, anzugeben. Diese Regelung entspricht § 5 Abs. 1 Nr. 5 und bezieht sich demgemäß auf die neuen Anteile, die die Anteilsinhaber der übertragenden Gesellschaft an der übernehmenden oder neuen Gesellschaft erhalten. In der Praxis beginnt die Gewinnbeteiligung – wenn auch rechtlich nicht zwingend (Lutter UmwG/*Bayer* Rn. 21, der zu einer Festsetzung entsprechend den Umständen rät) – idR am Verschmelzungsstichtag, auf den meist auch die Feststellung des Werteverhältnisses der beteiligten Gesellschaften erfolgt (SHS/*Hörtnagl* Rn. 20). Derartige Angaben entfallen bei der Konzernverschmelzung nach Abs. 3. 16

g) Verschmelzungsstichtag (Abs. 2 Nr. 6). Nr. 6 fordert die Angabe des Zeitpunktes, von dem an die Handlungen der übertragenden Gesellschaften unter dem Gesichtspunkt der Rechnungslegung als für Rechnung der übernehmenden oder neuen Gesellschaft vorgenommen gelten (Verschmelzungsstichtag). Diese Formulierung entspricht fast wörtlich § 5 Abs. 1 Nr. 6. Eine dingliche Rückwirkung der Verschmelzung ist mit der Rückbeziehung auch bei Nr. 6 nicht verbunden; stattdessen geht es allein darum, den Stichtag festzusetzen, ab dem Geschäftsvorfälle der übernehmenden/neuen Gesellschaft für Zwecke der Bilanzierung zugerechnet werden, unabhängig davon, ob diese Geschäftsvorfälle tatsächlich noch von den übertragenden Gesellschaften vorgenommen werden (SHS/*Hörtnagl* Rn. 21). Für die handels- und steuerrechtliche Gewinnermittlung kommt dem Verschmelzungsstichtag damit große Bedeutung zu (Semler/Stengel/*Drinhausen* Rn. 24). Die beteiligten Gesellschaften können den Verschmelzungsstichtag frei bestimmen, die zeitlich unmittelbar vorausgehende Schlussbilanz der übertragenden Gesellschaft hat sich allerdings hieran auszurichten (SHS/*Hörtnagl* Rn. 21). Die Schlussbilanz der übertragenden inländischen Gesellschaft darf gem. § 122a Abs. 2, § 17, § 122k Abs. 1 S. 2 nicht älter als acht Monate sein (Semler/Stengel/*Drinhausen* Rn. 24). Für die übertragende ausländische Gesellschaft gilt diese Beschränkung bei der Hereinverschmelzung nicht, sondern die Anforderungen nach dem jeweiligen nationalen Recht. 17

h) Gewährung von Rechten an Sonderrechtsinhaber (Abs. 2 Nr. 7). Der Verschmelzungsplan muss Angaben über die Rechte, die die übernehmende oder neue Gesellschaft den mit Sonderrechten ausgestatteten Gesellschaftern und den Inhabern von anderen Wertpapieren als Gesellschaftsanteilen gewährt, oder Angaben zu den für diese Personen vorgeschlagenen Maßnahmen enthalten. Diese Bestimmung entspricht § 5 lit. g IntV-RL/Art. 122 lit. g GesR-RL und präzisiert, dass es um Rechte geht, die die übernehmende oder neue Gesellschaft gewährt, weicht aber von § 5 Abs. 1 Nr. 7 ab. Die Bestimmung ist anders als § 5 Abs. 1 Nr. 7 nur darauf gerichtet, dass die Rechte genannt werden, die Inhabern von Sonderrechten in einer übertragenden Gesellschaft im Austausch für bisher bestehende Sonderrechte gewährt werden; erstmalig iRd grenzüberschreitenden Verschmelzung gewährte Rechte sind angesichts der insoweit klaren Fassung der Bestimmung nicht anzugeben, obwohl dies sinnvoll wäre (SHS/*Hörtnagl* Rn. 24, aA HK-UmwG/*Becker* Rn. 30). Die Überprüfbarkeit der Beachtung des gesellschaftsrechtlichen Gleichbehandlungsgrundsatzes wird dadurch erschwert (SHS/*Hörtnagl* Rn. 24). Anzugeben sind die bestehenden Sonderrechte (zB Mehrstimmrechte, Benennungs- und Vorschlagsrechte usw) ebenso wie die im Austausch dafür nach ausländischem Recht gewährten Rechte und Wertpapiere. Ebenfalls anzugeben sind die Rechte, die Inhabern von anderen Wertpapieren als Gesellschaftsanteilen (zB Genussrechte) gewährt werden. Kommt es bei den mit Sonderrechten ausgestatteten Gesellschaftern/Inhabern von anderen Wertpapieren als Gesellschaftsanteilen nicht zur Gewährung neuer Rechte 18 durch die übernehmende/neue Gesellschaft, müssen die stattdessen vorgesehenen Maßnahmen (zB Abfindungszahlungen) genannt werden.

19 **i) Sondervorteile (Abs. 2 Nr. 8).** Nach § 122c Abs. 2 Nr. 8 müssen im Verschmelzungsplan – wie gem. § 5 Abs. 1 Nr. 8 bei der inländischen Verschmelzung – etwaige besondere Vorteile für Sachverständige, die den Verschmelzungsplan prüfen, oder für Organmitglieder der beteiligten Gesellschaften angegeben werden. Sondervorteile an den Abschlussprüfer, die im Regelfall bereits aus berufsrechtlichen Gründen nicht gewährt werden dürfen (SHS/*Hörtnagl* Rn. 25), sind jedoch nicht erfasst. Im Übrigen wird auf → § 5 Rn. 27 verwiesen.

20 **j) Satzung (Abs. 2 Nr. 9).** Über Art. 5 lit. i IntV-RL/Art. 122 lit. i GesR-RL hinaus und anders als nach § 37 ist nicht nur die Satzung der aus der Verschmelzung hervorgehenden neuen Gesellschaft, sondern auch im Fall der Verschmelzung durch Aufnahme iSv § 2 Nr. 1 die Satzung der übernehmenden Gesellschaft im Verschmelzungsplan wiederzugeben. Selbst wenn die Satzung nicht iRd Verschmelzung geändert wird, ist sie aufzunehmen (*Heckschen* DNotZ 2007, 444 (456); SHS/*Hörtnagl* Rn. 26). Nachrichtlich anzugeben ist der volle Wortlaut; die Beifügung der Satzung als Anlage zum Verschmelzungsplan ist nach zutreffender allgM ausreichend (vgl. nur Semler/Stengel/*Drinhausen* Rn. 30). Nachträgliche Änderungen der Satzung sind zulässig, es sei denn, es handelt sich um eine Verschmelzung zur Neugründung einer inländischen Gesellschaft (Semler/Stengel/*Drinhausen* Rn. 30; Widmann/Mayer/*Mayer* Rn. 120; HK-UmwG/*Becker* Rn. 33).

21 **k) Festlegung der Arbeitnehmermitbestimmung (Abs. 2 Nr. 10).** Der Verschmelzungsplan muss Angaben zu dem Verfahren enthalten, nach dem die Einzelheiten über die Beteiligung der Arbeitnehmer an der Festlegung ihrer Mitbestimmungsrechte in der aus der grenzüberschreitenden Verschmelzung hervorgehenden Gesellschaft geregelt werden. Diese Bestimmung findet in § 5 keine Entsprechung, weil das Verfahren der Festlegung der Mitbestimmung der Arbeitnehmer bei einer grenzüberschreitenden Verschmelzung im MgVG besonders geregelt wurde (→ § 122a Rn. 3). Wegen der Formulierung „gegebenenfalls" kann auf derartige Angaben verzichtet werden, wenn es nicht zu einem derartigen Verfahren kommt, etwa weil die beteiligten Gesellschaften keine Arbeitnehmer haben oder die beteiligten Gesellschaften vor und nach der Verschmelzung keinen Mitbestimmungsregeln unterliegen, dh keiner der Tatbestände des § 5 MgVG greift, eine entsprechende Negativerklärung ist jedoch im Verschmelzungsplan zu vermerken (Semler/Stengel/*Drinhausen* Rn. 31). Wird ein derartiges Verfahren durchgeführt, ist das Verfahren zur Bildung des Besonderen Verhandlungsgremiums in den Grundzügen darzustellen sowie die möglichen Ergebnisse des Verfahrens, dh eine Vereinbarung über die Mitbestimmung iSv § 15 Abs. 1 S. 1 MgVG, § 22 MgVG oder ein Eingreifen der gesetzlichen Auffangregelungen iSv §§ 23–28 MgVG knapp darzustellen (Kallmeyer/*Willemsen* Rn. 29). Sofern eine Vereinbarung oder ein sonstiges Verfahrensergebnis bei Aufstellung des Verschmelzungsplans bereits vorliegt (bereits vor Offenlegung des Verschmelzungsplans kann ein Verfahren gem. §§ 6 ff. MgVG durchgeführt und abgeschlossen werden), ist dieses kurz zu erläutern (Kallmeyer/*Willemsen* Rn. 29; Semler/Stengel/*Drinhausen* Rn. 31). Findet auf die übernehmende oder neue Gesellschaft ausländisches Recht Anwendung, gelten dessen Umsetzungsbestimmungen zu Art. 16 IntV-RL/Art. 133 GesR-RL; deutsches Recht gilt dann nur für Wahl der deutschen Vertreter im Besonderen Verhandlungsgremium; beides ist im Plan knapp wiederzugeben zZu Einzelheiten bei deutsch-österreichischem Verschmelzungen *Herrler/S. Schneider* GmbHR 2011, 795 (796)).

22 **l) Bewertung des Aktiv- und Passivvermögens (Abs. 2 Nr. 11).** Der Verschmelzungsplan muss Angaben zur Bewertung des Aktiv- und Passivvermögens, das auf die übernehmende oder neue Gesellschaft übertragen wird, enthalten. Diese Bestimmung findet in § 5 Abs. 1 keine Parallele und beruht auf Art. 5 lit. k IntV-RL/Art. 122 lit. k GesR-RL, einer Regelung, die auf Vorschlag der franz. Delegation übernommen wurde (*Neye/Timm* DB 2006, 488 (489)). § 122c Abs. 1 Nr. 11 zielt ersichtlich nicht auf das Umtauschverhältnis, da sonst auch Angaben zum Wert des Vermögens der übernehmenden oder neuen Gesellschaft sinnvoll wären (*Simon/Rubner* Der Konzern 2006, 835 (838); Semler/Stengel/*Drinhausen* Rn. 33). Nach überwA beziehen sich die Angaben jedoch auf die Wertansätze, mit denen das übertragene Vermögen in das Rechnungswesen der aufnehmenden Gesellschaft übernommen werden soll, ob also in Ausübung des Wahlrechtes nach § 24 die Buchwerte oder Teil- oder Zwischenwerte angesetzt werden (*Kiem* WM 2006, 1091 (1095); *Simon/Rubner* Der Konzern 2006, 835 (838); Semler/Stengel/*Drinhausen* Rn. 35). Denn der übernehmende Rechtsträger hat als Folge der Regelung des § 24 die Wahl, die übergehenden Wirtschaftsgüter entweder mit den in der Schlussbilanz gem. § 17 Abs. 2 ausgewiesenen Werten fortzuführen oder nach dem Anschaffungskostenprinzip zu erfassen (SHS/*Hörtnagl* Rn. 30 sowie zu Einzelheiten SHS/*Hörtnagl* § 24 Rn. 20 ff.).

23 § 122c Abs. 2 Nr. 11 verlangt dem Wortlaut nach bereits Angaben im Verschmelzungsplan, ob die Bilanzierung unter Zugrundelegung von Buchwerten oder nach dem Anschaffungskostenprinzip erfolgen wird bzw., wenn weitere Wahlrechte bestehen, wie diese ausgeübt werden. Hierbei ist im Einzelnen str., ob die Angaben im Verschmelzungsplan bei Ausübung von bilanziellen Bewertungswahlrechten bereits verbindlich sind (so Semler/Stengel/*Drinhausen* Rn. 36) oder ob die Angabe, eine Entscheidung

sei noch nicht getroffen, die Anforderung nach Abs. 2 Nr. 11 ebenfalls erfüllt (so *Limmer* ZNotP 2007, 242 (255); *J. Vetter* AG 2006, 613 (619); *Simon/Rubner* Der Konzern 2006, 835 (838)). Richtigerweise sollte jedoch die endgültige Festlegung der Bewertung im Zusammenhang mit der Aufstellung des Jahresabschlusses der übernehmenden Gesellschaft erfolgen, jedenfalls dann, wenn keine der beteiligten Rechtsordnungen bereits eine vorzeitige Festlegung fordert (SHS/*Hörtnagl* Rn. 32). Des Weiteren sind Angaben zur Bewertung des übergehenden Vermögens des jeweiligen übertragenen Rechtsträgers in dessen handelsrechtlicher und steuerlicher Schlussbilanz erforderlich (SHS/*Hörtnagl* Rn. 31).

m) Stichtag der Bilanzen (Abs. 2 Nr. 12). Nach Nr. 12 ist im Verschmelzungsplan der Stichtag der Bilanzen der an der Verschmelzung beteiligten Gesellschaften, die zur Festlegung der Bedingungen der Verschmelzung verwendet werden, anzugeben. Die Regelung beruht auf Art. 5 lit. l IntV-RL/Art. 122 lit. l GesR-RL und findet in § 5 keine Entsprechung. Gemeint ist der Stichtag der Schlussbilanzen aller an der Verschmelzung beteiligten Gesellschaften. Der terminologischen Abweichung zu Art. 5 lit. l IntV-RL/Art. 122 lit. l GesR-RL (dort ist von Jahresabschluss die Rede) kommt keine Bedeutung zu (SHS/*Hörtnagl* Rn. 33). Vollständige Bilanzen müssen nicht aufgenommen werden (Semler/Stengel/*Drinhausen* Rn. 37; SHS/*Hörtnagl* Rn. 33; aA *Haritz/v. Wolff* GmbHR 2006, 340 (341)). 24

n) Verschmelzung auf eine Personenhandelsgesellschaft (Abs. 2 Nr. 13). Neu ist die durch das 4. UmwÄndG vom 19.12.2018 (BGBl. 2018 I 2694) mit Wirkung zum 1.1.2019 eingefügte Bestimmung des § 122c Abs. 2 Nr. 13 (vgl. BegrRegE 4. UmwÄndG, BT-Drs. 19/5463, 10). Wie bei der für die nationale Verschmelzung geltenden Vorschrift des § 40 Abs. 1 S. 1 muss der Verschmelzungsplan bei einer Verschmelzung auf eine Personenhandelsgesellschaft im Hinblick auf jeden Anteilsinhaber des übertragenden Rechtsträgers bestimmen, ob ihm in der Personenhandelsgesellschaft die (Rechts-)Stellung eines persönlich haftenden Gesellschafters oder eines – beschränkt haftenden – Kommanditisten gewährt wird (→ § 40 Rn. 2 ff.). Ebenfalls in Übereinstimmung mit § 40 Abs. 1 S. 2 ist auch der Betrag der Einlage jedes Gesellschafters festzusetzen. 24a

o) Abfindungsangebot. Bei Vorliegen der Voraussetzungen des § 122i ist die übertragende Gesellschaft nach dieser Vorschrift verpflichtet, der Verschmelzung widersprechenden Anteilsinhabern im Verschmelzungsplan oder seinem Entwurf ein Abfindungsangebot zu unterbreiten (SHS/*Hörtnagl* Rn. 35; zur Richtlinienkonformität dieser weiterer Pflichtangabe im Verschmelzungsplan → § 122i Rn. 4). 25

p) Fakultative Angaben. Da Abs. 2 nur den Mindestinhalt entsprechend IntV-RL/GesR-RL Titel II Abschnitt II bestimmt, können die beteiligten Gesellschaften entsprechend dem vierten Erwägungsgrund IntV-RL bzw. Erwägungsgrund 57 GesR-RL weitere freiwillige Regelungen in den Verschmelzungsplan aufnehmen (vgl. nur Semler/Stengel/*Drinhausen* Rn. 38). 26

3. Mutter-Tochter-Verschmelzungen (Abs. 3). Abs. 3 entspricht weitgehend § 5 Abs. 2. Die Ausführungen unter → § 5 Rn. 35 f. gelten entsprechend. Da bei Anwendbarkeit des Abs. 3 eine 100%ige Tochtergesellschaft auf ihre Muttergesellschaft verschmolzen wird und die übernehmende Gesellschaft folglich keine neuen Anteile gewährt, sind Angaben nach Nr. 2 (Umtauschverhältnis), Nr. 3 (Einzelheiten hinsichtlich der Übertragung der Anteile an der übernehmenden Gesellschaft) und Nr. 5 (Zeitpunkt der Gewinnbeteiligung) obsolet (SHS/*Hörtnagl* Rn. 37). 27

4. Keine Zuleitung an den Betriebsrat. Anders als der Verschmelzungsvertrag einer nationalen Verschmelzung ist der Verschmelzungsplan oder sein Entwurf nicht dem Betriebsrat zuzuleiten; die §§ 122a ff. verzichten auf eine dem § 5 Abs. 3 entsprechende Regelung, weil die arbeitnehmerrelevanten Informationen im – grundsätzlich unverzichtbaren – Verschmelzungsbericht enthalten sind, der dem Betriebsrat bzw. bei Fehlen eines Betriebsrates den Arbeitnehmern zugänglich gemacht wird (hM, vgl. nur Semler/Stengel/*Drinhausen* Rn. 44 sowie → § 122e Rn. 13; aA *Krause/Kulpa* ZHR 171 (2007), 38 (60): Anwendung von § 5 Abs. 3 über § 122a Abs. 2). 28

5. Notarielle Beurkundung (Abs. 4). Abs. 4 stellt klar, dass der Verschmelzungsplan notariell beurkundet werden muss, was bereits aus §§ 122a Abs. 2, 6 folgt (RegEBegr. zu § 122c BT-Drs. 16/2919, 15; Semler/Stengel/*Drinhausen* Rn. 42; *Klein* RNotZ 2007, 565 (583 f.)). Obwohl Abs. 4 grundsätzlich nur für die inländischen Rechtsträger gilt, setzt sich im Hinblick auf Formerfordernisse das jeweils strengste Recht durch, weil der Verschmelzungsplan ein einheitliches Dokument ist (Kallmeyer/*Müller* Rn. 40; SHS/*Hörtnagl* Rn. 39 f.). Dies bedeutet, dass selbst dann notarielle Beurkundung erforderlich ist, wenn das Recht der beteiligten ausländischen Gesellschaften keine Beurkundung verlangt. Auch hieran wird deutlich, dass der Verschmelzungsplan nach der Vereinigungstheorie (→ § 122a Rn. 4) allen beteiligten Rechtsordnungen entsprechen muss (Kallmeyer/*Müller* Rn. 40). Unabhängig davon ist es auch in diesem Fall im Interesse einer erleichterten Akzeptanz durch die ausländischen Register in der Praxis sinnvoll, zusätzlich die Formerfordernisse des Verschmelzungsplanes des jeweiligen ausländischen Rechts (zB privatschriftliche oder durch ausländischen Notar beglaubigte Unterzeich- 29 nung) zu beachten (*Freundorfer/Festner* GmbHR 2010, 195 (197)). Ob nach den jeweiligen ausländischen Rechtsordnungen, die eine Beurkundung fordern, die Beurkundung vor einem deutschen Notar ausreicht (dies gilt zB für Österreich, vgl. *Herrler/S. Schneider* GmbHR 2011, 795 (796) mwN), ist jeweils gesondert zu prüfen. Sollte dies nicht der Fall sein, bedarf der Verschmelzungsplan ggf. der doppelten Beurkundung (Semler/Stengel/*Drinhausen* Rn. 43; SHS/*Hörtnagl* Rn. 40; *Brocker* BB 2010, 971 (973); kritisch *J. Vetter* AG 2006, 613 (617) mwN). Die Frage, ob anstelle der Beurkundung vor einem deutschen Notar eine Beurkundung im Ausland ausreichend ist, ist nach den allgemeinen Regeln (Gleichwertigkeitserfordernis: BGH 16.2.1981, BGHZ 80, 76; BGH 17.12.2013, BGHZ 199, 270 Rn. 23; OLG Frankfurt a. M. 25.1.2005, BeckRS 2005, 02597; RegEBegr. zu § 122c Abs. 4 BT-Drs. 16/2919, 15; *Goette* DStR 1996, 709; *J. Vetter* AG 2006, 617 mwN; *Schott* Grenzüberschr. Verschmelz. (2007) 110 ff.) zu beurteilen. Wie bei der nationalen Verschmelzung ist hier tendenziell Zurückhaltung geboten, die Formulierung in RegEBegr. BT-Drs. 16/2919, 15 zu Abs. 4 deutet nicht auf eine besondere Behandlung der grenzüberschreitenden Verschmelzung hin.

30 Beurkundungspflichtig sind die auf die Aufstellung des gemeinsamen Verschmelzungsplanes gerichteten Erklärungen der Vertretungsorgane. Stellvertretung ist dabei zulässig, ohne dass die Vollmachten der notariellen Form bedürfen (Kallmeyer/*Müller* Rn. 41; SHS/*Hörtnagl* Rn. 41). Gleichzeitige Anwesenheit der Vertretungsorgane der Vertretungsorgane bei der Beurkundung ist nicht erforderlich; die Zustimmung in weiterer notarieller Urkunde ist möglich (SHS/*Hörtnagl* Rn. 41). Die Beurkundung muss grundsätzlich in deutscher Sprache erfolgen (§ 5 Abs. 1 BeurkG). Ist der Verschmelzungsplan mehrsprachig, muss der ggf. befasste deutsche Notar der anderen Sprachen hinreichend mächtig sein (§ 5 Abs. 2 BeurkG; SHS/*Hörtnagl* Rn. 42).

Bekanntmachung des Verschmelzungsplans

122d [1] **Der Verschmelzungsplan oder sein Entwurf ist spätestens einen Monat vor der Versammlung der Anteilsinhaber, die nach § 13 über die Zustimmung zum Verschmelzungsplan beschließen soll, zum Register einzureichen.** [2] **Das Gericht hat in der Bekanntmachung nach § 10 des Handelsgesetzbuchs unverzüglich die folgenden Angaben bekannt zu machen:**

1. einen Hinweis darauf, dass der Verschmelzungsplan oder sein Entwurf beim Handelsregister eingereicht worden ist,

2. Rechtsform, Firma und Sitz der an der grenzüberschreitenden Verschmelzung beteiligten Gesellschaften,

3. die Register, bei denen die an der grenzüberschreitenden Verschmelzung beteiligten Gesellschaften eingetragen sind, sowie die jeweilige Nummer der Eintragung,

4. einen Hinweis auf die Modalitäten für die Ausübung der Rechte der Gläubiger und der Minderheitsgesellschafter der an der grenzüberschreitenden Verschmelzung beteiligten Gesellschaften sowie die Anschrift, unter der vollständige Auskünfte über diese Modalitäten kostenlos eingeholt werden können.

[3] **Die bekannt zu machenden Angaben sind dem Register bei Einreichung des Verschmelzungsplans oder seines Entwurfs mitzuteilen.**

Übersicht

I. Allgemeines

1 Die Bestimmung dient der Umsetzung von Art. 6 IntV-RL/Art. 123 GesR-RL, entspricht inhaltlich Art. 22 SE-VO und bezweckt den Schutz von Gesellschaftern und Dritten durch eine möglichst frühe Information über die grenzüberschreitende Verschmelzung (vgl. Erwägungsgrund 5 IntV-RL/Erwägungsgrund 58 GesR-RL; Lutter UmwG/*Bayer* Rn. 1). Nach S. 1 ist der Verschmelzungsplan oder sein Entwurf spätestens einen Monat vor der Versammlung der Anteilsinhaber, die nach § 13 über die Zustimmung zum Verschmelzungsplan beschließen soll, dem Register einzureichen. Dabei sind auch die in S. 2 Nr. 2–4 genannten Angaben (→ Rn. 9 ff.) dem Register mitzuteilen. Das Gericht hat sodann diese Angaben zusammen mit dem Hinweis auf die Einreichung des Verschmelzungsplanes oder seines Entwurfes nach § 10 HGB unverzüglich bekanntzumachen (bei der nationalen Verschmelzung von Aktiengesellschaften wird dagegen nur der Hinweis auf die Einreichung des Verschmelzungsvertrages oder seines Entwurfes bekanntgemacht, § 61). Während Art. 6 Abs. 1 IntV-RL/Art. 123 Abs. 1 GesR-RL für die Beginn der Monatsfrist darauf abstellt, dass der Verschmelzungsplan *bekannt gemacht* wurde, kommt es nach § 122d für den Beginn der Monatsfrist allein darauf an, dass der Verschmelzungsplan einen Monat vor den Gesellschafterversammlungen beim Register *eingereicht* wurde. Diese Umsetzung wird überwiegend zu Recht als nicht richtlinienkonform angesehen (*Louven* ZIP 2006, 2021 (2026); Widmann/Mayer/*Mayer* Vor § 122a Rn. 105; Lutter UmwG/*Bayer* Rn. 7; Semler/Stengel/*Drinhausen* Rn. 8 Fn. 17; HK-UmwG/*Becker* Rn. 3; vgl. auch bereits die krit. Stellungnahme des Bundesrates zum RegE, BT-Drs. 16/2919, 24; sofern die Bundesregierung diese Kritik unter Hinweis auf die angestrebte Parallele zu § 61 zurückgewiesen hat, überzeugt dies nicht, vgl. Lutter UmwG/*Bayer* Rn. 7; für akzeptable Umsetzung: *Pfeiffer/Heilmeier* GmbHR 2009, 1317 (1318)). Art. 6 Abs. 1 IntV-RL/Art. 123 Abs. 1 GesR-RL, der den Beginn der Monatsfrist von der behördlichen Bekanntmachung des Verschmelzungsplans abhängig macht, ist durch Art. 4 der Änderungsrichtlinie vom 16.9.2009, ABl. 2009 L 259, 14 ff., geändert worden (vgl. Kallmeyer/*Marsch-Barner* Rn. 1); unter anderem die Veröffentlichung des gemeinsamen Verschmelzungsplanes auf den Internetseiten der Gesellschaft kann danach die behördliche Offenlegung ersetzen; eine Umsetzung dieser Vorgaben in deutsches Recht steht allerdings noch aus (das 3. UmwÄndG vom 11.7.2011, BGBl. 2011 I 1338, greift diese Vorgabe nicht auf).

II. Einzelerläuterungen

2 **1. Einreichung des Verschmelzungsplanes und Mitteilung. a) Normadressat der Einreichungspflicht.** Die Bestimmung nennt nicht den Normadressaten. Schuldner der Einreichungspflicht sind die jeweils beteiligten inländischen Kapitalgesellschaften (Widmann/Mayer/*Mayer* Rn. 9; SHS/*Hörtnagl* Rn. 2). Sind mehrere Kapitalgesellschaften beteiligt, muss jede Gesellschaft entsprechende Unterlagen einreichen. Für jede beteiligte Gesellschaft erfolgt die Bekanntmachung getrennt. Für ausländische Gesellschaften gelten im Hinblick auf Einreichung und Bekanntmachung ausschließlich die nationalen Umsetzungsvorschriften, nicht aber § 122d. Die Nichteinreichung, die nicht vollständige oder verspätete Einreichung führt zur Anfechtbarkeit des Zustimmungsbeschlusses (Widmann/Mayer/*Mayer* Rn. 40; SHS/*Hörtnagl* Rn. 3). Wird der Verschmelzungsplan nicht oder nicht vollständig eingereicht oder werden die von der Bestimmung geforderten Angaben nicht oder unvollständig mitgeteilt, besteht ein Eintragungshindernis (Widmann/Mayer/*Mayer* Rn. 42; für die nationale Verschmelzung von Aktiengesellschaften vgl. Semler/Stengel/*Diekmann* § 61 Rn. 19). Das Registergericht kann nach § 14 HGB auf die Einreichung durch die verpflichteten Organe der beteiligten Gesellschaften notfalls durch die Festsetzung von Zwangsgeld hinwirken (SHS/*Hörtnagl* Rn. 3).

3 **b) Zuständiges Gericht.** Das „Registergericht" iSd Bestimmung bestimmt sich nach §§ 376, 377 Abs. 1 FamFG iVm § 23a Abs. 1 Nr. 2, Abs. 2 Nr. 3 GVG iVm § 14 AktG bzw. § 7 Abs. 1 GmbHG. Zuständig ist demnach das AG als Registergericht, in dessen Bezirk der Satzungssitz der betroffenen inländischen Gesellschaft liegt.

4 **c) Gegenstand der Einreichung.** Eingereicht werden muss der Verschmelzungsplan oder sein Entwurf. Der Entwurf muss mit der Version identisch sein, über die die Gesellschafterversammlung beschließt. Sofern nachträglich Änderungen erfolgen, kann der Zustimmungsbeschluss angefochten werden (SHS/*Hörtnagl* Rn. 6), es sei denn, es erfolgt eine erneute Einreichung und ggf. erneute (fristrelevante) Bekanntmachung (*Krauel/Mense/Wind* Der Konzern 2010, 541 (542 f.)). Damit das Registergericht die Bekanntmachung gem. S. 2 durchführen kann, müssen dem Registergericht auch die gem. § 122d S. 2 erforderlichen Angaben mitgeteilt werden, wobei sich diese Verpflichtung lediglich auf die Angaben nach § 122d S. 2 Nr. 2–4 bezieht; der Nr. 1 wird de facto durch die Einreichung von Plan oder Entwurf Rechnung getragen (Lutter UmwG/*Bayer* Rn. 4).

5 **d) Form der Einreichung.** Die Übermittlung des Verschmelzungsplans oder seines Entwurfs sowie die Mitteilung der Angaben nach § 122d S. 2 Nr. 2–4 muss unter Beachtung von § 12 Abs. 2 HGB in elektronischer Form erfolgen.

6 **e) Frist für die Einreichung.** Die Einreichung nach § 122d S. 1 hat spätestens einen Monat vor der Versammlung der Anteilsinhaber, die nach § 13 über die Zustimmung zum Verschmelzungsplan beschließen soll, zu erfolgen. Nach dem Wortlaut von S. 3 müssen die weiteren Angaben bei Einreichung, dh zeitgleich mit der Einreichung, an das Register übermittelt werden. Die Monatsfrist wird nach den allgemeinen Vorschriften der §§ 187 ff. BGB berechnet (Semler/Stengel/*Drinhausen* Rn. 10; Widmann/Mayer/*Mayer* Rn. 26 f.). Die Frist beginnt mit der Einreichung und der Mitteilung aller Angaben nach S. 2 Nr. 2–4 und nicht erst mit der Bekanntmachung des Verschmelzungsplans oder seines Entwurfs (Semler/Stengel/*Drinhausen* Rn. 9; SHS/*Hörtnagl* Rn. 9; *Freundorfer/Festner* GmbHR 2010, 195 (198); zur Kritik an dem gesetzlichen Fristbeginn → Rn. 1). Die Monatsfrist ist rückwärts, ausgehend vom Tag der Anteilsinhaberversammlung, der selbst nicht mitzurechnen ist (§ 187 Abs. 1 BGB), zu berechnen. Die Frist „endet" also mit Beginn des Tages, der durch seine Zahl dem Tag der Anteilsinhaberversammlung entspricht (§ 188 Abs. 2 BGB). Mithin muss die Einreichung spätestens einen Tag vor dem so errechneten Fristbeginn erfolgt sein. Die Fristberechnung erfolgt iÜ wie bei § 5 Abs. 3 (allg. zur Fristberechnung: SHS/*Hörtnagl* Rn. 8). Bedarf es bei Konzernverschmelzung keines Gesellschafterbeschlusses der übertragenden Gesellschaft (§ 122g Abs. 2, → § 122g Rn. 8 ff.), findet § 62 Abs. 4 S. 3 nF entsprechende Anwendung: Die Einreichung hat innerhalb eines Monats nach Aufstellung des Verschmelzungsplans oder seines Entwurfes zu erfolgen (Semler/Stengel/*Drinhausen* Rn. 8).

7 **2. Bekanntmachung. a) Form und Frist.** Als Folge der elektronischen Registerführung erfolgt auch die Bekanntmachung gem. § 122d S. 2 in elektronischer Form in dem von der Landesjustizverwaltung bestimmten elektronischen Informations- und Kommunikationssystem (www.handelsregisterbekanntmachung.de; Widmann/Mayer/*Mayer* Rn. 33; Lutter UmwG/*Bayer* Rn. 8). Die Bekanntmachung muss unverzüglich erfolgen, sobald dem Gericht alle erforderlichen Dokumente bzw. Angaben vorliegen. Da bereits die Einreichung und Mitteilung der erforderlichen Angaben den Beginn der Monatsfrist auslöst (→ Rn. 1 und → Rn. 6), hat das Registergericht die Bekanntmachung am Tag der Einreichung oder spätestens am darauffolgenden Tag durchzuführen (Widmann/Mayer/*Mayer* Rn. 34; SHS/*Hörtnagl* Rn. 12).

8 **b) Inhalt der Bekanntmachung.** Der Inhalt der Bekanntmachung ergibt sich aus § 122d S. 2 Nr. 1–4. Von der weiter gehenden Ermächtigung gem. Art. 6 IntV-RL/Art. 123 GesR-RL, wonach die Mitgliedstaaten zusätzliche Anforderungen der Bekanntmachung regeln können, hat der Gesetzgeber keinen Gebrauch gemacht.

9 **aa) Hinweis auf die Einreichung (S. 2 Nr. 1).** Der deutsche Gesetzgeber belässt es – wie in § 61 S. 2 – bei der Bekanntmachung eines Hinweises, dass der Verschmelzungsplan oder sein Entwurf eingereicht worden ist. Plan oder Entwurf selbst müssen nicht bekannt gemacht werden. Dies entspricht den Vorgaben von Art. 6 Abs. 1 IntV-RL/Art. 123 Abs. 1 iVm Art. 3 Abs. 5 Alt. 3 RL 2009/101/EG/ Art. 16 Abs. 5 GesR-RL vom 16.9.2009 (*Pfeiffer/Heilmeier* GmbHR 2009, 1317 (1318); unzutr. SHS/ *Hörtnagl* Rn. 14). Durch den Hinweis erfährt der Rechtsverkehr, dass Plan oder Entwurf eingesehen werden können.

10 **bb) Rechtsform, Firma und Sitz (S. 2 Nr. 2).** Die Bestimmung setzt Art. 6 Abs. 2 lit. a IntV-RL/Art. 123 Abs. 2 GesR-RL um. Obwohl die hier genannten Angaben im Verschmelzungsplan oder seinem Entwurf enthalten sind, wird gesonderte Bekanntgabe dieser Informationen verlangt, womit – wie bei Art. 21 lit. a SE-VO – der grenzüberschreitende Charakter der Verschmelzung verdeutlicht wird (Widmann/Mayer/*Mayer* Rn. 11; Lutter UmwG/*Bayer* Rn. 11). Mit „Sitz" ist der Satzungssitz gemeint (Semler/Stengel/*Drinhausen* Rn. 16). Die Bekanntmachung muss ferner deutlich machen, welche Gesellschaft übertragende Gesellschaft und welche Gesellschaft die übernehmende bzw. neue Gesellschaft ist (SHS/*Hörtnagl* Rn. 15). Bei Verschmelzung durch Neugründung reicht die Angabe der Daten der neuen Gesellschaft iSv Nr. 2 als künftige Daten (Art. 21 lit. e SE-VO analog, *Pfeiffer/Heilmeier* GmbHR 2009, 1317 (1320)).

11 **cc) Zuständige Register (S. 2 Nr. 3).** Die ausdrückliche Bekanntmachung des für die beteiligten Gesellschaften zuständigen Registers sowie der Registernummer gem. S. 2 Nr. 3 entsprechend Art. 6 Abs. 2 lit. b IntV-RL/Art. 123 Abs. 2 lit. b GesR-RL hilft dem Rechtsverkehr weitere Informationen über die beteiligten Gesellschaften zu erlangen (SHS/*Hörtnagl* Rn. 16).

12 **dd) Modalitäten der Ausübung der Gläubiger- und Minderheitsrechte (S. 2 Nr. 4).** Die Bekanntmachung muss gem. S. 2 Nr. 4 entsprechend Art. 6 Abs. 2 lit. c IntV-RL/Art. 123 Abs. 2 lit. c GesR-RL einen Hinweis auf die Modalitäten für die Ausübung der Rechte der Gläubiger und der Minderheitsgesellschafter der an der grenzüberschreitenden Verschmelzung beteiligten Gesellschaften sowie die Anschrift, unter der vollständige Auskünfte über diese Modalitäten kostenlos eingeholt werden können, enthalten. Dieser Hinweis, der für jede beteiligte Gesellschaft separat zu erteilen ist, soll sicherstellen, dass Gläubiger und Minderheitsgesellschafter auch tatsächlich Kenntnis von ihren Rechten erlangen (Lutter UmwG/*Bayer* Rn. 14; SHS/*Hörtnagl* Rn. 17). Die Gläubiger einer inländischen Kapitalgesellschaft, die an der grenzüberschreitenden Verschmelzung als übertragende Gesellschaft beteiligt

ist, haben zB einen Anspruch auf Sicherheitsleistung gem. § 122j. Ist die inländische Gesellschaft übernehmende Gesellschaft, muss Gläubigerschutz in Form von Sicherheitsleistung gem. § 122a Abs. 2, § 22 gewährleistet werden. Die Bestimmungen der § 122h (Verbesserung des Umtauschverhältnisses) und § 122i (Abfindungsangebot im Verschmelzungsplan) schützen die Minderheitsgesellschafter. Ist die inländische Gesellschaft aufnehmende Gesellschaft, gilt nicht § 122i, sondern gem. § 122a Abs. 2 § 29. Die Angaben zum Schutze von Gläubigern und Minderheitsgesellschaftern müssen auch für jede beteiligte ausländische Gesellschaft erfolgen (SHS/*Hörtnagl* Rn. 17; Semler/Stengel/*Drinhausen* Rn. 18; aA Lutter UmwG/*Bayer* Rn. 14). Die „Modalitäten" für die Ausübung der Rechte sind nicht bereits dann hinreichend bekannt gegeben, wenn ein Hinweis auf die relevanten Normen erfolgt; stattdessen ist eine Wiedergabe des Gesetzestextes sowie eine Kurzerläuterung der gesetzlichen Regelung erforderlich (SHS/*Hörtnagl* Rn. 21). Mindestens ist mitzuteilen, in welcher Weise die Rechte geltend zu machen sind (*Tebben/Tebben* DB 2007, 2355 (2358)).

Schließlich ist eine Anschrift mitzuteilen, unter der vollständige Auskünfte über die Modalitäten kostenlos erlangt werden können. Der Begriff „Anschrift" ist dabei iSe postalischen Anschrift auszulegen. Eine Internetadresse reicht hierfür nicht, weil der europäische Gesetzgeber in neueren Regelungen ausdrücklich auf die Form der elektronischen Publikationen hinweist, wenn diese gemeint sind (vgl. *Grunewald* Der Konzern 2007, 106 (107); Lutter UmwG/*Bayer* Rn. 16; aA Semler/Stengel/*Drinhausen* Rn. 18; SHS/*Hörtnagl* Rn. 22). 13

3. Verzicht auf die Bekanntmachung, Verkürzung der Monatsfrist. Da die Bekanntmachung gem. § 122d nicht nur dem Gesellschafter-, sondern auch dem Gläubigerschutz dient, ist ein Verzicht auf die Bekanntmachung durch Verzicht auf Einreichung entsprechender Unterlagen nicht zulässig, selbst wenn alle Gesellschafter aller beteiligten Gesellschaften zustimmen (SHS/*Hörtnagl* Rn. 10 mwN). In Betracht kommt allenfalls eine Verkürzung der Monatsfrist bei Zustimmung aller Gesellschafter aller beteiligten Gesellschaften, da die Frist für die Geltendmachung des Anspruchs auf Sicherheitsleistung nach § 122j nicht mit der Einreichung, sondern mit der Bekanntmachung aller Angaben gem. S. 2 Nr. 1–4 zu laufen beginnt (Semler/Stengel/*Drinhausen* Rn. 12; SHS/*Hörtnagl* Rn. 10; Lutter UmwG/*Bayer* Rn. 18; nun auch Widmann/Mayer/*Mayer* Rn. 30). Unabhängig davon muss jedoch die Monatsfrist für die Zugänglichmachung des Verschmelzungsberichtes nach § 122e insbesondere zugunsten der Arbeitnehmer eingehalten werden. 14

Verschmelzungsbericht

122e **[1] Im Verschmelzungsbericht nach § 8 sind auch die Auswirkungen der grenzüberschreitenden Verschmelzung auf die Gläubiger und Arbeitnehmer der an der Verschmelzung beteiligten Gesellschaften zu erläutern. [2] Der Verschmelzungsbericht ist den Anteilsinhabern sowie dem zuständigen Betriebsrat oder, falls es keinen Betriebsrat gibt, den Arbeitnehmern der an der grenzüberschreitenden Verschmelzung beteiligten Gesellschaft spätestens einen Monat vor der Versammlung der Anteilsinhaber, die nach § 13 über die Zustimmung zum Verschmelzungsplan beschließen soll, nach § 63 Abs. 1 Nr. 4 zugänglich zu machen. [3] § 8 Abs. 3 ist nicht anzuwenden, es sei denn an der Verschmelzung ist als übernehmende oder neue Gesellschaft eine Personenhandelsgesellschaft gemäß § 122b Absatz 1 Nummer 2 beteiligt.**

Übersicht

I. Allgemeines

Die Bestimmung dient der Umsetzung von Art. 7 IntV-RL/Art. 124 GesR-RL, wonach bei der grenzüberschreitenden Verschmelzung – wie bei der nationalen Verschmelzung – ein Bericht erstellt wird, in dem die rechtlichen und wirtschaftlichen Aspekte der Verschmelzung erläutert und begründet werden und die Auswirkungen der grenzüberschreitenden Verschmelzung auf die Gesellschafter, die Gläubiger und die Arbeitnehmer erläutert werden. § 122e regelt nur die zusätzlichen Anforderungen, 1 die der Bericht über die grenzüberschreitende Verschmelzung über § 8 hinaus erfüllen muss. Mithin findet auf den Verschmelzungsbericht der grenzüberschreitenden Verschmelzung § 8 (nach S. 3 mit Ausnahme von § 8 Abs. 3) Anwendung. S. 1 ordnet an, dass neben den in § 8 Abs. 1 geregelten Angaben auch die Auswirkungen der grenzüberschreitenden Verschmelzung auf die Gläubiger und Arbeitnehmer der an der Verschmelzung beteiligten Gesellschaft zu erläutern sind. Der Verschmelzungsbericht dient auch dem Schutz der Arbeitnehmer, was daran deutlich wird, dass der Verschmelzungsbericht auch dem Betriebsrat bzw. bei Fehlen eines Betriebsrates den einzelnen Arbeitnehmern zugänglich zu machen ist. Dem Verschmelzungsbericht kommen somit im Hinblick auf die Arbeitnehmer vergleichbare Funktionen zu wie dem Verschmelzungsvertrag, der nach § 5 Abs. 3 dem Betriebsrat zuzuleiten ist. Wegen des beabsichtigten Schutzes der Arbeitnehmer ist ein Verzicht der Gesellschafter auf den Verschmelzungsbericht nach § 122e S. 3 Hs. 1 grundsätzlich nicht zulässig, wie diese richtlinienkonforme Bestimmung anordnet; dies gilt jedoch nach der neuen Regelung des § 122e S. 3 Hs. 2, die durch das 4. UmwÄndG vom 19.12.2018 (BGBl. 2018 I 2694) mit Wirkung zum 1.1.2019 eingefügt wurde, **nicht** im Falle der Verschmelzung auf eine Personenhandelsgesellschaft.

II. Einzelerläuterungen

2 **1. Form des Verschmelzungsberichts.** Nach § 122a Abs. 2 iVm § 8 Abs. 1 S. 1 ist der Verschmelzungsbericht schriftlich zu erstatten, dh er muss von den Mitgliedern des jeweils handelnden Vertretungsorgans (Vorstand, Geschäftsführer, Komplementäre) in vertretungsberechtigter Anzahl (→ Rn. 8) eigenhändig unterschrieben sein (SHS/*Hörtnagl* Rn. 5; Kallmeyer/*Marsch-Barner* Rn. 2).

3 **2. Inhalt des Verschmelzungsberichts.** Aufgrund der komplementären Anwendung von § 8 dient der Verschmelzungsbericht der grenzüberschreitenden Verschmelzung zunächst der Information der Anteilsinhaber der beteiligten Gesellschaft. Den Anteilsinhabern sollen mit Hilfe der Informationen im Verschmelzungsbericht die Hintergründe der beabsichtigten Verschmelzung erläutert werden, damit diese iRe Plausibilitätskontrolle beurteilen können, ob die Verschmelzung wirtschaftlich sinnvoll und rechtmäßig ist (Widmann/Mayer/*Mayer* Rn. 4; KK-UmwG/*Simon/Rubner* Rn. 2; SHS/*Hörtnagl* Rn. 2). Dementsprechend muss der Verschmelzungsbericht detailliert das Umtauschverhältnis der Anteile sowie die Höhe einer anzubietenden Barabfindung rechtlich und wirtschaftlich erläutern und begründen. IRd Information der Anteilsinhaber ist im Bericht bei einer grenzüberschreitenden Verschmelzung besonderes Augenmerk auf die rechtlichen Erläuterungen zu legen; dh es muss auch auf die Rechtsordnungen der übrigen beteiligten Rechtsträger eingegangen werden (SHS/*Hörtnagl* Rn. 6). Dies gilt insbesondere bei einer Herausverschmelzung, bei der die rechtlichen Gegebenheiten der zukünftigen Beteiligungen der Anteilsinhaber der übertragenden Gesellschaft bei der ausländischen übernehmenden/neuen Gesellschaft und die dadurch eintretenden Änderungen ausführlich zu erläutern sind (Semler/Stengel/*Drinhausen* Rn. 8). Dabei ist auch in Rechnung zu stellen, dass die Anteilsinhaber bereits aufgrund der ggf. anderen Sprache in den anderen beteiligten Rechtsordnungen einen besonderen Informationsbedarf haben (Semler/Stengel/*Drinhausen* Rn. 8).

4 Der Verschmelzungsbericht muss des Weiteren die Auswirkungen der grenzüberschreitenden Verschmelzung auf die Gläubiger der an der Verschmelzung beteiligten (inländischen) „Gesellschaft" angeben. Die bewusste Benutzung des Singulars durch den Gesetzgeber an dieser Stelle macht deutlich, dass nicht auf die Auswirkungen auf die Gläubiger der übrigen beteiligten Gesellschaften einzugehen ist (SHS/*Hörtnagl* Rn. 7; nun auch Semler/Stengel/*Drinhausen* Rn. 9). Im Hinblick auf die Auswirkungen der grenzüberschreitenden Verschmelzung auf die Gläubiger der an der Verschmelzung beteiligten Gesellschaft ist zu differenzieren: Sofern eine inländische Gesellschaft als übertragende Gesellschaft beteiligt ist, muss insbesondere der Gläubigerschutz nach § 122j erläutert werden. Nach dieser Bestimmung steht den Gläubigern ggf. ein Anspruch auf Sicherheitsleistung zu, um einer etwaigen Gefährdung ihrer Ansprüche aufgrund des Umstandes, dass die im Wege der Gesamtrechtsnachfolge in die Position des Schuldners einrückende Gesellschaft einer ausländischen Rechtsordnung unterliegt, Rechnung zu tragen (→ § 122j Rn. 8; SHS/*Hörtnagl* Rn. 8).

5 Da § 122j nur die Sicherheitsleistung betrifft, ist darüber hinausgehend zur künftigen Durchsetzbarkeit von Ansprüchen (etwa Angaben zur Geltung der EuGVVO, dh der Verordnung (EG) Nr. 44/2001 vom 22.12.2000 im Hinblick auf Gerichtsstand und Anerkennung von Urteilen) und zu Gläubigerschutzregelungen des ausländischen Rechts, die für den übernehmenden Rechtsträger gelten, Stellung zu nehmen (SHS/*Hörtnagl* Rn. 8). Ist die inländische Gesellschaft übernehmende oder neue Gesellschaft der Verschmelzung, ist § 22, der gem. § 122a Abs. 2 anwendbar ist, darzustellen. Nach dieser Regelung haben die Gläubiger der an der Verschmelzung beteiligten Rechtsträger nach Wirksamwerden der Verschmelzung einen zeitlich begrenzten Anspruch auf Sicherheitsleistung unter den in § 22 im Einzelnen genannten Voraussetzungen. Sofern eine Verschlechterung der Stellung der Gläubiger der übernehmenden inländischen Gesellschaft mit der grenzüberschreitenden Verschmelzung verbunden ist, etwa wenn die übernehmende Gesellschaft negatives Vermögen übernimmt, sind die

Gläubiger entsprechend zu informieren (Widmann/Mayer/*Mayer* Rn. 31; SHS/*Hörtnagl* Rn. 9). Überdies ist auf die besondere Verjährungsbestimmung des § 27 hinzuweisen (SHS/*Hörtnagl* Rn. 9).

Des Weiteren sind die individualrechtlichen und kollektivrechtlichen Auswirkungen auf die Arbeitnehmer der beteiligten inländischen Gesellschaft zu erörtern. Zwar enthält auch der Verschmelzungsplan diesbezügliche Angaben, jedoch dienen die dortigen Ausführungen lediglich dem Schutz der Anteilsinhaber, da der Verschmelzungsplan den Arbeitnehmern nicht zugeleitet wird (→ § 122c Rn. 28). Die in den Bericht zu den Auswirkungen auf die Arbeitnehmer aufzunehmenden Erläuterungen entsprechen den Angaben nach § 5 Abs. 1 Nr. 9 bei einer nationalen Verschmelzung, sodass auf die diesbezüglichen Ausführungen verwiesen werden kann (→ § 5 Rn. 28 ff.; SHS/*Hörtnagl* Rn. 11; *J. Vetter* AG 2006, 620; *Limmer* ZNotP 2007, 282 (283)). Als wichtigste individualrechtliche Auswirkung ist zB der mit der Gesamtrechtsnachfolge eintretende Arbeitgeberwechsel zu erläutern (*Dzida/Schramm* NZG 2008, 521 (525)). Im Zuge der Darstellung der kollektivrechtlichen Auswirkungen ist zB auf etwaige Änderungen der betrieblichen und unternehmerischen Mitbestimmung einzugehen (*Frenzel,* Grenzüberschreitende Verschmelzung von Kapitalgesellschaften, 2008, 285 ff.; Widmann/Mayer/*Mayer* Vor § 122a Rn. 145 ff.; aA *Dzida/Schramm* NZG 2008, 521 (525)). Soweit auch der Personalabbau als kollektivrechtliche Maßnahme genannt wird (so Lutter UmwG/*Bayer* Rn. 9; SHS/*Hörtnagl* Rn. 11), ist darauf hinzuweisen, dass bei einer grenzüberschreitenden Verschmelzung selbstverständlich § 324 über § 122a Abs. 2 Anwendung findet, sodass § 613a BGB gilt. Ein Personalabbau hat sich somit an diesen Vorgaben, die grundsätzlich keinen Personalabbau allein wegen der Verschmelzung tolerieren, zu orientieren; unproblematisch kann der Personalabbau jedoch dann genannt (und später durchgeführt) werden, wenn er auf einem gesonderten, von der Verschmelzung zu trennenden Restrukturierungsbeschluss beruht. 6

3. Gemeinsame Berichterstattung. Nach § 8 Abs. 1 S. 1 Hs. 2 können die zuständigen Organe der an einer nationalen Verschmelzung beteiligten Gesellschaften den Verschmelzungsbericht auch gemeinsam erstatten. Diese Regelung gilt gem. § 122a Abs. 2 auch für die an einer grenzüberschreitenden Verschmelzung beteiligte deutsche Gesellschaft. Das Fehlen einer entsprechenden Regelung in der IntV-RL/GesR-RL und die ausdrückliche Zulassung einer gemeinsamen Verschmelzungsprüfung in Art. 8 Abs. 2 IntV-RL/Art. 125 Abs. 2 GesR-RL stehen nicht entgegen (Lutter UmwG/*Bayer* Rn. 4 mwN). Sofern die Rechtsordnungen der beteiligten ausländischen Rechtsträger einen gemeinsamen Bericht ebenfalls kennen, ist dieser zulässig (hM vgl. nur SHS/*Hörtnagl* Rn. 4; ebenso hM bei SE, vgl. Lutter UmwG/*Bayer* Rn. 4 mwN). Dann muss aber der gemeinsame Bericht auch den Anforderungen aller sonstigen betroffenen Rechtsordnungen entsprechen (Semler/Stengel/*Drinhausen* Rn. 5; SHS/*Hörtnagl* Rn. 4; *Tebben/Tebben* DB 2007, 2355 (2359)). Daher sind insbesondere die in Ausführung von Art. 7 IntV-RL/Art. 124 GesR-RL jeweils ergangenen nationalen Bestimmungen zum Verschmelzungsbericht zu beachten. 7

4. Adressaten der Berichtspflicht. Nach § 122a Abs. 2 iVm § 8 Abs. 1 S. 1 wird der Verschmelzungsbericht von dem Vertretungsorgan der an der Verschmelzung beteiligten inländischen Gesellschaft erstattet. Verpflichtete der beteiligten inländischen Gesellschaft sind somit der Vorstand, die Komplementäre einer KGaA, die Geschäftsführer einer GmbH bzw. UG und bei einer SE, deren Führungsstrukturen dualistisch gestaltet sind, das Leitungsorgan (SHS/*Hörtnagl* Rn. 3). Bei einer monistisch strukturierten SE führt die richtlinienkonforme Auslegung zur Zuständigkeit des Verwaltungsrates, da Art. 7 IntV-RL/Art. 124 GesR-RL die Berichterstattung durch das „Leitungs- oder Verwaltungsorgan" und nicht durch das Vertretungsorgan vorsieht (→ § 122c Rn. 6). Verpflichtet zur Erstellung des Verschmelzungsberichtes ist das jeweils handelnde Organ in seiner Gesamtheit; anders als vielfach vertreten (vgl. Semler/Stengel/*Gehling* § 8 Rn. 5 mwN) reicht es jedoch aus, wenn der Verschmelzungsbericht durch Mitglieder des Vertretungsorgans in vertretungsberechtigter Anzahl unterzeichnet wird (BGH 21.5.2007, NZG 2007, 714; SHS/*Hörtnagl* Rn. 3). Bei einem gemeinsamen Bericht muss dieser zusammen mit den nach jeweiligem Landesrecht zuständigen und wirksam handelnden Vertretungsorganen der ausländischen Gesellschaften erstattet werden. 8

5. Einschränkung der Berichterstattung. Nach § 8 Abs. 2, der gem. § 122a Abs. 2 anwendbar ist, brauchen Tatsachen, deren Bekanntwerden geeignet ist, einem der beteiligten Rechtsträger oder einem verbundenen Unternehmen einen nicht unerheblichen Nachteil zuzufügen, nicht in den Bericht aufgenommen werden. Insoweit verbleibt es bei den allgemeinen Grundsätzen (→ § 8 Rn. 11). Allerdings sind die Gründe für die Nichtaufnahme kurz darzustellen (Lutter UmwG/*Bayer* Rn. 10). Im Übrigen gelten für den Geheimnisschutz bei einem gemeinsamen Bericht zusätzlich die jeweiligen Regeln der betroffenen ausländischen Rechtsordnungen. Ist das Schutzniveau nach einer betroffenen ausländischen Rechtsordnung höher, führt dies nicht zu einer weiter gehenden Beschränkung der Berichterstattung für die betroffene inländische Gesellschaft (SHS/*Hörtnagl* Rn. 13); ggf. ist in derartigen Fällen allerdings eine gemeinsame Berichterstattung untunlich. 9

6. Kein Verzicht auf Verschmelzungsbericht, Konzernverschmelzung, Verzicht bei Verschmelzung auf Personenhandelsgesellschaft. Die Regelung des § 8 Abs. 3, nach der die Erstellung 10 eines Verschmelzungsberichtes bei inländischen Verschmelzungen entbehrlich ist, wenn entweder alle Anteilsinhaber aller beteiligten Rechtsträger durch notariell beurkundete Erklärung verzichten oder der übernehmende Rechtsträger alle Anteile an dem übertragenden Rechtsträger hält, ist nach S. 3 der Bestimmung ausdrücklich ausgeschlossen. Daher ist ein Verzicht der Anteilsinhaber auf die Erstellung des Berichtes grundsätzlich nicht möglich. Der Grund für die fehlende Verzichtsmöglichkeit liegt in dem durch den Verschmelzungsbericht gewährleisteten Arbeitnehmerschutz (RegEBegr. zu § 122e BT-Drs. 16/2919, 15; Semler/Stengel/*Drinhausen* Rn. 12 mwN; aA *Bayer/J. Schmidt* NJW 2006, 401 (403); *Bayer/J. Schmidt* NZG 2006, 841 (842); *J. Vetter* AG 2006, 613 (620), wonach Verzichtbarkeit nicht durch die Verschmelzungsrichtlinie ausgeschlossen sein soll).

11 Allerdings wird iRe teleologischen Reduktion von S. 3 der Bestimmung von der hM vertreten, dass die Anteilsinhaber dann – durch notariell beurkundete Erklärung, vgl. § 8 Abs. 2 S. 2 – auf den Verschmelzungsbericht ausnahmsweise verzichten können, wenn die an der Verschmelzung beteiligten Gesellschaften – verbundene Unternehmen sind nicht einzubeziehen – keine Arbeitnehmer haben (Semler/Stengel/*Drinhausen* Rn. 13; SHS/*Hörtnagl* Rn. 14; *Kulenkamp* Grenzüberschr. Verschmelz. (2009) 228; aA *Limmer* ZNotP 2007, 282 (283); *Freundorfer/Festner* GmbHR 2010, 795 (798); Widmann/Mayer/*Mayer* Rn. 38). Ein Verzicht wird des Weiteren dann für zulässig gehalten, wenn alle Anteilsinhaber aller beteiligten Gesellschaften sowie die zuständigen Betriebsräte oder, falls es keinen Betriebsrat gibt, die betroffenen Arbeitnehmer der an der grenzüberschreitenden Verschmelzung beteiligten Gesellschaften auf die Erstattung des Verschmelzungsberichtes verzichten (Semler/Stengel/*Drinhausen* Rn. 13.; *H.-F. Müller* Konzern 2007, 81 (82); *Gesell/Krömker* DB 2006, 2558 (2562); aA KK-UmwG/*Simon/Rubner* Rn. 12). Bei einem Verzicht – auch der Arbeitnehmer – gilt grundsätzlich § 8 Abs. 3 S. 3 (notarielle Beurkundung) (SHS/*Hörtnagl* Rn. 14). Da sich der Bestand der Arbeitnehmer ständig ändern kann und der Wortlaut von § 122e S. 3 eindeutig ist, ist in der Praxis von einem Verzicht auf den Verschmelzungsbericht abzuraten (zutr. KK-UmwG/*Simon/Rubner* Rn. 12 ff.; *Freundorfer/Festner* GmbHR 2010, 195 (198)).

12 Auch im Falle einer Verschmelzung einer Tochtergesellschaft auf ihre Muttergesellschaft, die alle Anteile der Tochter hält, bewirkt die von S. 3 angeordnete Unanwendbarkeit von § 8 Abs. 3, dass ein Verschmelzungsbericht zwingend erforderlich ist (Lutter UmwG/*Bayer* Rn. 14 mwN).

12a Die Anwendung des § 8 Abs. 3 UmwG und der entsprechende – notariell beurkundete, § 8 Abs. 2 S. 2 UmwG – Verzicht auf den Verschmelzungsbericht ist dagegen nach der durch das 4. UmwÄndG vom 19.12.2018 (BGBl. 2018 I 2694) mit Wirkung zum 1.1.2019 eingefügten neuen Bestimmung des § 122 S. 3 Hs. 2 UmwG bei der (nicht von der IntV-RL/GesR-RL erfassten) Verschmelzung auf eine Personenhandelsgesellschaft möglich. Des Weiteren ist ein Verschmelzungsbericht gem. § 41 UmwG, der nach der neuen Regelung des § 122a Abs. 2 S. 2 Anwendung findet, dann nicht erforderlich, wenn alle Gesellschafter der übernehmenden oder neuen Personenhandelsgesellschaft zur Geschäftsführung berechtigt sind (vgl. hierzu auch BegrRegE 4. UmwÄndG BT-Drs. 19/5463, 10). Ist jedoch ein Verschmelzungsbericht zu erstatten, gilt für ihn § 122e, nicht aber die §§ 8, 41, 42.

13 **7. Zugänglichmachung des Verschmelzungsberichtes (Satz 2).** Nach S. 2 der Bestimmung ist der Verschmelzungsbericht den Anteilsinhabern sowie dem Betriebsrat der an der grenzüberschreitenden Verschmelzung beteiligten inländischen Gesellschaft spätestens einen Monat vor der Versammlung der Anteilsinhaber, die über die Verschmelzung beschließt, zugänglich zu machen. Existiert in der betreffenden Gesellschaft kein Betriebsrat, so ist der Bericht den Arbeitnehmern der beteiligten inländischen Gesellschaft zugänglich zu machen. Anders als bei der nationalen Verschmelzung (vgl. § 63 Abs. 1 Nr. 4, § 78 für den Fall der AG/KGaA/SE bzw. § 47 für die GmbH), differenziert § 122e S. 2 bei der Zugänglichmachung nicht rechtsformspezifisch, sondern ordnet einheitlich Zugänglichmachung nach § 63 Abs. 1 Nr. 4 an. Gemeint ist hier nur der Bericht der betroffenen inländischen Gesellschaft (Kallmeyer/*Marsch-Barner* Rn. 4), die Berichte der anderen beteiligten (ausländischen) Gesellschaften müssen jedenfalls nicht nach § 122e S. 2 zugänglich gemacht werden (→ Rn. 16). Die Zugänglichmachung der Verschmelzungsberichte der beteiligten ausländischen Gesellschaften im Interesse derer Anteilsinhaber und Arbeitnehmer erfolgt nach dem jeweils anwendbaren ausländischen Recht (SHS/*Hörtnagl* Rn. 15). Gläubigern ist der Verschmelzungsbericht nicht zugänglich zu machen.

14 Die Offenlegung des Verschmelzungsberichtes gegenüber den Anteilsinhabern der an der grenzüberschreitenden Verschmelzung beteiligten Gesellschaft entspricht bei den beteiligten Gesellschaften in der Rechtsform einer AG/KGaA/SE vollständig dem Verfahren bei einer nationalen Verschmelzung, da auf § 63 Abs. 1 Nr. 4 verwiesen wird.

15 Die Offenlegung gegenüber den Gesellschaftern einer GmbH erfolgt grundsätzlich nach § 63 Abs. 1 Nr. 4, wobei diese Bestimmung durch § 47 überlagert wird, der gem. § 122a Abs. 2 anwendbar ist (SHS/*Hörtnagl* Rn. 16). Daher muss der Verschmelzungsbericht den Anteilsinhabern der GmbH unter Wahrung der Monatsfrist übersandt werden. Bei der GmbH besteht die Anordnung der Zugänglichmachung nach § 63 Abs. 1 Nr. 4 in § 122e S. 2 letztlich nur zugunsten der Arbeitnehmer.

15a Da die Bestimmung nur von Zugänglichmachung unter anderem gegenüber den Arbeitnehmern spricht, bedarf es insbesondere nicht der Zuleitung des Berichtes an den Betriebsrat, das schlichte

Auslegen des Verschmelzungsberichtes ist ausreichend (Semler/Stengel/*Drinhausen* Rn. 17; SHS/*Hörtnagl* Rn. 18). Für die Einsichtnahme durch Arbeitnehmervertreter ist im Regelfall der Gesamtbetriebsrat zuständig. Ist kein Gesamtbetriebsrat vorhanden, sind die Betriebsräte der beteiligten inländischen Gesellschaft zur Einsichtnahme berechtigt. Die Einsichtnahme erfolgt in jedem Fall durch den Betriebsratsvorsitzenden nach § 26 Abs. 3 S. 1 BetrVG (SHS/*Hörtnagl* Rn. 17). Besteht nur in einzelnen Betrieben der inländischen Gesellschaft ein Betriebsrat, so ist in den betriebsratslosen Betrieben jeder Arbeitnehmer einsichtsberechtigt (SHS/*Hörtnagl* Rn. 17). Daneben besteht ein Einsichtsrecht des etwa vorhandenen Sprecherausschusses bzw. ein Einsichtsrecht der leitenden Angestellten, wenn kein Sprecherausschuss errichtet ist (SHS/*Hörtnagl* Rn. 17).

Die Zugänglichmachung zugunsten von Anteilsinhabern und Arbeitnehmern hat schließlich in dem 16
Geschäftsraum der Gesellschaft durch Auslegung zu erfolgen. Ausgelegt werden muss nur der Bericht der beteiligten inländischen Gesellschaft; anders als § 63 Abs. 1 Nr. 4, der die Berichte aller an der nationalen Verschmelzung beteiligten Gesellschaften meint, bezieht sich § 122e S. 2 nur auf den Bericht der betroffenen inländischen Gesellschaft. Nur den Anteilsinhabern von AG/KGaA/SE sind überdies die Berichte der anderen beteiligten in- und ausländischen Rechtsträger nach § 122a Abs. 2 iVm § 63 Abs. 1 Nr. 4 zugänglich zu machen (SHS/*Hörtnagl* Rn. 18). Nach § 63 Abs. 4 (eingefügt durch ARUG vom 30.7.2009, BGBl. 2009 I 2479) entfällt die Verpflichtung zur Auslegung nach § 63 Abs. 1 und der Anspruch auf Erteilung von Abschriften nach § 63 Abs. 3 S. 1, wenn die Unterlagen für denselben Zeitraum (gemeint ist der Zeitraum von Einberufung der Gesellschafterversammlung bis zur Beschlussfassung nach § 13) über die Internetseite der Gesellschaft zugänglich sind.

Zur Berechnung der Monatsfrist für die Zugänglichmachung nach S. 2 der Bestimmung gelten die 17
allgemeinen Bestimmungen (→ § 122d Rn. 6). Die Pflicht zur Zugänglichmachung endet mit dem Beginn der Gesellschafterversammlung, die über die Zustimmung zum Verschmelzungsvertrag beschließt (SHS/*Hörtnagl* Rn. 19; nun auch Widmann/Mayer/*Heckschen* Rn. 14 f.; KK-UmwG/*Simon*/*Rubner* Rn. 18; SHS/*Hörtnagl* Rn. 19). Da § 63 Abs. 3 S. 1 durch S. 2 der Bestimmung nicht in Bezug genommen ist, können Arbeitnehmervertreter oder Arbeitnehmer keine kostenlose Abschrift des Verschmelzungsberichtes verlangen (Widmann/Mayer/*Heckschen* Rn. 21). Für die Anteilsinhaber einer inländischen AG/KGaA/SE findet § 63 Abs. 3 jedoch über § 122a Abs. 2 Anwendung, sodass jedenfalls die Anteilsinhaber der genannten Kapitalgesellschaften eine Abschrift fordern können (SHS/*Hörtnagl* Rn. 20), falls die Gesellschaft die Unterlagen nicht auf ihrer Internetseite zugänglich gemacht hat (§ 63 Abs. 4).

Verschmelzungsprüfung

122f **[1]Der Verschmelzungsplan oder sein Entwurf ist nach den §§ 9 bis 12 zu prüfen; die §§ 44 und 48 sind nicht anzuwenden. [2]Der Prüfungsbericht muss spätestens einen Monat vor der Versammlung der Anteilsinhaber, die nach § 13 über die Zustimmung zum Verschmelzungsplan beschließen soll, vorliegen.**

Übersicht

I. Allgemeines

Die Bestimmung setzt Art. 8 IntV-RL/Art. 125 GesR-RL um und ordnet eine Prüfung des Ver- 1
schmelzungsplanes durch einen oder mehrere unabhängige Sachverständige nach den Bestimmungen der §§ 9–12 an. Aufgrund dieses umfänglichen Verweises beschränkt sich die Bestimmung iÜ auf die Regelung der Vorlagepflicht in § 122f S. 2 sowie auf einen Ausschluss der Anwendung (seit dem 4. UmwÄndG vom 19.12.2018, BGBl. 2018 I 2694) der Regelung des § 44 und (wie bisher) der Regelung des § 48, wonach eine Prüfung nur dann zu erfolgen hat, wenn ein Gesellschafter der neuen oder übernehmenden Personenhandelsgesellschaft oder einer der GmbH-Gesellschafter fristgemäß eine Prüfung verlangt (→ § 44 Rn. 1 ff.; → § 48 Rn. 1 ff.). Aufgrund des allgemeinen Verweises auf die §§ 9–12 finden auch § 9 Abs. 3, § 8 Abs. 3 Anwendung, wonach alle Anteilsinhaber auf die Verschmelzungsprüfung verzichten können. Da die Bestimmung wie die §§ 9 ff. ausschließlich dem Präventivschutz der Anteilsinhaber der übertragenden und der übernehmenden Gesellschaften, zB im Hinblick auf die Angemessenheit des Umtauschverhältnisses, dient (Widmann/Mayer/*Mayer* Rn. 4), können die

Anteilsinhaber der an einer grenzüberschreitenden Verschmelzung beteiligten Gesellschaften nach den bei der nationalen Verschmelzung geregelten Bestimmungen auf einen Prüfungsbericht verzichten; des Weiteren gilt im Einklang mit Art. 15 Abs. 1 1. Spiegelstrich IntV-RL/Art. 132 Abs. 1 1. Spiegelstrich GesR-RL die Privilegierung, dass eine Verschmelzungsprüfung nicht erforderlich ist, wenn sich alle Anteile der übertragenden Gesellschaft in der Hand der aufnehmenden Gesellschaft befinden (§ 122f iVm § 9 Abs. 2). S. 2 regelt, wann der Prüfungsbericht vorliegen muss.

2 **1. Geltungsbereich.** Die von der Bestimmung angeordnete Prüfungspflicht gilt für alle inländischen an der grenzüberschreitenden Verschmelzung beteiligten Gesellschaften iSv § 122b (Widmann/Mayer/*Mayer* Rn. 1). Der Gesetzgeber verzichtet insbesondere auf rechtsformspezifische Ausnahmen, wie an dem Ausschluss von § 48 deutlich wird. Ihm kommt es bei einer an der grenzüberschreitenden Verschmelzung beteiligten GmbH nicht darauf an, dass ein Gesellschafter eine Prüfung der Verschmelzung verlangt; stattdessen gilt die Prüfungspflicht einschränkungslos auch für die GmbH.

3 **2. Bestellung und Auswahl der Verschmelzungsprüfer.** Im Hinblick auf Bestellung und Auswahl der Verschmelzungsprüfer verweist § 122f vollumfänglich auf die §§ 10 und 11. Aus dieser allgemeinen Verweisung auf die Verschmelzungsprüfung bei einer nationalen Verschmelzung folgen jedoch für die grenzüberschreitende Verschmelzung einige wesentliche Fragen, die sich aus dem grenzüberschreitenden Charakter ergeben: Grundsätzlich regeln die von § 122f für anwendbar erklärten §§ 10, 11 die Voraussetzungen der Prüferbestellung. Die Bestellung der Verschmelzungsprüfer erfolgt nach § 10 Abs. 1 S. 1, Abs. 2 S. 1 auf Antrag des Vertretungsorgans der beteiligten inländischen Gesellschaft, für dessen Bescheidung das LG zuständig ist, in dessen Bezirk ein übertragender Rechtsträger seinen Sitz hat. Diese Bestimmung wäre grundsätzlich unanwendbar, wenn eine inländische Gesellschaft nur als übernehmender Rechtsträger beteiligt ist. Nach allgM wird für diesen Fall von einer Regelungslücke ausgegangen; die Zuständigkeitsregelung des § 10 Abs. 2 soll auf diesen Fall entsprechende Anwendung finden (Semler/Stengel/*Drinhausen* Rn. 4; SHS/*Hörtnagl* Rn. 3; Kallmeyer/*Lanfermann* Rn. 8; Lutter UmwG/*Bayer* Rn. 5; *Holzborn/Mayston* ZIP 2012, 2380 (2384)). Dies gilt allerdings nur, wenn an der grenzüberschreitenden Verschmelzung keine sonstigen inländischen Gesellschaften als übertragende Rechtsträger beteiligt sind, denn in diesem Fall sind deren Landgerichte örtlich zuständig (Lutter UmwG/*Bayer* Rn. 5 Fn. 5).

4 Entscheiden sich die beteiligten Gesellschaften für eine gemeinsame Prüfung, ist diese – übereinstimmend mit Art. 8 Abs. 2 IntV-RL/Art. 125 Abs. 2 GesR-RL – gem. § 10 Abs. 1 S. 2 zulässig, wenn die Rechtsordnungen der übrigen beteiligten Gesellschaften eine gemeinsame Prüfung ebenfalls zulassen. Letzteres dürfte der Regelfall sein, da entsprechende Bestimmungen in Ausführung von Art. 8 IntV-RL/Art. 125 GesR-RL geschaffen wurden (SHS/*Hörtnagl* Rn. 2). Bei zulässiger gemeinsamer Prüfung kann der Antrag auf Bestellung des Prüfers in jedem Mitgliedstaat, dessen Recht einer der sich verschmelzenden Rechtsträger unterliegt, oder im Sitzstaat der aus der Verschmelzung hervorgehenden Gesellschaft gestellt werden (Art. 8 Abs. 2 IntV-RL/Art. 125 Abs. 2 GesR-RL). In diesem Fall richtet sich das Verfahren nach dem Recht des jeweiligen Staates (Lutter UmwG/*Bayer* Rn. 3; Semler/Stengel/*Drinhausen* Rn. 5; Widmann/Mayer/*Mayer* Rn. 12; Entsprechendes wird für Art. 22 SE-VO vertreten, vgl. Lutter UmwG/*Bayer* Rn. 3). Mit der Wahl des zuständigen Gerichtes haben die Parteien auch die Möglichkeit, das auf die Prüfung anzuwendende Recht zu bestimmen (*Bayer/J. Schmidt* NZG 2006, 841 (843); Semler/Stengel/*Drinhausen* Rn. 5; SHS/*Hörtnagl* Rn. 3). Sofern für die Anforderungen an den Inhalt der Prüfung bei gemeinsamer Verschmelzungsprüfung vertreten wird, dass diese kumulativ den Anforderungen der Rechtsordnungen aller beteiligten Rechtsträger entsprechen müssen (Semler/Stengel/*Drinhausen* Rn. 5; Widmann/Mayer/*Mayer* Rn. 11; SHS/*Hörtnagl* Rn. 3), ist dem zu folgen, da bei Absehen von der Vereinigungstheorie (→ § 122a Rn. 4) die Gefahr des Missbrauchs zulasten der Anteilsinhaber besteht (überzeugend Widmann/Mayer/*Mayer* Rn. 11; HK-UmwG/*Becker* Rn. 7; aA *Bayer/J. Schmidt* NZG 2006, 841 (842 f.); Lutter UmwG/*Bayer* Rn. 3).

5 **3. Prüfungsbericht.** Der Prüfungsbericht ist gem. § 122f S. 1, § 12 Abs. 1 S. 1 schriftlich zu erstellen. Der Inhalt des Prüfungsberichtes muss wegen der in § 122f enthaltenen allgemeinen Verweisung dem Inhalt des Verschmelzungsprüfungsberichtes einer nationalen Verschmelzung entsprechen (→ § 12 Rn. 3 ff.). Bei einem Geheimhaltungsinteresse der Gesellschaft kann von § 12 Abs. 3 iVm § 8 Abs. 2 Gebrauch gemacht werden, wenn die Voraussetzungen vorliegen (Lutter UmwG/*Bayer* Rn. 12).

6 Das zentrale Thema des Prüfungsberichtes ist neben der Vollständigkeit und Richtigkeit des Verschmelzungsplans die Angemessenheit des vorgeschlagenen Umtauschverhältnisses und etwaiger ggf. vorgesehener barer Zuzahlungen (SHS/*Hörtnagl* Rn. 4). Auch ein etwaiges Barabfindungsgebot nach § 122i wird geprüft. Werden gemeinsame Verschmelzungsprüfer bestellt, müssen diese einheitlich berichten. Selbst bei personenverschiedenen Verschmelzungsprüfern ist eine gemeinsame Berichterstattung möglich (§ 12 Abs. 1 S. 2); auch hierbei kommt es darauf an, dass das ausländische Recht Entsprechendes vorsieht. Auch bei einer derartigen gemeinsamen Berichterstattung muss der Inhalt des Prüfungsberichtes nach der Vereinigungstheorie dem Inhalt aller Rechtsordnungen aller beteiligten

Gesellschaften entsprechen; auch hierbei setzt sich die jeweils strengste Regelung durch und muss daher beachtet werden. Dies gilt auch für das eigentliche Prüfungstestat (SHS/*Hörtnagl* Rn. 5).

Der Bericht muss in deutscher Sprache erstellt sein; im Falle einer gemeinsamen Verschmelzungsprüfung ist daher mindestens auch eine deutsche Fassung zu erstellen (Semler/Stengel/*Drinhausen* Rn. 6; ebenso für die Gründungsprüfung einer durch Verschmelzung entstehenden SE: *Scheifele,* Die Gründung der Europäischen Aktiengesellschaft (SE), 2004, 202). 7

Der Verschmelzungsprüfungsbericht muss nach S. 2 spätestens einen Monat vor der Versammlung der Anteilsinhaber, die nach § 13 UmwG über die Zustimmung zum Verschmelzungsplan beschließen soll, vorliegen; hiermit wird Art. 8 Abs. 1 S. 1 IntV-RL/Art. 125 Abs. 1 S. 1 GesR-RL umgesetzt. 8

Die Verschmelzungsprüfung ist wegen des in § 122f S. 1 Hs. 2 angeordneten Ausschlusses der Anwendung des § 44 (neuerdings aufgrund des 4. UmwÄndG v. 19.12.2018, BGBl. 2018 I 2694) und des § 48 bei der Personenhandelsgesellschaft sowie der GmbH einschließlich der UG ohne entsprechendes Verlangen eines Gesellschafters grundsätzlich obligatorisch. 8a

4. Verzicht und Entbehrlichkeit. a) Verzicht. Wenn alle Anteilsinhaber aller beteiligten Gesellschaften auf Verschmelzungsprüfung und Verschmelzungsprüfungsbericht verzichten, ist die Prüfung und der entsprechende Bericht obsolet, § 122f S. 1 iVm § 9 Abs. 3, § 12 Abs. 3 und § 8 Abs. 3 (Semler/Stengel/*Drinhausen* Rn. 7; der genannte Verweis auf die diesbezüglichen Bestimmungen der nationalen Verschmelzung steht in Einklang mit Art. 8 Abs. 4 IntV-RL/Art. 125 Abs. 4 GesR-RL). Mithin müssen auch die ausländischen Anteilsinhaber den Verzicht erklären (allgM, Semler/Stengel/*Drinhausen* Rn. 7; Widmann/Mayer/*Mayer* Rn. 24; Kallmeyer/*Müller* Rn. 4; *H.-F. Müller* Der Konzern 2007, 81 (82)); Grundsätzlich gilt für den Verzicht gem. § 8 Abs. 3 S. 2 das Erfordernis der notariellen Beurkundung, und zwar auch dann, wenn sich die Anteilsinhaber der deutschen Gesellschaft nicht im Inland aufhalten (Kallmeyer/*Lanfermann* Rn. 4). Strittig ist, ob die Verzichtserklärungen der Anteilsinhaber der ausländischen Gesellschaften ebenfalls in notariell beurkundeter Form erklärt werden müssen (dagegen: *H.-F. Müller* Konzern 2007, 81 (82); für notarielle Form zutr.: Widmann/Mayer/*Mayer* Rn. 25; Semler/Stengel/*Drinhausen* Rn. 7; *Drinhausen/Keinath* BB 2006, 725 (729)). Die Beurkundung der Verzichtserklärung der Anteilsinhaber der beteiligten ausländischen Gesellschaft vor einem deutschen Notar genügt für das Formerfordernis in jedem Fall (SHS/*Hörtnagl* Rn. 7; Widmann/Mayer/*Mayer* Rn. 25), ist aber nicht zwingend erforderlich, da für die Beurkundung die jeweilige Ortsform ausreicht (Semler/Stengel/*Drinhausen* Rn. 7; Kallmeyer/*Müller* Rn. 4; für notarielle Beurkundung nach dem jeweiligen ausländischen Recht: Widmann/Mayer/*Mayer* Rn. 25). 9

b) Entbehrlichkeit. Die Verschmelzungsprüfung und/oder der Prüfungsbericht sind entbehrlich, wenn sich alle Anteile eines übertragenden Rechtsträgers in der Hand des übernehmenden Rechtsträgers befinden (§ 8 Abs. 3 S. 1: Mutter-Tochter-Verschmelzung; dies entspricht Art. 15 Abs. 1 IntV-RL/Art. 132 Abs. 1 GesR-RL). Die Zulässigkeit des Verzichtes der ausländischen Anteilsinhaber bzw. eine etwaige Entbehrlichkeit bestimmt sich bei der Mutter-Tochter-Konstellation dabei nach der jeweils betroffenen ausländischen Rechtsordnung (SHS/*Hörtnagl* Rn. 8). 10

Zustimmung der Anteilsinhaber

122g (1) **Die Anteilsinhaber können ihre Zustimmung nach § 13 davon abhängig machen, dass die Art und Weise der Mitbestimmung der Arbeitnehmer der übernehmenden oder neuen Gesellschaft ausdrücklich von ihnen bestätigt wird.**

(2) **Befinden sich alle Anteile einer übertragenden Gesellschaft in der Hand der übernehmenden Gesellschaft, so ist ein Verschmelzungsbeschluss der Anteilsinhaber der übertragenden Gesellschaft nicht erforderlich.**

Übersicht

I. Allgemeines

Die Bestimmung setzt in Abs. 1 Art. 9 Abs. 2 IntV-RL/Art. 126 Abs. 2 GesR-RL um. Entsprechende Bestimmungen bei der SE bzw. der SCE sind die Art. 23 Abs. 2 S. 2 SE-VO und Art. 32 Abs. 6 S. 3 SE-VO sowie Art. 27 Abs. 2 SCE-VO. Die Bestimmung setzt in Übereinstimmung mit Art. 9 Abs. 1 1

SE-VO, Art. 23 Abs. 1 SCE-VO voraus, dass der gemeinsame Verschmelzungsplan der grenzüberschreitenden Verschmelzung – ebenso wie der Verschmelzungsvertrag der nationalen Verschmelzung – der Zustimmung der Anteilsinhaber der beteiligten Gesellschaften bedarf. Die Zustimmung der Anteilsinhaber der beteiligten inländischen Gesellschaften wird durch entsprechenden Gesellschafterbeschluss erteilt (§ 122a Abs. 2 iVm § 13 Abs. 1 S. 2). § 122g Abs. 1 ergänzt diese allgemeine Vorschrift um eine Regelung für eine Situation, die bei einer nationalen Verschmelzung nicht auftreten kann, dh um die Bestimmung, dass die Anteilsinhaber ihre Zustimmung davon abhängig machen können, dass die Art und Weise der Mitbestimmung der Arbeitnehmer der übernehmenden oder neuen Gesellschaft von den Gesellschaftern bestätigt wird. Für die Durchführung der Gesellschafterversammlungen gelten nach § 122g keine Besonderheiten, es bleibt bei den allgemeinen Regelungen der §§ 46–78. Die Anteilsinhaber der jeweils beteiligten ausländischen Gesellschaften stimmen nach Maßgabe der jeweils für diese geltenden Rechtsordnungen ab. Abs. 2 der Bestimmung ordnet an, dass ein Verschmelzungsbeschluss der Anteilsinhaber der übertragenden Gesellschaft dann nicht erforderlich ist, wenn es sich um eine Verschmelzung einer 100 %-igen Tochtergesellschaft auf ihre Muttergesellschaft handelt.

II. Einzelerläuterungen

2 **1. Versammlung der Anteilsinhaber, Beschluss. a) Vorbereitung der Gesellschafterversammlung.** Die Vorbereitung der jeweiligen Gesellschafterversammlung ist in verschiedenen Bestimmungen geregelt (vgl. den Überblick bei Kallmeyer/*Zimmermann* Rn. 3 ff.). Nach § 122d muss der Verschmelzungsplan oder sein Entwurf jeweils einschließlich der Satzung der übernehmenden/neuen Gesellschaft spätestens einen Monat vor der Gesellschafterversammlung zum Register eingereicht werden (zur Fristberechnung → § 122d Rn. 6). Das Gericht ist verpflichtet, die in § 122d S. 2 geforderten Angaben (→ § 122d Rn. 8 ff.) unverzüglich bekanntzumachen. Auf die Einreichung des Verschmelzungsplanes kann nicht verzichtet werden (→ § 122d Rn. 14). Zur Verkürzung der Monatsfrist → § 122d Rn. 14. Der Verschmelzungsplan ist nicht dem Betriebsrat der beteiligten inländischen Gesellschaft zuzuleiten oder auf andere Art zugänglich zu machen (→ § 122c Rn. 28). Der Verschmelzungsbericht jedoch ist spätestens einen Monat vor der Versammlung den Anteilsinhabern der beteiligten inländischen Gesellschaft und dem Betriebsrat – und bei Fehlen eines Betriebsrates den Arbeitnehmern der inländischen Gesellschaft – durch Auslegung in den Geschäftsräumen oder (bei AG, KGaA und SE) nach § 63 Abs. 4 durch Veröffentlichung auf der Internetseite der Gesellschaft zugänglich zu machen (§ 122e S. 2, → § 122e Rn. 16). Bei der GmbH ist als rechtsformspezifische Besonderheit der Verschmelzungsplan oder sein Entwurf zusammen mit dem Verschmelzungsbericht gem. § 122a Abs. 2 iVm § 47 (→ § 47 Rn. 1 ff.; unzutr. Kallmeyer/*Zimmermann* Rn. 7, wo diesbezüglich auf eine hM abgestellt wird) und nach hM zusammen mit dem Verschmelzungsprüfungsbericht (→ § 47 Rn. 3; Kallmeyer/*Kocher* § 47 Rn. 1; Lutter UmwG/*M. Winter/J. Vetter* § 47 Rn. 1, 10; aA Widmann/Mayer/*Mayer* § 47 Rn. 4 und Widmann/Mayer/*Heckschen* Rn. 52) den Gesellschaftern spätestens zusammen mit der Einberufung der Gesellschafterversammlung zu übersenden. Die entsprechenden Unterlagen der übrigen beteiligten ausländischen Gesellschaften sind jedoch nicht mit zu übersenden (zutr. Widmann/Mayer/*Heckschen* Rn. 55 f., wo dies daraus hergeleitet wird, dass § 49 Abs. 2 durch Verwendung des Plurals auf alle Rechtsträger abstellt, während § 47 den Singular für die betroffene GmbH benutzt).

3 Bei AG, KGaA und SE müssen die in § 63 aufgeführten Unterlagen (insbesondere Verschmelzungsplan, Verschmelzungsbericht und Verschmelzungsprüfungsbericht sowie die Jahresabschlüsse der letzten drei Geschäftsjahre aller an der Verschmelzung beteiligten Gesellschaften und etwaig erforderliche Zwischenbilanzen) in den Geschäftsräumen ausgelegt werden. Nach § 63 Abs. 4 (eingefügt durch ARUG vom 30.7.2009 BGBl. 2009 I 2479) bedarf es nicht der Auslegung bzw. der Übersendung von Abschriften, sofern die relevanten Unterlagen über die Internetseite der Gesellschaft zugänglich sind. Im Hinblick auf die beteiligten ausländischen Rechtsträger sind ebenfalls entsprechende Unterlagen (Jahresabschlüsse, einzeln erstattete Verschmelzungs- und Verschmelzungsprüfungsberichte) entweder auszulegen (→ § 122e Rn. 16; SHS/*Hörtnagl* Rn. 4) oder in der Form des § 63 Abs. 4 den Anteilinhabern zugänglich zu machen. Die Unterlagen bezogen auf die ausländischen beteiligten Gesellschaften sind überdies vor Auslegung oder Zugänglichmachung in die deutsche Sprache zu übersetzen (Semler/Stengel/*Drinhausen* Rn. 4; SHS/*Hörtnagl* Rn. 4; aA *Louven* ZIP 2006, 2021 (2022)). Im Übrigen gelten für die Vorbereitung der Gesellschafterversammlung die allgemeinen gesetzlichen Bestimmungen sowie etwaige Satzungsregelungen.

4 **b) Beschlussfassung der Anteilsinhaber.** Für die Beschlussfassung der Anteilsinhaber ergeben sich aus § 122g keine Besonderheiten; nach § 122a Abs. 2 finden die allgemeinen Regelungen für die deutsche AG/KGaA/SE (§§ 65, 78) Anwendung. Nach Art. 2 § 1 des zeitlich beschränkt geltenden Gesetzes zur Abmilderung der Folgen der COVID-19-Pandemie im Zivil-, Insolvenz- und Strafverfahrensrecht vom 27. März 2020 (BGBl. I 2020, 569, „nachfolgend COVFAG") (→ AktG § 118 Rn. 23 ff.) gilt allerdings für die deutsche AG, KGaA und SE sowie den VVaG unter anderem, dass der Vorstand mit Zustimmung des Aufsichtsrates (§ 1 Abs. 5 COVMG) die Entscheidungen über die Teil-

nahme der Aktionäre an der Hauptversammlung im Wege elektronischer Kommunikation nach § 118 Abs. 1 S. 2 AktG (elektronische Teilnahme) sowie weitere Erleichterungen betreffend die Stimmabgabe im Wege elektronischer Kommunikation, die Teilnahme von Aufsichtsratsmitgliedern im Wege der Bild- und Tonübertragung und die Zulassung der Bild- und Tonübertragung nach § 118 AktG auch ohne Ermächtigung durch die Satzung oder eine Geschäftsordnung treffen kann (vgl. zu Einzelheiten vgl. § 1 Abs. 1 COVMG, insbesondere § 1 Abs. 8 COVMG).

Der Vorstand kann mit Zustimmung des Aufsichtsrates überdies entscheiden, dass die Versammlung ohne physische Präsenz der Aktionäre oder ihrer Bevollmächtigten als virtuelle Hauptversammlung abgehalten wird (vgl. zu Einzelheiten vgl. § 1 Abs. 2 COVMG, insbesondere § 1 Abs. 8 COVMG. Andere Länder, wie zB Österreich, haben vergleichbare Regelungen geschaffen, vgl. BGBl. für die Republik Österreich, 140. Verordnung der Bundesministerin für Justiz). Im Falle einer monistisch strukturierten SE trifft diese Entscheidung (nur) der Verwaltungsrat (vgl. zu Einzelheiten vgl. § 1 COVMG, insbesondere § 1 Abs. 8 COVMG). **4a**

Auch sind weitere Erleichterungen für die Einberufung der Hauptversammlung (zB Verkürzung der Einberufungsfrist) und für die Entscheidung des Vorstands, Abschlagszahlungen auf den Bilanzgewinn zu zahlen, in § 1 Abs. 3 f. COVMG vorgesehen. **4b**

Soll ein Zustimmungsbeschluss zu einer grenzüberschreitenden Verschmelzung in einer ordentlichen Hauptversammlung der SE gefasst werden, ist zu beachten, dass nach § 1 Abs. 8 COVMG die Hauptversammlung innerhalb der ersten 8 Monate des Geschäftsjahres stattfinden muss; die Sonderregelung des § 1 Abs. 5 COVMG findet nach § 1 Abs. 8 S. 2 COVMG keine Anwendung. Für die SE mit Sitz im Inland ist des Weiteren umstritten, welche Stimmenmehrheit neben der 3/4-Kapitalmehrheit des § 65 erforderlich ist, sofern die Satzung keine größere Stimmen- oder Kapitalmehrheit oder sonstige Erfordernisse festlegt: Teilweise wird hier die in Art. 59 Abs. 1 SE-VO vorgesehene 2/3-Stimmenmehrheit zusätzlich für anwendbar gehalten (Lutter UmwG/*Bayer* Rn. 22). Teilweise wird die 3/4-Kapitalmehrheit im Wege einer SE-spezifischen Auslegung in eine 3/4-Stimmenmehrheit umgedeutet (MüKoAktG/*Kubis* SE-VO Art. 57, 58 Rn. 7). Nicht zu begründen sein dürfte jedoch, dass ohne entsprechende Satzungsbestimmung neben der 3/4-Kapitalmehrheit nur eine einfache Stimmenmehrheit erforderlich ist (für möglich gehalten von Kallmeyer/*Zimmermann* Rn. 13). **4c**

Für die deutsche GmbH gelten die allgemeinen Regeln, §§ 50, 51; zu beachten ist hier, dass die Sonderregelung des § 2 COVMG, wonach abweichend von § 48 Abs. 2 GmbHG Beschlüsse der Gesellschafter in Textform oder durch schriftliche Abgabe der Stimmen auch ohne Einverständnis sämtlicher Gesellschafter gefasst werden können, keine Aussage darüber trifft, ob auch beurkundungspflichtige Gesellschafterbeschlüsse, wie der Zustimmungsbeschluss nach § 13, im Umlaufverfahren unter den erleichterten Voraussetzungen dieser Norm gefasst werden können. Diese Frage ist zu verneinen, weil die Durchführung einer Präsenzversammlung hier sogar zwingend ist (*Wicke* NZG 2020, 501 (502 f.); vgl. auch die Stellungnahme des Deutschen Notarinstituts zum COVFAG, abrufbar unter: https://www.dnoti.de/fileadmin/user_upload/Arbeitshilfen/UEbersicht_COVID-19-G.pdf). **4d**

Der Zustimmungsbeschluss der beteiligten inländischen Gesellschaft ist nach § 13 Abs. 3, wie auch die etwaige Zustimmungserklärung nur einzelner Anteilsinhaber, notariell zu beurkunden. Verschmelzungsplan oder Entwurf sind dem Beschluss beizufügen (§ 13 Abs. 3 S. 2). Die Form für die Beschlüsse der ausländischen Rechtsträger richtet sich nach der jeweiligen ausländischen Rechtsordnung. **4e**

2. Zustimmungsvorbehalt im Hinblick auf Arbeitnehmermitbestimmung. Abs. 1 der Bestimmung ermöglicht es den Anteilsinhabern, ihre Zustimmung nach § 13 davon abhängig zu machen, dass die Art und Weise der Mitbestimmung der Arbeitnehmer der übernehmenden oder neuen Gesellschaft ausdrücklich von ihnen bestätigt wird. Da bei einer grenzüberschreitenden Verschmelzung die aus einer Verschmelzung hervorgehende Gesellschaft ggf. dem Mitbestimmungsregime eines anderen Mitgliedstaates der EU/des EWR unterliegt, räumt Abs. 1 den Gesellschaftern ein Letztentscheidungsrecht über die Ausgestaltung der Mitbestimmung ein (Widmann/Mayer/*Heckschen* Rn. 3 f.); die Gesellschafter können die Verschmelzung somit verhindern, wenn sie mit der Umsetzung der Arbeitnehmermitbestimmung nicht einverstanden sind. **5**

Der Bestätigungsvorbehalt bildet einen Bestandteil des Zustimmungsbeschlusses, ohne ein selbständiger Beschluss zu sein (Widmann/Mayer/*Heckschen* Rn. 109; RegEBegr. zu § 122g Abs. 1 BT-Drs. 16/2919, 16; SHS/*Hörtnagl* Rn. 8). Daher bedarf der Bestätigungsvorbehalt als Teil des Zustimmungsbeschlusses der qualifizierten Mehrheit nach § 122a Abs. 2 iVm § 50 bzw. § 65 (Widmann/Mayer/*Heckschen* Rn. 112; SHS/*Hörtnagl* Rn. 8; aA Semler/Stengel/*Drinhausen* Rn. 10; Lutter UmwG/*Bayer* Rn. 30: die einfache Stimmenmehrheit soll ausreichen). Machen die Anteilsinhaber von dem Vorbehalt Gebrauch, bedarf es nach Festlegung der anzuwendenden Mitbestimmungsregelung einer zusätzlichen Versammlung. Die Anforderungen an die Vorbereitung und Durchführung dieser weiteren Versammlung bestimmen sich nach dem jeweiligen für die beteiligte Gesellschaft geltenden in- oder ausländischem Recht (Semler/Stengel/*Drinhausen* Rn. 11), ohne dass die besonderen Regelungen des UmwG, zB im Hinblick auf die Vorbereitung der Versammlung, zu beachten sind. Dies gilt allerdings dann nicht, wenn zB aufgrund der Regelung über die Arbeitnehmermitbestimmung eine veränderte **6**

Satzung und somit ein neugefasster Verschmelzungsplan (§ 122c Abs. 2 Nr. 9) erforderlich ist. Der Beschluss, mit dem die Arbeitnehmermitbestimmung bestätigt wird, erfordert ebenso die qualifizierte Mehrheit wie der Zustimmungsbeschluss selbst (SHS/*Hörtnagl* Rn. 10, Widmann/Mayer/*Heckschen* Rn. 137; Kallmeyer/*Zimmermann* Rn. 20; aA Semler/Stengel/*Drinhausen* Rn. 11; Lutter UmwG/*Bayer* Rn. 33), da davon die Erteilung der Verschmelzungsbescheinigung (§ 122k) und somit die gesamte Verschmelzung abhängt (zutr. SHS/*Hörtnagl* Rn. 10); auf die Frage, ob ggf. nach Festlegung der Mitbestimmung der Verschmelzungsplan wegen einer angepassten Satzung neu zu beschließen ist, oder das Argument, dass Vereinbarungen über die Mitbestimmung grundsätzlich eine Geschäftsführungsmaßnahme darstellen, kommt es demgegenüber nicht entscheidend an. Eine geringere Mehrheit ist nur dann zulässig, wenn diese im Verschmelzungsbeschluss ausdrücklich zugelassen wird (*Simon/Rubner* Der Konzern 2006, 835 (839); KK-UmwG/*Simon/Rubner* Rn. 19; SHS/*Hörtnagl* Rn. 10).

7 Die Befugnis im Hinblick auf den Bestätigungsbeschluss kann von den Anteilseignern nicht auf andere Organe übertragen werden (Widmann/Mayer/*Heckschen* Rn. 132 f.; Lutter UmwG/*Bayer* Rn. 34; Kallmeyer/*Zimmermann* Rn. 19; aA KK-UmwG/*Simon/Rubner* Rn. 18), da die Letztentscheidung über die Ausgestaltung der Mitbestimmung der Arbeitnehmer bei den Anteilsinhabern und nicht bei einem anderen Organ liegen soll. Solange die Bestätigung durch die Anteilsinhaber fehlt, fehlt es an der wirksamen Zustimmung der Anteilsinhaberversammlung. Wird die Zustimmung der Anteilsinhaber endgültig nicht erteilt, wird die Verschmelzung mangels Zustimmung der Anteilsinhaberversammlung nicht wirksam und kann demzufolge nicht eingetragen werden (Semler/Stengel/*Drinhausen* Rn. 12; SHS/*Hörtnagl* Rn. 10).

8 **3. Entbehrlichkeit der Beschlussfassung.** Abs. 2 der Bestimmung regelt, dass ein Verschmelzungsbeschluss der Anteilsinhaber der übertragenden Gesellschaft nicht erforderlich ist, wenn sich alle Anteile einer übertragenden Gesellschaft in der Hand der übernehmenden Gesellschaft befinden. Da die beschließenden Gesellschafter in diesem Fall identisch wären mit der Geschäftsführung der übernehmenden Gesellschaft, die bereits den Verschmelzungsplan gemeinsam mit den übrigen beteiligten Gesellschaften aufgestellt hat, wäre ein separater Zustimmungsbeschluss eine überflüssige Formalität (SHS/*Hörtnagl* Rn. 11); Abs. 2 macht von der Ermächtigung in Art. 15 Abs. 1 2. Spiegelstrich IntV-RL/Art. 132 Abs. 1 2. Spiegelstrich GesR-RL Gebrauch. Die Bestimmung gilt nur für übertragende Gesellschaften, für die deutsches Recht Anwendung findet (Semler/Stengel/*Drinhausen* Rn. 14; SHS/*Hörtnagl* Rn. 11); sie findet auch dann Anwendung, wenn gleichzeitig mehrere 100 %-ige Tochtergesellschaften auf die übernehmende Mutter verschmolzen werden (Widmann/Mayer/*Heckschen* Rn. 153). Sind an der Verschmelzung auch übertragende Rechtsträger beteiligt, deren Anteile nicht zu 100 % von der übernehmenden Gesellschaft gehalten werden, findet auf diese Gesellschaften Abs. 2 keine Anwendung, es bedarf eines Zustimmungsbeschlusses der Anteilsinhaber bei diesen Gesellschaften (SHS/*Hörtnagl* Rn. 11). Befindet sich die übertragende Gesellschaft im Ausland, ist nach dem anwendbaren ausländischen Recht zu entscheiden, ob eine § 122g Abs. 2 vergleichbare Erleichterung angewandt werden kann.

9 Für die Frage, ob alle Anteile in der Hand der übernehmenden Gesellschaft gehalten werden, gelten die zu § 62 Abs. 1 entwickelten Grundsätze (→ § 62 Rn. 4 ff.). Unterbeteiligungen und stille Gesellschaften zählen nicht mit (SHS/*Hörtnagl* Rn. 12). Anteile, die im eigenen Namen, jedoch für Rechnung der übernehmenden Gesellschaft durch einen Dritten gehalten werden, werden ebenso wenig mitgezählt (Widmann/Mayer/*Heckschen* Rn. 145) wie eigene Anteile der übertragenden Gesellschaft (vgl. für den ähnlichen Fall § 62 Abs. 1 S. 2; SHS/*Hörtnagl* Rn. 12). Ein Verschmelzungsbericht ist allerdings auch bei Konzernverschmelzungen immer erforderlich (→ § 122e Rn. 10). Zur Privilegierung der Konzernverschmelzung im Hinblick auf die Verschmelzungsprüfung → § 122f Rn. 10.

10 In den Fällen des § 62 Abs. 1, der bei Beteiligung einer inländischen AG, SE oder KGaA mit mindestens 90 % an der übertragenden (ausländischen) Kapitalgesellschaft gem. § 122a Abs. 2 anwendbar ist (SHS/*Hörtnagl* Rn. 14, der wohl diesen Fall einschließlich einer Verschmelzung mit weiteren übertragenden inländischen Gesellschaften meint, weil anderenfalls eine nationale Verschmelzung vorläge), kann iÜ auf eine Beschlussfassung der übernehmenden Gesellschaft verzichtet werden. Dies gilt nicht, wenn mindestens 5 % der Anteilsinhaber der übernehmenden Gesellschaft oder eine von der Satzung vorgesehene geringere Minderheit von Anteilsinhabern eine Beschlussfassung verlangt (vgl. § 62 Abs. 2).

Verbesserung des Umtauschverhältnisses

122h **(1) § 14 Abs. 2 und § 15 gelten für die Anteilsinhaber einer übertragenden Gesellschaft nur, sofern die Anteilsinhaber der an der grenzüberschreitenden Verschmelzung beteiligten Gesellschaften, die dem Recht eines anderen Mitgliedstaats der Europäischen Union oder eines anderen Vertragsstaats des Abkommens über den Europäischen Wirtschaftsraum unterliegen, dessen Rechtsvorschriften ein Verfahren zur Kontrolle und**

Änderung des Umtauschverhältnisses der Anteile nicht vorsehen, im Verschmelzungsbeschluss ausdrücklich zustimmen.

(2) **§ 15 gilt auch für Anteilsinhaber einer übertragenden Gesellschaft, die dem Recht eines anderen Mitgliedstaats der Europäischen Union oder eines anderen Vertragsstaats des Abkommens über den Europäischen Wirtschaftsraum unterliegt, wenn nach dem Recht dieses Staates ein Verfahren zur Kontrolle und Änderung des Umtauschverhältnisses der Anteile vorgesehen ist und deutsche Gerichte für die Durchführung eines solchen Verfahrens international zuständig sind.**

Übersicht

I. Allgemeines

§ 122h passt die Regelungen von § 14 Abs. 2 (Klageausschluss wegen zu niedrigem Umtauschverhältnis) und § 15 (Verbesserung des Umtauschverhältnisses) an die Besonderheiten der grenzüberschreitenden Verschmelzung an; Abs. 1 beruht auf Art. 10 Abs. 3 S. 1 IntV-RL/Art. 127 Abs. 3 S. 1 GesR-RL. Nach § 14 Abs. 2 können die Anteilsinhaber des übertragenden Rechtsträgers einer inländischen Verschmelzung eine Klage gegen die Wirksamkeit des Verschmelzungsbeschlusses nicht darauf stützen, dass das Umtauschverhältnis zu niedrig bemessen sei (§ 14 Abs. 2). Mithin können die Anteilsinhaber die Eintragung der Verschmelzung wegen dieses Bewertungsmangels nicht verhindern. Allerdings haben die mit einer Unwirksamkeitsklage ausgeschlossenen Anteilsinhaber gem. § 15 einen Anspruch gegen den übernehmenden Rechtsträger auf Kompensation eines unangemessenen Umtauschverhältnisses durch bare Zuzahlung. Der Anspruch wird im Spruchverfahren geltend gemacht. Weil nicht alle Staaten der EU bzw. des EWR ein dem deutschen Spruchverfahren entsprechendes Verfahren aufweisen, greift die in § 14 Abs. 2, § 15 vorgesehene Mechanik nicht ohne Weiteres bei allen grenzüberschreitenden Verschmelzungen. Daher fordert Abs. 1, dass die Anteilsinhaber der beteiligten Gesellschaften in einem Staat, dessen Recht ein Verfahren zur Kontrolle und Änderung des Umtauschverhältnisses der Anteile (Spruchverfahren) nicht vorsieht, im Verschmelzungsbeschluss der Anwendung des Spruchverfahrens ausdrücklich zustimmen müssen (Widmann/Mayer/*Heckschen* Rn. 45). Eine vergleichbare Regelung enthält § 6 Abs. 1 SEAG. Ist nach § 122h Abs. 2 ein Spruchverfahren nach SpruchG statthaft, weil die Länder der beteiligten ausländischen Gesellschaften ein vergleichbares Verfahren aufweisen, können auch die Anteilsinhaber einer ausländischen übertragenden Gesellschaft ein Spruchverfahren vor den deutschen Gerichten durchführen. Hierfür ist jedoch Voraussetzung, dass die deutschen Gerichte für die Durchführung des Verfahrens international zuständig sind. Diese Regelung entspricht § 6 Abs. 4 S. 2 SEAG. Abs. 2 bezweckt die Vermeidung von Doppelarbeit und sich ggf. widersprechender Entscheidungen in- und ausländischer Gerichte (RegEBegr. zu § 122h Abs. 2 BT-Drs. 16/2919, 16). 1

II. Einzelerläuterungen

1. Voraussetzungen für die Anwendbarkeit von Klageausschluss und Spruchverfahren (Abs. 1). Art. 10 Abs. 3 S. 1 IntV-RL/Art. 127 Abs. 3 S. 1 GesR-RL bestimmt, dass in den Fällen, in denen nach dem Recht eines Mitgliedstaates einer sich verschmelzenden Gesellschaft ein Verfahren zur Kontrolle und Änderung des Umtauschverhältnisses der Aktien oder sonstigen Anteile oder zur Abfindung von Minderheitsgesellschaftern vorgesehen ist, dieses Verfahren jedoch nicht der Eintragung der grenzüberschreitenden Verschmelzung entgegensteht, dieses Verfahren nur dann Anwendung findet, wenn die anderen sich verschmelzenden Gesellschaften in Mitgliedstaaten, die ein solches Verfahren nicht vorsehen, bei der Zustimmung zum Verschmelzungsplan ausdrücklich akzeptieren, dass die Gesellschafter der erst genannten sich verschmelzenden Gesellschaft das genannte Verfahren beantragen können. § 122h Abs. 1 setzt diese Regelungsvorgabe mit Wirkung für die Anteilsinhaber der übertragenden inländischen Gesellschaft um, sodass für die Anwendung der Regelungsanordnungen von § 14 Abs. 2 (Klageausschluss) und § 15 (Anspruch auf Verbesserung des Umtauschverhältnisses und Verweis in das Spruchverfahren) die Zustimmung der Anteilsinhaber der beteiligten ausländischen 2

Gesellschaften erforderlich ist. Das Zustimmungserfordernis dient dem Schutz der Anteilsinhaber der beteiligten ausländischen Gesellschaften, da das Spruchverfahren grundsätzlich dazu führt, dass entweder das Umtauschverhältnis zu Gunsten der beteiligten Anteilsinhaber der übertragenden inländischen Gesellschaft verbessert wird oder die bare Zuzahlung erhöht wird und so im Ergebnis eine wirtschaftliche Belastung der aufnehmenden oder neuen Gesellschaft eintritt. Aus dem Wortlaut von § 122h Abs. 1 ergibt sich ferner, dass es für die Anwendbarkeit von § 14 Abs. 2 und § 15 einer Zustimmung der Anteilsinhaber der ausländischen Gesellschaft dann nicht bedarf, wenn die Rechtsordnungen der jeweils anderen beteiligten Gesellschaften ein Verfahren zur Kontrolle und Änderung des Umtauschverhältnisses der Anteile vorsehen (→ Rn. 6).

3 **a) Zustimmung.** Nach dem Wortlaut von § 122h Abs. 1 hat die Zustimmung der ausländischen Anteilsinhaber im Verschmelzungsbeschluss ausdrücklich zu erfolgen. Hierbei ist fraglich, ob die Zustimmung nur „im" Verschmelzungsbeschluss oder auch, wie Art. 10 Abs. 3 S. 1 IntV-RL/Art. 127 Abs. 3 S. 1 GesR-RL es formuliert, „bei der Zustimmung zum Verschmelzungsplan", dh entweder vor oder nach dem Zustimmungsbeschluss, erfolgen kann. Die europarechtskonforme Auslegung von § 122h Abs. 1 unter Berücksichtigung des insofern weiteren Wortlautes von Art. 10 Abs. 3 S. 1 IntV-RL/Art. 127 Abs. 3 S. 1 GesR-RL beantwortet diese Frage: Die Zustimmung zu Klageausschluss und Spruchverfahren kann nicht zwingend nur bei der Zustimmung zum Verschmelzungsplan, sondern auch in einem separaten Beschluss erteilt werden (zutr. Lutter UmwG/*Bayer* Rn. 11; Kallmeyer/*Marsch-Barner* Rn. 3; Semler/Stengel/*Drinhausen* Rn. 6; SHS/*Hörtnagl* Rn. 7; aA Widmann/Mayer/*Heckschen* Rn. 46). Wird ein separater Beschluss gefasst, gelten für diesen die Mehrheitserfordernisse, die für die Zustimmung zum Verschmelzungsplan von der jeweiligen ausländischen Rechtsordnung gefordert werden (SHS/*Hörtnagl* Rn. 7).

4 Die Zustimmung der ausländischen Anteilsinhaber muss iÜ nicht bereits im Hinblick auf ein im konkreten Fall bereits beantragtes Spruchverfahren erteilt werden, sondern bezieht sich nach dem Wortlaut von Art. 10 Abs. 3 S. 1 IntV-RL/Art. 127 Abs. 3 S. 1 GesR-RL auf die abstrakte Möglichkeit, dass die Anteilsinhaber der übertragenden inländischen Gesellschaft dies Verfahren beantragen können. Die nach § 122h Abs. 1 erforderliche Zustimmung kann vor oder nach der Beschlussfassung bei der inländischen übertragenden Gesellschaft erfolgen. Erfolgt sie nach der Beschlussfassung im Inland, bewirkt dies, dass die Klagefrist nach § 14 Abs. 1 für die Anteilsinhaber im Inland frühestens mit der letzten Beschlussfassung einer ausländischen Gesellschaft iSv § 122h Abs. 1 beginnt (SHS/*Hörtnagl* Rn. 8). Auf diese Weise wird sichergestellt, dass die Gesellschafter der übertragenden inländischen Gesellschaft entweder das Spruchverfahren durchführen oder sich für die Unwirksamkeitsklage entscheiden können (SHS/*Hörtnagl* Rn. 8).

5 Angesichts der Rechtsfolge der Zustimmung – Klageausschluss und im Spruchverfahren durchsetzbarer Anspruch auf Verbesserung des Umtauschverhältnisses oder Barzuzahlung – stellt sich zwangsläufig die Frage nach der praktischen Bedeutung von § 122h Abs. 1. Da dem deutschen Spruchverfahren die *reformatio in peius* fremd ist (rechtspolitisch umstritten, vgl. Lutter UmwG/*Bayer* Rn. 4 mwN) und mithin die nach § 122h Abs. 1 gewährte Zustimmung der Anteilsinhaber für ausländische beteiligten Gesellschaften somit prinzipiell immer zu wirtschaftlichen Nachteilen führt, weil die Kompensation der Anteilsinhaber der übertragenden inländischen Gesellschaft aus dem Vermögen der aufnehmenden oder neuen Gesellschaft gezahlt wird, liegt die Annahme nahe, dass die Zustimmung im Regelfall nicht erteilt wird (Kallmeyer/*Marsch-Barner* Rn. 3). Allerdings spricht für eine Zustimmung der Anteilsinhaber der ausländischen Gesellschaften, dass diese bei Zustimmung sicher sein können, dass es nicht zu einer Anfechtung wegen Unangemessenheit des Umtauschverhältnisses kommt, mithin die Verschmelzung nicht dem Risiko der Anfechtbarkeit der Zustimmungsbeschlüsse ausgesetzt ist (Widmann/Mayer/*Heckschen* Rn. 47). Überdies sind die Anteilsinhaber der beteiligten ausländischen Gesellschaften darauf hinzuweisen, dass ihnen bei Zustimmung die Möglichkeit unbenommen ist, gem. § 6c SpruchG einen besonderen gemeinsamen Vertreter bestellen zu lassen, der es ihnen ermöglicht, durch prozessuale Einflussnahme das für sie günstigere, ursprünglich gefundene Umtauschverhältnis der Anteile zu rechtfertigen (Stellungnahme BR zu RegE BR-Drs. 548/06, 46; *Simon/Rubner* Der Konzern 2006, 835 (841). In diesem Zusammenhang weisen *Drygala/v. Bressensdorf* NZG 2016, 1161 (1162 f.) allerdings unter Bezugnahme auf *Bayer,* Grenzüberschreitende Verschmelzungen im Zeitraum 2007 – 2012, 11 f., abrufbar unter http://www.boeckler.de/pdf/mbf_2013_06_verschmelzungen_bayer.pdf (zuletzt abgerufen: 2.7.2018), neuerdings darauf hin, dass die weit überwiegende Zahl der grenzüberschreitenden Verschmelzungen nicht börsennotierte Gesellschaften und häufig auch 100-prozentige Tochtergesellschaften betroffen habe, und leiten daraus einen zu hoch gehaltenen Minderheitenschutz her, der offenbar das Instrument der grenzüberschreitenden Verschmelzung für börsennotierte Unternehmen als unattraktiv erscheinen lasse, und leiten daraus einen Reformbedarf ab.

6 **b) Spruchverfahren im ausländischen Recht.** Nach § 122h Abs. 1 gelten die § 14 Abs. 2 und § 15 für die Anteilsinhaber der übertragenden Gesellschaft „nur", wenn die Anteilsinhaber der ausländischen Gesellschaft zustimmen. Da die Bestimmung die Anteilsinhaber der beteiligten ausländischen Gesellschaften schützen soll, ist der Vorschrift zu entnehmen, dass trotz des Gebrauchs des Wortes „nur"

die genannten Bestimmungen Anwendung finden, wenn das ausländische Recht, dem die übrigen beteiligten Rechtsträger unterliegen, ein dem deutschen Spruchverfahren entsprechendes Verfahren vorsieht (hM, vgl. Semler/Stengel/*Drinhausen* Rn. 5; HK-UmwG/*Becker* Rn. 5; *Kiem* WM 2006, 1091 (1097); RegEBegr. BT-Drs. 16/2919, 16; zweifelnd, ob materiell-rechtlicher Nachbesserungsanspruch deutschem Recht unterliegt oder nach allgemeinen Regeln dem Recht der aufnehmenden ausländischen Gesellschaft unterliegt: *H.-F. Müller* Der Konzern 2007, 81 (85); vgl. inhaltlich entsprechend Art. 25 SE-VO Abs. 3, dazu SHS/*Hörtnagl* SE-VO Art. 25 Rn. 17). Unter „Vorsehen" ist die konkrete Möglichkeit bei der betroffenen grenzüberschreitenden Verschmelzung zu verstehen, ein Spruchverfahren einzuleiten (SHS/*Hörtnagl* Rn. 6). Ein dem deutschen Spruchverfahren vergleichbares Verfahren kennt von den in Frage kommenden EU-/EWR-Staaten derzeit ersichtlich nur Österreich (Außerstreitverfahren nach §§ 225c ff. öAktG, vgl. *H.-F. Müller* Der Konzern 2007, 81 (85)).

2. Praktische Fälle der Anwendbarkeit von § 14 Abs. 2 und § 15. Die § 14 Abs. 2 und § 15 gelten nach Abs. 1 nur für den Verschmelzungsbeschluss einer inländischen übertragenden Gesellschaft. Des Weiteren muss mindestens eine ausländische Gesellschaft als übertragende oder übernehmende Gesellschaft beteiligt sein. Verschmelzen sich mehrere inländische Gesellschaften durch Neugründung einer ausländischen Gesellschaft (→ § 122a Rn. 10), ist § 122h Abs. 1 nicht anwendbar, da für alle Anteilsinhaber der übertragenden Gesellschaften die § 14 Abs. 2 und § 15 ohne Weiteres gelten (SHS/*Hörtnagl* Rn. 5). Seinem Schutzzweck nach ist Abs. 1 jedoch zB auch dann anwendbar, wenn eine ausländische Gesellschaft als weiterer übertragender Rechtsträger beteiligt ist, unabhängig davon, ob bei dieser grenzüberschreitenden Verschmelzung die übernehmende oder neue Gesellschaft ein in- oder ausländischer Rechtsträger ist (SHS/*Hörtnagl* Rn. 5). 7

3. Folgen der Anwendbarkeit des Spruchverfahrens. Finden die § 14 Abs. 2 und § 15 in den beiden in → Rn. 3 ff. und → Rn. 6 genannten Alternativen Anwendung, bestimmt sich der materielle Anspruch nach § 15, der im Spruchverfahren durchzusetzen ist. Antragsberechtigt sind auch die Anteilsinhaber einer inländischen übertragenden Gesellschaft, die keinen Widerspruch zu Protokoll erklärt haben; denn der Widerspruch ist bei § 122h anders als in § 122i kein Tatbestandsmerkmal (so auch Widmann/Mayer/*Heckschen* Rn. 32). Das deutsche LG des Bezirks des übertragenden Rechtsträgers (§ 2 SpruchG) ist gem. Art. 5 Abs. 1 lit. a EuGVVO international zuständig. Sieht das Recht des (ggf.) ausländischen übernehmenden Rechtsträgers ein dem Spruchverfahren vergleichbares Verfahren vor, besteht eine Parallelzuständigkeit des für den Sitz des übernehmenden Rechtsträgers zuständigen ausländischen Gerichts gem. Art. 2 Abs. 1 EuGVVO, Art. 60 Abs. 1 EuGVVO (*Simon/Rubner* Der Konzern 2007, 835 (840); HK-UmwG/*Becker* Rn. 6). 8

4. Nichtanwendbarkeit des Spruchverfahrens. Fehlt es an der notwendigen Zustimmung der Anteilsinhaber der beteiligten ausländischen Gesellschaften, ist die Anfechtungsklage nach § 14 Abs. 2 nicht ausgeschlossen. Des Weiteren haben die Anteilsinhaber des übertragenden inländischen Rechtsträgers keinen im Spruchverfahren geltend zu machenden Anspruch gem. § 15. Stattdessen kann die Anfechtungsklage auch auf die Unangemessenheit des Umtauschverhältnisses gestützt werden (RegEBegr. BT-Drs. 16/2919, 16); die Klage ist wegen der erhobenen Bewertungsrüge nicht unzulässig. Die Unzulässigkeit kann sich jedoch aus allgemeinen Bestimmungen, etwa bei Fristversäumnis, ergeben (HK-UmwG/*Becker* Rn. 8). Wird die Anfechtungsklage mit der Bewertungsrüge erhoben, kann die Negativerklärung gem. § 122k Abs. 1 S. 2 iVm § 16 Abs. 2 nicht abgegeben werden. In diesem Fall greift ggf. das umwandlungsrechtliche Freigabeverfahren gem. § 16 Abs. 3 ein. Allerdings dürfte diesem Verfahren nur vergleichsweise geringe Bedeutung zukommen, da die offensichtliche Unbegründetheit einer Bewertungsrüge im Regelfall nur schwer darzulegen ist (vgl. *Hoffmann-Becking* WPg-Sonderheft 2001, 121 (125); *J. Vetter* AG 2006, 613 (624)). 9

5. Bindungswirkung der im Spruchverfahren ergehenden Entscheidung. Gemäß § 13 S. 2 SpruchG kommt der Entscheidung *inter omnes*-Wirkung zu. Sie gilt somit auch für die Anteilsinhaber der ausländischen Rechtsträger (Lutter UmwG/*Bayer* Rn. 24). Dies steht im Einklang mit Art. 10 Abs. 3 S. 4 IntV-RL/Art. 127 Abs. 3 S. 4 GesR-RL, wenngleich § 13 S. 2 SpruchG als nationale Rechtsvorschrift grundsätzlich nur Wirkung für nationale Rechtsträger entfaltet; denn die *inter omnes*-Wirkung ist für die ausländischen Rechtsträger jedenfalls auf eine vorherige Zustimmung zur Anwendbarkeit des Spruchverfahren zurückzuführen (vgl. HK-UmwG/*Becker* Rn. 10; danach sollten die Mitgliedstaaten für durch Verschmelzung neu entstehende Rechtsträger die Bindung der im ausländischen Spruchverfahren ergehenden Entscheidung anordnen). 10

6. Deutsches Spruchverfahren für Anteilsinhaber ausländischer Gesellschaften (Abs. 2). 11
Nach Abs. 2 der Bestimmung können die Anteilsinhaber der übertragenden ausländischen Rechtsträger bei Vorliegen bestimmter Voraussetzungen ebenfalls ein Verfahren nach § 15 vor den deutschen Gerichten im Interesse der Verbesserung des Umtauschverhältnisses herbeiführen. Anwendbar ist die Vorschrift bei grenzüberschreitenden Hereinverschmelzungen und ebenso bei Herausverschmelzungen bei Beteiligung weiterer ausländischer übertragender Rechtsträger. Die Regelung zielt allerdings nur auf

die Inanspruchnahme des deutschen Spruchverfahrens; ein materieller Anspruch auf Verbesserung des Umtauschverhältnisses wird den Anteilsinhabern der beteiligten ausländischen Gesellschaften nicht gewährt, dieser ergibt sich ggf. aus der ausländischen Rechtsordnung (SHS/*Hörtnagl* Rn. 12). Abs. 2 bezieht sich demnach nur auf § 15 Abs. 1 S. 2. Voraussetzung für die Inanspruchnahme des deutschen Spruchverfahrens durch Anteilsinhaber ausländischer Rechtsträger ist zum einen, dass das Recht des ausländischen Rechtsträgers ein dem deutschen Spruchverfahren entsprechendes Verfahren zur Verbesserung des Umtauschverhältnisses vorsieht (dies trifft derzeit nur für Österreich zu, → Rn. 6) und zum anderen muss die internationale Zuständigkeit der deutschen Gerichte gegeben sein (vgl. *Kiem* WM 2006, 1091 (1097)). Die internationale Zuständigkeit deutscher Gerichte kann entweder durch eine Gerichtsstandsvereinbarung oder gem. Art. 5 Nr. 1 lit. a EuGVVO begründet sein (vgl. SHS/*Hörtnagl* Rn. 12 mwN). Allerdings bleibt trotz der Absicht des Gesetzgebers mit Abs. 2 Doppelarbeit in- und ausländischer Gerichte zu verhindern, die Parallelzuständigkeit der ausländischen Gerichte bestehen (*Simon/Rubner* Der Konzern 2007, 835 (841)).

Abfindungsangebot im Verschmelzungsplan

122i (1) [1]**Unterliegt die übernehmende oder neue Gesellschaft nicht dem deutschen Recht, hat die übertragende Gesellschaft im Verschmelzungsplan oder in seinem Entwurf jedem Anteilsinhaber, der gegen den Verschmelzungsbeschluss der Gesellschaft Widerspruch zur Niederschrift erklärt, den Erwerb seiner Anteile gegen eine angemessene Barabfindung anzubieten.** [2]**Die Vorschriften des Aktiengesetzes über den Erwerb eigener Aktien sowie des Gesetzes betreffend die Gesellschaften mit beschränkter Haftung über den Erwerb eigener Geschäftsanteile gelten entsprechend, jedoch sind § 71 Abs. 4 Satz 2 des Aktiengesetzes und § 33 Abs. 2 Satz 3 zweiter Halbsatz erste Alternative des Gesetzes betreffend die Gesellschaften mit beschränkter Haftung insoweit nicht anzuwenden.** [3]**§ 29 Abs. 1 Satz 4 und 5 sowie Abs. 2 und die §§ 30, 31 und 33 gelten entsprechend.**

(2) [1]**Die §§ 32 und 34 gelten für die Anteilsinhaber einer übertragenden Gesellschaft nur, sofern die Anteilsinhaber der an der grenzüberschreitenden Verschmelzung beteiligten Gesellschaften, die dem Recht eines anderen Mitgliedstaats der Europäischen Union oder eines anderen Vertragsstaats des Abkommens über den Europäischen Wirtschaftsraum unterliegen, dessen Rechtsvorschriften ein Verfahren zur Abfindung von Minderheitsgesellschaftern nicht vorsehen, im Verschmelzungsbeschluss ausdrücklich zustimmen.** [2]**§ 34 gilt auch für Anteilsinhaber einer übertragenden Gesellschaft, die dem Recht eines anderen Mitgliedstaats der Europäischen Union oder eines anderen Vertragsstaats des Abkommens über den Europäischen Wirtschaftsraum unterliegt, wenn nach dem Recht dieses Staates ein Verfahren zur Abfindung von Minderheitsgesellschaftern vorgesehen ist und deutsche Gerichte für die Durchführung eines solchen Verfahrens international zuständig sind.**

Übersicht

I. Allgemeines

1 Die Bestimmung passt die für nationale Verschmelzungen geltenden Bestimmungen zum Ausscheiden von Minderheitsgesellschaftern gegen Barabfindung an die Besonderheiten der grenzüberschreitenden Verschmelzung an. § 122i macht von der Ermächtigung gem. Art. 4 Abs. 2 S. 2 IntV-RL/Art. 121 Abs. 2 S. 2 GesR-RL Gebrauch (RegEBegr. zu § 122i Abs. 1 BT-Drs. 16/2919, 16). Nach dieser Richtlinienbestimmung kann jeder Mitgliedstaat für die an einer grenzüberschreitenden Verschmelzung beteiligten Gesellschaften in seinem Hoheitsgebiet Vorschriften erlassen, um einen angemessenen Schutz der Minderheitsgesellschafter, die die grenzüberschreitende Verschmelzung abgelehnt haben, zu gewährleisten.

Nach Abs. 1 der Bestimmung muss die inländischem Recht unterliegende übertragende Gesellschaft jedem Anteilsinhaber den Erwerb seiner Anteile gegen eine angemessene Barabfindung anbieten, wenn die übernehmende oder neue Gesellschaft nicht dem deutschen Recht unterliegt. Dies ähnelt der Regelungsanordnung von § 29 Abs. 1 S. 1; anders als bei § 29 hat aber nach § 122i Abs. 1 nicht der übernehmende Rechtsträger, sondern der übertragende Rechtsträger das Barabfindungsangebot zu unterbreiten. Nach dem Willen des Gesetzgebers wird somit kein Anteilsinhaber einer deutschen Gesellschaft gezwungen, die anderenfalls mit einem Wechsel in eine ausländische Rechtsform einhergehende Änderung seiner Rechtsposition hinzunehmen, und zwar unabhängig davon, ob der Minderheitenschutz nach dem jeweiligen ausländischen Recht stärker oder schwächer ausgeformt ist, da der Gesetzgeber mit der Regelungsanordnung von Abs. 1 insbesondere keine Negativbewertung des ausländischen Rechts vornehmen wollte (RegEBegr. BT-Drs. 16/2919, 16). Da die Verpflichtung zur Abgabe eines Barabfindungsangebotes auch dann besteht, wenn die ausländische übernehmende oder neue Gesellschaft börsennotiert ist, wurde die Bestimmung im Hinblick auf die erreichten einheitlichen europäischen Kapitalmarktstandards kritisiert (*J. Vetter* AG 2006, 613 (623); *HRA des DAV* NZG 2006, 737 (740)). 2

II. Einzelerläuterungen

1. Ausscheiden gegen Barabfindung. a) Verhältnis zu §§ 29 ff. Die Bestimmung regelt das Ausscheiden von Anteilsinhabern der inländischen übertragenden Gesellschaft, die gegen den Verschmelzungsbeschluss durch separate Erklärung (*Schott* Grenzüberschr. Verschmelz. (2007) 12) Widerspruch zur Niederschrift erklären, gegen Abfindung (zur Frage, ob trotz Zustimmung zum Verschmelzungsbeschluss ein Widerspruch mit der Abfindungsfolge möglich ist: Semler/Stengel/*Drinhausen* Rn. 5). Die Bestimmung findet nur für Herausverschmelzungen aus Deutschland Anwendung; Fälle der Hereinverschmelzung fallen ohne Weiteres unter § 29 Abs. 1 S. 1 und 2 kraft der allgemeinen Verweisung in § 122a Abs. 2 (Lutter UmwG/*Bayer* Rn. 8). Im Verhältnis zu § 29 Abs. 1 S. 1 und 2 ist Abs. 1 bei der Herausverschmelzung *lex specialis* (Lutter UmwG/*Bayer* Rn. 7 f. mwN); die Bestimmung gewährt Minderheitenschutz durch das Austrittsrecht gegen Barabfindung, weil die aufnehmende oder neue Gesellschaft notwendig einem anderen Rechtssystem, dh einer ausländischen Rechtsordnung unterliegt. Insofern knüpft die Bestimmung an eine vergleichbare Interessenlage wie § 29 Abs. 1 S. 1 an. Da die ausländische Gesellschaft zwingend eine Gesellschaft einer anderen, nämlich einer ausländischen Rechtsform ist, verweist Abs. 1 nicht auf § 29 Abs. 1 S. 2, da der dort geregelte Fall – die Anteile an dem übernehmenden Rechtsträger sind Verfügungsbeschränkungen unterworfen, daher Minderheitenschutz durch Austritt gegen Abfindung – bei der grenzüberschreitenden Verschmelzung zwar eintreten kann, aber nicht regelungsbedürftig ist, da bereits die zwingend andere Rechtsform der übernehmenden Gesellschaft den Minderheitenschutz des Abs. 1 auslöst. Der in § 29 Abs. 1 S. 3 geregelte Fall – der übernehmende Rechtsträger kann aufgrund seiner Rechtsform keine eigenen Anteile erwerben – kann bei der grenzüberschreitenden Verschmelzung nach §§ 122a ff. nicht eintreten, da sich nur ausländische Kapitalgesellschaften iSv § 122b an der grenzüberschreitenden Verschmelzung beteiligen können (→ § 122b Rn. 6; RegEBegr. BT-Drs. 16/2919, 16). Im Übrigen ordnet Abs. 1 die Anwendbarkeit der Kapitalerhaltungsvorschriften im Falle des Erwerbs eigener Anteile unter Suspendierung der § 71 Abs. 4 S. 2 AktG und § 33 Abs. 2 S. 3 Hs. 2 Alt. 1 GmbHG an und verweist weitgehend auf § 29 Abs. 1 S. 4 und 5. 3

b) Angebot im Verschmelzungsplan oder dessen Entwurf. Der Verschmelzungsplan muss das Ausscheiden gegen angemessene Barabfindung anbieten (→ § 122c Rn. 25). Diese deutsche Vorgabe eines weiteren, in den Verschmelzungsplan aufzunehmenden Punktes stellt keine richtlinienwidrige Umsetzung der IntV-RL/GesR-RL Titel II Abschnitt II dar, da insofern nur von der Ermächtigung von Art. 4 Abs. 2 S. 2 IntV-RL/Art. 121 Abs. 2 S. 2 GesR-RL Gebrauch gemacht wurde. Selbst wenn also die Vorgaben in Art. 5 S. 2 IntV-RL/Art. 122 S. 2 GesR-RL zu den Mindestangaben im Verschmelzungsplan als „Höchstvorschriften“ angesehen werden (so *Kallmeyer/Kappes* AG 2006, 224 (227)), hat die in Art. 4 Abs. 2 S. 2 IntV-RL/Art. 121 Abs. 2 S. 2 GesR-RL zugunsten der Mitgliedstaaten verankerte Option, Regelungen zum Minderheitenschutz zu treffen, Vorrang (Semler/Stengel/*Drinhausen* Rn. 6; SHS/*Hörtnagl* Rn. 7; *Bayer/J. Schmidt* NJW 2006, 401 (402); → IntGesR Rn. 245). Die angebotene Barabfindung muss gem. Abs. 1 S. 1 angemessen sein. Gemäß S. 3 gilt § 30 Abs. 1 entsprechend; mithin muss die Barabfindung die Verhältnisse des übertragenden Rechtsträgers im Zeitpunkt der Beschlussfassung berücksichtigen. Gemäß § 30 Abs. 1 ergibt sich ein Zinsanspruch aus § 15 Abs. 2 (neugefasst durch ARUG vom 30.7.2009 BGBl. 2009 I 2479; → § 30 Rn. 3). 4

c) Prüfung des Abfindungsangebotes. Gemäß Abs. 1 S. 3 findet auch § 30 Abs. 2 entsprechende Anwendung: Somit muss ein Verschmelzungsprüfer die anzubietende Barabfindung prüfen. Sofern auf die Verschmelzungsprüfung bei einer grenzüberschreitenden Verschmelzung und/oder auf einen Verschmelzungsprüfungsbericht verzichtet wird (→ § 122f Rn. 9 f.), was nur bei Verzicht aller Anteils- 5 inhaber oder bei Konzernverschmelzungen möglich ist, muss ebenfalls ausdrücklich auf die Prüfung des Abfindungsangebotes verzichtet werden (SHS/*Hörtnagl* Rn. 12).

6 **d) Bekanntmachung des Angebotes.** Abs. 1 S. 3 verweist auf § 29 Abs. 1 S. 4 und 5. Daher muss iRd Bekanntmachung des Verschmelzungsplans (→ § 122d Rn. 12) auch der Wortlaut des Abfindungsangebotes wiedergegeben werden (Lutter UmwG/*Bayer* Rn. 11; Lutter UmwG/*Grunewald* § 29 Rn. 21 ff.).

7 **e) Annahme des Angebots.** Im Hinblick auf die Annahmefrist verweist Abs. 1 S. 3 auf § 31. Nach dieser Bestimmung kann das Angebot nur binnen zwei Monaten nach dem Tage angenommen werden, an dem die Eintragung der Verschmelzung in das Register des Sitzes des übernehmenden Rechtsträgers bekannt gemacht worden ist. Hierbei handelt es sich um ein materiell-rechtliche Ausschlussfrist, dh mit Ablauf der Frist erlischt der Anspruch auf Barabfindung (Semler/Stengel/*Kalss* § 31 Rn. 2). Im Falle eines Spruchverfahrens (→ § 122h Rn. 2 ff.) beginnt der Lauf der Annahmefrist gem. § 31 S. 2 mit Bekanntmachung der gerichtlichen Entscheidung im Bundesanzeiger. Streitig ist, ob das Barabfindungsangebot auch vor Eintragung der Verschmelzung in das Register der übernehmenden Gesellschaft angenommen werden kann (vgl. SHS/*Hörtnagl* Rn. 13). Die Anwendbarkeit der für die inländische übertragende Gesellschaft geltenden Vorschriften über den Erwerb eigener Anteile in Abs. 1 S. 2 spricht zwar dafür, dass das Angebot von den Minderheitsgesellschaftern der übertragenden inländischen Gesellschaft gegenüber dieser angenommen werden kann, da anderenfalls die Verweisung auf diese Kapitalschutzbestimmungen und die Suspendierung der § 71 Abs. 4 S. 2 AktG und § 33 Abs. 2 S. 3 Hs. 2 Alt. 1 GmbHG ggf. leerlaufen würde. Allerdings ist nicht davon auszugehen, dass das Angebot iSv § 122i Abs. 1 bereits unmittelbar nach Fassung des Zustimmungsbeschlusses bei der übertragenden Gesellschaft und bevor überhaupt sicher ist, ob die Verschmelzung überhaupt durchgeführt wird, angenommen werden kann (wie hier *Simon/Rubner* Der Konzern 2006, 835 (840); *H.-F. Müller* Der Konzern 2007, 81 (86); Lutter UmwG/*Bayer* Rn. 17). Auch enthält § 7 SEAG bei Gründung einer ausländischen SE durch Verschmelzung mit der entsprechenden Anwendbarkeit der Kapitalschutzvorschriften im Hinblick auf den Erwerb eigener Anteile unter Suspendierung von § 71 Abs. 4 S. 2 AktG eine vergleichbare Regelung wie § 122i Abs. 1. In diesem Fall ergibt sich jedoch zwingend aus § 7 Abs. 4 S. 1 SEAG trotz Inbezugnahme inländischer Kapitalschutzvorschriften in § 7 Abs. 1 S. 2 SEAG, dass das Abfindungsangebot nur von der ausländischen SE angenommen werden kann (RegEBegr. BT-Drs. 15/3004 zu § 7 SEAG). Der Gesetzgeber hat es in § 122i mithin ersichtlich versäumt, für die Annahme des Angebotes eine dem § 7 Abs. 4 S. 1 SEAG vergleichbare Sonderregelung zu schaffen (vgl. auch Lutter UmwG/*Bayer* Rn. 17; für Annahme des Angebots bereits ab Fassung des Zustimmungsbeschlusses der übertragenden Gesellschaft: Semler/Stengel/*Drinhausen* Rn. 9 Fn. 18 unter Ablehnung der Analogie zu § 7 Abs. 4 S. 1 SEAG; SHS/*Hörtnagl* Rn. 13). Die Annahme hat also gegenüber dem ausländischen übernehmenden Rechtsträger, durch den der Anspruch auch zu erfüllen ist, zu erfolgen.

8 Das Angebot auf Barabfindung geht im Wege der Gesamtrechtsnachfolge (vgl. Art. 14 IntV-RL/Art. 131 GesR-RL bzw. § 20 Abs. 1) auf den übernehmenden Rechtsträger über; die Kapitalschutzbestimmungen im Hinblick auf den Erwerb eigener Anteile bestimmen sich dann ausschließlich nach dem Recht des übernehmenden oder neuen ausländischen Rechtsträgers (*J. Vetter* AG 2006, 613 (623); Semler/Stengel/*Drinhausen* Rn. 8; SHS/*Hörtnagl* Rn. 9 unter Verweis auf eine Schadensersatzpflicht des ausländischen Rechtsträgers, wenn nach dessen Recht die Übernahme eigener Anteile nicht möglich ist; aA Lutter UmwG/*Bayer* Rn. 17). Der in § 122i Abs. 1 S. 3 enthaltene Verweis auf § 31 und damit auf § 19 Abs. 3 ist für die grenzüberschreitende Verschmelzung allerdings ungeeignet; abzustellen ist für den Fristbeginn auf die Bekanntmachung der Eintragung der grenzüberschreitenden Verschmelzung nach der jeweiligen ausländischen Rechtsordnung (Lutter UmwG/*Bayer* Rn. 17).

9 **f) Anderweitige Veräußerung.** Abs. 1 S. 3 ordnet die entsprechende Geltung von § 33 an. Verfügungsbeschränkungen stehen danach einer anderweitigen Veräußerung nach Fassung des Verschmelzungsbeschlusses (hiermit ist der zeitlich letzte Beschluss gemeint, vgl. Semler/Stengel/*Kalss* § 33 Rn. 11; → § 33 Rn. 1 ff.) nicht entgegen.

10 **2. Erhöhung der Barabfindung im Spruchverfahren, Klageausschluss. a) Zustimmung der ausländischen Anteilsinhaber.** Die § 32 (Klageausschluss) und § 34 (stattdessen Spruchverfahren) gelten nach Abs. 2 S. 1 lediglich bei Vorliegen bestimmter Voraussetzungen. Bei einer nationalen Verschmelzung kann nach diesen Bestimmungen eine Unwirksamkeitsklage gegen den Verschmelzungsbeschluss der übertragenden Gesellschaft nicht darauf gestützt werden, dass eine zu niedrige, keine oder eine nicht ordnungsgemäße Barabfindung angeboten worden ist. Diese Bewertungsrügen führen lediglich zur Anwendbarkeit des Spruchverfahrens und zur Festsetzung einer angemessenen Barabfindung. Da die später im Spruchverfahren im Nachgang zu der Verschmelzung festgesetzte Barabfindung aus dem Vermögen der übernehmenden Gesellschaft zu bezahlen ist, findet eine Verbesserung der Barabfindung auch bei § 122i gem. Abs. 2 S. 1 dieser Bestimmung nur dann statt, wenn entweder die Rechtsordnungen der übrigen beteiligten Rechtsträger ein Verfahren zur Abfindung von Anteilsinhabern vorsehen (dies gilt derzeit bspw. für die Niederlande und Österreich, vgl. Lutter UmwG/*Bayer*

Rn. 21; zum Begriff „Vorsehen" → § 122h Rn. 6) oder die Anteilsinhaber aller übrigen beteiligten ausländischen Rechtsträger im Verschmelzungsbeschluss der Anwendbarkeit des Spruchverfahrens gem. §§ 34, 34 ausdrücklich zustimmen (Semler/Stengel/*Drinhausen* Rn. 11). Auch hier kann die Zustimmung bei, vor oder nach dem Verschmelzungsbeschluss erteilt werden (→ § 122h Rn. 4; für die Mehrheiten gilt das unter → § 122h Rn. 3 Ausgeführte). Diese Regelung entspricht § 122h Abs. 1.

b) Ausländische Rechtsordnung sieht Spruchverfahren vor. Wenn die für einen beteiligten ausländischer Rechtsträger geltende Rechtordnung ein Spruchverfahren zur gerichtlichen Nachprüfung der Barabfindung vorsieht, gilt § 34 nach § 122i Abs. 2 S. 2 für die Gesellschafter einer ausländischen übertragenden Gesellschaft entsprechend. Bei Vorliegen der Voraussetzungen können daher die Anteilsinhaber der ausländischen Gesellschaft ein Spruchverfahren in Deutschland einleiten. Wie bei der Parallelbestimmung in § 122h Abs. 2 begründet die Norm keine materiellen Ansprüche zugunsten der ausländischen Anteilsinhaber (→ § 122h Rn. 11). Desgleichen verbleibt es bei der Parallelzuständigkeit ausländischer Gerichte (→ § 122h Rn. 11). Des Weiteren verlangt die Bestimmung, dass die deutschen Gerichte wie bei § 122h für die Durchführung des Spruchverfahrens international zuständig sind. Hierfür gilt das unter → § 122h Rn. 11 Ausgeführte. 11

Schutz der Gläubiger der übertragenden Gesellschaft

122j (1) [1]**Unterliegt die übernehmende oder neue Gesellschaft nicht dem deutschen Recht, ist den Gläubigern einer übertragenden Gesellschaft Sicherheit zu leisten, soweit sie nicht Befriedigung verlangen können.** [2]**Dieses Recht steht den Gläubigern jedoch nur zu, wenn sie binnen zwei Monaten nach dem Tag, an dem der Verschmelzungsplan oder sein Entwurf bekannt gemacht worden ist, ihren Anspruch nach Grund und Höhe schriftlich anmelden und glaubhaft machen, dass durch die Verschmelzung die Erfüllung ihrer Forderung gefährdet wird.**

(2) **Das Recht auf Sicherheitsleistung nach Absatz 1 steht Gläubigern nur im Hinblick auf solche Forderungen zu, die vor oder bis zu 15 Tage nach Bekanntmachung des Verschmelzungsplans oder seines Entwurfs entstanden sind.**

I. Allgemeines

Die Bestimmung dient dem Schutz der Gläubiger einer an einer grenzüberschreitenden Verschmelzung beteiligten inländischen übertragenden Gesellschaft und beruht auf Art. 4 Abs. 1 lit. b, Abs. 2 S. 1 IntV-RL/Art. 121 Abs. 1 lit. b, Abs. 2 S. 1 GesR-RL, wonach eine beteiligte Gesellschaft die Vorschriften und Formalitäten des für sie geltenden innerstaatlichen Rechts – hierzu gehören auch die Bestimmungen über den Schutz der Gläubiger der sich verschmelzenden Gesellschaften – beachten muss. Die Bestimmung lehnt sich an § 22 an, modifiziert diese Regelung jedoch, da der in § 22 vorgesehene Schutz der Gläubiger durch Sicherheitsleistung erst nach Eintragung der Verschmelzung im Register der Gesellschaft, deren Gläubiger sie sind (gemeint ist hierbei nach hM die Eintragung im Register des übernehmenden Rechtsträgers, vgl. Semler/Stengel/*Seulen* § 22 Rn. 42; Lutter UmwG/*Grunewald* § 22 Rn. 22 f.; aA SHS/*Stratz* § 22 Rn. 6), gewährt wird. § 122j gewährt demgegenüber den Gläubigerschutz durch Sicherheitsleistung bereits mit Bekanntmachung des Verschmelzungsplanes, um zu vermeiden, dass die Gläubiger der Gesellschaft ihre Ansprüche ggf. im Ausland geltend machen müssen. Die Gläubiger können somit ihre Interessen bereits vor Vollzug der Verschmelzung geltend machen (RegEBegr. BT-Drs. 16/2919, 17). § 122j entspricht inhaltlich § 13 SEAG (Lutter UmwG/*Bayer* Rn. 1) und ist Schutzgesetz iSv § 823 Abs. 2 BGB (Widmann/Mayer/*Vossius* Rn. 6; SHS/*Stratz* § 22 Rn. 22; HK-UmwG/*Becker* Rn. 1; aA KK-UmwG/*Simon/Rubner* Rn. 3; Lutter UmwG/*Grunewald* § 22 Rn. 31). Zur Absicherung des den Gläubigern durch die Bestimmung gewährten Anspruchs bestimmt § 122k Abs. 1 S. 3, dass die Mitglieder des Vertretungsorgans eine Versicherung gegenüber dem Register abzugeben haben, dass allen Gläubigern, die Anspruch auf Sicherheitsleistung haben (und diesen angemeldet haben, → Rn. 6 f.), eine angemessene Sicherheit geleistet wurde. Bei Fehlen dieser Versicherung darf die Verschmelzungsbescheinigung nicht ausgestellt werden (§ 122k Abs. 2 S. 4). Für die Richtigkeit dieser Versicherung sorgt iÜ die Strafbewehrung in § 314a. In § 122j wird wegen der Verschärfung des Gläubigerschutzes im Verhältnis zu § 22 ein Verstoß gegen Art. 4 Abs. 2 S. 1 IntV-RL/Art. 121 Abs. 2 S. 1 GesR-RL gesehen (*Bayer/J. Schmidt* NJW 2006, 401 (405); *Grunewald* Der Konzern 2007, 106 (107) mwN; Semler/Stengel/*Drinhausen* Rn. 3 Fn. 5; so auch *Drygala/v. Bressensdorf* NZG 2016, 1161 (1163), die unter Hinweis auf die Entscheidung des EuGH KA Finanz, EuZW 2016, 339 (341), die künftige Anwendung des § 122j ablehnen und insofern auf Reformbedarf verweisen; aA *Krause/Kulpa* ZHR 171 (2007), 38 (75)). 1

II. Einzelerläuterungen

2 **1. Anwendungsbereich.** Die Vorschrift schützt ausschließlich die Gläubiger deutscher übertragender Gesellschaften. Für die Gläubiger deutscher übernehmender Gesellschaften bleibt es gem. § 122a Abs. 2 bei der Anwendung von § 22 (Lutter UmwG/*Bayer* Rn. 7 mwN). Handelt es sich um eine grenzüberschreitende Verschmelzung, bei der inländische Gesellschaften sowohl als übertragende als auch als übernehmende Rechtsträger beteiligt sind, bleibt es für deren Gläubiger ebenfalls bei § 22 (KK-UmwG/*Simon/Rubner* Rn. 2). Die Rechte von Gläubigern ausländischer übertragender Rechtsträger bestimmen sich nach deren Rechtsordnung, jedoch nicht nach § 122a Abs. 2 iVm § 22 (so aber SHS/*Hörtnagl* Rn. 2; dies ist im Hinblick auf die Regelungskompetenz des deutschen Gesetzgebers fraglich; aus RegE BT-Drs. 16/2919, 14 ist überdies nicht ersichtlich, dass der Gesetzgeber derartige Ansprüche schaffen wollte; wie hier *Passarge/Stark* GmbHR 2007, 803 (804); Kallmeyer/*Marsch-Barner* Rn. 4).

3 § 122j ist für die anspruchsberechtigten Gläubiger der übertragenden inländischen Gesellschaft *lex specialis* zu § 122a Abs. 2, § 22 (Semler/Stengel/*Drinhausen* Rn. 4; Lutter UmwG/*Bayer* Rn. 3), daher sind die Rechte aus § 22 Abs. 1 S. 1 und 2 ausgeschlossen; § 22 Abs. 1 S. 3 wird durch § 122d S. 2 Nr. 4 verdrängt (aA *Passarge/Stark* GmbHR 2007, 803 (804); unzutr. Widmann/Mayer/*Vossius* Rn. 22 f.). Ist die Frist gem. Abs. 2 versäumt, greift insbesondere nicht die längere Frist des § 22 Abs. 1 (Widmann/Mayer/*Vossius* Rn. 3, 22). § 22 Abs. 2 bleibt neben § 122j bei Herausverschmelzung anwendbar (→ Rn. 5). § 23 ist gem. § 122a Abs. 2 entsprechend anwendbar (SHS/*Hörtnagl* Rn. 11). § 122j ist gem. Abs. 1 S. 1 nur dann anwendbar, wenn die übernehmende bzw. neue Gesellschaft ein Rechtsträger ausländischen Rechts ist, was sich nach dem durch Anwendung der Gründungstheorie zu ermittelnden Gesellschaftsstatut (→ § 122a Rn. 8) richtet. Unterliegt die übernehmende/neue Gesellschaft zwar nicht der deutschen Rechtsordnung, befindet sich aber deren Verwaltungssitz in Deutschland („Scheinauslandsgesellschaft"), entspricht das Gefährdungspotential für die Gläubiger der deutschen übertragenden Gesellschaft der Situation bei einer inländischen Verschmelzung (Lutter UmwG/*Bayer* Rn. 9). Bei derartigen Fällen spricht viel dafür, den Anwendungsbereich von § 122j teleologisch zu reduzieren (Lutter UmwG/*Bayer* Rn. 9). Allerdings sollte vor höchstrichterlicher Klärung dieser Frage und vor dem Hintergrund der Strafbewehrung der Erklärung nach § 122k Abs. 1 S. 3 iVm § 314a in der Praxis § 122j gleichwohl angewandt werden (so SHS/*Hörtnagl* Rn. 4; HK-UmwG/*Becker* Rn. 2). Konsequent wäre es iÜ, im Hinblick auf das Gefährdungspotential für die Gläubiger einer übertragenden inländischen Gesellschaft § 122j auch bei Verschmelzung auf Gesellschaften deutscher Rechtsform mit Verwaltungssitz im Ausland („Scheininlandsgesellschaft") auszudehnen; in diesem Fall ist die Bestimmung jedoch nicht anwendbar (zutr. Widmann/Mayer/*Vossius* Rn. 20; Lutter UmwG/*Bayer* Rn. 10).

4 **2. Zu sichernde Ansprüche.** Zu sichern sind grundsätzlich alle obligatorischen Ansprüche (→ § 22 Rn. 5), die gem. Abs. 2 vor oder bis zu 15 Tage nach Bekanntmachung des Verschmelzungsplans oder seines Entwurfes (§ 122d S. 2) entstanden, aber innerhalb der Anmeldefrist gem. Abs. 1 noch nicht fällig sind. Die Nichtfälligkeit ist materielle Anspruchsvoraussetzung, da fällige Forderungen geltend zu machen sind; eine Sicherung der Gläubiger scheidet in diesen Fällen aus, weil diese iSd Bestimmung „Befriedigung" verlangen können. Durch das Anknüpfen an die „Bekanntmachung des Verschmelzungsplanes oder seines Entwurfs" (zur Auslegung dieser Formulierung → § 122d Rn. 1) wird die vom Gesetzgeber beabsichtigte Vorverlagerung des Gläubigerschutzes erreicht; der Zeitpunkt des Wirksamwerdens der Verschmelzung spielt anders als bei § 22 somit keine Rolle. Die 15tägige Übergangsfrist gem. Abs. 2 greift den Rechtsgedanken von § 15 Abs. 2 HGB auf (RegEBegr. zu § 122j Abs. 2, BT-Drs. 16/2919, 17, vgl. auch SHS/*Hörtnagl* Rn. 5). Im Übrigen berechnen sich die Fristen nach §§ 187 ff. BGB (SHS/*Hörtnagl* Rn. 5).

5 Da nach Abs. 2 bereits entstandene Forderungen sicherungsfähig sind, sind auch auflösend bedingt entstandene Forderungen sicherungsfähig (Widmann/Mayer/*Vossius* § 22 Rn. 20). Das Gleiche gilt für aufschiebend bedingte Forderungen (streitig, wie hier Widmann/Mayer/*Vossius* § 22 Rn. 20 mwN; HK-UmwG/*Becker* Rn. 2). Sicherungsfähig sind auch sämtliche Ansprüche aus Dauerschuldverhältnissen, da die von der Gegenleistung des Vertragspartners abhängige jeweilige Einzelforderung bereits durch das Schuldverhältnis begründet ist (Widmann/Mayer/*Vossius* § 22 Rn. 20; HK-UmwG/*Becker* Rn. 2; aA SHS/*Hörtnagl* Rn. 6 unter Hinweis auf die sprachlich andere Fassung von § 122j Abs. 2 im Verhältnis zu § 133). Durch eine Deckungsmasse bereits gesicherte Gläubiger sind ebenfalls anspruchsberechtigt, da § 122j keine Einschränkung iSv § 22 Abs. 2 enthält (vgl. Rn. 3; SHS/*Hörtnagl* Rn. 6; aA Luther/*Bayer* Rn. 18). Handelt es sich um bereits einzeln gesicherte Ansprüche, sind diese nicht sicherungsfähig (SHS/*Hörtnagl* Rn. 6).

6 **3. Anmeldung der Forderung.** Die Anmeldung der Forderung muss schriftlich (Lutter UmwG/*Grunewald* § 22 Rn. 18; Lutter UmwG/*Bayer* Rn. 12), also in der Form des § 126 BGB (die Form des § 126a BGB reicht; ein Telefax ist nicht ausreichend, Widmann/Mayer/*Vossius* Rn. 25), erfolgen und muss den Anspruch nach Grund und Höhe bezeichnen (SHS/*Hörtnagl* Rn. 7; Lutter UmwG/*Bayer* Rn. 12). Die Zwei-Monats-Frist ist eine materielle Ausschlussfrist, die nach den Bestimmungen der

§§ 187 ff. BGB berechnet wird. Fristbeginn ist trotz des Wortlautes von Abs. 1 nicht der Tag der Bekanntmachung des Verschmelzungsplans oder seines Entwurfes, sondern der Tag der elektronischen Bekanntmachung aller nach § 122d S. 2 (→ § 122d Rn. 9 ff.) erforderlichen Angaben gem. § 10 HGB (Semler/Stengel/*Drinhausen* Rn. 8 mwN; *Pfeiffer/Heilmeier* GmbHR 2009, 1317 (1318)). Fristende ist das Ende des Tages, der dem Tag der Bekanntmachung im zweiten Monat entspricht; § 193 BGB findet Anwendung (SHS/*Hörtnagl* Rn. 7). Eine Anmeldung vor Beginn der Zwei-Monats-Frist ist wirksam (Semler/Stengel/*Drinhausen* Rn. 8; SHS/*Hörtnagl* Rn. 7).

Vor Ablauf der Zwei-Monats-Frist kann das Registerverfahren zur Eintragung der grenzüberschreitenden Verschmelzung nicht abgeschlossen werden, weil die Verschmelzungsbescheinigung nach § 122k Abs. 2 S. 4 eine Versicherung der Vertretungsorgane, dass allen Gläubigern nach § 122j zuvor Sicherheit geleistet wurde, voraussetzt. In der Praxis führt dies jedoch nicht zu Verzögerungen, da die Zwei-Monats-Frist am Tag der Bekanntmachung der Angaben nach § 122d S. 2 beginnt (→ Rn. 6) und dieser Tag wiederum mindestens einen Monat vor dem Tag der Zustimmung der Anteilsinhaber der betreffenden Gesellschaft liegen muss (SHS/*Hörtnagl* Rn. 7). Im Übrigen muss nach dem Verschmelzungsbeschluss und vor Anmeldung der Verschmelzung im Regelfall (mangels Verzichtes der Anteilsinhaber) der Ablauf der Monatsfrist für eine eventuelle Klage zur Abgabe der Negativerklärung nach § 16 Abs. 2 abgewartet werden (SHS/*Hörtnagl* Rn. 7), sodass im Regelfall die Verschmelzung vor Ablauf der Zwei-Monats-Frist des § 122j ohnehin nicht angemeldet werden kann. 7

4. Glaubhaftmachung der Gefährdung des Anspruchs. Wie bei § 22 muss der Gläubiger eine Gefährdung der Erfüllung seines Anspruchs durch die Verschmelzung glaubhaft machen (→ § 22 Rn. 10). Der Umstand, dass es sich um eine grenzüberschreitende Verschmelzung handelt und dabei die übernehmende bzw. neue Gesellschaft ausländischem Recht unterliegt, reicht hierfür nicht aus (Lutter UmwG/*Bayer* Rn. 14; SHS/*Hörtnagl* Rn. 8; Semler/Stengel/*Drinhausen* Rn. 9; *Kulenkamp* Grenzüberschr. Verschmelz. (2009) 317). Desgleichen ist der Umstand, dass ggf. Forderungen im EU-Ausland geltend zu machen sind, wegen der durch die EuGVVO gewährten Erleichterungen kein relevanter Gesichtspunkt (Semler/Stengel/*Drinhausen* Rn. 9; SHS/*Hörtnagl* Rn. 8). Auch ein abstrakt geringeres Schutzniveau der Kapitalaufbringungs- oder -erhaltungsregeln im EU-Ausland begründet für sich genommen noch keine Gefährdung (Lutter UmwG/*Bayer* Rn. 14; SHS/*Hörtnagl* Rn. 8; aA *Oechsler* NZG 2006, 161 (166)). Erforderlich ist vielmehr eine konkrete Gefährdung der Forderung durch die Verschmelzung (Semler/Stengel/*Drinhausen* Rn. 9; Lutter UmwG/*Bayer* Rn. 14). Eine konkrete Gefährdung ergibt sich zB aus erheblichen Bilanzverlusten der übernehmenden/neuen Gesellschaft oder aus einer erheblich verlängerten Prozessdauer im Ausland (Widmann/Mayer/*Vossius* Rn. 31 f.; Lutter UmwG/*Bayer* Rn. 14 mwN) sowie aus einem unangemessen niedrigen Nennkapital der übernehmenden Gesellschaft (SHS/*Hörtnagl* Rn. 8). 8

5. Inhalt des Anspruchs, Gesamtrechtsnachfolge. Ist der Anspruch nach § 122j grundsätzlich gegeben, ist Sicherheit nach § 232 BGB zu leisten. Entsprechend muss von dem Vertretungsorgan gem. § 122k Abs. 1 S. 3 versichert werden. In dem Ausnahmefall, in dem die Verschmelzung wirksam wird, obwohl noch nicht alle Sicherheiten geleistet sind, geht die Verpflichtung zur Sicherheitsleistung durch Gesamtrechtsnachfolge auf die übernehmende/neue Gesellschaft über. Dies setzt jedoch im Regelfall eine falsche Versicherung der Vertretungsorgane voraus oder ein verfrühtes Ausstellen der Verschmelzungsbescheinigung (vgl. *Kiem* WM 2006, 1091 (1098); zum Übergang des Anspruchs vgl. auch Semler/Stengel/*Drinhausen* Rn. 11; SHS/*Hörtnagl* Rn. 9). 9

Verschmelzungsbescheinigung

122k (1) [1]**Das Vertretungsorgan einer übertragenden Gesellschaft hat das Vorliegen der sie betreffenden Voraussetzungen für die grenzüberschreitende Verschmelzung zur Eintragung bei dem Register des Sitzes der Gesellschaft anzumelden.** [2]**§ 16 Abs. 2 und 3 und § 17 gelten entsprechend.** [3]**Die Mitglieder des Vertretungsorgans haben eine Versicherung abzugeben, dass allen Gläubigern, die nach § 122j einen Anspruch auf Sicherheitsleistung haben, eine angemessene Sicherheit geleistet wurde.**

(2) [1]**Das Gericht prüft, ob für die Gesellschaft die Voraussetzungen für die grenzüberschreitende Verschmelzung vorliegen, und stellt hierüber unverzüglich eine Bescheinigung (Verschmelzungsbescheinigung) aus.** [2]**Als Verschmelzungsbescheinigung gilt die Nachricht über die Eintragung der Verschmelzung im Register.** [3]**Die Eintragung ist mit dem Vermerk zu versehen, dass die grenzüberschreitende Verschmelzung unter den Voraussetzungen des Rechts des Staates, dem die übernehmende oder neue Gesellschaft unterliegt, wirksam wird.** [4]**Die Verschmelzungsbescheinigung darf nur ausgestellt werden, wenn eine Versicherung nach Absatz 1 Satz 3 vorliegt.** [5]**Ist ein Spruchverfahren anhängig, ist dies in der Verschmelzungsbescheinigung anzugeben.**

(3) **Das Vertretungsorgan der Gesellschaft hat die Verschmelzungsbescheinigung innerhalb von sechs Monaten nach ihrer Ausstellung zusammen mit dem Verschmelzungsplan der zuständigen Stelle des Staates vorzulegen, dessen Recht die übernehmende oder neue Gesellschaft unterliegt.**

(4) **Nach Eingang einer Mitteilung des Registers, in dem die übernehmende oder neue Gesellschaft eingetragen ist, über das Wirksamwerden der Verschmelzung hat das Gericht des Sitzes der übertragenden Gesellschaft den Tag des Wirksamwerdens zu vermerken und die bei ihm aufbewahrten elektronischen Dokumente diesem Register zu übermitteln.**

Übersicht

I. Allgemeines

1 Art. 10 Abs. 1 und 2 IntV-RL/Art. 127 Abs. 1 und 2 GesR-RL, Art. 11 und 13 IntV-RL/Art. 128 und 130 GesR-RL regeln die Vorgaben für die registergerichtliche, notarielle oder sonstige behördliche Abwicklung einer grenzüberschreitenden Verschmelzung. Der hier gewählte zweistufige Regelungsansatz entspricht Art. 25 f. SE-VO und Art. 29 f. SCE-VO. Auf der ersten Stufe wird zunächst im Sitzstaat der an einer grenzüberschreitenden Verschmelzung beteiligten Gesellschaften die Einhaltung des diese Gesellschaften betreffenden Verfahrens kontrolliert (Art. 10 Abs. 1 IntV-RL/Art. 127 Abs. 1 GesR-RL); mithin werden nur die Erfordernisse geprüft, die die Sphäre der jeweiligen Gesellschaft betreffen (*Bayer/J. Schmidt* NJW 2006, 401 (404)). Sind alle Erfordernisse erfüllt, ist im Sitzstaat unverzüglich eine entsprechende Bescheinigung auszustellen, Art. 10 Abs. 2 IntV-RL/Art. 127 Abs. 2 GesR-RL. Auf der zweiten Stufe folgt im Sitzstaat der aufnehmenden bzw. neu gegründeten Gesellschaft die Kontrolle im Hinblick auf die Durchführung der Verschmelzung bzw. Gründung der neuen Gesellschaft. Hierbei wird insbesondere die Zustimmung zu einem gemeinsamen gleichlautenden Verschmelzungsplan sowie die Einhaltung des vorgeschriebenen Verfahrens der Mitarbeiterbeteiligung überprüft, Art. 11 Abs. 1 IntV-RL/Art. 128 Abs. 1 GesR-RL. Nach Art. 11 Abs. 2 IntV-RL/Art. 128 Abs. 2 GesR-RL hat jede der beteiligten Gesellschaften binnen sechs Monaten bei der Kontrollstelle im Sitzstaat der übernehmenden bzw. neuen Gesellschaft die sie betreffende Vorabbescheinigung, die für diese Stelle verbindlich ist (vgl. Lutter UmwG/*Bayer* Rn. 22; → § 122l Rn. 19 f.), zusammen mit dem genehmigten Verschmelzungsplan vorzulegen. Mit dieser Verschmelzungsbescheinigung wird eine erhebliche Verfahrenserleichterung für die beteiligten Register erzielt, weil jedes Register nur den Teil der grenzüberschreitenden Verschmelzung prüft, der die bei ihm geführte Gesellschaft betrifft (Widmann/Mayer/*Vossius* Rn. 4). Insbesondere ist durch das Gericht somit kein ausländisches Recht zu prüfen.

2 § 122k setzt Art. 10 Abs. 1, 2 IntV-RL/Art. 127 Abs. 1, 2 GesR-RL und Art. 11 Abs. 2 IntV-RL/Art. 128 Abs. 2 GesR-RL um und trifft – neben der Übermittlungspflicht nach Abs. 3 (→ Rn. 16) – lediglich Bestimmungen für das registergerichtliche Verfahren einer inländischen übertragenden Gesellschaft. Nach Abs. 1 ist die Verschmelzung beim Register des Sitzes der übertragenden Gesellschaft anzumelden; dabei sind die weiteren Voraussetzungen der § 16 Abs. 2 und 3 sowie § 17, auf die Abs. 1 S. 2 verweist, zu erfüllen. Abs. 1 S. 3 regelt die besondere Erklärung des Vertretungsorgans der übertragenden Gesellschaft im Hinblick auf die Sicherheitsleistung gem. § 122j. § 122k Abs. 2 verpflichtet das zuständige Gericht zur Prüfung der grenzüberschreitenden Verschmelzung und – bei Vorliegen der Voraussetzungen – zur Ausstellung der Verschmelzungsbescheinigung, die nicht durch das Registergericht, sondern durch das Vertretungsorgan der inländischen übertragenden Gesellschaft nach Abs. 3 den zuständigen Stellen der Staaten vorzulegen ist, dessen Recht die übernehmende oder neue Gesellschaft unterliegt. Nach der Regelung von Abs. 4, der inhaltlich § 19 Abs. 2 S. 2 entspricht, ist auch im Register der übertragenden Gesellschaft der Tag des Wirksamwerdens der Verschmelzung zu vermerken. Nach Abs. 4 sind des Weiteren die bei dem Registergericht der übertragenden Gesellschaft vorhandenen Dokumente dem Register der übernehmenden bzw. neuen Gesellschaft zu übermitteln.

II. Einzelerläuterungen

1. Registeranmeldung der inländischen übertragenden Gesellschaft. a) Verpflichtete Personen. Nach Abs. 1 hat das Vertretungsorgan die Anmeldung der grenzüberschreitenden Verschmelzung bei dem übertragenden Rechtsträger vorzunehmen (zum Inhalt der Anmeldung → Rn. 5 ff.). Die Anmeldung durch Organmitglieder in der zur Vertretung berechtigenden Zahl reicht (Semler/Stengel/*Drinhausen* Rn. 7; SHS/*Hörtnagl* Rn. 5; → § 16 Rn. 4). Wegen der Nichtinbezugnahme von § 16 Abs. 1 S. 2 durch § 122k Abs. 1 S. 2 ist die bei nationalen Verschmelzungen mögliche Anmeldung durch Vertretungsorgane des übernehmenden Rechtsträgers nicht zulässig (Semler/Stengel/*Drinhausen* Rn. 8; SHS/*Hörtnagl* Rn. 5). 3

b) Zuständiges Registergericht, Form der Anmeldung. Die Anmeldung muss bei dem Register des Sitzes der inländischen übertragenden Gesellschaft eingereicht werden; sie hat in der Form des § 12 HGB zu erfolgen. 4

c) Inhalt der Anmeldung. aa) Gegenstand. Anders als bei der inländischen Verschmelzung (→ § 16 Rn. 13) ist nicht die Verschmelzung als solche, sondern das „Vorliegen der die übertragende Gesellschaft betreffenden Voraussetzungen für die grenzüberschreitende Verschmelzung" anzumelden (SHS/*Hörtnagl* Rn. 7). Ausreichend ist dabei jedoch, die Verschmelzung unter Angabe der Art der Verschmelzung (durch Aufnahme oder Neugründung iSv § 2) und Bezeichnung von Firma und Sitz der aufnehmenden und übertragenden Gesellschaft unter Bezugnahme auf die beigefügten Anlagen anzumelden (Kallmeyer/*Zimmermann* Rn. 4; SHS/*Hörtnagl* Rn. 7; zum Muster eines Anmeldetextes vgl. Widmann/Mayer/*Vossius* Rn. 42). Des Weiteren sollte die Registeranmeldung den Antrag auf Ausstellung der Verschmelzungsbescheinigung enthalten (Widmann/Mayer/*Vossius* Rn. 26; Kallmeyer/*Zimmermann* Rn. 5). 5

bb) Erklärungen, Versicherungen. Wegen der in Abs. 1 S. 2 enthaltenen Verweisung auf § 16 Abs. 2 und 3 haben die Vertretungsorgane der inländischen übertragenden Gesellschaft anlässlich der Anmeldung (dh nicht notwendig in der Anmeldung, SHS/*Hörtnagl* Rn. 10; Kallmeyer/*Zimmermann* Rn. 6) zu erklären, dass gegen den Verschmelzungsbeschluss ihrer Gesellschaft – die übrigen beteiligten Gesellschaften sind nicht einzubeziehen, RegEBegr. BT-Drs. 16/2919, 17 – eine Anfechtungsklage nicht oder nicht fristgemäß erhoben oder eine solche Klage rechtskräftig abgewiesen oder zurückgenommen worden ist („Negativerklärung", RegEBegr. BT-Drs. 16/2919, 17; SHS/*Hörtnagl* Rn. 10). Gemäß dem entsprechend anwendbaren § 16 Abs. 3 ist die Negativerklärung nicht erforderlich, wenn inzwischen ein Beschluss im Freigabeverfahren, der nach § 16 Abs. 3 S. 9 nF (eingefügt durch ARUG vom 30.7.2009, BGBl. 2009 I 2479) immer unanfechtbar ist, vorliegt und dies in der Anmeldung vermerkt wird (*Limmer* ZNotP 2007, 282 (286)). Des Weiteren kann auf die Negativerklärung verzichtet werden, wenn es sich um eine Konzernverschmelzung iSv § 122g Abs. 2 handelt, bei der ein Beschluss nicht erforderlich ist oder wenn sich aus der Anmeldung oder den Unterlagen ergibt, dass auf die Anfechtung in der erforderlichen Form verzichtet wurde (§ 16 Abs. 2 S. 2) oder alle Anteilsinhaber der Verschmelzung zugestimmt haben (Kallmeyer/*Zimmermann* Rn. 7). Da die Acht-Monats-Frist für die Negativerklärung nicht gilt, kann eine fehlende Negativerklärung auch nachgereicht werden (Kallmeyer/*Zimmermann* Rn. 7). 6

Gemäß Abs. 1 S. 3 haben die Mitglieder des Vertretungsorgans des Weiteren zu versichern, dass allen Gläubigern – dh nur denen, die ihre Ansprüche fristgerecht angemeldet haben (SHS/*Hörtnagl* Rn. 11) – gem. § 122j eine angemessene Sicherheit geleistet worden ist. Die Abgabe einer falschen Versicherung ist in § 314a unter Strafe gestellt. Die Versicherung kann erst nach Ablauf der Zwei-Monats-Frist nach § 122j Abs. 1 S. 2 abgegeben werden (zur Auswirkung auf den Zeitplan der Verschmelzung → § 122j Rn. 7). 7

Die Vertretungsorgane haben ferner auf ein anhängiges Spruchverfahren hinzuweisen, da dies nach Abs. 2 S. 5 in der Verschmelzungsbescheinigung vermerkt wird, oder eine entsprechende Erklärung nach Einreichung nachzuholen (SHS/*Hörtnagl* Rn. 13). 8

Die Vertretungsorgane sollten im Interesse der Erleichterung der Prüfung durch das Gericht erklären, dass der Verschmelzungsbericht nach § 122e S. 2 den Anteilsinhabern, dem zuständigen Betriebsrat oder bei Fehlen eines Betriebsrates den Arbeitnehmern rechtzeitig zugänglich gemacht wurde (Widmann/Mayer/*Vossius* Rn. 35; SHS/*Hörtnagl* Rn. 12 hält dies für zwingend; aA Semler/Stengel/*Drinhausen* Rn. 10 Fn. 26). 9

Zweckmäßig ist überdies ein entsprechender Hinweis, wenn kein Betriebsrat besteht, keine Arbeitnehmer vorhanden sind oder eine Vereinbarung über die Mitbestimmung nicht abgeschlossen wurde (SHS/*Hörtnagl* Rn. 12; Kallmeyer/*Zimmermann* Rn. 10) und die gesetzliche Auffangregelung der §§ 23 ff. MgVG eingreift. Zweckmäßig ist des Weiteren wegen Abs. 2 S. 5 eine Erklärung, ob die Gesellschafter der anderen beteiligten Gesellschaften nach §§ 122h, 122i der Durchführung eines Spruchverfahrens zugestimmt haben (SHS/*Hörtnagl* Rn. 13). 10

11 **cc) Anlagen.** Da nach Abs. 1 S. 2 § 17 nur entsprechend gilt, sind nur Unterlagen beizufügen, die die übertragende Gesellschaft betreffen (RegEBegr. BT-Drs. 16/2919, 17; SHS/*Hörtnagl* Rn. 8). Als Anlagen sind beizufügen:

- der gemeinsame notariell beurkundete Verschmelzungsplan;
- (nur) der notariell beurkundete Verschmelzungsbeschluss der übertragenden deutschen Gesellschaft;
- ein (eventueller) Bestätigungsbeschluss iSv § 122g Abs. 1;
- die ggf. erforderlichen Zustimmungserklärungen einzelner Anteilsinhaber oder der Verzicht hierauf (→ § 122g Rn. 8 ff.);
- der (ggf. gemeinsame) Verschmelzungsbericht der übertragenden deutschen Gesellschaft;
- der (ggf. gemeinsame) Verschmelzungsprüfungsbericht der übertragenden deutschen Gesellschaft oder die notariell beurkundeten Verzichtserklärungen **aller** Anteilsinhaber **aller** (Widmann/Mayer/*Mayer* § 122f Rn. 24) an der Verschmelzung beteiligten Gesellschaften bzw. ein geeigneter Nachweis über die Mutter-Tochter Konstellation, der die Entbehrlichkeit des Prüfungsberichtes iSv §§ 122a, 8 Abs. 3 S. 1 dokumentiert;
- falls erforderlich, Urkunden über staatliche Genehmigungen;
- die Schlussbilanz der übertragenden deutschen Gesellschaft iSv § 17 Abs. 2, die nach dieser Bestimmung im Grundsatz auf einen höchstens acht Monate vor der Anmeldung liegenden Stichtag aufgestellt worden sein muss. Zu beachten ist hier die vom 27.3.2020 bis zum 31.12.2021 befristete Sonderregelung durch das Gesetz zur Abmilderung der Folgen der COVID-19-Pandemie im Zivil-, Insolvenz- und Strafverfahrensrecht vom 27. März 2020 (BGBl. 2020 I 569, „COVFAG"): Nach Art. 2 COVFAG, der Sonderregelungen unter anderem für Aktiengesellschaften, Kommanditgesellschaften auf Aktien, die SE und Versicherungsvereine auf Gegenseitigkeit enthält, dort § 4 COVMG, „genügt es für die Zulässigkeit der Eintragung, wenn die Bilanz auf einen höchstens zwölf Monate vor der Anmeldung liegenden Stichtag aufgestellt worden ist." Die Sonderregelung des § 4 COVMG ist nach § 7 Abs. 4 COVMG „nur auf Anmeldungen anzuwenden, die im Jahr 2020 vorgenommen werden"; die generelle Befristung der Regelungen in Art. 2 COVFAG folgt aus Art. 6 Abs. 2 COVFAG.

11a Nicht beigefügt werden muss hingegen eine etwa vorliegende Vereinbarung über die Mitbestimmung der Arbeitnehmer oder ein sonstiger Nachweis über den Abschluss eines Verfahrens zur Regelung der Arbeitnehmermitbestimmung, da die Prüfung dieser Punkte ausschließlich durch die zuständige Kontrollstelle der aufnehmenden oder neuen Gesellschaft erfolgt (Lutter UmwG/*Bayer* Rn. 13; Semler/Stengel/*Drinhausen* Rn. 11; aA Widmann/Mayer/*Vossius* Rn. 22).

12 Zweckmäßig ist die Beibringung eines geeigneten Nachweises der Mutter-Tochter-Konstellation (zB Einbringungsvertrag) auch bei Entbehrlichkeit des Zustimmungsbeschlusses iSv § 122g Abs. 2 (*Herrler/S. Schneider* DStR 2009, 2433 (2435)).

13 **2. Prüfung durch das Registergericht.** Das Registergericht hat nach Abs. 2 S. 1 zu prüfen, ob die Voraussetzungen für die Eintragung der grenzüberschreitenden Verschmelzung bei dem übertragenen inländischen Rechtsträger vorliegen. Die Prüfung bezieht sich entsprechend dem oben genannten Zweck der Verschmelzungsbescheinigung, eine Arbeitserleichterung zu schaffen (→ Rn. 1), nicht auf sonstige beteiligte in- und ausländische Gesellschaften, da für diese das zuständige Gericht für übertragende Gesellschaften entweder eine Verschmelzungsbescheinigung ausstellt oder die Eintragung der Verschmelzung vornimmt (SHS/*Hörtnagl* Rn. 14). Der Prüfungsumfang entspricht in formeller und materieller Hinsicht im Wesentlichen dem einer nationalen Verschmelzung. Die Prüfung bezieht sich insbesondere auf die Verschmelzungsfähigkeit der beteiligten Gesellschaften (§ 122b), den gemeinsamen Verschmelzungsplan in formeller und inhaltlicher Hinsicht (dazu gehört auch das ggf. erforderliche Abfindungsangebot, nicht jedoch die Prüfung von dessen Angemessenheit) sowie die ordnungsgemäße Vertretung der beteiligten Gesellschaften bei Aufstellung des Plans, die ordnungsgemäße Bekanntmachung des Verschmelzungsplans und der sonstigen Angaben nach § 122d, die Erstellung und Zugänglichmachung des (ggf. gemeinsamen) Verschmelzungsberichts (insbesondere wegen dessen Informationswert für Gläubiger und Arbeitnehmer), die Verschmelzungsprüfung und die Erstellung eine Verschmelzungsprüfungsberichtes (wenn keine Verzichtserklärungen in der erforderlichen Form vorliegen), den Verschmelzungsbeschluss samt der ordnungsgemäßen Einberufung und einen eventuell erforderlichen Bestätigungsbeschluss nach § 122g Abs. 1, die Frage, ob den Gläubigern Sicherheit geleistet wurde (hierbei ist besonders das Vorliegen der Versicherung nach § 122k Abs. 1 S. 3 zu prüfen, da auch hiervon nach § 122k Abs. 2 S. 4 die Ausstellung der Verschmelzungsbescheinigung abhängt) sowie die Prüfung der Negativerklärung nach § 16 Abs. 2 bzw. das Vorliegen einer Freigabeentscheidung nach § 16 Abs. 3. Bei Unklarheiten hinsichtlich vorstehender Punkte ermittelt das Gericht von Amts wegen (SHS/*Hörtnagl* Rn. 14).

14 **3. Verschmelzungsbescheinigung.** Liegen für die übertragende inländische Gesellschaft alle Voraussetzungen für eine grenzüberschreitende Verschmelzung vor, stellt das Gericht hierüber unverzüglich eine Verschmelzungsbescheinigung aus. Die Nachricht über die Eintragung der Verschmelzung im

Register der inländischen übertragenden Gesellschaft gilt gem. § 122k Abs. 2 als entsprechende Verschmelzungsbescheinigung (kritisch hierzu Widmann/Mayer/*Vossius* Rn. 51 ff.; SHS/*Hörtnagl* Rn. 16). Neben der Registereintragung wird grundsätzlich keine gesonderte Bescheinigung im Inland ausgestellt (RegEBegr. zu § 122k Abs. 2, BT-Drs. 16/2919, 17). Verlangt die ausländische Behörde jedoch darüber hinausgehend eine Verschmelzungsbescheinigung iSv Art. 10 Abs. 2 IntV-RL/Art. 127 Abs. 2 GesR-RL, besteht ein Anspruch auf eine gesonderte Bescheinigung über die Eintragungsnachricht hinaus (Semler/Stengel/*Drinhausen* Rn. 22; SHS/*Hörtnagl* Rn. 16). Die Ausstellung der Verschmelzungsbescheinigung hängt gem. Abs. 2 S. 3 davon ab, dass die Versicherung iSv § 122j vorliegt – Sicherheitsleistung für Gläubiger –. Somit kann die Verschmelzungsbescheinigung erst nach Ablauf der Anmeldefrist nach § 122j Abs. 1 S. 2 ausgestellt werden (SHS/*Hörtnagl* Rn. 17). Ein anhängiges Spruchverfahren ist in der Verschmelzungsbescheinigung anzugeben, ohne dass diese Angabe an der Ausstellung der Verschmelzungsbescheinigung hindert (RegEBegr. zu § 122k Abs. 2. BT-Drs. 16/2919, 18). Bei Vorliegen aller Voraussetzungen hat das Gericht die Eintragung unverzüglich vorzunehmen (spätestens am darauffolgenden Werktag, SHS/*Hörtnagl* Rn. 17).

Die Eintragung im Register des inländischen übertragenden Rechtsträgers erfolgt vor Erteilung der **15** Verschmelzungsbescheinigung, die mit der Eintragungsnachricht identisch ist (→ Rn. 14), mit dem Vermerk, dass die grenzüberschreitende Verschmelzung unter den Voraussetzungen des Rechtes des Staates, dem die übernehmende oder neue Gesellschaft unterliegt, wirksam wird (Abs. 2 S. 3). Diese vorläufige Eintragung entspricht der Abwicklung einer nationalen Verschmelzung nach § 19.

Nach Abs. 3 hat das Vertretungsorgan der (übertragenden) Gesellschaft die Verschmelzungsbescheini- **16** gung innerhalb von sechs Monaten zusammen mit dem Verschmelzungsplan der zuständigen Stelle des Staates vorzulegen, dessen Recht die übernehmende oder neue Gesellschaft unterliegt. Das Registergericht der übertragenden Gesellschaft erledigt dies mangels gesetzlicher Verpflichtung nicht von Amts wegen. Abs. 3 beruht auf Art. 11 Abs. 2 IntV-RL/Art. 128 Abs. 2 GesR-RL (RegEBegr. BT-Drs. 16/2919, 18). Ob eine verspätete Übermittlung durch die Vertretungsorgane schadet, richtet sich nach dem Recht, dem der übernehmende Rechtsträger unterliegt; ggf. ist eine neue Verschmelzungsbescheinigung ohne nochmalige Prüfung auszustellen (SHS/*Hörtnagl* Rn. 21).

4. Vermerk über Wirksamkeit und Bekanntmachung. Nach Art. 13 Abs. 2 IntV-RL/Art. 130 **17** Abs. 2 GesR-RL (neugefasst durch Richtlinie 2012/17/EU vom 13.6.2012) hat das Register, in dem die aus der grenzüberschreitenden Verschmelzung hervorgehende Gesellschaft eingetragen wird, unverzüglich dem Register, bei dem jede der Gesellschaften ihre Unterlagen zu hinterlegen hatte, das Wirksamwerden der grenzüberschreitenden Verschmelzung zu melden. Aufgrund der Umsetzung der IntV-RL/GesR-RL Titel II Abschnitt II in den Staaten der EU/des EWR sollten diesbezügliche Verpflichtungen vorliegen. Entsprechendes regelt § 122l Abs. 3 für das Registergericht eines inländischen übernehmenden oder neuen Rechtsträgers. Nach Erhalt der Mitteilung des Registers des aufnehmenden oder neuen Rechtsträgers ist das Registergericht des übertragenden Rechtsträgers nach Abs. 4 verpflichtet, den Tag des Wirksamwerdens zu vermerken. Der Tag des Wirksamwerdens, der in der entsprechenden Mitteilung enthalten sein muss, richtet sich nach der Rechtsordnung, der der übernehmende oder neue Rechtsträger unterliegt.

Im Gegenzug übermittelt das Register der übertragenden inländischen Gesellschaft nach Abs. 4 die **18** bei ihm aufbewahrten elektronischen Dokumente an das Register des aufnehmenden/neuen Rechtsträgers. Unterlagen, die nicht in elektronischer Form bei dem Register vorhanden sind, sind nach dem Willen des Gesetzgebers nicht zu übermitteln (RegEBegr. zu § 122k Abs. 4 BT-Drs. 16/2919, 18).

Die Bekanntmachung der Eintragung der grenzüberschreitenden Verschmelzung erfolgt nach § 122a **19** Abs. 2, § 19 Abs. 3 in der Form des § 10 HGB.

Eintragung der grenzüberschreitenden Verschmelzung

122l (1) [1]**Bei einer Verschmelzung durch Aufnahme hat das Vertretungsorgan der übernehmenden Gesellschaft die Verschmelzung und bei einer Verschmelzung durch Neugründung haben die Vertretungsorgane der übertragenden Gesellschaften die neue Gesellschaft zur Eintragung in das Register des Sitzes der Gesellschaft anzumelden.** [2]**Der Anmeldung sind die Verschmelzungsbescheinigungen aller übertragenden Gesellschaften, der gemeinsame Verschmelzungsplan und gegebenenfalls die Vereinbarung über die Beteiligung der Arbeitnehmer beizufügen.** [3]**Die Verschmelzungsbescheinigungen dürfen nicht älter als sechs Monate sein; § 16 Abs. 2 und 3 und § 17 finden auf die übertragenden Gesellschaften keine Anwendung.**

(2) **Die Prüfung der Eintragungsvoraussetzungen erstreckt sich insbesondere darauf, ob die Anteilsinhaber aller an der grenzüberschreitenden Verschmelzung beteiligten Gesellschaften einem gemeinsamen, gleichlautenden Verschmelzungsplan zugestimmt haben und ob gegebenenfalls eine Vereinbarung über die Beteiligung der Arbeitnehmer geschlossen worden ist.**

(3) **Das Gericht des Sitzes der übernehmenden oder neuen Gesellschaft hat den Tag der Eintragung der Verschmelzung von Amts wegen jedem Register mitzuteilen, bei dem eine der übertragenden Gesellschaften ihre Unterlagen zu hinterlegen hatte.**

Übersicht

I. Allgemeines

1 Die Bestimmung dient der Umsetzung von Art. 11 und 13 IntV-RL/Art. 128 und 130 GesR-RL, regelt hierbei die zweite Stufe der zweistufigen Rechtmäßigkeitsprüfung einer grenzüberschreitenden Verschmelzung nach Art. 11 IntV-RL/Art. 128 GesR-RL (→ § 122k Rn. 1) und bestimmt das Registerverfahren, wenn die übernehmende oder neue Gesellschaft inländischem Recht unterfällt. Für inländische übernehmende Gesellschaften bedarf es entgegen Art. 10 Abs. 2 IntV-RL/Art. 127 Abs. 2 GesR-RL keiner Verschmelzungsbescheinigung, da das Vorliegen der Voraussetzungen der grenzüberschreitenden Verschmelzung beim übernehmenden Rechtsträger ohnehin Gegenstand der Prüfung gem. Abs. 2 ist (→ Rn. 15). § 122k ersetzt für die grenzüberschreitende Verschmelzung die Regelung des § 19 Abs. 1 und 2 (RegEBegr. BT-Drs. 16/2919, 18). Abs. 1 S. 1 macht Vorgaben für den Inhalt der Anmeldung und differenziert dabei zwischen Verschmelzung durch Aufnahme und Verschmelzung durch Neugründung. Abs. 1 S. 2 regelt die beizufügenden Unterlagen und abzugebenden Erklärungen. Anders als bei einer nationalen Verschmelzung müssen lediglich Unterlagen und Erklärungen bezogen auf die übernehmende oder neue Gesellschaft eingereicht werden; die bei einer nationalen Verschmelzung erforderlichen Unterlagen und Erklärungen der übertragenden Gesellschaft werden durch deren Verschmelzungsbescheinigung ersetzt. Abs. 2 regelt den Prüfungsumfang durch das Registergericht. Abs. 3 bestimmt die Mitteilungspflicht des Gerichtes des Sitzes der übernehmenden oder neuen Gesellschaft gegenüber den Registern der anderen beteiligten Gesellschaften.

II. Einzelerläuterungen

2 **1. Registeranmeldung der inländischen übernehmenden oder neuen Gesellschaft. a) Verpflichtete Personen.** Abs. 1 S. 1 differenziert im Hinblick auf die Zuständigkeit für die Anmeldung zwischen einer Verschmelzung durch Aufnahme und einer Verschmelzung durch Neugründung.

3 Im Falle der Verschmelzung durch Aufnahme hat das Vertretungsorgan der inländischen übernehmenden Gesellschaft die Verschmelzung anzumelden. Im Vergleich zur Anmeldung einer nationalen Verschmelzung bestehen im Hinblick auf die Anmeldebefugnis keine Besonderheiten (Kallmeyer/*Zimmermann* Rn. 3, allerdings scheidet die „Fremdanmeldung" nach § 16 Abs. 1 S. 2 für eine beteiligte übertragende inländische oder ausländische Gesellschaft aus, → § 122k Rn. 3); insbesondere genügt wie bei § 16 Abs. 1 S. 1 (und § 122k) die Anmeldung durch Organmitglieder in vertretungsberechtigter Zahl (→ § 122k Rn. 3; SHS/*Hörtnagl* Rn. 2).

4 Im Falle der Verschmelzung durch Neugründung sind nach Abs. 1 S. 1 die Vertretungsorgane aller beteiligten übertragenden Gesellschaften zur Anmeldung verpflichtet (vgl. für nationale Verschmelzung § 38 Abs. 2). Für die Stellvertretung der jeweils beteiligten ausländischen übertragenden Gesellschaft gilt das Recht, dem der ausländische Rechtsträger unterliegt; ist nach der ausländischen Rechtsordnung die Stellvertretung durch Organmitglieder in vertretungsberechtigter Anzahl ausreichend, gilt dies auch für das deutsche Registerverfahren (SHS/*Hörtnagl* Rn. 3). Die Vertretungsmacht der handelnden ausländischen Organmitglieder muss dabei in geeigneter Form (zB Registerauszug, falls erforderlich mit Apostille) nachgewiesen werden (Kallmeyer/*Zimmermann* Rn. 4; Semler/Stengel/*Drinhausen* Rn. 4; SHS/*Hörtnagl* Rn. 3). Für das übrige inländische Registerverfahren gilt ausschließlich deutsches Recht (Kallmeyer/*Zimmermann* Rn. 4).

5 **b) Zuständiges Registergericht, Form der Anmeldung.** Die Registeranmeldung der Verschmelzung durch Aufnahme ist bei dem Registergericht der übernehmenden inländischen Gesellschaft einzureichen. Im Falle der Verschmelzung durch Neugründung ist die Registeranmeldung bei dem

Registergericht einzureichen, das für den künftigen Sitz der aus der Verschmelzung hervorgehenden neuen Gesellschaft zuständig ist (SHS/*Hörtnagl* Rn. 4). Für die Form der Registeranmeldung gilt § 12 HGB; bei Registeranmeldungen der Vertretungsorgane ausländischer beteiligter Gesellschaften ist die Registeranmeldung durch einen ausländischen Notar zu beglaubigen, wobei ggf. die Apostille erforderlich ist (Semler/Stengel/*Drinhausen* Rn. 4; SHS/*Hörtnagl* Rn. 3).

c) Inhalt der Anmeldung. aa) Gegenstand. Angemeldet werden muss nach Abs. 1 S. 1 unter Bezugnahme auf die beigefügten Unterlagen – anders als bei der Anmeldung nach § 122k – nicht das Vorliegen der Voraussetzungen der Verschmelzung, sondern die Verschmelzung als solche bzw. die neue Gesellschaft (SHS/*Hörtnagl* Rn. 5; Kallmeyer/*Zimmermann* Rn. 6). Bei Verschmelzung durch Aufnahme ist eine zur Durchführung der Verschmelzung ggf. durchgeführte Kapitalerhöhung ebenfalls anzumelden (§§ 53, 66, 69 Abs. 2). Wird eine Verschmelzung durch Neugründung angemeldet, muss nach Abs. 1 S. 1 wie bei der nationalen Verschmelzung (§ 38 Abs. 2) die neue Gesellschaft angemeldet werden. Aus dem Gründungsrecht der jeweils betroffenen Rechtsform ergibt sich, welche weiteren Angaben erforderlich sind (→ § 38 Rn. 2; Kallmeyer/*Zimmermann* Rn. 7). Eine beteiligte inländische übertragene Gesellschaft meldet die Verschmelzung durch Neugründung gem. § 122k an. 6

bb) Erklärungen, Versicherungen. Nach Abs. 1 S. 3 2. Hs. findet § 16 Abs. 2 für die *übertragende* Gesellschaft keine Anwendung. Anlässlich einer grenzüberschreitenden Verschmelzung durch Aufnahme müssen die Mitglieder des Vertretungsorgans der übernehmenden Gesellschaft folglich nur entsprechende Erklärungen bezogen auf die *übernehmende* Gesellschaft abgeben (→ § 122k Rn. 6). Die Negativerklärung gem. § 16 Abs. 2 ist dementsprechend nur bezogen auf den Verschmelzungsbeschluss der übernehmenden Gesellschaft abzugeben. Bei Vorliegen der Voraussetzungen des § 16 Abs. 3 nF ersetzt der immer unanfechtbare (§ 16 Abs. 3 S. 9 eingefügt durch ARUG vom 30.7.2009, BGBl. 2009 I 2479) Freigabebeschluss die Negativerklärung. Negativerklärungen bezogen auf Beschlüsse ausländischer Gesellschaften sind nicht erforderlich, da sie zu den Voraussetzungen der Verschmelzung bei dem ausländischen Rechtsträger gehören, die nur das ausländische Register oder sonstige Stelle prüft. Dies gilt auch dann, wenn eine weitere inländische Gesellschaft als übertragende Gesellschaft beteiligt ist (SHS/*Hörtnagl* Rn. 13). Nach Vorlage der Vorabbescheinigung bzw. Verschmelzungsbescheinigungen der übrigen beteiligten in- und ausländischen Gesellschaften darf das inländische Gericht davon ausgehen, dass alle Voraussetzungen bei den übrigen beteiligten Gesellschaften erfüllt wurden (zum Zweck der Verschmelzungsbescheinigung → § 122k Rn. 1). 7

Bei Verschmelzung durch Aufnahme ist eine Negativerklärung ferner dann nicht erforderlich, wenn die übernehmende Gesellschaft eine inländische AG/KGaA/SE ist, die mindestens 90 % der Anteile an der übertragenden Gesellschaft hält, da in diesem Fall ein Beschluss der übernehmenden Gesellschaft nicht erforderlich ist, oder wenn aus der Anmeldung bzw. den Unterlagen deutlich wird, dass auf eine Anfechtung des Beschlusses in der erforderlichen Form verzichtet wurde oder alle vorhandenen Anteilsinhaber der Verschmelzung zugestimmt haben (Kallmeyer/*Zimmermann* Rn. 12). 8

Bei Verschmelzung durch Neugründung eines inländischen Rechtsträgers entfällt die Negativerklärung ebenfalls, da für die übertragenden in- und ausländischen Gesellschaften insofern Vorab- bzw. Verschmelzungsbescheinigungen vorgelegt werden (→ § 122k Rn. 14). 9

Bei der Anmeldung iSv § 122l empfiehlt sich ein entsprechender Hinweis, wenn weder übertragende noch übernehmende Gesellschaften Arbeitnehmer oder einen Betriebsrat haben bzw. keine Vereinbarung über die Mitbestimmung der Arbeitnehmer nach MgVG zustande gekommen ist und die gesetzliche Auffangregelung nach §§ 23 ff. MgVG eingreift (→ § 122k Rn. 10; Kallmeyer/*Zimmermann* Rn. 13). Sinnvoll ist es ferner, in der Anmeldung zu erklären, dass der Verschmelzungsbericht den Anteilsinhabern und dem zuständigen Betriebsrat oder, bei Fehlen eines Betriebsrates, den Arbeitnehmern rechtzeitig zugänglich gemacht worden ist (SHS/*Hörtnagl* Rn. 11, → § 122k Rn. 9). 10

cc) Anlagen. Auch im Hinblick auf die Anlagen ist zwischen Verschmelzung durch Aufnahme und Verschmelzung durch Neugründung zu differenzieren. Bei der Verschmelzung durch Aufnahme sind die in Abs. 1 S. 2 genannten sowie die in § 17 Abs. 1, der (nur) für die übernehmende Gesellschaft Anwendung findet (§ 122l Abs. 1 S. 3 Hs. 2, § 122a Abs. 2), genannten Unterlagen einzureichen. 11

Im Einzelnen müssen bei Verschmelzung durch Aufnahme die folgenden Unterlagen durch die Vertretungsorgane der übernehmenden Gesellschaft beigefügt werden (vgl. die Übersicht bei SHS/*Hörtnagl* Rn. 6 ff.): 12

- die Verschmelzungsbescheinigungen aller übertragenden Gesellschaften, die nach Abs. 1 S. 3 Hs. 1 nicht älter als sechs Monate sein dürfen;
- der gemeinsame Verschmelzungsplan;
- falls abgeschlossen, die Vereinbarung über die Beteiligung der Arbeitnehmer;
- der Verschmelzungsbeschluss der Anteilsinhaber der übertragenden und der übernehmenden Gesellschaft;
- ggf. der Bestätigungsbeschluss, wenn von dem Vorbehalt des § 122g Abs. 1 Gebrauch gemacht wurde;

- etwa erforderliche Zustimmungserklärungen einzelner Anteilsinhaber;
- der (ggf. gemeinsame) Verschmelzungsbericht der übernehmenden Gesellschaft;
- der (ggf. gemeinsame) Verschmelzungsprüfungsbericht oder die Verzichtserklärungen der Anteilsinhaber aller beteiligten Gesellschaften in der erforderlichen Form;
- etwa erforderliche staatliche Genehmigungen.

13 Im Falle der Verschmelzung durch Neugründung haben die Vertretungsorgane der übertragenden Gesellschaften als Anlagen beizufügen:

- die Verschmelzungsbescheinigungen aller übertragenden Gesellschaften, die nach Abs. 1 S. 3 Hs. 1 nicht älter als sechs Monate sein dürfen;
- den gemeinsamen Verschmelzungsplan;
- die ggf. geschlossene Vereinbarung über die Beteiligung der Arbeitnehmer.

14 **2. Prüfung durch das Registergericht (Abs. 2).** Das Registergericht prüft unter Berücksichtigung der gem. Abs. 1 eingereichten Unterlagen, ob alle Eintragungsvoraussetzungen vorliegen. Der Prüfungsumfang wird von Abs. 2 nicht abschließend vorgegeben, sondern nur beispielhaft (entsprechend Art. 11 Abs. 1 S. 2 IntV-RL/Art. 128 Abs. 1 S. 2 GesR-RL) genannt. Insbesondere ist danach zu prüfen,

- ob die Anteilsinhaber aller an der grenzüberschreitenden Verschmelzung beteiligten Gesellschaften einem gemeinsamen, gleichlautenden Verschmelzungsplan zugestimmt haben und
- ob ggf. eine Vereinbarung über die Beteiligung der Arbeitnehmer geschlossen worden ist.

15 Im Hinblick auf die Zustimmung zu einem gemeinsamen, gleichlautenden Verschmelzungsplan darf sich das Register bei den übertragenden ausländischen oder inländischen Rechtsträgern zunächst darauf verlassen, dass die Angaben in den jeweiligen Verschmelzungsbescheinigungen richtig sind. Insbesondere eine Prüfung der entsprechenden Verfahrensschritte nach ausländischem Recht kann unterbleiben. Allerdings muss das Registergericht prüfen, ob die Verschmelzungsbescheinigung von der sachlich zuständigen Stelle ausgestellt wurde und ob sie die ordnungsgemäße Durchführung des Verfahrens bei der übertragenden Gesellschaft bescheinigt (Widmann/Mayer/*Vossius* Rn. 26 ff.). Hinsichtlich des gesetzlichen Tatbestandsmerkmals der Zustimmung zu einem gemeinsamen, gleichlautenden Verschmelzungsplan darf sich das Registergericht nicht allein auf die vorgelegte Verschmelzungsbescheinigung verlassen, sondern muss den eingereichten Verschmelzungsplan darauf hin prüfen, ob einem gemeinsamen Plan zugestimmt wurde. Dazu ist auch die Prüfung des Zustimmungsbeschlusses der übertragenden Gesellschaft erforderlich (Semler/Stengel/*Drinhausen* Rn. 8)

16 Im Hinblick auf die Mitbestimmung der Arbeitnehmer ist nach der gesetzlichen Formulierung zu prüfen, ob ggf. eine Vereinbarung über die Beteiligung der Arbeitnehmer geschlossen worden ist. Diese Formulierung ist missverständlich, da auch der Nichtabschluss einer entsprechenden Vereinbarung mit den Arbeitnehmern kein Eintragungshindernis darstellt, wenn fest steht, dass statt einer Vereinbarung die gesetzliche Auffangregelung gem. §§ 23 ff. MgVG eingreift. Das Gericht hat sich somit darauf zu beschränken, zu prüfen, ob das Verfahren nach MgVG ordnungsgemäß abgeschlossen wurde, wobei es nicht darauf ankommt, ob die Regelung über die Beteiligung der Arbeitnehmer durch Abschluss einer Vereinbarung (§ 22 MgVG) oder durch Beschluss über die Nichtaufnahme oder den Abbruch von Verhandlungen (§ 18 MgVG) oder Zeitablauf (§ 23 Abs. 1 S. 1 Nr. 2 MgVG) in Form der gesetzlichen Auffangregelung zustande gekommen ist (vgl. auch Lutter UmwG/*Bayer* Rn. 15). Das Registergericht prüft dabei auch, ob die Satzung der Mitbestimmungsregelung entspricht; ist dies nicht der Fall, ist die Satzung – unter Wiederholung der erforderlichen Verfahrensschritte – entsprechend anzupassen (Lutter UmwG/*Bayer* Rn. 15).

17 Im Übrigen prüft das Registergericht die allgemeinen Eintragungsvoraussetzungen des deutschen Rechts sowie – über Art. 11 Abs. 1 IntV-RL/Art. 128 Abs. 1 GesR-RL hinausgehend – von Amts wegen die Rechtmäßigkeit der grenzüberschreitenden Verschmelzung in Bezug auf die übrigen Verfahrensschritte der Durchführung der grenzüberschreitenden Verschmelzung und ggf. die Gründung der neuen aus der Verschmelzung hervorgehenden Gesellschaft. Im Hinblick auf die übrigen Verfahrensschritte der ausländischen beteiligten Gesellschaften darf sich das Gericht auch insoweit auf die Angaben in der Verschmelzungsbescheinigung verlassen.

18 **3. Eintragung der Verschmelzung, Wirksamkeit, Bekanntmachung.** Verläuft die Prüfung nach Abs. 2 beanstandungslos, trägt das Registergericht die Verschmelzung durch Aufnahme oder die neue Gesellschaft ein. Hierdurch wird die grenzüberschreitende Verschmelzung gem. § 122a Abs. 2, § 20 wirksam (zu den Wirkungen der Eintragung → § 20 Rn. 2 f.). Dies entspricht Art. 12 IntV-RL/Art. 129 GesR-RL. Das Registergericht macht sodann die Eintragung gem. § 122a Abs. 2, § 19 Abs. 3 in der Form des § 10 HGB bekannt.

19 **4. Mitteilung der Eintragung (Abs. 3).** Das Registergericht, das für die übernehmende oder neue Gesellschaft zuständig ist, muss nach Abs. 3 den inländischen und/oder ausländischen Registern, bei denen die übertragenden Gesellschaften ihre Unterlagen einreichen mussten, von Amts wegen den Tag der Eintragung der Verschmelzung mitteilen. Dies entspricht Art. 13 S. 2 IntV-RL/Art. 130 S. 2

GesR-RL und stellt sicher, dass die Register der übertragenden Gesellschaften Kenntnis vom Eintragungsdatum im Register des übernehmenden oder neuen Rechtsträgers erlangen (RegEBegr. BT-Drs. 16/2919, 18) und das Wirksamwerden der Verschmelzung bei den übertragenden Gesellschaften vermerken können. Auf die mit Eintragung eingetretene Wirksamkeit ist hierbei im Interesse der ausländischen Register hinzuweisen (SHS/*Hörtnagl* Rn. 16).

Austritt des Vereinigten Königsreichs Großbritannien und Nordirland aus der Europäischen Union

122m Unterliegt die übernehmende oder die neue Gesellschaft dem deutschen Recht, gilt als grenzüberschreitende Verschmelzung im Sinne dieses Abschnitts auch eine solche, an der eine übertragende Gesellschaft beteiligt ist, die dem Recht des Vereinigten Königreichs Großbritannien und Nordirland (Vereinigtes Königreich) unterliegt, sofern der Verschmelzungsplan nach § 122c Absatz 4 vor dem Ausscheiden des Vereinigten Königreichs aus der Europäischen Union oder vor dem Ablauf eines Übergangszeitraums, innerhalb dessen das Vereinigte Königreich in der Bundesrepublik Deutschland weiterhin als Mitgliedstaat der Europäischen Union gilt, notariell beurkundet worden ist, und die Verschmelzung unverzüglich, spätestens aber zwei Jahre nach diesem Zeitpunkt mit den erforderlichen Unterlagen zur Registereintragung angemeldet wird.

I. Allgemeines

Mit Blick auf den Brexit wurde durch Gesetz vom 19.12.2018 (4. UmwÄndG, BGBl. 2018 I 2694; näher hierzu *Bungert/Wansleben* DB 2019, 49 ff.; *Lieder/Bialluch* NJW 2019, 805 ff.; *Jaschinski/Wentz* WM 2019, 438 ff.) – in erster Linie für die britische Limited, jedoch nicht darauf beschränkt – mit Wirkung ab dem 1.1.2019 durch die Neuregelung des § 122m für EU-/EWR-Kapitalgesellschaften die weitere Möglichkeit geschaffen, auf eine deutsche Personenhandelsgesellschaft als *übernehmender* oder *neuer* Rechtsträger zu verschmelzen, dh auf eine OHG oder eine KG. Hierin eingeschlossen ist auch jede Form einer Kapitalgesellschaft & Co. KG, mithin insbesondere die GmbH & Co. KG und die UG (haftungsbeschränkt) & Co. KG (vgl. BegrRegE 4. UmwÄndG, BT-Drs. 19/5463, 7). Dies gilt jedoch nur, soweit die Personenhandelsgesellschaft – nach der Verschmelzung – in der Regel *nicht mehr als 500 Arbeitnehmer* beschäftigt. Diese Beschränkung der Verschmelzungsmöglichkeit soll verhindern, dass der übernehmende oder neue Rechtsträger, der bei Verschmelzung auf eine GmbH der Mitbestimmung nach dem Drittelbeteiligungsgesetz unterläge, statt dessen die Verschmelzung auf die mitbestimmungsfreie GmbH & Co. KG wählt (BegrRegE 4. UmwÄndG, BT-Drs. 19/5463, 10). 1

Mit § 122m will der Gesetzgeber dafür Sorge zu tragen, dass die ca. 8.000 Unternehmen in der Rechtsform einer private company limited by shares (Limited, nicht aber die Limited Liability Partnership – LLP –, die nach hM nicht als Kapitalgesellschaft anzusehen ist, vgl. Lutter UmwG/*Bayer* § 122b Rn. 5 mwN), die ihren Verwaltungssitz in der Bundesrepublik Deutschland haben, auch noch nach dem Wirk samwerden des Brexit auf einen übernehmenden oder neuen Rechtsträger deutschen Rechts verschmelzen können, vorausgesetzt der Verschmelzungsplan wurde noch vor dem Brexit (31.1.2020), spätestens aber vor Ablauf der Übergangszeit, in der das UK in der Bundesrepublik noch weiterhin als Mitgliedstaat der EU gilt, dh bis zum 31.12.2020, notariell beurkundet und die Verschmelzung wurde bis spätestens zwei Jahre nach dem Brexit bzw. des bis zum 31.12.2020 geltenden Übergangszeitraums zur Registereintragung angemeldet (Lutter UmwG/*Bayer* Rn. 1). Denn mit dem Brexit und dem dadurch ausgelösten Wegfall der EuGH-Rechtsprechung zur Niederlassungsfreiheit läuft die Limited Gefahr, in Deutschland nur noch als Personengesellschaft oder als vollhaftendes Einzelunternehmen anerkannt zu werden (→ § 122a Rn. 4a). § 122m zielt vor allem auf Unternehmen, die von der durch das 4. UmwÄndG geschaffenen Möglichkeit (vgl. §§ 122a Abs. 2 S. 2, 122b Abs. 1 Nr. 2, § 122c Abs. 2 Nr. 13, § 122e S. 3 Hs. 2, § 122f S. 1 nF) der Verschmelzung auf eine deutsche Personenhandelsgesellschaft, d. h. auf eine OHG oder eine KG bzw. eine GmbH & Co, KG oder UG (haftungsbeschränkt) & Co. KG Gebrauch machen wollen (vgl. BegrRegE 4. UmwÄndG, BR-Drs. 19/5463, 7). 2

II. Einzelerläuterungen

1. Übertragender Rechtsträger. Tatbestandlich kommt als übertragender Rechtsträger jede Kapitalgesellschaft iSv § 122b Abs. 1 Nr. 1, die dem Recht des UK unterfällt (Satzungs- und Registrierungssitz, also alle companies incorporated with limited liability, dh alle companies limited by shares und companies limited by guarantee, nach hM nicht aber die Limited Liability Partnership (LLP) → Rn. 1 sowie Lutter UmwG/*Bayer* Rn. 2 mwN), in Betracht. 3

2. Übernehmender oder neuer Rechtsträger. Übernehmender oder neuer Rechtsträger kann (nur) jede Kapitalgesellschaft deutschen Rechts sein sowie des Weiteren jede deutsche Personenhandelsgesellschaft, soweit diese nach der Verschmelzung in der Regel nicht mehr als 500 Arbeitnehmer 4 beschäftigt, § 122b Abs. 1 Nr. 2 nF. Diese Beschränkung will Verschmelzungen auf eine mitbestimmungsfreie GmbH & Co. KG, die mehr als 500 Arbeitnehmer beschäftigt, verhindern (→ § 122b Rn. 9a).

5 **3. Verschmelzungsplan.** Eine Hineinverschmelzung der UK-Gesellschaft auf eine deutsche Gesellschaft ist auch nach dem Brexit (31.1.2020) nur dann möglich, wenn der Verschmelzungsplan vor dem Brexit oder vor dem Ablauf des Übergangszeitraumes, in der das UK in der Bundesrepublik noch weiterhin als Mitgliedstaat der EU gilt, dh bis zum 31.12.2020 („Abkommen über den Austritt des Vereinigten Königreichs Großbritannien und Nordirland aus der Europäischen Union und der Europäischen Atomgemeinschaft", Art. 126 f., ABl. 2020 L 029, 7, 65 f.) notariell beurkundet wurde (→ § 122c Rn. 24a).

6 **4. Registeranmeldung.** Des Weiteren muss die Verschmelzung unverzüglich, spätestens aber zwei Jahre nach dem Ablauf des Übergangszeitraumes (31.12.2020) angemeldet (§ 122k) worden sein. Hinzuweisen ist darauf, dass seitens der Praxis bezweifelt wird, dass die auf britischer Seite auszustellenden Dokumente iSv § 122l Abs. 1 S. 2 für die betroffenen britischen Unternehmen zeitnah ausgestellt werden, (*Behme* ZRP 2018, 204 f.; *Zwirlein* ZGR 2018, 900 (913 ff.); *Heckschen* NotBZ 2017, 401 (404); *A. Schröder* BB 2018, 2755 (2756); *Bauerfeind/Tamcke* GmbHR 2019, 11 (14); vgl. auch Lutter UmwG/*Bayer* Rn. 5), zumal das Abkommen über den Austritt des Vereinigten Königreichs Großbritannien und Nordirland aus der Europäischen Union und der Europäischen Atomgemeinschaft (→ Rn. 4) hierzu keine Bestimmungen trifft und nicht unerhebliche Kosten entstehen (zu den Kosten: *Zwirlein* ZGR 2018, 900 (919); *Süß* ZIP 2018, 1277 (1279); Lutter UmwG/*Bayer* Rn. 5).

7 **5. Einordnung und alternative Gestaltungen.** Verbreitet wird das zur Rückholung britischer Limiteds mit Verwaltungssitz in Deutschland geschaffene 4. UmwÄndG daher kritisch beurteilt (*Behme* ZRP 2018, 204; Lutter UmwG/Bayer Rn. 6; positiver in der Einschätzung: *Lieder/Bialluch* NJW 2019, 803 ff.; *Jaschinski/Wentz* WM 2019, 438 ff.). Alternativ wird zB die Übertragung der Limited-Anteile auf eine neu gegründete GmbH vorgeschlagen, die sodann mit dem Brexit und dem dadurch verursachten Erlöschen der Limited (→ § 122a Rn. 4a) durch Verlegung des Verwaltungssitzes zu deren Rechtsnachfolgerin wird (*Miras/Tonner* GmbHR 2018, 601 ff.; Lutter UmwG/*Bayer* Rn. 6). Des Weiteren wird der Asset Deal als Alternative genannt (hierzu *Zwirlein/Großerichter/Gätsch* NZG 2017, 1041 (1043); Lutter UmwG/*Bayer* Rn. 6).

Drittes Buch. Spaltung

Erster Teil. Allgemeine Vorschriften

Erster Abschnitt. Möglichkeit der Spaltung

Arten der Spaltung

123 (1) **Ein Rechtsträger (übertragender Rechtsträger) kann unter Auflösung ohne Abwicklung sein Vermögen aufspalten**

1. zur Aufnahme durch gleichzeitige Übertragung der Vermögensteile jeweils als Gesamtheit auf andere bestehende Rechtsträger (übernehmende Rechtsträger) oder

2. zur Neugründung durch gleichzeitige Übertragung der Vermögensteile jeweils als Gesamtheit auf andere, von ihm dadurch gegründete neue Rechtsträger

gegen Gewährung von Anteilen oder Mitgliedschaften dieser Rechtsträger an die Anteilsinhaber des übertragenden Rechtsträgers (Aufspaltung).

(2) **Ein Rechtsträger (übertragender Rechtsträger) kann von seinem Vermögen einen Teil oder mehrere Teile abspalten**

1. zur Aufnahme durch Übertragung dieses Teils oder dieser Teile jeweils als Gesamtheit auf einen bestehenden oder mehrere bestehende Rechtsträger (übernehmende Rechtsträger) oder

2. zur Neugründung durch Übertragung dieses Teils oder dieser Teile jeweils als Gesamtheit auf einen oder mehrere, von ihm dadurch gegründeten neuen oder gegründete neue Rechtsträger

gegen Gewährung von Anteilen oder Mitgliedschaften dieses Rechtsträgers oder dieser Rechtsträger an die Anteilsinhaber des übertragenden Rechtsträgers (Abspaltung).

(3) **Ein Rechtsträger (übertragender Rechtsträger) kann aus seinem Vermögen einen Teil oder mehrere Teile ausgliedern**

1. zur Aufnahme durch Übertragung dieses Teils oder dieser Teile jeweils als Gesamtheit auf einen bestehenden oder mehrere bestehende Rechtsträger (übernehmende Rechtsträger) oder

2. zur Neugründung durch Übertragung dieses Teils oder dieser Teile jeweils als Gesamtheit auf einen oder mehrere, von ihm dadurch gegründeten neuen oder gegründete neue Rechtsträger

gegen Gewährung von Anteilen oder Mitgliedschaften dieses Rechtsträgers oder dieser Rechtsträger an den übertragenden Rechtsträger (Ausgliederung).

(4) **Die Spaltung kann auch durch gleichzeitige Übertragung auf bestehende und neue Rechtsträger erfolgen.**

Übersicht

I. Sinn und Zweck

1 Die Spaltung wird häufig als Gegenstück zur Verschmelzung bezeichnet (*Kallmeyer* ZIP 1994, 1746 (1748); Mot. 71). Daran ist Folgendes richtig. Während die Verschmelzung der Zusammenlegung zweier oder mehrerer Rechtsträger dient, ermöglichen die Spaltungsarten sozusagen die Zerlegung eines Rechtsträgers in zwei oder mehrere Teile unter gleichzeitiger Übertragung der Vermögensteile auf einen oder mehrere andere Rechtsträger.

2 Die Übertragung von Vermögensteilen auf einen anderen Rechtsträger kann natürlich auch durch Einzelrechtsübertragung bewerkstelligt werden. Soll zB ein Unternehmensteil in eine Tochtergesellschaft ausgegliedert werden, so können ebenso gut die zugehörigen Vermögensgegenstände im Wege einer Sacheinlage bzw. Sachkapitalerhöhung in eine (neue) Tochtergesellschaft eingebracht werden. Dabei erfolgt die Übertragung der Vermögensgegenstände als Einzelrechtsübertragung nach Maßgabe der für den jeweiligen Vermögensgegenstand anwendbaren Vorschriften. Die Einzelrechtsübertragung kann jedoch, abhängig von der Menge und der Art der zu übertragenden Vermögensgegenstände, aufwendig und kompliziert werden. Zusätzliche Schwierigkeiten entstehen, wenn nicht lediglich Vermögensgegenstände übertragen sollen, sondern zB auch Verbindlichkeiten oder Verträge. Unter anderem muss dann die Zustimmung jedes einzelnen Vertragspartners zur Übertragung des Vertrags eingeholt werden (§ 415 Abs. 1 BGB). Noch komplizierter kann sich die Lage darstellen, wenn etwa Erlaubnisse und/oder Genehmigungen zu dem Betriebsteil gehören. Und schließlich ist die Übertragung personenbezogener Daten (zB Kundendaten) bei einer Einzelrechtsnachfolge nur mit Zustimmung der betroffenen Personen zulässig. Insbesondere Letzteres stellt sich als potentielles Hindernis dar. Im Retail kommen schnell 100.000 Kundendaten zusammen. Allein die Einholung der Genehmigungen (Schriftform!) verursacht neben dem Zeitaufwand erhebliche Kommunikationskosten. Wo die Einzelrechtsübertragung an ihre Grenzen stößt bzw. die oben skizzierten Schwierigkeiten aufwirft, setzen die umwandlungsrechtlichen Spaltungsvorschriften an. Denn die Spaltungsarten ermöglichen eine **Übertragung „als Gesamtheit“,** ohne dass eine Einzelrechtsübertragung erforderlich wäre. Ob man dies als Gesamtrechtsnachfolge (so zuletzt OLG Köln 28.3.2014 – BeckRS 2014, 10602), Sonderrechtsnachfolge oder **partielle Gesamtrechtsnachfolge** (so zB BAG 21.11.2012, BAGE 144, 36) bezeichnet, ist eher theoretischer Natur (zur Diskussion OLG Hamm 4.3.2010, GWR 2010, 190; Lutter UmwG/*Lieder* Rn. 14 ff. mwN). Dabei erstreckt sich die Gesamtrechtsnachfolge nicht nur auf die Übertragung von Vermögensgegenständen sondern zugleich auch auf die Übertragung von Verbindlichkeiten, Verträgen etc. Der Rechtsübergang erfolgt **uno actu kraft Gesetzes;** Zustimmungserfordernisse, die bei der Einzelrechtsübertragung zB von Verträgen erforderlich sind, entfallen.

II. Entstehung

3 Diese Erleichterungen gegenüber der Einzelrechtsnachfolge waren der Hintergrund für die Schaffung der Spaltung, die im Wesentlichen erst im UmwG 1994 in der heutigen Form Eingang fand. Mit dieser Regelung hat der Gesetzgeber Bedürfnissen der Praxis umfassend Rechnung getragen, nachdem zuvor

spezifische Spaltungsvorschriften bereits im SpTrUG und im LAnpG für die Zwecke der Umstrukturierung der DDR-Wirtschaft erlassen worden waren. Die Spaltungsvorschriften beruhen weitgehend auf der **Spaltungsrichtlinie** (RL 82/891/EWG, ABl. 1982 L 378, 47), wiewohl diese lediglich die Auf- und Abspaltung von Aktiengesellschaften regelt und auch die Mitgliedsstaaten nicht verpflichtete, die Spaltung überhaupt einzuführen, soweit sie im nationalen Recht nicht existiert(e) (zur Historie näher Lutter UmwG/*Teichmann,* 4. Aufl. 2009, Rn. 1 ff. mwN).

III. Spaltungsarten

4 § 123 normiert unter dem **Oberbegriff** der **Spaltung** drei unterschiedliche Instrumente, die **Aufspaltung,** die **Abspaltung** und die **Ausgliederung.** Die Einsatzmöglichkeiten in der Praxis für die unterschiedlichen Spaltungsarten werden klar, wenn man die drei Instrumente und ihre jeweilige Zielsetzung sich vergegenwärtigt. Wurde oben gesagt, dass die Spaltungsarten die Zerlegung eines oder mehrerer Unternehmensträger unter gleichzeitiger Übertragung von Vermögensteilen auf einen oder mehrere andere Rechtsträger ermöglichen, so tun sie dies in jeweils unterschiedlicher Weise und mit unterschiedlicher Zielsetzung. Dabei herrscht als Ausformung des Prinzips der Sukzessionsfreiheit eine weitgehende Spaltungsfreiheit (ausf. dazu Lutter UmwG/*Lieder* Rn. 20 ff.).

5 **1. Aufspaltung.** Die in Abs. 1 geregelte Aufspaltung und die in Abs. 2 geregelte Abspaltung sind noch am ehesten verwandt. Die Aufspaltung soll es ermöglichen, einen Unternehmensträger in zwei oder mehrere Teile zu zerlegen und diese Teile gleichzeitig insgesamt auf zwei oder mehrere andere Rechtsträger zu übertragen. Die Aufspaltung betrifft immer den übertragenden Rechtsträger insgesamt; dieser behält keinerlei Vermögen zurück und erlischt durch die Aufspaltung. Im Gegenzug erhalten die Anteilseigner des übertragenden Rechtsträgers Anteile an den übernehmenden Rechtsträgern. Die übernehmenden Rechtsträger können dabei entweder bereits bestehen (Aufspaltung zur Aufnahme) oder aber im Zuge der Aufspaltung neu gegründet werden (Aufspaltung zur Neugründung). Dabei ist es auch zulässig, teilweise auf bereits bestehende und teilweise auf neu zu gründende Rechtsträger aufzuspalten (Abs. 4). Die übernehmenden Rechtsträger müssen auch nicht die gleiche Gesellschaftsform haben.

6 **2. Abspaltung.** Bei der Abspaltung ist im Unterschied zur Aufspaltung nicht das gesamte Vermögen des übertragenden Rechtsträgers betroffen sondern nur ein Teil. Da bei dem übertragenden Rechtsträger ein Vermögensteil übrig bleibt, wird er nicht aufgelöst sondern besteht fort. Bei der Abspaltung können gleichzeitig mehrere Vermögensteile abgespalten und auf mehrere übernehmende Rechtsträger übertragen werden. Die Abspaltung kann zur Aufnahme oder zur Neugründung erfolgen und die Rechtsform der übernehmenden Rechtsträger unterschiedlich sein, wenn mehrere Vermögensteile auf mehrere Rechtsträger übertragen werden sollen.

7 **3. Ausgliederung.** Die Ausgliederung hat eine andere Zielrichtung als die Aufspaltung und die Abspaltung. Der maßgebliche Unterschied besteht in Folgendem. Aufspaltung und Abspaltung sind so konzipiert, dass die als Gegenleistung für das zu übertragende Vermögen zu gewährenden neuen Anteile an den übernehmenden Rechtsträgern den Anteilsinhabern des übertragenden Rechtsträgers zukommen. Demgegenüber sind die Anteilsinhaber des übertragenden Rechtsträgers bei der Ausgliederung außen vor. Denn durch die Ausgliederung sackt das zu übertragende Vermögen nach unten in eine Tochter des übertragenden Rechtsträgers. Deshalb kommen neue Anteile an den übernehmenden Rechtsträgern als Gegenleistung für das übertragende Vermögen dem übertragenden Rechtsträger selbst zu. Nach zutreffender Sichtweise ist die Ausgliederung daher ein eigenständiges Instrument.

IV. Anwendungsbereich

8 § 123 geht nach seinem Wortlaut von der Vorstellung aus, dass **mehrere Vermögensgegenstände** übertragen werden. Gleichwohl wird es allgemein zu Recht für zulässig gehalten, nur einen **einzelnen Vermögensgegenstand,** etwa ein Grundstück oder eine Gesellschaftsbeteiligung, durch eine Spaltung nach §§ 123 ff. auf einen anderen Rechtsträger zu übertragen (so Lutter UmwG/*Lieder* Rn. 12, 22; zustimmend Kallmeyer/*Sickinger* Rn. 1 („geklärt"); SHS/*Hörtnagl* § 126 Rn. 64 mwN). § 123 Abs. 5 RefE hatte noch vorgesehen, dass durch die Spaltung *„nicht im wesentlichen nur ein einzelner Gegenstand übertragen oder eine einzelne Verbindlichkeit übergeleitet werden kann"*. Diese Bestimmung ist jedoch nicht Gesetz geworden. In der Praxis werden idR Teilbetriebe übertragen, was Voraussetzung für eine steuerneutrale Gestaltung ist (§ 15 UmwStG). Neuerdings wird vor dem Hintergrund der durch das ESUG eingefügten Regelung in § 225a Abs. 3 InsO die Ausgliederung sanierungswürdiger Unternehmensteile durch einen Insolvenzplan als Alternative zur übertragenden Sanierung durch einen „asset-deal" diskutiert (→ § 133 Rn. 24 f.).

9 Auf Ausgliederungen im Wege der **Einzelrechtsübertragung** („Asset Deal") sind die §§ 123 ff. **nicht anwendbar.** Das war zwar in § 252 DiskE bzw. §§ 137, 141 RefE für bestimmte Fälle vorgesehen, wurde jedoch nach massiver Kritik in der Lit. fallen gelassen (zur Kritik etwa *K. Schmidt* ZGR

1990, 580 (585); *Hennrichs* AG 1993, 508; *Kallmeyer* GmbHR 1993, 461; *Kleindiek* ZGR 1992, 513; *Werner* WM 1993, 1178; *Zöllner* ZGR 1993, 334 (335)). Einzelne Entscheidungen haben allerdings eine **analoge Anwendung einzelner Bestimmungen** der §§ 123 ff. zum Schutz der Minderheitsgesellschafter und der Gläubiger bei Ausgliederungen im Wege der Einzelrechtsübertragung befürwortet (LG Karlsruhe 6.11.1997, ZIP 1998, 385 – Badenwerk; LG Frankfurt a. M. 29.7.1997, ZIP 1997, 1698 – Altana/Milupa; dagegen LG Hamburg 21.1.1997, AG 1997, 238 – Wünsche; OLG Stuttgart 21.12.1993, ZIP 1995, 1515 – Moto-Meter; LG München I 8.6.2006, NZG 2006, 873 (874 f.)). Eine solche Analogie ist nach richtiger Ansicht rechtsmethodisch **nicht haltbar.** Denn nachdem der Gesetzgeber die oben geschilderten Vorschläge des DiskE und des RefE nicht aufgenommen und damit die Ausgliederung im Wege der Einzelrechtsnachfolge bewusst nicht den §§ 123 ff. unterstellt hat, fehlt es schon an einer planwidrigen Regelungslücke (NK-UmwR/*Fischer* Rn. 11; SHS/*Hörtnagl* Rn. 24).

Damit ist freilich nicht ausgeschlossen, dass bei Ausgliederungen im Wege der Einzelrechtsüber- 10
tragung aktienrechtliche oder andere gesellschaftsrechtliche Grundsätze im Einzelfall eine Zustimmung der Gesellschafter erfordern (dazu etwa die beiden Gelatine-Entscheidungen des BGH, BGH 26.4.2004, NZG 2004, 571 und BGH 26.4.2004, NZG 2004, 575; vgl. auch Lutter UmwG/*Lieder* Rn. 12 mwN).

Der Gesetzgeber wollte der Praxis einen möglichst breiten Anwendungsspielraum gewähren (Mot. 11
116). Abs. 4 lässt **Mischformen** der beiden Spaltungsarten, also zur Aufnahme bzw. zur Neugründung, zu (s. auch Lutter UmwG/*Lieder* Rn. 63). Die etwas unglückliche Formulierung (vgl. auch NK-UmwR/*Fischer* Rn. 25 ff.) ist dahingehend zu verstehen, dass zunächst einmal verschiedene Spaltungsarten (zB Abspaltung und Ausgliederung) kombiniert werden können. Bei der Aufspaltung scheitert das daran, dass der aufgespaltene Rechtsträger erlischt. Sodann soll ermöglicht werden, dass Vermögensübertragungen teilweise auf schon bestehende und teilweise auf neu zu gründende Rechtsträger kombiniert werden können. Der Anwendungsbereich der Spaltung wird ferner dadurch erweitert, dass das Gesetz in § 128 eine sog. **nicht-verhältniswahrende Spaltung** erlaubt. Dabei handelt es sich um nichts anderes, als dass die Gesellschafter bzw. Mitglieder hinsichtlich der Gegenleistung für die übertragenden Vermögenswerte unterschiedlich behandelt werden dürfen (näher bei § 128). Nach heutiger Meinung ist auch eine sog. **Spaltung „zu Null"** zulässig (→ § 128 Rn. 6).

V. Gegenleistung

Den Gesellschaftern oder Mitgliedern des übertragenden Rechtsträgers, bzw. bei der Ausgliederung 12
diesem selbst, sind als Gegenleistung für das übertragende Vermögen Anteile oder Mitgliedschaften an dem (jeweiligen) übernehmenden Rechtsträger zu gewähren. Wie viele Anteile gewährt werden, können die Beteiligten (ähnlich wie bei einer „normalen" Sacheinlage) im Wesentlichen frei bestimmen. Ist der übernehmende Rechtsträger eine Kapitalgesellschaft, gilt hierfür das Verbot der Unter-Pari-Emission. Praktisch wird jedoch häufig im Verhältnis zum Wert des übertragenden Vermögens ein geringes Grund- bzw. Stammkapital gewählt und der übersteigende Wert in die Rücklagen eingestellt. Ist der übernehmende Rechtsträger eine schon bestehende Kommanditgesellschaft, besteht grundsätzlich keine Verpflichtung, die Haftsumme der Kommanditisten gem. § 171 Abs. 4 HGB zu erhöhen. Von der Pflicht zur Gewährung einer Gegenleistung für das übertragende Vermögen gibt es iÜ bestimmte Ausnahmen (→ § 126 Rn. 10).

Sind der übertragende und/oder der übernehmende Rechtsträger eine Kapitalgesellschaft, so sind bei 13
der Spaltung die jeweiligen GmbH- bzw. aktienrechtlichen Kapitalaufbringungs- und Kapitalerhaltungsgrundsätze zu beachten.

Spaltungsfähige Rechtsträger

124 (1) **An einer Aufspaltung oder einer Abspaltung können als übertragende, übernehmende oder neue Rechtsträger die in § 3 Abs. 1 genannten Rechtsträger sowie als übertragende Rechtsträger wirtschaftliche Vereine, an einer Ausgliederung können als übertragende, übernehmende oder neue Rechtsträger die in § 3 Abs. 1 genannten Rechtsträger sowie als übertragende Rechtsträger wirtschaftliche Vereine, Einzelkaufleute, Stiftungen sowie Gebietskörperschaften oder Zusammenschlüsse von Gebietskörperschaften, die nicht Gebietskörperschaften sind, beteiligt sein.**

(2) **§ 3 Abs. 3 und 4 ist auf die Spaltung entsprechend anzuwenden.**

Der Gesetzgeber hat die Spaltung zwar sehr umfassend ermöglicht. Jedoch gibt es gewisse Beschrän- 1
kungen der Spaltungsmöglichkeiten in Abhängigkeit von der Rechtsform des übertragenden bzw. der übernehmenden Rechtsträger. Diese Beschränkungen haben ihren Grund darin, dass einzelne Spaltungsmöglichkeiten sachlich ausscheiden und andere Spaltungsmöglichkeiten nicht erwünscht waren. So kann sich etwa ein Einzelkaufmann weder auflösen noch Anteile an sich selbst gewähren, sodass eine

Auf- oder Abspaltung insoweit nicht in Frage kommen. § 124 regelt **abschließend,** welche **Spaltungsmöglichkeiten** zulässig sind.

2 Auch hier macht die Verweisungstechnik die Norm nicht übersichtlicher. Zu unterscheiden ist zwischen der Auf- und Abspaltung einerseits und der Ausgliederung andererseits. Ferner ist zu unterscheiden zwischen der Rechtsform des übertragenden Rechtsträgers und der Rechtsform des übernehmenden Rechtsträgers.

3 Bei der **Auf- und Abspaltung** können als **übertragende und** als **übernehmende** Rechtsträger die in § 3 Abs. 1 Nr. 1–6 genannten Unternehmensträger teilnehmen, also oHG, KG und Partnerschaftsgesellschaft, GmbH, AG, KGaA, eG, eingetragene Vereine, genossenschaftliche Prüfungsverbände und VVaG. Ferner können als **übertragende** Rechtsträger wirtschaftliche Vereine teilnehmen.

4 Bei einer **Ausgliederung** können mit Ausnahme des wirtschaftlichen Vereins alle oben genannten Rechtsformen als **übertragende oder übernehmende** Rechtsträger teilnehmen. **Zusätzlich** können bei einer Ausgliederung als **übertragende** Rechtsträger wirtschaftliche Vereine, Einzelkaufleute, Stiftungen sowie Gebietskörperschaften oder Zusammenschlüsse von Gebietskörperschaften, die ihrerseits nicht Gebietskörperschaft sind, teilnehmen.

5 Die **GbR** ist in § 3 nicht genannt. Danach kann sie an Spaltungen weder als übertragender noch als übernehmender Rechtsträger beteiligt sein. Der Ausschluss der GbR bei den verschmelzungs- bzw. spaltungsfähigen Rechtsträgern beruht jedoch noch auf dem überkommenden Verständnis der fehlenden Rechtsfähigkeit der GbR. Nachdem der BGH zwischenzeitlich die Rechtsfähigkeit der GbR anerkannt hat (BGH 29.1.2001, BGHZ 146, 341; zuletzt BGH 25.9.2006, NJW 2006, 3716 (3717)), könnte man eine analoge Anwendung von § 3 Abs. 1 Nr. 1 auf die GbR in Erwägung ziehen. De lege ferenda spricht nichts mehr für die Ausklammerung der GbR. Die Praxis versucht Unsicherheiten aufgrund der fehlenden Registerpublizität zuweilen zu vermeiden, indem die GbR vorab (außerhalb des UmwG) in eine Personenhandelsgesellschaft oder in eine andere spaltungsfähige Rechtsform umgewandelt wird.

6 Die in § 3 ebenfalls nicht genannte **SE** kann dagegen grundsätzlich an Spaltungen teilnehmen. Handelt es sich um eine **deutsche SE** (Sitz im Inland) gilt Folgendes. Eine bereits bestehende SE kann sowohl als übertragender Rechtsträger als auch als übernehmender Rechtsträger bei allen Spaltungsformen beteiligt sein. Problematisch ist allein die Beteiligung einer übernehmenden SE zur Neugründung. Wegen der Beschränkungen ihrer Gründung durch die SE-Verordnung (dazu etwa *Hommelhoff* AG 2001, 279; *Lutter* BB 2002, 1 mwN; *Hirte* NZG 2002, 1 ff.; *C. Teichmann* ZGR 2002, 383) scheiden Auf- und Abspaltung zur Neugründung aus (NK-UmwR/*Fischer* Rn. 2). Zum Teil wird vertreten, dass auch eine Ausgliederung zur Neugründung unzulässig ist, wenn der übertragende Rechtsträger keine SE ist (so hier zumindest für die Praxis *Wardenbach* → 4. Aufl. 2019, Rn. 6 in Anlehnung an Lutter UmwG/*Teichmann,* 5. Aufl. 2014, Rn. 7 mwN; vgl. auch NK-UmwR/*Fischer* Rn. 2; Lutter/Hommelhoff/*Bayer* SE-VO Art. 15 Rn. 9; SHS/*Hörtnagl* Rn. 35). Andererseits soll die Ausgliederung zur Neugründung ein zulässiger Gründungsfall iSd Art. 3 Abs. 2 S. 2 SE-VO sein vgl. Kallmeyer/*Marsch-Barner* Anh. I Rn. 137). **Ausländische SE** können dagegen **nicht** an Spaltungen nach dem UmwG teilnehmen.

7 Spaltungen über die Grenze sind gesetzlich nicht geregelt; § 125 verweist nicht auf den zehnten Abschnitt des zweiten Buchs, der die Verschmelzung über die Grenze explizit regelt. Aufgrund der Niederlassungsfreiheit sind Spaltungen innerhalb des EU/EWR-Raums allerdings als zulässige Gestaltung anzuerkennen (Lutter UmwG/*Drygala* § Rn. 19 mwN; NK-UmwR/*Böttcher* § 1 Rn. 22). Mangels Kodifizierung des Verfahrens empfiehlt sich für die Praxis eine Vorabstimmung mit dem zuständigen deutschen Registergericht sowie der jeweils zuständigen ausländischen Stelle. Nahe liegen dürfte eine entsprechende Anwendung der §§ 122a ff. iVm den §§ 123 ff. (ebenso Lutter UmwG/*Drygala* § 1 Rn. 35 f.). Weiterhin ist zu beachten, dass am 1.1.2020 die EU-Richtlinie 2019/2121 über grenzüberschreitende Formwechsel, Spaltungen und Verschmelzungen von Kapitalgesellschaften (sog. Mobilitäts-RL) als Bestandteil des Company Law Package in Kraft getreten ist. Dadurch wird insbesondere die Gesellschaftsrechtrichtlinie 2017/1132 bzgl. grenzüberschreitender Spaltungen und Formwechsels ergänzt. Nach Art. 3 Abs. 1 Mobilitäts-RL haben die Mitgliedstaaten nun bis zum 31.1.2023 Zeit, die Richtlinie umzusetzen. Ein Überblick zu den Novellierungen findet sich bei *Stelmaszcyk* GmbHR 2020, 61 (62) und zu den Änderungen im Vergleich zum Kommissionsentwurf bei *Kraft* BB 2019, 1864 ff.

8 Aufgrund der Verweisung in § 124 Abs. 2 auf § 3 Abs. 3 und 4 können iÜ an den oben skizzierten Spaltungsmöglichkeiten auch aufgelöste Rechtsträger partizipieren und gleichzeitig Rechtsträger mit unterschiedlichen Rechtsformen.

Anzuwendende Vorschriften

125 [1] **Auf die Spaltung sind die Vorschriften des Ersten Teils und des Ersten bis Neunten Abschnitts des Zweiten Teils des Zweiten Buches mit Ausnahme des § 9 Absatz 2 und des § 62 Absatz 5, bei Abspaltung und Ausgliederung mit Ausnahme des § 18 sowie bei Ausgliederung mit Ausnahme des § 14 Abs. 2 und der §§ 15, 29 bis 34, 54, 68 und 71 ent-**

sprechend anzuwenden, soweit sich aus diesem Buch nichts anderes ergibt. [2] Eine Prüfung im Sinne der §§ 9 bis 12 findet bei Ausgliederung nicht statt. [3] An die Stelle der übertragenden Rechtsträger tritt der übertragende Rechtsträger, an die Stelle des übernehmenden oder neuen Rechtsträgers treten gegebenenfalls die übernehmenden oder neuen Rechtsträger.

I. Anwendung des Verschmelzungsrechts

§ 125 regelt durch eine äußerst komplexe Verweisung, welche Vorschriften des UmwG auf Spaltungen anwendbar sind. Die Grundidee ist einfach. Von der Vorstellung ausgehend, die Spaltung sei das Gegenstück zur Verschmelzung, werden durch Verweisung zunächst die verschmelzungsrechtlichen Vorschriften des 2. Buchs auch für die Spaltung für grundsätzlich anwendbar erklärt. Dass diese Normen für die Spaltung (in ihren einzelnen Ausformungen) aber nicht in toto passen, ist nachvollziehbar. So nehmen S. 1 und 2 eine Reihe von Vorschriften schon unmittelbar von der Verweisung aus. Die iÜ gegenüber dem 2. Buch nötigen Korrekturen sind im Rest des 3. Buchs niedergelegt. Die Verweisung auf das Verschmelzungsrecht wird beschränkt, soweit sich aus den §§ 123–173 Abweichungen ergeben – S. 1 formuliert dies negativ. Die §§ 126–173 enthalten nun ihrerseits Verweisungen, Rückverweisungen und Ausnahmen. Dies macht die Ermittlung der für die jeweilige Spaltungsart bzw. -form unter zusätzlicher Berücksichtigung der rechtsformspezifischen Besonderheiten kompliziert. 1

S. 3 stellt lediglich klar, dass – anders als bei Verschmelzungen – lediglich ein einziger Rechtsträger als übertragender, dafür aber mehrere Rechtsträger als übernehmende Unternehmen an einem Spaltungsvorgang (gleichzeitig) beteiligt sein können. 2

II. Modifikationen

Vereinfacht lassen sich die **Modifikationen** für die einzelnen Formen der Spaltung wie folgt zusammenfassen. 3

1. Aufspaltung. a) Allgemeine Bestimmungen. Allgemeine Bestimmungen: 4

- **Aufspaltungsvertrag/-plan (§§ 4–7).** § 5 wird durch § 126 ersetzt (auch bei der Aufspaltung zur Neugründung – § 136!). Bei der Aufspaltung zur Neugründung wird § 4 durch § 136 ersetzt und § 7 entfällt.
- **Spaltungsbericht (§ 8).** § 8 wird durch § 127 ersetzt.
- **Prüfung der Spaltung (§§ 9–12).** § 9 Abs. 2 entfällt.
- **Zustimmungsbeschlüsse zum Spaltungsvertrag/Spaltungsplan (§§ 13–15).** Ergänzung durch § 128 für sog. nicht-verhältniswahrende Spaltung.
- **Anmeldung zum Register (§§ 16, 17).** Modifikation von § 16 durch § 129. Bei der Aufspaltung zur Neugründung entfallen § 16 Abs. 1 (s. § 135) und wohl auch § 38; iÜ werden § 16 Abs. 2, 3 und § 17 durch § 137 ergänzt.
- **Eintragung im Register (Bekanntmachung), Wirkungen der Eintragung (§§ 19–21).** § 19 wird durch § 130 – bei Aufspaltung zur Neugründung durch § 130 Abs. 1 und § 137 – ersetzt. § 20 wird durch § 131 ersetzt.
- **Gläubigerschutz (§§ 22).** § 22 wird durch §§ 133, 134 ersetzt.

b) Rechtsformspezifische Bestimmungen. Je nach der Rechtsform der beteiligten Rechtsträger müssen noch Sonderbestimmungen berücksichtigt werden: 5

- **GmbH:** § 138
- **AG/KGaA:** §§ 141–144
- **eG:** § 147
- **Rechtsfähiger Verein:** § 149
- **Genossenschaftlicher Prüfungsverband:** § 150
- **VVaG:** § 151.

2. Abspaltung. a) Allgemeine Bestimmungen. Es gelten dieselben Regelungen wie zur **Aufspaltung,** jedoch gilt § 18 nicht, weil der übertragende Rechtsträger fortbesteht. 6

b) Rechtsformspezifische Bestimmungen. Rechtsformspezifische Bestimmungen: 7

- **GmbH:** §§ 138–140
- **AG/KGaA:** §§ 141–146
- **eG:** §§ 147–148
- **Rechtsfähiger Verein:** § 149
- **Genossenschaftlicher Prüfungsverband:** § 150
- **VVaG:** § 151.

8 **3. Ausgliederung. a) Allgemeine Bestimmungen.** Es gilt dasselbe wie bei der **Abspaltung** außer

- **Prüfung der Ausgliederung (§§ 9–12).** Eine Prüfung findet nicht statt, die Bestimmungen gelten nicht (§ 125 S. 2).
- **Beschlüsse über den Ausgliederungsvertrag/-plan (§§ 13–15).** § 14 Abs. 2 und § 15 (Anfechtung des Beschlusses wegen eines zu ungünstigen Umtauschverhältnisses bei den Gesellschaftsanteilen) gelten nicht, da die Gesellschafter des übertragenden Rechtsträgers von der Ausgliederung nicht unmittelbar betroffen sind.
- **Sonstige Bestimmungen (§§ 23–35).** Die §§ 29–34 (Abfindung für Gesellschafter des übertragenden Rechtsträgers) entfallen (s. § 125), wohl auch § 35.

9 **b) Rechtsformspezifische Bestimmungen.** Rechtsformspezifische Bestimmungen:

- **GmbH:** §§ 138–140, jedoch nicht § 54, s. § 125 S. 1
- **AG/KGaA:** §§ 141–146, jedoch nicht § 68 bei der Ausgliederung zur Aufnahme bzw. ohne § 71 bei der Ausgliederung zur Neugründung, s. § 125 S. 1
- **Eingetragene Genossenschaft:** §§ 147–148
- **Rechtsfähiger Verein:** § 149
- **Genossenschaftlicher Prüfungsverband:** § 150
- **VVaG:** § 151
- **Einzelkaufmann:** Zusätzlich zu den allgemeinen Normen über die Ausgliederung (→ § 125 Rn. 9) gelten für die Ausgliederung zur Aufnahme die §§ 152, 153–157, für die Ausgliederung zur Neugründung die §§ 152, 158 (mit teilweisen Rückverweisungen auf die §§ 153 ff.), § 159 und § 160
- **Rechtsfähige Stiftung:** §§ 161–167
- **Gebietskörperschaften, Zusammenschlüsse von Gebietskörperschaften:** §§ 168–173.

Zweiter Abschnitt. Spaltung zur Aufnahme

Inhalt des Spaltungs- und Übernahmevertrags

126 (1) **Der Spaltungs- und Übernahmevertrag oder sein Entwurf muß mindestens folgende Angaben enthalten:**

1. **den Namen oder die Firma und den Sitz der an der Spaltung beteiligten Rechtsträger;**
2. **die Vereinbarung über die Übertragung der Teile des Vermögens des übertragenden Rechtsträgers jeweils als Gesamtheit gegen Gewährung von Anteilen oder Mitgliedschaften an den übernehmenden Rechtsträgern;**
3. **bei Aufspaltung und Abspaltung das Umtauschverhältnis der Anteile und gegebenenfalls die Höhe der baren Zuzahlung oder Angaben über die Mitgliedschaft bei den übernehmenden Rechtsträgern;**
4. **bei Aufspaltung und Abspaltung die Einzelheiten für die Übertragung der Anteile der übernehmenden Rechtsträger oder über den Erwerb der Mitgliedschaft bei den übernehmenden Rechtsträgern;**
5. **den Zeitpunkt, von dem an diese Anteile oder die Mitgliedschaft einen Anspruch auf einen Anteil am Bilanzgewinn gewähren, sowie alle Besonderheiten in bezug auf diesen Anspruch;**
6. **den Zeitpunkt, von dem an die Handlungen des übertragenden Rechtsträgers als für Rechnung jedes der übernehmenden Rechtsträger vorgenommen gelten (Spaltungsstichtag);**
7. **die Rechte, welche die übernehmenden Rechtsträger einzelnen Anteilsinhabern sowie den Inhabern besonderer Rechte wie Anteile ohne Stimmrecht, Vorzugsaktien, Mehrstimmrechtsaktien, Schuldverschreibungen und Genußrechte gewähren, oder die für diese Personen vorgesehenen Maßnahmen;**
8. **jeden besonderen Vorteil, der einem Mitglied eines Vertretungsorgans oder eines Aufsichtsorgans der an der Spaltung beteiligten Rechtsträger, einem geschäftsführenden Gesellschafter, einem Partner, einem Abschlußprüfer oder einem Spaltungsprüfer gewährt wird;**
9. **die genaue Bezeichnung und Aufteilung der Gegenstände des Aktiv- und Passivvermögens, die an jeden der übernehmenden Rechtsträger übertragen werden, sowie der übergehenden Betriebe und Betriebsteile unter Zuordnung zu den übernehmenden Rechtsträgern;**
10. **bei Aufspaltung und Abspaltung die Aufteilung der Anteile oder Mitgliedschaften jedes der beteiligten Rechtsträger auf die Anteilsinhaber des übertragenden Rechtsträgers sowie den Maßstab für die Aufteilung;**
11. **die Folgen der Spaltung für die Arbeitnehmer und ihre Vertretungen sowie die insoweit vorgesehenen Maßnahmen.**

(2) [1] **Soweit für die Übertragung von Gegenständen im Falle der Einzelrechtsnachfolge in den allgemeinen Vorschriften eine besondere Art der Bezeichnung bestimmt ist, sind diese Regelungen auch für die Bezeichnung der Gegenstände des Aktiv- und Passivvermögens (Absatz 1 Nr. 9) anzuwenden.** [2] **§ 28 der Grundbuchordnung ist zu beachten.** [3] **Im übrigen kann auf Urkunden wie Bilanzen und Inventare Bezug genommen werden, deren Inhalt eine Zuweisung des einzelnen Gegenstandes ermöglicht; die Urkunden sind dem Spaltungs- und Übernahmevertrag als Anlagen beizufügen.**

(3) **Der Vertrag oder sein Entwurf ist spätestens einen Monat vor dem Tag der Versammlung der Anteilsinhaber jedes beteiligten Rechtsträgers, die gemäß § 125 in Verbindung mit § 13 Abs. 1 über die Zustimmung zum Spaltungs- und Übernahmevertrag beschließen soll, dem zuständigen Betriebsrat dieses Rechtsträgers zuzuleiten.**

Übersicht

I. Spaltungsvertrag

1. Grundlagen. Bei der Aufspaltung und Abspaltung müssen die beteiligten Rechtsträger einen **Spaltungs- und Übernahmevertrag** schließen, bei der Ausgliederung einen **Ausgliederungs- und Übernahmevertrag.** Bei Spaltungen zur Neugründung kann kein Vertrag geschlossen werden, weil der übernehmende Rechtsträger noch nicht existiert. Deswegen wird bei Spaltungen zur Neugründung der Spaltungs- bzw. Ausgliederungsvertrag ersetzt durch den **Spaltungsplan** (§ 136). Nach § 135 gelten für den Spaltungsplan die Bestimmungen des § 126 jedoch entsprechend. 1

Der Spaltungsvertrag ist **Grundlage** und Kernstück der Spaltung. Er dient der Information der Anteilseigner (NK-UmwR/*Fischer* Rn. 3). Rechtssystematisch kann man ihn als Parallelinstrument zum Verschmelzungsvertrag bezeichnen und daraus den Schluss ziehen, es gehe um Teilfusionen (Lutter UmwG/*Priester* Rn. 5). Der Spaltungsvertrag ist jedoch ungleich aufwendiger und schwieriger zu konzipieren als ein Verschmelzungsvertrag, weil bei der Verschmelzung eine Vermögensaufteilung und -zuordnung nicht notwendig ist. Während ein Verschmelzungsvertrag sich idR auf wenigen Seiten und 2 nahezu standardisiert darstellen lässt, können Spaltungsverträge umfangreich werden und eine Vielzahl von Anlagen erfordern. Insofern sind Verschmelzungs- und Spaltungsverträge höchst unterschiedlich.

3 Der Spaltungsvertrag hat primär **korporationsrechtliche Aspekte** auf der Ebene aller beteiligten Rechtsträger. Zusätzlich enthält er regelmäßig **schuldrechtliche Elemente. Dingliche Wirkung** kommt dem Spaltungsvertrag **nicht** zu. Übertragungen, zB Abtretungen, sind daher im Vertrag nicht zu regeln. Vielmehr erfolgt der dingliche Rechtsübergang mit der Eintragung der Spaltung im Register kraft Gesetzes (§ 131 Abs. 1 Nr. 1). Die Anteilseigner erlangen aus dem Vertrag keine unmittelbaren Ansprüche, denn sie sind weder, im Gegensatz zu den beteiligten Rechtsträgern, Vertragsparteien, noch hat der Vertrag drittschützende Wirkung (NK-UmwR/*Fischer* Rn. 6 aE). Der gesamte Spaltungsvorgang ist in **einem einzigen** Vertrag zu regeln, auch wenn mehrere übernehmende Rechtsträger beteiligt sind (s. auch NK-UmwR/*Fischer* Rn. 7; Lutter UmwG/*Priester* Rn. 8). Die Aufteilung **eines** Spaltungsvorgangs in mehrere Verträge ist unzulässig. **Mehrere** Spaltungen können in separaten Verträgen erfolgen, auch wenn es sich um ein Gesamtprojekt handelt (zB Umstrukturierungen im Konzern; so auch Lutter UmwG/*Priester* Rn. 8).

4 **2. Form.** Gemäß § 125 iVm § 6 bedarf der des Spaltungsvertrag der **notariellen Beurkundung.** Zu beurkunden ist der **gesamte Vertrag** einschließlich sämtlicher Nebenabreden und Anlagen. Bei den Anlagen können Erleichterungen gem. § 14 BeurkG genutzt werden (Verzicht auf die Verlesung, Unterzeichnung). Bei extrem umfangreichen Anlagen kann in der Praxis empfehlenswert sein, die Anlagen vorab in einer sog. Bezugsurkunde (§ 13a BeurkG) beurkunden zu lassen. Ob eine **Beurkundung im Ausland** zulässig ist, wird unterschiedlich beurteilt(vgl. dazu Lutter UmwG/*Drygala* § 6 Rn. 8 mwN zum aktuellen Streitstand). Der Praxis ist von einer Beurkundung im Ausland **abzuraten.** Unabhängig davon, dass sich der Kostenunterschied zuweilen relativiert, ist zu berücksichtigen, dass der elektronische Registerverkehr sowie gerade in Spaltungsfällen nicht selten notwendige Klärungen und Abstimmungen mit dem Registergericht die Beurkundung im Inland ohnehin nahelegen. Im Übrigen darf die Geschäftsleitung nicht wegen einiger tausend Euro Ersparnisse die Unwirksamkeit des Spaltungsvertrags und damit das Scheitern des Spaltungsvorhabens riskieren.

5 **3. Vertragsschluss.** Beim Vertragsschluss sind die beteiligten Rechtsträger grundsätzlich von ihrem gesetzlichen Vertretungsorgan zu vertreten, bei einer AG also vom Vorstand, bei der GmbH von den Geschäftsführern usw. Erforderlich aber ausreichend ist die Mitwirkung in vertretungsberechtigter Zahl. Bei unechter Gesamtvertretung können Prokuristen mitwirken. Allein die Prokura ermächtigt nicht zum Vertragsschluss; es handelt sich um ein Grundlagengeschäft, das der Betrieb eines Handelsgewerbes nicht mit sich bringt (unstr. Lutter UmwG/*Priester* Rn. 12; Semler/Stengel/*Schröer* Rn. 7). Vor allem bei Konzernsachverhalten aber auch sonst ist § 181 BGB zu beachten. Notfalls erforderliche Befreiungen von den Beschränkungen des § 181 BGB sollen auch noch iRd Zustimmungsbeschlusses der Gesellschafterversammlungen zum Spaltungsvertrag möglich sein (Lutter UmwG/*Priester* Rn. 12; SHS/*Hörtnagl* Rn. 11). Der Praxis ist eher zu raten, etwa notwendige Befreiungen vorher herbeizuführen. Das gilt insbesondere, wenn der Vertrag schon vor den Zustimmungsbeschlüssen der Gesellschafterversammlungen der beteiligten Rechtsträger geschlossen werden soll. Erfolgt der Vertragsschluss ausnahmsweise aufgrund rechtsgeschäftlicher Vollmacht, so ist diese grundsätzlich formfrei (§ 167 Abs. 2 BGB). Der Praxis ist mindestens zu schriftlicher Vollmachtserteilung zu raten, schon zu Nachweiszwecken gegenüber dem Registergericht (so auch Lutter UmwG/*Priester* Rn. 13).

6 Das Gesetz schreibt nicht vor, wann der Spaltungsvertrag geschlossen werden muss. Es erlaubt ausdrücklich, dass die Zustimmungsbeschlüsse der Gesellschafter der beteiligten Rechtsträger erfolgen können auf der Basis eines Entwurfs des Spaltungsvertrags. Der Spaltungsvertrag kann also vor oder nach den Zustimmungsbeschlüssen geschlossen werden. Wird die Zustimmung der Gesellschafter auf der Basis eines Entwurfs eingeholt, so ist bei nachfolgenden Änderungen eine erneute Zustimmung notwendig (vgl. BGH 16.11.1981, BGHZ 82, 188 (194) – Hoesch/Hoogovens). Das scheint es nahe zu legen, den Spaltungsvertrag schon vor den Zustimmungsbeschlüssen zu beurkunden (so wohl Lutter UmwG/*Priester* Rn. 11; vgl. auch Semler/Stengel/*Schröer* Rn. 10; wegen der Kosten aA bei Unklarheit, ob überhaupt ein Beschluss gefasst wird NK-UmwR/*Fischer* Rn. 5). Auch dann kann sich aber aus denselben Gründen Änderungsbedarf ergeben. Der Entwurf des Spaltungsvertrags bedarf iÜ keiner notariellen Beurkundung.

7 **4. Auslegung.** Wie jeder Vertrag kann der Spaltungs- bzw. Ausgliederungsvertrag Unklarheiten enthalten, die der Auslegung bedürfen. Für die Auslegung gelten zunächst §§ 133, 157 BGB (BGH 8.10.2003, NJW-RR 2004, 123 (124); OLG Frankfurt a. M. 20.7.2011, BeckRS 2011, 21520; OLG Köln 28.3.2014, BeckRS 2014, 10602). Die **Auslegung** hat **objektiv,** also aus sich heraus zu erfolgen (vgl. BGH 25.1.2008, BGHZ 175, 123 (126) mwN). Auf den Empfängerhorizont der Vertretungsorgane der beteiligten Rechtsträger kann wegen der organisationsrechtlichen Natur des Vertrags nicht abgestellt werden (Lutter UmwG/*Priester* Rn. 14). Entscheidend ist die Sicht eines verständigen Dritten. Der Vertrag muss wenigstens einen Anhaltspunkt hergeben (vgl. OLG Naumburg 24.3.2011, BeckRS 2011, 7672). Auf außerhalb des Vertrags liegende Umstände kann die Auslegung nicht gestützt werden,

jedenfalls nicht allein (vgl. BGH 8.10.2003, NJW-RR 2004, 123 (124); Kallmeyer/*Sickinger* Rn. 64; Semler/Stengel/*Schröer* Rn. 25; aA wohl *Thiele/König* NZG 2015, 178 (183)).

II. Inhalt des Spaltungsvertrags

1. Obligatorischer und fakultativer Inhalt. § 126 regelt den **zwingenden Inhalt** des Spaltungs- bzw. Ausgliederungsvertrags. Selbstverständlich können im Spaltungs- bzw. Ausgliederungsvertrag **fakultativ weitere Dinge** geregelt werden. Das ist regelmäßig sogar angezeigt. 8

2. Obligatorischer Inhalt. a) Bezeichnung der beteiligten Rechtsträger (Nr. 1). Anzugeben sind die an der Spaltung beteiligten Rechtsträger. Neben Namen bzw. Firma und Sitz sollten auch die Registerdaten und die Anschrift genannt werden. Es muss bezeichnet werden, wer übertragender und wer übernehmender Rechtsträger ist. 9

b) Vermögensübertragung gegen Anteilsgewährung (Nr. 2). Der Spaltungsvertrag muss eine **ausdrückliche Vereinbarung** darüber enthalten, dass die Übertragung des (jeweils) zu übertragenden Vermögens auf den bzw. die übernehmenden Rechtsträger **gegen Gewährung von Anteilen** oder Mitgliedschaften am übernehmenden Rechtsträger erfolgt. Dies entspricht zugleich dem Hauptmerkmal der Spaltung (NK-UmwR/*Fischer* Rn. 12). Für die nähere Bezeichnung des zu übertragenden Vermögens gilt Nr. 9. Die Gewährung von Anteilen als Gegenleistung für das zu übertragende Vermögen ist in einigen Sonderfällen **dispositiv oder ausgeschlossen:** Bei Personengesellschaften können bereits beteiligten Gesellschaftern keine neuen, zusätzlichen Anteile gewährt werden (Widmann/Mayer/*Mayer* Rn. 67; Semler/Stengel/*Schröer* Rn. 29). Stattdessen sind ihre Kapitalkonten aufzustocken (Semler/Stengel/*Schröer* Rn. 29; Widmann/Mayer/*Mayer* Rn. 124). Bei Auf- und Abspaltung scheidet eine Anteilsgewährung aus soweit die **Kapitalerhöhungsverbote** nach § 125 S. 1 iVm § 54 Abs. 1 S. 1, § 68 Abs. 1 S. 1 eingreifen oder der übertragende Rechtsträger eigene Anteile inne hat. **Dispositiv** ist die Gewährung von Anteilen insbesondere nach § 54 Abs. 1 S. 2, § 68 Abs. 1 S. 2, wenn die übernehmende Gesellschaft eigene Anteile inne hat, oder der übertragende Rechtsträger voll eingezahlte Geschäftsanteile am übernehmenden Rechtsträger bereits besitzt. Schließlich kann nach § 54 Abs. 1 S. 3, § 68 Abs. 1 S. 3 auf die Anteilsgewährung **verzichtet** werden. Ferner findet eine Anteilsgewährung nicht statt bei der **Spaltung zu Null** (→ § 128 Rn. 6). Neben diesen Fällen wird im Schrifttum zu Recht für die **Ausgliederung** von der Mutter auf ihre 100 %-ige Tochter, bei der nach § 125 S. 1 die §§ 54, 68 nicht anwendbar sind, eine **analoge Anwendung** der Verzichtsmöglichkeit nach § 54 Abs. 1 S. 3, § 68 Abs. 1 S. 3 befürwortet (Kallmeyer/*Sickinger* Rn. 6, § 125 Rn. 5, § 123 Rn. 11; Lutter UmwG/*Priester* Rn. 26; ähnlich SHS/*Hörtnagl* Rn. 47; Semler/Stengel/*Schröer* Rn. 31 ohne Rekurs auf die genannten Vorschriften). Sollen oder dürfen nach dem oben Gesagten keine Anteile oder Mitgliedschaften gewährt werden, ist dies im Vertrag auch so zu bezeichnen. Dabei ist auch anzugeben, warum keine Anteile gewährt werden. 10

c) Umtauschverhältnis (Nr. 3). Bei **Aufspaltung** und **Abspaltung** ist im Spaltungsvertrag anzugeben, in welchem Verhältnis die Anteilseigner des übertragenden Rechtsträgers Anteile an dem/den übernehmenden Rechtsträger(n) erhalten. Die Ermittlung dieses Umtauschverhältnisses erfolgt in der Praxis regelmäßig aufgrund bestimmter Bewertungsmechanismen und -methoden durch Wirtschaftsprüfungsgesellschaften und gehört oftmals zu den kritischsten Fragen des Spaltungsvertrages (s. NK-UmwR/*Fischer* Rn. 15). Im Vertrag ist jedoch **nur das Umtauschverhältnis** als solches anzugeben, nicht dagegen wie es ermittelt wurde. Es ist auch nicht zu begründen oder zu erläutern. Letzteres ist allein Gegenstand des Spaltungsberichts. Das Umtauschverhältnis wird als Zahlenrelation der Nennbeträge angegeben (zB 1:4). Bei der Ausgliederung erhält der übertragende Rechtsträger selbst alle als Gegenleistung zu gewährenden Anteile am übernehmenden Rechtsträger. Deshalb entfällt die Notwendigkeit, ein Umtauschverhältnis anzugeben. Stattdessen ist im Vertrag festzulegen, welche Anteile am übernehmenden Rechtsträger gewährt werden sollen. Sind am übernehmenden Rechtsträger neben dem übertragenden Rechtsträger weitere Anteilseigner beteiligt, so ist allerdings auch bei der Ausgliederung die Ermittlung der Wertverhältnisse erforderlich. Auch hier sind die Bewertungsmethoden im Vertrag nicht anzugeben. Bei bestimmten Rechtsträgern (zB eV, eG, VVaG) wird die Beteiligung als Mitgliedschaft bezeichnet. Der Unterschied zum Anteil ist nicht zwingend nur terminologisch (so aber Lutter UmwG/*Priester* Rn. 31). Werden solche **Mitgliedschaften** gewährt, wird zT die Ansicht vertreten, es seien im Spaltungs- bzw. Ausgliederungsvertrag Angaben zur satzungsmäßigen Rechtsstellung des Mitglieds zu machen (Lutter UmwG/*Priester* Rn. 31; Semler/Stengel/*Schröer* Rn. 43; Widmann/Mayer/*Mayer* Rn. 149). Dem ist nicht zu folgen. Solche Angaben bzw. Ausführungen sind allein im Spaltungsbericht zu machen. 11

Neben der Gewährung von Anteilen kann, insbesondere bei AG oder GmbH, die Gewährung einer **baren Zuzahlung** notwendig werden. Das ist vor allem bei der AG der Fall, wenn sich durch das Umtauschverhältnis „krumme" Zahlen ergeben. Dann können fehlende Spitzen durch bare Zuzahlungen ausgeglichen werden. Die baren Zuzahlungen müssen im Spaltungsvertrag selbst festgelegt 12 werden. Dabei gilt für die Aufspaltung und Abspaltung eine Begrenzung von 10 % des Gesamtnennbetrags der gewährten Anteile (§ 54 Abs. 4, § 68 Abs. 3).

13 Umstritten ist, ob als Gegenleistung **Darlehen** seitens des übernehmenden Rechtsträgers zugunsten des übertragenden Rechtsträgers bzw. dessen Gesellschaftern zulässig sind. Für die Aufspaltung und Abspaltung wird dies von der hM verneint (Lutter UmwG/*Priester* Rn. 35 mwN). Nach einer Ansicht gelte das aber auch für die Ausgliederung. Darlehensforderungen seien keine Mitgliedschaftsrechte. Ihre Gewährung als Gegenleistung entspreche nicht der umwandlungsrechtlichen Grundsystematik (so *Wardenbach* → 4. Aufl. 2019, Rn. 13). Nach anderer Ansicht soll dies zulässig sein bei ausdrücklicher Zustimmung der Beteiligten und begrenzt auf den Betrag, den der Wert des übertragenen Vermögens den Nennbetrag übersteigt (OLG München 15.11.2011, AG 2012, 134 (135); SHS/*Hörtnagl* Rn. 53; ähnlich NK-UmwR/*Fischer* Rn. 17 f.).

14 **d) Einzelheiten für die Übertragung der Anteile (Nr. 4).** Der Anteilserwerb erfolgt kraft Gesetzes (§ 131 Abs. 1 Nr. 3). Das gilt auch bei Wiederausgabe eigener Anteile. Es geht also nicht um den Erwerb der Anteile sondern um die **Abwicklung** (Lutter UmwG/*Priester* Rn. 36). Das kann nur virulent werden, wenn die Anteilsrechte verbrieft sind, also nur bei AG oder KGaA. Dann sind die Abwicklung des Anteilserwerbs, die Tragung der dabei entstehenden Kosten, sowie die Bestimmung des Treuhänders im Spaltungsvertrag anzugeben. Die Abwicklungsfrage stellt sich auch bei der Ausgliederung (zutr. Lutter UmwG/*Priester* Rn. 36; aA wohl Widmann/Mayer/*Mayer* Rn. 146). Gleichwohl sind die Angaben nach Nr. 4 bei der Ausgliederung nicht vorgeschrieben. Sinnvoll sind sie gleichwohl.

15 **e) Beginn des Gewinnbezugs (Nr. 5).** Der **Beginn der Gewinnberechtigung** der neuen Anteile der übernehmenden Rechtsträger ist anzugeben. Im Normalfall beginnt die Gewinnberechtigung mit dem Spaltungsstichtag (so auch NK-UmwR/*Fischer* Rn. 20). Sieht der Spaltungs- bzw. Ausgliederungsvertrag eine variable Stichtagsregelung vor (→ Rn. 16), so muss dies auch beim Beginn der Gewinnberechtigung berücksichtigt und angegeben werden. Im Übrigen sind die Parteien bei der Ausgestaltung der Gewinnberechtigung nach Maßgabe der allgemeinen gesellschaftsrechtlichen Regelungen frei. Ist zB ein Ausschluss des Gewinnrechts zulässig, so können iRd Spaltung auch **gewinnrechtslose Anteile** ausgegeben werden. Dies ist dann nach Nr. 5 bzw. nach Nr. 7 anzugeben. Sind mit den Anteilen besondere Gewinnrechte verbunden, etwa Vorzugsaktien, so sind auch diese Einzelheiten nach **Nr. 7** anzugeben. Ist übernehmender Rechtsträger eine Personengesellschaft und sind Gesellschafter des übertragenden Rechtsträger auch bereits an der übernehmenden Personengesellschaft beteiligt, so ist der personengesellschaftsrechtliche Grundsatz der Einheit der Mitgliedschaft zu berücksichtigen, weshalb insoweit nach Sinn und Zweck der Regelung der Beginn der Gewinnberechtigung nicht gesondert anzugeben sein sollte; aufgrund des Wortlauts sollte in der Praxis der Beginn der Gewinnberechtigung gleichwohl angegeben werden.

16 **f) Spaltungsstichtag (Nr. 6).** Der Vertrag muss den **Spaltungsstichtag** bezeichnen. Das ist nach der gesetzlichen Definition der Zeitpunkt, ab dem die Handlungen des übertragenden Rechtsträgers als für Rechnung des übernehmenden Rechtsträgers vorgenommen gelten. Als Spaltungsstichtag wird regelmäßig der Tag nach dem Geschäftsjahresschluss des übertragenden Rechtsträgers gewählt. Das ermöglicht es, den ohnehin zu erstellenden Jahresabschluss des übertragenden Rechtsträgers gleichzeitig als (vorgeschriebene) Schlussbilanz zu nutzen. Zu beachten ist, dass die **Schlussbilanz** nach § 17 Abs. 2 im Zeitpunkt der **Anmeldung** der Spaltung zum Handelsregister **nicht älter als acht Monate** sein darf. Die unterjährige Erstellung einer (Schluss-)Bilanz für die Spaltung ist möglich, in der Praxis aber schon aus Kostengründen selten.

17 Die **Eintragung** der Spaltung ins Handelsregister kann sich unter Umständen über den eigentlich vorgesehenen Spaltungsstichtag hinaus **verzögern.** Das gilt insbesondere bei Anfechtungsklagen gegen die Zustimmungsbeschlüsse, wenn eine Eintragung trotz der Anfechtungsklage nach § 16 Abs. 3 abgelehnt wird. Es empfiehlt sich daher eine **variable Stichtagsregelung,** nach der zB für den Fall, dass nicht bis zum 31.12. eingetragen ist, sich der Spaltungsstichtag und die Stichtage der Schlussbilanz und der Spaltungsbilanz jeweils um ein Jahr verschieben und dies bei weiteren Verzögerungen ebenso gilt (dazu etwa *Kiem* ZIP 1999, 173; Lutter UmwG/*Priester* Rn. 40).

18 **g) Sonderrechte (Nr. 7).** Die Vorschrift dient der **Offenlegung von Sonderrechten.** Nicht gemeint sind Sonderzuwendungen; für diese gilt Nr. 8. Nach dem Wortlaut betrifft die Vorschrift den Fall, dass **einzelne Gesellschafter** besondere gesellschaftsrechtliche oder schuldrechtliche Rechte erhalten (NK-UmwR/*Fischer* Rn. 22). Die Vorschrift erfasst sowohl Gesellschafter des übertragenden Rechtsträgers als auch der übernehmenden Rechtsträger. Dabei stellt sich die Frage, was mit Rechten gemeint ist. Rechte, die sich für die betreffende Rechtsform ohnehin aus der Mitgliedschaft ergeben, sind nicht betroffen. Ebenfalls nicht betroffen sind Rechtspositionen aufgrund gesonderter Absprachen der Gesellschafter untereinander. Denn diese werden nicht von dem übernehmenden Rechtsträger gewährt. Es geht daher um Sonderrechte, die einzelnen Gesellschaftern im Gesellschaftsvertrag eingeräumt werden können, zB Entsendungsrechte in den Aufsichtsrat (§ 101 Abs. 2 AktG), statutarische Bestellungsrechte für die Geschäftsführung, wie sie bei der GmbH möglich sind, usw. Häufig finden sich

in GmbH-Satzungen Zustimmungsvorbehalte zu Maßnahmen der Geschäftsführung zugunsten der Gesellschafterversammlung. Dabei handelt es sich nicht um ein Sonderrecht eines Gesellschafters. Ebenso wenig stellt sich der Besitz einer Sperrminorität oder ein Mehrheitsbesitz als Sonderrecht eines Gesellschafters dar, auch wenn sich etwa die Sperrminorität aufgrund besonderer Satzungsgestaltung erst ergibt. Als besonderes Recht könnte man Abfindungsregelungen in Satzungen begreifen. Das dürfte aber voraussetzen, dass für die einzelnen Gesellschafter die Abfindungen unterschiedlich ausgestaltet sind. Für institutionelle Investoren werden häufig sog. Exit-Regelungen verabredet. Soweit es sich um Verabredungen der Gesellschafter untereinander handelt, fallen diese nicht unter Nr. 7. Sind diese dagegen in der Satzung geregelt, kann es sich um Sonderrechte iSv Nr. 7 handeln. Haben einzelne Gesellschafter Put- oder Call-Optionsrechte aufgrund bestimmter Ereignisse (zB *Change-of-Control*), können diese sich ebenfalls als Sonderrechte darstellen. Dem Wortlaut nach scheint Nr. 7 nicht zu gelten, wenn **sämtlichen** Gesellschaftern die gleichen besonderen Rechte eingeräumt werden. Das mag daran liegen, dass dieser Fall selten vorstellbar ist. Nach Sinn und Zweck der Norm müsste allerdings auch dieser Fall als berichtspflichtig erfasst sein.

19 Des Weiteren anzugeben ist die Behandlung von **Inhabern besonderer Rechte** wozu Nr. 7 Anteile ohne Stimmrecht, Vorzugsaktien, Mehrstimmrechtsaktien, Schuldverschreibungen und Genussrechte beispielhaft aufzählt. Wie die Stimmrechtslosigkeit als besonderes *Recht* aufgefasst werden kann, erscheint allerdings merkwürdig. Auch hier ist nicht nur anzugeben, welche Rechte solchen Sonderrechtsinhabern des übertragenden Rechtsträgers gewährt werden, sondern ebenso, welche betreffenden Sonderrechte es beim übernehmenden Rechtsträger bereits gibt und wie diese ggf. behandelt werden.

20 Häufig gibt es keinerlei Sonderrechte iSv Nr. 7. In diesem Fall empfiehlt es sich in der Praxis, im Spaltungs- bzw. Ausgliederungsvertrag anzugeben, dass solche Rechte nicht bestehen bzw. nicht gewährt werden. Allerdings soll das nach OLG Frankfurt a. M. 4.4.2011, AG 2011, 793 f. nicht notwendig sein (so auch Lutter UmwG/*Priester* Rn. 41).

21 **h) Sondervorteile (Nr. 8).** Anzugeben sind **Sondervorteile** (Zuwendungen), die einem Mitglied eines Vertretungs- oder Aufsichtsorgans der an der Spaltung beteiligten Rechtsträger, einem geschäftsführenden Gesellschafter, einem Partner, einem Abschlussprüfer oder einem Spaltungsprüfer gewährt werden. Neben obligatorischen Aufsichtsräten sollen auch fakultative Aufsichtsräte erfasst sein, sowie andere Gremien, zB ein Beirat, wenn er statutarisch eine echte Überwachungsaufgabe hat. Die Lit. tendiert dazu, den Sondervorteil extensiv zu verstehen. So sollen etwa pauschal Abfindungszahlungen oder Zusagen auf eine bestimmte Position in der übernehmenden Gesellschaft ein Sondervorteil sein können (Lutter UmwG/*Priester* Rn. 44). Überzeugender erscheint es, darauf abzustellen, dass eine Zuwendung **aus Anlass** des Spaltungsvorgangs zugesagt wird, auf die der Betreffende ohne den Spaltungsvorgang **keinen Anspruch** gehabt hätte, zB eine Prämie für das Zustandekommen der Spaltung (in diese Richtung wohl LAG Nürnberg 26.8.2004, ZIP 2005, 398 (402); ähnlich Semler/Stengel/*Schröer* Rn. 54, der von Vorteilen „im Zusammenhang mit der Spaltung" spricht). Kündigt demgegenüber aus Anlass der Spaltung ein Geschäftsführer seinen Vertrag und hat er nach seinem bestehenden Vertrag dann unabhängig von der Spaltung Anspruch auf eine Abfindung, so kann diese kaum als Sondervorteil iSv Nr. 8 verstanden werden. Honorare für erbrachte Dienstleistungen zB als Prüfer oder Sachverständiger sind kein Sondervorteil iSv Nr. 8. Sondervorteile, die im Spaltungsvertrag nicht angegeben sind, bleiben gleichwohl wirksam. Denn der Spaltungsvertrag ist nicht materieller Rechtsgrund für die Zusage – diese ist nicht im Spaltungsvertrag festzusetzen oder einzuräumen, sondern lediglich zu berichten (unzutr. LAG Nürnberg 6.8.2004, ZIP 2005, 398; Widmann/Mayer/*Mayer* Rn. 171; wie hier NK-UmwR/*Fischer* Rn. 26; Semler/Stengel/*Schröer* Rn. 107; aA wohl SHS/*Hörtnagl* Rn. 59). Gibt es keine Sondervorteile iSv Nr. 8, soll nach OLG Frankfurt a. M. 4.4.2011, AG 2011, 793 f. eine entsprechende Negativerklärung nicht notwendig sein (→ Rn. 21).

22 **i) Bezeichnung und Aufteilung des Vermögens (Nr. 9).** Im Vertrag muss festgelegt werden, welches (Teil-)Vermögen auf den bzw. die übernehmenden Rechtsträger übergeht. Auch wenn das Vermögen kraft Gesetzes im Wege der partiellen Gesamtrechtsnachfolge und uno actu auf den übernehmenden Rechtsträger übergeht, gilt für die Bezeichnung der übergehenden Vermögensgegenstände der **sachenrechtliche Bestimmtheitsgrundsatz.** Bestimmbarkeit reicht aus (OLG Hamburg 11.1.2002, AG 2002, 696 (703); vgl. auch OLG Celle 5.8.2015, BeckRS 2015, 13539). Die Anforderungen sind also prinzipiell ähnlich, wie bei der Sicherungsübereignung oder bei der Veräußerung von Unternehmen im Wege des sog. Asset-Deals (so auch NK-UmwR/*Fischer* Rn. 27; zur Sicherungsübereignung BGH 13.1.1992, NJW 1992, 1161 mwN). Abs. 2 bestimmt, dass soweit für die Übertragung von Gegenständen bei der Einzelrechtsnachfolge in den allgemeinen Vorschriften eine besondere Art der Bezeichnung bestimmt sei, dies auch im Rahmen von Nr. 9 gelte. Nach Abs. 2 S. 3 kann *„im Übrigen"* auf Urkunden, zB Bilanzen und Inventare, Bezug genommen werden, deren Inhalt die Zuweisung der einzelnen Vermögensgegenstände ermöglicht. Diese sind dem Spaltungsvertrag als Anlagen beizufügen (dazu krit. Lutter UmwG/*Priester* Rn. 51).

23 Häufig wird im Rahmen einer Spaltung ein (Teil-)Betrieb Gegenstand der Vermögensübertragung sein. Im Regelfall wird es daher möglich sein, vorab in einer Generalklausel den betreffenden (Teil-)

Betrieb zu definieren und festzulegen, dass alle diesem (Teil-)Betrieb rechtlich und wirtschaftlich zuzuordnenden Vermögensgegenstände, Verbindlichkeiten und sonstige Rechte und Pflichten übertragen werden sollen. Eine solche Generalklausel muss sodann ergänzt werden um die (genaue) Festlegung der dazu gehörenden Bestandteile des übertragenen Vermögens. Dafür und iÜ gelten folgende Anhaltspunkte:

24 **aa) Anlage- und Umlaufvermögen.** Die zu übertragenden Gegenstände des Umlauf- und Anlagevermögens können zusammenfassend so bezeichnet werden, dass alle dem zu übertragenden Vermögen (unter Zugrundelegung der Schlussbilanz) zuzuordnenden Vermögensgegenstände übertragen werden. Dabei können diese Vermögensgegenstände zusätzlich als „insbesondere zu übertragen" in Anlagen aufgelistet werden.

25 **bb) Grundstücke.** Für Grundstücke verweist Abs. 2 S. 2 auf **§ 28 GBO,** wonach das Grundstück anhand von Grundbuch und Grundbuchblatt zu bezeichnen ist (BGH 25.1.2008, BGHZ 175, 123 (127) mwN). Eine § 28 GBO nicht genügende oder fehlende Bezeichnung des Grundstücks hindert den Rechtsübergang. Das gilt auch dann, wenn sich durch Auslegung des Vertrags ermitteln lässt, welches Grundstück übertragen werden sollte (so BGH 25.1.2008, BGHZ 175, 123 (131); KG Berlin 1.8.2014, ZIP 2014, 1732; Semler/Stengel/*Schröer* Rn. 64; aA SHS/*Hörtnagl* Rn. 81; Widmann/Mayer/*Mayer* Rn. 212; *Priester* DNotZ 1995, 427 (445 f.); *Volmer* WM 2002, 428 (430)). Dasselbe gilt im Hinblick auf Rechte an Grundstücken (OLG Schleswig 1.10.2009, NJW-RR 2010, 592 f.; KG Berlin 1.8.2014, ZIP 2014, 1732). Ist allerdings klar und eindeutig bestimmt, welche Grundstücke und Rechte übergehen sollen, ohne dass es dazu einer Auslegung bedarf, schadet die Nichteinhaltung von § 28 GBO nicht (so für „All-Klausel" OLG Schleswig 1.10.2009, NJW-RR 2010, 592 f.).

26 **cc) Tochter- und Beteiligungsunternehmen.** Anteile an Tochter- und Beteiligungsunternehmen sind so zu bezeichnen, wie dies für die Übertragung der betreffenden Gesellschaftsrechte in einem Kauf- und Übertragungsvertrag erfolgen würde. Handelt es sich um eine 100 %-Beteiligung, genügt neben der Bezeichnung des Unternehmens nebst Registerdaten die Angabe, dass sämtliche bzw. 100 % der Anteile übertragen werden. Sollen nur Teile einer Beteiligung übertragen werden, oder gibt es weitere Gesellschafter, so sind die Anteile zu spezifizieren. Für die Übertragung gesellschaftsrechtlich etwa notwendige Genehmigungen oder Zustimmungen (→ § 131 Rn. 6 ff.) sollten, soweit möglich, vorab eingeholt und dem Spaltungsvertrag als Anlage beigefügt werden.

27 **dd) Unternehmensverträge.** Soweit Rechtspositionen als herrschendes bzw. abhängiges Unternehmen aus Beherrschungs- und Gewinnabführungsverträgen übertragbar sind (→ § 131 Rn. 10 ff.), ist der Vertrag unter Angabe des Vertragsdatums und des Datums der Handelsregistereintragung zu bezeichnen. Es ist anzugeben, welche Rechtsposition übertragen wird. Erforderliche Zustimmungen, etwa der abhängigen Gesellschaft bei Übertragung der Stellung als herrschendes Unternehmen, sollten vorab eingeholt und als Anlage beigefügt werden.

28 **ee) Forderungen.** Forderungen können zusammenfassend so bezeichnet werden, dass alle dem übertragenen Vermögen rechtlich und wirtschaftlich zuzuordnenden Forderungen (unter Zugrundelegung der Schlussbilanz) übertragen werden. Möglich ist auch eine Einzelbezeichnung (Auflistung) als Anlage, auf die Bezug genommen wird.

29 **ff) Verbindlichkeiten.** Die dem übertragenen Vermögen zugewiesenen Verbindlichkeiten können grundsätzlich in gleicher Weise bezeichnet werden wie Forderungen. Pensionsverbindlichkeiten sollten explizit und ausführlich bezeichnet werden und zwar ggf. gesondert für aktive und für schon vor dem Spaltungsstichtag ausgeschiedene Mitarbeiter (→ Rn. 39). Besonderer Regelungsbedarf besteht, soweit eine Unterstützungskasse als Lösungsweg gewählt war (→ Rn. 39) und bei (Gruppen-)Versicherungslösungen. Bei Pensions- und anderen Verbindlichkeiten, für die Rückstellungen gebildet waren, gehen diese Rückstellungen nicht auf den übernehmenden Rechtsträger über, sondern dieser muss die nötigen Rückstellungen für die übernommenen Verbindlichkeiten in seiner Bilanz bilden. Die für deren Deckung notwendigen Mittel werden regelmäßig Bestandteil des übertragenen Vermögens sein. Dann sollte dies im Vertrag so angegeben werden.

30 Um die Aufteilung von Finanzverbindlichkeiten herrscht eine rege Diskussion. Zutreffend ist, dass es umwandlungsrechtlich keine Verpflichtung gibt, beim übertragenden und übernehmenden Rechtsträger bestimmte oder gar vergleichbare Bilanzrelationen hinsichtlich der Finanzverbindlichkeiten herzustellen (Lutter UmwG/*Priester* Rn. 63; Semler/Stengel/*Schröer* Rn. 69; ebenso Kallmeyer/*Sickinger* Rn. 28; aA *Pickhardt* BB 1999, 729 (732)). Soweit ferner betont wird, dass die Gläubiger (zB Banken) nicht zustimmen müssen (NK-UmwR/*Fischer* Rn. 37; Lutter UmwG/*Lieder* § 131 Rn. 77) ist das grundsätzlich richtig. Oftmals dürften die Kreditverträge allerdings so ausgestaltet sein, dass Sonderkündigungsrechte greifen, etwa weil sog (Financial) Covenants durch die Spaltung verletzt werden. In der Praxis dürfte es eher erforderlich sein, die Refinanzierung beider Rechtsträger anzupassen bzw. neu zu organisieren. Anders kann es sein bei einer bloß konzerninternen Umstrukturierung.

gg) Verträge. Verträge können grundsätzlich auf den übernehmenden Rechtsträger übertragen werden, ohne dass es dafür einer Zustimmung des Vertragspartners bedarf. Im Einzelfall kann aber zB durch sog. Change-Of-Control-Klauseln oder ähnliche Vertragsgestaltungen ein Sonderkündigungsrecht der anderen Vertragspartei eingreifen. Überwiegend wird die Aufteilung von Vertragsverhältnissen grundsätzlich anerkannt, wobei es einer Einzelfallbetrachtung hinsichtlich Selbstständigkeit und Teilbarkeit der Leistungen bedürfe (so SHS/*Hörtnagl* § 131 Rn. 54) bzw. bei Unzumutbarkeit ein außerordentliches Kündigungsrecht für den Vertragspartner bestehe (so NK-UmwR/*Fischer* Rn. 41 f.; Semler/Stengel/*Schröer* Rn. 72; vgl. auch Lutter UmwG/*Priester* Rn. 64; gegen Teilbarkeit *Teichmann* ZGR 1993, 396 (413); *Riebler* ZIP 1997, 301). 31

hh) Öffentlich-rechtliche Rechtspositionen. Öffentlich-rechtliche Genehmigungen und Verpflichtungen etc., die an einen bestimmten Gegenstand gebunden sind, gehen gemeinsam mit diesem Gegenstand über und müssen hierzu idR nicht näher spezifiziert werden. Sind sie an die Person gebunden (zB Konzession), scheidet eine Übertragbarkeit regelmäßig aus, sodass ggf. eine Neuerteilung nötig wird (→ § 131 Rn. 22). 32

ii) Prozessrechtsverhältnisse. Die Zuordnung laufender gerichtlicher Verfahren (dazu *Bork/Jacoby* ZHR 167 (2003), 440) kann idR mit einer All-Klausel an das übertragene Vermögen bzw. den übergehenden (Teil-)Betrieb anknüpfen. Empfehlenswert ist eine Auflistung als Anlage zum Spaltungsvertrag, welche Verfahren *„insbesondere"* übergehen sollen. Dazu kann die Regelung eines zwischen den beteiligten Rechtsträgern stattzufindenden Innenausgleichs bzgl. möglicher prozessualer Folgen sinnvoll sein (NK-UmwR/*Fischer* Rn. 47). 33

jj) Auffangklauseln. Mit dem Anknüpfungspunkt der Schlussbilanz des übertragenden Rechtsträgers kann das übertragene Vermögen lediglich statisch auf den Stichtag der Schlussbilanz erfasst und bezeichnet werden. Außerdem sind nicht bilanzierte oder nicht bilanzierungsfähige Vermögensgegenstände und Verbindlichkeiten von einer solchen Aufstellung möglicherweise nicht erfasst. Deswegen empfehlen sich Auffangklauseln einmal für den zuletzt beschriebenen Fall und zum anderen in Bezug auf die Surrogate, soweit der übertragende Rechtsträger zwischen dem Spaltungsstichtag und dem Tag des Wirksamwerdens der Spaltung über Vermögensgegenstände, Verbindlichkeiten und sonstige Rechte und Pflichten verfügt, die dem übertragenen Vermögen zuzuordnen waren. 34

j) Aufteilung der Anteile (Nr. 10). Bei der Aufspaltung und der Abspaltung ist, über die Bestimmung des Umtauschverhältnisses gem. Nr. 3 hinaus, anzugeben, wer wie viele Anteile an den übernehmenden Rechtsträgern erhalten soll. Sind nur AGen beteiligt, so ergibt sich dies eigentlich schon aus den notwendigen Angaben zu Nr. 3, jedenfalls wenn es sich um eine verhältniswahrende Spaltung handelt. Im Übrigen ist bei den meisten Rechtsformen eine individuelle Zuordnung einzelner Anteile zu einzelnen Anteilsinhabern erforderlich, zB bei der GmbH. Ansonsten soll die Angabe genügen, dass die Anteilseigner des übertragenden Rechtsträgers im Verhältnis ihrer Beteiligung an dem übernehmenden Rechtsträger beteiligt werden. Im Fall der nicht-verhältniswahrenden Spaltung sind die einzelnen Zuweisungen jedoch stets ausführlich anzugeben (vgl. auch NK-UmwR/*Fischer* Rn. 58). 35

k) Folgen für die Arbeitnehmer und ihre Vertretungen (Nr. 11). Nach Nr. 11 sind die Folgen der Spaltung für die Arbeitnehmer und ihre Vertretungen anzugeben. Die Vorschrift ist eng auszulegen. Sie erfasst nur die Arbeitnehmer der beteiligten Rechtsträger, nicht aber diejenigen ihrer jeweiligen Tochter- und Beteiligungsgesellschaften (Kallmeyer/*Willemsen* § 5 Rn. 49). Ferner erfasst die Vorschrift nur Arbeitnehmer, die bei einem Betrieb in Deutschland beschäftigt sind und nur deren Vertretungen, nicht hingegen Arbeitnehmer bei ausländischen Niederlassungen oder Betrieben der beteiligten Rechtsträger (*Bungert/Leyendecker-Langer* ZIP 2014, 1112 ff.). 36

Häufig wird die Spaltung einen **Betriebsübergang** gem. § 613a BGB auslösen. Dieser ist ebenso wenig durch den Spaltungsvertrag regelbar, wie die Zuordnung der einzelnen Arbeitnehmer. Vielmehr vollzieht sich der Betriebsübergang ausschließlich nach Maßgabe der arbeitsrechtlichen Regeln. Zulässig ist aber die vorherige Zerlegung eines Betriebs in mehrere und deren anschließende Zuordnung durch die Spaltung (LAG Hamburg 18.9.2017, BeckRS 2017, 132043). Anders als bei der Verschmelzung haben die Arbeitnehmer bei der Abspaltung und der Ausgliederung das Widerspruchsrecht nach § 613a Abs. 6 BGB. Hierauf ist hinzuweisen. Ebenso hat sich ein Hinweis auf die Unterrichtung nach § 613a Abs. 5 BGB und das Erlöschen des Widerspruchsrechts nach Ablauf der Monatsfrist eingebürgert. Üblich ist ferner ein Hinweis auf § 323 Abs. 1. Bei der Aufspaltung besteht für die Arbeitnehmer des übertragenden Rechtsträgers kein Widerspruchsrecht nach § 613a Abs. 6 BGB, aber ein Recht zur außerordentlichen Kündigung (BAG 21.2.2008, ZIP 2008, 1296 mwN; SHS/*Langner* Vor § 322 Rn. 29; Semler/Stengel/*Simon* § 324 Rn. 52). 37

Sollten sehr viele oder alle Arbeitnehmer dem Betriebsübergang widersprechen, so kann der Betriebsübergang und somit das gesamte Spaltungsprojekt unter Umständen tatsächlich scheitern. Häufig werden solche Widersprüche nicht in großer Zahl zu erwarten sein. Denn durch den Umstand, dass der zugehörige Teilbetrieb abgespalten wurde, wird dem übertragenden Rechtsträger regelmäßig ein außer- 38 ordentliches Kündigungsrecht zustehen. In diesem Zusammenhang stellt sich die Frage, ob der Spaltungsvertrag insgesamt unter die **Bedingung** gestellt werden kann, dass der Betriebsübergang im Wesentlichen funktioniert. Dies ist zulässig. Von den zeitlichen Abläufen her setzt das aber voraus, dass das Unterrichtungsschreiben nach § 613a Abs. 5 BGB rechtzeitig vor dem Spaltungsstichtag übermittelt wird. Andernfalls würde die Spaltung zum Stichtag wirksam, bevor Klarheit über den Eintritt oder Nichteintritt der Bedingung herrschte. Bei der Spaltung zur Aufnahme kann im Einzelfall denkbar sein, den Betriebsübergang abzusichern durch entsprechend dreiseitige (Einzel-)Vereinbarungen zwischen dem übertragenden, dem übernehmenden Rechtsträger und den betreffenden Mitarbeitern, die entsprechend konditioniert sein müssen.

39 Besonderes Augenmerk sollte den Konsequenzen für **Altersversorgungsansprüche** gewidmet werden. Diese gehen beim Betriebsübergang kraft Gesetzes mit über soweit es sich um aktive Beschäftigungsverhältnisse handelt. Hier können sich jedoch Änderungen ergeben. Ist zB eine Unterstützungskasse als Lösungsweg gewählt worden, bleiben die übergehenden Mitarbeiter nur dann Begünstigte der Unterstützungskasse, wenn die übernehmenden Rechtsträger bereits vor dem Wirksamwerden der Spaltung Trägerunternehmen oder Mitglieder der Unterstützungskasse (geworden) sind. Die Altersversorgungsansprüche von vor dem Spaltungsstichtag bereits ausgeschiedenen Mitarbeitern gehen nicht nach § 613a BGB mit über; sie können sowohl beim übertragenden Rechtsträger verbleiben als auch dem übernehmenden Rechtsträger zugewiesen werden (BAG 22.2.2005, NJW 2005, 3371 (3373); SHS/*Langner* Vor § 322 Rn. 33). Sollen sie beim übertragenden Rechtsträger verbleiben, so sollte dies bei den Angaben nach Nr. 9 ausdrücklich im Spaltungsvertrag geregelt werden, weil die Verwendung einer All-Klausel andernfalls dazu führen kann, dass sie (ungewollt) auf den übernehmenden Rechtsträger übergehen (dazu BAG 22.2.2005, NJW 2005, 3371 (3373)). Soweit die Altersversorgungsansprüche bereits als Gegenstand der Bezeichnung des übertragenen Vermögens nach Nr. 9 im Vertrag geregelt sind, kann iÜ bei den Angaben nach Nr. 11 darauf Bezug genommen werden.

40 **Kollektivarbeitsrechtlich** können sich Änderungen bezüglich der Tarifbindung, der Betriebsvereinbarungen oder der Zusammensetzung der Mitgliedschaft in Betriebs- und Aufsichtsräten ergeben. Vor allem sind auch geplante Betriebsänderungen anzugeben. Soweit arbeitsrechtlich ein Sozialplan oder Interessenausgleich durchgeführt werden müssen, vollzieht sich dies unabhängig und außerhalb des Spaltungsvorgangs.

41 Soweit ein beteiligter Rechtsträger keine Arbeitnehmer hat, empfiehlt sich, dies so im Vertrag anzugeben.

42 Es ist umstritten, ob die Pflicht zu Angaben nach Nr. 11 entfällt, wenn kein Betriebsrat besteht. Der Praxis ist zu raten, die Angaben gleichwohl aufzunehmen. Soweit kein Betriebsrat besteht, entfällt dann jedenfalls die Zuleitungspflicht nach Abs. 3. Das gilt auch dann, wenn ein Betriebsrat erst nach Beginn der Monatsfrist (erstmals) sich konstituiert.

43 Bei fehlenden oder offensichtlich unzutreffenden Angaben im Rahmen von Nr. 11 kann das Registergericht die Eintragung des Spaltungsvertrags ablehnen. Das soll nicht gelten, wenn sie bloß unzureichend erscheinen (so auch Lutter UmwG/*Priester* Rn. 81 mwN). Fehlt es im Spaltungsvertrag an einer Regelung über den Wechsel der Tarifvertragspartei der Haustarifverträge, bleibt es bei den Rechtsfolgen des § 613a Abs. 1 S 1 und 2 BGB (LAG Baden-Württemberg 13.2.2014 – 6 Sa 20/13, juris Rn. 85). Insoweit kann die fehlende Angabe nicht als Grund für eine Ablehnung der Eintragung gelten, wenn im Spaltungsvertrag jedenfalls auf § 613a BGB hingewiesen wurde.

44 Fehler bei den Angaben nach Nr. 11 berechtigten die **Anteilseigner** der beteiligten Rechtsträger nicht zur Anfechtung der Zustimmungsbeschlüsse. Sie sind nicht Schutzadressat dieser Norm. Diese dient allein der rechtzeitigen Unterrichtung der Arbeitnehmer und der Wahrung von deren Interessen (str., wie hier Lutter UmwG/*Priester* Rn. 79 mwN).

III. Fakultative Regelungen

45 **1. Gestaltungsfreiheit.** Über die nach § 126 zwingenden Regelungen hinaus können die Parteien im Spaltungsvertrag zusätzliche Regelungen treffen, soweit diese nicht gegen zwingende Normen insbesondere gesellschaftsrechtlicher und umwandlungsrechtlicher Natur verstoßen. In der Praxis sind bestimmte zusätzliche Regelungen verbreitet (s. zu weiteren Regelungsmöglichkeiten auch NK-UmwR/*Fischer* Rn. 66 ff.; Lutter UmwG/*Priester* Rn. 87 ff.). Der Grund dafür dürfte namentlich darin liegen, dass sich Spaltungsvorgänge selbst innerhalb eines Konzerns oder einer Gruppe aus Sicht des übertragenden Rechtsträgers letztlich als Disposition darstellen. Die Pflicht der Geschäftsleitung zur Sorgfalt und zur Wahrung des Interesses des übertragenden Rechtsträgers kann im Einzelfall nahezu dazu zwingen, über den gesetzlichen Mindestinhalt hinaus weitere Regelungen zu verabreden.

46 **2. Wrong-Pocket-Klausel.** Neben den oben (→ Rn. 34) bereits besprochenen Auffangklauseln hinsichtlich der Bezeichnung des übertragenen Vermögens, werden häufig sog. Wrong-Pocket-Klauseln verabredet, nach denen versehentlich übertragene Vermögensteile zurück zu gewähren und versehentlich nicht übertragende Vermögensteile nachträglich zu übertragen sind.

3. Mitwirkungsklauseln. Nicht selten anzutreffen sind auch wechselseitige Mitwirkungsverpflichtungen, zB etwa noch notwendige Erklärungen abzugeben und Handlungen vorzunehmen, die im Zusammenhang mit der Übertragung des übertragenen Vermögens erforderlich oder zweckdienlich sein sollten. Der übertragende Rechtsträger wird regelmäßig auch ein Interesse haben, ein Einsichtsrecht in die übergegebenen Geschäftsunterlagen zumindest noch vorübergehend zu erhalten. Wechselseitige Mitwirkungs- und Unterstützungspflichten werden häufig auch verabredet im Zusammenhang mit behördlichen Verfahren, zB steuerlichen Außenprüfungen, die das übertragene Vermögen betreffen. 47

4. Gewährleistungen. Es ist in der Praxis im Einzelfall durchaus denkbar, dass die Parteien im Spaltungsvertrag, ähnlich wie bei einem Unternehmenskauf, Garantien hinsichtlich des übertragenen Vermögens abgeben (vgl. Kallmeyer/*Sickinger* Rn. 44 ff.; Lutter UmwG/*Priester* Rn. 90). Mindestens ebenso häufig wird jedoch umgekehrt im Spaltungsvertrag ausdrücklich ein entsprechender Anspruchsausschluss wegen der Beschaffenheit und des Bestands des übertragenen Vermögens einschließlich vorvertraglicher oder vertraglicher Pflichtverletzungen und der Verletzung gesetzlicher Verpflichtungen vereinbart werden. Insbesondere was die Bestimmung und Übertragung des Teilvermögens anlangt, ist der Spaltungsvertrag nicht schuldrechtlicher sondern organisationsrechtlicher Natur. Deshalb ist § 276 Abs. 3 BGB auf einen solchen Haftungsausschluss nicht anzuwenden. Vereinbaren umgekehrt die Parteien im Spaltungsvertrag entsprechende Garantien, so begründet dies allenfalls schuldrechtliche Wertausgleichsansprüche der Parteien untereinander. Dabei sollten die Rechtsfolgen im Spaltungsvertrag ebenfalls geregelt werden. Umstritten ist, ob eine Differenzhaftung der Anteilseigner der übertragenden Gesellschaft wegen unzureichender Kapitalaufbringung in Betracht kommt (ablehnend *Wardenbach* → 4. Aufl. 2019, Rn. 48 mit Verweis auf BGH 12.3.2007, AG 2007, 487 zur AG; aA Lutter UmwG/*Priester* Rn. 90 und für den zustimmenden Anteilsinhaber Semler/Stengel/*Schröer* Rn. 95; für eine Anwendung bei einer GmbH von § 56 Abs. 2, 9 GmbHG und somit Differenzhaftung über § 125 S. 1 iVm § 55 Abs. 1 S. 1 Widmann/*Mayer* Rn. 326). Entscheidend soll nach erster Ansicht sein, dass Sachinferent und Partner des Spaltungsvertrags nicht die Anteilseigner des übertragenden Rechtsträgers sind sondern dieser selbst (BGH 12.3.2007, AG 2007, 487). 48

5. Steuerrechtliche Vereinbarungen. Soweit im Zeitraum vor dem Spaltungsstichtag bei dem übertragenden Rechtsträger keine abgeschlossene Betriebsprüfung, Lohnsteuerprüfung, Umsatzsteuerprüfung oder Sozialversicherungsprüfung erfolgt ist, kann im Spaltungsvertrag geregelt werden, wer im Innenverhältnis Mehraufwendungen zu tragen hat bzw. Erstattungen vereinnahmen darf. 49

Bei der Auf- und Abspaltung findet nach § 15 Abs. 3 UmwStG (nachträglich) eine Aufdeckung stiller Reserven statt, wenn innerhalb von fünf Jahren nach dem steuerlichen Übertragungsstichtag Anteile an einem an der Spaltung beteiligten Rechtsträger veräußert werden, die mehr als 20 % des übertragenden Rechtsträgers vor der Spaltung ausmachen. Dies gilt allerdings nur soweit die übertragende Gesellschaft und die Gesellschaft, an der die Anteile veräußert werden, Kapitalgesellschaften sind. In solchen Fällen können im Einzelfall Vinkulierungen oder schuldrechtliche Veräußerungsbeschränkungen verabredet werden. Bei einem größeren Gesellschafterkreis dürfte das allerdings in der Praxis schwierig werden. 50

6. Haftungsfreistellung. Häufig wird im Hinblick auf die gesamtschuldnerische Haftung nach § 133 eine entsprechende Haftungsverteilung und wechselseitige Freistellung im Innenverhältnis verabredet. In der Regel stellt dabei der übernehmende Rechtsträger den übertragenden Rechtsträger frei von Verbindlichkeiten, Verpflichtungen und Haftungsverhältnissen, die nach Maßgabe des Spaltungsvertrags auf den übernehmenden Rechtsträger übertragen worden sind. Umgekehrt stellt der übertragende Rechtsträger den übernehmenden Rechtsträger frei für Verbindlichkeiten, Verpflichtungen und Haftungsverhältnisse, die nach Maßgabe des Spaltungsvertrags bei dem übertragenden Rechtsträger verbleiben. 51

7. Kartellvorbehalt. Soweit im Einzelfall die Spaltung der kartellrechtlichen Zusammenschlusskontrolle unterliegt, kann das Zusammenschlussvorhaben bereits im Vorfeld auf der Grundlage der entsprechenden Geschäftsleitungsbeschlüsse und des Entwurfs des Spaltungsvertrags angemeldet werden. Im Übrigen kann und sollte der Spaltungsvertrag in einem solchen Fall unter die aufschiebende Bedingung gestellt werden, dass die erforderliche Freigabe erteilt oder fingiert ist. Gleiches gilt für erforderliche aufsichtsrechtliche Zustimmungen. 52

8. Kosten. Regelmäßig findet sich eine Vereinbarung zur Kostentragung. Häufig wird vereinbart, dass der bzw. die übernehmenden Rechtsträger die Kosten der Beurkundung und Durchführung des Spaltungsvertrags tragen und iÜ die beteiligten Rechtsträger die Kosten ihrer Gesellschafterversammlungen, die der Spaltung zustimmen müssen, jeweils selbst tragen. 53

IV. Zuleitung an die Betriebsräte (Abs. 3)

Der Spaltungsvertrag oder sein Entwurf müssen nach Abs. 3 spätestens einen Monat vor dem Tag der Versammlung der Anteilsinhaber, die über die Zustimmung zum Spaltungsvertrag beschließen soll, 54 dem zuständigen Betriebsrat des jeweiligen Rechtsträgers zugeleitet werden. Die rechtzeitige Zuleitung muss dem Registergericht nachgewiesen werden. Besteht kein Betriebsrat, so entfällt die Zuleitungspflicht. Das gilt auch dann, wenn ein Betriebsrat sich erst nach Beginn der Monatsfrist (erstmals) konstituiert (vgl. Richardi/*Thüsing*, BetrVG, 16. Aufl. 2018, BetrVG § 26 Rn. 1). Zum Nachweis gegenüber dem Registergericht reicht jedenfalls eine eidesstattliche Versicherung der gesetzlichen Vertreter der beteiligten Rechtsträger aus, dass kein Betriebsrat vorhanden war (vgl. AG Duisburg 4.1.1996, GmbHR 1996, 372). Ob einfache schriftliche Erklärungen ausreichen, ist umstritten (dafür Kallmeyer/*Willemsen* § 5 Rn. 79; Kallmeyer/*Zimmermann* § 16 Rn. 16). Die Zuleitung hat an den Betriebsrat jedes beteiligten Rechtsträgers gesondert zu erfolgen. Bestehen mehrere Betriebsräte bei einem beteiligten Rechtsträger, ist jedem Betriebsrat zuzuleiten. Besteht ein Gesamtbetriebsrat so ist dieser zuständig. Konstituiert sich der Gesamtbetriebsrat erst nach Ablauf der Monatsfrist, bleibt es bei der Zuständigkeit der Betriebsräte. Ein Konzernbetriebsrat ist nie zuständig. Ebenso wenig ein SE-Betriebsrat (*Bungert/Leyendecker-Langner* ZIP 2014, 1112 (1115)). In der Praxis kann, schon aus Gründen der Kommunikation, erwogen werden, allen, auch den an sich nicht zuständigen Betriebsräten zuzuleiten. Ein Widerspruchsrecht oder sonstige Rechtsmittel stehen dem Betriebsrat nicht zu (dazu OLG Naumburg 6.2.1997, AG 1998, 430 = NZA-RR 1997, 177). Dessen ungeachtet, und ohne dass dies die Spaltung an sich hindern würde, sind ggf. Interessenausgleichs- und Sozialplanverfahren durchzuführen. Wie die Zuleitung zu erfolgen hat, bestimmt die Norm nicht. Es empfiehlt sich, den Vertrag bzw. Entwurf zusammen mit einem entsprechenden Begleitschreiben dem/der (Vorsitzenden) des Betriebsrats persönlich zu übergeben und sich dies entsprechend (auf einem Doppel) bestätigen zu lassen. Die Zuleitung als solche ist nicht verzichtbar, aber die Monatsfrist (LG Gießen 14.4.2004, Konzern 2004, 622 (623); OLG Naumburg 17.3.2003, GmbHR 2003, 1433; Kallmeyer/*Willemsen* § 5 Rn. 77b). Soweit der Betriebsrat bereit ist, auf die Monatsfrist zu verzichten, sollte auch dies von ihm schriftlich bestätigt werden. Änderungen des Vertrags oder seines Entwurfs nach der Zuleitung machen eine erneute Zuleitung – unter neuer Ingangsetzung der Monatsfrist – nur dann erforderlich, wenn die Änderungen wesentliche Arbeitnehmerinteressen berühren (OLG Naumburg 6.2.1997, AG 1998, 430 (431) = NZA-RR 1997, 177 (178)).

V. Bindungswirkung, Änderungen

55 Der Entwurf des Spaltungsvertrags entfaltet keinerlei Bindungswirkung unter den beteiligten Rechtsträgern. Das gilt jedenfalls, solange die jeweiligen Gesellschafterversammlungen dem Entwurf noch nicht zugestimmt haben. Ist der Vertrag bereits in beurkundeter Form geschlossen, so ist er, selbst wenn dies im Spaltungsvertrag nicht ausdrücklich geregelt sein sollte, jedenfalls solange schwebend unwirksam, bis sämtliche Gesellschafterversammlungen der beteiligten Rechtsträger dem Spaltungsvertrag zugestimmt haben (unstr. Lutter UmwG/*Priester* Rn. 96). Dessen ungeachtet kann dann der Vertrag auch nur noch in beurkundeter Form geändert werden. Ob eine Aufhebung des Vertrags vor den Zustimmungsbeschlüssen formfrei möglich ist, ist umstritten (dafür Lutter UmwG/*Priester* Rn. 96; wohl ebenso Widmann/Mayer/*Mayer* Rn. 368; dagegen *Heckschen,* Verschmelzung von Kapitalgesellschaften, 1989, 63). Vor der Beurkundung des Vertrags löst iÜ der Abbruch der Vertragsverhandlungen selbst dann keinen Schadensersatzanspruch aus cic aus, wenn es an einem triftigen Grund für den Abbruch fehlt (LG Paderborn 28.4.2000, NZG 2000, 899).

56 Die Zustimmung der Gesellschafterversammlung des jeweiligen beteiligten Rechtsträgers löst iÜ keinerlei Bindungswirkungen der beteiligten Rechtsträger untereinander aus. Vielmehr ist lediglich die Geschäftsleitung des betreffenden Rechtsträgers nach allgemeinen gesellschaftsrechtlichen Grundsätzen verpflichtet, den Beschluss umzusetzen. Änderungen des Spaltungsvertrags nach dem Zustimmungsbeschluss auch nur eines der beteiligten Rechtsträger bedürfen der erneuten Zustimmung der Anteilseigner dieses Rechtsträgers. Zur Änderung des Spaltungsvertrags bzw. seines Entwurfs nach Zuleitung an den Betriebsrat (→ Rn. 54).

Spaltungsbericht

127 **[1]Die Vertretungsorgane jedes der an der Spaltung beteiligten Rechtsträger haben einen ausführlichen schriftlichen Bericht zu erstatten, in dem die Spaltung, der Vertrag oder sein Entwurf im einzelnen und bei Aufspaltung und Abspaltung insbesondere das Umtauschverhältnis der Anteile oder die Angaben über die Mitgliedschaften bei den übernehmenden Rechtsträgern, der Maßstab für ihre Aufteilung sowie die Höhe einer anzubietenden Barabfindung rechtlich und wirtschaftlich erläutert und begründet werden (Spaltungsbericht); der Bericht kann von den Vertretungsorganen auch gemeinsam erstattet werden. [2]§ 8 Abs. 1 Satz 2 bis 4, Abs. 2 und 3 ist entsprechend anzuwenden.**

Übersicht

I. Zweck der Berichtspflicht

1 Die Berichtspflicht nach § 127 hat den gleichen **Zweck** wie der Verschmelzungsbericht nach § 8; die Information soll den **Anteilseignern** bzw. Mitgliedern eine **sachgerechte Entscheidung** über ihre Zustimmung zur Spaltung ermöglichen. Es ist nicht gefordert, dass die Anteilseigner die Spaltung in allen Einzelheiten nachvollziehen können. Vielmehr muss der Bericht lediglich eine **Plausibilitätskontrolle** ermöglichen (OLG Düsseldorf 15.3.1999, ZIP 1999, 793 (795); OLG Hamm 4.3.1999, ZIP 1999, 798 (801); OLG Frankfurt a. M. 22.8.2000, ZIP 2000, 1928 (1930); OLG Jena 5.11.2008, AG 2009, 182 (184); OLG Düsseldorf 22.6.2017, AG 2017, 900 (908 f.)). Die Vorschrift wird insoweit systematisch ergänzt durch die Pflicht zur Offenlegung des Berichts und weiterer Unterlagen im Vorfeld der Beschlussfassung, den Anspruch auf Abschriften auszulegender Unterlagen, sowie die Pflicht zur Erläuterung der Spaltung und des Spaltungsvertrags vor der Beschlussfassung in der Versammlung der Anteilseigner bzw. Mitglieder, wobei die Ausgestaltung dieser Rechte und Pflichten von der Rechtsform des betreffenden Rechtsträgers abhängt. Die Gläubiger und die Arbeitnehmer werden von § 127 nicht geschützt. Umstritten ist, ob ein Bericht entsprechend § 127 erforderlich ist, wenn eine Ausgliederung durch Einzelrechtsnachfolge vorgenommen wird (zu Recht dagegen NK-UmwR/*Fischer* Rn. 4; dafür Lutter UmwG/*M. F. Schwab* Rn. 2 mwN, sofern ein Beschluss gefasst werden soll bevor die Maßnahme das Stadium des Vertragsentwurfs erreicht hat).

II. Einzelheiten

2 **1. Einzelbericht; gemeinsamer Bericht.** Der Spaltungsbericht ist für **jeden** an der Spaltung **beteiligten Rechtsträger** zu erstatten. Bei der Spaltung zur Neugründung entfällt der Spaltungsbericht allerdings für den übernehmenden Rechtsträger, den es zu diesem Zeitpunkt ja noch nicht gibt. Die bei der Neugründung je nach Rechtsform zu erstattenden Gründungsberichte sind hiervon zu unterscheiden; der Gründungsbericht hat eine andere Funktion als der Spaltungsbericht. Nach S. 1 Hs. 2 können die beteiligten Rechtsträger den Spaltungsbericht auch **gemeinsam** erstatten. Das kann in der Praxis vor allem bei Spaltungen innerhalb eines Konzerns nutzbar gemacht werden, wenn dort nicht ohnehin auf den Bericht verzichtet wird (→ Rn. 12). Der gemeinsame Bericht muss dann insgesamt alle Informationen enthalten, die in Einzelberichten für die beteiligten Rechtsträger enthalten sein müssten. Es empfiehlt sich, in einem gemeinsamen Bericht kenntlich zu machen, welche Informationen für alle beteiligten Rechtsträger gelten und welche nur einzelne Rechtsträger betreffen (vgl. Kallmeyer/*Sickinger* Rn. 10; KK-UmwG/*Simon* Rn. 11).

3 **2. Berichtspflichtige, Form.** Den Spaltungsbericht zu erstatten hat das **Vertretungsorgan** des jeweiligen Rechtsträgers. Aus dem **Schriftformerfordernis** für den Bericht wird zT gefolgert, der Bericht müsse bei einem Kollegialorgan von sämtlichen Mitgliedern unterzeichnet und dadurch *„in Geltung gebracht werden"*. Die Anteilseigner könnten mit Recht einen von dem Vertretungsorgan insgesamt autorisierten Bericht erwarten, hinter dem alle Organmitglieder stehen (Lutter UmwG/*M. F. Schwab* Rn. 10; Semler/Stengel/*Gehling* Rn. 5; Kallmeyer/*Sickinger* Rn. 4; LG Berlin 8.9.2003, NZG 2004, 337). Opponierende Organmitglieder seien nicht berechtigt, die Unterschrift zu verweigern; sie müssten jedoch Gelegenheit erhalten, ihren abweichenden Standpunkt im Spaltungsbericht darzulegen (Lutter UmwG/*M. F. Schwab* Rn. 10 mwN). Dieser Ansicht ist zu Recht entgegen gehalten worden, dass wo das Gesetz das Handeln sämtlicher Mitglieder des Vertretungsorgans fordere, dies ausdrücklich angeordnet werde, was bei § 127 gerade nicht der Fall ist (*Fuhrmann* AG 2004, 135 (138); Lutter UmwG/*Drygala* § 8 Rn. 6). Für die schriftliche Erstattung des Spaltungsberichts genüge die Unterzeichnung in **vertretungsberechtigter Zahl** (BGH 21.5.2007, NZG 2007, 714 (716); KG 25.10.2004, AG 2004, 205; *K. J. Müller* NJW 2000, 2001; KK-UmwG/*Simon* Rn. 6; zustimmend NK-UmwR/*Fischer* Rn. 7). Dieser Ansicht ist zuzustimmen. Soweit für das Handeln des Vertretungsorgans nach Gesetz bzw. Gesellschaftsvertrag ein Mehrheitsbeschluss ausreicht, hindert die Ablehnung der Spaltung durch einzelne Organmitglieder nicht den Abschluss des Spaltungsvertrags. In diesem Fall können die Anteilseigner eben nicht erwarten, dass ein einheitlicher Bericht erstattet würde. Vielmehr kann auch der Bericht durch Mehrheitsbeschluss verabschiedet werden. Umgekehrt ist nicht geboten, dass das

opponierende Mitglied des Vertretungsorgans den Bericht unterzeichnet. Ob die Geschäftsleitung einstimmig oder mehrheitlich hinter der Spaltung steht und welche Argumente die Opposition vorbringt, ist vielmehr zum Gegenstand der Berichterstattung zu machen, wenn und soweit dies für eine sachgerechte, informierte Entscheidung der Anteilseigner geboten sein sollte.

4 **3. Inhalt des Spaltungsberichts.** Der Bericht muss zunächst die **Spaltung** erläutern und begründen. Dazu gehört zunächst die Darstellung der an der Spaltung beteiligten Rechtsträger, dh vor allem ihre Geschäftstätigkeit, ihre Organisation und Struktur und ihre Organe (weitergehend Semler/Stengel/*Gehling* Rn. 15). Teilweise wird auch eine Angabe zu den Marktanteilen der beteiligten Rechtsträger gefordert (NK-UmwR/*Fischer* Rn. 10; Kallmeyer/*Sickinger* Rn. 5; Lutter UmwG/*M. F. Schwab* Rn. 19; aA Semler/Stengel/*Gehling* Fn. 49 zu Rn. 15: „idR nicht erforderlich"). Sodann ist die Transaktionsstruktur zu erläutern, dh was wie gespalten werden soll. Dabei sind die wesentlichen gesellschaftsrechtlichen, steuerlichen, bilanziellen und wirtschaftlichen Auswirkungen der Spaltung auf die beteiligten Rechtsträger zu erläutern (Semler/Stengel/*Gehling* Rn. 17). Zur Darlegung der Spaltung gehören die mit der Spaltung verfolgten Ziele, Chancen und Risiken und ihre unternehmerische Zweckmäßigkeit, also warum die Spaltung erfolgen soll (Kallmeyer/*Sickinger* Rn. 5; Semler/Stengel/*Gehling* Rn. 16). Zu erläutern ist in diesem Zusammenhang auch, welche Alternativen zu der Spaltung gesehen werden (OLG Jena 5.11.2008, AG 2009, 582 (583)), warum die Spaltung ihnen gegenüber vorzuziehen ist (LG München I 5.8.1999, AG 2000, 87 (88)) und welche Folgen das Unterbleiben der Spaltung hätte (nicht so weit Kallmeyer/*Sickinger* Rn. 5). Dient zB eine Ausgliederung einem betriebswirtschaftlich angezeigten Desinvestment, so muss für eine sachgerechte Entscheidung der Anteilseigner eben auch darüber unterrichtet werden, welche (wirtschaftlichen) Konsequenzen es hat, wenn das Desinvestment nicht erfolgt. Was in einem solchen Fall die anschließende Veräußerung anlangt, so ist hierüber zwar iRd Ziele der Spaltung zu berichten; jedoch sind die Einzelheiten der Veräußerung nicht Gegenstand des Spaltungsberichts. Informationspflichten gegenüber den Anteilseignern über die Einzelheiten der Veräußerung können sich – außerhalb der Spaltung – allenfalls nach den im Einzelfall anwendbaren gesellschaftsrechtlichen Regeln ergeben, namentlich wenn die Anteilseigner (auch) der Veräußerung gesondert zustimmen müssen.

5 Sodann ist der **Spaltungsvertrag** „im Einzelnen" zu erläutern. Allerdings soll dem Tatbestandsmerkmal *„im Einzelnen"* keine weitergehende Bedeutung zukommen als dem Merkmal *„ausführlich"*. Dazu gehört insbesondere die Erläuterung und Begründung der Aufteilung des Aktiv- und Passivvermögens auf die beteiligten Rechtsträger im Spaltungsvertrag. Zu erläutern sind iÜ der Inhalt und die Wirkung der **wesentlichen** Regelungen des Spaltungsvertrags (Semler/Stengel/*Gehling* Rn. 24). In diesem Zusammenhang wird zT angenommen, die Angaben im Spaltungsvertrag zur Auswirkung der Spaltung auf die Arbeitnehmer und ihre Vertretungen bräuchten grundsätzlich nicht erläutert werden, es sei denn, sie hätten zugleich wirtschaftliche oder unternehmerische Bedeutung (etwa Lutter UmwG/*M. F. Schwab* Rn. 27). Das mag für Verschmelzungen zutreffen. Bei Spaltungen kommt es jedoch regelmäßig zu Betriebs- bzw. Teilbetriebsübergängen, die in vielfältiger Weise rechtliche und wirtschaftliche Auswirkungen und Risiken für die beteiligten Rechtsträger in sich bergen. Diese sind im Spaltungsvertrag entsprechend zu adressieren. Über diese Auswirkungen und Risiken, sowie die dazu im Vertrag vereinbarten (Verteilungs-)Regeln ist zu berichten. Hinsichtlich der Mithaftung des übertragenden Rechtsträgers für Verpflichtungen eines übernehmenden Rechtsträgers nach §§ 133, 134 muss allenfalls über abweichende Haftungsverteilungen im Innenverhältnis nach Maßgabe des Spaltungsvertrags berichtet werden (weitergehend SHS/*Hörtnagl* Rn. 11; ähnlich Semler/Stengel/*Gehling* Rn. 19). Sollen spaltungsbedingte Kapitalmaßnahmen durchgeführt werden, muss auch über die Einhaltung von Kapitalaufbringungsvorschriften berichtet werden (Semler/Stengel/*Gehling* Rn. 20).

6 Bei der **Auf- und Abspaltung** sind ferner das **Umtauschverhältnis** der Anteile sowie der Maßstab für ihre Aufteilung zu erläutern und zu begründen. Bei der nicht-verhältniswahrenden Spaltung (§ 128) sind dabei regelmäßig weiter gehende Erläuterungen und Begründungen erforderlich, als bei der verhältniswahrenden Spaltung. Über den Wortlaut der Vorschrift hinaus sind nach hM auch bei der **Ausgliederung** nach dem Sinn und Zweck der Norm entsprechende Angaben zu den zu gewährenden Anteilen zu machen, wenn an dem übernehmenden Rechtsträger Dritte beteiligt sind, oder das ausgegliederte Unternehmen anschließend veräußert werden soll (KK-UmwG/*Simon* Rn. 18; Lutter UmwG/*M. F. Schwab* Rn. 29; SHS/*Hörtnagl* Rn. 10; Semler/Stengel/*Gehling* Rn. 36; *Veil* ZIP 1998, 361 (363)).

7 Nach dem Wortlaut der Norm sind Angaben über das Umtauschverhältnis der Anteile **oder** die Angaben über die **Ausgestaltung der Mitgliedschaften** bei dem übernehmenden Rechtsträger zu machen. Das kann man so verstehen, dass Angaben über die Ausgestaltung der Mitgliedschaften (nur) in den Fällen nötig sind, in denen am übernehmenden Rechtsträger keine Anteile gewährt werden, sondern Mitgliedschaften (zB Vereine; so etwa Kallmeyer/*Sickinger* Rn. 9; ähnlich Semler/Stengel/*Gehling* Rn. 37). Teilweise wird ein Redaktionsversehen angenommen; neben dem Umtauschverhältnis müsse auch über die rechtliche Ausgestaltung der Mitgliedschaftsrechte berichtet werden, bei GmbH-Anteilen also etwa über Nachschusspflichten nach §§ 26 ff. GmbHG (so etwa Lutter UmwG/*M. F.*

Schwab Rn. 35 f.). Dem wird zu Recht entgegen gehalten, dass solche Angaben zu den nach § 127 S. 2, § 8 Abs. 1 S. 2 berichtspflichtigen Folgen für die Beteiligung des Anteilsinhaber gehören (Kallmeyer/*Sickinger* Rn. 9). Letztlich dürften die verschiedenen Ansichten nicht zu unterschiedlichen Ergebnissen führen (vgl. NK-UmwR/*Fischer* Rn. 22).

Ist eine **Barabfindung** anzubieten, müssen in dem Spaltungsbericht Höhe und Angemessenheit der Barabfindung erläutert und begründet werden. Insoweit kann auf die Erläuterung zu § 8 (→ § 8 Rn. 1 ff.) verwiesen werden. 8

Gemäß § 127 S. 2, § 8 Abs. 1 S. 2 muss der Spaltungsbericht auf **besondere Schwierigkeiten** bei der **Bewertung** der Rechtsträger sowie auf die Folgen für die Beteiligung der Anteilsinhaber hinweisen. Damit erfasst ist insbesondere der Fall, dass unterschiedliche Unternehmensbewertungsverfahren für die beteiligten Rechtsträger angewendet wurden (SHS/*Hörtnagl* Rn. 17) oder wenn für einzelne Gegenstände ein gesondertes Bewertungsverfahren verwendet worden ist (SHS/*Hörtnagl* Rn. 17; vgl. auch Kallmeyer/*Sickinger* Rn. 11). 9

Gemäß § 127 S. 2, § 8 Abs. 1 S. 3 muss der Spaltungsbericht auch Angaben über alle für die Spaltung wesentlichen Angelegenheiten der anderen **verbundenen Unternehmen** machen, wenn an der Spaltung ein verbundenes Unternehmen iSd § 15 AktG beteiligt ist. Aufgrund der Verweisung auf § 15 AktG erstreckt sich die Berichtspflicht nicht auf Minderheits- sondern nur auf Mehrheitsbeteiligungen. Nach hM ist außerdem nur über solche (anderen) verbundenen Unternehmen zu unterrichten, die für die Spaltung wesentlich sind (etwa Lutter UmwG/*Drygala* § 8 Rn. 43). Sprachlich bezieht sich das *„wesentlich"* im Tatbestand von § 8 Abs. 1 S. 3 allerdings auf die *„Angelegenheiten"*, nicht auf die *„verbundenen Unternehmen"* (so auch NK-UmwR/*Fischer* Rn. 28). Die gebotene Einschränkung der Berichtspflicht ergibt sich aus dem Sinn und Zweck der Vorschrift: auch hinsichtlich der verbundenen Unternehmen bzw. der Konzernsachverhalte ist lediglich zu berichten, was für eine Plausibilitätskontrolle durch die Anteilseigner erforderlich ist. Im Übrigen kann insoweit auf die Erläuterungen zu § 8 Abs. 1 S. 3 (→ § 8 Rn. 1 ff.) verwiesen werden. 10

4. Grenzen der Berichtspflicht. Gemäß § 127 S. 2, § 8 Abs. 2 können im Spaltungsbericht Tatsachen ausgeklammert werden, deren Bekanntwerden geeignet ist, einem der beteiligten Rechtsträger oder einem verbundenen Unternehmen einen nicht unerheblichen Nachteil zuzufügen. Dann sind in dem Bericht die Gründe darzulegen, aus denen die Geheimhaltung erfolgt, soweit dies ohne Preisgabe der geheim gehaltenen Tatsachen möglich ist. Dabei sind die zu § 131 Abs. 3 Nr. 1 AktG entwickelten Grundsätze sinngemäß anwendbar (Semler/Stengel/*Gehling* Rn. 47; enger Lutter UmwG/*M. F. Schwab* Rn. 47). 11

5. Entbehrlichkeit. Gemäß § 127 S. 2, § 8 Abs. 3 sind keine Spaltungsberichte erforderlich – und zwar für sämtliche beteiligten Rechtsträger – wenn **sämtliche** Mitglieder **aller** beteiligten Rechtsträger in notariell beurkundeter Form auf die Erstattung des Spaltungsberichts **verzichten.** Ein einstimmiger Spaltungsbeschluss ersetzt einen fehlenden Verzicht nicht (Semler/Stengel/*Gehling* Rn. 49). Gemäß § 127 S. 2, § 8 Abs. 3 S. 1 bedarf es auch dann keines Spaltungsberichts, wenn sich alle Anteile des übertragenden Rechtsträgers in der Hand des übernehmenden Rechtsträgers befinden. Das trifft vom Wortlaut des § 8 Abs. 3 S. 1 nur zu auf die Spaltung zur Aufnahme. Dieser Fall dürfte, wenn überhaupt, höchst selten vorkommen. Und selbst für diesen Fall wird zT für die Spaltung angenommen, es sei ein Bericht erforderlich; § 127 S. 2 verweise durch teleologische Reduktion lediglich auf § 8 Abs. 3 Alt. 1 (so Lutter UmwG/*M. F. Schwab* Rn. 54; dagegen Kallmeyer/*Sickinger* Rn. 16; Semler/Stengel/*Gehling* Rn. 51). Die Praxis sollte vorsorglich, wo es möglich ist, mit entsprechenden Verzichten der Anteilseigner arbeiten. Die rechtsformspezifischen Spaltungsvorschriften sehen weitere Ausnahmen von der Berichtspflicht vor (vgl. die §§ 41, 153, 162, 169). § 41 ist analog auf die GmbH anzuwenden, bei der alle Gesellschafter zugleich Geschäftsführer sind (so auch Lutter UmwG/*Drygala* § 8 Rn. 58). 12

6. Offenlegung. Für die **Offenlegung** des Spaltungsberichts gegenüber den Mitgliedern der Rechtsträger gelten über die Verweisung des § 125 die rechtsformspezifischen Verschmelzungsregelungen in §§ 42, 47, § 61 Abs. 1 Nr. 4, §§ 78, 82, 104, 106 und 112 entsprechend. 13

III. Rechtsfolgen von Mängeln

Der Spaltungsbericht ist fehlerhaft, wenn er im Rahmen einer Gesamtwürdigung aus der Sicht eines verständigen Mitglieds keine geeignete Informationsgrundlage mehr bietet (Semler/Stengel/*Gehling* Rn. 11). Eine Heilung durch mündliche Nachholung in der Gesellschafterversammlung, die den Spaltungsbeschluss fassen soll, kommt nicht in Betracht (LG München I 31.8.1999, AG 2000, 86 (87); Lutter UmwG/*M. F. Schwab* Rn. 56). Die Fehlerhaftigkeit des Spaltungsberichts kann aber nicht gerügt werden, soweit fehlende Tatsachen in anderen, der Gesellschaftsversammlung vorzulegenden Unterlagen enthalten sind, wie Jahresabschluss und Lagebericht (OLG Jena 5.11.2008, AG 2009, 582 (583); Kallmeyer/*Marsch-Barner* § 8 Rn. 35). Außerdem ist die Heilung fehlender Angaben zu trennen von der erlaubten und erforderlichen Nachlieferung von Änderungen oder Ergänzungen, die sich zwischen 14

Erstattung der Berichte und Gesellschafterversammlung ergeben haben. Ein fehlerhafter Spaltungsbericht führt im Anwendungsbereich des kapitalgesellschaftsrechtlichen Beschlussmängelrechts zur **Anfechtbarkeit** des Spaltungsbeschlusses (NK-UmwR/*Fischer* Rn. 35; Lutter UmwG/*M. F. Schwab* Rn. 57). Begründet ist die Anfechtung jedoch nur, wenn nach Maßgabe der Relevanzrechtsprechung des BGH (18.10.2004, NJW 2005, 828) der Mangel des Spaltungsberichts Relevanz für die Beschlussfassung hatte. Die Beschränkung der Berichtspflicht durch den Normzweck, lediglich eine Plausibilitätskontrolle zu ermöglichen, ist dabei keine Frage der Relevanz sondern eine solche der Mangelhaftigkeit des Berichts (vgl. OLG Jena 5.11.2008, AG 2009, 582). Ist der Beschluss unanfechtbar geworden, steht ein Berichtsmangel der Eintragung der Spaltung nicht entgegen. Bei Erhebung von Anfechtungsklagen gegen den Beschluss steht auch hier das Verfahren nach § 16 Abs. 3 S. 1 zur Verfügung. Personengesellschaftsrechtlich sind nach hM fehlerhafte Gesellschafterbeschlüsse nicht anfechtbar, sondern nichtig (BGH 13.2.1995, BB 1995, 692; BGH 10.10.1983, WM 1983, 1407 (1408); OLG Hamm 29.4.1992, GmbHR 1992, 759 (760); MüKoBGB/*Schäfer* BGB § 709 Rn. 105). Nach der Gegenmeinung sollen Beschlussmängel der hier vorliegenden Art auch bei der Personengesellschaft nur zur Anfechtbarkeit der Beschlüsse führen (*K. Schmidt* FS Stimpel, 1985, 217; *Scholz* WM 2006, 897 mwN). Die Praxis hat sich an der zitierten BGH-Rspr. zu orientieren. Erfolgt allerdings innerhalb der Monatsfrist nach § 14 keine (Nichtigkeitsfeststellungs-)Klage, hindert der Mangel die Eintragung auch bei der Personengesellschaft nicht mehr.

Zustimmung zur Spaltung in Sonderfällen

128 **[1] Werden bei Aufspaltung oder Abspaltung die Anteile oder Mitgliedschaften der übernehmenden Rechtsträger den Anteilsinhabern des übertragenden Rechtsträgers nicht in dem Verhältnis zugeteilt, das ihrer Beteiligung an dem übertragenden Rechtsträger entspricht, so wird der Spaltungs- und Übernahmevertrag nur wirksam, wenn ihm alle Anteilsinhaber des übertragenden Rechtsträgers zustimmen. [2] Bei einer Spaltung zur Aufnahme ist der Berechnung des Beteiligungsverhältnisses der jeweils zu übertragende Teil des Vermögens zugrunde zu legen.**

I. Allgemeines

1 Der Gesetzgeber hat neben der verhältniswahrenden Spaltung mit der freien Zuordnung der Anteile nach § 126 Abs. 1 Nr. 10 bewusst auch die sog. nicht verhältniswahrende Spaltung erlaubt. Mit ihr sei die Auseinandersetzung von Gesellschaftergruppen und Familienstämmen im Wege der Sonderrechtsnachfolge möglich; dafür bestehe ein Bedürfnis (Begr. RegE § 126, *Ganske,* Umwandlungsrecht, 1994, 137). Um zu verhindern, dass einzelnen Anteilsinhabern oder bestimmten Gruppen von ihnen durch den Spaltungsvorgang auf der Grundlage einer bloßen Mehrheitsentscheidung Vermögen entzogen wird, bedarf abweichend von § 13 nach § 128 der Spaltungsvertrag der Zustimmung sämtlicher Anteilsinhaber des **übertragenden** Rechtsträgers. Beim übernehmenden Rechtsträger verbleibt es dagegen bei § 13. § 128 gilt nicht für die Ausgliederung, weil dort die Anteile der Gesellschafter des übertragenden Rechtsträgers unverändert bleiben (NK-UmwR/*Fischer* Rn. 1).

II. Nicht verhältniswahrende Spaltung

2 Eine nicht verhältniswahrende Spaltung ist dadurch gekennzeichnet, dass die Anteile bzw. Mitgliedschaften des übernehmenden Rechtsträgers den Anteilsinhabern des übertragenden Rechtsträgers in einem anderen Verhältnis zugeteilt werden, als sie jeweils am übertragenden Rechtsträger beteiligt sind (KK-UmwG/*Simon* Rn. 1). Bei der **Spaltung zur Neugründung** ist das durch einen Vergleich der jeweiligen Beteiligungsquoten am übertragenden und am übernehmenden Rechtsträger einfach festzustellen (Lutter UmwG/*Priester* Rn. 8). Ergeben sich dabei durch ein im Spaltungsvertrag für alle Anteilsinhaber gleichmäßig festgesetztes Umtauschverhältnis im Einzelfall Abweichungen aufgrund fehlender Spitzen, die durch bare Zuzahlungen gem. § 125, 54 Abs. 4, § 68 Abs. 3 ausgeglichen werden, so liegt darin **keine** nicht-verhältniswahrende Spaltung (OLG Düsseldorf 22.6.2017, AG 2017, 900 (905): § 128 sei „eine eng gefasste Ausnahmevorschrift"; ebenso; SHS/*Hörtnagl* Rn. 21; Semler/Stengel/*Schröer* Rn. 9; Widmann/Mayer/*Mayer* Rn. 34 aA Kallmeyer/*Sickinger* Rn. 2). Das gilt allerdings nur, soweit der Spitzenausgleich durch die baren Zuzahlungen unter Berücksichtigung der Teilungs- und Stückelungserleichterungen unvermeidbar war (so neben den Vorgenannten auch Lutter UmwG/*Priester* Rn. 11). Bei einer **Spaltung zur Aufnahme** ist nach S. 2 der Vergleich der Beteiligungsquoten auf der Basis der Gegenleistung für das übergehende Vermögen vorzunehmen (Lutter UmwG/*Priester* Rn. 9). Es kommt also auf die Quote an, mit der die Anteilsinhaber des übertragenden Rechtsträgers an den ihnen insgesamt als Gegenleistung am übernehmenden Rechtsträger gewährten Anteilen jeweils partizipieren (vgl. auch NK-UmwR/*Fischer* Rn. 4). Sind allerdings sämtliche Anteilsinhaber des übertragenden Rechtsträgers (vor der Spaltung) im selben Verhältnis auch am übernehmen-

den Rechtsträger beteiligt, brauchen bloß wieder die Beteiligungsquoten nach Spaltung verglichen werden.

Maßgebend sind allein **Eingriffe in die Beteiligungsquote,** nicht aber sonstige Abweichungen wie etwa ein Wechsel von stimmberechtigten zu stimmrechtslosen Anteilen (Lutter UmwG/*Priester* Rn. 10). 3

III. Erscheinungsformen

Eine nicht verhältniswahrende Spaltung ist in unterschiedlicher Form denkbar. Geht es um den Fall, der dem Gesetzgeber vorschwebte, also um die Trennung von Familienstämmen, so wird die Spaltung so aussehen, dass das Vermögen des gemeinsamen Unternehmens in passender Weise aufgeteilt und das ausmachende Teilvermögen, das dem ausscheidenden Familienstamm zukommen soll, auf einen Rechtsträger abgespalten wird, an dem ausschließlich die Mitglieder des ausscheidenden Familienstamms beteiligt werden. Im Gegenzug werden die Mitglieder des ausscheidenden Familienstamms ihre Geschäftsanteile an dem übertragenden Rechtsträger den Mitgliedern des verbleibenden Familienstamms als Ausgleich übertragen, wobei auch der Übergang dieser Anteile sich gem. § 131 kraft Gesetzes vollzieht. In einem solchen Fall empfiehlt es sich, die Abspaltung dadurch zu erleichtern, dass die ausscheidenden Mitglieder an dem übernehmenden Rechtsträger schon vor der Spaltung in dem Verhältnis beteiligt werden, wie dies nach der Spaltung der Fall sein wird. 4

Denkbar ist auch, dass bei einer Spaltung auf mehrere übernehmende Rechtsträger die Gesellschafter des übertragenden Rechtsträgers an den übernehmenden Rechtsträgern unterschiedlich beteiligt werden sollen. 5

Zulässig ist auch, dass einzelne Gesellschafter des übertragenden Rechtsträgers an dem übernehmenden Rechtsträger überhaupt nicht beteiligt werden (sog. „Spaltung zu Null"; dazu OLG München 10.7.2013, NJW-RR 2013, 1124 f.; LG Konstanz 13.2.1998, NZG 1998, 827; LG Essen 15.3.2002, NZG 2002, 637; vgl. dazu auch Kallmeyer/*Sickinger* Rn. 4 ff.). 6

IV. Zustimmung

Nach S. 1 müssen **sämtliche Anteilsinhaber** des **übertragenden** Rechtsträgers dem Spaltungsvertrag zustimmen. Daraus wird geschlossen, es sei ein einstimmiger Gesellschafterbeschluss erforderlich (Kallmeyer/*Sickinger* Rn. 5). Das ist jedoch mindestens missverständlich. Denn gesellschaftsrechtlich liegt ein einstimmiger Beschluss bereits dann vor, wenn sämtliche in der Versammlung anwesenden Gesellschafter mit „Ja" stimmen. Das reicht nach S. 1 gerade nicht aus. Vielmehr ist unstreitig, dass auch alle in der Gesellschafterversammlung nicht anwesenden Anteilseigner ihre Zustimmung in notariell beurkundeter Form außerhalb der Gesellschafterversammlung erklären müssen (BegrRegE § 128, *Neye,* Umwandlungsgesetz, 1995, 258; NK-UmwR/*Fischer* Rn. 10; Lutter UmwG/*Priester* Rn. 18; für eine einschränkende Auslegung in Bezug auf nicht betroffene Anteilsinhaber *Ruben/Fischer* NZG 2014, 761 ff.). Folgt man außerdem der Meinung, wonach ein Beschluss, der die erforderliche Mehrheit nicht erreicht, selbst bei nachträglicher Zustimmung abwesender Anteilseigner nicht den Anforderungen des § 13 Abs. 1 genügt (Lutter UmwG/*Drygala* § 13 Rn. 14 mwN), so könnte ein Beschluss nach § 128 stets nur in einer Vollversammlung gefasst werden, wenn der Beschluss Einstimmigkeit erfordern würde. Das lässt sich § 128 gerade nicht entnehmen. Anders als etwa im Fall von § 51 Abs. 1 S. 1 iVm § 13 Abs. 3 haben nach § 128 die abwesenden Anteilseigner auch nicht dem Spaltungs**beschluss** zuzustimmen, sondern ausdrücklich dem Spaltungs**vertrag.** Und schließlich können die nach § 128 unstreitig ebenfalls erforderlichen Zustimmungen nicht stimmberechtigter Anteilsinhaber (Lutter UmwG/*Priester* Rn. 18) ohnehin nur außerhalb eines Gesellschafterbeschlusses erfolgen. Nach Wortlaut, Sinn und Zweck von S. 1 müsste es iÜ auch ausreichen, wenn **alle** Anteilsinhaber **außerhalb einer Gesellschafterversammlung** formgerecht zustimmen. Danach bedarf es beim übertragenden Rechtsträger jedenfalls hinsichtlich der Zustimmung zum Spaltungsvertrag uU überhaupt keines Beschlusses nach § 13 Abs. 1. Für begleitende Kapitalmaßnahmen oder Satzungsänderungen beim **übertragenden** Rechtsträger gilt das nicht; allerdings gilt für sie auch nicht das Zustimmungserfordernis nach S. 1. Die Zustimmungserklärungen abwesender und nicht stimmberechtigter Gesellschafter können iÜ vor oder nach der Gesellschafterversammlung erfolgen. Dasselbe gilt für etwa erforderliche Zustimmungserklärungen von Nießbrauchsberechtigten oder Pfandrechtsinhabern an Anteilen (dazu Lutter UmwG/*Priester* Rn. 18; *Rieder/Ziegler* ZIP 2004, 481 (489)). Bei minderjährigen Anteilsinhabern ist die Zustimmung des Familiengerichts erforderlich (dazu *Böhringer* NotBZ 2014, 121 ff.). In den Grenzen der gesellschaftsrechtlichen Treuepflicht sind die Mitglieder in ihrer Entscheidung frei, die erforderliche Zustimmung zu erteilen (NK-UmwR/*Fischer* Rn. 11; Semler/Stengel/*Schröer* Rn. 14). Aufgrund des Wortlauts ist eine Fiktion der Zustimmung nicht möglich, sodass sich weigernde Gesellschafter auf Zustimmung zu verklagen sind (NK-UmwR/*Fischer* Rn. 11; Semler/Stengel/*Schröer* Rn. 14). 7

V. Rechtsfolgen

8 Solange eine nach § 128 erforderliche Zustimmung fehlt, ist der Spaltungsvertrag **schwebend unwirksam.** Wird auch nur eine erforderliche Zustimmung verweigert, ist der Spaltungsvertrag endgültig nichtig (Lutter UmwG/*Priester* Rn. 20; Widmann/Mayer/*Mayer* Rn. 26). Nicht etwa ist der Spaltungsbeschluss anfechtbar (so aber KG 14.10.1999, KGR 2000, 386). Erfolgt gleichwohl eine Eintragung in das Register des übertragenden Rechtsträgers, ist der Fehler jedoch nach § 131 Abs. 2 geheilt. Die betroffenen Anteilsinhaber sind dann auf Schadensersatzansprüche gegen die Anmelder, den Notar und die Registerrichter verwiesen.

Anmeldung der Spaltung

129 **Zur Anmeldung der Spaltung ist auch das Vertretungsorgan jedes der übernehmenden Rechtsträger berechtigt.**

1 Die Vorschrift betrifft allein die Spaltung zur Aufnahme. Für die Anmeldung der Spaltung zur Neugründung gilt dagegen § 137.

2 Nach § 125 gelten für die Registeranmeldung der Spaltung die §§ 16, 17 entsprechend. § 129 ergänzt § 16 Abs. 1 S. 2. Neben dem Vertretungsorgan des übertragenden Rechtsträgers kann auch das Vertretungsorgan jedes übernehmenden Rechtsträgers die Anmeldung (auch) **beim übertragenden** Rechtsträger durchführen. Die Vertretungsorgane des übertragenden Rechtsträgers sind umgekehrt nicht zur Anmeldung bei übernehmenden Rechtsträgern befugt. Ebenso wenig berechtigt die Vorschrift zu Anmeldungen, die bei einem anderen **übernehmenden** Rechtsträger vorzunehmen sind ebenso NK-UmwR/*Fischer* Rn. 2).

3 Die Anmeldung der Spaltung muss angeben, ob es sich um eine Aufspaltung, eine Abspaltung oder eine Ausgliederung handelt und ob sie zur Aufnahme oder zur Neugründung erfolgt. Ferner müssen die beteiligten Rechtsträger bezeichnet werden. Sind aus Anlass der Spaltung Satzungsänderungen, insbesondere Kapitalmaßnahmen vorgesehen, sind diese bei der betroffenen Gesellschaft zusätzlich anzumelden (Lutter UmwG/*Priester* Rn. 6).

4 Die Anmeldung hat nach § 12 Abs. 1 HGB elektronisch in öffentlich beglaubigter Form zu erfolgen. Soweit im Rahmen der Anmeldung keine höchstpersönlichen Erklärungen abzugeben sind, kommt auch eine Anmeldung der Spaltung durch den beurkundenden Notar gemäß § 378 Abs. 2 FamFG in Betracht, was für die Praxis eine begrüßenswerte Erleichterung bedeutet.

5 Gemäß §§ 125, 16 Abs. 2 sind auch bei der Spaltung die sog. Negativerklärungen bei der Anmeldung abzugeben, wonach die Vertretungsorgane erklären müssen, dass eine **Klage** gegen die Wirksamkeit eines Spaltungsbeschlusses **nicht** oder nicht fristgemäß **erhoben** oder zurückgenommen oder rechtskräftig abgewiesen worden ist (Lutter UmwG/*Priester* Rn. 8; zur Schutzwirkung vgl. OLG Hamm 25.4.2014, AG 2014, 861 (862) – Felten & Guillaume AG II). Die Erklärung ist für alle an der Spaltung beteiligten Rechtsträger abzugeben. Zum Freigabeverfahren vgl. OLG München 10.4.2013, AG 2013, 527 ff., zu den Einzelheiten → § 16 Rn. 1 ff.

6 Die für „normale" Kapitalerhöhungen bei der GmbH und AG abzugebenden Versicherungen zur **Einlageleistung** (§ 57 Abs. 2 GmbHG, § 188 Abs. 2 AktG) sind bei Spaltungen nicht gefordert (§ 125 iVm § 55 Abs. 1 S. 1, § 69 Abs. 1 S. 1). Zur Erklärung zur **Kapitaldeckung** bei Abspaltung und Ausgliederung aus GmbH oder AG s. bei §§ 140, 146.

7 Der Anmeldung sind gem. §§ 125, 17 folgende Anlagen beizufügen:
- der Spaltungsvertrag,
- die Spaltungsbeschlüsse,
- alle notwendigen Zustimmungserklärungen,
- der Spaltungsbericht oder entsprechende Verzichtserklärungen,
- der Prüfungsbericht oder entsprechende Verzichtserklärungen,
- Nachweis über die Zuleitung des Spaltungsvertrags bzw. seines Entwurfs an alle zuständigen Betriebsräte,
- die Schlussbilanz des übertragenden Rechtsträgers.

8 Zu den weiteren Anlagen für die Anmeldung einer Kapitalerhöhung oder Kapitalherabsetzung zur Durchführung der Spaltung kann auf die Erläuterungen zu § 17 (→ § 17 Rn. 1 ff.) verwiesen werden.

Eintragung der Spaltung

130 (1) [1] **Die Spaltung darf in das Register des Sitzes des übertragenden Rechtsträgers erst eingetragen werden, nachdem sie im Register des Sitzes jedes der übernehmenden Rechtsträger eingetragen worden ist.** [2] **Die Eintragung im Register des Sitzes jedes der**

übernehmenden Rechtsträger ist mit dem Vermerk zu versehen, daß die Spaltung erst mit der Eintragung im Register des Sitzes des übertragenden Rechtsträgers wirksam wird, sofern die Eintragungen in den Registern aller beteiligten Rechtsträger nicht am selben Tag erfolgen.

(2) [1]**Das Gericht des Sitzes des übertragenden Rechtsträgers hat von Amts wegen dem Gericht des Sitzes jedes der übernehmenden Rechtsträger den Tag der Eintragung der Spaltung mitzuteilen sowie einen Registerauszug und den Gesellschaftsvertrag, den Partnerschaftsvertrag oder die Satzung des übertragenden Rechtsträgers in Abschrift, als Ausdruck oder elektronisch zu übermitteln.** [2]**Nach Eingang der Mitteilung hat das Gericht des Sitzes jedes der übernehmenden Rechtsträger von Amts wegen den Tag der Eintragung der Spaltung im Register des Sitzes des übertragenden Rechtsträgers zu vermerken.**

I. Regelungsgegenstand

Bei der Verschmelzung knüpft § 20 das Wirksamwerden an die Registereintragung beim übernehmenden Rechtsträger, die nach § 19 erst erfolgen darf, wenn die Verschmelzung bei sämtlichen übertragenden Rechtsträgern eingetragen ist. Der wesentliche Grund für die Wahl dieses Anknüpfungspunkts liegt darin, dass bei der Verschmelzung mehrere übertragende Rechtsträger aber nur ein übernehmender Rechtsträger beteiligt sein können. Bei der Spaltung ist das genau umgekehrt. Dementsprechend knüpft § 131 Abs. 1 bei der Spaltung die Wirksamkeit an die Eintragung im Register des **übertragenden** Rechtsträgers. Folgerichtig regelt § 130 die Eintragung der Spaltung hinsichtlich der Reihenfolge und des Verfahrens anders als § 19 für die Verschmelzung (Lutter UmwG/*Priester* Rn. 3 f.). Lediglich § 19 Abs. 3 gilt für die Bekanntmachung der Eintragung nach § 125 entsprechend. 1

II. Registerprüfung

Der Eintragung vorgelagert ist, wie bei der Verschmelzung, eine **Prüfung des Registergerichts** hinsichtlich der formellen und materiellen Eintragungsvoraussetzungen. Diese Registerprüfung erfolgt für jeden beteiligten Rechtsträger gesondert durch das für ihn zuständige Registergericht. Die Entscheidung eines Registergerichts ist für das andere Registergericht bindend (vgl. auch NK-UmwR/*Fischer* Rn. 7). Gegenstand der Prüfung ist die Spaltung, insbesondere der Spaltungsvertrag und die Zustimmungsbeschlüsse bzw. erforderliche Zustimmungserklärungen, sowie alle weiteren der Anmeldung beizufügenden Anlagen. Die unternehmerische Zweckmäßigkeit der Spaltung kann vom Registergericht dagegen ebenso wenig überprüft werden, wie das Umtauschverhältnis (Lutter UmwG/*Priester* Rn. 6; Semler/Stengel/*Schwanna* Rn. 7). Erfolgt beim übernehmenden Rechtsträger zur Durchführung der Spaltung eine Kapitalerhöhung, so unterliegt auch diese Kapitalerhöhung einer Registerprüfung. Für sie gelten die jeweils anwendbaren, gesellschaftsrechtlichen Regelungen sowie die für diese Kapitalerhöhung anwendbaren, besonderen spaltungsrechtlichen Vorschriften. 2

III. Eintragung

1. Inhalt. Die Eintragung hat inhaltlich die Art der Spaltung anzugeben. Weiter sind der Vertrag nebst Datum sowie die Zustimmungsbeschlüsse nebst jeweiligem Datum anzugeben, sowie die anderen beteiligten Rechtsträger nebst Handelsregisterdaten. Bei den übernehmenden Rechtsträgern ist außerdem der sog. Vorläufigkeitsvermerk einzutragen, wonach die Spaltung erst wirksam wird mit ihrer Eintragung im Register des übertragenden Rechtsträgers. Soweit die Spaltung bei sämtlichen beteiligten Rechtsträgern am selben Tag eingetragen wird, ist dieser Vorläufigkeitsvermerk nicht mehr zwingend vorgeschrieben (Lutter UmwG/*Priester* Rn. 9). Andererseits schadet er nicht und kann vorsorglich auch in einem solchen Fall eingetragen werden. Wurde der Vorläufigkeitsvermerk vergessen, so soll er auch nachträglich noch eingetragen werden können (OLG Düsseldorf 14.12.1998, NJW RR 1999, 1052 (1053); Lutter UmwG/*Priester* Rn. 9). 3

2. Reihenfolge. Die Reihenfolge der Eintragungen schreibt Abs. 1 zwingend vor und unterliegt weder der Disposition der Registergerichte noch der beteiligten Rechtsträger. Zunächst muss die Spaltung bei den übernehmenden Rechtsträgern eingetragen werden. Bevor diese Eintragung erfolgen kann, muss vorher eine zur Durchführung der Spaltung erfolgte Kapitalerhöhung eingetragen werden (§§ 125, 53, 66). Ist gleichzeitig eine Sitzverlegung beschlossen und angemeldet worden, so muss das bisher zustandige Registergericht vor der Abgabe an das Gericht am neuen Sitz zuerst die Kapitalerhöhung eintragen (OLG Frankfurt a. M. 14.10.2004, GmbHR 2005, 237). § 130 schreibt im Gegensatz zu § 137 Abs. 3 bei der Spaltung zur Neugründung keine Benachrichtigung des Registers des übertragenden Rechtsträgers durch das Register des übernehmenden Rechtsträgers vor über die dort erfolgte Eintragung der Spaltung. Daher muss der Anmelder des übertragenden Rechtsträgers (bzw. der beauftragte Notar) gegenüber dem Register die Eintragung bei den übernehmenden Rechtsträgern ggf. nachweisen. Dieser Nachweis ist aber kein Bestandteil der Anmeldung und kann auch nach der 4

Anmeldung erfolgen. Eine Kopie des elektronischen Handelsregisters des übernehmenden Rechtsträgers sollte dafür genügen.

5 Obwohl die Eintragungsreihenfolge vom Gesetz zwingend vorgeschrieben ist, soll ihre Missachtung jedenfalls dann keine Konsequenzen für die Wirksamkeit der Spaltung haben, wenn die Eintragung beim übertragenden Rechtsträger erfolgt ist (Kallmeyer/*Zimmermann* Rn. 13; Semler/Stengel/*Schwanna* Rn. 12; Lutter UmwG/*Priester* Rn. 11). Die Spaltungswirkungen nach § 131 sollen auch dann eintreten, wenn die Eintragung bei den übernehmenden Rechtsträgern erst nachträglich nachgeholt wird. Das gleiche soll für das Fehlen einer Eintragung der Kapitalerhöhung zur Durchführung der Spaltung bei dem übernehmenden Rechtsträger gelten (NK-UmwR/*Fischer* Rn. 12; Lutter UmwG/*Priester* Rn. 11; Semler/Stengel/*Schwanna* Rn. 12; aA Widmann/Mayer/*Fronhöfer* Rn. 21).

IV. Weiteres Verfahren

6 Nach Abs. 2 hat das Register des übertragenden Rechtsträgers von Amts wegen den Registergerichten der übernehmenden Rechtsträger den Tag der Eintragung im Register des übertragenden Rechtsträgers mitzuteilen. Diese haben von Amts wegen eine entsprechende Eintragung im Register der übernehmenden Rechtsträger vorzunehmen. Rechtliche Wirkung hat diese Eintragung indessen nicht mehr.

7 Ferner übersendet das Registergericht des übertragenden Rechtsträgers den Registergerichten der übernehmenden Rechtsträger von Amts wegen einen Registerauszug und die Satzung als Ausfertigung, Abdruck oder elektronisch. Soweit Abs. 2 die Übersendung des Gesellschaftsvertrags und Partnerschaftsvertrags nennt, beruht das wohl auf einem Versehen. Denn Gesellschaftsverträge von Personengesellschaften und der Partnerschaftsvertrag einer Partnerschaftsgesellschaft sind nicht Bestandteil der Registerakte (zutr. NK-UmwR/*Fischer* Rn. 15; Kallmeyer/*Zimmermann* Rn. 12).

8 Die Eintragung der Spaltung ist von den Registergerichten der übernehmenden und des übertragenden Rechtsträgers gem. §§ 125, 19 Abs. 3 bekannt zu machen. Insoweit kann auf die Erläuterungen zu § 19 Abs. 3 (→ § 19 Rn. 1 ff.) verwiesen werden.

Wirkungen der Eintragung

131 (1) **Die Eintragung der Spaltung in das Register des Sitzes des übertragenden Rechtsträgers hat folgende Wirkungen:**

1. **Das Vermögen des übertragenden Rechtsträgers, bei Abspaltung und Ausgliederung der abgespaltene oder ausgegliederte Teil oder die abgespaltenen oder ausgegliederten Teile des Vermögens einschließlich der Verbindlichkeiten gehen entsprechend der im Spaltungs- und Übernahmevertrag vorgesehenen Aufteilung jeweils als Gesamtheit auf die übernehmenden Rechtsträger über.**
2. **[1] Bei der Aufspaltung erlischt der übertragende Rechtsträger. [2] Einer besonderen Löschung bedarf es nicht.**
3. **[1] Bei Aufspaltung und Abspaltung werden die Anteilsinhaber des übertragenden Rechtsträgers entsprechend der im Spaltungs- und Übernahmevertrag vorgesehenen Aufteilung Anteilsinhaber der beteiligten Rechtsträger; dies gilt nicht, soweit der übernehmende Rechtsträger oder ein Dritter, der im eigenen Namen, jedoch für Rechnung dieses Rechtsträgers handelt, Anteilsinhaber des übertragenden Rechtsträgers ist oder der übertragende Rechtsträger eigene Anteile innehat oder ein Dritter, der im eigenen Namen, jedoch für Rechnung dieses Rechtsträgers handelt, dessen Anteilsinhaber ist. [2] Rechte Dritter an den Anteilen oder Mitgliedschaften des übertragenden Rechtsträgers bestehen an den an ihre Stelle tretenden Anteilen oder Mitgliedschaften der übernehmenden Rechtsträger weiter. [3] Bei Ausgliederung wird der übertragende Rechtsträger dem Ausgliederungs- und Übernahmevertrag Anteilsinhaber der übernehmenden Rechtsträger.**
4. **Der Mangel der notariellen Beurkundung des Spaltungs- und Übernahmevertrags und gegebenenfalls erforderlicher Zustimmungs- oder Verzichtserklärungen einzelner Anteilsinhaber wird geheilt.**

(2) **Mängel der Spaltung lassen die Wirkungen der Eintragung nach Absatz 1 unberührt.**

(3) **Ist bei einer Aufspaltung ein Gegenstand im Vertrag keinem der übernehmenden Rechtsträger zugeteilt worden und läßt sich die Zuteilung auch nicht durch Auslegung des Vertrags ermitteln, so geht der Gegenstand auf alle übernehmenden Rechtsträger in dem Verhältnis über, das sich aus dem Vertrag für die Aufteilung des Überschusses der Aktivseite der Schlußbilanz über deren Passivseite ergibt; ist eine Zuteilung des Gegenstandes an mehrere Rechtsträger nicht möglich, so ist sein Gegenwert in dem bezeichneten Verhältnis zu verteilen.**

Übersicht

I. Regelungsgegenstand

1 § 131 regelt die **Wirkungen der Eintragung** der Spaltung in das Register des übertragenden Rechtsträgers. Dazu gehört zunächst der **Übergang des übertragenen Vermögens** im Wege der **partiellen Gesamtrechtsnachfolge** (Abs. 1 Nr. 1). Dazu gehört ferner das Erlöschen des übertragenden Rechtsträgers bei der Aufspaltung (Abs. 1 Nr. 2). Weiter gehört dazu der **Erwerb der Anteile** bzw. Mitgliedschaften an dem übernehmenden Rechtsträger (Abs. 1 Nr. 3), sowie die **Heilung bzw. Unbeachtlichkeit von Mängeln** des Spaltungsvorgangs (Abs. 1 Nr. 4). Auch wenn § 131 das nicht ausdrücklich sagt, hat die Eintragung im **Register des übertragenden Rechtsträgers** damit **konstitutiven Charakter** für den gesamten Spaltungsvorgang (s. auch SHS/*Hörtnagl* Rn. 2). Diese Eintragung erfolgt nach § 130 erst nach der Eintragung der Spaltung im Register des übernehmenden Rechtsträgers. Die Eintragung dort hat jedoch nur deklaratorischen Charakter, konstitutiv ist allein die Eintragung in das Register des übertragenden Rechtsträgers (OLG Naumburg 12.2.1997, NJW-RR 1998, 178 (179)).

II. Partielle Gesamtrechtsnachfolge (Abs. 1 Nr. 1)

2 **1. Grundsatz.** Gemäß § 131 Abs. 1 Nr. 1 hat die Eintragung der Spaltung in das Register des übertragenden Rechtsträgers die Wirkung, dass das übertragene (Teil-)Vermögen des übertragenden Rechtsträgers, nach Maßgabe des Spaltungs- und Übernahmevertrags **als Gesamtheit** auf den übernehmenden Rechtsträger übergeht. Die damit angeordnete Gesamtrechtsnachfolge unterscheidet sich von derjenigen bei der Verschmelzung lediglich dadurch, dass sie aus Sicht des übernehmenden Rechtsträgers nicht dessen gesamtes Vermögen betrifft, sondern nur den im Spaltungsvertrag zugeordneten Teil davon (vgl. auch Semler/Stengel/*Leonard* Rn. 7). Dementsprechend hat sich die Bezeichnung **partielle Gesamtrechtsnachfolge** durchgesetzt. Der Vermögensübergang erfolgt dementsprechend nicht aufgrund rechtsgeschäftlicher Übertragungsakte, sondern **uno actu kraft Gesetzes.** Ein **gutgläubiger Erwerb** ist damit ausgeschlossen (Lutter UmwG/*Grunewald* § 20 Rn. 9; Semler/Stengel/*Leonard* Rn. 8). Bei **im Ausland belegenem Vermögen** ist es möglich, dass die Gesamtrechtsnachfolge mit dem betreffenden ausländischen (Sachen-)Recht unvereinbar ist oder nicht akzeptiert wird. Insoweit müssen die betreffenden Vermögensgegenstände zusätzlich nach dem jeweiligen lokalen Recht übertragen werden (ähnlich mit Einschränkung Lutter UmwG/*Lieder* Rn. 8 mwN). Ähnlich wie bei der Verschmelzung muss dies bei der Aufspaltung vorab erfolgen, weil der übertragende Rechtsträger erlischt. Bei der Abspaltung und Ausgliederung können solche Übertragungen ggf. auch nachträglich erfolgen. Hierzu sollten im Spaltungsvertrag entsprechende Unterstützungs- und Mitwirkungsklauseln hinsichtlich solcher zusätzlichen Maßnahmen und Schritte verabredet werden (→ § 126 Rn. 47).

3 **2. Einschränkungen.** Die Übertragbarkeit bzw. die Zuordnung der Vermögensteile des übertragenden Rechtsträgers unterliegt trotz Gesamtrechtsnachfolge gewissen Schranken (vgl. NK-UmwR/*Fischer* Rn. 3). Zunächst sind **gesetzliche Übertragungshindernisse** zu beachten. Höchstpersönliche Rechte und Pflichten sind nicht übertragbar, jedenfalls nicht ohne weiteres (dazu BGH 13.8.2015, NZG 2015, 1277; *Heckschen* ZIP 2014, 1605 ff.; zum höchstpersönlichen Verwaltungsakt OVG Münster 27.2.2013,

BeckRS 2013, 48390, Unübertragbarkeit eines Wegerechts nach § 68 Abs. 1 TKG 2004). Bei Vollmachten kommt es für die Übertragbarkeit auf das der Erteilung zugrunde liegende Rechtsverhältnis an (OVG Lüneburg 17.5.2011, BeckRS 2011, 53327; LG Koblenz 11.6.1997, NJW-RR 1998, 38). Absolute Veräußerungsverbote bzw. Verfügungsbeschränkungen stehen der Übertragung ebenfalls entgegen. Beschränkungen nach § 399 BGB stehen der Übertragung nicht entgegen (BGH 22.9.2016, NJW 2017, 71). Außerdem kann für die Übertragung die Einwilligung oder Genehmigung von Behörden oder Dritten notwendig sein (Lutter UmwG/*Teichmann,* 5. Aufl. 2014, Rn. 6). Akzessorietätsgrundsätze gelten auch für die Spaltung.

4 Teilweise wird die Streichung von § 132 aF zum Anlass genommen, aufgrund von Interessenabwägungen „immanente" Schranken aufzustellen (Lutter UmwG/*Teichmann,* 5. Aufl. 2014, Rn. 10; s. auch ausf. Lutter UmwG/*Lieder* Rn. 9 ff.).

5 Als weitere Schranke der partiellen Gesamtrechtsnachfolge kann sich das **Missbrauchsverbot** erweisen. So soll die Übertragung von Pensionsverbindlichkeiten ohne gleichzeitige Übertragung eines adäquaten Aktivvermögens missbräuchlich sein (LG Hamburg 8.12.2005, ZIP 2005, 2331 (2332); vgl. aber BAG 8.3.2008, ZIP 2008, 1935).

6 **3. Einzelheiten. a) Beteiligungen.** Beteiligungen des übertragenden Rechtsträgers an **Kapitalgesellschaften** (AG, GmbH) können im Rahmen einer Spaltung ohne weiteres auf den übernehmenden Rechtsträger übertragen werden. Bei **vinkulierten** Geschäftsanteilen bzw. Aktien (§ 15 Abs. 5 GmbHG, § 68 Abs. 2 AktG) ist nach zutreffender hM keine Zustimmung zu der Übertragung erforderlich, weil die Gesamtrechtsnachfolge von der Vinkulierung nicht erfasst wird (OLG Hamm 16.4.2014, ZIP 2014, 1479; NK-UmwR/*Fischer* Rn. 30; Kallmeyer/*Sickinger* Rn. 15; KK-UmwG/*Simon* Rn. 21; Lutter UmwG/*Lieder* Rn. 104; Semler/Stengel/*Schröer* Rn. 26; SHS/*Hörtnagl* Rn. 40; aA noch Lutter UmwG/*Teichmann,* 5. Aufl. 2014, Rn. 71; *Teichmann* GmbHR 2014, 393 (400)). **Erwerbsbeschränkungen** wie zB im Versicherungs- und Bankaufsichtsrechts (§ 18 VAG, § 2c KWG) können dagegen auch bei einem beabsichtigten Erwerb durch Spaltung Wirkung entfalten (vgl. auch Kallmeyer/Sickinger Rn. 2).

7 Bei Beteiligungen an **Personengesellschaften** ist zu unterscheiden. Die Beteiligung als **persönlich haftender Gesellschafter** an einer Personengesellschaft (GbR, oHG, Komplementär einer KG) wird als höchst persönlich angesehen. Sie kann im Rahmen einer Spaltung nur übertragen werden, wenn der Gesellschaftsvertrag die Übertragbarkeit ausdrücklich vorsieht (SHS/*Hörtnagl* Rn. 38; Semler/Stengel/*Schröer* Rn. 26; aA wohl KK-UmwG/*Simon* Rn. 22). Dabei ist im Einzelfall außerdem das im Gesellschaftsvertrag dafür festgelegte Prozedere einzuhalten, einschließlich dort etwa geregelter Zustimmungserfordernisse der Gesellschaft oder der Gesellschafter. **Kommanditanteile** an einer KG und Beteiligungen als **stiller Gesellschafter** sind demgegenüber grundsätzlich auf Dritte übertragbar, was sich aus § 177 bzw. § 234 Abs. 2 HGB schließen lässt (LG Bonn 15.2.2001, AG 2001, 367; Semler/Stengel/*Schröer* Rn. 26). Allerdings kann die Übertragbarkeit im Einzelfall durch den Gesellschaftsvertrag ausgeschlossen oder beschränkt sein.

8 Für die Übertragung von **Genossenschaftsanteilen** wird von der hM entweder unter analoger Anwendung oder unter Heranziehung des Rechtsgedankens von § 77a GenG der Übergang auf den übernehmenden Rechtsträger bei Erlöschen der Mitgliedschaft zum Schluss des Geschäftsjahrs angenommen (NK-UmwR/*Fischer* Rn. 27; Lutter UmwG/*Lieder* Rn. 105).

9 **b) Mitgliedschaften.** Die Mitgliedschaft in einem Verein ist gem. §§ 38, 40 BGB nur übertragbar, wenn die Satzung dies ausdrücklich bestimmt. Ausnahmen für Mitgliedschaften etwa in Arbeitgeberverbänden sind nicht anzuerkennen (LAG Hamm 9.11.2007, BeckRS 2008, 50733). Der übernehmende Rechtsträger muss ggf. eine eigene Mitgliedschaft begründen. Mitgliedschaften, die dessen ungeachtet einem übernehmenden Rechtsträger zugewiesen werden, verbleiben beim übertragenden Rechtsträger (aA Lutter UmwG/*Lieder* Rn. 97 bzgl. Vereinsmitgliedschaft: bleibt bestehen; aA Semler/Stengel/*Schröer* Rn. 24: Mitgliedschaft erlischt; gegen grundsätzliche Übertragung auch NK-UmwR/*Fischer* Rn. 26; Kallmeyer/*Sickinger* Rn. 15).

10 **c) Unternehmensverträge.** Gewinnabführungs- und Beherrschungsverträge haben in erster Linie organisationsrechtlichen Charakter. Demgegenüber sieht die hM unter spaltungsrechtlichen Gesichtspunkten den **Betriebspacht- und den Betriebsüberlassungsvertrag** als Schuldvertrag an, für dessen Übertragung auf den übernehmenden Rechtsträger nicht anderes gilt, als für jedes andere Schuldverhältnis (Lutter UmwG/*Teichmann,* 5. Aufl. 2014, Rn. 74). Werden sie übertragen, gelten sie jedoch nicht mehr als Unternehmensvertrag, sondern als normales Schuldverhältnis (Lutter UmwG/*Grunewald* § 20 Rn. 36 mwN).

11 Was die Übertragung der Rechtspositionen aus Gewinnabführungs- und Beherrschungsverträgen im Rahmen einer Spaltung anlangt, ist zu unterscheiden. Ist der **übertragende** Rechtsträger **herrschendes Unternehmen** bzw. Obergesellschaft bei einem Beherrschungs- und/oder Ergebnisabführungsvertrag, so wird eine Übertragung der Rechtsposition als herrschendes Unternehmen bzw. Obergesellschaft auf den übernehmenden Rechtsträger wohl in erster Linie dann in Betracht gezogen werden, wenn das

abhängige Unternehmen Bestandteil des übertragenen Vermögens ist. Ist dagegen das abhängige Unternehmen nicht Bestandteil des übertragenen Vermögens, dürfte eine Übertragung der Rechtsstellung als herrschendes Unternehmen bzw. Obergesellschaft praktisch nicht in Betracht kommen. In beiden Fällen dürfte die Spaltung sowohl aus Sicht des herrschenden Unternehmens wie aus Sicht des abhängigen Unternehmens jedenfalls eine Kündigung des Unternehmensvertrags aus wichtigem Grund rechtfertigen. Soweit die Rechtsstellung als herrschendes Unternehmen bzw. Obergesellschaft zusammen mit dem abhängigen Unternehmen auf den übernehmenden Rechtsträger übertragen werden soll, bedarf es dazu nicht der **Zustimmung** der **abhängigen** Gesellschaft (NK-UmwR/*Fischer* Rn. 34; Lutter UmwG/*Lieder* Rn. 111; SHS/*Hörtnagl* Rn. 59; Semler/Stengel/*Leonard* Rn. 29; *Krieger* ZGR 1990, 541; anders noch Lutter UmwG/*Teichmann,* 5. Aufl. 2014, Rn. 75). Das Zustimmungserfordernis soll dabei nichts mit der Frage zu tun haben, ob man den Beherrschungs- bzw. Gewinnabführungsvertrag als höchst persönlich ansieht (so aber *R. M. Schmidt,* Der aktienrechtliche Unternehmensvertrag als Gegenstand der Spaltung nach dem Umwandlungsgesetz, 2007, 213 ff.). Die Zustimmung müsse vielmehr deswegen eingeholt werden, weil ansonsten das Recht zur außerordentlichen Kündigung durch die abhängige Gesellschaft eine erfolgreiche Übertragung der Rechtsstellung als herrschendes Unternehmen bzw. Obergesellschaft vereiteln kann.

Davon zu unterscheiden ist der Fall, dass der übertragende Rechtsträger zB bei der Ausgliederung oder Abspaltung zur Aufnahme den übernehmenden Rechtsträger **bereits beherrscht.** Hier kommt eine Übertragung der Rechtsstellung als herrschendes Unternehmen ohnehin nicht in Betracht. Auch eine Kündigung aus wichtigem Grund durch das abhängige Unternehmen dürfte in einem solchen Fall kaum gerechtfertigt sein. Im Regelfall wird der Unternehmensvertrag durch eine solche Spaltung vielmehr unberührt bleiben. **12**

Ist der **übertragende** Rechtsträger selbst **abhängiges** Unternehmen, so soll nach teilweiser Ansicht diese Rechtsstellung im Rahmen einer Spaltung nicht auf einen übernehmenden Rechtsträger übertragbar (Lutter UmwG/*Teichmann,* 5. Aufl. 2014, Rn. 76; *K. J. Müller* BB 2002, 157 (161); aA *R. M. Schmidt,* Der aktienrechtliche Unternehmensvertrag als Gegenstand der Spaltung nach dem Umwandlungsgesetz, 2007, 226 ff.; so auch Lutter UmwG/*Priester* Rn. 113 ff.). In Betracht soll nach erster Auffassung allenfalls der Abschluss eines neuen Unternehmensvertrags zwischen dem herrschenden Gesellschafter des übertragenden Rechtsträgers und dem übernehmenden Rechtsträger kommen (vgl. auch NK-UmwR/*Fischer* Rn. 35). Der (ursprüngliche) Unternehmensvertrag bleibe mit dem übertragenden Rechtsträger bestehen bzw. erlösche bei einer Aufspaltung mit deren Wirksamkeit. Im Übrigen soll auch hier sowohl auf der Ebene des herrschenden Unternehmens wie auf der Ebene des übertragenden Rechtsträgers ein außerordentliches Kündigungsrecht im Einzelfall denkbar sein. Bei einer Spaltung zur Neugründung soll allerdings die Erstreckung des Abhängigkeitsverhältnisses auf die neugegründeten Rechtsträger (alle) möglich sein (so Lutter UmwG/*Teichmann,* 5. Aufl. 2014, Rn. 77; vgl. auch Lutter UmwG/*Lieder* Rn. 113). **13**

d) Immaterialgüter. Patente, Marken, Kennzeichen und Muster sind ohne weiteres übertragbar. Für die notwendigen Umschreibungen sollten im Spaltungsvertrag entsprechende Mitwirkungspflichten verabredet werden (→ § 126 Rn. 47). Auch Lizenzrechte sind regelmäßig frei übertragbar. Goodwill kann nicht aufgeteilt und übertragen werden. Der übernehmende Rechtsträger hat vielmehr Goodwill selbst auszuweisen nach Maßgabe der zugrundeliegenden, von ihm erworbenen Vermögensgegenstände. Zur Übertragbarkeit wettbewerbsrechtlicher Unterlassungsansprüche durch Spaltungen s. OLG Hamburg 9.9.2010, MDR 2010, 1479 f.; OLG Karlsruhe 22.1.2014, GRUR-RR 2014, 362. Zur Übertragung wettbewerbsrechtlicher Unterlassungsansprüche im Wege der Ausgliederung s. BGH 6.6.2019, NJW 2019, 3065. **14**

e) Grundstücke. Werden Grundstücke dem übertragenen Vermögen zugeordnet, vollzieht sich der Eigentumswechsel mit dem Wirksamwerden der Spaltung außerhalb des Grundbuchs (BGH 25.1.2008, BGHZ 175, 123 (127) mwN). Bei Wohnungseigentum ist keine Zustimmung nach § 12 WEG erforderlich (OLG Jena 5.7.2013, ZWE 2014, 123 f.; LG Darmstadt 24.9.2007, Rpfleger 2008, 21). Bei landwirtschaftlichen Grundstücken bedarf es keiner Genehmigung nach § 2 GrundstVG (OLG Frankfurt a. M. 9.10.2017, NJOZ 2018, 1243 (1245); LG Ellwangen 21.5.1995, BWNotZ 1996, 125). Das Grundbuch ist dementsprechend zu **berichtigen.** Für die Berichtigung ist neben dem Antrag (dazu OLG Hamm 13.7.2012, BeckRS 2012, 19331) der Nachweis des Vollzugs im Handelsregister der übertragenden Gesellschaft und die Vorlage des Spaltungs- und Übernahmevertrags bzw. des Spaltungsplans erforderlich (OLG Frankfurt a. M. 27.12.2011, NZG 2013, 143; OLG Düsseldorf 19.4.2010, FGPrax 2010, 225 f.). Für Grundstücke verweist § 126 Abs. 2 S. 2 auf **§ 28 GBO,** wonach das Grundstück anhand von Grundbuch und Grundbuchblatt zu bezeichnen ist (BGH 25.1.2008, BGHZ 175, 123 (127) mwN; KG Berlin 1.8.2014, ZIP 2014, 1732). Zur notwendigen Bezeichnung im Spaltungsvertrag → § 126 Rn. 25. Eine § 28 GBO nicht genügende oder fehlende Bezeichnung des Grundstücks hindert den Rechtsübergang. Das gilt auch dann, wenn sich durch Auslegung des Vertrags ermitteln lässt, welches Grundstück übertragen werden sollte (so BGH 25.1.2008, BGHZ 175, 123 (131); aA zu Recht SHS/*Hörtnagl* § 126 Rn. 81; Widmann/Mayer/*Mayer* § 126 Rn. 212; *Priester* DNotZ 1995, 427 **15**

(445 f.); *Volmer* WM 2002, 428 (430)). Dasselbe gilt im Hinblick auf Rechte an Grundstücken (OLG Schleswig 1.10.2009, NJW-RR 2010, 592 f.; KG Berlin 1.8.2014, ZIP 2014, 1732). Insbesondere vollzieht sich der Übergang auch bei Grundschulden kraft Gesetzes und außerhalb des Grundbuchs (OLG Hamm 4.1.2011, NZG 2011, 393 (394); unzutreffend aA LG Krefeld 17.1.2011, RNotZ 2011, 300 (302)). Ist allerdings klar und eindeutig bestimmt, welche Grundstücke und Rechte übergehen sollen, ohne dass es dazu einer Auslegung bedarf, schadet die Nichteinhaltung von § 28 GBO nicht (so für „All-Klausel" OLG Schleswig 1.10.2009, NJW-RR 2010, 592 f.). Die materiell-rechtliche Wirksamkeit der Spaltung ist im Grundbucheintragungsverfahren nicht zu überprüfen. Dies gilt insbesondere auch für die wirksame Vertretung der Vertragsbeteiligten des Abspaltungs- und Übernahmevertrages. Auf die Frage, in welcher Form der Nachweis einer Bevollmächtigung zu führen wäre, kommt es danach bereits im Ausgangspunkt nicht an. Diese Beschränkung der Prüfungsbefugnis des Grundbuchamtes folgt aus § 131 Abs. 1 Nr. 4 und Abs. 2. Die Bevollmächtigung zum Abschluss des Spaltungsvertrags bedarf deshalb nicht des Nachweises in der Form des § 29 GBO (näher OLG Hamm 10.7.2014, ZIP 2014, 2135 (2136)).

16 Für Nießbrauch, beschränkte persönliche Dienstbarkeiten und das dingliche Vorkaufsrecht ist umstritten, ob die Übertragungsbeschränkung nach § 1059a Abs. 1 Nr. 2 BGB (iVm § 1092 Abs. 2 BGB, § 1098 Abs. 2 BGB) auch für die Spaltung gilt. Nach hM ist das nicht der Fall. Vielmehr sei § 1059a Abs. 1 Nr. 1 BGB anzuwenden (MüKoBGB/*Pohlmann* BGB § 1059a Rn. 5; *Hennrichs* ZIP 1995, 794 (799); Lutter UmwG/*Lieder* Rn. 64 f.; vgl. auch NK-UmwR/*Fischer* Rn. 16).

17 **f) Forderungen.** Forderungen können grundsätzlich auf den übernehmenden Rechtsträger übertragen werden, ohne dass es dazu einer Zustimmung des Schuldners bedarf (OLG Dresden 28.4.2008, WM 2008, 1273 (1274)). Sind akzessorische Sicherungsrechte mit der Forderung verbunden, gehen diese mit der Forderung über (KK-UmwG/*Simon* Rn. 27). Bürgschaften sichern auch Neuforderungen des übernehmenden Rechtsträgers, wenn die Geschäftsbeziehung fortgeführt wird (OLG Hamm 4.3.2010, NJW 2010, 2591 (2592)). Für Forderungen, die einem Abtretungsverbot unterliegen oder ihrem Inhalt nach nicht übertragbar sind, war umstritten, ob (auch nach Streichung von § 132 aF) § 399 BGB unmittelbar bzw. über § 412 BGB anwendbar ist (dagegen OLG Düsseldorf 25.11.2014, BeckRS 2015, 6718; offengelassen von OLG Dresden 28.4.2008, WM 2008, 1273 (1274)). Die hM versuchte mit unterschiedlicher Begründung die mögliche Rechtsfolge eines Erlöschens der Forderung zu vermeiden (Semler/Stengel/*Schröer* Rn. 31). Soweit in diesem Zusammenhang negiert wird, dass der Vermögensübergang gem. § 131 kraft Gesetzes erfolgt, weil er auf dem privatautonomen Spaltungsvertrag beruhe (so etwa Lutter UmwG/*Teichmann,* 5. Aufl. 2014, Rn. 45) überzeugt das nicht. Der Meinungsstreit dürfte für die Praxis mittlerweile überholt sein, seit der BGH entschieden hat, dass Beschränkungen nach § 399 BGB der Übertragung nicht entgegenstehen (BGH 22.9.2016, NJW 2017, 71). Auch der Erwerb vom Erblasser kraft letztwilliger Verfügungen beruht so gesehen auf einem privatautonomen Rechtsgeschäft. Der Praxis ist insoweit zu raten, bei Ausgliederungen und Abspaltungen nicht übertragbare Forderungen beim übertragenden Rechtsträger zu belassen und alles weitere ggf. im Innenverhältnis zu regeln. Bei der Aufspaltung sollte die Praxis eine einvernehmliche Lösung mit den betreffenden Schuldnern suchen. Das Problem dürfte sich ohnehin nur in Einzelfällen stellen.

18 **g) Verbindlichkeiten.** Verbindlichkeiten sind ebenfalls grundsätzlich übertragbar. Die §§ 414 ff. BGB sind dabei nicht anwendbar (OLG Dresden 28.4.2008, WM 2008, 1273 (1274); BAG 22.2.2005, NJW 2005, 3371; NK-UmwR/*Fischer* Rn. 21; KK-UmwG/*Simon* Rn. 28), dh sie sind grundsätzlich ohne Zustimmung des Gläubigers übertragbar. Dafür genießen die Gläubiger den Schutz nach §§ 133, 134. Zur Übertragung von Kreditverbindlichkeiten → § 126 Rn. 30.

19 Für die Ausgliederung von Pensionsverpflichtungen – ohne Betriebsübergang – findet § 4 BetrAVG keine Anwendung (BAG 8.3.2008, ZIP 2008, 1935; BAG 22.2.2005, Konzern 2005, 370).

20 **h) Vertragsverhältnisse.** Vertragsverhältnisse können dem übertragenen Vermögen zugewiesen und auf den übernehmenden Rechtsträger übertragen werden. Auch sie gehen kraft Gesetzes über, ohne dass es einer Zustimmung der anderen Vertragspartei bedarf. Das gilt auch für Dauerschuldverhältnisse. Nach hM gilt das auch für solche Schuldverhältnisse, in denen die andere Vertragspartei ein besonderes Vertrauen oder eine besondere Sachkunde in Anspruch nimmt (BGH 13.8.2015, NZG 2015, 1277 zum Versicherungsagenturverhältnis). Wo der Übergang des Vertrags nicht interessengerecht sei, sei die andere Vertragspartei durch ein Recht zur außerordentlichen Kündigung zu schützen, wenn dessen Fortführung mit dem übernehmenden Rechtsträger unzumutbar sei (NK-UmwR/*Fischer* Rn. 23; Semler/Stengel/*Schröer* Rn. 36). Bei einem Miet- oder Pachtverhältnis ist die spaltungsbedingte Auswechslung des Vermieters bzw. Verpächters kein Kündigungsgrund (BGH 8.10.2003, NZG 2003, 1172; zum Pächterwechsel in Folge Verschmelzung ebenso BGH 26.4.2002, BGHZ 150, 365 = NJW 2002, 2168). Zu Kreditverträgen → § 126 Rn. 30.

21 Die **Aufteilung eines Vertragsverhältnisses** auf den übertragenden und den übernehmenden bzw. auf mehrere übernehmende Rechtsträger ist nach hM grundsätzlich zulässig (NK-UmwR/*Fischer* Rn. 25), wobei gewisse Einschränkungen zu beachten seien (Lutter UmwG/*Lieder* Rn. 87; Semler/

Stengel/*Schröer* Rn. 38). Dem ist zuzustimmen. Nach anderer Ansicht wird dies jedoch abgelehnt mit dem Hinweis, dass die partielle Gesamtrechtsnachfolge nicht weiter reichen könne, als die „normale“ Gesamtrechtsnachfolge. Dann müsse konsequenter Weise eine Aufteilung eines Vertragsverhältnisses im Rahmen einer Spaltung als nicht zulässig angesehen werden (so hier *Wardenbach* → 4. Aufl. 2019, Rn. 21).

i) Rechtspositionen des öffentlichen Rechts. Sachlich an einen übergehenden Gegenstand gebundene öffentlich-rechtliche Rechtspositionen sind auf den übernehmenden Rechtsträger übertragbar (KK-UmwG/*Simon* Rn. 34 und § 20 Rn. 30; Lutter UmwG/*Lieder* Rn. 118). Eine Ausnahme bilden personenbezogene Erlaubnisse und Genehmigungen (BFH 22.11.2011, BFHE 235, 95 mwN zur stromsteuerrechtlichen Erlaubnis; OVG Münster 25.9.2013, GesR 2013, 38 (40) zur Apothekenbetriebserlaubnis). Zum höchstpersönlichen Verwaltungsakt OVG Münster 27.2.2013, BeckRS 2013, 48390 (Unübertragbarkeit eines Wegerechts nach § 68 Abs. 1 TKG 2004). Zur Beleihung VG Bremen 10.11.2017, BeckRS 2017, 139011. Zur Erlaubnis nach § 17 RettG NRW OVG Münster 9.5.2017, BeckRS 2017, 114362. Zu öffentlichen Fördermitteln VG Düsseldorf 17.7.2013, IBRRS 2013, 4275. Auch öffentlich-rechtliche Verhaltenshaftungen sind nicht übertragbar (OVG Schleswig 23.8.2000, DVBl. 2000, 1877). Zur Untersagungsverfügung nach § 18 KrWG einerseits BayVGH 4.7.2017, BeckRS 2017, 116458 andererseits VG Oldenburg 16.8.2017, BeckRS 2017, 125910). 22

j) Kartellstrafen und sonstige Geldbußen. Kartellbußgelder in Gestalt der sog. **Verbandsgeldbuße** konnten nach der bisherigen Rechtsprechung des BGH bei Verschmelzungen nur unter engen Voraussetzungen („wirtschaftliche Identität“) gegen den übernehmenden Rechtsträger festgesetzt werden (BGH 10.8.2011, wistra 2012, 152 ff. – Versicherungsfusion). Deshalb konnten Verbandsgeldbußen durch gezielte Umwandlungsmaßnahmen unterlaufen werden. Bußgelder ergehen auch bei juristischen Personen gegen den Rechtsträger und nicht gegenüber einer „Vermögensmasse“. Die Annahme, ein Bußgeld gegen eine juristische Person sei daher nicht **höchstpersönlich** und gehe auf den übernehmenden Rechtsträger über (so OLG Düsseldorf 28.11.2012, NZKart 2013, 254 ff.), verkennt Art. 103 Abs. 2 GG (vgl. ebenso zur Ordnungsgeldfestsetzung LG Bonn 26.3.2013, NJW-RR 2013, 1261 (1262)). Mit Wirkung zum 30.6.2013 wurde in **§ 30 OWiG der neue Abs. 2a** eingefügt. Danach können im Falle einer Gesamtrechtsnachfolge oder einer partiellen Gesamtrechtsnachfolge durch Aufspaltung Verbandsgeldbußen auch gegen den **Rechtsnachfolger** festgesetzt werden (s. auch Lutter UmwG/*Lieder* Rn. 121). Ausweislich des Gesetzeswortlauts betrifft das nur die **Aufspaltung,** nicht dagegen die Abspaltung oder die Ausgliederung. Ausweislich der Gesetzesmaterialien (BT-Drs. 17/11053, 26) war die Beschränkung auf die Aufspaltung auch beabsichtigt. Denn der Gesetzgeber ging ausweislich der Begründung davon aus, dass § 30 Abs. 2a S. 2 OWiG auf die Abspaltung oder Ausgliederung deswegen nicht anwendbar sein soll, weil in diesen Fällen der ursprüngliche Rechtsträger fortbestehe. 22a

Anders als bei der Verschmelzung stellt sich insoweit bei der Aufspaltung das Problem, dass es mindestens zwei partielle Gesamtrechtsnachfolger gibt, was die Frage aufwirft, **gegenüber welchem der Gesamtrechtsnachfolger** die Geldbuße festgesetzt werden kann. Zwar regelt § 30 Abs. 2a S. 2 OWiG, dass die Geldbuße den **Wert des übernommenen Vermögens** sowie die Höhe der gegenüber dem Rechtsvorgänger angemessenen Geldbuße nicht übersteigen darf. Damit ist aber noch nicht gesagt, wer von mehreren Gesamtrechtsnachfolgern in die Haftung genommen werden kann. Da § 30 Abs. 2a S. 3 OWiG vorsieht, dass „der oder die Rechtsnachfolger“ in die Verfahrensstellung im Bußgeldverfahren eintreten, geht das Gesetz offensichtlich davon aus, dass es zulässig ist, mehreren oder jedem partiellen Rechtsnachfolger im Falle der Aufspaltung die Geldbuße oder einen Teil davon aufzuerlegen. Davon geht auch die Begründung aus. Dort heißt es, gegen welche bzw. gegen welchen Teilrechtsnachfolger die Geldbuße festzusetzen sei, entscheide die Verwaltungsbehörde bzw. das erkennende Gericht (BT-Drs. 17/11053, 28). Die Regelung orientiere sich am Prinzip der gesamtschuldnerischen Haftung gem. § 133. Die Neuregelung solle darüber hinaus auch wiederholte bzw. mittelbare Rechtsnachfolgen beispielsweise durch Kettenumwandlungsmaßnahmen erfassen. 22b

Es bedarf wenig Phantasie, dass die Vorschrift in der Praxis enorme Schwierigkeiten verursachen wird. Entsprechende **Haftungs- und Freistellungsregelungen** und ggf. Verfahrensregelungen **im Aufspaltungsvertrag** erscheinen insoweit ratsam. 22c

Die Regelung nach § 30 Abs. 2a OWiG gilt nicht für Bußgeldtatbestände, die bei Inkrafttreten am 30.6.2013 bereits begangen waren (Rückwirkungsverbot). Sie erfasst andererseits nicht nur Kartellbußgelder, sondern alle Geldbußen iSv § 30 OWiG. 22d

Hinzuweisen ist in diesem Zusammenhang auf das Urteil des EuGH 14.3.2019, EuZW 2019, 374 ff. mkritAnm *Harms/Kirst*. Demnach gilt bzgl. eines Verstoßes zumindest gegen das unionsrechtliche Verbot von Kartellen aus Art. 101 Abs. 1 AEUV ein europarechtlicher Unternehmensbegriff. Dieser meint eine wirtschaftliche Einheit unabhängig von der jeweiligen juristischen Person, die einen entsprechenden Verstoß begangen hat. Daher soll zur effektiven Durchsetzbarkeit des Kartellverbotes auch ein Rechtsnachfolger Adressat einer Schadensersatzpflicht sein können, wenn dieser das den Verstoß 22e begehende Unternehmen im Rahmen von Umstrukturierungen übernommen hat (EuGH 14.3.2019, EuZW 2019, 374 (376)).

23 **k) Prozessrechtsverhältnisse.** Prozessrechtsverhältnisse fallen nicht unter den Vermögensbegriff (Lutter UmwG/*Lieder* Rn. 123). Dementsprechend bestimmen sich die Auswirkungen der Spaltung grundsätzlich nach dem Prozessrecht (NK-UmwR/*Fischer* Rn. 41). Möglich ist aber, im Spaltungsvertrag Risiken und Haftungen für bzw. aus solche(n) Prozessrechtsverhältnissen festzulegen, zB auch in Form einer Garantie zugunsten des übernehmenden Rechtsträgers.

24 **l) Daten.** Im Ergebnis bestand schon unter Geltung des BDSG Einigkeit darüber, dass die zu dem übertragenen Vermögen „gehörenden" Daten einschließlich personenbezogener Daten auf den übernehmenden Rechtsträger übertragen werden können, ohne dass dazu eine Einzelerlaubnis zur Datenübermittlung gem. § 4 BDSG erforderlich ist. ZT wurde angenommen, dass schon keine Datenübermittlung iSv § 3 Abs. 4 S. 2 Nr. 3 BDSG vorliegt (*Marsch-Barner/Mackenthun* ZHR 165 (2002), 426 (432)). Andere hielten eine Zulässigkeit gem. § 28 Abs. 1 Nr. 2 BDSG für gegeben (Lutter UmwG/*Grunewald* § 20 Rn. 39). Andere sahen § 131 als Erlaubnisnorm iSv § 4 BDSG (Lutter UmwG/*Teichmann* Rn. 119). Daran hat sich durch die DS-GVO im Ergebnis nichts geändert (vgl. dazu auch Kallmeyer/*Sickinger* Rn. 20).

25 **m) Arbeitsverhältnisse.** Soweit die Spaltung zu einem (Teil-)Betriebsübergang nach § 613a BGB führt, sind Arbeitsverhältnisse nicht durch den Spaltungsvertrag den beteiligten Rechtsträgern zuzuordnen (→ § 125 Rn. 37). Eine Zuordnung einzelner Arbeitsverhältnisse zum übertragenen Vermögen ist (nur) möglich, wenn kein Betriebsübergang vorliegt (BAG 19.10.2017, NJW 2018, 885). Das betreffende Arbeitsverhältnis geht dann mit allen Rechten und Pflichten gem. § 131 kraft Gesetzes auf den übernehmenden Rechtsträger über. Im Fall einer Spaltung jedoch sei dafür die Zustimmung des Arbeitnehmers bzgl. des Übergangs Voraussetzung. Dies folge aus der Gesetzesgeschichte und aus den grundrechtlichen Wertungen des Art. 12 Abs. 1 GG (BAG 19.10.2017, NJW 2018, 885; zustimmend auch SHS/*Langner* § 126 Rn. 112).

26 **n) Organstellungen.** Bei der Aufspaltung fallen mit dem Erlöschen des übertragenden Rechtsträgers auch dessen Organe weg. Bei der Abspaltung und Ausgliederung bleibt die Stellung der Organe des übertragenden Rechtsträgers grundsätzlich unberührt. Vorstände oder Geschäftsführer fallen auch nicht unter § 613a BGB (NK-UmwR/*Fischer* Rn. 53). Grundsätzlich können ihre **Anstellungsverhältnisse** jedoch dem übernehmenden Rechtsträger zugeordnet werden (BFH 12.12.2007, NV 2008, 376; SHS/*Langner* Vor §§ 322 Rn. 102). Auch dann ist die Organstellung nicht übertragbar, sondern es bedarf einer gesonderten Bestellung beim übernehmenden Rechtsträger (Lutter UmwG/*Priester* § 126 Rn. 88). Beim Aufsichtsrat ist eine solche Zuordnung ausgeschlossen. Insoweit können sich iÜ mitbestimmungsrechtliche Anpassungserfordernisse ergeben. Zum besonderen Vertreter nach § 147 AktG s. BGH 18.6.2013, AG 2013, 634.

III. Erlöschen des übertragenden Rechtsträgers bei Aufspaltung (Abs. 1 Nr. 2)

27 Im Unterschied zur Abspaltung und Ausgliederung ist die Aufspaltung dadurch gekennzeichnet, dass der übertragende Rechtsträger sein Vermögen **vollständig** auf mindestens zwei übernehmende Rechtsträger überträgt (vgl. § 123 Abs. 1). Dementsprechend erlischt nach Abs. 1 Nr. 2 der übertragende Rechtsträger mit der Eintragung der Spaltung in sein Register. Das Erlöschen erfolgt auch hier kraft Gesetzes und ohne das Erfordernis weiterer Rechtsakte oder weiterer Registereintragungen. Gleichzeitig erlöschen sämtliche Organbestellungen, die Mitgliedschaftsrechte am übertragenden Rechtsträger und etwa daran bestellte Rechte Dritter, soweit keine dingliche Surrogation an den an ihre Stelle getretenen Anteilen am übernehmenden Rechtsträger eintritt (dazu Lutter UmwG/*Grunewald* § 20 Rn. 65). Bei aus der Spaltungsmaßnahme an sich folgender Schadensersatzpflicht der Organmitglieder des übertragenden Rechtsträgers iSd § 25 Abs. 1 wird dessen Fortbestehen jedoch ausnahmsweise nach §§ 125 S. 1, 25 Abs. 2 fingiert (NK-UmwR/*Fischer* Rn. 55).

IV. Anteilsgewährung (Abs. 1 Nr. 3)

28 Der Erwerb der als Gegenleistung für das übertragene Vermögen gemäß den Festsetzungen des Spaltungsvertrags zu gewährenden Anteile am übernehmenden Rechtsträger erfolgt nach Abs. 1 Nr. 3 mit der Eintragung der Spaltung im Register des übertragenden Rechtsträgers kraft Gesetzes. Soweit rechtsformbedingt nicht Anteile sondern Mitgliedschaften am übernehmenden Rechtsträger gewährt werden, vollzieht sich der Erwerb dieser Mitgliedschaften nach Abs. 1 Nr. 3 kraft Gesetzes. Erwerber sind die Anteilsinhaber zum Zeitpunkt der Eintragung im Register. Veräußert zB ein berechtigter Anteilsinhaber nach dem Spaltungsbeschluss aber vor der Eintragung der Spaltung im Register des übertragenden Rechtsträgers seine Beteiligung, so tritt der Erwerber spaltungsrechtlich in seine Rechts-

stellung nach dem Spaltungsvertrag ein (vgl. BayObLG 2.4.2003, NZG 2003, 829 (830); vgl. auch NK-UmwR/*Fischer* Rn. 58).

Soweit bei einer nicht verhältniswahrenden Spaltung iSv § 128 die Anteile von ausscheidenden Gesellschaftern am übertragenden Rechtsträger nach Maßgabe des Spaltungsvertrags den verbleibenden Gesellschaftern des übertragenden Rechtsträgers zukommen, erwerben auch diese die betreffenden Anteile nach Abs. 1 Nr. 3 kraft Gesetzes. **29**

Ausgeschlossen ist der Erwerb von Anteilen nach Abs. 1 Nr. 3 S. 2 Hs. 2 in den Fällen, in denen anderenfalls der übernehmende Rechtsträger Anteile an sich selbst erhalten würde und sei es indirekt dadurch, dass ein Dritter die Anteile für Rechnung des übernehmenden Rechtsträgers hält. Für die AG und die GmbH wird dieses Erwerbsverbot ergänzt durch die nach § 125 S. 1 bei der Auf- und Abspaltung entsprechend geltenden Kapitalerhöhungsverbote (§ 54 Abs. 1 S. 1 und § 68 Abs. 1 S. 1). Die Regelung entspricht iÜ derjenigen in § 20 Abs. 1 Nr. 3 für die Verschmelzung mit Blick auf den übernehmenden Rechtsträger. Zu den Einzelheiten kann daher auf die Erläuterungen zu dieser Vorschrift (→ § 20 Rn. 1 ff.) verwiesen werden. **30**

Nach Abs. 1 Nr. 3 S. 2 setzen sich Rechte Dritter an den Anteilen oder Mitgliedschaften beim übertragenden Rechtsträger im Wege der dinglichen Surrogation an den dafür gewährten Anteilen am übernehmenden Rechtsträger fort. Das betrifft zB Pfandrechte oder einen Niesbrauch (s. insg. zum Verhältnis von Sicherungsrechten und Umwandlungsmaßnahmen *Heckschen/Weitbrecht* ZIP 2019, 1199 ff.). Für schuldrechtliche Abreden in Bezug auf die Beteiligungen, zB Stimmbindungsverträge, findet eine solche Surrogation indessen nicht statt. Ob ein Anspruch auf eine entsprechende Abrede im Hinblick auf die durch die Spaltung erworbenen Anteile besteht, richtet sich nach der ursprünglich getroffenen Vereinbarung. Bei offenen Treuhandverhältnissen wird eine entsprechende Anwendung von Abs. 1 Nr. 3 S. 2 befürwortet (*Teichmann* ZGR 1978, 36 (44); aA Kallmeyer/*Marsch-Barner* § 20 Rn. 31). Für die verdeckte Treuhand gilt das nicht. Wegen der weiteren Einzelheiten kann auf die Kommentierung zu der Parallelvorschrift für die Verschmelzung in § 20 Abs. 2 Nr. 3 S. 2 (→ § 20 Rn. 1 ff.) verwiesen werden. **31**

V. Beurkundungsmängel (Abs. 1 Nr. 4)

Abs. 1 Nr. 4 ordnet die **Heilung** von Mängeln der Beurkundung an. Jegliche Beurkundungsmängel des Spaltungsvertrags wie auch Beurkundungsmängel erforderlicher Zustimmungen und Verzichte werden durch die Eintragung der Spaltung im Register des übertragenden Rechtsträgers geheilt. Das gilt sogar, wenn die Beurkundung unterblieben ist. Abs. 1 Nr. 4 betrifft aber **ausschließlich Beurkundungsmängel.** Die Behandlung anderer Mängel richtet sich nach Abs. 2. **32**

VI. Spaltungsmängel (Abs. 2)

Nach Abs. 2 können Mängel der Spaltung nach ihrer Eintragung im Register des übertragenden Rechtsträgers nicht mehr **geltend gemacht** werden. Das umfasst Mängel des Spaltungsvertrags ebenso wie Mängel der Zustimmungsbeschlüsse einschließlich der Verletzung der rechtsformabhängigen Regularien für die Vorbereitung und Durchführung der jeweiligen Gesellschafter- bzw. Mitgliederversammlungen (vgl. OLG Hamburg 17.8.2007, DNotZ 2009, 227). Ebenso werden mangelhafte oder fehlende Zustimmungs- oder Verzichtserklärungen überspielt. Auch Willensmängel und Vertretungsfehler einschließlich mangelhafter oder fehlender Vollmachten können nicht mehr geltend gemacht werden (OLG Frankfurt a. M. 22.10.2002, NZG 2003, 236 (237)). War für den Anteilserwerb durch Minderjährige eine Genehmigung des Familiengerichts nicht eingeholt oder erteilt, so wird man dies ebenfalls als unbeachtlich ansehen müssen. Abs. 2 soll nicht gelten, wenn die Anteilseigner eines beteiligten Rechtsträgers überhaupt keinen Zustimmungsbeschluss gefasst hatten (Lutter UmwG/*Lieder* Rn. 150; Semler/Stengel/*Leonard* Rn. 67). Eine Anfechtung des Zustimmungsbeschlusses ist auch nach der Eintragung der Spaltung noch zulässig (aA Kallmeyer/*Sickinger* Rn. 28), aber nur noch als Grundlage für etwaige Schadensersatzansprüche (OLG Stuttgart 28.2.2004, NZG 2004, 463 (465); OLG Hamburg 17.8.2007, DNotZ 2009, 227; LG München I 9.6.2005, AG 2005, 623 (624); aA Lutter UmwG/*Lieder* Rn. 151). Denn Abs. 2 schließt solche Schadensersatzansprüche für Mängel oder Fehler bei der Spaltung gegen die dafür Verantwortlichen nicht aus (NK-UmwR/*Fischer* Rn. 66; Semler/Stengel/*Leonard* Rn. 65). Mängel der Kapitalerhöhung können nach Eintragung der Spaltung ebenfalls nicht mehr geltend gemacht werden. Eine Rückabwicklung der Kapitalerhöhung ist ausgeschlossen (Lutter UmwG/*Grunewald* § 20 Rn. 79 mwN) **33**

VII. Vergessene Vermögensgegenstände (Abs. 3)

Abs. 3 trifft für die Aufspaltung eine Regelung, wie im Zweifel sich die Zuordnung vergessener Vermögensteile regeln soll. Wenn im Spaltungsvertrag eine entsprechende Auffangklausel für vergessene bzw. versehentlich falsch zugeordnete Vermögensteile vorgesehen wurde (→ § 126 Rn. 46), dürfte die Vorschrift im Einzelfall nicht relevant werden. Anderenfalls ist nach der Vorschrift durch Auslegung des **34**

Spaltungsvertrags zu ermitteln, wem und wie die vergessenen Vermögensgegenstände zuzuordnen sind. Auf vergessene Verbindlichkeiten ist § 131 Abs. 3 nicht anwendbar (Lutter UmwG/*Lieder* Rn. 161). Hier verbleibt es bei der gesamtschuldnerischen Haftung nach § 133. Das Zuteilungsproblem kehrt dann allerdings beim gesamtschuldnerischen Innenausgleich nach § 426 BGB zwischen den übernehmenden Rechtsträgern wieder (zutr. NK-UmwR/*Fischer* Rn. 67; Semler/Stengel/*Leonard* Rn. 72). Auf die Abspaltung und die Ausgliederung ist Abs. 3 nicht anzuwenden, auch nicht entsprechend. Enthält der Spaltungsvertrag keine entsprechende Auffangklausel, so kann sich eine Pflicht zur nachträglichen Übertragung vergessener Vermögensteile bzw. zur Rückgewähr versehentlich übertragender Vermögensteile nur dann ergeben, wenn der Vertrag trotz des Fehlens einer solchen Auffangklausel objektiv entsprechend ausgelegt werden kann.

(aufgehoben)

132

Schutz der Gläubiger und der Inhaber von Sonderrechten

133 (1) [1]**Für die Verbindlichkeiten des übertragenden Rechtsträgers, die vor dem Wirksamwerden der Spaltung begründet worden sind, haften die an der Spaltung beteiligten Rechtsträger als Gesamtschuldner.** [2]**Die §§ 25, 26 und 28 des Handelsgesetzbuchs sowie § 125 in Verbindung mit § 22 bleiben unberührt; zur Sicherheitsleistung ist nur der an der Spaltung beteiligte Rechtsträger verpflichtet, gegen den sich der Anspruch richtet.**

(2) [1]**Für die Erfüllung der Verpflichtung nach § 125 in Verbindung mit § 23 haften die an der Spaltung beteiligten Rechtsträger als Gesamtschuldner.** [2]**Bei Abspaltung und Ausgliederung können die gleichwertigen Rechte im Sinne des § 125 in Verbindung mit § 23 auch in dem übertragenden Rechtsträger gewährt werden.**

(3) [1]**Diejenigen Rechtsträger, denen die Verbindlichkeiten nach Absatz 1 Satz 1 im Spaltungs- und Übernahmevertrag nicht zugewiesen worden sind, haften für diese Verbindlichkeiten, wenn sie vor Ablauf von fünf Jahren nach der Spaltung fällig und daraus Ansprüche gegen sie in einer in § 197 Abs. 1 Nr. 3 bis 5 des Bürgerlichen Gesetzbuchs bezeichneten Art festgestellt sind oder eine gerichtliche oder behördliche Vollstreckungshandlung vorgenommen oder beantragt wird; bei öffentlich-rechtlichen Verbindlichkeiten genügt der Erlass eines Verwaltungsakts.** [2]**Für vor dem Wirksamwerden der Spaltung begründete Versorgungsverpflichtungen auf Grund des Betriebsrentengesetzes beträgt die in Satz 1 genannte Frist zehn Jahre.**

(4) [1]**Die Frist beginnt mit dem Tage, an dem die Eintragung der Spaltung in das Register des Sitzes des übertragenden Rechtsträgers nach § 125 in Verbindung mit § 19 Abs. 3 bekannt gemacht worden ist.** [2]**Die für die Verjährung geltenden §§ 204, 206, 210, 211 und 212 Abs. 2 und 3 des Bürgerlichen Gesetzbuchs sind entsprechend anzuwenden.**

(5) **Einer Feststellung in einer in § 197 Abs. 1 Nr. 3 bis 5 des Bürgerlichen Gesetzbuchs bezeichneten Art bedarf es nicht, soweit die in Absatz 3 bezeichneten Rechtsträger den Anspruch schriftlich anerkannt haben.**

(6) [1]**Die Ansprüche nach Absatz 2 verjähren in fünf Jahren.** [2]**Für den Beginn der Verjährung gilt Absatz 4 Satz 1 entsprechend.**

Übersicht

I. Spaltungsspezifischer Gläubigerschutz

§ 133 statuiert ein spaltungsspezifisches Gläubigerschutzkonzept, das aus zwei Komponenten besteht. Durch eine auf fünf bzw. zehn Jahre beschränkte gesamtschuldnerische Haftung der beteiligten Rechtsträger für Altverbindlichkeiten des übertragenden Rechtsträgers werden die Gläubiger zunächst wirtschaftlich so gestellt, als habe es keine Spaltung gegeben. Unter bestimmten Voraussetzungen tritt als zweite Komponente ein Anspruch des einzelnen Gläubigers auf Sicherheitsleistung hinzu. Dieser Gläubigerschutz wird für bestimmte Fälle und nur im Hinblick auf bestimmte arbeitsrechtliche Ansprüche durch § 134 ergänzt. Unabhängig von § 133 können die Gläubiger zusätzlich durch weitere Normen geschützt sein, namentlich durch §§ 25 ff. HGB oder die im Einzelfall anwendbaren Kapitalaufbringungs- bzw. -erhaltungsgrundsätze. Auch gilt bei der Aufspaltung einer Personengesellschaft oder einer KGaA die gesellschaftsrechtliche Nachhaftung der persönlich haftenden Gesellschafter unabhängig von § 133. 1

Die Vorschrift beruht im Wesentlichen auf Art. 12 der sechsten Richtlinie (nunmehr Art. 146 GesR-RL 2017; dazu Lutter UmwG/*M. F. Schwab* Rn. 4 ff.; SHS/*Hörtnagl* Rn. 1 und Vor §§ 123–173 Rn. 15 ff.). Obwohl die Richtlinie eine zeitliche Begrenzung der gesamtschuldnerischen Haftung nicht vorsieht, ist § 133 nach hM richtlinienkonform, weil die Richtlinie Beschränkungen des Schutzes anderweitig erlaubt (Semler/Stengel/*Seulen* Rn. 7 mwN). 2

II. Haftung der beteiligten Rechtsträger

1. Haftung als Gesamtschuldner. Nach Abs. 1 S 1 iVm Abs. 3 S. 1 haften für **Altverbindlichkeiten** des übertragenden Rechtsträgers sämtliche an der Spaltung beteiligten Rechtsträger für die Dauer von fünf Jahren als Gesamtschuldner. Für Ansprüche nach dem Betriebsrentengesetz gilt die gesamtschuldnerische Haftung nach Abs. 3 S. 2 für die Dauer von zehn Jahren. Schon die Art der Haftung ist umstritten. Teilweise wird eine akzessorische Mithaftung in Anlehnung an § 767 Abs. 1 BGB (*Habersack* FS Bezzenberger, 2000, 96; Lutter UmwG/*M. F. Schwab* Rn. 23; Widmann/Mayer/*Vossius* Rn. 25; VG Karlsruhe 16.12.2004, BeckRS 2005, 22614) bzw. §§ 128 f. HGB angenommen (Kallmeyer/*Sickinger* Rn. 3 zumindest bzgl. des Verhältnisses von Mithafter zu Hauptschuldner; s. auch NK-UmwR/*Fischer* Rn. 25). Nach der Gegenmeinung liegt eine Gesamtschuld gem. §§ 421 ff. BGB vor (KG 15.12.2008, ZMR 2009, 608; OLG Frankfurt a. M. 29.3.2006, NZG 2006, 914 (915); Semler/Stengel/*Seulen* Rn. 31 ff.; SHS/*Hörtnagl* Rn. 2). Der Unterschied liegt im Wesentlichen darin, dass die akzessorische Haftung einseitig abhängig ist von der Haftung des Hauptschuldners, wohingegen bei der Gesamtschuld gem. § 425 BGB grundsätzlich die Einzelwirkung von Einreden und Einwendungen gilt. Die Befürworter der Akzessorietätslehre begründen ihre Auffassung unter anderem damit, dass eine gesamtschuldnerische Haftung nach §§ 421 ff. BGB durch die Einzelwirkung von Einreden und Einwendungen zu einer unangemessenen Privilegierung der Gläubiger führe (*Habersack* FS Bezzenberger, 2000, 103). Für die Lösung über eine Gesamtschuld soll insbesondere sprechen, dass bei Spaltungsmaßnahmen typischerweise zwei Beteiligte gegeben sind, von denen dann einer Hauptschuldner und einer Mithafter ist. Dies entspreche gerade nicht dem von § 128 HGB erfassten Fall mit min. drei Beteiligten in Form von Gesellschaft und mindestens zwei Gesellschaftern. Auch sei es nur Sinn und Zweck der Norm, den Zugriff auf die bisherige Haftungsmasse zu erhalten und nicht auf zusätzliche zu eröffnen (Semler/Stengel/*Seulen* Rn. 31 f.). Die Praxis sollte von einer Gesamtschuld nach §§ 421 ff. BGB ausgehen (so auch OLG Düsseldorf 16.8.2018, BeckRS 2018, 36215). 3

2. Altverbindlichkeiten. Nach dem Wortlaut gilt die gesamtschuldnerische Haftung für Verbindlichkeiten, die vor dem Wirksamwerden der Spaltung begründet worden sind. Da die Wirksamkeit der Spaltung nach § 131 eintritt mit der Eintragung in das Register des übertragenden Rechtsträgers, wird auf das Datum der Eintragung abgestellt (SHS/*Hörtnagl* Rn. 10). Das Datum der Eintragung werde nach aA aber durch den öffentlichen Glauben des Handelsregisters modifiziert, sodass Gläubiger, deren Forderungen zwischen Eintragung und Bekanntmachung der Eintragung begründet werden, als Altgläubiger behandelt werden, wenn sie die Spaltung nicht kannten (Semler/Stengel/*Seulen* Rn. 11). Diese zeitliche Abgrenzung der Altverbindlichkeiten im Außenverhältnis (Gläubiger) führt zu einem Widerspruch mit der Abgrenzung der Vermögensaufteilung zwischen den beteiligten Rechtsträgern im Innenverhältnis. Denn auch wenn die Wirksamkeit der Spaltung von der Eintragung im Register des übernehmenden Rechtsträgers abhängt, erfolgt andererseits die Vermögenszuordnung – auch der Verbindlichkeiten – (rückwirkend) auf den im Spaltungsvertrag festgelegten Spaltungsstichtag, ab dem iÜ die bis zur Eintragung vorgenommenen Rechtshandlungen als im Namen und für Rechnung des übernehmenden Rechtsträgers erfolgt gelten. Dementsprechend sind Verbindlichkeiten, die zwischen dem Spaltungsstichtag und der Eintragung begründet wurden, wirtschaftlich gesehen keine Verbindlichkeiten des übertragenden, sondern des übernehmenden Rechtsträgers. Dieser **Widerspruch** verdeutlicht, dass das Gläubigerschutzkonzept nach § 133 die Aufteilung und Zuordnung des Vermögens nach dem Spaltungsvertrag im Innenverhältnis vollkommen ignoriert. Und das ist auch beabsichtigt. Deswe- 4 gen ist es im Innenverhältnis umso wichtiger, im Spaltungsvertrag nicht nur eine entsprechende Vermögenszuordnung zu treffen, sondern mögliche, sich aus § 133 ergebende Widersprüche zu der verabredeten Aufteilung zu kompensieren durch entsprechende **Freistellungs- und Rückgriffsklauseln.**

5 Begründung der Verbindlichkeit bedeutet, dass der Rechtsgrund für die Entstehung der Forderung vor dem maßgebenden Zeitpunkt gelegt war. Es ist nicht erforderlich, dass der Anspruch zu diesem Zeitpunkt bereits entstanden oder gar fällig war (BGH 13.8.2015, NJW 2015, 3373 zu § 89b HGB; MüKoHGB/*K. Schmidt* HGB § 128 Rn. 49; Baumbach/Hopt/*Roth* HGB § 128 Rn. 29; zur Betriebsrente BAG 17.9.2013, NZA 2015, 106). Umstritten ist der maßgebliche Zeitpunkt bei Verletzung vertraglicher Schutzpflichten, wobei überwiegend auf die Verletzungshandlung abgestellt wird und nicht auf den Vertragsschluss, da der Vertrag lediglich Rücksichtnahmepflichten begründe und bloß Haftgrund sei (Semler/Stengel/*Seulen* Rn. 13; ähnlich wohl Widmann/Mayer/*Vossius* Rn. 6; aA NK-UmwR/*Fischer* Rn. 15). Zu einem Anspruch wegen emittierter Anleihen vgl. LG Dortmund 13.1.2019, NZI 2019, 517 mAnm *Brackmann/Kraack*).

6 **3. Bestimmung von Hauptschuldner und Mithafter.** Obwohl, wie oben aufgezeigt worden ist, das Gläubigerschutzkonzept von § 133 die Vermögenszuordnung nach dem Spaltungsvertrag völlig ignoriert, wird für die Frage, wer Hauptschuldner und wer Mithafter ist, darauf abgestellt, wem nach dem Spaltungsvertrag die zugrundeliegende Verbindlichkeit zugewiesen ist. Dabei hat die Unterscheidung zwischen Hauptschuldner und Mithafter auch im Außenverhältnis in zweifacher Hinsicht Bedeutung. Einmal gilt die Enthaftung nach fünf bzw. zehn Jahren nach Abs. 3 nur für den Mithafter. Zum anderen besteht ein etwaiger Anspruch von Gläubigern auf Sicherheitsleistung nach Abs. 1 S. 2 iVm § 22 ausschließlich gegen den Hauptschuldner. Bei vergessenen oder versehentlich übertragenden Vermögensgegenständen ist für die Bestimmung, wer Hauptschuldner ist, zunächst maßgebend, ob im Spaltungsvertrag eine entsprechende Auffangklausel verabredet ist (→ § 126 Rn. 47). Ist das nicht der Fall, so ist eine Aufteilung vergessener Verbindlichkeiten nach § 131 Abs. 3 nach hM nicht möglich, weil diese Vorschrift nur für Aktiva gilt. Vielmehr soll bei vergessenen Verbindlichkeiten im Rahmen einer Abspaltung oder Ausgliederung der übertragende Rechtsträger weiterhin einzustehen haben (Lutter UmwG/*M. F. Schwab* Rn. 87), während bei einer Aufspaltung alle beteiligten Rechtsträger als Hauptschuldner anzusehen sein sollen nach dem Grundgedanken des § 133 Abs. 1, einen optimalen Gläubigerschutz durch Gesamtschuld zu erreichen (NK-UmwR/*Fischer* Rn. 19 f.; Lutter UmwG/*M. F. Schwab* Rn. 88;Semler/Stengel/*Seulen* Rn. 37 f.; aA SHS/*Hörtnagl* § 131 Rn. 111; *Heidenhain* NJW 1995, 2873 (2878)).

7 Haftet einer der beteiligten Rechtsträger aus einem anderen Rechtsgrund als § 133 für eine Altverbindlichkeit des übertragenen Rechtsträgers, so soll er deswegen als Hauptschuldner anzusehen sein. Dieser Auffassung ist nicht zu folgen. Wer Hauptschuldner für die Haftung nach § 133 ist, kann sich ausschließlich nach der Zuordnung im Spaltungsvertrag richten. Ob der designierte Hauptschuldner aus einem oder aus mehreren Rechtsgründen als Hauptschuldner haftet, ist völlig unerheblich.

8 **4. Haftung auf Erfüllung, Einstandspflicht.** Neben dem Hauptschuldner haftet grundsätzlich auch der Mithafter auf Erfüllung und zwar im gleichen Umfang wie der Hauptschuldner (BGH 7.11.1995, NJW 1996, 249; BGH 27.3.1972, BGHZ 58, 251 (255) jeweils zum Schuldbeitritt). Der Gläubiger ist nicht gehalten, zunächst den Hauptschuldner in Anspruch zu nehmen (§ 421 BGB). Die Befürworter der Akzessorietätslehre kommen in Anlehnung an die Haftung von Gesellschaftern einer OHG nach § 128 f. HGB zum gleichen Ergebnis (Lutter UmwG/*M. F. Schwab* Rn. 28; vgl. auch NK-UmwR/*Fischer* Rn. 21). Erfüllt der Hauptschuldner, ist nach § 422 Abs. 1 S. 1 BGB auch der Mithafter befreit. Erfüllt der Mithafter geht nach § 426 Abs. 2 BGB die Forderung gegen den Hauptschuldner auf ihn über. Im Ergebnis gilt das auch nach der Akzessorietätslehre (Lutter UmwG/*M. F. Schwab* Rn. 29). Insolvenzverwalter sind nicht berechtigt, die Mithaftung des an der Spaltung beteiligten Rechtsträgers geltend zu machen. Die Vorschrift des § 93 InsO kann weder unmittelbar noch entsprechend auf § 133 UmwG angewandt werden (BGH 20.6.2013, AG 2013, 594).

9 Geht der Anspruch des Gläubigers auf Geld, so ist eine Erfüllung durch den Mithafter ohne Weiteres möglich. Dagegen ist bei Sachleistungspflichten denkbar, dass die Erfüllung nur dem Hauptschuldner möglich ist. Insoweit ist umstritten, ob nur der Rechtsträger Erfüllung schuldet, der dazu in der Lage ist (so *Bork/Jacoby* ZHR 167 (2003), 440 (454)), oder ob alle Rechtsträger auch dann auf Erfüllung haften (so Semler/Stengel/*Seulen* Rn. 41). Diese Frage dürfte jedoch weniger vom Leistungsvermögen abhängen als von dem Verständnis von § 133 selbst. Sinn und Zweck der Norm ist es, dem Gläubiger vorübergehend das Haftungssubstrat zu erhalten, nicht aber seine Erfüllungsansprüche bzw. -schuldner zu multiplizieren oder zu verbessern. Dem entspricht es, die Mithafter jedenfalls in den Fällen lediglich als Einstandspflichtige anzusehen, in denen es um Ansprüche oder Verpflichtungen geht, die spaltungsrechtlich gar nicht übertragen werden können. Das trifft namentlich zu auf höchstpersönliche oder personengebundene Ansprüche oder Pflichten, sei es eine polizeirechtliche Verursacherhaftung oder kartell- bzw. wettbewerbsrechtliche Pflichten (vgl. OLG Karlsruhe 22.1.2014, GRUR-RR 2014, 362; für das Wettbewerbsverbot zB ebenso Semler/Stengel/*Seulen* Rn. 44; iErg ebenso Lutter UmwG/*M. F.*

Schwab Rn. 46; zur Unübertragbarkeit abstrakter Verhaltensverantwortlichkeiten auch OVG Schleswig 23.8.2000, DVBl. 2000, 1877).

Für Einreden und Einwendungen gelten grundsätzlich die §§ 422–425 BGB. 10

Zu den prozessualen Auswirkungen der Spaltung → § 131 Rn. 23. 11

III. Bilanzierung

Der Hauptschuldner muss die ihm zugewiesene Verbindlichkeit bilanzieren. Der Mithafter muss eine 12 Rückstellung erst dann ausweisen, wenn sich das Risiko seiner Inanspruchnahme konkretisiert (allgM, Lutter UmwG/*Priester/Hennrichs* Anh. § 134 Rn. 19). Seinen Freistellungs- bzw. Rückgriffsanspruch kann er gleichzeitig aktivieren, soweit dieser werthaltig ist (Lutter UmwG/*Priester/Hennrichs* Anh. § 134 Rn. 20). Davor kommt ein Bilanzvermerk nicht in Frage, weil die Haftung des Mithafters nicht zu den im § 251 HGB genannten Haftungsverhältnissen gehört (zutr. NK-UmwR/*Fischer* Rn. 40; Semler/Stengel/*Seulen* Rn. 69). Bei Kapitalgesellschaften kann eine Anhangsangabe nach § 285 Nr. 3 HGB geboten sein, wenn die Mithaft für eine Beurteilung der Finanzlage Bedeutung hat (Lutter UmwG/*Priester/Hennrichs* Anh. § 134 Rn. 17).

IV. Sicherheitsleistung

Nach § 125 iVm § 22 können die Gläubiger aller an der Spaltung beteiligten Rechtsträger für noch 13 nicht fällige Forderungen unter den Vorrausetzungen des § 22 Sicherheitsleistung verlangen. Insoweit kann auf die Erläuterungen zu § 22 (→ § 22 Rn. 1 ff.) verwiesen werden. Zur Sicherheitsleistung ist ausschließlich derjenige Rechtsträger verpflichtet, gegen den sich der Anspruch richtet. Das ist für die Gläubiger des übertragenden Rechtsträgers stets nur der Hauptschuldner nach Maßgabe der Zuweisungen im Spaltungsvertrag (NK-UmwR/*Fischer* Rn. 46; Lutter UmwG/*M. F. Schwab* Rn. 90) und für die Gläubiger des übernehmenden Rechtsträgers ausschließlich dieser (Semler/Stengel/*Seulen* Rn. 123).

V. Inhaber von Sonderrechten

Bei der Verschmelzung gewährt § 23 den Inhabern von Sonderrechten, dh von Rechten beim 14 übertragenden Unternehmen, die kein Stimmrecht gewähren, einen Anspruch auf Einräumung gleichwertiger Rechte beim übernehmenden Rechtsträger. Diese Regelung ist bei der Verschmelzung ohne Alternative, weil dort ausschließlich der übernehmende Rechtsträger übrig bleibt. Dies ist bei der Spaltung jedoch anders. Deshalb modifiziert Abs. 2 den Schutz der Inhaber solcher Sonderrechte dahingehend, dass diese bei dem übernehmenden oder bei dem übertragenden Rechtsträger gewährt werden können. Bei mehreren übernehmenden Rechtsträgern sind die Parteien des Spaltungsvertrags außerdem frei, an welchem übernehmenden Rechtsträger solche Rechte gewährt werden sollen; keinesfalls müssen sie in allen übernehmenden Rechtsträgern gewährt werden. Soweit diese Sonderrechte bei dem übertragenden Rechtsträger bestehen und nur an diesem gewährt werden sollen, bedarf es allenfalls einer Anpassung der bestehenden Rechte (Lutter UmwG/*M. F. Schwab* Rn. 30 f.; Semler/Stengel/*Seulen* Rn. 72).

Hinsichtlich der von der Vorschrift erfassten Sonderrechte kann auf die Erläuterungen zu § 23 15 (→ § 23 Rn. 1 ff.) verwiesen werden. Soweit ein Recht nicht unter § 23 fällt, gilt auch § 133 Abs. 2 nicht. Auch hinsichtlich der Frage, was unter einem gleichwertigen Recht zu verstehen ist, kann auf die Erläuterungen zu § 23 (→ § 23 Rn. 1 ff.) verwiesen werden.

Für die Erfüllung des Anspruchs auf Einräumung gleichwertiger Rechte haften nach Abs. 2 S. 1 die 16 beteiligten Rechtsträger wiederum als Gesamtschuldner. Hauptschuldner ist ausschließlich der Rechtsträger, an dem die Rechte nach dem Spaltungsvertrag gewährt werden sollen. Hinsichtlich der Gewährung von Anteilen ist die Erfüllung schon dadurch sichergestellt, dass sie im Spaltungsvertrag festzusetzen sind und der Erwerb wiederum nach § 131 Abs. 1 Nr. 3 kraft Gesetzes mit der Eintragung der Spaltung im Register des übertragenden Rechtsträgers erfolgt. Was die übrigen Sonderrechte anlangt, ist umstritten, ob die Inhaber solcher Sonderrechte Erfüllung nur vom Hauptschuldner oder auch von den Mithaftern verlangen können (so SHS/*Hörtnagl* Rn. 27; aA NK-UmwR/*Fischer* Rn. 53; KK-UmwG/*Simon* Rn. 79 f.; Lutter UmwG/*M. F. Schwab* Rn. 133; Semler/Stengel/*Seulen* Rn. 73).

Der Anspruch auf Gewährung der Rechte verjährt nach Abs. 6 in fünf Jahren ab der Bekanntmachung 17 der Eintragung der Spaltung im Register des übertragenden Rechtsträgers.

VI. Innenausgleich

Der Innenausgleich der beteiligten Rechtsträger richtet sich nach § 426 Abs. 1 und 2 BGB (Semler/ 18 Stengel/*Seulen* Rn. 66; *Heidenhain* NJW 1995, 2873 (2879); SHS/*Hörtnagl* Rn. 16). Aus der Zuweisung der Verbindlichkeit im Spaltungsvertrag ergibt sich für das Innenverhältnis die alleinige Haftung des Hauptschuldners (Semler/Stengel/*Seulen* Rn. 66; Lutter UmwG/*M. F. Schwab* Rn. 146; so auch NK-UmwR/*Fischer* Rn. 37 bei Anwendung der Akzessorietätstheorie). Droht die Inanspruchnahme durch den Gläubiger, hat daher der Mithafter gegen den Hauptschuldner nach § 426 Abs. 1 BGB einen Freistellungsanspruch. Hat der Mithafter geleistet, so hat er nach § 426 Abs. 1 BGB gegen den Hauptschuldner einen Erstattungsanspruch. Außerdem geht nach § 426 Abs. 2 BGB die Verbindlichkeit auf den Mithafter über samt etwaigen akzessorischen Sicherheiten. Soweit man bei vergessenen Verbindlichkeiten der Meinung folgt, nach der alle beteiligten Rechtsträger als Hauptschuldner anzusehen wären, wird man zu einem anteiligen Ausgleich kommen müssen.

19 Die Akzessorietätstheorie nimmt demgegenüber an, dass der Mithafter, wenn er geleistet hat, die Forderung gegen den Hauptschuldner analog § 774 Abs. 1 S. 1 BGB erwirbt. Etwaige Sicherheiten gehen danach nach §§ 412, 401 BGB mit dieser Forderung auf den Mithafter über. Einen Freistellungsanspruch des Mithafters bei drohender Inanspruchnahme kann die Akzessorietätstheorie nur gewinnen auf der Grundlage einer ergänzenden Auslegung des Spaltungsvertrags (NK-UmwR/*Fischer* Rn. 38; Lutter UmwG/*M. F. Schwab* Rn. 148).

20 Sind mehrere Mithafter vorhanden, so soll auch nach der Akzessorietätstheorie der Ausgleich zwischen ihnen nach § 426 BGB erfolgen (Lutter UmwG/*M. F. Schwab* Rn. 150). ZT wird angenommen, dass im Verhältnis der Mithafter untereinander die Haftung pro rata aus dem Verhältnis des jeweils von ihn übernommenen Netto-Aktivvermögens bestehe (Semler/Stengel/*Seulen* Rn. 67). Andere meinen, die Mithafter seien zu gleichen Teilen verpflichtet (Kallmeyer/*Sickinger* Rn. 12; SHS/*Hörtnagl* Rn. 16). Beide Lösungen überzeugen nicht. Denn in praktisch jedem Fall, in dem es mehrere Mithafter, dh mehrere übernehmende Rechtsträger gibt, hätten die jeweiligen Vermögensübertragungen wohl statt in einer Spaltung auch in mehreren Spaltungen erfolgen können. Dann aber hätte kein Mithafter etwas von einem anderen übernehmenden Rechtsträger verlangen können. Die Zusammenfassung dieser Vorgänge in einem Spaltungsvertrag kann nicht zu einem anderen Ergebnis führen. Die Zuweisungen der Vermögensteile durch den Spaltungsvertrag können auch nicht so ausgelegt werden, dass die Mithafter untereinander zu einem gesamtschuldnerischen Innenausgleich verpflichtet sein sollen. Richtigerweise ergibt sich daher aus dem Spaltungsvertrag unmittelbar, dass die Mithafter allein Ansprüche gegen den Hauptschuldner haben können. Wie bereits mehrfach betont, ist der Praxis dringend zu einer entsprechend wechselseitigen und umfassenden Ausgleichsregelung im Spaltungsvertrag zu raten (vgl. auch NK-UmwR/*Fischer* Rn. 39).

VII. Enthaftung des Mithafters

21 In Anlehnung an die Begrenzung der Nachhaftung des ausgeschiedenen persönlich haftenden Gesellschafters sieht Abs. 3 eine Enthaftung des Mithafters vor. Der Mithafter wird aus der gesamtschuldnerischen Haftung nach Abs. 1 entlassen, wenn die Verbindlichkeit nicht binnen fünf Jahren nach dem Wirksamwerden der Spaltung fällig geworden ist (zur Fristberechnung → Rn. 4). Für Versorgungsansprüche nach dem Betriebsrentengesetz beträgt diese Frist zehn Jahre (→ Rn. 23). Nimmt man mit der hier vertretenen Auffassung an, dass der Mithafter in bestimmten Fällen nicht zur Erfüllung verpflichtet ist, sondern ihn lediglich eine Einstandspflicht trifft, wenn der Hauptschuldner nicht leistet (→ Rn. 9), ist auf die Fälligkeit dieser Einstandsverpflichtung abzustellen. Deren Fälligkeit dürfte idR voraussetzen, dass der Gläubiger die Erfüllung durch den Hauptschuldner ablehnen darf.

22 Hinsichtlich der Verbindlichkeiten, die innerhalb der Fünfjahresfrist fällig werden, wird der Mithafter aus der Haftung entlassen, soweit der Anspruch ihm gegenüber nicht innerhalb der in Abs. 4 festgelegten Frist rechtskräftig festgestellt ist oder die Zwangsvollstreckung gegen den Mithafter betrieben wird. Die Frist wird durch Erhebung der Klage oder der Klage gleichstehende Maßnahmen gehemmt (vgl. dazu BGH 13.8.2015, NJW 2015, 3373 (3376)). Unerheblich sind insoweit Vergleichsverhandlungen, denn § 133 Abs. 4 enthält keinen Verweis auf § 203 BGB. Daraus folgt, dass die Enthaftung nicht durch Verhandlungen blockiert wird (LG Dortmund 18.1.2013, BeckRS 2013, 3915). Auch ein Rückgriff auf § 242 BGB kommt wegen der vorrangigen Regelung in § 133 Abs. 4 nicht in Betracht (LG Dortmund 18.1.2013, BeckRS 2013, 3915).

23 Für Versorgungsansprüche nach dem Betriebsrentengesetz beträgt die Enthaftungsfrist zehn Jahre. Ansonsten gelten keine Besonderheiten. Die Verlängerung der ursprünglichen Enthaftungsfrist für diese Versorgungsverpflichtungen von fünf auf zehn Jahre ist durch die zweite Umwandlungsrechtsnovelle im Jahr 2007 geregelt worden, ohne dass Übergangsregelungen bestehen. Die neue Fassung gilt daher nicht für Spaltungen, die vor dem 25.4.2007 wirksam geworden ist (zutr. Semler/Stengel/*Seulen* Rn. 106a).

VIII. Abweichende Gestaltungen

24 Die Regelungen in § 133 sind zwingend. Die verbandsrechtlichen Haftungsfolgen der Spaltung können durch den Spaltungsvertrag nicht geändert werden (Semler/Stengel/*Seulen* Rn. 124). Zulässig soll allein eine Verlängerung der Enthaftungsfrist sein (Lutter UmwG/*M. F. Schwab* Rn. 125). Ob der jeweilige Gläubiger durch Individualvereinbarung mit dem Hauptschuldner bzw. dem Mithafter außerhalb des Spaltungsvertrags abweichende Gestaltungen vereinbaren können, ist eine andere Frage (dazu NK-UmwR/*Fischer* Rn. 67; Semler/Stengel/*Seulen* Rn. 124).

Dies gilt ebenso für Spaltungen durch einen **Insolvenzplan** auf der Grundlage von § 225a Abs. 3 InsO. Die Vorschrift erlaubt alleine solche Gestaltungen, die **gesellschaftsrechtlich zulässig** sind. Soweit angenommen wird, § 133 finde auf Ausgliederungen in einem Insolvenzplan keine Anwendung oder könne einschränkend dahin ausgelegt werden, dass jedenfalls die Nachhaftung des übertragenden Rechtsträgers nicht gilt (so etwa *Simon/Brünkmanns* ZIP 2014, 657 (664 ff.)), findet dies keine Stütze im Gesetz und ist abzulehnen. Ebenso wenig kann im Ausgliederungsvertrag die Nachhaftung zugunsten der Masse (des übertragenden Rechtsträgers) betragsmäßig beschränkt werden (so aber *Simon/Brünkmanns* ZIP 2014, 657 (664 ff.)). Vielmehr gilt § 133 auch bei Ausgliederungen durch einen Insolvenzplan ohne jede Einschränkung (vgl. auch *Hölzle/Kahlert* ZIP 2017, 510 (513)). Ob im Insolvenzplan **außerhalb** des Ausgliederungsvertrags abweichende Gestaltungen im Verhältnis zwischen den Gläubigern und dem Mithafter bzw. dem Hauptschuldner getroffen werden können (→ Rn. 24), ist eine andere Frage. 25

Schutz der Gläubiger in besonderen Fällen

134 (1) [1] **Spaltet ein Rechtsträger sein Vermögen in der Weise, daß die zur Führung eines Betriebes notwendigen Vermögensteile im wesentlichen auf einen übernehmenden oder mehrere übernehmende oder auf einen neuen oder mehrere neue Rechtsträger übertragen werden und die Tätigkeit dieses Rechtsträgers oder dieser Rechtsträger sich im wesentlichen auf die Verwaltung dieser Vermögensteile beschränkt (Anlagegesellschaft), während dem übertragenden Rechtsträger diese Vermögensteile bei der Führung seines Betriebes zur Nutzung überlassen werden (Betriebsgesellschaft), und sind an den an der Spaltung beteiligten Rechtsträgern im wesentlichen dieselben Personen beteiligt, so haftet die Anlagegesellschaft auch für die Forderungen der Arbeitnehmer der Betriebsgesellschaft als Gesamtschuldner, die binnen fünf Jahren nach dem Wirksamwerden der Spaltung auf Grund der §§ 111 bis 113 des Betriebsverfassungsgesetzes begründet werden.** [2] **Dies gilt auch dann, wenn die Vermögensteile bei dem übertragenden Rechtsträger verbleiben und dem übernehmenden oder neuen Rechtsträger oder den übernehmenden oder neuen Rechtsträgern zur Nutzung überlassen werden.**

(2) **Die gesamtschuldnerische Haftung nach Absatz 1 gilt auch für vor dem Wirksamwerden der Spaltung begründete Versorgungsverpflichtungen auf Grund des Betriebsrentengesetzes.**

(3) **Für die Ansprüche gegen die Anlagegesellschaft nach den Absätzen 1 und 2 gilt § 133 Abs. 3 Satz 1, Abs. 4 und 5 entsprechend mit der Maßgabe, daß die Frist fünf Jahre nach dem in § 133 Abs. 4 Satz 1 bezeichneten Tage beginnt.**

Übersicht

I. Normzweck

§ 134 statuiert einen zusätzlichen besonderen Gläubigerschutz der Arbeitnehmer bei der sog. Betriebsaufspaltung. Bei der Betriebsaufspaltung wird das Unternehmen in eine sog. Anlage- und eine Betriebsgesellschaft aufgeteilt. Die Anlagegesellschaft hält Grundstücke und/oder andere Vermögensgegenstände, die an die Betriebsgesellschaft vermietet oder verpachtet werden. Die betrieblichen Aktivitäten werden in eine Betriebsgesellschaft meist in der Rechtsform einer Kapitalgesellschaft ausgelagert. Neben der Erzielung steuerlicher Effekte zielt dieses Modell darauf ab, das in der Anlagegesellschaft gebündelte Vermögen von den betrieblichen Risiken abzuschotten. Dieses Modell verlor an Attraktivität durch die Rspr. zur eigenkapitalersetzenden Nutzungsüberlassung (BGH 16.10.1989, BGHZ 109, 55; BGH 14.12.1992, BGHZ 121, 31; BGH 11.7.1994, BGHZ 127, 1). Wie sich die durch das MoMiG erfolgte Streichung der §§ 32a, 32b GmbHG und die Verlagerung der Thematik in das Insolvenzrecht hierauf auswirken, bleibt abzuwarten. Diese Trennung der betrieblichen Risiken vom Betriebsvermögen sah der Gesetzgeber als in besonderer Weise für die Arbeitnehmer der Betriebsgesellschaft gefährlich an. Daher hat er den allgemeinen spaltungsrechtlichen Gläubigerschutz bei der Betriebsaufspaltung zugunsten der Arbeitnehmer erweitert. 1

II. Anwendungsbereich

2 Die Vorschrift erfasst nach ihrem Wortlaut zunächst einmal die Abspaltung. Lässt man richtigerweise für das Merkmal der Gesellschafteridentität eine mittelbare Beteiligung ausreichen (NK-UmwR/*Fischer* Rn. 8; Semler/Stengel/*Seulen* Rn. 32), so erfasst die Vorschrift auch die Ausgliederung. Nach aA ist die Vorschrift auf die Ausgliederung entsprechend anzuwenden (BAG 15.3.2011, ZIP 2011, 1433 (1435); Lutter UmwG/*M. F. Schwab* Rn. 67). Auf die Aufspaltung soll die Vorschrift ebenfalls entsprechend anzuwenden sein (Semler/Stengel/*Seulen* Rn. 3; Lutter UmwG/*M. F. Schwab* Rn. 65). Auf eine Betriebsaufspaltung im Wege der Einzelrechtsnachfolge (Asset-Deal) ist die Vorschrift dagegen nicht, auch nicht analog, anwendbar, da dies der Gesamtkonzeption des Umwandlungsgesetzes entgegen läuft (Kallmeyer/*Willemsen* Rn. 6; Lutter UmwG/Winter/*M. F. Schwab* Rn. 19; Semler/Stengel/*Seulen* Rn. 4; Widmann/Mayer/*Vossius* Rn. 18; *Henssler* FS Kraft, 1998, 219 (249); aA *Däubler* RdA 1995, 136 (146)).

III. Betriebsaufspaltung

3 Die Betriebsaufspaltung kann dadurch entstehen, dass der übertragende Rechtsträger das Anlagevermögen auf den übernehmenden Rechtsträger als Anlagegesellschaft überträgt (S. 1) als auch dadurch, dass der übertragende Rechtsträger das Anlagevermögen behält und den Betrieb auf den übernehmenden Rechtsträger als Betriebsgesellschaft überträgt (S. 2). Wohl schon aus bilanziellen und steuerlichen Gründen überwiegt in der Praxis die zweite Gestaltung.

4 Eine Betriebsaufspaltung iSv § 134 setzt tatbestandlich zunächst voraus, dass durch die Spaltung das betriebsnotwendige Vermögen der Anlagegesellschaft zugewiesen wird und der Betriebsgesellschaft der Betrieb ohne das betriebsnotwendige Vermögen. Trotz der Formulierung „Zur Führung eines Betriebes" ist auf das konkrete betriebsnotwendige Vermögen abzustellen. Anknüpfungspunkt ist dabei nicht das übertragende Unternehmen. Denn **„Betrieb"** ist im arbeitsrechtlichen, nicht im steuerrechtlichen Sinn zu verstehen (NK-UmwR/*Fischer* Rn. 12; Kallmeyer/*Willemsen* Rn. 7). Ein Rechtsträger/Unternehmen kann im arbeitsrechtlichen Sinne mehrere Betriebe unterhalten. Anknüpfungspunkt ist jeder einzelne Betrieb für sich (Semler/Stengel/*Seulen* Rn. 21). Unter „notwendige Vermögensteile" ist das materielle und immaterielle Anlagevermögen zu verstehen (Lutter UmwG/*M. F. Schwab* Rn. 31 f.). Das Umlaufvermögen gehört dagegen nicht zu den betriebsführungsnotwendigen Vermögensteilen (Semler/Stengel/*Seulen* Rn. 12; SHS/*Hörtnagl* Rn. 13; aA Kallmeyer/*Willemsen* Rn. 7 soweit „unverzichtbares" Umlaufvermögen betroffen ist; ähnlich Widmann/Mayer/*Vossius* Rn. 32).

5 Das betriebsnotwendige Vermögen muss **„im Wesentlichen"** übertragen werden. Die Übertragung lediglich eines Teils, auch eines wesentlichen Teils reicht dafür nicht aus, sondern es muss das gesamte oder so gut wie gesamte betriebsnotwendige Vermögen betroffen sein (Semler/Stengel/*Seulen* Rn. 13). Ob das der Fall ist, beurteilt sich nach dem Wert der Vermögensgegenstände. Nach wohl hM müssen 85–90 % der betriebsnotwendigen Vermögensteile übertragen werden, um die Wesentlichkeitsschwelle zu erreichen (SHS/*Hörtnagl* Rn. 16; Semler/Stengel/*Seulen* Rn. 14; vgl. auch NK-UmwR/*Fischer* Rn. 15: „Orientierungsrahmen"; für 75 % *K. Müller* DB 2001, 2637 (2639)).

6 Des Weiteren muss sich die Tätigkeit der Anlagegesellschaft im Wesentlichen auf die Verwaltung dieser Vermögensteile beschränken. Umstritten ist, was genau das bedeutet. Entfaltet die Gesellschaft neben der Verwaltung der betreffenden Vermögensteile oder weiteren Vermögens erhebliche eigene operative Tätigkeit, zB in Form der Führung eines Betriebes oder der Verwaltung von anderem Vermögen, ist nach einer Ansicht eine Anwendung von § 134 ausgeschlossen (SHS/*Hörtnagl* Rn. 23; Widmann/Mayer/*Vossius* Rn. 50; Kallmeyer/*Willemsen* Rn. 15). Nach anderer Ansicht muss sich lediglich bzgl. des betriebsnotwendigen Vermögens die Tätigkeit auf die Verwaltung beschränken (so NK-UmwR/*Fischer* Rn. 16; Lutter UmwG/*M. F. Schwab* Rn. 46 f.; Semler/Stengel/*Seulen* Rn. 15 f.).

7 Schließlich ist Voraussetzung, dass die Anlagegesellschaft der Betriebsgesellschaft das betriebsführungsnotwendige Vermögen zur betrieblichen Nutzung überlässt. Dabei sind Betriebsänderungen iRd Spaltung unerheblich. Jedoch ist die Vorschrift unanwendbar, wenn das betreffende Vermögen einem völlig anderen Betrieb überlassen werden sollte (Semler/Stengel/*Seulen* Rn. 17). Auf welcher schuldrechtlichen oder dinglichen Grundlage die Nutzungsüberlassung erfolgt, oder ob es sich sogar bloß um ein rein faktisches Nutzungsverhältnis handelt, ist gleichgültig (NK-UmwR/*Fischer* Rn. 17; Lutter UmwG/*M. F. Schwab* Rn. 41).

IV. Gesellschafteridentität

8 Weitere Voraussetzung ist, dass an der Anlagegesellschaft und der Betriebsgesellschaft im Wesentlichen *dieselben Personen* beteiligt sind. Eine mittelbare Beteiligungskongruenz genügt (Semler/Stengel/*Seulen* Rn. 32). Umstritten ist hier die Bedeutung des Merkmals „im Wesentlichen". Verbreitet ist die Annahme, dass die Gesellschafter zu 85 oder 90 % mindestens identisch sein müssen (Semler/Stengel/*Seulen* Rn. 28). Die Gegenauffassung stellt auf den Stimmrechtseinfluss ab und lässt daher eine Beteiligungs-

identität von mehr als 50 % genügen (NK-UmwR/*Fischer* Rn. 19 f.; Kallmeyer/*Willemsen* Rn. 16; Lutter UmwG/*M. F. Schwab* Rn. 58; SHS/*Hörtnagl* Rn. 26 f.; Widmann/Mayer/*Vossius* Rn. 61). Die Frage kann sich im Prinzip aber nur stellen, wenn eine Betriebsaufspaltung iSv § 134 als nicht verhältniswahrende Spaltung gem. § 128 erfolgt.

Maßgebender Zeitpunkt für das Vorliegen des Tatbestands ist das Wirksamwerden der Spaltung. Also 9
der Zeitpunkt der Eintragung der Spaltung im Register des übertragenden Rechtsträgers (Semler/Stengel/*Seulen* Rn. 33).

V. Betroffene Ansprüche

1. Betriebsverfassungsrechtliche Ansprüche. Für „normale" Ansprüche der Arbeitnehmer, etwa 10
auf Arbeitsentgelt, haftet die Anlagegesellschaft gesamtschuldnerisch gem. § 133. Die in § 134 Abs. 1 angesprochenen Ansprüche der Arbeitnehmer sind jedoch keine Altverbindlichkeiten des übertragenden Rechtsträgers, sondern Neuverbindlichkeiten der Betriebsgesellschaft. Denn Ansprüche aus den §§ 111–113 BetrVG sind nicht schon bereits mit dem Arbeitsverhältnis begründet (Kallmeyer/*Willemsen* Rn. 17). Es geht bei § 134 nicht wie in § 133 um eine Nachhaftung für Altverbindlichkeiten. Insofern liegt an sich nicht einmal eine Nachhaftung vor. Vielmehr begründet § 134 eine eigenständige Haftung der Anlagegesellschaft als Gesamtschuldner für Ansprüche der Arbeitnehmer der Betriebsgesellschaft aus den §§ 111–113 BetrVG, die binnen fünf Jahren nach dem Wirksamwerden der Spaltung begründet werden. Das setzt die Vereinbarung eines Sozialplans, die Vornahme einer sozialplanpflichtigen Maßnahme oder eine zum Nachteilsausgleich verpflichtende Betriebsänderung durch die Betriebsgesellschaft voraus.

Umstritten ist der Kreis der geschützten Arbeitnehmer. Nach wohl hM ist aus dem Wort „auch" und 11
der Überschrift zu folgern, dass nicht der Kreis der geschützten Personen, sondern derjenige der geschützten Ansprüche erweitert werden soll (vgl. NK-UmwR/*Fischer* Rn. 23). Daher sei die Vorschrift nur für Arbeitnehmer anwendbar, deren Arbeitsverhältnis im Zeitpunkt der Spaltung bereits bestand (Kallmeyer/*Willemsen* Rn. 17; Widmann/Mayer/*Vossius* Rn. 89; SHS/*Hörtnagl* Rn. 4; Semler/Stengel/*Seulen* Rn. 38). Die Gegenansicht will auch Arbeitnehmer einbeziehen, die erst nach Wirksamwerden der Spaltung eingetreten sind (Lutter UmwG/*M. F. Schwab* Rn. 74). Bei der Auslegung von § 134 muss man insoweit im Normzusammenhang berücksichtigen, dass die Anlagegesellschaft unter Umständen durchaus für Ansprüche der Arbeitnehmer aus §§ 111–113 BetrVG bereits nach § 133 gesamtschuldnerisch haften kann, nämlich soweit es sich um Altverbindlichkeiten iSv § 133 handelt. Wenn nach § 134 die Anlagegesellschaft dann „auch" für Neuverbindlichkeiten der Betriebsgesellschaft aus §§ 111–113 BetrVG haftet, so trifft die Auslegung durch die hM im Ergebnis zu. Dass es um die Ausweitung der geschützten Ansprüche geht, bedeutet aber noch nicht, wem gegenüber die Haftung gilt. Entscheidend ist insoweit wohl, dass die Begünstigung der Arbeitnehmer durch § 134 ihren Grund darin hat, dass ihnen im Verhältnis zu der vorherigen Situation Haftungsmasse entzogen wird. Das allein ist jedoch nicht ausreichend. Entscheidend ist vielmehr, dass die Arbeitnehmer dadurch gegenüber dem früheren Zustand eine Verschlechterung der Leistungsfähigkeit ihres Arbeitgebers zu befürchten haben. Diese Verschlechterung trifft aber auf die neu eintretenden Arbeitnehmer gerade nicht zu.

2. Versorgungsansprüche. Neben den Ansprüchen aus den §§ 111–113 BetrVG gilt die gesamt- 12
schuldnerische Haftung auch für Versorgungsansprüche aufgrund des Betriebsrentengesetzes. Durch die Vorschrift soll die Enthaftungsfrist von fünf Jahren nach § 133 auf zehn Jahre verlängert werden. Bedeutung hat das für Spaltungen, die vor dem Inkrafttreten der zweiten Umwandlungsrechts-Novelle am 25.4.2007 erfolgt sind. Durch die Novelle wurde mit Wirkung ab dem 25.4.2007 die Enthaftungsfrist für Versorgungsansprüche in § 133 Abs. 3 für alle Spaltungsfälle auf zehn Jahre verlängert (Semler/Stengel/*Seulen* § 133 Rn. 106a). Die Haftung nach Abs. 2 bezieht sich auf Ansprüche auf betriebliche Altersversorgung, auf welche die Bestimmungen des Betriebsrentengesetzes anzuwenden sind. Die Versorgungsansprüche müssen im Zeitpunkt der Spaltung **begründet** sein (→ § 133 Rn. 5). Wann das der Fall ist, ist umstritten. Begründet sind solche Versorgungsansprüche jedenfalls nicht erst dann, wenn der Versorgungsfall eingetreten ist. Diskutiert wird, ob eine eventuell mit der Zusage verbundene Wartezeit abgelaufen oder die Zusage jedenfalls unverfallbar sein muss. Überwiegend wird angenommen, dass die Erteilung der Zusage ausreicht (Lutter UmwG/*M. F. Schwab* Rn. 85 ff. mwN). Auch der Umfang der Haftung ist umstritten (s. Lutter UmwG/*M. F. Schwab* Rn. 86 ff. mwN). Nach einer Ansicht erstreckt sich die gesamtschuldnerische Haftung der Anlagegesellschaft nur auf den Teil der Versorgungsanwartschaften, der bis zum Wirksamwerden der Spaltung erdient ist (Kallmeyer/*Willemsen* Rn. 21; *Willemsen* NZA 1996, 791 (801); *Heinze* ZfA 1997, 1 (8)). Nach der Gegenauffassung haftet die Anlagegesellschaft für Versorgungsanwartschaften, die der betreffende Arbeitnehmer bis zum Ende der Enthaftungsfrist erdient hat (Lutter UmwG/*M. F. Schwab* Rn. 91; Semler/Stengel/*Seulen* Rn. 47).

VI. Enthaftung, Innenausgleich

13 Für die Einzelheiten der Enthaftung der Anlagegesellschaft mit Ausnahme der Enthaftungsfrist sowie hinsichtlich des gesamtschuldnerischen Innenausgleichs zwischen Anlage- und Betriebsgesellschaft gilt das Gleiche, wie bei § 133; auf die dortigen Erläuterungen (→ § 133 Rn. 1 ff.) wird verwiesen.

Dritter Abschnitt. Spaltung zur Neugründung

Anzuwendende Vorschriften

135 (1) [1]**Auf die Spaltung eines Rechtsträgers zur Neugründung sind die Vorschriften des Zweiten Abschnitts entsprechend anzuwenden, jedoch mit Ausnahme der §§ 129 und 130 Abs. 2 sowie der nach § 125 entsprechend anzuwendenden §§ 4, 7 und 16 Abs. 1 und des § 27.** [2]**An die Stelle der übernehmenden Rechtsträger treten die neuen Rechtsträger, an die Stelle der Eintragung der Spaltung im Register des Sitzes jeder der übernehmenden Rechtsträger tritt die Eintragung jedes der neuen Rechtsträger in das Register.**

(2) [1]**Auf die Gründung der neuen Rechtsträger sind die für die jeweilige Rechtsform des neuen Rechtsträgers geltenden Gründungsvorschriften anzuwenden, soweit sich aus diesem Buch nichts anderes ergibt.** [2]**Den Gründern steht der übertragende Rechtsträger gleich.** [3]**Vorschriften, die für die Gründung eine Mindestzahl der Gründer vorschreiben, sind nicht anzuwenden.**

1 § 135 regelt die **Spaltung zur Neugründung.** Dazu verweist Abs. 1 im Wesentlichen auf die Vorschriften über die Spaltung zur Aufnahme. Abs. 2 verweist auf die für den neuen Rechtsträger gesellschaftsrechtlich geltenden Gründungsvorschriften. Die Regelung zur Anmeldung der Spaltung in § 129 ist in der Verweisung in Abs. 1 ausgenommen, weil der neue Rechtsträger zu dem dort maßgebenden Zeitpunkt noch nicht existiert. Anstelle von § 130 Abs. 2 gilt die Regelung in § 137 Abs. 3. Ferner nimmt Abs. 1 weitere Vorschriften aus, die ebenfalls an die Existenz des übernehmenden Rechtsträgers anknüpfen, nämlich §§ 4, 7, 16 Abs. 1 und § 27. Statt § 16 Abs. 1 gelten § 137 Abs. 1 und 2.

2 In der Praxis wird sich vielfach statt einer Spaltung zur Neugründung als **Alternative** die Nutzung eines im Konzern bereits **vorhandenen** Unternehmens oder der Erwerb einer **Vorratsgesellschaft** anbieten, mit dem dann eine Spaltung zur Aufnahme durchgeführt wird.

3 Eine Spaltung zur Neugründung kann grundsätzlich mit einer Spaltung zur Aufnahme durch einen weiteren übernehmenden Rechtsträger kombiniert werden (§ 123 Abs. 4). In diesem Fall gelten die §§ 135 ff. nur für die Spaltung zur Neugründung, während es iÜ bei den Regelungen für die Spaltung zur Aufnahme bleibt (Kallmeyer/*Sickinger* Rn. 1; Lutter UmwG/*Lieder* Rn. 6).

4 Da der übernehmende Rechtsträger noch nicht existiert, kann **kein Spaltungsvertrag** geschlossen werden. An seine Stelle tritt der **Spaltungsplan** nach § 136 (→ § 136 Rn. 1 ff.). Bei der Spaltung zur Neugründung wird es regelmäßig so sein, dass der neue Rechtsträger zum Zeitpunkt des Spaltungsstichtags noch nicht existiert. Das hindert weder den Vermögenserwerb, noch die Rückwirkung der Spaltung auf den Spaltungsstichtag (zur Verschmelzung *Ulrich/Böhle* GmbHR 2006, 644). Vereinzelt wird diskutiert, ob die Vorschrift in § 133 über die gesamtschuldnerische Haftung der an der Spaltung beteiligten Rechtsträger auf die Spaltung zur Neugründung anwendbar sei. Denn der neue Rechtsträger sei an der Spaltung formal nicht beteiligt. Im Ergebnis ist die Anwendung von § 133 jedoch wohl unstreitig (dazu Kallmeyer/*Sickinger* Rn. 8; KK-UmwG/*Simon/Nießen* Rn. 21; *Ihrig* GmbHR 1995, 622 (637)).

5 Nach § 135 Abs. 2 S. 1 sind für die Gründung des neuen Rechtsträgers die für seine Rechtsform geltenden **gesellschaftsrechtlichen Gründungsvorschriften** anzuwenden. Da die Spaltung notwendigerweise eine **Sachgründung** ist, schließt das namentlich die GmbH- und aktienrechtlichen Sachgründungsvorschriften ein (s. auch §§ 138, 144). Nach Abs. 2 S. 2 gilt der übertragende Rechtsträger als Gründer. Diejenigen **Gründungsvorschriften,** die sich auf die Gründer beziehen, sind daher im Falle der Spaltung zur Neugründung auf den **übertragenden Rechtsträger** anzuwenden. Überwiegend wird vertreten, eine deutsche SE könne durch eine Spaltung nicht neu gegründet werden; dem stünden die abschließenden Vorschriften über die Gründung der deutschen SE in der SE-VO und dem SE-AG entgegen (→ § 124 Rn. 6). Das für die UG nach § 5a Abs. 2 S. 2 GmbHG geltende Sacheinlageverbot steht einer Teilnahme der UG als neu gegründeter Rechtsträger entgegen (BGH 11.4.2011, NJW 2011, 1883 (1884); Lutter UmwG/*Priester* § 138 Rn. 3). Die Praxis sollte statt einer UG daher eine „normale" GmbH wählen.

6 Nach § 135 Abs. 2 S. 3 finden gesellschaftsrechtliche Vorschriften keine Anwendung, die für die Gründung einer Gesellschaft eine **Mindestzahl von Gründern** vorschreiben. Daraus wird gelegentlich

geschlossen, dass es sich bei der Spaltung zur Neugründung um eine Ein-Personen-Gründung handele (Lutter UmwG/*Lieder* Rn. 10; zustimmend NK-UmwR/*Fischer* Rn. 15). Soweit jedoch der neue Rechtsträger seiner Rechtsform nach mehrere Mitglieder voraussetzt, wie zB Personengesellschaften oder die Partnerschaftsgesellschaft, scheidet eine Ein-Personen-Gründung im Wege der Spaltung aus, weil es sich insoweit nicht um Gründungsvorschriften handelt (NK-UmwR/*Fischer* Rn. 17; KK-UmwG/*Simon/Nießen* Rn. 47; Lutter UmwG/*Lieder* Rn. 18). Beim eingetragenen Verein müssen wegen § 73 BGB wenigstens drei andere eingetragene Vereine als Gründer fungieren (→ § 149 Rn. 4). Umstritten ist, ob sich in einem solchen Fall, etwa bei einer Personengesellschaft, iRd Neugründung neben dem übertragenden Rechtsträger **Dritte als Gründer** beteiligen können (dafür etwa KK-UmwG/*Simon/Nießen* Rn. 47; vgl. auch NK-UmwR/*Fischer* Rn. 20; Lutter UmwG/*Lieder* Rn. 19; dagegen noch Lutter UmwG/*Teichmann,* 5. Aufl. 2014, Rn. 2). Im Übrigen geltend die allgemeinen und besonderen Beschränkungen der zulässigen Spaltungsmöglichkeiten auch für die Spaltung zur Neugründung (vgl. §§ 124, 149–151).

Fraglich ist, ob es für die **Entstehung des neu zu gründenden Rechtsträgers** auf die jeweils maßgebenden gesellschaftsrechtlichen Vorschriften ankommt, also zB bei GmbH und AG auf die Eintragung der Gesellschaft im Handelsregister, oder ob der neue Rechtsträger erst mit dem durch die Eintragung der Spaltung im Handelsregister des übertragenden Rechtsträgers bewirkten Vermögensübergang nach § 131 entsteht (im letzteren Sinne Lutter UmwG/*Lieder* Rn. 20). Der Verweis auf die Formulierung im DiskE (Lutter UmwG/*Lieder* Rn. 20) erscheint nicht zwingend. Nach hM entsteht aber der neue Rechtsträger erst mit der **Eintragung der Spaltung** im Register des übertragenden Rechtsträgers (Lutter UmwG/*Lieder* Rn. 20; Semler/Stengel/*Bärwaldt* Rn. 15; *Neye* GmbHR 1995, 565 (566); *Bayer/Wirth* ZIP 1996, 817 (820); aA *Heidenhain* GmbHR 1995, 264 (265); *Heidenhain* GmbHR 1995, 566 (567)). 7

Die **Errichtung des neuen Rechtsträgers** erfolgt durch die Feststellung der Satzung und die Zustimmung der Gesellschafterversammlung des übertragenden Rechtsträgers zum Spaltungsplan (vgl. Lutter UmwG/*Lieder* Rn. 21). Ob von da ab bis zur Entstehung des neuen Rechtsträgers das für die jeweils einschlägige Rechtsform geltende Recht der **Vor-Gesellschaft** anzuwenden ist oder es sich um ein (nicht rechtsfähiges) Sondervermögen des Gründers handelt, ist umstritten (für das Erste Lutter UmwG/*Lieder* Rn. 21 mwN; ebenso NK-UmwR/*Fischer* Rn. 16; für das Zweite *Ulmer/Ihrig* GmbHR 1988, 373 (375)). Für die gesellschaftsrechtliche Handelndenhaftung gelten keine Besonderheiten. Die **Gründerhaftung,** etwa nach § 9a GmbHG, § 46 AktG, trifft nach Abs. 2 S. 2 ausschließlich den übertragenden Rechtsträger; eine gesamtschuldnerische Haftung nach § 133 scheidet aus. 8

Spaltungsplan

136 **[1]Das Vertretungsorgan des übertragenden Rechtsträgers hat einen Spaltungsplan aufzustellen. [2]Der Spaltungsplan tritt an die Stelle des Spaltungs- und Übernahmevertrags.**

Bei der Spaltung zur Neugründung kann **kein Spaltungsvertrag** abgeschlossen werden, weil der übernehmende Rechtsträger noch nicht existiert. Deshalb wird der Spaltungsvertrag nach § 136 ersetzt durch den **Spaltungsplan.** Das ordnet S. 2 ausdrücklich an und verweist implizit für den Spaltungsplan zugleich auf § 126. 1

Der Spaltungsplan ist nach allgM eine einseitige, nicht empfangsbedürftige Willenserklärung (NK-UmwR/*Fischer* Rn. 2; Kallmeyer/*Zimmermann* Rn. 3; Lutter UmwG/*Priester* Rn. 4; KK-UmwG/*Simon/Nießen* Rn. 4; Semler/Stengel/*Schröer* Rn. 3). Daher sind die allgemeinen zivilrechtlichen Vorschriften für einseitige, nicht empfangsbedürftige Willenserklärungen anzuwenden. 2

Nach S. 1 ist für die **Aufstellung** des Spaltungsplans das Vertretungsorgan des übertragenden Rechtsträgers zuständig. Wie beim Abschluss des Spaltungsvertrags reicht Handeln in vertretungsberechtigter Zahl. Bei unechter Gesamtvertretung können Prokuristen mitwirken. Allein die Prokura ermächtigt nicht zur Aufstellung des Spaltungsplans, da es sich um ein Grundlagengeschäft handelt (→ § 126 Rn. 5). Rechtsgeschäftliche Vertretung ohne Vertretungsmacht und deren spätere Genehmigung gem. § 180 BGB sind beim Spaltungsplan als einseitige, nicht empfangsbedürftige Willenserklärung nicht möglich (KK-UmwG/*Simon/Nießen* Rn. 4; SHS/*Hörtnagl* Rn. 7). 3

Überall dort, wo bei der Spaltung zur Aufnahme der **Entwurf des Spaltungsvertrags** ausreicht, zB für den Zustimmungsbeschluss der Gesellschafterversammlungen oder die Zuleitung an den zuständigen Betriebsrat, reicht bei der Spaltung zur Neugründung entsprechend der **Entwurf des Spaltungsplans** aus (so auch Lutter UmwG/*Priester* Rn. 6). Der Entwurf muss allerdings durch Beschluss des Vertretungsorgans des übertragenden Rechtsträgers entsprechend verabschiedet sein. Die nach dem Wortlaut von § 135 ausgeschlossene Anwendung von § 4 Abs. 2 wird insoweit von der hM als Redaktionsversehen angesehen (Lutter UmwG/*Priester* Rn. 6; Semler/Stengel/*Schröer* Rn. 5; Widmann/Mayer/ 4

Mayer Rn. 6; aA KK-UmwG/*Simon/Nießen* Rn. 6). Jedenfalls die Zuleitung an die zuständigen Betriebsräte kann unzweifelhaft mit dem Entwurf des Spaltungsplans erfolgen.

5 Der endgültige Spaltungsplan bedarf der notariellen Beurkundung; insoweit kann auf → § 126 Rn. 4 verwiesen werden. Ist der neu zu gründende Rechtsträger eine GmbH oder AG/KGaA, so bedürfen Vollmachten nach § 2 Abs. 2 GmbHG, § 23 Abs. 1 S. 2 AktG der öffentlichen Beglaubigung. Im Übrigen ist unbeschadet der Regelung in § 167 Abs. 2 BGB die Schriftform zum Vollmachtsnachweis gegenüber dem Handelsregister nötig (Lutter UmwG/*Priester* Rn. 6; ähnlich Semler/Stengel/*Schröer* Rn. 5). Anders als der Spaltungsvertrag, dessen **Auslegung** objektiv aus sich heraus zu erfolgen hat (→ § 126 Rn. 7), gelten auch für die Auslegung des Spaltungsplans die allgemeinen zivilrechtlichen Regeln für einseitige, nicht empfangsbedürftige Willenserklärungen. Zudem ist der Spaltungsplan frei widerruflich und änderbar. Nach dem Spaltungsbeschluss ist dafür jedoch ein erneuter Zustimmungsbeschluss der Anteilsinhaber erforderlich (Lutter UmwG/*Priester* Rn. 7 mwN). Für **Änderungen** nach der Zuleitung des Spaltungsplans oder seines Entwurfs an den Betriebsrat gilt das Gleiche wie beim Spaltungsvertrag (→ § 126 Rn. 54).

6 **Inhaltlich** gelten für den Spaltungsplan die Anforderungen von § 126 entsprechend, sodass grundsätzlich auf die dortigen Erläuterungen (→ § 126 Rn. 1 ff.) verwiesen werden kann. Darüber hinaus muss der Spaltungsplan auch den Gesellschaftsvertrag bzw. die Satzung des neuen Rechtsträgers enthalten. Für diese gelten inhaltlich die jeweils zutreffenden gesellschaftsrechtlichen Vorschriften. Soweit dem gesellschaftsrechtliche Vorschriften nicht entgegenstehen, sollten im Spaltungsplan auch schon die Organmitglieder des neuen Rechtsträgers bestellt werden.

Anmeldung und Eintragung der neuen Rechtsträger und der Spaltung

137 **(1) Das Vertretungsorgan des übertragenden Rechtsträgers hat jeden der neuen Rechtsträger bei dem Gericht, in dessen Bezirk er seinen Sitz haben soll, zur Eintragung in das Register anzumelden.**

(2) Das Vertretungsorgan des übertragenden Rechtsträgers hat die Spaltung zur Eintragung in das Register des Sitzes des übertragenden Rechtsträgers anzumelden.

(3) [1] Das Gericht des Sitzes jedes der neuen Rechtsträger hat von Amts wegen dem Gericht des Sitzes des übertragenden Rechtsträgers den Tag der Eintragung des neuen Rechtsträgers mitzuteilen. [2] Nach Eingang der Mitteilungen für alle neuen Rechtsträger hat das Gericht des Sitzes des übertragenden Rechtsträgers die Spaltung einzutragen sowie von Amts wegen den Zeitpunkt der Eintragung den Gerichten des Sitzes jedes der neuen Rechtsträger mitzuteilen sowie ihnen einen Registerauszug und den Gesellschaftsvertrag, den Partnerschaftsvertrag oder die Satzung des übertragenden Rechtsträgers in Abschrift, als Ausdruck oder elektronisch zu übermitteln. [3] Der Zeitpunkt der Eintragung der Spaltung ist in den Registern des Sitzes jedes der neuen Rechtsträger von Amts wegen einzutragen; gesetzlich vorgesehene Bekanntmachungen über die Eintragung der neuen Rechtsträger sind erst danach zulässig.

1 Bei der Spaltung zur Neugründung muss hinsichtlich der Anmeldung und Eintragung berücksichtigt werden, dass neben der Spaltung auch der neu gegründete Rechtsträger angemeldet und eingetragen werden muss. Dem dient § 137. Dessen Abs. 1 betrifft die **Anmeldung des neuen Rechtsträgers,** Abs. 2 die Anmeldung der Spaltung. Während § 130 Abs. 1 anwendbar bleibt, wird § 130 Abs. 2 durch § 137 Abs. 3 ersetzt.

2 Nach Abs. 1 ist der **neue Rechtsträger** bei dem für seinen Sitz zuständigen Registergericht anzumelden. In der Anmeldung ist anzugeben, dass es sich um eine Neugründung durch Spaltung handelt. Ferner ist die Art der Spaltung anzugeben (NK-UmwR/*Fischer* Rn. 15; Lutter UmwG/*Priester* Rn. 4). Im Übrigen richten sich der Inhalt und die notwendigen Anlagen der Anmeldung des neuen Rechtsträgers nach den jeweils einschlägigen **gesellschaftsrechtlichen Gründungsvorschriften,** wobei zusätzlich die in § 17 genannten Anlagen einzureichen sind. Nicht erforderlich soll es sein, beim Register des neuen Rechtsträgers eine Schlussbilanz des übertragenden Rechtsträgers einzureichen (BayObLG 10.12.1998, NZG 1999, 321).

3 Für die **Anmeldung der Spaltung** zum Register des übertragenden Rechtsträgers nach Abs. 2 und die dazu einzureichenden Anlagen gilt nichts anderes, als bei der Spaltung zur Aufnahme. Insoweit wird auf die Erläuterungen zu § 129 (→ § 129 Rn. 1 ff.) verwiesen.

4 **Zuständig** für die Anmeldung des neuen Rechtsträgers und für die Anmeldung der Spaltung ist ausschließlich das Vertretungsorgan des übertragenden Rechtsträgers. Handeln in vertretungsberechtigter Zahl reicht aus. Unechte Gesamtvertretung und Bevollmächtigung sind zulässig (NK-UmwR/*Fischer* Rn. 6; Lutter UmwG/*Priester* Rn. 11).

5 Hinsichtlich der **Eintragungsreihenfolge** besteht bei der Spaltung zur Neugründung die Besonderheit, dass zunächst der neue Rechtsträger einzutragen ist. Da dieser erst mit dem Wirksamwerden der Spaltung entsteht, ist gleichzeitig ein entsprechender Vermerk einzutragen, der nach dem Wirksamwer-

den der Spaltung zu löschen ist. Sodann sind beim übertragenden Rechtsträger etwa erforderliche Kapitalherabsetzungen einzutragen (§§ 139, 145). Zuletzt ist die Spaltung im Register des übertragenden Rechtsträgers einzutragen. Dazu hat nach § 137 Abs. 3 S. 1 das Gericht des neuen Rechtsträgers dem Register des übertragenden Rechtsträgers die Eintragung des neuen Rechtsträgers von Amts wegen mitzuteilen. Umgekehrt teilt dieses dem Gericht des neuen Rechtsträgers die Eintragung der Spaltung im Register des übertragenden Rechtsträgers mit (§ 137 Abs. 3 S. 2). Dort wird neben der Streichung des Vorläufigkeitsvermerks hinsichtlich der Gründung des neuen Rechtsträgers sodann auch der Zeitpunkt der Spaltung eingetragen (§ 137 Abs. 3 S. 3 Hs. 1). Verstöße gegen die Reihenfolge der Eintragungen lassen die Spaltungswirkungen unberührt (§ 131 Abs. 2).

Zweiter Teil. Besondere Vorschriften

Erster Abschnitt. Spaltung unter Beteiligung von Gesellschaften mit beschränkter Haftung

Sachgründungsbericht

138 **Ein Sachgründungsbericht (§ 5 Abs. 4 des Gesetzes betreffend die Gesellschaften mit beschränkter Haftung) ist stets erforderlich.**

Der Zweite Teil des Dritten Buchs enthält zusätzliche rechtsformspezifische Vorschriften, die grundsätzlich sowohl für die Spaltung zur Aufnahme als auch für die Spaltung zur Neugründung gelten, soweit sich aus der jeweiligen Norm nichts Abweichendes ergibt. Sind an einer Spaltung Rechtsträger mit unterschiedlicher Rechtsform beteiligt, so gelten für jeden Rechtsträger nur die auf seine Rechtsform zutreffenden Vorschriften. 1

Soweit an der Spaltung eine **GmbH** beteiligt ist, gelten die rechtsformspezifischen Sondervorschriften in §§ 138–140. § 138 betrifft nur die Spaltung zur Neugründung einer GmbH (→ Rn. 4). Die praktische Bedeutung der Vorschrift ist insoweit gering. Die Praxis zieht es vor, eine Vorrats-GmbH zu kaufen und mit ihr als übernehmendem Rechtsträger eine Spaltung zur Aufnahme durchzuführen. 2

So, wie sich die Spaltung zur Aufnahme als Sacheinlage bzw. Sachkapitalerhöhung darstellt, stellt sich die Spaltung zur Neugründung stets als **Sachgründung** dar. Daher sind nach § 135 Abs. 2 die **Sachgründungsvorschriften des GmbHG** anzuwenden. Nicht anwendbar ist § 8 Abs. 2 GmbHG wonach die anmeldenden Geschäftsführer eine Versicherung über die erfolgte Einlageleistung abzugeben haben (hM, Lutter UmwG/*Priester* Rn. 3 mwN; aA *D. Mayer* DB 1995, 861 (862)). Für die **UG** steht das nach § 5a Abs. 2 S. 2 GmbHG geltende **Sacheinlageverbot** einer Teilnahme der UG als aufnehmender bzw. neu gegründeter Rechtsträger bei einer Spaltung entgegen (BGH 11.4.2011, NJW 2011, 1883 (1884) mwN). 3

Bei der Verschmelzung zur Neugründung einer GmbH ist nach § 58 Abs. 2 ein Sachgründungsbericht nicht erforderlich, soweit eine Kapitalgesellschaft oder eine eG übertragender Rechtsträger ist. Davon abweichend ist nach § 138 bei der Spaltung zur Neugründung einer GmbH ein **Sachgründungsbericht** nach § 5 Abs. 4 GmbHG **stets** erforderlich, unabhängig von der Rechtsform des übertragenden Rechtsträgers (NK-UmwR/*Fischer* Rn. 2; KK-UmwG/*Simon/Nießen* Rn. 3). Auf den Bericht kann auch nicht verzichtet werden (NK-UmwR/*Fischer* Rn. 3; Lutter UmwG/*Priester* Rn. 4). Sein **Inhalt** ergibt sich aus § 5 Abs. 4 S. 2 GmbHG und § 58 Abs. 1. Insoweit kann auf die Erläuterungen dieser Vorschriften (→ GmbHG § 5 Rn. 1 ff., → § 58 Rn. 1 ff.) verwiesen werden. 4

Zuständig für die Erstattung des Berichts ist der **übertragende Rechtsträger,** da dieser nach § 135 Abs. 2 S. 2 als **Gründer** der GmbH gilt (SHS/*Hörtnagl* Rn. 4). Der Sachgründungsbericht ist weder Bestandteil des Spaltungsplans noch des Spaltungsbeschlusses. Er bedarf (lediglich) der Schriftform (Semler/Stengel/*Reichert* Rn. 9). Zu unterzeichnen ist der Bericht durch das Vertretungsorgan des übertragenden Rechtsträgers in vertretungsberechtigter Zahl. Unechte Gesamtvertretung ist zulässig, rechtsgeschäftliche Vertretung nicht (Lutter UmwG/*Priester* Rn. 5). 5

Dem **Registergericht** obliegt hinsichtlich der Kapitalaufbringung eine **Prüfungspflicht** nach § 9c GmbHG. Neben dem Sachgründungsbericht ist dafür die Einreichung entsprechender Unterlagen zum **Wertnachweis** notwendig. 6

Der übertragende Rechtsträger haftet als Gründer nach § 9 GmbHG für die Differenz zwischen dem Wert des Einlagegegenstands und dem Betrag der dafür gewährten Geschäftsanteile (sog. **Differenzhaftung**). Streitig ist, ob sich die Differenzhaftung auf den Zeitpunkt der Anmeldung zum Register bezieht oder auf den Stichtag der Schlussbilanz nach § 17 Abs. 2 (für Erstes zu Recht Lutter UmwG/*Priester* Rn. 10; SHS/*Hörtnagl* Rn. 5 und § 126 Rn. 29; vgl. auch Semler/Stengel/*Reichert* Rn. 7). Für die Differenzhaftung auf den Stichtag Bei der Abspaltung haften nachrangig auch die Anteilsinhaber, die 7

Geschäftsanteile an der neu gegründeten GmbH erhalten (Semler/Stengel/*Reichert* Rn. 7; *Ihrig* GmbHR 1995, 622 (638)). Bei der Aufspaltung haften wegen des Erlöschens des übertragenden Rechtsträgers allein die Anteilsinhaber, die Geschäftsanteile der neu gegründeten GmbH erhalten (SHS/*Hörtnagl* Rn. 5; Lutter UmwG/*Priester* Rn. 10).

Herabsetzung des Stammkapitals

139 **[1]Ist zur Durchführung der Abspaltung oder der Ausgliederung eine Herabsetzung des Stammkapitals einer übertragenden Gesellschaft mit beschränkter Haftung erforderlich, so kann diese auch in vereinfachter Form vorgenommen werden. [2]Wird das Stammkapital herabgesetzt, so darf die Abspaltung oder die Ausgliederung erst eingetragen werden, nachdem die Herabsetzung des Stammkapitals im Register eingetragen worden ist.**

1 Bei einer **Abspaltung** kommt es auf der Ebene des übertragenden Rechtsträgers regelmäßig zu einer **Verminderung des Nettovermögens,** weil der Gegenwert für das übertragene Vermögen in Form der Gesellschaftsanteile am übernehmenden Rechtsträger nicht dem übertragenden Rechtsträger zukommt, sondern dessen Gesellschaftern. Dagegen liegt bei einer **Ausgliederung** auf der Ebene des übertragenden Rechtsträgers regelmäßig lediglich ein **Aktiventausch** vor. Hier kann es zu einer Vermögensminderung nur kommen, wenn die als Gegenleistung gewährten Geschäftsanteile sofort abgeschrieben werden müssen, wobei diese Abschreibung streng genommen der Ausgliederung nachgelagert ist. Die Vermögensminderung muss auf der Passivseite beim übertragenden Rechtsträger zulasten entsprechender Eigenmittel **ausgeglichen** werden. Dazu kann eine Kapitalherabsetzung notwendig sein. Eine übertragende GmbH könnte dazu eine ordentliche Kapitalherabsetzung nach § 58 GmbHG vornehmen. Das erscheint jedoch nicht praktikabel, weil die **ordentliche Kapitalherabsetzung** einen Gläubigeraufruf voraussetzt und nach § 58 Abs. 1 Nr. 3 GmbHG ein Sperrjahr auslöst. § 139 S. 1 bezweckt die Erleichterung einer Kapitalherabsetzung bei der übertragenden GmbH, indem statt einer ordentlichen Kapitalherabsetzung „auch" eine **vereinfachte Kapitalherabsetzung** iSd §§ 58a ff. GmbHG vorgenommen werden kann. Die vereinfachte Kapitalherabsetzung setzt nämlich unter anderem weder einen Gläubigeraufruf voraus noch löst sie ein Sperrjahr aus. Sie kann daher sofort eingetragen und wirksam werden.

2 Bei der Aufspaltung gibt es kein Bedürfnis für eine solche Korrektur auf der Passivseite des übertragenden Rechtsträgers, weil dieser ohnehin erlischt.

3 Die Verweisung in § 139 S. 1 auf die §§ 58a ff. GmbHG ist nach hM eine **Rechtsfolgenverweisung** (AG Berlin-Charlottenburg 28.5.2008, GmbHR 2008, 993; NK-UmwR/*Fischer* Rn. 7; Lutter UmwG/*Priester* Rn. 5; Semler/Stengel/*Reichert* Rn. 6 jew. mwN; aA Rechtsgrundverweisung SHS/*Hörtnagl* Rn. 8; Widmann/Mayer/*Mayer* Rn. 23).

4 Voraussetzung für die vereinfachte Kapitalherabsetzung ist nach S. 1, dass sie zur Durchführung der Spaltung **erforderlich** ist. Das ist nur anzunehmen, soweit die Spaltung ohne eine Verminderung des (nominalen) Stammkapitals nicht erfolgen kann. Kann die Vermögensminderung gegen andere offen ausgewiesene Eigenkapitalposten gebucht werden, insbesondere zulasten von Rücklagen oder Gewinnvorträgen, so ist eine vereinfachte Kapitalherabsetzung nicht erforderlich und damit unzulässig (Lutter UmwG/*Priester* Rn. 6; Kallmeyer/*Sickinger* Rn. 2; aA *D. Mayer* DB 1995, 861 (866); *Naraschewski* GmbHR 1995, 697 (698)). Umstritten ist, ob die nach § 58a Abs. 2 GmbHG an sich zulässigen Rücklagen von bis zu 10% des Stammkapitals ebenfalls vorher aufgelöst sein müssen (wegen der Qualifikation als Rechtsfolgenverweis so NK-UmwR/*Fischer* Rn 11; Kallmeyer/*Sickinger* Rn. 2; Lutter UmwG/*Priester* Rn. 6; aA SHS/*Hörtnagl* Rn. 8; Widmann/Mayer/*Mayer* Rn. 20). Unschädlich und nicht aufzulösen sind Rücklagen für eigene Anteile (Lutter UmwG/*Priester* Rn. 6). Stille Reserven müssen weder aufgedeckt werden, noch schließen sie eine vereinfachte Kapitalherabsetzung zur Durchführung der Spaltung aus (Lutter UmwG/*Priester* Rn. 8 mwN).

5 Eine **Unterbilanz** der übertragenden GmbH steht einer vereinfachten Kapitalherabsetzung zur Durchführung der Spaltung nach § 139 S. 1 iVm § 58a GmbHG nicht entgegen. Sie muss aber wegen der nach § 140 abzugebenden Erklärung vor Anmeldung der Spaltung und der spaltungsbedingten Kapitalherabsetzung beseitigt werden (Lutter UmwG/*Priester* Rn. 9; Widmann/Mayer/*Mayer* Rn. 21.3; vgl. auch SHS/*Hörtnagl* Rn. 5: Beseitigung der Unterbilanz sei ebenfalls durch einfache Kapitalherabsetzung möglich).

6 Umstritten ist, ob die vereinfachte Kapitalherabsetzung nach § 139 S. 1 außerdem begrenzt wird durch das beim übernehmenden Rechtsträger neu gebildete **Nominalkapital.** Im Ergebnis bedeutet das, dass die Summe des Nominalkapitals des übernehmenden und des übertragenden Rechtsträgers dem vorherigen Nominalkapitalbetrag beim übertragenden Rechtsträger entsprechen muss. Das wird teilweise aus Gläubigerschutzgründen für notwendig gehalten (AG Berlin-Charlottenburg 28.5.2008, GmbHR 2008, 993; NK-UmwR/*Fischer* Rn. 10; Lutter UmwG/*Priester* Rn. 10; aA Kallmeyer/*Sickinger* Rn. 3; SHS/*Hörtnagl* Rn. 12; Widmann/Mayer/*Mayer* Rn. 21). Selbst die Befürworter dieses vor-

gelagerten Gläubigerschutzkonzepts räumen ein, dass es den gedanklich zugrunde liegenden Summengrundsatz (gleiches Nennkapital vor und nach der Spaltung) nicht gibt (Lutter UmwG/*Priester* Rn. 11). Darüber hinaus lässt sich ein solcher Grundsatz jedenfalls nicht aus dem Wort *„erforderlich"* in § 139 S. 1 ableiten (so aber AG Berlin-Charlottenburg 28.5.2008, GmbHR 2008, 993; Lutter UmwG/*Priester* Rn. 10). In der Praxis empfiehlt sich eine vorherige Klärung mit dem zuständigen Registergericht.

Liegen die Voraussetzungen für eine vereinfachte Kapitalherabsetzung nicht vor, so ist ein gleichwohl gefasster Kapitalherabsetzungsbeschluss lediglich **anfechtbar.** Selbst wenn der Beschluss nicht angefochten wurde, soll das Registergericht berechtigt sein, die Eintragung der Kapitalherabsetzung abzulehnen (AG Berlin-Charlottenburg 28.5.2008, GmbHR 2008, 993 (994); Lutter UmwG/*Priester* Rn. 12; Semler/Stengel/*Reichert* Rn. 11). 7

Unter denjenigen, die § 139 S. 1 für eine Rechtsfolgenverweisung halten, besteht wiederum Streit darüber, ob die Vorschrift lediglich auf § 58a GmbHG verweist oder auch auf die §§ 58b–58f GmbHG. Überwiegend wird angenommen, dass § 58b GmbHG ebenfalls gilt und sich das dort niedergelegte **Auszahlungsverbot** auch auf Ausschüttungen bzw. Auszahlungen aus der übernehmenden Gesellschaft erstreckt (Lutter UmwG/*Priester* Rn. 14; vgl. aber auch NK-UmwR/*Fischer* Rn. 16). Sollte der **Kapitalherabsetzungsbetrag zu hoch** angenommen worden sein, so soll in entsprechender Anwendung von § 58c Abs. 2 GmbHG iVm § 58b Abs. 3 GmbHG der Unterschiedsbetrag in die Kapitalrücklage eingestellt werden, wo er fünf Jahre gesperrt ist. Eine solche Konstellation erscheint im Spaltungsfall wohl nur vorstellbar, wenn bei der Beschlussfassung über die Kapitalherabsetzung eine Bilanz der übertragenden Gesellschaft noch nicht vorliegt (zu Recht weist darauf Lutter UmwG/*Priester* Rn. 15 hin), oder wenn sich zB durch Stichtagsverschiebungen der durch die Kapitalherabsetzung auszugleichende Nettovermögensabfluss verringert, etwa durch Abschreibungen oder sonstige Veränderungen der betreffende Buchwerte. 8

§§ 58d–58f GmbHG sind nach überwA dagegen auf die Kapitalherabsetzung zur Spaltung nicht entsprechend anzuwenden (Lutter UmwG/*Priester* Rn. 16, 17 mwN). 9

Der Kapitalherabsetzungsbeschluss bedarf nach § 58a Abs. 5 GmbHG einer Mehrheit von $^3/_4$ der abgegebenen Stimmen. Der Beschluss bedarf notarieller Beurkundung. Der Beschluss muss ausdrücklich bezeichnen, dass es sich um eine vereinfachte Kapitalherabsetzung zur Durchführung der näher zu bezeichnenden Spaltung handelt. 10

Nach § 139 S. 2 muss die Kapitalherabsetzung zwingend **vor der Spaltung eingetragen** werden. Gleichwohl wird die Kapitalherabsetzung erst wirksam mit der Eintragung der Spaltung und zwar selbst, wenn der Kapitalherabsetzungsbeschluss keine ausdrückliche Konditionierung vorsieht. Scheitert die Spaltung, ist die Eintragung der Kapitalherabsetzung von Amts wegen zu löschen (Lutter UmwG/*Priester* Rn. 22). 11

Anmeldung der Abspaltung oder der Ausgliederung

140 Bei der Anmeldung der Abspaltung oder der Ausgliederung zur Eintragung in das Register des Sitzes einer übertragenden Gesellschaft mit beschränkter Haftung haben deren Geschäftsführer auch zu erklären, daß die durch Gesetz und Gesellschaftsvertrag vorgesehenen Voraussetzungen für die Gründung dieser Gesellschaft unter Berücksichtigung der Abspaltung oder der Ausgliederung im Zeitpunkt der Anmeldung vorliegen.

Die Erklärung nach § 140 und deren Strafbewehrung nach § 313 Abs. 2 soll verhindern, dass durch die Spaltung eine **Kapitalunterdeckung** bei der übertragenden GmbH eintritt. Bei der Aufspaltung ist das nicht nötig, weil der übertragende Rechtsträger erlischt (§ 131 Abs. 1 Nr. 2 S. 1). Da die Ausgliederung aus Sicht des übertragenden Rechtsträgers lediglich einen Aktiventausch darstellt, macht die Erklärung auch bei der Ausgliederung regelmäßig keinen Sinn (zutr. Lutter UmwG/*Priester* Rn. 3). Unerheblich ist, ob der Nettovermögensabgang beim übertragenden Rechtsträger kompensiert wird durch die Auflösung von Rücklagen oder anderen freien Eigenmittelposten oder ob dazu eine Kapitalherabsetzung nach § 139 erfolgt (→ § 139 Rn. 1). Im letzteren Fall ist die herabgesetzte Stammkapitalziffer beim übertragenden Rechtsträger maßgebend (Lutter UmwG/*Priester* Rn. 3; Kallmeyer/*Zimmermann* Rn. 5; Semler/Stengel/*Reichert* Rn. 3). 1

Nach dem Wortlaut von § 140 bezieht sich die Erklärung inhaltlich auf die *„durch Gesetz und Gesellschaftsvertrag vorgesehenen Voraussetzungen für die Gründung dieser Gesellschaft"*. Die Formulierung ist unklar. Die Erklärung ist nach hM vielmehr dahingehend abzugeben, dass das **Stammkapital** der übertragenden GmbH weiterhin durch ihre Aktiva **gedeckt** ist (ebenso Kallmeyer/*Zimmermann* Rn. 3; Lutter UmwG/*Priester* Rn. 4; SHS/*Hörtnagl* Rn. 7). Bei der Ermittlung der Kapitaldeckung sind die **Nettobuchwerte** maßgebend; stille Reserven sind nicht zu berücksichtigen (Lutter UmwG/*Priester* Rn. 5; Semler/Stengel/*Reichert* Rn. 2). Die in den Materialien noch genannte Einhaltung der Vorschriften über die Mindesthöhe der Stammeinlagen (dazu Lutter UmwG/*Priester* Rn. 6) hat sich durch das MoMiG erledigt, indem die Anteile nunmehr lediglich noch auf volle Euro lauten müssen. Weiterge- 2 hende Anforderungen, etwa die Zulässigkeit der Firma oder des Gesellschaftszwecks sind nicht Inhalt der Erklärung (Lutter UmwG/*Priester* Rn. 7; SHS/*Hörtnagl* Rn. 8). Zur modifizierten Erklärung bei Vorliegen einer Unterbilanz s. *Stindt* NZG 2017, 174.

3 Die Erklärung ist abzugeben durch die **Geschäftsführer** der übertragenden GmbH (§ 35 Abs. 1 GmbHG). Umstritten ist, ob **alle** Geschäftsführer verpflichtet sind, oder die Erklärung in vertretungsberechtigter Zahl erfolgen kann. Für die erste Ansicht soll sprechen, dass nur so verhindert werden könne, dass ein bösgläubiger einen gutgläubigen Geschäftsführer vorschicke und so der Starfandrohung aus § 313 Abs. 2 entgehe (NK-UmwR/*Fischer* Rn. 11; Kallmeyer/*Zimmermann* Rn. 6; KK-UmwG/*Simon/Nießen* Rn. 20; Lutter UmwG/*Priester* Rn. 8; Widmann/Mayer/*Mayer* Rn. 11; aA Semler/Stengel/*Reichert* Rn. 4; SHS/*Hörtnagl* Rn. 3). Eine Erklärung durch sämtliche Geschäftsführer zu verlangen überzeugt nicht. Eine unmittelbare Anwendung von § 78 GmbHG ist ausgeschlossen, da es nicht um eine im GmbHG vorgesehene Anmeldung geht. Auch eine entsprechende Anwendung ist nicht anzuerkennen. Die Erklärung nach § 140 ist keine Anmeldung und auch nicht Bestandteil der nach § 129 bzw. § 137 Abs. 1 geregelten Anmeldung. Die Erklärung ist der Anmeldung lediglich beizufügen. Nach § 129 kann die Anmeldung der Spaltung auch durch das Vertretungsorgan des übernehmenden Rechtsträgers erfolgen. Das Vertretungsorgan bzw. die Geschäftsführer des übernehmenden Rechtsträgers können jedoch die Kapitaldeckungserklärung nach § 140 gerade nicht abgeben (Lutter UmwG/*Priester* Rn. 9; Kallmeyer/*Zimmermann* Rn. 5; Semler/Stengel/*Reichert* Rn. 5; aA SHS/*Hörtnagl* Rn. 6). Aus der Strafbewehrung in § 313 Abs. 2 wird geschlossen, dass die Erklärung höchstpersönlich ist, sodass unechte Gesamtvertretung, und rechtsgeschäftliche Bevollmächtigung ausscheiden (KK-UmwG/*Simon/Nießen* Rn. 19; Lutter UmwG/*Priester* Rn. 8).

4 Erfolgt die Erklärung nicht als Teil der Anmeldung der Spaltung zum Handelsregister, sondern „bei" dieser in einem gesonderten Dokument, reicht dafür die Schriftform (KK-UmwG/*Simon/Nießen* Rn. 21; Semler/Stengel/*Reichert* Rn. 7; Lutter UmwG/*Priester* Rn. 11).

5 Das **Registergericht** hat nach hM eine inhaltliche **Prüfung** der Erklärung nur vorzunehmen, wenn begründete Zweifel an ihrer Richtigkeit bestehen (NK-UmwR/*Fischer* Rn. 12; Lutter UmwG/*Priester* Rn. 13; Semler/Stengel/*Reichert* Rn. 8). Eine fehlende Erklärung ist ein **Eintragungshindernis,** die Vorlage kann aber nachgeholt werden, auch noch nach dem Ablauf der Frist des § 17 Abs. 2 (KK-UmwG/*Simon/Nießen* Rn. 24).

Zweiter Abschnitt. Spaltung unter Beteiligung von Aktiengesellschaften und Kommanditgesellschaften auf Aktien

Ausschluss der Spaltung

141 **Eine Aktiengesellschaft oder eine Kommanditgesellschaft auf Aktien, die noch nicht zwei Jahre im Register eingetragen ist, kann außer durch Ausgliederung zur Neugründung nicht gespalten werden.**

1 Die §§ 141–146 enthalten zusätzliche **rechtsformspezifische** Vorschriften, die grundsätzlich sowohl für die Spaltung zur Aufnahme als auch für die Spaltung zur Neugründung gelten, (→ § 138 Rn. 1). Die §§ 141–146 gelten ausschließlich, soweit an der Spaltung eine **AG** oder **KGaA** oder eine **deutsche SE** (→ § 124 Rn. 6) beteiligt ist und nur für diese.

2 § 52 AktG statuiert für die ersten zwei Jahre nach der Gründung einer AG bzw. einer KGaA dem Kapitalschutz dienende Beschränkungen (sog. Nachgründungsvorschriften). Nach Art. 15 SE-VO gilt § 52 AktG auch für die deutsche SE (Lutter/Hommelhoff/*Bayer* SE-VO Art. 15 Rn. 9 mwN). Der Erwerb von Vermögensgegenständen und Sachkapitalerhöhungen dürfen nur unter besonderen Voraussetzungen erfolgen (s. die Erläuterungen zu § 52 AktG → AktG § 52 Rn. 1 ff.). § 141 untersagt während dieser Nachgründungsphase die Spaltung einer AG oder KGaA. Ausgenommen ist die Ausgliederung zur Neugründung. Dieses **Spaltungsverbot** ist gedacht als **Umgehungsschutz** der Nachgründungsvorschriften in § 52 AktG. Weder Art. 11 der zweiten EG-Richtlinie (Kapitalrichtlinie) noch die sechste EG-Richtlinie (Spaltungsrichtlinie) hätten ein solches Spaltungsverbot erfordert. Mit Blick auf den durch § 133 und § 134 gewährleisteten Gläubigerschutz wird vereinzelt zu Recht die ersatzlose Streichung von § 141 gefordert (*W. Bayer/J. Schmidt* NZG 2006, 841 (845); zur weiteren Kritik Lutter UmwG/*M. F. Schwab* Rn. 6 f.).

3 Das Spaltungsverbot nach § 141 gilt für **neugegründete** AG bzw. KGaA für die Dauer von **zwei Jahren** ab ihrer Eintragung im Handelsregister. Nach hM gilt das Abspaltungsverbot auch, wenn die AG bzw. KGaA durch Formwechsel nach §§ 190 ff. entstanden ist, wie sich mittelbar aus § 220 Abs. 3 S. 2 ergibt (Lutter /*M. F. Schwab* Rn. 10; Kallmeyer/*Sickinger* Rn. 1; SHS/*Hörtnagl* Rn. 1; Semler/Stengel/*Diekmann* Rn. 8;). Umstritten ist, ob dann die Zweijahresfrist ab der Eintragung der Umwandlung gem. § 202 Abs. 1 läuft oder ab dem Tag des Spaltungsbeschlusses. Überwiegend wird auf Ersteres abgestellt (Lutter UmwG/*M. F. Schwab* Rn. 10; SHS/*Hörtnagl* Rn. 2; Semler/Stengel/*Diekmann* Rn. 10; Wid-

mann/Mayer/*Rieger* Rn. 9; aA Kallmeyer/*Sickinger* Rn. 2). Die Praxis sollte daher vorsorglich von dem Zeitpunkt der Eintragung nach § 202 Abs. 1 ausgehen. Soweit eine deutsche SE an einer Spaltung beteiligt sein kann (→ § 124 Rn. 6), ist § 141 ebenfalls anzuwenden.

Für die Spaltung zur Neugründung verdrängt § 141 die (nicht passende) Bestimmung in § 76 Abs. 1 (Semler/Stengel/*Diekmann* § 76 Rn. 5; KK-UmwG/*Simon* Rn. 2; Widmann/Mayer/*Rieger* § 76 Rn. 4; aA Lutter UmwG/*M. F. Schwab* Rn. 20). 4

§ 141 verbietet nur die Spaltung der AG bzw. KGaA. Als **übernehmender** Rechtsträger kann sie daher auch in der Nachgründungsphase an Spaltungen teilnehmen. Aus der Formulierung *„kann … nicht gespalten werden"* wird geschlossen, dass lediglich die **Durchführung** einer Spaltung innerhalb der Nachgründungsphase verboten sei. Eine Spaltung **nach Ablauf** der Nachgründungsphase könne dagegen grundsätzlich schon vor dem Ablauf der zweijährigen Frist **vorbereitet** werden (Lutter UmwG/*M. F. Schwab* Rn. 17 ff. mwN). Andere stellen – mit gleichem Ergebnis – allein auf den Tag der **Eintragung** der Spaltung ab; dieser müsse nach der Nachgründungsfrist liegen (KK-UmwG/*Simon* Rn. 14; Widmann/Mayer/*Rieger* Rn. 15). Zum Teil wird vertreten, dass es in Anlehnung an § 353 Abs. 2 AktG aF allein auf den Tag des **Spaltungsbeschlusses** ankomme (so Kallmeyer/*Sickinger* Rn. 3; vgl. auch Widmann/Mayer/*Rieger* Rn. 11). 5

Nach allen drei Meinungen wäre es zulässig, eine Spaltung nach Ablauf der Nachgründungsphase zu bewirken mit **Rückwirkung** auf einen **Spaltungsstichtag** der innerhalb der Nachgründungsphase liegt. Wirtschaftlich gesehen erfolgt dann aber auch der Vermögensabgang beim übertragenden Rechtsträger innerhalb der Nachgründungsphase (Widmann/Mayer/*Rieger* Rn. 11). In der Begründung zu § 141 RegG heißt es aber ausdrücklich, es solle verhindert werden, dass eine AG schon in der Nachgründungsperiode *„durch Abspaltung oder Ausgliederung einen großen Teil ihres Vermögens abgibt"* (*Neye*, Umwandlungsgesetz, 1995, 277). Das legt es nahe, Spaltungen für unzulässig zu halten, bei denen der **Spaltungsstichtag** innerhalb der Nachgründungsphase liegt. Dagegen wird angeführt, dass auch § 52 AktG nur auf den Zeitpunkt des Abschlusses des Rechtsgeschäfts abstellt und keine Anwendung mehr findet, wenn dieser nach dem Ablauf der Frist liegt, selbst wenn das Geschäft eine Rückbewirkung vorsieht (Widmann/Mayer/*Rieger* Rn. 14; vgl. auch SHS/*Hörtnagl* Rn. 4). Für diesen Einwand spricht die Überlegung, dass der Umgehungsschutz nicht weitergehen sollte, als die geschützte Norm selbst. 6

Im Spaltungsvertrag empfiehlt sich eine aufschiebende Bedingung des Ablaufs der Nachgründungsfrist. Ferner ist bei einer vorzeitigen Anmeldung sinnvoll, das Registergericht entsprechend zu unterrichten und um **Eintragung** erst nach Ablauf der Nachgründungsfrist zu bitten. Auch ohne einen solchen Hinweis hat das Registergericht von sich aus die Eintragung bis dahin **auszusetzen.** Zu einer Zurückweisung des Eintragungsantrags ist das Registergericht nicht berechtigt (ebenso KK-UmwG/*Simon* Rn. 16; Lutter UmwG/*M. F. Schwab* Rn. 19; Widmann/Mayer/*Rieger* Rn. 18; aA wegen Verstoßes iSd § 134 BGB NK-UmwR/*Burg* Rn. 9; SHS/*Hörtnagl* Rn. 5; Semler/Stengel/*Diekmann* Rn. 17). 7

Verstößt der Spaltungsvertrag gegen § 141 und enthält er eine Klausel zur Stichtagsverschiebung (→ § 126 Rn. 17), so kann sich durch **Auslegung** des Spaltungsvertrags im Einzelfall ergeben, dass der Vertrag zu dem nächstmöglichen zulässigen Spaltungsstichtag gelten soll. In diesem Fall ist der Vertrag **wirksam.** Auch alle weiteren Rechtshandlungen einschließlich der Zustimmungsbeschlüsse sind dann nicht wegen Verstoßes gegen § 141 nichtig. Hat der Spaltungsvertrag dagegen keine Stichtagsverschiebungsregel oder lässt er sich nicht in dem oben beschriebenen Sinn auslegen, so ist er nach zT vertretener Meinung (Lutter UmwG/*M. F. Schwab Rn. 22*) wegen Verstoßes gegen § 141 gem. § 134 BGB **nichtig;** stattdessen Anfechtbarkeit anzunehmen erscheint vorzugswürdig. Erfolgt eine Eintragung im Handelsregister, sind sämtliche Mängel gem. § 131 Abs. 2 geheilt und die Spaltung wirksam. 8

Spaltung mit Kapitalerhöhung; Spaltungsbericht

142 (1) **§ 69 ist mit der Maßgabe anzuwenden, daß eine Prüfung der Sacheinlage nach § 183 Abs. 3 des Aktiengesetzes stets stattzufinden hat.**

(2) **In dem Spaltungsbericht ist gegebenenfalls auf den Bericht über die Prüfung von Sacheinlagen bei einer übernehmenden Aktiengesellschaft nach § 183 Abs. 3 des Aktiengesetzes sowie auf das Register, bei dem dieser Bericht zu hinterlegen ist, hinzuweisen.**

Ist der übernehmende Rechtsträger eine AG oder KGaA, so wird für die Schaffung der Aktien, die dem übertragenden Rechtsträger bzw. dessen Gesellschaftern als Gegenleistung für das übertragende Vermögen zu gewähren sind, regelmäßig eine **Kapitalerhöhung beim übernehmenden Rechtsträger** erforderlich sein. § 69 ordnet bei der Verschmelzung für eine solche Kapitalerhöhung verschiedene **Erleichterungen** an gegenüber den ansonsten für die Kapitalerhöhung geltenden §§ 182 ff. AktG (dazu *Engelmeyer* AG 1996, 193 (203); NK-UmwR/*Burg* Rn. 3). Namentlich ist nach § 69 Abs. 1 S. 1 Hs. 2 die sonst nach § 183 Abs. 3 S. 1 AktG erforderliche Sacheinlageprüfung nur in den in § 69 bezeichneten Ausnahmefällen vorgeschrieben. Während nun § 125 für die Spaltung auch auf § 69 1 verweist, wird diese Verweisung durch § 142 Abs. 1 insofern **eingeschränkt,** als die **Sacheinlageprüfung** bei Spaltungen **stets erforderlich** ist. Der Zweck der Sacheinlageprüfung ist es, Unter-Pari-Emissionen auszuschließen, also zu verhindern, dass das übertragene Vermögen wertmäßig den Nennbetrag der als Gegenleistung gewährten Aktien der übernehmenden AG bzw. KGaA nicht erreicht. Die Gefahr einer solchen Unter-Pari-Emission erschien dem Gesetzgeber offensichtlich bei der Spaltung größer als bei der Verschmelzung (krit. zur unterschiedlichen Behandlung *Ihrig* GmbHR 1995, 622 (643)).

2 Für die Prüfung verweisen §§ 125, 69 Abs. 1, § 142 Abs. 1 auf § 183 Abs. 3 AktG, der wiederum auf § 33 Abs. 3–5 AktG, § 34 Abs. 2 und 3 AktG und § 35 AktG verweist. Die Prüfung erfolgt daher durch einen von dem zuständigen Amtsgericht am Sitz des übernehmenden Rechtsträgers bestellten Prüfer (§ 33 Abs. 3 AktG). Hinsichtlich der Einzelheiten der Bestellung des Prüfers kann auf die Erläuterungen zu § 33 Abs. 3 und 4 AktG (→ AktG § 33 Rn. 1 ff.) verwiesen werden.

3 Da § 183 Abs. 3 AktG nicht auf § 34 Abs. 1 AktG verweist, beschränkt sich die Prüfung darauf, ob der Wert der zu übertragenden Vermögensgegenstände den Nennbetrag der als Gegenleistung auszugebenden Aktien (mindestens) erreicht (Lutter UmwG/*M. F. Schwab* Rn. 3; KK-UmwG/*Simon* Rn. 6; *Stein/Fischer* ZIP 2014, 1362 ff.).

4 Die Prüfer haben nach § 34 Abs. 2 AktG einen schriftlichen **Prüfungsbericht** über die Einlageprüfung zu erstatten. Ein Testat ist nicht nötig. Nach § 34 Abs. 3 AktG haben die Prüfer den Prüfungsbericht dem Vorstand des übernehmenden Rechtsträgers und dem für diesen zuständigen Registergericht einzureichen.

5 Die durch das ARUG vom 30.7.2009 in das AktG eingefügten §§ 33a, 183a ermöglichen in bestimmten Fällen eine Sachgründung bzw. Sachkapitalerhöhung **ohne externe Gründungs- bzw. Einlageprüfung.** Diese Möglichkeit besteht einmal bei der Einlage von übertragbaren Wertpapieren, sofern diese mit dem Durchschnittspreis der letzten drei Monate vor ihrer tatsächlichen Einbringung bewertet werden. Zum anderen kann von der Prüfung abgesehen werden, wenn andere Vermögensgegenstände eingebracht werden, deren Wert ein unabhängiger ausreichend vorgebildeter und erfahrener Sachverständiger nach allgemein anerkannten Bewertungsgrundsätzen mit dem beizulegenden Zeitwert ermittelt hat und der Bewertungsstichtag nicht mehr als sechs Monate vor dem Tag der tatsächlichen Einbringung liegt (s. die Erläuterungen zu § 33a AktG → AktG § 33 Rn. 1 ff.). Nach § 183a AktG kann das zuständige Amtsgericht auf Antrag eines Quorums von 5 % des Grundkapitals bei der Sachkapitalerhöhung eine Prüfung anordnen. Es ist fraglich, ob diese Erleichterungen auch umwandlungsrechtlich für Sacheinlageprüfungen nach § 142 bzw. § 69 gelten. Das wird teilweise verneint, weil § 142 Abs. 1 durch das ARUG nicht geändert wurde (so KK-UmwG/*Simon* Rn. 8; aA NK-UmwR/*Burg* Rn. 4). Tatsächlich nennt § 142 Abs. 1 nach wie vor nur § 183 Abs. 3 AktG. Andererseits verweist er auf § 69, der in der neuen Fassung seinem Wortlaut nach nunmehr auch auf § 183a AktG verweist. Eine Anwendung von §§ 183a, 33a AktG auf Spaltungen dürfte in der Praxis aber schon deswegen ausscheiden, weil idR der übernehmende Rechtsträger die übernommenen Aktiva zu Buchwerten in seiner Bilanz fortführt. Eine davon abweichende Bewertung zu dem in § 33a Abs. 1 Nr. 1 AktG genannten Durchschnittspreis bzw. dem in § 33a Abs. 1 Nr. 2 AktG genannten Zeitwert dürfte daher **kaum praktische Bedeutung** zukommen. Davon abgesehen wird man als Tag der tatsächlichen Einbringung im Sinne der Vorschrift den Spaltungsstichtag ansehen müssen. Vor diesem Hintergrund erscheint es in der Praxis kaum gangbar, die in § 33a Abs. 1 Nr. 2 AktG genannte Sechsmonatsfrist einzuhalten.

6 Nach § 142 Abs. 2 ist in dem nach § 127 zu erstattenden **Spaltungsbericht** auf den Einlagen-Prüfungsbericht hinzuweisen und anzugeben, bei welchem Handelsregister dieser hinterlegt ist. Soweit ein Spaltungsbericht nicht erstattet zu werden braucht (→ § 127 Rn. 12), entfällt diese Verpflichtung (Lutter UmwG/*M. F. Schwab* Rn. 6; Kallmeyer/*Sickinger* Rn. 7). Der Einlagen-Prüfungsbericht muss jedoch weder in einem Spaltungsbericht, noch der Hauptversammlung erläutert werden, noch gehört er zu den nach §§ 125, 63 Abs. 1 auszulegenden Unterlagen (Lutter UmwG/*M. F. Schwab* Rn. 7 f.; KK-UmwG/*Simon* Rn. 10). Im Hinblick auf das **Auskunftsrecht der Aktionäre** nach § 131 AktG ist eine (freiwillige) Auslage bzw. Veröffentlichung auf den Internetseiten des übernehmenden Rechtsträgers (§ 63 Abs. 1 und 4) zu erwägen (NK-UmwR/*Burg* Rn. 9; KK-UmwG/*Simon* Rn. 11; Lutter UmwG/*M. F. Schwab* Rn. 8).

7 Die Hinweispflicht nach Abs. 2 gilt auch für die KGaA (so auch KK-UmwG/*Simon* Rn. 12; aA wohl Widmann/Mayer/*Rieger* Rn. 7).

Verhältniswahrende Spaltung zur Neugründung

143 Erfolgt die Gewährung von Aktien an der neu gegründeten Aktiengesellschaft oder an den neu gegründeten Aktiengesellschaften (§ 123 Absatz 1 Nummer 2, Absatz 2 Nummer 2) im Verhältnis zur Beteiligung der Aktionäre an der übertragenden Aktiengesellschaft, so sind die §§ 8 bis 12 sowie 63 Absatz 1 Nummer 3 bis 5 nicht anzuwenden.

§ 143 wurde durch das Gesetz vom 11.7.2011 (BGBl. 2011 I 1358) geändert. Die aF regelte Verpflichtungen zur Unterrichtung über wesentliche Vermögensänderungen zwischen Abschluss des Spaltungsvertrags bzw. Aufstellung des Entwurfs und Beschlussfassung der Anteilseigner. Dafür gelten nunmehr § 64 Abs. 1 iVm § 125. 1

Die Neufassung regelt Erleichterungen bezüglich Verschmelzungsbericht und Verschmelzungsprüfung sowie hinsichtlich des Zwischenabschlusses bei verhältniswahrenden Auf- und Abspaltungen von AGen auf eine neugegründete AG. Damit soll Art. 8 Buchst. b der Aktionärsrechterichtlinie umgesetzt werden. Die Neufassung gilt nach § 321 Abs. 3 für Umwandlungen, bei denen der Verschmelzungs- oder Spaltungsvertrag nach dem 14.7.2011 geschlossen worden ist. 2

Die Vorschrift gilt nur für verhältniswahrende Auf- und Abspaltungen zur Neugründung (NK-UmwR/*Burg* Rn. 3; Semler/Stengel/*Diekmann* Rn. 2). Bei Ausgliederungen gelten die §§ 9–12 gem. § 125 S. 2 ohnehin nicht. Die Vorschrift gilt nur, wenn ausschließlich AGen als übertragende und neu gegründete Rechtsträger an der Auf- oder Abspaltung beteiligt sind. Sie gilt nicht für nichtverhältniswahrende Spaltungen (→ § 128). 3

Liegen die Voraussetzungen von § 143 vor, sind Spaltungsbericht(e) sowie eine Spaltungsprüfung nicht erforderlich. Dass die Vorschrift § 127 nicht ausschließt, wird als Redaktionsversehen angesehen (Lutter UmwG/*M. F. Schwab* Rn. 4; SHS/*Hörtnagl* Rn. 4). Spaltungsbericht und Prüfung können danach auch nicht durch Aktionäre erzwungen werden. Damit entfällt auch die Auslage solcher Unterlagen vor und in der Hauptversammlung (§ 63 Abs. 1 Nr. 4 u. 5). 4

Eine Zwischenbilanz nach § 63 Abs. 1 Nr. 3 ist dann ebenso wenig aufzustellen. Auch sie kann nicht erzwungen werden. 5

Gründungsbericht und Gründungsprüfung

144 **Ein Gründungsbericht (§ 32 des Aktiengesetzes) und eine Gründungsprüfung (§ 33 Abs. 2 des Aktiengesetzes) sind stets erforderlich.**

§ 144 betrifft nur die Spaltung zur Neugründung einer AG oder KGaA. Spaltungen zur Neugründung einer deutschen SE sollen dagegen überwiegend nicht zulässig sein (→ § 124 Rn. 6). Die praktische Bedeutung der Vorschrift dürfte gering sein. Die Praxis zieht es vor, mit einer vorab bereits gegründeten (Vorrats-)AG zu operieren und mit ihr als übernehmendem Rechtsträger eine Spaltung zur Aufnahme durchzuführen. 1

So, wie sich die Spaltung zur Aufnahme als Sacheinlage bzw. Sachkapitalerhöhung darstellt, stellt sich die Spaltung zur Neugründung stets als **Sachgründung** dar. Daher sind nach § 135 Abs. 2 die Sachgründungsvorschriften des AktG anzuwenden. 2

Bei der Verschmelzung zur Neugründung einer AG ist nach § 125 S. 1 iVm § 75 Abs. 2 ein Gründungsbericht nicht erforderlich, soweit eine Kapitalgesellschaft oder eine eG übertragender Rechtsträger ist. Davon abweichend ist nach § 144 bei der Spaltung zur Neugründung einer AG ein **Gründungsbericht** nach § 32 AktG **stets erforderlich,** unabhängig von der Rechtsform des übertragenden Rechtsträgers (NK-UmwR/*Burg* Rn. 1; KK-UmwG/*Simon* Rn. 2). Auf den Bericht kann auch nicht verzichtet werden. Sein **Inhalt** ergibt sich aus § 32 AktG und § 75 Abs. 1. Insoweit kann auf die Erläuterungen dieser Vorschriften (→ AktG § 32 Rn. 1 ff., → § 75 Rn. 1 ff.) verwiesen werden. 3

Zuständig für die Erstattung des Berichts ist der übertragende Rechtsträger, da dieser nach § 135 Abs. 2 S. 2 als Gründer der AG gilt. Der Gründungsbericht ist weder Bestandteil des Spaltungsplans noch des Spaltungsbeschlusses. Er bedarf (lediglich) der **Schriftform.** Zu unterzeichnen ist der Bericht durch das Vertretungsorgan des übertragenden Rechtsträgers in vertretungsberechtigter Zahl. Unechte Gesamtvertretung ist zulässig, rechtsgeschäftliche Vertretung nicht. 4

Neben dem Gründungsbericht ist eine **Gründungsprüfung** nach § 33 Abs. 2 AktG erforderlich. Hinsichtlich der Bestellung des Gründungsprüfers kann auf die Erläuterungen zu § 33 Abs. 3 S. 1 AktG (→ AktG § 33 Rn. 1 ff.) verwiesen werden, hinsichtlich des Umfangs der Gründungsprüfung auf die Erläuterungen zu § 34 Abs. 1 AktG (→ AktG § 34 Rn. 1 ff.). Der Gründungsprüfungsbericht des Gründungsprüfers ist über den Wortlaut des Gesetzes hinaus auch dem Vertretungsorgan des übertragenden Rechtsträgers zuzuleiten (KK-UmwG/*Simon* Rn. 9). Soweit teilweise diskutiert wird, ob die Gründungsprüfung bei Bargründung einer neugegründeten AG im Zuge der Spaltung entbehrlich ist (Lutter UmwG/*M. F. Schwab* Rn. 11; Semler/Stengel/*Diekmann* Rn. 7), ist eine solche Spaltung praktisch kaum vorstellbar (zutr. SHS/*Hörtnagl* Rn. 3; Semler/Stengel/*Diekmann* Rn. 7; KK-UmwG/*Simon* Rn. 11; vgl. aber NK-UmwR/*Burg* Rn. 3). 5

Herabsetzung des Grundkapitals

145 **[1] Ist zur Durchführung der Abspaltung oder der Ausgliederung eine Herabsetzung des Grundkapitals einer übertragenden Aktiengesellschaft oder Kommanditgesell-**

schaft auf Aktien erforderlich, so kann diese auch in vereinfachter Form vorgenommen werden. [2] Wird das Grundkapital herabgesetzt, so darf die Abspaltung oder die Ausgliederung erst eingetragen werden, nachdem die Durchführung der Herabsetzung des Grundkapitals im Register eingetragen worden ist.

1 Bei einer Abspaltung kommt es auf der Ebene des übertragenden Rechtsträgers regelmäßig zu einer Verminderung des Nettovermögens, weil der Gegenwert für das übertragene Vermögen in Form der Gesellschaftsanteile am übernehmenden Rechtsträger nicht dem übertragenden Rechtsträger zukommt, sondern dessen Gesellschaftern. Dagegen liegt bei einer Ausgliederung auf der Ebene des übertragenden Rechtsträgers regelmäßig lediglich ein Aktiventausch vor. Hier kann es zu einer Vermögensminderung nur kommen, wenn die als Gegenleistung gewährten Geschäftsanteile sofort abgeschrieben werden müssen, wobei diese Abschreibung streng genommen der Ausgliederung nachgelagert ist. Die **Vermögensminderung** muss auf der Passivseite beim übertragenden Rechtsträger zulasten entsprechender Eigenmittel ausgeglichen werden. Dazu kann eine **Kapitalherabsetzung** notwendig sein. Eine übertragende AG bzw. KGaA könnte dazu eine **ordentliche** Kapitalherabsetzung nach § 222 AktG vornehmen. Das wäre jedoch wegen des Gläubigerschutzes nach § 225 AktG ähnlich umständlich und zeitaufwändig, wie bei der GmbH (Lutter UmwG/*M. F. Schwab* Rn. 2). § 145 S. 1 bezweckt die Erleichterung einer Kapitalherabsetzung bei der übertragenden AG bzw. KGaA, indem statt einer ordentlichen Kapitalherabsetzung „auch" eine **vereinfachte** Kapitalherabsetzung nach § 229 AktG vorgenommen werden kann.

2 Bei der Aufspaltung gibt es kein Bedürfnis für eine solche Korrektur auf der Passivseite des übertragenden Rechtsträgers, weil dieser ohnehin erlischt.

3 § 145 ist nahezu identisch konzipiert, wie die Parallelvorschrift in § 139 für die GmbH. Grundsätzlich gilt das Gleiche wie bei § 139. Unterschiede ergeben sich im Wesentlichen aus der bei der AG ausgeprägteren Kapitalbindung.

4 Auch bei der AG bzw. KGaA sind für die Kompensation des Nettovermögensabgangs zunächst alle freien Rücklagen und Gewinnvorträge heranzuziehen. Die nach § 150 Abs. 3 und 4 AktG iVm § 272 Abs. 2 Nr. 1–2 HGB gebundenen Rücklagen dürfen nach hM nicht angetastet werden (NK-UmwR/*Burg* Rn. 4 mwN). Der Verwendung satzungsmäßiger Rücklagen steht § 231 S. 1 AktG nicht entgegen (ebenso KK-UmwG/*Simon* Rn. 5; Hüffer/Koch/*Koch* AktG § 229 Rn. 14).

5 Wie § 139 ist auch § 145 eine **Rechtsfolgenverweisung,** sodass die Zulässigkeit der vereinfachten Kapitalherabsetzung nicht von der Erfüllung der Voraussetzungen des § 229 Abs. 1 AktG abhängig ist. Es kommt allein darauf an, ob sie iSv § 145 S. 1 erforderlich ist. Das ist nach denselben Maßstäben zu beurteilen, wie bei § 139 mit der Maßgabe der bei der AG weitergehenden Kapitalbindung, durch welche die Heranziehung der **gebundenen Rücklagen** zum Ausgleich des Nettovermögensabgangs ausscheidet.

6 Für die **Beschlussfassung** der Hauptversammlung über die vereinfachte Kapitalherabsetzung gelten die § 229 Abs. 3 AktG, § 222 AktG. Gegebenenfalls sind **Sonderbeschlüsse** nach § 229 Abs. 3 AktG, § 222 Abs. 2 AktG erforderlich. Der Beschluss muss ausdrücklich bezeichnen, dass es sich um eine Kapitalherabsetzung zur Durchführung der näher zu bezeichnenden Spaltung handelt. Zu beachten ist, dass im Unterschied zur GmbH neben der Kapitalherabsetzung selbst auch die Durchführung der Kapitalherabsetzung zur Eintragung im Handelsregister anzumelden ist nach § 229 Abs. 3 AktG, §§ 223, 227 AktG.

7 Liegen die Voraussetzungen für eine vereinfachte Kapitalherabsetzung nicht vor, so ist ein gleichwohl gefasster Kapitalherabsetzungsbeschluss lediglich **anfechtbar.** Selbst wenn der Beschluss nicht angefochten wurde, soll das Registergericht berechtigt sein, die Eintragung der Kapitalherabsetzung abzulehnen (AG Charlottenburg 28.5.2008, GmbHR 2008, 993 (994); Lutter UmwG/*Priester* § 139 Rn. 12; Semler/Stengel/*Reichert* § 139 Rn. 11; NK-UmwR/*Burg* Rn. 6).

8 Die vereinfachte Kapitalherabsetzung zur Durchführung der Spaltung löst die **Auszahlungssperre** an Aktionäre gem. § 230 AktG aus. Ein **überhöhter Herabsetzungsbetrag** ist entsprechend § 232 AktG in die Kapitalrücklage des übertragenden Rechtsträgers einzustellen. Für künftige Gewinne gelten die Beschränkungen gem. § 233 Abs. 1 und 2 AktG (so NK-UmwR/*Burg* Rn. 8; SHS/*Hörtnagl* Rn. 6; aA Semler/Stengel/*Diekmann* Rn. 13; Widmann/Mayer/ *Rieger* Rn. 13.3). Auch die weiteren Einzelheiten der Ausschüttungssperre sind umstritten (dazu KK-UmwG/*Simon* Rn. 12 mwN). Wie bei der GmbH im Fall von § 58e GmbHG ist bei der vereinfachten Kapitalherabsetzung zur Durchführung der Spaltung die **bilanzielle Rückwirkung** der Kapitalherabsetzung analog § 234 nicht möglich (so auch KK-UmwG/*Simon* Rn. 13; aA Lutter UmwG/*M. F. / Schwab* Rn. 27).

9 Nach § 145 S. 2 muss die Kapitalherabsetzung zwingend vor der Spaltung **eingetragen** werden. Gleichwohl wird die Kapitalherabsetzung erst wirksam mit der Eintragung der Spaltung und zwar selbst dann, wenn der Kapitalherabsetzungsbeschluss keine ausdrückliche Konditionierung vorsieht. Scheitert die Spaltung, ist die Eintragung der Kapitalherabsetzung von Amts wegen zu löschen (vgl. Lutter UmwG/*Priester* § 139 Rn. 22). Ob sich das **Voreintragungsgebot** auch auf die Eintragung der Durch-

führung der Kapitalherabsetzung bezieht, ist zweifelhaft (unklar Lutter UmwG/*M. F. Schwab* Rn. 30; für teleologische Reduktion von S. 2 mit guten Gründen KK-UmwG/*Simon* Rn. 14 ff.).

Anmeldung der Abspaltung oder der Ausgliederung

146 (1) **Bei der Anmeldung der Abspaltung oder der Ausgliederung zur Eintragung in das Register des Sitzes einer übertragenden Aktiengesellschaft hat deren Vorstand oder einer Kommanditgesellschaft auf Aktien haben deren zu ihrer Vertretung ermächtigte persönlich haftende Gesellschafter auch zu erklären, daß die durch Gesetz und Satzung vorgesehenen Voraussetzungen für die Gründung dieser Gesellschaft unter Berücksichtigung der Abspaltung oder der Ausgliederung im Zeitpunkt der Anmeldung vorliegen.**

(2) **Der Anmeldung der Abspaltung oder der Ausgliederung sind außer den sonst erforderlichen Unterlagen auch beizufügen:**

1. der Spaltungsbericht nach § 127;
2. bei Abspaltung der Prüfungsbericht nach § 125 in Verbindung mit § 12.

1 Die Erklärung nach § 146 und deren Strafbewehrung nach § 313 Abs. 2 soll verhindern, dass durch die Spaltung eine **Kapitalunterdeckung** bei der übertragenden AG bzw. KGaA eintritt. § 146 Abs. 1 entspricht dem für die GmbH geltenden § 140. Daher kann auf die Erläuterungen zu § 140 (→ § 140 Rn. 1 ff.) verwiesen werden.

2 Nach Abs. 2 sind der Anmeldung zusätzlich der Spaltungsbericht nach § 127 und der bei der Abspaltung nach §§ 125, 12 erstattete Spaltungsprüfungsbericht beizufügen. Diese Pflicht entfällt, soweit die Berichte nicht erstattet werden mussten, zB weil auf sie verzichtet wurde. Die Einreichungspflicht folgt schon aus § 17. Abs. 2 hat daher allenfalls klarstellenden Charakter.

Dritter Abschnitt. Spaltung unter Beteiligung eingetragener Genossenschaften

Möglichkeit der Spaltung

147 Die Spaltung eines Rechtsträgers anderer Rechtsform zur Aufnahme von Teilen seines Vermögens durch eine eingetragene Genossenschaft kann nur erfolgen, wenn eine erforderliche Änderung der Satzung der übernehmenden Genossenschaft gleichzeitig mit der Spaltung beschlossen wird.

1 §§ 147, 148 sind zusätzliche rechtsformspezifische Regelungen für die Spaltung unter Beteiligung einer eG. Die Vorschrift schränkt die nach § 124 gegebenen Möglichkeiten einer Spaltung unter Beteiligung einer eG als übertragender oder übernehmender Rechtsträger nicht ein (Überblick über die Möglichkeiten bei Lutter UmwG/*Bayer* Rn. 2 ff.). Sie bestimmt lediglich, dass soweit die eG als übernehmender Rechtsträger im Rahmen einer danach zulässigen Spaltung Vermögensteile eines übertragenden Rechtsträgers anderer Rechtsform übernimmt, eine **erforderliche Satzungsänderung** der übernehmenden eG gleichzeitig mit der Spaltung beschlossen werden muss. Für Spaltungen unter ausschließlicher Beteiligung von eG gilt die Vorschrift nicht. Die für Genossenschaftsbanken bedeutsame Filialübertragung kann durch eine Auf- oder Abspaltung nicht bewirkt werden, weil alle Mitglieder der spaltenden eG gleichzeitig Mitglieder der aufnehmenden eG werden würden. Das soll bei der Filialübertragung gerade nicht geschehen (Lutter UmwG/*Bayer* Rn. 7 mwN).

2 Für die Spaltung unter Beteiligung einer eG gelten iÜ über § 125 bzw. § 135 insbesondere auch die rechtsformspezifischen Verschmelzungsvorschriften für die eG gem. §§ 79 ff.

3 Ebenso wie § 79 für den Fall der Mischverschmelzung unter Beteiligung einer eG ordnet § 147 eine Verknüpfung der Spaltung mit einer erforderlichen Satzungsänderung an. Ob eine Satzungsänderung bei der übernehmenden eG erforderlich ist, unterliegt der pflichtgemäßen Prüfung der Beteiligten. In erster Linie zu denken ist an den durch das genossenschaftliche Prinzip der Identität zwischen Kapitalgeber und Kunde geprägten Fall, dass die Satzung lediglich die Beteiligung mit einem Geschäftsanteil zulässt. Bei einer Mischverschmelzung wird es demgegenüber regelmäßig erwünscht sein, dass bei der übernehmenden eG die Beteiligung mit mehreren Geschäftsanteilen in der Satzung gestattet wird. In einem solchen Fall ist dann die Satzungsänderung erforderlich, jedenfalls aber sinnvoll (NK-UmwR/*Geschwandtner* Rn. 5; KK-UmwG/*Schöpflin* Rn. 20; Lutter UmwG/*Bayer* Rn. 21).

4 Eine zur Durchführung der Spaltung erforderliche Satzungsänderung der übernehmenden eG muss die Anforderung des GenG erfüllen. Das GenG knüpft an solche Satzungsänderungen unter Umständen weitere Rechtsfolgen oder Rechte der Genossen und/oder der Gläubiger. Vorbereitung, Durchführung und Anmeldung der Beschlussfassung hinsichtlich der Satzungsänderung richten sich ebenfalls nach den dafür geltenden Vorschriften des GenG.

Anmeldung der Abspaltung oder der Ausgliederung

148 (1) **Bei der Anmeldung der Abspaltung oder der Ausgliederung zur Eintragung in das Register des Sitzes einer übertragenden Genossenschaft hat deren Vorstand auch zu erklären, daß die durch Gesetz und Satzung vorgesehenen Voraussetzungen für die Gründung dieser Genossenschaft unter Berücksichtigung der Abspaltung oder der Ausgliederung im Zeitpunkt der Anmeldung vorliegen.**

(2) **Der Anmeldung der Abspaltung oder der Ausgliederung sind außer den sonst erforderlichen Unterlagen auch beizufügen:**
1. der Spaltungsbericht nach § 127;
2. das Prüfungsgutachten nach § 125 in Verbindung mit § 81.

1 § 148 entspricht den Regelungen in § 140 bzw. § 146 für die GmbH und die AG. Das Genossenschaftskapital kann zwar nicht mit dem Stamm- oder Grundkapital der GmbH bzw. AG verglichen werden. Gleichwohl hat der Gesetzgeber gemeint, wegen der Verselbstständigung des Genossenschaftsvermögens sei eine entsprechende und ebenfalls nach § 313 Abs. 1 Nr. 1 strafbewehrte Pflicht des Vorstands der eG gerechtfertigt (Begr. zu § 148 RegE, *Neye,* Umwandlungsgesetz, 1995, 281). § 148 gilt nur für die Anmeldung der Abspaltung bzw. Ausgliederung einer **übertragenden** eG. § 148 gilt nicht für die Aufspaltung, weil der übertragende Rechtsträger erlischt.

2 Der Vorstand der übertragenden eG hat bei der Anmeldung der Spaltung nach § 148 Abs. 1 zu erklären, dass die gesetzlichen und satzungsmäßigen **Gründungsvoraussetzungen** auch (noch) unter Berücksichtigung der Abspaltung bzw. Ausgliederung vorliegen. Bei GmbH und AG bezieht sich diese Erklärung auf die Deckung des Nominalkapitals. Bei der eG kann das trotz der identischen Formulierung in § 148 nicht gemeint sein. Denn bei der eG sind die Geschäftsguthaben der Genossen wegen deren latenten Rückzahlungsanspruchs bei Kündigung zum Jahresende (§§ 65, 73 Abs. 2 GenG) als Fremdkapital zu qualifizieren (dazu etwa *Kraft* ZGR 2008, 324 (335 ff.)). Anders ist das nur in Bezug auf das im Jahr 2006 eingeführte, fakultativ mögliche Mindestkapital nach § 8a GenG. Diese Vorschrift gab es aber bei Schaffung des UmwG nicht. Um eine **Eigenkapitaldeckung** kann es daher bei § 148 UmwG jedenfalls originär **nicht gehen.** Stattdessen soll zu erklären sein, dass die **Gründungsvoraussetzungen nach** §§ 1, 6, 7, 11 Abs. 2 GenG, § 11a Abs. 2 GenG vorliegen (KK-UmwG/*Schöpflin* Rn. 3; Lutter UmwG/*Bayer* Rn. 16; vgl. auch NK-UmwR/*Geschwandtner* Rn. 2). Hat die übertragende eG nun allerdings ein Mindestkapital nach § 8a GenG, soll entsprechend §§ 140, 146 zu erklären sein, dass das Mindestkapital auch nach der Spaltung noch von den Aktiva der eG gedeckt ist (so wohl KK-UmwG/*Schöpflin* Rn. 2).

3 Hinsichtlich der Form und der **Zuständigkeit** für die Abgabe der Erklärung kann auf die Erläuterungen zu § 140 (→ § 140 Rn. 1 ff.) verwiesen werden.

4 Nach Abs. 2 sind der Anmeldung zusätzlich der **Spaltungsbericht** nach § 127 und das nach §§ 125, 81 erstattete **Gutachten des Prüfungsverbands** beizufügen. Die Einreichungspflicht folgt schon aus § 17. Wie bei § 146 hat Abs. 2 daher allenfalls klarstellenden Charakter.

Vierter Abschnitt. Spaltung unter Beteiligung rechtsfähiger Vereine

Möglichkeit der Spaltung

149 (1) **Ein rechtsfähiger Verein kann sich an einer Spaltung nur beteiligen, wenn die Satzung des Vereins oder Vorschriften des Landesrechts nicht entgegenstehen.**

(2) **Ein eingetragener Verein kann als übernehmender Rechtsträger im Wege der Spaltung nur andere eingetragene Vereine aufnehmen oder mit ihnen einen eingetragenen Verein gründen.**

1 § 149 ist eine rechtsformspezifische Sondervorschrift für die Beteiligung rechtsfähiger Vereine an Spaltungen. § 124 regelt iVm § 3 welche Spaltungsmöglichkeiten grundsätzlich für rechtsfähige Vereine eröffnet sind. Die dort eröffneten Spaltungsmöglichkeiten werden, ähnlich wie nach § 99 für die Verschmelzung, durch § 149 beschränkt.

2 § 149 ist im Zusammenspiel mit § 124 zu lesen. Nach § 124 iVm § 3 Abs. 1 ist zu unterscheiden zwischen eingetragenen und wirtschaftlichen Vereinen. Während dem eV danach grundsätzlich alle Spaltungsarten und -formen offen stehen, kann sich ein wirtschaftlicher Verein bei allen drei Spaltungsarten lediglich als übertragender Rechtsträger beteiligen. Damit ist gleichzeitig eine Spaltung zur Neugründung eines wirtschaftlichen Vereins ausgeschlossen. Diese **Spaltungsmöglichkeiten** werden nun durch § 149 wie folgt **präzisiert.**

§ 149 Abs. 1 gilt für alle rechtsfähigen Vereine, gleichgültig ob eingetragener oder wirtschaftlicher Verein. Danach ist Voraussetzung für die Beteiligung an einer Spaltung, dass die **Satzung** des Vereins oder Vorschriften des **Landesrechts nicht entgegenstehen.** Letzteres ist nur für wirtschaftliche Vereine relevant. Sowohl die Gründung wie auch Satzungsänderungen wirtschaftlicher Vereine stehen nach §§ 22, 33 Abs. 2 BGB unter (landesrechtlichem) Genehmigungsvorbehalt. Dementsprechend macht § 149, ebenso wie § 99 für die Verschmelzung, einen entsprechenden Vorbehalt. Soweit Regelungen in der Satzung eines Vereins der Spaltung entgegenstehen, ist es jedenfalls zulässig, vor der Spaltung die Satzung des Vereins entsprechend zu ändern (so schon Begr. zu § 99 RegE *Neye,* Umwandlungsgesetz, 1995, 229; NK-UmwR/*Fischer* Rn. 5). Darunter fallen nicht nur Satzungsklauseln, die ausdrücklich eine Spaltung ausschließen. Vielmehr können zB auch der Gemeinnützigkeit dienende Klauseln oder Satzungsbestimmungen über das Vereinsvermögen oder Ähnliches nach ihrem Sinn und Zweck der Spaltung entgegenstehen. Ob das der Fall ist, ist durch Auslegung der Satzung zu ermitteln. Diese Auslegung hat objektiv zu erfolgen. Häufig sehen Satzungen von Vereinen vor, dass das **Vereinsvermögen nur zu satzungsmäßigen Zwecken** verwendet werden darf (§§ 55 ff. AO). Diese Bestimmung soll Spaltungen per se entgegenstehen, weil die Vereinsmitglieder als Gegenleistung für das übertragene Vermögen des Vereins Anteile am übernehmenden Rechtsträger erhalten und dies als begünstigende Zuwendung aus Mitteln des Vereins angesehen wird (so etwa Semler/Stengel/*Katschinski* Rn. 9; KK-UmwG/*Leuering* Rn. 17). Das ist zB für die Ausgliederung aus einem Verein nicht zutreffend, weil hier die Mitglieder keine Gegenleistung erhalten, sondern der Verein selbst. Ebenso ist das nicht zutreffend, soweit der Verein als übernehmender Rechtsträger fungiert (vgl. auch OLG Düsseldorf 29.1.2019, BeckRS 2019, 5608; → § 99 Rn. 1). Soweit die Spaltung die **Änderung** des satzungsmäßigen **Vereinszwecks** erfordert, ist zusätzlich zu dem Zustimmungsbeschluss zur Spaltung ein Zustimmungsbeschluss zur Änderung des Vereinszwecks durch alle Mitglieder des Vereins erforderlich (§ 33 Abs. 1 S. 2 BGB). 3

§ 149 Abs. 2 gilt nur für eingetragene Vereine. Danach kann ein eV zunächst einmal als übernehmender Rechtsträger nur einen anderen eV bzw. Teile von dessen Vermögen aufnehmen. Zum anderen müssen bei einer Spaltung zur Neugründung eines eV sämtliche übertragenden Rechtsträger ebenfalls eingetragene Vereine sein. Da § 135 Abs. 2 auf das Gründungsrecht verweist, müssten an sich sieben eingetragene Vereine als **Gründer** des neuen eingetragenen Vereins fungieren (§ 56 BGB). Allerdings bestimmt § 135 Abs. 2 S. 3, dass Vorschriften über eine Mindestzahl von Gründern nicht anwendbar sind. Gleichwohl kann der Verein nicht als „Ein-Personen"-Gründung initiiert werden, da bei Unterschreiten von drei Mitgliedern nach § 73 BGB die Rechtsfähigkeit zu entziehen ist. § 73 BGB ist keine Gründungsvorschrift, sodass § 135 Abs. 2 S. 3 insoweit nicht gilt. Es müssen daher wenigstens drei Vereine als Gründer fungieren. 4

Fünfter Abschnitt. Spaltung unter Beteiligung genossenschaftlicher Prüfungsverbände

Möglichkeit der Spaltung

150 **Die Aufspaltung genossenschaftlicher Prüfungsverbände oder die Abspaltung oder Ausgliederung von Teilen eines solchen Verbandes kann nur zur Aufnahme der Teile eines Verbandes (übertragender Verband) durch einen anderen Verband (übernehmender Verband), die Ausgliederung auch zur Aufnahme von Teilen des Verbandes durch eine oder zur Neugründung einer Kapitalgesellschaft erfolgen.**

§ 150 ist eine zusätzliche rechtsformspezifische Sondervorschrift für genossenschaftliche Prüfungsverbände. Nach § 124 iVm § 3 können genossenschaftliche Prüfungsverbände grundsätzlich an Spaltungen teilnehmen. Die Spaltungsmöglichkeiten werden jedoch durch § 150 beschränkt. Nach § 63b Abs. 1 GenG sollen genossenschaftliche Prüfungsverbände die Rechtsform eines eingetragenen oder wirtschaftlichen Vereins haben. Da es sich um eine Sollvorschrift handelt, wird vereinzelt diskutiert, ob § 150 auch anwendbar ist auf genossenschaftliche Prüfungsverbände mit einer anderen Rechtsform (Semler/Stengel/*Katschinski* Rn. 2). Der Gesetzgeber ging bei der Schaffung des UmwG allerdings bereits davon aus, dass es nur noch genossenschaftliche Prüfungsverbände in der Rechtsform des eingetragenen oder wirtschaftlichen Vereins gebe (Begr. zu § 105 RegE *Neye,* Umwandlungsgesetz, 1995, 233). Sollte im Einzelfall demgegenüber ein genossenschaftlicher Prüfungsverband tatsächlich eine andere Rechtsform haben, so sind sicherlich die für diese Rechtsform vorgesehenen rechtsformspezifischen Vorschriften bei der Spaltung anzuwenden. Weder Gesetzeswortlaut noch Begründung geben jedoch Anlass daran zu zweifeln, dass die Beschränkungen nach § 150 auch für einen solchen Prüfungsverband gelten (für nur analoge Anwendung: Semler/Stengel/*Katschinski* Rn. 2). 1

§ 150 schränkt ausschließlich die Beteiligung eines genossenschaftlichen Prüfungsverbands bei Spaltungen als **übertragender** Rechtsträger ein. Als übernehmender Rechtsträger ergeben sich Beschrän- 2 kungen nicht aus dem Umwandlungsgesetz wohl aber aus § 63b Abs. 2 GenG. Denn danach können Mitglieder eines genossenschaftlichen Prüfungsverbands nur eingetragene Genossenschaften und Unternehmen oder Vereinigungen anderer Rechtsformen sein, die sich ganz oder überwiegend in der Hand eingetragener Genossenschaften befinden oder dem Genossenschaftswesen dienen. Nach § 150 ist eine Aufspaltung eines genossenschaftlichen Prüfungsverbands nur zulässig, wenn alle übernehmenden Rechtsträger ihrerseits genossenschaftliche Prüfungsverbände sind. Sie ist ferner nur zur Aufnahme durch bestehende Verbände zulässig. Eine Abspaltung oder Ausgliederung kann zur Aufnahme durch einen anderen bestehenden genossenschaftlichen Prüfungsverband erfolgen nicht aber zur Neugründung eines Prüfungsverbands. Ferner ist eine Ausgliederung zur Aufnahme oder Neugründung einer Kapitalgesellschaft zulässig. Aus der Formulierung „von Teilen" folgt, dass eine sog. Totalausgliederung unzulässig ist (Semler/Stengel/*Katschinski* Rn. 6; Lutter UmwG/*Bayer* Rn. 1; Lutter UmwG/*Bayer* Rn. 2).

Sechster Abschnitt. Spaltung unter Beteiligung von Versicherungsvereinen auf Gegenseitigkeit

Möglichkeit der Spaltung

151 **[1] Die Spaltung unter Beteiligung von Versicherungsvereinen auf Gegenseitigkeit kann nur durch Aufspaltung oder Abspaltung und nur in der Weise erfolgen, daß die Teile eines übertragenden Vereins auf andere bestehende oder neue Versicherungsvereine auf Gegenseitigkeit oder auf Versicherungs-Aktiengesellschaften übergehen. [2] Ein Versicherungsverein auf Gegenseitigkeit kann ferner im Wege der Ausgliederung einen Vermögensteil auf eine bestehende oder neue Gesellschaft mit beschränkter Haftung oder eine bestehende oder neue Aktiengesellschaft übertragen, sofern damit keine Übertragung von Versicherungsverträgen verbunden ist.**

1 § 151 ist eine zusätzliche rechtsformspezifische Vorschrift für die Beteiligung von VVaG an Spaltungen. Die durch § 124 iVm § 3 grundsätzlich für VVaG eröffneten Spaltungsmöglichkeiten werden durch § 151 beschränkt. Nach § 151 S. 1 ist die Spaltung eines VVaG als übertragender Rechtsträger nur möglich, wenn sämtliche übernehmenden Rechtsträger **Versicherungsunternehmen** sind. Als **übernehmender** Rechtsträger kann ein VVaG nach S. 1 nur fungieren, wenn der übertragende Rechtsträger seinerseits ein VVaG ist. Die Spaltung einer Versicherungs-AG bzw. einer deutschen Versicherungs-SE auf einen übernehmenden VVaG ist nach S. 1 ebenfalls ausgeschlossen, obwohl auch bei dieser Konstellation nur Versicherungsunternehmen an der Spaltung beteiligt wären. Der Grund dafür liegt darin, dass die Beteiligung der Aktionäre in eine Mitgliedschaft bei dem VVaG umgeändert werden müsste. Dies würde nach § 176 S. 2 VAG (= § 20 S. 2 VAG aF) den Abschluss eines Versicherungsvertrags zwischen (jedem) Aktionär und dem übernehmenden VAG erfordern, was dem Gesetzgeber wohl als unzumutbar oder unerwünscht erschien. Die Verknüpfung von Mitgliedschaft im VVaG und Versicherungsverhältnis nach § 176 S. 2 VAG (= § 20 S. 2 VAG aF) ist auch der Grund für die Beschränkung der Spaltungsarten auf die Aufspaltung und die Abspaltung, die zur Aufnahme wie auch zur Neugründung möglich sind.

2 S. 2 soll dem VVaG die sog. **Funktionsausgliederung** ermöglichen, für die ein praktisches Bedürfnis gesehen wurde. Dabei geht es um die Ausgliederung etwa der IT oder anderer Dienstleistungsbereiche. Eine solche Ausgliederung ist nach S. 2 auf eine GmbH, eine AG oder eine deutsche SE zulässig, die kein Versicherungsunternehmen sein müssen. Voraussetzung ist allerdings, dass keine Versicherungsverträge auf den übernehmenden Rechtsträger übertragen werden, also das gesamte Versicherungsgeschäft bei dem übertragenden VVaG verbleibt. Eine solche Ausgliederung nach S. 2 ist zur Aufnahme und zur Neugründung möglich. Im Übrigen bedarf jede Spaltung nach § 151 S. 1 und 2 gem. § 14 Abs. 1 VAG (= § 14a S. 1 VAG aF) der **Genehmigung der Aufsichtsbehörde** (NK-UmwR/*Kammerer-Galahn* Rn. 17; Lutter UmwG/*Wilm* Rn. 19).

3 Abweichend von § 123 Abs. 1, 2 können bei der Auf- und Abspaltung auf einen VVaG wegen § 176 S. 2 VAG (= § 20 S. 2 VAG aF) ausschließlich diejenigen Mitglieder des übertragenden VVaG **Mitgliedschaftsrechte** an dem übernehmenden VVaG erhalten, deren **Versicherungsverhältnis** übertragen wird (NK-UmwR/*Kammerer-Galahn* Rn. 9; Lutter UmwG/*Wilm* Rn. 3; Semler/Stengel/*Niemeyer* Rn. 15 f.). Es wird sich daher idR um eine nicht verhältniswahrende Spaltung iSd § 128 handeln. Dennoch wird die Zustimmung aller Mitglieder des übertragenden VVaG nach § 128 S. 1 für nicht erforderlich gehalten. Der Grund dafür, dass die Spaltung nicht verhältniswahrend erfolge, liege nicht in der Spaltung, sondern in § 176 S. 2 VAG (= § 20 S. 2 VAG aF) (Semler/Stengel/*Niemeyer* Rn. 15, 27). Dem ist nicht zu folgen. Der Zweck des § 128, die Minderheit vor Vermögensverschiebungen zu schützen, trifft auch hier zu.

Ist der übernehmende Rechtsträger bei der Auf- und Abspaltung eine Versicherungs-AG/deutsche SE, erhalten nach § 123 Abs. 1, 2 alle Mitglieder des übertragenden VVaG Aktien am übernehmenden Rechtsträger unabhängig davon, ob ihr Versicherungsverhältnis auf diesen übergeht (Semler/Stengel/*Niemeyer* Rn. 17; Lutter UmwG/*Wilm* Rn. 10). 4

Versicherte, Versicherungsnehmer, Begünstigte oder geschädigte Dritte, die einen Direktanspruch gegen das Versicherungsunternehmen haben, genießen wegen ihres versicherungsrechtlichen Vorrechts (§ 315 VAG (= §§ 77, 77a VAG aF)) gem. § 22 Abs. 2 keinen Gläubigerschutz nach §§ 22, 23 (Semler/Stengel/*Niemeyer* § 109 Rn. 44). An der Auffassung, dass mitgliedschaftliche Überschussbeteiligungen nach § 194 VAG (= § 38 VAG aF) als Sonderrechte iSv § 23 zu bewerten sind, wird nicht mehr festgehalten (ebenso Lutter UmwG/*Wilm* Rn. 18 entgegen Lutter UmwG/*Hübner*, 4. Aufl. 2009, Rn. 7). Ist der übernehmende Rechtsträger ein VVaG, sind rechtlich und wirtschaftlich äquivalente Überschussbeteiligungen für die Mitglieder einzuräumen und das Vermögen entsprechend zwischen übertragendem und übernehmendem VVaG aufzuteilen. Ist der übernehmende Rechtsträger eine AG oder deutsche SE, so sind die aus dem übertragenden VVaG ausscheidenden Mitglieder sodann als Aktionäre am Jahresüberschuss bzw. am Bilanzgewinn beteiligt. Eine darüber hinausgehende Abgeltung der Überschussbeteiligung iSv § 194 VAG (= § 38 VAG aF) ist daher nicht gerechtfertigt. 5

Siebenter Abschnitt. Ausgliederung aus dem Vermögen eines Einzelkaufmanns

Erster Unterabschnitt. Möglichkeit der Ausgliederung

Übernehmende oder neue Rechtsträger

152 **[1] Die Ausgliederung des von einem Einzelkaufmann betriebenen Unternehmens, dessen Firma im Handelsregister eingetragen ist, oder von Teilen desselben aus dem Vermögen dieses Kaufmanns kann nur zur Aufnahme dieses Unternehmens oder von Teilen dieses Unternehmens durch Personenhandelsgesellschaften, Kapitalgesellschaften oder eingetragene Genossenschaften oder zur Neugründung von Kapitalgesellschaften erfolgen. [2] Sie kann nicht erfolgen, wenn die Verbindlichkeiten des Einzelkaufmanns sein Vermögen übersteigen.**

Übersicht

I. Allgemeines

Durch die §§ 152–160 erhält der Einzelkaufmann die Möglichkeit, sein Unternehmen oder Teile davon auf eine oder mehrere bestehende oder neu gegründete Kapitalgesellschaften und/oder auf eine oder mehrere bestehende Personenhandelsgesellschaften oder Genossenschaften gegen Gewährung von Anteilen an diesen zu übertragen. Das UmwG bietet dem Kaufmann damit die Möglichkeit, eine (in Hinblick auf die unterschiedlichen Vermögensmassen des Einzelkaufmanns allerdings regelmäßig partielle) **Gesamtrechtsnachfolge** herbeizuführen. Unabhängig vom UmwG kann der Kaufmann alternativ im Wege der Einzelrechtsübertragung Vermögensgegenstände übertragen. Er kann bspw. sein Unternehmen als Sacheinlage in eine Gesellschaft einbringen oder sein Unternehmen gegen Gewährung von Anteilen an diesem Unternehmen veräußern. Die Übertragung von Verträgen und Verbindlichkeiten setzt dann jedoch die Zustimmung des Gläubigers voraus (vgl. § 415 BGB). Andererseits entsteht aber keine (zeitlich beschränkte) Mithaft für diese Verbindlichkeiten gem. §§ 156, 157. Die §§ 152–160 ersetzen die §§ 50–56 UmwG 1969/1980. 1

Welche Verfahrensweise sinnvoll ist, richtet sich nach den Zielen des Kaufmanns. In den meisten Fällen dienen die §§ 152–160 der Herbeiführung einer Haftungsbeschränkung durch die Übertragung des Unternehmens auf einen Rechtsträger mit einer beschränkten Haftung. Die §§ 152 ff. vermeiden hier im Gegensatz zur Einbringung einer Sacheinlage bei einer GmbH zur Neugründung **Haftungs-** 2

risiken aus einer Unternehmensfortsetzung der Vorgesellschaft (etwa aus Unterbilanz- oder Verlustdeckungshaftung), weil das Unternehmen oder der Unternehmensteil erst mit Wirksamwerden der Ausgliederung auf die neu gegründete Kapitalgesellschaft übergeht (§ 131 Abs. 1 Nr. 1; Lutter UmwG/*Karollus* § 159 Rn. 22, 31, vgl. auch § 160 Rn. 3). Dieses Risiko kann auch durch eine Bargründung mit anschließender Einbringung des Unternehmens als Sacheinlage vermieden werden.

3 Durch eine Umwandlung kann die **Organisationsstruktur** geändert werden. Durch die §§ 152 ff. kann ein Kaufmann verhältnismäßig einfach eine Fremdorganschaft vorsehen und sich aus der aktiven Geschäftsführung zurückziehen. Insbesondere für eine Nachfolgeplanung kann er das Unternehmen von seiner Person abkoppeln (Lutter UmwG/*Karollus* Rn. 8). Es können durch das Umwandlungsrecht unterschiedliche Unternehmen zusammengeführt werden und/oder eine Zusammenarbeit mit neuen Partnern gestaltet werden (Lutter UmwG/*Karollus* Rn. 8). Da auch nur Teile eines Unternehmens nach den §§ 152 ff. auf verschiedene aufnehmende oder neu gegründete Unternehmen ausgegliedert werden können, sind vielfältige Gestaltungen möglich. Die Ausgliederung des Unternehmens auf eine Gesellschaft eröffnet dem Kaufmann, beispielsweise durch die Aufnahme weiterer Gesellschafter, auch weitere Finanzierungsmöglichkeiten.

4 **Steuerrechtlich** besteht bei der Umwandlung unter den Voraussetzungen der §§ 1, 20 bzw. 24 UmwStG die Möglichkeit, die Buchwerte fortzuführen. Zur Aufdeckung von stillen Reserven kann es jedoch auch hier kommen, wenn eine vorliegende Betriebsaufspaltung nicht hinreichend beachtet wird oder nicht der ganze Betrieb bzw. der ganze Betriebsteil iSd §§ 20, 24 UmwStG eingebracht wird, weil wesentliche Betriebsgrundlagen zurückbehalten werden. Die Übertragung unterhalt des Teilwerts (§ 6 Abs. 1 Nr. 4 EstG) führt dann beim Aufnehmenden zu einer verdeckten Einlage und der Veräußerer hat die Differenz zwischen Teilwert und Kaufpreis bzw. die (Teil-)Betriebsaufgabe als Entnahme gem. §§ 16, 34 EStG als Veräußerungserlös zu versteuern (*Schwedhelm* Unternehmensumwandlung Rn. 350).

5 Die genannten Vor- und Nachteile sind im **Einzelfall** abzuwägen. Auffallend ist, dass in der Praxis häufig als vermeintlich einfacherer Weg der Unternehmer eine GmbH mit Barmitteln gründet, um an dieses dann sein Unternehmen zu verkaufen oder unentgeltlich (als verdeckte Einlage) einzubringen. Dieses kann zur Aufdeckung von stillen Reserven (einschließlich des Firmenwertes) führen (*Schwedhelm* Unternehmensumwandlung Rn. 196). Beispielsweise können Kundenstamm und Know-how jedoch auch selbstständige immaterielle Wirtschaftsgüter sein, die ein Einzelkaufmann an eine neu gegründete, die Geschäfte fortführende GmbH verpachtet (BFH 26.11.2008, GWR 2010, 127). Gesellschaftsrechtlich drohen die erst mit der Änderung des § 19 Abs. 4 GmbHG durch das Gesetz zur Modernisierung des GmbH-Rechts (MoMiG) abgeschwächten Haftungsfolgen einer verdeckten Sachgründung (vgl. BGH 7.7.2003, NJW 2003, 3127).

6 Am **häufigsten** werden die §§ 152 ff. für eine Ausgliederung zur Neugründung einer GmbH gewählt. Durch die Höhe der notwendigen Vermögenswerte werden die §§ 152 ff. selten eingesetzt zur Neugründung einer AG oder KGaA, insbes. um dann eine Kapitalbeschaffung über die Börse zu ermöglichen (Lutter UmwG/*Karollus* Rn. 8).

7 Für die notarielle Beurkundung des Spaltungs- und Übernahmevertrages fällt an **Kosten** aus dem Geschäftswert eine 2,0 Gebühr nach KV 21100 an (OLG Zweibrücken 27.5.1999, MittBayNot 1999, 402). Für die Beurkundung des Ausgliederungsplans zur Neugründung eine 1,0 Gebühr gem. KV 21200 (BeckOGK/*Leitzen* Rn. 135). Der Geschäftswert ergibt sich aus den übertragenden Aktiva (§ 97 Abs. 1, Abs. 3 GNotKG, § 38 GNotKG), die Passiva finden keine Berücksichtigung (§ 38 GNotKG). Anzusetzen sind mindestens 30.000 EUR und höchstens 10.000.000 EUR (§ 107 Abs. 1 GNotKG). Für die Bewertung des Zustimmungsbeschlusses gilt § 108 Abs. 2 GNotKG, bei der Zusammenfassung in einer Urkunde § 35 Abs. 2 GNotKG (BeckOGK/*Leitzen* Rn. 135).

8 Eine **Wahl** zwischen den allgemeinen Umstrukturierungsmöglichkeiten und den §§ 152 ff. besteht jedoch nicht immer. Nichtkaufleute und überschuldete Kaufleute können nicht ausgliedern (§ 152 S. 2). Für einen Freiberufler gelten die Vorschriften auch nicht entsprechend, sodass ihm eine Ausgliederung verwehrt ist (OLG Frankfurt a. M. 23.9.1999, NJW-RR 2000, 770). Es besteht ebenfalls keine Möglichkeit zur Ausgliederung auf BGB-Gesellschaften (*Schwedhelm* Unternehmensumwandlung Rn. 148), Partnerschaftsgesellschaften und Stiftungen (Lutter UmwG/*Karollus* Rn. 11). Zu grenzüberschreitenden Ausgliederungen vgl. KK-UmwG/*Simon* Rn. 25; eine ausländische Staatsangehörigkeit des Einzelkaufmanns ist unschädlich (vgl. näher Semler/Stengel/*Seulen* Rn. 16).

II. Struktur und gesetzliche Grundlagen

9 **1. Struktur.** Das UmwG ermöglicht dem Einzelkaufmann die **Ausgliederung** als Unterfall der Spaltung (§ 1 Abs. 1 Nr. 2, §§ 123 ff.). Privatvermögen kann einbezogen werden (→ Rn. 22). Die Auf- und Abspaltung als weitere Möglichkeiten der Spaltung kann es beim Einzelkaufmann nicht geben, weil der Einzelkaufmann an sich selbst keine Anteile hält (§ 123 Abs. 1 und 2; § 124).

10 Bei der Umsetzung der Ausgliederung ist folgende **Grundstruktur** zu beachten: (1) Es muss ein Kaufmann als Ausgangsrechtsträger vorhanden sein, der sein Vermögen im Wege der Ausgliederung übertragen kann; es muss bestimmt werden, (2) welches Vermögen (3) auf welchen Zielrechtsträger

übertragen werden soll und (4) ob ein Umwandlungsverbot vorliegt. Hinsichtlich des Zielrechtsträgers ist zu klären, ob die Ausgliederung zur Aufnahme auf einen bestehenden Rechtsträger oder zur Neugründung einer Kapitalgesellschaft erfolgen soll.

2. Gesetzliche Grundlagen. Während § 152 die allgemeinen Voraussetzungen regelt, werden in den §§ 153–157 Einzelheiten für die Ausgliederung zur Aufnahme und in den §§ 158–160 für die Ausgliederung zur Neugründung geregelt, für welche die §§ 153–157 entsprechend gelten (§ 158). Im Übrigen gelten die allgemeinen Vorschriften über die Ausgliederung (§§ 123–137 und §§ 138–146) und aufgrund der Verweisung in § 125 weite Teile des Verschmelzungsrechts (§§ 2 ff.). Die sog. Spaltungsrichtlinie (RL 82/891/EWG, ABl. 1982 L 378, 47, geändert durch die Richtlinie 2007/63/EG, ABl. 2007 L 300, 47 und die Richtlinie 2009/109/EG, ABl. 2009 L 259, 14 jetzt aufgehoben und kodifiziert in der Gesellschaftsrichtlinie (RL (EU) 2017/1132)) erfasst nicht die Ausgliederung aus dem Vermögen des Einzelkaufmanns (Semler/Stengel/*Seulen* Rn. 11; KK-UmwG/*Simon* Rn. 5). Europarechtliche Vorgaben bestehen daher nur durch die sog. Kapitalschutzrichtlinie (RL 2012/30/EU, ABl. 2012 L 315, 74 jetzt ebenfalls aufgehoben und kodifiziert in der Gesellschaftsrechtsrichtlinie (RL (EU) 2017/1132)) bei Gründung einer neuen AG und der Kapitalerhöhung einer aufnehmenden AG (Lutter UmwG/*Karollus* Rn. 4). 11

III. Voraussetzungen

1. Ausgliederungsfähige Rechtsträger. An einer Ausgliederung ist nach der hM nur ein Ausgangsrechtsträger beteiligt (SHS/*Hörtnagl* Rn. 17; KK-UmwG/*Simon* § 152 Rn. 13). Es ist aber möglich, mehrere Ausgliederungsverfahren hintereinander durchzuführen, bspw. zunächst von A eine Ausgliederung zur Neugründung einer GmbH und anschließend durch B eine Ausgliederung zur Aufnahme durch diese GmbH. Umgekehrt kann der Einzelkaufmann mehre Teilrechtsübertragungen vornehmen und sein Vermögen auf unterschiedliche Rechtsträger übertragen. Wirksam werden diese Übertragungen insgesamt mit Eintragung beim übertragenden Rechtsträger gem. § 130 (BeckOGK/*Leitzen* Rn. 6). 12

Beim Ausgangsrechtsträger muss es sich um einen **Einzelkaufmann** handeln. Diese Eigenschaft erfüllt eine natürliche Person, die ein Handelsgewerbe iSd §§ 1, 2 oder 3 HGB ausübt und unter ihrer Firma Geschäfte betreibt. Auch der **Unternehmenspächter** und **-nießbraucher** ist Kaufmann (dazu beim „Unternehmen" → Rn. 19). 13

Für die Ausgliederung muss die **Firma** des Kaufmanns (nicht dieser selbst) im Handelsregister eingetragen sein (§ 17 HGB). Eine Ausgliederung kann daher auch durch den Alleinerben des Erblassers erfolgen, wenn dessen Firma im Handelsregister eingetragen ist (Semler/Stengel/*Seulen* Rn. 26, 31; SHS/*Hörtnagl* Rn. 8, s. auch BeckOGK/*Leitzen* Rn. 24). Maßgeblicher Zeitpunkt ist die Eintragung der Ausgliederung im Handelsregister, weil sie zu diesem Zeitpunkt gem. § 131 Abs. 1 wirksam wird (SHS/*Hörtnagl* Rn. 9; Semler/Stengel/*Seulen* Rn. 45). Trotz Eintragung scheidet eine Ausgliederung jedoch aus, wenn kein Handelsgewerbe betrieben wird. § 5 HGB schützt nur den Rechtsverkehr (SHS/*Hörtnagl* Rn. 10). Bei diesbezüglichem Zweifel hat das Registergericht Nachforschungen durchzuführen gem. § 26 FamFG (bis 31.8.2009 § 12 FGG) und ggf. eine Amtslöschung vorzunehmen gem. § 395 FamFG (bis 31.8.2009 § 142 FGG). Erfolgt trotzdem eine Ausgliederung, ist diese aber gem. § 131 Abs. 2 wirksam (SHS/*Hörtnagl* Rn. 10; Widmann/Mayer/*Mayer* Rn. 28; BeckOGK/*Leitzen* Rn. 31.4). 14

§ 152 ist nicht auf **Erbengemeinschaften** anzuwenden, weil diese nicht als Träger des Vermögens in § 3 (§§ 125, 135) genannt werden und die im Handelsrecht nach dem Tod des Kaufmanns erfolgende Gleichstellung (dazu MüKoHGB/*K. Schmidt* HGB § 1 Rn. 52) im Umwandlungsrecht nicht notwendig ist (SHS/*Hörtnagl* Rn. 4; *Schwedhelm* Unternehmensumwandlung Rn. 181; Widmann/Mayer/*Mayer* Rn. 30; aA Lutter UmwG/*Karollus* Rn. 14; Semler/Stengel//*Seulen* Rn. 26; BeckOGK/*Leitzen* Rn. 34). Bei **Gütergemeinschaften** ist zu differenzieren: Gehört das übertragene Vermögen zum Vorbehaltsgut des ausgliedernden Ehegatten (§ 1418 BGB), kommt dessen Einbeziehung in Betracht, weil diese Vermögensgegenstände allein dieser Person zuzuordnen sind (SHS/*Hörtnagl* Rn. 5; Widmann/Mayer/*Mayer* Rn. 36; Lutter UmwG/*Karollus* Rn. 15; aA *Schwedhelm* Unternehmensumwandlung Rn. 181). Gehört das Vermögen zum Gesamtgut (§ 1416 BGB), können die Ehegatten hierüber nur gemeinsam verfügen, sodass eine Ausgliederung ausscheidet. Eine **stille Beteiligung** hindert die Umwandlung nicht (Einzelheiten bei Widmann/Mayer/*Mayer* Rn. 47 ff.). 15

2. Zustimmungsvorbehalte. Ein **minderjähriger** Kaufmann kann bei einer Genehmigung durch das Familiengericht durch seinen gesetzlichen Vertreter eine Ausgliederung vornehmen (§§ 1642, 1822 Nr. 3 BGB; SHS/*Hörtnagl* Rn. 32; Lutter UmwG/*Karollus* Rn. 17). Auch der Betreute (BeckOGK/*Leitzen* Rn. 41). 16

Liegt der Güterstand der **Zugewinngemeinschaft** vor, bedarf die Ausgliederung der Zustimmung des Ehegatten gem. § 1365 BGB, wenn das Unternehmen das gesamte oder nahezu das gesamte Vermögen des Kaufmanns darstellt (BeckOGK/*Leitzen* Rn. 81, 82; Widmann/Mayer/*Mayer* Rn. 87). Die übergehenden Anteile bleiben als Kompensation der Verfügung bei § 1365 BGB schon nach dessen Wortlaut außer Betracht (Semler/Stengel/*Seulen* Rn. 43; MüKoBGB/*Koch* BGB § 1365 Rn. 13, 28; 17

SHS/*Hörtnagl* Rn. 33; näher Palandt/*Brudermüller* BGB § 1365 Rn. 6; aA Widmann/Mayer/*Mayer* Rn. 87).

18 **3. Ausgliederungsgegenstand.** Der Kaufmann kann das von ihm „betriebene **Unternehmen**" insgesamt oder teilweise auf ein oder mehrere Zielunternehmen übertragen. Wenn die Vermögenswerte in seinem Eigentum sind, kommt es auch dann zum dinglichen Rechtsübergang auf den neuen Rechtsträger, wenn eine schuldrechtliche Vereinbarung, bspw. mit einem stillen Gesellschafter oder einem Verpächter, ihm dies untersagt (Semler/Stengel/*Seulen* Rn. 36; → § 131 Rn. 3 ff.).

19 Der **Unternehmenspächter** führt als Kaufmann das Unternehmen und kann damit ausgliedern (Baumbach/Hopt/*Hopt* HGB Einl. § 1 Rn. 49 und § 1 Rn. 30). Erfasst wird das in seinem Eigentum stehende Vermögen, also im Regelfall das Umlauf-, nicht aber das Anlagevermögen, das im Eigentum des Verpächters stehen wird. Streitig ist, ob dieses Anlage- und das sonstige Fremdvermögen aufgrund einer entsprechenden Anwendung des § 185 BGB mit Zustimmung des Rechtsinhabers in den Ausgliederungsvorgang einbezogen werden kann (bejahend: Widmann/Mayer/*Mayer* Rn. 43). Hiergegen spricht, dass der Eigentumsübergang durch Gesetz (§ 131 Abs. 1) und nicht aufgrund einer rechtsgeschäftlichen Verfügung erfolgt (SHS/*Hörtnagl* Rn. 13; Semler/Stengel/*Seulen* Rn. 37; Lutter UmwG/*Karollus* Rn. 18). Es bleibt die Möglichkeit, im Wege der Einzelrechtsübertragung das Eigentum vor Ausgliederung an den Kaufmann oder danach an den Zielträger zu übertragen. Der Pachtvertrag kann übertragen werden, sodass es zu einer Fortführung der Unternehmenspacht mit dem übernehmenden Rechtsträger kommt (SHS/*Hörtnagl* Rn. 13). Die Zustimmung des Verpächters ist hierfür nicht erforderlich, ggf. kann dieser aber bei einer Übertragung das Pachtverhältnis außerordentlich kündigen (Lutter UmwG/*Karollus* Rn. 18). Der Pächter als Inhaber des Unternehmens kann auch den Firmennamen mit übertragen (Semler/Stengel/*Seulen* Rn. 37).

20 Wenn nicht nur ein Nießbrauch an den Erträgen besteht, betreibt auch der **Unternehmensnießbraucher** als Kaufmann ein Unternehmen und kann grundsätzlich ausgliedern (SHS/*Hörtnagl* Rn. 14). Gemäß § 1059 S. 1 BGB ist der Nießbrauch nicht übertragbar. Nach § 1059 S. 2 BGB kann aber die Ausübung übertragen werden (Semler/Stengel/*Seulen* Rn. 39 u. Rn. 87), sofern dies nicht mit dinglicher Wirkung ausgeschlossen wurde (BGH 21.6.1985, NJW 1985, 2827). Da durch die Sonderrechtsnachfolge nur bestehende Rechtspositionen übertragen werden können, muss zwischen dem Nießbraucher und dem übernehmenden Rechtsträger für die Ausübung des Nießbrauchs eine entsprechende Vereinbarung getroffen werden (SHS/*Hörtnagl* Rn. 14; Lutter UmwG/*Karollus* Rn. 18).

21 Bei der **Testamentsvollstreckung** sind zwei Fallgruppen zu unterscheiden. Führt der Testamentsvollstrecker selbst im eigenen Namen das Unternehmen, wird er im Handelsregister eingetragen und ist als Kaufmann anzusehen (sog. Treuhandlösung). Er kann (nach Eintragung) eine Ausgliederung vornehmen (SHS/*Hörtnagl* Rn. 6, 15; Lutter UmwG/*Karollus* Rn. 20; Semler/Stengel/*Seulen* Rn. 41). Anders verhält es sich, wenn der Testamentsvollstrecker nur im Namen der Erben als Bevollmächtigter handelt (sog. Vollmachtslösung); hier ist streitig, ob die Erbengemeinschaft ausgliederungsberechtigt nach § 152 ist (→ Rn. 15).

22 Die Ausgliederung ist nicht auf unternehmensgebundenes Vermögen beschränkt. **Privatvermögen,** beispielsweise eine Auflassungsvormerkung, kann durch Umwidmung in das Unternehmensvermögen in die Ausgliederung einbezogen werden (OLG Brandenburg 8.8.2013, NZG 2014, 713). Die Unternehmensbezogenheit entsteht nach allgM für das Privatvermögen mit dessen Aufnahme in den Spaltungsplan (SHS/*Hörtnagl* Rn. 22; Lutter UmwG/*Karollus* Rn. 41; Semler/Stengel/*Seulen* Rn. 59).

23 **4. Zielrechtsträger.** Die möglichen Zielrechtsträger bestimmt § 152 abschließend. Bei der Ausgliederung zur Aufnahme sind das Personenhandelsgesellschaften, Kapitalgesellschaften und eingetragene Genossenschaften, bei der Ausgliederung zur Neugründung Kapitalgesellschaften. Zu den Personenhandelsgesellschaften zählen die OHG, die KG und die EWIV (→ § 3 Rn. 7). Eine Ausgliederung auf eine Gesellschaft bürgerlichen Rechts oder eine Partnerschaftsgesellschaft ist nach § 152 nicht möglich. Kapitalgesellschaften sind nach § 3 Abs. 1 Nr. 2 die AG, die KGaA und die GmbH. Bei der Unternehmergesellschaft (haftungsbeschränkt) ist zu differenzieren. Erfolgt eine Ausgliederung zur Aufnahme, steht dem das Sacheinlageverbot gem. § 5a Abs. 2 S. 2 GmbHG nicht entgegen, wenn beim Zielrechtsträger entweder keine Kapitalerhöhung durchgeführt wird oder die Kapitalerhöhung zu einem Stammkapital von 25.000 EUR oder mehr führt, da in diesem Fall das Sacheinlageverbot gem. § 5a Abs. 5 GmbHG keine Anwendung findet (KK-UmwG/*Simon* Rn. 29; Lutter UmwG/*Karollus* Rn. 30). Bei einer Ausgliederung zur Neugründung kommt die Unternehmergesellschaft (haftungsbeschränkt) nicht als übernehmender Rechtsträger in Betracht, da über §§ 158, 152, 135 Abs. 2 das Sacheinlageverbot des § 5a Abs. 2 S. 2 GmbHG dem entgegensteht. Im Rahmen der Ausgliederung zur Aufnahme (nicht zur Neugründung) kann auch die SE übernehmender Rechtsträger sein (Art. 15 ff. SE-VO, §§ 5 ff. SE-EG; KK-UmwG/*Simon* Rn. 28, 31; Lutter UmwG/*Karollus* Rn. 30).

24 **5. Überschuldung.** Eine Ausgliederung ist ausgeschlossen, wenn der Einzelkaufmann überschuldet ist. Dies gilt nicht bei der Ausgliederung im Wege eines Insolvenzplanes (vgl. hierzu unter § 154).

6. Vorzubereitende Unterlagen. Für die Ausgliederung zur Aufnahme ist zwischen dem Einzelkaufmann und dem oder den aufnehmenden Rechtsträger(n) ein **Ausgliederungsvertrag** abzuschließen. Der notwendige Inhalt ergibt sich aus § 126 Abs. 1 und 2. Bei der Ausgliederung zur Neugründung ist ein **Ausgliederungsplan** zu erstellen (→ § 158 Rn. 2). Sie bedürfen einer notariellen Beurkundung (§§ 125, 6). Hierin ist zu regeln, welche Vermögenswerte aus dem Betriebs- und ggf. aus dem Privatvermögen an einen oder mehrere übernehmende Rechtsträger übergehen sollen. Es besteht grundsätzlich eine freie Auswahlmöglichkeit; so muss der ggf. verbleibende Unternehmensteil kein Teilbetrieb iSd Steuerrechts sein (Widmann/Mayer/*Mayer* Rn. 62). Untrennbare Rechtspositionen, bspw. Forderung und Hypothek, können nicht getrennt werden (Semler/Stengel/*Seulen* Rn. 63; → § 126 Rn. 1 ff.). Beim Fehlen einer ausdrücklichen Zustimmungserklärung des Einzelkaufmanns gem. §§ 17, 125 ist diese nach überwA zumindest konkludent im Ausgliederungsvertrag enthalten (Kallmeyer/*Zimmermann* § 154 Rn. 3; Semler/Stengel/*Seulen* Rn. 11; aA Widmann/Mayer/*Mayer* Rn. 94, 232). Der Zustimmungsbeschluss des übernehmenden Rechtsträgers ist schriftlich niederzulegen. Hinsichtlich des ggf. anzufertigenden Ausgliederungsberichtes, eines Prüfberichtes, der staatlichen Genehmigungen und der Unterrichtung des Betriebsrates → § 153 Rn. 1 und → § 159 Rn. 2 und allgemein § 125. Zum Nachweis der fehlenden Überschuldung → § 154 Rn. 3. 25

Für die Ausgliederung muss der Einzelkaufmann eine **Schlussbilanz** erstellen, also unter Umständen von der Einnahme-/Überschussrechnung gem. § 4 Abs. 3 EStG zur Bilanzierung übergehen. Sie ist von ihm zu unterzeichnen (§ 17 Abs. 2, § 245 HGB) und darf nicht älter als acht Monate sein (§ 125 iVm § 17 Abs. 2 S. 4, vgl. auch § 20 Abs. 6 S. 3 UmwStG). Die Bilanz muss bei der Beurkundung noch nicht vorliegen; es reicht aus, wenn sie bis zur Anmeldung erstellt und festgestellt ist (BayObLG 10.12.1998, DStR 1999, 680 = NJW-RR 1999, 833; *Schwedhelm* Unternehmensumwandlung Rn. 297, 819; aA Widmann/Mayer/*Mayer* § 160 Rn. 13). 26

Zweiter Unterabschnitt. Ausgliederung zur Aufnahme

Ausgliederungsbericht

153 **Ein Ausgliederungsbericht ist für den Einzelkaufmann nicht erforderlich.**

I. Einzelkaufmann

Nach § 153 muss der grundsätzlich gem. § 127 erforderliche Spaltungsbericht (bei Ausgliederung Ausgliederungs**bericht**) nicht erstellt werden. Der Einzelkaufmann muss nicht (wie der Anteilsinhaber) informiert werden. Er muss jedoch eine notariell zu beurkundende Ausgliederungs**erklärung** abgeben (§ 125 iVm § 6). 1

II. Übernehmender Rechtsträger

Einer Information bedürfen aber die Anteilsinhaber des übernehmenden Rechtträgers, sodass dessen Vertretungsorgan einen Ausgliederungsbericht zu erstatten hat. Diese Berichtspflicht richtet sich nach den allgemeinen Vorschriften (vgl. zu § 127 und § 8). Auf den Ausgliederungsbericht kann von den Anteilsinhabern in notarieller Form verzichtet werden (§ 127 S. 2 iVm § 8 Abs. 3 S. 1; Semler/Stengel/*Seulen* Rn. 6). Ein Zustimmungsbeschluss ist dann ausreichend. Bei der Ausgliederung auf eine Einpersonen-**Kapitalgesellschaft** des Einzelkaufmanns reicht seine Ausgliederungserklärung (Kallmeyer/*Sickinger* Rn. 3). 2

Die Berichtspflicht entfällt bei einer übernehmenden **Personengesellschaft,** wenn alle Gesellschafter zur Geschäftsführung berechtigt sind, § 125 S. 1 iVm § 41 (Lutter UmwG/*Karollus* Rn. 6). Den von der Geschäftsführung ausgeschlossenen Gesellschaftern und den Gesellschaftern einer **GmbH** ist der Bericht zu übersenden (Lutter UmwG/*Karollus* Rn. 9). Der Bericht ist mit dem Ausgliederungsvertrag bzw. dessen Entwurf spätestens mit der Einberufung zur Gesellschafterversammlung zuzusenden (§ 125 S. 1 iVm § 42). Bei einer **AG, SE** oder **KGaA** sind der Ausgliederungsvertrag bzw. dessen Entwurf, die Jahresabschlüsse und Lageberichte der letzten drei Jahre und ggf. ein Zwischenabschluss mit dem Bericht in den Geschäftsräumen und in der Hauptversammlung zur Einsicht auszulegen und auf Verlangen eines Aktionärs eine Abschrift zu übersenden (§ 125 iVm § 63 Abs. 1 und 3, § 64 Abs. 1, § 78). Für **Genossenschaften** gilt Entsprechendes (§ 125 iVm §§ 82, 83). 3

Auch der Einzelkaufmann muss einen **Betriebsrat** gem. § 126 Abs. 3 informieren und ihm hierzu den Ausgliederungsvertrag oder dessen Entwurf binnen eines Monats zuleiten. Maßgebend für die Berechnung der Monatsfrist ist der Vertragsabschluss des Einzelkaufmanns (Semler/Stengel/*Seulen* Rn. 5), da dem aufnehmenden Rechtsträger die Bedenken des Betriebsrates mitgeteilt werden sollen, und nicht der Tag des Ausgliederungsbeschlusses des aufnehmenden Rechtsträgers. Ein Monat vor Abschluss des Ausgliederungsvertrages hat daher die Zuleitung an den Betriebsrat zu erfolgen (KK- 4

UmwG/*Simon* Rn. 5). Die Information des stillen Gesellschafters ist keine Ausgliederungsvoraussetzung (Lutter UmwG/*Karollus* Rn. 3).

Eintragung der Ausgliederung

154 **Das Gericht des Sitzes des Einzelkaufmanns hat die Eintragung der Ausgliederung auch dann abzulehnen, wenn offensichtlich ist, daß die Verbindlichkeiten des Einzelkaufmanns sein Vermögen übersteigen.**

I. Anmeldung

1 Die Anmeldung erfolgt nach den allgemeinen Vorschriften (§§ 125, 135, 16, 17) beim Registergericht des Sitzes des Einzelkaufmanns durch diesen oder durch das Vertretungsorgan des übernehmenden Rechtsträgers (§ 129) und beim Registergericht des übernehmenden Rechtsträgers. Sie muss beinhalten: den Ausgliederungsvertrag, den Zustimmungsbeschluss der/des aufnehmenden Rechtsträgers (→ § 153 Rn. 2), ggf. den Ausgliederungsbericht und den Prüfbericht (→ § 159 Rn. 2) oder die Verzichtserklärungen nach § 8 Abs. 3, § 9 Abs. 3 oder § 12 Abs. 3, die Schlussbilanz, ggf. einen Nachweis über die rechtzeitige und formgerechte Unterrichtung des Betriebsrates und ggf. notwendige staatliche Genehmigungen für die Verschmelzung. Eine Negativerklärung nach § 16 Abs. 2 ist auch ggü. dem Registergericht des Einzelkaufmanns abzugeben (näher Semler/Stengel/*Seulen* Rn. 5). Vom Gericht werden die Unterlagen geprüft (dazu → § 130 Rn. 1 ff.).

II. Eintragungshindernis Überschuldung

2 Bei einer Überschuldung des Einzelkaufmanns kann eine Eintragung nicht erfolgen (§ 152 S. 2, § 154). Eine Überschuldung besteht, wenn die Verbindlichkeiten das Aktivvermögen übersteigen. Abzustellen ist auf das Gesamtvermögen des Kaufmanns, nicht alleine auf den auszugliedernden Teil. Maßgebend ist der tatsächliche Wert unmittelbar vor der Ausgliederung, unabhängig davon, ob das Aktivvermögen oder die Verbindlichkeit zum Privat- oder Unternehmensvermögen gehört. Für die Bestimmung eines „tatsächlichen Wertes" ist auch ohne Inbezugnahme des § 19 Abs. 2 S. 2 InsO aF (bis 17.10.2008) die Frage zu beantworten, ob Fortführungs- oder Zerschlagungswerte anzusetzen sind, weil diese Frage jeder Bewertung zu Grunde liegt (str., ebenso Semler/Stengel/*Seulen* § 152 Rn. 77; aA Lutter UmwG/*Karollus* § 152 Rn. 46a; Widmann/Mayer/*Mayer* § 152 Rn. 78 – Liquidationswerte maßgebend). Rückstellungen und Risiken aus dem Privatbereich sind zu berücksichtigen (SHS/*Hörtnagl* § 152 Rn. 26). Anders als im Insolvenzrecht beseitigt eine positive Fortführungsprognose jedoch nicht eine rechnerische Überschuldung (ggf. nach Ansatz von Fortführungswerten), die maßgebend ist für die Überschuldung im Sinne des Umwandlungsrechtes (Lutter UmwG/*Karollus* § 152 Rn. 45). Denn eine insoweit einschränkende Regelung, wie sie § 19 Abs. 2 Hs. 2 InsO nF für das Insolvenzrecht enthält, kennt das Umwandlungsrecht nicht. Durch das Eintragungshindernis der Überschuldung soll zum einen der neue Rechtsträger geschützt werden (so Semler/Stengel/*Maier-Reimer/Seulen* § 152 Rn. 74) und zum anderen sollen Vermögensverschiebungen zu Lasten der Gläubiger vermieden werden (KK-UmwG/*Simon* § 152 Rn. 39; SHS/*Hörtnagl* § 152 Rn. 24). Letzteres steht im Vordergrund, weil der Zielrechtsträger sich „ausgeglichen" bilden lässt, auch wenn der Einzelkaufmann überschuldet ist. § 152 S. 2 gilt im **Insolvenzplanverfahren** nicht, weil weder übertragender noch übernehmender Rechtsträger geschützt werden müssen (AG Norderstedt 7.11.2016, BeckRS 2016, 116734; *Brünkmans* ZInsO 2014, 2533 (2554); *Schröder/Berner* NZI 2017, 837; SHS/*Hörtnagl* § 152 Rn. 25).

3 Zur Beurteilung verlangt die hM (wie bereits bei §§ 56a ff. UmwG 1969) eine Versicherung durch den Einzelkaufmann, dass keine Überschuldung vorliegt (Kallmeyer/*Zimmermann* Rn. 5; SHS/*Hörtnagl* Rn. 4; Semler/Stengel/*Maier-Reimer/Seulen* Rn. 3; aA KK-UmwG/*Simon* Rn. 6). Das Gericht kann dabei grundsätzlich von der Richtigkeit der Erklärung ausgehen (SHS/*Hörtnagl* Rn. 5). Bei Zweifeln muss das Gericht diesen jedoch nachgehen (§ 26 FamFG). Das Gericht kann eine Aufstellung über das gesamte Vermögen des Einbringenden verlangen (Lutter UmwG/*Karollus* Rn. 4). Auch wenn § 154 normiert, dass das Gericht die Eintragung abzulehnen hat, wenn der Kaufmann „offensichtlich" überschuldet ist, so ist allerdings der Prüfungsmaßstab wegen § 152 S. 2 nicht nur auf Evidenz beschränkt. Der Einzelkaufmann muss eine Übersicht über sein gesamtes Vermögen nur bei einer Ausgliederung zur Neugründung einer AG oder KGaA vorlegen, vgl. → § 159 Rn. 2.

Wirkungen der Ausgliederung

155 **[1]Erfaßt die Ausgliederung das gesamte Unternehmen des Einzelkaufmanns, so bewirkt die Eintragung der Ausgliederung nach § 131 das Erlöschen der von dem Einzelkaufmann geführten Firma. [2]Das Erlöschen der Firma ist von Amts wegen in das Register einzutragen.**

I. Firma

Bei der Ausgliederung des gesamten Vermögens erlischt die (bei mehreren die jeweilige) Firma des Einzelkaufmanns, sodass es zu deren Löschung von Amts wegen kommt. Werden nur Teile übertragen und verbleibt kein Gewerbebetrieb mehr beim Kaufmann, hat dieser die Löschung zu beantragen; andernfalls kommt es zur Zwangslöschung (§ 31 Abs. 2 S. 1 HGB). 1

Der übernehmende Rechtsträger kann nach einhelliger Ansicht unter Anfügung eines Rechtsformzusatzes die Firma des Einzelkaufmanns trotz der Regelung in §§ 18, 125 S. 1 Hs. 2. fortführen (*Kögel* GmbHR 1996, 168 (174); Lutter UmwG/*Karollus* Rn. 7; Semler/Stengel/*Seulen* Rn. 9; SHS/*Hörtnagl* Rn. 4; Widmann/Mayer/*Mayer* Rn. 9; → § 18 Rn. 20). 2

II. Vermögensübergang

Die übrigen Rechtsfolgen der Ausgliederung ergeben sich aus § 131. Mit der Eintragung der Ausgliederung im Handelsregister des Einzelkaufmanns gehen die im Ausgliederungsvertrag bezeichneten Aktiva und Passiva an den oder die übernehmenden Rechtsträger im Wege der Gesamtrechtsnachfolge über (§ 131 Abs. 1 Nr. 1), soweit keine Beschränkung eingreift (§ 131 Abs. 1 Nr. 1 S. 2, § 132, § 399 BGB, § 354a HGB). So geht bspw. der Gewerbemietvertrag des Einzelkaufmanns kraft Gesetzes auch ohne Zustimmung des Vermieters auf den übernehmenden Rechtsträger über (OLG Karlsruhe 19.8.2008, NZG 2009, 315). Zum übergehenden Vermögen gem. § 131 Abs. 1 gehören keine Rechtsverhältnisse, bei denen das „persönliche Vertrauensmoment" im Vordergrund steht. Hierzu gehört das Verwalteramt bei einer Wohnungseigentümergemeinschaft (BayObLG 7.2.2002, NJW-RR 2002, 732) (→ § 131 Rn. 3 ff.). Der Einzelkaufmann erwirbt die Anteile am übernehmenden Rechtsträger entsprechend den Regelungen im Ausgliederungsvertrag (§ 131 Abs. 1 Nr. 3 S. 3). 3

Haftung des Einzelkaufmanns

156 [1]**Durch den Übergang der Verbindlichkeiten auf übernehmende oder neue Gesellschaften wird der Einzelkaufmann von der Haftung für die Verbindlichkeiten nicht befreit.** [2]**§ 418 des Bürgerlichen Gesetzbuchs ist nicht anzuwenden.**

§ 156 bezweckt den Gläubigerschutz (BT-Drs. 12/6699, 12). § 156 regelt nur die (gesamtschuldnerische) Fortdauer der Haftung für die übertragenen **Verbindlichkeiten.** Den zeitlichen Rahmen regelt § 157. Erfasst werden die Verbindlichkeiten, deren Rechtsgrund vor der Ausgliederung liegt (Semler/Stengel/*Seulen* Rn. 22). Der Rechtsgrund für die einzelnen Verbindlichkeiten aus einem Dauerschuldverhältnis ist bereits mit dem Vertragsschluss begründet (Lutter UmwG/*Karollus* Rn. 12; BAG 16.5.2013, ZIP 2013, 1433). Die Haftungsfolgen der Ausgliederung sind allgemein in §§ 133, 134 geregelt und werden durch die §§ 21–23 ergänzt. Hierzu sind die §§ 156, 157 leges speciales (KK-UmwG/*Simon* Rn. 2; Semler/Stengel/*Seulen* Rn. 2). Nach § 133 Abs. 1 S. 2 gelten daher die Haftungsregeln bei der Übernahme eines Handelsgeschäftes mit einer Firma (§§ 25, 26, 28 HGB) und der Gläubiger hat nach Maßgabe der § 125 S. 1 iVm § 22 das Recht, Sicherheit zu verlangen. Der gesetzliche Übergang hat keinen Einfluss auf anhängige Rechtsstreitigkeiten. Ein vor Wirksamwerden der Ausgliederung erwirkter Pfändungs- und Überweisungsbeschluss gegen den Einzelkaufmann entfaltet für die Dauer der Nachhaftung nach § 156 f. UmwG weiterhin ihm gegenüber Wirkung (BAG AP ZPO § 850h Nr. 23). 1

Das **Innenverhältnis** zwischen übertragendem und übernehmendem Rechtsträger richtet sich nach dem Ausgliederungs- und Übernahmevertrag als Aufteilungsregelung iSd § 426 BGB (Semler/Stengel/*Seulen* Rn. 25; → § 160 Rn. 3 aE). Bereits vor dem erst mit Zahlung entstehenden Ausgleichsanspruch gem. § 426 Abs. 2 S. 1 BGB kann der Anspruchsgegner von dem im Innenverhältnis Ausgleichspflichtigen Freistellung verlangen (SHS/*Hörtnagl* Rn. 5). Hinsichtlich der Einzelheiten wird auf § 133 verwiesen. 2

S. 2 stellt klar, dass durch den Übergang einer Verbindlichkeit im Wege der Ausgliederung nicht die Haftung des Sicherungsgebers gem. § 418 BGB erlischt. Bei einem Rechtsübergang im Wege der Gesamtrechtsnachfolge gilt dies auch sonst (Lutter UmwG/*Karollus* Rn. 21; KK-UmwG/*Simon* Rn. 13). 3

Zeitliche Begrenzung der Haftung für übertragene Verbindlichkeiten

157 (1) [1]**Der Einzelkaufmann haftet für die im Ausgliederungs- und Übernahmevertrag aufgeführten Verbindlichkeiten, wenn sie vor Ablauf von fünf Jahren nach der Ausgliederung fällig und daraus Ansprüche gegen ihn in einer in § 197 Abs. 1 Nr. 3 bis 5 des Bürgerlichen Gesetzbuchs bezeichneten Art festgestellt sind oder eine gerichtliche oder**

behördliche Vollstreckungshandlung vorgenommen oder beantragt wird; bei öffentlich-rechtlichen Verbindlichkeiten genügt der Erlass eines Verwaltungsakts. [2] Eine Haftung des Einzelkaufmanns als Gesellschafter des aufnehmenden Rechtsträgers nach § 128 des Handelsgesetzbuchs bleibt unberührt.

(2) **[1] Die Frist beginnt mit dem Tage, an dem die Eintragung der Ausgliederung in das Register des Sitzes des Einzelkaufmanns nach § 125 in Verbindung mit § 19 Abs. 3 bekannt gemacht worden ist. [2] Die für die Verjährung geltenden §§ 204, 206, 210, 211 und 212 Abs. 2 und 3 des Bürgerlichen Gesetzbuchs sind entsprechend anzuwenden.**

(3) **Einer Feststellung in einer in § 197 Abs. 1 Nr. 3 bis 5 des Bürgerlichen Gesetzbuchs bezeichneten Art bedarf es nicht, soweit der Einzelkaufmann den Anspruch schriftlich anerkannt hat.**

(4) **Die Absätze 1 bis 3 sind auch anzuwenden, wenn der Einzelkaufmann in dem Rechtsträger anderer Rechtsform geschäftsführend tätig wird.**

1 Durch die Vorschrift kommt es zu einer **zeitlichen Begrenzung** der fortdauernden Haftung des Einzelkaufmanns, die bereits § 133 vorsieht. Eine geschäftsführende Tätigkeit des Übertragenden beim übernehmenden Rechtsträger steht dem nicht entgegen (§ 157 Abs. 4). Auch Versorgungsverbindlichkeiten können ohne Zustimmung des Versorgungsberechtigten übertragen werden (BAG 22.2.2005, NJW 2005, 3371). Auf die Kommentierung zu § 133 Abs. 3–6 wird verwiesen (vgl. auch § 45 und bei Fällen der Betriebsaufspaltung § 134). Unberührt bleibt neben der ausdrücklich genannten Haftungsmöglichkeit des Übertragenden nach § 128 HGB, § 157 Abs. 1 S. 2, wenn der Übertragende an der aufnehmenden Personengesellschaft persönlich beteiligt ist, auch die Haftung etwa nach § 161 Abs. 2 HGB, §§ 171 ff. HGB oder bei der GmbH nach §§ 30 f. GmbHG (SHS/*Hörtnagl* Rn. 3).

Dritter Unterabschnitt. Ausgliederung zur Neugründung

Anzuwendende Vorschriften

158 Auf die Ausgliederung zur Neugründung sind die Vorschriften des Zweiten Unterabschnitts entsprechend anzuwenden, soweit sich aus diesem Unterabschnitt nichts anderes ergibt.

1 Bei der Ausgliederung zur Neugründung eines einzelkaufmännischen Unternehmens gelten nach § 158 die §§ 153–157 entsprechend. Dies gilt **uneingeschränkt,** da die §§ 159, 160 keine abweichenden Regelungen enthalten. Daher ist auch bei der Ausgliederung zur Neugründung ein Ausgliederungsbericht nicht erforderlich (§ 153) und das Erlöschen der Firma des Einzelkaufmanns richtet sich nach den Voraussetzungen des § 155.

2 Die **Umsetzung** erfordert einen notariell beurkundeten Ausgliederungsplan (§ 136 S. 2, § 125 S. 1 iVm § 6), der inhaltlich dem Ausgliederungs- und Übernahmevertrag entspricht. Er muss den Gesellschaftsvertrag bzw. die Satzung des übernehmenden Rechtsträgers enthalten oder feststellen (§ 125 S. 1 iVm § 37). Eine Ausgliederungsprüfung findet nicht statt (§ 125 S. 2). Zur Unterrichtung des Betriebsrates vgl. unter § 153 und zu § 126 Abs. 3. Zum notwendigen Sachgründungsbericht bei der GmbH bzw. dem Gründungsbericht bei AG und KGaA → § 159 Rn. 2.

Sachgründungsbericht, Gründungsbericht und Gründungsprüfung

159 (1) **Auf den Sachgründungsbericht (§ 5 Abs. 4 des Gesetzes betreffend die Gesellschaften mit beschränkter Haftung) ist § 58 Abs. 1, auf den Gründungsbericht (§ 32 des Aktiengesetzes) § 75 Abs. 1 entsprechend anzuwenden.**

(2) **Im Falle der Gründung einer Aktiengesellschaft oder einer Kommanditgesellschaft auf Aktien haben die Prüfung durch die Mitglieder des Vorstands und des Aufsichtsrats (§ 33 Abs. 1 des Aktiengesetzes) sowie die Prüfung durch einen oder mehrere Prüfer (§ 33 Abs. 2 des Aktiengesetzes) sich auch darauf zu erstrecken, ob die Verbindlichkeiten des Einzelkaufmanns sein Vermögen übersteigen.**

(3) **[1] Zur Prüfung, ob die Verbindlichkeiten des Einzelkaufmanns sein Vermögen übersteigen, hat der Einzelkaufmann den Prüfern eine Aufstellung vorzulegen, in der sein Vermögen seinen Verbindlichkeiten gegenübergestellt ist. [2] Die Aufstellung ist zu gliedern, soweit das für die Prüfung notwendig ist. [3] § 320 Abs. 1 Satz 2 und Abs. 2 Satz 1 des Handelsgesetzbuchs gilt entsprechend, wenn Anlaß für die Annahme besteht, daß in der Aufstellung aufgeführte Vermögensgegenstände überbewertet oder Verbindlichkeiten nicht oder nicht vollständig aufgeführt worden sind.**

I. GmbH

Eine Ausgliederung zur Neugründung kann gem. § 152 nur auf eine Kapitalgesellschaft erfolgen. 1 Hierfür gelten über § 135 Abs. 2 die allgemeinen Gründungsvorschriften. Neben dem **Sachgründungsbericht** bei der GmbH (§ 5 Abs. 4 GmbHG) bzw. dem Gründungsbericht bei AG und KGaA (§§ 32, 278 Abs. 3 AktG) sind der Geschäftsverlauf und die Lage des Unternehmens des Einzelkaufmanns darzulegen (§ 159 Abs. 1, § 58 Abs. 1, § 75). Fehlen diese Unterlagen beim Antrag, hat das Gericht den Antragsteller durch eine Zwischenverfügung gem. § 26 S. 2 HRV aufzufordern, diese vorzulegen (für den Sachgründungsbericht: BayObLG 10.12.1998, NJW-RR 1999, 833).

II. AG und KGaA

Nur bei der Ausgliederung zur Neugründung einer **AG** oder **KGaA** hat zusätzlich durch Vorstand 2 und Aufsichtsrat (§ 33 Abs. 1 AktG) und Prüfer (§ 33 Abs. 2 AktG) eine **Gründungsprüfung** zu erfolgen, die neben dem grundsätzlichen Prüfungsumfang (§ 34 AktG) auch eine Überschuldungsprüfung des Einzelkaufmanns umfasst (§ 159 Abs. 2). Der Einzelkaufmann hat hierzu Unterlagen über sein Privat- und Betriebsvermögen vorzulegen (§ 144, § 159 Abs. 2 und 3), damit ausgeschlossen werden kann, dass kein Ausgliederungsverbot gem. § 152 S. 2 besteht. Die Unterlagen müssen nur den Prüfern vorgelegt werden (SHS/*Hörtnagl* Rn. 5; Lutter UmwG/*Karollus* Rn. 10; Semler/Stengel/*Seulen* Rn. 12). Die Vermögensaufstellung hat alle Aktiva und Passiva zu enthalten, unabhängig davon, ob sie durch die Ausgliederung übertragen werden sollen (SHS/*Hörtnagl* Rn. 5; Semler/Stengel/*Seulen* Rn. 13). Aktiva sind vom Einzelkaufmann mit den Zeitwerten anzugeben, wobei streitig ist, ob (soweit nicht zur Vermeidung einer Überschuldung erforderlich) stille Reserven aufzudecken sind (bejahend: Lutter UmwG/*Karollus* Rn. 12; SHS/*Hörtnagl* Rn. 6; einschr.: Semler/Stengel/*Seulen* Rn. 15: Stille Lasten müssen, stille Reserven können aufgedeckt werden). Letzteres ist ausreichend, wenn bereits ohne oder teilweiser Aufdeckung von stillen Reserven eine Überschuldung verneint werden kann (→ § 154 Rn. 2). Auf der Passivseite sind Verbindlichkeiten und die im kaufmännischen Bereich ordnungsgemäß gebildeten Rückstellungen anzugeben. Auf die Fälligkeit einer Verbindlichkeit kommt es nicht an. Streitig ist, ob ggf. bezifferte Rückstellungen auch für den privaten Bereich zu benennen sind (SHS/*Hörtnagl* Rn. 6), was nach diesseitiger Ansicht zumindest nach Aufforderung zu erfolgen hat, oder ob nach Mitteilung des Sachverhaltes es den Prüfern zu überlassen ist, eine Bewertung vorzunehmen (Semler/Stengel/*Seulen* § 159 Rn. 13; BeckOGK/*Leitzen* Rn. 32).

Die Prüfer haben zunächst eine **Plausibilitätskontrolle** durchzuführen (Lutter UmwG/*Karollus* 3 Rn. 15) und eine Vollständigkeitserklärung einzufordern (SHS/*Hörtnagl* Rn. 10). Bestehen danach Anhaltspunkte für eine Überbewertung von Vermögenswerten oder eine unrichtige Darstellung der Verbindlichkeiten, können sie selbst die geschäftlichen und privaten Unterlagen und Kontenbestände prüfen (§ 159 Abs. 3 S. 3, § 320 Abs. 1 S. 2 HGB) und weitere Erklärungen und Unterlagen einfordern (§ 159 Abs. 3 S. 3, § 320 Abs. 2 HGB). Bei Meinungsverschiedenheiten entscheidet das Gericht gem. § 35 Abs. 2 AktG (Semler/Stengel/*Seulen* Rn. 18; SHS/*Hörtnagl* Rn. 11; Lutter UmwG/*Karollus* Rn. 15).

Die Vermögensaufstellung ist nicht als Unterlage nach § 37 Abs. 3 Nr. 4 AktG, § 135 Abs. 2 S. 2 4 beim Handelsregister einzureichen (Lutter UmwG/*Karollus* Rn. 10; Widmann/Mayer/*Mayer* Rn. 15 SHS/und → Rn. 2). Die Prüfer sind gem. § 49 AktG, § 323 Abs. 1 HGB zur Geheimhaltung verpflichtet (SHS/*Hörtnagl* Rn. 9).

Anmeldung und Eintragung

160 (1) **Die Anmeldung nach § 137 Abs. 1 ist von dem Einzelkaufmann und den Geschäftsführern oder den Mitgliedern des Vorstands und des Aufsichtsrats einer neuen Gesellschaft vorzunehmen.**

(2) **Die Eintragung der Gesellschaft ist abzulehnen, wenn die Verbindlichkeiten des Einzelkaufmanns sein Vermögen übersteigen.**

Während nach § 137 Abs. 1 die **Anmeldung** nur dem übertragenden Rechtsträger auch für die 1 neuen Rechtsträger obliegt, bestimmt § 160 Abs. 1, dass diese zusätzlich durch sämtliche Organe (LG Berlin 8.9.2003, NZG 2004, 337; Semler/Stengel/*Seulen* Rn. 2) des aufnehmenden Rechtsträgers mit erfolgen muss. Bei der Ausgliederung zur Neugründung einer GmbH sind das die zukünftigen Geschäftsführer (§ 78 GmbHG), bei der Neugründung einer AG die Mitglieder des Vorstandes und der Aufsichtsrat (§ 36 AktG) und bei der Neugründung einer KGaA der persönlich haftende Gesellschafter (§ 283 Nr. 1, § 36 AktG). Dieses muss persönlich erfolgen, soweit Angaben zu den Bestellungshindernissen (§ 8 Abs. 3 GmbHG; § 37 Abs. 2 AktG) oder zum Wert der Einlage (§ 8 Abs. 2 S. 1 GmbHG; § 37 Abs. 1 S. 1 AktG) erfolgen (Semler/Stengel/*Seulen* Rn. 3). Die künftigen Organe des aufnehmenden Rechtsträgers können dabei (konkludent) auch für den Einzelkaufmann auftreten (BayObLG 16.2.2000, NJW-RR 2000, 990 (991)). Die Anmeldung der Ausgliederung erfolgt nach § 137 Abs. 2 und 3 sowie zusätzlich nach den §§ 158, 154. Hinsichtlich der vorzulegenden Unterlagen → § 154 Rn. 1.

2 Eine **Eintragungssperre** besteht, wenn die Verbindlichkeiten des Einzelkaufmanns sein Vermögen übersteigen (§ 160 Abs. 2). Das Merkmal der Überschuldung wird damit sowohl von dem für den Einzelkaufmann zuständigen Registergericht (§§ 158, 154) als auch von dem/den Gericht(en) des/der aufnehmenden Rechtsträger(s) geprüft. Letzteres hat aufgrund der vorzulegenden Unterlagen (vgl. § 159) bessere Erkenntnismöglichkeiten und wird zuerst die Überschuldung prüfen, da zunächst die neue(n) Gesellschaft(en) einzutragen ist (sind) (§ 137 Abs. 3 S. 2). Kein Eintragungshindernis besteht hingegen, wenn der Ausgliederungs- und Übernahmevertrag vorsieht, dass der übertragende Rechtsträger ein **Darlehen** iHd Differenz zwischen dem Wert des übertragenden Vermögens und dem Nennbetrag der im Gegenzug erhaltenen Geschäftsanteile erhält (OLG München 15.11.2011, NZG 2012, 229).

3 Die neue Gesellschaft **entsteht** mit Eintragung der Ausgliederung im Register des übertragenden Einzelkaufmanns (→ § 137 Rn. 5). Zu diesem Stichtag darf nach hM keine Überschuldung bestehen (vgl. BGH 9.3.1981, BGHZ 80, 129 (136) = NJW 1981, 1373; Semler/Stengel/*Seulen* Rn. 10).

Achter Abschnitt. Ausgliederung aus dem Vermögen rechtsfähiger Stiftungen

Möglichkeit der Ausgliederung

161 Die Ausgliederung des von einer rechtsfähigen Stiftung (§ 80 des Bürgerlichen Gesetzbuchs) betriebenen Unternehmens oder von Teilen desselben aus dem Vermögen dieser Stiftung kann nur zur Aufnahme dieses Unternehmens oder von Teilen dieses Unternehmens durch Personenhandelsgesellschaften oder Kapitalgesellschaften oder zur Neugründung von Kapitalgesellschaften erfolgen.

1 Die §§ 161–167 regeln die Ausgliederung von Betriebsvermögen einer rechtsfähigen privatrechtlichen Stiftung und ergänzen als ***lex specialis*** die allgemeinen Spaltungsvorschriften nach §§ 123 ff. Die Vorschriften über die Ausgliederung von Vermögen eines Einzelkaufmanns (§§ 152–160) dienten als Vorbild und können ergänzend zur Auslegung herangezogen werden (RegEBegr, BR-Drs. 75/94, 130). Die allgemeinen Vorschriften der §§ 80–89 BGB sowie die Landesstiftungsgesetze sind ebenso anwendbar. Die Beschränkung auf Spaltungen in Form der **Ausgliederung** ist durch die anteilsinhaberlose Struktur einer Stiftung bedingt; den Übergang der Gegenleistung auf den übertragenden Rechtsträger ermöglicht nur die Ausgliederung (RegEBegr, BR-Drs. 75/94, 130). Ausgliederungsfähig nach § 161 sind nur **rechtsfähige Stiftungen des Privatrechts** (§ 80 BGB). In den Anwendungsbereich der Norm fallen hingegen nicht unselbständige oder öffentlich-rechtliche Stiftungen sowie Stiftungsvereine und -gesellschaften (KK-UmwG/*Leuering* Rn. 8). Kirchliche Stiftungen können von § 161 erfasst sein, sofern sie als selbständige Stiftungen bürgerlichen Rechts organisiert sind (Lutter UmwG/*Hüttemann*/*Rawert* Rn. 14).

2 Die Ausgliederung nach § 161 setzt als ungeschriebenes Tatbestandsmerkmal die **Eintragung der Stiftung im Handelsregister** gem. §§ 1–5, 33 HGB voraus; dies ergibt sich aus der Systematik des Gesetzes, insbesondere § 164 Abs. 2 (allgM, Semler/Stengel/*Stengel* Rn. 21). Gegenstand der Ausgliederung ist das von der Stiftung „betriebene Unternehmen" als Ganzes oder in Teilen, dh ein Unternehmen im betriebswirtschaftlichen und rechtlichen Sinn. Das von der Stiftung betriebene Handelsgewerbe (§ 1 Abs. 1 HGB) ist in aller Regel auch ein Unternehmen iSv § 161 (KK-UmwG/*Leuering* Rn. 14). Nur das **unternehmensgebundene Stiftungsvermögen** fällt in den Anwendungsbereich des § 161; durch Aufnahme in den Ausgliederungsplan/-vertrag unmittelbar vor Ausgliederung kann allerdings das sonstige Stiftungsvermögen dem Unternehmen gewidmet werden (Widmann/Mayer/*Rieger* Rn. 59 ff.; SHS/*Hörtnagl* Rn. 5). Die Ausgliederung von **Unternehmensteilen** oder einzelner unternehmensbezogener Vermögensgegenstände ist unbeschränkt zulässig; der Begriff des Unternehmensteils ist dem in § 123 gleichzusetzen (Semler/Stengel/*Stengel* Rn. 26). Grundsätzlich können auch mehrere, in unterschiedlichen Registern eingetragene Unternehmen einer Stiftung auf einen oder mehrere aufnehmende/neue Rechtsträger ausgegliedert werden (KK-UmwG/*Leuering* Rn. 18). Die Ausgliederung zur Aufnahme ist auf Personenhandels- und Kapitalgesellschaften beschränkt, die zur Neugründung auf Kapitalgesellschaften, da eine Einpersonen-Gesellschaft im Personengesellschaftsrecht ausgeschlossen ist.

3 Mit Eintragung der Ausgliederung ins Handelsregister der Stiftung geht im Wege der **partiellen Gesamtrechtsnachfolge** entsprechend dem Ausgliederungsplan/-vertrag das Vermögen einschließlich der Verbindlichkeiten auf den Zielrechtsträger über (§ 131 Abs. 1 Nr. 1). Aus der besonderen Zweckbindung des Stiftungsvermögens sind den Umwandlungsmöglichkeiten **stiftungsrechtliche Grenzen**

gesetzt (KK-UmwG/*Leuering* Rn. 22 ff.). Das Ausgliederungsverfahren richtet sich iÜ nach den allgemeinen Vorschriften der §§ 123 ff., soweit sich aus den folgenden Vorschriften nichts anderes ergibt.

Ausgliederungsbericht

162 (1) **Ein Ausgliederungsbericht ist nur erforderlich, wenn die Ausgliederung nach § 164 Abs. 1 der staatlichen Genehmigung bedarf oder wenn sie bei Lebzeiten des Stifters von dessen Zustimmung abhängig ist.**

(2) **Soweit nach § 164 Abs. 1 die Ausgliederung der staatlichen Genehmigung oder der Zustimmung des Stifters bedarf, ist der Ausgliederungsbericht der zuständigen Behörde und dem Stifter zu übermitteln.**

1 § 162 trifft für die ausgliedernde Stiftung eine spezielle Regelung bzgl. des Ausgliederungsberichts. Den Ausgliederungsbeschluss fassen idR das Geschäftsführungs- und Vertretungsorgan der Stiftung. Aufgrund der anteilsinhaberlosen Struktur besteht ein weiteres Informationsbedürfnis daher nur, wenn die Ausgliederung gem. § 164 Abs. 1 iVm den Landesstiftungsgesetzen eine **staatliche Genehmigung** oder zu Lebzeiten des Stifters dessen Zustimmung erfordert (RegEBegr, BR-Drs. 75/94, 130). Einer staatlichen Genehmigung bedarf es insbesondere dann, wenn die Ausgliederung eine genehmigungspflichtige Satzungsänderung erfordert oder ein anderes Rechtsgeschäft mit landesgesetzlichem Genehmigungsvorbehalt betrifft (Semler/Stengel/*Stengel* Rn. 7). Ein **Zustimmungsvorbehalt des Stifters** kann sich aus der Satzung selbst oder, aufgrund einer im Zuge der Ausgliederung erforderlichen Satzungsänderung, aus den Landesstiftungsgesetzen ergeben (Lutter UmwG/*Hüttemann/Rawert* Rn. 4). Die Stiftungssatzung kann darüber hinaus die Beteiligung weiterer, mit Kontrollrechten ausgestatteter Organe an der Stiftungsorganisation vorsehen, denen bei Berührung ihrer Mitwirkungsrechte ebenfalls ein Ausgliederungsbericht zusteht (KK-UmwG/*Leuering* Rn. 5). Ein Ausgliederungsbericht ist dann **entbehrlich,** wenn der Stifter an dem Ausgliederungsbeschluss unmittelbar beteiligt ist und diesem zustimmt (Widmann/Mayer/*Rieger* Rn. 8 f.). Ein **Verzicht auf den Ausgliederungsbericht** kommt gem. § 127 S. 2 iVm § 8 Abs. 3 Alt. 1 in Betracht, auch durch die staatliche Genehmigungsbehörde (hM, KK-UmwG/*Leuering* Rn. 6).

2 Der notwendige **Inhalt des Ausgliederungsberichts** ergibt sich aus den allgemeinen Vorschriften (§ 127 S. 1, § 135). Mangels Anteilstausch ist die Angabe des Umtauschverhältnisses nicht erforderlich (Lutter UmwG/*Hüttemann/Rawert* Rn. 6). Der stiftungsrechtliche Grundsatz der Vermögenserhaltung gebietet jedoch bei der Ausgliederung zur Aufnahme Angaben zum **Wert der erhaltenen Anteile;** bei der Ausgliederung zur Neugründung entsprechen die erhaltenen Anteile zwingend dem Wert der übertragenen Vermögensteile (Widmann/Mayer/*Rieger* Rn. 15 f.). Das für Erstellung des Ausgliederungsberichts zuständige Vertretungsorgan ist gem. Abs. 2 auch zur **Übermittlung** an die zuständige Behörde und den Stifter verpflichtet (Semler/Stengel/*Stengel* Rn. 10). Einen Übermittlungszeitpunkt legt die Norm nicht fest. Da die Ausgliederung erst mit der staatlichen Genehmigung oder Zustimmung des Stifters wirksam wird, kann die Übermittlung auch erst nach der Beschlussfassung gem. § 163 erfolgen (Lutter UmwG/*Hüttemann/Rawert* Rn. 9).

Beschluß über den Vertrag

163 (1) **Auf den Ausgliederungsbeschluß sind die Vorschriften des Stiftungsrechts für die Beschlußfassung über Satzungsänderungen entsprechend anzuwenden.**

(2) **Sofern das nach Absatz 1 anzuwendende Stiftungsrecht nicht etwas anderes bestimmt, muß der Ausgliederungsbeschluß von dem für die Beschlußfassung über Satzungsänderungen nach der Satzung zuständigen Organ oder, wenn ein solches Organ nicht bestimmt ist, vom Vorstand der Stiftung einstimmig gefaßt werden.**

(3) **Der Beschluß und die Zustimmung nach den Absätzen 1 und 2 müssen notariell beurkundet werden.**

1 Aufgrund der anteilsinhaberlosen Struktur der ausgliedernden Stiftung erklärt Abs. 1 die Vorschriften des Stiftungsrecht über Satzungsänderungen für entsprechend anwendbar. Das Stiftungsrecht umfasst dabei sowohl das **Landesstiftungsrecht** als auch die Regelungen in der jeweiligen **Stiftungssatzung** (KK-UmwG/*Leuering* Rn. 1). Abs. 2 findet nur subsidiär Anwendung. Sofern weder Landesstiftungsrecht noch Stiftungssatzung bestimmte Stiftungsorgane zur Satzungsänderung ermächtigen, ist nach Abs. 2 der **Stiftungsvorstand** für den Ausgliederungsbeschluss zuständig. Gleiches gilt für das einzuhaltende Mehrheitserfordernis, sodass im Zweifel **Einstimmigkeit** erforderlich ist. Die Bestimmung über das Erfordernis der notariellen Beurkundung des Ausgliederungsbeschlusses und nach dem Stiftungsrecht erforderlichen Zustimmungen in Abs. 3 ist trotz der Regelung in § 125 S. 1, § 13 Abs. 3

S. 1 erforderlich, da die allgemeinen Regelungen auf den Ausgliederungsbeschluss der Anteilsinhaber abstellen; bei der Stiftung handelt es sich aber um ein anteilsinhaberloses Rechtssubjekt (Widmann/Mayer/*Rieger* Rn. 13). Auf eine **notarielle Beurkundung** kann selbst dann nicht verzichtet werden, wenn das Stiftungsrecht ein solches Erfordernis nicht vorsieht (RegEBegr, BR-Drs. 75/94, 131). Gegen den Ausgliederungsbeschluss kann grundsätzlich Klage erhoben werden (§ 125 S. 1, § 14 Abs. 1); idR wird es jedoch am einklagbaren Anspruch fehlen, sodass es bei der **Rechtmäßigkeitsprüfung** der Aufsichtsbehörde verbleibt (Semler/Stengel/*Stengel* Rn. 7).

Genehmigung der Ausgliederung

164 (1) **Die Ausgliederung bedarf der staatlichen Genehmigung, sofern das Stiftungsrecht dies vorsieht.**

(2) **Soweit die Ausgliederung nach Absatz 1 der staatlichen Genehmigung nicht bedarf, hat das Gericht des Sitzes der Stiftung die Eintragung der Ausgliederung auch dann abzulehnen, wenn offensichtlich ist, daß die Verbindlichkeiten der Stiftung ihr Vermögen übersteigen.**

1 Ein allgemeiner Tatbestand der Ausgliederungsgenehmigung ist den Landesstiftungsgesetzen zwar fremd, mit einer Ausgliederung werden aber regelmäßig **Satzungsänderungen** erforderlich, die nach dem Recht aller Bundesländer genehmigungspflichtig sind (Lutter UmwG/*Hüttemann/Rawert* Rn. 3). Eine staatliche Genehmigung kann darüber hinaus notwendig sein, wenn die Ausgliederung bestimmte **genehmigungs- oder anzeigepflichtige Rechtsgeschäfte** umfasst, insbesondere Tatbestände der Vermögensumschichtung, Grundstücksveräußerungen, Rechtsgeschäfte mit Mitgliedern der Stiftungsorgane (Semler/Stengel/*Stengel* Rn. 2, 4). Die Aufsichtsbehörde hat im Falle des Abs. 1 neben den landesstiftungsrechtlichen Wirksamkeitsvoraussetzungen sowie der **formellen und materiellen Rechtmäßigkeit** des Ausgliederungsbeschlusses auch eine eventuelle Überschuldung der Stiftung zu prüfen (KK-UmwG/*Leuering* Rn. 5 f.). Dies ergibt sich aus einem Erst-Recht-Schluss aus § 164 Abs. 2, iÜ aus der Pflicht der Stiftungsorgane im Falle einer **Überschuldung** die Eröffnung des Insolvenzverfahrens zu beantragen (§ 86 BGB, § 42 Abs. 2 BGB). Ist die Ausgliederung **genehmigungsfrei** prüft das zuständige Registergericht nach Abs. 2 neben den formellen und materiellen Voraussetzungen und einer möglichen Genehmigungspflicht, ob die Verbindlichkeiten der Stiftung deren Vermögen offensichtlich überschreiten; nicht geprüft wird die Vereinbarkeit der Ausgliederung mit dem Stiftungsrecht (Lutter UmwG/*Hüttemann/Rawert* Rn. 22). Das Fehlen einer staatlichen Genehmigung, ihre rechtswidrige Erteilung oder eine offensichtliche Überschuldung stellt unbeschadet des § 131 Abs. 2 ein **Eintragungshindernis** dar (KK-UmwG/*Leuering* Rn. 8).

Sachgründungsbericht und Gründungsbericht

165 **Auf den Sachgründungsbericht (§ 5 Abs. 4 des Gesetzes betreffend die Gesellschaften mit beschränkter Haftung) ist § 58 Abs. 1, auf den Gründungsbericht (§ 32 des Aktiengesetzes) § 75 Abs. 1 entsprechend anzuwenden.**

1 § 165 ergänzt die Gründungsvorschriften bei der Ausgliederung zur Neugründung auf eine Kapitalgesellschaft, hat aber aufgrund § 135 Abs. 1 iVm § 125 nur **deklaratorische Bedeutung.** Die fehlende vorherige Prüfung der Vermögenswerte bei der Stiftung und die Kapitalsicherung bei dem übernehmenden Rechtsträger machen eine Berichterstattung nach § 165 erforderlich (RegEBegr, BR-Drs. 75/94, 131). Sinn und Zweck der Regelung ist es, dem Registergericht die Nachprüfbarkeit der Kapitalaufbringung des neuen Rechtsträgers durch das auszugliedernde Vermögen zu erleichtern (Widmann/Mayer/*Rieger* Rn. 1 ff.).

Haftung der Stiftung

166 [1] **Durch den Übergang der Verbindlichkeiten auf übernehmende oder neue Gesellschaften wird die Stiftung von der Haftung für die Verbindlichkeiten nicht befreit.** [2] **§ 418 des Bürgerlichen Gesetzbuchs ist nicht anzuwenden.**

1 Nach § 166 wird die ausgliedernde Stiftung zum Schutz ihrer Gläubiger nicht von der Haftung für sämtliche Verbindlichkeiten, die im Zeitpunkt der Eintragung Bestandteil des Ausgliederungsvertrages/-plans sind (→ § 161 Rn. 3), befreit; im Außenverhältnis haftet sie neben dem übernehmenden/neuen Rechtsträger als **Gesamtschuldner.** § 166 entspricht § 156 und ist *lex specialis* zu § 133 Abs. 1, Abs. 3–5 (KK-UmwG/*Leuering* Rn. 1). Im Innenverhältnis haftet primär der übernehmende/neue Rechtsträger (§ 426 Abs. 1 BGB). Die Nachhaftung ist auf fünf Jahre begrenzt (§ 167). Nach Abs. 2 bleiben

akzessorische Sicherungsrechte und Sicherungsgrundschulden entgegen § 418 BGB bestehen (Widmann/Mayer/*Rieger* Rn. 18 ff.). Die Haftung des übernehmenden/neuen Rechtsträgers für die nach dem Ausgliederungsvertrag/-plan übernommenen Verbindlichkeiten ergibt sich aus § 131 Abs. 1 Nr. 1.

Zeitliche Begrenzung der Haftung für übertragene Verbindlichkeiten

167 Auf die zeitliche Begrenzung der Haftung der Stiftung für die im Ausgliederungs- und Übernahmevertrag aufgeführten Verbindlichkeiten ist § 157 entsprechend anzuwenden.

1 § 167 begrenzt entsprechend § 157 die Haftung der Stiftung für übertragene Verbindlichkeiten, die vor Ablauf der **fünfjährigen Ausschlussfrist** fällig und geltend gemacht werden, auf einen Zeitraum von fünf Jahren. Trotz des entgegenstehenden Wortlautes erfasst § 167 auch die bei der Ausgliederung zur Neugründung **im Ausgliederungsplan** aufgeführte Verbindlichkeiten (allgM, Widmann/Mayer/*Rieger* Rn. 3). Wegen der Einzelheiten kann auf die Erläuterungen des § 157 (→ § 157 Rn. 1 ff.) verwiesen werden.

Neunter Abschnitt. Ausgliederung aus dem Vermögen von Gebietskörperschaften oder Zusammenschlüssen von Gebietskörperschaften

Möglichkeit der Ausgliederung

168 Die Ausgliederung eines Unternehmens, das von einer Gebietskörperschaft oder von einem Zusammenschluß von Gebietskörperschaften, der nicht Gebietskörperschaft ist, betrieben wird, aus dem Vermögen dieser Körperschaft oder dieses Zusammenschlusses kann nur zur Aufnahme dieses Unternehmens durch eine Personenhandelsgesellschaft, eine Kapitalgesellschaft oder eine eingetragene Genossenschaft oder zur Neugründung einer Kapitalgesellschaft oder einer eingetragenen Genossenschaft sowie nur dann erfolgen, wenn das für die Körperschaft oder den Zusammenschluß maßgebende Bundes- oder Landesrecht einer Ausgliederung nicht entgegensteht.

1 §§ 168 ff. regeln die Besonderheiten der Ausgliederung aus dem Vermögen von Gebietskörperschaften sowie deren Zusammenschlüssen und schränken deren Ausgliederungsmöglichkeiten (§ 124 Abs. 1) ein. Die allgemeinen Spaltungsvorschriften in §§ 123–137 finden für das Ausgliederungsverfahren Anwendung, soweit sich aus den folgenden Vorschriften und aus dem Wesen öffentlich-rechtlicher Rechtsträger keine Besonderheiten ergeben. § 168 legt nur die privatrechtlichen Voraussetzungen einer Ausgliederung fest vorbehaltlich abweichender **bundes- oder landesrechtlicher Regelungen.** Es kommt darauf an, dass Bundes- oder Landesrecht einer Ausgliederung nicht entgegensteht, dh die Ausgliederung nicht generell ausschließt oder abweichend von § 168 zulässt (Lutter UmwG/*H. Schmidt* Rn. 17).

2 Bei der **Ausgliederung zur Aufnahme** kommen als übernehmende Rechtsträger nur Personenhandelsgesellschaften (OHG, KG, EWIV), eG und Kapitalgesellschaften (GmbH, AG, KGaA, SE) in Betracht. Die **Ausgliederung zur Neugründung** ist hingegen auf Kapitalgesellschaften (ausgenommen die SE, vgl. Art. 2 SE-VO) und eG beschränkt. Die Wirksamkeit der Ausgliederung (§ 131) tritt mit Eintragung in das Register des Sitzes des übernehmenden/neuen Rechtsträger ein (§ 171), sodass eine **Beteiligung mehrerer übernehmender Rechtsträger** zu registerrechtlichen Problemen führen würde und daher ausgeschlossen ist (RegEBegr, BR-Drs. 75/94, 132). Es besteht trotz entgegenstehenden Wortlauts ein praktisches Bedürfnis für die Zulässigkeit einer **Beteiligung mehrerer übertragender Rechtsträger,** sowohl in Form einer Ausgliederung eines gemeinsamen Unternehmens unterschiedlicher Rechtsträger als auch einer gleichzeitigen Ausgliederung verschiedener Unternehmen unterschiedlicher Rechtsträger (hM, Widmann/Mayer/*Heckschen* Rn. 142 f.; VG Stuttgart 15.8.2012, BeckRS 2012, 56022). **Nicht ausgliederungsfähig** nach §§ 168 ff. sind hingegen andere öffentlich-rechtliche Körperschaften und rechtsfähige Anstalten des öffentlichen Rechts (allgM, Lutter UmwG/*H. Schmidt* Rn. 7).

3 **Gebietskörperschaften** sind staatliche oder kommunale rechtsfähige juristische Personen des öffentlichen Rechts, die sich durch ihre gesetzlich angeordnete Mitgliedschaft aller durch Wohnsitz erfassten Bewohner eines bestimmten Teils des Staatsgebietes kennzeichnen, zB Gemeinden und Landkreise (WBS VerwR III § 84 Rn. 24). Unter einem **Zusammenschluss von Gebietskörperschaften,** ohne selbst Gebietskörperschaft zu sein, ist, eine öffentlich-rechtliche Körperschaft ohne Gebietshoheit zu verstehen, die den Bund- bzw. Verbandskörperschaften zugeordnet und durch die Vereinigung ihrer Mitglieder zur gemeinsamen Aufgabenbewältigung gekennzeichnet ist, insbesondere Gemeindeverbän-

de, dh öffentlich rechtliche Zweckverbände (WBS VerwR III § 87 Rn. 34). § 168 erfasst auch **Zweckverbände mit privatrechtlichen Mitgliedern,** sofern sie iÜ überwiegend aus gebietskörperschaftlichen Mitgliedern bestehen und so ihren öffentlich-rechtlichen Charakter wahren (KK-UmwG/*Leuering* Rn. 14).

4 Gegenstand der Ausgliederung ist gem. § 168 nur ein von einem ausgliederungsfähigen Rechtsträger **betriebenes Unternehmen als Ganzes** (RegEBegr, BR-Drs. 75/94, 132), nicht jedoch die Ausgliederung einzelner Vermögensteile als solche aus dem Vermögen der Gebietskörperschaft oder eines Zusammenschlusses (Semler/Stengel/*Perlitt/Krebs* Rn. 31 ff.). Die Ausgliederung als Instrument der Privatisierung erfordert allerdings eine **funktionale Betrachtungsweise** (KK-UmwG/*Leuering* Rn. 26). Daher ist es auch möglich, einerseits Vermögensgegenstände sowie Forderungen oder Verbindlichkeiten erst iRd Aufstellung des Ausgliederungsplans ins Unternehmen einzubeziehen und damit den Umfang des zu übertragenden Unternehmens zu erweitern; andererseits ist es ausreichend nur den Unternehmenskern zu übertragen (Widmann/Mayer/*Heckschen* Rn. 125 ff.). Der Begriff des Unternehmens wird im Gesetz nicht näher definiert. Erfasst sind nach dem Gesetzeszweck diejenigen öffentlich-rechtlichen Einrichtungen, die, ohne rechtsfähig zu sein, eine gewisse organisatorische Eigenständigkeit erlangen sowie planmäßig und auf Dauer Aufgaben durch wirtschaftliche Teilnahme am Markt wahrnehmen, namentlich **Eigen- und Regiebetriebe** sowie Unternehmen, die als nicht rechtsfähige Anstalten des öffentlichen Rechts organisiert sind (Semler/Stengel/*Perlitt/Krebs* Rn. 29).

Ausgliederungsbericht; Ausgliederungsbeschluß

169 [1]**Ein Ausgliederungsbericht ist für die Körperschaft oder den Zusammenschluß nicht erforderlich.** [2]**Das Organisationsrecht der Körperschaft oder des Zusammenschlusses bestimmt, ob und unter welchen Voraussetzungen ein Ausgliederungsbeschluß erforderlich ist.**

1 Die Gebietskörperschaft oder der Zusammenschluss sind abw. von § 127 von der Pflicht zur **Erstellung eines Ausgliederungsberichts** befreit, da es mangels Anteilsinhaber an einem entsprechend Informationsbedürfnis fehlt. Die Verpflichtung zur Erstellung eines Ausgliederungsberichts kann sich jedoch aus öffentlich-rechtlichen Vorschriften (§ 168) ergeben (Semler/Stengel/*Perlitt/Krebs* Rn. 4). Nach S. 2 kann sich die Notwendigkeit eines **Ausgliederungsbeschlusses** mangels Anteilsinhaber nur aus dem jeweiligen Organisationsrecht, dh dem öffentlichen Recht, ergeben. Der regelmäßig erforderliche Zustimmungsbeschluss des übergeordneten Organs berührt mangels Außenwirkung meist nicht die umwandlungsrechtliche Wirksamkeit einer Ausgliederung und ist bei der Anmeldung zur Eintragung beim Registergericht nicht nachzuweisen (Lutter UmwG/*H. Schmidt* Rn. 6). Unberührt von S. 2 bleiben hingegen Zustimmungs- und Genehmigungsvorbehalte der **Rechts- und Fachaufsichtsbehörden,** die Außenwirkung entfalten können und folglich bei der Anmeldung zur Eintragung der Ausgliederung nachzuweisen sind (Widmann/Mayer/*Heckschen* Rn. 25). **Fehlerhafte Zustimmungsbeschlüsse** oder aufsichtsrechtliche Genehmigungen werden trotz des ggf. öffentlich-rechtlichen Charakters durch Eintragung ins Handelsregister (§ 171) geheilt. Für die Berichtspflicht sowie den Ausgliederungsbeschluss des übernehmenden/neuen Rechtsträger gelten die allgemeinen Bestimmungen (§§ 125, 127).

Sachgründungsbericht und Gründungsbericht

170 Auf den Sachgründungsbericht (§ 5 Abs. 4 des Gesetzes betreffend die Gesellschaften mit beschränkter Haftung) ist § 58 Abs. 1, auf den Gründungsbericht (§ 32 des Aktiengesetzes) § 75 Abs. 1 entsprechend anzuwenden.

1 Die Norm ist wie die wortgleichen §§ 159, 165 an sich überflüssig, da sich die entsprechende Anwendung von § 58 Abs. 1, § 75 Abs. 1 bereits aus der Verweisung in § 125 S. 1, § 135 Abs. 1 ergibt, und betrifft den Fall der **Ausgliederung zur Neugründung** auf eine Kapitalgesellschaft (GmbH, AG, KGaA). Auf die Kommentierungen zu §§ 159, 165 bzw. § 58 Abs. 1, § 75 Abs. 1 wird verwiesen. Die nach § 58 Abs. 1, § 75 Abs. 1 erforderlichen Angaben über den **Geschäftsverlauf und die Lage** des übertragenden Rechtsträgers in den letzten zwei Jahren beschränken sich ausschließlich auf das vom ausgliedernden Rechtsträger betriebene Unternehmen (KK-UmwG/*Leuering* Rn. 2). Kann der übertragende Rechtsträger aufgrund fehlender öffentlich-rechtlicher **Rechnungslegungsvorschriften** Betriebs- und Jahresergebnis nicht gesondert ausweisen, ist dies auch nach UmwG entbehrlich (Semler/Stengel/*Perlitt/Krebs* Rn. 7).

Wirksamwerden der Ausgliederung

171 Die Wirkungen der Ausgliederung nach § 131 treten mit deren Eintragung in das Register des Sitzes des übernehmenden Rechtsträgers oder mit der Eintragung des neuen Rechtsträgers ein.

Abw. von den allgemeinen Regelungen tritt die Wirkung der Ausgliederung nach § 131 mit Eintragung in das Handelsregister des übernehmenden/neuen Rechtsträgers ein. Nach § 36 HGB aF waren öffentliche Unternehmen nicht eintragungspflichtig, sodass als eindeutiger Anknüpfungspunkt für die Wirksamkeit der Ausgliederung die **Registereintragung** des übernehmenden/neuen Rechtsträgers vorgesehen ist (Lutter UmwG/*H. Schmidt* Rn. 1). Nach Fortfall von § 36 HGB aF ist die Ausgliederung nunmehr zwar nach den allgemeinen Vorschriften sowohl in das Register des Ausgangsrechtsträgers als auch des Zielrechtsträgers einzutragen (§ 125, § 16 Abs. 1; § 137 Abs. 1 und 2). Nach dem eindeutigen Wortlaut des § 171 kommt jedoch weiterhin nur der Eintragung beim übernehmenden/neuen Rechtsträger **konstitutive Wirkung** zu (Widmann/Mayer/*Heckschen* Rn. 3 ff.). Mit Eintragung geht das ausgegliederte Unternehmen im Wege einer partiellen Gesamtrechtsnachfolge auf den aufnehmenden/neuen Rechtsträger über (§ 131 Abs. 1 Nr. 1). Die Gebietskörperschaft oder der Zusammenschluss wird entsprechend dem Ausgliederungs- und Übernahmevertrag oder Ausgliederungsplan Anteilsinhaber am übernehmenden/neuen Rechtsträger (§ 131 Abs. 3 S. 3). Im Übrigen wird auf die Kommentierung zu § 131 (→ § 131 Rn. 1 ff.) verwiesen. 1

Die Anmeldung der Ausgliederung zur Aufnahme erfolgt durch das Vertretungsorgan des übernehmenden Rechtsträgers (§§ 125, 16, 17). Im Falle der Ausgliederung zur Neugründung hat das Vertretungsorgan der Gebietskörperschaft oder des Zusammenschlusses die Ausgliederung anzumelden (§ 137), die allgemeine Zuständigkeit der Geschäftsführung der neuen Gesellschaft wird verdrängt (allgM, Semler/Stengel/*Perlitt/Krebs* Rn. 3). Gegenstand der Anmeldung ist die Eintragung der Ausgliederung (§§ 125, 16 Abs. 1); in Fällen der Ausgliederung zur Neugründung ist sowohl die Eintragung der Ausgliederung (§ 137 Abs. 2) als auch die **Eintragung des neuen Rechtsträgers** erforderlich (§ 137 Abs. 1). Der Registeranmeldung sind der Zustimmungs- oder Ausgliederungsbeschluss wegen fehlender Außenwirkung nicht beizufügen, hingegen rechtsaufsichtliche Genehmigungen (Widmann/Mayer/*Heckschen* § 168 Rn. 211 ff., 306). Eine **Negativerklärung** nach § 16 Abs. 2 betrifft nur den Umwandlungsbeschluss des übernehmenden Rechtsträger und hat somit nur für die Ausgliederung zur Aufnahme Relevanz (Lutter UmwG/*H. Schmidt* Rn. 5). Eine **Schlussbilanz** des ausgegliederten Unternehmens ist nicht zwingend erforderlich (hM, Semler/Stengel/*Perlitt/Krebs* Rn. 9). Bei der Ausgliederung auf eine bestehende eG (§ 125 S. 1, § 81 Abs. 1 S. 1, § 86) oder Neugründung einer eG (§ 135 Abs. 2 S. 1, § 11 Abs. Nr. 3 GenG) ist ein **Prüfungsgutachten des genossenschaftlichen Prüfungsverbandes** einzuholen und der Registeranmeldung beizufügen. 2

Die Registereintragung nach § 171 hat sowohl für Formmängel (§ 131 Abs. 1 Nr. 4) als auch für Mängel der Zustimmungs- und Genehmigungsbeschlüsse übergeordneter Organe (§§ 135 f.) heilende Wirkung (KK-UmwG/*Leuering* Rn. 10). § 131 Abs. 2 ist nach Sinn und Zweck zudem analog bei Verletzung sonstiger öffentlich-rechtlicher Ausgliederungsvoraussetzungen, zB bei fehlender aufsichtsrechtlicher Genehmigung, anzuwenden (Lutter UmwG/*H. Schmidt* Rn. 9). 3

Haftung der Körperschaft oder des Zusammenschlusses

172 [1]Durch den Übergang der Verbindlichkeiten auf den übernehmenden oder neuen Rechtsträger wird die Körperschaft oder der Zusammenschluß von der Haftung für die Verbindlichkeiten nicht befreit. [2]§ 418 des Bürgerlichen Gesetzbuchs ist nicht anzuwenden.

S. 1 ordnet im Außenverhältnis eine **gesamtschuldnerische Haftung** (§ 421 BGB) der Gebietskörperschaft bzw. des Zusammenschlusses und des übernehmenden/neuen Rechtsträgers für die im Ausgliederungs- und Übernahmevertrag oder Ausgliederungsplan aufgeführten Verbindlichkeiten des ausgegliederten Unternehmens an. § 172 dient dem **Gläubigerschutz** und regelt als *lex specialis* die Haftung der übertragenden Gebietskörperschaft oder des Zusammenschlusses (Semler/Stengel/*Perlitt/Krebs* Rn. 3). Die Vorschrift gilt sowohl für die Ausgliederung zur Aufnahme als auch für die Ausgliederung zur Neugründung. Die Haftung des übernehmenden/neuen Rechtsträgers bestimmt sich nach der allgemeinen Haftungsnorm des § 133. Dem Gläubiger der Gebietskörperschaft oder des Zusammenschlusses steht nach Wirksamwerden der Ausgliederung ein **Wahlrecht** zu, welchen der Gesamtschuldner er in Anspruch nehmen will. Im Innenverhältnis ist gem. § 426 Abs. 1 S. 1 BGB iVm § 131 Abs. 1 Nr. 1 der übernehmende/neue Rechtsträger primär verpflichtet (Lutter UmwG/*H. Schmidt* Rn. 6). Bei Inanspruchnahme steht der Gebietskörperschaft oder dem Zusammenschluss gegen den übernehmenden/neuen Rechtsträger im vollen Umfang ein **Ausgleichs- bzw. Befreiungsanspruch** zu. 1

2 Nach S. 2 bleiben die **akzessorischen Sicherungsrechte** abweichend von den allgemeinen zivilrechtlichen Vorschriften und unabhängig von der fünfjährigen Frist (§ 173), innerhalb der die Forderungen geltend gemacht werden müssen, bestehen (KK-UmwG/*Leuering* Rn. 4). Trotz der fehlenden Insolvenzfähigkeit einer Gebietskörperschaft oder eines Zusammenschlusses steht den Gläubigern gegen diese grundsätzlich ein Anspruch auf **Sicherheitsleistung** für die bei Wirksamwerden der Ausgliederung begründeten, aber noch nicht fälligen Verbindlichkeiten zu, sofern ausnahmsweise eine Gefährdung der Ansprüche gelten gemacht werden kann (Semler/Stengel/*Perlitt/Krebs* Rn. 11). Dies gilt jedoch nur für die bei der Gebietskörperschaft oder dem Zusammenschluss **verbleibenden Verbindlichkeiten,** nicht jedoch für die auf den übernehmenden/neuen Rechtsträger übergegangenen Verbindlichkeiten (Lutter UmwG/*H. Schmidt* Rn. 8 f.).

Zeitliche Begrenzung der Haftung für übertragene Verbindlichkeiten

173 Auf die zeitliche Begrenzung der Haftung für die im Ausgliederungs- und Übernahmevertrag aufgeführten Verbindlichkeiten ist § 157 entsprechend anzuwenden.

1 § 173 regelt durch seinen Verweis auf § 157 die Haftung der Gebietskörperschaft oder des Zusammenschlusses für ausgegliederte Verbindlichkeiten. Die Gebietskörperschaft oder der Zusammenschluss haften nur für diejenigen Verbindlichkeiten des übertragenen Unternehmens, die vor Ablauf der **fünfjährigen Ausschlussfrist fällig** und in diesem Zeitraum **geltend** gemacht werden. Die Norm erfasst trotz des entgegenstehenden Wortlauts auch die nach einem Ausgliederungsplan übertragenen Verbindlichkeiten (§ 131 Abs. 1 Nr. 1), sowie solche Verbindlichkeiten, die sich aus den Anlagen des Ausgliederungs- und Übernahmevertrages oder des Ausgliederungsplans (§ 126 Abs. 2 S. 3) ergeben (allgM, Semler/Stengel/*Perlitt/Krebs* Rn. 4). Wegen der Einzelheiten kann auf die Erläuterungen des § 157 (→ § 157 Rn. 1 ff.) verwiesen werden.

Viertes Buch. Vermögensübertragung

Erster Teil. Möglichkeit der Vermögensübertragung

Arten der Vermögensübertragung

174 (1) **Ein Rechtsträger (übertragender Rechtsträger) kann unter Auflösung ohne Abwicklung sein Vermögen als Ganzes auf einen anderen bestehenden Rechtsträger (übernehmender Rechtsträger) gegen Gewährung einer Gegenleistung an die Anteilsinhaber des übertragenden Rechtsträgers, die nicht in Anteilen oder Mitgliedschaften besteht, übertragen (Vollübertragung).**

(2) **Ein Rechtsträger (übertragender Rechtsträger) kann**

1. **unter Auflösung ohne Abwicklung sein Vermögen aufspalten durch gleichzeitige Übertragung der Vermögensteile jeweils als Gesamtheit auf andere bestehende Rechtsträger,**
2. **von seinem Vermögen einen Teil oder mehrere Teile abspalten durch Übertragung dieses Teils oder dieser Teile jeweils als Gesamtheit auf einen oder mehrere bestehende Rechtsträger oder**
3. **aus seinem Vermögen einen Teil oder mehrere Teile ausgliedern durch Übertragung dieses Teils oder dieser Teile jeweils als Gesamtheit auf einen oder mehrere bestehende Rechtsträger**

gegen Gewährung der in Absatz 1 bezeichneten Gegenleistung in den Fällen der Nummer 1 oder 2 an die Anteilsinhaber des übertragenden Rechtsträgers, im Falle der Nummer 3 an den übertragenden Rechtsträger (Teilübertragung).

1 Ziel der §§ 174 ff. ist es, denjenigen Rechtsträgern, bei denen aus strukturellen Gründen ein Umtausch von Anteilen und damit eine Verschmelzung oder Spaltung ausscheidet, Umwandlungsmaßnahmen mit Gesamt- oder Sonderrechtsnachfolge zu ermöglichen (RegEBegr, BR-Drs. 75/94, 133); die Vermögensübertragung hat den Charakter eines Auffangtatbestands. Als Vollübertragung (Abs. 1) ist sie der Verschmelzung, als Teilübertragung (Abs. 2) der Spaltung nachgebildet; insofern finden über Verweisungsketten zahlreiche Vorschriften des Verschmelzungs- und Spaltungsrechts entsprechende Anwendung (KK-UmwG/*Leuering* Rn. 5). Die **Wirkung** der Vermögensübertragung tritt mit deren

Eintragung ins Handelsregister des übertragenden Rechtsträgers ein (§ 176 Abs. 3, § 178 Abs. 2, § 180 Abs. 2, § 186).

Bei der Vollübertragung nach Abs. 1 geht das Vermögen des übertragenden Rechtsträgers im Wege der **Gesamtrechtsnachfolge** auf einen bereits bestehenden übernehmenden Rechtsträger über. Zum Vermögen zählen sämtliche Aktiva und Passiva des übertragenden Rechtsträgers zum Zeitpunkt des Vollzugs der Übertragung (SHS/*Winter* Rn. 5). Folge der Vollübertragung ist die Auflösung ohne Abwicklung des übertragenden Rechtsträgers. Eine Übertragung im Wege der Neugründung ist ausgeschlossen. Abs. 1 beschränkt die **Anzahl der beteiligten Rechtsträger** einer Vollübertragung auf einen übertragenden und einen übernehmenden Rechtsträger (Semler/Stengel/*Stengel* Rn. 11). Abs. 2 regelt die Begriffsbestimmung für die Teilübertragung und sieht entsprechend den allgemeinen Spaltungsvorschriften die Grundfälle der abspaltenden, aufspaltenden und ausgliedernden Teilübertragung vor. Auch bei der Teilübertragung darf nur ein übertragender Rechtsträger beteiligt sein; im Unterschied zur Vollübertragung sind jedoch **mehrere bestehende übernehmende Rechtsträger** möglich (Abs. 2 Nr. 2 und 3) bzw. zwingend (Abs. 2 Nr. 1). Die Teilübertragung im Wege der Neugründung ist ebenso ausgeschlossen. Gegenstand der Übertragung sind einzelne Vermögensteile, die im Wege der **partiellen Gesamtrechtsnachfolge** übergehen (KK-UmwG/*Leuering* Rn. 13). 2

Charakteristisch für die Vermögensübertragung ist, dass die **Gegenleistung** nicht aus Anteilen oder Mitgliedschaften am übernehmenden Rechtsträger besteht. Als Gegenleistung kommen **Vermögensvorteile jeder Art** in Betracht, auch Anteile oder Mitgliedschaften an anderen Rechtsträgern (hM, Lutter UmwG/*H. Schmidt* Rn. 7; Semler/Stengel/*Stengel* Rn. 20). Stets erforderlich ist die **Angemessenheit** der Gegenleistung, die den vollen Verkehrswert der untergegangenen Beteiligung am übertragenden Rechtsträger zu ersetzen hat (KK-UmwG/*Leuering* Rn. 10). **Parteien** des Übertragungsvertrages sind die beteiligten Rechtsträger, nicht die Anteilsinhaber. Der Anspruch auf die Gegenleistung steht dem übertragenden Rechtsträger als Partei des Übertragungsvertrags zu, ist aber mit Ausnahme von Abs. 2 Nr. 3 an die Anteilsinhaber, im Fall eine übertragenden AG oder KGaA an einen für den Empfang der Gegenleistung zu bestimmenden Treuhänder (§ 176 Abs. 1, § 71) zu leisten. Der Übertragungsvertrag als **Vertrag zugunsten Dritter** gewährt jedoch auch den Anteilsinhaber gegenüber dem übernehmenden Rechtsträger einen unmittelbaren Anspruch auf die Gegenleistung (allgM, Lutter UmwG/*H. Schmidt* Rn. 10). Der **Fälligkeitszeitpunkt** des Gegenleistungsanspruches richtet sich, außer bei Bestellung eines Treuhänders (§ 71), nach den allgemeinen zivilrechtlichen Vorschriften (§ 271 BGB). Die Gegenleistung entfällt vollständig oder teilweise iHd Beteiligung, wenn der übernehmende Rechtsträger bereits Anteilsinhaber des übertragenden Rechtsträger ist (Semler/Stengel/*Stengel* Rn. 23). 3

Beteiligte Rechtsträger

175 **Eine Vollübertragung ist oder Teilübertragungen sind jeweils nur möglich**

1. von einer Kapitalgesellschaft auf den Bund, ein Land, eine Gebietskörperschaft oder einen Zusammenschluß von Gebietskörperschaften;

2. a) von einer Versicherungs-Aktiengesellschaft auf Versicherungsvereine auf Gegenseitigkeit oder auf öffentlich-rechtliche Versicherungsunternehmen;

b) von einem Versicherungsverein auf Gegenseitigkeit auf Versicherungs-Aktiengesellschaften oder auf öffentlich-rechtliche Versicherungsunternehmen;

c) von einem öffentlich-rechtlichen Versicherungsunternehmen auf Versicherungs-Aktiengesellschaften oder auf Versicherungsvereine auf Gegenseitigkeit.

§ 175 bestimmt abschließend den **Kreis der beteiligungsfähigen Rechtsträger** einer Vermögensübertragung. Die Vermögensübertragung von Kapitalgesellschaften auf die öffentliche Hand regelt Nr. 1, während Nr. 2 Fälle von Vermögensübertragungen von Versicherungsunternehmen untereinander erfasst. Die Vermögensübertragung nach Nr. 1 eröffnet den **Rückweg zum Eigen- oder Regiebetrieb** im Wege der Gesamtrechtsnachfolge (Semler/Stengel/*Stengel* Rn. 5). Übertragende Rechtsträger sind ausschließlich **Kapitalgesellschaften** (§ 3 Abs. 1 Nr. 2), also GmbH, AG, KGaA, SE. Als übernehmende Rechtsträger kommen der Bund, ein Land, Gebietskörperschaften oder Zusammenschlüsse von Gebietskörperschaften in Betracht (→ § 168 Rn. 2 f.). Aus § 124 Abs. 2, § 3 Abs. 4 folgt trotz des insoweit unklaren Wortlaut des § 175, dass bei einer Teilübertragung mehrere übernehmende Rechtsträger, auch unterschiedlicher Art, mitwirken können; dies gilt sowohl für eine Teilübertragung auf die öffentliche Hand nach Nr. 1 als auch für Teilübertragungen unter Versicherungsunternehmen nach Nr. 2 (Lutter UmwG/*H. Schmidt* Rn. 4, 6). Die entsprechende. Anwendung der Norm auf Körperschaften, Stiftungen oder Anstalten des öffentlichen Rechts mit eigener Rechtspersönlichkeit ist hingegen ausgeschlossen (Semler/Stengel/*Stengel* Rn. 6). 1

2 § 175 Nr. 2 legt abschließend die beteiligungsfähigen Versicherungsunternehmen an einer Vermögensübertragung fest (Versicherungs-AG, Versicherungsvereine auf Gegenseitigkeit (VVaG) und öffentlich-rechtliche Versicherungsunternehmen), steht aber unter der Bedingung, dass **übertragender und übernehmender Rechtsträger nicht typengleich** sind. Weitere Kombinationsmöglichkeiten sind iRe Vermögensübertragung nach Nr. 2 nicht zulässig; zwischen Versicherungs-Aktiengesellschaften sowie VVaG bleibt nach § 3 Abs. 1 Nr. 2 und 6 die Verschmelzung (§ 109) und nach § 124 Abs. 1 iVm § 3 die Spaltung jedoch weiterhin möglich. Die Funktion kleinerer VVaG als übernehmende Rechtsträger ist im Hinblick auf §§ 185 ff. hingegen unklar. Die besseren Argumente sprechen jedoch dafür, auch **kleinere VVaG als übernehmende Rechtsträger** zuzulassen (KK-UmwG/*Leuering* Rn. 7; aA Lutter UmwG/*H. Schmidt* Rn. 8). Aus versicherungsrechtlichen Gründen kann nach dem **Grundsatz der Spartentrennung** (§ 8 Abs. 1a VAG) allerdings eine Vermögensübertragung im Bereich der Lebensversicherung bzw. Krankenversicherung nur zwischen Lebensversicherungs- bzw. Krankenversicherungsunternehmen erfolgen. Jede Vermögensübertragung unter Versicherungsunternehmens nach § 175 Nr. 2 bedarf gem. § 14a VAG für alle beteiligten Rechtsträger der Genehmigung der Aufsichtsbehörde.

Zweiter Teil. Übertragung des Vermögens oder von Vermögensteilen einer Kapitalgesellschaft auf die öffentliche Hand

Erster Abschnitt. Vollübertragung

Anwendung der Verschmelzungsvorschriften

176 (1) **Bei einer Vollübertragung nach § 175 Nr. 1 sind auf die übertragende Kapitalgesellschaft die für die Verschmelzung durch Aufnahme einer solchen übertragenden Gesellschaft jeweils geltenden Vorschriften des Zweiten Buches entsprechend anzuwenden, soweit sich aus den folgenden Vorschriften nichts anderes ergibt.**

(2) [1] **Die Angaben im Übertragungsvertrag nach § 5 Abs. 1 Nr. 4, 5 und 7 entfallen.** [2] **An die Stelle des Registers des Sitzes des übernehmenden Rechtsträgers tritt das Register des Sitzes der übertragenden Gesellschaft.** [3] **An die Stelle des Umtauschverhältnisses der Anteile treten Art und Höhe der Gegenleistung.** [4] **An die Stelle des Anspruchs nach § 23 tritt ein Anspruch auf Barabfindung; auf diesen sind § 29 Abs. 1, § 30 und § 34 entsprechend anzuwenden.**

(3) [1] **Mit der Eintragung der Vermögensübertragung in das Handelsregister des Sitzes der übertragenden Gesellschaft geht deren Vermögen einschließlich der Verbindlichkeiten auf den übernehmenden Rechtsträger über.** [2] **Die übertragende Gesellschaft erlischt; einer besonderen Löschung bedarf es nicht.**

(4) **Die Beteiligung des übernehmenden Rechtsträgers an der Vermögensübertragung richtet sich nach den für ihn geltenden Vorschriften.**

1 Abs. 1 regelt für den **übertragenden Rechtsträger** einer Vollübertragung (§ 175 Nr. 1) das anzuwendende Recht und verweist aufgrund der strukturellen Ähnlichkeit auf **die entsprechenden Vorschriften des Verschmelzungsrechts.** Da die Vermögensübertragung nur auf bestehende Rechtsträger möglich ist (→ § 174 Rn. 2), gelten demzufolge die Vorschriften über die Verschmelzung zur Aufnahme (§§ 2–35, 60–72, 78), sofern die Abs. 2–4 nichts Abweichendes festsetzen. Bestimmungen des Verschmelzungsrechts, die ausschließlich für den übernehmenden Rechtsträger gelten finden keine Anwendung; Normen des Verschmelzungsrechts, die nicht das Verfahren sowie die Beteiligungsfähigkeit betreffen, sind auch für den übernehmenden Rechtsträger maßgeblich (Lutter UmwG/*H. Schmidt* Rn. 3 f.). Soweit Verschmelzungsbestimmungen sowohl den übertragenden wie auch den übernehmenden Rechtsträger betreffen, gelten dies grundsätzlich nur für die übertragende Kapitalgesellschaft. Abs. 4 stellt klar, dass für den übernehmenden Rechtsträger iÜ öffentliches Recht maßgeblich ist.

2 Abs. 2 S. 1 schränkt zunächst die nach § 5 **notwendigen Angaben im Übertragungsvertrag** ein. Die Angaben nach § 5 Abs. 1 Nr. 4, 5 und 7 sind mangels Anteilen bzw. Mitgliedschaften beim übernehmenden Rechtsträger entbehrlich. An die Stelle des Umtauschverhältnisses der Anteile treten nach Abs. 2 S. 3 **Art und Höhe der zu gewährenden Gegenleistung** (→ § 174 Rn. 3). Die Angemessenheit der Gegenleistung richtet sich nach dem Verkehrswert der vom Anteilsinhaber auf Grund der Vermögensübertragung aufgegebenen Beteiligung am übertragenen Rechtsträger (Lutter UmwG/*H. Schmidt* § 174 Rn. 9); sie ist Gegenstand einer ggf. durchzuführenden **Übertragungsprüfung** (§§ 9–12). Nachdem öffentlich-rechtliche Rechtsträger idR nicht im Register eingetragen sind, bestimmt Abs. 2 S. 2 für die nach § 16 erforderlich **Registereintragung** die Maßgeblichkeit des Register des übertragenden Rechtsträgers. Dies gilt auch dann, wenn der übernehmende Rechtsträger

ausnahmsweise dennoch im Handelsregister eingetragen sein sollte (KK-UmwG/*Leuering* Rn. 3). In Abs. 2 S. 4 schließlich wird berücksichtigt, dass die in § 23 genannten Sonderechte **(Verwässerungsschutz)** dem Inhaber des übernehmenden Rechtsträgers nicht gewährt werden können und durch die Barabfindung ersetzt werden. Auf diese finden die § 29 Abs. 1, §§ 30, 34 Anwendung.

Zweiter Abschnitt. Teilübertragung

Anwendung der Spaltungsvorschriften

177 (1) **Bei einer Teilübertragung nach § 175 Nr. 1 sind auf die übertragende Kapitalgesellschaft die für die Aufspaltung, Abspaltung oder Ausgliederung zur Aufnahme von Teilen einer solchen übertragenden Gesellschaft geltenden Vorschriften des Dritten Buches sowie die dort für entsprechend anwendbar erklärten Vorschriften des Zweiten Buches auf den vergleichbaren Vorgang entsprechend anzuwenden, soweit sich aus den folgenden Vorschriften nichts anderes ergibt.**

(2) [1] **§ 176 Abs. 2 bis 4 ist entsprechend anzuwenden.** [2] **An die Stelle des § 5 Abs. 1 Nr. 4, 5 und 7 tritt § 126 Abs. 1 Nr. 4, 5, 7 und 10.**

Ihrem Wesen nach entspricht die Teilübertragung (§ 175 Nr. 1) der **Spaltung;** Abs. 1 verweist 1
folglich für die übertragende Kapitalgesellschaft auf die für die Aufspaltung, Abspaltung und Ausgliederung geltenden Vorschriften (§§ 123–134, 141–146, 125). Besonders hinzuweisen ist dabei auf § 177 Abs. 1 iVm § 141, wonach die Teilübertragung einer AG oder KGaA nicht möglich ist, wenn diese nicht mindestens zwei Jahre im Register eingetragen ist. Abs. 1 differenziert, den jeweiligen Spaltungstypen folgend, außerdem zwischen der aufspaltenden, abspaltenden oder ausgliedernden Teilübertragung (§ 174 Abs. 2). Die Sondervorschriften nach § 176 Abs. 2–4 sind entsprechend anwendbar (Abs. 2). § 176 Abs. 3 S. 1 bezieht sich nur auf die im Wege der partiellen Gesamtrechtsnachfolge übertragenen Vermögensteile; § 176 Abs. 3 S. 2 findet bei der abspaltenden und ausgliedernden Teilübertragung mangels Auflösung keine Anwendung. Die §§ 133, 125, 23 sind für Inhaber von Sonderrechten im übertragenden Rechtsträger nicht anwendbar, vielmehr ist diesen eine Barabfindung gem. Abs. 2 iVm § 176 Abs. 2 S. 4 zu gewähren (Widmann/Mayer/*Heckschen* Rn. 19). Gemäß Abs. 2 S. 2 entfallen im **Teilübertragungsvertrag** die Angaben aus § 126 Abs. 1 Nr. 4, 5, 7 und 10. Für den übernehmenden Rechtsträger gelten die öffentlich-rechtlichen Vorschriften (§ 176 Abs. 4).

Der Mindestinhalt des Teilübertragungsvertrages ergibt sich aus §§ 126, 177 Abs. 2 S. 2. Angaben zu 2
Art und Höhe der Gegenleistung sind trotz der missverständlichen Verweisung in Abs. 1 auf § 126 Abs. 1 Nr. 3 auch bei der ausgliedernden Teilübertragung erforderlich (Lutter UmwG/*H. Schmidt* Rn. 7). Ihre Angemessenheit bemisst sich nach dem Verkehrswert der übertragenen Vermögensteile; bei der Abspaltung und Aufspaltung ist der Verkehrswert der Beteiligung maßgeblich (KK-UmwG/*Leuering* Rn. 5). Das Vertretungsorgan der übertragenden Kapitalgesellschaft hat einen **Teilübertragungsbericht** zu erstellen (Abs. 1 iVm § 127). Eine Teilübertragungsprüfung findet ausweislich des klaren Gesetzeswortlautes nur bei der Aufspaltung und Abspaltung statt (§ 125 S. 2).

Dritter Teil. Vermögensübertragung unter Versicherungsunternehmen

Erster Abschnitt. Übertragung des Vermögens einer Aktiengesellschaft auf Versicherungsvereine auf Gegenseitigkeit oder öffentlich-rechtliche Versicherungsunternehmen

Erster Unterabschnitt. Vollübertragung

Anwendung der Verschmelzungsvorschriften

178 (1) **Bei einer Vollübertragung nach § 175 Nr. 2 Buchstabe a sind auf die beteiligten Rechtsträger die für die Verschmelzung durch Aufnahme einer Aktiengesellschaft und die für einen übernehmenden Versicherungsverein im Falle der Verschmelzung jeweils geltenden Vorschriften des Zweiten Buches entsprechend anzuwenden, soweit sich aus den folgenden Vorschriften nichts anderes ergibt.**

(2) **§ 176 Abs. 2 bis 4 ist entsprechend anzuwenden.**

(3) **Das für ein übernehmendes öffentlich-rechtliches Versicherungsunternehmen maßgebende Bundes- oder Landesrecht bestimmt, ob der Vertrag über die Vermögensübertra-**

gung zu seiner Wirksamkeit auch der Zustimmung eines anderen als des zur Vertretung befugten Organs des öffentlich-rechtlichen Versicherungsunternehmens oder einer anderen Stelle und welcher Erfordernisse die Zustimmung bedarf.

1 § 178 regelt die Vermögensübertragung einer Versicherungs-AG auf einen **bestehenden** VVaG oder ein bestehendes öffentlich-rechtliches Versicherungsunternehmen im Wege der Vollübertragung (§ 175 Nr. 2 lit. a). Neben den allgemeinen Verschmelzungsvorschriften mit Ausnahme der Normen betreffend die Verschmelzung zur Neugründung (§§ 4–35) gelten für die übertragene Versicherungs-AG die besonderen Verschmelzungsvorschriften der §§ 60 ff., sofern diese sich nicht ausschließlich auf eine AG als übernehmenden Rechtsträger beziehen, und für den übernehmenden VVaG die §§ 109 ff. entsprechend. Auf das übernehmende öffentlich-rechtliche Versicherungsunternehmen ist das maßgebliche Bundes- oder Landesrecht anzuwenden (Abs. 3, Abs. 2 iVm § 176 Abs. 4). Neben der Vermögensübertragung sind Verschmelzungen von Versicherungs-AG und von VVaG (§ 109 S. 1) jeweils untereinander sowie sog. **Mischverschmelzungen** von Versicherungs-AG und VVaG (§ 109 S. 2) zulässig.

2 Voraussetzung für eine Vermögensübertragung nach § 175 Nr. 2 lit. a ist der Abschluss eines notariell beurkundeten **Übertragungsvertrages** (§ 6) bzw. aufgrund der nach § 13 notwendigen Zustimmungserfordernisse zunächst die Anfertigung eines schriftlichen Vertragsentwurfes. Der gesetzliche Mindestinhalt bestimmt sich grundsätzlich nach § 5; die Angaben in § 5 Abs. 1 Nr. 4, 5 und 7 sind entbehrlich (Abs. 2 iVm § 176 Abs. 2 S. 1). Anstelle der Angaben über das Umtauschverhältnis der Aktien treten Angaben über **Art und Höhe der Gegenleistung** (Abs. 2 iVm § 176 Abs. 2 S. 3). Die Vertretungsorgane eines jeden beteiligten Rechtsträgers müssen, ggf. gemeinsam, einen ausführlichen schriftlichen **Übertragungsbericht** erstatten, sofern nicht alle Anteile des übertragenden Rechtsträgers in der Hand des übernehmenden Rechtsträgers liegen oder auf eine Erstattung verzichtet wird (§ 8). Eine **Übertragungsprüfung** des Übertragungsvertrages oder dessen Entwurfs ist hingegen nur für die übertragende Versicherungs-AG erforderlich (§§ 60, 9 Abs. 1). Die Prüfung erstreckt sich auch auf die Angemessenheit der Gegenleistung; bei börsennotierten Versicherungs-AG ist der Börsenwert zu berücksichtigen (Semler/Stengel/*Stengel* Rn. 13).

3 Der Übertragungsvertrag wird durch den **Übertragungsbeschluss** (§ 13 Abs. 1) der Hauptversammlung der Versicherungs-AG und der obersten Vertretung des VVaG wirksam. Als Besonderheit des öffentlich-rechtlichen Versicherungsunternehmens bestimmt das jeweilige **öffentlich-rechtliche Unternehmensrecht** Zuständigkeit, Form und weitere Erfordernisse für die zwingende Beschlussfassung (Abs. 3). Nach § 14a VAG ist für jede Umwandlung eines Versicherungsunternehmens eine **aufsichtsbehördliche Genehmigung** erforderlich. Dabei erfasst die Prüfungskompetenz der Aufsichtsbehörde nicht die Angemessenheit der Gegenleistung, da iRd § 178 nur Aktionärsinteressen betroffen sind und die Vorschrift nur die Vollübertragung vorsieht (KK-UmwG/*Beckmann* Rn. 13 f.).

4 Gemäß Abs. 1 iVm § 71 Abs. 1 ist zum Schutz der Aktionäre ein **Treuhänder** zu bestellen (teilw. aA, SHS/*Winter* Rn. 5). Die Vorstände der Versicherungs-AG und des VVaG haben die Vermögensübertragung zur Eintragung in das Register am Sitz beider Rechtsträger anzumelden (§§ 16 ff.). Die **Eintragung** setzt eine Anzeige des Treuhänders gem. § 71 Abs. 1 S. 2 über den Erhalt der Gegenleistung voraus. Bei der Vermögensübertragung auf ein öffentlich-rechtliches Versicherungsunternehmen erfolgt lediglich eine Eintragung am Sitz der übertragenden Versicherungs-AG (Abs. 2 iVm § 176 Abs. 2 S. 2), da öffentlich-rechtliche Versicherungsunternehmen nicht im Handelsregister geführt werden. Die einzureichenden Unterlagen umfassen auch die Genehmigung nach § 14a VAG (§ 17 Abs. 1 aE). Die bestehenden Versicherungsverhältnisse bleiben inhaltlich unverändert; den Versicherten steht ein Rücktritts- oder außerordentliches Kündigungsrecht aus Gründen der Vermögensübertragung idR nicht zu (Semler/Stengel/*Stengel* Rn. 22).

Zweiter Unterabschnitt. Teilübertragung

Anwendung der Spaltungsvorschriften

179 (1) **Bei einer Teilübertragung nach § 175 Nr. 2 Buchstabe a sind auf die beteiligten Rechtsträger die für die Aufspaltung, Abspaltung oder Ausgliederung zur Aufnahme von Teilen einer Aktiengesellschaft und die für übernehmende Versicherungsvereine auf Gegenseitigkeit im Falle der Aufspaltung, Abspaltung oder Ausgliederung von Vermögensteilen geltenden Vorschriften des Dritten Buches und die dort für entsprechend anwendbar erklärten Vorschriften des Zweiten Buches auf den vergleichbaren Vorgang entsprechend anzuwenden, soweit sich aus den folgenden Vorschriften nichts anderes ergibt.**

(2) **§ 176 Abs. 2 bis 4 sowie § 178 Abs. 3 sind entsprechend anzuwenden.**

1 § 179 verweist für die **aufspaltende, abspaltende oder ausgliedernde Teilvermögensübertragung** von einer Versicherungs-AG auf einen bestehenden VVaG bzw. ein öffentlich-rechtliches Ver-

sicherungsunternehmen (§ 175 Nr. 2 lit. a) auf die Vorschriften über die Spaltung zur Aufnahme unter Beteiligung einer AG und eines VVaG, soweit sich aus den folgenden Vorschriften nichts anderes ergibt. Vorschriften, die ausschließlich für die AG als übernehmenden bzw. für den VVaG als übertragenden Rechtsträger maßgeblich sind, finden keine Anwendung. Die übertragende Versicherungs-AG muss bereits seit mindestens zwei Jahren im Register eingetragen sein (§ 179 Abs. 1 iVm § 141). Die für die Spaltung unter Beteiligung eines VVaG bestehenden **Einschränkungen** des § 151 S. 1 gelten für die Teilübertragung nicht, da bei der aufspaltenden und abspaltenden Vermögensübertragung die Gegenleistung gerade nicht in Anteilen oder Mitgliedschaften besteht; für die ausgliedernde Teilübertragung findet § 151 S. 2 schon deshalb keine Anwendung, weil die Norm nur den übertragenden VVaG betrifft (hM, KK-UmwG/*Beckmann* Rn. 2). § 179 ist insofern *lex specialis* gegenüber den besonderen Vorschriften (Semler/Stengel/*Stengel* Rn. 4). Für öffentlich-rechtliche Versicherungsunternehmen als übernehmende Rechtsträgen kann auf die Erläuterung zu § 178 Abs. 3 verwiesen werden.

Der Mindestinhalt des **Teilübertragungsvertrages** richtet sich trotz des fehlenden Verweises auf § 177 Abs. 2 S. 2 nach § 126, wobei Angaben zu Art und Höhe der Gegenleistung solche zum Umtauschverhältnis ersetzen (Lutter UmwG/*Wilm* Rn. 4). Die Vertretungsorgane eines jeden beteiligten Rechtsträgers haben, ggf. gemeinsam. einen **Übertragungsbericht** zu erstatten, sofern nicht § 8 Abs. 3 zur Anwendung kommt. Die übertragende Versicherungs-AG hat bei der aufspaltenden und abspaltenden Teilübertragung zwingend einen Prüfungsbericht zu erstellen; für die Ausgliederung ist eine **Übertragungsprüfung** stets entbehrlich (§ 125 S. 2). Für die Beschlussfassung, insbesondere die Zuständigkeiten, sowie für das Erfordernis einer aufsichtsbehördlichen Genehmigung nach § 14a VAG kann auf die Ausführungen zur Vollübertragung verwiesen werden (→ § 178 Rn. 3). Sofern im Wege der Teilübertragung Lebensversicherungen übertragen werden, muss die Aufsichtsbehörde gem. § 14a VAG iVm § 14 Abs. 1 S. 2 VAG eine Angemessenheitsprüfung zur Wahrung der Versichertenbelange durchführen (BVerfG 26.7.2005, NJW 2005, 2363; KK-UmwG/*Beckmann* Rn. 11). 2

Die Bestellung eines **Treuhänders** ist im Fall der ausgliedernden Teilübertragung gem. Abs. 1 iVm § 125 S. 1 entbehrlich, sodass eine Anzeige gem. § 71 Abs. 1 S. 2 nur im Falle der auf- und abspaltenden Teilvermögensübertragung Voraussetzung für die **Eintragung** ist. Im Übrigen wird auf die Erläuterungen zur Vollübertragung verwiesen (→ § 178 Rn. 3). 3

Zweiter Abschnitt. Übertragung des Vermögens eines Versicherungsvereins auf Gegenseitigkeit auf Aktiengesellschaften oder öffentlich-rechtliche Versicherungsunternehmen

Erster Unterabschnitt. Vollübertragung

Anwendung der Verschmelzungsvorschriften

180 (1) **Bei einer Vollübertragung nach § 175 Nr. 2 Buchstabe b sind auf die beteiligten Rechtsträger die für die Verschmelzung durch Aufnahme eines Versicherungsvereins und die für eine übernehmende Aktiengesellschaft im Falle der Verschmelzung jeweils geltenden Vorschriften des Zweiten Buches entsprechend anzuwenden, soweit sich aus den folgenden Vorschriften nichts anderes ergibt.**

(2) **§ 176 Abs. 2 bis 4 sowie § 178 Abs. 3 sind entsprechend anzuwenden.**

(3) **Hat ein Mitglied oder ein Dritter nach der Satzung des Vereins ein unentziehbares Recht auf den Abwicklungsüberschuß oder einen Teil davon, so bedarf der Beschluß über die Vermögensübertragung der Zustimmung des Mitglieds oder des Dritten; die Zustimmung muß notariell beurkundet werden.**

§ 180 verweist für die Vollübertragung eines VVaG auf eine Versicherungs-AG oder ein öffentlich-rechtliches Versicherungsunternehmen (§ 175 Nr. 2 lit. b) auf Vorschriften über die Verschmelzung zur Aufnahme (§§ 4–35, §§ 60–72, §§ 109–113), soweit sich aus §§ 181–183 nichts anderes ergibt. Für ein übernehmendes öffentlich-rechtliches Versicherungsunternehmen gelten die jeweils einschlägigen öffentlich-rechtlichen Vorschriften des Bundes- oder Landesrechts (Abs. 2 iVm § 176 Abs. 4, § 178 Abs. 3). Die §§ 180–183 finden nur auf den **großen VVaG** Anwendung; kleinere VVaG unterliegen den besonderen Regelungen der §§ 185–187. Im Übrigen sind § 176 Abs. 2–4 sowie § 178 Abs. 3 maßgeblich (Abs. 2). 1

Für die Durchführung des Übertragungsvorgangs kann grundsätzlich auf die Ausführungen zum umgekehrten Fall der Vermögensübertragung von einer Versicherungs-AG auf einen VVaG oder öffentlich-rechtliches Versicherungsunternehmen verwiesen werden (→ § 178 Rn. 2 f.). Notwendiger Inhalt des **Übertragungsvertrages** (§ 5) sind trotz der insofern missverständlichen Regelung des § 181 Abs. 2 S. 1 auch Art und Höhe der Gegenleistung, die an Stelle des Umtauschverhältnisses (Abs. 2 iVm § 176 2

Abs. 2 S. 3) treten (Semler/Stengel/*Stengel* Rn. 5). Die Gewährung der **Gegenleistung** ist iÜ in § 181 besonders geregelt. Die Aufsichtsbehörde prüft nach §§ 14a, 14 Abs. 1 S. 2 VAG auch die Angemessenheit der Gegenleistung, da bei einer Vermögensübertragung von einem VVaG auf eine Versicherungs-AG, anders als im umgekehrten Fall des § 178, Versichertenbelange betroffen sind (KK-UmwG/*Beckmann* Rn. 13).

3 Mitglieder oder Dritte, denen laut Satzung des VVaG ein **unentziehbares Recht** auf den Abwicklungsüberschuss oder einen Teil davon zusteht, müssen der Vermögensübertragung zustimmen (Abs. 3). Die Zustimmung ist notariell zu beurkunden und kann vor, während oder nach der beschlussfassenden Versammlung der obersten Vertretung des VVaG erfolgen; sie ist der Anmeldung der Eintragung zum Handelsregister beizufügen (Lutter UmwG/*Wilm* Rn. 6). Bestehende **Versicherungsverhältnisse** werden als Versicherungsverträge zu festen Prämien beim übernehmenden Rechtsträger unverändert fortgesetzt (Lutter UmwG/*Wilm* Rn. 11). Ein außerordentliches Kündigungs- oder Rücktrittsrecht anlässlich der Vermögensübertragung besteht nicht (→ § 178 Rn. 4).

Gewährung der Gegenleistung

181 (1) **Der übernehmende Rechtsträger ist zur Gewährung einer angemessenen Gegenleistung verpflichtet, wenn dies unter Berücksichtigung der Vermögens- und Ertragslage des übertragenden Vereins im Zeitpunkt der Beschlußfassung der obersten Vertretung gerechtfertigt ist.**

(2) [1] **In dem Beschluß, durch den dem Übertragungsvertrag zugestimmt wird, ist zu bestimmen, daß bei der Verteilung der Gegenleistung jedes Mitglied zu berücksichtigen ist, das dem Verein seit mindestens drei Monaten vor dem Beschluß angehört hat.** [2] **Ferner sind in dem Beschluß die Maßstäbe festzusetzen, nach denen die Gegenleistung auf die Mitglieder zu verteilen ist.**

(3) [1] **Jedes berechtigte Mitglied erhält eine Gegenleistung in gleicher Höhe.** [2] **Eine andere Verteilung kann nur nach einem oder mehreren der folgenden Maßstäbe festgesetzt werden:**

1. die Höhe der Versicherungssumme,
2. die Höhe der Beiträge,
3. die Höhe der Deckungsrückstellung in der Lebensversicherung,
4. der in der Satzung des Vereins bestimmte Maßstab für die Verteilung des Überschusses,
5. der in der Satzung des Vereins bestimmte Maßstab für die Verteilung des Vermögens,
6. die Dauer der Mitgliedschaft.

(4) **Ist eine Gegenleistung entgegen Absatz 1 nicht vereinbart worden, so ist sie auf Antrag vom Gericht zu bestimmen; § 30 Abs. 1 und § 34 sind entsprechend anzuwenden.**

1 § 181 gewährleistet, dass den Mitgliedern eines VVaG für den Verlust ihrer Mitgliedschaft eine die Vermögens- und Ertragslage berücksichtigende Abfindung gewährt wird; denn auch im Fall einer Liquidation stünde den Mitgliedern ein Anspruch auf das verbleibende Vereinsvermögen zu (§ 48 Abs. 2 VAG). **Anspruchsberechtigte** sind alle Mitglieder, die dem VVaG im Zeitpunkt der Beschlussfassung seit mindestens drei Monaten angehört haben (Abs. 2 S. 1). Nicht in den Kreis möglicher Anspruchsberechtigter gehören hingegen Versicherte iSv § 21 Abs. 2 VAG oder solche Mitglieder, die innerhalb der Dreimonatsfrist ausgeschieden sind (Lutter UmwG/*Wilm* Rn. 2). Die Beschlussorgane können für die Anspruchsberechtigung jedoch geringere Anforderungen festlegen (allgM, Semler/Stengel/*Stengel* Rn. 11). Fällig wird der Anspruch mit der Anmeldung der Vermögensübertragung zum Handelsregister.

2 Das Gesetz trifft keine Aussage zur **Art der Gegenleistung,** soweit sie wegen der Rechtsnatur der Vermögensübertragung nicht in der Gewährung von Anteilen oder Mitgliedschaften besteht. Die Regel dürfte die Barabfindung sein; in Betracht zu ziehen sind jedoch auch versicherungsspezifische Abfindungen wie zeitweilige Prämienfreiheit, Erhöhung der Versicherungssumme oder Gewinnanteile (KK-UmwG/*Beckmann* Rn. 4). Die Gegenleistung muss nach der gesetzlichen Regelung des Abs. 1 allerdings der Vermögens- und Ertragslage des übertragenden VVaG angemessen sein. Die **Höhe der Abfindung** bestimmt sich somit nach dem Unternehmenswert, und muss ein wirtschaftlich voller Ersatz für den Verlust der Mitgliedschaft sein (Lutter UmwG/*Wilm* Rn. 7). Demzufolge bedarf es der Zahlung einer Abfindung jedenfalls dann nicht, wenn den Verbindlichkeiten des VVaG kein höheres Aktivvermögen gegenübersteht oder der VVaG auf Dauer nicht mehr im Stande ist, seine Verpflichtungen aus den Versicherungsverhältnissen zu erfüllen (§ 89 VAG). Stichtag für die Bewertung ist der Tag der Beschlussfassung der obersten Vertretung. Als **Verteilungsmaßstab** bestimmt Abs. 3 S. 1 als Grundsatz eine Verteilung nach Köpfen; abw. davon kann für die Verteilung auf die in Abs. 3 S. 2 Nr. 1–6 genannten Maßstäbe zurückgegriffen werden. Der Katalog ist abschließend, die Verteilungsmaßstäbe können jedoch untereinander kombiniert werden (allgM, KK-UmwG/*Beckmann* Rn. 8).

Bestimmen Übertragungsvertrag und -beschluss keine Abfindung oder ist das anspruchsberechtigte Mitglied der Auffassung, dass die Gegenleistung zu niedrig bemessen ist, kann dieses einen **Antrag auf gerichtliche Bestimmung** (Abs. 4 Hs. 1) bzw. Überprüfung der Gegenleistung stellen (Abs. 4 Hs. 2). Mögliche Prüfungsgegenstände des Gerichts sind neben Höhe und Verteilungsmaßstab der Abfindung auch die Art der Gegenleistung (hM, Semler/Stengel/*Stengel* Rn. 20; aA Lutter UmwG/*Wilm* Rn. 17). 3

Unterrichtung der Mitglieder

182 [1]**Sobald die Vermögensübertragung wirksam geworden ist, hat das Vertretungsorgan des übernehmenden Rechtsträgers allen Mitgliedern, die dem Verein seit mindestens drei Monaten vor dem Beschluß der obersten Vertretung über die Vermögensübertragung angehört haben, den Wortlaut des Vertrags in Textform mitzuteilen.** [2]**In der Mitteilung ist auf die Möglichkeit hinzuweisen, die gerichtliche Bestimmung der angemessenen Gegenleistung zu verlangen.**

Die Mitteilungspflicht nach § 182 hat insbesondere für jene Fälle Bedeutung, in denen die Anteilsinhaber nicht direkt über die Vermögensübertragung entscheiden, weil die oberste Vertretung des VVaG nicht die Mitgliederversammlung, sondern die **Mitgliedervertretung** ist (§§ 29, 36 VAG; SHS/*Winter* Rn. 2). **Adressaten** der Norm sind alle Mitglieder, die dem VVaG zum Zeitpunkt des Übertragungsbeschlusses bereits seit mindestens drei Monaten angehört haben (§ 181 Abs. 2 S. 1), unabhängig davon, ob ihnen eine Abfindung zugesprochen worden ist. Eine zugesprochene Abfindung löst die Unterrichtungspflicht allerdings auch dann aus, wenn die Dreimonatsfrist unterschritten wird (Lutter UmwG/*Wilm* Rn. 2). Das **Vertretungsorgan des übernehmenden Rechtsträgers** hat die Mitteilungsberechtigten in Textform (§ 126b BGB) über den Wortlaut des Übertragungsvertrages zu unterrichten (S. 1) sowie auf die Möglichkeit hinzuweisen, gem. § 181 Abs. 4 einen Antrag auf gerichtliche Festsetzung bzw. Überprüfung der Abfindung zu stellen (S. 2). Daraus folgt, dass die Mitteilungsberechtigen auch über den Übertragungsbeschluss, welcher die Verteilungsmaßstäbe der Gegenleistung zum Gegenstand hat, zu informieren sind (Semler/Stengel/*Stengel* Rn. 3). Die Mitteilung muss erfolgen, sobald die Vermögensübertragung mit Eintragung ins Handelsregister wirksam geworden ist. Angesichts der dreimonatigen Antragsfrist im Spruchverfahren (§ 4 SpruchG) ist von einer Pflicht zur **unverzüglichen Unterrichtung** auszugehen, schon um die Geltendmachung von Ersatzansprüchen zu vermeiden (Lutter UmwG/*Wilm* Rn. 5). 1

Bestellung eines Treuhänders

183 (1) [1]**Ist für die Vermögensübertragung eine Gegenleistung vereinbart worden, so hat der übertragende Verein einen Treuhänder für deren Empfang zu bestellen.** [2]**Die Vermögensübertragung darf erst eingetragen werden, wenn der Treuhänder dem Gericht angezeigt hat, daß er im Besitz der Gegenleistung ist.**

(2) [1]**Bestimmt das Gericht nach § 181 Abs. 4 die Gegenleistung, so hat es von Amts wegen einen Treuhänder für deren Empfang zu bestellen.** [2]**Die Gegenleistung steht zu gleichen Teilen den Mitgliedern zu, die dem Verein seit mindestens drei Monaten vor dem Beschluß der obersten Vertretung über die Vermögensübertragung angehört haben.** [3]**§ 26 Abs. 4 ist entsprechend anzuwenden.**

Die Vorschrift entspricht § 71 für die Verschmelzung von Aktiengesellschaften. Der **Vorstand des übertragenden VVaG** hat im Falle einer vereinbarten Gegenleistung (§ 181 Abs. 2) einen Treuhänder zu bestimmen (Abs. 1 S. 1); in Betracht kommen grundsätzlich sowohl natürliche als auch juristische Personen (Lutter UmwG/*Wilm* Rn. 2). Die Benennung kann zweckmäßig bereits im Übernahmevertrag erfolgen, wobei erst der Abschluss eines Geschäftsbesorgungsvertrages bzw. Auftragsverhältnisses zwischen Treuhänder und Vorstand des VVaG zu einer vertraglichen Bindung führt (KK-UmwG/*Beckmann* Rn. 2). Im Falle einer gerichtlichen Bestimmung nach § 181 Abs. 4 erfolgt die **Bestellung von Amts wegen** (Abs. 2 S. 1). 1

Der Treuhänder hat für den VVaG als Treugeber die **Gegenleistung in Empfang** zu nehmen und dies dem Registergericht des übertragenden VVaG anzuzeigen; diese Anzeige des Treuhänders ist Eintragungsvoraussetzung (Abs. 1 S. 2). Ein laufendes Spruchverfahren hindert weder den Empfang der Gegenleistung noch die Eintragung (Lutter UmwG/*Wilm* Rn. 4). Dem Treuhänder obliegt auch die **Verteilung der Gegenleistung** nach erfolgter Eintragung. Besteht die Abfindung in versicherungsspezifischen Leistungen hat der Treuhänder für eine vereinbarungsgemäße Umsetzung zu sorgen (KK-UmwG/*Beckmann* Rn. 6 f.). Gemäß Abs. 2 S. 2 ist bei gerichtlicher Festsetzung einer Gegenleistung nur eine Verteilungsmaßstab entsprechend § 181 Abs. 3 S. 1 (Verteilung nach Köpfen) möglich. 2

3 Der Treuhänder hat Anspruch auf angemessene **Vergütung und Auslagenersatz** nach Maßgabe des mit ihm geschlossenen Geschäftsbesorgungsvertrags bzw., im Falle seiner gerichtlichen Bestellung, aus Abs. 2 S. 3 iVm § 26 Abs. 4 (Festsetzung durch das Gericht; vgl. insoweit die Kommentierung zu § 71 Abs. 2 → § 71 Rn. 1 ff.).

Zweiter Unterabschnitt. Teilübertragung

Anwendung der Spaltungsvorschriften

184 (1) **Bei einer Teilübertragung nach § 175 Nr. 2 Buchstabe b sind auf die beteiligten Rechtsträger die für die Aufspaltung, Abspaltung oder Ausgliederung zur Aufnahme von Teilen eines Versicherungsvereins auf Gegenseitigkeit und die für übernehmende Aktiengesellschaften im Falle der Aufspaltung, Abspaltung oder Ausgliederung geltenden Vorschriften des Dritten Buches und die dort für entsprechend anwendbar erklärten Vorschriften des Zweiten Buches auf den vergleichbaren Vorgang entsprechend anzuwenden, soweit sich aus den folgenden Vorschriften nichts anderes ergibt.**

(2) **§ 176 Abs. 2 bis 4 sowie § 178 Abs. 3 sind entsprechend anzuwenden.**

1 § 184 regelt die Teilübertragung eines VVaG auf eine Versicherungs-AG oder ein öffentlich-rechtliches Versicherungsunternehmen (§ 175 Nr. 2 lit. b) und entspricht im Kern der Regelung des § 179. Entsprechend anwendbar sind insofern die Vorschriften über die Spaltung zur Aufnahme unter Beteiligung einer AG und eines VVaG, soweit sich aus den folgenden Vorschriften nichts anderes ergibt. Vorschriften, die ausschließlich für die AG als übertragenden bzw. für den VVaG als übernehmenden Rechtsträger maßgeblich sind, finden keine Anwendung.

2 Im Grundsatz steht die Gegenleistung bei der aufspaltenden und der abspaltenden Vermögensübertragung den Mitgliedern des VVaG (§ 174 Abs. 2 Nr. 1 und 2), bei der ausgliedernden Vermögensübertragung dagegen dem VVaG selbst zu (§ 174 Abs. 2 Nr. 3). Den Mitgliedern des VVaG ist außerdem eine angemessene Abfindung zu gewähren, wenn die Übertragung zur Beendigung ihrer Mitgliedschaft führt, was bei der aufspaltenden Teilübertragung stets und bei der abspaltenden Teilübertragung uU der Fall ist (Semler/Stengel/*Stengel* Rn. 2 f.). Die §§ 181–183 finden entsprechende Anwendung (KK-UmwG/*Beckmann* Rn. 1).

3 Der Umstand, dass die Gegenleistung bei der **ausgliedernden Teilübertragung** dem übertragenden Rechtsträger zusteht, würde die im VVaG verbleibenden Mitglieder unangemessen bevorteilen, während die ausscheidenden Mitglieder ohne Entschädigung blieben. Unter Zugrundelegung von § 151 S. 2 ist die ausgliedernde Teilübertragung unter Einschluss von Versicherungsverträgen daher ausgeschlossen (hM, Semler/Stengel/*Stengel* Rn. 5). Die auf- bzw. abspaltende Teilübertragung auf ein **öffentlich-rechtliches Versicherungsunternehmen** ist trotz des Verweises auf § 151 S. 1 möglich; § 184 geht als speziellere Norm vor (Lutter UmwG/*Wilm* Rn. 3). Für öffentlich-rechtliche Versicherungsunternehmen als übernehmende Rechtsträgen kann auf die Erläuterung zu § 178 Abs. 3 verwiesen werden (→ § 178 Rn. 1 ff.).

Dritter Abschnitt. Übertragung des Vermögens eines kleineren Versicherungsvereins auf Gegenseitigkeit auf eine Aktiengesellschaft oder auf ein öffentlich-rechtliches Versicherungsunternehmen

Möglichkeit der Vermögensübertragung

185 Ein kleinerer Versicherungsverein auf Gegenseitigkeit kann sein Vermögen nur im Wege der Vollübertragung auf eine Versicherungs-Aktiengesellschaft oder auf ein öffentlich-rechtliches Versicherungsunternehmen übertragen.

1 §§ 185–187 regeln die Vermögensübertragung durch einen kleineren VVaG (§ 53 VAG) auf eine Versicherungs-AG oder ein öffentlich-rechtliches Versicherungsunternehmen. Zulässig ist nach § 185 allein eine **Vollübertragung;** eine Teilübertragung von Vermögensteilen ist angesichts der fehlenden Größe nicht zulässig. Als übernehmende Rechtsträger kommen nur Versicherungs-AG oder öffentlich-rechtliches Versicherungsunternehmen in Betracht; eine Übertragung auf einen großen VVaG ist ausgeschlossen (Semler/Stengel/*Stengel* Rn. 3). Nach hier vertretenen Ansicht stellen §§ 185–187 **keine abschließende Regelungen** für die Beteiligung einer kleineren VVaG an Vermögensübertragungen unter Versicherungsunternehmen dar; eine kleinere VVaG kann damit auch als übernehmender Rechtsträger beteiligt sein (→ § 175 Rn. 2).

Anzuwendende Vorschriften

186 **[1]Auf die Vermögensübertragung sind die Vorschriften des Zweiten Abschnitts entsprechend anzuwenden. [2]Dabei treten bei kleineren Vereinen an die Stelle der Anmeldung zur Eintragung in das Register der Antrag an die Aufsichtsbehörde auf Genehmigung, an die Stelle der Eintragung in das Register und ihrer Bekanntmachung die Bekanntmachung im Bundesanzeiger nach § 187.**

§ 186 S. 1 verweist hinsichtlich der anzuwendenden Vorschriften auf die für den großen VVaG geltenden Normen (§§ 180–183). Für die Durchführung der Übertragung kann grundsätzlich auf die Ausführungen zu §§ 180–183 verwiesen werden. Den notariell zu beurkundenden **Zustimmungsbeschluss** zur Vermögensübertragung hat stets die oberste Vertretung, die sowohl Mitgliederversammlung als auch Vertreterversammlung sein kann, zu treffen, selbst wenn die Satzung die Beschlussfassung im schriftlichen Verfahren (§ 53 Abs. 2 VAG iVm § 32 Abs. 2 BGB) zwingend vorsieht (Lutter UmwG/*Wilm* Rn. 2). Überträgt ein kleinerer VVaG sein Vermögen auf eine Versicherungs-AG oder ein öffentlich-rechtliches Versicherungsunternehmen ersetzt die nach § 14a VAG erforderliche **aufsichtsbehördliche Genehmigung** die Anmeldung zur Eintragung im Handelsregister sowie die Bekanntmachung (S. 2); ihr kommt somit eine **Doppelfunktion** zu. Die Regelung in S. 2 ist notwendig, da kleinere VVaG nicht ins Handelsregister eingetragen werden können und der Verweis in § 180 Abs. 1 auf §§ 16 ff. folglich ins Leere geht. Die Bekanntmachung erfolgt im Bundesanzeiger (§ 187); sie hat die (konstitutiven) Wirkungen des § 20 (Lutter UmwG/*Wilm* Rn. 9). 1

Bekanntmachung der Vermögensübertragung

187 **Sobald die Vermögensübertragung von allen beteiligten Aufsichtsbehörden genehmigt worden ist, macht bei einer Vermögensübertragung auf ein öffentlich-rechtliches Versicherungsunternehmen die für den übertragenden kleineren Verein zuständige Aufsichtsbehörde die Vermögensübertragung und ihre Genehmigung im Bundesanzeiger bekannt.**

§ 187 trifft eine Sonderregelung für die Vermögensübertragung eines kleineren VVaG auf ein öffentlich-rechtliches Versicherungsunternehmen. Da sowohl übertragender als auch übernehmender Rechtsträger nicht im Handelsregister eingetragen ist, sieht § 187 eine Bekanntmachung der Vermögensübertragung und ihre Genehmigung durch die Aufsichtsbehörde des übertragenden kleineren VVaG im **Bundesanzeiger** vor. Mit der Bekanntmachung treten die Wirkungen der Eintragung iSv § 20 ein. Es fehlt hingegen eine ausdrückliche Regelung für die Bekanntgabe bei Beteiligung einer Versicherungs-AG. Für die Versicherungs-AG wird im Gegensatz zum kleineren VVaG oder einem öffentlich-rechtlichen Versicherungsunternehmen ein Register geführt, sodass bei den allgemeinen Regelungen bleibt: Neben die für den kleineren VVaG durch die Aufsichtsbehörde zu veranlassende Bekanntmachung tritt die Bekanntmachung der Eintragung durch das Registergericht am Sitz der Versicherungs-AG (hM, Semler/Stengel/*Stengel* Rn. 2). Für die Anmeldung zur Eintragung ist der Vorstand der Versicherungs-AG zuständig (§ 16 Abs. 1 S. 1). 1

Vierter Abschnitt. Übertragung des Vermögens eines öffentlich-rechtlichen Versicherungsunternehmens auf Aktiengesellschaften oder Versicherungsvereine auf Gegenseitigkeit

Erster Unterabschnitt. Vollübertragung

Anwendung der Verschmelzungsvorschriften

188 (1) **Bei einer Vollübertragung nach § 175 Nr. 2 Buchstabe c sind auf die übernehmenden Rechtsträger die für die Verschmelzung durch Aufnahme geltenden Vorschriften des Zweiten Buches sowie auf das übertragende Versicherungsunternehmen § 176 Abs. 3 entsprechend anzuwenden, soweit sich aus den folgenden Vorschriften nichts anderes ergibt.**

(2) **§ 176 Abs. 2 und 4 sowie § 178 Abs. 3 sind entsprechend anzuwenden.**

(3) **[1]An die Stelle der Anmeldung zur Eintragung in das Register treten bei den öffentlich-rechtlichen Versicherungsunternehmen der Antrag an die Aufsichtsbehörde auf Genehmigung, an die Stelle der Eintragung in das Register und ihrer Bekanntmachung die Bekanntmachung nach Satz 2. [2]Die für das öffentlich-rechtliche Versicherungsunternehmen zustän-**

dige Aufsichtsbehörde macht, sobald die Vermögensübertragung von allen beteiligten Aufsichtsbehörden genehmigt worden ist, die Übertragung und ihre Genehmigung im Bundesanzeiger bekannt.

1 Bei der Vollübertragung des Vermögens eines öffentlich-rechtlichen Versicherungsunternehmens auf eine Versicherungs-AG oder einen VVaG (§ 175 Nr. 2 lit. c) gelten grundsätzlich die verfahrenstechnischen Anforderungen des § 178. Abweichungen ergeben sich für das übertragende öffentlich-rechtliche Versicherungsunternehmen aus dem geltenden **öffentlich-rechtlichen Unternehmensrecht** sowie der fehlenden Eintragung im Handelsregister. Die missverständliche Verweisung in Abs. 2 auf § 178 Abs. 3, der seinem Wortlaut nach nur auf öffentlich-rechtliche Versicherungsunternehmen als übernehmende Rechtsträger Anwendung findet, erklärt Bundes- und Landesrecht auch für ein übertragendes öffentlich-rechtliches Versicherungsunternehmen für maßgeblich (Widmann/Mayer/*Heckschen* Rn. 3). Für die übernehmenden Rechtsträger gelten die allgemeinen Vorschriften über die Verschmelzung zur Aufnahme (§§ 4–35, 60–72, 109–113) entsprechend; solche Vorschriften, die ausschließlich für den übertragenden Rechtsträger maßgeblich sind, finden keine Anwendung.

2 Der Antrag des öffentlich-rechtlichen Versicherungsunternehmens bei der zuständigen Aufsichtsbehörde auf Genehmigung (§ 14a VAG) ersetzt nach Abs. 3 S. 1 die für andere Versicherungsunternehmen erforderliche Anmeldung zur Eintragung in das Register (Doppelfunktion der Aufsichtsbehörde). Gemäß Abs. 3 S. 2 macht die Aufsichtsbehörde des öffentlich-rechtlichen Versicherungsunternehmens die Vermögensübertragung und die Genehmigung im **Bundesanzeiger** bekannt, sobald die Genehmigungen der Vermögensübertragung aller beteiligter Aufsichtsbehörden vorliegen bzw. die Vermögensübertragung in das Register des übernehmenden Rechtsträgers eingetragen ist; die Rechtslage ist insofern nicht mit § 187 vergleichbar (Semler/Stengel/*Stengel* Rn. 10). Die Wirkung der Vermögensübertragung tritt wegen § 188 Abs. 1 iVm § 176 Abs. 3 erst im Zeitpunkt der Bekanntmachung im Bundesanzeiger nach Abs. 3 S. 2 ein (hM, KK-UmwG/*Beckmann* Rn. 12; aA Widmann/Mayer/*Heckschen* Rn. 4).

Zweiter Unterabschnitt. Teilübertragung

Anwendung der Spaltungsvorschriften

189 (1) **Bei einer Teilübertragung nach § 175 Nr. 2 Buchstabe c sind auf die übernehmenden Rechtsträger die für die Aufspaltung, Abspaltung oder Ausgliederung zur Aufnahme geltenden Vorschriften des Dritten Buches und die dort für entsprechend anwendbar erklärten Vorschriften des Zweiten Buches auf den vergleichbaren Vorgang sowie auf das übertragende Versicherungsunternehmen § 176 Abs. 3 entsprechend anzuwenden, soweit sich aus den folgenden Vorschriften nichts anderes ergibt.**

(2) **§ 176 Abs. 2 und 4, § 178 Abs. 3 sowie § 188 Abs. 3 sind entsprechend anzuwenden.**

1 § 189 regelt die Teilübertragung eines öffentlich-rechtlichen Versicherungsunternehmens auf eine Versicherungs-AG oder einen VVaG (§ 175 Nr. 2 lit. c). Trotz der Verweisung auf § 151 ist auch iRd § 189 nach hier vertretenen Auffassung eine Teilübertragung im Wege der **Aufspaltung, Abspaltung und Ausgliederung** möglich (→ § 179 Rn. 1). Bezüglich des Übertragungsbeschlusses des übertragenden Rechtsträgers sind die Besonderheiten zu beachten, die sich aus dem jeweils einschlägigen Bundes- und Landesrecht ergeben (Abs. 2 iVm § 178 Abs. 3). Der Antrag des öffentlich-rechtlichen Versicherungsunternehmens auf Genehmigung (§ 14a VAG) ersetzt die Anmeldung zur Eintragung im Handelsregister (Abs. 2 iVm § 188 Abs. 3). Das Verfahren einer Teilübertragung eines öffentlich-rechtlichen Versicherungsunternehmens entspricht iÜ grundsätzlich dem einer Teilübertragung von einer Versicherungs-AG oder eines VVaG; auf die Kommentierungen zu §§ 179, 184 kann insofern verwiesen werden. Entsprechend anwendbar sind für die übernehmenden Rechtsträger die Vorschriften des Spaltungsrechts (§§ 126–134, 141–146, 151, 125, 4–35, 60–72, 109–113), sofern sie nicht ausschließlich für übertragende Rechtsträger maßgeblich sind.

Fünftes Buch. Formwechsel

Erster Teil. Allgemeine Vorschriften

Allgemeiner Anwendungsbereich

190 (1) **Ein Rechtsträger kann durch Formwechsel eine andere Rechtsform erhalten.**

(2) **Soweit nicht in diesem Buch etwas anderes bestimmt ist, gelten die Vorschriften über den Formwechsel nicht für Änderungen der Rechtsform, die in anderen Gesetzen vorgesehen oder zugelassen sind.**

Übersicht

I. Allgemeines

1 **1. Systematik der Formwechselvorschriften.** Die vierte Form der Umwandlung innerhalb des UmwG ist gem. § 1 Abs. 1 Nr. 4 der in den § 190 ff. geregelte Formwechsel. Mit dem UmwG 1994 wurden die früher im UmwG 1969 und in den §§ 362 ff. AktG aF enthaltenen Vorschriften zusammengefasst und vereinheitlicht (zur Gesetzeshistorie Lutter UmwG/*Hoger* Vor § 190 Rn. 3 ff.). Wie auch die Verschmelzungs- und Spaltungsvorschriften bestehen die Formwechselregelungen aus einem **„Ersten Teil"** mit allgemeinen Vorschriften (§§ 190, 213, sog. „Baukastenprinzip"). Der **„Zweite Teil"** mit den besonderen Regelungen gliedert sich in einen ersten Abschnitt mit den Vorschriften über den Formwechsel von Personengesellschaften (§§ 214, 225c) und einen zweiten Abschnitt mit den Vorschriften über den Formwechsel von KapGen (§§ 226, 250; zur weiteren Untergliederung s. dort). Im Unterschied zu den Spaltungsvorschriften sind die Formwechselvorschriften ein **weitgehend abgeschlossener und selbstständiger Regelungskomplex.** Die §§ 190 ff. verweisen, anders als die spaltungsrechtlichen Vorschriften (§§ 123 ff.), nur selten auf das Verschmelzungsrecht (beispielsweise § 204). Dies erklärt sich aus der unterschiedlichen Rechtstechnik dieser Umwandlungsformen (→ Rn. 2).

2 **2. Verhältnis zu den übrigen Umwandlungsformen.** Wichtigster Unterschied zu den anderen Formen der Umwandlung ist, dass **keine Vermögensübertragung** auf einen anderen Rechtsträger stattfindet. Vielmehr besteht die rechtliche und wirtschaftliche Identität des formwechselnden Rechtsträgers fort, er wechselt mit der Rechtsform lediglich sein „Rechtskleid". Dieses sog. **Identitätsprinzip** (so auch die RegBegr. BT-Drs. 12/6699, 137) meint vor allem die **wirtschaftliche Kontinuität** des Formwechsels, die sich in weitere Teilaspekte aufgliedert: die grundsätzliche (Ausnahmen bestehen beispielsweise in §§ 221, 233 Abs. 3 S. 3) Identität der am Rechtsträger beteiligten Anteilsinhaber, die grundsätzliche (§ 194 Abs. 1 Nr. 4 lässt einen nichtverhältniswahrenden Formwechsel zu) Identität des Anteilsverhältnisses und die Identität des Vermögensbestandes vor und nach dem Formwechsel.

II. Rechtstatsachen

3 **Motive** für den Formwechsel sind vielgestaltig. Familiengesellschaften werden häufig in die Rechtsform einer KG, GmbH oder AG umgewandelt, um entweder die Haftung zu beschränken oder die Kapitalaufnahme zu erleichtern. Die Rechtsform einer AG wird teilweise aus Image- oder Public-

Relations-Aspekten heraus gewählt, um einen Squeeze-out zu ermöglichen oder einen Börsengang vorzubereiten. Der Formwechsel einer AG in eine GmbH kann erfolgen, um einen Rückzug von der Börse durchzuführen („kaltes Delisting") oder um eine Gesellschaft in einen Konzern einzugliedern. Der Formwechsel in eine (GmbH & Co.) KG wird zuweilen aus steuerlichen Gründen vollzogen (hierzu *Sagasser* in SBB Umwandlungen § 25 Rn. 2). Auch die Umwandlung von eingetragenen Genossenschaften oder Vereinen, hier insbesondere großen Sportvereinen, in eine AG gewinnt zunehmend an Bedeutung (zum Ganzen Lutter UmwG/*Hoger* Vor § 190 Rn. 18 ff.).

4 Trotz der Neufassung und Vereinheitlichung des Rechtsrahmens ist der **Formwechsel für Unternehmen mit Einführung des UmwG nicht einfacher** geworden. Es wurde beobachtet, dass die Zahl der Anfechtungsklagen beim Formwechsel einer AG in eine GmbH oder KG seit 1995 sprunghaft gestiegen ist (Lutter UmwG/*Hoger* Vor § 190 Rn. 13). Die Rügen beziehen sich zumeist auf den Umwandlungsbericht und den Gesellschaftsvertrag bzw. das Statut der Zielrechtsform.

III. Einzelerläuterungen

5 **1. Regelungsgegenstand (Abs. 1).** § 190 Abs. 1 räumt allgemein die Möglichkeit ein, die Rechtsform eines Rechtsträgers zu ändern. Dies ergibt sich bereits aus § 1 Abs. 1 Nr. 4, weshalb § 190 Abs. 1 nur klarstellenden Charakter hat (so auch die RegBegr. BT-Drs. 12/6699, 137). Die zulässigen Ausgangs- und Zielrechtsformen sind abschließend in § 191 aufgezählt. Die Möglichkeiten der Umwandlung von KapGen in Personengesellschaften werden durch § 228 eingeschränkt.

6 **2. Begriff und Wesen des Formwechsels.** Das UmwG enthält keine Definition des Begriffs „Formwechsel". Aus dem Gesamtzusammenhang der §§ 190 ff. ergibt sich, dass unter Formwechsel die Änderung der Rechtsform eines Rechtsträgers bei Wahrung seiner rechtlichen und wirtschaftlichen Identität zu verstehen ist (→ Rn. 2).

7 **3. Ablauf des Formwechsels.** Der Ablauf eines Formwechsels kann in **drei Phasen** unterteilt werden (vgl. hierzu *Ballreich,* Fallkommentar Umwandlungsrecht, 4. Aufl. 2008, 77 ff.; Semler/Stengel/*Schwanna* Rn. 12 ff.):

(1) Vorbereitungsphase: Vorbereitung und Ankündigung des Formwechsels,
(2) Beschlussphase: Umwandlungsbeschluss durch Anteilsinhaber,
(3) Vollzugsphase: Registeranmeldung, Eintragung und Bekanntmachung.

8 **a) Vorbereitungsphase.** In die Vorbereitungsphase fallen in erster Linie die Erstellung des Umwandlungsberichts (§ 192), des Entwurfs des Umwandlungsbeschlusses (§ 193) als Bestandteil des Umwandlungsberichts (§ 192 Abs. 1 S. 3) sowie die Einberufung bzw. Ladung der Anteilsinhaber. Da der Entwurf des Umwandlungsbeschlusses dem **zuständigen Betriebsrat** gem. § 194 Abs. 2 mindestens einen Monat vor der Beschlussfassung zuzuleiten ist, ist er grundsätzlich – eine Ausnahme besteht, wenn die Zuleitungspflicht mangels Existenz eines Betriebsrats oder aufgrund Verzichts des Betriebsrats entfällt (→ § 194 Rn. 14 sowie die Kommentierung zu § 5 → § 5 Rn. 1 ff.) – auch dann zu erstellen, wenn ein Umwandlungsbericht nicht erforderlich ist. Nicht notwendig ist daneben – vergleichbar dem Verschmelzungsvertrag nach § 4 oder dem Spaltungs- und Übernahmevertrag nach § 126 bzw. dem Spaltungsplan nach § 136 – eine Art „Formwechselplan", wie ihn beispielsweise Art. 37 Abs. 4 SE-VO für den Fall des Formwechsels einer AG in eine SE kennt. Ist nach § 194 Abs. 1 Nr. 6 ein Barabfindungsangebot in den Umwandlungsbeschluss aufzunehmen, sind zu bestellen: **(1)** Für die Bewertung des Unternehmenswertes ein **Unternehmensbewerter** (Wirtschaftsprüfer); **(2)** Für die Prüfung des Barabfindungsangebots gem. §§ 208, 30 ein **Umwandlungsprüfer** (idR auch Wirtschaftsprüfer). Das Barabfindungsangebot kann daher zu einem erheblichen Kostenfaktor werden; ein Verzicht aller Anteilsinhaber auf eine Barabfindung ist zulässig (→ § 207 Rn. 6). Etwaige nach § 197 S. 1 iVm den Gründungsvorschriften für KapGen erforderliche **Gründungsprüfungen und Gründungsberichte** müssen hingegen erst nach der Beschlussphase fertig gestellt sein, da sie dem Handelsregister mit der Anmeldung des Formwechsels zur Eintragung vorzulegen sind. Empfehlenswert ist allerdings die möglichst frühzeitige Bestellung eines Gründungsprüfers, sofern die Gründungsprüfung durch einen externen gerichtlich bestellten Prüfer vorzunehmen ist (vgl. etwa § 33 Abs. 2 Nr. 4 AktG für den Formwechsel in eine AG).

9 **In zeitlicher Hinsicht** kann der Formwechsel relativ frei geplant werden. Anders als bei der Verschmelzung und der Spaltung ist dem Registergericht keine Schlussbilanz (§ 17 Abs. 2) vorzulegen (*Bula/Pernegger* in SBB Umwandlungen § 27 Rn. 4). Infolgedessen braucht die den Verschmelzungs- und Spaltungsprozess beeinflussende Acht-Monatsfrist nicht gewahrt zu werden (s. aber die Höchstfrist von acht Monaten für die Rückdatierung des Umwandlungsstichtags nach § 9 S. 3 UmwStG; → Rn. 16). Zu beachten ist allerdings die Monatsfrist des § 194 Abs. 2 für die Zuleitung des Entwurfs des Umwandlungsbeschlusses an den zuständigen Betriebsrat, sofern ein solcher existiert (zum zuständigen Betriebsrat vgl. die Kommentierung zu § 5 → § 5 Rn. 1 ff.). Die Zeiten für die erforderlichen Prüfungen (→ Rn. 8) sind ebenfalls einzurechnen.

b) Beschlussphase. In der Beschlussphase müssen die Anteilsinhaber durch notariell beurkundeten Beschluss (§ 193 Abs. 3) dem Formwechsel zustimmen; ihnen kommt das Recht des Letztentscheids zu. Der Beschluss ist in einer förmlichen Versammlung zu fassen (§ 193 Abs. 1 S. 2). 10

c) Vollzugsphase. Nach Beschlussfassung ist der Formwechsel gem. §§ 198 ff. bei dem Register des formwechselnden Rechtsträgers zur Eintragung anzumelden. Wird der Rechtsträger durch den Formwechsel erstmals eintragungspflichtig oder wechselt die Registerzuständigkeit, so ist der Formwechsel zu beiden Registern anzumelden (§ 198 Abs. 2). Mit der Eintragung der neuen Rechtsform wird der Formwechsel wirksam (§ 202). 11

4. Erforderliche Dokumente. Wie der Ablauf des Formwechsels (→ Rn. 7 ff.) ist auch dessen Dokumentation **weniger komplex als bei der Verschmelzung oder Spaltung.** Während bei der Verschmelzung und der Spaltung der Schutz der Anteilsinhaber im Wesentlichen auf den Dokumenten Vertrag (bzw. Plan), Bericht und Prüfungsbericht basiert, bedarf es, da nur ein Rechtsträger beteiligt ist, beim Formwechsel nur eines Umwandlungsberichts (§ 203). Der Vertrag (§§ 4, 126) bzw. Plan (§ 136) wird durch den Umwandlungsbeschluss (§ 193) ersetzt. Eine weitere Vereinfachung bewirkte das Zweite Gesetz zur Änderung des Umwandlungsgesetzes vom 19.4.2007 (BGBl. 2007 I 542), wodurch die Pflicht einer **Vermögensaufstellung** (§ 192 Abs. 2 aF) **ersatzlos gestrichen** wurde. Insgesamt ist idR folgende Dokumentation erforderlich: 12

- **Umwandlungsbericht (§ 192):** Für jede Art des Formwechsels ist ein Umwandlungsbericht zu erstellen. Nur im Fall einer Einmann-Gesellschaft oder bei notariell beurkundetem Verzicht aller Anteilsinhaber ist der Bericht entbehrlich (§ 192 Abs. 2). Er gestaltet sich idR schlanker und weniger kompliziert als ein Verschmelzungsbericht; beim Formwechsel muss weder ein Vermögensübergang noch ein Umtauschverhältnis erläutert werden. Der Schwerpunkt der Darstellung liegt auf der qualitativen und (insbesondere bei der nicht verhältniswahrenden Umwandlung) bei der quantitativen Änderung der Beteiligung (vgl. Semler/Stengel/*Bärwaldt* § 192 Rn. 1). Da der Umwandlungsbericht Hauptinformationsgrundlage der Anteilsinhaber ist, stützen sich viele Beschlussmängelklagen auf fehlerhafte oder fehlende Informationen im Bericht. Gerade im Hinblick darauf ist bei der Erstellung besondere Sorgfalt geboten.
- **Umwandlungsbeschluss** (Muster bei *Limmer* in Limmer Unternehmensumwandlung-HdB Rn. 2545; *Gageik* in SBB Umwandlungen § 26 Rn. 252A, 253A, 254A), **§ 193:** Das Erfordernis des Beschlusses ergibt sich aus § 193, der Inhalt aus § 194. Der Beschluss legt die Einzelheiten des Formwechsels fest. Zu berücksichtigen ist, dass der Beschluss in einer förmlichen Gesellschafter- bzw. Hauptversammlung gefasst (§ 193 Abs. 1 S. 2) und beurkundet (§ 193 Abs. 3 S. 1) werden muss, ein kosten- und zeitgünstiges Umlaufverfahren daher ausscheidet. Der Entwurf des Beschlusses ist dem Umwandlungsbericht beizufügen (§ 192 Abs. 1 S. 3) und in bestimmten Fällen aufgrund besonderer Vorschriften für bestimmte Rechtsformen vor der Versammlung mit diesem an die Anteilsinhaber zu übermitteln (§§ 216, 225b, § 230 Abs. 1, § 238 S. 1). Der Entwurf des Umwandlungsbeschlusses an sich ist nicht zu prüfen. Etwas anderes gilt nur für ein darin enthaltenes Barabfindungsangebot, sofern dieses erforderlich ist (§ 194 Abs. 1 Nr. 6, §§ 208, 30).
- **Statut der neuen Rechtsform:** Die Satzung bzw. der Gesellschaftsvertrag der neuen Rechtsform ist in bestimmten Fällen in den Umwandlungsbeschluss aufzunehmen (§ 218 Abs. 1 S. 1, § 234 Nr. 3, § 243 Abs. 1 S. 1, § 253 Abs. 1 S. 1, § 263 Abs. 1).
- **Ladung der Anteilsinhaber:** Die Ladung der Anteilsinhaber sowie die Informationen, die die Ladung enthalten muss, sind für jede Umwandlungsform in den besonderen Formwechselvorschriften geregelt; iÜ gelten die allgemeinen Vorschriften für die betroffene Rechtsform (beispielsweise §§ 121 ff. AktG, §§ 49 ff. GmbHG).
- **Handelsregisteranmeldung** (Muster bei *Limmer* in Limmer Unternehmensumwandlung-HdB Rn. 2546; *Gageik* in SBB Umwandlungen § 26 Rn. 252B, 253B, 254B), **§ 198:** Sie beinhaltet idR den Formwechsel selbst, die Bestellung neuer Vertretungsorgane und die Erklärung nach § 198 Abs. 3, § 16 Abs. 2 S. 1, sofern diese nicht gem. § 198 Abs. 3, § 16 Abs. 2 S. 2 bzw. § 16 Abs. 3 entbehrlich ist.

5. Kosten. Bei jedem Formwechsel entstehen drei maßgebliche Kostenpositionen: 13

- **Notarielle Beurkundung des Umwandlungsbeschlusses (§ 193 Abs. 3 S. 1):** Die Gebührenhöhe folgt aus § 3 Abs. 2 Gerichts- und Notarkostengesetz (GNotKG) iVm Anlage 1 KV 21100 GNotGK (doppelte Gebühr). Für den der Gebühr zugrunde zu legenden Geschäftswert ist nach § 108 Abs. 3 S. 1 GNotKG der Wert des Aktivvermögens des formwechselnden Rechtsträgers anzusetzen (höchstens 5.000.000 EUR, § 108 Abs. 5 GNotKG).
- **Notarielle Beglaubigung der Anmeldung (§§ 198; 12 HGB):** Für die Beglaubigung iRd elektronischen Handelsregisteranmeldung gem. § 12 HGB (→ § 198 Rn. 10) erhebt der Notar eine halbe Gebühr nach § 3 Abs. 2 GNotKG iVm Anlage 1 KV 21201 Nr. 5 GNotKG. Der Geschäftswert richtet sich nach der Ausgangsrechtsform (§ 105 Abs. 4 GNotKG).

– **Eintragung des Formwechsels:** Maßgeblich ist gem. § 58 Abs. 1 S. 1 Nr. 1 GNotKG die HRegGebV (Verordnung über Gebühren in Handels-, Partnerschafts- und Genossenschaftsregistersachen (Handelsregistergebührenverordnung – HRegGebV) vom 30.9.2004, BGBl. 2004 I 2562). Die Gerichtsgebühren für die Eintragung richten sich nach Nr. 1400/1401 (HRA), 2402/2403 (HRB) und 3400/3401 (GenR) und liegen zwischen 180 EUR und 300 EUR.

14 **6. Änderung der Rechtsform außerhalb des UmwG (Abs. 2).** Wie Abs. 1 hat auch Abs. 2 weitestgehend klarstellenden Charakter (RegBegr. BT-Drs. 12/6699, 137). Die allgemeine Regel, dass Umwandlungen nur in den gesetzlich vorgesehenen Fällen zulässig sind, folgt bereits aus § 1 Abs. 2. § 190 Abs. 2 präzisiert aber, dass die Formwechsel-Vorschriften nicht für Änderungen der Rechtsform nach anderen Gesetzen gelten. Solche **Formwechsel außerhalb des UmwG** sind etwa der Formwechsel zwischen OHG und KG, der Formwechsel einer AG in eine Europäische Gesellschaft (SE) oder der Formwechsel einer eG in eine Europäische Genossenschaft (SCE). Auch können Rechtsformänderungen bei Personengesellschaften teilweise durch Anwachsung der Anteile vollzogen werden (so etwa das Modell der „Synchronübertragung mit Anwachsung" hinsichtlich einer GmbH & Co. KG, hierzu *Sagasser* in SBB Umwandlungen § 25 Rn. 11).

15 Das Ergebnis eines Formwechsels, die Änderung des Rechtskleids, kann innerhalb des UmwG auch dadurch erreicht werden, dass eine Gesellschaft auf eine Gesellschaft anderer Rechtsform verschmolzen wird (sog. **Mischverschmelzung**). Diese dem UmwG immanente Alternative kann bilanzpolitisch sinnvoll sein, weil bei einer Verschmelzung ein bilanzielles Bewertungswahlrecht besteht, während beim Formwechsel die Buchwerte in der Bilanz grundsätzlich fortzuführen sind (*Sagasser* in SBB Umwandlungen § 25 Rn. 9).

16 **7. Handelsbilanzielle und steuerrechtliche Aspekte.** Die Aufstellung einer Übertragungs- oder Eröffnungsbilanz ist beim Formwechsel nicht erforderlich. Etwaige geänderte Ansatzvorschriften und Bilanzierungswahlrechte sind erstmals bei der Aufstellung des auf den Formwechsel folgenden Jahresabschlusses zu beachten (*Ballreich,* Fallkommentar Umwandlungsrecht, 4. Aufl. 2008, 82). Der Formwechsel kann auch nach dem SEStEG (Gesetz über die steuerliche Begleitmaßnahmen zur Einführung der Europäischen Gesellschaft und zur Änderung weiterer steuerlicher Vorschriften (BGBl. 2007 I 2782)) **weitgehend steuerneutral** durchgeführt werden (beim Formwechsel einer KapG in eine Personengesellschaft besteht nur auf Antrag ein Wertansatzwahlrecht, § 3 UmwStG). Beim Formwechsel einer KapG in eine Personengesellschaft ist zu beachten, dass der Stichtag der Übertragungsbilanz der KapG und der Eröffnungsbilanz der Personengesellschaft **(Umwandlungsstichtag)** nach § 9 S. 3 UmwStG höchstens acht Monate vor der Anmeldung des Formwechsels zur Eintragung in das Handelsregister liegen darf (sog. steuerliche Rückwirkung, vgl. *Ballreich,* Fallkommentar Umwandlungsrecht, 4. Aufl. 2008, 83).

17 **8. Grenzüberschreitender Formwechsel.** Die **Zulässigkeit** eines grenzüberschreitenden Formwechsels war bis vor Kurzem ungeklärt. Er ist – im Gegensatz zur grenzüberschreitenden Verschmelzung (RL 2005/56/EG (jetzt: RL (EU) 2017/1132), ABl. 2005 L 310, 1, in Deutschland umgesetzt in den §§ 122a–122l) – weder im UmwG noch durch europäisches Sekundärrecht geregelt. Gegen die Zulässigkeit eines grenzüberschreitenden Formwechsels spricht die abschließende Aufzählung der zulässigen Zielrechtsformen in § 191 Abs. 2, in welche einer der in § 191 Abs. 1 – ebenfalls enumerativ – genannten Rechtsträger inländischer Rechtsform umgewandelt werden kann (→ § 191 Rn. 1 f.; BT-Drs. 12/6699, 80; vgl. Semler/Stengel/*Drinhausen* Einl. C Rn. 21 f.). Da § 191 keine Beteiligung ausländischer Rechtsträger vorsieht, lässt das deutsche Sachrecht originär keinen grenzüberschreitenden Formwechsel zu. Bereits in seiner Entscheidung in der Rechtssache „Cartesio" hatte der EuGH jedoch festgestellt, dass der Wegzugsstaat aufgrund der europäischen Niederlassungsfreiheit (Art. 49, 54 AEUV) die identitätswahrende Sitzverlegung eines Rechtsträgers in einen anderen EU-Mitgliedstaat grundsätzlich zulassen muss, wenn die Gesellschaft sich im Zuge des Wegzugs in eine Rechtsform des Zuzugsstaates umwandelt und dies vom Recht des Zuzugsstaates zugelassen wird (EuGH 16.12.2008, NZG 2009, 61 ff.; s. auch BB 2009, 11 ff., mAnm *Behme/Nohlen* BB 2009, 13 f.). Daraus wurde zu Recht geschlossen, dass das deutsche Recht – entgegen § 1 Abs. 2 – den Formwechsel in eine EU-ausländische Rechtsform jedenfalls dann gestatten muss, wenn der Rechtsträger deutschen Rechts zugleich seinen Verwaltungs- oder Satzungssitz in einen anderen Mitgliedstaat der EU (bzw. des EWR) verlegt und das Recht des Zuzugsstaats diesen grenzüberschreitenden Formwechsel ohne Neugründung zulässt (*Mörsdorf* EuZW 2009, 97 (100); *Teichmann* ZIP 2009, 393 (402 f.)). In der Entscheidung in der **Rechtssache „Vale"** hat der EuGH dann ausdrücklich geurteilt, dass der grenzüberschreitende Formwechsel sowohl aus der Perspektive des Wegzugsstaates als auch aus der Perspektive des Zuzugsstaates von der Niederlassungsfreiheit geschützt ist (EuGH 12.7.2012, NJW 2012, 2715 (2717 ff.); vgl. auch die Besprechung bei *Behme* NZG 2012, 936 ff.; jüngst übernommen von OLG Frankfurt a. M. 3.1.2017, NZG 2017, 413). In seiner darauffolgenden Entscheidung in der Sache **„Polbud"** hat der EuGH schließlich auch den grenzüberschreitenden Rechtsformwechsel ohne gleichzeitige Verlegung des Verwaltungssitzes in den Zuzugsstaat für zulässig erklärt (EuGH 25.10.2017, NJW 2017, 3639). Auf Basis der EuGH-

Rechtsprechung ist daher mittlerweile davon auszugehen, dass das deutsche Recht den Formwechsel von einer deutschen Gesellschaftsform in eine EU- bzw. EWR-ausländische Rechtsform nicht verbieten kann, wenn das Recht der Zielrechtsform ihn zulässt, und zwar auch dann nicht, wenn die Gesellschaft nicht zugleich ihren Verwaltungssitz in den Zuzugsstaat verlegt (anders noch → 4. Aufl. 2019, Rn. 17). Harmonisierte **gesetzliche Regelungen zum grenzüberschreitenden Formwechsel** innerhalb der EU sind künftig durch die Umsetzung der Art. 86a ff. GesR-RL (Richtlinie (EU) 2017/1132 des Europäischen Parlaments und des Rates vom 14.6.2017 über bestimmte Aspekte des Gesellschaftsrechts, ABl. 2017 L 169, 46) in der Fassung nach der Änderung im Rahmen des sog. **„European Company Law Package"** (Richtlinie (EU) 2019/2121 des Europäischen Parlaments und des Rates vom 27. November 2019 zur Änderung der Richtlinie (EU) 2017/1132 in Bezug auf grenzüberschreitende Umwandlungen, Verschmelzungen und Spaltungen, ABl. 2019 L 321, 1) zu erwarten.

Vor dem Hintergrund der EuGH-Rechtsprechung (→ Rn. 17) ist umgekehrt auch der **grenzüberschreitende Formwechsel** einer EU- bzw. EWR-ausländischem Recht unterliegenden Gesellschaft **in eine deutsche Rechtsform** ohne korrespondierende Verwaltungssitzverlegung zuzulassen. Bereits vor dem Hintergrund der „Vale"-Entscheidung hatte das OLG Nürnberg im Jahr 2013 den grenzüberschreitenden Formwechsel einer Luxemburger S.á.r.l. in eine deutsche GmbH zugelassen (OLG Nürnberg 16.9.2013, NZG 2014, 349 mAnm *Stiegler*; zu weiteren Fällen des Hereinformwechsels OLG Düsseldorf 19.7.2017, NZG 2017, 1354; KG 21.3.2016, NZG 2016, 834 mAnm *Stiegler*; zum Hinausformwechsel einer deutschen Gesellschaft in eine ausländische Rechtsform OLG Frankfurt a. M. 3.1.2017, NZG 2017, 423 mAnm *Klett*; OLG Saarbrücken 7.1.2020, NZG 2020, 390). 18

Einbezogene Rechtsträger

191 (1) **Formwechselnde Rechtsträger können sein:**

1. Personenhandelsgesellschaften (§ 3 Abs. 1 Nr. 1) und Partnerschaftsgesellschaften;
2. Kapitalgesellschaften (§ 3 Abs. 1 Nr. 2);
3. eingetragene Genossenschaften;
4. rechtsfähige Vereine;
5. Versicherungsvereine auf Gegenseitigkeit;
6. Körperschaften und Anstalten des öffentlichen Rechts.

(2) **Rechtsträger neuer Rechtsform können sein:**

1. Gesellschaften des bürgerlichen Rechts;
2. Personenhandelsgesellschaften und Partnerschaftsgesellschaften;
3. Kapitalgesellschaften;
4. eingetragene Genossenschaften.

(3) **Der Formwechsel ist auch bei aufgelösten Rechtsträgern möglich, wenn ihre Fortsetzung in der bisherigen Rechtsform beschlossen werden könnte.**

I. Allgemeines

Die Vorschrift führt **abschließend** (Lutter UmwG/*Hoger* Rn. 1; SHS/*Winter* Rn. 1; Semler/Stengel/*Schwanna* Rn. 1) die Rechtsträger auf, die sich an einem Formwechsel beteiligen können. Abs. 1 bestimmt die möglichen formwechselnden Rechtsträger, Abs. 2 die möglichen neuen Rechtsformen. Abs. 3 sieht vor, dass auch aufgelöste Rechtsträger an einem Formwechsel beteiligt sein können, wenn ihre Fortsetzung in der bisherigen Rechtsform beschlossen werden könnte. 1

Die Aufzählung in § 191 beschränkt sich auf **deutsche Rechtsformen.** Diese Beschränkung ergibt sich auch aus § 1 Abs. 1, wonach an einem Formwechsel nur Rechtsträger mit Sitz im Inland beteiligt sein können. Auch nach Inkrafttreten des Gesetzes zur Modernisierung des GmbH-Rechts und zur Bekämpfung von Missbräuchen (MoMiG) vom 23.12.2008 (BGBl. 2008 I 2026) ist unter „Sitz" der Satzungssitz und nicht etwa der Verwaltungssitz einer Gesellschaft zu verstehen. Zum „grenzüberschreitenden Formwechsel" einer deutschen in eine ausländische Rechtsform und umgekehrt → § 190 Rn. 17 f. 2

II. Einzelerläuterung

1. Formwechselnder Rechtsträger (Abs. 1). Formwechselnde Rechtsträger können zunächst **Personenhandelsgesellschaften** und **PartGen** sein (Nr. 1). Zu den Personenhandelsgesellschaften gehören die OHG und die KG (vgl. § 3 Abs. 1 Nr. 1), darunter auch alle KapGen & Co. KG sowie die Stiftung & Co. KG (RegBegr. BT-Drs. 12/6699, 137). Die Europäische wirtschaftliche Interessenvereinigung (EWIV) kann nach hM, obwohl nicht ausdrücklich in Abs. 1 genannt, ebenfalls ein möglicher formwechselnder Rechtsträger sein, da sie eine besondere Form der OHG darstellt (Kallmeyer/*Meister*/ 3

Klöcker/Berger Rn. 5; Lutter UmwG/*Hoger* Rn. 2; SHS/*Winter* Rn. 10; Semler/Stengel/*Schwanna* Rn. 11; aA Widmann/Mayer/*Vossius* Rn. 8 f.). Hierin liegt kein Verstoß gegen das Analogieverbot des § 1 Abs. 3. Die GbR kommt als formwechselnder Rechtsträger hingegen nicht in Betracht. Auch **KapGen** können formwechselnder Rechtsträger sein (Nr. 2). Zu diesen gehören die GmbH, die AG und die KGaA. Umstritten ist, ob die Europäische Gesellschaft (SE) oder die Europäische Genossenschaft (SCE) mit Sitz in Deutschland tauglicher Rechtsträger für einen Formwechsel nach dem UmwG sein kann. Nach überzeugender und inzwischen ganz überwA ist Art. 66 SE-VO, der den Formwechsel einer SE in eine AG ihres Sitzstaates regelt, nicht abschließend; zulässig ist danach nicht nur der Formwechsel einer SE in die Rechtsform einer AG ihres Sitzstaates, sondern auch in die anderen nationalen Rechtsformen, in die sich eine nationale AG umwandeln darf (wie hier Semler/Stengel/*Drinhausen* Einl. C Rn. 62 f.; Kallmeyer/*Marsch-Barner/Wilk* Anh. I Rn. 131; Lutter UmwG/Hommelhoff/*Seibt* SE-VO Art. 66 Rn. 4; Widmann/Mayer/*Vossius* Rn. 14.1). Gleiches gilt für die SCE gem. Art. 76 SCE-VO (Semler/Stengel/*Drinhausen* Einl. C Rn. 68). Auch die übrigen Umwandlungsarten des UmwG wie die Verschmelzung und Spaltung stehen der SE mit Sitz in Deutschland aufgrund des Gleichbehandlungsgebots des Art. 10 SE-VO in demselben Umfang offen wie einer deutschen AG (vgl. Semler/Stengel/*Drinhausen* Einl. C Rn. 55 ff.). Entsprechendes gilt nach Art. 9 SCE-VO für die Europäische Genossenschaft (SCE) (vgl. näher Semler/Stengel/*Drinhausen* Einl. C Rn. 64 f.). Schließlich können Rechtsträger in der Rechtsform der **eGen** (Nr. 3), des **rechtsfähigen Vereins** (Nr. 4), des **VVaG** (Nr. 5) sowie **Körperschaften und Anstalten des öffentlichen Rechts** (Nr. 6) formwechselnder Rechtsträger sein.

4 **2. Rechtsträger neuer Rechtsform (Abs. 2).** Abs. 2 listet die möglichen Rechtsträger neuer Rechtsform. Dies sind **GbR** (Nr. 1), **Personenhandelsgesellschaften** und **PartGen** (Nr. 2), **KapGen** (Nr. 3) sowie **eGen** (Nr. 4). Das bedeutet, dass die in Abs. 1 aufgeführten rechtsfähigen Vereine, VVaG sowie Körperschaften und Anstalten des öffentlichen Rechts lediglich Ausgangsrechtsform, nicht hingegen Zielrechtsform sein können. Auch die SE kann nicht Zielrechtsform eines Formwechsels nach den §§ 190 ff. sein, da die Regelungen zur Gründung einer SE in der SE-VO insoweit abschließend sind; Entsprechendes gilt für die Europäische Genossenschaft (SCE) (Art. 37 SE-VO bzw. Art. 35 SCE-VO; ferner Semler/Stengel/*Bärwaldt* § 197 Rn. 55a, 66a). Aus den Abs. 1 und 2 folgt nicht, dass jede in Abs. 1 genannte Rechtsform in eine in Abs. 2 genannte Rechtsform umgewandelt werden kann (RegBegr. BT-Drs. 12/6699, 137). Welche **Kombinationen** zulässig sind, ergibt sich vielmehr aus den Besonderen Vorschriften (§§ 214, 225a, 226, 258, 272, 291, 301) (vgl. *Usler* MittRhNotK 1998, 21 (25); Lutter UmwG/*Hoger* Rn. 4; SHS/*Winter* Rn. 32).

5 Dass die GbR als möglicher Rechtsträger neuer Rechtsform aufgeführt wird, ist insofern bemerkenswert, als die GbR zum einen gem. Abs. 1 als formwechselnder Rechtsträger nicht in Betracht kommt, zum anderen nach dem UmwG aber auch generell an keiner anderen Art der Umwandlung beteiligt sein kann (Semler/Stengel/*Schwanna* Rn. 13). Beim Formwechsel in eine **GbR** muss der formwechselnde Rechtsträger eine KapG sein, vgl. § 226 (SHS/*Winter* Rn. 33; Semler/Stengel/*Schwanna* Rn. 13). Auch der Weg in eine **Personenhandelsgesellschaft** und in eine **PartG** steht nur KapGen als Ausgangsrechtsform offen (vgl. § 226) (Kallmeyer/*Meister/Klöcker/Berger* Rn. 7). Die PartG kann gem. § 228 Abs. 2 allerdings nur dann Rechtsträger neuer Rechtsform sein, wenn alle Anteilsinhaber die Voraussetzungen des § 1 Abs. 1 und 2 PartGG erfüllen, dh natürliche Personen sind, die einen Freien Beruf ausüben. Ein Formwechsel in eine **KapG** ist allen in Abs. 1 aufgeführten Ausgangsrechtsformen möglich (Kallmeyer/*Meister/Klöcker/Berger* Rn. 7). In eine **eG** können sich schließlich Personenhandelsgesellschaften, PartGen, KapGen und rechtsfähige Vereine im Wege des Formwechsels umwandeln (Kallmeyer/*Meister/Klöcker/Berger* Rn. 7).

6 **Nicht** in einen Formwechsel **einbezogene Rechtsträger,** weder als Ausgangs- noch als Zielrechtsform, sind etwa die Stiftung, die Erbengemeinschaft, die eheliche Gütergemeinschaft, der nicht rechtsfähige Verein, die stille Gesellschaft, die Partnerreederei und die Vorgesellschaft (*Usler* MittRhNotK 1998, 21 (25)).

7 **3. Formwechsel bei aufgelöstem Rechtsträger (Abs. 3).** Auch ein aufgelöster Rechtsträger, der eine der in Abs. 1 genannten Rechtsformen hat, kann einen Formwechsel vollziehen. Voraussetzung hierfür ist gem. Abs. 3 allerdings, dass die Fortsetzung in der bisherigen Rechtsform beschlossen werden könnte, was sich nach den Vorschriften des formwechselnden Rechtsträgers bestimmt (Kallmeyer/*Meister/Klöcker/Berger* Rn. 19; Lutter UmwG/*Hoger* Rn. 10). Ziel dieser Anforderung des Abs. 3 ist es, aufgelösten Rechtsträgern nur dann einen Formwechsel zu ermöglichen, wenn sie noch über Vermögen verfügen, welches Gläubigern als Haftungsmasse des Rechtsträgers neuer Rechtsform dienen kann (Kallmeyer/*Meister/Klöcker/Berger* Rn. 18; Lutter UmwG/*Hoger* Rn. 9; Semler/Stengel/*Schwanna* Rn. 16). Für aufgelöste Personenhandelsgesellschaften ist ferner die Einschränkung des § 214 Abs. 2 zu beachten. Wurde bereits ein Insolvenzverfahren eröffnet, kommt ein Formwechsel grundsätzlich nicht mehr in Betracht (Semler/Stengel/*Schwanna* Rn. 19; zu den Ausnahmen Lutter UmwG/*Hoger* Rn. 11). Abs. 3 gleicht in der Sache der Regelung zur Verschmelzung in § 3 Abs. 3 (→ § 3 Rn. 1 ff.).

Umwandlungsbericht

192 (1) [1]**Das Vertretungsorgan des formwechselnden Rechtsträgers hat einen ausführlichen schriftlichen Bericht zu erstatten, in dem der Formwechsel und insbesondere die künftige Beteiligung der Anteilsinhaber an dem Rechtsträger rechtlich und wirtschaftlich erläutert und begründet werden (Umwandlungsbericht).** [2]**§ 8 Abs. 1 Satz 2 bis 4 und Abs. 2 ist anzuwenden.** [3]**Der Umwandlungsbericht muß einen Entwurf des Umwandlungsbeschlusses enthalten.**

(2) [1]**Ein Umwandlungsbericht ist nicht erforderlich, wenn an dem formwechselnden Rechtsträger nur ein Anteilsinhaber beteiligt ist oder wenn alle Anteilsinhaber auf seine Erstattung verzichten.** [2]**Die Verzichtserklärungen sind notariell zu beurkunden.**

Übersicht

I. Allgemeines

1 Gemäß § 192 ist bei jedem Formwechsel unabhängig von der Rechtsform des formwechselnden Rechtsträgers grundsätzlich ein Umwandlungsbericht zu erstellen. Dieser soll den Formwechsel gegenüber den Anteilsinhabern in rechtlicher und wirtschaftlicher Hinsicht erläutern und begründen. Zweck des Umwandlungsberichtes ist folglich ausschließlich der **Schutz der Anteilsinhaber,** nicht hingegen der Schutz von Arbeitnehmern oder Gläubigern (Kallmeyer/*Meister/Klöcker/Berger* Rn. 2). Anders ist dies beim Umwandlungsbericht zum Formwechsel in eine SE, der gem. Art. 37 Abs. 4 SE-VO auch die Auswirkungen der Umwandlung auf die Arbeitnehmer erläutern muss (vgl. Lutter UmwG/*Hoger* Rn. 3); eine entsprechende Regelung enthält Art. 35 Abs. 3 SE-VO für den Formwechsel in eine Europäische Genossenschaft (SCE). Da diese Berichte aber nicht den Arbeitnehmern zuzuleiten sind, können die Anteilsinhaber auf ihre Erstellung ebenfalls verzichten (str.). Noch weitergehend ist § 122e für die grenzüberschreitende Verschmelzung, der neben der Erläuterung der Folgen für die Arbeitnehmer auch eine Darstellung der Rechtsfolgen für die Gläubiger verlangt und gem. § 122e S. 2 dem zuständigen Betriebsrat oder den Arbeitnehmern zugänglich zu machen ist. Auf den Bericht nach § 122e können die Anteilsinhaber aufgrund seines erweiterten Schutzzwecks grundsätzlich im Gegensatz zum Umwandlungsbericht nach § 192 nicht verzichten (s. dazu Semler/Stengel/*Drinhausen* § 122e Rn. 12 f.). Der Bericht gem. § 192 dient (nur) der Unterrichtung der Anteilsinhaber und soll diesen ermöglichen, auf Basis einer umfassenden Informationsgrundlage über den Formwechsel zu beschließen (vgl. *Usler* MittRhNotK 1998, 21 (27); Semler/Stengel/*Bärwaldt* Rn. 2).

II. Rechtstatsachen

2 **Beschlussmängelklagen** gegen Umwandlungsbeschlüsse stützen sich häufig auf formale oder inhaltliche Mängel des Umwandlungsberichts (vgl. ausf. Semler/Stengel/*Bärwaldt* Rn. 33 ff.). Bei der Erstellung des Umwandlungsberichts ist daher besondere Sorgfalt geboten. Die Erstellung des Umwandlungsberichts erfordert in der Praxis regelmäßig den größten Zeitaufwand bei der Vorbereitung eines Formwechsels.

III. Einzelerläuterung

3 **1. Umwandlungsbericht (Abs. 1). a) Inhalt. aa) Allgemeines.** An den Inhalt des Umwandlungsberichts stellt Abs. 1 keine konkreten, enumerativ aufgezählten Anforderungen wie etwa § 194 bezüglich des Inhalts des Umwandlungsbeschlusses. Abs. 1 schreibt lediglich vor, dass der Formwechsel und insbesondere die künftige Beteiligung der Anteilsinhaber ausführlich **rechtlich und wirtschaftlich**

erläutert und begründet werden und dass der Umwandlungsbericht einen Entwurf des Umwandlungsbeschlusses enthalten muss. Für die Praxis ergeben sich daher im Hinblick auf den Mindestinhalt des Berichts einige Unsicherheiten. Aus diesem Grund ist es empfehlenswert, im Zweifel einen umfangreicheren Bericht zu erstatten, um sich nicht mit einem unzureichenden Bericht einem erheblichen Anfechtungsrisiko (→ Rn. 2) auszusetzen (*Usler* MittRhNotK 1998, 21 (28); Semler/Stengel/*Bärwaldt* Rn. 9). Diese Vorgehensweise ist auch ratsam, weil das Gesetz – ohne konkretisierende Angaben hierzu – verlangt, dass der Umwandlungsbericht **ausführlich** (vgl. zu diesem Begriff Semler/Stengel/*Bärwaldt* Rn. 9 mwN) ist. Aus Rspr. und Lit. insbesondere zum Verschmelzungsbericht lassen sich im Einzelnen folgende inhaltliche Vorgaben herleiten (ausf. MHdB GesR VIII/*Hoger/Hoger* § 9 Rn. 12 ff.).

4 **bb) Rechtliche und wirtschaftliche Gründe.** Der Umwandlungsbericht muss die rechtlichen und wirtschaftlichen Gründe für den Formwechsel nennen (vgl. zu den in der Praxis häufigsten Gründen Lutter UmwG/*Hoger* Vor § 190 Rn. 18 ff.). In diesem Zusammenhang bieten sich einführend regelmäßig **Ausführungen zum Rechtsträger,** seiner bisherigen Entwicklung, seinem Unternehmensgegenstand, seiner Konzernstruktur, seinen Beteiligungen und seiner Geschäftstätigkeit an (Lutter UmwG/*Hoger* Rn. 16; Semler/Stengel/*Bärwaldt* Rn. 6). Denn hieraus können sich oftmals bereits Rückschlüsse auf die Gründe des Formwechsels ergeben. Bezug nehmend auf den konkreten Fall muss sodann erläutert werden, weshalb gerade ein Formwechsel in die gewählte neue Rechtsform die geeignete Maßnahme für das mit der Umwandlung verfolgte Ziel darstellt (*Usler* MittRhNotK 1998, 21 (28); SHS/*Winter* Rn. 9; Semler/Stengel/*Bärwaldt* Rn. 6). Die Darstellung abstrakter Motive genügt nicht (SHS/*Winter* Rn. 9). Die bisherige Rechtsform ist in ihren **Vor- und Nachteilen** der neuen Rechtsform **vergleichend gegenüberzustellen,** um dem Anteilsinhaber die Zweckmäßigkeit des Formwechsels zu verdeutlichen (Lutter UmwG/*Hoger* Rn. 18; Semler/Stengel/*Bärwaldt* Rn. 6). Auch mögliche Alternativen zu dem gewählten Formwechsel sind zu erläutern (Lutter UmwG/*Hoger* Rn. 19; Semler/Stengel/*Bärwaldt* Rn. 6). Letztlich muss der Anteilsinhaber in die Lage versetzt werden, die wirtschaftliche Zweckmäßigkeit des Formwechsels beurteilen zu können (Semler/Stengel/*Bärwaldt* Rn. 7). Liegen einem Formwechsel in erster Linie steuerrechtliche Erwägungen zugrunde, so ist hierauf hinzuweisen (Lutter UmwG/*Hoger* Rn. 17).

5 **cc) Rechtliche und wirtschaftliche Folgen.** Nicht nur die Gründe, sondern auch die rechtlichen und wirtschaftlichen Folgen des Formwechsels sind ausführlich zu erläutern. Zentrales Element hierbei ist die **künftige Beteiligung der Anteilsinhaber** an dem Rechtsträger in seiner neuen Rechtsform (Lutter UmwG/*Hoger* Rn. 21; Semler/Stengel/*Bärwaldt* Rn. 10). Aus dem Bericht muss deutlich hervorgehen, inwiefern sich die Rechtsstellung der Anteilsinhaber infolge der Anwendbarkeit eines neuen Rechtsregimes auf den Rechtsträger **in qualitativer Hinsicht** verändert (Lutter/*Hoger* Rn. 22; Semler/Stengel/*Bärwaldt* Rn. 10; Widmann/Mayer/*Mayer* Rn. 38). Solche Änderungen können sich zB ergeben für die Übertragbarkeit und Beleihbarkeit der Anteile, den Status von Sonderrechten, Informationsrechten und Minderheitsrechten der Anteilsinhaber, Haftungsfragen oder Geschäftsführungsbefugnisse (Kallmeyer/*Meister/Klöcker/Berger* Rn. 9; Semler/Stengel/*Bärwaldt* Rn. 10). Auch Änderungen im Kompetenzgefüge zwischen Gesellschaftsorganen und Anteilsinhabern sind zu erläutern (Lutter UmwG/*Hoger* Rn. 22). Die Rechtsbeziehungen der Anteilsinhaber untereinander und zur Gesellschaft bzw. ihren Organen sollten dabei jeweils im **Vergleich** zum bisherigen Rechtszustand dargestellt werden, damit sich den Anteilsinhabern die Veränderungen unmittelbar erschließen (Lutter UmwG/*Hoger* Rn. 22). Ferner muss auf die wirtschaftlichen Auswirkungen (steuerliche Folgen sowohl für die Gesellschaft als auch für die Anteilsinhaber, Folgen für Kapitalbeschaffungsmöglichkeiten) des Formwechsels hingewiesen werden (Lutter UmwG/*Hoger* Rn. 25f; SHS/*Winter* Rn. 11; Semler/Stengel/*Bärwaldt* Rn. 10). Schließlich sind die durch den Formwechsel entstehenden Gesamtkosten ungefähr anzugeben und zu erläutern (Lutter UmwG/*Hoger* Rn. 27). Das **quantitative Beteiligungsverhältnis** ändert sich infolge des Formwechsels idR nicht; ergeben sich doch ausnahmsweise Modifikationen (→ § 194 Rn. 7), so ist dies im Umwandlungsbericht ausführlich zu erläutern (Lutter UmwG/*Hoger* Rn. 23; SHS/*Winter* Rn. 14).

6 **dd) Erläuterung der Barabfindung.** Die **Höhe und Angemessenheit** (vgl. zur Bewertung des Rechtsträgers ausf. Lutter UmwG/*Hoger* Rn. 33 ff.) der Barabfindung, welche gem. § 207 jedem Anteilsinhaber anzubieten ist, der dem Umwandlungsbeschluss widerspricht, muss erläutert und begründet werden (BGH 18.12.2000, NJW 2001, 1425 (1426); *Usler* MittRhNotK 1998, 21 (28); Lutter UmwG/*Hoger* Rn. 29; Semler/Stengel/*Bärwaldt* Rn. 12; Widmann/Mayer/*Mayer* Rn. 44). Dies ergibt sich – mangels einer expliziten gesetzlichen Regelung wie etwa in § 8 Abs. 1 S. 1 für die Verschmelzung – mittelbar zum einen daraus, dass das Abfindungsangebot gem. § 194 Abs. 1 Nr. 6 zwingender Bestandteil des Umwandlungsbeschlusses ist, dessen Entwurf seinerseits gem. § 192 Abs. 1 S. 3 in den Umwandlungsbericht aufzunehmen ist (→ Rn. 8), zum anderen aus dem Verweis auf § 8 Abs. 1 S. 2 (→ Rn. 7), der nur für die Erläuterung des Barabfindungsangebotes Bedeutung hat (Lutter UmwG/*Hoger* Rn. 29; Semler/Stengel/*Bärwaldt* Rn. 13; Widmann/Mayer/*Mayer* Rn. 44). Der Umwandlungsbericht muss darlegen, wie und nach welchen Grundsätzen der Rechtsträger bewertet und die Abfin-

dung ermittelt wurde, sowie die Angemessenheit von Bewertung und Abfindung begründen (Lutter UmwG/*Hoger* Rn. 29 ff.). Die Erläuterungen müssen den Anteilseignern eine Plausibilitätskontrolle ermöglichen (Lutter UmwG/*Hoger* Rn. 31). Eine unzureichende Erläuterung des Barabfindungsangebotes im Umwandlungsbericht kann nicht im Wege einer Beschlussmängelklage, sondern nur über das Spruchverfahren gerügt werden (str., → § 195 Rn. 5).

ee) Verweis ins Verschmelzungsrecht (Abs. 1 S. 2). Wegen des Verweises in § 192 Abs. 1 S. 2 auf die verschmelzungsrechtlichen Vorschriften in § 8 Abs. 1 S. 24 und Abs. 2 muss auf besondere **Schwierigkeiten bei der Bewertung des Rechtsträgers** sowie auf die Folgen für die Beteiligung der Anteilsinhaber hingewiesen werden (§ 8 Abs. 1 S. 2, vgl. hierzu die Kommentierung zu § 8 → § 8 Rn. 1 ff.). Ferner sind Angaben über alle für den Formwechsel wesentlichen Angelegenheiten von gem. § 15 AktG mit dem Rechtsträger **verbundenen Unternehmen** zu machen (§ 8 Abs. 1 S. 3, vgl. hierzu die Kommentierung zu § 8 → § 8 Rn. 1 ff.). Dabei müssen Tatsachen, deren Bekanntwerden geeignet ist, dem formwechselnden Rechtsträger oder einem verbundenen Unternehmen einen **nicht unerheblichen Nachteil** zuzufügen, nicht in den Bericht aufgenommen werden (§ 8 Abs. 2 S. 1); die Gründe hierfür sind allerdings darzulegen (§ 8 Abs. 2 S. 2). 7

ff) Entwurf des Umwandlungsbeschlusses (Abs. 1 S. 3). Der Umwandlungsbericht hat gem. Abs. 1 S. 3 einen **Entwurf des Umwandlungsbeschlusses** zu enthalten. Auch dieser bedarf – soweit er aus sich heraus nicht verständlich ist (Kallmeyer/*Meister/Klöcker/Berger* Rn. 16; Widmann/Mayer/*Mayer* Rn. 37) – der rechtlichen und wirtschaftlichen Erläuterung und Begründung (SHS/*Winter* Rn. 10; Semler/Stengel/*Bärwaldt* Rn. 20). Die Erläuterung des Umwandlungsbeschlusses im Umwandlungsbericht ist zu empfehlen. Sie sollte dem Aufbau des § 194 Abs. 1 folgen (Widmann/Mayer/*Mayer* Rn. 37). Beim Formwechsel in eine KapG, eG oder PartG enthält der Umwandlungsbeschluss **Entwürfe des Gesellschaftsvertrags oder der Satzung** des Rechtsträgers neuer Rechtsform (§ 218 Abs. 1, §§ 225c, 234 Nr. 3, §§ 243, 253 Abs. 1, § 263 Abs. 1, § 276 Abs. 1, § 285 Abs. 1, § 294 Abs. 1, § 302) (Semler/Stengel/*Bärwaldt* Rn. 4.). Auch diese sind zu erläutern (Widmann/Mayer/*Mayer* Rn. 40). 8

b) Form. Der Umwandlungsbericht muss **schriftlich** iSd § 126 BGB erstattet werden. Nur das Original ist zu unterzeichnen, nicht hingegen Kopien und Druckexemplare; auf letzteren ist vielmehr etwa der Hinweis „Der Vorstand" ausreichend (Kallmeyer/*Meister/Klöcker/Berger* Rn. 38; Semler/Stengel/*Bärwaldt* Rn. 22). Es genügt nach Ansicht des BGH und einer im Vordringen befindlichen Meinung in der Lit., wenn der Bericht von Mitgliedern des Vertretungsorgans **in vertretungsberechtigter Anzahl unterzeichnet** wird (BGH 21.5.2007, NJW-RR 2007, 1409 Rn. 27; *Müller* NJW 2000, 2001 (2002); (jeweils bez. Verschmelzungsbericht); Kallmeyer/*Meister/Klöcker/Berger* Rn. 38; SHS/*Stratz* Rn. 4; Widmann/Mayer/*Mayer* Rn. 25; Lutter UmwG/*Hoger* Rn. 5; aA (noch ohne Berücksichtigung des BGH-Urteils) *Usler* MittRhNotK 1998, 21 (29); Semler/Stengel/*Bärwaldt* Rn. 22 Fn. 73). Dem ist zuzustimmen. Die Unterzeichnung muss den Entwurf des Umwandlungsbeschlusses mit erfassen (Kallmeyer/*Meister/Klöcker/Berger* Rn. 38; Semler/Stengel/*Bärwaldt* Rn. 22). 9

c) Berichtspflichtige Personen. Der Bericht ist nicht von dem formwechselnden Rechtsträger, sondern von dessen **Vertretungsorgan** zu erstatten. Berichtspflichtig ist unabhängig von der Ausgestaltung der Vertretungsmacht und der Frage, wer den Bericht unterzeichnet (→ Rn. 9), das gesamte Vertretungsorgan. Für jedes Organmitglied besteht eine Mitwirkungspflicht (Kallmeyer/*Meister/Klöcker/Berger* Rn. 37; Semler/Stengel/*Bärwaldt* Rn. 21). Da der Umwandlungsbericht keine Willens-, sondern eine Wissenserklärung ist, ist eine rechtsgeschäftliche Vertretung von Organmitgliedern unzulässig (Kallmeyer/*Meister/Klöcker/Berger* Rn. 36; SHS/*Winter* Rn. 4; Semler/Stengel/*Bärwaldt* Rn. 21). Die Verhältnisse des Rechtsträgers und die Beziehungen zu mit ihm verbundenen Unternehmen müssen richtig wiedergegeben und dürfen nicht verschleiert werden, andernfalls droht gem. § 313 Abs. 1 Nr. 1 eine Strafe. 10

2. Entbehrlichkeit des Umwandlungsberichts (Abs. 2). Die Erstattung eines Umwandlungsberichtes kann gem. Abs. 2 S. 1 unterbleiben, wenn an dem formwechselnden Rechtsträger nur ein Anteilsinhaber beteiligt ist oder wenn alle Anteilsinhaber auf seine Erstattung verzichten. Ferner ist der Umwandlungsbericht gem. § 215 entbehrlich, wenn bei einer Personengesellschaft alle Gesellschafter der formwechselnden Gesellschaft zur Geschäftsführung berechtigt sind (vgl. hierzu die Kommentierung zu § 215 → § 215 Rn. 1 ff.). Der **Alleingesellschafter** bedarf wegen seiner beherrschenden Stellung nicht der Information durch den Umwandlungsbericht (Semler/Stengel/*Bärwaldt* Rn. 31); der ausdrückliche Verzicht wäre eine überflüssige Formalie. Gibt es mehrere Anteilsinhaber, sind hingegen ausdrückliche Verzichtserklärungen aller Anteilsinhaber erforderlich, auch wenn diese jeweils zu 100 % von einem Dritten beherrscht werden oder wenn die Anteilsinhaber ihre Anteile gepoolt oder einen Stimmbindungsvertrag geschlossen haben (Semler/Stengel/*Bärwaldt* Rn. 32; Widmann/Mayer/*Mayer* Rn. 24). Der **Verzicht** muss von allen Anteilsinhabern in notariell beurkundeter Form (Abs. 2 S. 2) erklärt werden. Er ist gegenüber dem Vertretungsorgan des Rechtsträgers zu erklären. Die Beurkun- 11 dungspflicht ist nicht abdingbar. Die beurkundete Verzichtserklärung wird idR bei der Beurkundung des Umwandlungsbeschlusses abgegeben, kann aber in zeitlichem Zusammenhang schon zuvor erklärt werden und ist auch nachträglich **bis zur Anmeldung** des Formwechsels zur Eintragung in das Handelsregister möglich. Durch die Eintragung des Formwechsels werden Mängel der notariellen Beurkundung geheilt (§ 202 Abs. 1 Nr. 3).

IV. Abdingbarkeit

12 § 192 ist **zwingend** (Kallmeyer/*Meister/Klöcker/Berger* Rn. 3). Gesellschaftsverträge oder Satzungen können keine generell hiervon abweichende Reglungen festlegen. Ein Verzicht ist zwar gem. Abs. 2 S. 2 durch alle Anteilsinhaber in notariell beurkundeter Form möglich (→ Rn. 11). Dies gilt aber jeweils nur im Hinblick auf einen konkreten Formwechsel; ein genereller Verzicht auf den Umwandlungsbericht für mögliche künftige Formwechsel ist unzulässig. Die Festlegung zusätzlicher Anforderungen an den Umwandlungsbericht ist hingegen zulässig, da § 192 insoweit keine abschließende Regelung trifft (Kallmeyer/*Meister/Klöcker/Berger* Rn. 3).

Umwandlungsbeschluß

193 **(1) [1] Für den Formwechsel ist ein Beschluß der Anteilsinhaber des formwechselnden Rechtsträgers (Umwandlungsbeschluß) erforderlich. [2] Der Beschluß kann nur in einer Versammlung der Anteilsinhaber gefaßt werden.**

(2) Ist die Abtretung der Anteile des formwechselnden Rechtsträgers von der Genehmigung einzelner Anteilsinhaber abhängig, so bedarf der Umwandlungsbeschluß zu seiner Wirksamkeit ihrer Zustimmung.

(3) [1] Der Umwandlungsbeschluß und die nach diesem Gesetz erforderlichen Zustimmungserklärungen einzelner Anteilsinhaber einschließlich der erforderlichen Zustimmungserklärungen nicht erschienener Anteilsinhaber müssen notariell beurkundet werden. [2] Auf Verlangen ist jedem Anteilsinhaber auf seine Kosten unverzüglich eine Abschrift der Niederschrift des Beschlusses zu erteilen.

Übersicht

I. Allgemeines

1 Als **allgemeine Vorschrift** ordnet § 193 **Abs. 1** für alle Umwandlungen einen förmlichen **Beschluss** der Anteilsinhaber der formwechselnden Gesellschaft an, der in einer **Versammlung** der Anteilsinhaber zu fassen ist. Die Versammlung soll durch die Möglichkeit von Rede und Gegenrede ein höchstmögliches Informationsniveau zugunsten der Anteilsinhaber sicherstellen (Semler/Stengel/*Bärwaldt* Rn. 1). § 193 entspricht weitgehend § 13 für die Verschmelzung. Der Inhalt des Umwandlungsbeschlusses selbst wird von § 194 festgelegt. Der Beschluss tritt beim Formwechsel an die Stelle des Verschmelzungs- (§ 4) oder Spaltungsvertrags (§ 126) bzw. des Spaltungsplans (§ 136), die es in dieser Form beim Formwechsel nach den §§ 190 ff. nicht gibt. Beim Formwechsel einer AG in eine SE sowie einer eG in eine SCE ist hingegen jeweils ein Umwandlungsplan zu erstellen, dem die Anteilsinhaber zustimmen müssen (Art. 37 Abs. 4 und Abs. 7 SE-VO sowie Art. 35 Abs. 3 und Abs. 6 SCE-VO). Gegenstand des Umwandlungsbeschlusses ist daher beim Formwechsel nach den §§ 190 ff. nicht die Zustimmung zu einem zuvor aufgestellten Vertrag oder Plan, sondern die unmittelbare Beschlussfassung über die Einzelheiten des Formwechsels, die nach § 194 in der Beschlussvorlage selbst enthalten sein müssen. Hinzu kommen rechtsformspezifische Inhalte, die in den besonderen Formwechselvorschriften geregelt sind. **Abs. 2** enthält eine Sonderregelung, falls Anteile des formwechselnden Rechtsträgers vinkuliert sind. **Abs. 3** statuiert für den Beschluss das strenge Formerfordernis der notariellen Beur-

kundung (S. 1) und gibt jedem Anteilsinhaber das Recht, Abschriften der Beschlussniederschrift zu verlangen (S. 2).

II. Einzelerläuterung

1. Förmlicher Beschluss der Anteilsinhaber (Abs. 1). a) Regelungsgehalt. Abs. 1 ordnet zwingend (→ Rn. 12) die Beschlussfassung in einer förmlichen Versammlung an. Weder ist ein **Umlaufverfahren** noch eine Übertragung der Beschlussfassung auf andere Gesellschaftsorgane möglich (Semler/Stengel/*Bärwaldt* Rn. 8). Die besonderen Vorschriften lassen allerdings in bestimmten Fällen – wenn der Formwechsel die Zustimmung aller Anteilsinhaber erfordert – die Zustimmungserteilung durch abwesende Anteilsinhaber außerhalb der Gesellschafterversammlung zu (vgl. § 217 Abs. 1 S. 1, §§ 225c, 233 Abs. 1). 2

b) Vorbereitung der Versammlung. Der normative Rahmen für die Vorbereitung der Versammlung ergibt sich aus den für den formwechselnden Rechtsträger einschlägigen Gesetzen (zB HGB/GmbHG/AktG) sowie den Sonderregelungen der §§ 214–304. Auch für die Durchführung der Versammlung sind primär die rechtsträgerspezifischen Gesetze bestimmend. Nur in Einzelfragen (insbesondere bei den Mehrheitserfordernissen) sehen die besonderen Formwechselvorschriften Abweichungen vor. In allen Fällen des Formwechsels (vgl. §§ 216, 230 Abs. 1, §§ 231, 238, 251, 260, 274, 283 Abs. 1, § 292 Abs. 1) ist den Anteilsinhabern mit der Ladung zur Versammlung grundsätzlich ein Umwandlungsbericht (§ 192) samt einem Entwurf des Umwandlungsbeschlusses (§ 192 S. 3) und einem etwaigen Barabfindungsangebot (§ 194 Abs. 1 Nr. 6) zu übersenden (zur Entbehrlichkeit des Umwandlungsberichts vgl. § 192 Abs. 2 und → § 192 Rn. 11, zum Verzicht auf ein Barabfindungsangebot → § 194 Rn. 11). 3

c) Durchführung der Versammlung. Zur Abstimmung sind bei Personen(handels)gesellschaften grundsätzlich alle Anteilsinhaber berechtigt, auch Gesellschafter, die stimmrechtslose Anteile halten (Semler/Stengel/*Bärwaldt* Rn. 9 mwN). Bei **Inhabern stimmrechtsloser Anteile** von KapGen ist dagegen anzunehmen, dass der Stimmrechtsausschluss auch iRd UmwG gilt (Kallmeyer/*Zimmermann* Rn. 4; Semler/Stengel/*Bärwaldt* Rn. 9; s. auch § 240 Abs. 1 S. 1, § 65 Abs. 2). Etwas anderes gilt nur, wenn sich infolge des Formwechsels die Haftungsform ändert, also die beschränkte in eine unbeschränkte Haftung übergeht oder umgekehrt und das UmwG deshalb ausdrücklich die Zustimmung aller Anteilsinhaber verlangt (etwa § 233 Abs. 1; → § 233 Rn. 2). Die Anteilsinhaber können sich durch **Bevollmächtigte** vertreten lassen (*Melchior* GmbHR 1999, 520; Lutter UmwG/*Hoger* Rn. 4; SHS/*Winter* Rn. 8). Welche Form die Vollmacht haben muss, ist umstritten (Übersicht bei Widmann/Mayer/*Vollrath* Rn. 24 ff.). Grundsätzlich muss von § 167 BGB ausgegangen werden, wonach eine besondere Form der Vollmacht nicht erforderlich ist (ähnlich Lutter UmwG/*Hoger* Rn. 4; Semler/Stengel/*Bärwaldt* Rn. 12; Widmann/Mayer/*Vollrath* Rn. 24). Aus dem jeweils anwendbaren Gesellschaftsrecht der Ausgangsrechtsform und dem gem. § 197 anzuwendenden Gründungsrecht der Zielrechtsform kann sich aber etwas anderes ergeben. 4

Die **erforderlichen Mehrheitsverhältnisse** richten sich nach den Vorschriften des Zweiten Teils (vgl. hierzu die Tabelle bei Semler/Stengel/*Bärwaldt* Rn. 11). Der Umwandlungsbeschluss entspricht inhaltlich grundsätzlich dem Beschlussentwurf, der gem. § 192 Abs. 1 S. 3 Bestandteil des Umwandlungsberichts war. Er kann aber auch noch **während der Versammlung geändert** werden (SHS/*Winter* Rn. 4; Semler/Stengel/*Bärwaldt* Rn. 10). Dies gilt allerdings nicht hinsichtlich der die Arbeitnehmer betreffenden Regelungen, falls der Entwurf des Beschlusses vorab dem Betriebsrat gem. § 194 Abs. 2 zugeleitet werden musste (zum Zuleitungserfordernis → § 194 Rn. 14). Soll ein einmal gefasster Umwandlungsbeschluss **rückgängig gemacht** werden, so kann er mit einfacher Mehrheit (Semler/Stengel/*Bärwaldt* Rn. 1; Lutter UmwG/*Hoger* Rn. 28, jew. mwN; etwas anderes gilt bei abweichenden Regelungen im Gesellschaftsstatut) durch (formfreien) Beschluss aufgehoben werden. Ein wirksamer, nicht aufgehobener Umwandlungsbeschluss verpflichtet das Vertretungsorgan, die Eintragung herbeizuführen und alles zu unternehmen, was für das Wirksamwerden des Formwechsels erforderlich ist (Semler/Stengel/*Bärwaldt* Rn. 1). 5

2. Gesondertes Zustimmungserfordernis (Abs. 2). Hängt die Übertragung von Anteilen an dem formwechselnden Rechtsträger von der Zustimmung einzelner Anteilsinhaber ab, wird gem. Abs. 2 auch der Umwandlungsbeschluss nur wirksam, wenn diese Anteilsinhaber zustimmen. Wie § 13 Abs. 2 bei der Verschmelzung ist § 193 Abs. 2 Ausdruck des in § 35 BGB kodifizierten allgemeinen Rechtsgedankens, dass Sonderrechte eines Anteilsinhabers nicht ohne dessen Zustimmung beeinträchtigt werden dürfen (RegBegr. BT-Drs. 12/6699, 139). 6

a) Voraussetzungen des Zustimmungserfordernisses. Die Abtretung der Anteile muss von der **Genehmigung oder Einwilligung** (entgegen dem Wortlaut von Abs. 2 ist nicht nur die Genehmigung erfasst, also die nachträgliche Zustimmung gem. § 184 Abs. 1 BGB, sondern gleichfalls die Einwilligung, also die vorherige Zustimmung gem. § 183 S. 1 BGB, vgl. Semler/Stengel/*Bärwaldt* 7

Rn. 18 Fn. 59) einzelner oder aller Anteilsinhaber abhängig und das Zustimmungserfordernis muss entweder an den Anteil selbst oder dessen Inhaber geknüpft sein (Lutter UmwG/*Hoger* Rn. 14; Semler/Stengel/*Bärwaldt* Rn. 20 ff.). Bei der Eingrenzung der denkbaren Anwendungsfälle muss nach Sinn und Zweck der Norm immer maßgebend sein, ob **echte Sonderrechte** vorliegen und deren Inhaber schützenswert sind. Ein echtes Sonderrecht besteht zB auch, wenn die Abtretung von der Zustimmung aller Anteilsinhaber abhängig ist und für den Beschluss alle vorhandenen (nicht nur die abgegebenen) Stimmen nötig sind (Lutter UmwG/*Hoger* Rn. 15; Semler/Stengel/*Bärwaldt* Rn. 22). Soweit das Statut den Ausschluss der Abtretbarkeit vorsieht, ist dies nur dann ein Fall von Abs. 2, wenn die Aufhebung der Klausel der Zustimmung aller Gesellschafter unterliegt (Lutter UmwG/*Hoger* Rn. 15). Auch ist der Zweck der Norm (Schutz der Sonderrechtsinhaber) nicht berührt, wenn die Vinkulierung im Zielrechtsträger erhalten bleibt; insoweit ist Abs. 2 teleologisch zu reduzieren (Lutter UmwG/*Hoger* Rn. 12). Der Zustimmungsvorbehalt muss im Gesellschaftsvertrag oder der Satzung des formwechselnden Rechtsträgers niedergelegt sein (SHS/*Winter* Rn. 17; zur Praxisrelevanz Lutter UmwG/*Hoger* Rn. 12 ff.). Nicht von Abs. 2 erfasst sind daher schuldrechtliche Vereinbarungen oder Vorkaufsrechte (Lutter/*Hoger* Rn. 19, 21; SHS/*Winter* Rn. 17 f.; Semler/Stengel/*Bärwaldt* Rn. 25). Unabhängig von Abs. 2 ergeben sich **weitere Zustimmungserfordernisse** aus den besonderen Formwechselvorschriften (Überblick bei Lutter UmwG/*Hoger* Rn. 24 ff.).

8 **b) Zustimmung.** Die Zustimmungserklärung ist notariell zu beurkunden; auch diesbezüglich gilt Abs. 3 S. 1 (hM). Dies kann innerhalb der Anteilseignerversammlung geschehen (Lutter UmwG/*Hoger* Rn. 22). Die Erklärung ist gegenüber dem formwechselnden Rechtsträger abzugeben (nicht gegenüber anderen Anteilsinhabern), kann durch einen Boten überbracht werden (Lutter UmwG/*Hoger* Rn. 22; Semler/Stengel/*Bärwaldt* Rn. 27) und ist bis zur Beschlussfassung formlos widerruflich (SHS/*Winter* Rn. 19; Semler/Stengel/*Bärwaldt* Rn. 27). Für die Abgabe der Erklärung kann eine Frist gesetzt werden; ein Anspruch auf Erteilung der Zustimmung besteht aber grundsätzlich nicht (Semler/Stengel/*Bärwaldt* Rn. 27; einschr. für den Fall einer besonderen Treueverpflichtung SHS/*Winter* Rn. 19; Kallmeyer/*Zimmermann* Rn. 24). Bis zur Zustimmung der von Abs. 2 erfassten Anteilsinhaber ist der Umwandlungsbeschluss **schwebend unwirksam** (Lutter UmwG/*Hoger* Rn. 23; SHS/*Winter* Rn. 20; Semler/Stengel/*Bärwaldt* Rn. 27).

9 **3. Form des Umwandlungsbeschlusses (Abs. 3 S. 1).** Der Umwandlungsbeschluss ist nach §§ 36 ff. BeurkG zu beurkunden. Für gesonderte Zustimmungserklärungen einzelner Anteilsinhaber gelten §§ 8 ff. BeurkG. Die von Abs. 3 S. 1 in Bezug genommenen Zustimmungserfordernisse nach „diesem Gesetz" meinen sowohl das Zustimmungserfordernis nach Abs. 2 als auch Zustimmungserfordernisse nach den besonderen Vorschriften (etwa § 217 Abs. 3, § 233 Abs. 2 S. 1 Hs. 2, S. 3 und Abs. 3 S. 1, § 240 Abs. 2 S. 1 und Abs. 3 S. 1, §§ 241, 242, 252 Abs. 2 S. 1 Hs. 2 und Abs. 3, § 262 Abs. 2, § 275 Abs. 3, § 303 Abs. 2 S. 1).

10 **4. Abschriftenerteilung (Abs. 3 S. 2).** Jedem Anteilsinhaber gewährt Abs. 3 S. 2 einen Anspruch auf Erteilung von Abschriften des Umwandlungsbeschlusses, der nach Geltendmachung durch den Anteilsinhaber unverzüglich, dh ohne schuldhaftes Zögern (§ 121 Abs. 1 S. 1 BGB), erfüllt werden muss. Der Anspruch besteht gegenüber dem formwechselnden Rechtsträger (nicht gegenüber dem Notar, allgM) und die Erfüllung erfolgt auf Kosten des jeweiligen Anteilsinhabers, der die Abschrift verlangt hat.

11 **5. Mängel des Umwandlungsbeschlusses.** Eine allgemeine **materielle Beschlusskontrolle** wurde vom Gesetzgeber für den Formwechsel bewusst nicht statuiert (RegBegr. BT-Drs. 12/6699, 139 iVm 86). Im Einzelfall kann aber ein individueller Rechtsmissbrauch Gegenstand einer Kontrolle sein (Lutter UmwG/*Hoger* Rn. 9). Die Eintragung des Formwechsels im Handelsregister führt zu seiner Wirksamkeit (§ 202 Abs. 3) und lässt sich ex post nicht mehr rückgängig machen (nur in krassen Ausnahmefällen wird eine Rückabwicklung für möglich gehalten, → § 202 Rn. 16.). Fehler im Zusammenhang mit der Beurkundung – sowohl des Umwandlungsbeschlusses als auch zu beurkundender Zustimmungs- und Verzichtserklärungen – werden nach § 202 Abs. 1 Nr. 3 geheilt (→ § 202 Rn. 12). Die Heilungswirkung erfasst allerdings nicht sonstige Mängel der Beschlussfassung oder fehlende bzw. aus anderen Gründen fehlerhafte Zustimmungserklärungen (→ § 202 Rn. 15 f.). Da solche Fehler zwar nach der Eintragung in das Handelsregister die Wirksamkeit des Formwechsels nicht beeinträchtigen (vgl. § 202 Abs. 3), gleichwohl aber formal nicht geheilt werden, können hieran Schadensersatzansprüche nach §§ 205 und 206 geknüpft werden (→ § 205 Rn. 1 ff. und → § 206 Rn. 1 ff.).

III. Abdingbarkeit

12 Die Zuweisung der Kompetenz für die Fassung des Umwandlungsbeschlusses an die Anteilsinhaberversammlung gem. Abs. 1 ist aufgrund der Bedeutung der Entscheidung **zwingend** und kann nicht gesellschaftsvertraglich abgeändert oder aufgehoben werden (Semler/Stengel/*Bärwaldt* Rn. 8). Auch eine Übertragung der Zuständigkeit auf ein anderes Organ durch Beschluss der Anteilsinhaberversamm-

lung ist nicht möglich. Allerdings können die Anteilsinhaber auf die Einhaltung der formalen Vorgaben für die Vorbereitung und Durchführung der Versammlung, insbesondere die Einhaltung der entsprechenden Informationspflichten – selbstverständlich aber nicht auf die Durchführung der Versammlung selbst (vgl. *Schöne/Arens* WM 2012, 381 (383)) –, bei Einstimmigkeit verzichten.

Inhalt des Umwandlungsbeschlusses

194 (1) **In dem Umwandlungsbeschluß müssen mindestens bestimmt werden:**

1. die Rechtsform, die der Rechtsträger durch den Formwechsel erlangen soll;
2. der Name oder die Firma des Rechtsträgers neuer Rechtsform;
3. eine Beteiligung der bisherigen Anteilsinhaber an dem Rechtsträger nach den für die neue Rechtsform geltenden Vorschriften, soweit ihre Beteiligung nicht nach diesem Buch entfällt;
4. Zahl, Art und Umfang der Anteile oder der Mitgliedschaften, welche die Anteilsinhaber durch den Formwechsel erlangen sollen oder die einem beitretenden persönlich haftenden Gesellschafter eingeräumt werden sollen;
5. die Rechte, die einzelnen Anteilsinhabern sowie den Inhabern besonderer Rechte wie Anteile ohne Stimmrecht, Vorzugsaktien, Mehrstimmrechtsaktien, Schuldverschreibungen und Genußrechte in dem Rechtsträger gewährt werden sollen, oder die Maßnahmen, die für diese Personen vorgesehen sind;
6. ein Abfindungsangebot nach § 207, sofern nicht der Umwandlungsbeschluß zu seiner Wirksamkeit der Zustimmung aller Anteilsinhaber bedarf oder an dem formwechselnden Rechtsträger nur ein Anteilsinhaber beteiligt ist;
7. die Folgen des Formwechsels für die Arbeitnehmer und ihre Vertretungen sowie die insoweit vorgesehenen Maßnahmen.

(2) **Der Entwurf des Umwandlungsbeschlusses ist spätestens einen Monat vor dem Tage der Versammlung der Anteilsinhaber, die den Formwechsel beschließen soll, dem zuständigen Betriebsrat des formwechselnden Rechtsträgers zuzuleiten.**

Übersicht

I. Allgemeines

Abs. 1 legt den **zwingenden Mindestinhalt** des Umwandlungsbeschlusses fest. Ein Verzicht auf die 1
vorgeschriebenen Angaben ist grundsätzlich nicht zulässig (Kallmeyer/*Meister/Klöcker/Berger* Rn. 4). In der Praxis sollten daher im Umwandlungsbeschluss alle in Abs. 1 genannten Angaben zumindest angesprochen werden, ggf. in Form einer Negativerklärung (Lutter UmwG/*Hoger* Rn. 2; Semler/Stengel/*Bärwaldt* Rn. 1). Abs. 1 stellt klar („mindestens"), dass weitere Bestimmungen im Umwandlungsbeschluss enthalten sein können (vgl. hierzu Semler/Stengel/*Bärwaldt* Rn. 34 ff.). Weitere Anforderungen an den Mindestinhalt des Umwandlungsbeschlusses können sich aus den Besonderen Vorschriften ergeben (→ Rn. 13). **Abs. 2** bestimmt, dass der **Entwurf des Umwandlungsbeschlusses** spätestens einen Monat vor der über den Formwechsel beschließenden Anteilsinhaberversammlung dem zuständigen Betriebsrat des formwechselnden Rechtsträgers zuzuleiten ist. Der Entwurf des Umwandlungsbeschlusses ist ferner Bestandteil des gem. § 192 zu erstattenden Umwandlungsberichts (§ 192 Abs. 1 S. 3).

Funktional betrachtet ähnelt der Entwurf des Umwandlungsbeschlusses dem Verschmelzungsvertrag 2
(§ 5) sowie dem Spaltungs- und Übernahmevertrag (§ 126) bzw. Spaltungsplan (§ 136) (Kallmeyer/*Meister/Klöcker/Berger* Rn. 7). **Zweck des Umwandlungsbeschlusses** bzw. seines Entwurfs und der an ihn in Abs. 1 gestellten inhaltlichen Anforderungen ist es, einerseits die Anteilsinhaber über die

wesentlichen Bedingungen des Formwechsels zu informieren, andererseits als schriftlich fixierter Organisationsakt zu fungieren, der die rechtlich-organisatorische Grundlage des Formwechsels bildet (vgl. Widmann/Mayer/*Vollrath* Rn. 1).

II. Einzelerläuterung

3 **1. Zielrechtsform (Nr. 1).** Aus dem Umwandlungsbeschluss muss zum einen deutlich hervorgehen, welche Rechtsform der Rechtsträger nach dem Formwechsel haben soll. Zum anderen ist kenntlich zu machen, dass es sich um einen Rechtsformwechsel handelt, wobei das Wort „Formwechsel" nicht verwendet werden muss (Kallmeyer/*Meister/Klöcker/Berger* Rn. 13; Lutter UmwG/*Hoger* Rn. 4; Semler/Stengel/*Bärwaldt* Rn. 5).

4 **2. Name oder Firma (Nr. 2).** Der Umwandlungsbeschluss muss **Namen oder Firma** des Rechtsträgers neuer Rechtsform nennen. § 200 enthält dazu weitere Regelungen. Welche Vorgaben im Einzelnen für die Bezeichnung des Rechtsträgers neuer Rechtsform gelten, ist den jeweiligen Spezialgesetzen zu entnehmen. Beim Formwechsel in eine GbR erlischt die Firma des formwechselnden Rechtsträgers (§ 200 Abs. 5).

5 **3. Beteiligung der Anteilsinhaber (Nr. 3).** Ebenfalls zum Mindestinhalt des Umwandlungsbeschlusses gehört nach Abs. 1 Nr. 3 eine Bestimmung über die Beteiligung der bisherigen Anteilsinhaber an dem Rechtsträger nach den für die neue Rechtsform geltenden Vorschriften, soweit ihre Beteiligung nicht nach den Vorschriften über den Formwechsel entfällt. Hierfür müssen jedoch nicht alle bisherigen Anteilsinhaber namentlich unter Angabe ihrer Beteiligungen aufgeführt werden (Semler/Stengel/*Bärwaldt* Rn. 7). **Zweck** der Vorschrift ist lediglich, die Identität des an dem Umwandlungsvorgang beteiligten Personenkreises zum Ausdruck zu bringen (RegBegr. BT-Drs. 12/6699, 140). Entsprechend dem Grundsatz der Identität der Beteiligungen (→ § 202 Rn. 6 ff.) ist demgemäß nur mitzuteilen, dass die bisherigen Anteilsinhaber auch künftig am Rechtsträger neuer Rechtsform beteiligt sind (Kallmeyer/*Meister/Klöcker/Berger* Rn. 25; Lutter UmwG/*Hoger* Rn. 6). Abs. 1 Nr. 3 betrifft damit nur das „Ob", während das „Wie" der Beteiligung in Abs. 1 Nr. 4 geregelt ist (Lutter UmwG/*Hoger* Rn. 6). Ein Hinausdrängen von Anteilsinhabern kraft Formwechsels kommt grundsätzlich nicht in Betracht (Kallmeyer/*Meister/Klöcker/Berger* Rn. 24). Durch den letzten Hs. „soweit ihre Beteiligung nicht nach diesem Buch entfällt" macht das Gesetz in Abs. 1 Nr. 3 allerdings deutlich, dass es aufgrund bestimmter auf den Rechtsträger anwendbarer Normen im Zuge des Formwechsels zum Ausscheiden von Anteilsinhabern kommen kann, so etwa beim Komplementär einer formwechselnden KGaA (§ 233 Abs. 3 S. 3, § 247 Abs. 2, § 255 Abs. 3) oder bei Mitgliedern eines VVaG, die dem in eine AG formwechselnden Verein weniger als drei Jahre angehören (§ 294 Abs. 1 S. 2; vgl. ferner SHS/*Winter* Rn. 6; Semler/Stengel/*Bärwaldt* Rn. 8). Weitgehend ungeklärt ist, ob außerhalb dieser gesetzlich geregelten Fälle ein (freiwilliger) Austritt bisheriger Anteilsinhaber bzw. ein Eintritt neuer Anteilsinhaber im Zuge des Formwechsels möglich ist (vgl. dazu Lutter UmwG/*Hoger* § 202 Rn. 12; Semler/Stengel/*Bärwaldt* Rn. 8 ff.). Der Beitritt einer Komplementär-GmbH im Zuge des Formwechsels einer KapG in eine GmbH & Co. KG ist nach zutreffender Auffassung des BGH zulässig (BGH 9.5.2005, NZG 2005, 722 (723)), was für die Praxis erhebliche Erleichterungen mit sich bringt.

6 **4. Einzelheiten zu den Anteilen (Nr. 4).** Nach Abs. 1 Nr. 4 sind **Zahl, Art und Umfang** der Anteile oder Mitgliedschaften, welche die Anteilsinhaber in der neuen Rechtsform erlangen sollen, im Umwandlungsbeschluss festzusetzen. Da die Anteilsinhaber des formwechselnden Rechtsträgers gem. § 202 Abs. 1 Nr. 2 an dem Rechtsträger „nach den für die neue Rechtsform geltenden Vorschriften" beteiligt werden, ändert sich die konkrete Ausgestaltung der Mitgliedschaft am Rechtsträger infolge des Formwechsels (Semler/Stengel/*Bärwaldt* Rn. 12). Abs. 1 Nr. 4 erfordert daher Angaben im Umwandlungsbeschluss, wie die Beteiligung der Anteilsinhaber am Rechtsträger neuer Rechtsform **qualitativ und quantitativ** ausgestaltet ist (*Usler* MittRhNotK 1998, 21 (30)). Wird dem Umwandlungsbeschluss ein Gesellschaftsvertrag oder eine Satzung angefügt und ergeben sich hieraus Zahl, Art und Umfang der Anteile oder Mitgliedschaften, so genügt im Umwandlungsbeschluss ein entsprechender Verweis (RegBegr. BT-Drs. 12/6699, 140).

7 **a) Zahl und Umfang.** Zahl und Umfang der Anteile oder Mitgliedschaften am Rechtsträger in seiner neuen Rechtsform müssen im Umwandlungsbeschluss bestimmt sein. In den meisten Fällen werden die Beteiligungsquoten bei dem Rechtsträger neuer Rechtsform den bisherigen Quoten bei dem formwechselnden Rechtsträger entsprechen (verhältniswahrender Formwechsel). Der nicht verhältniswahrende Formwechsel ist allerdings zulässig, auch wenn es im Gesetz – anders als bei der Spaltung (§ 128) – hierzu keine Regelung gibt (Kallmeyer/*Meister/Klöcker/Berger* Rn. 34; Lutter UmwG/*Hoger* Rn. 13; Semler/Stengel/*Bärwaldt* Rn. 18). Voraussetzung ist die Zustimmung der betroffenen Anteilsinhaber (Kallmeyer/*Meister/Klöcker/Berger* Rn. 34; Semler/Stengel/*Bärwaldt* Rn. 18; *Veil* DB 1996, 2529 ff.). Beim Formwechsel **in eine GmbH** ist die Übernahme mehrerer Geschäftsanteile nach der Neufassung des § 5 Abs. 2 GmbHG ausdrücklich möglich. Der diesbezügliche Streit um die Anwend-

barkeit des § 5 Abs. 2 GmbHG aF ist damit hinfällig (vgl. hierzu Semler/Stengel/*Bärwaldt,* 2. Aufl. 2007, Rn. 13). In bestimmten Formwechselkonstellationen kann es zu besonderen Anforderungen kommen. So muss beim Formwechsel einer KapG in eine Personengesellschaft etwa die Zuordnung der Kapitalkonten zum gezeichneten Kapital bzw. zu den Rücklagen angegeben und beim Formwechsel einer Personengesellschaft in eine KapG die Höhe der jeweiligen Einlage genannt werden (vgl. hierzu Lutter UmwG/*Hoger* Rn. 11 f.).

b) Art. Von welcher Art die künftigen Anteile oder Mitgliedschaften sind, bestimmt sich nach den Vorschriften, die auf die neue Rechtsform Anwendung finden. Im Umwandlungsbeschluss ist die gesetzliche Bezeichnung der neuen Beteiligungen aufzunehmen (etwa „Geschäftsanteile", „Aktien", „Mitgliedschaften"). Gibt es verschiedene Arten von Beteiligungen an der neuen Rechtsform (etwa Nennbetrags- oder Stückaktien), so ist auch die Gattung festzulegen (Semler/Stengel/*Bärwaldt* Rn. 20; *Usler* MittRhNotK 1998, 21 (31)). Eine nähere Erläuterung der Art der Beteiligung an der neuen Rechtsform findet nicht im Umwandlungsbeschluss, sondern im Umwandlungsbericht statt (Lutter UmwG/*Hoger* Rn. 14; Semler/Stengel/*Bärwaldt* Rn. 20). 8

5. Sonderrechte (Nr. 5). Gemäß Abs. 1 Nr. 5 sind Rechte, die einzelnen Anteilsinhabern oder Inhabern besonderer Rechte (etwa Anteile ohne Stimmrecht, Vorzugsaktien, Mehrstimmrechtsaktien, Schuldverschreibungen und Genussrechte) am Rechtsträger neuer Rechtsform gewährt werden sollen, im Umwandlungsbeschluss zu bestimmen. Die Aufzählung der in Abs. 1 Nr. 5 genannten Rechte ist nicht abschließend (SHS/*Winter* Rn. 7). Ist eine Gewährung besonderer Rechte in der neuen Rechtsform nicht geplant, sollte dies im Umwandlungsbeschluss mittels einer Negativaussage deutlich gemacht werden (Lutter UmwG/*Hoger* Rn. 16; Semler/Stengel/*Bärwaldt* Rn. 22). Die Nennung der besonderen Rechte im Umwandlungsbeschluss ermöglicht es den nicht begünstigten Anteilsinhabern, zu prüfen, ob der Gleichbehandlungsgrundsatz gewahrt ist (Semler/Stengel/*Bärwaldt* Rn. 22). Die Vorschrift dient daher dem Schutz der Anteilsinhaber (SHS/*Winter* Rn. 7). Sonderrechte, die allen Anteilsinhabern in gleichem Maße gewährt werden, sind nicht gem. Abs. 1 Nr. 5 im Umwandlungsbeschluss festzuschreiben (Kallmeyer/*Meister/Klöcker/Berger* Rn. 40; Semler/Stengel/*Bärwaldt* Rn. 22). Die möglicherweise nach § 196 erforderliche bare Zuzahlung stellt kein Sonderrecht iSd Abs. 1 Nr. 5 dar und muss daher nicht in den Umwandlungsbeschluss aufgenommen werden (SHS/*Winter* Rn. 7; Semler/Stengel/*Bärwaldt* Rn. 22). 9

6. Abfindungsangebot (Nr. 6). Der Umwandlungsbeschluss hat grundsätzlich ein Barabfindungsangebot nach § 207 zu enthalten, das sich an alle Anteilsinhaber richtet, die gegen den Umwandlungsbeschluss Widerspruch zur Niederschrift erklärt haben. Aus dem Angebot, welches bereits im Entwurf des Umwandlungsbeschlusses enthalten sein muss und damit gem. § 192 Abs. 1 S. 3 auch Gegenstand des Umwandlungsberichtes ist (SHS/*Winter* Rn. 8; Semler/Stengel/*Bärwaldt* Rn. 28), muss die genaue Höhe der Abfindung je Anteil hervorgehen (Lutter UmwG/*Hoger* Rn. 20; SHS/*Winter* Rn. 8; Semler/Stengel/*Bärwaldt* Rn. 28). Der Umwandlungsbeschluss muss ferner einen Hinweis auf die zweimonatige Annahmefrist des § 209 enthalten (Semler/Stengel/*Bärwaldt* Rn. 28). Das Barabfindungsangebot dient dem Schutz von Minderheitsgesellschaftern (→ § 207 Rn. 2). 10

Ein Barabfindungsangebot ist ausnahmsweise **nicht erforderlich,** wenn der Umwandlungsbeschluss der Zustimmung aller Anteilsinhaber bedarf oder an dem formwechselnden Rechtsträger nur ein Anteilsinhaber beteiligt ist. In einem solchen Falle hat jeder Anteilsinhaber die Möglichkeit, durch Versagung der Zustimmung den Formwechsel zu verhindern (Lutter UmwG/*Hoger* Rn. 21). Eines Schutzes durch das Abfindungsangebot bedarf es daher nicht. Als Fall der Beteiligung nur eines Anteilsinhabers ist es auch anzusehen, wenn alle Anteile an dem Rechtsträger von verbundenen Unternehmen (§§ 15 ff. AktG) gehalten werden (Lutter UmwG/*Hoger* Rn. 22). Ebenfalls entbehrlich ist das Barabfindungsangebot trotz fehlender ausdrücklicher gesetzlicher Regelung, wenn alle Anteilsinhaber darauf verzichten (→ § 207 Rn. 6; SHS/*Winter* Rn. 8; Semler/Stengel/*Bärwaldt* Rn. 29; Widmann/Mayer/*Vollrath* Rn. 45). Die diesbezügliche Verzichtserklärung ist notariell zu beurkunden (Lutter UmwG/*Hoger* Rn. 23; Semler/Stengel/*Bärwaldt* Rn. 29; *Usler* MittRhNotK 1998, 21 (33)). Ein Barabfindungsangebot kann schließlich aufgrund der besonderen Vorschriften entbehrlich sein (Lutter UmwG/*Hoger* Rn. 22); so erklären die §§ 227 und 250 die §§ 207, 212 für nicht anwendbar (vgl. zum Ganzen auch SHS/*Winter* Rn. 8). 11

7. Folgen für Arbeitnehmer (Nr. 7). Gemäß Abs. 1 Nr. 7 müssen die Folgen des Formwechsels für die Arbeitnehmer und ihre Vertretungen sowie die insoweit vorgesehenen Maßnahmen bestimmt werden. Hierzu gehören sowohl individual- als auch kollektivarbeitsrechtliche Veränderungen (Semler/Stengel/*Bärwaldt* Rn. 30). Abs. 1 Nr. 7 gleicht § 5 Abs. 1 Nr. 9 für den Verschmelzungsvertrag sowie § 126 Abs. 1 Nr. 11 für den Spaltungsvertrag. Der Formwechsel hat aufgrund der Rechtsträgeridentität idR allerdings wesentlich geringere Auswirkungen auf die Arbeitnehmer als die Verschmelzung oder die Spaltung (Kallmeyer/*Meister/Klöcker/Berger und Willemsen* Rn. 58; SHS/*Langner* Rn. 9; Semler/Stengel/*Bärwaldt* Rn. 30). Aufgrund der Identität des Rechtsträgers hat der Formwechsel keinen Einfluss auf bestehende Arbeitsverträge, die Stellung des Betriebsrates, Tarifverträge oder Betriebsvereinbarungen 12

(Semler/Stengel/*Bärwaldt* Rn. 30). Die Arbeitnehmer betreffende unternehmerische Entscheidungen, die nur im zeitlichen Zusammenhang mit dem Formwechsel durchgeführt werden (etwa Betriebsstilllegungen), müssen im Umwandlungsbeschluss nicht erwähnt werden (Lutter UmwG/*Hoger* Rn. 28). Lediglich im Bereich der **unternehmerischen Mitbestimmung** kann der Formwechsel zu Veränderungen führen (*Gottschalk* NZG 2003, 713; Lutter UmwG/*Hoger* Rn. 26). Sofern der Formwechsel zum Wegfall oder zur erstmaligen Anwendung von Mitbestimmungsvorschriften führt, ist hierauf im Umwandlungsbeschluss hinzuweisen. Ist dies nicht der Fall, empfiehlt sich eine Negativerklärung (Kallmeyer/*Meister/Klöcker/Berger und Willemsen* Rn. 58).

13 **8. Sonstige Mindestangaben.** Aus den Besonderen Vorschriften ergeben sich weitere zwingende Mindestangaben für den Umwandlungsbeschluss, die nicht in § 194 Abs. 1 enthalten sind. Dies können die **Feststellung von Gesellschaftsvertrag oder Satzung** (§ 218 Abs. 1, §§ 225c, 218 Abs. 1, § 234 Nr. 3, § 243 Abs. 1 S. 1, § 218 Abs. 1), die **Bestimmung des Sitzes** (§ 234 Nr. 1) sowie die **namentliche Bezeichnung der Gründer** (§ 217 Abs. 2, §§ 219, 244, 245 Abs. 13) sein.

14 **9. Zuleitung an den Betriebsrat (Abs. 2).** Der Entwurf des Umwandlungsbeschlusses ist spätestens einen Monat vor der Beschlussfassung der Anteilsinhaber über den Formwechsel dem zuständigen Betriebsrat zuzuleiten. Die rechtzeitige Zuleitung ist **Eintragungsvoraussetzung** und bei der Anmeldung des Formwechsels nachzuweisen (vgl. § 199), weshalb es sich empfiehlt, den rechtzeitigen Zugang vom Betriebsratsvorsitzenden schriftlich bestätigen zu lassen (Lutter UmwG/*Hoger* Rn. 41). Der Betriebsrat kann, da er alleiniger Schutzadressat der Vorschrift ist, auf die Zuleitung des Entwurfs des Umwandlungsbeschlusses (Semler/Stengel/*Bärwaldt* Rn. 4 Fn. 6; Widmann/Mayer/*Mayer* § 5 Rn. 266; aA Lutter UmwG/*Hoger* Rn. 42) oder die Einhaltung der Monatsfrist **verzichten** (str.). Besteht eine Zuleitungspflicht gem. Abs. 2, darf der Umwandlungsbeschluss hinsichtlich der arbeitnehmerrelevanten Regelungen nach der Zuleitung nicht mehr geändert werden (was iÜ grundsätzlich möglich ist; → § 193 Rn. 5). Im Übrigen kann auf die Kommentierung zu § 5 Abs. 3 (→ § 5 Rn. 1 ff.) verwiesen werden.

Befristung und Ausschluß von Klagen gegen den Umwandlungsbeschluß

195 (1) **Eine Klage gegen die Wirksamkeit des Umwandlungsbeschlusses muß binnen eines Monats nach der Beschlußfassung erhoben werden.**

(2) **Eine Klage gegen die Wirksamkeit des Umwandlungsbeschlusses kann nicht darauf gestützt werden, daß die in dem Beschluß bestimmten Anteile an dem Rechtsträger neuer Rechtsform zu niedrig bemessen sind oder daß die Mitgliedschaft kein ausreichender Gegenwert für die Anteile oder die Mitgliedschaft bei dem formwechselnden Rechtsträger ist.**

I. Allgemeines

1 Die Vorschrift legt in **Abs. 1** – anknüpfend an die Monatsfrist des § 246 Abs. 1 AktG für Anfechtungsklagen gegen Hauptversammlungsbeschlüsse einer AG (Kallmeyer/*Meister/Klöcker/Berger* Rn. 3; Lutter UmwG/*Hoger* Rn. 1) – eine **einheitliche Frist** von einem Monat für alle Klagen gegen die Wirksamkeit eines Umwandlungsbeschlusses fest, unabhängig von der Rechtsform des formwechselnden Rechtsträgers und unabhängig vom Grund der behaupteten Unwirksamkeit. **Abs. 2** beschränkt die Gründe, auf die sich eine Unwirksamkeitsklage gegen einen Umwandlungsbeschluss stützen kann **(Präklusion).** Die Vorschrift entspricht § 14 zu Klagen gegen Verschmelzungsbeschlüsse (RegBegr. BT-Drs. 12/6699, 140).

II. Einzelerläuterung

2 **1. Befristung von Klagen gegen den Umwandlungsbeschluss (Abs. 1). a) Anwendungsbereich und Normzweck.** Von Abs. 1 sind wegen seines weit zu verstehenden Wortlauts („Klagen gegen die Wirksamkeit") **alle Klagearten** erfasst, mittels derer die Unwirksamkeit, Nichtigkeit oder Anfechtbarkeit eines Umwandlungsbeschlusses geltend gemacht werden kann (RegBegr. BT-Drs. 12/6699, 87, 140). Hierunter fallen bei KapGen, Genossenschaften und VVaG **Anfechtungsklagen, Nichtigkeitsklagen** und **Feststellungsklagen,** bei Personengesellschaften und Vereinen lediglich die allgemeine Feststellungsklage (§ 256 ZPO), da bei diesen Anfechtungs- und Nichtigkeitsklagen nicht zur Verfügung stehen (vgl. dazu näher Semler/Stengel/*Bärwaldt* Rn. 6 ff.). Bei Körperschaften und Anstalten des öffentlichen Rechts hingegen wird eine Unwirksamkeitsklage generell kaum in Betracht kommen (SHS/*Winter* Rn. 6). **Nicht** unter die Monatsfrist des Abs. 1 fallen hingegen **Unterlassungsklagen** bzw. **einstweilige Verfügungen** gegen die Durchführung des Formwechsels (Kallmeyer/*Meister/Klöcker/Berger* Rn. 9; Lutter UmwG/*Hoger* Rn. 7; Semler/Stengel/*Bärwaldt* Rn. 10). Abs. 1 findet nicht nur Anwendung auf Klagen von Anteilsinhabern, sondern auch auf Klagen von Organen oder Organmitgliedern (Kallmeyer/*Meister/Klöcker/Berger* Rn. 10; Semler/Stengel/*Bärwaldt* Rn. 12). Nicht erfasst sind – in der Praxis kaum relevante – von Dritten erhobene Klagen auf Feststellung der

Nichtigkeit des Umwandlungsbeschlusses (Semler/Stengel/*Bärwaldt* Rn. 9). **Zweck** der einheitlichen Frist von einem Monat für alle Unwirksamkeitsklagen gegen Umwandlungsbeschlüsse aller Rechtsformen ist die Schaffung von **Rechtssicherheit** (Lutter UmwG/*Hoger* Rn. 2).

b) Frist. Die einmonatige Frist des Abs. 1 ist keine prozessuale Frist, sondern eine **materiell-rechtliche Ausschlussfrist** (Kallmeyer/*Meister/Klöcker/Berger* Rn. 16; Lutter UmwG/*Hoger* Rn. 8; Semler/Stengel/*Bärwaldt* Rn. 13). Auf sie finden daher nicht die in den §§ 221 ff. ZPO geregelten Fristvorschriften Anwendung, sondern die §§ 187 ff. BGB. **Fristbeginn** ist der Tag der Beschlussfassung über die Umwandlung, dh der Tag der Verkündung des Umwandlungsbeschlusses durch den Versammlungsleiter, wobei der Tag der Beschlussfassung nicht mitgerechnet wird (§ 187 Abs. 1 BGB) (Kallmeyer/*Meister/Klöcker/Berger* Rn. 11; Lutter UmwG/*Hoger* Rn. 8; Semler/Stengel/*Bärwaldt* Rn. 14). Auf den Tag, an dem die Anteilsinhaber eine Abschrift der Niederschrift des Umwandlungsbeschlusses erhalten oder überhaupt erst Kenntnis von einem („Geheim"-)Beschluss erlangen, kommt es nicht an (OLG Düsseldorf 27.8.2001, NZG 2002, 191 (192)). **Fristende** ist der Tag des folgenden Monats, der durch seine Zahl dem Tag entspricht, an dem der Umwandlungsbeschluss gefasst wurde (§ 188 Abs. 2 BGB); ist dies ein Samstag, Sonntag oder Feiertag, tritt an dessen Stelle der darauffolgende Werktag (§ 193 BGB). Eine nach Fristende erhobene Klage ist nicht unzulässig, sondern unbegründet (Kallmeyer/*Meister/Klöcker/Berger* Rn. 16; Lutter UmwG/*Hoger* Rn. 8; Semler/Stengel/*Bärwaldt* Rn. 19). Die Frist wird im Grundsatz durch Klageerhebung, dh Zustellung der Klageschrift (§ 253 Abs. 1 ZPO), gewahrt, kann aber gem. § 167 ZPO auch durch Klageeinreichung eingehalten werden, wenn die Zustellung demnächst erfolgt (zur Fristberechnung und Fristwahrung iÜ die Kommentierung zu § 14 → § 14 Rn. 1 ff.). Ist die Frist abgelaufen, kann weder eine erfolgreiche Klage erhoben werden, noch können – im Falle einer fristgerecht erhobenen Klage – Unwirksamkeitsgründe nachgereicht werden, es sei denn, die Gründe sind in ihrem wesentlichen Kern bereits innerhalb der Frist dargelegt worden (OLG Düsseldorf 15.3.1999, NZG 1999, 565 (566)). Eine heilende Wirkung kommt dem Fristablauf allerdings nicht zu; diese knüpft gem. § 202 allein an die Eintragung des Formwechsels an (Kallmeyer/*Meister/Klöcker/Berger* Rn. 18; Semler/Stengel/*Bärwaldt* Rn. 20). Fristgerecht erhobene Klagen hindern die Eintragung des Formwechsels, da die gem. § 198 Abs. 3, § 16 Abs. 2 erforderliche Negativerklärung nicht abgegeben werden kann. Die Eintragung kann dann erst nach rechtskräftiger Verfahrensbeendigung oder infolge eines Freigabebeschlusses (§ 198 Abs. 3, § 16 Abs. 3) erfolgen. 3

Die Monatsfrist des Abs. 1 ist **zwingend.** Verkürzungen, Verlängerungen oder abweichende Regelungen des Fristbeginns, etwa durch Gesellschaftsvertrag, kommen nicht in Betracht (Kallmeyer/*Meister/Klöcker/Berger* Rn. 12; Semler/Stengel/*Bärwaldt* Rn. 18). Allerdings können alle Anteilsinhaber im Umwandlungsbeschluss zur Beschleunigung des Formwechselprozesses auf ihr Recht zur Klageerhebung verzichten (Kallmeyer/*Meister/Klöcker/Berger* Rn. 12; Lutter UmwG/*Hoger* Rn. 9). Die Eintragung des Formwechsels kann dann ohne Abgabe einer Negativerklärung und somit bereits vor Ende der Klagefrist erfolgen. 4

2. Ausschluss von Klagen gegen den Umwandlungsbeschluss (Abs. 2). a) Normzweck und Normkontext. Gemäß § 198 Abs. 3, § 16 Abs. 2 löst die Erhebung einer Unwirksamkeitsklage grundsätzlich eine **Registersperre** aus, dh dass der Formwechsel zunächst nicht im Handelsregister eingetragen werden kann und daher keine Wirksamkeit entfaltet (§ 202). Bereits die bloße Erhebung einer Unwirksamkeitsklage kann folglich das Wirksamwerden des Formwechsels blockieren. **Zweck** des Abs. 2 ist es vor diesem Hintergrund, die **Klagegründe,** auf die sich eine Unwirksamkeitsklage stützen kann, **zu beschränken.** Die Wirksamkeit des Umwandlungsbeschlusses soll demnach nicht davon abhängen, ob die umgewandelten **Anteile** an dem Rechtsträger neuer Rechtsform **zu niedrig bemessen** sind oder ob die Mitgliedschaft in diesem **ein ausreichender Gegenwert** für die Anteile oder die Mitgliedschaft bei dem formwechselnden Rechtsträger ist. Eine auf diese Gründe gestützte Klage wird als unzulässig abgewiesen und löst – nach der rechtskräftigen Abweisung – keine Registersperre aus (Lutter UmwG/*Hoger* Rn. 12). Gleichwohl steht in einem solchen Falle der Anteilsinhaber nicht völlig ohne verfahrensrechtlichen Vermögensschutz da. Vielmehr hat er einen Anspruch gegen den Rechtsträger auf einen **Ausgleich durch bare Zuzahlung** (§ 196 S. 1). Ob und in welcher Höhe ein solcher Anspruch besteht, kann jeder Anteilsinhaber im Wege eines gesonderten **Spruchverfahrens** gerichtlich überprüfen lassen (§ 196 S. 2). Hierfür ist es nicht erforderlich, dass der Anteilsinhaber gegen den Umwandlungsbeschluss Widerspruch geäußert hat (SHS/*Winter* Rn. 8). Der BGH hat im Jahr 2000 entschieden, dass Informationsmängel im Zusammenhang mit der Erläuterung eines Barabfindungsangebots von der Präklusionswirkung des § 210 erfasst werden (BGH 18.12.2000, NZG 2001, 574; krit. dazu Semler/Stengel/*Bärwaldt* Rn. 28; aA KG 27.11.1998, NZG 1999, 508 (509)). Daher wird man davon ausgehen dürfen, dass auch die Präklusionswirkung des Abs. 2 nicht nur Rügen in Bezug auf die Angemessenheit der Beteiligung selbst erfasst, sondern auch Geltendmachung von **Informationsmängeln** im Zusammenhang mit den Beteiligungsverhältnissen, etwa unzureichende Erläuterungen im Umwandlungsbericht (Kallmeyer/*Meister/Klöcker/Berger* Rn. 30; aA Lutter UmwG/*Hoger* Rn. 19). 5

6 **b) Anwendungsbereich.** Die Präklusion des Abs. 2 gilt – ebenso wie bei Abs. 1 – für alle Klagearten, dh gleichermaßen für Anfechtungsklagen, Nichtigkeitsklagen und Feststellungsklagen (→ Rn. 2 sowie Lutter UmwG/*Hoger* Rn. 12; Semler/Stengel/*Bärwaldt* Rn. 24). Eine Klage gegen die Wirksamkeit ist auch dann ausgeschlossen, wenn das Beteiligungsverhältnis **in grober Weise unangemessen** ist (Kallmeyer/*Meister/Klöcker/Berger* Rn. 24; Lutter UmwG/*Hoger* Rn. 13; Semler/Stengel/*Bärwaldt* Rn. 25). Lediglich im Falle vorsätzlicher Schädigung unter Verstoß gegen das Willkürverbot kommt eine Berufung des Rechtsträgers auf Abs. 2 nicht in Betracht (OLG Düsseldorf 15.3.1999, NZG 1999, 565 (566); Kallmeyer/*Meister/Klöcker/Berger* Rn. 24; Lutter UmwG/*Hoger* Rn. 13; Semler/Stengel/*Bärwaldt* Rn. 25).

Verbesserung des Beteiligungsverhältnisses

196 **[1] Sind die in dem Umwandlungsbeschluß bestimmten Anteile an dem Rechtsträger neuer Rechtsform zu niedrig bemessen oder ist die Mitgliedschaft bei diesem kein ausreichender Gegenwert für die Anteile oder die Mitgliedschaft bei dem formwechselnden Rechtsträger, so kann jeder Anteilsinhaber, dessen Recht, gegen die Wirksamkeit des Umwandlungsbeschlusses Klage zu erheben, nach § 195 Abs. 2 ausgeschlossen ist, von dem Rechtsträger einen Ausgleich durch bare Zuzahlung verlangen. [2] Die angemessene Zuzahlung wird auf Antrag durch das Gericht nach den Vorschriften des Spruchverfahrensgesetzes bestimmt. [3] § 15 Abs. 2 ist entsprechend anzuwenden.**

I. Allgemeines

1 § 196 muss im **Normkontext mit § 195 Abs. 2** gesehen werden, der die Geltendmachung bestimmter Mängel des Formwechsels im Wege der Unwirksamkeitsklage ausschließt: Ist ein Anteilsinhaber der Ansicht, seine Anteile an dem Rechtsträger neuer Rechtsform seien zu niedrig bemessen oder die Mitgliedschaft an diesem sei kein ausreichender Gegenwert für die Anteile oder die Mitgliedschaft bei dem formwechselnden Rechtsträger, so kann er gem. § 195 Abs. 2 eine Unwirksamkeitsklage gegen den Umwandlungsbeschluss hierauf nicht stützen (→ § 195 Rn. 5 f.). Er kann die Wirksamkeit des Formwechsels also nicht verhindern. § 196 **kompensiert** den in § 195 Abs. 2 normierten Klageausschluss, indem er dem Anteilsinhaber für die dort präkludierten Klagegründe ein gesondertes Verfahren, das **Spruchverfahren** (§ 196 S. 2), zur Verfügung stellt. Mit dem Spruchverfahren kann der materielle Anspruch eines jeden Anteilsinhabers auf **Ausgleich durch bare Zuzahlung** (§ 196 S. 1) prozessual durchgesetzt werden.

2 Im Gegensatz zu einer Unwirksamkeitsklage löst die Durchführung eines Spruchverfahrens keine Registersperre für die Eintragung des Formwechsels aus. **Zweck** des § 196 ist es daher sicherzustellen, dass sich für die Anteilsinhaber der Wert ihrer Beteiligung durch den Formwechsel nicht verschlechtert und sie dies gerichtlich prüfen lassen und Ausgleichsansprüche durchsetzen können, ohne dass dabei das Wirksamwerden des Formwechsels blockiert wird. Das Spruchverfahren selbst ist im Spruchverfahrensgesetz (SpruchG) geregelt.

II. Rechtstatsachen

3 Die **praktische Bedeutung** des Spruchverfahrens bei Formwechseln ist **gering** (Semler/Stengel/*Bärwaldt* Rn. 2). Wegen der Identität des Rechtsträgers und der Identität der Beteiligungen (§ 202) verringert sich der Beteiligungswert eines Anteilsinhabers im Zuge eines Formwechsels nur selten (Kallmeyer/*Meister/Klöcker/Berger* Rn. 7; zu den Ausnahmen → Rn. 5). Dementsprechend kommt es bei Formwechseln – anders als bei der Verschmelzung oder Spaltung (vgl. die Kommentierung zu § 15 → 15 Rn. 1 ff.) – in der Praxis kaum zu Spruchverfahren.

III. Einzelerläuterung

4 **1. Anspruch auf bare Zuzahlung (§ 196 S. 1). a) Anspruchsberechtigter/-schuldner.** Der Anspruch auf bare Zuzahlung nach § 196 S. 1 steht **jedem Anteilsinhaber** des formwechselnden Rechtsträgers zu, dessen Recht, gegen die Wirksamkeit des Umwandlungsbeschlusses Klage zu erheben, nach § 195 Abs. 2 ausgeschlossen ist. Ausgenommen sind solche Anteilsinhaber, die aufgrund des Formwechsels ausnahmsweise aus dem Rechtsträger ausscheiden (Lutter UmwG/*Hoger* Rn. 5; Semler/Stengel/*Bärwaldt* Rn. 8; → § 194 Rn. 5). Keine Voraussetzung für den Anspruch nach § 196 S. 1 ist es, dass – wie bei der Barabfindung gem. § 207 Abs. 1 – Widerspruch zur Niederschrift gegen den Umwandlungsbeschluss erklärt worden ist (Lutter UmwG/*Hoger* Rn. 6; SHS/*Winter* Rn. 4; Semler/Stengel/*Bärwaldt* Rn. 8). Ferner ist es nicht erforderlich, dass der Anteilsinhaber gegen den Umwandlungsbeschluss gestimmt hat (Kallmeyer/*Meister/Klöcker/Berger* Rn. 11). Die Zustimmung zum Formwechsel ist grundsätzlich nicht als Verzicht auf den Barzahlungsanspruch anzusehen (Lutter UmwG/*Hoger* Rn. 6; Semler/Stengel/*Bärwaldt* Rn. 8; Widmann/Mayer/*Fronhöfer* Rn. 11). Auch Anteilsinhaber, die – ob im

Wege der Einzel- oder Gesamtrechtsnachfolge – ihre Beteiligung erst nach dem Umwandlungsbeschluss erworben haben, sind anspruchsberechtigt (Kallmeyer/*Meister/Klöcker/Berger* Rn. 12; Lutter UmwG/*Hoger* Rn. 6; Semler/Stengel/*Bärwaldt* Rn. 9). Ebenso sind Insolvenzverwalter und Testamentsvollstrecker antragsberechtigt (SHS/*Winter* Rn. 3). **Anspruchsschuldner** ist der Rechtsträger, und zwar in seiner neuen Rechtsform, da der Barzahlungsanspruch erst mit Wirksamwerden des Formwechsels entsteht (Semler/Stengel/*Bärwaldt* Rn. 10). Doch auch vor Wirksamwerden des Formwechsels kann der bis dahin aufschiebend bedingte Anspruch bereits gegenüber dem formwechselnden Rechtsträger geltend gemacht werden (Kallmeyer/*Meister/Klöcker/Berger* Rn. 14, 23; Semler/Stengel/*Bärwaldt* Rn. 10).

b) Zu niedrige Bemessung des Beteiligungsverhältnisses. Dem Anteilsinhaber steht ein Anspruch auf bare Zuzahlung zu, wenn seine Beteiligung an dem Rechtsträger neuer Rechtsform zu niedrig bemessen ist. Hierfür reicht es nicht aus, dass Veränderungen des Beteiligungswertes alle Anteilsinhaber betreffen; vielmehr muss der Anteilsinhaber **individuell benachteiligt** sein (OLG Düsseldorf 27.2.2004, NZG 2005, 280 (282); SHS/*Winter* Rn. 1; Widmann/Mayer/*Fronhöfer* Rn. 5). Denkbar ist dies insbesondere in den folgenden Fällen: schwierige Bemessung der Wertverhältnisse der Anteile beim Formwechsel von einer Personengesellschaft in die Rechtsform einer Kapitalgesellschaft oder bei Formwechseln von der Rechtsform der eingetragenen Genossenschaft oder des Vereins in eine KapG oder umgekehrt (Lutter UmwG/*Hoger* Rn. 8); Austritt oder Eintritt eines Anteilsinhabers im Zuge des Formwechsels und damit verbundene Veränderungen des Gesellschaftsvermögens (Semler/Stengel/*Bärwaldt* Rn. 11); Kompensation von Sonderrechten, die in der neuen Rechtsform nicht mehr gewährt werden können (Semler/Stengel/*Bärwaldt* Rn. 11); nicht verhältniswahrender Formwechsel (Lutter UmwG/*Hoger* Rn. 9). 5

c) Kein ausreichender Gegenwert. Es besteht auch dann ein Ausgleichsanspruch nach § 196 S. 1, wenn die Mitgliedschaft beim Rechtsträger neuer Rechtsform keinen ausreichenden Gegenwert für die Anteile oder die Mitgliedschaft bei dem formwechselnden Rechtsträger darstellt. In Betracht kommt dies vor allem dann, wenn bisherige Anteilsinhaber mit Sonderrechten auf eine weitere Einräumung dieser Rechte beim Rechtsträger neuer Rechtsform verzichten müssen (Lutter UmwG/*Hoger* Rn. 10; Semler/Stengel/*Bärwaldt* Rn. 13). Eine durch den Formwechsel erfolgte Veränderung der rechtlichen Ausgestaltung des Anteils oder der Mitgliedschaft, die alle Anteilsinhaber gleichmäßig betrifft (etwa eine geringere Fungibilität der Anteile beim Formwechsel einer AG in eine GmbH & Co. KG), löst keinen Anspruch auf eine bare Zuzahlung aus (OLG Düsseldorf 27.2.2004, NZG 2005, 280 (281 f.); Lutter UmwG/*Hoger* Rn. 11; Semler/Stengel/*Bärwaldt* Rn. 13). 6

d) Anspruchsinhalt. Der Anspruch ist auf **Zahlung in Geld** gerichtet. Eine andere Art der Kompensation ist nicht möglich. Es kommt insbesondere nicht zu einer nachträglichen Veränderung oder „Verbesserung des Beteiligungsverhältnisses", wie es die Überschrift des § 196 suggeriert (Kallmeyer/*Meister/Klöcker/Berger* Rn. 16; SHS/*Winter* Rn. 5; Semler/Stengel/*Bärwaldt* Rn. 14). Eine hiervon abweichende gesellschaftsvertragliche Regelung ist nicht zulässig (Kallmeyer/*Meister/Klöcker/Berger* Rn. 17; Semler/Stengel/*Bärwaldt* Rn. 14). Im Gegensatz zu den Regelungen des § 54 Abs. 4 für die Verschmelzung bzw. §§ 125, 54 Abs. 4 für die Aufspaltung und Abspaltung sieht § 196 keine Begrenzung der Höhe einer baren Zuzahlung vor (Lutter UmwG/*Hoger* Rn. 16; SHS/*Winter* Rn. 1). Die Zahlung wird auch nicht dadurch beschränkt, dass sie möglicherweise das Grund- oder Stammkapital des Rechtsträgers neuer Rechtsform beeinträchtigt (Lutter UmwG/*Hoger* Rn. 16; Semler/Stengel/*Bärwaldt* Rn. 16; Widmann/Mayer/*Fronhöfer* Rn. 12). Um die Kapitalaufbringung und Kapitalerhaltung zu sichern, entsteht in diesem Falle aber nach überzeugender Auffassung eine Differenzhaftung für die durch den Formwechsel im Hinblick auf ihren Beteiligungswert begünstigten Anteilsinhaber (Semler/Stengel/*Bärwaldt* Rn. 16; aA Kallmeyer/*Meister/Klöcker/Berger* Rn. 18). 7

2. Spruchverfahren (§ 196 S. 2). Der materielle Anspruch gegen den Rechtsträger neuer Rechtsform kann im Wege des Spruchverfahrens geltend gemacht werden. Hierzu ist binnen einer **Frist von drei Monaten,** nachdem der Formwechsel gem. § 201 als bekannt gemacht gilt (§ 4 Abs. 1 SpruchG), ein Antrag auf Durchführung des Spruchverfahrens zu stellen. Das Spruchgericht entscheidet durch Beschluss, der nicht nur Rechtswirkung gegenüber den Verfahrensbeteiligten hat, sondern *inter omnes,* also gegenüber allen wirtschaftlich von der Entscheidung Betroffenen wirkt (§ 13 S. 2 SpruchG). Vollstreckbar ist der Beschluss nicht; er bedarf zu seiner Durchsetzung einer Leistungsklage (Kallmeyer/*Meister/Klöcker/Berger* Rn. 26). Das Spruchverfahren behindert die Eintragung und damit das Wirksamwerden des Formwechsels nicht. Zum Spruchverfahren iÜ die Kommentierung zu § 15 (→ § 15 Rn. 1 ff.). 8

3. Verzinsung (§ 196 S. 3, § 15 Abs. 2). Die bare Zuzahlung ist gem. § 196 S. 3, § 15 Abs. 2 wie bei der Verschmelzung mit jährlich 2 % über dem jeweiligen Diskontsatz der Deutschen Bundesbank zu verzinsen. **Zweck** der Verzinsung ist es, mögliche Verzögerungen des Spruchverfahrens durch den zur Zahlung verpflichteten Rechtsträger unattraktiv zu machen (RegBegr. BT-Drs. 12/6699, 88). Die 9

Verpflichtung des Rechtsträgers zur Zinszahlung beginnt mit dem Ablauf des Tages, an dem die Eintragung des Formwechsels in das Register gem. § 201 als bekannt gemacht gilt. Die Geltendmachung eines weiteren Schadens bleibt durch den Zinsanspruch unberührt (§ 15 Abs. 2 S. 2).

IV. Abdingbarkeit

10 § 196 ist **zwingend.** Weder der Anspruch auf bare Zuzahlung in seiner konkreten Ausprägung noch die Durchführung eines Spruchverfahrens kann vertraglich (etwa in Gesellschaftsvertrag oder Satzung) abbedungen werden (Kallmeyer/*Meister/Klöcker/Berger* Rn. 3).

Anzuwendende Gründungsvorschriften

197 **[1] Auf den Formwechsel sind die für die neue Rechtsform geltenden Gründungsvorschriften anzuwenden, soweit sich aus diesem Buch nichts anderes ergibt. [2] Vorschriften, die für die Gründung eine Mindestzahl der Gründer vorschreiben, sowie die Vorschriften über die Bildung und Zusammensetzung des ersten Aufsichtsrats sind nicht anzuwenden. [3] Beim Formwechsel eines Rechtsträgers in eine Aktiengesellschaft ist § 31 des Aktiengesetzes anwendbar.**

Übersicht

I. Allgemeines

1 Ziel der Vorschrift ist es zu verhindern, dass über den Weg des Formwechsels die Gründungsvorschriften der neuen Rechtsform unterlaufen werden. Dabei hatte der Gesetzgeber vor allem den Fall im Auge, dass für den Rechtsträger neuer Rechtsform nach den maßgebenden Gründungsvorschriften strengere Anforderungen gelten, als sie für die Gründung des formwechselnden Rechtsträgers bestanden haben, etwa beim Formwechsel von Personengesellschaften in KapGen (RegBegr. BT-Drs. 12/6699, 141). Beruhend auf diesem **Umgehungsschutzgedanken** sollen gem. § 197 **S. 1** die für die neue Rechtsform geltenden Gründungsvorschriften auf den Formwechsel Anwendung finden. Die **Sachgründungsvorschriften** sind jedoch nicht vollumfänglich anzuwenden, da es sich beim Formwechsel nicht um eine Sachgründung handelt (Sachgründungscharakter ist dem Formwechsel nur in Fällen des Formwechsels einer Personen(handels)gesellschaft in eine KapG beizumessen, → § 220 Rn. 1). Die (Sach-)Gründungsvorschriften sind daher nur anwendbar, soweit sie erforderlich sind, um ein Unterlaufen der grundlegenden Kapitalaufbringungsregelungen der neuen Rechtsform zu vermeiden (vgl. Lutter UmwG/*Hoger* Rn. 6). Eine Beschränkung der anwendbaren Gründungsvorschriften erfolgt vor allem durch den Zweiten Teil (§§ 214–304). Zudem erklärt **S. 2 Hs. 1** Vorschriften über die Mindestanzahl von Gründern für unanwendbar, da diese häufig nicht erreicht würde (→ Rn. 10). **S. 2 Hs. 2** löst die bis zum UmwG 1994 umstrittene Frage, ob die Vorschriften über die Bildung des ersten Aufsichtsrats anwendbar sind (→ Rn. 11). **S. 3** erleichtert die Bildung eines mitbestimmten Aufsichtsrats (→ Rn. 12).

II. Einzelerläuterungen

2 **1. Anzuwendende Gründungsvorschriften (S. 1). a) Formwechsel in GmbH.** Vorwiegend sind die §§ 1–11 GmbHG zu beachten. Doch bestehen folgende Besonderheiten (zu Einzelheiten speziell beim Formwechsel aus der AG in die GmbH s. *Kerschbaumer* NZG 2011, 892 ff.): § 4 GmbHG **(Firma)** wird durch § 200 modifiziert. Die Beurkundung des Umwandlungsbeschlusses (§ 193 Abs. 3 S. 1) wahrt die in § 2 Abs. 1 S. 1 GmbHG geforderte **notarielle Beurkundung des Gesellschaftsvertrags.** § 218 Abs. 1 S. 2 erklärt zwar nur die Unterzeichnung der Satzung der eG im Fall des Formwechsels einer Personengesellschaft in eine eG für entbehrlich und bezieht sich nicht auf den Formwechsel in die GmbH (Semler/Stengel/*Schlitt* § 218 Rn. 6). Die Unterzeichnung des Gesell-

schaftsvertrages der GmbH durch die „Gründer" (§ 2 Abs. 1 S. 2, Abs. 2 GmbHG) ist dennoch nicht erforderlich, da es sich nicht um eine Neugründung handelt (str., → § 218 Rn. 8). § 219 S. 2 (Gründereigenschaft nur der für den Formwechsel stimmenden Gesellschafter bei Mehrheitsentscheidung) ist dabei zu beachten. In bestimmten Formwechselkonstellationen kann die Unterzeichnung infolge ausdrücklicher gesetzlicher Regelung unterbleiben (beim Formwechsel aus der AG und KGaA gem. § 244 Abs. 2; beim Formwechsel aus der eG gem. § 263 Abs. 1 iVm § 244 Abs. 2 und beim Formwechsel aus dem rechtsfähigen Verein gem. § 276 Abs. 1 iVm § 244 Abs. 2). Gemäß § 243 Abs. 1 S. 2 sind ggf. **Festsetzungen über Sondervorteile, Sacheinlagen, Sachübernahmen und den Gründungsaufwand,** die in der Satzung des formwechselnden Rechtsträgers enthalten sind (etwa Festsetzungen gem. §§ 26, 27 AktG beim Formwechsel aus der AG), unverändert in den Gesellschaftsvertrag der GmbH zu übernehmen, soweit sie nicht gem. § 26 Abs. 5 AktG aus der Satzung entfernt werden bzw. gem. § 26 Abs. 4 AktG geändert werden durften (§ 243 Abs. 1 S. 2 und S. 3). Auch über die Kosten des Formwechsels und Sondervorteile, die erst anlässlich des Formwechsels gewährt werden, sind Festsetzungen zu treffen (Semler/Stengel/*Bärwaldt* Rn. 21; *Kerschbaumer* NZG 2011, 892 (893 f.); Widmann/Mayer/*Mayer* Rn. 27). Seit dem MoMiG kann jeder Gesellschafter mehrere Geschäftsanteile übernehmen (§ 5 Abs. 2 S. 2 GmbHG).

Da der Formwechsel keine Sachgründung darstellt, besteht **keine Verpflichtung,** ausstehende **Bareinlagen** anlässlich des Formwechsels **voll einzuzahlen;** anderenfalls würden iRd Formwechsels strengere Anforderungen gelten als bei der (Bar-)Gründung der GmbH (str.; wie hier Kallmeyer/*Meister/Klöcker/Berger* Rn. 24; Lutter UmwG/*Hoger* Rn. 14; Semler/Stengel/*Bärwaldt* Rn. 29; zum Meinungsstand Lutter UmwG/*Joost/Hoger* § 220 Rn. 11 f.). Zu beachten ist aber § 7 Abs. 2 GmbHG, sodass jede Einlage zumindest zu einem Viertel und das Stammkapital insgesamt mindestens zur Hälfte eingezahlt sein muss (str.; wie hier Kallmeyer/*Meister/Klöcker/Berger* Rn. 24; Semler/Stengel/*Bärwaldt* Rn. 29; aA Widmann/Mayer/*Mayer* Rn. 54). Dass das Vermögen der in die GmbH formwechselnden Gesellschaft im Zeitpunkt der Eintragung des Formwechsels das **Stammkapital decken muss,** geht bereits aus § 220 Abs. 1 hervor. Für den Formwechsel einer AG/KGaA in die GmbH soll dieses Gebot der Reinvermögensdeckung nach allgM nicht gelten, da § 245 Abs. 4 – im Gegensatz zu § 245 Abs. 1–3, die sich auf den Formwechsel in die AG und KGaA beziehen – nicht auf § 220 verweist (→ § 245 Rn. 7). Nach § 220 Abs. 2 ist ein **Sachgründungsbericht** erforderlich (Ausnahme: Wechsel aus einer AG/KGaA, § 245 Abs. 4), eine Gründungsprüfung dagegen nicht. Die für die **Anmeldung** grundsätzlich geltenden §§ 6, 7 GmbHG werden durch die §§ 198, 199, 222, 223, 235, 246 modifiziert. Nach § 246 Abs. 3 findet § 8 Abs. 2 GmbHG beim Formwechsel aus einer KapG keine Anwendung; eine **Versicherung der Geschäftsführer** ist in diesem Fall entbehrlich. In den übrigen Formwechselkonstellationen ist sie aber aufgrund des aus § 246 Abs. 3 folgenden Regel-Ausnahmeverhältnisses erforderlich (aA Kallmeyer/*Meister/Klöcker/Berger* Rn. 27; Widmann/Mayer/*Mayer* Rn. 59; Lutter UmwG/*Joost/Hoger* § 220 Rn. 17). Für die **Eintragung** gelten die §§ 201, 202. 3

b) Formwechsel in AG. Als Gründungsvorschriften sind §§ 113, 23, 53 AktG zu beachten. Hinsichtlich der **Firma** wird § 4 AktG durch § 200 modifiziert. **Festsetzungen über Sondervorteile, Sacheinlagen, Sachübernahmen und den Gründungsaufwand,** die in Satzung oder Gesellschaftsvertrag des formwechselnden Rechtsträgers enthalten sind (etwa Festsetzungen gem. § 5 Abs. 4 GmbHG beim Formwechsel aus der GmbH oder gem. §§ 26, 27 AktG beim Formwechsel aus der KGaA), sind unverändert in die Satzung der AG zu übernehmen, soweit sie nicht nach den Vorschriften der Ausgangsrechtsform zulässigerweise gestrichen bzw. geändert wurden (§ 243 Abs. 1 S. 2 und S. 3). Der nach § 197 iVm § 30 Abs. 1 S. 2 zu bestellende **Abschlussprüfer** wird durch die als Gründer geltenden Anteilsinhaber bestellt (§§ 219, 245 Abs. 1 S. 1). In der Praxis empfiehlt sich die Aufnahme der Bestellung in den Umwandlungsbeschluss. Durch dessen Beurkundung (§ 193 Abs. 3 S. 1) wird auch das Beurkundungserfordernis für die Bestellung des Abschlussprüfers nach § 30 Abs. 1 S. 2 AktG gewahrt. 4

Hinsichtlich der Anwendbarkeit der Sachgründungs- und Kapitalaufbringungsvorschriften gelten dieselben Grundsätze wie beim Formwechsel in die GmbH. Zusätzlich gelten folgende Besonderheiten: Das aktienrechtliche Gebot **vollständiger Kapitalaufbringung** (§ 36a Abs. 2 S. 3 AktG) wird in § 245 Abs. 1 S. 2, Abs. 3 S. 2 iVm § 220 Abs. 1 wiederholt. Die Regeln über **Gründungsbericht, Gründungsprüfung** und **Nachgründung** werden durch § 245 Abs. 1 S. 2, Abs. 3 S. 2 iVm § 220 ergänzt. Bei der Anmeldung sind die §§ 198, 199, 222, 223, 235, 246 zu beachten. Mit Ausnahme des Formwechsels aus einer KapG (§ 246 Abs. 3) ist die Erklärung nach § 37 Abs. 1 AktG abzugeben; ferner ist die **Versicherung der Vorstandsmitglieder** nach § 37 Abs. 2 AktG abzugeben (aA Kallmeyer/*Meister/Klöcker/Berger* Rn. 45; vgl. auch oben Rn. 3 zur entsprechenden Versicherung durch die Geschäftsführer einer GmbH). Für die **Eintragung** sind §§ 201, 202 zu beachten. 5

c) Formwechsel in KGaA. Grundsätzlich gelten die Ausführungen zum Formwechsel in die AG (→ Rn. 4 f.) entsprechend, da § 278 Abs. 3 AktG auf das Erste Buch des AktG verweist. Allerdings stellen die §§ 223, 225c besondere Anforderungen an die Anmeldung. Für den Beitritt des persönlich 6 haftenden Gesellschafters sind die § 218 Abs. 2, §§ 221, 222 Abs. 1 S. 1, Abs. 2, §§ 223, 240 Abs. 2 S. 2, § 246 Abs. 2 zu beachten.

7 **d) Formwechsel in eG.** Beim Formwechsel in eine eG bestimmt § 253 Abs. 1 S. 2 in Abweichung zu § 11 Abs. 2 Nr. 1 GenG, dass eine Unterzeichnung der Satzung durch sämtliche Mitglieder nicht erforderlich ist.

8 **e) Formwechsel in PersG/PartG.** Da das Recht der Personengesellschaften keine Kapitalaufbringungsvorschriften kennt und der Gründungsvorgang kaum formalisiert ist, ergeben sich in Bezug auf die Anwendbarkeit des jeweiligen Gründungsrechts durch das UmwG kaum Besonderheiten. Der Formwechsel in eine PersG wird durch § 228 Abs. 1, der Formwechsel in eine PartG durch § 228 Abs. 2 reglementiert. Der Unternehmensgegenstand muss den dort genannten Voraussetzungen genügen. Bei einer PartG ist vor allem das Erfordernis eines freien Berufs iSv § 1 Abs. 2 PartGG zu beachten (§ 228 Abs. 2). Der Betrag der Hafteinlage von Kommanditisten ist nach § 234 Nr. 2 im Umwandlungsbeschluss zu bestimmen.

9 **f) Formwechsel in EWIV/SE/SCE.** Auch die EWIV gilt als Personengesellschaft (§ 1 EWIV-AusfG), sodass die Vorschriften über den Formwechsel in Personengesellschaften (→ Rn. 8) anwendbar sind (Lutter UmwG/*Göthel* § 226 Rn. 1; SHS/*Winter* § 191 Rn. 10; Semler/Stengel/*Bärwaldt* Rn. 16; aA Widmann/Mayer/*Vossius* § 226 Rn. 11). Die SE und die SCE sind hingegen keine zulässigen Zielrechtsträger für den Formwechsel nach dem UmwG, da ihre Gründung durch Formwechsel abschließend in der SE-VO bzw. der SCE-VO geregelt ist (Art. 37 SE-VO für die SE und Art. 35 SCE-VO für die SCE, → § 191 Rn. 3; ferner Semler/Stengel/*Bärwaldt* Rn. 55a, 66a).

10 **2. Mindestanzahl von Gründern (S. 2 Hs. 1).** Wegen § 1 GmbHG und § 2 AktG, die die Einmann-Gesellschaft zulassen, hat die Vorschrift bei einem Formwechsel in eine **GmbH** oder **AG** keine Bedeutung. Nachdem durch das UMAG für die **KGaA** auf eine Mindestgründerzahl verzichtet wurde, entfällt der Anwendungsbereich auch diesbezüglich. Nach § 280 Abs. 1 S. 1 AktG aF waren noch fünf Gründer erforderlich. Hinsichtlich des Formwechsels in eine PersG ist der Anwendungsbereich des S. 2 Hs. 1 zu reduzieren: Insoweit bleibt es bei dem Erfordernis von mindestens zwei Gesellschaftern (Kallmeyer/*Meister/Klöcker/Berger* Rn. 54; Lutter UmwG/*Göthel* § 228 Rn. 27; SHS/*Westerburg* § 226 Rn. 6; Semler/Stengel/*Bärwaldt* Rn. 9). Sie können mit Wirksamkeit des Formwechsels hinzutreten, wenn dies im Umwandlungsbeschluss entsprechend niedergelegt wird (vgl. Kallmeyer/*Blasche* § 228 Rn. 6 ff., Lutter UmwG/*Göthel* § 228 Rn. 27; SHS/*Westerburg* § 226 Rn. 6; Semler/Stengel/*Bärwaldt* Rn. 9). Dies gilt insbesondere beim Formwechsel in eine **GmbH & Co. KG,** wo dies aus steuerlichen Gründen relevant sein kann (hierzu statt aller Semler/Stengel/*Bärwaldt* Rn. 13). Insgesamt beschränkt sich der Anwendungsbereich von S. 2 Hs. 1 daher auf die **eG,** deren Mindestgründerzahl von drei Genossen (§ 4 GenG) bei einer formwechselnden Personenhandels- oder PartG innerhalb von sechs Monaten (§ 80 Abs. 1 GenG), bei einer formwechselnden KapG oder einem rechtsfähigen Verein innerhalb eines Jahres (§ 255 Abs. 2, § 288 Abs. 2) erreicht werden muss.

11 **3. Aufsichtsratsbildung (S. 2 Hs. 2).** Die Regelung hat zur Folge, dass der Aufsichtsrat bei einer AG als Rechtsträger neuer Rechtsform nach den für diese geltenden allgemeinen Vorschriften (§§ 101 ff. AktG und die Mitbestimmungsgesetze) zu bilden und zusammenzusetzen ist, soweit nicht ein bisher schon bestehender Aufsichtsrat ausnahmsweise nach § 203 im Amt bleibt. Die Regelung soll gewährleisten, dass im Anwendungsbereich der Mitbestimmungsgesetze die Vertretung der Arbeitnehmer im Aufsichtsrat schon zum Zeitpunkt des Wirksamwerdens des Formwechsels gesichert ist (RegBegr. BT-Drs. 12/6699, 141). Die durch § 30 AktG ermöglichte Bestellung des ersten Aufsichtsrats ohne Arbeitnehmerbeteiligung soll daher nicht gelten, weshalb auch die verkürzte Amtszeit des § 30 Abs. 3 S. 1 AktG nicht einzuhalten ist. Obwohl der Wortlaut von S. 2 Hs. 2 nur von „Bildung und Zusammensetzung" spricht, ist auch die Sonderregelung über die **Vergütung der Mitglieder** des ersten Aufsichtsrats (§ 113 Abs. 2 AktG) nicht anwendbar (str.; wie hier Kallmeyer/*Meister/Klöcker/Berger* Rn. 61; Lutter UmwG/*Hoger* Rn. 48; aA Widmann/Mayer/*Mayer* Rn. 166; Semler/Stengel/*Bärwaldt* Rn. 69). Denn ihr Schutzzweck – Vermeidung des Einflusses der Gründer auf die Vergütung des ersten Aufsichtsrats nach Gründung (Hüffer/Koch/*Koch* AktG § 113 Rn. 8) – ist im Fall des Formwechsels in die AG/KGaA ebenso wenig einschlägig wie der des § 30 Abs. 3 AktG, und die Regelung steht im Zusammenhang mit der kurzen Amtszeit gem. § 30 Abs. 3 AktG.

12 **4. Anwendbarkeit von § 31 AktG (S. 3).** S. 3 hat Bedeutung, wenn beim Rechtsträger neuer Rechtsform erstmals oder auf andere Weise als bei der Ausgangsrechtsform ein Aufsichtsrat zu bilden ist. Bis zum Inkrafttreten des Zweiten Gesetzes zur Änderung der UmwG war umstritten, ob von S. 2 Hs. 2 auch § 31 AktG erfasst ist, der die Bestellung des Aufsichtsrats bei Sachgründungen regelt (vgl. den Überblick bei Widmann/Mayer/*Mayer* Rn. 14). Nach dem Wortlaut der Gesetzesbegründung zu § 197 aF (RegBegr. BT-Drs. 12/6699, 141) war von der Unanwendbarkeit auszugehen. Dies konnte beim Formwechsel von Personenhandelsgesellschaften in eine KapG dazu führen, dass die Eintragung des Formwechsels durch das langwierige Wahlverfahren nach den Mitbestimmungsgesetzen erheblich ver-

zögert wird. Das seit dem Zweiten Gesetz zur Änderung des UmwG gem. § 31 Abs. 3 AktG anwendbare Statusverfahren ermöglicht die Eintragung des Formwechsels bereits vor Bestellung der Arbeitnehmervertreter mit anschließender Durchführung des Statusverfahrens und nachfolgender Bestellung der Arbeitnehmervertreter.

Anmeldung des Formwechsels

198 (1) **Die neue Rechtsform des Rechtsträgers ist zur Eintragung in das Register, in dem der formwechselnde Rechtsträger eingetragen ist, anzumelden.**

(2) [1]**Ist der formwechselnde Rechtsträger nicht in einem Register eingetragen, so ist der Rechtsträger neuer Rechtsform bei dem zuständigen Gericht zur Eintragung in das für die neue Rechtsform maßgebende Register anzumelden.** [2]**Das gleiche gilt, wenn sich durch den Formwechsel die Art des für den Rechtsträger maßgebenden Registers ändert oder durch eine mit dem Formwechsel verbundene Sitzverlegung die Zuständigkeit eines anderen Registergerichts begründet wird.** [3]**Im Falle des Satzes 2 ist die Umwandlung auch zur Eintragung in das Register anzumelden, in dem der formwechselnde Rechtsträger eingetragen ist.** [4]**Diese Eintragung ist mit dem Vermerk zu versehen, daß die Umwandlung erst mit der Eintragung des Rechtsträgers neuer Rechtsform in das für diese maßgebende Register wirksam wird, sofern die Eintragungen in den Registern aller beteiligten Rechtsträger nicht am selben Tag erfolgen.** [5]**Der Rechtsträger neuer Rechtsform darf erst eingetragen werden, nachdem die Umwandlung nach den Sätzen 3 und 4 eingetragen worden ist.**

(3) **§ 16 Abs. 2 und 3 ist entsprechend anzuwenden.**

I. Allgemeines

1 § 198 regelt die Anmeldung des Formwechsels zur Eintragung in das Register (Abs. 1), ferner die Registerzuständigkeit (Abs. 2) und die Verpflichtung, die nach § 16 Abs. 2 erforderlichen Erklärungen abzugeben. Wie die übrigen Arten der Umwandlung wird auch der Formwechsel erst mit seiner Eintragung wirksam (§ 202). Abs. 1 erfasst **vier Konstellationen** (zur Systematik der Vorschrift vgl. statt aller *Berninger* GmbHR 2004, 659 ff.): **Fallgruppe 1 (Abs. 1):** Der Rechtsträger neuer Rechtsform soll unter Beibehaltung des Sitzes in einem Register gleicher Art eingetragen werden (Bsp.: Formwechsel GmbH in AG oder OHG in GmbH). **Fallgruppe 2 (Abs. 2 S. 1):** Der formwechselnde Rechtsträger ist in keinem Register eingetragen, der Rechtsträger neuer Rechtsform bedarf aber einer Eintragung. **Fallgruppe 3 (Abs. 2 S. 2 Alt. 1):** Es ändert sich das für den formwechselnden Rechtsträger maßgebliche Register (Bsp.: Formwechsel GmbH in eG). **Fallgruppe 4 (Abs. 2 S. 2 Alt. 2):** Im Zuge des Formwechsels wird der Sitz des Rechtsträgers verlegt mit der Folge, dass örtlich ein anderes Register zuständig wird (Bsp.: Sitzverlegung von Frankfurt nach München). Die Vorschrift ist auf alle Formwechselvarianten anwendbar. Sie wird aber durch die speziellen Regelungen der §§ 222 f., 225c, 235, 246, 254 und weitere Normen des rechtsformspezifischen Gesellschaftsrechts modifiziert. Eine Ausnahme bildet nur der Fall des Formwechsels einer KapG in eine GbR. Dieser Sonderfall des Wegfalls der Registereintragung ist in § 235 geregelt. Über **Abs. 3** muss seitens der Geschäftsführungsorgane bei der Anmeldung die sog. Negativerklärung des § 16 Abs. 2 abgegeben werden. Das System von Registersperre und deren Aufhebung über das Freigabeverfahren wird aufgrund der Verweisung auf § 16 Abs. 3 vom Verschmelzungsrecht eins zu eins übernommen.

II. Einzelerläuterung

2 **1. Fallgruppe 1 (Abs. 1).** Abs. 1 betrifft einen Formwechsel, der keine andere örtliche oder sachliche Registerzuständigkeit begründet. Unerheblich ist, in welcher Abteilung des Handelsregisters der Rechtsträger neuer Rechtsform eingetragen wird. Eine einheitliche Registerzuständigkeit liegt auch dann vor, wenn die Ausgangsrechtsform in der Abteilung A des Handelsregisters (Einzelkaufleute und Personenhandelsgesellschaften) eingetragen war und die Zielrechtsform in der Abteilung B (KapGen) eingetragen werden muss. Auch bei einem Wechsel der Abteilungen ist daher **nur eine Anmeldung** der Eintragung zu der bisherigen Abteilung einzureichen (allgM, vgl. statt aller *Berninger* GmbHR 2004, 659 (661)). **Gegenstand der Anmeldung** ist nur die neue Rechtsform des Rechtsträgers, nicht der Umwandlungsbeschluss. Dieser wird der Anmeldung gem. § 199 als Anlage angefügt.

3 Selbst bei einem Formwechsel innerhalb einer Abteilung des Handelsregisters (Bsp.: GmbH in AG) wird für die neue Rechtsform ein neues Registerblatt mit neuer Registernummer angelegt (§ 13 Abs. 3 S. 2 HRV). Auf dem Registerblatt des alten Rechtsträgers wird unter „Sonstige Rechtsverhältnisse" vermerkt, aus welcher Rechtsform heraus und aufgrund welchen Umwandlungsbeschlusses die Gesellschaft neuer Rechtsform entstanden ist. Zusätzlich ist es teilweise Praxis der Registerrichter, auch im Fall von Abs. 1 dort einen Wirksamkeitsvermerk analog Abs. 2 S. 4 aufzunehmen, was nach dem Gesetz zwar nicht erforderlich, aber sinnvoll ist, wenn die Eintragungen an verschiedenen Tagen erfolgen.

4 **2. Fallgruppe 2 (Abs. 2 S. 1).** Erfasst ist einzig der Formwechsel eines Rechtsträgers, der bisher nicht in einem Register einzutragen war. Da § 191 Abs. 1 fast ausschließlich eintragungspflichtige Rechtsträger aufzählt, ist der Anwendungsbereich von Abs. 2 S. 1 praktisch gering. In Betracht kommen als formwechselnder Rechtsträger allein der nichteingetragene wirtschaftliche Verein sowie Körperschaften oder Anstalten des öffentlichen Rechts, die nicht gem. § 33 HGB in das Handelsregister eingetragen sind (nicht dagegen die GbR, da sie nach § 191 Abs. 1 nicht Ausgangsrechtsträger sein kann). Die Anmeldung des Formwechsels erfolgt nur bei dem Register, das für die neue Rechtsform zuständig ist.

5 **3. Fallgruppe 3 (Abs. 2 S. 2 Alt. 1).** Hier wird durch den Formwechsel die Eintragung in eine andere Registerart notwendig. Unterschiedliche Registerarten sind das Handelsregister, das Genossenschaftsregister, das Vereinsregister und das Partnerschaftsregister. Da es sich um ein anderes Register handelt, ist **Eintragungsgegenstand** im neuen Register nicht die neue Rechtsform des Rechtsträgers (so aber bei Abs. 1), sondern der Rechtsträger neuer Rechtsform selbst (zu dieser Differenzierung Lutter UmwG/*Hoger* Rn. 11; Semler/Stengel/*Schwanna* Rn. 6) sowie – im Register der alten Rechtsform – die Umwandlung.

6 Die wechselnde Registerzuständigkeit erfordert deshalb jeweils eine Anmeldung bei beiden beteiligten Registern. Nach Abs. 2 S. 4 und 5 erfolgt die Eintragung in **zwei Schritten:** Zunächst ist der Formwechsel in das Register des Ausgangsrechtsträgers einzutragen, verbunden mit einem **Wirksamkeitsvermerk,** wonach die Eintragung erst mit der Eintragung des Rechtsträgers neuer Rechtsform wirksam wird. Erst danach (Abs. 2 S. 5) darf der Rechtsträger in das Register der neuen Rechtsform eingetragen werden. Nach Abs. 2 S. 4 Hs. 2 kann von einem Wirksamkeitsvermerk abgesehen werden, wenn die Eintragungen in beiden beteiligten Registern am selben Tag erfolgen. Diese durch das Zweite Gesetz zur Änderung des UmwG eingefügte Änderung ist allerdings insoweit missglückt, als sie von mehreren „beteiligten Rechtsträgern" spricht. In Wirklichkeit gibt es während des gesamten Formwechselvorgangs nur einen Rechtsträger und lediglich mehrere Rechtsformen. Aus dem Wortlaut darf nicht geschlossen werden, dass das Identitätsprinzip (→ § 190 Rn. 2) aufgegeben wurde (ebenso SHS/*Winter* Rn. 10).

7 **4. Fallgruppe 4 (Abs. 2 S. 2 Alt. 2).** Es ist möglich, im Zuge des Formwechsels den Sitz der formwechselnden Gesellschaft zu verlegen. In diesem Fall wechselt die Registerzuständigkeit, sodass auch hier, wie in Fallgruppe 3, zwei Anmeldungen notwendig sind. § 198 Abs. 2 S. 2 Alt. 2 ist gegenüber den Sitzverlegungsvorschriften der § 13h HGB, § 45 AktG vorrangig (RegBegr. BT-Drs. 12/6699, 142; SHS/*Winter* Rn. 9). Zur Eintragungsreihenfolge → Rn. 6.

8 **5. Negativerklärung (Abs. 3).** Durch den Verweis auf § 16 Abs. 2 und 3 kommt das dort geregelte Verfahren vollständig zur Anwendung (zur Anwendbarkeit des Freigabeverfahrens gem. Abs. 3 iVm § 16 Abs. 3 beim Formwechsel aus der SE OLG Frankfurt a. M. 2.12.2010, NZG 2012, 351). Wegen Einzelheiten wird auf die diesbezügliche Kommentierung (→ § 16 Rn. 1 ff.) verwiesen.

9 **6. Einzelheiten.** Der konkrete **Inhalt der Anmeldung** (eine Zusammenstellung findet sich bei Lutter UmwG/*Hoger* Rn. 13 ff.) und die Zuständigkeit für die Anmeldung richten sich nach den Gründungsvorschriften der neuen Rechtsform (§ 197). Die Anmeldung beinhaltet idR den Formwechsel selbst, die Bestellung neuer Vertretungsorgane und die Negativerklärung oder die Verzichtserklärungen nach § 198 Abs. 3, § 16 Abs. 2. Gemäß § 199 hat die Anmeldung diverse Anlagen zu enthalten. Das Registergericht prüft anhand der eingereichten Unterlagen, ob die formellen und materiellen Voraussetzungen des Formwechsels erfüllt sind. Sind mehrere Registergerichte beteiligt, so wird die Prüfung von jedem Registergericht vorgenommen. Zu den anfallenden Kosten → § 190 Rn. 13.

10 **7. Form der Anmeldung.** (Muster der Anmeldung bei *Limmer* in Limmer Unternehmensumwandlung-HdB Rn. 2546; *Brünger* in SBB Umwandlungen § 26 Rn. 252B, 253B, 254B). Für die Form der Anmeldung gilt die allgemeine Regelung des § 12 HGB. Seit Inkrafttreten des EHUG (Gesetz über elektronische Handelsregister und Genossenschaftsregister sowie das Unternehmensregister vom 10.11.2006, BGBl. 2006 I 2553, hierzu *Krafka* MittBayNot 2005, 290 ff.; *Meyding/Bödeker* BB 2006, 1009 ff.; *Noack* NZG 2006, 801) sind Anmeldungen zur Eintragung in das Handelsregister **elektronisch in öffentlich beglaubigter Form** einzureichen (§ 12 Abs. 1 S. 1 HGB). Das neue Verfahren vollzieht sich in vier Schritten, wobei im Gegensatz zur früheren Rechtslage der Notar gleich zwei Zeugnisse leistet (zum Ganzen ausf. *Apfelbaum/Bettendorf* RNotZ 2007, 89):

(1) Zunächst ist die Anmeldung des Formwechsels zu unterschreiben. Der Notar hat diese Unterschrift nach § 40 BeurkG zu beglaubigen **(Erstes Zeugnis: Beglaubigung der Unterschrift).** Die Unterschriftsbeglaubigung war nach § 12 HGB aF auch bisher erforderlich.

(2) Anschließend ist diese Papierurkunde in die elektronische Form zu überführen, was idR durch Einscannen und Erstellen eines PDF-Dokuments erfolgt.

(3) Danach generiert der Notar ein elektronisches Zeugnis über die Übereinstimmung des elektronischen Dokuments (der Datei) mit der Papierurkunde **(Zweites Zeugnis: Beglaubigung der**

Abschrift). Diese Beglaubigung geschieht durch Anfügen einer qualifizierten elektronischen Signatur (§ 39a S. 2 BeurkG). Dabei handelt es sich um eine Datei, die untrennbar mit der Datei des elektronischen Dokuments verbunden ist und einen Identifikationsschlüssel enthält.

(4) Schließlich **übersendet** der Notar das PDF-Dokument mit der damit fest verbundenen elektronischen Signaturdatei an das Handelsregister.

Anlagen der Anmeldung

199 Der Anmeldung der neuen Rechtsform oder des Rechtsträgers neuer Rechtsform sind in Ausfertigung oder öffentlich beglaubigter Abschrift oder, soweit sie nicht notariell zu beurkunden sind, in Urschrift oder Abschrift außer den sonst erforderlichen Unterlagen auch die Niederschrift des Umwandlungsbeschlusses, die nach diesem Gesetz erforderlichen Zustimmungserklärungen einzelner Anteilsinhaber einschließlich der Zustimmungserklärungen nicht erschienener Anteilsinhaber, der Umwandlungsbericht oder die Erklärungen über den Verzicht auf seine Erstellung, ein Nachweis über die Zuleitung nach § 194 Abs. 2 beizufügen.

Übersicht

I. Allgemeines

Die Vorschrift übernimmt für den Formwechsel die in § 17 Abs. 1 für die Verschmelzung vorgesehene Regelung über die Anlagen der Registeranmeldung. Dem Registergericht soll damit die Prüfung ermöglicht werden, ob alle Voraussetzungen für die Eintragung erfüllt sind. Gleichzeitig soll der Anteilsinhaberschutz verstärkt werden. 1

II. Einzelerläuterungen

1. Bei jedem Formwechsel erforderliche Anlagen. Der Anmeldung der neuen Rechtsform oder des Rechtsträgers neuer Rechtsform sind rechtsformunabhängig stets die in § 199 aufgezählten Anlagen beizufügen: 2

In **notarieller Ausfertigung** (§ 49 BeurkG) oder öffentlich **beglaubigter Abschrift** (§ 42 BeurkG): 3

1. Niederschrift des Umwandlungsbeschlusses;
2. erforderliche Zustimmungserklärungen einzelner Anteilsinhaber einschließlich erforderlicher Zustimmungserklärungen nicht erschienener Anteilsinhaber;
3. Erklärungen der Anteilsinhaber über den Verzicht auf die Erstellung des Umwandlungsberichts (falls solche abgegeben wurden); die Verzichtserklärungen sind notariell zu beurkunden (§ 192 Abs. 2 S. 2).

In **Urschrift** oder einfacher **Abschrift:** 4

1. Umwandlungsbericht (falls die Anteilsinhaber auf seine Erstellung nicht verzichtet haben);
2. Nachweis über die (rechtzeitige) Zuleitung des Entwurfs des Umwandlungsbeschlusses an den zuständigen Betriebsrat oder entsprechende Verzichtserklärungen des Betriebsrats (zur Zulässigkeit des Verzichts des Betriebsrats auf die Zuleitung bzw. die Einhaltung der Zuleitungsfrist → § 194 Rn. 14) oder, falls kein Betriebsrat existiert, eine entsprechende Negativerklärung. Dabei genügt eine einfache Erklärung durch das Vertretungsorgan; eine eidesstattliche Versicherung über die Nichtexistenz eines Betriebsrats ist entgegen der Auffassung des AG Duisburg (AG Duisburg 4.1.1996, GmbHR 1996, 372) in Ermangelung eines entsprechend gesetzlichen Erfordernisses nicht erforderlich (§ 194 Abs. 2).

Die Verpflichtung zur Beifügung einer eventuell erforderlichen staatlichen Genehmigungsurkunde ist mit Inkrafttreten des Gesetzes zur Umsetzung der Aktionärsrechterichtlinie (ARUG) vom 30.7.2009 (BGBl. 2009 I 2479) entfallen. Falls sich infolge des Formwechsels das zuständige Register ändert (Änderung der Art oder des Ortes des Registers gem. § 198 Abs. 2 S. 2, → § 198 Rn. 5 ff.), ist der 5

Anmeldung zum Register der neuen Rechtsform außerdem als Nachweis der Eintragung des Formwechsels im Register der Ausgangsrechtsform ein entsprechend **beglaubigter Registerauszug** beizufügen, es sei denn, das Ausgangsregister macht von sich aus eine entsprechende Mitteilung (allgM).

6 **2. Zusätzliche rechtsformabhängige Anlagen.** Die in § 199 aufgezählten Anlagen sind nicht abschließend. Dies ergibt sich aus dem Wortlaut des § 199 („außer den sonst erforderlichen Unterlagen"). Die Anlagen der Anmeldung sind um die rechtsformabhängigen Anlagen zu ergänzen, die nach Maßgabe der besonderen Vorschriften des UmwG sowie des auf die Zielrechtsform gem. § 197 S. 1 anwendbaren Gründungsrechts einzureichen sind.

7 **a) Formwechsel in GmbH.** Der Anmeldung sind über die in Rn. 3 f. genannten Unterlagen gem. § 197 S. 1 iVm §§ 7 f. GmbHG folgende Unterlagen beizufügen:

1. **Gesellschaftsvertrag** (wenn nicht bereits im Umwandlungsbeschluss enthalten);
2. Dokumentation zur **Bestellung der Geschäftsführer** und deren Vertretungsbefugnis (sofern nicht im Umwandlungsbeschluss enthalten);
3. Von den anmeldenden Geschäftsführern (§ 222 Abs. 1 bzw. § 246 Abs. 1) unterschriebene **Liste der Gesellschafter,** aus welcher Name, Vorname, Geburtsdatum und Wohnort der Gesellschafter sowie die Nennbeträge und die laufenden Nummern der von jedem Gesellschafter übernommen Geschäftsanteile ersichtlich sind (§ 8 Abs. 1 Nr. 3). **Unbekannte Aktionäre** einer formwechselnden AG oder KGaA sind gem. §§ 213, 35 bei der Eintragung in die Liste der Gesellschafter durch die Angabe des insgesamt auf sie entfallenden Teils des Grundkapitals der Gesellschaft und der auf sie nach dem Formwechsel insgesamt entfallenden Geschäftsanteile zu bezeichnen. Eine Bezeichnung in dieser Form ist nur zulässig für Anteilsinhaber, deren Anteile zusammen 5 % des Grundkapitals der formwechselnden Gesellschaft nicht überschreiten (vgl. hierzu die Kommentierung zu § 35 → § 35 Rn. 1 ff.).
4. **Sachgründungsbericht,** der nach allgM von den Gesellschaftern der formwechselnden Gesellschaft, die den Gründern gleichstehen (§ 219 (Gründereigenschaft beim Formwechsel einer Personengesellschaft), § 245 (Gründereigenschaft beim Formwechsel einer Kapitalgesellschaft)), persönlich zu unterschreiben ist (§ 5 Abs. 4 GmbHG). Kein Sachgründungsbericht ist erforderlich beim Formwechsel einer AG oder einer KGaA (§ 245 Abs. 4), einer eG (§ 264 Abs. 2) und eines rechtsfähigen Vereins (§ 277) in eine GmbH.
5. **Nachweis der Reinvermögensdeckung** (§ 220 Abs. 1, §§ 245, 264 Abs. 1, → § 197 Rn. 3 und die Kommentierung zu § 220 → § 220 Rn. 1 ff.);
6. öffentlich beglaubigte **Versicherungen der Geschäftsführer** über das Nichtvorliegen von Bestellungshindernissen gem. § 8 Abs. 3 GmbHG (soweit noch nicht in der Anmeldung selbst enthalten);
7. Dokumentation zur **Bestellung des Aufsichtsrats,** falls ein solcher bei der GmbH zu bilden ist.

8 **b) Formwechsel in AG.** Der Anmeldung sind über die rechtsformunabhängigen Anlagen hinaus gem. § 197 S. 1 iVm § 37 Abs. 4 AktG folgende Unterlagen beizufügen:

1. **Satzung** (wenn nicht bereits im Umwandlungsbeschluss enthalten);
2. **Berechnung des** der Gesellschaft zur Last fallenden **Gründungsaufwands;**
3. Dokumentation über die **Bestellung des Aufsichtsrats** (soweit nicht im Umwandlungsbeschluss enthalten);
4. **Liste der Mitglieder des Aufsichtsrats,** aus welcher Name, Vorname, ausgeübter Beruf und Wohnort der Mitglieder ersichtlich ist;
5. Dokumentation über die **Bestellung des Vorstands;**
6. öffentlich beglaubigte **Versicherungen der Vorstandsmitglieder** über das Nichtvorliegen von Bestellungshindernissen (soweit noch nicht in der Anmeldung selbst enthalten);
7. **Gründungsbericht** und **Prüfungsberichte** der Mitglieder des Vorstands und des Aufsichtsrats sowie der Gründungsprüfer.

9 **c) Formwechsel in KGaA.** Der Anmeldung sind über die rechtsformunabhängigen Anlagen hinaus die unter Rn. 8 aufgeführten Anlagen für den Formwechsel in die AG beizufügen. Anstatt der Urkunde über die Bestellung des Vorstands sind jedoch im Fall des **Beitritts persönlich haftender Gesellschafter** die Urkunden über den **Beitritt** (§ 223) bzw. in dem Fall, dass ein dem formwechselnden Rechtsträger bereits angehörender Gesellschafter die Komplementärstellung übernimmt, dessen Zustimmungserklärung (§ 193 Abs. 3 S. 1) in Ausfertigung (§ 49 BeurkG) oder öffentlich beglaubigter Abschrift beizufügen (§ 223).

10 **d) Formwechsel in eG.** Der Anmeldung sind über die rechtsformunabhängigen Anlagen hinaus gem. § 197 S. 1 iVm § 11 Abs. 2 GenG folgende Unterlagen beizufügen:

1. Ausfertigung (§ 49 BeurkG) oder beglaubigte Abschrift der Satzung (§ 11 Abs. 2 Nr. 1 GenG) sowie weitere privatschriftliche Abschrift (§ 11 Abs. 2 Nr. 1 GenG, § 8 GenRegV);
2. Dokumentation über die Bestellung des Vorstands und des Aufsichtsrats;

3. Bescheinigung eines Prüfverbandes, dass die Genossenschaft zum Beitritt zugelassen ist;
4. Gutachten des Prüfverbandes, ob eine Gefährdung der Belange der Mitglieder oder der Gläubiger der Genossenschaft zu besorgen ist (§§ 259, 265 S. 2 iVm § 11 Abs. 2 Nr. 3 GenG).

e) Formwechsel in Personengesellschaft. Der Anmeldung sind über die rechtsformunabhängigen Anlagen hinaus keine weiteren Anlagen beizufügen. 11

Firma oder Name des Rechtsträgers

200 (1) [1]**Der Rechtsträger neuer Rechtsform darf seine bisher geführte Firma beibehalten, soweit sich aus diesem Buch nichts anderes ergibt.** [2]**Zusätzliche Bezeichnungen, die auf die Rechtsform der formwechselnden Gesellschaft hinweisen, dürfen auch dann nicht verwendet werden, wenn der Rechtsträger die bisher geführte Firma beibehält.**

(2) **Auf eine nach dem Formwechsel beibehaltene Firma ist § 19 des Handelsgesetzbuchs, § 4 des Gesetzes betreffend die Gesellschaften mit beschränkter Haftung, §§ 4, 279 des Aktiengesetzes oder § 3 des Genossenschaftsgesetzes entsprechend anzuwenden.**

(3) **War an dem formwechselnden Rechtsträger eine natürliche Person beteiligt, deren Beteiligung an dem Rechtsträger neuer Rechtsform entfällt, so darf der Name dieses Anteilsinhabers nur dann in der beibehaltenen bisherigen oder in der neu gebildeten Firma verwendet werden, wenn der betroffene Anteilsinhaber oder dessen Erben ausdrücklich in die Verwendung des Namens einwilligen.**

(4) [1]**Ist formwechselnder Rechtsträger oder Rechtsträger neuer Rechtsform eine Partnerschaftsgesellschaft, gelten für die Beibehaltung oder Bildung der Firma oder des Namens die Absätze 1 und 3 entsprechend.** [2]**Eine Firma darf als Name einer Partnerschaftsgesellschaft nur unter den Voraussetzungen des § 2 Abs. 1 des Partnerschaftsgesellschaftsgesetzes beibehalten werden.** [3]**§ 1 Abs. 3 und § 11 des Partnerschaftsgesellschaftsgesetzes sind entsprechend anzuwenden.**

(5) **Durch den Formwechsel in eine Gesellschaft des bürgerlichen Rechts erlischt die Firma der formwechselnden Gesellschaft.**

I. Allgemeines

Ähnlich wie § 18 für die Verschmelzung sieht § 200 **Privilegierungen für die Fortführung der Firma** durch die neue Rechtsform vor und fasst die allgemeinen firmenrechtlichen Grundsätze zusammen, die bei den verschiedenen Arten des Formwechsels zu beachten sind (RegBegr. BT-Drs. 12/6699, 143). Soweit § 200 Privilegierungen vorsieht, ist es dem Rechtsträger neuer Rechtsform freigestellt, von ihnen Gebrauch zu machen. Stets möglich bleibt alternativ die Bildung einer neuen Firma nach den allgemeinen Grundsätzen (SHS/*Winter* Rn. 2). 1

II. Einzelerläuterungen

1. Kontinuität der Firma (Abs. 1 S. 1). Der in Abs. 1 S. 1 ausgesprochene Grundsatz, dass die bisherige **Firma fortgeführt** werden kann, entspricht der für den Formwechsel charakteristischen Kontinuität des Rechtsträgers. Dass durch den Rechtsträger neuer Rechtsform ein von dem formwechselnden Rechtsträger betriebenes **Handelsgeschäft** fortgeführt wird, ist keine Voraussetzung der Firmenfortführung (Semler/Stengel/*Schwanna* Rn. 3). Die Beifügung eines **Nachfolgezusatzes** ist nicht erforderlich (und auch nicht zulässig), da ein Nachfolgeverhältnis wegen der Kontinuität des Rechtsträgers nicht vorliegt (Semler/Stengel/*Schwanna* Rn. 3). Wird nur ein Firmenbestandteil fortgeführt und der übrige Teil der Firma geändert, handelt es sich insgesamt nicht um eine Fortführung der Firma, sondern um eine Firmenneubildung, auf die die allgemeinen Vorschriften Anwendung finden (Semler/Stengel/*Schwanna* Rn. 3). Keine Neufirmierung stellt jedoch der bloße Austausch des Rechtsformzusatzes der alten Rechtsform gegen den der neuen Rechtsform dar (OLG Frankfurt a. M. 19.2.1999, NZG 1999, 351 (352)). 2

2. Rechtsformzusatz (Abs. 1 S. 2 und Abs. 2). Abs. 1 S. 2 und Abs. 2 durchbrechen im Interesse der **Firmenklarheit** und **Firmenwahrheit** (Semler/Stengel/*Schwanna* Rn. 5) den Grundsatz der Firmenfortführung, soweit der Rechtsformzusatz der alten Rechtsform Bestandteil der Firma ist. Nach Abs. 1 S. 2 muss der Rechtsträger neuer Rechtsform auf den in der Firma des formwechselnden Rechtsträgers enthaltenen Rechtsformzusatz verzichten und diesen gem. Abs. 2 gegen den für die neue Rechtsform vorgeschriebenen Zusatz austauschen, wenn die Führung des Rechtsformzusatzes nach dem für die neue Rechtsform geltenden Firmenrecht erforderlich ist (so § 19 Abs. 1 Nr. 2 und Nr. 3 HGB für die OHG und die KG, § 4 GmbHG für die GmbH, §§ 4, 279 AktG für die AG und KGaA, §§ 2, 3 GenG für die eG). Es genügen allgemein verständliche Abkürzungen; verbindliche Abkürzungen oder 3

Schreibweisen sind nicht vorgeschrieben (Baumbach/Hopt/*Hopt* § HGB 19 Rn. 20; SHS/*Winter* Rn. 9; Semler/Stengel/*Schwanna* Rn. 6). Der Rechtsformzusatz „Partnerschaft" oder „und Partner" darf entsprechend den Voraussetzungen der Bestandsschutzregelung des § 11 Abs. 1 S. 3 PartGG nach einem Formwechsel aus einer PartG ausnahmsweise beibehalten werden, wenn die Firma einen eindeutigen Hinweis auf die neue Rechtsform enthält (SHS/*Winter* Rn. 8). Dasselbe gilt nach einer Entscheidung des OLG Frankfurt a. M. im Fall des Formwechsels aus einer anderen Rechtsform, wenn der Rechtsträger gem. § 11 PartGG in seiner alten Rechtsform berechtigt war, den Zusatz „und Partner" oder „Partnerschaft" zu führen (OLG Frankfurt a. M. 19.2.1999, NZG 1999, 351 zum Formwechsel einer OHG, deren Firma den nach der Bestandsschutzregelung für Altgesellschaften gem. § 11 PartGG zulässigen Zusatz „und Partner" enthielt, in eine GmbH).

4 **3. Natürliche Person (Abs. 3).** War eine natürliche Person an dem formwechselnden Rechtsträger beteiligt und entfällt deren Beteiligung an dem Rechtsträger neuer Rechtsform im Zuge der Umwandlung, darf sowohl bei der Firmenfortführung als auch bei der Firmenneubildung nur mit **ausdrücklicher Einwilligung** des betroffenen Anteilsinhabers oder seiner Erben nach dem Formwechsel der Name in der Firma beibehalten werden (str. ist, ob Duldung oder Stillschweigen ausreichend sind: dafür BayObLG 26.11.1997, NJW 1998, 1158 (1159); Baumbach/Hopt/*Hopt* HGB § 24 Rn. 11, wenn eine konkludente Einwilligung eindeutig ist; aA Semler/Stengel/*Schwanna* Rn. 10). Dies gilt auch dann, wenn die Beteiligung des betroffenen Anteilsinhabers erst nach Wirksamwerden des Formwechsels durch Annahme des Barabfindungsangebots entfällt (Lutter UmwG/*Hoger* Rn. 9): Ein Ausscheiden des betroffenen Anteilsinhabers vor der Beschlussfassung über den Formwechsel ist nicht ausreichend (Semler/Stengel/*Schwanna* Rn. 9). Nicht geschützt werden hingegen Anteilsinhaber, die bereits vor Fassung des Umwandlungsbeschlusses aus dem formwechselnden Rechtsträger ausgeschieden sind (Widmann/Mayer/*Fronhöfer* Rn. 16). Die von einem Testamentsvollstrecker, Nachlassverwalter oder -pfleger oder Insolvenzverwalter erklärte Einwilligung genügt nicht (Baumbach/Hopt/*Hopt* HGB § 24 Rn. 11; Semler/Stengel/*Schwanna* Rn. 9; Widmann/Mayer/*Fronhöfer* Rn. 16; zweifelnd Lutter UmwG/*Hoger* Rn. 9). Die nach dem Formwechselbeschluss, aber spätestens vor der Eintragung erklärte Einwilligung, aber auch eine bereits früher erklärte Einwilligung ist ausreichend (Widmann/Mayer/*Fronhöfer* Rn. 16; aA Kallmeyer/*Meister/Klöcker/Berger* Rn. 27, die vertreten, dass die Einwilligung nur in sachlichem und zeitlichem Zusammenhang mit dem Formwechsel erklärt werden kann; Semler/Stengel/*Schwanna* Rn. 10). Die Einwilligung ist grundsätzlich nicht widerruflich (BayObLG 26.11.1997, NJW 1998, 1158 (1159 f.); Lutter UmwG/*Hoger* Rn. 9; aA Kallmeyer/*Meister/Klöcker/Berger* Rn. 27: Widerruf ist bis zur Eintragung möglich, wenn nichts anderes vereinbart war; nach der Eintragung ist Widerruf nur noch aus wichtigem Grund möglich.). Verweigern der betroffene Anteilsinhaber oder seine Erben die Einwilligung, kann die Firma insgesamt nicht fortgeführt werden, da grundsätzlich nur die Fortführung der vollständigen Firma (mit Ausnahme des Rechtsformzusatzes) möglich ist (Semler/Stengel/*Schwanna* Rn. 11).

5 **4. PartG (Abs. 4).** Nach Abs. 4 S. 1 gelten die in den Abs. 1 und 3 enthaltenen allgemeinen firmenrechtlichen Grundsätze beim Formwechsel unter Beteiligung einer PartG für die Fortführung eines Namens als Firma, für die Fortführung einer Firma als Namen und die Neubildung des Namens oder der Firma entsprechend. Nach Abs. 4 S. 2 iVm § 2 Abs. 1 S. 1 PartGG, § 11 Abs. 1 S. 3 PartGG macht es im Falle der Fortführung einer Firma als Name die dem Wesen der freien Berufe entsprechend strikt personalistische Struktur erforderlich, dass der Name der PartG stets den **Namen einer natürlichen Person** enthält (RegBegr. BT-Drs. 13/8808, 11, 15; Semler/Stengel/*Schwanna* Rn. 12; Widmann/Mayer/*Fronhöfer* Rn. 18). Die Fortführung einer reinen Sach- oder Phantasiefirma als Name einer PartG ist demnach unzulässig (RegBegr. BT-Drs. 13/8808, 11, 15). Eine aus einem Familiennamen und einem Firmenzusatz bestehende Mischfirma als Namen fortzuführen, bleibt aber möglich (RegBegr. BT-Drs. 13/8808, 11, 15; Kallmeyer/*Meister/Klöcker/Berger* Rn. 29; Widmann/Mayer/*Fronhöfer* Rn. 18). Der Name der PartG muss mit dem Ziel der hinreichenden Aufklärung des Publikums über die tatsächliche Bandbreite der angebotenen freiberuflichen Dienstleistungen alle in der PartG ausgeübten freien Berufe enthalten (§ 2 Abs. 1 S. 1 PartGG; s. auch RegBegr. BT-Drs. 12/6152, 11). Bei einer als Name fortgeführten Firma muss im Interesse der Informationsfunktion des Partnerschaftsnamens der Rechtsformzusatz „Partnerschaftsgesellschaft" oder „und Partner" der bisherigen Firma hinzugefügt werden (RegBegr. BT-Drs. 13/8808, 11, 15). Abs. 4 S. 3 iVm § 1 Abs. 3 PartGG stellt klar, dass der **Berufsrechtsvorbehalt** auch Regelungen zur Namensfortführung durch eine PartG umfasst (RegBegr. BT-Drs. 13/8808, 11, 15). Abs. 4 S. 3 nimmt ferner § 11 PartGG in Bezug und gewährleistet den dort geregelten Bezeichnungsschutz für Altgesellschaften mit Rechtsformzusatz „Partnerschaft" oder „und Partner" (RegBegr. BT-Drs. 13/8808, 11, 15; vgl. auch OLG Frankfurt a. M. 19.2.1999, NZG 1999, 351).

6 **5. Formwechsel in GbR (Abs. 5).** Der Grundsatz der Firmenfortführung wird beim Formwechsel in eine GbR durchbrochen. Die **Firma** der umgewandelten Gesellschaft **erlischt** mit Wirksamwerden der Umwandlung in eine GbR (RegBegr. BT-Drs. 12/6699, 143), da diese Gesellschaft nach den

allgemeinen Vorschriften des Gesellschaftsrechts nicht berechtigt ist, eine Firma zu führen (RegBegr. BT-Drs. 12/6699, 143; krit. Lutter UmwG/*Hoger* Rn. 11, insbesondere im Hinblick auf die Anerkennung der Rechtsfähigkeit der GbR durch den BGH). Weder die Firmenfortführung noch die Firmenneubildung kommen daher in Betracht.

Bekanntmachung des Formwechsels

201 Das für die Anmeldung der neuen Rechtsform oder des Rechtsträgers neuer Rechtsform zuständige Gericht hat die Eintragung der neuen Rechtsform oder des Rechtsträgers neuer Rechtsform nach § 10 des Handelsgesetzbuchs ihrem ganzen Inhalt nach bekanntzumachen.

I. Allgemeines

Die Vorschrift entspricht § 19 Abs. 3 für die Verschmelzung. Nach § 201 iVm § 10 HGB macht das gem. § 198 für die Anmeldung des Formwechsels oder der neuen Rechtsform zuständige Gericht die Eintragung des Formwechsels bzw. der neuen Rechtsform in das Handelsregister von Amts wegen bekannt. Die Bekanntmachungen sind beim **gemeinsamen Registerportal** der Bundesländer im Internet abrufbar (www.handelsregister.de). 1

Die **Wirkungen des Formwechsels** treten **unabhängig von der Bekanntmachung** bereits mit der Eintragung in das zuständige Register ein (§ 202). 2

II. Einzelerläuterungen

1. Elektronisches Informations- und Kommunikationssystem. Nach § 201 iVm § 10 HGB erfolgt die Bekanntmachung in dem von der Landesjustizverwaltung festgelegten elektronischen Informations- und Kommunikationssystem (RegBegr. BT-Drs. 16/960, 65, 44). Über die Internetadresse **www.handelsregisterbekanntmachungen.de** sind Bekanntmachungen einzusehen. Die Eintragungen werden grundsätzlich ihrem ganzen Inhalt nach **von Amts wegen** veröffentlicht und in der zeitlichen Folge ihrer Eintragung nach Tagen geordnet (RegBegr. BT-Drs. 16/960, 65, 44). 3

2. Übergangsfrist. Nach Art. 61 Abs. 4 EGHGB musste **bis 31.12.2008** neben der elektronischen Bekanntmachung zusätzlich eine Bekanntmachung in einer Tageszeitung oder einem sonstigen Blatt erfolgen. Die Kosten dieser Bekanntmachung hatten die Unternehmen zu tragen. Nach Wahl des Unternehmens ist eine zusätzliche Bekanntmachung in Papierform selbstverständlich freiwillig möglich. 4

3. Gründungsvorschriften. Darüber hinaus sind die für die neue Rechtsform geltenden Gründungsvorschriften nach § 197 S. 1 bei der Bekanntmachung zu beachten (RegBegr. BT-Drs. 12/6699, 141; Semler/Stengel/*Schwanna* Rn. 3). Daher sind auch die Angaben bekannt zu machen, die bei der Gründung nach den Vorschriften der neuen Rechtsform zu veröffentlichen sind. 5

4. Anspruch auf Sicherheitsleistung. In der Bekanntmachung des Formwechsels sind die Gläubiger auf ihren Anspruch auf Sicherheitsleistung unter den weiteren Voraussetzungen der §§ 204, 22 hinzuweisen (§ 204 iVm § 22 Abs. 1 S. 3). Das Unterlassen des Hinweises kann einen **Amtshaftungsanspruch** auslösen (Lutter UmwG/*Hoger* Rn. 2). 6

5. Wirkung der Bekanntmachung. Für die Wirksamkeit des Formwechsels ist allein die Eintragung nach § 202 maßgebend (→ § 202 Rn. 13). Die Bekanntmachung hat demgegenüber nur **verlautbarende Wirkung** (Semler/Stengel/*Schwanna* Rn. 4). Die noch in § 10 Abs. 2 HGB aF vorgesehene **Fiktionsregelung** für die Wirkung der Bekanntmachung, die sich auf die unterschiedlichen Erscheinungszeitpunkte gedruckter Blätter bezog, wurde **abgeschafft,** da nach der neuen Rechtslage allein die elektronische Bekanntmachung für den Eintritt der Wirkung der Bekanntmachung maßgebend ist (Art. 61 Abs. 4 S. 4 EGHGB; s. auch RegBegr. BT-Drs. 16/960, 65, 44). 7

6. Fristbeginn. Von Bedeutung ist der Zeitpunkt der Bekanntmachung der Eintragung in das Handelsregister für den Beginn folgender **Fristen:** 8

1. Sechsmonatsfrist nach §§ 204, 22 Abs. 1 S. 1 für die Geltendmachung des Anspruchs der Gläubiger auf Sicherheitsleistleistung;
2. fünfjährige Verjährungsfrist nach § 205 Abs. 2 für die Geltendmachung von Schadensersatzansprüchen gegen die Verwaltungsträger des formwechselnden Rechtsträgers;
3. Zweimonatsfrist nach § 209 S. 1 für die Annahme des Barabfindungsangebots;
4. Möglichkeit der anderweitigen Anteilsveräußerung nach §§ 209, 211 durch den Anteilsinhaber während der Angebots;
5. Frist für die Enthaftung der Komplementäre beim Formwechsel nach § 224 Abs. 3, §§ 237, 249, 257;
6. Dreimonatsfrist nach § 4 Abs. 1 Nr. 4 SpruchG für den Antrag auf gerichtliche Entscheidung im Spruchverfahren.

9 Schließlich knüpfen die allgemeinen Vorschriften über die Handelsregisterpublizität in § 15 HGB an den Zeitpunkt der Bekanntmachung an.

Wirkungen der Eintragung

202 (1) **Die Eintragung der neuen Rechtsform in das Register hat folgende Wirkungen:**

1. Der formwechselnde Rechtsträger besteht in der in dem Umwandlungsbeschluß bestimmten Rechtsform weiter.

2. [1]Die Anteilsinhaber des formwechselnden Rechtsträgers sind an dem Rechtsträger nach den für die neue Rechtsform geltenden Vorschriften beteiligt, soweit ihre Beteiligung nicht nach diesem Buch entfällt. [2]Rechte Dritter an den Anteilen oder Mitgliedschaften des formwechselnden Rechtsträgers bestehen an den an ihre Stelle tretenden Anteilen oder Mitgliedschaften des Rechtsträgers neuer Rechtsform weiter.

3. Der Mangel der notariellen Beurkundung des Umwandlungsbeschlusses und gegebenenfalls erforderlicher Zustimmungs- oder Verzichtserklärungen einzelner Anteilsinhaber wird geheilt.

(2) **Die in Absatz 1 bestimmten Wirkungen treten in den Fällen des § 198 Abs. 2 mit der Eintragung des Rechtsträgers neuer Rechtsform in das Register ein.**

(3) **Mängel des Formwechsels lassen die Wirkungen der Eintragung der neuen Rechtsform oder des Rechtsträgers neuer Rechtsform in das Register unberührt.**

Übersicht

I. Allgemeines

1 § 202 regelt die **Wirkungen der Eintragung** des Formwechsels. Dies sind die Identität des Rechtsträgers trotz Änderung der Rechtsform (Nr. 1), der Fortbestand von Beteiligungen und Rechten Dritter (Nr. 2) sowie die Heilung von Beurkundungsmängeln (Nr. 3). Abs. 2 erstreckt die Wirkungen des Abs. 1 auf die Eintragung des Rechtsträgers neuer Rechtsform für den Fall, dass der formwechselnde Rechtsträger nicht in einem Register eingetragen war oder sich die Registerzuständigkeit ändert. Abs. 3 regelt die Wirkung der Eintragung bei weiteren Mängeln.

2 Die in Abs. 1 Nr. 3 sowie in Abs. 3 genannten Wirkungen treten erst mit der Eintragung des Formwechsels in das für den Rechtsträger neuer Rechtsform maßgebliche Register ein (für den Fall, dass der formwechselnde Rechtsträger bislang in keinem Register eingetragen war → Rn. 13). Die Anteilsinhaber können hierüber nicht disponieren (Semler/Stengel/*Leonard* Rn. 5). Die Eintragung im maßgeblichen Register hat mithin zwingend **konstitutive Wirkung** (Lutter UmwG/*Hoger* Rn. 5).

II. Einzelerläuterung

3 **1. Fortbestand des Rechtsträgers (Abs. 1 Nr. 1).** Der Formwechsel ändert nicht die Identität des Rechtsträgers. Vielmehr besteht der identische Rechtsträger in der geänderten Rechtsform fort (**Grundsatz der Identität des Rechtsträgers,** Lutter UmwG/*Hoger* Rn. 7; SHS/*Winter* Rn. 5). Es findet daher im Zuge des Formwechsels keine Vermögensübertragung von einem auf einen anderen Rechtsträger statt (SHS/*Winter* Rn. 2).

4 Da der Rechtsträger rechtlich und wirtschaftlich identisch fortbesteht, hat der Formwechsel im Grundsatz keine Auswirkungen auf die **Rechtsbeziehungen des Rechtsträgers im Außenverhältnis.** Unbeeinträchtigt durch den Formwechsel bleiben daher schuldrechtliche Beziehungen des Rechtsträgers, insbesondere Dienstverträge mit Organen (BGH 12.5.1997, NJW 1997, 2319), nicht hingegen die Organstellung der gesetzlichen Vertreter und anderer Organe, etwa Aufsichtsräte (Semler/Stengel/*Leonard* Rn. 10). Zu Ausnahmen vgl. die Kommentierung zu § 203 → § 203 Rn. 1 ff., zu Arbeitsverträgen und Unternehmensverträgen s. OLG Düsseldorf 27.2.2004, NZG 2005, 280, zu Beteiligungen

des Rechtsträgers, Forderungen und Verbindlichkeiten des Rechtsträgers – letztere auch ohne Zustimmung der Gläubiger, Eigentum des Rechtsträgers (bei Grundstückseigentum genügt eine Richtigstellung im Grundbuch) s. Semler/Stengel/*Leonard* Rn. 8 sowie zu Vollmachten und Prokuren Rn. 10. Auch laufende Rechtsstreitigkeiten werden durch den Formwechsel nicht unterbrochen (SHS/*Winter* Rn. 5; s. Semler/Stengel/*Leonard* Rn. 11). In einzelnen Fällen ergeben sich jedoch auch für die Rechtsbeziehungen im Außenverhältnis Änderungen, insbesondere können etwa Gläubiger unter den Voraussetzungen des § 204 Sicherheitsleistung verlangen (für weitere Modifizierungen s. Semler/Stengel/*Leonard* Rn. 12 ff.).

Dadurch, dass mit der Änderung der Rechtsform des Rechtsträgers auch eine Änderung des auf ihn anwendbaren Normsystems einhergeht, kommt es insbesondere im **Innenverhältnis** des Rechtsträgers zu Veränderungen der einzelnen Rechtsbeziehungen. Der Identität des Rechtsträgers steht daher eine Diskontinuität des auf ihn anwendbaren Rechtsregimes gegenüber (Lutter UmwG/*Hoger* Rn. 8 f.). Dies betrifft grundsätzlich das Verhältnis der Anteilsinhaber untereinander sowie das Verhältnis der Anteilsinhaber zu dem Rechtsträger (→ Rn. 9). 5

2. Fortbestand von Beteiligungen (Abs. 1 Nr. 2 S. 1). Die Anteilsinhaber des formwechselnden Rechtsträgers bleiben gem. Abs. 1 Nr. 2 S. 1 an dem Rechtsträger nach den für die neue Rechtform geltenden Vorschriften beteiligt. Aus dieser Regelung ergeben sich die Grundsätze der **Identität der Anteilsinhaber** sowie der **Identität der Beteiligungen,** die allerdings jeweils nicht ausnahmslos gelten („soweit ihre Beteiligung nicht nach diesem Buch entfällt"). 6

Der Grundsatz der **Identität der Anteilsinhaber** besagt, dass alle Anteilsinhaber des formwechselnden Rechtsträgers automatisch auch Anteilsinhaber des Rechtsträgers neuer Rechtsform sind (Kallmeyer/*Meister/Klöcker/Berger* Rn. 29; Lutter UmwG/*Hoger* Rn. 10). Es scheiden also infolge des Formwechsels prinzipiell weder bisherige Anteilsinhaber aus noch kommen neue hinzu. **Ausnahmen** hierzu sind abschließend in den Besonderen Vorschriften geregelt (RegBegr. BT-Drs. 12/6699, 144; Lutter UmwG/*Hoger* Rn. 10; Semler/Stengel/*Leonard* Rn. 19), so etwa für den Formwechsel einer KGaA, der zu Aufnahme oder Ausscheiden eines Komplementärs führen kann (§§ 221, 236, 247 Abs. 2, § 255 Abs. 3), sowie beim Formwechsel eines VVaG in eine AG (§ 294 Abs. 1 S. 2; s. dazu Semler/Stengel/*Leonard* Rn. 19). Auch beim Formwechsel von einer KapG in eine GmbH & Co. KG oder umgekehrt kann es zu Abweichungen der Anteilsinhaberidentität kommen. Maßgeblich für die Identität der Anteilsinhaber ist der Zeitpunkt der Eintragung des Formwechsels bzw. der neuen Rechtsform in das zuständige Register (Kallmeyer/*Meister/Klöcker/Berger* Rn. 30). Der Grundsatz der Identität der Anteilsinhaber hat daher nicht zur Folge, dass über Anteile zwischen Umwandlungsbeschluss und Eintragung nicht verfügt werden darf (Lutter UmwG/*Hoger* Rn. 10; Semler/Stengel/*Leonard* Rn. 19). 7

Nach dem Grundsatz der **Identität der Beteiligungen** hat der Formwechsel keine Veränderung der Beteiligungsverhältnisse zur Folge; die Beteiligungen bleiben im Grundsatz im gleichen Verhältnis bestehen (Lutter UmwG/*Hoger* Rn. 13). Hiervon abweichend kann der Umwandlungsbeschluss mit ausdrücklicher Zustimmung der betroffenen Anteilsinhaber allerdings vorsehen, dass sich die Proportionalität der Beteiligungen durch den Formwechsel ändert (→ § 194 Rn. 7 sowie Lutter UmwG/*Hoger* Rn. 15; SHS/*Winter* Rn. 7). 8

Trotz der Identität der Anteilsinhaber und der Beteiligungen führt jeder Formwechsel zu **Modifizierungen der Rechte und Pflichten** des einzelnen Anteilsinhabers. Grund hierfür ist, dass nach dem Formwechsel ein anderes Rechtsregime anwendbar ist und die mit dem Anteilsbesitz verbundenen Rechte und Pflichten von Rechtsform zu Rechtsform unterschiedlich geregelt sind (Lutter UmwG/*Hoger* Rn. 16; Semler/Stengel/*Leonard* Rn. 24). Modifizierungen, die wegen zwingender gesetzlicher Regelungen auch nicht durch Satzung oder Gesellschaftsvertrag ausgeglichen werden können, ergeben sich in besonderem Maße bei Formwechseln zwischen KapGen und Personengesellschaften, etwa aufgrund der persönlichen Haftung der Gesellschafter einer Personengesellschaft (Semler/Stengel/*Leonard* Rn. 25). 9

3. Fortbestand von Rechten Dritter (Abs. 1 Nr. 2 S. 2). Gemäß Abs. 1 Nr. 2 S. 2 setzen sich Rechte Dritter an den Anteilen oder Mitgliedschaften des formwechselnden Rechtsträgers an den an ihre Stelle tretenden Anteilen oder Mitgliedschaften des Rechtsträgers neuer Rechtsform fort. Die Vorschrift bezweckt den Schutz von Gläubigern der Anteilsinhaber des formwechselnden Rechtsträgers (RegBegr. BT-Drs. 12/6699, 144), ihr kommt aber wegen des Grundsatzes der Identität des Rechtsträgers (→ Rn. 3 f.) und des Fortbestands von Beteiligungen (→ Rn. 6 ff.) in erster Linie **klarstellende Bedeutung** zu (Semler/Stengel/*Leonard* Rn. 27). 10

Nach hM ist Abs. 1 Nr. 2 S. 2 nur auf **dingliche Rechte** wie etwa Pfandrecht und Nießbrauch anwendbar, nicht hingegen auf schuldrechtliche Ansprüche wie zB Vorkaufsrechte (Kallmeyer/*Meister/Klöcker/Berger* Rn. 46; Lutter UmwG/*Hoger* Rn. 20; zweifelnd Semler/Stengel/*Leonard* Rn. 29). Schuldrechtliche Ansprüche werden aber wegen der Grundsätze der Identität des Rechtsträgers und des Fortbestands der Mitgliedschaft durch den Formwechsel nicht beeinträchtigt. Dass sie nicht von der – lediglich deklaratorischen – Regelung des Abs. 1 Nr. 2 S. 2 erfasst sind, ist deshalb unproblematisch (Semler/Stengel/*Leonard* Rn. 29, 31). 11

12 **4. Heilung von Beurkundungsmängeln (Abs. 1 Nr. 3).** Mängel bei der notariellen Beurkundung des Umwandlungsbeschlusses oder erforderlicher Zustimmungs- und Verzichtserklärungen einzelner Anteilsinhaber werden gem. Abs. 1 Nr. 3 durch die Eintragung des Formwechsels geheilt. Mängel iS dieser Vorschrift können die fehlende, fehlerhafte oder unvollständige Beurkundung oder die unzulässige Beurkundung im Ausland sein (Semler/Stengel/*Leonard* Rn. 32). Abs. 1 Nr. 3 gilt nur für Mängel der Beurkundung, nicht hingegen für andere Mängel wie etwa das Fehlen erforderlicher Zustimmungs- und Verzichtserklärungen, vgl. Abs. 3 (Kallmeyer/*Meister/Klöcker/Berger* Rn. 49). Praktische Bedeutung kommt Abs. 1 Nr. 3 vor allem für nicht beurkundete Nebenabreden, Änderungen oder Ergänzungen zu, die mit der Eintragung des Formwechsels ebenfalls geheilt werden (SHS/*Winter* Rn. 9; Widmann/Mayer/*Vossius* Rn. 179). Die Heilung von Mängeln führt nicht dazu, dass die für den Mangel Verantwortlichen von ihrer Haftung nach §§ 205, 206 befreit werden (Kallmeyer/*Meister/Klöcker/Berger* Rn. 54; Lutter UmwG/*Hoger* Rn. 51; Semler/Stengel/*Leonard* Rn. 33).

13 **5. Maßgeblicher Zeitpunkt für Eintritt der Wirkungen (Abs. 2).** Die in Abs. 1 aufgezählten Wirkungen des Formwechsels sind an die Registereintragung der neuen Rechtsform geknüpft. In den Fällen des § 198 Abs. 2, in denen der formwechselnde Rechtsträger bislang nicht in einem Register eingetragen war (bei einem Formwechsel eines nicht eingetragenen rechtsfähigen Vereins, einer Körperschaft oder einer Anstalt des öffentlichen Rechts in eine KapG), oder wenn durch den Formwechsel ein anderes Register zuständig wird, ist die Eintragung des Rechtsträgers neuer Rechtsform im dafür zuständigen Register maßgeblich für den Eintritt der Wirkungen des Abs. 1. In den übrigen Fällen treten die Wirkungen mit Eintragung der neuen Rechtsform in das Register des formwechselnden Rechtsträgers (§ 198 Abs. 1) ein.

14 **6. Wirkung der Eintragung bei weiteren Mängeln (Abs. 3). a) Gegenstand und Zweck.** Gemäß Abs. 3 lassen Mängel des Formwechsels die Wirkungen der Eintragung der neuen Rechtsform oder des Rechtsträgers neuer Rechtsform in das Register unberührt. Durch diese Vorschrift soll – ebenso wie durch § 20 Abs. 2 bei der Verschmelzung und § 131 Abs. 2 bei der Spaltung – vermieden werden, dass ein einmal vollzogener Formwechsel wegen seiner Fehlerhaftigkeit rückabgewickelt werden muss, weil dies zu erheblichen rechtlichen und wirtschaftlichen Unsicherheiten für die am Formwechsel Beteiligten im Besonderen sowie für den Rechtsverkehr im Allgemeinen führen würde (Semler/Stengel/*Leonard* Rn. 34).

15 **b) Mangelbegriff.** Der Begriff des Mangels ist weit zu verstehen. **Auch schwerwiegende Mängel** sind erfasst (vgl. auch zur Verschmelzung die Kommentierung zu § 20 → § 20 Rn. 1 ff.; Kallmeyer/*Meister/Klöcker/Berger* Rn. 56; Lutter UmwG/*Hoger* Rn. 53; SHS/*Winter* Rn. 11; Semler/Stengel/*Leonard* Rn. 35). Der eingetragene Formwechsel ist daher im Grundsatz unabhängig von der Schwere des ihm anhaftenden Mangels unumkehrbar (zur Wirkung der Eintragung Rn. 16, BGH 3.5.1996, BGHZ 132, 353 (359)). Allerdings sind nur solche Mängel von Abs. 3 erfasst, die sich auf den Formwechsel beziehen (Semler/Stengel/*Leonard* Rn. 40), nicht hingegen Mängel, die etwa der Gründung des formwechselnden Rechtsträgers oder anderen zusammen mit dem Formwechsel gefassten Beschlüssen anhaften (SHS/*Winter* Rn. 11; Semler/Stengel/*Leonard* Rn. 40). Nur in Ausnahmefällen kann etwas anderes gelten, wenn die ebenfalls gefassten Beschlüsse, beispielsweise über eine Kapitalerhöhung, den Formwechsel erst ermöglichen (Semler/Stengel/*Leonard* Rn. 40).

16 **c) Wirkung der Eintragung.** Mängel des Formwechsels lassen nach Abs. 3 „die Wirkungen der Eintragung unberührt". Eine **Rückabwicklung** des Formwechsels und seiner Wirkungen ist daher – auch bei schweren Mängeln – **grundsätzlich nicht möglich.** Die Wirkungen, die nach Abs. 3 „unberührt" bleiben, sind die in Abs. 1 Nr. 1 und 2 genannten Wirkungen: der formwechselnde Rechtsträger existiert in einer neuen Rechtsform, die Anteilsinhaber haben nun Anteile an dem Rechtsträger der neuen Rechtsform und Rechte Dritter an Beteiligungen bestehen fort. Klagen gegen die Wirksamkeit des Formwechsels kommen ebenfalls nicht in Betracht. **Schadensersatzansprüche** gem. §§ 205, 206 gegen die verantwortlichen Organmitglieder oder die beteiligten Berater können jedoch weiterhin geltend gemacht werden. **Ausnahmen** vom Grundsatz der Wirksamkeit des Formwechsels bestehen bei bestimmten Mängeln, etwa im Falle des völligen Fehlens eines Umwandlungsbeschlusses oder bei einer gesetzlich nicht zugelassenen Formwechselkonstellation: Der Formwechsel ist in diesen Fällen trotz Eintragung unwirksam (Semler/Stengel/*Leonard* Rn. 35 ff.).

Amtsdauer von Aufsichtsratsmitgliedern

203 **[1] Wird bei einem Formwechsel bei dem Rechtsträger neuer Rechtsform in gleicher Weise wie bei dem formwechselnden Rechtsträger ein Aufsichtsrat gebildet und zusammengesetzt, so bleiben die Mitglieder des Aufsichtsrats für den Rest ihrer Wahlzeit als Mitglieder des Aufsichtsrats des Rechtsträgers neuer Rechtsform im Amt. [2] Die Anteilsinhaber des formwechselnden Rechtsträgers können im Umwandlungsbeschluß für ihre Aufsichtsratsmitglieder die Beendigung des Amtes bestimmen.**

I. Allgemeines

§ 203 S. 1 ordnet für bestimmte Fälle die **Amtskontinuität** der Aufsichtsratsmitglieder vor und nach dem Formwechsel an. Aus der Vorschrift folgt im Umkehrschluss, dass die Ämter im Zuge des Formwechsels enden, wenn die Voraussetzungen des § 203 S. 1 nicht vorliegen (vgl. RegBegr. BT-Drs. 12/6699, 145). **Ziel** der Vorschrift ist es, diejenigen Formwechsel zu **vereinfachen,** die durch die Umwandlung keine Änderung der rechtlichen Voraussetzungen für die Bildung und Zusammensetzung des Aufsichtsrats mit sich bringen (vgl. RegBegr. BT-Drs. 12/6699, 145). Darüber hinaus dient die Norm der **sofortigen Handlungsfähigkeit** des Rechtsträgers neuer Rechtsform nach der Umwandlung (vgl. Widmann/Mayer/*Vossius* Rn. 24). 1

II. Einzelerläuterung

1. Amtskontinuität bei Aufsichtsratsbildung/-zusammensetzung in gleicher Weise (S. 1). Voraussetzung für die Anwendung des § 203 ist, dass sowohl der formwechselnde Rechtsträger als auch der Rechtsträger neuer Rechtsform aufgrund **zwingender gesetzlicher Vorgabe** einen **Aufsichtsrat** bilden müssen. Nicht erfasst sind daher Fälle, in denen der Aufsichtsrat vor oder nach dem Formwechsel nur fakultativ gebildet werden kann, etwa aufgrund Gesellschaftsvertrags oder Satzung (Semler/Stengel/*Simon* Rn. 3). Gleichfalls nicht erfasst ist ein Beirat. 2

Der Aufsichtsrat wird vor und nach dem Formwechsel dann „in gleicher Weise" gebildet und zusammengesetzt, wenn seine Konstituierung auf den gleichen gesetzlichen Vorschriften beruht (Semler/Stengel/*Simon* Rn. 3), also zB die gleichen mitbestimmungsrechtlichen Vorschriften anwendbar sind. Gleiche Zusammensetzung erfordert auch die gleiche **zahlenmäßige Zusammensetzung** des Aufsichtsrats vor und nach dem Formwechsel, nicht aber die Personenidentität der Aufsichtsratsmitglieder (RegBegr. BT-Drs. 12/6699, 145; Kallmeyer/Meister/*Klöcker/Berger* Rn. 8). Eine zahlenmäßige Veränderung der Aufsichtsratsmitglieder steht der Amtskontinuität gem. S. 1 ausnahmsweise nicht entgegen, sofern sie nicht *durch,* sondern nur *anlässlich* des Formwechsels erfolgt, also etwa der Aufsichtsrat iRd anwendbaren gesetzlichen Vorschriften durch Satzungsregelung vergrößert oder verkleinert wird, ohne dass dies infolge des Formwechsels in die neue Rechtsform rechtlich erforderlich wäre (vgl. Kallmeyer/Meister/*Klöcker/Berger* Rn. 8; Lutter UmwG/*Hoger* Rn. 2). Keine Änderung darf sich aber an dem Verhältnis zwischen Aufsichtsratsmitgliedern der Arbeitnehmer und Anteilseigner ergeben (Widmann/Mayer/*Vossius* Rn. 17). 3

Anwendungsfälle des § 203 S. 1 sind insbesondere der Formwechsel von: 4

- **AG** in **KGaA** und umgekehrt,
- **GmbH** in **AG/KGaA** und umgekehrt, sofern der Rechtsträger der Mitbestimmung nach dem DrittelbG, dem MitbestG, dem MontanMitbestG oder dem MitbestErgG unterliegt,
- **VVaG** in **AG/KGaA,** sofern der Rechtsträger mehr als 500 Arbeitnehmer beschäftigt (vgl. § 35 Abs. 2 VAG, § 1 Abs. 1 Nr. 4 DrittelbG) und
- **GmbH & Co. KG,** sofern sie unter § 4 Abs. 1 oder § 5 Abs. 1 MitbestG mit mehr als 2.000 Arbeitnehmern fällt, in eine **KapG** und umgekehrt.

2. Rechtsfolge: Amtskontinuität. Als Rechtsfolge ordnet § 203 S. 1 die Fortdauer des Amtes der Aufsichtsratsmitglieder im Rechtsträger neuer Rechtsform bis zum Ende ihrer Amtszeit an. Die Amtskontinuität gilt auch für **Ersatzmitglieder** (SHS/*Winter* Rn. 3). Aus einem Umkehrschluss aus § 203 S. 1 folgt, dass in den Fällen, in denen die Voraussetzungen dieser Vorschrift nicht erfüllt sind, die Amtszeit ohne Abberufung automatisch mit Wirksamwerden des Formwechsels endet (Kallmeyer/Meister/*Klöcker/Berger* Rn. 2). Sind die Voraussetzungen des § 203 S. 1 für eine Amtskontinuität erfüllt, findet **kein Statusverfahren** nach §§ 97 ff. AktG statt (Semler/Stengel/*Simon* Rn. 9); dies gilt auch dann, wenn sich die (konkrete) Zusammensetzung des Aufsichtsrats im Zuge des Formwechsels aufgrund Amtsniederlegung oder Abberufung von Aufsichtsratsmitgliedern ändert. Liegen die Voraussetzungen des § 203 S. 1 nicht vor, ist vor Bestellung der neuen Aufsichtsratsmitglieder das Statusverfahren durchzuführen, anderenfalls darf der Aufsichtsrat wegen § 96 Abs. 2 AktG nicht nach den infolge des Formwechsels maßgeblichen Vorschriften, sondern muss zunächst nach den bisher anwendbaren Regelungen zusammengesetzt werden (Semler/Stengel/*Simon* Rn. 11). Das Statusverfahren sollte daher noch vor Beschlussfassung über den Formwechsel durchgeführt werden. Eine Ausnahme besteht beim **Formwechsel einer AG in eine Europäische Gesellschaft (SE)** nach Maßgabe von Art. 37 SE-VO: Obwohl die SE nicht mehr den auf die AG anwendbaren Vorschriften der Mitbestimmungsgesetze unterliegt, wird nach überzeugender Auffassung das erste Aufsichts- bzw. Verwaltungsorgan der SE ohne vorherige Durchführung eines Statusverfahrens nach den Vorgaben der SE-Satzung und des SEBG oder – soweit vorhanden – einer Vereinbarung über die Arbeitnehmerbeteiligung zusammengesetzt. Das Statusverfahren wird in diesem Fall durch die Regelungen der SE-VO und des SEBG über die Zusammensetzung des Aufsichtsorgans überlagert und – da eine alternative Zusammensetzung nach 5 einem der nationalen Mitbestimmungsgesetze mangels Anwendbarkeit auf die SE (vgl. § 47 Abs. 1 Nr. 1 SEBG) nicht mehr in Betracht kommt – funktionslos (s. dazu ausf. *Habersack* Konzern 2008, 67 (72 f.)).

6 **3. Beendigung des Amts durch Beschluss der Anteilseigner (S. 2).** Auch wenn die Voraussetzungen für eine Amtskontinuität nach S. 1 vorliegen, können die Ämter der Anteilseignervertreter im Aufsichtsrat gem. S. 2 durch Beschluss der Anteilsinhaber beendet werden. Anstelle der abberufenen Aufsichtsratsmitglieder können die Anteilsinhaber neue Vertreter bestellen. Der Abberufungsbeschluss kann sich auf alle oder nur auf einzelne Aufsichtsratsmitglieder erstrecken (Kallmeyer/Meister/*Klöcker*/*Berger* Rn. 14) und das Amtsende innerhalb der regulären Laufzeit des Aufsichtsratsmandats frei bestimmen (Widmann/Mayer/*Vossius* Rn. 35). **Streitig** ist der **Zeitpunkt** des Abberufungsbeschlusses. Nach dem Gesetzeswortlaut muss die Abberufung „im Umwandlungsbeschluss" erfolgen. Dennoch wird vom Großteil der Lit. eine Abberufung gem. S. 2 auch nach dem Umwandlungsbeschluss für zulässig gehalten (Lutter UmwG/*Hoger* Rn. 25, sofern die Beschlussfassung noch vor der Anmeldung des Formwechsels erfolgt; Widmann/Mayer/*Vossius* Rn. 31, sofern ein innerer Zusammenhang zum Umwandlungsbeschluss besteht; offen SHS/*Winter* Rn. 3; Semler/Stengel/*Simon* Rn. 8). Angesichts des eindeutigen Gesetzeswortlauts ist aber zumindest eine Fassung des Abberufungsbeschlusses gleichzeitig mit dem Umwandlungsbeschluss zu verlangen (Kallmeyer/Meister/*Klöcker*/*Berger* Rn. 14); diese kann in derselben Anteilseignerversammlung auch durch formal gesonderten Beschluss erfolgen (vgl. Lutter UmwG/*Hoger* Rn. 25). Eine Abberufung nach Fassung des Umwandlungsbeschlusses kann hingegen nur nach den für den Rechtsträger maßgeblichen allgemeinen Vorschriften erfolgen, vor Wirksamwerden des Formwechsels also nach den für die Ausgangsrechtsform geltenden Vorschriften, nach Wirksamwerden des Formwechsels nach den Vorschriften der neuen Rechtsform. Die Abberufungskompetenz der Anteilsinhaber nach S. 2 gilt nach dem Wortlaut nur „für ihre" Aufsichtsratsmitglieder, dh für diejenigen der **Anteilseignerseite.** Aufsichtsratsmitglieder der **Arbeitnehmerseite** können nicht gem. S. 2 vorzeitig abberufen werden (SHS/*Winter* Rn. 3). Ihre Ämter bestehen daher unter den Voraussetzungen des S. 1 grundsätzlich nach Wirksamwerden des Formwechsels fort. Sollen sie im Zuge des Formwechsels abberufen werden, kann dies nur nach den allgemeinen Regelungen des anwendbaren Mitbestimmungsgesetzes erfolgen.

Schutz der Gläubiger und der Inhaber von Sonderrechten

204 **Auf den Schutz der Gläubiger ist § 22, auf den Schutz der Inhaber von Sonderrechten § 23 entsprechend anzuwenden.**

Übersicht

I. Allgemeines

1 Die Vorschrift verweist auf die verschmelzungsrechtlichen Vorschriften zum Schutz der Gläubiger (§ 22) und zum Schutz der Sonderrechtsinhaber (§ 23). Obwohl beim Formwechsel die Identität des Rechtsträgers erhalten bleibt und kein Vermögen übertragen, mithin auch keine Haftungsmasse unmittelbar entzogen wird, sind Gläubiger und Sonderrechtsinhaber schutzbedürftig, da sich durch den Rechtsformwechsel ihre Stellung **verschlechtern kann** (Semler/Stengel/*Kalss* Rn. 1). Durch den Formwechsel einer AG in eine GmbH ist beispielsweise die künftige Beachtung der strengen Kapitalschutzvorschriften des AktG nicht mehr gegeben. Umgekehrt kann sich aber auch der Formwechsel einer Personenhandelsgesellschaft oder PartG in eine KapG negativ auswirken.

2 Zusätzlich werden die Gläubiger des formwechselnden Rechtsträgers durch Schadensersatzansprüche gegen die Verwaltungsträger gem. §§ 205, 206 und durch die Nachhaftung der persönlichen haftenden Gesellschafter bzw. Partner gem. § 224 Abs. 3, §§ 237, 249, 257 geschützt.

II. Rechtstatsachen

Der **Anspruch auf Sicherheitsleistung** hat beim Formwechsel nur **geringe praktische Bedeutung** (Lutter UmwG/*Hoger* Rn. 2). Der Gläubiger muss die Gefährdung seines Anspruchs nach §§ 204, 22 Abs. 1 S. 2 glaubhaft machen (näher dazu die Kommentierung zur Parallelvorschrift des § 22 → § 22 Rn. 1 ff.). Beim Formwechsel wird dem Gläubiger die Glaubhaftmachung der Gefährdung seines Anspruchs besonders schwerfallen, da hier im Gegensatz zur Verschmelzung und Spaltung kein Vermögen übertragen und daher die Haftungsmasse nicht unmittelbar entzogen wird (SHS/*Winter* Rn. 1). 3

III. Einzelerläuterung

1. Anspruch auf Sicherheitsleistung. a) Allgemeines. Die Vorschrift verweist auf die Gläubigerschutzvorschrift gem. § 22. Wenn die Voraussetzungen des § 22 vorliegen, ist den Gläubigern Sicherheit zu leisten (zu Einzelheiten die dortige Kommentierung → § 22 Rn. 1 ff.). 4

b) Berechtigte Gläubiger. Die Gläubiger des formwechselnden Rechtsträgers können Sicherheitsleistung für schuldrechtliche Ansprüche gegen den Rechtsträger verlangen, wenn der Rechtsgrund des Anspruchs bereits vor der Bekanntmachung des Wirksamwerdens des Formwechsels gelegt wurde (ebenso für die Parallelvorschrift des § 22 Kallmeyer/*Marsch-Barner/Oppenhoff* § 22 Rn. 3; Semler/Stengel/*Kalss* Rn. 3; Semler/Stengel/*Seulen* § 22 Rn. 12; aA Kallmeyer/*Meister/Klöcker/Berger* Rn. 4). Entscheidend ist dabei der Tag, an dem die Veröffentlichung im elektronischen Informations- und Kommunikationssystem erscheint (→ § 201 Rn. 8). 5

c) Glaubhaftmachung. Der Gläubiger muss die konkrete Gefährdung seines Anspruchs gem. §§ 204, 22 Abs. 1 S. 2 glaubhaft machen (vgl. die Kommentierung zu § 22 → § 22 Rn. 1 ff.). Dabei kann er sich aller Beweismittel bedienen, die in § 294 ZPO zugelassen werden (Semler/Stengel/*Seulen* § 22 Rn. 35). Beispielhaft für die Gefährdung des Anspruchs wird in der Gesetzesbegründung der Wegfall der Kapitalschutzvorschriften beim Formwechsel einer KapG in eine Personengesellschaft genannt (RegBegr. BT-Drs. 12/6699, 145). Dies kann es den Anteilsinhabern ermöglichen, dem Rechtsträger zum Nachteil der Gläubiger Vermögen zu entziehen. 6

d) Frist. Die Sechsmonatsfrist gem. §§ 204, 22 Abs. 1 S. 1 für die Geltendmachung des Anspruchs auf Sicherheitsleistung beginnt im Zeitpunkt der Bekanntmachung der Eintragung in das Handelsregister gem. § 201. Auf die Möglichkeit, unter den Voraussetzungen der §§ 204, 22 Sicherheitsleistung zu verlangen, sind die Gläubiger des formwechselnden Rechtsträgers in der Bekanntmachung hinzuweisen (§ 22 Abs. 1 S. 3). 7

2. Anspruch von Sonderrechtsinhabern. a) Allgemeines. Die Vorschrift verweist auf § 23. Wie bei der Verschmelzung sind den Inhabern von Sonderrechten, die kein Stimmrecht gewähren, gleichwertige Rechte gem. §§ 204, 23 in dem Rechtsträger neuer Rechtsform zu gewähren. Während es bei der Verschmelzung um den Verwässerungsschutz geht (RegBegr. BT-Drs. 12/6699, 92 f.), werden die Sonderrechtsinhaber beim Formwechsel vor Beeinträchtigungen durch die neue Rechtsform geschützt (Kallmeyer/*Meister/Klöcker/Berger* Rn. 11; Semler/Stengel/*Kalss* Rn. 4). Dieser Schutz ist erforderlich, da die Rechtsstellung der „Inhaber von Rechten in einem Rechtsträger" einerseits über die nur schuldrechtliche Gläubigereigenschaft hinausgeht, andererseits den hier genannten Rechtsinhabern die Möglichkeit fehlt, durch die Ausübung des Stimmrechts auf den Formwechsel Einfluss zu nehmen (RegBegr. BT-Drs. 12/6699, 92 f.). 8

b) Sonderrechtsinhaber. Geschützt sind Inhaber von Sonderrechten, die kein Stimmrecht gewähren. In § 23 werden dabei nicht abschließend Inhaber von Anteilen ohne Stimmrecht, Wandelschuldverschreibungen, Gewinnschuldverschreibungen und Genussrechten aufgezählt (zum Anwendungsbereich die Kommentierung zu § 23 → § 23 Rn. 1 ff.). 9

c) Gleichwertige Rechte. Bei wortgetreuer Anwendung der §§ 204, 23 sind den Inhabern von Sonderrechten gleichwertige Rechte in dem Rechtsträger neuer Rechtsform zu gewähren. Diese Rechte müssen bereits im Umwandlungsbeschluss gem. § 194 Abs. 1 Nr. 5 bestimmt werden. „Gleichwertige Rechte" sind dabei **nicht** als **gleichartige Rechte** zu verstehen (Kallmeyer/*Meister/Klöcker/Berger* Rn. 23; Lutter UmwG/*Hoger* Rn. 26; Semler/Stengel/*Kalss* Rn. 5). Nur wenn gleichartige Rechte nicht gewährt werden können, weil die Vorschriften über den Rechtsträger neuer Rechtsform die Gewährung dieser Sonderrechte nicht zulassen, sind wirtschaftlich „gleichwertige" Rechte zu gewähren. 10

Ist weder die Gewährung von gleichartigen noch von gleichwertigen Rechten möglich, kann der Anspruch auch durch Gewährung **höherwertiger Rechte** erfüllt werden (RegBegr. BT-Drs. 12/6699, 93), soweit dies nicht in die Rechte von Anteilsinhabern bzw. anderen Rechtsinhabern eingreift (Semler/Stengel/*Kalss* Rn. 5). Darüber hinaus kann auch eine **bare Zuzahlung** entsprechend § 196 11 oder ein **Barabfindungsangebot** entsprechend §§ 207, 29 in Betracht kommen (vgl. Kallmeyer/*Meister/Klöcker/Berger* Rn. 18; Lutter UmwG/*Hoger* Rn. 28).

IV. Abdingbarkeit

12 Der Anspruch auf Sicherheitsleistung nach §§ 204, 22 kann ohne Mitwirkung der Gläubiger weder ausgeschlossen noch beschränkt werden. Vereinbarungen mit einzelnen Gläubigern bleiben aber möglich (Widmann/Mayer/*Vossius* Rn. 3).

13 Ebenfalls zwingend ist der Anspruch der Sonderrechtsinhaber nach §§ 204, 23. Hingegen bleibt der Abschluss rechtsgeschäftlicher Vereinbarungen mit den Sonderrechtsinhabern über eine von §§ 204, 23 abweichende Ausgestaltung oder die Aufhebung des Rechts möglich (Widmann/Mayer/*Vossius* Rn. 3).

Schadenersatzpflicht der Verwaltungsträger des formwechselnden Rechtsträgers

205 (1) [1]**Die Mitglieder des Vertretungsorgans und, wenn ein Aufsichtsorgan vorhanden ist, des Aufsichtsorgans des formwechselnden Rechtsträgers sind als Gesamtschuldner zum Ersatz des Schadens verpflichtet, den der Rechtsträger, seine Anteilsinhaber oder seine Gläubiger durch den Formwechsel erleiden.** [2]**§ 25 Abs. 1 Satz 2 ist entsprechend anzuwenden.**

(2) **Die Ansprüche nach Absatz 1 verjähren in fünf Jahren seit dem Tage, an dem die anzumeldende Eintragung der neuen Rechtsform oder des Rechtsträgers neuer Rechtsform in das Register bekannt gemacht worden ist.**

I. Allgemeines

1 Die Vorschrift ist die **Parallelnorm** zu **§ 25** (vgl. RegBegr. BT-Drs. 12/6699, 145), der die Schadensersatzpflicht der Verwaltungsträger iRv Verschmelzungen regelt. Durch den Formwechsel wird die Gefahr begründet, dass aufgrund der Änderung der rechtlichen Rahmenbedingungen Rechte des Rechtsträgers, seiner Gläubiger oder Anteilsinhaber beschnitten werden oder verloren gehen. In diesen Fällen gewährt § 205 den Betroffenen Schadensersatz durch Organhaftung der Verwaltungsträger, wenn diese iRv Vorbereitung oder Durchführung des Formwechsels ihre Pflichten schuldhaft verletzen.

II. Rechtstatsachen

2 Rechtspraktisch hat die Schadensersatzpflicht iRd Formwechsels im Vergleich zu den anderen Umwandlungsformen geringe Bedeutung. Denn im Gegensatz zu diesen wird das Gesellschaftsvermögen beim Formwechsel aufgrund der Identität des Rechtsträgers gewahrt, sodass sich die Gefahr des Schadenseintritts idR nicht realisiert (vgl. Kallmeyer/*Meister/Klöcker/Berger* Rn. 11; SHS/*Winter* Rn. 8).

III. Einzelerläuterung

3 **1. Schadensersatzanspruch (Abs. 1 S. 1). a) Anspruchsschuldner und -gläubiger.** Die Ersatzpflicht iRd Formwechsels trifft nur die Verwaltungsmitglieder des Rechtsträgers in seiner alten Rechtsform, nicht hingegen diejenigen der neuen Rechtsform, soweit nicht Personenidentität vorliegt (Lutter UmwG/*Hoger* Rn. 2). Vgl. iÜ die Kommentierung zu § 25 → § 25 Rn. 1 ff.

4 **b) Schaden durch den Formwechsel.** Die Ersatzpflicht gem. § 205 Abs. 1 S. 1 setzt einen **Schaden** voraus, für den eine schuldhafte Pflichtverletzung iRe durch Eintragung **wirksam gewordenen Formwechsels** (§ 202) **kausal** ist (SHS/*Winter* Rn. 13). Der Schaden des Anspruchsinhabers muss also im Zusammenhang mit dem Formwechsel entstanden sein. Als Schaden ist jeder Vermögensnachteil zu sehen, der sich aus dem Vergleich der Vermögenslage der Anspruchsgläubiger mit und ohne den Formwechsel ergibt (vgl. SHS/*Winter* Rn. 12). Der Formwechsel selbst stellt keinen Schaden dar (SHS/*Winter* Rn. 12). Nicht ausreichend sind ferner bloße „Reflexschäden" der Anteilsinhaber, die auf einem Schaden des Rechtsträgers beruhen (Lutter UmwG/*Decher/Hoger* Rn. 8; SHS/*Winter* Rn. 8). Die Beweispflicht für das Vorliegen eines Schadens und der Kausalität trifft den Anspruchssteller. Schadensersatz in Form von Naturalrestitution durch Rückabwicklung des Formwechsels ist ausgeschlossen (Semler/Stengel/*Leonard* Rn. 18).

5 **Für den Rechtsträger** ist ein Schadenseintritt insbesondere in folgenden – praktisch seltenen – Fällen denkbar (s. dazu Lutter UmwG/*Hoger* Rn. 7):
– Beeinträchtigung der Kundenbeziehungen bei grob unangemessener gesellschaftsrechtlicher Planung,
– Steuernachteile oder
– unzulässige Gewährung besonderer Vorteile iSv § 194 Abs. 1 Nr. 5.

Für Anteilsinhaber kommt ein Schadenseintritt insbesondere in Betracht:

– durch zu niedrige Bemessung ihres Beteiligungsverhältnisses beim Rechtsträger neuer Rechtsform oder
– durch Verlust von Sonderrechten ohne Kompensation.

Für Gläubiger ist ein Schadenseintritt grundsätzlich denkbar:
– durch Minderung der Vermögensmasse des Rechtsträgers.

Auch wenn einer dieser Fälle vorliegt, kann die Organhaftung nach § 205 Abs. 1 S. 1 ausgeschlossen sein (→ Rn. 7).

c) Pflichtverletzung, Verschulden und Exkulpation (Abs. 1 S. 2 iVm § 25 Abs. 1 S. 2). Aus dem Verweis des § 205 Abs. 1 S. 2 auf § 25 Abs. 1 S. 2 folgt, dass die Organhaftung eine **Pflichtverletzung** und individuelles **Verschulden,** also zumindest Fahrlässigkeit (Semler/Stengel/*Leonard* Rn. 12), des betreffenden Organmitglieds voraussetzt. Der Umfang der Sorgfaltspflicht erstreckt sich sowohl auf die rechtliche als auch auf die wirtschaftliche Zweckmäßigkeit des Formwechsels (vgl. SHS/*Winter* Rn. 14; Semler/Stengel/*Leonard* Rn. 8 ff.). Für nicht in diesem Zusammenhang stehende Pflichtverletzungen gilt die allgemeine Organhaftung (vgl. §§ 93, 116 AktG; § 43 GmbHG). Nach Abs. 1 S. 2 iVm § 25 Abs. 1 S. 2 obliegt es dem Organmitglied, sich zu exkulpieren **(Beweislastumkehr)** (Semler/Stengel/*Leonard* Rn. 8, 12). 6

2. Ausschluss und Begrenzung der Haftung wegen Mitverschuldens. Liegt ein Schaden durch Verschlechterung des Beteiligungsverhältnisses vor, kann die Haftung der Organe aufgrund Mitverschuldens gem. § 254 Abs. 2 Alt. 2 bzw. 3 BGB ausgeschlossen oder beschränkt sein, wenn der betroffene Anteilsinhaber im Wege des **Spruchverfahrens** gem. § 196 bare Zuzahlung verlangen könnte und dies unterlässt (Semler/Stengel/*Leonard* Rn. 21). Bei drohendem Schaden eines Gläubigers steht dem Gläubiger beispielsweise grundsätzlich der **Anspruch auf Sicherheitsleistung** gem. §§ 204, 22 zu, es sei denn, der Rechtsträger kann wegen Vermögenslosigkeit keine Sicherheit leisten (Lutter UmwG/*Hoger* Rn. 12). Macht der Gläubiger von diesem Recht keinen Gebrauch, kann Mitverschulden vorliegen. 7

3. Verjährung (Abs. 2). Abs. 2 bestimmt eine Verjährungsfrist von **fünf Jahren** für Ansprüche nach Abs. 1. Die Frist beginnt mit dem Tag, an dem die Eintragung der neuen Rechtsform oder des Rechtsträgers neuer Rechtsform bekannt gemacht wird (§ 201, § 10 HGB) (SHS/*Winter* Rn. 16). Die allgemeinen Vorschriften der §§ 187 ff. BGB zur Fristberechnung sowie der §§ 203 ff. BGB zur Hemmung und zum Neubeginn der Verjährung sind anwendbar (Lutter UmwG/*Hoger* Rn. 24). Auf den Zeitpunkt der Anspruchsentstehung oder Kenntnis der Parteien über den Schaden oder das schädigende Ereignis kommt es nicht an (SHS/*Winter* Rn. 16). 8

Geltendmachung des Schadenersatzanspruchs

206 [1]**Die Ansprüche nach § 205 Abs. 1 können nur durch einen besonderen Vertreter geltend gemacht werden.** [2]**Das Gericht des Sitzes des Rechtsträgers neuer Rechtsform hat einen solchen Vertreter auf Antrag eines Anteilsinhabers oder eines Gläubigers des formwechselnden Rechtsträgers zu bestellen.** [3]**§ 26 Abs. 1 Satz 3 und 4, Abs. 2, Abs. 3 Satz 2 und 3 und Abs. 4 ist entsprechend anzuwenden; an die Stelle der Blätter für die öffentlichen Bekanntmachungen des übertragenden Rechtsträgers treten die entsprechenden Blätter des Rechtsträgers neuer Rechtsform.**

§ 206 ist die **Parallelvorschrift** zu **§ 26,** der die Geltendmachung von Schadensersatzansprüchen gegen Organmitglieder iRd Verschmelzung regelt. Zur Geltendmachung der Ansprüche nach § 205 ordnet § 206 die gerichtliche Bestellung eines **besonderen Vertreters** an, der anstelle der einzelnen Anspruchsgläubiger klagebefugt ist. Die Vorschrift dient der Prozessökonomie und bezweckt, die mögliche Vielzahl von Schadensersatzansprüchen in einem Verfahren zu konzentrieren (RegBegr. BT-Drs. 12/6699, 145). Zu Einzelheiten der Norm wie Antragsberechtigung, Funktion, Rechtsstellung und Bestellung des besonderen Vertreters sowie des Verfahrens und der Erlösverteilung wird auf die Kommentierung zu § 26 (→ § 26 Rn. 1 ff.) verwiesen. Die Vorschrift ist **nicht abdingbar** (Kallmeyer/*Meister/Klöcker/Berger* Rn. 5). 1

Angebot der Barabfindung

207 (1) [1]**Der formwechselnde Rechtsträger hat jedem Anteilsinhaber, der gegen den Umwandlungsbeschluß Widerspruch zur Niederschrift erklärt, den Erwerb seiner umgewandelten Anteile oder Mitgliedschaften gegen eine angemessene Barabfindung anzubieten; § 71 Abs. 4 Satz 2 des Aktiengesetzes ist insoweit nicht anzuwenden.** [2]**Kann der Rechtsträger auf Grund seiner neuen Rechtsform eigene Anteile oder Mitgliedschaften nicht erwerben, so ist die Barabfindung für den Fall anzubieten, daß der Anteilsinhaber sein**

Ausscheiden aus dem Rechtsträger erklärt. [3]Der Rechtsträger hat die Kosten für eine Übertragung zu tragen.

(2) **§ 29 Abs. 2 ist entsprechend anzuwenden.**

I. Allgemeines

1 Gemäß **Abs. 1** muss der formwechselnde Rechtsträger grundsätzlich **bei jedem Formwechsel,** dh rechtsformunabhängig, **zwingend** (zum möglichen Verzicht → Rn. 6) allen Anteilsinhabern, die dem Umwandlungsbeschluss widersprechen, den Erwerb ihrer Anteile gegen eine angemessene Barabfindung anbieten. Wenn der Umwandlungsbeschluss die erforderte Zustimmung aller Anteilsinhaber bedarf oder wenn an dem formwechselnden Rechtsträger nur ein Anteilsinhaber beteiligt ist (vgl. § 194 Abs. 1 Nr. 6), bedarf es keines Barabfindungsangebotes. Ein Barabfindungsangebot ist gem. § 250 ferner beim Formwechsel zwischen einer AG und einer KGaA nicht erforderlich. Gleiches gilt für den Formwechsel eines gemeinnützigen Vereins gem. § 282 Abs. 2. Gesetzliche Modifizierungen findet das Barabfindungsangebot nach § 207 durch die besonderen Vorschriften des § 270 bei der eG sowie des § 282 Abs. 1 für den Verein.

2 Die Pflicht zum Barabfindungsangebot gem. § 207 ist ein Instrument des **Minderheitenschutzes** und soll in erster Linie die Freiheit und Selbstbestimmung des einzelnen Anteilsinhabers sichern sowie dessen Vermögen schützen. Kein Anteilsinhaber soll gezwungen werden, die mit dem Wechsel in eine andere Rechtsform verbundene – möglicherweise nachteilige – Änderung seiner Rechte und Pflichten hinzunehmen (vgl. Lutter UmwG/*Hoger* Rn. 1). Abs. 1 entspricht weitgehend der Vorschrift des § 29 Abs. 1 im Verschmelzungsrecht. Gemäß **Abs. 2** iVm § 29 Abs. 2 stehen bestimmte Situationen, in denen der Anteilsinhaber unverschuldet keinen Widerspruch gegen den Umwandlungsbeschluss erklären kann, dem Widerspruch gleich.

II. Einzelerläuterung

3 **1. Form und Inhalt des Angebots.** Das Barabfindungsangebot wird den Anteilsinhabern durch den formwechselnden Rechtsträger als Teil des Umwandlungsbeschlusses unterbreitet (§ 194 Abs. 1 Nr. 6), dessen Entwurf gem. § 192 Abs. 1 S. 3 wiederum Teil des Umwandlungsberichts ist. Das Angebot ist den Anteilsinhabern **spätestens zusammen mit der Einberufung** der Anteilsinhaberversammlung, die über den Formwechsel beschließt, mitzuteilen, entweder durch Übersendung oder durch Bekanntmachung im Bundesanzeiger oder in sonst bestimmten Gesellschaftsblättern, §§ 216, 231 S. 1, sowie hierauf verweisend § 238 S. 1, § 251 Abs. 1 S. 1, § 260 Abs. 2 S. 1, § 274 Abs. 1 S. 1, § 283 Abs. 1 S. 1, § 292 Abs. 1 (Kallmeyer/*Meister/Klöcker/Berger* Rn. 20). Inhalt des Angebots ist der Erwerb der Anteile an dem formwechselnden Rechtsträger durch den Rechtsträger gegen Zahlung einer angemessenen Barabfindung. Das Angebot muss so bestimmt sein, dass es durch einfache Erklärung des Anteilsinhabers angenommen werden kann (Kallmeyer/*Meister/Klöcker/Berger* Rn. 27). Insbesondere muss die **Höhe** des angebotenen Geldbetrags **konkret beziffert** werden; die Angabe einer Formel zur Ermittlung der Barabfindungshöhe genügt nicht (Lutter UmwG/*Hoger* Rn. 15; Semler/Stengel/*Kalss* Rn. 9). Das Barabfindungsangebot muss grundsätzlich auf eine Geldzahlung gerichtet sein; zulässig ist es jedoch, neben der Barzahlung andere Vermögensgegenstände anzubieten und dem Anteilsinhaber die Wahl zu überlassen, die Barabfindung oder entsprechend § 364 Abs. 1 BGB die Abfindung in Sachwerten als Gegenleistung für den Erwerb seiner Anteile anzunehmen (Kallmeyer/*Meister/Klöcker/Berger* Rn. 28; Lutter UmwG/*Hoger* Rn. 15). Die angebotene Abfindung muss schließlich **angemessen** im Verhältnis zum Wert der Beteiligung sein.

4 **2. Anspruchsvoraussetzungen.** Voraussetzung für den Anspruch auf Abfindung ist, dass der Anteilsinhaber **Widerspruch zur Niederschrift** gegen den Umwandlungsbeschluss erklärt hat. Der Widerspruch hat in der Versammlung zu erfolgen, kann also weder im Vorfeld noch im Nachhinein erklärt werden (Lutter UmwG/*Hoger* Rn. 7; Semler/Stengel/*Kalss* Rn. 7). Er bedarf keiner Begründung (Kallmeyer/*Meister/Klöcker/Berger* Rn. 14; Lutter UmwG/*Hoger* Rn. 7). Nach zutreffender, allerdings umstrittener Ansicht hat nur derjenige Anteilsinhaber einen Anspruch auf Barabfindung, der gegen den Umwandlungsbeschluss gestimmt hat (so SHS/*Winter* Rn. 4; Semler/Stengel/*Kalss* Rn. 7; aA Kallmeyer/*Meister/Klöcker/Berger* Rn. 15; Lutter UmwG/*Hoger* Rn. 8, aber mit der Empfehlung für die Praxis, angesichts der ungeklärten Rechtslage vorsichtshalber eine Gegenstimme abzugeben). Gemäß Abs. 2 iVm § 29 Abs. 2 **steht es einem Widerspruch gleich,** wenn ein nicht erschienener Anteilsinhaber zu der Versammlung der Anteilsinhaber zu Unrecht nicht zugelassen worden ist, die Versammlung nicht ordnungsgemäß einberufen oder der Gegenstand der Beschlussfassung nicht ordnungsgemäß bekannt gemacht worden ist. Diese Fälle des **unverschuldeten Unterlassens** des Widerspruchs dürfen nicht zulasten des Anteilsinhabers gehen (SHS/*Winter* Rn. 5). Dies gilt nach hM auch für weitere Fälle, in denen ein Anteilsinhaber den Widerspruch aus in der Sphäre des Rechtsträgers liegenden Gründen nicht einlegen konnte (Lutter UmwG/*Hoger* Rn. 11; Lutter UmwG/*Grunewald* § 29 Rn. 16; SHS/*Winter* § 29 Rn. 17; aA Kallmeyer/*Meister/Klöcker/Berger* Rn. 17). Kein Anspruch auf Barabfindung

besteht jedoch, wenn der Aktionär einer AG, SE oder KGaA auf Basis der Neuregelung des § 118 Abs. 1 S. 2 AktG auf elektronischem Weg an der Hauptversammlung teilnimmt und keinen Widerspruch einlegen kann, weil die Gesellschaft die Erklärung eines Widerspruchs auf elektronischem Weg nicht gestattet hat. Den Gesellschaften ist ausdrücklich freigestellt, in welchem Umfang sie die elektronische Rechtsausübung zulassen (s. zur Möglichkeit, die elektronische Ausübung von Rechten auf bestimmte Aktionärsrechte zu beschränken und insbesondere das Widerspruchsrecht davon auszunehmen, die Gesetzesbegründung zu § 118 Abs. 1 S. 2, BT-Drs. 16/116642, 26; *Drinhausen/Keinath* BB 2009, 2322 (2326)). Das Angebot auf Barabfindung bedarf der Annahme; diese muss gem. § 209 innerhalb einer Ausschlussfrist von zwei Monaten erfolgen und unterliegt keinen Formanforderungen (vgl. hierzu die Kommentierung zu § 31 → § 31 Rn. 1 ff.).

3. Erwerb eigener Anteile. Nehmen Anteilsinhaber das Barabfindungsangebot an, so erwirbt der Rechtsträger neuer Rechtsform, der Schuldner des Anspruchs auf Barabfindung ist, im Grundsatz eigene Anteile. Ist der Rechtsträger neuer Rechtsform eine AG oder eine GmbH, ist dies gem. § 71 Abs. 1 Nr. 3 AktG bzw. § 33 Abs. 3 GmbHG ausnahmsweise zulässig (vgl. iÜ Semler/Stengel/*Kalss* Rn. 11 f. sowie die Kommentierung zu § 29 → § 29 Rn. 1 ff.). Beim Formwechsel in eine AG oder KGaA sind aber die Vorgaben des **§ 71 Abs. 2 S. 1 und S. 2 AktG** zu beachten, wonach die Gesamtheit der erworbenen Aktien 10 % des Grundkapitals nicht übersteigen darf und die Bildung einer Rücklage iHd Aufwendungen für den Erwerb aus freien Mitteln möglich sein muss (Kallmeyer/*Meister/Klöcker/Berger* Rn. 33; Lutter UmwG/*Hoger* Rn. 17; Semler/Stengel/*Kalss* Rn. 11; aA SHS/*Winter* Rn. 7, der aus der Nichtanwendbarkeit von § 71 Abs. 4 S. 2 AktG schließt, die 10 %-Grenze gelte nicht; so wohl auch die Regierungsbegründung zur Parallelvorschrift des § 29 Abs. 1 S. 1, BT-Drs. 12/6699, 94). Ein Verstoß gegen diese Vorschriften führt allerdings nicht zur Unwirksamkeit des schuldrechtlichen Erwerbsgeschäfts, da § 207 S. 1 Hs. 2 die Anwendung von § 71 Abs. 4 S. 2 AktG ausdrücklich ausschließt und damit ausnahmsweise dem Schutz der ausscheidenden Anteilsinhaber den Vorrang gegenüber dem Kapitalschutz des Rechtsträgers einräumt. Bei Zahlung der Barabfindungen sind ferner die allgemeinen Vorschriften zur Kapitalerhaltung (§ 30 GmbHG bzw. § 57 AktG) einer GmbH, AG oder KGaA zu beachten (vgl. hierzu umfassend Lutter UmwG/*Hoger* Rn. 16 ff.). Wenn der Rechtsträger neuer Rechtsform eigene Anteile gemäß dem auf ihn anwendbaren Recht nicht erwerben kann (etwa bei Personengesellschaften, PartGen, eingetragenen Vereinen oder eGen), wird die Abfindung gem. **Abs. 1 S. 2** nicht gegen den Erwerb der Anteile, sondern lediglich gegen die Erklärung des Ausscheidens aus dem Rechtsträger gewährt (vgl. Semler/Stengel/*Kalss* Rn. 13). 5

III. Abdingbarkeit

§ 207 ist grundsätzlich **zwingend.** Die Pflicht zum Barabfindungsangebot kann daher nicht durch Bestimmungen im Gesellschaftsvertrag, in der Satzung oder durch einen schuldrechtlichen Vertrag abbedungen werden (Semler/Stengel/*Kalss* Rn. 2). Alle Anteilsinhaber gemeinsam können allerdings auf das Barabfindungsangebot **verzichten** (Lutter UmwG/*Hoger* Rn. 22; Semler/Stengel/*Kalss* Rn. 17; Widmann/Mayer/*Vollrath* Rn. 45). Die Verzichtserklärungen sind notariell zu beurkunden (*Usler* MittRhNotK 1998, 21 (33); Lutter UmwG/*Hoger* Rn. 22; Semler/Stengel/*Kalss* Rn. 17). 6

Inhalt des Anspruchs auf Barabfindung und Prüfung der Barabfindung

208 Auf den Anspruch auf Barabfindung ist § 30 entsprechend anzuwenden.

Die Pflicht, grundsätzlich bei jedem Formwechsel ein Barabfindungsangebot abzugeben (zu den Ausnahmen die Kommentierung zu § 207 → § 207 Rn. 1 ff.), folgt aus § 207. § 208 iVm § 30 enthält Vorgaben zur **Höhe des Barabfindungsangebots** sowie zur **Prüfung seiner Angemessenheit** durch Umwandlungsprüfer. Außerdem gelten über § 30 iVm § 15 Abs. 2 die Verzinsungsregelungen der Barabfindung bei Verschmelzungen entsprechend. Statt eine eigene normative Regelung zu treffen, verweist die Vorschrift vollumfänglich auf § 30. Die dortigen Ausführungen (→ § 30 Rn. 1 ff.) gelten daher entsprechend. 1

Annahme des Angebots

209 [1]Das Angebot nach § 207 kann nur binnen zwei Monaten nach dem Tage angenommen werden, an dem die Eintragung der neuen Rechtsform oder des Rechtsträgers neuer Rechtsform in das Register bekannt gemacht worden ist. [2]Ist nach § 212 ein Antrag auf Bestimmung der Barabfindung durch das Gericht gestellt worden, so kann das Angebot binnen zwei Monaten nach dem Tage angenommen werden, an dem die Entscheidung im Bundesanzeiger bekanntgemacht worden ist.

1 § 209 S. 1 bestimmt die **Frist,** innerhalb derer das Angebot auf Barabfindung gem. § 207 angenommen werden kann. Fristbeginn gem. § 209 S. 1 ist der Tag, an dem die Registereintragung der neuen Rechtsform (§ 198 Abs. 1) bzw. des Rechtsträgers neuer Rechtsform (§ 198 Abs. 2) gem. § 201 bekannt gemacht worden ist. Im Übrigen entspricht die Vorschrift § 31, der die Annahmefrist für Abfindungsangebote iRd Verschmelzung regelt, sodass auf die dortige Kommentierung (→ § 31 Rn. 1 ff.) verwiesen werden kann.

Ausschluß von Klagen gegen den Umwandlungsbeschluß

210 **Eine Klage gegen die Wirksamkeit des Umwandlungsbeschlusses kann nicht darauf gestützt werden, daß das Angebot nach § 207 zu niedrig bemessen oder daß die Barabfindung im Umwandlungsbeschluß nicht oder nicht ordnungsgemäß angeboten worden ist.**

1 § 210 schließt Unwirksamkeitsklagen gegen den Umwandlungsbeschluss aus, die sich auf Mängel stützen, die gem. § 212 zur gerichtlichen Nachprüfung im Spruchverfahren berechtigen, und stellt die Parallelregelung zu § 32 im Verschmelzungsrecht dar. Auf die Ausführungen in der Kommentierung dieser Vorschrift (→ § 32 Rn. 1 ff.) kann daher verwiesen werden.

Anderweitige Veräußerung

211 **Einer anderweitigen Veräußerung des Anteils durch den Anteilsinhaber stehen nach Fassung des Umwandlungsbeschlusses bis zum Ablauf der in § 209 bestimmten Frist Verfügungsbeschränkungen nicht entgegen.**

1 § 211 bestimmt, dass beim formwechselnden Rechtsträger aufgrund Vertrages oder Gesetzes bestehende Verfügungsbeschränkungen einer **Veräußerung** der Beteiligung **an Dritte** zwischen Fassung des Umwandlungsbeschlusses und Ablauf der Annahmefrist für das Barabfindungsangebot gem. § 207 nicht entgegenstehen. Eine entsprechende Regelung für die Verschmelzung und die Spaltung (§ 125) findet sich in § 33, zu den Einzelheiten vgl. daher die Kommentierung zu § 33 (→ § 33 Rn. 1 ff.).

Gerichtliche Nachprüfung der Abfindung

212 **[1]Macht ein Anteilsinhaber geltend, daß eine im Umwandlungsbeschluß bestimmte Barabfindung, die ihm nach § 207 Abs. 1 anzubieten war, zu niedrig bemessen sei, so hat auf seinen Antrag das Gericht nach den Vorschriften des Spruchverfahrensgesetzes die angemessene Barabfindung zu bestimmen. [2]Das gleiche gilt, wenn die Barabfindung nicht oder nicht ordnungsgemäß angeboten worden ist.**

1 § 212 normiert die **materielle Grundlage** für die gerichtliche Bestimmung der Barabfindung (RegBegr. BT-Drs. 12/6699, 147). Sie gilt für alle Fälle des Rechtsformwechsels und ist **nicht abdingbar** (Semler/Stengel/*Kalss* Rn. 2). § 34 enthält eine entsprechende Bestimmung für die Verschmelzung und die Spaltung (§ 125). Zu Einzelheiten kann daher auf die Kommentierung zu § 34 (→ § 34 Rn. 1 ff.) sowie zur Unangemessenheit der Beteiligungsverhältnisse auch auf die Erläuterungen zu § 195 Abs. 2 (→ § 195 Rn. 1 ff.) und § 196 (→ § 196 Rn. 1 ff.) verwiesen werden.

Unbekannte Aktionäre

213 **Auf unbekannte Aktionäre ist § 35 entsprechend anzuwenden.**

1 § 213 regelt den Fall, dass iRd **Umwandlung einer AG oder KGaA** die Anteilsinhaber der neuen Rechtsform benannt werden müssen – etwa in Gesellschafterlisten beim Formwechsel in eine GmbH – dies aber nicht möglich ist, weil die Aktionäre der formwechselnden AG/KGaA **nicht namentlich bekannt** sind. § 213 verweist in diesem Zusammenhang auf § 35, der die Behandlung unbekannter Aktionäre bei der Verschmelzung regelt. Für Einzelheiten kann daher auf die Kommentierung zu § 35 (→ § 35 Rn. 1 ff.) verwiesen werden.

Zweiter Teil. Besondere Vorschriften

Erster Abschnitt. Formwechsel von Personengesellschaften

Erster Unterabschnitt. Formwechsel von Personenhandelsgesellschaften

Möglichkeit des Formwechsels

214 (1) **Eine Personenhandelsgesellschaft kann auf Grund eines Umwandlungsbeschlusses nach diesem Gesetz nur die Rechtsform einer Kapitalgesellschaft oder einer eingetragenen Genossenschaft erlangen.**

(2) **Eine aufgelöste Personenhandelsgesellschaft kann die Rechtsform nicht wechseln, wenn die Gesellschafter nach § 145 des Handelsgesetzbuchs eine andere Art der Auseinandersetzung als die Abwicklung oder als den Formwechsel vereinbart haben.**

Übersicht

I. Allgemeines

1 § 214 trifft in Ergänzung der allgemeinen Vorschriften der §§ 190 ff. eine Spezialregelung über die Zielrechtsform und die Formwechselfähigkeit für den Formwechsel von **Personenhandelsgesellschaften.**

2 **Abs. 1** beschränkt die möglichen Zielrechtsformen eines Formwechsels von Personenhandelsgesellschaften (vgl. § 191 Abs. 2) auf KapGen und eG. Nur für diese hat der Gesetzgeber das Bedürfnis gesehen, sie als Zielrechtsformen zuzulassen (vgl. RegBegr. BT-Drs. 12/6699, 148). Nach **Abs. 2** ist der Formwechsel einer aufgelösten Personenhandelsgesellschaft entgegen § 191 Abs. 3 ausgeschlossen, wenn die Gesellschafter gem. § 145 HGB eine andere Art der Auseinandersetzung als die Abwicklung oder den Formwechsel vereinbart haben; diese Regelung dient dem Gläubigerschutz (→ Rn. 9).

II. Rechtstatsachen

3 Der Formwechsel von Personenhandelsgesellschaften in KapGen hat eine große rechtstatsächliche Bedeutung. So vielfältig wie die Gründe für die Wahl einer bestimmten Rechtsform bei der Gründung einer Gesellschaft können auch die Motive für den Wechsel der Rechtsform sein (ausf. hierzu Semler/Stengel/*Schlitt* Rn. 6 ff.). Beispielhaft anzuführen sind haftungsrechtliche oder steuerliche Aspekte, die Vorbereitung eines Börsengangs, die Aufnahme neuer Gesellschafter sowie die Fungibilität der Beteiligungen.

III. Einzelerläuterungen

4 **1. Einbezogene Rechtsträger (Abs. 1). a) Formwechselnder Rechtsträger.** Die §§ 214, 225 gelten nur für den Formwechsel der in § 191 Abs. 1 Nr. 1 iVm § 3 Abs. 1 Nr. 1 genannten Personenhandelsgesellschaften, also der **OHG** und der **KG.** Auch die **EWIV** kann als Ausgangsrechtsträger nach Maßgabe der §§ 214 ff. in eine KapG oder eG umgewandelt werden (*Schmidt* NJW 1995, 1 (7); Lutter UmwG/*Joost* Rn. 4; SHS/*Westerburg* Rn. 1) handelt es sich bei ihr doch nach § 1 EWIV-Ausführungsgesetz (Gesetz zur Ausführung der EWG-Verordnung über die Europäische wirtschaftliche Interessenvereinigung vom 14.4.1988, BGBl. 1988 I 514) um eine Handelsgesellschaft, auf welche die für die OHG geltenden Vorschriften entsprechend anzuwenden sind.

5 Der Formwechsel der PartG ist in §§ 225a ff. gesondert geregelt, die Vorschriften verweisen aber in weiten Teilen auf §§ 214 ff. Keine formwechselnden Rechtsträger iSd § 214 Abs. 1 sind die KGaA, die als KapG (§ 3 Abs. 1 Nr. 2) dem Regelungsbereich der §§ 226 ff. unterfällt, ferner die GbR, die stille Gesellschaft, die Partenreederei und sonstige Gesamthandsgemeinschaften (Lutter UmwG/*Joost*/*Hoger*

Rn. 3; Semler/Stengel/*Schlitt* Rn. 16). Gleichgültig ist, ob es sich bei den Gesellschaftern des formwechselnden Rechtsträgers um natürliche oder juristische Personen handelt (Semler/Stengel/*Schlitt* Rn. 10 f.).

6 **b) Rechtsträger neuer Rechtsform.** Abs. 1 enthält einen numerus clausus der Rechtsträger neuer Rechtsform (KapGen und eG). KapGen idS sind die **GmbH,** die **AG** und die **KGaA** (§ 3 Abs. 1 Nr. 2), nicht aber die SE (vgl. zum Formwechsel in die SE → § 191 Rn. 4). Zur Begrenzung der Zielrechtsformen → Rn. 2; zu SE und SCE als Zielrechtsform → § 191 Rn. 4.

7 **c) Rechtsformwechsel außerhalb des UmwG.** § 214 steht einem Wechsel der Rechtsform außerhalb des UmwG nach den allgemeinen Vorschriften nicht entgegen (vgl. § 190 Abs. 2 und Wortlaut des § 214 Abs. 1) und ist insofern **nicht abschließend** (SHS/*Westerburg* Rn. 1). Möglich ist insbesondere der Rechtsformwechsel einer Personenhandelsgesellschaft in eine andere Form der Personengesellschaft durch Ein- oder Austritt von persönlich haftenden Gesellschaftern oder die Anwachsung des Gesellschaftsvermögens auf den einzigen verbleibenden Gesellschafter (ausf. hierzu Semler/Stengel/*Schlitt* Rn. 33 ff.).

8 **2. Formwechsel aufgelöster Personenhandelsgesellschaften (Abs. 2).** Abs. 2 konkretisiert für Personenhandelsgesellschaften die allgemeine Regelung des § 191 Abs. 3, nach der grundsätzlich auch aufgelöste Rechtsträger in eine andere Rechtsform umgewandelt werden können, wenn ihre Fortsetzung in der bisherigen Rechtsform beschlossen werden könnte. Die Gesellschafter können den Fortsetzungsbeschluss grundsätzlich bis zum Stadium der Vollbeendigung fassen (Baumbach/Hopt/*Roth* HGB § 131 Rn. 30). Der Beschluss über den Formwechsel enthält konkludent den Fortsetzungsbeschluss (Semler/Stengel/*Schlitt* Rn. 23). Einschränkend schließt Abs. 2 den Formwechsel aufgelöster Personenhandelsgesellschaften für den Fall aus, dass die Gesellschafter nach § 145 HGB eine **andere Art der Auseinandersetzung** als die Abwicklung oder den Formwechsel **vereinbart** haben, zB die Einbringung der Anteile in eine neu zu gründende Auffanggesellschaft oder die Veräußerung der Anteile an einen Dritten (zu Formen der Auseinandersetzung vgl. Baumbach/Hopt/*Roth* HGB § 145 Rn. 10). Die Vereinbarung muss nicht zwangsläufig im Gesellschaftsvertrag enthalten sein. Vielmehr ist auch eine ad-hoc-Entscheidung iRd Auflösung ausreichend (Kallmeyer/*Blasche* Rn. 13; SHS/*Westerburg* Rn. 3). Es ist nicht erforderlich, dass die vereinbarte Auseinandersetzung bereits begonnen hat (SHS/*Westerburg* Rn. 4). Im Gegensatz zur früheren Rechtslage (§ 40 Abs. 2 UmwG 1969, § 46 S. 2 UmwG 1969) setzt die Umwandlung einer aufgelösten Personenhandelsgesellschaft somit nicht mehr die Liquidation mit Berichtigung der Verbindlichkeiten voraus. Auch die Auflösung der Personenhandelsgesellschaft durch Eröffnung des Insolvenzverfahrens über das Vermögen der Gesellschaft steht dem Formwechsel grundsätzlich nicht entgegen, wenn das Insolvenzverfahren gem. § 144 Abs. 1 HGB iVm § 258 bzw. § 212 InsO aufgehoben oder auf Antrag des Schuldners eingestellt wurde.

9 Die Regelung des Abs. 2 dient dem **Gläubigerschutz,** indem sie sicherstellt, dass das Vermögen der aufgelösten Gesellschaft im Zeitpunkt des Umwandlungsbeschlusses noch vorhanden ist. Im Fall einer Vereinbarung, die gem. § 145 HGB eine andere Art der Auseinandersetzung vorsieht, ist dies aus gesetzgeberischer Sicht nicht gewährleistet (RegBegr. BT-Drs. 12/6699, 1489).

10 Den Gesellschaftern steht es jedoch frei, auf die andere Art der Auseinandersetzung zu verzichten und einen entsprechenden **Aufhebungsbeschluss** zu fassen (SHS/*Westerburg* Rn. 4). Unstreitig kann die Aufhebung der Auseinandersetzungsvereinbarung beschlossen werden, solange die Gesellschafter noch nicht mit ihrer Umsetzung begonnen haben (SHS/*Westerburg* Rn. 4; unter teleologischen Gesichtspunkten extensiver Semler/Stengel/*Schlitt* Rn. 28). Der Aufhebungsbeschluss muss im Grundsatz einstimmig gefasst werden; doch kann der Gesellschaftsvertrag einen Mehrheitsbeschluss vorsehen (vgl. auch Kallmeyer/*Blasche* Rn. 14; Semler/Stengel/*Schlitt* Rn. 29). Reicht nach dem Gesellschaftsvertrag ein Mehrheitsbeschluss aus, ist zusätzlich die Zustimmung derjenigen Gesellschafter erforderlich, die durch die Auseinandersetzungsvereinbarung besondere Rechte erlangt haben (Semler/Stengel/*Schlitt* Rn. 29). Der Umwandlungsbeschluss der Gesellschafter kann den Beschluss zur Aufhebung der Auseinandersetzungsvereinbarung mit enthalten, wenn für beide Beschlüsse die gleichen Mehrheitserfordernisse gelten (Semler/Stengel/*Schlitt* Rn. 29; Widmann/Mayer/*Vossius* Rn. 26).

11 **3. Rechtsfolge von Verstößen gegen § 214.** Die Verletzung der Regelungen von § 214 führt zur Unwirksamkeit des Umwandlungsbeschlusses; eine Heilungsmöglichkeit nach § 202 Abs. 3 besteht nicht (Semler/Stengel/*Schlitt* Rn. 30).

Umwandlungsbericht

215 **Ein Umwandlungsbericht ist nicht erforderlich, wenn alle Gesellschafter der formwechselnden Gesellschaft zur Geschäftsführung berechtigt sind.**

I. Allgemeines

Die Vorschrift normiert eine **Ausnahme** zur allgemeinen Regelung des § 192 Abs. 1, wonach das Vertretungsorgan des formwechselnden Rechtsträgers einen ausführlichen Umwandlungsbericht in schriftlicher Form zu erstatten hat. Eine entsprechende Vorschrift findet sich für die Verschmelzung in § 41. 1

Sinn und Zweck des § 215 ist es, den Formwechsel zu erleichtern. Die geschäftsführungsberechtigten Gesellschafter sind weniger schutzbedürftig, da sie entweder selbst unmittelbar an der Durchführung des Formwechsels beteiligt sind oder zumindest die Möglichkeit haben, sich umfassend über alle Aspekte zu informieren. Damit gehören sie nicht zum Kreis derjenigen Anteilsinhaber, deren Unterrichtungsbedürfnis durch den Umwandlungsbericht befriedigt werden soll (RegBegr. zu § 41 BT-Drs. 12/6699, 98). 2

II. Einzelerläuterungen

1. Geschäftsführungsberechtigung. Geschäftsführungsberechtigung ist die rechtliche Befugnis, jede tatsächliche und rechtsgeschäftliche, gewöhnliche und außergewöhnliche auf die Verwirklichung des Gesellschaftszwecks gerichtete Maßnahme vorzunehmen (Baumbach/Hopt/*Roth* HGB § 114 Rn. 2). Unerheblich ist, ob diese Befugnis tatsächlich ausgeübt wird (Semler/Stengel/*Schlitt* Rn. 5). Zur Geschäftsführungsberechtigung bei den einzelnen Gesellschaftsformen vgl. die Kommentierung zur Parallelnorm des § 41 (→ § 41 Rn. 1 ff.). 3

2. Rechtsfolge. Als Bestandteil des Umwandlungsberichts entfällt grundsätzlich auch der nach § 192 Abs. 1 S. 3 anzufertigende **Entwurf des Umwandlungsbeschlusses.** Das kann allerdings dann nicht gelten, wenn bei der formwechselnden Gesellschaft ein **Betriebsrat** besteht (ausf. hierzu Lutter UmwG/*Joost/Hoger* Rn. 9; Semler/Stengel/*Schlitt* Rn. 15). Denn das Informationsrecht des Betriebsrats gem. § 194 Abs. 2 steht nicht zur Disposition der Gesellschafter. Das **Abfindungsangebot** (§ 207) ist nicht wegen des Entfalls des Umwandlungsberichts gem. § 215 entbehrlich, da es nicht Teil des Umwandlungsberichts ist, sondern des Umwandlungsbeschlusses, vgl. § 216 und § 194 Abs. 1 Nr. 6 (→ § 207 Rn. 3). 4

Wird trotz entsprechender Verpflichtung kein Umwandlungsbericht erstellt und verzichten die Gesellschafter auch nicht hierauf, gelten die allgemeinen Rechtsfolgen. Ein dennoch gefasster Umwandlungsbeschluss ist in diesem Fall entsprechend der hM im Personengesellschaftsrecht gem. § 134 BGB nichtig, soweit der Mangel kausal für das Abstimmungsergebnis war und nicht der Gesellschaftsvertrag etwas anderes bestimmt (vgl. näher zur Nichtigkeitsfolge Baumbach/Hopt/*Roth* HGB § 119 Rn. 31 f. mwN). 5

3. Verzicht. § 215 schließt die allgemeine Regelung des § 192 Abs. 2 S. 1 Alt. 2, wonach die Anteilsinhaber einstimmig auf die Erstattung des Umwandlungsberichts verzichten können, nicht aus (Semler/Stengel/*Schlitt* Rn. 17). Richtigerweise ist aber § 192 Abs. 2 S. 1 Alt. 2 teleologisch dahin zu reduzieren, dass nur die nicht geschäftsführungsbefugten Gesellschafter in notariell beurkundeter Form auf die Erstattung des Umwandlungsberichts zu verzichten brauchen (str.; vgl. Semler/Stengel/*Schlitt* Rn. 17). 6

Unterrichtung der Gesellschafter

216 **Das Vertretungsorgan der formwechselnden Gesellschaft hat allen von der Geschäftsführung ausgeschlossenen Gesellschaftern spätestens zusammen mit der Einberufung der Gesellschafterversammlung, die den Formwechsel beschließen soll, diesen Formwechsel als Gegenstand der Beschlußfassung in Textform anzukündigen und einen nach diesem Buch erforderlichen Umwandlungsbericht sowie ein Abfindungsangebot nach § 207 zu übersenden.**

Übersicht

I. Allgemeines

1 § 216 konkretisiert die **Informationsrechte** der nicht geschäftsführungsberechtigten Gesellschafter einer OHG (§ 118 HGB) und schafft für die Kommanditisten einer KG ein selbständiges **Auskunftsrecht** ergänzend zu § 166 HGB (vgl. RegBegr. zur Parallelnorm des § 42 BT-Drs. 12/6699, 98). Parallelregelungen enthalten die §§ 42, 47 und 230 Abs. 1. Die Norm steht im systematischen Zusammenhang mit der allgemeinen Regelung des § 193 Abs. 1 S. 2, wonach der Umwandlungsbeschluss zwingend (→ § 193 Rn. 2) in einer Gesellschafterversammlung zu fassen ist, und stellt die einzige Regelung in Bezug auf die Formalien im Vorfeld der Gesellschafterversammlung formwechselnder Personen(handels)gesellschaften dar.

2 **Sinn und Zweck** des § 216 ist es, die nicht geschäftsführungsberechtigten Gesellschafter frühzeitig vor der Gesellschafterversammlung zu informieren und ihnen so die Vorbereitung ihrer Entscheidung über den Formwechsel zu ermöglichen (Semler/Stengel/*Schlitt* Rn. 1).

II. Einzelerläuterungen

3 **1. Vertretungsorgan als Verpflichteter.** Entscheidend für die Stellung als Vertretungsorgan ist die Befugnis zur **organschaftlichen Vertretung** der Gesellschaft im Außenverhältnis (vgl. Lutter UmwG/*JoostHoger* Rn. 6). Wer im Einzelnen vertretungsbefugt ist, ergibt sich aus den anwendbaren gesetzlichen Bestimmungen über die OHG, KG und EWIV sowie ggf. aus dem Gesellschaftsvertrag. Ohne Bedeutung ist insoweit, ob den Kommanditisten einer KG Geschäftsführungsbefugnis eingeräumt wird (arg. e. § 170 HGB; Semler/Stengel/*Schlitt* Rn. 7). Der Einzelprokurist ist ebenfalls kein organschaftlicher Vertreter (Lutter UmwG/*Joost* Rn. 6).

4 **2. Adressaten der Information.** Nach dem Wortlaut sind nur die von der Geschäftsführung ausgeschlossenen Gesellschafter zu informieren, also in der OHG die Gesellschafter, bezüglich derer im Gesellschaftsvertrag eine entsprechende Regelung getroffen wurde, und in der KG idR die Kommanditisten (vgl. auch die Kommentierung zu § 41 → § 41 Rn. 1 ff.). Sofern nicht schon der Gesellschaftsvertrag Entsprechendes vorsieht, kann es sich in der Praxis empfehlen, die Ankündigung nebst Anlagen auch den geschäftsführenden Gesellschaftern zuzusenden, um einen einheitlichen Informationsstand aller Gesellschafter sicherzustellen (Lutter UmwG/*Joost/Hoger* Rn. 2; vgl. auch SHS/*Westerburg* Rn. 3).

5 **3. Ankündigung des Formwechsels. a) Inhalt.** Aus der Ankündigung muss hervorgehen, dass der Formwechsel in eine bestimmte Zielrechtsform auf der Gesellschafterversammlung beschlossen werden soll. Darüber hinaus sind an den Inhalt keine besonderen Anforderungen zu stellen (SHS/*Westerburg* Rn. 4). Regelmäßig wird der Formwechsel in der mit der Einladung bekannt gemachten Tagesordnung angekündigt (vgl. Semler/Stengel/*Schlitt* Rn. 11).

6 **b) Form.** Ausreichend ist die Ankündigung in Textform (§ 126b BGB), dh auch per Telefax oder E-Mail (Semler/Stengel/*Schlitt* Rn. 12). Eine mündliche Erklärung genügt nicht. Eine strengere Form (zB Schriftform, § 126 BGB) erfüllt ebenfalls die Formanforderungen (Lutter UmwG/*Joost/Hoger* Rn. 3).

7 **c) Zeitpunkt.** Spätester Zeitpunkt der Ankündigung ist die Einberufung der Gesellschafterversammlung. Für die Einhaltung dieser Frist genügt die rechtzeitige Absendung (Semler/Stengel/*Schlitt* Rn. 15). Im Übrigen hat der Gesetzgeber bewusst keine Frist für die Ankündigung vorgeschrieben, da es schon für die Einberufung der Gesellschafterversammlung einer Personenhandelsgesellschaft keine gesetzlichen Fristen gibt (RegBegr. zu § 42, BT-Drs. 12/6699, 98). Soweit der Gesellschaftsvertrag nichts Näheres bestimmt, ist die Gesellschafterversammlung zumindest so rechtzeitig einzuberufen, dass es im Normalfall allen Gesellschaftern offen steht, an der Versammlung teilzunehmen und sich darauf vorzubereiten (Semler/Stengel/*Schlitt* Rn. 14). Eine Frist von einer Woche wird hierfür idR genügen (Semler/Stengel/*Schlitt* Rn. 14; aA SHS/*Westerburg* Rn. 3: 30-Tages-Frist nach § 123 Abs. 1 AktG). Besteht ein Betriebsrat, dem der Entwurf des Umwandlungsbeschlusses gem. § 194 Abs. 2 zuzuleiten ist, sollte allerdings die Monatsfrist des § 194 Abs. 2 auch für die Mitteilung an die Gesellschafter eingehalten werden (ausf. Semler/Stengel/*Schlitt* Rn. 16).

8 **4. Umwandlungsbericht.** Soweit der Umwandlungsbericht nicht gem. § 215 oder wegen Verzichts der nicht geschäftsführungsbefugten Gesellschafter gem. § 192 Abs. 2 (vgl. die Kommentierung zu § 215 → § 215 Rn. 1 ff.) entbehrlich ist, sollte er mit der Ankündigung übersandt werden. Er muss weder analog § 232 Abs. 1, § 239 Abs. 1 in der Gesellschafterversammlung ausgelegt noch analog § 232 Abs. 2, § 239 Abs. 2 erläutert werden (Kallmeyer/*Blasche* Rn. 4; Lutter UmwG/*Joost/Hoger* Rn. 11 f.; aA für Publikumsgesellschaften Goutier/Knopf/Tulloch/*Laumann* § 214 Rn. 4 ff.).

a) Form. Das Gesetz schreibt für die Übersendung des Umwandlungsberichts keine besondere Form vor. Das allgemeine Schriftformerfordernis des § 192 Abs. 1 S. 1 kann darauf jedoch nicht übertragen werden. Mit der Einführung der Textform für die Ankündigung des Formwechsels in § 216 war eine Vereinfachung des Rechtsverkehrs beabsichtigt (RegBegr. BT-Drs. 14/4987, 29, 18). Da der Umwandlungsbericht meist als Anlage zur Ankündigung der Beschlussfassung über den Formwechsel übersandt wird, würde diese Vereinfachungsabsicht hinfällig, wenn der Umwandlungsbericht anders als die Ankündigung selbst in schriftlicher Form zu übersenden wäre. Daher reicht auch für die Übersendung des Umwandlungsberichts die Textform aus (Lutter UmwG/*Joost/Hoger* Rn. 4; Kallmeyer/*Blasche* Rn. 8). 9

b) Zeitpunkt. Der Umwandlungsbericht kann auch vor der Ankündigung des Formwechsels versandt werden (Semler/Stengel/*Schlitt* Rn. 17). Im Übrigen gelten die Ausführungen zur Ankündigung (→ Rn. 7). 10

5. Abfindungsangebot. Ein Abfindungsangebot ist nicht notwendig, wenn die Gesellschafter hierauf verzichtet haben (→ § 207 Rn. 6) oder einstimmig über den Formwechsel zu beschließen ist. Hinsichtlich **Form** und **Zeitpunkt** der Übersendung eines erforderlichen Abfindungsangebots gelten die gleichen Vorgaben wie für die Übersendung des Umwandlungsberichts (→ Rn. 9 und → Rn. 10). 11

6. Verzicht. § 216 ist nur im Einzelfall, nicht aber allgemein abdingbar, dh die Übersendung kann nicht im Voraus durch Gesellschaftsvertrag ausgeschlossen werden (Widmann/Mayer/*Vossius* Rn. 20). Die von der Geschäftsführung ausgeschlossenen Gesellschafter können aber – ohne notarielle Beurkundung ihrer Erklärungen (Kallmeyer/*Blasche* Rn. 11; Lutter UmwG/*Joost/Hoger* Rn. 9; Semler/Stengel/*Schlitt* Rn. 27) – im konkreten Fall (auch konkludent) auf die Unterrichtung verzichten (vgl. dazu Semler/Stengel/*Schlitt* Rn. 25), da die Unterrichtung allein ihrem Schutz dient. 12

7. Rechtsfolge von Verstößen gegen § 216. Verstöße gegen die Informationspflichten des § 216 führen zur Unwirksamkeit des Umwandlungsbeschlusses, wenn der Informationsmangel für das Beschlussergebnis kausal ist (Semler/Stengel/*Schlitt* Rn. 29). Der Mangel wird aber gem. § 202 Abs. 3 mit Eintragung des Formwechsels in das Handelsregister unbeachtlich (Semler/Stengel/*Schlitt* Rn. 30; aA Kallmeyer/*Blasche* Rn. 13). Ist lediglich die Unterrichtung bezüglich des Abfindungsangebots mangelhaft, führt dies nicht zur Unwirksamkeit des Beschlusses, da derartige Verstöße ausschließlich im Spruchverfahren geltend zu machen sind (Semler/Stengel/*Schlitt* Rn. 29). 13

Beschluß der Gesellschafterversammlung

217 (1) [1] **Der Umwandlungsbeschluß der Gesellschafterversammlung bedarf der Zustimmung aller anwesenden Gesellschafter; ihm müssen auch die nicht erschienenen Gesellschafter zustimmen.** [2] **Der Gesellschaftsvertrag der formwechselnden Gesellschaft kann eine Mehrheitsentscheidung der Gesellschafter vorsehen.** [3] **Die Mehrheit muß mindestens drei Viertel der abgegebenen Stimmen betragen.**

(2) **Die Gesellschafter, die im Falle einer Mehrheitsentscheidung für den Formwechsel gestimmt haben, sind in der Niederschrift über den Umwandlungsbeschluß namentlich aufzuführen.**

(3) **Dem Formwechsel in eine Kommanditgesellschaft auf Aktien müssen alle Gesellschafter zustimmen, die in dieser Gesellschaft die Stellung eines persönlich haftenden Gesellschafters haben sollen.**

I. Allgemeines

Die Norm ergänzt § 193 Abs. 1 hinsichtlich der **notwendigen Beschlussmehrheiten.** Sie gilt für den gesamten Umwandlungsbeschluss, also auch Abreden, die über den in § 194 iVm § 218 genannten Mindestinhalt hinausgehen (ausf. hierzu Widmann/Mayer/*Vossius* Rn. 6 ff.). Vgl. iÜ die Parallelvorschrift des § 43. 1

Gesetzlicher Regelfall ist nach **Abs. 1** die einstimmige Beschlussfassung, eine abweichende Vereinbarung (Mehrheitsentscheidung) im Gesellschaftsvertrag ist jedoch zulässig 2

Im Falle eines Mehrheitsbeschlusses sind nach **Abs. 2** zwecks Dokumentation der Gründerverantwortung (§ 219 S. 2) die zustimmenden Gesellschafter in der Niederschrift namentlich zu nennen. **Abs. 3** schützt die infolge des Formwechsels in eine KGaA künftig persönlich haftenden Gesellschafter. 3

II. Einzelerläuterungen

1. Umwandlungsbeschluss (Abs. 1). Die Regelung entspricht § 43 Abs. 1 und Abs. 2 S. 1 und S. 2, für Einzelheiten vgl. daher die dortige Kommentierung (→ § 41 Rn. 1 ff.). 4

5 **2. Dokumentation der Gründerverantwortung (Abs. 2).** Abs. 2 gilt nur für Mehrheitsentscheidungen. Zu dokumentieren sind sowohl die Zustimmung der in der Gesellschafterversammlung erschienenen Gesellschafter als auch außerhalb der Gesellschafterversammlung abgegebene Zustimmungserklärungen (Semler/Stengel/*Schlitt* Rn. 38).

6 **3. Zustimmungserfordernis bei Formwechsel in KGaA (Abs. 3).** Der Gesellschafter, der für die Verbindlichkeiten der KGaA persönlich unbeschränkt haften soll (vgl. § 278 Abs. 1 AktG, § 218 Abs. 2), muss zustimmen, da ihm die persönliche Haftung anderenfalls nicht zumutbar wäre (RegBegr. BT-Drs. 12/6699, 149). Unerheblich ist für das Zustimmungserfordernis, ob er bereits in der alten Rechtsform persönlich haftete (SHS/*Westerburg* Rn. 4). War er bisher nicht an der Gesellschaft beteiligt, gilt § 221. Die Zustimmung kann entweder durch gesonderte notariell beurkundete Erklärung vor oder nach dem Formwechselbeschluss erteilt werden oder durch Zustimmung in der Gesellschafterversammlung (Semler/Stengel/*Schlitt* Rn. 42; Widmann/Mayer/*Vossius* Rn. 131; aA Kallmeyer/*Blasche* Rn. 15: Erfordernis einer gesonderten notariell beurkundeten Erklärung). Die Zustimmung der Komplementärgesellschaft einer KapG & Co. KG ist selbst dann erforderlich, wenn der Gesellschaftsvertrag ihr Stimmrecht iÜ ausschließt (Semler/Stengel/*Schlitt* Rn. 41).

7 **4. Rechtsfolge bei Verstoß.** Zu möglichen Beschlussmängeln und ihren Rechtsfolgen vgl. die Kommentierungen zu § 43 (→ § 43 Rn. 1 ff.) und → § 193 Rn. 11 (zur Rechtslage zwischen Beschlussfassung und Eintragung Widmann/Mayer/*Vossius* Rn. 90 ff.).

Inhalt des Umwandlungsbeschlusses

218 (1) [1]**In dem Umwandlungsbeschluß muß auch der Gesellschaftsvertrag der Gesellschaft mit beschränkter Haftung oder die Satzung der Genossenschaft enthalten sein oder die Satzung der Aktiengesellschaft oder der Kommanditgesellschaft auf Aktien festgestellt werden.** [2]**Eine Unterzeichnung der Satzung durch die Mitglieder ist nicht erforderlich.**

(2) **Der Beschluß zur Umwandlung in eine Kommanditgesellschaft auf Aktien muß vorsehen, daß sich an dieser Gesellschaft mindestens ein Gesellschafter der formwechselnden Gesellschaft als persönlich haftender Gesellschafter beteiligt oder daß der Gesellschaft mindestens ein persönlich haftender Gesellschafter beitritt.**

(3) [1]**Der Beschluß zur Umwandlung in eine Genossenschaft muß die Beteiligung jedes Mitglieds mit mindestens einem Geschäftsanteil vorsehen.** [2]**In dem Beschluß kann auch bestimmt werden, daß jedes Mitglied bei der Genossenschaft mit mindestens einem und im übrigen mit so vielen Geschäftsanteilen, wie sie durch Anrechnung seines Geschäftsguthabens bei dieser Genossenschaft als voll eingezahlt anzusehen sind, beteiligt wird.**

Übersicht

I. Allgemeines

1 § 218 ergänzt § 194 Abs. 1, der den Mindestinhalt des Umwandlungsbeschlusses vorgibt.

2 Grund für die Regelung in **Abs. 1** sind die erheblichen strukturellen Unterschiede zwischen einer Personenhandelsgesellschaft und einer KapG oder Genossenschaft (RegBegr. BT-Drs. 12/6699, 149). Zur Anwendbarkeit der Sachgründungsvorschriften und zur Bildung des ersten Aufsichtsrats vgl. die Kommentierung zu § 197 (→ § 197 Rn. 1 ff.).

3 **Abs. 2** steht in Zusammenhang mit § 278 Abs. 1 AktG und gewährleistet die unbeschränkte Haftung mindestens eines Gesellschafters der KGaA.

4 **Abs. 3** ergänzt § 194 Abs. 1 Nr. 3, indem er den Inhalt des Umwandlungsbeschlusses in Bezug auf die Beteiligungserfordernisse bei einer eG konkretisiert.

II. Einzelerläuterungen

5 **1. Einbeziehung von Gesellschaftsvertrag/Satzung (Abs. 1).** Das gesellschaftsrechtliche Statut wird in der Praxis in den meisten Fällen dem (gem. § 193 Abs. 3 zu beurkundenden) Umwandlungsbeschluss als **Anlage** beigefügt und gilt als mit beurkundet (Semler/Stengel/*Schlitt* Rn. 6). Die nach-

träglich erteilte Zustimmung einzelner Gesellschafter erfasst auch den Gesellschaftsvertrag/die Satzung der neuen Rechtsform (Semler/Stengel/*Schlitt* Rn. 6).

Die Anforderungen an den **Inhalt des gesellschaftsrechtlichen Statuts** ergeben sich aus den für die jeweilige neue Rechtsform maßgebenden Vorschriften (SHS/*Westerburg* Rn. 3; ausf. zu den einzelnen Zielrechtsformen Semler/Stengel/*Schlitt* Rn. 10 ff.). 6

Soweit § 194 Abs. 1 Angaben verlangt, die bereits Inhalt des gesellschaftsrechtlichen Statuts sind, kann der Umwandlungsbeschluss hierauf **verweisen** (Semler/Stengel/*Schlitt* Rn. 5). 7

Umstritten ist, ob der in den Umwandlungsbeschluss aufzunehmende Gesellschaftsvertrag bzw. die Satzung durch die Gesellschafter **unterzeichnet** werden muss. **S. 2** befreit ausdrücklich nur von der Unterzeichnung der Satzung einer Genossenschaft (vgl. § 197 S. 1 iVm § 11 Abs. 2 Nr. 1 GenG), um die Umwandlung – insbesondere bei einem großen Kreis von Gesellschaftern der formwechselnden Personenhandelsgesellschaft – nicht zu erschweren (RegBegr. BT-Drs. 12/6699, 149). Aber auch iÜ ist eine Unterzeichnung des Gesellschaftsvertrags oder der Satzung nach zutreffender hM nicht erforderlich (SHS/*Westerburg* Rn. 5; Semler/Stengel/*Schlitt* Rn. 6; Lutter UmwG/*Joost/Hoger* Rn. 3), weil die Gesellschaft nicht neu errichtet wird und § 197 S. 1 nicht auf die Formalien der Gründung verweist (→ § 244 Rn. 2). Allerdings schadet eine Unterzeichnung auch nicht (Kallmeyer/*Blasche* Rn. 2; Semler/Stengel/*Schlitt* Rn. 6). 8

2. Persönlich und unbeschränkt haftender Gesellschafter der KGaA (Abs. 2). Gemäß § 278 Abs. 1 AktG muss eine KGaA zwingend mindestens einen persönlich haftenden Gesellschafter haben. Der persönlich haftende Gesellschafter kann dem Rechtsträger vor dem Formwechsel **bereits angehören,** er kann aber auch im Zuge des Formwechsels **neu beitreten** (vgl. auch den Wortlaut von § 221 S. 1). Gehört der in der KGaA persönlich haftende Gesellschafter dem Rechtsträger bereits an, muss er dem Formwechsel gem. § 217 Abs. 3 zustimmen (→ § 217 Rn. 6). Ein Neubeitritt ist notariell zu beurkunden; ferner ist die Satzung der KGaA durch den beitretenden Gesellschafter zu genehmigen (§ 221). Vgl. iÜ die Kommentierung zu § 221 (→ § 221 Rn. 1 ff.). 9

Die unbeschränkte Haftung tritt mit Wirksamwerden des Formwechsels (§ 202) ein. 10

3. Geschäftsanteile der eG (Abs. 3). Nach S. 1 muss jedes Mitglied einer eG als neuer Rechtsform mit mindestens einem Geschäftsanteil beteiligt werden. S. 2 erlaubt darüber hinaus eine **gestaffelte Beteiligung.** Zu berücksichtigen ist in diesem Zusammenhang der Grundsatz der Gleichbehandlung, sodass die Geschäftsguthaben in dem Verhältnis zu berechnen sind, in dem die Anteilsinhaber bisher an der formwechselnden Personenhandelsgesellschaft beteiligt waren (RegBegr. BT-Drs. 12/6699, 149; Rechenbeispiel bei SHS/*Westerburg* Rn. 10). S. 2 normiert damit auch die Obergrenze möglicher Geschäftsanteile (SHS/*Westerburg* Rn. 9). 11

Rechtsstellung als Gründer

219 **[1]Bei der Anwendung der Gründungsvorschriften stehen den Gründern die Gesellschafter der formwechselnden Gesellschaft gleich. [2]Im Falle einer Mehrheitsentscheidung treten an die Stelle der Gründer die Gesellschafter, die für den Formwechsel gestimmt haben, sowie beim Formwechsel in eine Kommanditgesellschaft auf Aktien auch beitretende persönlich haftende Gesellschafter.**

Übersicht

I. Allgemeines

Die Vorschrift ergänzt § 197 S. 1. Beim Formwechsel bestimmt sich die Gründerverantwortlichkeit ausschließlich danach, ob der jeweilige Gesellschafter der Umwandlung zustimmt, da es keinen Gründungsakt als solchen gibt. 1

Nach **S. 1** gelten bei einstimmiger Entscheidung grundsätzlich alle Gesellschafter der formwechselnden Gesellschaft als Gründer. **S. 2** weicht hiervon für den Fall einer Mehrheitsentscheidung ab und bestimmt, dass nur die Gesellschafter Gründerverantwortung tragen, die für den Formwechsel gestimmt haben. Zusätzlich wird beim Formwechsel in eine KGaA der neu beitretende persönlich haftende Gesellschafter einem Gründer gleichgestellt. 2

II. Einzelerläuterungen

3 **1. Gründer. a) Einstimmiger Beschluss (S. 1).** Im gesetzlichen Regelfall (§ 217 Abs. 1 S. 1) müssen alle Gesellschafter der Personengesellschaft dem Formwechsel zustimmen und alle Gesellschafter gelten als Gründer. Jeder Gesellschafter kann mit einer Gegenstimme den Formwechsel und damit seine Gründerverantwortlichkeit verhindern.

4 **b) Qualifizierter Mehrheitsbeschluss (S. 2 Hs. 1).** Reicht nach dem Gesellschaftsvertrag ein Mehrheitsbeschluss aus (vgl. § 217 Abs. 1 S. 2 und 3), trifft die Gründerverantwortung ausschließlich die für den Formwechsel stimmenden Gesellschafter. Die Gründerverantwortung wird durch die namentliche Anführung dieser Gesellschafter in der Niederschrift über den Umwandlungsbeschluss sowie ggf. durch die notarielle Beurkundung der außerhalb der Gesellschafterversammlung abgegebenen Zustimmungserklärungen dokumentiert. Einzelne Gesellschafter können ihre Gründerverantwortung vermeiden, indem sie gegen den Formwechsel stimmen oder sich enthalten, aber in der Gesellschaft verbleiben (Semler/Stengel/*Schlitt* Rn. 6); nicht erforderlich ist, dass sie gegen eine Barabfindung (§ 207) aus der Gesellschaft ausscheiden (Semler/Stengel/*Schlitt* Rn. 6; krit. Goutier/Knopf/Tulloch/*Laumann* Rn. 9).

5 **c) Formwechsel in eine KGaA (S. 2 Hs. 2).** Treten bei einem Formwechsel in eine KGaA persönlich haftende Gesellschafter neu bei (§ 218 Abs. 2, § 221), gelten diese unabhängig davon, ob der Formwechselbeschluss einstimmig oder mit qualifizierter Mehrheit gefasst wird (Lutter UmwG/*Joost/Hoger* Rn. 6; Semler/Stengel/*Schlitt* Rn. 8), als Gründer. Ihre Gründerverantwortlichkeit wird durch die notarielle Beurkundung des Beitritts (§ 221 S. 1) und die Beifügung der Urkunde bei der Anmeldung zum Handelsregister (§ 223) dokumentiert.

6 Daneben haften beitretende Gesellschafter für Altschulden der Gesellschaft nach § 278 Abs. 2 AktG, § 161 Abs. 2 HGB, §§ 128, 130 HGB. Dies gilt auch dann, wenn sie erst nach Wirksamwerden des Formwechsels beitreten und § 219 Abs. 2 deshalb nicht anwendbar ist (Kallmeyer/*Blasche* Rn. 6; Lutter UmwG/*Joost/Hoger* Rn. 8).

7 **2. Gründerverantwortlichkeit.** Die Gründerverantwortlichkeit entsteht mit Wirksamwerden des Formwechsels durch Eintragung in das Handelsregister (§ 202 Abs. 1 und 2). Haben Gesellschafter zuvor ihre Beteiligung an einen Dritten übertragen oder scheiden sie mit Wirksamwerden der Umwandlung aus der Gesellschaft aus (ausf. dazu Semler/Stengel/*Schlitt* § 218 Rn. 21), so trifft sie die Gründerverantwortung nicht (Kallmeyer/*Blasche* Rn. 2; Semler/Stengel/*Schlitt* Rn. 5).

8 Die Gründerverantwortlichkeit richtet sich inhaltlich nach den für die neue Rechtsform geltenden Gründungsvorschriften (§ 197 S. 1). Von Bedeutung sind hierbei insbesondere die **Haftung für Falschangaben im Gründungsbericht, Differenzhaftung, Unterbilanzhaftung** und **Handelndenhaftung.**

9 Die als Gründer zu behandelnden Gesellschafter haften nach § 9a GmbHG, § 46 AktG (iVm § 278 Abs. 3 AktG) gesamtschuldnerisch für falsche Angaben im Zusammenhang mit dem Formwechsel, vor allem für solche im **Sachgründungsbericht** (§ 220 Abs. 2 iVm § 5 Abs. 4 S. 2 GmbHG oder § 32 Abs. 1 AktG).

10 Ferner unterliegen sie einer gesamtschuldnerischen **Differenzhaftung** nach den §§ 9, 24 GmbHG (vgl. für die Rechtslage bei der AG Hüffer/Koch/*Koch* AktG § 9 Rn. 6 mwN); eine etwaige Differenz zwischen dem Nennbetrag der Stammeinlage und dem Wert der hierauf geleisteten Sacheinlage müssen sie in Geld ausgleichen. Diese Haftung trifft nach hM auch die für einen Formwechsel stimmenden Kommanditisten einer formwechselnden KG, und zwar auch dann, wenn sie ihre Kommanditeinlage vollständig geleistet und nicht zurückerhalten haben (SHS/*Westerburg* Rn. 3; Semler/Stengel/*Schlitt* Rn. 14; Lutter UmwG/*Joost/Hoger* Rn. 4). Innerhalb der hM ist umstritten, ob die Kommanditisten der Differenzhaftung unterliegen, wenn sie gegen eine Barabfindung aus der Gesellschaft ausscheiden (§ 207). Dies ist zu bejahen, da der Kommanditist zunächst Anteilsinhaber des Rechtsträgers (in seiner neuen Rechtsform) bleibt (Semler/Stengel/*Schlitt* Rn. 14; Widmann/Mayer/*Vossius* Rn. 17; aA SHS/*Westerburg* Rn. 3). Die Gesellschafter, die iRe Mehrheitsbeschlusses gegen die Umwandlung stimmen, trifft mangels Gründerstellung entgegen einer teilweise vertretenen Ansicht (Widmann/Mayer/*Vossius* Rn. 22 f., 32 ff.) keine Differenzhaftung (Lutter UmwG/*Joost/Hoger* Rn. 5; Semler/Stengel/*Schlitt* Rn. 13 mwN).

11 Die Gründungsgesellschafter haften im Innenverhältnis außerdem für eine etwaige **Unterbilanz** im Zeitpunkt der Eintragung des Formwechsels in das Handelsregister (Lutter UmwG/*Joost/Hoger* Rn. 3; Semler/Stengel/*Schlitt* Rn. 15).

12 Die **Handelndenhaftung** nach § 11 Abs. 2 GmbHG bzw. § 41 AktG trifft die als Gründer geltenden Gesellschafter **nicht,** da die Geschäftsführung vor dem Wirksamwerden des Formwechsels nur für den Rechtsträger alter Rechtsform erfolgt (Lutter UmwG/*Joost/Hoger* Rn. 3; Semler/Stengel/*Schlitt* Rn. 16; einschr. Widmann/Mayer/*Mayer* § 197 Rn. 195 ff.).

Kapitalschutz

220 (1) **Der Nennbetrag des Stammkapitals einer Gesellschaft mit beschränkter Haftung oder des Grundkapitals einer Aktiengesellschaft oder einer Kommanditgesellschaft auf Aktien darf das nach Abzug der Schulden verbleibende Vermögen der formwechselnden Gesellschaft nicht übersteigen.**

(2) **In dem Sachgründungsbericht beim Formwechsel in eine Gesellschaft mit beschränkter Haftung oder in dem Gründungsbericht beim Formwechsel in eine Aktiengesellschaft oder in eine Kommanditgesellschaft auf Aktien sind auch der bisherige Geschäftsverlauf und die Lage der formwechselnden Gesellschaft darzulegen.**

(3) [1] **Beim Formwechsel in eine Aktiengesellschaft oder in eine Kommanditgesellschaft auf Aktien hat die Gründungsprüfung durch einen oder mehrere Prüfer (§ 33 Abs. 2 des Aktiengesetzes) in jedem Fall stattzufinden.** [2] **Die für Nachgründungen in § 52 Abs. 1 des Aktiengesetzes bestimmte Frist von zwei Jahren beginnt mit dem Wirksamwerden des Formwechsels.**

I. Allgemeines

Die Vorschrift konkretisiert § 197 S. 1. Der Formwechsel von Personengesellschaften in KapGen ähnelt der Gründung der KapG durch Leistung von Sacheinlagen, sodass die Sachgründungsvorschriften sinngemäß gelten (vgl. SHS/*Westerburg* Rn. 2). **Sinn und Zweck** der Norm ist der **Schutz der Gläubiger** durch Sicherung der Kapitalaufbringung: **Abs. 1** verlangt, dass das Reinvermögen der formwechselnden Gesellschaft das Stamm- bzw. Grundkapital der neuen Rechtsform deckt (Semler/Stengel/*Schlitt* Rn. 1). Ist dies nicht der Fall, muss der Formwechsel unterbleiben oder das Gesellschaftsvermögen entsprechend erhöht werden (→ Rn. 5). **Abs. 2** verschärft die allgemeinen Anforderungen an den (Sach-)Gründungsbericht. **Abs. 3** stellt klar, dass beim Formwechsel in eine AG oder KGaA in jedem Fall eine Gründungsprüfung erforderlich ist, und bestimmt den Fristbeginn für die Anwendung der Nachgründungsvorschriften gem. § 52 Abs. 1 AktG. 1

II. Einzelerläuterung

1. Kapitaldeckung. Die Stamm- bzw. Grundkapitalziffer der neuen Rechtsform muss im **Zeitpunkt** der Anmeldung des Formwechsels zum Handelsregister gedeckt sein (Semler/Stengel/*Schlitt* Rn. 15). 2

2. Vermögen. a) Begriff. Das Vermögen iSv § 220 umfasst das nach dem rechnerischen Abzug der Schulden verbleibende Aktivvermögen des formwechselnden Rechtsträgers (Semler/Stengel/*Schlitt* Rn. 9). Dazu zählen sämtliche Vermögensgegenstände und Rechte, denen ein messbarer Wert anhaftet, also auch immaterielle Vermögensgegenstände wie Knowhow oder Software (Widmann/Mayer/*Vossius* Rn. 15). Auf die Bilanzierungsfähigkeit oder -pflicht der Vermögensgegenstände kommt es nicht an (Semler/Stengel/*Schlitt* Rn. 9). 3

b) Maßstab. Der Wertermittlung ist entgegen einer teilweise vertretenen Ansicht nicht der Buchwert (so etwa *Schmidt* ZIP 1995, 1385 (1386) (bilanzielle Betrachtungsweise)), sondern mit der **hM** der nach dem Zeitwert bemessene **tatsächliche Verkehrswert** zugrunde zu legen (OLG Frankfurt a. M. 19.3.2015, ZIP 2015, 1229; SHS/*Westerburg* Rn. 9; Semler/Stengel/*Schlitt* Rn. 13 mwN). Der Formwechsel ist hinsichtlich der Kapitalaufbringung einer Sachgründung vergleichbar (§ 197 Abs. 1 iVm § 5 Abs. 4 S. 1 GmbHG, § 32 Abs. 2 AktG, § 34 Abs. 1 Nr. 2 AktG). Bei Gründung einer KapG werden die Sacheinlagen jedoch mit ihrem Verkehrswert angesetzt (Lutter UmwG/*Joost*/*Hoger* Rn. 10). Die gleiche Bewertungsmethode muss für die Ermittlung des Reinvermögens des formwechselnden Rechtsträgers gelten. 4

3. Unterbilanz. Deckt das Reinvermögen der formwechselnden Gesellschaft den Nennbetrag des Grund- oder Stammkapitals des Rechtsträgers neuer Rechtsform nicht, besteht also eine **materielle Unterbilanz,** können die Gesellschafter die Wertdifferenz nach überwA durch Barzahlung oder weitere Sacheinlagen ausgleichen (*Schmidt* ZIP 1995, 1385 (1389); SHS/*Westerburg* Rn. 3; Semler/Stengel/*Schlitt* Rn. 17; aA Widmann/Mayer/*Vossius* Rn. 30). Dabei sind ausstehende Sacheinlagen vollständig zu leisten, Bareinlagen müssen zu einem Viertel eingezahlt werden (str. bzgl. Einzahlungshöhe von Bareinlagen; vgl. ausf. Semler/Stengel/*Schlitt* Rn. 16 f. mwN). In der Bilanz ist der Differenzbetrag als „ausstehende Einlage" nach § 272 Abs. 1 HGB zu verbuchen und als Aktivposten ähnlich einem Verlustvortrag einzustellen (SHS/*Westerburg* Rn. 13; Semler/Stengel/*Schlitt* Rn. 23). Überbewertete Sacheinlagen sind durch Barzahlung zu ergänzen (vgl. § 36a AktG, § 9 Abs. 1 GmbHG). Für eine Differenz zwischen dem Reinvermögen der formwechselnden Gesellschaft und dem Grund- bzw. Stammkapital der neuen Rechtsform **haften** die nach § 219 als Gründer zu behandelnden Gesellschafter im Wege der **Differenzhaftung** (Semler/Stengel/*Schlitt* Rn. 22). Eine nur **formelle Unterbilanz** (dh 5 die Stamm- bzw. Grundkapitalziffer ist zwar vom Reinvermögen, aber nicht vom Vermögen nach Buchwerten gedeckt) ist für den Formwechsel unschädlich und in der Bilanz als „Fehlbetrag zum Stamm- bzw. Grundkapital" auszuweisen (SHS/*Westerburg* Rn. 14).

6 **4. Gründungserfordernisse. a) (Sach-)Gründungsbericht (Abs. 2).** Neben dem (Sach-)Gründungsbericht (vgl. § 5 Abs. 4 GmbHG, § 32 AktG) müssen der bisherige Geschäftsverlauf und die Lage der formwechselnden Gesellschaft dargelegt werden (vgl. dazu die Kommentierung zu § 58 → § 58 Rn. 1 ff.).

7 **b) Gründungsprüfung (Abs. 3 S. 1).** Wird der Rechtsträger in eine AG oder eine KGaA umgewandelt, ist abweichend von § 33 Abs. 2 AktG eine Gründungsprüfung zwingend vorgeschrieben. Zu weiteren Einzelheiten der Gründungsprüfung vgl. § 33 AktG und § 75.

Beitritt persönlich haftender Gesellschafter

221 **[1]Der in einem Beschluß zur Umwandlung in eine Kommanditgesellschaft auf Aktien vorgesehene Beitritt eines Gesellschafters, welcher der formwechselnden Gesellschaft nicht angehört hat, muß notariell beurkundet werden. [2]Die Satzung der Kommanditgesellschaft auf Aktien ist von jedem beitretenden persönlich haftenden Gesellschafter zu genehmigen.**

I. Allgemeines

1 Einer **KGaA** muss mindestens ein persönlich haftender Gesellschafter angehören (§ 278 Abs. 1 AktG). Beim Formwechsel in eine KGaA muss daher der Umwandlungsbeschluss mindestens einen persönlich haftenden Gesellschafter aus dem Kreis der bisherigen Gesellschafter bestimmen (§ 218 Abs. 2 Alt. 1) – so der gesetzliche Regelfall – oder den Beitritt mindestens eines persönlich haftenden Gesellschafters vorsehen, der bisher nicht Gesellschafter des formwechselnden Rechtsträgers war (§ 218 Abs. 2 Alt. 2). § 221 regelt diesen **Beitritt eines Dritten** als persönlich haftender Gesellschafter iSd § 218 Abs. 2 Alt. 2. § 221 gilt für alle persönlich haftenden Gesellschafter, die nach dem Formwechselbeschluss beitreten sollen (Semler/Stengel/*Schlitt* Rn. 8).

II. Einzelerläuterung

2 **1. Beitritt (S. 1). a) Form.** Die **Beitrittserklärung** ist ein einseitiges Rechtsgeschäft, bestehend aus einer empfangsbedürftigen Willenserklärung. Sie erfordert nach hM keine Annahme durch die Gesellschaft (Semler/Stengel/*Schlitt* Rn. 6 mwN; aA Goutier/Knopf/Tulloch/*Laumann* Rn. 2). Die Erklärung ist grundsätzlich bedingungs- und befristungsfeindlich. Die Wirksamkeit des Beitritts kann aber unter der aufschiebenden Bedingung der Eintragung des Formwechsels stehen (Semler/Stengel/*Schlitt* Rn. 6; Widmann/Mayer/*Vossius* Rn. 2). Die Beitrittserklärung kann nicht zurückgenommen werden (Kallmeyer/*Blasche* Rn. 2; Semler/Stengel/*Schlitt* Rn. 6). Sie muss **notariell beurkundet** werden; für die Beurkundung gelten die §§ 8 ff. BeurkG. Die Beurkundung kann entweder zusammen mit dem Umwandlungsbeschluss oder gesondert erfolgen (SHS/*Westerburg* Rn. 3; Semler/Stengel/*Schlitt* Rn. 7; aA Widmann/Mayer/*Vossius* Rn. 12). Stellvertretung ist zulässig (SHS/*Westerburg* Rn. 2); die Vollmachten müssen aber notariell beurkundet sein (Widmann/Mayer/*Vossius* Rn. 10).

3 **b) Zeitpunkt.** Der Beitritt kann **frühestens gleichzeitig** mit oder nach Fassung des **Umwandlungsbeschlusses** erklärt werden. Da § 221 S. 2 vom Beitretenden die Genehmigung der Satzung fordert, ist eine Beitrittserklärung vor Fassung des Umwandlungsbeschlusses nicht möglich (hM, SHS/*Westerburg* Rn. 2; Semler/Stengel/*Schlitt* Rn. 8; aA Widmann/Mayer/*Vossius* Rn. 8). Denn die Satzung wird erst mit dem Umwandlungsbeschluss beschlossen, § 218 Abs. 1. Die Beitrittserklärung muss aber **spätestens vor der Anmeldung** des Formwechsels zum Handelsregister abgegeben werden (Semler/Stengel/*Schlitt* Rn. 8). Denn der Anmeldung muss die Urkunde über den Beitritt beigefügt werden (§ 223). Erfolgt der Beitritt erst nach Wirksamwerden des Formwechsels, findet § 223 keine Anwendung, stattdessen gelten die allgemeinen Regeln (Semler/Stengel/*Schlitt* Rn. 8).

4 **2. Genehmigung der Satzung (S. 2).** Gemäß S. 2 muss der beitretende persönlich haftende Gesellschafter die Satzung der KGaA genehmigen (nachträgliche Zustimmung gem. § 184 Abs. 1 BGB). Die Genehmigung bedarf ebenso wie die Beitrittserklärung der **notariellen Beurkundung** gem. §§ 8 ff. BeurkG und kann wie diese frühestens gleichzeitig mit der Feststellung der Satzung, muss aber spätestens im Zeitpunkt der Anmeldung zum Handelsregister erklärt werden. Nach hM ist sie eine **rechtlich selbständige** Erklärung und kann entweder zusammen mit der Beitrittserklärung oder getrennt von ihr abgegeben werden (Kallmeyer/*Blasche* Rn. 4; Semler/Stengel/*Schlitt* Rn. 12; Lutter UmwG/*Joost/Hoger* Rn. 6). Teilweise wird auch eine **konkludente** Genehmigungserklärung für zulässig gehalten, etwa dann, wenn der Beitretende in der den Umwandlungsbeschluss fassenden Gesellschafterversammlung

persönlich anwesend ist und seinen Beitritt formwirksam erklärt (vgl. Semler/Stengel/*Schlitt* Rn. 10; Widmann/Mayer/*Vossius* Rn. 19; zum Meinungsstand Lutter UmwG/*Joost/Hoger* Rn. 6). Eine **Satzungsänderung** nach Genehmigung, aber noch vor der Eintragung der neuen Rechtsform in das Handelsregister unterfällt zwar nicht dem Anwendungsbereich des S. 2; sie erfordert jedoch entsprechend § 285 Abs. 2 und 3 AktG eine – erneute – notariell beurkundete Genehmigungserklärung der persönlich haftenden Gesellschafter (Semler/Stengel/*Schlitt* Rn. 13).

Anmeldung des Formwechsels

222 (1) [1]**Die Anmeldung nach § 198 einschließlich der Anmeldung der Satzung der Genossenschaft ist durch alle Mitglieder des künftigen Vertretungsorgans sowie, wenn der Rechtsträger nach den für die neue Rechtsform geltenden Vorschriften einen Aufsichtsrat haben muß, auch durch alle Mitglieder dieses Aufsichtsrats vorzunehmen.** [2]**Zugleich mit der Genossenschaft sind die Mitglieder ihres Vorstandes zur Eintragung in das Register anzumelden.**

(2) **Ist der Rechtsträger neuer Rechtsform eine Aktiengesellschaft oder eine Kommanditgesellschaft auf Aktien, so haben die Anmeldung nach Absatz 1 auch alle Gesellschafter vorzunehmen, die nach § 219 den Gründern dieser Gesellschaft gleichstehen.**

(3) **Die Anmeldung der Umwandlung zur Eintragung in das Register nach § 198 Abs. 2 Satz 3 kann auch von den zur Vertretung der formwechselnden Gesellschaft ermächtigten Gesellschaftern vorgenommen werden.**

I. Allgemeines

§ 222 konkretisiert den für die **Anmeldung** gem. § 198 verantwortlichen Personenkreis. Die Zuständigkeit des Gerichts sowie Inhalt der Anmeldung und beizufügende Anlagen richten sich nach den allgemeinen Bestimmungen (§§ 197 ff. sowie die anwendbaren Gründungsvorschriften; beim Formwechsel in die KGaA zusätzlich § 223). 1

II. Einzelerläuterung

1. Anmeldezuständigkeit beim Formwechsel in eine GmbH. Da die Anmeldung von **allen** künftigen **Geschäftsführern** vorzunehmen ist, müssen diese bereits vorher bestellt werden (SHS/*Westerburg* Rn. 3). Die Gesellschafter müssen bei der Anmeldung nicht mitwirken. Die Mitglieder eines **fakultativen Aufsichtsrats** (§ 52 GmbHG) sind ebenfalls nicht zur Mitwirkung verpflichtet. Denn Abs. 1 S. 1 spricht nur vom Aufsichtsrat, den die Gesellschaft nach den gesetzlichen Vorschriften „haben muss". Nach einer in der Lit. vertretenen Ansicht besteht nicht einmal bei einem **obligatorischen GmbH-Aufsichtsrat** eine Anmeldepflicht der Aufsichtsratsmitglieder (SHS/*Westerburg* Rn. 3; Widmann/Mayer/*Vossius* Rn. 18; vgl. für den Fall der Gründung einer GmbH BayObLG 9.6.2000, NZG 2000, 932). Diese Ansicht ist jedoch nicht mit dem klaren Wortlaut der Vorschrift des Abs. 1 S. 1 zu vereinbaren. Die wohl **hM** geht daher richtigerweise von der Anmeldepflicht der Mitglieder eines obligatorischen Aufsichtsrats aus (Kallmeyer/*Blasche* Rn. 2 f.; Lutter UmwG/*Joost/Hoger* Rn. 4; Semler/Stengel/*Schlitt* Rn. 9). **Arbeitnehmervertreter** müssen nur an der Anmeldung mitwirken, soweit sie zum Zeitpunkt der Anmeldung bereits bestellt sind; es ist nicht erforderlich, das Wahlverfahren bzw. eine gerichtliche Bestellung abzuwarten, bevor die Anmeldung zum Register vorgenommen wird bzw. die Eintragung in das Register erfolgt (str., wie hier Kallmeyer/*Blasche* Rn. 2; Lutter UmwG/*Joost/Hoger* Rn. 3; Widmann/Mayer/*Vossius* Rn. 21 f. (jeweils zum Aufsichtsrat beim Formwechsel in die AG/KGaA); aA Semler/Stengel/*Schlitt* Rn. 9). **Stellvertretung** ist wegen der zivil- und strafrechtlichen Verantwortlichkeit unzulässig, vgl. §§ 9a, 82 Abs. 1 Nr. 1, 2 und 5 GmbHG (Semler/Stengel/*Schlitt* Rn. 12). Die Unterzeichnung der Anmeldung in getrennten Urkunden ist zulässig (Semler/Stengel/*Schlitt* Rn. 12). 2

2. Anmeldezuständigkeit beim Formwechsel in eine AG. Alle **Gesellschafter,** die gem. § 219 den Gründern der Gesellschaft gleichstehen (zur rechtpolitischen Kritik an dieser Regelung vgl. Widmann/Mayer/*Vossius* Rn. 35 ff., 43 ff.), dh dem Formwechsel zugestimmt haben, sowie alle Mitglieder des künftigen **Vorstands** und des **Aufsichtsrats** müssen den Formwechsel anmelden. Die Vorschrift hat lediglich klarstellende Funktion, vgl. § 197 S. 1 iVm § 36 AktG. Aufgrund des Verweises in § 197 S. 3 nF (geändert durch das Zweite Gesetz zur Änderung des UmwG vom 19.4.2007, BGBl. 2007 I 546) auf § 31 AktG haben die Gründer so viele Aufsichtsratsmitglieder zu bestellen, wie nach den gesetzlichen Vorschriften, die nach ihrer Ansicht für die Zusammensetzung des Aufsichtsrats maßgebend sind, von der Hauptversammlung ohne Bindung an Wahlvorschläge zu wählen sind. Demnach muss der **Aufsichtsrat** bis zur Anmeldung noch **nicht vollständig** besetzt sein (vgl. § 31 AktG), und seine Mitglieder sind nur zur Mitwirkung an der Anmeldung verpflichtet, wenn sie zu diesem Zeitpunkt 3 bereits bestellt sind (Semler/Stengel/*Schlitt* Rn. 16; → Rn. 2). Zur Stellvertretung und Anmeldung mit getrennten Urkunden gelten die Ausführungen in → Rn. 2.

4 **3. Anmeldezuständigkeit beim Formwechsel in eine KGaA.** Den Formwechsel in eine KGaA haben die Mitglieder des Aufsichtsrats und alle den Gründern gleichstehenden Gesellschafter anzumelden. Im Zuge des Formwechsels neu **beitretende persönlich haftende Gesellschafter** stehen den Gründern gem. § 219 S. 2 Hs. 2 gleich; iÜ sind persönlich haftende Gesellschafter gem. Abs. 1 S. 1 iVm § 283 Nr. 1 AktG zur Anmeldung der neuen Rechtsform verpflichtet. Ansonsten gelten die Ausführungen zum Formwechsel in eine AG unter → Rn. 3 entsprechend.

5 **4. Anmeldezuständigkeit beim Formwechsel in eine eG.** Zur Anmeldung des Formwechsels sind die Mitglieder des künftigen Vorstands und, abweichend von den allgemeinen Gründungsvorschriften, auch die Mitglieder des Aufsichtsrats verpflichtet (SHS/*Westerburg* Rn. 8; Widmann/Mayer/*Vossius* Rn. 48), nicht dagegen die Mitglieder der Genossenschaft.

6 **5. Erweiterte Anmeldepflicht bei Registerwechsel.** Beim Formwechsel in eine eG oder im Falle einer anlässlich des Formwechsels vorgenommenen Sitzverlegung **wechselt** das zuständige **Register.** In diesem Fall müssen die Verantwortlichen den Formwechsel sowohl bei dem bisher zuständigen Registergericht als auch bei dem neuen Registergericht anmelden (SHS/*Westerburg* Rn. 9). **Abs. 3** lässt es in diesem Fall für die Anmeldung zum bisher zuständigen Register genügen, wenn diese durch die in der alten Rechtsform zur Vertretung berechtigten Gesellschafter vorgenommen wird. Die Verpflichtungen nach Abs. 1 und 2 in Bezug auf die Anmeldung zum neuen Register bleiben davon unberührt.

Anlagen der Anmeldung

223 Der Anmeldung der neuen Rechtsform oder des Rechtsträgers neuer Rechtsform sind beim Formwechsel in eine Kommanditgesellschaft auf Aktien außer den sonst erforderlichen Unterlagen auch die Urkunden über den Beitritt aller beitretenden persönlich haftenden Gesellschafter in Ausfertigung oder öffentlich beglaubigter Abschrift beizufügen.

I. Allgemeines

1 § 223 ergänzt den Katalog des § 199 um weitere Unterlagen, die der Anmeldung beizufügen sind. Die Erweiterung gilt nur für den Formwechsel einer Personenhandelsgesellschaft in eine **KGaA** und nur für den Fall des Beitritts persönlich haftender Gesellschafter, die dem formwechselnden Rechtsträger vor dem Formwechsel nicht angehörten (§ 221). **Sinn und Zweck** des § 223 ist es, dem Registergericht eine ordnungsgemäße Prüfung des Gesellschafterbestands zu ermöglichen (Lutter UmwG/*Joost/Hoger* Rn. 1).

II. Einzelerläuterung

2 **1. Beitrittserklärung.** Der Begriff des Beitritts erfasst nur das Hinzutreten neuer Gesellschafter, die vor dem Formwechsel nicht dem Kreis der Gesellschafter angehörten. Die Zustimmungserklärung eines künftig persönlich haftenden Gesellschafters, der dem formwechselnden Rechtsträger bereits angehörte, muss der Anmeldung schon nach § 199 beigefügt werden (vgl. § 217 Abs. 3, § 193 Abs. 3 sowie → § 199 Rn. 8; ferner Semler/Stengel/*Schlitt* Rn. 7).

3 Die Beitrittserklärung muss gem. § 221 notariell beurkundet sein und ist der Anmeldung entweder als Ausfertigung (§§ 47 ff. BeurkG) oder in beglaubigter Abschrift (§ 42 BeurkG) beizufügen (SHS/*Stratz* Rn. 1).

4 **2. Erklärung über Genehmigung der Satzung.** § 223 verlangt allgemein die Beifügung der „Urkunden über den Beitritt". Hierzu gehört auch die Erklärung über die Genehmigung der Satzung gem. § 221 S. 2 (SHS/*Westerburg* Rn. 1; Lutter UmwG/*Joost/Hoger* Rn. 4; Semler/Stengel/*Schlitt* Rn. 8). Meist werden die Genehmigungserklärung und die Beitrittserklärung ohnehin in der gleichen Urkunde zusammengefasst (Semler/Stengel/*Schlitt* Rn. 8).

5 **3. Register.** Die Vorschrift unterscheidet zwischen der **Anmeldung der neuen Rechtsform** und der **Anmeldung des Rechtsträgers neuer Rechtsform.** Grundsätzlich wird die neue Rechtsform zu dem Register angemeldet, in dem der Rechtsträger eingetragen ist (§ 198 Abs. 1, § 202 Abs. 1). Wird der Formwechsel aber mit einer Sitzverlegung verbunden oder wechselt die Art des Registers (zB beim Formwechsel in eine eG), begründet dies die Zuständigkeit eines anderen Registers, sodass der Rechtsträger neuer Rechtsform nach der Eintragung des Formwechsels im bisherigen Register zu dem neuen Register angemeldet werden muss (§ 198 Abs. 2, § 202 Abs. 2) (Semler/Stengel/*Schlitt* Rn. 2; → § 198 Rn. 5 ff.).

Fortdauer und zeitliche Begrenzung der persönlichen Haftung

224 (1) **Der Formwechsel berührt nicht die Ansprüche der Gläubiger der Gesellschaft gegen einen ihrer Gesellschafter aus Verbindlichkeiten der formwechselnden Gesellschaft, für die dieser im Zeitpunkt des Formwechsels nach § 128 des Handelsgesetzbuchs persönlich haftet.**

(2) **Der Gesellschafter haftet für diese Verbindlichkeiten, wenn sie vor Ablauf von fünf Jahren nach dem Formwechsel fällig und daraus Ansprüche gegen ihn in einer in § 197 Abs. 1 Nr. 3 bis 5 des Bürgerlichen Gesetzbuchs bezeichneten Art festgestellt sind oder eine gerichtliche oder behördliche Vollstreckungshandlung vorgenommen oder beantragt wird; bei öffentlich-rechtlichen Verbindlichkeiten genügt der Erlass eines Verwaltungsakts.**

(3) [1] **Die Frist beginnt mit dem Tage, an dem die Eintragung der neuen Rechtsform oder des Rechtsträgers neuer Rechtsform in das Register bekannt gemacht worden ist.** [2] **Die für die Verjährung geltenden §§ 204, 206, 210, 211 und 212 Abs. 2 und 3 des Bürgerlichen Gesetzbuchs sind entsprechend anzuwenden.**

(4) **Einer Feststellung in einer in § 197 Abs. 1 Nr. 3 bis 5 des Bürgerlichen Gesetzbuchs bezeichneten Art bedarf es nicht, soweit der Gesellschafter den Anspruch schriftlich anerkannt hat.**

(5) **Die Absätze 1 bis 4 sind auch anzuwenden, wenn der Gesellschafter in dem Rechtsträger anderer Rechtsform geschäftsführend tätig wird.**

I. Allgemeines

Die Parallelvorschrift zu § 45 (vgl. ergänzend die dortige Kommentierung → § 45 Rn. 1 ff.) regelt die Fortdauer der Haftung der persönlich haftenden Gesellschafter nach Wirksamwerden des Formwechsels. Sie ist keine Verjährungsregelung, sondern normiert eine materiell-rechtliche Ausschlussfrist. Die Klarstellung in **Abs. 1** ist notwendig, weil der Formwechsel aus der Rechtsform einer Personenhandelsgesellschaft oft auch der Beendigung der persönlichen Haftung der Gesellschafter dient. Daneben sollten etwaige Missverständnisse, die sich aus dem Unterschied zur alten Rechtslage ergeben könnten, vermieden werden (nach dem UmwG 1969 führte der Formwechsel zur Auflösung des formwechselnden Rechtsträgers, vgl. dazu RegBegr. BT-Drs. 12/6699, 151). 1

Die dispositiven Regelungen (Semler/Stengel/*Schlitt* Rn. 36) der **Abs. 2 und 4** entsprechen § 160 Abs. 1 und 2 HGB. Sie wurden iRd Schuldrechtsmodernisierung (BGBl. 2001 I 3138) an die allgemeinen Verjährungsvorschriften angepasst. Der ebenfalls dispositive **Abs. 5** erklärt sich aus der früheren Rspr., wonach Gesellschafter, die Geschäftsführer der Komplementär-GmbH wurden, auch nach dem Formwechsel in eine GmbH & Co. KG unbeschränkt und persönlich hafteten (vgl. BGH 22.9.1980, BGHZ 78, 114 (118) = NJW 1981, 175; BGH 19.5.1983, NJW 1983, 2256 (2258); BGH 19.5.1983, NJW 1983, 2940 (2941); BGH 25.9.1989, BGHZ 108, 330 (341) = NJW 1990, 49). 2

II. Einzelerläuterung

1. Haftungsfortdauer (Abs. 1). a) Verbindlichkeiten. Die Haftung erstreckt sich nur auf Verbindlichkeiten des Rechtsträgers, die vor Wirksamwerden des Formwechsels begründet wurden (Fälligkeit ist nicht erforderlich). Abs. 1 setzt die Haftung der Gesellschafter nach § 128 HGB voraus (vgl. im Einzelnen die Kommentierung zu § 128 HGB → HGB § 128 Rn. 1 ff.; Widmann/Mayer/*Vossius* Rn. 12). Persönliche Verbindlichkeiten der Gesellschafter fallen daher grundsätzlich nicht unter § 224 (Semler/Stengel/*Schlitt* Rn. 12). Vgl. iÜ die Kommentierung zu § 45 (→ § 45 Rn. 1 ff.); speziell zur Haftung bei Umwandlung einer Freiberufler-GbR in eine PartG s. *Sommer/Treptow/Dietlmeier* NJW 2011, 1551 ff. 3

b) Frist. Abs. 3 S. 1 verweist für den Fristbeginn auf die Bekanntmachung nach § 201 (zum Wegfall der Bekanntmachungsfiktion → § 201 Rn. 7). Zum Fristablauf s. § 188 Abs. 2 BGB. 4

c) Schuldner. Für Altverbindlichkeiten haften die zum **Zeitpunkt der Eintragung** des Formwechsels vorhandenen **persönlich haftenden Gesellschafter.** Die Haftung erstreckt sich auch auf neu beitretende persönlich haftende Gesellschafter, wenn der Beitritt bis zum Zeitpunkt der Eintragung des Formwechsels erfolgt (vgl. § 130 HGB). Zuvor ausgeschiedene persönlich haftende Gesellschafter haften nach den allgemeinen Vorschriften der § 128 HGB (iVm § 161 Abs. 2 HGB), § 160 HGB; § 224 ist dann nicht anwendbar (Semler/Stengel/*Schlitt* Rn. 7). 5

Alt-Kommanditisten haften nach allgA in den Fällen der §§ 171 und 172 Abs. 4 S. 1 und 2 sowie § 176 HGB für Altverbindlichkeiten (Widmann/Mayer/*Vossius* Rn. 38 mwN). Auch bei einer vor Eintragung des Formwechsels gezahlten Abfindung kann die persönliche Haftung des Kommanditisten wiederaufleben; dies gilt nicht für die iRd Formwechsels gem. § 207 geleistete Barabfindung (Semler/Stengel/*Schlitt* Rn. 9 mwN). 6

7 **2. Begrenzung der Gesellschafterhaftung (Abs. 2–5).** Die Enthaftungsregeln erfassen den Formwechsel in alle zulässigen neuen Rechtsformen. Der **persönlich haftende Gesellschafter** einer **KGaA** haftet jedoch aufgrund des Identitätsprinzips uneingeschränkt persönlich und ohne Ausschlussfrist für Altverbindlichkeiten (§ 278 Abs. 2 AktG iVm § 161 Abs. 2 HGB, § 128 HGB); insofern läuft § 224 beim Formwechsel in eine KGaA leer (Widmann/Mayer/*Vossius* Rn. 8).

8 Die allgemeinen Hemmungsvorschriften des BGB können den Fristablauf und damit die **Enthaftung** verhindern, Abs. 3 S. 2. Praktisch bedeutsam ist insbesondere § 204 Nr. 1 BGB, wonach die Erhebung einer Leistungs- oder Feststellungsklage des Gläubigers den Fristablauf hemmt. Im Ergebnis kann damit bereits die Klageerhebung die Gesellschafterhaftung aufrechterhalten. Vgl. zu den **Rechtsfolgen** iÜ die Kommentierung zu § 45 (→ § 45 Rn. 1 ff.).

Prüfung des Abfindungsangebots

225 **[1] Im Falle des § 217 Abs. 1 Satz 2 ist die Angemessenheit der angebotenen Barabfindung nach § 208 in Verbindung mit § 30 Abs. 2 nur auf Verlangen eines Gesellschafters zu prüfen. [2] Die Kosten trägt die Gesellschaft.**

I. Allgemeines

1 Die Parallelvorschrift zu § 44 weicht von der allgemeinen Regelung des § 208 iVm § 30 Abs. 3 ab, wonach die Angemessenheit des gem. § 207 zu unterbreitenden Barabfindungsangebots grundsätzlich geprüft werden muss, wenn die Gesellschafter nicht auf die Prüfung verzichten. Gemäß **S. 1** ist die Prüfung bei Mehrheitsentscheidung (§ 217 Abs. 1 S. 2) nur erforderlich, wenn ein Gesellschafter sie verlangt. **Sinn und Zweck** ist der **Schutz** der **Minderheitsgesellschafter** bei mehrheitlich beschlossenem Formwechsel. Um diesen Schutz nicht zu beeinträchtigen, sieht **S. 2** die Pflicht der Gesellschaft zur Kostentragung vor.

II. Einzelerläuterung

2 **1. Voraussetzungen. a) Mehrheitsentscheidung.** Die Vorschrift erfasst nur den Fall, dass der Formwechsel durch Mehrheitsentscheidung (§ 217 Abs. 1 S. 2) beschlossen werden kann und deshalb gem. § 194 Abs. 1 Nr. 6, § 207 den widersprechenden Gesellschaftern ein Barabfindungsangebot zu unterbreiten ist. Ist der Umwandlungsbeschluss einstimmig zu fassen, entfällt bereits die Pflicht zur Unterbreitung eines Barabfindungsangebots (Semler/Stengel/*Schlitt* Rn. 1, 5); eine Regelung zum Wegfall der Prüfpflicht für diesen Fall war daher nicht erforderlich. Ob die Vorschrift entsprechend gilt, wenn der Umwandlungsbeschluss einstimmig zu fassen ist, wenigstens ein Gesellschafter aber nur aufgrund seiner **Treuepflicht** zustimmen musste, erscheint zweifelhaft, da auch in diesem Fall ein einstimmiger Beschluss vorliegt (str., wie hier Semler/Stengel/*Schlitt* Rn. 5; aA Widmann/Mayer/*Vossius* Rn. 11).

3 **b) Prüfungsverlangen.** § 225 verweist auf § 30 Abs. 2. Das erforderliche „Verlangen" des Gesellschafters ist ein einseitiges Rechtsgeschäft, bestehend aus einer empfangsbedürftigen Willenserklärung, mit der der Gesellschafter eindeutig seinen Wunsch zur Prüfung des Barabfindungsangebots zum Ausdruck bringt (SHS/*Westerburg* Rn. 2). Dabei sind nicht bloß die widersprechenden Gesellschafter, sondern **alle Gesellschafter berechtigt,** die Prüfung des Abfindungsangebots zu verlangen (Semler/Stengel/*Schlitt* Rn. 7).

4 **c) Form und Frist.** Besondere **Formvorschriften** für das Prüfungsverlangen bestehen nicht, es kann auch mündlich erklärt werden (SHS/*Westerburg* Rn. 2). Aus Nachweisgründen empfiehlt sich aber eine schriftliche Fixierung (Semler/Stengel/*Schlitt* Rn. 8). Es ist bedingungs- und befristungsfeindlich. Stellvertretung ist zulässig (Widmann/Mayer/*Vossius* Rn. 17). Zu weiteren Einzelheiten vgl. die Kommentierung zu § 44 (→ § 44 Rn. 1 ff.).

5 Im Gegensatz zu § 44 sieht § 225 keine **Frist** für die Geltendmachung des Prüfungsverlangens vor. Der **Gesellschaftsvertrag** kann jedoch eine Frist bestimmen (Semler/Stengel/*Schlitt* Rn. 9; aA SHS/*Westerburg* Rn. 4 unter Hinweis auf die ausdrückliche Einfügung einer Frist nur in § 44 durch das Zweite Gesetz zur Änderung des UmwG vom 19.4.2007, BGBl. 2007 I 542). Enthält der Gesellschaftsvertrag keine Regelung, kann das Verlangen **vor,** aber auch noch **während** der **Gesellschafterversammlung,** die über den Formwechsel beschließt, erklärt werden, auch wenn dies eine zeitliche Verzögerung des Formwechsels nach sich zieht (Semler/Stengel/*Schlitt* Rn. 9). Inwiefern ein Prüfungsverlangen **nach** der Gesellschafterversammlung noch zulässig ist, ist nach den Umständen des Einzelfalls und am Maßstab des Rechtsmissbrauchs zu beurteilen (Semler/Stengel/*Schlitt* Rn. 9; Widmann/Mayer/*Vossius* Rn. 23 ff.). Das berechtigte Interesse an einer Prüfung entfällt **spätestens,** wenn der Zeitpunkt, zu dem das Barabfindungsangebot gem. § 209 angenommen werden kann, verstrichen ist (SHS/*Westerburg* Rn. 4).

2. Verzicht. Auf das Prüfungsrecht des § 225 kann ein Gesellschafter nicht pauschal verzichten. Allerdings kann im konkreten Fall in notariell beurkundeter Form sowohl auf die Prüfung selbst als auch auf die Erstellung des Prüfungsberichts verzichtet werden (vgl. § 208 iVm § 30 Abs. 2 S. 3) (Semler/Stengel/*Schlitt* Rn. 10; Widmann/Mayer/*Vossius* Rn. 29 f.). Ein späteres Prüfungsverlangen ist in diesem Fall rechtsmissbräuchlich (Semler/Stengel/*Schlitt* Rn. 10). Vgl. iÜ die Kommentierung zu § 44 (→ § 44 Rn. 1 ff.). 6

3. Rechtsfolgen. Die Angemessenheitsprüfung richtet sich nach den Vorschriften der §§ 208, 30 Abs. 2 iVm §§ 1012. Daneben kann der Abfindungsberechtigte das Abfindungsangebot auch im **Spruchverfahren** überprüfen lassen (Lutter UmwG/*Joost/Hoger* Rn. 8; einschr. Semler/Stengel/*Schlitt* Rn. 13). 7

Zweiter Unterabschnitt. Formwechsel von Partnerschaftsgesellschaften

Möglichkeit des Formwechsels

225a Eine Partnerschaftsgesellschaft kann auf Grund eines Umwandlungsbeschlusses nach diesem Gesetz nur die Rechtsform einer Kapitalgesellschaft oder einer eingetragenen Genossenschaft erlangen.

I. Allgemeines

Die §§ 225a–225c entsprechen inhaltlich den für den Formwechsel von Personenhandelsgesellschaften geltenden Bestimmungen (§§ 214–225). § 225a entspricht § 214 Abs. 1. Praktisch relevant ist für die PartG vor allem der Formwechsel in eine GmbH, zB Rechtsanwalts-GmbH (Semler/Stengel/*Schlitt* Rn. 3). 1

II. Einzelerläuterung

Formwechselnder Rechtsträger kann nur eine gem. § 7 Abs. 1 PartGG im Partnerschaftsregister eingetragene PartG sein. Vgl. zur aufgelösten PartG § 225c iVm § 214 Abs. 2. 2

Rechtsträger neuer Rechtsform können Kapitalgesellschaften iSv § 3 Abs. 1 Nr. 2 oder eG sein. Die Rechtsform muss nach dem jeweiligen Berufsrecht zulässig sein (vgl. auch § 199 aE) (BGH 25.11.1993, BGHZ 124, 224 = NJW 1994, 786). § 225a ist zwingend, zu den Rechtsfolgen einer Verletzung → § 214 Rn. 11. 3

Zum **Rechtsformwechsel außerhalb des UmwG** → § 214 Rn. 7. Praktisch relevant für die PartG ist zunächst die identitätswahrende „Umwandlung" in eine GbR durch Löschung der Eintragung im Partnerschaftsregister bei gleichzeitiger Fortführung des Geschäfts (Semler/Stengel/*Schlitt* Rn. 7). Auch die identitätswahrende Überführung in eine Personenhandelsgesellschaft ist denkbar, sofern dies berufsrechtlich zulässig ist (dazu Widmann/Mayer/*Vossius* Rn. 14). 4

Umwandlungsbericht und Unterrichtung der Partner

225b [1]Ein Umwandlungsbericht ist nur erforderlich, wenn ein Partner der formwechselnden Partnerschaft gemäß § 6 Abs. 2 des Partnerschaftsgesellschaftsgesetzes von der Geschäftsführung ausgeschlossen ist. [2]Von der Geschäftsführung ausgeschlossene Partner sind entsprechend § 216 zu unterrichten.

I. Allgemeines

S. 1 entspricht § 215 und § 41. Der Verweis des **S. 2** auf § 216 soll eine hinreichende Vorbereitung auch der nicht geschäftsführungsbefugten Gesellschafter auf die Gesellschafterversammlung sicherstellen (Semler/Stengel/*Schlitt* Rn. 1). 1

II. Einzelerläuterung

1. Umwandlungsbericht. a) Erforderlichkeit. Grundsätzlich sind gem. § 6 Abs. 3 S. 2 PartGG, § 114 Abs. 1 HGB alle Gesellschafter einer Partnerschaft geschäftsführungsbefugt, sodass ein Umwandlungsbericht idR entbehrlich ist. Vgl. iÜ die Kommentierung zur Parallelnorm des § 41 (→ § 41 Rn. 1 ff.). 2

b) Verzicht. → § 215 Rn. 6. 3

2. Unterrichtungspflicht. Zu Inhalt und Umfang der Unterrichtungspflicht vgl. die Kommentierungen zu § 216 (→ § 216 Rn. 1 ff.) und § 42 (→ § 42 Rn. 1 ff.). 4

Anzuwendende Vorschriften

225c Auf den Formwechsel einer Partnerschaftsgesellschaft sind § 214 Abs. 2 und die §§ 217 bis 225 entsprechend anzuwenden.

1 § 225c greift das Regelungskonzept des PartGG auf, wonach auf PartGen in weiten Teilen das Recht der OHG anwendbar ist (Semler/Stengel/*Schlitt* Rn. 1), und sieht folglich die entsprechende Anwendung der Vorschriften über den Formwechsel von Personen(handels)gesellschaften vor. Vgl. daher im Einzelnen die Kommentierungen zu den §§ 214 ff.

Zweiter Abschnitt. Formwechsel von Kapitalgesellschaften

Erster Unterabschnitt. Allgemeine Vorschriften

Möglichkeit des Formwechsels

226 Eine Kapitalgesellschaft kann auf Grund eines Umwandlungsbeschlusses nach diesem Gesetz nur die Rechtsform einer Gesellschaft des bürgerlichen Rechts, einer Personenhandelsgesellschaft, einer Partnerschaftsgesellschaft, einer anderen Kapitalgesellschaft oder einer eingetragenen Genossenschaft erlangen.

I. Allgemeines

1 § 226 konkretisiert für den Formwechsel von **KapGen** die allgemeine Regelung des § 191 Abs. 2, welche den Kreis der möglichen Zielrechtsformen eines Formwechsels festlegt (RegBegr. BT-Drs. 12/6699, 152). Da die Regelung des § 226 diesbezüglich von § 191 Abs. 2 nicht abweicht, kommt ihr kein originärer normativer Gehalt zu (Semler/Stengel/*Ihrig* Rn. 2).

II. Rechtstatsachen

2 Es bestehen unterschiedliche **Motive,** die dem Formwechsel einer KapG, insbesondere demjenigen einer börsennotierten AG in eine andere Rechtsform, zugrunde liegen (ausf. hierzu Lutter UmwG/*Göthel* Rn. 4 ff.; Semler/Stengel/*Ihrig* Rn. 7 f.), etwa steuerliche Vorteile, die Vermeidung der Mitbestimmung, der Wegfall strengerer Formvorschriften sowie von Melde- und Publizitätspflichten, Kostenverringerungen oder der Rückzug von der Börse im Wege des sog. „kalten Delistings".

III. Einzelerläuterungen

3 **1. Einbezogene Rechtsträger.** Formwechselnder Rechtsträger muss im Falle des § 226 eine **KapG** sein, also eine GmbH, AG oder KGaA (vgl. § 191 Abs. 1 Nr. 2 iVm § 3 Abs. 1 Nr. 2). Zur Frage, ob SE und SCE formwechselfähig iSd UmwG sind, → § 191 Rn. 3 f. sowie Semler/Stengel/*Drinhausen* Einl. C Rn. 62 f., 68). Eine KapG kann in eine GbR, eine Personenhandelsgesellschaft, eine PartG, eine andere Kapitalgesellschaftsform oder eine eG umgewandelt werden. Die Festlegung dieser Zielrechtsformen ist abschließend (Lutter UmwG/*Göthel* Rn. 1; Semler/Stengel/*Ihrig* Rn. 2). Bei den jeweiligen Umwandlungen sind die besonderen Vorgaben der §§ 228 ff. zu berücksichtigen.

4 **2. Besonderheiten bei bestimmten Zielrechtsformen.** Strukturelle Vorgaben der jeweiligen Zielrechtsform können zu besonderen Anforderungen an den Formwechsel von KapGen führen. Der Formwechsel in eine Personenhandelsgesellschaft erfordert mindestens zwei Gesellschafter. Bei der Einmann-KapG ist daher der Beitritt eines weiteren Gesellschafters im Zuge des Formwechsels erforderlich (SHS/*Westerburg* Rn. 6). Nach hM genügt es auch beim Formwechsel in die GmbH & Co. KG, dass der persönlich haftende Gesellschafter erst zum Zeitpunkt des Wirksamwerdens des Formwechsels beitritt (SHS/*Westerburg* Rn. 3 mwN und unter Hinweis auf entsprechendes obiter dictum in BGH NZG 2005, 722; aA *Bärwaldt/Schabacker* ZIP 1998, 1293 (1294)). Im Falle des Formwechsels in die KGaA genügt aufgrund der Möglichkeit einer Einmann-KGaA (s. dazu Hüffer/Koch/*Koch* AktG § 278 Rn. 5 mwN) ein Anteilsinhaber. Letzteres gilt entsprechend für den Formwechsel in eine eG: § 4 GenG ist nach § 197 S. 2 nicht anwendbar. Die eG kann aber nach der Einjahresfrist des § 255 Abs. 2 gem. § 80 Abs. 1 GenG von Amts wegen aufgelöst werden, wenn sie weniger als drei nutzende Mitglieder hat (vgl. näher Semler/Stengel/*Bonow* § 255 Rn. 13 f.).

5 **3. Formwechsel außerhalb des UmwG.** Dem „Rechtsformwechsel" einer KapG außerhalb des UmwG, etwa durch Einbringung oder Totalausgliederung (§§ 123 ff.) sämtlicher Aktiva und Passiva einer KapG in eine andere Gesellschaft, steht § 226 nicht entgegen (Kallmeyer/*Blasche* Rn. 2; SHS/*Westerburg* Rn. 5; zu den Alternativen vgl. Lutter UmwG/*Göthel* Rn. 3; Widmann/Mayer/*Vossius*

Rn. 14 ff.). Möglich sind zudem der Formwechsel einer AG in eine Europäische Gesellschaft (SE) nach Maßgabe der Verordnung (EG) Nr. 2157/2001 und der Formwechsel einer eG in eine Europäische Genossenschaft (SCE) nach der Verordnung (EG) 1435/2003.

Nicht anzuwendende Vorschriften

227 Die §§ 207 bis 212 sind beim Formwechsel einer Kommanditgesellschaft auf Aktien nicht auf deren persönlich haftende Gesellschafter anzuwenden.

I. Allgemeines

Aus § 227 folgt, dass sich die Abfindungsansprüche infolge des Formwechsels ausscheidender persönlich haftender Gesellschafter einer formwechselnden KGaA, vorbehaltlich abweichender Satzungsregelungen, ausschließlich nach den allgemeinen Regelungen des Aktien- bzw. Handelsrechts richten (Kallmeyer/*Blasche* Rn. 1; SHS/*Westerburg* Rn. 1; Semler/Stengel/*Ihrig* Rn. 1). **Sinn und Zweck** ist es, dem Komplementär **keine Wahlmöglichkeit** zwischen der ihm gesellschaftsvertraglich geschuldeten Abfindung und dem uU höheren Barabfindungsangebot nach §§ 207–212 zu gewähren (Widmann/Mayer/*Vossius* Rn. 4). Für die Abfindung der Kommanditaktionäre gelten hingegen – mit Ausnahme des Formwechsels einer KGaA in eine AG (§ 250) – die §§ 207–212 (Kallmeyer/*Blasche* Rn. 3; Semler/Stengel/*Ihrig* Rn. 2). 1

II. Einzelerläuterungen

1. Ausscheiden eines Komplementärs. Wechselt eine KGaA in die Rechtsform einer Personen(handels)gesellschaft, hat der persönlich haftende Gesellschafter die Wahl, sein Ausscheiden aus der Gesellschaft zu erklären oder in dem Rechtsträger zu verbleiben; beim Formwechsel in eine KG ist auch der Verbleib als Kommanditist möglich (§ 233 Abs. 3 S. 3) (→ § 233 Rn. 10; Lutter UmwG/*Göthel* Rn. 2; SHS/*Westerburg* Rn. 1). Der Formwechsel einer KGaA in eine KapG anderer Rechtsform oder in eine eG führt hingegen zwingend zum Ausscheiden des persönlich haftenden Gesellschafters als solchem (§ 247 Abs. 2, § 255 Abs. 3; ferner SHS/*Westerburg* Rn. 1; Semler/Stengel/*Ihrig* Rn. 6). 2

2. Abfindung. Scheidet der Komplementär ganz aus dem Rechtsträger aus, hat er – vorbehaltlich anderweitiger Satzungsregelungen – gem. § 278 Abs. 2 AktG iVm § 161 Abs. 2, § 105 Abs. 3 HGB, §§ 738–740 BGB Anspruch auf eine Abfindung in Höhe seines Auseinandersetzungsguthabens (Kallmeyer/*Blasche* Rn. 2; Semler/Stengel/*Ihrig* Rn. 7 f.). Eine Abfindung aus einem etwaigen Abfindungsangebot nach Maßgabe der §§ 207–212 kann der Komplementär infolge seines Ausscheidens als Komplementär nicht beanspruchen. 3

3. Reichweite der Ausschlusswirkung. § 227 schließt Abfindungsansprüche nach Maßgabe der §§ 207 ff. nicht aus, soweit der Komplementär zugleich **Kommanditaktionär** ist; für etwaige Aktien des Komplementärs finden daher – wie für andere Kommanditaktionäre – vorbehaltlich des § 250 die §§ 207–212 Anwendung (Kallmeyer/*Blasche* Rn. 3; Semler/Stengel/*Ihrig* Rn. 7). 4

Zweiter Unterabschnitt. Formwechsel in eine Personengesellschaft

Möglichkeit des Formwechsels

228 (1) Durch den Formwechsel kann eine Kapitalgesellschaft die Rechtsform einer Personenhandelsgesellschaft nur erlangen, wenn der Unternehmensgegenstand im Zeitpunkt des Wirksamwerdens des Formwechsels den Vorschriften über die Gründung einer offenen Handelsgesellschaft (§ 105 Abs. 1 und 2 des Handelsgesetzbuchs) genügt.

(2) [1] Ein Formwechsel in eine Partnerschaftsgesellschaft ist nur möglich, wenn im Zeitpunkt seines Wirksamwerdens alle Anteilsinhaber des formwechselnden Rechtsträgers natürliche Personen sind, die einen freien Beruf ausüben (§ 1 Abs. 1 und 2 des Partnerschaftsgesellschaftsgesetzes). [2] § 1 Abs. 3 des Partnerschaftsgesellschaftsgesetzes bleibt unberührt.

I. Allgemeines

§ 228 schränkt die in §§ 191, 226 vorgesehenen Möglichkeiten des Formwechsels von KapGen in Personen(handels)gesellschaften weiter ein. Maßgebendes Kriterium beim Formwechsel in eine **Personenhandelsgesellschaft** ist der **Unternehmensgegenstand,** der gewerblicher Art sein muss **(Abs. 1).** Beim Formwechsel in eine **PartG** müssen die Voraussetzungen des PartGG erfüllt sein **(Abs. 2).** 1

Durch das Zweite Gesetz zur Änderung des Umwandlungsgesetzes vom 19.4.2007 (BGBl. 2007 I 542) wurde der bisherige Abs. 2 betreffend den Formwechsel in eine **GbR** aufgehoben und durch den 2 bisherigen Abs. 3 ersetzt. Die Regelung wurde nach Änderung des § 105 Abs. 2 HGB für entbehrlich gehalten (BegrRegE, BT-Drs. 16/2919, 19). Dennoch kann eine KapG weiterhin in eine GbR umgewandelt werden (→ Rn. 5). § 228 ist **zwingend.**

II. Einzelerläuterung

3 **1. Formwechsel in eine Personenhandelsgesellschaft (Abs. 1). a) Allgemeine Anforderungen.** Notwendige Voraussetzung des Formwechsels in eine Personenhandelsgesellschaft sind mindestens zwei Gesellschafter, die sich an der Zielrechtsform beteiligen können. So können zB juristische und natürliche Personen auch Gesellschafter einer Personenhandelsgesellschaft sein, Erbengemeinschaften hingegen nicht (vgl. die Übersicht bei MüKoBGB/*Schäfer* BGB § 705 Rn. 76 ff.). Werden Anteile an der formwechselnden KapG von mehreren Gesellschaftern als Gesamthand oder in Bruchteilsgemeinschaft gehalten, muss ggf. vor Wirksamwerden des Formwechsels eine Auseinandersetzung über die Anteile an der KapG stattfinden (hierzu Semler/Stengel/*Ihrig* Rn. 19 ff.). Insoweit ist das Gründungsrecht zu beachten (§ 197; vgl. zum Ganzen Lutter UmwG/*Göthel* Rn. 3 ff. – Formwechsel in Personenhandelsgesellschaft – und Rn. 11 ff. – Formwechsel in GbR). **Nicht** möglich ist der **Formwechsel der Einpersonen-KapG** in eine Personenhandelsgesellschaft, ohne dass ein weiterer Gesellschafter beitritt (→ § 226 Rn. 4).

4 **b) Besondere Anforderungen.** Voraussetzung für den Formwechsel in eine OHG oder KG ist ferner die **Ausübung eines Handelsgewerbes iSv § 1 Abs. 2 HGB** oder die **Verwaltung eigenen Vermögens** (§ 105 Abs. 2 HGB). Letzteres ist zumeist schon dann gegeben, wenn die Personenhandelsgesellschaft über Gesamthandsvermögen verfügt, also keine reine Innengesellschaft ist (Widmann/Mayer/*Vossius* Rn. 10). Auch die Kaufmannseigenschaft iSv § 1 Abs. 1 HGB ist seit der Neufassung von § 105 HGB durch das Handelsrechtsreformgesetz (Gesetz vom 22.6.1998, BGBl. 1998 I 1474) regelmäßig gegeben (vgl. § 1 Abs. 2 HGB).

5 **2. Formwechsel in eine GbR.** Seit vor dem Zweiten Gesetz zur Änderung des UmwG ist der Formwechsel einer KapG in eine GbR zwar nicht mehr in § 228 geregelt, das Gesetz erachtet ihn aber weiter als zulässig (§ 191 Abs. 2 Nr. 1, § 233 Abs. 1, § 235). Der praktische Anwendungsbereich dieser Formwechselart ist indes gering.

6 **a) GbR als fakultative Zielrechtsform.** Der Formwechsel in eine GbR ist nur möglich, wenn es sich bei der Unternehmenstätigkeit um einen Gewerbebetrieb handelt, der keinen in kaufmännischer Weise eingerichteten Geschäftsbetrieb erfordert (§ 1 Abs. 2 Hs. 2 HGB) und auch keine Verwaltung eigenen Vermögens betreibt (§ 105 Abs. 2 S. 1 Alt. 2 HGB). Dann steht die Wahl der Rechtsform der GbR anstelle der OHG oder KG im Ermessen der Gesellschafter der formwechselnden KapG (Lutter UmwG/*Göthel* Rn. 10).

7 **b) GbR als zwingende Zielrechtsform.** Der Formwechsel in eine GbR statt in eine Personenhandelsgesellschaft ist selten zwingend und praktisch nur bei reinen Innengesellschaften, die keine Vermögensverwaltung betreiben, denkbar (Lutter UmwG/*Göthel* Rn. 11). Der Formwechsel in eine OHG oder KG statt in eine GbR ist hingegen immer dann zwingend, wenn die in Rn. 4 genannten Voraussetzungen erfüllt sind, insbesondere wenn das Unternehmen einen in kaufmännischer Weise eingerichteten Geschäftsbetrieb erfordert (§ 1 Abs. 2 Hs. 2 HGB).

8 **3. Formwechsel in eine PartG (Abs. 2).** Hierfür müssen im Zeitpunkt der Eintragung des Formwechsels die im PartGG (vor allem § 1 PartGG) geforderten Voraussetzungen vorliegen. Falls nur einige Gesellschafter die Berufsanforderungen nicht erfüllen, können sie – spätestens zum Zeitpunkt der Eintragung – aus der Gesellschaft ausscheiden und dadurch den Formwechsel ermöglichen (→ Rn. 9).

9 **4. Einzelheiten.** Es ist zulässig, im **Umwandlungsbeschluss hilfsweise** den Formwechsel in eine GbR zu beschließen, wenn qualifizierte Zugangsvoraussetzungen (Gewerbe bei Handelsgesellschaften, Berufseigenschaft eines Partners bei der PartG) im Zeitpunkt der Anmeldung fraglich sind (str., wie hier Semler/Stengel/*Ihrig* Rn. 36; aA Lutter UmwG/*Göthel* Rn. 17 unter Hinweis auf die Streichung von § 228 Abs. 2 aF durch das Zweite Gesetz zur Änderung des UmwG). Maßgeblicher Zeitpunkt für das Vorliegen der Voraussetzungen der gewählten Zielrechtsform ist nicht die Anmeldung, sondern die Eintragung der neuen Rechtsform (§ 202) bzw. des Formwechsels (wenn Zielrechtsform die GbR ist, vgl. § 235). Ist für einen wirksamen Formwechsel in die gewünschte Zielrechtsform der **Beitritt oder Austritt von Gesellschaftern** notwendig, kann dies auf den Zeitpunkt der Wirksamkeit des Formwechsels hin geschehen (Semler/Stengel/*Ihrig* Rn. 23 ff., 48).

10 **5. Folgen fehlerhafter Eintragung.** Sind die Voraussetzungen für die gewünschte Zielrechtsform nicht spätestens zum Zeitpunkt der Eintragung (→ Rn. 9) erfüllt, ist der Umwandlungsbeschluss nichtig. Wird eine **Personenhandelsgesellschaft** als Zielrechtsform dennoch eingetragen, gelten zum Schutz des Rechtsverkehrs die §§ 2, 5 HGB. Wird eine **PartG** zu Unrecht eingetragen, so wird der – nichtige

– Umwandlungsbeschluss hierdurch geheilt. Die Gesellschaft besteht aber aufgrund des Rechtsformzwangs nicht als PartG fort, sondern als GbR oder OHG (Lutter UmwG/*Göthel* Rn. 31; Semler/Stengel/*Ihrig* Rn. 23 ff., 49).

(aufgehoben)

229

Vorbereitung der Versammlung der Anteilsinhaber

230 (1) **Die Geschäftsführer einer formwechselnden Gesellschaft mit beschränkter Haftung haben allen Gesellschaftern spätestens zusammen mit der Einberufung der Gesellschafterversammlung, die den Formwechsel beschließen soll, diesen Formwechsel als Gegenstand der Beschlußfassung in Textform anzukündigen und den Umwandlungsbericht zu übersenden.**

(2) [1] **Der Umwandlungsbericht einer Aktiengesellschaft oder einer Kommanditgesellschaft auf Aktien ist von der Einberufung der Hauptversammlung an, die den Formwechsel beschließen soll, in dem Geschäftsraum der Gesellschaft zur Einsicht der Aktionäre auszulegen.** [2] **Auf Verlangen ist jedem Aktionär und jedem von der Geschäftsführung ausgeschlossenen persönlich haftenden Gesellschafter unverzüglich und kostenlos eine Abschrift des Umwandlungsberichts zu erteilen.** [3] **Der Umwandlungsbericht kann dem Aktionär und dem von der Geschäftsführung ausgeschlossenen persönlich haftenden Gesellschafter mit seiner Einwilligung auf dem Wege elektronischer Kommunikation übermittelt werden.** [4] **Die Verpflichtungen nach den Sätzen 1 und 2 entfallen, wenn der Umwandlungsbericht für denselben Zeitraum über die Internetseite der Gesellschaft zugänglich ist.**

I. Allgemeines

Sinn und Zweck von § 230 ist es, den Gesellschaftern der formwechselnden KapG eine angemessene **Vorbereitung auf die Beschlussfassung** über den Formwechsel in eine Personen(handels)gesellschaft zu ermöglichen (RegBegr. BT-Drs. 12/6699, 153). Die Norm entspricht §§ 49, 63 und 216 (vgl. auch die dortigen Kommentierungen). § 230 ergänzt insoweit die rechtsformspezifischen Bestimmungen des GmbH- und Aktienrechts, die für die Vorbereitung und Durchführung der Anteilseignerversammlung gelten, die über den Formwechsel beschließt. 1

II. Einzelerläuterungen

1. Gesellschafterversammlung der GmbH (Abs. 1). Abs. 1 verpflichtet den Einberufenden (idR die Geschäftsführer, § 49 Abs. 1 GmbHG, § 50 Abs. 3 GmbHG) zur **Ankündigung des Formwechsels** als Beschlussgegenstand der Gesellschafterversammlung. Die Ankündigung hat in Textform (§ 126b BGB, → § 216 Rn. 6) **zusammen mit der Einberufung** zu erfolgen. Die Ankündigung ist trotz des missverständlichen Wortlauts Teil der Einberufung (Lutter UmwG/*Göthel* Rn. 17; Semler/Stengel/*Ihrig* Rn. 8; aA Kallmeyer/*Blasche* Rn. 2). Sie kann nicht getrennt von dieser etwa per E-Mail oder Fax übersendet werden. Denn Grundlagenbeschlüsse müssen stets ihrem wesentlichen Inhalt nach **in der Einberufung** einer GmbH-Gesellschafterversammlung angekündigt werden (vgl. Semler/Stengel/*Ihrig* Rn. 2 mwN). Es ist ausreichend, den Formwechsel als Tagesordnungspunkt in der Einladung aufzuführen. Die Einberufung mit der Ankündigung ist (wenn im Gesellschaftsvertrag nicht anders geregelt) mittels eingeschriebenen Briefes mit einer Mindestfrist von einer Woche zu übersenden (§ 51 Abs. 1 GmbHG). Vgl. iÜ auch die Kommentierung zu § 49 (→ § 49 Rn. 1 ff.). 2

Ebenfalls spätestens mit der Einberufung ist allen (auch den nicht stimmberechtigten) Gesellschaftern der **Umwandlungsbericht zu übersenden,** sofern dessen Erstellung nicht nach § 192 Abs. 2 entbehrlich ist. Die Übersendung erfolgt in der gleichen Weise wie die Übersendung der Einberufung selbst (vgl. Semler/Stengel/*Ihrig* Rn. 21). Der Bericht umfasst den Entwurf des Umwandlungsbeschlusses (§ 192 Abs. 1 S. 2) einschließlich der nach § 234 erforderlichen Angaben. Zugleich ist das Abfindungsangebot nach Maßgabe von § 231 zu übersenden (→ § 231 Rn. 1 ff.). 3

2. Hauptversammlung der AG/KGaA (Abs. 2). Für die Einberufung der Hauptversammlung einer AG/KGaA gelten die Vorschriften der §§ 121 ff. AktG. Nach Abs. 2 S. 1 ist der **Umwandlungsbericht** ab der Einberufung (Bekanntmachung in den Gesellschaftsblättern gem. § 121 Abs. 4 S. 1 AktG oder Absendung eingeschriebener Briefe gem. § 121 Abs. 4 S. 2 AktG) in den Geschäftsräumen der Gesellschaft (Sitz der Hauptverwaltung (SHS/*Westerburg* Rn. 5; Widmann/Mayer/*Vossius* Rn. 43)) grundsätzlich zur Einsicht der Aktionäre **auszulegen.** Die Verpflichtung zur Auslegung richtet sich an 4 den Vorstand (§ 121 Abs. 2 S. 1 AktG) bzw. die persönlich haftenden Gesellschafter (§ 283 Nr. 6 AktG). Die Auslegung hat zu den üblichen Geschäftszeiten zu erfolgen. Durch das Gesetz zur Umsetzung der Aktionärsrechterichtlinie (ARUG) vom 30.7.2009 (BGBl. 2009 I 2479) wurde Abs. 2 S. 3 eingefügt. Danach kann die **Auslegung unterbleiben,** wenn der Bericht über denselben Zeitraum (also von der Einberufung bis zur Eröffnung der Hauptversammlung) **über die Internetseite** der Gesellschaft für die Aktionäre zugänglich ist. Eine entsprechende Regelung ist für das Zugänglichmachen der Unterlagen während der Hauptversammlung in § 232 vorgesehen. Den Gesellschaften soll damit ermöglicht werden, die Herstellung von Papierexemplaren der Unterlagen durch das Zugänglichmachen in elektronischer Form zu ersetzen. Vgl. iÜ auch die Kommentierung zu § 63 (→ § 63 Rn. 1 ff.).

5 Aktionären und nicht geschäftsführenden Komplementären einer KGaA ist auf Anforderung ferner unverzüglich eine kostenlose **Abschrift des Umwandlungsberichts zu erteilen,** Abs. 2 S. 2; auch die Erteilung von Abschriften kann nach dem neu eingefügten Abs. 2 S. 3 unterbleiben, wenn der Bericht von der Einberufung der Hauptversammlung bis zu ihrer Eröffnung auf der Internetseite der Gesellschaft zugänglich ist (vgl. auch die Kommentierung zu § 63 Abs. 3 (→ § 63 Rn. 1 ff.).

6 Gemäß § 124 Abs. 3 S. 1 AktG ist der Entwurf des Umwandlungsbeschlusses (dessen Bestandteil gem. § 218 auch die Satzung der neuen Rechtsform ist) mit den Beschlussvorschlägen von Vorstand und Aufsichtsrat bekanntzumachen (str., s. Lutter UmwG/*Göthel* Rn. 29 ff., 32 ff.; Semler/Stengel/*Ihrig* Rn. 13, 15; aA Widmann/Mayer/*Vossius* Rn. 28 ff.).

7 **3. Rechtsfolgen mangelhafter Vorbereitung.** Einberufungsmängel können – auch bei der GmbH – gem. §§ 241 ff. AktG zur Nichtigkeit oder Anfechtbarkeit des Formwechselbeschlusses führen. Ein Verstoß gegen die speziellen Anforderungen des § 230 berechtigt zur **Anfechtung des Formwechselbeschlusses** (Semler/Stengel/*Ihrig* Rn. 34). Einberufungsmängel werden durch eine Vollversammlung geheilt, sofern kein Gesellschafter widerspricht (vgl. § 121 Abs. 6 AktG, § 51 Abs. 3 GmbHG).

III. Abdingbarkeit

8 Die Anteilsinhaber können jeweils im konkreten Fall auf die Einhaltung der Einberufungs- und Informationspflichten des § 230 **verzichten.** Ein **allgemeiner Verzicht** oder allgemeine Einschränkungen, etwa durch Satzungsregelung, sind jedoch **unzulässig** (Semler/Stengel/*Ihrig* Rn. 5).

Mitteilung des Abfindungsangebots

231 **[1]Das Vertretungsorgan der formwechselnden Gesellschaft hat den Gesellschaftern oder Aktionären spätestens zusammen mit der Einberufung der Gesellschafterversammlung oder der Hauptversammlung, die den Formwechsel beschließen soll, das Abfindungsangebot nach § 207 zu übersenden. [2]Der Übersendung steht es gleich, wenn das Abfindungsangebot im Bundesanzeiger und den sonst bestimmten Gesellschaftsblättern bekanntgemacht wird.**

I. Allgemeines

1 § 231 erweitert die **Einberufungsvorschriften** für die Haupt- bzw. Gesellschafterversammlung, die über den Formwechsel beschließt. Selbstständige Bedeutung hat die Norm hauptsächlich für die formwechselnde AG und KGaA, für die GmbH enthält sie lediglich eine Klarstellung (→ Rn. 2). Die Anteilsinhaber sollen das Abfindungsangebot unmittelbar zur Kenntnis erhalten, wofür die bloße Auslage in den Geschäftsräumen bzw. das Zugänglichmachen vom Gesetzgeber als nicht ausreichend angesehen wurde (RegBegr. BT-Drs. 12/6699, 153 f.).

II. Einzelerläuterung

2 **1. Übersendung/Bekanntmachung.** Das Abfindungsangebot iSv § 207 Abs. 1 muss gem. § 194 Abs. 1 Nr. 6 im Umwandlungsbeschluss enthalten sein. Dessen Entwurf ist seinerseits Teil des Umwandlungsberichts (§ 192 Abs. 1 S. 2). Für die GmbH ergibt sich daher bereits aus § 230 Abs. 1, dass das Abfindungsangebot den Gesellschaftern grundsätzlich mit Einberufung der Gesellschafterversammlung zu übersenden ist; eine Ausnahme besteht nur, wenn der Umwandlungsbericht gem. § 192 Abs. 2 entbehrlich ist. AG und KGaA verpflichtet § 230 Abs. 2 dagegen nur dazu, den Umwandlungsbericht in den Geschäftsräumen auszulegen und auf Verlangen eine Abschrift zu erteilen oder ihn stattdessen über die Internetseite der Gesellschaft zugänglich zu machen. Eine Übersendung des Abfindungsangebots würde daher ohne die Vorschrift des § 231 allenfalls auf Verlangen an einzelne Aktionäre erfolgen. Das Abfindungsangebot muss in **schriftlich verkörperter Form** an die einzelnen Anteilsinhaber übersandt werden (S. 1). Nicht vorgesehen und deshalb nicht erforderlich ist dabei die Schriftform gem. § 126 BGB, also die eigenhändige Unterschrift der Mitglieder des Vertretungsorgans (SHS/*Westerburg* Rn. 2).

Zuständig ist das **Vertretungsorgan** der Gesellschaft, also Geschäftsführer (bei der GmbH), Vorstand (bei der AG) oder Komplementär (bei der KGaA).

Der Übersendung steht nach S. 2 die **Bekanntmachung** des Abfindungsangebots im Bundesanzeiger sowie in weiteren durch die Satzung bestimmten Gesellschaftsblättern gleich. Das Vertretungsorgan kann zwischen der Übersendung an jeden Gesellschafter nach S. 1 und Bekanntmachung iSv S. 2 wählen. In der Praxis wird die Bekanntmachung anstelle der Übersendung hauptsächlich bei Gesellschaften mit großem Gesellschafterkreis oder bei AG/KGaA in Betracht kommen, bei denen nicht alle Aktionäre namentlich bekannt sind (Lutter UmwG/*Göthel* Rn. 4). 3

2. Entbehrlichkeit der Mitteilung. § 231 ist nicht anwendbar, wenn das Abfindungsangebot als solches entbehrlich ist (→ § 194 Rn. 11 und → § 207 Rn. 6). § 231 kann nicht im Voraus abbedungen werden (Semler/Stengel/*Ihrig* Rn. 5). 4

3. Frist und Rechtsfolgen. Das Abfindungsangebot muss spätestens mit Einberufung der Gesellschafter- bzw. Hauptversammlung übersandt bzw. bekannt gemacht werden. Für die GmbH folgt daraus eine Frist von mindestens **einer Woche** (§ 51 Abs. 1 S. 2 GmbHG), für AG und KGaA eine Frist von mindestens **30 Tagen** (§ 123 Abs. 1 AktG). Ein Verstoß gegen § 231 macht den Umwandlungsbeschluss **nicht nichtig oder anfechtbar,** da auch Informationsmängel im Zusammenhang mit dem Barabfindungsangebot nach Ansicht des BGH von § 210 Hs. 2 erfasst sind und nur im Spruchverfahren geltend gemacht werden können (BGH 18.12.2000, NJW 2001, 1425 (1426); s. dazu auch Semler/Stengel/*Ihrig* Rn. 11 und Semler/Stengel/*Bärwaldt* § 210 Rn. 5). 5

Durchführung der Versammlung der Anteilsinhaber

232 (1) [1]**In der Gesellschafterversammlung oder in der Hauptversammlung, die den Formwechsel beschließen soll, ist der Umwandlungsbericht auszulegen.** [2]**In der Hauptversammlung kann der Umwandlungsbericht auch auf andere Weise zugänglich gemacht werden.**

(2) **Der Entwurf des Umwandlungsbeschlusses einer Aktiengesellschaft oder einer Kommanditgesellschaft auf Aktien ist von deren Vertretungsorgan zu Beginn der Verhandlung mündlich zu erläutern.**

I. Allgemeines

§ 232 konkretisiert die **Informationsrechte** der Anteilsinhaber **während der Gesellschafterversammlung.** Die **allgemeinen Auskunftsrechte** nach § 51a GmbHG bzw. § 131 AktG bleiben **unberührt** und bestehen neben den Rechten gem. § 232 (Semler/Stengel/*Ihrig* Rn. 12 ff.). Abs. 1 ist die Parallelvorschrift zu § 64 Abs. 1. Vgl. zu Einzelheiten daher auch die Kommentierung zu § 64 (→ § 64 Rn. 1 ff.). 1

II. Einzelerläuterung

1. Auslage des Umwandlungsberichts (Abs. 1). Die Auslegungspflicht gem. Abs. 1 erfasst nur den Umwandlungsbericht, sofern ein solcher zu erstellen war (zur Entbehrlichkeit des Umwandlungsberichts → § 192 Rn. 11). Teil des Berichts ist auch der Entwurf des Umwandlungsbeschlusses (§ 192 Abs. 1 S. 3), der wiederum das Abfindungsangebot enthält (§ 194 Abs. 1 Nr. 6), sofern ein solches zu unterbreiten ist (zur Entbehrlichkeit des Abfindungsangebots → § 194 Rn. 11 und → § 207 Rn. 6). Der Bericht muss vom **Zeitpunkt** der Versammlungseröffnung durch den Versammlungsleiter bis zum Versammlungsende zur Einsichtnahme durch die Anteilsinhaber in den Versammlungsräumen ausliegen (Widmann/Mayer/*Vossius* Rn. 10 ff.). Der durch das Gesetz zur Umsetzung der Aktionärsrechterichtlinie (ARUG) vom 30.7.2009 (BGBl. 2009 I 2479) neu eingefügte Abs. 1 S. 2 ermöglicht AGen und KGaA, die Auslegung des Umwandlungsberichts in Papierform durch andere Formen des Zugänglichmachens zu ersetzen. In Betracht kommt etwa das Aufstellen von Computerterminals oder Bildschirmen, über die die Aktionäre während der Hauptversammlung den Bericht einsehen können. Korrespondierend mit der Einfügung des neuen § 230 Abs. 2 S. 2 soll den Gesellschaften damit die Möglichkeit gegeben werden, die Herstellung von Papierexemplaren weitgehend zu vermeiden (vgl. BT-Drs. 16/11642, 25 zur entsprechenden Änderung von § 52 Abs. 2 AktG sowie weiteren aktienrechtlichen Vorschriften). 2

2. Mündliche Erläuterung (Abs. 2). Ist formwechselnder Rechtsträger eine AG oder KGaA, muss das **Vertretungsorgan** (also der Vorstand der AG bzw. Komplementär der KGaA) den Umwandlungsbeschluss zu Beginn der Verhandlung mündlich erläutern. Einzelne Erläuterungspunkte kann das Vertretungsorgan an Dritte **delegieren,** die Kernaussagen muss es jedoch selbst treffen (Semler/Stengel/*Ihrig* Rn. 11). „Beginn der Verhandlung" meint den Beginn der Erörterungen zu dem Tagesordnungs- 3 punkt, der die Beschlussfassung über die Umwandlung enthält, oder vor dem Eintritt in die Generaldebatte (Semler/Stengel/*Ihrig* Rn. 8).

4 Der Erläuterungspflicht wird idR durch eine Zusammenfassung des **wesentlichen Inhalts** des Umwandlungsberichts (insbesondere der rechtlichen und wirtschaftlichen Gründe für den Formwechsel) sowie der ggf. seit dessen Abfassung eingetretener Veränderungen – insbesondere Bewertungsfragen, zB hinsichtlich des Barabfindungsangebots – genügt (SHS/*Westerburg* Rn. 2). Knappe und stichpunktartige Ausführungen reichen dabei idR aus. Soweit die Anteilsinhaber detailliertere Ausführungen für erforderlich halten, können sie von ihren **Auskunfts- und Fragerechten** Gebrauch machen (Lutter UmwG/*Göthel* Rn. 8).

5 **3. Rechtsfolgen.** Ein Verstoß gegen § 232 kann grundsätzlich zur Anfechtbarkeit des Beschlusses führen (SHS/*Westerburg* Rn. 3; zur **Relevanztheorie** vgl. die Kommentierungen zu § 131 AktG, § 243 AktG und § 51a GmbHG). Es fehlt jedoch am **Rechtsschutzbedürfnis** für eine Anfechtung wegen unzureichender Erläuterung gem. Abs. 2, wenn der Anteilsinhaber während der Versammlung von seinen Frage- und Auskunftsrechten keinen Gebrauch gemacht hat, um detailliertere Informationen zu erhalten (str., wie hier Lutter UmwG/*Göthel* Rn. 8; aA wohl Semler/Stengel/*Ihrig* Rn. 19). Ebenso kommt eine Anfechtung wegen Verstoßes gegen Abs. 1 nur in Betracht, wenn der Anteilsinhaber den Mangel in der Versammlung gerügt hat und es ihm nicht zumutbar war, den Umwandlungsbericht iRv § 230 vor der Versammlung einzusehen (str., wie hier Widmann/Mayer/*Vossius* Rn. 35; aA Semler/Stengel/*Ihrig* Rn. 18).

6 **4. Verzichtbarkeit.** § 232 ist **dispositiv** (Widmann/Mayer/*Vossius* Rn. 29). Die Gesellschafter können auf die Informationsrechte verzichten, zB indem sie die Nichteinhaltung der Formalien in der Versammlung nicht rügen (Widmann/Mayer/*Vossius* Rn. 30 f.).

Beschluß der Versammlung der Anteilsinhaber

233 (1) **Der Umwandlungsbeschluß der Gesellschafterversammlung oder der Hauptversammlung bedarf, wenn die formwechselnde Gesellschaft die Rechtsform einer Gesellschaft des bürgerlichen Rechts, einer offenen Handelsgesellschaft oder einer Partnerschaftsgesellschaft erlangen soll, der Zustimmung aller anwesenden Gesellschafter oder Aktionäre; ihm müssen auch die nicht erschienenen Anteilsinhaber zustimmen.**

(2) [1]**Soll die formwechselnde Gesellschaft in eine Kommanditgesellschaft umgewandelt werden, so bedarf der Umwandlungsbeschluß einer Mehrheit von mindestens drei Vierteln der bei der Gesellschafterversammlung einer Gesellschaft mit beschränkter Haftung abgegebenen Stimmen oder des bei der Beschlußfassung einer Aktiengesellschaft oder einer Kommanditgesellschaft auf Aktien vertretenen Grundkapitals; § 50 Abs. 2 und § 65 Abs. 2 sind entsprechend anzuwenden.** [2]**Der Gesellschaftsvertrag oder die Satzung der formwechselnden Gesellschaft kann eine größere Mehrheit und weitere Erfordernisse bestimmen.** [3]**Dem Formwechsel müssen alle Gesellschafter oder Aktionäre zustimmen, die in der Kommanditgesellschaft die Stellung eines persönlich haftenden Gesellschafters haben sollen.**

(3) [1]**Dem Formwechsel einer Kommanditgesellschaft auf Aktien müssen ferner deren persönlich haftende Gesellschafter zustimmen.** [2]**Die Satzung der formwechselnden Gesellschaft kann für den Fall des Formwechsels in eine Kommanditgesellschaft eine Mehrheitsentscheidung dieser Gesellschafter vorsehen.** [3]**Jeder dieser Gesellschafter kann sein Ausscheiden aus dem Rechtsträger für den Zeitpunkt erklären, in dem der Formwechsel wirksam wird.**

Übersicht

I. Allgemeines

1 § 233 regelt in Ergänzung des § 193 die **Mehrheiten** und **Zustimmungserfordernisse** beim Formwechsel einer KapG in eine Personen(handels)gesellschaft. Die jeweils erforderlichen Mehrheitsverhält-

nisse richten sich danach, ob und wie sich die Haftung der Anteilsinhaber ändert. Der Wechsel von der beschränkten in eine persönliche Haftung eines Anteilsinhabers ist zum Schutz des jeweiligen Anteilsinhabers grundsätzlich zustimmungspflichtig.

II. Einzelerläuterung

1. Formwechsel in GbR, OHG oder PartG (Abs. 1). Der Beschluss zum Formwechsel einer KapG in eine GbR, OHG oder PartG bedarf der Stimmen aller anwesenden Gesellschafter oder Aktionäre sowie der Zustimmung jener Anteilsinhaber, die in der Versammlung nicht anwesend sind. Auch Inhaber **stimmrechtsloser Anteile** müssen zustimmen (*Kiem* ZIP 1997, 1627 (1630); Lutter UmwG/*Göthel* Rn. 4; Semler/Stengel/*Ihrig* Rn. 11; → § 193 Rn. 4; Widmann/Mayer/*Vossius* Rn. 21 ff.). Grund hierfür ist, dass die vormals nur beschränkt haftenden Anteilsinhaber in eine persönliche Haftung eintreten. Hinsichtlich Beschlussverfahren, Stellvertretung, Rechtsfolgen fehlender Zustimmung usw. gelten die allgemeinen Beschlussgrundsätze des § 193 (vgl. die Kommentierung dort → § 193 Rn. 1 ff.). 2

Zum Begriff der **Zustimmung** iSv Abs. 1 Hs. 1 vgl. die Kommentierung zu § 43 (→ § 43 Rn. 1 ff.); Stimmenthaltungen genügen dabei nicht (Semler/Stengel/*Ihrig* Rn. 11). 3

Die **Zustimmung abwesender Anteilsinhaber** ist notariell zu beurkunden und kann bereits vor der Beschlussfassung erklärt werden (Semler/Stengel/*Ihrig* Rn. 15). Eine Verpflichtung zur Zustimmung besteht grundsätzlich nicht (Semler/Stengel/*Ihrig* Rn. 18). 4

2. Formwechsel in KG (Abs. 2). a) Mehrheitsverhältnisse (Abs. 2 S. 1). Da Kommanditisten nach § 171 Abs. 1 HGB wie Kapitalgesellschafter nur beschränkt haften, setzt der Formwechsel einer KapG in eine KG – vorbehaltlich abweichender Satzungsbestimmungen (→ Rn. 7) – lediglich eine Mehrheit von mindestens drei Vierteln der bei der Beschlussfassung einer GmbH abgegebenen Stimmen oder des bei der Beschlussfassung einer AG oder KGaA vertretenen Grundkapitals voraus (entspricht **satzungsändernder Mehrheit**). Zur Bestimmung der Mehrheit vgl. die Kommentierungen zu § 50 (GmbH) (→ § 50 Rn. 1 ff.) und § 65 (AG/KGaA) (→ § 65 Rn. 1 ff.). Da sich die beschränkte Haftung fortsetzt, haben nicht stimmberechtigte Anteilsinhaber, anders als beim Formwechsel in eine Personen(handels)gesellschaft, hier kein Stimmrecht (*Kiem* ZIP 1997, 1627 (1630); Lutter UmwG/*Göthel* Rn. 24). 5

Nach **Abs. 2 S. 1 Hs. 2** iVm § 65 Abs. 2 sind bei mehreren Aktiengattungen **Sonderbeschlüsse** zu fassen. Abs. 2 S. 1 Hs. 2 iVm § 50 Abs. 2 fordert die Zustimmung der Inhaber von **Minderheitsrechten.** Sieht der GmbH-Gesellschaftsvertrag unterschiedliche Gattungen von Geschäftsanteilen vor, sollte zum Schutz der Inhaber von Anteilen einer besonderen Gattung analog § 179 Abs. 3 S. 1 AktG ein Sonderbeschluss gefasst werden (ungeklärt, vgl. hierzu Lutter UmwG/*Göthel* § 240 Rn. 8 f.). 6

b) Abweichende Satzungsbestimmungen (Abs. 2 S. 2). Das Gesellschaftsstatut kann eine größere Mehrheit bis hin zur Einstimmigkeit und weitere erschwerende Erfordernisse bestimmen. Das Statut kann einen Formwechsel jedoch nicht vollständig ausschließen (Semler/Stengel/*Arnold* § 240 Rn. 11). Als **erschwerende Erfordernisse** der Beschlussfassung kommen insbesondere in Betracht: geheime Abstimmung, Erhöhung der erforderlichen Stimmenmehrheit oder Mindestkapitalbeteiligung bei der formwechselnden GmbH (Semler/Stengel/*Arnold* § 240 Rn. 10). 7

c) Zustimmung der zukünftigen Komplementäre (Abs. 2 S. 3). Weil Anteilsinhaber, die in der KG Komplementäre werden, neu in eine persönliche Haftung eintreten, fordert das Gesetz in Abs. 2 S. 3 deren Zustimmung. Sie bedarf der notariellen Beurkundung (§ 193 Abs. 3) und kann vor, während und nach Fassung des Umwandlungsbeschlusses erklärt werden. Das Zustimmungserfordernis besteht unabhängig davon, ob der Anteilsinhaber ansonsten ein Stimmrecht hat (allgM). 8

3. Umwandlungsbeschluss einer KGaA (Abs. 3 S. 1, 2). Der Formwechsel einer KGaA setzt zunächst einen Beschluss der Kommanditaktionäre voraus, dessen Mehrheitserfordernisse sich abhängig von der Zielrechtsform nach Abs. 1 oder 2 bestimmen. Zusätzlich ist nach Abs. 3 S. 1 die notariell zu beurkundende (§ 193 Abs. 3) Zustimmung der persönlich haftenden Gesellschafter erforderlich. Soll im Fall des Formwechsels in eine KG einer dieser Gesellschafter Komplementär der KG werden, so bedarf es außerdem einer gesonderten Zustimmung nach Abs. 2 S. 3. Ist der Gesellschafter gleichzeitig auch noch Kommanditaktionär, so darf er bei dem Beschluss nach Abs. 2 S. 1 mitstimmen. Im Extremfall führt § 233 damit zu einem **dreifachen Zustimmungserfordernis.** Vgl. zu Einzelheiten der Zustimmung nach Abs. 3 S. 1 auch die Kommentierung zu § 78 (→ § 78 Rn. 1 ff.). 9

4. Ausscheiden von Komplementären (Abs. 3 S. 3). Das UmwG räumt den persönlich haftenden Gesellschaftern für den Formwechsel in eine Personen(handels)gesellschaft (vgl. im Gegensatz dazu § 247 Abs. 2 für den Formwechsel in eine KapG) eine **Wahlmöglichkeit** ein, ob sie als solche in der Gesellschaft verbleiben möchten. Im Falle des Formwechsels in eine KG haben sie auch die Möglichkeit, als beschränkt haftende Kommanditisten in der Gesellschaft zu verbleiben. Darin liegt kein Ausscheiden 10 als Komplementär mit gleichzeitigem Eintritt als Kommanditist, sondern lediglich eine Haftungsbeschränkung ab Wirksamwerden des Formwechsels (Semler/Stengel/*Ihrig* § 227 Rn. 5). Erklären die persönlich haftenden Gesellschafter ihren Austritt, so erfolgt das Ausscheiden nach § 236 mit Wirksamwerden des Formwechsels. Die Austrittserklärung ist formlos und gegenüber der formwechselnden Gesellschaft abzugeben (allgM). Sie hat spätestens bis zur Beschlussfassung über den Formwechsel zu erfolgen, damit die übrigen Anteilsinhaber in Kenntnis des Austritts über den Formwechsel beschließen können (Semler/Stengel/*Ihrig* Rn. 39; aA wohl Widmann/Mayer/*Vossius* Rn. 136). Auch ist sie unabhängig von den Zustimmungen nach Abs. 2 S. 3 und Abs. 3 S. 1 oder S. 2 (allgM). Zur Nachhaftung ausscheidender Komplementäre → § 247 Rn. 6.

III. Abdingbarkeit

11 Die Regelungen des § 233 sind **zwingend.** Ein Gestaltungsspielraum besteht nur insoweit, als die Satzung nach Abs. 2 S. 2 eine größere Mehrheit und weitere Erschwernisse (→ Rn. 7) festlegen und gem. Abs. 3 S. 2 für die Zustimmung der Komplementäre nach Abs. 3 S. 1 eine Mehrheitsentscheidung vorsehen kann.

Inhalt des Umwandlungsbeschlusses

234 **In dem Umwandlungsbeschluß müssen auch enthalten sein:**

1. die Bestimmung des Sitzes der Personengesellschaft;

2. beim Formwechsel in eine Kommanditgesellschaft die Angabe der Kommanditisten sowie des Betrages der Einlage eines jeden von ihnen;

3. der Gesellschaftsvertrag der Personengesellschaft. Beim Formwechsel in eine Partnerschaftsgesellschaft ist § 213 auf den Partnerschaftsvertrag nicht anzuwenden.

I. Allgemeines

1 § 234 ergänzt § 194. Regelungen, die die Gesellschafter ohnehin treffen müssen, sind zusätzlich in den Umwandlungsbeschluss aufzunehmen. Der **Gesellschaftsvertrag** der Personengesellschaft wird abweichend vom sonstigen Personengesellschaftsrecht (vgl. hierzu Baumbach/Hopt/*Roth* HGB § 105 Rn. 54) durch die Vorschrift der Nr. 3 iVm § 193 Abs. 3 einem Formerfordernis unterworfen. Vgl. auch die Parallelregelungen der § 218 Abs. 1 S. 1, § 243 Abs. 1 S. 1.

II. Einzelerläuterung

2 **1. Angabe des Sitzes (Nr. 1).** Die Angabepflicht gilt seit Anerkennung ihrer (Teil-)Rechtsfähigkeit (BGH 29.1.2001, BGHZ 146, 341 = NJW 2001, 1056) auch für die Außen-GbR (allgM). Sitz der Gesellschaft ist der Ort der **tatsächlichen Geschäftsführung** (vgl. zu Einzelheiten die Kommentierung zu § 106 HGB → HGB § 106 Rn. 1 ff.). Sofern die Geschäfte an einem anderen als dem bisherigen Ort geführt werden sollen, muss die Sitzverlegung mit dem Formwechsel zum Handelsregister des formwechselnden Rechtsträgers angemeldet werden (Semler/Stengel/*Ihrig* Rn. 5). Die Angabepflicht der Nr. 1 und 2 ist wegen der Vorschrift in Nr. 3 auch erfüllt, wenn der Umwandlungsbeschluss auf die entsprechende Festsetzung im Gesellschaftsvertrag Bezug nimmt (ebenso Semler/Stengel/*Ihrig* Rn. 4).

3 **2. Angabe der Kommanditisten sowie der Einlagen (Nr. 2).** Der Kommanditist muss mit Namen, Vornamen, Geburtsdatum und Wohnort (bei Gesellschaften Firma, Registernummer und Sitz) bezeichnet werden (Lutter UmwG/*Göthel* Rn. 18; SHS/*Westerburg* Rn. 3; einschr. Semler/Stengel/*Ihrig* Rn. 7). Vgl. zur **Bezeichnung der Kommanditisten** iÜ die Kommentierung zu § 106 Abs. 2 Nr. 1 HGB (→ HGB § 106 Rn. 1 ff.). **Unbekannte Aktionäre** einer formwechselnden AG/KGaA brauchen im Anwendungsbereich des § 213 iVm § 35 beim Formwechsel in eine KG nicht benannt zu werden (zu Einzelheiten Semler/Stengel/*Ihrig* Rn. 10 ff.). Dennoch sollten in der Einladung zur beschlussfassenden Hauptversammlung die Aktionäre aufgefordert werden, ihren Aktienbesitz offenzulegen, um den Kreis der unbekannten Aktionäre so klein wie möglich zu halten (BayObLG 5.7.1996, NJW 1997, 747 (748)). Bei einem Formwechsel in eine GbR, OHG oder PartG müssen wegen des Einstimmigkeitserfordernisses (§ 233 Abs. 1) ohnehin alle Gesellschafter namentlich bekannt sein.

4 **Einlage** meint die vereinbarte Haftsumme iSv § 162 Abs. 1 HGB. Vgl. zur Unterscheidung vom im Innenverhältnis vereinbarten Einlagebetrag die Kommentierung zu § 171 HGB (→ HGB § 171 Rn. 1 ff.). Die Haftsumme muss nicht dem bisherigen Nominalbetrag der Beteiligung entsprechen, dh ein sog. **nichtverhältniswahrender Formwechsel** ist möglich (allgM, → § 194 Rn. 7).

5 **3. Aufnahme des Gesellschaftsvertrags (Nr. 3).** Der Inhalt des Gesellschaftsvertrags richtet sich nach den allgemeinen Vorschriften für die Zielrechtsform. Beim Formwechsel in eine PartG kann auf

die nach § 3 Abs. 2 Nr. 2 PartGG erforderlichen Angaben über die Partner nicht gem. § 35 verzichtet werden, da deren Zugehörigkeit zu dem in der Partnerschaft auszuübenden freien Beruf (§ 1 PartGG) überprüfbar sein muss.

6 **4. Rechtsfolgen von Verstößen.** Werden die von Nr. 2 geforderten Angaben über Kommanditisten bzw. die nach § 35 ersatzweise vorzunehmenden Angaben nicht in den Umwandlungsbeschluss aufgenommen, ist der Umwandlungsbeschluss unwirksam (Semler/Stengel/*Ihrig* Rn. 16; vgl. auch BayObLG 5.7.1996, NJW 1997, 747 (748)). Entsprechendes muss für Verstöße gegen Nr. 1 und 3 gelten. Die Eintragung des Umwandlungsbeschlusses heilt jedoch diesen Mangel (§ 202 Abs. 3).

III. Abdingbarkeit

7 § 234 ist **nicht abdingbar.**

Anmeldung des Formwechsels

235 (1) [1] **Beim Formwechsel in eine Gesellschaft des bürgerlichen Rechts ist statt der neuen Rechtsform die Umwandlung der Gesellschaft zur Eintragung in das Register, in dem die formwechselnde Gesellschaft eingetragen ist, anzumelden.** [2] **§ 198 Abs. 2 ist nicht anzuwenden.**

(2) **Die Anmeldung nach Absatz 1 oder nach § 198 ist durch das Vertretungsorgan der formwechselnden Gesellschaft vorzunehmen.**

1 **Abs. 1** gilt nur für die Umwandlung einer KapG in eine GbR und regelt den Inhalt der Registeranmeldung. Da die GbR nicht in ein Register einzutragen ist, sieht § 235 Abweichungen von den allgemeinen Vorschriften des § 198 vor. Anstelle der neuen Rechtsform (also der GbR) ist daher nur die **Umwandlung** als solche zum Register des formwechselnden Rechtsträgers anzumelden (wegen der beizufügenden Anlagen vgl. § 199). Maßgebender Zeitpunkt für das Wirksamwerden ist dementsprechend der Zeitpunkt der Eintragung des Formwechsels in das Register der KapG.

2 **Abs. 2** regelt die Anmeldezuständigkeit für alle Fälle der Umwandlung einer KapG in eine Personen(handels)gesellschaft (Semler/Stengel/*Ihrig* Rn. 3). Danach ist das jeweilige **Vertretungsorgan der formwechselnden KapG** anmeldepflichtig. Die Vorschrift erleichtert die Anmeldung, die sonst durch sämtliche Gesellschafter vorzunehmen wäre (vgl. § 108 Abs. 1 HGB, § 161 Abs. 2 HGB) (RegBegr. BT-Drs. 12/6699, 155). Das jeweilige Vertretungsorgan muss in **vertretungsberechtigter Zahl** handeln (Semler/Stengel/*Ihrig* Rn. 7), **Stellvertretung** ist mit Ausnahme der Negativerklärung nach § 198 Abs. 3 iVm § 16 Abs. 2 und 3 zulässig (Semler/Stengel/*Ihrig* Rn. 8). Unechte Gesamtvertretung ist zulässig, nicht dagegen die alleinige Vertretung durch Prokuristen (Semler/Stengel/*Ihrig* Rn. 8), da es sich hierbei nicht um **organschaftliche** Vertretung handelt.

Wirkungen des Formwechsels

236 Mit dem Wirksamwerden des Formwechsels einer Kommanditgesellschaft auf Aktien scheiden persönlich haftende Gesellschafter, die nach § 233 Abs. 3 Satz 3 ihr Ausscheiden aus dem Rechtsträger erklärt haben, aus der Gesellschaft aus.

1 § 236 regelt das **Ausscheiden von Komplementären einer KGaA** infolge des Formwechsels in eine Personen(handels)gesellschaft und ergänzt § 233 Abs. 3 S. 3. Grundsätzlich bleibt der persönlich haftende Gesellschafter einer KGaA beim Formwechsel in eine Personen(handels)gesellschaft weiterhin Gesellschafter, sofern er nicht einseitig gem. § 233 Abs. 3 S. 3 sein Ausscheiden erklärt (anders § 247 Abs. 2 für den Formwechsel in eine KapG). Hat der Komplementär sein Ausscheiden erklärt, scheidet er mit **Wirksamwerden des Formwechsels** aus dem Rechtsträger aus. Vgl. zum Zeitpunkt des Wirksamwerdens für den Formwechsel in eine GbR § 235, für den Formwechsel in eine Personenhandelsgesellschaft oder PartG §§ 198, 202.

2 Dem persönlich haftenden Gesellschafter entsteht mit seinem Ausscheiden gem. § 278 Abs. 2 AktG iVm § 161 Abs. 2 HGB, § 105 Abs. 3 HGB, §§ 738 ff. BGB ein gesetzlicher **Abfindungsanspruch** gegen den formwechselnden Rechtsträger (Semler/Stengel/*Ihrig* Rn. 6); ein Anspruch auf Barabfindung gem. § 207 entsteht hingegen wegen § 227 nicht. Die Satzung kann hinsichtlich der Fälligkeit und der Höhe der Abfindung besondere Regelungen treffen. Für Altverbindlichkeiten haftet der ausgeschiedene persönlich haftende Gesellschafter nach § 278 Abs. 2 AktG iVm § 161 Abs. 2 HGB, § 160 HGB (Widmann/Mayer/*Vossius* Rn. 6, 13).

3 Bleibt der Komplementär auch in der Gesellschaft neuer Rechtsform persönlich haftender Gesellschafter, haftet er ohne Ausschlussfrist für sämtliche Altverbindlichkeiten sowie für alle nach dem Form-

wechsel zukünftig entstehenden Verbindlichkeiten. Dies folgt aus dem umwandlungsrechtlichen Kontinuitätsgrundsatz und §§ 130, 128 HGB (Lutter UmwG/*Göthel* Rn. 5). Wird der vormals persönlich haftende Gesellschafter Kommanditist in der Gesellschaft neuer Rechtsform, gilt § 237 iVm § 224 (Semler/Stengel/*Ihrig* Rn. 11). Vgl. insoweit die Kommentierung zu § 45 (→ § 45 Rn. 1 ff.).

Fortdauer und zeitliche Begrenzung der persönlichen Haftung

237 **Erlangt ein persönlich haftender Gesellschafter einer formwechselnden Kommanditgesellschaft auf Aktien beim Formwechsel in eine Kommanditgesellschaft die Rechtsstellung eines Kommanditisten, so ist auf seine Haftung für die im Zeitpunkt des Formwechsels begründeten Verbindlichkeiten der formwechselnden Gesellschaft § 224 entsprechend anzuwenden.**

1 Die Norm regelt die **Haftungsfolgen** für den persönlich haftenden Gesellschafter einer KGaA, der beim Formwechsel in eine KG eine Kommanditistenstellung übernimmt. Zur Nachhaftung des ausscheidenden persönlich haftenden Gesellschafters vgl. § 236 und die dortige Kommentierung (→ § 236 Rn. 1 ff.).; allgemein zur Haftung des Komplementärs einer KG vgl. §§ 128, 161 Abs. 2 HGB.

2 § 237 betrifft nur die Verbindlichkeiten, die **bis zum Zeitpunkt** des Wirksamwerdens **des Formwechsels** begründet wurden. Für später begründete Verbindlichkeiten haftet der neue Kommanditist ggf. gem. §§ 171, 172 ff. HGB.

3 Zu den **Voraussetzungen** und **Rechtsfolgen der Nachhaftung** gem. § 237 vgl. iÜ die Kommentierung zu § 224 (→ § 224 Rn. 1 ff.).

Dritter Unterabschnitt. Formwechsel in eine Kapitalgesellschaft anderer Rechtsform

Vorbereitung der Versammlung der Anteilsinhaber

238 **[1] Auf die Vorbereitung der Gesellschafterversammlung oder der Hauptversammlung, die den Formwechsel beschließen soll, sind die §§ 230 und 231 entsprechend anzuwenden. [2] § 192 Abs. 2 bleibt unberührt.**

1 Die Vorschrift regelt die Vorbereitung der **Anteilsinhaberversammlung einer KapG,** die über den **Formwechsel in eine andere Kapitalgesellschaftsform** beschließen soll. **S. 1** verweist dabei vollumfänglich auf die §§ 230 und 231. Zu Einzelheiten vgl. daher die dortige Kommentierung (→ § 230 Rn. 1 ff. und → § 231 Rn. 1 ff.).

2 Zur Entbehrlichkeit des Umwandlungsberichts **(S. 2)** vgl. die Kommentierung zu § 192 (→ § 192 Rn. 1 ff.).

Durchführung der Versammlung der Anteilsinhaber

239 (1) **[1] In der Gesellschafterversammlung oder in der Hauptversammlung, die den Formwechsel beschließen soll, ist der Umwandlungsbericht auszulegen. [2] In der Hauptversammlung kann der Umwandlungsbericht auch auf andere Weise zugänglich gemacht werden.**

(2) **Der Entwurf des Umwandlungsbeschlusses einer Aktiengesellschaft oder einer Kommanditgesellschaft auf Aktien ist von deren Vertretungsorgan zu Beginn der Verhandlung mündlich zu erläutern.**

1 Vgl. zu Auslegungs- und Erläuterungspflichten bzw. dem Zugänglichmachen des Umwandlungsberichts in der Anteilsinhaberversammlung die Kommentierung zur Parallelvorschrift des § 232 (→ § 232 Rn. 1 ff.).

Beschluß der Versammlung der Anteilsinhaber

240 (1) **[1] Der Umwandlungsbeschluß bedarf einer Mehrheit von mindestens drei Vierteln der bei der Gesellschafterversammlung einer Gesellschaft mit beschränkter Haftung abgegebenen Stimmen oder des bei der Beschlußfassung einer Aktiengesellschaft oder einer Kommanditgesellschaft auf Aktien vertretenen Grundkapitals; § 65 Abs. 2 ist entsprechend anzuwenden. [2] Der Gesellschaftsvertrag oder die Satzung der formwechselnden Gesellschaft kann eine größere Mehrheit und weitere Erfordernisse, beim Formwechsel einer Kommanditgesellschaft auf Aktien in eine Aktiengesellschaft auch eine geringere Mehrheit bestimmen.**

(2) [1]**Dem Formwechsel einer Gesellschaft mit beschränkter Haftung oder einer Aktiengesellschaft in eine Kommanditgesellschaft auf Aktien müssen alle Gesellschafter oder Aktionäre zustimmen, die in der Gesellschaft neuer Rechtsform die Stellung eines persönlich haftenden Gesellschafters haben sollen.** [2]**Auf den Beitritt persönlich haftender Gesellschafter ist § 221 entsprechend anzuwenden.**

(3) [1]**Dem Formwechsel einer Kommanditgesellschaft auf Aktien müssen ferner deren persönlich haftende Gesellschafter zustimmen.** [2]**Die Satzung der formwechselnden Gesellschaft kann eine Mehrheitsentscheidung dieser Gesellschafter vorsehen.**

Abs. 1 regelt die **erforderliche Mehrheit** für den Umwandlungsbeschluss einer AG, GmbH oder KGaA zur Umwandlung in eine andere Kapitalgesellschaftsform. Zu Einzelheiten vgl. die Kommentierung zu § 233 Abs. 2 (→ § 233 Rn. 1 ff.) sowie zu § 50 (für die GmbH) (→ § 50 Rn. 1 ff.) und § 65 (für die AG und KGaA) (→ § 65 Rn. 1 ff.). 1

Abs. 2 regelt **Zustimmungserfordernisse** künftig persönlich haftender Gesellschafter beim Formwechsel in eine **KGaA.** Zu Einzelheiten vgl. die Kommentierung zur Parallelnorm des § 217 Abs. 3 (→ § 217 Rn. 1 ff.). Zu **Abs. 3** vgl. die Kommentierung zu § 233 Abs. 3 (→ § 233 Rn. 1 ff.). 2

§ 240 ist **zwingend.** Vorbehaltlich etwaiger Satzungsregelungen iSv Abs. 1 S. 2 und Abs. 3 S. 2 kann von den vorgeschriebenen Mehrheiten daher nicht abgewichen werden. 3

Zustimmungserfordernisse beim Formwechsel einer Gesellschaft mit beschränkter Haftung

241 (1) **Werden durch den Umwandlungsbeschluß einer formwechselnden Gesellschaft mit beschränkter Haftung die Aktien in der Satzung der Aktiengesellschaft oder der Kommanditgesellschaft auf Aktien auf einen höheren als den Mindestbetrag nach § 8 Abs. 2 oder 3 des Aktiengesetzes und abweichend vom Nennbetrag der Geschäftsanteile der formwechselnden Gesellschaft gestellt, so muß dem jeder Gesellschafter zustimmen, der sich nicht dem Gesamtnennbetrag seiner Geschäftsanteile entsprechend beteiligen kann.**

(2) **Auf das Erfordernis der Zustimmung einzelner Gesellschafter ist ferner § 50 Abs. 2 entsprechend anzuwenden.**

(3) **Sind einzelnen Gesellschaftern außer der Leistung von Kapitaleinlagen noch andere Verpflichtungen gegenüber der Gesellschaft auferlegt und können diese wegen der einschränkenden Bestimmung des § 55 des Aktiengesetzes bei dem Formwechsel nicht aufrechterhalten werden, so bedarf der Formwechsel auch der Zustimmung dieser Gesellschafter.**

I. Allgemeines

§ 241 gilt für den **Formwechsel einer GmbH** in eine AG oder KGaA; vgl. zum umgekehrten Fall des Formwechsels einer AG oder KGaA in eine GmbH die Parallelvorschrift des § 242. § 241 soll Gesellschafter vor Nachteilen des Formwechsels schützen, die aus der Festlegung des Aktiennennbetrags (§ 8 Abs. 2 AktG) oder des anteiligen Betrags einer Stückaktie am Grundkapital (§ 8 Abs. 3 AktG) resultieren. Diese dürfen grundsätzlich frei festgelegt werden; es besteht kein Anspruch auf Wahrung der Beteiligungsverhältnisse, auch wenn sich ein Gesellschafter aufgrund der Stückelung an der AG nicht mehr vollständig entsprechend seiner Beteiligung an der formwechselnden GmbH beteiligen kann (zu den Grenzen der Festsetzung → § 243 Rn. 9; ferner SHS/*Westerburg* Rn. 2). 1

II. Einzelerläuterung

1. Nichtverhältniswahrender Formwechsel (Abs. 1). a) Anwendungsbereich. Bis zum Inkrafttreten des MoMiG am 1.11.2008 bestand beim Formwechsel in eine GmbH folgende Rechtslage: Nach § 5 Abs. 3 S. 2 GmbHG aF musste der Nennbetrag der Geschäftsanteile grundsätzlich durch 50 teilbar sein (Ausnahme: § 58a Abs. 3 S. 2 GmbHG aF) und betrug im Regelfall gem. § 5 Abs. 1 GmbHG aF mindestens 100 EUR (Ausnahme: 50 EUR etwa im Fall der Verschmelzung auf eine GmbH gem. § 46 Abs. 1 S. 3 aF). Demgegenüber beträgt der Mindestnennbetrag von Nennbetragsaktien (§ 8 Abs. 2 AktG) und der kleinste zulässige anteilige Betrag am Grundkapital bei Stückaktien (§ 8 Abs. 3 AktG) jeweils 1 EUR. Diese Vorgaben konnten in zwei Fällen zu **Problemen** führen. **1. Fall:** Einem Gesellschafter mit einem Geschäftsanteil von 100 EUR können keine Aktien gewährt werden, weil die Aktien mit einem Nennbetrag oder anteiligen Betrag am Grundkapital von 1.000 EUR festgesetzt werden (Fall der **Nennbetragsüberschreitung**). **2. Fall:** Im 1. Fall werden Aktien mit einem Nennbetrag oder anteiligen Betrag am Grundkapital von 70 EUR festgelegt; hier bleibt eine Differenz von 30 EUR bestehen (Fall sog. **freier Spitzen**). In diesen Fällen ist nach Abs. 1 die gesonderte Zustimmung der Gesellschafter erforderlich, die nicht verhältniswahrend an der AG/KGaA beteiligt werden können. 2

3 Nach **§ 5 Abs. 2 GmbHG** können GmbH-Geschäftsanteile entsprechend § 8 Abs. 2 AktG gestückelt werden, also auch auf 1 EUR lauten. § 241 Abs. 1 dürfte dementsprechend geringe praktische Bedenken zukommen, weil eine verhältniswahrende Stückelung in jedem Fall möglich sein wird.

4 **b) Zustimmungserklärung.** Die durch die Einteilung der Aktien benachteiligten Gesellschafter müssen der Einteilung – nicht dem Formwechsel (SHS/*Westerburg* Rn. 6) – ausdrücklich zustimmen. Zur Form der Zustimmungserklärung vgl. Rn. 8. Im Fall freier Spitzen (→ Rn. 2) werden bei Zustimmung die betroffenen Aktien zusammengelegt; die so gebildeten neuen Aktien stehen den betroffenen Aktionären gemeinschaftlich zu (vgl. Semler/Stengel/*Arnold* Rn. 10) und können ggf. im Wege der öffentlichen Versteigerung verwertet werden (§ 248 Abs. 1 iVm § 226 AktG).

5 **2. Inhaber von Minderheits- oder Sonderrechten (Abs. 2 iVm § 50 Abs. 2).** S. dazu die Kommentierung zu § 50 Abs. 2 (→ § 50 Rn. 1 ff.).

6 **3. Zustimmung bei Nebenleistungspflichten (Abs. 3). a) Anwendungsbereich.** Hintergrund der Regelung ist § 3 Abs. 2 GmbHG. Danach kann die GmbH stark personalistisch ausgestaltet werden, indem den Gesellschaftern Nebenleistungspflichten auferlegt werden. Diese können nicht in die Satzung der AG übernommen werden, wenn **(1)** es sich nicht um „wiederkehrende, nicht in Geld bestehende" Nebenleistungspflichten iSv § 55 AktG handelt (vgl. die dortige Kommentierung → AktG § 55 Rn. 1 ff.) oder **(2)** es sich bei den Aktien der AG nicht um vinkulierte Namensaktien handelt, denn nur solche können mit Nebenpflichten versehen werden (§ 55 Abs. 1 AktG).

7 **b) Tatbestandsvoraussetzungen.** Die Zustimmung der zur Nebenleistung verpflichteten GmbH-Gesellschafter ist grundsätzlich immer dann erforderlich, wenn die Nebenleistungspflicht nicht in die Satzung der AG übernommen werden kann (→ Rn. 6). Grundlage der Regelung ist, dass mit einer Nebenleistungspflicht häufig auch Vorteile für den verpflichteten Gesellschafter einhergehen (Beispiele bei SHS/*Westerburg* Rn. 10). Eine **Ausnahme** von der Zustimmungspflicht besteht daher nach Sinn und Zweck der Vorschrift dann, wenn der Gesellschafter durch den Wegfall der Nebenleistungspflicht ausschließlich begünstigt wird, dh immer dann, wenn die Verpflichtung für ihn keinen Vorteil hat (Semler/Stengel/*Mutter* Rn. 25 mwN). Die Zustimmung ist auch dann entbehrlich, wenn mit der Nebenleistungspflicht einhergehende Rechte ohne Zustimmung des betroffenen Gesellschafters entzogen werden können (Semler/Stengel/*Mutter* Rn. 26 mwN).

8 **4. Form und Zeitpunkt der Zustimmungserklärung.** Alle Erklärungen nach Abs. 1–3 sind gem. § 193 Abs. 3 zu beurkunden. Die Zustimmung kann vor, während und nach der Gesellschafterversammlung erklärt werden.

9 **5. Rechtsfolgen fehlender Zustimmung.** Es ist zu differenzieren: Die fehlende und endgültig verweigerte Zustimmung nach **Abs. 1** macht nicht den Umwandlungsbeschluss, sondern lediglich die Festlegung der Anteile am Grundkapital unwirksam. Sie sind in diesem Fall gerichtlich festzusetzen (Semler/Stengel/*Mutter* Rn. 34). Die fehlende Zustimmung auch nur eines Gesellschafters nach **Abs. 2 oder 3** führt zunächst zur schwebenden Unwirksamkeit des Umwandlungsbeschlusses; wird die Zustimmung endgültig verweigert, ist der Umwandlungsbeschluss unwirksam (Semler/Stengel/*Mutter* Rn. 33). In allen Fällen fehlender Zustimmung nach § 241 besteht ein Eintragungshindernis. Eine dennoch erfolgte Eintragung zieht die Bestandskraft der (unwirksamen) Beschlüsse nach sich; den Gesellschaftern, deren Zustimmung erforderlich war, können aber Schadensersatzansprüche gem. § 205 gegenüber den Organen der formwechselnden GmbH oder aus Amtshaftung gegenüber dem Registerrichter zustehen, der die Eintragung verfügt hat (hM, vgl. zum Ganzen Semler/Stengel/*Mutter* Rn. 33 ff.).

III. Abdingbarkeit

10 § 241 ist **nicht abdingbar.**

Zustimmungserfordernis beim Formwechsel einer Aktiengesellschaft oder einer Kommanditgesellschaft auf Aktien

242 Wird durch den Umwandlungsbeschluß einer formwechselnden Aktiengesellschaft oder Kommanditgesellschaft auf Aktien der Nennbetrag der Geschäftsanteile in dem Gesellschaftsvertrag der Gesellschaft mit beschränkter Haftung abweichend vom Betrag der Aktien festgesetzt, so muß der Festsetzung jeder Aktionär zustimmen, der sich nicht mit seinem gesamten Anteil beteiligen kann.

I. Allgemeines

§ 242 gilt nur für den **Formwechsel einer AG oder KGaA in eine GmbH.** Vgl. zum umgekehrten Fall des Formwechsels einer GmbH in eine AG oder KGaA die Parallelvorschrift des § 241. Zweck der Vorschrift ist der Schutz der Aktionäre der formwechselnden AG/KGaA vor einer **nicht verhältniswahrenden Beteiligung** an der GmbH. § 242 begründet daher ein Zustimmungserfordernis zugunsten der betroffenen Aktionäre. 1

II. Einzelerläuterung

1. Festsetzung der Geschäftsanteile. Aktionäre der formwechselnden AG/KGaA, deren Beteiligung sich nicht verhältniswahrend in der GmbH fortsetzt, müssen der Festsetzung des Nennbetrags der GmbH-Geschäftsanteile ausdrücklich zustimmen. Seit der Neufassung des § 5 Abs. 2 GmbHG und des § 243 Abs. 3 S. 2 können jedem GmbH-Gesellschafter mehrere Geschäftsanteile zugeordnet werden. Da diese Anteile nach § 243 Abs. 3 S. 2 nF auf 1 EUR lauten dürfen, kann jeder Aktionär der AG/KGaA nach dem Formwechsel grundsätzlich auch an der GmbH verhältniswahrend beteiligt werden. 2

Das Zustimmungserfordernis beim nicht verhältniswahrenden Formwechsel gilt auch für **geringfügige Abweichungen** (allgM). Beispiel: Ein Aktionär hält vor dem Formwechsel 60 Aktien zu je 1 EUR, der Nennbetrag des ihm nach dem Formwechsel zugedachten GmbH-Geschäftsanteils soll aber nur auf 50 EUR lauten. **Keine Zustimmung** ist hingegen erforderlich, wenn die Beteiligung des Aktionärs insgesamt erhalten bleibt und sich lediglich die Einteilung seiner Anteile im Zuge des Formwechsels ändert (vgl. Semler/Stengel/*Mutter* Rn. 6); dazu folgendes Beispiel: Ein Aktionär hält an der formwechselnden AG oder KGaA zwei Aktien zu je 55 EUR; an der GmbH soll ihm ein Geschäftsanteil zu 110 EUR gewährt werden. 3

2. Einzelfragen. Führt die Festsetzung der Nennbeträge der GmbH-Geschäftsanteile zur nichtverhältniswahrenden Beteiligung **unbekannter Aktionäre,** ist gem. § 242 auch deren Zustimmung erforderlich (Semler/Stengel/*Mutter* Rn. 11). Da diese idR nicht zu erlangen sein wird, sollte die Höhe der GmbH-Geschäftsanteile so festgelegt werden, dass eine Abweichung der Beteiligungsverhältnisse ausgeschlossen ist: In diesem Fall sollte für jede Aktie, die auf unbekannte Aktionäre entfällt, ein GmbH-Geschäftsanteil vorgesehen werden, dessen Höhe dem durch eine Aktie vermittelten Anteil am Grundkapital entspricht (vgl. auch die Formulierungsbeispiele bei Widmann/Mayer/*Rieger* Rn. 8 ff.); seit der Neuregelung des § 5 Abs. 2 GmbHG dürften sich dabei keine Probleme mehr ergeben, den auf die einzelne Aktie entfallenden Anteil am Grundkapital in entsprechenden GmbH-Geschäftsanteilen abzubilden. 4

Zu Form und Zeitpunkt der **Zustimmungserklärung** → § 241 Rn. 8. 5

3. Rechtsfolgen fehlender Zustimmung. Zu fehlender und endgültig verweigerter Zustimmung → § 241 Rn. 9 zu § 241 Abs. 1. 6

III. Abdingbarkeit

§ 242 ist **nicht abdingbar.** 7

Inhalt des Umwandlungsbeschlusses

243 (1) [1]**Auf den Umwandlungsbeschluß ist § 218 entsprechend anzuwenden.** [2]**Festsetzungen über Sondervorteile, Gründungsaufwand, Sacheinlagen und Sachübernahmen, die in dem Gesellschaftsvertrag oder in der Satzung der formwechselnden Gesellschaft enthalten sind, sind in den Gesellschaftsvertrag oder in die Satzung der Gesellschaft neuer Rechtsform zu übernehmen.** [3]**§ 26 Abs. 4 und 5 des Aktiengesetzes bleibt unberührt.**

(2) **Vorschriften anderer Gesetze über die Änderung des Stammkapitals oder des Grundkapitals bleiben unberührt.**

(3) [1]**In dem Gesellschaftsvertrag oder in der Satzung der Gesellschaft neuer Rechtsform kann der auf die Anteile entfallende Betrag des Stamm- oder Grundkapitals abweichend vom Betrag der Anteile der formwechselnden Gesellschaft festgesetzt werden.** [2]**Bei einer Gesellschaft mit beschränkter Haftung muss er auf volle Euro lauten.**

Übersicht

I. Allgemeines

1 Die Regelung gilt für alle Formwechsel zwischen Kapitalgesellschaftsformen (vgl. Semler/Stengel/*Mutter* Rn. 2). **Abs. 1** ergänzt § 194. **Abs. 2** enthält eine Klarstellung für Kapitalerhöhungen oder -herabsetzungen im Zuge des Formwechsels, während **Abs. 3** sich auf die zulässige Stückelung der Anteile bezieht. Die Änderung von Abs. 3 S. 2 durch das MoMiG vollzieht die entsprechende Änderung im GmbH-Gründungsrecht (§ 5 Abs. 2 GmbHG) nach, wonach GmbH-Geschäftsanteile nunmehr nur noch auf volle Euro lauten müssen und somit auch einen Nennbetrag von 1 EUR haben können.

II. Einzelerläuterung

2 **1. Zusätzliche Angaben im Umwandlungsbeschluss (Abs. 1). a) Verweis auf § 218 (S. 1).** Der Verweis ist ungenau. § 218 Abs. 1 S. 2 und Abs. 3 sind, da sie allein den Formwechsel in eine Genossenschaft betreffen, von der Verweisung nicht erfasst. Für den Formwechsel zwischen KapGen ist nur zweierlei relevant: **(1)** Wegen § 218 Abs. 1 S. 1 ist der gesamte Gesellschaftsvertrag (GmbH) bzw. die gesamte Satzung (AG/KGaA) der Zielrechtsform in den Umwandlungsbeschluss aufzunehmen. Bei dieser Gelegenheit können die Gesellschafter das Statut grundsätzlich nach Belieben ändern oder **vollständig neu fassen** (hM, vgl. Semler/Stengel/*Mutter* Rn. 11 ff. mwN; zur Änderung der Grund- bzw. Stammkapitalziffer aber → Rn. 6); hierbei gelten allerdings die für eine entsprechende Satzungsänderung in der alten Rechtsform vorgeschriebenen Beschlussmehrheiten und Zustimmungserfordernisse; die für den Umwandlungsbeschluss ansonsten erforderliche Drei-Viertel-Mehrheit (§ 240 Abs. 1) reicht also ggf. nicht aus (hierzu Semler/Stengel/*Mutter* Rn. 12 f.; Widmann/Mayer/*Rieger* Rn. 11 f.). Bei der Festlegung des Inhalts des Statuts der neuen Rechtsform sind ferner die jeweiligen Gründungsvorschriften zu beachten (§ 197 S. 1). **(2)** Nach § 218 Abs. 2 muss der Beschluss beim Formwechsel **in eine KGaA** zwingend vorsehen, dass sich mindestens ein Gesellschafter bzw. Aktionär als **persönlich haftender Gesellschafter** beteiligt (→ § 218 Rn. 9 f.).

3 **b) Übernahme von Festsetzungen (S. 2).** Die Festsetzungen über den Gründungsaufwand oder Sacheinlagen sind unabhängig davon, ob diese bereits beglichen bzw. vollständig erbracht sind, zu übernehmen (allgM). Vgl. zu Einzelheiten die Kommentierung zu § 57 (→ § 57 Rn. 1 ff.) und § 74 (→ § 74 Rn. 1 ff.).

4 **c) Anwendung von § 26 Abs. 4 und 5 AktG (S. 3).** S. 3 stellt klar, dass die Vorschriften zu Abänderung (§ 26 Abs. 4 AktG) und Verzicht (§ 26 Abs. 5 AktG) auf die Übernahme besonderer Festsetzungen in der Satzung der AG auch beim Formwechsel Anwendung finden. Besondere Festsetzungen idS sind Festsetzungen über Sondervorteile und Gründungsaufwand (vgl. zu Einzelheiten die Kommentierung zu § 26 AktG → AktG § 26 Rn. 1 ff.). Über den Wortlaut des Verweises in S. 3 hinaus sind nach zutreffender hM Änderungen der Festsetzung von Sacheinlagen bzw. Sachübernahmen gem. § 27 Abs. 5 AktG zulässig, wenn die Voraussetzungen dieser Norm vorliegen (Semler/Stengel/*Mutter* Rn. 18 mwN).

5 **2. Änderung des Stamm- oder Grundkapitals (Abs. 2). a) Regelungsgegenstand.** Grundsätzlich verändert sich das Haftkapital des Rechtsträgers im Zuge des Formwechsels nicht; das Stammkapital der formwechselnden GmbH wird zum Grundkapital der AG/KGaA und umgekehrt (§ 247 Abs. 1). „Änderung des Stammkapitals oder des Grundkapitals“ iSv Abs. 2 meint förmliche Kapitalerhöhungen oder Kapitalherabsetzungen, die im Zusammenhang mit dem Formwechsel freiwillig durchgeführt werden oder notwendig sind, etwa zur Erreichung des Mindestkapitals beim Formwechsel einer GmbH in eine AG/KGaA.

Abs. 2 soll klarstellen, dass bei solchen Kapitalmaßnahmen das Grund- oder Stammkapital der Gesellschaft neuer Rechtsform nicht ohne Beachtung der Kapitalschutzvorschriften frei festgesetzt werden kann; die Vorschrift **ergänzt** damit **§ 247.** Daraus folgt zugleich, dass für die Höhe des Grund- bzw. Stammkapitals der neuen Rechtsform nach dem Formwechsel allein die tatsächliche Höhe des Stamm- bzw. Grundkapitals des formwechselnden Rechtsträgers maßgeblich ist. Dies gilt auch dann, wenn im Statut der Gesellschaft, das Bestandteil des Umwandlungsbeschlusses ist, eine abweichende Ziffer ausgewiesen ist. Der Festsetzung des Nennkapitals im Gesellschaftsstatut kommt daher beim Formwechsel zwischen Kapitalgesellschaftsformen aufgrund der gesetzlichen Anordnung der § 243 Abs. 2, § 247 Abs. 1 nur deklaratorische Bedeutung zu. In der Praxis kann dies relevant werden, wenn es zwischen der Festsetzung des Statuts durch den Formwechselbeschluss und dem Wirksamwerden des Formwechsels noch zu Kapitaländerungen kommt, etwa durch das Ausnutzen genehmigter Kapitalia oder die Durchführung bedingter Kapitalerhöhungen bei einer formwechselnden AG/KGaA. 6

b) Anwendbares Recht. Grundsätzlich ist für die Kapitalmaßnahme (sowohl in Bezug auf die Beschlussfassung als auch die Kapitalschutzvorschriften) das **zum Zeitpunkt ihrer Eintragung** auf den Rechtsträger **anwendbare Recht** maßgeblich, weil die Kapitaländerung erst dann wirksam wird und die Gläubiger sie nach dem zu diesem Zeitpunkt geltenden Recht beurteilen (hM, SHS/*Westerburg* Rn. 6; Semler/Stengel/*Mutter* Rn. 23 ff.; Widmann/Mayer/*Rieger* Rn. 23 ff.; Kallmeyer/*Blasche* Rn. 8: Maßgeblich sei stets das Recht der formwechselnden Gesellschaft). Machen die Anteilsinhaber die Kapitalmaßnahme von der Wirksamkeit des Formwechsels abhängig, können sie die Kapitalmaßnahme nach ihrer Wahl nach dem Recht der formwechselnden oder dem Recht der Gesellschaft neuer Rechtsform durchführen (str., wie hier Widmann/Mayer/*Rieger* Rn. 27 ff.; ähnlich Semler/Stengel/*Mutter* Rn. 25; vgl. auch SHS/*Westerburg* Rn. 6; aA Kallmeyer/*Blasche* Rn. 8). Zu Fragen des bedingten Kapitals beim Formwechsel einer AG/KGaA in eine GmbH vgl. Semler/Stengel/*Mutter* Rn. 27. Nach Einführung des genehmigten Kapitals für die GmbH durch das MoMiG (§ 55a GmbHG) können jedenfalls genehmigte Kapitalia der AG/KGaA beim Formwechsel in die GmbH grundsätzlich fortbestehen. 7

3. Abweichende Festsetzung der Nennbeträge von Anteilen (Abs. 3). a) Regelungsgrund. Eine geänderte Stückelung der einzelnen Anteile kann notwendig sein, um alle Anteilsinhaber verhältniswahrend auch an der neuen Gesellschaft beteiligen zu können, oder dazu dienen, bewusst das Beteiligungsverhältnis zugunsten bzw. zulasten von Anteilsinhabern zu verändern (→ Rn. 9); vgl. zu den Zustimmungserfordernissen bei nicht verhältniswahrendem Formwechsel die Kommentierung zu §§ 241 und 242 (→ § 241 Rn. 1 ff. und → § 242 Rn. 1 ff.). 8

b) Schranken abweichender Festsetzung. Grundsätzlich soll der Nennbetrag der Anteile an der formwechselnden Gesellschaft dem Nennbetrag der Anteile an der neuen Rechtsform entsprechen (hM, SHS/*Westerburg* § 242 Rn. 1; Semler/Stengel/*Mutter* § 242 Rn. 3). Ist dies nicht möglich, muss nach einer Ansicht der Nennbetrag so festgelegt werden, dass sich möglichst viele Anteilsinhaber verhältniswahrend beteiligen können (Lutter UmwG/*Göthel* Rn. 49). Dies folge aus dem Gleichbehandlungsgrundsatz und der gesellschaftsrechtlichen Treuepflicht. Diese Begründung ist aber unzutreffend, da gerade die Existenz von § 241 Abs. 1 und § 242 zeigt, dass der Gesetzgeber von der Zulässigkeit eines sog. **willkürlichen nichtverhältniswahrenden Formwechsels** ausgeht und die entsprechende Einteilung des Kapitals unter den Vorbehalt der Zustimmung betroffener Anteilsinhaber stellt. Es besteht daher kein Anspruch auf Wahrung der Beteiligungsverhältnisse (vgl. Semler/Stengel/*Mutter* § 241 Rn. 5; SHS/*Westerburg* § 241 Rn. 2; → § 241 Rn. 1). Unverhältnismäßig hohe Spitzen können aber unzulässig sein (vgl. BGH 5.7.1999, NJW 1999, 3197). 9

c) Einzelfragen. Eine abweichende Festsetzung bedarf ggf. der Zustimmung des jeweils betroffenen Anteilsinhabers (§§ 241, 242). Die Nennbeträge der einzelnen Geschäftsanteile bzw. der Nennbetragsaktien sind nicht nur im Umwandlungsbeschluss (§ 194 Abs. 1 Nr. 4), sondern auch im Gesellschaftsvertrag (§ 243 Abs. 3 S. 1, § 3 Abs. 1 Nr. 4 GmbHG) oder der Satzung (§ 243 Abs. 3 S. 1, § 23 Abs. 3 Nr. 4 AktG) anzugeben, bei Stückaktien ist deren Anzahl aufzunehmen (§ 194 Abs. 1 Nr. 1, § 23 Abs. 3 Nr. 4 AktG). 10

III. Abdingbarkeit

§ 243, insbesondere Abs. 2 und 3, sind **unabdingbar.** Der Inhalt des Umwandlungsbeschlusses kann jedoch über die Mindestanforderungen des Abs. 1 hinausgehen und zusätzliche Angaben vorsehen (allgemein Semler/Stengel/*Bärwaldt* § 194 Rn. 34). 11

Niederschrift über den Umwandlungsbeschluß; Gesellschaftsvertrag

244 (1) **In der Niederschrift über den Umwandlungsbeschluß sind die Personen, die nach § 245 Abs. 1 bis 3 den Gründern der Gesellschaft gleichstehen, namentlich aufzuführen.**

(2) **Beim Formwechsel einer Aktiengesellschaft oder einer Kommanditgesellschaft auf Aktien in eine Gesellschaft mit beschränkter Haftung braucht der Gesellschaftsvertrag von den Gesellschaftern nicht unterzeichnet zu werden.**

1 Gemäß **Abs. 1** sind die nach § 245 Abs. 1–3 den **Gründern** gleichstehenden Personen (vgl. dazu die Kommentierung zu § 245 → § 245 Rn. 1 ff.) in der notariellen Niederschrift über den Umwandlungsbeschluss namentlich anzugeben. Die Regelung dient der Dokumentation zur erleichterten Durchsetzung der Gründerhaftung (Semler/Stengel/*Mutter* Rn. 7). Da die Regelungen in § 245 Abs. 1–3 nur den Formwechsel in eine AG oder KGaA erfassen, gilt Abs. 1 ebenfalls nur für den Formwechsel in eine AG oder KGaA, nicht aber für den Formwechsel in eine GmbH (Semler/Stengel/*Mutter* Rn. 4). Anzugeben sind der **Vor- und Zuname** sowie der **Wohnort** des Gesellschafters (Semler/Stengel/*Mutter* Rn. 8).

2 **Abs. 2** gilt für den Formwechsel in eine GmbH und stellt klar, dass eine **Unterzeichnung des Gesellschaftsvertrags** durch die Gesellschafter gem. § 197 S. 1 iVm § 2 Abs. 1 S. 2 GmbHG nicht erforderlich ist. In der Praxis hat dies insbesondere für Publikumsgesellschaften Bedeutung (Semler/Stengel/*Mutter* Rn. 13). Der Regelung lässt sich nicht im Umkehrschluss entnehmen, dass beim Formwechsel in die Rechtsform der AG oder KGaA alle zustimmenden Gesellschafter die Satzung unterzeichnen müssten (str.; wie hier SHS/*Westerburg* Rn. 2; Semler/Stengel/*Mutter* Rn. 15; aA Lutter UmwG/*Göthel* Rn. 15). Denn § 197 S. 1 verweist gerade nicht auf die Formalien der Gründung (→ § 218 Rn. 8). Vgl. iÜ auch die Kommentierungen zu § 217 Abs. 2 (→ § 217 Rn. 1 ff.) und zu § 219 (→ § 219 Rn. 1 ff.).

Rechtsstellung als Gründer; Kapitalschutz

245 (1) [1]**Bei einem Formwechsel einer Gesellschaft mit beschränkter Haftung in eine Aktiengesellschaft oder in eine Kommanditgesellschaft auf Aktien treten bei der Anwendung der Gründungsvorschriften des Aktiengesetzes an die Stelle der Gründer die Gesellschafter, die für den Formwechsel gestimmt haben, sowie beim Formwechsel einer Gesellschaft mit beschränkter Haftung in eine Kommanditgesellschaft auf Aktien auch beitretende persönlich haftende Gesellschafter.** [2]**§ 220 ist entsprechend anzuwenden.** [3]**§ 52 des Aktiengesetzes ist nicht anzuwenden, wenn die Gesellschaft mit beschränkter Haftung vor dem Wirksamwerden des Formwechsels bereits länger als zwei Jahre in das Register eingetragen war.**

(2) [1]**Beim Formwechsel einer Aktiengesellschaft in eine Kommanditgesellschaft auf Aktien treten bei der Anwendung der Gründungsvorschriften des Aktiengesetzes an die Stelle der Gründer die persönlich haftenden Gesellschafter der Gesellschaft neuer Rechtsform.** [2]**§ 220 ist entsprechend anzuwenden.** [3]**§ 52 des Aktiengesetzes ist nicht anzuwenden.**

(3) [1]**Beim Formwechsel einer Kommanditgesellschaft auf Aktien in eine Aktiengesellschaft treten bei der Anwendung der Gründungsvorschriften des Aktiengesetzes an die Stelle der Gründer die persönlich haftenden Gesellschafter der formwechselnden Gesellschaft.** [2]**§ 220 ist entsprechend anzuwenden.** [3]**§ 52 des Aktiengesetzes ist nicht anzuwenden.**

(4) **Beim Formwechsel einer Aktiengesellschaft oder einer Kommanditgesellschaft auf Aktien in eine Gesellschaft mit beschränkter Haftung ist ein Sachgründungsbericht nicht erforderlich.**

Übersicht

I. Allgemeines

1 Die Norm ergänzt § 197 S. 1 hinsichtlich der Anwendung der Gründungsvorschriften des Aktien- und GmbH-Rechts bei Formwechseln zwischen GmbH, AG und KGaA. **Abs. 1–3** konkretisieren zunächst, wer beim Formwechsel in eine AG oder KGaA als Gründer gilt (vgl. hierzu auch die Kommentierung zur Parallelvorschrift des § 219 → § 219 Rn. 1 ff.). Ferner werden die Kapitalschutzvorschrift des § 220 für entsprechend anwendbar erklärt (Abs. 1 S. 2, Abs. 2 S. 2 und Abs. 3 S. 2) (dazu näher die Kommentierung zu § 220 → § 220 Rn. 1 ff., vgl. auch die RegBegr. zu § 9 AktG, BT-Drs. 4/171, 98) sowie die Anwendbarkeit der aktienrechtlichen Nachgründungsvorschriften beim Formwechsel zwischen AG und KGaA ausgeschlossen (Abs. 2 S. 3 und Abs. 3 S. 3). **Abs. 4** erklärt schließlich die Erstellung eines Sachgründungsberichts gem. § 197 S. 1 iVm § 5 Abs. 4 S. 2 GmbHG beim Formwechsel einer AG/KGaA in eine GmbH für entbehrlich. Da somit eine Gründerhaftung gem. § 9a GmbHG nicht eintreten kann, enthält § 245 konsequenterweise keine Regelung zur Gründerstellung beim Formwechsel in eine GmbH (vgl. SHS/*Westerburg* Rn. 5).

II. Einzelerläuterung

2 **1. Gründerstellung beim Formwechsel einer GmbH (Abs. 1 S. 1). a) Allgemeines.** Maßgeblich für die Stellung als Gründer ist das Abstimmungsverhalten; auf die etwaige spätere Annahme eines Barabfindungsangebotes kommt es nicht an (SHS/*Westerburg* Rn. 3; Semler/Stengel/*Scheel* Rn. 4 f.). Wird der Geschäftsanteil des für den Formwechsel stimmenden Gesellschafters vor Eintragung des Formwechsels veräußert oder geht er im Wege der Gesamtrechtsnachfolge über, tritt der Erwerber bzw. Übernehmer in die Gründerstellung ein (Semler/Stengel/*Scheel* Rn. 15). Zum Inhalt der Gründerverantwortlichkeit → § 219 Rn. 7 ff.

3 **b) Sonderfälle.** Die wohl hM will zugunsten des Kapitalschutzes auch solche Gesellschafter als Gründer behandeln, die zwar nicht für den Formwechsel stimmen, aber ihre nach § 241 oder § 193 Abs. 2 zwingend erforderliche **Zustimmung** (beispielsweise bei Anteilsvinkulierung) zum Formwechsel erteilen (Lutter UmwG/*Göthel* Rn. 19; SHS/*Westerburg* Rn. 3; Widmann/Mayer/*Rieger* Rn. 17; aA Semler/Stengel/*Scheel* Rn. 9). Diese Auslegung verkennt nicht nur den klaren Wortlaut, der allein auf das Abstimmungsverhalten abstellt („für den Formwechsel gestimmt"). Sie wird auch den Gesellschaftern nicht gerecht, die den Formwechsel nicht persönlich mittragen wollen und daher dagegen stimmen, ihn zugunsten der Mitgesellschafter aber auch nicht gänzlich verhindern möchten. § 245 bedarf in diesem Fall keiner Ausdehnung. Das Gleiche gilt für Gesellschafter, die erst nach Fassung des Formwechselbeschlusses in die Gesellschaft eintreten, beispielsweise aufgrund einer **Kapitalerhöhung** kurz vor Eintragung des Formwechsels – auch insoweit ist der Wortlaut eindeutig (insoweit zutr. Lutter UmwG/*Göthel* Rn. 21).

4 **2. Gründerstellung beim Formwechsel zwischen AG und KGaA (Abs. 2 S. 1 und Abs. 3 S. 1). a) Allgemeines.** Beim Formwechsel einer AG in eine KGaA gelten die künftig persönlich haftenden Gesellschafter als Gründer (Abs. 2 S. 1). Dies gilt sowohl für Komplementäre, die bereits als Aktionäre der formwechselnden AG angehörten, als auch für neu beitretende, da der Wortlaut der Vorschrift diesbezüglich nicht differenziert (Widmann/Mayer/*Rieger* Rn. 22). Im umgekehrten Fall des Formwechsels einer KGaA in eine AG gelten gem. Abs. 3 S. 1 die persönlich haftenden Gesellschafter der KGaA als Gründer, obwohl sie nach § 247 Abs. 3 mit dem Formwechsel zwingend aus der Gesellschaft ausscheiden (krit. dazu SHS/*Westerburg* Rn. 4).

5 **b) Einzelfragen.** Unklar ist, ob für die Komplementärstellung in der formwechselnden KGaA und damit die Gründerstellung in der AG der **Zeitpunkt** des Gesellschafterbeschlusses, der der Zustimmung der Komplementäre oder der der Eintragung **maßgeblich** ist. Insoweit wird vorgeschlagen, auf die Eintragung des Formwechsels abzustellen (Semler/Stengel/*Scheel* Rn. 29 f.). Indes sollte die Gründerverantwortlichkeit vor allem den Komplementären auferlegt werden, die den Formwechsel befürworten, dem Formwechsel in der Hauptversammlung also zustimmen und damit das Haftungsrisiko auf sich nehmen. Daher sollte nicht auf die Eintragung, sondern auf den Zeitpunkt der Beschlussfassung abgestellt werden.

6 Streitig ist ferner die Gründerstellung von Komplementären der formwechselnden KGaA, die bei einer **Mehrheitsentscheidung** gem. § 240 Abs. 3 S. 2 überstimmt werden (für eine teleologische Reduktion der Norm Widmann/Mayer/*Rieger* Rn. 26; aA Lutter UmwG/*Göthel* Rn. 25; für einen Wechsel in die Kommanditistenstellung entsprechend § 139 HGB vor Eintragung des Formwechsels Semler/Stengel/*Scheel* Rn. 32). Der Gesetzeswortlaut, der hier gerade nicht auf das Stimmverhalten

abstellt, spricht dagegen, die opponierenden Komplementäre von einer Haftung auszunehmen. Hinzu kommt, dass Komplementäre auf die Einhaltung der Gründungsvorschriften entscheidend hinwirken können. Eine Differenzierung zwischen den Komplementären ist daher nicht zu rechtfertigen.

7 **3. Sachgründungsbericht beim Formwechsel in eine GmbH (Abs. 4).** Abs. 4 erklärt für den Formwechsel einer AG oder KGaA in eine GmbH den Sachgründungsbericht nach § 5 Abs. 4 S. 2 GmbHG für entbehrlich, weil der formwechselnde Rechtsträger ohnehin schärferen Kapitalschutzvorschriften unterliege (RegBegr. BT-Drs. 12/6699, 157). Da der Sachgründungsbericht maßgeblicher Anknüpfungspunkt einer Gründerhaftung ist, erübrigt sich eine Bestimmung zur Gründerstellung in der GmbH. Eine Analogie zu Abs. 1–3 ist nach allgM unzulässig (vgl. statt aller Semler/Stengel/*Scheel* Rn. 33). Mangels Verweises auf § 220 besteht nach allgM **kein Verbot der materiellen Unterbilanz** (→ § 220 Rn. 5), und das Registergericht **prüft den Wert des Reinvermögens nicht.**

8 **4. Deckung des Nennkapitals (Abs. 1–3).** Vgl. die Kommentierung zu § 220 (→ § 220 Rn. 1 ff.).

9 **5. Haftung der Gründer. a) Formwechsel in AG oder KGaA.** Die als Gründer geltenden Anteilsinhaber haften nach § 46 AktG für die Richtigkeit und Vollständigkeit der zum Zwecke der Gründung gemachten Angaben. Eine darüber hinausgehende materielle Gründerverantwortlichkeit, dh eine **Haftung für Wertdifferenzen** im Fall einer Unterpari-Emission, scheidet aus (str., wie hier *Moog,* Differenzhaftung im Umwandlungsrecht, 2009, 241 ff. mwN; aA SHS/*Winter* § 197 Rn. 30; Lutter UmwG/Winter/*Göthel* Rn. 57, letztere aber für eine Kapitaldeckungshaftung): Im Gegensatz zum Formwechsel einer Personen(handels)gesellschaft in eine KapG fehlt dem Formwechsel zwischen KapGen der Sachgründungscharakter, da das Vermögen nicht erstmalig eingebracht, sondern lediglich einem anderen Haftungssystem zugeordnet wird. Darüber hinaus kann das Stamm- bzw. Grundkapital nicht beliebig hoch festgesetzt werden (§ 247 Abs. 1, → § 243 Rn. 6), was ebenfalls die Gefahr einer Unterdeckung minimiert.

10 **b) Formwechsel in GmbH.** Hier ist nach allgM die Gründerhaftung nach § 9a GmbHG unanwendbar. Etwas anderes folgt auch nicht aus § 197 (Semler/Stengel/*Scheel* Rn. 44). Eine **Differenzhaftung** nach § 9 GmbHG besteht erst recht nicht (hM, Überblick bei *Moog,* Differenzhaftung im Umwandlungsrecht, 2009, 253 ff.).

III. Abdingbarkeit

11 Die Regelungen des § 245 sind grundsätzlich **nicht abdingbar.** Faktisch kann beim Formwechsel einer GmbH (Abs. 1) eine **Begrenzung des Haftungsrisikos** aber dadurch erfolgen, dass – vorbehaltlich abweichender Satzungsregelungen – nur ein Gesellschafter zustimmt, während sich die anderen Gesellschafter der Stimme enthalten. Auch in diesem Fall sind die Mehrheitserfordernisse gem. § 240 Abs. 1 S. 1 erfüllt (zu den Voraussetzungen der Drei-Viertel-Mehrheit Widmann/Mayer/*Rieger* § 240 Rn. 12). Rechtsfolge ist, dass nur der zustimmende Gesellschafter als Gründer gilt. Etwaige Haftungsfolgen können im Innenverhältnis in Gesellschaftervereinbarungen geregelt werden (Semler/Stengel/*Scheel* Rn. 12).

Anmeldung des Formwechsels

246

(1) **Die Anmeldung nach § 198 ist durch das Vertretungsorgan der formwechselnden Gesellschaft vorzunehmen.**

(2) **Zugleich mit der neuen Rechtsform oder mit dem Rechtsträger neuer Rechtsform sind die Geschäftsführer der Gesellschaft mit beschränkter Haftung, die Vorstandsmitglieder der Aktiengesellschaft oder die persönlich haftenden Gesellschafter der Kommanditgesellschaft auf Aktien zur Eintragung in das Register anzumelden.**

(3) **§ 8 Abs. 2 des Gesetzes betreffend die Gesellschaften mit beschränkter Haftung und § 37 Abs. 1 des Aktiengesetzes sind auf die Anmeldung nach § 198 nicht anzuwenden.**

I. Allgemeines

1 § 246 konkretisiert § 198 in Bezug auf die Anmeldung des Formwechsels einer KapG in eine andere Kapitalgesellschaftsform. **Abs. 1** bestimmt, wer die nach § 198 durchzuführende Anmeldung des Formwechsels vorzunehmen hat. Im Interesse der Rechtsklarheit sind die gesetzlichen Vertreter der KapG neuer Rechtsform gleichzeitig mit der Anmeldung des Formwechsels zur Eintragung in das Handelsregister anzumelden **(Abs. 2).** Nach **Abs. 3** finden § 8 Abs. 2 GmbHG und § 37 Abs. 1 AktG, wonach die Geschäftsführer bzw. der Vorstand eine Versicherung über die ordnungsgemäße Leistung der Einlagen abgeben müssen, keine Anwendung.

II. Einzelerläuterungen

1. Adressat der Anmeldepflicht (Abs. 1). § 246 Abs. 1 stellt im Hinblick auf die Anwendbarkeit der Gründungsvorschriften (§ 197 S. 1) klar, dass die Anmeldung nicht etwa durch die gesetzlichen Vertreter der Gesellschaft neuer Rechtsform, sondern durch das **Vertretungsorgan der formwechselnden Gesellschaft** vorzunehmen ist. Zur erforderlichen Anzahl mitwirkender Organmitglieder sowie der Möglichkeit der Vertretung → § 235 Rn. 2. 2

2. Anmeldung der gesetzlichen Vertreter der Gesellschaft neuer Rechtsform (Abs. 2). Mit der Eintragung der neuen Rechtsform endet die Organstellung der gesetzlichen Vertreter der formwechselnden Gesellschaft (vgl. Kallmeyer/*Blasche* Rn. 3; Lutter UmwG/*Göthel* Rn. 9). Abs. 2 bestimmt daher, dass die gesetzlichen Vertreter der Gesellschaft neuer Rechtsform gleichzeitig mit der neuen Rechtsform zur Eintragung anzumelden sind: Da der Formwechsel mit der Eintragung der neuen Rechtsform wirksam wird, soll in diesem Zeitpunkt auch Klarheit über die neuen Vertretungsverhältnisse bestehen (RegBegr. BT-Drs. 12/6699, 158). Im Übrigen sind über die Verweisung in § 197 S. 1 die Vorgaben der § 8 GmbHG, §§ 37, 282 f. AktG (mit Ausnahme von § 8 Abs. 2 GmbHG und § 37 Abs. 1 AktG) zu beachten (vgl. zu Einzelheiten die dortige Kommentierung). 3

3. Keine Versicherung bezüglich der Einlageneinzahlung (Abs. 3). Gemäß Abs. 3 sind die Regelungen der § 8 Abs. 2 GmbHG, § 37 Abs. 1 AktG nicht anzuwenden. Einer Versicherung bezüglich der Einlageneinzahlung bedarf es bei der Anmeldung eines Formwechsels mithin nicht. Dem liegt zugrunde, dass beim Formwechsel aufgrund der Identität des Rechtsträgers keine Vermögensübertragung und damit keine Einlagenleistung erfolgt. 4

Wirkungen des Formwechsels

247 (1) **Durch den Formwechsel wird das bisherige Stammkapital einer formwechselnden Gesellschaft mit beschränkter Haftung zum Grundkapital der Gesellschaft neuer Rechtsform oder das bisherige Grundkapital einer formwechselnden Aktiengesellschaft oder Kommanditgesellschaft auf Aktien zum Stammkapital der Gesellschaft neuer Rechtsform.**

(2) **Durch den Formwechsel einer Kommanditgesellschaft auf Aktien scheiden deren persönlich haftende Gesellschafter als solche aus der Gesellschaft aus.**

I. Allgemeines

Abs. 1 enthält spezielle Regelungen zum **Fortbestand des Nennkapitals** beim Formwechsel zwischen Kapitalgesellschaftsformen; **Abs. 2** sieht die zwingende **Beendigung der Komplementärstellung** beim Formwechsel einer KGaA in eine andere Kapitalgesellschaftsform vor. Zu den allgemeinen Wirkungen des Formwechsels vgl. die Kommentierungen zu §§ 202, 203 (→ § 202 Rn. 1 ff. und → § 203 Rn. 1 ff.). 1

II. Einzelerläuterungen

1. Kontinuität des Nennkapitals (Abs. 1). Gemäß Abs. 1 entspricht der Gesamtbetrag des Nennkapitals der Gesellschaft neuer Rechtsform nach dem Formwechsel dem Gesamtbetrag des Nennkapitals des formwechselnden Rechtsträgers im Zeitpunkt des Wirksamwerdens des Formwechsels gem. § 202. Die Vorschrift regelt ihrem Wortlaut nach nur das Verhältnis zwischen Stamm- und Grundkapital beim Formwechsel einer GmbH in eine AG oder KGaA und umgekehrt. Für den Wechsel zwischen den Rechtsformen der AG und der KGaA gilt indes das Gleiche; dies folgt bereits aus dem Grundsatz der Identität des Rechtsträgers und bedarf daher keiner ausdrücklichen gesetzlichen Anordnung (vgl. Semler/Stengel/*Scheel* Rn. 2). Eine ggf. erforderliche Veränderung der Kapitalziffern ist nur im Wege einer Kapitalerhöhung bzw. Kapitalherabsetzung nach den allgemeinen Vorschriften möglich (§ 243 Abs. 2, → § 243 Rn. 1 ff.); eine freie Festsetzung des Nennkapitals der neuen Rechtsform ist daher nicht zulässig, insbesondere nicht durch die – nur deklaratorisch wirkende – Festlegung einer Kapitalziffer in Satzung oder Gesellschaftsvertrag der neuen Rechtsform (→ § 243 Rn. 6). Bei Umstellung des Nennbetrags auf den Euro im Zuge des Formwechsels ist § 318 Abs. 2 zu beachten (Lutter UmwG/*Göthel* Rn. 5; SHS/*Westerburg* Rn. 2). Zur Festsetzung des Nennbetrags der einzelnen Anteile an der neuen Rechtsform vgl. § 243 Abs. 3 und die dortige Kommentierung (→ § 243 Rn. 1 ff.). 2

Auch ohne ausdrückliche gesetzliche Anordnung bestehen ferner **bedingte und genehmigte Kapitalia** des formwechselnden Rechtsträgers unverändert fort, soweit entsprechende Kapitalia auch in der Zielrechtsform zulässig sind (etwa beim Formwechsel zwischen AG und KGaA oder beim Formwechsel einer AG in eine SE nach der SE-VO). Dies folgt aus dem Identitätsprinzip (→ § 190 Rn. 2) sowie aus dem Rechtsgedanken des Abs. 1 und des § 243 Abs. 2 (vgl. auch Semler/Stengel/*Scheel* 3

Rn. 2). Nach Einführung des genehmigten Kapitals für die GmbH durch das MoMiG (§ 55a GmbHG nF) bestehen genehmigte Kapitalia der AG/KGaA daher beim Formwechsel in die GmbH in gleicher Höhe fort (zu Fragen des bedingten Kapitals beim Formwechsel einer AG/KGaA in eine GmbH vgl. Semler/Stengel/*Mutter* § 243 Rn. 27).

4 **2. Möglichkeit der Rückwirkung einer Kapitaländerung.** Vor Inkrafttreten des Zweiten Gesetzes zur Änderung des UmwG (Gesetz vom 19.4.2007, BGBl. 2007 I 542) enthielt § 247 Abs. 2 eine ausdrückliche Regelung zur Rückwirkung einer vereinfachten Kapitalherabsetzung nach dem Formwechsel einer GmbH in eine AG/KGaA. Die Streichung der Vorschrift wurde damit begründet, dass sie zu dem Fehlschluss verleite, eine rückwirkende vereinfachte Kapitalherabsetzung sei im umgekehrten Fall des Formwechsels einer AG/KGaA in eine GmbH unzulässig (RegBegr. BT-Drs. 16/2919, 20). Damit ist klargestellt, dass eine vereinfachte Kapitalherabsetzung stets auch dann bilanziell im Jahresabschluss für das letzte vor der Beschlussfassung über die Kapitalherabsetzung abgelaufene Geschäftsjahr berücksichtigt werden kann (§ 58e Abs. 1 S. 1 GmbHG, § 234 Abs. 1 AktG), wenn zwischenzeitlich ein Formwechsel stattfand und der letzte Jahresabschluss noch für den Rechtsträger in der alten Rechtsform erstellt wird. Gleiches gilt im Fall einer gleichzeitigen Kapitalerhöhung (§ 58f Abs. 1 S. 1 GmbHG; § 235 Abs. 1 S. 1 AktG). In beiden Fällen ist die Rückbeziehung eine Ausprägung des Identitätsprinzips (Lutter UmwG/*Göthel* Rn. 17).

5 **3. Ausscheiden des Komplementärs (Abs. 2). a) Ausscheiden kraft Gesetzes.** Der persönlich haftende Gesellschafter einer KGaA scheidet als solcher, dh **in seiner Stellung als Komplementär,** mit Wirksamwerden des Formwechsels in eine andere Kapitalgesellschaftsform **zwingend** aus der Gesellschaft aus (zur Wahlmöglichkeit beim Formwechsel in eine Personen(handels)gesellschaft → § 233 Rn. 10). Für eine etwaige Kommanditbeteiligung hingegen erhält er Anteile an der Gesellschaft neuer Rechtsform. Will sich der „Nur-Komplementär" an der Zielrechtsform (GmbH oder AG) beteiligen, kann er entweder vor dem Formwechsel Kommanditaktionär werden oder nach dem Formwechsel Geschäftsanteile bzw. Aktien im Zuge einer Kapitalerhöhung erwerben. Streitig ist, ob der ausscheidende Komplementär mit Blick auf die gesellschaftsrechtliche Treuepflicht analog § 139 HGB die Durchführung einer Kapitalmaßnahme verlangen kann, durch die er als GmbH-Gesellschafter bzw. Aktionär aufgenommen wird (so etwa Goutier/Knopf/Tulloch/*Laumann* § 247 Rn. 14). Die Annahme eines solchen Anspruchs überzeugt nicht (Semler/Stengel/*Scheel* Rn. 17 f.). Da der Formwechsel grundsätzlich die Zustimmung jedes Komplementärs erfordert (§ 240 Abs. 3 S. 1), hat er – in den Grenzen nicht treuwidrigen Handelns – stattdessen die Möglichkeit, seine Zustimmung von einer Kapitalbeteiligung abhängig zu machen. Genügt aufgrund entsprechender Satzungsregelung eine Mehrheitsentscheidung der Komplementäre (§ 240 Abs. 3 S. 2), hat der einzelne Komplementär von vornherein in Kauf genommen, an der Gesellschaft neuer Rechtsform nicht beteiligt zu sein (Semler/Stengel/*Scheel* Rn. 18). Zur Abfindung infolge des Formwechsels ausscheidender Komplementäre vgl. die Erläuterungen zu § 227 (→ § 227 Rn. 1 ff.).

6 **b) Haftung.** Den ausscheidenden Komplementär trifft für die **bis zur Wirksamkeit** des Formwechsels begründeten Verbindlichkeiten der KGaA die fünfjährige **Nachhaftung** gem. § 278 Abs. 2 AktG iVm § 161 Abs. 2 HGB, § 160 HGB (vgl. auch § 249 iVm § 224). Für **nach seinem Ausscheiden** neu entstehende Verbindlichkeiten der Gesellschaft haftet der ausscheidende Komplementär nicht. Teilweise wird zwar eine fortdauernde Rechtsscheinhaftung (insbesondere § 15 HGB) für möglich gehalten (Lutter UmwG/*Göthel* Rn. 22). Allerdings dürfte die Eintragung der neuen Rechtsform GmbH oder AG jeglichem Rechtsschein der persönlichen Haftung eines Gesellschafters entgegenstehen (Semler/Stengel/*Scheel* Rn. 15).

Umtausch der Anteile

248 (1) **Auf den Umtausch der Geschäftsanteile einer formwechselnden Gesellschaft mit beschränkter Haftung gegen Aktien ist § 73 des Aktiengesetzes, bei Zusammenlegung von Geschäftsanteilen § 226 des Aktiengesetzes über die Kraftloserklärung von Aktien entsprechend anzuwenden.**

(2) **Auf den Umtausch der Aktien einer formwechselnden Aktiengesellschaft oder Kommanditgesellschaft auf Aktien gegen Geschäftsanteile einer Gesellschaft mit beschränkter Haftung ist § 73 Abs. 1 und 2 des Aktiengesetzes, bei Zusammenlegung von Aktien § 226 Abs. 1 und 2 des Aktiengesetzes über die Kraftloserklärung von Aktien entsprechend anzuwenden.**

(3) **Einer Genehmigung des Gerichts bedarf es nicht.**

I. Allgemeines

§ 248 regelt ausschließlich die **praktische Umsetzung** des Umtausches von GmbH-Geschäftsanteilen und Aktien. Die rechtliche Beteiligung der Anteilsinhaber an der Gesellschaft neuer Rechtsform ergibt sich bereits aus § 202 Abs. 1 Nr. 2. Der normative Gehalt des § 248 erschöpft sich darin, für den Tausch von GmbH-Anteilen in Aktien im Zuge des Formwechsels einer GmbH in eine AG oder KGaA die vollständige Anwendung der §§ 73 und 226 AktG **(Abs. 1)** bzw. für den umgekehrten Fall des Tauschs von Aktien in GmbH-Anteile lediglich ihrer jeweiligen Absätze 1 und 2 **(Abs. 2)** anzuordnen sowie eine gerichtliche Genehmigung des Anteilsumtauschs für entbehrlich zu erklären **(Abs. 3).** 1

II. Einzelerläuterung

1. Formwechsel einer GmbH in eine AG/KGaA (Abs. 1). Ein physischer Austausch von Anteilsscheinen findet idR nicht statt: Zum einen werden für GmbH-Geschäftsanteile nur selten überhaupt Anteilsscheine ausgegeben, zum anderen stellen sie keine Wertpapiere dar (SHS/*Westerburg* Rn. 2; Semler/Stengel/*Scheel* Rn. 1; Widmann/Mayer/*Rieger* Rn. 9). IdR wird daher der bisherige GmbH-Gesellschafter gegen Nachweis seiner Mitgliedschaft für seine Geschäftsanteile Aktien – sofern diese einzelverbrieft sind, in Form von Aktienurkunden – erhalten (Lutter UmwG/*Göthel* Rn. 4). Entsprechend § 73 Abs. 1 AktG kann die Gesellschaft die (Neu-)Aktionäre zur Abholung der Aktienurkunden innerhalb einer angemessenen Frist nach der Beschlussfassung über den Formwechsel auffordern, wobei auf die Möglichkeit der Hinterlegung der Aktienurkunden (§ 73 Abs. 3 AktG) hinzuweisen ist (Lutter UmwG/*Göthel* Rn. 5 f.; Semler/Stengel/*Scheel* Rn. 5; für die Zulässigkeit einer Aufforderung bereits vor Beschlussfassung SHS/*Westerburg* Rn. 2). Nicht abgeholte Aktienurkunden können nach Fristablauf hinterlegt werden. Eine Genehmigung des Gerichts gem. § 73 Abs. 1 AktG ist nicht erforderlich (arg. e. § 248 Abs. 3; Kallmeyer/*Blasche* Rn. 3; Lutter UmwG/*Göthel* Rn. 8; SHS/*Westerburg* Rn. 3; Semler/Stengel/*Scheel* Rn. 14, der aber eine Anzeige gegenüber dem Registergericht für notwendig hält). Etwaige Anteilsscheine können – sofern dies mit der Aufforderung zur Abholung angedroht wurde (§ 73 Abs. 2 AktG) – nach Fristablauf für kraftlos erklärt werden. Zwingend ist dies wegen der reinen Beweisfunktion (SHS/*Westerburg* Rn. 7) der Scheine nicht. Vgl. zum Verfahren iÜ die Kommentierung zu § 73 AktG (→ AktG § 73 Rn. 1 ff.). 2

Neben § 73 AktG ist auch § 226 AktG (Kraftloserklärung bei Zusammenlegung von Anteilen) anwendbar. Hierfür ist es unerheblich, ob tatsächlich Anteilsscheine ausgegeben worden sind (Lutter UmwG/*Göthel* Rn. 14; SHS/*Westerburg* Rn. 5). Eine Zusammenlegung findet nur dann statt, wenn nicht beteiligungsfähige Spitzen entstehen, weil einzelne Gesellschafter sich nicht im Gesamtnennbetrag ihrer jeweiligen GmbH-Geschäftsanteile an der AG/KGaA beteiligen können. In der Praxis kommt dies selten vor, da eine entsprechende Einteilung des Grundkapitals die Zustimmung der betroffenen Gesellschafter gem. § 241 Abs. 1 erfordert und eine vollständige Beteiligung bei Einteilung in Aktien, auf die jeweils nur 1 EUR des Grundkapitals entfällt, idR möglich sein wird (vgl. hierzu Lutter UmwG/*Göthel* Rn. 13; SHS/*Westerburg* Rn. 5). 3

2. Formwechsel einer AG/KGaA in eine GmbH (Abs. 2). Gemäß Abs. 2 finden beim Umtausch von Aktien in GmbH-Geschäftsanteile – anders als beim Umtausch von GmbH-Anteilen in Aktien nach Abs. 1 – nur die Abs. 1 und 2 der §§ 73 und 226 AktG Anwendung. Weder die Ausgabe von Anteilsscheinen oder die Hinterlegung der GmbH-Anteile (§ 73 Abs. 3) noch die öffentliche Versteigerung zusammengelegter GmbH-Geschäftsanteile sind daher in diesem Falle möglich (SHS/*Westerburg* Rn. 6). 4

Für GmbH-Geschäftsanteile werden in aller Regel keine Anteilsscheine ausgegeben. Der „Umtausch" nach § 73 Abs. 1 AktG erschöpft sich daher in der Rückgabe der Aktienurkunden oder der anderweitigen Legitimationsnachweise verbunden mit der Feststellung des auf die Aktien entfallenden Geschäftsanteils sowie des Inhabers dieses Geschäftsanteils (Kallmeyer/*Blasche* Rn. 6; SHS/*Westerburg* Rn. 7). Im Unterschied zu Abs. 1 ist die Gesellschaft entgegen dem Wortlaut des § 73 Abs. 1 AktG aus Gründen des Verkehrsschutzes dazu **verpflichtet,** nicht eingereichte Aktien für kraftlos zu erklären (SHS/*Westerburg* Rn. 7; Semler/Stengel/*Scheel* Rn. 24; Widmann/Mayer/*Rieger* Rn. 47 f.; aA Goutier/Knopf/Tulloch/*Laumann* Rn. 19). 5

Eine Zusammenlegung iSd § 226 Abs. 1, 2 AktG kann in Betracht kommen, wenn erst durch Zusammenfassung der Aktien mehrerer Aktionäre der Nennbetrag eines GmbH-Geschäftsanteils erreicht wird. Die Zusammenlegung führt zu einem gemeinsamen Geschäftsanteil der Betroffenen. Die Anteilsinhaber halten dann in Form einer GbR (§§ 705 ff. BGB) oder einer Bruchteilsgemeinschaft (§§ 741 ff. BGB) den gemeinsamen Geschäftsanteil (SHS/*Westerburg* Rn. 9; Widmann/Mayer/*Rieger* Rn. 58). 6

3. Übertragung von Anteilen zwischen Wirksamwerden des Formwechsels und Kraftloserklärung. Nach Wirksamwerden des Formwechsels einer GmbH in eine AG/KGaA richtet sich die Übertragung der Anteile nach Aktienrecht (Lutter UmwG/*Göthel* Rn. 38; SHS/*Westerburg* Rn. 4; 7

Semler/Stengel/*Scheel* Rn. 32). Im Falle des Formwechsels einer AG/KGaA in eine GmbH sollen nach hM GmbH-Geschäftsanteile im Interesse des Verkehrsschutzes noch bis zur Kraftloserklärung der Aktienurkunde nach Maßgabe des Aktienrechts durch bloße Einigung und Übergabe der Aktienurkunde nach §§ 929 ff. BGB übertragen werden können (BGH 2.7.1956, BGHZ 21, 175 = NJW 1956, 1317; Lutter UmwG/*Göthel* Rn. 34, 36 f.; SHS/*Westerburg* Rn. 10; aA Semler/Stengel/*Scheel* Rn. 35).

Gläubigerschutz

249 **Auf den Formwechsel einer Kommanditgesellschaft auf Aktien in eine Gesellschaft mit beschränkter Haftung oder in eine Aktiengesellschaft ist auch § 224 entsprechend anzuwenden.**

1 Der persönlich haftende Gesellschafter einer KGaA, die in eine GmbH oder AG umgewandelt wird, scheidet zwingend mit Eintragung der neuen Rechtsform in seiner Stellung als Komplementär aus der Gesellschaft aus (§ 247 Abs. 2). § 249 ergänzt § 204, indem er für die **Fortdauer und die zeitliche Begrenzung** der **persönlichen Haftung** des ausscheidenden Komplementärs auf § 224 verweist. Der Komplementär haftet für die im Zeitpunkt seines Ausscheidens entstandenen Verbindlichkeiten (unerheblich ist, ob er nach dem Formwechsel an der GmbH bzw. AG beteiligt ist; es kommt lediglich auf das Ausscheiden „als Komplementär" an, vgl. Lutter UmwG/*Göthel* Rn. 8; Semler/Stengel/*Scheel* Rn. 2 f.), die vor Ablauf von fünf Jahren fällig und gegen ihn geltend gemacht werden. Die Nachhaftungsfrist beginnt mit der **Bekanntmachung** der Eintragung des Formwechsels im Handelsregister (§ 224 Abs. 3 S. 1). Im Übrigen wird auf die Kommentierung zu § 224 (→ § 224 Rn. 1 ff.) verwiesen.

Nicht anzuwendende Vorschriften

250 **Die §§ 207 bis 212 sind auf den Formwechsel einer Aktiengesellschaft in eine Kommanditgesellschaft auf Aktien oder einer Kommanditgesellschaft auf Aktien in eine Aktiengesellschaft nicht anzuwenden.**

1 Beim Formwechsel einer **AG in eine KGaA oder umgekehrt** muss den Aktionären **kein Abfindungsgebot** nach den §§ 207 ff. unterbreitet werden. Sie haben nur das allgemeine (ggf. durch Vinkulierung beschränkte) Veräußerungsrecht, nicht aber einen Anspruch gegen die Gesellschaft auf entgeltliches Ausscheiden. Mangels Erforderlichkeit eines Barabfindungsangebots müssen weder der Umwandlungsbeschluss noch der Umwandlungsbericht Angaben zum Barabfindungsangebot enthalten (Lutter UmwG/*Göthel* Rn. 5; SHS/*Westerburg* Rn. 1; Semler/Stengel/*Scheel* Rn. 3).

2 Die Regelung des § 250 rechtfertigt sich dadurch, dass beim Formwechsel zwischen AG und KGaA die **Rechtsstellung** des einzelnen Aktionärs **im Wesentlichen unverändert** bleibt, sodass ihm auch bei einer Umwandlung mit Mehrheitsbeschluss das Verbleiben in der Gesellschaft oder die selbstständige Veräußerung seiner Aktie(n) zugemutet werden kann (RegBegr. BT-Drs. 12/6699, 159). Die Regelung gilt entsprechend für den Formwechsel einer AG in eine SE nach Maßgabe der SE-VO (vgl. dazu *Drinhausen* in HMD SE-HdB 4. Abschnitt § 5 Rn. 47 ff.).

Vierter Unterabschnitt. Formwechsel in eine eingetragene Genossenschaft

Vorbereitung und Durchführung der Versammlung der Anteilsinhaber

251 (1) [1] **Auf die Vorbereitung der Gesellschafterversammlung oder der Hauptversammlung, die den Formwechsel beschließen soll, sind die §§ 229 bis 231 entsprechend anzuwenden.** [2] **§ 192 Abs. 2 bleibt unberührt.**

(2) **Auf die Gesellschafterversammlung oder die Hauptversammlung, die den Formwechsel beschließen soll, ist § 239 Abs. 1 Satz 1, auf die Hauptversammlung auch § 239 Abs. 1 Satz 2 und Abs. 2 entsprechend anzuwenden.**

Beschluß der Versammlung der Anteilsinhaber

252 (1) **Der Umwandlungsbeschluß der Gesellschafterversammlung oder der Hauptversammlung bedarf, wenn die Satzung der Genossenschaft eine Verpflichtung der Mitglieder zur Leistung von Nachschüssen vorsieht, der Zustimmung aller anwesenden Gesellschafter oder Aktionäre; ihm müssen auch die nicht erschienenen Anteilsinhaber zustimmen.**

(2) [1] **Sollen die Mitglieder nicht zur Leistung von Nachschüssen verpflichtet werden, so bedarf der Umwandlungsbeschluß einer Mehrheit von mindestens drei Vierteln der bei der**

Gesellschafterversammlung einer Gesellschaft mit beschränkter Haftung abgegebenen Stimmen oder des bei der Beschlußfassung einer Aktiengesellschaft oder einer Kommanditgesellschaft auf Aktien vertretenen Grundkapitals; § 50 Abs. 2 und § 65 Abs. 2 sind entsprechend anzuwenden. 2 Der Gesellschaftsvertrag oder die Satzung der formwechselnden Gesellschaft kann eine größere Mehrheit und weitere Erfordernisse bestimmen.

(3) **Auf den Formwechsel einer Kommanditgesellschaft auf Aktien ist § 240 Abs. 3 entsprechend anzuwenden.**

Inhalt des Umwandlungsbeschlusses

253 (1) **1 In dem Umwandlungsbeschluß muß auch die Satzung der Genossenschaft enthalten sein. 2 Eine Unterzeichnung der Satzung durch die Mitglieder ist nicht erforderlich.**

(2) **1 Der Umwandlungsbeschluß muß die Beteiligung jedes Mitglieds mit mindestens einem Geschäftsanteil vorsehen. 2 In dem Beschluß kann auch bestimmt werden, daß jedes Mitglied bei der Genossenschaft mit mindestens einem und im übrigen mit so vielen Geschäftsanteilen, wie sie durch Anrechnung seines Geschäftsguthabens bei dieser Genossenschaft als voll eingezahlt anzusehen sind, beteiligt wird.**

Anmeldung des Formwechsels

254 (1) **Die Anmeldung nach § 198 einschließlich der Anmeldung der Satzung der Genossenschaft ist durch das Vertretungsorgan der formwechselnden Gesellschaft vorzunehmen.**

(2) **Zugleich mit der Genossenschaft sind die Mitglieder ihres Vorstandes zur Eintragung in das Register anzumelden.**

Wirkungen des Formwechsels

255 (1) **1 Jeder Anteilsinhaber, der die Rechtsstellung eines Mitglieds erlangt, ist bei der Genossenschaft nach Maßgabe des Umwandlungsbeschlusses beteiligt. 2 Eine Verpflichtung zur Übernahme weiterer Geschäftsanteile bleibt unberührt. 3 § 202 Abs. 1 Nr. 2 Satz 2 ist mit der Maßgabe anzuwenden, daß die an den bisherigen Anteilen bestehenden Rechte Dritter an den durch den Formwechsel erlangten Geschäftsguthaben weiterbestehen.**

(2) **Das Gericht darf eine Auflösung der Genossenschaft von Amts wegen nach § 80 des Genossenschaftsgesetzes nicht vor Ablauf eines Jahres seit dem Wirksamwerden des Formwechsels aussprechen.**

(3) **Durch den Formwechsel einer Kommanditgesellschaft auf Aktien scheiden deren persönlich haftende Gesellschafter als solche aus dem Rechtsträger aus.**

Geschäftsguthaben; Benachrichtigung der Mitglieder

256 (1) **Jedem Mitglied ist als Geschäftsguthaben der Wert der Geschäftsanteile oder der Aktien gutzuschreiben, mit denen es an der formwechselnden Gesellschaft beteiligt war.**

(2) **1 Übersteigt das durch den Formwechsel erlangte Geschäftsguthaben eines Mitglieds den Gesamtbetrag der Geschäftsanteile, mit denen es bei der Genossenschaft beteiligt ist, so ist der übersteigende Betrag nach Ablauf von sechs Monaten seit dem Tage, an dem die Eintragung der Genossenschaft in das Register bekannt gemacht worden ist, an das Mitglied auszuzahlen. 2 Die Auszahlung darf jedoch nicht erfolgen, bevor die Gläubiger, die sich nach § 204 in Verbindung mit § 22 gemeldet haben, befriedigt oder sichergestellt sind.**

(3) **Die Genossenschaft hat jedem Mitglied unverzüglich nach der Bekanntmachung der Eintragung der Genossenschaft in das Register in Textform mitzuteilen:**

1. **den Betrag seines Geschäftsguthabens;**
2. **den Betrag und die Zahl der Geschäftsanteile, mit denen es bei der Genossenschaft beteiligt ist;**
3. **den Betrag der von dem Mitglied nach Anrechnung seines Geschäftsguthabens noch zu leistenden Einzahlung oder den Betrag, der nach Absatz 2 an das Mitglied auszuzahlen ist;**
4. **den Betrag der Haftsumme der Genossenschaft, sofern die Mitglieder Nachschüsse bis zu einer Haftsumme zu leisten haben.**

Gläubigerschutz

257 Auf den Formwechsel einer Kommanditgesellschaft auf Aktien ist auch § 224 entsprechend anzuwenden.

Dritter Abschnitt. Formwechsel eingetragener Genossenschaften

Möglichkeit des Formwechsels

258 (1) Eine eingetragene Genossenschaft kann auf Grund eines Umwandlungsbeschlusses nach diesem Gesetz nur die Rechtsform einer Kapitalgesellschaft erlangen.

(2) Der Formwechsel ist nur möglich, wenn auf jedes Mitglied, das an der Gesellschaft neuer Rechtsform beteiligt wird, als beschränkt haftender Gesellschafter ein Geschäftsanteil, dessen Nennbetrag auf volle Euro lautet, oder als Aktionär mindestens eine volle Aktie entfällt.

Gutachten des Prüfungsverbandes

259 Vor der Einberufung der Generalversammlung, die den Formwechsel beschließen soll, ist eine gutachtliche Äußerung des Prüfungsverbandes einzuholen, ob der Formwechsel mit den Belangen der Mitglieder und der Gläubiger der Genossenschaft vereinbar ist, insbesondere ob bei der Festsetzung des Stammkapitals oder des Grundkapitals § 263 Abs. 2 Satz 2 und § 264 Abs. 1 beachtet sind (Prüfungsgutachten).

Vorbereitung der Generalversammlung

260 (1) [1] Der Vorstand der formwechselnden Genossenschaft hat allen Mitgliedern spätestens zusammen mit der Einberufung der Generalversammlung, die den Formwechsel beschließen soll, diesen Formwechsel als Gegenstand der Beschlußfassung in Textform anzukündigen. [2] In der Ankündigung ist auf die für die Beschlußfassung nach § 262 Abs. 1 erforderlichen Mehrheiten sowie auf die Möglichkeit der Erhebung eines Widerspruchs und die sich daraus ergebenden Rechte hinzuweisen.

(2) [1] Auf die Vorbereitung der Generalversammlung sind § 230 Absatz 2 und § 231 entsprechend anzuwenden. [2] § 192 Abs. 2 bleibt unberührt.

(3) [1] In dem Geschäftsraum der formwechselnden Genossenschaft ist von der Einberufung der Generalversammlung an, die den Formwechsel beschließen soll, außer den sonst erforderlichen Unterlagen auch das nach § 259 erstattete Prüfungsgutachten zur Einsicht der Mitglieder auszulegen. [2] Auf Verlangen ist jedem Mitglied unverzüglich und kostenlos eine Abschrift dieses Prüfungsgutachtens zu erteilen. [3] Die Verpflichtungen nach den Sätzen 1 und 2 entfallen, wenn das Prüfungsgutachten für denselben Zeitraum über die Internetseite der Genossenschaft zugänglich ist.

Durchführung der Generalversammlung

261 (1) [1] In der Generalversammlung, die den Formwechsel beschließen soll, ist der Umwandlungsbericht, sofern er nach diesem Buch erforderlich ist, und das nach § 259 erstattete Prüfungsgutachten auszulegen. [2] Der Vorstand hat den Umwandlungsbeschluß zu Beginn der Verhandlung mündlich zu erläutern.

(2) [1] Das Prüfungsgutachten ist in der Generalversammlung zu verlesen. [2] Der Prüfungsverband ist berechtigt, an der Generalversammlung beratend teilzunehmen.

Beschluß der Generalversammlung

262 (1) [1] Der Umwandlungsbeschluß der Generalversammlung bedarf einer Mehrheit von mindestens drei Vierteln der abgegebenen Stimmen. [2] Er bedarf einer Mehrheit von neun Zehnteln der abgegebenen Stimmen, wenn spätestens bis zum Ablauf des dritten Tages vor der Generalversammlung mindestens 100 Mitglieder, bei Genossenschaften mit weniger als 1000 Mitgliedern ein Zehntel der Mitglieder, durch eingeschriebenen Brief Widerspruch gegen den Formwechsel erhoben haben. [3] Die Satzung kann größere Mehrheiten und weitere Erfordernisse bestimmen.

(2) **Auf den Formwechsel in eine Kommanditgesellschaft auf Aktien ist § 240 Abs. 2 entsprechend anzuwenden.**

Inhalt des Umwandlungsbeschlusses

263 (1) **Auf den Umwandlungsbeschluß sind auch die §§ 218, 243 Abs. 3 und § 244 Abs. 2 entsprechend anzuwenden.**

(2) [1]**In dem Beschluß ist bei der Festlegung von Zahl, Art und Umfang der Anteile (§ 194 Abs. 1 Nr. 4) zu bestimmen, daß an dem Stammkapital oder an dem Grundkapital der Gesellschaft neuer Rechtsform jedes Mitglied, das die Rechtsstellung eines beschränkt haftenden Gesellschafters oder eines Aktionärs erlangt, in dem Verhältnis beteiligt wird, in dem am Ende des letzten vor der Beschlußfassung über den Formwechsel abgelaufenen Geschäftsjahres sein Geschäftsguthaben zur Summe der Geschäftsguthaben aller Mitglieder gestanden hat, die durch den Formwechsel Gesellschafter oder Aktionäre geworden sind.** [2]**Der Nennbetrag des Grundkapitals ist so zu bemessen, daß auf jedes Mitglied möglichst volle Aktien entfallen.**

(3) [1]**Die Geschäftsanteile einer Gesellschaft mit beschränkter Haftung sollen auf einen höheren Nennbetrag als hundert Euro nur gestellt werden, soweit auf die Mitglieder der formwechselnden Genossenschaft volle Geschäftsanteile mit dem höheren Nennbetrag entfallen.** [2]**Aktien können auf einen höheren Betrag als den Mindestbetrag nach § 8 Abs. 2 und 3 des Aktiengesetzes nur gestellt werden, soweit volle Aktien mit dem höheren Betrag auf die Mitglieder entfallen.** [3]**Wird das Vertretungsorgan der Aktiengesellschaft oder der Kommanditgesellschaft auf Aktien in der Satzung ermächtigt, das Grundkapital bis zu einem bestimmten Nennbetrag durch Ausgabe neuer Aktien gegen Einlagen zu erhöhen, so darf die Ermächtigung nicht vorsehen, daß das Vertretungsorgan über den Ausschluß des Bezugsrechts entscheidet.**

Kapitalschutz

264 (1) **Der Nennbetrag des Stammkapitals einer Gesellschaft mit beschränkter Haftung oder des Grundkapitals einer Aktiengesellschaft oder einer Kommanditgesellschaft auf Aktien darf das nach Abzug der Schulden verbleibende Vermögen der formwechselnden Genossenschaft nicht übersteigen.**

(2) **Beim Formwechsel in eine Gesellschaft mit beschränkter Haftung sind die Mitglieder der formwechselnden Genossenschaft nicht verpflichtet, einen Sachgründungsbericht zu erstatten.**

(3) [1]**Beim Formwechsel in eine Aktiengesellschaft oder in eine Kommanditgesellschaft auf Aktien hat die Gründungsprüfung durch einen oder mehrere Prüfer (§ 33 Abs. 2 des Aktiengesetzes) in jedem Fall stattzufinden.** [2]**Jedoch sind die Mitglieder der formwechselnden Genossenschaft nicht verpflichtet, einen Gründungsbericht zu erstatten; die §§ 32, 35 Abs. 1 und 2 und § 46 des Aktiengesetzes sind nicht anzuwenden.** [3]**Die für Nachgründungen in § 52 Abs. 1 des Aktiengesetzes bestimmte Frist von zwei Jahren beginnt mit dem Wirksamwerden des Formwechsels.**

Anmeldung des Formwechsels

265 [1]**Auf die Anmeldung nach § 198 ist § 222 Abs. 1 Satz 1 und Abs. 3 entsprechend anzuwenden.** [2]**Der Anmeldung ist das nach § 259 erstattete Prüfungsgutachten in Urschrift oder in öffentlich beglaubigter Abschrift beizufügen.**

Wirkungen des Formwechsels

266 (1) [1]**Durch den Formwechsel werden die bisherigen Geschäftsanteile zu Anteilen an der Gesellschaft neuer Rechtsform und zu Teilrechten.** [2]**§ 202 Abs. 1 Nr. 2 Satz 2 ist mit der Maßgabe anzuwenden, daß die an den bisherigen Geschäftsguthaben bestehenden Rechte Dritter an den durch den Formwechsel erlangten Anteilen und Teilrechten weiterbestehen.**

(2) **Teilrechte, die durch den Formwechsel entstehen, sind selbständig veräußerlich und vererblich.**

(3) [1]**Die Rechte aus einer Aktie einschließlich des Anspruchs auf Ausstellung einer Aktienurkunde können nur ausgeübt werden, wenn Teilrechte, die zusammen eine volle Aktie**

ergeben, in einer Hand vereinigt sind oder wenn mehrere Berechtigte, deren Teilrechte zusammen eine volle Aktie ergeben, sich zur Ausübung der Rechte zusammenschließen. [2]Der Rechtsträger soll die Zusammenführung von Teilrechten zu vollen Aktien vermitteln.

Benachrichtigung der Anteilsinhaber

267 (1) [1]**Das Vertretungsorgan der Gesellschaft neuer Rechtsform hat jedem Anteilsinhaber unverzüglich nach der Bekanntmachung der Eintragung der Gesellschaft in das Register deren Inhalt sowie die Zahl und, mit Ausnahme von Stückaktien, den Nennbetrag der Anteile und des Teilrechts, die auf ihn entfallen sind, in Textform mitzuteilen. [2]Dabei soll auf die Vorschriften über Teilrechte in § 266 hingewiesen werden.**

(2) [1]**Zugleich mit der Mitteilung ist deren wesentlicher Inhalt in den Gesellschaftsblättern bekanntzumachen. [2]Der Hinweis nach Absatz 1 Satz 2 braucht in die Bekanntmachung nicht aufgenommen zu werden.**

Aufforderung an die Aktionäre; Veräußerung von Aktien

268 (1) [1]**In der Mitteilung nach § 267 sind Aktionäre aufzufordern, die ihnen zustehenden Aktien abzuholen. [2]Dabei ist darauf hinzuweisen, daß die Gesellschaft berechtigt ist, Aktien, die nicht binnen sechs Monaten seit der Bekanntmachung der Aufforderung in den Gesellschaftsblättern abgeholt werden, nach dreimaliger Androhung für Rechnung der Beteiligten zu veräußern. [3]Dieser Hinweis braucht nicht in die Bekanntmachung der Aufforderung in den Gesellschaftsblättern aufgenommen zu werden.**

(2) [1]**Nach Ablauf von sechs Monaten seit der Bekanntmachung der Aufforderung in den Gesellschaftsblättern hat die Gesellschaft neuer Rechtsform die Veräußerung der nicht abgeholten Aktien anzudrohen. [2]Die Androhung ist dreimal in Abständen von mindestens einem Monat in den Gesellschaftsblättern bekanntzumachen. [3]Die letzte Bekanntmachung muß vor dem Ablauf von einem Jahr seit der Bekanntmachung der Aufforderung ergehen.**

(3) [1]**Nach Ablauf von sechs Monaten seit der letzten Bekanntmachung der Androhung hat die Gesellschaft die nicht abgeholten Aktien für Rechnung der Beteiligten zum amtlichen Börsenpreis durch Vermittlung eines Kursmaklers und beim Fehlen eines Börsenpreises durch öffentliche Versteigerung zu veräußern. [2]§ 226 Abs. 3 Satz 2 bis 6 des Aktiengesetzes ist entsprechend anzuwenden.**

Hauptversammlungsbeschlüsse; genehmigtes Kapital

269 [1]**Solange beim Formwechsel in eine Aktiengesellschaft oder in eine Kommanditgesellschaft auf Aktien die abgeholten oder nach § 268 Abs. 3 veräußerten Aktien nicht insgesamt mindestens sechs Zehntel des Grundkapitals erreichen, kann die Hauptversammlung der Gesellschaft neuer Rechtsform keine Beschlüsse fassen, die nach Gesetz oder Satzung einer Kapitalmehrheit bedürfen. [2]Das Vertretungsorgan der Gesellschaft darf während dieses Zeitraums von einer Ermächtigung zu einer Erhöhung des Grundkapitals keinen Gebrauch machen.**

Abfindungsangebot

270 (1) **Das Abfindungsangebot nach § 207 Abs. 1 Satz 1 gilt auch für jedes Mitglied, das dem Formwechsel bis zum Ablauf des dritten Tages vor dem Tage, an dem der Umwandlungsbeschluß gefaßt worden ist, durch eingeschriebenen Brief widersprochen hat.**

(2) [1]**Zu dem Abfindungsangebot ist eine gutachtliche Äußerung des Prüfungsverbandes einzuholen. [2]§ 30 Abs. 2 Satz 2 und 3 ist nicht anzuwenden.**

Fortdauer der Nachschußpflicht

271 [1]**Wird über das Vermögen der Gesellschaft neuer Rechtsform binnen zwei Jahren nach dem Tage, an dem ihre Eintragung in das Register bekannt gemacht worden ist, das Insolvenzverfahren eröffnet, so ist jedes Mitglied, das durch den Formwechsel die Rechtsstellung eines beschränkt haftenden Gesellschafters oder eines Aktionärs erlangt hat, im Rahmen der Satzung der formwechselnden Genossenschaft (§ 6 Nr. 3 des Genossenschaftsgesetzes) zu Nachschüssen verpflichtet, auch wenn es seinen Geschäftsanteil oder seine Aktie veräußert hat. [2]Die §§ 105 bis 115a des Genossenschaftsgesetzes sind mit der Maßgabe**

entsprechend anzuwenden, daß nur solche Verbindlichkeiten der Gesellschaft zu berücksichtigen sind, die bereits im Zeitpunkt des Formwechsels begründet waren.

Vierter Abschnitt. Formwechsel rechtsfähiger Vereine

Erster Unterabschnitt. Allgemeine Vorschriften

Möglichkeit des Formwechsels

272 (1) **Ein rechtsfähiger Verein kann auf Grund eines Umwandlungsbeschlusses nur die Rechtsform einer Kapitalgesellschaft oder einer eingetragenen Genossenschaft erlangen.**

(2) **Ein Verein kann die Rechtsform nur wechseln, wenn seine Satzung oder Vorschriften des Landesrechts nicht entgegenstehen.**

Zweiter Unterabschnitt. Formwechsel in eine Kapitalgesellschaft

Möglichkeit des Formwechsels

273 **Der Formwechsel ist nur möglich, wenn auf jedes Mitglied, das an der Gesellschaft neuer Rechtsform beteiligt wird, als beschränkt haftender Gesellschafter ein Geschäftsanteil, dessen Nennbetrag auf volle Euro lautet, oder als Aktionär mindestens eine volle Aktie entfällt.**

Vorbereitung und Durchführung der Mitgliederversammlung

274 (1) [1]**Auf die Vorbereitung der Mitgliederversammlung, die den Formwechsel beschließen soll, sind die §§ 229, 230 Abs. 2 Satz 1 und 2, § 231 Satz 1 und § 260 Abs. 1 entsprechend anzuwenden.** [2]**§ 192 Abs. 2 bleibt unberührt.**

(2) **Auf die Mitgliederversammlung, die den Formwechsel beschließen soll, ist § 239 Abs. 1 Satz 1 und Abs. 2 entsprechend anzuwenden.**

Beschluß der Mitgliederversammlung

275 (1) **Der Umwandlungsbeschluß der Mitgliederversammlung bedarf, wenn der Zweck des Rechtsträgers geändert werden soll (§ 33 Abs. 1 Satz 2 des Bürgerlichen Gesetzbuchs), der Zustimmung aller anwesenden Mitglieder; ihm müssen auch die nicht erschienenen Mitglieder zustimmen.**

(2) [1]**In anderen Fällen bedarf der Umwandlungsbeschluß einer Mehrheit von mindestens drei Vierteln der abgegebenen Stimmen.** [2]**Er bedarf einer Mehrheit von mindestens neun Zehnteln der abgegebenen Stimmen, wenn spätestens bis zum Ablauf des dritten Tages vor der Mitgliederversammlung wenigstens hundert Mitglieder, bei Vereinen mit weniger als tausend Mitgliedern ein Zehntel der Mitglieder, durch eingeschriebenen Brief Widerspruch gegen den Formwechsel erhoben haben.** [3]**Die Satzung kann größere Mehrheiten und weitere Erfordernisse bestimmen.**

(3) **Auf den Formwechsel in eine Kommanditgesellschaft auf Aktien ist § 240 Abs. 2 entsprechend anzuwenden.**

Inhalt des Umwandlungsbeschlusses

276 (1) **Auf den Umwandlungsbeschluß sind auch die §§ 218, 243 Abs. 3, § 244 Abs. 2 und § 263 Abs. 2 Satz 2, Abs. 3 entsprechend anzuwenden.**

(2) **Die Beteiligung der Mitglieder am Stammkapital oder am Grundkapital der Gesellschaft neuer Rechtsform darf, wenn nicht alle Mitglieder einen gleich hohen Anteil erhalten sollen, nur nach einem oder mehreren der folgenden Maßstäbe festgesetzt werden:**

1. **bei Vereinen, deren Vermögen in übertragbare Anteile zerlegt ist, der Nennbetrag oder der Wert dieser Anteile;**
2. **die Höhe der Beiträge;**
3. **bei Vereinen, die zu ihren Mitgliedern oder einem Teil der Mitglieder in vertraglichen Geschäftsbeziehungen stehen, der Umfang der Inanspruchnahme von Leistungen des Ver-**

eins durch die Mitglieder oder der Umfang der Inanspruchnahme von Leistungen der Mitglieder durch den Verein;
4. ein in der Satzung bestimmter Maßstab für die Verteilung des Überschusses;
5. ein in der Satzung bestimmter Maßstab für die Verteilung des Vermögens;
6. die Dauer der Mitgliedschaft.

Kapitalschutz

277 Bei der Anwendung der für die neue Rechtsform maßgebenden Gründungsvorschriften ist auch § 264 entsprechend anzuwenden.

Anmeldung des Formwechsels

278 (1) Auf die Anmeldung nach § 198 ist § 222 Abs. 1 und 3 entsprechend anzuwenden.

(2) [1] Ist der formwechselnde Verein nicht in ein Handelsregister eingetragen, so hat sein Vorstand den bevorstehenden Formwechsel durch das in der Vereinssatzung für Veröffentlichungen bestimmte Blatt, in Ermangelung eines solchen durch dasjenige Blatt bekanntzumachen, das für Bekanntmachungen des Amtsgerichts bestimmt ist, in dessen Bezirk der formwechselnde Verein seinen Sitz hat. [2] Die Bekanntmachung tritt an die Stelle der Eintragung der Umwandlung in das Register nach § 198 Abs. 2 Satz 3. [3] § 50 Abs. 1 Satz 4 des Bürgerlichen Gesetzbuchs ist entsprechend anzuwenden.

(aufgehoben)

279

Wirkungen des Formwechsels

280 [1] Durch den Formwechsel werden die bisherigen Mitgliedschaften zu Anteilen an der Gesellschaft neuer Rechtsform und zu Teilrechten. [2] § 266 Abs. 1 Satz 2, Abs. 2 und 3 ist entsprechend anzuwenden.

Benachrichtigung der Anteilsinhaber; Veräußerung von Aktien; Hauptversammlungsbeschlüsse

281 (1) Auf die Benachrichtigung der Anteilsinhaber durch die Gesellschaft, auf die Aufforderung von Aktionären zur Abholung der ihnen zustehenden Aktien und auf die Veräußerung nicht abgeholter Aktien sind die §§ 267 und 268 entsprechend anzuwenden.

(2) Auf Beschlüsse der Hauptversammlung der Gesellschaft neuer Rechtsform sowie auf eine Ermächtigung des Vertretungsorgans zur Erhöhung des Grundkapitals ist § 269 entsprechend anzuwenden.

Abfindungsangebot

282 (1) Auf das Abfindungsangebot nach § 207 Abs. 1 Satz 1 ist § 270 Abs. 1 entsprechend anzuwenden.

(2) Absatz 1 und die §§ 207 bis 212 sind auf den Formwechsel eines eingetragenen Vereins, der nach § 5 Abs. 1 Nr. 9 des Körperschaftsteuergesetzes von der Körperschaftsteuer befreit ist, nicht anzuwenden.

Dritter Unterabschnitt. Formwechsel in eine eingetragene Genossenschaft

Vorbereitung und Durchführung der Mitgliederversammlung

283 (1) [1] Auf die Vorbereitung der Mitgliederversammlung, die den Formwechsel beschließen soll, sind die §§ 229 und 230 Abs. 2 Satz 1 und 2, § 231 Satz 1 und § 260 Abs. 1 entsprechend anzuwenden. [2] § 192 Abs. 2 bleibt unberührt.

(2) Auf die Mitgliederversammlung, die den Formwechsel beschließen soll, ist § 239 Abs. 1 Satz 1 und Abs. 2 entsprechend anzuwenden.

Beschluß der Mitgliederversammlung

284 [1]Der Umwandlungsbeschluß der Mitgliederversammlung bedarf, wenn der Zweck des Rechtsträgers geändert werden soll (§ 33 Abs. 1 Satz 2 des Bürgerlichen Gesetzbuchs) oder wenn die Satzung der Genossenschaft eine Verpflichtung der Mitglieder der Genossenschaft zur Leistung von Nachschüssen vorsieht, der Zustimmung aller anwesenden Mitglieder; ihm müssen auch die nicht erschienenen Mitglieder zustimmen. [2]Im übrigen ist § 275 Abs. 2 entsprechend anzuwenden.

Inhalt des Umwandlungsbeschlusses

285 (1) Auf den Umwandlungsbeschluß ist auch § 253 Abs. 1 und Abs. 2 Satz 1 entsprechend anzuwenden.

(2) Sollen bei der Genossenschaft nicht alle Mitglieder mit der gleichen Zahl von Geschäftsanteilen beteiligt werden, so darf die unterschiedlich hohe Beteiligung nur nach einem oder mehreren der in § 276 Abs. 2 Satz 1 bezeichneten Maßstäbe festgesetzt werden.

Anmeldung des Formwechsels

286 Auf die Anmeldung nach § 198 sind die §§ 254 und 278 Abs. 2 entsprechend anzuwenden.

(aufgehoben)

287

Wirkungen des Formwechsels

288 (1) [1]Jedes Mitglied, das die Rechtsstellung eines Mitglieds der Genossenschaft erlangt, ist bei der Genossenschaft nach Maßgabe des Umwandlungsbeschlusses beteiligt. [2]Eine Verpflichtung zur Übernahme weiterer Geschäftsanteile bleibt unberührt. [3]§ 255 Abs. 1 Satz 3 ist entsprechend anzuwenden.

(2) Das Gericht darf eine Auflösung der Genossenschaft von Amts wegen nach § 80 des Genossenschaftsgesetzes nicht vor Ablauf eines Jahres seit dem Wirksamwerden des Formwechsels aussprechen.

Geschäftsguthaben; Benachrichtigung der Mitglieder

289 (1) Jedem Mitglied der Genossenschaft kann als Geschäftsguthaben auf Grund des Formwechsels höchstens der Nennbetrag der Geschäftsanteile gutgeschrieben werden, mit denen es bei der Genossenschaft beteiligt ist.

(2) § 256 Abs. 3 ist entsprechend anzuwenden.

Abfindungsangebot

290 Auf das Abfindungsangebot nach § 207 Abs. 1 Satz 2 sind § 270 Abs. 1 sowie § 282 Abs. 2 entsprechend anzuwenden.

Fünfter Abschnitt. Formwechsel von Versicherungsvereinen auf Gegenseitigkeit

Möglichkeit des Formwechsels

291 (1) Ein Versicherungsverein auf Gegenseitigkeit, der kein kleinerer Verein im Sinne des § 210 des Versicherungsaufsichtsgesetzes ist, kann auf Grund eines Umwandlungsbeschlusses nur die Rechtsform einer Aktiengesellschaft erlangen.

(2) Der Formwechsel ist nur möglich, wenn auf jedes Mitglied des Vereins, das an der Aktiengesellschaft beteiligt wird, mindestens eine volle Aktie entfällt.

Vorbereitung und Durchführung der Versammlung der obersten Vertretung

292 (1) Auf die Vorbereitung der Versammlung der obersten Vertretung, die den Formwechsel beschließen soll, sind die §§ 229 und 230 Abs. 2 Satz 1 und 2, § 231 Satz 1 und § 260 Abs. 1 entsprechend anzuwenden.

(2) Auf die Durchführung der Versammlung der obersten Vertretung, die den Formwechsel beschließen soll, ist § 239 Abs. 1 Satz 1 und Abs. 2 entsprechend anzuwenden.

Beschluß der obersten Vertretung

293 [1] Der Umwandlungsbeschluß der obersten Vertretung bedarf einer Mehrheit von mindestens drei Vierteln der abgegebenen Stimmen. [2] Er bedarf einer Mehrheit von neun Zehnteln der abgegebenen Stimmen, wenn spätestens bis zum Ablauf des dritten Tages vor der Versammlung der obersten Vertretung wenigstens hundert Mitglieder des Vereins durch eingeschriebenen Brief Widerspruch gegen den Formwechsel erhoben haben. [3] Die Satzung kann größere Mehrheiten und weitere Erfordernisse bestimmen.

Inhalt des Umwandlungsbeschlusses

294 (1) [1] Auf den Umwandlungsbeschluß sind auch § 218 Abs. 1 und § 263 Abs. 3 Satz 2 und 3 entsprechend anzuwenden. [2] In dem Umwandlungsbeschluß kann bestimmt werden, daß Mitglieder, die dem formwechselnden Verein weniger als drei Jahre vor der Beschlußfassung über den Formwechsel angehören, von der Beteiligung an der Aktiengesellschaft ausgeschlossen sind.

(2) [1] Das Grundkapital der Aktiengesellschaft ist in der Höhe des Grundkapitals vergleichbarer Versicherungsunternehmen in der Rechtsform der Aktiengesellschaft festzusetzen. [2] Würde die Aufsichtsbehörde einer neu zu gründenden Versicherungs-Aktiengesellschaft die Erlaubnis zum Geschäftsbetrieb nur bei Festsetzung eines höheren Grundkapitals erteilen, so ist das Grundkapital auf diesen Betrag festzusetzen, soweit dies nach den Vermögensverhältnissen des formwechselnden Vereins möglich ist. [3] Ist eine solche Festsetzung nach den Vermögensverhältnissen des Vereins nicht möglich, so ist der Nennbetrag des Grundkapitals so zu bemessen, daß auf jedes Mitglied, das die Rechtsstellung eines Aktionärs erlangt, möglichst volle Aktien entfallen.

(3) Die Beteiligung der Mitglieder am Grundkapital der Aktiengesellschaft darf, wenn nicht alle Mitglieder einen gleich hohen Anteil erhalten sollen, nur nach einem oder mehreren der folgenden Maßstäbe festgesetzt werden:

1. die Höhe der Versicherungssumme;
2. die Höhe der Beiträge;
3. die Höhe der Deckungsrückstellung in der Lebensversicherung;
4. der in der Satzung bestimmte Maßstab für die Verteilung des Überschusses;
5. ein in der Satzung bestimmter Maßstab für die Verteilung des Vermögens;
6. die Dauer der Mitgliedschaft.

Kapitalschutz

295 Bei der Anwendung der Gründungsvorschriften des Aktiengesetzes ist auch § 264 Abs. 1 und 3 entsprechend anzuwenden.

Anmeldung des Formwechsels

296 Auf die Anmeldung nach § 198 ist § 246 Abs. 1 und 2 entsprechend anzuwenden.

(aufgehoben)

297

Wirkungen des Formwechsels

298 [1]Durch den Formwechsel werden die bisherigen Mitgliedschaften zu Aktien und Teilrechten. [2]§ 266 Abs. 1 Satz 2, Abs. 2 und 3 ist entsprechend anzuwenden.

Benachrichtigung der Aktionäre; Veräußerung von Aktien; Hauptversammlungsbeschlüsse

299 (1) Auf die Benachrichtigung der Aktionäre durch die Gesellschaft ist § 267, auf die Aufforderung zur Abholung der ihnen zustehenden Aktien und auf die Veräußerung nicht abgeholter Aktien ist § 268 entsprechend anzuwenden.

(2) [1]Auf Beschlüsse der Hauptversammlung der Aktiengesellschaft sowie auf eine Ermächtigung des Vorstandes zur Erhöhung des Grundkapitals ist § 269 entsprechend anzuwenden. [2]Die Aufsichtsbehörde kann Ausnahmen von der entsprechenden Anwendung des § 269 Satz 1 zulassen, wenn dies erforderlich ist, um zu verhindern, daß der Aktiengesellschaft erhebliche Nachteile entstehen.

Abfindungsangebot

300 Auf das Abfindungsangebot nach § 207 Abs. 1 Satz 1 ist § 270 Abs. 1 entsprechend anzuwenden.

Sechster Abschnitt. Formwechsel von Körperschaften und Anstalten des öffentlichen Rechts

Möglichkeit des Formwechsels

301 (1) Soweit gesetzlich nichts anderes bestimmt ist, kann eine Körperschaft oder Anstalt des öffentlichen Rechts durch Formwechsel nur die Rechtsform einer Kapitalgesellschaft erlangen.

(2) Der Formwechsel ist nur möglich, wenn die Körperschaft oder Anstalt rechtsfähig ist und das für sie maßgebende Bundes- oder Landesrecht einen Formwechsel vorsieht oder zuläßt.

Anzuwendende Vorschriften

302 [1]Die Vorschriften des Ersten Teils sind auf den Formwechsel nur anzuwenden, soweit sich aus dem für die formwechselnde Körperschaft oder Anstalt maßgebenden Bundes- oder Landesrecht nichts anderes ergibt. [2]Nach diesem Recht richtet es sich insbesondere, auf welche Weise der Gesellschaftsvertrag oder die Satzung der Gesellschaft neuer Rechtsform abgeschlossen oder festgestellt wird, wer an dieser Gesellschaft als Anteilsinhaber beteiligt wird und welche Person oder welche Personen den Gründern der Gesellschaft gleichstehen; die §§ 28 und 29 des Aktiengesetzes sind nicht anzuwenden.

Kapitalschutz; Zustimmungserfordernisse

303 (1) Außer den für die neue Rechtsform maßgebenden Gründungsvorschriften ist auch § 220 entsprechend anzuwenden.

(2) [1]Ein Formwechsel in eine Kommanditgesellschaft auf Aktien bedarf der Zustimmung aller Anteilsinhaber, die in dieser Gesellschaft die Stellung eines persönlich haftenden Gesellschafters haben sollen. [2]Auf den Beitritt persönlich haftender Gesellschafter ist § 221 entsprechend anzuwenden.

Wirksamwerden des Formwechsels

304 [1]Der Formwechsel wird mit der Eintragung der Kapitalgesellschaft in das Handelsregister wirksam. [2]Mängel des Formwechsels lassen die Wirkungen der Eintragung unberührt.

(aufgehoben)

305–312

Sechstes Buch. Strafvorschriften und Zwangsgelder

Unrichtige Darstellung

313 (1) **Mit Freiheitsstrafe bis zu drei Jahren oder mit Geldstrafe wird bestraft, wer als Mitglied eines Vertretungsorgans, als vertretungsberechtigter Gesellschafter oder Partner, als Mitglied eines Aufsichtsrats oder als Abwickler eines an einer Umwandlung beteiligten Rechtsträgers bei dieser Umwandlung**

1. die Verhältnisse des Rechtsträgers einschließlich seiner Beziehungen zu verbundenen Unternehmen in einem in diesem Gesetz vorgesehenen Bericht (Verschmelzungsbericht, Spaltungsbericht, Übertragungsbericht, Umwandlungsbericht), in Darstellungen oder Übersichten über den Vermögensstand, in Vorträgen oder Auskünften in der Versammlung der Anteilsinhaber unrichtig wiedergibt oder verschleiert, wenn die Tat nicht in § 331 Nr. 1 oder Nr. 1a des Handelsgesetzbuchs mit Strafe bedroht ist, oder

2. in Aufklärungen und Nachweisen, die nach den Vorschriften dieses Gesetzes einem Verschmelzungs-, Spaltungs- oder Übertragungsprüfer zu geben sind, unrichtige Angaben macht oder die Verhältnisse des Rechtsträgers einschließlich seiner Beziehungen zu verbundenen Unternehmen unrichtig wiedergibt oder verschleiert.

(2) **Ebenso wird bestraft, wer als Geschäftsführer einer Gesellschaft mit beschränkter Haftung, als Mitglied des Vorstands einer Aktiengesellschaft, als zur Vertretung ermächtigter persönlich haftender Gesellschafter einer Kommanditgesellschaft auf Aktien oder als Abwickler einer solchen Gesellschaft in einer Erklärung nach § 52 über die Zustimmung der Anteilsinhaber dieses Rechtsträgers oder in einer Erklärung nach § 140 oder § 146 Abs. 1 über die Deckung des Stammkapitals oder Grundkapitals der übertragenden Gesellschaft unrichtige Angaben macht oder seiner Erklärung zugrunde legt.**

1 Die Strafvorschrift des § 313 ergänzt den strafrechtlichen Schutz vor **unrichtigen Darstellungen für die Umwandlungssituation.** Insoweit tritt die Vorschrift zu § 331 HGB, § 400 AktG, § 147 GenG, § 331 HGB und § 82 GmbHG hinzu. Die Strafbestimmungen des UmwG, die selbst bislang wenig praktische Bedeutung erfahren haben, sind deshalb in Überstimmung mit den im Wesentlichen inhaltsgleichen Normen des AktG, GmbHG und HGB auszulegen (Lutter UmwG/*Kuhlen* Rn. 4; vgl. auch BT/Drs.12/6699,171). Ebenso wie diese Strafnormen ist § 313 in sämtlichen Tatbestandsvarianten Schutzgesetz iSd § 823 Abs. 2 BGB (eng zur Verletzteneigenschaft im Klageerzwingungsverfahren OLG Braunschweig 23.9.1993, wistra 1993, 31 mit ablehnender Bespr. von *Zielinsky* wistra 1993, 6 ff.). Der Tatbestand ist gleichfalls ein **Sonderdelikt** (→ GmbHG § 82 Rn. 1). Die Aufzählung bezieht sich – abhängig von der Gesellschaftsform – auf sämtliche vertretungsberechtigte Personen der an der Umwandlung beteiligten Rechtsträger. Erweitert wird diese Aufzählung um die Mitglieder des Aufsichtsrats (bei Aktiengesellschaften) sowie um Abwickler. Auch hier finden die Grundsätze über **faktische Organe** Anwendung (→ AktG § 399 Rn. 5) und zwar auch dann, wenn ein formell wirksam bestellter Organträger agiert (Lutter UmwG/*Kuhlen* Rn. 13). Die Tathandlungen **entsprechen sinngemäß** den Tatbeständen des **§ 82 GmbHG** und des **§ 400 AktG** (vgl. KK-UmwG/*Rönnau* Rn. 65). Sie beziehen sich auf die unrichtige Wiedergabe bzw. die Verschleierung der Verhältnisse (→ AktG § 400 Rn. 3) und auf Falschangaben gegenüber Prüfern. Die durch das 3. Gesetz zur Änderung des Umwandlungsgesetz erfolgte Änderung ist redaktioneller Natur und beruht auf der Streichung von § 52 Abs. 2 aF (→ § 52 Rn. 2). Die Strafvorschriften der §§ 313–315 finden gem. § 53 Abs. 1 SEAG auf die Europäische Gesellschaft Anwendung (vgl. *Göggerle* wistra 2020, 89 ff.).

2 **Nr. 1** ist **subsidiär gegenüber § 331 Nr. 1 und Nr. 1 lit. a HGB** und betrifft deshalb nicht Eröffnungs- oder Jahresabschlussbilanzen (→ AktG § 400 Rn. 4). Unter den strafrechtlichen Schutz fallen die dort genannten umwandlungsrechtlichen Berichte. Im Übrigen entsprechen die weiteren Tatvarianten sinngemäß denen des § 400 Abs. 1 Nr. 1 AktG (→ AktG § 400 Rn. 3 ff.). Mit den unrichtigen Angaben über Verhältnisse sind sämtliche Umstände gemeint, die für die Beurteilung des Rechtsträgers (einschließlich verbundener Unternehmen – § 8 Abs. 1 S. 3 iVm § 15 AktG) sind oder sein können (Kallmeyer/*Marsch-Barner*/*Oppenhoff* Rn. 4).

Die Strafvorschrift der **Nr. 2** betrifft **unrichtige Angaben** gegenüber einem **Umwandlungsprüfer.** Dabei muss es sich um eine Prüfung handeln, die nach dem UmwG angeordnet ist (§§ 9, 60, 125). Auf freiwillige Prüfungen ist der Tatbestand nicht anwendbar (Kallmeyer/*Marsch-Barner/Oppenhoff* Rn. 9). Tathandlungen sind das Machen unrichtiger Angaben, die unrichtige Wiedergabe der wirtschaftlichen Verhältnisse des Rechtsträgers oder ihre Verschleierung. Auch insoweit stimmt die Strafvorschrift mit § 400 Abs. 1 Nr. 2 AktG überein. 3

Abs. 2 ist gleichfalls ein **Sonderdelikt** für den Personenkreis, der in dieser Vorschrift ausdrücklich bezeichnet ist. Der Tatbestand stellt unrichtige Angaben im Hinblick auf bestimmte nach diesem Gesetz vorgesehene Erklärungen, nämlich die Erklärungen bei der Anmeldung der Verschmelzung (vgl. § 52 Rn. 1), der Abspaltung oder Ausgliederung (→ § 140 Rn. 1 ff.; → § 146 Rn. 2), unter Strafe (KK-UmwG/*Rönnau* Rn. 70; vgl. auch *Stindt* NZG 2017, 174). Die genannten Erklärungspflichten, die gegenüber dem Registergericht erfüllt werden müssen, sind abschließend (vgl. Kallmeyer/*Marsch-Barner/Oppenhoff* Rn. 10; Lutter UmwG/*Kuhlen* Rn. 23). 4

Die Umwandlung kann mit der **Neugründung einer AG** oder **GmbH** verbunden sein. Dies ist etwa der Fall bei der Verschmelzung durch Neugründung (§ 2 Nr. 2; §§ 36 ff.), der Spaltung zur Neugründung (§§ 135 ff.) sowie beim Formwechsel (§ 197). Liegen diese Voraussetzungen vor, sind bei der Verschmelzung durch Neugründung die für die Rechtsform des neuen Rechtsträgers geltenden Gründungsvorschriften grundsätzlich anzuwenden. Dies hat auch Auswirkungen auf die Strafbarkeit. Handeln die Vertreter zum Zwecke der Eintragung ins Handelsregister wird ein **Gründungsschwindel (§ 399 Abs. 1 Nr. 1 AktG)** vorliegen. Sind die Prüfberichte bei der Gründung unrichtig, können Straftaten nach § 399 Abs. 1 Nr. 2 bzw. § 400 Abs. 2 AktG in Betracht kommen (vgl. *Ronsiek* in ARR WirtschaftsStrafR-HdB 8. Teil Kap. 3 Rn. 132; *Raum* in WJS WirtschaftsStrafR-HdB Kap. 12 Rn. 32). Dabei gelten die Rechtsträger als Gründer, die sie repräsentierenden Personen haften strafrechtlich gem. § 14 StGB. Diese aktienrechtlichen Straftatbestände treten dann (tatmehrheitlich) zu einer Strafbarkeit nach dieser Bestimmung (*Raum* in WJS WirtschaftsStrafR-HdB Kap. 12 Rn. 32). 5

Der Verstoß ist in allen Tatvarianten nur als **Vorsatzdelikt** strafbar. Der Vorsatz muss sich auf sämtliche Tatbestandsmerkmale erstrecken; bedingter Vorsatz genügt. **Irrtümer** sind, soweit sie rein tatsächlicher Natur sind, nach § 16 StGB zu behandeln. Der Vorwurf vorsätzlichen Handelns entfällt hierdurch. Hinsichtlich einer Fehlvorstellung der ihn treffenden Pflichten ist beim Täter zu unterscheiden (Lutter UmwG/*Kuhlen* Rn. 24 ff.). Hat er die Gebotsnorm in seiner Laiensphäre zutreffend erfasst, liegt ein bloßer Verbots- oder Subsumtionsirrtum vor, der den Vorsatz bestehen lässt. Verkennt er in seiner Laiensphäre die ihn treffenden Pflichten, ist von einem Irrtum nach § 16 StGB auszugehen. Dies bedarf aber einer eingehenden Prüfung im Einzelfall; keinesfalls darf vorschnell ein normativer Tatbestandsirrtum nach § 16 StGB angenommen werden, insbesondere dann, wenn es konkret zu erledigende Erklärungspflichten geht (vgl. auch AktG § 399 Rn. 15 f.). 5a

Verletzung der Berichtspflicht

314 (1) **Mit Freiheitsstrafe bis zu drei Jahren oder mit Geldstrafe wird bestraft, wer als Verschmelzungs-, Spaltungs- oder Übertragungsprüfer oder als Gehilfe eines solchen Prüfers über das Ergebnis einer aus Anlaß einer Umwandlung erforderlichen Prüfung falsch berichtet oder erhebliche Umstände in dem Prüfungsbericht verschweigt.**

(2) **Handelt der Täter gegen Entgelt oder in der Absicht, sich oder einen anderen zu bereichern oder einen anderen zu schädigen, so ist die Strafe Freiheitsstrafe bis zu fünf Jahren oder Geldstrafe.**

Diese Vorschrift entspricht § 332 HGB und § 403 AktG. Die Strafnorm ist **Sonderdelikt** für den **Umwandlungsprüfer** und die Personen, die für diesen arbeiten (→ AktG § 403 Rn. 2). Unter den Tatbestand fallen aber nur solche Prüfungen, die im Zusammenhang mit der Umwandlung gesetzlich erforderlich sind. Berichten diese Personen vorsätzlich falsch (→ AktG § 403 Rn. 3, → AktG § 403 Rn. 5), erfüllen sie den Tatbestand der Vorschrift. Ist eine Prüfungsgesellschaft betraut, dann richtet sich die strafrechtliche Verantwortlichkeit nach § 14 StGB, wobei schon die Übernahme der Verantwortung für die Prüfung die Anwendung des § 14 Abs. 2 StGB nahelegt (so wohl auch Kallmeyer/*Marsch-Barner/Oppenhoff* Rn. 3). Die Tat kann auch durch Unterlassen begangen werden, wenn der Prüfer zunächst undolos einen Fehler begeht, diesen aber später nicht mehr korrigiert, obwohl er ihn erkannt hat (vgl. KK-UmwG/*Rönnau* Rn. 28). Gleiches gilt iÜ auch für den Prüfergehilfen (Lutter UmwG/*Kuhlen* Rn. 14). Die **Qualifikation des Abs. 2** sieht eine Strafschärfung für die (praktisch immer gegebenen) Fälle der Entgeltlichkeit, der Bereicherungs- oder der Schädigungsabsicht vor (→ AktG § 403 Rn. 6 ff.). Vollendet ist die Tat, sobald der falsche Bericht dem Empfänger zugegangen ist (Lutter UmwG/*Kuhlen* Rn. 16). 1

Falsche Angaben

314a **Mit Freiheitsstrafe bis zu drei Jahren oder mit Geldstrafe wird bestraft, wer entgegen § 122k Abs. 1 Satz 3 eine Versicherung nicht richtig abgibt.**

1 Die Strafvorschrift pönalisiert die **unrichtige Angabe** einer **Versicherung** nach **§ 122k Abs. 1 S. 3.** Die Regelung betrifft allein die **grenzüberschreitende Verschmelzung** (→ § 122k Rn. 7). Danach haben die Mitglieder des Vertretungsorgans zu versichern, dass allen nach § 122j anspruchsberechtigten Gläubigern eine angemessene Sicherheit geleistet wurde. Die Unrichtigkeit kann sich sowohl auf das Ob der Sicherungsleistung als auch auf ihre Angemessenheit beziehen. Die Vorschrift stellt ein Sonderdelikt dar, das nur Mitglieder des Vertretungsorgans der übertragenden deutschen Gesellschaft begehen können (Kallmeyer/*Marsch-Barner/Oppenhoff* Rn. 3; Lutter UmwG/*Kuhlen* Rn. 6; KK-UmwG/*Rönnau* Rn. 4). Insoweit ist die Tat ein eigenhändiges Delikt (HK-UmwG/*Weinreich* Rn. 3). Die Erklärung ist nämlich gegenüber dem Registergericht am Sitz der übertragenden inländischen Gesellschaft abzugeben (→ § 122k Rn. 4 f.). Nur die falsche Erklärung ist nach dem eindeutigen Wortlaut strafbar, nicht dagegen das Unterlassen einer entsprechenden Erklärung. Die Tat ist nur als Vorsatzdelikt strafbar, wobei bedingter Vorsatz genügt.

Verletzung der Geheimhaltungspflicht

315 (1) **Mit Freiheitsstrafe bis zu einem Jahr oder mit Geldstrafe wird bestraft, wer ein Geheimnis eines an einer Umwandlung beteiligten Rechtsträgers, namentlich ein Betriebs- oder Geschäftsgeheimnis, das ihm in seiner Eigenschaft als**

1. Mitglied des Vertretungsorgans, vertretungsberechtigter Gesellschafter oder Partner, Mitglied eines Aufsichtsrats oder Abwickler dieses oder eines anderen an der Umwandlung beteiligten Rechtsträgers,

2. Verschmelzungs-, Spaltungs- oder Übertragungsprüfer oder Gehilfe eines solchen Prüfers

bekannt geworden ist, unbefugt offenbart, wenn die Tat im Falle der Nummer 1 nicht in § 85 des Gesetzes betreffend die Gesellschaften mit beschränkter Haftung, § 404 des Aktiengesetzes oder § 151 des Genossenschaftsgesetzes, im Falle der Nummer 2 nicht in § 333 des Handelsgesetzbuchs mit Strafe bedroht ist.

(2) [1]**Handelt der Täter gegen Entgelt oder in der Absicht, sich oder einen anderen zu bereichern oder einen anderen zu schädigen, so ist die Strafe Freiheitsstrafe bis zu zwei Jahren oder Geldstrafe.** [2]**Ebenso wird bestraft, wer ein Geheimnis der in Absatz 1 bezeichneten Art, namentlich ein Betriebs- oder Geschäftsgeheimnis, das ihm unter den Voraussetzungen des Absatzes 1 bekannt geworden ist, unbefugt verwertet.**

(3) [1]**Die Tat wird nur auf Antrag eines der an der Umwandlung beteiligten Rechtsträger verfolgt.** [2]**Hat ein Mitglied eines Vertretungsorgans, ein vertretungsberechtigter Gesellschafter oder Partner oder ein Abwickler die Tat begangen, so sind auch ein Aufsichtsrat oder ein nicht vertretungsberechtigter Gesellschafter oder Partner antragsberechtigt.** [3]**Hat ein Mitglied eines Aufsichtsrats die Tat begangen, sind auch die Mitglieder des Vorstands, die vertretungsberechtigten Gesellschafter oder Partner oder die Abwickler antragsberechtigt.**

1 Die Strafvorschrift ergänzt den **strafrechtlichen Schutz von Geheimnissen** in der Phase der **Umwandlung.** Sie entspricht inhaltlich der Regelung des § 404 AktG, erweitert aber die Strafbarkeit um die Verletzung von Geheimnissen der anderen an der Umwandlung beteiligten Rechtsträger. Da die Tat schon nach dem ausdrücklichen Wortlaut der Vorschrift gegenüber § 404 AktG und § 85 GmbHG **subsidiär** ist, betrifft die Strafbarkeit des Organs nach Abs. 1 Nr. 1 (zum Personenkreis → § 313 Rn. 1) nur Geheimnisse der weiteren an der **Umwandlung beteiligten Rechtsträger,** weil der Geheimnisträger im Hinblick auf den Geheimnisverrat bezüglich des eigenen Unternehmens bereits nach § 404 AktG, § 85 GmbHG bzw. § 151 GenG strafbar ist. Nur soweit eine eigene Strafbarkeit (zB für eine OHG) nicht spezialgesetzlich vorgesehen ist, kommt eine Strafbarkeit nach dieser Vorschrift in Betracht, wenn der Rechtsträger an einer Umwandlung beteiligt ist. Hinsichtlich der **Nr. 2** (Prüfer und ihre Gehilfen) gilt die Subsidiarität gegenüber § 333 HGB. Unterschieden wird nach der Art der Prüfung. Von der Strafbarkeit nach Nr. 2 erfasst sind nur **Verschmelzungs-, Spaltungs- und Übertragungsprüfer.**

2 **Die Tathandlungen** des unbefugten Offenbarens oder Verwertens von Geheimnissen entsprechen denen des **§ 404 AktG** (→ AktG § 404 Rn. 6, → AktG § 404 Rn. 12). Dem Täter muss das Geheimnis des an der Umwandlung beteiligten Rechtsträgers in seiner vom Gesetz genannten Eigenschaft im Zusammenhang mit dem Umwandlungsvorgang bekannt geworden sein (Kallmeyer/*Marsch-Barner/Oppenhoff* Rn. 3). Auch im Rahmen dieser Strafvorschrift gilt, dass die gesetzgeberische Wertung, die

insbesondere in §§ 2 und 5 GeschGehG zum Ausdruck kommt, sowohl bei der Auslegung des Geheimnisbegriffs als auch bei der Interpretation des Merkmals „unbefugt" Beachtung erlangen kann (AktG § 404 Rn. 15). Auch hier sind sog. illegale Geheimnisse nicht vom Schutzbereich umfasst (aA KK-UmwG/*Hohn* Rn. 20, 22, der allerdings zu Recht auf das Spannungsverhältnis zum andererseits geforderten objektiven Geheimhaltungsinteresse hinweist). Die **Qualifikationstatbestände** nach **Abs. 2** entsprechen denjenigen der §§ 403 Abs. 2 und 404 Abs. 2 AktG (→ AktG § 403 Rn. 7 ff.). Die Tat ist nach Abs. 3 gleichfalls **Antragsdelikt,** wobei sämtliche an der Umwandlung beteiligten Rechtsträger antragsbefugt sind, auch wenn das Geheimnis nicht aus ihrem Rechtskreis herrührt. Nach deren gesellschaftsrechtlicher Struktur bestimmt sich, wer für die Entscheidung über den Strafantrag zuständig ist (→ AktG § 404 Rn. 18). Für den Fall, dass ein Mitglied eines Vertretungsorgans Täter ist, erweitert sich der Kreis der Antragsberechtigten um die nichtvertretungsberechtigten Gesellschafter und Partner (HK-UmwG/*Weinreich* Rn. 21 f.). Für alle an der **Umwandlung beteiligten Rechtsträger** ist die Strafvorschrift auch **Schutzgesetz** iSd **§ 823 Abs. 2 BGB** (aA Lutter UmwG/*Kuhlen* Rn. 16; KK-UmwG/*Hohn* Rn. 50). Nicht in den Schutzbereich einbezogen sind dagegen die Arbeitnehmer und die Anteilseigner, denen auch kein Strafantragsrecht zusteht (HK-UmwG/*Weinrich* Rn. 16; aA Habersack/Wicke/*Krüger*/*Wengenroth* Rn. 117).

Zwangsgelder

316 (1) [1]**Mitglieder eines Vertretungsorgans, vertretungsberechtigte Gesellschafter, vertretungsberechtigte Partner oder Abwickler, die § 13 Abs. 3 Satz 3 sowie § 125 Satz 1, § 176 Abs. 1, § 177 Abs. 1, § 178 Abs. 1, § 179 Abs. 1, § 180 Abs. 1, § 184 Abs. 1, § 186 Satz 1, § 188 Abs. 1 und § 189 Abs. 1, jeweils in Verbindung mit § 13 Abs. 3 Satz 3, sowie § 193 Abs. 3 Satz 2 nicht befolgen, sind hierzu von dem zuständigen Registergericht durch Festsetzung von Zwangsgeld anzuhalten; § 14 des Handelsgesetzbuchs bleibt unberührt.** [2]**Das einzelne Zwangsgeld darf den Betrag von fünftausend Euro nicht übersteigen.**

(2) **Die Anmeldungen einer Umwandlung zu dem zuständigen Register nach § 16 Abs. 1, den §§ 38, 122k Abs. 1, § 122l Abs. 1, §§ 129 und 137 Abs. 1 und 2, § 176 Abs. 1, § 177 Abs. 1, § 178 Abs. 1, § 179 Abs. 1, § 180 Abs. 1, § 184 Abs. 1, §§ 186, 188 Abs. 1, § 189 Abs. 1, §§ 198, 222, 235, 246, 254, 265, 278 Abs. 1, §§ 286 und 296 werden durch Festsetzung von Zwangsgeld nicht erzwungen.**

Die Regelung entspricht inhaltlich § 407 AktG. Sie ermöglicht die Festsetzung von **Zwangsgeld** 1
gegenüber den Vertretern der an der Umwandlung beteiligten Rechtsträger (→ § 313 Rn. 1). Sie ist abschließend (Kallmeyer/*Marsch-Barner*/*Oppenhoff* Rn. 2) und gegenüber § 407 AktG die speziellere Regelung, soweit es sich um **umwandlungsbedingte Registerpflichten** handelt. Auch im Hinblick auf diese Pflichten bleibt § 14 HGB unberührt. Die Ausnahmetatbestände, für die in Abs. 2 keine Zwangsgeldfestsetzung vorgesehen ist, schließen aber auch § 14 HGB aus (Hüffer/Koch/*Koch* AktG § 407 Rn. 9, 11; KK-UmwG/*Hohn* Rn. 8), was seine innere Rechtfertigung darin findet, dass bei der Umwandlung die Registereintragung konstitutiv ist (§ 20), mithin ohne Eintragung eine Umwandlung nicht zustande kommt. Der **Rahmen des Zwangsgeldes** beträgt – wie gem. § 407 AktG – 5 bis 5.000 EUR und auch das Festsetzungsverfahren entspricht dem nach § 407 AktG (→ AktG § 407 Rn. 5). Für das **Zwangsgeldverfahren** gelten die Regelungen der §§ 388 ff. FamFG. Dasjenige Registergericht am Sitz des Rechtsträgers, dessen Organmitglieder die Pflichten nicht erfüllt haben, ist zuständig (Kallmeyer/*Marsch-Barner*/*Oppenhoff* Rn. 6).

Siebentes Buch. Übergangs- und Schlußvorschriften

Umwandlung alter juristischer Personen

317 [1]**Eine juristische Person im Sinne des Artikels 163 des Einführungsgesetzes zum Bürgerlichen Gesetzbuche kann nach den für wirtschaftliche Vereine geltenden Vorschriften dieses Gesetzes umgewandelt werden.** [2]**Hat eine solche juristische Person keine Mitglieder, so kann sie nach den für Stiftungen geltenden Vorschriften dieses Gesetzes umgewandelt werden.**

§ 317 regelt die Umwandlungsmöglichkeiten für die juristischen Personen des Art. 163 EGBGB, 1
welche vor Inkrafttreten des BGB entstanden sind. Diesen soll der Übergang in eine zeitgemäßere Rechtsform ermöglicht und der Zugang zum Kapitalmarkt eröffnet werden (Begr. Reg-E, abgedruckt bei *Ganske,* Umwandlungsrecht, 2000, 312). Die Bedeutung der Vorschrift ist heutzutage sehr gering.

2 Prominentestes Beispiel der Anwendung des § 317 ist die Ausgliederung des gesamten Bankbetriebs der als alte juristische Person Hamburger Rechts geführten Hamburger Sparkasse auf die Hamburger Sparkasse AG (dazu mwN Semler/Stengel/*Perlitt/Krebs* Rn. 1; s. auch Lutter UmwG/*Hüttemann/Rawert* Rn. 2 mit dem weiteren Beispiel der Carl-Zeiss-Stiftung). Auf dieses Vorgehen geht § 317 maßgeblich zurück (Semler/Stengel/*Perlitt/Krebs* Rn. 1; s. auch Lutter UmwG/*Hüttemann/Rawert* Rn. 2 jew. mwN).

3 Zur Bestimmung des Kreises der umwandlungsfähigen Rechtsträger verweist die Vorschrift auf Art. 163 EGBGB. Die alte juristische Person kann nicht übernehmender, sondern lediglich übertragender Rechtsträger sein (Widmann/Mayer/*Schwarz* Rn. 6 ff.).

4 Die Umwandlungsmöglichkeiten bestimmen sich nach der Struktur des Rechtsträgers des alten Rechts. Für körperschaftlich strukturierte alte Gesellschaften, sind die Vorschriften für wirtschaftliche Vereine maßgeblich, sodass hier die Verschmelzung, die Spaltung und der Formwechsel grundsätzlich möglich sind, nicht jedoch die Vermögensübertragung (Lutter UmwG/*Hüttemann/Rawert* Rn. 5; zu den verschiedenen Umwandlungsmöglichkeiten Widmann/Mayer/*Schwarz* Rn. 6 ff.). Für mitgliederlose alte Rechtsträger ist auf die für Stiftungen geltenden Vorschriften abzustellen (ausführlich Semler/Stengel/*Perlitt/Krebs* Rn. 6; Lutter UmwG/*Hüttemann/Rawert* Rn. 6).

Eingeleitete Umwandlungen; Umstellung auf den Euro

318 (1) [1] **Die Vorschriften dieses Gesetzes sind nicht auf solche Umwandlungen anzuwenden, zu deren Vorbereitung bereits vor dem 1. Januar 1995 ein Vertrag oder eine Erklärung beurkundet oder notariell beglaubigt oder eine Versammlung der Anteilsinhaber einberufen worden ist.** [2] **Für diese Umwandlungen bleibt es bei der Anwendung der bis zu diesem Tage geltenden Vorschriften.**

(2) [1] **Wird eine Umwandlung nach dem 31. Dezember 1998 in das Handelsregister eingetragen, so erfolgt eine Neufestsetzung der Nennbeträge von Anteilen einer Kapitalgesellschaft als übernehmendem Rechtsträger, deren Anteile noch der bis dahin gültigen Nennbetragseinteilungen entsprechen, nach den bis zu diesem Zeitpunkt geltenden Vorschriften.** [2] **Wo dieses Gesetz für einen neuen Rechtsträger oder einen Rechtsträger neuer Rechtsform auf die jeweils geltenden Gründungsvorschriften verweist oder bei dem Formwechsel in eine Kapitalgesellschaft anderer Rechtsform die Vorschriften anderer Gesetze über die Änderung des Stammkapitals oder des Grundkapitals unberührt läßt, gilt dies jeweils auch für die entsprechenden Überleitungsvorschriften zur Einführung des Euro im Einführungsgesetz zum Aktiengesetz und im Gesetz betreffend die Gesellschaften mit beschränkter Haftung; ist ein neuer Rechtsträger oder ein Rechtsträger neuer Rechtsform bis zum 31. Dezember 1998 zur Eintragung in das Handelsregister angemeldet worden, bleibt es bei der Anwendung der bis zu diesem Tage geltenden Gründungsvorschriften.**

Übersicht

I. Übergangsfälle zum neuen Umwandlungsrecht (Abs. 1)

1 Abs. 1 regelt in Übergangsfällen zwingend auf welche **laufenden Umwandlungsvorgänge** das UmwG 1995 Anwendung findet. Die Regelung ist notwendig, da eine Umwandlung einen zeitlich gestreckten Vorgang darstellt, der zum Zeitpunkt des Inkrafttretens des UmwG am 1.1.1995 bereits im Gange gewesen sein konnte (KK-UmwG/*Simon* Rn. 1). Da diese Übergangfälle jetzt aber schon über 25 Jahre zurückliegen, ist die **praktische Bedeutung** dieser Regelung inzwischen sehr **gering** geworden (vgl. SHS/*Hörtnagl* Rn. 1).

2 Haben schon vor dem 1.1.1995 **Vorbereitungshandlungen** stattgefunden, gilt für diese Umwandlungen noch altes Recht. Vorbereitungshandlungen iSd Abs. 1 S. 1 sind die Beurkundung oder Beglaubigung eines **Vertrages** oder einer **Erklärung,** die die Umwandlung konkret vorbereiten oder durchführen und die in einer ununterbrochenen Kausalkette bis zum Abschluss der Umwandlung notwendig

sind (s. dazu näher SHS/*Hörtnagl,* 7. Aufl. 2016, Rn. 3 ff. und KK-UmwG/*Simon* Rn. 8 ff.). Entsprechendes gilt für eine **Versammlung der Anteilsinhaber,** die zumindest vor dem 1.1.1995 einberufen worden sein muss.

II. Übergangsregelung zur Euroumstellung (Abs. 2)

1. Zweck und Ausgangspunkt. Demgegenüber ist die **Bedeutung der Übergangsnorm** zur Euroumstellung auch jetzt noch hoch. Denn nach den Euroumstellungsregelungen aus dem Jahr 1998 gelten für die Nennbeträge der Altgesellschaften grundsätzlich die alten gesetzlichen Regelungen des GmbHG und des AktG, die bis 31.12.1998 in Kraft waren, weiter (Scholz/*U. H. Schneider* EGGmbHG § 1 Rn. 10; Lutter/Hommelhoff/*Bayer* EGGmbHG § 1 Rn. 2). Grundsätzlich können **Altgesellschaften** auch **nach Ablauf der Übergangsfrist** iRd Euroumstellung vom 1.1.1999 bis 31.12.2001 weiterhin mit ihren glatten DM-Beträgen fortgeführt, die Geschäftsanteile oder Aktien unverändert übertragen oder unter Beachtung der Nennbetragsvorschriften vor dem 31.12.1998 geteilt werden (MHLS/*Heidinger* EGGmbHG § 1 Rn. 13). Erst bei einer Änderung des Stamm- bzw. Grundkapitals nach dem 31.12.2001 besteht die **Verpflichtung, das Kapital auf Euro umzustellen** und die errechneten „krummen" Eurobeträge glattzustellen. 3

Dieser **Bestandschutz** läuft ohne zeitliche Begrenzung, so dass auch bei Umwandlungsvorgängen in der Praxis immer wieder Kapitalgesellschaften mit DM-Stammkapital beteiligt sind. Allerdings stellt sich die Problematik der Euroumstellung im Zusammenhang mit der **Umwandlung** nur bei **Beteiligung von Kapitalgesellschaften** (*Kopp/Heidinger,* Notar und Euro, 2001, 55). Denn nur bei diesen muss ein noch in DM lautendes Nennkapital eventuell auf Euro umgestellt werden (vgl. ausf. zur Euroumstellung im Gesellschaftsrecht mit Mustern auch WürzNotar-HdB/*Heidinger,* 2. Aufl. 2010, Teil 5 Kap. 7). 4

2. Norminhalt. Die Übergangsvorschrift des § 318 Abs. 2 erfasst nach ihrem Wortlaut nur Umwandlungen mit **Kapitalgesellschaften als aufnehmendem Rechtsträger.** Regelungen für Personengesellschaften hielt der Gesetzgeber für überflüssig. Daher ist zB bei dem Formwechsel einer GmbH in eine **GmbH & Co. KG** bei der GmbH vor dem Formwechsel keine Euroumstellung erforderlich (*Heidinger,* Gutachten zur Euroumstellung, Gutachten des DNotI, Bd. VI Nr. 51; LG Osnabrück 30.6.2000 – 15 T 18/00 (3), nv). 5

Bei der Regelung des Abs. 2 ist zwischen **zwei Fallgruppen** zu unterscheiden (*Kopp/Heidinger,* Notar und Euro, 2001, 56 ff.). Wesentliches Unterscheidungskriterium ist, ob die Umwandlung zur Neugründung eines Rechtsträgers (= Verschmelzung/Spaltung) bzw. zum Wechsel in eine neue Rechtsform (= Formwechsel) führt (Abs. 2 S. 2) oder ob sie ohne solche Strukturänderungen zur Aufnahme erfolgt (Abs. 2 S. 1). Bei den Fällen mit Strukturänderung wird dann nochmals zwischen „Altumwandlung" und „Neuumwandlung" differenziert. 6

a) Umwandlung zur Aufnahme. Zu der von § 318 Abs. 2 S. 1 erfassten Fallgruppe gehören insbesondere die Fälle der **Verschmelzung** durch oder der **Spaltung** zur **Aufnahme.** Die aufnehmenden Kapitalgesellschaften, die am 1.1.1999 bestehen, haben nach den Überleitungsregeln des Aktien- und GmbH-Rechts **Bestandsschutz** für ihr Kapital und dessen Nennbetragseinteilung (§ 3 Abs. 2 EGAktG, § 1 Abs. 1 EGGmbHG – früher § 86 Abs. 1 GmbHG). Die **Umwandlung als solche** hielt der Gesetzgeber **nicht** für einen Anlass, die übernehmende Gesellschaft zur Umstellung ihres Kapitals auf den Euro und die Glättung ihrer Nennbeträge zu zwingen. 7

Dies galt sogar noch, wenn die übernehmende Kapitalgesellschaft zur Durchführung der Umwandlung während des **Übergangszeitraumes vom 1.1.1999 bis 31.12.2001 ihr Kapital erhöhte.** Denn auch nach § 3 Abs. 2 S. 1 EGAktG und § 1 Abs. 1 S. 2 EGGmbHG (früher § 86 Abs. 1 S. 2 GmbHG) durften die aufgrund einer Kapitalerhöhung während der Übergangszeit ausgegebenen Anteile ebenfalls noch auf die bislang zulässigen Nennbeträge (insbesondere glatte DM-Beträge) lauten. Daher hat der Gesetzgeber in Abs. 2 S. 1 folgerichtig für die Festsetzung der Nennbeträge der Anteile der übernehmenden Kapitalgesellschaft, die den Anteilsinhabern des übertragenden Rechtsträgers zu gewähren waren, noch die bis zum 31.12.1998 geltenden Nennbetragsstufen für maßgeblich erklärt, dh dass die erforderliche Kapitalerhöhung noch mit glatten DM-Beträgen durchgeführt werden konnte. Grundsätzlich fand also die Stückelung nach dem alten § 5 Abs. 1 und Abs. 3 GmbHG (teilbar durch 100 und mindestens 500 DM) und § 8 Abs. 2 AktG (teilbar durch 5 und Mindestbetrag 5 DM für Nennbetragsaktien) Anwendung (Lutter UmwG/*Lutter/Bayer,* 5. Aufl. 2014, Rn. 10). 8

Für die **GmbH** als aufnehmende Gesellschaft regelte § 54 Abs. 3 S. 1 vor dem 31.12.1998 ganz allgemein im Umwandlungsrecht eine Erleichterung für Geschäftsanteile dergestalt, dass eine **Teilbarkeit** durch 10 und ein Mindestnennbetrag iHv 50 DM genügen. Diese allgemeine umwandlungsrechtliche Regelung war auch noch auf die Umwandlungen zur Aufnahme **in der Übergangszeit** anwendbar. 9

Erst wenn die Umwandlung mit einer ab dem 1.1.2002 eingetragenen **Kapitalerhöhung** verbunden ist, muss gem. § 3 Abs. 5 EGAktG, § 1 Abs. 1 S. 4 EGGmbHG – früher § 86 Abs. 1 S. 4 GmbHG – eine Umstellung des Kapitals und eine Anpassung der Nennbeträge an das neue Euro-Betragsraster 10 erfolgen (vgl. Regierungsbegründung zu § 318 Abs. 2 S. 1). Dies hat grundsätzlich durch eine **vorgeschaltete gesonderte Kapitalmaßnahme** nach allgemeinen Regeln zu geschehen, da mit der Kapitalerhöhung zum Zwecke der Verschmelzung keine Anteile von Altgesellschaftern bei einer aufnehmenden Kapitalgesellschaft aufgestockt und damit geglättet werden können (vgl. *Heidinger* in Wachter, Fachanwaltshandbuch Handels- und Gesellschaftsrecht, 2. Aufl. 2010, Kap. 6 § 1 Rn. 367). Ob die Euroumstellung im Sonderfall der **reinen Schwesterverschmelzung/-spaltung** durch eine einheitliche Kapitalerhöhung im Zuge der Verschmelzung/Spaltung zur Gewährung der Anteile geschehen kann, ist derzeit noch streitig (befürwortend Widmann/Mayer/*Fronhöfer* Rn. 21; krit. demgegenüber Widmann/Mayer/*Mayer* § 55 Rn. 45; offenbar beiläufig akzeptiert: OLG Frankfurt a. M. 14.10.2004, DB 2005, 154 = GmbHR 2005, 237). Das OLG Düsseldorf (10.5.2019, NZG 2019, 1271) hat bei einer nicht reinen Schwesterkonstellation zu Recht 2 gesonderte Kapitalerhöhungen zur Euroglättung und zur Anteilsgewährung verlangt. Dies ergibt sich schon aus der Prämisse, dass für die Verschmelzung auf eine GmbH nur den Gesellschaftern des übertragenden Rechtsträgers und nicht auch des aufnehmenden Rechtsträgers gewährt werden dürfen. Ein sog. gesplittetes Stammkapital (zT geglättet auf Euro und zT noch auf DM oder krummen Eurobeträgen ist auch nur als Zwischenstadium nicht zulässig.

11 Ob der **übertragende Rechtsträger** schon auf Euro umgestellt hat oder noch als DM-Altgesellschaft existiert, ist bei der Verschmelzung oder Aufspaltung irrelevant. Nur bei der Abspaltung oder Ausgliederung kann nach §§ 139, 145 bei der übertragenden GmbH oder AG eine **Kapitalherabsetzung** erforderlich werden, die auch dort zu einer **Euroumstellung** zwingt.

12 **b) Umwandlung zur Neugründung. aa) „Altumwandlungen" zur Neugründung.** Entsprechend den Regelungen für Altgesellschaften bei der GmbH und der AG ist auch im Umwandlungsrecht eine **besitzstandswahrende Übergangsregelung** für „Altumwandlungen" enthalten. Dass die beteiligten Gesellschaften bei einer am 31.12.1998 bereits eingetragenen Umwandlung ihre DM-Kapitalbeträge nach dem 1.1.1999 beibehalten konnten, ergibt sich bereits aus den jeweiligen Übergangsvorschriften in § 86 Abs. 1 S. 1 GmbHG (jetzt § 1 Abs. 1 S. 1 EGGmbHG) und § 3 Abs. 2 S. 1 EGAktG. § 318 Abs. 2 S. 2 Hs. 2 stellt für die Umwandlungen, bei denen ein neuer Rechtsträger oder ein Rechtsträger neuer Rechtsform **bis zum 31.12.1998 zur Eintragung in das Handelsregister angemeldet** wurde, klar, dass es auch in diesen Fällen noch bei den bis zum 31.12.1998 geltenden Gründungsvorschriften bleibt. Allein der evtl. rückwirkende Umwandlungsstichtag 31.12.1998 macht die Umwandlung allerdings nicht zu einer „Altumwandlung".

13 **bb) „Neuumwandlungen" zur Neugründung.** In den Fällen der Umwandlung durch oder zur Neugründung eines Rechtsträgers sowie beim Formwechsel verweist schon das UmwG allgemein auf die für den neuen Rechtsträger geltenden **Gründungsvorschriften** (§ 36 Abs. 2, § 135 Abs. 2, § 197). Der Gesetzgeber behandelt konsequent auch für die Umstellung auf den Euro diese Umwandlungen als Neugründung. Daher nimmt § 318 Abs. 2 S. 2 Hs. 1 ausdrücklich Bezug auf die jeweiligen Überleitungsvorschriften zur Einführung des Euro im EGAktG und in § 1 Abs. 1 EGGmbHG – früher § 86 Abs. 1 GmbHG. Das bedeutet zunächst, dass für solche Umwandlungsfälle „zur Neugründung", die **nach dem 31.12.1998** zur Eintragung in das Handelsregister **angemeldet** worden sind, für die Stückelung der Geschäftsanteile und Aktiennennbeträge schon die neuen Eurobeträge (glatte Euro; Teilbarkeit je nach der zum Zeitpunkt der Umwandlung geltenden Regelung im GmbHG oder AktG) gelten. Zu beachten sind darüber hinaus noch die Vorschriften des Umwandlungsrechts, die wie § 263 Abs. 3 S. 1 und 2 als Sonderregeln den allgemeinen gesellschaftsrechtlichen Bestimmungen vorgehen.

14 Für den **übertragenden Rechtsträger** entsteht durch die Umwandlung kein Zwang zur Umstellung des Nennkapitals. Zur Ausnahme bei der Abspaltung und Ausgliederung → Rn. 11.

15 **c) Formwechsel.** Der Formwechsel wird in der Überleitungsvorschrift des § 318 Abs. 2 S. 2 Hs. 1 Alt. 2 einer **Umwandlung zur Neugründung gleichgestellt** (*Kopp/Heidinger,* Notar und Euro, 2001, 59). Schon das allgemeine Umwandlungsrecht (§ 197) verweist für den Formwechsel grundsätzlich auf die Gründungsvorschriften der neuen Rechtsform.

16 **aa) Konflikt mit § 247.** Daraus ergeben sich beim Formwechsel von einer Kapitalgesellschaft in die Rechtsform einer anderen Kapitalgesellschaft **Kollisionsprobleme mit § 247** (*Heidinger* NZG 2000, 532). Danach wird das bisherige Stammkapital einer formwechselnden GmbH zum Grundkapital einer AG oder das bisherige Grundkapital der formwechselnden AG zum Stammkapital der GmbH. Dabei wird die Höhe des Nennkapitals durch den Formwechsel nicht berührt. Die unveränderte Fortschreibung des bisherigen Nennkapitals ist eine Konsequenz aus der rechtlichen Kontinuität und Identität der Gesellschaft beim Übergang von der einen in die andere Form der Kapitalgesellschaft (Lutter UmwG/*Göthel* § 247 Rn. 4). „Formwechselt" nun eine DM-GmbH in eine Euro-AG oder eine DM-AG in eine Euro-GmbH führt dies bei der durch Formwechsel entstehenden Kapitalgesellschaft rechnerisch zwingend zu einem Verstoß gegen die für den Zielrechtsträger bei Gründung geltenden Teilbarkeitsvorschriften. Das UmwG sieht grundsätzlich keine Möglichkeit vor, im Umwandlungsbeschluss durch den Formwechsel als solchen die Kapitalziffer zu ändern. Das Grund- oder Stammkapital der Gesellschaft

neuer Rechtsform muss demnach in deren Satzung in der Höhe ausgewiesen werden, die es vor dem Formwechsel hatte (Lutter UmwG/*Göthel* § 243 Rn. 39).

Ausnahme ist nur die **AG mit Stückaktien,** die keine Stufung der Nennbeträge ihrer Aktien kennt. Daher kann die Ziel-AG mit Stückaktien einfach das bisherige glatte DM-Stammkapital der Ausgangs-GmbH **in einem krummen Eurobetrag** als Grundkapital unverändert übernehmen. 17

bb) Praktische Lösung. Der Konflikt bei den Nennbetragsaktien und bei der GmbH ist **pragmatisch** dadurch **lösbar,** dass noch bei der Ausgangsrechtsform die erforderlichen Anpassungsmaßnahmen erfolgen, indem schon dort eine Umstellung auf Euro mit entsprechender Glättung durchgeführt wird (so auch die Empfehlung von Widmann/Mayer/*Fronhöfer* Rn. 52). Dadurch entspricht das schon vor dem Formwechsel vorhandene Grund- bzw. Stammkapital und dessen Stückelung der Anteile bereits den neuen Anforderungen beim Zielrechtsträger. Die erforderliche Umstellung und Kapitalmaßnahme muss noch nach dem Recht des Ausgangsrechtsträgers durchgeführt werden. 18

In der Lit. (Abgrenzungsposten iHd Differenzbetrages: Lutter UmwG/*Göthel* § 247 Rn. 5; befürwortend Semler/Stengel/*Scheel* § 247 Rn. 6; krit. hierzu *Heidinger* NZG 2000, 532 für zeitgleiche Euroumstellung beim Zielrechtsträger; dies befürwortend Semler/Stengel/*Perlitt* Rn. 20; letzteres abl. aber Widmann/Mayer/*Fronhöfer* Rn. 48 ff.) werden auch andere **Vorschläge zur Lösung** dieser Problematik diskutiert, die es ermöglichen sollen, auf eine Euroumstellung nur zum Zwecke des Formwechsels beim Ausgangsrechtsträger zu verzichten. Dies kann insbesondere bei einer AG praktisch relevant werden, da bei dieser die Möglichkeiten der Euroglättung gegenüber der GmbH eingeschränkt sind (insbesondere keine Kapitalerhöhung gegen Einlagen). Rspr. hierzu fehlt derzeit noch. 19

Enthaftung bei Altverbindlichkeiten

319 **[1]Die §§ 45, 133 Abs. 1, 3 bis 5, §§ 157, 167, 173, 224, 237, 249 und 257 sind auch auf vor dem 1. Januar 1995 entstandene Verbindlichkeiten anzuwenden, wenn**

1. die Umwandlung danach in das Register eingetragen wird und
2. die Verbindlichkeiten nicht später als vier Jahre nach dem Zeitpunkt, an dem die Eintragung der Umwandlung in das Register bekannt gemacht worden ist, fällig werden oder nach Inkrafttreten des Gesetzes zur zeitlichen Begrenzung der Nachhaftung von Gesellschaftern vom 18. März 1994 (BGBl. I S. 560) begründet worden sind.

[2]Auf später fällig werdende und vor Inkrafttreten des Gesetzes zur zeitlichen Begrenzung der Nachhaftung von Gesellschaftern vom 18. März 1994 (BGBl. I S. 560) entstandene Verbindlichkeiten sind die §§ 45, 49 Abs. 4, §§ 56, 56f Abs. 2, § 57 Abs. 2 und § 58 Abs. 2 des Umwandlungsgesetzes in der durch Artikel 10 Abs. 8 des Gesetzes vom 19. Dezember 1985 (BGBl. I S. 2355) geänderten Fassung der Bekanntmachung vom 6. November 1969 (BGBl. I S. 2081) mit der Maßgabe anwendbar, daß die Verjährungsfrist ein Jahr beträgt. [3]In den Fällen, in denen das bisher geltende Recht eine Umwandlungsmöglichkeit nicht vorsah, verjähren die in Satz 2 genannten Verbindlichkeiten entsprechend den dort genannten Vorschriften.

Diese Übergangsregelung für die Nachhaftungsbegrenzung bei Umwandlungen hat wegen des Zeitablaufes seit 1995 und der durch die Schuldrechtsreform (BGBl. 2002 I 42) verkürzten Verjährungsfristen für zukünftige Fälle **kaum noch praktische Bedeutung.** Das Gesetz stellt (sinngemäß wie Art. 35, 37 EGHGB) klar, dass die **Enthaftungsnormen des UmwG 1994** unter den in § 319 geregelten Voraussetzungen auch für Altverbindlichkeiten aus der Zeit vor ihrem Inkrafttreten zum 1.1.1995 gelten können. Zu den Details wird auf SHS/*Hörtnagl,* 7. Aufl. 2016, Rn. 7 ff. und KK-UmwG/*Simon* Rn. 6 ff. verwiesen. 1

Aufhebung des Umwandlungsgesetzes 1969

320 **Das Umwandlungsgesetz in der Fassung der Bekanntmachung vom 6. November 1969 (BGBl. I S. 2081), zuletzt geändert durch Artikel 2 des Gesetzes vom 18. März 1994 (BGBl. I S. 560), wird aufgehoben.**

Übergangsvorschrift zum Gesetz zur Umsetzung der Aktionärsrechterichtlinie und zum Dritten Gesetz zur Änderung des Umwandlungsgesetzes

321 (1) **Im Fall des § 15 Abs. 2 Satz 1 bleibt es für die Zeit vor dem 1. September 2009 bei dem bis dahin geltenden Zinssatz.**

(2) **§ 16 Abs. 3 Satz 3 Nr. 2 in der Fassung des Gesetzes zur Umsetzung der Aktionärsrechterichtlinie vom 30. Juli 2009 (BGBl. I S. 2479) ist nicht auf Freigabeverfahren und Beschwerdeverfahren anzuwenden, die vor dem 1. September 2009 anhängig waren.**

(3) **§ 62 Absatz 4 und 5, § 63 Absatz 2 Satz 5 bis 7, § 64 Absatz 1 sowie § 143 in der Fassung des Dritten Gesetzes zur Änderung des Umwandlungsgesetzes vom 11. Juli 2011 (BGBl. I S. 1338) sind erstmals auf Umwandlungen anzuwenden, bei denen der Verschmelzungs- oder Spaltungsvertrag nach dem 14. Juli 2011 geschlossen worden ist.**

1 Die Norm wurde zum 1.9.2009 durch das Gesetz zur Umsetzung der Aktionärsrechterichtlinie (ARUG) v. 30.7.2009 (BGBl. 2009 I 2479, Inkrafttreten zum 1.9.2009) eingeführt und zum 15.7.2011 durch das 3. Gesetz zur Änderung des UmwG v. 11.7.2011 ergänzt (BGBl. 2011 I 1338, Inkrafttreten zum 15.7.2011). Durch die Regelung des § 317 werden in bestimmten Fällen die Zeitpunkte des Inkrafttretens dieser beiden Gesetze modifiziert (Lutter UmwG/*Hoger* Rn. 1).

2 Abs. 1 bestimmt, dass sich die in § 15 Abs. 2 S. 1 enthaltenen Verzinsung einer im Spruchverfahren durch das nach § 2 SpruchG zuständige Gericht festgelegten baren Zuzahlung zu dem im Verschmelzungsvertrag bestimmten Umtauschverhältnis iHv fünf Prozentpunkten über dem jeweiligen Basiszinssatz nach § 247 BGB für die Zeit vor dem 1.9.2009 nach dem bis dahin gültigen Zinssatz richtet (Semler/Stengel/*Stengel* Rn. 2; Kallmeyer/*Marsch-Barner/Oppenhoff* Rn. 1). Dieser betrug bis dahin 2 % über dem jeweiligen Diskontzins der Deutschen Bundesbank (Widmann/Mayer/*Wälzholz* Rn. 5). Durch diese Regelung soll ebenso wie durch § 20 Abs. 5 EGAktG bewirkt werden, dass der durch das ARUG eingeführte höhere Zinssatz erst ab Inkrafttreten des Gesetzes gilt (Lutter UmwG/*Hoger* Rn. 2). Zur Verzinsung nach § 15 Abs. 2 auch → § 15 Rn. 16.

3 Abs. 2 beinhaltet eine Übergangsregelung zum Freigabeverfahren. Demnach gilt das Bagatellquorum des § 16 Abs. 3 S. 3 Nr. 2 UmwG (→ § 16 Rn. 20) nicht für Freigabe- und Beschwerdeverfahren, die vor dem 1.9.2009 anhängig waren. Durch die Regelung soll sichergestellt werden, dass der Maßstab der Begründetheit eines Freigabeantrages in laufenden Freigabeverfahren in dieser Hinsicht unverändert bleibt (Begr. Reg-E ARUG BT-Drs. 16/11642, 44 f.). Das Bagatellquorum gilt daher erst für Verfahren, die ab dem 1.9.2009 anhängig waren (Semler/Stengel/*Stengel* Rn. 3). Maßgeblicher Zeitpunkt für die Anwendbarkeit des § 16 Abs. 3 S. 3 Nr. 2 UmwG ist die Anhängigkeit des Freigabeverfahrens, also der Zeitpunkt, zu welchem der Antrag auf Verfahrenseröffnung bei Gericht eingegangen ist und sich dieses allgemein mit der Sache befasst (Lutter UmwG/*Hoger* Rn. 5). Für die weiteren Änderungen des § 16 durch das ARUG (dazu Widmann/Mayer/*Wälzholz* Rn. 9 ff.) enthält Abs. 2 keine Übergangsregeln, sodass § 16 im Übrigen auch für Verfahren gilt, die vor dem 1.9.2009 anhängig waren (Lutter UmwG/*Hoger* Rn. 6).

4 Abs. 3 enthält eine Übergangsregelung zum 3. Gesetz zur Änderung des UmwG. § 62 Abs. 4 UmwG (Entbehrlichkeit eines Verschmelzungsbeschlusses der übertragenden Kapitalgesellschaft bei Konzernverschmelzungen), § 62 Abs. 5 UmwG (Squeeze-Out nach Konzernverschmelzungen), § 63 Abs. 2 S. 5–7 UmwG iVm § 8 Abs. 3 S. 1 Alt. 1 und S. 2 UmwG (Entbehrlichkeit einer Zwischenbilanz bei der Verschmelzung einer AG, insbesondere bei notariell beurkundetem Verzicht aller Anteilsinhaber aller beteiligten Rechtsträger), § 64 Abs. 1 UmwG (Unterrichtungspflicht des Vorstands in der Hauptversammlung über zwischenzeitliche Vermögensänderungen) und § 143 UmwG (keine Anwendbarkeit der §§ 8–12 UmwG und § 63 Abs. 1 Nr. 3–5 UmwG bei der verhältniswahrenden Spaltung zur Neugründung) gelten erstmals für Umwandlungen, bei denen der Verschmelzungs- oder Spaltungsvertrag nach dem 14.7.2011 geschlossen wurde. Die Regelung soll aus Gründen der Rechtssicherheit und des Vertrauensschutzes (Lutter UmwG/*Hoger* Rn. 8; Widmann/Mayer/*Wälzholz* Rn. 1.1) dafür sorgen, dass die genannten Regelungen nur für Verschmelzungs- und Spaltungsverträge gelten, bei denen die Beteiligten im Abschlusszeitpunkt Kenntnis vom Wortlaut der Neuregelungen haben konnten (Lutter UmwG/*Hoger* Rn. 8). Nicht vom Wortlaut der Norm erfasst ist die Spaltung zur Neugründung, bei der anstelle eines Spaltungsvertrages ein Spaltungsplan aufgestellt wird. Nachdem in beiden Fällen die Interessenslage jedoch gleich ist, ist Abs. 3 auf die Spaltung zur Neugründung entsprechend anzuwenden (Widmann/Mayer/*Wälzholz* Rn. 14; *Wagner* DStR 2010, 1629 (1635)).

Gemeinsamer Betrieb

322 **Führen an einer Spaltung oder an einer Teilübertragung nach dem Dritten oder Vierten Buch beteiligte Rechtsträger nach dem Wirksamwerden der Spaltung oder der Teilübertragung einen Betrieb gemeinsam, gilt dieser als Betrieb im Sinne des Kündigungsschutzrechts.**

Übersicht

I. Allgemeines

1 Die Vorschrift stellt klar, dass die in der Rspr. für das Betriebsverfassungsrecht entwickelte und ebenso im Kündigungsschutzrecht anerkannte Rechtsfigur des gemeinsamen Betriebs mehrerer selbständiger Unternehmen auch auf Betriebe Anwendung findet, die von einer Spaltung oder Teilübertragung betroffen sind (BegrRegE, BT-Drs. 12/6699, 174). Trotz der Existenz mehrerer selbständiger Rechtsträger und damit mehrerer Arbeitgeber und gleichzeitig verringerter Anzahl von Arbeitsverhältnissen zu dem einzelnen Arbeitgeber sind im Falle eines gemeinsamen Betriebs die **kündigungsschutzrechtlichen** Prüfungen und Voraussetzungen auf das Gemeinschaftsgebilde zu beziehen; der Kündigungsschutz des einzelnen Arbeitnehmers bleibt dann von der Umwandlungsmaßnahme unberührt.

II. Einzelerläuterungen

2 **1. Betrieb.** Die Figur des gemeinsamen Betriebs ist zwar in § 322 sowie in § 1 Abs. 1 S. 2 und Abs. 2 BetrVG legislatorisch anerkannt, die Voraussetzungen des gemeinsamen Betriebs sind jedoch nicht gesetzlich geregelt. Insoweit sind die in der Rspr. zum Betriebsverfassungsrecht und zum Kündigungsschutzrecht für das Vorliegen eines gemeinsamen Betriebs entwickelten Grundsätze anzuwenden (Lutter UmwG/*Joost* Rn. 7).

3 Die Anwendung des unbestimmten Rechtsbegriffs des gemeinsamen Betriebs setzt die Anwendung der in Rspr. und Schrifttum verwendeten Begriffe von Betrieb und Unternehmen voraus. Der **Betrieb** ist die organisatorische Einheit, innerhalb derer der Unternehmer allein oder in Gemeinschaft mit seinen Mitarbeitern mit Hilfe von sachlichen und immateriellen Mitteln bestimmte arbeitstechnische Zwecke verfolgt (BAG 13.8.2008, NZA-RR 2009, 255; BAG 3.6.2004, AP BetrVG 1972 § 102 Nr. 141). Das **Unternehmen** ist die organisatorische Einheit, innerhalb derer mit Hilfe eines oder mehrerer Betriebe der wirtschaftliche oder ideelle Zweck umgesetzt wird (BAG 30.6.1994, AP Einigungsvertrag Art. 22 Nr. 1; BAG 23.9.1980, AP BetrVG 1972 § 47 Nr. 4).

4 **2. Mehrere Rechtsträger.** Aus der Spaltung oder Teilübertragung muss die Zuordnung von Teilen eines Betriebs und der dort bestehenden Arbeitsverhältnisse zu verschiedenen Rechtsträgern resultieren. Wenn ein (ganzer) Betrieb auf einen neuen Rechtsträger übergeht, hat dieser weiterhin nur einen Inhaber und die dort beschäftigten Arbeitnehmer nur einen Arbeitgeber; es gilt dann nicht § 322, sondern allein § 324 (Lutter UmwG/*Joost* Rn. 8).

5 **3. Gemeinsame Betriebsführung.** Ob eine gemeinsame Betriebsführung gegeben ist, ist anhand aller Umstände des Einzelfalls festzustellen und kann zB nicht einfach aus der Nichtänderung der Organisation nach der Umwandlungsmaßnahme geschlossen werden (APS/*Moll* KSchG § 23 Rn. 34). Anknüpfungspunkt für die Annahme einer gemeinsamen Betriebsführung ist, dass die beteiligten Unternehmen eine gemeinsame **Arbeitsorganisation unter einer einheitlichen Leitung** zu arbeitstechnischen Zwecken verfolgen (BAG 18.1.2012, AP BetrVG 1972 § 1 Gemeinsamer Betrieb Nr. 33; BAG 14.8.2007, AP BGB § 613a Nr. 326; BAG 5.3.1987, AP KSchG 1969 § 15 Nr. 30; BAG 23.3.1984, AP KSchG 1969 § 23 Nr. 4). Die Arbeitnehmer und die Betriebsmittel müssen im Rahmen einer einheitlichen Organisation zusammengefasst und einheitlich geordnet und gezielt eingesetzt werden. Der Einsatz der menschlichen Arbeitskraft muss **von einem einheitlichen Leitungsapparat gesteuert** werden (BAG 24.5.2012, NZA 2013, 277; BAG 15.12.2011, NZA-RR 2012, 570, BAG 11.2.2004, NZA 2004, 618; BAG 31.5.2000, NZA 2000, 1350 [B. III.1.]). Der einheitliche Leitungsapparat muss im Wesentlichen die Gesamtheit der für die Erreichung der arbeitstechnischen Zwecke eingesetzten personellen, technischen und immateriellen Mittel lenken. Es kommt auf die **Einheit der Organisation** und weniger auf die Einheitlichkeit der arbeitstechnischen Zweckbestimmung an, weshalb ein Gemeinschaftsbetrieb auch dann vorliegen kann, wenn die beteiligten Rechtsträger unterschiedliche arbeitstechnische Zwecke verfolgen (BAG 13.6.1985, AP KSchG 1969 § 1 Nr. 10; APS/*Moll* KSchG § 23 Rn. 26; *Röder* FS Moll, 2019, 585 (589 ff.)). Entscheidend ist darauf abzustellen, ob die **Arbeitgeberfunktionen in personellen und sozialen Angelegenheiten** institutionell einheitlich ausgeübt werden.

6 Anhand folgender **Indizien** kann die Einheitlichkeit der Leitung im Hinblick auf personelle und soziale Angelegenheiten ermittelt werden:
- Gemeinsame Nutzung von Betriebsmitteln und gemeinsame Unterbringung (BAG 13.8.2008, NZA-RR 2009, 255 (258); BAG 13.6.1985, AP KSchG 1969 § 1 Nr. 10)
- Organisatorische, personelle und technische Verknüpfung der Arbeitsabläufe (BAG 23.3.1984, AP KSchG 1969 § 23 Nr. 4)
- Funktionelle Verknüpfung von Bereichen und Tätigkeiten
- Gemeinsame zentrale Betriebseinrichtungen (BAG 13.6.1985, AP KSchG 1969 § 1 Nr. 10)
- Gemeinsame Personalabteilung, soweit die handelnden Personen zur Wahrnehmung der personellen Arbeitgeberfunktionen bevollmächtigt sind und selbst Entscheidungen treffen und sich nicht nur auf Beratungs- und Unterstützungsleistungen beschränken (BAG 13.8.2008, NZA-RR 2009, 255)
- Gemeinsame Wahrnehmung von Ausbildungsaufgaben (BAG 7.8.1986, AP BetrVG 1972 § 1 Nr. 5)
- Personenidentität der Geschäftsführung oder auf der Ebene leitender Angestellter (BAG 13.6.1985, AP KSchG 1969 § 1 Nr. 10)
- Austausch und Fluktuation von Arbeitnehmern (BAG 14.9.1988, AP BetrVG 1972 § 1 Nr. 9)
- Arbeitgeberübergreifender Personaleinsatz (BAG 22.6.2005, AP BetrVG 1972 § 1 Gemeinsamer Betrieb Nr. 23; BAG 24.1.1996, AP BetrVG 1972 § 1 Gemeinsamer Betrieb Nr. 8)
- Koordinierte Diensteinsatz- und Urlaubsplanung (BAG 13.8.2008, NZA-RR 2009, 255)
- Durchgehendes Weisungsrecht
- Gemeinsame Einstellungen und Entlassungen (BAG 24.1.1996, AP BetrVG 1972 § 1 Gemeinsamer Betrieb Nr. 8)

7 Die Indizien sind in einer Gesamtschau zu würdigen. Ein einzelnes Kriterium wie zum Beispiel nur die gemeinsame Nutzung von Räumlichkeiten genügt allein noch nicht, um einen gemeinsamen Betrieb anzunehmen (Semler/Stengel/*Simon* Rn. 6). Es kommt auf die Handhabung der Arbeitgeberfunktionen in ihrer Gesamtheit an.

8 Eine unternehmerische, wirtschaftliche Zusammenarbeit reicht für eine gemeinsame Betriebsführung nicht aus (BAG 16.1.2003, AP KSchG 1969 § 1 Gemeinschaftsbetrieb Nr. 1; BAG 18.10.2000, AP KSchG 1969 § 15 Nr. 49; BAG 31.5.2000, AP BetrVG 1972 § 1 Nr. 12 [B. III.1.]). Ein einheitlicher Leitungsapparat liegt nicht vor, wenn Arbeitgeber dergestalt zusammenarbeiten, dass die Arbeitnehmer nur von ihren jeweiligen Vertragsarbeitgebern eingesetzt werden oder sich die Beteiligung eines Arbeitgebers auf das Zur-Verfügung-Stellen seiner Arbeitnehmer an einen anderen Arbeitgeber (Arbeitnehmerüberlassung) beschränkt (BAG 13.8.2008, NZA-RR 2009, 255 (258)). Mehrere Arbeitgeber können allerdings bewusst und gewollt in einer Weise zusammenarbeiten, die eine Arbeitnehmerüberlassung vermeidet und statt dessen eine gemeinsame Personalführung im Rahmen eines Gemeinschaftsbetriebs begründet (*Panzer-Heemeier/Schwipper* DB 2017, 1584 ff.; *Panzer-Heemeier/Schwipper* DB 2018, 2931 ff.; *Walle* FS Moll, 2019, 711 (718 ff.)).

9 Ein einheitlicher betriebsbezogener Leitungsapparat wird nicht dadurch hergestellt, dass das Geschäftsführungsorgan **gesellschaftsrechtlichen oder konzernrechtlichen** Weisungen unterliegt, selbst wenn diese Weisungen zu einem eingeschränkten Spielraum bei den Entscheidungen der beteiligten Arbeitgeber in personellen und sozialen Angelegenheiten führen (BAG 13.8.2008, NZA-RR 2009, 255; BAG 13.6.2002, AP KSchG 1969 § 23 Nr. 29). Es ist zwischen gesellschaftsrechtlicher oder konzernrechtlicher Weisungsbefugnis einerseits und betrieblichem Leitungsapparat andererseits zu unterscheiden (BAG 29.4.1999, NZA 1999, 932). Das Vorhandensein von **Beherrschungs- bzw. Organverträgen** sagt nichts darüber aus, ob die einheitliche Leitung konkret auf eine Aufgabenerledigung im Rahmen einer betrieblichen Organisationseinheit mit arbeitstechnischen Zwecken bezogen ist (APS/*Moll* KSchG § 23 Rn. 28).

10 Ob eine Matrixorganisation im Rahmen von Konzernverbindungen einen gemeinsamen Betrieb begründet, hängt entscheidend von den konkreten tatsächlichen Umständen ab (Einzelheiten *Bachner* NZA 2019, 134 (139); *Bauer/Herzberg* NZA 2011, 713 (717); *Bodenstedt/Schnabel* BB 2014, 1525 (1527); *Kort* NZA 2013, 1318 (1322); *Maschmann/Fritz,* Matrixorganisationen, 2019, Kap. 3 Rn. 410 ff.; *Wurth* FS Moll 2019, 775 (781 ff.)). Die bloße Ausübung eines fachlichen Weisungsrechts durch eine Person aus einem anderen Unternehmen stellt noch keine einheitliche Ausübung von Arbeitgeberbefugnissen in personellen oder sozialen Angelegenheiten dar. Anderes gilt, wenn Matrixmanager in personellen und sozialen Angelegenheiten umfassende unternehmensübergreifende Befugnisse wahrnehmen; eine derartige „Matrixzelle" kann dann im Einzelfall je nach Sachverhaltsgestaltung unter Umständen auch einmal einen gemeinsamen Betrieb bilden.

11 **4. Rechtliche Führungsvereinbarung.** Die beteiligten Rechtsträger müssen eine rechtliche Vereinbarung über die gemeinsame Führung des Betriebs schließen. Die Vereinbarung muss auf eine einheitliche Leitung in Bezug auf die Aufgaben gerichtet sein, die erledigt werden müssen, um die in der organisatorischen Einheit zu verfolgenden arbeitstechnischen Zwecke erfüllen zu können (BAG 29.4.1999, NZA 1999, 932). Die Führungsvereinbarung kann auch **konkludent** geschlossen werden (BAG 11.11.1997, AP § 111 BetrVG 1972 Nr. 42; BAG 14.12.1994, AP BetrVG § 5 Rotes Kreuz

Nr. 3). Es genügt, dass sich die Existenz der einheitlichen Leitung aus den tatsächlichen Umständen herleiten lässt (BAG 29.4.1999, NZA 1999, 932). Ausreichend ist, dass der Kern der Arbeitgeberbefugnisse in sozialen und personellen Angelegenheiten von derselben institutionellen Leitung ausgeübt wird (BAG 29.4.1999, NZA 1999, 932; BAG 24.1.1996, AP BetrVG 1972 § 1 Gemeinsamer Betrieb Nr. 8).

5. Auflösung des gemeinsamen Betriebs. Die Rechtsträger können den gemeinsamen Betrieb auflösen und dadurch die Wirkungen des § 322 vermeiden. Dies setzt die tatsächliche **Trennung der einheitlichen Leitung** voraus. Eine entsprechende Willenserklärung allein reicht hierfür nicht aus. Erforderlich sind tatsächliche Veränderungen in der Organisation. Diese müssen zu einer Trennung der Verantwortlichkeit in Bezug auf personelle und soziale Angelegenheiten der neuen betrieblichen Einheiten führen (KK-UmwG/*Hohenstatt/Schramm* Rn. 6; HWK/*Willemsen* Rn. 10; HWK/*Gaul* BetrVG § 1 Rn. 27). Die Auflösung des gemeinsamen Betriebs stellt tatsächlich eine Betriebsänderungsmaßnahme dar (§ 111 S. 3 Nr. 1 oder 3 BetrVG). 12

Die Auflösung eines gemeinsamen Betriebs betreffend einen Betrieb bzw. Betriebsteil, der einen Teil eines Gemeinschaftsbetriebs gebildet hat, tritt ein, wenn dieser Betrieb bzw. Betriebsteil stillgelegt wird (APS/*Moll* KSchG § 23 Rn. 32 mwN). Mit der Stilllegung wird regelmäßig die gemeinsame Leitungsstruktur beseitigt und damit der Gemeinschaftsbetrieb, der unter anderem eine unternehmensübergreifende Sozialauswahl veranlasst, aufgelöst (BAG 22.9.2005, NZA 2006, 658 (660); BAG 18.9.2003, NZA 2004, 375; BAG 13.9.1995, NZA 1996, 307). Die gemeinschaftsbetriebsweite Sozialauswahl entfällt auch dann, wenn im Zeitpunkt der Kündigung einer der Betriebe bzw. Betriebsteile zwar noch nicht stillgelegt ist, aufgrund einer unternehmerischen Entscheidung, die bereits greifbare Formen angenommen hat, aber feststeht, dass er bei Ablauf der Kündigungsfrist des Arbeitnehmers stillgelegt sein wird (BAG 14.8.2007, NZA 2007, 1431; BAG 22.9.2005, NZA 2006, 658 (660); BAG 18.9.2003, AP KSchG 1969 § 17 Nr. 14). Die Auflösung eines gemeinsamen Betriebs wird insbesondere durch die Eröffnung eines **Insolvenzverfahrens** über das Vermögen eines beteiligten Unternehmens und die anschließende Stilllegung des vom Insolvenzverwalter geführten Teils bewirkt (BAG 24.2.2005, NZA 2005, 867; BAG 19.11.2003, NZA 2004, 435; BAG 17.1.2002, EzA KSchG § 4 nF Nr. 62; LAG Köln 28.6.2018, NZI 2019, 47 = ZIP 2019, 488). 13

6. Rechtsfolge. Liegen die Voraussetzungen des gemeinsamen Betriebs nach Wirksamwerden der **Spaltung** oder **Teilübertragung** vor, ist das **Kündigungsschutzrecht bezogen auf alle Arbeitsverhältnisse der Rechtsträger des gemeinsamen Betriebs** ungeachtet der Umwandlungsmaßnahme anzuwenden (Semler/Stengel/*Simon* Rn. 12). 14

Es sind insbesondere alle im gemeinsamen Betrieb beschäftigten Arbeitnehmer bei der Berechnung des Schwellenwerts iSd § 23 Abs. 1 KSchG für die **Anwendbarkeit des KSchG** zu berücksichtigen (BAG 16.1.2003, AP KSchG 1969 § 1 Gemeinschaftsbetrieb Nr. 1; BAG 23.3.1984, AP KSchG 1969 § 23 Nr. 7). Unerheblich ist, wie viele Arbeitnehmer das an dem gemeinsamen Betrieb beteiligte Unternehmen außerhalb des gemeinsamen Betriebs darüber hinaus beschäftigt (BAG 16.1.2003, AP KSchG 1969 § 1 Gemeinschaftsbetrieb Nr. 1; BAG 23.3.1984, AP KSchG 1969 § 23 Nr. 4). Im Ausland beschäftigte Arbeitnehmer, deren Arbeitsverhältnisse nicht dem deutschen Recht unterliegen, zählen bei der Berechnung des Schwellenwerts auch dann nicht mit, wenn die ausländische Arbeitsstätte mit einer deutschen einen Gemeinschaftsbetrieb bildet (BAG 26.3.2009, AP KSchG 1969 § 23 Nr. 45; BAG 8.10.2009, EzA KSchG § 23 Nr. 35; BAG 29.8.2013, AP KSchG 1969 § 1 Betriebsbedingte Kündigung Nr. 202; APS/*Moll* KSchG § 23 Rn. 68). 15

Bei **betriebsbedingten** Kündigungen müssen der Arbeitsplatzwegfall, die Beschäftigungsmöglichkeiten und die Sozialauswahlregeln im Hinblick auf den Gemeinschaftsbetrieb geprüft werden (BAG 27.11.2003, NZA 2004, 477; BAG 18.10.2012, NZA 2013, 1007). 16

Die anderweitige **Beschäftigungsmöglichkeit** über den (Gemeinschafts-)Betrieb hinaus im Unternehmen ist nur im Fall eines entsprechend freien Arbeitsplatzes in einem anderen Betrieb desjenigen Unternehmens gegeben, mit dem den Arbeitnehmer ein Arbeitsverhältnis verbindet (KK-UmwG/*Hohenstatt/Schramm* Rn. 10; Semler/Stengel/*Simon* Rn. 14; Kallmeyer/*Willemsen* Rn. 10; jew. mwN) Die Gegenansicht (*Bachner* NJW 1995, 2881 (2885); Lutter UmwG/Joost Rn. 14; *Wlotzke* DB 1995, 40 (44); jew. mwN) erstreckt die Weiterbeschäftigungsmöglichkeit auf andere Betriebe der am Gemeinschaftsbetrieb beteiligten Unternehmen selbst im Falle unternehmensfremder Arbeitnehmer. Dies verkennt das Konzept des Gemeinschaftsbetriebs. Die Rechtsfigur des Gemeinschaftsbetriebs orientiert sich an der Betriebsstruktur und überspringt **insoweit** die Unternehmenszugehörigkeit. Sie transzendiert die Unternehmenszugehörigkeit aber auch nur insoweit und bewirkt nicht, dass über den Gemeinschaftsbetrieb hinaus Beschäftigungsmöglichkeiten bei Arbeitgebern berücksichtigt werden müssen, mit denen gar kein Arbeitsverhältnis besteht. Der Gemeinschaftsbetrieb überwindet die Unternehmensgrenzen nur für **diesen** Betrieb. Die Gesetzesmaterialien erläutern denn auch eindeutig, dass für etwaige Beschäftigungsmöglichkeiten auf die Verhältnisse im gemeinsamen Betrieb abzustellen ist; von einer Erweiterung der Prüfung auf Beschäftigungsmöglichkeiten außerhalb des gemeinsamen Betriebs ist demgegenüber zu Recht keine Rede (BT-Drs. 12/6699, 174; BR-Drs. 75/94, 174). Allein dies entspricht der BAG-Rspr. (BAG 15.2.2007, AP BGB 17

§ 613a Widerspruch Nr. 2; BAG 13.6.1985, AP KSchG 1969 Nr. 10 [Maßgeblichkeit der Weiterbeschäftigungsmöglichkeit im Gemeinschaftsbetrieb]). Die gemeinschaftsbetriebsbezogene Weiterbeschäftigungspflicht besteht dann nicht mehr, wenn der Gemeinschaftsbetrieb bei Zugang der Kündigung nicht mehr existiert (BAG 18.10.2012, NZA 2013, 1007).

18 Im Zuge der **Sozialauswahl** kann die Kündigung anderer als vom Arbeitsplatzwegfall betroffener Arbeitnehmer (Semler/Stengel/*Simon* Rn. 15 f.; Kallmeyer/*Willemsen* Rn. 12) erforderlich werden, wenn in einem Teil des gemeinsamen Betriebs Personal abgebaut werden soll und sich ein betroffener Arbeitnehmer auf die Möglichkeit der Weiterbeschäftigung auf einem vergleichbaren, von einem weniger schutzbedürftigen Arbeitnehmer besetzten Arbeitsplatz in einem anderen Teil des gemeinsamen Betriebs beruft.

19 Entsprechendes gilt im Hinblick auf den **Sonderkündigungsschutz** nach § 15 KSchG (BAG 18.10.2000, AP KSchG 1969 § 15 Nr. 49; BAG 5.3.1987, AP KSchG 1969 § 15 Nr. 30). Im Fall einer **Stilllegung** von Betriebsabteilungen müssen nach § 15 Abs. 5 KSchG Übernahmemöglichkeiten für die betriebsverfassungsrechtlichen Funktionsträger in allen, also auch in den einem anderen am gemeinsamen Betrieb beteiligten Rechtsträger zugeordneten Betriebsabteilungen geprüft werden (KK-UmwG/*Hohenstatt/Schramm* Rn. 13). Im Fall der Stilllegung des gesamten einem Rechtsträger zuzuordnenden Teils des gemeinsamen Betriebs und damit einhergehender Aufhebung der einheitlichen Leitung (Beendigung des Gemeinschaftsbetriebs in Bezug auf diesen Rechtsträger) ist § 15 Abs. 4 KSchG auf die Funktionsträger anzuwenden (Semler/Stengel/*Simon* Rn. 17).

20 Für die Anzeigepflicht bei **Massenentlassungen** iSd § 17 Abs. 1 KSchG ist sowohl für die Zahl der zu entlassenden Arbeitnehmer als auch für die Gesamtzahl der beschäftigten Arbeitnehmer auf den gemeinsamen Betrieb abzustellen (APS/*Moll* KSchG § 17 Rn. 4; Semler/Stengel/*Simon* Rn. 16).

III. Abdingbarkeit

21 Die Rechtsfolgen des § 322 sind unabdingbar (HWK/*Willemsen* Rn. 3; Lutter UmwG/*Joost* Rn. 15; Semler/Stengel/*Simon* Rn. 12) und zeitlich unbegrenzt.

IV. Darlegungs- und Beweislast

22 Derjenige, der sich auf die Rechtsfolgen des gemeinsamen Betriebs stützen will, trägt nach allgemeinen zivilprozessualen Grundsätzen die **Darlegungs- und Beweislast** (BAG 24.5.2012, AP KSchG 1969 § 1 Betriebsbedingte Kündigung Nr. 194; BAG 23.3.1984, AP KSchG 1969 § 23 Nr. 4; APS/*Moll* KSchG § 23 Rn. 85). Dem Arbeitnehmer kommen dabei mit Rücksicht auf seine typischerweise mangelhafte Kenntnis vom Inhalt der zwischen den beteiligten Unternehmen getroffenen vertraglichen Vereinbarungen Erleichterungen zugute. Der Arbeitnehmer genügt seiner Darlegungslast in einem ersten Schritt, wenn er äußere Umstände aufzeigt, die für die Annahme sprechen, dass sich mehrere Unternehmen über die gemeinsame Führung eines Betriebs unter einem einheitlichen Leitungsapparat geeinigt haben. Der Arbeitgeber hat darauf nach § 138 Abs. 2 ZPO im Einzelnen zu erwidern und darzulegen, welche rechtserheblichen Umstände gegen die Annahme eines einheitlichen Betriebs sprechen (BAG 24.5.2012, AP KSchG 1969 § 1 Betriebsbedingte Kündigung Nr. 194). Ob die Vermutungstatbestände des § 1 Abs. 2 Nr. 1 und Nr. 2 BetrVG im kündigungsschutzrechtlichen Zusammenhang unmittelbar oder analog gelten, hat das Bundesarbeitsgericht offen gelassen (BAG 24.5.2012, AP KSchG 1969 § 1 Betriebsbedingte Kündigung Nr. 194). Die Frage ist richtigerweise zu verneinen (APS/*Moll* KSchG § 23 Rn. 85; Semler/Stengel/*Simon* Rn. 7 ff.; HWK/*Willemsen* Rn. 7. Anders Lutter UmwG/*Joost* Rn. 13).

Kündigungsrechtliche Stellung

323 (1) **Die kündigungsrechtliche Stellung eines Arbeitnehmers, der vor dem Wirksamwerden einer Spaltung oder Teilübertragung nach dem Dritten oder Vierten Buch zu dem übertragenden Rechtsträger in einem Arbeitsverhältnis steht, verschlechtert sich auf Grund der Spaltung oder Teilübertragung für die Dauer von zwei Jahren ab dem Zeitpunkt ihres Wirksamwerdens nicht.**

(2) **Kommt bei einer Verschmelzung, Spaltung oder Vermögensübertragung ein Interessenausgleich zustande, in dem diejenigen Arbeitnehmer namentlich bezeichnet werden, die nach der Umwandlung einem bestimmten Betrieb oder Betriebsteil zugeordnet werden, so kann die Zuordnung der Arbeitnehmer durch das Arbeitsgericht nur auf grobe Fehlerhaftigkeit überprüft werden.**

Übersicht

I. Allgemeines

1 Abs. 1 bezweckt bei Spaltungen und Teilübertragungen einen **Bestandsschutz der Arbeitsverhältnisse** trotz der aufgrund der Spaltung oder Teilübertragung eintretenden Veränderungen des beschäftigenden Betriebs bzw. Unternehmens. Die kündigungsrechtliche Stellung der Arbeitnehmer soll sich auch dann nicht verschlechtern, wenn bei dem neuen Rechtsträger die für die Anwendbarkeit kündigungsrechtlicher Regelungen notwendige Beschäftigtenzahl nicht erreicht wird (BegrRegE, BT-Drs. 12/6699, 175).

2 Abs. 2 wurde durch den Rechtsausschuss in den Gesetzentwurf eingefügt und regelt, in der Konstruktion an § 125 InsO angelehnt, dass die Zuordnung von Arbeitnehmern iRv Verschmelzung, Spaltung oder Vermögensübertragung nur eingeschränkt gerichtlich nachprüfbar ist (BT-Drs. 12/7850, 145; Entstehungsgeschichte bei KK-UmwG/*Hohenstatt/Schramm* Rn. 28 ff.).

II. Einzelerläuterungen

3 **1. Verschlechterungsverbot der kündigungsrechtlichen Stellung (Abs. 1). a) Arbeitsverhältnis mit dem übertragenden Rechtsträger.** Arbeitnehmer iSv Abs. 1 ist jeder Arbeitnehmer, der mit dem übertragenden Rechtsträger vor dem Wirksamwerden der Umwandlungsmaßnahme in einem wirksamen Arbeitsverhältnis steht. Es kommt nicht auf die tatsächliche Arbeitsaufnahme, sondern auf den Abschluss des Arbeitsvertrags an (SHS/*Langner* Rn. 5; Semler/Stengel/*Simon* Rn. 4). Ohne Bedeutung für die Anwendbarkeit der Norm auf das einzelne Arbeitsverhältnis ist, ob das Arbeitsverhältnis mit dem Wirksamwerden der Umwandlungsmaßnahme auf den übernehmenden Rechtsträger übergeht oder mit dem übertragenden Rechtsträger fortbesteht (Semler/Stengel/*Simon* Rn. 4; APS/*Steffan* Rn. 3). Das Verschlechterungsverbot gilt aber nicht für bereits beim übernehmenden Rechtsträger vorhandene oder später neu hinzukommende Arbeitnehmer (KK-UmwG/*Hohenstatt/Schramm* Rn. 3; Lutter UmwG/*Joost* Rn. 7).

4 **b) Spaltung oder Teilübertragung.** Die Veränderung der kündigungsrechtlichen Stellung muss Folge einer **Spaltung** (§ 123) oder **Teilübertragung** (§ 177) nach dem UmwG sein. Bei diesen Umwandlungsmaßnahmen ändert sich im Unterschied zum Formwechsel (§ 190) regelmäßig die Betriebsgröße. Der kündigungsrechtliche Bestandsschutz kann sich dadurch verschlechtern (APS/*Steffan* Rn. 2). Umstrukturierungsmaßnahmen außerhalb des UmwG fallen nicht in den Anwendungsbereich der Norm. Eine analoge Anwendung des § 323 in solchen Fällen ist mangels Regelungslücke angesichts der Regelungen des § 613a Abs. 1 und 4 BGB nicht möglich (BAG 15.2.2007, AP KSchG 1969 § 23 Nr. 38; Lutter UmwG/*Joost* Rn. 1; Semler/Stengel/*Simon* Rn. 3; Kallmeyer/*Willemsen* Rn. 19). Eine analoge Anwendung auf die Verschmelzung und den Formwechsel ist ebenfalls abzulehnen, da diese Umwandlungen die kündigungsrechtliche Stellung des Arbeitnehmers nicht verändern (Lutter UmwG/*Joost* Rn. 1; Semler/Stengel/*Simon* Rn. 3. Anders APS/*Steffan* Rn. 17 für Verschlechterungen aufgrund von Verschmelzung).

5 **c) Rechtsfolgen. aa) Kündigungsrechtliche Stellung.** Es ist umstritten, ob die „kündigungsrechtliche" Stellung iSv Abs. 1 nur die **rechtliche** Stellung des Arbeitnehmers (Semler/Stengel/*Simon* Rn. 6; HWK/*Willemsen* Rn. 1 ff.; jew. mwN) oder auch die **tatsächlichen** Verhältnisse (*Däubler* RdA 1995, 136 (143); *Düwell* NZA 1996, 393 (397)) meint. Richtigerweise ist davon auszugehen, dass Abs. 1 lediglich die Fortgeltung der bis zur Umwandlung maßgeblichen arbeitsrechtlichen Normen betrifft und nicht auch die Fiktion des Fortbestands der tatsächlichen Verhältnisse beinhaltet. Bloße indirekte bzw. reflexartige Vorteile, die sich aus der tatsächlichen Situation im Ursprungsbetrieb ergeben, betreffen

nicht die rechtliche Stellung des Arbeitnehmers iSv Abs. 1 (BAG 22.9.2005, NZA 2006, 658 (660)). Neben den Normen des Kündigungsschutzrechts gelten auch sonstige kündigungsrechtliche Regelungen fort, die dem Arbeitnehmer eine subjektive Rechtsposition einräumen (Lutter UmwG/*Joost* Rn. 9; APS/*Steffan* Rn. 8; HWK/*Willemsen* Rn. 11. Anders *Bauer/Lingemann* NZA 1994, 1057 (1060 f.)).

6 **§ 23 Abs. 1 KSchG** fällt unbestritten unter den Begriff der „kündigungsrechtlichen" Stellung. Das KSchG bleibt trotz Unterschreitens der Mindestarbeitnehmerzahl nach der Spaltung oder Teilübertragung anwendbar (BAG 15.2.2007, AP KSchG 1969 § 23 Nr. 38; KK-UmwG/*Hohenstatt/Schramm* Rn. 13; Lutter UmwG/*Joost* Rn. 10; Semler/Stengel/*Simon* Rn. 10). Der Arbeitnehmer genießt also auch weiterhin den Kündigungsschutz nach dem Kündigungsschutzgesetz, auch wenn der ihn nach der Spaltung oder Teilübertragung beschäftigende Betrieb zu wenig Beschäftigte hat und daher nach der Spaltung oder Teilübertragung nicht mehr in den Anwendungsbereich des KSchG fällt.

7 **Weiterbeschäftigungsmöglichkeiten** gem. § 1 Abs. 2 KSchG sind nur innerhalb des Unternehmens des Rechtsträgers, bei dem das Arbeitsverhältnis nach der Umwandlungsmaßnahme besteht, zu prüfen (KK-UmwG/*Hohenstatt/Schramm* Rn. 15; Lutter UmwG/*Joost* Rn. 18; APS/*Steffan* Rn. 6; ErfK/*Oetker* Rn. 3 (von BAG 24.5.2012, NZA 2013, 277 offengelassen)). Die Frage, ob in dem Unternehmen des Rechtsträgers Weiterbeschäftigungsmöglichkeiten bestehen, betrifft allein die Tatsachenebene und nicht die rechtliche Stellung des Arbeitnehmers. Abs. 1 führt auch nicht dazu, dass hinsichtlich der gem. § 1 Abs. 3 KSchG bei betriebsbedingten Kündigungen durchzuführenden **Sozialauswahl** auf die tatsächlichen Verhältnisse vor Wirksamwerden der Spaltung abzustellen ist (BAG 22.9.2005, NZA 2006, 658 (660); LAG München 21.9.2004, BeckRS 2009, 68183; LAG München 14.10.2018, BeckRS 2009, 66768; Lutter UmwG/*Joost* Rn. 17; Semler/Stengel/*Simon* Rn. 11; APS/*Steffan* Rn. 7). Es ist hierfür nur auf den **Betrieb des Arbeitgebers nach der Umwandlungsmaßnahme** abzustellen. Die Frage, ob in einem Betrieb mehr oder weniger schutzbedürftige Arbeitnehmer beschäftigt werden, betrifft die Tatsachenebene und kann nur anhand der konkreten Gegebenheiten im jeweiligen Betrieb beurteilt werden (BAG 22.9.2005, NZA 2006, 658 (660); LAG München 21.9.2004, BeckRS 2009, 68183; LAG München 14.10.2004, BeckRS 2009, 66768).

8 **Sonderkündigungsschutz** für Funktionsträger nach § 15 Abs. 1 S. 1 KSchG bzw. § 15 Abs. 2 S. 1 KSchG bleibt aufgrund von Abs. 1 für zwei Jahre aufrechterhalten, wenn ein Funktionsträger infolge der Spaltung oder Teilübertragung aus dem Amt ausscheidet. Die in § 15 Abs. 1 S. 2 KSchG und Abs. 2 S. 2 KSchG vorgesehene einjährige Unzulässigkeit einer ordentlichen Kündigung des ausgeschiedenen Funktionsträgers wird auf zwei Jahre verlängert (Lutter UmwG/*Joost* Rn. 12; HWK/*Willemsen* Rn. 13). Es wird hingegen nicht die Beibehaltung der jeweiligen Amtsstellung fingiert (BAG 18.10.2000, AP KSchG 1969 § 15 Nr. 49). Es besteht mithin kein Kündigungsschutz nach § 15 Abs. 1 S. 1 KSchG und Abs. 2 S. 1 KSchG mit dem Erfordernis der Zustimmung des Betriebsrats zur Kündigung nach § 103 BetrVG (Semler/Stengel/*Simon* Rn. 12; HWK/*Willemsen* Rn. 13). Anderes gilt für Funktionsträger mit Übergangsmandat (KK-UmwG/*Hohenstatt/Schramm* Rn. 18; Lutter UmwG/*Joost* Rn. 12; Semler/Stengel/*Simon* Rn. 13).

9 Die Vorschriften über **Massenentlassungen** nach §§ 17 ff. KSchG und insbesondere die dort geregelte Anzeigepflicht betreffen nicht unmittelbar die kündigungsrechtliche Stellung des Arbeitnehmers iSd Abs. 1. Sie räumen den Arbeitnehmern keine subjektive Rechtsposition iSv Abs. 1 ein (Lutter UmwG/*Joost* Rn. 19; HWK/*Willemsen* Rn. 12; ErfK/*Oetker* Rn. 3). Dies gilt auch dann, wenn man den §§ 17 ff. KSchG Individualbezug zubilligt.

10 Abs. 1 erfasst nicht **betriebsverfassungsrechtliche** Regelungen im Zusammenhang mit der Kündigung von Arbeitsverhältnissen und deren Folgen (Bsp.: §§ 95, 99, 102, 103, 111, 112, 112a BetrVG). Diese Normen regeln nicht unmittelbar die individuelle kündigungsrechtliche Rechtsstellung des Arbeitnehmers (KK-UmwG/*Hohenstatt/Schramm* Rn. 19 ff.; HWK/*Willemsen* Rn. 14; ErfK/*Oetker* Rn. 3).

11 Abs. 1 führt nicht zur Fortgeltung **kollektivvertraglicher** Regelungen über Kündigungsfristen und „Unkündbarkeit". Der Fortbestand solcher kollektivrechtlichen Kündigungsbestimmungen richtet sich nach § 613a BGB iVm § 324 (APS/*Steffan* Rn. 11; HWK/*Willemsen* Rn. 16. Anders SHS/*Langner* Rn. 8; ErfK/*Oetker* Rn. 4; Lutter UmwG/*Joost* Rn. 24; KR*Spilger* §§ 322–324 Rn. 51; LAG München 21.9.2004, BeckRS 2009, 68183; LAG München 14.10.2004, BeckRS 2009, 66768).

12 **bb) Verschlechterung aufgrund der Spaltung oder Teilübertragung.** Zwischen der Verschlechterung und der Spaltung oder Teilübertragung muss ein **kausaler** Zusammenhang bestehen (Semler/Stengel/*Simon* Rn. 8; APS/*Steffan* Rn. 3). Die Verschlechterung muss sich als **unmittelbare** Folge einer Spaltung oder Teilübertragung darstellen (BAG 22.9.2005, NZA 2006, 658 (659); Lutter UmwG/*Joost* Rn. 20). Nachfolgende Entwicklungen, die sich nachteilig für den Arbeitnehmer auswirken können, werden von Abs. 1 nicht erfasst (KK-UmwG/*Hohenstatt/Schramm* Rn. 24; Semler/Stengel/*Simon* Rn. 8). Die Verschlechterung der kündigungsrechtlichen Position ist zB nicht durch die Spaltung begründet, wenn eine **Kündigung aufgrund der im Anschluss an die Umwandlung begonnenen insolvenzbedingten Betriebsstilllegung** des abgespaltenen Betriebs bzw. Betriebsteils erfolgt (BAG 22.9.2005, NZA 2006, 658 (659): Kündigung durch den Insolvenzverwalter nach § 113

InsO). Der erforderliche kausale Zusammenhang mit der Umwandlungsmaßnahme fehlt auch zwischen dem Abschluss eines nachträglichen Änderungs- oder Aufhebungsvertrags und der daraus eventuell folgenden Verschlechterung der rechtlichen Stellung des Arbeitnehmers (Lutter UmwG/*Joost* Rn. 22).

Eine Verschlechterung der kündigungsrechtlichen Stellung tritt nicht ein, wenn die kündigungsrechtliche Stellung nach § 324 iVm § 613a Abs. 1 S. 1 BGB unbefristet erhalten bleibt (Semler/Stengel/*Simon* Rn. 9). Dies ist zB beim arbeitsvertraglichen **Ausschluss der ordentlichen Kündbarkeit** der Fall (APS/*Steffan* Rn. 11). 13

cc) Zweijahresfrist. Ob die kündigungsrechtliche Maßnahme in die Zweijahresfrist fällt, bemisst sich nach dem Zeitpunkt des Zugangs der Kündigungserklärung (SHS/*Langner* Rn. 11; Semler/Stengel/*Simon* Rn. 17). Die Frist beginnt mit dem Wirksamwerden der Spaltung oder Teilübertragung, also mit der Eintragung in das Register (§ 131 Abs. 1 bzw. §§ 177, 184, 189 iVm § 131 Abs. 1) und berechnet sich nach den § 187 Abs. 1 BGB, § 188 Abs. 2 BGB. 14

2. Zuordnung von Arbeitnehmern in einem Interessenausgleich (Abs. 2). a) Verschmelzung, Spaltung oder Vermögensübertragung. Abs. 2 gilt für die Verschmelzung (§ 2), die Spaltung (§ 123) sowie die Vermögensübertragung (§ 174), nicht aber für den Formwechsel (§ 190). Das erklärt sich damit, dass – mit Ausnahme des Formwechsels, der zu keiner Übertragung von Arbeitnehmern führt und die Identität des Betriebs nicht berührt – die Umwandlungsmaßnahmen zu **Änderungen der Betriebsstruktur** führen können. Abs. 2 ist auf den Formwechsel auch nicht analog anwendbar (Semler/Stengel/*Simon* Rn. 19). Das BAG verlangt im Rahmen des § 131 Abs. 1 Nr. 1 – diese Regelung ist nur außerhalb § 613a BGB (§ 324) anwendbar – jedenfalls bei der Aufspaltung die Zustimmung des Arbeitnehmers für den Übergang des Arbeitsverhältnisses und gewährt diesem bei fehlender Zustimmung ein Wahlrecht darüber, mit welchem der übernehmenden Rechtsträger das Arbeitsverhältnis fortgesetzt wird (BAG 19.10.2017, NZA 2018, 370; BAG 26.4.2018, BeckRS 2018, 20238; BAG 7.6.2018, BeckRS 2018, 20187; *Roloff/Plum* ZIP 2019, 2288 (2290)). Abs. 2 lässt dies uneingeschränkt unberührt. 15

Die Vorschrift ist im Zusammenhang mit § 613a BGB (§ 324) zu sehen und setzt einen Betriebs- bzw. Betriebsteilübergang voraus (BAG 19.10.2017, NZA 2018, 370). Die wesentliche praktische Bedeutung des Abs. 2 besteht darin, in Fällen schwieriger oder unklarer Zuordnung von Arbeitnehmern zu einem Betrieb oder Betriebsteil eine weitgehend „gerichtsfeste" Zuordnung zu ermöglichen (BAG 19.10.2017, NZA 2018, 370; BAG 26.4.2018, BeckRS 2018, 20238; BAG 7.6.2018, BeckRS 2018, 20187). 16

b) Interessenausgleich. Abs. 2 setzt voraus, dass bei der Umwandlungsmaßnahme ein **Interessenausgleich nach § 112 BetrVG** zustande kommt. Voraussetzung für einen Interessenausgleich nach § 112 BetrVG ist die Planung einer mitbestimmungspflichtigen Betriebsänderung iSd § 111 BetrVG (Lutter UmwG/*Joost* Rn. 33; APS/*Steffan* Rn. 19; HWK/*Willemsen* § 324 Rn. 28; *Roloff/Plum* ZIP 2019, 2288 (2290)). Die Norm ist nicht, auch nicht analog, anwendbar, wenn ein Interessenausgleich freiwillig abgeschlossen oder eine Zuordnung freiwillig vorgenommen wird, ohne dass eine mitbestimmungspflichtige Betriebsänderung vorliegt. Eine solche setzt voraus, dass wesentliche Nachteile für die Belegschaft resultieren können (§ 111 S. 1 BetrVG). Bei Zusammenschluss mit anderen Betrieben oder Spaltung von Betrieben muss nicht gesondert geprüft werden, ob die Spaltung oder Zusammenlegung mit wesentlichen Nachteilen für die Belegschaft verbunden sein kann, weil in den Fällen des § 111 S. 3 BetrVG Nachteile für die Belegschaft iSv § 111 S. 1 BetrVG fingiert werden (BAG 17.8.1982, AP BetrVG 1972 § 111 Nr. 11; BAG 25.1.2000, AP BetrVG 1972 § 112 Nr. 137; BAG 9.11.2010, AP BetrVG 1972 § 111 Nr. 69; *Fitting* BetrVG § 111 Rn. 42; APS/*Steffan* Rn. 19). Der Interessenausgleich muss gem. § 112 Abs. 1 S. 1, Abs. 3 S. 3 BetrVG **schriftlich** abgefasst und unterschrieben werden. Er ist nicht durch den Spruch einer Einigungsstelle gegen den Willen der Betriebspartner erzwingbar. Er regelt auch nicht den Ausgleich oder die Milderung der wirtschaftlichen Nachteile, die den Arbeitnehmern durch die Betriebsänderung entstehen können, sondern das **Ob und das Wie der Betriebsänderung** und im Falle des Abs. 2 die Zuordnung der Arbeitnehmer. Der Abschluss des Interessenausgleichs erfolgt in der Zeit bis zum Wirksamwerden der in Abs. 2 genannten Umwandlungsmaßnahmen. Die betriebsverfassungsrechtliche Gremienzuständigkeit für den Abschluss des Interessenausgleichs richtet sich nach den allgemeinen Grundsätzen (Einzelheiten *Roloff/Plum* ZIP 2019, 2288 (2292)). 17

Zwischen der Umwandlungsmaßnahme und dem Interessenausgleich muss ein Kausalzusammenhang bestehen: Das Wort „bei" in Abs. 2 ist dahingehend zu verstehen, dass der Interessenausgleich **wegen** der durch die Umwandlung eintretenden tatsächlichen und rechtlichen Veränderungen geschlossen wird (SHS/*Langner* Rn. 13; Semler/Stengel/*Simon* Rn. 21). 18

c) Zuordnung zu bestimmten Betrieben oder Betriebsteilen durch namentliche Bezeichnung. Ein Interessenausgleich nach Abs. 2 muss die Arbeitnehmer namentlich bestimmten **Betrieben** oder **Betriebsteilen** zuordnen (KK-UmwG/*Hohenstatt/Schramm* Rn. 42). Eine ausdrückliche gleichzeitige Zuordnung zu einem bestimmten Rechtsträger in den Fällen der Spaltung oder Teilübertragung 19

(SHS/*Langner* Rn. 15; Semler/Stengel/*Simon* Rn. 23) ist weder erforderlich noch vorgesehen. Der **Betriebs- bzw. Betriebsteilübergang** determiniert die Rechtsträgerzuordnung. Es ist damit grundsätzlich maßgeblich, welche Zuordnung sich nach allgemeinen Grundsätzen beim Betriebs- oder Betriebsteilübergang ergibt (*Roloff/Plum* ZIP 2019, 2288 (2290)). Eine pauschale Bezugnahme auf Abteilungen oder Arbeitsgruppen reicht iRv Abs. 2 nicht aus (KK-UmwG/*Hohenstatt/Schramm* Rn. 42; Semler/Stengel/*Simon* Rn. 22). Die Zuordnungsentscheidung bezieht sich auf im Zeitpunkt des Wirksamwerdens der in Abs. 2 genannten Umwandlungsmaßnahmen vorhandene übergangsfähige Einheiten.Eine **Namensliste** kann, wenn sie nicht in den Interessenausgleich integriert ist, als Anlage zum Interessenausgleich genommen werden. Aufgrund des Schriftformerfordernisses sowie des Gebots der Urkundeneinheit muss die Namensliste entweder unterzeichnet und im unterschriebenen Interessenausgleich in Bezug genommen oder (wenn die Namensliste nicht selbst unterschrieben wird) mit dem unterschriebenen Interessenausgleich fest verbunden werden (BAG 7.5.1998, AP KSchG 1969 § 1 Namensliste Nr. 1; BAG 6.7.2006, AP KSchG 1969 § 1 Nr. 80).

20 Der Arbeitgeber kann in einem Spaltungs- oder Übernahmevertrag sein Zuweisungsrecht ausüben. Dies ist denkbar, wenn ein Betriebsrat nicht besteht oder ein Interessenausgleich nicht zustande kommt. Die Zuordnung in einem Interessenausgleich geht, soweit sie nicht grob fehlerhaft ist, einer abweichenden Zuordnung in einem Umwandlungsvertrag vor (APS/*Steffan* Rn. 29; HWK/*Willemsen* Rn. 31).

21 **d) Rechtsfolgen.** Die Norm räumt den Betriebspartnern **Gestaltungsspielraum** in Bezug auf die Zuordnung von Arbeitnehmern ein. Der Gestaltungsspielraum besteht nicht unbeschränkt iSe freien Ermessens. Die Betriebspartner haben die Zuordnung an § 613a BGB (§ 324 UmwG) und einer bestehenden Betriebs- bzw. Betriebsteilstruktur auszurichten, dh die Kriterien zu § 613a BGB (§ 324) zugrunde zu legen (BAG 19.10.2017, NZA 2018, 370; BAG 26.4.2018, BeckRS 2018, 20238; BAG 7.6.2018, BeckRS 2018, 20187; APS/*Steffan* Rn. 21; Lutter UmwG/*Joost* Rn. 38). § 613a BGB (§ 324 UmwG) hat Vorrang vor einer Zuordnungsentscheidung nach § 323 Abs. 2. Das Arbeitsgericht kann die Zuordnung nur auf **grobe** Fehlerhaftigkeit überprüfen. Grob fehlerhaft ist die Zuordnung, wenn sie unter keinem sachlichen Gesichtspunkt gerechtfertigt ist (SHS/*Langner* Rn. 20). Allein die objektive Unrichtigkeit der Zuordnung reicht für die grobe Fehlerhaftigkeit nicht aus (Semler/Stengel/*Simon* Rn. 24, 28). Grob fehlerhaft ist die Zuordnung bei Anwendungsfällen von § 613a BGB, wenn sie in starkem Maße bzw. schwerwiegend gegen die sich aus § 613a BGB ergebende Zuordnung verstößt bzw. die dortigen gesetzlichen Wertungen vollständig missachtet (SHS/*Langner* Rn. 20; Lutter UmwG/*Joost* Rn 40). Dies ist zB der Fall, wenn ein Arbeitnehmer einem Betrieb zugeordnet wird, in dem er bisher nicht oder nur völlig untergeordnet tätig gewesen ist. Das Bundesarbeitsgericht hat betont, dass die Zuordnung zwar nur eingeschränkt überprüfbar sei, dass sie aber nach den **Kriterien und Vorgaben des § 613a BGB** und damit zu einer übergangsfähigen wirtschaftlichen Einheit iS eines bestehenden Betriebs oder Betriebsteils erfolgen müsse (BAG 19.10.2017, NZA 2018, 370; BAG 26.4.2018, BeckRS 2018, 20238; BAG 7.6.2018, BeckRS 2018, 20187). Eine Zuordnung, die nicht zu einer übergangsfähigen wirtschaftlichen Einheit erfolgt, ist grob fehlerhaft iSd Abs. 2. Es ist danach nicht möglich, eine andere Zuordnung als zu einem bestehenden Betrieb/Betriebsteil vorzunehmen. Beispiele und Gestaltungsmöglichkeiten für die Übertragung von Arbeitsverhältnissen nach dem UmwG etwa bei *Mückl* DB 2017, 966 ff. Eine Zuordnung kann insbesondere nicht zu einem beliebigen „Spaltprodukt" erfolgen. Die anderslautende, frühere Instanzrechtsprechung ist damit überholt. Diese hat ausgeführt, dass dann, wenn Betriebe oder Betriebsteile durch Betriebsspaltung im Rahmen einer Unternehmensaufspaltung entstehen und die Zuordnung der Arbeitnehmer entsprechend den neu geschaffenen Einheiten vorgenommen wird, diese Zuordnung nur auf grobe Fehlerhaftigkeit überprüft werden kann (LAG Hamburg 26.4.2017 – 6 Sa 76/16). Es ist ebenfalls ausgeführt worden, dass es keine zwingende Vorgabe gebe, sich bei der Aufspaltung des Unternehmens an bisherigen Betrieben oder Betriebsteilen zu orientieren, sodass die Aufspaltung des Unternehmens und eine Neubildung von Einheiten auch zB nach Geschäftsprozessen erfolgen kann; in diesem Fall sei eine Zuordnung der Arbeitnehmer entsprechend den neu geschaffenen Einheiten nicht grob fehlerhaft (LAG Hamburg 4.5.2016, LAGE UmwG § 323 Nr. 1; LAG Hamburg 31.5.2016, ZInsO 2017, 1390 = ZIP 2017, 540; LAG Hamburg 11.1.2017, LAGE UmwG § 323 Nr. 2). Entsprechend hat es geheißen, dass dann, wenn zur Vorbereitung oder im Zuge einer Unternehmensspaltung der bisherige Betrieb/Betriebsteil zerschlagen wird und keine solche bisherigen Einheiten auf die neu gebildeten Betriebe/Unternehmen übergehen, die Zuordnungsentscheidung nicht an § 613a BGB zu messen sei; außerhalb einer Betriebs- oder Betriebsteilübertragung und damit des Anwendungsbereichs von § 613a BGB (§ 324 UmwG) seien die Rechtsfolgen des § 613a BGB nicht zu beachten und könne eine Zuordnung von Arbeitnehmern nur als grob fehlerhaft angesehen werden, wenn sie unter keinem Gesichtspunkt vertretbar ist (LAG Schleswig-Holstein 5.11.2015, BeckRS 2016, 66610; LAG Schleswig-Holstein 5.11.2015, GWR 2016, 106; LAG Schleswig-Holstein 5.11.2015, BeckRS 2016, 66460; LAG Schleswig-Holstein 7.9.2016, LAGE UmwG § 324 Nr. 2).

22 Die Zuordnung ist in allen Streitigkeiten, in denen sie maßgeblich ist, zB bei Fragen der Anwendbarkeit des BetrVG oder des KSchG wie auch bei der Frage der Sozialauswahl im Fall einer betriebsbedingten Kündigung nur auf **grobe** Fehlerhaftigkeit überprüfbar (SHS/*Langner* Rn. 22; Semler/Stengel/*Simon* Rn. 32). Der Arbeitnehmer kann etwa Feststellungsklage (§ 256 Abs. 1 ZPO) erheben, wenn er aufgrund der Ausübung des Direktionsrechts durch den Arbeitgeber im Anschluss an den Interessenausgleich einer Einheit zugeordnet wird, und klären lassen, ob diese Weisung rechtmäßig ist. Entsprechendes gilt für eine Klage im Hinblick auf vertragsgemäße Beschäftigung (*Roloff/Plum* ZIP 2019, 2288 (2293)). Die Prüfung bezieht sich darauf, ob die Zuordnung des einzelnen, jeweiligen Arbeitnehmers nicht grob fehlerhaft ist; die Zuordnung wird in diesem Rahmen anerkannt. Es wird teilw. aus Gründen der Rechtssicherheit eine Geltendmachung der groben Fehlerhaftigkeit durch den Arbeitnehmer innerhalb einer an § 613a Abs. 6 S. 1 BGB orientierten Frist für erforderlich gehalten, da nicht dauerhaft offen bleiben könne, in welcher betrieblichen Einheit und für welchen Arbeitgeber der Arbeitnehmer zu arbeiten habe (KK-UmwG/*Hohenstatt/Schramm* Rn. 45; Lutter UmwG/*Joost* Rn. 41; Semler/Stengel/*Simon* Rn. 31. S. auch APS/*Steffan* Rn. 28: die Drei-Wochen-Frist des § 4 KSchG könne herangezogen werden). Dem ist nicht zu folgen. Das Gesetz sieht dieses Erfordernis nicht vor. Es ist auch nicht geboten. Es hat im Falle von Betriebs- bzw. Betriebsteilübergängen mit § 613a BGB und den diesbezüglichen Rechtsprechungsgrundsätzen sein Bewenden. Entsprechendes gilt für nicht übergehende Arbeitsverhältnisse. Erst wenn der Arbeitnehmer nach allgemeinen arbeitsvertraglichen Grundsätzen nicht mehr geltend machen kann, dass sein Arbeitsverhältnis bei dem Betriebs- oder Betriebsteilübernehmer bestehe, kann die Zuordnung nicht mehr angegriffen werden.

Der Interessenausgleich und die in ihm vorgenommene Zuordnung haben **keine normative** Wirkung (APS/*Steffan* Rn. 21, 29). Sie verändern nicht den Inhalt des Arbeitsvertrags oder die nach § 613a BGB (§ 324) maßgebliche Zuordnung. Die Zuordnung im Interessenausgleich spiegelt (lediglich) die Auffassung der Betriebspartner wider, dass sich diese Zuordnung iRd individualrechtlichen Vorgaben hält. Die Zuordnung hat bei Einhaltung des Maßstabs der groben Fehlerhaftigkeit „feststellende" Wirkung (Lutter UmwG/*Joost* Rn. 38). Irgendwelcher individualrechtlicher Maßnahmen bedarf es nicht, soweit sich die Zuordnung iRd Arbeitsvertrags und des § 613a BGB hält. Anders ist dies, wenn die Zuordnung im Interessenausgleich mit Arbeitsvertrag bzw. § 613a BGB (§ 324) nicht übereinstimmt; die Zuordnung ist dann umsetzungsbedürftig, was durch Direktionsrecht oder Vertragsänderung geschehen kann (*Roloff/Plum* ZIP 2019, 2288 (2291)). Die Zuordnung für sich ist dabei keine Grundlage für individualrechtliche Maßnahmen. Die mit der Zuordnung festgelegte tatsächliche Situation ist allerdings bis zur Grenze grober Fehlerhaftigkeit für individualrechtliche Maßnahmen zugrunde zu legen. Eine vom Arbeitsvertrag nicht gedeckte Versetzung muss gegebenenfalls individualrechtlich/vertragsrechtlich gesondert umgesetzt werden (SHS/*Langner* Rn. 22; Semler/Stengel/*Simon* Rn. 34). 23

Die Zuordnung im Interessenausgleich berührt nicht das Widerspruchsrecht nach § 613a Abs. 6 S. 1 BGB. Der Arbeitnehmer kann dem Übergang seines Arbeitsverhältnisses widersprechen. Sein Arbeitsverhältnis zum bisherigen Rechtsträger bleibt dann erhalten, es findet keine „Zuordnung" zu einem anderen Rechtsträger statt (BAG 21.3.1996, NZA 1996, 974; Lutter UmwG/*Joost* Rn. 42; Semler/Stengel/*Simon* Rn. 36). Der Arbeitnehmer kann keinen Erfüllungsanspruch aus dem Interessenausgleich herleiten (BAG 14.6.2017, AP GewO § 106 Nr. 35). Er kann (lediglich) Ansprüche auf der Grundlage seines Arbeitsvertrags und des § 613a BGB geltend machen. 24

Das **Mitbestimmungsrecht** des Betriebsrats nach § 99 BetrVG wird durch die einvernehmliche Zuordnung der Arbeitnehmer verbraucht, sodass der Betriebsrat zu einer im Interessenausgleich vorgesehenen Versetzung nicht mehr die Zustimmung verweigern kann (KK-UmwG/*Hohenstatt/Schramm* Rn. 48; Semler/Stengel/*Simon* Rn. 37; HWK/*Willemsen* § 324 Rn. 33). Ob der Betriebsrat Anspruch auf eine Durchführung der Zuordnung nach dem Interessenausgleich im Falle individualrechtlicher Umsetzungsnotwendigkeit hat, ist umstritten (Meinungsstand *Roloff/Plum* ZIP 2019, 2288 (2293)). 25

III. Abdingbarkeit

Der Arbeitnehmer kann auf den Bestandsschutz aus Abs. 1 nicht im Voraus verzichten (Lutter UmwG/*Joost* Rn. 22; APS/*Steffan* Rn. 16). Dies gilt auch für Bestimmungen im Arbeitsvertrag und (wenn man Abs. 1 hierauf anwendet) für solche in Betriebsvereinbarungen oder Tarifverträgen (Lutter UmwG/*Joost* Rn. 22). Der Arbeitnehmer kann nach der Umwandlung und auch innerhalb der Zweijahresfrist wirksam einen Änderungs- oder Aufhebungsvertrag schließen und damit seine kündigungsrechtliche Stellung verschlechtern oder aufgeben (Lutter UmwG/*Joost* Rn. 22; Semler/Stengel/*Simon* Rn. 18). 26

IV. Darlegungs- und Beweislast

Die Beweislast für die tatsächlichen Umstände der fehlerhaften Zuordnung nach Abs. 2 trifft den Arbeitnehmer. Er muss allerdings nach den Grundsätzen der abgestuften Beweislast zunächst nur die grobe Fehlerhaftigkeit behaupten, der Arbeitgeber muss sodann die Gesichtspunkte der Zuordnung darlegen. Diese Gesichtspunkte muss der Arbeitnehmer substantiiert bestreiten und die von ihm zu 27 behauptenden tatsächlichen Gesichtspunkte notfalls auch beweisen (Semler/Stengel/*Simon* Rn. 30; APS/*Steffan* Rn. 27).

Rechte und Pflichten bei Betriebsübergang

324 **§ 613a Abs. 1, 4 bis 6 des Bürgerlichen Gesetzbuchs bleibt durch die Wirkungen der Eintragung einer Verschmelzung, Spaltung oder Vermögensübertragung unberührt.**

Übersicht

I. Allgemeines

1 Es ist vor Inkrafttreten des UmwG umstritten gewesen, ob § 613a BGB, dessen Wortlaut den Übergang eines Betriebs oder Betriebsteils durch „Rechtsgeschäft" verlangt, auch in Fällen der Gesamtrechtsnachfolge und damit ohne einzelne Übertragungsakte Anwendung findet (Nachweise bei APS/*Steffan* Rn. 1; Lutter UmwG/*Joost* Rn. 2; KK-UmwG/*Hohenstatt/Schramm* Rn. 1). Die vom Rechtsausschuss in den Gesetzentwurf eingefügte Vorschrift stellt klar, dass § 613a Abs. 1 und 4 BGB in Umwandlungsfällen anwendbar sind (BT-Drs. 12/7850, 145). Die Bezugnahme ist später im Hinblick auf § 613a Abs. 5, 6 BGB erweitert worden (BT-Drs. 14/7760, 20).

2 § 613a BGB dient dem arbeitsrechtlichen **Bestandsschutz** der Arbeitnehmer eines auf einen neuen Inhaber übergehenden Betriebs, der ausreichenden **Information** der Belegschaft über den Betriebsübergang und gegebenenfalls der **Kontinuität** der kollektivrechtlich geregelten Arbeitsbedingungen (MüKoBGB/*Müller-Glöge* BGB § 613a Rn. 6, 7; KK-UmwG/*Hohenstatt/Schramm* Rn. 6).

II. Einzelerläuterungen

3 **1. Verschmelzung, Spaltung oder Vermögensübertragung.** § 613a BGB ist nur bei den ausdrücklich genannten Umwandlungsarten anwendbar, weil in diesen Fällen regelmäßig ein Wechsel der Person des Betriebsinhabers stattfindet. Auf einen Formwechsel ist die Norm nicht anwendbar, weil ein solcher auf die Identität des Rechtsträgers keinen Einfluss hat (APS/*Steffan* Rn. 4; HWK/*Willemsen* Rn. 2).

4 **2. Übergang eines Betriebs oder Betriebsteils.** Die Norm enthält eine **Rechtsgrundverweisung** (LAG Schleswig-Holstein 7.9.2016, LAGE UmwG § 324 Nr. 2; MüKoBGB/*Müller-Glöge* BGB § 613a Rn. 63; Semler/Stengel/*Simon* Rn. 3; Kallmeyer/*Willemsen* Rn. 2). Die Voraussetzungen des Betriebsübergangs sind somit jeweils im Hinblick auf die konkreten tatbestandlichen Umstände des Einzelfalls zu prüfen (BAG 25.5.2000, NZA 2000, 1115). Die Auslegung der Tatbestandsmerkmale des Übergangs eines Betriebes oder Betriebsteils erfolgt nach Maßgabe der Interpretation des Art. 1 Abs. 1 RL 77/187/EWG sowie des Art. 1 Abs. 1 lit. b RL 2001/23/EG durch den EuGH. Es kommt dabei auf den „Übergang einer ihre **Identität bewahrenden wirtschaftlichen Einheit** iSe organisierten Zusammenfassung von Ressourcen zur Verfolgung einer wirtschaftlichen Haupt- oder Nebentätigkeit" an (BAG 27.2.2020, BeckRS 2020, 17144; BAG 25.1.2018, NZA 2018, 933; BAG 14.8.2007, NZA 2007, 1431; BAG 29.3.2007, NZA 2007, 927; Einzelheiten *Junker* EuZA 2019, 45 ff.; *Raab* EuZA 2019, 283 ff.). Eine Übertragung von Gesellschaftsanteilen bzw. ein Gesellschafterwechsel mitsamt der Ausübung gesellschaftsrechtlicher Herrschaftsmacht stellt keinen Betriebsübergang dar (BAG 23.3.2017, NZA 2017, 981). Ob es bei Betriebsführungsverträgen zu einem Betriebsübergang kommt, hängt davon ab, ob der Betriebsführer die tatsächliche Leitung und Organisationsmacht im eigenen Namen über-

nimmt, dh den Betrieb im eigenen Namen führt und nach außen als Inhaber auftritt (BAG 25.1.2018, NZA 2018, 933; LAG Baden-Württemberg 9.3.2016, LAGE BGB 2002 § 613a Nr. 52; LAG Baden-Württemberg 23.3.2016, LAGE BGB 2002 § 613a Nr. 53. Kritik an der Rspr. wegen der über die betriebliche Leitungsmacht hinausgehenden Außendimension zu Recht bei *Gaul* FS Moll, 2019, 165 (177 ff.); *Rieble* NZA 2018, 1302 ff.; *Thüsing/Flink* FS Moll, 2019, 659 ff.).

Art. 1 Abs. 1 lit. c RL 2001/23/EG stellt klar, dass eine wirtschaftliche Einheit auch eine solche sein kann, die keine Erwerbszwecke verfolgt. Der Begriff der wirtschaftlichen Tätigkeit erfasst auch Dienste, die im allgemeinen Interesse und ohne Erwerbszweck im Wettbewerb mit den Diensten von Marktteilnehmern erbracht werden, die einen Erwerbszweck verfolgen, ohne dass es sich um eine Ausübung hoheitlicher Befugnisse handelt (EuGH 6.9.2011, NZA 2011, 1077 – Scattolon; BAG 22.5.2014, NZA 2014, 1335 Rn. 35 [Arbeitsvermittlung]; LAG Niedersachsen 1.11.2012, LAGE BGB 2002 § 613a Nr. 37a. Ein Betriebsübergang kommt auch in Betracht, wenn ein kommunales Unternehmen Aktivitäten/Teile auf ein anderes kommunales Unternehmen oder die Gemeinde überträgt (EuGH 20.7.2017, NZA 2017, 1175; EuGH 13.6.2019, NZA 2019, 887). 5

Die Bewertung der Umstände des Einzelfalls hat folgende Aspekte in einer **Gesamtabwägung** zu berücksichtigen (EuGH 11.3.1997, NZA 1997, 433 – Ayse Süzen; EuGH 20.11.2003, NZA 2003, 1385 – Abler; EuGH 15.12.2005, NZA 2006, 29 – Güney-Görres; EuGH 12.2.2009, NZA 2009, 251 – Klarenberg; EuGH 29.7.2010, NZA 2010, 1014 – UGT-FSP; EuGH 20.1.2011, NZA 2011, 148 – CLECE S. A.; EuGH 19.10.2017, NZA 2017, 1379; EuGH 7.8.2018, NZA 2018, 1123; BAG 18.9.2014, NZA 2015, 97; BAG 21.8.2013, NZA 2015, 167 (169)): die Art des betroffenen Unternehmens oder Betriebs, der Übergang der materiellen Betriebsmittel, der Wert der immateriellen Aktiva im Zeitpunkt des Übergangs, die Übernahme der Hauptbelegschaft durch den Erwerber, der Übergang der Kundschaft, der Grad der Ähnlichkeit der vor und nach Übergang ausgeübten Tätigkeiten, die Dauer einer Unterbrechung dieser Tätigkeiten. Die Wahrung der Identität hängt maßgeblich von den Merkmalen Arbeitsorganisation, Betriebsmethoden, Betriebsmittel, Führungskräfte, Personal ab (EuGH 19.10.2017, NZA 2017, 1379; BAG 15.12.2011, NZA-RR 2013, 179 [Bewachungstätigkeit]). Eine mit und nach dem Übergang erfolgte Anreicherung der Tätigkeit mit anderen Tätigkeiten sowie eine andere Abteilungsaufteilung als zuvor stehen der Feststellung eines Betriebsübergangs nicht entgegen (BAG 22.5.2014, NZA 2014, 1335 Rn. 56). Die Identität kann auch dann gewahrt werden, wenn nicht die konkrete Organisation der verschiedenen übertragenen Produktionsfaktoren übertragen wird, sondern nur die funktionelle Verknüpfung der Wechselbeziehung und gegenseitigen Ergänzung zwischen diesen Faktoren beibehalten wird, da eine solche funktionelle Verknüpfung es dem Erwerber erlaubt, diese Faktoren auch in einer neuen Organisationsstruktur zu nutzen, um derselben oder einer gleichartigen wirtschaftlichen Tätigkeit nachzugehen (EuGH 12.2.2009, NZA 2009, 251 – Klarenberg; BAG 7.4.2011, NZA 2011, 1231; BAG 22.1.2009, NZA 2009, 905; BAG 27.2.2020, BeckRS 2020, 17144). Dies bedeutet allerdings nicht, dass aus der Identität von Tätigkeiten auf die Fortführung einer wirtschaftlichen Einheit geschlossen werden könnte; eine wirtschaftliche Einheit darf nicht als bloße Tätigkeit verstanden werden (EuGH 20.1.2011, NZA 2011, 148 – CLECE S. A.; BAG 21.6.2012, NZA-RR 2013, 6). Allein Dienstleistungen/Tätigkeiten oder der Übergang eines Auftrags von einem Auftragnehmer auf einen anderen ohne den Übergang identitätsprägender Betriebsmittel bzw. die Übernahme eines wesentlichen Teils der Belegschaft stellen keinen Betriebsübergang dar (EuGH 11.7.2018, NZA 2018, 1053; EuGH 7.8.2018, NZA 2018, 1123; BAG 21.8.2014, NZA 2015, 167 (169); BAG 12.12.2013, NZA 2014, 436; BAG 15.12.2011, AP BGB § 613a Nr. 423; BAG 15.12.2011, NZA-RR 2012, 570. Näher zur Neuvergabe staatlicher Aufträge *Chandra-Hoppe* EuZA 2019, 255 ff.). Ebenso wenig wie eine bloße Tätigkeitsfortsetzung begründet allein der Erwerb der betrieblichen Fortführungsmöglichkeit einen Betriebsübergang (BAG 21.2.2008, NZA 2008, 825; BAG 15.12.2011, NZA-RR 2013, 179; *Röder* FS Moll, 2019, 585 (598)). Eine bloß vorübergehende Einstellung/Unterbrechung der Tätigkeit schließt den Betriebs- oder Betriebsteilübergang nicht notwendigerweise aus (EuGH 7.8.2018, NZA 2018, 1123). 6

Wesentliche Bedeutung kommt der **Unterscheidung zwischen betriebsmittelgeprägten und betriebsmittelarmen Betrieben** zu (BAG 25.8.2016, NZA-RR 2017, 123; *Gaul* FS Moll, 2019, 165 (166 ff.); *Steffan* FS Moll, 2019, 633 (635 ff.)). Der Erwerb bzw. die Nutzung der den Betrieb prägenden Betriebsmittel hat bei betriebsmittelgeprägten Betrieben iRd Gesamtabwägung wesentliches Gewicht (EuGH 26.11.2015, NZA 2016, 31; BAG 15.12.2011, NZA-RR 2013, 179; BAG 27.9.2012, NZA 2013, 961). Sächliche Betriebsmittel sind für den Betrieb identitätsprägend, wenn bei wertender Betrachtung ihr Einsatz den eigentlichen Kern des zur Wertschöpfung erforderlichen Funktionszusammenhangs ausmacht und sie unverzichtbar für die Tätigkeitserfüllung sind, sie auf dem freien Markt nicht erhältlich sind oder ihr Gebrauch vom Auftraggeber zwingend vorgeschrieben ist (EuGH 19.10.2017, NZA 2017, 1379 [Ausrüstung bei Bewachungs- und Sicherheitsdienstleistungen]; BAG 22.8.2013, AP BGB § 613a Nr. 444 [Hafenumschlag- und Stauereibetrieb]; BAG 23.5.2013, AP § 613a BGB Nr. 441 [Alarmmanagementsystem im Objektschutz]; BAG 10.5.2012, NZA 2012, 1161 [Rettungsdienst]; BAG 25.8.2016, NZA-RR 2017, 123 [Rettungsfahrzeuge und Rettungspersonal]; *Greiner/Pionteck* RdA 2020, 84 (85 ff.) „Mischeinheiten"). Bei der Unterscheidung zwischen betriebs- 7 mittelarmen und betriebsmittelgeprägten Betrieben kommt es nicht darauf an, ob ein Betriebsmittel notwendig ist, sondern darauf, ob dieses oder die Arbeitskraft bzw. Tätigkeit für das Betriebsgeschehen prägend ist (BAG 19.3.2015, AP § 613a BGB Nr. 461). Ob bei Übernahme von Bewachungsaufgaben/Objektschutz ein Betriebsübergang vorliegt, hängt davon ab, inwieweit relevante Ausrüstungsgegenstände für die Auftragsdurchführung Gewicht haben und prägend sind (EuGH 19.10.2017, NZA 2017, 1379; *Steffan* FS Moll, 2019, 633 (636 ff.)). Der EuGH hat im Luftverkehr die Betriebsmittel als wesentliches Kriterium angesehen und einen Betriebsübergang im Wesentlichen an die Übernahme von Flugzeugen angeknüpft (EuGH 9.9.2015, EuZW 2016, 111). Das BAG hat hieran angeknüpft, darüber hinaus aber auch auf die Übernahme weiterer Ausrüstungsgegenstände, einen Eintritt in bestehende Charterflugverträge/Kundenbeziehungen oder eine Ausweitung von Flügen auf Routen abgestellt, die von dem bisherigen Betriebsinhaber bedient worden sind, ferner eine (Re-)Integration von Arbeitnehmern und deren Beschäftigung mit ihren bisherigen Aufgaben entsprechenden Tätigkeiten berücksichtigt (BAG 27.2.2020, BeckRS 2020, 17144; BAG 14.5.2020, NZA 2020, 1091). Die Instanzgerichte haben Flugzeuge zwar als identitätsprägende Betriebsmittel angesehen, aber auch angeführt, dass damit noch nicht allein der betriebliche Charakter erfasst sei, sondern dass der Kern des zur Wertschöpfung erforderlichen Funktionszusammenhangs in dem Einsatz speziell ausgebildeter Piloten liege, so dass diese den Betrieb mit prägen (LAG Düsseldorf 25.4.2019, LAGE KSchG § 17 Nr. 16; LAG Berlin-Brandenburg 2.4.2019, LAGE BGB 2002 § 613a Nr. 69). Der EuGH hat die Nachfolge in der Vergabe öffentlicher Verkehrsleistungen nicht als Betriebs- bzw. Betriebsteilübergang angesehen, wenn keine nennenswerten materiellen Betriebsmittel (Bsp. Busse) übertragen werden (EuGH 25.1.2001, NZA 2001, 249; anders ArbG Cottbus 17.4.2018, LAGE BGB 2002 § 613a Nr. 61). Dies hat der EuGH später allerdings relativiert und einen Betriebsübergang angenommen, obwohl die Busse nicht übernommen worden sind, und darauf abgestellt, dass dieselben Nahverkehrsleistungen auf denselben Strecken für dieselben Kunden erbracht würden und dass ein in qualitativer und quantitativer Hinsicht wesentlicher Teil der Busfahrer übernommen worden sei (EuGH 27.2.2020, NZA 2020, 443; *Seidel* NZA 2020, 498 ff.). Dies mindert freilich die Relevanz der Betriebsmittel selbst bei betriebsmittelgeprägten Betrieben und verwischt die Grenze zur bloßen Auftragsnachfolge (*Meyer* BB 2020, 1908 ff.). Ohne prägende Betriebsmittel kann bei betriebsmittelarmen Betrieben insbesondere die Übernahme eines – qualitativ oder quantitativ – relevanten Teils der Belegschaft wesentlich für das Vorliegen eines Betriebsübergangs sein (EuGH 29.7.2010, NZA 2010, 1014 – UGT-FSP; BAG 21.8.2014, NZA 2015, 167 (169); BAG 22.5.2014, NZA 2014, 1335 (1337); BAG 15.12.2011, AP BGB § 613a Nr. 423; BAG 27.9.2012, NZA 2013, 961; *Kappenhagen* BB 2013, 696 ff.; *Meyer* NZA 2012, 1185 (1186)). Entscheidend ist, ob der weiter beschäftigte Belegschaftsteil, insbesondere aufgrund seiner Sachkunde, seiner Organisationsstruktur und seiner relativen Größe im Grundsatz funktionsfähig bleibt und eine einsatzbereite Gesamtheit darstellt (BAG 22.1.2015, NZA 2015, 1325 [Objektschutz]; BAG 22.5.2014, NZA 2014, 1335 (1337 f.); BAG 12.12.2013, NZA 2014, 436; BAG 21.6.2012, NZA-RR 2013, 6; *Schipp* NZA 2013, 328 ff.).

8 § 613a BGB ist auch bei Fortführung/Übergang entsprechender Faktoren nur anwendbar, wenn eine entsprechend wirtschaftliche Einheit (Betrieb oder Betriebsteil) mit ausreichender funktioneller Autonomie (zuvor) existiert (EuGH 6.3.2014, NZA 2014, 423 – Amatori; BAG 27.2.2020, BeckRS 2020, 17144; BAG 14.5.2020, NZA 2020, 1091), die übertragungsfähig ist; dieses Erfordernis wird nicht dadurch außer Kraft gesetzt, dass derjenige, der die Faktoren fortführt/übernimmt, eine funktionelle Verknüpfung beibehält (BAG 10.11.2011, AP BGB § 613a Nr. 422; BAG 13.10.2011, NZA 2012, 504; *Salamon* NZA 2012, 482 (485); *Willemsen* RdA 2012, 291, 299). Die Selbständigkeit der abgrenzbaren organisatorischen wirtschaftlichen Einheit im Sinne einer ausreichenden funktionellen Autonomie muss zwar beim Betriebserwerber nicht mehr vollständig erhalten bleiben. Material und Personal können organisatorisch eingegliedert und auch anderweitig verwendet werden, solange die funktionelle Verknüpfung beibehalten wird (BAG 27.2.2020, BeckRS 2020, 17144). Die Selbständigkeit muss allerdings beim Betriebsveräußerer vorhanden gewesen sein (EuGH 6.3.2014, NZA 2014, 423 – Amatori [Gesichtspunkt der funktionellen Autonomie]; BAG 27.2.2020, BeckRS 2020, 17144; BAG 13.10.2011, NZA 2012, 488; *Willemsen* NZA 2014, 1010 (1013)). Die Frage der Wahrung der Identität einer wirtschaftlichen Einheit stellt sich überhaupt nur, wenn eine solche (schon) vor dem Betriebs- bzw. Betriebsteilübergang besteht (BAG 22.1.2015, NZA 2015, 1325). So sind zB bei zentraler Organisation Abflugstationen, Flugzeuge oder Start- bzw. Landerechte keine abgrenzbaren wirtschaftlichen Einheiten (LAG Berlin-Brandenburg 16.1.2019, LAGE BGB 2002 § 613a Nr. 66; LAG Berlin-Brandenburg 18.1.2019, NZA-RR 2019, 317; LAG Düsseldorf 25.4.2019, LAGE KSchG § 17 Nr. 16). Der bloße Austausch der obersten Dienstvorgesetzten tut der Selbstständigkeit der übertragenen Einheit keinen Abbruch, solange die Befugnisse innerhalb der Organisationsstrukturen des Veräußerers beim Erwerber im Wesentlichen unverändert bleiben (EuGH 29.7.2010, NZA 2010, 1014 – UGT-FSP).

9 Betriebsübergang und Betriebsstillegung schließen sich gegenseitig aus (BAG 16.2.2012, NZA-RR 2012, 465; *Moll* RdA 2003, 129 (130)). Die Fortführung eines Betriebs durch einen Betriebserwerber begründet eine gegen eine Stillegungsabsicht sprechende Vermutung (→ Rn. 27).

10 Eine räumliche Entfernung steht im Falle einer Verlagerung des Betriebs einem Betriebsübergang nicht entgegen, wenn sie nicht so erheblich ist, dass allein aus diesem Grund die Erhaltung der Identität wirtschaftlich bezweifelt werden kann (BAG 26.5.2011, NZA 2011, 1143 [1 Autostunde]). § 613a BGB gilt auch bei Betriebsverlagerungen ins Ausland (BAG 26.5.2011, NZA 2011, 1143 [Schweiz]).

11 Welche Betriebe oder Betriebsteile übertragen werden und welchem Rechtsträger sie zuzuordnen sind, muss bei der Spaltung und der Vermögensübertragung (§ 123, § 174) im Spaltungs- und Übernahmevertrag bzw. im Übertragungsvertrag gem. § 126 Abs. 1 Nr. 9 geregelt werden. Bei der Verschmelzung (§§ 2 ff.) muss derartiges nicht vereinbart werden (APS/*Steffan* Rn. 5). Die Arbeitsverhältnisse müssen **im Spaltungs- und Übernahmevertrag bzw. im Übertragungsvertrag so zugeordnet** werden, wie dies der objektiven Zugehörigkeit zu den jeweils zu übertragenden Betrieben oder Betriebsteilen entspricht (BAG 24.5.2012, NZA 2013, 277; HWK/*Willemsen* Rn. 25). Eine von § 613a BGB abweichende Zuordnung ist nur mit Zustimmung des Arbeitnehmers und unter Beachtung gegebenenfalls einschlägiger Beteiligungsrechte des Betriebsrats möglich.

12 **3. Rechtsgeschäft.** Der Begriff des Rechtsgeschäfts erfasst alle Fälle einer Fortführung der wirtschaftlichen Einheit iR rechtsgeschäftlicher Beziehungen. Nicht hierunter fallen Übergänge kraft Gesetzes oder sonstiger Hoheitsakte (BAG 2.3.2006, NZA 2006, 848; BAG 13.11.2002, NZA 2004, 274). Rechtsgeschäft in Umwandlungsfällen ist der Verschmelzungsvertrag oder der Spaltungs- und Übernahmevertrag bzw. der Übertragungsvertrag (Semler/Stengel/*Simon* Rn. 11; HWK/*Willemsen* Rn. 8).

13 **4. Rechtsfolgen. a) Übergang der Arbeitsverhältnisse.** Nach § 613a Abs. 1 S. 1 BGB gehen die Arbeitsverhältnisse als Folge eines Betriebsübergangs von Rechts wegen auf den Rechtsträger über, der neuer Betriebsinhaber wird. Der Übergang kraft Gesetzes erfolgt ungeachtet anderslautender Vereinbarungen zwischen Erwerber und Veräußerer (BAG 20.3.2014, NZA 2014, 1095). Er setzt voraus, dass das Arbeitsverhältnis noch besteht (BAG 17.6.2014, AP BetrAVG § 16 Nr. 100). Der Arbeitnehmer muss dem übertragenen Betrieb oder Betriebsteil zugeordnet sein (BAG 21.2.2013, NZA 2013, 617; BAG 17.10.2013, NZA-RR 2014, 175). Es kommt dabei auf den Tätigkeitsschwerpunkt an. Für die Zuordnung des Arbeitnehmers ist darauf abzustellen, ob er in den übergegangenen Betrieb oder Betriebsteil tatsächlich eingegliedert gewesen ist und nicht bloß Tätigkeiten für diesen verrichtet hat, ohne in die Betriebsstruktur eingebunden gewesen zu sein (BAG 17.10.2013, NZA-RR 2014, 175; BAG 24.1.2013, EzA § 613a BGB 2002 Nr. 142; BAG 13.12.2012, AP § 620 BGB Kündigungserklärung Nr. 23; BAG 18.10.2012, NZA 2013, 1007; zur Zuordnung in Matrixstrukturen ua *Mückl* DB 2015, 2695 ff.; zur Verlagerung von Weisungsrechten ua Moll FS Wank, 2014, 375 ff.). Entscheidend ist, wenn sich ein erklärter gemeinsamer Wille der Arbeitsvertragsparteien nicht feststellen lässt, die Ausübung des Direktionsrechts durch den Arbeitgeber (BAG 21.2.2013, NZA 2013, 617). Eine bloß kurzfristige Abordnung ändert an der Zuordnung zum Ausgangsbetrieb bzw. -betriebsteil nichts (LAG Köln 4.12.2018, LAGE BGB 2002 § 613a Nr. 69 [in concreto hat eine sechs Monate überschreitende Versetzung zur Eingliederung geführt]). Der Arbeitgeber kann sein Direktionsrecht im Rahmen billigen Ermessens (§ 106 S. 1 GewO) auch noch kurz vor dem Betriebs- bzw. Betriebsteilübergang ausüben (LAG Köln 4.12.2018, LAGE BGB 2002 § 613a Nr. 69). Die Eingliederung in eine Organisationseinheit bleibt auch dann maßgeblich, wenn im Rahmen von Matrixstrukturen dem Arbeitnehmer Weisungen von außerhalb erteilt werden; entscheidend ist dann, wie sich der Schwerpunkt der Direktionsrechtsausübung und Organisationseinbindung darstellt. Eine Vereinbarung zwischen dem Betriebserwerber und dem Betriebsveräußerer ist irrelevant (BAG 24.1.2013, EzA § 613a BGB 2002 Nr. 142). Ist eine Zuordnung nicht möglich, wird dem Arbeitnehmer ein Wahlrecht zugebilligt (ArbG Berlin 1.11.2018, NZA-RR 2019, 84). Zur Zuordnung in einem Interessenausgleich s. § 323 Abs. 2.

14 Der neue Betriebsinhaber tritt in die Arbeitgeberstellung ein. Der EuGH hält eine Aufspaltung des Arbeitsverhältnisses auf mehrere Erwerber unter bestimmten Voraussetzungen für möglich (EuGH 6.3.2020, NZA 2020, 503 – ISS Facility Services). Der Arbeitnehmer behält alle Ansprüche/Rechte aus dem Arbeitsverhältnis. Seine für eine Vielzahl von Fragen relevante **Betriebszugehörigkeitszeit** bleibt bestehen und setzt sich fort (Lutter UmwG/*Joost* § 323 Rn. 9; APS/*Steffan* § 323 Rn. 10, 12). Dies gilt bspw. für: Abfindungsberechnungen in Abhängigkeit von Betriebszugehörigkeitszeiten, Kündigungsfristen, Sozialauswahl, Wartezeit nach § 1 Abs. 1 KSchG (EuGH 6.4.2017, NZA 2017, 585). Entsprechend bleiben auch die Pflichten des Arbeitnehmers erhalten, zB Schadenersatz wegen Verletzung arbeitsvertraglicher Pflichten. Änderungsvereinbarungen im Hinblick auf den Betriebsübergang widersprechen dem Inhaltsschutz des § 613a Abs. 1 S. 1 BGB und unterliegen daher einer Inhaltskontrolle. Vereinbarungen zwischen Arbeitnehmer und Betriebserwerber nach dem Betriebsübergang (Bsp.: Gehaltsreduzierung) sind demgegenüber möglich (BAG 7.11.2007, AP § 613a BGB Nr. 329; LAG Mecklenburg-Vorpommern 11.3.2015, LAGE BGB 2002 § 613a Nr. 43). Der Arbeitnehmer hat keinen Anspruch aus dem Gleichbehandlungsgrundsatz auf Anpassung an beim Erwerber bestehende bessere Arbeitsbedingungen (BAG 31.8.2005, NZA 2006, 265). Die Fortführung von variablen oder unternehmensspezifischen Entgelten kann nach dem Betriebsübergang problematisch werden (Einzelheiten *Christoffer/Hinrichs* NZA 2020, 150 ff.; *Moll* FS 50 Jahre BAG, 2004, 59 ff.; *Schirrmacher* RdA 2019, 174 ff.). Der Betriebsübergang auf einen ausländischen Erwerber kann zu einem Wechsel des Arbeits-

vertragsstatuts hin zu dem Recht führen, auf dessen Gebiet der Betriebsübergang erfolgt ist (BAG 26.5.2011, NZA 2011, 1143). Deutsches Recht bleibt allerdings in jedem Fall bis zum Übergang des Arbeitsverhältnisses (BAG 26.5.2011, NZA 2011, 1143) und solange anwendbar, wie zwischen Arbeitnehmer und Arbeitgeber über die Frage der Wirksamkeit des Betriebsübergangs und der Verlegung des Arbeitsorts in das Ausland gestritten wird (ArbG Heilbronn 11.7.2013, LAGE GewO 2003 § 106 Nr. 14). Eine Kündigung des Betriebsveräußerers, die nach einem Betriebsübergang zugeht, ist unwirksam (ArbG Berlin 1.11.2018, NZA-RR 2019, 84). Zur prozessualen Situation bei Betriebsübergang nach Kündigung s. LAG Baden-Württemberg 24.5.2018, LAGE KSchG § 9 Nr. 54; LAG Düsseldorf 3.7.2018, BeckRS 2018, 32834).

15 Der **Arbeitgeberwechsel nach § 613a Abs. 1 S. 1 BGB** tritt nicht mit Abschluss des Umwandlungsvertrags oder dem Wirksamwerden der Umwandlung, sondern in dem **Zeitpunkt** ein, in dem der neue Betriebsinhaber die Leitungsmacht des Betriebs oder Betriebsteils übernimmt und den Betrieb tatsächlich führt (BAG 10.5.2012, NZA 2012, 1161; BAG 25.5.2000, NZA 2000, 1115; BAG 12.11.1998, NZA 1999, 310; APS/*Steffan* Rn. 6). Es bedarf keiner besonderen Übertragung der Leitungsmacht (BAG 2.12.1999, NZA 2000, 369; BAG 18.3.1999, NZA 1999, 704 (705)). **Der Zeitpunkt des Betriebsübergangs bestimmt sich nach der Aufnahme der tatsächlichen Betriebsführung.** Der Betriebsübergang und die aus ihm resultierenden Rechtsfolgen können daher auch schon zeitlich vor Wirksamwerden einer Umwandlung eintreten (BAG 25.5.2000, NZA 2000, 1115).

16 § 613a BGB betrifft nur Arbeitnehmer in bestehenden Arbeitsverhältnissen, also nicht ausgeschiedene Arbeitnehmer und Organmitglieder. §§ 20, 131 erfassen demgegenüber alle Rechtsverhältnisse. Dies bedeutet, dass **Pensionsverpflichtungen** gegenüber ausgeschiedenen Arbeitnehmern im Umwandlungsvertrag dem übertragenden oder dem übernehmenden Rechtsträger zugeordnet werden können; weder steht den Versorgungsempfängern ein Widerspruchsrecht nach § 613a Abs. 6 BGB zu, noch bedarf die Zuordnung ihrer oder der Zustimmung des Pensionssicherungsvereins nach § 4 BetrAVG (BAG 17.6.2014, AP BetrAVG § 16 Nr. 100; BAG 11.3.2008, AP UmwG § 131 Nr. 1; BAG 22.2.2005, AP UmwG § 168 Nr. 1).

17 **b) Unterrichtung und Widerspruchsrecht der Arbeitnehmer.** Den Arbeitnehmern steht ein Unterrichtungsanspruch nach § 613a Abs. 5 BGB zu. Die Unterrichtung muss vor dem Betriebsübergang und in Textform erfolgen. Die Unterrichtung bezweckt, dem Arbeitnehmer eine ausreichende Wissensgrundlage für die Ausübung oder Nichtausübung des Widerspruchsrechts zu verschaffen (BAG 14.11.2013, NZA 2014, 610). § 613a Abs. 5 BGB listet vier Aspekte der Unterrichtung auf, die aus Art. 7 Abs. 6 RL 2001/23/EG übernommen worden sind und den konkreten Inhalt eines **Informationsschreibens** aufzeigen (Voraussetzungen einer ordnungsgemäßen Unterrichtung ausführlich bei BAG 21.12.2017, NZA 2018, 854; BAG 15.3.2012, NZA 2012, 1097; BAG 10.11.2011 NZA 2012, 584; BAG 22.1.2009, NZA 2009, 547; BAG 13.7.2006, NZA 2006, 1273; *Fuhlrott/Ritz* BB 2012, 2689 ff.; *Gaul* RdA 2015, 206 ff. [Unterrichtung in Bezug auf Kollektivvertragsnormen]; KK-UmwG/*Hohenstatt/Schramm* Rn. 77 ff.; MüKoBGB/*Müller-Glöge* BGB § 613a Rn. 106 ff.; *Schielke* MDR 2007, 1056 ff.). Die Unterrichtungspflicht umfasst beispielsweise die Änderung/Beibehaltung einer Tarifdynamik oder den Fortfall der Sozialplanpflicht (BAG 15.12.2016, NZA 2017, 783; *Elking/Aszmos* BB 2014, 2041; *Willemsen/Grau* NJW 2014, 12 (16)). Sie besteht auch im Hinblick auf den Wegfall von Kündigungsschutz (LAG Düsseldorf 9.1.2018, LAGE BGB 2002 § 613a Nr. 58). Die Unterrichtungspflicht gilt auch für „mittelbare" Folgen, wenn es sich hierbei um ein bedeutsames Kriterium für einen Widerspruch handelt (BAG 26.3.2015, NZA 2015, 866 (Unanwendbarkeit einer Norm über soziale Absicherung in einem in Bezug genommenen Tarifvertrag)). Eine Unterrichtung soll unvollständig sein, wenn sie fälschlicherweise den Eindruck einer längerfristig gesicherten Beschäftigung beim Betriebserwerber vermittelt (LAG Düsseldorf 14.10.2015, LAGE BGB 2002 § 613a Nr. 49). Eine Unterrichtung über komplexe Rechtsfragen (Bsp.: Fortgeltung von Kollektivvertragsnormen) ist dann nicht fehlerhaft, wenn der Informierende nach Einholung von Rechtsrat und Prüfung eine vertretbare Position einnimmt (BAG 26.3.2015, NZA 2015, 866). Die Unterrichtungspflicht trifft den bisherigen Arbeitgeber und den neuen Betriebsinhaber als **Gesamtschuldner** (MüKoBGB/*Müller-Glöge* BGB § 613a Rn. 111). Ein Verstoß gegen die Unterrichtungspflicht kann Schadenersatzansprüche des Arbeitnehmers nach § 280 Abs. 1 BGB begründen (BAG 9.12.2010, AP Nr. 393 zu § 613a BGB; BAG 27.11.2008, AP Nr. 8 zu § 613a BGB Unterrichtung). Es ist dann im Einzelfall die Frage zu beantworten, welche Entscheidung der Arbeitnehmer bei ordnungsgemäßer Unterrichtung getroffen und welche Folgen dies im Vergleich mit dem eingetretenen Zustand gehabt hätte (*Klocke* RdA 2017, 311 ff.).

18 Mit dem Zugang der ordnungsgemäßen Unterrichtung beginnt die einmonatige **Frist für die Ausübung des Widerspruchsrechts** nach § 613a Abs. 6 S. 1 BGB. Die Frist zur Erklärung eines Widerspruchs gem. § 613a Abs. 6 BGB wird nur durch eine ordnungsgemäße Unterrichtung ausgelöst (BAG 15.12.2016, NZA 2017, 783). Weder durch eine unterbliebene noch durch eine nicht ordnungsgemäße Unterrichtung beginnt der Fristenlauf (BAG 16.10.2014, NZA 2015, 433; BAG 15.12.2011, NZA 2012, 1101; BAG 22.1.2009, NZA 2009, 547; BAG 13.7.2006, NZA 2006, 1273). Der Widerspruch ist gem. § 613a Abs. 6 S. 2 BGB gegenüber dem **bisherigen** Arbeitgeber oder dem **neuen** Betriebsinhaber

zu erklären. Im Fall von **Kettenbetriebsübergängen** ist „bisheriger" Arbeitgeber derjenige, der vor dem aktuellen Arbeitgeber den Betrieb innegehabt hat (BAG 19.11.2015, NZA 2016, 647; BAG 11.12.2014, NZA 2015, 481; BAG 16.10.2014, NZA 2015, 433; BAG 21.8.2014, NZA 2014, 1405; BAG 24.4.2014, NZA 2014, 1074). Ein Widerspruch gegenüber anderen, vormaligen Arbeitgebern kann nicht den Übergang von dem „bisherigen" auf den „neuen" Inhaber betreffen. Ein Widerspruch gegen den Arbeitsverhältnisübergang auf den aktuellen Arbeitgeber entbindet bei einem früheren Betriebsübergang nicht von einem Widerspruch im Zusammenhang mit dem früheren Betriebsübergang.

Die Aufeinanderfolge mehrerer (mindestens zweier) Betriebsübergänge führt zu einer Sondersituation **19** (BAG 19.11.2015, NZA 2016, 647; *Moll/Katerndahl* RdA 2017, 324 ff. m. ausf. wN). Der Arbeitnehmer muss dem Übergang des Arbeitsverhältnisses aufgrund des ersten Betriebsübergangs widersprechen, um dem Arbeitsverhältnisübergang aufgrund des folgenden Betriebsübergangs widersprechen zu können. Das Widerspruchsrecht betreffend den ersten Betriebsübergang kann trotz fehlerhafter oder unvollständiger Unterrichtung nach § 242 BGB erloschen sein und folglich den Widerspruch gegen den Arbeitsverhältnisübergang aufgrund des zweiten Betriebsübergangs ausschließen. Das Bundesarbeitsgericht beschreibt die Erlöschensvoraussetzungen wie folgt (BAG 19.11.2015, NZA 2016, 647): „Dies ist regelmäßig anzunehmen, wenn der Arbeitnehmer im Rahmen einer Unterrichtung nach § 613a V BGB von den dort genannten Personen über den mit dem letzten und dem vorangegangenen Betriebsübergang verbundenen jeweiligen Übergang seines Arbeitsverhältnisses unter Mitteilung des Zeitpunktes oder des geplanten Zeitpunktes sowie des Gegenstandes des Betriebsübergangs und des Betriebsübernehmers in Textform in Kenntnis gesetzt wurde und er dem infolge des vorangegangenen Betriebsübergangs eingetretenen Übergang seines Arbeitsverhältnisses nicht binnen einer Frist von einem Monat nach Zugang der Unterrichtung über den infolge des weiteren Betriebsübergangs eintretenden Übergang seines Arbeitsverhältnisses widersprochen hat. Weitere Voraussetzung ist, dass diese Monatsfrist noch vor dem weiteren Betriebsübergang abgelaufen ist. Darauf, ob die Unterrichtungen über den an den vorangegangenen und weiteren Betriebsübergang geknüpften jeweiligen Übergang des Arbeitsverhältnisses im Übrigen ordnungsgemäß im Sinne von § 613a V BGB sind, kommt es insoweit nicht an."

Der Arbeitnehmer kann auf das Widerspruchsrecht verzichten oder dem Übergang des Arbeitsverhält- **20** nisses ausdrücklich zustimmen (BAG 28.2.2019, NZA 2019, 1279; LAG Niedersachsen 5.2.2018, NZA-RR 2018, 411; *Pils* BB 2014, 185 ff.). Die Erklärung muss zweifelsfrei sein. Ein späterer Widerspruch ist dann ausgeschlossen. Das BAG hat ausdrücklich offengelassen, ob hierfür eine ordnungsgemäße Unterrichtung iSv § 613a Abs. 5 BGB vorauszusetzen ist und ob eine entsprechende Erklärung des Arbeitnehmers in Allgemeinen Geschäftsbedingungen kompensationslos möglich ist.

Das BAG hält eine Heilung eines Unterrichtungsmangels mit der Folge für möglich, dass mit dem **21** Heilungszeitpunkt der Fristenlauf ausgelöst wird (BAG 15.12.2016, NZA 2017, 783 [Ablauf des vierjährigen Privilegierungszeitraums nach § 112a Abs. 2 S. 1 BetrVG]; *Annuß* NZA 2017, 796 ff.; *Richter/Grünewald* RdA 2017, 388 ff.).

Das Widerspruchsrecht unterliegt der **Verwirkung** (BAG 15.3.2012, NZA 2012, 1097; BAG **22** 17.10.2013, NZA 2014, 1213; BAG 24.8.2017, NZA 2018, 168; BAG 21.12.2017, NZA 2018, 854; BAG 28.2.2019, NZA 2019, 1279; *Hexel* FS Moll, 2019, 251 (255 ff.); *Lingemann/Weingarth* DB 2014, 2710; *Nebeling/Kille* NZA-RR 2013, 1 ff.; *Steffan* NZA 2016, 608 ff.). Die bloße Weiterarbeit des Arbeitnehmers beim Betriebserwerber oder eine Kündigungsschutzklage gegen eine Kündigung des Betriebserwerbers einschließlich eines Feststellungsantrags auf Bestehen eines Arbeitsverhältnisses zum Betriebserwerber oder eine Klage auf Feststellung bestimmter Arbeitsbedingungen sind für die Verwirkung nicht ausreichend (BAG 28.2.2019, NZA 2019, 1279; BAG 28.6.2018, AP BGB § 613a Nr. 476; BAG 11.12.2014, NZA 2015, 481; BAG 2.4.2009, AP BGB § 613a Widerspruch Nr. 9). Das Umstandsmoment kann verwirklicht sein, wenn der Arbeitnehmer über die Beendigung seines Arbeitsverhältnisses zum Betriebsübernehmer zB durch Abschluss eines Vergleichs disponiert (BAG 17.10.2013, NZA 2014, 1213). Motive des Arbeitnehmers bei der Ausübung des Widerspruchrechts sind für das Umstandsmoment nicht zu berücksichtigen (BAG 28.2.2019, NZA 2019, 1279). Das für die Verwirkung erforderliche Zeitmoment kann nach fünf oder sechs Monaten erreicht sein (BAG 17.10.2013, NZA 2014, 1213). Verwirkung ist im Falle einer widerspruchslosen Weiterarbeit bei dem Betriebserwerber über einen Zeitraum von sieben Jahren angenommen worden, wenn der Arbeitnehmer zwar nicht ordnungsgemäß nach § 613a Abs. 5 BGB unterrichtet worden ist, ihm aber der mit dem Betriebsübergang verbundene Übergang seines Arbeitsverhältnisses, der Zeitpunkt und der Gegenstand des Betriebsübergangs und die Person des Betriebserwerbers in Textform mitgeteilt worden sind und der Arbeitnehmer über sein Widerspruchsrecht belehrt worden ist (BAG 28.6.2018, AP BGB § 613a Nr. 475; BAG 24.8.2017, NZA 2018, 168; BAG 21.12.2017, NZA 2018, 854).

Der Widerspruch kann von dem Arbeitnehmer wegen arglistiger Täuschung angefochten werden, **23** wenn bei der Unterrichtung durch Verschweigen von Umständen ein falscher und für die Erklärung des Widerspruchs bedeutsamer Eindruck erweckt wird (BAG 15.12.2011, NZA 2012, 1101).

Wird ein wirksamer Widerspruch erklärt, verbleibt das Arbeitsverhältnis beim bisherigen Betriebs- **24** inhaber und geht nicht auf den neuen Betriebsinhaber über. Der Betriebsveräußerer gerät, wenn er den

Arbeitnehmer nicht beschäftigen kann, in Annahmeverzug. Hat der Arbeitgeber im Unterrichtungsschreiben erklärt, dass aufgrund der Betriebsübertragung eine Weiterbeschäftigung des Arbeitnehmers bei ihm nicht möglich sei, verweigert er seine ihm nach § 296 BGB obliegenden Mitwirkungshandlungen, und es tritt Annahmeverzug ein, ohne dass es eines Angebots der Arbeitsleistung durch den Arbeitnehmer bedürfte (LAG München 19.8.2010, LAGE BGB 2002 § 613a Nr. 31). Der Betriebsveräußerer kann dem Arbeitnehmer § 615 S. 2 BGB entgegenhalten, wenn er den Arbeitnehmer im Falle von dessen Widerspruch nicht beschäftigt und der Arbeitnehmer eine gleichartige/zumutbare Beschäftigung beim Betriebserwerber nicht wahrnimmt, obwohl dieser dem Arbeitnehmer eine solche anbietet (BAG 22.3.2017, NZA 2017, 988; BAG 19.3.1998, AP BGB § 613a Nr. 177). Der Betriebsveräußerer hat wegen fehlender Beschäftigungsmöglichkeiten gegebenenfalls ein Recht zur betriebsbedingten Kündigung (Lutter UmwG/*Joost* Rn. 74; MüKoBGB/*Müller-Glöge* BGB § 613a Rn. 124). Gegenüber „unkündbaren" Arbeitnehmern kommt die außerordentliche betriebsbedingte Kündigung in Betracht (BAG 24.9.2015, NZA 2016, 366; BAG 26.3.2015, NZA 2015, 866).

25 Ein nach dem Betriebsübergang erklärter Widerspruch wirkt ex tunc. Der Arbeitnehmer hat im Hinblick auf die bis zur Erklärung des Widerspruchs beim Betriebserwerber geleistete Arbeit Entgeltansprüche nach den Grundsätzen des faktischen Arbeitsverhältnisses (ArbG Bielefeld 4.4.2012, BeckRS 2012, 68668; *Moll* Anm. zu BAG 22.4.1993, AP BGB § 613a Nr. 103).

26 Das Widerspruchsrecht besteht nicht bei **Erlöschen** des bisherigen Rechtsträgers (BAG 21.2.2008, NZA 2008, 815; APS/*Steffan* Rn. 10; *Hexel* FS Moll, 2019, 251 (260 ff.); *Vogt/Oltmanns* NZA 2012, 1190 (1191)). Ist der bisherige Arbeitgeber erloschen, geht das Widerspruchsrecht zur Abwehr eines aufgedrängten Vertragspartners ins Leere. § 613a Abs. 6 S. 1 BGB ist teleologisch zu reduzieren. Ein dennoch erklärter Widerspruch entfaltet keine Rechtsfolgen (BAG 21.2.2008, NZA 2008, 815; KK-UmwG/*Hohenstatt*/Schramm Rn. 92; APS/*Steffan* Rn. 10). Will der Arbeitnehmer das Arbeitsverhältnis nicht bei dem neuen Arbeitgeber fortsetzen, so kann er von seinem Kündigungsrecht Gebrauch machen. Entgegen einer im Schrifttum vertretenen Ansicht (*Vogt/Oltmanns* NZA 2012, 1190 (1192); APS/*Steffan* Rn. 10; Kallmeyer/*Willemsen* Rn. 30; Lutter UmwG/*Joost* Rn. 67) entfällt auch die Unterrichtung nach § 613a Abs. 5 BGB bei Entfallen der Rechtswirkungen eines Widerspruchs wegen Erlöschens des bisherigen Rechtsträgers (*Simon/Weninger* BB 2010, 117 (119)). Der Zweck der Unterrichtung (→ Rn. 17) kann ebenso wenig wie derjenige des Widerspruchs erreicht werden.

27 **c) Kündigungsverbot gem. § 613a Abs. 4 BGB.** § 613a Abs. 4 S. 1 BGB untersagt die Kündigung des Arbeitsverhältnisses durch den bisherigen Arbeitgeber oder den neuen Betriebsinhaber **wegen** des Übergangs eines Betriebs oder Betriebsteils. Das Recht zur Kündigung aus **anderen** Gründen bleibt ausdrücklich unberührt (§ 613a Abs. 4 S. 2 BGB). Der eine Kündigung wegen Betriebsübergangs begründende erforderliche Zusammenhang zwischen Betriebsübergang und Kündigung besteht, wenn der Betriebsübergang die überwiegende Ursache und der maßgebliche Beweggrund für die Kündigung ist (BAG 26.8.1999, AP BGB § 613a Nr. 197; BAG 12.11.1998, AP BGB § 613a Nr. 186). Kein Zusammenhang besteht regelmäßig bei verhaltens- oder personenbedingten Kündigungen (*Commandeur/Kleinebrink* BB 2012, 1857 ff.). Der Betriebsinhaber kann **Rationalisierungs- und Sanierungskündigungen** zur „Verbesserung" des Betriebs durchführen, auch wenn dies im Zusammenhang mit einer Betriebsveräußerung geschieht (BAG 20.9.2006, AP BGB § 613a Nr. 316). Dies wird auch angenommen, wenn die Kündigung das Ziel hat, den Betrieb „verkaufsfertig" zu machen (LAG Mecklenburg-Vorpommern 9.1.2012, NZA-RR 2013, 238). Das Kündigungsverbot steht betriebsbedingten Kündigungen nach Maßgabe eines **Erwerberkonzepts** nicht entgegen (BAG 20.3.2003, AP BGB § 613a Nr. 250; BAG 20.9.2006, AP BGB § 613a Nr. 316; *Otto* DB 2014, 1871; Einzelheiten zur Sozialauswahl bei Veräußererkündigung nach Erwerberkonzept bei *Schmädicke* NZA 2014, 515). Ein nicht dem Kündigungsverbot unterliegender betriebsbedingter Kündigungsgrund besteht, wenn die Kündigung wegen einer geplanten oder vollzogenen **Betriebsschließung** erfolgt (BAG 27.9.2007, AP BGB § 613a Nr. 332; BAG 16.2.2012, AP KSchG 1969 § 1 Betriebsbedingte Kündigung Nr. 188). Diesbezüglich ist im Einzelfall jeweils zu prüfen, ob ein – anzuerkennender – Stilllegungsbeschluss vorliegt oder ob stattdessen von einem Betriebsübergangsvorhaben auszugehen ist. Die Fortführung des Betriebs begründet eine gegen die Stilllegungsabsicht sprechende Vermutung (BAG 16.2.2012, AP KSchG 1969 § 1 Betriebsbedingte Kündigung Nr. 188). Ein Wiedereinstellungsanspruch des betriebsbedingt gekündigten Arbeitnehmers kann bestehen, wenn sich der Stilllegungsplan nach Erklärung der Kündigung ändert (Einzelheiten: BAG 27.2.1997, AP KSchG 1969 § 1 Wiedereinstellung Nr. 1; BAG 13.11.1997, AP BGB § 613a Nr. 169; BAG 12.11.1998, AP KSchG 1969 § 1 Wiedereinstellung Nr. 5; BAG 10.12.1998, AP BGB § 613a Nr. 185; BAG 25.10.2007, AP BGB § 613a Wiedereinstellung Nr. 2; BAG 21.8.2008, AP BGB § 613a Nr. 353; BAG 19.10.2017, AP KSchG 1969 § 1 Wiedereinstellung Nr. 16; *vom Stein* NZA 2018, 766 ff.). Die Änderung der Planung und damit der Prognosegrundlage muss sich grundsätzlich während des Laufs der Kündigungsfrist ergeben (Ausnahme: BAG 13.11.1997, AP BGB § 613a Nr. 169). Es genügt, dass der Betriebsübergang während des Laufs der Kündigungsfrist beschlossen wird; er muss nicht vollzogen werden (BAG 25.9.2008, AP BGB § 613a

Nr. 355; BAG 15.12.2011, AP BGB § 613a Nr. 423; *Aszmons/Becker* NZA 2015, 1098 (1100); Rspr. uU restriktiver bei Insolvenz).

28 Das Kündigungsverbot des § 613a Abs. 4 BGB erfasst solche **Änderungskündigungen** nicht, die vor der Umwandlung erklärt werden, um Arbeitnehmer abweichend von ihrem bisherigen Beschäftigungsort Betrieben zuzuordnen, mit denen ihre Arbeitsverhältnisse iRd Umwandlung übergehen sollen, wenn es neben der Umwandlung einen sachlichen Grund gibt, der „aus sich heraus" die Kündigung rechtfertigt (APS/*Steffan* Rn. 29; *Willemsen* RdA 1993, 133 (137)). Der Arbeitgeber ist also nicht grundsätzlich gehindert, vor der Umwandlung und im zeitlichen Zusammenhang mit ihr Änderungskündigungen auszusprechen.

29 Der **Abschluss von Aufhebungsverträgen** ist grundsätzlich möglich. Der Aufhebungsvertrag muss auf das endgültige, tatsächliche Ausscheiden des Arbeitnehmers aus dem Betrieb gerichtet sein; anderenfalls ist er wegen Umgehung des § 613a Abs. 1 S. 1 BGB unwirksam, weil er die Beseitigung der Kontinuität des Arbeitsverhältnisses bei gleichzeitigem Erhalt des Arbeitsplatzes bezweckt (BAG 18.8.2005, NZA 2006, 145; BAG 23.11.2006, NZA 2007, 866; BAG 25.10.2012, NZA 2013, 203; *Löw/Schulz* BB 2020, 244 (245 ff.); *Willemsen* NZA 2013, 242 ff.). Es kommt darauf an, ob der Arbeitnehmer nach den gesamten Umständen hat erwarten können, dass er von dem Betriebserwerber eingestellt wird. Diese Grundsätze gelten auch beim Wechsel von Arbeitnehmern in Transfergesellschaften. Die Rechtslage bei einer vom Arbeitgeber veranlassten Eigenkündigung entspricht derjenigen bei Abschluss eines Aufhebungsvertrages (BAG 27.9.2012, NZA 2013, 961).

30 **d) Fortgeltung von Tarifverträgen und Betriebsvereinbarungen gem. § 613a Abs. 1 BGB. aa) Überblick.** Nach § 613a Abs. 1 S. 2 BGB werden durch Rechtsnormen eines Tarifvertrags oder einer Betriebsvereinbarung geregelte Rechte und Pflichten in dem zum Zeitpunkt des Betriebsübergangs bestehenden Arbeitsverhältnis Inhalt des Arbeitsverhältnisses zum neuen Betriebsinhaber, es sei denn, sie gelten bereits kollektivrechtlich weiter (→ Rn. 33 ff.). § 613a Abs. 1 S. 2 BGB enthält somit eine **Auffangnorm** für den Fall, dass die Bindung an eine Kollektivvereinbarung durch den Betriebsübergang entfällt (BAG 12.6.2019, NZA 2019, 1203; BAG 24.6.1998, NZA 1998, 1346; Semler/Stengel/*Simon* Rn. 20; APS/*Steffan* Rn. 11), beispielsweise dadurch, dass sich im Falle eines Tarifvertrags Geltungsbereich oder Tarifbindung ändern oder dass im Fall einer Betriebsvereinbarung die Betriebsidentität verloren geht. Diese Rechte und Pflichten behalten ihren **kollektiv-rechtlichen** Charakter (BAG 12.12.2012, AP TVG § 1 Bezugnahme auf Tarifverträge Nr. 1). Dies setzt sich bei nachfolgenden Betriebsübergängen fort, dh die entsprechenden früheren Kollektivvertragsnormen finden auch bei späteren Betriebsübergängen auf der Grundlage des § 613a Abs. 1 S. 2 BGB in den Arbeitsverhältnissen Anwendung und unterliegen daher auch nach späteren Betriebsübergängen den Geltungsvorbehalten und Dispositionsmöglichkeiten nach § 613a Abs. 1 S. 2–4 BGB (BAG 12.6.2019, NZA 2019, 1203). Die Sperrfrist des § 613a Abs. 1 S. 2 (1 Jahr) gilt allerdings nur beim ersten Betriebsübergang (*Müller-Bonanni* RdA 2020, 123 (125); Staudinger/*Annuß*, 2019, BGB § 613a Rn. 227). Der kollektiv-rechtliche Charakter der nach § 613a Abs. 1 S. 2 BGB fortgeltenden Regelungen schlägt sich auch darin nieder, dass der Betriebserwerber die aus einer teilmitbestimmten Betriebsvereinbarung resultierenden Regelungen nach dem Betriebsübergang kündigen kann; wenn ein Betriebsrat vorhanden ist, diesem gegenüber; wenn kein Betriebsrat vorhanden ist, ist die Kündigung den Arbeitnehmern gegenüber zu erklären (BAG 12.6.2019, NZA 2019, 1203; BAG 19.11.2019, NZA 2020, 297). Die transformierten Kollektivvertragsnormen sind nicht weiter geschützt als im Falle einer kollektivrechtlichen Fortgeltung beim Erwerber (BAG 14.8.2001, AP BetrVG 1972 § 77 Nr. 85; BAG 13.3.2012, AP BetrVG 1972, § 77 Tarifvorbehalt Nr. 27).

31 Die im Einzelarbeitsvertrag weitergeltenden Regelungen dürfen gem. § 613a Abs. 1 S. 2 BGB ein Jahr lang individualrechtlich nicht zum **Nachteil** des Arbeitnehmers geändert werden (Einzelheiten zur Veränderungssperre bei Semler/Stengel/*Simon* Rn. 23 ff.). Regelungen, die den Arbeitnehmer günstiger oder gleich günstig stellen, sind nicht ausgeschlossen (MüKoBGB/*Müller-Glöge* BGB § 613a Rn. 136). Diese Änderungssperre unterliegt allerdings dem Ablösungsvorbehalt durch Kollektivvertragsnormen nach § 613a Abs. 1 S. 3 BGB und den Änderungsmöglichkeiten nach § 613a Abs. 1 S. 4 BGB.

32 Ein Personalüberleitungsvertrag ohne Beteiligung des Betriebserwerbers kann zu dessen Lasten keine Rechte zugunsten der Arbeitnehmer begründen (BAG 13.12.2017, NZA 2018, 793).

33 **bb) Kollektivrechtliche Fortgeltung.** Eine **Betriebsvereinbarung** gilt kollektivrechtlich und nicht nur nach § 613a Abs. 1 S. 2–4 BGB fort, wenn die Betriebsidentität gewahrt bleibt (BAG 12.6.2019, NZA 2019, 1203; BAG 14.8.2013, AP BetrAVG 1972 § 99 Eingruppierung Nr. 62); geht die Betriebsidentität verloren, gelten § 613a Abs. 1 S. 2–4 BGB. Gesamt- oder Konzernbetriebsvereinbarungen können ebenfalls kollektivrechtlich jeweils als Betriebsvereinbarung fortgelten, wenn sie für den übergehenden Betrieb oder Betriebsteil gegolten haben (BAG 5.5.2015, NZA 2015, 1331; BAG 24.1.2017, NZA-RR 2017, 413 (Gesamtbetriebsvereinbarung); BAG 25.2.2020, NZA 2020, 875 (Konzernbetriebsvereinbarung); Lutter UmwG/*Joost* Rn. 44 ff.; *Meyer* NZA 2016, 749 ff.; Semler/Stengel/*Simon* Rn. 29; *Trappehl/Nussbaum* BB 2011, 2869 ff.). Etwas anderes gilt, wenn nach dem Inhalt der Gesamt- oder Konzernbetriebsvereinbarung die Zugehörigkeit zu einem Unternehmen oder Kon-

zern zwingende Tatbestandsvoraussetzung für deren Anwendung ist (BAG 24.1.2017, NZA-RR 2017, 413; BAG 25.2.2020, NZA 2020, 875). Die kollektivrechtliche Weitergeltung ist auch dann angenommen worden, wenn bei einer Unternehmensspaltung keine Betriebsübergänge stattfinden, sondern die Vermögensteile beim jeweils erstmals neu geschaffenen Rechtsträger eingegliedert werden (LAG Baden-Württemberg 8.2.2017, LAGE UmwG § 324 Nr. 2).

34 Die kollektivrechtliche Bindung an einen **Verbandstarifvertrag** endet, soweit dieser nicht allgemeinverbindlich ist, wenn durch die Umwandlung ein neuer Rechtsträger entsteht, der nicht Mitglied desselben Arbeitgeberverbands wie der bisherige Rechtsträger ist. Die Mitgliedschaft als höchstpersönliches Recht wird (regelmäßig) nicht mit übertragen (Semler/Stengel/*Simon* § 20 Rn. 41 mwN). Ist der neue Rechtsträger nicht Mitglied desselben Verbandes, der den Tarifvertrag abgeschlossen hat, werden die arbeitsrechtlichen Rechte und Pflichten in den Einzelarbeitsvertrag nach § 613a Abs. 1 S. 2–4 BGB transformiert, unabhängig davon, ob bei dem übernehmenden Rechtsträger eine andere oder gar keine Tarifbindung besteht, es sei denn, es tritt kongruente Tarifgebundenheit ein (APS/*Steffan* Rn. 12). Besteht Allgemeinverbindlichkeit, so gilt der Tarifvertrag normativ ungeachtet fehlender Tarifgebundenheit weiter, solange der Geltungsbereich durch den Betriebsübergang nicht verlassen wird (Lutter UmwG/*Joost* Rn. 32).

35 Ein **Firmentarifvertrag** gilt nach einer Gesamtrechtsnachfolge in Fällen der **Aufspaltung, Abspaltung und Ausgliederung** auf Arbeitgeberseite kollektivrechtlich fort, soweit der neue Rechtsträger dem bisherigen in dessen tarifvertraglicher Rechtsstellung nach § 3 Abs. 1 TVG nachfolgt (Lutter UmwG/*Joost* Rn. 33; MüKoBGB/*Müller-Glöge* BGB § 613a Rn. 223; *Gaul/Otto* BB 2014, 500 ff.). Der Spaltungs- und Übernahmevertrag nach § 126 Abs. 1 Nr. 9 bzw. der Spaltungsplan nach § 136 muss festlegen, welcher der Rechtsträger in die Rechtsstellung als Vertragspartei des Firmentarifvertrags eintritt (BAG 21.11.2012, NZA 2013, 512 (513)). Eine Zuordnung der Rechtsstellung als Partei des Firmentarifvertrags kann auch gegenüber mehreren Rechtsträgern erfolgen (*Gaul/Otto* BB 2014, 500 (501) mwN). Ist keine Festlegung erfolgt, bleibt der übertragende Rechtsträger in dieser Rechtsstellung als Vertragspartei des Firmentarifvertrags. Ist eine Festlegung erfolgt und der bisherige Arbeitgeber dabei nicht erfasst, spricht viel dafür, auf diesen § 3 Abs. 3 TVG entsprechend anzuwenden (*Hohenstatt/Schuster* ZIP 2016, 5 (10)). Dass Firmentarifverträge des übertragenden Rechtsträgers bei **Verschmelzungen** jedenfalls für die bereits vorher an diesen Tarifvertrag gebundenen Arbeitnehmer kollektivrechtlich weiter gelten, ist seit jeher anerkannt (BAG 24.6.1998, NZA 1998, 1346; APS/*Steffan* Rn. 15; *Moll* RdA 2007, 47, 50). Das Bundesarbeitsgericht hat darüber hinaus entschieden, dass nach § 20 Abs. 1 Nr. 1 UmwG die Stellung als Partei eines Firmentarifvertrags komplett auf den aufnehmenden Rechtsträger übergeht, sodass nur von dem Geltungsbereich dieses Firmentarifvertrags abhängt, ob er für alle Arbeitnehmer des Unternehmens gilt oder nicht (BAG 15.6.2016, NZA 2017, 326). Eine Beschränkung der Tarifanwendung auf bisherige Arbeitnehmer des übertragenden Rechtsträgers ist danach nicht begründbar, es sei denn, dies ergibt sich aus einer Geltungsbereichsregelung des Firmentarifvertrags.

36 **cc) Individualrechtliche Fortgeltung.** Die im Zeitpunkt des Betriebsübergangs bestehenden tarifvertraglichen Rechte und Pflichten gelten nach § 613a Abs. 1 S. 2 BGB individualrechtlich fort, wenn es nicht zu einer normativen Weitergeltung kommt. § 613a Abs. 1 S. 2 BGB bezieht sich auf Inhaltsnormen von Betriebsvereinbarungen oder Tarifverträgen (BAG 19.11.2019, NZA 2020, 297). Die Fortgeltung von Kollektivvertragsnormen gem. § 613a Abs. 1 S. 2 BGB unterliegt dem Grundsatz der **statischen** Weitergeltung. Die bisherige Regelung gilt dauerhaft fort, und der Arbeitnehmer nimmt an Neuabschlüssen nicht mehr teil (BAG 3.7.2013, NZA-RR 2014, 80 (Besonderheiten bei Ausschluss der Nachwirkung)). Dies bedeutet, dass der Arbeitnehmer nicht (mehr) in den Genuss von Kollektivvertragsregelungen kommt, die zwar vor dem Betriebsübergang abgeschlossen werden, jedoch erst nach dem Betriebsübergang in Kraft treten (BAG 16.5.2012, NZA 2012, 923). Dies gilt auch bei einer erst anlässlich des Betriebsübergangs wirksam werdenden Kollektivvertragsnorm (BAG 20.6.2012, AP BGB § 613a Nr. 433). Anders ist dies dann, wenn der Kollektivvertrag schon vor dem Betriebsübergang in Kraft getreten ist und eine stufenweise, zeitabhängige Anwendung von Regelungen vorsieht (BAG 21.4.2010, AP BGB § 613a Nr. 397).

37 Keine Transformation einer **Kollektivvertragsnorm** in den Arbeitsvertrag findet nach § 613a Abs. 1 S. 3 BGB statt, wenn die Rechte und Pflichten beim neuen Betriebsinhaber durch eine andere Kollektivvertragsnorm geregelt werden (Semler/Stengel/*Simon* Rn. 29). Eine in das Arbeitsverhältnis transformierte **Betriebsvereinbarungsregelung** kann durch eine entsprechende Betriebsvereinbarungs- oder Tarifregelung abgelöst werden (BAG 22.10.2019 – AP BetrAVG § 1 Ablösung Nr. 81 [Ablösung einer Versorgungsordnung]; BAG 13.3.2012, AP BetrVG 1972 § 77 Tarifvorbehalt Nr. 27). Die Transformation einer **Tarifvertragsnorm** in den Einzelarbeitsvertrag ist gem. § 613a Abs. 1 S. 3 BGB ausgeschlossen, wenn die Rechte und Pflichten bei dem übernehmenden Rechtsträger durch die Rechtsnormen eines anderen Tarifvertrags geregelt werden und sowohl der neue Arbeitgeber als auch der Arbeitnehmer an diesen Tarifvertrag gebunden sind oder Allgemeinverbindlichkeit besteht (**Erfordernis der kongruenten Tarifgebundenheit:** BAG 9.4.2008, EzA TVG § 4 Gaststättengewerbe

Nr. 3; BAG 21.2.2001, AP TVG § 4 Nr. 20). Eine Betriebsvereinbarung kann nach der Rspr. Tarifvertragsnormen nicht ablösen (Verbot der Überkreuzablösung).

Die alten Kollektivvertragsnormen werden durch die neuen abgelöst, auch wenn diese ungünstiger sind (Ablösungsprinzip). Die EuGH-Rspr. (EuGH 6.9.2011, NZA 2011, 1077 – Scattalon) wird teilweise missverstanden bzw. überinterpretiert (*Mückl* ZIP 2012, 2373 (2375); *Sagan* EuZA 2012, 247 ff.; *Schiefer/Hartmann* BB 2012, 1985 (1991), *Steffan* NZA 2012, 473 (475); *Witschen* NZA 2019, 1180 ff.). Sie steht der Ablösung auch durch ungünstigere Kollektivregelungen nicht entgegen (BAG 23.1.2019, NZA 2019, 922; BAG 12.6.2019, NZA 2019, 1203; LAG Baden-Württemberg 8.2.2017, LAGE UmwG § 324 Nr. 2; *Grau/Fischer* NZA 2019, 1469 (1472); *Junker* EuZA 2020, 1 f.; *Müller*-Bonanni RdA 2020, 123 (125); *Willemsen* RdA 2012, 291 (301); *Winter* RdA 2013, 36 ff.). Dies gilt jedenfalls dann, wenn die neue Kollektivvertragsnorm keine Verschlechterung allein aufgrund und wegen des Betriebsübergangs zur Folge und zum Ziel hat (Einzelheiten BAG 23.1.2019, NZA 2019, 922; BAG 12.6.2019, NZA 2019, 1203). Voraussetzung für die Ablösung in allen Fällen ist, dass jeweils derselbe Gegenstand geregelt und der Geltungsbereich der Neuregelung eröffnet ist. Die Anwendung des § 613a Abs. 1 S. 3 BGB wird allerdings dahingehend teleologisch reduziert, dass bei Ablösung kollektiver Versorgungsregelungen Eingriffe in Versorgungsanwartschaften nach den Grundsätzen des Vertrauensschutzes und der Verhältnismäßigkeit (3-Stufen-Prüfungsschema) überprüft werden (BAG 22.10.2019, AP BetrAVG § 1 Ablösung Nr. 81). 38

dd) Bezugnahmeklauseln. Bestehen neben beim Erwerber normativ geltenden oder nach § 613a Abs. 1 S. 2 BGB transformierten **Tarifnormen** abweichende Individualvereinbarungen, die nach § 613a Abs. 1 S. 1 BGB gelten und die auch arbeitsvertragliche Bezugnahmen auf einen **Tarifvertrag** sein können, ist eine eventuelle Regelkollision nach dem Kollisionslösungsprinzip des **Günstigkeitsvergleichs** gem. § 4 Abs. 3 TVG zu lösen (BAG 11.7.2019, NZA 2019, 590; BAG 11.7.2018, NZA 2018, 1486; BAG 16.5.2018, NZA 2018, 1489; BAG 12.12.2012, AP TVG § 1 Bezugnahme auf Tarifvertrag Nr. 122; BAG 22.4.2009, NZA 2010, 41). Die **Vereinbarung der gänzlichen oder teilweisen Anwendbarkeit eines Tarifvertrags in seiner jeweiligen Fassung** in einem Arbeitsvertrag geht gem. § 613a Abs. 1 S. 1 BGB auf den neuen Betriebsinhaber über, und diesbezüglich gilt § 613a Abs. 1 S. 3 BGB nicht. Ob dies bedeutet, dass Änderungen der in dieser Weise in Bezug genommenen Tarifverträge nach dem Betriebsübergang auch jeweils für das übergegangene Arbeitsverhältnis gelten oder ob die Bezugnahme nur eine statische Weitergeltung des Tarifvertrags begründet, hat die Rspr. zunächst dahingehend beantwortet, dass die Bezugnahme eine Gleichstellung der nicht tarifgebundenen Arbeitnehmer mit den Gewerkschaftsmitgliedern bewirke und dass eine solche Gleichstellung nach Betriebsübergang nicht mehr erreicht werden könne, weshalb eine bloß statische Fortgeltung anzunehmen sei (BAG 26.9.2001, NZA 2002, 634; BAG 4.8.1999, NZA 2000, 154 (155)). Die ab Inkrafttreten des Schuldrechtsmodernisierungsgesetzes (1.1.2002) vereinbarten Bezugnahmen („Neuverträge") auf ein Tarifwerk in seiner jeweiligen Fassung werden mit Hinweis auf die Unklarheitenregelung in § 305c Abs. 2 BGB nicht mehr als Gleichstellungsklauseln ausgelegt, wenn für den Arbeitnehmer nicht erkennbar gewesen ist, dass es dem Arbeitgeber bei der arbeitsvertraglichen Bezugnahme um die Gleichstellung der nicht tarifgebundenen Arbeitnehmer mit den Gewerkschaftsmitgliedern geht (BAG 27.3.2018, NZA 2018, 1204; BAG 27.3.2018, NZA 2018, 1264; BAG 5.7.2017 – 4 AZR 867/16; BAG 7.12.2016, NZA 2017, 597; BAG 13.5.2015 – 4 AZR 243 – 246/14; BAG 22.10.2008, NZA 2009, 323; BAG 18.4.2007, NZA 2007, 965). Es ist danach von der **dynamischen** Weitergeltung bisheriger Tarifverträge aufgrund von sog. kleinen dynamischen Bezugnahmeklauseln auszugehen, die keine ausdrückliche Gleichstellungsabrede enthalten (BAG 11.7.2018, NZA 2018, 1486; BAG 11.7.2019, NZA-RR 2019, 590). § 613a Abs. 1 S. 3 BGB findet weder direkt noch entsprechend Anwendung (BAG 16.5.2018, NZA 2018, 1489). Ob ein derartiges Verständnis in Anbetracht der EuGH-Rechtsprechung (EuGH 18.7.2013, NZA 2013 – Alemo-Herron; EuGH 9.9.2006, NZA 2006, 376 – Werhof) gegen europäisches Recht (Betriebsübergangsrichtlinie und Grundrechtecharta) verstößt, ist intensiv diskutiert worden, und das BAG hat die Frage dem EuGH zur Vorabentscheidung vorgelegt (BAG 17.6.2015, NZA 2016, 373). Die Problematik ergibt sich daraus, dass nach der EuGH-Rechtsprechung arbeitsvertragliche Regelungen mit dynamischer Verweisung auf Kollektivverträge gegen den Erwerber nur dann als durchsetzbar angesehen worden sind, wenn der Erwerber die Möglichkeit hat, an Verhandlungen über diese Kollektivverträge teilzunehmen, dh ihren Inhalt zu beeinflussen. Der EuGH hat auf die Vorlagefrage des Bundesarbeitsgerichts seine Rechtsprechung dahingehend modifiziert, dass im Hinblick auf die Betriebsübergangs-RL und Art. 16 GRCh die dynamische Verweisung auf Tarifverträge zu Lasten des Betriebserwerbers gilt, dh künftige Tarifänderungen zu Lasten des Betriebserwerbers zur Geltung bringt, wenn „das nationale Recht sowohl einvernehmlich als auch einseitig Anpassungsmöglichkeiten für den Erwerber vorsieht" (EuGH 25.4.2017, NZA 2017, 571 – Asklepios). Das Bundesarbeitsgericht hat auf dieser Grundlage die Fortgeltung der dynamischen Verweisungsklausel zu Lasten des Betriebserwerbers nach dem Betriebsübergang mit der Folge bejaht, dass diesen auch künftige Änderungen und insbesondere Vergütungserhöhungen treffen (BAG 30.8.2017, NZA 2018, 255). Grundlage der Rspr. des 4. Senats ist, dass der Betriebserwerber nach deutschem Recht sowohl 39 einvernehmlich im Wege der Änderung des Vertrags als auch einseitig im Wege der Änderungskündigung (§ 2 KSchG) etwa erforderliche Anpassungen der arbeitsvertraglichen Bedingungen vornehmen könne, womit den Anforderungen des EuGH Rechnung getragen sei (BAG 27.3.2018, NZA 2018, 1264; BAG 21.6.2018, NZA 2018, 1413). Ob dies zutrifft, kann mit Fug und Recht bezweifelt werden. Angesichts der Anforderungen an eine Änderungskündigung zwecks Änderung von Arbeitsbedingungen lässt sich eine realitätsbezogene Veränderungsmöglichkeit im Hinblick auf die durch die dynamische Verweisung in Bezug genommenen Tarifentwicklungen kaum konstatieren, sodass entgegen der Ansicht des BAG fraglich erscheint, ob die Änderungsmöglichkeiten nach deutschem Recht, den EuGH-Vorgaben entsprechen (*Busch/Gerlach* BB 2017, 2356 ff.; *Hohenstatt* FS Willemsen, 2018, 187 ff.; *Moll/Katerndahl* Anm. AP Nr. 139 zu § 1 TVG Bezugnahme auf Tarifvertrag; *Schubert* ZESAR 2018, 8 (14 f.); *Wahlig/Brune* NZA 2018, 221 ff.; *Weber,* Tarifentwicklungen nach einem Betriebsübergang, 2019; *Willemsen/Krois/Mehrens* RdA 2018, 151 ff.; *Wißmann/Niklas* NZA 2017, 657 ff.; s. auch *Löwisch/Wegmann* BB 2019, 1844 (Entdynamisierung durch Änderungskündigung)). Die Praxis wird sich ungeachtet der Kritik auf die Beibehaltung der Dynamik von Verweisungsklauseln nach Betriebsübergang einrichten müssen.

40 Große dynamische Verweisungsklauseln (Tarifwechselklauseln) führen in jedem Falle zur Anwendung der Tarifverträge des Betriebserwerbers. Derartige Klauseln sind regelmäßig dahingehend auszulegen, dass sie sich auf die Tarifverträge beziehen, an die der Arbeitgeber nach § 3 Abs. 1 TVG gebunden ist (BAG 13.5.2020, BeckRS 2020, 21258). Bloß statische Verweisungsklauseln belassen es bei der statischen Geltung eines bestimmten (früheren) Tarifvertrags. Differenzierend ausgestaltete Klauseln stellen sicher, dass eine dynamische Wirkung auf den Betriebsveräußerer beschränkt wird, mit einer Beendigung der arbeitgeberseitigen Tarifbindung bzw. dem Betriebsübergang aber endet (Bsp.: BAG 5.7.2017, NZA 2018, 47 [„für den Arbeitgeber verbindlich"]; LAG München 19.4.2018, LAGE BGB 2002 § 613a Nr. 60 [Mitglied mit Tarifbindung im Arbeitgeberverband]).

41 Arbeitsvertragliche Verweisungen auf die anwendbaren betrieblichen/betriebsverfassungsrechtlichen Regelungen werfen keine vergleichbaren Probleme wie Bezugnahmen auf Tarifverträge auf. Bezugnahmen auf betriebliche/betriebsverfassungsrechtliche Regelungen werden von der Rechtsprechung normalerweise und regelmäßig (nur) deklaratorische Bedeutung beigemessen (BAG 13.3.2012, NZA 2012, 990; BAG 7.6.2011, NZA 2011, 1234).

42 **ee) § 4a Abs. 2 TVG.** Die Auswirkungen von § 4a Abs. 2 TVG im Rahmen von § 613a Abs. 1 S. 2 und 3 BGB sind bislang ungeklärt (Diskussion etwa bei *Gräf* NZA 2016, 327 ff.; *Hohenstatt/Schuster* ZIP 2016, 5 ff.). Drei unterschiedliche Fragestellungen sind zu unterscheiden. **Erstens:** Die (lediglich) nach § 613a Abs. 1 S. 2 BGB fortgeltenden Tarifnormen können nicht zur Tarifkollision/Verdrängung im Erwerberbetrieb führen. **Zweitens:** Eine andere Frage ist, welche Tarifnormen nach § 613a Abs. 1 S. 2 BGB fortgelten, die des im Veräußererbetrieb anwendbaren Mehrheitstarifvertrags oder diejenigen des Minderheitstarifvertrags, an den der Arbeitnehmer gebunden ist. Der Gesetzeswortlaut des § 613a Abs. 1 S. 2 BGB ergibt keine zweifelsfreie Antwort. Der Minderheitstarifvertrag hat die Pflichten und Rechte im Arbeitsverhältnis zwar geregelt, ist aber nicht anwendbar gewesen. Der Mehrheitstarifvertrag ist zwar anwendbar gewesen, hat aber die Rechte und Pflichten im Arbeitsverhältnis nicht geregelt. Es fehlt damit an einer Grundlage für eine Anwendung des § 613a Abs. 1 S. 2 BGB. Sinn und Zweck der Norm stehen dem nicht entgegen: Der Arbeitnehmer wird behandelt wie andere auch, deren Arbeitsverhältnis nicht durch Tarifnorm bestimmt worden ist. Eine „Lücke" liegt nicht vor, weil das Gesetz eine tatsächliche Situation bewusst und gewollt begründet, in der der Arbeitnehmer keinen Tarifschutz genießt. § 613a Abs. 1 S. 2 BGB mag zwar auf eine Überführung der bisherigen betrieblichen Verhältnisse in den Erwerberbetrieb abzielen. Dies ändert nichts daran, dass de lege lata keine Tarifnorm das Arbeitsverhältnis bestimmt. Es gilt § 613a Abs. 1 S. 1 BGB. Ob sich aus einer Parallele zur Behandlung der herkömmlichen Tarifkonkurrenzfälle (BAG 22.4.2009 AP BGB § 613a Nr. 371) etwas anderes (Transformation der Normen des Minderheitstarifvertrags) ergibt, wie im Schrifttum (*Hohenstatt/Schuster* ZIP 2016, 5 (9); HWK/*Willemsen/Müller-Bonani* BGB § 613a Rn. 263) angenommen wird, erscheint zweifelhaft. Gesetzesregelung, Interessenlage und Regelungszweck der beiden Konstellationen stimmen schwerlich überein. **Drittens:** Es fragt sich schließlich, wie sich ein Mehrheitstarifvertrag im Erwerberbetrieb auf die nach § 613a Abs. 1 S. 2 BGB fortgeltenden Normen auswirkt, wenn man anders als hier von der Anwendung des § 613a Abs. 1 S. 2 BGB ausgeht (unabhängig davon, ob es sich um die bisherige Mehrheits- oder Minderheitsnorm handelt). Es dürfte nach Sinn und Zweck des § 613a Abs. 1 S. 3 BGB und des § 4a Abs. 2 TVG viel dafür sprechen, dass der Mehrheitstarifvertrag iSv § 4a Abs. 2 TVG trotz fehlender Tarifbindung des Arbeitnehmers zum Ausschluss bzw. zur Beendigung einer – etwaigen – Fortgeltung nach § 613a Abs. 1 S. 2 BGB führt; es ist kein Grund dafür erkennbar, den im Veräußererbetrieb durch einen Mehrheitstarifvertrag verdrängten Regelungen im Erwerberbetrieb Geltung zu verschaffen, obwohl auch in diesem ein Mehrheitstarifvertrag (gar derselbe) anwendbar ist.

43 **e) Haftung für Arbeitnehmeransprüche.** Der neue Rechtsträger haftet ab Betriebsübergang nach § 613a Abs. 1 S. 1 BGB für alle Verpflichtungen aus dem im Zeitpunkt des Übergangs bestehenden Arbeitsverhältnis (unabhängig davon, ob diese vor oder nach dem Betriebsübergang entstanden sind).

Der alte Rechtsträger haftet für vor Betriebsübergang entstandene Ansprüche bei Spaltungen nach § 133 mit dem neuen Rechtsträger gesamtschuldnerisch (Lutter UmwG/*Joost* Rn. 79; Semler/Stengel/*Simon* Rn. 38). Sind die Arbeitnehmer Gläubiger eines an einer Spaltung oder Verschmelzung beteiligten Rechtsträgers, können sie innerhalb von sechs Monaten nach Eintragung der Verschmelzung unter den weiteren Voraussetzungen der §§ 22, 125, 133 Abs. 1 S. 2 Sicherheitsleistung verlangen. § 613a Abs. 2 BGB ist in § 324 UmwG nicht in Bezug genommen. Die Haftungsregeln des Umwandlungsrechts haben Vorrang (APS/*Steffan* Rn. 26). Haftungsrechtliche Besonderheiten gelten in der Insolvenz (BAG 16.10.2018, WM 2018, 2199 = ZIP 2018, 2179; KPB/*Schöne* InsO § 128 Rn. 4 ff.).

Mitbestimmungsbeibehaltung

325 (1) [1]**Entfallen durch Abspaltung oder Ausgliederung im Sinne des § 123 Abs. 2 und 3 bei einem übertragenden Rechtsträger die gesetzlichen Voraussetzungen für die Beteiligung der Arbeitnehmer im Aufsichtsrat, so finden die vor der Spaltung geltenden Vorschriften noch für einen Zeitraum von fünf Jahren nach dem Wirksamwerden der Abspaltung oder Ausgliederung Anwendung.** [2]**Dies gilt nicht, wenn die betreffenden Vorschriften eine Mindestzahl von Arbeitnehmern voraussetzen und die danach berechnete Zahl der Arbeitnehmer des übertragenden Rechtsträgers auf weniger als idR ein Viertel dieser Mindestzahl sinkt.**

(2) [1]**Hat die Spaltung oder Teilübertragung eines Rechtsträgers die Spaltung eines Betriebes zur Folge und entfallen für die aus der Spaltung hervorgegangenen Betriebe Rechte oder Beteiligungsrechte des Betriebsrats, so kann durch Betriebsvereinbarung oder Tarifvertrag die Fortgeltung dieser Rechte und Beteiligungsrechte vereinbart werden.** [2]**Die §§ 9 und 27 des Betriebsverfassungsgesetzes bleiben unberührt.**

Übersicht

I. Allgemeines

Die befristete **Beibehaltung der unternehmerischen Mitbestimmung** bei dem übertragenden Rechtsträger im Fall von Abspaltung oder Ausgliederung nach Abs. 1 stellt sicher, dass sich der bestehende Mitbestimmungsstatus durch Unternehmensumwandlungen nicht bzw. erst nach einer Übergangszeit verschlechtert (BT-Drs. 12/7265, 5). Die Konzeption der befristeten Beibehaltung der Mitbestimmung, obwohl die Voraussetzungen für die Anwendung des zugrundeliegenden Gesetzes nicht mehr erfüllt werden, ist aus § 1 Abs. 3 MontanMitbestG und § 16 Abs. 2 MitbestErgG bekannt. 1

Abs. 2 enthält eine Öffnungsklausel zum Zwecke der **Sicherung der betriebsverfassungsrechtlichen Mitbestimmung** durch Betriebsvereinbarung oder Tarifvertrag, wenn aufgrund einer Spaltung oder Teilübertragung Betriebe gespalten werden und Rechte des Betriebsrats entfallen. 2

II. Einzelerläuterungen

1. Beibehaltung der Mitbestimmung (Abs. 1). a) Abspaltung oder Ausgliederung. Abs. 1 ist nur anwendbar auf die Abspaltung (§ 123 Abs. 2) sowie die Ausgliederung (§ 123 Abs. 3), weil in diesen Fällen im Unterschied zur Aufspaltung der übertragende Rechtsträger bestehen bleibt. Abs. 1 gilt auch nicht für die Verschmelzung (§ 2) und den Formwechsel (§ 190), für den § 203 eine abschließende Regelung enthält (Semler/Stengel/*Simon* Rn. 3). Eine analoge Anwendung der Norm auf andere Formen der Umwandlung ist abzulehnen (SHS/*Langner* Rn. 9; Lutter UmwG/*Joost* Rn. 13). Sie ist insbesondere nicht auf eine Aufspaltung anzuwenden, auch wenn diese bewusst gewählt wird, um die 3

Mitbestimmungsbeibehaltung zu vermeiden (SHS/*Langner* Rn. 14; Fitting/Wlotzke/Wißmann/*Wißmann,* Mitbestimmungsrecht, 5. Aufl. 2017, MitbestG § 1 Rn. 81).

4 **b) Wegfall der Voraussetzungen der Mitbestimmung im Aufsichtsrat des übertragenden Rechtsträgers.** Voraussetzung für die befristete Beibehaltung der unternehmerischen Mitbestimmung ist, dass die gesetzlichen Voraussetzungen für die unternehmerische Mitbestimmung der Arbeitnehmer im Aufsichtsrat des **übertragenden** Rechtsträgers entfallen. Das Mitbestimmungsstatut des **übernehmenden** Rechtsträgers oder anderer Rechtsträger im Konzern, bei denen sich Mitbestimmungsverluste ergeben, richtet sich ohne umwandlungsrechtliche Besonderheiten nach den allgemeinen gesetzlichen Bestimmungen (KK-UmwG/*Hohenstatt/Schramm* Rn. 4; Semler/Stengel/*Simon* Rn. 2; Kallmeyer/*Willemsen* Rn. 3).

5 Eine **Mitbestimmung** der Arbeitnehmer im **Aufsichtsrat** kann sich aus den folgenden Vorschriften ergeben:

- §§ 1, 4 MitbestG für AG, KGaA, GmbH, GmbH & Co. KG oder eG mit idR mehr als 2.000 Arbeitnehmern
- §§ 1, 4 MontanMitbestG für AG und GmbH in der Montan-Industrie mit idR mehr als 1.000 Arbeitnehmern
- § 5 MontanMitbestErgG für AG und GmbH, wenn das abhängige Unternehmen dem MontanMitbestG unterliegt
- §§ 1, 4 DrittelbG für AG, KGaA, GmbH, VVaG und eG mit idR mehr als 500 Arbeitnehmern (gem. § 1 Abs. 2 DrittelbG nachrangig zu MitbestG, MontanMitbestG und MitbestErgG)

6 Der Wegfall der Voraussetzungen der Mitbestimmung kann durch das **Absinken der erforderlichen Arbeitnehmerzahl** unter die Schwellenwerte des jeweiligen Gesetzes bedingt sein. Die Berechnung des Schwellenwerts hat § 5 MitbestG und § 2 Abs. 2 DrittelbG zu beachten, gemäß derer alle Arbeitnehmer eines Konzerns als Arbeitnehmer des herrschenden Unternehmens im **Konzern** gelten können.

7 Von Abs. 1 S. 1 erfasst ist das Entfallen der Anwendbarkeit eines die Mitbestimmung regelnden Gesetzes, selbst wenn anstelle dessen ein anderes die Mitbestimmung regelndes Gesetz (Bsp.: DrittelbG statt MitbestG wegen gesunkener Arbeitnehmerzahl) zur Anwendung gelangt (SHS/*Langner* Rn. 7, 12; Lutter UmwG/*Joost* Rn. 20; Semler/Stengel/*Simon* Rn. 6). Von Abs. 1 S. 1 nicht erfasst sind Veränderungen, die lediglich zu anderen tatsächlichen Anwendungsergebnissen des die Mitbestimmung regelnden Gesetzes führen (Bsp.: Verkleinerung des Aufsichtsrats aufgrund gesunkener Arbeitnehmerzahl). Die Regelung gilt nicht, wenn aufgrund von Abspaltung oder Ausgliederung nur noch ein Tendenzunternehmen zurückbleibt (ErfK/*Oetker* Rn. 8). Entsprechendes gilt, wenn das Unternehmen aufgrund des geänderten Unternehmenszwecks nicht mehr der Montanmitbestimmung unterliegt (ErfK/*Oetker* Rn. 8).

8 **c) Mindestzahl von Arbeitnehmern.** Die befristete Beibehaltung der Mitbestimmung nach Abs. 1 S. 1 findet in den Fällen, in denen die Mitbestimmung eine bestimmte Mindestzahl von Arbeitnehmern voraussetzt, nur Anwendung, wenn nach der Umwandlungsmaßnahme die Zahl der **Arbeitnehmer beim übertragenden Rechtsträger mindestens ein Viertel** der nach dem MitbestG erforderlichen Anzahl beträgt. Wird während des Beibehaltungszeitraums die Arbeitnehmermindestzahl nach Abs. 1 S. 2 von einem Viertel der Mindestzahl des jeweilig einschlägigen Gesetzes unterschritten, endet die Mitbestimmungsbeibehaltung endgültig (Lutter UmwG/*Joost* Rn. 31; Semler/Stengel/*Simon* § 325 Rn. 24). Maßgebend für die notwendige Mindestanzahl von Arbeitnehmern ist die **Zahl der idR** bei dem übertragenden Rechtsträger beschäftigten Arbeitnehmer. Es ist daher unerheblich, ob die Arbeitnehmerzahl geringen Schwankungen unterliegt, die zu einem kurzfristigen Absinken führen. Ebenso ist unerheblich, ob die Arbeitnehmerzahl bereits direkt mit der Abspaltung oder Ausgliederung oder erst zu einem späteren Zeitpunkt innerhalb des fünfjährigen Beibehaltungszeitraums unter die Mindestzahl sinkt (SHS/*Langner* Rn. 10; Semler/Stengel/*Simon* Rn. 10).

9 **d) Kausalität.** Abs. 1 setzt voraus, dass das Entfallen der gesetzlichen Voraussetzungen der Mitbestimmung unmittelbar auf der betreffenden Umwandlungsmaßnahme beruht. Die erforderliche Kausalität ist nicht gegeben, wenn die Umwandlung unmittelbar an der Erfüllung der Voraussetzungen des gesetzlichen Mitbestimmungsstatuts nichts ändert, sondern im zeitlichen und sachlichen Zusammenhang mit der Umwandlung **weitere** Maßnahmen (Bsp.: Betriebsänderung, Personalabbau) getroffen werden, die zu einer Verminderung des Personalstandes beim übertragenden Rechtsträger führen (Lutter UmwG/*Joost* Rn. 21; Semler/Stengel/*Simon* Rn. 11). Für die Frage der Kausalität ist allein auf den Zeitpunkt der Spaltung abzustellen (Semler/Stengel/*Simon* Rn. 11; Kallmeyer/*Willemsen* Rn. 8; jeweils mwN). Damit sind Personalreduzierungen auch kurz nach oder vor der Umwandlung für Abs. 1 unbeachtlich (Semler/Stengel/*Simon* Rn. 11; Kallmeyer/*Willemsen* Rn. 8. Anders Lutter UmwG/*Joost* Rn. 24; Fitting/Wlotzke/Wißmann/*Wißmann,* Mitbestimmungsrecht, 5. Aufl. 2017, MitbestG § 1 Rn. 87).

e) Verhältnis zu anderen die Fortgeltung der Mitbestimmung regelnden Vorschriften. § 1 Abs. 3 MontanMitbestG, der die Fortgeltung der Mitbestimmung in seinem Anwendungsbereich für die Dauer von sechs Jahren vorsieht, wenn die Beschäftigtenzahlen dauerhaft absinken, verdrängt § 325 Abs. 1 aufgrund Spezialität, sofern die Voraussetzungen beider Vorschriften erfüllt sind (KK-UmwG/*Hohenstatt/Schramm* Rn. 21; Lutter UmwG/*Joost* Rn. 36; Semler/Stengel/*Simon* § 325 Rn. 14). Gleiches gilt für § 16 Abs. 2 MontanMitbestErgG (Lutter UmwG/*Joost* Rn. 36; Semler/Stengel/*Simon* Rn. 14; Kallmeyer/*Willemsen* Rn. 9). 10

f) Rechtsfolgen. Liegen die Voraussetzungen von Abs. 1 vor, gilt nicht ohne Weiteres das gesamte die Mitbestimmung regelnde Gesetz, welches auf den übertragenden Rechtsträger vor der Umwandlungsmaßnahme anzuwenden war, für die Dauer von fünf Jahren bei dem übertragenden Rechtsträger fort. Die Anwendung des bisherigen Gesetzes umfasst nur die die **Beteiligung der Arbeitnehmer im Aufsichtsrat betreffenden Vorschriften** einschließlich derjenigen über die innere Ordnung und die Rechte und Pflichten des Aufsichtsrats, nicht aber auch die den Vorstand betreffenden Regelungen, insbesondere nicht Bestimmungen zur Bestellung des **Arbeitsdirektors** nach § 33 MitbestG, § 13 MontanMitbestG und § 13 MontanMitbestErgG (Kallmeyer/*Willemsen* Rn. 10; KK-UmwG/*Hohenstatt/Schramm* Rn. 22. Die Gegenansicht (ErfK/*Oetker* Rn. 13; Lutter UmwG/*Joost* Rn. 28; Semler/Stengel/*Simon* Rn. 19; Fitting/Wlotzke/Wißmann/*Wißmann,* Mitbestimmungsrecht, 5. Aufl. 2017, § 1 MitbestG Rn. 89) ist mit dem Gesetzeswortlaut schwerlich vereinbar. 11

Der mit dem Wirksamwerden der Umwandlungsmaßnahme beginnende **Zeitraum von fünf Jahren** ist gem. § 187 Abs. 1 BGB, § 188 Abs. 2 BGB zu berechnen (SHS/*Langner* Rn. 13; Semler/Stengel/*Simon* Rn. 20). Die Amtszeit der Arbeitnehmervertreter im Aufsichtsrat endet nach dem Ende des Beibehaltungszeitraums nicht automatisch (§ 96 Abs. 2 AktG, § 1 Abs. 1 Nr. 3, 5 DrittelbG, § 6 Abs. 2 MitbestG, § 3 Abs. 2 MontanMitbestG, § 3 Abs. 1 S. 2 MontanMitbestErgG). Es ist vielmehr das **Statusverfahren** nach §§ 97 ff. AktG einzuleiten (SHS/*Langner* Rn. 15; Lutter UmwG/*Joost* Rn. 29). Entsprechendes gilt bei Absinken der Belegschaft unter die Mindestzahl des Abs. 1 S. 2. Die 5-Jahres-Frist ist nicht relevant, wenn während der Mitbestimmungsbeibehaltung die Arbeitnehmerzahl steigt und **dadurch** ein Mitbestimmungsstatut begründet wird. Dieses gilt dauerhaft und wird dann seinerseits im Falle einer Abspaltung oder Ausgliederung übergangsweise nach Maßgabe von Abs. 1 beibehalten. 12

2. Beibehaltung betriebsverfassungsrechtlicher Rechte (Abs. 2). a) Spaltung eines Betriebs durch Spaltung oder Teilübertragung. Abs. 2 gilt nur für die Spaltung eines Betriebs infolge einer Spaltung oder Teilübertragung eines Rechtsträgers. Die Spaltung eines Betriebs setzt voraus, dass Teile eines Betriebs **verschiedenen Rechtsträgern zugeordnet** werden (→ § 322 Rn. 4), was nicht der Fall ist, wenn der Betrieb nach der Umwandlung als gemeinsamer Betrieb erhalten bleibt (→ § 322 Rn. 9). Sie muss eine unmittelbare tatsächliche Folge der durch die Spaltung (§ 123) oder Teilübertragung (§ 177) eines Rechtsträgers bewirkten Veränderungen sein (SHS/*Langner* Rn. 16; Semler/Stengel/*Simon* Rn. 29). Aus der Umwandlungsmaßnahme müssen Betriebe hervorgehen, die betriebsratsfähig sind (Lutter UmwG/*Joost* Rn. 38, 49; Semler/Stengel/*Simon* Rn. 30). 13

b) Wegfall von Rechten oder Beteiligungsrechten des Betriebsrats. Hauptsächlicher Anwendungsfall von Abs. 2 ist das Unterschreiten gesetzlich vorgeschriebener **Arbeitnehmerzahlen** als Voraussetzung für Rechte oder Beteiligungsrechte eines Betriebsrats (§ 38 Abs. 1 BetrVG: Recht auf Freistellung von Betriebsratsmitgliedern; § 60 BetrVG: Jugend- und Auszubildendenvertretung; § 95 Abs. 2 BetrVG: Auswahlrichtlinien; § 99 BetrVG: Mitbestimmung bei personellen Einzelmaßnahmen; § 106 BetrVG: Bildung eines Wirtschaftsausschusses; § 110 Abs. 1 BetrVG: Unterrichtung über die wirtschaftliche Lage; §§ 111 ff. BetrVG: Unterrichtung und Mitbestimmung bei Betriebsänderungen). Bei den wegfallenden Rechten kann es sich neben diesen gesetzlichen auch um solche aus einem Tarifvertrag oder einer Betriebsvereinbarung handeln (Semler/Stengel/*Simon* Rn. 32; Kallmeyer/*Willemsen* Rn. 13). Ein Wegfall von Rechten oder Beteiligungsrechten des Betriebsrats ist nicht gegeben, wenn die Rechtsträger den Betrieb als gemeinsamen Betrieb führen. 14

c) Rechtsfolge. Anders als die unternehmerische Mitbestimmung nach Abs. 1 bleibt die betriebsverfassungsrechtliche Mitbestimmung nach Abs. 2 nicht automatisch erhalten, sondern es kann durch **Betriebsvereinbarung oder Tarifvertrag** die Fortgeltung der entfallenden Rechte und Beteiligungsrechte des Betriebsrats für jeden aus der Umwandlungsmaßnahme hervorgehenden Betrieb vereinbart werden. 15

Ein **Tarifvertrag** über betriebliche und betriebsverfassungsrechtliche Fragen wie die der Fortgeltung der Rechte des Betriebsrats ist gem. **§ 3 Abs. 2 TVG** schon bei bloß arbeitgeberseitiger Tarifbindung möglich. Die Arbeitnehmer müssen nicht Mitglieder der tarifschließenden Gewerkschaft sein. Wird die Fortgeltung durch (firmenbezogenen) Verbandstarifvertrag vereinbart, so setzt dies voraus, dass die Rechtsträger der neuen Betriebe aufgrund entsprechender Verbandsmitgliedschaft tarifgebunden sind; wird also vor der Spaltung/Teilübertragung ein Tarifvertrag abgeschlossen, ist sicherzustellen, dass (auch) die Rechtsträger der neuen Betriebe dem Arbeitgeberverband angehören, der den Tarifvertrag abschließt (KK-UmwG/*Hohenstatt/Schramm* Rn. 46). Wird ein Firmentarifvertrag nicht erst nach, sondern 16 bereits vor der Spaltung/Teilübertragung abgeschlossen, so ist für die Tarifgeltung im Hinblick auf den Rechtsträger der neuen Betriebe erforderlich, dass die Stellung aus dem Firmentarifvertrag in dem Spaltungs- und Übertragungsvertrag bzw. Spaltungsplan entsprechend zugeordnet wird (Semler/Stengel/*Simon* Rn. 35; KK-UmwG/*Hohenstatt/Schramm* Rn. 45). Die tarifschließende Gewerkschaft muss (auch) für die aus der Spaltung/Teilübertragung hervorgehenden Betriebe tarifzuständig sein (HWK/*Willemsen* Rn. 16).

17 Der Abschluss einer **Betriebsvereinbarung** nach Abs. 2 ist freiwillig (Lutter UmwG/*Joost* Rn. 46; Semler/Stengel/*Simon* Rn. 36). Es ist in Abs. 2 nicht geregelt, wer für den Abschluss einer Betriebsvereinbarung über die Fortgeltung für den Betrieb des übernehmenden Rechtsträgers **zuständig** ist. Dem Betriebsrat des übertragenden Rechtsträgers steht nach § 21a BetrVG ein **Übergangsmandat** zu, wenn in dem Betrieb des übernehmenden Rechtsträgers kein Betriebsrat besteht. Der Betriebsrat des übertragenden Rechtsträgers kann in diesem Fall auch eine Betriebsvereinbarung für den Betrieb des übernehmenden Rechtsträgers abschließen (Lutter UmwG/*Joost* Rn. 45; Kallmeyer/*Willemsen* Rn. 16). Die Zuständigkeit des Betriebsrats des übertragenden Rechtsträgers erstreckt sich ansonsten nicht auch auf infolge der Umwandlungsmaßnahme neu entstandene Betriebe (Kallmeyer/*Willemsen* Rn. 16; Semler/Stengel/*Simon* Rn. 36). Es ist eine Betriebsvereinbarung abzuschließen, und dabei die Schriftform zu wahren. Eine formlose **Regelungsabrede** genügt nicht (LAG Hamm 26.8.2004, BeckRS 2005, 41070).

18 Die Kollektivvereinbarung ist in nahem zeitlichem **Zusammenhang** zur Spaltung abzuschließen, da eine „Fortgeltung" von Rechten nicht mehr vorliegt, wenn der zeitliche Zusammenhang zur Umwandlung fehlt. Kein zeitlicher Zusammenhang besteht mehr bei einer Vereinbarung, die erst ein Jahr nach der Spaltung getroffen wird (Lutter UmwG/*Joost* Rn. 47; Semler/Stengel/*Simon* Rn. 41).

19 **Beibehaltungsfähig** sind alle gesetzlichen oder auf Tarifvertrag oder Betriebsvereinbarung beruhenden Rechte und Beteiligungsrechte, soweit diese im Ursprungsbetrieb bestanden haben (Lutter UmwG/*Joost* Rn. 48; Semler/Stengel/*Simon* Rn. 37). Auch die Beibehaltung des **Wirtschaftsausschusses** kann vereinbart werden, da er ein unselbständiges Hilfsorgan des Betriebsrats ist (Lutter UmwG/*Joost* Rn. 51; Semler/Stengel/*Simon* Rn. 37). Nicht anwendbar ist Abs. 2 hingegen auf die Beteiligung an einem Gesamtbetriebsrat, wenn der Betrieb durch die Spaltung aus dem Unternehmen ausgeschieden ist, und auf die Mitgliedschaft im **Konzernbetriebsrat,** wenn durch die Spaltung die Konzernzugehörigkeit entfallen ist (Lutter UmwG/*Joost* Rn. 50, 51; Semler/Stengel/*Simon* Rn. 38). Gemäß Abs. 2 S. 2 bleiben die **§§ 9 und 27 BetrVG** unberührt, die Anzahl der Betriebsratsmitglieder sowie die Bildung und Besetzung des Betriebsausschusses lassen sich also nicht vom Gesetz abweichend regeln.

III. Abdingbarkeit

20 Abs. 1 ist **zwingendes** Recht. Vereinbarungen über einen Verzicht auf die Mitbestimmungsbeibehaltung oder eine Verkürzung der Beibehaltungsfrist nach Abs. 1 S. 1 sind daher nicht möglich (Lutter UmwG/*Joost* Rn. 35; Semler/Stengel/*Simon* Rn. 25).

Insolvenzordnung (InsO)

vom 5.10.1994 (BGBl. 1994 I 2866)

zuletzt geändert durch Art. 24 Abs. 3 Zweites FinanzmarktnovellierungsG vom 23.6.2017 (BGBl. 2017 I 1693)

– Auszug –

Zweiter Teil. Eröffnung des Insolvenzverfahrens. Erfaßtes Vermögen und Verfahrensbeteiligte

Erster Abschnitt. Eröffnungsvoraussetzungen und Eröffnungsverfahren

Antragspflicht bei juristischen Personen und Gesellschaften ohne Rechtspersönlichkeit

15a (1) [1] **Wird eine juristische Person zahlungsunfähig oder überschuldet, haben die Mitglieder des Vertretungsorgans oder die Abwickler ohne schuldhaftes Zögern, spätestens aber drei Wochen nach Eintritt der Zahlungsunfähigkeit oder Überschuldung, einen Eröffnungsantrag zu stellen.** [2] **Das Gleiche gilt für die organschaftlichen Vertreter der zur Vertretung der Gesellschaft ermächtigten Gesellschafter oder die Abwickler bei einer Gesellschaft ohne Rechtspersönlichkeit, bei der kein persönlich haftender Gesellschafter eine natürliche Person ist; dies gilt nicht, wenn zu den persönlich haftenden Gesellschaftern eine andere Gesellschaft gehört, bei der ein persönlich haftender Gesellschafter eine natürliche Person ist.**

(2) **Bei einer Gesellschaft im Sinne des Absatzes 1 Satz 2 gilt Absatz 1 sinngemäß, wenn die organschaftlichen Vertreter der zur Vertretung der Gesellschaft ermächtigten Gesellschafter ihrerseits Gesellschaften sind, bei denen kein persönlich haftender Gesellschafter eine natürliche Person ist, oder sich die Verbindung von Gesellschaften in dieser Art fortsetzt.**

(3) **Im Fall der Führungslosigkeit einer Gesellschaft mit beschränkter Haftung ist auch jeder Gesellschafter, im Fall der Führungslosigkeit einer Aktiengesellschaft oder einer Genossenschaft ist auch jedes Mitglied des Aufsichtsrats zur Stellung des Antrags verpflichtet, es sei denn, diese Person hat von der Zahlungsunfähigkeit und der Überschuldung oder der Führungslosigkeit keine Kenntnis.**

(4) **Mit Freiheitsstrafe bis zu drei Jahren oder mit Geldstrafe wird bestraft, wer entgegen Absatz 1 Satz 1, auch in Verbindung mit Satz 2 oder Absatz 2 oder Absatz 3, einen Eröffnungsantrag**
1. nicht oder nicht rechtzeitig stellt oder
2. nicht richtig stellt.

(5) **Handelt der Täter in den Fällen des Absatzes 4 fahrlässig, ist die Strafe Freiheitsstrafe bis zu einem Jahr oder Geldstrafe.**

(6) **Im Falle des Absatzes 4 Nummer 2, auch in Verbindung mit Absatz 5, ist die Tat nur strafbar, wenn der Eröffnungsantrag rechtskräftig als unzulässig zurückgewiesen wurde.**

(7) **Auf Vereine und Stiftungen, für die § 42 Absatz 2 des Bürgerlichen Gesetzbuchs gilt, sind die Absätze 1 bis 6 nicht anzuwenden.**

Übersicht

I. Allgemeines

1 Seit dem MoMiG ist die Insolvenzantragspflicht bei Gesellschaften, bei denen keine Person unbeschränkt persönlich haftet, rechtsformübergreifend in der InsO geregelt. Die Vorschrift ist zunächst durch das ESUG (BGBl. 2011 I 2582) geändert worden: Es wurde in Abs. 1 und 4 das Wort „Insolvenzantrag" durch „Eröffnungsantrag" ersetzt; ferner wurde in Abs. 2 klargestellt, dass die Antragspflicht bei mehrstöckigen Gesellschaften nur dann entfällt, wenn eine natürliche Person als persönlich haftender Gesellschafter beteiligt ist (BT-Drs. 17/5712, 23 f.). Durch das Gesetz zur Verkürzung des Restschuldbefreiungsverfahrens und zur Stärkung der Gläubigerrechte (BGBl. 2013 I 2379) wurde der heutige Abs. 7 eingefügt, der aber nur eine klarstellende Funktion hat (BT-Drs. 17/11268, 21). Ferner ist durch das Gesetz zur Durchführung der Verordnung (EU) 2015/848 über Insolvenzverfahren Abs. 4 neu gefasst und ein neuer Abs. 6 geschaffen worden, der die Voraussetzungen für eine Strafbarkeit wegen eines unrichtigen Insolvenzantrags konkretisiert (BGBl. 2017 I 1476).

II. Besonderheiten aufgrund der Corona-Pandemie

1a Die Insolvenzantragspflicht ist vorübergehend durch Gesetz zur vorübergehenden Aussetzung der Insolvenzantragspflicht und zur Begrenzung der Organhaftung bei einer durch die COVID-19-Pandemie bedingten Insolvenz (COVID-19-Insolvenzaussetzungsgesetz – COVInsAG, v. 27.3.2020 (BGBl. 2020 I 569), geändert durch das Gesetz zur Änderung des COVID-19-Insolvenzaussetzungsgesetzes v. 25.9.2020 (BGBl. 2020 I 2016)) ausgesetzt worden:

§ 1 Aussetzung der Insolvenzantragspflicht

(1) [1] Die Pflicht zur Stellung eines Insolvenzantrags nach § 15a der Insolvenzordnung und nach § 42 Absatz 2 des Bürgerlichen Gesetzbuchs ist bis zum 30. September 2020 ausgesetzt. [2] Dies gilt nicht, wenn die Insolvenzreife nicht auf den Folgen der Ausbreitung des SARS-CoV-2-Virus (COVID-19-Pandemie) beruht oder wenn keine Aussichten darauf bestehen, eine bestehende Zahlungsunfähigkeit zu beseitigen. [3] War der Schuldner am 31. Dezember 2019 nicht zahlungsunfähig, wird vermutet, dass die Insolvenzreife auf den Auswirkungen der COVID-19-Pandemie beruht und Aussichten darauf bestehen, eine bestehende Zahlungsunfähigkeit zu beseitigen. [4] Ist der Schuldner eine natürliche Person, so ist § 290 Absatz 1 Nummer 4 der Insolvenzordnung mit der Maßgabe anzuwenden, dass auf die Verzögerung der Eröffnung des Insolvenzverfahrens im Zeitraum zwischen dem 1. März 2020 und dem 30. September 2020 keine Versagung der Restschuldbefreiung gestützt werden kann. [5] Die Sätze 2 und 3 gelten entsprechend.

(2) Vom 1. Oktober 2020 bis zum 31. Dezember 2020 ist allein die Pflicht zur Stellung eines Insolvenzantrags wegen Überschuldung nach Maßgabe des Absatzes 1 ausgesetzt.

§ 2 Folgen der Aussetzung

(1) Soweit nach § 1 Absatz 1 die Pflicht zur Stellung eines Insolvenzantrags ausgesetzt ist,

1. gelten Zahlungen, die im ordnungsgemäßen Geschäftsgang erfolgen, insbesondere solche Zahlungen, die der Aufrechterhaltung oder Wiederaufnahme des Geschäftsbetriebes oder der Umsetzung eines Sanierungskonzepts dienen, als mit der Sorgfalt eines ordentlichen und gewissenhaften Geschäftsleiters im Sinne des § 64 Satz 2 des Gesetzes betreffend die Gesellschaften mit beschränkter Haftung, des § 92 Absatz 2 Satz 2 des Aktiengesetzes, des § 130a Absatz 1 Satz 2, auch in Verbindung mit § 177a Satz 1, des Handelsgesetzbuchs und des § 99 Satz 2 des Genossenschaftsgesetzes vereinbar;
2. gilt die bis zum 30. September 2023 erfolgende Rückgewähr eines im Aussetzungszeitraum gewährten neuen Kredits sowie die im Aussetzungszeitraum erfolgte Bestellung von Sicherheiten zur Absicherung solcher Kredite als nicht gläubigerbenachteiligend; dies gilt auch für die Rückgewähr von Gesellschafterdarlehen und Zahlungen auf Forderungen aus Rechtshandlungen, die einem solchen Darlehen wirtschaftlich entsprechen, nicht aber deren Besicherung; § 39 Absatz 1 Nummer 5 und § 44a der Insolvenzordnung finden insoweit in Insolvenzverfahren über das Vermögen des Schuldners, die bis zum 30. September 2023 beantragt wurden, keine Anwendung;
3. sind Kreditgewährungen und Besicherungen im Aussetzungszeitraum nicht als sittenwidriger Beitrag zur Insolvenzverschleppung anzusehen;
4. sind Rechtshandlungen, die dem anderen Teil eine Sicherung oder Befriedigung gewährt oder ermöglicht haben, die dieser in der Art und zu der Zeit beanspruchen konnte, in einem späteren Insolvenzverfahren nicht anfechtbar; dies gilt nicht, wenn dem anderen Teil bekannt war, dass die Sanierungs- und Finanzierungsbemühungen des Schuldners nicht zur Beseitigung einer eingetretenen Zahlungsunfähigkeit geeignet gewesen sind. Entsprechendes gilt für
   a) Leistungen an Erfüllungs statt oder erfüllungshalber;
   b) Zahlungen durch einen Dritten auf Anweisung des Schuldners;
   c) die Bestellung einer anderen als der ursprünglich vereinbarten Sicherheit, wenn diese nicht werthaltiger ist;
   d) die Verkürzung von Zahlungszielen und
   e) die Gewährung von Zahlungserleichterungen.

(2) Absatz 1 Nummer 2, 3 und 4 gilt auch für Unternehmen, die keiner Antragspflicht unterliegen, sowie für Schuldner, die weder zahlungsunfähig noch überschuldet sind.

(3) Absatz 1 Nummer 2 und 3 gilt im Fall von Krediten, die von der Kreditanstalt für Wiederaufbau und ihren Finanzierungspartnern oder von anderen Institutionen im Rahmen staatlicher Hilfsprogramme anlässlich der

COVID-19-Pandemie gewährt werden, auch dann, wenn der Kredit nach dem Ende des Aussetzungszeitraums gewährt oder besichert wird, und unbefristet für deren Rückgewähr.

(4) [1] Soweit nach § 1 Absatz 2 die Pflicht zur Stellung eines Insolvenzantrags ausgesetzt ist und keine Zahlungsunfähigkeit vorliegt, ist Absatz 1 anwendbar. [2] Absatz 2 findet entsprechende Anwendung. [3] Absatz 3 bleibt unberührt.

§ 3 Eröffnungsgrund bei Gläubigerinsolvenzanträgen

Bei zwischen dem 28. März 2020 und dem 28. Juni 2020 gestellten Gläubigerinsolvenzanträgen setzt die Eröffnung des Insolvenzverfahrens voraus, dass der Eröffnungsgrund bereits am 1. März 2020 vorlag.

§ 4 [aufgehoben]

Mit dem rückwirkend zum 1.3.2020 in Kraft getretenen COVInsAG will der Gesetzgeber verhindern, dass Unternehmen, die allein infolge der Corona-Pandemie in die Krise geraten sind, Insolvenz anmelden müssen. Daher wird durch § 1 Abs. 1 COVInsAG die Insolvenzantragspflicht zunächst grundsätzlich bis zum 30.9.2020 ausgesetzt. Erfasst sind dabei nicht nur die Insolvenzantragspflicht nach § 15a InsO (einschließlich der Antragspflicht der Gesellschafter bei Führungslosigkeit), sondern auch die Insolvenzantragspflicht für Vereins- und Stiftungsvorstände nach §§ 86, 42 Abs. 2 BGB. Flankiert wird diese Regelung durch die Beschränkung von Gläubigeranträgen: Nach § 3 COVInsAG führen zwischen dem 28.3.2020 und dem 28.6.2020 gestellte Gläubigerinsolvenzanträge nur dann zur Eröffnung eines Insolvenzverfahrens, wenn der Eröffnungsgrund bereits am 1.3.2020 vorlag. Unberührt bleibt durch die Regelung dagegen die Zulässigkeit eines Antrags durch den Schuldner selbst (*Smid* DZWiR 2020, 251 (252)). **1b**

Nach § 1 Abs. 1 S. 2 COVInsAG besteht ausnahmsweise eine Verpflichtung zur Stellung eines Insolvenzantrags, wenn die Insolvenzreife nicht auf den Folgen der Pandemie beruht oder wenn keine Aussichten darauf bestehen, die Zahlungsunfähigkeit zu beseitigen. Es handelt sich um eine Ausnahmeregelung, deren Voraussetzungen von dem zu beweisen sind, der sich auf das Bestehen einer Insolvenzantragspflicht beruft (Uhlenbruck/*Hirte* COVInsAG § 1 Rn. 26; *Thole* ZIP 2020, 650 (651 f.)). Zusätzlich wird zugunsten des Schuldners nach § 1 Abs. 1 S. 3 COVInsAG vermutet, dass die Insolvenzreife auf den Auswirkungen der COVID-19-Pandemie beruht und Aussichten darauf bestehen, eine bestehende Zahlungsunfähigkeit zu beseitigen, wenn der Schuldner am 31.12.2019 nicht zahlungsunfähig war. **1c**

An den Beweis des Gegenteils sollen „höchste Anforderungen" zu stellen sein (so Begründung des Fraktionsentwurfs zum COVInsAG, BT-Drs. 19/18110, 23). Dabei wird im Schrifttum zu Recht angenommen, dass der Begriff des „Beruhens" weit auszulegen ist; es genügt die Mitursächlichkeit der Pandemie für die Insolvenzreife (*Schluck-Amend* NZI 2020, 289 (290); *Hölzle/Schulenberg* ZIP 2020, 633 (636), aA *Lütcke/Holzmann/Swierczok* BB 2020, 898). Keine Regelung enthält das Gesetz für den Fall, dass bereits vor der Corona-Pandemie (lediglich) Überschuldung eingetreten war. Es besteht aber kein Anlass, Unternehmen zu erhalten, für die bereits vor der Krise keine positive Fortbestehensprognose bestand. Daher sollte man auch in diesem Fall die Vermutung nach S. 3 als widerlegt ansehen (*Bitter* ZIP 2020, 685 (688); *Lütcke/Holzmann/Swierczok* BB 2020, 898 (900); *Thole* ZIP 2020, 650 (563 f.); aA wohl *Römermann* NJW 2020, 1108 (1109); zweifelnd auch Uhlenbruck/*Hirte* COVInsAG § 1 Rn. 32). Zu beachten ist im Übrigen, dass der Fortbestand der Insolvenzantragspflicht bei fehlender Aussicht zur Beseitigung der Zahlungsunfähigkeit den Schuldner dazu zwingt, auch vor dem 30.9.2020 fortwährend die Möglichkeiten zur Beseitigung der Zahlungsunfähigkeit zu beobachten (*Thole* ZIP 2020, 650 (653); vgl. auch Uhlenbruck/*Hirte* COVInsAG § 1 Rn. 24). **1d**

Mit dem Gesetz v. 25.9.2020 (BGBl. 2020 I 2016) hat der Gesetzgeber in § 1 Abs. 2 COVInsAG vor dem Hintergrund der fortdauernden Pandemie die Aussetzung der Insolvenzantragspflicht wegen Überschuldung bis zum 31.12.2020 verlängert. Dahinter steht nicht zuletzt die Erwägung, dass angesichts der derzeitigen Unsicherheiten eine Fortbestehensprognose kaum sinnvoll erstellt werden kann (BT-Drs. 19/22178, 4). Von einer weiteren Aussetzung der Insolvenzantragspflicht wegen Zahlungsunfähigkeit wurde dagegen wegen der damit verbundenen Belastung des Rechtsverkehrs und der geringen Fortführungsaussichten betroffener Unternehmen verzichtet (BT-Drs. 19/22178, 4). Die weitere Aussetzung der Insolvenzantragspflicht erfolgt „nach Maßgabe des Abs. 1". Sie gilt damit insbesondere dann nicht, wenn die Insolvenzreife nicht auf den Folgen der Pandemie beruht. **1e**

§ 2 COVInsAG zieht die Konsequenzen aus Aussetzung der Insolvenzantragspflicht, indem bestimmte Regelungen, die bei Insolvenzreife gelten, modifiziert werden. Dies betrifft die Zahlungsverbote (Nr. 1, eingehend → § 64 Rn. 30a), die Anfechtbarkeit von Kreditgewährungen (Nr. 2) und sonstigen Rechtshandlungen (Nr. 4) sowie die mögliche Sittenwidrigkeit einer Kreditgewährung (Nr. 3). **1f**

Die Aussetzung der Insolvenzantragspflicht endet am 30.9.2020, bei Überschuldung am 31.12.2020. Danach soll grundsätzlich die Drei-Wochen-Frist des § 15a Abs. 1 laufen; bestehen allerdings keine Sanierungsaussichten, ist sofort ein Insolvenzantrag zu stellen (Uhlenbruck/*Hirte* COVInsAG § 1 Rn. 4; *Hölzle/Schulenberg* ZIP 2020, 633 (628 f.)). Die Verordnungsermächtigung in § 4 COVInsAG aF, nach **1g** der die Aussetzung der Insolvenzantragspflicht und die Regelung zum Eröffnungsgrund bei Gläubigerinsolvenzanträgen bis höchstens zum 31.3.2021 verlängert werden konnte, wenn dies geboten erscheint, ist im Zuge der Schaffung des § 1 Abs. 2 COVInsAG gestrichen worden.

III. Betroffene Gesellschaften

2 Eine Antragspflicht besteht nach § 15a Abs. 1 grundsätzlich zunächst für inländische juristische Personen, also **insbesondere für GmbH und AG.** Erfasst sind auch bereits aufgelöste Gesellschaften, wie schon die Erwähnung der Antragspflicht der Abwickler zeigt. Ebenso gilt die Regelung bereits für die Vorgesellschaft (eingehend Scholz/*Schmidt* GmbHG § 64 Rn. 148, aA Roth/Altmeppen/*Altmeppen* GmbHG Vor § 64 Rn. 11). Eine Sonderregelung enthält § 42 Abs. 2 S. 1 BGB für Verein und Stiftung (vgl. § 86 BGB): Auf sie ist § 15a nicht anwendbar, wie Abs. 7 ausdrücklich klarstellt. Damit gelten insbesondere nicht die Strafbestimmungen der Abs. 4–6 (s. BT-Drs. 17/11268, 21).

3 Nach Abs. 1 S. 2 besteht eine Antragspflicht auch bei Gesellschaften ohne Rechtspersönlichkeit, bei denen keine natürliche Person als Gesellschafter unbeschränkt haftet. Erfasst sind damit Außen-GbR, OHG und KG, mithin also auch die typische **GmbH & Co. KG.** Dies gilt nach S. 2 Hs. 2 freilich nicht, wenn zu den persönlich haftenden Gesellschaftern eine andere Gesellschaft gehört, bei der ein persönlich haftender Gesellschafter eine natürliche Person ist.

4 Zur Insolvenzantragspflicht bei Auslandsgesellschaften → IntGesR Rn. 177 f.

IV. Erfasste Personen

5 Zum Antrag verpflichtet sind nach Abs. 1 S. 1 die Mitglieder des organschaftlichen Vertretungsorgans, also bei der GmbH die Geschäftsführer oder die Liquidatoren. Bei mehreren Geschäftsführern sind alle antragsverpflichtet. Dies gilt auch, wenn Gesamtvertretungsmacht oder eine Ressortverteilung zwischen den Geschäftsführern besteht (BGH 1.3.1993, NJW 1994, 2149 (2150)). Eine Amtsniederlegung lässt die Antragspflicht nur für die Zukunft entfallen (Uhlenbruck/*Hirte* Rn. 12). Zur Antragstellung verpflichtet sollen auch **faktische Geschäftsführer** (zum Begriff → GmbHG § 64 Rn. 8) sein (str., BGH 21.3.1988, BGHZ 104, 44 (46) = NJW 1988, 1789; BGH 11.7.2005, NZG 2005, 816; *Hirte* ZInsO 2008, 689 (702); aA Baumbach/Hueck/*Haas* GmbHG § 64 Rn. 238); denn § 15a Abs. 3 soll nicht abschließend regeln, welche Personen außer den ordnungsgemäß bestellten Geschäftsführern zur Antragstellung verpflichtet sind (vgl. BT-Drs. 16/6140, 56).

6 Bei einer Gesellschaft ohne Rechtspersönlichkeit, bei der keine natürliche Person unbeschränkt haftet, sind nach Abs. 1 S. 2 die organschaftlichen Vertreter der zur Vertretung der Gesellschaft ermächtigten Gesellschafter antragspflichtig, also bei der typischen GmbH & Co. KG die Geschäftsführer der Komplementär-GmbH. Ergänzend stellt Abs. 2 für den Fall mehrstöckiger Gesellschaften ohne Rechtspersönlichkeit ohne eine natürliche Person als unbeschränkt haftender Gesellschafter klar (insbesondere „doppelstöckige" GmbH & Co. KG), dass auch **mittelbare organschaftliche Vertreter** der Insolvenzantragspflicht unterliegen (vgl. BT-Drs. 16/6140, 55).

7 Nach Abs. 3 ist im Fall der Führerlosigkeit bei der GmbH auch jeder Gesellschafter zur Stellung des Insolvenzantrags verpflichtet; bei AG und eG trifft diese Verpflichtung dagegen die Mitglieder des Aufsichtsrats. Führerlos ist die Gesellschaft nach § 35 Abs. 1 S. 2 GmbHG, wenn sie keinen Geschäftsführer hat. Untätigkeit oder unbekannter Aufenthalt des Geschäftsführers genügen nicht (Scholz/*K. Schmidt* GmbHG § 64 Rn. 157). Auf eine Mindestbeteiligung des Gesellschafters kommt es nicht an. Entlasten kann sich der Gesellschafter allein dadurch, dass er von der materiellen Insolvenz oder der Führerlosigkeit keine Kenntnis hatte. Fahrlässigkeit schadet ihm nicht, wohl aber bewusstes Verschließen vor der Kenntnis (BT-Drs. 16/6140, 56). Ist Gesellschafterin der führerlosen insolventen GmbH eine ihrerseits führerlose GmbH, so trifft deren Gesellschafter die Antragspflicht (LG München I 29.7.2013, ZIP 2013, 1739).

V. Insolvenzgrund

8 Eine Antragspflicht besteht nur, wenn die Insolvenzgründe der Zahlungsunfähigkeit oder Überschuldung vorliegen. Drohende Zahlungsunfähigkeit begründet dagegen keine Antragspflicht. Im Übrigen befreien auch Vermögens- oder Masselosigkeit nicht von der Antragspflicht (OLG Bamberg 13.8.1982, ZIP 1983, 200; Scholz/*K. Schmidt* GmbHG § 64 Rn. 162). Ebenso entfällt die Insolvenzantragspflicht nicht schon, wenn ein Gläubiger Insolvenzantrag gestellt hat, sondern erst mit der Entscheidung des Insolvenzgerichts über die Eröffnung des Insolvenzverfahrens (BGH 28.10.2008, NJW 2009, 157 Rn. 22 ff.). Der Insolvenzantrag eines Geschäftsführers wirkt aber auch für die anderen.

VI. Antragspflicht

9 Mit Auftreten des Insolvenzgrundes entsteht für den Geschäftsführer die (Dauer-)Pflicht, die Insolvenz zu beantragen, soweit die materielle Insolvenz nicht kurzfristig durch eine Sanierung beseitigt

werden kann. Für das Entstehen dieser Pflicht ist eine Kenntnis von der materiellen Insolvenz unerheblich (BGH 29.11.1999, BGHZ 143, 185 (185) = NJW 2000, 668). Freilich ist der Insolvenzantrag nicht zwangsläufig sofort, sondern spätestens innerhalb von drei Wochen zu stellen. Hierbei handelt es sich indes nur um eine **Höchstfrist,** die allein dann ausgeschöpft werden darf, wenn in dieser Zeit Erfolg versprechende Sanierungsbemühungen unternommen werden (BGH 9.7.1979, BGHZ 75, 96 (107) = NJW 1979, 1823). Eine Fristverlängerung kommt auch in Ausnahmefällen nicht in Betracht (*Geißler* ZInsO 2013, 167 (167 f.); aA OLG Hamburg 25.6.2010, NZG 2010, 1225 (1226)). Unklar ist, ob die Frist erst mit der positiven Kenntnis des Geschäftsführers vom Insolvenzgrund (so für die Überschuldung BGH 9.7.1979, BGHZ 75, 96 (110) = NJW 1979, 1823; ferner allgemein Roth/Altmeppen/*Altmeppen* GmbHG Vor § 64 Rn. 72), mit der Erkennbarkeit des Insolvenzgrundes (so etwa MüKoGmbHG/*H. F. Müller* GmbHG § 64 Rn. 67) oder bereits mit objektivem Eintritt der materiellen Insolvenz beginnt (Scholz/*K. Schmidt* GmbHG § 64 Rn. 164). Richtig erscheint im Hinblick auf den Wortlaut letzteres, wobei nicht zwischen Überschuldung und Zahlungsunfähigkeit zu differenzieren ist. Auf ein subjektives Element sollte es erst bei der Haftung wegen verspäteter Antragstellung ankommen.

VII. Strafrechtliche Sanktionen

10 Die Insolvenzantragspflicht ist nach Abs. 4 und 5 sowohl bei vorsätzlicher als auch fahrlässiger Verletzung strafbewehrt. Es handelt sich um ein **echtes Unterlassungsdelikt** und Dauerdelikt (OLG Hamm 12.1.2017, NZWiSt 2018, 69 Rn. 15). Täter können nur die nach § 15a Abs. 1–3 Antragspflichtigen sein. Es handelt sich damit um ein echtes Sonderdelikt; die Pflichtenstellung stellt ein besonderes persönliches Merkmal nach § 28 Abs. 1 StGB dar (BGH v. 21.3.2018, NStZ-RR 2018, 379). Da Gesellschafter nach § 15a Abs. 3 aber nur bei Kenntnis der materiellen Insolvenz und der Führungslosigkeit zur Antragstellung verpflichtet sind, dürfte eine Fahrlässigkeitsstrafbarkeit bei ihnen kaum in Betracht kommen (vgl. auch Braun/*Bußhardt* Rn. 34). Auch ein faktischer Geschäftsführer kann sich wegen Insolvenzverschleppung strafbar machen (BGH 10.5.2000, NJW 2000, 2285; BGH 18.12.2014, NJW 2015, 712; ablehnend MüKoStGB/*Hohmann* Rn. 60). Andere Personen – wie etwa außerhalb des Abs. 3 Gesellschafter – können nur als Teilnehmer strafbar sein. Hierfür genügt etwa die Unterstützung des Entschlusses des Täters, den Antrag nicht zu stellen, nicht aber die Verschleierung der Krise (BGH 6.5.1960, BGHSt 14, 280 (282)).

11 Von Abs. 4 sind nicht nur die unterlassene oder verspätete, sondern auch die **unrichtige** Antragstellung erfasst. Konkretisiert wird dieser Tatbestand durch Abs. 6, nach dem eine Strafbarkeit nur in Betracht kommt, wenn der Eröffnungsantrag rechtskräftig als unzulässig zurückgewiesen wurde. Aus der Regelung, die eine objektive Bedingung der Strafbarkeit normiert, folgt, dass eine Unrichtigkeit iSd des Abs. 4 nur vorliegt, soweit eine Zulässigkeitsvoraussetzung betroffen ist (BT-Drs. 18/12154, 30). Praktisch wird die Gefahr einer Strafbarkeit wegen unrichtiger Antragstellung zudem durch den neuen § 13 Abs. 3 reduziert, nach dem das Insolvenzgericht den Antragsteller im Falle eines unzulässigen Eröffnungsantrags unter Setzung einer angemessenen Frist zur Behebung des Mangels aufzufordern hat. Allerdings hat sich der Gesetzgeber bewusst dagegen entschieden, die Strafbarkeit von der Zustellung eines derartigen Hinweises abhängig zu machen (BT-Drs. 18/12154, 30).

11a Im Übrigen bestehen im Hinblick auf den strafrechtlichen **Bestimmtheitsgrundsatz** Probleme beim Merkmal der Insolvenzreife. Diese beziehen sich weniger auf den Insolvenzgrund der Zahlungsunfähigkeit als auf den der Überschuldung. Insoweit sollte schon bisher von Überschuldung nur auszugehen sein, wenn alle anerkannten Bewertungsmethoden zu diesem Ergebnis führten (OLG Düsseldorf 23.7.1998, GmbHR 1998, 981 (982)). Diese Schwierigkeiten im Hinblick auf den Bestimmtheitsgrundsatz haben sich durch die Rückkehr zum modifizierten zweistufigen Überschuldungsbegriff noch vergrößert, da nunmehr die gesetzlich nicht näher definierte Fortbestehensprognose für die Überschuldung maßgeblich ist (s. dazu MüKoStGB/*Radtke*/*Petermann* StGB Vor §§ 283 ff. Rn. 65 ff.; gegen ausreichende Bestimmtheit Roth/Altmeppen/*Altmeppen* GmbHG Vor § 64 Rn. 88).

12 Wird die Eröffnung des Insolvenzverfahrens mangels Masse abgelehnt und fließt der Gesellschaft in der folgenden Liquidation Vermögen zu, so dass zwar die Masselosigkeit, nicht aber der Insolvenzgrund beseitigt wird, ist das Unterbleiben eines erneuten Insolvenzantrags nicht strafbar; denn eine strafrechtliche Pflicht zur erneuten Antragstellung lässt sich aus dem Wortlaut des § 15a nicht ableiten (so zu § 84 GmbHG aF BGH 28.1.2008, NJW 2009, 157 Rn. 30).

13 Strafbar ist sowohl die vorsätzliche als auch die fahrlässige Verletzung der Insolvenzantragspflicht; die Strafbarkeit wegen fahrlässiger Verletzung der Antragspflicht setzt dabei keine positive Kenntnis des Insolvenzgrundes voraus, da diese auch für das Entstehen der Antragspflicht unerheblich ist (→ Rn. 9; eingehend Roth/Altmeppen/*Altmeppen* GmbHG Vor § 64 Rn. 93 ff.). Meint der Betroffene irrtümlich, es liege kein Insolvenzgrund vor, so liegt ein Tatbestandsirrtum vor (§ 16 StGB, vgl. dazu BGH 23.8.2017, NJW 2018, 566 Rn. 35), und es kommt nur eine Bestrafung wegen fahrlässiger Verletzung der Insolvenzantragspflicht in Betracht. Fahrlässigkeit liegt dabei etwa vor, wenn der Betroffene die Pflicht zur fortwährenden Selbstprüfung verletzt und daher die Krise nicht erkennt (Uhlenbruck/*Hirte*

Rn. 65). Irrt der Täter über das Bestehen der Antragspflicht, so liegt ein Gebotsirrtum vor, der den Täter nur unter den Voraussetzungen des § 17 StGB entschuldigt.

14 Die Verfolgungsverjährung beginnt nicht schon mit dem Ablauf der Dreiwochenfrist, sondern erst, wenn die Pflicht des Geschäftsführers erlischt, das Insolvenzverfahren zu beantragen (BGH 4.4.1979, NJW 1980, 406 (408)). Tateinheit mit § 266 StGB ist möglich.

Zahlungsunfähigkeit

17 (1) **Allgemeiner Eröffnungsgrund ist die Zahlungsunfähigkeit.**

(2) [1]**Der Schuldner ist zahlungsunfähig, wenn er nicht in der Lage ist, die fälligen Zahlungspflichten zu erfüllen.** [2]**Zahlungsunfähigkeit ist in der Regel anzunehmen, wenn der Schuldner seine Zahlungen eingestellt hat.**

I. Begriff

1 Die Vorschrift bestimmt, dass ein Insolvenzverfahren bei Zahlungsunfähigkeit des Schuldners zu eröffnen ist (zu den Sonderregeln des COVInsAG → § 15a Rn. 1a), und bestimmt diesen Begriff näher. Dabei wird für die Zahlungsunfähigkeit allein auf die fälligen Zahlungsverpflichtungen abgestellt; andere Verbindlichkeiten genügen nicht (Uhlenbruck/*Mock* Rn. 80). Fälligkeit setzt dabei über § 271 BGB hinaus ein **ernsthaftes Einfordern** des Gläubigers voraus. Hierfür genügt aber jede Gläubigerhandlung, aus der sich der Wille ergibt, vom Schuldner Erfüllung zu verlangen, wie etwa das Übersenden einer Rechnung (BGH 19.7.2007, NZI 2007, 579 Rn. 19; BGH 14.5.2009, NJW 2009, 2600 Rn. 22; anders der erste Strafsenat des BGH, BGH 23.5.2007, NStZ 2007, 643 (644)). Ebenso genügen eine Selbstmahnung durch den Schuldner oder kalendermäßige Fälligkeit (BGH 14.5.2009, NJW 2009, 2600 Rn. 24, 26). Letztlich dient das Merkmal nur dazu, rein tatsächlich gestundete Forderungen auszuschließen (BGH 14.7.2011, NZI 2011, 680 Rn. 9). Keine Rolle spielt es dagegen, ob die Verbindlichkeiten im Insolvenzverfahren gem. § 39 Nachrang hätten (BGH 23.9.2010, NZG 2011, 759 Rn. 10). Dies gilt insbesondere für Gesellschafterdarlehen und andere Gesellschafterforderungen, da § 92 Abs. 2 S. 3 AktG, § 64 S. 3 GmbHG insoweit keine Auszahlungssperre enthalten (→ GmbHG § 64 Rn. 49). Forderungen, deren Gläubiger sich mit einer nachrangigen Befriedigung einverstanden erklärt haben, sind dagegen nicht zu berücksichtigen (BGH 19.7.2007, NZI 2007, 579 Rn. 18; BGH 23.9.2010, NZG 2011, 759 Rn. 10). Ebenso fehlt es am ernsthaften Einfordern einer Steuerforderung, solange die Finanzbehörde die Vollziehung des entsprechenden Bescheides wegen Bedenken hinsichtlich der Rechtmäßigkeit ausgesetzt hat (BGH 22.5.2014, NZI 2014, 698 Rn. 30). Rechtskräftig festgestellte Verbindlichkeiten sind auf jeden Fall bei der Prüfung der Zahlungsunfähigkeit zu berücksichtigen (BGH 10.7.2018, NZI 2018, 764 Rn. 6). Für die Berücksichtigung streitiger Verbindlichkeiten ist allein das objektive Bestehen oder Nichtbestehen maßgeblich (K. Schmidt InsO/*K. Schmidt* Rn. 8; weiter *Leithaus/Wachholtz* ZIP 2019, 649 (652): ex-ante-Betrachtung); soweit das Bestehen der Verbindlichkeit nicht erkennbar war, kann aber zB eine Insolvenzverschleppungshaftung mangels Verschulden ausscheiden.

2 Die Zahlungsunfähigkeit setzt voraus, dass der Schuldner nicht in der Lage ist, seinen Zahlungspflichten nachzukommen. Bloße Zahlungsunwilligkeit genügt nicht (K. Schmidt InsO/*K. Schmidt* Rn. 16). Ferner genügt eine kurzfristige Illiquidität nicht. Die Zahlungsunfähigkeit ist damit von der bloßen **Zahlungsstockung** abzugrenzen. Diese ist anzunehmen, wenn der Zeitraum nicht überschritten wird, den eine kreditwürdige Person benötigt, um sich die erforderlichen Mittel zu leihen. Als Frist sind hier **maximal drei Wochen** anzunehmen (BGH 24.5.2005, BGHZ 163, 134 (139 f.) = NJW 2005, 3062).

3 Auch längere Liquiditätslücken begründen noch keine Zahlungsunfähigkeit, soweit sie unwesentlich sind. Beträgt eine innerhalb von drei Wochen nicht zu beseitigende Liquiditätslücke des Schuldners weniger als 10 % seiner fälligen Gesamtverbindlichkeiten, genügt dies noch nicht für die Annahme von Zahlungsunfähigkeit, wenn nicht absehbar ist, dass die Deckungslücke **mehr als 10 %** betragen wird (BGH 24.5.2005, BGHZ 163, 134 (135) = NJW 2005, 3062; BGH 21.6.2007, NJW-RR 2007, 1419 Rn. 37). Umgekehrt ist bei einer größeren Liquiditätslücke regelmäßig von Zahlungsunfähigkeit auszugehen, falls nicht ausnahmsweise mit an Sicherheit grenzender Wahrscheinlichkeit zu erwarten ist, dass die Liquiditätslücke in überschaubarer Zeit vollständig oder fast vollständig beseitigt werden wird und den Gläubigern ein Zuwarten nach den besonderen Umständen des Einzelfalls zuzumuten ist (BGH 24.5.2005, BGHZ 163, 134 (139 f.) = NJW 2005, 3062; BGH 21.6.2007, NJW-RR 2007, 1419 Rn. 37; BGH 7.5.2013, NZI 2013, 888 Rn. 15; skeptisch gegenüber dieser Neunzehntelregel Scholz/*K. Schmidt/Bitter* GmbHG Vor § 64 Rn. 27).

II. Zahlungseinstellung

Nach § 17 Abs. 2 S. 2 ist die Zahlungsunfähigkeit in der Regel im Fall der sog. Zahlungseinstellung anzunehmen. Damit ist dasjenige äußerliche Verhalten des Schuldners gemeint, in dem sich typischerweise eine Zahlungsunfähigkeit ausdrückt. Es muss sich mindestens für die beteiligten Verkehrskreise der berechtigte Eindruck aufdrängen, dass der Schuldner nicht in der Lage ist, seine fälligen und eingeforderten Zahlungsverpflichtungen zu erfüllen (BGH 25.10.2001, BGHZ 149, 100 (108) = NJW 2002, 512; BGH 20.12.2007, NZI 2008, 231 Rn. 21; BGH 8.1.2015, ZIP 2015, 437 Rn. 15). Eine derartige Kundgabe liegt insbesondere in der tatsächlichen **Nichtzahlung eines erheblichen Teils der fälligen Verbindlichkeiten** (BGH 25.10.2001, BGHZ 149, 100 (108) = NJW 2002, 512; BGH 14.2.2008, NZI 2008, 299 Rn. 15). Ferner kann eine derartige Kundgabe in Erklärungen des Schuldners, eine fällige Verbindlichkeit nicht begleichen zu können, oder der Bitte um Stundung liegen (BGH 20.12.2007, NZI 2008, 231 Rn. 21). Weitere Indizien für eine Zahlungseinstellung können die Schließung des Geschäftsbetriebs ohne ordnungsgemäße Abwicklung, die Flucht vor den Gläubigern (BGH 13.4.2006, NZI 2006, 405 Rn. 14), nicht eingehaltene Zahlungszusagen (BGH 9.6.2016, NJW-RR 2016, 939 Rn. 21) oder sogar eine dauerhaft schleppende Zahlungsweise bilden (BGH 18.7.2013, NZG 2014, 151 Rn. 12). Schließlich kann auch die Nichtzahlung bestimmter besonders wichtiger und bei Fälligkeit typischerweise gezahlter Verbindlichkeiten wie zB von Löhnen, Sozialversicherungsabgaben oder Steuern ausreichen (BGH 13.4.2006, NZI 2006, 405 Rn. 14; BGH 12.10.2006, NZI 2007, 36 Rn. 24; BGH 14.2.2008, NZI 2008, 299 Rn. 20; BGH 30.6.2011, NZI 2011, 589 Rn. 16). Dies gilt auch, wenn Zahlungen an einen für die Aufrechterhaltung des Geschäftsbetriebs unverzichtbaren Lieferanten unterbleiben (BGH 9.6.2016, NJW-RR 2016, 939 Rn. 24). Bestehen derartige Indizien, müssen weder die Höhe der Verbindlichkeiten noch das Bestehen einer Unterdeckung von mindestens 10% festgestellt werden (BGH 30.6.2011, NZI 2011, 589 Rn. 13; BGH 29.3.2012, NZI 2012, 663 Rn. 11; BGH 8.1.2015, ZIP 2015, 437 Rn. 16). 4

Bei Vorliegen einer Zahlungseinstellung kann die damit verbundene Vermutung der Zahlungsunfähigkeit nur durch den Nachweis ausreichender Liquidität ausgeräumt werden, nicht aber durch den Beweis der Zahlungsunwilligkeit des Schuldners (BGH 15.3.2012, NZI 2012, 416 Rn. 18; BGH 10.7.2014, ZInsO 2014, 1661 Rn. 6; BGH 12.10.2017, NJW 2018, 396 Rn. 13). Beseitigt werden kann die Zahlungseinstellung dementsprechend auch allein dadurch, dass die Zahlungen im Allgemeinen wieder aufgenommen werden; nur ein unwesentlicher Teil der Verbindlichkeiten darf offen bleiben (BGH 25.10.2001, BGHZ 149, 100 (109) = NJW 2002, 512; BGH 21.6.2007, NJW-RR 2007, 1419 Rn. 32). 5

III. Ermittlung der Zahlungsunfähigkeit

Liegt keine Zahlungseinstellung vor, ist das Vorliegen von Zahlungsunfähigkeit durch eine **Liquiditätsbilanz** zu ermitteln. Diese ist von der Handelsbilanz zu unterscheiden (BGH 5.2.2015, BeckRS 2015, 06445, Rn. 12): Es sind die im maßgeblichen Zeitpunkt verfügbaren und innerhalb von drei Wochen flüssig zu machenden Mittel in Beziehung zu den an demselben Stichtag fälligen und eingeforderten Verbindlichkeiten zu setzen (BGH 12.10.2006, NZI 2007, 36 Rn. 38; BGH 14.5.2009, NJW 2009, 2600 Rn. 37). Ferner sind aber auch die im Prognosezeitraum fällig werdenden Verbindlichkeiten (sog. Passiva II) zu berücksichtigen (BGH 19.12.2017, NJW 2018, 1089 Rn. 41; *Bork* ZIP 2008, 1749 (1751 f.); Uhlenbruck/*Mock* Rn. 89). Führt diese Prognose zu einem negativen Ergebnis, liegt unmittelbar Zahlungsunfähigkeit vor, ohne dass noch eine „Schonfrist" von drei Wochen bestünde (Scholz/*K. Schmidt/Bitter* GmbHG Vor § 64 Rn. 30). 6

Überschuldung

19 (1) **Bei einer juristischen Person ist auch die Überschuldung Eröffnungsgrund.**

(2) [1] **Überschuldung liegt vor, wenn das Vermögen des Schuldners die bestehenden Verbindlichkeiten nicht mehr deckt, es sei denn, die Fortführung des Unternehmens ist nach den Umständen überwiegend wahrscheinlich.** [2] **Forderungen auf Rückgewähr von Gesellschafterdarlehen oder aus Rechtshandlungen, die einem solchen Darlehen wirtschaftlich entsprechen, für die gemäß § 39 Abs. 2 zwischen Gläubiger und Schuldner der Nachrang im Insolvenzverfahren hinter den in § 39 Abs. 1 Nr. 1 bis 5 bezeichneten Forderungen vereinbart worden ist, sind nicht bei den Verbindlichkeiten nach Satz 1 zu berücksichtigen.**

(3) [1] **Ist bei einer Gesellschaft ohne Rechtspersönlichkeit kein persönlich haftender Gesellschafter eine natürliche Person, so gelten die Absätze 1 und 2 entsprechend.** [2] **Dies gilt nicht, wenn zu den persönlich haftenden Gesellschaftern eine andere Gesellschaft gehört, bei der ein persönlich haftender Gesellschafter eine natürliche Person ist.**

I. Inhalt und Gesetzesentwicklung

1 Die Norm bestimmt, dass bei juristischen Personen und Personengesellschaften ohne eine natürliche Person als unbeschränkt haftender Gesellschafter auch die Überschuldung Eröffnungsgrund ist, und definiert den Begriff der Überschuldung näher (zur rechtspolitischen Diskussion über die Überschuldung angesichts der Umsetzung der EU-Restrukturierungsrichtlinie siehe nur *Neuberger* ZIP 2019, 1549; *Bork* ZIP 2019, Beilage zu Heft 43, 1 mwN). Überschuldung lag nach der ursprünglichen, zum 1.1.1999 in Kraft getretenen Fassung des § 19 vor, wenn das Vermögen des Schuldners die bestehenden Verbindlichkeiten nicht mehr deckt; eine positive Fortbestehensprognose sollte – anders als nach dem „zweistufigen" Überschuldungsbegriff, der vor Inkrafttreten der InsO anerkannt war (siehe nur BGH 13.7.1992, BGHZ 119, 201 (213 f.) = NJW 1992, 2891) – eine Überschuldung nicht ausschließen, sondern allein eine Bewertung nach Fortführungswerten ermöglichen. Mit dem Finanzmarktstabilisierungsgesetz (BGBl. 2008 I 1982) ist der Gesetzgeber zunächst befristet zum 31.1.2010 zum zweistufigen Überschuldungsbegriff zurückgekehrt. Hiermit sollte eine übermäßige Zahl von Unternehmensinsolvenzen in der Finanzkrise vermieden werden (vgl. BT-Drs. 16/10600, 13). Praktisch gleichzeitig wurde durch das MoMiG (BGBl. 2008 I 2026) mit S. 2 eine Regelung zur Berücksichtigung von Gesellschafterdarlehen bei der Überschuldung angefügt. Mit dem Finanzmarktstabilisierungsergänzungsgesetz (BGBl. 2009 I 725) wurde klargestellt, dass diese Ergänzung auch nach der damals noch für den 1.1.2010 vorgesehenen Rückkehr zum ursprünglichen Überschuldungsbegriff der InsO gelten sollte. Mit dem Gesetz zur Erleichterung der Sanierung von Unternehmen (BGBl. 2008 I 3151) wurde die Rückkehr zum alten Überschuldungsbegriff auf den 1.1.2014 verschoben. Später hat der Gesetzgeber mit dem Gesetz zur Einführung einer Rechtsbehelfsbelehrung im Zivilprozess (BGBl. 2012 I 2418) die Befristung aufgehoben und ist damit endgültig zum zweistufigen Überschuldungsbegriff zurückgekehrt. Zu den Sonderregeln des COVInsAG → § 15a Rn. 1a.

II. Zweistufiger Überschuldungsbegriff

2 Überschuldung liegt vor, wenn das Vermögen die bestehenden Verbindlichkeiten nicht mehr deckt und eine Fortführung nicht überwiegend wahrscheinlich ist. Notwendig ist damit zum einen die Aufstellung einer **Überschuldungsbilanz,** zum anderen die Erstellung einer **Fortbestehensprognose.** Dabei kann es dahinstehen, ob zuerst die Überschuldungsbilanz (dahingehend Roth/Altmeppen/*Altmeppen* GmbHG Vor § 64 Rn. 33) oder die Fortbestehensprognose (so Baumbach/Hueck/*Haas* GmbHG Vor § 64 Rn. 57) erfolgen muss, weil dies am Ergebnis nichts ändern kann.

3 Die Überschuldungsbilanz ist mit der Handelsbilanz nicht identisch (BGH 8.1.2001, BGHZ 146, 264 (267 f.) = NJW 2001, 1280; Nerlich/Römermann/*Mönning,* Insolvenzordnung, Kommentar, 40. EL März 2020, Rn. 32; aA *Wackerbarth* NZI 2009, 145 (146 ff.)). Vielmehr sind die wahren Werte anzusetzen und damit insbesondere stille Reserven aufzulösen (BGH 2.4.2001, NZI 2001, 300; BGH 19.11.2019, NZI 2020, 169 Rn. 21). Wie in der Handelsbilanz sind Forderungen aber dann nicht mit ihrem Nennwert, sondern einem geringeren Wert anzusetzen, wenn infolge mangelnder Bonität Zweifel an ihrer Durchsetzbarkeit bestehen (s. nur MüKoGmbHG/*H. F. Müller* GmbHG § 64 Rn. 29). Dagegen steht der bloße Umstand, dass eine Forderung durch den Schuldner bestritten wird, einer Aktivierung nicht entgegen (so überzeugend K. Schmidt InsO/*K. Schmidt* Rn. 30 iVm § 17 Rn. 8; Uhlenbruck/*Mock* Rn. 69; aA OLG Hamburg 13.10.2017, DStR 2017, 2621 Rn. 52; für eine lediglich anteilige Berücksichtigung OLG Hamburg 16.3.2018, GmbHR 2019, 800 (802)).

4 Forderungen auf Rückgewähr von Gesellschafterdarlehen oder aus Rechtshandlungen, die einem solchen Darlehen wirtschaftlich entsprechen, sind nach § 19 Abs. 2 S. 2 in der Überschuldungsbilanz nicht zu berücksichtigen, wenn gem. § 39 Abs. 2 zwischen Gläubiger und Schuldner der Nachrang im Insolvenzverfahren hinter den in § 39 Abs. 1 bezeichneten Forderungen vereinbart worden ist. Daraus folgt, dass **Rückzahlungsforderungen aus Gesellschafterdarlehen andernfalls zu passivieren sind.** Im Übrigen wird man annehmen müssen, dass sich entsprechend der früheren Rechtslage bei kapitalersetzenden Gesellschafterdarlehen (s. nur BGH 8.1.2001, BGHZ 146, 264 (271 ff.) = NJW 2001, 1280) der Rangrücktritt nicht nur auf die Zeit nach der Insolvenzeröffnung, sondern auch auf die Krisenzeit davor beziehen muss (so allgemein für Rangrücktrittsvereinbarungen BGH 5.3.2015, BGHZ 204, 231 Rn. 19 = NJW 2015, 1672; ferner *Haas* DStR 2009, 326 (327); *K. Schmidt* DB 2015, 600 (603); aA *Geiser* NZI 2013, 1056 ff.). Eine der Darlehensgewährung entsprechende Rechtshandlung liegt etwa in der Besicherung eines Drittdarlehens durch den Gesellschafter; in diesem Fall muss die Gesellschaft die Darlehensverpflichtung ansetzen, kann aber gleichzeitig einen Freistellungsanspruch gegen den Gesellschafter aktivieren, wenn dieser hinsichtlich seines grundsätzlich bestehenden Regressanspruchs einen Verzicht oder qualifizierten Rangrücktritt erklärt hat (OLG Hamburg 13.4.2018, NZI 2019, 83 (85)).

4a Nicht in die Überschuldungsbilanz aufzunehmen sind auch Forderungen Dritter, mit denen ein Rangrücktritt vereinbart wurde. Dabei gelten die gleichen Grundsätze wie für die Nichtberücksichtigung von Gesellschafterforderungen: Erforderlich ist eine **qualifizierte Rangrücktrittsvereinbarung,** nach der die Drittforderung nicht nur in der Insolvenz nachrangig zu berücksichtigen ist, sondern auch außerhalb der Insolvenz nur befriedigt werden darf, wenn das Aktivvermögen die Schulden übersteigt (BGH 15.3.2015, BGHZ 204, 231 Rn. 19 = NJW 2015, 1672; zu den Grenzen der Wirksamkeit derartiger Abreden siehe *Bitter* ZIP 2015, 345 ff.). Der Rangrücktritt muss auf Dauer erfolgen und darf daher durch die Parteien nicht frei aufhebbar sein (BGH 15.3.2015, BGHZ 204, 231 Rn. 35 ff. = NJW 2015, 1672; siehe auch *Bitter* ZHR 181 (2017), 387 (455 ff.); krit. *K. Schmidt* ZIP 2015, 901 (907 f.)).

Die in die Überschuldungsbilanz aufzunehmenden Gegenstände sind mit ihrem **Liquidationswert** 5 anzusetzen (siehe nur MüKoGmbHG/*H. F. Müller* GmbHG § 64 Rn. 27 mwN). Hierunter sind diejenigen Werte zu verstehen, die sich bei einer Zerschlagung des Unternehmens und einer Einzelveräußerung jedes Gegenstands ergeben würden.

Ergibt sich aus der Überschuldungsbilanz eine rechnerische Überschuldung, ist in einem zweiten 6 Schritt eine **Fortbestehensprognose** zu erstellen. Eine positive Fortbestehensprognose setzt zum einen den Fortführungswillen des Schuldners bzw. seiner Organe voraus (BGH 18.10.2010, NZG 2010, 1393 Rn. 13); zum anderen muss das Unternehmen objektiv überlebensfähig sein, was ein aussagekräftiges Unternehmenskonzept – sog. **Ertrags- und Finanzplan –** voraussetzt (BGH 9.10.2006, NZI 2007, 44 Rn. 3). Notwendig ist damit eine Prognoserechnung, aus der sich ergibt, dass das Unternehmen mittelfristig mit überwiegender Wahrscheinlichkeit über ausreichende Liquidität verfügen wird, um seine im jeweiligen Zeitabschnitt fälligen Verbindlichkeiten zu erfüllen (OLG Schleswig 11.2.2010, NZI 2010, 492 (493); LG Göttingen 3.11.2008, NZI 2008, 751 (752); Baumbach/Hueck/*Haas* GmbHG Vor § 64 Rn. 36). Dabei kann eine positive Fortbestehensprognose nicht auf einseitige Sanierungsbemühungen der Gesellschaft und ein von ihr entworfenes Sanierungskonzept gestützt werden, wenn dessen Umsetzung vom Einverständnis eines Gläubigers abhängt und dieser seine Zustimmung verweigert hat (BGH 23.2.2004, BGH NZI 2005, 284 (285)). Der Prognosezeitraum soll grundsätzlich etwa zwei Jahre (bzw. das laufende und das folgende Geschäftsjahr) betragen (Nerlich/Römermann/*Mönning,* Insolvenzordnung, Kommentar, 40. EL September 2020, Rn. 20; *Bork* ZIP 2000, 1709 (1710)). Eine überwiegende Wahrscheinlichkeit der Fortführung des Unternehmens liegt vor, wenn diese zu mehr als 50 % wahrscheinlich ist (Uhlenbruck/*Mock* Rn. 228).

III. Beweislast

Im Haftungsprozess genügt es, wenn der Insolvenzverwalter eine Handelsbilanz vorlegt, aus der sich 7 ein nicht durch Eigenkapital gedeckter Fehlbetrag ergibt und die daraufhin überprüft worden ist, ob und ggf. in welchem Umfang stille Reserven oder sonstige nicht ersichtliche Veräußerungswerte vorhanden sind; das beklagte Organmitglied hat sodann iR seiner sekundären Darlegungslast im Einzelnen vorzutragen, in welchen Punkten stille Reserven oder sonstige für eine Überschuldungsbilanz maßgebliche Werte in der Handelsbilanz nicht abgebildet sind (BGH 16.3.2009, NJW 2009, 2454 Rn. 10; BGH 15.3.2011, NJW 2011, 2427 Rn. 33; BGH 19.11.2013, NZI 2014, 232 Rn. 17 f.; BGH 19.11.2019, NZI 2020, 167 Rn. 21). Die Darlegungs- und Beweislast für eine günstige Fortbestehensprognose liegt beim Organmitglied (BGH 9.10.2006, NZI 2007, 44 Rn. 3; BGH 18.10.2010, NZG 2010, 1393 Rn. 11). Kann die Überschuldung im Prozess gegen das Organmitglied nicht bewiesen werden, weil dieses seiner Pflicht zur Führung und Aufbewahrung von Büchern nicht genügt hat, gilt der Beweis als geführt (BGH 12.3.2007, NJW 2007, 3130 Rn. 14).

Zweiter Abschnitt. Insolvenzmasse. Einteilung der Gläubiger

Nachrangige Insolvenzgläubiger

39 (1) **Im Rang nach den übrigen Forderungen der Insolvenzgläubiger werden in folgender Rangfolge, bei gleichem Rang nach dem Verhältnis ihrer Beträge, berichtigt:**

5. **nach Maßgabe der Absätze 4 und 5 Forderungen auf Rückgewähr eines Gesellschafterdarlehens oder Forderungen aus Rechtshandlungen, die einem solchen Darlehen wirtschaftlich entsprechen.**

(2) **Forderungen, für die zwischen Gläubiger und Schuldner der Nachrang im Insolvenzverfahren vereinbart worden ist, werden im Zweifel nach den in Absatz 1 bezeichneten Forderungen berichtigt.**

(3) **Die Zinsen der Forderungen nachrangiger Insolvenzgläubiger und die Kosten, die diesen Gläubigern durch ihre Teilnahme am Verfahren entstehen, haben den gleichen Rang wie die Forderungen dieser Gläubiger.**

(4) [1]**Absatz 1 Nr. 5 gilt für Gesellschaften, die weder eine natürliche Person noch eine Gesellschaft als persönlich haftenden Gesellschafter haben, bei der ein persönlich haftender Gesellschafter eine natürliche Person ist.** [2]**Erwirbt ein Gläubiger bei drohender oder eingetretener Zahlungsunfähigkeit der Gesellschaft oder bei Überschuldung Anteile zum Zweck ihrer Sanierung, führt dies bis zur nachhaltigen Sanierung nicht zur Anwendung von Absatz 1 Nr. 5 auf seine Forderungen aus bestehenden oder neu gewährten Darlehen oder auf Forderungen aus Rechtshandlungen, die einem solchen Darlehen wirtschaftlich entsprechen.**

(5) **Absatz 1 Nr. 5 gilt nicht für den nicht geschäftsführenden Gesellschafter einer Gesellschaft im Sinne des Absatzes 4 Satz 1, der mit 10 Prozent oder weniger am Haftkapital beteiligt ist.**

Übersicht

I. Allgemeines

1 Abs. 1 Nr. 5 ordnet an, dass Forderungen der Gesellschafter gegen die Gesellschaft aus dieser gewährten Darlehen in der Insolvenz der Gesellschaft gegenüber allen anderen Forderungen nachrangig sind.

2 **1. Das Recht des Gesellschafterdarlehens bis zum 31.10.2008.** Bis zum Inkrafttreten des MoMiG am 1.11.2008 war das Recht des Gesellschafterdarlehens durch den zentralen Begriff des **Eigenkapitalersatzes** geprägt. Hatte ein der Gesellschaft von dem Gesellschafter gewährtes Darlehen eigenkapitalersetzende Funktion, war die Zulässigkeit von Tilgungsleistungen der Gesellschaft nach den sog. Rechtsprechungsregeln an § 30 Abs. 1 GmbHG, § 57 Abs. 1 AktG zu messen. Im Insolvenzfall galten daneben die §§ 32a, 32b GmbHG, §§ 129a, 172a HGB, die durch die Regelungen der § 135 InsO, § 6 AnfG aF zur Anfechtbarkeit von Rechtshandlungen ergänzt wurden, die für Forderungen auf Rückgewähr eines kapitalersetzenden Darlehens Sicherung oder Befriedigung gewährt haben (vgl. zum früheren Recht Baumbach/Hueck/*Haas* GmbHG Anh. § 64 Rn. 3; Lutter/Hommelhoff/*Kleindiek* GmbHG Anh. § 64 Rn. 117 ff.).

3 **2. Die Rechtslage seit dem 1.11.2008.** Dieses Regelungsgefüge hat das MoMiG grundlegend umgestaltet.

4 **a) Geänderter Ansatz.** Die Rechtsfigur des kapitalersetzenden Gesellschafterdarlehens ist vollständig aufgegeben worden, indem §§ 32a, 32b GmbHG, §§ 129a, 172a HGB aufgehoben sowie § 135 InsO, § 6 AnfG geändert worden sind und die Anwendung der § 30 Abs. 1 GmbHG, § 57 AktG auf die Rückgewähr von Gesellschafterdarlehen ausdrücklich ausgeschlossen worden ist (§ 30 Abs. 1 S. 3 GmbHG, § 57 Abs. 1 S. 4 AktG). Stattdessen finden sich allgemeine Regelungen im Insolvenz- und im

Anfechtungsrecht, die für alle Darlehen gelten, die ein Gesellschafter einer Gesellschaft gewährt, für deren Verbindlichkeiten keine natürliche Person haftet (Abs. 4 S. 1); das betrifft insbesondere die GmbH einschließlich der Vor-GmbH (Lutter/Hommelhoff/*Kleindiek* GmbHG Anh. § 64 Rn. 124), die AG, die GmbH & Co. KG (BGH 21.2.2013, BGHZ 196, 220 Rn. 13 = NJW 2013, 2282), die KGaA und die Genossenschaft, aber auch die Europäische Gesellschaft (SE) sowie die nach ausländischem Recht errichtete Gesellschaft (zB die englische Limited) mit deutscher Zweigniederlassung, für die ein inländisches Insolvenzverfahren eröffnet wird (Lutter/Hommelhoff/*Kleindiek* GmbHG Anh. § 64 Rn. 125; für Mitgliedsstaaten der EU BGH 21.7.2011, BGHZ 190, 364 Rn. 16 ff. = NJW 2011, 3784). Idealverein und Stiftung werden dagegen nicht erfasst (UHL/*Habersack* GmbHG Anh. § 30 Rn. 33).

5 Als maßgebliches gesetzgeberisches Motiv sieht der BGH entgegen anderslautenden Literaturstimmen (Überblick bei Scholz/*Bitter* GmbHG Anh. § 64 Rn. 19 ff.; Roth/Altmeppen/*Altmeppen* GmbHG § 30 Anh. Rn. 19 ff.) auch nach der Neuregelung des Rechts der Gesellschafterdarlehen den das frühere Eigenkapitalersatzrecht prägenden Gedanken der Finanzierungsfolgenverantwortung (BGH 28.1.2020, NZG 2020, 384 Rn. 56; BGH 27.6.2019, NJW 2019, 2923 Rn. 24 ff.; BGH 14.2.2019, NJW 2019, 1289 Rn. 50 f.; BGH 18.7.2013, BGHZ 198, 64 Rn. 19 = NJW 2013, 3035; BGH 21.2.2013, BGHZ 196, 220 Rn. 18, 31 = NJW 2013, 2282).

6 **b) Überblick.** Die rechtliche Behandlung einer Gesellschaft, für deren Verbindlichkeiten keine natürliche Person haftet, von einem Gesellschafter gewährten Darlehen richtet sich nach folgenden Grundsätzen:

7 **aa) Voll wirksame Verbindlichkeit.** Gewährt der Gesellschafter der Gesellschaft ein Darlehen oder überlässt er ihr in vergleichbarer Weise Kapital zur vorübergehenden Nutzung, handelt es sich um eine voll wirksame Verbindlichkeit der Gesellschaft, die in die Bilanz aufzunehmen und bei der Feststellung des Vorliegens einer Unterbilanz iSv § 30 Abs. 1 GmbHG zu berücksichtigen ist (→ GmbHG § 30 Rn. 29). Bei der Prüfung, ob die Gesellschaft überschuldet ist, bleibt sie gem. § 19 Abs. 2 S. 3 nur im Fall eines Rangrücktritts außer Betracht.

8 **bb) Rückzahlungspflicht auch bei Unterbilanz.** Das Darlehen darf und muss bei Fälligkeit zurückgezahlt werden, auch wenn dadurch das Stammkapital der Gesellschaft angetastet wird (§ 30 Abs. 1 S. 3 GmbHG).

9 **cc) Einschränkungen im Insolvenzfall.** Wird über das Vermögen der Gesellschaft das Insolvenzverfahren eröffnet, bleibt der Rückzahlungsanspruch zwar bestehen; der Gesellschafter ist aber gem. Abs. 1 Nr. 5 **letztrangiger Insolvenzgläubiger.** In den letzten zehn Jahren vor dem Eröffnungsantrag oder nach dem Eröffnungsantrag bestellte **Sicherheiten** (§ 135 Abs. 1 Nr. 1) sowie im letzten Jahr vor dem Eröffnungsantrag oder nach dem Eröffnungsantrag erbrachte **Tilgungsleistungen** (§ 135 Abs. 1 Nr. 2) unterliegen der **Anfechtung** mit der Folge, dass der zurückgezahlte Betrag zur Insolvenzmasse zurückzugewähren ist (§ 143).

10 Wenn der Gesellschafter für ein der Gesellschaft **von einem Dritten gewährtes Darlehen** eine **Sicherheit** gestellt oder sich für es **verbürgt** hat, ist der Dritte im Insolvenzfall gehalten, zunächst die Sicherheit in Anspruch zu nehmen; lediglich, soweit er dabei ausgefallen ist, kann er Befriedigung aus der Insolvenzmasse verlangen (§ 44a). Ist das Darlehen im letzten Jahr vor dem Eröffnungsantrag oder nach dem Eröffnungsantrag an den Dritten zurückgezahlt worden, ist dies anfechtbar (§ 135 Abs. 2) mit der Folge, dass der Gesellschafter die dem Dritten gewährte Leistung der Insolvenzmasse zu erstatten hat (§ 143 Abs. 3).

11 **dd) Anfechtungsmöglichkeiten außerhalb des Insolvenzverfahrens.** Für den Fall, dass es nicht zur Eröffnung eines Insolvenzverfahrens kommt, sind einzelne Gläubiger, die im Wege der Zwangsvollstreckung in das Vermögen der Gesellschaft keine vollständige **Befriedigung erlangt** haben, zur Anfechtung der in → Rn. 9 f. genannten Rechtshandlungen berechtigt (§§ 6, 6a, 11 Abs. 3 AnfG).

12 **3. Übergangsrecht.** Mit dem 1.11.2008 ist die **Durchsetzungssperre** für kapitalersetzende Darlehen (→ GmbHG § 30 Rn. 31) entfallen, auch wenn sie vor diesem Zeitpunkt gewährt worden sind (BGH 15.11.2011, NJW 2012, 682, Rn. 11; Roth/Altmeppen//*Altmeppen* GmbHG § 30 Rn. 82; aA MüKoGmbHG/*Ekkenga* GmbHG § 30 Rn. 10). Stattdessen gilt auch für vor dem 1.11.2008 gewährte Darlehen der sich aus Abs. 1 Nr. 5 ergebende **Nachrang;** eine unzulässige Rückwirkung liegt darin nicht (BGH 13.10.2016, BGHZ 212, 272 = NJW 2017, 1235 Rn. 10; BGH 17.2.2011, BGHZ 188, 363 = NJW 2011, 1503 Rn. 8). **Vor dem 1.11.2008 bereits entstandene Ansprüche** der Gesellschaft aus §§ 30, 31 GmbHG bleiben bestehen, auch soweit sie auf die Rückgewähr von Leistungen gerichtet sind, die – wie insbesondere Leistungen auf Forderungen aus Gesellschafterdarlehen oder ihnen gleichgestellten Rechtshandlungen – nach § 30 Abs. 1 S. 2, 3 GmbHG nF von der Vorschrift nicht mehr erfasst werden (BGH 28.5.2013, NZG 2013, 1028 Rn. 10; BGH 26.1.2009, BGHZ 179, 249 Rn. 15 ff. = NJW 2009, 1277; MüKoGmbHG/*Ekkenga* GmbHG § 30 Rn. 10; aA Roth/Altmeppen/*Altmeppen* GmbHG Anh. § 30 Rn. 17; UHL/*Habersack* GmbHG Anh. § 30 Rn. 43); ob und wann ein Insolvenzverfahren eröffnet worden ist, ist unerheblich (BGH 12.12.2019, NJW-RR 2020, 373

Rn. 29 ff.). Das geänderte Recht der **Insolvenzanfechtung** gilt dagegen nach der Überleitungsvorschrift des **Art. 103d EGInsO** nur für Insolvenzverfahren, die seit dem 1.11.2008 eröffnet worden sind. Auch in diesen Verfahren können vor dem 1.11.2008 vorgenommene Rechtshandlungen aber nicht angefochten werden, soweit sie nach dem bisherigen Recht der Anfechtung entzogen oder in geringerem Umfang unterworfen waren; für sie bleibt also das Merkmal des Kapitalersatzes von Bedeutung, ohne dass es darauf ankommt, ob die Gesellschaft vor oder nach Inkrafttreten des neuen Rechts in die Krise geraten ist (BGH 14.2.2019, NJW 2019, 1289 Rn. 32 ff.). Für die Rückgewähr von Darlehen, die während des Aussetzungszeitraums gem. § 1 COVInsAG gewährt worden sind, gilt die Sonderregelung des § 2 Abs. 2 Nr. 1 COVInsAG (→ InsO § 15a Rn. 1a ff.; *Servatius* Der Konzern 2020, 281).

II. Gesellschafterdarlehen

13 **1. Darlehen und ihm wirtschaftlich entsprechende Rechtshandlungen. a) Darlehen.** Die Vorschrift erfasst sowohl **Gelddarlehen** gem. § 488 BGB als auch **Sachdarlehen** gem. § 607 BGB (Baumbach/Hueck/*Haas* GmbHG Anh. § 64 Rn. 74), und zwar unabhängig davon, ob der Geldbetrag bzw. die vertretbare Sache der Gesellschaft sogleich darlehensweise zur Verfügung gestellt wird oder ob eine aus einem anderen Rechtsgrund entstandene Schuld der Gesellschaft bei dem Gesellschafter nachträglich in ein Darlehen umgewandelt wird **(Vereinbarungsdarlehen).** Ob das Darlehen verzinslich oder unverzinslich ist, ist ohne Bedeutung (UHL/*Habersack* GmbHG Anh. § 30 Rn. 49). Es genügt, dass es sich um einen kurzfristig rückzahlbaren Überbrückungskredit handelt (BGH 27.6.2019, NJW 2019, 2923 Rn. 31; BGH 4.7.2013, BGHZ 198, 77 Rn. 29 = NJW 2013, 3031). Stellt der Gesellschafter der Gesellschaft im Rahmen eines Cash-Pools Geldmittel zur Verfügung, sind diese idR ebenfalls als Darlehen zu qualifizieren (Scholz/*Verse* GmbHG § 30 Rn. 77; UHL/*Habersack* GmbHG Anh. § 30 Rn. 49; *Wicke* GmbHG Anh. § 30 Rn. 12).

14 **b) Wirtschaftlich entsprechende Rechtshandlungen.** Die wirtschaftliche Wirkung einer Darlehensgewährung besteht in der **Überlassung von Kapital zur zeitweisen Nutzung** (UHL/*Habersack* GmbHG Anh. § 30 Rn. 54). Dieser Effekt kann nicht nur durch den Abschluss eines Darlehensvertrages, sondern in gleicher oder vergleichbarer Weise durch andere rechtliche Gestaltungen, aber auch durch rein tatsächliche Handlungen oder Unterlassungen erzielt werden, die Abs. 1 Nr. 5 unter dem Tatbestand der Rechtshandlung zusammenfasst (zu diesem insolvenzrechtlichen Begriff MüKoInsO/*Kayser/Freudenberg* § 129 Rn. 7 ff.).

15 **aa) Finanzierungsverträge.** Vertragsgestaltungen, die auf andere Weise als durch die Gewährung eines Darlehens eine vorübergehende Überlassung von Vermögenswerten bewirken, sind weit verbreitet. Kreditierungswirkung hat beispielsweise der Erwerb von **Schuldverschreibungen** der Gesellschaft durch einen Gesellschafter (BGH 14.2.2019, NJW 2019, 1289 Rn. 58 ff.) Auch das **unechte Factoring,** also der Ankauf von Forderungen der Gesellschaft gegen einen Dritten durch einen Gesellschafter mit dem Recht der Rückbelastung im Fall der Nichtbeitreibbarkeit, hat die wirtschaftlichen Wirkungen eines Kreditgeschäfts (BGH 23.11.2017, NZG 2018, 109 Rn. 7; Rowedder/Schmidt-Leithoff/*Görner* GmbHG Anh. § 30 Rn. 89). Gleiches gilt, wenn ein Gesellschafter eine gestundete Forderung eines Dritten gegen die Gesellschaft erwirbt (UHL/*Habersack* GmbHG Anh. § 30 Rn. 64). Übernimmt ein Gesellschafter neben seinem Geschäftsanteil zusätzlich eine **stille Beteiligung** an der Gesellschaft, entspricht seine Einlage im wirtschaftlichen Ergebnis einer Darlehensgewährung (BGH 23.11.2017, NZG 2018, 109 Rn. 7; Rowedder/Schmidt-Leithoff/*Görner* GmbHG Anh. § 30 Rn. 87; Baumbach/Hueck/*Haas* GmbHG Anh. § 64 Rn. 82), und zwar auch dann, wenn ein von ihm gewährtes Darlehen nachträglich in eine Einlage umgewandelt wird, die er als stiller Gesellschafter übernimmt (BGH 8.11.2004, NZG 2005, 137 (138)). Stille Beteiligungen von Dritten, die nicht Gesellschafter sind, können dagegen nur ausnahmsweise wie Gesellschafterdarlehen behandelt werden (→ Rn. 25). Ein (Finanzierungs-)**Leasingvertrag** zwischen Gesellschaft und Gesellschafter kann zwar wirtschaftlich der Gewährung eines Anschaffungsdarlehens entsprechen. Gleichwohl ist das Leasing angesichts der speziellen Regelung des § 135 Abs. 3 allein nach den Sonderregeln über die Nutzungsüberlassung (→ Rn. 20) zu behandeln (UHL/*Habersack* GmbHG Anh. § 30 Rn. 60; Rowedder/Schmidt-Leithoff/*Görner* GmbHG Anh. § 30 Rn. 94; zweifelnd Baumbach/Hueck/*Haas* GmbHG § 64 Anh. Rn. 84).

16 **bb) Fälligkeitsregelungen.** Der wirtschaftliche Effekt einer Darlehensgewährung tritt auch ein, wenn ein Gesellschafter der Gesellschaft gestattet, eine ihm gegenüber bestehende Verbindlichkeit vorübergehend nicht zu erfüllen. Auf den Rechtsgrund der Forderung kommt es nicht an (UHL/*Habersack* GmbHG Anh. § 30 Rn. 55); sie kann auf einem gegenseitigen Vertrag – einschließlich des Anstellungsvertrags des Gesellschafter-Geschäftsführers – oder einem Gewinnverwendungsbeschluss (zum Gewinnvortrag auf neue Rechnung OLG Koblenz 15.10.2013, NZG 2014, 998 (998 f.); Baumbach/Hueck/*Haas* GmbHG Anh. § 64 Rn. 83a) beruhen, es kann sich aber auch um einen Regress- oder Schadensersatzanspruch des Gesellschafters gegen die Gesellschaft handeln. Entscheidend ist, ob bei

einer objektiven Würdigung der Gesamtumstände die **zeitweise Überlassung eines Kapitalwerts** vorliegt, was angenommen werden kann, wenn der Gesellschaft für die Erbringung der ihr obliegenden Leistung ein späterer Zeitpunkt zugestanden wird, als es üblicherweise einem gesellschaftsfremden Dritten gegenüber der Fall wäre.

Das kann bereits bei der Begründung der Verbindlichkeit durch eine **Fälligkeitsvereinbarung** geschehen, die den Zeitpunkt der von der Gesellschaft zu erbringenden Leistung in einer nicht den marktüblichen Gepflogenheiten entsprechenden Weise hinausschiebt (BGH 28.11.1994, NJW 1995, 457 (458)) oder umgekehrt eine nicht marktübliche Vorausleistung des Gesellschafters vorsieht (UHL/*Habersack* GmbHG Anh. § 30 Rn. 56). 17

Die nachträgliche **Stundung** einer fälligen Verbindlichkeit der Gesellschaft steht einer Darlehensgewährung wirtschaftlich gleich, wenn sie über das Marktübliche hinausgeht (BGH 29.1.2015, BGHZ 204, 83 Rn. 70 = NJW 2015, 1109; BGH 28.11.1994, NJW 1995, 457 (458); Baumbach/Hueck/*Haas* GmbHG Anh. § 64 Rn. 79), was in der Regel bei einem Stehenlassen der Forderung für mehr als drei Monate der Fall ist (BGH 11.7.2019, NJW-RR 2019, 1336 Rn. 15). Dasselbe gilt für einen **pactum de non petendo** (Rowedder/Schmidt-Leithoff/*Görner* GmbHG Anh. § 30 Rn. 84). Es genügt, wenn die Forderung gegen die Gesellschaft ohne ausdrückliche oder konkludente Absprache von dem Gesellschafter **trotz Fälligkeit nicht geltend gemacht** wird (BAG 27.3.2014, NZI 2014, 619 Rn. 29 ff.; BGH 28.11.1994, NJW 1995, 457 (458); BGH 19.9.1988, BGHZ 105, 168 (185 f.) = NJW 1988, 3143; OLG Hamm 21.11.2013, ZIP 2014, 186 Rn. 53), nicht aber, wenn die Gesellschaft einseitig eine von dem Gesellschafter eingeforderte Zahlung verweigert (BGH 28.1.2020, NZG 2020, 384 Rn. 63). Werden Forderungen des Gesellschafters gegen die Gesellschaft in ein Kontokorrent eingestellt, kann eine Darlehensgewährung vorliegen, wenn die Gesellschaft – vereinbarungsgemäß oder rein tatsächlich – ihre Verbindlichkeiten fortlaufend erst zu einem unüblich späten Zeitpunkt tilgt (BGH 28.11.1994, NJW 1995, 457 (458 f.); zur anfechtungsrechtlichen Behandlung der einzelnen Rückzahlungen → § 135 Rn. 5). 18

cc) Sicherheitenbestellung. Ein Gesellschafter wirkt auch dann an der Überlassung von Vermögenswerten an die Gesellschaft zur vorübergehenden Nutzung mit, wenn er für ein Darlehen oder eine ihm gleichgestellte Rechtshandlung eines Dritten eine **Sicherheit** bestellt, insbesondere, indem er für einen der Gesellschaft gewährten Bankkredit eine **Bürgschaft** übernimmt (vgl. dazu BGH 19.9.1988, BGHZ 105, 168 (185) = NJW 1988, 3143; BGH 13.7.1981, BGHZ 81, 252 (255) = NJW 1981, 2570) oder ein **Grundpfandrecht** bestellt, aber auch dadurch, dass er zugunsten der Gesellschaft eine **Prozessbürgschaft** übernimmt oder eine **Kaution** stellt. Aus der Sicherheitenbestellung resultierende Forderungen des Gesellschafters gegen die Gesellschaft auf Freistellung oder – im Fall seiner Inanspruchnahme – auf Erstattung des Geleisteten werden von Abs. 1 Nr. 5 erfasst. Die Rechte des Dritten gegenüber der Gesellschaft sind in § 44a geregelt. 19

dd) Nutzungsüberlassung. Es entspricht verbreiteter Praxis, dass die für den Betrieb benötigten beweglichen (zB Maschinen, Fahrzeuge) oder unbeweglichen Sachen (insbesondere das Betriebsgrundstück) nicht im Eigentum der Gesellschaft stehen, sondern ihr von einem Gesellschafter oder einem ihm nahestehenden Dritten, etwa einem Angehörigen oder einer von ihm getragenen Besitzgesellschaft (**Betriebsaufspaltung,** vgl. BGH 11.7.1994, BGHZ 127, 1 (5) = NJW 1994, 2349; Rowedder/Schmidt-Leithoff/*Görner* GmbHG Anh. § 30 Rn. 92), zur vorübergehenden Nutzung zur Verfügung gestellt werden. Die Frage, unter welchen Voraussetzungen in einer solchen Nutzungsüberlassung eine eigenkapitalersetzende Gesellschafterleistung liegt (vgl. dazu BGH 11.7.1994, BGHZ 127, 1 (4 ff.) = NJW 1994, 2349), stellt sich nach heute geltendem Recht nicht mehr (→ Rn. 4). Der Anspruch des Gesellschafters auf Rückgabe des überlassenen Gegenstandes ist auch keine Forderung, die iSv Abs. 1 Nr. 5 dem Anspruch auf Rückzahlung eines Darlehens wirtschaftlich entspricht (BGH 29.1.2015, BGHZ 204, 83 Rn. 40 = NJW 2015, 1109); Beschränkungen dieses Anspruchs sind in § 135 Abs. 3 **speziell geregelt.** Ob rückständige Ansprüche auf Zahlung der **Miete, Pacht oder eines sonstigen Nutzungsentgelts** gem. Abs. 1 Nr. 5 nachrangig sind, richtet sich nach den allgemeinen Grundsätzen, also danach, ob nicht marktübliche Fälligkeitsvereinbarungen getroffen worden sind, ein zu marktüblichen Bedingungen vereinbartes Entgelt gestundet oder das Entgelt bei Fälligkeit nicht eingefordert worden ist (→ Rn. 16 ff.). Entsprachen die Konditionen der Gebrauchsüberlassung den Gegebenheiten des Marktes (zB Vermietung der Geschäftsräume gegen ein ortsübliches, regelmäßig gezahltes Entgelt), liegt keine von Abs. 1 Nr. 5 erfasste Rechtshandlung vor (OLG Schleswig 13.1.2012, NJW 2012, 2738 (2740); Roth/Altmeppen/*Altmeppen* GmbHG Anh. § 30 Rn. 143). 20

2. Gesellschafterstellung des Darlehensgebers. a) Gesellschafter zum Zeitpunkt der Insolvenzeröffnung. Ein Gesellschafterdarlehen oder eine ihm gleichgestellte Rechtshandlung ist dadurch gekennzeichnet, dass mindestens ein Gläubiger der gegen die Gesellschaft bestehenden Forderung ein Gesellschafter ist. Bei der Darlehensgewährung wirtschaftlich entsprechenden Rechtshandlungen muss demgemäß der Tatbestand, aus dem sich der Anspruch gegen die Gesellschaft ergibt, im Zusammenhang mit der Gesellschafterstellung verwirklicht worden sein (BGH 13.7.1981, BGHZ 81, 252 (258) = NJW 21

1981, 2570). Auf die Zwecke, die der Gesellschafter mit seiner Beteiligung verfolgt, kommt es – von der Sanierungsbeteiligung (→ Rn. 27 ff.) abgesehen – nicht an. Eine Bank, die Geschäftsanteile treuhänderisch als Sicherheit für Kredite hält, ist wie jede Treuhänderin Gesellschafterin mit allen Rechten und Pflichten (BGH 19.9.1988, BGHZ 105, 168 (174 ff.) = NJW 1988, 3143). Ist Darlehensgeber ein Konsortium, dem der Gesellschafter angehört, tritt die Wirkung des Abs. 1 Nr. 5 nur hinsichtlich der auf den Gesellschafter entfallenden Kreditquote ein (Baumbach/Hueck/*Haas* GmbHG Anh. § 64 Rn. 74).

22 Abs. 1 Nr. 5 greift jedenfalls dann ein, wenn der Gläubiger des Darlehens oder der ihm gleichgestellten Forderung zum **Zeitpunkt der Insolvenzeröffnung** Gesellschafter ist. Das gilt auch, wenn er bereits vor seinem Eintritt das Darlehen gewährt oder die Darlehensforderung eines Dritten erworben hat, ohne dass es darauf ankommt, ob dies gerade im Hinblick auf den Beitritt geschehen ist und ob er die Forderung nach dem Beitritt trotz Fälligkeit mit oder ohne ausdrückliche Stundungsabrede nicht geltend gemacht („stehen gelassen") hat (BGH 20.2.2014, BGHZ 200, 210 Rn. 15 = NJW 2014, 1737; Baumbach/Hueck/*Haas* GmbHG Anh. § 64 Rn. 43).

23 Wenn der Gesellschafter vor der Insolvenzeröffnung aus der Gesellschaft **ausgeschieden** ist oder den Anspruch aus dem Darlehen oder der ihm gleichgestellten Rechtshandlung **an einen Dritten abgetreten** hat, greifen die Beschränkungen des Abs. 1 Nr. 5 in Anlehnung an § 135 Abs. 1 Nr. 2 nicht ein, wenn das Ausscheiden bzw. die Abtretung bei Insolvenzantragstellung länger als ein Jahr zurückliegt (BGH 28.1.2020, NZG 2020 Rn. 15; BGH 21.2.2013, BGHZ 196, 220 Rn. 25 = NJW 2013, 2282; BGH 15.11.2011, NJW 2012, 682 Rn. 13 ff.; Baumbach/Hueck/*Haas* GmbHG Anh. § 64 Rn. 45; Lutter/Hommelhoff/*Kleindiek* GmbHG Anh. § 64 Rn. 136; *Wicke* GmbHG Anh. § 30 Rn. 6). Innerhalb der Jahresfrist gilt der Nachrang aber auch für den ausgeschiedenen Gesellschafter bzw. den Abtretungsempfänger (BGH 21.2.2013, BGHZ 196, 220 Rn. 24 = NJW 2013, 2282; Lutter/Hommelhoff/*Kleindiek* GmbHG Anh. § 64 Rn. 136; Roth/Altmeppen/*Altmeppen* GmbHG Anh. § 30 Rn. 39; Baumbach/Hueck/*Haas* GmbHG Anh. § 64 Rn. 45 ff.). Gewährt der Gesellschafter das Darlehen erst nach seinem Ausscheiden, wird es von Abs. 1 Nr. 5 nicht erfasst (Scholz/*Bitter* GmbHG Anh. § 64 Rn. 83), es sei denn, es steht mit der früheren Gesellschafterstellung in unmittelbarem Zusammenhang (MüKoInsO/*Behme* Rn. 64). Das kann insbesondere bei der nachträglichen Stundung der dem Gesellschafter zustehenden Abfindung der Fall sein; soweit ihre Auszahlung gegen §§ 34 Abs. 3, 30 Abs. 1 GmbHG verstieße, wäre die Forderung allerdings weder als einfache noch als nachrangige Insolvenzforderung zur Tabelle festzustellen, sondern erst bei der Schlussverteilung nach § 199 zu berücksichtigen (BGH 28.1.2020, NZG 2020, 384 Rn. 19, 65 f.).

24 **b) Gesellschaftern gleichgestellte Personen.** Nicht nur Rechtshandlungen eines Gesellschafters, sondern auch Rechtshandlungen eines Dritten können iSv Abs. 1 Nr. 5 in ihren wirtschaftlichen Auswirkungen einem Gesellschafterdarlehen entsprechen (BGH 2.5.2019, NJW-RR 2019, 1013 Rn. 10; BGH 15.11.2018, NJW-RR 2019, 363 Rn. 7; BGH 21.2.2013, BGHZ 196, 220 Rn. 11 = NJW 2013, 2282; BGH 28.6.2012, BGHZ 193, 378 Rn. 11 = NJW 2012, 3443; BGH 17.2.2011, BGHZ 188, 363 Rn. 10 = NJW 2011, 1503; Lutter/Hommelhoff/*Kleindiek* GmbHG Anh. § 64 Rn. 138 ff.; Roth/Altmeppen/*Altmeppen* GmbHG Anh. § 30 Rn. 37; MüKoInsO/*Behme* Rn. 77; Baumbach/Hueck/*Haas* GmbHG § 64 Anh. Rn. 56). Voraussetzung der Gleichstellung ist das Vorliegen eines **besonderen Näheverhältnisses,** das sowohl zwischen dem Dritten und der Gesellschaft als auch zwischen dem Dritten und einem Gesellschafter bestehen kann.

25 **aa) Näheverhältnis zu der Gesellschaft.** Ob ein Darlehensgläubiger zu der Gesellschaft in einem Verhältnis steht, das einer Gesellschafterstellung rechtlich und wirtschaftlich weitgehend angenähert ist, ist unter Berücksichtigung des prägenden Merkmals der (mit-)unternehmerischen Verantwortung jeweils im Einzelfall zu prüfen. Der **Nießbrauch** oder das **Pfandrecht** an einem Geschäftsanteil allein reichen ebenso wenig aus wie eine **stille Beteiligung;** erforderlich ist darüber hinaus, dass der Nießbraucher, Pfandgläubiger oder – atypische – stille Gesellschafter hinsichtlich **Beteiligung und Einfluss** einem Gesellschafter weitgehend gleich gestellt ist und so die Geschicke der Gesellschaft wesentlich mitbestimmen kann, was sich aus dem Vertrag über die stille Beteiligung (BGH 20.9.2016, NJW-RR 2017, 92 Rn. 20; BGH 24.9.2013, NJW-RR 2014, 147 Rn. 20; BGH 28.6.2012, BGHZ 193, 378 Rn. 17 = NJW 2012, 3443; Lutter/Hommelhoff/*Kleindiek* GmbHG Anh. § 64 Rn. 146), aus einer Bevollmächtigung (BGH 24.9.2013, NJW-RR 2014, 147 Rn. 22), aus Nebenabreden zu der Verpfändungsvereinbarung (BGH 13.7.1992, BGHZ 119, 191 (195) = NJW 1992, 3035; Lutter/Hommelhoff/*Kleindiek* GmbHG Anh. § 64 Rn. 147; aA UHL/*Habersack* GmbHG Anh. § 30 Rn. 92), bei hinreichender Verfestigung aber auch aus einer langjährigen praktischen Handhabung (Baumbach/Hueck/*Haas* GmbHG Anh. § 64 Rn. 63 für den Nießbrauch) ergeben kann. Selbst ein bloßer Darlehensgläubiger kann ausnahmsweise wie ein Gesellschafter zu behandeln sein, wenn ihm im Kreditvertrag so weitgehende Rechte eingeräumt werden, dass er das Geschehen in der Gesellschaft steuern kann (OLG Koblenz 21.12.2015, ZIP 2016, 1133 (1134); OLG Jena 25.9.2015, ZIP 2016, 1134 (1135); aA UHL/*Habersack* GmbHG Anh. § 30 Rn. 91; Baumbach/Hueck/*Haas* Anh. § 64 Rn. 71; Rowedder/

Schmidt-Leithoff/*Görner* GmbHG Anh. § 30 Rn. 71). Nicht ausreichend ist die bloß faktische Möglichkeit der Einflussnahme (BGH 25.6.2020, NZG 2020, 994 Rn. 56).

bb) Näheverhältnis zu einem Gesellschafter. Die Tatsache allein, dass ein Dritter zu dem in § 138 genannten Personenkreis gehört oder einem Gesellschafter sonst nahe steht, reicht für eine Gleichstellung mit einem Gesellschafter nicht aus (BGH 17.2.2011, BGHZ 188, 363 Rn. 12 ff. = NJW 2011, 1503). Erforderlich ist, dass das durch den Dritten gewährte Darlehen dem Vermögen eines Gesellschafters wirtschaftlich zugerechnet werden kann. Das ist insbesondere bei einem Dritten der Fall, der die Mittel für das der Gesellschaft gewährte Darlehen von einem Gesellschafter erhalten hat (Lutter/Hommelhoff/*Kleindiek* GmbHG Anh. § 64 Rn. 140) oder für Rechnung eines Gesellschafters oder einer ihm gleichgestellten Person handelt (Baumbach/Hueck/*Haas* GmbHG Anh. § 64 Rn. 41). Wie ein Gesellschafter ist auch derjenige zu behandeln, für den der Gesellschafter den Geschäftsanteil als Treuhänder hält; Darlehen des **Treugebers** sind stets von Abs. 1 Nr. 5 erfasst (BGH 21.11.2005, NJW 2006, 1283 (1285) – insoweit in BGHZ 165, 106 nicht abgedruckt; Baumbach/Hueck/*Haas* GmbHG Anh. § 64 Rn. 62). Einem Gesellschafterdarlehen gleichgestellt werden darüber hinaus Darlehen eines **mit einem Gesellschafter verbundenen Dritten,** und zwar nicht nur bei Vorliegen einer Verbindung iSd §§ 15 ff. AktG (BGH 28.9.1981, BGHZ 81, 365 (368) = NJW 1982, 386; BGH 21.9.1981, BGHZ 81, 311 (315 f.) = NJW 1982, 383), sondern unabhängig von der rechtstechnischen Ausgestaltung bei jeder engen horizontalen oder vertikalen Verbundenheit, die dazu führt, dass der Dritte auf den Gesellschafter oder der Gesellschafter auf den Dritten einen **bestimmenden Einfluss** ausüben kann (BGH 25.6.2020, NZG 2020, 994 Rn. 22; BGH 15.11.2018, NJW-RR 2019, 363 Rn. 14; BGH 21.2.2013, BGHZ 196, 220 Rn. 21 = NJW 2013, 2282). Das ist nicht nur zu bejahen, wenn die Darlehensgläubigerin eine Gesellschaft ist, die von den Gesellschaftern der Schuldnerin gebildet wird (OLG Hamm 21.11.2013, ZIP 2014, 186 Rn. 53), sondern vorbehaltlich einer abweichenden Regelung der Stimmmacht in der Satzung bereits bei einer Beteiligung eines Gesellschafters der Schuldnerin – oder auch eines Gesellschafters einer Gesellschafterin der Schuldnerin (BGH 15.11.2018, NJW-RR 2019, 363 Rn. 15) – an der Gläubigerin von mehr als 50 % oder einer solchen von 50 % bei gleichzeitiger Stellung als alleinvertretungsberechtigter Geschäftsführer (BGH 18.7.2013, BGHZ 198, 64 Rn. 24 = NJW 2013, 3035; BGH 28.2.2012, WM 2012, 843 Rn. 19). Maßgebliche Einflussmöglichkeiten kann auch eine Gebietskörperschaft haben, die mittels einer von ihr abhängigen öffentlich-rechtlichen Körperschaft oder über eine Tochtergesellschaft an einer Gesellschaft beteiligt ist (BGH 21.11.2005, NJW 2006, 1283 (1285) – insoweit in BGHZ 165, 106 nicht abgedruckt; BGH 19.9.1988, BGHZ 105, 168 (177) = NJW 1988, 3143). Darlehen **naher Angehöriger** eines Gesellschafters, der nicht lediglich ihr Treuhänder ist, können nur dann wie Gesellschafterdarlehen behandelt werden, wenn sie aus Mitteln gewährt werden, die der Gesellschafter dem Angehörigen zur Verfügung gestellt hat (BGH 6.4.2009, NZG 2009, 782 Rn. 9; UHL/*Habersack* GmbHG Anh. § 30 Rn. 83; Baumbach/Hueck/*Haas* GmbHG Anh. § 64 Rn. 65). **Darlehen sonstiger Dritter,** für die ein Gesellschafter eine Sicherheit bestellt oder sich verbürgt hat, sind nicht von Abs. 1 Nr. 5 erfasst, sondern in **§ 44a** speziell geregelt. 26

c) Ausnahme bei Sanierungsbeteiligung (Abs. 4 S. 2). Um einen Anreiz für Gläubiger, aber auch beispielsweise für Fremdgeschäftsführer oder Arbeitnehmer der in die Krise geratenen Gesellschaft zu schaffen, sich mit eigenen Beiträgen an der Sanierung zu beteiligen, nimmt die Vorschrift Finanzierungshilfen von Dritten, die zum Zweck der Überwindung der Krise Anteile an der Gesellschaft übernehmen, vom Anwendungsbereich des Abs. 1 Nr. 5 aus **(Sanierungsprivileg).** 27

Voraussetzung der Privilegierung ist, dass der Gesellschafter seine Anteile erst **erworben** hat, als die Gesellschaft **zahlungsunfähig** oder **überschuldet** war oder zahlungsunfähig zu werden drohte. Auf Personen, die bei Eintritt dieser Situation bereits Gesellschafter oder ihnen gleichzustellende Dritte (→ Rn. 24 ff.) waren, ist Abs. 4 S. 2 nicht anwendbar, selbst wenn sie zum Zweck der Sanierung weitere Anteile hinzuerwerben (UHL/*Habersack* GmbHG Anh. § 30 Rn. 65; Baumbach/Hueck/*Haas* GmbHG Anh. § 64 Rn. 118; Rowedder/Schmidt-Leithoff/*Görner* GmbHG Anh. § 30 Rn. 106; aA Roth/Altmeppen/*Altmeppen* GmbHG Anh. § 30 Rn. 100). Die durch Abs. 5 erfassten nicht geschäftsführenden Kleinbeteiligten (→ Rn. 32 f.) werden aber wie neu eintretende Sanierungsgesellschafter behandelt, wenn sie ihre Beteiligung in der Krise aufstocken (UHL/*Habersack* GmbHG Anh. § 30 Rn. 65; Rowedder/Schmidt-Leithoff/*Görner* GmbHG Anh. § 30 Rn. 105). Wie viele Anteile erworben werden und auf welche Weise dies geschieht, ist ohne Bedeutung; der derivative Erwerb ist ebenso erfasst wie der Erwerb neuer Anteile im Rahmen einer Kapitalerhöhung (UHL/*Habersack* GmbHG Anh. § 30 Rn. 66; Rowedder/Schmidt-Leithoff/*Görner* GmbHG Anh. § 30 Rn. 102). 28

Zweck des Erwerbs muss es sein, einen Beitrag zur Überwindung der Krise der Gesellschaft zu leisten. Die Gesellschaft muss nach der pflichtgemäßen Einschätzung eines objektiven Dritten im Zeitpunkt des Anteilserwerbs **sanierungsfähig** sein, die konkret in Angriff genommenen Maßnahmen müssen objektiv geeignet sein, sie in überschaubarer Zeit durchgreifend zu sanieren, was im Regelfall das Vorliegen eines dokumentierten **Sanierungskonzepts** voraussetzt (BGH 21.11.2005, BGHZ 165, 106 (112 f.) = NJW 2006, 1283; Scholz/*Bitter* GmbHG Anh. § 64 Rn. 123; Rowedder/Schmidt- 29

Leithoff/*Görner* GmbHG Anh. § 30 Rn. 111; aA UHL/*Habersack* GmbHG Anh. § 30 Rn. 70). Sind diese objektiven Voraussetzungen erfüllt, ist das Vorliegen des erforderlichen subjektiven **Sanierungswillens** des Gesellschafters zu vermuten (BGH 21.11.2005, BGHZ 165, 106 (112) = NJW 2006, 1283; OLG Düsseldorf 19.12.2003, GmbHR 2004, 564 (566)). Er fehlt, wenn sich feststellen lässt, dass der Anteilserwerb ausschließlich dazu dient, die Rückzahlung eines Darlehens oder die Erfüllung sonstiger Forderungen durchsetzen zu können (Baumbach/Hueck/*Haas* GmbHG Anh. § 64 Rn. 120). Ob der beabsichtigte Sanierungserfolg später tatsächlich eintritt, hat auf die Privilegierung keinen Einfluss (UHL/*Habersack* GmbHG Anh. § 30 Rn. 71); § 39 regelt die Rechtslage gerade für den Fall, dass die Sanierung nicht gelungen, sondern das Insolvenzverfahren eröffnet worden ist.

30 Die Privilegierung erfasst alle **Darlehen** und alle ihnen **gleichzustellenden Rechtshandlungen** des betreffenden Gesellschafters (OLG Düsseldorf 19.12.2003, GmbHR 2004, 564 (565 f.)), auch die bei Erwerb der Beteiligung bestehenden Altkredite (Baumbach/Hueck/*Haas* GmbHG Anh. § 64 Rn. 121). Dass er in Abs. 4 S. 2 als „Gläubiger" bezeichnet wird, bedeutet andererseits nicht, dass der neu eintretende Gesellschafter zum Zeitpunkt des Anteilserwerbs bereits Inhaber eines Anspruchs gegen die Gesellschaft sein müsste. Wie der weitere Gesetzeswortlaut klarstellt („bestehende oder neu gewährte Darlehen"), kann der Erwerb der Geschäftsanteile mit der Gewährung eines Darlehens oder einer gleichzustellenden Finanzierungshilfe zusammenfallen, ihr aber auch vorausgehen (OLG Düsseldorf 19.12.2003, GmbHR 2004, 564 (565 f.); UHL/*Habersack* GmbHG Anh. § 30 Rn. 69).

31 Rechtsfolge der Privilegierung ist, dass der Sanierungsgesellschafter, sollte die Sanierung scheitern und es zur Insolvenzeröffnung kommen, kein letztrangiger Gläubiger gem. Abs. 1 Nr. 5, sondern gleichrangiger Insolvenzgläubiger ist. Weitere Konsequenz ist, dass erhaltene Zahlungen und bestellte Sicherheiten nicht gem. § 135 – wohl aber ggf. nach anderen Vorschriften – anfechtbar sind (§ 135 Abs. 4). Gelingt die Sanierung, endet die Privilegierung mit der Folge, dass das Darlehen nunmehr den allgemeinen Regeln unterfällt, auch wenn später eine erneute Krise eintritt (Lutter/Hommelhoff/*Kleindiek* GmbHG Anh. § 64 Rn. 148; Baumbach/Hueck/*Haas* GmbHG Anh. § 64 Rn. 122).

32 **d) Ausnahme bei Kleinbeteiligung (Abs. 5).** Die Vorschrift normiert ein **Kleinbeteiligtenprivileg.** Nicht geschäftsführende Gesellschafter mit einer Beteiligung von bis zu 10 % sollen im Hinblick darauf, dass sie im Regelfall keinen wesentlichen unternehmerischen Einfluss ausüben und keine unternehmerische Verantwortung tragen (Baumbach/Hueck/*Haas* GmbHG Anh. § 64 Rn. 49; Rowedder/Schmidt-Leithoff/*Görner* GmbHG Anh. § 30 Rn. 114), wie gesellschaftsfremde Darlehensgeber behandelt werden.

33 Abs. 5 gilt für jede natürliche und juristische Person, aber auch für eine Personenhandelsgesellschaft, die weder zum Zeitpunkt der Insolvenzeröffnung noch innerhalb eines Jahres davor (Roth/Altmeppen/*Altmeppen* GmbHG Anh. § 30 Rn. 91) mit mehr als 10 % am Kapital beteiligt war (UHL/*Habersack* GmbHG Anh. § 30 Rn. 100). Nach dem eindeutigen Gesetzeswortlaut ist allein auf die **Quote der Beteiligung am Kapital** der Gesellschaft abzustellen, ohne dass es darauf ankommt, ob dem Gesellschafter ein über seinen Anteil hinaus gehendes Stimmrecht, eine Sperrminorität oder gar das Stimmenübergewicht zusteht oder ob er umgekehrt zwar mit mehr als 10 % beteiligt ist, aber kein oder lediglich ein 10 % nicht überschreitendes Stimmrecht hat (UHL/*Habersack* GmbHG Anh. § 30 Rn. 98). Auch die Beschränkung des Privilegs auf **nicht geschäftsführende Gesellschafter** hängt allein davon ab, ob der Gesellschafter zum Geschäftsführer bzw. – bei der AG und der Genossenschaft – zum Vorstand bestellt ist oder nicht, ohne dass es auf den Umfang der ihm eingeräumten Befugnisse ankäme (Baumbach/Hueck/*Haas* GmbHG Anh. § 64 Rn. 54). Ist ein Gesellschafter allerdings **faktischer Geschäftsführer** (→ GmbHG § 43 Rn. 9), steht er einem zum Geschäftsführer bestellten Gesellschafter gleich (Roth/Altmeppen/*Altmeppen* GmbHG Anh. § 30 Rn. 92). Ein zum **Liquidator** bestellter Gesellschafter wird wie ein geschäftsführender Gesellschafter behandelt (Rowedder/Schmidt-Leithoff/*Görner* GmbHG Anh. § 30 Rn. 116).

III. Rechtsfolgen

34 **1. Letztrangigkeit.** Forderungen eines Gesellschafters (→ Rn. 21 ff.) oder einer ihm gleichgestellten Person (→ Rn. 24 ff.) gegen die Gesellschaft, die auf einem Darlehen (→ Rn. 13) oder einer sonstigen von Abs. 1 Nr. 5 erfassten Rechtshandlung (→ Rn. 14 ff.) beruhen, sind in der Insolvenz letztrangig. Sie sind gem. § 174 Abs. 3 lediglich auf Aufforderung durch das Insolvenzgericht zur Tabelle anzumelden und bei Abschlagszahlungen gem. § 187 Abs. 2 S. 2 nicht zu berücksichtigen. Eine Aufrechnung mit ihnen ist nach der Insolvenzeröffnung nicht mehr zulässig (UHL/*Habersack* GmbHG Anh. § 30 Rn. 111; Baumbach/Hueck/*Haas* GmbHG Anh. § 64 Rn. 90).

35 **2. Betroffene Ansprüche.** Erfasst ist beim Gelddarlehen die Forderung auf **Rückzahlung der Darlehensvaluta,** beim Sachdarlehen die Forderung auf Rückerstattung von Sachen gleicher Art und Güte. Forderungen eines Gesellschafters, deren Fälligkeit hinausgeschoben worden ist, die **gestundet** oder die bei Fälligkeit nicht geltend gemacht worden sind, werden unabhängig von ihrem Rechtsgrund zu letztrangigen Forderungen. Besteht die darlehensgleiche Leistung des Gesellschafters darin, dass er für

eine Verbindlichkeit der Gesellschaft bei einem Dritten eine Sicherheit gestellt hat, führt Abs. 1 Nr. 5 zur Letztrangigkeit etwaiger **Rückgriffsansprüche** gegen die Gesellschaft im Fall der Inanspruchnahme der Sicherheit (Baumbach/Hueck/*Haas* GmbHG Anh. § 64 Rn. 152). Ansprüche auf **Zinsen** und sonstige **Nebenleistungen** nehmen nach Abs. 3 am Rang der Hauptforderung teil, ohne dass es darauf ankommt, ob der Zinsanspruch ebenfalls kreditiert oder gestundet ist (UHL/*Habersack* GmbHG Anh. § 30 Rn. 110). Im Fall der Nichtigkeit etwa gem. § 117 Abs. 1 BGB oder gem. § 138 Abs. 1 BGB an die Stelle der Darlehensforderung tretende **Bereicherungsansprüche** werden ebenfalls von Abs. 1 Nr. 5 erfasst (BGH 27.6.2019, NJW 2019, 2923 Rn. 29 f.; UHL/*Habersack* GmbHG Anh. § 30 Rn. 109). Dagegen regelt Abs. 1 Nr. 5 nicht den Anspruch auf Herausgabe eines zur Nutzung überlassenen Gegenstandes (→ Rn. 20). Insoweit trifft § 135 Abs. 3 eine Sonderregelung, die auch für Leasingverträge gilt (→ Rn. 15).

IV. Darlegungs- und Beweislast

Wenn der auf Feststellung einer Forderung zur Insolvenztabelle in Anspruch genommene **Insolvenzverwalter** sich im Rechtsstreit auf den Nachrang gem. Abs. 1 Nr. 5 beruft, muss er dessen Voraussetzungen, also das Vorliegen eines **Gesellschafterdarlehens** oder einer ihm wirtschaftlich **entsprechenden Rechtshandlung,** darlegen und beweisen. Das gilt auch für das bei Darlehen naher Angehöriger für die Gleichstellung mit einem Gesellschafterdarlehen erforderliche (→ Rn. 26) Merkmal, dass die Mittel dem Angehörigen von dem Gesellschafter zur Verfügung gestellt worden sind. Ein **Anschein** dafür besteht zwar nicht aufgrund des bloßen Verwandtschaftsverhältnisses oder des zwischen Familienangehörigen nicht unüblichen Fehlens von Sicherheiten und Informationsrechten (BGH 17.2.2011, BGHZ 188, 363 Rn. 23 ff. = NJW 2011, 1503), kommt aber bei Minderjährigen, als deren gesetzlicher Vertreter der Gesellschafter gehandelt hat, oder bei Personen ohne eigenes Einkommen und Vermögen in Betracht (UHL/*Habersack* GmbHG Anh. § 30 Rn. 83; ähnlich Rowedder/Schmidt-Leithoff/*Görner* GmbHG Anh. § 30 Rn. 74). Die Darlegungs- und Beweislast für die Voraussetzungen der **Ausnahmen** trägt der **Gläubiger** der Forderung. Da die für das Kleinbeteiligtenprivileg allein entscheidende (→ Rn. 33) Beteiligungsquote idR feststeht, gilt das insbesondere für das **Sanierungsprivileg** (Baumbach/Hueck/Haas GmbHG Anh. § 64 Rn. 120; Roth/Altmeppen/*Altmeppen* GmbHG Anh. § 30 Rn. 105; Rowedder/Schmidt-Leithoff/*Görner* GmbHG Anh. § 30 Rn. 111). 36

Gesicherte Darlehen

44a In dem Insolvenzverfahren über das Vermögen einer Gesellschaft kann ein Gläubiger nach Maßgabe des § 39 Abs. 1 Nr. 5 für eine Forderung auf Rückgewähr eines Darlehens oder für eine gleichgestellte Forderung, für die ein Gesellschafter eine Sicherheit bestellt oder für die er sich verbürgt hat, nur anteilsmäßige Befriedigung aus der Insolvenzmasse verlangen, soweit er bei der Inanspruchnahme der Sicherheit oder des Bürgen ausgefallen ist.

I. Allgemeines

Die Vorschrift gilt für alle der Gesellschaft von Dritten gewährten Darlehen, für die ein Gesellschafter eine Sicherheit bestellt hat. Da es verbreiteter **Bankpraxis** entspricht, die Gewährung von Darlehen an die Gesellschaft von der Übernahme von Bürgschaften oder von sonstigen Sicherungen durch die Gesellschafter abhängig zu machen, hat die Vorschrift erhebliche praktische Bedeutung. 1

II. Normadressat

Normadressat ist jeder **Gläubiger** eines Darlehens (→ § 39 Rn. 13) oder einer ihm gem. § 39 Abs. 1 Nr. 5 gleichzustellenden Forderung (→ § 39 Rn. 14 ff.), für den der Nachrang gem. § 39 Abs. 1 Nr. 5 nicht gilt. § 44a bezieht sich also nicht auf Darlehen, die Gesellschafter (→ § 39 Rn. 21 ff.) oder ihnen gleichzustellende Dritte (→ § 39 Rn. 24 ff.) der Gesellschaft gewährt haben (Scholz/*Bitter* GmbHG Anh. § 64 Rn. 356). Darlehen von Gesellschaftern, für die das Sanierungsprivileg (→ § 39 Rn. 27 ff.) oder das Kleinbeteiligtenprivileg (→ § 39 Rn. 32 f.) gelten, sind wie Darlehen Dritter zu behandeln (Rowedder/Schmidt-Leithoff/*Görner* GmbHG Anh. § 30 Rn. 135). 2

III. Sicherheit

Für die Forderung des Dritten muss ein Gesellschafter (→ § 39 Rn. 21 ff.) oder eine ihm gleichzustellende Person (→ § 39 Rn. 24 ff.) eine **Sicherheit** bestellt haben. Als Personalsicherheiten kommen neben der ausdrücklich im Text der Vorschrift genannten **Bürgschaft** insbesondere der **Schuldbeitritt,** das **Garantieversprechen** und die gegenüber dem Dritten rechtlich bindende („harte") **Patronatserklärung** in Betracht (UHL/*Habersack* GmbHG Anh. § 30 Rn. 144); praktisch bedeutsame 3

Realsicherheiten sind **Grundpfandrechte, Sicherungsübereignungen** und **-abtretungen** sowie **Kaution** und **Hinterlegung** (Baumbach/Hueck/*Haas* GmbHG Anh. § 64 Rn. 147a). Es reicht aus, wenn in erster Linie die Gesellschaft oder ein Dritter die Sicherheit bestellt und der Gesellschafter eine **Rück- oder Ausfallbürgschaft** übernimmt, eine Bankbürgschaft durch die Bestellung oder Abtretung eines Grundpfandrechts absichert oder auf sonstige Weise **mittelbar** für die Forderung gegenüber der Gesellschaft einsteht (UHL/*Habersack* GmbHG Anh. § 30 Rn. 143; Roth/Altmeppen/*Altmeppen* GmbHG Anh. § 30 Rn. 198).

IV. Rechtsfolge

4 **Rechtsfolge** ist, dass der Gläubiger im Fall der Insolvenzeröffnung lediglich berücksichtigt wird, soweit er von dem Gesellschafter, der seine Forderung gesichert hat, keine Befriedigung erlangt. Er nimmt zwar von Anfang an am Insolvenzverfahren teil und kann seinen Anspruch in voller Höhe, nicht nur in der voraussichtlich nach Inanspruchnahme der Sicherheit verbleibenden Höhe zur Tabelle **anmelden** (MüKoInsO/*Bitter* Rn. 23; UHL/*Habersack* GmbHG Anh. § 30 Rn. 158; Rowedder/Schmidt-Leithoff/*Görner* GmbHG Anh. § 30 Rn. 142), wird aber bei der **Schlussverteilung** nur berücksichtigt, wenn er vorher die Sicherheit verwertet oder dies erfolglos versucht hat (Baumbach/Hueck/*Haas* GmbHG Anh. § 64 Rn. 153). Die Möglichkeiten des Gläubigers, im Wege der **Aufrechnung** Befriedigung zu erlangen, werden durch die Vorschrift nicht beschränkt, sondern richten sich nach §§ 94 ff. sowie hinsichtlich der Anfechtbarkeit nach § 135 Abs. 2 (Baumbach/Hueck/*Haas* GmbHG Anh. § 64 Rn. 154). Außerhalb des Insolvenzverfahrens schränkt § 44a die Befriedigungsmöglichkeiten des Gläubigers nicht ein (Baumbach/Hueck/*Haas* GmbHG Anh. § 64 Rn. 145). Leistungen, die die Gesellschaft an ihn erbracht hat, können zwar gem. § 135 Abs. 2 anfechtbar sein; die Folgen treffen aber nicht den Gläubiger, sondern den Gesellschafter, der die Sicherheit gestellt hat, § 143 Abs. 3. Etwas anderes gilt nur, wenn die Voraussetzungen eines sonstigen Anfechtungstatbestandes vorliegen, insbesondere im Fall einer vorsätzlichen Gläubigerbenachteiligung gem. § 133 bzw. gem. § 3 AnfG.

Dritter Teil. Wirkungen der Eröffnung des Insolvenzverfahrens

Dritter Abschnitt. Insolvenzanfechtung

Gesellschafterdarlehen

135 (1) **Anfechtbar ist eine Rechtshandlung, die für die Forderung eines Gesellschafters auf Rückgewähr eines Darlehens im Sinne des § 39 Abs. 1 Nr. 5 oder für eine gleichgestellte Forderung**

1. Sicherung gewährt hat, wenn die Handlung in den letzten zehn Jahren vor dem Antrag auf Eröffnung des Insolvenzverfahrens oder nach diesem Antrag vorgenommen worden ist, oder
2. Befriedigung gewährt hat, wenn die Handlung im letzten Jahr vor dem Eröffnungsantrag oder nach diesem Antrag vorgenommen worden ist.

(2) **Anfechtbar ist eine Rechtshandlung, mit der eine Gesellschaft einem Dritten für eine Forderung auf Rückgewähr eines Darlehens innerhalb der in Absatz 1 Nr. 2 genannten Fristen Befriedigung gewährt hat, wenn ein Gesellschafter für die Forderung eine Sicherheit bestellt hatte oder als Bürge haftete; dies gilt sinngemäß für Leistungen auf Forderungen, die einem Darlehen wirtschaftlich entsprechen.**

(3) [1] **Wurde dem Schuldner von einem Gesellschafter ein Gegenstand zum Gebrauch oder zur Ausübung überlassen, so kann der Aussonderungsanspruch während der Dauer des Insolvenzverfahrens, höchstens aber für eine Zeit von einem Jahr ab der Eröffnung des Insolvenzverfahrens nicht geltend gemacht werden, wenn der Gegenstand für die Fortführung des Unternehmens des Schuldners von erheblicher Bedeutung ist.** [2] **Für den Gebrauch oder die Ausübung des Gegenstandes gebührt dem Gesellschafter ein Ausgleich; bei der Berechnung ist der Durchschnitt der im letzten Jahr vor Verfahrenseröffnung geleisteten Vergütung in Ansatz zu bringen, bei kürzerer Dauer der Überlassung ist der Durchschnitt während dieses Zeitraums maßgebend.**

(4) **§ 39 Abs. 4 und 5 gilt entsprechend.**

Übersicht

I. Allgemeines

1 Abs. 1, 2 ermöglichen es dem Insolvenzverwalter, Leistungen, die die Gesellschaft zur Tilgung oder zur Sicherung von Gesellschafterdarlehen erbracht hat, anzufechten und so gem. § 143 ihre Rückgewähr zur Insolvenzmasse zu erreichen. Die Vorschrift bildet damit – neben den Fällen der Vorsatzanfechtung gem. § 133, deren Voraussetzungen nicht selten ebenfalls erfüllt sind (BGH 18.7.2013, BGHZ 198, 64 Rn. 32 ff. = NJW 2013, 3035), Ansprüchen aus unerlaubter Handlung einschließlich derjenigen wegen existenzvernichtenden Eingriffs (→ GmbHG § 13 Rn. 44 ff.) und Ersatzansprüchen gegen geschäftsführende Gesellschafter aus § 43 Abs. 2, 3 GmbHG, § 64 S. 1, 3 GmbHG – die wesentliche Grundlage für den Insolvenzverwalter, Leistungen der Gesellschaft auf Forderungen aus Gesellschafterdarlehen zurückzufordern. Abs. 3 trifft eine Sonderregelung für den Fall der Gebrauchsüberlassung betriebswichtiger Gegenstände durch Gesellschafter.

II. Anfechtbarkeit von Sicherheitenbestellungen und Tilgungsleistungen (Abs. 1)

2 Abs. 1 setzt eine Forderung eines Gesellschafters (→ § 39 Rn. 21 ff.) oder eines ihm gleichzustellenden Dritten (→ § 39 Rn. 24 ff.) aus einem Darlehen (→ § 39 Rn. 13) oder einer ihm wirtschaftlich entsprechenden Rechtshandlung (→ § 39 Rn. 14 ff.) voraus. Ausgenommen sind gem. Abs. 4 Forderungen, für die das Sanierungsprivileg gem. § 39 Abs. 4 S. 2 (→ § 39 Rn. 27 ff.) oder das Kleinbeteiligtenprivileg gem. § 39 Abs. 5 (→ § 39 Rn. 32 f.) gilt. Das Bargeschäftsprivileg gem. § 142 gilt für die Sicherung von Forderungen aus Gesellschafterdarlehen oder von gleichgestellten Forderungen iSv Abs. 1 Nr. 1 nicht (BGH 14.2.2019, NJW 2019, 1289 Rn. 40 ff.).

3 **1. Sicherheitenbestellungen (Abs. 1 Nr. 1).** Die Vorschrift betrifft den Fall, dass die Gesellschaft in den letzten zehn Jahren vor dem Antrag auf Eröffnung des Insolvenzverfahrens oder nach diesem Antrag für eine gegen sie gerichtete Forderung eines Gesellschafters Sicherung gewährt hat. Neben **Pfandrechten** an beweglichen und unbeweglichen Sachen – seien sie wie das Vermieterpfandrecht kraft Gesetzes entstanden (MüKoInsO/*Gehrlein* Rn. 15), rechtsgeschäftlich bestellt oder im Wege der **Zwangsvollstreckung** begründet worden (UHL/*Habersack* GmbHG Anh. § 30 Rn. 118) – sind insbesondere **Sicherungsübereignungen und -abtretungen** (BGH 18.7.2013, BGHZ 198, 64 Rn. 8 = NJW 2013, 3035) von Bedeutung. Im Regelfall stellt auch der **Eigentumsvorbehalt** eine von Abs. 1 Nr. 1 erfasste Sicherheit dar. Zwar kann darin, dass ein Gesellschafter sich das Eigentum an einer der Gesellschaft verkauften Sache bis zur vollständigen Zahlung des Kaufpreises vorbehält, auch lediglich die Ausübung des Zurückbehaltungsrechts aus § 320 BGB liegen (Roth/Altmeppen/*Altmeppen* GmbHG Anh. § 30 Rn. 129). Wenn die Fälligkeit des Kaufpreises in nicht marktüblicher Weise hinausgeschoben ist, dient der Eigentumsvorbehalt aber primär der Sicherung einer einem Darlehen gleichzustellenden Forderung (→ § 39 Rn. 16 ff.), sodass die Finanzierungsfunktion im Vordergrund steht (Baumbach/Hueck/*Haas* GmbHG § 64 Anh. Rn. 84; Rowedder/Schmidt-Leithoff/*Görner* GmbHG Anh. § 30 Rn. 96; aA UHL/*Habersack* GmbHG Anh. § 30 Rn. 61, 118). Das ist insbesondere der Fall, wenn die der Gesellschaft verkaufte Sache nicht zur Weiterveräußerung, sondern zur Nutzung durch die Gesellschaft bestimmt ist.

4 Ob unabhängig von Abs. 1 Nr. 1 bereits aus § 39 Abs. 1 Nr. 5 folgt, dass Rechte aus Sicherheiten für Gesellschafterdarlehen und ihnen gleichzustellende Forderungen im Insolvenzverfahren nicht zum Nachteil vorrangiger Gläubiger geltend gemacht werden können, ist umstritten (dafür Roth/Altmeppen/*Altmeppen* GmbHG Anh. § 30 Rn. 170; aA Scholz/*Bitter* GmbHG Anh. § 64 Rn. 177; Baumbach/Hueck/*Haas* GmbHG Anh. § 64 Rn. 110). Jedenfalls die Anfechtbarkeit versetzt den Insolvenzverwalter in die Lage, die **Inanspruchnahme** der Sicherheit zu verhindern. Überdies kann er gem. § 143 die **Freigabe der Sicherheit** verlangen, um sie zugunsten der Masse zu verwerten. Hat der Gesellschafter zur Befriedigung seiner Forderung auf die Sicherheit zugegriffen, muss er im Wege des Wertersatzes den erlangten Betrag erstatten, auch wenn die Befriedigung wegen des Ablaufs der Jahresfrist nicht mehr gem. Abs. 1 Nr. 2 anfechtbar ist (BGH 18.7.2013, BGHZ 198, 64 Rn. 13 f., 17, 21 = NJW 2013, 3035; MüKoInsO/*Gehrlein* Rn. 15; aA Scholz/*Bitter* GmbHG Anh. § 64 Rn. 170).

5 **2. Tilgungsleistungen (Abs. 1 Nr. 2).** Die Vorschrift gilt im Fall der Befriedigung im letzten Jahr vor dem Eröffnungsantrag oder nach diesem Antrag. Ob der Gesellschaft eine Einwendung oder Einrede

gegen den Rückzahlungsanspruch zugestanden hätte, ist unerheblich (BGH 27.6.2019, NJW 2019, 2923 Rn. 32). Erfasst ist jede Tilgung, auch im Wege der Rückführung eines Kontokorrentkredits durch Überweisungen oder Einzahlungen von Kunden (BGH 13.7.2017, NJW 2017, 2915 Rn. 9), der Aufrechnung oder des Erfüllungssurrogats (OLG Hamm 16.2.2017, NZG 2017, 824 (825); Rowedder/Schmidt-Leithoff/*Görner* GmbHG Anh. § 30 Rn. 158) sowie der Zwangsvollstreckung (UHL/*Habersack* GmbHG Anh. § 30 Rn. 120) oder der Verwertung einer von der Gesellschaft gestellten Sicherheit (BGH 1.12.2011, BGHZ 192, 9 Rn. 12 ff. = NJW 2012, 156; MüKoInsO/*Gehrlein* Rn. 16; UHL/*Habersack* GmbHG Anh. § 30 Rn. 120 f.), es sei denn, diese wäre bereits mehr als zehn Jahre vor der Insolvenzantragstellung begründet worden (BGHZ 198, 64 Rn. 14 = NJW 2013, 3035). Nicht anfechtbar ist die Zahlung vertraglich vereinbarter marktüblicher Zinsen (BGH 27.6.2019, NJW 2019, 2923 Rn. 43, 46). Hat die Gesellschaft in einem echten Kontokorrent fortlaufend Kredite des Gesellschafters in Anspruch genommen und zurückgeführt, ist weder auf jede einzelne Rückzahlung noch auf den durchschnittlichen Saldo, sondern auf die vereinbarte Kreditobergrenze (BGH 16.1.2014, NZI 2014, 309 Rn. 2; BGH 4.7.2013, BGHZ 198,77 Rn. 38 = NJW 2013, 303; BGH 7.3.2013, NZI 2013, 483 Rn. 16) bzw. den höchsten innerhalb der Jahresfrist zurückgezahlten Betrag (BGH 27.6.2019, NJW 2019, 2923 Rn. 40; BGH 20.2.2014, BGHZ 200, 210 Rn. 23 = NJW 2014, 1737; Baumbach/Hueck/*Haas* GmbHG Anh. § 64 Rn. 94) abzustellen. Dasselbe gilt, wenn mehrere Darlehen, mit denen der Gesellschaft fortlaufend Kredit gewährt wird, durch ihre gleichbleibenden Bedingungen, den mit ihrer Ausreichung verfolgten Zweck und das bestehende Gesellschaftsverhältnis nach Art eines Kontokorrentkredits miteinander verbunden sind (BGH 27.6.2019, NJW 2019, 2923 Rn. 99). Ist die Forderung innerhalb der Jahresfrist abgetreten worden (→ § 39 Rn. 23), kann die Tilgung sowohl gegenüber dem Gesellschafter als auch gegenüber dem Zessionar angefochten werden (BGH 14.2.2019, BGHZ 221, 100 Rn. 85 = NJW 2019, 1289; BGH 21.2.2013, BGHZ 196, 220 Rn. 27 f. = NJW 2013, 2282).

6 **3. Allgemeine Anfechtungsvoraussetzungen.** Die Anfechtung nach Abs. 1 erfordert wie jede Insolvenzanfechtung das Vorliegen einer **objektiven Gläubigerbenachteiligung** (§ 129 Abs. 1), die vorliegt, wenn die angefochtene Rechtshandlung die Schuldenmasse vermehrt oder die Aktivmasse verkürzt hat, wenn sich also die Befriedigungsmöglichkeiten der Insolvenzgläubiger ohne die Handlung bei wirtschaftlicher Betrachtungsweise günstiger gestaltet hätten (BGH 15.11.2018, NJW-RR 2019, 553 Rn. 11; MüKoInsO/*Kayser/Freudenberg* § 129 Rn. 76 ff.). Das ist im Fall der Sicherung oder Tilgung eines Gesellschafterdarlehens regelmäßig zu bejahen, es sei denn, die Insolvenzmasse reichte zur Befriedigung aller vorrangigen Gläubiger aus (Rowedder/Schmidt-Leithoff/*Görner* GmbHG Anh. § 30 Rn. 159). Auf die subjektiven Vorstellungen und Kenntnisse der Beteiligten kommt es nicht an (*Bork* ZGR 2007, 250 (260)). Die Anfechtung ist weder ein Gestaltungsrecht noch muss sie „als solche" geltend gemacht werden (MüKoInsO/*Kayser/Freudenberg* § 129 Rn. 194; sie wird durch die **Erhebung einer Klage auf Rückgewähr,** die nach § 22 ZPO im **Gerichtsstand der Mitgliedschaft** möglich ist, oder durch eine **Einrede** im Rechtsstreit ausgeübt (UHL/*Habersack* GmbHG Anh. § 30 Rn. 125). Die **Verjährung** des Anfechtungsanspruchs richtet sich gem. § 146 Abs. 1 nach den Regelungen der §§ 195 ff. BGB.

III. Anfechtbarkeit bei gesellschafterbesicherten Drittdarlehen (Abs. 2)

7 Abs. 2 betrifft die in § 44a geregelten Fallgestaltungen, setzt also voraus, dass ein Gesellschafter (→ § 39 Rn. 21 ff.) oder eine ihm gleichzustellende Person (→ § 39 Rn. 24 ff.) für das Darlehen oder eine ihm wirtschaftlich entsprechende Rechtshandlung eines Dritten eine **Sicherheit bestellt** hat (→ § 44a Rn. 2 f.). Die Sicherheit muss rechtswirksam bestellt sein (Roth/Altmeppen/*Altmeppen* GmbHG Anh. § 30 Rn. 195; Baumbach/Hueck/*Haas* GmbHG Anh. § 64 Rn. 147a). Auf ihren wirtschaftlichen Wert kommt es nicht an, wenn ihre Bestellung zumindest mitursächlich dafür war, dass der Gesellschaft Kapital zur vorübergehenden Nutzung zugeflossen ist (OLG Düsseldorf 3.7.2009, GmbHR 2009, 1099 mAnm *Blöse*). Eine spätere Freigabe der Sicherheit innerhalb der Fristen des Abs. 1 Nr. 2 ist ohne Bedeutung (Scholz/*Bitter* GmbHG Anh. § 64 Rn. 403; MüKoInsO/*Gehrlein* Rn. 39). Wie Abs. 1 Nr. 2 (→ Rn. 5) erfasst die Vorschrift Tilgungen aller Art (Rowedder/Schmidt-Leithoff/*Görner* GmbHG Anh. § 30 Rn. 166) im letzten Jahr vor dem Eröffnungsantrag oder nach diesem Antrag, wenn die Tilgung der Forderung die Befriedigungsmöglichkeiten der Insolvenzgläubiger beeinträchtigt hat (→ Rn. 6). **Rechtsfolge** der Anfechtung ist gem. § 143 Abs. 3 die Rückzahlungspflicht nicht des Dritten, sondern des Gesellschafters, der die Sicherheit bestellt hatte.

IV. Sonderregelung bei Nutzungsüberlassungen (Abs. 3)

8 Abs. 3 beruht darauf, dass der Anspruch eines Gesellschafters auf Rückgewähr eines zur Nutzung überlassenen Gegenstandes nicht von § 39 Abs. 1 Nr. 5 erfasst wird (→ § 39 Rn. 20). Die Vorschrift soll der Gefahr vorbeugen, dass dem Unternehmen mit der Eröffnung des Insolvenzverfahrens die **für eine Betriebsfortführung notwendigen Gegenstände** nicht mehr zur Verfügung stehen, weil der Gesellschafter sie gem. § 48 herausverlangt.

Voraussetzung ist, dass der Gesellschaft ein Gegenstand überlassen worden ist, der für die **Fortführung des Unternehmens** von erheblicher Bedeutung ist. Es kann sich um eine bewegliche oder eine unbewegliche **Sache,** aber auch um ein **Recht,** etwa ein Immaterialgüterrecht oder ein vergleichbares Schutzrecht, handeln (UHL/*Habersack* GmbHG Anh. § 30 Rn. 172; Baumbach/Hueck/*Haas* GmbHG Anh. § 64 Rn. 128); von dem Gesellschafter erbrachte Dienstleistungen können einer Nutzungsüberlassung aber nicht gleichgestellt werden (BGH 16.2.2009, NZG 2009, 463 Rn. 24). Liegt der Gebrauchsüberlassung ein gem. § 108 Abs. 1 oder gem. § 103 Abs. 1 fortbestehendes Vertragsverhältnis zugrunde, besteht das Nutzungsrecht aus Abs. 3 nur, wenn der Insolvenzverwalter den Vertrag gem. § 109 Abs. 1 kündigt (BGH 29.1.2015, BGHZ 204, 83 Rn. 57 ff. = NJW 2015, 1109) bzw. die Erfüllung gem. § 103 Abs. 2 ablehnt (Baumbach/Hueck/*Haas* GmbHG Anh. § 64 Rn 142; Lutter/Hommelhoff/*Kleindiek* GmbHG Anh. § 64 Rn. 158). Die Betriebsfortführung muss tatsächlich beabsichtigt sein (BGH 29.1.2015, BGHZ 204, 83 Rn. 62 = NJW 2015, 1109); ein Nutzungsrecht zu anderen Zwecken, etwa zur Einnahmeerzielung durch Weitervermietung, gewährt Abs. 3 nicht (*Wälzholz* GmbHR 2008, 841 (848)). Die Bedeutung des betreffenden Gegenstandes für die Fortführung des Betriebs wird sich im Regelfall aus der Art und dem Umfang seiner bisherigen Nutzung ergeben. Im Streitfall trägt der Insolvenzverwalter die **Darlegungs- und Beweislast** sowohl für die Fortführungsabsicht als auch für die erhebliche Bedeutung des Gegenstandes. 9

Der Gegenstand muss der Gesellschaft nach dem Wortlaut des Abs. 3 von einem **Gesellschafter** zur Verfügung gestellt worden sein. Dass die Vorschrift in § 135 eingefügt worden ist, der in Abs. 1 und 2 an die in § 39 Abs. 1 Nr. 5 erfassten Fallgestaltungen anknüpft, lässt erkennen, dass es ausreicht, wenn eine nach dieser Vorschrift **einem Gesellschafter gleichzustellende Person** (→ § 39 Rn. 24 ff.) gehandelt hat (BGH 29.1.2015, BGHZ 204, 83 Rn. 48 = NJW 2015, 1109; MüKoInsO/*Gehrlein* Rn. 46; Baumbach/Hueck/*Haas* GmbHG Anh. § 64 Rn. 127; aA UHL/*Habersack* GmbHG Anh. § 30 Rn. 174). 10

Rechtsfolge ist, dass der Aussonderungsanspruch des Gesellschafters für ein Jahr nicht geltend gemacht werden kann, eine Herausgabeklage also als derzeit unbegründet abgewiesen werden muss. Die Frist beginnt entgegen dem Gesetzeswortlaut nicht mit der Insolvenzeröffnung, sondern bereits mit der Insolvenzantragstellung (BGH 29.1.2015, BGHZ 204, 83 Rn. 56 = NJW 2015, 1109; kritisch Lutter/Hommelhoff/*Kleindiek* GmbHG Anh. § 64 Rn. 160). Das Nutzungsrecht endet gem. §§ 1123, 1124 BGB mit der Beschlagnahme des Gegenstandes durch einen Grundpfandgläubiger sowie gem. § 110 Abs. 1 mit der Eröffnung des Insolvenzverfahrens über das Vermögen des Gesellschafters (Lutter/Hommelhoff/*Kleindiek* GmbHG Anh. § 64 Rn. 161; Roth/Altmeppen/*Altmeppen* GmbHG Anh. § 30 Rn. 226; aA Rowedder/Schmidt-Leithoff/*Görner* GmbHG Anh. § 30 Rn. 187). 11

Dem Gesellschafter steht für die Dauer der Nutzung gem. Abs. 3 S. 2 ein **Entgelt** zu, das dem Durchschnitt der im letzten Jahr vor der Eröffnung des Insolvenzverfahrens geleisteten Vergütung entspricht. Entscheidend ist nicht das vereinbarte, sondern das in diesem Zeitraum tatsächlich gezahlte Entgelt (BGH 29.1.2015, BGHZ 204, 83 Rn. 55 = NJW 2015, 1109). War der Gegenstand der Gesellschaft unentgeltlich überlassen worden, besteht mithin auch nach der Insolvenzeröffnung kein Vergütungsanspruch (UHL/*Habersack* GmbHG Anh. § 30 Rn. 176; aA Roth/Altmeppen/*Altmeppen* GmbHG Anh. § 30 Rn. 222). Bei der auf einem gesetzlichen Schuldverhältnis beruhenden (BGH 29.1.2015, NJW 2015, 1109 Rn. 59) Entgeltforderung handelt es sich um eine Masseverbindlichkeit (UHL/*Habersack* GmbHG Anh. § 30 Rn. 176). Wenn das vertragliche Nutzungsverhältnis zwischen dem Gesellschafter und der Gesellschaft gem. § 108 Abs. 1 S. 1 oder gem. § 103 Abs. 1 fortdauert, steht dem Gesellschafter weiterhin das vertraglich vereinbarte Entgelt zu; § 135 Abs. 3 ist in diesem Fall nicht anwendbar (BGH 29.1.2015, BGHZ 204, 83 Rn. 57 f.; 61 ff. = NJW 2015, 1109). 12

Stille Gesellschaft

136 (1) [1] **Anfechtbar ist eine Rechtshandlung, durch die einem stillen Gesellschafter die Einlage ganz oder teilweise zurückgewährt oder sein Anteil an dem entstandenen Verlust ganz oder teilweise erlassen wird, wenn die zugrundeliegende Vereinbarung im letzten Jahr vor dem Antrag auf Eröffnung des Insolvenzverfahrens über das Vermögen des Inhabers des Handelsgeschäfts oder nach diesem Antrag getroffen worden ist.** [2] **Dies gilt auch dann, wenn im Zusammenhang mit der Vereinbarung die stille Gesellschaft aufgelöst worden ist.**

(2) **Die Anfechtung ist ausgeschlossen, wenn ein Eröffnungsgrund erst nach der Vereinbarung eingetreten ist.**

I. Allgemeines

Die allgemeinen Anfechtungsregeln gem. §§ 129–134 gelten auch bei der stillen Beteiligung, soweit es um die **Rückgewähr der Vermögenseinlage** (Abs. 1 S. 1 Alt. 1, → Rn. 2) oder den **Erlass einer realisierten Verlustbeteiligung** geht (→ Rn. 3). § 136 ist insofern eine Ergänzung, die vor allem wegen des Verzichts auf subjektive Merkmale Vorteile bietet. Die Verschärfung knüpft an die gesellschaftsrechtlich 1 begründete **Insiderstellung** des Stillen an (vgl. § 233 HGB), bewirkt jedoch für sich genommen keinen Nachrang der Vermögenseinlage des Stillen in der Insolvenz. Dieser ergibt sich allein aus der vertraglich vereinbarten Verlustbeteiligung (§ 236 HGB) sowie ggf. gem. §§ 39 Abs. 1 Nr. 5 (→ HGB § 236 Rn. 15 f.). Die Regelung ist grundsätzlich **zwingend** (MüKoInsO/*Gehrlein* Rn. 1); die Möglichkeit, das Tatbestandsmerkmal der Vereinbarung durch Kündigungsrechte auszuhebeln (→ Rn. 4), schwächt den praktischen Anwendungsbereich der Norm indessen erheblich ab. Die Regelung setzt das Bestehen einer **stillen Beteiligung** iSv § 230 HGB voraus, ggf. als fehlerhafte (OLG Hamm 2.3.1999, NJW-RR 1999, 1415 (1417)). Die stille Beteiligung an einem nicht-kaufmännischen Geschäftsbetrieb fällt nicht hierunter (MüKoInsO/*Gehrlein* Rn. 1; → HGB § 230 Rn. 3). Eine **entsprechende Anwendung** wird vorgeschlagen bei der langfristigen Fremdfinanzierung von Unternehmen, insbesondere partiarische Darlehen (MüKoHGB/*K. Schmidt* HGB Anh. § 236 Rn. 33; tendenziell für Genussrechte auch *Mock* NZI 2014, 102 (105 f.); dagegen OLG Dresden 8.9.1999, DStR 2000, 649; OLG Hamm 4.4.2000, NZI 2000, 544 (545); OLG Schleswig 18.2.2000, NZG 2000, 1176) sowie auf bestimmte Unterbeteiligungen an Gesellschaftsanteilen (MüKoHGB/*K. Schmidt* HGB Anh. § 236 Rn. 31). Diese Ansätze überspannen jedoch den Umfang der Insiderstellung als tragende Legitimation der Norm (dagegen auch MüKoInsO/*Gehrlein* Rn. 7). Auf das Recht der Gesellschafterdarlehen gem. §§ 39, Abs. 1 Nr. 5, 135 ist die Privilegierung nach Abs. 2 ebenfalls nicht anwendbar (BGH 30.4.2015, NZG 2015, 924 (925)). Über das Vermögen des Geschäftsinhabers muss das **Insolvenzverfahren eröffnet** worden sein (BGH 20.11.2002, NJW 2002, 525; MüKoInsO/*Gehrlein* Rn. 6; für eine analoge Anwendung bei der masselosen Liquidation aber mit guten Gründen MüKoHGB/*K. Schmidt* HGB Anh. § 237 Rn. 30).

1a Die im Zuge der **Corona-Pandemie** gem. §§ 1, 2 COVInsAG eingeführten zeitlichen Privilegierungen im Hinblick auf die Anfechtbarkeit („gilt als nicht gläubigerbenachteiligend", vgl. hierzu *Servatius* Der Konzern 2020, 281) haben keine unmittelbaren Auswirkungen auf § 136. Sie beziehen sich gem. § 2 Abs. 1 Nr. 2 und 3 COVInsAG allein auf **Kreditgewährungen,** sodass die für § 136 maßgebliche gesellschaftsrechtlich ausgestaltete Vermögenseinlage iSv § 231 HGB nicht hierunter zu fassen ist. Es wäre zu weitgehend, über die partiellen COVID-Privilegierungen gleichsam durch die Hintertür das materielle Gesellschaftsrecht für Unternehmensfinanzierungen umzugestalten. Auch zeigt § 2 Abs. 1 Nr. 2 COVInsAG deutlich, dass allein die Gesellschafter-Fremdfinanzierung mittels Darlehen oder vergleichbarer Gestaltungen hierunter fallen soll. Sofern allerdings der Stille ein von § 2 Abs. 1 Nr. 2 COVInsAG tatbestandlich erfasstes Darlehen an den Geschäftsinhaber gewährt, spricht nichts dagegen, die anfechtungsrechtlichen Privilegierungen auch hierauf anzuwenden (vgl. auch den weiteren Anwendungsbereich der Privilegierungen gem. § 2 Abs. 2 COVInsAG). Dies betrifft insbesondere die Fälle, in denen der Stille nach fragwürdiger hM bei der Beteiligung an einer GmbH oder AG in das Recht der Gesellschafterfremdfinanzierung einbezogen wird (→ InsO § 39 Rn. 25; hiergegen → HGB § 236 Rn. 17). – Im Übrigen ist zu beachten, dass § 1 COVInsAG während des maßgeblichen Zeitraums allein die **Insolvenzantragspflicht aussetzt** und nicht die (materiellen) Insolvenzgründe beseitigt. Der an den Eröffnungsgrund anknüpfende spezielle Anfechtungsausschluss gem. Abs. 2 (→ Rn. 5) wird daher hierdurch nicht beeinflusst.

II. Anfechtbare Rechtshandlungen

2 **1. Einlagenrückgewähr.** Nach Abs. 1 Alt. 1 ist die vollständige oder teilweise Rückgewähr der Vermögenseinlage iSv § 230 Abs. 1 HGB anfechtbar (vgl. zur Corona-Pandemie → Rn. 1a). Geschützt wird jede **Masseschmälerung** (EBJS/*Gehrlein* HGB § 237 Rn. 13); vgl. aber auch § 129 Abs. 1: zusätzliches objektives Erfordernis der **Gläubigerbenachteiligung.** Dies ist unproblematisch gegeben, wenn dem Stillen Vermögenswerte infolge einer Herabsetzung seiner Vermögenseinlage zufließen, auch infolge der Auflösung (vgl. Abs. 1 S. 2). Die teilweise Einlagenrückgewähr genügt (vgl. OLG Hamm 2.3.1999, NJW-RR 1999, 1415). Es ist nicht erforderlich, dass dem Stillen die betreffenden Vermögenswerte real zufließen, Erfüllungssurrogate, insbesondere die Aufrechnung oder die Leistung an Dritte auf Rechnung des Stillen (§ 362 Abs. 2 BGB), genügen auch (MüKoHGB/*K. Schmidt* HGB Anh. § 236 Rn. 12). Bei der Aufrechnung gilt jedoch vorrangig § 96 Abs. 1 Nr. 3. Ließ der Stille **Gewinne** als Vermögenseinlage iSv § 230 Abs. 1 HGB stehen (→ HGB § 232 Rn. 5), wird auch deren Rückzahlung erfasst; nicht jedoch, wenn die Gewinne bereits auf das Privatkonto des Stillen gebucht wurden (anders MüKoHGB/*K. Schmidt* HGB Anh. § 236 Rn. 16: nur iRv § 232 Abs. 2 HGB erfasst). Die **Verlustbeteiligung** des Stillen (→ HGB § 231 Rn. 10) ist unerheblich (anders beim Erlass gem. Abs. 1 Alt. 2, → Rn. 3). Anfechtbar ist daher jede Einlagenrückgewähr, selbst wenn die Verlustbeteiligung des Stillen gänzlich ausgeschlossen wurde (hM, vgl. MüKoInsO/*Gehrlein* Rn. 16). Wird die stille Beteiligung in ein **Darlehen** umgewandelt, fällt dies nach zutreffender hM nicht unter Abs. 1 Alt. 1 (MüKoHGB/*K. Schmidt* HGB Anh. § 236 Rn. 12); soweit hierdurch jedoch die Verlusttragungspflicht geschmälert wird, ist Abs. 1 Alt. 2 einschlägig (→ Rn. 9). Auch stellt es aus Gründen des Umgehungsschutzes in entsprechender Anwendung von Abs. 1 Alt. 1 eine Einlagenrückgewähr dar, wenn das Darlehen nachträglich, innerhalb der Jahresfrist, aufgrund einer Vereinbarung zurückgewährt wird (MüKoHGB/*K. Schmidt* HGB Anh. § 236 Rn. 12). Als Einlagenrückgewähr gilt ferner die Bestellung einer insolvenz-

festen **Sicherheit** für die Einlage zugunsten des Stillen aus dem Vermögen des Schuldners (RGZ 27, 13 (18); RGZ 84, 434 (435 ff.)). Die Rückgabe von **Sacheinlagen** ist ebenfalls Einlagenrückgewähr, weil hierdurch die Chance vergeben wird, diese im Rahmen des Insolvenzverfahrens weiter zu nutzen (Nutzungsrecht als Massebestandteil; abw. die hM, MüKoHGB/*K. Schmidt* HGB Anh. § 236 Rn. 14). Der Erlass einer **rückständigen Einlage** fällt allein unter Abs. 1 Alt. 2 (RGZ 84, 434 (435 f.); → Rn. 3). Erhält der Geschäftsinhaber im Rahmen der Einlagenrückgewähr Zug um Zug einen entsprechenden anderen Vermögenswert, handelt es sich um ein **Bargeschäft** iSv § 142, sodass die Anfechtung ausgeschlossen ist (MüKoHGB/*K. Schmidt* HGB Anh. § 236 Rn. 11).

2. Erlass der Verlustbeteiligung. Wird die Verlustbeteiligung des Stillen iSv § 231 Abs. 1 HGB auf Kosten der Gläubiger des Geschäftsinhabers abgeändert, ist auch dies gem. Abs. 1 Alt. 2 anfechtbar (vgl. aber auch insofern § 129 Abs. 1: Erfordernis der Gläubigerbenachteiligung). Im Gegensatz zur Einlagenrückgewähr nach Abs. 1 Alt. 1 ist jedoch zusätzlich erforderlich, dass der entsprechende **Verlustanteil bereits realisiert** wurde, mithin dem Stillen ein konkreter Vorteil zufällt (RGZ 31, 33 (37)). Unschädlich ist eine Reduzierung der Verlustbeteiligung, soweit es sich um Verluste handelt, die noch nicht eingetreten waren (MüKoInsO/*Gehrlein* Rn. 21). Maßgeblicher **Zeitpunkt** ist grundsätzlich die Änderung des Gesellschaftsvertrages, mithin der Erlass. Bei einer unterjährigen Vereinbarung gilt dies jedoch nur, wenn die Beteiligten eine auf diesen Zeitpunkt bezogene GuV erstellen; ansonsten wirkt der Erlass erst ab dem darauffolgenden Geschäftsjahr (hM, MüKoHGB/*K. Schmidt* HGB Anh. § 236 Rn. 17; abw. MüKoInsO/*Gehrlein* Rn. 21, sofern der Insolvenzverwalter den früheren Verlust anderweitig beweisen kann). 3

III. Vereinbarung binnen Jahresfrist

Die anfechtbare Rechtshandlung (→ Rn. 2 f.) muss auf einer Vereinbarung zwischen dem Stillen und dem Geschäftsinhaber beruhen, die im letzten Jahr vor dem Insolvenzantrag oder nach diesem getroffen wurde (Fristberechnung nach §§ 139, 140). Wegen dieser Einschränkung hat das Anfechtungsrecht **kaum praktische Bedeutung.** An einer entsprechenden Vereinbarung fehlt es nämlich, wenn die anfechtbare Rechtshandlung durch **einseitiges Rechtsgeschäft** des Stillen herbeigeführt wurde (vor allem durch Kündigung, vgl. BGH 29.6.1970, BGHZ 55, 5 = NJW 1971, 375) sowie, wenn dem Stillen ein **gesetzlicher Anspruch** hierauf zustand. Die Anfechtbarkeit ist auch ausgeschlossen, wenn die entsprechende Vereinbarung bereits vor der Jahresfrist getroffen wurde, ggf. bereits im ursprünglichen Gesellschaftsvertrag (RGZ 27, 13 (18); RGZ 84, 434 (437 f.)). Bei einem **vertraglichen Kündigungsrecht** ist die Anfechtung ausgeschlossen, wenn dieses vor Jahresfrist vereinbart wurde; dies gilt selbst dann, wenn es im Nachgang zur Kündigung zu einer insolvenznahen Auflösungsvereinbarung kommt (BGH 22.9.2015, ZIP 2016, 266 Rn. 16; BGH 27.11.2000, NJW 2001, 1270; OLG Oldenburg 20.5.1999, NZG 1999, 896 (897); einschränkend OLG Stuttgart 16.6.1999, NZG 2000, 93 (94)). Bei der auch auf die stille Beteiligung anwendbaren **Lehre von der fehlerhaften Gesellschaft** (→ HGB § 230 Rn. 19) ist die Anfechtung nach § 136 ausgeschlossen, soweit der betreffende Mangel, wie regelmäßig, durch Kündigung geltend gemacht werden kann, sodass keine Vereinbarung vorliegt (vgl. BGH 29.6.1970, BGHZ 55, 5 = NJW 1971, 375 (415)). Bei mehreren in Betracht kommenden Lösungsmöglichkeiten muss dieses Kündigungsrecht dann jedoch auch tatsächlich ausgeübt werden (vgl. OLG Hamm 2.3.1999, NJW-RR 1999, 1415). 4

IV. Ausschluss der Anfechtbarkeit

Nach **Abs. 2** ist die Anfechtung weiterhin ausgeschlossen, wenn der Eröffnungsgrund (§§ 17–19) erst nach der Vereinbarung eingetreten ist (Einzelheiten bei MüKoInsO/*Gehrlein* Rn. 24). Die Regelung gilt nicht bei § 135 entsprechend (BGH 30.4.2015, NZG 2015, 924). Zur Corona-Pandemie → Rn. 1a. 5

V. Rechtfolge

Ist eine Rechtshandlung anfechtbar, kann diese vom Insolvenzverwalter angefochten werden (§ 129 Abs. 1). Erhaltene Einlagen sind nach § 143 zurückzugewähren, die Minderung der Verlustbeteiligung ist im Rahmen der Auseinandersetzung nach § 236 HGB zu korrigieren (Oetker/*Schubert* HGB § 236 Rn. 24). Die anfechtbaren oder angefochtenen Rechtshandlungen sind nicht nichtig (MüKoHGB/*K. Schmidt* HGB Anh. § 236 Rn. 27). Anfechtungsgegner ist der Stille, nach § 145 sein Rechtsnachfolger. Das Anfechtungsrecht verjährt gem. § 146. Nach § 144 leben die Ansprüche des Stillen wieder auf, sodass dieser grundsätzlich die entsprechenden Forderungen anmelden darf; die haftungsmäßige Widmung der Vermögenseinlage richtet sich nach § 236 HGB. 6

VI. Beweislast

Die Voraussetzungen des **Abs. 1** hat der Insolvenzverwalter im Hinblick auf die anfechtbare Rechtshandlung zu beweisen; der Stille hat zu beweisen, dass diese nicht aufgrund einer binnen Jahresfrist 7 getroffenen Vereinbarung erfolgt ist (MüKoHGB/*K. Schmidt* HGB Anh. § 236 Rn. 24; abw. EBJS/*Gehrlein* HGB § 236 Rn. 22: Beweislast für alle Merkmale allein beim Insolvenzverwalter). Die Voraussetzungen des **Abs. 2** darzulegen und zu beweisen, obliegt dem Stillen (zum alten Recht BGH 1.3.1982, BGHZ 83, 341 (346) = NJW 1983, 42). Er muss also beweisen, dass im Zeitpunkt der Vereinbarung kein Insolvenzgrund iSv §§ 17–19 InsO vorlag.

Rechtsfolgen

143 (1) [1]**Was durch die anfechtbare Handlung aus dem Vermögen des Schuldners veräußert, weggegeben oder aufgegeben ist, muß zur Insolvenzmasse zurückgewährt werden.** [2]**Die Vorschriften über die Rechtsfolgen einer ungerechtfertigten Bereicherung, bei der dem Empfänger der Mangel des rechtlichen Grundes bekannt ist, gelten entsprechend.**[3]**Eine Geldschuld ist nur zu verzinsen, wenn die Voraussetzungen des Schuldnerverzugs oder des § 291 des Bürgerlichen Gesetzbuchs vorliegen; ein darüber hinausgehender Anspruch auf Herausgabe von Nutzungen eines erlangten Geldbetrags ist ausgeschlossen.**

(2) [1]**Der Empfänger einer unentgeltlichen Leistung hat diese nur zurückzugewähren, soweit er durch sie bereichert ist.** [2]**Dies gilt nicht, sobald er weiß oder den Umständen nach wissen muß, daß die unentgeltliche Leistung die Gläubiger benachteiligt.**

(3) [1]**Im Fall der Anfechtung nach § 135 Abs. 2 hat der Gesellschafter, der die Sicherheit bestellt hatte oder als Bürge haftete, die dem Dritten gewährte Leistung zur Insolvenzmasse zu erstatten.** [2]**Die Verpflichtung besteht nur bis zur Höhe des Betrags, mit dem der Gesellschafter als Bürge haftete oder der dem Wert der von ihm bestellten Sicherheit im Zeitpunkt der Rückgewähr des Darlehens oder der Leistung auf die gleichgestellte Forderung entspricht.** [3]**Der Gesellschafter wird von der Verpflichtung frei, wenn er die Gegenstände, die dem Gläubiger als Sicherheit gedient hatten, der Insolvenzmasse zur Verfügung stellt.**

I. Abs. 1 und 2

1 Abs. 1, der mit Wirkung vom 5.4.2017 um S. 3 ergänzt worden ist, und Abs. 2 regeln allgemein die als Rechtsfolge einer Insolvenzanfechtung gem. §§ 129 ff. eintretende Rückgewährpflicht des Begünstigten der angefochtenen Rechtshandlung (Einzelheiten bei MüKoInsO/*Kirchhof/Piekenbrock* Rn. 35 ff.). Ist die Tilgung einer im letzten Jahr vor dem Eröffnungsantrag oder nach diesem Antrag abgetretenen Forderung sowohl gegenüber dem Gesellschafter als auch gegenüber dem Zessionar angefochten worden (→ InsO § 135 Rn. 5), haften diese als Gesamtschuldner (BGH 21.2.2013, BGHZ 196, 220 Rn. 29 f. = NJW 2013, 2282).

II. Abs. 3

2 **Abs. 3** trifft eine Sonderregelung für **gesellschafterbesicherte Drittdarlehen.** Hat der Insolvenzverwalter gem. § 135 Abs. 2 eine Rechtshandlung der Gesellschaft angefochten, durch die die Forderung eines Dritten getilgt worden ist, trifft die Rückgewährpflicht nicht diesen, sondern den Gesellschafter, der für die Forderung eine Sicherheit bestellt hatte. Das gilt auch, wenn sowohl von der Gesellschaft als auch von dem Gesellschafter eine Sicherheit bestellt worden war und der Gläubiger, was ihm frei steht, erstere verwertet hat (BGH 1.12.2011, BGHZ 192, 9 Rn. 12 ff. = NJW 2012, 156; *Wicke* GmbHG Anh. § 30 Rn. 13). Entscheidend für die Höhe der Rückerstattung ist der Umfang der Haftungsbefreiung, die der Gesellschafter erlangt hat (BGH 20.7.2009, NZG 2009, 1024 Rn. 17).

3 Begrenzt durch den Höchstbetrag der Bürgschaft bzw. den Wert der Sicherheit (S. 2), umfasst die Ersatzpflicht des Gesellschafters die gesamte von der Gesellschaft zur Befriedigung des Gläubigers erbrachte Leistung ohne Zinsen (Scholz/*Bitter* GmbHG Anh. § 64 Rn. 377; Baumbach/Hueck/*Haas* GmbHG Anh. § 64 Rn. 155d; differenzierend Rowedder/Schmidt-Leithoff/*Görner* GmbHG Anh. § 30 Rn. 194). Hat die Gesellschaft das besicherte Darlehen nur teilweise zurückgeführt, darf die Summe aus dem der Gesellschaft zu erstattenden Betrag und der fortbestehenden Verpflichtung des Gesellschafters aus der Sicherheit dessen ohne die teilweise Rückführung des Darlehens bestehende Verpflichtung nicht überschreiten (BGH 4.7.2013, BGHZ 198, 77 Rn. 22 = NJW 2013, 3031). Der Gesellschafter ist nach S. 3 berechtigt, aber nicht verpflichtet (BGH 14.10.1985, NJW 1986, 429 (430)), anstelle einer Erstattung des Geleisteten der Insolvenzmasse die Gegenstände, die als Sicherheit gedient hatten, zur Verfügung zu stellen. Wenn dies geschieht, muss der Insolvenzverwalter den Verwertungserlös an den Gesellschafter auskehren, soweit er den gesicherten Betrag übersteigt (MüKoInsO/*Kirchhof/Piekenbrock* Rn. 149).

Anfechtungsgesetz

vom 5.10.1994 (BGBl. 1994 I 2911),

zuletzt geändert durch Art. 3 Gesetz zur Verbesserung der Rechtssicherheit bei Anfechtungen nach der InsO und nach dem AnfG vom 29.3.2017 (BGBl. 2017 I 654)

– Auszug –

Gesellschafterdarlehen

6 (1) [1]**Anfechtbar ist eine Rechtshandlung, die für die Forderung eines Gesellschafters auf Rückgewähr eines Darlehens im Sinne des § 39 Abs. 1 Nr. 5 der Insolvenzordnung oder für eine gleichgestellte Forderung**

1. **Sicherung gewährt hat, wenn die Handlung in den letzten zehn Jahren vor Erlangung des vollstreckbaren Schuldtitels oder danach vorgenommen worden ist, oder**
2. **Befriedigung gewährt hat, wenn die Handlung im letzten Jahr vor Erlangung des vollstreckbaren Schuldtitels oder danach vorgenommen worden ist.**

[2]**Wurde ein Antrag auf Eröffnung eines Insolvenzverfahrens nach § 26 Abs. 1 der Insolvenzordnung abgewiesen, bevor der Gläubiger einen vollstreckbaren Schuldtitel erlangt hat, so beginnt die Anfechtungsfrist mit dem Antrag auf Eröffnung des Insolvenzverfahrens.**

(2) [1]**Die Anfechtung ist ausgeschlossen, wenn nach dem Schluss des Jahres, in dem der Gläubiger den vollstreckbaren Schuldtitel erlangt hat, drei Jahre verstrichen sind.** [2]**Wurde die Handlung später vorgenommen, so ist die Anfechtung drei Jahre nach dem Schluss des Jahres ausgeschlossen, in dem die Handlung vorgenommen worden ist.**

Gesicherte Darlehen

6a [1]**Anfechtbar ist eine Rechtshandlung, mit der eine Gesellschaft einem Dritten für eine Forderung auf Rückgewähr eines Darlehens innerhalb der in § 6 Abs. 1 Satz 1 Nr. 2 und Satz 2 genannten Fristen Befriedigung gewährt hat, wenn ein Gesellschafter für die Forderung eine Sicherheit bestellt hatte oder als Bürge haftete; dies gilt sinngemäß für Leistungen auf Forderungen, die einem Darlehen wirtschaftlich entsprechen.** [2]**§ 39 Abs. 4 und 5 der Insolvenzordnung und § 6 Abs. 2 gelten entsprechend.**

Rechtsfolgen

11 (1) [1]**Was durch die anfechtbare Rechtshandlung aus dem Vermögen des Schuldners veräußert, weggegeben oder aufgegeben ist, muß dem Gläubiger zur Verfügung gestellt werden, soweit es zu dessen Befriedigung erforderlich ist.** [2]**Die Vorschriften über die Rechtsfolgen einer ungerechtfertigten Bereicherung, bei der dem Empfänger der Mangel des rechtlichen Grundes bekannt ist, gelten entsprechend.** [3]**Eine Geldschuld ist nur zu verzinsen, wenn die Voraussetzungen des Schuldnerverzugs oder des § 291 des Bürgerlichen Gesetzbuchs vorliegen; ein darüber hinausgehender Anspruch auf Herausgabe von Nutzungen eines erlangten Geldbetrags ist ausgeschlossen.**

(2) [1]**Der Empfänger einer unentgeltlichen Leistung hat diese nur zur Verfügung zu stellen, soweit er durch sie bereichert ist.** [2]**Dies gilt nicht, sobald er weiß oder den Umständen nach wissen muß, daß die unentgeltliche Leistung die Gläubiger benachteiligt.**

(3) [1]**Im Fall der Anfechtung nach § 6a hat der Gesellschafter, der die Sicherheit bestellt hatte oder als Bürge haftete, die Zwangsvollstreckung in sein Vermögen bis zur Höhe des Betrags zu dulden, mit dem er als Bürge haftete oder der dem Wert der von ihm bestellten Sicherheit im Zeitpunkt der Rückgewähr des Darlehens oder der Leistung auf die gleichgestellte Forderung entspricht.** [2]**Der Gesellschafter wird von der Verpflichtung frei, wenn er die Gegenstände, die dem Gläubiger als Sicherheit gedient hatten, dem Gläubiger zur Verfügung stellt.**

Die Vorschriften gewähren Gläubigern der Gesellschaft die Möglichkeit, **außerhalb von Insolvenzverfahren** Rechtshandlungen anzufechten, die der **Tilgung oder Sicherung von Gesellschafterdarlehen und gesellschafterbesicherten Drittdarlehen** dienen. Sie sind insbesondere von Bedeutung, 1 wenn es mangels Masse nicht zur Eröffnung des Verfahrens kommt, aber nicht auf diesen Fall beschränkt.

2 **Anfechtungsberechtigt** ist gem. § 2 jeder Inhaber eines vollstreckbaren Schuldtitels gegen die Gesellschaft, wenn die Forderung fällig ist und die Zwangsvollstreckung in das Vermögen der Gesellschaft nicht zu einer vollständigen Befriedigung geführt hat oder wenn anzunehmen ist, dass sie nicht dazu führen würde.

3 **Voraussetzungen und Rechtsfolgen** im Übrigen entsprechen weitgehend denjenigen der §§ 135, 143 InsO. Während §§ 6, 11 Abs. 1, 2 die Sicherung bzw. Tilgung von Forderungen eines Gesellschafters oder eines ihm gleichgestellten Dritten betreffen (→ InsO § 135 Rn. 2 ff., → InsO § 143 Rn. 1), lehnen sich §§ 6a, 11 Abs. 3 an die in § 135 Abs. 2 InsO, § 143 Abs. 3 InsO für gesellschafterbesicherte Forderungen getroffenen Regelungen an (→ InsO § 135 Rn. 7, → InsO § 143 Rn. 2). Maßgeblicher **Zeitpunkt** für die Berechnung der zehn- bzw. einjährigen Frist ist derjenige der **Erlangung des Titels,** wenn nicht zuvor bereits ein Antrag auf Eröffnung des Insolvenzverfahrens nach § 26 Abs. 1 InsO abgewiesen worden ist. § 6 Abs. 2 normiert für die Geltendmachung der Anfechtung eine **Ausschlussfrist** (Roth/Altmeppen/*Altmeppen* GmbHG Anh. § 30 Rn. 182) von drei Jahren ab Erlangung des Titels bzw. vom Schluss des Jahres an, in dem nach Erlangung des Titels eine anzufechtende Rechtshandlung vorgenommen wurde.

4 Das **Übergangsrecht** regelt **§ 20 Abs. 3.** Ebenso wie bei Anfechtungen innerhalb eines Insolvenzverfahrens (→ InsO § 39 Rn. 12) sind auf vor dem 1.11.2008 vorgenommene Rechtshandlungen, die nach bisherigem Recht der Anfechtung entzogen oder in geringerem Umfang unterworfen waren, die bis zum 31.10.2008 geltenden Vorschriften anzuwenden, sodass es für eine Übergangszeit weiterhin auf das Merkmal des Kapitalersatzes gem. § 6 aF ankommen kann.

Internationales Gesellschaftsrecht

Übersicht

A. Mobilität der Gesellschaften

I. Allgemeines

Im internationalen Rechtsverkehr unter Beteiligung von juristischen Personen und Gesellschaften stellt sich stets die Frage nach dem auf diese anwendbaren Recht. Dies betrifft zum einen die **Anerkennung** ausländischer Gesellschaften durch eine Rechtsordnung, wenn diese außerhalb ihres Heimatstaates tätig werden (→ Rn. 7 ff.). Zum anderen ist problematisch, wie der **grenzüberschreitende Wegzug und Zuzug von Gesellschaften** rechtlich zu bewerten ist. Aus der deutschen Perspektive betrifft dies derzeit vornehmlich Letzteres. Die GmbH ist kein „Exportschlager", sodass es va um rechtliche Erfassung von ausländischen Gesellschaftsformen bei ihrer ausschließlichen Tätigkeit in Deutschland geht, insbesondere bei der englischen Ltd. (→ Rn. 40 ff.). Die Antwort auf all diese Fragestellungen gibt das internationale Gesellschaftsrecht als Teil des internationalen Privatrechts. Hierunter versteht man das für gesellschaftsrechtlich einzuordnende Sachverhalte maßgebliche **Kollisionsrecht.** Dies ergibt sich vornehmlich aus dem deutschen IPR, mittlerweile jedoch maßgeblich überlagert durch europa- und völkerrechtliche Vorgaben. Hiervon abzugrenzen, jedoch nicht weniger relevant, ist das gemäß dem internationalen Gesellschaftsrecht anzuwendende nationale **Sachrecht.** Handelt es sich hierbei um eine ausländische Rechtsordnung, gilt § 293 ZPO (hierzu BGH 23.4.2002, NJW-RR 2002, 1359 (1360); BGH 29.1.2003, NJW 2003, 1607 (1609)). 1

Die **europäische Rechtsvereinheitlichung** wurde bisher durch folgende gesellschaftsrechtliche Richtlinien und Verordnungen herbeigeführt: Gesellschaftsrecht-Richtlinie (RL 2017/1132/EU, ABl. 2017 L 169, 46); Aktionärsrechterichtlinie vom 14.7.2007 (RL 2007/36/EG, ABl. 2007 L 184, 17), geändert durch Richtlinie (EU) 2017/828 vom 17.5.2017 (ABl. 2017 L 132, 1); Jahresabschlussrichtlinie vom 25.7.1978 (4. RL 78/660/EWG, ABl. 1978 L 222, 11); Abschlussprüferrichtlinie vom 9.6.2006 (8. RL 2006/43/EG, ABl. 2006 L 157, 87); Einpersonen-Gesellschaftsrichtlinie vom 21.12.1989 (12. RL 89/667/EWG, ABl. 1989 L 395, 40), neu gefasst durch die Richtlinie 2009/102/EG vom 16.9.2009 (ABl. 2009 L 258, 20); Übernahmerichtlinie vom 21.4.2004 (13. RL 2004/25/EG, ABl. 2004 L 142, 12), geändert durch VO (EG) Nr. 219/2009 vom 11.3.2009 (ABl. 2009 L 87, 109); IAS-Verordnung vom 11.9.2002 (VO (EG) 1606/2002, ABl. 2002 L 243, 1); EWIV-VO vom 25.7.1985 (VO 2137/85/EWG, ABl. 1985 L 199, 1); SE-VO vom 8.10.2001 (VO 2157/2001/EG, ABl. 2001 L 294, 1), geändert durch VO (EG) Nr. 1791/2006, ABl. 2006 L 363, 1 (→ Rn. 225 ff.); SE-Mitbestimmungsrichtlinie vom 10.11.2001 (RL 2001/86/EG, ABl. 2001 L 294, 22); SCE-VO vom 22.7.2003 (VO 1435/2003/EG, ABl. 2003 L 207, 1). Die **Umsetzung ins nationale Recht steht noch aus** im Hinblick auf die 2

Richtlinie zum Einsatz digitaler Werkzeuge und Verfahren im Gesellschaftsrecht (bzgl. Online-Gründung) vom 20.7.2019 (RL EU 2019/1151, Umsetzung grundsätzlich bis 1.8.2021; vgl. hierzu *Teichmann* ZIP 2018, 1; *Bormann/Stelmaszcyk* NZG 2019, 601 (601); *Bayer/Schmidt* BB 2019, 1922 (1923) sowie bzgl. der Richtlinie zur Änderung der Richtlinie (EU) 2017/1132 in Bezug auf grenzüberschreitende Umwandlungen, Verschmelzungen und Spaltungen vom 27.11.2019 (RL EU 2019/2121, Umsetzung bis 31.1.2023; vgl. hierzu *Stelmaszcyk* GmbHR 2020, 61; *Schulte* GmbHR 2020, 139; *J. Schmidt* EuZW 2020, 3; *J. Schmidt* ZEuP 2020, 566). **Geplant,** aber derzeit nicht ernsthaft weiterverfolgt, sind die SPE-VO (→ Rn. 340 ff.; hierzu aus jüngerer Zeit etwa *Harbarth* GmbHR 2018, 657; *Teichmann* GmbHR 2018, 713; *Schubel* GmbHR 2018, 679; *Brandes* GmbHR 2018, 825) und die SUP-Richtlinie (vgl. BR-Drs. 165/14 vom 10.4.2014, aber wohl nicht weiter verfolgt, vgl. *Wicke* GmbHG Einl. Rn. 37 aE). Vgl. auch den Kommissionsvorschlag zur Änderung der Gesellschaftsrechtsrichtlinie für eine weitergehende Harmonisierung grenzüberschreitender Strukturmaßnahmen (COM (2018) final 2018/0114 (COD), hierzu *DAV* NZG 2018, 857; *Knaier* GmbHR 2018, 607). Die europäische Kodifizierung des Gesellschaftskollisionsrechts befindet sich derzeit ebenfalls allein im Planungsstadium (vgl. einmal Grünbuch zur Schaffung einer Kapitalmarktunion COM (2015) final, 63; hierzu *Kieninger* IPRax 2017, 200; *Hübner* ZGR 2018, 149).

II. Kollisionsrechtliche Grundlagen

3 Ein spezielles internationales Gesellschaftsrecht fehlt und wurde auf nationaler und europäischer Ebene bisher ausdrücklich nicht kodifiziert. Gemäß **Art. 1 Abs. 2 lit. f Rom I-VO** und **Art. 1 Abs. 2 lit. d Rom II-VO** sind Schuldverhältnisse, die sich aus dem Gesellschaftsrecht, dem Vereinsrecht und dem Recht der juristischen Personen ergeben, wie die Errichtung durch Eintragung oder auf andere Weise, die Rechts- und Handlungsfähigkeit, die innere Verfassung und die Auflösung von Gesellschaften, Vereinen und juristischen Personen, die persönliche Haftung der Gesellschafter und der Organe für Verbindlichkeiten der Gesellschaft, des Vereins oder der juristischen Person von den betreffenden Kollisionsnormen nicht erfasst. Wie zu den früheren Regelungen gemäß **EGBGB** gilt daher nach wie vor, dass das deutsche internationale Gesellschaftsrecht seiner Ausgestaltung durch **Rspr. und Lit.** überlassen bleibt. Die hieraus resultierende, nach wie vor bestehende Rechtsunsicherheit ist ein klarer **Wettbewerbsnachteil** für das deutsche Recht und daher rechtspolitisch stark zu kritisieren.

4 Der Konkretisierungsprozess des deutschen internationalen Gesellschaftsrechts ist kontrovers und derzeit noch nicht abgeschlossen. Allgemein maßgeblich ist zunächst nach wie vor die sog. **Einheitslehre.** Diese besagt, dass alle das Innen- und Außenverhältnis der Gesellschaft betreffenden gesellschaftsrechtlichen Rechtsbeziehungen einheitlich bestimmt werden (BGH 30.3.2000, ZIP 2000, 967 (785)). Selbst wenn hierüber weitgehend Einigkeit besteht, ist nach wie vor heftig umstritten, woran das hiernach einheitlich zu ermittelnde **Gesellschaftsstatut** anzuknüpfen ist, wenn ein grenzüberschreitender Sachverhalt vorliegt, insbesondere bei der Verlegung des tatsächlichen Verwaltungssitzes in den Bereich einer anderen Rechtsordnung (zu Einzelheiten MüKoBGB/*Kindler* IntGesR Rn. 531 ff.).

5 Liegt hiernach ein grenzüberschreitender Sachverhalt vor, ist zum einen möglich, das Gesellschaftsrecht des Staates, in dem die Gesellschaft gegründet wurde, anzuwenden, unabhängig davon, wo die Gesellschaft letztlich ihre Geschäftstätigkeit ausübt **(Gründungstheorie).** Diese Anknüpfung begünstigt den identitäts- und statuswahrenden Wegzug von Gesellschaften und ist vorwiegend in den Staaten mit anglo-amerikanischer Rechtstradition vorherrschend (vgl. *Hoffmann* ZVglRWiss. 101 (2002), 283). Maßgeblich kann aber auch das Recht des Staates sein, in dem die Gesellschaft ihren tatsächlichen Verwaltungssitz hat. Einen derartigen Statutenwechsel führt beim Grenzübertritt die **Sitztheorie** herbei (instruktiv OLG Hamburg 30.3.2007, ZIP 2007, 1108; OLG Oldenburg 30.6.2020, NZG 2020, 992 Rn. 8). Hiernach ist kollisionsrechtlich das materielle Recht des Staates maßgebend, in dem die juristische Person ihren Verwaltungssitz hat bzw. nimmt. Die materielle Legitimation dieser Anknüpfung resultiert aus der trotz vieler Vorteile eines Wettbewerbs der Rechtsordnungen dem Grunde nach zutreffenden Prämisse, dass das Recht des Staates zur Anwendung kommen soll, das von der Tätigkeit typischerweise am stärksten betroffen ist, mithin der Sitzstaat ein „Wächteramt" über die in seinem Territorium agierenden Gesellschaften ausüben soll (Spindler/Stilz/*Müller* IntGesR Rn. 2). Diese Prämisse war traditionell **in Deutschland vorherrschend** und wird gemeinhin als Gewohnheitsrecht angesehen (grundlegend BGH 11.5.1957, NJW 1957, 1433 (1434); aus jüngerer Zeit BGH 1.7.2002, NJW 2002, 3539; BGH 29.1.2003, NJW 2003, 1607 (1608); OLG Oldenburg 30.6.2020, NZG 2020, 992 Rn. 8). Infolge der europäischen Vorgaben über die Niederlassungsfreiheit befindet sich diese Art der Anknüpfung jedoch auf dem Rückzug (für die Zuzugsfälle → Rn. 18 f.; für die Wegzugsfälle → Rn. 37; zur Behandlung einer sog. Rest-Ltd. → Rn. 219).

6 Die **Unterschiede** zwischen Gründungs- und Sitztheorie sind nicht so groß, wie es auf den ersten Blick scheint. Übereinstimmend kommen Sitz- und Gründungstheorie zu dem Ergebnis, dass eine ausländische Gesellschaft, die ohne Verlegung ihres tatsächlichen Verwaltungssitzes grenzüberschreitend handelt, von der jeweils anderen Rechtsordnung als solche **anzuerkennen** ist (→ Rn. 7 ff.). Problema-

tisch sind allein die Fälle, in denen die Tätigkeit einer Gesellschaft im Ausland einen Umfang einnimmt, der nach den Vorgaben der Sitztheorie einen **Statutenwechsel** nach sich ziehen würde. Aus deutscher Perspektive kann dies einmal gegeben sein, wenn eine deutsche Gesellschaft ihren effektiven Verwaltungssitz ins Ausland verlegt (Wegzugsfall, → Rn. 35 ff.). Umgekehrt ist es denkbar, dass eine ausländische Gesellschaft ihre Geschäftstätigkeit vollständig nach Deutschland verlagert (Zuzugsfall, → Rn. 14 ff.). In beiden Fällen stellt sich kollisionsrechtlich die Frage, welches Sachrecht die Wirksamkeit und Folgen dieses Grenzübertritts ausgestaltet. Die Kontroverse um die Sitz- und Gründungstheorie betrifft alle **juristischen Personen und Personengesellschaften** (BGH 26.9.1966, NJW 1966, 38); für Innengesellschaften gilt demgegenüber das Vertragsstatut gemäß Rom I-VO (Spindler/Stilz/*Müller* IntGesR Rn. 24; zur stillen Gesellschaft BGH 13.9.2004, NJW 2004, 3706 (3708)).

III. Die Anerkennung ausländischer Gesellschaften

Von der unter → Rn. 5 erörterten Sitzverlegung zu unterscheiden ist die Anerkennung ausländischer Gesellschaften in Deutschland. Eine ausländische Gesellschaft, die ihren tatsächlichen Verwaltungssitz im Ausland behält, kann ohne weiteres ihre geschäftliche Tätigkeit auch in Deutschland entfalten, ohne dass es hierfür eines besonderen behördlichen oder gerichtlichen Verfahrens bedarf (Palandt/*Thorn* EGBGB Anh. Art. 12 Rn. 15). 7

1. Umfang

Sie ist hier als solche anzuerkennen, hat daher ggf. Rechtsfähigkeit gemäß ihrem Heimatrecht und wird von den hiernach maßgeblichen Organen vertreten (zum Überblick über die ausländischen Gesellschaftsformen und ihre Vertretungsorgane → Rn. 13). Die Partei- und Prozessfähigkeit vor deutschen Gerichten folgen ebenfalls den Vorgaben der ausländischen Rechtsordnung. Eine ausländische Gesellschaft kann gem. § 21 ZPO am Gerichtsstand der (deutschen) Niederlassung verklagt werden. Über den Wortlaut von Art. 19 Abs. 3 GG hinaus genießen Gesellschaften aus dem EU-Ausland in Deutschland **Grundrechtsschutz** (BVerfG 19.7.2011, NZG 2011, 1262; hierzu *Kruchen* NZG 2012, 377). 8

2. Registerpflicht der Zweigniederlassung

Eine registerpflichtige **Zweigniederlassung** wird dadurch errichtet, dass ein auf Dauer eingerichteter selbstständiger Geschäftsbetrieb im Inland geführt wird, der eine hinreichende organisatorische Selbstständigkeit in personeller und sachlicher Hinsicht aufweist. Maßgeblich ist das tatsächliche Vorliegen dieser Voraussetzungen, die erforderliche Registereintragung hat nur deklaratorische Bedeutung (Oetker/*Preuß* HGB § 13d Rn. 5 f.). Die Zweigniederlassung hat **keine eigene Rechtspersönlichkeit** und unterscheidet sich so von einer Tochtergesellschaft. Nach §§ 13d–13g HGB unterliegen die Zweigniederlassungen ausländischer Gesellschaften der deutschen Registerpflicht. Die Vorschriften beruhen weitgehend auf der europäischen Publizitätsrichtlinie, nunmehr Gesellschaftsrechtsrichtlinie (→ Rn. 2), gelten jedoch auch für Gesellschaften aus Drittstaaten. Zu den Einzelheiten s. die Kommentierung der betreffenden Regelungen im HGB; zur entsprechenden Anwendung dieser Regelungen auf die Ltd. → Rn. 65. 9

Die rechtliche Ausgestaltung der Zweigniederlassung als Teil der Hauptgesellschaft folgt dem Gesellschaftsstatut (Oetker/*Preuß* HGB § 13d Rn. 29). Ausnahmen gelten jedoch für die zulässige **Firmenbildung** (OLG München 1.7.2010, NZG 2011, 157). Die §§ 18, 30 HGB sind ungeachtet der ausländischen Vorgaben über die Firmenbildung zu beachten, auch bei Zweigniederlassungen von EU-Auslandsgesellschaften (hM, OLG Düsseldorf 22.2.2017, NJW-RR 2017, 742; Oetker/*Preuß* HGB § 13d Rn. 33, 36; abw. wohl MüKoHGB/*Heidinger* HGB Vor § 17 Rn. 42 ff.; Einzelheiten bei MHdB GesR VI/*Servatius* § 11). 10

Die Zweigniederlassung ist gem. § 13d Abs. 1 HGB bei dem Registergericht **anzumelden,** in dessen Bezirk sie besteht. Dies gilt auch, wenn mehrere Zweigniederlassungen errichtet werden (vgl. OLG Schleswig 11.7.2007, NZG 2007, 918); Ausnahmen bestehen nach § 13e Abs. 5 HGB. Zur Anmeldung verpflichtet sind die organschaftlichen Vertreter der ausländischen Gesellschaft (Oetker/*Preuß* HGB § 13d Rn. 39; aA Baumbach/Hopt/*Hopt* HGB § 13d Rn. 5: Leiter der Zweigniederlassung). Gegen die Geschäftsleiter kann gem. § 14 HGB ein Zwangsgeld festgesetzt werden, was in der Praxis wohl leer läuft, wenn sie sich nicht in Deutschland aufhalten. 11

3. Sonstiges Fremdenrecht

Die Zweigniederlassung einer ausländischen Gesellschaft unterliegt der **gewerberechtlichen Anzeigepflicht** gem. §§ 14, 15 GewO; vgl. für Kreditinstitute § 53b KWG. Auch ist gem. § 7 Abs. 1 HwO ggf. die Eintragung in die **Handwerksrolle** erforderlich (*Mankowski* BB 2006, 1173). Wie für jede ausländische Kapitalgesellschaft, die in Deutschland eine Niederlassung errichtet, sind auch eine Anmel- 12 dung beim **Finanzamt** (hierzu *Wachter* FR 2006, 393) und die Mitgliedschaft bei der **IHK** notwendig (zur Pflichtmitgliedschaft VG Darmstadt 7.11.2007, GewA 2007, 85; *Wachter* GmbHR 2004, 88). Bei Zweigniederlassungen ausländischer AG und GmbH sind gem. § 80 Abs. 4 AktG und § 35a Abs. 4 GmbHG besondere Angaben auf den **Geschäftsbriefen** zu machen (vgl. Art. 35, 26 GesR-RL).

4. Überblick über ausländische Gesellschaftsformen

Schrifttum allgemein: *Bauer/v. Oefele,* GBO, 3. Aufl. 2015 (mit Hinweisen zum Nachweis der Vertretungsbefugnisse); *Meikel,* GBO, 11. Aufl. 2015, Einl. L Rn. 94 ff.; Reithmann/Martiny/*Hausmann,* Internationales Vertragsrecht, 8. Aufl. 2015, Rn. 5246 ff.; *Spahlinger/Wegen* IntGesR Rn. 1104 ff.

13 Abkürzungen: Gf. = Geschäftsführer; Gfter. = Gesellschafter; V = Vertretung

Argentinien
Schrifttum: *Zschocke,* das Gesetz über die Handelsgesellschaften in Argentinien, 1988.
GmbH: Sociedad de Responsibilidad Limitada (S. R. L.).
Australien
Schrifttum: *Babeck,* Einführung in das australische Recht, 2011; *Fletcher,* The Law of Partnership in Australia, 9. Aufl. 2007; *Niedostadek,* Die Proprietary Company – das Recht der australischen private company, 2004.
GmbH: proprietary company (Pty Ltd.) – AG: public company (Ltd.) – OHG: partnership – KG: limited partnership.
Belgien
Schrifttum: *Blaurock/Jung,* Das belgische Kapitalgesellschaftsrecht, 2. Aufl. 1999; *Hoffmann,* Grundzüge des belgischen Handels-, Gesellschafts- und Wirtschaftsrechts, 1996.
GmbH: société privée à responsabilité limitée (SPRL)/besloten vennootschap met beperkte aansprakelilijkheid (BVBA); V: Einzelvertretungsbefugnis der Gf., sofern nicht vom Gesellschaftsvertrag abweichend geregelt.
AG: société anonyme (SA)/naamloze vennootschap (NV); V: Verwaltungsrat (conseil d'administration) kollektiv durch seine Mitglieder, Satzung kann Einzel-/Gesamtvertretungsbefugnis vorsehen.
OHG: société en nom collectif (SNC)/vennootschap onder firma (VOF); V: jeder Gfter. einzeln, sofern nicht durch Gesellschaftsvertrag/Beschluss abweichend geregelt (Wirkung gegenüber gutgläubigen Dritten aber nur nach Bekanntmachung in den „Annexes" zum „Moniteur Belge").
KG: société en commandite simple (SCS)/(eenvoudige) commanditaire vennootschap (CV); V: persönlich haftende Gfter. (associés commandités, wie bei der SNC), nicht: Kommanditisten (associés commanditaires).
Brasilien
Schrifttum: *Curschmann/Jolowicz,* Das neue brasilianische GmbH-Recht, GmbHR 2003, 1185; *Florence,* Das brasilianische Gesellschaftsrecht, 5. Aufl. 2012; *Lotz,* Haftung des Vorstandes der Aktiengesellschaft: Eine Untersuchung zum argentinischen, brasilianischen, deutschen und spanischen Recht, 2013; *Schweizer,* Die brasilianische Sociedade Limitada: Struktur und Haftungsrisiken für Gesellschafter, RIW 2012, 737; *Sester,* Brasilianisches Handels- und Wirtschaftsrecht: Handbuch, 2. Aufl. 2014.
GmbH: Sociedade Limitada (Limitada) – AG: Sociedade Anônima (S/A) – OHG: Sociedade em Nome Coletivo – KG: Sociedade em Comandita Simples – KGaA: Sociedade em Comandita por Açoes.
Bulgarien
Schrifttum: *Pavlova-Mirtcheva,* Die Änderungen im GmbH-Recht Bulgariens nach dem EU-Beitritt, GmbHR 2008, 475; *Pavlova-Mirtcheva,* Gründung und allgemeine Merkmale der GmbH in Bulgarien, GmbHR 2004, 786; *Tasheva,* Die Stellung des Gesellschafters in der bulgarischen GmbH: Ein Rechtsvergleich mit dem deutschen Recht, 2013.
GmbH: druzhestvo s ogranichena otgovornost (OOD) – AG: aktsionerno druzhestvo (AD) – OHG: sabiratelno druzhestvo (SD) – KG: komanditno druzhestvo (KD) – KGaA: komanditno druzhestvo s aktsii (KDA).
Dänemark
Schrifttum: *Henn,* Das neue dänische Kapitalgesellschaftsrecht, RiW 2011, 833; *Kusznier,* Dänisches Kapitalgesellschaftsrecht: Ein Vergleich zu Österreich und Deutschland, 2003; *Lau Hansen,* Nordic Company Law, 2003; *Ring/Olsen-Ring,* Einführung in das skandinavische Recht, 2. Aufl. 2014.
GmbH: anpartsselskab (ApS); V: Gf. – Der GmbH vergleichbar, aber ohne gesetzliche Regelung (das dänische Recht kennt keinen numerus clausus zulässiger Gesellschaftsformen): selskab med begrænset ansvar (S. m. b. a.).
AG: aktieselskab (A. S.); V: Verwaltungsrat
Weitere (gesetzlich nicht geregelte) Personengesellschaften: OHG: interessentskab, (I. S.); V: jeder Gfter., sofern nicht gesellschaftsvertraglich abweichend geregelt – KG: kommanditselskab, (K. S.); V: persönlich haftende Gfter. (entsprechende Anteilsgemeinschaft (andelsselskab)).
Estland
Schrifttum: *Driesen,* Die „GmbH" in den baltischen Staaten im Überblick. Estland-Lettland-Litauen, GmbHR 2003, 342; *Klauberg,* Gesellschaftsrecht in Estland, Lettland und Litauen, 200.
GmbH: osaühing (OÜ) – AG: aktsiaselts (AS) – OHG: täisühing (TÜ) – KG: usaldusühing (UÜ).
Finnland
Schrifttum: *Ring/Olsen-Ring,* Einführung in das skandinavische Recht, 2. Aufl. 2014; *Wilske/Miettinen/Kocher,* Das reformierte finnische Aktienrecht, RIW 2002, 94.
Das finnische Recht kennt nur eine der AG entsprechende Form der Kapitalgesellschaft, wobei hinsichtlich Kapitalausstattung, Übertragbarkeit der Aktien und Geschäftsführung zu unterscheiden sind: Öffentliche AG: julkinen osakeyhtiö (Oyj) und Private AG (ähnlich der GmbH): yksityinen osakeyhtiö (Oy); jew. V: Vorstand (Vorsitzender allein oder zusammen mit weiteren Mitgliedern oder zusammen mit dem Gf.) für die üblichen Geschäftstätigkeiten.
OHG: avoin yhtiö (Ay); V: jeder Gfter. einzeln, Vertretungsmacht aber beschränkbar/ausschließbar.
KG: kommandittiyhtiö (Ky); V: jeder Kommanditist einzeln, aber beschränkbar/ausschließbar, nicht: Komplementäre

Frankreich

Schrifttum: *Chaussade-Klein,* Gesellschaftsrecht in Frankreich, 2. Aufl. 1998; *Christ,* Englische Private Limited und französische Société à Responsabilité Limitée: Ein Ausweg aus den Fesseln der deutschen GmbH?, 2008; *Deckert/Sangiovanni,* Der GmbH-Geschäftsführer in Italien, Frankreich und Deutschland, ZvglRWiss 107 (2008), 164; *Henssler,* Das französische Recht der Anwaltsgesellschaften, NJW 2010, 1425; *Karst,* Die GmbH französischen Rechts, NotBZ 2006, 119; *Pfeifer,* Finanz- und Haftungsverfassung der SARL, GmbHR 2007, 1208; *Recq/Hoffmann,* Die französische S. A. R. L. als GmbH-Ersatz?, GmbHR 2004, 1070; *Maul,* Geschäftsführer einer französischen SARL, RIW 2000, 364; *Spahlinger/Wegen* IntGesR Rn. 1155 ff., 1413 ff.

GmbH: société à responsabilité limitée (SARL); V: Gf. (gérants) einzeln.

AG: société anonyme (SA); V: in der AG mit Verwaltungsrat (conseil d'administration) und Hauptversammlung (assemblée des actionnaires) der Präsident des Verwaltungsrats (président-directeur général), in der AG mit Direktorium (directeure), Aufsichtsrat (conseil de surveillance) und Hauptversammlung der Präsident des Direktoriums (directeur général).

AG vereinfachten Rechts: société par actions simplifiée (SAS); V: Präsident gemäß Satzung.

OHG: société en nom collectif (SNC); V: ein/mehrere Gf. (gérants, grundsätzlich ist jeder Gfter. Gf. und einzelvertretungsberechtigt).

KG: société en commandite simple (SCS); V: Komplementäre (associés commandités, wie SNC), nicht: Kommanditisten (associés commanditaires).

KGaA: société en commandite par actions (SCA).

Griechenland

GmbH: etairia periorismenis efthynis (EPE), hierzu *Tzakas* GmbHR 2014, 243 – AG: anonymi etairia (AE); V: Vorstandsmitglieder (Gesamtvertretung) – OHG: omorrythmi etairia (OE); V: Gfter., abhängig von der Satzung einzeln oder gemeinschaftlich – KG: eterorrhythmi etairia (EE); V: Komplementäre.

Großbritannien/Nordirland

Schrifttum: *Rehm* in Eidenmüller Ausl. KapGes. Rn. 328 ff.; *Spahlinger/Wegen* IntGesR Rn. 1124 ff., 1331 ff.; zur Ltd. → Rn. 40 ff.

GmbH: private limited liability company (ltd.); V: director, sofern nicht anders durch Satzung oder Beschluss der directors geregelt, sind mehrere directors grundsätzlich gesamtvertretungsberechtigt.

AG: public limited liability company (plc); V: board of directors.

OHG: partnership; V: jeder Gfter. (partner) einzeln, beschränkt auf den Gesellschaftszweck, Umfang der Vertretungsbefugnis gegenüber gutgläubigen Dritten unbeschränkbar.

KG: limited partnership (lp); V: Komplementäre (general partner) einzeln, beschränkt auf den Gesellschaftszweck, nicht: Kommanditisten (limited partner).

Irland

Schrifttum: *Michel/Byrne,* Gesellschaftsrecht in Irland, 1997.

GmbH: private company limited by shares (ltd.)/teoranta (teo) – AG: public limited company (plc)/cuidechta phoibi teoranta (cpt.) – OHG: general/ordinary partnership – KG: limited partnership.

Italien

Schrifttum: *Bader,* Die neue società a responsabilità in Italien, GmbHR 2005, 1474; *Barth,* Die Reform des Rechts der italienischen GmbH, MittBayNot 2006, 1; *Buenger,* Die Reform des italienischen Gesellschaftsrechts, RIW 2004, 249; *Deckert/Sangiovanni,* Der GmbH-Geschäftsführer in Italien, Frankreich und Deutschland, ZvglRWiss 107 (2008), 164; *Hilpold/Perathoner/Steinmair,* Die Reform des italienischen Gesellschaftsrechts, 2008; *Hofmann,* Gesellschaftsrecht in Italien, 3. Aufl. 2006; *Kindler,* Entwicklungslinien des italienischen Gesellschaftsrechts seit Beginn dieses Jahrhunderts, ZEuP 2012, 72; *Magrini,* Italienisches Gesellschaftsrecht, 2004; *Spahlinger/Wegen* IntGesR Rn. 1251 ff.; *Steinhauer,* Die Reform des Gesellschaftsrechts in Italien, EuZW 2004, 364.

GmbH: società a responsabilità limitata (s. r. l.); V: Gf., dem/denen die Geschäftsführung durch Gfterbeschluss übertragen wurde.

AG: società per azioni (s. p. a.); V: Gf. (amministratore) oder (bei mehreren Gf.) Verwaltungsrat (consiglio di amministrazione) mit Einzelvertretungsbefugnis der Gf., sofern nicht anders im Handelsregister eingetragen.

OHG: società in nome collettivo (s. n. c.); V: Gf. (amministratore) einzeln und beschränkt auf den Gesellschaftszweck, sofern keine abweichenden Regelungen im Handelsregister eingetragen.

KG: società in accomandita semplice (s. a. s.); V: Komplementäre (soci accomandatari, entsprechend s. n. c.), nicht: Kommanditisten (soci accomandanti).

KGaA: società a accomandità per azioni (s. a. p. a.).

Japan

Schrifttum: *Baum,* Handbuch des Japanischen Handels- und Wirtschaftsrechts, 2010; *Kawamoto* u. a., Gesellschaftsrecht in Japan, 2004; *Marutschke,* Einführung in das japanische Recht, 2. Aufl. 2009.

GmbH: Yūgen-gaisha (seit 2006 nicht mehr gründbar) – AG: Kabushiki-gaisha (K. K.) – OHG: Gōmei-gaisha – KG: Gōshi-gaisha – Gōdō-gaisha (G. K.; „Hybridgesellschaft" mit Merkmalen einer Personen- und Kapitalgesellschaft).

Kanada

Schrifttum: *Schennach/Fritz,* Gesellschaftsrecht in Kanada, 1997; *Spahlinger/Wegen* IntGesR Rn. 1232 ff.; *Van Duzer,* The Law of partnerships and corporations, 3. Aufl. 2009.

Das kanadische Gesellschaftsrecht bestimmt sich nach den Rechtsordnungen der zehn Provinzen und dem Bundesrecht, je nachdem, wo die zu gründende Gesellschaft tätig werden soll. Dabei besteht nur eine Form der Kapitalgesellschaft (Corporation), deren Haftungsbeschränkung durch Firmenzusätze wie Limited (Ltd.), Limitée (Ltée), Incorporated, Incorporée (Inc.), Corporation (Corp.) oder S. A. R. L. gekennzeichnet wird.

Kroatien

Schrifttum: *Boric/Petrovic,* Gesellschaftsrecht und Wirtschaftsprivatrecht in Kroatien, 2000; *Pürner,* GmbH-Recht in Kroatien, RiW 1998, 700; *Pranjić,* Das kroatische Gesellschaftsrecht, 2008.

GmbH: društvo s ograničenom odgovornošću (d. o. o.) – AG: dionicko društvo (d. d.) – OHG: javno trgovacko društvo (j. t. d.) – KG: komanditno društvo (k. d.).

Lettland

Schrifttum: *Klauberg,* Gesellschaftsrecht in Estland, Lettland und Litauen, 2004.

GmbH: Sabiedrība ar ierobežotu atbildību (SIA) – AG: Akciju sabiedrība (AS) – OHG: Pilna sabiedrība (PS) – KG: Komandītsabierdrība (KS).

Liechtenstein

Schrifttum: *Schwärzler/Wagner,* Verantwortlichkeit im liechtensteinischen Gesellschaftsrecht, 2. Aufl. 2012; *Wagner,* Gesellschaftsrecht in der Schweiz und Liechtenstein, 3. Aufl. 2007.

GmbH: Gesellschaft mit beschränkter Haftung; V: alle Gfter. gemeinsam.

AG: Aktiengesellschaft; V: Verwaltungsrat.

OHG: Kollektivgesellschaft; V: jeder Gfter. einzeln, Abweichungen nur bei Eintragung oder Kenntnis des Dritten wirksam.

KG: Kommanditgesellschaft; V: Komplementäre.

Litauen

Schrifttum: *Klauberg,* Gesellschaftsrecht in Estland, Lettland und Litauen, 2004.

GmbH: udara akcine bendrove (UAB; „geschlossene Aktiengesellschaft“) – AG: akcine bendrove (AB) – OHG: Tikroji ūkinė bendrija (TŪB) – KG: Komanditinė ūkinė bendrija (KŪB).

Luxemburg

Schrifttum: *Diesel,* Die Haftung des Gesellschafters der deutschen GmbH im Vergleich zur Haftung des Gesellschafters der luxemburgischen S.à r. l., 2011; *Otto/Elwan,* Die Vereinigung aller Aktien in einer Hand im luxemburgischen Aktienrecht, RiW 1994, 728.

GmbH: société à responsabilité limitée (s.à.r. l.) – AG: société anonyme (S. A.) – OHG: société en nom collectif (s. e. n. c.) – KG: société en commandite simple (s. e. c. s.) – KGaA: société en commandite par actions (s. c. a.).

Malta

GmbH: limited liability company – AG: company limited by shares – OHG: partnership en nom collectif – KG: partnership en commandite.

Niederlande

Schrifttum: *de Vries/van Efferink,* Die niederländische B. V., GmbHR-Sonderheft 2006, 48; *Gotzen,* Niederländisches Handels- und Wirtschaftsrecht, 2. Aufl. 2000; *Richter,* Die Haftung der Geschäftsführer und Gründer in der niederländischen B. V., GmbHR 2007, 1316; *Spahlinger/Wegen* IntGesR Rn. 1137 ff., 1382 ff.

GmbH: besloten vennootschap met beperkte aansprakelijkheid (BV); V: Vorstand.

AG: naamloze vennootschap (NV); V: Vorstand (bestuur), mehrere Mitglieder sind einzeln vertretungsbefugt.

OHG: Vennootschap onder firma (VOF); V: Gfter. einzeln, Beschränkungen nur bei Eintragung im Handelsregister wirksam.

KG: Commanditaire Vennootschap (CV); V: Komplementäre, nicht Kommanditisten.

KGaA: Commanditaire Vennootschap op Andelen (CVoA).

Norwegen

Das norwegische Recht kennt keine der GmbH entsprechende Rechtsform. – AG: aksjeselskap (AS) – OHG: ansvarlig selskap (ANS)/ansvarlig selskap (med delt ansvar) (DA) – KG: kommenditselskap (KS).

Österreich

Schrifttum: *Fleischer/Kalss/Vogt,* Gesellschafts- und Kapitalmarktrecht in Deutschland, Österreich und der Schweiz 2014; *Rieder/Huemer,* Gesellschaftsrecht, 3. Aufl. 2013; *Spahlinger/Wegen* IntGesR Rn. 1191 ff.; zur AG MüKoAktG; *Fritz,* Wichtige Grundlagen für Geschäftsführer einer österreichischen GmbH, GmbHR 2005, 1339.

GmbH: GesmbH, V: Gf., mehrere Gf. vertreten gemeinschaftlich, sofern nicht abweichend in Satzung geregelt, Beschränkungen gelten Dritten gegenüber nicht.

AG: AG, V: Vorstand, mehrere Vorstände vertreten gemeinschaftlich, sofern nicht abweichend in Satzung oder durch Aufsichtsrat geregelt, einzelne Vorstände können einzeln ermächtigt werden.

OHG: OHG, V: Gfter. einzeln, sofern nicht abweichend im Handelsregister eingetragen, gegenüber Dritten unbeschränkbar.

KG: KG, V: wie OHG, nicht: Kommanditisten.

Polen

Schrifttum: *Brockhuis/Schnell,* Gesellschaftsrecht in Polen, 2. Aufl. 2002; *Pörnbacher,* Die GmbH nach polnischem Recht, GmbHR 2002, 370; *Sabat,* Innenhaftung des Vorstands einer Aktiengesellschaft im Lichte der Business Judgement Rule in Polen, WiRO 2014, 225, *Winiewska,* Eigenhaftung des GmbH-Geschäftsführers gegenüber den privatrechtlichen Gesellschaftsgläubigern: Das polnische Recht im Vergleich mit der deutschen Regelung, 2005.

GmbH: Spółka z ograniczoną odpowiedzialnością (Sp. z o. o.); V: Gf. (Vorstand), bei mehreren Gf. zwei Gf. oder ein Gf. mit einem Prokuristen, gegenüber Dritten unbeschränkbar.

AG: Spółka Akcyjna (S. A.); V: Vorstand, bei mehreren Mitgliedern zwei Mitglieder gemeinsam oder ein Mitglied zusammen mit einem Prokuristen, gegenüber Dritten unbeschränkbar.

OHG: Spółka Jawna (Sp. j.); V: Gfter. einzeln; abweichende Vereinbarungen nur nach Handelsregistereintrag wirksam.

KG: Spółka Komandytowa (Sp. K.); V: Komplementäre, nicht: Kommanditisten.

KGaA: Spółka Komandytowa-Akcyjna (S. K. A.).

Portugal

Schrifttum: *Cremades/Peinado,* Gesellschaftsrecht in Portugal, 2. Aufl. 2001; *Fedtke/Rathenau,* Die neue Organisationsverfassung der portugiesischen Aktiengesellschaft, RiW 2006, 734.

GmbH: Sociedade por quotas/Sociedade de responsabilidade limitada (Lda.); V: Gf. (gerantes) gemeinschaftlich.

AG: Sociedade Anónima (S. A.); V: gemeinschaftlich durch die Mitglieder des Verwaltungsrats (conselho de administração).

OHG: sociedade em nome colectivo (SNC); V: Gf. (gerantes).

KG: sociedade em comandita simpla (SCS); V: Komplementäre, nicht: Kommanditisten.

Rumänien

Schrifttum: *Häussler,* Kapitalgesellschaftsrecht in Rumänien, 2011; *Menzer/Chitac,* Die Änderungen im GmbH-Recht Rumäniens nach dem EU-Beitritt, GmbHR 2008, 477.

GmbH: Societate cu raspundere limitata (SRL) – AG: Societate pe actiuni (SA) – OHG: Societate in nume colectiv (SNC) – KG: Societate in comandita simpla (SCS) – KGaA: Societate in comandita pe actiuni (SCA).

Russland

Schrifttum: *Hansson,* Gestaltungsmöglichkeiten im reformierten russischen GmbH-Recht, WiRO 2011, 97; *Heidemann,* Die GmbH in der Russischen Föderation, GmbHR 2002, 732; *Radjuk,* Das neue russische GmbH-Recht, RIW 2009, 592; *Tischendorf/Wedde/Steininger,* Russisches Wirtschaftsrecht, 2015.

GmbH: Obschtschestvo s ogranitschennoj otvetstvennostju (OOO) – offene AG: Otkrytoje akzionernoje obschtschestwo (OAO) – geschlossene AG: Zakrytoe akcionernoe obschtschestvo (ZAO) – OHG: Kompaniya s ogranitschennoy imushchestvennoy otvetstvennostju oder Polnoje tovarischtschestvo – KG: Tovarishchestvo.

Schweden

Schrifttum: *Förster,* Die schwedische Aktiengesellschaft, RiW 1992, 803; *Foerster/Strempel,* Neuere Entwicklungen im Recht der schwedischen Aktiengesellschaft, RiW 1999, 33; *Nicolaysen,* Schweden: Das neue Aktiengesetz, RIW 2005, 884; *Ring/Olsen-Ring* Einführung in das skandinavische Recht, 2. Aufl. 2014.

GmbH: privata aktiebolag (AB); V: Vorstand, ggf. geschäftsführender Direktor in laufenden Angelegenheiten und in dringlichen Fällen.

AG: publika aktiebolag (AB); V: Vorstand, ggf. geschäftsführender Direktor in laufenden Angelegenheiten und in dringlichen Fällen.

OHG: handelsbolag (HB); V: alle Gfter. einzeln, sofern keine abweichenden Vereinbarungen im Handelsregister eingetragen.

KG: kommanditbolag (KB); V: Komplementäre, nicht: Kommanditisten.

Schweiz

Schrifttum: *Küng/Hauser,* Gründung und Führung der Gesellschaft mit beschränkter Haftung, 2005; *Meier-Hayoz/Forstmoser,* Schweizerisches Gesellschaftsrecht, 11. Aufl. 2012; *Spahlinger/Wegen* IntGesR Rn. 1176 ff.; *Wagner,* Gesellschaftsrecht in der Schweiz und Liechtenstein, 3. Aufl. 2007.

GmbH: GmbH; V: Gfter. gemeinschaftlich, beschränkt auf den Gesellschaftszweck.

AG: AG/SA; V: Verwaltungsrat, übertragbar auf einzelne Mitglieder des Verwaltungsrats.

OHG: Kollektivgesellschaft (KollG); V: Gfter. einzeln, beschränkt durch Gesellschaftszweck, weitergehende Beschränkungen gegenüber Dritten unwirksam.

KG: Kommanditgesellschaft (KommG); V: Komplementäre, nicht: Kommanditisten.

Serbien

Schrifttum: *Tiede/Ryczewski/v. Gayling-Westphal,* Einführung in das Aktienrecht der Republik Serbien – Von der Gründung bis zur Liquidation einer Aktiengesellschaft, WiRO 2012, 233.

GmbH: Drutvo s ogranienom odgovornou (d. o. o.) – AG: Akcionarsko drutvo (a. d.) – OHG: Ortako drutvo (o. d.) – KG: Komanditno drutvo (k. d.).

Slowakei

Schrifttum: *Bohata,* Gesellschaftsrecht in der Tschechischen Republik und der Slowakei, 2. Aufl. 1998; *Stessl,* Das neue slowakische GmbH-Recht, GmbHR 2002, 638.

GmbH: Společnost s ručením obmedzeným (s. r. o.) – AG: Akciová společnost (a. s.) – OHG: Verejná obchodná společnost (v. o. s.) – KG: Komanditní společnost (k. s.).

Slowenien

Schrifttum: *Prelič/Podgorelec,* Managerhaftung im slowenischen Gesellschaftsrecht – mit Entscheidungen des Obersten Gerichtshofs, WiRO 2013, 289.

GmbH: druzba z omejeno odgovornostjo (d. o. o.) – AG: delniska druzba (d. d.) – OHG: druzba z neomejeno odgovornostjo (d. n. o.) – KG: domanditna druzba (k. d.) – KGaA: komanditna delniska druzba (k. d. d.).

Spanien

Schrifttum: *Bascopé/Hering,* Die spanische Gesellschaft mit beschrankter Haftung. Errichtung, Organisation, Liquidation und Besteuerung, GmbHR 2005, 609; *Cohnen,* Die neue spanische „Blitz-GmbH", ZVglRWiss. 2005, 479; *Ochs,* Die Haftung des GmbH-Geschäftsführers im deutschen und spanischen Recht, 2008; *Rösner,* Verlust des Stammkapitals und Geschäftsführerhaftung in der GmbH: Ein deutsch-spanischer Rechtsvergleich, 2008; *Cohnen,* Spanisches Internationales Gesellschaftsrecht, IPRax 2005, 467; *Cremades,* Gesellschaftsrecht in Spanien, 3. Aufl. 2001; *Löber* u. a., Die neue spanische GmbH, 3. Aufl. 2006; *Lotz,* Haftung des Vorstandes der Aktiengesellschaft: Eine Untersuchung zum argentinischen, brasilianischen, deutschen und spanischen Recht, 2013; *Spahlinger/Wegen* IntGesR Rn. 1206 ff.

GmbH: sociedad de responsabilidad limitada (S. R. L./S. L.), sociedad limitada nueva empresa (S. L. N. E., „Blitz"-GmbH); V: Verwalter (administratores), wie bei der AG.

AG: sociedad anónima (S. A.); V: Verwalter (administratores), bei mehreren Verwaltern (Verwaltungsrat, consejo de administración) gilt grundsätzlich Gesamtvertretung, sofern nicht durch Satzung auf einzelne Mitglieder oder Ausschüsse übertragen.

OHG: sociedad colectiva (S. C.); V: Gfter. einzeln, jedoch nur nach ausdrücklicher Ermächtigung; von der Einzelvertretungsbefugnis abweichende Regelung erst nach Eintragung im Handelsregister wirksam.

KG: sociedad en comandita (S. en C./S. en Com.); V: Komplementäre (wie S. en C.), nicht: Kommanditisten – KGaA: Sociedad commanditaria por acciones.

Tschechische Republik

Schrifttum: *Bohata,* Gesetz über Korporationen, WiRO 2012, 242 ff., 274 ff., 303 ff., 334 ff.; *Maysenhölder,* Verkauf von Anteilen deutscher Anteilsinhaber an tschechischen Gesellschaften, WiRO 2011, 65; *Schneider/Dubanska,* Neues GmbH-Recht in Tschechien, GmbHR 2014, 471.

GmbH: Spoločnost' s ručením obmedzeným (s. r. o.); V: Gf., nach außen unbeschränkbar.

AG: Akciova spolecnost (a. s.); V: Vorstand bzw. dessen Mitglieder einzeln.

OHG: Verejná obchodni spolecnost (v. o. s.); V: Gfter. einzeln, sofern nicht abweichend durch Gesellschaftsvertrag geregelt.

KG: Komanditní spolecnost (k. s.); V: Komplementäre einzeln, nicht: Kommanditisten.

Türkei

Schrifttum: *Rumpf,* Die GmbH in der Türkei, GmbHR 2002, 835.

GmbH: limited şirket (ltd. şrk.); V: Gfter., übertragbar auf Gf.

AG: anonim ortaklık/anonim şirket (A.Ş.); V: Verwaltungsrat, Delegierung auf einzelne Mitglieder möglich.

OHG: kollektif ortaklik/kollektif şirket (kol. şrk.); V: Gfter. einzeln, ohne abweichenden Handelsregistereintrag in unbeschränktem Umfang.

KG: komandit ortaklık/komandit şirket (kom. şrk.); V: Komplementäre, nicht: Kommanditisten.

KGaA: sermayesi paylara bölünmüş komandit şirket.

Ukraine

Schrifttum: *Grynenko/Pour Rafsendjani/Weigelt,* GmbH-Recht in der Ukraine: Änderungen 2010 – Ausblick 2011 WiRO 2011, 77; *Grynenko,* Anmerkungen zur jüngsten Reduzierung des GmbH-Stammkapitals in der Ukraine, WiRO 2010, 257.

GmbH: Tovarystvo z obmezhenoyu vidpovidalnistiu (TOV) – AG: Vidkryte bzw. zakryte aktsionerne tovazystvo (ZAT) – OHG: Povne tovarystvo (PT) – KG: Komandytne tovarystvo (KT).

Ungarn

Schrifttum: *Janssen/Fest,* Unterschiede in der Rechtspraxis ungarischer Kft und deutscher GmbH, RIW 2002, 825.

GmbH: Korlátolt Felelősségű Társaság (Kft.); V: Gf. einzeln, sofern nicht durch Satzung abweichend bestimmt.

AG: Részvénytársaság (zRt./nyRt.); V: Vorstand bzw. Vorstandsmitglieder einzeln; Generaldirektor.

OHG: Közkereseti társaság (Kkt.); V: Gfter. einzeln.

KG: Betéti társaság (Bt.); V: Komplementäre, nicht: Kommanditisten.

USA

Schrifttum: *Bungert,* Gesellschaftsrecht in den USA, 3. Aufl. 2003; *Rehm* in Eidenmüller Ausl. KapGes. § 11 Rn. 353 ff. (Corporation nach dem Recht Delawares); *Leyendecker,* Die Anwendung der US-amerikanischen Durchgriffshaftung auf amerikanische Gesellschaften mit Verwaltungssitz in Deutschland, RIW 2008, 273; *Merkt/Göthel,* US-amerikanisches Gesellschaftsrecht, 2. Aufl. 2006; *Spahlinger/Wegen* IntGesR Rn. 1105 ff., 1296 ff.

Einzige Kapitalgesellschaftsform: corporation mit kapitalistischer (public corporation) oder personalistischer (close corporation, der GmbH vergleichbar) Struktur – OHG: general partnership (GP) – KG: limited partnership (LP) – Personengesellschaft mit gesetzlicher Haftungsbeschränkung: limited liability company (LLC); für freie Berufe: limited liability partnership (LLP).

Vereinigte Arabische Emirate

GmbH: Limited Liability Company (LLC) – AG: Public Shareholding Company/Private Shareholding Company – OHG: General Partnership – KG: Limited Partnership.

Volksrepublik China

Schrifttum: *Basch/Wang,* Die Organe einer Aktiengesellschaft nach chinesischem Recht – ein Rechtsvergleich mit dem deutschen Recht, NZG 2013, 1169; *Dickinson/Vietz,* Das neue GmbH-Recht der Volksrepublik China, GmbHR 2006, 245; *Kroymann,* Die Reform des chinesischen Gesellschaftsgesetzes, RIW 2006, 429.

GmbH: Limited Liability Company (Ltd.) – AG: Joint Stock Limited Company.

IV. Der Zuzug ausländischer Gesellschaften nach Deutschland

14 Grundsätzlich gilt nach deutschem IPR nach wie vor die **Sitztheorie** (vgl. nur BGH 8.10.2009, ZIP 2009, 2385; MüKoBGB/*Kindler* IntGesR Rn. 433; abw., auf die Möglichkeit spezifischer Sonderanknüpfungen iRd Gründungstheorie hinweisend, UHL/*Behrens/Hoffmann* GmbHG Einl. Rn. B 44 ff.; abw. auch OLG Hamm 26.5.2006, AG 2007, 332, aufgehoben durch BGH 27.10.2008, NJW 2009, 289 (290)). Hiernach bestimmt sich das auf eine Gesellschaft anwendbare **Kollisions- und Sachrecht** (Art. 4 Abs. 1 EGBGB) nach dem **Ort des effektiven Verwaltungssitzes** (→ Rn. 15). Hieraus folgt dann die konkrete gesellschaftsrechtliche Ausgestaltung des Personenverbands (va Rechtsfähigkeit, Organisationsstruktur, Haftung). Wenngleich die kollisions- und sachrechtliche Beurteilung im Ausgangspunkt strikt zu trennen sind, wird unter pauschalem Rückgriff auf die Sitztheorie meist vereinfachend angeführt, dass eine ausländische Gesellschaft mit effektivem Verwaltungssitz in Deutschland nur dann als solche anerkannt wird, wenn sie nach dem Recht des Gründungsstaates fortbesteht und nach deutschem Recht rechtsfähig ist (BGH 29.1.2003, NJW 2003, 1607 (1608)). Ist dies nicht gegeben, handelt es sich um eine **Scheinauslandsgesellschaft,** deren konkrete materiell-rechtliche Ausgestaltung, insbesondere die Frage der Haftungsbeschränkung, allein deutschem Gesellschaftsrecht folgt. Ein identitätswahrender Zuzug wird hierdurch weitgehend unmöglich gemacht, da die ausländische Gesellschaft sich nicht ohne weiteres in den numerus clausus der Gesellschaftstypen nach deutschem Sachrecht

einfügt bzw. die Gründungsvoraussetzungen für eine vergleichbare deutsche Gesellschaft (va GmbH) meist nicht erfüllt sind.

1. Bedeutung des effektiven Verwaltungssitzes

Die zentrale Anknüpfung für das Gesellschaftsstatut erfolgt bei der Sitztheorie nicht anhand des in der Satzung angeführten Sitzes und der hieraus folgenden Registrierung im Bereich einer Rechtsordnung, sondern gemäß dem effektiven Verwaltungssitz. Dies ist der Ort, an dem die grundlegenden **Entscheidungen der Unternehmensleitung effektiv** in laufende Geschäftsführungsakte **umgesetzt** werden, der sog. Schwerpunkt des körperschaftlichen Lebens (BGH 30.1.1970, NJW 1970, 998 (999); BGH 29.1.2003, NJW 2003, 1607 (1608)). Die Postadresse („Briefkastenfirma") genügt hierfür ebenso wenig wie die Vornahme unselbstständiger Verwaltungstätigkeit (zB Buchhaltung, Steuerangelegenheiten) oder das Vorhandensein von Betriebsstätten sowie der Ort der internen Willensbildung (Spindler/Stilz/*Müller* IntGesR Rn. 4; Einzelheiten bei Palandt/*Thorn* EGBGB Anh. Art. 12 Rn. 11). Bei Konzerngesellschaften ist grundsätzlich auf die Verwaltung der einzelnen Tochtergesellschaften abzustellen; sofern diese jedoch unmittelbar vom herrschenden Unternehmen wahrgenommen wird, ist deren effektiver Verwaltungssitz maßgebend (*Ebenroth* JZ 1988, 23). In **Zweifelsfällen** liegt der effektive Verwaltungssitz in dem Staat, nach dessen Recht die Gesellschaft erkennbar organisiert ist (OLG München 6.5.1986, NJW 1986, 2197 (2198); zur Möglichkeit der Widerlegung Spindler/Stilz/*Müller* IntGesR Rn. 7 mwN). Jede Gesellschaft kann nur einen Verwaltungssitz haben (Spindler/Stilz/*Müller* IntGesR Rn. 6). Zur vergleichbaren Anknüpfung im internationalen Insolvenzrecht gem. Art. 3 EuInsVO → Rn. 39. **15**

2. Konsequenzen der Sitzverlegung

Verlegt eine ausländische Gesellschaft hiernach ihren effektiven Verwaltungssitz nach Deutschland, kommt es nach der Sitztheorie zu einem **Statutenwechsel.** Das nunmehr auf die Gesellschaft anzuwendende deutsche Sachrecht ergibt sich aus einem Vergleich der ausländischen Gesellschaft (gemäß Heimatrecht) mit den verschiedenen Typen des deutschen Gesellschaftsrechts (OLG Hamburg 30.3.2007, ZIP 2007, 1108; OLG Oldenburg 30.6.2020, NZG 2020, 992; *Eidenmüller/Rehm* ZGR 1997, 89 (90 f.)). Da die Gründungsvorschriften für deutsche Kapitalgesellschaften jedoch meist nicht beachtet wurden, kommen als Rechtsform allein die **GbR** und die **OHG** in Betracht (BGH 27.10.2008, NJW 2009, 289 (291)). Ausländische Ein-Personen-Gesellschaften werden nach deutschem Sachrecht als **Einzelperson** behandelt (OLG Hamburg 30.3.2007, ZIP 2007, 1108). Die Folgen sind drastisch: Die ausländische Gesellschaft ist hiernach zwar aktiv und passiv parteifähig (BGH 1.7.2002, NJW 2002, 3539 (3539 f.)); einer besonderen förmlichen Anerkennung bedarf es nicht. Die Gesellschafter trifft nunmehr jedoch die **unbeschränkte Haftung** gem. § 128 HGB bzw. als Einzelperson. Diese Rechtsfolge kann auch nicht durch das bloße Auftreten als ausländische Kapitalgesellschaft mit entsprechender Haftungsbeschränkung ausgeräumt werden (vgl. LG Stuttgart 10.8.2001, NZG 2002, 240 (241); Spindler/Stilz/*Müller* IntGesR Rn. 10); hierfür bedarf es vielmehr einer entsprechenden Vereinbarung mit den Gläubigern. Darüber hinaus ist anerkannt, dass die Geschäftsleiter einer ausländischen Gesellschaft mit tatsächlichem Verwaltungssitz in Deutschland der **Handelndenhaftung** gem. § 11 Abs. 2 GmbHG unterliegen (BGH 8.10.2009, ZIP 2009, 2385; Palandt/*Thorn* EGBGB Anh. Art. 12 Rn. 18; hierzu zutr. krit. *H.-F. Müller* ZIP 1997, 1049 (1050 ff.)). **16**

Der praktische **Anwendungsbereich** dieser dramatischen Folgen ist derzeit auf dem Rückzug. Dies gilt zum einen für die Mobilität von Gesellschaften innerhalb der EU und des EWR (→ Rn. 18). Auch sehen verschiedene Staatsverträge die kollisionsrechtliche Behandlung grenzüberschreitender Sitzverlegungen gemäß Gründungstheorie vor (→ Rn. 23). Letztlich gilt die Sitztheorie somit in den Zuzugsfällen vornehmlich für sog. **Drittstaaten** (vgl. BGH 2.12.2004, NVwZ-RR 2006, 28 (29); BayObLG 20.2.2003, RIW 2003, 387 (388)). Dies sind insbesondere die Schweiz (BGH 27.10.2008, NJW 2009, 289 (290); hierzu *Goette* DStR 2009, 63; *Jung* NZG 2008, 681 (682 f.)), die englischen Kanalinseln (Guernsey und Jersey) und die Isle of Man (vgl. KG Berlin 11.2.2005, NZG 2005, 758 (759); OLG Hamburg 30.3.2007, ZIP 2007, 1108; BGH 1.7.2002, NJW 2002, 3539); zu Singapur BGH 8.10.2009, ZIP 2009, 2385; zu den Marshall Inseln OLG Hamburg 2.5.2019, BeckRS 2019, 18529. Aus deutscher Perspektive spielt es in diesen Fällen auch keine Rolle, ob das IPR des Heimatstaats der Sitz- oder der Gründungstheorie folgt. **17**

3. Besonderheiten innerhalb der EU

In Sachen Centros (EuGH 9.3.1999 NJW 1999, 2027), Überseering (EuGH 5.11.2002, NJW 2002, 3614) und Inspire Art (EuGH 30.9.2003 NJW 2003, 3331) erklärte der EuGH die vorstehend skizzierte kollisionsrechtliche Behandlung der **Zuzugsfälle** gemäß Sitztheorie als unvereinbar mit der **Niederlassungsfreiheit** gem. Art. 49, 54 AEUV (zum Wegzug → Rn. 35 ff.). Er stellte klar, dass eine Gesellschaft, die ihren Satzungssitz (Registrierung) in einem Mitgliedstaat der EU hat, auch von einem **18** anderen Mitgliedstaat, in dessen Hoheitsgebiet sie ihren effektiven Verwaltungssitz verlegt, in ihrer Ursprungsform anzuerkennen ist. Dies gilt selbst dann, wenn eine Gesellschaft ausschließlich in einem anderen Mitgliedstaat tätig ist. Für die Zuzugsfälle gilt somit in Deutschland iRd europäischen Niederlassungsfreiheit die **Gründungstheorie** (vgl. BGH 13.3.2003, NJW 2003, 1461; BGH 14.3.2005, NJW 2005, 1648 (1649); BGH 27.10.2008, NJW 2009, 289 (290); BGH 21.7.2011, NZG 2011, 1195 Rn. 22; abw. noch OLG Nürnberg 13.2.2012, NZG 2012, 468 (469): Statutenwechsel allein „wegen der Verlegung des Verwaltungssitzes" aus Luxemburg nach Deutschland). Diese kollisionsrechtliche Behandlung setzt freilich voraus, dass das anwendbare Sachrecht des Wegzugsstaates den identitätswahrenden Wegzug gestattet (vgl. EuGH 16.12.2008, NJW 2009, 569 Rn. 109 – Cartesio). – In jüngster Zeit erneut umstritten ist indessen die Frage, inwieweit die Zuzugsfreiheit auch für sog. **Briefkastenfirmen** gilt, die im Gastland sämtliche wirtschaftlichen Aktivitäten entfalten. In Sachen Centros hatte der EuGH eine Einschränkung der Niederlassungsfreiheit nur für Missbrauchsfälle zugelassen. Später wurde in einer das Steuerrecht betreffenden Entscheidung die Hürde für eine Beschränkung bei „künstlichen Gestaltungen" bereits herabgesetzt (EuGH 12.9.2006, NZG 2006, 835 Rn. 54 ff. – Cadbury-Schweppes). Dies wurde nunmehr auch im Gesellschaftsrecht angenommen (vgl. EuGH 12.7.2012, NZG 2012, 871 – Vale). Es ist daher durchaus möglich, dass die Zuzugsfälle künftig aus europäischer Sicht restriktiver behandelt werden (so auch *Bayer/J. Schmidt* ZIP 2012, 1481 (1486 f.); *König/Bormann* NZG 2012, 1241; → Rn. 26 ff.). Rechtspolitisch ist diese **Unsicherheit** stark zu kritisieren. Sie bezeugt, wie unberechenbar die in diesem Zusammenhang zu große Dominanz der Rspr. des EuGH ist.

19 Die **Reichweite** der durch Niederlassungsfreiheit gebotenen Anerkennung ausländischer Gesellschaften mit effektivem Verwaltungssitz in Deutschland umfasst zunächst alle Gesellschaften aus den anderen **Mitgliedstaaten der EU.** Darüber hinaus gilt dies für alle außereuropäischen Länder und Hoheitsgebiete, die mit Dänemark, Frankreich, den Niederlanden und dem Vereinigten Königreich besondere Beziehungen unterhalten (**assoziierte Staaten** und **Überseegebiete,** vgl. BGH 13.9.2004, NJW 2004, 3706 (3707); hierzu krit. *Süß* in Süß/Wachter Int. GmbHR-HdB § 1 Rn. 22). Anerkennung als Gesellschaften gemäß ihrem Heimatrecht finden hiernach auch die Zuzugsfälle bei Gesellschaften aus Grönland, Neukaledonien und Nebengebiete, Französisch-Polynesien, Französische Süd- und Antarktisgebiete, Wallis und Futuna, Mayotte, St. Pierre und Miquelon, Aruba, Niederländische Antillen (Bonaire, Curaçao, Saba, Sint Eustatius, Sint Maarten), Anguilla, Kaimaninseln, Falklandinseln, Südgeorgien und südliche Sandwichinseln, Montserrat, Pitcairn, St. Helena und Nebengebiete, Britisches Antarktis-Territorium, Britisches Territorium im Indischen Ozean, Turks- und Caicosinseln, Britische Jungferninseln, Bermuda. Als generelle Einschränkung ist jedoch zu beachten, dass die europäische Niederlassungsfreiheit **nur wirtschaftlich tätige Gesellschaften** erfasst (vgl. Art. 49 Abs. 2 AEUV), auch Personengesellschaften (Palandt/*Thorn* EGBGB Anh. Art. 12 Rn. 5). Idealvereine können sich demgegenüber nicht auf die Liberalisierung berufen (vgl. OLG Zweibrücken 27.9.2005, NZG 2005, 1019; hierzu *Behrens* ZEuP 2007, 324). Dies ist rechtspolitisch zu kritisieren und erfordert eine einheitliche Regelung durch den europäischen Gesetzgeber.

4. Besonderheiten bei Gesellschaften aus dem EWR

20 Gemäß Art. 31 des EWR-Abkommens (Abkommen über den Europäischen Wirtschaftsraum vom 3.10.1994, ABl. 1994 L 1, 3) gilt die Gründungstheorie auch für den Zuzug von Gesellschaften aus Island, Norwegen und Liechtenstein (BGH 27.10.2008, NJW 2009, 289 (290); BGH 19.9.2005, NJW 2005, 3351).

5. Besonderheiten bei EMRK, GATS und EFTA

21 Aus Art. 6 Abs. 1 EMRK, Art. 14 EMRK folgt hingegen nicht die Anwendung der Gründungstheorie (BGH 27.10.2008, NJW 2009, 289 (290); abw. noch *Meilike* RIW 1992, 578). Das Gleiche gilt für das GATS-Abkommen und die EFTA-Mitgliedschaft (BGH 27.10.2008, NJW 2009, 289 (290)).

6. Besonderheiten aufgrund internationaler Verträge

22 Das deutsche IPR steht gem. Art. 3 Nr. 2 EGBGB unter dem Vorbehalt vorrangiger völkerrechtlicher Vereinbarungen. Im Bereich des internationalen Gesellschaftsrechts gibt es hierzu eine Vielzahl bilateraler Staatsverträge, die die Gründungs- oder Sitztheorie zur Anwendung bringen (zum Ganzen ausführlich *Rehm* in Eidenmüller Ausl. KapGes. § 2 Rn. 6 ff. → 2. Aufl. 2014, Rn. 22 ff.).

23, 24 *[nicht belegt]*

7. Folgen der Gründungstheorie

25 Ist eine ausländische Gesellschaft trotz Wechsels des effektiven Verwaltungssitzes nach Deutschland als solche anzuerkennen, gilt nach der Einheitslehre (→ Rn. 4) das betreffende **ausländische Gesell-**

schaftsrecht für das gesamte Innen- und Außenverhältnis (grundlegend BGH 11.7.1957, NJW 1957, 1433 (1434); zu § 293 ZPO BGH 23.4.2002, NJW-RR 2002, 1359 (1360); BGH 29.1.2003, NJW 2003, 1607 (1609)). Dies betrifft vorbehaltlich einer vorrangigen Sonderanknüpfung (→ Rn. 26 ff.) folgende **Einzelaspekte** (zum Ganzen MHdB GesR VI/*Servatius* §§ 14 ff.): Gründung und Beendigung (vgl. KG Berlin 13.6.1989, NJW 1989, 3100 (3101)), Anteilsübertragung (vgl. BGH 19.1.1994, NJW 1994, 939 (940)), Minderheitenschutz und Finanzverfassung (*Ziemons* ZIP 2003, 1913 (1917)), Firma (vgl. OLG Hamm 27.5.2008, FGPrax 2008, 262; Einzelheiten bei *Clausnitzer* DNotZ 2008, 484), Bestellung und Abberufung von Geschäftsführern sowie organschaftliche Vertretungsmacht (vgl. BGH 3.2.2004, NJW 2004, 1315 (1316); OLG München 4.5.2006, NZG 2006, 510; abw. für die rechtsgeschäftliche Vertretungsmacht anderer BGH 16.4.1975, NJW 1975, 1220: Vollmachtsstatut), Gesellschafterhaftung (vgl. BGH 23.4.2002, NJW-RR 2002, 1359 (1360); BGH 14.3.2005, NJW 2005, 1648 (1649)); Haftung der Geschäftsführer gegenüber der Gesellschaft (OLG München 16.1.2013, BeckRS 2013, 01265) sowie grundsätzlich den Durchgriff (vgl. BGH 2.2.1995, NJW-RR 1995, 766, zur möglichen deliktsrechtlichen Qualifikation aber → Rn. 29); frühere Umqualifizierung von Gesellschafterdarlehen nach den sog. Rechtsprechungsregeln (BGH 21.7.2011, NZG 2011, 1195 Rn. 26). Die international-privatrechtliche Qualifikation der Unternehmensmitbestimmung folgt nach einhelliger Meinung ebenfalls dem Gesellschaftsstatut (vgl. *Behme* ZIP 2008, 357 (354) mwN; abw. *Zimmer* NJW 2003, 3585 (3590)). Auf Auslandsgesellschaften können die deutschen Mitbestimmungsregeln daher nicht angewendet werden, auch nicht gem. Art. 9 Rom I-VO (BeckOGK/*Müller,* 1.7.2020, AktG § 1 Rn. 139). Vgl. zur Anerkennung der Ermüdungstheorie im Sozialrecht LSG Bln-Bbg 23.4.2015, NZG 2015, 832.

8. Grenzen der Gründungstheorie

Wenngleich im Grundsatz Einigkeit besteht, dass aufgrund europarechtlicher Vorgaben sowie völkerrechtlicher Verträge für den Zuzug ausländischer Gesellschaften die Gründungstheorie gilt, ist es nicht ausgeschlossen, für bestimmte Sachverhalte **Sonderanknüpfung** zur Verwirklichung besonderer Schutzbedürfnisse zu bejahen. Die Einzelheiten hierbei sind nach wie vor sehr umstritten. 26

a) Genuine Link. Es wird nach wie vor kontrovers diskutiert, ob die Gründungstheorie generell unter dem Vorbehalt steht, dass die ausländische Gesellschaft noch eine gewisse geschäftliche Tätigkeit in ihrem Heimatstaat ausüben muss, um in Deutschland als solche anerkannt zu werden (Einzelheiten bei *Rehm* in Eidenmüller Ausl. KapGes. § 2 Rn. 27 ff.). Im Bereich der europäischen Niederlassungsfreiheit ist diese Anforderung bislang unzulässig (BGH 12.7.2011, NZG 2011, 1114). Der EuGH hat in der Entscheidung Inspire Art ausgeführt, dass die Anerkennung selbst dann notwendig sei, wenn die betreffende Auslandsgesellschaft ihre ausschließliche Geschäftstätigkeit in einem anderen Mitgliedstaat ausübe (**Briefkastenfirma,** vgl. EuGH 30.9.2003, NJW 2003, 3331; abw. aber möglicherweise nunmehr EuGH 12.7.2012, NZG 2012, 871 – Vale, vgl. *Bayer/J. Schmidt* ZIP 2012, 1481 (1486 f.); *König/Bormann* NZG 2012, 1241). Im Kern reduziert sich das Erfordernis eines genuine link daher auf die staatsvertraglich begründete Geltung der Gründungstheorie, insbesondere im Verhältnis zu den USA. Die hM spricht sich hier zwar im Grundsatz für das Erfordernis eines genuine link aus, stellt hieran jedoch keine hohen Anforderungen (OLG Düsseldorf 15.12.1994, NJW-RR 1995, 1124 (1125); BGH 5.7.2004, NJW-RR 2004, 1618). 27

b) Ordre public. Auch der ordre public gem. Art. 6 S. 1 EGBGB ermöglicht es grundsätzlich, die Gründungstheorie für bestimmte Einzelfragen einzuschränken (Einzelheiten bei *Rehm* in Eidenmüller Ausl. KapGes. § 2 Rn. 35 ff.). Ein möglicher Ansatz hierfür ist wiederum die geringe Verbindung der ausländischen Gesellschaft zu ihrem Heimatstaat (**Briefkastenfirma;** vgl. OLG Düsseldorf 15.12.1994, NJW-RR 1995, 1124 (1125)). Dies ist nur in missbräuchlichen Extremfällen zulässig, was bisher nicht allgemeingültig herausgearbeitet wurde. Im Bereich der europäischen Niederlassungsfreiheit gilt dies umso mehr (vgl. aber die mittlerweile engere Fassung der Niederlassungsfreiheit durch EuGH 12.7.2012, NZG 2012, 871 – Vale). Letztlich dürften daher nur **Betrugsfälle** eine Einschränkung der Gründungstheorie durch gesellschaftsrechtliche Sonderanknüpfungen im deutschen Recht rechtfertigen (so noch EuGH 30.9.2003, NJW 2003, 3331 – Inspire Art; hierzu *Knapp* DNotZ 2003, 85 (91); *Eidenmüller* in Eidenmüller Ausl. KapGes. § 3 Rn. 73 ff.). Die bloße Absicht, – ansonsten legal! – Steuern zu sparen, genügt hierfür nicht (vgl. BGH 22.3.1979, WM 1979, 692). 28

c) Deliktsrecht. Die kollisionsrechtliche Anknüpfung deliktischer Tatbestände richtet sich gem. Art. 4 Abs. 1 Rom II-VO grundsätzlich nach dem Recht des Staates, in dem der Schaden eintritt. Trotz rechtlicher Anerkennung von Auslandsgesellschaften besteht damit die Möglichkeit, deutsches Deliktsrecht anzuwenden. Gleichwohl besagt Art. 1 Abs. 2d Rom II-VO, dass diese Regel nicht gilt für außervertragliche Schuldverhältnisse, die sich aus dem Gesellschaftsrecht und dem Recht der juristischen Personen ergeben, wie – unter anderem – die persönliche Haftung der Gesellschafter und der Organe für Verbindlichkeiten der Gesellschaft. Hieraus folgt, dass die von jedermann zu verwirklichenden 29

Tatbestände der §§ 823 ff. BGB auch von den Geschäftsleitern und Arbeitnehmern verwirklicht werden können und insoweit Haftungstatbestände bestehen. Sobald es jedoch um die deliktsrechtliche Erfassung funktional gesellschaftsrechtlicher Haftungstatbestände geht, kommt eine deliktische Anknüpfung nicht in Betracht. Dies gilt insbesondere für die mittlerweile auf § 826 BGB gestützte **Existenzvernichtungshaftung** (abw. *Wagner* IPRax 2008, 1 (2); → Rn. 118). Diese im Wege der Rechtsfortbildung etablierte Fallgruppe kann bei der im IPR maßgeblichen funktionalen Betrachtung einer Norm nicht dem Deliktsrecht zugeordnet werden, sondern stellt letztlich eine originär gesellschaftsrechtliche Haftung dar. Rechtspolitisch vermag dieses Ergebnis aus deutscher Perspektive nicht zu überzeugen, vor dem Hintergrund des derzeit allseits geforderten Wettbewerbs der Rechtsordnungen ist es jedoch hinzunehmen. Will man dies ändern, muss auf europäischer Ebene korrigiert werden.

30 Auch die **Zurechnung von Organwaltern** nach § 31 BGB lässt sich zulasten der Auslandsgesellschaft nicht begründen, da diese Regelung funktional dem Verbandsrecht zuzuordnen ist (abw. die hM, vgl. OLG Köln 7.1.1998, NJW-RR 1998, 756). Eine deliktische Haftung der Auslandsgesellschaft kommt daher nur in Betracht, wenn deren Heimatrecht entsprechende Zurechnungsnormen enthält.

31 **d) Vertrauenshaftung.** Wird der eine Haftungsbeschränkung andeutende Rechtsformzusatz bei einer Auslandsgesellschaft nicht verwendet, kommt eine persönliche Haftung der Geschäftsleiter entsprechend § 179 BGB in Betracht (BGH 5.2.2007, NJW 2007, 1529 (1530); *Kindler* NJW 2007, 1785 (1786)). Für alle anderen Fallgestaltungen des Verschuldens bei Vertragsverhandlungen (cic, § 311 Abs. 2 und 3 BGB) gilt gem. Art. 12 Abs. 1 Rom II-VO das (potentielle) Vertragsstatut.

32 **e) Beurkundung von Anteilsübertragungen.** Nach einer verbreiteten Ansicht unterliegt die Übertragung ausländischer Geschäftsanteile gem. Art. 11 EGBGB den Vorgaben entsprechend § 15 Abs. 3 und 4 GmbHG (OLG Celle 20.11.1991, NJW-RR 1992, 1126; so auch BeckOK BGB/*Mäsch* Rom I-VO Art. 11 Rn. 40; *Fetsch* GmbHR 2008, 133 (134)). Dem ist nicht zuzustimmen. Die Fungibilität der Geschäftsanteile ist eine Frage des Gesellschaftsstatuts und unterliegt daher den Vorgaben der entsprechenden Heimatrechtsordnung (so auch OLG München 5.3.1993, NJW-RR 1993, 998; wohl auch BGH 4.11.2004, NZG 2005, 41 (43)).

9. Registerpflicht

33 Verlegt eine ausländische Gesellschaft in zulässiger Weise ihren tatsächlichen Verwaltungssitz nach Deutschland, folgt hieraus die Pflicht zur Anmeldung einer **Zweigniederlassung** im Handelsregister (§§ 13d–13g HGB; Einzelheiten dort; für die Ltd. → Rn. 65 ff.). Die Anmeldung der Niederlassung kann durch Zwangsgeldandrohung gem. § 14 HGB, § 388 FamFG durchgesetzt werden. Dies setzt jedoch voraus, dass das Registergericht von der Zweigniederlassung erfährt, was praktisch kaum möglich ist. Die rechtliche Effektuierung der europarechtskonformen nationalen Registerpflichten findet daher kaum statt. Vor allem haften die Geschäftsleiter einer in Deutschland ansässigen Auslandsgesellschaft auch nicht wegen der Verletzung deutscher Registerpflichten gem. § 11 Abs. 2 GmbHG analog (BGH 14.3.2005, NJW 2005, 1648). Die **Löschung** einer Zweigniederlassung im Gastland führt nicht ohne Weiteres auch zum Verlust der Parteifähigkeit der ausländischen Gesellschaft (OLG Rostock 12.9.2019, NZG 2020, 267).

10. Reformbestrebungen

34 Der nicht weiter verfolgte Referentenentwurf zur Regelung des internationalen Gesellschaftsrechts aus dem Jahr 2008 orientiert sich weitgehend an der Gründungstheorie und betrifft auch Drittstaaten (vgl. *Kußmaul/Richter* DB 2008, 451; *Schneider* BB 2008, 566; *Rotheimer* NZG 2008, 181). Das Heimatrecht der Auslandsgesellschaft ist gem. Art. 10 Abs. 2 RefE maßgeblich für folgende Aspekte: Rechtsnatur und Rechts- und Handlungsfähigkeit der Gesellschaft, Gründung und Auflösung, Name und Firma (hierzu *Clausnitzer* NZG 2008, 321), Organisations- und Finanzverfassung, Vertretungsmacht der Organe, Erwerb und Verlust der Mitgliedschaft, Haftung der Gesellschaft, des Vereins oder der juristischen Person sowie die Haftung ihrer Mitglieder und Organmitglieder für Verbindlichkeiten der Gesellschaft, des Vereins oder der juristischen Person sowie die Haftung wegen der Verletzung gesellschaftsrechtlicher Pflichten. Zum Ganzen *Janisch,* Die grenzüberschreitende Sitzverlegung von Kapitalgesellschaften in der EU, 2015.

V. Der Wegzug deutscher Gesellschaften ins Ausland

35 Problematisch ist nach wie vor die kollisions- und sachrechtliche Behandlung, wenn eine deutsche Gesellschaft ihren tatsächlichen Verwaltungssitz (zum Begriff → Rn. 15) ins Ausland verlegt. Im Kern herrscht auch insofern der **Widerstreit zwischen Sitz- und Gründungstheorie** vor, wiederum teilweise überlagert durch die europarechtlichen Vorgaben der Niederlassungsfreiheit. Von der Verlegung des effektiven Verwaltungssitzes abzugrenzen ist die Verlegung des Satzungssitzes ins Ausland, mithin des grenzüberschreitenden Formwechsels.

1. Verlegung des Satzungssitzes, Formwechsel

Die (ggf. isolierte) Verlegung des Satzungssitzes einer deutschen Kapitalgesellschaft (AG, GmbH) ins Ausland ist nach traditioneller Auffassung kein Problem von Sitz- und Gründungstheorie, sondern allein eine **Frage des nationalen Sachrechts** (vgl. BeckOGK/*Müller,* 1.7.2020, AktG § 1 Rn. 115). Dies ist freilich verkürzt, denn wenn man die Verlegung des Satzungssitzes richtigerweise auch als **Formwechsel in eine ausländische Rechtsordnung** versteht, was regelmäßig hierbei gewollt ist, stellen sich aus der Perspektive der Niederlassungsfreiheit dieselben Probleme wie bei der Verlegung des Verwaltungssitzes. Insofern sind somit **zwei Problemkreise** auseinanderzuhalten: § 4a GmbHG und § 5 AktG als sachrechtliche Regelungen verlangen unbestreitbar, dass sich der **satzungsmäßig bestimmte Sitz im Inland** zu befinden hat. Für die Personenhandelsgesellschaften (OHG und KG) gilt dies bislang nicht eindeutig, da § 106 Abs. 2 Nr. 2 HGB nach überwM auf den Verwaltungssitz abstellt (→ HGB § 106 Rn. 13, was freilich nicht überzeugt). Im Zuge des Mauracher Entwurfs (→ BGB § 705 Rn. 1a ff.) wird aber gem. § 706 BGB-E insofern nunmehr eine Angleichung an die Rechtslage bei GmbH und AG vollzogen („Ort im Inland"), was zu begrüßen ist. Künftig muss daher bei allen Gesellschaften der Vertrags- bzw. Satzungssitz im Inland belegen sein, was sich vor allem auch durch die entsprechende **Registerhoheit** rechtfertigt. Der Satzungssitz ist nämlich maßgeblich für die Zuständigkeit des Registergerichts (§ 7 HGB), des Prozessgerichts (§ 17 ZPO) und des Insolvenzgerichts (§§ 3, 4 InsO). Hieraus folgt im Ausgangspunkt sachrechtlich, dass eine mittels **Satzungsänderung** erfolgende Verlegung dieses Sitzes **ins Ausland** nicht möglich ist (OLG München 4.10.2007, NZG 2007, 915). Ein dennoch erfolgender Beschluss ist als **Auflösungsbeschluss** zu behandeln mit der Liquidation als zwingende Folge (Baumbach/Hueck/*Servatius* GmbHG § 4a Rn. 9; aA BeckOGK/*Müller,* 1.7.2020, AktG § 1 Rn. 115: Nichtigkeit des Beschlusses gem. § 241 Nr. 3 AktG; ebenso Grigoleit/*Wicke* AktG § 5 Rn. 12). Dies alles ist unbestreitbar richtig, soweit man die Verlegung des Satzungssitzes als isolierte Maßnahme betrachtet und den Gesellschaftern unterstellt, sie wollten weiterhin eine deutsche **GmbH aufrechterhalten,** die aber nunmehr nicht mehr in Deutschland als Hauptniederlassung registriert ist. 36

Diese Betrachtung ist freilich verkürzt, wenn man die Verlegung des Satzungssitzes nicht als solch künstlichen Einzelakt betrachtet, sondern als **grenzüberschreitenden Formwechsel,** was auch den Bedürfnissen der Praxis gerecht wird, in der bisherigen Diskussion indessen nicht immer genau herausgearbeitet wird. Der **EuGH** hat überzeugend dargelegt, dass auch die (ggf. isolierte) Verlegung des Satzungssitzes in einen anderen Mitgliedstaat als Teilaspekt der **Rechtsformwahlfreiheit** durch die Niederlassungsfreiheit gedeckt ist (EuGH 25.10.2017, NZG 2017, 1308 – Polbud; hierzu kritisch MüKoBGB/*Kindler* IntGesR Rn. 138a f., 831 ff.). Dies ist auch zutreffend, denn es gibt keinen Grund, warum eine nationale Rechtsordnung es verbieten sollte, dass die Gesellschafter einer nationalen Gesellschaft diese Rechtsform aufgeben wollen und stattdessen identitätswahrend in eine ausländische Rechtsform wechseln wollen. Hiergegen spricht vor allem auch nicht der seit der *Daily Mail*-Entscheidung vorherrschende Aspekt, wonach Gesellschaften **Geschöpfe des nationalen Rechts** seien und bleiben müssen. Wenn die Gesellschafter die nationale Identität der Gesellschaft in Gestalt des nationalen Gesellschaftsrechts aufgeben wollen, geht es um die **Gestaltungsfreiheit der Gesellschafter** in Bezug auf die passende Rechtsform, was richtigerweise auch von der Niederlassungsfreiheit gedeckt ist. Die konsequente Ausdehnung der Niederlassungsfreiheit herauf verbietet es folglich einer nationalen Rechtsordnung, diese dahingehend zu beschränken, dass der **identitätswahrende Formwechsel** in eine ausländische Rechtsordnung als solches unzulässig wäre. Die Geschöpftheorie ist nur insoweit legitim, als sie den Konnex zwischen Satzungssitz und nationaler Rechtsform erzwingt (→ Rn. 36). Sie legitimiert aber nicht eine **Zementierung der Gestaltungsmacht** der Gesellschafter dahingehend, dass diese bei dem Bedürfnis nach einem grenzüberschreitenden Formwechsel einen von **gesellschaftsrechtlicher Diskontinuität** geprägten Weg beschreiten müssten (so im Ergebnis OLG München 4.10.2007, NZG 2007, 915). In Bezug auf gesellschaftsrechtliche Aspekte ist vielmehr die Ermöglichung von Kontinuität gewährleistet. Weitergehend führt dieses Verständnis der Niederlassungsfreiheit auch dazu, dass es aus der **Perspektive der Zuzugsstaaten** nicht einleuchtet, warum diese die Hoheit haben sollten, allein einen durch gesellschaftsrechtliche Diskontinuität geprägten Neustart zuzulassen, nicht aber einen entsprechenden Formwechsel. Auch insofern ist es daher in Fortentwicklung der Polbud-Entscheidung durch die Niederlassungsfreiheit geboten, hier entsprechende **gesellschaftsrechtliche Beschränkungsverbote als europarechtswidrig** anzusehen (vgl. insofern auch den EuGH in Sachen *Cartesio* und *Vale*). Untermauert wird diese Ansicht schließlich durch eine systematische Auslegung des europäischen Sekundärrechts: Die Spaltungs- und Verschmelzungsrichtlinien sehen die identitätswahrende Umwandlung vor. Es ist daher widersprüchlich, wenn dies aus europäischer Perspektive für den Formwechsel abweichend zu beurteilen sein sollte. Im Ergebnis ist daher europarechtlich eine **umfassende Formwechselfreiheit** innerhalb der Mitgliedstaaten geboten, wenn und soweit keine zwingenden Gründe des Allgemeininteresses entgegenstehen (EuGH 25.10.2017, NZG 2017, 1308 – Polbud; 36a

Hüffer/Koch/*Koch* AktG § 5 Rn. 15). Aus deutscher Perspektive hat sich diese in **analoger Anwendung der §§ 190 Abs. 2, 192 ff. UmwG** verwirklicht (vgl. OLG Saarbrücken 7.1.2020, NZG 2020, 390; OLG Düsseldorf 19.7.2017, NZG 2017, 1354; OLG Frankfurt a. M. 3.1.2017, ZIP 2017, 611; OLG Nürnberg 19.6.2013, ZIP 2014, 128; KG 21.3.2016, NZG 2016, 834; vgl. zu Personalgesellschaften OLG Oldenburg 15.10.2019, BeckRS 2020, 14441). Vgl. im Übrigen zu den längst überfälligen **Reformbestrebungen** auf Europäischer Ebene die mittlerweile in Kraft getretene Richtlinie zur Änderung der Richtlinie (EU) 2017/1132 in Bezug auf grenzüberschreitende Umwandlungen, Verschmelzungen und Spaltungen vom 27.11.2019 (RL EU 2019/2121, Umsetzung bis 31.1.2023), die auch den Formwechsel beinhaltet (vgl. hierzu *Stelmaszcyk* GmbHR 2020, 61; *Schulte* GmbHR 2020, 139; *J. Schmidt* EuZW 2020, 3; *J. Schmidt* ZEuP 2020, 565). Umgekehrt ist aber auch darauf hinzuweisen, dass aus der derzeitigen englischen Perspektive eine Umwandlung einer Ltd. in eine deutsche Gesellschaft wohl nicht möglich ist (vgl. *Lieder/Bialluch* NJW 2019, 805); dies wird in Verwirklichung des Brexits noch erhebliche Probleme bereiten.

2. Verlegung des effektiven Verwaltungssitzes

37 Nach wie vor vorherrschend ist insofern im deutschen IPR die **Sitztheorie.** Hiermit soll gewährleistet sein, dass eine nach deutschem Recht gegründete Gesellschaft ihren tatsächlichen Verwaltungssitz im Inland hat (grundlegend BGH 19.2.1959, NJW 1959, 1126). Konstruktiv umgesetzt wird dieses Anliegen dadurch, dass mit der tatsächlichen Grenzüberschreitung ein **Statutenwechsel** eintritt, sofern das ausländische IPR nicht auf das deutsche Recht zurückverweist (vgl. Art. 4 Abs. 1 S. 2 EGBGB; Bork/Schäfer/*Kindler* GmbHG § 4a Rn. 20). Als sachrechtliche Konsequenz des Grenzübertritts nimmt die **bisher hM** die zwangsweise **Auflösung und Liquidation** der deutschen Gesellschaft an, sodass auch im Zuzugsstaat keine umfassende Anerkennung möglich ist (BGH 2.6.2008, GmbHR 2008, 990; OLG München 4.10.2007, NZG 2007, 915). Dies galt bis zum MoMiG selbst dann, wenn die ausländische Rechtsordnung auf das deutsche Sachrecht zurückverweist, denn § 4a Abs. 2 GmbHG aF bzw. § 5 Abs. 2 AktG aF verlangten einen inländischen Verwaltungssitz. Diese kollisions- und sachrechtliche Behandlung der Wegzugsfälle verstößt innerhalb der EU nicht gegen die Niederlassungsfreiheit (EuGH 27.9.1988, NJW 1989, 2186 (2188) – Daily Mail; EuGH 16.12.2008, NJW 2009, 569 (571) – Cartesio; abw. der Schlussantrag des Generalanwalts, NZG 2008, 498 (504)). – Der identitätswahrende Wegzug deutscher Gesellschaften ins Ausland ist hiernach außerhalb des Umwandlungsrechts nicht möglich, was einen klaren Nachteil für die deutsche Rechtsordnung im internationalen Wettbewerb bedeutet. Der Gesetzgeber hat daher zu Recht für Abhilfe gesorgt. Durch die im Zuge des **MoMiG** erfolgende **Änderung des Sachrechts** gem. § 4a GmbHG bzw. § 5 AktG wurde auf die früher zwingende Koppelung von Satzungs- und inländischem Verwaltungssitz verzichtet. Bei den Personengesellschaften gilt das Gleiche (vgl. § 106 Abs. 2 Nr. 2 HGB). Zumindest in den Fällen, in denen die gemäß (deutscher) Sitztheorie maßgebliche ausländische Rechtsordnung wiederum auf das deutsche Sachrecht verweist (vgl. Art. 4 Abs. 1 S. 2 EGBGB), kann in den Wegzugsfällen daher aus dem nationalen Sachrecht nicht mehr gefolgert werden, dass eine Auslands-GmbH bzw. -AG unzulässig wäre (so auch die Gesetzesbegründung zur Neufassung von § 4a GmbHG, vgl. BT-Drs. 16/6140, 29; Baumbach/Hueck/*Servatius* GmbHG § 4a Rn. 10; Lutter/Hommelhoff/*Bayer* GmbHG § 4a Rn. 14 f.; BeckOK GmbHG/*Lang/Orttmann* IntGesR Rn. 83 ff.; BeckOGK/*Müller,* 1.7.2020, AktG § 1 Rn. 113; Bork/Schäfer/*Kindler* GmbHG § 4a Rn. 22). Zudem ist zu bedenken, dass derartige Auslandsgesellschaften nationalen Rechts gem. § 8 Abs. 4 Nr. 1 GmbHG bzw. § 37 Abs. 3 Nr. 1 AktG zwingend eine inländische Geschäftsanschrift haben müssen. Letztlich läuft diese Liberalisierung daher auf die Ergebnisse bei Anwendung der **Gründungstheorie** in Wegzugsfällen hinaus (treffend Palandt/*Thorn* EGBGB Anh. Art. 12 Rn. 7: Übernahme der Gründungstheorie auf sachrechtlicher Ebene). Sieht die nach (deutscher) Sitztheorie maßgebliche ausländische Rechtsordnung hingegen keinen Rückverweis auf das deutsche Sachrecht vor, richtet es sich nach dem ausländischen Recht, ob die deutsche Gesellschaft als solche anerkannt wird oder nicht. Wegen der europäischen Niederlassungsfreiheit ist dies innerhalb der EU durchgehend der Fall (→ Rn. 18 ff.), sodass der identitätswahrende Wegzug lediglich bei Drittstaaten, die für Zuzugsfälle die Sitztheorie anwenden, ausgeschlossen ist. Diese **gespaltene Lösung** ist unbefriedigend, jedoch wegen der staatlichen Autonomie das nationale Kollisionsrecht auszugestalten, hinzunehmen.

VI. Grenzüberschreitende Umwandlungen

38 Ebenso weitgehend ungeregelt ist bisher die kollisionsrechtliche Behandlung grenzüberschreitender Umwandlungen (zum Ganzen ausf. *Engert* in Eidenmüller Ausl. KapGes. § 4 Rn. 55 ff.). Lediglich die grenzüberschreitende **Verschmelzung** von Kapitalgesellschaften wird aufgrund europäischer Vorgaben nunmehr in §§ 122a–122l UmwG geregelt (Einzelheiten dort). Zur Möglichkeit der grenzüberschreitenden Rückverschmelzung einer englischen Ltd. auf eine GmbH *Just* Limited Rn. 379 ff. Der identitätswahrende grenzüberschreitende **Formwechsel** ist nunmehr innerhalb der EU weitgehend zulässig (vgl. EuGH 25.10.2017, NZG 2017, 1308 – Polbud; → Rn. 36).

VII. Internationales Insolvenzrecht

Innerhalb der EU sind für die Eröffnung des Insolvenzverfahrens die Gerichte des Mitgliedstaats zuständig, in dessen Gebiet der Schuldner den **Mittelpunkt seiner hauptsächlichen Interessen** (centre of main interest – COMI) hat (Art. 3 Abs. 1 S. 1 EuInsVO; zur insolvenznahen Verlegung *Weller* ZGR 2008, 835; zur Firmenbestattung im Ausland *Weller* ZIP 2009, 2029; hierzu auch OLG Celle 11.1.2010, DB 2010, 334). Nach Art. 3 Abs. 1 S. 2 EuInsVO besteht für den Ort des Satzungssitzes eine widerlegliche Vermutung (vgl. zur Widerlegung AG Köln 19.2.2008, ZIP 2008, 423). Die Gerichte eines anderen Mitgliedstaates sind nur dann für die Verfahrenseröffnung zuständig, wenn der Schuldner eine Niederlassung im Gebiet dieses anderen Mitgliedstaats hat (Art. 3 Abs. 2 S. 1 EuInsVO). Die Wirkungen dieses Verfahrens sind gem. Art. 3 Abs. 2 S. 2 EuInsVO auf das im Gebiet dieses letzteren Mitgliedstaats belegene Vermögen des Schuldners beschränkt (Einzelheiten bei *Eidenmüller* in Eidenmüller Ausl. KapGes. § 9; *Bittmann/Gruber* GmbHR 2008, 867 (868 f.)). Die **Insolvenzfähigkeit** bestimmt sich gem. Art. 7 Abs. 2 lit. a EuInsVO zwar nach der lex fori concursus; die gesellschaftsrechtliche Qualifikation des Schuldners ist demgegenüber eine Vorfrage, die sich nach dem Gesellschaftsstatut richtet (BeckOGK/*Müller*, 1.7.2020, AktG § 1 Rn. 136); zur Insolvenzantragspflicht bei ausländischen juristischen Personen → Rn. 177. 39

B. Die englische Limited

I. Allgemeines

1. Mobilität der Gesellschaften

In Deutschland bestimmte man das auf Gesellschaften bei Auslandsbezug anzuwendende Recht (Gesellschaftsstatut) traditionell anhand der **Sitztheorie.** Hiernach richtet sich die rechtliche Ausgestaltung einer Gesellschaft nach dem Recht des Orts, an dem sie ihren tatsächlichen Verwaltungssitz hat und an dem die grundlegenden Entscheidungen der Unternehmensleitung effektiv in laufende Geschäftsführungsakte umgesetzt werden (BGH 21.3.1986, BGHZ 97, 269 (272) = NJW 1986, 2194 (2195); → Rn. 14 ff.). 40

In den Rechtssachen **Centros** (EuGH 9.3.1999, NJW 1999, 2027), **Überseering** (EuGH 5.11.2002, NJW 2002, 3614) und **Inspire Art** (EuGH 30.9.2003, NJW 2003, 3331) stellte der EuGH indessen klar, dass eine Gesellschaft, die ihren Sitz in einem Mitgliedstaat der EU hat und nach dem Recht dieses Mitgliedstaats ordnungsgemäß gegründet wurde, auch von einem anderen Mitgliedstaat, in dessen Hoheitsgebiet sie ihren Sitz verlegt, in ihrer Ursprungsform anzuerkennen ist. Dies gilt selbst dann, wenn eine Gesellschaft in einem Mitgliedstaat gegründet wurde, aber ausschließlich in einem anderen Mitgliedstaat tätig ist (→ Rn. 18 f.). 41

Zentrale Folge dieser europarechtlichen Vorgaben ist, dass eine nach englischem Recht gegründete private company limited by shares (Ltd.), die ihren Verwaltungssitz und damit unter Umständen auch ihre Tätigkeit vollständig ins Ausland verlegt, insbesondere **in Deutschland als solche anzuerkennen** ist und nicht etwa nur als OHG oder GbR. Auch wenn die Ltd. ausschließlich in Deutschland tätig ist, richtet sich das auf sie anwendbare Recht nach dem Gesellschaftsrecht ihres Gründungsstaats. Für die Zuzugsfälle gilt somit in Deutschland zumindest iRd europäischen Niederlassungsfreiheit die **Gründungstheorie.** 42

2. Kritische Würdigung

Auf den ersten Blick bringt dies va Vorteile für englische Unternehmensgründer, indem diese im Kleid der Ltd. in Deutschland nahezu grenzenlos unternehmerisch tätig werden können. Dies ist indessen wohl keine signifikante Größe. Die eigentliche Folge ist eine andere: Für **deutsche Unternehmensgründer** bietet die europäische Niederlassungsfreiheit die Möglichkeit, eine Ltd. in Großbritannien registrieren zu lassen und hierüber ausschließlich in Deutschland tätig zu sein (*Eidenmüller* ZGR 2007, 168 (170 ff.)). Die nunmehr erleichterte Mobilität der Gesellschaften wird insofern als vorteilhaft erachtet, als das englische Recht deutlich schnellere und kostengünstigere Gesellschaftsgründungen ermöglicht als es in Deutschland bei der GmbH der Fall ist. Die bei der Ltd. geringeren Eigenkapitalerfordernisse und die erleichterte Gründung sind indessen durch die Einführung der Unternehmergesellschaft (§ 5a GmbHG) und die GmbH-Gründung nach Musterprotokoll (§ 2 Abs. 1a GmbHG) im Zuge des MoMiG etwas in den Hintergrund geraten. Die Praxis sieht die englische Ltd. daher zunehmend weniger als attraktive **Alternative zur GmbH.** Infolge des **Brexits** und der hiermit 43 verbundenen Rechtsunsicherheit dürfte es kaum noch Neugründungen geben. Vielmehr stellt sich umgekehrt derzeit akut die Frage, welche Auswirkungen der Vollzug mit **Ablauf der Übergangsfrist am 31.12.2020** haben wird. Insofern besteht nach wie vor erhebliche Unsicherheit, da spezielle Regelungen bislang fehlen (Überblick über die möglichen Folgen und Horrorszenarien bei *Grzeszick/Verse* NZG 2019, 1129; *Teichmann/Knaier* EuZW-Sonderausgabe 1/2020, 1).

44 Insgesamt betrachtet ist bemerkenswert, dass die Zahl der **mangels Masse abgelehnten Insolvenzverfahren** die der eröffneten Verfahren bei der Ltd. bereits zur Anfangszeit als einziger Rechtsform überstieg (2009: 231 eröffnete, 453 abgelehnte Verfahren; vgl. Statistisches Bundesamt, Fachserie 2, R 4.1, September 2009). Dies ist als starkes Indiz zu werten, dass die Aufbringung eines Mindestkapitals die Funktion einer ernst zu nehmenden Seriositätsschwelle erfüllt (im Vergleich dazu die GmbH: 6.645 Eröffnungen, 3.351 Ablehnungen mangels Masse; vgl. Statistisches Bundesamt, Fachserie 2, R 4.1, September 2009).

45 Aus deutscher Perspektive hätte sich die Ltd. letztlich nur dann als Rechtsform für unternehmerische Tätigkeit bewähren können, wenn es gelingt, die maßgeblichen Vorgaben des englischen Rechts iRv **§ 293 ZPO** praktisch anzuwenden. Hierbei stehen nicht allein Gläubigerinteressen im Vordergrund. Gerade bei mehrgliedrigen Gesellschaften stellt sich in besonderem Maße die Frage nach einem für die hier nahezu zwangsläufig auftretenden Konflikte adäquaten Binnenrecht. Insgesamt betrachtet sind die Aufarbeitung und Konkretisierung des englischen Gesellschaftsrechts durch die englischen und deutschen Gerichte derzeit noch viel weniger stark ausgeprägt als beim Recht der deutschen GmbH; eine wissenschaftliche Durchdringung ist bisher allenfalls ansatzweise erkennbar (vgl. aber *Schall,* Companies Act 2006, 2012). Es besteht gerade im Verhältnis der Gesellschafter untereinander nach wie vor erhebliche **Unsicherheit** über das „Recht der Ltd.". Nach derzeitigem Erkenntnisstand ist daher – unabhängig von den Folgen des Brexits – zumindest bei mehrgliedrigen Gesellschaften mit Nachdruck davor zu warnen, voreilig auf die Ltd. zurückzugreifen.

3. Rechtsgrundlagen der Ltd

46 Entgegen der angloamerikanischen Rechtstradition ist das englische Gesellschaftsrecht aufgrund europarechtlicher Vorgaben und infolge größerer Wirtschaftsskandale weitgehend kodifiziert. Zentrales Gesetz ist dabei der mehr als 700 Textseiten umfassende **Companies Act 2006** (CA 2006; online abrufbar unter http://www.opsi.gov.uk/ACTS/acts2006/pdf/ukpga_20060046_en.pdf (zuletzt abgerufen: 14.7.2020)), der als Ergebnis jahrelanger Reformdiskussionen stufenweise bis zum 1.10.2009 in Kraft trat. Ziel der Reformbemühungen war insbesondere die Entlastung und Stärkung mittelständischer Unternehmen im Wettbewerb durch umfangreiche Deregulierung (Überblick bei *Grohmann/Gruschinske* Der Konzern 2007, 797).

47 *[nicht belegt]*

4. Gesellschaftsvertragliche Grundlagen

48 Die **sections of association** bilden zusammen mit den in sec. 29 CA 2006 genannten Gesellschafterbeschlüssen die Satzung der Ltd. (constitution, sec. 17 CA 2006). Für die sections der Ltd. wird meist auf die vom englischen Wirtschaftsministerium aufgrund sec. 19(1) CA 2006 ausgearbeitete **Mustersatzung** zurückgegriffen (Model sections, sch. 1 Companies (Model sections) Regulations 2008; www.opsi.gov.uk/si/si2008/pdf/uksi_20083229_en.pdf (zuletzt abgerufen: 14.7.2020)). Diese gilt gem. sec. 20(1) CA 2006 automatisch, wenn bei der Registrierung der Ltd. entgegen sec. 9(5b) CA 2006 keine Satzung vorgelegt wird. Von diesem Muster kann jedoch auch abgewichen werden. Nach dem CA 1985 bestand die Satzung der Ltd. neben den sections auch aus dem **memorandum of association,** das grundlegende Merkmale (Firma, Sitz, Unternehmensgegenstand, Kapital, Anteile) und Befugnisse der Ltd. regelte. Dieses ist nunmehr nur noch für die Registeranmeldung der Ltd. von Bedeutung (sec. 7(1a) CA 2006) und im Gegensatz zu sec. 2 CA 1985 weitaus weniger umfangreich (vgl. sec. 8(1) CA 2006). Diejenigen Angaben, die unter dem CA 1985 noch Bestandteil des memorandums waren, aber nicht mehr unter dem CA 2006, sind gem. sec. 28(1) CA 2006 nunmehr Bestandteil der sections. Neben den (öffentlich einsehbaren) sections können innergesellschaftliche Angelegenheiten auch durch nicht öffentlich einsehbare, aber ebenso bindende Gesellschaftervereinbarungen **(shareholders' agreements)** vertraglich geregelt werden. Von der constitution zu unterscheiden sind die etwas umfangreicheren **constitutional documents** (vgl. sec. 32 CA 2006), die die Ltd. einem Gesellschafter auf Verlangen zu übersenden hat (Einzelheiten bei *Just* Limited Rn. 75 ff.).

II. Gründung

49 Bei der Gründung einer englischen Ltd. sind die Voraussetzungen des englischen Gesellschafts- und Registerrechts zu beachten (vgl. hierzu auch die instruktive Homepage des britischen Companies House: http://www.companieshouse.gov.uk (zuletzt abgerufen: 14.7.2020)) sowie die Anforderungen des deutschen Registerrechts für die nachfolgende Eintragung der „Zweigniederlassung“ ins deutsche Handelsregister.

1. Neugründung

Die rechtliche Existenz der Ltd. als juristische Person beginnt erst mit der Ausstellung des certificate of incorporation durch den registrar of companies (vgl. sec. 15(1) CA 2006). Im Gegensatz zum deutschen Recht besteht die Ltd. vor Eintragung auch nicht als Vorgesellschaft (*J. Schmidt* RIW 2004, 827). Wer im Namen einer noch nicht existenten Ltd. Geschäfte tätigt, wird daher gem. sec. 51(1) CA 2006 grundsätzlich persönlich verpflichtet, sofern er seine persönliche Haftung nicht ausgeschlossen hat. 50

a) Registrierungsantrag. Die Neugründung einer Ltd. erfolgt nach englischem Recht durch die Einreichung der erforderlichen Unterlagen bei der Registerbehörde (Companies Registration Office, Adresse: The Registrar of Companies, Companies House, Main Office, Crown Way, Cardiff, CF 14 3ZU; Formular ersichtlich unter http://www.companieshouse.gov.uk/forms/formsContinuation.shtml#IN01 (zuletzt abgerufen: 14.7.2020)) und die Eintragung in das Companies Registry. Der Antrag (sec. 9(2) CA 2006) muss folgende Angaben enthalten (Einzelheiten bei *Just* Limited Rn. 29 ff.): 51

aa) Firma. Die Firma (sec. 9(2a), 53 ff. 2006) kann grundsätzlich frei gewählt werden, muss aber im Falle einer Ltd. den Zusatz „Ltd.“ oder „ltd.“ beinhalten (sec. 59(1) CA 2006) und von bereits im Register eingetragenen Firmen unterscheidungskräftig sein. Eine Änderung der Firma ist gem. sec. 77 ff. CA 2006 möglich. Firmen, die Verbindung zu staatlichen Institutionen oder zur Krone suggerieren, bedürfen des Einverständnisses des Secretary of State (sec. 54 CA 2006). 52

bb) Sitz. Sitz iSv sec. 9(2b) CA 2006 meint dasjenige Land, in dem das registered office liegt (Satzungssitz). Gewählt werden kann aus England, Wales, Schottland, Nordirland. Das registered office dient allein als Kontaktadresse für amtliche Mitteilungen an die Gesellschaft (sec. 86, 1139(1) CA 2006) und kann daher auch nur aus einem Briefkasten bestehen. Die Postanschrift und ggf. Änderungen des registered office müssen gem. sec. 9(5a), 87 CA 2006 der Registerbehörde mitgeteilt werden. 53

cc) Unternehmensgegenstand. Auf die Angabe eines Unternehmensgegenstands kann **verzichtet** werden. Er ist dann gem. sec. 31(1) CA 2006 als unbeschränkt zu betrachten. Änderungen im Unternehmensgegenstand sind dem Register mitzuteilen (sec. 31(2) CA 2006). 54

dd) Haftungsbeschränkung. Gemäß sec. 9(2c, d) CA 2006 ist im Falle der Ltd. noch anzugeben, ob die Haftung der Gesellschaft auf die Summe der Anteile (Ltd. by shares) oder auf eine Garantiesumme (Ltd. by guarantee) beschränkt ist. 55

b) Einzureichende Unterlagen. Die mit dem Registrierungsantrag einzureichenden Unterlagen umfassen gem. sec. 7 CA 2006 (Einzelheiten bei *Just* Limited Rn. 29 ff.): Das **memorandum of association,** das nach sec. 8 CA 2006 nur noch die Angabe enthalten muss, dass der/die Unterzeichnende(n) eine Gesellschaft iSd CA 2006 gründen und Gesellschafter und (bei der Ltd. by shares) Anteilsinhaber werden wollen (vgl. sec. 16(2) CA 2006); ein **statement of capital and initial shareholdings** (sec. 9(4a), 10 CA 2006), das über Anzahl, Wert, Rechte und Inhaber der Anteile bei Gründung der Ltd. informiert; ein **statement of proposed officers** (sec. 9(4c), 12 CA 2006), das personenbezogene Angaben über die directors (sec. 162–166 CA 2006) und (falls seine Bestellung beabsichtigt ist, vgl. sec. 270(1) CA 2006) den company secretary (sec. 277–279 CA 2006) macht und gem. sec. 12(3) CA 2006 von diesen bestätigt wird; gem. sec. 9(5b) CA 2006 die vorgesehene Satzung der Gesellschaft **(sections of association),** die jedoch nur dann eingereicht werden muss, wenn sie von der Mustersatzung (Model sections) abweicht, vgl. sec. 20(1), 18(2) CA 2006 und gem. sec. 13 CA 2006 die **Erklärungen** des Gründungsanwalts, der Direktoren oder des Gesellschaftssekretärs, dass alle Gründungsvoraussetzungen des CA 2006 erfüllt wurden. 56

[nicht belegt] 57–61

c) Gebühren. Die mit dem Eintragungsantrag zu entrichtende Gebühr liegt abhängig von der gewünschten Schnelligkeit der Eintragung und elektronischer oder körperlicher Übermittlung der Unterlagen bei £ 20 (standard service fee für eine Registrierung innerhalb von 8–10 Tagen, £ 50 für den same day service); diese Summe ist der Anmeldung als Scheck beizufügen (*Just* Limited Rn. 32). Im Unterschied zur GmbH-Gründung muss kein Notar hinzugezogen werden. 62

d) Registrierung. Liegen nach formeller Prüfung durch das Companies Registration Office alle Eintragungserfordernisse vor, wird dies der Ltd. durch ein **certificate of incorporation** (sec. 14 ff. CA 2006) bestätigt, mit dessen Ausstellung gleichzeitig unwiderlegbar vermutet wird, dass die Eintragungsvorschriften des CA 2006 erfüllt wurden (sec. 15(4) CA 2006). Die gem. sec. 14 CA 2006 vorzunehmende **Eintragung** bewirkt, dass die Unterzeichner des memorandums Gesellschafter werden, das Amt der directors bzw. des secretary beginnt und die Gesellschaft rechtsfähig wird (vgl. sec. 16 CA 2006). Im Regelfall dauert es bis zur Registrierung fünf Arbeitstage. 63

2. Mantelkauf

64 Alternativ zur Neugründung einer Gesellschaft besteht auch die Möglichkeit des Erwerbs einer bereits bestehenden Vorratsgesellschaft (shelf company; Einzelheiten bei *Just* Limited Rn. 36 ff.). Der Gesellschaftserwerb nebst Registrierung ist dann innerhalb von 24 Stunden zu erreichen (Einzelheiten bei *Just* Limited Rn. 40).

3. Registerpflicht in Deutschland

65 Verlegt eine englische Ltd. ihren tatsächlichen Verwaltungssitz nach Deutschland, wird hierdurch eine **Zweigniederlassung iSv §§ 13d ff. HGB** errichtet (vgl. BGH 14.5.2019, NZG 2019, 775 Rn. 10 ff.). Die an sich gebotene Differenzierung von Haupt- und Zweigniederlassung wird insofern aufgehoben. Die EuGH-Rspr. („Centros", „Inspire Art") verlangt nicht, dass eine Zweigniederlassung stets getrennt von der Hauptniederlassung geführt werden muss (*Riegger* ZGR 2004, 510 (513)). Die Anmeldung der Niederlassung kann durch **Zwangsgeldandrohung** gem. § 14 HGB, § 388 FamFG durchgesetzt werden. Dies setzt jedoch voraus, dass das Registergericht von der Zweigniederlassung erfährt, was praktisch kaum möglich ist. Die rechtliche Effektuierung der europarechtskonformen nationalen Registerpflichten findet daher kaum statt. Vor allem haften die Direktoren einer in Deutschland ansässigen Ltd. auch nicht wegen der Verletzung deutscher Registerpflichten gem. § 11 Abs. 2 GmbHG analog (BGH 14.3.2005, NJW 2005, 1648).

66 **a) Zuständigkeit.** Für die Registereintragung maßgeblich ist das deutsche Registerrecht gem. §§ 13d, 13e, 13g HGB iVm §§ 8, 10 GmbHG, da die Ltd. funktional der deutschen GmbH entspricht (BGH 14.5.2019, WM 2019, 1210 Rn. 10; zu den Einzelheiten siehe daher jeweils dort). Zuständig ist hiernach gem. § 13d Abs. 1 HGB das Registergericht, in dessen Bezirk die Zweigniederlassung besteht, mithin dort, wo die englische Ltd. ihren tatsächlichen Verwaltungssitz (→ Rn. 15) in Deutschland hat.

67 **b) Anmeldung.** Die Anmeldung ist in deutscher Sprache abzufassen (§ 184 GVG) und beinhaltet gem. § 13e Abs. 2 HGB Angaben über die Geschäftsanschrift, über den Unternehmensgegenstand der Zweigniederlassung (S. 3) und – falls von der Hauptniederlassung abweichend (§ 13d Abs. 2 Hs. 2 HGB) – über die Firma der Zweigniederlassung, deren Zulässigkeit sich nach dem HGB richtet (OLG München 1.7.2010, NZG 2011, 157; Lutter/Hommelhoff/*Bayer* GmbHG Anh. § 4a Rn. 23). Weiterhin erforderlich sind gem. § 13g Abs. 1, Abs. 3 HGB auch die Angaben nach § 10 GmbHG, insbesondere die Höhe des Stammkapitals (vgl. insofern den Vorlagebeschluss BGH 14.5.2019, WM 2019, 1210 Rn. 10 ff.). Erforderlich sind auch die Angaben über die Eignung der Direktoren (§ 13g Abs. 2 S. 2 HGB, § 8 Abs. 3 GmbHG; vgl. auch insofern den Vorlagebeschluss BGH 14.5.2019, WM 2019, 1210 Rn. 35 ff.; gegen eine Richtlinienwidrigkeit Lutter/Hommelhoff/*Bayer* GmbHG Anh. § 4a Rn. 28; *Stöhr* EuZW 2020, 654 (657)). Ferner sind erforderlich die Angabe einer inländischen Geschäftsanschrift der Ltd. sowie Art und Umfang der Vertretungsmacht der Direktoren (§ 13g Abs. 2 S. 2 HGB, § 8 Abs. 4 GmbHG; vgl. hierzu OLG Frankfurt a. M. 3.2.2015, NZG 2015, 707 und OLG Nürnberg 26.1.2015, NZG 2015, 401).

68 Durch das MoMiG geklärt wurde die Frage, ob die gegen einen Direktor ergangene **Gewerbeuntersagung** gem. § 35 GewO der Eintragungsfähigkeit einer Zweigniederlassung im Wege steht (dazu noch *Just* Limited Rn. 51 f.). Da § 13g Abs. 2 S. 2 HGB nunmehr ausdrücklich auch auf § 8 Abs. 3 GmbHG verweist, haben Geschäftsführer einer ausländischen Gesellschaft, die eine Zweigniederlassung in Deutschland errichtet, ebenso wie GmbH-Geschäftsführer bei Anmeldung der Niederlassung zu versichern, dass ihrer Bestellung nicht die in § 6 Abs. 2 S. 2 Nr. 2, 3, S. 3 GmbHG genannten Gründe entgegenstehen. Liegt ein solcher Grund vor, ist das Registergericht zur Ablehnung der Eintragung befugt (BGH 7.5.2007, NJW 2007, 2328; vgl. hierzu auch den Vorlagebeschluss BGH 14.5.2019, WM 2019, 1210 Rn. 35 ff.).

69 Strittig ist, ob bei der Eintragung der Zweigniederlassung der Zusatz „Der Geschäftsführer ist von den Beschränkungen des **§ 181 BGB** befreit" eintragungsfähig ist. Dies ist problematisch, da für die materiell-rechtliche Ausgestaltung der Gesellschaft und ihrer Organe nicht deutsches, sondern englisches Gesellschaftsrecht gilt, dem eine § 181 BGB entsprechende Norm unbekannt ist (deshalb die Eintragungsfähigkeit abl. Lutter/Hommelhoff/*Bayer* GmbHG Anh. § 4a Rn. 27). Eine einheitliche Rspr. in dieser Frage liegt noch nicht vor (vgl. gegen die Eintragungsfähigkeit einerseits OLG München 17.8.2005, NZG 2005, 850; OLG Celle 14.4.2005, NZG 2006, 273; andererseits für Eintragungsfähigkeit LG Chemnitz 24.3.2005, GmbHR 2005, 691; LG Freiburg 22.7.2004, NZG 2004, 1170). Das Problem kann allerdings umgangen werden, indem ein den Wortlaut des § 181 BGB wiedergebender Passus in die Satzung aufgenommen wird, der dann bei Anmeldung in das Handelsregister eintragungsfähig ist (*Heinz/Hartung* Englische Ltd § 18 Rn. 81 f.; dagegen jedoch OLG Frankfurt a. M. 19.2.2008, GmbHR 2009, 214).

Hinsichtlich der Gesellschaft (Ltd.) sind deren Eintrag im Companies Registry, deren Rechtsform und Vertreter anzugeben (§ 13e Abs. 2 S. 5 Nr. 1–3 HGB). Gemäß § 13g Abs. 3 HGB, § 10 Abs. 1 GmbHG bedarf es ferner Angaben über Firma, Sitz und Stammkapital (entsprechend der Funktion als Haftkapital also das issued share capital) der Ltd. Dass die gem. § 13g Abs. 3 HGB, § 10 Abs. 1 S. 1 GmbHG geforderte Angabe des **Unternehmensgegenstands** der Ltd. mit den Vorgaben der Zweigniederlassungs-RL (nunmehr Art. 30 Abs. 1 lit. b GesR-RL) vereinbar ist, wurde mittlerweile vom EuGH bestätigt (EuGH 1.6.2006, NJW 2006, 3195 (3196); Oetker/*Preuß* HGB § 13e Rn. 34; abw. *Just* Limited Rn. 49; *Heinz/Hartung* Englische Ltd § 18 Rn. 45 ff.). Vom Unternehmensgegenstand der Ltd. grundsätzlich abzugrenzen ist der Gegenstand der Zweigniederlassung (vgl. § 13e Abs. 2 S. 3 HGB). Das Registergericht prüft nicht, ob die Tätigkeit der Zweigniederlassung vom Unternehmensgegenstand der Ltd. gedeckt ist (OLG Düsseldorf 21.12.2006, NZG 2006, 317). Wird ein ständiger Vertreter iSv § 13e Abs. 2 S. 5 Nr. 3 HGB (freiwillig) bestellt, ist auch dieser anzugeben (OLG München 14.2.2008, NZG 2008, 342). 70

Der Anmeldung in der Form des § 12 HGB **beizufügen** sind weiterhin gem. § 13g Abs. 2 S. 1 HGB eine öffentlich beglaubigte Abschrift des (ggf. übersetzten, vgl. § 13f Abs. 2 S. 1 HGB) Gesellschaftsvertrags, also die sections of association und das memorandum of association (OLG Frankfurt a.M. 8.8.2017, NZG 2017, 1431); gem. § 13e Abs. 2 S. 2 HGB ein Nachweis über das Bestehen der Ltd., etwa ein öffentlich beglaubigtes certificate of incorporation oder eine Erklärung eines englischen Notars und gem. § 13g Abs. 2 S. 2 HGB, § 8 Abs. 1 Nr. 2 GmbHG eine Legitimation der Direktoren, falls diese nicht gesellschaftsvertraglich bestimmt sind. Die Anforderungen an diesen Nachweis sind mangels einheitlicher Rechtspraxis je nach Registergericht unterschiedlich (Einzelheiten bei *Just* Limited Rn. 57). Die Vorlage eines Beschlusses über die Einrichtung einer Zweigniederlassung darf nicht verlangt werden (OLG Düsseldorf 21.12.2006, NZG 2006, 317). 71

4. Weitere Pflichten

Als Folge der wirtschaftlichen Betätigung in Deutschland hat die Zweigniederlassung der Ltd. auf ihren **Geschäftsbriefen** unabhängig von der Eintragung die gem. § 35a Abs. 4 GmbHG bzw. bei der Ltd. & Co. KG gem. § 125a HGB erforderlichen Angaben zu Rechtsform, Sitz, Register und Registernummer der Zweigniederlassung sowie Geschäftsführern zu machen (abw. *Ebert/Levedag* GmbHR 2003, 1337: Anwendbarkeit englischen Rechts). Die Verwendung von „Ltd." als abgekürzter Rechtsformzusatz dürfte mittlerweile zulässig sein (abw. noch LG Göttingen 12.7.2005, NZG 2006, 274). Die Zulässigkeit des Firmengebrauchs folgt den Vorgaben des HGB (OLG München 1.7.2010, NZG 2011, 157). 72

Je nach ausgeübter Tätigkeit sind zudem **gewerberechtliche Anzeigen** (vgl. §§ 14, 55c GewO) und die Eintragung in die **Handwerksrolle** (§ 7 Abs. 1 HwO) erforderlich (*Mankowski* BB 2006, 1173). Wie für jede ausländische Kapitalgesellschaft, die in Deutschland eine Niederlassung errichtet, sind auch eine Anmeldung beim **Finanzamt** (hierzu *Wachter* FR 2006, 393) und die Mitgliedschaft bei der **IHK** notwendig (zur Pflichtmitgliedschaft VG Darmstadt 7.11.2006, GewA 2007, 85; *Wachter* GmbHR 2004, 88). 73

Nach englischem Recht hat die Ltd. zudem eine **Gesellschaftsakte** (statutory books) anzulegen, die stets auf aktuellem Stand zu halten ist und folgende Angaben enthält (vgl. *Just* Limited Rn. 65): Sämtliche Gesellschafter (register of members, sec. 112 ff. CA 2006), Direktoren (register of directors, sec. 162 CA 2006), Gesellschaftssekretäre (register of company secretaries, sec. 275 CA 2006), Sicherungsmittel (register of charges, sec. 869 CA 2006), Niederschriften von Direktorensitzungen und Gesellschafterversammlungen (minutes of board meetings and of general meetings, sec. 248, 355(1b), 356(4) CA 2006), Buchhaltungsunterlagen (accounting records, sec. 386 CA 2006) und Kopien der Dienstverträge der Direktoren (copies of directors' service contracts, sec. 228(1a) CA 2006). 74

III. Gesellschafter

Die Ltd. kann **einen oder mehrere** Gesellschafter haben. Die Unterzeichner des memorandums sind gem. sec. 112(1) CA 2006 die ersten Gesellschafter. Sie sind gem. sec. 113 CA 2006 in das Gesellschafterregister der Ltd. einzutragen, wofür die Direktoren Sorge zu tragen haben. Nach Entstehung der Ltd. können neue **Gesellschafter hinzutreten** durch den Erwerb neu ausgegebener Anteile oder den Erwerb von Anteilen bisheriger Gesellschafter. Die Eintretenden sind erst dann rechtswirksam Gesellschafter, wenn sie in das register of members eingetragen sind (sec. 112(2) CA 2006). Der bisherige Gesellschafter ist jedoch verpflichtet, die Rechte aus dem Anteil entsprechend den Anweisungen des neuen Gesellschafters auszuüben und Gewinne herauszugeben (*Just* Limited Rn. 100). Die Gesellschafterstellung wird in einem **Anteilsschein** (share certificate, sec. 768(1) CA 2006) dokumentiert, der dem Gesellschafter innerhalb von zwei Monaten nach Erwerb seines Anteils zu übergeben ist (sec. 769(1) CA 75

2006, vgl. auch Art. 24 Model sections) und prima-facie-Beweis für seine Berechtigung ist (Art. 23 Model sections).

1. Geschäftsanteile

76 Das share certificate dokumentiert die Berechtigung des Gesellschafters hinsichtlich Vermögens- und Verwaltungsrechten. Bezugspunkt ist der festgelegte **Nennbetrag,** der auch auf Euro lauten kann. Die einzelnen Anteile können jedoch mit unterschiedlichen Rechten und Beschränkungen verbunden sein (vgl. Art. 22 Model sections). Es ist daher möglich, neben den gewöhnlichen Anteilen (ordinary shares) auch preference shares auszugeben, mit denen **Vorzugsrechte** (zB hinsichtlich Dividenden oder Kapital) verbunden sind. Zur Unterscheidung von redeemable und non-redeemable shares iRd Rückerwerbs durch die Gesellschaft → Rn. 102 ff.

77 **a) Ausgabe.** Die Ausgabe der Anteile kann nur durch die Direktoren erfolgen. Sie müssen hierzu entweder durch die sections oder durch eine ordinary resolution ermächtigt worden sein (sec. 549(1), 551(1) CA 2006). Die **Ermächtigung** hat gem. sec. 551(3) CA 2006 anzugeben, in welchem Umfang (mengen- oder wertmäßig) und über welchen Zeitraum Anteile ausgegeben werden können. Sie kann jederzeit durch eine ordinary resolution beschlossen, verändert, zurückgenommen oder erneuert werden. Selbst wenn die Ermächtigung in den sections festgelegt ist, reicht hierzu ein Beschluss mit einfacher Mehrheit aus; eine Änderung der sections ist nicht notwendig (sec. 551(8) CA 2006).

78 Werden neue Anteile ausgegeben, sind gem. sec. 561(1) CA 2006 die bisherigen Gesellschafter entsprechend ihrer bisher gehaltenen Anteile zum Bezug berechtigt, wenn diese Anteile ausschließlich gegen Barleistung ausgegeben werden (sec. 565 CA 2006, Kapitalerhöhung). Bei der Sachkapitalerhöhung gibt es kein Bezugsrecht der bisherigen Anteilsinhaber (vgl. sec. 564, 566 CA 2006). Das **gesetzliche Bezugsrecht** kann auch bei der Barkapitalerhöhung durch die sections (sec. 567 CA 2006) oder durch eine special resolution (sec. 570 CA 2006) ausgeschlossen werden. Im Falle eines Bezugsrechts ist den bisherigen Gesellschaftern ein Angebot zum Bezug zu unterbreiten, das innerhalb eines näher zu bestimmenden Zeitraums (mindestens 21 Tage, sec. 562(4, 5) CA 2006) von den Anteilsinhabern angenommen werden kann.

79 **b) Übertragung.** Die Übertragung von Geschäftsanteilen kann rechtsgeschäftlich (transfer) oder aufgrund Gesetzes (transmission) erfolgen. Die Gesellschafter der Ltd. können ihre Anteile grundsätzlich **frei veräußern** (Einzelheiten bei *Heinz/Hartung* Englische Ltd § 5 Rn. 10 ff.). Beschränkungen in Form eines Vorkaufsrechts der Altgesellschafter oder eines Zustimmungserfordernisses können jedoch in die sections aufgenommen werden. Bei der rechtsgeschäftlichen Übertragung unterschreibt und überreicht der Anteilsveräußerer (Zedent) dem Erwerber ein Anteilsübertragungsformular (stock transfer form, vgl. sec. 1, Schedule 1 Stock Transfer Act 1963), das der Erwerber zusammen mit seinem Anteilschein an die Gesellschaft sendet. Diese hat den Erwerber innerhalb von zwei Monaten im register of members zu registrieren und ihm einen neuen Anteilschein auszustellen (sec. 770, 771 CA 2006). Bei der Übertragung eines Anteils unterliegt der Erwerber der **Stempelsteuer** (stamp duty), deren Höhe 0,5 % des Erwerbspreises beträgt (sec. 112, Schedule 13 Finance Act 1999).

80 Hat eine englische Ltd. ihren effektiven Verwaltungssitz in Deutschland, bedarf es für die rechtsgeschäftliche Anteilsübertragung nach einer verbreiteten Ansicht gem. Art. 11 EGBGB der **notariellen Beurkundung** entsprechend § 15 Abs. 3 und 4 GmbHG (OLG Celle 20.11.1991, NJW-RR 1992, 1126; so auch BeckOK BGB/*Mäsch* Rom I-VO Art. 11 Rn. 40; *Fetsch* GmbHR 2008, 133 (134)). Dem ist nicht zuzustimmen. Die Fungibilität der Geschäftsanteile ist eine Frage des Gesellschaftsstatuts und unterliegt daher den Vorgaben der entsprechenden Heimatrechtsordnung (so auch OLG München 5.3.1993, NJW-RR 1993, 998; wohl auch BGH 4.1.2004, NZG 2005, 41 (43)).

81 **c) Vererbung.** Nach englischem Sachrecht erfolgt mit dem Tod oder in der Insolvenz eines Gesellschafters ein gesetzlicher Anteilsübergang auf die Erben bzw. die Krone. Der Rechtsnachfolger tritt jedoch zunächst nicht vollumfänglich in die Gesellschafterstellung des Erblassers bzw. insolventen Gesellschafters ein. Ihm steht vielmehr zunächst nur ein Gewinnbezugsrecht zu. Vor seiner Registrierung als Gesellschafter hat er gem. Art. 27(3), 1 Model sections kein Teilnahme- und Stimmrecht bei Gesellschafterversammlungen. Er kann gem. Art. 27(2), 28(2, 1) Model sections zwischen der Annahme der Gesellschafterstellung oder Weiterübertragung des Anteils wählen. Problematisch ist, inwieweit diese Regelungen Anwendung finden, wenn der Gesellschafter der Ltd. seinen gewöhnlichen Aufenthalt in Deutschland hat. Nach deutschem **IPR** sind Gesellschafts- und Erbstatut voneinander abzugrenzen. Allgemein gilt, dass das Gesellschaftsstatut vorrangig dafür maßgeblich ist, ob und mit welchen gesellschaftsrechtlichen Konsequenzen ein Gesellschaftsanteil vererblich ist, wohingegen das Erbstatut (vgl. Art. 25 EGBGB) für die konkrete Zuweisung des hiernach vererblichen Geschäftsanteils an die Erben maßgeblich ist (Einzelheiten bei *Hausmann/Odersky,* Internationales Privatrecht, 3. Aufl. 2017, Rn. 318; Staudinger/*Dörner,* 2007, EGBGB Art. 25 Rn. 63 ff.).

2. Mitgliedschaftsrechte

Dem einzelnen Gesellschafter stehen umfangreiche Mitgliedschaftsrechte zu, zu deren Geltendmachung der einzelne Gesellschafter im eigenen Namen befugt ist (personal action). 82

a) Teilnahme- und Abstimmungsrecht. Wichtigstes Recht des Gesellschafters ist das Teilnahme- und Abstimmungsrecht in der Gesellschafterversammlung, das auch durch einen Vertreter ausgeübt werden kann (sec. 324(1) CA 2006). Gesellschaftern, die mindestens 5% der Stimmrechte innehaben, steht gem. sec. 314(2) CA 2006 das Recht zu, zu Gegenständen der Gesellschafterversammlung **Erklärungen** im Umfang von maximal 1.000 Worten abzugeben, die die Gesellschaft auf Antrag (sec. 314(1, 4) CA 2006) eines Gesellschafters den anderen Gesellschaftern auf gleiche Weise und zeitgleich/zeitnah zur Einberufung der Versammlung zuzuleiten hat (sec. 315 CA 2006), sofern nicht gerichtlich festgestellt wurde, dass der Gesellschafter sein Erklärungsrecht missbräuchlich ausübt (sec. 317 CA 2006). Die Kosten sind grundsätzlich vom erklärenden Gesellschafter zu tragen (sec. 316 CA 2006). 83

Die Einberufung einer **außerordentlichen Gesellschafterversammlung** kann von Gesellschaftern verlangt werden, die 10% der Anteile repräsentieren (sec. 303(1–3) CA 2006). Der Antrag hat den Gegenstand zu benennen, der in der Versammlung behandelt werden soll, und ist von den Antragstellern zu unterzeichnen (sec. 302(4a, 6b) CA 2006). Spätestens 21 Tage nach Eingang des Antrags haben die Direktoren die Gesellschafterversammlung einzuberufen, die spätestens 28 Tage danach abzuhalten ist (sec. 304(1) CA 2006); andernfalls können die Gesellschafter die Versammlung gem. sec. 305 CA 2006 auch selbst einberufen. Die Kosten der Einberufung fallen der Gesellschaft zur Last, können aber im Falle von sec. 305 CA 2006 von den Direktoren zurückgefordert werden (sec. 305(6) CA 2006; *Just* Limited Rn. 127). 84

b) Informationsrechte. Gemäß sec. 423(1a) CA 2006 sind jedem Gesellschafter Jahresabschlüsse und Jahresberichte zu übermitteln. Die Protokolle der Gesellschafterversammlungen und der außerhalb hiervon gefassten Gesellschafterbeschlüsse (sec. 355(1) CA 2006) stehen jedem Gesellschafter zur Einsicht offen (sec. 358(3) CA 2006). 85

c) Gewinnbezugsrecht. Art. 30 Model sections (→ Rn. 48) sieht zudem ein Gewinnbezugsrecht der Gesellschafter vor. Zur Entscheidung über Gewinnausschüttungen sind die Gesellschafter gem. sec. 30(2) Model sections aber nur berechtigt, wenn und soweit die Direktoren eine entsprechende Empfehlung abgegeben haben. Abweichende Satzungsregelungen sind möglich. 86

d) Sonstiger Minderheitenschutz. Darüber hinaus stehen insbesondere den Minderheitsgesellschaftern eine Reihe gerichtlicher Verfahren offen, um ihre Interessen zu schützen. Welche rechtliche und faktische Geltung diese Regelung bei der in Deutschland ansässigen Ltd. haben, ist derzeit noch offen. Bei mehrgliedrigen Gesellschaften ist daher vorerst nur mit Vorsicht auf die Ltd. zurückzugreifen. 87

Die Rechte, die der Gesellschaft zustehen (etwa der Anspruch gegen die Direktoren auf Erfüllung ihrer Pflichten oder auf Schadensersatz), können grundsätzlich nicht von einzelnen Gesellschaftern, sondern nur von der Gesellschaft geltend gemacht werden (*Just* Limited Rn. 135 f.). Sec. 260–264 CA 2006 räumen jedoch auch dem einzelnen Gesellschafter ein Klagerecht im Namen der Gesellschaft ein **(derivative claim).** Funktional entspricht dies der actio pro socio, sodass deren Voraussetzungen zur tatbestandlichen Konkretisierung herangezogen werden können. 88

Daneben eröffnen sec. 994–999 CA 2006 einem Gesellschafter, der sich durch die vergangene, gegenwärtige oder künftige Geschäftsführung ungerecht benachteiligt sieht (unfair prejudice), den Rechtsweg. Kommt das Gericht (bei einem ihm zustehenden weiten Einschätzungsspielraum, *Just* Limited Rn. 131) zur Überzeugung, dass der Antrag gem. sec. 994 CA 2006 erfolgreich ist, so kann es gem. sec. 996 CA 2006 eine Regelung treffen, über deren Inhalt es ebenfalls einen großen Ermessensspielraum hat (sec. 996(2) CA 2006). Welche Bedeutung dieses Instrument für in Deutschland ansässige Ltd. haben wird, ist derzeit noch nicht absehbar. Als sachgerecht erscheint, hierin eine besondere gesetzliche Ausprägung der **Treuepflicht** im englischen Recht anzusehen und die streitigen Fälle entsprechend der bei der GmbH anerkannten Vorgaben zugunsten des Minderheitenschutzes zu lösen. 89

IV. Gesellschafterversammlung

1. Einberufung

Die Einberufung der Gesellschafterversammlung erfolgt gem. sec. 302 CA 2006 grundsätzlich durch die Direktoren. Bei den Versammlungen ist zu unterscheiden zwischen der jährlichen Gesellschafterversammlung (annual general meeting, AGM) und der außerordentlichen Gesellschafterversammlung (extraordinary general meeting, EGM; Einzelheiten bei *Heinz/Hartung* Englische Ltd § 6 Rn. 56 ff.). 90

91 **a) Jährliche Gesellschafterversammlung.** War die Abhaltung einer jährlichen Gesellschafterversammlung nach altem Recht noch für alle Gesellschaften verpflichtend, so wurde dieses Erfordernis mit dem CA 2006 für die Ltd. aufgegeben (anders bei public companies, vgl. sec. 336 ff. CA 2006). Die Pflicht zur jährlichen Gesellschafterversammlung kann aber weiterhin in den sections vorgesehen werden.

92 **b) Außerordentliche Gesellschafterversammlung.** Bei allen Gesellschafterversammlungen außerhalb der AGM handelt es sich um außerordentliche Versammlungen. Sie sind (wie auch ggf. die AGM) gem. sec. 307(1) CA 2006 mit einer Frist von 14 Tagen einzuberufen, wobei bei der Fristberechnung gem. sec. 360(2) CA 2006 die Tage der Zustellung und der Abhaltung der Versammlung nicht berücksichtigt werden. Mit Zustimmung der Gesellschafter, die mindestens 90 % der Anteile halten, kann die Frist auch verkürzt werden (sec. 307(4–6) CA 2006). Die Einberufung ist jedem Gesellschafter und jedem Direktor (sec. 310(1) CA 2006) schriftlich, elektronisch oder durch Bekanntgabe auf der Homepage mitzuteilen (sec. 308, 309 CA 2006) unter Angabe von Zeitpunkt, Ort und allgemeinen Gegenständen der EGM (sec. 311 CA 2006) sowie mit einem Hinweis auf die Vertretungsmöglichkeit (sec. 325, 324 CA 2006). Fehler bei der Einberufung führen grundsätzlich zur Unwirksamkeit der in der betreffenden Versammlung gefassten Beschlüsse. Sec. 325(2) CA 2006 und Art. 43 Model sections erklären gewisse Mängel bzw. Einwendungen jedoch für unbeachtlich.

2. Beschlussfassung

93 Rechtlich wirksam handeln kann die Gesellschafterversammlung nur durch Beschlüsse.

94 **a) Beschlussfähigkeit.** Die Beschlussfähigkeit liegt bei der mehrgliedrigen Ltd. vor, wenn zwei Gesellschafter – ggf. gem. sec. 324 CA 2006 vertreten – anwesend sind (sec. 318(2) CA 2006); bei einer Ein-Mann-Ltd. reicht naturgemäß ein Gesellschafter (sec. 318(1), 123 CA 2006).

95 **b) Erforderliche Mehrheit.** Die für die Beschlussfassung erforderliche Mehrheit hängt von der Art der Entscheidung ab: Für den einfachen Beschluss (ordinary resolution) genügt eine einfache Mehrheit (sec. 282(1) CA 2006); der besondere Beschluss (special resolution) erfordert 75 % der Stimmen (sec. 283 (1) CA 2006). Sofern das Gesetz und die sections keine special resolution vorsehen, so aber zB für die Änderung der sections (sec. 21 CA 2006) oder der Firma (sec. 77(1), 78 CA 2006), genügt für einen Beschluss die ordinary resolution. Eine special resolution ist – gleich in welchem Abstimmungsverfahren (→ Rn. 96) – ausdrücklich als solche zu benennen und im Falle der Abstimmung in der Gesellschafterversammlung auch als solche in der Einberufung zu bezeichnen (sec. 283(3, 6) CA 2006).

96 **c) Abstimmungsverfahren.** Wie die jeweils erforderliche Mehrheit zustande kommt, hängt zudem davon ab, welches Abstimmungsverfahren gewählt wird: Bei der Abstimmung nach Anteilen (poll) entspricht das Gewicht jeder Stimme der Höhe des Anteils am issued share capital, den der jeweilige Abstimmende hält (sec. 284(3) CA 2006). Bei der Abstimmung durch Handzeichen (show of hands) hat dagegen jeder Abstimmende unabhängig von der Höhe seines jeweiligen Anteils eine Stimme (sec. 284 (2) CA 2006). Die Gesellschafter können in den sections bestimmen, wann welches Abstimmungsverfahren anzuwenden ist. Die Model sections sehen gem. Art. 42 Model sections grundsätzlich die Abstimmung per Handzeichen vor, räumen aber den Gesellschaftern das Recht ein, vor Abstimmung oder nach Bekanntgabe des Ergebnisses eine Abstimmung nach Kapitalanteilen zu verlangen (Art. 44(1) Model sections). Daneben gibt es außerhalb der Gesellschafterversammlung noch die Beschlussfassung im Umlaufverfahren (written resolution, sec. 281(1a), 284(1), 288–300 CA 2006; Ausnahmen: sec. 288 (2) CA 2006).

97 Über die Gesellschafterversammlungen sind **Protokolle** zu führen, die mindestens zehn Jahre aufzubewahren sind und den Gesellschaftern zur Einsicht offen stehen. Über den Aufbewahrungsort ist der registrar zu informieren (sec. 355, 358 CA 2006). Special resolutions und Beschlüsse, die auf die constitution (sec. 17 CA 2006) Auswirkung haben, sind dem registrar innerhalb von 15 Tagen nach Beschlussfassung zuzuleiten (sec. 29, 30 CA 2006).

3. Beschlussmängel

98 Bei fehlerhaften Gesellschafterbeschlüssen (defective resolutions) wird nicht zwischen anfechtbaren und nichtigen Beschlüssen unterschieden. Mit Ausnahme bei nicht ordnungsgemäßer Ladung eines Gesellschafters kann die Nichtigkeit eines Beschlusses nach englischem Recht **nur durch Gerichtsentscheidung** bewirkt werden, nachdem der jeweilige Beschluss innerhalb von 21 Tagen nach Beschlussfassung angefochten wurde (nach Ablauf der Frist wird der Beschluss bestandskräftig; *Heinz/Hartung* Englische Ltd § 6 Rn. 80). Bisher erscheinen die Einzelheiten hierzu als noch völlig ungeklärt. Auch hier stellt sich daher die Frage, inwieweit es gelingen wird, die englischen Vorgaben bei einer mehrgliedrigen Ltd. mit Sitz in Deutschland umzusetzen. Ein Vorgehen entsprechend dem GmbH-Beschlussmängelrecht wird wohl sachgerecht sein.

V. Kapitalverfassung

Die Ltd. muss bei ihrer Gründung kein Mindestkapital aufweisen. Gleichwohl kann es von den Gesellschaftern – freiwillig – übernommene Einlageverpflichtungen geben (**gezeichnetes Kapital,** issued share capital). Die von einem Gesellschafter tatsächlich geleistete Einlage wird als paid-up capital, die Differenz zwischen (laut Gesellschaftssatzung) gezeichnetem und tatsächlich eingezahltem Kapital als unpaid oder uncalled capital bezeichnet. Wenngleich das paid-up capital auch bei der Ltd. die Funktion von **Eigenkapital** hat, ist die gesetzliche Gewährleistung dieser Funktion zugunsten der Gesellschaftsgläubiger nur in Einzelaspekten ausgeprägt. Ein stringentes, an der Ziffer des gezeichneten Kapitals ausgerichteter Schutz der realen Kapitalaufbringung und ein hierauf bezogenes zwingendes Verbot der Einlagenrückgewähr fehlen. Einzelheiten bei *Heinz/Hartung* Englische Ltd § 11; zum Gesellschaftskapital in der Insolvenz *Krüger* ZInsO 2009, 2169. 99

1. Kapitalaufbringung

Einlagefähig sind iRd paid-up capital neben Barzahlungen und Sachleistungen auch eigene, künftig zu erbringende Dienstleistungen der Gesellschafter (vgl. sec. 585 ff. CA 2006). Die Bewertung einer Sach- oder Dienstleistung obliegt den Gesellschaftern selbst bzw. den Direktoren und ist nicht durch einen Wirtschaftsprüfer zu bestätigen. Auch eine gerichtliche Anfechtung der Bewertung ist bis auf die Fälle des Rechtsmissbrauchs und Betrugs ausgeschlossen (*Heinz/Hartung* Englische Ltd § 11 Rn. 24). Relevanz hat diese rudimentär abgesicherte Kapitalaufbringung weitgehend im Innenverhältnis einer mehrgliedrigen Gesellschaft, wenn es um die Berechnung der jeweiligen Gesellschafterbeteiligung geht. 100

2. Kapitalerhaltung

Haftungsmasse der Ltd. und Schutzobjekt der englischen Kapitalerhaltungsvorschriften ist das von den Gesellschaftern gezeichnete bzw. eingebrachte Kapital. Die Erhaltungsvorschriften sollen das haftende Kapital der Ltd. davor schützen, dass Gesellschafter Geld aus der Ltd. abziehen. 101

a) Erwerb eigener Anteile. Insbesondere ist es gem. sec. 658(1) CA 2006 der Gesellschaft grundsätzlich **verboten,** eigene Anteile zu erwerben, da dies einer Rückzahlung des geleisteten Gesellschaftskapitals gleichkäme (*Heinz/Hartung* Englische Ltd § 11 Rn. 63). Sec. 684 CA 2006 gestattet der Ltd. (durch Ermächtigung in den sections oder durch ordinary resolution auch den Direktoren, vgl. sec. 685 (1) CA 2006) aber die Ausgabe von **redeemable shares,** die sie selbst (auf eigenen oder auf Wunsch des Anteilsinhabers) zurückerwerben kann. Solche rückkaufbaren Anteile dürfen nur ausgegeben werden, wenn gleichzeitig auch nicht rückkaufbare Anteile ausgegeben werden (sec. 684(4) CA 2006). Der Erwerb von redeemable shares durch die Ltd. ist gem. sec. 687(2) CA 2006 aus ausschüttbaren Gewinnen (sec. 830 CA 2006) oder durch Einnahmen aus der Ausgabe neuer Anteile zu finanzieren. Mit anderen Mitteln außerhalb dieser Quellen kann eine Ltd. redeemable shares erwerben, wenn dies nicht durch die sections ausgeschlossen ist (sec. 709(1) CA 2006), die Direktoren eine Finanzierungserklärung und einen Bericht eines Prüfers vorlegen, eine special resolution gefasst wird und eine öffentliche Mitteilung über die vorgeschlagene Zahlung erfolgt (sec. 713 ff. CA 2006). Erwirbt die Ltd. gem. sec. 658 ff. CA 2006 eigene Anteile, so ist dies dem registrar innerhalb von 28 Tagen zusammen mit einem statement of capital mitzuteilen (sec. 708(1–3) CA 2006). 102

Der Rückkauf von **non-redeemable shares** (purchase of own shares) durch die Ltd. kann unter den Voraussetzungen von sec. 690 ff. CA 2006 erfolgen: Sofern die sections nicht entgegenstehen (sec. 690 (1b) CA 2006), ist ein solcher Erwerb durch special resolution zu billigen (sec. 694(2) CA 2006). Der Kaufvertrag über die Anteile ist bei Beschlussfassung durch written resolution vor Zusendung des Beschlussantrags den Gesellschaftern zu übermitteln, bei Beschlussfassung in der Gesellschafterversammlung 15 Tage zuvor am registered office der Ltd. und bei der Versammlung selbst zur Einsichtnahme zugänglich zu machen (sec. 696(2a, b) CA 2006). In beiden Fällen ist der Vertrag zehn Jahre lang beim registered office aufzubewahren (sec. 702(3) CA 2006). Für die Finanzierung des Anteilskaufs gilt das zum Erwerb von redeemable shares Gesagte (→ Rn. 102). 103

b) Gewinnausschüttungen. Ob und in welcher Höhe Gewinnausschüttungen an die Gesellschafter erfolgen, entscheiden die Direktoren der Ltd. Gemäß sec. 830(1, 2) CA 2006 können Auszahlungen nur aus Gewinnen vorgenommen werden, die seit Bestehen der Ltd. erwirtschaftet wurden, abzüglich der ebenfalls seit Bestehen der Ltd. erlittenen Verluste. Für eine Dividende sind also nicht allein die erwirtschafteten Gewinne des vergangenen Geschäftsjahres maßgeblich; Verlustvorträge sind vorrangig in Abzug zu bringen. Für Auszahlungen, die gem. sec. 830 CA 2006 unzulässig waren, haften die Direktoren gegenüber der Gesellschaft wegen Verletzung ihrer Treuepflichten. Bösgläubige Gesellschafter haben den empfangenen Betrag zurückzuzahlen (sec. 847(1, 2) CA 2006). 104

105 Die rechtliche Behandlung von **verdeckten Gewinnausschüttungen,** also Zuwendungen der Ltd. an einen Gesellschafter, die offiziell nicht als Ausschüttungen, sondern als Gegenleistungen innerhalb eines Drittgeschäfts deklariert sind (vgl. *Heinz/Hartung* Englische Ltd § 11 Rn. 40), ist im englischen Recht weit weniger ausgeprägt und einheitlich als im GmbH-Recht. Von einer verdeckten Gewinnausschüttung gehen die englischen Gerichte nicht schon bei fehlender Gleichwertigkeit der Leistungen oder deutlichem Abweichen vom Marktpreis aus, erforderlich ist vielmehr ein „krasses Missverhältnis" (*Heinz/Hartung* Englische Ltd § 11 Rn. 44). Für eine Haftung der Direktoren auf Schadensersatz wegen Treupflichtverletzung oder des empfangenden Gesellschafters auf Rückzahlung bzw. Schadensersatz sind dazu teilweise auch noch subjektive Merkmale (Umgehungsabsicht) nachzuweisen. Steuerrechtlich bestimmt sich die Behandlung verdeckter Gewinnausschüttungen bei Ltd. mit Sitz in Deutschland nach dem KStG.

3. Kapitalherabsetzung

106 Neben dem Rückkauf eigener Anteile kann die Ltd. auch durch eine Kapitalherabsetzung ihre Haftungssubstanz (issued capital) verringern (Einzelheiten bei *Brocker* GmbHR 2009, 477). Eine Kapitalherabsetzung kommt etwa in Betracht, wenn die Ltd. ihr Geschäft verringert hat, Kapital nicht mehr im gleichen Umfang wie ursprünglich benötigt und Überschüsse an die Gesellschafter auszahlen will. Erreicht werden kann die Kapitalverringerung durch **Gesellschafterbeschluss** (special resolution), der durch eine Solvenzerklärung der Direktoren oder eine gerichtliche Bestätigung gestützt wird (sec. 641 (1a, b) CA 2006). Der Beschluss über die Kapitalherabsetzung wird gem. sec. 644(4) CA 2006 erst mit Eintragung im Register wirksam. Zusätzlich müssen die Direktoren innerhalb von 15 Tagen nach Beschlussfassung gegenüber dem registrar erklären, dass sie die Solvenzerklärung frühestens 15 Tage vor Beschlussfassung verfasst haben und die Beschlussfassung gem. sec. 642(2, 3) CA 2006 erfolgte (sec. 644 (5) CA 2006).

107 In der **Solvenzerklärung** haben alle Direktoren unter Berücksichtigung sämtlicher bestehender und zukünftiger Verbindlichkeiten der Ltd. darzulegen, dass die Ltd. nach der Kapitalherabsetzung zahlungsfähig bleiben wird und insbesondere im Falle der Gesellschaftsauflösung in den kommenden zwölf Monaten ihre Verbindlichkeiten tilgen kann (sec. 643(1, 2) CA 2006). Die Solvenzerklärung darf frühestens 15 Tage vor Beschlussfassung verfasst werden (sec. 642(1a) CA 2006) und hat Datum und Namen aller Direktoren zu enthalten (sec. 643(3a, b) CA 2006). Bei Beschlussfassung durch written resolution (Umlaufverfahren) ist die Solvenzerklärung vor oder mit dem Beschlussantrag den Gesellschaftern zuzusenden; bei Beschlussfassung in der Gesellschafterversammlung ist die Erklärung während der ganzen Versammlung zur Einsicht auszulegen (sec. 642(2, 3) CA 2006). Nach Beschlussfassung ist dem registrar die Solvenzerklärung und ein statement of capital zu übersenden (sec. 642(1b), 644(1, 2) CA 2006). Gibt ein Direktor eine **falsche Solvenzerklärung** ab, haftet er gem. sec. 174 CA 2006 gegenüber der Gesellschaft auf Schadensersatz (*Thole* RIW 2008, 606 (610)).

108 **Alternativ** kann der Beschluss über die Kapitalherabsetzung auch gerichtlich bestätigt werden (sec. 645 ff. CA 2006). Neben der formellen Rechtmäßigkeit des Beschlusses wird das Gericht bei der Bestätigung insbesondere die von der Kapitalherabsetzung betroffenen Interessen der Gläubiger der Ltd. berücksichtigen (sec. 645(2, 4) CA 2006). Zu diesem Zweck ist dem Gericht gem. sec. 646(2) CA 2006 eine Liste aller Gläubiger zu erstellen, die nach sec. 646(1) CA 2006 zum Widerspruch gegen die Kapitalherabsetzung berechtigt sind. Gelangt das Gericht zur Überzeugung, dass die widerspruchsberechtigten Gläubiger ihre Zustimmung erteilt haben oder ihre Ansprüche befriedigt, begrenzt oder gewährleistet sind (sec. 648(2) CA 2006), so bestätigt das Gericht den Gesellschafterbeschluss (ggf. unter Bedingungen oder Auflagen, sec. 648(1) CA 2006). Wirksam wird der Beschluss jedoch erst mit Registrierung des beim registrar einzureichenden aktualisierten statement of capital (sec. 649(3) CA 2006).

VI. Gesellschafterhaftung

1. Haftungsbeschränkung

109 Da es sich bei der Ltd. um eine selbstständige Rechtspersönlichkeit handelt, treffen die Risiken der in ihrem Namen eingegangenen Geschäfte grundsätzlich nur das Gesellschaftsvermögen (Salomon doctrine, grundlegend Salomon v. Salomon & Co. Ltd. [1897] A. C. 22 [H. L.]; hierzu ausf. *Heinz/Hartung* Englische Ltd § 10 Rn. 1). Diese Haftungsbeschränkung gilt jedoch nicht kraft Gesetzes. Sie bedarf vielmehr einer ausdrücklichen **Vereinbarung** zwischen den Gesellschaftern in den sections (sec. 3(1, 4) CA 2006, liability clause).

2. Durchgriffshaftung nach englischem Recht

Eine persönliche Haftung der Gesellschafter (piercing the corporate veil) ist nach common law zwar möglich, wird von den englischen Gerichten aber nur äußerst zurückhaltend bejaht. Folgende Fallbeispiele sind zu nennen (vgl. *Heinz/Hartung* Englische Ltd § 12 Rn. 4; *Spahlinger/Wegen* IntGesR Rn. 1342; *Just* Limited Rn. 92): Die Wahl der Rechtsform „Ltd" dient lediglich als Fassade, um rechtliche Verpflichtungen zu umgehen (Jones v. Lipman (1962) 1 All ER 442; Gilford Motor Co. v. Horne (1933) Ch 935). Die Ltd. tritt als Tochtergesellschaft lediglich als Bevollmächtigte (agent) ihrer Gesellschafterin auf, die selbst eine Gesellschaft ist und sie beherrscht (Firestone Tyre & Rubber Co. v. Lewellin (1957) 37 TC 111 (HL); Smith, Stone & Knight Ltd. v. Birmingham Corporation (1939) 4 All ER 116). Es wird sich zeigen, inwieweit diese Haftungsinstrumente von der deutschen Rspr. aufgenommen werden. Es ist wohl davon auszugehen, dass die deutschen Gerichte die nach englischem Gesellschaftsrecht bestehende Durchgriffsmöglichkeit im Lichte der deutschen Durchgriffslehren konkretisieren (→ Rn. 112 ff.). Dies ist zwar ein pragmatischer Ansatz, kollisionsrechtlich jedoch nicht zulässig. Vielmehr ist die restriktive Handhabung in Großbritannien durchaus auch die maßgebliche Richtschnur für die Anwendung auf Auslandsgesellschaften, was konsequenterweise auf Kosten des deutschen Gläubigerschutzes geht. 110

Von der Durchgriffshaftung der Gesellschafter abzugrenzen ist im englischen Recht die Möglichkeit, einen Gesellschafter als **shadow director** wegen wrongful oder fraudulent trading gem. sec. 213, 214 IA 1986 haftbar zu machen. Diese Haftungstatbestände sind indessen insolvenzrechtlich zu qualifizieren und gelten konsequenterweise nicht, wenn die Gesellschaft ausschließlich in Deutschland tätig ist (→ Rn. 165 ff.). 111

3. Durchgriffshaftung nach deutschem Recht

Ob bei einer in Deutschland tätigen Ltd. dagegen ein Durchgriff auf das Gesellschaftervermögen nach deutschem Recht möglich ist, ist zu bezweifeln. Die traditionelle **Durchgriffslehre,** die hierin eine Durchbrechung der gesellschaftsrechtlich zu begründenden Haftungsbeschränkung sieht, knüpft eindeutig an gesellschaftsrechtliche Begründungsansätze an und unterfällt damit dem Gesellschaftsstatut (statt anderer Baumbach/Hueck/*Fastrich* GmbHG § 13 Rn. 43: teleologische Reduktion von § 13 Abs. 2 GmbHG). Die hierzu bei AG und GmbH vertretenen Begründungsansätze lassen sich daher nicht auf die Ltd. übertragen. Etwas anderes könnte jedoch für die diese Fallgestaltungen oftmals flankierende, teilweise jedoch nunmehr auch ersetzende **Deliktshaftung** der Gesellschafter gelten. Immerhin hat der EuGH sich ausdrücklich dafür ausgesprochen, dass die Freizügigkeit der Gesellschaften unter einem Missbrauchsvorbehalt steht, insbesondere bei Betrug (EuGH 30.9.2003, NJW 2003, 3331 – Inspire Art). 112

a) Vermögensvermischung. Als Durchgriffstatbestand im deutschen Recht weitgehend anerkannt sind die Fälle, in denen die Gesellschafter das Gesellschafts- und Privatvermögen vermischen (sog. Waschkorblage; vgl. nur Baumbach/Hueck/*Fastrich* GmbHG § 13 Rn. 45 mwN). Die dogmatische Legitimation einer hieran anknüpfenden Durchgriffshaftung wird zutreffend darin gesehen, dass durch das missbilligte Verhalten der Gesellschafter die Effektivität der Kapitalerhaltungsvorschriften vermindert wird. Indem die Kapitalerhaltung gem. §§ 30, 31 GmbHG bei der englischen Ltd. nicht gilt (wohl unstreitig, abw. noch *Altmeppen* NJW 2004, 97 (102)), fehlt es konsequenterweise auch an einer gesellschaftsrechtlichen Legitimation der hierauf gestützten Durchgriffshaftung. Die (gesellschaftsrechtlich begründete) Durchgriffshaftung wegen Vermögensvermischung lässt sich daher nicht auf die Ltd. mit Sitz in Deutschland anwenden. 113

Eine andere Frage ist jedoch, ob dieses Ergebnis nicht über eine entsprechend **deliktische Haftung** nach § 826 BGB korrigiert werden kann. Die Rspr. bejaht auch bei Waschkorblagen hiernach eine Schadensersatzhaftung der Gesellschafter der GmbH gegenüber den Gläubigern (BGH 14.11.2005, NJW 2006, 1344). Im Ausgangspunkt ist es daher möglich, diese Haftung gem. Art. 4 Abs. 1 Rom II-VO auf Auslandsgesellschaften anzuwenden. Richtigerweise ist dies jedoch mit Ausnahme von Betrugsfällen zu verneinen. 114

Die Begründung, in einer Vermögensvermischung eine deliktisch relevante Handlung zu sehen, kann nämlich nicht isoliert von den gesellschaftsrechtlichen Grundwertungen, va im Hinblick auf die rechtliche Notwendigkeit, diese Trennung vorzunehmen, erfolgen. Die **Sachnähe zur Kapitalverfassung** schlägt daher auch auf eine mögliche deliktsrechtliche Qualifikation durch, sodass die Vermögensvermischung als solches keine Haftung aus § 826 BGB bei der Auslands-Ltd. auslöst. Etwas anderes gilt jedoch dann, wenn die Vermischung bewusst zu dem Zweck geschieht, die Gläubiger der Ltd. bei der Wahrnehmung ihrer Rechte zu schädigen, insbesondere iRd Zwangsvollstreckung. 115

b) Unterkapitalisierung. Der Aspekt der qualifizierten materiellen Unterkapitalisierung wird mittlerweile vornehmlich allein als **deliktische Gesellschafterhaftung** aus § 826 BGB gesehen (zuletzt BGH 28.4.2008, BGHZ 176, 204 = NJW 2008, 2437 – GAMMA; abw. für einen gesellschaftsrechtlich 116 begründeten Durchgriffstatbestand noch BGH 8.7.1970, BGHZ 54, 222 (224 ff.) = NJW 1970, 2015, für den Verein). Insofern kommt über Art. 4 Abs. 1 Rom II-VO wiederum grundsätzlich eine Anwendung dieser Figur auf Auslandsgesellschaften in Betracht (weitergehend für die Anwendung eines echten Durchgriffstatbestands auf die Auslands-Ltd. *Kadel* MittBayNot 2006, 102 (110)).

117 Hierbei ist jedoch wiederum zu bedenken, dass die Unterkapitalisierung als haftungsbegründendes Verhalten seine **dogmatische Legitimation im Gesellschaftsrecht** der betreffenden Rechtsform hat. Indem das Gebot der Kapitalaufbringung bei der Ltd. viel schwächer gesetzlich ausgeprägt ist als bei der GmbH (→ Rn. 99 ff.), spricht daher Vieles dafür, eine derartige Haftung auch nicht über § 826 BGB begründen zu können (so auch OLG Hamm 27.1.2006, NZG 2006, 826). Immerhin hat der BGH bereits im Rektor-Fall zutreffend entschieden, dass das Wirtschaften ohne eigene Haftung und Kapitaleinsatz für sich genommen nicht haftungsbegründend sein kann (BGH 17.3.1966, BGHZ 45, 204 = NJW 1966, 1309). Aspekte der geringen Kapitalausstattung einer Ltd. können über § 826 BGB daher nur eine Gesellschafterhaftung begründen, wenn hierdurch gezielt und konkret, dh mit betrügerischer Absicht, Dritte geschädigt werden (vgl. AG Bad Segeberg 24.3.2005, ZIP 2005, 812; in diese Richtung auch *Weller* DStR 2003, 1803).

118 **c) Existenzvernichtungshaftung.** Denkbar und kontrovers diskutiert ist schließlich die Haftung wegen existenzvernichtenden Eingriffs von Gesellschaftern in das Gesellschaftsvermögen. Nachdem der BGH diese Haftung nunmehr im Deliktsrecht verortet (BGH 16.7.2007, BGHZ 173, 246 = NJW 2007, 2689 – Trihotel), stünde der Anwendung dieser Anspruchsgrundlage jedenfalls auf den ersten Blick nicht mehr der Einwand des anzuwendenden englischen Gesellschaftsrechts entgegen (vgl. Art. 4 Abs. 1 Rom II-VO). Da jedoch die Klärung der Anspruchsvoraussetzungen und die Frage nach den Pflichten der Gesellschafter vom englischen Gesellschaftsrecht abhängig ist, spricht Vieles dafür, diese Haftung **gesellschaftsrechtlich zu qualifizieren** und daher nicht auf die Auslands-Ltd. anzuwenden (*Servatius* Gläubigereinfluss § 4; *Hirte* NJW 2008, 964; abw. *Weller* ZIP 2007, 1681).

VII. Direktoren

1. Persönliche Voraussetzungen

119 **a) Nach englischem Recht.** Als Vertretungs- und Geschäftsführungsorgan entspricht das Amt des directors dem des GmbH-Geschäftsführers. Die Ltd. muss mindestens einen Direktor haben (sec. 154(1) CA 2006). Handelt es sich um eine natürliche Person (sec. 155(1) CA 2006), muss diese mindestens 16 Jahre alt sein (sec. 157 (1) CA 2006; Ausnahmen sind gem. sec. 158 f. CA 2006 möglich). Unter den Voraussetzungen von sec. 155(2) CA 2006 kann auch eine juristische Person Direktor sein (*Heinz/Hartung* Englische Ltd § 3 Rn. 7). Der Direktor darf nicht nach CDDA 1986 disqualifiziert sein (→ Rn. 130). Hat die Ltd. keinen Direktor, kann dieser vom Secretary of State bestellt werden (sec. 156 CA 2006).

120 **b) Nach deutschem Recht.** Über Bestellungsvoraussetzungen hinaus sieht § 13g Abs. 2 S. 2 HGB die entsprechende Anwendung von § 8 Abs. 3 GmbHG vor. Hiernach ist bei der Anmeldung der Direktoren beim deutschen Handelsregister anzugeben, dass keine Umstände vorliegen, die der Bestellung gem. § 6 Abs. 2 S. 2 Nr. 2 und 3 sowie S. 3 GmbHG entgegenstehen. Die Regelung ergänzt § 13e Abs. 3 S. 2 HGB, wonach das deutsche Registerrecht für die gesetzlichen Vertreter der Auslandsgesellschaft in Bezug auf die Zweigniederlassung, dh die Ansässigkeit in Deutschland, besondere Anforderungen aufstellt. Die Eintragung eines Direktors kann hiernach von den an sich für GmbH-Geschäftsführer maßgeblichen Voraussetzungen abhängig gemacht werden. Eine die Eintragung verhindernde **Inhabilität** liegt vor, wenn die betreffende Person einem Berufs- oder Gewerbeverbot unterliegt oder vorbestraft ist (Einzelheiten bei § 6 GmbHG → GmbHG § 6 Rn. 1 ff.).

121 Rechtspolitisch ist diese im Zuge des MoMiG bekräftigte Anforderung zu begrüßen. Immerhin wird auf diese Weise gewährleistet, dass eine als GmbH-Geschäftsführer inhabile Person nicht dieselbe Funktion bei einer in Deutschland ansässigen Ltd. wahrnimmt. Europarechtlich ergeben sich jedoch Bedenken, da die Zweigniederlassungsrichtlinie eine derartige Beschränkung nicht vorsieht (Oetker/*Preuß* HGB § 13e Rn. 53 ff.). Gleichwohl sollte dies nicht zur europarechtswidrigen Umsetzung führen, denn das Schutzanliegen lässt sich als Rechtfertigung einer **Beschränkung der Niederlassungsfreiheit** gem. Art. 49, 54 AEUV einordnen (vgl. BGH 7.5.2007, NJW 2007, 2328; abw. *Wachter* GmbHR 2006, 798). Ob der EuGH dies ggf. teilt, bleibt indessen offen; dies sollte jedoch mit Unterstützung durch Rspr. und Wissenschaft in die richtigen Bahnen gelenkt werden. Wird gegen das Offenlegungserfordernis verstoßen, können nach verbreiteter Auffassung allein registerrechtliche Sanktionen erfolgen; auf die Wirksamkeit der Direktorenbestellung hat dies keine Auswirkungen (*Bauer/Großerichter* NZG 2008, 253 (256)). Dies überzeugt nicht. Als sachgerecht erscheint, die Inhabilität in entsprechender Anwendung der Rechtslage bei der GmbH auch zu einem materiell-rechtlichen Bestellungshindernis zu machen (→ Rn. 132).

Der Direktor kann zugleich **ständiger Vertreter** iSv § 13 Abs. 2 S. 5 Nr. 3 HGB sein (LG Chemnitz 12.5.2005, NZG 2005, 760; → Rn. 199). 122

2. Bestellung, Anstellungsvertrag

a) Bei der Gründung. Bei Gründung der Ltd. sind diejenigen Personen directors, die als solche im Registrierungsantrag (sec. 9(4c), 12 CA 2006) genannt wurden und das entsprechende Formblatt mit unterzeichnet haben (sec. 16(6a) CA 2006). 123

b) Nach der Gründung. Nach Gründung der Ltd. kann ein neuer director entweder durch Beschluss der Gesellschafter (ordinary resolution, sec. 282 CA 2006) oder durch eine Entscheidung des board of directors bestellt werden (vgl. auch Art. 17 (1) Model sections; in diesem Fall ist jedoch die Zustimmung der darauffolgenden Gesellschafterversammlung erforderlich; vgl. *Müller* DB 2006, 824 (826); *Just* Limited Rn. 138). Nach einer Neubestellung ist die Gesellschaftsakte zu aktualisieren (sec 162, 112 CA 2006) und der registrar in Kenntnis zu setzen (sec. 167 CA 2006). In Deutschland sind Änderungen der Direktoren gem. § 13g Abs. 5 HGB iVm § 39 GmbHG zur Eintragung ins Handelsregister anzumelden. 124

c) Anstellungsvertrag. Vom Bestellungsakt zu unterscheiden ist der schuldrechtliche Anstellungsvertrag (*Stöber* GmbHR 2006, 746 (748)). Dieser ist insbesondere notwendig, um die Vergütung zu regeln (*Shearman* GmbHR 1992, 149 (154)). Einzelheiten zum service contract regeln sec. 227 ff. CA 2006. Das für den Anstellungsvertrag anwendbare Recht ergibt sich aus Art. 3 f. Rom I-VO. Bei der in Deutschland tätigen Ltd. ist dies mangels Rechtswahl deutsches Recht, wenn der Direktor hier auch seinen gewöhnlichen Aufenthalt hat (vgl. OLG Düsseldorf 4.3.2003, NZG 2004, 869). Zum vergleichbaren Dienstvertrag eines GmbH-Geschäftsführers → GmbHG § 35 Rn. 1 ff. Die **Sozialversicherungspflicht** folgt aus § 7 Abs. 1 SGB IV (vgl. BSG 27.2.2008, ZIP 2008, 2231). 125

3. Beendigung der Bestellung

Nach dem Ausscheiden eines directors ist die Gesellschaftsakte zu aktualisieren (sec. 162, 112 CA 2006) und die Registerbehörde in Kenntnis zu setzen (sec. 167 CA 2006; Formular abrufbar unter http://www.companieshouse.gov.uk/forms/formsContinuation.shtml#IN01 (zuletzt abgerufen: 17.7.2020)). In Deutschland sind Änderungen der Direktoren gem. § 13g Abs. 5 HGB iVm § 39 GmbHG zur Eintragung ins Handelsregister anzumelden. Die möglichen Beendigungsgründe sind: 126

a) Befristung. Die Bestellung eines Direktors kann in den sections oder im Bestellungsbeschluss befristet werden. Sec. 18 der Model sections sieht zudem besondere automatische Beendigungsgründe vor (Berufsverbot, Bankrott, gesundheitliche Unfähigkeit, Rücktritt). 127

b) Amtsniederlegung. Wenngleich nicht gesetzlich geregelt, besteht auch die Möglichkeit, dass der Direktor sein Amt niederlegt. 128

c) Abberufung. Die Abberufung eines directors ist jederzeit durch **Gesellschafterbeschluss** (sec. 282 CA 2006) möglich; dieses Recht kann auch nicht durch die sections oder Vereinbarung zwischen director und Ltd. abbedungen werden (vgl. sec. 168(1) CA 2006). Bevor in der Gesellschafterversammlung ein Antrag auf Abberufung gestellt werden kann, muss die Gesellschaft hierüber gem. sec. 168(2), 312 CA 2006 spätestens 28 Tage vor der Gesellschafterversammlung informiert werden (special notice). Die Gesellschafter sind von der Gesellschaft zu unterrichten (sec. 312(2, 3) CA 2006). 129

d) Ausschluss. Möglich ist auch der Ausschluss durch **Gerichtsentscheidung** aufgrund des **Company Directors Disqualification Act** (CDDA) 1986 (abrufbar unter http://www.opsi.gov.uk/acts/acts1986/pdf/ukpga_19860046_en.pdf (zuletzt abgerufen: 17.7.2020); Einzelheiten bei *Fischer* WM 2004, 157 (160)). Dies hat zur Voraussetzung, dass der Direktor eine Straftat begangen hat (indictable offence, sec. 2 CDDA 1986), wiederholt gegen gesetzliche Pflichten verstoßen hat, insbesondere gegen die Mitteilungspflichten gegenüber dem Companies House (sec. 3 CDDA 1986), bei der Abwicklung der Ltd. eine Straftat begangen hat (sec. 4 CDDA 1986), die Tatbestände der sec. 213, 214 IA 1986 (zu wrongful und fraudulent trading → Rn. 165 ff.) erfüllt hat (sec. 10 CDDA 1986) oder schlichtweg ungeeignet für das Amt des Direktors ist (unfitness, sec. 6 CDDA 1986). 130

Auf entsprechenden **Antrag** des staatlichen Secretary of State hin (vgl. sec. 7, 8 CDDA 1986) kann – bzw. muss im Falle von sec. 6 CDDA 1986 – das Gericht den Direktor vom Amt ausschließen. Bei der Beurteilung, ob „Ungeeignetheit" vorliegt, sind nach Schedule 1 CDDA 1986 verschiedene Kriterien maßgeblich, va Treupflichtverletzungen des Direktors gegenüber der Gesellschaft, Unterschlagung von Betriebsvermögen, Verantwortlichkeit des Direktors für Insolvenz und Führung der Gesellschaftsbücher. Die gerichtliche Abberufung erfolgt im öffentlichen Interesse und kann auch angestrengt werden, wenn sich der Direktor in einer ausländischen Rechtsordnung Verfehlungen schuldig macht, mithin beim Tätigwerden in Deutschland (an der Effektivität dieser Sanktion zu Recht zweifelnd *Just* Limited 131

Rn. 190). Als Folge der Disqualifikation kann dem Direktor ein bis zu 15-jähriges **Berufsverbot** auferlegt werden. Dieses wird in ein öffentliches Register eingetragen (Disqualified Directors Register, vgl. *Heinz/Hartung* Englische Ltd § 6 Rn. 40 f.). Setzt sich der Direktor über die Abberufung hinweg, haftet er gem. sec. 15 CDDA 1986 der Ltd. gegenüber auf Schadensersatz. Sec. 13 CDDA 1986 sieht zudem eine Freiheits- oder Geldstrafe vor.

132 Die **Effektivität** dieser gerichtlichen Disqualifikation kann bei Auslands-Ltd. als gering angesehen werden. Grundsätzlich sind allein die britischen Behörden und Gerichte dazu berufen, das entsprechende Verfahren durchzuführen, mithin ggf. gegen einen in Deutschland tätigen Direktor. Ob dies praktiziert wird, ist zweifelhaft. Vor den deutschen Gerichten scheidet die Geltendmachung eines Verfahrens nach CDDA 1986 jedenfalls aus. Die gerichtliche Abberufung eines im öffentlichen Interesse ungeeigneten Direktors kommt bei der in Deutschland ansässigen Auslands-Ltd. nicht in Betracht. Es handelt sich so um einen Normenmangel. Möglich und geboten ist daher, auf die entsprechenden **nationalen Schutzmechanismen** zurück zu greifen: Bei der GmbH ist anerkannt, dass das Amt des Geschäftsführers automatisch endet, wenn **Inhabilität** gem. § 6 Abs. 2 GmbHG, § 13g Abs. 2 S. 2 HGB eintritt (vgl. Baumbach/Hueck/*Beurskens* GmbHG § 38 Rn. 82). Kommt es hierdurch zur Führungslosigkeit, ist entsprechend § 29 BGB die Bestellung eines Notgeschäftsführers möglich (vgl. Baumbach/Hueck/*Beurskens* GmbHG § 6 Rn. 38). Wendet man dies entsprechend auf die in Deutschland ansässige Ltd. an, kann die Lücke für die im öffentlichen Interesse liegende Disqualifikation von Direktoren sachgerecht geschlossen werden (dagegen *Bauer/Großerichter* NZG 2008, 253 (256)).

4. Faktische Organstellung

133 Neben den wirksam bestellten Direktoren kennt das englische Recht noch die Person des **shadow director** (sec. 251 CA 2006). Dieser ist zwar nicht wirksam als Direktor bestellt, hat faktisch aber großen Einfluss auf das Handeln der wirksam bestellten Direktoren. Insbesondere kann die Muttergesellschaft shadow director ihrer Tochtergesellschaft sein. Ein Auftreten nach außen ist für die Qualifizierung einer natürlichen oder juristischen Person als shadow director nicht erforderlich (*Schall* ZIP 2005, 965 (967)). Nach sec. 156(6), 162(6), 167(4) und 170 (5) und (6) CA 2006 unterliegt ein shadow director teilweise denselben haftungsbewehrten Pflichten wie ein wirksam bestellter Direktor. Das Gleiche gilt gem. sec. 214 (7) IA 1984 für die Haftung wegen wrongful trading (→ Rn. 165).

134 Tritt eine nicht wirksam zum Direktor bestellte Person nach außen als solcher auf, handelt es sich um einen **de facto director.** Auch in diesen Fällen besteht nach common law die Möglichkeit, dass pflichtwidriges Handeln mit einer der Direktorenhaftung vergleichbaren Sanktion belegt wird (Secretary of State for Trade and Industry vom Deverell [2000] BCC 1057, 1073, CA; Re Mea Corp. Ltd. [2007] BCC 288, 306, ChD). Zum Ganzen auch *Fleischer* AG 2004, 517 (520) und *Haas* NZI 2006, 494; *Schmittmann/Bischoff* ZInsO 2009, 1561.

5. Vertretungsmacht

135 **a) Umfang.** Die Direktoren sind das Vertretungsorgan der Ltd. Wenngleich sie im Innenverhältnis gem. sec. 171 CA 2006 die Vorgaben der Satzung einzuhalten haben, ist die Vertretungsmacht im Außenverhältnis gegenüber gutgläubigen Dritten zwingend **unbeschränkt** (so die Vorgaben von Art. 9 Publizitätsrichtlinie 2009). Die frühere Ultra vires-Lehre wurde aufgegeben (vgl. *Just* Limited Rn. 88 f.). Handlungen eines Direktors sind gem. sec. 161 CA 2006 auch dann wirksam, wenn sich nachträglich ein Bestellungsmangel zeigt.

136 **b) Einzel- und Gesamtvertretung.** Im gesetzlichen Regelfall haben mehrere Direktoren Gesamtvertretungsmacht. In den sections kann jedoch etwas anderes vereinbart werden (*Rehm* in Eidenmüller Ausl. KapGes. § 10 Rn. 57). Die Vertretungsmacht der Direktoren bei der Ltd. wird beim deutschen Handelsregister der Zweigniederlassung gem. § 13g Abs. 2 S. 2 HGB, § 8 Abs. 4 Nr. 2 GmbHG eingetragen und bekannt gemacht.

137 Ob organschaftliche Vertretungsmacht vorliegt oder nicht, bestimmt sich grundsätzlich nach dem aufgrund des Gesellschaftsstatuts maßgeblichen englischen Gesellschaftsrecht (*Rehm* in Eidenmüller Ausl. KapGes. § 5 Rn. 5). Aus Gründen des **Verkehrsschutzes** ist dies jedoch teilweise überlagert: Kommt es zu einer unrichtigen Registereintragung in Deutschland, gilt § 15 HGB. Handelt der Direktor einer englischen Ltd. in Deutschland aufgrund einer Rechtsscheinsvollmacht, bestimmen sich Voraussetzungen und Rechtsfolgen nach deutschem Recht (Gebrauchsort, vgl. MüKoBGB/*Spellenberg* EGBGB Art. 8 Rn. 151 ff.).

138 Von der aufgrund des Gesellschaftsstatuts nach englischem Recht zu beurteilenden Frage der organschaftlichen Vertretungsmacht der Direktoren **abzugrenzen** ist die Vertretungsmacht des **ständigen Vertreters** iSv § 13 Abs. 2 S. 5 Nr. 3 HGB (→ Rn. 199) sowie die rechtsgeschäftliche **Bevollmächtigung** sonstiger Personen (zur möglichen Rechtswahl und sonst maßgeblichen Anknüpfung nach dem Wirkungsland MüKoBGB/*Spellenberg* EGBGB Art. 8 Rn. 122 ff.). Die in Deutschland ansässige Ltd. kann auch Handlungsbevollmächtigte und Prokuristen haben, welche dann ins Handelsregister eingetragen werden müssen (Oetker/*Preuß* HGB § 13e Rn. 41). Zum inländischen Empfangsbevollmächtigten gem. § 13e Abs. 2 S. 4 HGB auch → Rn. 299.

c) Handeln ohne Vertretungsmacht. Beim Handeln ohne Vertretungsmacht richtet sich das anwendbare Recht nach dem Gebrauchsstatut, mithin regelmäßig nach deutschem Recht (MüKoBGB/*Kindler* IntGesR Rn. 561). Handelt daher ein Direktor in Deutschland ohne ausreichende Vertretungsmacht, trifft ihn die Haftung aus § 179 BGB (*Just* Limited Rn. 177). Dies gilt insbesondere dann, wenn jemand als Direktor einer bereits in England liquidationslos gelöschten Ltd. handelt (OLG Düsseldorf 29.4.2010, NZG 2011, 67). Wird eine Willenserklärung im Ausland abgegeben, gilt das dortige Recht, selbst wenn die Erklärung in Deutschland erst zugeht (vgl. BGH 20.7.2012, NZG 2012, 1192). 139

d) Insichgeschäfte. Ob ein Direktor mit sich selbst oder im Fall der Mehrfachvertretung wirksam handeln kann, folgt aus dem englischen Gesellschaftsrecht. Hier gibt es, anders in Deutschland gem. § 181 BGB, kein generelles Verbot des Selbstkontrahierens (*Just* Limited Rn. 50). Stattdessen wird auf der Grundlage der Direktorenpflichten, va nach sec. 175 CA 2006 (→ Rn. 153 f.), einzelfallbezogen beurteilt, ob ein Interessenkonflikt vorliegt oder nicht. Welche Folgen das englische Gesellschaftsrecht bei Vorliegen eines Interessenkonflikts in Bezug auf die Vertretungsmacht konkret vorsieht, ist ungewiss. Es wäre jedenfalls im Einklang mit Art. 9 Abs. 2 Publizitätsrichtlinie 2009, wenn man bei Bösgläubigkeit des Direktors die Vertretungsmacht verneinte. Um dies zu vermeiden, können in den sections entsprechende Regelungen über die Gestattung des Selbstkontrahierens aufgenommen werden (*Just* Limited Rn. 50). Zur (nicht gegebenen) Eintragungsfähigkeit derartiger Regelungen ins deutsche Handelsregister → Rn. 69. 140

6. Geschäftsführungskompetenz

Die Direktoren sind zur Wahrnehmung aller Aufgaben berechtigt, die nicht durch Gesetz oder durch den Gesellschaftsvertrag (sections) den Gesellschaftern vorbehalten sind (vgl. Art. 3 Model sections, sec. 170 CA 2006). 141

Möglich ist auch die Bestellung mehrerer Direktoren, die die ihnen zugewiesenen Befugnisse dann im Zweifel mehrheitlich in der Versammlung des **board of directors** ausüben können (vgl. Art. 7(1) Model sections; Einzelheiten bei *Just* Limited Rn. 151 ff.). Interessenkonflikte sind gem. sec. 182 f. CA 2006 offen zu legen. Durch Gesellschafterbeschluss oder durch Delegation des board of directors können jedoch bestimmte Aufgaben (zB Entscheidungen des laufenden Geschäftsbetriebs) samt Vertretungsbefugnis auch auf einzelne executive directors oder einen managing director übertragen werden (so etwa Art. 5 Model sections). Grundlegende Entscheidungen bleiben jedoch dem board of directors vorbehalten. 142

Die Einberufung und **Entscheidungsfindung** des board sind nicht gesetzlich geregelt. Die Model sections sehen jedoch gewisse Verfahrensschritte vor: Jeder Direktor kann durch Anzeige gegenüber den anderen Direktoren eine Direktorenversammlung einberufen (Art. 9(1) Model sections), an der die Direktoren grundsätzlich teilzunehmen verpflichtet sind (*Just* Limited Rn. 151). Sofern nichts anderes vereinbart ist, ist bei zwei anwesenden Direktoren die Versammlung beschlussfähig (Art. 11(2, 1) Model sections) und entscheidet mit der Mehrheit der Stimmen. Nach Art. 13(1) Model sections hat der Vorsitzende (Art. 12(2) Model sections) bei Gleichheit der Stimmen ein Entscheidungsrecht. Die Sitzungen der Direktoren sind gem. Art. 15 Model sections zu protokollieren. 143

Weisungen der Gesellschafter an die Direktoren sind im CA 2006 nicht ausdrücklich vorgesehen. Eine **Einflussnahme der Gesellschafter** auf die Direktoren kann jedoch dadurch erfolgen, dass die Befugnisse der Direktoren in den sections präzisiert bzw. eingeschränkt werden (vgl. Art. 4 Model sections). Hierüber kann ein Gleichlauf mit § 37 Abs. 1 GmbHG hergestellt werden. Gewisse Handlungen konnen die Direktoren zudem kraft Gesetzes nur nach Zustimmung der Gesellschafter wirksam vornehmen (vgl. sec. 188, 190, 197, 217 CA 2006: zB Dienstverträge mit Direktoren, Erwerb von Gegenständen mit bedeutendem Wert, Darlehen an Direktoren, Abfindungszahlungen). Schließen die Direktoren jedoch Geschäfte außerhalb ihrer Befugnisse ab, so hindert dies nach der Aufgabe der Ultra-vires-Lehre nicht die Rechtswirksamkeit des betreffenden Geschäfts (*Müller* DB 2006, 824 (827)). Die Direktoren machen sich jedoch im Innenverhältnis schadensersatzpflichtig (→ Rn. 159 ff.). Vgl. zur insoweit identischen Rechtslage bei der GmbH § 37 Abs. 2 GmbHG. 144

7. Geschäftsleiterpflichten

Nachdem sich die Pflichten der Direktoren gegenüber der Gesellschaft bis zum Inkrafttreten des CA 2006 weitgehend aus dem common law ergaben, wurden diese Pflichten gem. sec. 170–179 CA 2006 nunmehr kodifiziert (Überblick bei *Ladiges/Pegel* DStR 2007, 2069; *Thole* RIW 2008, 606). Gemäß sec. 170(3, 4) CA 2006 sind die traditionellen Regeln jedoch weiterhin für die Auslegung relevant. Gesetzestechnisch überzeugt die nachfolgend skizzierte Regelung wenig, da sie wortreich ist und **vielfach sachliche Überschneidungen** enthält (anders *Thole* RIW 2008, 606 (611), der in der Kodifikation der 145

Geschäftsleiterpflichten eine Erhöhung der Transparenz sieht, wodurch die Attraktivität der Ltd. gestärkt werde). Ob es den deutschen Gerichten gelingen wird, dieses Haftungsregime im Einklang mit den Vorgaben der englischen Rspr. gemäß common law praktisch und unseren rechtsstaatlichen Maßstäben genügend auch rechtssicher anzuwenden, bleibt sehr zweifelhaft.

146 **a) Duty to act within powers.** Gemäß sec. 171 (a) CA 2006 haben die Direktoren im Einklang mit der company's constitution (sec. 17 CA 2006), also insbesondere mit dem Gesellschaftsvertrag (sections of association), die generelle Pflicht, allein den hier umschriebenen Gesellschaftszweck zu fördern. Die Vorschrift entspricht § 37 Abs. 1 GmbHG und entfaltet ihre **begrenzende Wirkung** allein gegenüber der Gesellschaft; Geschäfte, die die Direktoren entgegen dieser Pflicht mit gutgläubigen Dritten abschließen, berechtigen und verpflichten die Ltd. nach Aufgabe der Ultra-vires-Doktrin auch dann, wenn die Direktoren hierzu nach den sections oder dem Gesellschaftszweck unberechtigt sind (*Müller* DB 2006, 824 (827); *Just* Limited Rn. 88; abw. *Thole* RIW 2008, 606 (608) unter Hinweis auf ältere englische Rspr.). Nach sec. 171 (b) CA 2006 müssen die Direktoren stets davon geleitet sein, ihre Kompetenzen sachgerecht, dh dem objektiven Sinn der Kompetenzzuweisung entsprechend auszuüben. Diese Regelung entspricht teilweise der im deutschen Recht mittlerweile für die AG ausdrücklich geregelte business judgement rule (§ 93 Abs. 1 S. 1 AktG) und kodifiziert die bereits nach common law geltende proper **purpose doctrine.** Gefordert wird, dass der Direktor aufgrund des objektiven Sachzusammenhangs und nach Maßgabe seiner Motive zur Verwirklichung des Gesellschaftszwecks handelt (*Thole* RIW 2008, 606 (608)). Diese allgemeine Vorgabe wird teilweise durch die nachfolgend skizzierten speziell geregelten Geschäftsleiterpflichten konkretisiert.

Sec. 171 CA 2006 – Duty to act within powers

A director of a company must –

(a) act in accordance with the company's constitution, and

(b) only exercise powers for the purposes for which they are conferred.

147 **b) Duty to promote the success of the company.** Zentrale Pflicht der Direktoren ist die Förderung des Erfolges der Gesellschaft (vgl. *Thole* RIW 2008, 606 (608): Herzstück der Kodifikation). Dies entspricht im deutschen Recht der Zweckbindung der Geschäftsführer. Maßgeblich für die Beurteilung einer konkreten Handlung ist dabei jedoch abweichend von der hier vorherrschenden weitgehend objektiven Pflichtenbindung va die **subjektive Sicht** des handelnden Direktors in der jeweiligen Situation, soweit er in good faith, dh im **wohlverstandenen Interesse der Gesellschaft** handelt (*Just* Limited Rn. 160). Die Regelung ist bewusst schwach und hat va das Ziel, den Geschäftsleiter vor einer überzogenen gerichtlichen Ex-Post-Kontrolle zu schützen und zeigt deutliche Parallelen zur US-amerikanischen business judgement rule (*Thole* RIW 2008, 606 (609)).

148 Sec. 172(1) CA 2006 benennt beispielhaft **Kriterien,** die bei der Entscheidungsfindung besonders zu berücksichtigen sind: Langfristige Konsequenzen jeder Entscheidung, Arbeitnehmerinteressen, die Beziehungen zu Lieferanten, Kunden und anderen Personen, Auswirkungen auf Gemeinschaft und Umwelt, Ansehen der Gesellschaft, Gleichbehandlung der Gesellschafter. Wenngleich die Regelung zulässt, dass auch die Interessen der stakeholder zu berücksichtigen sind, können diese hieraus keine Ansprüche geltend machen (*Ladiges/Pegel* DStR 2007, 2069 (2071); *Thole* RIW 2008, 606 (607 f.); „enlightened shareholder value approach"). Besteht ein board of directors, haben die einzelnen Direktoren eine wechselseitige Überwachungspflicht (*Schmolke* RIW 2008, 365 (369)).

149 Mit der deutschen business judgement rule (§ 93 Abs. 1 S. 2 AktG) ist die Direktorenpflicht nach sec. 172 CA 2006 nur bedingt vergleichbar. Indem die subjektiven Elemente stärker betont werden und nicht einmal die Pflicht besteht, die Entscheidungsfindung zu dokumentieren (*Thole* RIW 2008, 606 (609)), besteht somit im Ergebnis ein **großer Haftungsfreiraum** des Direktors einer englischen Ltd. Bei Konzerntöchtern und Ein-Personen-Gesellschaften mag dies rechtspolitisch überzeugen. Bei mehrgliedrigen Gesellschaftern bestehen indessen Zweifel, ob sich über die Geschäftsleiterhaftung nach englischem Recht ein effektiver Minderheitenschutz verwirklichen lässt.

Sec. 172 CA 2006 – Duty to promote the success of the company

(1) A director of a company must act in the way he considers, in good faith, would be most likely to promote the success of the company for the benefit of its members as a whole, and in doing so have regard (amongst other matters) to –

(a) the likely consequences of any decision in the long term,
(b) the interests of the company's employees,
(c) the need to foster the company's business relationships with suppliers, customers and others,
(d) the impact of the company's operations on the community and the environment,
(e) the desirability of the company maintaining a reputation for high standards of business conduct, and
(f) the need to act fairly as between members of the company.

(2) Where or to the extent that the purposes of the company consist of or include purposes other than the benefit of its members, subsection (1) has effect as if the reference to promoting the success of the company for the benefit of its members were to achieving those purposes.
(3) The duty imposed by this section has effect subject to any enactment or rule of law requiring directors, in certain circumstances, to consider or act in the interests of creditors of the company.

c) Duty to exercise independent judgement. Gemäß sec. 173(1) CA 2006 haben die Direktoren ihre Entscheidungen **unabhängig** zu treffen. Dies ist insbesondere dann nicht gegeben, wenn die Entscheidungsfindung aufgrund der Beeinflussung durch Unternehmensfremde mit gegenläufigen Interessen erfolgt (*Thole* RIW 2008, 606 (609)). Wenngleich nicht ausdrücklich geregelt, muss man hierunter jedoch zumindest bei der mehrgliedrigen Ltd. auch die Fälle fassen, die aus der Perspektive des deutschen **Konzernrechts** durch die Beeinflussung der Direktoren durch einen Gesellschafter mit anderweitiger unternehmerischer Interessenbindung gekennzeichnet ist (§§ 17 ff. AktG). – Die Pflicht zur unabhängigen Entscheidungsfindung gem. sec. 173(1) CA 2006 wird nicht verletzt, wenn die jeweilige Entscheidung durch Vereinbarung mit der Gesellschaft oder durch die company's constitution gedeckt ist. Darüber hinaus ist der Regelung auch das Verbot zu entnehmen, dass sich der Direktor seine aufgrund Satzung zugewiesenen Aufgaben nicht eigenmächtig durch **Delegation** an untergeordnete Stellen entledigen darf (*Thole* RIW 2008, 606 (609)). 150

Sec. 173 CA 2006 – Duty to exercise independent judgement

(1) A director of a company must exercise independent judgement.
(2) This duty is not infringed by his acting –
   (a) in accordance with an agreement duly entered into by the company that restricts the future exercise of discretion by its directors, or
   (b) in a way authorised by the company's constitution.

d) Duty to erxercise reasonable care, skill and diligence. Die in sec. 174(1) CA 2006 kodifizierte Pflicht, mit der gebotenen Sorgfalt nach den besten Fähigkeiten zu handeln, knüpft an objektive und subjektive Maßstäbe an. Hierbei handelt es sich um einen wichtigen Baustein zur Erfassung aller übrigen Geschäftsleiterpflichten (*Thole* RIW 2008, 606 (609)). 151

Maßgeblich sind gem. sec. 174(2a) CA 2006 zunächst die allgemeinen Kenntnisse, Fähigkeiten und Erfahrungen, die von einem Direktor der jeweiligen Gesellschaft vernünftigerweise erwartet werden können. Darüber hinaus sind nach sec. 174(2b) CA 2006 auch das diese Anforderungen übersteigende Wissen, die Fähigkeiten und Erfahrungen des einzelnen Direktors zu berücksichtigen (näher *Ladiges/Pegel* DStR 2007, 2069 (2073); *Thole* RIW 2008, 606 (609 f.)). Die Sorgfaltsanforderungen können im Anstellungsvertrag konkretisiert werden (*Just* Limited Rn. 162). 152

Sec. 174 CA 2006 – Duty to exercise reasonable care, skill an diligence

(1) A director of a company must exercise reasonable care, skill and diligence.
(2) This means the care, skill and diligence that would be exercised by a reasonably diligent person with –
   (a) the general knowledge, skill and experience that may reasonably be expected of a person carrying out the functions carried out by the director in relation to the company, and
   (b) the general knowledge, skill and experience that the director has.

e) Duty to avoid conflicts of interest. Interessenkonflikte mit der Gesellschaft haben die Direktoren gem. sec. 175(1, 2) CA 2006 insbesondere im Hinblick auf die Verwertung von Betriebsvermögen, Informationen und Geschäftsangelegenheiten zu vermeiden. Dies gilt unabhängig davon, ob die Gesellschaft selbst Nutzen aus diesen Gegenständen ziehen könnte. Die Direktoren sollen prinzipiell ihr Amt nicht zum eigenen Nutzen ausüben. Sec. 175 CA 2006 gilt gem. sec. 170(2) CA 2006 entsprechend für ausgeschiedene Direktoren. Da Interessenkonflikte besonders dann drohen, wenn eine Person Direktor mehrerer Gesellschaften ist, versteht sec. 175(7) CA 2006 unter einem Interessenkonflikt gleichzeitig auch Konflikte zwischen Pflichten und Interessen sowie zwischen unterschiedlichen Pflichten des Direktors (etwa gegenüber verschiedenen Gesellschaften; *Ladiges/Pegel* DStR 2007, 2069 (2073)). 153

Lediglich Geschäfte und Vereinbarungen mit der Gesellschaft selbst sind von den Interessenkonflikten ausgenommen (Abs. 3); ferner stellen Geschäfte, denen die übrigen Direktoren zugestimmt haben, keine Verletzung dieser Pflicht dar (sec. 175(4b) CA 2006). Die Zustimmung der Direktoren zu einem Geschäft ist nur möglich, wenn dies nicht in der company's constitution ausgeschlossen wurde (Abs. 5a) und gem. Abs. 6a, 6b nur wirksam, wenn die Versammlung der Direktoren (ohne den befangenen Direktor) beschlussfähig war und die Zustimmung ohne die Stimme des „befangenen" Direktors erfolgte bzw. ohne dass dessen Stimme ausschlaggebend war. Ebenso kann gem. sec. 180(4b) CA 2006 bereits gesellschaftsvertraglich vorgesehen werden, dass bestimmte Situationen keinen Interessenkonflikt darstellen. Interessenkonflikte haben die Direktoren gem. sec. 177 CA 2006 offen zu legen (→ Rn. 156 f.). 154

Sec. 175 CA 2006 – Duty to avoid conflicts of interest

(1) A director of a company must avoid a situation in which he has, or can have a direct or indirect interest that conflicts, or possibly may conflict, with the interests of the company.
(2) This applies in particular to the exploitation of any property, information or opportunity (and it is immaterial whether the company could take advantage of the property, information or opportunity).
(3) This duty does not apply to a conflict of interest arising in relation to a transaction or arrangement with the company.
(4) This duty is not infringed –
  (a) if the situation cannot reasonably be regarded as likely to give rise to a conflict of interest; or
  (b) if the matter has been authorised by the directors.
(5) Authorisation may be given by the directors –
  (a) where the company is a private company and nothing in the company's constitution invalidates such authorisation, by the matter being proposed to and authorised by the directors; or
  (b) where the company is a public company [… *nicht abgedruckt*].
(6) The authorisation is effective only if –
  (a) any requirement as to the quorum at the meeting at which the matter is considered is met without counting the director in question or any other interested director, and
  (b) the matter was agreed to without their voting or would have been agreed to if their votes had not been counted.
(7) Any reference in this section to a conflict of interest includes a conflict of interest and duty and a conflict of duties.

155 **f) Duty not to accept benefits from third parties.** Von Dritten darf ein Direktor keine Vorteile aus Anlass seiner Direktorenstellung oder Gegenleistungen für ein bestimmtes Verhalten empfangen (sec. 176(1) CA 2006). Gemäß sec. 170(2) CA 2006 gilt dies auch für Direktoren, die ihr Amt nicht mehr ausüben. Dritter ist gem. Abs. 2 jede andere natürliche oder juristische Person außer der Gesellschaft selbst, bei der jemand als Direktor bestellt ist. Nicht als von einem Dritten empfangen gilt gem. Abs. 3 ein Vorteil, den der Direktor von einer anderen Person dafür erhält, dass diese gegenüber der Gesellschaft, für die der Direktor tätig ist, eine Leistung erbringt. Ob die Heilungsmöglichkeit nach sec. 180 (4b) CA 2006 auf die Vorteilsgewährung Dritter anwendbar ist, ist unklar (unentschieden *Ladiges/Pegel* DStR 2007, 2069 (2074)).

Sec. 176 CA 2006 – Duty not to accept benefits from third parties

(1) A director of a company must not accept a benefit from a third party conferred by reason of –
  (a) his being a director, or
  (b) his doing (or not doing) anything as director.
(2) A „third party" means a person other than the company, an associated body corporate or a person acting on behalf of the company or an associated body corporate.
(3) Benefits received by a director from a person by whom his services (as a director or otherwise) are provided to the company are not regarded as conferred by a third party.
(4) This duty is not infringed if the acceptance of the benefit cannot reasonably be regarded as likely to give rise to a conflict of interest.
(5) Any reference in this section to a conflict of interest includes a conflict of interest and duty and a conflict of duties.

156 **g) Duty to declare interest in proposed transaction or arrangement.** Zur Vermeidung von Interessenkonflikten gem. sec. 175 CA 2006 treffen den Direktor Mitteilungspflichten nach sec. 177 CA 2006. Hat ein Direktor ein direktes oder indirektes Interesse an einem Geschäft mit der Gesellschaft, so hat er vor Abschluss des Geschäfts (Abs. 4) die anderen Direktoren über Art und Umfang seines Interesses in der Versammlung der Direktoren oder schriftlich zu informieren (Abs. 1, 2). Ein persönliches Interesse an bereits bestehenden Geschäften und Vereinbarungen hat der betreffende Direktor ebenfalls gem. sec. 182(1, 2) CA 2006 und sobald wie möglich (Abs. 4) mitzuteilen, wenn dies nicht bereits im Vorhinein nach sec. 177 CA 2006 geschehen ist. Unterlässt ein Direktor die nach sec. 182 CA 2006 erforderliche Mitteilung, so handelt es sich um ein Vergehen (sec. 183(1) CA 2006), das gem. sec. 183(2) CA 2006 mit Geldstrafe geahndet werden kann.

157 Bei fehlerhaften oder unvollständigen Mitteilungen muss eine neue Mitteilung folgen (sec. 177(3), 182(3) CA 2006). Mitteilungspflichtig ist ein Direktor nur dann, wenn er sich seines Interesses und des Geschäfts bzw. der Vereinbarung bewusst ist. Umstände, von denen ein Direktor vernünftigerweise Kenntnis haben muss, sind jedoch als dem Direktor bekannt zu betrachten (sec. 177(5), 182(5) CA 2006). Es besteht keine Mitteilungspflicht, soweit die übrigen Direktoren Kenntnis vom persönlichen Interesse haben. Sie besteht gem. sec. 177, 182 CA 2006 ferner nicht, wenn die Gesellschaft nur einen Direktor hat. Müsste die Gesellschaft nach ihrer Satzung aber mehr als einen Direktor haben, hat der eine nach sec. 182 CA 2006 dennoch die erforderliche Erklärung gem. sec. 186 CA 2006 abzugeben.

Sec. 177 CA 2006 – Duty to declare interest in proposed transaction or arrangement

(1) If a director of a company is in any way, directly or indirectly, interested in a proposed transaction or arrangement with the company, he must declare the nature and extent of that interest to the other directors.

(2) The declaration may (but need not) be made –
  (a) at a meeting of the directors, or
  (b) by notice to the directors in accordance with –
    (i) section 184 (notice in writing), or
    (ii) section 185 (general notice).
(3) If a declaration of interest under this section proves to be, or becomes, inaccurate or incomplete, a further declaration must be made.
(4) Any declaration required by this section must be made before the company enters into the transaction or arrangement.
(5) This section does not require a declaration of interest of which the director is not aware or where the director is not aware of the transaction or arrangement in question.
For this purpose a director is treated as being aware of matters of which he ought reasonably to be aware.
(6) A director need not declare an interest –
  (a) if it cannot reasonably be regarded as likely to give rise to a conflict of interest;
  (b) if, or to the extent that, the other directors are already aware of it (and for this purpose the other directors are treated as aware of anything of which they ought reasonably to be aware); or
  (c) if, or to the extent that, it concerns terms of his service contract that have been or are to be considered –
    (i) by a meeting of the directors, or
    (ii) by a committee of the directors appointed for the purpose under the company's constitution.

h) Buchführungspflicht. Die Direktoren sind gem. sec. 386 ff. CA 2006 zur Buchführung verpflichtet. Sie haben den Gesellschaftern neben der Bilanz einen jährlichen Geschäftsbericht vorzulegen (sec. 415 ff. CA 2006; Einzelheiten bei *Just* Limited Rn. 258 ff.). Zur Rechnungslegung → Rn. 210. 158

8. Innenhaftung der Geschäftsleiter

a) Anspruchsgrundlage. Eine ausdrückliche Haftungsregelung fehlt im englischen Recht (vgl. aber die Schadensersatzpflicht bei unzulässigen Parteispenden gem. sec. 369 CA 2006). Sec. 178(1) CA 2006 verweist in den Fällen der Verletzung der Pflichten gem. sec. 171–177 CA 2006 auf die Regeln des **common law** und der equitable principles. Case law und statutory law sollen sich im englischen Gesellschaftsrecht somit wechselseitig ergänzen, was die konkrete Rechtsanwendung nicht einfach macht, insbesondere aus ausländischer Perspektive. Allgemein wird im common law nach der Verletzung der Treuepflicht des Direktors und der Verletzung sonstiger Geschäftsleiterpflichten differenziert. Während für Erstere eine strict liability gilt, ohne dass es auf Verschulden ankäme, bedarf es für die Verletzung der Letzteren die auch in Deutschland gängige **objektive und subjektive Vorwerfbarkeit** (*Einmahl,* Haftung von Geschäftsführungs- und Aufsichtsorganen im Innenverhältnis, 2015, 140; Regal (Hastings) Ltd. v. Gulliver [1967] 2 AC, 134). Es ist derzeit nicht absehbar, ob diese Differenzierung seit Einführung des CA 2006 fort gilt. Man sollte jedoch davon ausgehen, dass es auch im englischen Recht durchgängig eine an Pflichtverletzung und Verschulden anknüpfende Geschäftsleiterhaftung gegenüber der Gesellschaft gibt. Neben der Organhaftung kann die Gesellschaft auch Schadensersatzansprüche wegen der Verletzung von Pflichten aus dem **Anstellungsvertrag** geltend machen (*Einmahl,* Haftung von Geschäftsführungs- und Aufsichtsorganen im Innenverhältnis, 2015, 126 f.). Insgesamt betrachtet besteht jedoch **kaum Rechtssicherheit** darüber, unter welchen Voraussetzungen englische Gerichte eine schuldhafte Pflichtverletzung bejahen und sich für die Ersatzfähigkeit eines Schadens aussprechen (beschönigend *Thole* RIW 2008, 606 (611): „elastischer Ansatz"). Inwieweit es deutschen Gerichten gelingen wird, Licht ins Dunkel zu bringen, bleibt abzuwarten. Bei pluralistischen Gesellschaften ist dies jedoch ein erheblicher Aspekt, die Rechtsform Ltd. kritisch zu überdenken. Minderheitengesellschafter dürfen derzeit kaum darauf hoffen, dass die Innenhaftung der Geschäftsleiter nach englischem Recht einen mit der deutschen GmbH vergleichbaren Schutzstandard begründet. 159

b) Pflichtverletzung, Verschulden. Die auf common law gestützte Geschäftsleiterhaftung gilt bei jeder Verletzung der in sec. 171–177 CA 2006 genannten Pflichten. Bedeutsam ist die Haftung va dann, wenn ein Direktor unter Überschreitung seiner durch Gesetz bzw. die sections eingeräumten Befugnisse Geschäfte mit gutgläubigen Dritten abschließt. Nach Aufgabe der Ultra-vires-Lehre ist das betreffende Geschäft dennoch wirksam, der Direktor aber der Gesellschaft für hieraus entstandene Verluste ersatzpflichtig. Die objektiven und subjektiven Sorgfaltsanforderungen wurden von der englischen Rspr. traditionell eher allgemein gehalten und anders als in Deutschland zB gem. § 43 Abs. 1 GmbHG nicht objektiv auf das wahrgenommene Amt des Geschäftsleiters bezogen. Die frühere Rspr., wonach ein **subjektiver Sorgfaltsmaßstab** maßgeblich sein sollte (vgl. Cardiff Savings Bank, Re (the Marquis of Bute's case) [1892] 2 Ch. 100), wird wohl nicht mehr aufrecht gehalten. Mittlerweile spielen ähnlich wie iRv § 43 Abs. 1 GmbHG va **objektive Kriterien** eine Rolle, wie zB Art und Größe der konkreten Gesellschaft (Norman v. Theodore Goddard [1991] BCLC 1028, 1030). Eine besondere Haftungsprivilegierung gemäß der mittlerweile in § 93 Abs. 1 S. 2 AktG in Deutschland kodifizierten **business judgement rule** besteht im CA 2006 nicht. Die englische Rspr. erkennt jedoch traditionell nach common law an, dass der Direktor nur die Sorgfalt schuldet, die gewöhnlich unter den konkreten Voraussetzungen erwartet werden kann und schließt eine Haftung wegen falscher Beurteilung aus (Re 160

Brazilian Rubber Plantations & Estates ltd [1911] 1 Ch. 425, 437). Im Ergebnis wird daher auch dem Geschäftsleiter einer englischen Ltd. ein unternehmerisches Ermessen zugebilligt.

161 **c) Schadensersatz.** Die an das common law anknüpfende Geschäftsleiterhaftung zieht rechtsfolgenseitig eine Differenzierung nach sich: Bei der Verletzung der Treuepflicht kann die Gesellschaft die damages ersetzt bekommen, bei der Verletzung sonstiger Pflichten eine compensation verlangen. Mittlerweile scheint diese jedoch letztlich nur eine begriffliche Differenzierung zu sein. Allgemein gilt, dass die Gesellschaft Schadensersatz (Geldleistung) verlangen kann, wonach sie so zu stellen ist, als wenn die Pflichtverletzung nicht begangen worden wäre. Auch Gewinne, die der Direktor selbst mit dem pflichtwidrigen Geschäft erzielte, sind der Gesellschaft zu gewähren (*Just* Limited Rn. 172). Insgesamt dürften demnach im englischen Recht keine grundlegenden Unterschiede gegenüber den §§ 249 ff. BGB bestehen.

162 **d) Durchsetzung, Verzicht.** Die Geschäftsleiterpflichten bestehen gegenüber der Gesellschaft (sec. 178(2) CA 2006). Ersatzansprüche sind daher von den anderen Direktoren oder von einer Gesellschaftermehrheit im Namen der Gesellschaft geltend zu machen (grundlegend Foss v. Harbottle [1843] 2 Hare 461, 490 ff.). Die **Beweislast** für das Vorliegen der Haftungsvoraussetzungen trifft die Gesellschaft; eine Beweislastumkehr kommt anders als im deutschen Recht nicht in Betracht (*Einmahl,* Haftung von Geschäftsführungs- und Aufsichtsorganen im Innenverhältnis, 2015, 170; *Christ* 161). Der Anspruch **verjährt** gemäß sec 9 (1) Limitation Act nach sechs Jahren (*Einmahl,* Haftung von Geschäftsführungs- und Aufsichtsorganen im Innenverhältnis, 2015, 163). Die (internationale und örtliche) Zuständigkeit der **deutschen Gerichte** ergibt sich bei einem hier wohnhaften Direktor regelmäßig aus § 13 ZPO. Es besteht die Möglichkeit, die Pflichtverletzung zu **heilen,** indem die Gesellschafter die Handlung des Direktors durch Beschluss nachträglich genehmigen (sec. 239 CA 2006). Zu beachten ist aber, dass bei einem solchen Beschluss die Ja-Stimmen eines Gesellschafter-Direktors und ihm nahestehender Personen (connected persons, vgl. sec. 252 ff. CA 2006) nicht zu berücksichtigen sind (sec. 239(4) CA 2006). Eine **Schadensfreistellung** im Vorfeld der Pflichtverletzung ist nicht möglich (*Einmahl,* Haftung von Geschäftsführungs- und Aufsichtsorganen im Innenverhältnis, 2015, 182); insoweit unterscheidet sich das englische Recht beachtlich vom Recht der GmbH (vgl. Baumbach/Hueck/*Beurskens* GmbHG § 43 Rn. 66 ff.). Eine Besonderheit bietet sec. 1157 CA 2006, wonach das zur Geltendmachung des Schadensersatzanspruchs durch die Ltd. angerufene Gericht auf **Antrag des beklagten Direktors** die Ersatzpflicht ausschließen kann, wenn es zur Überzeugung gelangt, dass der Direktor redlich (honestly) und vernünftig (reasonable) gehandelt hat und unter Berücksichtigung aller Umstände aus Fairness entschuldigt werden muss. In Betracht kommt dies jedoch nicht bei vorsätzlich oder grob fahrlässig begangenen Pflichtverletzungen (Re Produce Marketing Consortium Ltd. [1989] BCLC 513, 520). Es bleibt abzuwarten, ob dieses ebenfalls dem Gesellschaftsstatut zugehörige Rechtsinstitut von den deutschen Gerichten bei Auslandsgesellschaften Anwendung finden wird.

163 **e) Minderheitenschutz.** Die Entscheidung über die Geltendmachung eines innergesellschaftlichen Schadensersatzanspruchs obliegt traditionell der Gesellschaftermehrheit (majority rule; vgl. Burland v. Earle [1902] AC, 83, 93 [PC]; *Einmahl,* Haftung von Geschäftsführungs- und Aufsichtsorganen im Innenverhältnis, 2015, 193). Dahinter steht der Gedanke, dass die Minderheit der Mehrheit nicht ihren Willen aufzwingen soll (*Christ* 162 f.). Der diesem Grundsatz innewohnenden Missbrauchsgefahr Rechnung tragend räumen sec. 260–264 CA 2006 nunmehr jedoch auch dem einzelnen Gesellschafter ein individuelles Klagerecht im Namen der Gesellschaft ein **(derivative claim).** Dieses Recht steht selbst demjenigen Gesellschafter zu, der im Zeitpunkt der (strittigen) Pflichtverletzung noch gar nicht Gesellschafter war (sec. 260(4) CA 2006). Ein Mindestquorum besteht nicht (*Ladiges/Pegel* DStR 2007, 2069 (2075)). Zur Verhinderung einer Klageflut knüpfen sec. 261–264 CA 2006 jedoch Voraussetzungen an eine solche Klage: Die Eröffnung des Verfahrens setzt einen Antrag des Klägers auf „permission to continue derivative claim" voraus (sec. 261(1) CA 2006), über dessen Zulässigkeit das Gericht gem. sec. 263(2–4) CA 2006 zu entscheiden hat. Das eigentliche Gerichtsverfahren mit Erörterung des Sachverhalts kann erst nach Zulassung des „derivative claim" erfolgen (*Just* Limited Rn. 136). Daneben besteht für einzelne Gesellschafter die Möglichkeit, gem. sec. 994 CA 2006 gegen Entscheidungen der Gesellschaftermehrheit gerichtlich vorzugehen, durch die dem Gesellschafter ein unbilliger Schaden **(unfair prejudice)** zugefügt wird. Das Gericht entscheidet dann nach eigenem Ermessen, ob der Gesellschafter einen derivative claim geltend machen kann. Sec. 260 (2) CA 2006 weist auf diese Möglichkeit ausdrücklich hin.

164 Diese Regelungen fügen sich nicht in das deutsche Verfahrensrecht ein und können daher nicht unmittelbar und vollumfänglich herangezogen werden. Richtigerweise wird man sie daher entsprechend den durchaus vergleichbaren Anforderungen an die **actio pro socio** im deutschen Recht interpretieren müssen und so auch vor deutschen Gerichten zu sachgerechten Ergebnissen kommen. Die Einzelheiten eines derartigen Binnen-Rechtsstreits in der Auslands-Ltd. sind jedoch noch völlig ungeklärt. Bei mehrgliedrigen Gesellschaften ist daher sehr zweifelhaft, ob die Ltd. die geeignete Rechtsform für unternehmerisches Tätigwerden in Deutschland ist.

9. Wrongful trading

In der Insolvenz der Ltd. kann der Insolvenzverwalter gegen Direktoren Ansprüche gem. sec. 214 Insolvency Act (IA) 1986 wegen Insolvenzverschleppung geltend machen. Darüber hinaus gibt es nach englischem Recht auch eine weitgehend inhaltsgleiche Haftung nach common law (zum Ganzen ausführlich *Habersack/Verse* ZHR 168 (2004), 174; *Lorys,* Die Insolvenzverursachungshaftung gemäß § 64 S. 3 GmbHG als Ausschüttungssperre nach dem Vorbild des Wrongful Trading, 2016, 71 ff.; *Mohamed* KTS 2020, 295). Vom wrongful trading abzugrenzen ist das fraudulent trading, welches eine Haftung nach sec. 213 IA 1986 auslösen kann (→ Rn. 181 ff.). 165

Sec. 214 Insolvency Act (IA) 1986

(1) Subject to subsection (3) below, if in the course of the winding up of a company it appears that subsection (2) of this section applies in relation to a person who is or has been a director of the company, the court, on the application of the liquidator, may declare that that person is to be liable to make such contribution (if any) to the company's assets as the court thinks proper.
(2) This subsection applies in relation to a person if –
(a) the company has gone into insolvent liquidation,
(b) at some time before the commencement of the winding up of the company, that person knew or ought to have concluded that there was no reasonable prospect that the company would avoid going into insolvent liquidation, and
(c) that person was a director of the company at that time;
but the court shall not make a declaration under this section in any case where the time mentioned in paragraph (b) above was before 28th April 1986.
(3) The court shall not make a declaration under this section with respect to any person if it is satisfied that after the condition specified in subsection (2)(b) was first satisfied in relation to him that person took every step with a view to minimising the potential loss to the company's creditors as (assuming him to have known that there was no reasonable prospect that the company would avoid going into insolvent liquidation) he ought to have taken.
(4) For the purposes of subsections (2) and (3), the facts which a director of a company ought to know or ascertain, the conclusions which he ought to reach and the steps which he ought to take are those which would be known or ascertained, or reached or taken, by a reasonably diligent person having both –
(a) the general knowledge, skill and experience that may reasonably be expected of a person carrying out the same functions as are carried out by that director in relation to the company, and
(b) the general knowledge, skill and experience that that director has.
(5) The reference in subsection (4) to the functions carried out in relation to a company by a director of the company includes any functions which he does not carry out but which have been entrusted to him.
(6) For the purposes of this section a company goes into insolvent liquidation if it goes into liquidation at a time when its assets are insufficient for the payment of its debts and other liabilities and the expenses of the winding up.
(7) In this section „director" includes a shadow director.
(8) This section is without prejudice to section 213.

a) Voraussetzungen nach englischem Recht. Zur Haftung nach sec. 214 IA 1986 kommt es bei einer in England ansässigen Ltd. nur, wenn sie **insolvent** wurde (Abs. 2a, 6). Zur Geltendmachung befugt ist allein der Insolvenzverwalter (liquidator; vgl. *Schall* ZIP 2005, 965 (967): office-holder-claim). Bei der nach deutschem Verständnis masselosen Insolvenz kann jedoch die weitgehend vergleichbare Haftung nach common law zum Tragen kommen (→ Rn. 170). Es ist derzeit unklar, ob nach englischem Recht ein Verfolgungsrecht der Gläubiger besteht (*Habersack/Verse* ZHR 168 (2004), 174 (195)). 166

Die zentrale **haftungsbegründende Pflichtwidrigkeit** ist, dass der Direktor die Gesellschaft fortführte, obwohl er wusste oder hätte erkennen können, dass keine begründete Hoffnung auf Insolvenzverhinderung besteht (Abs. 2b, sog. moment of truth). Etwas anderes gilt nur, wenn der Direktor alles Zumutbare unternahm, um das Verlustrisiko der Gesellschaftsgläubiger zu minimieren (Abs. 3; Einzelheiten bei *Habersack/Verse* ZHR 168 (2004), 174 (193 ff.); *Schall* ZIP 2005, 965 (967 f.), auch mit Hinweis darauf, dass es in England regelrechte Verhaltenschecklisten gibt, um die Haftung zu minimieren). Die Anforderungen an die einzuhaltende Sorgfalt eines Direktors werden sowohl von objektiven (zB Größe der Gesellschaft, Fähigkeiten eines Geschäftsführers im Allgemeinen) als auch von subjektiven Merkmalen bestimmt; insbesondere wird dem Direktor ein großer Beurteilungsspielraum zugebilligt (*Heinz/Hartung* Englische Ltd § 6 Rn. 29; *Habersack/Verse* ZHR 168 (2004), 174 (183 ff.)). Abzustellen ist auf den reasonable diligent director. Bei objektiv pflichtwidrigem Verhalten gilt eine Art **Verschuldensvermutung** (*Schumann* DB 2004, 743 (747)). Der Haftung unterliegen gem. sec. 214(7) IA 1986 auch shadow directors, ggf. somit ein einflussnehmender Gesellschafter (Einzelheiten bei *Habersack/Verse* ZHR 168 (2004), 174 (188 ff.); *Schmittmann/Bischoff* ZInsO 2009, 1561). 167

Die Haftung wegen wrongful trading gilt nicht nur bei in England ansässigen Ltd. Sec. 221, 225 IA 1986 erstreckt sie auch auf **oversea companies** mit Tätigkeitsschwerpunkt in England. Die Geschäftsführer einer deutschen GmbH, die ihren tatsächlichen Verwaltungssitz nach Großbritannien verlegt hat, 168 können sich also hiernach haftbar machen. Ob dies die zutreffende IPR-rechtliche Qualifikation ist und dieses Ergebnis europäischen Vorgaben der Niederlassungsfreiheit standhält, ist freilich dieselbe Frage, die sich spiegelbildlich stellt, wenn eine englische Ltd. in Deutschland tätig ist (→ Rn. 172 f.).

169 **b) Rechtsfolge nach englischem Recht.** Liegen die Voraussetzungen von sec. 214(1, 2) IA 2006 vor, haftet der Direktor persönlich gegenüber der Gesellschaft; nach Abs. 1 kann das Gericht einen Betrag festlegen, den der Direktor an die Gesellschaft zu zahlen hat **(angemessener Schadensersatz).** Der Umfang der Ersatzleistung wird danach bemessen, welche Verluste seit der Verschleppung der Insolvenz eingetreten sind (increase in net deficiency). Funktional entspricht dies dem Quotenschaden bei der Insolvenzverschleppung nach deutschem Recht (*Schall* ZIP 2005, 965 (967)). Hierauf ist die Ersatzpflicht indessen nicht begrenzt. Englische Gerichte halten entsprechend dem hier diskutierten Neugläubigerschaden auch alle Forderungen für ersatzfähig, die nach dem Zeitpunkt begründet wurden, zu dem über die Gesellschaft ein Insolvenzverfahren hätte eröffnet werden müssen (*Benndorf,* Die Insolvenzverschleppungshaftung im deutschen und englischen Recht, 2008, 82 mwN; *Schall* ZIP 2005, 965 (967)).

170 **Konkurrenzen:** Neben der insolvenzrechtlichen Haftung aus wrongful trading besteht im englischen Recht traditionell auch eine teilweise deckungsgleiche **Geschäftsleiterhaftung gemäß common law** wegen Verletzung der Geschäftsleiterpflichten (directors' duties to creditors; Einzelheiten bei *Habersack/Verse* ZHR 168 (2004), 174 (199 ff.); *Schall* ZIP 2005, 965 (968); *Mohamed* KTS 2020, 295). Diese knüpft tatbestandlich daran an, dass die an sich allein das Innenverhältnis treffenden Pflichten der Direktoren in der Krise auch zugunsten der Gläubiger wirken. Indem der CA 2006 das Pflichtenprogramm der Direktoren neu geordnet hat und die Tendenz deutlich wird, dass sich die Geschäftsleiterpflichten allein auf das Innenverhältnis beziehen, ist indessen zweifelhaft, ob diese zusätzliche Haftung nach common law aufrecht erhalten bleibt (zweifelnd auch *Thole* RIW 2008, 606 (607 f.); auf die neuere Rechtsprechung in Sachen Sequana hinweisend aber *Mohamed* KTS 2020, 295). Gleichwohl muss bei der kontroversen Diskussion, ob die Wrongful-Trading-Haftung bei Auslands-Ltd. Geltung beansprucht (→ Rn. 172), bedacht werden, dass die Geschäftsleiterpflichten nach englischem Recht nicht allein aus dem IA 1986 folgen.

171 **c) Praktische Bedeutung in England.** Es gibt kaum gerichtliche Verfahren über die Haftung nach sec. 214 IA 1986. Die Gründe hierfür werden unterschiedlich gesehen: Viele führen hierfür die Prozesskosten und vor allem die tatbestandliche und rechtsfolgenseitige Unschärfe der Norm an (*Habersack/Verse* ZHR 168 (2004), 174 (180 f.)). Andere sehen die begrüßenswerte abschreckende Wirkung der Norm als Grund dafür, dass es kaum zu haftungsrelevanten Fällen komme (*Schall* ZIP 2005, 965 (967)). Sofern man die Haftung auch auf die in Deutschland ansässige Ltd. für anwendbar hält (→ Rn. 172), hängt die Effektivität jedenfalls entscheidend von der Konkretisierung der Norm durch die deutschen Gerichte ab. Hier wird man eigene Erfahrungen machen müssen.

172 **d) Anwendung auf deutsche Ltd.** Es ist sehr umstritten, ob die Direktoren einer in Deutschland ansässigen Ltd. wegen wrongful trading gem. sec. 214 IA 1986 haften. Die Beantwortung dieser **kollisionsrechtlichen Frage** richtet sich danach, ob die Haftung gesellschaftsrechtlicher oder insolvenzrechtlicher Natur ist: Qualifiziert man sec. 214 IA 1986 gesellschaftsrechtlich, gilt die Haftung auch bei ausschließlich in Deutschland tätigen Ltd. und ist vom deutschen Gericht gem. § 293 ZPO anzuwenden. Nimmt man dagegen an, bei sec. 214 IA 1986 handele es sich um eine insolvenzrechtliche Vorschrift, so kann sie nicht zur Anwendung kommen, weil für EU-Auslandsgesellschaften gem. Art. 3, 7 EuInsVO, § 335 InsO deutsches Insolvenzrecht maßgeblich ist.

173 Richtig ist, sec. 214 IA 1986 **insolvenzrechtlich zu qualifizieren** (*Lorys,* Die Insolvenzverursachungshaftung gemäß § 64 S. 3 GmbHG als Ausschüttungssperre nach dem Vorbild des Wrongful Trading, 2016, 79). Dafür sprechen bereits der Standort der Vorschrift im Insolvency Act und die über sec. 221, 225 IA 1986 erfolgende Erstreckung auf alle in England ansässigen Kapitalgesellschaften, gleich welcher Rechtsform (abw. *Just* Limited Rn. 341: Aufnahme in den IA 1986 sei „Zufallsprodukt"). Die Regelung begründet zwar Pflichten für Gesellschaftsorgane; sie ist aber lediglich ein auf das Insolvenzverfahren beschränkter persönlicher Rechtsbehelf des Insolvenzverwalters (*Schall* ZIP 2005, 965 (972): office-holder claim). So wird sec. 214 IA 1986 selbst in England einmütig dem Insolvenzrecht zugeordnet, und der EuGH hat das französische Pendant zum wrongful trading (action en comblement de passif) ebenfalls insolvenzrechtlich qualifiziert (EuGH 25.10.1978, NJW 1979, 1771). Schließlich legt auch der Zweck von sec. 214 IA 1986 die insolvenzrechtliche Qualifikation nahe: Die Haftung gem. sec. 214 IA 1986 dient der Effektuierung der Insolvenzantragsobliegenheit (sec. 84 ff. IA 1986), die wiederum zugunsten bestehender Gläubiger den Schutz der Haftungsmasse bezweckt und künftige Gläubiger vor Verlusten schützen soll, die sie im Vertrauen auf die Lebensfähigkeit der Gesellschaft erleiden könnten (*Eidenmüller* NJW 2005, 1618 (1620 f.)). Als richtig erscheint daher die vorherrschende Ansicht, wonach die Haftung wegen wrongful trading auf in Deutschland ansässige Ltd. **nicht anwendbar** ist (so auch Roth/Altmeppen/*Altmeppen* GmbHG Vor § 64 Rn. 12; UHL/*Casper* GmbHG § 64 Rn. 33; dafür aber *Schumann* DB 2004, 743 (746)).

174 Hiervon zu unterscheiden und bisher kaum problematisiert ist dagegen, ob die parallel bestehenden **Geschäftsleiterpflichten im Gläubigerinteresse nach common law** ggf. vergleichbare Ansprüche begründen und wegen ihrer Eingebundenheit in die allgemeinen Direktorenpflichten möglicherweise gesellschaftsrechtlich zu qualifizieren sind (so *Schall* ZIP 2005, 965 (973)). Richtigerweise dürfte dies jedoch ebenfalls zu verneinen sein, da es sich funktional um dieselbe Haftung wie nach sec. 214 IA 1986 handelt und eine abweichende Qualifikation daher kaum überzeugen würde.

175 Im Ergebnis führt dies somit dazu, dass ein entscheidender Baustein des englischen Gläubigerschutzkonzepts verloren geht, wenn eine englische Ltd. ihren Tätigkeitsschwerpunkt in Deutschland hat. Aus Sicht der Gesellschafter und Direktoren mag dies einen Wettbewerbsvorteil für die Ltd. begründen. Umgekehrt muss man sich jedoch fragen, ob diese **Lücke** nicht durch die **Anwendung nationaler Regelungen** zur Verwirklichung des Gläubigerschutzes geschlossen werden kann. Die Diskussion ist hierbei noch nicht abgeschlossen, sodass aus dieser Unsicherheit heraus Bedenken resultieren, ob die englische Ltd. als geeignete Rechtsform für unternehmerische Tätigkeit in Deutschland sinnvoll ist.

10. Insolvenzverschleppungshaftung

176 Lehnt man die Haftung wegen wrongful trading bei der in Deutschland ansässigen Ltd. ab, stellt sich konsequenterweise die Frage, ob auf EU-Auslandsgesellschaften mit Tätigkeitsschwerpunkt in Deutschland die deutsche Insolvenzverschleppungshaftung nach § 15a InsO iVm § 823 Abs. 2 BGB zur Anwendung kommt.

177 **a) Insolvenzantragspflicht.** Im englischen Insolvenzrecht gibt es keine Insolvenzantragspflichten (*Habersack/Verse* ZHR 168 (2004), 174 (177)). Die Direktoren sind gem. sec. 124 IA 1986 allein zur Antragstellung berechtigt, mittelbar hierzu jedoch über die drohende Haftung wegen wrongful trading angehalten (→ Rn. 165 ff.). Gleichwohl stellt sich bei in Deutschland ansässigen Ltd. die Frage, ob der nunmehr weitgehend rechtsformneutral gefasste **§ 15a Abs. 1 InsO** gilt. Voraussetzung dafür ist gem. Art. 3, 7 EuInsVO, § 335 InsO, diese Regelung insolvenzrechtlich zu qualifizieren. In den Materialien zum MoMiG wird dies bejaht (vgl. RegE MoMiG, BT-Drs. 16/6140, 47). Dies überzeugt und wird auch europäischen Vorgaben standhalten (so auch LG Kiel 20.4.2006, NZG 2006, 672 und KG Berlin 24.9.2009, NZG 2010, 71 (72 f.); *Servatius* BB 2015, 1087). Würde man dies abweichend beurteilen, läge ein nicht zu rechtfertigender Normenmangel vor: Die Auslands-Ltd. darf als Rechtsform nicht dadurch bessergestellt sein, dass ihre Direktoren wegen des (unanwendbaren) Insolvenzrechts des Gründungsstaats (inklusive sec. 214 IA 1986) nur deshalb der Haftung entgehen, weil die entsprechende Haftungsnorm im Inland dem (unanwendbaren) Gesellschaftsrecht unterfallen soll (zutr. *Eidenmüller* in Eidenmüller Ausl. KapGes. § 9 Rn. 33, *Eidenmüller* in Eidenmüller Ausl. KapGes. § 3 Rn. 71; *Eidenmüller* NJW 2005, 1618 (1621); aA *Just* Limited Rn. 341 f.; *Schall* ZIP 2005, 965 (974), der jedoch verkennt, dass sec. 214 IA 1986 bei der Auslands-Ltd. gem. Art. 3, 7 EuInsVO gerade nicht von einem englischen Insolvenzverwalter geltend gemacht werden kann; zweifelnd an der insolvenzrechtlichen Qualifikation der Antragspflichten auch *Ulmer* NJW 2004, 1201 (1207)).

178 Die (faktischen) Direktoren einer in Deutschland ansässigen Ltd. unterliegen daher der Insolvenzantragspflicht gem. § 15a Abs. 1 InsO, bei der Ltd. & Co. KG gem. § 15a Abs. 2 InsO. Wird diese Pflicht schuldhaft verletzt, haften sie über § 823 Abs. 2 BGB auf **Schadensersatz** (*Altmeppen* ZIP 2017, 1833 (1834) unter Berufung auf BGH 4.7.2017, ZIP 2017, 1619). Vgl. zudem die spezielle insolvenzrechtliche Haftung nach § 26 Abs. 3 InsO. Die **strafrechtliche Verantwortlichkeit** gem. § 15a Abs. 4 InsO scheidet wegen des strafrechtlichen Bestimmtheitsgrundsatzes und Analogieverbots hingegen aus (*Schumann* DB 2004, 743 (746) mwN; abw. *Radtke/Hoffmann* EuZW 2009, 404). Ist die Ltd. **führungslos,** richtet sich die zivilrechtliche Haftung gem. § 15a Abs. 3 InsO gegen die Gesellschafter.

179 **b) Zahlungsverbot.** Für das Zahlungsverbot gem. **§ 64 S. 1 GmbHG** ist ebenfalls problematisch, ob es bei der in Deutschland ansässigen Ltd. Geltung beansprucht. Wiederum hängt es von der Qualifizierung der Norm als gesellschafts- oder insolvenzrechtlich ab. Durch die zentrale Anknüpfung des Zahlungsverbots an die insolvenzrechtlich definierte Insolvenzreife spricht viel dafür, die Vorschrift insolvenzrechtlich zu qualifizieren und über Art. 3, 7 EuInsVO, § 335 InsO auch auf die Ltd. **anzuwenden.** Der Standort im GmbHG spricht jedenfalls nicht dagegen, weil für die internationalprivatrechtliche Qualifizierung eine funktionale Betrachtung maßgeblich ist. Indem die Regelung Quotenschmälerungen verhindert, gehört sie dem auf Mangelverwaltung gerichteten Insolvenzrecht an und findet daher auch auf vergleichbare Auslandsgesellschaften Anwendung (BGH 4.7.2017, ZIP 2017, 1619; BGH 15.3.2016, ZIP 2016, 821 Rn. 14; EuGH 10.12.2015, ZIP 2015, 2468; vgl. die Vorlage des BGH 2.12.2014, NZG 2015, 101; *Servatius* BB 2015, 1087; Einzelheiten bei § 64 GmbHG → GmbHG § 64 Rn. 1 ff.). Zur internationalen und örtlichen **Zuständigkeit** für solche Klagen OLG Karlsruhe 22.12.2009, NZG 1010, 509; hierzu *Haas* NZG 2010, 495, sowie EuGH 4.12.2014, NZG 2015, 154; hierzu *Schulz* NZG 2015, 146.

11. Insolvenzverursachungshaftung

180 Auf den ersten Blick eng mit der Insolvenzverschleppungshaftung verwandt ist die durch das MoMiG neu eingeführte Insolvenzverursachungshaftung der GmbH-Geschäftsführer nach **§ 64 S. 3 GmbHG.** Auch hier stellt sich die Frage, ob diese Haftung bei einer in Deutschland ansässigen Ltd. Anwendung findet. Der insolvenzbezogene Ansatz dieser Haftung spricht für eine insolvenzrechtliche Qualifizierung, sodass sie über Art. 3, 7 EuInsVO, § 335 InsO anzuwenden wäre (so auch RegE MoMiG, BT-Drs. 16/6140, 107 f.; UHL/*Casper* GmbHG § 64 Rn. 34; Baumbach/Hueck/*Haas* GmbHG § 64 Rn. 47, 51; *Greulich/Rau* NZG 2008, 565 (566 f.)). Richtigerweise ist dies jedoch zu verneinen (*Servatius* BB 2015, 1087). Die Haftung bezweckt anders als die Insolvenzantragspflichten und das Zahlungsverbot nach Insolvenzreife nicht eine im insolvenzrechtlichen Sinne zu verstehende Masseverkürzung, sodass die Aussagen des EuGH in Sachen Kornhaas hierfür auch nicht fruchtbar gemacht werden können (abw. MüKoBGB/*Kindler* Art. 7 EuInsVO Rn. 89). Die Haftung ergänzt vielmehr funktional den **gesellschaftsrechtlichen Kapitalschutz** gem. § 30 GmbHG (*Lorys,* Die Insolvenzverursachungshaftung gemäß § 64 S. 3 GmbHG als Ausschüttungssperre nach dem Vorbild des Wrongful Trading, 2016) und hat so unmittelbar in der dem Gesellschaftsstatut zuzuordnenden Kapitalverfassung seine Grundlage (ähnlich *Altmeppen,* Gesellschaftsrecht in der Diskussion, 2006, 93, 110: vorinsolvenzliche Verhaltenspflicht). Sie ist daher auf Auslandsgesellschaften nicht anwendbar.

12. Betrügerische Geschäftsführung

181 Nicht nur im Falle der Insolvenzabwicklung, sondern bei jeder Abwicklung der Ltd. kann ein director wegen betrügerischer Geschäftsführung **(fraudulent trading)** gem. sec. 213 IA 1986 auf Antrag des Liquidators haftbar gemacht werden (Einzelheiten bei *Happ/Holler* DStR 2004, 730 (733); *Habersack/Verse* ZHR 168 (2004), 174). Die Direktoren sind dann aber nur gegenüber der Gesellschaft haftbar, der das Gericht einen Ausgleichsanspruch gegen den Direktor einräumen kann. Gesellschaftsgläubiger sind weder anspruchsberechtigt noch zur Geltendmachung befugt. Im Übrigen stellt das fraudulent trading zugleich ein Vergehen gem. sec. 993 CA 2006 dar. Die praktische Relevanz des Tatbestands ist jedoch äußerst gering, da hier dem Direktor ein Betrugswille zum Nachteil von Gesellschaftsgläubigern nachgewiesen werden muss.

Sec. 213 IA 1986 – Fraudulent trading

(1) If in the course of the winding up of a company it appears that any business of the company has been carried on with intent to defraud creditors of the company or creditors of any other person, or for any fraudulent purpose, the following has effect.

(2) The court, on the application of the liquidator may declare that any persons who were knowingly parties to the carrying on of the business in the manner above-mentioned are to be liable to make such contributions (if any) to the company's assets as the court thinks proper.

182 Auf eine in Deutschland ansässige Ltd. ist diese insolvenzrechtliche Norm aus denselben Gründen **nicht anwendbar** wie die Haftung wegen wrongful trading (→ Rn. 165). Dies wiegt jedoch nicht weiter schwer, weil die hiervon erfassten Fälle regelmäßig auch nach den sogleich erörterten nationalen Deliktstatbeständen eine entsprechende Direktorenhaftung begründen.

13. Deliktische Ansprüche

183 Deliktische Ansprüche gegen die Direktoren einer in Deutschland tätigen Ltd. unterliegen gem. Art. 4 Abs. 1 Rom II-VO grundsätzlich dem Recht des Staates, indem der Schaden eintritt. Deliktsrechtliche Tatbestände haben daher eine **große Bedeutung,** den Minderheiten- und Gläubigerschutz bei der Ltd. in Deutschland zu verwirklichen, wo das englische Recht bzw. die Fälle des Normenmangels zu nicht hinnehmbaren Ergebnissen führen würden. Grenzenlos ist diese Möglichkeit freilich nicht. Zum einen muss man sich **kollisionsrechtlich** stets fragen, ob die nach deutschem Verständnis innerhalb der §§ 823 ff. BGB angesiedelte Handlung wirklich eine unerlaubte Handlung iSv Art. 4 Abs. 1 Rom II-VO darstellt. Zudem ist problematisch, inwieweit die ggf. zu bejahende Haftung ihrerseits eine Verletzung des europäischen Primärrechts darstellt. Letzteres darf freilich nicht überschätzt werden. Die – zutreffend anhand einer funktionalen Betrachtung und nicht gleichsam ideologisch erfolgende – kollisionsrechtliche Qualifizierung eines Tatbestands als unerlaubte Handlung dürfte regelmäßig als nationales **Verkehrsrecht** eine zulässige Beschränkung der Grundfreiheiten darstellen (abw. *Schall* ZIP 2005, 965 (974)). Wird hingegen versucht, originär gesellschaftsrechtliche Haftungsfiguren in das Kleid deliktsrechtlicher Tatbestände zu pressen, bestehen erhebliche Zweifel, ob dieser Qualifikation nicht letztlich durch den EuGH gemäß europäischem Primärrecht die Wirksamkeit versagt wird. Vor einer allzu ausufernden deliktsrechtlichen Qualifikation der Haftungsgefahren bei Auslandsgesellschaften ist daher mit Nachdruck zu warnen (zur Existenzvernichtungshaftung der Gesellschafter → Rn. 118).

a) Untreue. Eine Schadensersatzhaftung der Direktoren gegenüber der Ltd. wegen Untreue gem. § 823 Abs. 2 BGB iVm § 266 StGB ist grundsätzlich möglich (§ 3 StGB; zur Strafbarkeit BGH 13.4.2010, DB 2010, 1581). § 266 StGB ist nach deutschem Verständnis Schutzgesetz zugunsten der Gesellschaft (OLG Hamm 4.6.2002, NJW-RR 2002, 1259). Problematisch ist jedoch zum einen, dass die strafbewehrten Vermögensbetreuungspflichten der Direktoren sich nach englischem Gesellschaftsrecht beurteilen (→ Rn. 145 ff.). Zum anderen ist stets zu bedenken, dass eine Direktorenstrafbarkeit deswegen meist an den hohen Anforderungen des strafrechtlichen Bestimmtheitsgrundsatzes und Analogieverbots scheitert. Letztlich dürfte daher für eine Strafbarkeit nebst korrespondierender Schadensersatzhaftung kein Raum bestehen (Einzelheiten bei *Radtke* GmbHR 2008, 729). **184**

b) Beihilfe zur Existenzvernichtung. Sieht man die auf § 826 BGB gestützte Existenzvernichtungshaftung der Gesellschafter mit der zweifelhaften hM als deliktische Haftung an, die auch bei der in Deutschland ansässigen Ltd. Anwendung findet (→ Rn. 118), haften die Direktoren diesbezüglich konsequenterweise als Teilnehmer gem. § 830 Abs. 2 BGB. Voraussetzung dafür ist jedoch vorsätzliches Handeln (vgl. BGH 16.7.2007, DStR 2007, 1586 – Trihotel). **185**

c) Betrug. Der Direktor einer (insolventen) Ltd. ist gem. § 823 Abs. 2 BGB, § 263 StGB bzw. § 265b StGB haftbar, wenn er Gesellschaftsgläubiger über die Vermögensverhältnisse täuscht (*Schumann* DB 2004, 743 (746)). Zur Vertrauenshaftung wegen Aufklärungspflichtverletzung → Rn. 191. **186**

d) Sittenwidrige Schädigung. Der Direktor einer in Deutschland ansässigen Ltd. kann sich auch gegenüber den Gläubigern aus § 826 BGB schadensersatzpflichtig machen. Dies gilt zB bei wider besseres Wissen aufgestellter Behauptung, die Ltd. sei zahlungsfähig (vgl. BGH 7.11.1994, ZIP 1995, 31 (32)) oder wegen einseitiger Verlagerung des Verlustrisikos auf die Gläubiger (vgl. BGH 16.3.1992, NJW-RR 1992, 1061). Insofern kommt auch eine Haftung aus § 826 BGB gegenüber der Bundesagentur für Arbeit wegen Insolvenzverschleppung in Betracht (vgl. BGH 26.6.1989, NJW 1989, 3277; BGH 18.12.2007, ZIP 2008, 361). **187**

e) Haftung für Verrichtungsgehilfen. Der Direktor einer in Deutschland ansässigen Ltd. haftet gem. § 831 BGB auch für deliktische Handlungen von Arbeitnehmern, freilich mit Exkulpationsmöglichkeit (vgl. BGH 14.5.1974, NJW 1974, 1371). **188**

f) Steuerschulden. Eine Haftung der Direktoren gegenüber Steuergläubigern folgt aus §§ 69, 34 AO (zur Besteuerung → Rn. 211). **189**

g) Sozialabgaben. Eine Haftung wegen der Nichtabführung von Sozialabgaben folgt aus § 823 Abs. 2 BGB iVm § 266a StGB (vgl. BGH 14.7.2008, DStR 2008, 2169; Baumbach/Hueck/*Beurskens* GmbHG § 43 Rn. 131 ff.). **190**

14. Vertrauenshaftung

a) Differenzierte Anknüpfung. Die Anknüpfung von Tatbeständen der Vertrauenshaftung ist im Bereich des Gesellschaftsrechts besonders schwierig. Maßgeblich war nach lange Zeit überwiegender Ansicht das **Statut des angebahnten Vertrages** (*Rehm* in Eidenmüller Ausl. KapGes. § 5 Rn. 6). Seit Inkrafttreten der Rom II-VO bestimmt sich die Haftung aus Verschulden bei Vertragsverhandlungen nunmehr ebenfalls nach dem auf den geplanten oder tatsächlich geschlossenen Vertrag anwendbaren Recht (Art. 12 Abs. 1 Rom II-VO). Eine Ausnahme hiervon besteht jedoch gem. Art. 1 Rom II-VO für außervertragliche Schuldverhältnisse, die sich aus dem **Gesellschaftsrecht** ergeben. Beispielhaft genannt wird die persönliche Haftung der Gesellschaftsorgane für Verbindlichkeiten der Gesellschaft. Hieraus ist wie folgt zu differenzieren: Ist die Pflichtverletzung vertragsbezogen, gilt somit nach wie vor akzessorisch das Statut des angebahnten Vertrags (MüKoBGB/*Spellenberg* EGBGB Art. 8 Rn. 168). Ist die Pflichtverletzung hingegen gesellschaftsbezogen, zB durch die Täuschung über die Liquidität der Ltd. oder über sonstige gesellschaftsrechtliche Verhältnisse, unterfällt die cic-Haftung dem Gesellschaftsstatut (vgl. *Eidenmüller* in Eidenmüller Ausl. KapGes. § 4 Rn. 30; abw. *Ulmer* NJW 2004, 1201 (1207); *Schumann* DB 2004, 743 (745)). **191**

b) Ansprüche nach deutschem Recht. Die nach deutschem Sachrecht mögliche Eigenhaftung des Vertreters nach § 311 Abs. 3 BGB kann hiernach auch die Direktoren einer in Deutschland ansässigen Ltd. treffen. Voraussetzung dafür ist, dass der Direktor im Hinblick auf den angebahnten Vertrag entweder ein besonderes persönliches Vertrauen in Anspruch nimmt oder aber ein besonderes eigenes wirtschaftliches Interesse hat. Überblick über die nach deutschem Recht mögliche Eigenhaftung von (GmbH-)Geschäftsführern bei Baumbach/Hueck/*Beurskens* GmbHG § 43 Rn. 126 ff. (mwN). **192**

c) Ansprüche nach englischem Recht. Ist das englische Recht anwendbar, sieht dies nach common law durchaus eine vergleichbare deliktische Vertrauenshaftung der Organmitglieder gegenüber Gläubigern für fahrlässig falsche Angaben vor (negligent misstatement, *Just* Limited Rn. 180 unter Hinweis auf Williams v. Natural Life Foods ltd. [1998] 1 WLR 830). Dies kommt insbesondere beim **193**

Handeln ohne oder mit falscher Angabe des Rechtsformzusatzes (undisclosed agency) in Betracht (Goldsmith [Sicklesmere] Ltd. v Baxter [1970] Ch. 85; *Schröder/Schneider* GmbHR 2005, 1288 (1289)). Darüber hinaus können Betrugsfälle über eine Haftung wegen fraudulent trading gem. sec. 213 IA 1986 sanktioniert werden, was jedoch keinen unmittelbaren Anspruch der Gläubiger hervorruft (→ Rn. 169).

15. Handelndenhaftung

194 Die Direktoren einer in Deutschland ansässigen Ltd. haften auch dann nicht entsprechend § 11 Abs. 2 GmbHG, wenn sie ihren Eintragungspflichten gem. §§ 13e und 13g HGB nicht nachgekommen sind (BGH 14.3.2005, NJW 2005, 1648; hierzu *Rehberg* JZ 2005, 849).

16. Anstellungsvertrag

195 Der Anstellungsvertrag eines Direktors einer in Deutschland ansässigen Ltd. unterliegt gem. Art. 4 f. Rom I-VO grundsätzlich deutschem Recht. Über **§ 280 BGB** können somit eine Vielzahl von Pflichtverletzungen, die sich aufgrund spezieller Aufnahme in den Dienstvertrag oder kraft Sachzusammenhangs letztlich in Anlehnung an die Organwalterpflichten ergeben, haftungsrechtlich sanktioniert werden, ohne eine ausländische Rechtsordnung bemühen zu müssen. Dies ist einmal für Minderheitsgesellschafter attraktiv, zum anderen aber auch für die Gesellschaftsgläubiger, die sich derartige Ansprüche pfänden und überweisen lassen können. Insolvenznahe Schmälerungen bzw. der Verzicht auf diese Ansprüche sind gem. §§ 129 ff. InsO anfechtbar.

VIII. Company Secretary

196 Mit dem company secretary sehen die sec. 270 ff. CA 2006 ein dem deutschen Recht unbekanntes **Gesellschaftsorgan** vor. Dessen Bedeutung ist jedoch mit der Company Law Reform geringer geworden. Bei private companies ist die Bestellung eines Gesellschaftssekretärs nämlich nur noch fakultativ. Jedoch sind dessen Aufgaben auch weiterhin zu erfüllen, sodass hierzu entweder gleich ein Gesellschaftssekretär bestellt wird oder aber dessen Aufgaben von einem Direktor oder einer anderen beauftragten Person zu übernehmen sind (sec. 270(3b) CA 2006). In der englischen Praxis wird die Stellung des company secretary oftmals solicitors oder tax accountants zugewiesen, die dies gewerblich für mehrere Gesellschaften übernehmen (*Heinz/Hartung* Englische Ltd § 6 Rn. 49). Im internationalen Wettbewerb der Rechtsformen bzw. -ordnungen ist dies ein wichtiger Aspekt, denn die englische „Beraterindustrie" wird sicherlich auch vom Boom der Auslands-Ltd. profitieren.

197 Die **Aufgaben** des company secretary sind gesetzlich nicht näher definiert. Ist der company secretary nicht zugleich Direktor, beschränken sie sich auf die innere Organisation und Verwaltung der Ltd. (etwa die Führung der Bücher und Register der Ltd., Vorbereitung und Protokollierung der Geschäftsführersitzungen und Gesellschafterversammlungen, Schriftverkehr mit dem Companies House und registrar). Insofern hat der company secretary auch die Vertretungsmacht, für die Ltd. Rechtsgeschäfte abzuschließen, zB Anstellungsverträge. Zur darüber hinausgehenden Geschäftsführung und Vertretung der Ltd. ist er nur nach ausdrücklicher Bevollmächtigung berechtigt (*Just* Limited Rn. 205 f.).

198 Die **Bestellung und Abberufung** des Gesellschaftssekretärs erfolgen durch die Direktoren. Änderungen hinsichtlich des company secretary sind in der Gesellschaftsakte festzuhalten (sec. 275 CA 2006) und der Registerbehörde mitzuteilen (sec. 276 CA 2006). Die Eintragung des Gesellschaftssekretärs im deutschen Handelsregister ist nicht vorgesehen, was wegen der ihm zukommenden Vertretungsmacht zu kritisieren ist.

IX. Ständiger Vertreter

199 Nach § 13e Abs. 2 S. 5 Nr. 3 HGB sind Personen, die dazu befugt sind, als ständige Vertreter für die Tätigkeit der Zweigniederlassung die Gesellschaft gerichtlich und außergerichtlich zu vertreten, unter Angabe ihrer Befugnisse zur Eintragung ins Handelsregister anzumelden (→ Rn. 67 ff.). Eine Pflicht, solche Vertreter zu bestellen, besteht nicht (OLG München 14.2.2008, NZG 2008, 342; Oetker/*Preuß* HGB § 13e Rn. 39). Erfasst sind daher alle **rechtsgeschäftlich Bevollmächtigten,** insbesondere Handlungsbevollmächtigte und Prokuristen (abw. OLG München 10.8.2011, NZG 2011, 1072: Prokura und Eigenschaft als ständiger Vertreter schließen sich aus). Wegen des Problems der Doppeleintragung empfiehlt es sich jedoch nicht, hierbei auf die Figur des ständigen Vertreters zurück zu greifen (Einzelheiten bei Oetker/*Preuß* HGB § 13e Rn. 41). Der **Direktor** der Ltd. kann nicht als ständiger Vertreter benannt und eingetragen werden (*Heidinger* MittBayNot 1998, 72 (73); abw. LG Chemnitz 24.3.2005, GmbHR 2005, 692). Die Registerpublizität nach § 15 HGB betrifft auch die Eintragungspflichten für den ständigen Vertreter. Der ausgeschiedene ständige Vertreter ist nicht mehr zur Registeranmeldung befugt (OLG München 10.8.2011, NZG 2011, 1072).

X. Empfangsbevollmächtigter

200 Vom ständigen Vertreter und Direktor abzugrenzen ist der inländische Empfangsbevollmächtigte gem. § 13e Abs. 2 S. 4 HGB. Hiernach kann jemand dazu bestimmt werden, für Willenserklärungen und Zustellungen an die Gesellschaft empfangsberechtigt zu sein. Eine Pflicht zur Bestellung besteht nicht (Oetker/*Preuß* HGB § 13e Rn. 44). In Betracht kommen hier neben einem Gesellschafter auch Rechtsanwälte und Steuerberater. Wurde eine Person gem. § 167 BGB hierzu bevollmächtigt, ist dies sowie deren inländische Anschrift zur Eintragung ins Handelsregister anzumelden. Dies unterliegt im Hinblick auf die begrenzte Empfangszuständigkeit ebenfalls der Registerpublizität nach § 15 HGB, vorrangig gilt jedoch § 13e Abs. 2 S. 4 Hs. 2 HGB. Bedeutung erlangt die fakultative Möglichkeit zur Bestellung eines besonderen Empfangsvertreters insbesondere, um eine öffentliche Zustellung nach § 15a HGB zu vermeiden.

XI. Aufsichtsrat, Mitbestimmung

1. Unternehmensmitbestimmung

201 Die international-privatrechtliche Qualifikation der Unternehmensmitbestimmung folgt nach einhelliger Meinung dem Gesellschaftsstatut (vgl. *Behme* ZIP 2008, 351 (357) mwN; abw. *Zimmer* NJW 2003, 3585 (3590)). Die Pflicht zur Bildung eines mitbestimmten Aufsichtsrates besteht daher bei der in Deutschland ansässigen Ltd. aus kollisionsrechtlicher Sicht nicht, weil das entsprechende englische Recht eine unternehmerische Mitbestimmung nicht vorsieht. Auch die entsprechenden Regelungen des nationalen Sachrechts erfassen ausländische Gesellschaften nicht (§ 1 Abs. 1 DrittelbG, § 1 Abs. 1 MitbestG; für eine analoge Anwendung jedoch *Forsthoff* DB 2000, 1109 (1114); ähnlich *Franzen* RdA 2004, 257 (260)). Schließlich lässt sich auch die Annahme, dass die unternehmerische Mitbestimmung ein „wesentlicher Grundsatz des deutschen Rechts" gem. Art. 6 EGBGB sei (so zB *v. Halen* WM 2003, 571 (577); wN bei *Riegger* ZGR 2004, 509 (519)), nicht begründen, da selbst das deutsche Recht die unternehmerische Mitbestimmung längst nicht einheitlich regelt und auch nicht in jedem Unternehmen vorsieht.

2. Betriebliche Mitbestimmung

202 Die Regelungen über die betriebliche Mitbestimmung nach BetrVG finden jedoch auch auf in Deutschland angesiedelte Betriebe einer englischen Ltd. Anwendung (Einzelheiten bei *Behme* ZIP 2008, 351 (353 f.)). Für die betriebliche Mitbestimmung kommt es insofern auch bei der Ltd. allein auf die Belegenheit der Betriebsstätte an (*Heinz/Hartung* Englische Ltd § 2 Rn. 36), sodass ab der Mindestanzahl von fünf Arbeitnehmern diese einen **Betriebsrat** gründen können (§ 1 Abs. 1 BetrVG) und gemäß BetrVG durch diesen an der Betriebsleitung mitwirken können.

XII. Rechts- und Geschäftsverkehr

203 Mit der Ausstellung des certificate of incorporation (vgl. sec. 15(1) CA 2006) erlangt die Gesellschaft **Rechtsfähigkeit,** auch bei ausschließlicher Tätigkeit in Deutschland. Die Ltd. ist auch grundbuchfähig und parteifähig (BGH 5.11.2002, NJW 2002, 3164 – Überseering). Die Ltd. ist wegen der Vergleichbarkeit mit der GmbH Formkaufmann (vgl. zur grundsätzlichen Notwendigkeit der Vergleichbarkeit MüKoBGB/*Kindler* IntGesR Rn. 204).

1. Vertragliche Beziehungen

204 Zur Vertretungsmacht der Direktoren, des ständigen Vertreters und Empfangsbevollmächtigten → Rn. 135 f., → Rn. 196 ff.

2. Deliktische Ansprüche

205 Deliktische Ansprüche gegen die englische Gesellschaft richten sich gem. Art. 4 Abs. 1 Rom II-VO grundsätzlich nach deutschem Recht, wenn der Schaden in Deutschland eintritt. Die Zurechnung von Organwaltern nach § 31 BGB lässt sich zulasten der Auslandsgesellschaft jedoch nicht begründen, da diese Regelung funktional dem Verbandsrecht zuzuordnen ist (abw. OLG Köln 7.1.1998, NJW-RR 1998, 756).

3. Gerichtsstand

206 **a) Internationale Zuständigkeit.** Wenn eine englische Ltd. ihren tatsächlichen Verwaltungssitz in Deutschland hat, liegt ein Problem des internationalen Prozessrechts vor. Nach Art. 4 Abs. 1 EuGVVO sind Personen vor den Gerichten desjenigen Mitgliedstaats zu verklagen, in dem diese ihren Wohnsitz haben. Im Falle einer Gesellschaft bestimmt Art. 63 Abs. 1 EuGVVO den Wohnsitz jeweils alternativ als Ort des satzungsmäßigen Sitzes (bei der englischen Gesellschaft der Ort ihres registered office), der Hauptverwaltung (Tätigkeitsort der Unternehmensleitung) oder der Hauptniederlassung (auch ungeachtet dessen, dass im Handelsregister an diesem Ort nur eine Zweigniederlassung eingetragen ist). Fallen die genannten Orte auseinander, so kann der Kläger eine Wahl treffen. Die internationale Zuständigkeit deutscher Gerichte für die Klagen gegen eine Auslands-Ltd. mit Sitz in Deutschland ist hiernach weitgehend gewährleistet.

207 **b) Örtliche Zuständigkeit.** Die örtliche Zuständigkeit richtet sich nach nationalem Prozessrecht (§§ 21 ff. ZPO). Vgl. auch die Möglichkeit der öffentlichen Zustellung von Willenserklärungen nach § 15a HGB.

208 **c) Art. 24 EuGVVO.** Für **gesellschaftsrechtliche Streitigkeiten** über das Bestehen der Gesellschaft oder die Gültigkeit von Organbeschlüssen sind gem. Art. 24 Nr. 2 EuGVVO ausschließlich die Gerichte des Mitgliedstaats zuständig, in dem die Gesellschaft ihren Sitz hat. Indem die Ltd. infolge der nun für Zuzugsfälle innerhalb der EU maßgeblichen Gründungstheorie Anerkennung findet, fällt hierunter der sog. Satzungssitz, mithin die Registrierung in **England** (*Altmeppen/Wilhelm* DB 2004, 1083 (1087)). Selbst wenn der effektive Verwaltungssitz der englischen Ltd. somit in Deutschland liegt, sind innergesellschaftliche Streitigkeiten über die genannten Aspekte hiernach vor englischen Gerichten auszutragen (vgl. für die Abberufung eines Gesellschafter-Geschäftsführers BGH 12.7.2011, NZG 2011, 1114; hierzu *Thomale* NZG 2011, 1290; einschränkend bei fiktivem Auslandssitz *Kindler* NZG 2010, 576). Erfasst werden von diesem Gerichtsstand indessen nur Streitigkeiten, die „in erster Linie" die genannten Gegenstände betreffen (EuGH 12.5.2011, NZG 2011, 674; hierzu *Wedemann* NZG 2011, 733).

209 Wenngleich Art. 24 Nr. 2 EuGVVO nicht alle gesellschaftsrechtlichen Streitigkeiten betrifft (für eine restriktive Auslegung MüKoZPO/*Gottwald* EuGVVO Art. 2 Rn. 22 ff.), ist diese prozessrechtliche Ausgangslage höchst **unbefriedigend.** Bei mehrgliedrigen Gesellschaften sind die Minderheitsgesellschafter hiernach gezwungen, für wesentliche Fragen Rechtsschutz im Ausland zu suchen. Auf Art. 7 Nr. 5 EuGVVO kann nicht abgestellt werden, weil der besondere Gerichtsstand der Niederlassung den ausschließlichen gem. Art. 24 EuGVVO nicht verdrängt.

XIII. Rechnungslegung, Steuern

1. Rechnungslegung

210 Die Rechnungslegung ist Teil des Gesellschaftsstatuts, sodass insoweit englisches Recht maßgeblich ist (hM, vgl. *Riegger* ZGR 2004, 510 (516); *Graf/Bisle* IStR 2004, 873; *Just* Limited Rn. 259, auch unter Hinweis auf § 32a HGB; abw. *Ebert/Lewedag* GmbHR 2003, 1337 (1339)). Dessen ungeachtet ist eine in Deutschland ansässige Ltd. gem. §§ 141, 143 AO verpflichtet, für eine Rechnungslegung zur Besteuerung nach deutschem Recht zu sorgen. Überblick zur englischen Rechnungslegung, Prüfung und Publizität bei *Just* Limited Rn. 261 ff.

2. Besteuerung

211 Die in Deutschland ansässige Ltd. unterfällt gem. § 1 Abs. 1 Nr. 1 KStG der Körperschaftssteuer (vgl. § 10 AO). Die Gewerbesteuerpflicht für die inländischen Betriebsstätten folgt aus § 2 Abs. 1 S. 1 GewStG, die Umsatzsteuerpflicht aus § 2 Abs. 1 UStG. Zum Doppelbesteuerungsabkommen mit Großbritannien *Heinz/Hartung* Englische Ltd § 16 Rn. 46 ff.; zu den steuerlichen Folgen der Löschung einer Ltd. OFD Hannover NZG 2009, 1219.

XIV. Staatsaufsicht

212 Die Ltd. unterliegt gem. sec. 1035 ff. CA 2006 einer rigiden Staatsaufsicht mit weitgehenden, dem deutschen Recht unbekannten **Eingriffs- und Ermittlungsbefugnissen** zur Verwirklichung von Gläubiger- und Minderheitenschutz. Die Regelungen nehmen weitgehend Bezug auf die entsprechenden Regelungen des CA 1985. Kern der Regelung ist die Möglichkeit, dass der Secretary of State für die Ltd. auf Antrag der Ltd. selbst oder der Gesellschafterminderheit einen **Inspektor** bestellt. Dieser hat das

Recht, Geschäftsunterlagen einzusehen und sich Dokumente vorlegen zu lassen, was ggf. mit gerichtlicher Hilfe durchsetzbar ist. Der **Secretary of State** hat zudem eigene Ermittlungsbefugnisse für den Fall, dass es berechtigten Grund zur Annahme gibt, dass bestimmte Personen am Erfolg oder Misserfolg der Gesellschaft interessiert waren und auf ihre Geschäftspolitik schädlichen Einfluss genommen haben (zum Ganzen *Rehm* in Eidenmüller Ausl. KapGes. § 10 Rn. 72 ff.). Ob diese staatlichen Befugnisse tatsächlich wahrgenommen werden, wenn eine Ltd. ihren Verwaltungssitz in Deutschland hat, bleibt zweifelhaft (instruktiv zur grenzüberschreitenden Wirkung staatlicher Eingriffsbefugnisse *Wachter* GmbHR 2004, 88).

XV. Abwicklung, Insolvenz

1. Ausgangslage nach englischem Recht

Bei einer ausschließlich oder schwerpunktmäßig in England tätigen Ltd. unterliegt die Abwicklung der Ltd. englischem Recht. Dieses unterscheidet insofern zwischen freiwilliger Liquidation der solventen Gesellschaft durch die Gesellschafter, freiwilliger Liquidation der insolventen Gesellschaft durch Gläubiger und zwangsweiser Liquidation der insolventen Gesellschaft durch Gericht. 213

a) Freiwillige Liquidation durch die Gesellschafter. Die freiwillige Liquidation durch die Gesellschafter (members' voluntary winding-up/liquidation) ist gem. sec. 84(1) IA 1986 möglich, wenn eine in den sections bestimmte Dauer endet oder Auflösungsbedingung eintritt und eine entsprechende resolution gefasst wird (lit. a) oder jederzeit durch eine special resolution (lit. b). Voraussetzung ist in jedem Fall, dass die Ltd. **zahlungsfähig** ist. Deshalb haben die Direktoren gem. sec. 89(1) IA 1986 nach Untersuchung der wirtschaftlichen Verfassung der Ltd. innerhalb von fünf Wochen vor Beschlussfassung über die Auflösung (Abs. 2a) eine Erklärung über die Zahlungsfähigkeit der Ltd. (statutory declaration of solvency) in den zwölf Monaten nach Beginn der Liquidation (sec. 86 IA 1986) abzugeben. Der darauffolgende Beschluss der Liquidation (sec. 84(1) IA 1986) ist wie die declaration of solvency innerhalb von 15 Tagen nach Beschlussfassung dem registrar zuzuleiten (sec. 84(3) IA 1986 iVm sec. 30(1) CA 2006, sec. 89(3) IA 1986). Gemäß sec. 85(1) IA 1986 ist der Beschluss zudem innerhalb von 14 Tagen in der London Gazette bekanntzugeben. 214

Gleichzeitig mit dem Beschluss der Auflösung ist gem. sec. 91(1) IA 1986 ein **Liquidator** zu bestellen, der seine Bestellung innerhalb von 14 Tagen in der London Gazette zu veröffentlichen und dem registrar mitzuteilen hat (sec. 109 IA 1986); die Befugnisse der Direktoren enden mit Bestellung des Liquidators (sec. 91(2) IA 1986). Mit Beginn der Liquidation (sec. 86 IA 1986) hat die Ltd. ihren Geschäftsbetrieb grundsätzlich einzustellen (sec. 87(1) IA 1986); dem Liquidator stehen gem. sec. 165 IA 1986 iVm Schedule 4 umfangreiche Geschäftsführungs-, Veräußerungs- und Vertretungsbefugnisse zu, die jedoch teilweise gesonderter Beschlüsse bedürfen. Nach Beendigung der Liquidation hat der Liquidator einen Abschlussbericht über die Liquidation vorzulegen, den er in einer Gesellschafterversammlung zu erläutern hat und danach innerhalb einer Woche dem registrar zuzuleiten hat (sec. 94 IA 1986). Nach Erstellung der Schlussrechnung und Abberufung des Liquidators wird die Ltd. vom registrar nach drei Monaten gelöscht (*Just* Limited Rn. 318). Gelangt der Liquidator zur Ansicht, dass die Ltd. ihre Verbindlichkeiten nicht in der gem. sec. 89 IA 1986 vorgesehenen Zeit begleichen kann, so hat er innerhalb von 28 Tagen eine Gläubigerversammlung einzuberufen (sec. 95(1, 2) IA 1986); die ursprünglich von den Gesellschaftern betriebene Liquidation wird damit zur creditors' voluntary liquidation (sec. 96 IA 1986). 215

b) Freiwillige Liquidation durch die Gläubiger. Die freiwillige Liquidation durch die Gläubiger erfolgt, wenn die Gesellschafter bereits gem. sec. 84(1), 91(1) IA 1986 die Auflösung beschlossen haben, die Direktoren aber die Solvenzerklärung gem. sec. 89 IA 1986 nicht abgeben. Die Initiative zur Abwicklung liegt auch hier bei den Gesellschaftern, jedoch liegt die Kontrolle über das Abwicklungsverfahren bei den Gläubigern. Nach dem Gesellschafterbeschluss sind sämtliche Gläubiger zu einer Versammlung einzuberufen, die innerhalb von 14 Tagen nach dem Gesellschafterbeschluss abzuhalten ist, sec. 98(1a–c) IA 1986 und von den Direktoren durch ein statement of affairs gem. sec. 99 IA 1986 vorzubereiten ist. Die Bestimmung eines Liquidators kann durch die Gesellschafter, soll aber in der Regel durch die Gläubiger erfolgen (sec. 100(1, 2) IA 1986). Mit Bestellung des Liquidators enden die Befugnisse der Direktoren (sec. 103 IA 1986). Rechtsstellung und Verfahren des Liquidators entsprechen denen der freiwilligen Liquidation durch die Gesellschafter. 216

c) Auflösung durch Gerichtsbeschluss. Liegen die in sec. 122 IA 1986 genannten Gründe vor, so kann die Gesellschaft auch zwangsweise durch Gerichtsbeschluss aufgelöst werden (winding up by the court). Wichtigster Grund ist die Zahlungsunfähigkeit der Gesellschaft (sec. 122(1f) IA 1986), die gem. sec. 123(1) vorliegt, wenn die Ltd. nicht innerhalb von drei Wochen nach Mahnung durch einen Gläubiger dessen Forderung, die £ 750 übersteigen muss, begleicht (lit. a), eine Zwangsvollstreckung erfolglos blieb (lit. b) oder das Gericht davon überzeugt ist, dass die Verbindlichkeiten der Ltd. ihre 217

Aktiva übersteigen (sec. 123(2) IA 1986). Die Entscheidung des Gerichts über die Auflösung kann nur auf Antrag herbeigeführt werden. Antragsberechtigt sind neben der Gesellschaft, den Gesellschaftern und den Direktoren auch die Gläubiger der Ltd. (sec. 124(1) IA 1986). Zuständiges Gericht ist bis zu einem Kapital von £ 120.000 der county court am Sitz der Ltd., andernfalls der High Court (sec. 117(1, 2) IA 1986). Gemäß sec. 129(2) IA 1986 beginnt die Liquidation der Gesellschaft mit Zustellung des Auflösungsantrags an die Gesellschaft. Danach sind Verfügungen über das Gesellschaftseigentum, Anteilsübertragungen und Gesellschafterwechsel unwirksam (sec. 127(1) IA 1986). Liegt ein Antragsgrund nach sec. 122(1) IA 1986 vor, so wird das Gericht dem Antrag auf Zwangsabwicklung stattgeben. Die Entscheidung ist durch die Gesellschaft dem registrar zur Eintragung zu melden (sec. 130(1) IA 1986) und bewirkt, dass die Ltd. ihren Geschäftsbetrieb einzustellen hat (Abs. 2). Auf Antrag setzt das Gericht einen amtlichen Verwalter ein (sec. 32 IA 1986), der zugleich auch Liquidator der Gesellschaft ist, sofern nicht durch die von ihm innerhalb von zwölf Wochen nach gerichtlicher Anordnung der Auflösung einzuberufende Gläubigerversammlung eine andere Person zum Liquidator ernennt (sec. 136(2, 4, 5) IA 1986). Die Rechtsstellung des Liquidators ist ähnlich ausgestaltet wie bei der freiwilligen Liquidation (vgl. sec. 167(1) IA 1986 iVm Schedule 4). Die Zwangsabwicklung endet mit Verwertung der Vermögensgegenstände und Erlösauskehr, dem Abhalten einer letzten Gläubigerversammlung, der Abberufung des Liquidators durch die Versammlung oder das Gericht, dem Einreichen einer Schlussbilanz beim Gesellschaftsregister und bei Gericht. Die Gesellschaft wird drei Monate später vom registrar gelöscht (*Just* Limited Rn. 329).

218 **d) Löschung von Amts wegen.** Nach sec. 1000 CA 2006 kann eine Ltd. schließlich von Amts wegen gelöscht werden, wenn sie inaktiv ist oder ihren Offenlegungspflichten nicht nachkommt (*Just* Limited Rn. 330 ff.; *J. Schmidt* ZIP 2007, 1712).

2. Besonderheiten bei Auslandsgesellschaften

219 Wird eine Ltd. nach englischem Recht aufgelöst oder gelöscht, ist das in Deutschland anzuerkennen und die Zweigniederlassung gem. § 395 FamFG zu löschen (OLG Thüringen 22.8.2007, NZG 2007, 877; KG Berlin 24.10.2011, NZG 2012, 230; Einzelheiten bei *Lamprecht* ZEuP 2008, 289 (294 ff.)). Die gelöschte Ltd. verliert auch in Deutschland ihre Rechts- und Parteifähigkeit (vgl. KG 17.3.2014, NZG 2014, 901), nicht aber ihre passive Beteiligtenfähigkeit im Finanzprozess (vgl. FG Köln 8.10.2015, BeckRS 2016, 296). Handelt es sich um eine Amtslöschung nach sec. 1000 CA 2006, gilt die Ltd. jedoch im Übrigen als sog. **Rest-Ltd.** in Deutschland als fortbestehend, soweit sie hier über **liquidierbares Vermögen** verfügt (OLG Düsseldorf 10.5.2010, NZG 2010, 1226). Entsprechend § 66 Abs. 5 GmbHG ist ggf. ein Nachtragsliquidator zu bestellen. Wurde die Ltd. in England gelöscht und verfügt über kein Vermögen mehr, handelt es sich um eine **GbR oder OHG,** wenn die Geschäfte weiter betrieben werden (vgl. OLG Celle 29.5.2012, DNotI-Report 2012, 135); eine ehemalige Ein-Personen-Ltd. ist fortan als **Einzelunternehmen** zu betrachten, welches vom früheren Gesellschafter fortgeführt wird (OLG Hamm 11.4.2011, NZG 2014, 703). Die im Handelsregister eingetragene Zweigniederlassung einer Ltd. kann nicht wegen Vermögenslosigkeit nach § 394 FamFG gelöscht werden (OLG Frankfurt a. M. 17.5.2010, NJW-RR 2011, 330 f.).

220 Hat die Ltd. ihren Tätigkeitsschwerpunkt oder Verwaltungssitz in Deutschland, sind gem. Art. 3 Abs. 1 EuInsVO für die Eröffnung des **Insolvenzverfahrens** die deutschen Gerichte zuständig. Die Ltd. ist als solche insolvenzfähig (AG Nürnberg 1.10.2006, NZI 2007, 186). Zur Insolvenzantragspflicht → Rn. 177. Wurde die Ltd. bereits nach englischem Recht gelöscht, kann das Insolvenzverfahren gem. § 11 Abs. 1, 3 InsO nur eröffnet werden, wenn in Deutschland noch verteilungsfähiges Gesellschaftsvermögen vorhanden ist (LG Duisburg 20.2.2007, NZG 2007, 637). Zu beachten ist insofern aber auch, dass sich die internationale Zuständigkeit des Insolvenzgerichts nach Einstellung der Geschäftstätigkeit einer Gesellschaft danach richtet, wo die Gesellschaft bei Einstellung ihrer Tätigkeit den Mittelpunkt ihrer hauptsächlichen Interessen hatte (BGH 1.12.2011, NJW 2012, 936 (937) im Anschluss an EuGH 20.11.2011, NZI 2011, 990 – Interedil). Das Recht der **Gesellschafterdarlehen** gem. § 39 Abs. 1 Nr. 5 InsO ist als rechtsformübergreifende Finanzierungsregel auch auf die Ltd. anwendbar (*Servatius* Gläubigereinfluss § 17; für die Anwendung von § 135 InsO auf Scheinauslandsgesellschaften auch AG Hamburg 26.11.2008, NZG 2009, 197; OLG Köln 28.9.2010, NZI 2010, 1001 (1002 f.); in diese Richtung wohl auch BGH 21.7.2011, NZG 2011, 1195 Rn. 26 ff.; skeptisch, ob dies mit den europäischen Vorgaben vereinbar ist, *Roth* GmbHR 2008, 1184 (1192)). Vgl. aber jüngst auch die Privilegierungen zur Eindämmung der Folgen der Corona-Pandemie gem. § 2 Abs. 1 Nr. 2 COVInsAG (hierzu *Servatius* Der Konzern 2020, 281).

XVI. Ltd. & Co. KG

221 Dass die Ltd. Komplementärin einer KG sein kann, war bereits vor den EuGH-Entscheidungen zur Niederlassungsfreiheit von EU-Kapitalgesellschaften anerkannt (BayObLG 21.3.1986, NJW 1986, 3029;

zweifelnd aber neuerdings AG Bad Oeynhausen 15.3.2005, GmbHR 2005, 692). Bei der Ltd. & Co. KG handelt es sich um eine deutsche KG, die dem deutschen KG-Recht unterliegt; die Geltung des englischen Gesellschaftsstatuts für ihre Komplementärin ändert hieran nichts. Einzelheiten bei *Teichmann* ZGR 2014, 220.

1. Eintragungspflicht

Im Rahmen der Ltd. & Co. KG entfaltet die Ltd. selbst keine eigene Geschäftstätigkeit im eigenen Namen; ihre Aufgaben beschränken sich lediglich auf die Haftung und die Geschäftsführung für die KG. Dennoch besteht die Pflicht, die Komplementär-Ltd. gem. §§ 13d ff. HGB gesondert zur Eintragung ins Handelsregister anzumelden (zutr. *Wachter* GmbHR 2006, 79 (80); *Werner* GmbHR 2005, 288 (291); abw. OLG Frankfurt a. M. 24.4.2008, GmbHR 2008, 707 (708 f.)). **222**

2. Anmeldung der Vertretungsbefugnisse

Bei der Ltd. & Co. KG steht die Vertretungsbefugnis gegenüber Dritten ausschließlich der Komplementär-Ltd. zu (§ 170 HGB), die wiederum im Außenverhältnis nur durch ihre Direktoren handlungsfähig ist. § 162 Abs. 1 S. 1 HGB, § 106 Abs. 2 Nr. 4 HGB verpflichten die KG zur Anmeldung der Vertretungsbefugnis ihres Komplementärs beim Handelsregister. Bei der GmbH & Co. KG reicht es aus, die Vertretungsbefugnis der Komplementär-GmbH anzugeben, deren Vertretungsverhältnisse wiederum aus dem entsprechenden Handelsregistereintrag ersichtlich sind. Bejaht man wie hier die Eintragungspflicht bezüglich der Komplementär-Ltd., ist deren Registerpublizität gewährleistet. Andernfalls bedarf es bei der Anmeldung der KG auch der Angaben über die vertretungsberechtigten Organe der Komplementär-Ltd. (vgl. BayObLG 21.3.1986, NJW 1986, 3029 (3032); OLG Dresden 21.5.2007, NZG 2008, 265; LG Chemnitz 3.8.2006, ZIP 2007, 1013 f.). **223**

3. Kapitalerhaltung

Die Haftungsverfassung bei der deutschen KG gilt uneingeschränkt. Die für die GmbH & Co. KG entwickelten Grundsätze über die erweiterte Anwendung von §§ 30, 31 GmbHG (→ HGB Anh. Rn. 1 ff.: Publikumsgesellschaft) gelten jedoch nicht, da es bei der Ltd. kein entsprechendes Kapitalerhaltungsgebot gibt (*Schlichte* DB 2006, 1357). **224**

C. Die Europäische Aktiengesellschaft

I. Allgemeines

Die Europäische Aktiengesellschaft (Societas Europaea, SE) ist eine **körperschaftlich organisierte juristische Person** (Art. 1 Abs. 3 SE-VO). Sie entspricht weitgehend der AG des jeweiligen nationalen Rechts (vgl. Art. 10 SE-VO). Die **Organisationsstruktur** der SE ist dadurch gekennzeichnet, dass neben der Hauptversammlung entweder ein aus mit unterschiedlichen Kompetenzen der Organmitglieder bestehender Verwaltungsrat besteht (sog. monistisches System) oder aber wie im deutschen Recht traditionell Vorstand und Aufsichtsrat (dualistisches Modell). Die SE ist aus deutscher Sicht somit vor allem auch der gesetzgeberische Versuch, Erfahrungen mit dem monistischen System zu machen, welches bei erfolgreicher Aufnahme durch die Praxis letztlich auch auf die nationale AG Anwendung finden könnte. Die **Vertretung** obliegt im monistischen System den geschäftsführenden Direktoren (§ 41 Abs. 1 SEAG) bzw. im Rechtsstreit zwischen Direktoren und SE dem Verwaltungsrat (§ 41 Abs. 5 SEAG). Bei der Wahl des dualistischen Systems vertritt der Vorstand die SE (§ 78 AktG); gegenüber Vorstandsmitgliedern der Aufsichtsrat (§ 112 AktG). Im Übrigen regelt das nationale Aktienrecht die weiteren Rechtsfolgen des Vertretungsrechts, wie etwa die Wissenszurechnung (vgl. Art. 9 Abs. 1 lit. c ii SE-VO; hierzu Lutter/Hommelhoff/*Lutter* SE-VO Art. 1 Rn. 13a). Die in Deutschland ansässige SE ist **insolvenzfähig** (Art. 63 SE-VO iVm § 11 Abs. 1 InsO, § 19 Abs. 1 InsO) sowie **börsenfähig,** sofern sie die Voraussetzungen nach den jeweiligen BörsZulV erfüllt. Sie ist nach Maßgabe von Art. 19 Abs. 3 GG Grundrechtsträger. Hingegen kann sie nicht zum Vorstand oder zum Mitglied eines Aufsichts- oder Verwaltungsrats einer anderen deutschen AG oder SE bestellt werden (Art. 9 Abs. 1 lit. c ii SE-VO iVm § 76 Abs. 3 AktG, § 100 Abs. 1 AktG, § 27 Abs. 3 SEAG; hierzu BGH 25.2.2002, BGHZ 150, 61 (68) = NJW 2002, 1803; *Brandes* NZG 2004, 642; *Fleischer* RIW 2004, 16). **225**

Die **Rechtsfähigkeit beginnt** grundsätzlich mit Eintragung im deutschen Handelsregister (Art. 16 Abs. 1 SE-VO, Art. 12 SE-VO). Die Bekanntmachung der Eintragung im Amtsblatt der Europäischen Gemeinschaften ist nur deklaratorisch (Art. 14 SE-VO, vgl. Lutter/Hommelhoff/*Lutter* SE-VO Art. 1 Rn. 14). Im Stadium zwischen Vornahme des Gründungsaktes nach Art. 2 SE-VO und der konstitutiven Eintragung entsteht eine **Vor-SE.** Deren Status bestimmt sich gem. Art. 15 Abs. 1 SE-VO nach dem jeweiligen nationalen Recht. Lediglich die Frage der Haftung vor Eintragung ist in Art. 16 Abs. 2 **226**

SE-VO iSe Haftung der Handelnden geregelt. Der **Verlust der Rechtsfähigkeit** einer deutschen SE tritt nach Art. 9 SE-VO iVm §§ 262 ff. AktG insbesondere mit Ende der Abwicklung ein; darüber hinaus bei Vermögenslosigkeit gem. § 394 FamFG. Wie bei der AG gilt jedoch der zweistufige Erlöschensbegriff, dh die Registerlöschung allein beseitigt die materiell-rechtliche Existenz und Rechtsfähigkeit der SE nicht, wenn noch Gesellschaftsvermögen vorhanden ist (K. Schmidt/Lutter/*Riesenhuber* AktG § 262 Rn. 15). Ist dies der Fall, kommt es zur Nachtragsliquidation.

1. Kapitalgesellschaft

227 Die SE ist Kapitalgesellschaft (Art. 1 Abs. 2 SE-VO). Als Aktiengesellschaft (vgl. Art. 10 SE-VO) verfügt sie über festes, in Aktien zerlegtes Grundkapital (Art. 1 Abs. 2 S. 1 SE-VO, Art. 4 Abs. 2 SE-VO). Art. 4 SE-VO schreibt ein **Mindestgrundkapital** von 120.000 EUR vor. Sehen die Rechtsvorschriften der Mitgliedstaaten ein höheres gezeichnetes Kapital für bestimmte Tätigkeitsfelder der Gesellschaften vor, bleiben diese unberührt (Art. 4 Abs. 3 SE-VO). Da die Verordnung insoweit keine Regelungen enthält, folgen Aufbringung (Art. 15 SE-VO), Erhaltung und Erhöhung des Kapitals (Art. 5 SE-VO) den durch die Kapitalrichtlinie bzw. nunmehr Gesellschaftsrechtsrichtlinie weitgehend harmonisierten nationalen Regeln für die AG.

228 Nach Art. 1 Abs. 2 S. 2 SE-VO haftet jeder Aktionär nur bis zur Höhe des von ihm gezeichneten Kapitals **(Haftungsbeschränkung).** Die missverständliche, § 171 HGB ähnliche Formulierung begründet indes keinen der Kommanditistenhaftung vergleichbaren unmittelbaren Zugriff der Gläubiger auf das Privatvermögen der Aktionäre (Lutter/Hommelhoff/*Lutter* SE-VO Art. 1 Rn. 11). Der Rückgriff auf die nach deutschem Recht entwickelten Grundsätze der **Durchgriffshaftung** ist grundsätzlich unzulässig. Dies bedeutet allerdings nicht, dass eine solche im Ergebnis ausscheiden müsste. Vielmehr kann die – einer noch zu entwickelnden europäischen Methodenlehre gerecht werdende – teleologische Auslegung des Art. 1 Abs. 2 S. 2 SE-VO zu einer Durchgriffshaftung zumindest in den Fällen groben Missbrauchs führen (*Habersack/Verse* EuGesR § 13 Rn. 30; *Schwarz* Rn. 83 ff.; *Lutter* JZ 1992, 593 (603)). Die Gerichte sind bei der Beantwortung dieser Frage jedoch zur Vorlage an den EuGH nach Art. 267 AEUV verpflichtet.

2. Handelsgesellschaft

229 Die SE mit Sitz in Deutschland ist Formkaufmann iSv § 6 HGB (Art. 1 SE-VO, § 3 Abs. 1 AktG iVm Art. 9 SE-VO). Insbesondere treffen sie Rechnungslegungs- und Buchführungspflichten (vgl. auch Art. 61, 62 SE-VO) und die Registerpublizität (vgl. Art. 12, 16 SE-VO).

3. Supranationale Rechtsform

230 Die SE ist eine supranationale Gesellschaftsform, da Art. 2 SE-VO die Mehrstaatlichkeit der Gründungsgesellschaften voraussetzt. Fällt die Mehrstaatlichkeit hingegen nach Gründung weg, bleibt dies folgenlos (*Hommelhoff* AG 2001, 279 (281); *Hirte* NZG 2002, 1 (4)). Sie kann nur im Gebiet der Gemeinschaft (Art. 52 Abs. 1 AEUV) sowie in Island, Liechtenstein und Norwegen (Beschluss des Gemeinsamen EWR-Ausschusses Nr. 93/2002 vom 25.7.2002) gegründet werden.

4. Praktische Bedeutung

231 Die SE hat aufgrund des Zuschnitts der Verordnung va praktische Bedeutung für **Großunternehmen.** Als prominente Beispiele kapitalkräftiger SE sind Allianz, BASF, Fresenius, Porsche oder MAN Diesel zu nennen. Nach anfänglicher Skepsis, die unter anderem aus der mangelnden Verbreitung der EWIV herrührte, sind in Deutschland mittlerweile ca. 240 SE registriert, europaweit ca. 1.700. Die SE verfügt über eine hohe **Attraktivität** (Einzelheiten bei *Eidenmüller/Engert/Hornuf* AG 2009, 845). Dies folgt zum einen aus der Möglichkeit der identitätswahrenden grenzüberschreitenden Sitzverlegung nach Art. 8 Abs. 1 S. 2 SE-VO (→ Rn. 323 ff.); zum anderen, v. a. aus deutscher Perspektive, aus der Wahlmöglichkeit zwischen monistischem und dualistischem System (Art. 38 lit. b SE-VO; → Rn. 284 ff.) sowie aus neuen Gestaltungsmöglichkeiten im Bereich der Unternehmensmitbestimmung (→ Rn. 309 ff.). Vgl. zur SE & Co. KGaA *Mayer-Uellner/Otte* NZG 2015, 737.

5. Rechtsquellen, Normenhierarchie

232 Die SE-VO bringt bewusst **keine Vollharmonisierung,** sondern lediglich eine punktuelle Vereinheitlichung der Grundstrukturen (Art. 9 SE-VO). Dementsprechend existiert nicht „die" SE, sondern verschiedene nationale SE, je nachdem, in welchem Mitgliedstaat die SE ihren Sitz hat (hierzu krit. *Fleischer* AcP 204 (2004), 502; *Hirte* NZG 2002, 1; *Lutter* BB 2002, 1). Wesen und Struktur der SE werden durch die unmittelbar geltende **SE-VO** grundlegend festgelegt. Die **SE-Richtlinie** betrifft allein die Arbeitnehmerbeteiligung in der SE und bedarf der nationalen Umsetzung in Form von

Gesetzen und Mitbestimmungsvereinbarungen. Für deutsche SE gelten **SEAG** und **SEBG,** die im SEEG zusammengefasst wurden, wobei das SEAG den Rahmen der SE-VO ausfüllt, während das SEBG die erforderliche Implementierung der SE-Richtlinie verwirklicht.

Soweit diese nationalen Gesetze und SE-VO keine Regelungen enthalten, gilt das übrige **inner-** 233
staatliche Recht subsidiär. Dies betrifft va das AktG, HGB, UmwG sowie branchenspezifische Regulierungen, wie etwa im Bereich der Versicherungen und Banken, einschließlich des deutschen Richterrechts (*Hirte* NZG 2002, 1 (2); zweifelnd *Schulz/Geismar* DStR 2001, 1078 (1079)). Hingegen verbietet sich bei der SE der Rückgriff auf das **MitbestG** 1976 und das **DrittelbG,** da diese durch die ähnlich ausgestalteten Art. 34 ff. SEBG verdrängt werden. Art. 50 Abs. 3 SE-VO enthält zwar eine Ermächtigung an die Mitgliedstaaten, dem nationalen Mitbestimmungsstatut zur Anwendung zu verhelfen; hiervon hat Deutschland jedoch ausdrücklich keinen Gebrauch gemacht (vgl. § 47 Abs. 1 Nr. 1 SEBG).

Weiterhin kommt den Bestimmungen der **Satzung** der jeweiligen SE Bedeutung zu, soweit die SE- 234
VO selbst Satzungsautonomie gewährt (Art. 9 Abs. 1 lit. b SE-VO). Darüber hinaus sind Satzungsbestimmungen insoweit zulässig, als das anwendbare nationale Recht dies ermöglicht (Art. 9 Abs. 1 lit. c iii SE-VO). In Deutschland ist insofern jedoch der Grundsatz der Satzungsstrenge gem. § 23 Abs. 5 AktG zu beachten (dazu *Habersack* AG 2006, 345 (348 f.); *Hommelhoff* FS Ulmer, 2003, 267 (272); *Lutter* BB 2002, 1 (4)). Getroffene **Mitbestimmungsvereinbarungen** stehen Satzungsbestimmungen im Rang grundsätzlich gleich (→ Rn. 312 ff.). Jedoch darf die Satzung gem. Art. 12 Abs. 4 SE-VO nicht in Widerspruch zu einer solchen Vereinbarung stehen und ist ggf. an eine erst nachträglich getroffene Vereinbarung anzupassen (*Habersack/Verse* EuGesR § 13 Rn. 39).

II. Gründung

Das Gründungsrecht der SE ist kompliziert und sieht einen sehr an umwandlungsrechtliche Struktur- 235
änderungen angelehnten numerus clausus für die Entstehung einer SE vor. Die **Primärgründung** wird in Art. 2, 17–37 SE-VO sowie §§ 5–11 SEAG geregelt und ist dadurch gekennzeichnet, dass nationale Gesellschaften eine SE gründen (Art. 2 SE-VO). Hierzu sind abschließend **vier Wege** vorgesehen (zum Ganzen *Theisen/Wenz* EurAG 66; MüKoAktG/*Oechsler/Mihaylova* SE-VO Art. 2 Rn. 8): Gründung mittels Verschmelzung, Gründung einer Holding-SE, Gründung einer Tochter-SE sowie die formwechselnde Umwandlung einer bereits bestehenden Aktiengesellschaft (Art. 2 Abs. 1–4 SE-VO). Hiernach können allein die AG und eine bereits bestehende SE (Art. 3 Abs. 1 SE-VO) uneingeschränkt eine SE bilden. Die GmbH (zu deren Begriff vgl. SE-VO Anh. II) ist dagegen nur zur Gründung einer Holding- oder Tochter-SE zugelassen (Art. 2 Abs. 2 und 3 SE-VO). Sonstige Gesellschaften und juristische Personen bleiben auf die Möglichkeit der Gründung einer Tochter-SE verwiesen (Art. 2 Abs. 3 SE-VO). Natürlichen Personen ist die Gründung einer SE hingegen verwehrt. Bei der **Sekundärgründung** gründet eine bereits bestehende SE eine Tochter-SE. Dies erfolgt gem. Art. 3 Abs. 2 SE-VO, Art. 15 SE-VO nach Maßgabe des nationalen Rechts. Neben der Möglichkeit, eine Tochter-SE neu zu gründen, kommt auch die **Ausgliederung** nach § 123 Abs. 3 UmwG in Betracht (*Habersack/Verse* EuGesR § 12 Rn. 21).

Art. 2 SE-VO sieht vor, dass nur **grenzüberschreitende Sachverhalte** zur Gründung einer SE 236
berechtigen. Bei der Gründung durch Verschmelzung verlangt Art. 2 Abs. 1 SE-VO, dass mindestens zwei der beteiligten nationalen AG dem Recht verschiedener Mitgliedstaaten unterliegen. Art. 2 Abs. 2 und 3 SE-VO lockern die Anforderungen an die Transnationalität der Gründungsgesellschaften jedoch erheblich und bieten damit einen großen Gestaltungsspielraum. So können nach der jeweiligen lit. b auch zwei deutsche Aktiengesellschaften eine SE gründen; das Erfordernis der Transnationalität wird allein über die Tochtergesellschaften bzw. Zweigniederlassungen mindestens zweier Gründungsgesellschaften über einen Zeitraum von zwei Jahren hergestellt.

1. Gründung durch Verschmelzung

a) Grundlagen. Die Gründung durch Verschmelzung ist in Art. 2 Abs. 1 SE-VO, Art. 17–31 SE- 237
VO, §§ 5 ff. SEAG geregelt. Art. 17 Abs. 2 SE-VO eröffnet den Gründungsgesellschaften die Wahl zwischen Verschmelzung durch Aufnahme und Verschmelzung durch Gründung einer neuen Gesellschaft. Diese Möglichkeiten stehen **nur Aktiengesellschaften** offen, von denen mindestens zwei dem Recht verschiedener Mitgliedstaaten unterliegen müssen. Der Sitz der SE kann jedoch auch in einem dritten Mitgliedstaat konstituiert werden. Durch das Inkrafttreten der **Richtlinie über die grenzüberschreitende Verschmelzung** (→ Rn. 38) und dessen Umsetzung in nationales Recht hat diese Gründungsform nicht gänzlich an Bedeutung verloren. Der wesentliche Unterschied liegt darin begründet, dass die Verschmelzung nach der Richtlinie auch ohne vorherige SE-Gründung möglich ist und hieran alle nationalen Kapitalgesellschaften beteiligt sein können, also auch GmbH und KGaA.

238 Im Fall der **Verschmelzung durch Aufnahme** geht das gesamte Aktiv- und Passivvermögen der übertragenden Gesellschaften ipso iure ohne Liquidation auf die aufnehmende Gesellschaft über, die zugleich kraft Gesetzes die Rechtsform einer SE annimmt (Art. 17 Abs. 2 lit. a SE-VO iVm Art. 3 Abs. 1 Verschmelzungsrichtlinie, Art. 29 Abs. 1 lit. d SE-VO). Bei der **Verschmelzung durch Gründung** einer neuen SE ist die neue Gesellschaft eine SE (Art. 17 Abs. 2 SE-VO). Die Aktionäre der Gründungsgesellschaften werden in beiden Fällen automatisch Aktionäre der SE (Art. 29 Abs. 1 SE-VO) bzw. erhalten im Fall des widersprechenden Votums einen Anspruch auf Abfindung (§ 7 SEAG, Art. 24 Abs. 2 SE-VO).

239 **b) Verschmelzungsplan.** Die Leitungsorgane der sich verschmelzenden Gesellschaften haben einen gemeinsamen Verschmelzungsplan aufzustellen, dessen zwingenden Mindestinhalt Art. 20 Abs. 1 SE-VO festlegt und dem die Hauptversammlungen der verschmelzenden Gründungsgesellschaften zustimmen müssen (Art. 23 Abs. 1 SE-VO). Dieser ist funktional mit dem Verschmelzungsvertrag nach deutschem Umwandlungsrecht vergleichbar (zur Identität *Theisen/Wenz* EurAG 85; krit. *Teichmann* ZGR 2002, 383 (418 f.)).

240 **aa) Mindestinhalt.** Der Verschmelzungsplan hat gem. Art. 20 Abs. 1 S. 2 SE-VO folgenden Mindestinhalt:

241 **(1) Umtauschverhältnis der Aktien und ggf. Ausgleichsleistungen.** Streitigkeiten über die Angemessenheit des Umtauschverhältnisses werden im Spruchstellenverfahren ausgetragen, das aber das Verschmelzungsverfahren nicht behindert (Art. 25 Abs. 3 SE-VO).

242 **(2) Modalitäten der Übertragung der Aktien der SE.** Gemäß § 71 UmwG muss der jeweils übertragende Rechtsträger einen **Treuhänder** bestellen, der die Aktien und Barzuzahlungen vom übernehmenden Rechtsträger in Empfang zu nehmen und diese mit Wirksamkeit der Verschmelzung an die Anteilseigner weiterzugeben hat. Dies gilt allerdings nur für eine übertragende deutsche Gesellschaft, nicht hingegen für eine aufnehmende Gesellschaft und auch nicht für eine ausländische übertragende Gesellschaft, da § 1 Abs. 1 UmwG selbst den Anwendungsbereich des UmwG beschränkt.

243 **(3) Satzung der zu gründenden SE.** Insbesondere kann die Höhe des Grundkapitals festgelegt werden (gem. Art. 4 Abs. 2 SE-VO mindestens von 120.000 EUR). Die Satzungsautonomie ist gem. Art. 9 Abs. 1 lit. b, lit. c iii SE-VO auf Bereiche beschränkt, die nicht in der Verordnung selbst geregelt sind bzw. die kraft ausdrücklicher Ermächtigung der Satzungsdispositivität unterliegen. Für eine deutsche SE ist der Grundsatz der Satzungsstrenge nach § 23 Abs. 5 AktG zu beachten.

244 **(4) Verfahren, nach dem Mitwirkungsvereinbarungen geschlossen werden sollen.** Der Begriff der Vereinbarung betrifft dabei nicht nur die Arbeitnehmerbeteiligung nach Verhandlungslösung, sondern auch die Auffanglösung. Dies folgt aus dem zu Auslegungszwecken heranzuziehenden Art. 7 SE-RL sowie aus der Tatsache, dass auch das Eingreifen der Auffanglösung einen dahingehenden Willen der Verhandlungspartner voraussetzt (*Theisen/Wenz* EurAG 94; → Rn. 312 ff.).

245 **(5) Abfindungsangebot an dissentierende Aktionäre.** Soll der Sitz der SE im Ausland belegen sein, vollzieht sich mit der Gründung ein **Wechsel des Gesellschaftsstatuts,** was Auswirkungen auf die Rechte und Pflichten der Aktionäre haben kann. Stimmen sie deshalb der Verschmelzung nicht zu, ist ihnen bereits im Verschmelzungsplan ein Abfindungsangebot zu unterbreiten (§ 7 SEAG, Art. 24 SE-VO), dessen Angemessenheit stets von einem **Sachverständigen** zu prüfen ist (Art. § 7 Abs. 3 SEAG iVm §§ 10–12 UmwG, vgl. *Theisen/Wenz* EurAG 116; → Rn. 247) und auf Antrag eines Minderheitsaktionärs auch im Spruchverfahren überprüft werden kann (§ 7 Abs. 7 SEAG). Zum Zeitpunkt der Überprüfung durch den Sachverständigen trifft § 7 SEAG keine Aussage, allerdings legt der Verweis auf die Verschmelzungsprüfung nach UmwG den Schluss nahe, dass sie vor der Beschlussfassung über die Verschmelzung zu erfolgen hat, was auch sachgerecht ist (*Theisen/Wenz* EurAG 116). Die Minderheitsaktionäre können nach Art. 7 Abs. 3 S. 3 SEAG auf die Prüfung oder den Prüfungsbericht in notariell beurkundeter Form verzichten.

246 **bb) Beurkundungspflicht.** Die Beurkundungspflicht des Verschmelzungsplanes folgt wegen der funktionalen Vergleichbarkeit mit dem Verschmelzungsvertrag aus Art. 18 SE-VO iVm § 6 UmwG (str., vgl. *Theisen/Wenz* EurAG 96; *Teichmann* ZGR 2002, 383 (419)).

247 **cc) Sachverständigenprüfung.** Nach Art. 22 SE-VO hat eine Überprüfung des Verschmelzungsplans durch unabhängige Sachverständige zu erfolgen. Der Ablauf der Prüfung folgt dem nationalen Recht (Art. 18 SE-VO). Überprüft werden Vollständigkeit nach Art. 20 Abs. 1 SE-VO, die Richtigkeit der Angaben des Verschmelzungsplans sowie die Angemessenheit des Umtauschverhältnisses und etwaiger Barzahlungen (§ 12 UmwG). Eine Zweckmäßigkeitsprüfung findet nicht statt (*Theisen/Wenz* EurAG 110). Die Prüfung ist bei der Verschmelzung einer 100%-igen Tochter **entbehrlich** (Art. 31 Abs. 1, 2 SE-VO). Die Prüfung erfolgt grundsätzlich jeweils getrennt für alle Gründungsgesellschaften nach deren jeweiligem innerstaatlichen Recht; möglich ist auch eine gemeinsame Prüfung für alle

Gründungsgesellschafter (Art. 22 Abs. 1 SE-VO). Prüferbefähigung und Bestellungsverbote ergeben sich aus § 11 Abs. 1 UmwG, § 319 Abs. 1–3 HGB. Den Abschluss des Prüfungsverfahrens bildet der schriftliche **Prüfungsbericht.** Dessen Mindestinhalt folgt aus § 12 Abs. 2 S. 2 UmwG; insbesondere ist eine Aussage über die Angemessenheit von Ausgleich und Abfindung zu treffen. Der Bericht wird dem Vorstand vorgelegt, der die Auslegung veranlasst und Abschriften erteilen kann (§ 60 Abs. 1 UmwG, § 63 Abs. 3 UmwG, Art. 18 SE-VO).

Die Verschmelzungsprüfer **haften** gegenüber der deutschen Gesellschaft für die sorgfältige Anfertigung des Berichts (Art. 18 SE-VO, § 11 Abs. 2 S. 1 UmwG, § 323 HGB). Die strafrechtliche Verantwortlichkeit richtet sich nach §§ 314, 315 UmwG. 248

dd) Weiterleitung. Anschließend ist der Verschmelzungsplan an die **Betriebsräte** weiter zu leiten (Art. 15 SE-VO, § 5 Abs. 3 UmwG). Dies dient lediglich Informationszwecken und eröffnet keinerlei Einflussmöglichkeiten (*Theisen/Wenz* EurAG 120; *Teichmann* ZGR 2002, 383 (421)). 249

ee) Bekanntmachung, Offenlegung. Der Verschmelzungsplan ist im Amtsblatt des jeweiligen Mitgliedstaates bekannt zu machen (Art. 21 SE-VO). Zusätzlich sind Verschmelzungsplan, Verschmelzungsberichte, Prüfungsberichte und Jahresabschlüsse einen Monat vor der Hauptversammlung im Geschäftsraum der Gesellschaft zur Einsicht der Aktionäre, später auch in der Hauptversammlung, offen zu legen (§ 60 Abs. 2 UmwG, § 63 Abs. 1 UmwG, § 64 Abs. 1 UmwG). Der Schutz von Gläubigern und Minderheitsgesellschaftern wird durch Information über die Modalitäten der Ausübung ihrer Rechte gem. Art. 24 SE-VO, §§ 7, 8 SEAG gewährleistet. 250

c) Verschmelzungsbericht. Die Erstellung eines Verschmelzungsberichts ist nicht ausdrücklich gesetzlich geregelt. Aus der Streichung dieses Passus im Vergleich zu dem Entwurf von 1990 kann aber nicht der Schluss gezogen werden, eine Erläuterung des Verschmelzungsplans sei entbehrlich, da über die Verweisung des Art. 18 SE-VO § 8 UmwG zur Anwendung gelangt. **Inhaltlich** hat der Bericht rechtlich und wirtschaftlich die Verschmelzung zu begründen und zu erläutern. Die Anteilsinhaber als eigentliche Entscheidungsträger sollen durch den Bericht in die Lage versetzt werden, über Zustimmung oder Ablehnung entscheiden zu können. 251

Der Bericht ist vom **Vorstand** der beteiligten AG anzufertigen. Eine Mehrheitsentscheidung ist möglich; die dissentierenden Vorstandsmitglieder können ihren abweichenden Standpunkt im Bericht darlegen (*Theisen/Wenz* EurAG 100). Die Berichterstattung hat **schriftlich** zu erfolgen (§ 8 Abs. 1 S. 1 UmwG). Der Bericht ist keine Willens- sondern Wissenserklärung, sodass eine Bevollmächtigung nicht möglich ist (*Theisen/Wenz* EurAG 101). Es besteht die Möglichkeit der **gemeinsamen Berichterstattung** der beteiligten Gesellschaften (§ 8 Abs. 1 S. 1 Hs. 2 UmwG iVm Art. 9, 10 Verschmelzungsrichtlinie) sowie nach dem jeweiligen nationalen Recht der Gründungsgesellschaften (vgl. *Theisen/Wenz* EurAG 99). 252

Eine **Ausnahme** von der Berichtspflicht besteht, wenn eine 100%-ige Tochter auf ihre Muttergesellschaft verschmolzen wird (§ 8 Abs. 3 S. 1 Alt. 2 UmwG). Ein **Verzicht** ist nach § 8 Abs. 3 S. 1 UmwG ebenfalls möglich, jedoch gem. § 1 Abs. 1 UmwG wiederum beschränkt auf die deutsche Aktiengesellschaft. Es bedarf daher zwar nicht des Verzichts aller Anteilsinhaber sämtlicher beteiligter Gesellschaften, sondern nur der Aktionäre der deutschen Aktiengesellschaft, die Wirkung dieses Verzichts ist allerdings auch nur auf die deutschen Gesellschaften beschränkt (*Theisen/Wenz* EurAG 99). 253

d) Nachgründung. Soll eine SE mit Sitz in Deutschland gegründet werden, hat eine Nachgründungsprüfung zu erfolgen, wenn die Beurkundung des Verschmelzungsplans innerhalb von zwei Jahren seit Eintragung der übernehmenden Gesellschaften in das Handelsregister erfolgt (Art. 15 SE-VO iVm § 67 S. 1 UmwG, § 52 Abs. 3, 4, 7–9 AktG; *Theisen/Wenz* EurAG 119). 254

e) Arbeitnehmerbeteiligung. Nach der Offenlegung des Verschmelzungsplans ist das besondere Verhandlungsgremium, in dem auch die Arbeitnehmer repräsentiert sind, einzusetzen und in die Verhandlungen zur Arbeitnehmerbeteiligung einzutreten (Art. 3 Abs. 1 S. 1 SE-RL; → Rn. 309 ff.). Die (konstitutive) Eintragung der neu gegründeten SE ins Handelsregister kann erst nach Abschluss der Verhandlungen erfolgen (Art. 12 Abs. 2, 3 SE-VO). Existiert keine Arbeitnehmervertretung, sind die Arbeitnehmer unmittelbar über die beabsichtigte Gründung zu informieren. 255

f) Hauptversammlung. Die Einberufung der Hauptversammlungen der Aktionäre der Gründungsgesellschaften erfolgt gem. §§ 121 ff. AktG durch den Vorstand und ist im Bundesanzeiger bekannt zu machen. In der Hauptversammlung sind Verschmelzungsplan, Verschmelzungsberichte, Prüfungsberichte und Jahresabschlüsse auszulegen sowie durch den Vorsitzenden mündlich zu erörtern (§§ 63, 64 UmwG). Die Hauptversammlungen müssen dem Verschmelzungsplan **zustimmen** (Art. 23 SE-VO). Bei der Verschmelzung durch Aufnahme bedarf es zusätzlich der Beschlussfassung über eine **Kapitalerhöhung** (§§ 68, 69 UmwG, Art. 18 SE-VO). Die Zustimmungsbeschlüsse bedürfen einer Dreiviertelmehrheit des vertretenen Grundkapitals und müssen notariell beurkundet werden (§ 13 Abs. 3 UmwG). Die Hauptversammlung jeder Gründungsgesellschaft kann sich gem. Art. 23 Abs. 2 SE-VO **vorbehalten,** die Eintragung von ihrer Genehmigung der Vereinbarung zur Arbeitnehmerbeteiligung 256 abhängig zu machen. Ausweislich des Wortlauts berührt dies nicht die Wirksamkeit der Beschlussfassung, sondern lediglich den Vollzug durch Eintragung.

257 **g) Bestellung der Organmitglieder.** Nach der Beschlussfassung sind die Mitglieder des Aufsichtsrates bzw. die Mitglieder des Verwaltungsrates aufgrund Hauptversammlungsbeschlusses oder Satzungsregelung zu bestellen (Art. 40 Abs. 2 S. 2 SE-VO, Art. 43 Abs. 3 S. 2 SE-VO). Dies kann bereits im Verschmelzungsplan vorgesehen sein. Beim dualistischen System folgt sodann die Bestellung der Mitglieder des Vorstandes durch den Aufsichtsrat (Art. 39 Abs. 2 SE-VO).

258 **h) Interne Gründungsprüfung.** Bei der Gründung einer deutschen SE kommen über Art. 15 SE-VO die §§ 32 ff. AktG zur Anwendung. Hiernach ist eine interne Gründungsprüfung durch Vorstand und Aufsichtsrat bzw. Verwaltungsrat (§ 21 Abs. 2 S. 3 SEAG) erforderlich. Das Ergebnis der Prüfung ist in einem schriftlichen Bericht der Anmeldung zum Handelsregister beizufügen (§ 37 Abs. 4 Nr. 4 AktG). Nach § 75 Abs. 2 UmwG ist die externe Prüfung gem. § 33 Abs. 2 AktG hingegen entbehrlich, da bereits erfolgt (→ Rn. 247 f.).

259 **i) Registerprüfung und Eintragung.** Wirksam vollzogen ist die Gründung erst mit konstitutiver Eintragung in das Register am Sitzstaat der SE (Art. 27, 12 SE-VO). Mängel des Verschmelzungsverfahrens werden gem. Art. 25, 26 SE-VO innerhalb des Registerverfahrens geprüft und können daher nach Eintragung nicht mehr zur Nichtigkeit der SE führen, sodass im Ergebnis eine Heilung kraft Eintragung eintritt (Art. 30 S. 1 SE-VO; *Theisen/Wenz* EurAG 76). Eine SE kann daher wegen etwaiger Mängel nur bei unterbliebener Rechtmäßigkeitskontrolle aufgelöst bzw. gelöscht werden (Art. 30 S. 2 SE-VO). Der konstitutiven Eintragung geht eine **zweistufige Rechtmäßigkeitskontrolle** gem. Art. 25, 26 SE-VO voraus.

260 **aa) Registergerichte der Gründungsgesellschaften.** Zunächst erfolgt eine Überprüfung durch die Registergerichte der Gründungsgesellschaften in Deutschland gem. Art. 25 SE-VO, § 4 SEAG, § 376 FamFG. Das jeweils zuständige Registergericht überprüft die Verschmelzung vor der Eintragung unter Anwendung des jeweils anwendbaren nationalen Rechts, für eine deutsche Aktiengesellschaft va die Beachtung von §§ 16, 17 UmwG (*Theisen/Wenz* EurAG 139). Die in § 17 UmwG aufgeführten Unterlagen sind gleichzeitig mit der Anmeldung beim Gericht einzureichen. Zudem haben die Vorstandsmitglieder der übertragenden Gesellschaft zu versichern, dass allen Gläubigern eine angemessene Sicherheit geleistet wurde (§ 8 S. 2 SEAG). Nach erfolgreicher Prüfung stellt das Registergericht eine Rechtmäßigkeitsbescheinigung aus (Art. 25 Abs. 2 SE-VO). Ist eine Anfechtungsklage anhängig, kann dies nur gem. § 16 Abs. 3 UmwG erfolgen. Die Eintragung der Verschmelzung im Mitgliedstaat der übertragenden Gesellschaften ist hingegen – anders als bei rein nationaler Verschmelzung gem. § 19 Abs. 1 UmwG – nicht Wirksamkeitsvoraussetzung, sondern dient gem. Art. 28 SE-VO lediglich der Publizität.

261 **bb) Registergericht der zu gründenden SE.** Sodann kommt es zur Prüfung durch das Registergericht der zu gründenden SE. Die Zuständigkeit beurteilt sich nach dem nationalen Recht des Sitzstaates der zu gründenden SE (Art. 26 Abs. 1 SE-VO, Art. 68 Abs. 2 SE-VO), in Deutschland gem. § 4 SEAG iVm § 376 FamFG. Um der zuständigen Behörde eine Prüfung zu ermöglichen, verpflichtet Art. 26 Abs. 2 SE-VO die Gründungsgesellschaften zur Vorlage der Rechtmäßigkeitsbescheinigung binnen sechs Monaten nach ihrer Ausstellung sowie einer Ausfertigung des Verschmelzungsplans. Im Ergebnis wird hierbei die Rechtmäßigkeitskontrolle auf zweiter Stufe beschränkt, da die zuständige Behörde die Existenz dieser Unterlagen lediglich zur Kenntnis nehmen muss (*Theisen/Wenz* EurAG 141). Einer inhaltlichen Kontrolle unterliegt nur das von der aufnehmenden Gesellschaft zu beachtende Verfahrensrecht. Nach Art. 26 Abs. 3, 4 SE-VO ist insbesondere zu prüfen, ob die Gründungsgesellschaften einem gleich lautenden Verschmelzungsplan zugestimmt haben, ob eine Vereinbarung über die Arbeitnehmerbeteiligung geschlossen wurde und ob die für die Gründung einer SE vorhandenen Bestimmungen sowohl der Verordnung als auch des nationalen Auffangrechts eingehalten wurden (Art. 26 Abs. 4 SE-VO iVm Art. 15 SE-VO). Neben der Rechtmäßigkeitsbescheinigung und dem Verschmelzungsplan sind also auch ein Nachweis über die Vereinbarung der Arbeitnehmerbeteiligung, über die Entscheidung der Hauptversammlung sowie zusätzlich die vom nationalen Recht vorgesehenen Unterlagen einzureichen (*Theisen/Wenz* EurAG 141).

262 Da die **Satzung** der zu gründenden SE nicht im Widerspruch zur Vereinbarung über die Arbeitnehmerbeteiligung stehen darf, die Satzung aber als zwingender Bestandteil des Verschmelzungsplans bereits vor Abschluss der Verhandlungen über die Arbeitnehmerbeteiligung vorliegen muss, ist diese regelmäßig vor der Registereintragung **anzupassen** (Art. 12 Abs. 4 SE-VO).

2. Gründung einer Holding-SE

263 **a) Grundlagen.** Sowohl AGen als auch GmbHs können eine Holding-SE als übergeordnete Konzernspitze gründen. Der maßgebliche Unterschied zur Verschmelzung ist der Fortbestand der Grün-

dungsgesellschaften (Art. 32 Abs. 1 S. 2 VO). Aus deutscher Sicht birgt diese Form der Gründung eine **neue Gestaltungsmöglichkeit.** Die Gesellschafter der Gründungsgesellschaften bringen – gemäß den Gesellschafterbeschlüssen der jeweiligen Gesellschaften – ihre Anteile hieran in die zu gründende SE ein. Anstelle ihrer Anteile erhalten sie Aktien der SE, und die SE wird Aktionärin der Gründungsgesellschaften. Dieser Anteilstausch stellt keine Gesamtrechtsnachfolge dar, da nicht die Gründungsgesellschaften selbst als eigentliche Gründer Aktionäre der SE werden, sondern die jeweiligen Gesellschafter (MüKoAktG/*Schäfer* SE-VO Art. 32 Rn. 1). Die erforderliche **Transnationalität** der SE kann bei dieser Gründungsmöglichkeit auch allein durch die Tochtergesellschaften bzw. Zweigniederlassungen hergestellt werden (vgl. Art. 2 Abs. 2 lit. b SE-VO). Der Sitz der Holding-SE muss nicht mit dem Sitzstaat einer der Gründungsgesellschaften übereinstimmen.

b) Gründungsplan. Das Verfahren zur Gründung einer Holding-SE vollzieht sich ähnlich dem Verschmelzungsverfahren (→ Rn. 237 ff.). Grundlage des Gründungsverfahrens ist ein gleich lautender Gründungsplan der beteiligten Gesellschaften, der von den jeweiligen Leitungs- oder Verwaltungsorganen zu erstellen ist. Dieser hat nach Art. 32 Abs. 2 SE-VO vor allem ein **Barabfindungsangebot** an die opponierenden Anteilseigner zu enthalten, das ebenfalls im Spruchstellenverfahren überprüft werden kann (§ 9 SEAG, Art. 34 SE-VO; *Theisen/Wenz* EurAG 145). **264**

c) Gründungsbericht. Der nach Art. 32 Abs. 3 SE-VO anzufertigende Gründungsbericht entspricht funktional dem Verschmelzungsbericht. Der **Verzicht** auf die Berichterstattung ist in der SE-VO nicht vorgesehen; es spricht jedoch nichts dagegen, dass die Gesellschafter hierauf einvernehmlich verzichten (*Theisen/Wenz* EurAG 146). **265**

d) Sachverständige; Offenlegung. Ebenso wie bei der Verschmelzung muss der Gründungsplan durch unabhängige Sachverständige überprüft werden (Art. 32 Abs. 4, 5 SE-VO). Auch hier besteht die Möglichkeit der gemeinsamen Prüfung (Art. 32 Abs. 4 S. 1 und 2 SE-VO). Aufgrund der Ermächtigung des Art. 34 SE-VO sind auch etwaige Barabfindungen durch die Sachverständigen auf ihre Angemessenheit hin zu überprüfen (§ 9 Abs. 1, 2 SEAG, § 7 Abs. 3 SEAG). Der Gründungsplan ist mit dem Gründungsbericht einen Monat vor der Hauptversammlung **offen zu legen** (Art. 32 Abs. 3 SE-VO). Daran schließt sich der Eintritt in die Verhandlungen über die Arbeitnehmerbeteiligung an (Art. 3 Abs. 1 SE-RL, Art. 32 Abs. 6 UAbs. 2 SE-VO; → Rn. 309 ff.). **266**

e) Gesellschafterversammlung. Die Gesellschafterversammlungen der beteiligten Gesellschaften müssen der Gründung der Holding wiederum mit Dreiviertelmehrheit **zustimmen** (Art. 32 Abs. 6, 7 SE-VO). Auch bei der Holdinggründung besteht die Möglichkeit, einen Zustimmungsvorbehalt zur Arbeitnehmerbeteiligung zu erklären (Art. 32 Abs. 6 UAbs. 2 S. 2, Abs. 7 SE-VO). Hieran anschließend erfolgt die Bestellung der **Leitungsorgane** sowie im dualistischen System die Bestellung des Vorstands durch den Aufsichtsrat. Die Bestellung eines **Abschlussprüfers** erfolgt durch die Gründer der Holding in notarieller Urkunde (Art. 15 SE-VO, § 30 Abs. 1 AktG), wobei als Gründer die Gründungsgesellschaften bzw. deren Organe zu verstehen sind, nicht die Anteilseigner (*Theisen/Wenz* EurAG 161). **267**

f) Anteilstausch. Der Anteilstausch vollzieht sich in **zwei Stufen:** Zunächst ist den Gesellschaftern der Gründungsgesellschaften die Möglichkeit zu geben, innerhalb einer Frist von drei Monaten zu erklären, ob sie ihre Anteile einbringen wollen (Art. 33 Abs. 1 S. 1 SE-VO). Nur wenn der geforderte Mindestprozentsatz an Anteilen auch tatsächlich innerhalb dieser Frist eingebracht ist, kann fortgefahren werden (Art. 33 Abs. 2 SE-VO). Die Frist beginnt grundsätzlich mit dem Zustimmungsbeschluss der Hauptversammlung (Art. 33 Abs. 1 S. 2 SE-VO, Art. 32 SE-VO). Ist der festgelegte Mindestprozentsatz zum Umtausch angemeldet, ist dies offen zu legen (Art. 33 Abs. 3 UAbs. 1 SE-VO). **268**

In einem weiteren Schritt erfolgt der **tatsächliche Anteilsumtausch** nach Verstreichen einer weiteren Überlegungsfrist von einem Monat (Art. 33 Abs. 3 UAbs. 2 SE-VO). Hierbei bringen die Gesellschafter der Gründungsgesellschaften ihre Anteile in die in Entstehung befindliche SE ein und erhalten im Gegenzug dafür Anteile an dieser (**Sachgründung,** vgl. *Theisen/Wenz* EurAG 163, 166). Die ablehnenden Gesellschafter erhalten eine Barabfindung (§ 9 SEAG, Art. 34 SE-VO). **269**

Aufgrund dieser Einordnung als Sachgründung bedarf es gem. Art. 15 SE-VO, § 32 AktG eines **Gründungsberichts** und einer **Gründungsprüfung** (§§ 33 ff. AktG). Der nach Art. 32 SE-VO anzufertigende Gründungsbericht macht dies nicht entbehrlich, denn er verfolgt andere Zwecke (*Theisen/Wenz* EurAG 166). Der Gründungsbericht hat die nach § 32 Abs. 1 AktG erforderlichen Angaben über den Verfahrensgang zu enthalten und die wesentlichen Umstände darzulegen, nach denen sich die Angemessenheit des Umtauschverhältnisses beurteilt (§ 32 Abs. 2 S. 1 AktG). Weiterhin sind Aussagen darüber zu treffen, ob und in welchem Umfang bei der Gründung für Rechnung eines Mitglieds des Vorstands oder des Aufsichtsrats bzw. des Verwaltungsrats Aktien übernommen worden sind sowie über Sondervorteile, Entschädigungen oder Vergütungen der Organmitglieder (§ 32 Abs. 3 AktG). Die Gründungsprüfung erfolgt durch den Vorstand und den Aufsichtsrat bzw. den Verwaltungsrat im monistischen System (§ 33 AktG, Art. 15 SE-VO). Zudem bedarf es der Prüfung durch einen gericht- **270** lich bestellten Prüfer (§ 33 Abs. 3 S. 1, Abs. 4 AktG). § 34 Abs. 1 AktG legt wesentliche Aspekte des Prüfungsumfangs fest, ohne jedoch abschließend zu sein. Vielmehr orientiert sich der Maßstab der Prüfung an deren Zweck, künftige Gläubiger und Aktionäre abzusichern (Hüffer/Koch/*Koch* AktG § 33 Rn. 1, Hüffer/Koch/*Koch* AktG § 34 Rn. 2). Beide Kontrollverfahren enden mit einem schriftlichen Prüfungsbericht (§ 34 Abs. 2 AktG). Der Bericht der Gründungsprüfer ist bei Gericht einzureichen (§ 34 Abs. 3 S. 1 AktG).

271 **g) Eintragung und Registerverfahren.** Im Unterschied zu den Art. 25, 26 SE-VO existiert bei der Holdinggründung keine zweistufige Rechtmäßigkeitskontrolle. Stattdessen hat allein das Registergericht nach Art. 33 Abs. 5 SE-VO vor Eintragung der Holding-SE zu überprüfen, ob die Voraussetzungen der Art. 32 und 33 Abs. 2 SE-VO erfüllt sind. Das Gericht hat hiernach zu **prüfen,** ob der Gründungsplan vollständig ist, ob die Gründungsprüfung ordnungsgemäß erfolgte, ob die Hauptversammlungen bzw. Gesellschafterversammlungen der Gründung und ggf. einer getroffenen Vereinbarung über die Arbeitnehmerbeteiligung zugestimmt haben und ob die erforderliche Mindesteinbringungsquote fristgerecht erreicht wurde. Die hierfür erforderlichen Nachweise haben die Gründungsgesellschaften zu erbringen. Soll die SE ihren Sitz in Deutschland nehmen, ist der Prüfungsbericht registergerichtlich auch auf Richtigkeit, Vollständigkeit und Einhaltung gesetzlicher Vorgaben hin zu überprüfen (§ 38 AktG).

3. Gründung einer gemeinsamen Tochter-SE

272 Die Gründung einer gemeinsamen Tochter-SE ist allein in der **Verordnung** geregelt, nicht hingegen im SEAG. Sie enthält jedoch im Unterschied zu den anderen Gründungsalternativen **keine Vorgaben zum Gründungsverfahren.** Art. 36, 15 SE-VO verweisen auf das jeweilige nationale Recht. Die Gründung einer gemeinsamen Tochter-SE folgt daher den Vorgaben des jeweiligen nationalen Aktienrechts, ergänzt durch die strukturellen Vorgaben gemäß SE-VO. Sie steht Kapital- und Personengesellschaften sowie juristischen Personen offen und kann sowohl in Form der Bar- als auch der Sachgründung erfolgen (*Theisen/Wenz* EurAG 186). Art. 3 Abs. 1 SE-VO ermöglicht im Zusammenspiel mit Art. 2 Abs. 3 SE-VO auch die Gründung einer gemeinsamen Tochter-SE durch zwei bereits bestehende SE (Sekundärgründung).

4. Gründung durch Formwechsel einer Aktiengesellschaft

273 **a) Grundlagen.** Eine nationale AG mit Sitz in der Gemeinschaft kann sich in eine SE umwandeln, wenn sie seit mindestens zwei Jahren eine dem Recht eines anderen Mitgliedstaates unterliegende Tochtergesellschaft hat (Art. 2 Abs. 4 SE-VO, Art. 37 SE-VO). Der Sitz der zu gründenden SE (Registrierung) muss zwingend dem Sitz der bisherigen Gesellschaft entsprechen (Art. 37 Abs. 3 SE-VO). Eine deutsche AG kann sich daher nur in eine deutsche SE umwandeln. Insbesondere deutschen Gesellschaften steht hierdurch erstmals die Möglichkeit des monistischen Verwaltungsratsmodells offen (*Theisen/Wenz* EurAG 172). Aufgrund der Umwandlung vollzieht sich lediglich ein Formwechsel, es erfolgt **keine Auflösung und Neugründung** (Art. 37 Abs. 2 SE-VO). Die in Art. 37 Abs. 9 SE-VO angeordnete Gesamtrechtsnachfolge geht daher ins Leere.

274 **b) Umwandlungsplan; Umwandlungsbericht.** Zur Vorbereitung der Umwandlung sind zunächst ein Umwandlungsplan (Art. 37 Abs. 4 SE-VO) und anschließend ein Umwandlungsbericht zu erstellen, der dem Verschmelzungs- bzw. Gründungsbericht der anderen Gründungsvarianten entspricht (→ Rn. 239 ff.). Art. 37 Abs. 4 SE-VO sieht für den Umwandlungsplan bewusst keine Mindestangaben vor, da die bei Verschmelzung und Holdinggründung auftretende Mehrheit von Rechtsträgern bei einer bloßen Umwandlung einer AG von vorneherein nicht vorliegen kann. Einzig erforderlich ist daher die Erarbeitung einer neuen Satzung, die anschließend von den Aktionären genehmigt werden muss (Art. 37 Abs. 7 SE-VO). Im Übrigen gilt über Art. 15 SE-VO § 194 Abs. 1 UmwG (zum Ganzen *Theisen/Wenz* EurAG 174).

275 **c) Werthaltigkeitsprüfung.** Unterschiede zu den anderen Gründungsalternativen bestehen auch im Hinblick auf die Werthaltigkeitsprüfung. Ein unabhängiger Sachverständiger hat zu prüfen und zu bescheinigen, dass die AG über ein Nettovermögen mindestens iHd Grundkapitals zzgl. nicht ausschüttungsfähiger Rücklagen verfügt. Prüfungsbefähigung und Bestellungsverbote richten sich wiederum nach den § 319 Abs. 1–3 HGB, Art. 37 Abs. 6 SE-VO iVm Art. 10 Verschmelzungsrichtlinie.

276 **d) Offenlegung.** Anschließend ist der Umwandlungsplan mindestens einen Monat vor dem Tag der Hauptversammlung offen zu legen (Art. 32 Abs. 5 SE-VO).

277 **e) Arbeitnehmerbeteiligung.** Auch beim Formwechsel ist über die künftige Arbeitnehmerbeteiligung zu verhandeln. Allerdings ist der Fortbestand des status quo der Mitbestimmung in der SE in diesem Fall besonders abgesichert, denn das besondere Verhandlungsgremium kann keinen Beschluss über die Nichtaufnahme von Verhandlungen fassen (§ 16 Abs. 3 SEBG). Die Auffanglösung kommt daher selbst dann zur Anwendung, wenn sich die Parteien nicht einigen können. Als Folge gelten die

Mitbestimmungsregeln fort, die vor der Umwandlung bestanden (§ 35 Abs. 1 SEBG). Kommt es zu Verhandlungen, ist die Arbeitnehmermitbestimmung durch § 21 Abs. 6 SEBG gewährleistet, indem in der durch Umwandlung entstehenden SE zumindest das gleiche Ausmaß wie in der bisherigen AG gewährleistet sein muss (→ Rn. 320 ff.). Ein Beschluss, der zur Minderung der Beteiligungsrechte führt, kann nicht gefasst werden (§ 15 Abs. 5 SEBG).

f) Hauptversammlung. Nach Offenlegung des Umwandlungsplans ist die Hauptversammlung einzuberufen, die der Umwandlung zustimmen muss (Art. 37 Abs. 7 SE-VO). Zu deren Vorbereitung enthält das SE-Statut selbst keine Regelungen; auch ein Rückgriff auf die Verweisungen von Art. 18 SE-VO oder Art. 15 SE-VO scheidet aus. Dennoch sind die §§ 121 ff. AktG anwendbar, da ein solcher Rückgriff auf nationale Regelungen stillschweigend vorausgesetzt wurde und hierfür auch der Grundsatz spricht, dass über Strukturmaßnahmen nur abgestimmt werden kann, wenn die von der Unternehmensleitung erstellten Pläne und Berichte zuvor den Aktionären zugänglich gemacht werden (*Teichmann* ZGR 2002, 383 (440); *Theisen/Wenz* EurAG 179). Die **Beschlussfassung** selbst erfolgt in Deutschland nach § 65 UmwG, dh insbesondere es bedarf einer Dreiviertelmehrheit des vertretenen Grundkapitals; durch Satzung können höhere Anforderungen gestellt werden. Der Beschluss bedarf nach § 13 Abs. 3 S. 1 UmwG der **notariellen Beurkundung.** Anders als bei der Verschmelzung und Holdinggründung fehlt bei der Umwandlung aber das Recht der Hauptversammlung, einen Vorbehalt bzgl. der Vereinbarung über die Arbeitnehmerbeteiligung zu erklären. 278

g) Bestellung. Die erstmalige Bestellung des Aufsichts- bzw. Verwaltungsrates erfolgt durch Satzung (Art. 40 Abs. 2 S. 2, Abs. 3 S. 2 SE-VO). Im dualistischen System wird sodann der Vorstand durch den Aufsichtsrat bestellt (Art. 39 Abs. 2 UAbs. 1 SE-VO). Soweit die Bestellung eines **Abschlussprüfers** gem. § 267 HGB, Art. 61 SE-VO erforderlich ist, geschieht dies gem. Art. 15 SE-VO, § 30 AktG durch die Gründer der SE. 279

h) Registergericht. In der SE-VO finden sich für den Formwechsel keine Art. 25, 26 SE-VO bzw. Art. 33 Abs. 5 SE-VO entsprechenden Regelungen zur gerichtlichen Überprüfung durch das Registergericht. Eine Rechtmäßigkeitskontrolle folgt daher allein nationalen Regeln (Art. 15, 18 SE-VO), einschließlich § 16 Abs. 3 UmwG (*Theisen/Wenz* EurAG 184). 280

i) Rückumwandlung. Art. 66 SE-VO ermöglicht die Rückumwandlung der SE in eine AG durch Beschluss, der frühestens zwei Jahre nach Eintragung der SE bzw. nach Genehmigung der ersten beiden Jahresabschlüsse gefasst werden kann. Dieser Formwandel vollzieht sich ebenfalls ohne Auflösung und Neugründung und erfordert einen entsprechenden Umwandlungsplan sowie die Zustimmung der Hauptversammlung (Abs. 3, 6). 281

5. Sekundärgründung einer Tochter-SE

Im Wege der sog. Sekundärgründung kann gem. Art. 3 Abs. 3 SE-VO eine bestehende SE eine Tochter-SE gründen bzw. ausgliedern und damit einen reinen **SE-Konzern** schaffen. Hierzu bedarf es weder der Beteiligung mehrerer Gesellschafen noch der Mehrstaatlichkeit der Gründungsgesellschaft. Gemäß Art. 15 SE-VO kann die Gründung einer Tochtergesellschaft im Wege der Bar- oder Sachgründung oder der Ausgliederung gem. § 123 Abs. 3 UmwG erfolgen. Daneben kann eine SE gem. Art. 3 Abs. 1 SE-VO, Art. 2 Abs. 3 SE-VO zusammen mit anderen Gesellschaften (auch einer weiteren SE) eine gemeinsame Tochter-SE gründen. 282

6. Vor-SE

Die Eintragung ins Handelsregister ist gem. Art. 12 SE-VO, § 3 SEAG Voraussetzung für das Erlangen der Rechtspersönlichkeit nach Art. 16 Abs. 1 SE-VO, Art. 1 Abs. 3 SE-VO. Art. 16 Abs. 2 SE-VO sieht jedoch vor, dass bereits vor der Eintragung der SE Rechtshandlungen in deren Namen möglich sind und unter bestimmten Voraussetzungen auch die SE berechtigen und verpflichten können. Die Existenz einer Vor-SE ist damit durchaus anerkannt. Für die rechtliche Ausgestaltung findet über Art. 15 SE-VO einzelstaatliches Recht der Mitgliedstaaten Anwendung, sodass im Falle einer deutschen SE eine Vorgesellschaft nach deutschem Recht entsteht (*Schäfer* NZG 2004, 785 (790 f.)). 283

III. Organisationsstruktur

1. Dualistisches und monistisches System

Der innere Aufbau der SE wird durch Art. 38–60 SE-VO sowie §§ 15–51 SEAG geregelt. Art. 38 SE-VO sieht entweder ein System bestehend aus **einem Leitungs- und einem Überwachungsorgan** (dualistisches Modell) oder das monistische **Verwaltungsratsmodell** vor. Letzteres ermöglicht es, die strategische Unternehmensführung in einem einzigen Organ zu bündeln und die Ausführung dieser 284

Entscheidungen auf vom Verwaltungsrat bestellte (§ 40 Abs. 1, 5 SEAG) weisungsgebundene geschäftsführende Direktoren zu delegieren (§ 44 Abs. 2 SEAG). Das monistische System ist dem angelsächsischen Board-System vergleichbar und war im deutschen Aktienrecht bisher unbekannt. Dementsprechend erteilt Art. 43 Abs. 4 SE-VO einen Regelungsauftrag an den deutschen Gesetzgeber, das monistische System näher auszugestalten.

285 Die Entscheidung für eine der beiden Gestaltungsvarianten ist in der Satzung zu treffen. Sie ist jedoch nicht bindend, da die Hauptversammlung sich jederzeit für das jeweils andere Struktursystem entscheiden und die Satzung ändern kann. Dieses Wahlrecht darf jedoch nicht dazu führen, das Niveau der **Arbeitnehmerbeteiligung** zu senken, da bei einem Mitbestimmungsgefälle zwischen den verschiedenen Unternehmensstandorten die jeweils stärkste Form der Beteiligung bestandsgeschützt ist, sog. Vorher-Nachher-Prinzip (→ Rn. 311). Gleichwohl bietet es gerade aus deutscher Sicht Vorteile, denn bei der SE besteht ein großer Gestaltungsspielraum im Hinblick auf die **Größe des Aufsichtsrates** (Art. 40 Abs. 3 SE-VO). Die alleinige Grenze bildet § 17 SEAG, der eine Höchstgrenze von 21 Mitgliedern und eine Mindestgrenze von drei Mitgliedern vorsieht. § 7 MitbestG ist hingegen nicht auf die SE anwendbar, und auch das SEBG enthält keine entsprechende Regelung. Beharrt die Arbeitnehmerseite während der Verhandlungen über die Mitbestimmung auf einer bestimmten Aufsichtsratsgröße, zB um sich drei obligatorische Aufsichtsratsposten zu sichern, kann die Arbeitgeberseite das Zustandekommen einer Vereinbarung blockieren und somit die Geltung der Auffanglösung nach § 34 SEBG herbeiführen. Nach 35 Abs. 1 SEBG gilt dann zwar die bisherige Mitbestimmungsregelung weiterhin; jedoch bezieht sich dies nur auf die proportionale Zusammensetzung des Aufsichtsrates, nicht auf die absolute Zahl der Arbeitnehmervertreter (MüKoAktG/*Jacobs* SEBG § 35 Rn. 11).

2. Gemeinsame Strukturmerkmale

286 Trotz der gesetzlichen Differenzierung zwischen Aufsichtsrats- und Verwaltungsratsmodell nach Art. 38 SE-VO ergeben sich vielfach Gemeinsamkeiten der beiden Modelle, die insbesondere auf die gemeinsamen Vorschriften der Art. 46–51 SE-VO zurückzuführen sind:

287 **a) Organmitglieder.** Die Amtszeit der Organmitglieder darf sechs Jahre nicht überschreiten; eine Wiederbestellung ist jedoch möglich (Art. 46 SE-VO). In Deutschland können in Abweichung von Art. 47 Abs. 1 SE-VO nur **natürliche Personen** Organmitglieder sein (so für den Vorstand § 76 Abs. 3 AktG, für den Aufsichtsrat § 100 AktG sowie für den Verwaltungsrat § 27 Abs. 3 SEAG, jeweils iVm Art. 47 Abs. 2 lit. a SE-VO). Zur Sozialversicherungspflicht *Grambow* AG 2010, 477.

288 **b) Zustimmungsvorbehalte.** Nach Art. 48 SE-VO ist in der Satzung festzulegen, welche Angelegenheiten der Zustimmung des Aufsichtsrates bzw. einer Beschlussfassung durch den Verwaltungsrat bedürfen und welche Angelegenheiten vom Vorstand bzw. den geschäftsführenden Direktoren eigenverantwortlich wahrgenommen werden dürfen.

289 **c) Geheimhaltungspflicht.** Die Geheimhaltungspflicht der Organmitglieder folgt einheitlich aus Art. 49 SE-VO. Im Übrigen gelten die jeweiligen nationalen Regeln, insbesondere für die Haftung der Organmitglieder (Art. 51 SE-VO). Hiernach **haften** die Vorstandsmitglieder der SE gegenüber nach § 93 AktG; die Mitglieder des Aufsichtsrates haften gem. § 116 AktG entsprechend. Für die Mitglieder des Verwaltungsrates gelten diese Regeln je nachdem, ob sie geschäftsführende oder nicht-geschäftsführende Verwaltungsratsmitglieder sind.

290 **d) Vergütung; Kreditgewährung.** Über die Vergütung der Organmitglieder sowie die Möglichkeit der Kreditgewährung an diese enthält die SE-VO keine Regelungen. Insofern gelten über Art. 9 SE-VO die §§ 87–89 AktG sowie die §§ 113–115 AktG, beim monistischen Verwaltungsratsmodell gem. § 38 SEAG entsprechend je nach zugewiesener Funktion (vgl. *Bauer,* Organstellung und Organvergütung, 2008).

3. Das dualistische System

291 Im dualistischen System gem. Art. 39 Abs. 1 S. 1 SE-VO ist wie im deutschen Aktienrecht strikt zwischen Vorstand als **Leitungsorgan** und dem Aufsichtsrat als **Kontrollorgan** zu unterscheiden.

292 **a) Vorstand als Leitungsorgan.** Dem Vorstand obliegt eigenverantwortlich die Geschäftsführung und Vertretung der SE. Überschneidungen zum Aufgabenbereich des Aufsichtsrats ergeben sich jedoch bei Zustimmungsvorbehalten zugunsten des Aufsichtsrates (Art. 48 SE-VO, § 111 Abs. 4 AktG; hierzu *Hommelhoff* AG 2001, 279 (283)). Bei außergewöhnlichen Maßnahmen besteht zudem eine Zustimmungskompetenz der Hauptversammlung gemäß der Holzmüller-Doktrin (*Theisen/Wenz* EurAG 289).

293 Die Anzahl der **Vorstandsmitglieder** ist gem. Art. 39 Abs. 4 S. 1 SE-VO durch die Satzung der SE iRd Art. 39 Abs. 4 S. 2 SE-VO iVm § 16 SEAG, § 38 Abs. 2 SEBG festzulegen: Grundsätzlich besteht der Vorstand bei einem Grundkapital ab 3 Millionen EUR aus mindestens zwei Mitgliedern. Eine Höchstgrenze wird nicht festgelegt. Ein Vorstandsmitglied kann nicht gleichzeitig Mitglied des Aufsichtsrats sein (Art. 39 Abs. 3 SE-VO). Die Vorstandsmitglieder werden vom Aufsichtsrat **bestellt und abberufen** (Art. 39 Abs. 2 S. 1 SE-VO). Die Mitglieder werden für einen in der Satzung festzulegenden Zeitraum von maximal sechs Jahren in ihr Amt berufen; eine Wiederbestellung ist vorbehaltlich anderslautender Satzungsregelungen möglich (Art. 46 Abs. 1, 2 SE-VO). Eine vorzeitige Abberufung ist gem. Art. 39 Abs. 2 S. 1 SE-VO auch ohne Vorliegen eines wichtigen Grundes möglich (abweichend § 84 Abs. 3 AktG).

Entscheidungen des Vorstands werden nach Art. 50 Abs. 1 SE-VO grundsätzlich **mehrheitlich** 294 getroffen, soweit in der Satzung nichts anderes bestimmt ist. Der Aufsichtsrat kann ein Mitglied des Vorstands zum **Vorstandsvorsitzenden** ernennen. Dieser repräsentiert das Vorstandskollegium, leitet dessen Sitzungen und koordiniert die Arbeit innerhalb des Vorstands. Bei Stimmengleichheit entscheidet die Stimme des Vorsitzenden (Art. 50 Abs. 2 SE-VO). Gemäß § 22 Abs. 6 SEAG gilt das aus § 76 Abs. 4 AktG folgende Gebot der Festlegung von **Zielgrößen für den Frauenanteil** auch bei der monistischen SE (Einzelheiten bei BeckOGK/*Fleischer,* 15.1.2020, AktG § 76 Rn. 150 ff.), vgl. iÜ § 111 Abs. 5 AktG.

b) Aufsichtsrat als Überwachungsorgan. Nach Art. 40 Abs. 1 S. 2 SE-VO hat der Aufsichtsrat 295 keine Geschäftsführungsbefugnis. Die Überwachung des Vorstandes beschränkt sich nicht auf eine bloße Rechtmäßigkeitskontrolle – vielmehr überprüft der Aufsichtsrat Geschäftsführungsakte des Vorstandes auch auf ihre Wirtschaftlichkeit und Zweckmäßigkeit hin (*Theisen/Wenz* EurAG 291). Bei zustimmungsbedürftigen Geschäftsführungsmaßnahmen besitzt der Aufsichtsrat ein **Vetorecht** (§ 111 Abs. 4 S. 2 AktG, Art. 48 Abs. 1 S. 2 SE-VO). Zur effektiven Wahrnehmung seiner Kontrollaufgabe gewährt Art. 41 SE-VO verschiedene **Informationsrechte:** Neben der regelmäßigen Mitteilung durch den Vorstand nach Ablauf von drei Monaten über den Gang der Geschäfte und deren voraussichtliche Entwicklung (Art. 41 Abs. 1 SE-VO) hat der Vorstand den Aufsichtsrat ad hoc immer dann zu informieren, wenn Ereignisse sich auf die Lage der SE spürbar auswirken können (Art. 41 Abs. 2 SE-VO). Hinzu tritt ein Informationsrecht auf Verlangen des Aufsichtsrates bzw. einzelner Mitglieder (Art. 40 Abs. 3 SE-VO, § 18 SEAG). Allerdings ist auch bei einem derartigen Verlangen einzelner Mitglieder die gewünschte Information nur an das Organ als solches zu übermitteln; das einzelne Mitglied ist aber berechtigt, hiervon Kenntnis zu nehmen (Art. 40 Abs. 5 SE-VO). Der Vorstand kann sich insofern nicht auf die Verschwiegenheitspflicht aus Art. 49 SE-VO berufen (*Theisen/Wenz* EurAG 294).

Die **Anzahl** der Aufsichtsratsmitglieder ist grundsätzlich durch Satzung festzulegen (Art. 40 Abs. 3 296 S. 1 SE-VO). § 17 SEAG verlangt in Umsetzung von Art. 40 Abs. 3 S. 2 SE-VO eine Mindestanzahl von drei Mitgliedern sowie in Abhängigkeit vom Grundkapital Höchstgrenzen. Insofern ergibt sich kein Unterschied zu einer nationalen Aktiengesellschaft (vgl. § 95 AktG; zur Mitbestimmung → Rn. 309 ff.). Die Mitgliederzahl eines durch Beteiligungsvereinbarung geschaffenen Aufsichtsrats muss nicht durch drei teilbar sein (LG Nürnberg-Fürth 8.2.2010, NZG 2010, 547). Mitglieder können nur **natürliche Personen** sein (§ 100 AktG, Art. 47 Abs. 1 SE-VO); nicht jedoch Vorstandsmitglieder (Art. 39 Abs. 3 SE-VO). Vgl. zur **Geschlechterquote** § 24 Abs. 3 SEAG.

Die Mitglieder des Aufsichtsorgans werden von der Hauptversammlung **bestellt** mit Ausnahme der 297 Arbeitnehmervertreter in einer mitbestimmten SE (Art. 40 Abs. 2 SE-VO, Art. 47 Abs. 4 SE-VO iVm Art. 4 Abs. 2 lit. g SE-RL, § 21 Abs. 3 Nr. 1 SEBG). Die Amtszeit beträgt maximal sechs Jahre; eine Wiederbestellung ist möglich (Art. 46 SE-VO). Während der Amtszeit kann ein Mitglied ausscheiden bei nachträglichem Eintritt der Ausschlussgründe nach §§ 100, 105 AktG, bei Niederlegung des Amtes, bei Abberufung nach § 103 AktG sowie bei Verkleinerung des Aufsichtsrates durch Satzungsänderung. Der Aufsichtsrat muss einen **Vorsitzenden** aus seiner Mitte wählen (Art. 42 SE-VO). Ist der Aufsichtsrat paritätisch besetzt, muss ein von der Hauptversammlung der Aktionäre bestelltes Mitglied zum Vorsitzenden gewählt werden (Art. 42 SE-VO).

4. Das monistische System

a) Verwaltungsrat. Neben der Hauptversammlung existiert bei Wahl des monistischen Systems 298 lediglich ein Verwaltungsrat (§ 22 Abs. 1 SEAG, Art. 43 Abs. 1 SE-VO). Dieser **leitet die Gesellschaft,** bestimmt die Grundlinien der Tätigkeit der Gesellschaft und überwacht deren Umsetzung (§ 22 Abs. 1 SEAG). Dies bedeutet jedoch nicht, dass nicht intern voneinander abzugrenzende Aufgabenbereiche bestünden; vielmehr ist auch im monistischen System eine Trennung von Geschäftsführungs- und Überwachungsaufgaben durch die Unterscheidung in executive und non-executive Mitglieder gewährleistet. Zudem obliegt dem Verwaltungsrat die Feststellung des Jahresabschlusses (§ 22 Abs. 4 S. 3 SEAG) und die Einberufung der Hauptversammlung (§ 22 Abs. 2 SEAG).

Die **Anzahl der Mitglieder** des Verwaltungsrates legt die Satzung fest (Art. 43 Abs. 2 S. 1 SE-VO). 299 Besonderheiten gelten bei einer mitbestimmten SE; in diesem Fall muss der Verwaltungsrat aus mindestens drei Mitgliedern und mindestens zwei geschäftsführenden Direktoren bestehen (§ 40 Abs. 1 S. 6 SEAG, § 38 Abs. 2 SEBG). Die Zahl der Mitglieder kann von 3–21 reichen und ist abhängig von der Höhe des Grundkapitals (§ 23 Abs. 1 SEAG), wobei aber auch die Arbeitnehmervertreter zu berücksichtigen sind (§ 23 Abs. 2 SEAG).

300 **Persönlich geeignet** für die Mitgliedschaft im Verwaltungsrat sind nur natürliche Personen (§ 27 Abs. 3 SEAG). Darüber hinaus führen über Art. 47 Abs. 2 lit. b SE-VO behördliche und gerichtliche Entscheidungen, die die persönliche Eignung zur Mitgliedschaft absprechen, zur Inhabilität. Nichtigkeit und Anfechtbarkeit der Wahl von Verwaltungsratsmitgliedern sind durch die §§ 30, 31 SEAG geregelt.

301 Die Mitglieder des Verwaltungsrates werden von der Hauptversammlung und den Arbeitnehmervertretern auf maximal sechs Jahre (Art. 46 SE-VO) **bestellt** (§ 28 Abs. 1 SEAG, Art. 43 Abs. 3 SE-VO, Art. 47 Abs. 4 SE-VO, § 21 Abs. 3 Nr. 1 SEBG). Mitglieder des ersten Verwaltungsrats können – unter Beachtung der Arbeitnehmermitbestimmung – auch durch die Satzung bestimmt werden (Art. 43 Abs. 3 S. 2, 3 SE-VO). Die **Abberufung** erfolgt grundsätzlich ebenfalls durch die Hauptversammlung, allerdings ist hierzu eine Dreiviertelmehrheit erforderlich (§ 29 Abs. 1 SEAG). Die einfache Mehrheit kann nur zu einer gerichtlichen Abberufung aus wichtigem Grund führen (§ 29 Abs. 3 SEAG).

302 Der Verwaltungsrat wählt aus seiner Mitte einen **Vorsitzenden** (Art. 45 SE-VO), bei einer mitbestimmten SE mit paritätisch besetztem Verwaltungsrat muss ein von der Hauptversammlung bestelltes Mitglied zum Vorsitzenden gewählt werden. Der Vorsitzende entspricht mangels Aufteilung von Kontroll- und Leitungsfunktion auf verschiedene Organe funktionell sowohl einem Aufsichtsrats- als auch Vorstandsvorsitzenden. Bei Stimmengleichheit ist die Stimme des Vorsitzenden ausschlaggebend (Art. 50 Abs. 2 SE-VO).

303 **b) Geschäftsführende Direktoren.** Der Verwaltungsrat bestellt zur Wahrnehmung seiner Aufgaben einen oder mehrere geschäftsführende Direktoren (§ 22 Abs. 1 SEAG, § 40 Abs. 1 S. 1 SEAG) und beruft diese ggf. auch wieder ab (§ 40 Abs. 5 SEAG). Sie führen die **laufenden Geschäfte** (§ 40 Abs. 2 SEAG), sind im Innenverhältnis jedoch **weisungsgebunden** (§ 44 Abs. 2 SEAG) und machen sich ggf. gegenüber der SE schadensersatzpflichtig (§ 40 Abs. 8 SEAG, § 93 AktG). Ihre **Vertretungsmacht** ist jedoch unbeschränkt und unbeschränkbar (§ 41 Abs. 1 SEAG, § 44 Abs. 1 SEAG). § 41 Abs. 2 S. 1 SEAG sieht als dispositiven gesetzlichen Regelfall Gesamtvertretung vor, nicht jedoch bei der Entgegennahme von Willenserklärungen (§ 40 Abs. 2 S. 2 SEAG). Im Verhältnis der Gesellschaft gegenüber den geschäftsführenden Direktoren vertritt der Verwaltungsrat als Ganzes die Gesellschaft (§ 41 Abs. 5 SEAG).

304 Geschäftsführende Direktoren können **Dritte** sein **oder Mitglieder des Verwaltungsrates,** sofern die Mehrheit des Verwaltungsrates weiterhin aus nicht geschäftsführenden Mitgliedern besteht (§ 40 Abs. 1 S. 2, 3 SEAG). Ist ein Verwaltungsratsmitglied geschäftsführender Direktor, sind beide Funktionen rechtlich zu trennen. Die Abberufung aus einem Amt berührt die Bestellung in der anderen Funktion grundsätzlich nicht, sie wird jedoch regelmäßig auf beide Funktionen erstreckt werden (*Theisen/Wenz* EurAG 304).

305 **c) Nicht-geschäftsführende Mitglieder.** Die nicht-geschäftsführenden Mitglieder des Verwaltungsrates haben eine Doppelfunktion: Im Hinblick auf die Leitung der AG haben sie die Funktion eines Vorstands einer deutschen AG; im Hinblick auf die Überwachung der laufenden Geschäftsführung nur eine Kontrollfunktion wie ein Aufsichtsrat. Inwieweit diese **Doppelfunktion in Personalunion** haftungsrechtlich rechtssicher handhabbar ist, bleibt abzuwarten. Insgesamt herrscht derzeit die Ansicht vor, dass die mögliche Wahl eines monistischen Verwaltungssystems von der Praxis sehr begrüßt wird, auch unabhängig von der Mitbestimmungsdiskussion (*Eidenmüller/Engert/Hornuf* AG 2009, 845 (849)).

5. Hauptversammlung

306 Der Hauptversammlung einer SE kommt dieselbe Rolle zu wie im deutschen Aktienrecht (Art. 52 ff. SE-VO, §§ 50 f. SEAG). Sie besitzt die **Grundlagenkompetenz,** dh insbesondere bestellt sie die Mitglieder der anderen Organe (Mitglieder des Verwaltungsrates nach § 28 SEAG, Art. 43 Abs. 3 SE-VO bzw. im dualistischen System Mitglieder des Aufsichtsrates, Art. 40 Abs. 2 SE-VO) mit Ausnahme der Arbeitnehmervertreter und ist zur Satzungsänderung befugt (§ 51 SEAG).

307 Für die **Organisation** und den Ablauf gelten primär die Regelungen der SE-VO, ergänzt um die §§ 118–147 AktG (vgl. Art. 53 SE-VO; hierzu *Hirte* NZG 2002, 8). Die **ordentliche Hauptversammlung** ist nach Art. 54 Abs. 1 SE-VO mindestens einmal jährlich, spätestens sechs Monate nach Ablauf des Geschäftsjahrs, einzuberufen. § 48 SEAG begründet eine Pflicht des Verwaltungsrats zur Einberufung der Hauptversammlung für die Feststellung des Jahresabschlusses. Durch die Satzung kann ein Hauptversammlungsort im Ausland bestimmt werden (BGH 21.10.2014, NZG 2015, 18).

308 Die **Beschlussfassung** erfordert grundsätzlich einfache Mehrheit der abgegebenen gültigen Stimmen (Art. 57 SE-VO). Eine Ausnahme hiervon macht insbesondere Art. 59 Abs. 1 SE-VO, der für Satzungsänderungen grundsätzlich das Erfordernis einer Zweidrittelmehrheit aufstellt. Allerdings ist auch dies wiederum der Gestaltungsfreiheit der Mitgliedstaaten unterworfen (Art. 59 Abs. 2 SE-VO), wovon Deutschland nach § 51 SEAG Gebrauch gemacht hat. Demnach kann die Satzung auch einfache Mehrheit ausreichen lassen, sofern mindestens die Hälfte des Grundkapitals vertreten ist. Eine Rückausnahme

ist aber vorgesehen va bei Änderung des Gegenstands des Unternehmens. Im Übrigen gelten für das Verfahren bei Beschlussfassung das SEAG bzw. AktG (Art. 53 SE-VO); Anfechtbarkeit und Nichtigkeit von Beschlüssen der Hauptversammlung richten sich nach dem jeweiligen nationalen Recht (hierzu *Hirte* NZG 2002, 8).

6. Arbeitnehmerbeteiligung

Neben den Regelungen zur gesellschaftsrechtlichen Struktur und zur Gründung der SE stellen die Vorschriften über die Beteiligung der Arbeitnehmer einen wichtigen Normenkomplex dar, der weitestgehend der **SE-Richtlinie** und dem **SEBG** vorbehalten ist (Art. 1 Abs. 4 SE-VO). Hiernach ist die konkrete Ausgestaltung der Arbeitnehmerbeteiligung grundsätzlich im Verhandlungswege festzulegen. Nur als Auffanglösung im Fall des Scheiterns der Verhandlungen bestehen Regelungsmechanismen, die eine Beteiligung kraft Gesetzes vorsehen (vgl. §§ 22 ff. SEBG iVm Art. 7 SE-RL). 309

a) Arten der Arbeitnehmerbeteiligung. Die Arbeitnehmerbeteiligung bei der SE umfasst die Mitbestimmung auf **Unternehmensebene** durch Bestellung, Wahl, Empfehlung oder Ablehnung von Arbeitnehmervertretern im Aufsichts- bzw. Verwaltungsrat (§ 2 Abs. 12 SEBG). Daneben gibt es noch die Arbeitnehmervertretung auf grenzüberschreitender **betrieblicher Ebene** (vgl. Art. 2 lit. h SE-RL). Um Letztere gewährleisten zu können, tritt neben nationale Arbeitnehmervertretungen, namentlich Betriebsrat, Gesamtbetriebsrat und Konzernbetriebsrat nach dem BetrVG (vgl. § 2 Abs. 6 SEBG) der SE-Betriebsrat (§ 2 Abs. 7 SEBG), der mit dem Europäischen Betriebsrat vergleichbar ist. Hierdurch soll die Unterrichtung und Anhörung der Arbeitnehmervertretung der SE und ihrer Tochtergesellschaften durch den Vorstand bzw. Verwaltungsrat auf grenzüberschreitender Ebene garantiert werden. 310

b) Vorher-Nachher-Prinzip. Da bei Gründung einer SE Gesellschaften aus verschiedenen Mitgliedstaaten beteiligt sind, ist das SEBG so konzipiert, dass der **höchste Standard** der Arbeitnehmerbeteiligung geschützt wird (§ 21 Abs. 6 SEBG, § 35 Abs. 1 SEBG für den Fall der Gründung mittels Umwandlung). Diese Normen enthalten einen allgemeinen Rechtsgedanken zum Schutz bereits erworbener Rechte der Arbeitnehmer und können auf alle Veränderungen des status quo der Arbeitnehmerbeteiligung übertragen werden. Hiervon kann nur unter den engen Voraussetzungen des § 15 Abs. 3 SEBG abgewichen werden: Eine Minderung der Mitbestimmungsrechte durch Herabsetzung des Anteils der Arbeitnehmervertreter oder durch Beschränkung der Mitsprache bei der Besetzung von Aufsichts- bzw. Verwaltungsrat (§ 15 Abs. 4 SEBG) kann demnach nur bei doppelter Zweidrittelmehrheit beschlossen werden, die zugleich mindestens zwei Mitgliedstaaten repräsentiert. 311

c) Mitbestimmungsvereinbarung. Nach der Konzeption der SE ist es das **vorrangige Ziel,** eine Mitbestimmungsvereinbarung herbeizuführen (Verhandlungslösung). Kommt es hierzu nicht, gilt die gesetzliche Auffanglösung (→ Rn. 320 f.), was jedoch als Drohkulisse den Verhandlungsmechanismus beeinflusst und tendenziell die Arbeitnehmerseite begünstigt. 312

Die **Parteien** einer solchen Vereinbarung sind die Arbeitnehmervertretung einerseits und die Unternehmensleitungen der Gründungsgesellschaften auf der Gegenseite (§ 13 SEBG). Unter Leitung sind gem. § 2 Abs. 5 SEBG die vertretungsberechtigten Organe der Gründungsgesellschaften zu verstehen. Zur Repräsentation der Arbeitnehmer ist hingegen ein besonderes Verhandlungsgremium einzusetzen, das nach Aufforderung der Unternehmensleitungen allein zum Zwecke der Verhandlungsführung gebildet wird (§ 4 Abs. 1 SEBG). 313

Diese Verhandlungen finden bereits in der **Gründungsphase** der SE statt. § 4 Abs. 2 SEBG verlangt von den Leitungen der Gründungsgesellschaften, dass sie die Arbeitnehmervertretungen der beteiligten Gesellschaften sowie der betroffenen Tochtergesellschaften und Betriebe über ihr Vorhaben zur Gründung einer SE **informieren.** Art und Umfang der erforderlichen Informationen ergeben sich aus § 4 Abs. 3 SEBG, insbesondere ist die Zahl der Arbeitnehmer im Zeitpunkt der Information anzugeben (§ 4 Abs. 3 Nr. 3, Abs. 4 SEBG). Aus Art. 3 Abs. 1 SE-RL folgt, dass die Unterrichtung so rasch wie möglich nach der Offenlegung des Verschmelzungs- oder Gründungsplans bzw. nach Vereinbarung eines Plans zur Gründung einer Tochtergesellschaft oder zur Umwandlung zu erfolgen hat. Die Informationspflicht steht unter dem Vorbehalt der **Geheimhaltung** gem. § 41 Abs. 1 SEBG. Hierzu begründen die Abs. 2–4 entsprechende Verschwiegenheitspflichten der Arbeitnehmervertreter. 314

Die deutschen Mitglieder des besonderen Verhandlungsgremiums werden durch ein **Wahlgremium** bestimmt (sog. Urwahl nach § 8 Abs. 1 S. 1 SEBG), das auf bestehende Vertretungsstrukturen zurückgreift: Konzernbetriebsrat, Gesamtbetriebsrat, Betriebsrat. § 8 Abs. 2–5 SEBG normieren hierbei das Prinzip der höchsten Ebene (*Theisen/Wenz* EurAG 342). Existiert keine Arbeitnehmervertretung, wählen die Arbeitnehmer selbst in einer von der Konzern-, Unternehmens- oder Betriebsleitung einberufenen Versammlung unter Leitung eines einzusetzenden Wahlvorstandes (§ 8 Abs. 7 SEBG). Besonderheiten gelten im Hinblick auf Gewerkschaftsvertreter und leitende Angestellte gem. § 8 Abs. 1 S. 2–4 SEBG iVm § 6 Abs. 3 SEBG bzw. § 8 Abs. 1 S. 5, 6 SEBG iVm § 6 Abs. 4 SEBG: Vorschlagsberechtigt sind insofern die Gewerkschaften und Sprecherausschüsse bzw. die leitenden Angestellten 315 selbst. Das Wahlgremium darf eine **Höchstzahl von 40 Mitgliedern** nicht übersteigen; ggf. ist die Anzahl der Mitglieder verhältnismäßig zu kürzen (§ 8 Abs. 6 SEBG).

316 Die Zusammensetzung des **besonderen Verhandlungsgremiums** für die SE-Gründung obliegt der Regelung durch die Mitgliedstaaten. Grundgedanke ist die Repräsentation jedes beteiligten Mitgliedstaates durch mindestens einen Vertreter im Gremium (vgl. § 5 Abs. 1 S. 1 SEBG, § 7 Abs. 2 SEBG; *Theisen/Wenz* EurAG 123, 340). Die Wahl der deutschen Mitglieder erfolgt nach § 10 SEBG. Das Wahlgremium ist hiernach nur beschlussfähig, wenn mindestens zwei Drittel der Mitglieder des Wahlgremiums anwesend sind, die wiederum mindestens zwei Drittel der Arbeitnehmer vertreten. Die Wahl selbst erfolgt jedoch mit einfacher Mehrheit. Die konkrete **Zusammensetzung** des Verhandlungsgremiums beurteilt sich schließlich nach §§ 5 ff. SEBG. Hierbei wird zum Teil auf das jeweilige innerstaatliche Recht der beteiligten Gesellschaften verwiesen (vgl. § 6 Abs. 1 SEBG, § 7 Abs. 1 SEBG). Die Bildung des Verhandlungsgremiums soll **innerhalb von zehn Wochen** nach erfolgter Information der Arbeitnehmervertretungen durch die Unternehmensleitungen gem. § 4 Abs. 2, 3 SEBG erfolgen (§ 11 Abs. 1 SEBG). Anschließend laden die Unternehmensleitungen zur konstituierenden Sitzung des Gremiums (§ 12 SEBG). Es kann jedoch bereits dann in die Verhandlungen eingetreten werden, wenn das Verhandlungsgremium nach Ablauf von zehn Wochen noch nicht vollständig besetzt ist (§ 11 Abs. 2 SEBG). Die **Kosten** der Bildung und Tätigkeit des Gremiums tragen die Gründungsgesellschaften und die SE als Gesamtschuldner (§ 19 SEBG).

317 Die **Verhandlungen** können bis zu sechs Monate bzw. bei einvernehmlicher Verlängerung bis zu insgesamt einem Jahr dauern (§ 20 SEBG). Die Einhaltung dieses Zeitraums ist von entscheidender Bedeutung im Hinblick auf Geltung der gesetzlichen Auffanglösung (vgl. § 22 Abs. 1 Nr. 2 SEBG; → Rn. 319 ff.). Die Beschlussfassung innerhalb des Verhandlungsgremiums, die zum **Abschluss** einer Vereinbarung führt, erfolgt grundsätzlich mit absoluter Mehrheit seiner Mitglieder, die zugleich die absolute Mehrheit der Arbeitnehmer repräsentieren muss (§ 15 Abs. 2 SEBG, sog. **doppelte Mehrheit**). Nur bei Minderung des status quo der Mitbestimmungsrechte in den jeweiligen Gründungsgesellschaften ist eine Zweidrittelmehrheit erforderlich, die mindestens zwei Drittel der Arbeitnehmer in mindestens zwei Mitgliedstaaten repräsentieren muss (zum Vorher-nachher-Prinzip → Rn. 311). Eine doppelte Zweidrittelmehrheit ist auch erforderlich für den Beschluss, keine Verhandlungen aufzunehmen oder Verhandlungen abzubrechen (§ 15 Abs. 2 SEBG, § 16 Abs. 1 SEBG). Kommt eine Einigung zustande, skizziert § 21 SEBG den **Inhalt** einer Vereinbarung, der jedoch nicht abschließend ist.

318 Im Hinblick auf das mögliche **Scheitern** der Verhandlungen sind zwei Konstellationen zu unterscheiden: Zum einen kann das besondere Verhandlungsgremium den **Beschluss** fassen, die Verhandlungen gar nicht erst aufzunehmen oder bereits begonnene Verhandlungen **abzubrechen** (§ 16 Abs. 1 S. 1 SEBG). In diesem Fall kommt gem. § 22 Abs. 1 Nr. 2 SEBG, § 34 Abs. 1 SEBG, § 16 Abs. 2 S. 2 SEBG auch die Auffanglösung nicht zum Tragen. Stattdessen finden die Vorschriften zum Europäischen Betriebsrat Anwendung (§ 16 Abs. 1 S. 3 SEBG, vgl. auch Art. 13 Abs. 1 UAbs. 2 SE-RL), der neben nationale Arbeitnehmervertretungen tritt. Im Ergebnis sind die Arbeitnehmer dann nur auf betrieblicher Ebene vertreten, sog. Nulllösung (*Theisen/Wenz* EurAG 347). Dies erzeugt im Zusammenspiel mit der Tatsache, dass eine Wiederaufnahme der Verhandlungen frühestens nach zwei Jahren möglich ist, § 18 SEBG, einen gewissen Einigungsdruck auf das Verhandlungsgremium, sodass in der Praxis hiervon wohl kaum Gebrauch gemacht werden wird. Zum anderen besteht die Möglichkeit, dass eine **Einigung** innerhalb der gesetzlich vorgesehenen Frist des § 20 SEBG trotz Verhandlungen **nicht zustande** kommt. Diese Frist beträgt im Regelfall sechs Monate, kann aber einvernehmlich verlängert werden auf ein Jahr. In diesem Fall greift die Auffanglösung der §§ 22 ff. SEBG (→ Rn. 319).

319 **d) Gesetzliche Auffanglösung.** Die gesetzliche Auffanglösung differenziert nach betrieblicher Mitbestimmung und Unternehmensmitbestimmung. Sie kommt entweder bei entsprechender Vereinbarung der Verhandlungsparteien zur Anwendung (§ 21 Abs. 5 SEBG, § 22 Abs. 1 Nr. 1 SEBG) oder bei fehlender Einigung innerhalb der gesetzlichen Frist, wenn das zuständige Organ jeder Gründungsgesellschaft der Anwendung der Auffangregelung und damit der Fortsetzung des Gründungsverfahrens zustimmt und auch kein Beschluss nach § 16 SEBG gefasst wird (§ 22 Abs. 1 Nr. 2 SEBG, Art. 7 Abs. 1 lit. b SE-RL). Stimmt auch nur eine Gesellschaft nicht zu, ist die SE-Gründung gescheitert.

320 **aa) Gesetzlicher SE-Betriebsrat.** Der gesetzliche SE-Betriebsrat gemäß Auffanglösung setzt sich aus Arbeitnehmern der SE, der Tochtergesellschaften und der Betriebe zusammen (§ 23 Abs. 1 S. 2 SEBG). Die Amtszeit beträgt grundsätzlich vier Jahre (§ 23 Abs. 1 S. 6 SEBG), endet aber frühzeitig bei Abberufung oder bei Änderung der Arbeitnehmerzahl (§ 23 Abs. 1 S. 6, 7 SEBG bzw. § 25 SEBG). Im Übrigen orientiert sich das gesetzliche Modell an der Bildung des Verhandlungsgremiums (§ 23 Abs. 2 S. 3 SEBG). Nach der konstituierenden Sitzung ist ein Vorsitzender zu wählen und ein geschäftsführender Ausschuss zur Erledigung der laufenden Geschäfte zu bilden (§ 23 Abs. 2, 4 SEBG). Die **Zuständigkeit** des SE-Betriebsrates erstreckt sich auf alle Angelegenheiten der SE selbst und auf die grenzüberschreitenden Angelegenheiten einer ihrer Tochtergesellschaften oder eines ihrer Betriebe in einem anderen Mitgliedstaat sowie alle Angelegenheiten, die über die Befugnisse der zuständigen

Organe auf der Ebene des einzelnen Mitgliedstaates hinausgehen (§ 27 SEBG). Zur Erledigung rein innerstaatlicher Angelegenheiten sind hingegen die nationalen Vertretungsstrukturen berufen.

Dem SE-Betriebsrat stehen insbesondere gewisse **Informations- und Anhörungsrechte** zu. Die Leitung der SE hat den SE-Betriebsrat mindestens einmal jährlich über Entwicklung und Perspektiven der SE zu unterrichten und anzuhören und die hierfür erforderlichen Unterlagen vorzulegen (§ 28 SEBG). Entsprechendes gilt bei Vorliegen außergewöhnlicher Umstände (§ 29 SEBG). Korrespondierend zu diesen Informationsrechten trifft den SE-Betriebsrat seinerseits die Pflicht, die Arbeitnehmervertretung über Inhalt und Ergebnis dieses Verfahrens zu unterrichten (§ 30 SEBG). **Nach vier Jahren** hat der SE-Betriebsrat darüber zu entscheiden, ob die bisherige Vereinbarung zur Arbeitnehmerbeteiligung weitergilt oder ob hierüber neu verhandelt werden soll. Letzterenfalls tritt der SE-Betriebsrat an die Stelle des Verhandlungsgremiums. Kommt keine neue Vereinbarung zustande, gilt die bisherige Regelung fort (§ 26 Abs. 1, 2 SEBG). 321

bb) Unternehmensmitbestimmung kraft Gesetzes. Die Unternehmensmitbestimmung kraft Gesetzes ist an weitergehende Voraussetzungen als die Arbeitnehmerbeteiligung auf betrieblicher Ebene geknüpft. Daher finden die §§ 34–38 SEBG anders als die Normen über den SE-Betriebsrat nicht auf jede SE Anwendung. Differenziert wird insbesondere nach der Art der Gründung. So setzt § 34 Abs. 1 Nr. 1 SEBG im Fall der **Gründung durch Umwandlung** voraus, dass bereits vor der Umwandlung Regelungen über die Mitbestimmung getroffen wurden, die dann nach § 35 Abs. 1 SEBG fortgelten. Falls die **Gründung durch Verschmelzung** erfolgte, sind die §§ 34 ff. SEBG nur dann anwendbar, wenn vor der Eintragung der SE mindestens 25 % der gesamten Arbeitnehmer über Mitbestimmungsrechte verfügten oder bei weniger als 25 % das besondere Verhandlungsgremium einen entsprechenden Beschluss fasst (§ 34 Abs. 1 Nr. 2 SEBG). Ist dies der Fall, bemisst sich die Zahl der Arbeitnehmervertreter nach dem höchsten Anteil an Arbeitnehmervertretern vor der Eintragung (§ 35 Abs. 2 S. 3 SEBG). Umgekehrt bedeutet dies, dass auch in der SE keine Pflicht besteht, Arbeitnehmervertreter zuzulassen, wenn in keiner der Gründungsgesellschaften nach nationalem Recht eine Unternehmensmitbestimmung bestand. Entsprechendes gilt bei **Gründung einer Tochter-SE** oder einer **Holding-SE,** jedoch zieht § 34 Abs. 1 Nr. 3 SEBG die Grenze bei 50 %. Bestanden also in keiner der Gründungsgesellschaften Vorschriften zur Mitbestimmung, ist auch die SE nicht verpflichtet, eine Vereinbarung hierüber einzuführen. Insofern gewährt § 34 SEBG zugleich Mitbestimmungsfreiheit (*Theisen/Wenz* EurAG 360). 322

IV. Grenzüberschreitende Sitzverlegung

1. Sitzidentität

Satzungssitz und Hauptverwaltungssitz müssen zwingend in demselben Mitgliedstaat liegen (Art. 7 SE-VO, § 2 SEAG). Diese Regelung ist auf den ersten Blick ein Bekenntnis zur **Sitztheorie** (vgl. auch Art. 64 Abs. 1 SE-VO). Gleichwohl war dies **nicht gewollt.** Mit der SE-VO sollte bewusst keine Aussage über das auf die Gesellschaft anwendbare Recht erfolgen (vgl. Erwägungsgrund 27 SE-VO). Immerhin war die Steigerung der grenzüberschreitenden Mobilität von Gesellschaften eines der zentralen Ziele der SE-VO (vgl. Erwägungsgründe 1, 4–6, 24 SE-VO). Zur grenzüberschreitenden Verschmelzung unter Beteiligung einer SE *Grambow/Stadler* BB 2010, 977. 323

2. Möglichkeiten einer grenzüberschreitenden Sitzverlegung

Beabsichtigt die SE, ihren Sitz zu verlegen, ist gem. Art. 64 Abs. 1 SE-VO zu unterscheiden: Ein Verstoß gegen die Pflicht nach Art. 7 SE-VO kann sowohl vorliegen, wenn allein der effektive Verwaltungssitz verlegt wird als auch wenn der bloße Satzungssitz verlegt wird sowie bei Verlegung des Hauptverwaltungs- oder Satzungssitzes in einen Nicht-EU-Staat. 324

a) Ausschließliche Verlegung des Verwaltungssitzes. Art. 8 SE-VO betrifft lediglich die Verlegung des Satzungssitzes. Bei der Verlegung des Verwaltungssitzes ohne zeitgleiche Verlegung des Satzungssitzes trifft den Wegzugsstaat daher gem. **Art. 64 Abs. 1 SE-VO** die Pflicht, geeignete Maßnahmen zu treffen, um die SE dazu zu bewegen, entweder den Verwaltungssitz zurück zu verlegen oder den Satzungssitz nach dem besonderen Verfahren des Art. 8 SE-VO zu verlegen. Die Behörden des Zuzugsstaats sind verpflichtet, dem Wegzugsstaat die Sitzspaltung mitzuteilen (Art. 64 Abs. 4 SE-VO). Das Registergericht des Wegzugsstaates bestimmt nach Aufforderung durch die Bundesrepublik gem. § 399 FamFG eine Abhilfefrist. Kommt die SE dem nicht nach, stellt das Gericht einen Satzungsmangel fest, der zur **zwangsweisen Auflösung** und Abwicklung der SE führt (Art. 64 Abs. 2 SE-VO, § 262 Abs. 1 Nr. 5 AktG, §§ 264 ff. AktG). 325

Auf der Grundlage dieser Regelungen stellt sich naturgemäß die Frage, wie sich die mittlerweile ergangenen Entscheidungen des EuGH zur **Niederlassungsfreiheit** von Gesellschaften (→ Rn. 18 f.) hierauf auswirken. Grundsätzlich hat sich das Sekundärrecht der SE-VO dem Primärrecht des AEUV 326 unterzuordnen mit der Folge, dass die Regelungen europarechtswidrig wären. Richtigerweise wird man jedoch annehmen müssen, dass die durch Art. 7, 64 SE-VO erfolgende Beschränkung einer weit verstandenen Niederlassungsfreiheit gerechtfertigt ist, um dem berechtigten gesetzgeberischen Anliegen, einen Statutenwechsel nach Art. 8 SE-VO herbeizuführen, effektive Wirkung zu verschaffen (Einzelheiten bei *Casper/Weller* NZG 2009, 681). Gleichwohl ist die zeitliche Überholung der SE-VO durch die EuGH-Rspr. als offene Flanke einer stringenten dogmatischen Diskussion über die Reichweite der Niederlassungsfreiheit nicht von der Hand zu weisen und höchst unbefriedigend.

327 **b) Ausschließliche Verlegung des satzungsmäßigen Sitzes.** Im Fall der isolierten Verlegung des Satzungssitzes fallen Satzungs- und Hauptverwaltungssitz ebenfalls entgegen Art. 7 S. 1 SE-VO auseinander. In diesem Fall ist entweder der Satzungssitz zurück zu verlegen oder der Hauptverwaltungssitz in den Staat des Satzungssitzes zu verlegen. Bei fortwährendem Verstoß erfolgt grundsätzlich die **zwangsweise Liquidation** im Zuzugsstaat gem. Art. 64 Abs. 2 SE-VO. Hierzu dürfte es jedoch nicht kommen, denn das Registergericht wird die SE nicht eintragen, soweit nicht auch die Voraussetzungen von Art. 7 SE-VO gewahrt sind.

328 **c) Verlegung von Satzungs- oder Verwaltungssitz in einen Drittstaat.** Art. 7 Abs. 1 S. 1 SE-VO erfordert ausdrücklich einen Sitz in einem Mitgliedstaat. Bei Verlegung des Hauptverwaltungssitzes in einen Nicht-EU-Staat liegt demnach ein Verstoß gegen Art. 7 SE-VO vor, der nur durch Rückverlegung behoben werden kann. Andernfalls führt auch dieser Verstoß zur **zwangsweisen Liquidation** im Sitzstaat nach Art. 64 Abs. 2 SE-VO. Eine Verlegung des Satzungssitzes in einen Drittstaat ist nach dem Wortlaut des Art. 8 Abs. 1 S. 1 SE-VO schon gar nicht möglich (zum Ganzen *Schwarz* ZIP 2001, 1847 (1858)).

329 **d) Verlegung von Satzungs- und Verwaltungssitz.** Verlegt die SE zugleich ihren Satzungs- und Hauptverwaltungssitz ins Ausland, liegt kein Verstoß gegen Art. 7 SE-VO vor. Existenz und Identität der SE bleiben in diesem Fall unberührt; eine Auflösung und Neugründung finden nicht statt (Art. 8 Abs. 1 S. 2 SE-VO). Diese Option zur **identitätswahrenden Sitzverlegung** bedeutet zumindest in den Ländern, die auf Wegzugsfälle noch die Sitztheorie anwenden für die SE einen Gewinn an Flexibilität gegenüber den bisherigen Rechtsformen des nationalen Rechts. Bei gleichzeitiger Verlegung von Satzungs- und Hauptverwaltungssitz in denselben Mitgliedstaat finden die Vorschriften der SE-VO weiterhin – unabhängig vom jeweiligen Sitz der SE – unverändert Anwendung. Bezogen auf das subsidiär anwendbare nationale Recht (Art. 9 SE-VO) erfolgt jedoch ein **Statutenwechsel,** dh die SE unterliegt ab dem Zeitpunkt der Sitzverlegung dem nationalen Recht des Zuzugsstaates.

3. Verfahren zur Verlegung des Satzungssitzes

330 Die Modalitäten der Verlegung des Satzungssitzes (ohne Verstoß gegen Art. 7 SE-VO) werden durch Art. 8 Abs. 2–13 SE-VO sowie §§ 12–14 SEAG geregelt. Das Verfahren verwirklicht den Schutz der Minderheitsaktionäre, Gläubiger und Arbeitnehmer.

331 **a) Verfahrensablauf.** Zunächst haben Vorstand oder Verwaltungsrat einen **Verlegungsplan** zu erstellen (Art. 8 Abs. 2 SE-VO). Dieser hat insbesondere den bisherigen und neuen Satzungssitz zu enthalten, die neue Satzung sowie die entsprechenden Informationen zum Schutz von Arbeitnehmern, Gläubigern und Aktionären. Der Verlegungsplan wird gem. Art. 8 Abs. 2 S. 1 SE-VO iVm Art. 13 SE-VO **offengelegt.** Dies hat mindestens einen Monat vor der Einberufung der Hauptversammlung und mindestens zwei Monate vor der Beschlussfassung zu erfolgen (Art. 8 Abs. 6 SE-VO, Art. 53 SE-VO, § 123 Abs. 1 AktG) und erfolgt durch Bekanntmachung im Bundesanzeiger und einem anderen Blatt (Art. 13 SE-VO iVm § 10 HGB). Aktionäre und Gläubiger können Plan und Bericht ebenfalls mindestens einen Monat vor der Einberufung der Hauptversammlung, die über die Sitzverlegung beschließen soll, **einsehen** und unentgeltlich Abschriften verlangen (Art. 8 Abs. 4 SE-VO).

332 Zusätzlich ist ein **Bericht** zu erstellen, der die rechtlichen und wirtschaftlichen Aspekte der Sitzverlegung erläutert und die Auswirkungen auf Aktionäre, Gläubiger und Arbeitnehmer darlegt, insbesondere die Folgen des Statutenwechsels (Art. 8 Abs. 3 SE-VO).

333 Einen Monat nach Offenlegung des Verlegungsplans wird die **Hauptversammlung einberufen,** die jedoch nicht vor Ablauf eines weiteren Monats über die Sitzverlegung beschließen kann. Grundlage ihrer **Beschlussfassung** sind der Verlegungsplan und -bericht. Die Sitzverlegung hat satzungsändernden Charakter (Art. 8 Abs. 6 S. 2 SE-VO, Art. 59 SE-VO, § 23 Abs. 3 Nr. 1 AktG) und bedarf daher einer Zweidrittelmehrheit, sofern nicht kraft Satzung gem. § 51 SEAG einfache Mehrheit genügt. Bei mehreren Gattungen an Aktien ist zudem eine gesonderte Abstimmung einer jeden Gruppe von Aktionären erforderlich (Art. 60 SE-VO). Die Beschlussfassung ist gem. § 130 AktG, Art. 9 Abs. 1 lit. c ii SE-VO beurkundungspflichtig. **Beschlussmängel** können gem. §§ 241 ff. AktG, § 195 UmwG zur Nichtigkeit oder Anfechtbarkeit des Beschlusses führen. Die Einlegung einer Anfechtungsklage führt zu einer Registersperre (§ 14 SEAG; hierzu kritisch *Theisen/Wenz* EurAG 241). Eine weitere Möglichkeit, das Eintragungsverfahren zu blockieren, bietet Art. 8 Abs. 14 SE-VO. Diese Norm erteilt eine Ermäch-

tigung an die Mitgliedstaaten, ein **Einspruchsrecht einer Behörde** im öffentlichen Interesse vorzusehen, das innerhalb einer Frist von zwei Monaten nach Offenlegung des Plans auszuüben ist und die Rechtsunwirksamkeit der Verlegung zur Folge hätte. In diesem Fall wären aber Rechtsmittel gegen diesen Einspruch der Behörde vorzusehen. Das SEAG hat hiervon bislang jedoch noch keinen Gebrauch gemacht (*Theisen/Wenz* EurAG 247).

Nach Beschlussfassung und ggf. Erledigung von Beschlussmängelstreitigkeiten stellt der Wegzugsstaat 334 gem. Art. 8 Abs. 8 SE-VO eine **Rechtmäßigkeitsbescheinigung** über die Einhaltung der Formalien und Verfahrensschritte aus, die gem. Art. 8 Abs. 9 SE-VO, Art. 10 SE-VO Voraussetzung für die konstitutive Eintragung im Zuzugsstaat ist. Insbesondere haben die Vertretungsorgane den Nachweis der Sicherheitsleistung an die Gläubiger zu erbringen (Art. 8 Abs. 7 SE-VO) sowie eine Negativerklärung abzugeben, dass keine Anfechtung des Hauptversammlungsbeschlusses erfolgte (§ 13 Abs. 3 SEAG, § 14 SEAG). Im Ergebnis kann die **Eintragung** daher erst nach Erledigung von Beschlussmängelstreitigkeiten erfolgen. Streitigkeiten über die Höhe des Barabfindungsangebotes an die Minderheitsaktionäre können die Eintragung hingegen nicht verhindern (Spruchstellenverfahren, § 12 Abs. 2 SEAG, § 7 Abs. 7 SEAG; MüKoAktG/*Oechsler/Mihaylova* SE-VO Art. 8 Rn. 17, 58).

Nachdem diese Rechtmäßigkeitsbescheinigung durch den Wegzugsstaat erteilt worden ist, kann die 335 SE die Sitzverlegung und Satzungsänderung in elektronisch oder in öffentlich beglaubigter Form **zur Eintragung anmelden** (Art. 9 SE-VO, § 12 Abs. 1 HGB). Das **Registergericht des Zuzugsstaates** überprüft daraufhin, ob die Verfahrensschritte ordnungsgemäß eingehalten wurden, ob die Schutzvorschriften des Wegzugsstaates beachtet wurden und ob etwaige Ausschlussgründe gegen eine Sitzverlegung sprechen (zB Art. 8 Abs. 15 SE-VO, Art. 37 Abs. 3 SE-VO). Das **Registergericht im Wegzugsstaat** nimmt eine Löschung unter Vorläufigkeitsvermerk vor und übermittelt dies an den Zuzugsstaat. Das Registergericht im Zuzugsstaat kann nach Prüfung der Eintragungsvoraussetzungen und Benachrichtigung durch den Wegzugsstaat die Eintragung veranlassen und offen legen und übermittelt dies wiederum an den Wegzugsstaat. Erst dann kann dort die endgültige Löschung und deren Offenlegung erfolgen (Art. 8 Abs. 11, 12 SE-VO). Die Offenlegung erfolgt in Deutschland durch Bekanntmachung nach § 10 HGB (*Theisen/Wenz* EurAG 252). Die Offenlegung der **Eintragung** im Zuzugsstaat hat konstitutive Wirkung (Art. 8 Abs. 13 SE-VO).

b) Schutzmechanismen. Der Schutz der der Verlegung **widersprechenden Aktionäre** wird 336 durch ein Barabfindungsangebot gem. Art. 8 Abs. 5 SE-VO, § 12 SEAG gewährleistet, das bereits im Verlegungsplan enthalten sein muss (§ 12 Abs. 1 S. 3 SEAG, vgl. Art. 8 Abs. 2 lit. e SE-VO). Zu diesem Zweck erhalten die Aktionäre ein Einsichtsrecht in Verlegungsplan und -bericht (Art. 8 Abs. 4 SE-VO). Streitigkeiten über die Angemessenheit der Abfindung werden im Spruchstellenverfahren ausgetragen (§ 12 Abs. 2 SEAG, § 7 Abs. 7 SEAG).

Die Interessen der **Gläubiger** werden zum einen durch einen Anspruch auf Sicherheitsleistung 337 verwirklicht (Art. 8 Abs. 7, 8 SE-VO, § 13 SEAG). Sie sind bereits im Verlegungsplan auf das Recht auf Sicherheitsleistung hinzuweisen (§ 13 Abs. 1 S. 3 SEAG, Art. 8 Abs. 2 lit. e SE-VO). Auch sie haben ein Einsichtsrecht gem. Art. 8 Abs. 4 SE-VO. Zum anderen fingiert Art. 8 Abs. 16 SE-VO, dass die SE weiterhin im Wegzugsstaat ansässig ist (perpetuatio fori).

Für die **Arbeitnehmer** fehlen entsprechende Schutzmechanismen (vgl. Art. 8 Abs. 2 lit. c und lit. e 338 SE-VO). Deren Interessen werden bereits a priori durch die **Beteiligung** der Arbeitnehmervertreter bei der Beschlussfassung über die Sitzverlegung gewahrt. Auch besteht kein darüber hinausgehendes Schutzinteresse der Arbeitnehmer, da die vor der Sitzverlegung bestehende Arbeitnehmerbeteiligung unbeschadet bestehen bleibt (*Theisen/Wenz* EurAG 234).

V. Auflösung und Liquidation

Art. 63 SE-VO verweist hinsichtlich der Beendigung der SE auf die Normen des Sitzstaates, die für 339 eine nationale Aktiengesellschaft gelten würden. Die Beendigung durch Insolvenz ist jedoch gesondert in der **EUInsVO** geregelt. Hiernach ist der Mittelpunkt des wirtschaftlichen Interesses (centre of main interest – COMI) maßgebend für die Anwendung des nationalen Insolvenzrechts.

D. Die Europäische Privatgesellschaft

I. Allgemeines

Nach der erfolgreichen Etablierung der Europäischen Aktiengesellschaft, die ihrer Konzeption nach 340 auf Großunternehmen zugeschnitten ist, ist auch die Einführung der Societas Privata Europaea (SPE) geplant. Sie soll **klein- und mittelständischen Unternehmen** eine attraktive europäische Gesellschaftsform als Alternative zu den Rechtsformen des nationalen Rechts bieten. Die SPE entspricht so funktional der **GmbH,** weicht jedoch in vielen Punkten von dem deutschen GmbH-Modell ab.

Charakteristisch ist zum einen die erhebliche Satzungsfreiheit. Zum anderen sollen die rechtlichen Vorgaben über Kapitalaufbringung und -erhaltung stark liberalisiert werden, was zum Teil heftig kritisiert wird, wenngleich der letzte Stand des europäischen Gesetzgebungsverfahrens hierzu noch nicht erreicht ist. Die Bezeichnung Privatgesellschaft bringt zum Ausdruck, dass die SPE ihrem gesetzlichen Leitbild nach über einen **geschlossenen Gesellschafterkreis** verfügt und die Anteile nicht an der Börse handelbar sind (Art. 3 Abs. 2a SPE-VO-R).

1. Gang des Gesetzgebungsverfahrens

341 Die etwa zehn Jahre andauernden Vorarbeiten zur SPE mündeten bislang in drei unterschiedlichen europäischen Regelungsentwürfen (abrufbar unter www.europeanprivatecompany.eu). Zunächst kam es zum **Kommissionsentwurf** (SPE-VO-K) vom 25.6.2008. Dieser wurde durch das Europäische Parlament in stark abgeänderter Form am 10.3.2009 angenommen, sodass nunmehr auch ein weitgehend eigenständiger **Parlamentsentwurf** (SPE-VO-P) existiert. Seit 27.11.2009 gibt es schließlich einen weiteren (konsolidierten) **Verordnungsentwurf der Ratspräsidentschaft** (SPE-VO-R). Dieser wurde im Jahr 2011 durch einen weiteren Kompromissvorschlag der ungarischen Ratspräsidentschaft modifiziert (Politische Einigung 2011, 2008/0130 [CNS], 10611/11, DRS 84, SOC 432), jedoch mittlerweile ebenfalls abgelehnt (Pressemitteilung Nr. 10547/11 des Rates vom 30./31.2.2011). Es ist also derzeit noch nicht absehbar, welche europäischen Regelungen letztlich in Kraft treten werden (vgl. zu aktuellen Überlegungen der Kommission, anstelle der SPE eine europäische Zertifizierung nationalen GmbH-Rechts anzustreben *Möslein* ZHR 176 (2012), 470). Die nachfolgende Erläuterung ist daher zunächst nur ein kursorischer Überblick über die SPE nach derzeitigem Planungsstand und bezieht sich va auf die Bestimmungen des Ratsentwurfs (SPE-VO-R). Bei zentralen Aspekten werden jedoch die relevanten Abweichungen in den anderen Entwürfen jeweils herausgestellt. Im Übrigen ist die Diskussion mittlerweile durch den Kommissionsvorschlag zur Einführung einer **Einpersonen-Kapitalgesellschafts-Richtlinie** vom 9.4.2014 angereichert (sog. Societas Unius Personae, SUP; vgl. hierzu nur *Omlor* NZG 2014, 1137). Ob dieser die Bestrebungen nach einer SPE endgültig enden lässt oder aber die politisch verfahrene Situation wieder belebt, bleibt abzuwarten (zweifelnd *Bayer/Schmidt* BB 2017, 2118).

2. Regelungskonzept und Rechtsgrundlagen

342 Die geplante **SPE-VO** ist unmittelbar anwendbares Recht und regelt selbst va die strukturellen Grundlagen der SPE, insbesondere in Bezug auf das Außenverhältnis. Für das Innenverhältnis sieht der Entwurf große Satzungsfreiheit vor und erteilt insofern lediglich obligatorische **Regelungsaufträge an die Gesellschafter,** ohne den Regelungsinhalt konkret vorzugeben (Art. 8 Abs. 1 SPE-VO-R iVm Anhang I SPE-VO-R; *de Erice/Gaude* DStR 2009, 857; für die Bereitstellung einer einheitlichen europäischen Mustersatzung jedoch *Hommelhoff/Teichmann* DStR 2008, 925 (930); *Maul/Röhricht* BB 2008, 1574 (1575, 1579)). Insolvenz- und steuerrechtliche Vorgaben enthält die geplante SPE-VO nicht.

343 Wie bei der SE, sieht auch die SPE-VO vor, dass die Mitgliedstaaten **nationale Rechtsvorschriften** zur konkreten – ggf. unterschiedlichen! – Ausgestaltung des europäischen Regelungsrahmens erlassen können (Art. 4 Abs. 2a SPE-VO-R). Es gibt daher wie bei der SE nicht eine einheitliche europäische SPE, sondern entsprechend den Mitgliedstaaten viele unterschiedliche SPE. Im Hinblick auf den viel gerühmten Wettbewerb der Rechtsordnungen mag man dies begrüßen; letztlich stellt sich jedoch die Frage, ob es vor diesem pluralistischen Regelungshintergrund einer neuen Rechtsform überhaupt bedarf, wenn die SPE im Ergebnis doch nur auf modifizierte nationale GmbH hinausläuft.

344 Im Übrigen kann zur Lückenschließung auf das am Satzungssitz geltende nationale **GmbH-Recht** zurückgegriffen werden (Art. 4 Abs. 2b und 3 SPE-VO-R). Die Anwendung nationalen Auffangrechts steht jedoch stets unter dem Vorbehalt, dass entsprechende Unklarheiten und Lücken der SPE-VO vorrangig durch Auslegung und Rechtsfortbildung der Verordnung geschlossen bzw. beseitigt werden müssen (*Hommelhoff/Teichmann* GmbHR 2008, 897 (899)).

II. Gründung

1. Gründer, Mehrstaatlichkeit

345 Abweichend von der SE können nach Art. 5a Abs. 1 SPE-VO-R **eine oder mehrere natürliche oder juristische Personen** eine SPE gründen. Auf die Unionsbürgerschaft bzw. Registrierung in der EU kommt es nicht an, sodass die SPE auch für Nicht-EU-Bürger und Nicht-EU-Auslandsgesellschaften als Rechtsform zur Verfügung steht. Sehr kontrovers diskutiert wird jedoch das Erfordernis der Transnationalität. Art. 3 Abs. 3 SPE-VO-R sieht vor, dass die SPE im Zeitpunkt ihrer Eintragung eine **„grenzüberschreitende Komponente"** aufweisen muss. Dies soll dadurch einzuhalten sein, dass eine

der folgenden Gestaltungen vorliegt: Absicht, in einem anderen Mitgliedstaats als dem der Gründung Geschäfte zu betreiben; Aufnahme eines grenzüberschreitenden Gesellschaftszwecks in die Satzung; Zweigniederlassung oder Tochtergesellschaft in einem anderen Mitgliedstaat; ein oder mehrere Gesellschafter sind in mehr als einem Mitgliedstaat oder in einem anderen Mitgliedstaat als dem der Eintragung wohnhaft oder eingetragen.

Während einige Mitgliedstaaten sich gezielt dafür aussprechen, dieses Erfordernis aufzugeben (zB Italien und Lettland) oder die **Anforderungen** an die Mehrstaatlichkeit zumindest zu lockern (so zB Frankreich), kommt gerade aus Deutschland heftige Kritik, die SPE auch als rein nationale Rechtsform zu konzipieren (vgl. Stellungnahme des Bundesrates vom 10.10.2008, BR-Drs. 479/08; *Hommelhoff/Teichmann* GmbHR 2009, 36 unter Hinweis auf die fehlende Gesetzgebungskompetenz der EU). Letztlich erscheint es jedoch als zweifelhaft, ob die berechtigten Bedenken gegen die allenfalls lockeren Vorgaben über die Mehrstaatlichkeit Einfluss auf das Gesetzgebungsverfahren haben werden. Es ist daher davon auszugehen, dass die SPE künftig auch bei **rein nationalen Gesellschaftsgründungen** eine ernst zu nehmende Alternative zur GmbH darstellen wird. **346**

2. Satzungssitz und Verwaltungssitz

Nach Art. 7 SPE-VO-R muss die SPE ihren Satzungssitz (maßgeblich für Rechtsform, Registrierung) sowie ihre Hauptverwaltung oder Hauptniederlassung (effektiver Sitz bzw. Verwaltungssitz) **in der EU** haben. Problematisch ist indessen, inwieweit sich diese beiden Sitze decken müssen, es mithin zulässig ist, dass Satzungssitz und Verwaltungssitz (ggf. nachträglich) auseinanderfallen. Diese im allgemeinen IPR angesiedelte Problematik des maßgeblichen Gesellschaftsstatus ist derzeit auf europäischer Ebene noch heftig umstritten. Art. 7 SPE-VO-R formuliert kompromissartig, dass eine SPE ihren Satzungs- und Verwaltungssitz für einen Zeitraum von zwei Jahren in ein und demselben Mitgliedstaat haben „sollen“; danach gelte einzelstaatliches Recht. Wenngleich abweichend von Art. 7 SE-VO hierdurch keine Rückbesinnung auf die Sitztheorie erfolgt, ist umgekehrt von der SPE-VO derzeit auch kein europäisches Bekenntnis zur Gründungstheorie zu erwarten. Zur nachträglichen Sitzverlegung → Rn. 395 ff. **347**

3. Gründungsformen

Art. 5 SPE-VO-R sieht derzeit **drei Möglichkeiten** einer SPE-Gründung vor: Neben der Neugründung (die bei der SE nicht möglich ist, → Rn. 225) kann eine SPE auch aus bereits bestehenden nationalen oder supranationalen Gesellschaften heraus durch Umwandlung gemäß SPE-VO bzw. durch Verschmelzung gemäß den einzelstaatlichen Rechtsvorschriften gegründet werden. **348**

a) Neugründung. Nach Art. 5a Abs. 2 SPE-VO-R bedarf es der Feststellung einer **Satzung.** Nach Art. 8 Abs. 2 SPE-VO-R ist hierfür die Einhaltung der Schriftform nach dem maßgeblichen nationalen Recht erforderlich, in Deutschland daher der **notariellen Beurkundung** entsprechend § 2 GmbHG. **349**

Die Satzung muss gem. Art. 8 Abs. 1 SPE-VO-R folgende **Mindestangaben** enthalten: Firma (gem. Art. 6 SPE-VO-R bedarf es des Rechtsformzusatzes „SPE“, die firmenrechtliche Zulässigkeit folgt iÜ nationalem Recht) und Anschrift ihres Sitzes; Unternehmenszweck oder Geschäftstätigkeit; Geschäftsjahr; Kapital; ggf. Gesamtzahl der Geschäftsanteile und – soweit vorhanden – ihr Nennwert; die an die Geschäftsanteile geknüpften geldlichen und nicht geldlichen Rechte sowie die mit den Geschäftsanteilen verbundenen Verpflichtungen; ggf. die Gattungen von Geschäftsanteilen und die Zahl der Anteile jeder Gattung; die Art des Geschäftsführungsorgans, das Vorhandensein eines Aufsichtsorgans und die Zusammensetzung dieser Gremien; die Höhe des bei der Gründung einzuzahlenden Stammkapitals; die Namen und Anschriften der Gründungsgesellschafter; die Anzahl der von jedem gezeichneten Geschäftsanteile; ggf. die Gattung der betreffenden Anteile; ggf. die Höhe der von jedem Gründungsgesellschafter zu leistenden Bareinlage; ggf. der Wert und die Art der zu leistenden Sacheinlage; die Namen und Anschriften sowie alle sonstigen erforderlichen Angaben zu den Personalien des oder der ersten Geschäftsführer(s) sowie ggf. des ersten Abschlussprüfer(s). **350**

Neben diesen Mindestangaben kann die Satzung gem. Art. 8 Abs. 1a SPE-VO-R auch **weitere Angaben** zu den in Anh. I der SPE-VO genannten Punkten enthalten. Diese Regelung ist sehr bedeutsam, denn die hierdurch ermöglichte weitreichende **Satzungsautonomie** hat auch Vorrang gegenüber den möglicherweise kollidierenden Regelungen des nationalen Rechts. Rechtspolitisch ist dies einerseits als Flexibilisierung des Gesellschaftsrechts zu begrüßen, andererseits jedoch auch **bedenklich.** Die nachfolgend aufgeführten regelbaren Punkte betreffen nämlich vielfach Drittinteressen. Die Privatautonomie kann daher keinesfalls blindlings als materielle Legitimation für diese neue Freiheit herangezogen werden. Vielfach wird es daher der Konkretisierung durch Gesetzgebung und Rspr. bedürfen, wie weit die Beeinträchtigung dieser Drittinteressen durch privatautonome Gestaltung der SPE-Gesellschafter reicht. **351**

Regelbare Punkte: Unterteilung, Konsolidierung oder Neudenominierung der Geschäftsanteile; Einschränkungen und Verbot der Übertragbarkeit von Geschäftsanteilen; Bewertung von Sacheinlagen; **352**

Zeitpunkt, zu dem die Bareinlagen zu leisten sind; Zwischendividenden; Erwerb, Übertragung und Löschung eigener Geschäftsanteile; Kapitalerhöhungen; Verfahren für die Vorlage und Fassung von Gesellschafterbeschlüssen; von den Gesellschaftern zusätzlich zu den in Art. 28 Abs. 1 SPE-VO-R genannten Beschlüsse, Beschlussfähigkeit und erforderliche Stimmenmehrheit; Kommunikationsmittel zwischen SPE und ihren Gesellschaftern; Frist sowie Art und Weise, in der die Gesellschafter über Beschlussvorlagen und Punkte auf der Tagesordnung der Gesellschafterversammlung zu informieren sind; Art und Weise, in der Gesellschaftern der Text von Gesellschafterbeschlüssen und Abstimmungsergebnisse zur Verfügung gestellt werden müssen; Art und Weise der Einberufung der Gesellschafterversammlung, Arbeitsmethoden und Regeln für die Abstimmung per Stimmrechtsvertretung; Verfahren und Fristen für die Beantwortung von Informationsfragen der Gesellschafter durch die SPE; etwaige Auswahlkriterien für Geschäftsführer; etwaige Verfahren für die Bestellung oder die Abberufung von Geschäftsführern; Abschlussprüfer in den Fällen, in denen das maßgebende einzelstaatliche Recht der SPE keinen Abschlussprüfer vorschreibt; Geschäfte mit nahestehenden Unternehmen und Personen, etwaige Genehmigungspflicht solcher Geschäfte und Genehmigungsverfahren; Kapitalherabsetzungen; Zugang der Gesellschafter zu Dokumenten der SPE; Verfahren zur Beantragung eines Beschlusses, wenn das Geschäftsführungsorgan nach einem Antrag gem. Art. 30 Abs. 1 SPE-VO-R keine Beschlussvorlage ausarbeitet; Verfahren für die Einberufung einer Gesellschafterversammlung, wenn das Geschäftsführungsorgan nach einem Antrag gem. Art. 30 Abs. 2 SPE-VO-R keine Versammlung einberuft.

353 Das **Registerverfahren** bei der Neugründung wird in Art. 5a, 9–11 SPE-VO-R näher geregelt: Art. 10 Abs. 1 SPE-VO-R verweist insofern zunächst auf das einzelstaatliche Recht, welches durch die Publizitätsrichtlinie (→ Rn. 2) weitgehend harmonisiert ist. Nach Art. 9 Abs. 1 SPE-VO-R ist die Gesellschaft von den Gründungsgesellschaftern oder einer von ihnen bevollmächtigten Person zur Eintragung anzumelden. Die Mitgliedstaaten können gem. Art. 9 Abs. 2 SPE-VO-R nur folgende **Angaben und Dokumente** verlangen (in deutscher Sprache, vgl. Art. 9 Abs. 3 SPE-VO-R): Firma und Anschrift des Sitzes; ggf. die Telefonnummer, Website und E-Mail-Anschrift der SPE; Gesellschaftszweck oder Geschäftstätigkeit; die Namen, Anschriften und sonstigen erforderlichen Angaben zu den Personalien der Geschäftsführer und sämtlicher sonstiger Vertreter; ggf. des Abschlussprüfers; Einzel- oder Gesamtvertretungsmacht; das Stammkapital und der eingezahlte Betrag; die Gesamtzahl der Geschäftsanteile; die Gattungen der Geschäftsanteile und die Zahl der Anteile je Gattung; die Firma und Anschrift der Zweigniederlassungen; die Satzung; ggf. das Gesellschafterverzeichnis (vgl. Art. 15 Abs. 6 SE-VO-R); die Erklärung des Geschäftsführungsorgans oder einen anderen Nachweis über die Leistung der Bar- und Sacheinlagen sowie detaillierte Angaben hierzu; einen Auszug aus dem Strafregister oder eine Erklärung der Geschäftsführer, dass sie nicht als ungeeignet zur Ausübung dieser Aufgaben erklärt wurden.

354 Die **Überprüfung der Rechtmäßigkeit** der Gründung erfolgt gem. Art. 9 Abs. 4 SPE-VO-R nach den Vorgaben des jeweiligen nationalen Rechts, in Deutschland daher wohl entsprechend § 9c GmbHG. Gleichwohl können die Mitgliedstaaten diese Kontrolle auch auf eine andere Behörde verlagern bzw. auf die Notare. Die EU ist bemüht, das Eintragungsverfahren möglichst unkompliziert und schnell auszugestalten. Nach Art. 9 Abs. 4 S. 2 SPE-VO-R sind unnötige Kontrollen zu vermeiden.

355 **Rechtsfähigkeit** erlangt die SPE erst mit Eintragung im Staat des Satzungssitzes (Art. 10 Abs. 2 SPE-VO-R). Die Eintragung ist bekannt zu machen (Art. 9 Abs. 6 SPE-VO-R, Art. 11 Abs. 1 SPE-VO-R). Obwohl auch bei der SPE ein Zustand zwischen Gründungsakt und Eintragung möglich ist, sollte eine **Vorgesellschaft** wohl nicht etabliert werden. Die entsprechend rechtliche Ausgestaltung nach nationalem Recht dürfte jedoch nicht ausgeschlossen sein. Art. 12 SPE-VO-R besagt nämlich, dass die Haftung für Handlungen vor Eintragung dem maßgebenden nationalen Recht unterliegt.

356 **b) Umwandlung gemäß SPE-VO.** Als weitere Möglichkeit, eine SPE zu gründen, sieht Art. 5 lit. b SPE-VO-R die Umwandlung gem. Art. 5b SPE-VO-R vor. Diese Regelung ist sehr umstritten, da sie nur einen Ausschnitt umwandlungsrelevanter Konstellationen betrifft und es daher sachgerechter ist, die Umwandlung in eine SPE gänzlich der weitgehend anderweitig harmonisierten Ausgestaltung gemäß dem jeweiligen nationalen Recht zu unterstellen, wie es Art. 5 lit. c SPE-VO-R iÜ auch vorsieht.

357 **c) Verschmelzung nach nationalem Recht.** Nach Art. 5 lit. c SPE-VO-R kann die SPE auch durch Verschmelzung gemäß den einzelstaatlichen Vorschriften gegründet werden. Vgl. aus deutscher Perspektive insofern die §§ 2–122 UmwG. Die SPE-VO nimmt ausdrücklich Bezug auf die Richtlinie über grenzüberschreitende Verschmelzungen, sodass insofern auch die §§ 122a–122l UmwG gelten. Vgl. zum Ganzen auch *Brems/Cannivé* Der Konzern 2008, 629 (636); *Hommelhoff/Teichmann* GmbHR 2008, 897 (901).

III. Kapitalschutzsystem

358 Der institutionelle Gläubigerschutz bei der SPE ist derzeit noch höchst umstritten. Er wird nach dem ursprünglichen Kommissionsentwurf va durch **Solvenzschutz** nach englischem Vorbild verwirklicht.

Die nachfolgenden Parlaments- und Präsidentschaftsentwürfe betonen demgegenüber den präventiven Kapitalschutz mittels **Stammkapitalbindung** (zum Ganzen *Jung* DStR 2009, 1700 (1702); *Hommelhoff/Teichmann* GmbHR 2009, 36 (37); *Maul/Röhricht* BB 2008, 1574 (1576)). Die rechtpolitische Diskussion ist noch nicht abgeschlossen. Das Ergebnis der endgültigen SPE-VO wird über das unmittelbare Regelungsanliegen hinaus richtungsweisend sein, auf welche Art die Mitgliedstaaten ihr autonomes Gesellschaftsrecht bei der GmbH ausgestalten, um im Wettbewerb der Rechtsordnungen keine Einbußen zu erleiden.

1. Mindeststammkapital

a) Kommissionsentwurf. Um das Ziel der Erleichterung von Neugründungen zu erreichen, sieht der Kommissionsentwurf faktisch von der Festlegung eines Mindestkapitals zum Schutz von Gläubigern ab und bestimmt einen Betrag von 1 EUR (Art. 19 Abs. 4 SPE-VO-K). In der Begründung heißt es, die Vernachlässigung der gläubigerschützenden Wirkung eines hohen Mindestkapitals rechtfertige sich daraus, dass Gläubiger sich heutzutage nicht mehr auf die Kapitalausstattung einer Gesellschaft verlassen, sondern sich anderweitig absichern, etwa durch Vereinbarung eines Eigentumsvorbehalts oder durch Inanspruchnahme persönlicher Garantien seitens der Unternehmensleitung (hierzu zutr. Krit. insbesondere im Hinblick auf die unbestreitbare Seriositätsschwelle eines Mindeststammkapitals *Jung* DStR 2009, 1700 (1702); *Hadding/Kießling* WM 2009, 145 (157); *Hommelhoff/Teichmann* GmbHR 2009, 36; *Hommelhoff/Teichmann* GmbHR 2008, 897 (904); *Lanfermann/Richard* BB 2008, 1610 (1611); *Hennrichs* NZG 2009, 921). 359

b) Parlamentsentwurf. Auf diese Kritikpunkte teilweise reagierend sieht der Parlamentsentwurf ein differenziertes Konzept vor, welches jedoch unpraktikabel ist: Sieht die Satzung einen obligatorischen Solvenztest bei Ausschüttungen vor, genügt ein Mindestkapital von 1 EUR (Art. 19 Abs. 4 S. 1 SPE-VO-P). Andernfalls bleibt der Solvenztest gem. Art. 21 Abs. 2 SPE-VO-P fakultativer Natur mit der Folge, dass das Mindeststammkapital jedoch 8.000 EUR beträgt (Art. 19 Abs. 4 S. 2 SPE-VO-P). 360

c) Präsidentschaftsentwurf. Der Entwurf der Ratspräsidentschaft belässt es grundsätzlich bei dem Mindestkapital von 1 EUR, gestattet den Mitgliedstaaten jedoch, ein höheres Mindestkapital von bis zu 8.000 EUR zu fordern (Art. 19 Abs. 3 SPE-VO-R), was einigen Mitgliedstaaten zu hoch, anderen zu niedrig ist. Einzelheiten bei *Freudenberg* NZG 2010, 527. 361

2. Kapitalaufbringung

Die Verordnungsvorschläge weichen auch bei der Ausgestaltung von Kapitalaufbringung erheblich voneinander ab (zum Ganzen *Jung* EuZW 2012, 129). 362

a) Kommissionsentwurf. Zwingend ist hiernach allein die Verpflichtung zur Einlageleistung sowie das **Verbot der Befreiung** hiervon (Art. 20 Abs. 1, 2 SPE-VO-K). Im Übrigen schreibt weder Art. 19 Abs. 3 SPE-VO-K vor, dass das Mindestkapital bei der Gründung wenigstens teilweise eingezahlt werden muss noch werden die Sachgründungsvorschriften der Mitgliedstaaten wiederholt (hierzu krit. *Maul/Röhricht* BB 2008, 1574 (1576)). Die Bestimmung der **Fälligkeit** obliegt daher allein der Festlegung durch die Gesellschafter. Einlagen sind zwar spätestens in der Insolvenz zu erfüllen; hier droht jedoch die nach nationalem Recht zu bestimmende Verjährung (Art. 20 Abs. 3 SPE-VO-K; hierzu krit. *Arbeitskreis Europäisches Unternehmensrecht* NZG 2008, 897 (899)). 363

Die **Einlagefähigkeit** von Vermögenswerten und das Erfordernis einer **Werthaltigkeitskontrolle** von Sacheinlagen obliegen ebenfalls der freien Entscheidung der Gesellschafter (Art. 8 Abs. 1 SPE-VO-K, Art. 20 Abs. 1 SPE-VO-K iVm Kapitel IV Anhang I SPE-VO-K). Insbesondere sind Dienstleistungen als Sacheinlagen möglich (Begründung Kommissionsentwurf S. 8). Der Verzicht auf eine Werthaltigkeitskontrolle iRd Eintragungsverfahrens bedeutet jedoch nicht, dass der einbringende Gesellschafter keine Nachzahlungen leisten müsste. Vielmehr bleibt er aufgrund seiner Einlagepflicht aus Art. 20 Abs. 1 SPE-VO-K weiterhin zur Leistung der Wertdifferenz verpflichtet (*Hommelhoff/Teichmann* GmbHR 2008, 897 (905)). 364

b) Parlamentsentwurf. Der Parlamentsentwurf beschränkte sich darauf, eine Differenzhaftung bei der Überbewertung von Sacheinlagen einzuführen (Art. 19 Abs. 3 SPE-VO-P). 365

c) Präsidentschaftsentwurf. Der Präsidentschaftsentwurf sieht hingegen wesentlich strengere Regeln für die Kapitalaufbringung vor und entnimmt diese teilweise den für die AG maßgeblichen Vorgaben der Kapitalrichtlinie. Nach Art. 20 Abs. 3 SPE-VO-R können die Gesellschafter von ihren Einlagepflichten nicht befreit werden. Gemäß Art. 20 Abs. 1 SPE-VO-R müssen **Bareinlagen** bereits bei der Gründung zu 25 % geleistet werden und das Mindeststammkapital erreichen, der Rest der Bareinlagen sowie die Sacheinlagen nach Aufforderung durch die Geschäftsführer, spätestens innerhalb von drei Jahren. Ein korporatives Agio ist entsprechend § 36a Abs. 1 AktG sofort fällig. Dienstleistungen sind gem. Art. 20 Abs. 1 SPE-VO-R nicht einlagefähig. Eine präventive Werthaltigkeitsprüfung bei 366

Sacheinlagen ist nicht zwingend, kann von den Mitgliedstaaten jedoch vorgesehen werden. Die Gesellschafter haften bei Überbewertungen gem. Art. 20 Abs. 1a SPE-VO-R auf die Wertdifferenz. Vgl. zur Kapitalaufbringung iRd mittlerweile abgelehnten Kompromissvorschlags aus dem Jahr 2011 *Jung* EuZW 2012, 129.

3. Kapitalerhaltung

367 Durch die SPE-VO geregelt werden auch die Vermögensverschiebungen zwischen Gesellschaft und Gesellschaftern im Bereich der Ausschüttungen, des Erwerbs eigener Anteile und bei der Kapitalherabsetzung.

368 **a) Kommissionsentwurf.** Nach Art. 21 Abs. 1 lit. e SPE-VO-K bedarf jede Ausschüttung eines Gesellschafterbeschlusses, der mit einfacher Mehrheit gefasst werden kann. Es gilt der weite Ausschüttungsbegriff gem. Art. 2 Abs. 1 lit. b, Abs. 2 SPE-VO-K, der auch verdeckte Vermögenszuwendungen erfasst. Reguläre Verkehrsgeschäfte, bei denen der Leistung eine gleichwertige Gegenleistung gegenübersteht, fallen jedoch nicht hierunter (*Arbeitskreis Europäisches Unternehmensrecht* NZG 2008, 897 (900); *Hommelhoff/Teichmann* GmbHR 2008, 897 (906)). Ausschüttungsfähig ist der Überschuss des Gesellschaftsvermögens über die Schulden vorbehaltlich satzungsmäßiger Rücklagen (Art. 21 Abs. 1 SPE-VO-K). Unrechtmäßig erhaltene Ausschüttungen sind gem. Art. 22 SPE-VO-K zurück zu erstatten, wenn der Empfänger nicht im guten Glauben war. Das Anfertigen und die Veröffentlichung einer (ggf. haftungsbewehrten) Solvenzbescheinigung durch den Geschäftsführer ist nur notwendig, wenn die Satzung dies vorschreibt (Art. 21 Abs. 2 SPE-VO-K; abweichend auf der Grundlage der allgemeinen Sorgfaltspflicht aus Art. 31 Abs. 1 SPE-VO-K *Hommelhoff/Teichmann* GmbHR 2008, 897 (907)).

369 **b) Parlamentsentwurf.** Der Parlamentsentwurf gestaltet diesen Bilanztest bereits wesentlich strenger aus, indem auch das je nach Vereinbarung eines obligatorischen Solvenztests für die konkrete SPE maßgebliche Mindeststammkapital vorhanden sein muss (→ Rn. 359 ff.; hierzu *Jung* DStR 2009, 1700 (1705 f.)).

370 **c) Präsidentschaftsentwurf.** Nach dem Präsidentschaftsentwurf gibt es ein kombiniertes System: Zum einen gilt ein bilanzieller **Stammkapitalschutz.** Die SPE darf generell keine Ausschüttungen an ihre Gesellschafter vornehmen, wenn bei Abschluss des letzten Geschäftsjahres das im Jahresabschluss ausgewiesene Nettoaktivvermögen den Betrag des Stammkapitals zzgl. der kraft Satzung nicht ausschüttungsfähigen Rücklagen unterschreitet oder durch eine solche Ausschüttung unterschreiten würde; nachträgliche Änderungen sind zu berücksichtigen (Art. 21 Abs. 1 SPE-VO-R). Die Mitgliedstaaten können gem. Art. 21 Abs. 4 SPE-VO-R darüber hinaus vorschreiben, dass der Geschäftsführer eine schriftliche, ggf. haftungsbewehrte **Solvenzbescheinigung** abgeben und veröffentlichen muss, woraus sich ergibt, dass die SPE in dem auf die Ausschüttung folgenden Jahr in der Lage sein wird, ihre Schulden bei deren Fälligkeit iR ihrer normalen Geschäftstätigkeit zu begleichen (hierzu *Greulich/Rau* DB 2008, 2691). Unrechtmäßig erhaltene Ausschüttungen sind gem. Art. 22 SPE-VO-R zurück zu erstatten, wenn der Empfänger nicht im guten Glauben war.

4. Kapitalherabsetzung

371 Die Herabsetzung des satzungsmäßigen Stammkapitals ist bis zum gesetzlichen Mindestkapital (Art. 19 Abs. 3 SPE-VO) nach Maßgabe von Art. 24 SPE-VO-R möglich. Ziel der Herabsetzung kann es sein, Verluste auszugleichen oder Ausschüttungen an die Gesellschafter vorzunehmen.

372 Für die Kapitalherabsetzung bedarf es eines **Gesellschafterbeschlusses** mit qualifizierter Zweidrittelmehrheit (Art. 28 Abs. 1 lit. h, Abs. 2 SPE-VO-R). Sollen Ausschüttungen an die Gesellschafter erfolgen, haben die Geschäftsführer die ihnen bekannten Gesellschaftsgläubiger unmittelbar und unverzüglich zuvor von dem Herabsetzungsbeschluss zu unterrichten. Der Gesellschafterbeschluss ist nachträglich bekannt zu machen.

373 Erfolgt die Kapitalherabsetzung, um Ausschüttungen an die Gesellschafter zu ermöglichen, können Gesellschaftsgläubiger, deren Forderungen schon vor der Bekanntmachung des Beschlusses bestanden, aber noch nicht fällig waren, innerhalb von 30 Tagen nach Bekanntmachung des Beschlusses ggf. aufgrund einer gerichtlichen Entscheidung **Sicherheitsleistung** verlangen (Art. 24 Abs. 2a, 3 SPE-VO-R). Voraussetzung dafür ist jedoch, dass der Gläubiger glaubhaft macht, dass die Befriedigung infolge der Kapitalherabsetzung gefährdet ist; von dieser Einschränkung können die Mitgliedstaaten jedoch absehen. Die Kapitalherabsetzung wird gem. Art. 24 Abs. 4 SPE-VO-R wirksam, wenn die erforderliche Sicherheit geleistet wurde bzw. kein Gläubiger einen entsprechenden Antrag innerhalb der 30-Tage-Frist gestellt hat.

374 Nicht ausdrücklich geregelt, jedoch rechtspolitisch wünschenswert und der Gesamtkonzeption der SPE-VO entsprechend ist es, Ausschüttungen auch bei einer Kapitalherabsetzung an das Vorliegen einer ggf. haftungsbewehrten **Solvenzbescheinigung** zu knüpfen, sofern diese gem. Art. 21 Abs. 4 SPE-VO vom jeweiligen nationalen Recht gefordert wird.

IV. Organisationsstruktur

375 Zwingend vorgesehen ist die **Gesellschafterversammlung** als wichtigstes Beschlussfassungsorgan der SPE (Art. 27 Abs. 1 SPE-VO-R). Im Hinblick auf das Geschäftsführungsorgan besteht hingegen eine dem Vorbild der SE entlehnte Wahlmöglichkeit (Einzelheiten bei *Maul/Röhricht* BB 2008, 1574 (1577); *de Erice/Gaude* DStR 2009, 857 (858)): Im **monistischen Verwaltungssystem** wird die Kontrolle der geschäftsführenden Verwaltungsratsmitglieder durch verwaltende Mitglieder gewährleistet; ein eigenständiges Kontrollorgan existiert hingegen nicht. Die Gründer können sich aber auch für eine **dualistische Organstruktur,** bestehend aus Leitungsorgan und Aufsichtsrat, entscheiden, deren interne Beziehungen nach freiem Ermessen in der Satzung festzulegen sind. Hieraus ergeben sich folgende mögliche Strukturmodelle: Ein- oder Mehr-Personen-Verwaltungsgremium ohne Aufsichtsrat oder Ein- oder Mehr-Personen-Leitungsgremium mit Aufsichtsrat.

376 Unterliegt die SPE nationalen **Mitbestimmungsregeln** (in Deutschland MitbestG, DrittelbG, vgl. Art. 35 Abs. 1 SPE-VO-R), müssen die entsprechenden Vorgaben über die Arbeitnehmerbeteiligung in beiden Modellen Niederschlag finden (Art. 27 Abs. 3a SPE-VO-R). Unterliegt die SPE der grenzüberschreitenden Mitbestimmung gem. Art. 35 ff. SPE-VO-R, gilt grundsätzlich dasselbe, jedoch gemäß dem modifizierten Verfahren mittels Verhandlungsgremiums (→ Rn. 386 f.).

1. Gesellschafterversammlung

377 **a) Kompetenzen.** Die Gesellschafterversammlung hat gem. Art. 28 SPE-VO-R zwingend mindestens folgende Kompetenzen (vgl. auch *Maul/Röhricht* BB 2008, 1574 (1577)): Feststellung des Jahresabschlusses, sofern die Mitgliedstaaten hiervon nicht abweichen; Gewinnverwendung; Erwerb eigener Geschäftsanteile; Kapitalerhöhungen und -herabsetzungen; Bestellung und Entlassung von Mitgliedern der Unternehmensleitung und ihre Amtszeit, sofern die Satzung nicht vorsieht, dass die Mitglieder des Geschäftsführungsorgans vom Aufsichtsrat bestellt werden und sofern es sich nicht um von Arbeitnehmern bestellte oder entlassene Geschäftsführer handelt; Bestellung und Entlassung eines Abschlussprüfers; Sitzverlegung in einen anderen Mitgliedstaat; Auflösung; Satzungsänderungen; Anwendung der Auffangregelung gem. Art. 35 SPE-VO-R auf die SPE ohne vorhergehende Verhandlungen. Darüber hinaus können der Gesellschafterversammlung aufgrund Satzungsregelung **weitere Befugnisse** zugewiesen werden (vgl. insofern die nach Art. 8 Abs. 1a SPE-VO-R iVm Anhang I genannten Punkte). Die hiernach im Einklang mit der SPE-VO getroffenen satzungsmäßigen Regelungen haben Vorrang gegenüber dem nationalen Recht.

378 **b) Beschlussfassung.** Für die Beschlussfassung sieht Art. 28 Abs. 2 SPE-VO-R grundsätzlich das Erfordernis einer **Zweidrittelmehrheit** vor, wenn es um den Erwerb eigener Geschäftsanteile, Kapitalerhöhungen und -herabsetzungen, die Sitzverlegung, die Auflösung oder Satzungsänderungen geht; die Satzung kann hierfür jedoch Verschärfungen vorsehen. Nach Art. 28 Abs. 2 SPE-VO-R genügt für sämtliche übrigen Beschlussgegenstände grundsätzlich die **einfache Mehrheit;** insofern kann die Satzung ebenfalls Verschärfungen vorsehen. **Beschlussmängel** werden über Art. 28 Abs. 4 SPE-VO-R grundsätzlich nach nationalem Recht, mithin nach den auf die GmbH entsprechend anzuwendenden §§ 241 ff. AktG behandelt (vgl. *Maul/Röhricht* BB 2008, 1574 (1577, 1579)). Zu bedenken ist jedoch, dass die Satzungsautonomie gem. Art. 4 Abs. 3 SPE-VO-R iVm Anhang I SPE-VO-R insofern sehr groß ist und die Gründer daher abweichende Regelungen erlassen können.

379 **c) Rechte der Anteilseigner.** Allen Anteilseignern steht nach Art. 29 SPE-VO-R das Recht zu, **Fragen** an das Geschäftsführungsorgan zu richten in Bezug auf Punkte der Tagesordnung, Beschlussvorlagen und alle wichtigen Angelegenheiten im Zusammenhang mit den Tätigkeiten der SPE. Minderheitsgesellschafter haben nach Art. 29 Abs. 1 SPE-VO-R das Recht auf Erarbeitung einer **Beschlussvorlage** durch das Geschäftsführungsorgan. Durch Satzung kann auch ein niedrigeres Quorum festgelegt werden. Daneben können die Minderheitsgesellschafter nach dem Kommissionsentwurf die gerichtliche oder behördliche Bestellung eines unabhängigen **Sachverständigen** verlangen (Art. 29 Abs. 2 SPE-VO-K).

2. Geschäftsführungsorgan

380 **a) Geschäftsführer.** Geschäftsführer einer SPE kann nur eine natürliche Person sein (Art. 31 Abs. 1 SPE-VO-R). Im Hinblick auf die Bestellungshindernisse wegen Inhabilität verweist Art. 28 Abs. 3 SPE-VO-R auf die Vorschriften des jeweiligen nationalen Rechts, in Deutschland gem. § 6 Abs. 2 GmbHG. Die Bestellung und Abberufung der Geschäftsführer erfolgt grundsätzlich durch Mehrheitsbeschluss der Anteilseigner (Art. 28 Abs. 1 lit. i SPE-VO-R; → Rn. 378).

381 **b) Vertretungsmacht.** Das Geschäftsführungsorgan vertritt die SPE gegenüber Dritten (Art. 34 Abs. 1 SPE-VO-R). Im dispositiven gesetzlichen Regelfall besteht Einzelvertretungsmacht (Art. 28

Abs. 2 SPE-VOP-R). Die Vertretungsmacht ist unbeschränkt und im Außenverhältnis auch unbeschränkbar (Art. 34 Abs. 2 SPE-VO-R). Nach Art. 11 Abs. 2 SPE-VO-R müssen die **Briefbögen** und Bestellformulare – auch in elektronischer Form – der SPE folgende umfangreichen Angaben enthalten: Anschrift und Registernummer; Firma; Mitgliedstaat, in dem die SPE ihren Satzungssitz hat (Registrierung); Anschrift des Verwaltungssitzes; ggf. Hinweis darauf, dass sich die Gesellschaft in Auflösung befindet; Stammkapital; Angaben dazu, ob Ausschüttungen auf der Grundlage eines Bilanztests oder einer Solvenzbescheinigung erfolgen.

382 **c) Geschäftsführungskompetenz.** Die interne Kompetenzverteilung folgt aus Art. 27 SPE-VO-R: Hiernach kann das Geschäftsführungsorgan alle Befugnisse der SPE ausüben, die nicht gemäß SPE-VO oder Satzung den Gesellschaftern vorbehalten sind **(dispositive Allzuständigkeit).** Sieht Art. 28 SPE-VO-K also keine Beschlussfassung durch die Gesellschafterversammlung vor und enthält auch die Satzung keine Zuweisung der Zuständigkeit an die Anteilseigner, entscheidet das Geschäftsleitungsorgan der SPE über alle Geschäftsführungsmaßnahmen. Den Gesellschaftern ist es jedoch möglich, hiervon durch gesellschaftsvertragliche Regelungen abzuweichen oder das Regel-Ausnahme-Verhältnis umzukehren (*Hommelhoff/Teichmann* GmbHR 2008, 897 (902)). Ob den Gesellschaftern daneben auch ein **Weisungsrecht im Einzelfall** entsprechend § 37 Abs. 1 Alt. 2 GmbHG zusteht, ist unklar. In den Verordnungsentwürfen ist ein solches bisher nicht ausdrücklich vorgesehen. Aus diesem Grund wird zum Teil ein derartiges Recht abgelehnt (*Hommelhoff/Teichmann* GmbHR 2008, 897 (902); *Hommelhoff/Teichmann* GmbHR 2009, 36 (38)). Dem ist nicht zuzustimmen. Die Gesellschafterversammlung ist nach Art. 27 SPE-VO-R das „wichtigste Beschlussfassungsorgan", sodass es durchaus dem Konzept der SPE entspricht, dass die Gesellschafter die Geschäftsführung auch ad hoc anweisen können (so auch *de Erice/Gaude* DStR 2009, 857 (859 f.)).

383 **d) Geschäftsleiterhaftung.** Der Ratsentwurf enthält keine Regelungen über die Geschäftsleiterhaftung, sodass insofern auf die anderen Entwürfe abzustellen ist. Nach Art. 31 Abs. 1 SPE-VO-K sind die Mitglieder der Unternehmensleitung verpflichtet, im bestmöglichen Interesse der SPE zu handeln **(allgemeine Sorgfaltspflicht).** Nach Art. 31 Abs. 1, 4 SPE-VO-K sind die Mitglieder der Unternehmensleitung der SPE gegenüber als Gesamtschuldner für jede Handlung oder unterlassene Handlung verantwortlich, die gegen die Pflichten der SPE-VO, der Satzung oder eines Beschlusses der Anteilseigner verstößt und der SPE einen Verlust oder einen Schaden verursacht. Zur Konkretisierung dieser allgemeinen Sorgfaltspflicht sind die nationalen Gerichte berufen (Begründung des Kommissionsentwurfes S. 10). Für eine deutsche SPE könnte auch auf die in Deutschland Gesetz gewordene „Business-Judgement-Rule" gem. § 93 Abs. 1 S. 2 AktG zurückgegriffen werden (*de Erice/Gaude* DStR 2009, 857 (861)).

384 Dass die Haftung **Verschulden** voraussetzt, folgt aus dem gem. Art. 4 Abs. 3 SPE-VO allgemeinen nationalen Auffangrecht, mithin § 43 Abs. 2 GmbHG. Der Parlamentsentwurf sieht in Ergänzung des Kommissionsentwurfes eine Exkulpationsmöglichkeit der Mitglieder der Unternehmensleitung in Art. 31 Abs. 4 S. 2 SPE-VO-P vor.

385 **Ersatzberechtigt** ist nur die SPE (Art. 31 Abs. 2 SPE-VO-K). Gesellschafter und Gläubiger können die Organmitglieder nicht unmittelbar in Anspruch nehmen; nach zweifelhafter Ansicht der Kommission auch nicht mittels actio pro socio (vgl. Begründung des Kommissionsentwurfes S. 10). Insofern verbleibt allein die Möglichkeit, sich Innenhaftungsansprüche pfänden und überweisen zu lassen, um Ansprüche gegen die SPE geltend machen zu können (*de Erice/Gaude* DStR 2009, 857 (860); zutr. aA *Maul/Röhricht* BB 2008, 1574 (1577), die ein eigenes Klagerecht aufgrund nationaler Regelungen mit Art. 31 Abs. 5 SPE-VO-K begründen). Weitere Rechtsfolgen von Pflichtverletzungen bleiben nationalen Regelungen vorbehalten (Art. 31 Abs. 5 SPE-VO-K).

3. Arbeitnehmermitbestimmung

386 **a) Recht des Sitzstaates.** Die Arbeitnehmermitbestimmung ist einer der am heftigsten umstrittenen Punkte und konsequenterweise in den verschiedenen Entwürfen bisher nur lückenhaft geregelt. Art. 27 Abs. 3a SPE-VO sieht als Grundsatz vor, dass die im Staat der Registrierung (Sitzstaat) maßgeblichen Mitbestimmungsregeln auch auf die SPE Anwendung finden. Hierdurch wird auf den ersten Blick der Gleichlauf der Mitbestimmung in der SPE mit nationalen Gesellschaften gewährleistet (*Maul/Röhricht* BB 2008, 1574 (1578)). Auf eine SPE nach deutschem Recht sind daher ggf. die Regelungen des **MitbestG** bzw. **DrittelbG** anzuwenden und die Organisationsstruktur entsprechend anzupassen (zum monistischen oder dualistischen System → Rn. 284 ff.). Aus Sicht der Gründer ist es jedoch ein entscheidender Vorteil der SPE, durch die Wahl der passenden SPE nationaler Prägung die **Flucht aus der Mitbestimmung** zu betreiben, zumal die Anforderungen an das Zusammenfallen von effektivem Sitz und Satzungssitz sehr gering sind (→ Rn. 346).

387 **b) Grenzüberschreitendes Mitbestimmungssystem.** Nach Art. 27 Abs. 3a SPE-VO-R kann es jedoch auch vorrangig ein europarechtlich vorgeprägtes System der Unternehmensmitbestimmung

geben, welches in **Art. 35–35d SPE-VO-R** näher ausgestaltet ist und der Arbeitnehmerbeteiligung bei der SE entlehnt wurde (Verhandlungsgremium, Vereinbarung einer maßgeschneiderten Unternehmensmitbestimmung, subsidiäre Auffanglösung). Der Entwurf für eine der SE-RL nachgebildete Rechtsquelle fehlt bislang (hierzu kritisch *Hommelhoff/Krause/Teichmann* GmbHR 2008, 1193).

V. Mitgliedschaft

1. Geschäftsanteile

Die SPE kann neben **Stammanteilen** auch **Vorzugsanteile** ohne Stimmrecht, ausgeglichen durch einen Vorzug bei der Gewinnverteilung, ausgeben (Art. 14 Abs. 2 SPE-VO-K), vgl. auch Anh. I Kapitel III (*Maul/Röhricht* BB 2008, 1574 (1578)). Um die mit einer Anteilsklasse verbundenen Rechte zu ändern, bedarf es einer Zweidrittelmehrheit der Anteilseigner der betroffenen Kategorie (Art. 14 Abs. 3 SPE-VO-R). Ein Gesellschafter kann zugleich **mehrere Anteile** halten (Art. 15 Abs. 1 lit. b SPE-VO-K). Umgekehrt können **mehrere Personen** zusammen nur einen Anteil innehaben, was zur Folge hat, dass sie als ein Anteilsinhaber behandelt werden und somit ihre Rechte nur gemeinschaftlich ausüben können und sie gesamtschuldnerisch haften (Art. 14 Abs. 4 SPE-VO-R). Änderungen der sich aus den Anteilen ergebenden Rechte können nach Art. 14 Nr. 3, 27 SPE-VO-R nur mit Zweidrittelmehrheit oder ggf. höherem Quorum aufgrund entsprechender Festlegung in der Satzung beschlossen werden. 388

2. Anteilsübertragung

Nach den Vorgaben des Kommissionsentwurfs sind die Geschäftsanteile grundsätzlich **frei übertragbar** (Umkehrschluss aus Art. 16 Abs. 1 SPE-VO-K). Die Modalitäten und Bedingungen von Anteilsübertragungen sind in der Satzung festzulegen, mithin schriftlich wie die Anteilsübertragung selbst (Art. 16 Abs. 2 SPE-VO-K, Art. 8 Abs. 2 SPE-VO-K). Insofern weicht der Entwurf von der deutschen Regelung ab, wonach hierfür eine **notarielle Beurkundung** vorgesehen ist (§ 15 Abs. 3 GmbHG). Mittlerweile verweist Art. 16 Abs. 1 SPE-VO-R im Hinblick auf die Übertragung von Geschäftsanteilen lediglich auf das jeweilige nationale Recht, sodass nichts dagegen spricht, die Anteilsübertragung hiernach an besondere Formerfordernisse zu knüpfen. **Beschränkungen** und Verbote der Anteilsübertragung dürfen gem. Art. 16 Abs. 2 SPE-VO-R nur mit Zustimmung aller betroffenen Gesellschafter eingeführt werden. 389

3. Ausschluss und Austritt

Ausschluss und Austritt von Gesellschaftern sind zum Teil in Art. 17, 18 SPE-VO-K geregelt, welche in der SPE-VO-R jedoch gestrichen wurden. Es bleibt daher derzeit abzuwarten, ob die nachfolgend skizzierten Regelungen in die endgültige SPE-VO aufgenommen werden oder ob dieser Regelungsbereich der Satzungsautonomie bzw. den Vorgaben des nationalen Rechts zufällt. 390

a) Ausschluss. Nach dem Kommissionsentwurf kann ein Gesellschafter gegen seinen Willen nur durch **Gerichtsbeschluss** aus der SPE ausgeschlossen werden, wenn die SPE dies, beruhend auf einem Beschluss der Anteilseigner, der einer Zweidrittelmehrheit bedarf (Art. 27 Abs. 1 lit. b, Abs. 2 SPE-VO-K), beantragt und der Gesellschafter der SPE schwer geschadet hat oder der Verbleib in der Gesellschaft deren Geschäftstätigkeit abträglich ist (Art. 17 Abs. 1 SPE-VO-K). Gibt das Gericht dem Antrag statt, hat es zugleich über den Anteilserwerb durch die anderen Anteilseigner oder die SPE zu entscheiden (Art. 17 Abs. 3 SPE-VO-K). Das Gericht kann vorläufig auch die Stimmrechte und nichtgeldlichen Rechte des Anteilseigners aussetzen (Art. 17 Abs. 2 SPE-VO-K). 391

b) Austritt. Ein Gesellschafter kann nach dem Kommissionsentwurf auch auf eigenen **Wunsch ausscheiden,** wenn einer der in der VO oder Satzung aufgeführten Fälle vorliegt (vgl. Art. 18 Abs. 1 S. 2 SPE-VO-K), insbesondere bei einer grenzüberschreitenden Sitzverlegung (Art. 18 Abs. 1 lit. b SPE-VO-K). Grundsätzlich erfolgt dies **ohne gerichtliche Entscheidung** (vgl. Art. 18 Abs. 1–5 SPE-VO-K und Art. 18 Abs. 6 SPE-VO-K). Bei entsprechendem Wunsch teilt der Gesellschafter dem Geschäftsleitungsorgan der SPE sein Ausscheiden unter Angabe der Gründe mit, das umgehend die Beschlussfassung der Anteilseigner herbeizuführen hat (Art. 18 Abs. 2, 3 SPE-VO-K). Die Anteilseigner haben sodann darüber zu entscheiden, ob sie die Anteile des Ausscheidenden übernehmen oder die SPE selbst (Art. 23 SPE-VO-K). Auch dieser Beschluss bedarf einer Zweidrittelmehrheit (Art. 27 Abs. 1 lit. c, Abs. 2 SPE-VO-K). Erfolgt keine derartige Beschlussfassung innerhalb von 30 Kalendertagen oder akzeptieren die Anteilseigner die genannten Gründe nicht, teilt das Geschäftsleitungsorgan dies dem ausscheidungswilligen Anteilseigner mit. Im Folgenden wird dann der Wert der Anteile durch externe Sachverständige und ggf. auch behördlich oder gerichtlich festgesetzt. Die Übernahme der Anteile kann ein Gericht aber nur unter den engen Voraussetzungen des Art. 18 Abs. 6 SPE-VO-K anordnen, wenn es überzeugt ist, dass die Interessen des Anteilseigners schwer geschädigt wurden. 392

393 **c) Ausverkaufsrecht.** Zudem ist gemäß dem Kommissionsentwurf in der Satzung zwingend eine Entscheidung darüber zu treffen, ob die Gesellschafter darüber hinaus von ihren Mitgesellschaftern die Veräußerung ihrer Anteile verlangen können oder ob umgekehrt ein Recht besteht, eigene Anteile an andere Gesellschafter oder der SPE zu veräußern (Ausverkaufsrecht, sell-out, Art. 8 Abs. 1 SPE-VO-K iVm Anh. I Kapitel III SPE-VO-K).

4. Gesellschafterverzeichnis

394 Die Geschäftsleitung hat ein **Verzeichnis aller Anteilseigner** zu führen (Art. 14 Abs. 1 SPE-VO-R, Art. 15, 3 SPE-VO-R). Dieses wird beim Registergericht hinterlegt (Art. 15 Abs. 6 SPE-VO-R), muss ständig aktualisiert werden und kann gem. Art. 15 Abs. 6 SPE-VO-R von den Gesellschaftern eingesehen werden: die Mitgliedstaaten können die Publizität auf Dritte ausdehnen oder an besondere Voraussetzungen (berechtigtes Interesse) knüpfen. Die Aufnahme eines Gesellschafters in das Verzeichnis ist gem. Art. 15 Abs. 1 SPE-VO-R zwingende Voraussetzung für die Geltendmachung von Gesellschafterrechten (abweichend noch Art. 15 Abs. 2, 3 SPE-VO-R: lediglich widerlegbarer Nachweis des Anteilsbesitzes).

VI. Grenzüberschreitende Sitzverlegung

395 Ein Herzstück der SPE als supranationale Rechtsform ist die Möglichkeit der grenzüberschreitenden Sitzverlegung gem. Art. 36 ff. SPE-VO-R. Diese Regelungen betreffen lediglich die Verlegung des eingetragenen **Satzungssitzes,** nicht hingegen des effektiven Verwaltungssitzes. Im Kern geht es daher um einen **grenzüberschreitenden Formwechsel** von der SPE gemäß der Prägung des einen mitgliedstaatlichen Rechts hin zu einem anderen. Bei den nationalen Rechtsformen ist dies bislang noch nicht möglich (Formwechsel einer GmbH in eine Ltd.), sodass hierin ein entscheidender Vorteil der SPE gesehen werden kann. Gleichwohl wird erst die Praxis zeigen, inwieweit das Bedürfnis besteht, zB eine spanische SPE in eine englische umzuwandeln. Hier sei Skepsis angezeigt. Auf der anderen Seite messen alle SPE-VO-Entwürfe der satzungsmäßigen Gestaltungsfreiheit die größte Bedeutung zu, sodass die nationalen Rechtsvorschriften ohnehin nicht allzu bedeutsam sind.

1. Voraussetzungen

396 Die Verlegung des Satzungssitzes ist nur an wenige **materielle Voraussetzungen** geknüpft. Beschränkt wird die Möglichkeit der Sitzverlegung zum einen durch das Erfordernis der Sitzverlegung innerhalb der Gemeinschaft (Art. 36 Abs. 1 SPE-VO-R). Zum anderen ist eine Sitzverlegung während der Liquidation, Auflösung, Insolvenz, vorläufiger Zahlungseinstellung oder ähnlicher Verfahren ausgeschlossen (Art. 36 Abs. 2 SPE-VO-R).

397 **a) Information.** Für das Verlegungsverfahren ist Folgendes vorgesehen: Zunächst erstellt die Geschäftsleitung einen **Verlegungsvorschlag** mit den Mindestangaben des Art. 37 Abs. 1 SPE-VO-R: bisherige Firma der SPE, Anschrift des Sitzes im Herkunftsmitgliedstaat, erforderliche Angaben zur bisherigen Registrierung nach Art. 10 SP-VO-R; künftig vorgesehene Firma und Anschrift des künftigen Sitzes im Aufnahmestaat; vorgeschlagene Satzung; vorgeschlagener Zeitplan; voraussichtliches Folgen der Verlegung für die Arbeitnehmer und diesbezüglich vorgeschlagene Maßnahmen; ggf. detaillierte Information über die Verlegung der Hauptverwaltung; zum Schutz der Gesellschafter vorgesehene Rechte. Dieser Verlegungsvorschlag ist gem. Art. 37 Abs. 2 SPE-VO-R mindestens einen Monat vor Beschlussfassung jedem Gesellschafter und jedem Arbeitnehmervertreter bzw. in Ermangelung solcher Vertreter den Arbeitnehmern vorzulegen und den Gläubigern zuzuleiten. Er ist darüber hinaus nach den Vorgaben der Publizitätsrichtlinie **bekannt zu machen.**

398 Das Geschäftsführungsorgan hat ferner gem. Art. 37 Abs. 3 SPE-VO einen **Bericht** über die rechtlichen und wirtschaftlichen Aspekte der Verlegung und deren Auswirkungen zu erstellen. Dieser ist ebenfalls den Gesellschaftern, Arbeitnehmervertretern bzw. einzelnen Arbeitnehmern vorzulegen und den Gläubigern zur Verfügung zu stellen.

399 **b) Beschlussfassung.** Die Anteilseigner können frühestens nach Ablauf eines Monats nach erfolgter Vorlage (Art. 37 Abs. 2 SPE-VO-R) dem Vorschlag zustimmen. Erforderlich ist wegen des satzungsändernden Charakters der Sitzverlegung eine **qualifizierte Zweidrittelmehrheit** (Art. 28 Abs. 1 lit. k, Abs. 2 SPE-VO-R). Im Falle einer mitbestimmten SPE können sie sich hierbei das Recht vorbehalten, die Genehmigung vom Zustandekommen einer Vereinbarung über die Arbeitnehmermitbestimmung für den Aufnahmestaat abhängig zu machen (Art. 36 Abs. 4 SPE-VO-R). Der Schutz der Minderheitsgesellschafter folgt gem. Art. 37 Abs. 5 SPE-VO-R den Regelungen des bisherigen nationalen Rechts.

400 **c) Registerprüfung.** Die Rechtmäßigkeitskontrolle erfolgt **zweistufig** sowohl im Herkunfts- als auch im Aufnahmemitgliedstaat: Zunächst prüft der **Herkunftsstaat** die Einhaltung der Formalitäten

und stellt hierüber eine Bescheinigung aus (Art. 38 SPE-VO-R). Binnen eines Monats nach Erhalt der Bescheinigung kann die SPE die Eintragung im **Aufnahmestaat** beantragen unter Vorlage der Bescheinigung, der neuen Satzung sowie des von den Anteilseignern genehmigten Verlegungsvorschlags (Art. 38 Abs. 3 SPE-VO-K). Nach höchstens 14-tägiger Überprüfung durch den Aufnahmestaat erfolgt sodann die Eintragung im Register des Aufnahmestaates und deren Bekanntmachung (Art. 38 Abs. 4, 5, 7 SPE-VO-R). Unter Verwendung des Meldeformulars nach Anh. II teilt der Aufnahmestaat diese Eintragung dem Herkunftsstaat mit, der erst daraufhin die eigene Eintragung löschen darf (Art. 38 Abs. 6 SPE-VO-R). Auch die Löschung ist bekannt zu machen (Art. 38 Abs. 7 SPE-VO-R).

2. Rechtsfolgen

Die Verlegung des Sitzes hat gem. Art. 36 Abs. 1 SPE-VO-R weder die Auflösung noch die Unterbrechung oder den Verlust ihrer Rechtspersönlichkeit zur Folge und berührt nicht die vor der Verlegung bestehenden Rechte oder Verpflichtungen **(Identität).** Ab der Wirksamkeit der Sitzverlegung durch Eintragung im Aufnahmestaat unterliegt die SPE den Bestimmungen der VO, der Satzung sowie dem **nationalen Recht des Aufnahmemitgliedstaates,** soweit hierauf gem. Art. 4 Abs. 4 SPE-VO-R zurückgegriffen werden kann (Art. 35 Abs. 3 SPE-VO-R). Dies gilt grundsätzlich auch für die mitbestimmte SPE, vgl. jedoch Art. 35 ff. SPE-VO-R. 401

VII. Umwandlungen

Die Umwandlungen der SPE in eine nationale Rechtsform sowie die Verschmelzung und Spaltung der SPE unterliegen gem. Art. 40 SPE-VO-R dem jeweiligen nationalen Recht. 402

VIII. Auflösung, Insolvenz, Nichtigkeit

Nach Art. 41 Abs. 1 SPE-VO wird die SPE aufgelöst bei Zeitablauf (Befristung), Gesellschafterbeschluss (mit qualifizierter Zweidrittelmehrheit, vgl. Art. 28 Abs. 1 lit. n, Abs. 2 SPE-VO-R) oder aufgrund der in der Satzung oder im maßgeblichen einzelstaatlichen Recht vorgesehenen Fälle. Die Auflösung wird gem. Art. 41 Abs. 4 SPE-VO-R bekannt gemacht. Die Folgen der Auflösung bestimmen sich gem. Art. 41 SPE-VO-R nach dem jeweiligen nationalen Recht, in der Insolvenz gemäß EuInsVO. Nach Art. 42 SPE-VO-R richten sich die Voraussetzungen und Folgen der Nichtigkeit nach dem durch die Publizitätsrichtlinie weitgehend harmonisierten nationalen Recht. 403

E. Internationales Konzernrecht

I. Grundlagen

Grenzüberschreitende Unternehmensverbindungen werden nach Maßgabe des **IPR** beurteilt. Es gibt bisher **kein europäisches Konzernrecht.** Die Vorentwürfe für eine Konzernrichtlinie aus den 1970er und 80er Jahren wurden aufgegeben (Spahlinger/Wegen/*Wendt* IntGesR Rn. 1067 ff.; *High Level Group* ZIP 2003, 863 (675)), was zu Recht kritisiert wird (*Bauschatz* Der Konzern 2003, 805 (809); *Habersack* NZG 2004, 1). Das Konzernrecht ist so nach wie vor Gegenstand unterschiedlicher nationaler Regelungen (zu Portugal *Lutter/Overrath* ZGR 1991, 394; zu Italien *Steinhauer* EuZW 2004, 364; zu Belgien *Blaurock* ZEuP 1998, 460 (479); Überblick bei *Hohloch,* EU-Handbuch Gesellschaftsrecht, 2001; *Heckschen* in Süß/Wachter Int. GmbHR-HdB § 7 Rn. 4 ff.). Einzelne Staaten sehen hierin überhaupt kein eigenständiges Rechtsgebiet (für England BeckOGK/*Schall,* 1.7.2020, AktG § 15 Rn. 43). 404

Eine **gewisse Harmonisierung** erfolgte im Bereich der Konzernrechnungslegung durch die Richtlinie über den konsolidierten Abschluss (83/349/EWG), in Deutschland umgesetzt durch das Bilanzrichtliniengesetz vom 19.12.1985 (§§ 290 ff. HGB). Diese Regelungen werden mittlerweile teilweise durch die IAS-VO überlagert (Verordnung (EG) Nr. 1606/2002 vom 19.7.2002). Im Steuerrecht brachte die Mutter-Tochter-Richtlinie ein gemeinschaftsrechtliches Schachtelprivileg ab einer Beteiligung von derzeit 10 % für grenzüberschreitende Konzerne (Richtlinie 90/435/EWG vom 20.8.1990, geändert durch Richtlinie 2003/123/EG vom 22.12.2003). Einzelne Regelungen über die grenzüberschreitende Umwandlung sowie der SE-VO lassen sich jedoch auch als konzernrechtliche Harmonisierung verstehen. 405

Indem sich die Behandlung grenzüberschreitender Konzernsachverhalte auf das IPR der beteiligten Rechtsordnungen konzentriert, stellt sich die Frage nach der maßgeblichen **Anknüpfung bei Konzernsachverhalten.** Einigkeit besteht, dass es kein einheitliches Konzernstatut gibt (MHLS/*Leible* Syst. Darst. 2 Rn. 239; teilweise abw. *Altmeppen* NJW 2004, 97 (102); → Rn. 410), auch kein besonderes Konzernkollisionsrecht im EGBGB bzw. nunmehr Rom I-VO und Rom II-VO. Die Frage des anwend- 406 baren Rechts richtet sich daher in Bezug auf die gesellschaftsrechtlichen Probleme einer Unternehmensverbindung nach dem **Gesellschaftsstatut** der hieran beteiligten Gesellschaften (Einheitslehre, → Rn. 4). Da beim Konzern regelmäßig zwei oder mehr Gesellschaften beteiligt sind, kommt es zur **Statutenpluralität,** die eine weitere Präzisierung notwendig macht. Welchem Gesellschaftsstatut der in Rede stehende Regelungsbereich konkret zuzuordnen ist, bestimmt sich anhand der hierbei jeweils auftretenden Schutzbedürfnisse (**Statut der hauptbetroffenen Gesellschaft,** vgl. MHLS/*Leible* Syst. Darst. 2 Rn. 239 ff.): Der Gesellschafter- und Gläubigerschutz einer abhängigen Gesellschaft wird nach dem für die jeweilige Gesellschaftsform nach nationalem Recht maßgeblichen Sachrecht beurteilt (vgl. BGH 13.12.2004, NZG 2005, 214 (215); *Hoffmann* in Süß/Wachter Int. GmbHR-HdB § 6 Rn. 3); die organisationsrechtlichen und gläubigerschützenden Aspekte aus der Perspektive der Obergesellschaft nach deren Gesellschaftsstatut. Es gibt somit bei grenzüberschreitenden Konzernsachverhalten kein einheitliches Konzernstatut.

407 Für die **konzernrechtlichen Nebengebiete** gibt es meist spezielle Regelungen und Anknüpfungen: Konzernsteuerrecht, Organschaft (§§ 14 ff. KStG, § 2 Abs. 2 S. 2 GewStG, § 9 Nr. 2a GewStG, § 2 Abs. 2 Nr. 2 UStG); Konzernrechnungslegung (§§ 290 ff. HGB, IAS-VO); Fusionskontrolle (§§ 36, 37 GWB); Mitbestimmung (§ 5 MitbestG, § 2 DrittelbG); Übernahmeangebote (§§ 29 ff. WpÜG); Insolvenzrecht (Art. 3 EuInsVO); Registerrecht; Formfragen; Strafrecht (Bankrottstraftaten, Untreue, vgl. §§ 3, 5 ff. StGB).

1. Grenzüberschreitende Konzernsachverhalte

408 Der Frage des anwendbaren Konzernrechts vorgelagert ist die Frage, ob es sich überhaupt um ein „deutsches" und ein „ausländisches" Unternehmen handelt. Die Bestimmung des Gesellschaftsstatuts der an einem grenzüberschreitenden Konzernsachverhalt beteiligten Gesellschaften ist somit als Vorfrage von der eigentlichen Konzernanknüpfung zu trennen.

409 **a) Zusammenfallen von Rechtsform und Verwaltungssitz der beteiligten Rechtsträger.** Um ein deutsches Unternehmen handelt es sich unproblematisch bei den im deutschen Recht vorgesehenen Unternehmensträgern (AG, KGaA, GmbH, KG, OHG, GbR, Stiftung, eV), die ihren tatsächlichen Verwaltungssitz im Inland haben. Ein ausländisches Unternehmen liegt unproblematisch vor, wenn es seinen tatsächlichen Verwaltungssitz im Ausland hat und eine dem dortigen Recht entsprechende Rechtsform aufweist. Der grenzüberschreitende Sachverhalt kann in diesen Fällen darin begründet sein, dass zB eine deutsche GmbH von einer US-amerikanischen plc beherrscht wird oder umgekehrt. Die kollisions- und sachrechtliche Behandlung derartiger Sachverhalte konzentriert sich darauf, welche Vorgaben das aus dem jeweiligen Gesellschaftsstatut der beteiligten Rechtsträger folgende nationale Sachrecht über die Voraussetzungen und Folgen grenzüberschreitender Unternehmensverbindungen macht.

410 **b) Auseinanderfallen von Rechtsform und Verwaltungssitz der beteiligten Rechtsträger.** Hiervon zu unterscheiden ist die rechtliche Beurteilung von Konzernsachverhalten, wenn ggf. zusätzlich noch Rechtsform und tatsächlicher Verwaltungssitz bei einem oder beiden beteiligten Rechtsträgern auseinanderfallen. Dies ist zB der Fall, wenn eine englische Ltd. mit Verwaltungssitz in Deutschland eine deutsche GmbH beherrscht oder umgekehrt. Hier liegt auf den ersten Blick bereits kein grenzüberschreitender Sachverhalt vor, sodass die unmittelbare Anwendung deutschen Konzernrechts nahe liegt (so *Altmeppen* NJW 2004, 97 (103); wohl auch Emmerich/Habersack/*Emmerich* AktG § 291 Rn. 33). Diese Sichtweise ist jedoch verkürzt. Soweit es ausländischen Gesellschaften gestattet wird, sich in Deutschland niederzulassen, ohne ihre gesellschaftsrechtliche Identität und Ausgestaltung nach Heimatrecht zu verlieren, gibt das jeweilige Gesellschaftsstatut Auskunft über die Möglichkeit einer konzernrechtlichen Verbindung. Das Gleiche gilt umgekehrt, wenn eine englische Ltd. mit Verwaltungssitz in Deutschland von einer deutschen GmbH beherrscht wird. Würde man dies abweichend beurteilen, käme die mittlerweile weitgehend aufgegebene Sitztheorie gleichsam durch die Hintertür zur Geltung, was den europäischen Vorgaben widerspricht (so auch *Selzner/Sustmann* Der Konzern 2003, 85 (89); *Spahlinger/Wegen* IntGesR Rn. 393 f.; *Hoffmann* in Süß/Wachter Int. GmbHR-HdB § 6 Rn. 13). Der Wettbewerb der Rechtsordnungen funktioniert nur, wenn sich die einzelnen Gesellschaftsformen auch unterscheiden und mangels ausreichendem Gesellschafter- oder Gläubigerschutz zB unattraktiv werden. Dies würde konterkariert, wenn ohne europarechtlich vorgegebene Harmonisierung das nationale Kollisionsrecht eine Angleichung der verschiedenen Rechtsformen bewirken würde.

2. Das deutsche Konzernrecht

411 Die IPR-rechtliche Behandlung grenzüberschreitender Unternehmensverbindungen führt aus deutscher Perspektive meist zu der Frage, ob und inwieweit das deutsche „Konzernrecht" Anwendung findet – sei es auf den Fall eines vom Ausland beherrschten deutschen Unternehmens oder umgekehrt. Hierbei ist stets zu beachten, dass es auch im deutschen Recht **kein umfassendes Konzernrecht** gibt: §§ 15–22 AktG (rechtsformübergreifender allgemeiner Teil des Konzernrechts, Legaldefinitionen der verschie-

denen Stufen der Unternehmenskonzentration); §§ 291–310 AktG (auf AG und KGaA zugeschnittenes Recht der Unternehmensverträge); §§ 311–318 AktG (auf AG und KGaA zugeschnittenes Recht der faktischen Beherrschung); §§ 319–327 AktG (aktienrechtliche Eingliederung); §§ 19–21, 328 AktG (weitgehend auf AG und KGaA zugeschnittenes Recht bei wechselseitigen Beteiligungen, bei börsennotierten Gesellschaften überlagert durch § 33 WpHG). Bei den Personengesellschaften und der GmbHG werden konzernrechtliche Sachverhalte teilweise ergänzend, teilweise vorrangig anhand der allgemeinen gesellschaftsrechtlichen Rechtsinstitute behandelt (Treuepflicht, Änderungen des Gesellschaftsvertrages). Bei der faktischen Beherrschung wird zunehmend auf deliktische Tatbestände zurückgegriffen, insbesondere § 826 BGB, **Existenzvernichtungshaftung** (BGH 16.7.2006, BGHZ 173, 246 = NJW 2007, 2689 – Trihotel). Auch ohne die international-privatrechtlichen Probleme ist daher bereits nach nationalem Recht vielfach umstritten, nach welchen Regelungen sich ein entsprechender Konzernsachverhalt beurteilt.

II. Unternehmensvertragliche Beherrschung einer deutschen Gesellschaft

Der Unternehmensvertrag iSv § 291 AktG (Beherrschungs- und/oder Gewinnabführungsvertrag) ist ein Organisationsvertrag (allgM, vgl. für die GmbH BGH 24.10.1988, BGHZ 105, 324 = NJW 1989, 295 – Supermarkt). Ist der grenzüberschreitende Vertrag hiermit vergleichbar, mithin kein schuldrechtlicher Austauschvertrag, folgt hieraus kollisionsrechtlich eine Anknüpfung an das jeweilige Gesellschaftsstatut der Parteien (*Hoffmann* in Süß/Wachter Int. GmbHR-HdB § 6 Rn. 8 f.). Für einen wirksamen Beherrschungsvertrag müssen die materiell-rechtlichen Voraussetzungen beider Gesellschaftsstatute vorliegen. Eine abweichende Rechtswahl ist nicht zulässig (allgM, MüKoBGB/*Kindler* IntGesR Rn. 699). 412

1. Gesellschaftsstatut der beherrschten Gesellschaft

a) Deutsche Gesellschaftsform. Das Gesellschaftsstatut der beherrschten Gesellschaft gilt für alle diese Gesellschaft betreffenden Belange des Minderheiten- und Gläubigerschutzes (vgl. BGH 13.12.2004, NZG 2005, 214 (215)). Hiernach ist es nicht kategorisch ausgeschlossen, dass eine deutsche Gesellschaft sich der Beherrschung durch ein ausländisches Unternehmen unterwirft (abw. *Meilicke* FS Hirsch, 1968, 99 (120 ff.)). Die **Wirksamkeitsvoraussetzungen** eines grenzüberschreitenden Beherrschungsvertrags einer deutschen AG bzw. KGaA richten sich in Bezug auf diese Gesellschaft nach § 291 Abs. 1 S. 1 Alt. 1 AktG, §§ 293 ff. AktG (inzident BGH 4.3.1998, BGHZ 138, 136 = NJW 1992, 2760 – ABB; *Bauschatz* Der Konzern 2003, 805 (806)). Bei der Beherrschung einer GmbH gelten konsequenterweise die §§ 53, 54 GmbHG (hM, BGH 24.10.1988, BGHZ 105, 324 = NJW 1989, 295 – Supermarkt; aA MHLS/*Servatius* Konzernrecht Rn. 34 ff.: §§ 293 ff. AktG weitgehend analog). Der Vertrag ist gem. § 294 AktG bzw. entsprechend § 54 GmbHG in das **Handelsregister** der beherrschten deutschen Gesellschaft einzutragen. Die Eintragung in das Register des ausländischen herrschenden Unternehmens ist nach deutschem Kollisions- und Sachrecht nicht erforderlich. Zum grenzüberschreitenden Beherrschungsvertrag einer Personengesellschaft *Lange* IPRax 1998, 438. 413

Teile der Lit. knüpfen die Wirksamkeit eines grenzüberschreitenden Beherrschungsvertrages zudem an die (ggf. nur deklaratorische!) **Wahl deutschen Sachrechts** sowie die Vereinbarung eines **deutschen Gerichtsstands** (Loyalitätsklausel; MHLS/*Leible* Syst. Darst. 2 Rn. 243; abw. MüKoBGB/*Kindler* IntGesR Rn. 699; *Spahlinger/Wegen* IntGesR Rn. 374 ff.; MüKoAktG/*Altmeppen* AktG Einl. §§ 291 ff. Rn. 61 ff.). Dem liegt die Erwägung zugrunde, dass das ausländische IPR nicht zwingend zur Anwendung deutschen Konzernrechts führt und die Schutzmechanismen wegen prozessualer und vollstreckungsrechtlicher Hindernisse nicht gewährleistet seien (zur Durchsetzung von Ansprüchen → Rn. 437 ff.). Dem ist zumindest innerhalb der EU unter Hinweis auf das Diskriminierungsverbot zu widersprechen (zutr. Emmerich/Habersack/*Emmerich* AktG § 291 Rn. 37). Es gehört zudem zu den Sorgfaltsanforderungen der eine Konzernierung vorbereitenden Geschäftsleiter und der Treuepflicht des Mehrheitsgesellschafters, dass nur solche Unternehmensverbindungen eingegangen werden, die infolge der Grenzüberschreitung keine übermäßigen Risiken für die beherrschte Gesellschaft begründen. Wird hiergegen von Anfang an oder nachträglich verstoßen, machen sich die Geschäftsleiter der beherrschten deutschen Gesellschaft ggf. schadensersatzpflichtig (ähnlich MüKoAktG/*Altmeppen* AktG Einl. §§ 291 ff. Rn. 64). Die vertragliche Unterwerfung unter die Beherrschung durch ein ausländisches Unternehmen ist auch bei **mitbestimmten Gesellschaften** zulässig (*Selzner/Sustmann* Der Konzern 2003, 85 (91 ff.); abw. *Bernstein/Kock* ZHR 143 (1979), 522 (535)). 414

Die **Rechtsfolgen** eines grenzüberschreitenden Beherrschungsvertrages richten sich zugunsten der deutschen Gesellschaft, ihrer Gesellschafter und Gläubiger nach den § 293 Abs. 3 AktG, §§ 308, 302, 303 AktG, bei der GmbH analog (MüKoAktG/*Altmeppen* AktG Einl. §§ 291 ff. Rn. 65). Es ist eine besonders ausgeprägte Pflicht der Geschäftsleiter, stets zu prüfen, ob die ausländische Gesellschaft in der Lage ist, ihren Verpflichtungen nachzukommen und den Beherrschungsvertrag andernfalls sofort gem. § 297 Abs. 1 S. 2 AktG zu beenden. 415

416 **b) Auslandsgesellschaft.** Soll eine in Deutschland ansässige Auslandsgesellschaft mittels Unternehmensvertrages beherrscht werden, gelten für diese die deutschen konzernrechtlichen Regelungen nicht. Eine hier ansässige englische Ltd. kann daher keinen Beherrschungsvertrag iSv §§ 291, 293 ff. AktG abschließen. Für **deliktische Tatbestände,** die anlässlich der gleichwohl erfolgten konzernrechtlichen Beherrschung verwirklicht werden, gilt die Sonderanknüpfung gem. Art. 4 Abs. 1 Rom II-VO. Dies betrifft grundsätzlich auch die im Vertragskonzern mögliche Existenzvernichtungshaftung aus § 826 BGB (BGH 16.7.2007, BGHZ 173, 246 = NJW 2007, 2689 – Trihotel). Hierbei ist jedoch zweifelhaft, ob eine funktionale Interpretation dieser Haftung die deliktische Anknüpfung wirklich rechtfertigt (→ Rn. 118).

2. Gesellschaftsstatut des herrschenden Unternehmens

417 Die Wirksamkeitsvoraussetzungen eines Beherrschungsvertrages auf Seiten der ausländischen Gesellschaft werden von den §§ 293 ff. AktG nicht erfasst (allgM, MüKoBGB/*Kindler* IntGesR Rn. 710). Hierfür gelten allein die aus deren Gesellschaftsstatut resultierenden Vorgaben (*Hoffmann* in Süß/Wachter Int. GmbHR-HdB § 6 Rn. 11: selbstständig anzuknüpfende **Teilfrage**). Dies betrifft va die Wirksamkeitserfordernisse (Geschäftsführungskompetenz, Vertretungsmacht, Zustimmung der Gesellschafter, Formzwang, Registerpflichten) und hat insbesondere zur Folge, dass zB die Gesellschafter einer englischen Ltd. entgegen § 293 Abs. 2 AktG nicht zustimmen müssen, da das englische Gesellschaftsrecht eine vergleichbare Regelung nicht vorsieht. Sieht das ausländische Recht hingegen eine vergleichbare Beteiligung vor, ist dies auch von den deutschen Gerichten zu beachten (MüKoAktG/*Altmeppen* AktG Einl. §§ 291 ff. Rn. 65 aE).

3. Gewinnabführungsvertrag

418 Kommt zum Beherrschungsvertrag wie regelmäßig auch ein Gewinnabführungsvertrag iSv § 291 Abs. 1 S. 1 Alt. 2 AktG hinzu, gilt das Vorgesagte entsprechend. Der Vertrag kann bei Einhaltung der entsprechenden Wirksamkeitsvoraussetzungen durchgeführt werden, soweit die Geschäftsleitung der zur Gewinnabführung verpflichteten Gesellschaft stets sorgfältig beobachtet, ob die ausländische Gesellschaft in der Lage ist, ihre Vertragspflichten ebenso zu erfüllen (vgl. §§ 302–303 AktG). Zur Organschaft → Rn. 435 f.

419 Die **stille Beteiligung** an einer Gesellschaft begründet wegen § 231 Abs. 2 HGB zumindest einen Teilgewinnabführungsvertrag iSv § 292 Abs. 1 Nr. 1 AktG (allgM, BGH 21.7.2003, BGHZ 156, 38 (43) = NJW 2003, 3412). Ist der Stille eine ausländische Gesellschaft, richten sich die Wirksamkeitsvoraussetzungen und Beendigungstatbestände somit bzgl. der deutschen Gesellschaft nach deren Gesellschaftsstatut, mithin nach §§ 293 ff. AktG (bei der GmbH weitgehend analog, vgl. MHLS/*Servatius* Syst. Darst. 4 Konzernrecht Rn. 34 ff.).

III. Unternehmensvertragliche Beherrschung einer ausländischen Gesellschaft

420 Unterstellt sich eine ausländische Gesellschaft der Beherrschung durch eine deutsche bzw. verpflichtet sie sich dazu, dieser ihren ganzen Gewinn abzuführen, gilt das unter → Rn. 412 ff. Gesagte spiegelbildlich.

1. Gesellschaftsstatut der beherrschten Gesellschaft

421 Unter welchen Voraussetzungen und mit welchen Rechtsfolgen sich eine ausländische Gesellschaft einer unternehmensvertraglichen Beherrschung unterwerfen bzw. zur Abführung ihres ganzen Gewinns verpflichten kann, richtet sich nach dem aus deren Gesellschaftsstatut resultierenden nationalen Recht. Verlangt dieses zwingende Wirksamkeitserfordernisse, ist der Unternehmensvertrag nur gültig, wenn diese eingehalten wurden (*Einsele* ZGR 1996, 40 (50)). Kennt das ausländische Recht keinen Unternehmensvertrag iSv § 291 AktG bzw. verbietet diesen explizit, ist der Vertrag unwirksam. Dies gilt auch bei einer englischen Ltd. (*Heckschen* in Süß/Wachter Int. GmbHR-HdB § 7 Rn. 15), selbst wenn diese ihren tatsächlichen Sitz in Deutschland hat (→ Rn. 15); vgl. aber zur Zulässigkeit eines Gewinnabführungsvertrages bei der Ltd. BeckOGK/*Schall*, 1.7.2020, AktG § 15 Rn. 41.

2. Gesellschaftsstatut des herrschenden Unternehmens

422 Wirksamkeit und Rechtsfolgen des Unternehmensvertrages richten sich bzgl. der Angelegenheiten des herrschenden Unternehmens nach dessen Gesellschaftsstatut. Eine (ggf. analoge) Anwendung der §§ 291, 293 ff. AktG kommt nur dann in Betracht, wenn es sich hinsichtlich der nachteiligen Rechtsfolgen aus der Perspektive des herrschenden Unternehmens um einen **vergleichbaren Vertragstypus** handelt (*Spahlinger/Wegen* IntGesR Rn. 382). Sieht das die ausländische Gesellschaft schützende (Kon-

zern-)Recht Rechtsfolgen vor, die denen der §§ 302–305 AktG entsprechen, gelten die §§ 291, 293 ff. AktG unmittelbar, soweit das herrschende Unternehmen eine AG bzw. KGaA ist. Dies gilt selbst dann, wenn das die beherrschte Gesellschaft maßgebliche ausländische Recht eine derartige Zustimmung nicht vorsieht (*Spahlinger/Wegen* IntGesR Rn. 366). Ist eine GmbH herrschendes Unternehmen, bedarf es für die Wirksamkeit der Zustimmung der Gesellschafter mit Dreiviertelmehrheit (BGH 24.10.1988, BGHZ 105, 324 = NJW 1989, 295 – Supermarkt; Einzelheiten MHLS/*Servatius* Syst. Darst. 4 Rn. 67 ff.). Zum grenzüberschreitenden Beherrschungsvertrag einer Personengesellschaft *Lange* IPRax 1998, 438.

Knüpft das die ausländische Gesellschaft schützende (Konzern-)Recht an die unternehmensvertragliche Beherrschung bzw. Gewinnabführung **keine** den §§ 302–305 AktG entsprechend **negativen Folgen** für das herrschende Unternehmen, gelten die §§ 291, 293 ff. AktG bei keiner deutschen Gesellschaft, sodass der Unternehmensvertrag im Ergebnis eine bloße Geschäftsführungsmaßnahme ist. Die Beweislast hierfür trägt das herrschende Unternehmen (Hüffer/Koch/*Koch* AktG § 293 Rn. 18). 423

IV. Faktische Beherrschung einer deutschen Gesellschaft

1. Gesellschaftsstatut der beherrschten Gesellschaft

Wird eine deutsche Gesellschaft von einem ausländischen Unternehmen beherrscht, richten sich die Voraussetzungen und Rechtsfolgen nach dem Gesellschaftsstatut der Gesellschaft, sofern es sich um eine **mitgliedschaftlich** begründete Abhängigkeit iSv § 17 AktG handelt und das herrschende Unternehmen ein **anderweitiges wirtschaftliches Interesse** hat (allgM, BGH 13.12.2004, NZG 2005, 214 (215); *Spahlinger/Wegen* IntGesR Rn. 390). Die anderen Formen der faktischen Beherrschung durch Nichtgesellschafter sind deliktisch anzuknüpfen. 424

a) Einfache faktische Beherrschung. Die einfache faktische Beherrschung einer deutschen AG bzw. KGaA durch ein ausländisches Unternehmen ist in den Grenzen der §§ 311 ff. AktG zulässig (MüKoBGB/*Kindler* IntGesR Rn. 713; Einzelheiten bei *Maul* NZG 1999, 741 (741 f.)). Zulässigkeit und Rechtsfolgen der faktischen Beherrschung einer GmbH werden indessen nach hM hiervon nicht erfasst, sondern bestimmen sich auch bei grenzüberschreitenden Sachverhalten allein nach der gesellschaftsrechtlichen Treuepflicht und dem Schädigungsverbot (vgl. MHLS/*Servatius* Syst. Darst. 4 Rn. 392 ff.). Zur faktischen Beherrschung einer Personengesellschaft *Emmerich/Habersack* KonzernR § 34 Rn. 12 ff. Die faktische Beherrschung einer in Deutschland ansässigen Auslandsgesellschaft fällt nach richtiger Ansicht nicht unter §§ 311 ff. AktG; Zulässigkeit und Rechtsfolgen richten sich nach deren Gesellschaftsstatut. 425

b) Qualifizierte faktische Beherrschung. Die qualifizierte faktische Beherrschung ist nach überwiegender Meinung kein besonderer Konzerntatbestand mehr (ausdrücklich BGH 17.9.2001, BGHZ 149, 10 = NJW 2001, 3622 – Bremer Vulkan unter Aufgabe von zuletzt BGH 29.3.1993, BGHZ 122, 123 = NJW 1993, 1200 – TBB). Folgt man dem, gilt dies ohne weiteres auch für die Beherrschung einer deutschen GmbH oder AG durch einen ausländischen Gesellschafter. Die Verantwortlichkeit verlagert sich insofern auf die deliktische Existenzvernichtungshaftung (→ Rn. 428). Sieht man indessen nach wie vor Raum für eine gesellschaftsrechtlich begründete Sanktionierung einer Umgehung von § 291 AktG mit korrespondierender Verlustübernahmepflicht entsprechend § 302 AktG (vgl. MHLS/*Servatius* Syst. Darst. 4 Rn. 392), wird diese wie früher gesellschaftsrechtlich angeknüpft und trifft auch einen ausländischen Gesellschafter (vgl. BGH 13.12.2004, NZG 2005, 214 (215); *Maul* NZG 1999, 741 (742)). 426

2. Gesellschaftsstatut des herrschenden Unternehmens

Die Voraussetzungen und Folgen der faktischen Beherrschung einer deutschen Gesellschaft ergeben sich für die Angelegenheiten des ausländischen herrschenden Unternehmens, seiner Mitglieder und Gläubiger aus dem jeweiligen Gesellschaftsstatut. Die aus der faktischen Beherrschung nach deutschem Recht resultierenden **Haftungsgefahren** sind aus der Sicht des ausländischen Gesellschafters zwar Beschränkungen, jedoch nach zutreffender Ansicht mit der europäischen Niederlassungsfreiheit vereinbar (vgl. BeckOGK/*Schall,* 1.7.2020, AktG § 15 Rn. 39: Verkehrsrecht zum Zweck der Gefahrenabwehr; ebenso *Eidenmüller* in Eidenmüller Ausl. KapGes. § 4 Rn. 34: „zumindest gerechtfertigt"). Zur Holzmüller-Doktrin → Rn. 430. 427

3. Sonderanknüpfungen

Bei der faktischen Beherrschung einer deutschen Gesellschaft durch ein ausländisches Unternehmen richtet sich die Verantwortlichkeit vielfach auch nach deliktischen Sondertatbeständen, die kollisionsrechtlich besonders angeknüpft werden. Bedeutsam ist die neue **Existenzvernichtungshaftung** gem. § 826 BGB, die an die Stelle der früheren Haftung beim qualifizierten faktischen Konzern getreten ist 428

(BGH 16.7.2007, BGHZ 173, 246 = NJW 2007, 2689 – Trihotel; hierzu MHLS/*Servatius* Syst. Darst. 4 Rn. 396 ff.). Sieht man hierin (was zweifelhaft ist, vgl. Rn. 118), einen Deliktstatbestand, richtet sich die Anknüpfung nach Art. 4 Abs. 1 Rom II-VO. Für die Haftung wegen **Nachteilszuführung** gem. § 117 AktG (vgl. zur Deliktsnatur BGH 22.6.1992, NJW 1992, 3167) und die Teilnehmerhaftung wegen **Insolvenzverschleppung** gem. § 823 Abs. 2 BGB, § 830 BGB iVm § 15a InsO gilt das Gleiche.

V. Faktische Beherrschung eines ausländischen Unternehmens

1. Gesellschaftsstatut des beherrschten Unternehmens

429 Unter welchen Voraussetzungen und mit welchen Rechtsfolgen eine ausländische Gesellschaft faktisch beherrscht werden darf, richtet sich nach dem aus deren Gesellschaftsstatut resultierenden nationalen Recht (vgl. BGH 13.12.2004, NZG 2005, 214 (215) für den umgekehrten Fall). Dies gilt auch bei einer englischen Ltd. mit tatsächlichem Sitz in Deutschland.

2. Gesellschaftsstatut des herrschenden Unternehmens

430 Voraussetzungen und Rechtsfolgen der faktischen Beherrschung betreffen das Gesellschaftsstatut des herrschenden deutschen Unternehmens im Regelfall nicht. Ob und wie der Konzernierung sind daher va ein Problem der Sorgfalt der Geschäftsleitung im Hinblick auf die nach der betreffenden ausländischen Rechtsordnung drohenden Haftungsgefahren. Bedeutsam ist bei der AG, dass die ungeschriebenen Mitwirkungsbefugnisse der Hauptversammlung nach der sog. **Holzmüller-Doktrin** auch gelten, wenn die Mediatisierung der Mitgliedschaftsrechte Folge der Gründung oder Beteiligung an Auslandsgesellschaften ist (MüKoAktG/*Altmeppen* AktG Einl. §§ 291 ff. Rn. 56; Einzelheiten BeckOGK/*Servatius,* 1.7.2020, AktG § 182 Rn. 81 ff.).

VI. Die anderen Unternehmensverträge

431 Nach deutschem Konzernrecht gibt es neben den Beherrschungs- und Gewinnabführungsverträgen iSv § 291 AktG noch die anderen Unternehmensverträge iSv § 292 AktG.

1. Überblick

432 Der Teilgewinnabführungsvertrag iSv § 292 Abs. 1 Nr. 2 AktG ist dadurch gekennzeichnet, dass sich eine Gesellschaft verpflichtet, einen Teil ihres Gewinns oder den Gewinn einzelner ihrer Betriebe ganz oder zum Teil an einen anderen abzuführen. Bei der Gewinngemeinschaft iSv § 292 Abs. 1 Nr. 1 AktG verpflichtet sich eine Gesellschaft, ihren Gewinn oder den Gewinn einzelner ihrer Betriebe ganz oder zum Teil mit dem Gewinn anderer Unternehmen oder einzelner Betriebe anderer Unternehmen zur Aufteilung eines gemeinschaftlichen Gewinns zusammenzulegen. Verpachtet eine Gesellschaft den Betrieb ihres Unternehmens an einen anderen, liegt gem. § 292 Abs. 1 Nr. 3 Alt. 1 AktG ein Betriebspachtvertrag vor. Besteht die vertragliche Verpflichtung darin, den Betrieb auf andere Weise („sonst") zu überlassen, handelt es sich gem. § 292 Abs. 1 Nr. 3 Alt. 2 AktG um einen Betriebsüberlassungsvertrag.

2. Kollisionsrechtliche Behandlung

433 Die anderen Unternehmensverträge werden nach deutschem Sachrecht vom Beherrschungs- und Gewinnabführungsvertrag deutlich abgegrenzt. Es liegt daher im Einklang mit der Begründung zum AktG 1965 nahe, hierbei handele es sich um **schuldrechtliche Austauschverträge.** Hiernach wäre es konsequent, eine weitgehende Rechtswahlfreiheit gem. Art. 3 Rom I-VO zuzulassen (so zum EGBGB *Neumayer* ZVglRWiss 83 (1984), 129 (160 ff.)). Nur wenn – was nach zutreffender Ansicht nicht notwendig ist – der Vertragspartner zugleich Gesellschafter ist, wäre hiernach das Gesellschaftsstatut nebst hieraus resultierendem Sachrecht maßgeblich, um die Grenzen seiner Befugnisse im Verhältnis zu den Mitgesellschaftern und Gläubigern zu erfassen (zutr. *Einsele* ZGR 1996, 40 (42)).

434 Diese gespaltene Lösung vermag nicht zu überzeugen, weil auch die anderen Unternehmensverträge wegen ihrer wirtschaftlichen Bedeutung **Organisationsverträgen** gleichgestellt werden (§§ 293 ff. AktG). Nach der Einheitstheorie sind daher auch die anderen Unternehmensverträge vom **Gesellschaftsstatut** der hieran beteiligten Gesellschaften erfasst. Wie beim Beherrschungs- oder Gewinnabführungsvertrag bestimmt es sich anhand der Schutzrichtung der in Rede stehenden Regel, welchem Gesellschaftsstatut diese zuzuordnen ist. Auch hier gilt: Der Gesellschafter- und Gläubigerschutz einer Gesellschaft wird nach dem für diese Gesellschaftsform gemäß nationalem Recht maßgeblichen Konzernrecht beurteilt (vgl. BGH 13.12.2004, NZG 2005, 214 (215)). Dies ist entgegen der hM auch nicht auf die Fälle beschränkt, dass zwischen den Vertragsparteien zusätzlich noch ein **Abhängigkeitsver-**

hältnis besteht (so aber *Spahlinger/Wegen* IntGesR Rn. 388), denn die anderen Unternehmensverträge können auch mit Nichtgesellschaftern geschlossen werden (allgM, BeckOGK/*Veil/Walla,* 1.7.2020, AktG § 291 Rn. 55 f.; für eine Sonderanknüpfung in diesem Fall MüKoAktG/*Altmeppen* AktG Vor §§ 291 ff. Rn. 69).

VII. Steuern

Der wesentliche Vorteil konzernrechtlicher Verflechtungen liegt nach deutschem Recht in der **Organschaft,** die die steuergünstige Verrechnung von Gewinnen und Verlusten einzelner Konzernunternehmen ermöglicht (§§ 14 ff. KStG, § 2 Abs. 2 S. 2 GewStG, § 9 Nr. 2 lit. a GewStG, § 2 Abs. 2 Nr. 2 UStG). Voraussetzung hierfür ist die finanzielle Eingliederung, mithin das Bestehen eines tatsächlich durchgeführten Gewinnabführungsvertrages iSv § 291 Abs. 1 S. 1 Alt. 2 AktG mit einer Laufzeit von mindestens fünf Jahren (vgl. § 14 KStG). **435**

Bei der **grenzüberschreitenden Organschaft** ist zu differenzieren: Die Organgesellschaft, die sich zur Ergebnisabführung verpflichtet, muss gem. § 14 Abs. 1 S. 1 KStG Geschäftsleitung und Sitz im Inland haben. Der Rechtsträger des Unternehmens, mit dem die Ergebnisabführung vereinbart wurde (Organträger), muss gem. § 14 Abs. 1 S. 1 Nr. 2 S. 1 KStG lediglich seine Geschäftsleitung im Inland haben, kann also auch eine Auslandsgesellschaft sein (zB englische Ltd.). Der umgekehrte Fall, dass sich zwar der Sitz des Organträgers im Inland befindet, nicht aber dessen Geschäftsleitung, genügt hingegen nicht (hierzu kritisch Spahlinger/Wegen/*Witt* IntGesR Rn. 393 f. und *Heckschen* in Süß/Wachter Int. GmbHR-HdB § 7 Rn. 52 ff.; zum Ganzen auch *Frotscher* Konzern 2003, 90; *Engert* in Eidenmüller Ausl. KapGes. § 8 Rn. 61 ff.). Dies gilt insbesondere für die Fälle, in denen eine deutsche Gesellschaft ihren tatsächlichen Sitz ins Ausland verlegt (→ Rn. 35 ff.). Vgl. auch die besonderen **Aufzeichnungsvorschriften** gem. § 90 Abs. 3 AO und § 1 Gewinnabgrenzungsaufzeichnungsverordnung (GAufzV). **436**

VIII. Rechtsdurchsetzung

Wird eine deutsche Gesellschaft von einem ausländischen Unternehmen beherrscht, stellt sich die Frage, wo eine etwaige Konzernhaftung gerichtlich geltend gemacht werden kann (zum Ganzen *Maul* AG 1998, 404 sowie *Maul* NZG 1999, 741). Die örtliche Zuständigkeit nach der lex fori indiziert die internationale Zuständigkeit (allgM, vgl. BGH 17.2.1997, NJW 1997, 2245). Im Bereich der EU richtet sich die internationale Zuständigkeit jedoch vorrangig nach der EuGVVO. **437**

1. Ansprüche der beherrschten deutschen Gesellschaft

a) Gegen das herrschende Unternehmen. Für den Anspruch auf Verlustübernahme gem. § 302 AktG beim **Vertragskonzern** gilt grundsätzlich der allgemeine Gerichtsstand des **Beklagtenwohnsitzes** gem. Art. 2 EuGVVO, sofern dieser innerhalb eines Mitgliedstaats der EU liegt; andernfalls folgt dasselbe aus Art. 4 EuGVVO iVm §§ 12 ff. ZPO. Bei juristischen Personen sieht Art. 60 Abs. 1 EuGVVO die Wahlmöglichkeit vor, das herrschende Unternehmen entweder an seinem satzungsmäßigen Sitz (Ort der Registrierung), dem Ort der Hauptverwaltung (effektiver Verwaltungssitz) oder dem Ort der Hauptniederlassung (wohl ebenfalls effektiver Verwaltungssitz) zu verklagen. In allen Varianten gelangt man regelmäßig zu einer gerichtlichen Zuständigkeit im Ausland. Um diese zu vermeiden, bietet sich eine **Gerichtsstandsvereinbarung** an, die zwar nicht Wirksamkeitsvoraussetzung für grenzüberschreitende Unternehmensverträge ist, jedoch regelmäßig aufgrund der pflichtgemäßen Sorgfalt der Geschäftsleiter der abhängigen Gesellschaft vereinbart werden muss, um die Rechtsdurchsetzung zu erleichtern. Möglich ist auch, das herrschende Unternehmen im Inland am **Erfüllungsort** zu verklagen (Art. 5 Abs. 1 Nr. 1 lit. a EuGVVO bzw. § 29 ZPO). Die Verlustübernahmepflicht gem. § 302 AktG indiziert insofern einen Inlandsbezug (*Spahlinger/Wegen* IntGesR Rn. 428). Ist das herrschende Unternehmen zugleich Gesellschafter, kommt auch der besondere (deutsche) Gerichtsstand der Mitgliedschaft gem. § 22 ZPO in Betracht (vgl. LG Bochum 20.5.1986, ZIP 1986, 1386). Bei der **faktischen Beherrschung** einer deutschen Gesellschaft ist für die Ansprüche aus § 317 Abs. 1 AktG bzw. bei der GmbH aus Verletzung der gesellschaftsrechtlichen Treuepflicht der Gerichtsstand der Mitgliedschaft gem. § 22 ZPO gegeben, sodass die örtliche und internationale Zuständigkeit auch hier deutschem Recht folgt (obiter dicta, LG Bochum 20.5.1986, ZIP 1986, 1386). Richtigerweise folgt dies auch aus Art. 5 Nr. 1 EuGVVO bzw. § 29 ZPO (MüKoBGB/*Kindler* IntGesR Rn. 818; abw. OLG Düsseldorf 26.10.1995, IPRax 1998, 210; für Art. 5 Nr. 3 EuGVÜ bei der Haftung aus § 317 AktG auch *Maul* NZG 1999, 741 (744)). Der Gerichtsstand und die internationale Zuständigkeit für Ansprüche des Insolvenzverwalters aus **Existenzvernichtungshaftung** gem. § 826 BGB folgen aus Art. 5 Nr. 3 EuGVVO bzw. § 32 ZPO, sofern man hierin einen allgemeinen Deliktstatbestand sieht (dies ist zweifelhaft, → Rn. 118). Sieht man hierin ein gesellschaftsrechtliches Sonderdelikt, folgt die Haftung aus der Mitgliedschaft, sodass eine Zuständigkeit gem. § 22 ZPO begründet wird. In den Anwendungsbereich von Art. 5 **438**

Nr. 1, 53 EuGVVO würde dies nicht fallen (*Spahlinger/Wegen* IntGesR Rn. 427). Wegen dieser Unsicherheit gehört es zu den Sorgfaltsanforderungen eines Geschäftsleiters, die deutsche internationale Zuständigkeit aufgrund **Vereinbarung** zu begründen (§§ 38, 40 ZPO, Art. 23 EuGVVO). Wird eine deutsche Gesellschaft vollständig von einem ausländischen Unternehmen beherrscht, kann man hieraus das Bestehen einer **Zweigniederlassung** in Deutschland folgern und die internationale Zuständigkeit deutscher Gerichte auch über Art. 5 Nr. 5 EuGVVO bzw. § 21 ZPO bejahen (MüKoAktG/*Altmeppen* AktG Einl. §§ 291 ff. Rn. 62).

439 **b) Gegen dessen Geschäftsleiter.** Die Ansprüche der beherrschten Gesellschaft gegen die Geschäftsleiter des herrschenden Unternehmens aus § 309 Abs. 2 S. 2 AktG, § 317 Abs. 3 AktG sind als gesetzliche Ansprüche deliktsähnlich und begründen die örtliche und internationale Zuständigkeit in Deutschland gem. Art. 5 Nr. 3 EuGVVO bzw. § 32 ZPO (*Spahlinger/Wegen* IntGesR Rn. 437; abw. für Gerichtsstand der Mitgliedschaft *Maul* NZG 1999, 741 (742 f.), was jedoch bei der Organhaftung nicht überzeugt).

2. Ansprüche der Gesellschafter

440 Für die Ausgleichs- und Abfindungsansprüche der außenstehenden Gesellschafter beim **Vertragskonzern** gem. §§ 304, 305 AktG gilt der Gerichtsstand des Erfüllungsorts gem. § 29 ZPO bzw. bei einem herrschenden Unternehmen mit Sitz in einem der Vertragsstaaten gem. Art. 5 Nr. 1, 53 EuGVVO. Dieser begründet die Zuständigkeit in Deutschland, denn die betreffenden Regelungen verfolgen das Ziel, die Aktionäre zu schützen.

3. Ansprüche der Gläubiger

441 Gläubigeransprüche gegen das herrschende Unternehmen bestehen beim **Vertragskonzern** gem. § 303 AktG. Wegen der Anbindung dieses Anspruchs an den Unternehmensvertrag (Rechtsgedanke des § 328 BGB) erscheint es als sachgerecht, den Gerichtsstand des Erfüllungsorts gem. Art. 5 Nr. 1 EuGVVO, Art. 53 EuGVVO bzw. § 29 ZPO anzunehmen mit der Folge, dass die Gläubiger das herrschende Unternehmen am Sitz der beherrschten Gesellschaft verklagen können (sehr str., vgl. für die Durchgriffshaftung *Spahlinger/Wegen* IntGesR Rn. 441 mwN, der sich für eine Zuständigkeit nach Art. 6 Nr. 1 EuGVVO ausspricht, was jedoch ebenfalls nicht unmittelbar passt). Für herrschende Unternehmen außerhalb des Anwendungsbereichs der EuGVVO kommt auch der **Gerichtsstand des Vermögens** gem. § 23 ZPO in Betracht, wenn das ausländische Unternehmen Anteile an der beherrschten Gesellschaft hält (vgl. *Maul* NZG 1999, 741 (743)). Dieser ist innerhalb des Anwendungsbereichs der EuGVVO ausgeschlossen (vgl. Art. 3 Abs. 2 EuGVVO).

IX. Konzerninsolvenzen

442 Nach deutschem Insolvenzrecht gibt es **keine Konzerninsolvenz.** Rechtlich werden vielmehr die verschiedenen Konzernunternehmen als selbstständige Rechtsträger behandelt. Es kann so unter Umständen eine Vielzahl von Insolvenzverfahren geben. Auch ist nicht zwingend, dass mit der Insolvenz einer Konzerngesellschaft die Insolvenz einer anderen einhergeht (*Gottwald* InsR-HdB § 129 Rn. 19). Dies gilt im Ausgangspunkt auch bei internationalen Insolvenzen. Allerdings sehen die Art. 56–77 EuInsVO nunmehr ein spezielles **Gruppenkoordinationsverfahren** vor, welches den Unternehmensverbund zumindest verfahrensrechtlich anerkennt und erhebliche Kooperations- und Unterrichtungspflichten etabliert (zum Ganzen MüKoBGB/*Kindler* EuInsVO Vor Art. 56 Rn. 1 ff.; *Thole* IPRax 2017, 213). Diesen Regelungen entsprechen im deutschen Recht die §§ 3a – 3e, 269a – 269i InsO, welche im Anwendungsbereich der EuInsVO verdrängt werden (vgl. Art. 102c § 22 Abs. 1 Nr. 1 EGInsO)

1. Insolvenz der beherrschten Gesellschaft

443 Ob eine unternehmensvertraglich oder faktisch beherrschte deutsche Gesellschaft insolvent ist und welche Folgen dies verfahrensrechtlich nach sich zieht, richtet sich im Ausgangspunkt allein nach **nationalem Recht,** mithin der InsO (§ 3 InsO). Wenn zugleich das Insolvenzverfahren über das Vermögen des ausländischen herrschenden Unternehmens eröffnet wird, stellt sich die Frage, ob über Art. 3 Abs. 1 EuInsVO die **Zuständigkeit** dieses Gerichts auch für das Verfahren über die Tochtergesellschaft begründet wird (vgl. *Gottwald* InsR-HdB § 129 Rn. 20 mwN). Dies ist nur zu bejahen, wenn die Beherrschung dergestalt ist, dass sich sämtliche für das Betriebsgeschehen erhebliche Organisationsteile nach außen erkennbar am **Verwaltungsort des herrschenden Unternehmens** befinden (AG München 4.5.2004, NZI 2004, 450 für den umgekehrten Fall einer deutschen Konzernmutter). Nur hierdurch wird die Vermutung des Art. 3 Abs. 1 S. 2 EuInsVO widerlegt. Vgl. auch zur Möglichkeit der **Sekundärinsolvenz** iSv Art. 3 Abs. 3 EuInsVO *Weller* ZHR 169 (2005), 570 (583 ff.). Mit

Insolvenzeröffnung **endet** der Unternehmensvertrag im Regelfall automatisch (BGH 14.12.1987, BGHZ 103, 1 (6) = NJW 1988, 1326).

2. Insolvenz des herrschenden Unternehmens

Ist eine deutsche Gesellschaft herrschendes Unternehmen gegenüber einer ausländischen Gesellschaft **444** und wird insolvent, **endet** der Unternehmensvertrag mit Eröffnung des Insolvenzverfahrens im Regelfall automatisch (BGH 14.12.1987, BGHZ 103, 1 (6) = NJW 1988, 1326). Das Insolvenzverfahren richtet sich gem. § 3 InsO, Art. 3 EuInsVO nach deutschem Recht. Der Insolvenzverwalter verwertet gem. § 80 Abs. 1 InsO ggf. die gehaltenen Geschäftsanteile (*Gottwald* InsR-HdB § 129 Rn. 20).

Sachverzeichnis

Das Verzeichnis besteht aus zwei Teilen:
Stichverzeichnisse einzelne Gesellschaftsformen betreffend (Teil 1)
und rechtsformübergreifende Stichworte (Teil 2).

Fette Zahl = Paragraph des davorstehenden Gesetzes, magere Zahl = Randnummer;
beginnt ein Verweis (siehe ...) mit einer Rechtsform (siehe *AG, Aktie*),
findet sich das Stichwort (*Aktie*) in Teil 1 unter der Gesellschaftsform (AG).

Teil 1. Die einzelnen Gesellschaftsformen

AG – Aktiengesellschaft

DCGK

Eingegliederte Gesellschaften

Faktischer Konzern

GbR – Gesellschaft bürgerlichen Rechts

Genossenschaft

GmbH – Gesellschaft mit beschränkter Haftung

KG – Kommanditgesellschaft

KGaA – Kommanditgesellschaft auf Aktien

OHG – Offene Handelsgesellschaft

PartG – Partnerschaftsgesellschaft

SE – Societas Europaea

Societas Europaea

SPE – Societas Privata Europaea

Stiftung

Stille Gesellschaft

Unternehmensführende Stiftungen

Unternehmensselbstzweckstiftung

Unternehmensverträge siehe *Teil 2*

Unternehmergesellschaft siehe *GmbH, Unternehmergesellschaft*

Teil 2. Rechtsformübergreifend